France
2008

Sommaire

Contents Inhaltsverzeichnis
Sommario Sumario 目次

Mode d'emploi

INFORMATIONS TOURISTIQUES

Distances depuis les villes principales, offices de tourisme, sites touristiques locaux, moyens de transports, golfs et loisirs...

ABBAYE DE FONTFROIDE - 03 Aude - 344 I4 - ratt

ABBAYE DE SAINT-WANDRILLE - 18 Cher - 3

Montrond

ABBEVILLE - 80 Somme - 24 567 h. - alt. 8 - ⊠ 8010

　Nord Pas-de-Calais Picardie

▶ Paris 186 - Amiens 51 - Boulogne-sur-Mer - N
🛫 d'Avignon - 𝒞 04 90 81 51 51, par N3 et N7
🛈 Office de tourisme, 1 place de l'Amiral C
　risme.abbeville@wanadoo.fr - Fax 03 22
🔟 d'Abbeville, Route du Val par rte St-Va
　- Fax 03 22 24 49 61 - ⊠ 80132
◉ Vitraux contemporains★★ de l'église
　légiale St-Vulfran AE **D** - Musée Bouch
◔ Vallée de la Somme★ - Château de B

L'HÉBERGEMENT

De 🏨🏨🏨 à 🏠, ⌂ :
catégories de confort.
En rouge 🏨🏨🏨 ... 🏠,⌂ :
les plus agréables.

LES MEILLEURES ADRESSES À PETITS PRIX

🍴 Bib Gourmand.
🛏 Bib Hôtel.

🏨🏨🏨
🞉

Les Jardins du Château 🈯
rte du Port - 𝒞 04 79 00 00 46
- welcome@hotelmandjaro.com – Fo
15 ch (1/2 P seult) – 17 suites 250/44
Rest Le Cœur d'Or – 𝒞 04 79 01 46
Rest Terrasses du Cœur d'Or – (fe
◆ Lauze, pierre et bois "vieilli" comp
Superbes chambres savoyardes, é
Décor tout bois et coins "cosy" au
Terrasses.

LES RESTAURANTS

De 🍽🍽🍽🍽🍽 à 🍽: catégories de confort. En rouge 🍽🍽🍽🍽... 🍽:
les plus agréables.

🏠🏠
🞉

Le Relais de la Poste 🈯
rte de Lion, D 541 : 1 km – 𝒞 04
- Fermé 31 oct.-18 nov., 19-
42 ch – †40/60 € ††60/65 €
◆ Sur la route de la grotte de l
cadre actuel ou sous les fron

LES TABLES ÉTOILÉES

😃😃😃 Vaut le voyage.
😃😃 Mérite un détour.
😃 Très bonne cuisine.

🍽🍽🍽🍽
😃😃

Atelier des Saveurs 🈯
10 bd Croisette – 𝒞 04 92 9
- Fax 04 93 38 97 90 – Fer
Rest – (dîner seult) 75/1
Spéc. Bocal de foie gr
Mad" tiède à la vanille
◆ Élégante verrière ou
III. Un joli cadre pour

4

**AUTRES
PUBLICATIONS MICHELIN**

Références de la carte MICHELIN
et du Guide Vert
où vous retrouverez la localité.

Jarbonne

- rattaché à St-Amand-

22 **C4** ◄

E7

en 106

℘ 03 22 24 27 92 - Office.tou-
6
omme : 4 km - ℘ 03 22 24 98 58

pulcre AM**B** - Façade★ de la col-
erthes★ BY **M**

e★
◄donjon 🛏🕿🕿🍽🖼
🐕🖴🎦 **&** ch 35 à 70 ●
Fermé mi-déc. -mi-avril

01 46 40 - Fermé mi-déc. -mi-avril
plex 300 €   AX**b**
r seult) 70/125 €
di) 25 € Enf. 16 € 🏛
es luxueux chalets regroupés en hameau.
high-tech et toutes dotées d'une loggia.
'Or. Cuisine du terroir et plats simples aux

◄🕿🖴🖼🖼
09 - info@labastide.com - Fax 04 75 46 10 62
merc. soir et lundi
- **Rest** 16 € (déj. en sem.) 22/52 €
evigné, une cuisine traditionnelle servie dans un
de la terrasse. En hiver, spécialités de truffes.

◄🕿🍽🖴🖼🎦🖴 ch, 🅰🅴

- ateliersdessaveurs@luciedurand.com
v.-30 déc., dim.
arte 100/140 €
nard. Canon d'agneau rôti au thym-citron. "Traou
nard. Canon d'agneau rôti au thym-citron. "Traou
ôtes de Provence
r le ciel azuréen et sobre décor d'inspiration Napoléon
cuisine unissant saveurs du Sud-Ouest et de Provence.

◄ îles de Lérins 🕿🎦🖴🎦🖴 rest, 🅰🅴
0 00 - bellevue@free.fr - Fax 04 93 67 81 78
voir plan d'Antibes AU**d**
due de sable fin des Alpes-Maritimes.

LOCALISER LA VILLE

Repérage de la localité sur
la carte régionale en fin de guide
(n° de la carte et coordonnées).

**LOCALISER
L'ÉTABLISSEMENT**

Localisation sur le plan de ville
(coordonnées et indice).

**DESCRIPTION
DE L'ÉTABLISSEMENT**

Atmosphère, style,
caractère et spécialités.

**LES HÔTELS
TRANQUILLES**

🐕 hôtel tranquille.
🐕 hôtel très tranquille.

**ÉQUIPEMENTS
ET SERVICES**

PRIX

5

Engagements

« Ce guide est né avec le siècle et il durera autant que lui. »

Cet avant-propos de la première édition du guide MICHELIN 1900 est devenu célèbre au fil des années et s'est révélé prémonitoire. Si le guide est aujourd'hui autant lu à travers le monde, c'est notamment grâce à la constance de son engagement vis-à-vis de ses lecteurs. Nous voulons ici le réaffirmer.

Les engagements du guide MICHELIN :

La visite anonyme : les inspecteurs testent de façon anonyme et régulière les tables et les chambres afin d'apprécier le niveau des prestations offertes à tout client. Ils paient leurs additions et peuvent se présenter pour obtenir des renseignements supplémentaires sur les établissements. Le courrier des lecteurs nous fournit par ailleurs une information précieuse pour orienter nos visites.

L'indépendance : la sélection des établissements s'effectue en toute indépendance, dans le seul intérêt du lecteur. Les décisions sont discutées collégialement par les inspecteurs et le rédacteur en chef. Les plus hautes distinctions sont décidées à un niveau européen. L'inscription des établissements dans le guide est totalement gratuite.

La sélection : le guide offre une sélection des meilleurs hôtels et restaurants dans toutes les catégories de confort et de prix. Celle-ci résulte de l'application rigoureuse d'une même méthode par tous les inspecteurs.

La mise à jour annuelle : chaque année toutes les informations pratiques, les classements et les distinctions sont revus et mis à jour afin d'offrir l'information la plus fiable.

L'homogénéité de la sélection : les critères de classification sont identiques pour tous les pays couverts par le guide MICHELIN.

... et un seul objectif : tout mettre en œuvre pour aider le lecteur à faire de chaque déplacement et de chaque sortie un moment de plaisir, conformément à la mission que s'est donnée MICHELIN : contribuer à une meilleure mobilité.

Édito

Cher lecteur,

Nous avons le plaisir de vous proposer notre 99ᵉ édition du guide MICHELIN France. Cette sélection des meilleurs hôtels et restaurants dans chaque catégorie de prix est effectuée par une équipe d'inspecteurs professionnels, de formation hôtelière. Tous les ans, ils sillonnent le pays pour visiter de nouveaux établissements et vérifier le niveau des prestations de ceux déjà cités dans le guide. Au sein de la sélection, nous reconnaissons également chaque année les meilleures tables en leur décernant de ✿ à ✿✿✿. Les étoiles distinguent les établissements qui proposent la meilleure qualité culinaire, dans tous les styles, en tenant compte du choix des produits, de la personnalité de la cuisine, de la maîtrise des cuissons et des saveurs, du rapport qualité-prix ainsi que de la régularité. Cette année encore, de nombreuses tables ont été remarquées pour l'évolution de leur cuisine. Un « **N** » accompagne les nouveaux promus de ce millésime 2008, annonçant leur arrivée parmi les établissements ayant une, deux ou trois étoiles.

De plus, nous souhaitons indiquer les établissements « *espoirs* » pour la catégorie supérieure. Ces établissements, repérés en rouge dans notre liste et dans nos pages, sont les meilleurs de leur catégorie. Ils pourront accéder à la distinction supérieure dès lors que la régularité de leurs prestations, dans le temps et sur l'ensemble de la carte, aura progressé. Par cette mention spéciale, nous entendons vous faire connaître les tables qui constituent, à nos yeux, les espoirs de la gastronomie de demain.

Votre avis nous intéresse, en particulier sur ces « *espoirs* » ; n'hésitez pas à nous écrire. Votre participation est importante pour orienter nos visites et améliorer sans cesse votre guide.

Merci encore de votre fidélité. Nous vous souhaitons de bons voyages avec le guide MICHELIN 2008.

Consultez le guide MICHELIN sur **www.ViaMichelin.com**
et écrivez-nous à : **leguidemichelin-france@fr.michelin.com**

Classement
& distinctions

LES CATÉGORIES DE CONFORT

Le guide MICHELIN retient dans sa sélection les meilleures adresses dans chaque catégorie de confort et de prix. Les établissements sélectionnés sont classés selon leur confort et cités par ordre de préférence dans chaque catégorie.

🏨🏨🏨	🍴🍴🍴🍴	**Grand luxe et tradition**
🏨🏨	🍴🍴🍴🍴	**Grand confort**
🏨🏨	🍴🍴🍴	**Très confortable**
🏨	🍴🍴	**De bon confort**
🏨	🍴	**Assez confortable**
🏠		**Maison d'hôtes**
sans rest		**L'hôtel n'a pas de restaurant**
avec ch		**Le restaurant possède des chambres**

LES DISTINCTIONS

Pour vous aider à faire le meilleur choix, certaines adresses particulièrement remarquables ont reçu cette année une distinction.

Pour les adresses distinguées par une étoile ou un Bib Gourmand, la mention « **Rest** » apparaît en rouge dans le descriptif de l'établissement.

Pour les adresses distinguées par un Bib Hôtel, la mention « **ch** » apparaît en bleu dans le descriptif de l'établissement.

LES ÉTOILES : LES MEILLEURES TABLES

Les étoiles distinguent les établissements, tous styles de cuisine confondus, qui proposent la meilleure qualité de cuisine. Les critères retenus sont : le choix des produits, la personnalité de la cuisine, la maîtrise des cuissons et des saveurs, le rapport qualité-prix ainsi que la régularité.

🌸🌸🌸	**Cuisine remarquable, cette table vaut le voyage**
26	On y mange toujours très bien, parfois merveilleusement.
🌸🌸	**Cuisine excellente, cette table mérite un détour**
68	
🌸	**Une très bonne cuisine dans sa catégorie**
435	

LES BIBS : LES MEILLEURES ADRESSES À PETIT PRIX

😋	**Bib Gourmand**
510	Établissement proposant une cuisine de qualité au prix maximum de 28 € en province et 35 € à Paris (prix d'un repas hors boisson). En province, il s'agit le plus souvent d'une cuisine de type régional.

	Bib Hôtel
297	Établissement offrant une prestation de qualité avec une majorité de chambres au prix maximum de 72 € en province et 88 € dans les grandes villes et stations touristiques importantes (prix pour 2 personnes, hors petit-déjeuner).

LES ADRESSES LES PLUS AGRÉABLES

Le rouge signale les établissements particulièrement agréables. Cela peut tenir au caractère de l'édifice, à l'originalité du décor, au site, à l'accueil ou aux services proposés.

à	**Hôtels agréables**
	Maisons d'hôtes agréables
à	**Restaurants agréables**

LES MENTIONS PARTICULIÈRES

En dehors des distinctions décernées aux établissements, les inspecteurs MICHELIN apprécient d'autres critères souvent importants dans le choix d'un établissement.

SITUATION

Vous cherchez un établissement tranquille ou offrant une vue attractive ?
Suivez les symboles suivants :

	Hôtel tranquille
	Hôtel très tranquille
	Vue intéressante
	Vue exceptionnelle

CARTE DES VINS

Vous cherchez un restaurant dont la carte des vins offre un choix particulièrement intéressant ?
Suivez le symbole suivant :

	Carte des vins particulièrement attractive
	Toutefois, ne comparez pas la carte présentée par le sommelier d'un grand restaurant avec celle d'une auberge dont le patron se passionne pour les vins de sa région.

Équipements & services

30 ch	Nombre de chambres
	Jardin de repos – Parc – Plage aménagée
	Repas servi au jardin ou en terrasse
	Piscine de plein air / couverte
	Bel espace de bien-être et de relaxation
	Salle de remise en forme – Court de tennis
	Ascenseur – Aménagements pour personnes à mobilité réduite
AIC	Air conditionné
	Chambres non-fumeurs disponibles
	Connexion internet haut débit
	Salons pour repas privés
	Salles de conférences
	Restaurant proposant un service voiturier (pourboire d'usage)
P P	Parking / parking clos réservé à la clientèle
	Garage (généralement payant)
	Accès interdit aux chiens
M	Station de métro la plus proche
Ouvert / Fermé mai-oct	Période d'ouverture ou de fermeture, communiquée par l'hôtelier

Prix

Les prix indiqués dans ce guide ont été établis à l'automne 2007. Ils sont susceptibles de modifications, notamment en cas de variation des prix des biens et des services. Ils s'entendent taxes et service compris. Aucune majoration ne doit figurer sur votre note sauf éventuellement la taxe de séjour. Les hôteliers et restaurateurs se sont engagés, sous leur propre responsabilité, à appliquer ces prix aux clients. À l'occasion de certaines manifestations : congrès, foires, salons, festivals, événements sportifs..., les prix demandés par les hôteliers peuvent être sensiblement majorés. Par ailleurs, renseignez-vous pour connaître les éventuelles conditions avantageuses accordées par les hôteliers.

RÉSERVATION ET ARRHES

Pour la confirmation de la réservation certains établissements demandent le numéro de carte de paiement ou un versement d'arrhes. Il s'agit d'un dépôt-garantie qui engage l'établissement comme le client. Bien demander à l'hôtelier de vous fournir dans sa lettre d'accord toutes précisions utiles sur la réservation et les conditions de séjour.

CARTES DE PAIEMENT

	Cartes de paiement acceptées :
VISA MC AE DC	Visa – MasterCard – American Express – Diners Club

CHAMBRES

ch – 🚹 50/80 €	Prix des chambres minimum / maximum pour 1 personne
ch – 🚹🚹 60/100 €	Prix des chambres minimum / maximum pour 2 personnes
☕ 9 €	Prix du petit-déjeuner
ch ☕	Petit-déjeuner compris

DEMI-PENSION

½ P 50/70 €	Prix de la demi-pension mini / maxi (chambre, petit-déjeuner et un repas) par personne. Ces prix s'entendent pour une chambre double occupée par deux personnes pour un séjour de trois jours minimum. Une personne seule occupant une chambre double se voit souvent appliquer une majoration. La plupart des hôtels de séjour pratiquent également la pension complète.

RESTAURANT

(13 €)	Formule entrée-plat ou plat-dessert au déjeuner en semaine
🪙	Menu à moins de 18 €
Menu 15 € (déj.)	Menu uniquement servi au déjeuner
Menu 17 € (sem.)	Menu uniquement servi en semaine
Menu 16/38 €	Menu le moins cher / le plus cher
Carte 24/48 €	**Repas à la carte hors boisson** Le premier prix correspond à un repas simple comprenant une entrée, un plat et un dessert. Le deuxième prix concerne un repas plus complet (avec spécialité) comprenant deux plats, fromage et dessert.
bc	Boisson comprise

Villes

GÉNÉRALITÉS

63300	Numéro de code postal de la localité *les deux premiers chiffres correspondent au numéro de département*
✉ 57130 Ars	Numéro de code postal et nom de la commune de destination
Ⓟ ⟨SP⟩	Préfecture – Sous-préfecture
337 E5	Numéro de la carte « DEPARTEMENTS France » MICHELIN et coordonnées permettant de se repérer sur la carte
▌ Jura	Voir le Guide Vert MICHELIN Jura
1057 h.	Nombre d'habitants (source : www.insee.fr)
alt. 75	Altitude de la localité
Sta. therm.	Station thermale
1200/1900	Altitude de la station et altitude maximum atteinte par les remontées mécaniques
2 ⛷	Nombre de téléphériques ou télécabines
14 ⛷	Nombre de remonte-pentes et télésièges
🎿	Ski de fond
BY**b**	Lettres repérant un emplacement sur le plan de ville
▣	Golf et nombre de trous
✳ ⟨	Panorama, point de vue
✈ 🚘	Aéroport – Localité desservie par train-auto *Renseignements au numéro de téléphone indiqué*
⛴	Transports maritimes
⛴	Transports maritimes pour passagers seulement
🛈	Information touristique

INFORMATIONS TOURISTIQUES

INTÉRÊT TOURISTIQUE

★★★	Vaut le voyage
★★	Mérite un détour
★	Intéressant

Les musées sont généralement fermés le mardi

SITUATION DU SITE

👁	A voir dans la ville
👁	A voir aux environs de la ville
N, S, E, O	La curiosité est située : au Nord, au Sud, à l'Est, à l'Ouest
② ④	On s'y rend par la sortie ② ou ④ repérée par le même signe sur le plan du guide
6 km	Distance en kilomètres

Plans

- □ Hôtels
- ■ Restaurants

CURIOSITÉS

Bâtiment intéressant
Édifice religieux intéressant :
- Catholique – Protestant

VOIRIE

Autoroute, double chaussée de type autoroutier
④ ④ Échangeurs numérotés : complet, partiels
Grande voie de circulation
Sens unique – Rue réglementée ou impraticable
Rue piétonne – Tramway
R. Pasteur **P R** Rue commerçante – Parking – Parking Relais
Porte – Passage sous voûte – Tunnel
Gare et voie ferrée – Auto-Train
Funiculaire – Téléphérique, télécabine
⚠ B Pont mobile – Bac pour autos

SIGNES DIVERS

ℹ Information touristique
Mosquée – Synagogue
Tour – Ruines – Moulin à vent – Château d'eau
Jardin, parc, bois – Cimetière – Calvaire
Stade – Golf – Hippodrome – Patinoire
Piscine de plein air, couverte
Vue – Panorama – Table d'orientation
Monument – Fontaine – Usine
Centre commercial – Cinéma Multiplex
Port de plaisance – Phare – Tour de télécommunications
Aéroport – Station de métro – Gare routière
Transport par bateau : passagers et voitures, passagers seulement
③ Pastille de sortie de ville
Bureau principal de poste restante et Téléphone
Hôpital – Marché couvert – Caserne
Bâtiment public repéré par une lettre :
A C   - Chambre d'agriculture – Chambre de commerce
G **⚑** H J   - Gendarmerie – Hôtel de ville – Palais de justice
M P T   - Musée – Préfecture, sous-préfecture – Théâtre
U   - Université, grande école
POL.   - Police (commissariat central)
⌐4ᵐ⁵⌐ 18T ⑱ Passage bas (inf. à 4 m 50) – Charge limitée (inf. à 19 t)

Attention : en France, nouvelle numérotation en cours des routes nationales et départementales.

How to use this guide

14

TOURIST INFORMATION

Distances from the main towns,
tourist offices, local tourist attractions,
means of transport, golf courses
and leisure activities...

LODGING

From 🏠🏠🏠🏠 to 🏠, ⌂:
categories of comfort.
In red 🏠🏠🏠🏠 ... 🏠, ⌂:
the most pleasant.

GOOD FOOD AND ACCOMMODATION AT MODERATE PRICES

🍴 Bib Gourmand.
🛏 Bib Hotel.

RESTAURANTS

From 🍽🍽🍽🍽🍽 to 🍽:
categories of comfort.
In red 🍽🍽🍽🍽🍽 ... 🍽:
the most pleasant.

STARS

✿✿✿ Worth a special journey.
✿✿ Worth a detour.
✿ A very good restaurant.

ABBAYE DE FONTFROIDE - 03 Aude - 344 J4 - rattaché

ABBAYE DE SAINT-WANDRILLE - 18 Cher - 323 K

Montrond

ABBEVILLE - 80 Somme - 24 567 h. - alt. 8 - ✉ 80100 - 3
Nord Pas-de-Calais Picardie

▯ Paris 186 - Amiens 51 - Boulogne-sur-Mer 79 -
☐ d'Avignon - ℰ 04 90 81 51 51, par N3 et N7 : 8
✈ Office de tourisme, 1 place de l'Amiral Cou
risme.abbeville@wanadoo.fr - Fax 03 22 31
🎬 d'Abbeville, Route du Val par rte St-Valér
- Fax 03 22 24 49 61 - ✉ 80132
◉ Vitraux contemporains★★ de l'église du
légiale St-Vulfran A E **D** - Musée Bouche
🎦 Vallée de la Somme★ - Château de Ba

Les Jardins du Château 🌿
🏠🏠🏠   rte du Port - ℰ 04 79 00 00 46
       - welcome@hotelmandjaro.com – Fax
       15 ch (1/2 P seult) - 17 suites 250/440
       Rest Le Cœur d'Or - ℰ 04 79 01 46
       Rest Terrasses du Cœur d'Or – (fe
       • Lauze, pierre et bois "vieilli" comp
       Superbes chambres savoyardes, é
       Décor tout bois et coins "cosy" a
       Terrasses.

Le Relais de la Poste 🌿
🏠🏠   rte de Lion, D 541 : 1 km – ℰ 04
🛏   – Fermé 31 oct.-18 nov., 1
      42 ch - †40/60 € ††60/65
      • Sur la route de la grotte d
      cadre actuel ou sous les f

Atelier des Saveu
🍽🍽🍽🍽   10 bd Croisette – ℰ 04
✿✿   – Fax 04 93 38 97 90 –
      Rest – (dîner seult)
      Spéc. Bocal de foi
      Mad" tiède à la va
      • Élégante verrièr
      • Un joli cadre p

OTHER
MICHELIN PUBLICATIONS

References for the MICHELIN map
and Green Guide which cover the area.

LOCATING THE TOWN

Locate the town on the map
at the end of the guide
(map number and coordinates).

LOCATING THE
ESTABLISHMENT

Located on the town plan
(coordinates and letters
giving the location).

DESCRIPTION OF
THE ESTABLISHMENT

Atmosphere, style,
character and specialities.

QUIET HOTELS

🐾 quiet hotel.
🐾 very quiet hotel.

FACILITIES AND
SERVICES

PRICES

nne

ché à St-Amand-

22 **C4**

06

3 22 24 27 92 - Office.tou-

me : 4 km - ℰ 03 22 24 98 58

lcre AM **B** - Façade★ de la col-
hes★ BY **M**

≤ donjon
ch 35 à 70

1 46 40 – Fermé mi-déc.-mi-avril
AX**b**
lex 300 €
seult) 70/125 €
di) 25 € Enf. 16 €
es luxueux chalets regroupés en hameau.
high-tech et toutes dotées d'une loggia.
'Or. Cuisine du terroir et plats simples aux

≤

0 09 – info@labastide.com – Fax 04 75 46 10 62
.., merc. soir et lundi
€ – **Rest** 16 € (déj. en sem.) 22/52 €
Sévigné, une cuisine traditionnelle servie dans un
ns de la terrasse. En hiver, spécialités de truffes.

≤

00 – ateliersdessaveurs@luciedurand.com
4 nov.-30 déc., dim.
et carte 100/140 €
canard. Canon d'agneau rôti au thym-citron. "Traou
ns Côtes de Provence   le ciel azuréen et sobre décor d'inspiration Napoléon
nt sur le ciel azuréen et sobre décor d'inspiration Napoléon
fine cuisine unissant saveurs du Sud-Ouest et de Provence.

≤ îles de Lérins
nt sur le ciel azuréen et sobre décor d'inspiration Napoléon
≤ îles de Lérins   AU**d**
voir plan d'Antibes
1 00 00 – bellevue@free.fr – Fax 04 93 67 81 78
e étendue de sable fin des Alpes-Maritimes.
r marin.   ≤ îles de Lérins
es AU**c**

Commitments

This foreword to the very first edition of the MICHELIN guide, written in 1900, has become famous over the years and the guide has lived up to the prediction. It is read across the world and the key to its popularity is the consistency of its commitment to its readers, which is based on the following promises.

The MICHELIN guide's commitments:

Anonymous inspections: our inspectors make regular and anonymous visits to hotels and restaurants to gauge the quality of products and services offered to an ordinary customer. They settle their own bill and may then introduce themselves and ask for more information about the establishment. Our readers' comments are also a valuable source of information, which we can then follow up with another visit of our own.

Independence: Our choice of establishments is a completely independent one, made for the benefit of our readers alone. The decisions to be taken are discussed around the table by the inspectors and the editor. The most important awards are decided at a European level. Inclusion in the guide is completely free of charge.

Selection and choice: The guide offers a selection of the best hotels and restaurants in every category of comfort and price. This is only possible because all the inspectors rigorously apply the same methods.

Annual updates: All the practical information, the classifications and awards are revised and updated every single year to give the most reliable information possible.

Consistency: The criteria for the classifications are the same in every country covered by the MICHELIN guide.

… and our aim: to do everything possible to make travel, holidays and eating out a pleasure, as part of MICHELIN's ongoing commitment to improving travel and mobility.

Dear reader

We are delighted to introduce the 99th edition of The MICHELIN guide France. This selection of the best hotels and restaurants in every price category is chosen by a team of full-time inspectors with a professional background in the industry. They cover every corner of the country, visiting new establishments and testing the quality and consistency of the hotels and restaurants already listed in the guide. Every year we pick out the best restaurants by awarding them from ✤ to ✤✤✤. Michelin stars are awarded to establishments serving cuisine, of whatever style, which is of the highest quality, taking into consideration the quality of ingredients, the flair and skill in their preparation, the combination of flavours, the value for money and the consistency of culinary standards.

Newly promoted restaurants which, over the last year, have raised the quality of their cooking to a new level, whether they have gained a first star, risen from one to two stars, or moved from two to three, are marked with an '**N**' next to their entry to signal their new status in 2008.

We have also picked out a selection of "*Rising Stars*". These establishments, listed in red, are the best in their present category. They have the potential to rise further, and already have an element of superior quality; as soon as they produce this quality consistently, and in all aspects of their cuisine, they will be hot tips for a higher award. We've highlighted these promising restaurants so you can try them for yourselves; we think they offer a foretaste of the gastronomy of the future.

We're very interested to hear what you think of our selection, particularly the "*Rising Stars*", so please continue to send us your comments. Your opinions and suggestions help to shape your guide, and help us to keep improving it, year after year.

Thank you for your support. We hope you enjoy travelling with the MICHELIN guide 2008.

Consult the Michelin Guide at www.ViaMichelin.com
and write to us at: leguidemichelin-france@fr.michelin.com

Classification & awards

CATEGORIES OF COMFORT

The MICHELIN guide selection lists the best hotels and restaurants in each category of comfort and price. The establishments we choose are classified according to their levels of comfort and, within each category, are listed in order of preference.

🏨	XXXXX	**Luxury in the traditional style**
🏨	XXXX	**Top class comfort**
🏛	XXX	**Very comfortable**
🏠	XX	**Comfortable**
🏠	X	**Quite comfortable**
🏠		**Guesthouse**
sans rest		**This hotel has no restaurant**
avec ch		**This restaurant also offers accommodation**

THE AWARDS

To help you make the best choice, some exceptional establishments have been given an award in this year's guide.

For those awarded a star or a Bib Gourmand, the mention "**Rest**" appears in red in the description of the establishment.

For those awarded a Bib Hotel, the mention "**ch**" appears in blue in the description of the establishment.

THE STARS: THE BEST CUISINE

MICHELIN stars are awarded to establishments serving cuisine, of whatever style, which is of the highest quality. The cuisine is judged on the quality of ingredients, the flair and skill in their preparation, the combination of flavours, the value for money and the consistency of culinary standards.

🌸🌸🌸	**Exceptional cuisine, worth a special journey**
26	One always eats extremely well here, sometimes superbly.
🌸🌸	**Excellent cooking, worth a detour**
68	
🌸	**A very good restaurant in its category**
435	

THE BIB : GOOD FOOD
AND ACCOMMODATION AT MODERATE PRICES

Bib Gourmand

510 Establishment offering good quality cuisine at a maximum price of 28 € or 35 € in the Paris region (price of a meal not including drinks). Outside the Paris region, these establishments generally specialise in regional cooking.

Bib Hotel

297 Establishment offering good levels of comfort and service, with most rooms priced at a maximum price of 72 € or under 88 € in the main cities and popular tourist resorts (price of a room for 2 people not including breakfast).

PLEASANT HOTELS AND RESTAURANTS

Symbols shown in red indicate particularly pleasant or restful establishments: the character of the building, its décor, the setting, the welcome and services offered may all contribute to this special appeal.

🏠 to 🏛🏛🏛 **Pleasant hotels**

↑ **Pleasant guesthouses**

𝒳 to 𝒳𝒳𝒳𝒳 **Pleasant restaurants**

OTHER SPECIAL FEATURES

As well as the categories and awards given to the establishment, MICHELIN inspectors also make special note of other criteria which can be important when choosing an establishment.

LOCATION

If you are looking for a particularly restful establishment, or one with a special view, look out for the following symbols:

⤳ **Quiet hotel**

⤳ **Very quiet hotel**

⪡ **Interesting view**

⪡ **Exceptional view**

WINE LIST

If you are looking for an establishment with a particularly interesting wine list, look out for the following symbol:

Particularly interesting wine list

This symbol might cover the list presented by a sommelier in a luxury restaurant or that of a simple inn where the owner has a passion for wine. The two lists will offer something exceptional but very different, so beware of comparing them by each other's standards.

Facilities
& services

30 ch	Number of rooms
🚗 🌳 🏖	Garden – Park – Beach with bathing facilities
🏠	Meals served in garden or on terrace
⊒ ⊡	Swimming pool: outdoor or indoor
🆂🅿🅰	An extensive facility for relaxation and well-being
🏋 🎾	Exercise room – Tennis court
🛗 ♿	Lift – Establishment at least partly accessible to those of restricted mobility
A/C	Air conditioning
🚭	Rooms for non-smokers available
☎	High speed Internet access
⇔	Private dining rooms
🏛	Equipped conference room
🖐	Restaurant offering valet parking (tipping customary)
P P	Car park / Enclosed car park for customers only
🚙	Garage (additional charge in most cases)
🐕	No dogs allowed
Ⓜ	Nearest metro station
Ouvert / Fermé mai-oct	Dates when open or closed, as indicated by the hotelier.

20

Prices

Prices quoted in this guide are for autumn 2007. They are subject to alteration if goods and service costs are revised.

By supplying the information, hotels and restaurants have undertaken to maintain these rates for our readers.

In some towns, when commercial, cultural or sporting events are taking place the hotel rates are likely to be considerably higher.

Out of season, certain establishments offer special rates. Ask when booking.

RESERVATION AND DEPOSITS

Some establishments will ask you to confirm your reservation by giving your credit card number or require a deposit which confirms the commitment of both the customer and the establishment. Ask the hotelier to provide you with all the terms and conditions applicable to your reservation in their written confirmation.

CREDIT CARDS

Credit cards accepted by the establishment:

VISA ◐ AE ◑   Visa – MasterCard – American Express – Diners Club

ROOMS

ch – ♦ 50/80 €	Lowest price / highest price for a single room
ch – ♦♦ 60/100 €	Lowest price / highest price for a double or a twin room
☲ 9 €	Price of breakfast
ch ☲	Breakfast included

HALF BOARD

½ P 50/70 €   Lowest and highest prices for half board (room, breakfast and a meal) per person. These prices are valid for a double room occupied by two people for a minimum stay of three nights. If a single person occupies a double room a supplement may apply. Most of the hotels also offer full board terms on request.

RESTAURANT

(13 €)	2 course meal, on weekday lunchtimes
ೞ	Menu for less than 18 €
Menu 15 € (déj.)	Set menu served only at lunchtime
Menu 17 € (sem.)	Set menu served only on weekdays
Menu 16/38 €	Cheapest set meal / Highest set menu
Carte 24/48 €	**A la carte meal**, drinks not included. The first figure is for a plain meal and includes first course, main dish of the day and dessert. The second price is for a fuller meal (with speciality) including starter, main course, cheese and dessert.
bc	House wine included

Towns

GENERAL INFORMATION

63300	Local postal number *the first two numbers are the same as the département number*
✉ 57130 Ars	Postal number and the name of the postal area
P ⟨SP⟩	Prefecture – Sub-prefecture
337 E5	Number of the appropriate sheet and grid square reference of the Michelin road map in the "DEPARTEMENTS France" MICHELIN series
Jura	See the MICHELIN Green Guide Jura
1057 h.	Population (source: www.insee.fr)
alt. 75	Altitude (in metres)
Sta. therm.	Spa
1200/1900	Altitude of resort and highest point reached by lifts
2 🚡	Number of cable-cars
14 ⚡	Number of ski and chair-lifts
🎿	Cross-country skiing
BY **b**	Letters giving the location of a place on a town plan
🏌	Golf course and number of holes
❋ ⟨	Panoramic view, viewpoint
✈ 🚗	Airport – Places with motorail pick-up point. *Further information from phone number listed*
⛴ ⛴	Shipping line – Passenger transport only
🛈	Tourist information

TOURIST INFORMATION

STAR-RATING

★★★	Highly recommended
★★	Recommended
★	Interesting *Museums and art galleries are generally closed on Tuesday*

LOCATION

👁	Sights in town
🔾	On the outskirts
N, S, E, O	The sight lies north, south, east or west of the town
② ④	Signs ② or ④ on the town plan show the road leading to a place of interest and correspond to the same signs on MICHELIN road maps.
6 km	Distance in kilometres

Town plans

- □ Hotels
- ■ Restaurants

SIGHTS

Place of interest
Interesting place of worship:
- Catholic – Protestant

ROAD

Motorway, dual carriageway
Numbered junctions : complete, limited
Major thoroughfare
One-way street – Unsuitable for traffic or street
subject to restrictions
Pedestrian street – Tramway
R. Pasteur Shopping street – Car park – Park and Ride
Gateway – Street passing under arch – Tunnel
Station and railway – Motorail
Funicular – Cable-car
Lever bridge – Car ferry

VARIOUS SIGNS

Tourist Information Centre
Mosque – Synagogue
Tower – Ruins – Windmill – Water tower
Garden, park, wood – Cemetery – Cross
Stadium – Golf course – Racecourse – Skating rink
Outdoor or indoor swimming pool
View – Panorama – Viewing table
Monument – Fountain – Factory
Shopping centre – Multiplex Cinema
Pleasure boat harbour – Lighthouse – Communications tower
Airport – Underground station – Coach station
Ferry services : passengers and cars, passengers only
Reference number common to town plans
Main post office with poste restante and telephone
Hospital – Covered market – Barracks
Public buildings located by letter :
A C - Chamber of Agriculture – Chamber of Commerce
G H J - Gendarmerie – Town Hall – Law Courts
M P T - Museum – Prefecture or sub-prefecture – Theatre
U - University, College
POL. - Police (in large towns police headquarters)
Low headroom (15 ft. max.) – Load limit (under 19 t)

Please note: the *route nationale* and *route départementale* road numbers ar currently being changed in France.

Come leggere la guida

INFORMAZIONI TURISTICHE

Distanza dalle città di riferimento,
uffici turismo, siti turistici locali,
mezzi di trasporto,
golfs e tempo libero...

ABBAYE DE FONTFROIDE - 03 Aude - 344 - I4 - rattaché

ABBAYE DE SAINT-WANDRILLE - 18 Cher - 323 -

Montrond

ABBEVILLE - 80 Somme - 24 567 h. - alt. 8 - ⌧ 80100 -
Nord Pas-de-Calais Picardie

▶ Paris 186 - Amiens 51 - Boulogne-sur-Mer 79
🅰 d'Avignon - 𝒞 04 90 81 51 51, par N3 et N7 : 8
🛈 Office de tourisme, 1 place de l'Amiral Cou
risme.abbeville@wanadoo.fr - Fax 03 22 3
🔟 d'Abbeville, Route du Val par rte St-Valé
- Fax 03 22 24 49 61 - ⌧ 80132
◉ Vitraux contemporains★★ de l'église d
légiale St-Vulfran AE **D** - Musée Bouch
ⓖ Vallée de la Somme★ - Château de Ba

L'ALLOGGIO

Da 🏨🏨🏨 a 🏠, ⌂ :
categorie di confort.
In rosso 🏨🏨🏨 ... 🏠, ⌂ :
I più ameni.

🏨🏨🏨   **Les Jardins du Château** 🍃
😊   rte du Port – 𝒞 04 79 00 00 46
   - welcome@hotelmandjaro.com – Fa
   15 ch (1/2 P seult) – 17 suites 250/44C
   Rest Le Cœur d'Or – 𝒞 04 79 01 46
   Rest Terrasses du Cœur d'Or – (f
   ◆ Lauze, pierre et bois "vieilli" com
   Superbes chambres savoyardes,
   Décor tout bois et coins "cosy" a
   Terrasses.

I MIGLIORI ESERCIZI A PREZZI CONTENUTI

😊   Bib Gourmand.
🎖   Bib Hotel.

🏨   **Le Relais de la Poste** 🍃
🎖   rte de Lion, D 541 : 1 km – 𝒞 0
   – Fermé 31 oct.-18 nov., 1
   42 ch – ♦ 40/60 € ♦♦ 60/65
   ◆ Sur la route de la grotte
   cadre actuel ou sous les f

I RISTORANTI

Da 🍴🍴🍴🍴🍴 a 🍴:
categorie di confort.
In rosso 🍴🍴🍴🍴🍴 ... 🍴:
i più ameni.

🍴🍴🍴🍴   **Atelier des Saveu**
😊😊   10 bd Croisette – 𝒞 04
   – Fax 04 93 38 97 90 –
   Rest – (dîner seult) –
   Spéc. Bocal de fo
   Mad" tiède à la va
   ◆ Élégante verriè
   ◆ Un joli cadre

LE TAVOLE STELLATE

✿✿✿   Vale il viaggio.
✿✿   Merita una deviazione.
✿   Ottima cucina.

24

ALTRE
PUBBLICAZIONI MICHELIN

Riferimento alla carta MICHELIN
ed alla Guida Verde in cui figura la località.

LOCALIZZARE LA CITTÀ

Posizione della località sulla carta
regionale alla fine della guida
(n° della carta e coordinate).

LOCALIZZARE L'ESERCIZIO

Localizzazione sulla pianta di
città (coordinate ed indice).

DESCRIZIONE
DELL'ESERCIZIO

Atmosfera, stile,
carattere e specialità.

GLI ALBERGHI
TRANQUILLI

🦢 Albergo tranquillo.
🦢 Albergo molto tranquillo.

PREZZI

INSTALLAZIONI
E SERVIZI

---

ché à St-Amand-

22 **C4**

06

3 22 24 27 92 - Office.tou-

ne : 4 km - ✆ 03 22 24 98 58

lcre AM **B** - Façade★ de la col-
hes★ BY **M**

< donjon

ch 35 à 70

46 40 – Fermé mi-déc.-mi-avril
lex 300 €
seult) 70/125 €
Ji) 25 € Enf. 16 €
s luxueux chalets regroupés en hameau.
high-tech et toutes dotées d'une loggia.
'Or. Cuisine du terroir et plats simples aux

AX **b**

<

09 – info@labastide.com – Fax 04 75 46 10 62
; merc. soir et lundi
€ – **Rest** 16 € (déj. en sem.) 22/52 €
Sévigné, une cuisine traditionnelle servie dans un
ns de la terrasse. En hiver, spécialités de truffes.

< ch, AE

00 – ateliersdessaveurs@luciedurand.com
nov.-30 déc., dim.
et carte 100/140 €
e canard. Canon d'agneau rôti au thym-citron. "Traou
s Côtes de Provence   d'inspiration Napoléon
t sur le ciel azuréen et sobre décor d'inspiration Napoléon
fine cuisine unissant saveurs du Sud-Ouest et de Provence.

< îles de Lérins   rest, AE
1 00 00 – bellevue@free.fr – Fax 04 93 67 81 78
de étendue de sable fin des Alpes-Maritimes.
r marin.   voir plan d'Antibes AU **d**

las de Lérins   AU **c**

25

Principi

« *Quest'opera nasce col secolo e durerà quanto esso.* »

La prefazione della prima Edizione della guida MICHELIN 1900, divenuta famosa nel corso degli anni, si è rivelata profetica. Se la guida viene oggi consultata in tutto il mondo è grazie al suo costante impegno nei confronti dei lettori. Desideriamo qui ribadirlo.

I principi della guida MICHELIN:

La visita anonima: per poter apprezzare il livello delle prestazioni offerte ad ogni cliente, gli ispettori verificano regolarmente ristoranti ed alberghi mantenendo l'anonimato. Questi pagano il conto e possono presentarsi per ottenere ulteriori informazioni sugli esercizi. La posta dei lettori fornisce peraltro preziosi suggerimenti che permettono di orientare le nostre visite.

L'indipendenza: la selezione degli esercizi viene effettuata in totale indipendenza, nel solo interesse del lettore. Gli ispettori e il caporedattore discutono collegialmente le scelte. Le massime decisioni vengono prese a livello europeo. La segnalazione degli esercizi all'interno della guida è interamente gratuita.

La selezione: la guida offre una selezione dei migliori alberghi e ristoranti per ogni categoria di confort e di prezzo. Tale selezione è il frutto di uno stesso metodo, applicato con rigorosità da tutti gli ispettori.

L'aggiornamento annuale: ogni anno viene riveduto e aggiornato l'insieme dei consigli pratici, delle classifiche e della simbologia al fine di garantire le informazioni più attendibili.

L'omogeneità della selezione: i criteri di valutazione sono gli stessi per tutti i paesi presi in considerazione dalla guida MICHELIN.

... e un unico obiettivo: prodigarsi per aiutare il lettore a fare di ogni spostamento e di ogni uscita un momento di piacere, conformemente alla missione che MICHELIN si è prefissata: contribuire ad una miglior mobilità.

Editoriale

Caro lettore,

Abbiamo il piacere di presentarle la nostra 99a edizione della guida MICHELIN Francia. Questa selezione, che comprende i migliori alberghi e ristoranti per ogni categoria di prezzo, viene effettuata da un'équipe di ispettori professionisti del settore. Ogni anno, percorrono l'intero paese per visitare nuovi esercizi e verificare il livello delle prestazioni di quelli già inseriti nella guida. All'interno della selezione, vengono inoltre assegnate ogni anno da ❀ a ❀❀❀ alle migliori tavole. Le stelle sono attribuite agli esercizi che propongono la migliore qualità culinaria, in ogni tipo di stile, tenendo conto della scelta dei prodotti, della personalità della cucina, della padronanza delle tecniche di cottura e dei sapori, del rapporto qualità/prezzo, nonché della regolarità. Anche quest'anno, numerose tavole sono state notate per l'evoluzione della loro cucina. Una « **N** » accanto ad ogni esercizio prescelto dell'annata 2008, ne indica l'inserimento fra gli esercizi con una, due o tre stelle.

Desideriamo inoltre segnalare le « *promesse* » per la categoria superiore. Questi esercizi, evidenziati in rosso nella nostra lista e nelle nostre pagine, sono i migliori della loro categoria e potranno accedere alla categoria superiore non appena le loro prestazioni avranno raggiunto un livello costante nel tempo, e nelle proposte della carta. Con questa segnalazione speciale, è nostra intenzione farvi conoscere le tavole che costituiscono, dal nostro punto di vista, le principali promesse della gastronomia di domani.

Il vostro parere ci interessa, specialmente riguardo a queste « *promesse* ». Non esitate quindi a scriverci, la vostra partecipazione è importante per orientare le nostre visite e migliorare costantemente la vostra guida.

Grazie ancora per la vostra fedeltà e vi auguriamo buon viaggio con la guida MICHELIN 2008.

Consultate la guida MICHELIN su **www. ViaMichelin.com**
e scriveteci a : **leguidemichelin-france@fr.michelin.com**

Categorie
& simboli distintivi

LE CATEGORIE DI CONFORT

Nella selezione della guida MICHELIN vengono segnalati i migliori indirizzi per ogni categoria di confort e di prezzo. Gli esercizi selezionati sono classificati in base al confort che offrono e vengono citati in ordine di preferenza per ogni categoria.

🏨🏨🏨🏨	XXXXX	**Gran lusso e tradizione**
🏨🏨🏨	XXXX	**Gran confort**
🏨🏨	XXX	**Molto confortevole**
🏨	XX	**Di buon confort**
🏠	X	**Abbastanza confortevole**
个		**Locande, affittacamere**
sans rest		**L'albergo non ha ristorante**
avec ch		**Il ristorante dispone di camere**

I SIMBOLI DISTINTIVI

Per aiutarvi ad effettuare la scelta migliore, segnaliamo gli esercizi che si distinguono in modo particolare.

Per gli indirizzi che si distinguono con una stella o un Bib Gourmand, la menzione "**Rest**" appare in rosso nella descrizione dell'esercizio

Per gli indirizzi che si distinguono con il Bib Hotel, la menzione "**ch**" appare in blu nella descrizione dell'esercizio.

LE MIGLIORI TAVOLE

Le stelle distinguono gli esercizi che propongono la miglior qualità in campo gastronomico, indipendentemente dagli stili di cucina. I criteri presi in considerazione sono: la scelta dei prodotti, la personalità della cucina, la padronanza delle tecniche di cottura e dei sapori, il rapporto qualità/prezzo, nonché la regolarità.

🌼🌼🌼	**Una delle migliori cucine, questa tavola vale il viaggio**
26	Vi si mangia sempre molto bene, a volte meravigliosamente.
🌼🌼	**Cucina eccellente, questa tavola merita una deviazione**
68	
🌼	**Un'ottima cucina nella sua categoria**
435	

I MIGLIORI ESERCIZI A PREZZI CONTENUTI

⊕ **Bib Gourmand**

510 Esercizio che offre una cucina di qualità, spesso a carattere tipi-camente regionale, al prezzo massimo di 28 € (35 € nelle città capoluogo e turistiche importanti).
Prezzo di un pasto, bevanda esclusa.

🏨 **Bib Hotel**

297 Esercizio che offre un soggiorno di qualità al prezzo massimo di 72 € (88 € nelle città e località turistiche importanti) per la maggior parte delle camere. Prezzi per 2 persone, prima colazione esclusa.

GLI ESERCIZI AMENI

Il rosso indica gli esercizi particolarmente ameni. Questo per le caratteristiche dell'edificio, le decorazioni non comuni, la sua posizione ed il servizio offerto.

🏠 a 🏨🏨🏨 **Alberghi ameni**

↑ **Locande e affittacamere ameni**

X a XXXXX **Ristoranti ameni**

LE SEGNALAZIONI PARTICOLARI

Oltre alle distinzioni conferite agli esercizi, gli ispettori MICHELIN apprezzano altri criteri spesso importanti nella scelta di un esericizio.

POSIZIONE

Cercate un esercizio tranquillo o che offre una vista piacevole?
Seguite i simboli seguenti :

🐦 **Albergo tranquillo**

🐦 **Albergo molto tranquillo**

≤ **Vista interessante**

≤ **Vista eccezionale**

CARTA DEI VINI

Cercate un ristorante la cui carta dei vini offra una scelta particolarmente interessante?
Seguite il simbolo seguente:

🍷 **Carta dei vini particolarmente interessante**

Attenzione a non confrontare la carta presentata da un sommelier in un grande ristorante con quella di una trattoria dove il proprietario ha una grande passione per i vini della regione.

Installazioni
& servizi

30 ch	Numero di camere
	Giardino – Parco – Spiaggia attrezzata
	Pasti serviti in giardino o in terrazza
	Piscina: all'aperto, coperta
	Centro attrezzato per il benessere ed il relax
	Palestra – Campo di tennis
	Ascensore – Esercizio accessibile in parte alle persone con difficoltà motorie
A/C	Aria condizionata
	Camere disponibili per i non fumatori
	Connessione internet ad alta velocità
	Saloni particolari
	Sale per conferenze
	Ristorante con servizio di posteggiatore (è consuetudine lasciare una mancia)
P P	Parcheggio / Parcheggio chiuso riservato alla clientela
	Garage nell'albergo (generalmente a pagamento)
	Accesso vietato ai cani
M	Stazione della metropolitana più vicina
Ouvert / Fermé mai-oct	Periodo di apertura o chiusura, comunicato dal proprietario

30

Prezzi

I prezzi che indichiamo in questa guida sono stati stabiliti nell'autunno 2007. Potranno subire delle variazioni in relazione ai cambiamenti dei prezzi di beni e servizi. Essi s'intendono comprensivi di tasse e servizio. Sul conto da pagare non deve figurare alcuna maggiorazione, ad eccezione dell'eventuale tassa di soggiorno. Gli albergatori e i ristoratori si sono impegnati, sotto la propria responsabilità, a praticare questi prezzi ai clienti. In occasione di alcune manifestazioni (congressi, fiere, saloni, festival, eventi sportivi...) i prezzi richiesti dagli albergatori potrebbero subire un sensibile aumento. Per eventuali promozioni offerte, non esitate a chiederle direttamente all'albergatore.

PRENOTAZIONE E CAPARRA

Come conferma della prenotazione alcuni esercizi chiedono il numero di una carta di credito o il versamento di una caparra. Si tratta di un deposito-garanzia che impegna sia l'albergatore che il cliente. Chiedete una lettera di conferma su ogni dettaglio della prenotazione e sulle condizioni di soggiorno.

CARTE DI CREDITO

	Carte di credito accettate :
VISA ⓄⓄ ⒶⒺ Ⓞ	Visa – MasterCard –American Express –Diners Club

CAMERE

ch – ♀ 50/80 €	Prezzo minimo / massimo per camera singola
ch – ♀♀ 60/100 €	Prezzo minimo / massimo per camera doppia.
☐ 9 €	Prezzo per la prima colazione.
ch ☐	Prima colazione compresa

MEZZA PENSIONE

½ P 50/70 €	Prezzo minimo/massimo della mezza pensione (camera, prima colazione ed un pasto) per persona. Questi prezzi sono validi per la camera doppia occupata da due persone, per un soggiorno minimo di tre giorni; la persona singola potrà talvolta vedersi applicata una maggiorazione. La maggior parte degli alberghi pratica anche la pensione completa.

RISTORANTE

(13 €)	Pasto composto dal piatto del giorno, da un antipasto o dessert, a mezzogiorno in settimana
☜	Pasto per meno di 18 €
Menu 15 € (déj.)	Menu servito solo a mezzogiorno
Menu 17 € (sem.)	Menu servito solo nei giorni feriali
Menu 16/38 €	Menu: il meno caro / il più caro
Carte 24/48	Pasto alla carta bevanda esclusa. Il primo prezzo corrisponde ad un pasto semplice comprendente: antipasto, piatto del giorno e dessert. Il secondo prezzo corrisponde ad un pasto più completo (con specialità) comprendente: due piatti, formaggio e dessert.
bc	Bevanda compresa

31

Città

GENERALITÀ

63300	Codice di avviamento postale *le prime due cifre corrispondono al numero del dipartimento*
✉ 57130 Ars	Numero di codice e sede dell'Uffico Postale
ℙ ⟨SP⟩	Prefettura – Sottoprefettura
337 E5	Numero della carta "DEPARTEMENTS France" MICHELIN e coordinate riferite alla quadrettatura
▮ Jura	Vedere la Guida Verde MICHELIN Jura
1057 h.	Popolazione residente (funte: www.insee.fr)
alt. 75	Altitudine
Sta. therm.	Stazione termale
1200/1900	Altitudine della località e altitudine massima raggiungibile con gli impianti di risalita
2 ⛰	Numero di funivie o cabinovie
14 ⚡	Numero di sciovie e seggiovie
⛷	Sci di fondo
BY **b**	Lettere indicanti l'ubicazione sulla pianta
⛳	Golf e numero di buche
✳ ⟨	Panorama, vista
✈	Aeroporto
▦	Località con servizio auto su treno *Informarsi al numero di telefono indicato*
▄	Trasporti marittimi
◂	Trasporti marittimi (solo passeggeri)
i	Informazioni turistiche

INFORMAZIONI TURISTICHE

INTERESSE TURISTICO

★★★	Vale il viaggio
★★	Merita una deviazione
★	Interessante

I musei sono generalmente chiusi il martedì

UBICAZIONE

◉	Nella città
◒	Nei dintorni della città
N, S, E, O	Il luogo si trova a Nord, a Sud, a Est, a Ovest della località
② ④	Ci si va dalla uscita ② o ④ indicata con lo stesso segno sulla pianta
6 km	Distanza chilometrica

32

Piante

- □ Alberghi
- ■ Ristoranti

CURIOSITÀ

Edificio interessante
Costruzione religiosa interessante:
- Cattolica – Protestante

VIABILITÀ

Autostrada, doppia carreggiata tipo autostrada
Svincoli numerati: completo, parziale
Grande via di circolazione
Senso unico – Via regolamentata o impraticabile
Via pedonale – Tranvia
R. Pasteur P Ⓟ Via commerciale – Parcheggio – Parcheggio Ristoro
Porta – Sottopassaggio – Galleria
Stazione e ferrovia – Auto/Treno
Funicolare – Funivia, Cabinovia
⚠ Ⓑ Ponte mobile – Traghetto per auto

SIMBOLI VARI

Ⓘ Ufficio informazioni turistiche
Moschea – Sinagoga
Torre – Ruderi – Mulino a vento – Torre idrica
Giardino, parco, bosco – Cimitero – Via Crucis
Stadio – Golf – Ippodromo – Pista di pattinaggio
Piscina: all'aperto, coperta
Vista – Panorama – Tavola d'orientamento
Monumento – Fontana – Fabbrica
Centro commerciale – Cinema Multisala
Porto turistico – Faro – Torre per telecomunicazioni
Aeroporto – Stazione della Metropolitana – Autostazione
Trasporto con traghetto:
- passeggeri ed autovetture, solo passeggeri
③ Simbolo di riferimento comune alle piante particolareggiate
Ufficio centrale di fermo posta e telefono
Ospedale – Mercato coperto – Caserma
Edificio pubblico indicato con lettera:
A C Camera di Agricoltura – Camera di Commercio
G Ⓖ H J - Gendarmeria – Municipio – Palazzo di Giustizia
M P T - Museo – Prefettura, Sottoprefettura – Teatro
U - Università, grande scuola
POL. - Polizia (Questura, nelle grandi città)
⊞ 18T ⑱ Sottopassaggio (altezza inferiore a m 4,50) –
Portata limitata (inf. a 19 t)

Attenzione: in Francia, nuova numerazione per le strade nazionali regionali in corso.

33

Hinweise zur Benutzung

TOURISTISCHE INFORMATIONEN

Entfernungen zu größeren Städten, Informationsstellen,
Sehenswürdigkeiten, Verkehrsmittel,
Golfplätze und lokale
Veranstaltungen...

ABBAYE DE FONTFROIDE - 03 Aude - 344 I4 - rat

ABBAYE DE SAINT-WANDRILLE - 18 Cher - 3

Montrond

ABBEVILLE - 80 Somme - 24 567 h. - alt. 8 - ⊠ 80

🔲 Nord Pas-de-Calais Picardie

▶ Paris 186 - Amiens 51 - Boulogne-sur-Me

🅰 d'Avignon - 𝒞 04 90 81 51 51, par N3 et N

🛈 Office de tourisme, 1 place de l'Amira
risme.abbeville@wanadoo.fr - Fax 03

🔢 d'Abbeville, Route du Val par rte St-V
- Fax 03 22 24 49 61 - ⊠ 80132

👁 Vitraux contemporains★★ de l'églis
légiale St-Vulfran AE **D** - Musée Bou

🖼 Vallée de la Somme★ - Château de

DIE UNTERBRINGUNG

Von 🏨🏨🏨 bis 🏠, ⌂:
Komfortkategorien.
In rot 🏨🏨🏨 ... 🏠, ⌂:
Besonders angenehme Häuser.

DIE BESTEN PREISWERTEN ADRESSEN

😊 Bib Gourmand.
🍽 Bib Hotel.

DIE RESTAURANTS

Von 🏮🏮🏮🏮🏮 bis 🏮:
Komfortkategorien.
In rot 🏮🏮🏮🏮🏮 ... 🏮: Besonders
angenehme Häuser.

DIE STERNE-RESTAURANTS

✿✿✿ Eine Reise wert.
✿✿ Verdient einen Umweg.
✿ Eine sehr gute Küche.

🏨🏨🏨
🐦

Les Jardins du Château
rte du Port - 𝒞 04 79 00 00 46
- welcome@hotelmandjaro.com –
15 ch (1/2 P seult) – 17 suites 250/4
Rest Le Cœur d'Or - 𝒞 04 79 01 4
Rest Terrasses du Cœur d'Or
◆ Lauze, pierre et bois "vieilli" co
Superbes chambres savoyarde
Décor tout bois et coins "cosy"
Terrasses.

🏨
🍽

Le Relais de la Poste
rte de Lion, D 541 : 1 km – 𝒞
– Fermé 31 oct.-18 nov.,
42 ch – ♦40/60 € ♦♦60/6
◆ Sur la route de la grotte
cadre actuel ou sous les f

🏮🏮🏮🏮
✿✿✿

Atelier des Saveu
10 bd Croisette - 𝒞 04
- Fax 04 93 38 97 90 –
Rest – (dîner seult) –
Spéc. Bocal de foie
Mad" tiède à la va
◆ Élégante verrière
Un joli cadre p

34

ANDERE
MICHELIN-PUBLIKATIONEN

Angabe der MICHELIN-Karte und des Grünen
MICHELIN-Reiseführers, wo der Ort zu finden ist.

LAGE DER STADT

Markierung des Ortes auf der
Regionalkarte am Ende des Buchs
(Nr. der Karte und Koordinaten).

LAGE DES HAUSES

Markierung auf dem Stadtplan
(Planquadrat und Koordinate).

**BESCHREIBUNG
DES HAUSES**

Atmosphäre, Stil,
Charakter und Spezialitäten.

RUHIGE HOTELS

⌂ ruhiges Hotel.
⌂ sehr ruhiges Hotel.

**EINRICHTUNG
UND SERVICE**

PREISE

arbonne

- rattaché à St-Amand-

22 **C4**

E7

uen 106

☎ 03 22 24 27 92 - Office.tou-
26
omme : 4 km - ☎ 03 22 24 98 58

épulcre AM **B** - Façade★ de la col-
Perthes★ BY **M**
le★
⟨ donjon
ch 35 à 70
Fermé mi-déc. -mi-avril

9 01 46 40 - Fermé mi-déc. -mi-avril   AX **b**
uplex 300 €
ner seult) 70/125 €
undi) 25 € Enf. 16 €
. ces luxueux chalets regroupés en hameau.
es high-tech et toutes dotées d'une loggia.
r d'Or. Cuisine du terroir et plats simples aux

00 09 - info@labastide.com - Fax 04 75 46 10 62
.c., merc. soir et lundi
€ - **Rest** 16 € (déj. en sem.) 22/52 €
e Sévigné, une cuisine traditionnelle servie dans un
ons de la terrasse. En hiver, spécialités de truffes.

00 - ateliersdessaveurs@luciedurand.com
4 nov.-30 déc., dim.
et carte 100/140 €
e canard. Canon d'agneau rôti au thym-citron. "Traou
s Côtes de Provence
t sur le ciel azuréen et sobre décor d'inspiration Napoléon
ine cuisine unissant saveurs du Sud-Ouest et de Provence.
⟨ îles de Lérins
voir plan d'Antibes AU **d**
11 00 00 - bellevue@free.fr - Fax 04 93 67 81 78
étendue de sable fin des Alpes-Maritimes.

35

Grundsätze

*„Dieses Werk hat zugleich mit dem Jahrhundert
das Licht der Welt erblickt, und es wird ihm
ein ebenso langes Leben beschieden sein."*

Das Vorwort der ersten Ausgabe des MICHELIN-Führers von 1900 wurde im Laufe der Jahre berühmt und hat sich inzwischen durch den Erfolg dieses Ratgebers bestätigt. Der MICHELIN-Führer wird heute auf der ganzen Welt gelesen. Den Erfolg verdankt er seiner konstanten Qualität, die einzig den Lesern verpflichtet ist und auf festen Grundsätzen beruht.

Die Grundsätze des MICHELIN-Führers:

Anonymer Besuch: Die Inspektoren testen regelmäßig und anonym die Restaurants und Hotels, um deren Leistungsniveau zu beurteilen. Sie bezahlen alle in Anspruch genommenen Leistungen und geben sich nur zu erkennen, um ergänzende Auskünfte zu den Häusern zu erhalten. Für die Reiseplanung der Inspektoren sind die Briefe der Leser im Übrigen eine wertvolle Hilfe.

Unabhängigkeit: Die Auswahl der Häuser erfolgt völlig unabhängig und ist einzig am Nutzen für den Leser orientiert. Die Entscheidungen werden von den Inspektoren und dem Chefredakteur gemeinsam getroffen. Über die höchsten Auszeichnungen wird sogar auf europäischer Ebene entschieden. Die Empfehlung der Häuser im MICHELIN-Führer ist völlig kostenlos.

Objektivität der Auswahl: Der MICHELIN-Führer bietet eine Auswahl der besten Hotels und Restaurants in allen Komfort- und Preiskategorien. Diese Auswahl erfolgt unter strikter Anwendung eines an objektiven Maßstäben ausgerichteten Bewertungssystems durch alle Inspektoren.

Einheitlichkeit der Auswahl: Die Klassifizierungskriterien sind für alle vom MICHELIN-Führer abgedeckten Länder identisch.

Jährliche Aktualisierung: Jedes Jahr werden alle praktischen Hinweise, Klassifizierungen und Auszeichnungen überprüft und aktualisiert, um ein Höchstmaß an Zuverlässigkeit zu gewährleisten.

... und sein einziges Ziel – dem Leser bestmöglich behilflich zu sein, damit jede Reise und jeder Restaurantbesuch zu einem Vergnügen werden, entsprechend der Aufgabe, die sich MICHELIN gesetzt hat: die Mobilität in den Vordergrund zu stellen.

Lieber Leser

Wir freuen uns, Ihnen die 99. Ausgabe des MICHELIN-Führers Frankreich vorstellen zu dürfen. Diese Auswahl der besten Hotels und Restaurants in allen Preiskategorien wird von einem Team von Inspektoren mit Ausbildung in der Hotellerie erstellt. Sie bereisen das ganze Jahr hindurch das Land. Ihre Aufgabe ist es, die Qualität und Leistung der bereits empfohlenen und der neu hinzu kommenden Hotels und Restaurants kritisch zu prüfen. In unserer Auswahl weisen wir jedes Jahr auf die besten Restaurants hin, die wir mit ✿ bis ✿✿✿ kennzeichnen. Die Häuser, die die beste Qualität bezüglich ihrer Küche bieten, wurden mit Sternen ausgezeichnet. Dabei wird nicht zwischen den einzelnen Stilrichtungen unterschieden, entscheidend waren vielmehr die Auswahl der Produkte, die persönlichen Akzente der Küche, das Knowhow bei der Zubereitung und im Geschmack, das Preis-Leistungs-Verhältnis sowie die immer gleich bleibende Qualität. Dieses Jahr werden ferner zahlreiche Restaurants für die Weiterentwicklung ihrer Küche hervorgehoben. Um die neu hinzugekommenen Häuser des Jahrgangs 2008 mit einem, zwei oder drei Sternen zu präsentieren, haben wir diese mit einem „**N**" gekennzeichnet.

Außerdem möchten wir die *"Hoffnungsträger"* für die nächsthöheren Kategorien hervorheben. Diese Häuser, sind in der Liste und auf unseren Seiten in Rot aufgeführt. Sie sind die besten ihrer Kategorie und könnten in Zukunft aufsteigen, wenn sich die Qualität ihrer Leistungen dauerhaft und auf die gesamte Karte bezogen bestätigt hat. Mit dieser besonderen Kennzeichnung möchten wir Ihnen die Restaurants aufzeigen, die in unseren Augen die Hoffnung für die Gastronomie von morgen sind. Ihre Meinung interessiert uns!

Bitte teilen Sie uns diese mit, insbesondere hinsichtlich dieser *"Hoffnungs-träger"*.

Ihre Mitarbeit ist für die Planung unserer Besuche und für die ständige Verbesserung des MICHELIN-Führers von großer Bedeutung.

Wir danken Ihnen für Ihre Treue und wünschen Ihnen angenehme Reisen mit dem MICHELIN-Führer 2008.

Den MICHELIN-Führer finden Sie auch im Internet unter
www.ViaMichelin.com
oder schreiben Sie uns eine E-mail:
leguidemichelin-france@fr.michelin.com

Kategorien
& Auszeichnungen

KOMFORTKATEGORIEN

Der MICHELIN-Führer bietet in seiner Auswahl die besten Adressen jeder
Komfort- und Preiskategorie. Die ausgewählten Häuser sind nach dem gebotenen
Komfort geordnet; die Reihenfolge innerhalb jeder Kategorie drückt eine weitere
Rangordnung aus.

🏠🏠🏠	XXXXX	**Großer Luxus und Tradition**
🏠🏠🏠	XXXX	**Großer Komfort**
🏠🏠	XXX	**Sehr komfortabel**
🏠	XX	**Mit gutem Komfort**
🏠	X	**Mit Standard-Komfort**
🏡		**Privatzimmer**
sans rest		**Hotel ohne Restaurant**
avec ch		**Restaurant vermietet auch Zimmer**

AUSZEICHNUNGEN

Um ihnen behilflich zu sein, die bestmögliche Wahl zu treffen, haben einige
besonders bemerkenswerte Adressen dieses Jahr eine Auszeichnung erhalten.
Die Sterne bzw. „Bib Gourmand" sind durch das entsprechende Symbol ✿ bzw.
😊 und **Rest** gekennzeichnet.
Ist ein Haus mit einem Bib Hotel ausgezeichnet, wird die Bezeichnung „**ch**"
(für die Angabe der Zimmerzahl) in blau gedruckt.

DIE STERNE: DIE BESTEN RESTAURANTS

Die Häuser, die eine überdurchschnittlich gute Küche bieten, wobei alle Stilrichtungen
vertreten sind, wurden mit einem Stern ausgezeichnet. Die Kriterien sind: die
Auswahl der Produkte, die persönlichen Akzente der Küche, das Knowhow bei der
Zubereitung und im Geschmack, das Preis-Leistungs-Verhältnis und die immer gleich
bleibende Qualität.

✿✿✿	**Eine der besten Küchen: eine Reise wert**
26	Man isst hier immer sehr gut, öfters auch exzellent.
✿✿	**Eine hervorragende Küche: verdient einen Umweg**
68	
✿	**Ein sehr gutes Restaurant in seiner Kategorie**
435	

DIE BIB: DIE BESTEN PREISWERTEN HÄUSER

😊	**Bib Gourmand**
510	Häuser, die eine gute Küche bis 28 € bieten – in Paris : bis 35 € (Preis
	für eine dreigängige Mahlzeit ohne Getränke).
	Außerhalb von Paris handelt es sich meist um eine regional geprägte
	Küche.

Bib Hotel

297 Häuser, die eine Mehrzahl ihrer komfortablen Zimmer bis 72 € anbieten – bzw. weniger als 88 € in größeren Städten und Urlaubsorten (Preis für 2 Personen ohne Frühstück).

DIE ANGENEHMSTEN ADRESSEN

Die rote Kennzeichnung weist auf besonders angenehme Häuser hin. Dies kann sich auf den besonderen Charakter des Gebäudes, die nicht alltägliche Einrichtung, die Lage, den Empfang oder den gebotenen Service beziehen.

⌂ bis 🏠🏠🏠🏠 **Angenehme Hotels**

⌃ **Angenehme Privatzimmer**

X bis XXXXX **Angenehme Restaurants**

BESONDERE ANGABEN

Neben den Auszeichnungen, die den Häusern verliehen werden, legen die MICHELIN-Inspektoren auch Wert auf andere Kriterien, die bei der Wahl einer Adresse oft von Bedeutung sind.

LAGE

Wenn Sie eine ruhige Adresse oder ein Haus mit einer schönen Aussicht suchen, achten Sie auf diese Symbole:

⍒ **Ruhiges Hotel**

⍒ **Sehr ruhiges Hotel**

⭰ **Interessante Sicht**

⭰ **Besonders schöne Aussicht**

WEINKARTE

Wenn Sie ein Restaurant mit einer besonders interessanten Weinauswahl suchen, achten Sie auf dieses Symbol:

🍇 **Weinkarte mit besonders attraktivem Angebot**

Aber vergleichen Sie bitte nicht die Weinkarte, die Ihnen vom Sommelier eines großen Hauses präsentiert wird, mit der Auswahl eines Gasthauses, dessen Besitzer die Weine der Region mit Sorgfalt zusammenstellt.

Einrichtung & Service

30 ch	Anzahl der Zimmer
	Garten, Liegewiese – Park – Strandbad
	Garten-, Terrassenrestaurant
	Freibad oder Hallenbad
	Wellnessbereich
	Fitnessraum – Tennisplatz
	Fahrstuhl
	Für Körperbehinderte leicht zugängliches Haus
AC	Klimaanlage
	Nichtraucher Zimmer vorhanden
	High-Speed Internet Anschluss in den Zimmern
	Veranstaltungsraum
	Konferenzraum
	Restaurant mit Wagenmeister-Service (Trinkgeld üblich)
P **P**	Parkplatz / gesicherter Parkplatz für Gäste
	Garage (wird gewöhnlich berechnet)
	Hunde sind unerwünscht
M	Nächstgelegene U-Bahnstation
Ouvert / Fermé mai-oct	Öffnungszeit / Schließungszeit, vom Hotelier mitgeteilt

Preise

Die in diesem Führer genannten Preise wurden uns im Herbst 2007 angegeben. Sie können sich mit den Preisen von Waren und Dienstleistungen ändern. Sie enthalten Bedienung und MwSt. Es sind Inklusivpreise, die sich nur noch durch die evtl. zu zahlende Kurtaxe erhöhen können. Die Häuser haben sich verpflichtet, die von den Hoteliers selbst angegebenen Preise den Kunden zu berechnen. Anlässlich größerer Veranstaltungen, Messen und Ausstellungen werden von den Hotels in manchen Städten und deren Umgebung erhöhte Preise verlangt. Erkundigen Sie sich bei den Hoteliers nach eventuellen Sonder- bedingungen.

RESERVATION UND ANZAHLUNG

Einige Häuser verlangen zur Bestätigung der Reservierung eine Anzahlung oder die Kreditkartennummer. Diese ist als Garantie sowohl für die Häuser als auch für den Gast anzusehen. Bitten Sie den Hotelier, dass er Ihnen in seinem Bestätigungsschreiben die genauen Bedingungen mitteilt.

KREDITKARTEN

Akzeptierte Kreditkarten:

VISA **MC** **AE** **DC** Visa – MasterCard – American Express – Diners Club

ZIMMER

ch – 🛏50/80 €	Mindest- und Höchstpreis für ein Einzelzimmer
ch – 🛏🛏60/100 €	Mindest- und Höchstpreis für ein Doppelzimmer
🍽 9 €	Preis für Frühstück
ch 🍽	Zimmerpreis inkl. Frühstück

HALBPENSION

½ P 50/70 € Mindest- und Höchstpreis für Halbpension (Zimmerpreis inkl. Frühstück und einer Mahlzeit) pro Person, bei einem von zwei Personen belegten Doppelzimmer für einen Aufenthalt von mindestens 3 Tagen. Falls eine Einzelperson ein Doppelzimmer belegt, kann ein Preisaufschlag verlangt werden. In den meisten Hotels wird auch Vollpension angeboten.

RESTAURANT

(13 €)	Preis für ein Menu, bestehend aus Vorspeise/Hauptgericht oder Hauptgericht/Dessert, das unter der Woche mittags serviert wird
ෙ	Menu unter 18 €
Menu 15 € (déj.)	Menu wird nur mittags angeboten
Menu 17 € (sem.)	Menu wird nur unter der Woche angeboten
Menu 16/38 €	Mindest- und Höchstpreis der Menus
Carte 24/48 €	Der erste Preis entspricht einer einfachen Mahlzeit und umfasst Vorspeise, Hauptgericht, Dessert. Der zweite Preis entspricht einer reichlicheren Mahlzeit (mit Spezialität) bestehend aus Vorspeise, Hauptgang, Käse und Dessert.
bc	Getränke inklusiv

Städte

ALLGEMEINES

63300	Postleitzahl
	die beiden ersten Ziffern sind gleichzeitig die Departements-Nummer
⊠ 57130 Ars	Postleitzahl und Name des Verteilerpostamtes
P ⟨SP⟩	Präfektur – Unterpräfektur
337 E5	Nummer der Michelin-Karte « DEPARTEMENTS France »
	MICHELIN und Koordinatenangabe
▌ Jura	Siehe den Grünen MICHELIN-Reiseführer Jura
1057 h. alt. 75	Einwohnerzahl (Quelle: www.insee.fr) – Höhe
Sta. therm.	Thermalbad
1200/1900	Höhe des Wintersportortes und Maximalhöhe, die mit Kabinenbahn
	oder Lift erreicht werden kann
2 ⛷	Anzahl der Kabinenbahnen
14 ⛷	Anzahl der Schlepp- oder Sessellifte
⛷	Langlaufloipen
BY **b**	Markierung auf dem Stadtplan
▛	Golfplatz und Anzahl der Löcher
❋ ⋖	Rundblick, Aussichtspunkt
✈	Flughafen
▤	Ladestelle für Autoreisezüge
	Auskunft unter der angegebenen Telefonnummer
▟ ▟	Autofähre – Personenfähre
ℹ	Informationsstelle

SEHENSWÜRDIGKEITEN

BEWERTUNG

★★★	Eine Reise wert
★★	Verdient einen Umweg
★	Sehenswert

Museen sind im allgemeinen dienstags geschlossen

LAGE

◉	In der Stadt
◔	In der Umgebung der Stadt
N, S, E, O	Die Sehenswürdigkeit befindet sich: im Norden, Süden, Osten,
	Westen der Stadt
② ④	Zu erreichen über die Ausfallstraße ② bzw. ④, die auf dem Stadtplan
	identisch gekennzeichnet sind.
6 km	Entfernung in Kilometern

Stadtpläne

- □ Hotels
- ■ Restaurants

SEHENSWÜRDIGKEITEN

▮▮ ▮▮ ▭▭ Sehenswertes Gebäude
▮ ♰ ♰ ▮ ♰ ♰ ♰ Sehenswerte katholische bzw. evangelische Kirche

STRASSEN

══ ══ Autobahn, Schnellstraße
④ ④ Numerierte Anschlußstelle: Autobahneinfahrt –
und/oder -ausfahrt
▬▬ ══ Hauptverkehrsstraße
← ◄ ══ Einbahnstraße – Gesperrte Straße
oder mit Verkehrsbeschränkungen
═══ ══ ── Fußgängerzone – Straßenbahn
R. Pasteur ▯ ▯ Einkaufsstraße – Parkplatz, Parkhaus – Park-and-Ride-Plätze
╪ ╬ ╬ Tor – Passage – Tunnel
▅ ▦ Bahnhof und Bahnlinie – Autoreisezug
○┅┅┅○ ●┅┅● Standseilbahn – Seilschwebebahn
△ ▣ Bewegliche Brücke – Autofähre

SONSTIGE ZEICHEN

▯ Informationsstelle
ŏ ▩ Moschee – Synagoge
● ⸪ ⸸ ▯ Turm – Ruine – Windmühle – Wasserturm
○ ▯₉ ╽╽ ╽ Garten, Park, Wäldchen – Friedhof – Bildstock
▦ ▦ ▦ Stadion – Golfplatz – Pferderennbahn – Eisbahn
▯ - Freibad – Hallenbad
◄ ▧ • Aussicht – Rundblick – Orientierungstafel
■ ⊙ ✿ Denkmal – Brunnen – Fabrik
⊱ ✚ Einkaufszentrum – Multiplex-Kino
▯ ⸸ ⸸ Jachthafen – Leuchtturm – Funk-, Fernsehturm
✈ ▯ ▭ S.N.C.F Flughafen – U-Bahnstation – Autobusbahnhof
▂▂ ▂▂ ▂ Schiffsverbindungen: Autofähre – Personenfähre
Straßenkennzeichnung (identisch auf
③ Michelin-Stadtplänen und Abschnittskarten)
▯ ⊠ Hauptpostamt (postlagernde Sendungen) u. Telefon
Krankenhaus – Markthalle – Kaserne
▣ ⊠ ⋅✕⋅ Öffentliches Gebäude, durch einen Buchstaben
▨ ▭ gekennzeichnet:
A C - Landwirtschaftskammer – Handelskammer
G ▯ H J - Gendarmerie – Rathaus – Gerichtsgebäude
M P T - Museum – Präfektur, Unterpräfektur – Theater
U - Universität, Hochschule
POL. - Polizei (in größeren Städten Polizeipräsidium)
▤ 18T ⑱ Unterführung (Höhe bis 4,50 m) – Höchstbelastung (unter 19 t)

Achtung: Die Nummerierung der National-und der Landstraßen in Frankreich wird z. Zt. geändert.

Modo de empleo

INFORMACIÓN TURÍSTICA

Distancias desde las poblaciones principales,
oficinas de turismo, puntos de interés turístico
locales, medios de transporte,
campos de golf y ocio...

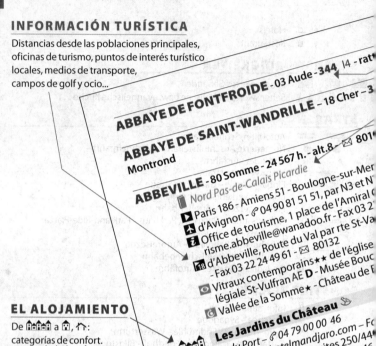

ABBAYE DE FONTFROIDE - 03 Aude - 344 - |4 - rat•

ABBAYE DE SAINT-WANDRILLE - 18 Cher - 3

Montrond

ABBEVILLE - 80 Somme - 24 567 h. - alt. 8 - ✉ 801•
    Nord Pas-de-Calais Picardie

Paris 186 - Amiens 51 - Boulogne-sur-Mer
d'Avignon - ℰ 04 90 81 51 51, par N3 et N
Office de tourisme, 1 place de l'Amiral (
risme.abbeville@wanadoo.fr - Fax 03 2
d'Abbeville, Route du Val par rte St-Va
    - Fax 03 22 24 49 61 - ✉ 80132
Vitraux contemporains★★ de l'église
légiale St-Vulfran AE **D** - Musée Bouc
Vallée de la Somme★ - Château de F

EL ALOJAMIENTO

De 🏨🏨🏨 a 🏠, ⌂:
categorías de confort.
En rojo 🏨🏨🏨 ... 🏠, ⌂:
los más agradables.

Les Jardins du Château 🐾
rte du Port – ℰ 04 79 00 00 46
- welcome@hotelmandjaro.com – Fo
15 ch (1/2 P seult) – 17 suites 250/44
Rest Le Cœur d'Or – ℰ 04 79 01 46
Rest Terrasses du Cœur d'Or – (f
♦ Lauze, pierre et bois "vieilli" com
Superbes chambres savoyardes, é
Décor tout bois et coins "cosy" a
Terrasses.

LAS MEJORES DIRECCIONES A PRECIOS MODERADOS

🐾 Bib Gourmand.
🍽️ Bib Hotel.

Le Relais de la Poste 🐾
rte de Lion, D 541 : 1 km – ℰ 04
– Fermé 31 oct.-18 nov., 19-
42 ch – †40/60 € ††60/65 €
♦ Sur la route de la grotte de
cadre actuel ou sous les fron

RESTAURANTES

De 🍴🍴🍴🍴🍴 a 🍴: categorías de confort.
En rojo 🍴🍴🍴🍴 ... 🍴: los más agradables.

Atelier des Saveurs
10 bd Croisette – ℰ 04 92
– Fax 04 93 38 97 90 – Fer
Rest – (dîner seult) 75/1
Spéc. Bocal de foie gr
Mad" tiède à la vanille
♦ Élégante verrière ou
III. Un joli cadre pour

ESTRELLAS

🏵️🏵️🏵️ Justifica el viaje.
🏵️🏵️ Vale la pena desviarse.
🏵️ Muy buena cocina.

44

OTRAS PUBLICACIONES MICHELIN

Referencia del mapa MICHELIN y de la Guía Verde en los que se encuentra la localidad.

LOCALIZAR LA CIUDAD

Emplazamiento de la localidad en el mapa regional situado al final de la guía (n° del mapa y coordenadas).

LOCALIZAR EL ESTABLECIMIENTO

Localización en el plano de la ciudad (coordenadas e índice).

DESCRIPCIÓN DEL ESTABLECIMIENTO

Ambiente, estilo, carácter y especialidades.

HOTELES TRANQUILOS

🐾 Hotel tranquilo.
🐾 Hotel muy tranquilo.

PRECIOS

INSTALACIONES Y SERVICIOS

Narbonne

- rattaché à St-Amand-

22 **C4**

E7

en 106
☎ 03 22 24 27 92 - Office.tou-
6
omme : 4 km - ☎ 03 22 24 98 58
epulcre AM **B** - Façade★ de la col-
erthes★ BY **M**
e★
≤ donjon 🛜🛋🕏🛎
🕏 ⇄ 🗚 🏊 ch 35 à 70 ⓪
🛎 ⇄ 🗚 🏊 ch 35 à 70 ⓪ -mi-avril
01 46 40 – Fermé mi-déc. -mi-avril
plex 300 € AX **b**
r seult) 70/125 €
di) 25 € Enf. 16 € ⅋
es luxueux chalets regroupés en hameau.
s high-tech et toutes dotées d'une loggia.
'Or. Cuisine du terroir et plats simples aux
≤ 🛜 🕏 🛋 🗚
09 – info@labastide.com – Fax 04 75 46 10 62
merc. soir et lundi
– **Rest** 16 € (déj. en sem.) 22/52 €
évigné, une cuisine traditionnelle servie dans un
de la terrasse. En hiver, spécialités de truffes.
≤ 🛜 🕏 🛋 🛜 ⇄ 🗚 ch, 🗚
ateliersdessaveurs@luciedurand.com
ov.-30 déc., dim.
arte 100/140 €
nard. Canon d'agneau rôti au thym-citron. "Traou
ôtes de Provence
r le ciel azuréen et sobre décor d'inspiration Napoléon
cuisine unissant saveurs du Sud-Ouest et de Provence.
≤ îles de Lérins 🛜 🙼 🏊 🍽 🗚 rest, 🗚
voir plan d'Antibes AU **d**
00 – bellevue@free.fr – Fax 04 93 67 81 78
ndue de sable fin des Alpes-Maritimes.
🛜 🍽 🗚 🗚

45

Compromisos

"Esta obra aparece con el siglo y durará tanto como él".

Esta frase incluida en el prólogo de la primera Edición de la guía MICHELIN 1900 se hizo célebre a lo largo de los años y llegó a ser premonitoria. Si actualmente la guía cuenta con tantos lectores en todo el mundo, se debe en gran parte a su constante compromiso con todos ellos; compromiso que queremos reafirmar año tras año.

Compromisos de la guía MICHELIN

La visita anónima: los inspectores visitan anónima y periódicamente hoteles y restaurantes para valorar el nivel de las prestaciones que ofrecen a sus clientes. Pagan todas las facturas y sólo se dan a conocer cuando necesitan obtener datos complementarios. Por otra parte, las cartas de los lectores constituyen una valiosa fuente de información para organizar nuestras visitas.

La independencia: la selección de establecimientos se efectúa con total independencia y pensando exclusivamente en los lectores. Los inspectores y el redactor jefe adoptan las decisiones de manera colegiada. Las distinciones más destacadas se deciden a nivel europeo. La inserción de establecimientos en la guía es totalmente gratuita.

La selección: la guía ofrece una selección de los mejores hoteles y restaurantes de todas las categorías de confort y precio. Constituye el resultado de la rigurosa aplicación del mismo método por parte de todos los inspectores.

La actualización anual: al objeto de ofrecer los datos más fiables, anualmente se revisan y actualizan todas las informaciones prácticas, las clasificaciones y las distinciones.

La homogeneidad de la selección: los criterios de clasificación son idénticos en todos los países que abarca la guía MICHELIN.

... y un solo objetivo: hacer cuanto esté en nuestra mano para ayudar al lector con el fin de que cada viaje o cada salida se conviertan en un momento de placer conforme a la misión que se ha fijado MICHELIN : contribuir a una mejor movilidad.

Editorial

Estimado lector,

Tenemos el placer de presentarle la 99ª edición de la guía MICHELIN Francia. Esta guía contiene una selección de los mejores hoteles y restaurantes en cada categoría de precios, efectuada por un equipo de inspectores profesionales y formados en el sector de la hostelería. Como todos los años, han recorrido el país visitando nuevos establecimientos y comprobando el nivel de las prestaciones de los que ya figuraban en anteriores ediciones.

También anualmente, entre los establecimientos seleccionados distinguimos las mejores mesas con ✿ a ✿✿✿. Las estrellas distinguen los establecimientos que proponen la mejor calidad culinaria, en todos los estilos, teniendo en cuenta los productos utilizados, la personalidad de la cocina, el dominio de las cocciones y de los sabores, la relación calidad/precio, así como la regularidad.

Una vez más hemos detectado muchos restaurantes cuya cocina ha evolucionado muy favorablemente. Para destacar los que han mejorado su clasificación en la edición 2008, sumándose a los establecimientos con una, dos o tres estrellas, hemos añadido frente a cada uno de ellos la letra « **N** ».

Asimismo, resaltamos los establecimientos « *con posibilidades* » de ascender al nivel superior. Estos establecimientos, que figuran en rojo en dicha relación, y en nuestras páginas son los más destacados en su categoría. Podrán mejorar su calificación si, a lo largo del tiempo y en la mayoría de las preparaciones de la carta, progresa la regularidad de sus prestaciones. Mediante esta mención especial pretendemos dar a conocer los restaurantes que constituyen, a nuestro parecer, los valores de la gastronomía del futuro. Su opinión nos interesa y en particular en lo referente a los establecimientos « *con posibilidades* ». Escríbanos porque su participación es importante para orientar nuestras visitas y mejorar permanentemente su guía.

Una vez más, gracias por su fidelidad y buenos viajes con la guía MICHELIN 2008.

Consulte la guía MICHELIN en **www.ViaMichelin.com**
y escríbanos a : **leguidemichelin-france@fr.michelin.com**

Categorías
y distinciones

CATEGORÍAS DE CONFORT

La guía MICHELIN incluye en su selección los mejores establecimientos en cada
categoría de confort y de precio. Los establecimientos están clasificados según su
confort y se citan por orden de preferencia dentro de cada categoría.

🏨🏨🏨	XXXXX	**Gran lujo y tradición**
🏨🏨🏨	XXXX	**Gran confort**
🏨🏨🏨	XXX	**Muy confortable**
🏨🏨	XX	**Confortable**
🏨	X	**Sencillo pero confortable**
🏠		**Turismo rural**
sans rest		**El hotel no dispone de restaurante**
avec ch		**El restaurante tiene habitaciones**

DISTINCIONES

Para ayudarle a hacer la mejor selección, algunos establecimientos especialmente
interesantes han recibido este año una distinción.

Para los establecimientos distinguidos por una estrella o un Bib Gourmand, la mención
" **Rest** " aparece en color rojo en la descripción del establecimiento.

Para los establecimientos ditinguidos por un Bib Hotel, la mención " **ch** " aparece en
color azul en la descripción del establecimiento.

LAS ESTRELLAS: LAS MEJORES MESAS

Los criterios que se han seguido son: los productos utilizados, la personalidad de la
cocina, el dominio de las cocciones y de los sabores, la relación calidad/precio, así
como la regularidad.

✿✿✿ 26	**Cocina de nivel excepcional, esta mesa justifica el viaje** Establecimiento donde siempre se come bien y, en ocasiones, mara- villosamente.
✿✿ 68	**Excelente cocina, vale la pena desviarse**
✿ 435	**Muy buena cocina en su categoría**

LOS BIB:
LAS MEJORES DIRECCIONES A PRECIOS MODERADOS

⊛   **Bib Gourmand**

510   Establecimiento que ofrece una cocina de calidad, generalmente de tipo regional, a un máximo de 28 € (35 € en París). Precio de una comida sin la bebida.

⟨⟨⟩⟩   **Bib Hotel**

297   Establecimiento que ofrece un cierto nivel de calidad con habitaciones a un máximo de 72 € (88 € en grandes ciudades y zonas turísticas). Precio para 2 personas sin el desayuno.

LAS DIRECCIONES MÁS AGRADABLES

El rojo indica los establecimientos especialmente agradables tanto por las características del edificio, la decoración original, el emplazamiento, el trato y los servicios que ofrece.

🏠 a 🏨🏨🏨   **Hoteles agradables**

🏠   **Turismos rurales agradables**

X a XXXXX   **Restaurantes agradables**

MENCIONES PARTICULARES

Además de las distinciones concedidas a los establecimientos, los inspectores de MICHELIN también tienen en cuenta otros criterios con frecuencia importantes cuando se elige un establecimiento.

SITUACIÓN

Los establecimientos tranquilos o con vistas aparecen señalados con los símbolos:

🐾   **Hotel tranquilo**

🐾   **Hotel muy tranquilo**

≼   **Vista interesante**

≼   **Vista excepcional**

CARTA DE VINOS

Los restaurantes con una carta de vinos especialmente interesante aparecen señalados con el símbolo:

❀   **Carta de vinos particularmente atractiva**

Pero no compare la carta que presenta el sumiller de un restaurante de lujo y tradición con la de un establecimiento más sencillo cuyo propietario sienta predilección por los vinos de la zona.

Instalaciones y servicios

30 ch	Número de habitaciones
🚗 🦆 🏖	Jardín – Parque – Playa equipada
🍴	Comidas servidas en el jardín o en la terraza
🏊 🏊	Piscina al aire libre o cubierta
🧖	Espacio dedicado al bienestar y la relajación
🏋 🎾	Gimnasio – Cancha de tenis
🛗 ♿	Ascensor – Instalaciones adaptadas para discapacitados
🆎	Aire acondicionado
🚭	Habitaciones disponibles para no fumadores
📞	Conexión a Internet con sistema de alta velocidad
🍽	Salones privados en los restaurantes
🧍	Salas de reuniones
🅿	Restaurante con servicio de aparcacoches (es costumbre dejar propina)
🅿 🅿	Aparcamiento / Aparcamiento cerrado reservado a los clientes
🚗	Garaje (generalmente de pago)
🐕	No se admiten perros
Ⓜ	Estación de metro más próxima
Ouvert / Fermé mai-oct	Período de apertura comunicado por el hotelero

Precios

Los precios que indicamos en esta guía nos fueron facilitados en el otoño de 2007. Pueden sufrir modificaciones debido a las variaciones de los precios de bienes y servicios. El servicio y los impuestos están incluidos. En la factura no debe figurar ningún recargo excepto una eventual tasa de alojamiento. Los hoteles y restaurantes se han comprometido, bajo su responsabilidad, a aplicar estos precios al cliente. Durante la celebración de determinados eventos (congresos, ferias, salones, festivales, pruebas deportivas…) los precios indicados por los hoteleros pueden sufrir importantes aumentos. Por otra parte, infórmese con antelación porque muchos establecimientos aplican tarifas muy ventajosas.

RESERVAS Y ARRAS

Para confirmar la reserva, algunos establecimientos piden el número de la tarjeta de crédito o el abono de arras. Se trata de un depósito-garantía que compromete tanto al establecimiento como al cliente. Pida al hotelero confirmación escrita de las condiciones de estancia así como de todos los detalles útiles.

TARJETAS DE CRÉDITO

Tarjetas de crédito aceptadas:

VISA **MC** **AE** **DC**   Visa – MasterCard – American Express – Diners Club

HABITACIONES

ch – ♠ 50/80 €	Precio de las habitaciones mínimo/máximo para 1 persona
ch – ♠♠ 60/100 €	Precio de las habitaciones mínimo/máximo para 2 personas
⌒ 9 €	Precio del desayuno
ch ⌒	Desayuno incluido

MEDIA PENSIÓN

½ P 50/70 €   Precio mínimo/máximo de la media pensión (habitación, desayuno y una comida) por persona. Precio de la habitación doble ocupada por dos personas y durante una estancia mínima de tres días. Si una persona sola ocupa una habitación doble se le suele aplicar un suplemento. La mayoría de estos hoteles ofrecen también la pensión completa.

RESTAURANTE

(13 €)	Comida compuesta por un plato fuerte del día y una entrada o un postre, servida generalmente a mediodía los días de semana
⬯⬯	Menú a menos de 18 €
Menu 15 € (déj.)	Menú servido sólo a mediodía
Menu 17 € (sem.)	Menú servido sólo los días de semana
Menu 16/38 €	Menú más económico / más caro
Carte 24/48 €	**Comida a la carta sin bebida.** El primer precio corresponde a una comida normal que incluye: entrada, plato fuerte del día y postre. El segundo precio se refiere a una comida más completa (con especialidad) que incluye: dos platos, queso y postre.
bc	Bebida incluida

Localidades

GENERALIDADES

63300	Código postal de la localidad *los dos primeros dígitos corresponden al número del departamento o provincia*
✉ 57130 Ars	Código postal y lugar de destino
Ⓟ ◁Ⓢ▷	Prefectura – Subprefectura
337 E5	Mapa Michelin "DEPARTEMENTS France" MICHELIN y coordenadas en los mapas
▌ Jura	Ver La Guía Verde Michelin Jura
1057 h.	Población (según datos: www.insee.fr)
alt. 75	Altitud de la localidad
Sta. therm.	Balneario
1200/1900	Altitud de la estación y altitud máxima alcanzada por los remontes mecánicos
2 ⛷	Número de teleféricos o telecabinas
14 ⛷	Número de telesquíes o telesillas
⛷	Esquí de fondo
BY **b**	Letras para localizar un emplazamiento en el plano
⛳	Golf y número de hoyos
☀ ≼	Panorama, vista
✈ 🚘	Aeropuerto – Localidad con servicio Auto-Tren *Información en el número indicado*
⛴	Transportes marítimos
⛴	Transportes marítimos sólo para pasajeros
🛈	Información turística

INFORMACIONES TURÍSTICAS

INTERÉS TURÍSTICO

★★★	Justifica el viaje
★★	Vale la pena desviarse
★	Interesante

Los museos cierran generalmente los martes

SITUACIÓN

◉	En la población
◔	En los alrededores de la población
	El lugar de interés está situado: al norte, al sur, al este, al oeste
② ④	Salga por la salida ② o ④ identificada por el mismo signo en el plano de la Guía y en el mapa Michelin
6 km	Distancia en kilómetros

Planos

- ● □ Hoteles
- ● ■ Restaurantes

CURIOSIDADES

▬ ▬ ☐ Edificio interesante
Edificio religioso interesante:
- Católico – Protestante

VÍAS DE CIRCULACIÓN

Autopista, autovía
❹ ❹ número del acceso : completo-parcial
Vía importante de circulación
← ◄ ╌╌╌╌ Sentido único – Calle impracticable, de uso restringido
Calle peatonal – Tranvía
R. Pasteur 🅿 🅿 Calle comercial – Aparcamiento – Aparcamientos "P + R"
Puerta – Pasaje cubierto – Túnel
Estación y línea férrea – Auto-tren
Funicular – Teleférico, telecabina
△ 🅱 Puente móvil – Barcaza para coches

SIGNOS DIVERSOS

🇮 Oficina de Información de Turismo
☒ Mezquita – Sinagoga
◉ ⁂ ⚡ ♒ Torre – Ruinas – Molino de viento – Depósito de agua
Jardín, parque, bosque –Cementerio –Crucero
⬭ ⚑ Estadio – Golf – Hipódromo – Pista de patinaje
Piscina al aire libre, cubierta
Vista – Panorama – Mesa de Orientación
■ Monumento – Fuente – Fábrica
Centro comercial – Multicines
Puerto deportivo – Faro – Torreta de telecomunicación
✈ Aeropuerto – Boca de metro – Estación de autobuses
Transporte por barco : pasajeros y vehículos, pasajeros solamente
③ Referencia común a los planos y a los mapas detallados Michelin
Oficina central de lista de correos – Teléfonos
Hospital – Mercado cubierto – Cuartel
Edificio público localizado con letra :
A C - Cámara de Agricultura – Cámara de Comercio
G 🇭 H J -Guardia civil – Ayuntamiento – Palacio de Justicia
M P T -Museo – Gobierno civil –Teatro
U -Universidad, Escuela superior
POL. - Policía (en las grandes ciudades: Jefatura)
4.4 18T ⑱ Pasaje bajo (inf. a 4m 50) – Carga limitada (inf. a 19 t)

¡**Cuidado!** En Francia, nueva numeración de carreteras nacaonales y regionales en curso.

本書の使い方

観光情報

主要都市からの距離、観光局、観光名所、交通手段、
ゴルフ場、レジャー施設など。

ABBAYE DE FONTFROIDE – 03 Aude – 344 I4 – ratta

ABBAYE DE SAINT-WANDRILLE – 18 Cher – 3

Montrond

ABBAYE DE SAINT-WANDRILLE – 18 Cher – 3

ABBEVILLE – 80 Somme – 24 567 h. – alt. 8 – ⊠ 8010

Nord Pas-de-Calais Picardie

🚗 Paris 186 – Amiens 51 – Boulogne-sur-Mer
▶ d'Avignon – 𝒞 04 90 81 51 51, par N3 et N7
🛫 Office de tourisme, 1 place de l'Amiral C
ℹ risme.abbeville@wanadoo.fr – Fax 03 22
📍 d'Abbeville, Route du Val par rte St-Val
– Fax 03 22 24 49 61 – ⊠ 80132
👁 Vitraux contemporains★★ de l'église
légiale St-Vulfran AE **D** – Musée Bouc
🚗 Vallée de la Somme★ – Château de B

宿泊施設

🏨🏨🏨 から 🏨、🏠：
快適さのカテゴリー

🏨🏨🏨 から 🏨、🏠：
そのカテゴリーで特に快適

手頃な値段でクオリティ
ィの高いホテル・レストラン

🍴 ビブ・グルマン

🏨 ビブ・ホテル

Les Jardins du Château 🐾
rte du Port – 𝒞 04 79 00 00 46
– welcome@hotelmandjaro.com – Fa
15 ch (1/2 P seult) – 17 suites 250/440
Rest Le Cœur d'Or – 𝒞 04 79 01 46
Rest Terrasses du Cœur d'Or – (fe
♦ Lauze, pierre et bois "vieilli" comp
Superbes chambres savoyardes, é
Décor tout bois et coins "cosy" au
Terrasses.

レストラン

🍴🍴🍴🍴🍴 から 🍴：快適さのカテゴリー

🍴🍴🍴🍴🍴 から 🍴：そのカテゴリーで特に
快適

Le Relais de la Poste 🐾
rte de Lion, D 541 : 1 km – 𝒞 04 7
– Fermé 31 oct.-18 nov., 19-
42 ch – ✝ 40/60 € ✝✝ 60/65 € –
♦ Sur la route de la grotte de N
cadre actuel ou sous les fron

星付きレストラン

❀❀❀ そのために旅行する
価値がある卓越した料理

❀❀ 遠回りしてでも訪れる
価値がある素晴らしい料理

❀ そのカテゴリーで特に美味
しい料理

Atelier des Saveurs
10 bd Croisette – 𝒞 04 92
❀❀ – Fax 04 93 38 97 90 – Fer
– Fax 04 93 38 97 90 75/19
Rest – (dîner seult) –
Spéc. Bocal de foie gra
Mad" tiède à la vanille.
♦ Élégante verrière ou
III. Un joli cadre pour u

54

Narbonne

– rattaché à St-Amand-

22 **C4**

1 E7

その地名の所在地を確認

巻末に、フランスの地方別地図を掲載
しており、その地名の所在地を確認する
ことができます(図番号、経線・緯線間を
アルファベット、数字で表記)。

uen 106

et *&* 03 22 24 27 92 - Office.tou-

26

Somme : 4 km - *&* 03 22 24 98 58

ホテル・レストランの所在地を確認

その地名の市街地図でホテル、レス
トランの所在地を確認することがで
きます(アルファベット表記)。

Sépulcre AM **B** - Façade★ de la col-

Perthes★ BY **M**

ホテル・レストランの簡単な説明

その雰囲気、スタイル、個性、スペシリテ
ィなどが記載されています。

le★

⇐ donjon 🛏 🍴 🎿 🚭

🛗 ⇄ 🆑 🛁 ch 35 à 70 ①

🛏⇄ 🆑 🛁 ch 35 à 70 ① - mi-avril

9 01 46 40 - Fermé mi-déc.-mi-avril

AX **b**

uplex 300 €

ner seult) 70/125 €

ndi) 25 € Enf. 16 € ⌂

ces luxueux chalets regroupés en hameau.

es high-tech et toutes dotées d'une loggia.

d'Or. Cuisine du terroir et plats simples aux

静かなホテル

⌂ 静かなホテル

⌂ 非常に静かなホテル

⇐ 🍴 🚗 🚭

設備とサービス

0 09 – info@labastide.com – Fax 04 75 46 10 62

, merc. soir et lundi

– **Rest** 16 € (déj. en sem.) 22/52 €

Sévigné, une cuisine traditionnelle servie dans un

s de la terrasse. En hiver, spécialités de truffes.

⇐ 🍴 🚭 🚗 🛁 ⇄ 🆑 ch, 🅰🅴

値段

s de la terrasse. En hiver, spécialités de truffes.

⇐ 🍴 🚭 🚗 🛁 ⇄ 🆑 ch, 🅰🅴

0 – ateliersdessaveurs@luciedurand.com

nov.-30 déc., dim.

carte 100/140 €

anard. Canon d'agneau rôti au thym-citron. "Traou

Côtes de Provence

ur le ciel azuréen et sobre décor d'inspiration Napoléon

e cuisine unissant saveurs du Sud-Ouest et de Provence.

🍴 🚐 🛁 🎿 🅰🅲 rest, 🅰🅴

⇐ îles de Lérins – Fax 04 93 67 81 78

voir plan d'Antibes AU **d**

00 00 – bellevue@free.fr – Fax 04 93 67 81 78

ndue de sable fin des Alpes-Maritimes.

🏊 🎿 🅰🅲 🅰🅴

55

ミシュランガイドの約束

「**このガイドブックは、新しい世紀に誕生し、そしてその世紀とともに生き続けることだろう**」

1900年のミシュランガイド創刊号の序文に記されたこの言葉は、年を追うごとに有名になっていき、そしてそれは的中しました。今日、ミシュランガイドが世界中で読まれている理由は、まさにミシュランガイドが読者に誓った約束を忠実に守り続けてきたからです。ここでもう一度、その約束を挙げてみましょう。

ミシュランガイドの5つの約束

匿名調査: 調査員は、一般のお客様に提供されるサービスを評価する目的でホテル・レストランを定期的に匿名で訪問します。訪問先では宿泊や飲食の代金を支払います。時にはその後、より詳しい情報を得るために、身分を明かすこともあります。また読者から頂いた情報が調査員の訪問を方向づけるのに役立っています。

独立性: ホテル・レストランの選択は、読者の利益のみを考慮してミシュランが独自に行います。その決定は調査員たちと編集長が合議制による会議によってなされます。また、最も格式のある 星の授与はヨーロッパレベルで決められます。ホテル・レストランの掲載料は無料です。

選択: ミシュランガイドは、快適さ・値段別のすべてのカテゴリーのホテル・レストランの中から最良のものを厳選します。それは、すべての調査員が厳密に同じ方法を適用して調査した結果です。

毎年の更新: 最も信頼できる情報を提供するため、ミシュランガイドでは毎年、情報、快適度、星の評価などの内容を見直し、更新します。

選択の一貫性: 評価の基準は、ミシュランガイドによってカバーされている国において一貫しています。

…その目的はただ一つ。それは、ミシュラングループが掲げる「モビリティの向上への貢献」という使命に基づき、読者の皆様が移動する際に便宜を図り、できるだけ快適なひとときを過ごして頂けるよう、お手伝いしようとするものです。

読者の皆様へ

第99版「ミシュランガイド・フランス2008」をお届けいたします。ホテル・レストラン業界経験者の調査員スタッフにより、値段カテゴリー別に最良のホテル・レストランを厳選しました。調査員は毎年、その国を縦断し、新しいホテル・レストランを探して訪問します。すでにミシュランガイドに掲載されているものに関してはそのサービス内容をチェックします。また毎年、最も優れたレストランが選ばれ、❊から❊❊❊が授与されます。ミシュランガイドの星は、素材の選択、料理の個性、料理法と味付けの完成度、価格と質のバランス、料理全体の一貫性などを考慮し、あらゆるスタイルの最高の料理を提供するレストランに与えられます。

今年も多くのレストランが料理を向上させ、そして注目されました。« N »はミシュランガイド・フランス2008で初めて掲載されたレストランにつけられる印で、一つ星、二つ星、三つ星レストランの仲間入りしたことを告げるものです。さらに、当該カテゴリーの中で最高の « ライジングスター レストランが赤で表示されています。これらのレストランは、メニュー全体のクオリティと一貫性を高めることができれば、さらにその上の星への期待ができるというものです。この « ライジングスター »は、明日のガストロノミーを担った、期待されている星を読者の皆様にご紹介しようと設けられました。

特に« ライジングスター »に関するものなど、読者の皆様のご意見をお待ちしています。どんどんお寄せください。また、読者の皆様の参加は、調査員の訪問の方向づけを決定し、なによりもミシュランガイドが今後も充実した情報を提供していく上でとても貴重なものとなります。

最後になりましたが、ミシュランガイドをご愛読いただき、ありがとうございます。では、「ミシュランガイド2008」を携え、どうぞ良い旅をなさってください。

ミシュランガイドの公式サイト:
www.ViaMichelin.com

メールアドレス:
leguidemichelin-france@fr.michelin.com

Distinctions 2008
Awards 2008
Distinzioni 2008
Auszeichnungen 2008
Distinciones 2008

Les Tables étoilées 2008

Wimereux
Boulogne-sur-Mer
Laventie
Le Touquet-Paris-Plage
Busnes
Montreuil
La Madelaine-sous-Montreuil

Le Bourg-Dun
Dury
Roye
Honfleur Conteville Frichemesnil
Étouy
Deauville
Rouen
Carteret
La Saussaye
Perros-Guirec la Ville Blanche
Audrieu
Trébeurden Sables-d'Or-les-Pins
Caen Le Breuil-en-Auge
Roscoff St-Malo
Beuvron-en-Auge
Carantec St-Servan-sur-Mer
Cancale La Ferrière-aux-Étangs
Sous-la-Tour
Bagnoles-de-l'Orne
Plomodiern St-Brieuc Plancoët La Gouesnière
Paris

A

Quimper St-Grégoire
St-Avé Noyal-sur-Vilaine Le Mans Amboise
Montargis
Pont-Aven Hennebont Rennes
Les Bézards
Lorient Questembert Laval Rochecorbon **Onzain** Vailly-
La Roche- Loiré Briollay Blois sur-Sauldre
Port-Louis Bernard Tours Bracieux
Billiers Missillac Angers Montbazon Romorantin- Vierzon
St-Lyphard Champtoceaux Chinon Saché Lanthenay
La Baule Nantes Béhuard Marçay Chenonceaux Bourges
La Plaine-sur-Mer **Haute-Goulaine** Le-Petit- Issoudun
L'Herbaudière Pressigny
St-Sulpice-le-Verdon St-Benoît
St-Savin
Les Sables-d'Olonne Curzay-
sur-Vonne
La Flotte **La Rochelle** La Souterraine

St-Martin-
du-Fault
Bourg-Charente Limoges
Champagnac-
de-Belair La Roche-l'Abeille
Brantôme Sarlat-la-Canéda
Pauillac Périgueux Terrasson-Lavilledieu
Lormont Le Buisson-de-Cadouin Sousceyrac
Cenon **St-Émilion** St-Céré **Laguiole**
Bordeaux Bouliac Trémolat Lacave Calvinet
Gujan-Mestras St-Médard Lamagdelaine
Langon **Puymirol** Mercuès Conques
Agen Cordes-sur-Ciel Belcastel
Magescq Grenade- Moirax Cahuzac-s-Vère Rodez
sur-l'Adour Astaffort Albi
Saubusse Dax Condom Montauban Sauveterre-
Bayonne **Toulouse** de-Rouergue
Biarritz Urt **Eugénie-les-Bains** Rouffiac-Tolosan
Bidart Hasparren **Juraçon** **Pujaudran** La Pomarède
St-Jean-de-Luz Ainhoa **Colomiers** Lastours
Arcangues **St-Jean-** Bosdarros Tarbes Saint-Félix- Carcassonne
Pied-de-Port Lauragais **Fontjoncouse**
Maury
Escaldes-Engordany

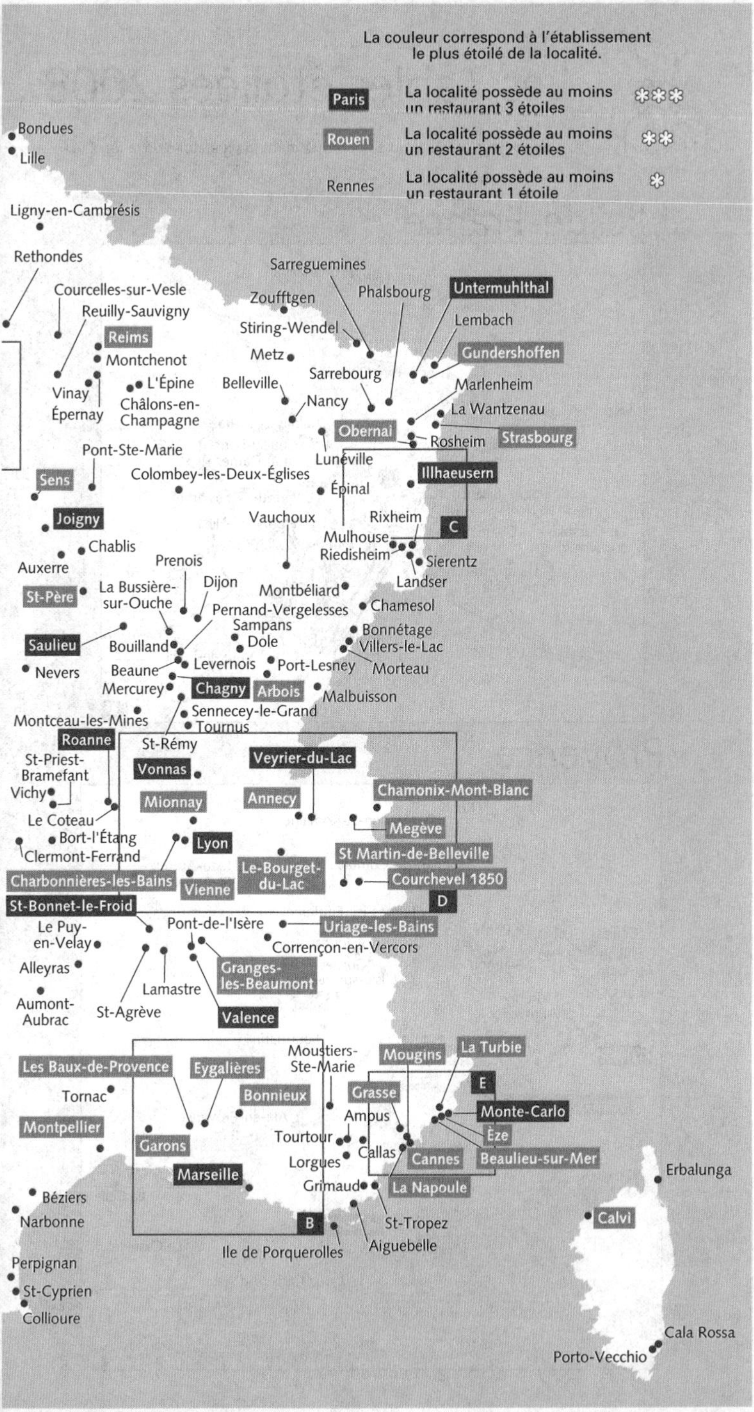

La couleur correspond à l'établissement le plus étoilé de la localité.

Paris	La localité possède au moins un restaurant 3 étoiles	✾✾✾
Rouen	La localité possède au moins un restaurant 2 étoiles	✾✾
Rennes	La localité possède au moins un restaurant 1 étoile	✾

Bondues
Lille
Ligny-en-Cambrésis
Rethondes
Courcelles-sur-Vesle
Reuilly-Sauvigny
Reims
Montchenot
L'Épine
Vinay
Épernay
Châlons-en-Champagne
Pont-Ste-Marie
Sens
Joigny
Chablis
Auxerre
St-Père
Prenois
La Bussière-sur-Ouche
Dijon
Saulieu
Bouilland
Nevers
Beaune
Mercurey
Levernois
Chagny
Arbois
Sennecey-le-Grand
Tournus
Montceau-les-Mines
St-Rémy
Roanne
St-Priest-Bramefant
Vichy
Vonnas
Veyrier-du-Lac
Le Coteau
Bort-l'Étang
Mionnay
Annecy
Clermont-Ferrand
Lyon
St Martin-de-Belleville
Charbonnières-les-Bains
Le-Bourget-du-Lac
Courchevel 1850
St-Bonnet-le-Froid
Vienne
Pont-de-l'Isère
Uriage-les-Bains
Le Puy-en-Velay
Corrençon-en-Vercors
Alleyras
Granges-les-Beaumont
Lamastre
Aumont-Aubrac
St-Agrève
Valence

Sarreguemines
Zoufftgen
Phalsbourg
Untermuhlthal
Lembach
Stiring-Wendel
Metz
Sarrebourg
Gundershoffen
Belleville
Nancy
Marlenheim
La Wantzenau
Obernai
Rosheim
Strasbourg
Lunéville
Illhaeusern
Colombey-les-Deux-Églises
Épinal
C
Vauchoux
Rixheim
Mulhouse
Riedisheim
Sierentz
Montbéliard
Landser
Pernand-Vergelesses
Chamesol
Sampans
Bonnétage
Dole
Villers-le-Lac
Port-Lesney
Morteau
Malbuisson

Chamonix-Mont-Blanc
Megève
D

Les Baux-de-Provence
Eygalières
Moustiers-Ste-Marie
Mougins
La Turbie
Tornac
Bonnieux
Grasse
E
Montpellier
Ampus
Monte-Carlo
Garons
Tourtour
Callas
Èze
Béziers
Lorgues
Cannes
Beaulieu-sur-Mer
Narbonne
Marseille
Grimaud
La Napoule
Perpignan
St-Tropez
Erbalunga
St-Cyprien
Aiguebelle
Collioure
Ile de Porquerolles
B
Calvi
Cala Rossa
Porto-Vecchio

Les Tables étoilées 2008

La couleur correspond à l'établissement le plus étoilé de la localité.

Ile-de-France

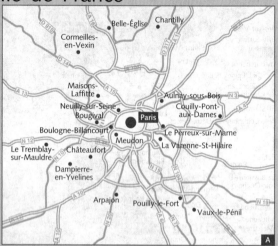

Belle-Église · Chantilly
Cormeilles-en-Vexin
Maisons-Laffitte
Neuilly-sur-Seine
Bougival
Aulnay-sous-Bois N 3
Couilly-Pont-aux-Dames
Boulogne-Billancourt
Paris
Meudon
Le Perreux-sur-Marne
La Varenne-St-Hilaire
Le Tremblay-sur-Mauldre
Châteaufort
Dampierre-en-Yvelines
Arpajon
Pouilly-le-Fort
Vaux-le-Pénil

A

Provence

Roaix · Vaison-la-Romaine
Sérignan-du-Comtat
Château-Arnoux-St-Auban
Pernes-les-Fontaines
Collias
Le Pontet
Joucas
Castillon-du-Gard
Avignon
Gordes
Nîmes
Noves
L'Isle-sur-la-Sorgue
St-Rémy-de-Provence
Bonnieux
Garons
Arles
Eygalières
Lourmarin
Les Baux-de-Provence
Aix-en-Provence
La Celle
Marseille
Le Castellet
Cassis
La Cadière-d'Azur

B

Alsace

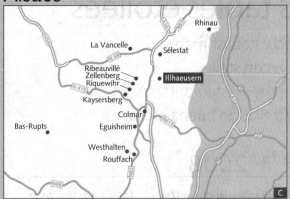

Rhinau

La Vancelle
Sélestat

Ribeauvillé
Zellenberg
Riquewihr
Illhaeusern

Kaysersberg

Colmar
Eguisheim

Bas-Rupts

Westhalten
Rouffach

C

Rhône-Alpes

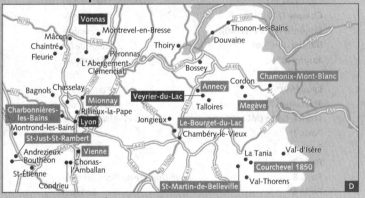

Vonnas
Montrevel-en-Bresse
Thonon-les-Bains

Mâcon
Douvaine
Chaintré
Fleurie
Thoiry
Péronnas
L'Abergement-
Clémenciat
Bossey

Bagnols
Chasselay
Annecy
Cordon
Chamonix-Mont-Blanc

Mionnay
Veyrier-du-Lac
Charbonnières-
les-Bains
Rillieux-la-Pape
Talloires
Megève

Lyon
Jongieux
Le-Bourget-du-Lac

Montrond-les-Bains
Chambéry-le-Vieux

St-Just-St-Rambert
Vienne
La Tania
Val-d'Isère

Andrezieux-
Bouthéon
Chonas-
l'Amballan
Courchevel 1850

St-Étienne
Condrieu
Val-Thorens

St-Martin-de-Belleville

D

Côte-d'Azur

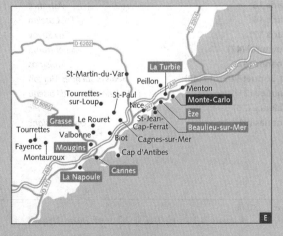

La Turbie

St-Martin-du-Var
Peillon

Menton

Tourrettes-
sur-Loup
St-Paul
Monte-Carlo

Nice
Èze

Grasse
Le Rouret
St-Jean-
Cap-Ferrat
Beaulieu-sur-Mer

Tourrettes
Valbonne
Biot
Cagnes-sur-Mer

Fayence
Mougins
Cap d'Antibes
Montauroux

Cannes

La Napoule

E

Les tables étoilées

Starred establishments
Esercizi con stelle
Die Sterne-Restaurants
Las estrellas de buena mesa

✿✿✿ 2008

Annecy / Veyrier-du-Lac (74)	*La Maison de Marc Veyrat*
Baerenthal / Untermuhlthal (57)	*L'Arnsbourg*
Cancale (35)	*Maisons de Bricourt*
Chagny (71)	*Lameloise*
Eugénie-les-Bains (40)	*Les Prés d'Eugénie*
Illhaeusern (68)	*Auberge de l'Ill*
Joigny (89)	*La Côte St-Jacques*
Laguiole (12)	*Bras*
Lyon (69)	*Paul Bocuse*
Marseille (13)	*Le Petit Nice* **N**
Monte-Carlo (MC)	*Le Louis XV-Alain Ducasse*
Paris 1ᵉʳ	*le Meurice*
Paris 4ᵉ	*L'Ambroisie*
Paris 7ᵉ	*Arpège*
Paris 8ᵉ	*Alain Ducasse au Plaza Athénée*
Paris 8ᵉ	*Ledoyen*
Paris 8ᵉ	*Pierre Gagnaire*
Paris 16ᵉ	*Astrance*
Paris 16ᵉ	*Pré Catelan*
Paris 17ᵉ	*Guy Savoy*
Puymirol (47)	*Michel Trama*
Roanne (42)	*Troisgros*
St-Bonnet-le-Froid (43)	*Régis et Jacques Marcon*
Saulieu (21)	*Le Relais Bernard Loiseau*
Valence (26)	*Pic*
Vonnas (01)	*Georges Blanc*

❀❀ 2008

Annecy (74)	*Le Clos des Sens*	**Nantes / Haute-Goulaine**	
Arbois (39)	*Jean-Paul Jeunet*	**(44)**	*Manoir de la Boulaie*
Les Baux-de-Provence		**Nîmes / Garons (30)**	*Alexandre*
(13)	*L' Oustaù de Baumanière*	**Obernai (67)**	*La Fourchette des Ducs*
Beaulieu-sur-Mer		**Onzain (41)**	*Domaine des Hauts de Loire* N
(06)	*La Réserve de Beaulieu*	**Paris 1er**	*Carré des Feuillants*
Béthune / Busnes		**Paris 1er**	*Le Grand Véfour*
(62)	*Le Château de Beaulieu*	**Paris 6e**	*Hélène Darroze-La Salle à Manger*
Bonnieux		**Paris 6e**	*Relais Louis XIII*
(84)	*La Bastide de Capelongue*	**Paris 7e**	*L'Atelier de Joël Robuchon* N
Le-Bourget-du-Lac (73)	*Le Bateau Ivre*	**Paris 8e**	*Les Ambassadeurs*
Calvi (2B)	*La Villa*	**Paris 8e**	*Apicius*
Cannes (06)	*La Palme d'Or*	**Paris 8e**	*Le Bristol*
Carantec		**Paris 8e**	*Le "Cinq"*
(29)	*L'Hôtel de Carantec-Patrick Jeffroy*	**Paris 8e**	*Les Élysées*
Chamonix-Mont-Blanc		**Paris 8e**	*Lasserre*
(74)	*Hameau Albert 1er*	**Paris 8e**	*Senderens*
Courchevel / Courchevel 1850		**Paris 8e**	*Taillevent*
(73)	*Le Bateau Ivre*	**Paris 16e**	*La Table de Joël Robuchon*
Courchevel / Courchevel 1850		**Paris 17e**	*Michel Rostang*
(73)	*Le Chabichou*	**Pau / Jurançon (64)**	*Chez Ruffet*
Eygalières		**Pauillac (33)**	*Château Cordeillan Bages*
(13)	*Bistrot d'Eygalières "Chez Bru"*	**Reims (51)**	*Château les Crayères*
Èze (06)	*Château de la Chèvre d'Or*	**Reims (51)**	*L'Assiette Champenoise*
Fontjoncouse		**La Rochelle**	
(11)	*Auberge du Vieux Puits*	**(17)**	*Richard et Christopher Coutanceau*
Grasse (06)	*La Bastide St-Antoine*	**Romans-sur-Isère /**	
Gundershoffen (67)	*Au Cygne*	**Granges-les-Beaumont (26)**	*Les Cèdres*
L'Isle-Jourdain / Pujaudran		**Rouen (76)**	*Gill*
(32)	*Le Puits St-Jacques* N	**St-Émilion**	
Lorient (56)	*L'Amphitryon*	**(33)**	*Hostellerie de Plaisance* N
Lyon (69)	*Auberge de l'Île*	**St-Jean-Pied-de-Port**	
Lyon (69)	*Nicolas Le Bec*	**(64)**	*Les Pyrénées* N
Lyon / Charbonnières-les-Bains		**St-Just-St-Rambert**	
(69)	*La Rotonde*	**(42)**	*Le Neuvième Art* N
Magescq (40)	*Relais de la Poste*	**St-Martin-de-Belleville**	
Mandelieu / La Napoule (06)	*L'Oasis*	**(73)**	*La Bouitte* N
Megève (74)	*Flocons de Sel*	**Sens (89)**	*La Madeleine*
Mionnay (01)	*Alain Chapel*	**Strasbourg (67)**	*Au Crocodile*
Monte-Carlo (MC)	*Joël Robuchon*	**Toulouse (31)**	*Michel Sarran*
	Monte-Carlo	**Toulouse / Colomiers (31)**	*L'Amphitryon* N
Montpellier (34)	*Le Jardin des Sens*	**La Turbie (06)**	*Hostellerie Jérôme*
Mougins		**Uriage-les-Bains (38)**	*Grand Hôtel*
(06)	*Alain Llorca - Le Moulin de Mougins*	**Vézelay / St-Père (89)**	*L'Espérance*
		Vienne (38)	*La Pyramide*

Bougival (78)	*Le Camélia*
Bouilland	
(21)	*Hostellerie du Vieux Moulin*
Boulogne-Billancourt	
(92)	*Au Comte de Gascogne*
Boulogne-sur-Mer (62)	*La Matelote*
Le Bourg-Dun (76)	*Auberge du Dun*
Bourg-en-Bresse / Péronnas	
(01)	*La Marelle*
Bourges (18)	*L' Abbaye St-Ambroix*
Le-Bourget-du-Lac	
(73)	*Auberge Lamartine*
Le-Bourget-du-Lac (73)	*La Grange à Sel*
Bracieux	
(41)	*Bernard Robin - Le Relais de Bracieux*
Brantôme (24)	*Le Moulin de l'Abbaye*
Brantôme / Champagnac-de-Belair	
(24)	*Le Moulin du Roc*
Le Breuil-en-Auge (14)	*Le Dauphin*
Briollay (49)	*Château de Noirieux*
Le Buisson-de-Cadouin	
(24)	*Le Manoir de Bellerive*
La Bussière-sur-Ouche	
(21)	*Abbaye de la Bussière*
La Cadière-d'Azur (83)	*Hostellerie Bérard*
Caen (14)	*Le Pressoir*
Cagnes-sur-Mer (06)	*Josy-Jo*
Cagnes-sur-Mer (06)	*Le Cagnard*
Cahors / Lamagdelaine	
(46)	*Claude et Richard Marco*
Cahors / Mercuès	
(46)	*Château de Mercuès*
Cahuzac-sur-Vère	
(81)	*Château de Salettes* **N**
Callas	
(83)	*Hostellerie Les Gorges de Pennafort*
Calvinet (15)	*Beauséjour*
Carcassonne (11)	*De La Cité*
Carcassonne (11)	*Domaine d'Auriac*
Carcassonne (11)	*Le Parc Franck Putelat*
Cassis (13)	*La Villa Madie* **N**
Le Castellet (83)	*Du Castellet*
La Celle	
(83)	*Hostellerie de l'Abbaye de la Celle*
Cergy-Pontoise / Cormeilles-	
en-Vexin (95)	*Maison Cagna*
Chablis (89)	*Hostellerie des Clos*
Chaintré (71)	*La Table de Chaintré* **N**
Châlons-en-Champagne	
(51)	*D'Angleterre*
Châlons-en-Champagne / L'Épine	
(51)	*Aux Armes de Champagne*
Chalon-sur-Saône / St-Rémy	
(71)	*Moulin de Martorey*
Chambéry / Chambéry-le-Vieux	
(73)	*Château de Candie*
Chamesol (25)	*Mon Plaisir*
Chamonix-Mont-Blanc (74)	*Le Bistrot*
Champtoceaux	
(49)	*Les Jardins de la Forge*
Chantilly (60)	*Carmontelle* **N**
Chasselay (69)	*Guy Lassausaie*
Château-Arnoux-St-Auban	
(04)	*La Bonne Étape*
Châteaufort (78)	*La Belle Époque*
Châtillon-sur-Chalaronne /	
L'Abergement-Clémenciat (01)	*St-Lazare*
Chenonceaux	
(37)	*Auberge du Bon Laboureur*
Chinon (37)	*Au Plaisir Gourmand*
Chinon / Marçay (37)	*Château de Marçay*
Clères / Frichemesnil (76)	*Au Souper Fin*
Clermont / Étouy (60)	*L'Orée de la Forêt*
Clermont-Ferrand	
(63)	*Emmanuel Hodencq*
Clermont-Ferrand (63)	*Jean-Claude Leclerc*
Collioure (66)	*Le Neptune*
Colmar (68)	*JY'S*
Colmar (68)	*Rendez-vous de Chasse*
Colombey-les-Deux-Églises	
(52)	*Hostellerie la Montagne*
Compiègne / Rethondes (60)	*Alain Blot*
Condom (32)	*La Table des Cordeliers* **N**
Condrieu (69)	*Hôtellerie Beau Rivage*
Conques (12)	*Le Moulin de Cambelong*
Conteville (27)	*Auberge du Vieux Logis*
Cordes-sur-Ciel (81)	*Le Grand Écuyer*
Cordon (74)	*Les Roches Fleuries*
Couilly-Pont-aux-Dames	
(77)	*Auberge de la Brie*
Courcelles-sur-Vesle	
(02)	*Château de Courcelles*
Courchevel / La Tania (73)	*Le Farçon*
Curzay-sur-Vonne	
(86)	*Château de Curzay*
Dampierre-en-Yvelines	
(78)	*Auberge du Château "Table des Blot"*
Dax (40)	*Une Cuisine en Ville*
Deauville (14)	*Royal-Barrière*
Dijon (21)	*Hostellerie du Chapeau Rouge*

➜ **N** *Nouveau* ❁
➜ *New* ❁   ➜ *Nuovo* ❁   ➜ *Neu* ❁   ➜ *Nuevo* ❁

Meudon (92)	*L'Escarbille*
Missillac (44)	*La Bretesche*
Montargis (45)	*La Gloire*
Montauban (82)	*Crowne Plaza* N
Montauroux	
(83)	*Auberge des Fontaines d'Aragon*
Montbazon	
(37)	*Chancelière "Jeu de Cartes"*
Montbéliard (25)	*Le St-Martin* N
Montceau-les-Mines (71)	*Le France*
Monte-Carlo (MC)	*Bar Bœuf et Co*
Monte-Carlo (MC)	*Grill de l'Hôtel de Paris*
Monte-Carlo (MC)	*Vistamar*
Montreuil (62)	*Château de Montreuil*
Montreuil / La Madelaine-	
sous-Montreuil (62)	*Auberge*
	de la Grenouillère N
Montrevel-en-Bresse (01)	*Léa*
Montrond-les-Bains	
(42)	*Hostellerie La Poularde*
Morteau (25)	*Auberge de la Roche*
Mougins (06)	*Le Mas Candille*
Moustiers-Ste-Marie	
(04)	*Bastide de Moustiers*
Mulhouse (68)	*Il Cortile*
Mulhouse / Landser	
(68)	*Hostellerie Paulus*
Mulhouse / à Riedisheim	
(68)	*La Poste*
Mulhouse / Rixheim (68)	*Le Manoir*
Nancy (54)	*Le Grenier à Sel*
Nantes (44)	*L'Atlantide*
Narbonne (11)	*La Table St-Crescent*
Neuilly-sur-Seine (92)	*La Truffe Noire*
Nevers (58)	*Jean-Michel Couron*
Nice (06)	*Chantecler*
Nice (06)	*Jouni « Atelier du Goût »* N
Nice (06)	*Keisuke Matsushima*
Nice (06)	*L'Univers-Christian Plumail*
Nîmes (30)	*Le Lisita*
Noves (13)	*Auberge de Noves*
Obernai (67)	*Le Bistro des Saveurs*
Orange / Sérignan-du-Comtat	
(84)	*Le Pré du Moulin*
Paris 1ᵉʳ	*L'Espadon*
Paris 1ᵉʳ	*Gérard Besson*
Paris 1ᵉʳ	*Goumard*
Paris 2ᵉ	*Le Céladon*
Paris 2ᵉ	*Le Pur' Grill* N
Paris 4ᵉ	*Benoit*

Paris 5ᵉ	*La Tour d'Argent*
Paris 6ᵉ	*Jacques Cagna*
Paris 6ᵉ	*Paris*
Paris 6ᵉ	*Le Restaurant* N
Paris 6ᵉ	*Ze Kitchen Galerie* N
Paris 7ᵉ	*Aida* N
Paris 7ᵉ	*Auguste*
Paris 7ᵉ	*Le Divellec*
Paris 7ᵉ	*Les Fables de La Fontaine*
Paris 7ᵉ	*Gaya Rive Gauche*
	par Pierre Gagnaire
Paris 7ᵉ	*Il Vino d'Enrico Bernardo* N
Paris 7ᵉ	*Vin sur Vin*
Paris 7ᵉ	*Le Violon d'Ingres*
Paris 8ᵉ	*L'Angle du Faubourg*
Paris 8ᵉ	*Le Chiberta*
Paris 8ᵉ	*Copenhague*
Paris 8ᵉ	*Dominique Bouchet*
Paris 8ᵉ	*Laurent*
Paris 8ᵉ	*Stella Maris*
Paris 8ᵉ	*La Table du Lancaster*
Paris 9ᵉ	*Jean*
Paris 12ᵉ	*Au Trou Gascon*
Paris 14ᵉ	*Maison Courtine*
Paris 14ᵉ	*Montparnasse'25*
Paris 16ᵉ	*Hiramatsu*
Paris 16ᵉ	*La Grande Cascade*
Paris 16ᵉ	*Passiflore*
Paris 16ᵉ	*Le Pergolèse*
Paris 16ᵉ	*Relais d'Auteuil*
Paris 16ᵉ	*La Table du Baltimore*
Paris 17ᵉ	*Bath's*
Paris 17ᵉ	*La Braisière*
Peillon (06)	*Auberge de la Madone*
Périgueux (24)	*L'Essentiel* N
Pernes-les-Fontaines	
(84)	*Au Fil du Temps*
Perpignan (66)	*La Galinette*
Le Perreux-sur-Marne	
(94)	*Les Magnolias*
Perros-Guirec (22)	*La Clarté*
Le-Petit-Pressigny (37)	*La Promenade*
Phalsbourg (57)	*Au Soldat de l'An II*
La Plaine-sur-Mer	
(44)	*Anne de Bretagne*
Plancoët (22)	*Crouzil et Hôtel L'Ecrin*
Plomodiern (29)	*Auberge des Glazicks*

→ **N** *Nouveau* ☺
→ *New* ☺ → *Nuovo* ☺ → *Neu* ☺ → *Nuevo* ☺

Poitiers / St-Benoît

(86)   *Passions et Gourmandises* N

La Pomarède (11)   *Hostellerie*
du Château de la Pomarède

Pont-Aven (29)   *Moulin de Rosmadec*

Pont-Aven (29)   *La Taupinière*

Pont-du-Gard / Castillon-du-Gard

(30)   *Le Vieux Castillon*

Pont-du-Gard / Collias

(30)   *Hostellerie Le Castellas*

Port-Lesney (39) *Château de Germigney*

Port-Louis (56)   *Avel Vor*

Porto-Vecchio (2A)   *Belvédère*

Porto-Vecchio (2A)   *Casadelmar*

Porto-Vecchio

(2A)   *Grand Hôtel de Cala Rossa*

Port-sur-Saône / Vauchoux

(70)   *Château de Vauchoux*

Le Puy-en-Velay (43)   *François Gagnaire*

Questembert

(56)   *Le Bretagne et sa Résidence*

Quimper (29)   *La Roseraie de Bel Air*

Reims (51)   *Foch*

Reims (51)   *Le Millénaire*

Reims / Montchenot (51)   *Grand Cerf*

Rennes (35)   *Coq-Gadby* N

Rennes (35)   *La Fontaine aux Perles*

Rennes / Noyal-sur-Vilaine

(35)   *Auberge du Pont d'Acigné*

Rennes / St-Grégoire (35)   *Le Saison*

Reuilly-Sauvigny (02)   *Auberge Le Relais*

Rhinau (67)   *Au Vieux Couvent*

Ribeauvillé (68)   *Au Valet de Cœur*
et Hostel de la Pépinière

Riquewihr (68)   *Table du Gourmet*

Riquewihr / Zellenberg (68)   *Maximilien*

Roanne / Le Coteau

(42)   *L'Auberge Costelloise*

La Roche-Bernard

(56)   *L'Auberge Bretonne*

La Roche-l'Abeille

(87)   *Le Moulin de la Gorce*

Rodez (12)   *Goûts et Couleurs*

Romorantin-Lanthenay

(41)   *Grand Hôtel du Lion d'Or*

Roscoff (29)   *Le Brittany*

Roscoff (29)   *Le Temps de Vivre*

Rosheim (67)   *Hostellerie du Rosenmeer*

Rouen (76)   *L'Écaille*

Rouen (76)   *Les Nymphéas*

Rouffach (68)   *Philippe Bohrer*

Le Rouret (06)   *Le Clos St-Pierre*

Roye (80)   *La Flamiche*

Les Sables-d'Olonne /

Anse de Cayola (85)   *Cayola*

Sables-d'Or-les-Pins

(22)   *La Voile d'Or - La Lagune*

St-Agrève (07)   *Faurie* N

St-Brieuc (22)   *Aux Pesked*

St-Brieuc (22)   *Youpala Bistrot*

St-Brieuc / Sous-la-Tour

(22)   *La Vieille Tour*

St-Céré (46)   *Les Trois Soleils de Montal*

St-Cyprien (66)   *L'Île de la Lagune*

St-Étienne (42)   *Nouvelle*

St-Félix-Lauragais

(31)   *Auberge du Poids Public*

St-Jean-Cap-Ferrat

(06)   *Grand Hôtel du Cap Ferrat* N

St-Jean-de-Luz (64)   *Grand Hôtel*

St-Julien-en-Genevois /

Bossey (74)   *La Ferme de l'Hospital*

St-Lyphard (44)   *Auberge de Kerbourg*

St-Malo (35)   *A la Duchesse Anne*

St-Malo (35)   *Le Chalut*

St-Malo / St-Servan-sur-Mer

(35)   *Le St-Placide*

St-Martin-du-Var

(06)   *Jean-François Issautier*

Saint-Maur-des-Fossés / La Varenne-

St-Hilaire (94)   *La Bretèche*

St-Médard (46)   *Gindreau*

St-Paul (06)   *Le Saint-Paul*

St-Priest-Bramefant

(63)   *Château de Maulmont*

St-Rémy-de-Provence

(13)   *La Maison Jaune*

St-Rémy-de-Provence

(13)   *La Maison de Bournissac*

St-Savin (86)   *Christophe Cadieu*

St-Sulpice-le-Verdon

(85)   *Thierry Drapeau Logis*
de la Chabotterie

St-Tropez (83)   *Résidence de la Pinède*

St-Tropez (83)   *Villa Belrose*

Sarlat-la-Canéda (24)   *Le Grand Bleu* N

Sarrebourg (57)   *Mathis*

Sarreguemines (57)   *Auberge St-Walfrid*

Sarreguemines

(57) *Thierry Breininger - Le Vieux Moulin*

Saubusse (40)   *Villa Stings*

La Saussaye (27)   *Manoir des Saules*

Sauveterre-de-Rouergue

(12)   *Le Sénéchal*

Sélestat (67)   *Hostellerie*
de l'Abbaye la Pommeraie

Sénart / Pouilly-le-Fort (77)	Le Pouilly	
Sennecey-le-Grand (71)	L'Amaryllis	N
Sierentz (68)	Auberge St-Laurent	
Sousceyrac		
(46)	Au Déjeuner de Sousceyrac	N
La Souterraine (23)	Château de la Cazine	
Strasbourg (67)	Buerehiesel	N
Strasbourg (67)	La Casserole	N
Strasbourg (67)	Serge and Co	
Strasbourg / La Wantzenau		
(67)	Relais de la Poste	
Talloires (74)	L'Auberge du Père Bise	
Tarbes (65)	L'Ambroisie	
Terrasson-Lavilledieu (24)	L'Imaginaire	
Thoiry (01)	Les Cépages	
Thonon-les-Bains (74)	Le Prieuré	
Toulouse (31)	En Marge	N
Toulouse (31)	Metropolitan	N
Toulouse / Rouffiac-Tolosan		
(31)	Ô Saveurs	
Le Touquet-Paris-Plage		
(62)	Westminster	
Tournus (71)	Aux Terrasses	
Tournus (71)	Rest. Greuze	
Tourrettes (83)	Faventia	
Tourrettes-sur-Loup		
(06)	Les Bacchanales	N
Tours (37)	Charles Barrier	
Tours (37)	La Roche Le Roy	
Tours / Rochecorbon		
(37)	Les Hautes Roches	

Tourtour (83)	Les Chênes Verts	
Trébeurden (22)	Manoir de Lan-Kerellec	
Le Tremblay-sur-Mauldre		
(78)	Laurent Trochain	
Trémolat (24)	Vieux Logis	
Troyes / Pont-Ste-Marie		
(10)	Hostellerie de Pont-Ste-Marie	
Urt (64)	Auberge de la Galupe	
Vailly-sur-Sauldre		
(18)	Le Lièvre Gourmand	
Vaison-la-Romaine		
(84)	Le Moulin à Huile	
Vaison-la-Romaine / Roaix		
(84)	Le Grand Pré	
Valbonne (06)	Lou Cigalon	
Val-d'Isère (73)	Les Barmes de l'Ours	
Valence / Pont-de-l'Isère		
(26)	Michel Chabran	
Val-Thorens (73)	L'Oxalys	
Vannes / St-Avé (56)	Le Pressoir	
Vichy (03)	Jacques Decoret	
Vienne / Chonas-l'Amballan		
(38)	Domaine de Clairefontaine	
Vierzon (18)	La Maison de Célestin	N
Villard-de-Lans /		
Corrençon-en-Vercors (38)	du Golf	N
Villers-le-Lac (25)	Le France	N
Westhalten (68)	Auberge du Cheval Blanc	
Wimereux (62)	Epicure	
Zoufftgen (57)	La Lorraine	

→ N *Nouveau* ✿
→ *New* ✿   → *Nuovo* ✿   → *Neu* ✿   → *Nuevo* ✿

Les espoirs 2008 pour ✿

The 2008 Rising Stars for ✿

Le promesse 2008 per ✿

Die Hoffnungsträger fur ✿

Las mesas 2008 con posibilidades para ✿

Bourges (18)	Le d'Antan Sancerrois	
Le-Bourget-du-Lac /		
Les Catons (73)	Atmosphères	
Cholet (49)	Au Passé Simple	
Clermont-Ferrand (63)	Fleur de Sel	
Grenoble (38)	Le Fantin Latour	
Istres (13)	La Table de Sébastien	

Lannilis (29)	Auberge des Abers	
La Malène (48)	Château de la Caze	
Marseille (13)	Charles Livon	
Nevez (29)	Ar Men Du	
Nice (06)	Les Viviers	
Niederschaeffolsheim (67)	Au Bœuf Rouge	
Ventabren (13)	La Table de Ventabren	

Mouvements d'étoiles...

■ *Étoilés dans le guide France 2007, plusieurs établissements ont changé de main ou simplement déménagé. Pour vous éclairer ou les retrouver sur votre route, voici quelques informations les concernant, d'après les derniers renseignements que nous avons recueillis…*

➔ À Cannes (06)

À la **Villa des Lys,** une année de travaux a été programmée pour déplacer le restaurant vers l'entrée de l'hôtel Majestic Barrière. Réouverture après rénovation annoncée fin 2008.

➔ À Châteaumeillant (18)

Le chef du **Piet à Terre** a fermé son restaurant en annonçant son intention de s'installer à Bourges.

➔ À Lyon (69)

Le 31 décembre 2007, Jean-Paul Lacombe a fait son dernier service "gastronomique" à la table de **Léon de Lyon**. Il a annoncé l'ouverture, sous le même nom, d'une "brasserie tendance" pour mars 2008.

➔ À Paris (75)

Le **Chamarré** a déménagé rive droite pour s'installer au "Moulin de la Galette" : Antoine Meerah a vendu son affaire du bd de la Tour-Maubourg au Meilleur Sommelier du Monde 2005. C'est ce dernier qui a créé le fameux "Il Vino d'Enrico Bernardo" et ouvert un restaurant similaire à Courchevel 1850.

➔ À Saint-Rémy de Provence (13)

Pierre Reboul s'installe sous le soleil : le chef est parti à Aix-en-Provence où il a retrouvé son étoile dans son restaurant éponyme.

➔ À Tours (37)

Jean Bardet, le chef propriétaire a annoncé la mise en vente de son établissement.

➔ À Vence (06)

La Table d'Amis Jacques Maximin a fermé les portes. Doublement étoilé pendant plus d'un quart de siècle par le guide MICHELIN, le chef (Meilleur Ouvrier de France) intègre en effet le Groupe Alain Ducasse.

➔ À Versailles (78)

Gérard Vié a quitté **Les Trois Marches**. C'est à présent Gordon Ramsay qui prend en main la restauration du "Trianon Palace".

Bib Gourmand

Repas soignés à prix modérés
Good food at moderate prices
Pasti accurati a prezzi contenuti
Sorgfältig zubereitete, preiswerte mahlzeiten
Buenas comidas a precios moderados

Abbeville (80)	La Corne N
Agde / Le Grau-d'Agde (34)	L'Adagio N
Agen (47)	Le Margoton N
Aiguebelette-le-Lac / Novalaise	
(73)	Novalaise-Plage
Aire-sur-la-Lys / Isbergues	
(62)	Le Buffet
Aix-en-Provence / Le Canet	
(13)	L'Auberge Provençale
Aizenay (85)	La Sittelle N
Ajaccio (2A)	U Licettu
Alès / Méjannes-lès-Alès	
(30)	Auberge des Voutins N
Altwiller (67)	L'Écluse 16
Ambert (63)	Les Copains
Ambierle (42)	Le Prieuré
Ambronay (01)	Auberge de l'Abbaye
Amiens (80)	Au Relais des Orfèvres
Amiens / Dury (80)	La Bonne Auberge
Ammerschwihr	
(68)	Aux Armes de France
Ancenis (44)	La Toile à Beurre
Angers (49)	Le Petit Comptoir
Angers (49)	Le Relais
Angoulême (16)	L'Aromate
Angoulême (16)	Le Terminus
Annecy (74)	Contresens
Annonay (07)	Marc et Christine N
Antibes (06)	Oscar's
Antraigues-sur-Volane (07)	La Remise
Argoules (80)	Auberge du Coq-en-Pâte
Asnières-sur-Seine (92)	La Petite Auberge
Aube (61)	Auberge St-James
Aumale (76)	Villa des Houx
Aumont-Aubrac (48)	Le Compostelle
Aurillac (15)	Quatre Saisons
Auvers-sur-Oise (95)	Auberge Ravoux N
Auxerre (89)	Le Bourgogne N
Auxerre / Vincelottes	
(89)	Auberge Les Tilleuls
Avallon / Valloux	
(89)	Auberge des Chenêts
Avignon (84)	L'Isle Sonnante
Ax-les-Thermes (09)	Le Chalet
Azay-le-Rideau (37)	L'Aigle d'Or
Baden (56)	Le Gavrinis
Bâgé-le-Châtel (01)	La Table Bâgésienne
Ban-de-Laveline (88)	Auberge Lorraine
Bandol (83)	Le Clocher
Banyuls-sur-Mer	
(66)	Al Fanal et H. El Llagut
Barr (67)	Aux Saisons Gourmandes N
Bar-sur-Aube (10)	La Toque Baralbine
Bastia (2B)	La Corniche
La Bâtie-Divisin (38)	L'Olivier
Bayonne (64)	Bayonnais
Bayonne (64)	François Miura
Beaune (21)	La Ciboulette
Beaune / Ladoix-Serrigny	
(21)	Les Terrasses de Corton
Beaune / Levernois (21)	La Garaudière
Beauzac (43)	L'Air du Temps
Beauzac / Bransac	
(43)	La Table du Barret
Bédarieux / Villemagne-	
l'Argentière (34)	Auberge de l'Abbaye
Bellême / Nocé (61)	Auberge des 3 J.
Belleville (69)	Le Beaujolais
Bergerac / Moulin de Malfourat	
(24)	La Tour des Vents
Bergheim (68)	Wistub du Sommelier
La Bernerie-en-Retz (44)	L'Artimon N
Bernières-sur-Mer (14)	L'As de Trèfle
Le Bessat	
(42)	La Fondue "Chez l'Père Charles"
Béthune / Busnes (62)	Le Jardin d'Alice N

Biarritz (64)	Le Clos Basque	
Bidarray (64)	Auberge Iparla	
Blangy-sur-Bresle		
(76)	Les Pieds dans le Plat	
Blienschwiller		
(67)	Le Pressoir de Bacchus	N
Bois-Colombes (92)	Le Chefson	
Bonlieu (39)	La Poutre	
Bonneuil-Matours (86)	Le Pavillon Bleu	
Bonneville / Vougy		
(74)	Le Bistro du Capucin	
Bonny-sur-Loire (45)	Voyageurs	
Bordeaux (33)	Gravelier	
Boudes (63)	Le Boudes La Vigne	N
Bourg-en-Bresse (01)	Mets et Vins	N
Bourg-en-Bresse		
(01)	Les Quatre Saisons	N
Bourg-Saint-Maurice (73)	L'Arssiban	
Bourth (27)	Auberge Chantecler	
Bouzel (63)	L'Auberge du Ver Luisant	
Bozouls (12)	A la Route d'Argent	
Bracieux		
(41)	Le Rendez vous des Gourmets	N
La Bresse (88)	Le Clos des Hortensias	
Brest (29)	Ma Petite Folie	
Bretenoux / Port-de-Gagnac		
(46)	Hostellerie Belle Rive	
Brévonnes (10)	Au Vieux Logis	
Briançon (05)	Le Péché Gourmand	
Brioude (43)	Poste et Champanne	
Brive-la-Gaillarde (19)	La Toupine	
Brou (28)	L'Ascalier	
Buellas (01)	L'Auberge Bressane	
Bully (69)	Auberge du Château	N
Buxy (71)	Aux Années Vins	
Buzançais (36)	L'Hermitage	
Cabourg / Dives-sur-Mer		
(14)	Chez le Bougnat	
Caen (14)	Café Mancel	
Cahors (46)	La Garenne	
Cahors (46)	L'Ô à la Bouche	
Calais (62)	Au Côte d'Argent	
Cambrai (59)	Auberge Fontenoise	
Cancale (35)	Surcouf	N
Cannes (06)	Comme Chez Soi	
Carhaix-Plouguer / Port-de-Carhaix		
(29)	Auberge du Poher	
Carignan (08)	La Gourmandière	
Carmaux (81)	Au Chapon Tarnais	
Casteljaloux (47)	La Vieille Auberge	N
Castellane / La Garde		
(04)	Auberge du Teillon	
Castéra-Verduzan (32)	Le Florida	
Castillon-en-Couserans /		
Audressein (09)	L'Auberge d'Audressein	

Caussade / Monteils		
(82)	Le Clos Monteils	N
Chablis (89)	Laroche Wine Bar	N
Challans / La Garnache		
(85)	Le Petit St-Thomas	
Challans / Le Perrier (85)	Les Tendelles	
Chalon-sur-Saône (71)	L'Air du Temps	
Chalon-sur-Saône		
(71)	L'Auberge des Alouettes	
Chamonix-Mont-Blanc		
(74)	Atmosphère	
Chamonix-Mont-Blanc		
(74)	L'Impossible	N
Chamonix-Mont-Blanc		
(74)	La Maison Carrier	
Chamonix-Mont-Blanc /		
Les Praz-de-Chamonix		
(74)	La Cabane des Praz	N
Chandolas (07)	Auberge les Murets	
La Chapelle-d'Abondance		
(74)	L'Ensoleillé	
La Chapelle-d'Abondance		
(74)	Les Gentianettes	
Charette (38)	Auberge du Vernay	
Charleville-Mézières		
(08)	La Table d' Artur «R»	N
Charroux (03)	Ferme Saint-Sébastien	
Chartres (28)	St-Hilaire	N
Château-Arnoux-St-Auban		
(04)	Au Goût du Jour	
Château-Gontier / Coudray		
(53)	L'Amphitryon	
Châtelaillon-Plage (17)	Les Flots	
Châtellerault (86)	Bernard Gautier	
Chauffailles / Châteauneuf		
(71)	La Fontaine	
Chénérailles (23)	Coq d'Or	
Cherbourg-Octeville (50)	Café de Paris	
Cherbourg-Octeville (50)	Le Pily	N
Cherbourg-Octeville (50)	Le Vauban	
Chilleurs-aux-Bois (45)	Lancelot	N
Chinon (37)	L'Océanic	N
Chisseaux		
(37)	Auberge du Cheval Rouge	
Cholet (49)	La Grange	
Clères (76)	Auberge du Moulin	
Clermont-Ferrand		
(63)	Amphitryon Capucine	
Clermont-Ferrand /		
Orcines (63)	Auberge de la Baraque	N
Clermont-Ferrand /		
Puy de Dôme (63)	Mont Fraternité	
Clisson / Gétigné (44)	La Gétignière	
Col de la Schlucht (88)	Le Collet	
Coligny (01)	Au Petit Relais	

➜ **N** *Nouveau* 😊 ➜ *New* 😊 ➜ *Nuovo* 😊 ➜ *Neu* 😊 ➜ *Nuevo* 😊

Manzac-sur-Vern (24)	Le Lion d'Or	
Margaux / Arcins (33)	Le Lion d'Or	
Marseillan (34)	Chez Philippe	
Maussane les Alpilles / **Paradou**		
(13)	Bistrot de la Petite France	
Mazaye (63)	Auberge de Mazayes	
Mélisey (70)	La Bergeraine	
Mende (48)	Le Mazel	
Mende (48)	La Safranière	
Messery (74)	Atelier des Saveurs	
Meyronne (46)	La Terrasse	
Meyrueis (48)	Du Mont Aigoual	
Minerve (34)	Relais Chantovent	
Mittelbergheim (67)	Am Lindeplatzel	
Mittelbergheim (67)	Gilg	N
Les Molunes (39)	Le Pré Fillet	
Monestier-de-Clermont		
(38)	Au Sans Souci	
Montbrison / Savigneux		
(42)	Yves Thollot	
Montech (82)	La Maison de l'Eclusier	
Montmorillon		
(86)	Hôtel de France et Lucullus	
Montpellier (34)	Prouhèze Saveurs	N
Montpon-Ménestérol / **Ménestérol**		
(24)	Auberge de l'Eclade	N
Montreuil / Inxent (62)	Auberge d'Inxent	
Montsalvy (15)	L'Auberge Fleurie	
Montsoreau (49)	Diane de Méridor	
Mur-de-Barrez (12)	Auberge du Barrez	
Najac (12)	Le Belle Rive	
Najac (12)	L'Oustal del Barry	
Nancy (54)	V Four	
Nantes (44)	La Divate	
Nantes / Couëron (44)	François II	
Nantes / St-Herblain		
(44)	Les Caudalies	
Narbonne / Bages (11)	Le Portanel	
Natzwiller (67)	Auberge Metzger	
Neufchâtel-sur-Aisne (02)	Le Jardin	
Neuillé-le-Lierre		
(37)	Auberge de la Brenne	
Nevers (58)	Le Bengy	N
Nevers / Sauvigny-les-Bois		
(58)	Moulin de l'Étang	
Neyrac-les-Bains (07)	Du Levant	
Nice (06)	Au Rendez-vous des Amis	
Niedersteinbach (67)	Cheval Blanc	
Nîmes (30)	Aux Plaisirs des Halles	
Nîmes (30)	Le Bouchon et L'Assiette	
Nogent-le-Roi (28)	Relais des Remparts	
Nogent-sur-Seine (10)	Beau Rivage	
Notre-Dame-de-Bellecombe		
(73)	Ferme de Victorine	
Noyalo (56)	L'Hortensia	N
Nuits-St-Georges (21)	La Cabotte	N
Nyons (26)	Le Petit Caveau	
Obernai / Ottrott (67)	À l'Ami Fritz	
Oisly (41)	St-Vincent	N
Orléans (45)	La Dariole	
Orléans (45)	Eugène	
Orléans / Olivet (45)	Laurendière	
Ornans (25)	Courbet	
Oucques (41)	Du Commerce	
Pailherols (15)	Auberge des Montagnes	
Paimpol (22)	De la Marne	
Pamiers (09)	De France	
Paris 1er	Au Gourmand	N
Paris 2e	Aux Lyonnais	
Paris 3e	Ambassade d'Auvergne	
Paris 5e	Buisson Ardent	
Paris 5e	Papilles	N
Paris 5e	Ribouldingue	
Paris 6e	L'Épi Dupin	
Paris 6e	Fish La Boissonnerie	
Paris 6e	La Rotonde	
Paris 7e	L'Affriolé	
Paris 7e	Au Bon Accueil	
Paris 7e	Café Constant	N
Paris 7e	Chez l'Ami Jean	
Paris 7e	Chez les Anges	
Paris 7e	Clos des Gourmets	
Paris 7e	P'tit Troquet	
Paris 9e	Carte Blanche	
Paris 9e	L'Oenothèque	N
Paris 9e	La Petite Sirène de Copenhague	
Paris 9e	Le Pré Cadet	
Paris 9e	Spring	
Paris 10e	Café Panique	N
Paris 10e	Chez Michel	N
Paris 10e	Urbane	N
Paris 11e	Auberge Pyrénées Cévennes	
Paris 11e	Mansouria	
Paris 11e	Le Temps au Temps	
Paris 12e	Jean-Pierre Frelet	
Paris 14e	La Cerisaie	
Paris 14e	La Régalade	
Paris 14e	Severo	
Paris 15e	Afaria	N
Paris 15e	Le Bélisaire	
Paris 15e	Beurre Noisette	
Paris 15e	Caroubier	
Paris 15e	Le Dirigeable	N
Paris 15e	Le Grand Pan	N
Paris 15e	Stéphane Martin	
Paris 15e	Thierry Burlot « Le Quinze »	
Paris 15e	Le Troquet	
Paris 16e	A et M Restaurant	N
Paris 16e	Chez Géraud	
Paris 17e	Caves Petrissans	

➔ **N** *Nouveau* 🍴   ➔ *New* 🍴   ➔ *Nuovo* 🍴   ➔ *Neu* 🍴   ➔ *Nuevo* 🍴

77

78

Salies-de-Béarn / Castagnède			**Trémolat (24)**	*Bistrot d'en Face*	
(64)	*La Belle Auberge*		**Triel-sur-Seine (78)**	*St-Martin*	
Salignac-Eyvigues (24)	*La Meynardie*		**Troyes / Pont-Ste-Marie**		
Sancerre (18)	*La Pomme d'Or*		(10)	*Bistrot DuPont*	
Santenay (21)	*Le Terroir*		**Tulle (19)**	*La Toque Blanche*	
Le Sappey-en-Chartreuse			**La Turballe (44)**	*Le Terminus*	N
(38)	*Les Skieurs*	N	**La Turbie (06)**	*Café de la Fontaine*	
Sassetot-le-Mauconduit			**Uchaux (84)**	*Côté Sud*	
(76)	*Le Relais des Dalles*		**Uchaux (84)**	*Le Temps de Vivre*	N
Saugues (43)	*La Terrasse*		**Uzerche / St-Ybard**		
Saumur (49)	*Gambetta*		(19)	*Auberge St-Roch*	
Sauternes (33)	*Saprien*		**Uzès / St-Siffret (30)**	*L'Authentic*	N
Sauxillanges			**Valbonne (06)**	*L'Auberge Fleurie*	
(63)	*Restaurant de la Mairie*		**Le-Val-d'Ajol (88)**	*La Résidence*	N
Savonnière (37)	*La Maison Tourangelle*		**Valence (26)**	*L'Épicerie*	
Seillonnaz (01)	*La Cigale d'Or*	N	**Valence (26)**	*Le 7*	N
Sélestat (67)	*La Vieille Tour*	N	**Valence-sur-Baïse**		
Semblançay (37)	*La Mère Hamard*		(32)	*La Ferme de Flaran*	
Semur-en-Auxois			**Valloire (73)**	*Relais du Galibier*	
(21)	*Hostellerie d'Aussois*		**Valmont (76)**	*Le Bec au Cauchois*	N
Senones (88)	*Au Bon Gîte*		**Le Valtin (88)**	*Auberge du Val Joli*	
Sérignan (34)	*L'Harmonie*		**Vannes (56)**	*Roscanvec*	
Servon (50)	*Auberge du Terroir*		**Vannes (56)**	*La Table Alsacienne*	
Sète (34)	*Paris Méditerranée*		**Varades (44)**	*La Closerie des Roses*	
Sillé-le-Guillaume (72)	*Le Bretagne*		**Vaux-sous-Aubigny**		
Sochaux / Étupes			(52)	*Auberge des Trois Provinces*	
(25)	*Au Fil des Saisons*		**Venarey-les-Laumes /**		
Soissons (02)	*Chez Raphaël*	N	**Alise-Ste-Reine (21)**	*Cheval Blanc*	
Sorges (24)	*Auberge de la Truffe*		**Vence (06)**	*Le Vieux Couvent*	
Sospel (06)	*Des Étrangers*		**Vendôme (41)**	*Le Terre à TR*	N
La Souterraine /			**Vernon (27)**	*Les Fleurs*	
St-Étienne-de-Fursac (23)	*Nougier*		**Versailles (78)**	*Le Potager du Roy*	
Strasbourg (67)	*Le Clou*	N	**Vichy (03)**	*L'Alambic*	N
Strasbourg / Fegersheim			**Vic-sur-Cère / Col-de-Curebourse**		
(67)	*Auberge du Bruchrhein*		(15)	*Hostellerie St-Clément*	
Tamniès (24)	*Laborderie*		**Vierzon (18)**	*Le Champêtre*	N
Tarnac (19)	*Des Voyageurs*		**Villard-de-Lans (38)**	*Les Trente Pas*	
Tharon-Plage (44)	*Le Belem*		**Villedieu-les-Poêles**		
Thiais (94)	*Ophélie la Cigale Gourmande*		(50)	*Manoir de l'Acherie*	
Thonon-les-Bains / Port-de-Séchex			**Villefranche-de-Rouergue**		
(74)	*Le Clos du Lac*		(12)	*L'Épicurien*	
Toulouse / Castanet-Tolosan			**Villefranche-sur-Saône**		
(31)	*La Table des Merville*		(69)	*Le Juliénas*	N
Tourcoing (59)	*La Baratte*		**Villeneuve-sur-Lot / Pujols**		
Tournus (71)	*Le Terminus*		(47)	*Lou Calel*	N
Tournus / Le Villars			**Villié-Morgon (69)**	*Le Morgon*	
(71)	*L'Auberge des Gourmets*	N	**Villiers-sur-Marne (52)**	*La Source Bleue*	
Tours (37)	*L'Arche de Meslay*		**Viré (71)**	*Relais de Montmartre*	
Tours (37)	*La Deuvalière*	N	**Viviers (07)**	*Le Relais du Vivarais*	
Tours (37)	*Les Linottes Gourmandes*	N	**Wierre-Effroy (62)**	*La Ferme du Vert*	N
Tours / Vallières			**Wissembourg (67)**	*Le Carrousel Bleu*	
(37)	*Auberge de Port Vallières*		**Yerville (76)**	*Hostellerie des Voyageurs*	

➜ **N** *Nouveau* 🏵   ➜ *New* 🏵   ➜ *Nuovo* 🏵   ➜ *Neu* 🏵   ➜ *Nuevo* 🏵

Bib Hôtel

Bonnes nuits à petits prix en province

Good accomodation at moderate prices outside
the Paris region

Buona sistemazione a prezzi contenuti
in provincia

Hier übernachten Sie gut und preiswert
in der Provinz

Grato descanso a precios moderados
en provincias

Aguessac (12)	*Auberge le Rascalat*		**Bagnères-de-Bigorre / Beaudéan**		
Aix-les-Bains (73)	*Auberge St-Simond*		(65)	*Le Catala*	
Ajaccio (2A)	*Kallisté*	N	**Baix** (07)	*Les Quatre Vents*	N
Allevard (38)	*Les Alpes*		**Balot** (21)	*Auberge de la Baume*	
Ambonnay (51)	*Auberge St-Vincent*		**Ban-de-Laveline** (88)	*Auberge Lorraine*	
Angers (49)	*Du Mail*		**Baratier** (05)	*Les Peupliers*	
Angers (49)	*Le Progrès*		**Barbotan-les-Thermes** (32)	*De la Paix*	
Annecy (74)	*Nord*		**Bastelica** (2A)	*Chez Paul*	N
Annot (04)	*L'Avenue*		**Beaugency** (45)	*De la Sologne*	
Argentat (19)	*Fouillade*		**Beaune** (21)	*Grillon*	
Aubeterre-sur-Dronne			**Beaune / Levernois** (21)	*Le Parc*	
(16)	*Hostellerie du Périgord*		**Beauzac** (43)	*L'Air du Temps*	
Aubrac (12)	*La Dômerie*		**Beauzac / Bransac**		
Aubusson (23)	*Villa Adonis*		(43)	*La Table du Barret*	
Aulnay (17)	*Du Donjon*		**Bénodet** (29)	*Domaine de Kereven*	
Auray (56)	*Du Loch*		**Berck-sur-Mer / Berck-Plage**		
Aurec-sur-Loire (43)	*Les Cèdres Bleus*		(62)	*L'Impératrice*	
Autrans (38)	*Les Tilleuls*	N	**Béthune** (62)	*L'Éden*	N
Autun (71)	*La Tête Noire*		**Biarritz** (64)	*Maïtagaria*	
Auxerre (89)	*Normandie*		**Biarritz / Arbonne** (64)	*Laminak*	N
Availles-Limouzine (86)	*La Chatellenie*		**Blienschwiller** (67)	*Winzenberg*	
Avignon / Île de la Barthelasse			**Bois-le-Roi** (77)	*Le Pavillon Royal*	
(84)	*La Ferme*		**Bollezeele** (59)	*Hostellerie St-Louis*	
Ax-les-Thermes (09)	*Le Chalet*		**Bonifacio** (2A)	*Domaine de Licetto*	N
Azay-le-Rideau (37)	*De Biencourt*		**Bonnétage** (25)	*L'Etang du Moulin*	
Azay-le-Rideau (37)	*Des Châteaux*	N	**Bonneval-sur-Arc** (73)	*A la Pastourelle*	
Baerenthal (57)	*Le Kirchberg*		**La Bouilladisse** (13)	*La Fenière*	N

➜ **N** *Nouveau* 〖△〗
➜ *New* 〖△〗 ➜ *Nuovo* 〖△〗 ➜ *Neu* 〖△〗 ➜ *Nuevo* 〖△〗

Bourges (18)	*Le Berry*	Coutras (33)	*Henri IV*
Bourges (18)	*Le Christina*	Crozon (29)	*La Presqu'île*
Bourges (18)	*Les Tilleuls* N	Cruis (04)	*Auberge de l'Abbaye*
Bourg-St-Maurice (73)	*L'Autantic*	Dambach-la-Ville (67)	*Le Vignoble*
Bozouls (12)	*A la Route d'Argent*	Damgan (56)	*Albatros*
Bracieux (41)	*De la Bonnheure*	Donzenac (19)	*Relais du Bas Limousin*
Bretenoux / Port-de-Gagnac		Doué-la-Fontaine	
(46)	*Hostellerie Belle Rive* N	(49)	*Auberge Bienvenue*
Brissac-Quincé (49)	*Le Castel* N	Dreux (28)	*Le Beffroi*
Le Bugue / Campagne (24)	*Du Château*	Entraygues-sur-Truyère / Le Fel	
Buis-les-Baronnies		(12)	*Auberge du Fel*
(26)	*Les Arcades-Le Lion d'Or*	Épaignes (27)	*L'Auberge du Beau Carré*
Burnhaupt-le-Haut (68)	*Le Coquelicot*	Erquy (22)	*Beauséjour*
Caen (14)	*Des Quatrans*	Espalion (12)	*De France*
Calais (62)	*Métropol Hôtel*	Estaing (12)	*L' Auberge St-Fleuret*
Calais / Blériot-Plage (62)	*Les Dunes* N	Eymet (24)	*Les Vieilles Pierres*
Calvinet (15)	*Beauséjour*	Le Falgoux (15)	*Des Voyageurs*
Camaret-sur-Mer (29)	*Vauban*	La Ferté-St-Cyr (41)	*Saint-Cyr* N
Cambo-les-Bains (64)	*Ursula*	Florac / Cocurès (48)	*La Lozerette*
Camiers (62)	*Les Cèdres*	Fouesnant / Cap-Coz (29)	*Belle-Vue*
Cancale (35)	*Le Chatellier*	Fougères (35)	*Les Voyageurs*
Cannes (06)	*Florian*	Gaillac (81)	*La Verrerie*
Carennac (46)	*Hostellerie Fénelon* N	Gennes (49)	*Les Naulets d'Anjou*
Carhaix-Plouguer (29)	*Noz Vad*	Gérardmer (88)	*Gérard d'Alsace*
Castelnaudary (11)	*Du Canal*	La Giettaz (73)	*Flor'Alpes*
Castres (81)	*Renaissance*	Gimel-les-Cascades	
Céret (66)	*Les Arcades*	(19)	*Hostellerie de la Vallée*
Chagny (71)	*De la Poste*	Gordes (84)	*Auberge de Carcarille*
Challans (85)	*De l'Antiquité*	Goumois (25)	*Le Moulin du Plain*
Chamonix-Mont-Blanc / Les Bossons		Gresse-en-Vercors (38)	*Le Chalet*
(74)	*Aiguille du Midi*	Guebwiller (68)	*Domaine du Lac* N
Champtoceaux (49)	*Le Champalud*	Guilliers (56)	*Au Relais du Porhoët*
Chandolas (07)	*Auberge les Murets*	Hagetmau (40)	*Le Jambon*
Charleville-Mézières (08)	*De Paris*	Hesdin (62)	*Trois Fontaines*
Château-Gontier (53)	*Parc Hôtel* N	Le Hohwald (67)	*Hôtel Petite Auberge*
Chaudes-Aigues (15)	*Beauséjour*	Les Houches (74)	*Auberge Le Montagny*
Chaumont / Chamarandes		Île-de-Sein (29)	*Ar Men*
(52)	*Au Rendez-Vous des Amis*	Île d'Yeu / Port-Joinville	
Chauvigny (86)	*Lion d'Or*	(85)	*Atlantic Hôtel*
Chépy (80)	*L'Auberge Picarde* N	Illhaeusern (68)	*Les Hirondelles*
Cherbourg-Octeville		L'Isle-d'Abeau (38)	*Le Relais du Çatey*
(50)	*La Renaissance*	L'Isle-sur-Serein	
Chézery-Forens (01)	*Commerce*	(89)	*Auberge du Pot d'Étain* N
Chinon (37)	*Diderot*	Itxassou (64)	*Le Chêne*
Col de la Schlucht (88)	*Le Collet* N	Jonzac / Clam (17)	*Le Vieux Logis*
Comps-sur-Artuby		Jougne (25)	*La Couronne* N
(83)	*Grand Hôtel Bain*	Juliénas (69)	*Chez la Rose*
Cordon (74)	*Le Cordonant*	Juvigny-sous-Andaine	
Coti-Chiavari (2A)	*Le Belvédère*	(61)	*Au Bon Accueil*
Cour-Cheverny (41)	*St-Hubert* N	Kaysersberg (68)	*Constantin*
La Courtine (23)	*Au Petit Breuil*	Kilstett (67)	*Oberlé* N

➜ **N** *Nouveau* 🍴

➜ *New* 🍴   ➜ *Nuovo* 🍴   ➜ *Neu* 🍴   ➜ *Nuevo* 🍴

➔ N *Nouveau* 🏠
➔ *New* 🏠   ➔ *Nuovo* 🏠   ➔ *Neu* 🏠   ➔ *Nuevo* 🏠

Rue / St-Firmin	
(80)	*Auberge de la Dune*
Les Sables-d'Olonne (85)	*Antoine*
Les Sables-d'Olonne (85)	*Les Embruns*
Saillagouse	
(66)	*Planes (La Vieille Maison Cerdane)*
St-Agnan (58)	*La Vieille Auberge*
St-Ambroix / Larnac	
(30)	*Le Clos des Arts*
St-Bonnet-en-Champsaur	
(05)	*la Crémaillère*
St-Chély-d'Apcher / La Garde	
(48)	*Le Rocher Blanc* N
St-Disdier (05)	*La Neyrette*
St-Flour	
(15)	*Auberge de La Providence*
St-Gervais-d'Auvergne	
(63)	*Le Relais d'Auvergne* N
St-Jean-de-Maurienne	
(73)	*St-Georges*
St-Jean-du-Bruel	
(12)	*Du Midi-Papillon*
St-Jean-en-Royans /	
Col de la Machine	
(26)	*Du Col de la Machine*
St-Lary (09)	*Auberge de l'Isard*
St-Malo (35)	*San Pedro*
St-Rémy-de-Provence	
(13)	*L'Amandière*
St-Sernin-sur-Rance (12)	*Carayon*
St-Sorlin-d'Arves (73)	*Beausoleil*
St-Vaast-la-Hougue	
(50)	*La Granitière*
St-Valéry-en-Caux	
(76)	*Les Remparts*
St-Valéry-sur-Somme	
(80)	*Du Port et des Bains* N
Ste-Menéhould	
(51)	*Le Cheval Rouge*
Saintes (17)	*L'Avenue*
Stes-Maries-de-la-Mer	
(13)	*Pont Blanc*
Salers (15)	*Le Bailliage*
Salies-de-Béarn / Castagnède	
(64)	*La Belle Auberge*
Sallanches (74)	*Auberge de l'Orangerie*
Sarlat-la-Canéda (24)	*Le Mas de Castel*
Sarlat-la-Canéda (24)	*Le Mas del Pechs*
Sarrebourg (57)	*Les Cèdres*
Sarreguemines (57)	*Amadeus*
Sars-Poteries (59)	*Marquais*
Saugues (43)	*La Terrasse*
Sauveterre-de-Béarn	
(64)	*La Maison de Navarre* N
Saverne (67)	*Le Clos de la Garenne* N
Sées / Macé (61)	*Île de Sées*
Semblançay (37)	*La Mère Hamard*
Semur-en-Auxois (21)	*Les Cymaises*
Senones (88)	*Au Bon Gîte*
Servon (50)	*Auberge du Terroir*
Sommières (30)	*De l'Estelou*
Sondernach (68)	*A l'Orée du Bois*
Souillac (46)	*Le Quercy*
Sousceyrac	
(46)	*Au Déjeuner de Sousceyrac* N
Stenay (55)	*Du Commerce*
Strasbourg / Blaesheim (67)	*Au Bœuf* N
Strasbourg / Entzheim (67)	*Père Benoit* N
Strasbourg / Mittelhausbergen	
(67)	*Tilleul* N
Tarnac (19)	*Des Voyageurs*
Thann (68)	*Aux Sapins*
Le Thillot / Le Ménil (88)	*Les Sapins*
Thizy (69)	*La Terrasse*
Le Touquet-Paris-Plage / Stella-Plage	
(62)	*Des Pelouses* N
Tournon-sur-Rhône	
(07)	*Les Amandiers*
Tournus (71)	*Le Terminus*
Turckheim (68)	*Le Berceau du Vigneron*
Uriage-les-Bains (38)	*Les Mésanges*
Uzès (30)	*Le Patio de Violette* N
Valenciennes (59)	*Baudouin*
Valgorge (07)	*Le Tanargue* N
Valleraugue (30)	*Auberge Cévenole*
Vaux-sous-Aubigny	
(52)	*Hôtel Le Vauxois* N
Verneuil-sur-Avre (27)	*Du Saumon*
Vézelay / Pierre-Perthuis	
(89)	*Les Deux Ponts* N
Viaduc-de-Garabit (15)	*Beau Site*
Vichy / Abrest (03)	*La Colombière* N
Villé (67)	*La Bonne Franquette*
Villersexel (70)	*La Terrasse*
Vittel (88)	*Providence* N
Viviers (07)	*Le Relais du Vivarais* N
Vougeot / Gilly-lès-Cîteaux	
(21)	*L'Orée des Vignes*
Wimereux (62)	*Du Centre*
Wissembourg (67)	*Au Moulin de la Walk*

→ **N** *Nouveau* 🏠
→ *New* 🏠 → *Nuovo* 🏠 → *Neu* 🏠 → *Nuevo* 🏠

Hébergements agréables

Pleasant Lodging
Alloggio ameno
Angenehme Unterbringung
Alojamientos agradables

Antibes / Cap d'Antibes (06)	*Du Cap*	**Paris 1er**	*Le Meurice*
La Baule (44)	*Hermitage Barrière*	**Paris 1er**	*Ritz*
Beaulieu-sur-Mer		**Paris 8e**	*Le Bristol*
(06)	*La Réserve de Beaulieu*	**Paris 8e**	*Crillon*
Biarritz (64)	*Du Palais*	**Paris 8e**	*Four Seasons George V*
Cannes (06)	*Carlton Inter Continental*	**Paris 8e**	*Plaza Athénée*
Cannes (06)	*Majestic Barrière*	**Paris 9e**	*Intercontinental Le Grand*
Cannes (06)	*Martinez*	**Paris 16e**	*Raphael*
Courchevel / Courchevel 1850		**St-Jean-Cap-Ferrat**	
(73)	*Les Airelles*	**(06)**	*Grand Hôtel du Cap Ferrat*
Deauville (14)	*Normandy-Barrière*	**St-Tropez (83)**	*Byblos*
Deauville (14)	*Royal-Barrière*	**St-Tropez**	
Évian-les-Bains (74)	*Royal*	**(83)**	*Château de la Messardière*
Monte-Carlo (MC)	*Paris*	**Tourrettes (83)**	*Four Seasons*
Nice (06)	*Negresco*		*Resort Provence at Terre Blanche*

Ablis (78)	*Château d'Esclimont*	**Briollay (49)**	*Château de Noirieux*
Aix-en-Provence (13)	*Villa Gallici*	**Brive-la-Gaillarde / Varetz**	
Antibes / Cap d'Antibes		**(19)**	*Château de Castel Novel*
(06)	*Impérial Garoupe*	**Cahors / Mercuès**	
Avallon / Vault-de-Lugny		**(46)**	*Château de Mercuès*
(89)	*Château de Vault de Lugny*	**Calvi (2B)**	*La Villa*
Avignon (84)	*D'Europe*	**Cannes (06)**	*3.14 Hôtel*
Avignon (84)	*La Mirande*	**Carcassonne (11)**	*De La Cité*
Bagnols (69)	*Château de Bagnols*	**Le Castellet / Le Castellet (83)**	*Du Castellet*
Barbizon (77)	*Hôtellerie du Bas-Bréau*	**Cavalière (83)**	*Le Club de Cavalière et Spa*
Beaune (21)	*Le Cep*	**Chamonix-Mont-Blanc (74)**	*Hameau Albert 1er*
Belle-Île / Port-Goulphar (56)	*Castel Clara*	**Colroy-la-Roche**	
Béthune / Busnes (62)	*Le Château de Beaulieu*	**(67)**	*Hostellerie La Cheneaudière*
Les Bézards (45)	*Auberge des Templiers*	**Courcelles-sur-Vesle**	
Bidarray (64)	*Ostapé*	**(02)**	*Château de Courcelles*
Billiers (56)	*Domaine de Rochevilaine*	**Courchevel / Courchevel 1850**	
Bordeaux (33)	*Burdigala*	**(73)**	*Amanresorts Le Mélézin*
Bordeaux / Martillac		**Courchevel / Courchevel 1850**	
(33)	*Les Sources de Caudalie*	**(73)**	*Annapurna*

Courchevel / Courchevel 1850		**Paris 1ᵉʳ**	*De Vendôme*
(73)	*Cheval Blanc*	**Paris 3ᵉ**	*Murano*
Courchevel / Courchevel 1850		**Paris 3ᵉ**	*Pavillon de la Reine*
(73)	*Le Kilimandjaro*	**Paris 8ᵉ**	*Napoléon*
Curzay-sur-Vonne (86)	*Château de Curzay*	**Paris 16ᵉ**	*Le Parc-Trocadéro*
Divonne-les-Bains (01)	*Le Grand Hôtel*	**Paris 16ᵉ**	*St-James Paris*
Eugénie-les-Bains (40)	*Les Prés d'Eugénie*	**Perros-Guirec (22)**	*L' Agapa*
Évian-les-Bains (74)	*Ermitage*	**Pont-du-Gard / Castillon-du-Gard**	
Èze (06)	*Château de la Chèvre d'Or*	(30)	*Le Vieux Castillon*
Èze-Bord-de-Mer (06)	*Cap Estel*	**Porticcio (2A)**	*Le Maquis*
Gordes (84)	*La Bastide de Gordes et Spa*	**Porto-Vecchio (2A)**	*Casadelmar*
Grasse (06)	*La Bastide St-Antoine*	**Porto-Vecchio (2A)**	*Grand Hôtel*
Honfleur (14)	*La Ferme St-Siméon*		*de Cala Rossa*
Île de Ré / La Flotte (17)	*Richelieu*	**Pouilly-en-Auxois / Chailly-sur-Armançon**	
Joigny (89)	*La Côte St-Jacques*	(21)	*Château de Chailly*
Juan-les-Pins (06)	*Belles Rives*	**Puymirol (47)**	*Michel Trama*
Juan-les-Pins (06)	*Juana*	**Ramatuelle (83)**	*Villa Marie*
Lacave (46)	*Château de la Treyne*	**Reims (51)**	*Château les Crayères*
Le Lavandou / Aiguebelle (83)	*Les Roches*	**Roanne (42)**	*Troisgros*
Ligny-en-Cambrésis		**Roquebrune (06)**	*Vista Palace*
(59)	*Château de Ligny*	**Rouffach (68)**	*Château d'Isenbourg*
Lille (59)	*L'Hermitage Gantois*	**St-Émilion (33)**	*Hostellerie de Plaisance*
Luynes (37)	*Domaine de Beauvois*	**St-Jean-Cap-Ferrat (06)**	*Royal Riviera*
Lyon (69)	*Cour des Loges*	**St-Jean-Cap-Ferrat (06)**	*Voile d'Or*
Lyon (69)	*Villa Florentine*	**St-Tropez (83)**	*La Bastide de St-Tropez*
Lyon / Charbonnières-les-Bains		**St-Tropez (83)**	*Résidence de la Pinède*
(69)	*Le Pavillon de la Rotonde*	**St-Tropez (83)**	*Villa Belrose*
Megève (74)	*Les Fermes de Marie*	**Ste-Foy-la-Grande (33)**	*Château des Vigiers*
Megève (74)	*Lodge Park*	**Ste-Maxime (83)**	*Le Beauvallon*
Mirambeau (17)	*Château de Mirambeau*	**Saulieu (21)**	*Le Relais Bernard Loiseau*
Montbazon (37)	*Château d'Artigny*	**Strasbourg (67)**	*Régent Petite France*
Monte-Carlo (MC)	*Hermitage*	**Talloires (74)**	*L'Auberge du Père Bise*
Monte-Carlo (MC)	*Monte Carlo Bay*	**Val-d'Isère (73)**	*Christiania*
	Hôtel and Resort	**Valence (26)**	*Pic*
Monte-Carlo (MC)	*Métropole*	**Versailles (78)**	*Trianon Palace*
Monte-Carlo (MC)	*Port Palace*	**Vienne (38)**	*La Pyramide*
Monte-Carlo / Monte-Carlo-Beach		**Villeneuve-lès-Avignon (30)**	*Le Prieuré*
(06)	*Monte-Carlo Beach Hôtel*	**Vitrac (24)**	*Domaine de Rochebois*
Mougins (06)	*Le Mas Candille*	**Vonnas (01)**	*Georges Blanc*
Onzain (41)	*Domaine des Hauts de Loire*	**Vougeot / Gilly-lès-Cîteaux**	
Paris 1ᵉʳ	*Costes*	(21)	*Château de Gilly*

Aigues-Mortes (30)	*Villa Mazarin*	**Amboise (37)**	*Le Manoir Les Minimes*
Aillant-sur-Tholon		**Arles (13)**	*L'Hôtel Particulier*
(89)	*Domaine du Roncemay*	**Avignon / Montfavet**	
Aix-en-Provence (13)	*Le Pigonnet*	(84)	*Hostellerie Les Frênes*
Aix-en-Provence / Celony		**Avignon / Le Pontet**	
(13)	*Le Mas d'Entremont*	(84)	*Auberge de Cassagne*
Ajaccio (2A)	*Palazzu U Domu*	**Bagnoles-de-l'Orne (61)**	*Le Manoir du Lys*
Albi (81)	*La Réserve*	**Bagnols-sur-Cèze**	
Alpe-d'Huez (38)	*Au Chamois d'Or*	(30)	*Château de Montcaud*
Amboise (37)	*Le Choiseul*	**La Baule (44)**	*Castel Marie-Louise*

Les Baux-de-Provence (13)	La Cabro d'Or
Bayeux (14)	Château de Sully
Bayeux / Audrieu (14)	Château d'Audrieu
Beaune (21)	L'Hôtel
Beaune / Levernois (21)	Hostellerie de Levernois
Bénodet / Ste-Marine (29)	Villa Tri Men
Béthune / Gosnay (62)	Chartreuse du Val St-Esprit
Biarritz (64)	Beaumanoir
Biarritz / Lac de Brindos (64)	Château de Brindos
Bordeaux / Bouliac (33)	Le St-James
Boulogne-sur-Mer (62)	La Matelote
Le-Bourget-du-Lac (73)	Ombremont
Boutigny-sur-Essonne (91)	Domaine de Bélesbat
Brantôme (24)	Le Moulin de l'Abbaye
Brantôme / Champagnac-de-Belair (24)	Le Moulin du Roc
Le Buisson-de-Cadouin (24)	Le Manoir de Bellerive
La Bussière-sur-Ouche (21)	Abbaye de la Bussière
La Cadière-d'Azur (83)	Hostellerie Bérard
Cagnes-sur-Mer (06)	Le Cagnard
Callas (83)	Hostellerie Les Gorges de Pennafort
Calvi (2B)	La Signoria
Cancale (35)	De Bricourt-Richeux
Carantec (29)	L'Hôtel de Carantec-Patrick Jeffroy
Carcassonne (11)	Domaine d'Auriac
Carcassonne / Cavanac (11)	Château de Cavanac
Carpentras / Mazan (84)	Château de Mazan
Les Carroz-d'Arâches (74)	Les Servages d'Armelle
Cassel (59)	Châtellerie de Schoebeque
La Celle (83)	Hostellerie de l'Abbaye de la Celle
Chagny (71)	Lameloise
Chambéry / Chambéry-le-Vieux (73)	Château de Candie
Chambolle-Musigny (21)	Château André Ziltener
Chamonix-Mont-Blanc (74)	Grand Hôtel des Alpes
Château-Arnoux-St-Auban (04)	La Bonne Étape
Chenonceaux (37)	Auberge du Bon Laboureur
Chinon / Marçay (37)	Château de Marçay
Cognac (16)	Château de l'Yeuse
Coise-St-Jean-Pied-Gauthier (73)	Château de la Tour du Puits
La Colle-sur-Loup (06)	Le Clos des Arts
Colmar (68)	Les Têtes
Colombey-les-Deux-Églises (52)	Hostellerie la Montagne
Condrieu (69)	Hôtellerie Beau Rivage
Connelles (27)	Le Moulin de Connelles
Cordes-sur-Ciel (81)	Le Grand Écuyer
Cordon (74)	Le Cerf Amoureux
Cordon (74)	Les Roches Fleuries
Courchevel / Courchevel 1850 (73)	La Sivolière
Courchevel / Courchevel 1850 (73)	Le Chabichou
Crillon-le-Brave (84)	Crillon le Brave
Le Croisic (44)	Le Fort de l'Océan
La Croix-Valmer / Gigaro (83)	Château de Valmer
Crozet (01)	Jiva Hill Park Hôtel
Cruseilles (74)	Château des Avenières
Deauville (14)	Hostellerie de Tourgéville
Dinard (35)	Villa Reine Hortense
Enghien-les-Bains (95)	Grand Hôtel Barrière
Épernay / Champillon (51)	Royal Champagne
Épernay / Vinay (51)	Hostellerie La Briqueterie
Les Eyzies-de-Tayac (24)	Du Centenaire
Èze (06)	Château Eza
Fère-en-Tardenois (02)	Château de Fère
Gémenos (13)	Relais de la Magdeleine
Gérardmer (88)	Le Manoir au Lac
Gérardmer / Bas-Rupts (88)	Les Bas-Rupts
Gordes (84)	Les Bories
Grasse (06)	La Bastide St-Mathieu
Le Grau-du-Roi / Port-Camargue (30)	Spinaker
Gressy (77)	Le Manoir de Gressy
Grignan (26)	Manoir de la Roseraie
Hennebont (56)	Château de Locguénolé
Honfleur (14)	Le Manoir du Butin
Igé (71)	Château d'Igé
Île de Porquerolles (83)	Le Mas du Langoustier
Île de Ré / St-Martin-de-Ré (17)	De Toiras
Île de Ré / St-Martin-de-Ré (17)	Le Clos St-Martin
Joucas (84)	Hostellerie Le Phébus
Joucas (84)	Le Mas des Herbes Blanches
Lacave (46)	Pont de l'Ouysse
Laguiole (12)	Bras
Langeais / St-Patrice (37)	Château de Rochecotte
Lencloître / à Savigny-sous-Faye (86)	Château Hôtel de Savigny
Lezoux / Bort-l'Étang (63)	Château de Codignat
Lille / Emmerin (59)	La Howarderie
Limoges / St-Martin-du-Fault (87)	Chapelle St-Martin
Locquirec (29)	Le Grand Hôtel des Bains
Lorgues (83)	Château de Berne
Lourmarin (84)	Le Moulin de Lourmarin
Lunéville (54)	Château d'Adoménil
Lyon (69)	Le Royal Lyon
Magescq (40)	Relais de la Poste
La Malène (48)	Château de la Caze
Manigod (74)	Chalet Hôtel Croix-Fry

Manosque / La Fuste	
(04)	*Hostellerie de la Fuste*
Marseille (13)	*Le Petit Nice*
Maussane-les-Alpilles / Paradou	
(13)	*Le Hameau des Baux*
Megève (74)	*Chalet du Mont d'Arbois*
Megève (74)	*Chalet St-Georges*
Megève (74)	*Le Fer à Cheval*
Megève (74)	*Mont-Blanc*
Menton (06)	*Grand Hôtel des Ambassadeurs*
Méribel (73)	*Allodis*
Méribel (73)	*Le Grand Coeur et Spa*
Méribel (73)	*Le Yéti*
Missillac (44)	*La Bretesche*
Moëlan-sur-Mer (29)	*Manoir de Kertalg*
Moissac (82)	*Le Manoir Saint-Jean*
Molitg-les-Bains (66)	*Château de Riell*
Monaco (MC)	*Columbus*
Montbazon (37)	*Domaine de la Tortinière*
Montélimar (26)	*Domaine du Colombier*
Montpellier / Castelnau-le-Lez	
(34)	*Domaine de Verchant*
Montreuil (62)	*Château de Montreuil*
Montrichard / Chissay-en-Touraine	
(41)	*Château de Chissay*
Mougins (06)	*De Mougins*
Moustiers-Ste-Marie	
(04)	*Bastide de Moustiers*
Najac (12)	*Les Demeures de Longcol*
Nancy (54)	*Grand Hôtel de la Reine*
Nans-les-Pins	
(83)	*Domaine de Châteauneuf*
Nice (06)	*La Pérouse*
Nieuil (16)	*Château de Nieuil*
Nîmes (30)	*Jardins Secrets*
Obernai (67)	*A la Cour d'Alsace*
Obernai (67)	*Le Parc*
Paris 6ᵉ	*D'Aubusson*
Paris 6ᵉ	*Esprit Saint-Germain*
Paris 6ᵉ	*L'Hôtel*
Paris 6ᵉ	*Relais St-Germain*
Paris 7ᵉ	*Duc de St-Simon*
Paris 7ᵉ	*Pont Royal*
Paris 8ᵉ	*Daniel*
Paris 8ᵉ	*De Sers*
Paris 8ᵉ	*François 1ᵉʳ*
Paris 11ᵉ	*Les Jardins du Marais*
Paris 16ᵉ	*Keppler*
Paris 16ᵉ	*Sezz*
Paris 16ᵉ	*Square*
Paris 16ᵉ	*Trocadero Dokhan's*
Paris 18ᵉ	*Kube*
Pau (64)	*Villa Navarre*
Pauillac (33)	*Château Cordeillan Bages*
Pérouges (01)	*Ostellerie du Vieux Pérouges*
Poligny / Monts-de-Vaux	
(39)	*Hostellerie des Monts de Vaux*
Pons / Mosnac (17)	*Moulin du Val de Seugne*
Pornichet (44)	*Sud Bretagne*
Port-en-Bessin (14)	*La Chenevière*
Port-Lesney (39)	*Château de Germigney*
Porto-Vecchio (2A)	*Belvédère*
Propriano (2A)	*Grand Hôtel Miramar*

Rayol-Canadel-sur-Mer	
(83)	*Le Bailli de Suffren*
Reims (51)	*L'Assiette Champenoise*
Ribeauvillé (68)	*Le Clos St-Vincent*
Roscoff (29)	*Le Brittany*
St-Arcons-d'Allier	
(43)	*Les Deux Abbesses*
St-Bonnet-le-Froid	
(43)	*Le Clos des Cimes*
St-Émilion (33)	*Château Grand Barrail*
St-Florent (2B)	*Demeure Loredana*
St-Germain-en-Laye (78)	*La Forestière*
St-Jean-de-Luz (64)	*Grand Hôtel*
St-Jean-de-Luz (64)	*Parc Victoria*
St-Jean-de-Luz (64)	*Zazpi Hôtel*
St-Jean-Pied-de-Port (64)	*Les Pyrénées*
St-Omer / Tilques (62)	*Château Tilques*
St-Paul (06)	*La Colombe d'Or*
St-Paul (06)	*Le Mas de Pierre*
St-Paul (06)	*Le Saint-Paul*
St-Paul-Trois-Châteaux	
(26)	*Villa Augusta*
St-Rémy-de-Provence	
(13)	*Hostellerie du Vallon de Valrugues*
St-Rémy-de-Provence	
(13)	*Le Château des Alpilles*
St-Rémy-de-Provence	
(13)	*Les Ateliers de l'Image*
St-Tropez (83)	*Le Yaca*
St-Tropez (83)	*Pan Deï Palais*
Ste-Anne-la-Palud (29)	*De La Plage*
Ste-Maure-de-Touraine /	
Noyant-de-Touraine	
(37)	*Château de Brou*
Ste-Preuve	
(02)	*Domaine du Château de Barive*
Saintes (17)	*Relais du Bois St-Georges*
Stes-Maries-de-la-Mer	
(13)	*Le Mas de la Fouque*
Salon-de-Provence	
(13)	*Abbaye de Sainte-Croix*
Le Sambuc (13)	*Le Mas de Peint*
Sarlat-la-Canéda (24)	*Clos La Boëtie*
Sault (84)	*Hostellerie du Val de Sault*
Saumur (49)	*Château de Verrières*
Saumur / Chênehutte-les-Tuffeaux	
(49)	*Le Prieuré*
La Saussaye (27)	*Manoir des Saules*
Strasbourg (67)	*Régent Contades*
Strasbourg / Plobsheim (67)	*Le Kempferhof*
Tarbes (65)	*Le Rex Hotel*
Théoule-sur-Mer / Miramar	
(06)	*Miramar Beach*
Thuret (63)	*Château de la Canière*
Tignes (73)	*Les Campanules*
Tournus (71)	*Hôtel de Greuze*
Tours / Joué-lès-Tours	
(37)	*Château de Beaulieu*
Tours / Rochecorbon (37)	*Les Hautes Roches*
Tourtour (83)	*La Bastide de Tourtour*
Trébeurden (22)	*Manoir de Lan-Kerellec*
Trébeurden (22)	*Ti al Lannec*
Trégunc (29)	*Auberge Les Grandes Roches*

Trémolat (24)	*Le Vieux Logis*
Trigance (83)	*Château de Trigance*
Troyes (10)	*La Maison de Rhodes*
Troyes (10)	*Le Champ des Oiseaux*
Uriage-les-Bains (38)	*Grand Hôtel*
Val-Thorens (73)	*Fitz Roy*
Verdun / Les Monthairons	
(55)	*Hostellerie du Château des Monthairons*
Verneuil-sur-Avre (27)	*Hostellerie Le Clos*
Vervins (02)	*Tour du Roy*
Vézelay / St-Père (89)	*L'Espérance*
Ville-d'Avray (92)	*Les Étangs de Corot*
Villeneuve-lès-Avignon	
(30)	*La Magnaneraie*
Villeneuve-sur-Lot / St-Sylvestre-	
sur-Lot (47)	*Château Lalande*
Villiers-le-Mahieu	
(78)	*Château de Villiers le Mahieu*

Aisonville-et-Bernoville (02)	*Le 1748*
Aix-en-Provence (13)	*Bastide du Cours*
Ajaccio (2A)	*Les Mouettes*
Alleyras (43)	*Le Haut-Allier*
Amboise (37)	*Château de Pray*
Anduze / Tornac (30)	*Les Demeures du Ranquet*
Argelès-sur-Mer (66)	*Le Cottage*
Argenton-sur-Creuse / Bouesse	
(36)	*Château de Bouesse*
Astaffort (47)	*Le Square "Michel Latrille"*
Auribeau-sur-Siagne	
(06)	*Auberge de la Vignette Haute*
Aurillac / Vézac (15)	*Château de Salles*
Auxerre (89)	*Le Parc des Maréchaux*
Bagnoles-de-l'Orne (61)	*Bois Joli*
Barneville-Carteret / Carteret	
(50)	*Des Ormes*
Les Baux-de-Provence	
(13)	*La Riboto de Taven*
Les Baux-de-Provence (13)	*Mas de l'Oulivié*
Beaulieu (07)	*La Santoline*
Beaune / Montagny-lès-Beaune (21)	*Le Clos*
Belle-Île / Bangor (56)	*La Désirade*
Bergerac (24)	*Château Rauly-Saulieut*
Bergerac / St-Nexans	
(24)	*La Chartreuse du Bignac*
Bermicourt (62)	*La Cour de Rémi*
Besançon (25)	*Charles Quint*
Biarritz (64)	*Le Château du Clair de Lune*
Bidart (64)	*L'Hacienda*
Bidart (64)	*Villa L'Arche*
Bize-Minervois (11)	*La Bastide Cabezac*
Bonifacio (2A)	*Genovese*
Bonnat (23)	*L'Orangerie*
Bonnieux (84)	*Auberge de l'Aiguebrun*
Bourges (18)	*D'Angleterre*
Bourgueil / Restigné	
(37)	*Manoir de Restigné*
Cangey (37)	*Le Fleuray*
Cannes (06)	*Cavendish*
Carpentras / Monteux	
(84)	*Domaine de Bournereau*
Carsac-Aillac (24)	*La Villa Romaine*
Castries (34)	*Disini*
Céret (66)	*Le Mas Trilles*
Chablis (89)	*Du Vieux Moulin*
Chablis (89)	*Hostellerie des Clos*
Le Châtelet / Notre-Dame d'Orsan	
(18)	*La Maison d'Orsan*
Châtillon-sur-Chalaronne (01)	*La Tour*
La Châtre / St-Chartier	
(36)	*Château de la Vallée Bleue*
Cogolin (83)	*La Maison du Monde*
La Colle-sur-Loup (06)	*L'Abbaye*
Colmar (68)	*Hostellerie Le Maréchal*
Condom (32)	*Les Trois Lys*
Conques (12)	*Le Moulin de Cambelong*
Crépon (14)	*Ferme de la Rançonnière*
Les Deux-Alpes (38)	*Chalet Mounier*
Épernay (51)	*Clos Raymi*
Erbalunga (2B)	*Castel'Brando*
Ermenonville (60)	*Le Prieuré*
Eugénie-les-Bains (40)	*La Maison Rose*
Les Eyzies-de-Tayac (24)	*Ferme Lamy*
Fayence (83)	*Moulin de la Camandoule*
Fontaine-de-Vaucluse (84)	*Du Poète*
Fort-Mahon-Plage (80)	*Auberge Le Fiacre*
Fréjus (83)	*L'Aréna*
Gensac (33)	*Château de Sanse*
Gex / Échenevex (01)	*Auberge des Chasseurs*
Goumois (25)	*Taillard*
Graveson (13)	*Moulin d'Aure*
Grignan (26)	*Le Clair de la Plume*
Guéthary (64)	*Villa Catarie*
Gundershoffen (67)	*Le Moulin*
Hauteluce (73)	*La Ferme du Chozal*
Le Havre (76)	*Vent d'Ouest*
Honfleur (14)	*L'Écrin*
Honfleur (14)	*La Chaumière*
Honfleur (14)	*Les Maisons de Léa*
Hossegor (40)	*Les Hortensias du Lac*
Île de Noirmoutier / Noirmoutier-en-l'Île	
(85)	*Fleur de Sel*
Île de Port-Cros (83)	*Le Manoir*
L'Isle-sur-la-Sorgue	
(84)	*Hostellerie La Grangette*
Juan-les-Pins (06)	*La Villa*
Juan-les-Pins (06)	*Ste-Valérie*
Jungholtz (68)	*Les Violettes*
Lacabarède (81)	*Demeure de Flore*
Lille (59)	*Art Déco Romarin*
Limoux (11)	*Grand Hôtel Moderne et Pigeon*
Lourmarin (84)	*La Bastide de Lourmarin*
Lumbres (62)	*Moulin de Mombreux*

Cliousclat (26) *La Treille Muscate*
Crest-Voland (73) *Caprice des Neiges*
Cuq-Toulza (81) *Cuq en Terrasses*
Deauville (14) *Villa Joséphine*
Eygalières (13) *Mas dou Pastré*
Florac / Cocurès (48) *La Lozerette*
Forcalquier (04) *Auberge Charembeau*
La Garde-Guérin (48) *Auberge Régordane*
Gordes (84) *La Ferme de la Huppe*
Le Grand-Bornand / Le Chinaillon
(74) *Les Cimes*
Graveson (13) *Le Cadran Solaire*
Île de Ré / Ars-en-Ré (17) *Le Sénéchal*
Île de Ré / St-Martin-de-Ré
(17) *La Maison Douce*
L'Isle-sur-la-Sorgue (84) *Le Mas des Grès*
Lyons-la-Forêt (27) *Les Lions de Beauclerc*
Le Mans / St-Saturnin
(72) *Domaine de Chatenay*
Montauban-sur-l'Ouvèze (26) *La Badiane*
Montclus (30) *La Magnanerie de Bernas*
Moustiers-Ste-Marie (04) *La Ferme Rose*

Paris 16e *Windsor Home*
Propriano (2A) *Le Lido*
Rocamadour (46) *Troubadour*
St-Alban-sur-Limagnole
(48) *Relais St-Roch*
St-Céré (46) *Villa Ric*
St-Disdier (05) *La Neyrette*
St-Laurent-du-Verdon
(04) *Le Moulin du Château*
St-Malo / St-Servan-sur-Mer
(35) *L'Ascott*
St-Prix (95) *Hostellerie du Prieuré*
Salers (15) *Saluces*
Sancerre / St-Thibault (18) *de la Loire*
Seignosse (40) *Villa de l'Etang Blanc*
Serre-Chevalier / Le Monêtier-les-Bains
(05) *L'Alliey*
Vaison-la-Romaine / Crestet
(84) *Mas de Magali*
Valberg (06) *Blanche Neige*
Val-d'Isère (73) *La Becca*
Wierre-Effroy (62) *La Ferme du Vert*

Aiguebelette-le-Lac / Lépin-le-Lac
(73) *La Bageatière*
Alès / St-Hilaire-de-Brethmas
(30) *Comptoir St-Hilaire*
Alleins (13) *Domaine de Méjeans*
Amboise (37) *Vieux Manoir*
Andelot-lès-St-Amour
(39) *Château Andelot*
Apt / Saignon (84) *Chambre de Séjour avec Vue*
Argelès-sur-Mer (66) *Château Valmy*
Aubrac (12) *Catherine Painvin*
Aureille (13) *Le Balcon des Alpilles*
Auxerre / Appoigny (89) *Le Puits d'Athie*
Auxerre / Villefargeau
(89) *Le Petit Manoir des Bruyères*
Avignon (84) *Lumani*
Ayguesvives (31) *La Pradasse*
Balazuc (07) *Château de Balazuc*
Barcelonnette / St-Pons
(04) *Domaine de Lara*
Le Barroux (84) *L'Aube Safran*
Bastia (2B) *Château Cagninacci*
La Bastide-Clairence (64) *Maison Maxana*
La Baume (74) *La Ferme aux Ours*
Bazouges-la-Pérouse
(35) *Le Château de la Ballue*
Beaulieu-sur-Dordogne / Brivezac
(19) *Château de la Grèze*
Belle-Île / Le Palais
(56) *Château de Bordenéo*
Bessonies (46) *Château de Bessonies*
Béziers / Villeneuve-lès-Béziers
(34) *La Chamberte*
Biarritz (64) *Nere-Chocoa*
Biarritz (64) *Villa Le Goëland*
Biarritz / Arcangues (64) *Les Volets Bleus*
Blois / St-Denis-sur-Loire
(41) *La Malouinière*

Bormes-les-Mimosas
(83) *La Bastide des Vignes*
La Bourboule (63) *La Lauzeraie*
Bourg-en-Bresse / Lalleyriat (01) *Le Nid à Bibi*
Bras (83) *Une Campagne en Provence*
Le Bugue (24) *Maison Oléa*
Cabrières-d'Aigues (84) *Le Mas des Câpriers*
Cambrai (59) *Le Clos St-Jacques*
Cancon / St-Eutrope-de-Born
(47) *Domaine du Moulin de Labique*
Carcassonne (11) *La Maison Coste*
Cascastel-des-Corbières
(11) *Domaine Grand Guilhem*
Cassis (13) *Château de Cassis*
Cerdon (45) *Les Vieux Guays*
Cervione (2B) *Casa Corsa*
Chamonix-Mont-Blanc / Le Lavancher
(74) *Les Chalets de Philippe*
Charolles (71) *Le Clos de l'Argolay*
Chassagne-Montrachet
(21) *Château de Chassagne-Montrachet*
Chénérailles / Montignat (23) *La Maison Bleue*
Clémont (18) *Domaine des Givrys*
Clisson / Le Pallet (44) *Château de la Sébinière*
Collonges-la-Rouge (19) *Jeanne*
Colonzelle (26) *La Maison de Soize*
Corvol-d'Embernard
(58) *Le Colombier de Corvol*
Coux-et-Bigaroque (24) *Manoir de la Brunie*
Crazannes (17) *Château de Crazannes*
Cucugnan (11) *La Tourette*
Cult (70) *Les Egrignes*
Danizy (02) *Domaine le Parc*
Derchigny (76) *Manoir de Graincourt*
Dournazac (87) *Château de Montbrun*
Drain (49) *Le Mésangeau*
Dreux / Vert-en-Drouais
(28) *Château de Marsalin*

Eccica-Suarella (2A)	*Carpe Diem Palazzu*
Les Échelles / St-Christophe-la-Grotte	
(73)	*La Ferme Bonne de la Grotte*
Ennordres (18)	*Les Chatelains*
Escatalens (82)	*Maison des Chevaliers*
Espelette (64)	*Irazabala*
Eu (76)	*Manoir de Beaumont*
Farges-Allichamps	
(18)	*Château de la Commanderie*
Fontenay-le-Comte	
(85)	*Le Logis de la Clef de Bois*
Gramat (46)	*Moulin de Fresquet*
Le Grand-Bornand / Le Bouchet	
(74)	*Le Chalet des Troncs*
Grasse (06)	*Moulin St-François*
Grez-en-Bouère (53)	*Château de Chanay*
Guebwiller / Murbach (68)	*Le Schaeferhof*
Hasparren (64)	*Ferme Hégia*
Honfleur (14)	*La Petite Folie*
Honfleur (14)	*Le Clos Bourdet*
Île de Noirmoutier / Noirmoutier-en-l'Île	
(85)	*La Maison de Marine*
Île de Ré / St-Martin-de-Ré	
(17)	*Domaine de la Baronnie*
Île de Ré / St-Martin-de-Ré	
(17)	*La Coursive St-Martin*
Île de Ré / St-Martin-de-Ré	
(17)	*La Maison du Port*
Ivoy-le-Pré (18)	*Château d'Ivoy*
Jarnac (16)	*Château St-Martial*
Julié (69)	*Domaine de la Chapelle de Vâtre*
Landudec (29)	*Château du Guilguiffin*
Lascabanes (46)	*Le Domaine de Saint-Géry*
Lavannes (51)	*La Closerie des Sacres*
Lestiac-sur-Garonne (33)	*Les Logis de Lestiac*
Libourne / La Rivière	
(33)	*Château de La Rivière*
Lille (59)	*La Maison Carrée*
Linières-Bouton (49)	*Château de Boissimon*
Lissac-sur-Couze (19)	*Château de Lissac*
Lodève (34)	*Domaine du Canalet*
Lorgues (83)	*La Bastide du Pin*
Lyon / Écully (69)	*Les Hautes Bruyères*
Mâcon / Hurigny (71)	*Château des Poccards*
Manthelan (37)	*Le Vieux Tilleul*
Martainville-Épreville (76)	*Sweet Home*
Martigné-Briand (49)	*Château des Noyers*
Maussane-les-Alpilles / Paradou	
(13)	*La Maison du Paradou*
Meaux / Trilbardou (77)	*M. et Mme Cantin*
Meauzac (82)	*Manoir des Chanterelles*
Merry-sur-Yonne (89)	*Le Charme Merry*
Monhoudou (72)	*Château de Monhoudou*
Montbenoît / La Longeville	
(25)	*Le Crêt l'Agneau*
Moustiers-Ste-Marie (04)	*La Bouscatière*
Mutigny (51)	*Manoir de Montflambert*
Nantes / La Haie-Fouassière	
(44)	*Château du Breil*
Nantes / Pont-St-Martin	
(44)	*Château du Plessis-Atlantique*
Neauphle-le-Château	
(78)	*Le Clos Saint-Nicolas*
Notre-Dame-de-Livaye	
(14)	*Aux Pommiers de Livaye*
Notre-Dame-du-Guildo	
(22)	*Château du Val d'Arguenon*
Notre-Dame-du-Pé (72)	*La Reboursière*
Oinville-sous-Auneau (28)	*Caroline Lethuillier*
Ornans (25)	*Le Jardin de Gustave*

Pérignac (16)	*Château de Lerse*
Planguenoual (22)	*Manoir de la Hazaie*
Plazac (24)	*Béchanou*
Poitiers / Lavoux	
(86)	*Logis du Château du Bois Dousset*
Poligny (05)	*Le Chalet des Alpages*
Portel-des-Corbières	
(11)	*Domaine de la Pierre Chaude*
Pouilly-en-Auxois / Créancey	
(21)	*Château de Créancey*
Privas / Rochessauve	
(07)	*Château de Rochessauve*
Quimperlé (29)	*Château de Kerlarec*
Riantec (56)	*La Chaumière de Kervassal*
Riquewihr (68)	*Le B. Espace Suites*
Robion (84)	*Mas la Fausseranne*
Rochefort (17)	*Palmier sur Cour*
Rodez (12)	*Château de Labro*
Roquebrune (06)	*Le Roquebrune*
Rustrel (84)	*La Forge*
St-Adjutory (16)	*Château du Mesnieux*
St-André-de-Roquelongue	
(11)	*Demeure de Roquelongue*
St-Bômer-les-Forges	
(61)	*Château de la Maigraire*
St-Calais (72)	*Château de la Barre*
St-Étienne-la-Thillaye	
(14)	*La Maison de Sophie*
St-Front (43)	*La Vidalle d'Eyglet*
St-Léon (47)	*Le Hameau des Coquelicots*
St-Mathurin (85)	*Le Château de la Millière*
St-Michel-Escalus	
(40)	*La Bergerie-St-Michel*
St-Michel-Mont-Mercure	
(85)	*Château de la Flocellière*
St-Palais-sur-Mer (17)	*Ma Maison de Mer*
St-Pierre-d'Albigny	
(73)	*Château des Allues*
St-Rémy-de-Provence	
(13)	*La Maison du Village*
St-Silvain-Bellegarde (23)	*Les Trois Ponts*
St-Sornin (17)	*La Caussolière*
St-Valéry-en-Caux	
(76)	*Château du Mesnil Geoffroy*
Ste-Mère-Église	
(50)	*Château de L'Isle Marie*
Ste-Nathalène (24)	*La Roche d'Esteil*
Segonzac (19)	*Pré Laminon*
Soustons (40)	*Domaine de Bellegarde*
Strasbourg (67)	*La Belle Strasbourgeoise*
Toulon-la-Montagne (51)	*Les Corettes*
Tournus (71)	*La Tour du Trésorier*
Tourrettes-sur-Loup (06)	*Histoires de Bastide*
Tourrettes-sur-Loup	
(06)	*La Demeure de Jeanne*
Troyes / Moussey (10)	*Domaine de la Creuse*
Tulette (26)	*K-Za*
Uzer (07)	*Château d'Uzer*
Uzès / Montaren-et-St-Médiers	
(30)	*Clos du Léthé*
Valojoulx (24)	*La Licorne*
Vals-les-Bains (07)	*Château Clément*
Vence (06)	*La Colline de Vence*
Vergoncey (50)	*Château de Boucéel*
Verteuil-sur-Charente (16)	*Le Couvent des Cordeliers*
Villemontais (42)	*Domaine de Fontenay*
Villiers-sous-Grez (77)	*La Cerisaie*
Vollore-Ville (63)	*Château de Vollore*
Vouvray (37)	*Domaine des Bidaudières*

Restaurants agréables

Pleasant restaurants

Ristoranti ameni

Angenehme Restaurants

Restaurantes agradables

☆☆☆☆☆

Annecy / Veyrier-du-Lac	
(74)	*La Maison de Marc Veyrat*
Antibes / Cap d'Antibes (06)	*Eden Roc*
Les Baux-de-Provence	
(13)	*L' Oustaù de Baumanière*
Illhaeusern (68)	*Auberge de l'Ill*
Lyon (69)	*Paul Bocuse*
Monte-Carlo	
(MC)	*Le Louis XV-Alain Ducasse*
Paris 1er	*L'Espadon*

Paris 1er	*le Meurice*
Paris 5e	*La Tour d'Argent*
Paris 8e	*Alain Ducasse au Plaza Athénée*
Paris 8e	*Les Ambassadeurs*
Paris 8e	*Apicius*
Paris 8e	*Le Bristol*
Paris 8e	*Le "Cinq"*
Paris 8e	*Lasserre*
Paris 8e	*Ledoyen*
Paris 8e	*Taillevent*

☆☆☆☆

Baerenthal / Untermuhlthal	
(57)	*L'Arnsbourg*
Le-Bourget-du-Lac (73)	*Le Bateau Ivre*
Cannes (06)	*La Palme d'Or*
Lille (59)	*A L'Huîtrière*
Lyon (69)	*Pierre Orsi*
Lyon / Charbonnières-les-Bains	
(69)	*La Rotonde*
Mandelieu / La Napoule (06)	*L'Oasis*
Mionnay (01)	*Alain Chapel*
Monte-Carlo	
(MC)	*Grill de l'Hôtel de Paris*
Monte-Carlo (MC)	*Joël Robuchon*
	Monte-Carlo
Montpellier (34)	*Le Jardin des Sens*

Mougins	
(06)	*Alain Llorca - Le Moulin de Mougins*
Nice (06)	*Chantecler*
Paris 1er	*Le Grand Véfour*
Paris 4e	*L'Ambroisie*
Paris 8e	*Laurent*
Paris 16e	*La Grande Cascade*
Paris 16e	*Pré Catelan*
La Rochelle	
(17)	*Richard et Christopher Coutanceau*
Romans-sur-Isère /	
Granges-les-Beaumont (26)	*Les Cèdres*
St-Bonnet-le-Froid	
(43)	*Régis et Jacques Marcon*
Tourrettes (83)	*Faventia*

Agen (47)	*Mariottat*
Aix-en-Provence (13)	*Le Clos de la Violette*
Antibes / Cap d'Antibes (06)	*Bacon*
Antibes / Cap d'Antibes (06)	*Les Pêcheurs*
Avignon (84)	*Christian Étienne*
Balleroy (14)	*Manoir de la Drôme*
Belle-Église (60)	*La Grange de Belle-Eglise*
Bidart	
(64)	*Table et Hostellerie des Frères Ibarboure*
Biot (06)	*Les Terrailles*
Bonnieux (84)	*La Bastide de Capelongue*
Boulogne-sur-Mer (62)	*La Matelote*
Bourges (18)	*L' Abbaye St-Ambroix*
Cancale (35)	*Maisons de Bricourt*
Cassis (13)	*La Villa Madie*
Chalon-sur-Saône / St-Rémy	
(71)	*Moulin de Martorey*
Champtoceaux (49)	*Les Jardins de la Forge*
Chasselay (69)	*Guy Lassausaie*
Clisson (44)	*La Bonne Auberge*
Compiègne / Rethondes (60)	*Alain Blot*
Courchevel / Courchevel 1850	
(73)	*Le Bateau Ivre*
Dole / Sampans (39)	*Château du Mont Joly*
Dunkerque / Coudekerque-Branche	
(59)	*Le Soubise*
Fayence (83)	*Le Castellaras*
Fontevraud-l'Abbaye (49)	*La Licorne*
Fontjoncouse (11)	*Auberge du Vieux Puits*
Forbach / Stiring-Wendel	
(57)	*La Bonne Auberge*
Grenade-sur-l'Adour	
(40)	*Pain Adour et Fantaisie*
Gundershoffen (67)	*Au Cygne*
Le Lavandou / Aiguebelle	
(83)	*Mathias Dandine*
Lourmarin (84)	*Auberge La Fenière*
Lyon (69)	*Les Terrasses de Lyon*
Maisons-Laffitte (78)	*Tastevin*
Malbuisson (25)	*Le Bon Accueil*
Monte-Carlo (MC)	*Vistamar*
Montpellier / Lattes (34)	*Domaine de Soriech*
Mougins (06)	*La Terrasse*
Moulins (03)	*Le Clos de Bourgogne*
Mulhouse / Rixheim (68)	*Le Manoir*
Nantes / Haute-Goulaine	
(44)	*Manoir de la Boulaie*
Nîmes / Garons (30)	*Alexandre*
Obernai (67)	*La Fourchette des Ducs*
Orléans / Olivet (45)	*Le Rivage*
Ozoir-la-Ferrière (77)	*La Gueulardière*
Pacy-sur-Eure / Cocherel	
(27)	*La Ferme de Cocherel*
Pau (64)	*Au Fin Gourmet*
Pont-Aven (29)	*Moulin de Rosmadec*
Le Puy-en-Velay (43)	*François Gagnaire*
Questembert	
(56)	*Le Bretagne et sa Résidence*
Reims / Montchenot (51)	*Grand Cerf*
Riquewihr (68)	*Table du Gourmet*
La Roche-Bernard (56)	*L'Auberge Bretonne*
La Roche-l'Abeille (87)	*Le Moulin de la Gorce*
Les Sables-d'Olonne (85)	*Beau Rivage*
St-Germain-en-Laye (78)	*Cazaudehore*
St-Saturnin-lès-Apt	
(84)	*Domaine des Andéols*
St-Valery-en-Caux (76)	*Les Hêtres*
Sénart / Pouilly-le-Fort (77)	*Le Pouilly*
Sierentz (68)	*Auberge St-Laurent*
Strasbourg (67)	*Buerehiesel*
Toulon (83)	*Les Pins Penchés*
Toulouse / Colomiers (31)	*L'Amphitryon*
Tournus (71)	*Rest. Greuze*
Urt (64)	*Auberge de la Galupe*
Valence / Pont-de-l'Isère (26)	*Michel Chabran*
Vannes / Saint-Avé (56)	*Le Pressoir*

Aire-sur-la-Lys / Isbergues (62)	*Le Buffet*
Ajaccio (2A)	*Palm Beach*
Alès / Saint-Privat-des-Vieux	
(30)	*Le Vertige des Senteurs*
Antibes (06)	*Oscar's*
Auxerre / Vincelottes (89)	*Auberge Les Tilleuls*
Ay (51)	*Vieux Puits*
Azay-le-Rideau / Saché	
(37)	*Auberge du XIIᵉ Siècle*
Bannegon (18)	*Moulin de Chaméron*
Le Bar-sur-Loup (06)	*La Jarrerie*
Beaune (21)	*Caveau des Arches*
Béhuard (49)	*Les Tonnelles*
Belcastel (12)	*Vieux Pont*
Biarritz (64)	*Campagne et Gourmandise*
Blainville-sur-Mer (50)	*Le Mascaret*
Le-Bourget-du-Lac (73)	*La Grange à Sel*
Bray-et-Lû (95)	*Les Jardins d'Epicure*

Pour en savoir plus

Further information
Per saperne di piú
Gut zu wissen
Para saber más

Vignobles
& Spécialités régionales

Vineyards & Regional Specialities
Vini e Specialità regionali
Weinberge & regionale Spezialitäten
Viñedos y Especialidades regionales

① NORMANDIE

Demoiselles de Cherbourg à la nage,
Andouille de Vire,
Sole dieppoise,
Poulet Vallée d'Auge,
Tripes à la mode de Caen,
Canard à la rouennaise,
Agneau de pré-salé,
Camembert, Livarot, Pont-l'Évêque,
Neufchâtel,
Tarte aux pommes au calvados,
Crêpes à la normande, Douillons

② BRETAGNE

Fruits de mer, Crustacés, Huîtres de Belon,
Galettes au sarrazin/blé noir, Charcuteries,
Andouille de Guéméné, St-Jacques à la bretonne,
Homard à l'armoricaine,
Poissons : bar, turbot, lieu jaune,
maquereau, etc.,
Cotriade, Kig Ha Farz,
Légumes : artichaut, chou-fleur, etc.,
Crêpes, Gâteau breton, Far, Kouing-aman

③ VAL DE LOIRE

Rillettes de Tours, Andouillette au vouvray,
Poissons de rivière : brochet, sandre, etc.,
Saumon beurre blanc, Gibier de Sologne,
Fromages de chèvre : Ste-Maure, Valençay,
Crémet d'Angers, Macarons, Nougat glacé,
Pithiviers, Tarte tatin

④ SUD-OUEST

Garbure, Ttoro, Jambon de Bayonne,
Foie gras, Omelette aux truffes,
Pipérade, Lamproie à la bordelaise,
Poulet basquaise, Cassoulet,
Confit de canard ou d'oie,
Cèpes à la bordelaise,
Tomme de brebis, Roquefort,
Gâteau basque, Pruneaux à l'armagnac

⑤ CENTRE-AUVERGNE

Cochonnailles, Tripous,
Champignons : cèpes, girolles, etc.,
Pâté bourbonnais, Aligot, Potée auvergnate,
Chou farci, Pounti, Lentilles du Puy,
Cantal, St-Nectaire, Fourme d'Ambert,
Flognarde, Gâteau à la broche

Lille •

⑬

Rouen •

Paris •

①

②

Rennes •

VAL-DE-LOIRE
Bourgueil *Vouvray*

Angers •
Anjou • *Tours*
Nantes • *Chinon*
Muscadet

Pouilly
Fumé

Sancerre

③

Haut-Poitou

Saint-Pourçain

Côtes d'Auvergne
Clermont-Ferrand •

⑤

Médoc *Pomerol*
Saint-Émilion
Bordeaux •
Graves *Bergerac*
Monbazillac
BORDEAUX
Marcillac
Sauternes
Cahors
Buzet •

Tursan *Madiran* *Fronton* *Gaillac*

Irouléguy ④ **LANGUEDOC** Mont
ROUSSILLON *Minervo*
Jurançon *Coteaux du Languedoc*
Corbières
Perpignan •

Côtes du Roussillon
Banyuls

⑬ NORD-PICARDIE

Moules, Ficelle picarde,
Flamiche aux poireaux,
Poissons : sole, turbot, etc.,
Potjevlesch, Waterzoï,
Gibier d'eau,
Lapin à la bière, Hochepot,
Boulette d'Avesnes,
Maroilles, Gaufres

⑫ BOURGOGNE

Jambon persillé,
Gougère,
Escargots de Bourgogne,
Œufs en meurette,
Pochouse, Coq au vin,
Jambon chaud à la crème,
Viande de charolais,
Bœuf bourguignon,
Époisses, Poire dijonnaise,
Desserts au pain d'épice

⑪ ALSACE-LORRAINE

Charcuterie, Presskopf,
Quiche lorraine, Tarte à l'oignon,
Grenouilles, Asperges,
Poissons : sandre, carpe, anguille,
Coq au riesling, Spaetzle,
Choucroute, Baeckeoffe,
Gibiers : biche, chevreuil, sanglier,
Munster, Kougelhopf,
Tarte aux mirabelles ou aux
quetsches, Vacherin glacé

⑩ FRANCHE-COMTÉ/JURA

Jésus de Morteau, Saucisse de Montbéliard,
Croûte aux morilles, Soufflé au fromage,
Poissons de lac et rivières : brochet, truite,
Grenouilles, Coq au vin jaune, Comté, vacherin,
Morbier, Cancoillotte, Gaudes au maïs

⑨ LYONNAIS-PAYS BRESSAN

Rosette de Lyon, Grenouilles de la Dombes,
Gâteau de foies blonds, Quenelles de brochet,
Saucisson truffé pistaché, Poularde demi-deuil,
Tablier de sapeur, Cardons à la moelle,
Volailles de Bresse à la crème,
Cervelle de canut, Bugnes

⑧ SAVOIE-DAUPHINÉ

Gratin de queues d'écrevisses,
Poissons de lac : omble chevalier, perche, féra,
Ravioles du Royans, Fondue, Raclette, Tartiflette,
Diots au vin blanc, Fricassée de caïon, Potée savoyarde,
Farçon, Farcement, Gratin dauphinois,
Beaufort, Reblochon, Tomme de Savoie,
St-Marcellin, Gâteau de Savoie, Gâteau aux noix,
Tarte aux myrtilles

⑦ PROVENCE-MÉDITERRANÉE

Aïoli, Pissaladière, Salade niçoise, Bouillabaisse,
Anchois de Collioure, Loup grillé au fenouil,
Brandade nîmoise, Bourride sétoise,
Pieds paquets à la marseillaise, Petits farcis niçois,
Daube provençale,
Agneau de Sisteron,
Picodon, Crème catalane,
Calissons, Fruits confits

⑥ CORSE

Jambon, Figatelli,
Ionzo, Coppa,
Langouste,
Omelette au brocciu,
Civet de sanglier,
Chevreau,
Fromages de brebis (Niolu),
Flan de châtaignes,
Fiadone

⑦ CORSE

Jambon

	→	Spécialités régionales
BORDEAUX	→ Vignobles	Regional specialities
Pomerol	→ Vineyards	Vini e Specialità regionali
	→ Vini	Viñedos y Especialidades
Tursan	→ Viñedos	regionales
	→ Weinberge	Weinberge und regionale Spezialitäten

97

Choisir le bon vin

Choosing a good wine

Scegliere un buon vino

Der richtige Wein

Escoger el vino

	1995	1996	1997	1998	1999	2000	2001	2002	2003	2004	2005	2006
Alsace												
Bordeaux blanc												
Bordeaux rouge												
Bourgogne blanc												
Bourgogne rouge												
Beaujolais												
Champagne												
Côtes du Rhône Septentrionales												
Côtes du Rhône Méridionales												
Provence												
Languedoc *Roussillon*												
Val de Loire *Muscadet*												
Val de Loire *Anjou-Touraine*												
Val de Loire *Pouilly-Sancerre*												

Grandes années
→ Great years
→ Grandi annate
→ Großen Jahrgänge
→ Añadas excelentes

Bonnes années
→ Good years
→ Buone annate
→ Gute Jahrgänge
→ Buenas añadas

Années moyennes
→ Average years
→ Annate corrette
→ Mittlere Jahrgänge
→ Añadas correcias

Les grandes années depuis 1970 : 1970 - 1975 - 1979 - 1982 - 1985 - 1989 - 1990 - 1996
→ The greatest vintages since 1970
→ Le grandi annate dal 1970
→ Dis größten Jahrgänge seit 1970
→ Las grandes añadas desde 1970

ASSOCIER LES METS & LES VINS

→ **Suggestions for complementary dishes and wines**
→ **Suggerimento per l'abbinamento tra cibo e vini**
→ **Empfehlungen welcher Wein zum welchem Gericht**
→ **Sugerencias para combinar platos y vinos**

→ **CRUSTACÉS & COQUILLAGES** Blancs secs	Alsace	Sylvaner/Riesling
	Bordeaux	Entre-deux-Mers
	Bourgogne	Chablis/Mâcon Villages
→ SHELLFISH : Dry whites	Côtes du Rhône	St Joseph
→ CROSTACEI : Bianchi secchi	Provence	Cassis/Palette
→ SCHALENTIERE : Trockene Weiße	Languedoc-Roussillon	Picpoul de Pinet
→ CRUSTÁCEOS : Blancos seccos	Val de Loire	Muscadet/Montlouis
→ **POISSONS** Blancs secs	Alsace	Riesling
	Bordeaux	Pessac-Léognan/Graves
	Bourgogne	Meursault/Chassagne-Montrachet
→ FISH : Dry whites	Côtes du Rhône	Hermitage/Condrieu
→ PESCI : Bianchi secchi	Provence	Bellet/Bandol
→ FISCHE : Trockene Weiße	Corse	Patrimonio
→ PESCADOS : Blancos seccos	Languedoc-Roussillon	Coteaux du Languedoc
	Val de Loire	Sancerre/Menetou-Salon
→ **VOLAILLES & CHARCUTERIES** Blancs et rouges légers	Alsace	Tokay-Pinot gris/Pinot noir
	Champagne	Coteaux Champenois blanc et rouge
	Bordeaux	Côtes de Bourg/Blaye/Castillon
	Bourgogne	Mâcon/St Romain
→ POULTRIES : Whites and lights reds	Beaujolais	Beaujolais Villages
→ POLLAME : Bianchi e rossi leggeri	Côtes du Rhône	Tavel (rosé)/Côtes du Ventoux
→ GEFLÜGEL : Weiße und leichte Rote	Provence	Coteaux d'Aix-en-Provence
→ AVES : Blancos y tintos suaves	Corse	Coteaux d'Ajaccio/Porto-Vecchio
	Languedoc-Roussillon	Faugères
	Val de Loire	Anjou/Vouvray
→ **VIANDES** Rouges	Bordeaux/Sud-Ouest	Médoc/St Émilion/Buzet
	Bourgogne	Volnay/Hautes Côtes de Beaune
→ MEATS : Reds	Beaujolais	Moulin à Vent/Morgon
→ CARNI : Rossi	Côtes du Rhône	Vacqueyras/Gigondas
→ FLEISCH : Rote	Provence	Bandol/Côtes de Provence
→ CARNES : Tintos	Languedoc-Roussillon	Fitou/Minervois
	Val de Loire	Bourgueil/Saumur
→ **GIBIER** Rouges corsés	Bordeaux/Sud-Ouest	Pauillac/St Estèphe/Madiran/Cahors
	Bourgogne	Pommard/Gevrey-Chambertin
→ GAME : Hearty reds	Côtes du Rhône	Côte-Rotie/Cornas
→ SELVAGGINA : Rossi di corpo	Languedoc-Roussillon	Corbières/Collioure
→ WILD : Kräftige Rote	Val de Loire	Chinon
→ CAZAS : Tintos con cuerpo		
→ **FROMAGES** Blancs et rouges	Alsace	Gewurztraminer
	Bordeaux	St Julien/Pomerol/Margaux
	Bourgogne	Pouilly-Fuissé/Santenay
→ CHEESES : Whites and reds	Beaujolais	St Amour/Fleurie
→ FORMAGGI : Bianchi e rossi	Côtes du Rhône	Hermitage/Châteauneuf-du-Pape
→ KÄSESORTEN : Weiße und Rote	Languedoc-Roussillon	St Chinian
→ QUESOS : Blancos y tintos	Jura/Savoie	Vin Jaune/Chignin
	Val de Loire	Pouilly-Fumé/Valençay
→ **DESSERTS** Vins de desserts	Alsace	Muscat d'Alsace/Crémant d'Alsace
	Champagne	Champagne blanc et rosé
→ DESSERTS : Dessert wines	Bordeaux/Sud-Ouest	Sauternes/Monbazillac/Jurançon
→ DESSERT : Vini da dessert	Bourgogne	Crémant de Bourgogne
→ NACHTISCHE : Dessert-Weine	Jura/Bugey	Vin de Paille/Cerdon
→ POSTRES : Vinos dulces	Côtes du Rhône	Muscat de Beaumes-de-Venise
	Languedoc-Roussillon	Banyuls/Maury/Muscats/Limoux
	Val de Loire	Coteaux du Layon/Bonnezeaux

→*Région vinicole* →*Region of production* →*Regione vinicola* →*Wein gegend* →*Región vinicola*

→*Appellation* →*Appellation* →*Denominazione* →*Appellation* →*Denominación*

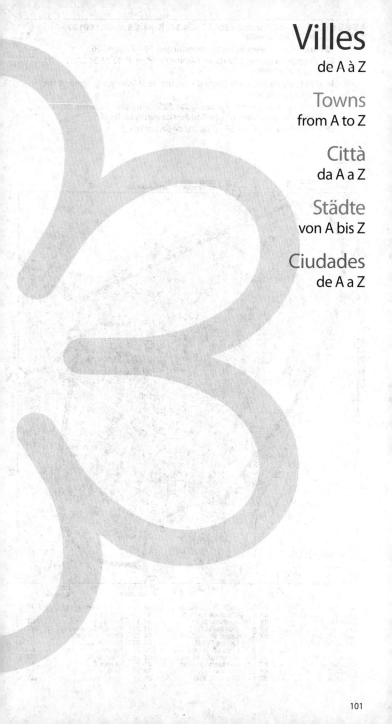

Villes
de A à Z

Towns
from A to Z

Città
da A a Z

Städte
von A bis Z

Ciudades
de A a Z

- ▶ Paris 186 – Amiens 51 – Boulogne-sur-Mer 79 – Rouen 106
- 🈺 Office de tourisme, 1, place de l'Amiral Courbet ℰ 03 22 24 27 92, Fax 03 22 31 08 26
- 🆖 d'Abbeville à Abbeville Route du Val, par rte St-Valèry-s-Somme : 4 km, ℰ 03 22 24 98 58.
- 🔘 Vitraux contemporains★★ de l'église du St-Sépulcre - Façade★ de la collégiale St-Vulfran - Musée Boucher de Perthes★ BY **M**.
- 🔘 Vallée de la Somme★ SE - Château de Bagatelle★ S.

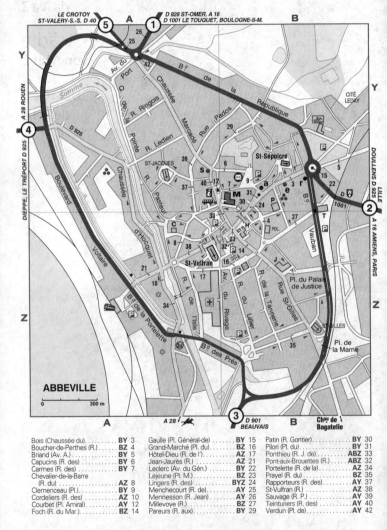

ABBEVILLE

Mercure Hôtel de France 📶 ⅙ ⒶⒸ rest, ↵ ↻ 🅢 𝐕𝐈𝐒𝐀 𝐌𝐎 𝐀𝐄 ①

19 pl. Pilori – ℰ *03 22 24 00 42 – h5440@accor.com – Fax 03 22 24 26 15*
– Fermé mars BY **a**
72 ch – ⷨ94/98 € ⷨⷨ110/118 €, ⌕ 12 € – **Rest** – Menu (16 €), 20 € – Carte
24/40 €
◆ Ce grand établissement central à façade en briques abrite des chambres fraîches et bien
équipées, ainsi qu'une suite avec baignoire "balnéo". Bar feutré façon bar à vin. Lumineuse
salle à manger-véranda et coin rôtisserie ; grillades et cuisine traditionnelle.

Relais Vauban sans rest 𝒮 ↻ 𝐕𝐈𝐒𝐀 𝐌𝐎 𝐀𝐄

4 bd Vauban – ℰ *03 22 25 38 00 – contact@relais-vauban.com*
– Fax 03 22 31 75 97 – Fermé 1ᵉʳ- 9 mars, 20 déc.- 4 janv. BY **r**
22 ch – ⷨ48/51 € ⷨⷨ50/54 €, ⌕ 7,50 €
◆ Sur un boulevard passant, non loin du centre-ville, petit hôtel disposant de chambres
lumineuses et fonctionnelles. Accueil aimable et tenue impeccable.

La Fermette des Prés de Mautort sans rest 𝒮 🚗 🖻 ↵ 𝒮 🅿

10 imp. de la Croix par ⑤ *–* ℰ *03 22 24 57 62 – brigitte.delahaye2@wanadoo.fr*
– Fax 03 22 24 57 62
3 ch ⌕ – ⷨ45 € ⷨⷨ50 €
◆ Fermette typique du pays disposant de chambres de bon confort pour des nuits au
calme. Petit-déjeuner dans la véranda ou en terrasse face au jardin (piscine couverte).

L'Escale en Picardie 𝒮 𝐕𝐈𝐒𝐀 𝐌𝐎 𝐀𝐄

15 r. des Teinturiers – ℰ *03 22 24 21 51 – Fax 03 22 24 21 51*
– Fermé 21 août-9 sept., 23 fév.-7 mars, jeudi soir, dim. soir, lundi AY **s**
Rest – Menu (21 € bc), 32/45 € – Carte 42/63 €
◆ Goûteuse cuisine de la mer à déguster sous les poutres d'une salle rustique où trône une
cheminée en pierre : une escale picarde gourmande où l'accueil est charmant.

La Corne ⇔ 𝐕𝐈𝐒𝐀 𝐌𝐎 𝐀𝐄

32 chaussée du Bois – ℰ *03 22 24 06 34 – mlematelot@aol.com*
– Fax 03 22 24 03 65 – Fermé 15-30 juil., vacances de Noël, sam. midi
et dim. BY **e**
Rest – Menu (15 €), 23 € – Carte 28/49 €
◆ La façade bleue de cette vieille maison abbevilloise dissimule un agréable intérieur rétro
où l'on apprécie de généreux plats bistrotiers : ris de veau, andouillette...

à St-Riquier 9 km par ②, D 925 – 1 186 h. – alt. 29 m – ✉ 80135
🔢 Syndicat d'initiative, le Beffroi ℰ 03 22 28 91 72, Fax 03 22 28 02 73

Jean de Bruges sans rest 📶 𝐕𝐈𝐒𝐀 𝐌𝐎

18 pl. de l'Église – ℰ *03 22 28 30 30 – jeandebruges@wanadoo.fr*
– Fax 03 22 28 00 69
11 ch – ⷨ100 € ⷨⷨ110/225 €, ⌕ 14 €
◆ Sur le parvis de l'abbatiale, élégante demeure du 17ᵉ s. en pierres blanches. Chambres de
caractère, dotées d'un mobilier ancien. Salle des petits-déjeuners sous verrière.

à Mareuil-Caubert 4 km au Sud par D 928 (direction hippodrome puis route de Rouen)
– 890 h. – alt. 12 m – ✉ 80132

Auberge du Colvert 🕾 🅿 𝐕𝐈𝐒𝐀 𝐌𝐎 𝐀𝐄

4 rte Rouen – ℰ *03 22 31 32 32 – Fax 03 22 31 32 32 – Fermé 28 juil.-8 août, dim.*
soir, mardi soir et merc.
Rest – Menu 13 € (déj. en sem.), 19/28 € – Carte 25/30 €
◆ Des boiseries habillent la salle de cette auberge champêtre éclairée par de larges baies
et réchauffée par une cheminée suspendue. Plats traditionnels rythmés par les saisons.

L'ABERGEMENT-CLÉMENCIAT – 01 Ain – 328 C4 – rattaché à
Châtillon-sur-Chalaronne

Grand luxe ou sans prétention ?
Les 🍴 et les 🏠 notent le confort.

L'ABER-WRAC'H – 29 Finistère – 308 D3 – ⊠ **29870 Landeda**

⬛ Bretagne

9 **A1**

▶ Paris 605 – Brest 28 – Landerneau 34 – Morlaix 69 – Quimper 94

◉ Les Abers ★★.

🏨 **La Baie des Anges** sans rest ⌂   ≼ ☎ P̄ *VISA* ⓪ Æ

350 rte des Anges – ☎ *02 98 04 90 04 – contact@lesanges.fr – Fax 02 98 04 92 27*
– Fermé fév.

26 ch – ⅋90/115 € ⅋⅋125/185 €, ⊆ 14 € – 4 suites

♦ Face au site sauvage de l'Aber Wrac'h, cet hôtel offre un cadre contemporain et reposant.
Lumineuses et confortables chambres, dont certaines regardent la mer.

La Villa Les Anges 🏨 sans rest ⌂   ≼ l'Aber, ⚘ ☎ *VISA* ⓪ Æ

16 rte des Anges – Fermé fév.

11 ch – ⅋105/130 € ⅋⅋105/195 €, ⊆ 16 €

♦ Décor soigné (teintes harmonieuses et vue sur les flots) dans la Villa qui a les pieds dans
l'eau.

ABLIS – 78 Yvelines – 311 G4 – 2 705 h. – alt. 151 m – ⊠ **78660**

18 **A2**

▶ Paris 62 – Chartres 31 – Mantes-la-Jolie 64 – Orléans 79 – Rambouillet 14
– Versailles 49

🛈 Syndicat d'initiative, Hôtel de Ville ☎ 01 30 46 06 06, Fax 01 30 46 06 07

à l'Ouest 6 km par D 168 – ⊠ **28700 St-Symphorien-le-Château**

🏨 **Château d'Esclimont** ⌂   ≼ ◊ 🎋 ⬛ ✗ ◉ ☎ ᐧ

2 rue Château d'Esclimont – ☎ *02 37 31 15 15*   P̄ *VISA* ⓪ Æ ⓪
– esclimont@grandesetapes.fr – Fax 02 37 31 57 91

52 ch – ⅋160/890 € ⅋⅋160/890 €, ⊆ 22 € – 5 suites – **Rest** – Menu 39 € (déj. en
sem.), 55/89 € – Carte 61/90 €

♦ Goûtez à la vie de château en cette demeure des 15ᵉ et 16ᵉ s., ancienne résidence des
La Rochefoucauld. Magnifique parc avec étang, rivière et jardin à la française. Une salle à
manger de style 18ᵉ s. et une autre réputée pour ses superbes cuirs de Cordoue.

ABRESCHVILLER – 57 Moselle – 307 N7 – 1 285 h. – alt. 340 m – ⊠ **57560**

⬛ Alsace Lorraine

27 **D2**

▶ Paris 433 – Baccarat 46 – Lunéville 62 – Phalsbourg 23 – Sarrebourg 17
– Strasbourg 79

🛈 Office de tourisme, 78, rue Jordy ☎ 03 87 03 77 26, Fax 03 87 03 77 26

✗✗ **Auberge de la Forêt**   🎋 Ⓐ P̄ *VISA* ⓪

276 r. des Verriers, à Lettenbach : 0,5 km – ☎ *03 87 03 71 78*
*– aubergedelaforet2@wanadoo.fr – Fax 03 87 03 79 96 – Fermé 1ᵉʳ-21 janv., mardi
soir et lundi*

Rest – Menu (18 €), 24/39 € – Carte 33/52 €

♦ Pimpante auberge de village abritant de coquettes salles à manger ; la plus
récente présente un radieux cadre contemporain. Cuisine traditionnelle et spécialités
régionales.

ABREST – 03 Allier – 326 H6 – **rattaché à Vichy**

ACCOLAY – 89 Yonne – 319 F6 – 433 h. – alt. 125 m – ⊠ **89460**

⬛ Bourgogne

7 **B2**

▶ Paris 188 – Avallon 31 – Auxerre 23 – Tonnerre 40

✗✗ **Hostellerie de la Fontaine** avec ch ⌂   ⊟ 🎋 ✗ *VISA* ⓪ Æ

16 r. Reigny – ☎ *03 86 81 54 02 – hostellerie.fontaine@wanadoo.fr*
*– Fax 03 86 81 52 78 – Ouvert 14 fév.-15 nov., et fermé dim. soir du 1ᵉʳoct. au
31 mars, mardi midi et lundi*

11 ch – ⅋51 € ⅋⅋54 €, ⊆ 9 € – ½ P 60 € – **Rest** – Menu 26/41 € – Carte 31/46 €

♦ Maison bourguignonne au cœur d'un paisible village de la vallée de la Cure. On sert les
repas dans les anciens chais ou, si le temps le permet, dans l'agréable jardin fleuri.

ACQUIGNY – **27 Eure** – **304** H6 – **1 438 h.** – **alt. 19 m** – ✉ **27400** 33 **D2**

Paris 105 – Évreux 22 – Mantes-la-Jolie 54 – Rouen 38

XX **L'Hostellerie**

1 r. d'Evreux – ☎ 02 32 50 20 05 – Fax 02 32 50 56 04 – Fermé 14 juil.-5 août, 23 fév.-10 mars, dim. soir, mardi soir et lundi

Rest – Menu (19 €), 28/68 € bc – Carte 38/96 €

♦ Soigneuse cuisine du moment à apprécier dans l'ambiance douillette et feutrée d'une salle aux tons chauds et aux détails décoratifs discrètement contemporains. Accueil charmant.

X **La Table du Béarnais** VISA MC

40 r. A.-Briand – ☎ 02 32 40 37 73 – Fax 02 32 25 94 69 – Fermé jeudi soir, dim. soir et lundi

Rest – Menu 12,50 € (déj. en sem.), 28/49 € – Carte 55/67 €

♦ Cette avenante maison vous reçoit dans deux salles à manger à l'ambiance rustique (poutres apparentes, chandeliers sur les tables). Le Béarn et les Landes s'invitent dans les goûteuses assiettes.

Ne confondez pas les couverts X et les étoiles ✿ !
Les couverts définissent une catégorie de standing, tandis que l'étoile couronne les meilleures tables, dans chacune de ces catégories.

LES ADRETS-DE-L'ESTÉREL – **83 Var** – **340** P4 – **2 063 h.** – **alt. 295 m** – ✉ **83600** 42 **E2**

Paris 881 – Cannes 26 – Draguignan 44 – Fréjus 17 – Grasse 30 – Mandelieu-la-Napoule 15

Office de tourisme, place de la Mairie ☎ 04 94 40 93 57

Massif de l'Estérel★★★, Côte d'Azur

La Verrerie sans rest VISA MC

– ☎ 04 94 40 93 51 – reservations@laverrerie.com – Fax 04 94 44 10 35

7 ch – †50/60 € ††65/75 €, ☕ 8 €

♦ Bâtisse azuréenne située aux confins du village, appréciable pour la douceur de son environnement. Vous serez hébergé dans des chambres fraîches et spacieuses.

au Sud-Est **3 km par D 237 et D N7** – ✉ **83600 Les Adrets-de-l'Esterel**

Auberge des Adrets AC ch, P VISA MC AE

– ☎ 04 94 82 11 82 – info@auberge-adrets.com – Fax 04 94 82 11 80 – Ouvert 11avril-12 oct.

10 ch – †118/230 € ††156/256 €, ☕ 16 € – **Rest** – *(ouvert 30 mars-30 sept. et fermé le midi du lundi au jeudi en juil. août, dim. soir et lundi hors saison)* Menu 45/68 € – Carte 73/84 €

♦ Demeure de caractère où chaque chambre est personnalisée par un beau mobilier. Salon chaleureux, agréable petite piscine et joli jardin verdoyant avec hamacs. Restaurant élégant et cosy. La terrasse offre une vue splendide sur le massif de l'Esterel.

AFA – **2A Corse-du-Sud** – **345** B8 – **voir à Corse (Ajaccio)**

AFFIEUX – **19 Corrèze** – **329** L2 – **349 h.** – **alt. 480 m** – ✉ **19260** 25 **C2**

Paris 472 – Limoges 83 – Tulle 39 – Brive-la-Gaillarde 64 – Ussel 66

X **Le Cantou** P VISA MC

au bourg – ☎ 05 55 98 13 67 – Fax 05 55 98 13 67 – Fermé dim. soir et merc.

Rest – Menu 16 € (déj. en sem.)/32 € – Carte 37/51 €

♦ L'hiver, on apprécie la petite salle romantique et son cantou ; l'été, on préfère la véranda. Et en toute saison, on se régale de goûteux plats mi-traditionnels, mi-régionaux.

▯ Paris 880 – Cannes 34 – Draguignan 43 – Fréjus 12 – Nice 65
– St-Raphaël 9

▯ Syndicat d'initiative, place Giannetti ℰ 04 94 82 01 85, Fax 04 94 82 74 20

▣ Massif de L'Estérel ★★★.

🏠 **France-Soleil** sans rest   ⟨ ⅌ **P** VISA MO AE
206 av. des Pléiades – ℰ *04 94 82 01 93* – *hotelfrancesoleil@aol.com*
– Fax 04 94 82 73 95 – Ouvert Pâques à oct.
18 ch – ₸85/143 € ₸₸85/143 €, ⊇ 10 €
◆ En léger retrait du rivage, hôtel modeste, familial. Les chambres, simples, réparties dans trois petits bâtiments, donnent majoritairement sur la mer.

> Les bonnes adresses à petit prix ?
> Suivez les Bibs : Bib Gourmand rouge 🍷 pour les tables
> et Bib Hôtel bleu 🏠 pour les chambres.

▯ Paris 754 – Béziers 24 – Lodève 60 – Millau 118 – Montpellier 56
– Sète 25

▯ Office de tourisme, 1, place Molière ℰ 04 67 94 29 68, Fax 04 67 94 03 50

▥ du Cap-d'Agde à Le Cap-d'Agde 4 avenue des Alizés, S : 4 km par D 32,
ℰ 04 67 26 54 40.

▣ Ancienne cathédrale St-Étienne ★.

🏠 **Athéna** sans rest   ⟅ & AC ⅌ ⟍ **P** 🅰 VISA MO
av. F.-Mitterrand, rte Cap d'Agde, D 32^{E10} – ℰ *04 67 94 21 90* – *hotel.athena@
free.fr* – *Fax 04 67 94 80 80*
32 ch – ₸48/80 € ₸₸48/80 €, ⊇ 8 €
◆ Hôtel récent aux portes de la ville. Chambres bien équipées et décorées dans un style provençal sobre (certaines avec terrasse ou loggia), plus tranquilles sur l'arrière.

XX **La Table de Stéphane**   🏡 AC VISA MO
2 r. des Moulins-à-Huile, (Zone des sept fonts) – ℰ *04 67 26 45 22*
– caroline@latabledestephane.com – Fax 04 67 26 45 22
– Fermé 20-30 oct., 2-9 janv., 16-23 fév., dim. soir sauf du 12 juil. au 30 août, sam. midi et lundi
Rest – *(prévenir)* Menu (20 € bc), 25/59 € – Carte 45/70 € 🕮
◆ Mets au goût du jour et beau choix de vins du Languedoc-Roussillon à apprécier dans un cadre actuel égayé de teintes pastel ou sur la terrasse ombragée. Apéritif et café au salon.

X **Larcen**   🏡 VISA MO AE
41 r. Brescou – ℰ *04 67 00 01 01* – *restaurantlarcen@orange.fr* – *Fermé 10-30 juin, dim. et lundi*
Rest – Carte 24/41 €
◆ Une baie vitrée permet de voir les cuisines depuis la salle à manger, spacieuse et contemporaine. Belle terrasse avec bassin, palmiers et bougainvilliers. Carte au goût du jour.

au Grau d'Agde 4 km au Sud-Ouest par D 32^E – ⊠ 34300

XX **L'Adagio**   ⟨ 🏡 AC VISA MO AE ➀
3 quai Cdt-Méric – ℰ *04 67 21 13 00* – *contact@ladagio.fr*
– Fax 04 67 21 13 00 – Fermé 20 déc.-31 janv., merc. sauf le soir en saison et le lundi de juil. à sept.
Rest – Menu 15 € (déj. en sem.), 27/57 € – Carte 47/59 € 🕮
◆ Cuisine contemporaine dans une salle à manger claire, dotée d'un joli mobilier en fer forgé. En terrasse, face à l'Hérault, le va-et-vient des bateaux animera votre repas.

au Cap d'Agde 5 km au Sud-Est par D 32^{E10} – ⊠ 34300

🖪 Office de tourisme, rond-point du Bon Accueil ℰ 04 67 01 04 04, Fax 04 67 26 22 99

👁 Ephèbe d'Agde★★ au musée de l'Ephèbe.

Plans pages suivantes

Du Golfe 🚗 ⅃ 🕾 ⅃ẞ ₲ 区 ⅄ ₵ ⅄ 🅿 VISA ⑳ 亜

Île des Loisirs – ℰ 04 67 26 87 03 – hotel.golf@tahoe.fr – Fax 04 67 26 26 89
– Fermé janv. et fév.   BY **m**
50 ch – ♦95/185 € ♦♦95/185 €, ⌑ 20 € – 3 suites
Rest *Caladoc* – voir ci-après
♦ La façade ocre de cet hôtel situé sur la fameuse île vouée aux loisirs dissimule d'élégantes chambres dans l'air du temps (côté station ou piscine) et un beau fitness.

Palmyra Golf Hôtel sans rest ⤳   ≼ 🚗 🖼 ╡ ₲ 区 ⅄ ⅄
av. des Alizés – ℰ 04 67 01 50 15   🅿 ⌂ VISA ⑳ 亜
– palmyragolf@wanadoo.fr – Fax 04 67 01 50 14
– Ouvert 15 mars-17 nov.   AX **p**
33 ch – ♦95/290 € ♦♦95/290 €, ⌑ 18 € – 1 suite
♦ Spacieuses, élégantes, contemporaines, avec balcon ou terrasse tournés sur le parcours de golf : les chambres du Palmyra, réparties autour d'un patio, cumulent les atouts.

Capaô 🚗 🐾 🕾 ⅃ ⅃ẞ ₲ rest, 区 ch, ₵ ⅄ VISA ⑳ 亜
r. des Corsaires – ℰ 04 67 26 99 44 – contact@capao.com – Fax 04 67 26 55 41
– Ouvert 5 avril-5 oct.   AY **b**
55 ch – ♦72/130 € ♦♦78/145 €, ⌑ 12 € – ½ P 72/108 €
Rest *Le Manhattan* – ℰ 04 67 26 21 54 (ouvert 5 avril-30 sept.) (dîner seult)
Menu 28/59 € – Carte 43/80 €
Rest *Capaô Beach* – ℰ 04 67 26 41 25 (ouvert 1er mai-30 sept.) (déj. seult
sauf juil.-août) Carte 32/49 €
♦ Ce complexe hôtelier proche de la plage Richelieu propose de nombreuses activités sportives. Spacieuses chambres dotées de balcons. Au Manhattan, grande salle à manger moderne, terrasses et cuisine de la mer. Le Capaô Beach sert buffets et grillades au bord de l'eau.

La Grande Conque sans rest ⤳   ≼ ╡ 区 ⅍ 🅿 VISA ⑳
La Grande Conque – ℰ 04 67 26 11 42 – information@hotelgrandeconque.com
– Fax 04 67 26 24 15 – Ouvert avril-oct.   CY **a**
20 ch – ♦79/99 € ♦♦120 €, ⌑ 13 €
♦ Belle situation face à la mer et à une plage de sable noir pour cet hôtel juché sur une falaise de basalte. Les chambres, de bonnes dimensions, ont toutes une loggia.

La Bergerie du Cap sans rest   ⅃ 区 🅿 VISA ⑳ 亜
4 av. Cassiopée – ℰ 04 67 01 71 35 – labergerieducap@hotmail.fr
– Fax 04 67 26 14 11 – Ouvert 21 mars-5 oct.
12 ch – ♦85/200 € ♦♦85/250 €, ⌑ 12 €
♦ Cette bergerie du 18ᵉ s. convertie en hôtel abrite des chambres (quelques duplex) de divers styles, toutes cosy. Terrasse face à l'agréable piscine bordée de plantes, jacuzzi.

Les Grenadines sans rest ⤳   ₲ 区 🅿 VISA ⑳ 亜 ⓪
6 impasse Marie-Céleste – ℰ 04 67 26 27 40 – hotelgrenadines@
hotelgrenadines.com – Fax 04 67 26 10 80 – Ouvert 1er fév.-9 nov.   AY **k**
20 ch – ♦57/98 € ♦♦57/130 €, ⌑ 10 €
♦ Adresse plaisante pour son ambiance familiale et ses chambres pratiques. La proximité des plages, de l'Aqualand et de l'Île des Loisirs séduira petits et grands.

Azur sans rest   ⅃ ₲ 区 ₵ ⅄ 🅿 VISA ⑳ 亜 ⓪
18 av. Îles d'Amérique – ℰ 04 67 26 98 22 – contact@hotelazur.com
– Fax 04 67 26 48 14   AX **f**
34 ch – ♦46/96 € ♦♦46/96 €, ⌑ 8 €
♦ Un emplacement privilégié au centre de la station, des chambres bien équipées – certaines avec mezzanine – et une agréable piscine : tels sont les atouts de cet hôtel.

LE CAP D'AGDE

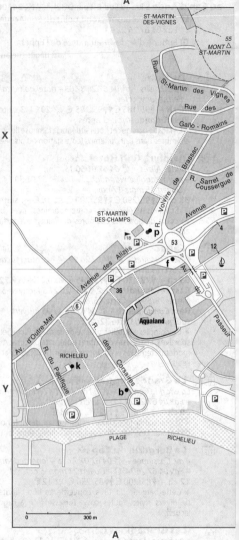

✗✗ **Caladoc** – Hôtel du Golfe   🛖 **P.** *VISA* **◯◯** **AE**
*Île des Loisirs – ☏ 04 67 26 87 03 – hotel.golf@tahoe.fr – Fax 04 67 26 26 89
– Ouvert mai-oct. et fermé dim. et lundi*   BY **m**
Rest – (*dîner seult*) Menu 28/65 € 🍴
  ♦ Mobilier design et boiseries (wengé, palétuvier) : un décor zen pour une cuisine au goût du jour. Au milieu de la salle, une cave en verre honore les vins du Languedoc.

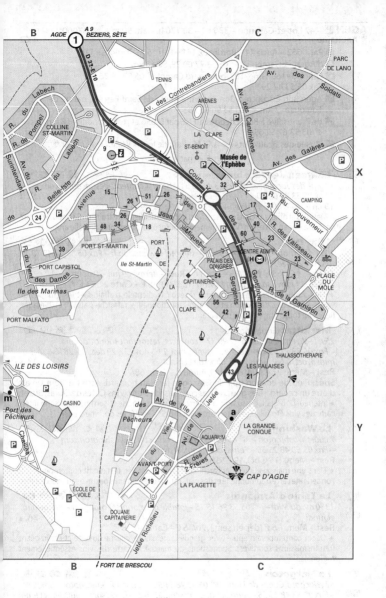

✕✕ **La Pléiade** 🛜 AC VISA ⬤⬤

3 av. des Alizés – ☎ *04 67 01 56 12 – pleiade34@orange.fr – Fax 04 67 31 33 86 – Fermé le soir d'oct. à juin* AX **p**

Rest – Menu (16 €), 19/31 € – Carte 27/47 €

♦ Restaurant installé au sein de l'hôtel Palmyra Golf. La salle à manger, chaleureuse et raffinée, profite d'une agréable vue sur les greens. Registre culinaire traditionnel.

AGEN – 47 Lot-et-Garonne – 336 F4 – 30 170 h. – alt. 50 m – 47000

Aquitaine 4 C2

Paris 662 – Auch 74 – Bordeaux 141 – Pau 159 – Toulouse 116

d'Agen-la-Garenne : 05 53 77 00 88, SO : 3 km.

Office de tourisme, 107, boulevard Carnot 05 53 47 36 09, Fax 05 53 47 29 98

Agen Bon-Encontre à Bon-Encontre Route de Saint Ferréol, par rte de Toulouse : 7 km, 05 53 96 95 78 ;

de Pleneselve à Bon-Encontreau NE par D 656 et rte secondaire : 8 km, 05 53 67 52 65.

Musée des Beaux-Arts★★ AXY **M** - Parc de loisirs Walibi★ 4 km par ⑤.

Plan page ci-contre

Château des Jacobins sans rest

1 ter pl. des Jacobins – 05 53 47 03 31 – hotel@chateau-des-jacobins.com – Fax 05 53 47 02 80 AY **f**

15 ch – 72/80 € 100/140 €, 13 €

◆ Meubles et objets anciens donnent à cet hôtel particulier, construit en 1830 pour le comte de Cassaigneau, un esprit "vieille demeure bourgeoise". Chambres de belle ampleur.

Stim'Otel

105 bd Carnot – 05 53 47 31 23 – stimotel@wanadoo.fr – Fax 05 53 47 48 70 – Fermé 23 déc.-1er janv. BY **a**

58 ch – 60/65 € 60/65 €, 8 € – **Rest** – *(fermé 29 juil.-20 août, 23 déc.-1er janv., sam. et dim.)* Menu (13,50 €), 18 € – Carte 21/31 €

◆ Une adresse bien aménagée pour recevoir la clientèle d'affaires et les groupes de voyageurs : salles de réunion et chambres fonctionnelles, rafraîchies aux 1er et 2e étages. Repas en toute simplicité au restaurant.

Mariottat (Eric Mariottat)

25 r. L.-Vivent – 05 53 77 99 77 – contact@restaurant-mariottat.com – Fax 05 53 77 99 79 – Fermé 28 avril-5 mai, 1er-5 nov., 22-29 déc., 16-28 fév., merc. midi d' oct. à fév., sam. midi, dim. soir et lundi AY **s**

Rest – Menu 27 € (déj. en sem.), 40/68 € – Carte 68/79 €

Spéc. Pied de cochon noir de Gascogne farci au homard. Assiette "tout un art d'être un canard". Des goûts et des couleurs (dessert). **Vins** Côtes de Duras, Buzet.

◆ Intérieur bourgeois cossu, agréable terrasse d'été, cuisine de saison fine et personnalisée, carte des vins étoffée : cet hôtel particulier du 19e s. séduit les gourmets agenais.

Le Washington

7 cours Washington – 05 53 48 25 50 – contact@le-washington.com – Fax 05 53 48 25 55 – Fermé août, sam. et dim. AY **r**

Rest – Menu (15 € bc), 19 € (déj.)/35 € – Carte 39/71 €

◆ Dans une maison édifiée par l'architecte Charles Garnier, restaurant contemporain où l'on sert une carte traditionnelle et des plats du marché soutenus par un beau choix de vins.

La Table d'Armandie

1350 av. du Midi – 05 53 96 15 15 – latable.darmandie@orange.fr – Fermé dim. et lundi ZA **a**

Rest – Menu 16 € (déj. en sem.), 20/46 € – Carte 36/48 €

◆ Décor contemporain épuré avec grande table d'hôte, cuisine ouverte et écran géant (retransmissions sportives). Suggestions du marché et carte des vins essentiellement régionale.

Le Margoton

52 r. Richard-Coeur-de-Lion – 05 53 48 11 55 – contact@lemargoton.com – Fax 05 53 48 11 55 – Fermé 25 août-1er sept., 22 déc.-5 janv., sam. midi, dim. et lundi

Rest – Menu 16 € (déj. en sem.), 23/34 € – Carte 32/54 € AY **e**

◆ Sympathique adresse de la vieille ville : accueil familial, décor à base de matériaux traditionnels, couleurs cosy et notes actuelles. Appétissante cuisine dans l'air du temps.

La Part des Anges

14 r. Émile-Sentini – 05 53 68 31 00 – Fax 05 53 68 03 21 – Fermé 18-30 août, vacances de fév., lundi d'oct. à mai et dim. BX **u**

Rest – Menu 18/30 € – Carte 31/67 €

◆ Livres de cuisine et vieilles caisses de vin ornent ce petit restaurant du centre-ville où l'on se sent un peu comme chez des amis. Copieux plats du terroir à prix tout doux.

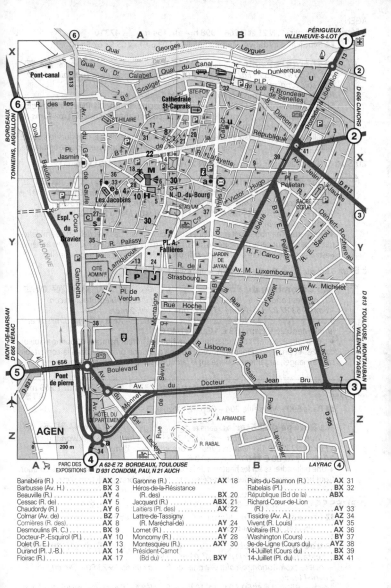

à Pont-du-Casse 6 km par ② et D 656 – 4 259 h. – alt. 67 m – ⊠ 47480

⌂ **Château de Cambes** ⌖ ⌖ 🍴 🛁 🏊 🛜 🐾 **P** **VISA** **M◎** **AE**
   – ℰ 05 53 87 46 37 – ChateaudeCambes@aol.com
   – Fax 05 53 87 46 37
   8 ch ⌂ – †135/225 € ††135/225 € – **Table d'hôte** – Menu 40 €
   ◆ Dans un château datant du 14ᵉ s., vastes chambres dotées de meubles de style et d'une cheminée – sauf une. Grand parc, petite chapelle, bibliothèque, piscine, sauna et jacuzzi. Repas préparé sur demande par le maître de maison.

à Moirax 9 km par ④, N 21 et D 268 – 998 h. – alt. 154 m – ⊠ 47310

🖪 Syndicat d'initiative, Mairie – ℰ 05 53 87 03 69, Fax 05 53 67 55 60

XX **Auberge le Prieuré** (Benjamin Toursel)   🏠 ๕ AC VISA ๑๑

❀ – ℰ 05 53 47 59 55 – Fax 05 53 68 02 01 – *Fermé vacances de la Toussaint, de fév., dim. soir, lundi et mardi*
Rest – *(nombre de couverts limité, prévenir)* Carte 43/49 €
Spéc. Chaud-froid de langoustines en cappuccino de fenouil. Pigeonneau cuit à basse température, polenta de riz au lait de coco. Ganache chocolat, parfums de tarte citron, glace au thym.
♦ Délicieuse cuisine personnalisée en cette belle maison de village, plusieurs fois centenaire. Le lieu a beaucoup de charme : intérieur campagnard (photos) et terrasse ombragée.

au Sud-Ouest 12km par ④, rte d'Auch (N 21) puis D 268 – ⊠ 47310 Laplume

🏠 **Château de Lassalle** ⬥   🏠 🏠 ⌱ ๕ ch, ⇔ 🛈 𝕊 P VISA ๑๑

Brimont – ℰ 05 53 95 10 58 – info@chateaudelassalle.com – Fax 05 53 95 13 01
– *Fermé vacances de Toussaint, Noël, fév., sam. et dim. du 1er nov. au 30 avril*
17 ch – †129/139 € ††139/219 €, � 14 € – **Rest** – Menu 20 € (déj. en sem.), 30/60 € – Carte 37/59 €
♦ Douillettes chambres contemporaines (bois, pierre, tons clairs) et délicieuse ambiance guesthouse pour cette demeure du 18e s. nichée dans un parc de 8 ha. Séjours à thème. Restaurant sous verrière ou dans l'ex-salle des gardes (11e s.) ; carte traditionnelle.

à Brax 6 km par ⑤ et D 119 – 1 615 h. – alt. 49 m – ⊠ 47310

🏠 **Au Colombier du Touron**   🏠 🏠 AC ch, 🛈 𝕊 P VISA ๑๑ AE

187 av. des Landes – ℰ 05 53 87 87 91 – contact@colombierdutouron.com
– Fax 05 53 87 82 37 – *Fermé 27 oct.-5 nov. et 23 fév.-2 mars*
9 ch – †47/53 € ††55/66 €, ⊒ 7,50 € – ½ P 55/62 € – **Rest** – *(fermé dim. soir et lundi)* Menu 26 € (sem.)/73 € – Carte 31/49 €
♦ L'enseigne évoque le colombier du 18e s. qui jouxte l'hôtel. Chambres de bonne ampleur, colorées et progressivement rénovées. Cuisine gasconne proposée dans la confortable salle à manger, largement ouverte sur le jardin, ou sur la terrasse ombragée.

AGNIERES-EN-DEVOLUY – 05 Hautes-Alpes – 334 D4 – 212 h. – alt. 1 263 m –
⊠ 05250   40 **B1**

🖪 Paris 690 – Marseille 204 – Gap 42 – Vizille 73 – Vif 109

🏠 **Le Refuge de l'Eterlou** sans rest   ⬤ 🏠 ๕ ⇔ P VISA ๑๑

La Joue du Loup, 4 km à l'Est – ℰ 04 92 23 33 80 – refuge-eterlou@wanadoo.fr
– Fax 04 92 23 19 13 – *Ouvert 8 mai-30 oct. et 18 déc.-1er mars*
30 ch – †70/80 € ††60/75 €, ⊒ 10 €
♦ Une belle adresse sur les hauteurs de la station. Chalet moderne engageant : décoration "tout bois" pour la salle des petits-déjeuners et les chambres spacieuses d'esprit actuel.

AGUESSAC – 12 Aveyron – 338 K6 – 833 h. – alt. 375 m – ⊠ 12520   29 **D2**

🖪 Paris 628 – Florac 76 – Mende 87 – Millau 9 – Rodez 60
– Sévérac-le-Château 25

🏠 **Auberge le Rascalat**   🏠 ⌱ ⇔ ❀ rest, P 🚗 VISA ๑๑ AE ①

🍽 2 km rte de Verrières sur D 809 – ℰ 05 65 59 80 43
– societe.exploitation.rascalat@wanadoo.fr – Fax 05 65 59 73 90 – *Ouvert 2 avril-11 nov.*
14 ch – †59/69 € ††59/69 €, ⊒ 10 € – ½ P 63/68 € – **Rest** – *(fermé lundi midi et mardi midi)* Menu 24/46 € – Carte 33/62 €
♦ Ex-moulin à huile situé entre Causses et rivière. Chambres campagnardes, petit-déjeuner sous les voûtes de la cave et jolie piscine à débordement au jardin. Table rustique où l'on rôtit l'agneau du pays à la broche de la cheminée, au printemps. Terrasse d'été.

AHETZE – 64 Pyrénées-Atlantiques – 342 C2 – 1 452 h. – alt. 28 m –
⊠ 64210   3 **A3**

🖪 Paris 767 – Bordeaux 207 – Pau 127 – Donostia-San Sebastián 52
– Irun 32

✗ **La Ferme Ostalapia** avec ch 🌿   🏠 🍴 ch, 📞 **P** *VISA* 🅜🅞

chemin d'Ostalapia, 3 km au Sud par D 855 – ✆ *05 59 54 73 79 – ostalapia @ wanadoo fr – Fax 05 59 54 98 85 – Fermé déc.-janv., merc., jeudi sauf juil.-août le soir en juil.-août*

8 ch – ♦65/155 € ♦♦65/155 €, � 10 € – **Rest** – Carte 26/66 €

♦ Ancienne ferme du pays dont la réputation locale n'est plus à faire. Cuisine du terroir servie dans deux salles à manger typiquement basques ou en terrasse face aux montagnes. Chambres d'hôtes coquettes et rustiques, bien tenues.

L'AIGLE – 61 Orne – 310 M2 – 8 972 h. – alt. 220 m – ⊠ 61300
Normandie Vallée de la Seine   33 **C2**

◘ Paris 137 – Alençon 68 – Chartres 79 – Dreux 61 – Évreux 56 – Lisieux 59

🛈 Office de tourisme, place Fulbert-de-Beina ✆ 02 33 24 12 40,
Fax 02 33 34 23 77

🏠 **Du Dauphin**   📞 🕭 **P** *VISA* 🅜🅞 🅐🅔 🅞

pl. de la Halle – ✆ *02 33 84 18 00 – regis.ligot @ free.fr – Fax 02 33 34 09 28*

🥜 **30 ch** – ♦62/72 € ♦♦62/85 €, ⊇ 10 € – ½ P 97/119 €

Rest – *(fermé dim. soir)* Menu 33/38 € – Carte 41/124 €

Rest *La Renaissance* – brasserie Menu 11,50/15 € – Carte 15/41 €

♦ Le plus ancien des deux bâtiments hébergeait déjà une hôtellerie en 1618. Chambres remises à jour, salon-cheminée, boutique de produits régionaux. Carte actuelle et cadre traditionnel confortable au restaurant. Joli décor de brasserie rétro à La Renaissance.

✗ **Toque et Vins**   *VISA* 🅜🅞 🅞

35 r. L.-Pasteur, (rte d'Argentan) – ✆ *02 33 24 05 27 – Fax 02 33 24 05 27 – Fermé 27 juil.-10 août, 25 déc.-3 janv., mardi soir, dim. et lundi*

🥜 **Rest** – Menu 16/30 € – Carte 19/31 € 🍷

♦ L'enseigne dit l'essentiel : une belle sélection de vins, en bouteille et au verre, escorte la cuisine, traditionnelle. Cadre bistrot tout simple. Soirées dégustations.

rte de Dreux 3,5 km à l'Est sur N 26 – ⊠ 61300 St-Michel-Tubœuf

✗✗ **Auberge St-Michel**   **P** *VISA* 🅜🅞 🅐🅔

– ✆ *02 33 24 20 12 – auberge.saint-michel @ wanadoo.fr – Fax 02 33 34 96 62*

🥜 – *Fermé mardi soir, merc. soir et jeudi*

Rest – Menu 17 € bc/29 € – Carte 24/40 €

♦ La jolie façade normande où grimpe la vigne vierge abrite une enfilade de petites salles rustiques et chaleureuses, garnies d'un mobilier de style bistrot. Cuisine du terroir.

AIGUEBELETTE-LE-LAC – 73 Savoie – 333 H4 – 191 h. – alt. 410 m – ⊠ 73610
Alpes du Nord   46 **F2**

◘ Paris 552 – Belley 34 – Chambéry 22 – Grenoble 76 – Voiron 35

◉ Lac★ - Panorama★★ sur la route du col de l'Épine N.

à la Combe (rive Est) 4 km par D 921ᵈ – ⊠ 73610

✗✗ **La Combe "chez Michelon"** avec ch 🌿   ⩤ lac,

– ✆ *04 79 36 05 02 – chezmichelon @ aol.com*   🏠 🍴 ch, **P** *VISA* 🅜🅞

– *Fax 04 79 44 11 93 – Fermé 16 déc.-24 janv., lundi sauf le midi de mai à sept. et mardi*

5 ch – ♦♦60/72 €, ⊇ 8,50 € – **Rest** – Menu (19 €), 24/48 € – Carte 37/56 € 🍷

♦ Étape pour amoureux de la nature : maison nichée entre lac, montagne et forêt. Salle à manger actuelle et terrasse sous les marronniers. Belle sélection de vins savoyards.

à Lépin-le-Lac (rive Sud) 2,5 km par D 921ᴰ – 347 h. – alt. 400 m – ⊠ 73610

🛈 Office de tourisme, place de la Gare ✆ 04 79 36 00 02

⌂ **La Bageatière** 🌿   🕭 ⇝ 🍴 📞 **P**

– ✆ *04 79 65 95 61 – contact @ labageatiere.com*

🥜 **4 ch** ⊇ – ♦65/85 € ♦♦70/90 € – **Table d'hôte** – Menu 18 € bc/24 € bc

♦ Au grand calme, cette ferme du début du 19ᵉ s. abrite de belles chambres rustiques et soignées. Confitures maison au petit-déjeuner, servi sous une treille l'été, face au parc.

à Novalaise-Lac (rive Ouest) 7 km par D 921 – 1 432 h. – alt. 427 m – ⊠ 73470

🏠 **Novalaise-Plage** ⩤ lac, 🛲 🖈 🏠 🐾 🗘 🍸 👜 *VISA* ⓜⓞ ⒶⒺ ⓪
😊 *Le Neyret* – 𝓒 04 79 36 02 19 – novalaiseplage @ wanadoo.fr – Fax 04 79 36 04 22
– Fermé 1er-8 déc. et 2 janv.-4 fév.
13 ch – ♦57/88 € ♦♦57/88 €, � 10 € – ½ P 58/75 € – **Rest** – Menu 28/85 €
– Carte 52/112 €
♦ La silhouette blanche de ce chalet se reflète dans les eaux du lac. Confortables chambres actuelles aux larges baies vitrées. Goûteuse cuisine inventive servie sur une terrasse ombragée tournée vers les montagnes ou dans la lumineuse salle à manger bien rénovée.

à St-Alban-de-Montbel (rive Ouest) 7 km par D 921 – 447 h. – alt. 400 m –
⊠ 73610

🏠 **Les Lodges du Lac** 🛲 🏠 🏊 🗘 🐾 👜 *VISA* ⓜⓞ ⒶⒺ ⓪
La Curiaz, D 921 – 𝓒 04 79 36 00 10 – bienvenue @ leslodgesdulac.com
– Fax 04 79 44 10 57 – Fermé dim. soir et lundi du 15 sept. au 15 juin
13 ch – ♦50/70 € ♦♦50/70 €, ⊏rz 8 € – 3 suites – ½ P 76/96 € – **Rest** – Menu 12 €
(déj. en sem.), 19/38 € – Carte 20/44 €
♦ Hôtel situé en retrait du lac. Les chambres de l'annexe donnent de plain-pied sur le jardin ; les duplex conviennent particulièrement aux familles. Barques sur place. Au restaurant, cuisine traditionnelle et menus diététiques sur demande.

à Attignat-Oncin 7 km au Sud par D 921 – 418 h. – alt. 570 m – ⊠ 73610

🍴🍴 **Mont-Grêle** avec ch 🦗 ⩤ 🛲 🏠 🏊 🗘 ch, 👜 🅿 *VISA* ⓜⓞ
– 𝓒 04 79 36 07 06 – le-mont-grele @ wanadoo.fr – Fax 04 79 36 09 54
– Hôtel : Fermé 1er déc.-7 fév. et dim. soir, Rest : fermé 15 déc.-7 fév., dim. soir, mardi soir et merc. sauf de juin à août
10 ch – ♦47/51 € ♦♦51/57 €, ⊏rz 8,50 € – ½ P 57/61 € – **Rest** – Menu (22 €),
28/35 € – Carte 43/56 €
♦ Pleine vue sur un parc arboré de 7000 m² traversé par un joli ruisseau depuis ce restaurant panoramique, inondé de lumière. Au menu, recettes traditionnelles – parfois créatives – et poissons du lac. Chambres toutes simples, mais spacieuses et bien tenues.

AIGUEBELLE – 83 Var – 340 N7 – **rattaché au Lavandou**

AIGUES-MORTES – 30 Gard – 339 K7 – 6 012 h. – alt. 3 m – ⊠ 30220
▌ Provence 23 **C2**
▶ Paris 745 – Arles 49 – Montpellier 38 – Nîmes 42 – Sète 56
🛈 Office de tourisme, place Saint-Louis 𝓒 04 66 53 73 00, Fax 04 66 53 65 94
◙ Remparts★★ et tour de Constance★★ : ❊★★ - Eglise Notre-Dame des Sablons★.

🏠🏠🏠 **Villa Mazarin** sans rest 🛲 📺 ⅃ゟ 👜 🗘 💈 🐾 💆 🏊 *VISA* ⓜⓞ ⒶⒺ
35 bd Gambetta – 𝓒 04 66 73 90 48 – am @ villamazarin.com – Fax 04 66 73 90 49
– Fermé 15 janv.-15 fév.
20 ch – ♦89/135 € ♦♦114/255 €, ⊏rz 13 €
♦ Ce superbe hôtel particulier vous accueille dans ses salons raffinés et son beau jardin ombragé de vieux platanes. Chambres confortables, piscine intérieure et espace détente.

🏠🏠 **St-Louis** 🏠 🐾 🏊 *VISA* ⓜⓞ
10 r. Am.-Courbet – 𝓒 04 66 53 72 68 – hotel.saint-louis @ wanadoo.fr
– Fax 04 66 53 75 92 – Ouvert 2 avril-4 oct.
22 ch – ♦62/94 € ♦♦79/102 €, ⊏rz 10 € – ½ P 65/77 € – **Rest** – (fermé sam. midi, mardi et merc.) Menu (15 €), 19/26 €
♦ Intra-muros, à deux pas de la tour de Constance, élégante bâtisse du 18e s. dont les chambres, confortables et colorées, sont plus spacieuses au 2e étage. L'hiver, la cheminée réchauffe la salle à manger provençale ; l'été, le patio ombragé devient incontournable.

🏠🏠 **Canal** sans rest ⅃ゟ 👜 🗘 🐾 💈 🅿 🏊 *VISA* ⓜⓞ
440 rte de Nîmes – 𝓒 04 66 80 50 04 – contact @ hotelcanal.fr – Fax 04 66 80 50 32
– Fermé 15 nov.-15 déc. et 10 janv.-20 fév.
25 ch – ♦65/148 € ♦♦65/148 €, ⊏rz 11 €
♦ À l'entrée de la ville, face au canal, hôtel d'esprit contemporain. Les chambres, fonctionnelles et climatisées, bénéficient d'une bonne insonorisation. Piscine et solarium.

XX **Les Arcades** avec ch ⚄   ᗜ AK VISA ⦾ AE

23 bd Gambetta – ⌀ 04 66 53 81 13 – info@les-arcades.fr – Fax 04 66 53 75 46

9 ch ⌂ – †99/106 € ††106/142 € – **Rest** – (fermé 1er-19 mars, 7-22 oct., mardi midi, jeudi midi et lundi sauf le soir en juil.-août) Menu (22 €), 35/45 € – Carte 46/59 €

♦ Cadre provençal raffiné (pierres apparentes), terrasse dressée sous les arcades, cuisine du terroir et chambres plaisantes dans cette belle maison du 16e s., très tranquille.

XX **La Salicorne**   ᗜ AK VISA ⦾

9 r. Alsace-Lorraine – ⌀ 04 66 53 62 67 – Fermé janv. et mardi sauf vacances scolaires

Rest – (dîner seult) Carte 38/56 €

♦ Pierres et poutres apparentes, cheminée, fer forgé, jolie terrasse d'été et saveurs aux accents du Sud : un concentré de Provence à découvrir derrière l'église des Sablons.

AILEFROIDE – 05 Hautes-Alpes – **334** G3 – **rattaché à Pelvoux (Commune de)**

AILLANT-SUR-THOLON – 89 Yonne – **319** D4 – **1 454 h. – alt. 112 m –**
✉ **89110**   7 **B1**

▶ Paris 144 – Auxerre 20 – Briare 70 – Clamecy 61 – Gien 80 – Montargis 59

🆔 Office de tourisme, 1, cour de la Halle aux Grains ⌀ 03 86 63 54 17,
Fax 03 86 63 54 17

au Sud-Ouest 7 km par D 955, D 57 et rte secondaire – ✉ **89110 Chassy**

🏠🏠🏠 **Domaine du Roncemay** ⚄   ⇙ 🚗 🕊 ᗜ ⤨ ᓆ ⅋ ⅋ ⅍ ♨ ऀ ch, AK ch, ⅏

– ⌀ 03 86 73 50 50 – reservation@   P VISA ⦾ ⓪
roncemay.com – Fax 03 86 73 69 46 – Ouvert mi-mars à mi-nov. et fermé mardi midi et lundi

18 ch – †100/280 € ††100/280 €, ⌂ 18 € – 3 suites – ½ P 156/175 €

Rest – Menu 35 € (sem.)/52 € – Carte 56/64 €

♦ Ce bel hôtel construit dans la pure tradition régionale est associé à un vaste golf. Séduisantes chambres rustiques. Fitness doté d'un superbe hammam. Cuisine actuelle aux notes bourguignonnes servie dans une agréable salle ouverte sur le parc.

AIMARGUES – 30 Gard – **339** K6 – **3 442 h. – alt. 6 m** – ✉ **30470**   23 **C2**

▶ Paris 740 – Montpellier 40 – Aigues-Mortes 16 – Alès 62 – Arles 41
– Nîmes 25

XX **Un Mazet sous les platanes**   ᗜ VISA ⦾

3 bd St-Louis – ⌀ 04 66 51 73 03 – lemazetsouslesplatanes@wanadoo.fr
– Fax 04 66 51 73 03 – Fermé 23-30 déc., sam. midi, dim. soir et lundi

Rest – Menu 29 € – Carte 32/40 €

♦ Jolie maison dotée d'une cour-terrasse offrant la vue sur les cuisines. Coquettes salles à manger panachant, à l'instar de la carte, influences provençales et orientales.

AIME – 73 Savoie – **333** M4 – **3 229 h. – alt. 690 m** – ✉ **73210**
◫ Alpes du Nord   45 **D2**

▶ Paris 622 – Albertville 41 – Bourg-St-Maurice 13 – Chambéry 90 – Moûtiers 15

🆔 Syndicat d'initiative, avenue de la Tarentaise ⌀ 04 79 55 67 00,
Fax 04 79 55 60 01

◙ Ancienne basilique St-Martin ★★.

◪ Vallée de la Tarentaise ★★.

🏠 **Le Cormet** sans rest   ⅏ ☎ P VISA ⦾

9 chemin du Replat – ⌀ 04 79 09 71 14 – hotelducormet@orange.fr
– Fax 04 79 09 96 72

14 ch – †46/56 € ††56/65 €, ⌂ 6 €

♦ Petit hôtel à l'ambiance familiale dont le nom savoyard signifie "col". Chambres simples et bien tenues, plus calmes à l'arrière. Bar convivial attenant, fréquenté par des habitués.

AINCILLE – 64 Pyrénées-Atlantiques – **342** E6 – **rattaché à St-Jean-Pied-de-Port**

AINHOA – 64 Pyrénées-Atlantiques – 342 C5 – 599 h. – alt. 130 m – ⊠ 64250

Pays Basque

3 **A3**

🚗 Paris 791 – Bayonne 28 – Biarritz 29 – Cambo-les-Bains 11 – Pau 125 – St-Jean-de-Luz 26

◎ Village basque caractéristique★.

Ithurria (Xavier Isabal)   🖨 ⬙ ᴵⅅ 🖐 🅐🅚 ᝣ 🔽 ℙ ⒱ ⒱ ⒱ ⓐ ⓐ

pl. du Fronton – ℰ 05 59 29 92 11 – hotel @ ithurria.com – Fax 05 59 29 81 28 – Ouvert 11 avril-2 nov.

28 ch – ♦95/110 € ♦♦135/150 €, ⊆ 11 € – ½ P 107/115 € – **Rest** – (fermé jeudi midi sauf juil.-août et merc.) (prévenir le week-end) Menu 36/58 € – Carte 50/77 € 🕸

Spéc. Rossini de pied de porc. Tournedos de lapin au basilic. Délice à l'Izarra à la cerise noire d'Itxassou. **Vins** Jurançon sec, Irouléguy.

♦ Belle maison basque du 17ᵉ s. face au fronton de pelote du village. Salon bourgeois, chambres confortables (meubles chinés). Vieux fourneaux, poutres, tomettes, cheminée et bibelots en cuivre font le charme du restaurant ; appétissante cuisine régionale un peu allégée.

Argi Eder 🚲   ⟨ 🖨 🕭 🖙 ⬙ ℁ ᵹ 🅐🅚 rest, ⇗ ℁ ᝣ 🖙

rte de la Chapelle – ℰ 05 59 93 72 00   ℙ ⒱ ⒱ ⓐ ⓐ

– argi.eder @ wanadoo.fr – Fax 05 59 93 72 13 – Ouvert 1ᵉʳ avril-9 nov.

18 ch – ♦95/120 € ♦♦95/120 €, ⊆ 13 € – 8 suites – ½ P 89/120 € – **Rest** – (fermé dim. soir sauf juil.-août, merc. sauf le soir en juil.-août et lundi) Menu 26 € (sem.)/52 € – Carte 44/55 € 🕸

♦ À flanc de colline, grande bâtisse régionale et sa piscine dans un parc tourné vers la campagne. Vastes chambres refaites et joli salon-bar (belle collection d'armagnacs). Salle à manger soignée ; plats du terroir et superbe carte de bordeaux.

Oppoca   🕭 ℙ ⒱ ⓐ

r. Principale – ℰ 05 59 29 90 72 – oppoca @ wanadoo.fr – Fax 05 59 29 81 03 – Fermé 24 nov.-22 déc., 11 janv.-6 fév., dim. soir et lundi

Rest – (fermé dim. soir et lundi sauf août) Menu 25/50 € – Carte 48/55 €

♦ Deux salles rustiques dans cette auberge du pays : l'une avec vaisselier et meubles basques, l'autre plus claire car ouverte sur le jardin. Cuisine traditionnelle, terrasse.

AIRAINES – 80 Somme – 301 E8 – 2 099 h. – alt. 30 m – ⊠ 80270

Nord Pas-de-Calais Picardie

36 **A1**

🚗 Paris 172 – Abbeville 22 – Amiens 30 – Beauvais 69 – Le Tréport 51

🛈 Syndicat d'initiative, place de la Mairie ℰ 03 22 29 34 07, Fax 03 22 29 47 50

à Allery 5 km à l'Ouest par D 936 – 752 h. – alt. 50 m – ⊠ 80270

Relais Forestier du Pont d'Hure   ᵹ ℙ ⒱ ⓐ ⓐ ⓐ

– ℰ 03 22 29 42 10 – lepontdhure @ wanadoo.fr – Fax 03 22 29 27 91 – Fermé 28 juil.-22 août, 2-23 janv. et le soir sauf sam.

Rest – Menu 17 € (déj. en sem.), 21/23 €

♦ Se restaurer après une promenade en forêt : rôtisserie et grillades au feu de bois préparées dans la cheminée de l'agreste salle à manger décorée de trophées de chasse.

AIRE-SUR-L'ADOUR – 40 Landes – 335 J12 – 6 003 h. – alt. 80 m – ⊠ 40800

Aquitaine

3 **B3**

🚗 Paris 722 – Auch 84 – Condom 68 – Dax 77 – Mont-de-Marsan 33 – Orthez 59 – Pau 51

🛈 Office de tourisme, place Général-de-Gaulle ℰ 05 58 71 64 70, Fax 05 58 71 64 70

◎ Sarcophage de Ste-Quitterie★ dans l'église St-Pierre-du-Mas.

Chez l'Ahumat avec ch   ℙ ⒱ ⓐ ⓐ

2 r. Mendès-France – ℰ 05 58 71 82 61 – Fermé 10-18 mars, 18-29 juin et 1ᵉʳ-14 sept.

12 ch – ♦27/30 € ♦♦33/39 €, ⊆ 5 € – ½ P 33/35 € – **Rest** – (fermé mardi soir et merc.) Menu 11/29 € – Carte 20/36 €

♦ Restaurant tenu par la même famille depuis trois générations. Deux salles de style rustique, agrémentées d'une collection d'assiettes anciennes. Cuisine régionale.

rte de Bordeaux par N 124 – ⊠ 40270 Cazères-sur-l'Adour

Aliotel ⚘   🔔 ⛅ 🍽 ⅋ ch, 🅰🅲 ⅍ 🅿 VISA ⏺⏺
– 𝒞 05 58 71 72 72 – aliotel@free.fr – Fax 05 58 71 81 94
34 ch – †39 € ††44/46 €, ⚏ 6 € – **Rest** – Menu 13 € bc
♦ Établissement fonctionnel offrant de petites chambres standardisées, pratiques et bien insonorisées. Équipements sportifs bien conçus, ouverts sur la nature. Repas sans prétention servis dans une vaste salle à manger aux allures de cafétéria.

à Ségos (32 Gers) 9 km au Sud-Ouest par N 134 et D 260 – 234 h. – alt. 111 m – ⊠ 32400

Domaine de Bassibé ⚘   🚗 🏡 🔔 ⅋ 🅿 VISA ⏺⏺ 🅰🅴 ⏺
– 𝒞 05 62 09 46 71 – bassibe@relaischateaux.com – Fax 05 62 08 40 15
– Ouvert 20 mars-2 janv. et fermé mardi et merc. sauf juil.-août
10 ch – †140 € ††140 €, ⚏ 16 € – 7 suites – ½ P 132 € – **Rest** – (dîner seult sauf sam., dim. et juil.-août) Menu 46/58 €
♦ En pleine campagne, cette propriété cultive le romantisme avec ses chambres douillettes débordantes de charme. Restaurant aménagé dans l'ancien pressoir du domaine (cheminée et poutres de chêne blanchies à la chaux). Paisible terrasse à l'ombre des platanes.

Minvielle et les Oliviers   ⅋ ch, 🅰🅲 rest, ⅋ 🅿 VISA ⏺⏺ ⏺
– 𝒞 05 62 09 40 90 – lminvielle@wanadoo.fr – Fax 05 62 08 48 62
18 ch – †43/49 € ††48/55 €, ⚏ 10 € – ½ P 50/55 € – **Rest** – (fermé dim. soir d'oct. à avril et sam. midi) Menu 13 € bc (déj. en sem.), 18/24 € – Carte 18/40 €
♦ Dans un petit village du Gers, construction moderne d'esprit régional. Les chambres de l'annexe, plus récentes, proposent un coquet décor provençal et un grand balcon. Vaste salle à manger rustique où l'on sert une cuisine traditionnelle.

AIRE-SUR-LA-LYS – 62 Pas-de-Calais – 301 H4 – 9 661 h. – alt. 30 m – ⊠ 62120
Nord Pas-de-Calais Picardie   30 **B2**

🄳 Paris 236 – Arras 56 – Boulogne-sur-Mer 68 – Calais 60 – Lille 62
🄴 Office de tourisme, Grand-Place 𝒞 03 21 39 65 66, Fax 03 21 39 65 66
🄾 Bailliage★ – Tour★ de la Collégiale St-Pierre★.

Hostellerie des 3 Mousquetaires ⚘   🔔 ⅍ 🅿 VISA ⏺⏺ 🅰🅴
Château de la Redoute, rte de Béthune (D 943) – 𝒞 03 21 39 01 11
– hotel.mousquetaires@wanadoo.fr – Fax 03 21 39 50 10 – Fermé 20 déc.-20 janv.
33 ch – †53/145 € ††53/145 €, ⚏ 13 € – 2 suites – **Rest** – Menu (18 €), 23 € (sem.)/45 € – Carte 65/80 €
♦ Charme bucolique d'une demeure du 19ᵉ s. dans un parc agrémenté d'une pièce d'eau et d'arbres centenaires. Chambres personnalisées. Cuisines visibles de tous ou baies tournées sur la vallée de la Lys : le restaurant laisse le choix du spectacle.

à Isbergues 6 km au Sud-Est par D 187 – 9 836 h. – alt. 25 m – ⊠ 62330

Le Buffet avec ch   🚗 🅰🅲 rest, ⅋ VISA ⏺⏺
22 r. de la Gare – 𝒞 03 21 25 82 40 – lebuffetisbergues@wanadoo.fr
– Fax 03 21 27 86 42 – Fermé 28 juil.-21 août, 26 fév.-9 mars, lundi (sauf midis fériés) et dim. soir
5 ch – †60 € ††64 €, ⚏ 10 € – **Rest** – Menu 20/85 € – Carte 51/63 €
♦ L'ancien buffet de la gare a aujourd'hui fière allure : deux élégantes salles à manger, mise en place soignée et goûteuse cuisine régionale concoctée selon le marché.

AISEY-SUR-SEINE – 21 Côte-d'Or – 320 H3 – 196 h. – alt. 255 m – ⊠ 21400
     8 **C1**

🄳 Paris 248 – Châtillon-sur-Seine 15 – Chaumont 75 – Dijon 68 – Montbard 26

Roy avec ch   🚗 🏡 🅰🅲 rest, 🅿 VISA ⏺⏺
– 𝒞 03 80 93 21 63 – hotelduroy@wanadoo.fr – Fax 03 80 93 25 74 – Fermé 1ᵉʳ-20 janv. et dim. soir
5 ch – †48 € ††48 €, ⚏ 6,50 € – ½ P 52 € – **Rest** – Menu 17 € (déj. en sem.), 20/38 € – Carte 34/51 €
♦ Poutres apparentes, vaste cheminée et mobilier rustique composent le décor champêtre un peu sombre du restaurant. Plaisantes petites chambres aménagées dans deux maisons bourguignonnes accolées et entourées d'un jardin arboré. Salon-bar campagnard.

AISONVILLE-ET-BERNOVILLE – 02 Aisne – 306 D3 – 291 h. – alt. 155 m – ✉ 02110

❑ Paris 200 – Amiens 115 – Laon 50 – Saint-Quentin 31 – Valenciennes 65

🏠🏠 **Le 1748** ⌂ 🚗 🔊 📞 ⌔ 🅿 **VISA** 🌐 **AE**

9 r. de Condé – ☏ 03 23 66 85 85 – le1748@wanadoo.fr – Fax 03 23 66 85 70

16 ch – ♦52/89 € ♦♦52/89 €, ☷ 12 € – ½ P 55/75 € – **Rest** – Menu 27/44 €
– Carte 26/44 €

♦ Un hôtel d'exception logé dans l'ancienne ferme d'un château et dans ses écuries,
répertoriées parmi les plus belles de France. Chambres douillettes et personnalisées. Plats
du terroir et bière locale, la Bernoville, servis dans un cadre d'esprit estaminet.

AITON – 73 Savoie – 333 K4 – 1 163 h. – alt. 405 m – ✉ 73220

❑ Paris 604 – Annecy 64 – Chambéry 38 – Lyon 138

✖ **Du Fort** ⇐ ⌖ 🆎 🅿 **VISA** 🌐

rte du Fort – ☏ 04 79 36 90 27 – restofort@wanadoo.fr – Fax 04 79 36 89 61
– Fermé 15 fév.-3 mars, mardi soir, dim. soir et merc.

Rest – Menu 24/44 € – Carte environ 44 €

♦ Ce restaurant jouit d'une situation imprenable puisque bâti sur les structures d'un ancien
fort militaire ! Larges baies vitrées ouvrant sur la montagne et plats traditionnels.

AIX (ÎLE-D') – 17 Charente-Maritime – 324 C3 – voir à Île-d'Aix

---

AIX-EN-PROVENCE ⌖ – 13 Bouches-du-Rhône – 340 H4 – 134 222 h.
– alt. 206 m – Casino AY – ✉ 13100 ▌ Provence

❑ Paris 752 – Avignon 82 – Marseille 30 – Nice 177 – Sisteron 102 – Toulon 84

🅑 Office de tourisme, 2, place du Général-de-Gaulle ☏ 04 42 16 11 61,
Fax 04 42 16 11 62

🅖 Set Golf 1335 chemin de Granet, O : 6 km par D 17, ☏ 04 42 29 63 69 ;

🅖 d'Aix-Marseille à Les Milles Domaine de Riquetti, par rte de Marignane et
D 9 : 8 km, ☏ 04 42 24 20 41 ;

🅖 Sainte-Victoire Golf Club à Fuveau "Lieu dit « Château l'Arc »", par rte
d'Aubagne et D 6 : 14 km, ☏ 04 42 29 83 43.

🅞 Le Vieil Aix★★ - Cours Mirabeau★★ - Cathédrale St-Sauveur★ : triptyque du
Buisson Ardent★★ - Cloître★ BX **B**⁸ - Place Albertas★ BY **3** - Place★ de l'hôtel
de ville BY **37** - Cour★ de l'hôtel de ville BY **H** - Quartier Mazarin★ : fontaine
des Quatre-Dauphins★ BY **D** - Musée Granet★ CY **M**⁶ - Musée des
Tapisseries★ BX **M²** - Fondation Vasarely★ AV **M⁵**.

Plans pages suivantes

🏠🏠🏠 **Villa Gallici** ⌂ ⇐ 🚗 🌳 ☀ ⌖ ch, 🆎 📞 🅿 **VISA** 🌐 **AE** ⓪

18 bis av. de la Violette – ☏ 04 42 23 29 23 – reservation@villagallici.com
– Fax 04 42 96 30 45 – Fermé 21-26 déc. et 2 janv.-1ᵉʳ fév.

BV **k**

18 ch – ♦220/740 € ♦♦220/740 €, ☷ 22 € – 4 suites – **Rest** – (fermé merc. d'oct.
à mai et mardi sauf juil.) (nombre de couverts limité, prévenir) Menu 45 € (déj.)/90 €

♦ Platanes, cyprès, fontaine, piscine, cigales... ou le cadre idylliquement provençal de cette
villa juchée sur les hauteurs d'Aix. Chambres personnalisées au charme très 19ᵉ s. Cuisine
classique gorgée de soleil. L'été, profitez de la ravissante terrasse ombragée.

🏠🏠🏠 **Le Pigonnet** ⌂ ⇐ 🔊 🌳 ☀ 🍴 🈁 🆎 📞 ⌔ 🅿 **VISA** 🌐 **AE** ⓪

5 av. du Pigonnet ✉ 13090 – ☏ 04 42 59 02 90 – reservation@hotelpigonnet.com
– Fax 04 42 59 47 77

AV **a**

51 ch – ♦135/270 € ♦♦175/390 €, ☷ 25 € – **Rest** – (fermé 23-31 déc., sam. midi
et dim. soir de nov. à mars) Menu 56 € – Carte 82/90 €

♦ Dans cette maison au calme, avec parc fleuri et vue sur la Sainte-Victoire, Cézanne
s'imprégna des parfums et couleurs de la Provence. Décor cosy, romantique et cossu.
Élégantes salles à manger et terrasse tournées sur la verdure ; carte au goût du jour.

🏠🏠🏠 **Aquabella** 🌳 ☀ 🌐 🍴 🈁 ⌖ 🆎 ⇄ 📞 ⌔ 🅿 **VISA** 🌐 **AE** ⓪

2 r. des Étuves – ☏ 04 42 99 15 00 – info@aquabella.fr – Fax 04 42 99 15 01

110 ch – ♦149/175 € ♦♦169/195 €, ☷ 18 € – ½ P 119/126 €

AX **a**

Rest L'Orangerie – Menu (21 €), 26/39 € – Carte 37/62 €

♦ Accolé aux Thermes Sextius, hôtel moderne offrant une ambiance provençale stylisée,
bien dans l'air du temps. Aux derniers étages, chambres avec terrasse et vue sur la ville.
Restaurant contemporain à la structure "verre et acier" ; terrasse face à la piscine.

AIX-EN-PROVENCE

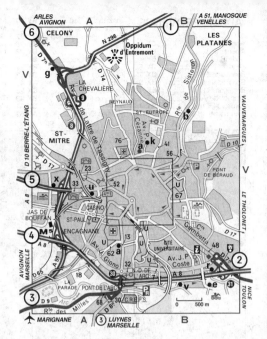

Grand Hôtel Mercure Roi René

24 bd du Roi-René – ☏ 04 42 37 61 00 – h1169@
accor.com – Fax 04 42 37 61 11
BZ **b**

134 ch – ♦195/235 € ♦♦215/255 €, ⌧ 20 € – 3 suites
Rest *La Table du Roi* – Menu 36 € – Carte environ 42 €

♦ Si l'architecture de cet hôtel s'inspire sobrement du style régional, les chambres, rénovées en partie, dévoilent un décor contemporain et zen. Patio fleuri et piscine. La Table du Roi propose une cuisine classique sur fond de boiseries et couleurs provençales.

Des Augustins sans rest

3 r. de la Masse – ☏ 04 42 27 28 59 – hotel.augustins@wanadoo.fr
– Fax 04 42 26 74 87
BY **x**

29 ch – ♦113/240 € ♦♦113/240 €, ⌧ 10 €

♦ Patrimoine historique qui hébergea en son temps Luther, ce couvent du 15ᵉ s. abrite de belles chambres personnalisées, au confort actuel. Réception dans la chapelle du 12ᵉ s.

Le Galice

5 rte Galice – ☏ 04 42 52 75 27 – hotelgalice@bestwestern-aix.com
– Fax 04 42 52 75 28
AV **u**

90 ch – ♦99/160 € ♦♦99/160 €, ⌧ 12 € – ½ P 116/177 € – **Rest** – *(fermé sam. midi et dim.)* Menu (18 €) – Carte 24/35 €

♦ Derrière la façade vitrée de ce bâtiment moderne, retrouvez le confort de chambres spacieuses, insonorisées et bien équipées ; les plus agréables donnent sur la piscine. Cuisine traditionnelle aux touches méditerranéennes servie dans un cadre cosy ou sur la terrasse.

Novotel Beaumanoir

r. Marcel-Arnaud, Résidence Beaumanoir, sortie
autoroute 3 Sautets – ☏ 04 42 91 15 15
– h0393@accor.com – Fax 04 42 91 16 05
BV **r**

102 ch – ♦130/160 € ♦♦130/160 €, ⌧ 12,50 € – **Rest** – Carte 22/39 €

♦ Chambres confortables à l'image de l'esprit de la chaîne, majoritairement rénovées. L'hôtel jouit d'un environnement assez calme, avec jardin paysager et minicircuit botanique. Salle à manger claire et actuelle prolongée d'une terrasse donnant sur la piscine.

AIX-EN-PROVENCE

🏨 **Kyriad Prestige**   🛏 🍴 ⛓ 🎏 ⅃ 🚗 ch, 🅰🅺 📞 🕍 ☂ 🚫 🆚 **WSA** 🅜🅒 🅐🅔 ⓘ

42 rte de Galice – ✆ 04 42 95 04 41 – aixenprovence@kyriadprestige.fr
– Fax 04 42 59 47 29   AV **x**
84 ch – †102/117 € ††102/117 €, ⌑ 12 € – **Rest** – Menu (19 €), 26 € – Carte
29/38 €

◆ Bâtiment moderne en arc de cercle, bordant une rocade animée. Chambres uniformes,
colorées et insonorisées (toutefois plus calmes aux derniers étages). Petit fitness. À table,
formules buffet servies dans un décor d'inspiration marine. Terrasse face à la piscine.

🏨 **Bastide du Cours**   🛏 ⅃ ch, 🅰🅒 ch, 🈹 🕍 **WSA** 🅜🅒 🅐🅔 ⓘ

43-47 cours Mirabeau – ✆ 04 42 26 10 06 – info@bastideducours.com
– Fax 04 42 93 07 65   BY **e**
11 ch – ††145/400 €, ⌑ 13 € – 4 suites – **Rest** – Menu 20/40 € – Carte 31/58 €

◆ Cette grande maison dispose de confortables chambres bien équipées et personnalisées
à l'ancienne. Quatre d'entre elles donnent sur le cours Mirabeau. Restaurant-brasserie dans
l'air du temps, ambiance cosy (salons aux tons chauds, bibliothèques, fauteuils en rotin).

🏨 **Cézanne** sans rest 🔲 🔲 ↳ 📞 VISA Ⓦ 𝔸𝔼
40 av. Victor-Hugo – ℰ 04 42 91 11 11 – hotelcezanne@hotelaix.com
– Fax 04 42 91 11 10 BZ **h**
55 ch – ♦150/175 € ♦♦170/195 €, � 18 € – 2 suites

◆ Business center, wi-fi, minibar gratuit dans les chambres, open bar et corbeilles de fruits : des attentions qui font la différence ! Hall contemporain et chambres rénovées.

🏨 **St-Christophe** 🎴 🔲 ᴋ ch, 🔲 ↳ ℅ rest, 📞 🔖 🚗 VISA Ⓦ 𝔸𝔼 ⓪
2 av. Victor-Hugo – ℰ 04 42 26 01 24 – saintchristophe@francemarket.com
– Fax 04 42 38 53 17 BY **a**
60 ch – ♦79/85 € ♦♦85/98 €, ⊒ 11 € – 7 suites
Rest *Brasserie Léopold* – Menu (22 €), 30 € – Carte 28/44 €

◆ Cet hôtel décline aussi bien le charme des années 1930 que l'esprit provençal dans ses chambres fonctionnelles, parfois avec terrasse. Cuisine régionale et plats de brasserie proposés dans un joli cadre Art déco ou sur la terrasse-trottoir les jours d'été.

🏨 **Novotel Pont de l'Arc** 🎴 🏊 🔲 ᴋ 🔲 ↳ ℅ 📞 🔖 🅿 VISA Ⓦ 𝔸𝔼 ⓪
av. Arc-de-Meyran, sortie autoroute Aix Pont de l'Arc – ℰ 04 42 16 09 09
– h0394@accor.com – Fax 04 42 26 00 09 BV **v**
80 ch – ♦98/128 € ♦♦98/128 €, ⊒ 12,50 € – **Rest** – Carte 19/42 €

◆ Novotel calé entre l'autoroute et l'Arc. Chambres toutes rénovées et insonorisées ; les plus agréables ouvrent côté jardin et piscine. Parcours de santé au bord de la rivière. Confortable salle à manger et terrasses ombragées dont une égayée d'une charmante fontaine.

🏠 **Le Globe** sans rest 🔲 🔲 ↳ ℅ 🔖 🚗 VISA Ⓦ 𝔸𝔼 ⓪
74 cours Sextius – ℰ 04 42 26 03 58 – contact@hotelduglobe.com
– Fax 04 42 26 13 68 – Fermé 20 déc.-20 janv. AY **e**
46 ch – ♦56/59 € ♦♦68/72 €, ⊒ 8,50 €

◆ Bâtisse jaune abritant des chambres sans luxe, mais bien insonorisées, rigoureusement tenues et pas trop chères. Hall rénové dans des tons chauds. Terrasse-solarium sur le toit.

🏠 **Le Manoir** sans rest 🔲 ℅ 🅿 VISA Ⓦ 𝔸𝔼 ⓪
8 r. Entrecasteaux – ℰ 04 42 26 27 20 – msg@hotelmanoir.com
– Fax 04 42 27 17 97 – Fermé 9 janv.-2 fév. AY **d**
40 ch – ♦62/92 € ♦♦75/92 €, ⊒ 10 €

◆ Ancien monastère reconverti en fabrique de chapeaux puis en hôtel, modeste mais bien tenu et peu à peu refait. Une partie du cloître est aménagée en terrasse d'été. Salon rétro.

𝕏𝕏𝕏 **Le Clos de la Violette** 🎴 🔲 ℅ ↔ VISA Ⓦ 𝔸𝔼
🕮 10 av. Violette – ℰ 04 42 23 30 71 – restaurant@closdelaviolette.fr
– Fax 04 42 21 93 03 – Fermé en août, dim. et lundi BV **a**
Rest – (nombre de couverts limité, prévenir) Menu 50 € (déj. en sem.), 90/130 €
– Carte 96/107 € ❀
Spéc. Truffes et gibier (nov. à mars). Petits farcis provençaux (juin à oct.). Poissons de Méditerranée.

◆ Situé dans un jardin à l'écart du vieux centre, Le Clos de la Violette a fait peau neuve : camaïeu de bruns pour le côté feutré, larges baies vitrées et terrasse au vert.

𝕏𝕏 **L'Aixquis** 🔲 VISA Ⓦ 𝔸𝔼
22 r. Leydet – ℰ 04 42 27 76 16 – aixquis@aixquis.com – Fax 04 42 93 10 61
– Fermé 9-17 août, lundi midi et dim. BY **f**
Rest – Carte 36/70 €

◆ Dans une ruelle du centre, agréable salle à manger actuelle proposant une cuisine élaborée en fonction du marché, à découvrir chaque jour sur l'ardoise des suggestions.

𝕏𝕏 **Les 2 Frères** 🎴 ᴋ 🔲 🅿 VISA Ⓦ
4 av. Reine-Astrid – ℰ 04 42 27 90 32 – les-deuxfreres@wanadoo.fr
– Fax 04 42 12 47 08 – Fermé dim. soir de nov. à mars AZ **s**
Rest – Menu 28/35 € bc – Carte 40/72 €

◆ En cuisine, le frère aîné réalise d'appétissants plats actuels, retransmis sur plusieurs écrans en salle où le cadet reçoit les hôtes. Ambiance de bistrot trendy, belle terrasse.

XX **Amphitryon**   🛱 AC VISA 🚳 AE
*2 r. Paul-Doumer – ℰ 04 42 26 54 10 – amphitryon22@wanadoo.fr
– Fax 04 42 38 36 15 – Fermé 15 août-1er sept., dim. et lundi*   BY s
Rest – Menu 23 € (déj. en sem.), 27/36 € – Carte 40/44 €
◆ Près du cours Mirabeau, dans un décor mi-classique, mi-actuel, en salle ou au comptoir (plus informel), goûtez une cuisine régionale servie avec enthousiasme. Calme patio.

X **Pierre Reboul**   AC VISA 🚳 AE
🌼 *11 Petite-Rue-St-Jean – ℰ 04 42 20 58 26 – restaurant-pierre-reboul@orange.fr
– Fax 04 42 38 79 67 – Fermé dim. et lundi*   CY a
Rest – (nombre de couverts limité, prévenir) Menu 39/110 € – Carte 80/100 €
Spéc. Huîtres et bulle d'iode pétillante. Mini "taureauburger" de Camargue et foie gras. Verre chocolat-menthe.
◆ Au cœur de la vieille ville, dans un cadre élégant, résolument contemporain, le chef signe une séduisante cuisine inventive qui fait la part belle aux produits.

X **Le Passage**   🛱 🕭 AC ⇔ VISA 🚳 AE
10 r. Villars – ℰ 04 42 37 09 00 – contact@le-passage.fr – Fax 04 42 37 09 09
Rest – Menu 23/35 € – Carte 38/53 €   BY b
◆ Métal, passerelles et mobilier contemporain rajeunissent cette confiserie du 19e s. faisant bistrot, œnothèque, bar à tapas, école de cuisine et salon de thé (trois niveaux).

X **Le Formal**   AC ⅜ VISA 🚳
*32 r. Espariat – ℰ 04 42 27 08 31 – Fax 04 42 27 08 31 – Fermé 13-21 avril,
17 août-1er sept., 4-12 janv., sam. midi, dim. et lundi*   BY w
Rest – Menu (18 €), 22 € bc (déj. en sem.), 30 € (dîner)/49 € (dîner) – Carte environ 40 €
◆ Restaurant situé dans de belles caves voûtées du 15e s., accueillant des expositions de tableaux. Autre objet de spectacle, la cuisine, inventive et bien tournée.

X **Chez Féraud**   AC VISA 🚳 AE
*8 r. du Puits-Juif – ℰ 04 42 63 07 27 – marcferaud@cegetel.net – Fermé août, dim.
et lundi*   BY k
Rest – Menu (22 €), 29 € – Carte 32/44 €
◆ Dissimulée dans une ruelle du vieil Aix, sympathique adresse familiale recelant un puits du 12e s. Recettes provençales (soupe au pistou, daube) et grillades préparées en salle.

X **Yamato**   🛱 AC VISA 🚳 AE
*21 av. des Belges – ℰ 04 42 38 00 20 – yamato.koji-yuriko@wanadoo.fr
– Fax 04 42 38 52 65 – Fermé mardi midi et lundi*   AZ e
Rest – Menu (28 €), 48/68 € – Carte 41/61 € 🍴
◆ Madame Yuriko, propriétaire de ce restaurant dédié à la cuisine japonaise, vous accueille en costume traditionnel. Salon nippon, véranda, terrasse, jardin. Menus "découvertes".

X **Yôji**   🛱 AC ⅜ VISA 🚳
🍴 *7 av. Victor-Hugo – ℰ 04 42 38 48 76 – Fax 04 42 38 47 01 – Fermé lundi midi et dim.*
Rest – Menu 17/30 € – Carte 22/60 €   BY g
◆ On peut se trouver au cœur de "l'empire du soleil" et vouloir s'évader au pays du Soleil Levant : cuisine japonaise, barbecue coréen et bar à sushis dans un décor zen.

rte de St-Canadet 9 km par ①, D 96 et D 13 – ✉ 13100 Aix-en-Provence

⬆ **Domaine de La Brillane** sans rest ⌂   ⇐ 🚗 AC ⅜ P. VISA 🚳
*195 rte de Couteron, par D 13 et rte secondaire – ℰ 06 74 77 01 20 – domaine@
labrillane.com – Fax 04 42 54 31 25 – Fermé 20 déc.-4 janv.*
5 ch �</ – †120/150 € ††150 €
◆ Chambres douillettes aux noms de cépages, vue sur les vignes ou la montagne Ste-Victoire, dégustation de bons vins bio du domaine... Un paradis pour les amoureux de Bacchus !

à Le Canet 8 km par ② sur D 7n – ✉ 13100 Beaurecueil

XX **L'Auberge Provençale**   AC P. VISA 🚳 ⓪
🙂 *RN 7, (Le Canet de Meyreuil) – ℰ 04 42 58 68 54 – aubergiste@aol.com
– Fax 04 42 58 68 05 – Fermé 15-30 juil., mardi sauf le midi de sept. à mai et merc.*
Rest – Menu 24/48 € – Carte 54/57 € 🍴
◆ Jolie auberge de bord de route disposant de plaisantes salles à manger méridionales. Cuisine traditionnelle, généreuse et soignée ; belle carte de vins régionaux.

à Beaurecueil 10 km par ②, D 7n et D 58 – 568 h. – alt. 254 m – ⊠ 13100

XXX **Relais Ste-Victoire** avec ch ⤵ ⟨ ⟨ 🖙 ⓘ 🗚 🚵 🅿 VISA ⓜ🄾 AE
D 46, 300 av. Sylvain Gautier – ℰ 04 42 66 94 98 – relais-ste-victoire@wanadoo.fr
– Fax 04 42 66 85 96 – Fermé vacances de la Toussaint, 2-7 janv., vend. sauf le soir
en saison, dim. soir et lundi
15 ch – ♦65/122 € ♦♦65/122 €, ⧠ 14 € – ½ P 130/160 € – **Rest** – (prévenir le
week-end) Menu 27/85 €
♦ Au pied de la Ste-Victoire, joli mas, ses deux salles cossues (collection de barbotines) et
sa véranda façon patio italien. Goûteuse cuisine actuelle fleurant bon la Provence.

par ③ 5 km D 9 ou A 51, sortie Les Milles – ⊠13546 Aix-en-Provence

🏨🏨 **Château de la Pioline** 🖙 🗇 ⓘ 🕴 🗚 ch, ℅ rest, 📞 🚵
260 r. Guillaume-du-Vair – ℰ 04 42 52 27 27 🅿 VISA ⓜ🄾 AE ⓞ
– info@chateaudelapioline.fr – Fax 04 42 52 27 28 – Fermé 23 fév.-2 mars
30 ch – ♦165/430 € ♦♦165/430 €, ⧠ 20 € – 3 suites – **Rest** – (fermé le week-end
de nov. à mars) Menu (37 €), 45/64 € – Carte 47/69 €
♦ Belle demeure, classée monument historique, abritant de vastes chambres joliment
meublées ; celles de l'aile récente, plus petites, ont une terrasse. Jardin à la française.
Restaurant de style Louis XVI décoré d'esquisses au fusain. Plats classiques ; dîners-
concerts.

à Celony 3 km sur D 7n – ⊠ 13090 Aix-en-Provence

🏨🏨 **Le Mas d'Entremont** ⤵ ⟨ 🕭 🗇 ⓘ 𝓕₆ ℅ 🕴 🗚 ch, ↳ 📞
315 rte Nationale 7 – ℰ 04 42 17 42 42 🚵 🅿 VISA ⓜ🄾 AE
– entremont@wanadoo.fr – Fax 04 42 21 15 83
– Ouvert 15 mars-31 oct. AV **g**
14 ch – ♦145/150 € ♦♦145/185 €, ⧠ 17 € – 6 suites – ½ P 127/172 €
Rest – (fermé dim. soir et lundi midi) Menu 40/45 € – Carte 55/66 €
♦ Sur les hauteurs d'Aix, belle bastide ocre nichée dans un parc avec bassin, jeux d'eau et
colonnes antiques. Grandes chambres personnalisées et suites. Chaleureux restaurant
d'hiver et divine terrasse ombragée l'été. Cuisine classique de saison.

AIX-LES-BAINS – 73 Savoie – 333 I3 – 25 732 h. – alt. 200 m – Stat. therm. :
mi janv.-mi déc. – Casinos : Grand Cercle CZ, Nouveau Casino BZ – ⊠ 73100
▌ Alpes du Nord 46 **F2**

▶ Paris 539 – Annecy 34 – Bourg-en-Bresse 115 – Chambéry 18 – Lyon 107

✈ de Chambéry-Savoie : ℰ 04 79 54 49 54, à Viviers-du-Lac par ③ : 8 km.

🄸 Office de tourisme, place Maurice Mollard ℰ 04 79 88 68 00,
Fax 04 79 88 68 01

🄸 d'Aix-les-Bains Avenue du Golf, par rte de Chambéry : 3 km,
ℰ 04 79 61 23 35.

◉ Esplanade du Lac★ - Escalier★ de l'Hôtel de Ville CZ **H** - Musée Faure★ -
Vestiges Romains★ - Casino Grand Cercle★.

◙ Lac du Bourget★★ - Abbaye de Hautecombe★★ - Les Bauges★.

Plan page suivante

🏨🏨 **Radisson SAS** 🖙 🗇 🖾 🕭 𝓕₆ 🕴 ⅋ ch, 🗚 ↳ ℅ rest, 📞 🚵 🅿
av. Ch.-de-Gaulle – ℰ 04 79 34 19 19 🖙 VISA ⓜ🄾 AE
– info.aixlesbains@radissonsas.com – Fax 04 79 88 11 49 CZ **x**
92 ch – ♦122/167 € ♦♦135/177 €, ⧠ 19 € – 10 suites – ½ P 72/88 €
Rest – brasserie (fermé dim. soir et lundi de nov. à mars) Menu (26 €), 32 €
♦ Au cœur du parc du casino nanti d'un plaisant jardin japonais, imposant hôtel dont les
chambres, d'une sobre élégance, bénéficient d'équipements modernes et complets. Petite
carte d'inspiration brasserie servie dans un décor actuel ou sur l'agréable terrasse.

🏨🏨 **Mercure Ariana** ⤵ 🕭 🗇 🖾 🕭 𝓕₆ ↳ ch, 🗚 ↳ 📞 🚵
111 av. de Marlioz, à Marlioz : 1,5 km – 🅿 VISA ⓜ🄾 AE ⓞ
ℰ 04 79 61 79 79 – h2945@accor.com – Fax 04 79 61 79 00 AX **a**
60 ch – ♦90/134 € ♦♦100/144 €, ⧠ 14 € – ½ P 78/100 € – **Rest** – Menu (21 €),
26 € – Carte 32/40 €
♦ Accueillant établissement intégré dans le complexe thermal de Marlioz. Chambres
spacieuses, parfois dotées de balcons. Centre de balnéothérapie. Lumineuse salle à manger et plaisante terrasse tournée vers un parc ombragé d'arbres centenaires.

AIX-LES-BAINS

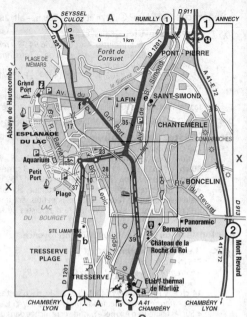

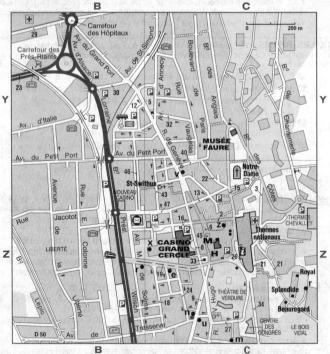

Astoria ⚂ ⚿ 🗲 ⛛ & ch, ⅌ ☏ ⚷ VISA ⚙ AE ①

pl. des Thermes – ℰ *04 79 35 12 28 – hotel.astoria-savoie@wanadoo.fr*
– Fax 04 79 35 11 05 – Fermé 27 nov.-5 janv. CZ **z**
94 ch – †62/80 € ††85/104 €, ⇆ 12 € – ½ P 58/65 € – **Rest** – Menu 24 € – Carte
29/42 €

♦ Cet ancien palace (1905) situé face aux thermes témoigne du passé fastueux d'Aix-les-
Bains. Décor Belle Époque habilement rénové, confort moderne et chambres spacieuses.
Le style Art nouveau a été préservé dans la grande et élégante salle à manger.

Le Manoir ⬚ ⚿ 🗔 ⚙ 🗲 ⛛ & ☏ ⚷ 🅿 ⚘ VISA ⚙ AE ①

37 r. Georges-1ᵉʳ – ℰ *04 79 61 44 00 – Hotel-le-Manoir@wanadoo.fr*
– Fax 04 79 35 67 67 – Fermé 15-30 déc. CZ **r**
73 ch – †88/128 € ††98/168 €, ⇆ 13 € – ½ P 88/138 € – **Rest** – Menu 29/68 €
– Carte 32/78 €

♦ Hôtel aménagé dans les dépendances des anciens palaces Splendide et Royal. Paisible
jardin généreusement fleuri, espace "wellness" et chambres rajeunies et personnalisées.
Salle à manger prolongée d'une véranda ouverte sur la verdure. Agréable terrasse.

Mercure Acquaviva ⚂ ⚙ 🗲 ⛛ ☏ ⚷ 🅿 VISA ⚙ AE ①

111 av. de Marlioz, à Marlioz : 1,5 km – ℰ *04 79 61 77 77 – h2944@accor.com*
– Fax 04 79 61 77 00 AX **s**
100 ch – †74/100 € ††82/110 €, ⇆ 13 € – ½ P 67/81 € – **Rest** – *(ouvert*
15 avril-15 oct.) Menu (16 €), 24 € – Carte 28/34 €

♦ Hôtel récent abritant des chambres fonctionnelles ; celles tournées vers le parc ombragé
du domaine d'Aix-Marlioz sont plus calmes. Nombreux équipements pour les séminaires.
Salle à manger conçue comme un jardin d'hiver, terrasse-patio et carte traditionnelle.

Agora 🗔 ⚙ & ch, ⅏ rest, ☏ ⚷ ⚘ VISA ⚙ AE

1 av. de Marlioz – ℰ *04 79 34 20 20 – reception@hotel-agora.com*
– Fax 04 79 34 20 30 – Fermé 19 déc.-4 janv. CZ **u**
61 ch – †63/85 € ††75/97 €, ⇆ 12 € – ½ P 68/79 € – **Rest** – *(fermé lundi midi,*
sam. midi et dim. d'oct. à avril) Menu 22 € (déj. en sem.), 24/42 € – Carte 24/42 €

♦ Adoptez cet hôtel pour sa situation centrale et la bonne qualité de ses aménagements.
Au sous-sol, piscine, sauna et hammam ont été pensés pour votre bien-être. Nouveau
décor contemporain au restaurant.

Palais des Fleurs ⬚ ⚙ ⚂ 🗲 ⛛ & ch, ⅏ rest, ⅌ rest, ⚷

17 r. Isaline – ℰ *04 79 88 35 08* 🅿 ⚘ VISA ⚙ AE
– palais.des.fleurs@wanadoo.fr – Fax 04 79 35 42 79
– Fermé 10 nov.-31 janv. CZ **m**
42 ch – †54/66 € ††63/79 €, ⇆ 9 € – 1 suite – ½ P 49/63 €
Rest – *(fermé 10 nov.-28 fév.)* Menu 19 € (sem.)/24 € – Carte 26/34 €

♦ Établissement familial situé dans un quartier résidentiel calme. Les chambres sont
grandes, sobres et plaisantes. Piscine et centre de remise en forme attrayants. Cuisine
classique sensible à la diététique proposée en mezzanine ou au bord de la piscine.

Grand Hôtel du Parc ⬚ ⚙ & ch, ⅏ rest, ⅌ rest, ☏ ⚘ VISA ⚙ ①

28 r. de Chambéry – ℰ *04 79 61 29 11 – info@grand-hotel-du-parc.com*
– Fax 04 79 88 33 49 – Fermé 18 déc.-10 fév. CZ **n**
36 ch – †49/57 € ††59/69 €, ⇆ 10 € – ½ P 73 €
Rest *La Bonne Fourchette –* ℰ *04 79 34 00 31 (fermé merc. midi hors saison, dim.*
soir et lundi) Menu 30/65 € – Carte 48/67 €

♦ Immeuble bâti en 1817 près du théâtre de verdure. Chambres simples et spacieuses. Le
salon a conservé son joli décor d'origine. À La Bonne Fourchette, salle à manger agréablement rétro et carte traditionnelle.

Auberge St-Simond ⬚ ⚙ ⚂ & ch, ⚷ 🅿 VISA ⚙ AE

130 av. St-Simond – ℰ *04 79 88 35 02 – auberge@saintsimond.com*
– Fax 04 79 88 38 45 – Fermé 1ᵉʳ-10 nov., 20 déc.-25 janv., lundi midi du 1ᵉʳ oct. au
30 avril et dim. soir AX **e**
24 ch – †58/63 € ††58/75 €, ⇆ 10 € – ½ P 53/68 € – **Rest** – Menu 25 € (déj. en
sem.), 30/38 € – Carte 31/42 €

♦ Auberge appréciée pour son ambiance conviviale, ses chambres personnalisées bien
tenues et son jardin doté d'une jolie piscine d'été. Cuisine de tradition. Terrasse à la belle
saison.

Beaulieu   🛋 📶 ⚄ 𝘝𝘐𝘚𝘈 ⓄⓄ 🄰🄴 🅾
29 av. Ch.-de-Gaulle – ℰ *04 79 35 01 02 – info@hotel-beaulieu.fr*
– Fax 04 79 34 04 82 – Ouvert 1ᵉʳ avril-4 nov.   BCZ **r**
30 ch – ♦38/40 € ♦♦42/52 €, ⊇ 6 € – ½ P 42/58 € – **Rest** – *(fermé dim. soir,*
merc. soir et lundi) Menu (12 €), 16 €
♦ Façade centenaire abritant des chambres souvent anciennes, mais bien tenues et
équipées d'un mobilier coloré ; certaines ont bénéficié d'un rafraîchissement. Agréable
terrasse d'été dressée dans un jardin arboré ou salle de restaurant sous une verrière.

Savoy *sans rest*   ⚄ 𝘝𝘐𝘚𝘈 ⓄⓄ 🅾
21 av. Ch.-de-Gaulle – ℰ *04 79 35 13 33 – hotelsavoy.perrault@wanadoo.fr*
– Fax 04 79 88 40 10 – Ouvert 1ᵉʳ avril-31 oct.   CZ **e**
19 ch – ♦33/37 € ♦♦36/42 €, ⊇ 6 €
♦ La décoration et l'atmosphère de cet hôtel nous rappellent les maisons de nos grands-
mères. Les chambres, régulièrement entretenues, sont plus calmes sur l'arrière.

Revotel *sans rest*   📶 𝘝𝘐𝘚𝘈 ⓄⓄ
198 r. de Genève – ℰ *04 79 35 03 37 – revotel@wanadoo.fr – Fax 04 79 88 82 99*
– Fermé 1ᵉʳ déc.-5 fév.   CZ **v**
18 ch – ♦32/39 € ♦♦32/39 €, ⊇ 6 €
♦ Adresse pour petits budgets à proximité des quartiers animés. Mobilier "seventies" et
aménagements fonctionnels dans les chambres. Nuits plus tranquilles sur l'arrière.

🍴🍴 L'Annexe   🛋 𝘝𝘐𝘚𝘈 ⓄⓄ 🄰🄴
205 bord du Lac – ℰ *04 79 35 25 64 – Fax 04 79 35 20 45 – Fermé 26 oct.-10 nov.,*
22-29 déc., 9-23 fév., dim. soir et lundi   AX **b**
Rest – Menu 16 € (déj. en sem.), 24/37 € – Carte 31/50 €
♦ Ce pavillon moderne dominant le lac vous reçoit dans un cadre contemporain épuré ou
sur les planches de sa jolie terrasse panoramique meublée en teck. Carte au goût du jour.

🍴🍴 Auberge du Pont Rouge   🛋 𝘝𝘐𝘚𝘈 ⓄⓄ
151 av. du Grand-Port – ℰ *04 79 63 43 90 – Fax 04 79 63 43 90 – Fermé dim. soir,*
merc. soir et lundi   AX **f**
Rest – Menu 20 € (déj. en sem.), 28/32 € – Carte environ 46 €
♦ Délaissez le cœur de la station pour cette discrète maison bénéficiant d'une véranda et
d'une terrasse. Spécialités du Sud-Ouest et poissons du lac. Ambiance conviviale.

AIZENAY – 85 Vendée – 316 G7 – 6 095 h. – alt. 62 m – ⊠ 85190   34 **B3**
    🄳 Paris 435 – Challans 26 – Nantes 60 – La Roche-sur-Yon 18 – Les
      Sables-d'Olonne 33
    🄵 Office de tourisme, rond-point de la Gare ℰ 02 51 94 62 72, Fax 02 51 94 62 72

🍴🍴 La Sittelle   ⟺ 🄿 𝘝𝘐𝘚𝘈 ⓄⓄ 🄰🄴
33 r. Mar.- Leclerc – ℰ *02 51 34 79 90 – Fax 02 51 94 81 77 – Fermé août, 1ᵉʳ-7 janv.,*
sam. midi, lundi et le soir sauf sam.
Rest – *(nombre de couverts limité, prévenir)* Menu 22/35 € (week-end)
♦ Cheminées en briques, plafonds moulurés, parquet à l'ancienne : les salles de cette
discrète maison bourgeoise sont raffinées. Cuisine classique soignée et personnalisée.

AJACCIO – 2A Corse-du-Sud – 345 B8 – **voir à Corse**

ALBAN – 81 Tarn – 338 G7 – 848 h. – alt. 600 m – ⊠ 81250   29 **C2**
    🄳 Paris 723 – Albi 29 – Castres 54 – Toulouse 106
    🄵 Syndicat d'initiative, 21, place des Tilleuls ℰ 05 63 55 93 90, Fax 05 63 55 93 90

Au Bon Accueil   🍴 🄿 𝘝𝘐𝘚𝘈 ⓄⓄ 🄰🄴
49 av. de Millau – ℰ *05 63 55 81 03 – Bardyj@wanadoo.fr – Fax 05 63 55 82 97*
– Fermé 1ᵉʳ-31 janv.
11 ch – ♦39/53 € ♦♦39/65 €, ⊇ 7 € – ½ P 45/50 € – **Rest** – *(fermé le soir et le*
week-end en janv., vend. soir et dim. soir sauf juil.-août) Menu (13,50 €), 17/43 €
– Carte 31/52 €
♦ Pratique pour l'étape entre Albi et Millau, petit hôtel à la façade engageante abritant des
chambres rénovées. Ambiance familiale et conviviale. Généreuse cuisine traditionnelle
à déguster sous les poutres rustiques de la salle à manger.

ALBERT – 80 Somme – 301 I8 – 10 065 h. – alt. 65 m – ✉ 80300

Nord Pas-de-Calais Picardie

36 **B1**

 ◘ Paris 156 – Amiens 30 – Arras 50 – St-Quentin 53

 ◪ Office de tourisme, 9, rue Léon Gambetta ✆ 03 22 75 16 42,
 Fax 03 22 75 11 72

🏨 **Royal Picardie** ❀ & ch, 📶 ⇚ ✿ ⅃ 🛦 **P.** **VISA** 🌑 ①
rte d'Amiens – ✆ 03 22 75 37 00 – reservation @ royalpicardie.com
– Fax 03 22 75 60 19
23 ch – †78/229 € ††87/229 €, ⊆ 10 € – **Rest** – (dîner seult) (résidents seult)
Menu 32 € – Carte 39/59 €
 ♦ Édifice imposant en sortie de ville proposant des chambres fonctionnelles.
Quelques détails soignés : les presse-pantalons électriques et les plateaux de courtoisie.
Côté restauration, carte traditionnelle servie dans une salle à manger garnie de mobilier
Louis XIII.

à Authuille 5 km au Nord par D 50 – 167 h. – alt. 85 m – ✉ 80300

❌❌ **Auberge de la Vallée d'Ancre** 📶 ⟺ **VISA** 🌑
6 r. Moulin – ✆ 03 22 75 15 18 – Fermé 18 août-3 sept., 16 fév.-4 mars, dim. soir,
merc. soir et lundi
Rest – Menu 22/31 € – Carte 25/41 €
 ♦ Au bord d'une rivière, sympathique auberge de pays. L'accueil y est charmant et les
habitués saluent le chef qui mitonne, dans sa cuisine ouverte, des plats de tradition.

ALBERTVILLE ⬳ – 73 Savoie – 333 L3 – 17 340 h. – alt. 344 m – ✉ 73200

Alpes du Nord

46 **F2**

 ◘ Paris 581 – Annecy 46 – Chambéry 51 – Chamonix-Mont-Blanc 64

 ◪ Office de tourisme, place de l'Europe ✆ 04 79 32 04 22, Fax 04 79 32 87 09

 ◙ Bourg de Conflans★, porte de Savoie ≼★ B, Grande Place★ - Route du fort
 du Mont★★ E.

🏨 **Million** 🏯 |🕭| 📶 rest, ⇚ 📞 🛦 **P.** 🚗 **VISA** 🌑 ①
8 pl. de la Liberté – ✆ 04 79 32 25 15 – hotel.million @ wanadoo.fr
– Fax 04 79 32 25 36 – Fermé 28 avril-12 mai et 27 oct.-10 nov.
26 ch – †78/106 € ††107/151 €, ⊆ 15 € – ½ P 80 € – **Rest** – (fermé
28 juil.-4 août, sam. midi, dim. soir et lundi) Menu 26/52 € – Carte 63/77 €
 ♦ Fière demeure du 18ᵉ s. jouxtant la Maison des J.O. Intérieur décoré avec un goût
hétéroclite et chambres personnalisées. Repas au goût du jour dans une salle aménagée de
façon classique et spacieuse, ou sur la terrasse verdoyante.

🏠 **Albert 1ᵉʳ** 📶 rest, 🚗 **VISA** 🌑 ①
38 av. Victor-Hugo – ✆ 04 79 37 77 33 – contact @ albert1er.fr – Fax 04 79 37 89 01
🔗 **16 ch** – †59/77 € ††76/83 €, ⊆ 6 € – ½ P 52/56 € – **Rest** – brasserie (fermé dim.
soir) Menu 12,50 € (déj.) – Carte 21/36 €
 ♦ À côté de la gare, petit immeuble (19ᵉ s.) rénové vous logeant dans des chambres
douillettes. Les meilleures sont les plus récentes. Davantage de calme à l'arrière. Bistrot
moderne avec véranda et terrasse-trottoir ; cuisine de brasserie à séquences savoyardes.

à Monthion 7 km au Sud par rte de Chambéry (sortie 26) et D 64 – ✉ 73200

❌❌ **Les 16 Clochers** ≼ vallée et montagnes, 🏯 ❀ **P.** **VISA** 🌑
91 chemin des 16 Clochers – ✆ 04 79 31 30 39 – Fax 04 79 31 30 39 – Fermé
14-21 avril, 1ᵉʳ-8 sept., 23 déc.-15 janv., dim. soir, mardi soir et lundi
Rest – Menu 19 € (déj. en sem.), 26/48 € – Carte 46/67 €
 ♦ Accueil sympathique, terrasse d'été panoramique et beau cadre mi-rustique, mi-savoyard
(objets anciens) caractérisent cette maison surplombant la vallée. Carte traditionnelle.

au Sud-Ouest 4 km par rte Chambéry (sortie 28) – ✉ 73200 Albertville

🏨 **Le Roma** ⽊ 🛁 ❀ |🕭| & ch, 📶 rest, 📞 🛦 **P.** **VISA** 🌑 🅰🅴 ①
85 chemin Pont-Albertin – ✆ 04 79 37 15 56 – hotelleroma @ aol.com
– Fax 04 79 37 01 31
133 ch – †65/108 € ††80/135 €, ⊆ 13,50 € – 10 suites – ½ P 72 €
Rest – (fermé sam. midi) Menu (18 €), 23/39 € – Carte 26/41 €
 ♦ Près de la rocade, vaste complexe hôtelier résolument voué à la détente et aux loisirs.
Chambres calmes et spacieuses ; de préférence, réservez-en une récemment rénovée.
Table classique et pizzéria, dotées chacune d'une terrasse abritée.

ALBI P – 81 Tarn – **338** E7 – 46 274 h. – alt. 174 m – ⊠ 81000 ▯ Midi-Pyrénées

▶ Paris 694 – Béziers 150 – Clermont-Ferrand 286 – Toulouse 76   29 **C2**

🛈 Office de tourisme, place Sainte-Cécile ℰ 05 63 49 48 80,
Fax 05 63 49 48 98

🏌 Albi Lasbordes Château de Lasbordes, O : 4 km par r. de la Berchère,
ℰ 05 63 54 98 07 ;

🏌 de Florentin-Gaillac à Marssac-sur-Tarn Al Bosc, par rte de Toulouse : 11 km,
ℰ 05 63 55 20 50.

Circuit automobile ℰ 05 63 43 23 00, 2 km par ⑤.

◉ Cathédrale Ste-Cécile★★★ : Jubé★★★ - Palais de la Berbie★ : musée
Toulouse-Lautrec★★ - Le Vieil Albi★ : hôtel Reynès★ Z **C** - Pont Vieux★ -
Pharmacie des Pénitents★ - ≤★ depuis les moulins albigeois.

Plan page ci-contre

🏠🏠🏠 **La Réserve** ⌂   ≤ ⋔ 🈷 ⚡ ⅀ ⅋ 嵐 ← ⌨ 㕫 ☐ VISA ⦿ AE ⓘ
rte de Cordes, par ⑥ : 3 km – ℰ 05 63 60 80 80 – reservealbi@relaischateaux.com
– Fax 05 63 47 63 60 – Ouvert 1er mai-31 oct.
24 ch – ♦150/328 € ♦♦150/328 €, ⚄ 20 € – 2 suites – **Rest** – *(fermé le midi sauf
dim. et fériés)* Menu 40/65 € – Carte 64/91 €
● Dans un parc au bord du Tarn, grande villa accueillante dont les chambres (mobilier de
style et contemporain) ont vue sur la piscine et la reposante rivière. Lumineuse salle à
manger à la décoration tendance et vaste terrasse surplombant le cours d'eau.

🏠🏠🏠 **Hostellerie St-Antoine** sans rest   ⇶ 嵐 㖅 㕫 ☐ VISA ⦿ AE ⓘ
17 r. St-Antoine – ℰ 05 63 54 04 04 – courriel@hotel-saint-antoine-albi.com
– Fax 05 63 47 10 47   Z **d**
42 ch – ♦75/145 € ♦♦85/185 €, ⚄ 15 € – 2 suites
● Au calme, hôtel fondé en 1734 et transformé dans les années 1970. Jardin et meubles
anciens recréent l'atmosphère douillette des maisons d'antan, le confort moderne en plus.

🏠🏠 **Chiffre**   嵐 㖅 ⅋ ⅍ 㕫 ☐ ⌂ VISA ⦿ AE
50 r. Séré-de-Rivières – ℰ 05 63 48 58 48 – hotel.chiffre@yahoo.fr
– Fax 05 63 38 11 15 – Fermé 15 déc.-15 janv.   Z **b**
36 ch – ♦57/109 € ♦♦88/169 €, ⚄ 15 € – 2 suites – ½ P 68/79 € – **Rest** – *(fermé
sam. et dim.) (dîner seult)* Menu 20/35 €
● Ancien relais de poste s'ordonnant autour d'un patio. Les chambres, raffinées et personnalisées, sont majoritairement rénovées. Plats traditionnels servis dans la chaleureuse
ambiance du restaurant (murs lambrissés, cadre cossu et bar marin).

🏠🏠 **Mercure**   ≤ le Tarn et la cathédrale, 嵐 嵐 ⌨ ⅋ rest, ⌨ ☐
41 bis r. Porta – ℰ 05 63 47 66 66 – h1211-gm@   ☐ VISA ⦿ AE ⓘ
accor.com – Fax 05 63 46 18 40   Y **n**
56 ch – ♦78/86 € ♦♦89/100 €, ⚄ 12 € – **Rest** – *(fermé 20 déc.-4 janv., sam. midi,
dim. midi et le soir du vend. au dim. du 1er déc. au 28 fév.)* Menu (16 €), 20/35 €
– Carte 27/44 €
● Ce moulin à farine du 18e s. dominant le Tarn abrite, derrière sa typique façade en briques
roses, un hôtel au cadre sobre et au confort moderne. Le restaurant, rénové dans un esprit
actuel, et la terrasse offrent une vue imprenable sur la cathédrale.

🏠🏠 **Grand Hôtel d'Orléans**   嵐 ⅀ 嵐 㖅 rest, 嵐 㖅 ⌨ 㕫
pl. Stalingrad – ℰ 05 63 54 16 56   ⌂ VISA ⦿ AE ⓘ
– hoteldorleans@wanadoo.fr – Fax 05 63 54 43 41   X **e**
54 ch – ♦60/77 € ♦♦68/87 €, ⚄ 10 € – 2 suites – ½ P 60/65 €
Rest – *(fermé 4-17 août, 22-28 déc., 3-15 janv., sam. sauf le soir d'avril à oct. et
dim.)* Menu (17 €), 23/27 € – Carte 31/53 €
● Depuis 1902, de père en fils, on installe le voyageur dans des chambres fonctionnelles
peu à peu revues dans un esprit contemporain, pour un quiet séjour au pays de Lautrec.
Confortable salle à manger, terrasse autour de la piscine et cuisine traditionnelle.

🏠 **Cantepau** sans rest   嵐 㕫 ⌨ ☐ ⌂ VISA ⦿ AE ⓘ
9 r. Cantepau – ℰ 05 63 60 75 80 – contact@hotelcantepau.fr
– Fax 05 63 60 01 61   V **a**
33 ch – ♦54/59 € ♦♦60/65 €, ⚄ 15 €
● Meubles en osier et rotin, tons crème et tabac, ventilateurs, etc. : la rénovation complète
de ce petit hôtel familial s'inspire du style colonial. Accueil aimable.

ALBI

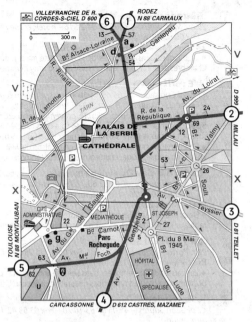

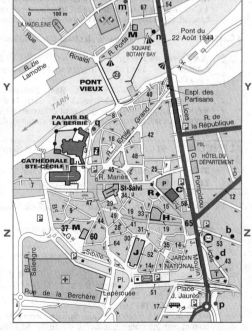

Régence George V sans rest
🕻 VISA ⓸ AE ⓪

29 av. Mar.-Joffre – ℰ *05 63 54 24 16 – hotelgeorgeV@orange.fr*
– Fax 05 63 49 90 78
X g
24 ch – †35/45 € ††40/50 €, ☐ 6,50 €

♦ Débusquez dans le quartier de la gare cette maison douillette au cachet authentique. Chambres de bonne ampleur, parfois dotées d'une cheminée. Agréable courette ombragée.

L'Esprit du Vin (David Enjalran)
AC VISA ⓸ AE

11 quai Choiseul – ℰ *05 63 54 60 44 – lespritduvin@free.fr – Fax 05 63 54 54 79*
– Fermé 23-30 juin, 1ᵉʳ-8 sept., 19-31 janv., dim. et lundi
Y q
Rest – *(nombre de couverts limité, prévenir)* Menu (26 €), 30 € (déj.) – Carte 73/84 €
Spéc. Topinambour, truffe noire et foie gras (déc. à début mars). Duo de langoustines et gambas juste saisies. Pêche melba (été). **Vins** Gaillac, Côtes du Tarn.

♦ Chaleureux restaurant installé dans une maison du vieil Albi. Grande salle logée sous des voûtes en brique rouge, et une autre plus contemporaine et colorée. Cuisine créative.

Le Jardin des Quatre Saisons
🛜 AC VISA ⓸ AE

19 bd Strasbourg – ℰ *05 63 60 77 76 – lejardindes4saisons@tiscali.fr*
– Fax 05 63 60 77 76 – Fermé dim. soir et lundi
V d
Rest – Menu 22/34 € ⅋

♦ Deux plaisantes salles à manger colorées : l'une avec cheminée et l'autre agrémentée de tableaux et plantes vertes. Cuisine classique, belle carte de vins, alcools et cigares.

La Table du Sommelier
🛜 AC VISA ⓸

20 r. Porta – ℰ *05 63 46 20 10 – Fax 05 63 46 20 10 – Fermé dim. et lundi*
Rest – Menu (13 €), 16 € (déj.), 20/35 € bc ⅋
Y m

♦ Les caisses de vins empilées dans l'entrée annoncent la couleur : ici, on célèbre la divine boisson. Nombreuses références décoratives à Bacchus, cuisine de bistrot.

L'Epicurien
🛜 & AC VISA ⓸ AE

42 pl. Jean-Jaurès – ℰ *05 63 53 10 70 – Fax 05 63 43 16 90 – Fermé 21-27 déc.,*
dim. et lundi
Z p
Rest – Menu 19 € (déj. en sem.), 28/36 € – Carte 47/54 €

♦ C'est l'adresse branchée de la ville. Cadre épuré mais néanmoins chaleureux avec ses banquettes, ses baies vitrées et sa vue en direct sur les cuisines. Carte au goût du jour.

à Castelnau-de-Lévis 7 km par ⑥, D 600 et D 1 – 1 403 h. – alt. 221 m – ⊠ 81150

La Taverne avec ch
🛜 ⍾ & rest, AC ↜ VISA ⓸

r. Aubijoux – ℰ *05 63 60 90 16 – contact@tavernebesson.com*
– Fax 05 63 60 96 73
8 ch – †58/65 € ††58/85 €, ☐ 9 € – **Rest** – *(fermé 26 juil.-10 août, dim. soir et lundi hors saison)* Menu 23 € (sem.)/61 € – Carte 44/63 €

♦ Ancienne coopérative boulangère, dont les fours en briques agrémentent une des deux confortables salles à manger. Cuisine raffinée s'inspirant du terroir et de la tradition.

ALENÇON ℙ – 61 Orne – 310 J4 – 28 935 h. – alt. 135 m – ⊠ 61000
▌ Normandie Cotentin
33 **C3**

🔃 Paris 190 – Chartres 119 – Évreux 119 – Laval 90 – Le Mans 54 – Rouen 150

🔢 Office de tourisme, place de la Magdeleine ℰ 02 33 80 66 33,
Fax 02 33 80 66 32

🔟 d'Alençon-en-Arçonnay à Arçonnay Le Petit Maleffre, par rte du Mans : 3 km,
ℰ 02 33 28 56 67.

◎ Église Notre-Dame★ - Musée des Beaux-Arts et de la Dentelle★ : collection
de dentelles★ BZ **M²**.

Plan page ci-contre

Mercure sans rest
📶 & ↜ 🕻 ⍾ ℙ VISA ⓸ AE ⓪

187 av. Gén.-Leclerc, 2 km par ④ – ℰ *02 33 28 64 64 – h1359@accor.com*
– Fax 02 33 28 64 72 – Fermé 24 déc.-1 janv.
53 ch – †66 € ††71 €, ☐ 8,70 €

♦ Construction assez récente située dans une petite zone commerciale. Chambres pratiques et bien insonorisées, rénovées et actuelles au 1ᵉʳ étage. Formule buffet au petit-déjeuner.

ALENÇON

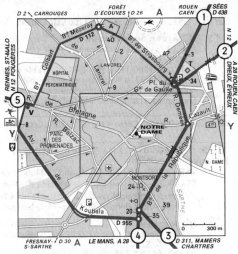

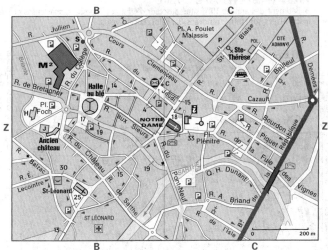

✂✂ **Au Petit Vatel**   VISA ⬤⬤ AE

72 pl. Cdt-Desmeulles – ℰ 02 33 26 23 78 – Fax 02 33 82 64 57
– Fermé 23 juil.-13 août, 18 fév.-9 mars, dim. soir, mardi soir et merc.   BZ **s**
Rest – Menu 20/69 € – Carte 31/57 €
◆ Sur une placette, belle maison en pierres du pays égayée de balcons fleuris. Tons pastel
et chaises de style rustique agrémentent l'intérieur de l'élégante salle à manger.

✂ **Le Chapeau Rouge**   ✾ VISA ⬤⬤

117 r. de Bretagne – ℰ 02 33 26 57 53 – Fermé 1er-14 sept.,
⊂⊃ sam. midi et dim.   AY **v**
Rest – Menu (13 €), 16/25 € – Carte 22/30 €
◆ Le chapeau de l'enseigne est rouge, mais la salle à manger est toute jaune, d'inspiration méridionale. En cuisine : quelques mariages audacieux sur des bases traditionnelles.

ALENÇON
par ① N 138 et rte secondaire - ⊠ 61250 Valframbert

⌂ **Château de Sarceaux** ⌖ ⚘ 🏠 🍽 rest, **P** **VISA** **⦿**
– ⌀ 02 33 28 85 11 – chateaudesarceaux@yahoo.fr – Fax 02 33 28 85 11 – Fermé
15 janv.-15 fév.
5 ch ⌂ – 🕴100/145 € 🕴🕴100/145 € – **Table d'hôte** – Menu 47 € bc
♦ Un parc de 12 ha avec étang entoure ce château des 17ᵉ et 19ᵉ s. dont les chambres
raffinées, décorées d'authentiques meubles et tableaux de famille, sont toutes orientées au
Sud. Dîner aux chandelles à la table d'hôte ; registre culinaire traditionnel.

ALÉRIA – 2B Haute-Corse – 345 G7 – **voir à Corse**

ALÈS ⊛ – 30 Gard – 339 J4 – 39 346 h. – alt. 136 m – ⊠ 30100
▌ Languedoc Roussillon   23 **C1**
  ▎ Paris 706 – Albi 226 – Avignon 72 – Montpellier 70 – Nîmes 46
  🛈 Office de tourisme, place de la Mairie ⌀ 04 66 52 32 15, Fax 04 66 52 57 09
  ◙ Musée minéralogique de l'Ecole des Mines★ N - Musée-bibliothèque
    Pierre-André-Benoit★ O : 2 km - Mine-témoin★ O : 3 km.

🏨 **Ibis** sans rest   🔆 ⅗ **AK** ↵ ↳ 🕭 🛏 **VISA** **⦿** **AE** **⓪**
18 r. E.-Quinet – ⌀ 04 66 52 27 07 – h0338@accor.com
– Fax 04 66 52 36 33   B **e**
75 ch – 🕴51/67 € 🕴🕴51/67 €, ⌂ 7,50 €
♦ Bâtiment des années 1970 situé au cœur d'Alès. Les chambres, spacieuses et bien
insonorisées, sont toutes rénovées. Bar-salon. Local à vélos.

ALÈS

Albert-1er (R.) . . . . **B** 2	Edgar-Quinet (R.) . . . . **B**	Péri (Pl. Gabriel) . . . . **B** 13
Audibert (R. Cdt) . . . . **A** 3	Hôtel-de-Ville (Pl. de l') . . . . **A** 5	Rollin (R.) . . . . **A** 14
Avéjan (R. d') . . . . **B**	Lattre-de-Tassigny (Av. de) . . **B** 6	St-Vincent (R.) . . . . **B** 15
Barbusse (Pl. Henri) . . . . **B** 4	Leclerc (Pl. Gén.) . . . . **B** 8	Semard (Pl. Pierre) . . . . **B** 16
Docteur-Serres (R.) . . . . **B**	Louis-Blanc (Bd) . . . . **B**	Soleil (R. du Faubourg du). . . . **B** 17
	Martyrs-de-la-Résistance (Pl.). **B** 9	Stalingrad (Av. de) . . . . **B** 18
	Michelet (R.) . . . . **B** 10	Taisson (R.) . . . . **B** 19
	Paul (R. Marcel) . . . . **B** 12	Talabot (Bd) . . . . **B** 20

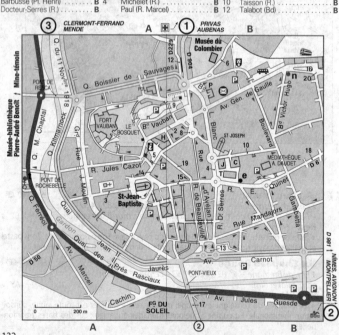

Le Riche avec ch 🏾 AC ⇄ 🛜 VISA ☻ AE

42 pl. Sémard – 🕿 *04 66 86 00 33 – reception @ leriche.fr – Fax 04 66 30 02 63*
– Fermé août   B **n**
19 ch – ♦46 € ♦♦59 €, ⌷ 8 € – ½ P 50 € – **Rest** – Menu 20/48 € – Carte 23/44 €
♦ Bel immeuble datant du début du 20ᵉ s. Sous un haut plafond, salle à manger Art nouveau aux lambris restaurés dans des couleurs vives. Cuisine classique. Chambres sobres.

X L'Atelier des Saveurs 🏾 VISA ☻

16 fg de Rochebelle – 🕿 *04 66 86 27 77 – gouny.henri @ wanadoo.fr*
– Fax 04 66 86 27 77 – Fermé 18 août-7 sept., sam. midi,
dim. soir et lundi   A **t**
Rest – Menu (16 €), 23/50 € – Carte 30/43 €
♦ Lumineux intérieur un brin champêtre, délicieux patio ombragé, ambiance conviviale et attrayantes recettes actuelles où s'invitent les saveurs du Sud : laissez-vous bercer...

à St-Martin-de-Valgalgues 2 km par ① – 4 283 h. – alt. 148 m – ✉ 30520

⌂ Le Mas de la Filoselle 🔳 AC rest, ⇄

344 r. du 19 mars 1962 – 🕿 *04 66 24 74 60 – filoselle @ wanadoo.fr*
– Fax 04 66 25 64 96
4 ch ⌷ – ♦65 € ♦♦76 € – ½ P 63 € – **Table d'hôte** – Menu 15 € bc/25 € bc
♦ On se sent très vite chez soi dans cette ex-magnanerie perchée sur les hauteurs du village. Ravissantes chambres thématiques (Lavande, Olivier, etc.) et beau jardin en terrasses.

à St-Hilaire-de-Brethmas 3 km par ② et D 936 – 3 619 h. – alt. 125 m – ✉ 30560

⌂ Comptoir St-Hilaire 🍃 ⇐ 🏾 🔳 ✗ ⇄ P VISA ☻ AE

Mas de la Rouquette, 2 km à l'Est – 🕿 *04 66 30 82 65 – contact @*
comptoir-saint-hilaire.com – Fax 04 66 25 64 02 – Fermé 1ᵉʳ janv.-10 fév.
7 ch – ♦290 € ♦♦290 € – **Table d'hôte** – Menu 50 €
♦ Catherine Painvin a entièrement repensé ce mas du 17ᵉ s. : chambres et suites follement originales, luxe omniprésent mais discret, superbe parc avec les Cévennes à perte de vue. Avec ses dîners à thèmes, la table d'hôte procure des moments inédits et magiques.

XXX Auberge de St-Hilaire 🏾 & AC ⇄ P VISA ☻

– 🕿 *04 66 30 11 42 – aubergedesainthilaire @ hotmail.com – Fax 04 66 86 72 79*
– Fermé dim. soir et lundi
Rest – Menu 25/75 € – Carte 58/73 €
♦ Goûteuse cuisine classique revisitée pour cet élégant pavillon recelant une confortable salle mi-contemporaine, mi-méridionale. Agréable terrasse d'été où trône un olivier.

à St-Privat-des-Vieux 4 km par ②, rte de Montélimar, D 216 et rte secondaire – 4 064 h. – alt. 180 m – ✉ 30340

XX Le Vertige des Senteurs 🚗 🏾 & ⇔ P VISA ☻ AE

35 chemin de l'Usclade – 🕿 *04 66 91 08 84 – stephane.delsuc @ neuf.fr*
– Fax 04 66 91 08 84 – Fermé 1ᵉʳ-10 janv., sam. midi en juil.-août, dim. soir et lundi
Rest – Menu (19 €), 35/70 €
♦ Ce mas cache une salle contemporaine raffinée d'où le regard se perd sur les Cévennes. Un bien bel écrin pour des plats inventifs et soignés, servis avec une rare gentillesse.

à Méjannes-lès-Alès 7,5 km par ② et D 981 – 905 h. – alt. 141 m – ✉ 30340

XX Auberge des Voutins 🏾 AC ⇔ P VISA ☻ AE

rte d'Uzès – 🕿 *04 66 61 38 03 – Fax 04 66 61 04 19 – Fermé dim. soir et lundi sauf fériés*
Rest – Menu 28/58 € – Carte 53/62 €
♦ Maison de pays bien protégée de la route par un rideau d'arbres. Recettes traditionnelles à goûter dans une salle à manger campagnarde ou sur la terrasse, à l'ombre d'un tilleul.

ALFORTVILLE – 94 Val-de-Marne – **312** D3 – **101** 27 – **voir à Paris, Environs**

ALGAJOLA – 2B Haute-Corse – **345** C4 – **voir à Corse**

ALISE-STE-REINE – 21 Côte-d'Or – **320** G4 – **rattaché à Venarey-les-Laumes**

ALIX – 69 Rhône – 327 G4 – 690 h. – alt. 287 m – ✉ 69380   43 **E1**
- ☑ Paris 442 – L'Arbresle 12 – Lyon 28 – Villefranche-sur-Saône 12

XX **Le Vieux Moulin**   ᾗ **P** **VISA** **MO**
chemin du Vieux-Moulin – ℰ 04 78 43 91 66 – *lemoulindalix@wanadoo.fr*
– Fax 04 78 47 98 46 – Fermé 16 août-3 sept., lundi et mardi
Rest – Menu 25/51 € – Carte 27/51 €
♦ Moulin rhodanien en pierre converti en auberge villageoise. Intérieur champêtre et paisible terrasse ombragée, très prisée en été. Carte traditionnelle et suggestions du moment.

ALLAIN – 54 Meurthe-et-Moselle – 307 G7 – 387 h. – alt. 306 m –
✉ 54170   26 **B2**
- ☑ Paris 305 – Nancy 34 – Neufchâteau 28 – Toul 16 – Vittel 49

⌂ **La Haie des Vignes** sans rest   ᵭ ᾗ **P** **VISA** **MO** **AE**
0,5 km à l'échangeur A 31, rte Neufchâteau – ℰ 03 83 52 81 82
– hotel.haiedesvignes@free.fr – Fax 03 83 52 04 27
39 ch – ♦41 € ♦♦56 €, ⌿ 6 €
♦ Construction de style motel proche de l'autoroute, mais au calme de la campagne lorraine. Chambres fonctionnelles, sobres et bien tenues, de plain-pied avec le jardin.

ALLAS-LES-MINES – 24 Dordogne – 329 H6 – rattaché à St-Cyprien

---

ALLEINS – 13 Bouches-du-Rhône – 340 F3 – 2 368 h. – alt. 180 m –
✉ 13980   42 **E1**
- ☑ Paris 725 – Marseille 63 – Aix-en-Provence 34 – Avignon 47

⌂ **Domaine de Méjeans**   ⌿ ⴺ Ⓚ ch, ⇍ ⅏ **P** **VISA** **MO**
R.D.71B – ℰ 04 90 57 31 74 – *info@domainedemejeans.com*
– Fax 04 90 57 31 74
5 ch ⌿ – ♦140/180 € ♦♦150/210 € – **Table d'hôte** – Menu 28/40 €
♦ Une allée de peupliers mène à cette demeure confortable et luxueuse. Un domaine profitant du calme (étang, jardin, piscine), doté de chambres cossues et bien équipées.

ALLERY – 80 Somme – 301 E8 – rattaché à Airaines

ALLEVARD – 38 Isère – 333 J5 – 3 081 h. – alt. 470 m – Sports d'hiver : au Collet
d'Allevard 1 450/2 100 m ⴺ 13 – Stat. therm. : début mars-mi-oct. – Casino –
✉ 38580 ▮ Alpes du Nord   46 **F2**
- ☑ Paris 593 – Albertville 50 – Chambéry 33 – Grenoble 40
- ☑ Office de tourisme, place de la Résistance ℰ 04 76 45 10 11,
  Fax 04 76 97 59 32
- ☑ Route du Collet ★★ par D525ᴬ.

Plan page ci-contre

⌂ **Les Alpes**   Ⓚ rest, ⇍ ⌇ **VISA** **MO** **AE**
ⓢ *pl. du Temple* – ℰ 04 76 45 94 10 – *hotel@lesalpesallevard.com*   **d**
   – Fax 04 76 45 80 81 – Fermé 12-28 avril, 25 oct.-6 nov. et dim. soir en hiver
Ⓙ **17 ch** – ♦54/55 € ♦♦56/62 €, ⌿ 9 € – ½ P 60/67 € – **Rest** – *(fermé vend. soir
hors saison et dim. soir)* Menu (14,50 €), 17 € (déj. en sem.), 29/48 € – Carte
35/57 €
♦ Cet hôtel familial, repérable à sa façade jaune et verte, se trouve au cœur de la station thermale. Chambres assez vastes, personnalisées et propres. Salle à manger récemment refaite dans un style classique, au diapason d'une cuisine traditionnelle.

⌂ **Les Terrasses**   ⌿ ⌇ **VISA** **MO**
29 av. de Savoie – ℰ 04 76 45 84 42 – *responsable@hotellesterrasses.com*
– Fax 04 76 13 57 65 – Fermé 14-27 avril et 26 oct.-6 nov.   **a**
16 ch – ♦44 € ♦♦44 €, ⌿ 6,50 € – ½ P 50/60 € – **Rest** – *(fermé dim. soir, mardi
soir et merc.)* Menu (14 €), 21/33 € – Carte 22/31 €
♦ Près du Bréda (rivière), maison de style 1930 vous réservant un bon accueil. Chambres sobres et rustiques, à choisir sur l'arrière, côté jardin, pour plus de quiétude. Cuisine traditionnelle et du terroir servie dans une salle de style montagnard.

ALLEVARD

Baroz (R. Emma) 2
Bir-Hakeim (R. de) 3
Charamil (R.) 5
Chataing (R. Laurent) 6
Chenal (R.) 7
Davallet (Av.) 8
Docteur-Mansord (R.) 9
Gerin (Av. Louis) 15
Grand Pont (R. du) 19
Libération (R. de la) 21
Louaraz (Av.) 22
Niepce (R. Bernard) 23
Ponsard (R.) 24
Rambaud (Pl. P.) 25
Résistance (Pl. de la) 27
Savoie (Av. de) 28
Thermes (R. des) 29
Verdun (Pl. de) 32
8-Mai-1945 (R. du) 34

Rues piétonnes en saison thermale

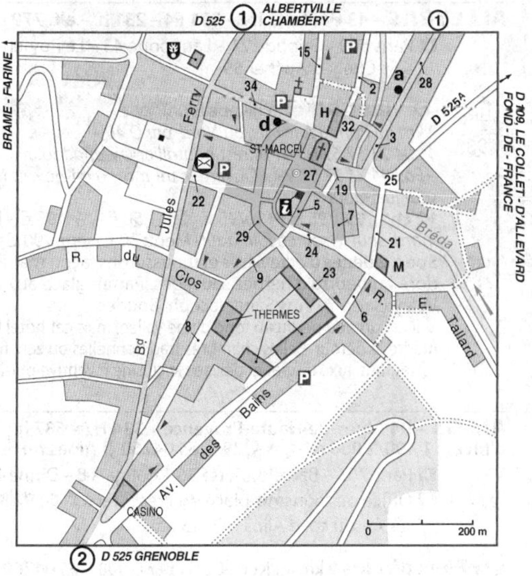

à Pinsot 7 km au Sud par D 525 A – 139 h. – alt. 730 m – ✉ 38580

Pic de la Belle Étoile
– ✆ 04 76 45 89 45 – *hotel@pbetoile.com – Fax 04 76 45 89 46 – Fermé 12 avril-9 mai, 18 oct.-16 nov., vend. soir, sam. et dim. sauf 7 juil.-18 août, 25 déc.-4 janv. et 9 fév.-9 mars*
40 ch – 63/95 € 79/119 €, 11 € – ½ P 75/97 € – **Rest** – Menu 34/47 €
◆ À l'entrée du village, imposante maison régionale récemment agrandie dont le jardin dégringole jusqu'à un torrent. Optez pour les chambres situées dans l'aile neuve. Recettes traditionnelles et régionales servies dans une salle à manger moderne ou en terrasse.

au Sud 17 km par D 525A et rtre secondaire - ✉ 38580 Allevard

Auberge Nemoz
au hameau "La Martinette" – ✆ 04 76 45 03 10 – aubergenemoz@wanadoo.fr – Fax 04 76 45 03 10 – Fermé nov. et 15-30 avril
5 ch – 62/76 € 72/86 € – ½ P 53/65 € – **Table d'hôte** – Menu 22/32 €
◆ Dans la vallée du Haut Bréda, chalet en bois et en pierre abritant des chambres personnalisées (meubles anciens et objets de famille). L'été, ballades équestres sur réservation. Restaurant rustique et très convivial ; la cheminée sert aux raclettes. Plats du terroir.

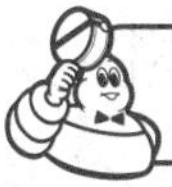

Petit-déjeuner compris ?
La tasse suit directement le nombre de chambres.

ALLEX – 26 Drôme – **332** C5 – **2 009 h.** – **alt. 160 m** – ✉ 26400 44 **B3**
Paris 588 – Lyon 126 – Valence 24 – Romans-sur-Isère 46 – Montélimar 34
Syndicat d'initiative, avenue Henri Seguin ✆ 04 75 62 73 13

La Petite Aiguebonne sans rest
2 km à l'Est par D 93 – ✆ 04 75 62 60 68 – contact@petite-aiguebonne.com
5 ch – 85/120 € 85/120 €
◆ Toscan, africain, indien... Autant de thèmes décoratifs pour les coquettes chambres de cette vieille ferme drômoise (13e s.), fort bien équipées. Petit jacuzzi, cuisine commune.

ALLEYRAS – 43 Haute-Loire – **331** E4 – 231 h. – alt. 779 m – ⊠ 43580   6 **C3**
- 🚗 Paris 549 – Brioude 71 – Langogne 43 – Le Puy-en-Velay 32
  – St-Chély-d'Apcher 59

🏠
🏵️
   Le Haut-Allier (Philippe Brun) ⑳   ⬳ ⌂♨ ⬚ ⎙ ⽥ rest, ⬳ ⑳ rest, ⬚
2 km au Pont d'Alleyras, au Nord par D 40 –   ⬚ **P** **VISA** **◍◍** **AE**
ℰ *04 71 57 57 63 – hot.rest.hautallier@wanadoo.fr*
*– Fax 04 71 57 57 99 – Ouvert de mi-mars à mi-nov. et fermé lundi et mardi
sauf juil.-août*
12 ch – †90/95 € ††90/95 €, ⊊ 11,50 € – ½ P 95 € – **Rest** – *(fermé lundi et
mardi sauf le soir en juil.-août)* Menu 30 € (sem.)/90 € – Carte 57/70 € ⑳
Spéc. Queues d'écrevisses et mousserons façon thaï. Pièce de veau de lait fermier
doré au beurre d'herbes sauvages. Parfait glacé aux fruits rouges des Monts du
Velay (saison). **Vins** Saint-Joseph, Boudes.
♦ Il est un peu perdu au fond d'une vallée, mais cet hôtel longeant les gorges de l'Allier
mérite le détour. Belles chambres traditionnelles ou zen, fitness et accueil charmant. Au
restaurant, luxe discret et délicieuse cuisine inventive puisant dans le terroir.

ALLOS – 04 Alpes-de-Haute-Provence – **334** H7 – 637 h. – alt. 1 425 m – **Sports
d'hiver : 1 400/2 000 m – ⛷4 ⛷29 – ⊠ 04260** 🛈 Alpes du Sud   41 **C2**
- 🚗 Paris 763 – Barcelonnette 36 – Colmars 8 – Digne-les-Bains 78
- 🛈 Office de tourisme, place du Presbytère ℰ 04 92 83 02 81, Fax 04 92 83 06 66
- ◉ ❄★★ du col d'Allos NO : 15 km.

à la Foux d'Allos 9 km au Nord-Ouest par D 908 – ⊠ 04260 Allos
- 🛈 Office de tourisme, Maison de la Foux ℰ 04 92 83 80 70,
  Fax 04 92 83 86 27

🏠
⑳
   Du Hameau ⑳   ⬳ ⌂ ⌘ ⽥ ⬚ ⬳ ⬚ **P** **VISA** **◍◍** **AE** **①**
*– ℰ 04 92 83 82 26 – info@hotel-du-hameau.fr – Fax 04 92 83 87 50 – Fermé
20 avril-13 juin et 21 sept.-5 déc.*
36 ch – †65/95 € ††85/125 €, ⊊ 11 € – 9 suites – ½ P 65/90 €
Rest – Menu 18/45 €
♦ Hôtel de type chalet abritant des chambres confortables et lambrissées ; celles avec
mezzanine accueillent les familles. Bons équipements de détente. Jolie vue sur les montagnes depuis le restaurant et la terrasse. Plats traditionnels, fondues, raclettes.

LES ALLUES – 73 Savoie – **333** M5 – **rattaché à Méribel**

ALLY – 15 Cantal – **330** B3 – 700 h. – alt. 720 m – ⊠ 15700   5 **A3**
- 🚗 Paris 532 – Clermont-Ferrand 119 – Aurillac 46 – Tulle 71 – Ussel 69

🏠
   Château de la Vigne sans rest ⑳   ⮌ **P**
*1 km au Nord-Est par D 680 – ℰ 04 71 69 00 20 – la.vigne@wanadoo.fr
– Fax 04 71 69 00 20 – Ouvert d'avril à oct.*
4 ch – †110/130 € ††110/130 €, ⊊ 6 €
♦ Dans la même famille depuis son édification (15ᵉ-18ᵉ s.), ce château propose des
chambres dont le décor traverse les époques : la "Louis XV", la "Troubadour", la "Directoire"...

ALOXE-CORTON – 21 Côte-d'Or – **320** J7 – **rattaché à Beaune**

ALPE D'HUEZ – 38 Isère – **333** J7 – 1 479 h. – alt. 1 860 m – **Sports d'hiver :
1 250/3 330 m ⛷15 ⛷69 ⛷ – ⊠ 38750** 🛈 Alpes du Nord   45 **C2**
- 🚗 Paris 625 – Le Bourg-d'Oisans 12 – Briançon 71 – Grenoble 63
- **Altiport** ℰ 04 76 11 21 73, SE.
- 🛈 Office de tourisme, place Paganon ℰ 04 76 11 44 44
- ◉ Pic du Lac Blanc ❄★★★ par téléphérique - Route de Villars-Reculas★ 4 km
  par D 211ᴮ.

ALPE D'HUEZ

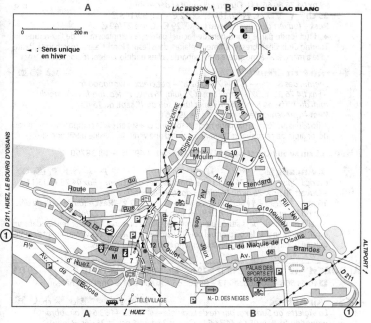

LAC BESSON \ PIC DU LAC BLANC

D 211, HUEZ, LE BOURG D'OISANS

○— : Sens unique en hiver

ALTIPORT /

HUEZ

⌂⌂⌂ Au Chamois d'Or ⌖ ⟨ pistes et montagnes, 🍴 🖼 ⑩ ✕ 🛎 ⛐ ch,
rd-pt des pistes – ☎ *04 76 80 31 32*　　　✕ rest, 🕻 ⚙ 🅿 ⌂ **VISA** **MC**
– resa@chamoisdor-alpedhuez.com – Fax 04 76 80 34 90
– Ouvert 15 déc.-20 avril　　　　　　　　　　　　　　　　　　　B **e**
40 ch – ♦250 € ♦♦330 €, ⌿ 17 € – 5 suites – ½ P 220/275 € – **Rest** – Menu 35 €
(déj.), 53/65 € – Carte 54/85 €

♦ Communs relookés, spa complet, espace enfants, terrasse plein Sud et chambres
de bon séjour (vue sur le massif de l'Oisans pour certaines) en ce grand chalet au pied
des pistes. Joli restaurant dans le style "montagnard chic" et cuisine classique bien
faite.

⌂⌂⌂ Le Pic Blanc ⟨ 🖼 ⅃ 🛎 ⛐ ✕ rest, ⚙ ⌂ **VISA** **MC** **AE**
r. Rif-Briant – ☎ *04 76 11 42 42 – hotel.pic.blanc@hmc-hotel.com*
– Fax 04 76 11 42 43 – Ouvert 1ᵉʳ juin-31 août et 1ᵉʳ déc.-25 avril
94 ch – ♦136/268 € ♦♦180/435 €, ⌿ 12 € – ½ P 100/233 € – **Rest** – (dîner seult)
(résidents seult) Menu 26 €

♦ Grande construction moderne d'esprit chalet campée sur les hauteurs de la station.
Chambres spacieuses, de style anglais, toutes dotées d'un balcon. Solarium, piscine, sauna.
Le restaurant propose une cuisine traditionnelle.

⌂⌂ Le Printemps de Juliette *sans rest* ⟨ 🛎 ⛐ ↙ ⌂ **VISA** **MC** **AE**
av. des Jeux – ☎ *04 76 11 44 38 – info@leprintempsdejuliette.com*
– Fax 04 76 11 44 37
8 ch – ♦140/200 € ♦♦140/200 €, ⌿ 15 € – 4 suites

♦ Une véritable bonbonnière au cœur de la station : huit chambres et une suite personnalisées dans les tons pastel (balcons), salon de thé animé par un saxophoniste en
saison.

🏠 Le Dôme
⩽ massif de l'Oisans, ⬛ 📶 🅿 🚗 𝗩𝗜𝗦𝗔 ⑩

pl. du Cognet – ℰ *04 76 80 32 11 – info@dome-alpedhuez.com*
– Fax 04 76 80 66 48 – Ouvert juil.-août et déc.-avril   B **q**
25 ch – ♦78/172 € ♦♦92/187 €, ⊇ 12 € – ½ P 99/145 €
Rest *– (ouvert déc.-avril)* Menu (18 €), 29 € – Carte 27/49 €
◆ Hôtel fondé par le grand-père de l'actuel patron, à l'emplacement de l'ex-refuge du Touring Club. Chambres récemment refaites, dans l'esprit local. Galerie marchande. Petite salle à manger à l'atmosphère montagnarde ; plats traditionnels et régionaux.

🍴 Au P'tit Creux
🍴 𝗩𝗜𝗦𝗔 ⑩ 𝖠𝖤

chemin des Bergers – ℰ *04 76 80 62 80 – ptit.creux@wanadoo.fr*
– Fax 04 76 80 39 37 – Fermé 8 mai-25 juin, 15 nov.-1er déc., lundi midi, mardi midi du 1er fév. au 8 mai, dim. soir et lundi soir du 1er sept. au 15 nov.   A **t**
Rest *– (prévenir)* Menu 48 € – Carte 29/56 €
◆ Boiseries anciennes, nappage beige et rouge et chaises en paille composent le nouveau décor alpin de ce coquet restaurant agrandi d'une véranda. Cuisine traditionnelle.

à Huez 3,5 km au Sud-Ouest par D 211 – 202 h. – alt. 1 495 m – ✉ 38750

🏠 L'Ancolie ⌂
🍴 📺 ↮ 🍴 ch, 🅿 𝗩𝗜𝗦𝗔 ⑩

av. de l'Église – ℰ *04 76 11 13 13 – forestieryves@aol.com – Fax 04 76 11 13 11*
🚗 *– Ouvert 30 nov.-26 avril, 1er juin-23 août, 2-30 sept.*
16 ch – ♦52/96 € ♦♦56/100 €, ⊇ 11 € – ½ P 60/82 € – **Rest** *– (dîner seult de déc. à avril)* Menu (11,50 €), 15 € (déj. en sem.), 18/75 € – Carte 22/40 €
◆ Belle maison de pays située dans un vieux village préservé. Intérieur rénové dans un esprit montagnard (décor "pierre et bois"), chambres coquettes et environnement paisible. Cuisine traditionnelle, fondues au fromage et jolie vue sur l'Oisans.

ALPUECH – 12 Aveyron – 338 J2 – 79 h. – alt. 1 082 m – ✉ 12210   29 **D1**
🚪 Paris 566 – Toulouse 213 – Rodez 66 – Aurillac 81 – Onet-le-Château 64

↗ Air Aubrac
⅄ ch, 🍴 ch, 📶 🅿

La Violette, au Sud 5 km par rte de Laguiole – ℰ *05 65 44 33 64 – airaubrac@ wanadoo.fr – Fax 05 65 44 33 64 – Ouvert 24 avril-6 oct. et 28 déc.-3 janv.*
5 ch ⊇ – ♦53 € ♦♦59/63 € – ½ P 49/51 € – **Table d'hôte** – Menu 20 € bc
◆ Un pilote de montgolfières (vol possible) vous accueille dans cette ancienne ferme typique alanguie au milieu des pâturages de l'Aubrac. Chambres coquettes et confortables. La patronne prépare une cuisine simple avec les produits du potager et de la région.

ALTENSTADT – 67 Bas-Rhin – 315 L2 – rattaché à Wissembourg

ALTHEN-DES-PALUDS – 84 Vaucluse – 332 C9 – 1 988 h. – alt. 34 m – ✉ 84210   42 **E1**
🚪 Paris 676 – Avignon 18 – Carpentras 12 – Cavaillon 24 – Orange 22

🏠 Hostellerie du Moulin de la Roque ⌂
🍴 🔥 🍴 🛗 𝖠𝖢 ↮ ⅄ 🗙 🅿 🅿 𝗩𝗜𝗦𝗔 ⑩ 𝖠𝖤

rte de la Roque – ℰ *04 90 62 14 62*
– hotel@moulin-de-la-roque.com – Fax 04 90 62 18 50
28 ch – ♦72/140 € ♦♦72/140 €, ⊇ 11 € – ½ P 70/105 € – **Rest** *– (fermé lundi sauf le soir en saison, sam. sauf le soir hors saison et dim. soir hors saison)* Menu 25/55 €
◆ Une allée bordée de platanes conduit à ce moulin du 17e s. Chambres personnalisées, ouvertes sur le parc traversé par la Sorgue (pêche). Savourez les produits du verger et du potager dans la plaisante salle à manger bourgeoise ou sur la terrasse ombragée.

ALTKIRCH ⟲ – 68 Haut-Rhin – 315 H11 – 5 386 h. – alt. 312 m – ✉ 68130   1 **A3**
📖 Alsace Lorraine
🚪 Paris 457 – Basel 33 – Belfort 35 – Montbéliard 52 – Mulhouse 19 – Thann 27
🛈 Office de tourisme, 5 place Xavier Jourdain ℰ 03 89 40 02 90, Fax 03 89 40 02 90
🏌 de la Largue à Seppois-le-Bas Rue du Golf, S : 23 km par D 432, ℰ 03 89 07 67 67.

à Wahlbach 10 km à l'Est par D 419 et D 19⁸ – 323 h. – alt. 320 m – ✉ 68130

✗✗   **Auberge de la Gloriette** avec ch   🚗 🅐🅐 🆔 rest, 🕭 🄿 🆅🅸🆂🅰 🆎 🅰🅴
9 r. Principale – ℰ 03 89 07 81 49 – la-gloriette2@wanadoo.fr
– Fax 03 89 07 40 56 – Fermé 24 janv.-12 fév.
5 ch – ♦46/100 € ♦♦58/100 €, ➘ 15 € – ½ P 58 € – **Rest** – (fermé lundi et mardi)
Menu 15 € (déj. en sem.), 28/65 € – Carte 27/63 €
♦ Cadre engageant mêlant l'ancien et le moderne dans cette ferme proposant une cuisine classique soignée. Chambres plus confortables (mobilier chiné) dans le bâtiment principal.

ALTWILLER – 67 Bas-Rhin – 315 F3 – 399 h. – alt. 220 m – ✉ 67260   1 **A1**
🔁 Paris 412 – Metz 86 – Nancy 73 – Le Haras 10 – Strasbourg 94

✗   **L'Écluse 16**   🚗 🄿 🆅🅸🆂🅰 🆎
Sud-Est : 3,5 km – ℰ 03 88 00 90 42 – clerouxmugler@aol.com
– Fax 03 88 00 91 94 – Fermé 1ᵉʳ-10 mars, 25 déc.-1ᵉʳ janv., lundi et mardi
Rest – Menu 18 € (sem.)/42 €
♦ Cet ancien relais de halage posé au bord du canal des Houillères de la Sarre abrite une lumineuse salle à manger au décor simple. On y sert une goûteuse cuisine actuelle.

ALVIGNAC – 46 Lot – 337 G3 – 573 h. – alt. 400 m – ✉ 46500   29 **C1**
🔁 Paris 529 – Brive-la-Gaillarde 52 – Cahors 65 – Figeac 43 – Rocamadour 8
– Tulle 65
🄸 Syndicat d'initiative, le bourg ℰ 05 65 33 66 42, Fax 05 65 33 60 62

🏠   **Du Château**   🚗 🏠 🆅🅸🆂🅰 🆎
– ℰ 05 65 33 60 14 – hotel-du-chateau@wanadoo.fr – Fax 05 65 33 69 28
– Ouvert 7 avril-5 nov.
20 ch – ♦38/42 € ♦♦38/42 €, ➘ 7 € – ½ P 42/47 € – **Rest** – (fermé merc. soir et dim. soir sauf juil.-août) Menu 12 € (déj. en sem.), 15/24 € – Carte 14/32 €
♦ Adossée à l'église, bâtisse séculaire à la façade en pierre tapissée de vigne vierge. Chambres fonctionnelles et bien tenues, progressivement rajeunies. Agréable jardin. Salle à manger simple et chaleureuse en accord avec la cuisine du terroir.

AMBÉRIEU-EN-BUGEY – 01 Ain – 328 F5 – 11 436 h. – alt. 300 m – ✉ 01500
🄸 Franche-Comté Jura   44 **B1**
🔁 Paris 468 – Bourg-en-Bresse 31 – Lyon 55 – Nantua 44

🏠   **Ambotel**   🏠 🅖 🆔 🐾 🏊 rest, 🕭 🕭 🄿 🆅🅸🆂🅰 🆎 🅰🅴
(Z.A. Pragnat Nord), Nord par D 1075 dir. Bourg-en-Bresse – ℰ 04 74 46 42 22
– Fax 04 74 46 87 92
35 ch – ♦54 € ♦♦62/72 €, ➘ 6,50 € – **Rest** – Menu (12 €), 15 € (déj. en sem.),
20/35 € – Carte 21/40 €
♦ Construction récente reconnaissable à son architecture contemporaine et à sa façade ocre. Chambres sobres et pratiques, meublées en bois clair. Salle à manger lumineuse et colorée ; cuisine traditionnelle sans fioriture.

AMBÉRIEUX-EN-DOMBES – 01 Ain – 328 C5 – 1 408 h. – alt. 296 m –
✉ 01330   43 **E1**
🔁 Paris 437 – Bourg-en-Bresse 40 – Lyon 35 – Mâcon 43
– Villefranche-sur-Saône 18
🄸 Syndicat d'initiative, Mairie ℰ 04 74 00 84 15, Fax 04 74 00 84 04

🏠   **Auberge des Bichonnières**   🚗 🏠 🄿 🆅🅸🆂🅰 🆎 🅰🅴
545 rte du 3-Septembre-1944 – ℰ 04 74 00 82 07 – bichonnier@wanadoo.fr
– Fax 04 74 00 89 61 – Fermé 20 déc.-30 janv., dim. soir et lundi sauf juil.-août
9 ch – ♦49 € ♦♦54/64 €, ➘ 9 € – ½ P 58/72 € – **Rest** – (fermé dim.
soir sauf juil.-août, mardi midi et lundi) (nombre de couverts limité, prévenir)
Menu (19 € bc), 25/33 € – Carte 39/45 €
♦ Cette ancienne ferme typique de la Dombes abrite des chambres proprettes, ornées de fresques représentant des scènes champêtres. En été, on s'attable volontiers dans l'avenante cour-terrasse fleurie. Cuisine mi-classique, mi-terroir à goûter dans un cadre rustique.

AMBERT – 63 Puy-de-Dôme – 326 J9 – 7 309 h. – alt. 535 m – ⊠ 63600
▮ Auvergne
6 **C2**

> ◨ Paris 438 – Brioude 63 – Clermont-Ferrand 77 – Thiers 53
>
> ▯ Office de tourisme, 4, place de Hôtel de Ville ℰ 04 73 82 61 90, Fax 04 73 82 48 36
>
> ◙ Église St-Jean★ - Vallée de la Dore★ N et S - Moulin Richard-de-Bas★ 5,5 km à l'Est par D 996 - Musée de la Fourme et du fromage - Train panoramique★ (juil.-août).

XX **Les Copains** avec ch   AC ⌖ ch, VISA ⓜ
    42 bd Henri-IV – ℰ 04 73 82 01 02 – hotel.rest.les.copains@wanadoo.fr
⊜   *– Fax 04 73 82 67 34 – Fermé 18-28 avril, 6 sept.-6 oct., 14-22 fév., dim. soir, sam. et*
⌂   *soir fériés*
    10 ch – ▮46/48 € ▮▮48/60 €, ⊇ 6,50 € – ½ P 48/67 € – **Rest** – Menu 12 € (déj.
    en sem.), 23/48 € – Carte 31/48 €
    ♦ Face à la pittoresque rotonde (mairie) célébrée par Jules Romains dans *Les Copains*. Plats
    régionaux et fameuse fourme à déguster dans une salle aux couleurs ensoleillées.

> Hôtels et restaurants bougent chaque année.
> Chaque année, changez de guide Michelin !

AMBIALET – 81 Tarn – 338 G7 – 381 h. – alt. 220 m – ⊠ 81430
▮ Midi-Pyrénées
29 **C2**

> ◨ Paris 718 – Albi 23 – Castres 55 – Lacaune 52 – Rodez 71 – St-Affrique 60
>
> ▯ Syndicat d'initiative, le bourg ℰ 05 63 55 39 14, Fax 05 63 55 39 14
>
> ◙ Site★.

🏠 **Du Pont**   ≼ 🚗 🏡 ⌱ AC ☎ 🛁 P VISA ⓜ AE ①
    – ℰ 05 63 55 32 07 – hotel-restaurant.pont@wanadoo.fr – Fax 05 63 55 37 21
    – Fermé 2 janv.-13 fév., dim. soir et lundi de nov. à mars
    20 ch – ▮55/57 € ▮▮61/63 €, ⊇ 10 € – ½ P 58/61 € – **Rest** – Menu 22/48 €
    – Carte 39/56 €
    ♦ Au bord du Tarn, maison régionale ayant vue sur Ambialet et son prieuré. Chambres
    fraîches, ouvertes sur la campagne ou sur la rivière. Attablez-vous dans la salle à manger
    rustique ou sur la terrasse panoramique, autour de petits plats traditionnels.

AMBIERLE – 42 Loire – 327 C3 – 1 728 h. – alt. 467 m – ⊠ 42820 ▮ Lyon et la
vallée du Rhône
44 **A1**

> ◨ Paris 379 – Lapalisse 33 – Roanne 18 – Thiers 81 – Vichy 58
>
> ◙ Église★.

XXX **Le Prieuré**   🏡 AC VISA ⓜ
    r. de la Mairie – ℰ 04 77 65 63 24 – leprieureambierle@wanadoo.fr
⌂   *– Fax 04 77 65 69 90 – Fermé dim. soir, mardi et merc.*
    Rest – Menu 26/63 € – Carte 40/100 €
    ♦ Accueil souriant dans ce restaurant clair et confortable, au décor épuré, situé face à un
    ancien prieuré de Cluny. Le chef-patron y prépare une cuisine dans l'air du temps.

L'AMBITION – 28 Eure-et-Loir – 311 B6 – rattaché à Nogent-le-Rotrou

AMBOISE – 37 Indre-et-Loire – 317 O4 – 11 457 h. – alt. 60 m – ⊠ 37400
▮ Châteaux de la Loire
11 **A1**

> ◨ Paris 223 – Blois 36 – Loches 37 – Tours 27 – Vierzon 96
>
> ▯ Office de tourisme, quai Gal de Gaulle ℰ 02 47 57 09 28, Fax 02 47 57 14 35
>
> ◙ Château★★ : ≼★★ de la terrasse, ≼★★ de la tour des Minimes - Clos-Lucé★ - Pagode de Chanteloup★ 3 km par ④.
>
> ◪ Lussault-sur-Loire : aquarium de Touraine★ O : 8 km par ⑤.

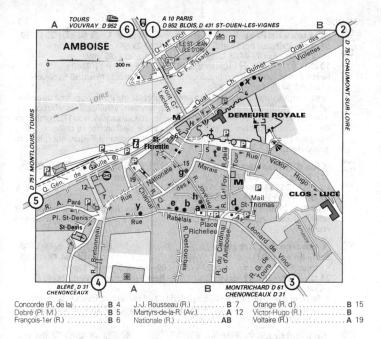

AMBOISE

Le Choiseul

36 quai Ch.-Guinot – ℰ 02 47 30 45 45 – choiseul@grandesetapes.fr
– Fax 02 47 30 46 10   B v
28 ch – ♦100/280 € ♦♦100/340 €, ⊇ 22 € – 4 suites – ½ P 130/250 €
Rest – (fermé le midi sauf dim. et fériés) Menu 60/90 € – Carte 48/86 €
Rest *Le 36* – (fermé dim. et fériés) (déj. seult) Menu (25 €), 32 €
Spéc. Ecrevisses et grenouilles, bouillon léger et bonbon frit aux herbes. Carré
d'agneau allaiton d'Aveyron caramélisé au piment doux. Chocolat "concepcion".
Vins Montlouis, Touraine-Mesland.
◆ Un ravissant jardin fleuri agrémenté d'une belle piscine entoure cette élégante propriété
du 18ᵉ s. érigée face à la Loire. Chambres bourgeoises. Cuisine inventive servie dans une salle
panoramique tournée sur l'île d'Or. Ambiance jardin d'hiver au 36 et recettes simplifiées.

Le Manoir Les Minimes sans rest

34 quai Ch.-Guinot – ℰ 02 47 30 40 40 – reservation@manoirlesminimes.com
– Fax 02 47 30 40 77 – Ouvert 12 mars-10 nov.   B x
13 ch – ♦119/190 € ♦♦119/190 €, ⊇ 12 € – 2 suites
◆ Cette demeure (18ᵉ s.) des quais de la Loire vous réserve un accueil attentionné. Beaux
salons bourgeois et chambres raffinées garnies de superbes meubles de divers styles.

Le Manoir St Thomas sans rest

1 Mail St-Thomas – ℰ 02 47 23 21 82 – info@manoir-saint-thomas.com
– Fax 02 47 23 24 96 – Fermé 30 nov.-17 déc. et 7-31 janv.   B d
8 ch – ♦120/170 € ♦♦120/190 €, ⊇ 17 € – 2 suites
◆ Ce manoir Renaissance met tout en œuvre pour le confort de ses clients. Jardin avec
piscine, agréables salons et chambres de caractère (poutres apparentes ou plafonds peints).

Novotel

2 km au Sud par ③ rte de Chenonceaux – ℰ 02 47 57 42 07 – novotel.amboise@
wanadoo.fr – Fax 02 47 30 40 76
121 ch – ♦94/118 € ♦♦114/138 €, ⊇ 13 € – **Rest** – Carte 19/36 €
◆ Ce bâtiment domine Amboise et la vallée de la Loire. Chambres spacieuses et de style
actuel, à l'image du dernier concept de la chaîne ; certaines ont vue sur le château. Salle à
manger trendy et carte "Novotelcafé", conformes au nouveau look de l'enseigne.

🏨🏨 **Château de Pray** ⌖ ⟨ ⌂ 😶 ⅃ 🕴 ⚲ ⌂ 🅿 𝘝𝘐𝘚𝘈 ⓂⓈ ⒶⒺ ⓄⒾ
❀ *3 km, rte de Chargé par* ② *et D 751 –* ☏ *02 47 57 23 67 – chateau.depray @*
wanadoo.fr – Fax 02 47 57 32 50 – Fermé 15-30 nov. et 8-26 janv.
19 ch – �019110/185 € ♦♦110/185 €, ⌤ 13 € – 1 suite – ½ P 110/148 €
Rest – *(fermé lundi soir et mardi sauf du 1er avril au 30 oct.)* Menu 30 € (déj. en
sem.), 47/60 € – Carte 49/72 €
Spéc. Langoustines bretonnes, tomate et œuf cassé à la truffe. Suprême de géline,
salsifis aux truffes, galette Maxime. "Crousti-fondant" vanille café, sorbet cacao.
◆ Dans un vaste parc, ex-forteresse de l'époque des croisades, agrandie au 17e s., proposant
des chambres au mobilier de style (familiales dans le pavillon face au château). Salle à
manger d'esprit Renaissance ; terrasse surplombant un potager. Séduisante cuisine au
goût du jour.

🏨🏨 **Clos d'Amboise** sans rest 😶 ⅃ 🕴 ⅄ ⚲ 🄰 ⅏ ⚲ ⌂ 🅿 𝘝𝘐𝘚𝘈 ⓂⓈ ⒶⒺ
27 r. Rabelais – ☏ *02 47 30 10 20 – le-clos-amboise @ wanadoo.fr*
– Fax 02 47 57 33 43 – Fermé 1er déc.-12 fév. **B b**
17 ch – ♦75/135 € ♦♦75/135 €, ⌤ 11 €
◆ Un beau jardin avec piscine chauffée et de coquettes chambres personnalisées font
l'attrait de cette maison de maître proche du château. Fitness logé dans d'anciennes
écuries.

🏨🏨 **Domaine de l'Arbrelle** ⌖ ⌂ 😶 ⅃ 🅸 ⅏ ⚲ ⚲ ⌂
Berthellerie, par D31 – ☏ *02 47 57 57 17* 🅿 𝘝𝘐𝘚𝘈 ⓂⓈ ⒶⒺ ⓄⒾ
– contact @ arbrelle.com – Fax 02 47 57 64 89 – Fermé 30 nov.-11 janv.
21 ch – ♦68/136 € ♦♦68/145 €, ⌤ 14 € – **Rest** – *(dîner seult)* Menu 24/40 €
– Carte 39/48 €
◆ Au cœur d'un parc situé en lisière de forêt, établissement abritant un salon cossu et
d'agréables chambres contemporaines. Petite salle à manger de style rustico-bourgeois ;
pergola et terrasse tournées sur le jardin.

🏨🏨 **Le Vinci Loire Valley** sans rest ⎮⎮ ⅏ 🄰 ⅄ ⚲ ⚲ ⌂ 🅿 𝘝𝘐𝘚𝘈 ⓂⓈ
12 av. E. Gounin, 1 km au Sud par ④ *–* ☏ *02 47 57 10 90 – reservation @*
vinciloirevalley.com – Fax 02 47 57 17 52
26 ch – ♦72/89 € ♦♦72/89 €, ⌤ 10 €
◆ Cet hôtel des faubourgs de la ville a bénéficié d'un programme de rénovation et affiche
un décor aux lignes contemporaines. Chambres confortables et bien équipées.

🏠 **Le Blason** sans rest ⅏ ⅄ ⚲ 😶 𝘝𝘐𝘚𝘈 ⓂⓈ
11 pl. Richelieu – ☏ *02 47 23 22 41 – hotel @ leblason.fr – Fax 02 47 57 56 18*
– Fermé 13 janv.-13 fév. **B a**
25 ch – ♦44/45 € ♦♦49/58 €, ⌤ 6,50 €
◆ Une engageante façade à colombages du 15e s. fait le charme de cet hôtel situé sur une
placette un peu en retrait du centre-ville. Chambres pratiques.

🏠 **Vieux Manoir** sans rest 😶 🄰 ⅄ ⚲ ⚲ ⌂ 🅿 𝘝𝘐𝘚𝘈 ⓂⓈ
13 r. Rabelais – ☏ *02 47 30 41 27 – info @ le-vieux-manoir.com*
– Fax 02 47 30 41 27 – Ouvert 15 fév.-15 nov. **A y**
6 ch ⌤ – ♦125/140 € ♦♦135/235 €
◆ Dans un jardin à la française, maison bourgeoise (18e s.) et son pavillon abritant un
appartement de charme. Chambres décorées à la mode rétro : armoires et tableaux anciens.

🏠 **Au Charme Rabelaisien** sans rest 😶 ⅃ ⅄ ⚲ ⌂ 🅿 𝘝𝘐𝘚𝘈 ⓂⓈ
25 r. Rabelais – ☏ *02 47 57 53 84 – aucharmerabelaisien @ wanadoo.fr*
– Fax 02 47 57 53 84 **B e**
3 ch ⌤ – ♦60/80 € ♦♦120/140 €
◆ Cette demeure bourgeoise qui abrita banque, école et étude notariale, propose
aujourd'hui des chambres soignées. Accueil familial et tranquillité ; petit jardin avec
piscine.

𝕏𝕏𝕏 **Le Pavillon des Lys** avec ch 😶 🄰 ⅄ ⚲ ch, ⚲ 𝘝𝘐𝘚𝘈 ⓂⓈ
9 r. Orange – ☏ *02 47 30 01 01 – pavillondeslys @ wanadoo.fr – Fax 02 47 30 01 90*
– Fermé 20 nov.-7 déc. et 2-31 janv. **B g**
7 ch – ♦90/180 € ♦♦90/180 €, ⌤ 12 € – 1 suite – ½ P 95 € – **Rest** – *(fermé mardi*
et le midi sauf sam. et dim.) Menu 26/38 €
◆ Cette demeure (18e s.) dispose de deux petites salles à manger cossues. En été, terrasse
dans la cour intérieure. Cuisine du marché inventive ; menu légumes.

XX **L'Alliance** 🛜 VISA ◉

14 r. Joyeuse – ℰ 02 47 30 52 13 – restaurant.lalliance@wanadoo.fr
– Fax 02 47 30 52 13 – Fermé 2 janv.-13 fév., mardi et merc. sauf le soir de juin à août
Rest – Menu (15 €), 20/45 € – Carte 34/50 € B **h**
♦ À deux pas du centre-ville, engageant restaurant tenu par un jeune couple : décoration actuelle pour la salle ; fer forgé pour la terrasse-véranda. Carte au goût du jour.

X **L'Épicerie** 🛜 VISA ◉ AE

46 pl. M-Debré – ℰ 02 47 57 08 94 – Fax 02 47 57 08 89 – Fermé 15 oct.-15 déc.,
lundi et mardi sauf de juil. à sept.
Rest – Menu 12 € (déj. en sem.), 21/38 € – Carte 29/52 €
♦ Maison à colombages (1338) et sympathique terrasse profitant d'une situation privilégiée face au château. Intérieur rustique où l'on mange au coude à coude. Cuisine régionale.

à St-Ouen-les-Vignes 6,5 km par ① et D 431 – 941 h. – alt. 80 m – ✉ 37530

XXX **L'Aubinière** avec ch 🌿 🚗 🛜 ☒ ☒ rest, 🔥 🅿 VISA ◉ AE

29 r. Jules-Gautier – ℰ 02 47 30 15 29 – restaurant-laubiniere@wanadoo.fr
– Fax 02 47 30 02 44 – Fermé 1er-15 mars
6 ch – ♦80/100 € ♦♦110/135 €, ☑ 12 € – ½ P 100 € – **Rest** – (fermé dim. soir d'oct. à mai, merc. sauf le soir de juin à sept. et lundi) Menu 26 € (déj. en sem.), 34/42 € – Carte 43/76 € ⅜
♦ Belle salle à manger, terrasse tournée sur un jardin, cuisine actuelle, cave riche en vins régionaux et chambres douillettes en sus : cette auberge a tout pour plaire.

à Limeray 7 km par ① et D 952 – 945 h. – alt. 70 m – ✉ 37530

XX **Auberge de Launay** avec ch 🚗 🛜 ⅃ ☒ ch, ↳ 🅿 🅿 VISA ◉

9 r. de la Rivière – ℰ 02 47 30 16 82 – info@aubergedelaunay.com
– Fax 02 47 30 15 16 – Fermé 7-13 avril et 19 déc.-11 janv.
15 ch – ♦55/73 € ♦♦55/73 €, ☑ 14 € – ½ P 50/62 € – **Rest** – (fermé dim. soir de nov. à fév. et sam. midi) Menu 19 € (déj. en sem.), 23/35 € ⅜
♦ Cette ancienne ferme (18e s.) abrite une jolie salle campagnarde, une véranda et une agréable terrasse. Herbes et légumes du potager. Chambres rénovées dans des tons chauds.

à Nazelles-Négron 4 km par ⑥ et rte de Noizay – 3 633 h. – alt. 57 m – ✉ 37530

⛰ **Château des Ormeaux** sans rest 🌿 🌙 ⅃ ↳ ⅌ 🅿 VISA ◉

– ℰ 02 47 23 26 51 – contact@chateaudesormeaux.fr – Fax 02 47 23 19 31
– Fermé 15 janv.-15 fév.
5 ch ☑ – ♦110/155 € ♦♦115/165 €
♦ Ce castel de 1830, bien rénové (décor bourgeois), domine la vallée de la Loire. Chaque chambre honore un compositeur de musique classique (œuvres à écouter). Produits du terroir.

AMBONNAY – 51 Marne – 306 H8 – 934 h. – alt. 95 m – ✉ 51150 13 **B2**
◾ Paris 169 – Châlons-en-Champagne 24 – Épernay 19 – Reims 28
– Vouziers 65

XX **Auberge St-Vincent** avec ch ☒ rest, ⅌ ch, 🔥 VISA ◉ AE

1 r. St-Vincent – ℰ 03 26 57 01 98 – info@auberge-st-vincent.com – Fax 03 26 57 81
48 – Fermé 18 août-3 sept., 10 fév.-12 mars, mardi midi, dim. soir et lundi
10 ch – ♦54 € ♦♦57/68 €, ☑ 10 € – ½ P 81/85 € – **Rest** – Menu 30/72 € – Carte 66/87 €
♦ La carte fait la part belle au terroir dans cette pimpante auberge champenoise. De vieux ustensiles de cuisine ornent la cheminée de la salle à manger. Chambres rénovées.

AMBRONAY – 01 Ain – 328 F4 – 2 146 h. – alt. 250 m – ✉ 01500 44 **B1**
▌ Franche-Comté Jura
◾ Paris 463 – Belley 53 – Bourg-en-Bresse 28 – Lyon 59 – Nantua 39

X **Auberge de l'Abbaye** 🛜 ⅌ VISA ◉

pl. des Anciens-Combattants – ℰ 04 74 46 42 54 – lavaux.ivan@wanadoo.fr
– Fax 04 74 38 82 68 – Fermé 3-9 mars, 30 juil.-7 août, 22 déc.-4 janv., merc. soir,
dim. soir et lundi
Rest – Menu (20 €), 28 € ⅜
♦ Une adorable auberge façon bistrot rétro où le chef annonce de vive voix l'appétissant menu unique que lui a inspiré le marché. On peut choisir sa bouteille dans la jolie cave.

AMÉLIE-LES-BAINS-PALALDA – 66 Pyrénées-Orientales – 344 H8 – **3 475 h.**
– alt. 230 m – Stat. therm. : fin janv.-fin déc. – Casino – ⊠ 66110
▌ Languedoc Roussillon   22 **B3**

> ◻ Paris 882 – Céret 9 – Perpignan 41 – Prats-de-Mollo-la-Preste 24
> ◪ Office de tourisme, 22, avenue du Vallespir ℰ 04 68 39 01 98,
> Fax 04 68 39 20 20
> ▨ de Falgos à Saint-Laurent-de-Cerdans Domaine de Falgos, S : 4 km par D 3 et
> D 3A, ℰ 04 68 39 51 42.
> ◉ Bourg médiéval de Palalda★.

🏨 **Palmarium Hôtel**   ▯ 🆔 rest, ⇄ 🛏 *VISA* 🌐

av. Vallespir – ℰ *04 68 39 19 38* – *information@hotelpalmarium.fr*
– Fax 04 68 39 04 23 – Fermé 2 déc.-31 janv.
65 ch – ♦36/54 €, ♦♦51/54 €, ⊆ 7 € – ½ P 47/54 € – **Rest** – Menu 18/32 €
– Carte 22/39 €

♦ Dans la rue principale, cet immeuble moderne où règne une ambiance "pension de
famille" constitue une halte commode sans prétention. Restaurant néo-rustique avec
poutres apparentes ; cuisine régionale et traditionnelle, buffets lors des soirées à thèmes.

🏠 **Des Bains et des Gorges**   ▯ 🛏 *VISA* 🌐 AE

⊗ *pl. Arago* – ℰ *04 68 39 29 02* – *hotel-bains-gorges@wanadoo.fr*
– Fax 04 68 39 82 52 – Fermé 15 déc.-15 fév.
43 ch – ♦30/36 € ♦♦34/41 €, ⊆ 5,50 € – ½ P 32/37 € – **Rest** – Menu 14/18 €
♦ L'intérêt de cet hôtel tient avant tout à sa proximité avec les thermes. Chambres sobres
et propres, disposant parfois d'un balcon. Cuisine catalane dans une spacieuse salle
à manger associant meubles rustiques et décor "seventies".

L'AMÉLIE-SUR-MER – 33 Gironde – 335 E2 – **rattaché à Soulac-sur-Mer**

AMIENS 🅿 – 80 Somme – 301 G8 – **135 501 h.** – Agglo. 160 815 h. – alt. 34 m –
⊠ 80000 ▌ Nord Pas-de-Calais Picardie   36 **B2**

> ◻ Paris 142 – Lille 123 – Reims 173 – Rouen 122 – St-Quentin 81
> ◪ Office de tourisme, 6 bis, rue Dusevel ℰ 03 22 71 60 50, Fax 03 22 71 60 51
> ▨ d'Amiens à Querrieu D 929, par rte d'Albert : 7 km, ℰ 03 22 93 04 26 ;
> ▨ de Salouël à Salouël Rue Robert Mallet, SO : 5 km, ℰ 03 22 95 40 49.
> ◉ Cathédrale Notre-Dame★★★ (stalles★★★) - Hortillonnages★ - Hôtel de
> Berny★ CY **M**³ - Quartier St-Leu★ - Musée de Picardie★★ - Théâtre de
> marionnettes "ché cabotans d'Amiens" CY **T**².

Plans pages suivantes

🏨 **Carlton**   ▯ 🆔 rest, ☎ ♨ *VISA* 🌐 AE ⓞ

42 r. Noyon – ℰ *03 22 97 72 22* – *reservation@lecarlton.fr*
– Fax 03 22 97 72 00   CZ **s**
24 ch – ♦75 € ♦♦105/130 €, ⊆ 10 € – ½ P 75 € – **Rest** – Menu (13 € bc), 18/21 €
bc – Carte 25/33 €

♦ Cet immeuble du 19ᵉ s. proche de la gare abrite des chambres feutrées – mobilier en bois
foncé, fresque murale – très bien insonorisées. Au restaurant, ambiance conviviale et esprit
brasserie (banquettes, boxes...).

🏨 **Grand Hôtel de l'Univers** sans rest   ▯ ⇄ ☎ ♨ *VISA* 🌐 AE ⓞ

2 r. Noyon – ℰ *03 22 91 52 51* – *hotelunivers.amiens@wanadoo.fr*
– Fax 03 22 92 81 66   CZ **a**
41 ch – ♦65/150 € ♦♦85/150 €, ⊆ 12,50 €
♦ Au bord d'un axe passant, maison ancienne à la façade ravalée. Hall bourgeois et belle
cage d'escalier coiffée d'une verrière desservant des chambres confortables.

🏨 **Mercure Cathédrale** sans rest   ▯ ♿ 🆔 ⇄ ☎ ♨ *VISA* 🌐 AE ⓞ

17 pl. au Feurre – ℰ *03 22 22 00 20* – *mercure.amiens@escalotel.com*
– Fax 03 22 91 86 57   BY **r**
47 ch – ♦91/94 € ♦♦103/118 €, ⊆ 13 €
♦ Cet édifice du 18ᵉ s. abritait jadis un relais de poste. C'est désormais un hôtel aux
chambres joliment meublées en bois clair, insonorisées et bien équipées.

Le Saint-Louis 🛜 🕭 𝒱𝐼𝒮𝒜 ⓜⓒ 𝐴𝐸

*24 r. des Otages – ℰ 03 22 91 76 03 – info@le-saintlouis.com – Fax 03 22 92 78 75
– Fermé 24-30 mars, 21 juil.-10 août, 22-28 déc., lundi soir,
sam. midi et dim.* C7 **h**
15 ch – †53 € ††53/66 €, � 8 € – **Rest** – Menu (15 €), 18/24 € – Carte 26/46 €

♦ Accueil souriant dans cet établissement de charme situé aux portes du centre-
ville. Chambres très bien tenues, pour des nuits au confort douillet. D'agréables teintes
pastel habillent la salle de restaurant lumineuse où l'on propose une cuisine traditionnelle.

Ibis 🛗 🕭 ch, 🔲 ch, ↯ 🛜 🕭 🕭 𝒱𝐼𝒮𝒜 ⓜⓒ 𝐴𝐸 ⓞ

*4 r. Mar.-De-Lattre-de-Tassigny – ℰ 03 22 92 57 33 – H0480@accor.com
– Fax 03 22 91 67 50* BY **e**
94 ch – †59/82 € ††59/82 €, ⊑ 7,50 € – **Rest** – (dîner seult) Menu 16 € bc/23 €
bc

♦ Établissement des années 1980 progressivement rénové et bien situé, au cœur du
quartier culturel. Chambres pratiques, climatisées, revues aux dernières normes de la
chaîne. Les larges baies vitrées du restaurant donnent sur la rue animée ; formules
buffets.

Victor Hugo sans rest ↯ 𝒱𝐼𝒮𝒜 ⓜⓒ

*2 r. Oratoire – ℰ 03 22 91 57 91 – hotelvictorhugo@wanadoo.fr
– Fax 03 22 92 74 02*
10 ch – †41 € ††41 €, ⊑ 6,50 € CY **v**

♦ Petit hôtel familial à deux pas de la cathédrale gothique et de son célèbre Ange pleureur.
Un vénérable escalier en bois mène à des chambres simples et bien tenues.

Les Marissons 🍴 🔲 𝒱𝐼𝒮𝒜 ⓜⓒ 𝐴𝐸 ⓞ

*pont Dodane – ℰ 03 22 92 96 66 – les-marissons@les-marissons.fr
– Fax 03 22 91 50 50 – Fermé merc. midi, sam. midi et dim.* CY **n**
Rest – Menu 19/46 € – Carte 49/61 €

♦ Atelier de bateaux du 15ᵉ s. sur un bras de la Somme du quartier St-Leu. Salle à manger
cossue sous une belle charpente. Plaisant jardin-terrasse. Plats classiques.

Le Vivier 🍴 🕭 🔲 𝐏 𝒱𝐼𝒮𝒜 ⓜⓒ 𝐴𝐸

*593 rte de Rouen – ℰ 03 22 89 12 21 – vivier.le@wanadoo.fr – Fax 03 22 45 27 36
– Fermé 3-29 août, 24 déc.-5 janv., dim. et lundi* AZ **d**
Rest – Menu 28/78 € – Carte 47/91 €

♦ Un vivier à crustacés trône au centre de cette salle de restaurant, décorée dans un style
célébrant le monde de la mer. Élégant jardin d'hiver sous une véranda. Cuisine iodée.

La Table du Marais 🍴 𝒱𝐼𝒮𝒜 ⓜⓒ

*472 chaussée Jules-Ferry – ℰ 03 22 46 17 44 – latabledumarais@wanadoo.fr
– Fax 03 22 95 21 73 – Fermé 1ᵉʳ-12 mars, 28 juil.-20 août, 1ᵉʳ-8 janv., dim. soir et
lundi*
Rest – Menu 22 € (déj. en sem.)/32 € – Carte 49/60 €

♦ Aux portes de la ville, cette maison s'inscrit dans un paysage de verdure ; terrasse tournée
vers les étangs. Le jeune chef talentueux y réalise une délicieuse cuisine actuelle.

Au Relais des Orfèvres 𝒱𝐼𝒮𝒜 ⓜⓒ 𝐴𝐸

*14 r. des Orfèvres – ℰ 03 22 92 36 01 – Fax 03 22 91 83 30 – Fermé 10-31 août,
vacances de fév., sam. midi, dim. et lundi* CY **m**
Rest – Menu 27/48 € – Carte 49/52 €

♦ Après avoir visité la superbe cathédrale, prenez place dans cette jolie salle à manger
contemporaine de couleur bleue pour savourer une cuisine au goût du jour à prix doux.

Le Bouchon 🕭 🔲 𝒱𝐼𝒮𝒜 ⓜⓒ 𝐴𝐸

10 r. A.-Fatton – ℰ 03 22 92 14 32 – Fax 03 22 91 12 58 – Fermé dim. soir
Rest – Menu 18/36 € bc – Carte 22/47 € CY **t**

♦ Un bouchon chic où l'on retrouve les plats traditionnels mais aussi les fameuses spécialités lyonnaises (à l'ardoise). Cadre aux tonalités tendance et tableaux contemporains.

L'Orée de la Hotoie ⇔ 𝒱𝐼𝒮𝒜 ⓜⓒ 𝐴𝐸

*17 r. Jean-Jaurès – ℰ 03 22 91 37 05 – loréedelahotoie@neuf.fr – Fermé
14-20 avril, 25 juil.-20 août, sam. midi, dim. soir et lundi* BY **f**
Rest – Menu 18 € (sem.)/49 € – Carte 34/51 €

♦ Appréciée pour son calme, cette petite maison, face à un parc, propose une cuisine
traditionnelle concoctée par un chef passionné. Plaisante salle à manger aux teintes douces.

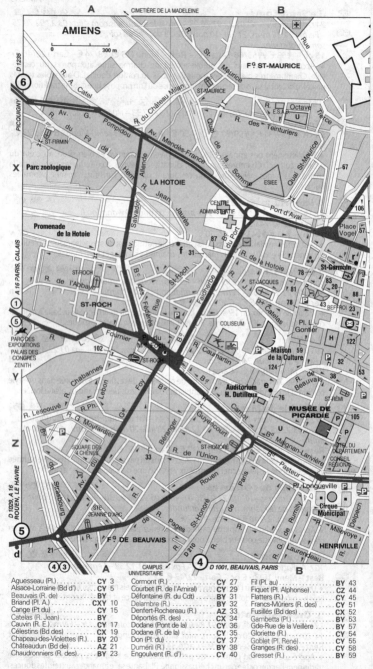

AMIENS

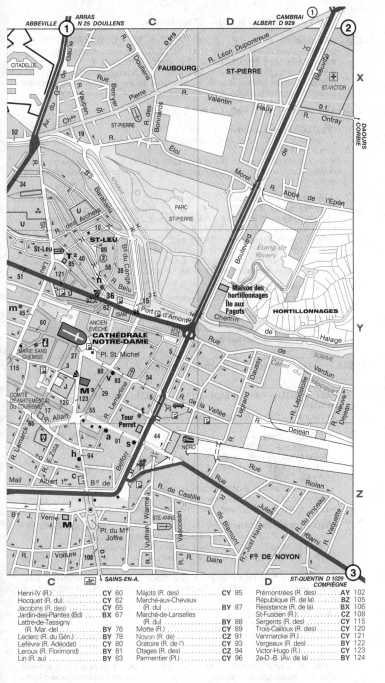

rte de Roye 7 km par ③, N 29 et D 934 – ✉ **80440 Boves**

🏨 **Novotel** ⌖   🖼 🛁 ♨ ㊑ ch, 🗚 ⇄ ☏ ⚄ 🅿 VISA ⓶ AE ⓪

   bd Michel-Strogoff – ☏ *03 22 50 42 42 – H0396@accor.com – Fax 03 22 50 42 49*
94 ch – ✦99/129 € ✦✦99/129 €, ⊐ 13 € – **Rest** – Carte 23/47 €

♦ Rénovation réussie pour cet hôtel des années 1970 : chambres répondant aux derniers critères de confort Novotel et salles de bains façon "cabine de bateau". Salle à manger actuelle ouverte sur la terrasse dressée au bord de la piscine ; carte traditionnelle.

à Dury 6 km par ④ – 1 141 h. – alt. 115 m – ✉ **80480**

🏠 **Petit Château** sans rest   🖼 ⇄ ℁ 🅿

   2 r. Grimaux – ☏ *03 22 95 29 52 – a.saguez@wanadoo.fr – Fax 03 22 95 29 52*
5 ch ⊐ – ✦55 € ✦✦78 €

♦ Un accueil charmant vous attend dans cette ancienne ferme, jadis dépendance du château local. Si vous aimez les voitures anciennes, le patron vous ouvrira les portes de son atelier.

𝕏𝕏𝕏 **L'Aubergade** (Eric Boutté)   🛋 VISA ⓶ AE

✿   *78 rte Nationale* – ☏ *03 22 89 51 41 – aubergade.dury@wanadoo.fr*
   – Fax 03 22 95 44 05 – Fermé 6-21 avril, 3-18 août, 21 déc.-5 janv., dim. et lundi
Rest – Menu 39/70 € – Carte 67/94 €
Spéc. Coquilles Saint-Jacques (oct. à avril). Chou farci "hommage à Jean Delaveyne". Agneau de lait des Pyrénées, carré rôti et épaule confite (déc. à mai).

♦ Mobilier en bois cérusé, colonnes à l'antique et tons pastel composent le décor de la salle à manger ; une verrière ouvre sur la terrasse. Savoureuse carte au goût du jour.

𝕏 **La Bonne Auberge**   VISA ⓶

☺   *63 rte Nationale* – ☏ *03 22 95 03 33 – Fermé 30 juin-29 juil., vacances de fév., dim. soir, lundi et mardi*
Rest – Menu (20 €), 25/50 € – Carte 44/56 €

♦ Cette pimpante façade régionale est abondamment fleurie en été. Dans la salle à manger, récemment rajeunie, vous sera proposée une cuisine au goût du jour.

AMILLY – 45 Loiret – 318 N4 – rattaché à Montargis

AMMERSCHWIHR – 68 Haut-Rhin – 315 H8 – 1 892 h. – alt. 215 m – ✉ **68770**
▮ *Alsace Lorraine*   2 **C2**

   ◘ Paris 441 – Colmar 9 – Gérardmer 49 – St-Dié 44 – Sélestat 29

🏠 **A l'Arbre Vert**   ℁ ☏ ⚄ VISA ⓶ AE ⓪

   7 r. des Cigognes – ☏ *03 89 47 12 23 – info@arbre-vert.net – Fax 03 89 78 27 21*
   – Fermé 15 fév.-13 mars, lundi de nov. à avril et mardi
19 ch – ✦41 € ✦✦53 €, ⊐ 9 € – ½ P 59/65 € – **Rest** – Menu 23/49 € – Carte 37/53 €

♦ Dans un village au pied de coteaux plantés de vignes, maison alsacienne abritant des chambres fonctionnelles, plus grandes et actuelles à l'annexe. Au restaurant, belles boiseries sculptées de scènes vigneronnes et cuisine régionale soignée. Service agréable.

𝕏𝕏𝕏 **Aux Armes de France** avec ch   🛋 🅿 VISA ⓶ AE ⓪

☺   *1 Grand'Rue* – ☏ *03 89 47 10 12 – aux.armes.de.france@wanadoo.fr*
   – Fax 03 89 47 38 12 – Fermé une sem. en mars, merc. et jeudi
10 ch – ✦69/84 € ✦✦69/84 €, ⊐ 12 € – **Rest** – Menu 28 € (sem.), 32/46 € – Carte 35/79 € ⊞

♦ Poussez la porte de cette hôtellerie de style régional pour découvrir les saveurs d'une carte classique pimentée de modernité, dans un cadre alsacien actualisé et cossu. Terrasse à la belle saison.

𝕏 **Aux Trois Merles**   🖼 🛋 🅿 VISA ⓶ AE ⓪

   5 r. de la 5ème DB – ☏ *03 89 78 24 35 – info@trois-merles.com*
   – Fax 03 89 78 13 06 – Fermé en nov., janv. et fév., dim. soir, mercrdi soir et lundi hors saison
Rest – Menu 25/42 €

♦ Plaisante adresse située dans l'un des villages de la célèbre route des Vins. Intérieur sagement rustique, terrasse ombragée tournée vers le jardin et cuisine traditionnelle.

AMNÉVILLE – 57 Moselle – **307** H3 – **9 314 h.** - alt. 162 m – Stat. therm. : début mars-début déc. – Casino – ⌧ **57360** ▮ Alsace Lorraine 26 **B1**

> ◗ Paris 319 – Briey 17 – Metz 21 – Thionville 16 – Verdun 67
> ◩ Office de tourisme, 2, rue du casino ✆ 03 87 70 10 40, Fax 03 87 71 90 94
> ▥ d'Amneville BP 99, S : 2 km, ✆ 03 87 71 30 13.
> ◙ Parc zoologique du bois de Coulange★★.
> ◙ Parc d'attraction Walibi-Schtroumpf★ 3 km S.

au Parc de Loisirs 2,5 km, bois de Coulange au Sud – ⌧ **57360 Amnéville**

⌂ **Diane** sans rest ⌘ ▦ ☎ ⚿ VISA ◍ AE
– ✆ 03 87 70 16 33 – accuelhotel@wanadoo.fr – Fax 03 87 72 36 72
47 ch – †66 € ††75 €, ⌑ 9 € – 3 suites
♦ En lisière de forêt, hôtel disposant de chambres spacieuses, parfois avec balcon, dotées d'un mobilier en rotin coloré. Salle des petits-déjeuners ouverte sur la nature.

✕✕ **La Forêt** ⌂ AC VISA ◍ AE
1 r. de la Source – ✆ 03 87 70 34 34 – resto.laforet@wanadoo.fr
– Fax 03 87 70 34 25 – Fermé 28 juil.-11 août, 22 déc.-6 janv., dim. soir, lundi et soirs fériés
Rest – Menu 20 € (sem.)/45 € – Carte 33/53 €
♦ Cuisine traditionnelle proposée dans une ample et lumineuse salle de restaurant rajeunie ou, dès les premiers beaux jours, sur la terrasse braquée vers le bois de Coulange.

AMOU – 40 Landes – **335** G13 – **1 452 h.** – alt. 44 m – ⌧ **40330** 3 **B3**

> ◗ Paris 760 – Aire-sur-l'Adour 51 – Dax 31 – Mont-de-Marsan 47 – Orthez 14 – Pau 50
> ◩ Office de tourisme, 10, place de la poste ✆ 05 58 89 02 25, Fax 05 58 89 02 25

⌂ **Le Commerce** ⌂ ⚿ ⌂ VISA ◍ AE
(près de l'église) – ✆ 05 58 89 02 28 – lecommerceamou@orange.fr
– Fax 05 58 89 24 45 – Fermé 10 nov.-1er déc., 9-22 fév., dim. soir et lundi sauf juil.-août
15 ch – †45 € ††60 €, ⌑ 7 € – ½ P 62/65 € – **Rest** – Menu 15 € (sem.)/42 € – Carte 24/44 €
♦ Cette grande maison couverte de vigne vierge a été refaite dans un style actuel et cosy. Chambres mansardées au 2e étage. Bar au rez-de-chaussée. Spécialités maison (pâté, terrine et confit) servies dans la salle à manger rustique ou sous la tonnelle.

AMPHION-LES-BAINS – 74 Haute-Savoie – **328** M2 – ⌧ **74500**
▮ Alpes du Nord 46 **F1**

> ◗ Paris 573 – Annecy 81 – Évian-les-Bains 4 – Genève 40 – Thonon-les-Bains 6
> ◩ Office de tourisme, 215, rue de la Plage ✆ 04 50 70 00 63, Fax 04 50 70 03 03

⌂ **Princes** ≤ 🏖 ⌂ ⌂ ⌑ ▦ ⚘ ch, ☎ P VISA ◍ AE
– ✆ 04 50 75 02 94 – hotel.des.princes@wanadoo.fr – Fax 04 50 75 59 93 – Ouvert fin avril-fin sept.
33 ch – †59/85 € ††64/122 €, ⌑ 11 € – 2 suites – ½ P 63/110 € – **Rest** – (fermé merc. sauf du 9 juil. au 20 août) Menu (19 €), 28/36 € – Carte 31/56 €
♦ Cet hôtel du 19e s. posé sur une rive du Léman dispose d'un atout indéniable : son petit port privé. Les chambres côté lac sont à choisir en priorité, pour la vue et le calme. Salles à manger panoramiques dont une à fleur d'eau ; cuisine axée sur le poisson.

✕ **Le Tilleul** avec ch 🏖 ⌂ ▦ ☎ P VISA ◍ AE ◉
252 RN5 – ✆ 04 50 70 00 39 – letilleul@aol.com – Fax 04 50 70 05 57 – Fermé 22 déc.-6 janv., dim. soir et lundi sauf du 15 juil. au 31 août
19 ch – †61/70 € ††65/80 €, ⌑ 9 € – ½ P 68/78 € – **Rest** – (fermé 30 juin-15 juil.) Menu 18 € (sem.)/42 € – Carte 33/49 €
♦ Poutres, meubles régionaux et cuivres font le cachet rétro de ce restaurant proposant des spécialités locales (perches et féras du lac Léman). Service dans le jardin en été.

AMPUS – 83 Var – 340 N4 – 707 h. – alt. 600 m – ⊠ 83111 ▮ Côte d'Azur   41 **C3**

> ▶ Paris 876 – Castellane 58 – Draguignan 15 – Toulon 93

✗ **La Fontaine d'Ampus** (Marc Haye)   🛱 VISA ◍
☼ – 𝒞 04 94 70 98 08 – Fermé lundi, mardi et merc.
Rest – (nombre de couverts limité, prévenir) Menu 42 € (Menu unique)
Spéc. Sablé de pois chiches au parmesan et tomates confites (juil.-août). Lapin,
cèpes et foie gras cuit en feuille de châtaignier (sept.-oct.). Gaspacho de melon et
fraise (juin). **Vins** Côtes de Provence, Coteaux Varois.
♦ Petite maison ancienne au cadre intime et régional, qui s'attache à faire découvrir la
Provence à travers ses produits et ses recettes. Menu unique sur ardoise.

ANCENIS ◉ – 44 Loire-Atlantique – 316 I3 – 7 010 h. – alt. 13 m – ⊠ 44150
▮ Châteaux de la Loire   34 **B2**

> ▶ Paris 347 – Angers 55 – Châteaubriant 48 – Cholet 49 – Laval 100
> – Nantes 41

> 🛈 Office de tourisme, 27, rue du Château 𝒞 02 40 83 07 44

🏨 **Akwaba**   ▐ 🕭 🅰🅲 rest, ⇆ 🕻 🄿 VISA ◍ 🄰🄴
     bd Dr-Moutel – 𝒞 02 40 83 30 30 – hotelakwaba@yahoo.fr
⊗ – Fax 02 40 83 25 10
56 ch – ♦59 € ♦♦65 €, ⊇ 8 € – 1 suite – ½ P 55/59 € – **Rest** – (fermé août et
dim.) Menu 18/24 € – Carte 19/35 €
♦ "Bienvenue" ivoirien dans cet hôtel situé au cœur d'un petit centre commercial. Chambres fonctionnelles. Salon et salle à manger rénovés dans un esprit contemporain proposant une cuisine épicée tournée vers le Sud.

✗✗ **La Charbonnière**   ⇐ la Loire, 🚗 🛱 🕭 🅰🅲 🄿 VISA ◍ 🄰🄴
     au bord de la Loire par bd Joubert – 𝒞 02 40 83 25 17 – contact@
⊗ restaurant-la-charbonniere.com – Fax 02 40 98 85 00 – Fermé sam. midi d'oct.
à mars, dim. soir, merc. soir et soirs fériés
Rest – Menu 16 € bc/45 € – Carte 39/56 €
♦ Espace et tranquillité caractérisent ce lieu : la véranda et la terrasse dressée dans le jardin
offrent une jolie vue sur la Loire et le pont suspendu. Plats traditionnels.

✗✗ **Les Terrasses de Bel Air**   🛱 🅰🅲 🄿 VISA ◍
     1 km à l'Est rte d'Angers – 𝒞 02 40 83 02 87 – terrassebelair.jpg@wanadoo.fr
⊗ – Fax 02 40 83 33 46 – Fermé 1ᵉʳ-12 juil., dim. soir et lundi
Rest – Menu 16 € (déj. en sem.), 27/49 €
♦ En bordure de route passante, mais face à la Loire, deux salles à manger aménagées dans
l'esprit d'une maison particulière avec cheminée, parquet et mobilier de style.

✗ **La Toile à Beurre**   🛱 VISA ◍ 🄰🄴
     82 r. St-Pierre – 𝒞 02 40 98 89 64 – latoileabeurre@wanadoo.fr
☻ – Fax 02 40 96 01 49 – Fermé 17-31 mars, 1ᵉʳ-18 sept., dim. soir, merc. soir et lundi
Rest – Menu 19 € (déj. en sem.), 27/55 € – Carte 34/42 €
♦ Pierres, poutres, tomettes et belle cheminée composent l'authentique cadre rustique de
cette maison bâtie en 1753. Jolie terrasse. Plats traditionnels et poissons de la Loire.

ANCY-LE-FRANC – 89 Yonne – 319 H5 – 1 108 h. – alt. 180 m – ⊠ 89160
▮ Bourgogne   7 **B1**

> ▶ Paris 215 – Auxerre 54 – Châtillon-sur-Seine 38 – Montbard 27 – Tonnerre 18
> 🛈 Syndicat d'initiative, 59, Grande Rue 𝒞 03 86 75 03 15, Fax 03 86 75 04 41
> ◎ Château★★.

🏨 **Hostellerie du Centre**   🛱 🖵 🅰🅲 ch, 🕻 🕭 🄿 VISA ◍ 🄰🄴
     34 Grande-Rue – 𝒞 03 86 75 15 11 – hostellerieducentre@diaphora.com
⊗ – Fax 03 86 75 14 13 – Fermé 20 déc.-31 janv., dim. soir et lundi du 15 nov. au
15 mars
22 ch – ♦44 € ♦♦49 €, ⊇ 7 € – ½ P 48/54 € – **Rest** – Menu 11 € (déj. en sem.),
16/45 € – Carte 24/70 €
♦ Petit immeuble ancien disposant de chambres pratiques et fraîches (moquette ou parquet), plus spacieuses à l'annexe. La piscine couverte permet de se détendre toute l'année.
Sobre salle à manger, recettes traditionnelles et quelques spécialités bourguignonnes.

ANCY-SUR-MOSELLE – 57 Moselle – 307 H4 – rattaché à Metz

ANDELOT-LÈS-ST-AMOUR – 39 Jura – 321 C8 – 80 h. – alt. 420 m – ⊠ 39320

16 **B3**

▶ Paris 413 – Besançon 130 – Bourg-en-Bresse 34 – Mâcon 70

⌂ **Château Andelot** ⌖ ⇐ monts du Jura, 🚗 ⛰ ⚁ ⚅ ⚄ **P** VISA ⓂⓄ
r. de l'Église – 𝄞 03 84 85 41 49 – info @ chateauandelot.com – Fax 03 84 85 46 74
– Ouvert d'avril à oct.
7 ch ⊑ – ♦100/200 € ♦♦100/200 € – **Table d'hôte** – Menu 15/40 €
♦ Château fort du 12ᵉ s. entouré de jardins à la française. Le donjon abrite une suite et deux chambres ; les autres donnent sur la cour intérieure. De la terrasse, vue panoramique sur les monts du Jura. Plats du terroir servis dans un cadre médiéval.

LES ANDELYS ⊙ – 27 Eure – 304 I6 – 9 047 h. – alt. 28 m – ⊠ 27700

Normandie Vallée de la Seine

33 **D2**

▶ Paris 93 – Évreux 38 – Gisors 30 – Mantes-la-Jolie 54 – Rouen 40
🛈 Syndicat d'initiative, rue Philippe Auguste 𝄞 02 32 54 41 93,
Fax 02 32 54 41 93
◎ Ruines du Château Gaillard★★ ⇐★★ - Église Notre-Dame★.

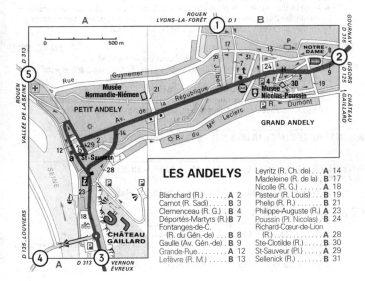

LES ANDELYS

Blanchard (R.) . . . . . . **A** 2	Leyritz (R. Ch. de) . . . **A** 14
Carnot (R. Sadi) . . . . . **B** 3	Madeleine (R. de la) . **B** 17
Clemenceau (R. G.) . **B** 4	Nicolle (R. G.) . . . . . . **A** 18
Déportés-Martyrs (R.) **B** 7	Pasteur (R. Louis) . . **B** 19
Fontanges-de-C.	Phelip (R. R.) . . . . **B** 21
(R. du Gén.-de) . . . **B** 8	Philippe-Auguste (R.) **A** 23
Gaulle (Av. Gén.-de) . **B** 9	Poussin (Pl. Nicolas) . **B** 24
Grande-Rue . . . . **A** 12	Richard-Cœur-de-Lion
Lefèvre (R. M.) . . . . . **B** 13	(R.) . . . . **A** 28
	Ste-Clotilde (R.) . . . . **B** 30
	St-Sauveur (Pl.) . . . . **A** 29
	Sellenick (R.) . . . . . . **B** 31

⋔⋔⋔ **La Chaîne d'Or** avec ch ⌖ ⇐ **P** VISA ⓂⓄ ⒶⒺ Ⓞ
25 r. Grande – 𝄞 02 32 54 00 31 – chaineor @ wanadoo.fr – Fax 02 32 54 05 68
– Fermé vacances de Toussaint, vacances de Noël, 2-22 janv., vacances de fév.,
lundi midi et mardi midi
A a
12 ch – ♦78/132 € ♦♦78/132 €, ⊑ 12 € – **Rest** – Menu 29/88 € – Carte 47/82 €
♦ Ce relais de poste du 18ᵉ s. faisait aussi office d'octroi : une chaîne barrait alors la Seine.
Élégante salle à manger tournée vers le fleuve et cuisine au goût du jour.

⋔ **De Paris** avec ch 🏠 📞 ⚅ **P** VISA ⓂⓄ
10 av. de la République – 𝄞 02 32 54 00 33 – h.paristhierry @ wanadoo.fr
– Fax 02 32 54 65 92
B t
11 ch – ♦55/66 € ♦♦55/66 €, ⊑ 7,50 € – ½ P 80 € – **Rest** – (fermé 2-12 janv.,
dim. soir, lundi midi et merc.) Menu (16 €), 25/41 € – Carte 28/43 €
♦ Restaurant au cadre mi-bourgeois, mi-rustique installé dans une avenante maison de maître (1880). Agréable cour-terrasse. Chambres sobrememt aménagées, dont trois plus récentes dans l'annexe abritant aussi une salle de réunion.

ANDLAU – 67 Bas-Rhin – 315 I6 – 1 654 h. – alt. 215 m – ⊠ 67140

🏛 Alsace Lorraine

🖸 Paris 501 – Erstein 25 – Le Hohwald 8 – Molsheim 25 – Sélestat 18 – Strasbourg 43

🖪 Syndicat d'initiative, 5, rue du Gen-de-Gaulle 𝒞 03 88 08 22 57, Fax 03 88 08 42 22

◎ Église St-Pierre-et-St-Paul★ : portail★★, crypte★.

🏠 **Zinckhotel** sans rest   ⬚ 🕸 📞 🌣 🅿 *VISA* 🐵 🖭

13 r. de la Marne – 𝒞 03 88 08 27 30 – zinck.hotel @ wanadoo.fr
– Fax 03 88 08 42 50
18 ch – ♦59 € ♦♦68/95 €, ⊊ 11 €

♦ Ancien moulin à l'esprit décalé : chambres personnalisées (zen, pop, jazzy, empire), couloirs semblables à des ponts de bateau... L'annexe contemporaine donne sur le vignoble.

🏠 **Kastelberg** ⌕   ⬚ 🍽 🌣 🅿 *VISA* 🐵 🖭

10 r. Gén.-Koenig – 𝒞 03 88 08 97 83 – kastelberg @ wanadoo.fr
– Fax 03 88 08 48 34
29 ch – ♦58 € ♦♦61/89 €, ⊊ 10 € – ½ P 60/65 € – **Rest** – (ouvert 12 mars-2 nov. et 28 nov.-4 janv.) (dîner seult) Menu 19/43 € – Carte 26/56 €

♦ Au cœur des vignes, une plaisante façade alsacienne cache des chambres sobres et fonctionnelles (mansardées ou avec balcon). Au restaurant, rustique mais coquet avec ses tables bien dressées, vous attend une cuisine familiale du terroir.

⨉⨉ **Bœuf Rouge**   🍽 *VISA* 🐵 🖭

6 r. du Dr-Stoltz – 𝒞 03 88 08 96 26 – auboeufrouge @ wanadoo.fr
– Fax 03 88 08 99 29 – Fermé 23 juin-11 juil., 23 fév.-8 mars, merc. soir et jeudi sauf du 12 juil.-30 sept.
Rest – Menu (10 €), 15/30 € – Carte 21/58 €

♦ Ce restaurant convivial typiquement alsacien est aménagé dans un ancien relais de poste (17ᵉ s.). On y mange des spécialités locales, dans une élégante salle lambrissée.

ANDORRE (PRINCIPAUTE D') – 343 H9 – voir en fin de guide

ANDREZÉ – 49 Maine-et-Loire – 317 D5 – 1 798 h. – alt. 87 m – ⊠ 49600

🖸 Paris 371 – Nantes 59 – Angers 80 – Cholet 16 – Rezé 71

⌂ **Le Château de la Morinière** ⌕   🕮 🌣 🕸 📞

– 𝒞 02 41 75 40 30 – pringarbe.pascal @ wanadoo.fr
5 ch ⊊ – ♦69/85 € ♦♦69/85 € – **Table d'hôte** – Menu 30 € bc

♦ Construit sur les ruines d'un château médiéval détruit pendant les guerres de Vendée, édifice romantique d'architecture Napoléon III. Chambres personnalisées, au grand calme. Dîner aux chandelles autour de la table d'hôte. Cours de cuisine.

ANDRÉZIEUX-BOUTHÉON – 42 Loire – 327 E6 – 9 153 h. – alt. 395 m – ⊠ 42160

🖸 Paris 460 – Lyon 76 – Montbrison 20 – Roanne 71 – St-Étienne 19

🖪 Office de tourisme, 11, rue Charles-de-Gaulle 𝒞 04 77 55 37 03, Fax 04 77 55 88 46

◎ Lac de retenue de Grangent★★ S : 9 km 🏛 Vallée du Rhône.

🏠 **Novotel**   ⬚ 🍽 ⌶ 🖳 ᴴ 🝙 rest, ⍦ 📞 🌣 🅿 *VISA* 🐵 🖭 ⓪

1 r. 18-Juin-1827 – 𝒞 04 77 36 10 50 – h0435 @ accor.com
– Fax 04 77 36 10 57
98 ch – ♦66/120 € ♦♦66/120 €, ⊊ 12,50 € – **Rest** – Menu 19 €
– Carte 15/38 €

♦ Hôtel de chaîne bâti en 1974, toujours en bon état. Hall, salon et bar spacieux ; pool de salles de réunion. Préférez les chambres dernièrement redécorées. Le restaurant bénéficie d'un cadre contemporain simple et gai. Terrasse face à la piscine.

Les Iris (Lionel Githenay) 🐌   🚗 🛗 ⬛ 📞 💬 **P** VISA **MC**

32 av. J.-Martouret, (dir. de la gare) – ✆ 04 77 36 09 09 – Fax 04 77 36 09 00
– Fermé 18-29 août, 2-21 janv. et dim. soir
10 ch – ♦75 € ♦♦85 €, ⬄ 12 € – ½ P 89 € – **Rest** – (fermé dim. soir, lundi et
mardi) Menu 35 € (déj. en sem.), 42/79 € – Carte 62/67 €
Spéc. Salade de homard aux légumes et herbes du moment (juin à août). Pigeon
"comme un rôti" à la coriandre, purée et chips de persil (fév. à avril). Moelleux tiède
au potimarron, crème catalane, glace aux cèpes (oct.-nov.). **Vins** Vin de pays
d'Urfé, Côtes du Forez.
♦ Cet établissement comprend une jolie maison 1900 à la façade rose et une autre, plus
récente, abritant de petites chambres, orientées pour certaines sur le jardin (piscine).
Cuisine inventive servie en plein air ou dans deux jolies salles ornées de portraits d'enfants.

ANDUZE – 30 Gard – 339 I4 – 3 004 h. – alt. 135 m – ⊠ 30140
 Languedoc Roussillon   23 **C2**

🔼 Paris 718 – Montpellier 60 – Alès 15 – Florac 68 – Lodève 84 – Nîmes 46 – Le
   Vigan 52

🅸 Office de tourisme, plan de Brie ✆ 04 66 61 98 17, Fax 04 66 61 79 77

◉ Bambouseraie de Prafrance ★★ N : 3 km par D 129.

🅖 Grottes de Trabuc ★★ NO : 11 km - Le Mas soubeyran : musée du Désert ★
   (souvenirs protestants 17e-18e s.) NO : 7 km.

au Nord-Ouest par rte de St-Jean-du-Gard – ⊠ 30140 **Anduze**

La Porte des Cévennes   ⬅ 🚗 🛗 ⬛ 🕌 AK ⬆ 🚫 📞

à 3 km – ✆ 04 66 61 99 44 – reception@
porte-cevennes.com – Fax 04 66 61 73 65 – Ouvert 1er avril-15 oct.
34 ch – ♦73/80 € ♦♦73/80 €, ⬄ 9 € – ½ P 65/70 € – **Rest** – (dîner seult)
Menu 23/30 € – Carte 30/41 €
♦ Non loin de la bambouseraie où fut tourné "Le Salaire de la peur", paisible maison disposant de grandes chambres fonctionnelles pour la moitié tournées sur la vallée du
Gardon. Table traditionnelle au décor champêtre, et terrasse panoramique en prime.

Le Moulin de Corbès avec ch 🐌   🚗 🛗 ⬆ **P** VISA **MC**

à 4 km – ✆ 04 66 61 61 83 – Fax 04 66 61 68 06 – Fermé dim. soir et lundi hors saison
4 ch – ♦70/80 € ♦♦70/80 €, ⬄ 10 € – **Rest** – Menu (25 €), 35/60 €
♦ Sur les bords du Gardon, ce restaurant lumineux vous reçoit dans trois salons ensoleillés,
décorés sur le thème du vin (stage de dégustation). Chambres fonctionnelles et calmes.

à Générargues 5,5 km au Nord-Ouest par D 129 et D 50 – 639 h. – alt. 160 m – ⊠ 30140

Auberge des Trois Barbus 🐌   ⬅ vallée des Camisards, 🚗 🛗 ⬛

rte de Mialet – ✆ 04 66 61 72 12 – les3barbus@   🛗 **P** VISA **MC** AE
free.fr – Fax 04 66 61 72 74 – Fermé 2 janv.-15 mars, dim. soir d'oct. à avril, mardi
de nov. à mars, mardi midi de mai à sept. et lundi sauf le soir de mai à sept.
32 ch – ♦61/118 € ♦♦61/118 €, ⬄ 13 € – ½ P 63/92 € – **Rest** – Menu (17 €),
27/49 € – Carte 43/60 €
♦ Cet hôtel bâti à flanc de coteau aux confins du "Désert" cévenol dispose de grandes
chambres garnies de meubles régionaux et orientées sur la vallée des Camisards. Restaurant soigné. Au menu, carte classique (produits frais) ; grillades au bord de la piscine.

à Tornac 6 km au Sud-Est par D 982 – 718 h. – alt. 140 m – ⊠ 30140

Les Demeures du Ranquet (Anne Majourel) 🐌   🕰 🛗 ⬛ 🛗 ⬆ ch, AK

rte St-Hippolyte-du-Fort : 2 km –   ⬆ 💬 🛗 **P** VISA **MC**
✆ 04 66 77 51 63 – contact@ranquet.com – Fax 04 66 77 55 62
– Ouvert 18 mars-17 nov.
10 ch – ♦130/225 € ♦♦130/225 €, ⬄ 16 € – ½ P 120/165 €
Rest – (fermé mardi et merc. sauf le soir du 1er juin au 15 sept. et lundi midi en été)
Menu (25 €), 38 € (sem.)/90 € – Carte 66/77 € ✍
Spéc. Bonbon de brandade de morue, calmar et courgettes au piment d'Espelette.
Baudroie en "aïgo bulido", lard rôti à la sauge. Agneau de lait de l'Aveyron dans
tous ses états (printemps). **Vins** Vin de pays du Gard, Coteaux du Languedoc.
♦ Ce charmant mas cévenol et ses pavillons récents bien aménagés ont pour cadre un beau
parc niché dans le maquis. Calme, expositions d'art, practice de golf sont au rendez-vous.
Belle cuisine inventive à base de produits du potager et du jardin aromatique.

▶ Paris 76 – Chartres 51 – Dreux 16 – Évreux 37 – Mantes-la-Jolie 28

🛈 Syndicat d'initiative, 8, rue Delacroix ☎ 02 37 41 49 09

◉ Château★ ▮ Normandie Vallée de la Seine.

✗✗   **Auberge de la Rose** avec ch   🖧 VISA ⓜⓒ

6 r. Ch.-Lechevrel – ☎ *02 37 41 90 64 – Fax 02 37 41 47 88 – Fermé 12 déc.-3 janv.,*
dim. soir et lundi

7 ch – 🛏29/38 € 🛏🛏29/38 €, � 6 € – **Rest** – Menu 25 € – Carte 40/57 €

◆ Restaurant pérenne : il était déjà recommandé par le Guide Michelin 1900 ! Confortable
salle à manger agrémentée de solives et d'un mobilier de style Louis XIII.

✗✗   **Manoir d'Anet**   VISA ⓜⓒ ①

3 pl. du Château – ☎ *02 37 41 91 05 – wilfrid.beaugeard@wanadoo.fr*
– Fax 02 37 41 91 04 – Fermé mardi et merc.

Rest – Menu 26 € (sem.)/46 € – Carte 53/59 €

◆ Table idéalement située face au château de Diane de Poitiers. Une imposante cheminée
en pierre trône au milieu de la salle à manger rustique et fleurie. Bar-salon de thé.

▶ Paris 294 – Laval 79 – Le Mans 97 – Nantes 88 – Rennes 129 – Tours 108

✈ Aéroport d'Angers-Marcé, ☎ 02 41 33 50 20, par ① : 24 km.

🛈 Office de tourisme, 7, place Kennedy ☎ 02 41 23 50 00, Fax 02 41 23 50 09

🏌 d'Avrillé à Avrillé Château de la Perrière, NO : 5 km par D 175,
☎ 02 41 69 22 50 ;

🏌 d'Angers à Brissac-Quincé Moulin de Pistrait, par rte de Cholet et D 751 : 8
km, ☎ 02 41 91 96 56 ;

🏌 Anjou Golf & Country Club à Champigné Route de Cheffes, N : 24 km par D
775 et D 768, ☎ 02 41 42 01 01.

◉ Château★★★ : tenture de l'Apocalypse★★★, tenture de la Passion et
Tapisseries mille-fleurs★★, ≤★ de la tour du Moulin - Vieille ville★ :
cathédrale★, galerie romane★★ de la préfecture★ BZ **P**, galerie David
d'Angers★ BZ **B**, - Maison d'Adam★ BYZ **K** - Hôtel Pincé★ - Chœur★★ de
l'église St-Serge★ - Musée Jean Lurçat et de la Tapisserie contemporaine★★
dans l'ancien hôpital St-Jean★ - La Doutre★ AY - Musée régional de l'Air★.

◉ Château de Pignerolle★ : musée européen de la Communication★★ E : 8 km
par D 61.

Plans pages suivantes

🏨   **Anjou**   📶 AK ⇄ ☏ 🖧 🚗 VISA ⓜⓒ AE ①

1 bd Mar.- Foch – ☎ *02 41 21 12 11 – info@hoteldanjou.fr – Fax 02 41 87 22 21*

53 ch – 🛏107/117 € 🛏🛏172/186 €, ⊐ 14 €   CZ **h**
Rest *La Salamandre* – ☎ *02 41 88 99 55 (fermé dim.)* Menu 28 € (sem.)/78 €
– Carte 47/57 €

◆ Cet immeuble bâti en 1845 offre une belle décoration intérieure : salons ornés de
mosaïques Art déco et chambres cossues, meublées dans des styles variés. Au restaurant,
séduisante atmosphère Renaissance : fresques, plafond à la française et salamandres...

🏨   **Hôtel de France**   📶 AK ⇄ ⁕ ☏ 🖧 VISA ⓜⓒ AE ①

8 pl. de la Gare – ☎ *02 41 88 49 42 – hdf.angers@wanadoo.fr – Fax 02 41 87 19 50*

55 ch – 🛏77/133 € 🛏🛏77/133 €, ⊐ 13 € – 1 suite   AZ **t**
Rest *Les Plantagenêts* – *(fermé août, sam. midi, dim. soir et merc.)* Menu 20/40 €
– Carte 30/54 €

◆ Chambres cossues et bien équipées, petits coins-salons, salle de séminaires et bon
petit-déjeuner (produits locaux) : la clientèle d'affaires – entre autres – apprécie. Ambiance
feutrée, cuisine actuelle et bon choix de vins du cru aux Plantagenêts.

🏨   **Mercure Centre**   📶 & rest, AK rest, ⇄ ☏ 🖧 🚗 VISA ⓜⓒ AE ①

pl. Mendès-France, (Centre des Congrès) – ☎ *02 41 60 34 81 – h0540@accor.com*
– Fax 02 41 60 57 84   CY **a**

84 ch – 🛏89/140 € 🛏🛏99/150 €, ⊐ 14 €
Rest *Le Grand Jardin* – *(fermé 23-29 déc.)* Menu (14,50 €), 20 € – Carte 19/32 €

◆ Adossé à un centre de congrès, hôtel dont les chambres, fonctionnelles et bien insonorisées, profitent parfois de la vue sur le Jardin des Plantes. Plaisant bar à vins. Restaurant
ouvert sur la végétation, carte et décor dans l'air du temps, vins d'Anjou.

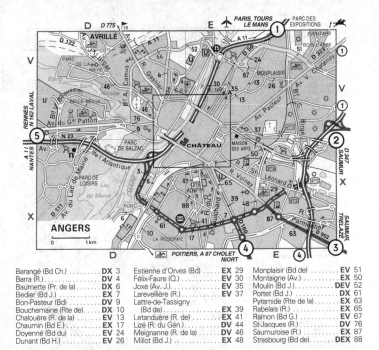

Barangé (Bd Ch.)	DX 3	Estienne d'Orves (Bd)	EX 29	Monplaisir (Bd de)	EV 51
Barra (R.)	DV 4	Félix-Faure (Q.)	EV 30	Montaigne (Av.)	EX 50
Baumette (Pr. de la)	DX 6	Joxe (Av. J.)	EV 35	Moulin (Bd J.)	DEV 52
Bedier (Bd J.)	EX 7	Larevellière (R.)	EV 37	Portet (Bd J.)	DX 61
Bon-Pasteur (Bd)	DV 9	Lattre-de-Tassigny		Pyramide (Rte de la)	EX 63
Bouchemaine (Rte de)	DX 10	(Bd de)	EX 39	Rabelais (R.)	EX 65
Chalouère (R. de la)	EV 13	Letanduère (R. de)	EX 41	Ramon (Bd G.)	EV 67
Chaumin (Bd E.)	EX 17	Lizé (R. du Gén.)	DV 44	St-Jacques (R.)	DV 76
Doyenné (Bd du)	EV 24	Meignanne (R. de la)	DV 46	Saumuroise (R.)	EX 87
Dunant (Bd H.)	EV 26	Millot (Bd J.)	EX 48	Strasbourg (Bd de)	DEX 88

🏠🏠 Du Mail sans rest ❧   🔄 📞 **P** 🆅🅸🆂🅰 ⓜⓔ 🅰🅴

8 r. des Ursules – ☏ 02 41 25 05 25 – contact@hotel-du-mail.com

– Fax 02 41 86 91 20   CY **b**

28 ch – ♦39/75 € ♦♦57/85 €, ☲ 15 €

◆ Hôtel de caractère établi dans une discrète demeure du 17ᵉ s. (ancien couvent). Chambres personnalisées, pour la plupart assez vastes.

🏠🏠 Le Progrès sans rest   📺 📞 🆅🅸🆂🅰 ⓜⓔ 🅰🅴 ⓞ

26 av. D.-Papin – ☏ 02 41 88 10 14 – hotel.leprogres@wanadoo.fr

– Fax 02 41 87 82 93 – Fermé 9- 17 août et 20 déc.-4 janv.   AZ **f**

41 ch – ♦42/58 € ♦♦54/64 €, ☲ 8,50 €

◆ Face à la gare, adresse accueillante mettant à votre disposition ses chambres actuelles, claires et pratiques. Agréable salle où l'on petit-déjeune devant une courette fleurie.

🏠 Continental sans rest   📺 🆚 🔄 ⚡ 📞 🆅🅸🆂🅰 ⓜⓔ 🅰🅴 ⓞ

14 r. L.-de-Romain – ☏ 02 41 86 94 94 – reservation@hotellecontinental.com

– Fax 02 41 86 96 60   BYZ **n**

25 ch – ♦58/65 € ♦♦65/75 €, ☲ 9,50 €

◆ Situation centrale, chambres lumineuses, récemment refaites et bien tenues, bonne insonorisation, salle des petits-déjeuners colorée, prix sages sont les atouts de cet hôtel.

🏠 De l'Europe sans rest   🔄 📞 🆅🅸🆂🅰 ⓜⓔ 🅰🅴 ⓞ

3 r. Châteaugontier – ☏ 02 41 88 67 45 – hoteldeleurope-angers@wanadoo.fr

– Fax 02 41 86 17 42   CZ **a**

29 ch – ♦50 € ♦♦60/68 €, ☲ 8,50 €

◆ Sympathique ambiance familiale en cet hôtel situé dans un quartier commerçant. Chambres sans ampleur égayées de chaleureuses couleurs. Plaisante salle des petits-déjeuners.

ANGERS

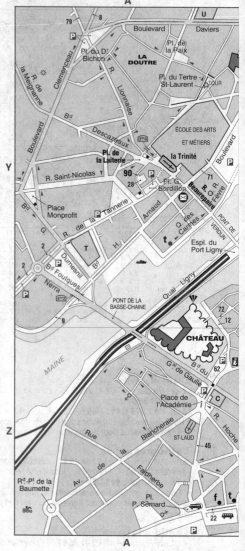

Ibis 🛏 🗪 🆓 ⚠ *VISA* Ⓜⓒ ①

r. Poissonnerie – ☏ *02 41 86 15 15 – h0848-gm @ accor.com*
– Fax 02 41 87 10 41

BY **b**

95 ch – 🛏47/81 € 🛏🛏47/81 €, ☕ 7,50 € – **Rest** – (dîner seult)
Carte environ 20 €

♦ Non loin de la cathédrale et du château, un hôtel avant tout pratique : petites chambres
fonctionnelles, salle de conférences, wi-fi, climatisation. Nappes à carreaux et comptoir en
zinc donnent au restaurant des allures de vieux bistrot. Carte traditionnelle.

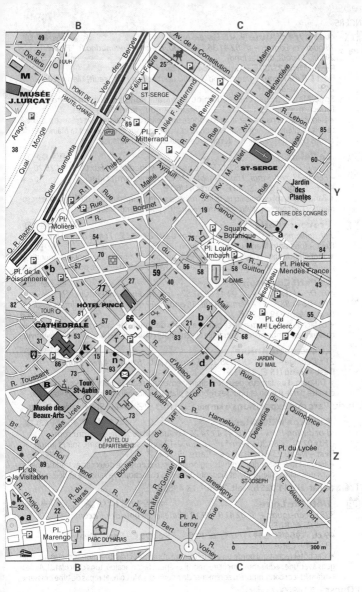

ANGERS

Grand Hôtel de la Gare sans rest 　　　　　　　　　🏮 📞 *VISA* ⓜⓒ

5 pl. de la Gare – ℰ 02 41 88 40 69

– info@hotel-angers.fr – Fax 02 41 88 45 41 – Fermé 26 juil.-18 août, et

21 déc.-4 janv. 　　　　　　　　　　　　　　　　　　　　　　BZ **a**

52 ch – †46/68 € ††55/72 €, ☑ 8 €

♦ Un artiste-peintre a égayé de fresques les couloirs et la salle des petits-déjeuners.
Coquettes chambres contemporaines tournées vers le jet d'eau qui trône devant la
gare.

XXX **Le Favre d'Anne** (Pascal Favre d'Anne) ← ⇔ VISA ⓜⓞ AE
ⓒ *18 quai des Carmes – ℰ 02 41 36 12 12 – favredanne@wanadoo.fr – Fermé*
29 juil.-13 août, dim. et lundi AY **t**
Rest – Menu 35/80 € – Carte 46/64 €
Rest L'R du Temps – *(fermé lundi en juil.-août et dim.) (déj. seult)* Menu (20 €),
24 € – Carte 34/38 €
Spéc. Minute de bar, crémet d'Anjou au wasabi. Rouget, andouille et lard paysan,
fouace aux rillettes. Filet de bœuf "Maine-Anjou", tatin d'échalotes.
♦ Dans cet hôtel particulier, le chef propose une belle cuisine actuelle et créative qui a déjà
séduit sa clientèle. Cadre contemporain et petite vue sur le château et la Maine. L'R du
Temps porte bien son nom : décor actuel pour des plats tendance.

XX **Le Relais** VISA ⓜⓞ AE
ⓒ *9 r. de la Gare – ℰ 02 41 88 42 51 – c.noel10@wanadoo.fr – Fax 02 41 24 75 20*
– Fermé 27 avril-5 mai, 9 août-2 sept., 21 déc.-5 janv., dim. et lundi BZ **u**
Rest – Menu (18 €), 22/40 € – Carte 41/60 €
♦ Banquettes, sol en mosaïque, belles fresques sur le thème du vin et du "bien vivre" résu-
ment ce lieu contemporain, sobre mais élégant. Appétissante cuisine traditionnelle.

XX **Provence Caffé** AC ⅍ VISA ⓜⓞ
9 pl. Ralliement – ℰ 02 41 87 44 15 – Fax 02 41 87 44 15 – Fermé dim. et lundi
Rest – *(prévenir)* Menu (15 €), 20 € (sem.)/30 € BCY **e**
♦ Mobilier design, éclairages tamisés et fond musical : nouvelle ambiance lounge et
épurée pour ce "Caffè" demeurant fidèle aux saveurs du Sud (épices, poissons, etc.).

X **Le Petit Comptoir** AC ⓜⓞ
ⓒ *40 r. David-d'Angers – ℰ 02 41 88 81 57 – lepetitcomptoir@9business.fr*
– Fax 02 41 88 81 57 – Fermé 28 juil.-18 août, 5-12 mai, 19-31 janv., dim. et lundi
Rest – Menu (19 €), 28 € CZ **d**
♦ La façade rouge carmin de ce bistrot angevin dissimule une salle à manger exiguë mais
chaleureuse. Ambiance décontractée et généreuse cuisine exprimant une belle inventivité.

X **Le Crèmet d'Anjou** ⅙ AC VISA ⓜⓞ
21 r. Delaâge – ℰ 02 41 88 38 38 – Fermé 14 juil.-15 août, 24 déc.-5 janv.
Rest – Menu (15 €), 21/25 € BZ **e**
♦ Du nom d'un fameux dessert régional, enseigne réputée pour la joyeuse ambiance
distillée par le patron et pour ses robustes plats traditionnels, préparés sous vos yeux.

près du Parc des Expositions 6 km par ① et N 23 – ⊠ 49480 St-Sylvain-d'Anjou

XXX **Auberge d'Éventard** 🚗 🍴 AC ⅍ P VISA ⓜⓞ AE
rd-pt du Bon-Puits – ℰ 02 41 43 74 25 – contact@auberge-eventard.com
– Fax 02 41 34 89 20 – Fermé 1ᵉʳ-12 mai, 2-12 janv., sam. midi, dim. soir et lundi
Rest – Menu 23 € (sem.)/82 € – Carte 25/76 € 🍴
♦ Fervent défenseur des produits régionaux, le chef propose deux cartes traditionnelles
dans une salle chaleureuse et élégante (bibelots, collections de vaisselle et de carafes).

à Trélazé par ③ – 11 025 h. – alt. 20 m – ⊠ 49800

🏠 **Hôtel de Loire** 🍴 📶 ⅙ AC ⅓ 📞 🛁 P 🚗 VISA ⓜⓞ
328 r. Jean-Jaurès – ℰ 02 41 81 89 18 – bateliers@hoteldeloire.com
– Fax 02 41 81 89 20
49 ch – †64/90 € ††71/97 €, ⊊ 10 € – ½ P 62/75 € – **Rest** – Menu (12 €),
23/41 € – Carte 20/37 €
♦ Cet hôtel récent qui borde un axe fréquenté abrite des chambres non-fumeurs, aménagées avec une séduisante simplicité (mobilier épuré façon acajou, tons chocolat...). Au restaurant, décor contemporain agrémenté de références à la Loire et repas de type brasserie.

à l'Ouest – ⊠ 49000 Angers

🏠 **Mercure Lac de Maine** 📶 AC ⅓ 📞 🛁 P VISA ⓜⓞ AE ①
2 allée du Grand-Launay – ℰ 02 41 48 02 12 – h1212@accor.com
– Fax 02 41 48 57 51 DX **n**
77 ch – †75/135 € ††85/150 €, ⊊ 12,50 €
Rest Le Diffen – *(fermé 22 déc.-4 janv., le midi du 14 juil. au 15 août, sam. et dim.)*
Menu 17/31 € bc – Carte 40/45 €
♦ Derrière une façade un peu austère, un hôtel presque entièrement rénové : chambres
fonctionnelles, bien équipées et bien insonorisées, belle structure pour séminaires. Plats
traditionnels servis dans une grande salle tendance : tons vifs, claustras design.

à Beaucouzé 7 km par ⑤ – 4 851 h. – alt. 54 m – ⊠ 49070

XXX **L'Hoirie** 🔲 🕭 🔟 ⟳ 🅿 VISA ⓸ AE
r. Henri-Faris, (Zone commerciale D 723) – ℰ 02 41 72 06 09 – lhoirie @ wanadoo.fr
– Fax 02 41 36 35 48 – Fermé dim. soir et lundi
Rest – Menu 23 € (sem.)/55 € – Carte 38/60 €
♦ Salle à manger-véranda claire et moderne, cuisine actuelle et poissons sauvages pour cette table proche de la rocade, où défile à midi la clientèle d'affaires.

au Nord-Ouest 8 km rte de Laval par N 162 - DV – ⊠ 49240 Avrillé

🏠 **Le Cavier** 🔲 🕭 🎳 🔟 rest, 🛏 🖒 🛎 🅿 VISA ⓸ AE
La Croix-Cadeau – ℰ 02 41 42 30 45 – lecavier @ lacroixcadeau.fr
– Fax 02 41 42 40 32
43 ch – ✝57 € ✝✝57/72 €, ⊆ 10 € – ½ P 56/59 € – **Rest** – (fermé 21 déc.-4 janv. et dim.) Menu 21/38 €
♦ Un moulin à vent de 1730 permet de repérer facilement cette construction récente offrant 3 types de chambres : anciennes et rustiques, petites et pratiques, ou plus spacieuses. Insolite restaurant dont les salles occupent les ex-caves de stockage de la farine.

ANGERVILLE – 91 Essonne – 312 A6 – 3 265 h. – alt. 141 m – ⊠ 91670   18 **B3**
◘ Paris 70 – Ablis 29 – Chartres 46 – Étampes 21 – Évry 54 – Orléans 56
– Pithiviers 29

🏠🏠 **France** 🔲 🕭 🖒 🛎 🅿 VISA ⓸ AE
2 pl. du Marché – ℰ 01 69 95 11 30 – hotel-de-france3 @ wanadoo.fr
– Fax 01 64 95 39 59 – Fermé dim. soir et lundi midi
20 ch – ✝68 € ✝✝98/130 €, ⊆ 12 € – ½ P 87 € – **Rest** – Menu 30/40 € – Carte 42/55 €
♦ Tomettes vernies du 16e s., petits coins-salons, objets chinés, chambres coquettes et confortables ornées de mobilier de style... Une auberge rustique pétrie de charme. Une cheminée en pierres réchauffe l'élégante salle de restaurant. Cuisine traditionnelle.

ANGLARDS-DE-ST-FLOUR – 15 Cantal – 330 G5 – **rattaché à Viaduc de Garabit**

ANGLARS-JUILLAC – 46 Lot – 337 D5 – **rattaché à Puy-l'Évêque**

LES ANGLES – 30 Gard – 339 N5 – **rattaché à Villeneuve-lès-Avignon**

ANGLES-SUR-L'ANGLIN – 86 Vienne – 322 L4 – 365 h. – alt. 100 m – ⊠ 86260
▌ Poitou Vendée Charentes   39 **D1**
◘ Paris 336 – Châteauroux 78 – Châtellerault 34 – Montmorillon 34 – Poitiers 51
🛈 Office de tourisme, 1, rue de l'Église ℰ 05 49 48 86 87, Fax 05 49 48 27 55
◙ Site★ - Ruines du château★.

🏠🏠 **Le Relais du Lyon d'Or** 🛏 🔲 🕭 🖒 ch, 🛎 🅿 VISA ⓸
rte de Vicq – ℰ 05 49 48 32 53 – contact @ lyondor.com – Fax 05 49 84 02 28
– Fermé janv.-fév.
10 ch – ✝75/135 € ✝✝75/135 €, ⊆ 12 € – ½ P 78/108 €
Rest – (ouvert 16 mars-2 nov.) (dîner seult) Carte 32/39 €
♦ Cette maison du 14e s. propose de jolies chambres garnies d'un mobilier chiné et un délicieux jardin de repos. Repas servis auprès de l'âtre ou dans la cour si le temps le permet. Livre de cave élaboré par le propriétaire, ex-négociant en vins.

ANGLET – 64 Pyrénées-Atlantiques – 342 C4 – 35 263 h. – alt. 20 m – ⊠ 64600
▌ Pays Basque   3 **A3**
◘ Paris 769 – Bayonne 5 – Biarritz 4 – Cambo-les-Bains 18 – Pau 114
– St-Jean-de-Luz 21
✈ de Biarritz-Anglet-Bayonne ℰ 05 59 43 83 83, SO : 2 km.
🛈 Office de tourisme, 1, avenue de la Chambre d'Amour ℰ 05 59 03 77 01,
Fax 05 59 03 55 91
▨ de Chiberta 104 boulevard des Plages, N : 5 km par D 5, ℰ 05 59 52 51 10.

Plan : voir Biarritz-Anglet-Bayonne

De Chiberta et du Golf ⊗ ≤ 🚗 ☆ ⅁ 🔲 🗐 ㅎ ch, AC ch, ↵
104 bd des Plages – ℰ *05 59 58 48 48* ※ rest, 📞 🔊 🄿 VISA ⦿ AE ①
– hotelchiberta @ hmc-hotels.com – Fax 05 59 63 57 84 AB **x**
92 ch – ♦115/260 € ♦♦115/260 €, ☐ 12 € – ½ P 93/165 € – **Rest** – Menu 25 €
– Carte 32/47 €
♦ Cette demeure des années 1920 située le long du prestigieux golf de Chiberta dispose de chambres confortables offrant une vue sur les greens et le lac. Salle à manger-véranda et jolie terrasse ombragée ; carte traditionnelle.

Atlanthal ⊗ ≤ 🏠 ⅁ 🔲 ⦿ ƒ₆ 🗐 ㅎ AC ↵ ※ rest, 📞 🔊
153 bd des Plages – ℰ *05 59 52 75 75 – info @* 🄿 VISA ⦿ AE ①
atlanthal.com – Fax 05 59 52 75 13 AB **x**
99 ch – ♦108/232 € ♦♦158/384 €, ☐ 11 € – ½ P 106/219 € – **Rest** – Menu 28 €
– Carte 35/47 €
♦ Complexe moderne érigé en temple du bien-être avec ses centre de thalassothérapie et fitness très complets. Vue idéale sur l'Atlantique. Chambres spacieuses. Cuisine traditionnelle au restaurant-véranda tourné vers le large. Plats basques et bar à tapas en appoint.

Novotel Biarritz Aéroport 🛝 🏠 ⅀ ✕ 🐕 🗐 ㅎ AC ↵ 📞 🔊
68 av. d'Espagne, (D 810) – ℰ *05 59 58 50 50* 🄿 VISA ⦿ AE ①
– h0994 @ accor.com – Fax 05 59 03 33 55 BX **m**
121 ch – ♦92/140 € ♦♦97/143 €, ☐ 13,50 € – **Rest** – Carte 23/43 €
♦ Vaste établissement bâti en lisière d'un parc. Les chambres, standardisées, sont grandes et bien équipées ; celles donnant sur la verdure garantissent plus de calme. Agréable salle à manger où dominent bois, brique et coloris ensoleillés.

✕✕ La Fleur de Sel 🏠 ⇄ VISA ⦿
5 av. de la Fôret – ℰ *05 59 63 88 66 – jf.fleurdesel @ wanadoo.fr – Fermé*
16 fév.-12 mars, 23 juin-2 juil., 27 oct.-6 nov., mardi midi en juil.-août, dim. soir hors
saison, merc. midi et lundi BX **a**
Rest – Menu 30/46 € bc – Carte 31/43 €
♦ Cette maison conviviale abrite une spacieuse et lumineuse salle à manger, ouverte sur une terrasse d'été. Décoration actuelle et cuisine traditionnelle au diapason du marché.

ANGOULÊME ℙ – 16 Charente – 324 K6 – 43 171 h. – Agglo. 103 746 h.
– alt. 98 m – ⊠ 16000 ▐ Poitou Vendée Charentes 39 **C3**

🅳 Paris 447 – Bordeaux 119 – Limoges 105 – Niort 116 – Périgueux 85
🛫 d'Angoulême-Brie Champniers : ℰ 05 45 69 88 09, 15 km au NE
🄸 Office de tourisme, place des Halles ℰ 05 45 95 16 84, Fax 05 45 95 91 76
🔝 de l'Hirondelle Chemin de l'Hirondelle, S : 2 km, ℰ 05 45 61 16 94.
◉ Site★ - La Ville haute★★ - Cathédrale St-Pierre★ : façade★★ Y F - C.N.B.D.I.
   (Centre national de la bande dessinée et de l'image)★ Y.

Plan page ci-contre

Mercure Hôtel de France 🚗 🏠 🗐 ㅎ ch, AC ↵ 📞 🔊
1 pl. des Halles-Centrales – ℰ *05 45 95 47 95* ⇆ VISA ⦿ AE ①
– h1213 @ accor.com – Fax 05 45 92 02 70 Y **e**
89 ch – ♦99/109 € ♦♦109/119 €, ☐ 13 € – **Rest** – *(fermé dim. midi et sam.)*
Menu 27/37 € – Carte 23/38 €
♦ L'hôtel occupe la maison natale de Guez de Balzac agrandie d'une aile moderne. Agréables chambres de style actuel et joli jardin avec échappée sur la Charente. Petite salle à manger contemporaine ouverte sur une paisible terrasse d'été.

Européen sans rest 🗐 ㅎ AC ↵ 📞 🔊 VISA ⦿ AE
1 pl. G.-Perot – ℰ *05 45 92 06 42 – europeenhotel @ wanadoo.fr*
– Fax 05 45 94 88 29 – Fermé 25 déc.-1ᵉʳ janv. Y **a**
31 ch – ♦49 € ♦♦61 €, ☐ 8,50 €
♦ À deux pas des remparts, établissement familial abritant des chambres fonctionnelles en cours de rénovation, bien insonorisées, un peu plus personnalisées au 3ᵉ étage.

L'Épi d'Or sans rest 🗐 📞 🔊 🄿 VISA ⦿ AE
66 bd René-Chabasse – ℰ *05 45 95 67 64 – epidor @ wanadoo.fr – Fax 05 45 92 97 23*
33 ch – ♦50/55 € ♦♦55/62 €, ☐ 8 € X **v**
♦ Adresse utile à faible distance de la place Victor-Hugo où se tient un marché animé. Les chambres, de bonne ampleur et avant tout pratiques, sont plus calmes sur l'arrière.

ANGOULÊME

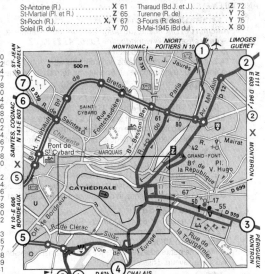

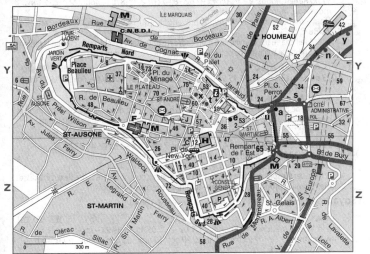

Le Palma

⇔ ⚫ *VISA* **MC** **AE** ①

4 rampe d'Aguesseau – ℰ 05 45 95 22 89 – lepalma@tiscali.fr
– Fax 05 45 94 26 66 – Fermé 19 déc.-5 janv., sam. midi et dim.
9 ch – ♦58 € ♦♦65 €, ☑ 7,50 € – ½ P 55/62 € – **Rest** – Menu 14,50/32 €
– Carte 35/41 €

Y **u**

♦ Confortables chambres non-fumeurs, soigneusement décorées et garnies d'un mobilier en bois massif brut ou peint. Restaurant sobre et lumineux (carte traditionnelle) comprenant une salle spécialement dédiée aux plats du jour et à quelques spécialités espagnoles.

Champ Fleuri sans rest ⬡

Chemin de l'Hirondelle, (au golf), 2 km, au sud du plan – 𝒞 *06 23 59 76 30*
– entreprise2010 @ wanadoo.fr – Fax 05 45 23 82 02
5 ch ⬡ – ♦60/75 € ♦♦65/80 €

♦ Belle maison ancienne dans un jardin clos, attenante au golf. Jolies chambres personnalisées, vue panoramique sur Angoulême, terrasse et piscine : la ville à la campagne.

La Ruelle

6 r. Trois-Notre-Dame – 𝒞 *05 45 95 15 19 – laruelle16 @ wanadoo.fr*
– Fax 05 45 92 94 64 – Fermé 3-25 août, dim. et lundi   Y **x**
Rest – Menu 25 € (déj. en sem.), 32/53 € – Carte 51/66 €

♦ Autrefois séparées par une ruelle, deux maisons au cadre original et chaleureux (pierres,
poutres, cheminée) où l'on déguste deux recettes qui prennent parfois l'accent du Sud.

Le Terminus

3 pl. de la Gare – 𝒞 *05 45 95 27 13 – Fax 05 45 94 04 09 – Fermé dim.*   Y **n**
Rest – Menu (17 €), 25/31 € – Carte 46/63 €

♦ Brasserie contemporaine chic, tout en noir et blanc. La cuisine, au goût du jour, prend les
couleurs du terroir et s'enrichit des arrivages de la côte Atlantique. Belle terrasse.

Les Gourmandines

25 r. de Genève – 𝒞 *05 45 92 58 98 – Fax 05 45 92 58 98 – Fermé vacances de fév.,*
12 août-1ᵉʳ sept., vacances de Noël, dim. et lundi   Y **t**
Rest – Menu 30/36 € – Carte 36/46 €

♦ Plaisante petite adresse aménagée dans une vieille maison tout près des halles. Dans
l'assiette, saveurs d'hier et d'aujourd'hui.

L'Aromate

41 bd René-Chabasse – 𝒞 *05 45 92 62 18 – Fermé 1ᵉʳ-8 mai, août, 22 déc.-5 janv.,*
mardi soir, merc. soir, dim. soir et lundi   X **f**
Rest – *(nombre de couverts limité, prévenir)* Menu 14,50 € (sem.)/38 € – Carte
27/38 €

♦ Accueil charmant, convivialité d'un cadre rustique sans chichi, belle cuisine traditionnelle un brin actualisée : ce petit bistrot de quartier ne désemplit pas.

Côté Gourmet

23 pl. de la Gare – 𝒞 *05 45 95 00 27 – fabsev.salzat @ yahoo.fr – Fax 05 45 95 00 27*
– Fermé 4-25 août, vacances de fév., mardi soir, sam. midi et dim.   Y **y**
Rest – Menu (14,50 € bc), 22/32 € – Carte 30/37 €

♦ Décor de bistrot moderne à l'étage, tables hautes au rez-de-chaussée, confort simple et
cuisine dans l'air du temps : une adresse bienvenue pour les gourmets angoumois.

La Cité

28 r. St-Roch – 𝒞 *05 45 92 42 69 – gicebet @ aol.com – Fax 05 45 93 24 35*
– Fermé 28 juil.-19 août, 22 fév.-9 mars, dim. et lundi   Y **s**
Rest – Menu 13,50 € (déj. en sem.), 18/28 € – Carte 24/38 €

♦ Mobilier d'esprit rustique et tons frais et lumineux composent le cadre de cet établissement familial proposant une cuisine traditionnelle axée sur le poisson.

à Soyaux 4 km par ③ – 10 177 h. – alt. 133 m – ✉ 16800

La Cigogne

à la Mairie, prendre r. A.-Briand et 1,5 km – 𝒞 *05 45 95 89 23 – lacigogne16 @*
wanadoo.fr – Fermé 23 fév.-10 mars, 20 oct.-12 nov., 22 déc.-3 janv., merc. soir,
dim. soir et lundi
Rest – Menu 26/46 € – Carte 50/79 €

♦ Accolée à une ancienne champignonnière, salle à manger-véranda lumineuse et moderne,
complétée par une terrasse côté campagne. La carte vagabonde entre tradition et modernité.

à Roullet 14 km par ⑤ et N 10, dir. Bordeaux – 3 525 h. – alt. 50 m – ✉ 16440

La Vieille Étable ⬡

rte Mouthiers : 1,5 km – 𝒞 *05 45 66 31 75 – vieille.etable @ wanadoo.fr*
– Fax 05 45 66 47 45 – Fermé dim. soir d'oct. à mi-mai
29 ch – ♦62/120 € ♦♦62/150 €, ⬡ 12 € – **Rest** – Menu 17 € (sem.)/52 € – Carte
48/57 €

♦ Dans un parc avec étang, cette ferme restaurée abrite des chambres de style néo-rustique ; huit ont été refaites et personnalisées avec soin. Carte traditionnelle servie dans une
salle bourgeoise ou sur la terrasse ombragée ; un menu "gastronomique" spécial enfant.

▶ Paris 536 – Aix-les-Bains 34 – Genève 42 – Lyon 138 – St-Étienne 187

✈ d'Annecy-Haute Savoie ⌀ 04 50 27 30 06, par N 508 BU et D 14 : 4 km.

🛈 Office de tourisme, 1, rue Jean Jaurès, Bonlieu ⌀ 04 50 45 00 33,
Fax 04 50 51 87 20

🏌 du Belvédère à Saint-Martin-Bellevue Chef Lieu, par rte de la
Roche-sur-Foron : 6 km, ⌀ 04 50 60 31 78 ; 🏌 du Lac d'Annecy à
Veyrier-du-Lac Route du Golf, par rte de Talloires : 10 km, ⌀ 04 50 60 12 89 ;

🚗 de Giez-Lac-d'Annecy à Giezpar rte d'Albertville : 24 km, ⌀ 04 50 44 48 41.

◉ Le Vieil Annecy★★ : Descente de Croix★ dans l'église St-Maurice EY **E**, Palais
de l'Isle★★ EY **M²**, rue Ste-Claire★ - pont sur le Thiou ≤★ EY **N** - Musée-
château d'Annecy★ - Les Jardins de l'Europe★ - Les bords du lac★★ ≤★*.

◉ Tour du lac★★★ - Gorges du Fier★★ : 11 km par ⑥ - Col de la Forclaz★★ -
Forêt du crêt du Maure★ : ≤★★ 3 km par D 41 CV.

ANNECY

Aléry (Av. d')	**BV**	4
Aléry (Gde-R. d')	**BV**	7
Balmettes (Fg des)	**CV**	10
Beauregard (Av. de)	**BV**	13
Bel-Air (R. du)	**CU**	15
Bordeaux (R. Henry)	**CU**	18
Boschetti (Av. Lucien)	**BCV**	21
Chambéry (Av. de)	**BV**	23
Chevêne (Av. de)	**BV**	29

Corniche (Bd de la)	**CV**	32
Crête (R. de la)	**BU**	38
Crêt-de-Maure (Av. du)	**CV**	35
Fins Nord (Ch. des)	**BCU**	45
Hirondelles (Av. des)	**BV**	52
Leclerc (R. du Mar.)	**BU**	59
Loverchy (Av. de)	**BV**	63
Martyrs-de-la-Déportation (R. des)	**CU**	64
Mendès-France (Av. Pierre)	**BV**	65
Mermoz (R. Jean)	**CU**	66
Novel (Av. de)	**CU**	69

Perréard (Av. Germain)	**BU**	73
Pont-Neuf (Av. du)	**BV**	77
Prélevet (Av. de)	**BV**	79
Prés-Riants (R. des)	**CU**	81
Saint-Exupéry (R. A.-de)	**CU**	86
Stade (Av. du)	**BCU**	92
Theuriet (R. André)	**CV**	93
Thônes (Av. de)	**BV**	94
Trésum (Av. de)	**CV**	97
Trois-Fontaines (Av. des)	**BV**	98
Val-Vert (R. du)	**BV**	99

ANNECY

🏨🏨🏨 **L'Impérial Palace** ⟨lac, 🌳 ⚙ 🛁 🔲 ⟨ ch, 🔲 ↩ 🍴 rest, ☎
allée de l'Impérial – 𝒞 04 50 09 30 00   🛁 VISA ⚙ AE ①
– reservation@hotel-imperial-palace.com – Fax 04 50 09 33 33   CV **s**
91 ch – ♦300/450 € ♦♦300/450 €, ⊊ 25 € – 8 suites
Rest *La Voile* – Carte 39/72 €

♦ Ce palace de 1913 se dresse fièrement dans un parc situé juste au bord du lac. Chambres contemporaines bien équipées, centre de congrès, casino, fitness et institut de beauté. Belle salle à manger et sa superbe terrasse ouverte sur les flots et les jardins.

🏨🏨 **Les Trésoms** ⟨ 🚗 ⚙ 🍴 ⚙ 🛁 🍴 🔲 ↩ 🍴 rest, ☎ 🛁
3 bd de la Corniche – 𝒞 04 50 51 43 84 – info@   **P** VISA ⚙ AE ①
lestresoms.com – Fax 04 50 45 56 49   CV **f**
50 ch – ♦119/219 € ♦♦139/269 €, ⊊ 16 € – ½ P 110/179 €
Rest *La Rotonde* – (fermé sam. midi, dim. soir, lundi et le midi en juil.-août)
Menu 29 € (déj. en sem.), 35/87 € – Carte 65/85 € 🏵
Rest *La Coupole* – (fermé mardi soir, merc. soir, jeudi soir et le midi sauf juil.-août)
(résidents seult) Menu 29/35 €

♦ Dans un calme jardin, demeure des années 1930 rénovée mais gardant son cachet Art déco. Chambres aux tons chauds, pour moitié tournées vers le lac. Spa. Cuisine dans l'air du temps à La Rotonde (panorama splendide en terrasse). Repas plus simples à La Coupole.

🏨🏨 **Le Pré Carré** sans rest   🔲 ⟨ 🔲 ↩ ☎ 🛁 🌳 VISA ⚙ AE ①
27 r. Sommeiller – 𝒞 04 50 52 14 14 – precarre@hotel-annecy.net – Fax 04 50 63 26 19
27 ch – ♦145/195 € ♦♦175/225 €, ⊊ 14 € – 2 suites   EX **b**
♦ Hôtel récent proche de la vieille ville et du lac. Chambres très contemporaines, traitées dans un camaïeu de teintes douces. Petit-déjeuner sous une verrière. Jacuzzi, sauna.

Novotel Atria 🛗 ⟨⟩ 🄰🄲 ↯ ⟨⟩ ♨ 🚗 𝗩𝗜𝗦𝗔 𝗠𝗖 🄰🄴 ⓪

1 av. Berthollet – ℰ 04 50 33 54 54 – h1357@accor.com – Fax 04 50 45 50 68

95 ch – †79/159 € ††79/159 €, � 13 € – **Rest** – Carte 23/43 € DX h

♦ Derrière la gare, bâtiment en verre attenant à un centre de congrès bien équipé. Les chambres sont confortables et insonorisées. Accueil tout sourire. Restaurant fonctionnel, petite terrasse côté rue et prestations culinaires "Novotel".

Splendid sans rest 🛗 🄰🄲 ↯ ⟨⟩ ⟨⟩ ♨ 𝗩𝗜𝗦𝗔 𝗠𝗖 🄰🄴

4 quai E.-Chappuis – ℰ 04 50 45 20 00 – info@splendidhotel.fr
– Fax 04 50 45 52 23 EY d

47 ch – †105/134 € ††116/150 €, ⊃ 14 €

♦ Hôtel d'esprit Art déco situé entre le centre historique et le lac. Grandes chambres pratiques et bien insonorisées, parfaitement conçues pour la clientèle d'affaires.

Carlton sans rest 🛗 🄰🄲 ⟨⟩ ♨ 🚗 𝗩𝗜𝗦𝗔 𝗠𝗖 🄰🄴 ⓪

5 r. Glières – ℰ 04 50 10 09 09 – contact@bestwestern-carlton.com
– Fax 04 50 10 09 60 DY g

55 ch – †82/124 € ††105/180 €, ⊃ 14 €

♦ Voisin de la gare et du château, cet immeuble du début du 20e s. dispose de chambres fonctionnelles, vastes et confortables, au décor ancré dans les années 1980.

Le Flamboyant sans rest 🄰🄲 ⟨⟩ 🄿 🚗 𝗩𝗜𝗦𝗔 𝗠𝗖 🄰🄴 ⓪

52 r. des Mouettes, à Annecy-le-Vieux – ℰ 04 50 23 61 69 – leflamboyant74@wanadoo.fr – Fax 04 50 23 05 03 CU

31 ch – †56/92 € ††68/115 €, ⊃ 11,50 €

♦ Grandes chambres refaites (avec cuisinette, balcon ou terrasse), aménagées dans trois bâtiments de type chalet. Bar façon pub anglais. Petit-déjeuner sous la véranda.

Des Marquisats sans rest ॐ 🛗 ↯ ⟨⟩ ⟨⟩ 🄿 𝗩𝗜𝗦𝗔 𝗠𝗖

6 chemin Colmyr – ℰ 04 50 51 52 34 – reservations@marquisats.com
– Fax 04 50 51 89 42 CV n

23 ch – †67/115 € ††67/115 €, ⊃ 10 €

♦ À flanc de colline, près d'une plage, maison en pierre progressivement rénovée. Décoration et styles variés dans les chambres, confortables et orientées vers le lac ou une forêt.

International 🛁 🛗 ⟨⟩ 🄰🄲 ↯ ⟨⟩ ♨ 🚗 𝗩𝗜𝗦𝗔 𝗠𝗖 🄰🄴 ⓪

19 av. du Rhône – ℰ 04 50 52 35 35 – reservation@bestwestern-hotelinternational.com – Fax 04 50 52 35 00 BV n

134 ch – †75/160 € ††75/160 €, ⊃ 13 € – **Rest** – (fermé vend. soir, sam. et dim. de nov. à avril) Menu 15/35 € – Carte 24/46 €

♦ Chambres récentes et fonctionnelles (certaines avec balcon), à choisir de préférence de l'autre côté de la rocade. Bons espaces séminaires et bar d'esprit anglais. Le bois domine au restaurant ; carte traditionnelle.

Mercure sans rest 🛗 🄰🄲 ↯ ⟨⟩ 𝗩𝗜𝗦𝗔 𝗠𝗖 🄰🄴

26 r. Vaugelas – ℰ 04 50 45 59 80 – h2812@accor.com – Fax 04 50 45 21 99

39 ch – †95/140 € ††105/140 €, ⊃ 13 € DY a

♦ Les chambres fonctionnelles, calmes et colorées en bleu et jaune (clin d'œil à la Provence), rendent cet hôtel central bien pratique. Formule buffet au petit-déjeuner.

Allobroges Park sans rest 🛗 ↯ ⟨⟩ ♨ 🄿 𝗩𝗜𝗦𝗔 𝗠𝗖 🄰🄴

11 r. Sommeiller – ℰ 04 50 45 03 11 – info@allobroges.com – Fax 04 50 51 88 32

47 ch – †68/89 € ††74/99 €, ⊃ 8,50 € – 3 suites DY n

♦ L'enseigne de cet hôtel du centre-ville rend hommage à la tribu celte qui peuplait jadis la région. Les chambres, refaites et contemporaines, baignent dans un camaïeu de beige.

Amiral 🏵 🛗 ⟨⟩ ↯ ⟨⟩ ♨ 🄿 𝗩𝗜𝗦𝗔 𝗠𝗖 🄰🄴 ⓪

61 r. Centrale, à Annecy-le-Vieux par ② ⊠ 74940 – ℰ 04 50 23 29 26 – contact@amiral-hotel.com – Fax 04 50 23 74 18

36 ch – †55/60 € ††65/78 €, ⊃ 12 € – 1 suite – ½ P 60/65 €

Rest – Menu 22/45 € – Carte 25/50 €

♦ Non loin du lac et de ses plages, bâtisse d'esprit colonial abritant de petites chambres refaites à neuf. Tons jaunes, banquettes rouges et bar en zinc dans la salle à manger. Terrasse ombragée et carte traditionnelle gentiment actualisée.

Nord sans rest   🛏 AC ✗ 📶 VISA ◉◉

24 r. Sommeiller – 𝒞 *04 50 45 08 78 – contact@annecy-hotel-du-nord.com*
– Fax 04 50 51 22 04   DY **f**
30 ch – 🛏45/59 € 🛏🛏55/66 €, � 7 €

♦ Idéalement situé en plein centre-ville, ce petit hôtel sans prétention se révèle fort commode pour un séjour de découverte. Décoration des chambres actuelle, gaie et colorée.

De Bonlieu sans rest   🛏 ⚐ AC ↔ 📶 ⚐ P VISA ◉◉ AE ◐

5 r. Bonlieu – 𝒞 *04 50 45 17 16 – info@annecybonlieuhotel.fr – Fax 04 50 45 11 48*
– Fermé 27 oct.-10 nov.   EX **a**
35 ch – 🛏72/96 € 🛏🛏80/104 €, ⊆ 11 €

♦ Dans une rue calme du centre-ville, petit hôtel moderne proposant des chambres un peu exiguës, mais pratiques et agencées de façon contemporaine et reposante.

Kyriad Centre sans rest   ↔ ✗ 📶 VISA ◉◉ AE

1 fg Balmettes – 𝒞 *04 50 45 04 12 – annecy.hotel.kyriad@wanadoo.fr*
– Fax 04 50 45 90 92   DY **t**
24 ch – 🛏67/77 € 🛏🛏67/77 €, ⊆ 7,50 €

♦ Coincée dans le vieil Annecy, cette bâtisse du 16ᵉ s. refait progressivement peau neuve. Chambres de tailles diverses, sobrement meublées et égayées de tissus jaunes et bleus.

Les Terrasses   🚲 🎐 ↔ ✗ rest, 📶 P VISA ◉◉

15 r. L.-Chaumontel – 𝒞 *04 50 57 08 98 – lesterrasses@wanadoo.fr*
– Fax 04 50 57 05 28   BV **a**
20 ch – 🛏52/70 € 🛏🛏56/72 €, ⊆ 8 € – ½ P 54/60 € – **Rest** – *(fermé 15 déc.-18 janv., sam. et dim. sauf juil.-août et le midi)* Menu 18 €

♦ Dans un quartier résidentiel proche de la gare, sympathique adresse aux chambres pimpantes meublées dans un esprit campagnard. Chaleureux accueil familial. Restaurant en partie lambrissé, simple mais coquet, et terrasses côté jardin.

XXX **Le Clos des Sens** (Laurent Petit) avec ch ⌂   🎐 ↔
🏵🏵   *13 r. J.-Mermoz ✉ 74940 –* 𝒞 *04 50 23 07 90*   ✗ ch, 📶 VISA ◉◉ AE
– artisanculinaire@closdessens.com – Fax 04 50 66 56 54 – Fermé 27 avril-7 mai,
1ᵉʳ-23 sept., dim. sauf le soir en juil.-août, mardi midi et lundi   CU **u**
4 ch – 🛏170/190 € 🛏🛏170/190 €, ⊆ 16 € – 1 suite
Rest – Menu 33 € (déj. en sem.), 48/100 € – Carte 81/100 € ⊛

Spéc. Cueillette d'aromates de notre jardin, légumes croquants (avril à oct.). Truite du lac, basse température, huile d'olive cryogénisée (fév. à oct.). Féra, consommé céleri-shizo-agrumes (fév. à oct.). **Vins** Mondeuse blanche, Mondeuse d'Arbin.

♦ Une cuisine inventive bien maîtrisée et joliment présentée, mise en valeur par un cadre contemporain, élégamment épuré. Terrasse dominant Annecy. Chambres originales et raffinées.

XXX **La Ciboulette** (Georges Paccard)   🎐 ↔ VISA ◉◉
🏵   *10 r. Vaugelas, (cour du Pré Carré) –* 𝒞 *04 50 45 74 57 – laciboulette74@*
wanadoo.fr – Fax 04 50 45 76 75 – Fermé 30 juin-26 juil., 27 oct.-4 nov., 9-18 fév.,
dim. et lundi   EY **v**
Rest – Menu 29 € (déj. en sem.), 43/55 € – Carte 64/83 €

Spéc. Féra du lac aux champignons, lait battu à l'estragon et caillou glacé (mars à oct.). Turbot rôti sur l'arête, artichaut et croûte Savoie-Piémont. Cœur de ris de veau crousti-moelleux, bâton d'enfance et jus de gentiane. **Vins** Chignin-Bergeron, Mondeuse d'Arbin.

♦ Un restaurant au décor étudié et de bon goût, mi-classique, mi-contemporain. On y prépare une belle cuisine dans l'air du temps sur des bases classiques.

XXX **Le Belvédère** (Vincent Lugrin) avec ch ⌂   ≤ Annecy et lac, 🎐 ↔
🏵   *7 chemin Belvédère, 2 km, rte Semnoz au Sud-Est par*   📶 P VISA ◉◉ AE
r. Marquisat – 𝒞 *04 50 45 04 90 – b@belvedere-annecy.com – Fax 04 50 45 67 25*
– Fermé 1ᵉʳ-14 déc., janv., dim. soir, mardi et merc.   CV **t**
5 ch – 🛏80/135 € 🛏🛏80/135 €, ⊆ 10 € – ½ P 90/105 €
Rest – Menu 26 € (déj. en sem.), 35/70 € – Carte 46/91 €

Spéc. Foie gras de canard aux perles de vanille bourbon. Omble chevalier du lac au beurre, émulsion au poivre de Séchuan. Cigare en chocolat noir fourré d'une mousse café. **Vins** Chignin-Bergeron, Mondeuse d'Arbin.

♦ Appétissante cuisine actuelle à déguster dans ce restaurant surplombant le lac d'Annecy. Agréable terrasse d'été et chambres au calme, où l'on profite du panorama.

XX **Le Bilboquet** 〔VISA〕〔MC〕

14 fg Ste-Claire – ℰ 04 50 45 21 68 – eric.besson @ neuf.fr – Fax 04 50 45 21 68
– Fermé 1er.-15 juil., dim. sauf le soir en juil.-août et lundi DY m
Rest – Menu 20 € (déj. en sem.), 26/45 € – Carte 42/56 €
♦ Les vieux murs épais garantissent une certaine fraîcheur dans cet agréable restaurant qui jouxte la porte Ste-Claire. La table, alléchante, oscille entre tradition et modernité.

XX **Auberge du Lyonnais** avec ch 〔☂〕〔VISA〕〔MC〕〔AE〕

9 r. de la République – ℰ 04 50 51 26 10 – aubergedulyonnais @ wanadoo.fr
– Fax 04 50 51 05 04 – Fermé 20 oct.-7 nov. DY p
10 ch – †45/70 € ††50/75 €, ☂ 8 € – **Rest** – Menu 23 € (sem.)/59 € – Carte 42/62 €
♦ Vieille maison du centre historique coincée entre deux bras du canal du Thiou. Belle carte façon brasserie dans un cadre marin ou mieux, sur la belle terrasse au fil de l'eau. Chambres simples, de style montagnard.

XX **Auberge de Savoie** 〔☂〕〔VISA〕〔MC〕〔AE〕

1 pl. St-François – ℰ 04 50 45 03 05 – aubergedesavoie @ laposte.net
– Fax 04 50 51 18 28 – Fermé 16 nov.-3 déc., 4-21 janv., mardi sauf juil.-août et merc. EY n
Rest – Menu 27/57 € – Carte 48/68 €
♦ Accueil et service très pros dans ce restaurant contemporain et chaleureux, adossé à l'église St-François. La terrasse sur une petite place a vue sur le Thiou et le château.

XX **La Brasserie St-Maurice** 〔☂〕〔VISA〕〔MC〕〔AE〕

7 r. Collège-Chapuisien – ℰ 04 50 51 24 49 – stmau @ stmau.com
– Fax 04 50 51 24 49 – Fermé dim. et lundi EY r
Rest – Menu 18 € (déj. en sem.), 24/39 € – Carte 31/58 €
♦ Discret restaurant aménagé dans une magnifique maison de 1675. Les belles colonnes en bois visibles dans la salle à manger sont d'origine. Terrasse d'été et carte traditionnelle.

X **Contresens** 〔☂〕〔AK〕〔VISA〕〔MC〕〔AE〕

10 r. de la Poste – ℰ 04 50 51 22 10 – Fax 04 50 51 34 26 – Fermé 24 avril-6 mai,
9-23 août, 23 déc.-5 janv., dim. et lundi DY b
Rest – Menu (19 €), 26 € – Carte environ 33 €
♦ On mange un peu au coude à coude et le "Tout-Annecy" se presse dans ce restaurant proposant une séduisante cuisine actuelle et ludique, façon bistrot moderne. Terrasse-trottoir.

X **Nature et Saveur** 〔☂〕〔VISA〕〔MC〕

pl. des Cordeliers – ℰ 04 50 45 82 29 – postmaster @ nature-saveur.com – Fermé
1er.-7 mai, 13-22 juil., 21 déc.-4 janv., dim., lundi et mardi DY r
Rest – Menu 28 € (déj. en sem.), 45/55 € – Carte 26/32 €
♦ Une adresse insolite qui sert une cuisine inspirée par la naturopathie, riche en découvertes et pauvre en calories ! Carte de vins bio ; vente de thés et plats à emporter.

à Chavoires 4,5 km par ② – ⊠ 74290 Veyrier-du-Lac

🏠 **Demeure de Chavoire** sans rest ≼ 🚗 📞 🅿 〔VISA〕〔MC〕〔AE〕

71 rte d'Annecy – ℰ 04 50 60 04 38 – demeure.chavoire @ wanadoo.fr
– Fax 04 50 60 05 36
10 ch – †130/145 € ††145/275 €, ☂ 16 € – 3 suites
♦ La façade est discrète, mais voici un hôtel de caractère, romantique à souhait : chambres cosy, meubles d'antiquaires, tons pastel et agréable terrasse-jardin face au lac.

à Veyrier-du-Lac 5,5 km par ② – 2 063 h. – alt. 504 m – ⊠ 74290

🚹 Office de tourisme, rue de la Tournette ℰ 04 50 60 22 71, Fax 04 50 60 00 90

🏠 **La Veyrolaine** ⬙ ≼ lac et montagnes, 🚗 ⇔ 📞 🅿

30 rte Crêt des Vignes – ℰ 04 50 60 15 87 – la.veyrolaine @ orange.fr
– Fax 06 73 60 01 16 – Fermé 27 oct.-8 nov.
3 ch ☂ – †65/115 € ††75/115 € – **Table d'hôte** – *(fermé mars)* Menu 30 €
♦ Proximité du lac, gentillesse des hôtes et confortable intérieur bourgeois : les raisons de venir dans cette villa cossue, où l'on se sent comme chez soi, ne manquent pas. Savoureuse cuisine de saison concoctée par le patron, jadis chef dans un palace... Terrasse d'été.

XXXXX La Maison de Marc Veyrat avec ch ⑤ ← lac, 🚗 🏠 🎵 & 🖾 📞

❄❄❄ *13 vieille rte des Pensières* – ℰ *04 50 60 24 00*
– *reservation @ marcveyrat.fr – Fax 04 50 60 23 63 – Ouvert de mi-fév. à fin oct. et
fermé mardi sauf juil.-août, lundi et le midi sauf sam. et dim.*

9 ch – †300 € ††300/670 €, ⌂ 60 € – 2 suites – **Rest** – Menu 338 € ⑧
Spéc. Asperge verte sauvage destructurée, fruit de la passion, écume romarin.
Nouilles disparaissantes, sans farine ni œuf, sorbet cardamine. Bar en bulle de
plastique, chocolat blanc, dérivé de citronnelle. **Vins** Ayze, Mondeuse d'Arbin.
♦ Brillante cuisine magnifiant herbes et fleurs des alpages, superbe décor savoyard et
divine terrasse face au lac : une fée gourmande veille sur cette envoûtante maison bleue.

à Sévrier 6 km au Sud par ③ – 3 421 h. – alt. 456 m – ⊠ 74320

🅱 Office de tourisme, ℰ 04 50 52 40 56, Fax 04 50 52 48 66
◙ Musée de la Cloche★.

🏠 Auberge de Létraz ← 🚗 🏠 ⌘ 🎵 & 🄿 VISA ⊕ AE ①

921 rte d'Albertville – ℰ *04 50 52 40 36 – accueil @ auberge-de-letraz.com
– Fax 04 50 52 63 36*

23 ch – †58/180 € ††58/180 €, ⌂ 16 € – 1 suite – ½ P 84/161 €
Rest – *(fermé de mi-nov. à mi-déc., dim. soir et lundi d'oct. à mai)* Menu 39/74 €
– Carte 60/89 €
♦ Le jardin de cet hôtel occupe une situation de choix face au lac. Les chambres, refaites
dans un style actuel, sont plus calmes côté flots. Salle de restaurant et terrasse tournés vers
le joyau d'Annecy. Registre culinaire traditionnel actualisé.

🏠 Beauregard ← 🚗 🏠 🎵 & ch, 🄰🄲 rest, 📞 & 🄿 VISA ⊕

– ℰ *04 50 52 40 59 – info @ hotel-beauregard.com – Fax 04 50 52 44 71 – Fermé
14 nov.-19 janv.*

45 ch – †50/70 € ††55/99 €, ⌂ 10 € – ½ P 53/73 € – **Rest** – *(fermé dim. d'oct.
à avril)* Menu (16 €), 21/46 € – Carte 28/43 €
♦ Imposante maison d'allure savoyarde posée entre la route et le lac. Chambres fonctionnelles bien tenues ; espace séminaire de bonne ampleur. Vue plongeante sur l'eau depuis
le restaurant en rotonde et les terrasses sous tonnelle. Carte traditionnelle simple.

🏠 L'Auberge de Chuguet ← 🚗 🏠 & ch, 🍴 🛇 rest, 📞

823 rte d'Albertville – ℰ *04 50 19 03 69*   🛆 🄿 VISA ⊕ AE
– *achuguet @ aol.com – Fax 04 50 52 49 42*

25 ch – †54/83 € ††54/98 €, ⌂ 8 € – ½ P 52/75 €
Rest L'Arpège – ℰ *04 50 19 07 35 (fermé sam. midi, dim. soir et lundi)* Menu 19 €
(déj. en sem.), 25/50 € – Carte 38/53 €
♦ La bâtisse est anodine mais l'intérieur, où domine le bleu, possède plus de cachet.
Chambres au confort très simple ; duplex et studios plus récents. À L'Arpège, cadre marin
contemporain et belle terrasse ombragée de platanes, grande ouverte sur le lac.

à Pringy 8 km au Nord par ① et rte secondaire – 2 616 h. – alt. 483 m – ⊠ 74370

XX Le Clos du Château 🏠 & 🄿 VISA ⊕ AE

⑤ *70 rte Cuvat, dir. Promery* – ℰ *04 50 66 82 23 – leclosduchateau @ wanadoo.fr
– Fax 04 50 66 87 18 – Fermé 23 juil.-23 août, dim. soir et lundi*

Rest – Menu 18 € (déj. en sem.), 28/51 € – Carte 43/53 €
♦ Trois cuisiniers tiennent cette adresse jouxtant le château communal. Tendance au
contemporain et à l'épure dans le décor et les assiettes.

ANNEMASSE – 74 Haute-Savoie – 328 K3 – 27 253 h. – Agglo. 106 673 h. – alt.
432 m – Casino : Grand Casino – ⊠ 74100   46 **F1**

▶ Paris 538 – Annecy 46 – Bonneville 22 – Genève 8 – Thonon-les-Bains 31
🅱 Office de tourisme, place de la Gare ℰ 04 50 95 07 10, Fax 04 50 37 11 71

Plan page ci-contre

🏠 Mercure 🚗 🏠 ⌘ 🎵 🄰🄲 🍴 📞 🛆 🄿 VISA ⊕ AE ①

par ③ et rte Gaillard ⊠ *74240* – ℰ *04 50 92 05 25 – h0343 @ accor.com
– Fax 04 50 87 14 50*

78 ch – †64/145 € ††74/155 €, ⌂ 14 € – **Rest** – Carte 29/51 €
♦ Près de l'autoroute, hôtel inscrit dans un cadre de verdure, au bord d'une rivière.
Chambres assez spacieuses, confortables et insonorisées. Sobre salle à manger et sa
terrasse au bord de la piscine ; petits plats traditionnels.

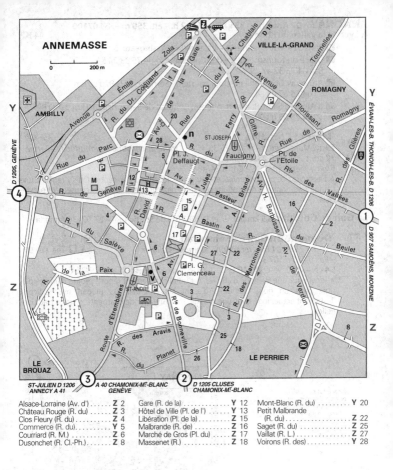

ANNEMASSE

VILLE-LA-GRAND

ROMAGNY

AMBILLY

ST-JOSEPH

Pl. de l'Etoile

LE BROUAZ

LE PERRIER

ST-JULIEN D 1206 / ANNECY A 41

A 40 CHAMONIX-M.-BLANC GENÈVE

D 1205 CLUSES CHAMONIX-M.-BLANC

La Place sans rest   🕮 ⇄ ☎ **P** 🅿 🚗 **VISA** ⑩ ᴁᴇ
10 pl. J.-Deffaugt – ℰ 04 50 92 06 44 – hotel.la.place@wanadoo.fr
– Fax 04 50 87 07 45   **Y** n
43 ch – ♦49/57 € ♦♦64/75 €, ☑ 8 €
♦ Un beau salon design, de jolies chambres d'esprit contemporain sobre et épuré et un accueil des plus sympathiques, voici une étape centrale agréable sur la route de la Suisse.

St-André sans rest   ᴴ ᴀᴄ ☎ 🚗 **VISA** ⑩ ᴁᴇ
20 r. M.-Courriard – ℰ 04 50 84 07 00 – resa@hotel-st-andre.com
– Fax 04 50 84 36 22   **Z** v
40 ch – ♦58 € ♦♦68 €, ☑ 8 € – 2 suites
♦ Hôtel récent installé dans un quartier de bureaux. Grandes chambres lumineuses, idéalement pensées pour les séjours d'affaires (mobilier pratique et équipement complet).

Une nuit douillette sans se ruiner ?
Repérez les Bibs Hôtel 🍽.

ANNONAY – 07 Ardèche – 331 K2 – 17 522 h. – alt. 350 m – ⊠ 07100

▌Lyon et la vallée du Rhône

- ◨ Paris 529 – St-Étienne 44 – Valence 56 – Yssingeaux 57
- ◧ Office de tourisme, place des Cordeliers ℰ 04 75 33 24 51, Fax 04 75 32 47 79
- ◲ Annonay Gourdan Le Pelou, par rte de Serrières et D 820 : 6 km, ℰ 04 75 67 03 84 ;
- ◲ d'Albon à Saint-Rambert-d'Albon Château de Senaud, E : 19 km par D 82, ℰ 04 75 03 03 90.

ⅩⅩ **Marc et Christine**   ⌂ VISA ◍

29 av. Marc-Seguin – ℰ *04 75 33 46 97 – marc-et-christine@wanadoo.fr – Fermé 18 août-2 sept., 9-23 fév., dim. soir et lundi*   **e**

Rest – Menu 18/45 € – Carte 24/48 € ⌘

♦ Découvrez ce bistrot familial et gourmand, légèrement excentré. On s'y régale d'une cuisine traditionnelle de produits du terroir dans une ambiance délicieusement provinciale.

au Golf de Gourdan 6,5 km par ① et D 1082 (rte de St-Étienne) – ⊠ 07430 Annonay

◫ **Domaine du Golf de Saint Clair** ⌂   ⌖ ⌂ *Iᴏ* ◲ ⌂ ⅙ ch, Ⓐ ch,

– ℰ *04 75 67 01 00 – reception@domainestclair.fr*   ⌂ **P** VISA ◍ Ⓐ
– *Fax 04 75 67 07 38*

54 ch – ✝90/95 € ✝✝110 €, ⊵ 12 € – 2 suites – **Rest** – Carte 29/36 €

♦ Idéal pour une clientèle d'affaires, cet hôtel entièrement rénové profite d'un site paisible dans un golf. Chambres d'esprit contemporain (la plupart avec balcon). Restaurant actuel logé dans une grange, sous une grande charpente. Cuisine traditionnelle.

à St-Marcel-lès-Annonay 8,5 km par ④, D 206 et D 1082 – 1 223 h. – alt. 450 m – ⊠ 07100

🏨 Auberge du Lac ≪ 🕾 🏮 ⅍ ⓒ 🛱 P VISA ⓒⓞ AE
Le Ternay – ℰ *04 75 67 12 03 – contact@aubergedulac.fr – Fax 04 75 34 90 20
– Fermé janv.*
12 ch – †80/145 € ††80/145 €, � 12 € – ½ P 72/105 € – **Rest** – *(fermé mardi midi sauf en juil.-août, dim. soir et lundi)* Menu 32/47 €
♦ Face au barrage, ancienne auberge métamorphosée en maison luxueuse et cosy. Chambres personnalisées sur le thème des fleurs, très bien équipées. Solarium sur le toit. Salle à manger provençale et terrasse d'où l'on admire le lac et le Pilat.

à St-Julien-Molin-Molette 10,5 km par ④, D 206 et D 1082 – 1 132 h. – alt. 589 m – ⊠ 42220

🏠 La Rivoire 🐾 ≪ 🕾 🕾 ⅍ ⅍ P
à la Rivoire, 4 km au Sud par route communale – ℰ *04 77 39 65 44 – info@larivoire.net – Fax 04 77 39 67 86*
5 ch ⊑ – †47/52 € ††57/62 € – ½ P 48 € – **Table d'hôte** – Menu 19 € bc
♦ Noble demeure à tour ronde, datant probablement du 15ᵉ s. Chambres fraîches aux noms de couleurs ; jolie vue sur la vallée de la Déome et les premières collines ardéchoises. À table, on se régale de charcuteries paysannes et de légumes du potager familial.

ANNOT – 04 Alpes-de-Haute-Provence – 334 I9 – 988 h. – alt. 708 m – ⊠ 04240
🏮 Alpes du Sud   41 **C2**

 ▯ Paris 812 – Castellane 31 – Digne-les-Bains 69 – Manosque 112
 🖪 Office de tourisme, boulevard Saint-Pierre ℰ 04 92 83 23 03,
   Fax 04 92 83 30 63
 ◙ Vieille ville★ - Clue de Rouaine★ S : 4 km.

🏠 L'Avenue 🕾 VISA ⓒⓞ
av. de la Gare – ℰ *04 92 83 22 07 – contact@hotel-avenue.com
– Fax 04 92 83 33 13 – Ouvert 1ᵉʳ avril-30 oct.*
9 ch – †60/66 € ††60/66 €, ⊑ 8 € – ½ P 55 € – **Rest** – *(fermé le midi en sem.)* Menu 20/30 €
♦ Posez votre valise dans l'une des chambres aux tons provençaux de ce sympathique établissement familial bordant une avenue ombragée. Tenue scrupuleuse. Restaurant au plaisant cadre contemporain, miniterrasse-trottoir et cuisine à l'accent régional.

ANSE – 69 Rhône – 327 H4 – 4 744 h. – alt. 170 m – ⊠ 69480   43 **E1**
 ▯ Paris 436 – Bourg-en-Bresse 57 – Lyon 27 – Mâcon 51
   – Villefranche-sur-Saône 7
 🖪 Office de tourisme, place du 8 mai 1945 ℰ 04 74 60 26 16,
   Fax 04 74 67 29 74

🏠 St-Romain 🐾 🕾 🕾 ⅍ ch, ⓒ ⅍ P VISA ⓒⓞ AE ⓪
rte des Graves – ℰ *04 74 60 24 46 – hotel-saint-romain@wanadoo.fr
– Fax 04 74 67 12 85 – Fermé dim. soir de nov. à avril*
24 ch – †46 € ††49/54 €, ⊑ 7 € – ½ P 51 € – **Rest** – Menu 21 € (sem.)/46 €
– Carte 41/49 €
♦ Cette vieille ferme beaujolaise rénovée dispose de chambres sobrement rustiques, mais bien tenues. Salle à manger campagnarde où l'on sert des plats plutôt traditionnels accompagnés de vins du cru.

✗✗ Au Colombier 🕾 🕾 P VISA ⓒⓞ AE
126 allée Colombier – ℰ *04 74 67 04 68 – info@aucolombier.com
– Fax 04 74 67 20 30 – Fermé 2-8 janv. et lundi d'oct. à mai*
Rest – Menu 27/48 € – Carte 42/57 €
♦ Une solide maison du 18ᵉ s. au bord de la Saône. Terrasse pour les repas estivaux et cheminée en pierres pour les mois d'hiver. Le chef signe une cuisine dynamique et très juste.

ANTHY-SUR-LÉMAN – 74 Haute-Savoie – 328 L2 – rattaché à Thonon-les-Bains

ANTIBES – 06 Alpes-Maritimes – **341** D6 – 72 412 h. – alt. 2 m – Casino : "la Siesta"
bord de mer par ① – ⊠ 06600 ▮ Côte d'Azur
42 **E2**

▶ Paris 909 – Aix-en-Provence 160 – Cannes 11 – Nice 21

🖪 Office de tourisme, 11, place du Général-de-Gaulle
℘ 04 92 90 53 00, Fax 04 92 90 53 01

◉ Vieille ville★: Promenade Amiral-de-Grasse ≤★ DXY - Château Grimaldi
(Déposition de Croix★, Musée donation Picasso★) DX - Musée Peynet et de
la Caricature★ DX **M²** - Marineland★ 4 km par ①.

ANTIBES

Châtaignier (Av. du)	**AU**	13
Contrebandiers (Ch. des)	**BV**	16
Ferrié (Av. Gén.)	**AU**	26
Gardiole-Bacon (Bd)	**BUV**	31

Garoupe (Bd de la)	**BV**	33
Garoupe (Ch. de la)	**BV**	34
Grec (Av. Jules)	**ABU**	38
Malespine (Av.)	**BV**	50
Phare (Rte du)	**BV**	62
Raymond (Ch.)	**BV**	64
Reibaud (Av.)	**AU**	65

Flèche noire Sens unique en saison

Salis (Av. de la)	**BV**	77
Sella (Av. André)	**BV**	78
Tamisier (Ch. du)	**BV**	79
Tour-Gandolphe		
(Av. de la)	**BV**	82
Vautrin (Bd. du Gén.)	**BU**	84
11-Novembre (Av. du)	**BU**	91

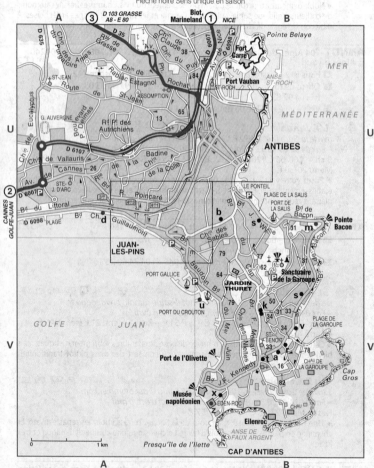

ANTIBES

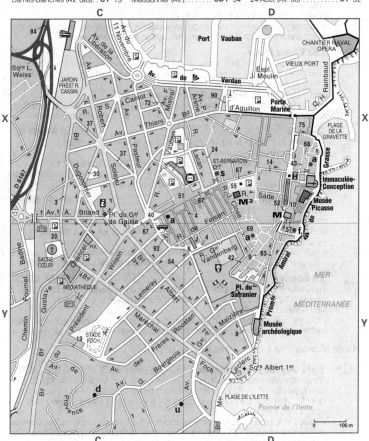

Josse sans rest ← 🚗 🅐🅒 🅟 🚲 **VISA** 🅜🅒 🅐🅔 🅞

8 bd James-Wyllie – 𝒞 04 92 93 38 38 – hotel.josse@wanadoo.fr – Fax 04 92 93 38 39

26 ch – 🛏91/183 € 🛏🛏102/183 €, ⌷ 11 €   BU **s**

♦ Une adresse tout en sobriété mais bien pratique : près de la plage de la Salis, chambres simples avec balcon (3 "familiales"), certaines tournées vers la grande bleue.

Mas Djoliba 🐾 🚗 🍴 ⬛ 🅐🅒 🦸 📞 **P** **VISA** 🅜🅒

29 av. de Provence – 𝒞 04 93 34 02 48 – hotel.djoliba@wanadoo.fr

– Fax 04 93 34 05 81 – Ouvert 1er fév.-31 oct.   CY **d**

13 ch – 🛏70/95 € 🛏🛏80/168 €, ⌷ 11 € – ½ P 81/109 € – **Rest** – (ouvert 1er mai-30 sept.) (dîner seult) (résidents seult)

♦ Relaxez-vous entre palmiers et bougainvillées, à la piscine ou dans les coquettes chambres de cette villa 1920 ; celle du dernier étage offre une terrasse avec vue sur le Cap.

Petit Castel sans rest
🅰🅒 ↳ ☎ 🅿 VISA 🐙 🅰🅔 ⓘ

22 chemin des Sables – ℰ 04 93 61 59 37 – hotel@lepetitcastel.fr – Fax 04 93 67 51 28
16 ch – ♦74/155 € ♦♦78/175 €, �)ⁿ 11 €   BU **b**

♦ Bon accueil en ce pavillon rénové bâti au bord d'une voie passante, en secteur résidentiel.
Chambres insonorisées et climatisées, solarium-jacuzzi perché, vélos à disposition.

Modern Hôtel sans rest
🅰🅒 ↳ VISA 🐙 🅰🅔 ⓘ

1 r. Fourmilière – ℰ 04 92 90 59 05 – modernhotel@wanadoo.fr
– Fax 04 92 90 59 06 – Fermé 15 janv.   CX **a**
17 ch – ♦56/68 € ♦♦64/82 €, ☖ 5,50 €

♦ Cet hôtel situé à l'entrée de la zone piétonne a bénéficié d'une rénovation. Les chambres
offrent une sobre décoration, une literie neuve et un mobilier fonctionnel.

🗙🗙🗙 Les Vieux Murs
⪡ ⌂ 🅰🅒 ⟷ VISA 🐙 🅰🅔

25 promenade Amiral-de-Grasse – ℰ 04 93 34 06 73 – lesvieuxmurs@wanadoo.fr
– Fax 04 93 34 81 08 – Fermé 12 janv.-9 fév., mardi midi, lundi de sept. à mi-juin et
le midi de mi-juin à fin août   DY **f**
Rest – Menu (29 €), 34 € (déj.), 42/60 € – Carte 64/87 €

♦ Un chaleureux décor aux tons orangés et une belle terrasse vous attendent dans cette
maison située sur les remparts, face à la mer. Cuisine actuelle. Bar lounge (expositions).

🗙🗙 Oscar's
⌂ 🅰🅒 VISA 🐙 🅰🅔

🕸
8 r. Rostan – ℰ 04 93 34 90 14 – Fax 04 93 34 90 14 – Fermé 1ᵉʳ-15 juin,
23 déc.-10 janv., dim. et lundi   DX **s**
Rest – *(nombre de couverts limité, prévenir)* Menu 28 € – Carte 63/94 €

♦ Laissez-vous surprendre par ce décor original de niches agrémentées de sculptures et
paysages antiquisants. La goûteuse cuisine italo-provençale assure le succès de la maison.

🗙🗙 Le Figuier de St-Esprit
⌂ 🅰🅒 VISA 🐙 🅰🅔

14 r. St-Esprit – ℰ 04 93 34 50 12 – Fax 04 93 34 94 25 – Fermé 23 nov.-21 déc.,
merc. midi et mardi   DX **a**
Rest – *(dîner seult du 15 juin au 31 août)* Menu 30 € (déj. en sem.), 48/75 €
– Carte 48/100 €

♦ Belle adresse des remparts récemment reprise par Christian Morisset. Cuisine actuelle
à déguster dans une salle à manger claire et moderne ou dans le patio, sous le figuier...

🗙 Le Sucrier
⌂ 🅰🅒 🗙 VISA 🐙 🅰🅔

6 r. des Bains – ℰ 04 93 34 85 40 – info@lesucrier.com – Fax 04 93 34 85 40
– Fermé 17-25 nov., 12-27 janv., mardi midi d'oct. à mai et lundi   DY **a**
Rest – Menu 20/40 € – Carte 37/60 €

♦ Cuisine italienne (pâtes fraîches, poissons, etc.) complétée d'une sélection de plats
traditionnels. Côté décor : plusieurs salles coquettes, dont une voûtée, et une terrasse.

rte de Nice par ① et D 6007 – ✉ 06600 Antibes

Baie des Anges-Thalazur
⪡ ⌂ 🏊 🔲 🕸 🛁 🖐 & ch, 🅰🅒 ↳

770 chemin Moyennes-Breguières,   🗙 rest, ☎ 🚐 🅿 VISA 🐙 🅰🅔 ⓘ
(près hôpital) – ℰ 04 92 91 82 00 – antibes@thalazur.fr – Fax 04 93 65 94 14
164 ch – ♦69/114 € ♦♦93/139 €, ☖ 15 € – ½ P 82/110 € – **Rest** – Menu 32 €
– Carte 33/56 €

♦ L'hôtel et le centre de thalassothérapie sortent d'une rénovation complète. Grandes
chambres bien équipées (certaines ont vue sur la baie) ; belles piscines panoramiques. Plats
traditionnels ou diététiques servis dans la salle à manger-véranda au décor marin.

Bleu Marine sans rest
📶 🅰🅒 🗙 🅿 VISA 🐙 🅰🅔 ⓘ

chemin des 4 Chemins, (près de l'hôpital) – ℰ 04 93 74 84 84
– hotel-bleu-marine@wanadoo.fr – Fax 04 93 95 90 26
18 ch – ♦55/63 € ♦♦65/77 €, ☖ 7 €

♦ Construction récente à proximité de l'hôpital. Chambres pratiques et bien entretenues.
Celles des étages supérieurs profitent d'une échappée sur la mer.

Chrys Hôtel sans rest
🚐 🏊 & 🅰🅒 ↳ 🗙 ☎ 🚐 🅿 🐎 VISA 🐙 🅰🅔 ⓘ

50 chemin de la Parouquine, route nationale 7 – ℰ 04 92 91 70 20 – chrys-hotel@
wanadoo.fr – Fax 04 92 91 70 21 – Fermé 15 déc.-7 janv.
31 ch – ♦68/95 € ♦♦81/140 €, ☖ 9,50 €

♦ Bâtisse blanche de style régional abritant de petites chambres fonctionnelles et
insonorisées. Coquette salle des petits-déjeuners dressée face à la piscine.

CAP D'ANTIBES – 06 Alpes-Maritimes

⊡ Paris 922 – Marseille 174 – Nice 35 – Antibes 6 – Cannes 14

◫ Plateau de la Garoupe ✻★★ - Jardin Thuret★ Z F – ≤★ Pointe Bacon - ≤★ de la plate-forme du bastion (musée naval) Z **M.**

🏨🏨🏨🏨 **Du Cap** ⬧ ≤ littoral et massif de l'Esterel, 🌐 🐾 ⌁ 🏊 ↻ ⚡ ᛒ 🍴 ☷ rest,
bd JF-Kennedy – ℰ 04 93 61 39 01 — 🅐🅒 ↔ 🎀 📞 ⚿ 🅟 ⊘ **VISA** 🆀🅾 **AE**
– reservation @ hdcer.com – Fax 04 93 67 76 04 – Ouvert 4 avril-17 oct.
110 ch – 🛏460/1600 € 🛏🛏460/1600 €, ⊇ 34 € – 11 suites   BV **x**
Rest *Eden Roc* – voir ci-après

◆ Passage obligé de la jet-set, ce majestueux palace du 19ᵉ s. est niché dans un grand parc fleuri face à la mer. Luxe, raffinement, espace et calme en font un lieu magique.

🏨🏨🏨 **Impérial Garoupe** ⬧ 🍽 🐾 🎀 ⌁ 🏊🅙 ☷ 🅐🅒 🎀 rest, 📞 ⚿ 🅟
770 chemin Garoupe – ℰ 04 92 93 31 61 — 🚬 **VISA** 🆀🅾 **AE** ①
– cap @ imperial-garoupe.com – Fax 04 92 93 31 62 – Ouvert 15 avril-25 oct.
30 ch – 🛏285/640 € 🛏🛏285/640 €, ⊇ 26 € – 4 suites   BV **r**
Rest *L'Anse* – ℰ 04 92 93 31 64 (ouvert 29 déc.-25 oct. et fermé mardi du 1ᵉʳjanv. au 15 avril et merc.) Menu 55 € (déj.)/65 € (dîner) – Carte 70/90 €

◆ Belle demeure méditerranéenne entourée d'une végétation luxuriante. Chambres personnalisées, ultra-raffinées, ouvertes sur un balcon, une terrasse ou un minijardin privé. Cuisine aux saveurs du Sud, en harmonie avec le décor plutôt chic de la salle à manger.

🏨🏨🏨 **Don César** ≤ 🐾 🎀 ⌁ 🏊🅙 ☷ ch, 🅐🅒 🅟 🚬 **VISA** 🆀🅾 **AE** ①
46 bd la Garoupe – ℰ 04 93 67 15 30 – hotel.don.cesar @ wanadoo.fr
– Fax 04 93 67 18 25 – Ouvert 1ᵉʳ avril-5 nov.   BV **s**
21 ch – 🛏165/335 € 🛏🛏165/495 €, ⊇ 18 € – **Rest** – (fermé mardi midi et lundi) (nombre de couverts limité, prévenir) Menu 39/45 € – Carte 54/79 €

◆ Parmi les atouts de cette grande villa méditerranéenne : une terrasse privée sur la mer pour chacune des chambres – toutes très cossues – et une belle piscine à débordement. Salle à manger intime ; cuisine inventive où s'illustrent les produits régionaux.

🏨🏨🏨 **La Baie Dorée** ⬧ ≤ mer, 🐾 🎀 ⌁ 🌐 🅙 📞 ⚿ 🅟 **VISA** 🆀🅾 **AE** ①
579 bd la Garoupe – ℰ 04 93 67 30 67 – baiedoree @ wanadoo.fr
– Fax 04 92 93 76 39   BV **v**
18 ch – 🛏230/510 € 🛏🛏230/665 €, ⊇ 20 € – ½ P 235 € – **Rest** – (ouvert d'avril à sept.) Carte 64/92 €

◆ Cette lumineuse villa méridionale a les "pieds dans l'eau". Les chambres, accueillantes et soignées, avec terrasse ou balcon, donnent toutes sur la baie. Ponton privé. Aux beaux jours, on dresse les tables du restaurant face à la mer (cuisine aux saveurs iodées).

🏨🏨 **Beau Site** sans rest 🏊 🅐🅒 📞 🅟 **VISA** 🆀🅾 **AE**
141 bd Kennedy – ℰ 04 93 61 53 43 – hbeausit @ club-internet.fr
– Fax 04 93 67 78 16 – Ouvert 2 fév.-3 nov.   BV **t**
28 ch – 🛏70/135 € 🛏🛏80/200 €, ⊇ 12,50 €

◆ Terrasse ombragée d'essences méditerranéennes, agréable piscine et charmantes chambres au mobilier peint dans le style régional du 18ᵉ s. : un lieu qui respire la Provence !

🏨🏨 **La Garoupe et Gardiole** sans rest 🎀 🏊 🅐🅒 🎀 📞 🅟 **VISA** 🆀🅾 **AE**
60 chemin Garoupe – ℰ 04 92 93 33 33 – info @ hotel-lagaroupe-gardiole.com
– Fax 04 93 67 61 87 – Ouvert 6 avril-21 oct.   BV **k**
37 ch – 🛏75/95 € 🛏🛏98/140 €, ⊇ 12 €

◆ Piscine, jardin et belle terrasse-pergola participent au charme de ces jolies maisons décorées à la provençale. Chambres fraîches à la Garoupe et rustiques à la Gardiole.

🏨🏨 **Castel Garoupe** sans rest ⬧ 🎀 🏊 ⚡ 🅐🅒 🎀 🅟 **VISA** 🆀🅾 **AE**
959 bd la Garoupe – ℰ 04 93 61 36 51 – castel-garoupe @ wanadoo.fr
– Fax 04 93 67 74 88 – Ouvert de mars à oct.   BV **a**
25 ch – 🛏94/142 € 🛏🛏125/164 €, ⊇ 10 € – 3 suites

◆ Intérieur mêlant mobilier ancien, objets chinés et décoration actuelle. Chambres confortables avec balcons. Piscine protégée par un jardin luxuriant et tennis refait.

XXXXX **Eden Roc** – Hôtel du Cap ⪉ littoral et les îles, 🍽 🎠 ⪆ **P** **VISA** **◉◉** **AE**
bd JF-Kennedy – 𝒞 *04 93 61 39 01 – reservation @ hdcer.com – Fax 04 93 67 76 04*
– Ouvert 4 avril-17 oct. BV **z**
Rest – Carte 86/196 € 🕸
◆ Superbe villa isolée sur un roc en bordure de mer : difficile de trouver meilleure situation
pour goûter au luxe d'un lieu mythique où s'attabler sur la terrasse est un "must".

XXX **Bacon** ⪉ Antibes et baie des Anges, 🍽 🎠 🚫 ⪆(soir) **P** **VISA** **◉◉**
❀ *bd Bacon –* 𝒞 *04 93 61 50 02 – contact @ restaurantdebacon.com*
– Fax 04 93 61 65 19 – Ouvert 1ᵉʳ mars-31 oct. et fermé mardi midi et lundi
Rest – Menu 49 € (déj. en sem.)/79 € (sauf dîner en juillet-août)
– Carte 69/227 € BU **m**
Spéc. Bouillabaisse. Poissons crus au citron et aux herbes. Chapon Grand-Mère
aux petits oignons blancs (mai à sept.). **Vins** Bellet, Côtes de Provence.
◆ Belle histoire que celle de cette "guinguette" familiale (1948) devenue une référence en
matière de cuisine de la mer. Côté décor, élégance discrète et flots bleus à l'infini.

XXX **Les Pêcheurs** ⪉ la mer et l'Esterel, 🛋 🍽 ♿ 🎠 **P** **VISA** **◉◉** **AE** **①**
❀ *10 bd Mar. Juin –* 𝒞 *04 92 93 71 55 – reservation @ lespecheurs-juan.com*
– Fax 04 92 93 15 04 – Fermé 12 nov.-20 déc., 16 fév.-5 mars, le midi de mi-juin à
mi-sept., mardi et merc. de mi-sept. à mi-juin BV **u**
Rest – Menu 45 € (déj.), 70/95 € – Carte 61/117 €
Rest *La Plage –* 𝒞 *04 92 93 13 30 (ouvert d'avril à sept. et fermé le soir sauf*
en juil.-août) Carte 41/70 €
Spéc. Spaghettini de langoustines au pistou (mai à sept.). Petite marmite des
pêcheurs en jus de bouillabaisse. Poissons de Méditerranée et des pêcheurs du
port du Crouton. **Vins** Coteaux d'Aix-en-Provence-les Baux, Côtes de Provence.
◆ Joli décor contemporain, ravissante terrasse panoramique et subtile cuisine aux saveurs
marines en ce restaurant superbement ancré au bord des flots. Côté Plage, on propose une
carte plus simple servie sous les pins maritimes.

ANTONY – 92 Hauts-de-Seine – **311** J3 – **101** 25 – **Voir à Paris, Environs**

ANTRAIGUES-SUR-VOLANE – 07 Ardèche – **331** I5 – **498 h.** – **alt. 470 m** –
✉ **07530** ▮ Lyon et la vallée du Rhône 44 **A3**

▶ Paris 637 – Aubenas 15 – Lamastre 58 – Langogne 67 – Privas 42 – Le
Puy-en-Velay 75

🛈 Syndicat d'initiative, le village 𝒞 04 75 88 23 06, Fax 04 75 88 23 06

X **La Remise** **P**
😊 *au pont de l'Huile –* 𝒞 *04 75 38 70 74 – Fermé 23 juin-1ᵉʳjuil., 8-16 sept.,*
15 déc.-8 janv., dim. soir, jeudi soir et vend. sauf juil.-août
Rest *– (prévenir)* Menu 22/35 €
◆ Ici, le patron propose oralement ses recettes du terroir choisies en fonction du marché.
"Bonne franquette" et nappes à carreaux dans une vieille grange ardéchoise.

ANZIN-ST-AUBIN – 62 Pas-de-Calais – **301** J6 – **rattaché à Arras**

AOSTE – 38 Isère – **333** G4 – **1 715 h.** – **alt. 221 m** – ✉ 38490
▮ Alpes du Nord 45 **C2**

▶ Paris 512 – Belley 25 – Chambéry 37 – Grenoble 55 – Lyon 71

à la Gare de l'Est 2 km au Nord-Est sur D 1516 – ✉ 38490 Aoste

XXX **Au Coq en Velours** avec ch 🚗 🍽 ♿ ♨ **P** **VISA** **◉◉** **AE**
1800 rte de St-Genix – 𝒞 *04 76 31 60 04 – contact @ au-coq-en-velours.com*
– Fax 04 76 31 77 55 – Fermé 19-28 août, 30 déc.-26 janv., jeudi soir (sauf hôtel),
dim. et lundi
7 ch – ♦65/75 € ♦♦65/75 €, ⊐ 9 € – **Rest** – Menu 26/59 € – Carte 35/54 €
◆ Décor actuel sur le thème du coq, jardin-terrasse fleuri, alléchante carte mi-bressane,
mi-dauphinoise : une bonne auberge de village, tenue par la même famille depuis 1900.
Chambres spacieuses, bien au calme face au jardin.

APPOIGNY – 89 Yonne – 319 E4 – rattaché à Auxerre

APREMONT – 73 Savoie – 333 I4 – 890 h. – alt. 330 m – ⊠ 73190   46 **F2**
- Paris 569 – Grenoble 50 – Albertville 48 – Chambéry 9
  – St-Jean-de-Maurienne 71
- du Granier Apremont Chemin de Fontaine Rouge, N : 1 km par D 201,
  ℰ 04 79 28 21 26.
- Col de Granier : ≤ ★★ des terrasses du chalet-hôtel, SO : 14 km,
  ▌Alpes du Nord.

✗✗ **Auberge St-Vincent**   ⛱ *VISA* ●●
– ℰ 04 79 28 21 85 – aubergestvincent @ yahoo.fr – Fax 04 79 71 62 06 – Fermé
dim. soir, mardi soir et merc.
Rest – Menu 15 € (déj. en sem.), 21/29 € – Carte 34/41 €
◆ Accueillante ambiance rustique dans cet ancien relais de poste du petit village célèbre
pour son vin : coquette salle voûtée et jolie terrasse donnant sur les vignes.

APT ◉ – 84 Vaucluse – 332 F10 – 11 172 h. – alt. 250 m – ⊠ 84400
▌Provence   42 **E1**
- Paris 728 – Aix-en-Provence 56 – Avignon 54 – Digne-les-Bains 91
- Office de tourisme, 20, avenue Ph. de Girard ℰ 04 90 74 03 18,
  Fax 04 90 04 64 30

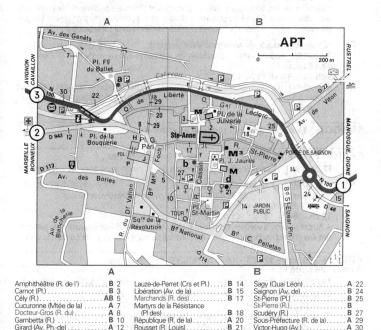

Amphithéâtre (R. de l')	**B** 2	Lauze-de-Perret (Crs et Pl.)	**B** 14	Sagy (Quai Léon)	**A** 22
Carnot (Pl.)	**B** 3	Libération (Av. de la)	**B** 15	Saignon (Av. de)	**B** 24
Cély (R.)	**AB** 5	Marchands (R. des)	**B** 17	St-Pierre (Pl.)	**B** 25
Cucuronne (Mtée de la)	**A** 7	Martyrs de la Résistance		St-Pierre (R.)	**B**
Docteur-Gros (R. du)	**A** 8	(Pl des)	**B** 18	Scudéry (R.)	**B** 27
Gambetta (R.)	**B** 10	République (R. de la)	**A** 20	Sous-Préfecture (R. de la)	**A** 29
Girard (Av. Ph.-de)	**A** 12	Rousset (R. Louis)	**B** 21	Victor-Hugo (Av.)	**A** 30

⌂ **Le Couvent** sans rest   ⊼ ⇆ ⅏ ⅃⌁ *VISA* ●●
36 r. Louis-Rousset – ℰ 04 90 04 55 36 – loucouvent @ wanadoo.fr
– Fax 08 71 33 50 81 – Fermé 11-23 fév.   **B d**
5 ch ⊿ – †80/95 € ††85/120 €
◆ Dans les murs de cet ancien couvent (17e s.), vous oublierez que vous êtes en plein
centre-ville. Chambres de charme ouvrant sur le jardin. Petit-déjeuner sous les voûtes du
réfectoire.

✗✗ Auberge du Luberon   🖼 VISA ⓜⓒ ⓞ

*17 quai Léon-Sagy – 𝒞 04 90 74 12 50 – serge.peuzin@free.fr – Fax 04 90 04 79 49
– Fermé 11 nov.-10 déc., 2-15 janv., dim. et lundi sauf le soir d'avril à oct. et mardi
midi*   A **a**

Rest – Menu 35/57 € – Carte 43/65 €

♦ Bien situées sur le quai du Calavon, salle à manger en véranda et terrasse dressée à l'ombre d'un platane. Les fruits confits, spécialité d'Apt, sont volontiers utilisés dans la préparation des plats.

✗ La Manade   🖼 Ⓐ🖼 VISA ⓜⓒ

*8 r. René-Cassin – 𝒞 04 90 04 79 06 – christin.katy@neuf.fr – Fermé 20 déc.-20 janv.,
dim. soir et jeudi soir en hiver, sam. midi, mardi soir et merc.*   B **b**

Rest – Menu 25/35 € – Carte 33/42 €

♦ Ce restaurant récemment repris par des jeunes gens aussi accueillants que dynamiques comporte deux salles rustiques et une petite terrasse où est proposé un choix de recettes régionales renouvelées au fil des saisons.

à Saignon 4 km au Sud-Est par D 48 – 994 h. – alt. 450 m – ⌧ 84400

🏠 Auberge du Presbytère ⅏   ⋖ 🖼 ⅋ ch, 📞 VISA ⓜⓒ

*pl. de la fontaine – 𝒞 04 90 74 11 50 – auberge.presbytere@wanadoo.fr
– Fax 04 90 04 68 51 – Fermé de mi-nov. à mi-déc. et de mi-janv. à fin fév.*

16 ch – ♦58/145 € ♦♦58/180 €, ⌧ 10,50 € – **Rest** – *(fermé merc.) (prévenir)*
Menu (28 €), 38 €

♦ Mobilier ancien, tomettes, poutres apparentes et cheminée préservent l'âme de cette vénérable maison. Chambres plaisantes, dont deux avec terrasse offrant une vue unique. Jolie salle à manger-véranda, patio et terrasse dressée le midi sur la place du village.

🏠 Chambre de Séjour avec Vue sans rest   ⅏ 📞

*– 𝒞 04 90 04 85 01 – info@chambreavecvue.com – Fax 04 90 04 85 01 – Ouvert
d'avril à oct.*

5 ch ⌧ – ♦80 € ♦♦80/100 €

♦ Résidence d'artistes profitant à plein d'une collection d'œuvres uniques (atelier et galerie). Chambres colorées bien tenues ; originale salle des petits-déjeuners ; sculptures côté jardin.

ARAGON – 11 Aude – 344 E3 – rattaché à Carcassonne

ARBIGNY – 01 Ain – 328 C2 – 349 h. – alt. 280 m – ⌧ 01190   44 **B1**

🚹 Paris 381 – Lyon 99 – Bourg-en-Bresse 61 – Chalon-sur-Saône 42 – Mâcon 28

🏠 Moulin de la Brevette sans rest ⅏   ⅏ ⅋ ℙ VISA ⓜⓒ Ⓐⓔ ⓞ

*rte de Cuisery – 𝒞 03 85 36 49 27 – contact@moulindelabrevette.com
– Fax 03 85 30 66 91*

17 ch – ♦48 € ♦♦52 €, ⌧ 6,50 €

♦ Au calme dans la verdure, ce moulin du 18ᵉ s. en bord de rivière propose des chambres simples et fraîches. Petit-déjeuner dans une salle à manger champêtre ou dans la cour.

ARBOIS – 39 Jura – 321 E5 – 3 698 h. – alt. 350 m – ⌧ 39600

▌ Franche-Comté Jura   16 **B2**

🚹 Paris 407 – Besançon 46 – Dole 34 – Lons-le-Saunier 40 – Salins-les-Bains 13

🅸 Office de tourisme, 10, rue de l'Hôtel de Ville 𝒞 03 84 66 55 50,
Fax 03 84 66 25 50

◉ Maison paternelle de Pasteur★ - Reculée des Planches★★ et grottes des
Planches★ E : 4,5 km par D 107 - Cirque du Fer à Cheval★ S : 7 km par D 469
puis 15 mn – Église Saint-Just★.

🏠🏠 Des Cépages   🛗 ⅋ ch, Ⓐ🖼 rest, 🛀 ℙ VISA ⓜⓒ Ⓐⓔ ⓞ

*rte de Villette-les-Arbois – 𝒞 03 84 66 25 25 – contact@hotel-des-cepages.com
– Fax 03 84 66 08 24*

33 ch – ♦62 € ♦♦70 €, ⌧ 10 € – ½ P 60 € – **Rest** – buffet *(fermé vend., sam. et
dim.) (dîner seult)* Menu 19/27 €

♦ Hôtel en bord de route abritant des chambres avant tout pratiques ; celles côté route bénéficient d'une insonorisation efficace et de la climatisation. Buffets et grillades dans la salle à manger fraîchement rénovée.

🏠 **Messageries** sans rest   ⇄ 🅿 VISA 🅒🅞
r. de Courcelles – 𝒞 *03 84 66 15 45 – hotel.lesmessageries@wanadoo.fr*
– Fax 03 84 37 41 09 – Fermé déc. et janv.
26 ch – ♦31/53 € ♦♦35/69 €, ⊆ 9 €
♦ Sur une artère fréquentée, vieux relais de poste à la façade recouverte de lierre jouxtant un petit café. Chambres plus tranquilles et refaites sur l'arrière.

XXX 🕸🕸 **Jean-Paul Jeunet** avec ch |⧉| 🅐🅒 rest, ♿ VISA 🅒🅞 🅐🅔 ⓘ
9 r. de l'Hôtel-de-Ville – 𝒞 *03 84 66 05 67*
– jpjeunet@wanadoo.fr – Fax 03 84 66 24 20
– Fermé déc., janv., mardi et merc. sauf le soir de juil. à mi-sept.
12 ch – ♦90/110 € ♦♦110/138 €, ⊆ 17 € – ½ P 115/130 €
Rest – Menu 53 € (sem.)/130 € – Carte 80/99 € ℬ
Spéc. Homard "bleu" de Bretagne en deux services. Poularde de Bresse aux morilles et vin jaune. Rhubarbe et gentiane (été). **Vins** L'Etoile, Arbois-Trousseau.
♦ Élégante salle rustique, patio verdoyant, cuisine du terroir saupoudrée d'inventivité et superbe carte des vins : la recette gagnante de cette halte gourmande.

Le Prieuré 🏠 ॐ   🚃 🅿 VISA 🅒🅞
– Fermé déc., janv., mardi et merc. de mi-sept. à juin
7 ch – ♦72/88 € ♦♦88/130 €, ⊆ 17 €
♦ À 200 m de la maison mère, dans une demeure du 17e s. dotée d'un agréable jardin fleuri, chambres au confort bourgeois et mobilier de style.

XX **La Balance Mets et Vins**   🏠 ✧ VISA 🅒🅞
47 r. de Courcelles – 𝒞 *03 84 37 45 00 – Fax 03 84 66 14 55*
– Fermé 23-30 juin, 23 déc.-5 mars, mardi soir de sept. à juin et merc. sauf fériés
Rest – Menu 23/55 € – Carte 28/55 € ℬ
♦ Le chef de ce restaurant, passionné de vins, concocte ses plats en s'inspirant d'un cépage du Jura. Décor intérieur épuré, agréable terrasse et beau choix de crus régionaux.

X **Le Caveau d'Arbois**   🅐🅒 🅿 VISA 🅒🅞 🅐🅔 ⓘ
3 rte de Besançon – 𝒞 *03 84 66 10 70 – contact@caveau-arbois.com*
– Fax 03 84 37 49 62
Rest – Menu 19/48 € – Carte 32/51 €
♦ À l'orée d'Arbois, maison de pays où les saveurs du terroir jurassien se révèlent dans un nouveau décor chaleureux et moderne. Un lustre conique original éclaire chaque table.

ARBONNE – 64 Pyrénées-Atlantiques – **342** C4 – **rattaché à Biarritz**

L'ARBRESLE – 69 Rhône – **327** G4 – 5 777 h. – alt. 230 m – ⊠ 69210   **43 E1**
� Paris 453 – Lyon 28 – Mâcon 68 – Roanne 58 – Villefranche-sur-Saône 23
🅱 Office de tourisme, 18, place Sapéon 𝒞 04 74 01 48 87

X **Capucin**   🏠 VISA 🅒🅞
ॐ *27 r. P.-Brossolette –* 𝒞 *04 37 58 02 47 – Fermé 1ᵉʳ-25 août, vacances de fév., dim. et lundi*
Rest – Menu 13 € bc (déj. en sem.), 18/30 € – Carte 24/37 €
♦ Cette maison du 17e s. borde une rue piétonne où l'on dresse quelques tables en été. Pierres apparentes et chaises rustiques dans la salle où l'on sert une cuisine traditionnelle.

ARCACHON – 33 Gironde – **335** D7 – 11 454 h. – alt. 5 m – **Casino** BZ – ⊠ 33120
🏛 Aquitaine   3 **B2**
� Paris 650 – Agen 196 – Bayonne 181 – Bordeaux 67 – Dax 145 – Royan 192
🅱 Office de tourisme, esplanade Georges Pompidou 𝒞 05 57 52 97 97, Fax 05 57 52 97 77
⛳ d'Arcachon à La Teste-de-Buch 35 boulevard d'Arcachon, 𝒞 05 56 54 44 00.
◎ Front de mer★ – ≤★ de la jetée - Boulevard de la Mer★ - La Ville d'Hiver★ - Musée de la maquette marine : port★ BZ **M.**

ARCACHON

BASSIN D'ARCACHON

Abatilles (Av. des)	**AX** 2
Balde (Allée Jean)	**AX** 6
Bellevue (Av. de)	**AY** 9
Chapelle (Allée de la)	**AZ** 16
Expert (R. Roger)	**AZ** 21
Figuier (Rd-Pt du)	**AY** 23
Gambetta (Av.)	**BZ**
Gaulle (Av. Gén.-de)	**BZ** 25
Héricart-de-Thury (Crs)	**BZ** 31
Lamarque-de-Plaisance (Cours)	**ABZ**
Lamartine (AV. de)	**BZ** 35
Lattre-de-Tassigny (R. Mar.- de)	**AZ** 38
Legallais (R. François)	**AZ** 39
Lyautey (Av. Mar.)	**AXY** 41
Michelet (R. Jules)	**BX** 51
Molière (R.)	**BZ** 53
Parc Péreire (Av. du)	**AX** 59
Plage (Bd de la)	**ABZ**
Pompidou (Espl. G.)	**BZ** 64
Prés. Roosevelt (Pl.)	**BZ** 65
St-François-Xavier (Av.)	**AY** 67
Thiers (Pl.)	**BZ** 71

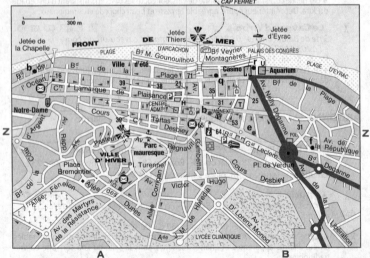

Park Inn sans rest

4 r. Prof.-Jolyet – ℰ 05 56 83 99 91
– info.arcachon@rezidorparkinn.com
– Fax 05 56 83 87 92 – Fermé 5-26 déc.
57 ch – †90/165 € ††100/231 €, ☑ 15 €

BZ **r**

♦ Face à la mer, hôtel contemporain au confort moderne. Chambres en majorité refaites ; certaines ont un balcon donnant sur le bassin d'Arcachon. Salles de conférence.

🏠 **Point France** sans rest   📺 🔲 🔲 ↩ 📞 🚗 VISA 🐱 AE ①

1 r. Grenier – 𝒞 05 56 83 46 74 – hotel-point-france @ hotel-point-france.com
– Fax 05 56 22 53 24 – Ouvert de mars à début nov.   BZ **q**
34 ch – 🛏85/185 € 🛏🛏92/185 €, ⊑ 12,50 €

• Plaisant hôtel des années 1970 dont les chambres, refaites, sont décorées selon
des styles différents, allant du moderne au plus ethnique. Certaines ont une terrasse
côté mer.

🏠 **Les Vagues** ⤐   ≤ 📺 ↩ ⅍ rest, 📞 🔲 🔲 VISA 🐱 AE ①

9 bd de l'Océan – 𝒞 05 56 83 03 75 – info @ lesvagues.fr – Fax 05 56 83 77 16
33 ch – 🛏71/184 € 🛏🛏71/184 €, ⊑ 12 € – ½ P 84/137 € – **Rest** – (ouvert   AZ **b**
21 mars-2 nov.) Menu 26/33 € – Carte 25/49 €

• Posé au bord de l'eau, cet établissement offre un accès direct à la plage ! Chambres
pimpantes et bien équipées, agrandies d'un bow-window au dernier étage. Vue panoramique depuis l'agréable salle à manger au décor marin. Produits de l'océan et plats
traditionnels.

🏠 **Les Mimosas** sans rest   ⅍ 🔲 VISA 🐱

77bis av. de la République – 𝒞 05 56 83 45 86 – contact.hotel @ wanadoo.fr
– Fax 05 56 22 53 40 – Ouvert 15 fév.-15 nov.   BZ **f**
21 ch – 🛏40/60 € 🛏🛏45/85 €, ⊑ 6,50 €

• Dans un quartier résidentiel calme, deux maisons régionales proposant de modestes
chambres rustiques, mais bien tenues. Les "plus" : une agréable terrasse d'été et des prix
sages.

🍴🍴 **Le Patio**   🔲 VISA 🐱 AE ①

10 bd Plage – 𝒞 05 56 83 02 72 – lepatio.sarl @ wanadoo.fr – Fax 05 56 54 89 98
– Fermé 13-26 oct., 16-28 fév., dim. soir, jeudi midi et merc.   BX **t**
Rest – Menu 35 € bc (déj. en sem.), 50/65 € – Carte 48/72 €

• Oubliées les fresques de naïades romantiques... Le nouveau décor de cette salle à
manger, ouverte sur un patio-terrasse très fleuri, est contemporain. Cuisine axée sur
l'océan.

🍴🍴 **Aux Mille Saveurs**   🔲 VISA 🐱
🥜
25 bd Gén.-Leclerc – 𝒞 05 56 83 40 28 – auxmillesaveurs @ wanadoo.fr
– Fax 05 56 83 12 14 – Fermé 27 oct.-7 nov., 16-25 fév., dim. soir sauf juil.-août,
mardi soir sauf août et merc.   BZ **e**
Rest – Menu 18 € (déj. en sem.), 28/45 € – Carte 41/62 €

• Mille saveurs vous attendent dans l'assiette, flirtant avec l'air du temps et subtilement relevée d'épices. Grande salle à manger entièrement redécorée et agrandie d'une
véranda.

🍴 **Chez Yvette**   🔲 VISA 🐱 AE ①

59 bd Gén.-Leclerc – 𝒞 05 56 83 05 11 – Fax 05 56 22 51 62   BZ **b**
Rest – Menu 20 € – Carte 30/76 €

• Une vraie institution locale, gérée par une famille d'ostréiculteurs depuis plus de 30 ans
et réputée pour ses produits de la mer. Le cadre est nautique, et l'ambiance animée.

aux Abatilles 2 km au Sud-Ouest – ⊠ 33120 Arcachon

🏠 **Novotel** ⤐   🔲 🔲 📺 🔲 ↩ ⅍ rest, 📞 🔲 🔲 VISA 🐱 AE ①

av. du Parc – 𝒞 05 57 72 06 72 – h3382 @ accor.com – Fax 05 57 72 06 82 – Fermé
4-17 janv.   AX **b**
94 ch – 🛏118/185 € 🛏🛏148/185 €, ⊑ 15 €
Rest Côté d'Arguin – Menu (19 € bc), 29/38 € – Carte 43/60 €

• Dans une pinède à 100 m de la plage, Novotel récent associé à un centre de thalassothérapie. Les chambres sont modernes et confortables. Solarium. Attrayante carte aux
saveurs iodées, menus minceur et bon choix de bordeaux au Côté d'Arguin.

🏠 **Parc** sans rest ⤐   📺 ⅍ 📞 🔲 VISA 🐱

5 av. du Parc – 𝒞 05 56 83 10 58 – b.dronne @ wanadoo.fr – Fax 05 56 54 05 30
– Ouvert 1er mai-30 sept.   AX **s**
30 ch – 🛏58/79 € 🛏🛏58/90 €, ⊑ 8,50 €

• Au calme au milieu des pins, cet hôtel familial tenu par la deuxième génération dispose
de grandes chambres sobres (mobilier mi-rustique, mi-seventies), dotées de balcons.

ARCACHON
au Moulleau 5 km au Sud-Ouest – ✉ **33120 Arcachon**

Yatt sans rest 🛗 ⅍ 🅰 ⅍ ℅ *VISA* ⓪ 🄰🄴 ⓪
253 bd Côte-d'Argent – ℰ *05 57 72 03 72 – information @ yatt-hotel.com*
– Fax 05 56 22 51 34 – Ouvert d'avril à oct. AY **h**
28 ch – †45/105 € ††45/130 €, ⌷ 13 €
♦ Derrière une façade d'un blanc éclatant, vous trouverez des chambres simples et bien
tenues, un peu moins grandes au 1ᵉʳ étage. Petit-déjeuner sous forme de buffet. Terrasse.

Les Buissonnets sans rest ⅊ 🛏 ⅍ ℅ 🅿 *VISA* ⓪
12 r. L.-Garros – ℰ *05 56 54 00 83 – hotellesbuissonnets @ wanadoo.fr*
– Fax 05 56 22 55 13 – Fermé oct. et janv. AY **f**
13 ch – †95 € ††95 €, ⌷ 9 €
♦ Jolie villa (1895) tapissée de vigne vierge. La plupart des chambres, pratiques et discrètement personnalisées, donnent sur le jardin fleuri. Boutique de produits régionaux.

Ce symbole en rouge ⅊ ?
La tranquillité même, juste le chant des oiseaux au petit matin…

ARCANGUES – 64 Pyrénées-Atlantiques – 342 C4 – **rattaché à Biarritz**

ARC-EN-BARROIS – 52 Haute-Marne – 313 K6 – 898 h. – alt. 270 m – ✉ 52210
▊ Champagne Ardenne 14 **C3**

◘ Paris 263 – Bar-sur-Aube 55 – Châtillon-sur-Seine 44 – Chaumont 24
– Langres 30
◘ Office de tourisme, place Moreau ℰ 03 25 02 52 17, Fax 03 25 02 52 17
🖭 d'Arc-en-Barrois Club House, S : 1 km par D 6, ℰ 03 25 01 54 54.

Du Parc 🍽 ⅍ *VISA* ⓪
1 pl. Moreau – ℰ *03 25 02 53 07 – hotel.duparc @ wanadoo.fr*
– Fax 03 25 02 42 84
– Fermé 23 fév.-1ᵉʳ mars, dim. soir et lundi du 23 mars au 15 juin, mardi soir et merc.
du 5 sept. au 22 fév.
16 ch – †63 € ††63 €, ⌷ 7,50 € – ½ P 62 € – **Rest** – Menu (11 €), 19/42 €
– Carte 27/49 €
♦ Cet ancien relais de poste, qui daterait en partie du 17ᵉ s., abrite de petites chambres
rénovées aux couleurs chaleureuses. Cuisine classique servie dans une salle à manger
dotée de parquet et de mobilier de style ; brasserie au décor contemporain.

ARCHAMPS – 74 Haute-Savoie – 328 J4 – **rattaché à St-Julien-en-Genevois**

ARCHINGEAY – 17 Charente-Maritime – 324 F4 – 519 h. – alt. 22 m –
✉ 17380 38 **B2**

◘ Paris 462 – La Rochelle 55 – Niort 64 – Poitiers 128

Les Hortensias ⅊ ⅍ 🍽 ⅍ ch, ⅍ ch, 🅿
16 r. des Sablières – ℰ *05 46 97 85 70 – jpmt.jacques @ wanadoo.fr*
– Fax 05 46 97 61 89 – Fermé 22 déc.-15 janv.
3 ch ⌷ – †49 € ††58 € – **Table d'hôte** – Menu 22 € bc
♦ Cette ancienne ferme viticole respire la tranquillité. Les chambres et la suite abritent de
beaux meubles charentais en merisier. Vous prendrez votre copieux petit-déjeuner tout en
admirant le jardin fleuri, le potager et le petit verger. Cuisine familiale.

ARCINS – 33 Gironde – 335 G4 – **rattaché à Margaux**

ARCIZANS-AVANT – 65 Hautes-Pyrénées – 342 L7 – **rattaché à Argelès-Gazost**

LES ARCS – 73 Savoie – 333 N4 – Sports d'hiver : 1 600/3 226 m ⚡ 7 ⚡ 54 ⚡ – ☒ 73700 Bourg-St-Maurice ▮ Alpes du Nord

> **D** Paris 644 – Albertville 64 – Bourg-St-Maurice 11 – Chambéry 113
> – Val d'Isère 41

> **🖪** Office de tourisme, Bourg-Saint-Maurice ℰ 04 79 07 12 57,
> Fax 04 79 07 24 90

> **◎** Arc 1800 ☀ ★ - Arc 1600 ≤ ★ - Arc 2000 ≤ ★ - Télécabine le Transac ☀ ★ ★ -
> Télésiège de la Cachette ★ .

🏠🏠🏠   **Grand Hôtel Paradiso** ⌇   ≤ 🛏 ☒ 𝟣₆ 🛗 ㅎ ch, ↫ ℒ
Les Arcs 1800, (village Charmettoger)   🔏 ☟ 𝗩𝗜𝗦𝗔 ◍ 𝗔𝗘
– ℰ 04 79 07 65 00 – *reservation@grandhotelparadiso.com*
– Fax 04 79 07 64 08 – *Ouvert juil.-août et 23 déc.-18 avril*
81 ch – ▮145/210 € ▮▮210/310 €, ☲ 12 € – 6 suites – ½ P 130/180 €
Rest – Menu 37 € (déj. en sem.)/57 € – Carte 29/37 €
♦ Union réussie d'un décor savoyard et du confort moderne dans ce chalet situé au pied des pistes. Chambres familiales bien équipées. Grand choix d'activités et de loisirs. La terrasse panoramique du restaurant surplombe la vallée et invite à lézarder.

LES ARCS – 83 Var – 340 N5 – 5 334 h. – alt. 80 m – ☒ 83460
▮ Côte d'Azur

> **D** Paris 848 – Cannes 59 – Draguignan 11 – Fréjus 25 – St-Raphaël 29
> **◎** Polyptyque ★ dans l'église - Chapelle Ste-Roseline ★ NE : 4 km.

ⵋⵋⵋ   **Le Relais des Moines**   🄰 🛏 ☒ 𝗔𝗖 𝗣 𝗩𝗜𝗦𝗔 ◍ 𝗔𝗘
1,5 km à l'Est par rte Ste-Roseline – ℰ 04 94 47 40 93 – *contact@*
lerelaisdesmoines.com – Fax 04 94 47 40 93 – *Fermé 24 nov.-13 déc., dim. soir*
de sept. à juin et lundi
Rest – Menu (25 € bc), 50/80 € – Carte 65/97 €
♦ Cette ancienne bergerie bâtie à flanc de colline abritait jadis une cantine de moines. Belles arcades en pierre du 16e s. à l'intérieur et charmante terrasse ombragée dans le parc.

ⵋⵋ   **La Vigne à Table**   🛏 ㅎ 𝗔𝗖 ⇌ 𝗣 𝗩𝗜𝗦𝗔 ◍
RN 7, (Maison des vins) – ℰ 04 94 47 48 47 – *lavigneatable@wanadoo.fr*
– Fax 04 94 47 55 13 – *Fermé dim. soir et merc.*
Rest – Menu 34/90 € – Carte 53/76 € ⅌
♦ Une adresse pour les amateurs de cuisine inventive changeant au gré des saisons – beaucoup de fleurs dans les compositions – et de Côtes de Provence. Cadre provençal lumineux.

ⵋⵋ   **Logis du Guetteur** *avec ch* ⌇   ≤ 🛏 ☒ 𝗔𝗖 ch, 𝗣 𝗩𝗜𝗦𝗔 ◍
au village médiéval – ℰ 04 94 99 51 10 – *contact@logisduguetteur.com*
– Fax 04 94 99 51 29 – *Fermé en fév.*
10 ch – ▮124/147 € ▮▮124/147 €, ☲ 15 € – 2 suites – **Rest** – Menu (28 €),
40/82 €
♦ Pittoresque établissement installé dans un fort du 11e s. Salles à manger rustiques logées dans les superbes caves médiévales et terrasse abritée. Cuisine au goût du jour. Les chambres, rafraîchies, permettent de prolonger l'étape dans de bonnes conditions.

ARC-SUR-TILLE – 21 Côte-d'Or – 320 L5 – 2 332 h. – alt. 219 m –
☒ 21560

> **D** Paris 323 – Avallon 119 – Besançon 97 – Dijon 13 – Langres 73

🏠   **Auberge Les Marronniers**   🛏 ㅎ ch, ↫ ℒ 𝗣 𝗩𝗜𝗦𝗔 ◍ 𝗔𝗘
16 r. de Dijon – ℰ 03 80 37 09 62 – Fax 03 80 37 24 94
15 ch – ▮55 € ▮▮60 €, ☲ 8,50 € – ½ P 72 € – **Rest** – Menu 23 € (déj. en sem.),
33/65 € – Carte 36/60 €
♦ Grandes chambres joliment décorées (fer forgé, bois peint, tissus colorés) et dotées de salles de bains particulièrement bien conçues. Au restaurant, décor champêtre et vivier à crustacés ; jolie terrasse dressée l'été sous les marronniers.

ARDENAIS – 18 Cher – 323 K7 – 152 h. – alt. 233 m – ✉ 18170   12 **C3**

> ◘ Paris 299 – Orléans 173 – Bourges 66 – Montluçon 46 – Issoudun 51

⌂ **Domaine de Vilotte** ⌖   ☽ ⇆ **P**

4 km au Sud par D 38 – ☎ 02 48 96 04 96 – tour.dev@wanadoo.fr
– Fax 02 48 96 04 96 – Ouvert de mars à oct.
5 ch ⌑ – †75 € ††85 € – **Table d'hôte** – Menu 25 € bc

◆ Découvrez le charme bucolique ce domaine familial entouré d'un superbe parc
avec étang, au milieu de la campagne. Bel intérieur de style Empire patiné par le temps.
Table d'hôte installée dans une cuisine d'antan (casseroles en cuivre, poutres). Plats du
terroir.

ARDENTES – 36 Indre – 323 H6 – 3 323 h. – alt. 172 m – ✉ 36120   12 **C3**
▮ Limousin Berry

> ◘ Paris 275 – Argenton-sur-Creuse 43 – Bourges 66 – Châteauroux 14
> – La Châtre 23

✗✗ **La Gare**   ⌂ **P** *VISA* **◑◐**

2 r. de la Gare – ☎ 02 54 36 20 24 – Fax 02 54 36 92 07 – Fermé 22 juil.-13 août,
17 fév.-4 mars, dim. soir, merc. soir, lundi et soirs fériés
Rest – Menu 22 € (sem.)/29 €

◆ Dans un quartier calme proche de l'ancienne gare, façade assez anodine abritant une
salle de restaurant rustique et soignée, coiffée de poutres apparentes. Cuisine traditionnelle copieuse.

ARDRES – 62 Pas-de-Calais – 301 E2 – 4 154 h. – alt. 11 m – ✉ 62610   30 **A1**
▮ Nord Pas-de-Calais Picardie

> ◘ Paris 273 – Calais 18 – Arras 93 – Boulogne-sur-Mer 38 – Lille 90
> ◘ Office de tourisme, place d'Armes ☎ 03 21 35 28 51, Fax 03 21 35 28 51

✗✗ **Le François 1ᵉʳ**   *VISA* **◑◐**

pl. des Armes – ☎ 03 21 85 94 00 – lewandowski@lefrancois1er.com
– Fax 03 21 85 87 53 – Fermé 15-19 mars, 1ᵉʳ-13 sept., 24 déc.-6 janv., dim. soir,
merc. soir et lundi
Rest – Menu 25 € (sem.)/49 € – Carte 45/71 €

◆ Belle demeure sur la pittoresque Grand'Place. La blancheur des murs met en valeur le
parquet et les belles poutres de la salle à manger, sobrement élégante. Cuisine actuelle.

ARÊCHES – 73 Savoie – 333 M3 – alt. 1 080 m – Sports d'hiver : 1 050/2 300 m
⛷15 ⇆ – ✉ 73270 Beaufort-sur-Doron ▮ Alpes du Nord   45 **D1**

> ◘ Paris 606 – Albertville 26 – Chambéry 77 – Megève 42
> ◘ Office de tourisme, route Grand Mont ☎ 04 79 38 37 57, Fax 04 79 38 16 70
> ◉ Hameau de Boudin★ E : 2 km.

⌂ **Auberge du Poncellamont** ⌖   ⇐ ⌂ ⌂ ⇆ ⌖ ch, **P** *VISA* **◑◐**

– ☎ 04 79 38 10 23 – Fax 04 79 38 13 98 – Ouvert 15 juin-15 sept. et
20 déc.-11 avril et fermé dim. soir, lundi midi et merc.
14 ch – †56 € ††60/65 €, ⌑ 9 € – ½ P 60/63 € – **Rest** – Menu 20 € (sem.)/30 €
– Carte 30/36 €

◆ Dans le village, chalet savoyard (entièrement non-fumeurs) abondamment fleuri en été.
Chambres simples et pratiques ; certaines sont mansardées, d'autres pourvues de balcons.
Modeste mais plaisante salle à manger campagnarde et terrasse bercée par le murmure
d'une fontaine.

ARÈS – 33 Gironde – 335 E6 – 4 680 h. – alt. 6 m – ✉ 33740   3 **B1**
▮ Pays Basque

> ◘ Paris 627 – Arcachon 47 – Bordeaux 48
> ◘ Office de tourisme, esplanade G. Dartiquelongue ☎ 05 56 60 18 07,
> Fax 05 56 60 39 41
> ◙ des Aiguilles Vertes à Lanton Route de Bordeaux, SE : 12 km,
> ☎ 05 56 82 95 71.

ΧΧ **St-Éloi** avec ch   🍴 ⅍ 🛆 📞 📺 *VISA* 🅿️ 🆎

11 bd Aérium – 𝒞 *05 56 60 20 46 – nlatour2@wanadoo.fr – Fax 05 56 60 10 37*
– Fermé 5 janv.-8 fév., merc. soir, dim. soir, lundi de sept. à juin et lundi midi
en juil.-août
8 ch – ♦60 € ♦♦75 €, ⊡ 8 € – ½ P 85/97 € – **Rest** – Menu 32 € (sem.)/58 €
– Carte 42/69 € ⅋

♦ Agréable salle à manger contemporaine, terrasse, cuisine traditionnelle et chambres
ethniques vous attendent en cette maison balnéaire blanche proche du bassin d'Arcachon.

ARGELÈS-GAZOST 👁️ – 65 Hautes-Pyrénées – 342 L6 – 3 241 h. – alt. 462 m
– Stat. therm. : mi avril-fin oct. – Casino Y – ✉ 65400 📘 Midi-Pyrénées   28 **A3**

▶ Paris 863 – Lourdes 13 – Pau 58 – Tarbes 32

🔢 Office de tourisme, 15, place République 𝒞 05 62 97 00 25,
Fax 05 62 97 50 60

Plan page suivante

🏨 **Le Miramont**   🍽️ 🛗 ዿ ch, 𝐀𝐂 rest, ⅍ 📞 🅿️ *VISA* 🅰🅴 ①

44 av. des Pyrénées – 𝒞 *05 62 97 01 26 – hotel-miramont@sudfr.com*
– Fax 05 62 97 56 67 – Fermé 1er-21 déc.   Z n
19 ch – ♦55/60 € ♦♦65/100 €, ⊡ 12 € – ½ P 49/60 € – **Rest** – *(fermé merc.*
sauf juil.-août) (prévenir le week-end) Menu (14 €), 20/34 € – Carte environ 33 €

♦ Cette belle villa blanche des années 1930, au look "paquebot", est entourée par un joli
jardin. Chambres de bon confort. Lumineux restaurant doté d'une véranda, aux abords
verdoyants. Table actuelle et soignée.

🏨 **Les Cimes** ⅋   🚗 🍴 📺 🍽️ 𝐀𝐂 rest, 🅿️ *VISA* 🅾🅾

pl. Ourout – 𝒞 *05 62 97 00 10 – contact@hotel-lescimes.com – Fax 05 62 97 10 19*
– Fermé 2 nov.-25 déc. et 2 janv.-5 fév.   Z a
26 ch – ♦48/55 € ♦♦69/76 €, ⊡ 10 € – ½ P 55/68 € – **Rest** – Menu 20/45 €
– Carte 14/36 €

♦ Bâtisse des années 1950 et son extension moderne en verre et bois. Chambres diversement agencées ; quelques balcons donnent sur un jardin paisible. Agréable patio-véranda
fleuri pour le petit-déjeuner. Restaurant clair et ample proposant une carte traditionnelle.

🏨 **Soleil Levant**   🚗 🍴 🍽️ 𝐀𝐂 rest, 🍽️ rest, 🅿️ *VISA* 🅾🅾 🅰🅴 ①

⊗ *17 av. des Pyrénées –* 𝒞 *05 62 97 08 68 – hsoleillevant@orange.fr*
– Fax 05 62 97 04 60 – Fermé 26 nov.-23 déc. et 2 janv.-2 fév.   Y t
35 ch – ♦41/44 € ♦♦45/50 €, ⊡ 8 € – ½ P 42/48 € – **Rest** – Menu 12,50 €
(sem.)/42 €

♦ Engageant hôtel de la ville basse doté de chambres pratiques bien tenues ; certaines ont
vue sur les sommets alentour. Bar, salon, terrasse et jardin bichonné. Salles à manger
communicantes affichant un petit air de pension de famille. Choix traditionnel.

à St-Savin 3 km au Sud par D 101 - Z – 353 h. – alt. 580 m – ✉ 65400

◎ Site ★ de la chapelle de Piétat S : 1 km.

ΧΧΧ **Le Viscos** avec ch   🍴 ዿ rest, 𝐀𝐂 📞 🅿️ *VISA* 🅾🅾 🅰🅴 ①

1 r. Lamarque – 𝒞 *05 62 97 02 28 – leviscos.jpsaint-martin@wanadoo.fr*
– Fax 05 62 97 04 95 – Fermé 7-29 janv., lundi sauf le soir en saison et dim. soir
9 ch – ♦60/84 € ♦♦60/106 €, ⊡ 9,50 € – ½ P 62/85 € – **Rest** – Menu 28/79 €
– Carte 47/76 €

♦ Auberge familiale cultivant la tradition du bon accueil depuis 1840. Salle ouvrant sur la
terrasse avec vue sur les cimes. Copieuse cuisine du terroir. Chambres douillettes.

à Arcizans-Avant 4,5 km au Sud par D 101 et D 13 – 298 h. – alt. 640 m – ✉ 65400

Χ **Auberge Le Cabaliros** avec ch ⅋   ⪕ 🚗 🍴 🍽️ 📞 🅿️ *VISA* 🅾🅾

16 r. de l'Église – 𝒞 *05 62 97 04 31 – auberge.cabaliros@wanadoo.fr*
– Fax 05 62 97 91 48 – Fermé 3 nov.-5 fév., mardi et merc. sauf juil.-août
8 ch – ♦44/56 € ♦♦56/63 €, ⊡ 8 € – ½ P 52/55 € – **Rest** – Menu 22/50 € – Carte
30/50 €

♦ Auberge villageoise d'aspect traditionnel tournée vers les cimes pyrénéennes. La vue est
splendide de la terrasse prolongeant la salle à manger rustique où un feu de bûches
réconfortant crépite en hiver. Petits plats du terroir ; chambres proprettes.

ARGELÈS-GAZOST

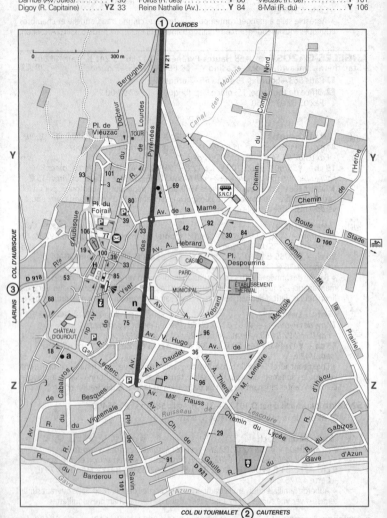

Comment choisir entre deux adresses équivalentes ?
Dans chaque catégorie, les établissements sont classés
par ordre de préférence : nos coups de cœur d'abord.

◗ Paris 872 – Céret 28 – Perpignan 22 – Port-Vendres 9 – Prades 66

🔢 Office de tourisme, place de l'Europe ℰ 04 68 81 15 85, Fax 04 68 81 16 01

Plan page suivante

🔢   **Le Cottage** sans rest ◈   〰 ⊼ ৬ ⁂ ↳ ⚘ **P** **VISA** **◍◍**

21 r. Arthur-Rimbaud – ℰ 04 68 81 07 33 – info@hotel-lecottage.com
– Fax 04 68 81 59 69 – Ouvert 12 avril-13 oct.   DY **a**

33 ch – †60/210 € ††60/305 €, � 14 €

♦ Construction moderne dotée d'espaces de loisirs et de détente (piscine, minigolf, spa). Coquettes chambres bénéficiant du jardin et de la tranquillité du quartier résidentiel.

🏠   **Acapella** sans rest   ⊼ ↯ ↳ **P** **VISA** **◍◍** ①

chemin de Neguebous – ℰ 04 68 95 89 45 – contact@hotel-acapella.com
– Fax 04 68 95 84 93 – Fermé 17 nov.-18 déc.   AV **t**

30 ch – †29/49 € ††29/74 €, ⊒ 7 €

♦ Plus de 7 000 Argelésiens l'hiver, des centaines de milliers l'été... Pensez donc à réserver ! Hôtel non-fumeurs, pratique et économique ; chambres simples avec balcon.

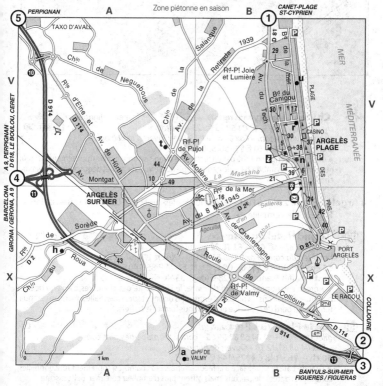

ARGELÈS-SUR-MER

ARGELÈS-SUR-MER

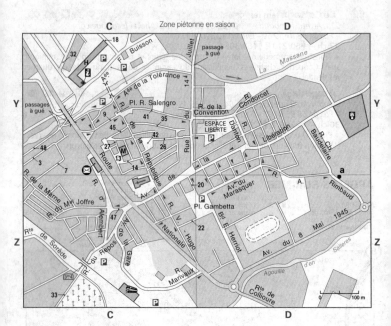

🏠 **Château Valmy** sans rest ⌖   ⬔ mer et vignoble, 🔊 ⌛ ⛱ ☒
chemin de Valmy – ℰ 04 68 95 95 25 – contact@   ⚹ ☏ **P** **VISA** **◉◎**
chateau-valmy.com – Fax 04 68 81 15 18 – Ouvert d'avril à nov.   AX **a**
5 ch ⌑ – ♦150/350 € ♦♦150/350 €
◆ Ce château érigé en 1900 par un architecte danois se dresse majestueusement au cœur
du vignoble. Chambres haut de gamme, splendide vue sur mer et dégustations de vins au
chai.

à Argelès-Plage 2,5 km à l'Est – ⊠ 66700 Argelès-sur-Mer ▯ Languedoc Roussillon
◉ SE : Côte Vermeille ★★.

🏨 **Grand Hôtel du Lido**   ⬔ 🖼 🔥 🌫 ⛱ 🗑 ⛵ ch, ☒ ☏
bd de la Mer – ℰ 04 68 81 10 32 – contact@   **P** **VISA** **◉◎** **AE** **①**
hotel-le-lido.com – Fax 04 68 81 10 98 – Ouvert 1ᵉʳ mai-30 sept.   BV **u**
66 ch – ♦80/95 € ♦♦90/205 €, ⌑ 11 € – ½ P 85/140 €
Rest – buffet Menu (26 €), 28 € (déj.), 33/40 € – Carte 34/55 €
◆ Agréablement posé en bord de plage, le Lido abrite des chambres bien équipées et
pourvues de balcons ; la plupart d'entre elles donnent sur la mer. Salle à manger-véranda,
terrasse au bord de la piscine et repas sous forme de buffets.

🏨 **De la Plage des Pins** sans rest   ⬔ ⛱ 🗑 ☒ ⚹ **P** **VISA** **◉◎** **AE**
allée des Pins – ℰ 04 68 81 09 05 – contact@plage-des-pins.com
– Fax 04 68 81 12 10 – Ouvert de juin à sept.   BV **r**
50 ch – ♦65/148 € ♦♦75/148 €, ⌑ 11 €
◆ Grande bâtisse située face à la Méditerranée. Les chambres, sobrement fonctionnelles,
sont toutes dotées de balcons, mais offrent plus d'ampleur côté mer. Belle piscine.

XX **L'Amadeus** ☐ AC VISA ◐◐
av. des Platanes – ℰ 04 68 81 12 38 – contact@lamadeus.com
– Fax 04 68 81 12 38 – Fermé 12 nov.-20 déc., 2 janv.-8 fév.
et merc. d'oct. à mai BV **n**
Rest – Menu 24 € (sem.)/45 € – Carte 35/52 €
♦ Spécialités régionales dans une salle à manger contemporaine avec cheminée et plantes vertes, ou sur un agréable pont-terrasse en teck ; calme patio sur l'arrière.

rte de Collioure 4 km – ☒ 66700 Argelès-sur-Mer

🏠 **Les Mouettes** sans rest ≼ mer, 🌿 ⴱ ⴱ AC ⴱ **P** VISA ◐◐ AE ①
– ℰ 04 68 81 82 83 – info@hotel-lesmouettes.com – Fax 04 68 81 32 73
– Ouvert 7 avril-14 oct.
31 ch – †75/150 € ††75/195 €, ⴱ 14 €
♦ Hôtel valorisé par son jardin, sa piscine et son solarium tournés vers l'immensité azurée de la mer. Au choix : agréables chambres personnalisées (quelques loggias) ou studios.

à l'Ouest 1,5 km par rte de Sorède et rte secondaire – ☒ 66700 Argelès-sur-Mer

🏠 **Auberge du Roua** ⴱ ⴱⴱⴱⴱ AC ⴱ **P** VISA ◐◐
chemin du Roua – ℰ 04 68 95 85 85 – magalie@aubergeduroua.com
– Fax 04 68 95 83 50 – Ouvert 13 fév.-15 nov. AX **h**
14 ch – †60/95 € ††60/189 €, ⴱ 10 € – 3 suites – ½ P 73/138 € – **Rest** – *(fermé merc. soir d'oct. à avril) (dîner seult)* Menu 35/75 € – Carte 48/66 € ⴱ
♦ Authentique mas du 17ᵉ s. préservé du bruit. Dans les chambres rénovées, toutes différentes, la décoration moderne épurée s'allie avec bonheur aux murs anciens. Cuisine méditerranéenne au goût du jour servie sous de belles voûtes ou au bord de la piscine.

ARGENTAN ⴱ – 61 Orne – 310 I2 – 16 596 h. – alt. 160 m – ☒ 61200
Normandie Cotentin 33 **C2**
▷ Paris 191 – Alençon 46 – Caen 59 – Dreux 115 – Flers 42 – Lisieux 58
🛈 Office de tourisme, Chapelle Saint-Nicolas ℰ 02 33 67 12 48,
Fax 02 33 39 96 61
⛳ des Haras à Nonant-le-Pin Les Grandes Bruyères, E : 22 km, ℰ 02 33 27 00 19.
◉ Église St-Germain ★.

Plan page suivante

🏠 **De France** – ☐ VISA ◐◐
8 bd Carnot – ℰ 02 33 67 03 65 – contact@lapucealoreille-61.com
– Fax 02 33 36 62 24 – Fermé 7-21 juil., 22-29 déc., 16 fév.-2 mars, vend. soir, dim.
soir, lundi et soirs fériés **r**
10 ch – †44 € ††46 €, ⴱ 7 € – ½ P 48 € – **Rest** – Menu 13 € (sem.)/34 €
♦ Accueil chaleureux et tenue impeccable sont les points forts de cet établissement familial situé à proximité de la gare. Les instruments de musique mécanique décorant la salle à manger servent à un petit spectacle imaginé par le patron. Cuisine traditionnelle.

🏠 **Ariès** ☐ ⴱ ch, ⴱ ch, ⴱ ⴱ **P** VISA ◐◐ AE
Z.A. Beurrerie, 1 km par ④ – ℰ 02 33 39 13 13 – arieshotel@wanadoo.fr
– Fax 02 33 39 34 71
43 ch – †46 € ††46 €, ⴱ 6,50 € – **Rest** – *(fermé vend. soir, sam. et dim.)*
Menu 10/20 € – Carte 19/23 €
♦ La proximité d'un axe à forte circulation est compensée par la bonne insonorisation de l'hôtel. Hébergement simple et fonctionnel. Mobilier de bistrot et tables simplement dressées au restaurant proposant carte classique, formules buffets et plats du jour.

XXX **La Renaissance** avec ch ☐ ⴱ **P** VISA ◐◐ AE ①
20 av. 2ᵉ-Division-Blindée – ℰ 02 33 36 14 20 – larenaissance.viel@wanadoo.fr
– Fax 02 33 36 65 50 – Fermé 4-19 août, 15-23 fév. et dim. soir **n**
14 ch – †59/81 € ††64/85 €, ⴱ 10 € – **Rest** – *(fermé 27 juil.-19 août, dim. soir et lundi)* Menu (19 €), 25/54 € – Carte 50/68 €
♦ De grandes baies vitrées donnant sur le jardin éclairent cette salle à manger rustico-bourgeoise (refaite) à la belle cheminée d'inspiration Renaissance. Cuisine inventive.

ARGENTAN

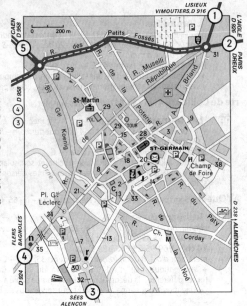

par ② 11 km par N 26 et D 729 – ⊠ 61310 Silly-en-Gouffern

Pavillon de Gouffern ⊛   ≤ ⏰ 🛋 ℠ ⅌ 📞 🛎 P VISA ⓪ AE
– ℰ 02 33 36 64 26 – pavillondegouffern @ wanadoo.fr – Fax 02 33 36 53 81
20 ch – ♦48/160 € ♦♦75/200 €, ⊇ 12 € – ½ P 125/145 € – **Rest** – Menu (25 €),
38/55 € bc
♦ Dans un parc entouré de bois, pavillon de chasse du 19e s. avec façade à colombages.
Chambres joliment rénovées dans un esprit contemporain. Les deux salles à manger,
relookées au goût du jour, offrent une belle vue sur le domaine. Cuisine traditionnelle.

à Fontenai-sur-Orne 4,5 km par ④ – 277 h. – alt. 65 m – ⊠ 61200

✗✗ Faisan Doré avec ch   🛏 ℠ rest, 📞 🛎 P VISA ⓪ AE
– ℰ 02 33 67 18 11 – lefaisandore @ wanadoo.fr – Fax 02 33 35 82 15
– Fermé 1er-15 août, sam. midi et dim. soir
16 ch – ♦55/150 € ♦♦55/150 €, ⊇ 9 € – **Rest** – Menu 29/65 € bc – Carte 35/55 €
♦ Auberge normande située au bord d'une route fréquentée. La salle à manger, précédée
d'un bar-salon cosy, bénéficie d'un nouveau décor à thème floral. Accueil aimable.

ARGENTAT – 19 Corrèze – 329 M5 – 3 125 h. – alt. 183 m – ⊠ 19400
▮ Limousin Berry   25 **C3**
▶ Paris 503 – Aurillac 54 – Brive-la-Gaillarde 45 – Mauriac 49 – St-Céré 40
  – Tulle 29
🛈 Office de tourisme, place da Maïa ℰ 05 55 28 16 05, Fax 05 55 28 45 16

Le Sablier du Temps   🛏 🛋 �🔲 ▮ AC rest, 📞 P VISA ⓪ AE ①
13 r. J.-Vachal – ℰ 05 55 28 94 90 – lesablierdutemps @ wanadoo.fr
– Fax 05 55 28 94 99 – Fermé 7 janv.-11 fév.
24 ch – ♦45/70 € ♦♦47/70 €, ⊇ 7 € – ½ P 46/59 € – **Rest** – (fermé vend. d'oct.
à avril et vend. midi en mai, juin et sept.) Menu 14 € (déj. en sem.), 20/42 € – Carte
29/54 €
♦ Un jardin arboré agrémenté d'une piscine entoure cet hôtel proche du centre-ville. Les
chambres profitent d'un décor actuel et d'aménagements fonctionnels. Cuisine du terroir
servie dans une salle rustique, sous la véranda ou sur une verdoyante terrasse.

Fouillade
🛐 ㅑ rest, ⇄ 📞 VISA ⓂⓄ AE

11 pl. Gambetta – 𝒞 05 55 28 10 17 – hotel.fouillade.argentat @ wanadoo.fr
– Fax 05 55 28 90 52 – Fermé 26 nov.-26 déc.
15 ch – 🛏45/63 € 🛏🛏45/63 €, ⌷ 7 € – ½ P 42 € – **Rest** – *(fermé dim. soir et lundi du 15 sept. au 15 juin)* Menu 13,50 € (sem.)/37 €
♦ Décor contemporain, mobilier ergonomique et nouvelle literie : les chambres de cet établissement centenaire connaissent une seconde jeunesse. Plats traditionnels aux accents régionaux servis sous les poutres de la salle à manger rustique ; terrasse en façade.

Saint-Jacques
🛐 VISA ⓂⓄ

39 av. Foch – 𝒞 05 55 28 89 87 – Fax 05 55 28 86 41 – Fermé 29 sept.-13 oct.,
18 fév.-10 mars, dim. soir d'oct. à avril et lundi
Rest – Menu 19 € bc (sem.)/45 € – Carte 35/53 €
♦ Monsieur s'applique à réaliser une cuisine du pays tandis que Madame prend soin de vous accueillir. Salle confortable et raffinée, véranda et verdoyante terrasse.

Auberge des Gabariers
🛐 VISA ⓂⓄ

15 quai Lestourgie – 𝒞 05 55 28 05 87 – Fax 05 55 28 69 63 – Ouvert d'avril à nov.
et fermé mardi soir et merc. sauf juil.-août
Rest – Menu (16 €), 27/36 € – Carte 32/46 €
♦ Jolie maison du 16ᵉ s. en bord de Dordogne. Salle rustique, mets rôtis à la broche, terrasse riveraine ombragée par un tilleul et chambres charmantes tournées vers les flots.

ARGENTEUIL – 95 Val-d'Oise – **305** E7 – **101** 14 – **voir à Paris, Environs**

ARGENTIÈRE – 74 Haute-Savoie – **328** O5 – alt. 1 252 m – Sports d'hiver : voir
Chamonix – ✉ 74400 ▌ Alpes du Nord   45 **D1**

🔲 Paris 619 – Annecy 106 – Chamonix-Mont-Blanc 10 – Vallorcine 10
🔳 Office de tourisme, 24, route du village 𝒞 04 50 54 02 14, Fax 04 50 54 06 39
🔘 Aiguille des Grands Montets★★★ : ❋★★★ - Réserve naturelle des Aiguilles
Rouges★★★ N : 3 km - Col de la Balme★★ : ❋★★.

Grands Montets sans rest 🕊
≼ 🍃 🔃 Ls ❘⋄❘ ㅑ 🅿 VISA ⓂⓄ AE ⓪

(près du téléphérique de Lognan) – 𝒞 04 50 54 06 66 – info @
hotel-grands-montets.com – Fax 04 50 54 05 42 – Ouvert 26 juin-25 août et
19 déc.-5 mai
45 ch – 🛏100/180 € 🛏🛏100/180 €, ⌷ 10 € – 3 suites
♦ Cet hôtel a de séduisants atouts : calme, proximité du téléphérique, décor régional au bar-salon, belle piscine et chambres avec vue (certaines très joliment refaites).

Montana
≼ 🛐 ❘⋄❘ ㅑ ch, 📞 🅿 VISA ⓂⓄ AE ⓪

24 clos du Montana – 𝒞 04 50 54 14 99 – info @ hotel-montana.fr
– Fax 04 50 54 03 40 – Ouvert 15 juin-30 sept. et 8 déc.-11 mai
23 ch – 🛏90/165 € 🛏🛏90/165 €, ⌷ 15 € – ½ P 86/114 € – **Rest** – *(ouvert 15 juin-30 sept.) (dîner seult) (résidents seult)* Menu 24/34 €
♦ Une adresse recherchée pour son ambiance familiale, particulièrement chaleureuse et amicale. Chambres sobrement meublées, dotées de balcons tournés vers les Grands Montets. Restaurant au décor alpin, terrasse face aux montagnes et plats traditionnels simples.

ARGENTON-SUR-CREUSE – 36 Indre – **323** F7 – 5 146 h. – alt. 100 m –
✉ 36200 ▌ Limousin Berry   11 **B3**

🔲 Paris 297 – Châteauroux 32 – Limoges 93 – Montluçon 103 – Poitiers 100
🔳 Office de tourisme, 13, place de la République 𝒞 02 54 24 05 30,
Fax 02 54 24 28 13
🔘 Vieux pont ≼★ - ≼★ de la terrasse de la chapelle N.-D.-des-Bancs.

Plan page suivante

Manoir de Boisvillers sans rest 🕊
🍃 🔲 ⇄ 🅿 VISA ⓂⓄ

11 r. Moulin-de-Bord – 𝒞 02 54 24 13 88 – manoir.de.boisvillers @ wanadoo.fr
– Fax 02 54 24 27 83 – Fermé 6 janv.-3 fév.   **e**
16 ch – 🛏53/107 € 🛏🛏57/107 €, ⌷ 10 €
♦ Belle demeure bourgeoise du 18ᵉ s. s'élevant au cœur du vieil Argenton. Coquettes chambres personnalisées, salon contemporain et agréable jardin arboré autour de la piscine.

ARGENTON-SUR-CREUSE

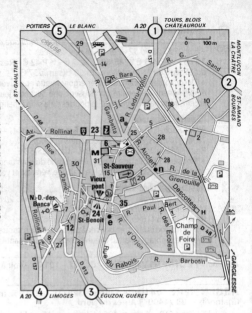

🏠 Le Cheval Noir 🛜 AC rest, P VISA ©©

27 r. Auclert-Descottes – 𝒞 *02 54 24 00 06*
– chevalnoirhotel@wanadoo.fr – Fax 02 54 24 11 22 – Fermé dim. soir hors saison **n**
20 ch – ♦46 € ♦♦60 €, ⏍ 7,50 € – ½ P 57 € – **Rest** – Menu 21/29 € – Carte 25/35 €

♦ Ancien relais de poste tenu par la même famille depuis plus d'un siècle. Les parties communes ont été actualisées, au même titre que les chambres, fraîches et douillettes, variant ampleur et décor. Repas traditionnel dans une salle claire et moderne ou, l'été, dans la cour fleurie.

🍴 La Source 🛜 VISA ©© AE

9 r. Ledru-rollin – 𝒞 *02 54 24 30 21 – Fax 02 54 24 30 21*
– Fermé vacances de la Toussaint, de fév., mardi soir et merc. **a**
Rest – Menu 15 € (déj. en sem.), 23/38 € – Carte 30/34 €

♦ Table traditionnelle accueillante occupant un ex-relais postal. Deux salles : la première est rustique (poutres, râtelier, vieux billard en bois), l'autre classique et feutrée.

à St-Marcel 2 Km par ① – 1 641 h. – alt. 146 m – ✉ 36200

🎦 Église★ - Musée archéologique d'Argentomagus★ - Théâtre du Virou★.

🏠 Le Prieuré ≼ 🚗 🛜 AC ☎ ☝ P VISA ©© AE ①

– 𝒞 *02 54 24 05 19 – contact@restaurant-leprieure.com*
– Fax 02 54 24 32 28 – Fermé 6-19 oct., 22 fév.-9 mars, dim. soir et lundi hors saison
15 ch – ♦45/50 € ♦♦52/55 €, ⏍ 8 € – ½ P 48/57 € – **Rest** – Menu 17 € (sem.)/50 € – Carte 25/50 €

♦ Deux bâtiments des années 1970 dominant la route. L'un d'eux abrite des chambres simples, progressivement rajeunies et redécorées. Vaste salle de restaurant panoramique prolongée d'un jardin-terrasse ombragé par un marronnier ; cuisine familiale à prix doux.

L'innovation a de l'avenir
quand elle est toujours plus propre,
plus sûre et plus performante.

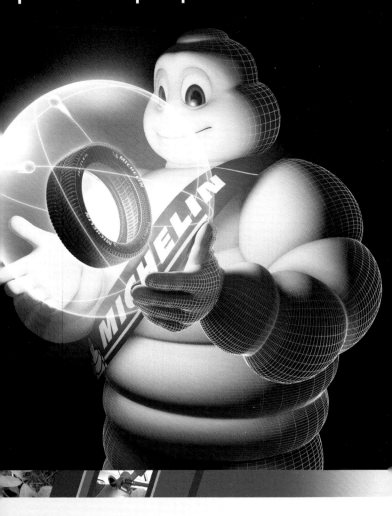

Le pneu vert MICHELIN Energy dure 25 % plus longtemps*.
Il permet aussi 2 à 3 % d'économie de carburant et une réduction
d'émission de CO_2.

* en moyenne par rapport aux pneus concurrents de la même catégorie

MICHELIN *OnWay*
**Vous offrir des services, c'est aussi
une meilleure façon d'avancer.**

**MICHELIN
OnWay**

3 SERVICES GRATUITS :

> **Garantie Dommages
> Pneumatiques**

> **Assistance Pneumatiques**

> **SOS Direction**

*Dès 2 pneus MICHELIN achetés (tourisme, 4x4, camionnette, été, hiver)
+ une inscription*

2 pneus MICHELIN achetés* + 1 inscription = 3 services gratuits
Dès l'achat de 2 pneus MICHELIN et sur simple inscription à
MICHELIN OnWay, vous bénéficiez gratuitement et pendant 2 ans
de 3 services innovants qui vous permettront de maîtriser
les imprévus de la route : Garantie Dommages Pneumatiques,
Assistance Pneumatiques, SOS Direction. Tous ces services sont accessibles
sur simple appel téléphonique, 24h/24, 7j/7, partout en Europe.
*Tous pneus de marque MICHELIN tourisme, 4x4, camionnette, été, hiver.

Pour en savoir plus, rendez-vous sur
www.michelin.fr

MICHELIN
Une meilleure façon d'avancer

à Bouësse 11 km par ② – **398 h.** – **alt. 185 m** – ✉ **36200**

Château de Bouesse 🐎 ← ⊕ 🍴 ⛪ P VISA MC AE

– ✆ 02 54 25 12 20 – *chateau.bouesse@wanadoo.fr* – *Fax 02 54 25 12 30*
– *Ouvert 2 avril-1er janv. et fermé lundi et mardi sauf du 16 mai au 30 sept.*
8 ch – †85/150 € ††85/150 €, ☐ 14 € – 4 suites – ½ P 88/121 €
Rest – Menu 23 € (déj. en sem.), 35/45 € – Carte 54/61 €

◆ Jeanne d'Arc aurait séjourné en ce château du 13e s. blotti au cœur d'un parc. L'intérieur allie atmosphère médiévale et confort moderne. La chambre logée dans le donjon est superbe. Élégante salle de restaurant ornée de jolies boiseries peintes où l'on déguste une cuisine au goût du jour.

ARGENT-SUR-SAULDRE – 18 Cher – 323 K1 – 2 502 h. – alt. 171 m – ✉ 18410

Limousin Berry 12 **C2**

▶ Paris 171 – Bourges 57 – Cosne-sur-Loire 46 – Gien 22 – Orléans 62 – Salbris 42 – Vierzon 54

Relais du Cor d'Argent avec ch 🍴 VISA MC

39 r. Nationale – ✆ *02 48 73 63 49* – *cordargent@wanadoo.fr*
– *Fax 02 48 73 37 55* – *Fermé 7-12 juil., vacances de la Toussaint, 15 fév.-15 mars, mardi et merc.*
7 ch – †41 € ††41 €, ☐ 8 € – ½ P 40 € – **Rest** – Menu 17 € (sem.)/58 € – Carte 37/61 €

◆ La bâtisse est abondamment fleurie l'été. Sobres salles à manger où l'on propose une cuisine traditionnelle variant selon le marché. Petites chambres simples.

ARGOULES – 80 Somme – 301 E5 – 335 h. – alt. 18 m – ✉ 80120

Nord Pas-de-Calais Picardie 36 **A1**

▶ Paris 217 – Abbeville 34 – Amiens 82 – Calais 93 – Hesdin 17 – Montreuil 21

◉ Abbaye★★ et jardins★★ de Valloires NO : 2 km.

Auberge du Coq-en-Pâte 🍴 VISA MC

37 rte de Valloires – ✆ *03 22 29 92 09* – *Fax 03 22 29 92 09* – *Fermé 1er-8 avril, 2-15 sept., 6-26 janv., dim. soir, merc. soir et lundi sauf fériés*
Rest – *(nombre de couverts limité, prévenir)* Menu 20 € – Carte 27/44 €

◆ Coquette maisonnette proche de l'abbaye de Valloires. Salle à manger égayée de gravures et peintures à thème animalier. Goûteux petits plats mi-traditionnels, mi-actuels.

ARLEMPDES – 43 Haute-Loire – 331 F4 – 114 h. – alt. 840 m – ✉ 43490

Lyon et la vallée du Rhône 6 **C3**

▶ Paris 559 – Aubenas 67 – Langogne 27 – Le Puy-en-Velay 29

◉ Site★★.

Le Manoir 🐎 ← 🍴 ⚡ ch, VISA MC

– ✆ *04 71 57 17 14* – *Fax 04 71 57 19 68* – *Ouvert 15 mars-25 oct. et fermé dim. soir hors saison*
13 ch – †33 € ††43 €, ☐ 6,50 € – ½ P 42 € – **Rest** – Menu 21/40 €

◆ Maison de pays blottie au cœur d'un village pittoresque baigné par la Loire et dominé par un curieux piton volcanique et les ruines d'un château. Chambres modestes. Carte traditionnelle à séquences régionales ; parements de pierre et jolie cheminée en salle.

ARLES ⊛ – 13 Bouches-du-Rhône – 340 C3 – 50 513 h. – alt. 13 m – ✉ 13200

Provence 40 **A3**

▶ Paris 719 – Aix-en-Provence 77 – Avignon 37 – Marseille 94 – Nîmes 32

ℹ Office de tourisme, boulevard des Lices ✆ 04 90 18 41 20, Fax 04 90 18 41 29

◉ Arènes★★ - Théâtre antique★★ - Cloître St-Trophime★★ et église★ : portail★★ - Les Alyscamps★ - Palais Constantin★ Y **S** - Hôtel de ville : voûte★ du vestibule Z **H** - Cryptoportiques★ Z **E** - Musée de l'Arles antique★★ (sarcophages★★) - Museon Arlaten★ Z **M**6 - Musée Réattu★ Y **M**4 - Ruines de l'abbaye de Montmajour★ 5 km par ①.

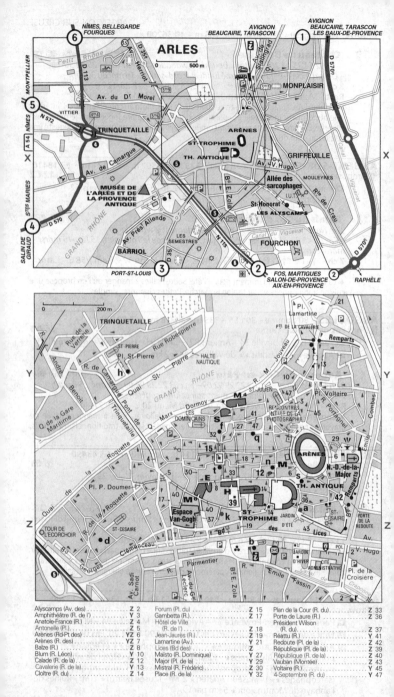

ARLES

0   500 m

NÎMES, BELLEGARDE FOURQUES

AVIGNON BEAUCAIRE, TARASCON

AVIGNON BEAUCAIRE, TARASCON LES BAUX-DE-PROVENCE

MONTPELLIER

NÎMES N 572

A 54

STES MARIES

SALIN DE GIRAUD

MONPLAISIR

TRINQUETAILLE

VITTIER

Av. du Dr Morel

ARÈNES

ST-TROPHIME

TH. ANTIQUE

Av. J.V. Hugo

GRIFFEUILLE

MOULEYRES

Rte de Crau

MUSÉE DE L'ARLES ET DE LA PROVENCE ANTIQUE

Allée des sarcophages

St-Honorat

LES ALYSCAMPS

I.U.T.

Canal du Vigueirat

Av. Prés. Allende

LES SEMESTRES

FOURCHON

BARRIOL

PORT-ST-LOUIS

FOS, MARTIGUES SALON-DE-PROVENCE AIX-EN-PROVENCE

RAPHÈLE

---

0   200 m

TRINQUETAILLE

PL. Lamartine

PTE DE LA CAVALERIE

Remparts

ST-PIERRE

PL. St-Pierre

Rue de la Verrerie

Rue Robespierre

Rue St-Pierre

HALTE NAUTIQUE

André Benoit

Q. de la Gare Maritime

Quai St-Pierre

GRAND RHÔNE

Quai de la Roquette

Pont de Trinquetaille

R. Dormoy

LES DOMINICAINS

ST-JULIEN

RENCONTRES INT.LES DE LA PHOTOGRAPHIE

PL. Voltaire

ARÈNES

N.-D.-de-la-Major

TH. ANTIQUE

Remparts

PORTE DE LA REDOUTE

PL. P. Doumer

Quai de la Roquette

R. de la Roquette

TOUR DE L'ECORCHOIR

ST-CESAIRE

Espace Van-Gogh

ST-TROPHIME

JARDIN D'ÉTÉ

ST-CESAIRE

des Lices

JARDIN D'HIVER

CITÉ ADMINISTRATIVE

V. Hugo

PL. de la Croisière

R. Clémenceau

Bd Georges

R. Sadi Carnot

Av. du Gal Leclerc

Parmentier

Bd E. Zola

Emile Fassin

Alyscamps (Av. des)	Z 2	Forum (Pl. du)	Z 15	Plan de la Cour (R. du)	Z 33
Amphithéâtre (R. de l')	Y 3	Gambetta (R.)	Z 17	Porte de Laure (R. de)	Z 36
Anatole-France (R.)	Z 4	Hôtel de Ville (R. de l')	Z 18	Président Wilson (R. du)	Z 37
Antonelle (Pl.)	Z 5	Jean-Jaurès (R.)	Z 19	Réattu (R.)	Y 41
Arènes (Rd-Pt des)	YZ 6	Lamartine (Av.)	Y 21	Redoute (Pl. de la)	Z 42
Arènes (R. des)	YZ 7	Lices (Bd des)	Z	République (Pl. de la)	Z 39
Balze (R.)	Z 8	Maïsto (R. Dominique)	Z 27	République (R. de la)	Z 40
Blum (R. Léon)	Y 10	Major (Pl. de la)	Y 29	Vauban (Montée)	Z 43
Calade (R. de la)	Z 12	Mistral (R. Frédéric)	Z 30	Voltaire (R.)	Y 45
Cavalerie (R. de la)	Y 13	Place (R. de la)	Y 32	4-Septembre (R. du)	Y 47
Cloître (R. du)	Z 14				

Jules César 🕎 · 🚗 🍴 🍸 AC 🐾 🐕 🏎 VISA 🌑 AE ❶

bd des Lices – ℰ 04 90 52 52 52 – contact@julescesar.fr – Fax 04 90 52 52 53
– Fermé sam. et dim. de nov. à mars   Z **b**
50 ch – ♦130/250 € ♦♦175/250 €, ⊑ 23 € – 1 suite
Rest *Lou Marquès* – *(fermé sam. midi, dim. soir et lundi du 3 nov. au 13 mars)*
Menu (21 €), 28/60 € – Carte 53/87 €
♦ Cet ex-couvent de carmélites cerné de jardins clos respire l'élégance et la sérénité.
Chambres meublées d'ancien, salles de réunion voûtées, cloître et chapelle avec
retable baroque. Délicieuse terrasse et saveurs du Sud mâtinées de modernité au Lou
Marquès.

Nord Pinus 🕎 · 🍴 📱 AC ch, 🐾 🏎 VISA 🌑 AE ❶

pl. du Forum – ℰ 04 90 93 44 44 – info@nord-pinus.com – Fax 04 90 93 34 00
– Ouvert 15 fév.-15 nov.   Z **t**
25 ch – ♦120/160 € ♦♦160/295 €, ⊑ 20 € – 1 suite – **Rest** – *(ouvert
15 mars-15 nov. et fermé lundi et mardi)* Menu 35 €
♦ Cocteau, Picasso ou encore Dominguin (son "traje de luces" illumine le bar) séjournèrent
dans cette institution arlésienne au superbe décor "baroque et corrida". Agréable salle à
manger aménagée dans un esprit Art déco ; plaisante carte de brasserie.

L'Hôtel Particulier 🕎 · 🍸 AC ch, ✂ 🐾 🅿 VISA 🌑 AE

4 r. de la Monnaie – ℰ 04 90 52 51 40 – contact@hotel-particulier.com
– Fax 04 90 96 16 70 – Fermé 18 nov.-26 déc.   Z **d**
8 ch – ♦209/259 € ♦♦209/259 €, ⊑ 19 € – 5 suites – **Rest** – *(dîner seult.)*
(résidents seult.) Menu 35/50 €
♦ Superbe hôtel particulier du quartier de la Roquette. Intérieur raffiné mariant l'ancien et
le moderne, chambres personnalisées, ravissante cour-jardin, sauna, hammam, etc. Le soir,
restauration à base de produits frais.

D'Arlatan sans rest 🕎 · 🚗 🍸 📱 AC 🐾 🐕 🏎 VISA 🌑 AE ❶

26 r. Sauvage, (près de la pl. du Forum) – ℰ 04 90 93 56 66 – hotel-arlatan@
wanadoo.fr – Fax 04 90 49 68 45 – Fermé 5 janv.-5 fév.   Y **f**
41 ch – ♦52/85 € ♦♦85/155 €, ⊑ 13 € – 7 suites
♦ Le passé de cette gracieuse demeure du 15ᵉ s. (fondations du 4ᵉ s.) revit au travers
de son exposition de vestiges archéologiques. Décor personnalisé, beau mobilier
ancien.

Mercure Arles Camargue 🚗 🍴 🍸 🍽 📱 🚹 AC ✂ 🍽 rest, 🐾 🐕

av. 1e-Division-Française-Libre, (près du Palais des   🅿 VISA 🌑 AE ❶
Congrès) – ℰ 04 90 93 98 80 – h2738@accor.com
– Fax 04 90 49 92 76   X **t**
80 ch – ♦90/120 € ♦♦100/130 €, ⊑ 14 € – **Rest** – Menu (18 €), 24 € – Carte
environ 28 €
♦ Face au musée de l'Arles antique, de confortables chambres décorées dans l'esprit
régional. Fer forgé et couleurs du Midi au bar, bel espace séminaires, jardin avec plan d'eau.
Salle à manger méridionale et cuisine traditionnelle aux accents du Sud.

Calendal sans rest 🕎 · 🚗 AC ✂ 🍽 🐾 VISA 🌑 AE ❶

5 r. Porte-de-Laure – ℰ 04 90 96 11 89 – contact@lecalendal.com
– Fax 04 90 96 05 84 – Fermé 4 janv.-4 fév.   Z **s**
35 ch – ♦59/99 € ♦♦59/129 €, ⊑ 10 € – 3 suites
♦ Ravissantes chambres aux tons méridionaux, regardant le théâtre antique, les
arènes ou encore le beau jardin. Salon de thé. Salades provençales pour les déjeuners
estivaux.

Mireille 🍴 🍸 AC ✂ 🍽 🐾 🏎 VISA 🌑 AE ❶

2 pl. St-Pierre, (à Trinquetaille) – ℰ 04 90 93 70 74
– contact@hotel-mireille.com – Fax 04 90 93 87 28
– Fermé 4 janv.-10 fév.   Y **h**
34 ch – ♦69/150 € ♦♦69/150 €, ⊑ 13 € – **Rest** – *(fermé lundi midi et dim.)*
Menu 22 € (sem.)/45 € – Carte 34/53 €
♦ Maisons excentrées sur la rive droite du Rhône, aux coquettes chambres provençales.
Accueil soigné, petit-déjeuner de qualité et boutique de produits du terroir.
Agréable terrasse bordée de muriers et agrémentée d'une piscine. Au menu : cuisine
traditionnelle.

⌂ **Amphithéâtre** sans rest   AC VISA MO AE ①

5 r. Diderot – ℰ 04 90 96 10 30 – contact@hotelamphitheatre.fr
– Fax 04 90 93 98 69   Z n

25 ch – ♦45/50 € ♦♦49/92 €, � 7 € – 3 suites

◆ Ce bel immeuble du 17ᵉ s. cache des chambres refaites et cosy, celles de l'hôtel particulier mitoyen sont plus vastes et raffinées. Jolie salle des petits-déjeuners.

⌂ **Les Acacias** sans rest   AC ⚡ ☎ VISA MO AE

2 r. de la Cavalerie – ℰ 04 90 96 37 88 – contact@hotel-acacias.com
– Fax 04 90 96 32 51 – Ouvert 16 mars-25 oct.   Y t

33 ch – ♦51/100 € ♦♦51/100 €, ⊇ 6 €

◆ Hôtel totalement remis à neuf, au pied de la porte de la Cavalerie. Atmosphère camarguaise dans le hall et décor provençal dans les chambres colorées.

⌂ **Muette** sans rest   AC ⚡ ☎ VISA MO AE ①

15 r. des Suisses – ℰ 04 90 96 15 39 – hotel.muette@wanadoo.fr
– Fax 04 90 49 73 16 – Fermé 11-24 fév.   Y q

18 ch – ♦45/54 € ♦♦48/54 €, ⊇ 8 €

◆ Belle façade du 12ᵉ s. donnant sur une placette. Pierres apparentes dans les chambres, sagement provençales. Salle des petits-déjeuners égayée de photos tauromachiques.

✗✗ **Le Cilantro** (Jérôme Laurent)   🏠 ♿ AC VISA MO
❀

31 r. Porte-de-Laure – ℰ 04 90 18 25 05 – infocilantro@aol.com
– Fax 04 90 18 25 10 – Fermé 3-17 mars, 2-17 nov., 1ᵉʳ-18 janv.,
sam. midi, dim. et lundi   Z a

Rest – Menu (24 €), 28 € (déj. en sem.), 60/80 € – Carte 61/66 €

Spéc. Burger de foie gras aux pommes rôties (sept. à janv.). Arlequin d'écrevisses de Camargue sous rosace de navet (avril à juin). Cromesquis de cèpes au lard gras (sept. à déc.). **Vins** Costières de Nîmes, Les Baux de Provence.

◆ Derrière le théâtre antique, près des arènes, optez pour cette enseigne discrète à la cuisine inventive, servie dans un élégant cadre contemporain. Terrasse bienvenue l'été.

✗ **L'Atelier de Jean Luc Rabanel**   🏠 AC VISA MO
❀

7 r. des Carmes – ℰ 04 90 91 07 69 – jlr@cuisinetc.com
– Fermé lundi et mardi   Z k

Rest – (nombre de couverts limité, prévenir) Menu 42 € (déj.)/65 €

Spéc. Menu "Tapas". **Vins** Vin de pays des Bouches du Rhône

◆ Produits bio et légumes du potager maison : voilà une cuisine personnalisée (déclinée façon tapas), originale et subtile. Ambiance conviviale, décor de bistrot contemporain.

✗ **Le Jardin de Manon**   🏠 VISA MO AE

14 av. des Alyscamps – ℰ 04 90 93 38 68 – Fax 04 90 49 62 03
– Fermé 1ᵉʳ-27 nov., 21 fév.-10 mars, dim. soir d'oct. à mars, mardi soir et merc.

Rest – Menu 22/46 € – Carte 33/50 €   Z r

◆ Carte dans la note régionale, composée selon le marché, et salles à manger adoptant une allure actuelle. Belle terrasse ombragée située à l'arrière de la maison, au calme.

rte du Sambuc 17 km par ④, D 570 et D 36 – ⊠ 13200 Arles

✗ **La Chassagnette**   🌿 🏠 ♿ AC ⇄ P VISA MO AE ①

– ℰ 04 90 97 26 96 – chassagnette@heureuse-camargue.com
– Fax 04 90 97 26 95 – Fermé 12-30 nov., 5 janv.-15 fév. et merc. sauf du 18 juin au 10 sept.

Rest – (nombre de couverts limité, prévenir) Menu 34 € (déj.), 59/80 €

◆ Ce mas camarguais, joliment aménagé et doté d'une charmante terrasse, propose une cuisine provençale, réalisée en partie avec les produits de son superbe potager bio de 2 ha.

ARMBOUTS-CAPPEL – 59 Nord – 302 C2 – rattaché à Dunkerque

ARMOY – 74 Haute-Savoie – 328 M2 – rattaché à Thonon-les-Bains

---

ARNAGE – 72 Sarthe – 310 K7 – rattaché au Mans

ARNAS – 69 Rhône – 327 H3 – rattaché à Villefranche-sur-Saône

---

ARNAY-LE-DUC – 21 Côte-d'Or – 320 G7 – 1 829 h. – alt. 375 m – ⊠ 21230

▊ Bourgogne   8 **C2**

    🄳 Paris 285 – Autun 28 – Beaune 36 – Chagny 38 – Dijon 59 – Montbard 74
      – Saulieu 29

    🄰 Office de tourisme, 15, rue Saint-Jacques ☏ 03 80 90 07 55

   Chez Camille   **P** ⇔ 🆅🅸🆂🅰 Ⓜⓢ 🅰🅴 ⓞ
   1 pl. Edouard-Herriot – ☏ *03 80 90 01 38 – chez-camille@wanadoo.fr*
   – Fax 03 80 90 04 64
   11 ch – ♦79 € ♦♦79 €, ⌣ 9 € – ½ P 80 € – **Rest** – Menu 20/86 € – Carte 45/60 €
   ♦ Chambres personnalisées, plutôt cosy. Certaines jouissent du privilège d'un petit salon ;
   d'autres, au second étage, font admirer leur charpente apparente. Plats aux accents
   bourguignons à déguster dans une salle de style jardin d'hiver avec verrière.

ARPAILLARGUES-ET-AUREILLAC – 30 Gard – 339 L4 – rattaché à Uzès

---

ARPAJON – 91 Essonne – 312 C4 – 9 053 h. – alt. 51 m – ⊠ 91290   18 **B2**

    🄳 Paris 32 – Chartres 71 – Évry 18 – Fontainebleau 49 – Melun 45 – Orléans 94
      – Versailles 39

    🄰 Office de tourisme, place de l'Hôtel de Ville ☏ 01 60 83 36 51,
      Fax 01 60 83 80 00

    🄶 de Marivaux à Janvry Bois de Marivaux, NO : 17 km par D 97,
      ☏ 01 64 90 85 85.

   Arpège sans rest   🛗 ⅙ 🅐 **P** ⇔ 🆅🅸🆂🅰 Ⓜⓢ 🅰🅴 ⓞ
   23 av. J.-Jaurès – ☏ *01 69 17 10 22 – hotel.arpege@wanadoo.fr*
   – Fax 01 60 83 94 20 – Fermé 25 juil.-24 août
   48 ch – ♦66 € ♦♦73 €, ⌣ 10 €
   ♦ Cette construction récente du centre-ville héberge de petites chambres fonctionnelles,
   insonorisées et correctement équipées. Nombreuses photos de Doisneau en guise de
   décor.

   Le Saint Clément (Jean-Michel Delrieu)   🏠 🅰🅲 ⇆ 🆅🅸🆂🅰 Ⓜⓢ 🅰🅴
   16 av. Hoche, (D 152) – ☏ *01 64 90 21 01 – le-saint-clement@wanadoo.fr*
   – Fax 01 60 83 32 67 – Fermé 5-12 mai, 11-31 août, 22-29 déc., sam. midi, dim. soir,
   merc. midi et lundi
   Rest – Menu 37 € (sem.)/57 € – Carte 77/88 €
   Spéc. Tarte fine aux cèpes (sept. à nov.). Saint-Jacques et parmentier de céleri (oct.
   à mars). Tarte aux figues fraîches, glace figue (sept.-oct.).
   ♦ Bâtisse de style néoclassique abritant une salle à manger sobre et confortable ; terrasse
   d'été ombragée. Belle cuisine classique valorisant les produits de l'Hexagone.

ARPAJON-SUR-CÈRE – 15 Cantal – 330 C5 – rattaché à Aurillac

LES ARQUES – 46 Lot – 337 D4 – 158 h. – alt. 254 m – ⊠ 46250

▊ Périgord   28 **B1**

    🄳 Paris 569 – Cahors 28 – Gourdon 27 – Villefranche-du-Périgord 19
      – Villeneuve-sur-Lot 58

    ◉ Église St-Laurent★ : Christ★ et Pietà★ - Fresques murales★ de l'église
      St-André-des-Arques.

   La Récréation   🏠 🆅🅸🆂🅰 Ⓜⓢ
   – ☏ *05 65 22 88 08 – Ouvert de mars à oct. et fermé merc. et jeudi*
   Rest – Menu 31 €
   ♦ L'école est finie ! À la place, une sympathique maison, un brin nostalgique : classe-salle
   à manger, préau-terrasse, totem-marronnier sculpté dans la cour de récré. Plats actuels.

ARRADON – 56 Morbihan – 308 O9 – rattaché à Vannes

▶ Paris 179 – Amiens 69 – Calais 110 – Charleville-Mézières 159 – Lille 54

🖼 Office de tourisme, place des Héros ℰ 03 21 51 26 95, Fax 03 21 71 07 34

🖼 d'Arras à Anzin-Saint-Aubin Rue Briquet Taillandier, N0 : 5 km par D 341,
ℰ 03 21 50 24 24.

◉ Grand'Place★★★ et Place des Héros★★★ - Hôtel de Ville et beffroi★ BY **H** -
Ancienne abbaye St-Vaast★★ : musée des Beaux-Arts★.

ARRAS

Adam (R. Paul) . . . . **AY** 2
Agaches (R. des) . . . . . . **BY** 3
Albert-ler-de-Belgique (R.) **BY** 4
Ancien-Rivage (Pl. de l') . . **BY** 5
Barbot (R. du Gén.) . . . . . **BY** 6
Baudimont (Rd-Pt) . . . . . . **AY** 7
Carabiniers-d'Artois
  (R. des) . . . . **BY** 8
Cardinal (R. du) . . . . **CZ** 9
Delansorne (R. D.) . . . . . **BZ** 10
Doumer (R. P.) . . . . **BY** 12
Ernestale (R.) . . . . **BZ** 13
Ferry (R. J.) . . . . **AY** 15
Foch (R. Maréchal) . . . . . **CZ** 16
Gambetta (R.) . . . . **BCZ**
Gouvernance (R. de la) . . . **BY** 18
Guy Mollet (Pl.) . . . . **CY** 19
Kennedy (Av. J.) . . . . **AZ** 24
Legrelle (R. E.) . . . . **BCZ** 25
Madeleine (Pl. de la) . . . . **BY** 28
Marché-au-Filé (R. du) . . . **BY** 30
Marseille (Pl. de) . . . . . . **BZ** 31
Robespierre (R.) . . . . **BZ** 34
Ronville (R.) . . . . **CZ** 35
Ste-Claire (R.) . . . . **AZ** 37
Ste-Croix (R.) . . . . **CY** 39
St-Aubert (R.) . . . . **BY**
Strasbourg (Bd de) . . . . . **CZ** 42
Taillerie (R. de la) . . . . . . **CY** 43
Teinturiers (R. des) . . . . . **BY** 45
Théâtre (Pl. et R.) . . . . . . **BZ** 47
Verdun (Cours de) . . . . . . **AZ** 49
Victor-Hugo (Pl.) . . . . **AZ** 51
Wacquez-Glasson (R.) . . . **CZ** 52
Wetz-d'Amain (Pl. du) . . . **BY** 53
29-Juillet (R. du) . . . . . . **BY** 54
33e (Pl. du) . . . . **BY** 55

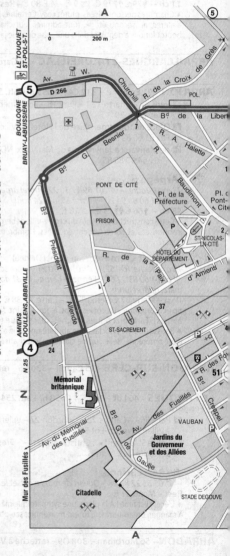

De l'Univers 🅂   🛏 ᕐ ch, ↳ ℀ rest, 📞 ♨ 🅿 𝗩𝗜𝗦𝗔 ⓜⓒ ⒶⒺ ⓪
3 pl. de la Croix-Rouge – ℰ *03 21 71 34 01 – univers.hotel@najeti.com*
– Fax 03 21 71 41 42   BZ **v**
38 ch – 🛏82/123 € 🛏🛏95/143 €, 🍽 15 € – **Rest** – Menu (19 €), 26 € (déj. en sem.),
37/75 € bc – Carte 34/48 €

♦ Monastère, puis hôpital et enfin hôtel : cette élégante et paisible demeure du 16ᵉ s. abrite de belles chambres personnalisées ; certaines affichent une influence provençale. Plaisant décor et appétissante cuisine au goût du jour au restaurant.

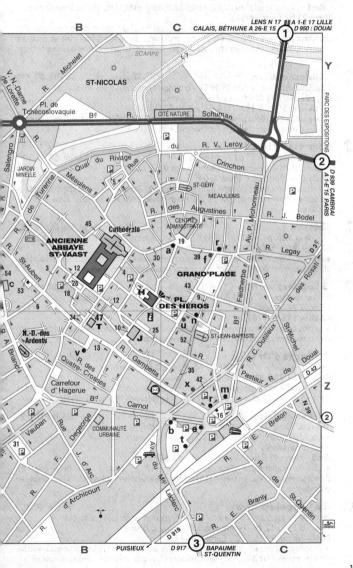

D'Angleterre sans rest · 🛗 & 🔟 ✆ 🔩 *VISA* 🐯 🖭

7 pl. Foch – ✆ *03 21 51 51 16 – info@hotelangleterre.info – Fax 03 21 71 38 20*
– Fermé 23 déc.-2 janv. CZ **r**
20 ch – †85 € ††99/125 €, ☑ 9 €

◆ À proximité de la gare TGV, cet édifice régional en briques datant de 1929 propose des chambres au mobilier de style, spacieuses et bien équipées. Salon-bar british.

Mercure Atria 🛗 & ch, ⇋ ✆ 🔩 *VISA* 🐯 🖭 ⓪

58 bd Carnot – ✆ *03 21 23 88 88 – h1560-gm@accor.com – Fax 03 21 23 88 89*
80 ch – †74/106 € ††84/116 €, ☑ 13 € CZ **b**
– Rest *– (fermé le midi du 20 juil. au 25 août, sam. midi, dim. midi et fériés le midi)*
Menu 23 € – Carte 24/31 €

◆ Derrière sa façade de verre et de briques, cet hôtel du centre d'affaires cache des chambres rénovées dans un esprit contemporain : mobilier en bois clair et couleurs tendance. Restaurant au cadre très sobre agrémenté de plantes vertes et de compositions florales.

Moderne sans rest 🛗 🔟 rest, ⇋ ✆ 🔩 *VISA* 🐯 🖭

1 bd Faidherbe – ✆ *03 21 23 39 57 – contact@hotel-moderne-arras.com*
– Fax 03 21 71 55 42 – Fermé 21 déc.-4 janv. CZ **m**
50 ch – †66/100 € ††76/110 €, ☑ 8,50 €

◆ Face à la gare et à deux pas de la Grand'Place, ce bel immeuble (1920) abrite des chambres garnies d'un mobilier simple et fonctionnel, égayées de tissus colorés.

Express by Holiday Inn sans rest 🛗 & 🔟 ⇋ ✆ 🔩

3 r. du Dr Brassart – ✆ *03 21 60 88 88* 🅿 *VISA* 🐯 🖭 ⓪
– reservations@hiexpress-arras.com – Fax 03 21 60 89 00 CZ **y**
98 ch ☑ – †80/150 € ††80/150 €

◆ Architecture contemporaine située à proximité immédiate de la gare. Chambres modernes dotées d'équipements parfaitement adaptés aux besoins d'une clientèle d'affaires.

Ibis sans rest 🛗 & 🔟 ⇋ ✆ *VISA* 🐯 🖭 ⓪

11 r. de la Justice – ✆ *03 21 23 61 61 – h1567@accor.com – Fax 03 21 71 31 31*
63 ch – †56/75 € ††56/75 €, ☑ 7,50 € CZ **n**

◆ Adresse idéalement postée entre les deux magnifiques places arrageoises. Les chambres offrent peu d'ampleur mais elles sont fonctionnelles et insonorisées.

3 Luppars sans rest 🛗 & *VISA* 🐯 🖭 ⓪

49 Grand'Place – ✆ *03 21 60 02 03 – contact3.luppars@wanadoo.fr*
– Fax 03 21 24 24 80 CY **r**
42 ch – †55 € ††70 €, ☑ 8 €

◆ La plus ancienne demeure d'Arras (1467, superbe façade gothique) propose des chambres simplement agencées ; celles sur l'arrière sont plus calmes.

La Corne d'Or sans rest ⇋ ❄ ✆ 🅿 🚗 *VISA* 🐯

1 pl. Guy-Mollet – ✆ *03 21 58 85 94 – franck@lamaisondhotes.com* CY **a**
3 ch – †64/77 € ††77/93 €, ☑ 7 € – 2 suites

◆ Savourez l'atmosphère romantique et le raffinement décoratif de cet hôtel particulier remanié au 18ᵉ s. Chambres classiques ou contemporaines, loft mansardé, superbes caves.

La Faisanderie *VISA* 🐯 🖭 ⓪

45 Grand'Place – ✆ *03 21 48 20 76 – la-faisanderie@wanadoo.fr*
– Fax 03 21 50 89 18 – Fermé 4-18 août, 23 fév.-9 mars, dim. soir,
lundi et soirs fériés CY **f**
Rest – Menu 23 € (sem.)/62 € – Carte 42/85 €

◆ Sur la somptueuse place, demeure du 17ᵉ s. abritant une belle cave où d'imposantes colonnes en pierre soutiennent de vénérables voûtes en briques ; cuisine au goût du jour.

La Coupole d'Arras ❄ *VISA* 🐯 🖭

26 bd de Strasbourg – ✆ *03 21 71 88 44 – lacoupoledarras@orange.fr*
– Fax 03 21 71 52 46 – Fermé dim. soir de nov. à Pâques CZ **x**
Rest – Menu (29 €), 34 € – Carte 28/64 €

◆ Grand restaurant aux allures de brasserie des années folles : reproductions de Mucha, vitraux, mobilier Art déco, etc. Plats traditionnels et bon choix de pâtisseries maison.

La Clef des Sens

60 pl. des Héros – ✆ 03 21 51 00 50 – laclefdessens@wanadoo.fr – Fax 03 21 71 25 15 – Fermé 24 déc.-11 janv. CZ **u**

Rest – Menu (21 €), 26/59 € – Carte 31/80 €

◆ Boiseries rouges, banquettes, vivier à homards : décor et carte ad hoc pour cette brasserie bordant la place des Héros. Vue sur le beffroi depuis le 1er étage et la terrasse.

à Rœux **14 km à l'Est par ①, N 50, D 33 et D 42 – ✉ 59158**

Le Grand Bleu

41 r. Henri-Robert – ✆ 03 21 55 41 74 – contact@legrandbleu-roeux.fr – Fax 03 21 55 41 74 – Fermé 1er-15 oct., sam. midi, lundi et le soir sauf vend. et sam.

Rest – Menu 25 € (déj. en sem.)/60 € bc – Carte environ 40 €

◆ Cette maison de style chalet vous accueille dans une salle colorée ou sur une agréable terrasse face au lac dès les beaux jours. Cuisine actuelle bien alléchante.

à Mercatel **8 km par ③, D 917 et D 34 – 572 h. – alt. 88 m – ✉ 62217**

Mercator

24 r. de la Mairie – ✆ 03 21 73 48 33 – Fax 03 21 22 09 39 – Fermé 3-16 août, 22 fév.-1er mars, sam. et le soir sauf vend.

Rest – Menu (17 €), 26/37 € – Carte 31/62 €

◆ Ambiance familiale, sobre salle à manger néo-rustique et plats traditionnels escortés de vins soigneusement choisis : à deux pas d'Arras, projetez donc un repas au Mercator.

à Anzin-St-Aubin **5 km au Nord-Ouest par D 341 – 2 470 h. – alt. 71 m – ✉ 62223**

Du Golf d'Arras

r. Briquet-Tallandier – ✆ 03 21 50 45 04 – commercial.hoteldugolf@fr.oleane.com – Fax 03 21 15 07 00

64 ch – 88/145 € 99/155 €, ☕ 12 € – 8 suites – **Rest** – *(fermé sam. midi)* Menu 24 € (déj. en sem.) – Carte 31/43 €

◆ À l'entrée d'un golf 18 trous, construction en bois dont l'architecture s'inspire de la Louisiane. Chambres claires et raffinées donnant pour la plupart sur les greens. Répertoire culinaire au goût du jour et cadre lumineux pour une pause entre deux swings.

ARREAU – 65 Hautes-Pyrénées – 342 O7 – 823 h. – alt. 705 m – ✉ 65240

Midi-Pyrénées 28 **A3**

Paris 818 – Auch 91 – Bagnères-de-Luchon 34 – Lourdes 81 – St-Gaudens 55 – Tarbes 62

Office de tourisme, Château des Nestes ✆ 05 62 98 63 15, Fax 05 62 40 12 32

Vallée d'Aure★ S - ✻★★★ du col d'Aspin NO : 13 km.

Angleterre

rte de Luchon – ✆ 05 62 98 63 30 – contact@hotel-angleterre-arreau.com – Fax 05 62 98 69 66 – Ouvert de mi-mai à mi-oct., week-ends et vacances scolaires du 26 déc. au 31 mars et fermé lundi en mai-juin et sept.

17 ch – 54/75 € 65/115 €, ☕ 9 € – ½ P 68/92 € – **Rest** – *(dîner seult)* Menu 20/38 €

◆ Dans un petit village typique de la vallée, ancien relais de poste transformé au fil des ans en hôtel de caractère. Un bel escalier dessert les chambres coquettement rénovées. Cuisine traditionnelle et cadre campagnard revu et corrigé au restaurant. Salon-bar cosy.

ARROMANCHES-LES-BAINS – 14 Calvados – 303 I3 – 552 h. – ✉ 14117

Normandie Cotentin 32 **B2**

Paris 266 – Bayeux 11 – Caen 34 – St-Lô 46

Office de tourisme, 2, rue du Maréchal Joffre ✆ 02 31 22 36 45, Fax 02 31 22 92 06

Musée du débarquement - La Côte du Bessin★ O.

La Marine ⟵ Port artificiel du Débarquement, 🍴 🖢 ⛱ AC rest, ⚡
1 quai du Canada – ✆ *02 31 22 34 19* 🏊 **P** _VISA_ **MO** AE
– hotel.de.la.marine@wanadoo.fr – Fax 02 31 22 98 80 – Ouvert 14 fév.-11 nov.
28 ch – ♦61 € ♦♦86 €, ☲ 10 € – ½ P 68/90 € – **Rest** – Menu 22/39 €
– Carte 36/64 €

• Forte de sa situation littorale, cette accueillante maison dispose de chambres confortables donnant pour la plupart sur la Manche. Au restaurant, joli décor contemporain et baies vitrées tournées vers les flots.

à La Rosière 3 km au Sud-Ouest par rte de Bayeux – ✉14117 Tracy-sur-Mer

La Rosière sans rest 🛋 & ⚡ 📞 **P** _VISA_ **MO**
14 rte de Bayeux – ✆ *02 31 22 36 17 – hotel.larosiere@wanadoo.fr*
– Fax 02 31 22 19 33 – Ouvert 15 mars-10 nov.
24 ch – ♦51/94 € ♦♦51/94 €, ☲ 8 €

• En léger retrait de la route, hôtel abritant des chambres fonctionnelles et protégées du bruit. L'annexe propose un hébergement de plain-pied avec le jardin.

ARS-EN-RÉ – 17 Charente-Maritime – 324 A2 – **voir à Ile de Ré**

ARTRES – 59 Nord – 302 J6 – **rattaché à Valenciennes**

ARVIEU – 12 Aveyron – 338 H5 – 880 h. – alt. 730 m – ✉ 12120   29 **D2**
◘ Paris 663 – Albi 66 – Millau 59 – Rodez 31 – St-Affrique 47
  – Villefranche-de-Rouergue 77
🛈 Syndicat d'initiative, Le Bourg ✆ 05 65 46 71 06, Fax 05 65 63 19 16

Au Bon Accueil 🏊 _VISA_ **MO** AE ①
pl. du Centre – ✆ *05 65 46 72 13 – jean-pierre.pachins@wanadoo.fr*
– Fax 05 65 74 28 95 – Fermé 15 déc.-15 janv.
10 ch – ♦42/46 € ♦♦42/90 €, ☲ 7 € – ½ P 42/43 € – **Rest** – Menu 12 €
(sem.)/34 €

• Les villageois se retrouvent au bar de cette charmante auberge installée sur la place centrale du bourg. Les chambres, refaites, sont sobres, confortables et bien tenues. Restaurant rustique, carte traditionnelle simple complétée par quelques plats du pays.

ARVIEUX – 05 Hautes-Alpes – 334 I4 – 355 h. – alt. 1 550 m – ✉ 05350
Alpes-du-Sud   41 **C1**
◘ Paris 782 – Briançon 55 – Gap 80 – Marseille 254
🛈 Office de tourisme, la ville ✆ 04 92 46 75 76, Fax 04 92 46 83 03

La Ferme de l'Izoard ⟵ 🛋 🍴 🗖 & ⚡ **P** 🅰 _VISA_ **MO** ①
La Chalp, rte du Col – ✆ *04 92 46 89 00 – info@laferme.fr – Fax 04 92 46 82 37*
– Fermé avril et 29 sept.-19 déc.
23 ch – ♦60/161 € ♦♦60/161 €, ☲ 11 € – 3 suites – ½ P 59/109 € – **Rest** – *(fermé mardi midi et jeudi midi hors vacances scolaires)* Menu (17 €), 23/51 €
– Carte 24/45 €

• Bâtiment aux allures de ferme traditionnelle. Chambres spacieuses, dotées de balcon ou de terrasse plein Sud. Chaleureux salon décoré de meubles queyrassins. Le restaurant propose une carte traditionnelle enrichie de spécialités du terroir et de grillades.

ARZ (ÎLE-D') – 56 Morbihan – 308 O9 – **voir à Île-d'Arz**

ARZON – 56 Morbihan – 308 N9 – 2 056 h. – alt. 9 m – ✉ 56640
Bretagne   9 **A3**
◘ Paris 487 – Auray 52 – Lorient 94 – Quiberon 81 – La Trinité-sur-Mer 66
  – Vannes 33
🛈 Office de tourisme, rond-point du Crouesty ✆ 02 97 53 69 69,
  Fax 02 97 53 76 10
◉ Tumulus de Tumiac ou butte de César ❊ ★ E : 2 km puis 30 mn.

au Port du Crouesty 2 km au Sud-Ouest – ✉ 56640 Arzon

🏨🏨🏨 **Miramar** ⌘   ⩽ ⊡ 🕙 ⓕ₆ 🖼 Ġ ch, 🔲 ⇋ ⅔ rest, ☎ ⅍ **P**
– ℰ 02 97 53 49 00 – reservation@   🚭 **VISA** **⓪⓪** **AE** **⓪**
miramarcrouesty.com – Fax 02 97 53 49 99 – Ouvert de mars à sept.
112 ch – ♦185 € ♦♦260 €, � 19 € – 12 suites
Rest *Salle à Manger* – Menu 50/90 € – Carte 57/92 €
Rest *Ruban Bleu* – Menu 50 € – Carte 40/66 €
♦ Arrimé à la pointe de la presqu'île de Rhuys, cet hôtel-centre de thalassothérapie, profilé comme un paquebot, vous loge dans de grandes chambres standardisées (avec loggia). Belle vue sur l'océan et ambiance de croisière à La Salle à Manger. Plats diététiques au Ruban Bleu.

🏠 **Le Crouesty** sans rest   ⇋ **P** **VISA** **⓪⓪**
r. du Croisty – ℰ 02 97 53 87 91 – hotellecrouesty@wanadoo.fr
– Fax 02 97 53 66 76 – Ouvert vacances de fév.-15 nov.
26 ch – ♦69/81 € ♦♦69/90 €, � 8 €
♦ Cette construction proche du port de plaisance abrite de petites chambres fonctionnelles, sobrement décorées, et un salon agrémenté d'une cheminée et d'un piano.

à Port Navalo 3 km à l'Ouest – ✉ 56640 Arzon

🍴🍴🍴 **Grand Largue**   ⩽ golfe du Morbihan, 🏡 Ġ **VISA** **⓪⓪**
à l'embarcadère – ℰ 02 97 53 71 58 – largueadam@wanadoo.fr
– Fax 02 97 53 92 20 – Fermé 12 nov.-25 déc., 5 janv.-10 fév., mardi sauf juil.-août et lundi
Rest – Menu 35/87 €
Rest *Le P'tit Zeph* – Menu 28 € – Carte 32/48 €
♦ Cette villa fièrement dressée à l'entrée du golfe du Morbihan vous convie à savourer une cuisine du grand large inventive, avec vue panoramique sur le ballet des bateaux. Au P'tit Zef, plats bistrotiers de poissons et fruits de mer proposés à l'ardoise.

ASNIÈRES-SUR-SEINE – 92 Hauts-de-Seine – 311 J2 – 101 15 – **voir à Paris, Environs**

ASPRES-LES-CORPS – 05 Hautes-Alpes – 334 D4 – **rattaché à Corps**

ASTAFFORT – 47 Lot-et-Garonne – 336 F5 – 1 880 h. – alt. 65 m –
✉ 47220   **4 C2**

🄳 Paris 674 – Agen 19 – Auvillar 29 – Condom 31 – Lectoure 20
🄸 Syndicat d'initiative, 13 place de la Nation ℰ 05 53 67 13 33, Fax 05 53 67 13 33

🏨🏨 **Le Square "Michel Latrille"** ⌘   🏡 🖼 Ġ 🔲 ⇋ ⅍ 🚭 **VISA** **⓪⓪**
🕸 5 pl. Craste – ℰ 05 53 47 20 40 – latrille.michel@wanadoo.fr – Fax 05 53 47 10 38
– Fermé 1ᵉʳ-26 janv. et dim. sauf juil.-août
14 ch – ♦53 € ♦♦63/140 €, � 12 € – **Rest** – (fermé 28 avril-5 mai, 1ᵉʳ-26 janv., mardi midi, dim. soir et lundi) Menu (26 €), 37/57 € – Carte 57/97 € 🕸
Spéc. Ravioli de langoustines au fumet de truffe. Suprêmes de pigeonneau rôtis, cuisses confites et risotto aux cèpes. Moelleux au café, glace café, sauce arabica.
Vins Vin de pays de l'Agenais, Buzet.
♦ Meubles contemporains, anciens, couleurs vives et détails raffinés personnalisent les chambres (refaites à tour de rôle) de ces belles maisons. Salles à manger cossues dont les ouvertures en arcades dévoilent un frais patio. Terrasse panoramique. Cuisine de tradition.

🍴🍴🍴 **Une Auberge en Gascogne** (Fabrice Biasiolo)   🏡 ⅔
🕸 9 fg. Corné, (face à la poste) – ℰ 05 53 67 10 27   ⇦ **P** **VISA** **⓪⓪** **AE**
– une-auberge-en-gascogne@wanadoo.fr – Fax 05 53 67 10 22
– Fermé 1ᵉʳ-15 janv., dim. soir et lundi midi d'oct. à mai, jeudi midi et merc.
Rest – Menu 23 € (déj. en sem.), 40/115 € bc – Carte 41/49 € 🕸
Spéc. Le petit-déjeuner Gascon. Ventrèche de thon du pays Basque. Agneau des Pyrénées (printemps).
♦ Le décor actuel et épuré sied à la dégustation d'une intéressante cuisine créative honorant le terroir. Salon original et terrasse d'été au calme de la cour intérieure.

ATTICHY – 60 Oise – 305 J4 – 1 852 h. – alt. 73 m – ⊠ 60350　　37 C2

🚩 Paris 101 – Compiègne 18 – Laon 62 – Noyon 26 – Soissons 24

❌❌ **La Croix d'Or** avec ch　　　　　　　　　　　　P VISA ⓪

⊛ *13 r. Tondu-de-Metz – ℰ 03 44 42 15 37 – lacroixdor60@aol.com*
– Fax 03 44 42 15 37
4 ch ⊡ – †35 € ††42 € – ½ P 60 € – **Rest** – *(fermé dim. soir, mardi soir et lundi)*
Menu 17 € (déj. en sem.), 31/53 €

♦ Ces deux maisons régionales encadrant une cour font face à la mairie. Dans l'une, fraîche salle de restaurant contemporaine ; dans l'autre, chambres simples et pratiques.

ATTIGNAT – 01 Ain – 328 D3 – 1 924 h. – alt. 227 m – ⊠ 01340　　44 B1

🚩 Paris 420 – Bourg-en-Bresse 13 – Lons-le-Saunier 76 – Louhans 46
– Mâcon 35 – Tournus 42

❌❌ **Dominique Marcepoil** avec ch　　　　🛋 🏠 ⛱ ℀ ch, 🕿

481 Grande Rue, (D 975) – ℰ 04 74 30 92 24　　　🛁 P VISA ⓪ AE
– marcepoil@libertysurf.fr – Fax 04 74 25 93 48 – Fermé 22 sept.-5 oct., 9-22 fév.,
lundi midi et dim.
11 ch – †52 € ††66 €, ⊡ 10 € – ½ P 70/75 € – **Rest** – Menu 30 € bc/50 € – Carte
45/84 €

♦ Grenouilles, poulets de Bresse... les incontournables de la région dans votre assiette ! Des recettes actualisées sont également ici à l'honneur. Chambres calmes côté piscine.

ATTIGNAT-ONCIN – 73 Savoie – 333 H4 – rattaché à Aiguebelette-le-Lac

---

AUBAGNE – 13 Bouches-du-Rhône – 340 I6 – 42 638 h. – alt. 102 m – ⊠ 13400
🏛 Provence　　　　　　　　　　　　　　　　　　　　　　　40 B3

🚩 Paris 788 – Aix-en-Provence 39 – Brignoles 48 – Marseille 18 – Toulon 48

🛈 Office de tourisme, avenue Antide Boyer ℰ 04 42 03 49 98,
Fax 04 42 03 83 62

🏠 **Souléia**　　　　　🏠 ▮🔊 & AC ⇄ VISA ⓪ AE ⓪

4 cours Voltaire – ℰ 04 42 18 64 40 – contact@hotel-souleia.com
– Fax 04 42 08 13 21
72 ch – †69/84 € ††69/84 €, ⊡ 8,50 € – ½ P 57 € – **Rest** – *(fermé sam. soir, dim.*
midi et vend.) Menu 20 € – Carte 24/37 €

♦ Dans la capitale du santon, bâtiment moderne avec des chambres au confort fonctionnel (TV par satellite), certaines dotées de terrasse privée. Au rez-de-chaussée, brasserie ouverte sur la place. Restaurant panoramique sur le toit (solarium) aux menus traditionnels.

à St-Pierre-lès-Aubagne 5 km au Nord par D 96 ou D 43 – ⊠ 13400

🏠🏠 **Hostellerie de la Source** sans rest ⤷　　🏊 🔲 ℀ & AC 🕿 🛁
– ℰ 04 42 04 09 19 – hoteldelasource@aol.com　　　P VISA ⓪ AE ⓪
– Fax 04 42 04 58 72
26 ch – †72/83 € ††89/170 €, ⊡ 12 €

♦ Dans un parc arboré d'où jaillit la source de l'hôtel, demeure du 17ᵉ s. complétée d'une annexe récente. Chambres bien tenues et belle piscine coiffée d'une verrière.

au Nord 4 km par D 44 et rte secondaire – ⊠ 13400 Aubagne

❌❌ **La Ferme**　　　　　　　　　　　🏠 ℀ P VISA ⓪

La Font de Mai, (chemin Ruissatel) – ℰ 04 42 03 29 67 – auberge-la-ferme@
wanadoo.fr – Fermé août, vacances de fév., sam. midi, lundi et le soir sauf vend.
et sam.
Rest – Menu 50 € – Carte 47/85 €

♦ Hors du temps, maison en pleine garrigue, au cœur du pays de Pagnol, servant une copieuse cuisine du marché. Repas à l'ombre du vieux chêne ou dans la salle cosy et provençale.

Ce symbole en rouge ⤷ ?
La tranquillité même, juste le chant des oiseaux au petit matin...

AUBAZINE – 19 Corrèze – 329 L4 – 732 h. – alt. 345 m – ✉ 19190
Périgord

25 **C3**

- ◧ Paris 480 – Aurillac 86 – Brive-la-Gaillarde 14 – St-Céré 50 – Tulle 17
- ▣ Office de tourisme, le bourg ℰ 05 55 25 79 93, Fax 05 55 25 79 93
- ▥ d'Aubazine à Beynat Complexe Touristique Coiroux, E : 4 km, ℰ 05 55 27 25 66.
- ◙ Abbaye cistercienne St-Etienne★ : clocher★, mobilier★, tombeau de St-Étienne★★, armoire liturgique★.

De la Tour
🕌 📞 VISA ⬤⬤

pl. de l'Église – ℰ 05 55 25 71 17 – hoteldelatour19@orange.fr
– Fax 05 55 84 61 83 – Fermé 2-20 janv., dim. soir et lundi midi sauf juil.-août
18 ch – ♦48 € ♦♦50 €, ☕ 7 € – ½ P 58 € – **Rest** – Menu (18 €), 21 € (sauf déj. dim.)/30 € – Carte 30/65 €

◆ Face à l'abbaye, vieille maison de caractère flanquée d'une tour. Chambres anciennes égayées de papiers peints colorés. Cuisine régionale servie dans des salles rustiques agrémentées de cuivres et d'étains.

Les bonnes adresses à petit prix ?
Suivez les Bibs : Bib Gourmand rouge ⬤ pour les tables
et Bib Hôtel bleu ▥ pour les chambres.

AUBE – 61 Orne – 310 M2 – 1 540 h. – alt. 230 m – ✉ 61270
Normandie Vallée de la Seine

33 **C3**

- ◧ Paris 144 – L'Aigle 7 – Alençon 55 – Argentan 47 – Mortagne-au-Perche 32

Auberge St-James
VISA ⬤⬤

62 rte de Paris – ℰ 02 33 24 01 40 – Fax 02 33 24 01 40 – Fermé 11-28 août, dim.
soir, mardi soir et merc.
Rest – Menu 16/30 € – Carte 26/39 €

◆ Une adresse simple et sympathique à dénicher dans le village où vécut la comtesse de Ségur. La carte est composée de goûteux petits plats issus de diverses régions françaises.

AUBENAS – 07 Ardèche – 331 I6 – 11 018 h. – alt. 330 m – ✉ 07200
Lyon et la vallée du Rhône

44 **A3**

- ◧ Paris 627 – Alès 76 – Montélimar 41 – Privas 32 – Le Puy-en-Velay 91
- ▣ Office de tourisme, 4, boulevard Gambetta ℰ 04 75 89 02 03, Fax 04 75 89 02 04
- ◙ Site★ - Façade★ du château.

Plan page suivante

Ibis sans rest
⬛ & Ⓜ ↯ 📞 ⬙ ▣ VISA ⬤⬤ Ⓐ ①

rte de Montélimar – ℰ 04 75 35 44 45 – Fax 04 75 93 01 01
43 ch – ♦67/75 € ♦♦67/75 €, ☕ 8 €

◆ À la sortie sud de la ville, un Ibis disposant de chambres conformes aux normes de la chaîne. Petite restauration sur place, terrasse et piscine.

Le Fournil
🏠 ⇄ VISA ⬤⬤ Ⓐ

34 r. 4-Septembre – ℰ 04 75 93 58 68 – Fax 04 75 93 58 68 – Fermé 24 juin-7 juil.,
vacances de la Toussaint, janv., dim. et lundi   Y **s**
Rest – Menu 21/40 € – Carte 26/47 €

◆ Dans une ruelle de la vieille ville, maison séculaire abritant une coquette salle à manger voûtée. Goûteuse cuisine classique et jolie cour-terrasse.

Le Coyote
VISA ⬤⬤

13 bd Mathon – ℰ 04 75 35 01 28 – Fax 04 75 35 01 28 – Fermé 1er-10 juil., dim. et
lundi   Y **e**
Rest – (nombre de couverts limité, prévenir) Menu (15 €), 19/30 € – Carte 23/40 €

◆ Ce qui fait toute la valeur de cette petite table au cadre sommaire ? Son talentueux chef, incontestablement. Les fidèles se régalent de ses recettes du marché, traditionnelles.

AUBENAS

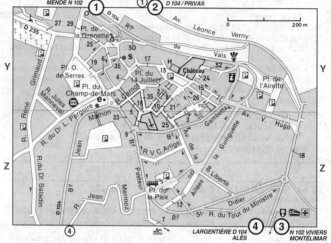

AUBETERRE-SUR-DRONNE – 16 Charente – 324 L8 – 365 h. – alt. 72 m – ⊠ 16390 ▌ Poitou Vendée Charentes
39 **C3**

> 🚗 Paris 494 – Angoulême 48 – Bordeaux 90 – Périgueux 54

> 🛈 Office de tourisme, place du Château ℰ 05 45 98 57 18, Fax 05 45 98 54 13

> 🖸 d'Aubeterre à Saint-Séverin Le Manoir de Longeveau, NE : 7 km par D 17 et D 78, ℰ 05 45 98 55 13.

> ◎ Église monolithe★★.

🏠 Hostellerie du Périgord
🍽 🍴 ⅃ ᵫ ch, **P** _VISA_ **⓪⓪**

– ℰ 05 45 98 50 46 – hpmorel@aol.com – Fax 05 45 98 50 46 – Fermé 18-31 janv.
12 ch – ♦46 € ♦♦69 €, ⭇ 7 € – ½ P 65 € – **Rest** – (fermé dim. soir et lundi)
Menu 17 € (déj. en sem.), 31/41 €

♦ Cure de jouvence réussie pour ce petit hôtel familial situé au pied du célèbre village. Chambres discrètement contemporaines, insonorisées et bien tenues. Le restaurant propose une carte mi-traditionnelle, mi-actuelle. Plaisante véranda côté jardin-piscine.

AUBIGNY-SUR-NÈRE – 18 Cher – 323 K2 – 5 907 h. – alt. 180 m – ⊠ 18700 ▌ Limousin Berry
12 **C2**

> 🚗 Paris 180 – Orléans 67 – Bourges 48 – Cosne-sur-Loire 41 – Gien 30 – Salbris 32 – Vierzon 44

> 🛈 Office de tourisme, 1, rue de l'Église ℰ 02 48 58 40 20, Fax 02 48 58 40 20

🏠 La Chaumière
🄰🄲 rest, 🌜 **P** _VISA_ **⓪⓪**

2 r. Paul-Lasnier – ℰ 02 48 58 04 01 – lachaumiere.hotel@wanadoo.fr
– Fax 02 48 58 10 31 – Fermé 11-25 août, 16 fév.-15 mars et dim. soir sauf juil.-août et fériés
11 ch – ♦54/68 € ♦♦69/100 €, ⭇ 8 € – ½ P 62/77 € – **Rest** – (fermé dim. soir et lundi sauf le soir en juil.-août et fériés) Menu 19 € (sem.)/54 € – Carte 34/48 €

♦ Une bâtisse ancienne qui soigne son image : de confortables chambres personnalisées (pierre et bois) et deux jolies salles rustiques pour déguster une cuisine traditionnelle.

Villa Stuart 🚐 📞 ♨ 🅿 **VISA**

12 av. de Paris – ☏ *02 48 58 93 30 – villastuart @ wanadoo.fr*
4 ch 🛏 – ♦60/70 € ♦♦70/80 € – **Table d'hôte** – Menu 25 € bc
♦ Agréable séjour dans cette belle demeure bourgeoise. Quatre chambres spacieuses et claires, décorées selon une thématique (voyage, art, histoire…). Amateurs de cuisine, réjouissez-vous ! Le propriétaire réalise ses propres confitures et propose des cours culinaires.

✗ **Le Bien Aller** 🅰🅲 **VISA** **M⊙** 🅰🅴 ⓪

3 r. des Dames – ☏ *02 48 58 03 92 – jeanachard2 @ aol.com – Fax 02 48 58 00 34*
– Fermé mardi soir et merc. soir
Rest – Menu 22 € (sem.)/25 €
♦ Chaleureux intérieur de style bistrot, bar à vins et cuisine axée sur le terroir. Vous composerez votre menu à partir des suggestions inscrites chaque jour sur l'ardoise.

AUBRAC – 12 Aveyron – 338 J3 – alt. 1 300 m – ✉ 12470   **29 D1**
🏙 Languedoc Roussillon

   ▣ Paris 581 – Aurillac 97 – Mende 66 – Rodez 56 – St-Flour 62

🏠 **La Dômerie** 🐾   🚐 🛗 ※ ch, 🅿 **VISA** **M⊙** 🅰🅴
⬕ *–* ☏ *05 65 44 28 42 – david.mc @ wanadoo.fr – Fax 05 65 44 21 47*
– Ouvert 9 fév.-11 nov.
25 ch – ♦64/88 € ♦♦64/88 €, 🛏 10 € – ½ P 63/72 € – **Rest** *– (fermé le midi du lundi au vend. et merc. soir sauf août)* Menu 21/40 € – Carte 29/51 €
♦ Belle demeure ancienne en basalte et granit située au centre du village. Deux générations de chambres confortables : rustiques ou plus cosy. Accueillante salle à manger campagnarde où vous goûterez une cuisine familiale mettant en valeur la viande d'Aubrac.

↑↑ **Catherine Painvin** 🐾   🚐 ※ **VISA** **M⊙**
au bourg – ☏ *05 65 48 78 84 – comptoir.aubrac @ tiscali.fr – Fax 05 65 48 78 92*
– Fermé 15 nov.-20 déc.
5 ch 🛏 – ♦220/275 € ♦♦220/585 € – **Table d'hôte** – Menu 35 € bc
♦ Adresse inattendue au cœur de l'Aubrac : superbes chambres originales, aux meubles, objets et tissus rapportés d'Inde ou de Mongolie. Également, boutique de décoration. Bar à vins pour déguster les produits du terroir.

AUBUSSON 〰 – 23 Creuse – 325 K5 – 4 662 h. – alt. 440 m – ✉ 23200   **25 C2**
🏙 Limousin Berry

   ▣ Paris 387 – Clermont-Ferrand 91 – Guéret 41 – Limoges 89 – Montluçon 64
   🄸 Office de tourisme, rue Vieille ☏ 05 55 66 32 12, Fax 05 55 83 84 51
   ◎ Musée départemental de la Tapisserie ★ (Centre Culturel Jean-Lurçat).

AUBUSSON

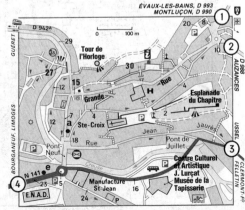

🏠 **Villa Adonis** sans rest   🖨 🕭 📞 **P** 🛏 **VISA** **MO** **AE**

14 av. de la République – ✆ *05 55 66 46 00* – *villaadonis@wanadoo.fr*
– Fax 05 55 66 17 90 – Fermé 30 déc.-2 janv.   **e**
10 ch – ♦52 € ♦♦52/57 €, ☕ 7 €

♦ Beau hall d'accueil, jolies chambres mariant confort actuel et décoration contemporaine et cosy, superbe jardin : voilà l'essentiel de cette villa bien agréable.

🏠 **Le France**   🕭 📶 📞 🔏 **VISA** **MO** **AE** **①**

6 r. des Déportés – ✆ *05 55 66 10 22* – *hotel.lefranceaubusson@wanadoo.fr*
– Fax 05 55 66 88 64   **a**
21 ch – ♦59 € ♦♦115 €, ☕ 12 € – ½ P 60/88 € – **Rest** – *(fermé dim. soir du 11 nov. au 16 mars)* Menu 22 € (sem.)/40 € – Carte 25/49 €

♦ Entre la Creuse et le centre ancien, belle demeure du 18ᵉ s. aux chambres confortables et aménagées avec goût (meubles chinés, tissus choisis). Petit espace détente avec sauna. Élégante salle de restaurant et jolie terrasse d'été dressée dans la cour intérieure.

AUCH 🅿 – **32 Gers** – **336** **F8** – **21 838 h.** – **alt. 169 m** – ✉ **32000** 📶 Midi-Pyrénées
　📘 Paris 713 – Agen 74 – Bordeaux 205 – Tarbes 74 – Toulouse 79   **28 B2**
　🅳 Office de tourisme, 1, rue Dessoles ✆ 05 62 05 22 89, Fax 05 62 05 92 04
　🅱 d'Auch-Embats, O : 5 km par D 924, ✆ 05 62 61 10 11 ;
　🅱 de Gascogne à Masseube Les Stournes, S : 25 km, ✆ 05 62 66 03 10.
　◎ Cathédrale Ste-Marie★★ : stalles★★★, vitraux★★.

AUCH

※ **La Table d'Oste** 🖼 AC VISA MO

7 r. Lamartine – 𝒞 05 62 05 55 62 – latabledoste@hotmail.fr – Fax 05 62 05 55 62
– Fermé 9-23 mars, 7-16 juin, 8-17 nov., sam. soir en été, lundi midi et dim.　AY **b**
Rest – (nombre de couverts limité, prévenir) Menu 16 € (déj. en sem.)/24 € – Carte
24/45 €

◆ Recettes du terroir à savourer dans la jolie petite salle à manger rustique (poutres
apparentes, bibelots anciens...) ou sur la terrasse d'été dressée côté rue.

rte d'Agen 7 km par ① – ⊠ 32810 Montaux-les-Créneaux

※※ **Le Papillon** 🖼🖼 AC **P** VISA MO ①

N 21 – 𝒞 05 62 65 51 29 – lepapillon@wanadoo.fr – Fax 05 62 65 54 33
– Fermé 25 août-8 sept., 16 fév.-2 mars, dim. soir et lundi
Rest – Menu 17 € (sem.)/42 € – Carte 35/48 €

◆ Pavillon récent en retrait de la nationale. La salle de restaurant, lumineuse et agrémentée
de tableaux, ouvre sur une jolie terrasse ombragée. Registre culinaire classique.

AUDERVILLE – 50 Manche – 303 A1 – 283 h. – alt. 55 m – ⊠ 50440
📗 Normandie Cotentin 　　　　　　　　　　　　　　　　　32 **A1**

🅳 Paris 382 – Caen 149 – Saint-Lô 113 – Cherbourg 29 – Équeurdreville-Hainneville 25
🅸 Office de tourisme, gare Maritime 𝒞 02 33 04 50 26

※ **Auberge de Goury** 🖼 AC **P** VISA MO AE

Port de Goury – 𝒞 02 33 52 77 01 – auberge-de-goury@hotmail.fr
– Fax 02 33 08 14 37 – Fermé janv. et lundi en août
Rest – Menu 16 € (déj. en sem.), 25/59 € – Carte 23/82 €

◆ Les produits de la mer sont chez eux dans cette maison rustique en granit qui fut le repaire
de contrebande entre le continent et les îles anglo-normandes. Terrasse.

AUDIERNE – 29 Finistère – 308 D6 – 2 471 h. – alt. 5 m – ⊠ 29770
📗 Bretagne 　　　　　　　　　　　　　　　　　　　　　9 **A2**

🅳 Paris 599 – Douarnenez 21 – Pointe du Raz 16 – Pont-l'Abbé 32 – Quimper 37
🅸 Office de tourisme, 8, rue Victor Hugo 𝒞 02 98 70 12 20, Fax 02 98 70 20 20
◉ Site★ – Planète Aquarium★★.

🏨🏨🏨 **Le Goyen** ≪ 🖼 🎱 📞 🛁 VISA MO AE ①

sur le port – 𝒞 02 98 70 08 88 – hotel.le.goyen@wanadoo.fr – Fax 02 98 70 18 77
– Ouvert 20 mars-11 nov., 30 déc.-4 janv.
26 ch – †79/101 € ††87/147 €, � 11,50 € – ½ P 94/136 € – **Rest** – Menu 25/57 €
– Carte 50/65 €

◆ Grand hôtel situé sur les quais, face au port et à l'estuaire du Goyen. Avec leur mobilier
traditionnel, leurs tissus fleuris et colorés, les chambres dégagent un charme cosy. Cuisine
au goût du jour et iodée à déguster devant le ballet des bateaux.

🏨🏨 **Au Roi Gradlon** ≪ AC rest, **P** VISA MO AE ①

à la plage – 𝒞 02 98 70 04 51 – accueil@auroigradlon.com – Fax 02 98 70 14 73
19 ch – †46/79 € ††46/79 €, ⊑ 9 € – ½ P 68/76 € – **Rest** – (fermé 15 déc.-7 fév. et
merc. d' oct. à mars) Menu 17 € (déj. en sem.), 25/54 € – Carte 32/53 €

◆ Confortable établissement dont la plupart des chambres sont tournées vers l'Atlantique.
L'accès direct à la plage offre des perspectives de belles balades. Sobre salle à manger
ouverte sur la baie d'Audierne. La table met à l'honneur les produits de l'océan.

🏨🏨 **De la Plage** ≪ 🎱 👦 🛁 **P** VISA MO

à la plage – 𝒞 02 98 70 01 07 – hotel.laplage@wanadoo.fr – Fax 02 98 75 04 69
– Ouvert 1ᵉʳ avril-31 oct.
22 ch – †48/72 € ††48/88 €, ⊑ 8,50 € – ½ P 57/77 € – **Rest** – (dîner seult)
Menu 20/48 € – Carte 30/51 €

◆ Des chambres claires et colorées (certaines avec loggia) et des salles à manger marines
et panoramiques font l'attrait de cette maison qui a presque les pieds dans l'eau.

🏠 **Manoir de Suguensou** sans rest 　🖼 🍴 📞 **P**

à 2 km par rte de Pont-Croix – 𝒞 02 98 70 07 23 – suguensou@wanadoo.fr
– Fax 02 98 70 07 23 – Fermé 10 nov.-5 janv.
4 ch ⊑ – †55/65 € ††55/65 €

◆ Une belle allée mène à ce petit manoir du 19ᵉ s. agrémenté d'un joli jardin un peu
sauvage. Sympathiques salons, grandes chambres et ambiance familiale.

AUDIERNE

✗✗ L'Iroise
🛱 ⚹ VISA ◐◑ AE ⓪

8 quai Camille-Pelletan – ℰ 02 98 70 15 80 – restaurant.liroise@wanadoo.fr
– Fax 02 98 70 20 82 – Fermé 5-31 janv. et mardi sauf du 15 juil. au 31 août
Rest – Menu 19 € (déj.), 25/79 €

♦ Une terrasse d'été tournée sur les quais et le port devance cette salle à manger
égayée de tons pastel et dotée de murs de pierres apparentes. Plats actuels et saveurs
iodées.

AUDINCOURT – 25 Doubs – 321 L2 – 15 539 h. – alt. 323 m – ⊠ 25400
▌Franche-Comté Jura

17 **C1**

❑ Paris 476 – Basel 96   Belfort 21 – Besançon 75 – Montbéliard 6
– Mulhouse 59

◎ Église du Sacré-Cœur : baptistère★ AY **B.**

Voir plan de Montbéliard agglomération.

🏠 Les Tilleuls sans rest
🚗 🔟 🅰 ℰ 🅿 VISA ◐◑ AE

51 r. Foch – ℰ 03 81 30 77 00 – hotel.tilleuls@wanadoo.fr – Fax 03 81 30 57 20
47 ch – †48/60 €, ††66/74 €, �Ω 7,80 €   Y **s**

♦ Hôtel composé d'une maison ancienne rénovée et d'annexes où sont aménagées des
chambres fonctionnelles et bien équipées. Jardin agrémenté d'une pergola.

à Taillecourt 1,5 km au Nord, rte de Sochaux – 743 h. – alt. 330 m – ⊠ 25400

✗✗✗ Auberge La Gogoline
🚗 🛱 🅿 VISA ◐◑ AE ⓪

23 r. Croisée – ℰ 03 81 94 54 82 – jacquesferrare@orange.fr – Fax 03 81 95 20 42
– Fermé 26 août-23 sept., vacances de fév., sam. midi, dim. soir, lundi et mardi
Rest – Menu 30 € (sem.)/58 € – Carte 43/59 € ⅋   Y **k**

♦ Préservée de la zone commerciale par son jardin, cette maison façon "chaumière" cache
un confortable intérieur rustico-bourgeois. Carte traditionnelle et bon choix de vins.

AUDRESSEIN – 09 Ariège – 343 E7 – rattaché à Castillon-en-Couserans

---

AUDRIEU – 14 Calvados – 303 I4 – rattaché à Bayeux

AUGEROLLES – 63 Puy-de-Dôme – 326 I8 – 889 h. – alt. 540 m –
⊠ 63930

6 **C2**

❑ Paris 411 – Clermont-Ferrand 61 – Montluçon 149 – Roanne 65 – Vichy 55

✗ Les Chênes
⚹ ⇆ 🅿 VISA ◐◑

rte de Piboulet, 1 km à l'Ouest par D 42 – ℰ 04 73 53 50 34 – Fax 04 73 53 52 20
*– Fermé 30 juin-13 juil., 26 déc.-2 janv., 16-22 fév., mardi soir sauf juil.-août, dim.
soir, lundi soir et sam.*
Rest – Menu (11,50 € bc), 18 € (sem.)/39 €

♦ Auberge familiale abritant une coquette salle à manger qui panache styles rustique et
contemporain. L'appétissante cuisine traditionnelle valorise les produits locaux.

AUGERVILLE-LA-RIVIÈRE – 45 Loiret – 318 L2 – 197 h. – alt. 100 m –
⊠ 45330

12 **C1**

❑ Paris 92 – Orléans 76 – Évry 59 – Corbeil-Essonnes 62 – Melun 52

🏠 Château d'Augerville ⌕
🔟 📷 📶 🅰 ch, ⅋ rest, ℰ

pl. du Château – ℰ 02 38 32 12 07 – reservation@   ⚙ 🅿 VISA ◐◑ AE
chateau-augerville.com – Fax 02 38 32 12 15
38 ch – †135/450 €, ††135/450 €, ⊇ 15 € – 2 suites – **Rest** – Carte 37/61 €

♦ Confortables chambres signées de l'architecte Patrick Ribes, superbe domaine de
112 ha et son parcours 18 trous : ce château médiéval est un paradis pour golfeurs. Belle
salle à manger (boiseries en chêne) et courte carte actuelle.

AULLÈNE – 2A Corse-du-Sud – 345 D9 – voir à Corse

AULNAY – 17 Charente-Maritime – 324 H3 – 1 507 h. – alt. 63 m – ⊠ 17470
🏛 Poitou Vendée Charentes
38 **B2**

> 🚗 Paris 424 – Angoulême 66 – Niort 41 – Poitiers 87 – La Rochelle 72
>
> 🛈 Office de tourisme, 290, avenue de l'Église ℰ 05 46 33 14 44, Fax 05 46 33 15 46
>
> ◎ Église St-Pierre ★★.

🏠　　**Du Donjon** sans rest　　　　　　　　　　　　　　 ᕱ ᖗ *VISA* ◍◍
📥　 *4 r. des Hivers* – ℰ *05 46 33 67 67 – hoteldudonjon@wanadoo.fr – Fax 05 46 33 67 64*
10 ch – †54/65 € ††54/75 €, �'s 6,50 €
　　◆ Charmante maison saintongeaise voisine de l'église St-Pierre. Intérieur décoré avec
goût : pierres et poutres anciennes, mobilier rustique et confort moderne. Joli jardin.

AULNAY-SOUS-BOIS – 93 Seine-Saint-Denis – 305 F7 – 101 18 – **voir à Paris, Environs**

AULON – 65 Hautes-Pyrénées – 342 N7 – 84 h. – alt. 1 213 m – ⊠ 65240　　 28 **A3**

> 🚗 Paris 830 – Bagnères-de-Luchon 44 – Col d'Aspin 24 – Lannemezan 38
> – St-Lary-Soulan 13

✗　　**Auberge des Aryelets**　　　　　　　　　　　　　 ᕱ *VISA* ◍◍
　 – ℰ *05 62 39 95 59 – philipperaffie@free.fr – Fax 05 62 39 95 59 – Fermé 2-15 juin,
10 nov.-19 déc., dim. soir, lundi soir et mardi hors vacances scolaires et lundi midi*
Rest – Menu 22/36 € – Carte 20/42 €
　　◆ Cette maison en pierres de taille qui abrite aussi la mairie a su préserver sa rusticité et son
authenticité. Cuisine régionale servie dans une ambiance conviviale. Terrasse fleurie.

AULUS-LES-BAINS – 09 Ariège – 343 G8 – 189 h. – alt. 750 m – Stat. therm. : fin
avril-fin oct. – ⊠ 09140 🏛 Midi-Pyrénées　　　　　　　　　　　　　 28 **B3**

> 🚗 Paris 807 – Foix 76 – Oust 17 – St-Girons 34
>
> 🛈 Office de tourisme, résidence Ars ℰ 05 61 96 00 01
>
> ◎ Vallée du Garbet ★ N.

🏠　　**Hostellerie de la Terrasse**　　　　　　 ᕱ ℅ ch, *VISA* ◍◍ ᴀᴇ ①
　 – ℰ *05 61 96 00 98 – jeanfrancois.maurette@wanadoo.fr – Fax 05 61 96 01 42
– Ouvert 2 mai-30 oct.*
13 ch – †45/50 € ††50/65 €, ☷ 12 € – ½ P 55/65 € – **Rest** – *(ouvert
2 juin-29 sept.) (dîner seult)* Menu 19/45 €
　　◆ Au-delà de la rivière que l'on franchit par une passerelle, une maison presque centenaire
à l'atmosphère familiale. Chambres simples, parfois dotées d'une terrasse. Restaurant
campagnard et bourgeois ; terrasse ombragée bercée par le murmure du Garbet.

🏠　　**Les Oussaillès**　　　　　　　　　　 ᕱ ᕱ ᖗ ℅ ch, *VISA* ◍◍
🐾　 – ℰ *05 61 96 03 68 – jcharrue@free.fr – Fermé 15 nov.-15 déc.*
11 ch – †34/39 € ††45/56 €, ☷ 6,50 € – ½ P 43/48 € – **Rest** – *(dîner seult)
(résidents seult)* Menu 14 €
　　◆ Vieille demeure ariégeoise en pierre accostée d'une gracieuse tourelle, au cœur de la
petite station thermale. Certaines chambres donnent sur le jardin. Lumineux restaurant, terrasse regardant la montagne, cuisine familiale et accueil aimable.

AUMALE – 76 Seine-Maritime – 304 K3 – 2 577 h. – alt. 130 m – ⊠ 76390
🏛 Normandie Vallée de la Seine
33 **D1**

> 🚗 Paris 136 – Amiens 48 – Beauvais 49 – Dieppe 69 – Rouen 74
>
> 🛈 Syndicat d'initiative, rue Centrale ℰ 02 35 93 41 68, Fax 02 35 93 41 68

🏠🏠　**Villa des Houx**　　　　　 ᕱ ᕱ 🖻 �& ch, ᖗ 🅿 ⌕ *VISA* ◍◍
😊　 *6 av. Gén.-de-Gaulle* – ℰ *02 35 93 93 30 – contact@villa-des-houx.com*
　 – *Fax 02 35 93 03 94 – Fermé 1ᵉʳ janv.-10 fév. et dim. soir du 15 sept. au 15 mai sauf
fériés*
22 ch – †60/70 € ††65/95 €, ☷ 9 € – ½ P 70/80 € – **Rest** – *(fermé dim. soir et
lundi du 15 sept. au 15 mai sauf fériés)* Menu 23/50 € – Carte 35/57 €
　　◆ Cette hostellerie familiale arbore une jolie façade à colombages. Vous y dormirez la
conscience tranquille dans des chambres tout confort. Salle à manger, véranda et terrasse
d'été ouvrent sur le paisible jardin. Carte classique inspirée du terroir.

AUMONT-AUBRAC – 48 Lozère – 330 H6 – 1 031 h. – alt. 1 040 m – ⊠ 48130

23 **C1**

🖸 Paris 549 – Aurillac 115 – Espalion 57 – Marvejols 25 – Mende 40
– Le Puy-en-Velay 90

🖬 Office de tourisme, rue de l'Église ℰ 04 66 42 88 70, Fax 04 66 42 88 70

Grand Hôtel Prouhèze 🗐 P VISA ◍ AE

2 rte du Languedoc – ℰ *04 66 42 80 07 – prouheze @ prouheze.com*
– Fax 04 66 42 87 78 – Fermé 4-30 nov. et 19 janv.-12 fév.
24 ch – †50 € ††50/90 €, ⊃ 13 € – ½ P 90 €
Rest *Le Compostelle* – voir ci-après
Rest – *(ouvert 15 mars-31 oct. et fermé le midi sauf sam., dim. et fériés)*
Menu 51/65 € 🕸

♦ Sur la place de la gare, cette demeure familiale propose des chambres à la décoration harmonieuse et colorée, mêlant la simplicité des lignes actuelles aux détails anciens. Goûteuse cuisine du terroir et vins du Languedoc servis dans un cadre chaleureux.

Chez Camillou (Cyril Attrazic) 🕅 🗐 ⅃ 🗐 📞 🖓 P VISA ◍ AE

10 rte du Languedoc – ℰ *04 66 42 80 22 – chezcamillou @ wanadoo.fr*
– Fax 04 66 42 93 70 – Ouvert 1ᵉʳ avril-31 oct.
38 ch – †48/67 € ††48/70 €, ⊃ 9 € – 3 suites – ½ P 55/86 €
Rest *Cyril Attrazic* – ℰ *04 66 42 86 14 (fermé 15 nov.-15 déc., 15 janv.-21 fév.,*
dim. soir et lundi sauf juil.-août) Menu 18 € (sem.)/75 € – Carte 47/66 €
Spéc. Bouchées de bœuf d'Aubrac comme un tartare. Tartelette aux cèpes de pays. Millefeuille au caramel salé.

♦ En léger retrait de la nationale, deux bâtiments récents dans un environnement boisé. Chambres de bonne ampleur, meublées dans le style rustique. Belle salle à manger contemporaine dans les tons beiges ; savoureuse cuisine au goût du jour où entre le terroir.

Le Compostelle – Grand Hôtel Prouhèze 🕅 P VISA ◍ AE

– ℰ *04 66 42 80 07 – prouheze @ prouheze.com – Fax 04 66 42 87 78 – Fermé*
4-30 nov., 19 janv.-12 fév., lundi soir, merc. midi et mardi de déc. à mars
Rest – Menu 19/28 €

♦ Aligot, choux farci, tripoux... tout l'Aubrac dans votre assiette ! Les recettes du terroir sont mises à l'honneur dans ce petit bistrot au charme très campagnard.

AUNAY-SUR-ODON – 14 Calvados – 303 I5 – 2 902 h. – alt. 188 m – ⊠ 14260

🗓 Normandie Cotentin

32 **B2**

🖸 Paris 269 – Caen 36 – Falaise 42 – Flers 37 – St-Lô 53 – Vire 34

🖬 Office de tourisme, place de l'Hôtel de Ville ℰ 02 31 77 60 32,
Fax 02 31 77 65 46

St-Michel avec ch P P VISA ◍ AE

r. de Caen – ℰ *02 31 77 63 16 – saint-michel-aunay @ wanadoo.fr*
– Fax 02 31 77 05 83 – Fermé 5-25 nov., 5-25 janv., dim. soir et lundi sauf juil.-août
et fériés
6 ch – †42 € ††42 €, ⊃ 7 € – ½ P 45 € – **Rest** – Menu 15 € (sem.)/42 € – Carte
34/49 €

♦ Sobre petite auberge familiale où l'on prépare une cuisine traditionnelle dans la note régionale. Salle à manger confortable et lumineuse. Chambres simples et pratiques.

AUPS – 83 Var – 340 M4 – 1 903 h. – alt. 496 m – ⊠ 83630 🗓 Côte d'Azur

41 **C3**

🖸 Paris 818 – Aix-en-Provence 90 – Digne-les-Bains 78 – Draguignan 29
– Manosque 59

🖬 Syndicat d'initiative, place Frédéric Mistral ℰ 04 94 84 00 69,
Fax 04 94 84 00 69

Des Gourmets AC VISA ◍

5 r. Voltaire – ℰ *04 94 70 14 97 – lesgourmetsaups @ aol.com*
– Fermé 23 juin-9 juil., 1ᵉʳ-17 déc., dim. soir sauf juil.-août et lundi
Rest – Menu 16 € (sem.)/34 € – Carte 47/83 €

♦ Dans le village où se tient le plus important marché aux truffes du Var. Cadre rustique sans chichi. Dans l'assiette, on apprécie les saveurs de la région.

à Moissac-Bellevue 7 km à l'Ouest par D9 – 151 h. – alt. 599 m – ⌧ 83630

Bastide du Calalou ✆
rte d'Aups – ✆ *04 94 70 17 91 – info@bastide-du-calalou.com*
– Fax 04 94 70 50 11 – Fermé 15 nov.-20 déc.
32 ch – †77/208 € ††77/259 €, ⌑ 15 € – ½ P 79/193 €
Rest – Menu (22 €), 28 € (sem.)/60 € – Carte 28/59 €

♦ Goûtez à la douceur de vivre en Haute-Provence : trois salons pour l'agrément (piano, vidéo ou bibliothèque) et des chambres meublées avec soin pour le repos. Plaisante salle à manger provençale, terrasse fleurie et ombragée et cuisine du terroir.

AURAY – 56 Morbihan – 308 N9 – 10 911 h. – alt. 35 m – ⌧ 56400

9 **A3**

🔖 Bretagne

❚ Paris 477 – Lorient 41 – Pontivy 54 – Quimper 102 – Vannes 20

✆ 3635 (0,34 €/mn)

🛈 Office de tourisme, 20, rue du Lait ✆ 02 97 24 09 75, Fax 02 97 50 80 75

◙ Quartier St-Goustan★ - Promenade du Loch★ - Église St-Gildas★ - Ste-Avoye : Jubé★ et charpente★ de l'église 4 km par ①.

Du Loch ✆
2 r. Guhur, (La Forêt) – ✆ *02 97 56 48 33 – contact@hotel-du-loch.com*
– Fax 02 97 56 63 55 – Fermé 15 déc.-4 janv.

e

30 ch – †54/72 € ††59/72 €, ⌑ 8 €
Rest – *(fermé sam. midi et dim. soir d'oct. à Pâques)* Menu (17 €), 28/47 €
– Carte 25/46 €

♦ Cet hôtel à l'architecture singulière (années 1970), noyé dans une forêt préservée et bordant le Loch, invite au repos. Grandes chambres fonctionnelles. Menus traditionnels (produits de la mer) proposés dans une salle à manger-véranda tournée vers la végétation.

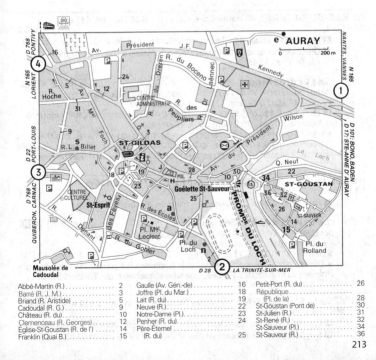

XXX Closerie de Kerdrain ⌂ ⌂ 🛇 ⇔ P VISA ⓦ AE

20 r. L.-Billet – ℰ 02 97 56 61 27 – closerie.kerdrain@wanadoo.fr – Fax 02 97 24 15 79
– Fermé 5 janv.-10 fév., mardi sauf le soir de Pâques à nov. et lundi   **s**
Rest – Menu 25 € (déj. en sem.)/75 € – Carte 58/83 € 🏵
♦ Charmant petit manoir breton niché dans un jardin. Salles classiques, habillées de boiseries, et agréable terrasse ajoutent à l'attrait d'une appétissante cuisine actuelle.

X La Table des Marées ⌂ VISA ⓦ

16 r. Jeu-de-Paume – ℰ 02 97 56 63 60 – info@latabledesmarees.com – Fermé
15 oct.-15 nov., dim. sauf le midi en saison, sam. midi et lundi
Rest – Menu (20 € bc), 28/48 €
♦ Une table au goût du jour où la carte évolue en fonction des arrivages. Le décor intimiste marie le mobilier moderne au cadre ancien (vieilles pierres et âtre).

X Chebaudière 🏵 ⇔ VISA ⓦ

6 r. Abbé-J.-Martin – ℰ 02 97 24 09 84 – Fax 02 97 24 09 84 – Fermé 22-31 oct.,
9-20 fév., mardi soir, dim. soir et merc.   **n**
Rest – Menu 17 € (sem.)/37 € – Carte 33/49 €
♦ Petite adresse de quartier où l'on mitonne une cuisine dans l'air du temps. Salle à manger sagement contemporaine, accueillant des expositions de tableaux.

au golf de St-Laurent 10 km par ③, D 22 et rte secondaire – ⌂ 56400 Auray

⌂ Du Golf de St-Laurent ⌂ 🔊 ⌂ 🛇 ⇔ rest, 🏵 rest

– ℰ 02 97 56 88 88 – hotel-golf-saint-laurent@   📞 ⌂ P VISA ⓦ
wanadoo.fr – Fax 02 97 56 88 28 – Fermé vacances de Noël
42 ch – †62/159 € ††62/159 €, ⌂ 13 € – ½ P 66/114 € – **Rest** – *(fermé vacances de Noël et de fév., vend., sam. et dim. de nov. à fév.) (dîner seult)* Menu 28/35 €
– Carte 31/44 €
♦ Le site du très beau green garantit le grand calme ; à noter, un golf électronique à disposition. Chambres fonctionnelles dotées de terrasses privatives. Recettes traditionnelles servies dans une salle à manger ouverte sur la piscine.

AUREC-SUR-LOIRE – 43 Haute-Loire – 331 H1 – 4 895 h. – alt. 435 m – ⌂ 43110
6 D2

🚹 Paris 536 – Firminy 11 – Le Puy-en-Velay 56 – St-Étienne 22 – Yssingeaux 32
🛈 Office de tourisme, Château du Moine-Sacristain ℰ 04 77 35 42 65,
   Fax 04 77 35 32 46

⌂ Les Cèdres Bleus ⌂ ⌂ 🛇 ch, 🅰 rest, 🏵 ⌂ P VISA ⓦ AE

rte Bas-en-Basset – ℰ 04 77 35 48 48 – lescedresbleus@yahoo.fr
– Fax 04 77 35 37 04 – Fermé 2 janv.-2 fév. et dim. soir
15 ch – †42 € ††62/65 €, ⌂ 8 € – ½ P 60 € – **Rest** – *(fermé dim. soir, lundi midi et mardi midi)* Menu 20 € (sem.)/80 € – Carte 45/67 €
♦ Entre les gorges de la Loire et le lac de Grangent, dans un parc arboré... trois chalets en bois aux confortables chambres rénovées. Vous contemplerez à loisir la verdure de la salle largement panoramique ou de la terrasse fleurie. Cuisine traditionnelle ambitieuse.

AUREILLE – 13 Bouches-du-Rhône – 340 E3 – 1 357 h. – alt. 134 m – ⌂ 13930
42 E1

🚹 Paris 719 – Aix-en-Provence 59 – Avignon 38 – Marseille 73

⌂ Le Balcon des Alpilles sans rest ⌂ ⌂ 🔊 🏵 ⇔ P

par D24^A – ℰ 04 90 59 94 24 – lebalcondesalpilles@wanadoo.fr
– Fax 04 90 59 94 24 – Ouvert 16 mars-30 nov.
5 ch ⌂ – †110/120 € ††120/130 €
♦ Oliviers, pins et lavandins parfument le jardin de cette paisible maison. Coquettes chambres au mobilier de style. Délicieuse table et fraîche terrasse. Piscine chauffée.

AURIBEAU-SUR-SIAGNE – 06 Alpes-Maritimes – 341 C6 – 2 612 h. – alt. 85 m
– ⌂ 06810 ▯ Côte d'Azur   **42 E2**

🚹 Paris 900 – Cannes 15 – Draguignan 62 – Grasse 9 – Nice 42 – St-Raphaël 41
🛈 Syndicat d'initiative, place en Aïre ℰ 04 93 40 79 56, Fax 04 93 40 79 56

Auberge de la Vignette Haute ⊗ ⟨⟨ 🚗 🏠 ⊐ & ch, 🅺
370 rte du Village – ✆ *04 93 42 20 01* – *info@* 🅿 🚗 VISA ⓜⓞ AE
vignettehaute.com – *Fax 04 93 42 31 16*
19 ch – ♦130/340 € ♦♦130/340 €, ⊑ 15 € – 1 suite – ½ P 150/250 €
Rest – *(fermé le midi du lundi au vend. et lundi soir en nov. et avril)* Menu 49 € bc
(déj.)/110 € bc – Carte 65/101 €
♦ Confort, charme et originalité caractérisent cette ex-auberge : antiquités, objets chinés, piscine façon "bains turcs", minimusée de l'érotisme... Étonnant ! Au restaurant, vieilles pierres, bois brut, vaisselle en étain, lampes à huile et... petite bergerie.

Le rouge est la couleur de la distinction : nos valeurs sûres !

AURILLAC 🅿 – 15 Cantal – 330 C5 – 30 551 h. – alt. 610 m – ✉ 15000
 Auvergne   5 **B3**

🚊 Paris 557 – Brive-la-Gaillarde 98 – Clermont-Ferrand 158 – Montauban 174
✈ Aurillac ✆ 04 71 64 50 00 par ③ : 2 km.
🛈 Office de tourisme, place du square ✆ 04 71 48 46 58, Fax 04 71 48 99 39
⛳ de Haute-Auvergne à Arpajon-sur-Cère La Bladade, SO par N 122 et D 153 :
    7km, ✆ 04 71 47 73 75 ;
⛳ de Vézac Aurillac à Vézac Mairie, SE par D 990 : 8 km, ✆ 04 71 62 44 11.
◎ Château St-Étienne : muséum des Volcans★.

Plan page suivante

Grand Hôtel de Bordeaux sans rest   🅸 🅺 ⇔ ℓ 🕸 🚗 VISA ⓜⓞ AE
2 av. de la République – ✆ *04 71 48 01 84* – *bestwestern@hotel-de-bordeaux.fr*
– Fax 04 71 48 49 93 – Fermé 20- 28 déc.   BY **r**
33 ch – ♦58/62 € ♦♦80/135 €, ⊑ 10 €
♦ La plupart des chambres de ce bel immeuble du début 20e s. ont été refaites dans un plaisant esprit actuel ; les autres demeurent agréables (mobilier de style ou rotin).

Delcher   🕸 📺 ⅏ ch, ℓ 🕸 🅿 🚗 VISA ⓜⓞ AE
20 r. Carmes – ✆ *04 71 48 01 69* – *hotel.delcher@wanadoo.fr* – *Fax 04 71 48 86 66*
– Fermé 13-21 avril, 16 juil.-1er août et 21 déc.-5 janv.   BZ **q**
23 ch – ♦42 € ♦♦48 €, ⊑ 7 € – ½ P 46 €
Rest – *(fermé dim. soir)* Menu (12,50 €), 17/27 € – Carte 21/28 €
♦ Chambres simples, parfois agrémentées de poutres apparentes. Dans l'une d'elles et au salon, fresques de l'artiste danois Gorm Hansen, peintes en guise de loyer ! Cuisine traditionnelle sans chichi servie, en été, dans la cour-terrasse.

Le Square   🕸 ⅏ ⅏ ℓ ch, ℓ VISA ⓜⓞ AE
15 pl. du Square – ✆ *04 71 48 24 72* – *hotel.le.square@cantal-hotel.com*
– Fax 04 71 48 47 57 – Fermé 5-21 juil. et dim. soir de nov. à mars   BZ **s**
18 ch – ♦46 € ♦♦56 €, ⊑ 7 € – ½ P 42 € – **Rest** – Menu 14 € (sem.)/38 € – Carte
18/42 €
♦ Immeuble moderne voisin de l'ancienne chapelle d'un couvent de cordeliers. Les chambres, avant tout pratiques, sont plus calmes sur l'arrière. Le restaurant propose une cuisine traditionnelle et des plats régionaux.

Quatre Saisons   🅺 🅿 VISA ⓜⓞ
10 r. Champeil – ✆ *04 71 64 85 38* – *restaurant.les.4.saisons@orange.fr*
– Fermé 19-25 août, dim. soir et lundi   BY **v**
Rest – Menu 21/38 € – Carte 37/40 €
♦ Un bel aquarium et des plantes vertes ornent cet agréable restaurant installé au rez-de-chaussée d'une maison ancienne. Appétissantes recettes traditionnelles.

Reine Margot   🅺 VISA ⓜⓞ AE
19 r. G.-de-Veyre – ✆ *04 71 48 26 46* – *alexandre.cayron@wanadoo.fr*
– Fermé 8-16 mars, 13 juil.-4 août, 4-11 nov., 2-6 janv., lundi soir, sam. midi et dim.
Rest – Menu (18 €), 24/39 €   BZ **u**
♦ Salles à manger agrémentées de boiseries sombres égayées de saynètes peintes relatant les "galanteries" de la reine Margot. Carte traditionnelle ; brasserie au rez-dechaussée.

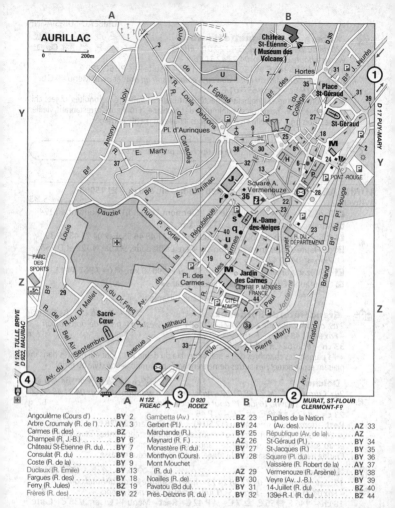

AURILLAC

0   200m

Château St-Étienne (Museum des Volcans)

à Arpajon-sur-Cère 2 km par ③ rte de Rodez (D 920) – 5 545 h. – alt. 613 m – ⊠ 15130

🏠 **Les Provinciales**   🚗 🏊 ठ 🅟 VISA 🐠 AE

pl. du Foirail – 𝒞 04 71 64 29 50 – info @ hotel-provinciales.com

– Fax 04 71 64 67 87 – Fermé 27 déc.-5 janv., sam. midi et dim. du 15 sept. au 1er juin

20 ch – †46 € ††55/60 €, ⊊ 7,50 € – ½ P 46 € – **Rest** – Menu 13 € (déj.)/16 €

♦ Bordant une placette, bâtisse aux façades entièrement revêtues d'ardoises. Chambres calmes et fonctionnelles. Restaurant décoré dans un style contemporain.

à Vézac par ③, D 920 et D 990 : 10 km – 952 h. – alt. 650 m – ⊠ 15130

🏨 **Château de Salles** ☞   ≤ 🍸 🏊 👍 ❤ ✗ 🎖 🍴 ☕ ch, ↩ 🚗

– 𝒞 04 71 62 41 41 – chateaudesalles @   🅟 VISA 🐠 AE ①

wanadoo.fr – Fax 04 71 62 44 14 – Ouvert 22 mars-31 oct.

26 ch – †98/110 € ††116/166 €, ⊊ 18,50 € – 4 suites – ½ P 76/106 €

Rest – Menu 24/43 € – Carte 40/44 €

♦ Ce château du 15e s. et son parc bénéficient d'une vue dégagée sur les monts du Cantal. Jolies chambres personnalisées et deux duplex originaux ; équipements de loisirs. Salle à manger-véranda face à la campagne et terrasse dominant le golf de Vézac.

AURON – 06 Alpes-Maritimes – 341 C2 – ⊠ 06660 St-Etienne-de-Tinee
▌Alpes du Sud
41 **C-D2**

> ▣ Paris 914 – Marseille 263 – Nice 93 – Borgo San Dalmazzo 206 – Dronero 228
>
> ▢ Office de tourisme, Grange Cossa ⌀ 04 93 23 02 66, Fax 04 93 23 07 39

⌂⌂ **Le Chalet d'Auron** ⌖ ≤ 🗚 🛁 ⅃ ⅃₆ & ch, ⅍ rest, ⅃ 🅿 *VISA* 🅾🅾
– ⌀ 04 93 23 00 21 – mail@chaletdauron.com – Fax 04 93 23 09 19 – Ouvert
28 juin-31 août et 6 déc.-5 avril
15 ch – ♦85/136 € ♦♦136/357 €, � 15 € – 2 suites – ½ P 99/367 € – **Rest** –
Carte 42/62 €

♦ Totalement rénové, ce chalet offre une atmosphère montagnarde raffinée avec son salon
cosy et ses chambres personnalisées. Terrasse face aux monts. Piscine, hammam. Dans la
salle à manger "tout bois", le chef propose une généreuse cuisine de la mer.

AUSSOIS – 73 Savoie – 333 N6 – 628 h. – alt. 1 489 m – Sports d'hiver : 1 500/
2 750 m ⚡11 ⚞ – ⊠ 73500 ▌Alpes du Nord
45 **D2**

> ▣ Paris 670 – Albertville 97 – Chambéry 110 – Lanslebourg-Mont-Cenis 17
> – Modane 7
>
> ▢ Office de tourisme, route des Barrages ⌀ 04 79 20 30 80, Fax 04 79 20 40 23
>
> ◉ Monolithe de Sardières★ NE : 3 km – Ensemble fortifié de l'Esseillon★ S : 4 km.

⌂⌂ **Du Soleil** ⌖ ≤ ▐⌀ & ch, ⅍ ch, 🅿 *VISA* 🅾🅾
15 r. de l'Église – ⌀ 04 79 20 32 42 – hotel-du-soleil@wanadoo.fr
– Fax 04 79 20 37 78 – Ouvert 16 juin-15 sept. et 17 déc.-21 avril
22 ch – ♦46/53 € ♦♦65/75 €, ⊇ 9 € – ½ P 60/74 € – **Rest** – (dîner seult)
(prévenir) Menu 22/27 €

♦ Hôtel offrant l'agrément de ses chambres ouvertes sur la montagne et de ses équipements de détente : sauna, hammam, jacuzzi de plein air et petite salle de cinéma. Pour les
résidents, repas savoyard servi dans une salle à manger colorée.

⌂ **Les Mottets** ≤ 🅿 *VISA* 🅾🅾 🅰🅴 ⓘ
6 r. Mottets – ⌀ 04 79 20 30 86 – infos@hotel-lesmottets.com – Fax 04 79 20 34 22
– Fermé mai et 1er nov.-14 déc.
25 ch – ♦40/47 € ♦♦59/78 €, ⊇ 9 € – ½ P 55/66 € – **Rest** – Menu 19/36 €
– Carte 25/44 €

♦ À 200 m des pistes, chalet jouissant d'un beau point de vue sur les sommets environnants.
Chambres simples et fonctionnelles. Salle des repas au cadre rustique et menus mettant à
l'honneur les spécialités régionales.

AUTHUILLE – 80 Somme – 301 J7 – rattaché à Albert

AUTRANS – 38 Isère – 333 G6 – 1 541 h. – alt. 1 050 m – Sports d'hiver :
1 050/1 710 m ⚡13 ⚞ – ⊠ 38880 ▌Alpes du Nord
45 **C2**

> ▣ Paris 586 – Grenoble 36 – Romans-sur-Isère 58 – St-Marcellin 47
> – Villard-de-Lans 16
>
> ▢ Office de tourisme, rue du Cinéma ⌀ 04 76 95 30 70, Fax 04 76 95 38 63

⌂ **La Poste** 🗚 ⌂ 🖪 ▐ ▐ ⅃ ⅃ ⅃ 🅰 *VISA* 🅾🅾 🅰🅴
– ⌀ 04 76 95 31 03 – gerard.barnier@wanadoo.fr – Fax 04 76 95 30 17 – Ouvert
10 mai-14 oct. et 4 déc.-14 avril
29 ch – ♦56/80 € ♦♦60/90 €, ⊇ 8,50 € – ½ P 60/73 € – **Rest** – (fermé dim. soir et
lundi sauf juil.-août et 4 déc.-14 mars) Menu 21/45 € – Carte 34/52 €

♦ Au cœur du village, avenante maison tenue par la même famille depuis 1937. Chambres
rustiques peu à peu rénovées. Ici et là, huiles sur bois anciennes. Sauna et hammam.
Chaleureuse salle lambrissée, tables joliment dressées, plats traditionnels et régionaux.

⌂ **Les Tilleuls** 🗚 ⅃ ⅍ rest, ⅃ 🅿 *VISA* 🅾🅾 🅰🅴
la Côte – ⌀ 04 76 95 32 34 – tilleuls.hotel@wanadoo.fr – Fax 04 76 95 31 58
– Fermé 11-29 avril, 27 oct.-20 nov., mardi soir et merc. hors saison et hors
vacances scolaires
18 ch – ♦48/60 € ♦♦55/74 €, ⊇ 8,50 € – 2 suites – ½ P 54/64 €
Rest – Menu (15 €), 20/42 € – Carte 30/43 €

♦ Près du centre de cette station incluse dans le Parc naturel régional du Vercors,
accueillante bâtisse aux chambres fonctionnelles et bien tenues, dont six refaites à neuf.
Cuisine classique, gibier en saison et une spécialité maison : la caillette.

AUTRANS

à Méaudre 5,5 km au Sud par D 106ᶜ – 1 039 h. – alt. 1 012 m – Sports d'hiver : 1000/1600 m ⚡10 ⚡ – ⊠ 38112

🅱 Office de tourisme, le Village 𝒞 04 76 95 20 68, Fax 04 76 95 25 93

✕ **Auberge du Furon** avec ch ⬚ **P** *VISA* **MO** **AE**
– 𝒞 04 76 95 21 47 – gaultier.rg@orange.fr – Fax 04 76 95 24 71
– Fermé 25 nov.-10 déc.
9 ch – ♦50/52 € ♦♦50/54 €, ⊇ 8 € – ½ P 53/55 € – **Rest** – (fermé merc. soir, dim. soir et lundi sauf vacances scolaires) Menu 20/32 € – Carte 22/31 €
♦ Fondues et raclettes tiennent la vedette dans ce petit chalet au décor sagement montagnard, bâti au pied des pistes. Coin snack. Chambres peu à peu revues dans le style local.

AUTREVILLE – 88 Vosges – 314 D2 – 124 h. – alt. 310 m – ⊠ 88300   26 **B2**
🄳 Paris 313 – Nancy 45 – Neufchâteau 20 – Toul 24

🏠 **Le Relais Rose** ⬚ ⬚ **P** ⬚ *VISA* **MO** **AE**
24 r. Neufchâteau – 𝒞 03 83 52 04 98 – loeffler.catherine@orange.fr
– Fax 03 83 52 06 03
16 ch – ♦43 € ♦♦64/78 €, ⊇ 13 € – ½ P 60/70 € – **Rest** – Menu 16 € (déj. en sem.), 23/30 € – Carte 24/51 €
♦ Accueil jovial dans cet hôtel au confort douillet. Chambres décorées de meubles de famille de tous styles ; l'effet est un peu kitsch mais chaleureux. La carte affiche ici une cuisine classique, voire rustique, avec une spécialité : le cassoulet. Jolie terrasse.

AUTUN ⬚ – 71 Saône-et-Loire – 320 F8 – 16 419 h. – alt. 326 m – ⊠ 71400
▊ Bourgogne   8 **C2**
🄳 Paris 287 – Avallon 78 – Chalon-sur-Saône 51 – Dijon 85 – Mâcon 111
🅱 Office de tourisme, 2, avenue Charles de Gaulle 𝒞 03 85 86 80 38, Fax 03 85 86 80 49
🄶 d'Autun Le Plan d'Eau du Vallon, par rte de Chalon-s-Saône : 3 km, 𝒞 03 85 52 09 28.
👁 Cathédrale St-Lazare★★ (tympan★★★, chapiteau★★) - Musée Rolin★ (la Tentation d'Eve★★, Nativité au cardinal Rolin★★, vierge d'Autun★★) BZ **M²** - Porte St-André★ - Grilles★ du lycée Bonaparte AZ **B** - Manuscrits★ (bibliothèque de l'Hôtel de Ville) BZ **H**.

Plan page ci-contre

🏠🏠🏠 **Les Ursulines** ⬚ ⬚ ⬚ ⬚ ▊ ⬚ ch, ⬚ ⬚ ⬚ ⬚ *VISA* **MO** **AE** **①**
14 r. Rivault – 𝒞 03 85 86 58 58 – welcome@hotelursulines.fr
– Fax 03 85 86 23 07   AZ **e**
36 ch – ♦59/90 € ♦♦69/133 €, ⊇ 13 € – 7 suites
Rest – (fermé dim. soir et lundi midi du 2 nov. au 31 mars)
Menu 20 € bc (déj. en sem.), 30/89 € – Carte 38/71 € ⬚
♦ Ex-couvent de l'ordre des Ursulines, situé en haut de la vieille ville. Quiètes chambres aux tons pastel. La chapelle est aménagée en salle de banquet. Le restaurant donne sur la cour intérieure où l'on dresse la terrasse l'été. Cuisine traditionnelle et bon choix de vins de Bourgogne.

🏠 **La Tête Noire** ▊ ⬚ **AC** rest, ⬚ ⬚ ⬚ *VISA* **MO** **AE**
3 r. Arquebuse – 𝒞 03 85 86 59 99 – welcome@hoteltetenoire.fr
– Fax 03 85 86 33 90 – Fermé 15 déc.-31 janv.   BZ **n**
31 ch – ♦61/74 € ♦♦71/88 €, ⊇ 10,50 € – ½ P 65/72 € – **Rest** – Menu (14 €), 18/50 € – Carte 23/55 €
♦ On rénove cette adresse progressivement : les chambres, pimpantes et garnies d'un mobilier rustique en bois peint, sont bien insonorisées. À table, carte classique et menu "terroir" servis dans une plaisante salle à manger.

🏠 **Ibis** ⬚ ⬚ ch, **AC** ⬚ ⬚ **P** *VISA* **MO** **AE** **①**
2 km rte Chalon par ③ – 𝒞 03 85 52 00 00 – h3232@accor.com
– Fax 03 85 52 20 20
46 ch – ♦53/62 € ♦♦53/67 €, ⊇ 7,50 € – **Rest** – (dîner seult) Menu (11,50 €), 17 €
♦ Cet Ibis, installé au bord d'un plan d'eau (base de loisirs), regarde la cité gallo-romaine. Les chambres, fonctionnelles, sont aux dernières normes de la chaîne. Lambris, tableaux et tons ensoleillés : la salle de restaurant est accueillante et gaie.

AUTUN

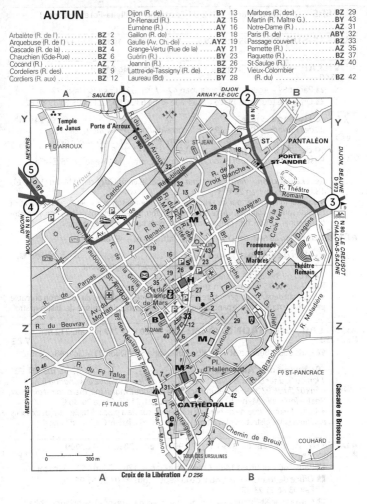

🏠 **Maison Sainte-Barbe** sans rest   🚗 🅿

7 pl. Ste-Barbe – ℰ *03 85 86 24 77 – maison.sainte.barbe.autun@wanadoo.fr*
– Fax 03 85 86 19 28   BZ **t**
3 ch ⌲ – †58 € ††64 €

♦ Ancien logis de chanoines (15ᵉ-18ᵉ s.) au pied de la cathédrale. Grandes chambres
personnalisées, jolie salle des petits-déjeuners agrémentée de meubles anciens, jardin
clos.

🍴 **Le Chalet Bleu**   🅰🅲 🆅🅸🆂🅰 🅼🅲 🅰🅴

😊 *3 r. Jeannin –* ℰ *03 85 86 27 30 – contact@lechaletbleu.com*
– Fax 03 85 52 74 56
– Fermé 1ᵉʳ-6 janv., 16 fév.-10 mars, lundi soir, mardi et dim. soir sauf juil.-août
Rest – Menu 18 € (sem.)/60 €   BYZ **s**
– Carte 31/47 €

♦ Derrière une devanture vitrée, salle à manger aux murs ornés de fresques représentant
des paysages et jardins imaginaires. Carte mariant tradition et terroir ; menus thématiques
les vendredis soirs.

AUVERS – 77 Seine-et-Marne – 312 D5 – **rattaché à Milly-la-Forêt (Essonne)**

AUVERS-SUR-OISE – 95 Val-d'Oise – 305 E6 – 106 6 – 101 3 – **voir à Paris, Environs**

AUVILLAR – 82 Tarn-et-Garonne – 337 B7 – 876 h. – alt. 141 m – ⊠ 82340   28 **B2**

⬛ Paris 652 – Agen 28 – Montauban 42 – Auch 62 – Castelsarrasin 22
🄷 Office de tourisme, place de la Halle ℰ 05 63 39 89 82, Fax 05 63 39 89 82

XX   **L'Horloge** avec ch   🖩 🕍 *VISA* ◍◍
      pl. de l'Horloge – ℰ 05 63 39 91 61 – hoteldelhorloge@wanadoo.fr
♨   – Fax 05 63 39 75 20 – Fermé 5 déc.-3 janv. et vend. du 15 oct. au 15 avril
      10 ch – ♦43/45 € ♦♦48/69 €, ⊃ 10,50 € – ½ P 52/72 €
      Rest – (fermé vend. sauf le soir en juil.-août et sam. midi) Menu 27/75 € – Carte 58/87 €
      Rest Le Bouchon – (fermé sam. sauf juil.-août et vend.) (déj. seult) Menu (14,50 €), 18 € – Carte environ 22 €
      ♦ Jouxtant l'élégante tour de l'Horloge, ravissante maison aux volets vert tendre et sa terrasse sous les platanes. Cadre actuel de bon ton. Recettes et vins de la région. À l'heure du déjeuner, Le Bouchon propose des petits plats bistrot orientés terroir.

à Bardigues 4 km au Sud par D 11 – 219 h. – alt. 160 m – ⊠ 82340

XX   **Auberge de Bardigues**   🖩 ⴳ 🄰🄲 *VISA* ◍◍
      au bourg – ℰ 05 63 39 05 58 – info@aubergedebardigues.com
      – Fax 05 69 39 06 58 – Fermé lundi
      Rest – Menu 15 € bc (déj. en sem.), 27/42 € – Carte environ 30 €
      ♦ Nouveau départ pour cette adresse familiale tenue entre frères au cœur d'un agréable petit village rural. Terrasse panoramique, déco contemporaine, cuisine de "bistro-gastro".

AUVILLARS-SUR-SAÔNE – 21 Côte-d'Or – 320 K7 – 212 h. – alt. 212 m – ⊠ 21250   7 **B3**

⬛ Paris 335 – Beaune 30 – Chalon-sur-Saône 55 – Dijon 31 – Dole 48

X   **Auberge de l'Abbaye**   🚗 🖩 🄿 *VISA* ◍◍ 🄰🄴
      1 km au Sud sur D 996 – ℰ 03 80 26 97 37 – auberge.abbaye@wanadoo.fr
♨   – Fax 03 80 26 97 37 – Fermé lundi soir sauf juil.-aout, mardi soir, merc. soir et dim. soir
      Rest – (prévenir) Menu 12 € (déj. sauf dim.), 21/31 € – Carte 20/36 €
      ♦ Cette discrète auberge de bord de route vous convie à passer à table dans deux salles rustiques (style bistrot ou plus intime) ou dehors, côté jardin. Choix traditionnel.

AUXERRE 🄿 – 89 Yonne – 319 E5 – 37 790 h. – alt. 130 m – ⊠ 89000
🛏 Bourgogne   7 **B1**

⬛ Paris 166 – Bourges 144 – Chalon-sur-Saône 176 – Dijon 152 – Sens 59
🄷 Office de tourisme, 1-2, quai de la République ℰ 03 86 52 06 19, Fax 03 86 51 23 27
◉ Cathédrale St-Étienne★★ (vitraux★★, crypte★, trésor★) - Ancienne abbaye St-Germain★★ (crypte★★).
🄶 Gy-l'Évêque : Christ aux Orties★ de la chapelle 9,5 km par ③.

Plan page ci-contre

🏨   **Le Parc des Maréchaux** sans rest   🕩 🎄 🖀 🄰🄲 📞 🄿 *VISA* ◍◍ 🄰🄴 ◍
      6 av. Foch – ℰ 03 86 51 43 77 – contact@hotel-parcmarechaux.com
      – Fax 03 86 51 31 72   AZ **u**
      25 ch – ♦75/102 € ♦♦86/123 €, ⊃ 12 €
      ♦ Demeure Napoléon III et ses jolies chambres cosy entièrement rénovées (tons or), meublées dans le style Empire et plus calmes côté parc. Bar feutré habillé de velours rouge.

🏨   **Normandie** sans rest   🎄 🖀 🄰🄲 ⅙ 📞 📞 🚬 *VISA* ◍◍ 🄰🄴 ◍
      41 bd Vauban – ℰ 03 86 52 57 80 – reception@hotelnormandie.fr
▨   – Fax 03 86 51 54 33 – Fermé 22 déc.-4 janv.   AY **b**
      47 ch – ♦61/67 € ♦♦67/95 €, ⊃ 8,50 €
      ♦ Cette demeure bourgeoise a tout pour plaire : paisible cour-terrasse, chambres confortables (optez pour la maison principale), salon-bar meublé Art déco, billard et fitness.

AUXERRE

Boucheries (R. des) . . . . BZ 3
Bourbotte (Av.) . . . . BY 4
Chesnez (R. M. des) . . . . AZ 5
Coche-d'Eau (Pl. du) . . . . BY 8
Cochois (R.) . . . . BY 9
Diderot (R.) . . . . AZ 10
Dr-Labosse (R. du) . . . . BY 11
Draperie (R. de la) . . . . AZ 12
Eckmühl (R. d') . . . . AZ 14
Fécauderie (R.) . . . . AZ 16
Foch (Av.) . . . . AZ 18
Grand-Caire (R. du) . . . . AY 20
Horloge (R. de l') . . . . AZ 22
Hôtel-de-Ville (Pl. de l') . . . . . . AZ 23
Jean-Jaurès (Av.) . . . . BY 26
Jean-Jaurès (Pl.) . . . . BZ 27
Leclerc (Pl. du Mar.) . . . . AZ 34
Lepère (Pl. Ch.) . . . . AZ 35
Maison-Fort (R.) . . . . BY 36
Marine (R. de la) . . . . BY 37
Mont-Brenn (R. du) . . . . BY 38
Paris (R. de) . . . . AY
Puits-des-Dames (R. du) . . . . . BZ 40
St-Germain (R.) . . . . ABY 44
St-Nicolas (Pl.) . . . . BY 45
Schaeffer (R. René) . . . . AZ 46
Surugue (Pl. Ch.) . . . . AZ 47
Temple (R. du) . . . . AZ
Tournelle (Av. de la) . . . . BY 48
Yonne (R. de l') . . . . BY 52
24-Août (R. du) . . . . AZ 54

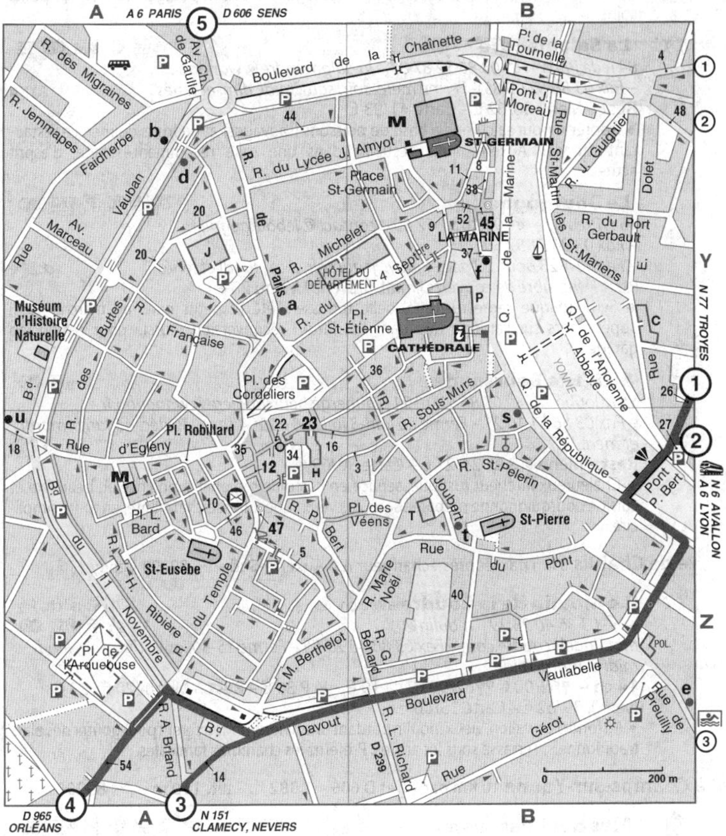

Le Maxime sans rest
2 quai de la Marine – ☎ 03 86 52 14 19 – contact@lemaxime.com – Fax 03 86 52 21 70 BY **f**
26 ch – 67/77 € 77/113 €, 10 €
◆ Sur les bords de l'Yonne, ex-grenier à sel reconverti en hôtel familial au 19e s. Chambres joliment rénovées (mobilier de style), avec vue sur le fleuve ou au calme côté cour.

Barnabet (Jean-Luc Barnabet)
14 quai de la République – ☎ 03 86 51 68 88 – Fax 03 86 52 96 85 – Fermé 22 déc.-13 janv., dim. soir, mardi midi et lundi BYZ **s**
Rest – Menu (29 €), 46 € (sem.)/73 € bc – Carte 75/107 €
Spéc. Petite charlotte de lapin en gelée, foie gras et artichaut (mai à oct.). Paillard de thon, pétales de tomate et languettes de courgettes grillées. Ris de veau doré au four aux pommes de terre sautées. **Vins** Bourgogne blanc, Irancy.
◆ Hôtel particulier ouvert sur une cour-terrasse fleurie. La salle à manger, élégante et feutrée, donne sur les cuisines ; plats classiques raffinés, beau choix de bourgognes.

XXX **Le Jardin Gourmand**   🚗 🏠 ⇔ *VISA* ⓜ◎ 🅰🅴

56 bd Vauban – ℰ 03 86 51 53 52 – contact@lejardingourmand.com
– Fax 03 86 52 33 82 – Fermé 10-19 mars, 17 juin-2 juil., 11 nov.-3 déc., mardi et
merc.   AY d

Rest – Menu (45 €), 55/65 € – Carte 82/102 €

♦ Ex-maison de vigneron au cadre intime et feutré, où le chef concocte une cuisine moderne tout en finesse, ensoleillée par les légumes de son potager. Service aux petits soins.

XX **La Salamandre**   🅰🅲 ⇔ *VISA* ⓜ◎ 🅰🅴

84 r. de Paris – ℰ 03 86 52 87 87 – la-salamandre@wanadoo.fr
– Fax 03 86 52 05 85 – Fermé merc. soir, sam. midi, dim. et fériés   AY a

Rest – Menu 36/62 € – Carte 41/93 €

♦ Apprécié pour sa cuisine à base de poissons (sauvages) et de fruits de mer, ce restaurant du vieil Auxerre vous accueille dans une salle récemment refaite, d'esprit actuel.

X **Le Bourgogne**   🏠 ⅙ 🅰🅲 🅿 *VISA* ⓜ◎

(·‿·)

15 r. Preuilly – ℰ 03 86 51 57 50 – contact@lebourgogne.fr
– Fax 03 86 51 57 50
– Fermé 4-25 août, 22 déc.-4 janv., jeudi soir, dim., lundi et fériés   BZ e

Rest – *(nombre de couverts limité, prévenir)* Menu 28 €

♦ Sympathique cadre rustique, belle terrasse d'été et petits plats du marché aussi appétissants sur l'ardoise que dans l'assiette : reconversion réussie pour cet ancien garage !

X **La P'tite Beursaude**   🅰🅲 *VISA* ⓜ◎

55 r. Joubert – ℰ 03 86 51 10 21 – auberge.beursaudiere@wanadoo.fr
– Fax 03 86 51 10 21 – Fermé 26 juin-3 juil., 28 août-4 sept., 30 déc.-15 janv., mardi
et merc.   BZ t

Rest – Menu (18 €), 24/27 € – Carte 30/62 €

♦ Chaleureux intérieur rustique, service en costume régional, ambiance au beau fixe et cuisine bourguignonne préparée sous vos yeux : une adresse charmante, en toute simplicité.

rte de Chablis 8 km par ② près échangeur A 6 Auxerre-Sud – ✉ 89290 Venoy

XX **Le Moulin de la Coudre** avec ch 🦢   🚗 🏠 ⅙ ch, ↵

– ℰ 03 86 40 23 79 – moulin@   📞 🕍 🅿 *VISA* ⓜ◎
moulindelacoudre.com – Fax 03 86 40 23 55 – Fermé 15-30 janv., dim. soir, lundi
midi et mardi midi

14 ch – †62/90 € ††62/90 €, ☲ 10 € – ½ P 80 € – **Rest** – Menu (20 €), 23 €
(sem.), 39/62 € – Carte 35/56 €

♦ Au fond d'un vallon, vieux moulin bordant une rivière, un lieu serein pour goûter des plats traditionnels. Terrasse sous les arbres. Préférez les chambres familiales.

à Champs-sur-Yonne 10 Km par ② et D 606 – 1 382 h. – alt. 110 m – ✉ 89290

🏠 **Mas des Lilas** sans rest   🚗 🅰🅲 ⅏ 📞 🅿 *VISA* ⓜ◎

Hameau de la La Cour Barrée – ℰ 03 86 53 60 55 – hotel@lemasdeslilas.com
– Fax 03 86 53 30 81 – Fermé 28 oct.-7 nov.

17 ch – †59 € ††59 €, ☲ 7,50 €

♦ Ces pavillons nichés dans un plaisant jardin fleuri abritent de petites chambres bien tenues ; toutes sont de plain-pied et bénéficient d'une terrasse ouverte sur la verdure.

à Vincelottes 16 km par ② D 606 et D 38 – 290 h. – alt. 110 m – ✉ 89290

XX **Auberge Les Tilleuls** avec ch   🏠 🕍 *VISA* ⓜ◎

(·‿·)

12 quai de l'Yonne – ℰ 03 86 42 22 13 – lestilleulsvincelottes@wanadoo.fr
– Fax 03 86 42 23 51
– Fermé 22 déc.-22 fév., mardi et merc.

5 ch – †55/66 € ††55/77 €, ☲ 10,50 € – ½ P 64/74 €

Rest – Menu 26/56 € – Carte 46/79 € ⅜

♦ Étape bucolique au bord de l'Yonne. Jolies salles ornées de tableaux d'artistes du pays et belle terrasse à fleur d'eau. Carte traditionnelle ; bon choix de bourgognes.

à Chevannes 8 km par ③ et D1 – 1 958 h. – alt. 170 m – ✉ 89240

XX **La Chamaille** avec ch ॐ 🕭 🕭 ✖ ch, 🖧 **P** **VISA** **CO** **AE**
4 rte Boiloup – 𝒞 *03 86 41 24 80 – contact@lachamaille.fr – Fax 03 86 41 34 80*
– Fermé 27 oct.-3 nov., 23 fév.-9 mars, dim. soir et lundi de mars à sept.
3 ch – 🛏50/60 € 🛏🛏60/70 €, ☲ 10 € – ½ P 60/65 € – **Rest** – Menu 38/57 €
– Carte 53/71 €
♦ Atmosphère agreste d'une ferme d'autrefois nichée dans la verdure. Véranda ouverte sur le parc fleuri traversé par un ruisseau où barbotent les canards. Cuisine actuelle.

à Villefargeau 5,5 km par ④ – 908 h. – alt. 130 m – ✉ 89240

⌂ **Le Petit Manoir des Bruyères** ॐ 🕭 🕭 ✖ 🖧 **P** **VISA** **CO** **AE** ①
Les Bruyères, 4 km à l'Ouest – 𝒞 *03 86 41 32 82 – jchambord@aol.com*
– Fax 03 86 41 28 57
5 ch – 🛏130/220 € 🛏🛏130/220 € – **Table d'hôte** – Menu 40 €
♦ Ce manoir au toit de tuiles vernissées est un véritable havre de paix à l'orée d'une forêt. Chambres raffinées (18e s.) et suite royale "Montespan". Cueillette des champignons en saison. Table d'hôte richement dressée devant la cheminée Louis XIII. Plats bourguignons.

près échangeur Auxerre-Nord 7 km par ⑤

🏨 **Mercure** 🚗 🕭 ⚓ ⅃ ⅄ 🅰 ✖ 🕻 🖧 **P** **VISA** **CO** **AE** ①
D 606 – 𝒞 *03 86 53 25 00 – h0348@accor.com – Fax 03 86 53 07 47*
77 ch – 🛏89/119 € 🛏🛏99/129 €, ☲ 12,50 € – **Rest** – Menu (17 €), 23/25 € – Carte 20/46 €
♦ Construction de type motel aux chambres simples, disposées autour de la piscine, de plain-pied avec le jardin planté de quelques ceps de vignes. Plaisante salle à manger contemporaine où l'on sert plats traditionnels et recettes du terroir ; belle terrasse.

à Appoigny 8 km par ⑤ et D 606 – 2 991 h. – alt. 110 m – ✉ 89380
🛈 Syndicat d'initiative, 4, rue du Fer à Cheval 𝒞 03 86 53 20 90

⌂ **Le Puits d'Athie** ॐ 🚗 ✖ **P**
1 r. de l'Abreuvoir – 𝒞 *03 86 53 10 59 – puitsdathie@free.fr – Fax 03 86 53 10 59*
4 ch ☲ – 🛏69/160 € 🛏🛏69/160 € – ½ P 104/205 € – **Table d'hôte** – (prévenir)
Menu 45 € bc
♦ Les chambres personnalisées de cette demeure bourguignonne ravissent les yeux, en particulier Mykonos, habillée de bleu et blanc, et Porte d'Orient, décorée d'une authentique porte du Rajasthan. La patronne concocte des plats régionaux ou méditerranéens.

AUXONNE – 21 Côte-d'Or – **320** M6 – 7 154 h. – alt. 184 m – ✉ 21130
▌ Bourgogne 8 **D2**
◪ Paris 343 – Dijon 32 – Dole 17 – Gray 38 – Vesoul 81
🛈 Office de tourisme, 11, rue de Berbis 𝒞 03 80 37 34 46, Fax 03 80 31 02 34

X **Des Halles et Hôtel du Corbeau** avec ch 🕭 🕻 **VISA** **CO** **AE**
1 rue Berbi – 𝒞 *03 80 27 05 30 – sarldeshalles@wanadoo.fr – Fax 03 80 27 05 40*
– Fermé 26 déc.-18 janv.
9 ch – 🛏50 € 🛏🛏60/70 €, ☲ 6 € – **Rest** – bistrot *(fermé dim. soir et lundi hors saison)* Menu (13 €), 20/50 € – Carte 26/49 €
♦ Bois, béton, décoration et mobilier design composent le cadre contemporain de ce bistrot où l'on sert une cuisine traditionnelle et du marché assortie de suggestions du jour. Petites chambres coquettes pour l'étape.

à Lamarche-sur-Saône 11,5 km au Nord-Ouest par D 905 et D 976 – 1 201 h.
– alt. 190 m – ✉ 21760

XX **Hostellerie St-Antoine** avec ch 🚗 🕭 ⅃ 🖻 🕭 🕭 ch, ↯
⊂⊃ *32 r. Franche Comté –* 𝒞 *03 80 47 11 33* 🕻 **P** **VISA** **CO** **AE**
– lesaintantoine@wanadoo.fr – Fax 03 80 47 13 56 – Fermé dim. soir du 15 nov. au 8 mars
8 ch – 🛏60 € 🛏🛏64 €, ☲ 9 € – 2 suites – ½ P 66/98 € – **Rest** – Menu 14 € (déj. en sem.), 26/38 € – Carte 28/65 €
♦ Grande demeure bourguignonne aux abords du village. Deux salles à manger confortables dont une sous véranda, tournée vers un agréable jardin. Chambres fonctionnelles.

AVAILLES-LIMOUZINE – 86 Vienne – **322** J8 – 1 309 h. – alt. 142 m – ⊠ 86460

39 **C2**

🚗 Paris 413 – Chauvigny 61 – Poitiers 66 – Saint-Junien 40

🚹 Office de tourisme, 6, rue Principale 𝒞 05 49 48 63 05, Fax 05 49 48 63 05

La Chatellenie
🛐 ↹ *VISA* **◑◐**

1 r. du Commerce – 𝒞 *05 49 84 31 31 – lachatellenie@aol.com*
– Fax 05 49 84 31 32 – Fermé 22-29 déc. et vacances de fév.
9 ch – **†**45 € **††**55 €, ⊊ 6 € – ½ P 41/46 € – **Rest** – *(fermé dim. soir et lundi)*
Menu 12 € (sem.)/25 €

◆ Il règne une douce ambiance d'auberge familiale dans cet ex-relais de poste (1830) plaisamment restauré. Chambres de bonne taille, avec meubles en bois peint et parquets anciens. Cuisine traditionnelle proposée dans la cour fermée aux beaux jours.

Une bonne table sans se ruiner ?
Repérez les Bibs Gourmands 🖷.

AVALLON 🚈 – 89 Yonne – **319** G7 – 8 217 h. – alt. 250 m – ⊠ 89200
📗 Bourgogne

7 **B2**

🚗 Paris 222 – Auxerre 51 – Beaune 103 – Chaumont 134 – Nevers 98

🚹 Syndicat d'initiative, 6, rue Bocquillot 𝒞 03 86 34 14 19, Fax 03 86 34 28 29

◎ Site★ - Ville fortifiée★ : Portails★ de l'église St-Lazare - Miserere★ du musée de l'Avallonnais **M**[1] - Vallée du Cousin★ S par D 427.

AVALLON

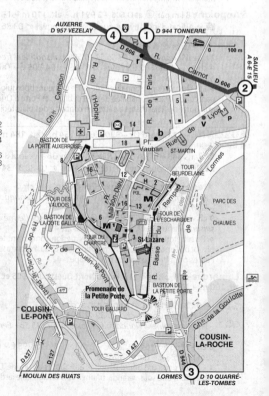

⌂⌂⌂ Hostellerie de la Poste 🗐 🔐 **P** VISA Ⓜⓞ AE ⓞ

13 pl. Vauban – 🕻 *03 86 34 16 16 – info@hostelleriedelaposte.com*
– Fax 03 86 34 19 19 – Fermé 1ᵉʳ janv.-1ᵉʳ mars **b**
30 ch – ♦90/110 € ♦♦105/199 €, � 14 € – ½ P 103/113 €
Rest – *(ouvert 16 mars-30 nov. et fermé dim. et lundi)* Menu 42/65 € – Carte
environ 42 €
Rest *Bistrot* – *(ouvert 4 mars-19 déc. et fermé dim. et lundi) (déj. seult)* Menu 14 €
♦ Ce beau relais de poste bourguignon bâti en 1707 hébergea, entre autres, Napoléon Iᵉʳ
et... Kennedy ! Jolies chambres personnalisées. Les restaurant, aménagé dans les anciennes
écuries, propose une cuisine classique. Formule bistrot au déjeuner.

⌂⌂ Avallon Vauban sans rest 🎜 🗐 ⅃⁄ ‹ 🔐 **P** VISA Ⓜⓞ AE ⓞ

53 r. de Paris – 🕻 *03 86 34 36 99 – hotelavallonvauban@wanadoo.fr*
– Fax 03 86 31 66 31 **r**
26 ch – ♦53/54 € ♦♦59/60 €, ⊊ 8,50 €
♦ Bordant un carrefour animé, hôtel familial ouvert sur un vaste parc où sont disséminées des sculptures du patron-artiste. Chambres confortables, plus tranquilles sur
l'arrière.

⌂ Dak'Hôtel sans rest 🚗 ⅃ ⅊ 🔐 **P** VISA Ⓜⓞ AE

119 r. de Lyon, rte de Saulieu par ② – 🕻 *03 86 31 63 20 – dakhotel@yahoo.fr*
– Fax 03 86 34 25 28
26 ch – ♦53 € ♦♦56/58 €, ⊊ 8,50 €
♦ Bâtiment cubique proche de la route nationale. Chambres fonctionnelles, bien entretenues et insonorisées. Salle des petits-déjeuners donnant sur le jardin ; piscine.

✗ Le Gourmillon ⒶⒸ VISA Ⓜⓞ AE

8 r. de Lyon – 🕻 *03 86 31 62 01 – Fax 03 86 31 62 01 – Fermé 5-18 janv., jeudi soir*
hors saison et dim. soir **v**
Rest – Menu 18 € (sem.)/32 € – Carte 25/36 €
♦ Petite adresse familiale du centre-ville où simplicité rime avec générosité. Fraîche salle
à manger sagement champêtre. Les menus font la part belle au terroir.

rte de Saulieu 6 km par ② – ⊠ 89200 Avallon

⌂⌂ Le Relais Fleuri 🎜 ⅃ ✸ ⅊ ch, ⒶⒸ 🔐 **P** VISA Ⓜⓞ AE ⓞ

(La Cerce) – 🕻 *03 86 34 02 85 – relais-fleuri@lerelais-fleuri.com*
– Fax 03 86 34 09 98
48 ch – ♦79 € ♦♦79/88 €, ⊊ 12,50 € – ½ P 80 € – **Rest** – Menu 20/62 € – Carte
36/60 €
♦ Cet hôtel situé sur la route de Saulieu abrite des chambres fonctionnelles de type motel,
de plain-pied avec un parc de 4 ha doté de tennis et d'une piscine chauffée. Élégante salle
à manger rustique, cuisine régionale revisitée et cave riche en bourgognes.

à Pontaubert 5 km par ④ et D 957 – 377 h. – alt. 160 m – ⊠ 89200

✗✗ Les Fleurs avec ch 🚗 🏠 ‹ **P** VISA Ⓜⓞ AE

69 rte de Vézelay – 🕻 *03 86 34 13 81 – info@hotel-lesfleurs.com*
– Fax 03 86 34 23 32 – Fermé 19 déc.-25 janv.
7 ch – ♦51/57 € ♦♦51/57 €, ⊊ 7,50 € – ½ P 66 € – **Rest** – *(fermé jeudi sauf du*
1ᵉʳ juil. au 15 sept. et merc.) Menu 17/41 € – Carte 24/44 €
♦ Auberge familiale peu à peu rajeunie : intérieur aux tons pastel ouvert sur la terrasse
dressée face au jardin. Plats traditionnels et régionaux. Chambres rafraîchies.

dans la Vallée du Cousin 6 km par ④, Pontaubert et D 427 – ⊠ 89200 Avallon

⌂⌂⌂ Hostellerie du Moulin des Ruats ⅏ 🚗 🏠 🔐

– 🕻 *03 86 34 97 00 – contact@* **P** VISA Ⓜⓞ AE ⓞ
moulin-des-ruats.com – Fax 03 86 31 65 47 – Ouvert de mi-fév. au 12 nov.
24 ch – ♦82/132 € ♦♦82/132 €, ⊊ 13 € – 1 suite – ½ P 98/133 €
Rest – *(fermé lundi) (dîner seult sauf dim.)* Menu 30/47 € – Carte 50/59 €
♦ Au calme dans la vallée du Cousin, ce moulin du 18ᵉ s. invite à la détente : plaisant
bar-bibliothèque à l'atmosphère feutrée et chambres au charme d'antan. La salle à manger-véranda s'ouvre sur le domaine. Agréable terrasse. Cuisine au diapason du décor,
classique.

à Vault-de-Lugny 6 km par ④ et D 142 – 328 h. – alt. 148 m – ⊠ 89200

🏰 **Château de Vault de Lugny** ⚜ ≼ 🕭 ⛲ ▢ 🍴 🍸 rest, 🛎 P
11 r. du Château – ℰ *03 86 34 07 86 – hotel@*   🚗 VISA ⓂⒸ AE ①
lugny.fr – Fax 03 86 34 16 36 – Ouvert 18 avril-11 nov.
15 ch – 🛏165/530 € 🛏🛏165/530 €, � 28 € – **Rest** – *(fermé mardi) (dîner seult)*
(résidents seult) Menu 65/95 € bc – Carte 45/87 € ⅌
♦ Ce luxueux château du 16ᵉ s. cultive la tradition. Ses atouts : un parc et un potager
superbes, une piscine logée dans une dépendance voûtée et un site idylliquement
calme.

à Valloux 6 km par ④ et D 606 – ⊠ 89200 Vault-de-Lugny

🍴🍴 **Auberge des Chenêts**   AC VISA ⓂⒸ AE
😊 *10 rte Nationale 6 –* ℰ *03 86 34 23 34 – Fax 03 86 34 21 24*
– Fermé 25 fév.-10 mars, en juin, 12 nov.-2 déc., mardi d'oct. à mai, dim. soir et lundi
Rest – Menu (18 €), 23 € (déj. en sem.), 26/49 € – Carte 48/62 €
♦ Au bord d'une route assez fréquentée, cette auberge de campagne est une adresse bien
appréciable. Cadre rustique réchauffé par une cheminée et plats d'inspiration bourguignonne.

> Petit-déjeuner compris ?
> La tasse ⊐ suit directement le nombre de chambres.

AVÈNE – **34** Hérault – **339** D6 – 275 h. – alt. 350 m – Stat. therm. : début avril-fin
oct. – ⊠ 34260   22 **B2**
🅳 Paris 705 – Bédarieux 25 – Clermont-l'Hérault 51 – Montpellier 83
🅸 Office de tourisme, le Village ℰ 04 67 23 43 38, Fax 04 67 23 16 95

🏨 **Val d'Orb** ⚜   ≼ 🕭 ▤ 🍴 🖥 ♿ ch, 🍸 rest, 🔦 P VISA ⓂⒸ AE
Les Bains-d'Avène, aux Thermes – ℰ *04 67 23 44 45 – Fax 04 67 23 39 07*
– Ouvert avril-oct.
58 ch – 🛏89/94 € 🛏🛏94/100 €, ⊐ 8 € – ½ P 68/94 € – **Rest** – Menu 19/26 €
– Carte 25/43 €
♦ Cette construction récente blottie dans un vallon à l'abri des regards est intégrée au
centre thermal. Hébergement moderne et spacieux. Sobre salle à manger actuelle et
terrasse donnant sur le jardin ; cuisine traditionnelle et plats diététiques.

AVENSAN – **33** Gironde – **335** G4 – 1 753 h. – alt. 25 m – ⊠ 33480   3 **B1**
🅳 Paris 589 – Bordeaux 30 – Mérignac 28 – Pessac 34 – Talence 41

🏠 **Le Clos de Meyre** sans rest   ▨ ▤ 🍴 ⇔ ⚘ 🛎 P VISA ⓂⒸ ①
16 rte de Castelnau – ℰ *05 56 58 22 84 – closdemeyre@wanadoo.fr*
– Fax 05 57 71 23 35 – Ouvert 1ᵉʳ mars-1ᵉʳ nov.
7 ch ⊐ – 🛏90/110 € 🛏🛏130/140 € – 2 suites
♦ Entre vignobles de Margaux et de Haut Médoc, ce château est une propriété viticole depuis trois siècles. Chambres de caractère, classiques ou actuelles. Piscine d'été,
tennis.

AVESSAC – **44** Loire-Atlantique – **316** E2 – 2 154 h. – alt. 55 m –
⊠ 44460   34 **A2**
🅳 Paris 406 – Nantes 78 – Rennes 63 – St-Nazaire 54 – Vannes 64

au Sud-Est : 3 km par D 131 (direction Plessé) – ⊠ 44460 Avessac

🍴🍴 **Restaurant d'Edouard**   ♿ P VISA ⓂⒸ
– ℰ *02 99 91 08 89 – edouardset@wanadoo.fr – Fax 02 99 91 02 44*
– Fermé 7 juil.-11 sept., 7-31 janv., et du dim. soir au jeudi
Rest – Menu 35/61 € – Carte 40/47 €
♦ Restaurant en pleine campagne (ex-ferme) au décor actuel étudié : cheminée, pierres
apparentes, chaises design, vaisselle moderne. Cuisine au goût du jour rythmée par le
marché.

🖸 Paris 682 – Aix-en-Provence 82 – Arles 37 – Marseille 98 – Nîmes 46

🛪 d'Avignon : ℰ 04 90 81 51 51, par ③ et N 7 : 8 km.

▣ ℰ 3635 (0,34 €/mn)

🖪 Office de tourisme, 41, cours Jean Jaurès ℰ 04 32 74 32 74,
Fax 04 90 82 95 03

🖭 de Châteaublanc à Morières-lès-Avignon Les Plans, E : 8 km par D 58,
ℰ 04 90 33 39 08 ;

🖭 du Grand Avignon à Vedène Les Chênes Verts, E : 9 km par D 28,
ℰ 04 90 31 49 94.

◙ Palais des Papes★★★ : ≼★★ de la terrasse des Dignitaires - Rocher des Doms
≼★★ - Pont St-Bénézet★★ - Remparts★ - Vieux hôtels★ (rue Roi-René) EZ **F²**
- Coupole★ de la cathédrale Notre-Dame-des-Doms - Façade★ de l'hôtel
des Monnaies EY **K** - Vantaux★ de l'église St-Pierre EY - Retable★ de l'église
St-Didier EZ - Musées : Petit Palais★★ EY, Calvet★ EZ **M²**, Lapidaire★ EZ **M⁴**,
Louis Vouland (faïences★) DYZ**M⁵** - Fondation Anglagdon-Dubrujeaud★★
EZ **M¹**.

Plans pages suivantes

🏯 **La Mirande** ⤠   ≼ 🚗 ☃ 📶 🗚 🖂 ⌂ 🚙 📄 **VISA** 🌐 **AE** ①
❀ 4 pl. Amirande – ℰ 04 90 85 93 93 – mirande @ la-mirande.fr
– Fax 04 90 86 26 85
20 ch – ▮295/380 € ▮▮410/820 €, ⊡ 29 € – 1 suite   EY **g**
Rest – (fermé 5 janv.-12 fév., mardi et merc.) Menu 33 € (déj. en sem.), 80/105 €
– Carte 94/110 € &&
Spéc. Tronçon de sole doré, potimarron et champignons (automne). Filet de bœuf
poêlé, panisses aux olives et basilic. Soufflé à l'orange (hiver). **Vins** Rasteau,
Gigondas.
♦ Découvrez la douce atmosphère de cet ancien palais cardinalice totalement rénové
dans le goût d'une maison provençale du 18ᵉ s. Superbe salle à manger et jolie terrasse
sur jardin (carte inventive) ; table d'hôte le soir dans les ex-cuisines (menu
unique).

🏯 **D'Europe** ⤠   ☃ 📶 🗚 🖂 ⌂ 🛁 📄 **VISA** 🌐 **AE** ①
❀ 12 pl. Crillon – ℰ 04 90 14 76 76 – reservations @ heurope.com
– Fax 04 90 14 76 71   EY **d**
41 ch – ▮169/475 € ▮▮169/475 €, ⊡ 17 € – 3 suites
Rest – (fermé 17 août-1ᵉʳ sept., 23 nov.-1ᵉʳ déc., 4-12 janv., 8-23 fév., dim. et lundi)
Menu 35 € (déj.), 48/120 € – Carte 84/139 €
Spéc. Crémeux de parmesan aux truffes noires (déc. à mars). Quasi d'agneau de
huit heures à la lavande (été). Le "chocolat de plantation". **Vins** Vacqueyras, Côtes
du Lubéron.
♦ Élégant hôtel particulier du 16ᵉ s. au décor raffiné. Les suites du dernier étage offrent des
échappées sur le palais des Papes. Belles salles à manger classiques subtilement remises à
la page, terrasse exquise où murmure une fontaine et joli bar modernisé.

🏨 **Avignon Grand Hôtel**   ᠁ 📶 ᠖ ch, 🗚 ch, ⭺ 🖂 🛁
34 bd St-Roch, (à la Gare) – ℰ 04 90 80 98 09   ⌂ **VISA** 🌐 **AE** ①
– reservationagh @ cloitre-saint-louis.com – Fax 04 90 80 98 10   EZ **t**
22 ch – ▮170/220 € ▮▮230/280 €, ⊡ 16 € – 98 suites – ▮▮350/450 €
Rest – (fermé sam. et dim.) Carte 38/52 €
♦ Inspirations médiévale et provençale pour le décor de cet hôtel situé au pied des
remparts. Chambres, suites et duplex. Piscine ronde perchée sur le toit. Jardin d'agrément. Restaurant meublé en fer forgé et affichant les couleurs du Midi. Carte au
diapason.

🏨 **Cloître St-Louis** ⤠   ☃ ᠁ 📶 🗚 ch, ⭺ 🛁 Ⓟ **VISA** 🌐 **AE** ①
20 r. Portail-Boquier – ℰ 04 90 27 55 55 – hotel @ cloitre-saint-louis.com
– Fax 04 90 82 24 01   EZ **s**
80 ch – ▮160/380 € ▮▮160/380 €, ⊡ 16 € – **Rest** – (fermé sam. midi)
Menu (27 €), 32 € – Carte 38/52 €
♦ Décor résolument actuel dans un cloître du 16ᵉ s. et son extension moderne. Chambres
spacieuses et soignées. Piscine et terrasse perchées sur le toit. Salles à manger voûtées et
galeries (ouvertes en été) donnent sur une paisible cour aux platanes centenaires.

228

Mercure Pont d'Avignon sans rest ⌖
  r. Ferruce, quartier Balance – ℰ 04 90 80 93 93
  – h0549@accor.com – Fax 04 90 80 93 94   EY **r**
87 ch – †90/130 € ††96/140 €, ⌑ 13 €
  ♦ Hôtel récent à la mode provençale : meubles de style régional et tons chaleureux égaient les chambres pratiques et claires. Jolie salle des petits-déjeuners.

Mercure Cité des Papes
  1 r. J.-Vilar – ℰ 04 90 80 93 00 – h1952@accor.com – Fax 04 90 80 93 01
89 ch – †90/130 € ††96/140 €, ⌑ 12 €   EY **b**
Rest Les Domaines – ℰ 04 90 80 93 11 – Menu 11/25 €
  ♦ Ce bâtiment des années 1970 est apprécié pour son emplacement au cœur de la cité des Papes. Les chambres, de bon confort, s'agrémentent d'un sobre décor provençal. Cadre actuel et grande terrasse pour le restaurant qui privilégie recettes et vins régionaux.

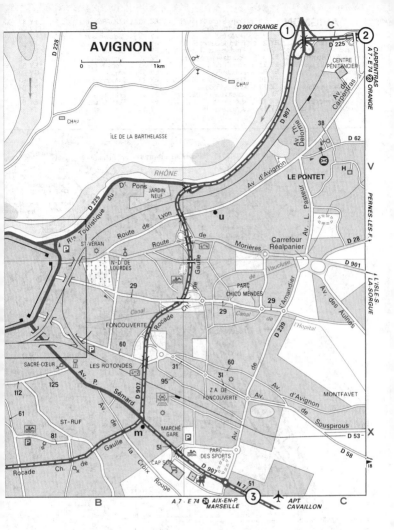

AVIGNON

0   1 km

D 228

D 907 ORANGE ①

② CARPENTRAS A 7 - E 74 ㉒ ORANGE

CENTRE PÉNITENCIER

Av. de Carpentras

D 225

D 62

38

Av. Delorme

PERNES-LES-F.

V

LE PONTET

H

Av. d'Avignon

Av. L. Pasteur

RHÔNE

ÎLE DE LA BARTHELASSE

CHAU

CHAU

D² Pons

JARDIN NEUF

Rte Touristique du

D 225

Route   de   Lyon

u

Route

de

Morières

Carrefour Réalpanier

D 28

ST-VÉRAN

N-D DE LOURDES

Route

de Gaulle

424

de

Vaucluse

D 901

L'ISLE-S- LA SORGUE

P

29

PARC CHICO MENDES

de

L'Amandier

Av. des Aulnes

29

29

l'Hôpital

Canal

Canal

de

D 239

FONCOUVERTE

Ch.

Rocade

60

60

SACRÉ-CŒUR

LES ROTONDES

31

31

de

MONTFAVET

Av. P.

125

95

Z A DE FONCOUVERTE

Av.

d'Avignon

112

D 907

Av.

Sémard

de

Soupirous

61

ST-RUF

Av.

de

D 53

X

81

m

MARCHÉ GARE

P

Av.

D 58

P

Gaulle

la

Croix Rouge

51

PARC DES SPORTS

D 907

N 7

51

18

Rocade

Ch.

de

A 7 - E 74 ㉔ AIX-EN-P. MARSEILLE

③

APT CAVAILLON

B   C

Express by Holiday Inn sans rest   🛗 & 𝔸�ℂ 🀫 𝔸 **P** **VISA** 🞘 𝔸𝔼 ①

2 r. Mère-Térésa, Gare TGV – 𝒞 04 32 76 88 00 – express.avignon@ihg.com
– Fax 04 32 76 89 00   AX **a**
100 ch ⌿ – ♦70/139 € ♦♦70/139 €

♦ Construction neuve judicieusement placée dans les environs immédiats de la gare TGV. Les chambres, spacieuses et fonctionnelles, bénéficient d'une excellente insonorisation.

Bristol sans rest   🛗 𝔸ℂ 🀫 📞 𝔸 🚗 **VISA** 🞘 𝔸𝔼 ①

44 cours Jean-Jaurès – 𝒞 04 90 16 48 48 – contact@bristol-avignon.com
– Fax 04 90 86 22 72   EZ **m**
65 ch – ♦57/92 € ♦♦77/112 €, ⌿ 11 € – 2 suites

♦ Hôtel bien situé sur l'avenue principale de la cité intra-muros. Grandes chambres sagement pratiques, donnant pour la plupart sur des cours intérieures.

AVIGNON

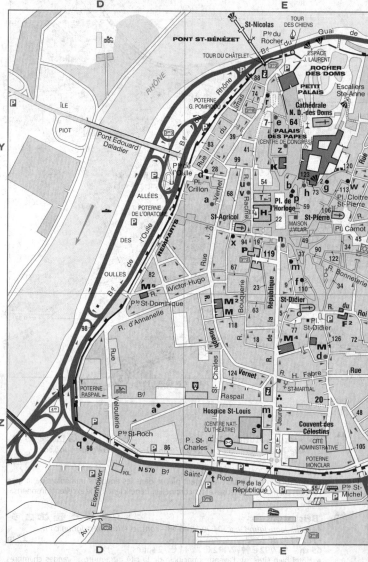

De Blauvac sans rest   ✆ VISA ⓂⓈ AE ①

11 r. de la Bancasse – ✆ *04 90 86 34 11 – blauvac@aol.com – Fax 04 90 86 27 41*
16 ch – †60/77 € ††65/87 €, � 7 €   EY **m**

♦ Ancienne résidence du marquis de Blauvac (17ᵉ s.). Intérieur d'esprit rustique. Les murs des chambres (parfois avec mezzanine) laissent souvent apparaître la pierre d'origine.

Kyriad sans rest   🛗 AK ↳ 🌡 ✆ VISA ⓂⓈ AE ①

26 pl. de l'Horloge – ✆ *04 90 82 21 45 – hotel@kyriad-avignon.com*
– Fax 04 90 82 90 92   EY **p**
38 ch – †70/110 € ††80/110 €, ⊿ 8 €

♦ Situation privilégiée, sur l'une des plus jolies places de la vieille ville, pour cet hôtel rénové. Petites chambres claires et colorées, équipées d'un double vitrage efficace.

D'Angleterre sans rest   🛗 AK ↳ 🌡 ✆ 🅿 VISA ⓂⓈ AE

29 bd Raspail – ✆ *04 90 86 34 31 – info@hoteldangleterre.fr – Fax 04 90 86 86 74*
– Fermé 20 déc.-19 janv.   DZ **a**
40 ch – †45/80 € ††45/80 €, ⊿ 8 €

♦ Cet immeuble centenaire abritait autrefois une fabrique de pâtes. Les chambres, rajeunies par étapes, sont simples, correctement équipées et bien tenues. Parking pratique.

De Garlande sans rest   AK ↳ 🌡 ✆ VISA ⓂⓈ AE ①

20 r. Galante – ✆ *04 90 80 08 85 – hotel-de-garlande@wanadoo.fr*
– Fax 04 90 27 16 58 – Fermé 15 janv.-15 fév. et dim. soir de nov. à mars   EY **f**
10 ch – †72/118 € ††72/118 €, ⊿ 7 €

♦ Accueil familial, pittoresque dédale de couloirs et escaliers, chambres sagement provençales, meubles et bibelots chinés : ce petit hôtel ne manque pas de cachet.

Ibis Centre Pont de l'Europe sans rest   🛗 � AK ↳

12 bd St-Dominique – ✆ *04 90 82 00 00*   ✆ VISA ⓂⓈ AE ①
– ibis.avignon.centre.europe@wanadoo.fr – Fax 04 90 85 67 16   DZ **q**
74 ch – †49/68 € ††49/68 €, ⊿ 7,50 €

♦ Au pied des remparts, structure récente offrant des chambres un peu exiguës, mais rénovées et bien tenues. Petit-déjeuner servi sous forme de buffet.

La Banasterie sans rest ᔐ   AK ↳ 🌡 ✆ VISA ⓂⓈ

11 r. de la Banasterie – ✆ *04 32 76 30 78 – labanasterie@labanasterie.com*
– Fax 04 32 76 30 78   EY **w**
5 ch ⊿ – †100/160 € ††100/160 €

♦ Cette demeure de pierre blonde (16ᵉ s.) abrite de ravissantes chambres dont les noms évoquent le chocolat, passion des propriétaires. Terrasse et patios fleuris.

Lumani   ᔐ ↳ 🌡 ✆ VISA ⓂⓈ

37 Rempart St-Lazare – ✆ *04 90 82 94 11 – lux@avignon-lumani.com – Fermé*
15 nov.-15 déc. et 7 janv.-28 fév.   FY **a**
5 ch ⊿ – †90/160 € ††90/160 € – **Table d'hôte** – Menu 28 €

♦ À l'ombre de ses platanes centenaires, cette belle maison de maître (19ᵉ s.) reçoit artistes et hôtes dans des chambres et suites joliment personnalisées. Accueil chaleureux.

Villa Agapè sans rest   ⿰ AK ↳ 🌡 ✆

13 r. St-Agricol – ✆ *04 90 85 21 92 – michele@villa-agape.com*
– Fax 04 90 82 93 34 – Fermé 14 juin-31 juil.   EY **x**
3 ch ⊿ – †90/140 € ††100/150 €

♦ La terrasse verdoyante et la piscine de cette villa de caractère, à cheval sur deux immeubles (17ᵉ s.), font oublier le centre-ville alentour. Décor raffiné, salon-bibliothèque.

XXX **Christian Étienne**   🍴 AK VISA ⓂⓈ AE
ꗳ
10 r. Mons – ✆ *04 90 86 16 50 – contact@christian-etienne.fr – Fax 04 90 86 67 09*
– Fermé dim. et lundi sauf en juil.   EY **h**
Rest – Menu 35 € (déj. en sem.), 62/117 € – Carte 65/92 € ⅋

Spéc. Menu "homard". Menu "tomates" (juin à sept.). Filets de rougets et légumes de saison. **Vins** Côtes du Rhône-Villages, Tavel.

♦ Demeures des 13ᵉ et 14ᵉ s. accolées au palais des Papes : décor chargé d'histoire et vue plongeante sur la place. Cuisine régionale créative et bon choix de côtes-du-rhône.

✗✗✗ **Hiély-Lucullus** 🗚 ⇔ 𝗩𝗜𝗦𝗔 ⓜ 𝗔𝗘
5 r. de la République, (1er étage) – ☎ *04 90 86 17 07 – contact@hiely.net*
– Fax 04 90 86 32 38 – Fermé 13-20 janv. et sam. midi EY **n**
Rest – Menu 35 € bc (déj. en sem.), 45/75 €
– Carte 60/90 €
♦ À l'étage d'un immeuble ancien. Ambiance feutrée dans la salle redécorée selon l'esprit Belle Époque (vitraux, boiseries de style Majorelle). Carte traditionnelle revisitée.

✗✗ **La Fourchette** 🗚 𝗩𝗜𝗦𝗔 ⓜ
17 r. Racine – ☎ *04 90 85 20 93 – restaurant.la.fourchette@wanadoo.fr*
– Fax 04 90 85 57 60 – Fermé 2-24 août, 24 déc.-4 janv., sam. et dim. EY **u**
Rest – *(nombre de couverts limité, prévenir)* Menu (26 €), 32 €
♦ Collections de fourchettes, de cigales et de cartes de vœux évoquant le festival : ce coquet bistrot est apprécié des Avignonnais. Menus traditionnels aux accents du Sud.

✗✗ **Piedoie** 🗚 𝗩𝗜𝗦𝗔 ⓜ
☜ *26 r. 3-Faucons –* ☎ *04 90 86 51 53 – piedoie@club-internet.fr*
– Fax 04 90 85 17 32 – Fermé 22-31 août, 21-30 nov., vacances de fév., lundi hors saison et merc. EZ **d**
Rest – Menu 18 € (déj. en sem.), 22/52 € – Carte 40/45 €
♦ Poutres, parquets et murs blancs agrémentés de tableaux contemporains côté décor, plats du marché volontiers créatifs côté cuisine. Ambiance familiale.

✗ **Les 5 Sens** 🍴 🗚 𝗩𝗜𝗦𝗔 ⓜ 𝗔𝗘
18 r. Joseph-Vernet, (pl. Plaisance) – ☎ *04 90 85 26 51 – les5sens2@wanadoo.fr*
– Fermé 1er-15 août, 1er-7 janv., vacances de fév., dim. et lundi EY **a**
Rest – Menu 39 € – Carte 48/64 €
♦ Le joli décor sur le thème de l'Inde (paravents ajourés, bougies, tableaux et sculptures) donne beaucoup de charme à ce restaurant. Cuisine actuelle servie sur fond musical.

✗ **Brunel** 🍴 🗚 𝗩𝗜𝗦𝗔 ⓜ
46 r. Balance – ☎ *04 90 85 24 83 – restaurantbrunel@wanadoo.fr*
– Fax 04 90 86 26 67 – Fermé 22-30 déc., dim. et lundi EY **e**
Rest – Menu 25 € (déj.)/33 € (dîner)
♦ Décor contemporain minimaliste pour ce bistrot dans le vent proposant, le soir, une carte aux accents provençaux et, au déjeuner, une formule plus resserrée (plat du jour).

✗ **L'Isle Sonnante** 🍴 🗚 𝗩𝗜𝗦𝗔 ⓜ 𝗔𝗘
☺ *7 r. Racine –* ☎ *04 90 82 56 01 – Fax 04 90 82 56 01 – Fermé 3-9 mars, 22 juin-1er juil., 26 oct.-10 nov., le midi en août, dim. et lundi* EY **v**
Rest – Menu 25/38 € – Carte 40/50 €
♦ Ce restaurant proche de la mairie porte fièrement son enseigne rabelaisienne. Intérieur cosy mariant style rustique et tons chauds. Plats actuels inspirés par la région.

✗ **Le Moutardier** 🍴 🗚 𝗩𝗜𝗦𝗔 ⓜ
15 pl. Palais-des-Papes – ☎ *04 90 85 34 76 – info@restaurant-moutardier.fr*
– Fax 04 90 86 42 18 – Ouvert 15 mars-1O nov. EY **z**
Rest – Menu (25 €), 28/39 € – Carte 41/60 €
♦ Des fresques évoquant le moutardier du pape ornent les murs de ce restaurant aménagé dans une maison du 18e s. voisine du palais. Les vins de la carte sont servis au verre.

dans l'île de la Barthelasse 5 km au Nord par D 228 et rte secondaire – ⊠ 84000 Avignon

🏠 **La Ferme** ⌂ 🍴 ⅃ 🗚 ch, ⇇ ✗ 📞 🅿 𝗩𝗜𝗦𝗔 ⓜ 𝗔𝗘
🏛 *110 chemin des Bois –* ☎ *04 90 82 57 53 – info@hotel-laferme.com*
– Fax 04 90 27 15 47 – Ouvert 15 mars-31 oct.
20 ch – ♦64/71 € ♦♦74/93 €, � 11 € – ½ P 66/77 € – **Rest** – *(fermé lundi midi et merc. midi)* Menu 25/40 € – Carte 26/48 €
♦ Un havre de paix proche du centre-ville. Belle ferme restaurée offrant des chambres spacieuses et fraîches garnies d'un mobilier rustique simple. Salle à manger campagnarde avec poutres apparentes, cheminée et vieilles pierres. Terrasse ombragée.

au Pontet 6 km vers ② par rte de Lyon – 15 594 h. – alt. 40 m – ⊠ 84130

🏨🏨🏨 **Auberge de Cassagne** ⊗   🚗 🛜 🛏 🖥 ⑩ 🛁 ♿ 🖭 📞 🍴
                                         P VISA ⓂⓄ AE ①
    450 allée de Cassagne – 𝒞 *04 90 31 04 18*
    – *cassagne@wanadoo.fr* – *Fax 04 90 32 25 09* – *Fermé 4-30 janv.*
45 ch – ♦110/448 € ♦♦130/448 €, � 25 € – 3 suites – ½ P 145/314 €
Rest – Menu 37 € (déj. en sem.), 59/106 € – Carte 81/100 € 🏵
Spéc. Grosse sole meunière. Langoustines grillées en coque et tartelette d'artichaut. Millefeuille de chocolat noir et nougat glacé à la provençale. **Vins** Côtes du Rhône.
♦ Bastide de 1850 dont les chambres provençales ont été rafraîchies et sont tournées vers le jardin. Fitness, hammam, sauna. Restaurant aménagé dans une ex-grange. Décor méridional sous une belle charpente, terrasse ombragée, cuisine actuelle et bonne sélection de vins.

🏨🏨🏨 **Les Agassins** ⊗   🚗 🕭 🛜 🛏 🖭 🍴 🌂 📞 🍴 **P** VISA ⓂⓄ AE ①
    52 av. Ch.-de-Gaulle – 𝒞 *04 90 32 42 91* – *avignon@agassins.com*
    – *Fax 04 90 32 08 29* – *Fermé janv. et fév.*   CV **u**
26 ch – ♦90/200 € ♦♦100/290 €, ⊒ 19 € – ½ P 105/185 € – **Rest** – *(fermé sam. midi de janv. à mars et de nov. à déc.)* Menu 19 € (déj.), 29/68 € – Carte 51/67 €
♦ Bâtisse d'inspiration régionale isolée dans un jardin fleuri. Meubles en rotin et couleurs du Midi caractérisent les confortables chambres. Salle à manger ensoleillée et terrasse dressée dans une cour arborée ; mets et vins honorent la Provence.

à Montfavet - CX – ⊠ 84140

🏨🏨🏨 **Hostellerie Les Frênes** ⊗   🕭 🛜 🛏 🖭 ♿ 🖭 📞 **P** VISA ⓂⓄ AE ①
    645 av. Vertes-Rives – 𝒞 *04 90 31 17 93* – *contact@lesfrenes.com*
    – *Fax 04 90 23 95 03* – *Ouvert 31 mars-1ᵉʳ nov.*
12 ch – ♦160/210 € ♦♦210/385 €, ⊒ 20 € – 6 suites – ½ P 155/400 €
Rest – *(fermé sam. midi du 15 juin au 15 sept. et lundi sauf le soir du 16 juin au 14 sept.)* Menu 30 € (déj.), 50/70 € – Carte 60/77 €
♦ Dans un parc, gracieuse demeure bourgeoise (1800) et ses dépendances plus récentes enfouies sous la végétation. Chambres de style, contemporaines ou méridionales. Élégante salle à manger (boiseries peintes, tableaux, tapisseries) et plaisante terrasse sur la verdure.

rte de Marseille – ⊠ 84000 Avignon

🏨🏨🏨 **Mercure Avignon Sud**   🛜 🛏 🖭 ♿ 🖭 🍴 📞 🍴 **P** VISA ⓂⓄ AE ①
    2 r. Marie de Médicis, (rte de Marseille) – 𝒞 *04 90 89 26 26* – *h0346@accor.com*
    – *Fax 04 90 89 26 27*   BX **m**
105 ch – ♦75/120 € ♦♦90/135 €, ⊒ 13 € – **Rest** – Menu (18 €), 23 € – Carte 22/34 €
♦ Une haie d'arbres isole opportunément l'hôtel de son environnement un peu austère. Les chambres sont grandes, pratiques et colorées. Insonorisation efficace. Cuisine traditionnelle fleurant bon la Provence ; la terrasse est dressée l'été au bord de la piscine.

à l'aéroport 8 km par ③ – ⊠ 84140

🏨🏨 **Paradou**   🚗 🛜 🛏 🍴 ♿ ch, 🖭 🍴 📞 🍴 **P** VISA ⓂⓄ AE ①
    – 𝒞 *04 90 84 18 30* – *contact@hotel-paradou.fr* – *Fax 04 90 84 19 16*
60 ch – ♦95/105 € ♦♦110/160 €, ⊒ 12 € – ½ P 65/90 € – **Rest** – *(fermé dim. sauf le soir du 1ᵉʳ avril au 5 oct.)* Menu 19 € (déj. en sem.)/39 € – Carte 18/40 €
♦ Hôtel d'esprit provençal où vous préférerez les vastes chambres récemment créées ; toutes bénéficient d'une miniterrasse de plain-pied avec le jardin ou d'un grand balcon. Cuisine à l'accent méridional et grillades ; carte des vins axée sur les crus régionaux.

Voir aussi les ressources hôtelières de **Villeneuve-lès-Avignon**

AVIGNON (Aéroport d') – 84 Vaucluse – 332 C10 – rattaché à Avignon

🐣 Rouge = agréable. Repérez les symboles 🍴 et 🏠 passés en rouge.

AVOINE – 37 Indre-et-Loire – 317 K5 – 1 778 h. – alt. 35 m – ⊠ 37420 11 **A2**

▶ Paris 291 – Azay-le-Rideau 28 – Chinon 7 – Langeais 27 – Saumur 23 – Tours 53

XX **L'Atlantide** 🛣 **P** VISA ⓜⓒ ⒶⒺ ⓞ

🔄 17 r. Nationale – ℰ 02 47 58 81 85 – Fax 02 47 58 81 85
– Fermé dim. soir et lundi
Rest – (prévenir) Menu 32/45 €
Rest *Le Casse-Croûte du Vigneron* – Menu 13 € (sem.)/18 €
◆ Dans un village situé près de Chinon, cuisine du terroir servie dans un cadre façon Grèce antique où trônent cheminée et trophée de chasse. Au Casse-Croûte du Vigneron, à l'âme rustique, recettes locales et plats d'autrefois : tête de veau, coq au vin, etc.

AVORIAZ – 74 Haute-Savoie – 328 N3 – rattaché à Morzine

AVRANCHES ⬤ – 50 Manche – 303 D7 – 8 500 h. – alt. 108 m – ⊠ 50300
🏛 Normandie Cotentin 32 **A3**

▶ Paris 337 – Caen 105 – Rennes 85 – St-Lô 58 – St-Malo 68

🛈 Office de tourisme, 2, rue Général-de-Gaulle ℰ 02 33 58 00 22, Fax 02 33 68 13 29

◎ Manuscrits★★ du Mont-St-Michel (musée) - Jardin des Plantes : ❅★ - La "plate-forme" ❅★.

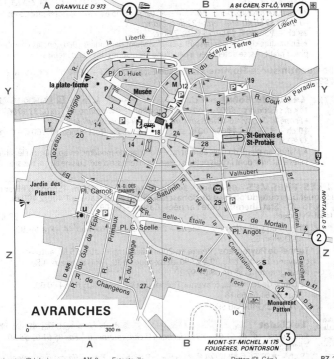

AVRANCHES

La Croix d'Or 🕸 🚗 ⇆ 📞 🔥 **P** VISA 🅜🅒 AE

83 r. de la Constitution – ☎ 02 33 58 04 88 – *hotelcroixdor@wanadoo.fr*
– Fax 02 33 58 06 95 – Fermé 5-25 janv. et dim. soir du 15 oct. au 1er avril
27 ch – †56/63 € ††68/78 €, ⇆ 8,60 € – ½ P 70/87 €   BZ **s**
Rest – Menu 17 € (déj. en sem.), 26/54 € – Carte 39/59 €
♦ Jolie façade à colombages, beau hall-salon (mobilier régional) et jardin fleuri que
regardent la plupart des agréables chambres dans cet ancien relais de poste du 17e s.
Authentique cachet normand dans la salle à manger ; carte classique et régionale.

La Ramade sans rest 🚗 ⅙ ⇆ 📺 📞 **P** VISA 🅜🅒 AE

2 r. de la Côte, 1 km par ④ à Marcey les Grèves – ☎ 02 33 58 27 40 – *hotel@*
laramade.fr – Fax 02 33 58 29 30 – Fermé 28 déc.-4 fév. et dim. du 16 nov.-15 mars
11 ch – †65/86 € ††70/116 €, ⇆ 10 €
♦ Demeure bourgeoise des années 1950 vous logeant dans des chambres douillettes
personnalisées sur le thème floral. Cheminée au salon et gloriette au jardin. Hôtel non-
fumeurs.

Jardin des Plantes 🚗 ⅙ ch, ⇆ 📞 **P** VISA 🅜🅒 AE ⓞ

10 pl. Carnot – ☎ 02 33 58 03 68 – *contact@le-jardin-des-plantes.fr*
– Fax 02 33 60 01 72 – Fermé 8 déc.-12 janv.   AZ **u**
25 ch – †50/99 € ††50/99 €, ⇆ 10 € – ½ P 65 € – **Rest** – *(fermé vend. soir, dim.*
soir et sam. hors saison) Menu 18/42 € – Carte 35/56 €
♦ Cet hôtel familial se trouve à l'entrée du jardin des plantes. Accueil au bar, fréquenté par
la clientèle locale. Chambres rustiques, plus spacieuses dans le bâtiment arrière. Salle à
manger aux allures de brasserie et terrasse couverte. Registre culinaire traditionnel.

Altos sans rest 🔊 📺 📞 **P** VISA 🅜🅒 AE ⓞ

37 bd Luxembourg, par ③ : 0,5 km – ☎ 02 33 58 66 64 – *info@hotel-altos.com*
– Fax 02 33 58 40 11 – Fermé 22 déc.-2 janv.
29 ch – †55/69 € ††59/75 €, ⇆ 7,50 €
♦ En bordure d'une route passante, établissement des années 1980 dont les chambres,
plutôt pratiques, se dotent peu à peu d'une décoration dans l'air du temps.

à St-Quentin-sur-le-Homme 5 km au Sud-Est par D 78 BZ – 1 090 h. – alt. 55 m – ✉ 50220

✕✕✕ Le Gué du Holme avec ch 🕸 🚗 🏠 ⅙ ch, ⇆ **P** VISA 🅜🅒 AE ⓞ

14 r. des Estuaires – ☎ 02 33 60 63 76 – *gue.holme@wanadoo.fr – Fax 02 33 60 06 77*
– Fermé 1er-11 nov., 16-28 fév., sam. midi, dim. soir et lundi sauf hôtel
10 ch – †60/65 € ††65/100 €, ⇆ 11 € – ½ P 90 € – **Rest** – Menu 27/60 € – Carte
37/63 €
♦ Maison en pierre du pays agrémentée d'une façade moderne en bois. Deux élégantes
salles à manger dont la plus petite s'ouvre sur la terrasse d'été. Cuisine au gré des saisons.

AX-LES-THERMES – 09 Ariège – 343 J8 – 1 441 h. – alt. 720 m – Sports d'hiver :
**au Saquet par route du plateau de Bonascre★ (8km) et télécabine 1 400/2 400 m
🎿 1 🎿 15 🎿 – Stat. therm. : toute l'année – Casino – ✉ 09110**
📘 Midi-Pyrénées   29 **C3**

🔼 Paris 803 – Andorra-la-Vella 59 – Carcassonne 106 – Foix 44 – Prades 99
– Quillan 55

Tunnel de Puymorens : Péage en 2006, aller simple : autos 5,50, auto et
caravane 11,10, P.L 16,80 à 27,90, deux-roues 3,30. Tarifs spéciaux A.R :
renseignements ☎ 04 68 04 97 20.

🅘 Office de tourisme, 6, avenue Théophile Delcassé ☎ 05 61 64 60 60,
Fax 05 61 64 68 18

◉ Vallée d'Orlu★ au SE.

Le Chalet 🏠 🔊 ⅙ ch, ⇆ 📞 rest, VISA 🅜🅒 AE ⓞ

4 av. Turrel – ☎ 05 61 64 24 31 – *lechalet@club-internet.fr – Fax 05 61 03 55 50*
– Fermé 15-30 nov.
19 ch – †50/56 € ††50/74 €, ⇆ 9 € – ½ P 52/55 € – **Rest** – *(fermé dim. soir et*
lundi soir hors vacances scolaires et lundi midi) Menu 21/44 € – Carte 33/46 €
♦ Hôtel-chalet entièrement rénové. Les chambres, contemporaines et reposantes, disposent
d'équipements modernes (literie neuve) et sont pourvues d'un balcon. Lumineuse salle à
manger aux tons beiges et terrasse dominant une rivière. Savoureuse cuisine actuelle.

%% **L'Orry Le Saquet** avec ch   斎 🍴 🏛 P VISA ⓜ AE

1 km au Sud par N 20 – ⌀ 05 61 64 31 30 – sylvie.heinrich@wanadoo.fr
– Fax 05 61 64 00 31 – Fermé vacances de printemps, nov. et merc.
15 ch – †70 € ††70 €, ⊂ 9 € – ½ P 59 € – **Rest** – *(dîner seult)* Menu 33 € bc/65 €
bc – Carte 27/48 €
◆ Bâtisses aux allures de chalet situées sur la route de l'Andorre. Restaurant aménagé
dans l'esprit des auberges de campagne. Cours de cuisine deux samedis par
mois.

AY – 51 Marne – 306 F8 – 4 315 h. – alt. 76 m – ⊠ 51160   13 **B2**
▶ Paris 146 – Reims 29 – Château-Thierry 60 – Épernay 4
  – Châlons-en-Champagne 34

🏨 **Castel Jeanson** sans rest ❦   斎 🖥 🎵 ᕲ 🏧 ↩ ⅏ 🍴 🏛 P VISA ⓜ

24 r. Jeanson – ⌀ 03 26 54 21 75 – info@casteljeanson.fr – Fax 03 26 54 32 19
– Fermé 20 déc.-5 janv. et 20 janv.-5 fév.
17 ch – †110 € ††110 €, ⊂ 9 € – 4 suites
◆ Élégant hôtel particulier du 19e s. dans une rue tranquille de la cité viticole.
Chambres cosy et colorées. Salon-bibliothèque pour lire... ou déguster une flûte de
champagne.

%% **Vieux Puits**   斎 VISA ⓜ AE ⓞ

18 r. Roger-Sondag – ⌀ 03 26 56 96 53 – Fax 03 26 56 96 54 – Fermé 15-30 août,
24 déc.-6 janv., vacances de fév., merc. et jeudi
Rest – Menu (25 €), 31/58 € – Carte 51/68 €
◆ Cette maison champenoise restaurée dispose d'une belle cour fleurie où trône un
vieux puits et où l'on dresse la terrasse en été. Trois salles à manger rustiques très
soignées.

AYGUESVIVES – 31 Haute-Garonne – 343 H4 – 1 815 h. – alt. 164 m – ⊠ 31450
▌Midi-Pyrénées   29 **C2**
▶ Paris 704 – Colomiers 36 – Toulouse 25 – Tournefeuille 38

⚸ **La Pradasse** sans rest ❦   斎 🏊 ᕲ ↩ ⅏ 🍴 P VISA ⓜ AE ⓞ

39 chemin de Toulouse, D 16 – ⌀ 05 61 81 55 96 – contact@lapradasse.com
– Fax 05 61 81 55 96
5 ch ⊂ – †68 € ††80/92 €
◆ Cette grange superbement restaurée abrite des chambres qui rivalisent de charme
dans leur décor en brique, bois et fer forgé conçu par les propriétaires. Délicieux parc avec
étang.

AY-SUR-MOSELLE – 57 Moselle – 307 I3 – 1 525 h. – alt. 160 m –
⊠ 57300   26 **B1**
▶ Paris 327 – Briey 31 – Metz 17 – Saarlouis 56 – Thionville 16

%% **Le Martin Pêcheur**   斎 斎 🎵 P VISA ⓜ

1 rte d'Hagondange – ⌀ 03 87 71 42 31 – restaurant-martin-pecheur@
wanadoo.fr – Fax 03 87 71 42 31 – Fermé 21-28 avril, 18 août-1er sept.,
27 oct.-3 nov., 16-23 fév., mardi soir, sam. midi, dim. soir et lundi
Rest – Menu 40 € (déj. en sem.), 58 € bc/100 € bc – Carte 60/71 € ⅌
◆ Entre canal et Moselle, ex-maison de pêcheurs (1928) agrémentée d'un beau jardin où
l'on s'attable en été. Accueil avenant, salles colorées, cuisine actuelle et cave bien fournie.

AYTRÉ – 17 Charente-Maritime – 324 D3 – rattaché à La Rochelle

---

AZAY-LE-RIDEAU – 37 Indre-et-Loire – 317 L5 – 3 100 h. – alt. 51 m – ⊠ 37190
▌Châteaux de la Loire   11 **A2**
▶ Paris 265 – Châtellerault 61 – Chinon 21 – Loches 58 – Saumur 47 – Tours 26
🛈 Office de tourisme, 4, rue du Château ⌀ 02 47 45 44 40, Fax 02 47 45 31 46
◎ Château★★★ - Façade★ de l'église St-Symphorien.

Le Grand Monarque ⌖ ⅋ ⅗ ℅ *VISA* ⓜⓞ ⒜⒠

3 pl. de la République – ℰ *02 47 45 40 08 – monarq@club-internet.fr*
– Fax 02 47 45 46 25 – Fermé 16 nov.-19 déc., 4 janv.-10 fév., dim. (sauf rest.), mardi midi et lundi du 12 oct. à Pâques
24 ch – ❚65/135 € ❚❚77/165 €, ⌷ 12 € – ½ P 75/119 € – **Rest** – Menu (15 €), 29/42 € – Carte 53/87 € ⌘

♦ Cette demeure tourangelle composée de deux bâtiments séparés par une cour arborée abrite des chambres de caractère mariant poutres, pierres et mobilier ancien. Élégante salle à manger rustique réchauffée par une imposante cheminée ; ravissante terrasse.

Des Châteaux ⌖ ⅗ ⅋ ℅ **P** *VISA* ⓜⓞ

2 rte de Villandry – ℰ *02 47 45 68 00 – info@hoteldeschateaux.com*
– Fax 02 47 45 68 29 – Ouvert 15 fév.-15 nov.
27 ch – ❚53 € ❚❚57/72 €, ⌷ 9 € – ½ P 53/59 € – **Rest** – *(fermé le midi sauf dim. et fériés)* Menu 19/26 € – Carte 24/34 €

♦ De prestigieux châteaux jalonnent encore votre itinéraire touristique : prenez donc le temps de vous reposer dans l'une de ces coquettes chambres, gaies et colorées. Le restaurant propose une cuisine traditionnelle mitonnée par la patronne.

De Biencourt sans rest ⅗ *VISA* ⓜⓞ

7 r. Balzac – ℰ *02 47 45 20 75 – biencourt@infonie.fr – Fax 02 47 45 91 73*
– Ouvert 15 mars-15 nov.
15 ch – ❚48 € ❚❚50 €, ⌷ 8 €

♦ Près du château, maison du 18ᵉ s. ayant abrité une école dont le décor porte la trace. Meubles de style rustique ou Directoire. Petit-déjeuner dans la salle refaite ou au patio.

L'Aigle d'Or ⌖ ⒜Ⓒ ⇔ *VISA* ⓜⓞ ⒜⒠

10 av. A.-Riché – ℰ *02 47 45 24 58 – aigle-dor@wanadoo.fr – Fax 02 47 45 90 18*
– Fermé 1ᵉʳ-5 sept., 15-29 nov., 18 janv.-28 fév., lundi soir de déc. à Pâques, mardi soir sauf juil.-août, dim. soir et merc.
Rest – *(prévenir)* Menu (20 €), 27/62 € bc – Carte 32/54 € ⌘

♦ Goûteuse cuisine traditionnelle servie dans l'atmosphère feutrée d'une salle à manger coiffée de poutres apparentes et agrémentée de compositions florales. Accueil aimable.

à Saché 6,5 km à l'Est par D 17 – 1 004 h. – alt. 78 m – ⌧ 37190

Auberge du XIIᵉ Siècle (Xavier Aubrun et Thierry Jimenez) ⌖ *VISA* ⓜⓞ

1 r. Château – ℰ *02 47 26 88 77 – Fax 02 47 26 88 21 – Fermé 26 mai-4 juin,*
1ᵉʳ-10 sept., 17-26 nov., 5-21 janv., dim. soir, mardi midi et lundi
Rest – *(prévenir le week-end)* Menu 30/70 € – Carte 65/77 €
Spéc. Oeufs brouillés à la crème de morilles. Sandre à la rhubarbe (juin à sept.). Marbré au chocolat fondant. **Vins** Touraine-Azay le Rideau, Chinon.

♦ Vénérable auberge à colombages où Balzac avait ses habitudes à deux pas du château qui l'accueillit si souvent. Cadre rustique bien conservé. Recettes classiques.

AZINCOURT – 62 Pas-de-Calais – 301 F5 – 273 h. – alt. 115 m – ⌧ 62310

30 **A2**

🅳 Paris 225 – Arras 56 – Boulogne-sur-Mer 62 – Calais 78 – Hesdin 16 – St-Omer 40

🅴 Office de tourisme, 24, rue Charles VI ℰ 03 21 47 27 53, Fax 03 21 47 13 12

Charles VI ⌖ ⅗ **P** *VISA* ⓜⓞ ⒜⒠

12 r. Charles-VI – ℰ *03 21 41 53 00 – restaurantcharles6@wanadoo.fr*
– Fax 03 21 41 53 11 – Fermé vacances de fév. et merc.
Rest – Menu (11 € bc), 14 € bc (déj. en sem.), 23/33 € – Carte 24/37 €

♦ Au cœur de ce village célèbre pour sa bataille (1415), on déguste une cuisine traditionnelle en toute tranquillité dans une belle salle à manger champêtre (tons pastel, poutres).

BACCARAT – 54 Meurthe-et-Moselle – 307 L8 – 4 746 h. – alt. 260 m – ⌧ 54120

▯ Alsace Lorraine

27 **C2**

🅳 Paris 369 – Épinal 43 – Lunéville 27 – Nancy 58 – St-Dié 29 – Sarrebourg 45

🅴 Office de tourisme, 2, rue Adrien Michaut ℰ 03 83 75 13 37, Fax 03 83 75 36 76

◎ Vitraux★ de l'église St-Rémy - Musée du cristal.

🏠 **La Renaissance** ⇙ 🛋 ⚕ 🚗 VISA ⓶ AE ⓪
31 r. des Cristalleries – 🕾 *03 83 75 11 31 – renaissance.la @ wanadoo.fr*
😴 *– Fax 03 83 75 21 09 – Fermé 1ᵉʳ-7 janv.*
16 ch – ☗52 € ☗☗52 €, ⌂ 10 € – ½ P 62 € – **Rest** – *(fermé dim. soir et vend.)*
Menu 18/38 € – Carte 26/51 €
♦ Au pays des verriers, tout près du musée du Cristal, petite adresse pratique pour poser ses valises. Chambres fonctionnelles et bien insonorisées. Cuisine traditionnelle sans prétention servie dans une salle à manger rustique ou sur la miniterrasse fleurie.

BADEN – **56 Morbihan** – **308** N9 – **3 360 h.** – **alt. 28 m** – ✉ **56870** 9 **A3**
🔼 Paris 473 – Auray 9 – Lorient 52 – Quiberon 40 – Vannes 15

🏠🏠 **Le Gavrinis** 🚗 🏠 ⚅ rest, ⇙ 🛋 P VISA ⓶ AE
😊 *2 km à Toulbroch par rte Vannes –* 🕾 *02 97 57 00 82 – gavrinis @ wanadoo.fr*
– Fax 02 97 57 09 47 – Fermé 17 nov.-4 déc. et 6 janv.-8 fév.
18 ch – ☗55/130 € ☗☗55/130 €, ⌂ 11 € – ½ P 68/86 € – **Rest** – *(fermé dim. soir hors saison, lundi sauf le soir en saison, mardi midi et sam. midi)* Menu (19 €),
23/76 € – Carte 39/69 €
♦ Cette maison néo-bretonne, entourée par un beau jardin, subit une cure de rajeunissement. Priorité donnée au confort et à la sobriété. Belle cuisine actuelle assise sur des bases régionales. Table harmonieuse et terrasse ravissante.

BAERENTHAL – **57 Moselle** – **307** Q5 – **702 h.** – **alt. 220 m** – ✉ **57230** 27 **D1**
🔼 Paris 449 – Bitche 15 – Haguenau 33 – Strasbourg 62 – Wissembourg 45
ℹ Office de tourisme, 1, rue du Printemps d'Alsace 🕾 03 87 06 50 26,
Fax 03 87 06 62 31

🏠 **Le Kirchberg** sans rest 🌿 🚗 ⚅ 🛋 P VISA ⓶
🌿 *8 imp. de la Forêt –* 🕾 *03 87 98 97 70 – resid.hotel.kirchberg @ wanadoo.fr*
– Fax 03 87 98 97 91 – Fermé 1ᵉʳ janv.-8 fév.
20 ch – ☗40/51 € ☗☗60/64 €, ⌂ 10 €
♦ Hôtel de notre temps établi au cœur du parc régional. Chambres actuelles fraîches et nettes (dix avec cuisinette) à choisir sur l'arrière pour la vue vosgienne. Air pur garanti !

à Untermuhlthal 4 km au Sud-Est par D 87 – ✉ 57230 Baerenthal

🍴🍴🍴🍴 **L'Arnsbourg** (Jean-Georges Klein) 🚗 AC P VISA ⓶ AE ⓪
🌸🌸🌸 *–* 🕾 *03 87 06 50 85 – l.arnsbourg @ wanadoo.fr – Fax 03 87 06 57 67 – Fermé*
2-17 sept., 1ᵉʳ-28 janv., mardi et merc.
Rest – *(prévenir le week-end)* Menu 55 € (déj. en sem.), 110/140 € – Carte 102/125 €
Spéc. Emulsion de pomme de terre et truffe. Saint-Pierre infusé au laurier en croûte de sel. Pomme de ris de veau au foin, infusion à la citronnelle. **Vins** Gewurztraminer, Muscat.
♦ En pleine campagne vosgienne, maison à fière allure vous conviant aux plaisirs d'un repas délicieusement inventif dans une élégante salle aux notes actuelles surplombant la Zinsel.

K 🏨 🌿 ≤ 🚗 🛏 ⚅ ⇙ 🛋 P VISA ⓶
– 🕾 *03 87 27 05 60 – hotelk @ orange.fr – Fax 03 87 06 88 65*
– Fermé 2-17 sept., 1ᵉʳ-28 janv., mardi et merc.
6 ch – ☗200/360 € ☗☗200/360 €, ⌂ 26 € – 6 suites – ☗☗305/430 €
♦ Appréciez une architecture moderne tout en transparence qui fait entrer la nature dans de confortables chambres aux lignes épurées.

BAFFIE – **63 Puy-de-Dôme** – **326** J10 – **101 h.** – **alt. 850 m** – ✉ **63600** 6 **C2**
🔼 Paris 457 – Clermont-Ferrand 90 – Issoire 69 – Montbrison 44 – Thiers 71

🍴 **Le Relais du Vermont** ⚅ 🛋 VISA ⓶
au Col de Chemintrand – 🕾 *04 73 95 34 75 – auberge-vermont @ wanadoo.fr*
😴 *– Fax 04 73 95 93 81 – Fermé 24 déc.-5 fév., dim. soir, mardi soir hors saison et lundi*
Rest – Menu 14,50/26 €
♦ Ancien relais de diligences (1870) érigé sur un col d'où l'on profite d'une belle vue. Plats du terroir et séduisants desserts servis dans un agréable cadre rustique.

BÂGÉ-LE-CHÂTEL – 01 Ain – 328 C3 – 762 h. – alt. 209 m – ⊠ 01380   44 **B1**

◘ Paris 396 – Bourg-en-Bresse 35 – Mâcon 11 – Pont-de-Veyle 7 – St-Amour 39 – Tournus 41

⋮ Syndicat d'initiative, 2, rue Marsale ⌀ 03 85 30 56 66, Fax 03 85 30 56 66

XX **La Table Bâgésienne**   ☊ VISA ➌ AE ①

🍴 Gde-Rue – ⌀ 03 85 30 54 22 – latablebagesienne@wanadoo.fr
– Fax 03 85 30 58 33 – Fermé 24 juil.-6 août, 20-27 déc., 16-25 fév., lundi soir, mardi soir et merc.
Rest – Menu 19 € (déj. en sem.), 24/47 € – Carte 41/59 €
♦ Cheminée, boiseries, mobilier bressan et décor champêtre pour une ambiance rustique très soignée. Terrasse ombragée par un tilleul. Cuisine régionale actualisée et généreuse.

BAGES – 11 Aude – 344 I4 – rattaché à Narbonne

BAGNÈRES-DE-BIGORRE ◉ – 65 Hautes-Pyrénées – 342 M4 – 8 048 h. – alt. 551 m – Stat. therm. : mi mars-fin nov. – Casino – ⊠ 65200
▌ Midi-Pyrénées   28 **A3**

◘ Paris 829 – Lourdes 24 – Pau 66 – St-Gaudens 65 – Tarbes 23

⋮ Office de tourisme, 3, allées Tournefort ⌀ 05 62 95 50 71, Fax 05 62 95 33 13

🏌 de la Bigorre à Pouzac Quartier Serre Devant, NE par D 938 : 3 km, ⌀ 05 62 91 06 20.

◉ Parc thermal de Salut★ par Av. Pierre-Noguès - Grotte de Médous★★ SE : 2,5 km par D 935.

🏠🏠 **La Résidence** ♨   ← 🚗 ⌫ 🕉 ⚹ ▤ ⅄ ㏗ VISA ➌

Vallon de Salut – ⌀ 05 62 91 19 19 – residotel@voila.fr – Fax 05 62 95 29 88
– Ouvert 2 mai-30 sept.
26 ch – ♦85/90 € ♦♦85/90 €, ☲ 10 € – 3 suites – ½ P 75/80 € – **Rest** – (dîner seult) (résidents seult) Menu 25 €
♦ Au calme, dans le cadre champêtre du parc de la station thermale. Chambres spacieuses et rénovées, ouvertes sur le vallon de Salut. Salon-vidéothèque. Belle salle à manger cossue prolongée d'une agréable terrasse. Bar cosy et raffiné.

🏠 **Hostellerie d'Asté**   ← 🚗 ☊ ⚹ ⅍ ✆ ⚐ ㏗ VISA ➌ AE ①

🐝 3,5 km rte de Campan (D 935) – ⌀ 05 62 91 74 27 – contacts@hotel-aste.com
– Fax 05 62 91 76 74 – Fermé 12 nov.-11 déc.
21 ch – ♦51/60 € ♦♦51/60 €, ☲ 7 € – 1 suite – ½ P 49/54 € – **Rest** – (fermé dim. soir sauf vacances scolaires) Menu 16/36 € – Carte 18/48 €
♦ Imposante construction entre la route et l'Adour. Petites chambres refaites par étapes ; sur l'arrière, elles sont bercées par le murmure de la rivière. Salle à manger lumineuse et terrasse dressée dans le jardin, au bord de l'eau. Cuisine traditionnelle orientée produits de la mer.

⌂ **Les Petites Vosges** sans rest   AC ⅄

17 bd Carnot – ⌀ 05 62 91 55 30 – lpv@lespetitesvosges.com – Fax 05 62 91 55 30
– Fermé 12-30 nov.
4 ch ☲ – ♦65 € ♦♦75 €
♦ À côté des thermes et du casino, cette charmante maison renferme un fragment des remparts de la vieille ville. Décor contemporain cosy, chambres douillettes et salon de thé raffiné. La propriétaire saura vous conseiller de belles randonnées dans les environs.

X **L'Auberge Gourmande**   VISA ➌

🐝 1 bd Lyperon – ⌀ 05 62 95 52 01 – Fermé 21-28 sept., 11-30 nov., dim. soir hors saison, lundi et mardi
Rest – Menu 13 € (déj. en sem.), 25/50 € – Carte 38/62 €
♦ Situé près des thermes et face au casino, ce restaurant familial valorise autant que possible le terroir. Tons jaunes et lustres de cuivre en salle ; bar sur le côté.

à Gerde Sud 2 km par rte de Campan – 1 116 h. – alt. 570 m – ⊠ 65200

🏠🏠🏠 **Le Relais des Pyrénées** sans rest ♨   ← ▤ ⅍ ✆ ⚐ ㏗ VISA ➌

1 av. 8-Mai-1945 – ⌀ 05 62 44 66 67 – contact@relais-despyrenees.com
– Fax 05 62 44 90 14 – Fermé nov.
55 ch – ♦66/83 € ♦♦74/119 €, ☲ 10 €
♦ En bordure de l'Adour, ex-usine textile partagée entre un hôtel moderne proposant un espace de remise en forme et le Centre Laurent Fignon. Belle vue sur les Pyrénées.

à Beaudéan 4,5 km au Sud par rte de Campan (D 935) – 378 h. – alt. 625 m – ⊠ 65710

🛈 Office de tourisme, place de la Mairie ℰ 05 62 91 79 92

◉ Vallée de Lesponne★ SO.

Le Catala ⬡   📶 ⚇ 📞 ▦ 🅿 VISA ⓜ AE
– ℰ 05 62 91 75 20 – le.catala@wanadoo.fr – Fax 05 62 91 79 72 – *Fermé 1er-8 mai, 1er-8 nov., vacances de Noël et dim. sauf vacances scolaires*
24 ch – ♦48/50 € ♦♦52/60 €, ☷ 7,50 € – 3 suites – ½ P 50 € – **Rest** – *(dîner seult) (résidents seult)*

♦ La façade discrète de cet hôtel bigourdan dissimule un intérieur original : le décor des chambres s'accorde avec les fresques peintes sur les portes (sport, histoire, etc.).

à Lesponne 8 km au Sud par D 935 et D 29 – ⊠ 65710 Campan

Domaine de Ramonjuan ⬡   🏠 ⚆ ⚇ ⚆ rest, 📞 ⚇
– ℰ 05 62 91 75 75 – ramonjuan@wanadoo.fr   🅿 VISA ⓜ AE ①
– Fax 05 62 91 74 54
22 ch – ♦40/55 € ♦♦45/100 €, ☷ 7 € – ½ P 45/60 € – **Rest** – *(fermé 10-26 nov., dim. soir et lundi) (dîner seult)* Menu 20/25 € – Carte 20/40 €

♦ Cette ancienne ferme de montagne reconvertie en hôtellerie offre de bons équipements de loisirs. Chambres rustiques et studios modernes. Salle à manger-véranda, terrasse d'été, cuisine régionale et spécialité de paëlla.

BAGNÈRES-DE-LUCHON – 31 Haute-Garonne – 343 B8 – 2 900 h. – alt. 630 m – Sports d'hiver : à Superbagnères, 1 440/2 260 m ⚡1 ⚡14 ⚡ – Stat. therm. : début mars-fin oct. – Casino Y – ⊠ 31110 ▮ Midi-Pyrénées   28 **B3**

🅓 Paris 814 – St-Gaudens 48 – Tarbes 98 – Toulouse 141

🛈 Office de tourisme, 18, allée d'Étigny ℰ 05 61 79 21 21, Fax 05 61 79 11 23

🅖 de Luchon Route de Montauban, ℰ 05 61 79 03 27.

Plan page suivante

D'Étigny   ⚆ 📶 AC rest, ⚇ rest, 📞 🅿 🚗 VISA ⓜ
face établ. thermal – ℰ 05 61 79 01 42 – etigny@aol.com – Fax 05 61 79 80 64
– Ouvert 1er mai-25 oct.   Z **k**
58 ch – ♦48/78 € ♦♦48/130 €, ☷ 9 € – 5 suites – ½ P 50/85 €
Rest – Menu 17/43 € – Carte 25/54 €

♦ En face des thermes, chambres de niveau standard, diversement aménagées. Trois d'entre elles, plus confortables, ont été rénovées. Restaurant sobrement bourgeois et terrasse ombragée pour une carte proposant des recettes ancrées dans la tradition.

Corneille   ⚐ ⚆ 🏠 ⚇ ⚆ 📞 🅿 VISA ⓜ AE ①
5 av. A.-Dumas – ℰ 05 61 79 36 22 – reservation.luchon@cityblue.fr
– Fax 05 61 79 81 11   Y **u**
46 ch – ♦100/130 € ♦♦100/130 €, ☷ 15 € – 4 suites – **Rest** – Menu 37/50 €

♦ Construction du 19e s. qui fut le premier casino de Luchon (vitraux d'époque). L'établissement a été revu et les chambres repensées dans un esprit zen. Vue sur les Pyrénées. Deux salles à manger dont une ouverte sur le jardin ; cuisine traditionnelle.

Apsis sans rest   🔳 ⚆ ⚆ 🗄 ⚆ 📞 ⚇ VISA ⓜ AE ①
19 allées d'Étigny – ℰ 05 61 79 56 97 – reception.luchon@apsishotels.com
– Fax 05 61 95 43 96   Y **z**
47 ch – ♦72/96 € ♦♦90/120 €, ☷ 15 €

♦ Hommes d'affaires et skieurs apprécient cet hôtel flambant neuf pour sa situation centrale, ses jolies chambres contemporaines parfaitement équipées et son "business corner".

Royal Hôtel   ⚆ ⚇ rest, 🚗 VISA ⓜ
1 cours Quinconces – ℰ 05 61 79 00 62 – Fax 05 61 79 38 35
– Ouvert 25 mai-1er oct.   Z **v**
48 ch – ♦40 € ♦♦45 €, ☷ 6 € – ½ P 42/50 € – **Rest** – Menu 17 €

♦ Hôtel prisé des curistes pour sa proximité immédiate des thermes. Chambres diversement meublées (rustique ou classique), plus petites au dernier étage. Hauts plafonds et moulures donnent un cachet vieille France à la salle à manger par ailleurs plutôt simple.

BAGNÈRES-DE-LUCHON

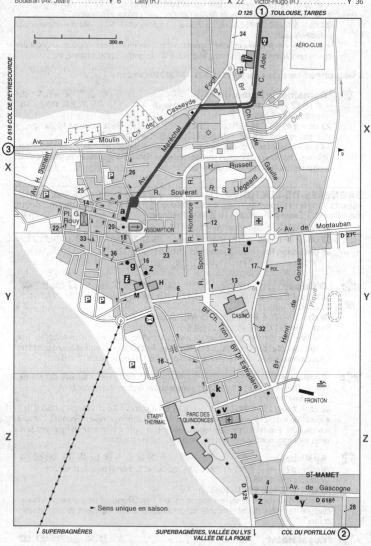

Déjeunez dehors, il fait si beau !
Optez pour une terrasse :

242

🏠 **Panoramic** sans rest   📶 ఈ ⇌ ℅ ℓ **P** 𝘝𝘐𝘚𝘈 ⓜⓒ 🄰🄴

6 av. Carnot – ℘ 05 61 79 30 90 – hotel.panoramic@wanadoo.fr
– Fax 05 61 79 32 84 – Fermé 3 nov.-5 déc.   X **a**
28 ch – †42/69 € ††50/72 €, ⌷ 8,50 €
♦ Plus de la moitié des chambres de cet édifice centenaire ont été rénovées avec soin et insonorisées. Copieux petit-déjeuner servi sous forme de buffet.

🏠 **Deux Nations**   ㎠ 📶 ℓ ఈ 𝘝𝘐𝘚𝘈 ⓜⓒ 🄰🄴

🥜 5 r. Victor-Hugo – ℘ 05 61 79 01 71 – hotel2nations@aol.com
– Fax 05 61 79 27 89   Y **g**
28 ch – †26/58 € ††30/58 €, ⌷ 7 € – ½ P 32/43 € – **Rest** – (fermé dim. soir et lundi sauf vacances scolaires et fêtes) Menu (10 €), 15/35 € – Carte 19/43 €
♦ Deux bâtiments composent cet hôtel où la même famille reçoit les clients depuis 1917 ! Optez sans hésitation pour les chambres les plus récentes. Le restaurant dispose d'une entrée indépendante et ouvre sur une plaisante terrasse dressée dans un joli patio fleuri.

🏠 **La Recluse**   ㎠ ℅ ch, ℓ **P** 𝘝𝘐𝘚𝘈 ⓜⓒ

🥜 à St-Mamet ⌧ 31110 – ℘ 05 61 79 02 81 – resa@hotel-larencluse.com
– Fax 05 61 79 82 99 – Fermé 9 mars-30 avril   Z **y**
24 ch – †45/52 € ††52/55 €, ⌷ 7 € – ½ P 41/43 € – **Rest** – (déj. seult en hiver)
Menu 12 € (sem.)/25 € – Carte 20/34 €
♦ Étape sympathique sur la route de l'Espagne : chambres rénovées, plus calmes à l'annexe, et ambiance "maison de campagne familiale". Murs lambrissés, mobilier rustique et nappes à carreaux décorent la salle à manger ; cuisine traditionnelle simple.

🏡 **Pavillon Sévigné**   ᚎ ㎠ ⇌ ℅ ℓ **P**

2 av. Jacques-Barrau – ℘ 05 61 79 31 50 – seiter@pavillonsevigne.com
5 ch ⌷ – †80 € ††90 € – ½ P 65 € – **Table d'hôte** – Menu 25 € bc   Z **z**
♦ Fresques murales, escalier en bois, meubles anciens, etc. : au cachet de ce paisible manoir du 19ᵉ s. s'ajoutent des équipements modernes (écrans plats) et un accueil délicieux. Agréable salle à manger ouverte sur le jardin et menu unique à la table d'hôte.

à Juzet-de-Luchon 3 km par ① – 379 h. – alt. 625 m – ⌧ 31110

🏡 **Le Poujastou**   ᚎ ㎠ ⇌ ℅ ⌒

🥜 r. du Sabotier – ℘ 05 61 94 32 88 – info@lepoujastou.com – Fax 05 61 94 32 88
– Fermé nov.
5 ch ⌷ – †40 € ††49 € – **Table d'hôte** – Menu 18 € bc
♦ L'ancien café du village (18ᵉ s.) accueille aujourd'hui de petites chambres simples et soignées : murs ocre peints à la chaux, sol en jonc tressé, meubles rustiques ou en pin. Repas servi dans la jolie salle à manger de style pyrénéen ou dans le jardin.

à St-Paul-d'Oueil 8 km par ③, D618 et D51 – 49 h. – alt. 1 000 m – ⌧ 31110

🏡 **Maison Jeanne** sans rest ⌇   ᚎ ⇌ ℅

– ℘ 05 61 79 81 63 – Fax 05 61 79 81 63
4 ch ⌷ – †64 € ††74/130 €
♦ Cette belle maison de pays ouvre sur un jardin et sur la montagne. Chambres décorées de meubles de famille et de pochoirs réalisés par la propriétaire. Accueil vraiment charmant.

Nous essayons d'être le plus exact possible dans les prix que nous indiquons.
Mais tout bouge !
Lors de votre réservation, pensez à vous faire préciser le prix du moment.

BAGNEUX – 49 Maine-et-Loire – 317 I5 – rattaché à Saumur

BAGNOLES-DE-L'ORNE – 61 Orne – 310 G3 – 893 h. – alt. 140 m – Stat.
therm. : mi mars-fin oct. – Casino A – ⌧ 61140 ▮ Normandie Cotentin   32 **B3**

◳ Paris 236 – Alençon 48 – Argentan 39 – Domfront 19 – Falaise 48 – Flers 28
◪ Office de tourisme, place du Marché ℘ 02 33 37 85 66, Fax 02 33 30 06 75
◪ de Bagnoles-de-l'Orne Route de Domfront, ℘ 02 33 37 81 42.
◩ Site★ - Lac★ - Parc de l'établissement thermal★.

BAGNOLES-DE-L'ORNE

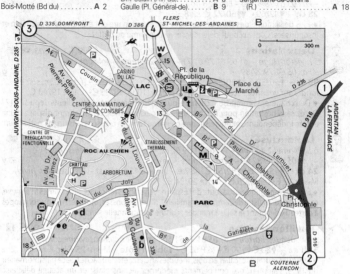

Le Manoir du Lys (Franck Quinton) ⌂

2 km rte Juvigny-sous-Andaine par ③ –
☎ 02 33 37 80 69 – manoir-du-lys@wanadoo.fr
– Fax 02 33 30 05 80
– Fermé 4 janv.-13 fév., dim. soir, mardi midi et lundi de nov. à avril sauf Pâques
23 ch – †75/140 € ††75/195 €, ⌂ 15 € – 7 suites – ½ P 97/190 €
Rest – Menu 35/90 € – Carte 53/89 € ⌂
Spéc. Homard bleu à la plancha. Menu "champignons" (printemps et automne).
Pigeonneau rôti entier, jus clair au "sydre".
♦ Au milieu des bois, belle demeure normande posée dans un parc. Chambres personnalisées réparties entre le manoir et un original pavillon (les plus récentes et les plus spacieuses). Cuisine régionale servie dans une superbe salle à manger d'esprit contemporain ou sur une exquise terrasse.

Nouvel Hôtel

8 av. Dr-P.-Noal – ☎ 02 33 30 75 00 – contact@nouvel-hotel-bagnoles.fr
– Fax 02 33 30 75 13 – Ouvert 8 mars-2 nov.   A e
30 ch – †47/58 € ††53/73 €, ⌂ 8 € – ½ P 49/59 € – **Rest** – Menu 18/32 €
– Carte 25/37 €
♦ Cette jolie villa du début du 20ᵉ s. offre des chambres fonctionnelles, plaisantes et bien insonorisées. Salon doté d'un piano et paisible jardin fleuri. Trois salles dont une aménagée sous une agréable véranda ; menus traditionnels, diététiques et végétariens.

Bois Joli ⌂

av. Ph.-du-Rozier – ☎ 02 33 37 92 77 – boisjoli@wanadoo.fr
– Fax 02 33 37 07 56
20 ch – †72/152 € ††72/152 €, ⌂ 11 € – ½ P 64/106 €   A w
Rest – Menu 20/56 € – Carte 36/65 €
♦ Élégante façade à colombages d'une villa anglo-normande du 19ᵉ s. Intérieur feutré, meubles anciens de divers styles, coquettes chambres récemment rénovées et parc arboré. Chaleureuse salle à manger avec beaux lambris d'origine et cheminée en bois sculpté.

🏠 **Ô Gayot** 🛋 📶 ⅙ rest, ⊬ ✆ 𝘝𝘐𝘚𝘈 ⓪
2 av. de la Ferté-Macé – ℰ 02 33 38 44 01 – contact @ ogayot.com
– Fax 02 33 38 47 71 – Fermé 21 déc.-7 fév., jeudi (sauf hotel) du 1er avril au 9 nov.,
lundi, mardi et merc. du 9 nov. au 31 mars A u
16 ch – ♦45 € ♦♦95 €, � 8,50 € – ½ P 48/70 € – **Rest** – bistrot Menu (16 € bc),
23 € – Carte 27/37 €
♦ Au centre de la station thermale, cet hôtel totalement rénové offre un concept "tout en
un" : chambres épurées, bar, salon de thé, boutique d'alléchants produits. Dans le bistrot
contemporain, c'est une cuisine actuelle, à prix attractifs, qui vous attend. Terrasse.

🏠 **Bagnoles Hôtel** 🛋 📶 ⅙ ch, ⊬ ✆ 𝗣 𝘝𝘐𝘚𝘈 ⓪
6 pl. de la République – ℰ 02 33 37 86 79 – bagnoles.hotel @ wanadoo.fr
– Fax 02 33 30 19 74 A t
18 ch – ♦67/87 € ♦♦67/87 €, ⊂ 10 € – 2 suites – ½ P 58/73 €
Rest *Bistrot Gourmand* – Menu (13,50 €), 19/20 € – Carte 24/33 €
♦ Cet hôtel sort d'une cure de jouvence. Chambres fonctionnelles, décorées dans des couleurs tendance chaudes et reposantes ; la plupart disposent d'un balcon couvert. Recettes au goût du jour servies dans une salle à manger revue dans un esprit actuel.

🏠 **Les Camélias** 🛋 📶 𝗣 𝘝𝘐𝘚𝘈 ⓪ 𝖠𝖤 ⓪
☕ *av. Château-de-Couterne – ℰ 02 33 37 93 11 – cameliashotel @ wanadoo.fr*
– Fax 02 33 37 48 32 – Ouvert 15 fév.-19 déc. et fermé dim. soir, mardi midi et lundi
du 27 oct. au 9 mars A b
26 ch – ♦35/65 € ♦37/68 €, ⊂ 7,50 € – ½ P 38/57 € – **Rest** – Menu 17 € (déj.
en sem.)/23 € – Carte 23/34 €
♦ Maison normande du début du 20e s. appréciée des curistes pour son jardin paisible.
Chambres régulièrement rafraîchies, pratiques et colorées. Lumineuse salle à manger où
l'on propose une cuisine traditionnelle.

🏠 **Le Roc au Chien** 🛋 📶 𝗣 𝘝𝘐𝘚𝘈 ⓪ 𝖠𝖤
10 r. Prof.-Louvel – ℰ 02 33 37 97 33 – info @ hotelrocauchien.fr
– Fax 02 33 38 17 76 – Ouvert 7 mars-5 nov. A s
42 ch – ♦34/50 € ♦♦48/68 €, ⊂ 7,50 € – ½ P 51/65 € – **Rest** – Menu 20/28 €
♦ La comtesse de Ségur aurait séjourné dans cet établissement composé de deux petits
immeubles juxtaposés dont un flanqué d'une tourelle en briques. Chambres de style
rustique. Restaurant tout en longueur, tourné côté rue ; plats régionaux et diététiques.

🍴 **Le Celtic** avec ch 𝖠𝖢 rest, ⊬ 𝘝𝘐𝘚𝘈 ⓪ 𝖠𝖤 ⓪
14 av. Dr-Noal – ℰ 02 33 37 92 11 – leceltic @ club-internet.fr – Fax 02 33 38 90 27
– Fermé 7 janv.-28 fév., dim. soir et lundi A d
10 ch – ♦45/56 € ♦♦48/56 €, ⊂ 7,50 € – ½ P 48/60 € – **Rest** – Menu (17 €), 19 €
(sem.)/40 € – Carte 32/37 €
♦ La jolie façade du début du 20e s. cache une plaisante salle à manger : cheminée, tons
pastel, mobilier actuel en bois blond. Plats du terroir et accueil charmant. Chambres
rénovées.

BAGNOLET – 93 Seine-Saint-Denis – 305 F7 – 101 17 – **voir à Paris, Environs**

BAGNOLS – 69 Rhône – 327 G4 – 701 h. – alt. 400 m – ✉ 69620
▯ Lyon et la vallée du Rhône 43 **E1**

🄳 Paris 444 – Lyon 30 – Tarare 20 – Villefranche-sur-Saône 14

🏠 **Château de Bagnols** ⌖ ⩽ ◎ 🛋 ⌲ 🏊 ⅙ ch, ⊬ 🍴 rest,
☸ *– ℰ 04 74 71 40 00 – info @ chateaudebagnols.fr* 𝗣 𝘝𝘐𝘚𝘈 ⓪ 𝖠𝖤 ⓪
– Fax 04 74 71 40 49
16 ch – ♦396/705 € ♦♦396/705 €, ⊂ 32 € – 5 suites – **Rest** – Menu 45 € (déj. en
sem.), 80/120 € – Carte 95/129 € carte réduite le midi ⌁
Spéc. Tatin de pomme de terre au pied de cochon. Poularde de Bresse et parmentier truffé. Poitrine et rognons de veau aux herbes. **Vins** Chablis, Brouilly.
♦ Jardins ouverts sur la campagne beaujolaise, accès par pont-levis, fresques Renaissance
restaurées et superbes chambres personnalisées : c'est la vie de château ! Séduisante
cuisine servie dans la majestueuse salle des gardes (cheminée gothique et meubles
ancestraux).

BAGNOLS – 63 Puy-de-Dôme – 326 C9 – 532 h. – alt. 862 m – ⊠ 63810   5 **B2**

▶ Paris 483 – La Bourboule 23 – Clermont-Ferrand 64 – Issoire 63
– Le Mont-Dore 29

🏠 **Voyageurs**   🛋 ⅍ VISA ⑳ ①
au bourg – ℰ 04 73 22 20 12 – legouffet@aol.com – Fax 04 73 22 21 18 – Fermé
4-22 janv., dim. soir et lundi
20 ch ⌂ – ♦30/45 € ♦♦35/50 € – ½ P 50/65 € – **Rest** – Menu 19 € (sem.)/50 €
– Carte 41/44 €

◆ Dans un village auvergnat, cette construction des années 1960 de style local possède
des chambres peu à peu refaites, simples et pratiques. Modeste, le restaurant connaît
pourtant un franc succès : la table aux notes actuelles y est sûrement pour quelque
chose !

BAGNOLS-SUR-CÈZE – 30 Gard – 339 M4 – 18 103 h. – alt. 51 m – ⊠ 30200
▌ Provence   23 **D1**

▶ Paris 653 – Alès 54 – Avignon 34 – Nîmes 56 – Orange 25 – Pont-St-Esprit 12
🅘 Office de tourisme, Espace Saint-Gilles ℰ 04 66 89 54 61, Fax 04 66 89 83 38
◎ Musée d'Art moderne Albert-André★.
◎ Site★ de Roques-sur-Cèze.

🏨 **Château du Val de Cèze** sans rest ॐ   🔊 🛏 ⅍ ᕫ 🗚 📞
1 km rte d'Avignon – ℰ 04 66 89 61 26   🖧 🅿 VISA ⑳ 🆀
– hotelvaldeceze@sud-provence.com – Fax 04 66 89 97 37 – Ouvert de mars à oct.
22 ch – ♦90 € ♦♦99 €, ⌂ 7,50 € – 1 suite

◆ Château du 17ᵉ s. où l'on profite des salons. Les chambres, provençales (fer forgé,
tomettes, tissus colorés), occupent des pavillons récents au cœur du parc (piscine,
tennis).

rte d'Alès 5 km Ouest par D 6 et D 143 – ⊠ 30200 Bagnols-sur-Cèze

🏨🏨 **Château de Montcaud** ॐ   🔊 🛋 🛏 ⅃ƃ ⅍ 📦 ᕫ ch, 🗚 📞 🖧
– ℰ 04 66 89 60 60 – montcaud@   🅿 VISA ⑳ 🆀 ①
relaischateaux.com – Fax 04 66 89 45 04 – Ouvert 17 avril-25 oct.
26 ch – ♦170/330 € ♦♦180/490 €, ⌂ 23 € – 2 suites – ½ P 180/340 €
Rest *Les Jardins de Montcaud* – (fermé le midi sauf dim. en saison) Menu (44 €),
47/77 € – Carte 65/75 €
Rest *Bistrot de Montcaud* – (fermé sam. et dim.) (déj. seult) Menu 28/33 €
– Carte 32/37 €

◆ Noble demeure du 19ᵉ s. entourée d'un parc soigné. Meubles de style et tons chauds
personnalisent les chambres de ce havre de paix. Table traditionnelle d'un provençal chic
et beau patio aux Jardins de Montcaud. Choix simplifié au Bistrot ; brunch dominical jazzy
en été.

BAIE DES TRÉPASSÉS – 29 Finistère – 308 C6 – rattaché à Pointe du Raz

---

BAILLARGUES – 34 Hérault – 339 J7 – rattaché à Montpellier

BAILLEUL – 59 Nord – 302 E3 – 14 146 h. – alt. 44 m – ⊠ 59270
▌ Nord Pas-de-Calais Picardie   30 **B2**

▶ Paris 244 – Armentières 13 – Béthune 31 – Dunkerque 44 – Ieper 20 – Lille 30
– St-Omer 37
🅘 Office de tourisme, 3, Grand'place ℰ 03 28 43 81 00, Fax 03 28 43 81 01
◎ ✳★ du beffroi.

🏨 **Belle Hôtel** sans rest   ᕫ ⅙ 📞 🅿 VISA ⑳ 🆀 ①
19 r. de Lille – ℰ 03 28 49 19 00 – belle.hotel@wanadoo.fr – Fax 03 28 49 22 11
– Fermé 4-17 août, 24 déc.-5 janv.
31 ch – ♦82/90 € ♦♦82/150 €, ⌂ 13 €

◆ Deux jolies maisons typiquement flamandes : les chambres sont spacieuses et
raffinées (meubles de style) dans l'une, plus actuelles et tout aussi bien tenues dans
l'autre.

BAIROLS – 06 Alpes-Maritimes – 341 D4 – 114 h. – alt. 850 m –
✉ 06420   41 **D2**
> ◨ Paris 836 – Digne-les-Bains 120 – Grasse 74 – Nice 53 – St Martin-Vésubie 40

✗ **Auberge du Moulin**   ⩔
4 r. Lou-Coulet – ✆ *04 93 02 92 93 – Fermé 15 nov.-15 déc. et lundi*
Rest – *(nombre de couverts limité, prévenir)* Menu 25/35 €
♦ Ancien moulin situé au cœur d'un village médiéval perché. Menu (unique) italien
et joli cadre rustique décontracté : aphorismes du patron et vieux rouages animent la
salle.

BAIX – 07 Ardèche – 331 K5 – 822 h. – alt. 80 m – ✉ 07210   44 **B3**
> ◨ Paris 588 – Crest 30 – Montélimar 22 – Privas 18 – Valence 33

🏠 **Les Quatre Vents** sans rest ॐ   🚗 **P.** 𝘝𝘐𝘚𝘈 ⓜⓒ
⌂ *rte Chomérac, 2 km au Nord-Ouest –* ✆ *04 75 85 80 64 – Fax 04 75 85 05 30*
– Fermé 21 déc.-4 janv.
21 ch – ♦42/47 € ♦♦45/50 €, � 7 €
♦ Façade ocre et volets bleus pour ces deux bâtiments en léger retrait d'une route
passante. Chambres pratiques rénovées. Petits-déjeuners d'été en terrasse, avec vue
champêtre.

✗✗ **Les Quatre Vents**   🚗 🛋 🄺 ⟷ **P.** 𝘝𝘐𝘚𝘈 ⓜⓒ
rte Chomérac, 2 km au Nord-Ouest – ✆ *04 75 85 84 49 – Fax 04 75 85 84 49*
– Fermé 26 déc.-12 janv., sam. midi et dim. soir
Rest – Menu (13,50 €), 21 € (sem.)/52 €
– Carte 33/49 €
♦ Au restaurant : charpente apparente, décor revu et coloré, orné de tableaux et d'un
trompe-l'œil, cuisine actuelle.

BALARUC-LES-BAINS – 34 Hérault – 339 H8 – 5 688 h. – alt. 3 m – Stat. therm. :
début mars.-mi déc. – Casino – ✉ 34540 ▌ Languedoc Roussillon   23 **C2**
> ◨ Paris 781 – Agde 32 – Béziers 52 – Frontignan 8 – Lodève 54 – Montpellier 33
> – Sète 9

> ◨ Syndicat d'initiative, Pavillon Sévigné ✆ 04 67 46 81 46, Fax 04 67 46 81 54

✗✗✗ **Le St-Clair**   🛋 𝘝𝘐𝘚𝘈 ⓜⓒ
quai du Port – ✆ *04 67 48 48 91 – contact@restaurant-saintclair.com*
– Fax 04 67 18 86 96 – Fermé 2-25 janv.
Rest – Menu 20 € (déj. en sem.), 30/69 € – Carte 59/83 €
♦ Coquette salle à manger-véranda donnant sur le quai et terrasse agrémentée de
palmiers, face au bassin de Thau. Incontournable pour les amateurs de poissons et
coquillages !

BALAZUC – 07 Ardèche – 331 I6 – 337 h. – alt. 170 m – ✉ 07120   44 **A3**
> ◨ Paris 651 – Lyon 189 – Privas 49 – Alès 65 – Montélimar 43

⌂ **Château de Balazuc**   ⩔ 🚗 🛋 ⅌ ☏ **P.** 𝘝𝘐𝘚𝘈 ⓜⓒ
– ✆ *04 75 88 52 67 – contact@chateaudebalazuc.com – Fax 04 75 88 52 67*
– Ouvert d'avril à oct.
4 ch ⊆ – ♦130/150 € ♦♦140/160 €
Table d'hôte – Menu 38 € bc
♦ Au cœur du village perché, château médiéval superbement restauré, au luxe épuré :
chambres soignées ultra contemporaines (une logée dans l'ancienne chapelle), jardin,
terrasse. Cuisine méridionale servie à la table d'hôte.

BALDENHEIM – 67 Bas-Rhin – 315 J7 – **rattaché à Sélestat**

BALDERSHEIM – 68 Haut-Rhin – 315 I10 – **rattaché à Mulhouse**

BALLEROY – 14 Calvados – 303 G4 – 787 h. – alt. 70 m – ✉ 14490
▌ Normandie Cotentin   32 **B2**
> ◨ Paris 276 – Bayeux 16 – Caen 42 – St-Lô 23 – Vire 47
> ◎ Château ★.

XXX **Manoir de la Drôme** ☕ 🍴 **P** **VISA** 🍴 **AE**

– 𝒞 02 31 21 60 94 – denisleclerc @ wanadoo.fr – Fax 02 31 21 88 67 – Fermé
25 oct.-6 nov., 2-27 fév., dim. soir, mardi midi, lundi et merc.
Rest – Menu 48/68 € – Carte 67/75 €

♦ Cet ensemble de caractère (17ᵉ s.) fut la propriété d'un maître de forge. Repas classico-contemporain dans un cadre intime et feutré. Jardin où se glisse la Drôme.

LA BALME-DE-SILLINGY – 74 Haute-Savoie – **328** J5 – **3 729 h.** – alt. 480 m –
✉ 74330   46 **F1**

� Paris 524 – Annecy 13 – Bellegarde-sur-Valserine 30 – Belley 59 – Frangy 14
– Genève 48

🛈 Syndicat d'initiative, route de Choisy 𝒞 04 50 68 78 70, Fax 04 50 68 53 29

🏠 **Les Rochers** ☕ 🆆 rest, 📞 💫 **P** **VISA** 🍴 **AE**

D 1508 – 𝒞 04 50 68 70 07 – hotel.restaurant.les-rochers @ wanadoo.fr
– Fax 04 50 68 82 74 – Fermé 1ᵉʳ-15 nov., janv., dim. soir et lundi sauf du 15 juin au
15 sept.

24 ch – †48/52 € ††52/57 €, ⊇ 10 € – ½ P 52/59 € – **Rest** – Menu 20 €
(sem.)/86 € – Carte 27/57 €

♦ Hôtel situé dans un bourg adossé à la montagne de Mandallaz. Les chambres, plus calmes sur l'arrière, sont toutes rénovées. Ambiance "pension de famille" dans la vaste salle à manger meublée dans le style Louis XIII. À table, plats traditionnels.

La Chrissandière 🏠 💫   🍴 💭 📞 **P** **VISA** 🍴 **AE**
à 400 m.

10 ch – †71 € ††71 €, ⊇ 10 € – ½ P 70 €

♦ Chaumière entourée d'un parc de 3 ha. Chambres refaites et joliment colorées. Parc et piscine : deux atouts indéniables pour cette annexe. L'accueil se fait aux Rochers.

LA BALME DE THUY – 74 Haute-Savoie – **328** K5 – rattaché à Thônes

---

BALOT – 21 Côte-d'Or – **320** G3 – **93 h.** – alt. 272 m – ✉ 21330   8 **C1**

� Paris 235 – Auxerre 74 – Chaumont 74 – Dijon 82 – Montbard 28 – Troyes 72

🏠
🍽 **Auberge de la Baume** 🛁 ch, 🍴 🍴 ch, **VISA** 🍴

– 𝒞 03 80 81 40 15 – la.baume @ tiscali.fr – Fax 03 80 81 62 87 – Fermé
22 déc.-4 janv.

10 ch – †56 € ††56 €, ⊇ 8 € – ½ P 55/60 € – **Rest** – Menu 21/35 € – Carte 23/31 €

♦ En face de l'église, accueil attentionné et chambres rénovées, pratiques et bien tenues. Goûtez à l'ambiance locale en faisant un crochet par le bar de l'établissement. La salle à manger, dotée d'une mezzanine, est coiffée d'une belle charpente apparente.

BAMBECQUE – 59 Nord – **302** D2 – **655 h.** – alt. 8 m – ✉ 59470   30 **B1**

� Paris 271 – Calais 65 – Dunkerque 24 – Hazebrouck 26 – Lille 57 – St-Omer 36

XX **La Vieille Forge**   **VISA** 🍴

38 r. Principale – 𝒞 03 28 27 60 67 – lavieilleforge @ voila.fr – Fax 03 28 27 60 67
– Fermé 1ᵉʳ-15 sept., sam. midi et le soir en hiver sauf vend. et sam., dim. soir et lundi
Rest – Menu (31 €), 38/65 € – Carte 56/71 €

♦ Une superbe cheminée (vestige de l'ancienne forge) trône dans la belle salle à manger rustique. La carte se décline en formules que le convive compose au gré de ses envies.

BANASSAC – 48 Lozère – **330** H8 – **813 h.** – alt. 525 m – ✉ 48500   22 **B1**

� Paris 588 – Florac 55 – Mende 47 – Millau 52

🖼 du Sabot à La Canourgue Route des Gorges du Tarn, SE : 4 km par D 998,
𝒞 04 66 32 84 00.

🏠
🍴 **Le Calice du Gévaudan** 🏠 🛁 🆆 rest, 📞 💫 **P** 🍴 **VISA** 🍴 **AE**

– 𝒞 04 66 32 94 18 – calice @ wanadoo.fr – Fax 04 66 32 98 62 – Fermé 22-31 août,
vacances de la Toussaint, sam. soir, dim. et fériés

28 ch – †47/52 € ††50/52 €, ⊇ 7 € – ½ P 44 € – **Rest** – Menu 15/19 € – Carte
31/42 €

♦ Au bord de l'autoroute, cet hôtel joue la carte de la simplicité et de la fonctionnalité. Chambres sobres mais bien insonorisées et, pour les familles, duplex avec mezzanine. Le restaurant dispose d'une paisible terrasse donnant sur un jardin avec jeux d'enfants.

BAN-DE-LAVELINE – 88 Vosges – 314 K3 – 1 216 h. – alt. 427 m – ⊠ 88520

27 **D3**

D Paris 411 – Colmar 59 – Épinal 67 – St-Dié 14 – Ste-Marie-aux-Mines 15 – Sélestat 39

XX **Auberge Lorraine** avec ch   🚗 🛜 **P** **VISA** **MC**

– ℰ 03 29 51 78 17 – auberge-lorraine.sarl @ wanadoo.fr – Fax 03 29 51 71 72
– Fermé en mars, 1er-11 juil., 14-24 oct., dim. soir et lundi
7 ch – ♦33/48 € ♦♦39/64 €, � 8 € – ½ P 46/56 € – **Rest** – Menu (13,50 €), 17 €, 20/39 € – Carte 27/56 €

◆ Plaisante étape gourmande en pays vosgien : ambiance de maison de poupée et service aux petits soins pour amateurs de plats du terroir, généreux et francs. Les chambres au décor chaleureux et douillet sont spacieuses et pratiques. Espace détente.

BANDOL – 83 Var – 340 J7 – 7 905 h. – alt. 1 m – Casino Y – ⊠ 83150

🏛 Côte d'Azur

40 **B3**

D Paris 818 – Aix-en-Provence 68 – Marseille 48 – Toulon 18
Accès à l'Ile de Bendor par vedette (traversée 7mn) ℰ 04 94 29 44 34.
🛈 Office de tourisme, allées Vivien ℰ 04 94 29 41 35, Fax 04 94 32 50 39
🝔 de Frégate à Saint-Cyr-sur-Mer Route de Bandol, par rte de Marseille : 4 km, ℰ 04 94 29 38 00.
☉ Allées Jean-Moulin★.

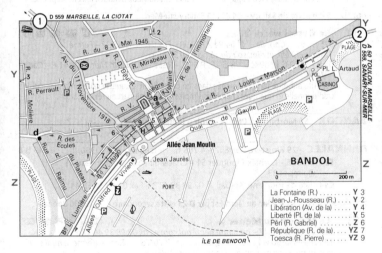

La Fontaine (R.)	**Y** 3
Jean-J.-Rousseau (R.)	**Y** 2
Libération (Av. de la)	**Y** 4
Liberté (Pl. de la)	**Y** 5
Péri (R. Gabriel)	**Z** 6
République (R. de la)	**YZ** 7
Toesca (R. Pierre)	**YZ** 9

🏨 **De la Baie** sans rest   **AC** ⅍ 📞 **VISA** **MC** **AE**

62 r. Dr-Marçon – ℰ 04 94 29 40 82 – contact @ hotel-baie-bandol.com
– Fax 04 94 29 95 24 – Fermé 20 déc.-30 janv.   Y **r**
14 ch – ♦60/95 € ♦♦72/108 €, ⊆ 8,50 €

◆ Après une soirée au casino, deux pas suffisent pour gagner cet hôtel proche du port. Chambres plutôt grandes, simples, mais bien insonorisées en façade.

🏨 **Golf Hôtel**   ≤ 🅰 🛜 **AC** ch, ⅍ ch, **P** **VISA** **MC**

sur plage Renécros par bd L. Lumière - Z – ℰ 04 94 29 45 83 – golfhotel.surplage @ wanadoo.fr – Fax 04 94 32 42 47 – Ouvert mi-mars- début-nov.
24 ch – ♦54/115 € ♦♦54/115 €, ⊆ 8,50 € – **Rest** – rest. de plage (ouvert Pâques-28 sept. et fermé le soir sauf du 21 juin au 12 sept.) Menu 21 € – Carte 25/40 €

◆ Ancrée dans le sable fin, charmante villa abritant de petites chambres au mobilier diversifié ; certaines bénéficient de loggias ou de balcons. Repas servis en terrasse, presque les pieds dans l'eau, face à la baie.

Bel Ombra 🔆   🗠 🎬 rest, 📞 𝗩𝗜𝗦𝗔 ⓂⓈ ᴀᴇ
r. de la Fontaine - Y – 𝒞 04 94 29 40 90 – hotel.bel.ombra@wanadoo.fr
– Fax 04 94 25 01 11 – Ouvert 21 mars-15 oct.
20 ch – ♦56/82 € ♦♦56/82 €, ☷ 7,50 € – ½ P 63/70 € – **Rest** – (ouvert
24 juin-20 sept.) (dîner seult) (résidents seult) Menu 22 €
◆ En retrait de la foule des estivants, villa disposant de petites chambres fonctionnelles
bien tenues. Pour un séjour en famille, choisir celles dotées d'une mezzanine.

Les Galets   ⪕ 🗠 🟥 rest, 🎬 **P** 𝗩𝗜𝗦𝗔 ⓂⓈ ᴀᴇ ⑴
49 montée Voisin – 𝒞 04 94 29 43 46 – info@lesgalets-bandol.com
– Fax 04 94 32 44 36 – Ouvert 15 janv.-5 nov.
20 ch – ♦60/65 € ♦♦80/85 €, ☷ 8 € – ½ P 63/76 € – **Rest** – (ouvert
1ᵉʳ mai-30 sept.) Menu 26 € – Carte 30/36 €
◆ Bâti à flanc de colline, hôtel offrant une splendide vue sur la mer. Les chambres, plutôt
simples, disposent en majorité d'un balcon invitant à la contemplation maritime. Salle à
manger rustique (poutres et cuivres) et terrasse panoramique ; plats traditionnels.

Le Clocher   🗠 𝗩𝗜𝗦𝗔 ⓂⓈ
1 r. de la Paroisse – 𝒞 04 94 32 47 65 – le.clocher@wanadoo.fr – Fermé dim. soir et
merc.   Y **a**
Rest – (nombre de couverts limité, prévenir) Menu (12 € bc), 26/40 € – Carte
environ 42 €
◆ Accueil charmant, décor contemporain épuré assez tendance, terrasse dans la ruelle et
belle cuisine au goût du jour : ce petit restaurant du vieux Bandol a le vent en poupe.

par ② 1,5 km et rte de Sanary – ✉ 83110 Sanary-sur-Mer

Le Castel avec ch 🔆   🗠 **P** 𝗩𝗜𝗦𝗔 ⓂⓈ ᴀᴇ ⑴
925 rte de la Canolle – 𝒞 04 94 29 82 98 – Fax 04 94 32 53 32 – Fermé
12 janv.-12 fév. et dim. soir du 15 nov. au 31 mars
9 ch – ♦59 € ♦♦69 €, ☷ 8 € – ½ P 69 € – **Rest** – (prévenir) Menu 32/41 € – Carte
49/65 €
◆ Petite auberge familiale nichée dans un cadre fleuri. Coquette salle à manger, cuisine
traditionnelle et quelques chambres simples, pour la plupart en rez-de-jardin.

BANGOR – 56 Morbihan – 063 11 – voir à Belle-Ile-en-Mer

BANNALEC – 29 Finistère – 308 I7 – 4 785 h. – alt. 98 m – ✉ 29380   9 **B2**
🖪 Paris 535 – Carhaix-Plouguer 51 – Châteaulin 67 – Concarneau 25
  – Quimper 33
🄴 Office de tourisme, Kerbail 𝒞 02 98 39 43 34, Fax 02 98 39 53 44

rte de St-Thurien 4,5 km au Nord-Est par D 23 et rte secondaire – ✉ 29380 Bannalec

Le Manoir du Ménec 🔆   ⒧ 🖂 ♨ 🎬 **P** 𝗩𝗜𝗦𝗔 ⓂⓈ
– 𝒞 02 98 39 47 47 – merlinmenec@aol.com – Fax 02 98 39 46 17
15 ch – ♦80/90 € ♦♦90/100 €, ☷ 8 € – ½ P 70/75 € – **Rest** – (fermé le midi sauf
dim. et merc. de mi nov. à mi mars) Menu 25/50 €
◆ Vastes chambres à l'ancienne dans le manoir, moins amples dans les dépendances, mais
souvent dotées de lits à baldaquin. Espace détente. Table au goût du jour et au cadre
rustique : poutres, vieilles pierres, âtre en granit.

BANNAY – 18 Cher – 323 N2 – 742 h. – alt. 148 m – ✉ 18300
▍Limousin Berry   12 **D2**
🖪 Paris 196 – Orléans 128 – Bourges 55 – Gien 52 – Cosne-sur-Loire 6

La Buissonnière avec ch   🗠 ⪕ ch, ⬄ ♨ 📞 𝗩𝗜𝗦𝗔 ⓂⓈ ᴀᴇ ⑴
58 r. du Canal – 𝒞 02 48 72 42 07 – Fax 02 48 72 35 90 – Fermé 19 janv.-9 fév., dim.
soir et lundi
10 ch – ♦52/79 € ♦♦52/79 €, ☷ 7,50 € – ½ P 55/59 € – **Rest** – Menu (12 €),
18/35 € – Carte 25/51 €
◆ Maison 1900 face au canal de la Loire. Saveurs dans l'air du temps à déguster dans une
salle minimaliste dominée par le blanc, ou sous la pergola verdoyante. Pavillon avec des
chambres contemporaines en rez-de-jardin et à l'étage, desservi par une coursive.

BANNEGON – 18 Cher – 323 M6 – 254 h. – alt. 180 m – ⊠ 18210   12 **D3**
- **D** Paris 284 – Bourges 43 – Moulins 70 – St-Amand-Montrond 22 – Sancoins 23

XX   **Moulin de Chaméron** avec ch ⏖   🚗 🏠 ⌂ **P** **VISA** **M⊙** **AE**
– 𝒞 02 48 61 83 80 – moulindechameron@wanadoo.fr – Fax 02 48 61 84 92
– Ouvert 15 mars-30 nov. et fermé mardi midi et lundi hors saison
13 ch – †69/91 € ††69/113 €, ⊆ 12,50 € – **Rest** – Menu 25/48 € – Carte 41/53 €
♦ Dans un cadre bucolique à souhait, moulin du 18ᵉ s. hébergeant un plaisant restaurant et un musée de la meunerie. La partie hôtel, plus récente, abrite des chambres sobres.

BANYULS-SUR-MER – 66 Pyrénées-Orientales – 344 J8 – 4 532 h. – alt. 1 m –
⊠ 66650 ▌ Languedoc Roussillon   22 **B3**
- **D** Paris 887 – Cerbère 11 – Perpignan 37 – Port-Vendres 7
- **B** Office de tourisme, avenue de la République 𝒞 04 68 88 31 58,
  Fax 04 68 88 36 84
- ◉ ✳★★ du cap Réderis E : 2 km.

🏨   **Les Elmes**   ≼ 🏠 📶 ₺ ch, 🅰🅲 📞 🕭 **P** **VISA** **M⊙** **AE** ⓪
plage des Elmes – 𝒞 04 68 88 03 12 – contact@hotel-des-elmes.com
– Fax 04 68 88 53 03
31 ch – †48/115 € ††48/115 €, ⊆ 10 € – ½ P 65/95 €
Rest *Littorine* – (fermé 11 nov.-10 déc. et le midi du lundi au merc.) Menu 33/48 €
– Carte 42/64 €
♦ Accueillant hôtel situé en bord de plage. Les chambres se partagent entre styles traditionnel, moderne et marin au 2ᵉ étage (où elles viennent d'être refaites). Poissons et coquillages jouent les vedettes dans ce restaurant avec terrasse ouvert sur la Méditerranée.

XX   **Al Fanal et H. El Llagut** avec ch   🏠 📶 🅰🅲 ✵ 📞 **VISA** **M⊙** **AE** ⓪
(😊)   av. Fontaulé – 𝒞 04 68 88 00 81 – al.fanal@wanadoo.fr – Fax 04 68 88 13 37
– Fermé 1ᵉʳ-15 déc. et 5-25 fév.
13 ch – †57/72 € ††57/72 €, ⊆ 9 € – ½ P 55/70 € – **Rest** – (fermé merc. et jeudi de nov. à avril) Menu (19 €), 25/38 € – Carte 31/58 € ⅋
♦ Savoureuse cuisine catalane axée sur le poisson et très belle carte de vins régionaux à déguster dans un agréable cadre nautique ou en terrasse face à la mer. Chambres rénovées.

LA BARAQUE – 63 Puy-de-Dôme – 326 F8 – rattaché à Clermont-Ferrand

BARAQUEVILLE – 12 Aveyron – 338 G5 – 2 569 h. – alt. 792 m –
⊠ 12160   29 **C1**
- **D** Paris 639 – Albi 58 – Millau 75 – Rodez 17 – Villefranche-de-Rouergue 43
- **B** Syndicat d'initiative, place du Marché 𝒞 05 65 69 10 78, Fax 05 65 71 10 19

🏨   **Segala Plein Ciel**   ≼ vallée, 𝄞 🏠 ⌂ 🅇 📶 ₺ ch, 🅰🅲 rest, ⇎ 📞
rte d'Albi – 𝒞 05 65 69 03 45 – infos@   🕭 **P** 🚗 **VISA** **M⊙**
hotel-pleinciel.com – Fax 05 65 70 14 54 – Fermé 22 déc.-8 janv., vend. soir et dim.
soir sauf juil.-août
47 ch – †45/60 € ††45/60 €, ⊆ 7 € – ½ P 80/90 € – **Rest** – Menu 20/45 €
– Carte 23/43 €
♦ Sur les hauteurs du bourg, bâtisse des années 1970 et son parc. Grandes chambres tournées vers la vallée, majoritairement rénovées dans un esprit japonais ou canadien. Longue salle à manger panoramique au décor marin, terrasse et cuisine dans la note régionale.

BARATIER – 05 Hautes-Alpes – 334 G5 – 461 h. – alt. 855 m – ⊠ 05200   41 **C1**
- **D** Paris 705 – Gap 40 – Grenoble 143 – Marseille 215 – Valence 124

🏠   **Les Peupliers** ⏖   ≼ 🏠 ⌂ 🕭 ⇎ 📞 **P** **VISA** **M⊙** **AE**
⊛   chemin de Lesdier – 𝒞 04 92 43 03 47 – info@hotel-les-peupliers.com
🏛   – Fax 04 92 43 41 49 – Fermé 30 mars-24 avril et 28 sept.-23 oct.
24 ch – †42 € ††50/64 €, ⊆ 7 € – ½ P 49/56 € – **Rest** – (fermé mardi midi, merc. midi, jeudi midi et vend. midi sauf juil.-août) Menu 18/39 € – Carte 26/40 €
♦ Dans un village tranquille, avenant chalet aux abords verdoyants. Coquettes chambres mi-montagnardes, mi-provençales ; balcon et vue sur un lac pour certaines. Spa complet. Plaisante salle à manger alpine réchauffée par une cheminée et terrasse ombragée.

BARBASTE – 47 Lot-et-Garonne – 336 D4 – 1 416 h. – alt. 45 m – ✉ 47230
🏠 Aquitaine   4 C2

🚼 Paris 703 – Agen 34 – Bordeaux 125 – Villeneuve-sur-Lot 50
🏢 Syndicat d'initiative, place de la Mairie ✆ 05 53 65 84 85, Fax 05 53 65 51 38

↗ **La Cascade aux Fées** ⚘   🐾 🈂 ⛲ ↩ **P**
r. Riberotte – ✆ 05 53 97 05 96 – gmazurier @ aol.com – Ouvert de mi-avril à mi-oct.
4 ch – †64/90 € ††72/100 €, � 7 € – **Table d'hôte** – (ouvert lundi et sam.)
Menu 25 € bc/35 € bc
♦ Donnant sur un superbe parc fleuri bordé par la Gélise, cette demeure du 18e s. vous
recevra chaleureusement. Décoration simple mais soignée (meubles anciens). Cuisine
familiale à la table d'hôte qui s'affiche bourgeoise en salle, ombragée en terrasse.

BARBAZAN – 31 Haute-Garonne – 343 B6 – 378 h. – alt. 464 m –
✉ 31510   28 B3

🚼 Paris 779 – Bagnères-de-Luchon 32 – Lannemezan 27 – St-Gaudens 14
– Tarbes 67
🏢 Syndicat d'initiative, le village ✆ 05 61 88 35 64, Fax 05 61 88 35 64

❌❌ **Hostellerie de l'Aristou** avec ch ⚘   ⇐ 🈂 🈂 ↩ 🈯 **P** 𝗩𝗜𝗦𝗔 ⓶
rte de Sauveterre – ✆ 05 61 88 30 67 – Fax 05 61 95 55 66 – Fermé 17 nov.-13 fév.
6 ch – †60 € ††60/95 €, ⊻ 8 € – ½ P 60 € – **Rest** – (fermé le midi du lundi au
jeudi de mai à juil., dim. soir et lundi de sept. à avril et mardi midi d'oct. à mars)
Menu 21/45 € – Carte 32/53 €
♦ Cette ferme du 19e s. convertie en auberge champêtre offre deux accueillantes salles à
manger et une petite terrasse couverte. Chambres garnies de meubles rustiques ou de style.

LA BARBEN – 13 Bouches-du-Rhône – 340 G4 – rattaché à Salon-de-Provence

BARBENTANE – 13 Bouches-du-Rhône – 340 D2 – 3 645 h. – alt. 40 m –
✉ 13570 🏠 Provence   42 E1

🚼 Paris 692 – Avignon 10 – Arles 33 – Marseille 103 – Nîmes 38 – Tarascon 16
🏢 Office de tourisme, 4, le Cours ✆ 04 90 90 85 86, Fax 04 90 95 60 02
◉ Château★★.

🏠 **Castel Mouisson** sans rest ⚘   🈂 ⛲ 🈯 🦽 **P** 𝗩𝗜𝗦𝗔 ⓶
– ✆ 04 90 95 51 17 – contact @ hotel-castelmouisson.com – Fax 04 90 95 67 63
– Ouvert 15 mars-15 oct.
17 ch – †49/66 € ††49/66 €, ⊻ 8 €
♦ Cette agréable maison provençale au pied de la Montagnette propose des chambres
simples et champêtres, ouvertes sur le beau et vaste jardin arboré. Chaleureux et familial.

BARBEZIEUX-ST-HILAIRE – 16 Charente – 324 J7 – 4 819 h. – alt. 100 m –
✉ 16300 🏠 Poitou Vendée Charentes   38 B3

🚼 Paris 480 – Bordeaux 84 – Angoulême 36 – Cognac 36 – Jonzac 24
– Libourne 70
🏢 Office de tourisme, Le Château ✆ 05 45 78 91 04, Fax 05 45 78 91 04

🏠 **La Boule d'Or**   🈂 🈂 🏩 🦽 🍽 𝗩𝗜𝗦𝗔 ⓶ 𝗔𝗘 ⓵
⚘ 9 bd Gambetta – ✆ 05 45 78 64 13 – laboule.dor @ wanadoo.fr
– Fax 05 45 78 63 83 – Fermé 22 déc.-4 janv., vend. soir et dim. soir d'oct. à avril
18 ch – †47 € ††47 €, ⊻ 5,50 € – ½ P 48 € – **Rest** – Menu 13/25 € – Carte 28/39 €
♦ Au centre de la "capitale" de la Petite Champagne cognaçaise, accueillante maison de
1852 aux grandes chambres fonctionnelles. Salle à manger rénovée, misant sur la
sobriété ; paisible terrasse ombragée d'un marronnier centenaire. Cuisine traditionnelle.

BARBIZON – 77 Seine-et-Marne – 312 E5 – 1 490 h. – alt. 80 m – ✉ 77630
🏠 Île de France   19 C3

🚼 Paris 56 – Étampes 41 – Fontainebleau 10 – Melun 13 – Pithiviers 45
🏢 Office de tourisme, 41, Grande Rue ✆ 01 60 66 41 87, Fax 01 60 66 41 87
⛳ Cély Golf Club à Cély Route de Saint Germain, O : 9 km par D64 et D11,
✆ 01 64 38 03 07.
◉ Auberge du Père Ganne★.

Hôtellerie du Bas-Bréau ch, VISA AE

22 r. Grande – ✆ 01 60 66 40 05 – basbreau@relaischateaux.com – Fax 01 60 69 22 89
16 ch – †150 € ††250/390 €, ☕ 26 € – 4 suites – **Rest** – Menu 54 € (déj. en sem.)/76 € – Carte 88/120 €
◆ Les séjours de R. L. Stevenson, hôte célèbre parmi d'autres, ont fait la réputation de l'établissement. Belles chambres personnalisées donnant sur le parc aux mille fleurs. Décor rustico-bourgeois dans la salle à manger et terrasse ombragée ; gibier en saison.

Hostellerie La Clé d'Or rest, VISA AE

73 Grande-Rue – ✆ 01 60 66 40 96 – cle.dor@wanadoo.fr – Fax 01 60 66 42 71
16 ch – †60/72 € ††70/170 €, ☕ 11 € – ½ P 78 € – **Rest** – *(fermé dim. soir de nov. à mars)* Menu 29/39 € – Carte 41/65 €
◆ Chacune des chambres de cet ancien relais de poste cultive sa différence mais elles se répartissent toutes autour d'un jardin intérieur. Cuisine au goût du jour à déguster selon la saison dans une salle à manger cossue ou sur la plaisante terrasse.

L'Angélus VISA AE

31 r. Grande – ✆ 01 60 66 40 30 – restaurant.angelus@wanadoo.fr – Fax 01 60 66 42 12 – Fermé 12-29 janv., lundi et mardi
Rest – Menu 29/40 € – Carte 38/57 €
◆ Dans la rue principale, pimpante auberge rustique dont l'enseigne rend hommage à l'une des plus fameuses œuvres de Millet, peinte à Barbizon. Carte traditionnelle.

BARBOTAN-LES-THERMES – 32 Gers – 336 B6 – Stat. therm. : fin fév.-fin nov. – Casino – ✉ 32150 Cazaubon ▌Midi-Pyrénées 28 **A2**

Paris 703 – Aire-sur-l'Adour 37 – Auch 75 – Condom 37 – Mont-de-Marsan 43
Office de tourisme, place Armagnac ✆ 05 62 69 52 13, Fax 05 62 69 57 71

De la Paix rest, VISA AE

24 av. des Thermes – ✆ 05 62 69 52 06 – contact@hotel-paix.fr – Fax 05 62 09 55 73 – Ouvert 10 mars-10 nov.
29 ch – †45/49 € ††49/75 €, ☕ 7 € – ½ P 65/70 € – **Rest** – Menu (13,50 €), 16/35 € – Carte 19/27 €
◆ Bâtiment récent proche de l'église et du centre thermal. Les chambres, spacieuses et bien tenues, sont équipées d'un mobilier fonctionnel. Cadre très sobre et ambiance "pension de famille" au restaurant ; plats traditionnels et menus diététiques sur commande.

Les Fleurs de Lees ch, VISA AE

rte d'Agen – ✆ 05 62 08 36 36 – contact@fleursdelees.com – Fax 05 62 08 36 37 – Ouvert avril-oct.
16 ch – †65/125 € ††65/125 €, ☕ 12 € – 5 suites – ½ P 58/88 €
Rest – Menu (21 €), 39 € bc (sem.)/110 € bc – Carte 37/61 €
◆ Pimpante maison située au cœur de l'Armagnac. Chambres feutrées, parfois avec terrasse, et belles suites à thème ("Afrique", "Asie", "Inde", etc.). Meubles et objets de Dubaï décorent le restaurant ; la cuisine panache parfums du monde et saveurs régionales.

Cante Grit rest, VISA AE

51 av. des Thermes – ✆ 05 62 69 52 12 – post@cantegrit.com – Fax 05 62 69 53 98 – Ouvert 16 mars-14 nov.
20 ch – †40/55 € ††49/69 €, ☕ 7 € – ½ P 48 € – **Rest** – Menu 18 € (sem.)/38 €
◆ Cette jolie villa des années 1930 tapissée de vigne vierge propose des chambres assez grandes, fraîches et pratiques. Accueillant salon évoquant une demeure familiale. Chaleureuse salle à manger avec cheminée et poutres apparentes, et agréable terrasse d'été.

Beauséjour VISA

6 av. des Thermes – ✆ 05 62 08 30 30 – bernard.urrutia@wanadoo.fr – Fax 05 62 09 50 78 – Ouvert mi-mars à fin-nov.
28 ch – †32/70 € ††32/70 €, ☕ 10 € – ½ P 32/55 € – **Rest** – Menu 20 € (sem.)/40 €
◆ Grande maison de style régional renfermant des chambres coquettement rénovées et un petit salon d'esprit british. Joli jardin arboré. Restaurant aux tons ensoleillés et terrasse tournée vers la campagne gersoise ; repas diététiques à la demande.

Aubergade　🕿 📶 AC rest, 🛏 VISA ⬤

13 av. des Thermes – ℰ 05 62 69 55 43 – aubergade2@wanadoo.fr
– Fax 05 62 69 52 09 – Ouvert 1er mars-30 nov.
18 ch – †40/48 € ††40/48 €, ⌷ 8 € – ½ P 49 € – **Rest** – Menu 12 € (sem.)/39 €
– Carte 25/40 €

♦ À l'entrée de cette station thermale où prospèrent les espèces exotiques, coquette maison régionale proposant des chambres fonctionnelles, correctement insonorisées. Agréable salle à manger-véranda et carte traditionnelle ou diététique (pour les curistes).

BARCELONNETTE ◈ – 04 Alpes-de-Haute-Provence – 334 H6 – 2 819 h. – alt.
1 135 m – Sports d'hiver : Le Sauze/Super Sauze 1 400/2 000 m ⚡23 ⚞ et Pra-Loup
1 500/2 600 m ⚡3 ⚡29 ⚞ – ⊠ 04400 ▌ Alpes du Sud　　　　　　　41 **C2**

🚗 Paris 733 – Briançon 86 – Cannes 161 – Digne-les-Bains 88 – Gap 68 – Nice 145
🛈 Office de tourisme, place Frédéric Mistral ℰ 04 92 81 04 71, Fax 04 92 81 22 67
◎ Église de St-Pons ★ NO : 2 km.

Azteca sans rest ॐ　　　　　📶 ⅙ 🛏 ⅗ 🅿 VISA ⬤

3 r. François-Arnaud – ℰ 04 92 81 46 36 – hotelazteca@barcelonnette.fr
– Fax 04 92 81 43 92 – Fermé 12 nov.-2 déc.
27 ch – †59/107 € ††59/107 €, ⌷ 11 €

♦ Jolie villa où meubles et objets artisanaux mexicains composent un décor original évoquant l'épopée des "Barcelonnettes" au Mexique. Trois chambres déclinent ce thème.

Le Passe-Montagne　　　　　　🕿 🅿 VISA ⬤ AE ①

à 3 km, rte Col de la Cayolle – ℰ 04 92 81 08 58 – Fax 04 92 81 08 58
– Ouvert juil.-août, 20 déc.-30 avril et fermé mardi et merc. sauf vacances scolaires
Rest – (prévenir) Menu 21/29 € – Carte 29/41 €

♦ Ambiance conviviale et cadre rustique alpin en ce petit chalet implanté à l'orée d'une pinède. Cuisine régionale : montagnarde l'hiver et provençale l'été.

à St-Pons 2 km au Nord-Ouest par D 900 et D 9 – ⊠ 04400

Domaine de Lara sans rest ॐ　　　　⇐ ⅃ ⅙ ॐ 🅿

– ℰ 04 92 81 52 81 – arlette.signoret@wanadoo.fr – Fax 04 92 81 07 76 – Fermé
25 juin-4 juil. et 12 nov.-19 déc.
5 ch ⌷ – †77/86 € ††83/92 €

♦ Dans un parc reposant, avec le Pain de Sucre pour toile de fond, jolie bastide provençale convertie en maison d'hôte de caractère (poutres, tomettes, vieilles pierres, mobilier familial). Petit-déjeuner soigné.

au Sauze 4 km au Sud-Est par D 900 et D 209 – ⊠ 04400 Enchastrayes – Sports d'hiver :
1 400/2 000 m ⚡23 ⚞

🛈 Office de tourisme, Immeuble Perce-Neige ℰ 04 92 81 05 61,
Fax 04 92 81 21 60

L'Alp'Hôtel　　　　⇐ 🚗 🕿 ⅃ 🛏 🔌 🅿 ⌂ VISA ⬤

– ℰ 04 92 81 05 04 – info@alp-hotel.com – Fax 04 92 81 45 84
– Ouvert 1er juin-30 sept. et 15 déc.-15 avril
14 ch – †69/120 € ††69/150 €, ⌷ 10 € – ½ P 69/98 € – **Rest** – Menu 23/30 €
– Carte 28/42 €

♦ L'hôtel jouxte un télésiège de la petite station dominée par son "Chapeau de Gendarme" (2 685m). Salons voûtés et chambres fonctionnelles progressivement rénovées, souvent pourvues de balcons. Fitness. La salle à manger, égayée de couleurs provençales, est tournée vers les pistes de ski.

à Jausiers 8 km au Nord-Est par D 900 – 896 h. – alt. 1 240 m – ⊠ 04850

🛈 Office de tourisme, Grande Rue ℰ 04 92 81 21 45, Fax 04 92 81 59 35

Villa Morelia avec ch ॐ　　　🚗 🕿 ⅙ 🛏 🅿 VISA ⬤ AE ①

– ℰ 04 92 84 67 78 – inforesa@villa-morelia.com – Fax 04 92 84 65 47
– Fermé 1er mars-30 avril et 1er nov.-26 déc.
7 ch – †120 € ††150/190 €, ⌷ 20 € – 3 suites – **Rest** – (fermé dim., lundi et
mardi sauf juin, juil. et août) (dîner seult de sept. à mai) (prévenir) Menu 35 € (déj.
en sem.)/68 €

♦ Cette fière villa "mexicaine" (1900) vous reçoit dans de belles salles à manger. Terrasse face au jardin et sa piscine. Chambres raffinées.

à Pra-Loup 8,5 km au Sud-Ouest par D 902, D 908 et D 109 – ⊠ 04400 Uvernet Fours
– **Sports d'hiver : 1 500/2 600 m** ✳3 ✳29 ✳

🏠 Office de tourisme, Maison de Pra-Loup ℰ 04 92 84 10 04,
Fax 04 92 84 02 93

🏠 **Le Prieuré de Molanès** ⊟ 🍴 ⌁ ⇪ ⌂ **P** **VISA** **◍**
à Molanès – ℰ 04 92 84 11 43 – info@prieure.eu – Fax 04 92 84 01 88
– *Ouvert 8 juin-14 sept. et 21 déc.-13 avril*
13 ch – ✝55/65 € ✝✝65/80 €, ⌑ 10 € – ½ P 55/77 € – **Rest** – Menu (14 €), 20 €,
26 € – Carte 23/42 €

♦ Près du télésiège, ex-prieuré converti en hôtellerie familiale estimée pour son atmosphère montagnarde et ses chambres non-fumeurs rénovées dans l'esprit alpin. Repas
régional axé terroir, dans un cadre agreste et chaleureux (poutres, cheminée, outils
paysans).

BARCUS – 64 Pyrénées-Atlantiques – **342** H5 – **774 h.** – alt. 230 m –
⊠ 64130   3 **B3**

🚗 Paris 813 – Mauléon-Licharre 14 – Oloron-Ste-Marie 18 – Pau 52
– St-Jean-Pied-de-Port 53

🍴🍴🍴 **Chilo** avec ch ♨ ⊟ 🍴 ⌁ ⌂ **P** **VISA** **◍** **AE** **①**
– ℰ 05 59 28 90 79 – martine.chilo@wanadoo.fr – Fax 05 59 28 93 10
– *Fermé 3-16 mars, 5-18 janv., dim. soir, lundi soir et mardi midi d'oct. au 15 juin et
lundi midi*
11 ch – ✝45/85 € ✝✝55/105 €, ⌑ 9 € – ½ P 64/89 € – **Rest** – Menu 20 €
(sem.)/68 € – Carte 47/64 €

♦ Belle maison de pays située au cœur d'un paisible village. Cuisine régionale servie dans
une chaleureuse salle à manger ouverte sur un jardin et une piscine, face à la montagne.

BARDIGUES – 82 Tarn-et-Garonne – **337** B7 – **rattaché à Auvillar**

BARFLEUR – 50 Manche – **303** E1 – **642 h.** – alt. 5 m – ⊠ 50760
📗 Normandie Cotentin   32 **A1**

🚗 Paris 355 – Carentan 48 – Cherbourg 29 – St-Lô 75 – Valognes 26
🏠 Office de tourisme, 2, rond-point le Conquérant ℰ 02 33 54 02 48,
Fax 02 33 54 02 48
📷 Phare de la Pointe de Barfleur : ✻✻★★ N : 4 km - Intérieur★ de l'église de
Montfarville 2 km S.

🏠 **Le Conquérant** ⊟ ⇗ **P** **VISA** **◍**
18 r. St-Thomas-Becket – ℰ 02 33 54 00 82 – contact@hotel-leconquerant.com
⌂ – Fax 02 33 54 65 25 – *Ouvert 15 mars-15 nov.*
10 ch – ✝67/103 € ✝✝67/103 €, ⌑ 10 € – **Rest** – crêperie *(dîner seult) (résidents
seult)* Menu 16/33 €

♦ À deux pas du port, belle demeure du 17ᵉ s. en granit et son jardin clos à la française. Les
six plus grandes chambres on été redécorées et leurs salles de bains modernisées. Crêpes
et galettes préparées à l'ancienne, proposées sur réservation.

🍴🍴 **Moderne** 🍴 **P** **VISA** **◍** **①**
1 pl. Gén.-de-Gaulle – ℰ 02 33 23 12 44 – cauchemez@wanadoo.fr
– Fax 02 33 23 91 58 – *Fermé mardi soir et merc.*
Rest – Menu 19 € (sem.)/39 € – Carte 29/59 €

♦ Recettes traditionnelles revisitées et incontournables produits de la pêche locale vous
attendent dans ce restaurant qui déborde, en été, sur une plaisante terrasse.

LES BARILS – 27 Eure – **304** E9 – **rattaché à Verneuil-sur-Avre**

Les bonnes adresses à petit prix ?
Suivez les Bibs : Bib Gourmand rouge 🍴 pour les tables
et Bib Hôtel bleu 🏠 pour les chambres.

BARJAC – 30 Gard – 339 L3 – 1 379 h. – alt. 171 m – ⊠ 30430   23 **D1**

> ◘ Paris 666 – Alès 34 – Aubenas 45 – Mende 114
>
> 🛈 Office de tourisme, place Charles Guynet ℰ 04 66 24 53 44,
> Fax 04 66 60 23 08

🏠 **Le Mas du Terme** ❧   🚗 🛖 ⌘ ᗺ ch, 🅰 ch, 🅿 𝗩𝗜𝗦𝗔 ⓴
4 km au Sud-Est par D 901 et rte secondaire – ℰ 04 66 24 56 31 – info@
masduterme.com – Fax 04 66 24 58 54 – Ouvert 15 mars-15 nov.
23 ch – ♦64/104 € ♦♦64/186 €, ⊇ 12 € – ½ P 78/141 € – **Rest** – *(fermé le midi
sauf juil.-août et fériés)* Menu 34 €

◆ Cette ex-magnanerie entourée de vignobles est située à deux tours de roue du féerique
aven d'Orgnac. Chambres provençales, appartements ou « gîtes » très prisés des familles. Au
restaurant, belles voûtes du 18e s., terrasse-patio et menu du jour (sans choix).

BAR-LE-DUC 🅿 – 55 Meuse – 307 B6 – 16 944 h. – alt. 188 m – ⊠ 55000
▌ Alsace Lorraine   26 **A2**

> ◘ Paris 255 – Metz 97 – Nancy 84 – Reims 113 – St-Dizier 26 – Verdun 56
>
> 🛈 Office de tourisme, 7, rue Jeanne-d'Arc ℰ 03 29 79 11 13,
> Fax 03 29 79 21 95
>
> 🏌 de Combles-en-Barrois à Combles-en-Barrois 38 rue Basse, par rte de
> St-Dizier : 5 km, ℰ 03 29 45 16 03.
>
> 🎦 "le Transi" (statue)★★ dans l'église St-Étienne AZ.

🍴 **Bistro St-Jean**   🅰 𝗩𝗜𝗦𝗔 ⓴
132 bd de La Rochelle – ℰ 03 29 45 40 40 – Fax 03 29 45 40 45 – Fermé sam.
midi et dim.
Rest – Menu (21 €), 30 € – Carte 34/40 €

◆ Ce sympathique petit établissement du centre-ville, dont le décor de bistrot a été revu
et corrigé, propose une carte typique du genre et des produits de la mer.

à Trémont-sur-Saulx 9,5 km au Sud-Ouest par D 3 – 610 h. – alt. 166 m – ⊠ 55000

🏠 **La Source** ❧   🚗 🛖 ᗺ ch, 🅰 rest, 𝒳 rest, ⚲ 🗲 🅿 𝗩𝗜𝗦𝗔 ⓴ 🅰🅴
– ℰ 03 29 75 45 22 – contact@hotel-restaurant-lasource.fr
– Fax 03 29 75 48 55 – Fermé 28 juil.-16 août, 2-19 janv., dim. soir et lundi midi
24 ch – ♦65/100 € ♦♦74/120 €, ⊇ 11 € – ½ P 80 € – **Rest** – Menu 30/55 €
– Carte 35/62 €

◆ Ce motel des années 1980 largement ouvert sur la campagne offre aux voyageurs des
chambres calmes et égayées de tons pastel. Une rôtissoire est installée dans la grande salle
à manger, récemment redécorée dans un style plus actuel.

> Passée en rouge, la mention « Rest » repère l'établissement
> auquel est attribué notre distinction, ✿ (étoile) ou ⊛ (Bib Gourmand).

BARNEVILLE-CARTERET – 50 Manche – 303 B3 – 2 429 h. – alt. 47 m –
⊠ 50270 ▌ Normandie Cotentin   32 **A2**

> ◘ Paris 356 – Carentan 43 – Cherbourg 39 – Coutances 47 – St-Lô 62
>
> 🛈 Office de tourisme, 10, rue des Ecoles ℰ 02 33 04 90 58, Fax 02 33 04 93 24
>
> 🏌 de la Côte-des-Isles à Saint-Jean-de-la-Rivière Chemin des Mielles, SE : 5 km
> par D 90, ℰ 02 33 93 44 85.

à Barneville-Plage

🏠 **Des Isles**   ⬿ 🗲 🗲 ⚲ 🗲 𝗩𝗜𝗦𝗔 ⓴ 🅰🅴
9 bd Maritime – ℰ 02 33 04 90 76 – hotel-des-isles@wanadoo.fr
– Fax 02 33 94 53 83 – Fermé fév.
30 ch – ♦69/119 € ♦♦69/119 €, ⊇ 10 € – ½ P 65/90 € – **Rest** – Menu (16 €),
24/35 € – Carte environ 50 €

◆ Hôtel récemment rénové faisant face à la mer. Chambres de diverses tailles à la décoration soignée, dégageant une ambiance marine douillette (tons bleus, couettes moelleuses). Buffet d'entrées et de desserts à volonté pour des repas décontractés.

à Carteret

🛈 Office de tourisme, place des Flandres-Dunkerque ℰ 02 33 04 94 54

◎ Table d'orientation ≤★.

🏨 **De la Marine** (Laurent Cesne) ॐ ≤ 🛉 🗗 ৬ 🖾 rest, ↤ ⅀ ch, ℄
☆ *11 r. de Paris –* ℰ *02 33 53 83 31 – infos @* 🖴 **P** VISA ◎ 歴
hotelmarine.com – Fax 02 33 53 39 60 – Ouvert 1er mars-23 déc.
26 ch – 🛉98/250 € 🛉🛉98/250 €, ⌷ 16 € – ½ P 102/177 € – **Rest** *– (ouvert*
1er mars-11 nov. et fermé dim. soir, jeudi midi et lundi en mars, oct. et nov., lundi
midi et jeudi midi en avril, mai, juin et sept.) Menu 33 € (sem.)/87 € – Carte 56/85 €
Spéc. Langoustine "comme une pizza" (juil.-août). Soupe de homard au lait de
coco. Carré d'agneau du pays rôti en croûte d'herbes.
♦ Quasiment les pieds dans l'eau, cette maison est tenue par la même famille depuis 1876.
La plupart des nouvelles chambres, spacieuses et modernes, ont une terrasse côté port.
Belle vue sur la mer du restaurant panoramique et de sa terrasse ; goûteuse cuisine
inventive valorisant le produit.

🏨 **Des Ormes** ॐ ≤ 🗗 🛉 ৬ ch, ↤ ⅀ rest, **P** VISA ◎ 歴 ①
quai Barbey d'Aurevilly – ℰ *02 33 52 23 50 – hoteldesormes @ wanadoo.fr*
– Fax 02 33 52 91 65 – Fermé janv.
12 ch – 🛉75/175 € 🛉🛉75/175 €, ⌷ 14 € – ½ P 80/100 € – **Rest** *– (fermé dim. soir,*
lundi et mardi hors saison, lundi midi et mardi midi en saison) Menu 35/45 €
– Carte 38/102 €
♦ Face au port de plaisance, demeure du 19e s. rénovée avec raffinement. Chambres
délicieuses, salon cosy et beau jardin fleuri en saison. Élégante salle à manger contemporaine d'esprit romantique où l'on déguste une cuisine "terre et mer".

BARON – 60 Oise – **305** H5 – 777 h. – alt. 80 m – ✉ 60300
▌ Île de France
36 B3

🔁 Paris 65 – Amiens 110 – Argenteuil 63 – Montreuil 55

⌂ **Le Domaine de Cyclone** sans rest ॐ ≤ 🐾 ↤ ⅀ **P**
2 r. de la Gonesse – ℰ *06 08 98 05 50 – domainedecyclone @ wanadoo.fr*
– Fax 03 44 54 26 10 – Fermé 2-11 mars
5 ch ⌷ – 🛉70 € 🛉🛉80 €
♦ Jeanne d'Arc aurait dormi dans la tour de ce château. Les hôtes d'aujourd'hui occupent
des chambres très soignées, donnant presque toutes sur le parc. Promenades à cheval.

BARR – 67 Bas-Rhin – **315** I6 – 5 892 h. – alt. 200 m – ✉ 67140
▌ Alsace Lorraine
2 C1

🔁 Paris 495 – Colmar 43 – Le Hohwald 12 – Saverne 46 – Sélestat 20
– Strasbourg 37

🛈 Office de tourisme, place de l'Hôtel de Ville ℰ 03 88 08 66 65,
Fax 03 88 08 66 51

🍴 **Aux Saisons Gourmandes** 🗗 **P** VISA ◎
😊 *23 r. Kirneck –* ℰ *03 88 08 12 77 – Fermé 1er-16 juil., 24 fév.-11 mars, dim. soir*
de janv. à avril, mardi et merc.
Rest – Menu (12 €), 19 € (déj. en sem.), 28/45 € – Carte 23/47 €
♦ Cette jolie maison à colombages du centre-ville affiche un décor sobrement contemporain et propose une cuisine de marché, qui revisite en douceur la tradition.

---

rte du Mont Ste-Odile par D 854 – ✉ 67140 Barr

⌂ **Château d'Andlau** ॐ 🗗 ℄ **P** VISA ◎ 歴 ①
113 r. vallée St Ulrich, à 2 km – ℰ *03 88 08 96 78 – hotel.chateau-andlau @*
wanadoo.fr – Fax 03 88 08 00 93 – Fermé 12-27 nov. et 2-26 janv.
22 ch – 🛉45/51 € 🛉🛉51/66 €, ⌷ 11 € – ½ P 59/66 € – **Rest** *– (ouvert le soir du*
mardi au sam., dim. midi et fériés) Menu 26/36 € ⅋
♦ Nuits sereines en perspective dans ce sympathique hôtel au cadre bucolique et aux
chambres simples et rustiques. Salle à manger bourgeoise, mets classiques et superbe
carte des vins du monde, présentée comme un manuel d'œnologie et primée pour son
originalité.

LE BARROUX – 84 Vaucluse – 332 D9 – 569 h. - alt. 325 m – ⊠ 84330
Provence

42 **E1**

▶ Paris 684 – Avignon 38 – Carpentras 12 – Vaison-la-Romaine 16

Hostellerie François-Joseph sans rest ⊗   ♦   🅿 **VISA** 🐼
2 km par chemin de Rabassières et rte de l'Abbaye   & 🛇 🅿 **VISA** 🐼
Ste-Madeleine – ℰ *04 90 62 52 78*
– hotel.f.joseph @ wanadoo.fr – Fax 04 90 62 33 54 – Ouvert de mars à oct.
12 ch – ♦80/115 € ♦♦80/115 €, ⊒ 12 € – 6 suites
♦ Nichée dans un jardin ombragé, coquette résidence composée de plusieurs mas provençaux offrant une belle vue sur la campagne environnante et le mont Ventoux.

Les Géraniums ⊗   ♦ ♦ 🎇 **AC** rest, ♦ 🅿 **VISA** 🐼 **AE** ⓪
pl. de la Croix – ℰ *04 90 62 41 08* – *les.geraniums @ wanadoo.fr*
– Fax 04 90 62 56 48 – Ouvert 1er mars- 1er nov. et 15 déc.-2 janv.
20 ch – ♦60/65 € ♦♦60/65 €, ⊒ 10 € – ½ P 60/65 € – **Rest** – *(fermé merc. midi et mardi en déc.)* Menu (20 €), 28 € *(déj. en sem.)*, 30/38 € – Carte 40/45 €
♦ Maison ancienne de ce village perché dominant, avec son château-place forte du 12e s., la plaine du Comtat. Sobres chambres d'esprit rustique. Plaisante salle à manger coiffée d'une charpente apparente et agréable terrasse d'été.

L'Aube Safran   🎇 🛇 ⅍ 🎇 ♦ **VISA** 🐼
chemin du Patifiage – ℰ *04 90 62 66 91* – *contact @ aube-safran.com*
– Fax 04 90 62 66 91 – Ouvert 15 mars-15 nov.
5 ch ⊒ – ♦100/145 € ♦♦100/145 € – **Table d'hôte** – Menu 39 € bc
♦ Les hôtes de ce mas ont tout quitté pour ce lieu idyllique perdu au pied du Mont Ventoux, où ils font revivre la culture du safran, abandonnée à la fin du 19e s. Table d'hôte deux fois par semaine : la fleur-épice accomode les divers plats du terroir. Vente de beaux produits.

BAR-SUR-AUBE ⊗ – 10 Aube – 313 I4 – 6 261 h. - alt. 190 m – ⊠ 10200
Champagne Ardenne

14 **C3**

▶ Paris 230 – Châtillon-sur-Seine 60 – Chaumont 41 – Troyes 53 – Vitry-le-François 65
🖫 Office de tourisme, Place de l'Hôtel de Ville ℰ 03 25 27 24 25, Fax 03 25 27 40 02
◎ Église St-Pierre★

Le Saint-Nicolas sans rest   🛇 & **AC** ⅍ ♦ 🏊 **VISA** 🐼
2 r. du Gén.-de-Gaulle – ℰ *03 25 27 08 65* – *le-saintnicolas @ tiscali.fr*
– Fax 03 25 27 60 31
27 ch – ♦59/62 € ♦♦62/65 €, ⊒ 8 €
♦ Les chambres de ces jolies maisons en pierre, assez simples mais agréables, s'articulent autour de la piscine. Établissement calme, un peu à l'écart du centre-ville.

La Toque Baralbine   🎇 **VISA** 🐼 **AE** ⓪
18 r. Nationale – ℰ *03 25 27 20 34* – *toquebaralbine @ wanadoo.fr*
– Fax 03 25 27 20 34 – Fermé dim. soir sauf juil.-août et lundi
Rest – Menu 20/60 € – Carte 26/50 €
♦ Optez pour la salle à manger du fond, rustique et plus chaleureuse, ou pour la terrasse fleurie afin de déguster une cuisine actuelle bien faite, où pointe l'accent du terroir.

LE BAR-SUR-LOUP – 06 Alpes-Maritimes – 341 C5 – 2 543 h. - alt. 320 m –
⊠ 06620   Côte d'Azur

42 **E2**

▶ Paris 916 – Grasse 10 – Nice 31 – Vence 15
🖫 Office de tourisme, place Francis Paulet ℰ 04 93 42 72 21, Fax 04 93 42 92 60
◎ Site★ - Danse macabre★ (peintures sur bois) dans l'église St-Jacques
  - ≤★ de la place de l'église.

Hostellerie du Château   & rest, ⅍ **VISA** 🐼 **AE**
6 pl. Francis-Paulet – ℰ *04 93 42 41 10* – *info @ lhostellerieduchateau.com*
– Fax 04 93 42 69 32
6 ch – ♦130 € ♦♦130/180 €, ⊒ 14 €
Rest *bigaradier* – *(ouvert 2 mars-30 oct. et fermé mardi midi, dim. soir et lundi)*
Menu 28 € *(déj.)*, 39/64 € – Carte environ 45 €
♦ Des chambres provençales raffinées (meubles anciens, bois précieux, tomettes) caractérisent ce château ayant appartenu aux comtes de Grasse. Certaines surplombent la vallée. Accueil et service soignés, élégant cadre contemporain et savoureuse carte au goût du jour.

XX **La Jarrerie** ⬩ 🛜 ⚡ VISA ⓪ AE ⓪
– 𝒞 04 93 42 92 92 – Fax 04 93 42 91 22 – Fermé 2-31 janv., merc. midi et mardi
Rest – Menu 27/49 € – Carte 42/53 €
◆ Autrefois monastère, puis conserverie et parfumerie, cette bâtisse régionale du 17ᵉ s. abrite une grande salle à manger rustique avec cheminée, pierres et poutres apparentes.

BAR-SUR-SEINE – 10 Aube – **313** G5 – 3 510 h. – alt. 157 m – ✉ 10110
◻ Champagne Ardenne   13 **B3**

▶ Paris 197 – Bar-sur-Aube 37 – Châtillon-sur-Seine 36 – St-Florentin 57 – Troyes 33

🅱 Office de tourisme, 33, rue Gambetta 𝒞 03 25 29 94 43, Fax 03 25 29 70 21

◙ Intérieur⋆ de l'église St-Étienne.

X **Du Commerce** avec ch 🄰🄲 rest, ⚡ rest, ☎ 🆘 🅿 VISA ⓪
⊛ 30 r. de la République – 𝒞 03 25 29 86 36 – hotelducommerce.bar-sur-seine @ wanadoo.fr – Fax 03 25 29 64 87 – Fermé 27 juin-7 juil., 19-28 déc., vend. soir et dim.
13 ch – ♦41 € ♦♦43 €, ⊴ 6,50 € – ½ P 44 € – **Rest** – Menu (10 €), 12,50 € (sem.)/38 € – Carte 25/42 €
◆ Cet établissement tout simple se trouve au cœur du bourg. Salle à manger d'esprit rustique, égayée d'une cheminée. Cuisine traditionnelle sans prétention et chambres modestes.

près échangeur 9 km autoroute A5, Nord-Est par D 443 – ✉ 10110 Magnant

🏠🏠 **Le Val Moret** 🛜 & ch, 🄰🄲 rest, ⟿ ⚡ ☎ 🆘 🅿 VISA ⓪ AE
⊛ – 𝒞 03 25 29 85 12 – contact @ le-val-moret.com – Fax 03 25 29 70 81 – Fermé 24-31 déc.
42 ch – ♦50/79 € ♦♦50/79 €, ⊴ 10 € – **Rest** – Menu 17 € (sem.)/58 € – Carte 23/53 €
◆ Les chambres, fonctionnelles et assez spacieuses, occupent quatre bâtiments de plain-pied, de type motel. Aire de jeux pour les enfants. Salles à manger actuelles dont une en véranda ; carte traditionnelle et plats régionaux.

BAS-RUPTS – 88 Vosges – **314** J4 – **rattaché à Gérardmer**

BASSAC – 16 Charente – **324** I6 – **rattaché à Jarnac**

BASSE-GOULAINE – 44 Loire-Atlantique – **316** H4 – **rattaché à Nantes**

BASTELICA – 2A Corse-du-Sud – **345** D7 – **voir à Corse**

BASTIA – 2B Haute-Corse – **345** F3 – **voir à Corse**

LA BASTIDE – 83 Var – **340** O3 – 122 h. – alt. 1 000 m – ✉ 83840   41 **C2**

▶ Paris 813 – Castellane 25 – Digne-les-Bains 78 – Draguignan 43 – Grasse 48

🏠 **Du Lachens** ॐ 🍴 🛜 ⚡ ch, ☎ 🅿 VISA ⓪
– 𝒞 04 94 76 80 01 – pepinbernard @ orange.fr – Fermé janv.-fév. et mardi sauf juil.-août
13 ch – ♦51 € ♦♦58 €, ⊴ 7 € – ½ P 48 € – **Rest** – Menu 24/31 € – Carte 26/41 €
◆ Dans un hameau "perdu" du haut Var, maison provençale traditionnelle disposant de chambres pratiques et bien tenues. Agréable jardin. Carte privilégiant les viandes, à déguster dans une salle campagnarde ou en terrasse.

LA BASTIDE-CLAIRENCE – 64 Pyrénées-Atlantiques – **342** – 881 h. – alt. 50 m – ✉ 64240   3 **B3**

▶ Paris 771 – Bayonne 27 – Irun 59 – Bordeaux 185

🅱 Office de tourisme, maison Darrieux 𝒞 05 59 29 65 05, Fax 05 59 29 65 05

⟑ **Maison Maxana** ⌂ ⌷ 🛋 ⇜ ⅋ ℀ ch, ☎

r. Notre-Dame – ℰ *05 59 70 10 10 – ab@maison-maxana.com*

5 ch ⌂ – **†**70/90 € **††**80/110 € – **Table d'hôte** – Menu 35 € bc

◆ Rêveries, Romances, Voyages... Les noms des chambres de cette maison basque donnent le ton : mariage réussi de meubles anciens et d'éléments africains, asiatiques ou contemporains. Plats régionaux et recettes d'ailleurs servis à la table d'hôte (sur réservation).

LA BASTIDE-DES-JOURDANS – 84 Vaucluse – 332 G11 – 964 h. – alt. 412 m – ⌂ 84240

40 **B2**

🔼 Paris 762 – Aix-en-Provence 39 – Apt 40 – Digne-les-Bains 77 – Manosque 17

✗✗ **Auberge du Cheval Blanc** avec ch ⌂ 🆔 **P** **VISA** **⓪⓪**

– ℰ *04 90 77 81 08 – provence.luberon@wanadoo.fr – Fax 04 90 77 86 51* – *Fermé fév. et jeudi hors saison*

4 ch – **†**70/90 € **††**70/90 €, ⌂ 10 € – ½ P 70/90 € – **Rest** – Menu (19 € bc), 30 € – Carte 43/54 €

◆ Demeure provençale située au cœur du village. Salle à manger bourgeoise aux couleurs du Midi et plats aux accents du terroir. Coquettes chambres personnalisées.

LA BÂTIE-DIVISIN – 38 Isère – 333 G4 – 802 h. – alt. 521 m – ⌂ 38490

45 **C2**

🔼 Paris 539 – Lyon 82 – Grenoble 45 – Chambéry 41 – Saint-Martin-d'Hères 53

✗ **L'Olivier** ⌂ & ⇔ **P** **VISA** **⓪⓪** **AE** **①**

Les Etraits – ℰ *04 76 31 00 60 – Fax 04 76 31 00 60 – Fermé 24 oct.-5 nov., dim. soir et lundi*

Rest – Menu 12,50 € (déj. en sem.), 17/47 € – Carte 19/47 €

◆ L'enseigne évoque l'un des produits préférés du chef, qui mitonne des plats fins et actuels... essentiellement à l'huile d'olive. Lumineuse salle à manger et son jardin-terrasse.

LA BÂTIE-NEUVE – 05 Hautes-Alpes – 334 F5 – **rattaché à Gap**

BATZ (ÎLE-DE-) – 29 Finistère – 308 G2 – **voir à Île-de-Batz**

BATZ-SUR-MER – 44 Loire-Atlantique – 316 B4 – 3 049 h. – alt. 12 m – ⌂ 44740

Bretagne

34 **A2**

🔼 Paris 457 – La Baule 7 – Nantes 84 – Redon 64 – Vannes 79

🅳 Syndicat d'initiative, 25, rue de la Plage ℰ 02 40 23 92 36, Fax 02 40 23 74 10

◙ ※★★ de l'église St-Guenolé★ - Chapelle N.-D. du Mûrier★ - Excursions guidées★ dans les marais (musée des Marais salants) - La Côte Sauvage★.

⌂ **Le Lichen** sans rest ⌂ ⟨ 🚲 ☎ **P** **VISA** **⓪⓪** **AE** **①**

Baie du Manerick - Côte Sauvage, 2 km au Sud-Est par D 45 – ℰ *02 40 23 91 92* – *alain.paroux@wanadoo.fr – Fax 02 40 23 84 88*

17 ch – **†**70/250 € **††**70/250 €, ⌂ 12 €

◆ Sur la Côte sauvage, vaste villa néo-bretonne (1956) jouissant du spectacle unique de l'océan. La moitié des chambres, fraîches et assez grandes, donne sur les flots.

BAULE – 45 Loiret – 318 H5 – **rattaché à Beaugency**

LA BAULE – 44 Loire-Atlantique – 316 B4 – 15 831 h. – alt. 31 m – Casino : Grand Casino BZ – ⌂ 44500 Bretagne

34 **A2**

🔼 Paris 450 – Nantes 76 – Rennes 120 – St-Nazaire 19 – Vannes 74

🅳 Office de tourisme, 8, place de la Victoire ℰ 02 40 24 34 44, Fax 02 40 11 08 10

🄳 de Guérande à Guérande Ville Blanche, par rte de Nantes : 6 km, ℰ 02 40 60 24 97 ;

🄳 de La Baule à Saint-André-des-Eaux Domaine de Saint Denac, NE : 9 km, ℰ 02 40 60 46 18.

◙ Front de mer★ - Parc des Dryades★ DZ.

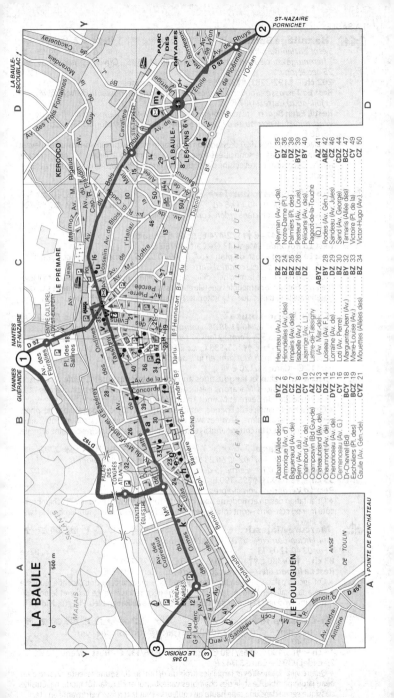

LA BAULE

0 — 500 m

Hermitage Barrière ⟨icons⟩

5 espl. Lucien-Barrière – ☎ 02 40 11 46 46 ⟨icons⟩
*– hermitage@lucienbarriere.com – Fax 02 40 11 46 45 – Ouvert 21 mars-5 nov. et
25 déc.-2 janv.*   BZ **h**
202 ch – ♦192/328 € ♦♦322/580 €, ⊇ 21 € – 5 suites
Rest *La Terrasse* – *(ouvert vacances de Pâques, de la Toussaint, de Noël, fériés
et juil.-août)* Carte 24/87 €
Rest *L'Eden Beach* – *rest. de plage* – ☎ 02 40 11 46 16 *(fermé du lundi soir au
vend. midi du 9 nov. au 18 déc. et du 5 janv. à début mars)* Menu 33 € – Carte
35/80 €
♦ Palace des années 1920 dressant son imposante architecture anglo-normande devant
l'océan. Chambres personnalisées avec vue sur les flots ou le jardin. Piscine, hammam,
fitness. Décor fastueux et cuisine classique à La Terrasse. Poissons et fruits de mer à L'Eden
Beach.

Royal-Thalasso Barrière ⟨icons⟩

6 av. P.-Loti – ☎ 02 40 11 48 48 ⟨icons⟩
*– royalthalasso@lucienbarriere.com – Fax 02 40 11 48 45
– Fermé 5-20 déc.*   BZ **t**
91 ch – ♦172/474 € ♦♦172/474 €, ⊇ 21 € – 6 suites
Rest *La Rotonde* – Menu 43 € – Carte 44/80 €
Rest *Le Ponton* – *rest. de plage* – ☎ 02 40 60 52 05 *(fermé le soir d'oct. à mars
sauf sam. et vacances scolaires)* Carte 30/61 €
♦ Dans un parc face à la mer, bel édifice séculaire relié à un centre moderne de thalassothérapie. Harmonie de meubles de style et de tissus chatoyants dans les chambres. Cuisine
traditionnelle et diététique à La Rotonde. Restauration de plage au Ponton.

Castel Marie-Louise ⟨icons⟩

1 av. Andrieu – ☎ 02 40 11 48 38 *– marielouise@relaischateaux.com
– Fax 02 40 11 48 35 – Fermé 2 janv.-7 fév.*   BZ **g**
31 ch – ♦165/535 € ♦♦165/535 €, ⊇ 20 € – 2 suites – ½ P 161/372 €
Rest – *(fermé le midi sauf sam. en juil.-août et sauf dim.)* Menu 45 € (déj.),
65/110 € – Carte 83/120 € ⟨icon⟩
Spéc. Maquereaux et langoustines au xérès (printemps-été). Epaule de cochon
noir au jus d'épices. Macarons basilic et thym aux fruits rouges (printemps-été).
Vins Muscadet de Sèvre et Maine, Anjou-Villages.
♦ Ce charmant manoir Belle Époque, entouré d'un jardin soigné, dégage une atmosphère
cosy. Chambres au calme, décorées avec goût (mobilier ancien). Restaurant feutré, aménagé à la manière d'un cottage anglais et terrasse ombragée de pins. Belle cuisine actuelle.

Bellevue Plage ⟨icons⟩

27 bd de l'Océan – ☎ 02 40 60 28 55 *– hotel@hotel-bellevue-plage.fr
– Fax 02 40 60 10 18 – Fermé 15 déc.-10 fév.*   DZ **r**
35 ch – ♦95/190 € ♦♦95/190 €, ⊇ 13 €
Rest *La Véranda* – voir ci-après
♦ Orientation design et moderne pour cet hôtel très bien tenu. Les nouvelles chambres –
côté mer ou côté pins – sont colorées et épurées. Terrasse sur le toit surplombant la baie.

Mercure Majestic ⟨icons⟩

espl. Lucien-Barrière – ☎ 02 40 60 24 86 *– h5692@accor.com
– Fax 02 40 42 03 13*   BZ **e**
83 ch – ♦90/330 € ♦♦100/370 €, ⊇ 16 € – ½ P 95/230 €
Rest *Le Ruban Bleu* – Menu (20 €), 29/49 € – Carte 47/73 €
♦ Cet ancien palace, situé en bord de plage et près du casino, vit une seconde jeunesse
grâce à sa totale rénovation dans un esprit Art déco réactualisé. Le cadre et le nom du
restaurant évoquent l'époque de la légendaire course au Ruban bleu. Plats traditionnels.

St-Christophe ⟨icons⟩

pl. Notre-Dame – ☎ 02 40 62 40 00 *– reception@st-christophe.com
– Fax 02 40 62 40 40*   BZ **u**
45 ch – ♦65/190 € ♦♦65/190 €, ⊇ 10 € – ½ P 66/132 € – **Rest** – Menu (17 €),
29 € (déj.)/39 € – Carte 31/42 €
♦ Quatre villas balnéaires et familiales (trois du début du 20ᵉ s., une récente) au sein d'un
beau jardin paisible. Le style des chambres varie, tantôt ancien, tantôt moderne. Cuisine
classique servie dans une salle haute en couleurs et sur la terrasse verdoyante en été.

Brittany sans rest 🏧 🐝 📞 **VISA** **CO** **AE** **①**
7 av. des Impairs – ℰ 02 40 60 30 25 – info@hotelbrittany.com
– Fax 02 40 24 37 30   BZ **b**
19 ch – ♦100/190 € ♦♦100/190 €, ⊑ 13 €
♦ Chambres personnalisées et bien équipées (mobilier moderne, TV écran plat, douche
à jet), toit-solarium et salon-cheminée cosy : une maison des années 1930 joliment
rénovée.

Concorde sans rest 📳 🐝 ➣ **VISA** **CO** **AE** **①**
1 bis av. Concorde – ℰ 02 40 60 23 09 – info@hotel-la-concorde.com
– Fax 02 40 42 72 14 – Ouvert 14 avril-30 sept.   BZ **f**
47 ch – ♦77/135 € ♦♦77/135 €, ⊑ 9 €
♦ Demeure familiale (architecture balnéaire 1900, remaniée depuis), tout de blanc et de
bleu, aux chambres d'un charme désuet. Certaines, avec balcon ou terrasse, regardent la
mer.

Lutetia et rest. le Rossini 🏠 ὃ ch, 🐝 🐝 rest, 📞
13 av. Olivier-Guichard – ℰ 02 40 60 25 81   **P.** **VISA** **CO** **AE** **①**
– contact@lutetia-rossini.com – Fax 02 40 42 73 52   CZ **r**
26 ch – ♦39/60 € ♦♦69/175 €, ⊑ 10 € – ½ P 80/138 € – **Rest** – (fermé 12-26 nov.,
4 janv.-20 fév., lundi soir du 1er sept. au 30 juin, dim. soir du 15 oct. au 15 avril, lundi midi
et mardi midi) Menu 35/45 € – Carte environ 48 €
♦ Établissement réparti entre Le Lutétia à la façade Art déco, abritant le restaurant classique
et des chambres surannées (projet de rénovation), et une villa années 1930. La carte, plutôt
traditionnelle, fait la part belle aux produits de la mer.

La Mascotte ⟋ 🚗 🏠 🏧 rest, 🐝 rest, 📞 ➣ **VISA** **CO** **AE** **①**
26 av. Marie-Louise – ℰ 02 40 60 26 55 – hotel.la.mascotte@wanadoo.fr
– Fax 02 40 60 15 67   BZ **v**
24 ch (½ P seult sauf en hiver) – ♦62/102 € ♦♦62/102 €, ⊑ 9,50 €
– ½ P 66/113 € – **Rest** – (ouvert 1er mars-5 nov.) (résidents seult)
♦ Dans un quartier résidentiel, à 50 m de la plage, cet hôtel fonctionnel profite d'un jardin
arboré (pins et palmiers). Les plus grandes chambres occupent l'aile récente.

Alcyon sans rest 📳 📞 ὄ **P** **VISA** **CO** **AE** **①**
19 av. Pétrels – ℰ 02 40 60 19 37 – info@alcyon-hotel.com – Fax 02 40 42 71 33
– Ouvert de mars à oct.   BY **s**
32 ch – ♦64/113 € ♦♦64/136 €, ⊑ 10 €
♦ Côté marché, façade en angle garnie de balcons, à l'exception du dernier étage. Confort
et bonne isolation dans les chambres, successivement refaites. Grand bar.

Le Marini sans rest 🖺 ⒦ 📳 ὄ **VISA** **CO** **AE**
22 av. G.-Clemenceau – ℰ 02 40 60 23 29 – interhotelmarini@wanadoo.fr
– Fax 02 40 11 16 98   CY **u**
33 ch – ♦56/88 € ♦♦56/88 €, ⊑ 8,50 €
♦ Dans une grande maison régionale, chambres de bon confort à la décoration soignée
(quelques meubles anciens) et bar à l'esprit british. Agréable piscine couverte et
chauffée.

Hostellerie du Bois 🚗 🏠 🐝 📞 **VISA** **CO** **AE** **①**
65 av Lajarrige – ℰ 02 40 60 24 78 – hostellerie-du-bois@wanadoo.fr
– Fax 02 40 42 05 88 – Ouvert 16 mars-14 nov.   DZ **m**
15 ch – ♦60/74 € ♦♦60/74 €, ⊑ 7 € – ½ P 59/66 € – **Rest** – (dîner seult)
(résidents seult)
♦ Maison à colombages (1923) au charme vieille France préservé, tant dans les chambres
que dans le reste de l'hôtel, bien tenu et orné d'objets rapportés de voyages. Jardin.
Petit-déjeuner servi dans une salle rustique et feutrée ; repas le soir, pour les résidents.

St-Pierre sans rest 📞 **VISA** **CO** **AE**
124 av. de Lattre-de-Tassigny – ℰ 02 40 24 05 41 – contact@
hotel-saint-pierre.com – Fax 02 40 11 03 41   BYZ **r**
19 ch – ♦54/64 € ♦♦72/82 €, ⊑ 9 €
♦ L'accueil aimable et les prix doux font de cette villa typique, habillée de colombages
bleus, une bonne adresse. Chambres discrètement marines. Petit-déjeuner sous
la véranda.

⌂ **Les Dunes** sans rest ♻ ⚙ 🅿 VISA ⦿ AE ⓞ
277 av. de Lattre-de-Tassigny – ☎ *02 51 75 07 10   info@hotel-des-dunes.com*
– Fax 02 51 75 07 11 CY **w**
32 ch – ♦45/72 € ♦♦45/72 €, ⌑ 7 €

♦ Sympathique adresse, raisonnable dans ses tarifs, familiale dans l'âme, bien tenue et fonctionnelle (plus calme sur l'arrière) : un bon plan dans cette station balnéaire prisée.

✗✗ **La Véranda** – Hôtel Bellevue Plage ≤ AK VISA ⦿ AE
27 bd de l' Océan – ☎ *02 40 60 57 77 – courriel@restaurant-laveranda.com*
– Fax 02 40 24 00 22 – Fermé 15 déc.-1er fév., merc. de sept. à juin et lundi sauf le soir en juil.-août DZ **r**
Rest – Menu 22 € bc (déj. en sem.), 39/85 € bc – Carte 60/105 € ⅋

♦ Lumineuse et sobre salle à manger contemporaine où l'on déguste, sur deux niveaux et sous une véranda, une savoureuse cuisine au goût du jour. La plupart des tables ont vue sur la plage.

✗ **La Maison Blanche** ⌂ ⅋ AK ⇄ VISA ⦿ AE
20 bis av. Pavie – ☎ *02 40 23 00 00 – lamaisonblanchelabaule@orange.fr*
– Fax 02 40 23 03 60 – Fermé sam. midi et dim. soir hors saison et hors vacances scolaires BZ **a**
Rest – Menu (15 €), 23/58 € – Carte 34/58 €

♦ Ce restaurant axé dans le courant culinaire contemporain occupe une belle rotonde vitrée (avec un étage). Ambiance lounge et chic grâce à une décoration très mode qui séduit.

✗ **Carpe Diem** ⇄ VISA ⦿ AE
29 av. J. Boutroux, 5 km au Nord par rte du Golf de la Baule – ☎ *02 40 24 13 14*
– contact@le-carpediem.fr – Fermé 19 janv.-16 fév., dim. soir hors saison et lundi
Rest – Menu (15 €), 20/70 € bc – Carte 34/91 €

♦ Près du golf, profitez de cette bonne table rustique – poutres apparentes, cheminée en pierre, mobilier en bois – qui mise sur une cuisine dans l'air du temps sérieuse.

✗ **La Ferme du Grand Clos** ⌂ VISA ⦿ AE
52 av. de Lattre-de-Tassigny – ☎ *02 40 60 03 30 – contact@*
lafermedugrandclos.com – Fax 02 40 60 03 30 – Fermé 10-16 mars, 24 nov.-21 déc., mardi, merc. d'oct. à mars et lundi sauf vacances scolaires AZ **k**
Rest – crêperie Carte 17/35 €

♦ Au fond d'un jardin, cette ferme plus que centenaire abrite une salle rustique et simple, ouverte sur les fourneaux où l'on prépare galettes et autres spécialités régionales.

au Golf 7 km au Nord par N 171 – ⊠ 44117 St-André-des-Eaux

🏨 **Du Golf International** ॐ ≤ ⌂ ⌑ ⅋ ⅋ ch, ⑆ 🅿
– ☎ *02 40 17 57 57 – hoteldugolflabaule@* VISA ⦿ AE ⓞ
lucienbarriere.com – Fax 02 40 17 57 58 – Ouvert 28 mars-26 oct.
119 ch – ♦91/334 € ♦♦91/334 €, ⌑ 18 € – 55 suites
Rest *Le Green – (fermé le midi sauf en juil.-août)* Carte 27/46 €

♦ Complexe hôtelier et son parc au cœur d'un vaste golf. Spacieuses chambres bien conçues et quelques villas indépendantes disponibles à la location. Club pour enfants. Repas traditionnel avec vue sur la piscine ou la verdure au Green, restaurant à l'allure british.

LA BAUME – 74 Haute-Savoie – 328 M3 – 250 h. – alt. 730 m –
⊠ 74430 46 **F1**

❿ Paris 597 – Lyon 214 – Annecy 95 – Genève 52 – Lausanne 138

⌂ **La Ferme aux Ours** ॐ ≤ ⌸ ⅋ ⅋ ⚙
La Voagère – ☎ *04 50 72 19 88 – catherine.coulais@free.fr – Fermé nov.*
4 ch ⌑ – ♦75/100 € ♦♦85/110 € – ½ P 70/80 €
– Table d'hôte – Menu 28 €

♦ Belle ferme savoyarde isolée, dominant la vallée. Chambres douillettes très soignées (collection d'ours en peluche) et accueil charmant de la propriétaire, férue de randonnées.

BAUME-LES-DAMES – 25 Doubs – 321 I2 – 5 384 h. – alt. 280 m – ⊠ 25110
🚩 Franche-Comté Jura
17 **C2**

> **🖸** Paris 440 – Belfort 62 – Besançon 30 – Lure 45 – Montbéliard 45
> – Pontarlier 65 – Vesoul 45

> **🖪** Office de tourisme, 6, rue de Provence ℰ 03 81 84 27 98,
> Fax 03 81 84 15 61

> 🔳 du Château de Bournel à CubryN : 20 km par D 50, ℰ 03 81 86 00 10.

XXX   **Hostellerie du Château d'As** avec ch   ⇐ 🛱 📞 **P** **VISA** 🐠 ⓵
24 r. Château-Gaillard – ℰ 03 81 84 00 66 – courriel @ chateau-das.com
– Fax 03 81 84 39 67
6 ch – ♦61/78 € ♦♦61/78 €, � 10 € – ½ P 63/71 € – **Rest** – Menu 21 € (déj. en
sem.), 29/69 € – Carte 39/59 €
♦ Cette grande villa des années 1930 cultive une atmosphère d'antan. Élégante et lumineuse salle à manger (superbe lustre en nacre) pour une cuisine actuelle. Chambres
spacieuses.

BAUME-LES-MESSIEURS – 39 Jura – 321 D6 – 194 h. – alt. 333 m – ⊠ 39210
🚩 Franche-Comté Jura
16 **B3**

> **🖸** Paris 406 – Champagnole 27 – Dole 54 – Lons-le-Saunier 12 – Poligny 21

> ◉ Abbaye★ (retable à volet★ dans l'église) - Belvédère des Roches de
> Baume★★★ sur cirque★★★ et grottes★ de Baume S : 3,5 km.

X   **Des Grottes**   ⇐ 🛱 **P** **VISA** 🐠
aux Grottes, 3 km au Sud – ℰ 03 84 48 23 15 – restaurantdesgrottes @ wanadoo.fr
∞   – Fax 03 84 48 23 15 – Ouvert 1er avril-30 sept. et fermé lundi sauf juil.-août
Rest – (déj. seult) (prévenir) Menu 15 € (sem.), 22/35 €
– Carte 28/45 €
♦ Pavillon champêtre 1900 situé face à une superbe cascade. Charme Belle Époque
au restaurant doublé d'un café plus informel. Plats régionaux ; vente de truites
fraîches.

BAUVIN – 59 Nord – 302 F4 – 5 338 h. – alt. 25 m – ⊠ 59221
30 **B2**

> **🖸** Paris 208 – Arras 33 – Béthune 22 – Lens 15 – Lille 26

XXX   **Les Salons du Manoir**   🔥 🔣 **P** **VISA** 🐠 🔠 ⓵
53 r. J.-Guesde – ℰ 03 20 85 64 77 – pmortreux @ nordnet.fr – Fax 03 20 86 72 22
– Fermé août, vacances de fév., lundi et mardi
Rest – Menu 40 € bc/70 € bc
♦ Au cœur d'un superbe domaine de 3 ha, dépendances d'une maison de maître
converties en restaurant. Lumineuse salle à manger avec cheminée et cuisine traditionnelle soignée.

LES BAUX-DE-PROVENCE – 13 Bouches-du-Rhône – 340 D3 – 434 h.
– alt. 185 m – ⊠ 13520 🚩 Provence
42 **E1**

> **🖸** Paris 712 – Arles 20 – Avignon 30 – Marseille 86 – Nîmes 44
> – St-Rémy-de-Provence 10

> **🖪** Office de tourisme, Maison du Roy ℰ 04 90 54 34 39,
> Fax 04 90 54 51 15

> 🔳 des Baux-de-Provence Domaine de Manville, S : 2 km, ℰ 04 90 54 40 20.

> ◉ Site★★★ - Village★★★ : Place★ et église St-Vincent★ - Château★ : ✳★★ -
> Monument Charloun Rieu ⇐★ - Tour Paravelle ⇐★ - Musée Yves-Brayer★ -
> Cathédrale d'Images★ N : 1 km par D 27 - ✳★★★ sur le village N : 2,5 km par
> D 27.

dans le Vallon

🏠   **La Riboto de Taven** 🐾   ⇐ 🛋 🛱 🏊 & ch, 🔣 ch, 🕾
– ℰ 04 90 54 34 23 – contact @ riboto-de-taven.fr   📞 **P** **VISA** 🐠 🔠
– Fax 04 90 54 38 88 – Fermé 5 janv.-5 mars
5 ch – ♦160/280 € ♦♦160/280 €, ⊇ 18 € – 1 suite – ½ P 137/191 €
Rest – (fermé merc.) (dîner seult) (résidents seult) Menu 54 €
♦ Cet insolite mas ravit les yeux : vue imprenable sur les Baux, jardin fleuri, agréable piscine
et chambres décorées avec goût (deux d'entre elles sont troglodytiques). Belle charpente
apparente et grande cheminée dans la salle à manger, cuisine du marché.

🏨🏨🏨🏨🏨 **L'Oustaù de Baumanière** avec ch ⬡ ≤ 🚗 🏠 ⬛ ⬛ ⬛ 🅼 & 🅰🅲 📞
⬡⬡ – ☎ 04 90 54 33 07 – oustau @ 🖨 🅿 VISA ⬤⬤ AE ⓞ
relaischateaux.com – Fax 04 90 54 40 46 – Fermé jeudi midi et merc. de nov. à mars
12 ch – ♦230/410 € ♦♦230/410 €, ⬡ 22 € – 4 suites – ½ P 295/442 €
– **Rest** – Menu 120 € bc (déj. en sem.)/175 € – Carte 135/190 € ⬢
Spéc. Oeuf de poule, eau de tomate en consommé clair, jus condiment d'un aïoli (juin à sept.). Rouget barbet, basilic et fleur de thym. Crêpe soufflée "tradition Baumanière". **Vins** Les Baux-de-Provence.
♦ Demeure du 16e s. aux voûtes séculaires, superbe terrasse avec les Alpilles en toile de fond : un lieu magique pour une cuisine gorgée de soleil. Belle cave. Confortables chambres et suites distinguées réparties entre la maison et le petit mas La Guigou.

🏨🏨 **Le Manoir** 🏨🏨 ⬡ ≤ 🚗 🏊 ⬛ 🅼 📞 🅿 VISA ⬤⬤ AE ⓞ
à 1 km rte d'Arles par D 27 – ☎ 04 90 54 33 07 – Fermé merc. de nov. à mars
7 ch – ♦230/340 € ♦♦230/340 €, ⬡ 22 € – 7 suites – ♦♦395/555 €
– ½ P 195/443 €
♦ Les chambres de cette élégante bastide conjuguent confort, raffinement et charme provençal d'antan. Parc arboré (dont un splendide platane séculaire) et jardin à la française.

rte d'Arles Sud-Ouest par D 27

🏨🏨🏨 **La Cabro d'Or** ⬡ ≤ 🚗 🏠 🏊 ⬛ % 🅼 ch, 📞 🏌 🅿 VISA ⬤⬤ AE ⓞ
⬡ à 1 km – ☎ 04 90 54 33 21 – cabro @ relaischateaux.com – Fax 04 90 54 45 98
– Fermé dim. soir, mardi midi et lundi de nov. à mars
22 ch – ♦160/275 € ♦♦160/275 €, ⬡ 21 €
– 8 suites – ½ P 160/315 €
Rest – Menu 49 € bc (déj. en sem.)/100 € – Carte 95/100 €
Spéc. Thon rouge de Méditerranée décliné en tartare de légumes, bruschetta de tomate et confit en verrine. Dos de loup aux légumes de Provence. Carré d'agneau rôti à la broche. **Vins** Coteaux d'Aix-en-Provence-les Baux.
♦ Chambres élégantes, ravissant jardin fleuri, nombreux loisirs dont un centre d'équitation rendent cette étape "champêtre chic" des plus agréables. Restaurant cosy et raffiné, terrasse sous les tilleuls et belle cuisine au goût du jour... L'art de vivre à la provençale !

🏨🏨 **Mas de l'Oulivié** sans rest ⬡ 🚗 🏊 % & 🅼 🏌 🅿 VISA ⬤⬤ AE ⓞ
à 2,5 km – ☎ 04 90 54 35 78 – contact @ masdeloulivie.com – Fax 04 90 54 44 31
– Ouvert 19 mars-12 nov.
25 ch – ♦105/260 € ♦♦105/260 €, ⬡ 13 € – 2 suites
♦ Un mas déstressant au cœur d'une oliveraie : chambres au décor méridional, jardin avec piscine à débordement, massages. Petite restauration au déjeuner pour les résidents.

🏨🏨 **Auberge de la Benvengudo** ⬡ ≤ 🚗 🏠 🏊 % 🅼 ch, ↕ % rest,
à 2 km – ☎ 04 90 54 32 54 – contact @ 📞 🅿 VISA ⬤⬤ AE
benvengudo.com – Fax 04 90 54 42 58 – Ouvert 14 mars-2 nov.
25 ch – ♦110/225 € ♦♦110/225 €, ⬡ 15 € – 3 suites – ½ P 110/168 €
Rest – (fermé dim.) (dîner seult) Menu 45 €
♦ À l'approche des Baux, ensemble charmant et typé, peu à peu rajeuni. Divers types de chambres côté jardin ou bastide, les meilleures, relookées dans un style clair et moderne. À table, menu régional selon le marché et cadre rénové en gardant la note provençale.

BAVAY – 59 Nord – 302 K6 – 3 581 h. – alt. 148 m – ⬠ 59570
📘 Nord Pas-de-Calais Picardie 31 **D2**

🔼 Paris 229 – Avesnes-sur-Helpe 24 – Lille 79 – Maubeuge 15 – Mons 25
🅱 Office de tourisme, rue Saint-Maur ☎ 03 27 39 81 65, Fax 03 27 39 81 65

🏨🏨 **Le Bagacum** 🏠 % 🅿 VISA ⬤⬤ AE
r. Audignies – ☎ 03 27 66 87 00 – contact @ bagacum.com – Fax 03 27 66 86 44
– Fermé dim. soir et lundi sauf fériés
Rest – Menu 27 € bc (déj. en sem.), 33/49 € bc – Carte 36/77 €
♦ Murs en briques rouges, charpente apparente, bibelots et tableaux font le cachet de cette vieille grange convertie en restaurant. Terrasse fleurie. Cuisine traditionnelle.

※※ **Le Bourgogne**　　　　　　　　🛱 **P** 𝘝𝘐𝘚𝘈 **⓪⓪** 🄰🄴

porte Gommeries – 𝒞 *03 27 63 12 58 – restaurantlebourgogne@orange.fr*
*– Fax 03 27 66 99 74 – Fermé 29 juil.-20 août, 5-20 janv., lundi et le soir sauf vend.
et sam.*
Rest – Menu 20 € (sem.), 35/55 € – Carte 29/52 €
♦ Bordant un axe animé, accueillante maison typique du Nord. Agréable terrasse d'été. La
cuisine oscille entre tradition et invention, et la cave fait la part belle aux bourgognes.

BAVELLA (COL DE) – 2A Corse-du-Sud – 345 E9 – **voir à Corse**

BAYARD (COL) – 05 Hautes-Alpes – 334 E5 – **voir à Col Bayard**

BAYEUX ◎ – 14 Calvados – 303 H4 – **14 961 h.** – **alt. 50 m** – ✉ 14400
🏴 Normandie Cotentin　　　　　　　　　　　　　　　　　　　　32 **B2**
　🚄 Paris 265 – Caen 31 – Cherbourg 95 – Flers 69 – St-Lô 36 – Vire 60
　🅱 Office de tourisme, pont Saint-Jean 𝒞 02 31 51 28 28, Fax 02 31 51 28 29
　🝙 AS Bayeux Omaha Beach Golf à Port-en-Bessin Ferme Saint Sauveur, par rte
　　de Port-en-Bessin et D 514 : 11 km, 𝒞 02 31 22 12 12.
　◎ Tapisserie dite "de la reine Mathilde" ★★★ - Cathédrale Notre-Dame ★★ -
　　Musée-mémorial de la bataille de Normandie ★ Y **M¹** - Maison à
　　colombage ★ (rue St-Martin) Z **N.**

Plan page suivante

🏠 **Le Lion d'Or** ⊗　　　　　　　　🛱 **P** 𝘝𝘐𝘚𝘈 **⓪⓪** 🄰🄴 **⓪**

71 r. St-Jean – 𝒞 *02 31 92 06 90 – lion.d-or.bayeux@wanadoo.fr*
– Fax 02 31 22 15 64　　　　　　　　　　　　　　　　　　Z **e**
27 ch – ♦78/150 € ♦♦78/170 €, � 12 € – 1 suite – ½ P 77/133 € – **Rest** – *(fermé
23 déc.-17 janv., lundi midi, mardi midi et sam. midi)* Menu 25 € (déj.), 29/50 €
– Carte 51/62 €
♦ Cet ancien relais de poste, qui daterait en partie du 18e s., est devancé par une jolie cour
pavée. Confortables chambres, diversement meublées. Cuisine traditionnelle servie dans
un cadre chaleureux : poutres, vieux bibelots et tables soigneusement dressées.

🏠 **Novotel**　　🛋 🛱 ⼌ ㊂ & ch, 𝕂 ch, ⼌ ⽒ **P** 𝘝𝘐𝘚𝘈 **⓪⓪** 🄰🄴 **⓪**

🥜 *117 r. St-Patrice –* 𝒞 *02 31 92 16 11 – h0964@accor.com – Fax 02 31 21 88 76*
77 ch – ♦83/145 € ♦♦95/145 €, ⊃ 12 €　　　　　　　　Y **x**
Rest – *(fermé dim. midi et sam. sauf 10 juil.-20 août)* Menu 14/25 €
– Carte environ 30 €
♦ Établissement entièrement relooké selon les dernières normes de la chaîne : bar et salons
modernes, chambres pratiques garnies d'un mobilier contemporain. Murs beiges, chaises
violettes et chaleureux parquet composent le cadre plaisant du restaurant.

🏠 **Château de Bellefontaine** sans rest ⊗　　🔊 ❦ 🛏 & ⼌ 📞

49 r. Bellefontaine – 𝒞 *02 31 22 00 10 – info@*　　　　⽒ **P** 𝘝𝘐𝘚𝘈 **⓪⓪** 🄰🄴
hotel-bellefontaine.com – Fax 02 31 22 19 09 – Fermé 2 janv.-2 fév.　Y **v**
14 ch – ♦70/115 € ♦♦90/160 €, ⊃ 12 €
♦ Un joli parc aux arbres majestueux et agrémenté d'un plan d'eau sépare ce château
(18e s.) de la route. Salon avec belle cheminée. Confortables chambres diversement
meublées.

🏠 **Churchill** sans rest　　　　　　　　⼌ ❦ 📞 𝘝𝘐𝘚𝘈 **⓪⓪**

14 r. St-Jean – 𝒞 *02 31 21 31 80 – info@hotel-churchill.fr – Fax 02 31 21 41 66*
– Ouvert de mars à nov.　　　　　　　　　　　　　　　Z **h**
32 ch – ♦75/95 € ♦♦90/125 €, ⊃ 9 €
♦ Bel immeuble dont la petite cour intérieure accueille une véranda pour les petits-
déjeuners. Chambres redécorées (mobilier de style, tons ivoire, bordeau). Épicerie fine.

🏠 **d'Argouges** sans rest ⊗　　　　🚗 & ⼌ ❦ 📞 **P** 🝙 𝘝𝘐𝘚𝘈 **⓪⓪** **⓪**

21 r. St-Patrice – 𝒞 *02 31 92 88 86 – hotel.dargouges@orange.fr*
– Fax 02 31 92 69 16　　　　　　　　　　　　　　　　Z **n**
28 ch – ♦52/84 € ♦♦68/116 €, ⊃ 8 €
♦ En pleine ville, hôtel particulier du 18e s. entouré d'un reposant jardin. Chambres
rénovées, assez spacieuses et agrémentées de quelques meubles anciens.

BAYEUX

Aure (Bords de l')	Z	2
Bienvenu (R. du)	Z	3
Bois (Pl. au)	Z	4
Bouchers (R. des)	Z	
Bourbesneur (R.)	Z	6
Bretagne (R. de la)	Z	
Chanoines (R. des)	Z	7
Chartier (R. A.)	Z	8
Churchill (Bd W.)	Y	
Clemenceau (Av. G.)	Z	
Conseil (Av.)	Y	
Courseulles (R. de)	Y	9
Cuisiniers (R. des)	Z	12
Dais (R. Gén.-de)	Z	
Dr-Michel (R.)	Y	13
Eindhoven (Bd)	Y	
Eisenhower (Rond-Point)	Y	14
Foch (R. Mar.)	Z	15
Franche (R.)	Z	
Gaulle (Pl. Ch.-de)	Z	
Laitière (R.)	Z	16
Larcher (R.)	Z	
Leclerc (Bd Mar.)	Y	17
Leforestier (R. Lambert)	Z	18
Liberté (Pl. de la)	Z	19
Maîtrise (R. de la)	Z	20
Marché (R. du)	Z	21
Montgomery (Bd Mar.)	Y	23
Nesmond (R. de)	Z	
Pigache (R. de la)	Y	24
Pont-Trubert (R. du)	Y	25
Poterie (R. de la)	Z	28
Royale (R.)	Z	
Sadi-Carnot (Bd)	Y	29
St-Jean (R.)	Y, Z	
St-Laurent (R.)	Y, Z	
St-Loup (R.)	Y, Z	30
St-Malo (R.)	Z	
St-Martin (R.)	Z	
St-Patrice (R. et Pl.)	Z	31
St-Quentin (R.)	Y	41
Schumann (R. M.)	Z	42
Tardif (R.)	Z	
Teinturiers (R. des)	Z	32
Terres (R. des)	Z	33
Vaucelles (Rond-Point de)	Y	35
Verdun (R. de)	Y	37
Ware (Bd F.)	Y	38
6-Juin (Bd du)	Y	

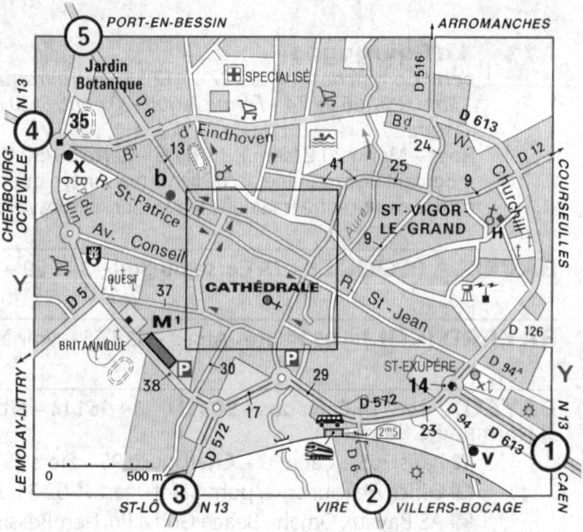

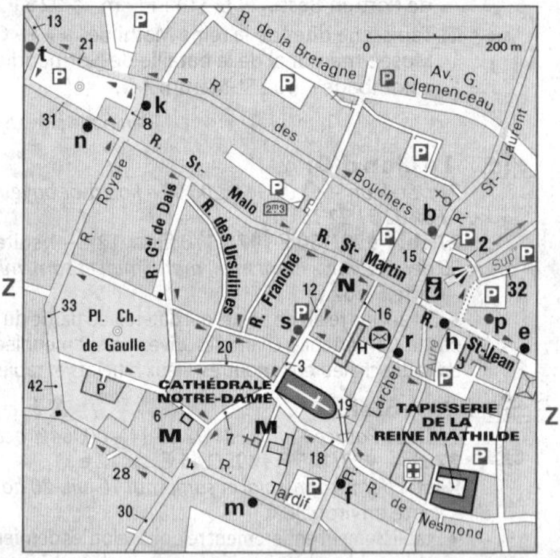

Reine Mathilde sans rest
23 r. Larcher – 02 31 92 08 13 – hotel.reinemathilde@wanadoo.fr
– Fax 02 31 92 09 93 – Ouvert de mi-fév. à mi-nov. Z r
16 ch – 55 € 55 €, 7 €
◆ L'enseigne de cette maison très fleurie évoque la célèbre tapisserie. Les chambres, simples mais bien tenues, portent quant à elles le nom d'un saint normand. Salon de thé.

Le Bayeux sans rest
9 r. Tardif – 02 31 92 70 08 – lebayeux@wanadoo.fr – Fax 02 31 21 15 74
– Ouvert 1er mars-15 nov. Zm
29 ch – 50/63 € 50/63 €, 7 €
◆ La façade de cet hôtel situé dans une rue calme joue la carte de la sobriété, mais les chambres, fonctionnelles et bien tenues, ont été remises au goût du jour.

Tardif-Le Relais de la Liberté sans rest
16 r. de Nesmond – 02 31 92 67 72 – anthony.voidie@wanadoo.fr
– Fax 02 31 92 67 72 Z f
5 ch – 50/140 € 80/190 €, 7 €
◆ Cet ancien hôtel particulier se niche dans un jardin verdoyant à deux minutes du centre historique. Meubles de style, tapisseries et tableaux confèrent un cachet certain aux chambres et au salon.

✗✗ **La Coline d'Enzo** 🕊 𝐕𝐈𝐒𝐀 ⓜⓒ

2 r. des Bouchers – 𝒞 02 31 92 03 01 – Fax 02 31 92 03 01 – Fermé dim. et lundi
Rest – Menu (15 €), 24/44 € Z **b**
♦ Murs de pierre, poutres et châssis turquoises, tissus coordonnés, meubles en fer forgé, éclairage moderne et terrasse-trottoir à cette table du centre-ville. Cuisine actuelle.

✗✗ **La Rapière** 𝐕𝐈𝐒𝐀 ⓜⓒ 𝐀𝐄 ⓞ
🍽
53 r. St-Jean – 𝒞 02 31 21 05 45 – larapierebayeux @ orange.fr
– Fax 02 31 21 11 81 – Fermé 19 déc.-19 janv., merc. et jeudi Z **p**
Rest – Menu 15 € (déj. en sem.), 26/32 € – Carte 34/54 €
♦ Maison du 15e s. située dans une rue pittoresque du vieux Bayeux. Bel intérieur rustique et goûteuse cuisine du terroir normand.

✗ **Le Bistrot de Paris** 𝐕𝐈𝐒𝐀 ⓜⓒ
🍽
pl. St-Patrice – 𝒞 02 31 92 00 82 – Fax 02 31 92 00 82 – Fermé
10-24 août, 15 fév.-1er mars, lundi soir, sam. midi et dim. Z **t**
Rest – Menu 11,50 € (déj. en sem.), 17/30 € – Carte 22/36 €
♦ Mobilier, miroirs et cuivres reconstituent le décor et l'atmosphère d'un bistrot à l'ancienne. Cuisine rythmée par les saisons ; plats du jour inscrits sur ardoise.

✗ **L'Amaryllis** 𝐕𝐈𝐒𝐀 ⓜⓒ
🍽
32 r. St-Patrice – 𝒞 02 31 22 47 94 – Fax 02 31 22 50 03 – Fermé 20 déc.-23 janv.,
dim. soir et lundi Y **b**
Rest – Menu 17/27 € – Carte 32/42 €
♦ Discrète devanture abritant une salle à manger aux allures de jardin d'hiver garnie d'un mobilier de style bistrot. Cuisine traditionnelle influencée par le terroir.

✗ **Le Pommier** 🕊 𝐕𝐈𝐒𝐀 ⓜⓒ 𝐀𝐄 ⓞ
🍽
40 r. des Cuisiniers – 𝒞 02 31 21 52 10 – info @ restaurantlepommier.com
– Fax 02 31 21 06 01 – Fermé 2-8 mars, 15 déc.-11 janv., mardi et merc. du 1er nov.
au 15 mars Z **s**
Rest – Menu 17 € (déj.), 23/35 € – Carte 30/44 €
♦ La façade vert pomme annonce la couleur : ici, on revendique une carte "cent pour cent" normande ! Ambiance décontractée et joli décor mi-rustique, mi-contemporain.

rte de Port-en-Bessin 3 km par ⑤ – ✉ 14400 Bayeux

🏠🏠 **Château de Sully** ⚘ 🔊 📺 ᴌ₆ ⑁ ch, ⓦ ⒮ℴ 🅿 𝐕𝐈𝐒𝐀 ⓜⓒ 𝐀𝐄 ⓞ

rte de Port en Bessin – 𝒞 02 31 22 29 48 – info @ chateau-de-sully.com
– Fax 02 31 22 64 77 – Ouvert 2 mars-9 déc.
22 ch – ✝130/190 € ✝✝150/420 €, � 15 € – ½ P 149/274 € – **Rest** – *(fermé le midi sauf dim.) (nombre de couverts limité, prévenir)* Menu 49/85 €
♦ Ce château du 18e s., avec son parc en façade, a fière allure. On y cultive un luxe discret dans des chambres délicatement personnalisées. Deux salles de restaurant complétées par une véranda tournée sur le jardin. Cuisine panachant tradition et modernité.

à Audrieu 13 km par ① et D 158 – 839 h. – alt. 71 m – ✉ 14250

🏠🏠 **Château d'Audrieu** ⚘ ≼ 🔊 ⅃ ⅍ rest, 🅿 𝐕𝐈𝐒𝐀 ⓜⓒ 𝐀𝐄 ⓞ
❀
– 𝒞 02 31 80 21 52 – audrieu @ relaischateaux.com – Fax 02 31 80 24 73
– Fermé 7 déc.-1er fév.
25 ch – ✝134/441 € ✝✝134/441 €, ⊻ 25 € – 4 suites – ½ P 144/282 €
Rest – *(fermé lundi et le midi sauf sam., dim. et fériés)* Menu 38 € (déj.), 54/95 €
– Carte 71/98 € 🍴
Spéc. Crevette géante snackée, vinaigre balsamique. Bar de l'ami Dominique, marinière de pomelos. Tomate-fraises-concombre, "p'tit beurre géant" (juin à sept.).
♦ Ce château du 18e s. (monument historique) isolé au sein d'un immense parc abrite de belles chambres garnies de meubles anciens. Élégante salle à manger, cuisine au goût du jour personnalisée et carte des vins étoffée pour mener une vie de châtelain-gourmet !

Grand luxe ou sans prétention ?
Les ✗ et les 🏠 notent le confort.

🔁 Paris 765 – Bordeaux 183 – Biarritz 9 – Pamplona 109 – San Sebastián 53

✈ de Biarritz-Anglet-Bayonne : ℰ 05 59 43 83 83, SO : 5 km par N 10 AZ.

🚉 Office de tourisme, place des Basques ℰ 08 20 42 64 64,
Fax 05 59 59 37 55

🏌 Makila Golf Club à Biarritz Route de Cambo, S : 6 km par D 932,
ℰ 05 59 58 42 42.

◎ Cathédrale Ste-Marie★ et Cloître★ **B** - Fêtes★ (début août) - Musée
Bonnat★★ BY **M²** - Musée basque★★★.

Plan page ci-contre

Accès et sorties : voir à Biarritz.

🏠 Adour Hôtel   AC ch, ⁄ ⛵ VISA ⁰⁰ AE

13 pl. Ste-Ursule – ℰ 05 59 55 11 31 – resa @ adourhotel.net
– Fax 05 59 55 86 40

12 ch – †62/90 € ††68/95 €, ⊆ 7,50 € – ½ P 57/70 €   BY **f**
– **Rest** – table d'hôte *(fermé vend., sam. et dim.)* *(dîner seult)* *(résidents seult)*
Menu 18 €

♦ Hôtel rénové, situé à deux pas de la gare. Le décor de chacune des chambres s'inspire
d'un thème local (piment d'Espelette, surf, pelote basque, tauromachie, chocolat...). Bonne
insonorisation. Cuisine régionale servie en table d'hôte à la demande.

🍴🍴🍴 Auberge du Cheval Blanc (Jean-Claude Tellechea)

68 r. Bourgneuf – ℰ 05 59 59 01 33   AC ⁓ VISA ⁰⁰ AE
– Fax 05 59 59 52 26 – Fermé 7-17 juil., 30 juil.-4 août, 10-20 nov., 16 fév.-9 mars,
dim. soir sauf août, sam. midi et lundi   BZ **b**
Rest – Menu 30 € (sem.)/85 € – Carte 54/75 €

Spéc. Pressé de truite fumée maison, foie gras et poires au porto. Liégeois
d'huîtres tièdes (15 sept. au 15 mars). Parmentier de xamango au jus de veau
truffé. **Vins** Jurançon, Irouléguy.

♦ Cuisine du terroir revisitée, bon choix d'irouléguys, tableaux d'un artiste régional,
compositions florales et tons pastel font le charme de cet ancien relais de poste
(1715).

🍴🍴 François Miura   AC VISA ⁰⁰ AE

24 r. Marengo – ℰ 05 59 59 49 89 – Fermé en mars, vacances de noël, dim. soir,
jeudi midi et merc.   BZ **r**
Rest – Menu 21/32 € – Carte 41/51 €

♦ Dans le vieux Bayonne, salle de restaurant voûtée agrémentée de tableaux et meubles
modernes. Cuisine au goût du jour et suggestions du marché.

🍴 El Asador   AC ⁄ VISA ⁰⁰

pl. Montaut – ℰ 05 59 59 08 57 – Fermé 9 juin-2 juil., 22 déc.-7 janv., dim. soir et
lundi sauf fériés   AZ **e**
Rest – *(nombre de couverts limité, prévenir)* Menu 20 € (sem.)
– Carte 27/41 €

♦ Bois brut, affiches tauromachiques des années 1960, ambiance conviviale et
cuisine hispano-basque à base de produits locaux : les aficionados apprécient ce petit
restaurant.

🍴 Bayonnais   🏡 VISA ⁰⁰

38 quai des Corsaires – ℰ 05 59 25 61 19   BZ **s**
– Fax 05 59 59 00 64 – Fermé 1ᵉʳ-16 juin, 21 déc.-6 janv., lundi sauf juil.-août et dim.
Rest – Menu 16 € – Carte 30/38 €

♦ Voisin du musée basque, sympathique adresse proposant une copieuse cuisine du
terroir. Salle à manger de style régional complétée par une terrasse dressée au bord de la
Nive.

🍴 La Grange   🏡 ⁄ VISA ⁰⁰

26 quai Galuperie – ℰ 05 59 46 17 84 – Fermé dim. sauf fériés   BZ **a**
Rest – Menu 19 € – Carte 36/48 €

♦ Côté déco, cette ex-épicerie des arcades a conservé ses objets chinés, ses murs en
briquettes et ses boiseries. Longue ardoise de plats basques revisités. Vins classés par
prix.

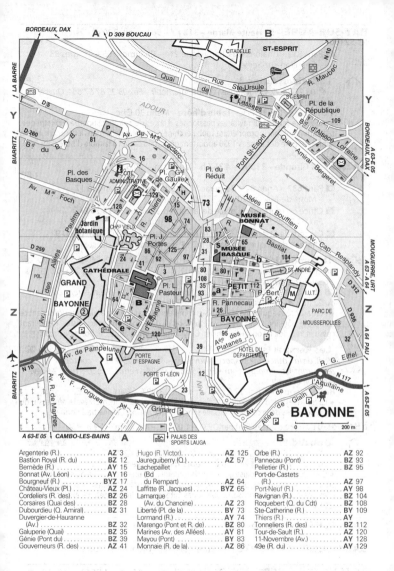

au Nord 2,5 km par rte de Bordeaux et D308 (voir plan de Biarritz)
– ⊠64100 Bayonne

🏠 **Le Mamelon Vert** sans rest ⌂ ≤ l'Adour, 🛋 ⚄ ❄ 🕯 ☍ **P**
1 chemin de Laborde – 𝒞 05 59 74 59 70
– info @ mamelonvert.com – Fermé 25 déc.-1ᵉʳ janv. BCX **t**
5 ch ☕ – †70 € ††120 €

◆ Cette maison de style régional qui surplombe l'Adour propose de confortables chambres décorées de gravures et meubles anciens ; la "Rouge" et la "Bleue" ont beaucoup de cachet.

271

BAY-SUR-AUBE – 52 Haute-Marne – 313 K7 – 56 h. – alt. 320 m –
✉ 52160   14 **C3**

> ◻ Paris 312 – Châlons-en-Champagne 214 – Chaumont 65 – Langres 33
> – Châtillon-sur-Seine 50

⌂ **La Maison Jaune** ⌖   ⌨ ♨ ⌘ **P**
– ℰ 03 25 84 99 42 – jwjansen@club-internet.fr – Fax 03 25 87 57 65 – Ouvert
d'avril à oct.
4 ch ⌑ – ♥70 € ♥♥85 € – **Table d'hôte** – Menu 30 € bc
♦ Ancienne ferme qui ravira les passionnés d'art et de culture : superbe bibliothèque,
tableaux peints par la propriétaire, mobilier chiné. Chambres belles dans leur simplicité. Les
lampes d'usine des années 1930 apportent un certain cachet à la table d'hôte cosy.

BAZAS – 33 Gironde – 335 J8 – 4 357 h. – alt. 70 m – ✉ 33430
▌Aquitaine   3 **B2**

> ◻ Paris 637 – Agen 84 – Bergerac 105 – Bordeaux 62 – Langon 17
> – Mont-de-Marsan 70

> ◸ Office de tourisme, 1, place de la Cathédrale ℰ 05 56 25 25 84,
> Fax 05 56 25 95 59

> ◉ Cathédrale St-Jean★ - Château de Cazeneuve★★ SO : 11 km par D 9 -
> Château de Roquetaillade★★ NO : 2 km - Collégiale d'Uzeste★.

🏠🏠 **Domaine de Fompeyre** ⌖   ⌨ ⌂ ⌦ ⌧ ⌘ ⌨ **AK** rest, ⌕ ⌖
rte Mont-de-Marsan – ℰ 05 56 25 98 00   **P** **VISA** **OO** **AE** **①**
– resa-bazas@monalisahotels.com – Fax 05 56 25 16 25
48 ch – ♥99/158 € ♥♥99/158 €, ⌑ 13 € – ½ P 90/120 € – **Rest** – (fermé dim. soir
du 23 nov. au 16 mars) Menu 35/45 € – Carte 39/64 €
♦ Parc arboré et équipements de loisirs complets (plaisant centre aquatique) valorisent ce
complexe hôtelier. Chambres coquettes ; celles du Manoir sont plus vastes. Restaurant
cossu et véranda façon jardin d'hiver. On y déguste, entre autres, le bœuf de Bazas.

✗✗ **Les Remparts**   ⌂ **AK** **VISA** **OO**
49 pl. de la Cathédrale, (Espace Mauvezin) – ℰ 05 56 25 95 24 – contact@
⌾ restaurant-les-remparts.com – Fax 05 56 25 95 24 – Fermé 20 oct.-5 nov., 2-9 fév.,
dim. soir et lundi
Rest – Menu (14 € bc), 17 € (déj. en sem.), 23/42 € – Carte 37/53 €
♦ La terrasse jouit d'une belle situation sur les remparts de la cité médiévale, au-dessus du
jardin des roses de la cathédrale. Salle spacieuse (tableaux). Cuisine traditionnelle.

à Bernos-Beaulac 6 km au Sud par D932 – 1 071 h. – alt. 66 m – ✉ 33430

⌂ **Dousud** ⌖   ⌨ ⌂ ⌑ ♨ ⌕ **P** **VISA** **OO**
– ℰ 05 56 25 43 23 – info@dousud.fr – Fax 05 56 25 42 75
5 ch ⌑ – ♥50/65 € ♥♥65/80 € – **Table d'hôte** – Menu 20 € bc
♦ Cette jolie ferme landaise profite de la tranquillité d'un parc de 9 ha où sont élevés des
chevaux. Les chambres, personnalisées, se trouvent dans les dépendances ; deux d'entres
elles possèdent une terrasse. Le soir, repas mitonnés par la propriétaire, ancienne restaura-
trice.

BAZEILLES – 08 Ardennes – 306 L4 – rattaché à Sedan

BAZINCOURT-SUR-EPTE – 27 Eure – 304 K6 – rattaché à Gisors

BAZOUGES-LA-PÉROUSE – 35 Ille-et-Vilaine – 309 M4 – 1 854 h. – alt. 106 m
– ✉ 35560 ▌Bretagne   10 **D2**

> ◻ Paris 376 – Fougères 34 – Rennes 45 – Saint-Malo 53

> ◸ Office de tourisme, 2, place de l'Hôtel de Ville ℰ 02 99 97 40 94,
> Fax 02 99 97 40 64

⌂ **Le Château de la Ballue** sans rest ⌖   ⌂ ♨ **P** **VISA** **OO** **AE**
4 km au Nord-Est – ℰ 02 99 97 47 86 – chateau@la-ballue.com
– Fax 02 99 97 47 70
5 ch – ♥170/195 € ♥♥220/290 €, ⌑ 15 €
♦ De superbes jardins d'esprit baroque et à la française entourent ce château du
17e s. Grandes chambres raffinées : hauteur sous plafond, boiseries d'époque, mobilier
ancien.

BEAUCAIRE – 30 Gard – 339 M6 – 13 748 h. – alt. 18 m – ⌖ 30300
🏴 Provence   23 **D2**

▶ Paris 703 – Arles 18 – Avignon 27 – Nîmes 24

🅸 Office de tourisme, 24, cours Gambetta ✆ 04 66 59 26 57,
Fax 04 66 59 68 51

◎ Château★.

🏠 **Les Vignes Blanches**   🍴 ⅃ ▯ 🕭 க � 🗚 🗣 🕭 **P** _VISA_ ◍ 🆎 ①
〰 67 rte de Nîmes – ✆ 04 66 59 13 12 – contact@lesvignesblanches.com
– Fax 04 66 58 08 11 – Fermé 2 janv.-8 fév.
57 ch – ♦69/97 € ♦♦69/97 €, � 9 € – ½ P 70/76 € – **Rest**
– (fermé dim. soir et lundi de nov. à janv.) Menu 14 € (déj. en sem.), 18/39 €
– Carte 28/49 €
   ♦ Cet immeuble sur un axe passant abrite un hôtel bien tenu : hall original, chambres
(plus calmes sur l'arrière) joliment colorées, dont les noms sont associés à la décoration.
Espace bistrot ou salle à manger chaleureuse. Carte traditionnelle, cuisson au four à
bois.

🏠 **L'Oliveraie** ⊛   ⅃ க � 🗚 rest, 🕭 🗣 **P** _VISA_ ◍ 🆎
chemin Clapas de Cornut, rte de Nîmes – ✆ 04 66 59 16 87 – fvalota@
club-internet.fr – Fax 04 66 59 08 91
39 ch – ♦62 € ♦♦62/64 €, ⊃ 11 € – ½ P 68/75 € – **Rest** – (fermé dim. soir sauf
en juil.-août et sam. midi) Menu (16 €), 19/39 € – Carte 29/45 €
   ♦ Atmosphère familiale dans cet établissement composé de deux bâtiments.
Chambres confortables, avec balcon ou terrasse ; celles de l'aile récente sont plus modernes. Plaisante salle à manger agrémentée par de nombreux bibelots ; véranda coiffée d'une
charpente.

au Sud-Ouest 6 km (rte de St Gilles) puis à gauche, écluse de Nouriguier – ⌖ 30300
Beaucaire

🏠 **Mas de Lafont** sans rest ⊛   🛋 ⅃ 🗚 **P**
chemin du Mas d'Aillaud – ✆ 04 66 59 29 59 – Fax 04 66 59 29 59 – Ouvert
1er mai-1er oct.
3 ch ⊃ – ♦70/80 € ♦♦80/90 €
   ♦ Entre vignes et abricotiers, mas du 17e s. dont les chambres, spacieuses et dotées
d'un superbe mobilier provençal, donnent toutes côté jardin. Cuisine équipée à
disposition.

BEAUCENS – 65 Hautes-Pyrénées – 342 L5 – 350 h. – alt. 450 m – ⌖ 65400
🏴 Midi-Pyrénées   28 **A3**

▶ Paris 866 – Pau 59 – Tarbes 38 – Toulouse 191

🏠 **Eth Bérÿè Petit** ⊛   ⇚ 🗚 🌂 **P**
15 rte Vielle – ✆ 05 62 97 90 02 – contact@beryepetit.com – Fax 05 62 97 90 02
3 ch ⊃ – ♦56/63 € ♦♦56/63 € – **Table d'hôte** – (ouvert vend. soir et sam. soir
de nov. à avril) Menu 20 € bc
   ♦ Entre prés et bois, accueillante maison bigourdane (1790) restaurée avec soin, et
dont l'enseigne signifie le petit verger. Les chambres, calmes et cosy, ont une vue splendide
sur la vallée. Dîner et petit-déjeuner dans un joli salon au coin du feu ou en
terrasse.

LE BEAUCET – 84 Vaucluse – 332 D10 – **rattaché à Carpentras**

BEAUCOUZÉ – 49 Maine-et-Loire – 317 F4 – **rattaché à Angers**

BEAUDÉAN – 65 Hautes-Pyrénées – 342 M5 – **rattaché à Bagnères-de-Bigorre**

BEAUFORT – 73 Savoie – 333 M3 – 1 985 h. – alt. 750 m – ⌖ 73270
🏴 Alpes du Nord   45 **D1**

▶ Paris 601 – Albertville 21 – Chambéry 72 – Megève 37

🅸 Office de tourisme, Route du Grand Mont ✆ 04 79 38 37 57,
Fax 04 79 38 16 70

◎ Beaufortain★★.

BEAUFORT

Le Grand Mont   ☎ VISA ⓄⒸ

pl. de l'Église – ℰ 04 79 38 33 36 – hoteldugrandmont2 @ wanadoo.fr
– Fax 04 79 38 39 07 – Fermé 20 avril-5 mai et 1er oct.-7 nov.,
15 ch – ♦47/49 € ♦♦58/60 €, ⌂ 8,50 € – ½ P 56/59 €
Rest – *(fermé sam. midi et dim. soir)* Menu (13 €), 21/32 € – Carte 22/35 €
◆ Ambiance sympathique à l'intérieur de cette maison de pays d'un village réputé pour son bon lait d'alpage et son célèbre fromage. Chambres bien tenues. Le restaurant offre un cadre rustique tout simple rehaussé de photographies de paysages beaufortains.

La Table du Berger   VISA ⓄⒸ ⓄⒾ

Grande-Rue – ℰ 04 79 38 37 91
– Fermé janv., dim. soir et lundi
Rest – Menu 14,50 € (déj. en sem.), 17/43 € – Carte 27/40 €
◆ Une fresque représentant Gargantua apporte une touche de fantaisie au sobre décor montagnard de ce restaurant logé dans une bâtisse régionale typique. Recettes du terroir.

BEAUGENCY – 45 Loiret – 318 G5 – 7 106 h. – alt. 99 m – ⌂ 45190   12 **C2**
▐ Châteaux de la Loire

▶ Paris 152 – Blois 35 – Châteaudun 42 – Orléans 31 – Vendôme 65
🎦 Office de tourisme, 3, place Dr Hyvernaud ℰ 02 38 44 54 42, Fax 02 38 46 45 31
🏌 de Ganay à Saint-Laurent-Nouan Prieuré de Ganay, S : 7 km par D 925, ℰ 02 54 87 26 24 ;
🏌 Les Bordes Golf International à Saint-Laurent-Nouan Les Petits Rondis, S : 9 km par D 925, ℰ 02 54 87 72 13.
◉ Église Notre-Dame★ - Donjon★ - Tentures★ dans l'hôtel de ville **H** - Musée régional de l'Orléanais★ dans le château.

BEAUGENCY

Abbaye (R. de l')........ 2
Bretonnerie (R. de la)...... 3
Change (R. du)........... 4
Châteaudun (R. de)....... 5
Cordonnerie (R. de la)..... 6
Dr-Hyvernaud (Pl.)........ 8
Dunois (Pl.)............. 9
Maille-d'Or (R. de la)...... 10
Martroi (Pl. du).........
Pellieux (Passage)........ 12
Pont (R. du)...........
Puits-de-l'Ange (R. du)..... 14
Sirène (R. de la)......... 15
Traîneau (R. du)......... 17
Trois-Marchands (R. des).... 18

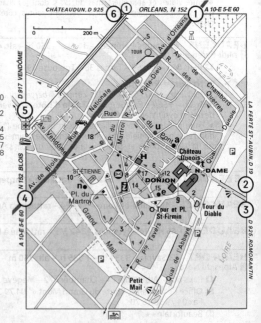

274

Hostellerie de l'Écu de Bretagne   🎵 📞 🚤 P VISA ⓪ AE

pl. Martroi – 🕐 *02 38 44 67 60 – ecu-de-bretagne@wanadoo.fr*
– Fax 02 38 44 68 07   **n**
34 ch – ♦60/147 € ♦♦70/160 €, ⌓ 12 € – ½ P 65/150 € – **Rest** – *(fermé dim. soir hors saison)* Menu 23/36 € – Carte 45/61 €

♦ Au cœur de la cité ligérienne, ce relais de poste – qui daterait de 1607 – et son annexe retrouvent une seconde jeunesse. Agréables chambres personnalisées. Salle à manger conviviale où l'on propose une cuisine au goût du jour et une sélection de vins locaux.

De la Sologne *sans rest*   📞 VISA ⓪ AE

6 pl. St-Firmin – 🕐 *02 38 44 50 27 – hotel-de-la-sologne.beaugency@wanadoo.fr*
– Fax 02 38 44 90 19 – Fermé 23 déc.-7 janv.   **e**
16 ch – ♦45/63 € ♦♦48/68 €, ⌓ 8,50 €

♦ Un perron joliment fleuri en été conduit à cet hôtel solognot situé à deux pas de la tour St-Firmin et soucieux de sa bonne tenue. Petites chambres personnalisées.

Le Relais des Templiers *sans rest*   🎵 📞 P VISA ⓪ AE

– 🕐 *02 38 44 53 78 – info@hotelrelaistempliers.com – Fax 02 38 46 42 55 – Fermé 26 déc.-4 janv.*   **a**
15 ch – ♦47/65 € ♦♦47/65 €, ⌓ 7,50 €

♦ Aux portes du centre historique, belle façade en pierre abritant des chambres assez grandes, agencées de manière pratique et sobre. Salle des petits-déjeuners lumineuse.

✕✕ Le Petit Bateau   🍴 VISA ⓪ AE

54 r. du Pont – 🕐 *02 38 44 56 38 – lepetitbateau@wanadoo.fr*
– Fax 02 38 46 44 37 – Fermé 17-29 nov., 12-22 janv., dim. soir et lundi   **u**
Rest – Menu (15 €), 21 € (sem.)/38 € – Carte 41/64 €

♦ Deux salles à manger : l'une au cadre rustique soigné avec poutres apparentes et cheminée ; l'autre plus petite, ouverte sur une cour-terrasse. Cuisine traditionnelle.

✕ Le Relais du Château   VISA ⓪

8 r. du Pont – 🕐 *02 38 44 55 10 – carre-philippe45@orange.fr – Fermé fév., jeudi midi de juil. à oct., mardi soir et jeudi soir d'oct. à juin et merc.*   **t**
Rest – Menu 15/35 € – Carte 29/44 €

♦ Coquet petit restaurant situé dans une rue commerçante à proximité du donjon (11ᵉ s.). Expositions de peintures d'artistes régionaux à titre de décor. Plats traditionnels.

à Tavers 3 km par ④ et rte secondaire – 1 215 h. – alt. 100 m – ⌖ 45190

La Tonnellerie *sans rest* 🌿   🚗 🎵 📶 📞 🚤 VISA ⓪ AE

12 r. des Eaux-Bleues, près de l'église – 🕐 *02 38 44 68 15 – tonelri@club-internet.fr*
– Fax 02 38 44 10 01 – Fermé 17 déc.-15 janv.
18 ch – ♦105/180 € ♦♦105/180 €, ⌓ 14 € – 2 suites

♦ Hostellerie solognote encadrant un agréable jardin et une piscine. Les chambres, dotées de meubles de style, sont aménagées dans l'esprit d'une maison particulière.

BEAULIEU – 07 Ardèche – **331** H7 – 400 h. – alt. 130 m – ⌖ 07460   **44 A3**
   ◘ Paris 668 – Alès 40 – Aubenas 39 – Largentière 29 – Pont-St-Esprit 50
   – Privas 71

La Santoline 🌿   ⟋ 🚗 🍴 🎵 🖥 📺 ch, ⇆ 🎵 rest, P VISA ⓪

1 km au Sud-Est de Beaulieu – 🕐 *04 75 39 01 91 – contacts@lasantoline.com*
– Fax 04 75 39 38 79 – Ouvert 26 avril-14 sept.
7 ch – ♦70/115 € ♦♦70/115 €, ⌓ 12 € – ½ P 79/114 € – **Rest** – *(fermé jeudi)* *(dîner seult) (résidents seult)* Menu 32 €

♦ Accueil charmant dans cette bâtisse du 16ᵉ s. entourée par la garrigue cévenole. Agréables chambres personnalisées et garnies de meubles rustiques ou contemporains.

Petit-déjeuner compris ?
La tasse ⌓ suit directement le nombre de chambres.

BEAULIEU-EN-ARGONNE – 55 Meuse – 307 B4 – 30 h. – alt. 275 m – ✉ 55250
📍 Champagne Ardenne   26 **A2**

▶ Paris 241 – Bar-le-Duc 37 – Futeau 10 – Ste-Menehould 23
  – Verdun 38

◻ Pressoir★ dans l'ancienne abbaye.

✗ **Hostellerie de l'Abbaye** avec ch ♨   ⟨ 🛏 ☕ **VISA** ⦿
– 𝒞 03 29 70 72 81 – Fax 03 29 70 71 19 – *Ouvert d'avril à oct. et fermé merc.*
8 ch – †47/56 € ††47/56 €, ⌶ 5 € – ½ P 35 € – **Rest** – Menu 17/25 €
– Carte 29/41 €
  ♦ Le restaurant, tout simple, offre une jolie perspective sur l'Argonne et les massifs
forestiers alentour. Discrète maison des années 1960 hébergeant aussi un bar-
tabac. La plupart des chambres, bien tenues, s'ouvrent largement sur la campagne
environnante.

BEAULIEU-SUR-DORDOGNE – 19 Corrèze – 329 M6 – 1 286 h. – alt. 142 m –
✉ 19120 📍 Limousin Berry   25 **C3**

▶ Paris 513 – Aurillac 65 – Brive-la-Gaillarde 44 – Figeac 56
  – Sarlat-la-Canéda 69 – Tulle 38

🛈 Office de tourisme, place Marbot 𝒞 05 55 91 09 94,
  Fax 05 55 91 10 97

◻ Église St-Pierre★★ : portail méridional★★ - Vieille Ville★.

🏨 **Manoir de Beaulieu**   🛏 🅰 rest, ☕ rest, ⸙ 🕏 🅿 **VISA** ⦿ 🆎 ⓞ
4 pl. du Champ-de-Mars – 𝒞 05 55 91 01 34 – *reservation@*
manoirdebeaulieu.com – Fax 05 55 91 23 57
25 ch – †70/120 € ††75/130 €, ⌶ 10 € – 1 suite – **Rest** – Menu (20 €), 27/80 €
– Carte 51/85 €
  ♦ Cette hôtellerie de caractère fondée en 1912 a retrouvé l'éclat du neuf. Chambres
douillettes personnalisées par du mobilier ancien et dotées de salles de bain modernes.
Cuisine d'aujourd'hui servie dans un décor rustique actualisé.

🏠 **Le Relais de Vellinus**   🛏 ⸙ ☕ ch, ⸙ **VISA** ⦿ 🆎 ⓞ
17 pl. du Champ-de-Mars – 𝒞 05 55 91 11 04 – *contact@vellinus.com*
– Fax 05 55 91 26 16 – *Fermé 22 déc.-4 janv., dim. soir et sam. midi*
20 ch – †54/115 € ††54/115 €, ⌶ 9 € – ½ P 64/72 €
Rest – Menu 18 € (déj. en sem.)/44 € – Carte 54 €
  ♦ Joliment reprise en main, cette maison s'est métamorphosée en profondeur.
Confort contemporain. Chaque chambre invite à un voyage différent (mauresque,
zen, mer, Afrique...). La sérénité règne dans la salle à manger et en terrasse. Cuisine
traditionnelle.

✗✗ **Les Charmilles** avec ch   🛏 **VISA** ⦿
20 bd St-Rodolphe-de-Turenne – 𝒞 05 55 91 29 29 – *charme@club-internet.fr*
– Fax 05 55 91 29 30 – *Fermé 27 oct.-16 nov.*
8 ch – †58 € ††58 €, ⌶ 8 € – ½ P 54 € – **Rest** – *(fermé merc. d'oct. à mai)*
Menu 20/45 € – Carte 30/63 €
  ♦ Cette maison régionale a été joliment rénovée : plaisante salle à manger, charmante
terrasse dressée au bord de la Dordogne, carte classique et coquettes chambres.

à Brivezac 8 km rte d' Argentat par D 940 et D 12 – 199 h. – alt. 140 m – ✉ 19120

🏠 **Château de la Grèze** ♨   🖼 🦆 ⌂ ⸙ ☕ ⸙
– 𝒞 05 55 91 08 68 – *anne-odile-france@wanadoo.fr* – *Fermé 20-27 déc.*
5 ch ⌶ – †50/98 € ††58/106 € – **Table d'hôte** – *(fermé merc., sam. et dim.*
en juil.-août) Menu 25 € bc
  ♦ Entourée d'un parc, cette élégante demeure du 18ᵉ s. propose de grandes
chambres personnalisées, offrant une vue imprenable sur la vallée. Piscine et promenades
équestres.

BEAULIEU-SUR-MER – 06 Alpes-Maritimes – 341 F5 – 3 675 h. – Casino –
✉ 06310 📍 Côte d'Azur   42 **E2**

▶ Paris 935 – Menton 20 – Nice 8

🛈 Office de tourisme, place Georges Clemenceau 𝒞 04 93 01 02 21,
  Fax 04 93 01 44 04

◻ Site★ de la Villa Kerylos★ - Baie des Fourmis★.

BEAULIEU-SUR-MER

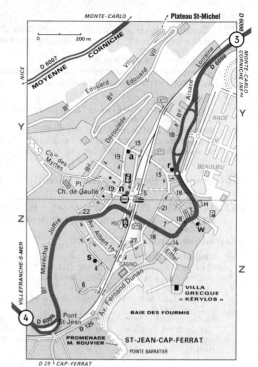

La Réserve de Beaulieu 🕭   ≤ mer, 🍴 ⌤ 🎱 ♨ 🖧 ⌧ 🚳 ↩ ☏

☆☆   5 bd Mar.-Leclerc – ℰ 04 93 01 00 01   🍴 VISA ⓜⓒ Æ ⓞ
    – reservation@reservebeaulieu.com – Fax 04 93 01 28 99
    – Fermé 26 oct.-19 déc.
    28 ch – ♦180/960 € ♦♦350/1365 €, ⌿ 33 € – 11 suites   Z **w**
    Rest – *(fermé le midi de juin à oct. et lundi)* Menu 75 € (déj. en sem.), 95/230 €
    – Carte 180/250 €
    Spéc. Coupe estivale de langoustines royales (été). Turbot cuit au plat, aux zestes
    d'agrumes et amandes, lasagne de tourteau et courgettes fleurs (été). Duo acidulé
    de pêche et abricot (été). **Vins** Bellet, Côtes de Provence.
    ♦ Luxueux palace de bord de mer (1880) alliant la superbe d'un palais florentin de style
    Renaissance au confort d'aujourd'hui. Fastueuses suites et centre de beauté. Salle à manger
    raffinée, terrasse avec vue sur la baie et belle cuisine provençale revisitée :
    magique !

Carlton sans rest 🕭   ⌤ 🖧 ⌧ ↩ 🍴 P 🛜 VISA ⓜⓒ Æ

    7 av. Edith Cavell – ℰ 04 93 01 44 70 – info@carlton-beaulieu.com
    – Fax 04 93 01 44 30 – Fermé 11 janv.-13 fév.   Z **s**
    33 ch – ♦74/190 € ♦♦74/190 €, ⌿ 12 €
    ♦ Cette villa des années 1930, dans un quartier résidentiel proche de la plage et du casino,
    dispose de chambres classiques. Agréable piscine. Accueil attentionné et service pro.

Frisia sans rest   ≤ 🖧 ⌧ ↩ VISA ⓜⓒ Æ ⓞ

    2 bd E-Gauthier – ℰ 04 93 01 01 04 – info@frisia-beaulieu.com
    – Fax 04 93 01 31 92 – Fermé 9 nov.-16 déc.   Y **r**
    33 ch – ♦52/135 € ♦♦59/135 €, ⌿ 9 € – 1 suite
    ♦ La moitié des chambres et le toit-solarium regardent le port de plaisance et le
    rivage. Dans la cour-jardin, annexe accueillant une grande chambre et une suite avec
    terrasse.

🏨 **Comté de Nice** sans rest 🎬 🕭 🗚 🌿 🕉 ᢖ 🚳 **VISA** **⑳** 🄰🄴 ⓪
bd Marinoni – ℰ 04 93 01 19 70 – contact@hotel-comtedenice.com
– Fax 04 93 01 23 09   Y **a**
32 ch – ♦60/95 € ♦♦70/105 €, ☖ 10 €
◆ Dans un immeuble discret du centre-ville, chambres de bonne ampleur et bien équipées,
à choisir côté mer pour plus de tranquillité. Salons et bar confortables.

✗✗ **Les Agaves** 🄰🄲 **VISA** **⑳** 🄰🄴
4 av. Mar.-Foch – ℰ 04 93 01 13 12 – lelu.jacky@wanadoo.fr – Fax 04 93 01 65 97
– Fermé 20 nov.-14 déc.   Y **n**
Rest – (dîner seult) Menu 37 € – Carte 49/77 €
◆ La Provence s'invite dans le décor (tons bleu et jaune, moulures d'origine, boiseries)
et les assiettes, parfois inventives, de ce discret restaurant ouvert seulement le
soir.

Autres ressources hôtelières voir à : **St-Jean-Cap-Ferrat**

BEAUMARCHÉS – 32 Gers – 336 C8 – 588 h. – alt. 175 m – ⊠ 32160   28 **A2**
  ◗ Paris 755 – Agen 108 – Pau 64 – Mont-de-Marsan 65 – Auch 54

à Cayron 5 km à l'Est par D 946 – ⊠ 32230

🏠 **Relais du Bastidou** ⌂ 🚗 🕭 🖵 ఈ **P** **VISA** **⑳** 🄰🄴
2 km au Sud par rte secondaire – ℰ 05 62 69 19 94 – lerelaisdubastidou@
libertysurf.fr – Fax 05 62 69 19 94 – Fermé nov.
8 ch – ♦50/70 € ♦♦50/70 €, ☖ 8 € – ½ P 40/55 € – **Rest**
– (fermé dim. soir et lundi sauf juil.-août) (prévenir) Menu 20 € (sem.)/34 €
– Carte 19/41 €
◆ Cette ancienne ferme isolée en pleine nature vous garantit le plus grand calme.
Les chambres, installées dans la grange, affichent un joli décor rustique chic. Sauna et
jacuzzi. Salle à manger campagnarde réchauffée par une belle cheminée en
briques.

BEAUMES-DE-VENISE – 84 Vaucluse – 332 D9 – **rattaché à Carpentras**

BEAUMONT-DE-LOMAGNE – 82 Tarn-et-Garonne – 337 B8 – 3 690 h.
– alt. 400 m – ⊠ 82500 ▮ Midi-Pyrénées   28 **B2**
  ◗ Paris 662 – Toulouse 58 – Agen 60 – Auch 51 – Condom 64 – Montauban 35
  ▯ Office de tourisme, 3, rue Pierre Fermat ℰ 05 63 02 42 32,
    Fax 05 63 65 61 17

🏠 **Le Commerce** 🄰🄲 rest, 🌿 ch, 📞 **VISA** **⑳** 🄰🄴
⌂ 58 r. Mar.-Foch – ℰ 05 63 02 31 02 – hotelrest.lecommerce@wanadoo.fr
    – Fax 05 63 65 26 22 – Fermé 22 déc.-11 janv. et dim. soir
12 ch – ♦42/48 € ♦♦48 €, ☖ 7,50 € – ½ P 45 € – **Rest** – (fermé vend. soir
sauf juil.-août, dim. soir et lundi) Menu (9,50 €), 18 € (sem.)/33 €
– Carte 25/44 €
◆ Maison de pays bordant la traversée du village. Les chambres, rajeunies et soigneusement entretenues, offrent tout le confort désiré. La salle de restaurant a préservé son
charme campagnard ; cuisine traditionnelle.

BEAUMONT-EN-AUGE – 14 Calvados – 303 M4 – 496 h. – alt. 90 m – ⊠ 14950
▮ Normandie Vallée de la Seine   32 **A3**
  ◗ Paris 199 – Caen 42 – Deauville 12 – Le Havre 49 – Lisieux 21
    – Pont-l'Évêque 7

✗✗ **Auberge de l'Abbaye** **VISA** **⑳** 🄰🄴
– ℰ 02 31 64 82 31 – Fermé 29 sept.-8 oct., 5-28 janv., lundi soir de nov. à mars,
mardi sauf juil.-août et merc.
Rest – Menu 30/54 € – Carte 45/86 €
◆ Belle façade régionale du 18ᵉ s. où grimpe la vigne vierge. Plats du terroir servis dans trois
petites salles à manger typiquement normandes, décorées de bibelots anciens.

BEAUNE ⊛ – 21 Côte-d'Or – **320** I7 – **21 923 h.** – **alt. 220 m** – ✉ **21200**
Bourgogne **7 A3**

Paris 308 – Autun 49 – Chalon-sur-Saône 29 – Dijon 45 – Dole 65

Office de tourisme, 1, rue de l'Hôtel Dieu ✆ 03 80 26 21 30, Fax 03 80 26 21 39

de Beaune Levernois à LevernoisSE : 4 km par D 970, ✆ 03 80 24 10 29.

Hôtel-Dieu★★★ : polyptyque du Jugement dernier★★★, Grand'salle salle ou chambre des pauvres★★★ - Collégiale Notre-Dame★ : tapisseries★★ - Hôtel de la Rochepot★ AY **B** - Remparts★.

Le Cep sans rest
27 r. Maufoux – ✆ 03 80 22 35 48 – resa@hotel-cep-beaune.com – Fax 03 80 22 76 80 AZ **z**
49 ch – 125/204 € 160/244 €, 20 € – 13 suites
♦ Hôtels particuliers (16e et 18e s.) abritant des chambres personnalisées et de superbes suites. L'été, petit-déjeuner dans la cour Renaissance ombragée par un vénérable saule pleureur.

BEAUNE

Alsace (R. d') . . . . **AZ** 2
Belin (R.) . . . . **AZ** 4
Bourgelat (R.) . . . . **AZ** 5
Carnot (Petite-Pl.) . . . . **AZ** 6
Carnot (Pl.) . . . . **AZ** 7
Carnot (R.) . . . . **AZ** 9
Château (R. du) . . . . **BY** 10
Dames (Rempart des) . . . . . **AZ** 13
Dr-Jorrot (Pl. du) . . . . **BY** 15
Enfant (R. de l') . . . . **AY** 16
Enfert (R. d') . . . . **AZ** 17
Favart (R.) . . . . **AY** 18
Fleury (Pl.) . . . . **AZ** 19
Fraysse (R. E.) . . . . **AZ** 21
Halle (Pl. de la) . . . . **AZ** 23
Lorraine (R. de) . . . . **AY**
Maufoux (R.) . . . . **AZ** 25
Monge (Pl.) . . . . **AY** 26
Monge (R.) . . . . **AZ** 28
Perpreuil (Bd.) . . . . **AZ** 29
Poterne (R.) . . . . **AZ** 30
Rolin (R.) . . . . **AZ** 31
Rousseau-Deslandes (R.) . . . **BY** 32
Ste-Marguerite (R.) . . . . **AY** 35
St-Nicolas (R. du Fg) . . . . **AY** 34
Tonneliers (R. des) . . . . **AY** 37
Ziem (Pl.) . . . . **AZ** 40

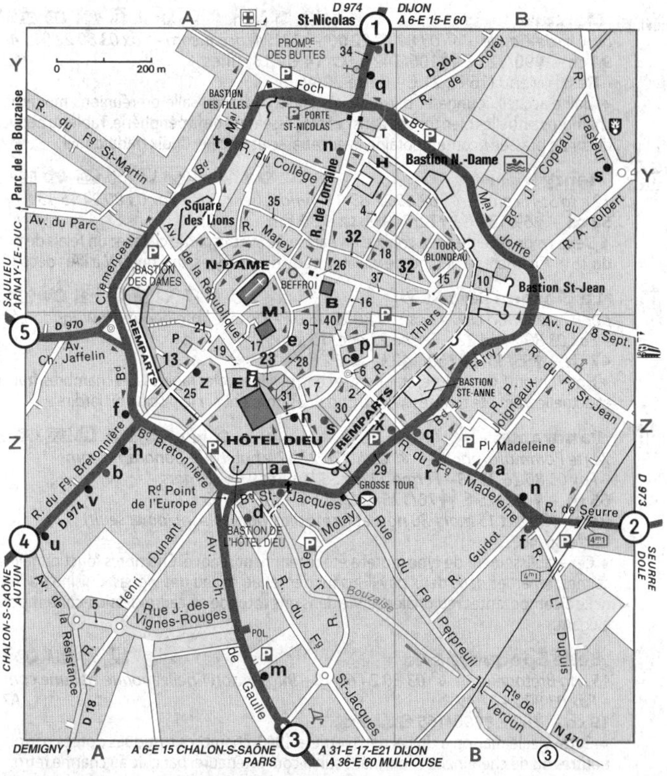

Hostellerie Le Cèdre

🗺 🛋 ⅃ᴬ 🅿 ⅃ ch, 📠 📞 🏊 🅿

12 bd Mar.-Foch – ℰ *03 80 24 01 01 – info@ lecedre-beaune.com – Fax 03 80 24 09 90* 🚗 ᐯᴵˢᴬ ⓜⓔ ᴬᴱ ⓞ AY t

40 ch – ♦155/205 € ♦♦155/205 €, ⌷ 17 € – ½ P 165/205 € – **Rest** – *(fermé 23-28 déc., 2-16 janv., sam. midi et dim. midi)* Menu 18 € (déj. en sem.), 42/78 € – Carte 52/95 €

♦ Belle demeure du début du 20ᵉ s. et son jardin planté d'arbres séculaires. Chambres spacieuses, élégantes et bien isolées. Salle de remise en forme, sauna. Restaurant bourgeois installé dans un pavillon du 19ᵉ s. et terrasse à l'ombre du vieux cèdre. Carte actuelle.

De la Poste

🗺 🛋 🅿 ⅃ ch, 📠 ch, 📞 🏊 🚗 ᐯᴵˢᴬ ⓜⓔ ᴬᴱ ⓞ

5 bd Clemenceau – ℰ *03 80 22 08 11 – reservation@hoteldelapostebeaune.com – Fax 03 80 24 19 71* AZ f

33 ch – ♦130/295 € ♦♦130/295 €, ⌷ 20 € – 3 suites

Rest – *(fermé mardi et le midi sauf dim. et fériés)* Menu 38/59 € – Carte 51/63 €
Rest Le Bistro – *(fermé mardi) (déj. seult)* Menu 26 € – Carte 24/37 €

♦ Ce relais de poste du 19ᵉ s. a subi une importante cure de jouvence. Chambres dotées de meubles anciens ou contemporains et salon-bar au cachet Art déco. Élégante table classique dans les tons clairs. Au bistrot, peinture murale vigneronne.

L'Hôtel sans rest

🅿 ⅃ 📠 ↯ 📞 🅿 ᐯᴵˢᴬ ⓜⓔ ᴬᴱ ⓞ

5 r. Samuel-Legay – ℰ *03 80 25 94 14 – info@lhoteldebeaune.com – Fax 03 80 25 94 13 – Fermé déc.* AZ p

7 ch – ♦180/335 € ♦♦180/335 €, ⌷ 25 €

♦ Luxueuses chambres de style Empire, équipements high-tech et salles de bains design : une nouvelle vie pour cette demeure bourgeoise qui abrita naguère la Maison Louis Jadot.

Mercure

🗺 ⅃ 🅿 ⅃ ch, 📠 ↯ 📞 🏊 🅿 ᐯᴵˢᴬ ⓜⓔ ᴬᴱ ⓞ

av. Ch.-de-Gaulle – ℰ *03 80 22 22 00 – h1217@accor.com – Fax 03 80 22 91 74*
94 ch – ♦90/122 € ♦♦106/142 €, ⌷ 14 € – 13 suites AZ m
– **Rest** – Menu (16 €), 21 € – Carte 20/45 €

♦ Hall d'accueil, lounge et bar relookés en style design, salle de réunions moderne et chambres actuelles bien tenues dans cet établissement de la périphérie. Table au nouveau décor de brasserie contemporaine avec terrasse et piscine. Choix traditionnel.

Henry II sans rest

🅿 ⅃ 📠 ↯ 🕉 📞 🚗 ᐯᴵˢᴬ ⓜⓔ ᴬᴱ ⓞ

12 r. fg St-Nicolas – ℰ *03 80 22 83 84 – info@henry2.fr – Fax 03 80 24 15 13*
58 ch – ♦69/139 € ♦♦72/249 €, ⌷ 9,50 € AY q

♦ L'extension récente a été conçue en harmonie avec la partie classée : un relais de poste du 16ᵉ s. Chambres à géométrie variable et de divers styles, du Louis XV à l'Art déco.

La Closerie sans rest ⌂

🗺 ⅃ ⅃ 📠 ↯ 📞 🏊 🅿 ᐯᴵˢᴬ ⓜⓔ ᴬᴱ ⓞ

par ④ rte Autun D 974 – ℰ *03 80 22 15 07 – closeriehotelbeaune@wanadoo.fr – Fax 03 80 24 16 22 – Fermé 23 déc.-15 janv.*

47 ch – ♦55/85 € ♦♦60/140 €, ⌷ 12 €

♦ Hôtel entouré de verdure, établi entre centre-ville et voies rapides. Les chambres, fraîches et actuelles, ont été remises à neuf. Certaines donnent sur la piscine du jardin.

Panorama

🗺 ⅃ 📠 ↯ 🕉 rest, 📞 🏊 🅿 🅿 ᐯᴵˢᴬ ⓜⓔ ᴬᴱ

74 rte Pommard, par ④ – ℰ *03 80 26 22 17 – hotel@le-panorama.com – Fax 03 80 26 22 18 – Fermé 22 déc.-3 janv. et 9 fév.-8 mars*

65 ch – ♦65/104 € ♦♦70/125 €, ⌷ 11 € – ½ P 75/93 €
Rest – *(Ouvert 15 mars-30 nov. et fermé dim. hors saison) (dîner seult)*
Carte 36/46 €

♦ Cet établissement de type motel a été récemment rénové. Chambres fonctionnelles et calmes, réparties dans deux pavillons modernes au milieu des vignes. Cuisine traditionnelle à composantes régionales servie dans une rotonde au cadre classico-contemporain élégant.

Belle Époque sans rest

🗺 🅿 🚗 ᐯᴵˢᴬ ⓜⓔ ᴬᴱ

15 r. fg Bretonnière – ℰ *03 80 24 66 15 – infos@hotel-belleepoque-beaune.com – Fax 03 80 24 17 49* AZ h

19 ch – ♦82 € ♦♦90/165 €, ⌷ 9 €

♦ Cette vieille maison a du cachet : verrière 1900, chambres rustiques dotées parfois de poutres ou de cheminées et donnant sur la cour intérieure, bar chic au charme rétro.

De la Paix sans rest   🕭 🖭 ⇥ 📞 🎿 VISA ⑳ 🖭 ①
45 r. fg Madeleine – ℰ *03 80 24 78 08 – contact@hotelpaix.com*
– Fax 03 80 24 10 18   BZ **n**
22 ch – ♦56/72 € ♦♦72/132 €, ⊇ 9,50 €
◆ Accueillante étape familiale bordant une route passante. Chambres meublées en style contemporain ou en bois peint. Salon-billard et joli bar.

Grillon sans rest ≫   🖙 🍽 🖭 ⇥ 📞 P VISA ⑳ 🖭 ①
21 rte Seurre, 1 km par ② *–* ℰ *03 80 22 44 25 – joel.GRILLON@wanadoo.fr*
– Fax 03 80 24 94 89 – Fermé 2 fév.-3 mars
17 ch – ♦54/95 € ♦♦54/95 €, ⊇ 9 €
◆ Pimpante demeure rose aux volets vert amande blottie dans son jardin clos. Chambres coquettes, salon-bar occupant un caveau et terrasse fleurie pour petits-déjeuners d'été.

Hostellerie de Bretonnière sans rest   🕭 📞 P VISA ⑳ 🖭 ①
43 r. fg Bretonnière – ℰ *03 80 22 15 77 – infos@hotelbretonniere.com*
– Fax 03 80 22 72 54   AZ **v**
32 ch – ♦55/79 € ♦♦55/110 €, ⊇ 8,50 €
◆ Cet ancien relais de poste et son annexe disposent de chambres et duplex rénovés par étapes, dans le goût actuel ; certains sont en rez-de-jardin. Réception de caractère.

Central   🍴 📞 🎿 ⌂ VISA ⑳ 🖭 ①
2 r. V.-Millot – ℰ *03 80 24 77 24 – hotel.central.beaune@wanadoo.fr*
– Fax 03 80 22 30 40   AZ **n**
20 ch – ♦50/60 € ♦♦79/89 €, ⊇ 10 € – 1 suite
Rest *Le Cheval Blanc –* ℰ *03 80 24 69 70 (fermé mi-déc.-mi-janv., mardi et merc.)*
Menu (15 €), 23/32 € – Carte environ 34 €
◆ Maison d'angle (1595) située à 100 m de l'hôtel-Dieu. Les chambres, actuelles et de tailles respectables, sont correctement insonorisées ; une suite est aussi proposée. Repas traditionnel et décor classique actualisé au Cheval Blanc. Terrasse-trottoir protégée.

La Villa Fleurie sans rest   🖙 🖭 📞 P VISA ⑳
19 pl. Colbert – ℰ *03 80 22 66 00 – la.villa.fleurie@wanadoo.fr*
– Fax 03 80 22 45 46 – Fermé janv.   BY **s**
10 ch – ♦69/79 € ♦♦69/99 €, ⊇ 8,50 €
◆ Maison-bonbonnière de la Belle Époque devancée d'un jardinet fleuri. Chambres contemporaines ou garnies de meubles anciens. Salle des petits-déjeuners au charme british.

Alésia sans rest   P VISA ⑳ 🖭
4 av. des Sablières, 1 km rte Dijon par ① *–* ℰ *03 80 22 63 27 – hotel.alesia@wanadoo.fr – Fax 03 80 24 95 28*
15 ch – ♦34 € ♦♦49 €, ⊇ 7,50 €
◆ Aux portes de Beaune, sympathique adresse pour petits budgets. Les chambres, simples et fraîches, sont bien tenues. Accueil attentionné.

Beaune Hôtel sans rest   🕭 🖙 🎿 ⌂ VISA ⑳ 🖭
55 bis r. fg Bretonnière – ℰ *03 80 22 11 01 – beaunehotel@aol.com*
– Fax 03 80 22 46 66 – Fermé 18 nov.-12 déc. et 22 déc.-5 janv.   AZ **u**
21 ch – ♦62/90 € ♦♦68/125 €, ⊇ 8 €
◆ Discrète bâtisse proche d'un carrefour. Les chambres, un peu petites mais fonctionnelles et scrupuleusement tenues, profitent presque toutes du calme de la cour intérieure.

Le Jardin des Remparts (Roland Chanliaud)   🍴 P VISA ⑳
10 r. Hôtel-Dieu – ℰ *03 80 24 79 41 – info@le-jardin-des-remparts.com*
– Fax 03 80 24 92 79 – Fermé 1ᵉʳ déc.-13 janv., dim. et lundi sauf fêtes   AZ **a**
Rest – Menu 35 € (déj. en sem.), 58/88 € – Carte 60/81 € ⅏
Spéc. Tartare de charolais aux huîtres, écume de mer. Lotte au beurre d'algues et coquillages, jus au thé. Pigeon rôti au jus et gousses de petits pois (printemps-été).
Vins Meursault, Beaune.
◆ Ravissante maison des années 1930 et son délicieux jardin-terrasse longeant les remparts. Cadre actuel, mets innovants et superbes vins ; piano à queue et objets viticoles au salon.

XXX **L'Écusson** 🛋 AC VISA MO AE ①
pl. Malmédy – ℰ 03 80 24 03 82 – contact@ecusson.fr – Fax 03 80 24 74 02
– Fermé 2 fév.-2 mars, merc. et dim. sauf fériés BZ **f**
Rest – Menu 26/62 € – Carte 53/74 € 🏵
♦ Repas au goût du jour, selon le marché et l'inspiration du chef-patron, dans un cadre classico-rustique raffiné ou sur l'invitante terrasse. Ambiance conviviale. Beaux bourgognes.

XX **Le Bénaton** (Bruno Monnoir) 🛋 🛋 VISA MO AE
£3 *25 r. fg Bretonnière – ℰ 03 80 22 00 26 – lebenaton@club-internet.fr*
– Fax 03 80 22 51 95 – Fermé 1ᵉʳ-7 juil., 5-15 déc., vacances de fév., sam. midi d'avril
à nov., jeudi sauf le soir d'avril à nov. et merc. AZ **b**
Rest – Menu (23 €), 45/85 € – Carte 51/79 €
Spéc. Bocal de homard à l'huile d'olive et jeunes légumes (printemps et automne). Tête de veau rôtie, langoustines frites, bouillon gribiche. Gâteau au chocolat chaud et cassis. **Vins** Meursault.
♦ Belle cuisine inventive à apprécier dans une salle relookée en style contemporain, élégante et feutrée, ou, dès les premiers beaux jours, sur la terrasse meublée en teck.

XX **Caveau des Arches** AC VISA MO AE
10 bd Perpreuil – ℰ 03 80 22 10 37 – info@caveau-des-arches.com
– Fax 03 80 22 76 44 – Fermé 18 juil.-19 août, 20 déc.-19 janv., dim. et lundi
Rest – Menu (16 €), 21/45 € – Carte 28/53 € 🏵 ABZ **x**
♦ Repas traditionnel servi sous une voûte souterraine en pierres (18ᵉ s.) intégrant des soubassements d'un pont (15ᵉ s.) qui desservait la cité. Décor moderne ; bon choix de bourgognes.

XX **Sushikai** 🛋 🛋 ᵭ AC VISA MO
50 fg St-Nicolas – ℰ 03 80 24 02 87 – Fax 03 80 24 79 85 – Fermé 5-22 janv., merc.
et jeudi AY **u**
Rest – Menu (19 €), 25 € (déj. en sem.), 34/54 € – Carte 40/54 €
♦ Bois sombre, galets, bambou et jardin sur l'arrière agrémenté d'un petit pont : ce restaurant au décor zen et épuré propose une authentique cuisine japonaise assortie d'une carte des vins régionale.

XX **Le Verger** 🛋 VISA MO AE ①
☜ *21 rte de Seurre, 1 km par ② – ℰ 03 80 24 28 05 – Fax 03 80 22 78 89*
– Fermé 15 janv.-1ᵉʳ mars, lundi midi, jeudi midi et merc.
Rest – Menu 15 € (déj. en sem.), 25/39 € – Carte 36/50 € 🏵
♦ Tournée vers le joli jardin fleuri, salle à manger actuelle prolongée d'une agréable terrasse. Cuisine au goût du jour à tendance régionale et vins de petits propriétaires.

XX **L'Auberge Bourguignonne** avec ch 🛋 AC rest, VISA MO
4 pl. Madeleine – ℰ 03 80 22 23 53 – contact@auberge-bourguignonne.fr
– Fax 03 80 22 51 64 – Fermé 22 nov.-15 déc., 21 fév.-9 mars et lundi sauf fériés
10 ch – †56 € ††58/73 €, ⌑ 8 € – **Rest** – Menu 20/42 € – Carte 36/55 € BZ **a**
♦ Ancien relais de poste en pierres (18ᵉ s.) abritant deux salles à manger d'esprit campagnard, pour des repas traditionnels orientés terroir. Terrasse ombragée par des tilleuls. Chambres fraîches et nettes dotées d'un mobilier rustique de série.

XX **Auberge du Cheval Noir** 🛋 VISA MO
17 bd St-Jacques – ℰ 03 80 22 07 37 – lechevalnoir@wanadoo.fr
– Fax 03 80 24 06 92 – Fermé 1ᵉʳ-6 mars, 12-28 fév., dim. soir de nov. à avril, mardi
et merc. AZ **t**
Rest – Menu 21 € (sem.)/65 € bc – Carte 27/60 €
♦ Près de l'hôtel-Dieu, au bord du boulevard qui ceinture le centre, une adresse agréable (cadre rénové) proposant des recettes dans l'air du temps. Terrasse en bois exotique.

XX **Loiseau des Vignes** ᵭ AC VISA MO AE ①
31 r. Maufoux – ℰ 03 80 24 12 06 – loiseaudesvignes@bernard-loiseau.com
– Fax 03 80 24 20 62 – Fermé 27 janv.-12 fév., 2-16 déc., dim. et lundi
Rest – Menu 28 € (déj.), 75/98 € – Carte 58/62 € 🏵 AZ **z**
♦ Nouvelle adresse soignée du groupe Loiseau, déclinant les "classiques" du chef (le soir) ; formule simplifiée le midi. Système high-tech de conservation des vins (tous au verre).

✗ **La Ciboulette** AK VISA MC AE
☺ 69 r. de Lorraine – ✆ 03 80 24 70 72 – Fax 03 80 22 79 71 – Fermé 4 -20 août,
2-25 fév., lundi et mardi AY n
Rest – Menu 20/26 € – Carte 25/40 €
♦ Deux salles à manger égayées d'un mobilier en rotin vert et de boiseries. Appétissante petite carte traditionnelle mâtinée d'une touche bourguignonne.

✗ **Ma Cuisine** AK VISA MC
passage Ste-Hélène – ✆ 03 80 22 30 22 – macuisine @ wanadoo.fr
– Fax 03 80 24 99 79 – Fermé août, merc., sam. et dim. AZ s
Rest – (nombre de couverts limité, prévenir) Menu 22 € – Carte 34/68 € ⅜
♦ Dans une ruelle calme, petite salle de restaurant voûtée aux couleurs de la Provence. Cuisine du marché à l'ardoise ; livre de cave riche de quelque 800 appellations.

✗ **Le P'tit Paradis** VISA MC ①
25 r. Paradis – ✆ 03 80 24 91 00 – Fermé 1er-16 mars, 17-31 août, 17 nov.-1er déc.,
dim. et lundi AZ e
Rest – (prévenir) Menu 27/35 € – Carte 37/49 €
♦ Un "P'tit coin de paradis" niché dans une vieille rue pavée du centre. Salle un peu menue mais joliment décorée dans les tons beige et chocolat, terrasse et cuisine de saison.

✗ **Le Comptoir des Tontons** VISA MC
22 r. fg Madeleine – ✆ 03 80 24 19 64 – lestontons @ wanadoo.fr
– Fax 03 80 22 34 07 – Fermé 27 juil.-25 août, 1er-16 fév., dim. et lundi BZ r
Rest – Menu 25/28 €
♦ Une atmosphère sympathique flotte dans ce petit bistrot où l'on déguste, dans un décor dédié au film Les Tontons Flingueurs, un menu du marché qui fleure bon la Bourgogne.

✗ **Bissoh** VISA MC
☕ 1a r. du fg St-Jacques – ✆ 03 80 24 99 50 – bis @ bissoh.com – Fax 03 80 24 99 50
– Fermé 3-25 fév., mardi et merc. AZ d
Rest – Menu 13 € (déj. en sem.), 28/57 € – Carte 21/34 €
♦ Le chef, d'origine nipponne, réalise des plats traditionnels de son pays en utilisant les produits du terroir français. Intérieur mêlant cadre rustique et détails japonisants.

✗ **Aux Vignes rouges** VISA MC AE
☕ 4 bd Jules-Ferry – ✆ 03 80 24 71 28 – Fax 03 80 24 68 05 – Fermé mardi et merc.
Rest – Menu 14,50 € (déj. en sem.), 18/45 € – Carte 25/70 € BZ q
♦ Le chef de ce restaurant réalise une cuisine traditionnelle utilisant les produits du terroir. Avenante salle à manger, tables bien dressées et accueil aimable.

à Savigny-lès-Beaune 7 km par ①, D 18 et D 2 – 1 422 h. – alt. 237 m – ⊠ 21420
🖪 Syndicat d'initiative, 13, rue Vauchey Very ✆ 03 80 26 12 56, Fax 03 80 26 12 56

🏠 **Le Hameau de Barboron** sans rest ⌂ 🐾 ⌖ 📶 🅿 VISA MC AE
✆ 03 80 21 58 35 – lehameaudebarboron @ wanadoo.fr – Fax 03 80 26 10 59
12 ch – †100/135 € ††100/200 €, ⊇ 15 €
♦ Au milieu d'une vaste réserve de chasse, bel ensemble de fermes fortifiées (16e s.) restaurées où vous logerez dans des chambres personnalisées, au charme champêtre préservé.

✗✗ **La Cuverie** VISA MC
☕ 5 r. Chanoine-Donin – ✆ 03 80 21 50 03 – Fax 03 80 21 50 03 – Fermé
20 déc.-20 janv., mardi et merc.
Rest – Menu 16/39 € – Carte 25/40 €
♦ Mobilier rustique bourguignon, vieilles pierres et belle collection de cafetières dans cette ancienne cuverie (18e s.) vous convient à un repas traditionnel orienté terroir.

à Pernand-Vergelesses 7 km au Nord par D18 – 310 h. – alt. 275 m – ⊠ 21420

✗✗✗ **Charlemagne** (Laurent Peugeot) ≤ AK 🅿 VISA MC AE ①
☸ rte des Vergelesses – ✆ 03 80 21 51 45 – laurentpeugeot @ wanadoo.fr
– Fax 03 80 21 58 52 – Fermé 29 juil.-6 août, 29 janv.-4 mars, mardi et merc.
Rest – Menu 25 € (déj. en sem.), 41/79 € – Carte 70/93 € ⅜
Spéc. Escargots de Bourgogne revisités. Bar en paupiette de tapenade. Foie gras de canard "coffret surprise". **Vins** Pernand-Vergelesses, Savigny-lès-Beaune.
♦ Un couple franco-nippon tient cette table tournée vers les vignes de Corton Charlemagne. Repas inventif semé de touches régionales et japonaises ; décor moderne tendance zen.

BEAUNE

rte de Dijon 4 km par ① – ⊠ 21200 Chorey-lès-Beaune

🏠 **Ermitage de Corton** ⇐ 🚗 🔟 AC 🗐 🗐 P VISA ⭕ AE ⓪
– 𝒞 03 80 22 05 28 – ermitage.corton@wanadoo.fr – Fax 03 80 24 64 51
– Fermé 22-28 déc. et 8 fév.-10 mars
4 ch – ♦120/145 € ♦♦145/160 €, ⊑ 20 € – 8 suites – ♦♦180/250 €
– ½ P 135 €
Rest – (fermé merc. et le midi sauf dim.) Menu 45/75 €
– Carte 64/79 € ⊛
♦ Cette imposante auberge située entre la nationale et le vignoble abrite des chambres
et des suites spacieuses, pour la plupart récemment rénovées dans un style tendance.
Cuisine au goût du jour à base de bons produits du terroir servie dans une grande salle
classique.

à Aloxe-Corton 6 km par ① – 172 h. – alt. 255 m – ⊠ 21420

🏠 **Villa Louise** sans rest 🌤 🚗 🔟 🗐 🗐 🖳 P VISA ⭕ AE
– 𝒞 03 80 26 46 70 – hotel-villa-louise@wanadoo.fr – Fax 03 80 26 47 16 – Fermé
10 janv.-20 fév.
12 ch – ♦96/149 € ♦♦96/190 €, ⊑ 15 €
♦ Belle demeure vigneronne du 17e s. et son jardin (tilleul vénérable) se perdant dans les
parcelles de Corton Charlemagne. Chambres et salon douillets ; ambiance "cosy
guesthouse".

à Ladoix-Serrigny 7 km par ① et D 974 – 1 618 h. – alt. 200 m – ⊠ 21550

🍴🍴 **La Buissonnière** 🚗 🗐 P VISA ⭕ AE
à Buisson – 𝒞 03 80 26 43 58 – restaurantlabuissonniere@wanadoo.fr – Fermé
23 déc.-7 janv., mardi et merc.
Rest – Carte 26/61 €
♦ Adresse accueillante où l'on choisit le cadre de son repas : contemporain sage
dans la salle sous verrière, champêtre dans l'ancien cellier où trône un vieux
pressoir.

🍴 **Les Terrasses de Corton** avec ch 🗐 🗐 P VISA ⭕ AE
⊛ 38-40 rte de Beaune – 𝒞 03 80 26 42 37 – patrice.sanchez3@wanadoo.fr
– Fax 03 80 26 42 13
– Fermé 1er-6 mars, 21-29 déc., 11 janv.-28 fév., mardi soir et dim. soir d'oct. à mars,
jeudi midi de mars à oct. et merc.
9 ch – ♦42 € ♦♦56 €, ⊑ 8,50 € – 1 suite – ½ P 50 €
Rest – Menu (17 €), 23/43 € – Carte 24/50 €
♦ Dans ce petit village de vignerons, auberge familiale proposant une carte d'inspiration régionale. Salle à manger claire, prolongée d'une terrasse ombragée sur
l'arrière.

à Challanges 4 km par ② puis D 111 – ⊠ 21200

🏠 **Château de Challanges** sans rest 🌤 ⇐ 🗐 🔟 🖳 P VISA ⭕ AE
r. des Templiers – 𝒞 03 80 26 32 62 – chateau.challanges@wanadoo.fr
– Fax 03 80 26 32 52 – Fermé 7-22 déc.
15 ch – ♦80/135 € ♦♦80/135 €, ⊑ 12 € – 5 suites
♦ Belle gentilhommière de 1870 nichée dans un parc aux multiples essences. Chambres
et suites marient avec art charme d'antan et confort moderne. L'été, envols de montgolfières.

au Sud-Est près de l'échangeur A 6 2 km par ③ – ⊠ 21200 Beaune

🏠 **Novotel** 🗐 🔟 🖽 🗐 🖳 ch, AC 🗐 🗐 🖳 P VISA ⭕ AE ⓪
av. Ch.-de-Gaulle – 𝒞 03 80 24 59 00 – h1177@accor.com
– Fax 03 80 24 59 29
127 ch – ♦113/128 € ♦♦123/128 €, ⊑ 13,50 €
– **Rest** – Menu (20 €), 24/30 € – Carte 26/36 €
♦ Rénovation complète en 2006 pour cet hôtel sobre (années 1990) coiffé de tuiles
rouges. Hall-salon moderne côtoyant la piscine, chambres pimpantes. Salle à manger
contemporaine et terrasse en teck au bord de l'eau. Table traditionnelle.

à Levernois 5 km au Sud-Est par rte de Verdun-sur-le-Doubs, D 970 et D 111ᴸ - BZ
– 260 h. – alt. 198 m – ✉ 21200

🏠🏠🏠   **Hostellerie de Levernois** ⌖   🍸 🕭 � 🍽 ✦ rest, 🄰🄲 ✆ 🛁

❀   r. du Golf – ✆ 03 80 24 73 58 – levernois@relaischateaux.com   🅿 𝐕𝐈𝐒𝐀 ⓿ 🄰🄴 ⓞ
– Fax 03 80 22 78 00 – Fermé 25 janv.-13 mars
22 ch – ♦130/305 € ♦♦130/305 €, ☲ 20 € – 4 suites – ½ P 150/238 €
Rest – (fermé merc. de nov. à mars et le midi sauf dim.) Menu 65/98 € – Carte
76/110 € ❀❀
Rest *Le Bistrot du Bord de l'Eau* – ✆ 03 80 24 89 58 (fermé dim.) (déj. seult)
Menu 28/32 €
Spéc. Pigeon au foie gras, navets caramélisés au cassis sauce salmis. Déclinaison
de bœuf à l'échalote et à la moelle, jus à l'estragon. Variation autour du pain
d'épice. **Vins** Vougeot blanc, Beaune.
♦ Belle gentilhommière du 19ᵉ s. et ses dépendances au cœur d'un parc parcouru par un
ruisseau. Jolies chambres de caractère, dont certaines ont été récemment créées. Élégante
table au goût du jour ouvrant sur le jardin à la française. Ex-grange au bord de l'eau
convertie en joli bistrot néo-rustique.

🏠🏠   **Golf Hôtel** sans rest ⌖   ⬉ 🎃 🛁 ✆ 🅿 🕭 𝐕𝐈𝐒𝐀 ⓿ 🄰🄴

rte de Combertault – ✆ 03 80 24 78 20 – hotelcolvert@wanadoo.fr
– Fax 03 80 24 77 70
24 ch – ♦65/90 € ♦♦90/110 €, ☲ 12 €
♦ Construction moderne ouverte sur le golf. Meubles en bois cérusé, carte du vignoble
déployée au mur et balcon côté "green" agrémentent les chambres. Cheminée et clarté au
salon.

🏠   **Le Parc** sans rest ⌖   🍸 🎃 ✆ 🅿 𝐕𝐈𝐒𝐀 ⓿

13 r. du Golf – ✆ 03 80 24 63 00 – leparc@levernois.com – Fax 03 80 24 21 19
– Fermé 25 janv.-28 fév.
17 ch – ♦55/70 € ♦♦55/70 €, ☲ 8 €
♦ Une cour fleurie et un joli parc donnant sur la campagne font de cette ancienne ferme
(18ᵉ s.) une étape propice au ressourcement. Douillettes chambres classiquement
aménagées.

🍴   **La Garaudière**   🕭 🚲 🅿 𝐕𝐈𝐒𝐀 ⓿ 🄰🄴

🥜   10 Grand'Rue – ✆ 03 80 22 47 70 – Fax 03 80 22 64 01 – Fermé 1ᵉʳ déc.-15 janv.,
sam. midi d'avril à nov., dim. de mi-janv. à fin mars et lundi
😊   **Rest** – Menu 16 € (sem.)/29 € – Carte 26/54 €
♦ Ex-grange convertie en auberge sympathique : plats régionaux, grillades saisies à la
braise de la cheminée, intérieur rustique chaleureux et restaurant d'été sous tonnelle.

à Montagny-lès-Beaune 3 km par ③ et D 113 – 715 h. – alt. 206 m – ✉ 21200

🏠🏠   **Le Clos** sans rest ⌖   🚲 🛁 🎃 ✆ 🛁 🅿 𝐕𝐈𝐒𝐀 ⓿

22 r. Gravières – ✆ 03 80 25 97 98 – hotelleclos@wanadoo.fr – Fax 03 80 25 94 70
– Fermé 25 nov.-18 janv.
24 ch – ♦75/115 € ♦♦75/200 €, ☲ 11 €
♦ Propriété (1779) au cachet vigneron vous hébergeant dans des chambres et duplex personnalisés par du mobilier d'antiquaire. Vieux pressoir et four à pain dans la cour. Jardin soigné.

🏠   **Adélie** sans rest   🚲 🦯 🛁 🅿 𝐕𝐈𝐒𝐀 ⓿ 🄰🄴

1 rte de Bligny – ✆ 03 80 22 37 74 – reservation@hoteladelie.com
– Fax 03 80 24 23 18 – Fermé 21-25 déc. et dim. du 23 nov. au 29 mars
19 ch – ♦53 € ♦♦57 €, ☲ 7,50 €
♦ Cet hôtel familial situé au cœur d'un paisible village du pays beaunois propose de petites
chambres rénovées, égayées de tons pastel et garnies de meubles en pin.

à Meursault 8 km par ④ – 1 598 h. – alt. 243 m – ✉ 21190

🚩 Office de tourisme, place de l'Hôtel de Ville ✆ 03 80 21 25 90,
Fax 03 80 21 61 62

🏠🏠   **Les Charmes** sans rest ⌖   🚲 🦯 🛁 ✆ 🅿 𝐕𝐈𝐒𝐀 ⓿ 🄰🄴 ⓞ

10 pl. Murger – ✆ 03 80 21 63 53 – contact@hotellescharmes.com
– Fax 03 80 21 62 89
14 ch – ♦85 € ♦♦95/115 €, ☲ 10 €
♦ Ex-propriété de viticulteur du 18ᵉ s. abritant des chambres (non-fumeurs) spacieuses et
garnies de meubles anciens, ou plus contemporaines et colorées. Joli jardin arboré.

※※ **Le Relais de la Diligence** ◁ 🛋 **P** _VISA_ **MC** **AE** **①**
à la gare, 2,5 km au Sud Est par D 23 – 𝒞 *03 80 21 21 32 – diligence.la@*
😊 *wanadoo.fr – Fax 03 80 21 64 69*
– Fermé 18 déc.-25 janv., mardi soir et merc. hors saison
Rest – Menu 11,50 € (déj. en sem.), 17/39 € – Carte 26/48 €
♦ Ancien relais de diligences en pierres du pays voisinant avec la gare. Deux salles sont largement ouvertes sur les vignes, au même titre que la terrasse. Choix traditionnel.

※ **Le Bouchon** _VISA_ **MC** **AE** **①**
pl. de l'Hôtel-de-Ville – 𝒞 *03 80 21 29 56 – Fax 03 80 21 29 56*
😊 *– Fermé 20 nov.-27 déc., dim. soir et lundi*
Rest – Menu 12 € (déj. en sem.), 15/35 €
– Carte 25/37 €
♦ Proche de l'hôtel de ville aux tuiles vernissées, petit bistrot à l'esprit "bouchon". Menus traditionnels et plats du terroir dans une salle rénovée (bois clair, miroirs).

à Puligny-Montrachet 12 km par ④ et D 974 – 464 h. – alt. 227 m – ✉ 21190

🏨 **Le Montrachet** ⌛ 🛋 ₤ ch, ☏ **P** _VISA_ **MC** **AE** **①**
– 𝒞 *03 80 21 30 06 – info@le-montrachet.com – Fax 03 80 21 39 06*
– Fermé 1ᵉʳ déc.-16 janv.
30 ch – ♦120/130 € ♦♦120/200 €, ⌖ 15 € – ½ P 130/140 € – **Rest** – Menu 30 € (déj.), 55/75 € – Carte 56/90 € 🕮
♦ Jolie maison de village (1824) et ses ex-écuries abritant des chambres et des suites de bon confort, sagement rustiques ou plus actuelles. Vente de vins au caveau. À table, ambiance feutrée, plats au goût du jour soignés et belle sélection de bourgognes blancs.

🏨 **La Maison d'Olivier Leflaive** |🛋| ₤ **AC** ↔ ☏ _VISA_ **MC**
pl. du Monument – 𝒞 *03 80 21 37 65 – contact@olivier-leflaive.com*
– Fax 03 80 21 33 94 – Fermé 31 déc.-30 janv.
13 ch – ♦150/180 € ♦♦150/180 €, ⌖ 10 € – **Rest** – bar à vins *(fermé dim.)*
Menu 39 € bc/49 € (carte le soir) – Carte 28/40 €
♦ Cette grande maison située au cœur du village propose des chambres de charme toutes neuves, décorées dans différents styles : baroque, campagnard, pop, romantique, rétro... Petite restauration pour accompagner la dégustation des vins (visite des caves et vignes).

🏠 **La Chouette** sans rest ⌛ 🚿 🛁 ☏ **P** _VISA_ **MC** **AE** **①**
3 bis r. des Creux de Chagny – 𝒞 *03 80 21 95 60 – info@la-chouette.fr*
– Fax 03 80 21 95 61 – Fermé 19 déc.-3 janv.
6 ch ⌖ – ♦125 € ♦♦140 €
♦ Maison bourguignonne paisible avec de grandes chambres personnalisées dans un esprit cosy. Confortable salon classico-moderne et jardin soigné.

à Volnay par ④ et D 974 – 323 h. – alt. 290 m – ✉ 21190

※ **Auberge des Vignes** 🛋 **P** _VISA_ **MC**
D 974 – 𝒞 *03 80 22 24 48 – elisabeth.leneuf@free.fr – Fax 03 80 22 24 48*
😊 *– Fermé 26 juin-2 juil., 16 fév.-9 mars, merc. soir, dim. soir et lundi*
Rest – Menu 16 € (déj. en sem.), 19/40 €
– Carte 28/46 €
♦ Ancienne ferme où mets traditionnels et suaves volnays se dégustent dans un cadre agreste. Flambées réconfortantes en hiver ; véranda et terrasses tournées vers les vignes.

à La Montagne 3 km par ⑤ et D 970, rte secondaire – ✉ 21200 Beaune

🏠 **La Terre d'Or** sans rest ⌛ 🚿 ⛱ ↔ 🛁 ☏ _VISA_ **MC**
r. Izembart – 𝒞 *03 80 25 90 90 – jlmartin@laterredor.com – Fax 08 21 47 99 67*
– Fermé fév.
6 ch – ♦110/205 € ♦♦140/260 €, ⌖ 15 €
♦ Sur les hauteurs de la ville, cette vaste maison contemporaine propose des chambres soignées et un jardin avec piscine. Cave à dégustation ; cours de cuisine sur réservation.

à Bouze-lès-Beaune 6,5 km par ⑤ et D 970 – 261 h. – alt. 400 m – ⊠ 21200

La Bouzerotte
🖨 VISA ⓜⓞ AE

– ✆ 03 80 26 01 37 – contact@labouzerotte.com – Fax 03 80 26 09 37 – Fermé 27 août-2 sept., 22 déc.-14 janv., 23 fév.-10 mars, lundi et mardi

Rest – (prévenir le week-end) Menu (13,50 €), 17 € (déj. en sem.), 24/40 € – Carte 24/57 €

♦ Aux portes d'un village de la montagne de Beaune, table sympathique servant une cuisine actuelle de saison dans un cadre néo-rustique ou sur sa verdoyante terrasse en teck.

Voir aussi les ressources hôtelières de **Bouilland**

BEAURECUEIL – 13 Bouches-du-Rhône – 340 I4 – rattaché à Aix-en-Provence

---

BEAUREGARD-VENDON – 63 Puy-de-Dôme – 326 F7 – rattaché à Riom

---

BEAUREPAIRE-EN-BRESSE – 71 Saône-et-Loire – 320 M9 – 515 h. – alt. 147 m – ⊠ 71580
8 **D3**

▶ Paris 383 – Châlon-sur-Saône 49 – Bourg-en-Bresse 65 – Lons-le-Saunier 13 – Tournus 45

Auberge de la Croix Blanche
🚿 📶 VISA ⓜⓞ AE ⓘ

– ✆ 03 85 74 13 22 – aubergedelacroixblanche@libertysurf.fr – Fax 03 85 74 13 25 – Fermé 9-16 juin, 17 nov.-8 déc., 7-14 janv., dim. soir et lundi sauf juil.-août

14 ch – †36/41 € ††36/47 €, � 11 € – ½ P 50/55 € – **Rest** – Menu 15/50 € – Carte 30/48 €

♦ Au bord d'un axe fréquenté, auberge repérable à la croix blanche de sa toiture et aux épis de maïs séchant sous l'appentis de sa façade. Chambres proprettes côté jardin. Table au décor bressan ; produits régionaux préparés dans un registre actuel.

BEAUSOLEIL – 06 Alpes-Maritimes – 341 F5 – 12 775 h. – alt. 89 m – ⊠ 06240
42 **E2**

▶ Paris 947 – Monaco 4 – Menton 11 – Monte-Carlo 2 – Nice 21

🛈 Office de tourisme, 32, boulevard de la République ✆ 04 93 78 01 55, Fax 04 93 78 85 85

Voir plan de Monaco (Principauté de).

Olympia sans rest
🔄 ⓖ AK ⅏ 📶 VISA ⓜⓞ AE

17 bis bd Gén.- Leclerc – ✆ 04 93 78 12 70 – olympiahotel@hotmail.com – Fax 04 93 41 85 04
DX **t**

31 ch – †85/120 € ††85/160 €, � 10 € – 1 suite

♦ Sur la frontière franco-monégasque, belle façade en pierres de taille égayée de balcons et d'une corniche ouvragés. Chambres sobres, insonorisées et de bon goût.

LE BEAUSSET – 83 Var – 340 J6 – 7 723 h. – alt. 167 m – ⊠ 83330
40 **B3**

▶ Paris 817 – Aix-en-Provence 67 – Marseille 47 – Toulon 18

🛈 Office de tourisme, place Charles-de-Gaulle ✆ 04 94 90 55 10, Fax 04 94 98 51 83

Mas Lei Bancau sans rest ⌾
🜲 ⽯ ⓖ AK ⅏ P VISA ⓜⓞ AE

2 km au Sud par D N8 et rte secondaire – ✆ 04 94 90 27 78 – leibancau@ wanadoo.fr – Fax 04 94 90 29 00 – Ouvert de mars à oct.

7 ch – †86/111 € ††86/157 €, � 10 €

♦ Un chemin pentu mène à ce petit mas dominant les coteaux du vignoble de Bandol. Salle des petits-déjeuners et chambres aux couleurs de la Provence. Joli parc méridional.

La Cigalière sans rest ⌾
🜲 🜲 ℀ ⅏ 🜲 P VISA ⓜⓞ AE

1,5 km au Nord par D N8 et rte secondaire – ✆ 04 94 98 64 63 – hotellacigaliere@ wanadoo.fr – Fax 04 94 98 66 04

14 ch – †65/70 € ††65/70 €, � 9 € – 5 suites

♦ Dans un quartier résidentiel, deux maisons de style régional à l'ombre des pins. Les studios avec cuisinette et terrasse privée sont très prisés des familles.

BEAUVAIS P – 60 Oise – 305 D4 – 55 392 h. – **Agglo. 100 733 h.** – alt. 67 m –
⊠ 60000 ▯ Nord Pas-de-Calais Picardie   36 **B2**

▶ Paris 87 – Amiens 63 – Boulogne-sur-Mer 182 – Compiègne 60 – Rouen 82

✈ de Beauvais-Tillé ℰ 03 44 11 46 66, 3,5 km au NE

🛈 Office de tourisme, 1, rue Beauregard ℰ 03 44 15 30 30,
Fax 03 44 15 30 31

🏌 du Vivier à Ons-en-Bray RN 31, par rte de Gournay-en-Bray : 15 km,
ℰ 03 44 84 24 11.

👁 Cathédrale St-Pierre★★★ : horloge astronomique★ - Église St-Étienne★ :
vitraux★★ et arbre de Jessé★★★ - Musée départemental de l'Oise★ dans
l'ancien palais épiscopal **M²**.

BEAUVAIS

🏠 **Hostellerie St-Vincent** 🛜 ᕫ ch, ⇆ ☏ 🔏 **P** **VISA** **MO** **AE** **①**
𝄪 *3 km par ③ (Espace St-Germain), 241 r. de Clermont –* ☏ *03 44 05 49 99*
– h.st.vincent @ wanadoo.fr – Fax 03 44 05 52 94
67 ch – ♥67/80 € ♥♥67/80 €, ☍ 9,50 € – 1 suite – ½ P 50 € – **Rest** – Menu 17 €
(sem.)/36 € – Carte 26/40 €
♦ Près d'axes routiers et de la bretelle de l'autoroute, bâtiment récent offrant des chambres
rajeunies, fonctionnelles et insonorisées. Accès Internet à disposition. Salle à manger
spacieuse et claire ; menus traditionnels complétés de suggestions sur ardoise.

✕✕ **La Maison Haute** 🛜 **P** **VISA** **MO**
128 r. de Paris, (quartier Voisinlieu), 1,5 km par ④ – ☏ *03 44 02 61 60*
*– Fax 03 44 02 15 36 – Fermé 15-19 avril, 13 juil.-30 août, 1er-8 janv., sam. midi, dim.
et lundi*
Rest – Menu (27 €), 30/33 €
♦ Dans un quartier résidentiel, restaurant dont le cadre contemporain (tons clairs et
boiseries sombres) s'accorde tout à fait à la cuisine dans l'air du temps. Accueil aimable.

✕ **La Baie d'Halong** 🛜 **VISA** **MO**
32 r. de Clermont, 1 km par ③ – ☏ *03 44 45 39 83*
*– ta.hoang @ wanadoo.fr – Fermé 15 avril-1er mai, 14 juil.-15 août, 20 déc.-3 janv.,
merc. midi, sam. midi, dim., lundi et fériés*
Rest – Menu (15 €), 23/26 €
♦ Le chef prépare une cuisine exclusivement vietnamienne alliant bons produits frais et
savant dosage des épices. À apprécier sur fond de tableaux représentant la baie d'Halong.

par ④ 5 km, D 1001 (direction Paris) – ⊠ 60000 Beauvais

🏠🏠 **Mercure** 🛜 ⚒ ᕫ ch, 🗚 rest, ⇆ ☏ 🔏 **P** **VISA** **MO** **AE** **①**
21 av. Montaigne – ☏ *03 44 02 80 80 – h0350 @ accor.com – Fax 03 44 02 12 50*
60 ch – ♥92 € ♥♥98 €, ☍ 13 € – **Rest** – Menu 25 € – Carte 29/34 €
♦ Construction des années 1970 hébergeant des chambres de bonne ampleur, rénovées
et dotées d'une insonorisation efficace. Salle à manger agrémentée d'une cheminée,
terrasse dressée l'été au bord de la piscine et attrayante carte traditionnelle.

✕✕ **Le Bellevue** 🛜 🗚 **P** **VISA** **MO** **AE**
3 av. Rhin-et-Danube – ☏ *03 44 02 17 11 – restaurantlebellevue @ wanadoo.fr*
– Fax 03 44 02 54 44 – Fermé 10-24 août, sam. et dim.
Rest – Carte 26/50 €
♦ En périphérie, au cœur d'une zone commerciale, sobre restaurant contemporain égayé
d'expositions de tableaux. Cuisine classique assortie de suggestions du marché.

BEAUVOIR-SUR-MER – 85 Vendée – 316 D6 – 3 399 h. – alt. 8 m – ⊠ 85230
▊ Poitou Vendée Charentes 34 **A3**

▣ Paris 443 – Challans 15 – Nantes 59 – Noirmoutier-en-l'Île 22 – La
Roche-sur-Yon 59

🄸 Office de tourisme, rue Charles Gallet ☏ 02 51 68 71 13, Fax 02 51 49 05 04

🏠 **Le Relais des Touristes** sans rest 🔃 🖪 ᕫ **P** **VISA** **MO** **AE** **①**
rte de Gois – ☏ *02 51 68 70 19 – relaisdestouristes @ free.fr – Fax 02 51 49 33 45*
– Fermé 16 fév.-4 mars
39 ch – ♥59/68 € ♥♥65/75 €, ☍ 8 €
♦ Outre des chambres pratiques, sobres et bien tenues, cet hôtel propose une belle piscine
intérieure et une nouvelle salle des petits-déjeuners.

BEAUVOIS-EN-CAMBRÉSIS – 59 Nord – 302 I7 – 1 994 h. – alt. 89 m –
⊠ 59157 31 **C3**

▣ Paris 190 – St-Quentin 40 – Arras 48 – Cambrai 12 – Valenciennes 37

✕✕ **La Buissonnière** 🛜 **P** **VISA** **MO**
☏ *03 27 85 29 97 – labuissonniere @ aol.com – Fax 03 27 76 25 74*
– Fermé 7-15 avril, 3-31 août, dim. soir, merc. soir et lundi
Rest – Menu 21 € (sem.)/33 € – Carte 31/51 €
♦ Aux portes du bourg, restaurant dont la cuisine traditionnelle s'enrichit des opportunités
du marché. Deux salles dont une rustique soignée et récemment rafraîchie ouvrant sur la
terrasse.

BEAUZAC – 43 Haute-Loire – 331 G2 – 2 061 h. – alt. 565 m – ✉ 43590
Lyon et la vallée du Rhône 6 **C3**

Paris 556 – Craponne-sur-Arzon 31 – Le Puy-en-Velay 45 – St-Étienne 44

Office de tourisme, place de l'Église ✆ 04 71 61 50 74, Fax 04 71 61 50 62

L'Air du Temps avec ch — rest, VISA
à Confolent, 4 km à l'Est par D 461 – ✆ 04 71 61 49 05 – airdutemps.hotel@wanadoo.fr – Fax 04 71 61 50 91 – Fermé janv., dim. soir et lundi
8 ch – 46/51 € 46/51 €, ☕ 7,50 € – ½ P 45 € – **Rest** – Menu 16 € (déj. en sem.), 21/52 € – Carte 29/63 €
◆ Dans cette maison de pays : salle à manger lumineuse et actuelle agrandie d'une belle véranda, carte régionale créative et variée ; chambres confortables et bien équipées.

à Bransac 3 km au Sud par D 42 – ✉ 43590

La Table du Barret avec ch — ch, P VISA
– ✆ 04 71 61 47 74 – info@latabledubarret.com – Fax 04 71 61 52 73 – Fermé 10-23 nov., 12-25 janv., dim. soir, mardi et merc.
8 ch – 55 € 60 €, ☕ 9,50 € – **Rest** – Menu 19 € (déj. en sem.), 28/90 € bc – Carte 51/66 €
◆ Dans un paisible hameau proche de la Loire, sobre salle de restaurant contemporaine où l'on sert une appétissante cuisine au goût du jour. Chambres confortables.

BEBLENHEIM – 68 Haut-Rhin – 315 H8 – 943 h. – alt. 212 m – ✉ 68980
Alsace Lorraine 2 **C2**

Paris 444 – Colmar 11 – Gérardmer 55 – Ribeauvillé 5 – St-Dié 48 – Sélestat 19

Auberge Le Bouc Bleu — VISA
2 r. 5-Décembre – ✆ 03 89 47 88 21 – Fax 03 89 86 01 04 – Fermé vacances de fév., merc. et jeudi
Rest – *(nombre de couverts limité, prévenir)* Menu 25/32 € – Carte 32/39 €
◆ Livres, vieux objets, collection de menus anciens, etc. donnent un air de brocante à ce sympathique restaurant rustique. Cour-terrasse pavée et cuisine du marché.

LE BEC-HELLOUIN – 27 Eure – 304 E6 – 406 h. – alt. 101 m – ✉ 27800
Normandie Vallée de la Seine 33 **C2**

Paris 153 – Bernay 22 – Évreux 46 – Lisieux 46 – Pont-Audemer 23 – Rouen 41

Abbaye★★.

Auberge de l'Abbaye — ch, P VISA AE
12 pl. Guillaume-le-Conquérant – ✆ 02 32 44 86 02 – catherine-fabrice.c@wanadoo.fr – Fax 02 32 46 32 23 – Fermé 20 nov.-10 fév., merc. d'oct. à mars et mardi
8 ch – 70 € 80 €, ☕ 10 € – 1 suite – ½ P 78 € – **Rest** – Menu 21/29 € – Carte 28/35 €
◆ Accueillant les voyageurs depuis le 18e s., cette pimpante demeure à pans de bois abrite des chambres rénovées, joliment personnalisées. Cuisine traditionnelle, enrichie de produits du terroir, servie dans des salles à manger campagnardes.

Le Canterbury — VISA
3 r. de Canterbury – ✆ 02 32 44 14 59 – Fax 02 32 44 14 59 – Fermé dim. soir, mardi soir et merc.
Rest – Menu 18 € (déj. en sem.), 23/38 € – Carte 33/45 €
◆ Dans une rue assez tranquille, façade à colombages où grimpe la vigne vierge. Poutres apparentes et murs blanchis donnent un cachet rustique à la salle à manger.

Ce guide vit avec vous : vos découvertes nous intéressent.
Faites-nous part de vos satisfactions comme de vos déceptions.
Coup de colère ou coup de cœur : écrivez-nous !

BÉDARIEUX – 34 Hérault – 339 D7 – 5 962 h. – alt. 196 m – ⊠ 34600   22 **B2**

> ◻ Paris 723 – Béziers 34 – Lodève 29 – Montpellier 70
>
> ◪ Office de tourisme, 1, rue de la République ✆ 04 67 95 08 79,
> Fax 04 67 95 39 69

⌂ **De l'Orb** sans rest   &. 🄺 📞 **P** 𝘝𝘐𝘚𝘈 ⓪ⓒ
D 908, rte Hérépian – ✆ 04 67 23 35 90 – hotelorb @ free.fr – Fax 04 67 23 98 46
28 ch – ♦40/79 € ♦♦40/79 €, ⊆ 7 €
◆ Cet hôtel tout neuf et accueillant se trouve aux portes de la ville. Ses petites chambres, fonctionnelles et climatisées, jouissent d'un calme appréciable.

✗✗ **La Forge**   🎤 &. **P** 𝘝𝘐𝘚𝘈 ⓪ⓒ
22 av. Abbé-Tarroux, (face à l'Office de Tourisme) – ✆ 04 67 95 13 13
⊜ – Fax 04 67 95 10 81 – Fermé 17 nov.-1er déc., 5-26 janv., dim. soir, merc. soir hors
saison et lundi
Rest – Menu 16/36 € – Carte 38/52 €
◆ Ces voûtes du 17e s. abritaient jadis une forge et une écurie. Architecture intérieure peu commune, cheminée monumentale et grande terrasse fleurie et ombragée. Cuisine traditionnelle.

à Villemagne-l'Argentière 8 km à l'Ouest par D 908 et D 922 – 429 h. – alt. 193 m –
⊠ 34600

✗ **Auberge de l'Abbaye** avec ch   🎤 🕍 ch, 📞 𝘝𝘐𝘚𝘈 ⓪ⓒ ⒶⒺ ⓪
pl. du couvent – ✆ 04 67 95 34 84 – auberge.abbaye @ free.fr – Fax 04 67 95 34 84
⊚ – Fermé 19 nov.-13 fév., lundi et mardi hors saison
3 ch ⊆ – ♦130 € ♦♦130 € – 1 suite – **Rest** – Menu 27/58 €
◆ Ambiance monacale mais non ascétique dans la salle à manger voûtée de cet ancien bâtiment conventuel. Recettes mariant terroir, épices et saveurs salées-sucrées. Nouvelles chambres thématiques.

BÉDOIN – 84 Vaucluse – 332 E9 – 2 609 h. – alt. 295 m – ⊠ 84410
▮ Provence   42 **E1**

> ◻ Paris 692 – Avignon 43 – Carpentras 16 – Nyons 36 – Sault 35
> – Vaison-la-Romaine 21
>
> ◪ Office de tourisme, Espace Marie-Louis Gravier ✆ 04 90 65 63 95,
> Fax 04 90 12 81 55
>
> ◙ Le Paty ≼ ★ NO : 4,5 km.

⌂⌂ **Des Pins** ⦾   🚲 🎤 🕯 &. ch, 🄺 rest, 🕍 ch, 📞 **P** 𝘝𝘐𝘚𝘈 ⓪ⓒ ⒶⒺ ⓪
chemin des Crans, 1 km à l'Est par rte secondaire – ✆ 04 90 65 92 92
– hoteldespins @ wanadoo.fr – Fax 04 90 65 60 66
25 ch – ♦60/105 € ♦♦60/105 €, ⊆ 9,50 € – ½ P 63/83 € – **Rest** – (ouvert de mi-mars à oct. et fermé le midi en sem.) Menu 25/38 € – Carte 31/54 €
◆ Dans une pinède, bâtisse d'aspect régional où descend volontiers la clientèle cycliste. Chambres à touches provençales, rénovées et ouvrant parfois sur une terrasse en rez-de-jardin. Salon rustique. Repas au goût du jour dans un intérieur typé ou en plein air.

à Ste-Colombe 4 km à l'Est par rte du Mont-Ventoux – ⊠ 84410

⌂ **La Garance** sans rest   ≼ 🕯 📞 **P** 𝘝𝘐𝘚𝘈 ⓪ⓒ
Ste-Colombe – ✆ 04 90 12 81 00 – info @ lagarance.fr – Fax 04 90 65 93 05
– Ouvert 21 mars-5 nov.
13 ch – ♦50/72 € ♦♦50/72 €, ⊆ 7,50 €
◆ Un hameau parmi les vignes et vergers, avec le Ventoux pour toile de fond, sert d'écrin à cette ancienne ferme prisée des randonneurs. Des chambres en rez-de-jardin ont une terrasse.

rte du Mont-Ventoux 6 km à l'Est – ⊠ 84410 Bédoin

✗✗ **Le Mas des Vignes**   ≼ Dentelles de Montmirail et le Comtat, 🎤 **P**
au virage de St-Estève – ✆ 04 90 65 63 91 – decoetlogon @ aol.com
– Fax 04 90 65 63 91 – Ouvert avril-nov. et fermé mardi midi et lundi sauf juil.-août
et le midi en juil.-août sauf dim. et fériés
Rest – Menu 35/50 € – Carte 36/43 €
◆ Une chapelle sur la route du Ventoux est à l'origine de ce mas vénérable doté d'une vaste terrasse largement panoramique. Élégante salle dans des tons écrus ; table régionale.

BÈGLES – 33 Gironde – 335 H5 – **rattaché à Bordeaux**

BEG-MEIL – 29 Finistère – 308 H7 – ⊠ 29170 ▯ Bretagne　　　　　9 **B2**

　　▯ Paris 560 – Concarneau 16 – Pont-l'Abbé 23 – Quimper 20
　　– Quimperlé 44

　　◉ Site★.

🏠　**Thalamot** ⊗　　　　　🚗 🛜 ↳ 🛇 rest, ⌫ ⏚ VISA ⦿ AE
　　4-6 Le Chemin Creux – ℰ 02 98 94 97 38 – resa@hotel-thalamot.com
　　– Fax 02 98 94 49 92 – Ouvert 6 avril-6 oct.
　　30 ch – ♦57/74 € ♦♦58/76 €, � 8,50 € – ½ P 57/75 € – **Rest** – Menu 24/49 €
　　– Carte 28/77 €

　　◆ Dans un quartier calme proche des plages, petites chambres simples et actu-
　　elles. Collection de tableaux du début du 20ᵉ s. représentant des scènes bretonnes.
　　Repas aux saveurs iodées servis dans un restaurant ouvert sur un jardin-terrasse
　　arboré.

LA BÉGUDE-DE-MAZENC – 26 Drôme – 332 C6 – 1 205 h. – alt. 215 m –
⊠ 26160　　　　　　　　　　　　　　　　　　　　　　　　　44 **B3**

　　▯ Paris 621 – Lyon 160 – Montélimar 16 – Valence 56
　　🅸 Office de tourisme, avenue du Président Loubet ℰ 04 75 46 24 42,
　　Fax 04 75 46 24 42

🏠　**Le Jabron**　　　　　　　　🛜 ↳ 🛇 ⌫ ⏚ VISA ⦿
　　5 av. Mme-de-Sévigné – ℰ 04 75 46 28 85 – hotel-lejabron@wanadoo.fr
🅰　– Fax 04 75 46 24 31
　　12 ch – ♦52/55 € ♦♦52/55 €, ⊑ 7 € – ½ P 50/55 €
　　Rest – Menu 12 € (déj. en sem.), 18/35 €
　　– Carte 21/46 €

　　◆ Dans le village, petit hôtel toujours aussi soigné après ses récentes rénovations. Les
　　chambres, gaies et colorées, bénéficient du double vitrage. Espace pour séminaires.
　　Cuisine classique à déguster en terrasse ou en salle.

BÉHEN – 80 Somme – 301 D7 – 439 h. – alt. 105 m
– ⊠ 80870　　　　　　　　　　　　　　　　　　　　　　　　36 **A1**

　　▯ Paris 195 – Amiens 77 – Abbeville 19 – Berck 59 – Eu 30

🏠　**Chateau de Béhen** ⊗　　　　🕭 ↳ 🛇 ⌫ P VISA ⦿ AE
　　8 r. du Château – ℰ 03 22 31 58 30 – info@cuvelier.com
　　– Fax 03 22 31 58 39
　　6 ch ⊑ – ♦100 € ♦♦110 € – **Table d'hôte** – Menu 39 € bc/49 € bc

　　◆ Vivez la vie de château le temps d'un séjour dans ce bel édifice du 18ᵉ s. au cœur d'un
　　parc. Mobilier ancien ou de style dans le salon et les chambres (mansardées au 2ᵉ étage).
　　Recettes traditionnelles servies dans la salle à manger classique au mobilier
　　rustique.

BÉHUARD – 49 Maine-et-Loire – 317 F4 – 110 h. – alt. 17 m – ⊠ 49170　　35 **C2**

　　▯ Paris 310 – Angers 18 – Laval 88 – Nantes 88 – La Roche-sur-Yon 118
　　– Tours 124
　　🅸 Syndicat d'initiative, 9, rue Chevalier Buhard ℰ 02 41 72 84 11,
　　Fax 02 41 72 84 11

✕✕　**Les Tonnelles** (Gérard Bossé)　　　　　🛜 ⟡ VISA ⦿
��　– ℰ 02 41 72 21 50 – lestonnelles49@free.fr – Fax 02 41 72 81 10
　　– Fermé 4-10 mars, 7-13 oct., janv., merc. sauf le midi du 16 mars au 31 oct., mardi
　　du 1ᵉʳ nov. au 15 mars, dim. soir et lundi
　　Rest – (nombre de couverts limité, prévenir) Menu (27 €), 47/95 € bc
　　– Carte 59/83 € ℬ

　　Spéc. Huîtres cuisinées (sept. à avril). Poissons de Loire ou de l'Erdre au beurre
　　blanc. Pigeonneau au jus de cabernet (fév. à sept.). **Vins** Savennières, Saumur-
　　Champigny.

　　◆ Séduisant restaurant sis sur la pittoresque île de Béhuard. Élégant décor contem-
　　porain, agréable terrasse, belle cuisine revisitant le terroir et carte de vins locaux
　　étoffée.

BEINHEIM – 67 Bas-Rhin – 315 M3 – 1 790 h. – alt. 115 m – ✉ 67930   1 **B1**

🚗 Paris 504 – Haguenau 25 – Karlsruhe 37 – Strasbourg 48 – Wissembourg 27

🏨　**François** sans rest　　　　　　　　　🚗 ⅍ **P** 🚗 **VISA** **⑩** **AE**
58 r. Principale – 𝒞 *03 88 86 41 26 – Fax 03 88 86 27 00 – Fermé 28 juil.-10 août et 24 déc.-4 janv.*
13 ch – ♦34 € ♦♦48/60 €, ☲ 6 €
♦ Hôtel discret aménagé dans une vaste villa de style régional entourée d'un jardin. Les chambres, douillettes et bien tenues, sont parfois dotées de balcons.

BELCAIRE – 11 Aude – 344 C6 – 392 h. – alt. 1 002 m – ✉ 11340   22 **A3**

🚗 Paris 810 – Ax-les-Thermes 26 – Carcassonne 81 – Foix 54 – Quillan 29

🅱 Office de tourisme, 22, avenue d'Ax les Thermes 𝒞 04 68 20 75 89, Fax 04 68 20 79 13

🔘 Forêts★★ de la Plaine et Comus NO.

🄶 Belvédère du Pas de l'Ours★★ E : 13 km puis 15 mn,

🅸 **Languedoc Roussillon.**

🍴　**Bayle** avec ch　　　　　　　　　　　🚗 🏠 **P** **VISA** **⑩** **AE**
😊　*38 av. des Thermes –* 𝒞 *04 68 20 31 05 – hotel-bayle@wanadoo.fr*
– Fax 04 68 20 35 24 – Fermé nov.
12 ch – ♦40 € ♦♦40 €, ☲ 5,50 € – ½ P 44 € – **Rest** – Menu 11 € (déj. en sem.), 16/33 € – Carte 21/40 €
♦ Restaurant familial au cœur d'un village du pays cathare. Salle à manger rustique prolongée d'une terrasse face à la campagne. Plats inspirés du terroir. Chambres bien tenues.

BELCASTEL – 12 Aveyron – 338 G4 – 251 h. – alt. 406 m – ✉ 12390
🅸 Midi-Pyrénées   29 **C1**

🚗 Paris 623 – Decazeville 28 – Rodez 25 – Villefranche-de-Rouergue 36

🅱 Syndicat d'initiative, le bourg 𝒞 05 65 64 46 11

🍴🍴　**Vieux Pont** (Nicole Fagegaltier et Bruno Rouquier) avec ch 🐾　　　　≤
🌸　*–* 𝒞 *05 65 64 52 29 – hotel-du-vieux-pont@*　　　　　**AC** 📞 **P** **VISA** **⑩**
wanadoo.fr – Fax 05 65 64 44 32 – Fermé 1ᵉʳ janv.-12 mars, dim. soir et mardi midi sauf juil.-août et lundi (sauf hôtel en juil. -août)
7 ch – ♦80/95 € ♦♦80/95 €, ☲ 12 € – ½ P 95/103 € – **Rest** – *(nombre de couverts limité, prévenir)* Menu 27 € (déj. en sem.), 43/82 € – Carte 53/65 € ⅋
Spéc. Foie de canard grillé. Pigeon du Mont Royal croûté de cèpes secs et d'ail. "Tout chocolat noir". **Vins** Marcillac, Vins d'Entraygues et du Fel.
♦ Un vieux pont de pierre du 15ᵉ s. sépare ces deux maisons de pays. Belle cuisine régionale actualisée servie dans un cadre moderne élégant. Chambres calmes et cosy dans l'ex-grange, de l'autre côté de la rivière, au bord de laquelle on petit-déjeune en été.

BELFORT ℗ – 90 Territoire de Belfort – 315 F11 – 50 417 h. – Agglo. 104 962 h.
– alt. 360 m – ✉ 90000 🅸 Franche-Comté Jura   17 **C1**

🚗 Paris 422 – Basel 78 – Besançon 93 – Épinal 95 – Mulhouse 41

🅱 Office de tourisme, 2 bis, rue Clemenceau 𝒞 03 84 55 90 90, Fax 03 84 55 90 70

🅽 de Rougemont-le-Château à Rougemont-le-Château Route de Masevaux, NE : 16 km par D 83 et D 25, 𝒞 03 84 23 74 74.

🔘 Le Lion★★ - Le camp retranché★★ : ❄★★ de la terrasse du fort - Vieille ville★ : porte de Brisach★ - Orgues★ de la cathédrale St-Christophe Y **B** - Fresque★ (parking rue de l'As-de-Carreau Z 6) - Cabinet d'un amateur★ : Donation Maurice Jardot **M**¹.

Plan page suivante

🏨　**Novotel Atria**　　　　🛗 ⅍ **AC** ↯ 📞 🐾 🚗 **VISA** **⑩** **AE** **①**
av. Espérance, (au centre des Congrès) – 𝒞 *03 84 58 85 00 – h1742@accor.com*
– Fax 03 84 58 85 01　　　　　　　　　　　　　　　　　Y **u**
79 ch – ♦59/155 € ♦♦59/155 €, ☲ 13,50 € – **Rest** – Menu (16 €), 21/45 € – Carte 20/43 €
♦ Élégante architecture futuriste pour cet hôtel intégré à un centre de congrès. Confortables chambres refaites aux normes de la chaîne ; certaines regardent les fortifications. Formule Novotel Café dans un cadre contemporain.

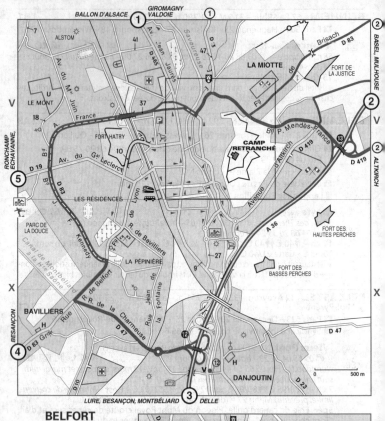

BASEL, MULHOUSE

RONCHAMP
ECHAVANNE,

BESANÇON

LURE, BESANÇON, MONTBÉLIARD   DELLE

ALSTOM
LA MIOTTE
FORT DE LA JUSTICE
LE MONT
FORT HATRY
CAMP RETRANCHÉ
LES RÉSIDENCES
PARC DE LA DOUCE
LA PÉPINIÈRE
FORT DES HAUTES PERCHES
BAVILLIERS
FORT DES BASSES PERCHES
DANJOUTIN

0   500 m

BELFORT

R. P. Berger
Square E. Lechten
CENTRE DES CONGRÈS
ECOLE DES BEAUX-ARTS
Marché couvert Fréry
PORTE DE BRISACH
HOTEL DU DEPT
CITE ADM TIVE
LE LION
CAMP RETRANCHÉ
R. Thiers
Gambetta

0   200 m

🏠🏠🏠 **Boréal** sans rest 🔊 🆔 ↫ ☎ ⚫ 🚗 **VISA** 🅿️ 🆎 ⓘ

2 r. Comte-de-la-Suze – ℰ 03 84 22 32 32 – hotel.boreal@wanadoo.fr
– Fax 03 84 28 15 01 – Fermé 19 déc.-4 janv.   Z **r**
52 ch – ♦62/95 €, ♦♦62/100 €, ☲ 11 € – 2 suites
 ♦ Dans une rue calme des quartiers de la rive droite, un hôtel apprécié pour le confort de ses chambres – les plus récentes en particulier – et la prévenance de son personnel.

🏠🏠🏠 **Grand Hôtel du Tonneau d'Or** 🔊 ₺ ch, 🆔 ↫ ☎

1 r. Reiset – ℰ 03 84 58 57 56 – tonneaudor@
tonneaudor.fr – Fax 03 84 58 57 50   🆔 **VISA** 🅿️ 🆎 ⓘ   Y **e**
52 ch – ♦105/139 €, ♦♦115/149 €, ☲ 11 € – **Rest** – (fermé août, 1ᵉʳ-7 janv., sam. et dim.) Menu (16 € bc), 27/32 € – Carte 34/42 €
 ♦ Superbe façade, impressionnant hall au cadre Belle Époque préservé et chambres spacieuses garnies d'un mobilier pratique caractérisent cet immeuble de 1907. Le restaurant offre un séduisant décor inspiré des brasseries parisiennes du début du 20ᵉ s.

🏠 **Les Capucins** 🔊 🆔 ↫ ☎ 🆔 **VISA** 🅿️ 🆎

20 fg Montbéliard – ℰ 03 84 28 04 60 – hotel-des-capucins@wanadoo.fr
– Fax 03 84 55 00 92   Z **n**
35 ch – ♦53 €, ♦♦60 €, ☲ 7,50 € – **Rest** – (fermé 27 juil.-18 août, 23 déc.-5 janv., sam. midi et dim.) Menu 15/36 € – Carte 37/45 €
 ♦ Ses petites chambres accueillantes, égayées de boutis et de couleurs vives, font de cet hôtel une étape plaisante ; celles du dernier étage sont mansardées. Carte traditionnelle servie dans deux salles à manger au cadre un brin rustique.

🏠 **Vauban** sans rest 🚲 ↫ ⚙ ☎ **VISA** 🅿️ 🆎 ⓘ

4 r. Magasin – ℰ 03 84 21 59 37 – hotel.vauban@wanadoo.fr – Fax 03 84 21 41 67
– Fermé vacances de Noël, vacances de fév. et dim. soir   Y **h**
14 ch – ♦69 €, ♦♦80 €, ☲ 8,50 €
 ♦ Charme discret d'une maison familiale où les chambres, aménagées comme pour recevoir des amis, sont ornées d'œuvres d'artistes locaux. Joli jardin au bord de la Savoureuse.

✕✕ **Le Pot au Feu** **VISA** 🅿️ 🆎

27 bis Grand'rue – ℰ 03 84 28 57 84 – mflunois@wanadoo.fr – Fax 03 84 58 17 65
– Fermé 1ᵉʳ-20 août, 1ᵉʳ-12 janv., sam. midi, lundi midi et dim.   Y **s**
Rest – Menu (14 €), 20 € (déj. en sem.), 29 € bc/52 € – Carte 33/63 €
 ♦ Dans ce bistrot (une jolie cave aux pierres apparentes), la chef fait revivre les plats de son enfance, aux côtés de recettes régionales et d'une ardoise inspirée du marché.

à Danjoutin 3 km au Sud – 3 383 h. – alt. 354 m – ✉ 90400

✕✕✕ **Le Pot d'Étain** 🔄 🅿️ **VISA** 🅿️

4 r. de la République – ℰ 03 84 28 31 95 – contact@lepotdetaindanjoutin.com
– Fax 03 84 21 70 15 – Fermé 2 sem. en août, vacances de fév., sam. midi, dim. soir et lundi   X **v**
Rest – Menu 29 € (déj. en sem.), 62/95 € – Carte 70/91 € ❀
 ♦ Table de chef au cadre actuel, agréable salle à manger bourgeoise, cuisine dans l'air du temps et belle sélection de vins français caractérisent cette étape gourmande.

> Première distinction : l'étoile ❀.
> Elle couronne les tables pour lesquelles on ferait des kilomètres !

BELGENTIER – 83 Var – 340 L6 – 1 724 h. – alt. 152 m – ✉ 83210   41 **C3**
🄳 Paris 826 – Draguignan 71 – Marseille 62 – Toulon 23

✕✕ **Le Moulin du Gapeau** 🚲 🚲 🆔 **VISA** 🅿️ 🆎 ⓘ

pl. Granet – ℰ 04 94 48 98 68 – moulin-du-gapeau@wanadoo.fr
– Fax 04 94 28 11 45 – Fermé 5-20 mars, 5-20 nov., lundi midi en juil.-août, dim. soir, jeudi soir sauf juillet-août et merc.
Rest – Menu 48/82 € – Carte 56/74 €
 ♦ Cet ancien moulin à huile (17ᵉ s.) conserve ses vieilles meules dans sa jolie salle à manger voûtée et relookée. Carte inspirée par la Méditerranée. Terrasse-patio moderne.

BELLEAU – 54 Meurthe-et-Moselle – 307 I6 – 722 h. – alt. 172 m – ⊠ 54610

26 **B2**

▶ Paris 340 – Metz 47 – Nancy 25 – Vandœuvre-lès-Nancy 35

⌂ **Château de Morey** ≤ 🚗 🐕 📺 🔥 🎿 ch, **P** **VISA** **⊕⊙**

– 🅰 03 83 31 50 98 – chateaudemorey@wanadoo.fr – Fax 03 83 31 51 94
5 ch ⌒ – 🛏55/65 € 🛏🛏65/75 € – ½ P 53/58 € – **Table d'hôte** – Menu 20 €
bc/25 € bc

♦ Dans un parc dominant la vallée, château du 16e s. entouré d'arbres centenaires. Spacieuses chambres avec coin salon. Cuisine, salle de jeux, bibliothèque, piscine, VTT... Table d'hôte sur réservation.

BELLE-ÉGLISE – 60 Oise – 305 E5 – 561 h. – alt. 69 m – ⊠ 60540

36 **B3**

▶ Paris 53 – Beauvais 32 – Compiègne 64 – Pontoise 29

🍴🍴🍴 **La Grange de Belle-Église** (Marc Duval) 🚗 🎰 **P** **VISA** **⊕⊙**
✿ 28 bd René-Aimé-Lagabrielle – 🅰 03 44 08 49 00 – Fax 03 44 08 45 97 – Fermé
4-26 août, 16 fév.-3 mars, dim. soir, mardi midi et lundi
Rest – Menu 28 € (déj. en sem.), 60/85 € – Carte 81/139 € 🕸
Spéc. Langoustines en spaghetti, déclinaison d'artichaut en dariole. Poitrine de pigeonneau aux petits pois. Macaron framboise, sorbet fromage blanc.

♦ Salle coiffée de poutres, agréable véranda ouverte sur un ravissant jardin et belles vitrines (argenterie) composent le cadre de cet élégant restaurant ; plats classiques.

BELLEGARDE – 45 Loiret – 318 L4 – 1 558 h. – alt. 113 m – ⊠ 45270
▧ Châteaux de la Loire

12 **C2**

▶ Paris 110 – Gien 41 – Montargis 24 – Nemours 41 – Orléans 50 – Pithiviers 30

🆔 Syndicat d'initiative, 12 bis, place Charles Desvergnes 🅰 02 38 90 25 37,
Fax 02 38 90 28 32

◉ Château★.

à Montliard 7 km au Nord-Ouest par D 44 – 175 h. – alt. 126 m – ⊠ 45340

⌂ **Château de Montliard** ◈ 🎰 🌿 🎿 **P**
3 rte de Nesploy – 🅰 02 38 33 71 40 – a.galizia@infonie.fr – Fax 02 38 33 86 41
4 ch ⌒ – 🛏56/80 € 🛏🛏66/89 € – **Table d'hôte** – Menu 23 € bc/33 € bc

♦ Dans la même famille depuis 1384, ce château entouré de douves offre un bel intérieur chargé d'histoire (escalier à vis, murs épais, vitraux). Chambres avec une cheminée. La table d'hôte sert un menu unique dans un cadre joliment rustique.

BELLEGARDE-SUR-VALSERINE – 01 Ain – 328 H4 – 10 846 h. – alt. 350 m – ⊠ 01200 ▧ Franche-Comté Jura

45 **C1**

▶ Paris 497 – Annecy 43 – Bourg-en-Bresse 73 – Genève 43 – Lyon 113

🆔 Office de tourisme, 24, place Victor Bérard 🅰 04 50 48 48 68,
Fax 04 50 48 65 08

◉ Berges de la Valserine N : 2 km par N84.

🏨 **La Belle Époque-Maison Watami** 🎰 rest, ◈ **VISA** **⊕⊙**
10 pl. Gambetta – 🅰 04 50 48 14 46 – Fax 04 50 56 01 71 – Fermé 21 déc.-2 janv.
20 ch – 🛏51/61 € 🛏🛏61/68 €, ⌒ 9 € – **Rest** – (fermé lundi midi) Menu 19/26 €
– Carte 16/35 €

♦ Avenante demeure bâtie au début du 20e s. Un bel escalier d'époque en bois sculpté (1907) conduit aux vastes chambres, joliment rajeunies. Place à la cuisine spectacle dans le restaurant au décor japonisant : on concocte sous vos yeux des spécialités asiatiques.

à Lancrans 3 km au Nord par D 1084 et D 991 – 935 h. – alt. 500 m – ⊠ 01200

🏠 **Le Sorgia** 🚗 🎰 📞 **P** **VISA** **⊕⊙** **AE** **①**
⌬ 39 Gde-Rue – 🅰 04 50 48 15 81 – Fax 04 50 48 44 72 – Fermé 1er-18 août,
20 déc.-12 janv., dim. et lundi
17 ch – 🛏54 € 🛏🛏54 €, ⌒ 7,50 € – ½ P 45 € – **Rest** – (fermé sam. midi, dim. soir et lundi) Menu 16 € (sem.)/45 € – Carte 24/49 €

♦ Au cœur du village, la même famille reçoit les visiteurs dans son auberge depuis 1890. Hébergement simple mais propre et régulièrement rafraîchi. Salle à manger champêtre et terrasse fleurie dressée au bord du jardin. Carte du terroir régulièrement renouvelée.

à Eloise (74 H.-Savoie) 5 km au Sud-Est par D 1508 et rte secondaire – 715 h. – alt. 511 m – ✉ 01200

Le Fartoret

– *✆ 04 50 48 07 18 – lefartoret@wanadoo.fr – Fax 04 50 48 23 85 – Fermé 23 déc.-3 janv. et dim. soir hors saison*

41 ch – 🚹40 € 🚹🚹57/91 €, ☕ 10 € – ½ P 64/81 € – **Rest** – Menu 20 € (sem.), 27/45 € – Carte 34/54 €

◆ Ensemble hôtelier bâti autour d'une ferme centenaire, agrémenté d'un parc avec piscine et tennis. Chambres anciennes mais bien tenues. Immense collection de coqs. Grandes salles à manger et terrasse couverte avec vue sur les arbres. Cuisine classique.

BELLE-ÎLE-EN-MER ★★ – 56 Morbihan – 308 L10 Bretagne 9 B3

Accès par transports maritimes pour **Le Palais** (en été **réservation indispensable** pour le passage des véhicules).

- depuis **Quiberon** (Port-Maria) - Traversée 45 mn - Renseignements et tarifs : S.M.N. ✆ 0 820 056 000 (Le Palais), Fax 02 97 31 56 81, www.smn-navigation.fr.
- depuis **Port-Navalo** - (avril-oct.) - Traversée 1 h - Renseignements et tarifs ; Navix S.A. à Port-Navalo ✆ 0 825 162 120 (0,15 €/mn)
- depuis **Vannes** - (avril-oct.) - Traversée 2 h - Renseignements et tarifs : Navix S.A., Gare Maritime ✆ 0 825 162 100 ou 0 825 132 100 (0,15 €/mn), Fax 02 97 46 60 29, www.navix.fr
- depuis **Lorient** - Service saisonnier - Traversée 50 mn (passagers uniquement, réservation obligatoire) - Renseignements et Tarifs S.M.N. ✆ 0 820 056 000 (0,12 €/mn) - Pour **Le Palais** et pour **Sauzon** : depuis **Quiberon** - Service saisonnier - Traversée 25 mn - Renseignements et tarifs : S.M.N. ✆ 0 820 056 000 (0,12 €/mn) (Quiberon) - Renseignements et tarifs : Navix S.A.
- depuis **Locmariaquer** - ✆ 0 825 162 130 (0,15 €/mn) - **Auray Le Bono** - ✆ 0 825 162 140 (0,15 €/mn) - **La Trinité-sur-Mer** (juil.-août) - ✆ 0 825 162 150 (0,15 €/mn), Fax 02 97 46 60 29.

Office de tourisme, quai Bonnelle, Le Palais ✆ 02 97 31 81 93, Fax 02 97 31 56 17

Côte sauvage★★★.

BANGOR – 56 Morbihan – 738 h. – alt. 45 m – ✉ 56360 9 B3

Paris 513 – Rennes 162 – Vannes 53 – Auray 34 – Larmor-Plage 12

Le Palais : citadelle Vauban★ NE : 3,5 km.

La Désirade rest,

Le Petit Cosquet – ✆ 02 97 31 70 70 – hotel-la-desirade@wanadoo.fr – Fax 02 97 31 89 63 – Ouvert 29 mars-4 nov. et 28 déc.-3 janv.

30 ch – 🚹102/149 € 🚹🚹122/164 €, ☕ 15 € – 2 suites – ½ P 95/123 €

Rest *La Table* – Menu 29/44 € – Carte 47/57 €

◆ Un accueil chaleureux et une atmosphère cosy vous attendent dans ces maisons néo-bretonnes aux chambres personnalisées et dominées par le bois. Espace bien-être flambant neuf. Plaisante table qui concocte des recettes dans l'air du temps.

LE PALAIS – 56 Morbihan – 2 457 h. – alt. 7 m – ✉ 56360 9 B3

Paris 508 – Rennes 157 – Vannes 48 – Lorient 3 – Ploemeur 9

Citadelle Vauban★.

Citadelle Vauban

– *✆ 02 97 31 84 17 – reception.vauban@leshotelsparticuliers.com – Fax 02 97 31 89 47 – Ouvert fin avril-15 oct.*

40 ch – 🚹120/300 € 🚹🚹130/300 €, ☕ 15 € – 3 suites – ½ P 210/350 €

Rest *La Table du Gouverneur* – Menu (30 €), 38/48 € – Carte 42/67 €

◆ Cet hôtel-musée a conquis la citadelle Vauban et ses jardins, dominant le port. L'inspiration indienne des chambres (presque toutes côté mer) invite à des rêves de voyages. Cuisine iodée classique à goûter dans un cadre qui marie tableaux (18e-19e s.) et design actuel.

Le Clos Fleuri   _rest,   rest,   P   VISA   MC   AE   ①_

rte de Sauzon, à Bellevue – ℰ 02.97.31.45.45 – hotel-leclosfleuri@orange.fr
– Fax 02 97 31 45 57
20 ch – ♦74 € ♦♦85/130 €, ⚞ 15 € – ½ P 71/103 € – **Rest** – (dîner seult)
(résidents seult) Menu 28 €

♦ Sur les hauteurs de la ville, cet hôtel typique de l'architecture locale abrite de coquettes
petites chambres, au mobilier campagnard et différemment colorées. Menu unique à
l'ardoise, proposé le soir aux résidents et revu quotidiennement.

Château de Bordenéo sans rest   _ ↵   P   VISA   MC_

2 km rte de Sauzon Bordenéo au Nord Ouest – ℰ 02 97 31 80 77
– chateaudebordeneo@wanadoo.fr – Fax 02 97 31 50 17
5 ch ⚞ – ♦122/172 € ♦♦134/184 €

♦ Tout à sa tranquillité, cette gentilhommière du 19ᵉ s. profite de son parc planté
d'arbres centenaires. Les chambres douillettes aux tons pastel ont chacune leur ambiance
propre.

L'Annexe   _ VISA   MC_

3 quai Yser – ℰ 02 97 31 81 53 – Fax 02 97 31 81 53 – Fermé mars, lundi et mardi
de nov. à fév. et merc.
Rest – (dîner seult) Carte 26/46 €

♦ Atmosphère conviviale au coude à coude et service rapide et informel : on vient
surtout ici pour la qualité des produits de la mer. Grillades au feu de bois devant les
clients.

PORT-GOULPHAR – 56 Morbihan – ⊠ 56360 Bangor   **9 B3**

▶ Paris 517 – Rennes 166 – Vannes 57 – Auray 38 – Larmor-Plage 16
◉ Site ★ : ≤ ★.

Castel Clara   ≤ crique et falaises, _ rest, _

– ℰ 02 97 31 84 21 – castelclara@   _ P   VISA   MC   AE   ①_
relaischateaux.com – Fax 02 97 31 51 69 – Fermé 13 janv.-13 fév.
59 ch – ♦155/380 € ♦♦155/380 €, ⚞ 25 € – 4 suites
Rest – (dîner seult) Menu 85/135 € – Carte 69/112 € ⅋
Rest _Le Buffet_ – Menu 45 € (déj.)/55 € (dîner)

♦ Emplacement idyllique sur la Côte sauvage, centre "thalasso", deux générations
de chambres raffinées, avec vue panoramique : le luxe discret... au bout du monde !
Table actuelle et élégante, tournée vers les falaises. Restaurant à thème proposant des
buffets.

SAUZON – 56 Morbihan – 835 h. – alt. 35 m – ⊠ 56360   **9 B3**

▶ Paris 515 – Rennes 164 – Vannes 55 – Lorient 9 – Lanester 13
◉ Site ★ - Pointe des Poulains ★★ : ⚹ ★ NO : 3 km puis 30 mn - Port-Donnant :
site ★★ S : 6 km puis 30 mn.

Hostellerie La Touline sans rest   _ ↵   VISA   MC_

r. du Port-Vihan – ℰ 02 97 31 69 69 – la-touline@libertysurf.fr
– Fax 02 97 31 66 00 – Ouvert 15 mars-12 oct.
5 ch – ♦106 € ♦♦106 €, ⚞ 12 €

♦ Joli ensemble de maisonnettes villageoises, juché sur les hauteurs du petit port. La
décoration se porte sur divers thèmes dépaysants : Bretagne, Zanzibar... Jardin reposant.

Roz Avel   _ VISA   MC   AE_

(derrière l'église) – ℰ 02 97 31 61 48 – Fax 02 97 31 61 48
– Ouvert 15 mars-11 nov., 16-31 déc. et fermé merc.
Rest – (nombre de couverts limité, prévenir) Menu 30/46 €

♦ Maison de pays possédant une salle à manger garnie de meubles bretons et une terrasse
prolongée d'un jardinet. Beaux produits de l'océan préparés avec soin.

Le Contre Quai   _VISA   MC_

r. St-Nicolas – ℰ 02 97 31 60 60 – lucien.coquant@wanadoo.fr
– Ouvert 18 avril-20 sept. et fermé dim. sauf juil.-août
Rest – (dîner seult) Menu 42 € – Carte 58/70 € ⅋

♦ Restaurant surplombant le pittoresque port de Sauzon. Appétissante cuisine "terre
et mer" servie (le soir uniquement) dans une plaisante salle à manger au coquet décor
marin.

❌ **Café de la Cale**   🛋 **VISA** **CB**

– ℰ 02 97 31 65 74 – Fax 02 97 31 63 27 – Ouvert d'avril à fin sept., vacances de la Toussaint, de Noël et de fév.

Rest – (prévenir) Carte 26/47 €

♦ Ancienne sardinerie transformée en bistrot à la mode. Navigateurs de renom et touristes y jouent des coudes pour apprécier poissons, coquillages et cuisine régionale.

❌ **Les Embruns**   🛋

Le Quai – ℰ 02 97 31 64 78 – Fax 02 97 31 63 32 – Ouvert 20 mars-5 nov.

Rest – crêperie Carte 12/23 €

♦ Ici crêpes et galettes sont 100 % bio, de la farine aux œufs, en passant par la garniture (saumon, etc.) ! Adossées à la falaise, cette maison et sa terrasse regardent le port.

BELLÊME – 61 Orne – 310 M4 – 1 774 h. – alt. 241 m – ⊠ 61130

📗 Normandie Vallée de la Seine   33 **C3**

▶ Paris 168 – Alençon 42 – La Ferté-Bernard 23 – Le Mans 55 – Mortagne-au-Perche 18

🛈 Office de tourisme, boulevard Bansard des Bois ℰ 02 33 73 09 69, Fax 02 33 83 95 17

🏌 De Bellême Saint-Martin Les Sablons, SO : 2 km, ℰ 02 33 73 12 79.

◉ Forêt ★.

à Nocé 8 km à l'Est par D 203 – 760 h. – alt. 120 m – ⊠ 61340

❌❌ **Auberge des 3 J.**   **VISA** **CB**

😊 – ℰ 02 33 73 41 03 – Fax 02 33 83 33 66 – Fermé 15-30 sept., 1er-15 janv., mardi de sept. à juin, dim. soir et lundi

Rest – Menu 26/36 € – Carte 31/39 €

♦ Tables joliment dressées et tableaux agrémentent la salle rustique de cette auberge familiale où dominent la pierre et le bois. Cuisine soignée, mi-traditionnelle, mi-terroir.

BELLEU – 02 Aisne – 306 C6 – rattaché à Soissons

BELLEVAUX – 74 Haute-Savoie – 328 M3 – 1 158 h. – alt. 913 m – Sports d'hiver : 1 100/1 800 m ≰23 ⅀ – ⊠ 74470 📗 Alpes du Nord   46 **F1**

▶ Paris 572 – Annecy 70 – Bonneville 29 – Genève 44 – Thonon-les-Bains 23

🛈 Office de tourisme, les Contamines ℰ 04 50 73 71 53, Fax 04 50 73 78 60

◉ Site ★.

🏨 **La Cascade**   ≼ 🚗 ᵫ ch, **P** **VISA** **CB** **AE** **①**

😊 – ℰ 04 50 73 70 22 – hotelacascade@wanadoo.fr – Fax 04 50 73 77 46 – Fermé 24 mars-12 avril et oct.

11 ch – †38 € ††48 €, ⊇ 6 € – ½ P 49 € – **Rest** – Menu 18 € (sem.), 22/26 € – Carte 22/30 €

♦ Bâtisse récente au cœur de la petite station. Chambres spacieuses et claires, toutes avec balcon et vue sur les montagnes alentour. Tenue impeccable. Confortable salle à manger en rotonde, surmontée d'une terrasse jouissant d'un beau panorama.

🏠 **Les Moineaux** ◈   ≼ 🚗 ⅃ ❄ **P** **VISA** **CB**

😊 – ℰ 04 50 73 71 11 – info@hotel-les-moineaux.com – Fax 04 50 73 75 79 – Ouvert 16 juin-9 sept. et 21 déc.-9 avril

14 ch – †43 € ††56 €, ⊇ 6 € – ½ P 48/51 € – **Rest** – Menu 18 € (sem.)/29 €

♦ Deux bâtiments de type chalet en contrebas du village. Les chambres, fonctionnelles, sont dotées de balcons tournés vers les montagnes. Sobre décor régional et tenue irréprochable. Restaurant au cadre actuel simple ; cuisine familiale à l'accent savoyard et menu végétarien.

à Hirmentaz 7 km au Sud-Ouest par D 26 et D 32 – ⊠ 74470 Bellevaux

🏨 **Le Christania** ◈   ≼ ⅃ 📶 ❄ rest, **P** **VISA** **CB**

– ℰ 04 50 73 70 77 – info@hotel-christania.com – Fax 04 50 73 76 08 – Ouvert 1er juin-15 sept. et 20 déc.-1er avril

35 ch – †52/56 € ††56/58 €, ⊇ 8 € – ½ P 54/64 € – **Rest** – Menu 21 € (sem.)/30 € – Carte 26/38 €

♦ Au pied des pistes, cet hôtel familial des années 1970 a gardé son style d'origine. Chambres rustiques, majoritairement équipées de balcons et mansardées au dernier étage. Restaurant tourné vers la piscine et la terrasse. Cuisine régionale et carte snack.

BELLEVILLE – 54 Meurthe-et-Moselle – 307 H6 – 1 280 h. – alt. 190 m – ⊠ 54940

▶ Paris 359 – Metz 42 – Nancy 19 – Pont-à-Mousson 14 – Toul 36

XXX ☼ **Le Bistroquet** (Marie-France Ponsard)   🛋 AC P VISA CO AE

97 rte Nationale – 𝒞 03 83 24 90 12 – le-bistroquet @ wanadoo.fr
– Fax 03 83 24 04 01 – Fermé 16 août-3 sept., sam. midi, dim. soir, lundi et mardi
Rest – *(nombre de couverts limité, prévenir)* Menu 33 € (sem.)/75 €
– Carte 54/80 €

Spéc. Foie gras de canard lorrain poêlé. Saint-Pierre rôti, beurre blanc émulsionné. Soufflé à la liqueur de mirabelle de Lorraine. **Vins** Gris de Toul, Pinot noir des Côtes de Toul.

♦ La discrète façade dissimule une salle à manger au cadre d'inspiration 1900 (miroirs, affiches et lustres). Terrasse fleurie et cuisine classique préparée avec art.

XX **La Moselle**   🚗 🛋 AC P VISA CO

1 r. Prosper-Cabirol, face à la gare – 𝒞 03 83 24 91 44 – lamoselle @ wanadoo.fr
– Fax 03 83 24 99 38 – Fermé 21 juil.-10 août, 16 fév.-1er mars, dim. soir, mardi soir et merc.
Rest – Menu 22 € (sem.)/52 € – Carte 39/82 €

♦ Établissement familial formé de deux salles rajeunies, séparées par des panneaux ornés de vitraux exécutés dans le style de l'école de Nancy. Agréable terrasse ombragée.

BELLEVILLE – 69 Rhône – 327 H3 – 5 840 h. – alt. 192 m – ⊠ 69220
▯ Lyon et la vallée du Rhône

▶ Paris 416 – Bourg-en-Bresse 43 – Lyon 45 – Mâcon 31
   – Villefranche-sur-Saône 15

🛈 Office de tourisme, 27, rue du Moulin 𝒞 04 74 66 44 67,
   Fax 04 74 06 43 56

🏠 **L'Ange Couronné**   🍴 🛋 VISA CO

18 r. de la République – 𝒞 04 74 66 42 00 – angecouronne @ wanadoo.fr
– Fax 04 74 66 49 20 – Fermé 2-6 juin, 29 sept.-7 oct., 5-27 janv., mardi midi, dim. soir et lundi
15 ch – †42 € ††46 €, ⊡ 7 € – **Rest** – Menu (12 €), 17 € (sem.)/45 €
– Carte 32/40 €

♦ Ancien relais de poste bordant la rue principale de Belleville. Un atrium conçu comme un jardin d'hiver dessert les chambres, sobres et fonctionnelles. Salle à manger au décor gentiment contemporain et cuisine traditionnelle.

X **Le Beaujolais**   AC P VISA CO AE

40 r. Mar.-Foch, (près de la gare) – 𝒞 04 74 66 05 31 – postmaster @ restaurant-le-beaujolais.com – Fax 04 74 07 90 46 – Fermé 14-20 avril, 4-27 août, 22-28 déc., dim. soir, mardi soir et merc.
Rest – Menu (13 €), 17 € (déj. en sem.), 25/42 € – Carte 31/39 €

♦ Une belle armoire bressane trône dans la salle à manger de cette auberge régionale. Plats traditionnels et carte des vins sont ancrés dans le Beaujolais. Accueil aimable.

à Pizay 5 km au Nord-Ouest par D 18 et D 69 – ⊠ 69220 St-Jean-d'Ardières

🏰 **Château de Pizay** ⊗   🍷 🚗 ⅊ ⊗ ※ ⅗ ch, AC ch, ↜ ↝ ☎ P VISA CO AE ①

– 𝒞 04 74 66 51 41 – info @ chateau-pizay.com
– Fax 04 74 69 65 63 – Fermé 19 déc.-4 janv.
62 ch – †175/299 € ††199/299 €, ⊡ 19 € – ½ P 147/210 €
Rest – Menu 40/65 € – Carte 59/105 €

♦ Beau château (15e-17e s.) parmi les vignes. Divers types de chambres dans le corps de logis, les ex-écuries et les extensions récentes. Spa complet et parc à la française. Salle à manger seigneuriale, terrasse d'été dans la cour d'honneur et carte classique.

BELLEY ⊛ – 01 Ain – 328 H6 – 8 004 h. – alt. 279 m – ⊠ 01300
▯ Franche-Comté Jura

▶ Paris 507 – Aix-les-Bains 31 – Bourg-en-Bresse 83 – Chambéry 36 – Lyon 96

🛈 Office de tourisme, 34, Grande Rue 𝒞 04 79 81 29 06,
   Fax 04 79 81 08 80

◎ Chœur★ de la cathédrale St-Jean - Charpente★ du château des Allymes.

⌂ Ibis 📶 ⑤ ch, ⇆ 📞 𝖵𝖨𝖲𝖠 ⓜ⓪ ⒶⒺ ⑪
bd Mail – 𝒞 04 79 81 01 20 – Fax 04 79 81 53 83
35 ch – ♦50/59 € ♦♦50/59 €, ⊇ 8 € – **Rest** – Menu (12,50 € bc), 14 € bc/17 €
– Carte 22/27 €
♦ Adresse utile pour l'étape au centre-ville. Chambres aux dernières normes de la chaîne.
Petit-déjeuner servi sous forme de buffet. Au restaurant : photos d'acteurs en noir et blanc,
courte carte traditionnelle.

au Sud-Est 3 km sur rte Chambéry – ⊠ 01300 Belley

✕✕ Auberge La Fine Fourchette ⪦ 🍴 🅿 𝖵𝖨𝖲𝖠 ⓜ⓪ ⒶⒺ ⑪
N504 – 𝒞 04 79 81 59 33 – Fax 04 79 81 55 43
– Fermé 20 août-2 sept., 24 déc.-5 janv., dim. soir et lundi
Rest – Menu 24/54 € – Carte 41/52 €
♦ En surplomb de la route, charmant pavillon tourné vers la campagne et le canal du Rhône.
Les larges baies de la salle à manger, redécorée, s'ouvrent sur la terrasse. Cuisine classique.

à Contrevoz 9 km au Nord-Ouest sur D 32 – 430 h. – alt. 320 m – ⊠ 01300

✕✕ Auberge de Contrevoz 🚗 🍴 🅿 𝖵𝖨𝖲𝖠 ⓜ⓪
– 𝒞 04 79 81 82 54 – auberge.de.contrevoz@wanadoo.fr – Fax 04 79 81 80 17
– Fermé 25 déc.-25 janv., dim. soir et lundi
Rest – Menu 25 € (sem.)/43 € – Carte 32/47 €
♦ On se sent bien dans cette maison régionale à l'intérieur rustique. Généreuse cuisine
actuelle avec des touches terroir (menus à thèmes selon les saisons, truffe du Bugey...).

à Pugieu 9 km au Nord-Ouest sur D 1504 – 126 h. – alt. 247 m – ⊠ 01510

✕ Le Moulin du Martinet 🚗 🍴 🅿 𝖵𝖨𝖲𝖠 ⓜ⓪ ⒶⒺ
– 𝒞 04 79 87 82 03 – moulindumartinet@gmail.com – Fermé
10-20 mars, 10-20 oct., 2-12 janv., dim. soir sauf juil.-août, mardi soir et merc.
Rest – Menu 13 € (déj. en sem.), 17/48 € – Carte 30/46 €
♦ Jardin face à la montagne, canards en liberté, bassin à truites, agréable terrasse, repas au
coin du feu en hiver et cuisine actuelle : un vieux moulin (1825) bien séduisant.

BELVES – 24 Dordogne – 329 H7 – 1 431 h. – alt. 175 m – ⊠ 24170
🚹 Paris 552 – Bordeaux 197 – Périgueux 66 – Bergerac 56
  – Villeneuve-sur-Lot 66
🚹 Office de tourisme, 1, rue des Filhols 𝒞 05 53 29 10 20

⌂ Clément V *sans rest* 🅰🅲 ⇆ 𝖵𝖨𝖲𝖠 ⓜ⓪ ⒶⒺ ⑪
15 r. J.-Manchotte – 𝒞 05 53 28 68 80 – contact@clement5.com
– Fax 05 53 28 14 21
10 ch – ♦95/200 € ♦♦95/200 €, ⊇ 12 €
♦ Dans un village perdu et haut perché, cette coquette maison possède des chambres de
caractère, dont l'une occupe une cave voûtée du 11e s. Véranda sur une petite cour fleurie.

à Sagelat 2 km au Nord par D 53 – 325 h. – alt. 78 m – ⊠ 24170

⌂ Le Branchat 🌿 🌶 🍴 🏊 ⇆ 🐾 🅿 𝖵𝖨𝖲𝖠 ⓜ⓪
au Sud Est par D 710 et rte secondaire – 𝒞 05 53 28 98 80 – info@lebranchat.com
– Fax 05 53 59 22 52 – Ouvert 28 mars-26 oct.
3 ch ⊇ – ♦55/72 € ♦♦55/72 € – **Table d'hôte** – Menu 25 €
♦ Au milieu de prairies verdoyantes et reposantes, cette grande demeure offre un accueil
chaleureux. Chambres simples (balcon ou terrasse). Petit-déjeuner au bord de la piscine.

✕ Auberge de la Nauze *avec ch* 🍴 🅰🅲 rest, 🐾 🅿 𝖵𝖨𝖲𝖠 ⓜ⓪
Fongauffier – 𝒞 05 53 28 44 81 – aubergedelanauze@wanadoo.fr
– Fax 05 53 29 99 18 – Fermé 20-29 juin, 29 nov.-14 déc., vacances de fév., lundi
sauf le soir en juil.-août, mardi soir et sam. midi de sept. à juin
8 ch – ♦36/38 € ♦♦38/40 €, ⊇ 6 € – ½ P 38/48 € – **Rest** – Menu 13,50 € (déj. en
sem.), 21/50 € – Carte 29/67 €
♦ Régalez-vous d'une cuisine traditionnelle dans cette maison en pierre du pays, dotée
d'une salle à manger habillée de poutres et d'une terrasse. Petites chambres colorées.

BENFELD – 67 Bas-Rhin – 315 J6 – 4 878 h. – alt. 160 m – ✉ 67230

▐ Alsace Lorraine

▶ Paris 502 – Colmar 41 – Obernai 17 – Sélestat 19 – Strasbourg 36

🛈 Office de tourisme, 3, rue de l'Église ✆ 03 88 74 04 02, Fax 03 88 58 10 45

✕✕ **Au Petit Rempart**   ৬ _VISA_ **ⓒⓄ** _AE_

1 r. Petit-Rempart – ✆ 03 88 74 42 26 – Fax 03 88 74 18 58 – Fermé
15 juil.-15 août, 15 fév.-15 mars, lundi soir, mardi soir, jeudi soir et merc.
Rest – Menu 10 € (déj. en sem.), 24/42 € – Carte 29/49 €
♦ L'ancienne salle de bal offre un cadre raffiné (marqueteries, fauteuils Louis XIII), tandis
que la winstub est plus simple. Carte classique ; fameuse recette maison de vinaigrette.

BÉNODET – 29 Finistère – 308 G7 – 2 750 h. – Casino – ✉ 29950

▐ Bretagne

▶ Paris 563 – Concarneau 19 – Fouesnant 8 – Pont-l'Abbé 13 – Quimper 17
– Quimperlé 47

🛈 Office de tourisme, 29, avenue de la Mer ✆ 02 98 57 00 14,
Fax 02 98 57 23 00

🗺 de l'Odet Clohars Fouesnant, N : 4 km par D 34, ✆ 02 98 54 87 88.

👁 Pont de Cornouaille ≤★ - L'Odet★★ en bateau : 1h30.

🏨 **Ker Moor** ⬗   ♨ 🏊 ✕ 🖃 ❀ ch, 🐾 🕭 **P** _VISA_ **ⓒⓄ** _AE_

corniche de la Plage – ✆ 02 98 57 04 48 – kermoor.hotel @ wanadoo.fr
– Fax 02 98 57 17 96 – Fermé 18 déc.-8 janv.
69 ch – ♦65/100 € ♦♦75/130 €, ⊇ 10 € – 15 suites – ½ P 65/94 €
Rest – (ouvert de mars à oct.) Menu 30/75 € – Carte 23/68 €
♦ Imposant édifice 1930 et son annexe (salles de séminaires, bar) au cœur d'un parc arboré.
Chambres actuelles d'ampleurs diverses et appartements pour longs séjours. Restaurant
agrémenté de toiles du peintre Pierre de Belay ; chaises en skaï des années 1960.

🏨 **Kastel**   ≤ 🍴 🖃 ❀ rest, **P** _VISA_ **ⓒⓄ** _AE_

corniche de la Plage – ✆ 02 98 57 05 01 – hotel.kastel @ wanadoo.fr
– Fax 02 98 57 29 99 – Fermé 7-25 déc.
22 ch – ♦67/112 € ♦♦105/127 €, ⊇ 9,50 € – ½ P 86/98 € – **Rest** – Menu (20 €),
27 € (sem.)/32 € – Carte 34/58 €
♦ Il suffit de traverser la rue pour rejoindre la plage ! Joli hall et chambres spacieuses
meublées en rotin, tournées vers le parc (loisirs sportifs) ou l'océan. Le restaurant offre un
décor gai et lumineux ; cuisine utilisant herbes aromatiques et épices.

🏨 **Le Grand Hôtel Abbatiale**   🖃 ৬ ch, ⇄ 🐾 🕭 **P** _VISA_ **ⓒⓄ** _AE_ ①

4 av. Odet – ✆ 02 98 66 21 66 – abbatiale.benodet @ wanadoo.fr
– Fax 02 98 66 21 50 – Fermé 14-28 déc.
50 ch – ♦65/90 € ♦♦75/112 €, ⊇ 9,50 € – ½ P 68/88 € – **Rest** – (fermé sam.
midi) Menu 21/42 € – Carte 29/54 €
♦ Atout majeur de cet hôtel : son emplacement face au port de la station balnéaire
bretonne. Chambres fonctionnelles ; certaines ménagent une belle échappée sur l'océan.
Cuisine traditionnelle et produits de la mer.

🏨 **Domaine de Kereven** sans rest ⬗   ♨ ❀ 🐾 **P** _VISA_ **ⓒⓄ**

2 km rte de Quimper – ✆ 02 98 57 02 46 – domaine-de-kereven @ wanadoo.fr
– Fax 02 98 66 22 61 – Ouvert 11 avril-30 sept.
12 ch – ♦48/58 € ♦♦58/75 €, ⊇ 9 €
♦ Dans un parc agreste, hameau récent et paisible d'inspiration régionale. Chambres
douillettes et cottages (gîtes). Crêpes chaudes au petit-déjeuner ; mobilier breton en salle.

🏨 **Les Bains de Mer**   🏊 🖃 _AC_ rest, 🐾 **P** _VISA_ **ⓒⓄ** _AE_

11 r. Kerguelen – ✆ 02 98 57 03 41 – bainsdemer @ portdebenodet.com
– Fax 02 98 57 11 07 – Fermé janv.
32 ch – ♦44/59 € ♦♦57/73 €, ⊇ 8,50 € – ½ P 50/67 € – **Rest** – (fermé sam. midi,
mardi midi et vend. du 1er oct. à Pâques) Menu (10,50 €), 12,50 € (déj. en sem.),
21/55 € – Carte 25/45 €
♦ Après un bain de mer, installez-vous dans l'une des chambres sobrement décorées de cet
accueillant hôtel situé au centre de la cité d'adoption d'Éric Tabarly. Table traditionnelle aux
tons contrastés : murs verts et tentures prune, comme les sièges.

à Clohars-Fouesnant 3 km au Nord-Est par D 34 et rte secondaire – 1 417 h.
– alt. 30 m – ⌀ 29950

※※ **La Forge d'Antan** 🚗 🈳 **P** **VISA** **CO**
31 rte de Nors Vraz – ℰ *02 98 54 84 00 – laforgedantan2@wanadoo.fr*
– Fax 02 98 54 89 11 – Fermé mardi sauf le soir de juil. à sept., merc. midi et lundi
Rest – Menu 39/59 € – Carte 45/79 €
◆ Plaisante auberge de campagne disposant de deux salles à manger : l'une rustique
chaleureuse et l'autre plus claire, côté jardin. Choix traditionnel ; poissons et
coquillages.

à Ste-Marine 5 km à l'Ouest par pont de Cornouaille – ⌀ 29120 Combrit

🏨🏨🏨 **Villa Tri Men** 🌿 ⇐ 🚗 🈳 🛏 🕭 ch, 🍴 rest, 📞 **P** **VISA** **CO**
16 r. du Phare – ℰ *02 98 51 94 94 – contact@trimen.fr*
– Fax 02 98 51 95 50
– Fermé 16 nov.-18 déc. et 4 janv.-5 fév.
20 ch – ⸋110/270 € ⸋⸋110/270 €, ⌑ 13 € – **Rest** – *(fermé dim. et lundi sauf du*
15 juin au 15 sept.) (dîner seult) Menu 34 € – Carte 42/64 €
◆ Belle villa 1900 nichée dans un jardin arboré en bordure de mer. Les chambres, élégantes
et sobres, sont garnies de meubles modernes. Repas au goût du jour dans une salle
contemporaine agréable ou sur la séduisante terrasse dressée face à l'estuaire.

BÉNOUVILLE – 14 Calvados – 303 K4 – **rattaché à Caen**

BERCK-SUR-MER – 62 Pas-de-Calais – 301 C5 – **14 378 h.** – alt. 5 m – **Casino** –
⌀ 62600 ▯ Nord Pas-de-Calais Picardie   30 **A2**

▯ Paris 232 – Abbeville 48 – Arras 93 – Boulogne-sur-Mer 40 – Calais 83
– Montreuil 16

▯ Office de tourisme, 5, avenue Francis Tattegrain ℰ 03 21 09 50 00,
Fax 03 21 09 15 60

▯ de Nampont Saint-Martin à Nampont-Saint-Martin Maison Forte, par D 940
et D 901 : 15 km, ℰ 03 22 29 92 90.

▯ Parc d'attractions de Bagatelle ★ 5 km par ①.

à Berck-Plage – ⌀ 62600

🏠 **L'Impératrice** 🄰🄲 rest, 🕭 **VISA** **CO**
🍽 *43 r. Division-Leclerc –* ℰ *03 21 09 01 09 – hotel-imperatrice@wanadoo.fr*
– Fax 03 21 09 72 80
12 ch – ⸋60/65 € ⸋⸋60/77 €, ⌑ 8 € – ½ P 80/85 € – **Rest** – *(prévenir)*
Menu 22/32 € – Carte 29/37 €
◆ L'impératrice Eugénie inaugura à Berck le premier hôpital maritime. Agréables
petites chambres fonctionnelles. La salle à manger colorée offre un cadre accueillant
où l'on savoure indifféremment plateaux de fruits de mer et attrayants plats
régionaux.

※※ **La Verrière** 🈳 🄰🄲 **VISA** **CO** **AE** **①**
pl. 18-Juin – ℰ *03 21 84 27 25 – nvincent@g-partouche.fr*
– Fax 03 21 84 14 65
– Fermé 10-16 mars, 17-23 nov., dim. soir et lundi hors saison
Rest – Menu (12,50 € bc), 20 € (sem.)/50 € – Carte 52/58 €
◆ Dans l'ancienne gare routière convertie en casino, grande salle de restaurant
moderne, lumineuse et soignée où l'on déguste des petits plats mitonnés au goût du
jour.

à Groffliers 4 km au Sud -Est par D 940 – 1 422 h. – alt. 4 m – ⌀ 62600

※※※ **L'Auberge de la Madelon Fleurie** ⇐ 🈳 🄰🄲 **P** **VISA** **CO**
🕾 *198 r. Baie d'Authie, 2 km au Port de la Madelon au Sud –* ℰ *03 21 94 05 05*
– auberge.madelon@wanadoo.fr – Fax 03 21 94 40 36
– Fermé janv., jeudi midi et merc.
Rest – Menu 18 € (déj. en sem.), 29/52 € – Carte 43 €
◆ Avec son intérieur lumineux aux teintes douces, ce restaurant célèbre une cuisine
dans l'air du temps. Carte courte et suggestions du jour réalisées par un jeune chef
passionné.

BERGERAC – 24 Dordogne – 329 D6 – 26 053 h. – alt. 37 m – ✉ 24100

Périgord 4 **C1**

- Paris 534 – Agen 91 – Angoulême 110 – Bordeaux 94 – Périgueux 48
- Bergerac-Roumanières : ☏ 05 53 22 25 25, par ③ : 5 km.
- Office de tourisme, 97, rue Neuve d'Argenson ☏ 05 53 57 03 11, Fax 05 53 61 11 04
- Château les Merles à Mouleydier D 660, par rte de Sarlat : 15 km, ☏ 05 53 63 13 42.
- Le Vieux Bergerac★★ : musée du Tabac★★ (maison Peyrarède★) - Musée du Vin, de la Batellerie et de la Tonnellerie★M³.

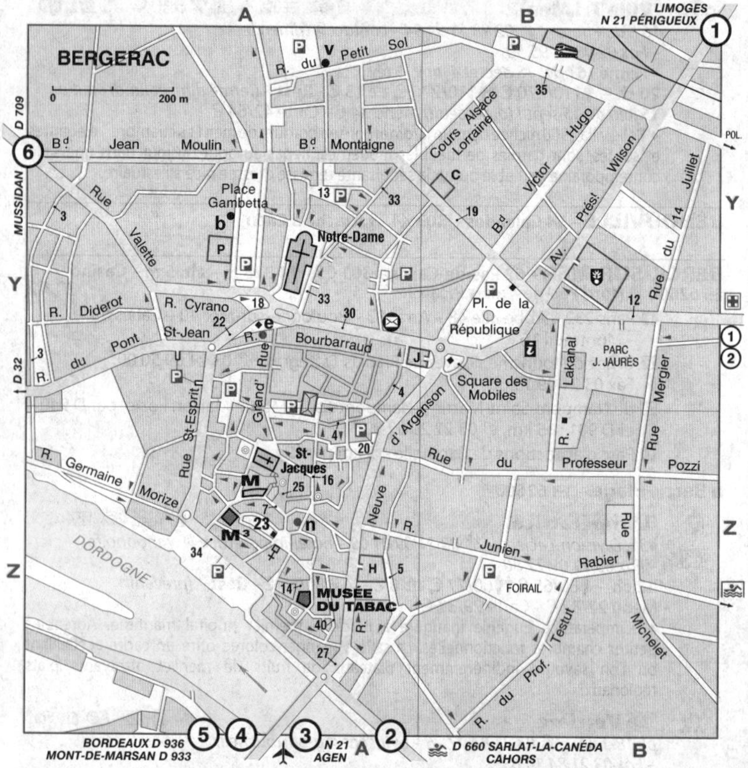

Beausoleil (Bd)	AY	3	Fontaines (R. des)	AZ	16	Pelissière (Pl.)	AZ	25
Brèche (R. de la)	AYZ	4	Grand'Rue	AYZ		Pont (Pl. du)	AZ	27
Candillac (R.)	AZ	5	Lattre-de-Tassigny (Pl. de)	AY	18	Résistance (R. de la)	AY	30
Conférences (R. des)	AZ	7	Maine-de-Biran (Bd)	BY	19	Ste-Catherine (R.)	AY	33
Dr-Simounet (R.)	BY	12	Malbec (Pl.)	AZ	20	St-Clar (R.)	AZ	40
Ferry (Pl. J.)	AY	13	Mounet-Sully (R.)	AY	22	Salvette (Quai)	AZ	34
Feu (Pl. du)	AZ	14	Myrpe (Pl. de la)	AZ	23	108e-R.-I. (Av. du)	BY	35

De France sans rest

18 pl. Gambetta – ☏ 05 53 57 11 61
– hoteldefrance15@wanadoo.fr
– Fax 05 53 61 25 70 AY **b**

20 ch – 🛉62/71 € 🛉🛉62/71 €, ☕ 10 €

◆ Face à la place ombragée du marché (mercredi et samedi), le De France, rénové, offre un nouveau visage. Les chambres sont simples et plus calmes côté piscine.

⌂ **Europ Hôtel** sans rest   🚗 🔧 📞 **P** **VISA** **◎** **AE** **①**
20 r. Petit-Sol – ℰ *05 53 57 06 54 – europ.hotel.bergerac@wanadoo.fr*
– Fax 05 53 58 67 60   AY **v**
22 ch – ♦42 € ♦♦46/56 €, ⌸ 7,50 €
◆ Le jardin jouxtant la piscine est l'atout majeur de cet hôtel situé dans le quartier de la gare. Chambres rénovées et bien tenues (climatisation et double-vitrage côté rue).

✗✗ **L'Imparfait**   🏠 **VISA** **◎** **AE**
8 r. Fontaines – ℰ *05 53 57 47 92 – mfernandezp@wanadoo.fr*
– Fax 05 53 23 43 18 – Fermé 23 déc.-4 fév., dim. et lundi   AZ **n**
Rest – Menu 21 € (déj. en sem.), 31/45 € – Carte 48/74 €
◆ Cette maison médiévale du centre historique vous accueille dans sa grande salle à manger où pierres et poutres apparentes se donnent la réplique. Bonne cuisine traditionnelle.

✗ **Le Repaire de Savinien**   🏠 **VISA** **◎** **AE**
15 r. Mounet-Sully – ℰ *05 53 24 35 46 – Fermé 1ᵉʳ-8 janv., 24 fév.-10 mars, dim. et lundi de sept. à mai*   AY **e**
Rest – Carte 26/34 €
◆ Ambiance bistrot à quelques pas de l'église Notre-Dame : repas au coude à coude et carte proposée à l'ardoise. Plats traditionnels respectueux des saisons et des produits.

à St-Julien-de-Crempse 12 km par ①, N 21, D 107 et rte secondaire – 168 h.
– alt. 150 m – ✉ 24140

⌂⌂ **Manoir du Grand Vignoble** ⌘   🛋 🏠 🔧 ⛳ ✗ 🏋
– ℰ *05 53 24 23 18 – grand.vignoble@*   **P** **VISA** **◎** **AE** **①**
wanadoo.fr – Fax 05 53 24 20 89 – Ouvert 21 mars-8 nov.
44 ch – ♦60/84 € ♦♦82/112 €, ⌸ 10 € – ½ P 58/90 € – **Rest** – Menu 24/46 €
– Carte 28/49 €
◆ Ce manoir du 17ᵉ s. au grand calme, au cœur d'un vaste domaine (avec centre équestre), propose des chambres anciennes et d'autres plus contemporaines dans les dépendances. Salle à manger rustique, véranda et terrasse ouverte sur le parc ; cuisine régionale.

à St-Nexans 10 km par ③, N 21 et D 19 – 802 h. – alt. 120 m – ✉ 24520

⌂⌂ **La Chartreuse du Bignac** ⌘   ≼ 🛋 🏠 🔧 & ↯ ⌗
Le Bignac – ℰ *05 53 22 12 80 – info@*   📞 **P** **VISA** **◎** **AE**
abignac.com – Fax 05 53 22 12 81 – Fermé janv.
12 ch – ♦140/170 € ♦♦150/190 €, ⌸ 16 € – 1 suite – ½ P 125/145 €
Rest – (fermé mardi soir) (dîner seult) (résidents seult) Menu 35/40 €
◆ Une chartreuse qui se dresse au sein d'un parc de 12 ha agrémenté d'un pigeonnier, d'un bassin et d'un étang pour la pêche. Vastes chambres raffinées (mêlant l'ancien et le moderne), dont deux se trouvent dans le chai. Cuisine familiale et bar à vins.

au Moulin de Malfourat 8 km par ④, dir. Mont-de-Marsan et rte secondaire
– ✉ 24240 Monbazillac

✗✗✗ **La Tour des Vents**   ≼ vallée de Bergerac, 🚗 🏠 **P** **VISA** **◎**
    ℰ *05 53 58 30 10 – moulin.malfourat@wanadoo.fr – Fax 05 53 58 89 55*
😊 *– Fermé 20-26 oct., janv., dim. soir et mardi midi sauf juil.-août et lundi*
Rest – Menu 25/58 € – Carte 38/65 €
◆ Restaurant situé au pied du moulin ruiné (15ᵉ s.). On y déguste une cuisine inventive arrosée de bergeracs. Vue imprenable sur les vignobles de Monbazillac, agréable terrasse.

à Rauly 8 km par ④, dir. Mont-de-Marsan et rte secondaire – ✉ 24240 Monbazillac

⌂⌂ **Château Rauly-Saulieut** sans rest ⌘   🛋 🔧 📞 **P** **VISA** **◎**
– ℰ *05 53 24 92 55 – info@perigord-residences-privees.eu – Fax 05 53 57 80 87*
– Ouvert 16 fév.-1ᵉʳ nov.
8 ch – ♦105/125 € ♦♦125/160 €, ⌸ 12,50 € – 6 suites
◆ Tranquillité assurée dans ce château du 19ᵉ s. niché dans un parc en plein vignoble. Les appartements et les suites sont grands et meublés avec goût. Piscine, sauna.

BERGÈRES-LÈS-VERTUS – 51 Marne – 306 F9 – rattaché à Vertus

BERGHEIM – 68 Haut-Rhin – 315 I7 – 1 830 h. – alt. 235 m – ⊠ 68750
▓ Alsace Lorraine

2 **C2**

▶ Paris 449 – Colmar 18 – Ribeauvillé 4 – Sélestat 11

XX **La Bacchante** avec ch   ⛳ AIC **P** *VISA* ◍◎ AE
Grand Rue – ℰ 03 89 73 31 15 – labacchante @ wanadoo.fr – Fax 03 89 73 60 65
– Fermé 17 fév.-12 mars, 16-27 nov. et jeudi en janv.-fév.
12 ch – ❶60 € ❶❶70/115 €, ⊇ 15 € – ½ P 70 € – **Rest** – (fermé merc. midi, vend.
midi et jeudi) Menu 22 € (déj. en sem.), 28/48 € – Carte 29/41 €
♦ Cette ancienne ferme viticole arbore un décor rustique plein de caractère. Jolie terrasse
dans une cour intérieure pavée et cuisine du terroir assortie de suggestions du jour.

X **Wistub du Sommelier**   *VISA* ◍◎
☺ – ℰ 03 89 73 69 99 – info @ wistub-du-sommelier.com – Fax 03 89 73 36 58
– Fermé 15-31 juil., vacances de fév., dim. soir, mardi soir et merc.
Rest – Menu (17 €), 21 € (sem.)/40 € – Carte 27/47 €
♦ Parquet et comptoir du 19ᵉ s., boiseries, poêle en faïence : un sympathique décor de
wistub modernisé se cache derrière cette jolie façade alsacienne. Goûteux plats du terroir.

BERGUES – 59 Nord – 302 C2 – 4 209 h. – alt. 4 m – ⊠ 59380
▓ Nord Pas-de-Calais Picardie

30 **B1**

▶ Paris 279 – Calais 52 – Dunkerque 9 – Hazebrouck 34 – Lille 65 – St-Omer 31
🄓 Office de tourisme, Place Henri Billiaert ℰ 03 28 68 71 06, Fax 03 28 68 71 06
◙ Couronne d'Hondschoote★.

🏠 **Au Tonnelier**   ⛳ ℂ **P** *VISA* ◍◎ AE
☺ 4 r. Mont-de-Piété, (près de l'église) – ℰ 03 28 68 70 05 – contact @
autonnelier.com – Fax 03 28 68 21 87 – Fermé 24 déc.-5 janv.
25 ch – ❶39/46 € ❶❶47/78 €, ⊇ 10 € – ½ P 50/53 € – **Rest** – (fermé dim. soir)
Menu 18/31 € – Carte 29/39 €
♦ Cette petite adresse familiale, qui occupe une maison en briques abondamment fleurie
de la cité en partie fortifiée par Vauban, abrite des chambres fonctionnelles. Accueillante
salle à manger (boiseries, mobilier de style bistrot) et cuisine traditionnelle.

XXX **Cornet d'Or**   ⇔ *VISA* ◍◎
26 r. Espagnole – ℰ 03 28 68 66 27 – Fermé dim. soir et lundi
Rest – Menu 28/40 € – Carte environ 53 €
♦ Ce restaurant a fière allure avec sa jolie façade flamande et son intérieur résolument
bourgeois. La généreuse carte, traditionnelle, sait valoriser des produits simples et bons.

BERMICOURT – 62 Pas-de-Calais – 301 G5 – 128 h. – alt. 118 m –
⊠ 62130

30 **B2**

▶ Paris 234 – Lille 100 – Arras 50 – Lens 61 – Liévin 58

🏠 **La Cour de Rémi** ⌖   🜨 ⛳ ℂ ⇋ **P** *VISA* ◍◎
☺ 1 r. Baillet – ℰ 03 21 03 33 33 – sebastien @ lacourderemi.com – Fermé
18 fév.-7 mars
7 ch – ❶80 € ❶❶80/130 €, ⊇ 10 € – **Rest** – (fermé sam. midi, dim. soir et lundi)
Menu 17 € bc (déj. en sem.), 28/33 € – Carte 33/45 €
♦ Hôtel de charme mettant à profit les dépendances d'un château de campagne. Accueil
soigné et chambres cosy personnalisées. Repas au goût du jour dans une salle au style
contemporain, lumineux et dépouillé, ou en plein air. Plats proposés à l'ardoise.

BERNAY ◉ – 27 Eure – 304 D7 – 11 024 h. – alt. 105 m – ⊠ 27300
▓ Normandie Vallée de la Seine

33 **C2**

▶ Paris 155 – Argentan 69 – Évreux 49 – Le Havre 72 – Louviers 52 – Rouen 60
🄓 Syndicat d'initiative, 29, rue Thiers ℰ 02 32 43 32 08, Fax 02 32 45 82 68
◙ Boulevard des Monts★.

🏠 **Acropole Hôtel** sans rest   ㅌ ℂ ⅔ **P** *VISA* ◍◎ AE ⓞ
3 km au Sud-Ouest sur rte de Broglie (D 438) – ℰ 02 32 46 06 06 – acropolehotel @
wanadoo.fr – Fax 02 32 44 01 04
51 ch – ❶54/68 € ❶❶54/68 €, ⊇ 10 €
♦ Excentré dans une zone commerciale, établissement proposant un hébergement avant
tout pratique. Insonorisation et équipements propices à l'étape de repos ou d'affaires.

XXX **Hostellerie du Moulin Fouret** avec ch ⌂   🔊 🛱 **P** _VISA_ **👁️** **AE**
3,5 km au Sud par rte St-Quentin-des-Isles – ℰ 02 32 43 19 95 – lemoulinfouret@
wanadoo.fr – Fax 02 32 45 55 50 – Fermé dim. soir et lundi sauf juil.-août
8 ch – †55 € ††55 €, � 10 € – **Rest** – Menu 40 € – Carte 60/85 €
♦ Élégante salle à manger ouverte sur le bar où se trouvent les rouages de ce moulin
reconverti. La paisible terrasse est prolongée par un parc fleuri bordant la rivière. Carte
actuelle.

LA BERNERIE-EN-RETZ – 44 Loire-Atlantique – 316 D5 – 2 499 h. – alt. 24 m –
✉ 44760   34 **A2**

     ▶ Paris 434 – Nantes 46 – Saint-Nazaire 38 – Saint-Herblain 46 – Rezé 43
     🛈 Office de tourisme, 3, chaussée du Pays de Retz ℰ 0240827099,
       Fax 0251746140

XX **L'Artimon**   AC _VISA_ **👁️**
   17 r. J. du Plessis – ℰ 02 51 74 61 60 – Fermé 15-22 fév., lundi sauf le soir
⌂ *en juil.-août, dim. soir et mardi de sept. à juin et merc.*
   Rest – *(nombre de couverts limité, prévenir)* Menu 18 € (sem.)/34 €
(👁️) ♦ Une bonne adresse face à la place du marché. Le décor épuré (bois et fresques peintes
par un artiste) évoque l'univers de la mer. Intéressante cuisine au goût du jour.

BERNEUIL-SUR-AISNE – 60 Oise – 305 J4 – 922 h. – alt. 45 m –
✉ 60350   37 **C2**

     ▶ Paris 107 – Amiens 97 – Compiègne 17 – Creil 55

⌂ **Le Manoir de Rochefort** sans rest ⌂   🛱 ⅌ **P**
   – ℰ 03 44 85 81 78 – rochefort1@orange.fr – Fax 03 44 85 81 78 – Fermé janv.
et fév.
4 ch ⊂ – †75 € ††85 €
♦ L'ancienne chapelle (17ᵉ s.) de ce manoir abrite des chambres sobres et élégantes, toutes
prolongées d'un salon de jardin installé sur la terrasse. Petits "plus" : la forêt voisine et le
calme.

BERNEX – 74 Haute-Savoie – 328 N2 – 854 h. – alt. 955 m – **Sports d'hiver : 1 000/**
2 000 m ⚡13 ⚡ – ✉ 74500 ▌Alpes du Nord   46 **F1**

     ▶ Paris 590 – Annecy 97 – Évian-les-Bains 10 – Morzine 32
       – Thonon-les-Bains 20
     🛈 Office de tourisme, le Clos du Moulin ℰ 04 50 73 60 72, Fax 04 50 73 16 17

⌂ **Chez Tante Marie** ⌂   ≤ 🛱 🛱 ▐ ⅌ ch, ☎ **P** _VISA_ **👁️** **AE**
   – ℰ 04 50 73 60 35 – chez-tante-marie@wanadoo.fr – Fax 04 50 73 61 73
– Fermé 29 mars-12 avril et 15 oct.-20 déc.
27 ch – †65/75 € ††78/85 €, ⊂ 10,50 € – ½ P 70/85 € – **Rest** – *(fermé dim. soir*
hors vacances scolaires) Menu 21 € (sem.)/56 € – Carte 23/45 €
♦ Accueil familial dans cet hôtel blotti au cœur des Alpes. Décor un brin rétro, mobilier
rustique de grand-mère, chambres avec vue sur les montagnes et beau jardin-prairie.
Restaurant très champêtre et terrasse panoramique (plats traditionnels et du terroir).

à La Beunaz 1,5 km au Nord-Ouest par D 52 – ✉ 74500 Bernex – **alt. 1 000 m**

⌂⌂ **Bois Joli** ⌂   ≤ 🛱 🛱 ⚒ ▟ ▐ ☎ **P** _VISA_ **👁️** **AE** ①
   – ℰ 04 50 73 60 11 – hboisjoli@wanadoo.fr – Fax 04 50 73 65 28
– Ouvert mai-mi-oct. et 20 déc.-fin mars
29 ch – †58/70 € ††72/96 €, ⊂ 9,50 € – ½ P 60/70 € – **Rest** – *(fermé dim. soir et*
merc.) Menu 25 € (sem.)/48 € – Carte 35/52 €
♦ Pimpant chalet noyé dans la verdure. Chambres au calme et décorées à la mode
savoyarde, avec balcon tourné vers la Dent d'Oche ou le mont Billiat. Espace bien-être
complet. La salle à manger lambrissée et la terrasse d'été offrent de beaux panoramas.

BERNIÈRES-SUR-MER – 14 Calvados – 303 J4 – 1 882 h. – ✉ 14990
▌Normandie Cotentin   32 **B2**

     ▶ Paris 252 – Caen 20 – Hérouville-Saint-Clair 21 – Le Havre 107
     🛈 Syndicat d'initiative, 159, rue Victor Tesnières ℰ 02 31 96 44 02,
       Fax 02 31 96 98 96

L'As de Trèfle   P VISA MC

420 r. L.-Hettier – ℰ 02 31 97 22 60 – asdetrefle3@wanadoo.fr
– Fax 02 31 97 22 60 – Fermé 2 janv.-10 fév., mardi sauf juil.-août et lundi
Rest – Menu 22 € (sem.)/39 € – Carte 35/62 €
♦ En retrait du rivage, dans un quartier résidentiel calme, coquet restaurant aux tables espacées et soigneusement dressées où l'on déguste une savoureuse cuisine tradition-nelle.

BERNOS-BEAULAC – 33 Gironde – 335 J8 – **rattaché à Bazas**

BERRIC – 56 Morbihan – 308 P9 – **1 027 h.** – alt. 65 m – ✉ 56230   10 **C3**

▶ Paris 474 – Rennes 113 – Vannes 24 – Saint-Nazaire 73

Le Moulin du Bois ⌂   ⌂ ⊐ ⅃ ⌂ ⌂ P VISA

3 km au Nord-Est par D 7 (rte de Questembert) – ℰ 02 97 67 04 44 – tgoujon@
wanadoo.fr – Fax 02 97 67 06 79
3 ch ⊐ – †84/104 € ††90/110 € – **Table d'hôte** – Menu 40 € bc/50 € bc
♦ Cette maison ancienne à flanc de colline abrite des chambres à la décoration soignée de bon goût. Une adresse pour les amoureux de la nature (forêt et étang à proximité).

BERRWILLER – 68 Haut-Rhin – 315 H9 – **1 058 h.** – alt. 260 m –
✉ 68500   1 **A3**

▶ Paris 467 – Belfort 45 – Colmar 31 – Épinal 99 – Guebwiller 9 – Mulhouse 20

L'Arbre Vert   AC VISA MC ①

96 r. Principale – ℰ 03 89 76 73 19 – rest.koenig.arbrevert@wanadoo.fr
– Fax 03 89 76 73 68 – Fermé 7-28 juil., dim. soir et lundi
Rest – Menu 12 € (déj. en sem.), 22/48 € – Carte 32/55 €
♦ Cette charmante auberge fleurie vous offre le choix : goûteuse cuisine du terroir dans une élégante salle actuelle ou menu du jour dans un décor d'esprit bistrot marin.

BERRY-AU-BAC – 02 Aisne – 306 F6 – **528 h.** – alt. 62 m – ✉ 02190   37 **D2**

▶ Paris 161 – Laon 30 – Reims 21 – Rethel 46 – Soissons 48 – Vouziers 66

La Cote 108   ⌂ ⌂ ⌂ P VISA MC AE

– ℰ 03 23 79 95 04 – lacote108@orange.fr – Fax 03 23 79 83 50
– Fermé 28 juil.-12 août, 26 déc.-13 janv., dim. soir, lundi et mardi
Rest – (prévenir le week-end) Menu 25/80 € – Carte 51/67 €
♦ Pause gourmande face à la cote 108 : cette maison en bord de route vous invite à goûter une cuisine d'aujourd'hui dans un cadre contemporain raffiné. Jardin fleuri.

BERRY-BOUY – 18 Cher – 323 J4 – **934 h.** – alt. 136 m – ✉ 18500   12 **C3**

▶ Paris 238 – Orléans 112 – Bourges 9 – Vierzon 27 – Issoudun 41

L'Ermitage sans rest ⌂   ⌂ ⌂ ⌂

– ℰ 02 48 26 87 46 – domaine-ermitage@wanadoo.fr – Fax 02 48 26 03 28
– Fermé de mi-nov. à début janv.
5 ch ⊐ – †48/51 € ††61/64 €
♦ Au calme dans un parc d'arbres centenaires, cette demeure viticole vous accueille dans une ambiance bien sympathique (dégustation de vins). Chambres personnalisées avec goût.

BERZE-LA-VILLE – 71 Saône-et-Loire – 320 I11 – **530 h.** – alt. 350 m – ✉ 71960
▮ Bourgogne   8 **C3**

▶ Paris 408 – Mâcon 13 – Charolles 47 – Cluny 13 – Roanne 85

à la Croix-Blanche 2 km à l'Ouest – ✉ 71960

Le Relais du Mâconnais   ⌂ P VISA MC AE ①

D 17 – ℰ 03 85 36 60 72 – resa@lannuel.com – Fax 03 85 36 65 47 – Fermé janv.,
dim. soir et lundi
Rest – Menu 24 € (déj. en sem.), 28/80 € – Carte 46/66 €
♦ Belle maison régionale au centre du bourg. La cuisine, au goût du jour, a pour décor une salle contemporaine mariant les tons chaud-froid (brun, vert d'eau).

BESANÇON P – 25 Doubs – 321 G3 – 117 733 h. – Agglo. 134 376 h. – alt. 250 m
– Casino BY – ⊠ 25000 ▮ Franche-Comté Jura   16 **B2**

  🖪 Paris 405 – Basel 167 – Bern 180 – Dijon 91 – Lyon 225 – Nancy 204

  🖪 Office de tourisme, 2, place de la 1ère Armée Française 🖉 03 81 80 92 55,
    Fax 03 81 80 58 30

  🖪 de Besançon à Mamirolle La Chevillotte, E : 13 km par N 57, D 464 et D 104,
    🖉 03 81 55 73 54.

  ◙ Site ★★★ - Citadelle ★★ : musée d'Histoire naturelle★ **M³**, musée comtois ★
    M², musée de la Résistance et de la Déportation ★ **M⁴** - Vieille ville ★★ ABYZ :
    Palais Granvelle★, cathédrale★ (Vierges aux Saints★), horloge
    astronomique★, façades des maisons du 17ᵉ s.★ - Préfecture★ AZ **P** -
    Bibliothèque municipale★ BZ **B** - Grille★ de l'Hôpital St-Jacques AZ - Musée
    des Beaux-Arts et d'Archéologie ★★.

🏠🏠 **Mercure Parc Micaud**   ⬚ 🆑 ⇆ 📞 🖄 **P** _VISA_ ⓂⓄ ⓪

  3 av. Ed.-Droz – 🖉 03 81 40 34 34 – h1220@accor.com
  – Fax 03 81 40 34 39   BY **d**
  91 ch – 🛉69/126 € 🛉🛉79/136 €, ⌑ 13,50 €
  Rest – _(fermé sam. midi et dim. midi)_ Carte 23/35 €
  ♦ Hôtel bien placé face au Doubs, proche de la vieille ville où Victor Hugo vit le jour
  en 1802. Chambres répondant aux exigences de la clientèle d'affaires ; bar feutré. Au
  restaurant : décor contemporain sur le thème du temps et vue sur les jardins du
  casino.

🏠🏠 **Charles Quint** sans rest ᗦ   ⬚ ⋺ ⅄ 👌 📞 ➾ _VISA_ ⓂⓄ

  3 r. Chapitre – 🖉 03 81 82 05 49 – hotel-charlesquint@wanadoo.fr
  – Fax 03 81 82 61 45 – Fermé 6-12 avril   BZ **f**
  9 ch – 🛉87 € 🛉🛉138 €, ⌑ 11 €
  ♦ Ferronnerie d'art, mobilier chiné, moulures... Une demeure de charme (18ᵉ s.) où le sens
  du détail fait toute la différence. Chambres côté jardin ou cathédrale, bon petit-déjeuner.

BESANÇON

BESANÇON

🏠 **Ibis La City**   🛜 🖥 ♿ AK ↯ 🕿 ☕ VISA 🅼🅒 AE ⓸

av. Louise-Michel – ℰ 03 81 85 11 70 – h3297@accor.com
– Fax 03 81 85 11 77
AZ **m**
119 ch – ♦52/69 € ♦♦52/69 €, ☲ 7,50 € – **Rest** – Menu (11 €), 21 €
– Carte 17/62 €

◆ Insolite vaisseau futuriste ancré sur une rive du Doubs. Les chambres, agencées selon les normes de la chaîne, se révèlent plus spacieuses que dans la plupart des Ibis. Carte de brasserie (fruits de mer et choucroute) servie sous une verrière ou en terrasse.

🏠 **Ibis Centre** sans rest   🖥 ♿ AK ↯ 🕿 P VISA 🅼🅒 AE ⓸

21 r. Gambetta – ℰ 03 81 81 02 02 – h1364@accor.com – Fax 03 81 81 89 65
49 ch – ♦55/71 € ♦♦55/85 €, ☲ 8 €
BY

◆ Ce bâtiment industriel en pierres de taille fut une usine d'aiguilles de montres au 19e s. Chambres conformes aux standards Ibis et salle des petits-déjeuners contemporaine.

🏠 **Hôtel du Nord** sans rest 　　　　🔇 📞 🅿 ⛽ 𝘝𝘐𝘚𝘈 ◍◍ ◍

8 r. Moncey – ℰ *03 81 81 34 56 – hoteldunord3 @ wanadoo.fr – Fax 03 81 81 85 96*
44 ch – ♦38/43 € ♦♦51/59 €, ☲ 5,50 € 　　　　　　　　　　　　BY r
♦ Laissez votre voiture au garage et découvrez la vieille ville à pied à partir de cet immeuble du 19ᵉ s. très central. Chambres pratiques et insonorisées. Accueil attentionné.

XXX **Le Manège** 　　　　　　　　　🏛 AC 🍴 ⇔ 𝘝𝘐𝘚𝘈 ◍◍

2 fg Rivotte – ℰ *03 81 48 01 48 – restaurant-le-manege @ wanadoo.fr*
– Fax 03 81 82 74 50 – Fermé 4-18 août, 2-8 janv., sam. midi, dim. soir et lundi
Rest – Menu 25 € (déj. en sem.), 39/69 € – Carte 46/68 € 　　　　　BZ u
♦ Un jeune chef autodidacte œuvre dans ce restaurant au plaisant cadre contemporain. Au menu, de goûteux plats dans l'air du temps où le superflu n'a pas sa place.

XX **Le Poker d'As** 　　　　　　　　　　　　AC 𝘝𝘐𝘚𝘈 ◍◍ AE

14 square St-Amour – ℰ *03 81 81 42 49 – Fax 03 81 81 05 59*
✆ *– Fermé 10 juil.-5 août, 23 déc.-3 janv., dim. soir et lundi* 　　　　　BY u
Rest – Menu 18/46 € – Carte 28/64 €
♦ Une affaire 100 % familiale : le jeune chef mitonne des plats traditionnels et régionaux dans une salle agreste ornée de sculptures en bois réalisées par son grand-père.

XX **Le Chaland** 　　　　　　　　⇐ AC ⇔ 𝘝𝘐𝘚𝘈 ◍◍ AE

promenade Micaud, près du pont Bregille – ℰ *03 81 80 61 61 – chaland @*
✆ *chaland.com – Fax 03 81 88 67 42 – Fermé dim. soir* 　　　　　　　BY s
Rest – Menu 16/55 € bc – Carte 36/54 €
♦ Péniche construite en 1904 puis transformée en bateau-restaurant dans les années 1960. Le cabotage des barques sur le Doubs anime les repas. Cuisine classique et régionale.

XX **Christophe Menozzi** 　　　　　　　　　　𝘝𝘐𝘚𝘈 ◍◍ AE

11 r. Jean-Petit – ℰ *03 81 81 28 01 – Fax 03 81 83 36 97 – Fermé 3-26 août,*
28 déc.-5 janv., dim., lundi et fériés 　　　　　　　　　　　　　　AY e
Rest – Menu 22/46 € – Carte 36/51 € ⅜
♦ Aux commandes de ce restaurant installé dans une vieille maison de pays, Christophe Menozzi, sommelier, propose des plats du terroir escortés d'une belle carte des vins.

X **La Table des Halles** 　　　　　　　　　🖐 ⇔ 𝘝𝘐𝘚𝘈 ◍◍

22 r. Gustave-Courbet – ℰ *03 81 50 62 74 – la.table.des.halles @ orange.fr*
✆ *– Fax 03 81 50 66 42 – Fermé 2-18 août, vacances de fév., dim. et lundi*
Rest – Menu 16 € (déj.)/20 € – Carte 26/36 € 　　　　　　　　　AY f
♦ Cet ex-couvent accueille un séduisant restaurant au cadre moderne où l'on propose une cuisine actuelle mariant avec bonheur influences locales et bourguignonnes.

à Chalezeule 5,5 km par ① et D 217 – 952 h. – alt. 252 m – ✉ 25220

🏠 **Les Trois Iles** 🌿 　　　　🏛 ⅙ 🍴 rest, 📞 ⚒ 🅿 𝘝𝘐𝘚𝘈 ◍◍ AE ◍

1 r. des Vergers – ℰ *03 81 61 00 66 – hotel.3iles @ wanadoo.fr – Fax 03 81 61 73 09*
– Fermé 26 déc.-8 janv.
17 ch – ♦55/80 € ♦♦55/80 €, ☲ 12 € – ½ P 58/70 € – **Rest** – (fermé
23 déc.-10 janv.) (dîner seult) Menu 20 €
♦ Adresse familiale estimée pour son environnement calme et verdoyant. Optez pour l'une des 5 chambres "Club", nettement plus spacieuses et confortables que les autres. Menu journalier unique servi dans une salle à manger-véranda aux couleurs du Sud.

à Roche-lez-Beaupré 8 km par ① – 2 062 h. – alt. 242 m – ✉ 25220

X **Auberge des Rosiers** 　　　　　　　　🏛 🅿 𝘝𝘐𝘚𝘈 ◍◍ ◍

6 r. des Rosiers – ℰ *03 81 57 05 85 – Fax 03 81 60 51 54 – Fermé 20-29 oct.,*
✆ *16 fév.-3 mars, dim. soir, lundi soir et mardi*
Rest – Menu 11 € (sem.)/35 € – Carte 26/46 €
♦ Attablé dans une salle lumineuse ou sur la terrasse ombragée, vous goûterez aux plats traditionnels et à la spécialité maison : les grenouilles fraîches. Accueil sympathique.

à Montfaucon 9 km par ②, D 464 et D 146 – 1 372 h. – alt. 491 m – ✉ 25660

XX **La Cheminée** 　　　　　　　　⇐ 🏛 🅿 𝘝𝘐𝘚𝘈 ◍◍

rte du Belvédère – ℰ *03 81 81 17 48 – restaurantlacheminee @ wanadoo.fr*
– Fax 03 81 82 86 45 – Fermé 16 fév.-11 mars, dim. soir, merc. soir et lundi
Rest – Menu 22 € (sem.)/49 € – Carte 45/74 €
♦ On s'attarde volontiers dans ce restaurant, séduit par ses jolies salles rustiques (dont une regarde les pins), ses plats classiques et régionaux, et son douillet salon-cheminée.

BESANÇON

à Champvans-les-Moulins 8 km par ④ sur D 70 – 232 h. – alt. 252 m – ⌧ 25170

✗   **La Source**   🈂 **P** 𝑉𝐼𝑆𝐴 ◍◉
    4 r. des Sources – ℰ 03 81 59 90 57 – lasource.ch @ wanadoo.fr
⊜ – Fax 03 81 59 09 39 – Fermé 1er-11 sept., 26 déc.-22 janv., merc. soir sauf de juin
    à août, dim. soir et lundi
    Rest – Menu 16 € (déj. en sem.), 22/33 € – Carte 31/46 €
    ♦ La clientèle locale entretient une ambiance gentiment animée dans la grande salle
    en mezzanine, baignée de lumière par les baies vitrées. Plats traditionnels et du
    terroir.

à Geneuille 13 km par ⑤, N 57 et D 1 – 890 h. – alt. 220 m – ⌧ 25870

🏰   **Château de la Dame Blanche** ⟋   🕭 🕮 ⅙ ⅔ 🆘 **P** 𝑉𝐼𝑆𝐴 ◍◉ 𝐴𝐸
    1 chemin de la Goulotte – ℰ 03 81 57 64 64 – contact @
    chateau-de-la-dame-blanche.fr – Fax 03 81 57 65 70 – Fermé dim. soir
    26 ch – †77 € ††143 €, ⊐ 10 € – 2 suites – ½ P 123 €
    Rest – (fermé dim. soir et lundi) Menu 25 € (déj. en sem.), 35/84 €
    – Carte 64/80 €
    ♦ Grande demeure bourgeoise et ses élégantes chambres personnalisées, au cœur
    d'un parc à l'anglaise. Aménagements plus simples et récents à l'annexe. Cuisine classique
    à déguster sous les plafonds moulurés et les lustres en cristal des plaisantes salles à
    manger.

BESSANS – 73 Savoie – 333 O6 – 311 h. – alt. 1 730 m – Sports d'hiver : 1 750/
2 050 m ⟿4 ⟿ – ⌧ 73480 ▮ Alpes du Nord   45 **D2**
    🖸 Paris 698 – Albertville 125 – Chambéry 138 – Lanslebourg-Mont-Cenis 13
    – Val-d'Isère 41
    🖪 Office de tourisme, rue Maison Morte ℰ 04 79 05 96 52, Fax 04 79 05 83 11
    ◎ Peintures ★ de la chapelle St-Antoine.
    ◎ Vallée d'Avérole ★★.

🏠   **Le Mont-Iseran**   𝒮 rest, 🚗 𝑉𝐼𝑆𝐴 ◍◉
    pl. de la Mairie – ℰ 04 79 05 95 97 – Fax 04 79 05 84 67 – Ouvert 20 juin-25 sept. et
⊜ 15 déc.-10 avril
    19 ch – †37/70 € ††37/72 €, ⊐ 7 € – ½ P 51/57 € – **Rest** – Menu 12 €
    (sem.)/48 € – Carte 20/40 €
    ♦ Au centre du village et près des pistes, chalet aux chambres régulièrement rénovées,
    souvent équipées de balcons. Bar-salon de thé. Salle à manger agrémentée de boiseries
    peintes et d'une statuette du légendaire diable de Bessans ; cuisine classique.

LE BESSAT – 42 Loire – 327 G7 – 414 h. – alt. 1 170 m – Sports d'hiver : 1 170/
1 427 m ⟿ – ⌧ 42660   44 **B2**
    🖸 Paris 530 – Annonay 29 – St-Chamond 19 – St-Étienne 19 – Yssingeaux 65
    🖪 Syndicat d'initiative, Maison Communale ℰ 04 77 20 43 76,
    Fax 04 77 20 46 10

✗✗ **La Fondue "Chez l'Père Charles"** avec ch   🈂 𝒮 🚗 𝑉𝐼𝑆𝐴 ◍◉
    Gde-rue – ℰ 04 77 20 40 09 – Fax 04 77 20 45 20 – Ouvert 16 mars-14 nov. et
⊜ fermé dim. soir et lundi midi sauf vacances scolaires
⊜ **8 ch** – †45 € ††55 €, ⊐ 7 € – **Rest** – Menu (12 €), 15 € (sem.), 23/52 €
    – Carte 37/54 €
    ♦ Les salles à manger à l'esprit champêtre sont logées dans une auberge située au
    centre du village. Goûteuse cuisine traditionnelle aux accents régionaux. Chambres
    simples.

BESSE-ET-ST-ANASTAISE – 63 Puy-de-Dôme – 326 E9 – 1 672 h.
– alt. 1 050 m – Sports d'hiver : à Super Besse – ⌧ 63610 ▮ Auvergne   5 **B2**
    🖸 Paris 462 – Clermont-Ferrand 46 – Condat 28 – Issoire 30 – Le Mont-Dore 25
    🖪 Office de tourisme, place du Dr Pipet ℰ 04 73 79 52 84, Fax 04 73 79 52 08
    ◎ Église St-André ★ - Rue de la Boucherie ★ - Porte de ville ★ - Lac Pavin ★★ ≤ ★
    et Puy de Montchal ★★ ❈ ★★ SO : 4 km par D 978.

Les Mouflons ⓕ 🖧 P VISA ⬤ AE ⓞ

Berthelage – ℰ 04 73 79 56 93 – info@hotel-mouflons-besse.com
– Fax 04 73 79 51 18 – Fermé 15 nov.-15 déc.
51 ch – ♦75 € ♦♦80 €, ⌷ 8,50 € – ½ P 54/60 € – **Rest** – *(fermé le midi sauf week ends)* Menu 15/40 € – Carte environ 36 €

♦ Imposant bâtiment des années 1970 aux allures de chalet. Préférez l'une des chambres rénovées ; les autres, plus simples, sont également un peu désuètes. Spacieux restaurant compartimenté par des éléments en pierre de lave ; cuisine régionale.

La Gazelle ☜ ⟨ 🖈 🖺 ☏ P VISA ⬤

rte Compains – ℰ 04 73 79 50 26 – marie.renaud@lagazelle.fr
– Fax 04 73 79 89 03 – Fermé 20 mars-20 avril et 10 oct.-20 déc.
35 ch – ♦56/70 € ♦♦56/70 €, ⌷ 8,50 € – ½ P 54/64 € – **Rest** – *(dîner seult)*
Menu 19 €

♦ Fort de sa position dominante, cet hôtel offre une belle vue sur Besse la médiévale. Chambres au style montagnard. Petits-déjeuners servis dans la véranda. Plats traditionnels à déguster dans une salle à manger sobrement décorée d'où la vue est superbe.

✕✕ Hostellerie du Beffroy avec ch ✿ rest, ☏ VISA ⬤ AE

26 r. Abbé-Blot – ℰ 04 73 79 50 08 – lebeffroy@orange.fr – Fax 04 73 79 57 87
– Fermé 1ᵉʳ nov.-20 déc. et lundi sauf juil.-août
13 ch – ♦52/58 € ♦♦55/105 €, ⌷ 11 € – 1 suite – ½ P 65/85 €
Rest – *(1/2 pension seult du 20 déc. au 22 mars) (prévenir le week-end)*
Menu 25 € (déj. en sem.), 27/70 € – Carte 65/66 €

♦ Autrefois logis des gardes du beffroi, cette maison du 15ᵉ s. abrite deux salles à manger rustiques garnies de meubles patinés par les ans. Cuisine au goût du jour.

Ce guide vit avec vous : vos découvertes nous intéressent.
Faites-nous part de vos satisfactions comme de vos déceptions.
Coup de colère ou coup de cœur : écrivez-nous !

BESSINES-SUR-GARTEMPE – 87 Haute-Vienne – 325 F4 – 2 743 h.
– alt. 335 m – ✉ 87250   24 **B1**

🚩 Paris 355 – Argenton-sur-Creuse 58 – Bellac 29 – Guéret 55 – Limoges 38
🛈 Office de tourisme, 6, avenue du 11 novembre ℰ 05 55 76 09 28,
Fax 05 55 76 68 45

Bellevue ⓕ 🖊 ☏ P VISA ⬤ AE

2 av. de Limoges – ℰ 05 55 76 01 99 – hotel.bellevue@netcourrier.com
– Fax 05 55 76 68 81 – Fermé 9 janv.-9 fév., sam. midi et vend. soir d'oct. à juin
12 ch – ♦49 € ♦♦49 €, ⌷ 7 € – ½ P 61 € – **Rest** – Menu 13 € (déj. en sem.),
20/48 € – Carte 26/35 €

♦ Cette auberge de village à l'ambiance familiale, idéale pour l'étape, met à votre disposition des chambres fonctionnelles, simples et bien pratiques. Salles à manger au cadre sobre, pour une table traditionnelle à composantes limousines.

⋀ Château Constant ⓐ ⟳ ☏ P

av. 11 novembre-1918 – ℰ 05 55 76 78 42 – chateau_constant@yahoo.com
5 ch ⌷ – ♦69 € ♦♦79 € – **Table d'hôte** – Menu 22 € bc

♦ Cette maison de maître, dans un parc d'arbres centenaires, est tenue par un sympathique couple d'Hollandais qui a beaucoup voyagé. Mobilier varié : de style, ancien, ethnique... Cuisine internationale servie dans une grande salle à manger claire.

à La Croix-du-Breuil 3 km au Nord sur D 220 – ✉ 87250 Bessines-sur-Gartempe

Manoir Henri IV 🖈 🖳 ✿ P VISA ⬤ AE ⓞ

– ℰ 05 55 76 00 56 – manoirhenriIV@free.fr – Fax 05 55 76 14 14 – Fermé lundi d'oct. à mai et dim. soir
11 ch – ♦46/60 € ♦♦46/60 €, ⌷ 8 € – **Rest** – Menu 23 € (déj. en sem.), 26/48 €

♦ Henri IV aurait été l'hôte de cette ferme fortifiée du 16ᵉ s. aujourd'hui agrandie d'une aile récente. Vous serez logés dans des chambres rustiques. Plats traditionnels à déguster dans les salles à manger du manoir au cachet campagnard jalousement préservé.

BESSONIES – **46 Lot** – **337** I3 – 112 h. – alt. 520 m – ⊠ 46210

29 **C1**

➽ Paris 587 – Toulouse 215 – Cahors 95 – Aurillac 34 – Figeac 39

↑ **Château de Bessonies** ⊗   ☞ ↲ **P**
– ℰ 05 65 11 65 25/06 03 – info@chateau-bessonies.com – *Ouvert de mars à mi-nov.*
4 ch ☲ – †129/159 € ††129/159 € – **Table d'hôte** – Menu 30 € bc
♦ Le maréchal Ney, héros des guerres napoléoniennes, trouva refuge dans ce château (1550) avant son arrestation pour trahison. Grandes chambres dotées de mobilier de style. Table d'hôte dans la salle à manger où l'on sert une cuisine du terroir.

BÉTHUNE ⊛ – **62 Pas-de-Calais** – **301** I4 – 27 808 h. – Agglo. 259 198 h. – alt. 34 m – ⊠ 62400 ▮ Nord Pas-de-Calais Picardie

30 **B2**

➽ Paris 214 – Arras 34 – Calais 83 – Boulogne-sur-Mer 90 – Lille 39
🛈 Office de tourisme, 42-48 rue St Pry ℰ 03 21 57 25 47, Fax 03 21 57 01 60
🖭 du Vert-Parc à Illies 3 route d'Ecuelles, par rte de Lille : 18 km, ℰ 03 20 29 37 87.

Plan page ci-contre

🏠 **L'Éden** sans rest   🛋 & 🛎 *VISA* **CO** AE
🏛 pl. de la République – ℰ 03 21 68 83 83 – hotel-eden@tiscali.fr
– Fax 03 21 68 83 84   **Y e**
32 ch – †55/110 € ††55/110 €, ☲ 7,50 €
♦ Maison en briques au cœur de la ville. Intérieur très chaleureux (bois clair, tissus colorés) : chambres d'ampleur variable, équipées pour certaines de baignoires balnéo.

XXX **Au Départ**   *VISA* **CO**
1 r. F. Mitterand, face gare SNCF – ℰ 03 21 57 18 04 – jfrancois.buche@wanadoo.fr – Fax 03 21 01 18 20 – *Fermé 3-25 août, vacances de fév., mardi midi, sam. midi, dim. soir et lundi*
Rest – Menu 20 € (déj. en sem.), 30/60 € – Carte 48/82 €
♦ Face à la gare, maison de pays modernisée par son audacieuse façade tricolore (murs blancs et noirs, bow-window plaqué en bois). Intérieur relooké et cuisine actuelle soignée.

à Labourse 4 km par ②, D 943 et D 65 – 2 028 h. – alt. 25 m – ⊠ 62113

XX **Terre et Mer**   🍴 🕅 ⇔ *VISA* **CO** AE
16 r. A.-Larue – ℰ 03 21 64 03 57 – *Fermé 7-13 avril, 28 juil.-17 août, sam. midi, dim. soir, lundi et soirs fériés*
Rest – Menu (12 €), 27/50 € – Carte 35/54 €
♦ Mur parementé de briques, cheminée en marbre et tapisserie rayée composent le cadre de ce restaurant familial de la périphérie béthunoise. Cuisine de tradition bien maîtrisée.

à Bruay-la-Buissière 8 km par ④ et N 31 – 23 900 h. – alt. 80 m – ⊠ 62700

🛈 Syndicat d'initiative, 32, rue Hermant ℰ 03 91 80 44 45, Fax 03 91 80 44 45

🏠 **Kyriad** sans rest   🅰🅲 🛎 🏖 **P** *VISA* **CO** AE ①
r. des Frères Lumière, (Parc de la porte Nord) – ℰ 03 21 01 11 11
– kyriad.bethune@wanadoo.fr – Fax 03 21 57 35 11
69 ch – †55/70 € ††55/95 €, ☲ 7,50 €
♦ Idéal pour une clientèle d'affaires, cet hôtel moderne est doté de chambres sobrement contemporaines. Une étape pratique dans un environnement proposant cinémas, bowling, etc.

à Gosnay 5 km par ④, D 941 et D 181 – 1 195 h. – alt. 29 m – ⊠ 62199

🏰 **Chartreuse du Val St-Esprit** ⊗   ☞ 🕪 🍴 🏖 🕅 ch, 🛎 🏖
1 r. Fouquières – ℰ 03 21 62 80 00   **P** *VISA* **CO** AE ①
– levalsaintesprit@lachartreuse.com – Fax 03 21 62 42 50
66 ch – †125/260 € ††125/260 €, ☲ 18 € – 1 suite
Rest *Robert II* – Menu 34 € (déj. en sem.), 59/79 € – Carte 50/94 € ⅋
♦ Bâti sur les ruines d'une ancienne chartreuse, cet élégant château (1762) abrite de belles chambres de caractère, conformes à l'esprit du lieu, tournées vers le parc arboré. Cuisine actuelle et carte des vins séduisantes, servies dans la salle cossue du Robert II.

à Busnes 14 km par ⑤, D 943 et D 187 – ✉ 62350

Le Château de Beaulieu (Marc Meurin) ⬧
1098 rte de Lillers – ℰ 03 21 68 88 88 – contact @
lechateaudebeaulieu.fr – Fax 03 21 68 88 89
16 ch – ♦140/280 € ♦♦140/280 €, ⬡ 20 € – 4 suites
Rest Le Jardin d'Alice – voir ci-après
Rest Meurin – (fermé 4-27 août, 2-15 janv., mardi midi, sam. midi, dim. soir et
lundi) Menu 95/120 € – Carte 110/130 € ⬧
Spéc. Croustille de langoustine à la vinaigrée de carotte (juil. à oct.). Turbot au
chorizo, fèves confites au lard et asperges. Côte de veau élevé sous la mère, coque
d'oignon à la crème de pois frais.

♦ Cet élégant château et son parc abritent un hôtel entièrement rénové. Les chambres, personnalisées dans un style contemporain, sont parfois décorées avec audace. Belle
cuisine au goût du jour au Meurin.

315

BÉTHUNE

XX **Le Jardin d'Alice** – Hôtel le Château de Beaulieu   VISA ⓂⓈ AE ①
1098 rte de Lillers – 𝒞 *03 21 68 88 88* – *contact@lechateaudebeaulieu.fr*
Rest – *(fermé dim. soir du 1ᵉʳ nov. au 1ᵉʳ mai)* Menu 25 € (sem.)/32 €
– Carte 28/52 €
♦ Le Jardin d'Alice profite d'une agréable situation sur l'arrière du château de
Beaulieu (baies vitrées et terrasse). Ambiance lounge pour une belle cuisine
traditionnelle.

LE BETTEX – 74 Haute-Savoie – 328 N5 – rattaché à St-Gervais-les-Bains

---

BEUIL – 06 Alpes-Maritimes – 341 C3 – 334 h. – alt. 1 450 m – Sports d'hiver :
1 470/2 100 m ⚡26 ⚞ – ⊠ 06470 ▊ Alpes du Sud   41 **D2**

🄳 Paris 809 – Barcelonnette 80 – Digne-les-Bains 117 – Nice 79
– Puget-Théniers 31
🄸 Syndicat d'initiative, quartier du Pissaïre 𝒞 04 93 02 32 58,
Fax 04 93 02 35 72
◉ Site★ - Peintures★ de l'église.

🏠 **L'Escapade**   ⪦ ⌂ VISA ⓂⓈ
Le village – 𝒞 *04 93 02 31 27* – *hotel-escapade@wanadoo.fr*
– Fax 04 93 02 20 50 – Fermé 24 mars-4 avril et 1ᵉʳ oct.-26 déc.
11 ch – ♦52 € ♦♦62/78 €, ⌻ 10 € – ½ P 58/71 € – **Rest** – Menu 22/27 €
– Carte 35/41 €
♦ Les chambres, petites et bien tenues, sont décorées dans l'esprit montagnard ;
certaines sont mansardées, d'autres ont un balcon côté Sud. Au restaurant, sympathique
intérieur campagnard agrémenté de vieux objets agricoles et cuisine dans la note
régionale.

LA BEUNAZ – 74 Haute-Savoie – 328 M2 – rattaché à Bernex

BEUVRON-EN-AUGE – 14 Calvados – 303 L4 – 233 h. – alt. 11 m – ⊠ 14430
▊ Normandie Vallée de la Seine   33 **C2**

🄳 Paris 219 – Cabourg 14 – Caen 32 – Lisieux 25 – Pont-l'Évêque 33
◉ Village★ - Clermont-en-Auge★ NE : 3 km.

XXX **Le Pavé d'Auge** (Jérôme Bansard)   ⌂ VISA ⓂⓈ
– 𝒞 *02 31 79 26 71* – *info@pavedauge.com* – Fax 02 31 39 04 45 – Fermé
24 nov.-26 déc., 16-23 fév., lundi et mardi sauf le soir en juil.-août
Rest – Menu 35/58 € ⅍
Spéc. Encornets et huîtres grillés, bœuf séché, artichaut violet et jus de viande
(avril à sept.). Escalopes de foie gras poêlé, aigre-doux de mangue, pomme et
gingembre (oct. à mars). Pommes en tatin, crème vanille, glace pomme, arlette et
chantilly. **Vins** Vin de pays de Normandie.
♦ Au centre du joli village, anciennes halles restaurées offrant les plaisirs d'un
repas influencé par le terroir et d'une bonne cave. Salle intime et chaleureuse, haute
sous plafond, dotée de belles poutres, colombages et chaises de style tendues de velours
rouge.

X **Auberge de la Boule d'Or**   VISA ⓂⓈ
– 𝒞 *02 31 79 78 78* – Fax 02 31 39 61 50 – Fermé mi-janv. à mi-fév., mardi soir et
merc.
Rest – Menu 24/35 € – Carte 29/57 €
♦ Sur la place, typique façade à colombages en épis abritant deux coquette salles à
manger rustiques. Tomettes et murs jaune vif dans celle du rez-de-chaussée, réchauffée
par une cheminée à la braise de laquelle on saisit les grillades. Choix traditionnel axé
terroir.

BEUZEVILLE – 27 Eure – 304 C5 – 3 097 h. – alt. 129 m – ⊠ 27210
▊ Normandie Vallée de la Seine   32 **A3**

🄳 Paris 179 – Bernay 38 – Deauville 26 – Évreux 76 – Honfleur 16 – Le Havre 34
🄸 Office de tourisme, 52, rue Constant Fouché 𝒞 02 32 57 72 10,
Fax 02 32 57 72 10

🏠 **Le Petit Castel** sans rest   🚗 **P** 🆅🅸🆂🅰 **©** 🅰🅴

32 r. Constant-Fouché – ℰ 02 32 57 76 08 – auberge-du-cochon-dor@wanadoo.fr
– Fax 02 32 42 25 70 – Fermé 2 janv.-5 fév.
16 ch – †60/66 € ††66/76 €, ⊡ 11 €
♦ L'hôtel propose des chambres pratiques et habillées d'étoffes colorées ; celles côté jardin sont plus calmes. L'accueil est parfois assuré à l'auberge du Cochon d'Or.

XXX **Auberge du Cochon d'Or** avec ch   🍴 ch, 🆅🅸🆂🅰 **©** 🅰🅴

64 r. des Anciens-d'AFN – ℰ 02 32 57 70 46
– auberge-du-cochon-dor@wanadoo.fr
– Fax 02 32 42 25 70 – Fermé 1er janv.-7 fév.
4 ch – †60/66 € ††66/76 €, ⊡ 11 € – ½ P 65 € – **Rest** – (fermé dim. soir du 15 sept. au 15 avril et lundi) Menu 20 € (sem.)/42 € – Carte 30/43 €
♦ Aménagé dans une maison normande du début du 20e s., ce restaurant vous invite à découvrir ses deux élégantes salles à manger et sa cuisine traditionnelle à l'accent régional.

à l'Ouest 3 km par N 175 – ⊠ 14130 Quetteville

🏠🏠 **Hostellerie de la Hauquerie-Chevotel** ⌕   ≤ 🏡 🎋 ᵬ ch,

– ℰ 02 31 65 62 40 – info@   🅰🅲 rest, 🛋 🛁 **P** **P** 🆅🅸🆂🅰 **©** 🅰🅴
chevotel.com – Fax 02 31 64 24 52 – Ouvert 1er mars-30 nov.
16 ch – †110/200 € ††110/200 €, ⊡ 15 € – 2 suites – ½ P 97/152 €
Rest – (dîner seult) Menu 28/42 € – Carte 39/52 €
♦ Atmosphère "cottage" en cet hôtel-haras dédié aux amis des pur-sang. Les chambres, dont le décor évoque des étalons renommés, s'ouvrent sur la verdure. Sobriété et élégance caractérisent la petite salle à manger où l'on sert une cuisine au goût du jour.

BEYNAC ET CAZENAC – 24 Dordogne – 329 H6 – 506 h. – alt. 75 m – ⊠ 24220
▌Périgord   4 **D3**

▶ Paris 537 – Brive-la-Gaillarde 63 – Gourdon 28 – Périgueux 66
   – Sarlat-la-Canéda 12
🅱 Office de tourisme, La Balme ℰ 05 53 29 43 08, Fax 05 53 29 43 08
◎ Site ★★ – Village ★ – Calvaire ❋ ★★ – Château ★★ : ❋ ★★.

à Vézac 2 km au Sud-Est par rte de Sarlat – 594 h. – alt. 90 m – ⊠ 24220

XX **Le Relais des Cinq Châteaux** avec ch   ≤ 🏡 ⊐ ᵬ ch,

– ℰ 05 53 30 30 72 – 5chateaux@   🅰🅲 rest, 🛋 **P** 🆅🅸🆂🅰 **©**
perigord.com – Fax 05 53 30 30 08
14 ch – †52/135 € ††52/135 €, ⊡ 7 € – ½ P 55/98 € – **Rest** – Menu 23/37 €
– Carte 38/51 €
♦ Cette maison récente abrite une salle à manger-véranda colorée. La terrasse offre une belle vue sur la campagne et trois châteaux fortifiés. Carte régionale revisitée.

LES BÉZARDS – 45 Loiret – 318 N5 – ⊠ 45290   12 **D2**
▶ Paris 136 – Auxerre 79 – Gien 17 – Joigny 58 – Montargis 23 – Orléans 75

🏠🏠🏠 **Auberge des Templiers** ⌕   🕯 🏡 ⊐ 🍴 ᵬ 🅰🅲 ch, 🛋 🛁 **P**

✿ à 4km de l'autoroute A 77, sortie 19 –   🍴 🆅🅸🆂🅰 **©** 🅰🅴 **①**
 ℰ 02 38 31 80 01 – templiers@relaischateaux.fr – Fax 02 38 31 84 51 – Fermé fév.
et lundi midi
20 ch – †195/275 € ††195/275 €, ⊡ 25 € – 10 suites – ½ P 180/220 €
Rest – Menu 55 € (déj.), 78/125 € – Carte 81/145 € ❀
Spéc. Araignée de mer et bar à cru en marinade d'artichauts poivrade. Sandre de Loire à la lie de vin de Sancerre. Gibier de Sologne (saison de chasse). **Vins** Sancerre, Pouilly-Fumé.
♦ Hôtellerie de caractère au décor personnalisé et raffiné. Des cottages disséminés dans le parc abritent de luxueux appartements. Organisation de séjours de chasse. Cadre très chic au restaurant et terrasse entourée de rosiers ; table classique actualisée.

BÈZE – 21 Côte-d'Or – 320 L5 – rattaché à Mirebeau-sur-Bèze

BÉZIERS ✒ – 34 Hérault – 339 E8 – 69 153 h. – Agglo. 124 967 h. – alt. 17 m –
⊠ 34500 ▮ Languedoc Roussillon   22 **B2**

🝆 Paris 758 – Marseille 234 – Montpellier 71 – Perpignan 93
🛬 de Béziers-Vias : ✆ 04 67 80 99 09, par ③ : 12 km.
🎫 Office de tourisme, 29, avenue Saint-Saëns ✆ 04 67 76 84 00,
Fax 04 67 76 50 80
🝆 de Saint-Thomas Route de Pezenas, NE : 12 km, ✆ 04 67 39 03 09.
◉ Anc. cathédrale St-Nazaire★ : terrasse ≤★ – Musée du Biterois★ BZ M³ –
Jardin St Jacques ≤★.

🏨 **Mercure** sans rest   🛋 ᕽ 🄰🄲 ⇜ 🛎 ⌲ **VISA** ⓂⓄ 🄰🄴 ⓪
33 av. Camille-St-Saëns – ✆ 04 67 00 19 96 – h5639@accor.com
– Fax 04 67 00 19 98   CY **f**
58 ch – ♦102/129 € ♦♦117/140 €, ⌿ 13 €
♦ Hôtel récent construit entre l'office de tourisme et le palais des congrès. Chambres
décorées dans le style "cabine de bateau" : boiseries, hublots et formes arrondies.

🏨 **Champ de Mars** sans rest   ⇜ ᕽ 🛎 ⌲ **VISA** ⓂⓄ
17 r. de Metz – ✆ 04 67 28 35 53 – hotel-champdemars@wanadoo.fr
– Fax 04 67 28 61 42   CY **v**
10 ch – ♦32/50 € ♦♦37/50 €, ⌿ 6 €
♦ Petit hôtel familial dans une ruelle tranquille, à l'écart du centre-ville. Les chambres,
d'ampleur moyenne, bénéficient d'un équipement complet et sont progressivement
refaites.

🏠 **Les Jardins du Rebaut** sans rest ⍋   ≤ ⌶ ⇜ ᕽ 🄿
chemin rural 103, rte de Maraussan – ✆ 04 67 28 71 03 – lesjardinsdurebaut@
wanadoo.fr – Fax 04 67 28 71 03 – Ouvert 1ᵉʳ mars-30 oct.   AX **w**
5 ch ⌿ – ♦75 € ♦♦75/130 €
♦ Cet ancien chai profite d'un jardin agrémenté d'un magnifique figuier. Ses chambres,
neuves et personnalisées, offrent une vue imprenable sur la cathédrale (sauf celle baptisée
Syrah).

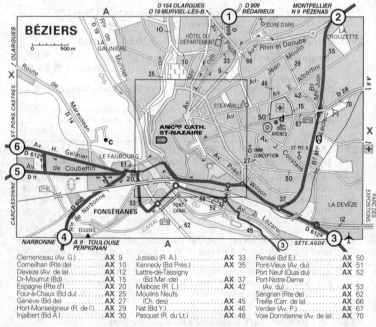

BÉZIERS

L'Ambassade (Patrick Olry)

XXX · ॐ

22 bd de Verdun, (face à la gare) – ℰ 04 67 76 06 24
– l.ambassade-beziers@wanadoo.fr
– Fax 04 67 76 74 05 – Fermé 12 juil.-5 août, dim. et lundi   CZ **n**
Rest – Menu 28 € (sem.)/95 € – Carte 47/94 € 🍷

Spéc. Carpaccio de thon rouge de Méditerranée (printemps-été). Tronçon de baudroie et fleur de courgette farcie de brandade (été). Menu dégustation "Autour du champignon" (saison). **Vins** Côtes du Roussillon, Côteaux du Langue-doc.

♦ Une décoration résolument contemporaine (boiseries blondes, verre sablé), des plats savoureux et une carte des vins exceptionnelle : le "Tout-Béziers" s'y pré-cipite !

Le Val d'Héry

XX

67 av. Prés.-Wilson – ℰ 04 67 76 56 73 – val-dhery@wanadoo.fr
– Fax 04 67 76 56 73 – Fermé 15 juin-15 juil., dim. et lundi   CZ **b**
Rest – Menu 21/42 € – Carte 40/66 €

♦ Près du Plateau des Poètes, un joli parc aménagé au 19e s. Sobre décor actuel rehaussé de toiles du chef et cuisine au goût du jour évoluant au gré des saisons.

319

XX **Octopus** (Fabien Lefebvre)　　　　　　　　AK VISA ⓜⓒ AE

   🕄　*12 r. Boïeldieu –* 𝒞 *04 67 49 90 00 – Fax 04 67 28 06 73 – Fermé 1ᵉʳ-8 mai,*
16 août-4 sept., 24 déc.-6 janv., dim. et lundi　　　　　　　　　CY **t**

Rest – Menu 21 € bc (déj. en sem.), 29/70 € – Carte 44/73 €

Spéc. Langoustines rôties en coque, cardamome, citron vert. Pomme de ris de
veau rôtie, jus de carotte et safran. Feuille à feuille croustillant chocolat.

◆ Pour déguster des recettes au goût du jour bien tournées, prenez place au choix
dans l'une des salles à manger contemporaines ou en terrasse, dressée dans la cour
intérieure.

X **La Table de Marthe**　　　　　　　　AK VISA ⓜⓒ AE ⓸

   74 av. St-Saëns – 𝒞 *04 67 62 68 35 – Fax 04 67 62 68 35 – Fermé 20 juil.-6 août,*
dim. et lundi　　　　　　　　　CY **a**

Rest – Carte 27/55 €

◆ Des maillots de rugby et des photographies décorent ce restaurant apprécié
d'une clientèle fidèle pour son atmosphère conviviale. La cuisine, traditionnelle, suit le
marché.

X **La Maison de Campagne**　　　　　🕄 & AK VISA ⓜⓒ AE ⓸

   22 av. Pierre Verdier – 𝒞 *04 67 30 91 85 – aupauvrejacques@wanadoo.fr*
– Fax 04 67 30 47 32 – Fermé 17 août-3 sept., 28 oct.-3 nov., dim., lundi et le soir du
mardi au jeudi

Rest – Menu 40/80 €

◆ Avec ses allures d'hacienda et son grand patio-terrasse, très agréable l'été, cette maison
de campagne offre un beau cadre, rustique et chic. Cuisine familiale ; bar à tapas.

par ③ 6 km près échangeur A9-Béziers-Est – ⊠ 34420 Villeneuve-lès-Béziers

🏠 **Le Pavillon**　　🖨 ⌱ ⅋ & ch, AK ⅏ ⅍ rest, ໒⸗ sá P VISA ⓜⓒ AE ⓸

   Z.A la Montagnette, rte Valras 1 km – 𝒞 *04 67 39 40 00 – hotel.pavillon@*
orange.fr – Fax 04 67 39 39 61 – Fermé 25 déc.-2 janv.

78 ch – ♦65/85 € ♦♦65/85 €, � 8 € – ½ P 55 € – **Rest** – Menu 20/38 € – Carte
24/46 €

◆ À la périphérie de la ville, étape utile sur la route de l'Espagne. Chambres rénovées, fonctionnelles et climatisées. Bons équipements sportifs et aire de jeux pour
enfants. Grande salle à manger où l'on propose cuisine traditionnelle et formules
buffets.

à Villeneuve-lès-Béziers 7 km par ③, D 612 et D 37 – 3 434 h. – alt. 6 m – ⊠ 34420

   🇧 Office de tourisme, place de la Fontaine 𝒞 04 67 39 48 83

⌂ **La Chamberte**　　　　　　　🖨 AK ch, ⅍ ໒⸗

   r. de la Source – 𝒞 *04 67 39 84 83 – contact@la-chamberte.com – Fermé*
1ᵉʳ-15 mars et 1ᵉʳ-21 nov.

5 ch – ♦70/78 € ♦♦96/98 €, � 15 € – ½ P 83 € – **Table d'hôte** – *(fermé lundi*
soir) (prévenir) Menu 35 € bc/53 € bc

◆ Un jardin méditerranéen annonce cette ancienne cave à vins. La décoration intérieure,
mélange d'influences mauresque, andalouse et exotique, est des plus séduisante. La table
d'hôte, dressée sous une belle charpente, sert des plats du marché.

à Maraussan 6 km à l'Ouest par D 14 – 2 782 h. – alt. 38 m – ⊠ 34370

XX **Parfums de Garrigues**　　　　　　🕄 AK P VISA ⓜⓒ

   37 r. de l'Ancienne-Poste – 𝒞 *04 67 90 33 76 – Fax 04 67 90 33 76 – Fermé*
14 avril-2 mai, 25-31 août, vacances de la Toussaint, mardi et merc.

Rest – Menu 25/55 € – Carte 32/57 €

◆ Confortable salle à manger aux tons d'oc et terrasse ombragée installée dans la
cour intérieure de cette bâtisse joliment restaurée. Cuisine aux parfums de la
garrigue.

X **Le Vieux Puits**　　　　　　　　🕄 AK VISA ⓜⓒ

   207 av. de Cazouls – 𝒞 *04 67 90 05 59 – Fax 04 67 26 60 45 – Fermé 2-16 janv.,*
sam. midi, dim. soir et lundi

Rest – Menu 19/35 € – Carte 23/41 €

◆ Le "vieux puits" se trouve à l'entrée de la salle à manger décorée de fresques fruitières.
Agréable terrasse d'été dressée dans une cour intérieure et carte traditionnelle.

⊡ Paris 772 – Bayonne 9 – Bordeaux 190 – Pau 122 – San Sebastián 47

✈ de Biarritz-Anglet-Bayonne : ☎ 05 59 43 83 83, 2 km ABX.

▣ ☎ 3635 (0,34 €/mn)

🛈 Office de tourisme, square d'Ixelles - Javalquinto ☎ 05 59 22 37 00,
Fax 05 59 24 14 19

🔟 de Biarritz 2 avenue Edith Cavell, NE : 1 km, ☎ 05 59 03 71 80 ;

🔟 d'Ilbarritz à Bidart Avenue du Château, S : 3 km par D 911, ☎ 05 59 43 81 30 ;

🔟 d'Arcangues à Arcangues Jaureguiborde, SE : 8 km, ☎ 05 59 43 10 56.

◙ ≼★★ de la Perspective - ≼★ du phare et de la Pointe St-Martin AX - Rocher
de la Vierge★ - Musée de la mer★.

Plans pages suivantes

Du Palais ☝   ≼ 🏤 🏠 🔳 🔲 ⑳ 🛁 🕭 AC ※ rest, 🕻 🔧
1 av. de l'Impératrice – ☎ 05 59 41 64 00   **P** **VISA** **MO** **AE**
– reception @ hotel-du-palais.com – Fax 05 59 41 67 99   EY **k**
124 ch – ♦280/495 € ♦♦380/570 €, ⊇ 42 € – 30 suites – ½ P 275/370 €
Rest *La Villa Eugénie* – (fermé 1ᵉʳfév.-19 mars, le midi en juil.-août, merc. midi,
lundi et mardi) Menu 120 € – Carte 97/145 € ❀
Rest *La Rotonde* – (fermé fév.) Menu (48 €), 65 € – Carte 60/86 €
Rest *L'Hippocampe* – rest. de piscine (ouvert de mi-avril à fin oct. et fermé le soir
sauf juil.-août) Menu 57 € – Carte 68/82 €
Spéc. Rouget en filets poêlés, chipirons, riz crémeux, sauce à l'encre. Blanc de bar,
fine crème au vin blanc d'Irouléguy, caviar d'Aquitaine (oct. à janv.). Agneau de lait
des Pyrénées cuit au sautoir (nov. à mai). **Vins** Irouléguy, Jurançon.
♦ Ce palais en bord de mer, offert par Napoléon III à l'impératrice, assure le luxe d'un palace.
Chambres en majorité de style empire. Magnifique spa impérial. Salon feutré et cuisine
actuelle à la Villa Eugénie. De la Rotonde, belle vue sur la Grande Plage. Restaurant de
piscine (en saison) servant buffets et grillades.

Sofitel Thalassa Miramar ☝   ≼ 🏤 🔳 🔲 ⑳ 🛁 🕭 AC 🔽
13 r. L.-Bobet – ☎ 05 59 41 30 00   ※ rest, 🕻 🔧 🏛 **VISA** **MO** **AE** ⓪
– h2049 @ accor.com – Fax 05 59 24 77 20   AX **k**
126 ch – ♦180/484 € ♦♦272/546 €, ⊇ 28 € – ½ P 171/333 €
Rest *Le Relais* – Menu 56 € – Carte 70/82 €
Rest *Les Piballes* – rest. diététique Menu 56 € – Carte 70/82 €
♦ Santé et luxe vivent en harmonie dans cet hôtel abritant un centre de thalasso-
thérapie et un spa. Chambres modernes dont certaines, avec terrasse, regardent la mer.
Au Relais, cadre élégant, vue sur les récifs et cuisine au goût du jour. Recettes légères aux
Piballes.

Radisson SAS   ≼ 🏤 🔳 🛁 🕭 & ch, AC 🔽 🕻 🔧 🏛 **VISA** **MO** **AE** ⓪
1 carr. Hélianthe – ☎ 05 59 01 13 13 – reservations.biarritz @ radissonsas.com
– Fax 05 59 01 13 14   DZ **t**
150 ch – ♦155/470 € ♦♦155/470 €, ⊇ 21 € – **Rest** – Carte 43/52 €
♦ Affiches et tableaux taurins décorent les chambres spacieuses et colorées de cet
hôtel résolument contemporain. Piscine sur le toit et bel espace de remise en forme.
Lounge-bar et restaurant relookés dans un esprit trendy. Cuisine du moment et fusion.

Beaumanoir sans rest ☝   🏤 🔳 🕻 🕻 **P** **VISA** **MO** **AE** ⓪
av. de Tamames – ☎ 05 59 24 89 29 – reception @ beaumanoir-biarritz.com
– Fax 05 59 24 89 46 – Ouvert de mi-mars à mi-nov.   AX **n**
5 ch – ♦235/385 € ♦♦235/385 €, ⊇ 20 € – 3 suites
♦ Chambres, suites, appartements, mobilier baroque et design, salon sous une verrière,
piscine, parc... Un charme luxueux règne dans ces ex-écuries proches du centre et des plages.

Mercure Thalassa Regina et du Golf   ≼ 🔳 🕭 & ch, AC 🔽 🕻
52 av. de l'Impératrice – ☎ 05 59 41 33 00   🔧 **P** **VISA** **MO** **AE** ⓪
– H2050 @ accor.com – Fax 05 59 41 33 99   AX **r**
58 ch – ♦140/354 € ♦♦140/384 €, ⊇ 19 € – 8 suites – **Rest** – (dîner seult)
Menu 38 €
♦ Élégante résidence de style Second Empire. Confortables chambres, côté golf ou face à
l'océan, desservies par des coursives plongeant sur le bel atrium coiffé d'une verrière. Le
restaurant séduit par son joli décor marin et son aménagement sous vélum.

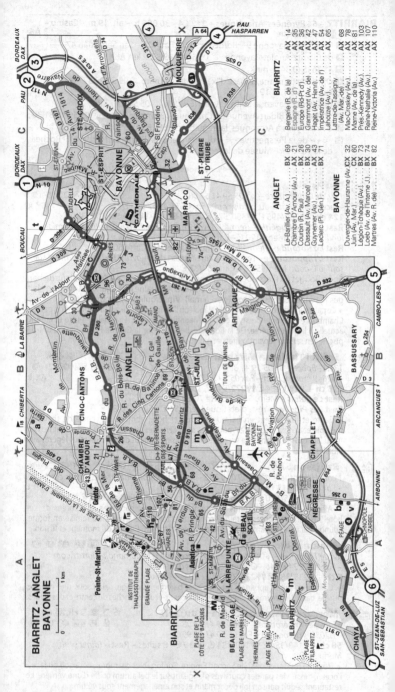

BIARRITZ - ANGLET BAYONNE

0   1 km

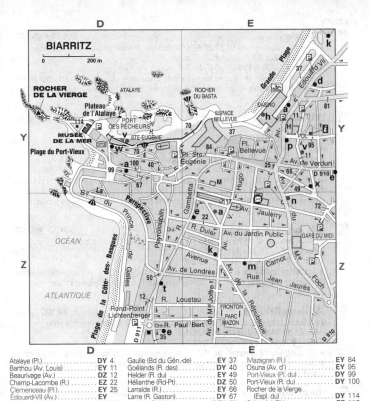

BIARRITZ

0   200 m

ROCHER DE LA VIERGE

ATALAYE

ROCHER DU BASTA

Plateau de l'Atalaye

ESPACE BELLEVUE

MUSÉE DE LA MER

PORT DES PÊCHEURS

STE-EUGÉNIE

Plage du Port-Vieux

Pl. Ste-Eugénie

Pl. Bellevue

Grande Plage

CASINO

Édouard VII

Av. de Verdun

D 910

OCÉAN

Perspective

de la Côte des Basques

Gambetta

Av. Jaulerry

R. Duler

Av. du Jardin Public

GARE DU MIDI

ATLANTIQUE

Plage de la Côte des Basques

Av. de Londres

Av. du Mal Joffre

R. Loustau

Rond-Point Lichtenberger

R. Paul Bert

FRONTON

PARC MAZON

Carnot

Rue Jean Jaurès

Foch

D 910

âîâ   **Mercure Plaza Centre** sans rest
av. Édouard-VII – ☎ 05 59 24 74 00 – Fax 05 59 22 22 01   EY **p**
69 ch – ♦117/235 € ♦♦130/255 €, ⊇ 16 €
♦ La rénovation de l'hôtel a su préserver l'essentiel : l'esprit Art déco de la belle façade, tournée vers la plage et le casino, et aussi des agréables chambres. Soirées jazz.

âîâ   **Tonic**
58 av. Édouard-VII – ☎ 05 59 24 58 58
– reservation-biarritz@tonichotel.com
– Fax 05 59 24 86 14   EY **d**
63 ch – ♦135/255 € ♦♦165/355 €, ⊇ 18 € – ½ P 140/235 €
Rest *La Maison Blanche* – Menu (19 €) – Carte 49/68 €
♦ À deux pas de la Grande Plage, chambres élégantes et modernes, toutes équipées de baignoires hydromassantes pour réveils toniques ! Camaïeus de beige et de brun dans l'agréable salle à manger contemporaine. Cuisine actuelle en harmonie avec le cadre.

âîâ   **Édouard VII** sans rest
21 av. Carnot – ☎ 05 59 22 39 80 – Fax 05 59 22 39 71   EZ **k**
18 ch – ♦78/140 € ♦♦78/140 €, ⊇ 10 €
♦ Cette jolie villa biarrote datant de la fin du 18e s. vous réserve un accueil sympathique et propose des chambres soignées, agréablement personnalisées.

Alcyon sans rest 🎐 ℅ ℃ VISA ⓶

8 r. Maison-Suisse – ℘ 05 59 22 64 60 – contact @ hotel-alcyon-biarritz.com
– Fax 05 59 22 64 64 – Fermé 1er-15 mars   EY **x**
15 ch – †75/90 € ††85/120 €, ⌑ 9 €

♦ Cet hôtel marie le charme des maisons anciennes aux équipements modernes : salon contemporain, salle des petits-déjeuner design et chambres rénovées avec élégance.

Windsor ≼ ⌸ 🎐 🗚 ⅙ ℃ ⅏ VISA ⓶ ⏁ ⓪

19 Bd du Gén. de Gaulle, (Grande Plage) – ℘ 05 59 24 08 52
– hotelwindsor-biarritz @ wanadoo.fr – Fax 05 59 24 98 90   EY **a**
48 ch – †65/225 € ††65/265 €, ⌑ 10 € – ½ P 67/137 €
Rest Le Galion – ℘ 05 59 24 20 32 (fermé dim. soir du 16 nov. au 29 fév., lundi sauf le soir du 1er juil. au 15 sept. et mardi midi) Menu 30 € – Carte 42/58 €

♦ Océan, ville ou cour : l'exposition des chambres de cette bâtisse voisine de la Grande Plage varie. Préférez celles rénovées, à la fois modernes et épurées. Salle à manger panoramique tournée vers l'Atlantique ; cuisine traditionnelle axée sur les produits de la mer.

Maïtagaria sans rest 🚂 ℃ VISA ⓶

34 av. Carnot – ℘ 05 59 24 26 65 – hotel.maitagaria @ wanadoo.fr
– Fax 05 59 24 26 30 – Fermé 24 nov.-15 déc.   EZ **m**
15 ch – †52/60 € ††59/95 €, ⌑ 8 €

♦ Accueil sympathique en cette demeure de style régional qui a revu son aménagement. Le mobilier chiné des chambres (fonctionnelles ou plus confortables) est largement Art déco.

Maison Garnier sans rest ⅙ VISA ⓶ ⏁ ⓪

29 r. Gambetta – ℘ 05 59 01 60 70 – maison-garnier @ hotel-biarritz.com
– Fax 05 59 01 60 80 – Fermé 12-26 déc., 5-20 janv.   EZ **e**
7 ch – †90/95 € ††90/140 €, ⌑ 10 €

♦ Coquette villa biarrote du 19e s. agréablement aménagée dans un esprit de maison d'hôte. Mobilier ancien et décoration soignée font le cachet des chambres, assez grandes.

Marbella 🎐 🗚 ch, ⅙ ℃ VISA ⓶ ⏁ ⓪

11 r. Port-Vieux – ℘ 05 59 24 04 06 – infos @ hotel-marbella.fr – Fax 05 59 24 63 26
– Fermé 15 janv.-15 fév., dim. soir et lundi soir hors saison, lundi midi et mardi midi
29 ch – †72/110 € ††79/156 €, ⌑ 12 € – ½ P 67/105 €   DY **a**
Rest – Menu 13 € (déj. en sem.)/22 € – Carte 26/40 €

♦ Immeuble bordant une rue commerçante, à quelques encablures du rocher de la Vierge et du musée de la Mer. Chambres un peu petites, mais plaisantes et bien tenues. Cuisine régionale simple annoncée sur l'ardoise du jour et servie dans un cadre rustique.

Oxo sans rest ℥ ℃ VISA ⓶ ⏁

38 av. de Verdun – ℘ 05 59 24 26 17 – christina @ biarritz-hotel.com
– Fax 05 59 24 66 08   EY **e**
20 ch – †50/70 € ††52/73 €, ⌑ 7,50 €

♦ Modernisation complète et nouvelle raison sociale exprimant la rencontre entre l'oxygène pyrénéen et l'océan, pour cet hôtel situé sur un axe passant, face à la médiathèque.

Villa Vauréal sans rest 🚂 ⅙ ℅ ℃ ⌂ VISA ⓶ ⓪

14 r. Vauréal – ℘ 06 10 11 64 21 – info @ villavaureal.com – Fax 05 59 22 64 19
– Fermé 5-31 janv.   DZ **e**
5 ch ⌑ – †93/168 € ††101/176 €

♦ Confortable villa dans un grand jardin aux arbres magnifiques, à deux pas de la plage des Basques. Chambres personnalisées (nom et couleur d'un fruit). Confiture maison.

Villa Le Goëland sans rest ⅏ ≼ côte, ⅙ ℅ ℃ P VISA ⓶

12 plateau de l'Atalaye – ℘ 05 59 24 25 76 – info @ villagoeland.com
– Fax 05 59 22 36 83   DY **w**
4 ch – †130/250 € ††130/250 €, ⌑ 10 €

♦ Cette grande villa sur l'un des sites les plus agréables de Biarritz offre un superbe panorama, qui va de l'Espagne à la côte landaise. Certaines chambres ont une terrasse.

Nere-Chocoa sans rest

28 r. Larreguy – ✆ 06 08 33 84 35 – maryse.cadou@wanadoo.fr – Fax 05 59 41 07 95 AX **e**

5 ch – †65/75 € ††70/105 €, ☕ 9 €

◆ Cette maison entourée de chênes a hébergé des hôtes illustres dont l'impératrice Eugénie. Vastes chambres soignées, collection de tableaux, salon convivial pour soirées musicales.

La Ferme de Biarritz sans rest

15 r. Harcet – ✆ 05 59 23 40 27 – info@fermedebiarritz.com – Fermé 7-19 janv.

5 ch – †55/80 € ††55/80 €, ☕ 8 € AX **m**

◆ Près de la plage, ferme basque du 17e s. bien restaurée. Coquettes chambres (non-fumeurs) mansardées, aux meubles anciens. Petit-déjeuner dans le jardin ou devant la cheminée.

Sissinou AC VISA MC AE

5 av. Mar.-Foch – ✆ 05 59 22 51 50 – restaurant.sissinou@wanadoo.fr – Fax 05 59 22 50 58 – Fermé 22 juin-7 juil., 26 oct.-6 nov., 15 fév.-2 mars, dim. et lundi sauf août et le midi en août EZ **n**

Rest – Menu 53/70 €

◆ Restaurant en vogue avec son décor contemporain (banquettes aubergine, murs verts, luminaires design), son service décontracté, ses recettes actuelles et ses plats classiques.

Café de la Grande Plage ≤ océan, AC VISA MC AE

1 av. Edouard-VII, (casino) – ✆ 05 59 22 77 88 – casinobiarritz@lucienbarriere.com – Fax 05 59 22 77 99 EY **h**

Rest – Menu 28 € – Carte 29/43 €

◆ Un petit creux entre deux parties de black-jack ? Au rez-de-chaussée du casino, brasserie de style Art déco ornée de mosaïques. Vue idéale sur la plage et les surfeurs.

Plaisir des Mets AC VISA MC

5 r. de Centre – ✆ 05 59 24 34 66 – Fermé 17 juin-11 juil., 17 nov.-11 déc., lundi midi et jeudi midi en juil.-août, mardi sauf le soir en juil.-août et merc. EZ **a**

Rest – Carte 36/54 €

◆ Harmonie des tons ivoire-chocolat, toiles contemporaines et style bistrot épuré dynamisent cette table actuelle, dont la cuisine s'adapte au rythme des saisons.

La Table d'Aranda AC VISA MC AE

87 av. de la Marne – ✆ 05 59 22 16 04 – Fax 05 59 22 16 04 – Fermé 12-19 nov., 6 janv.-4 fév., merc. midi et mardi en saison AX **j**

Rest – Menu (15 €), 20 € (déj. sauf dimanche) – Carte environ 40 €

◆ Le bouche à oreille ne fait pas défaut à cette table au cadre rustique et basque, située dans les murs d'une ex-rôtisserie. Cuisine personnelle et inventive, aimant le sucré-salé.

Philippe VISA MC

30 av. du Lac Marion – ✆ 05 59 23 13 12 – lafargue.philippe@hotmail.com – Fermé 2 sem. en nov., 2 sem. en mars, lundi sauf de juil. à sept. et mardi sauf le soir en août AX **d**

Rest – *(dîner seult) (nombre de couverts limité, prévenir)* Menu 50/75 € – Carte 30/75 €

◆ Cuisines ouvertes, four à bois pour préparer agneau et cochon de lait, plats inventifs, décor avant-gardiste : ce restaurant surprend et séduit. Dépôt-vente d'art contemporain.

Le Clos Basque VISA MC

12 r. L.-Barthou – ✆ 05 59 24 24 96 – Fax 05 59 22 34 46 – Fermé 23 juin-3 juil., 27 oct.-17 nov., 23 fév.-12 mars, dim. soir sauf juil.-août et lundi EY **v**

Rest – *(nombre de couverts limité, prévenir)* Menu 24 €

◆ Pierres apparentes et azulejos donnent un air ibérique à la petite salle à manger où règne une ambiance conviviale. Terrasse d'été très courue. Spécialités régionales.

Chez Albert VISA MC

au Port-des-Pêcheurs – ✆ 05 59 24 43 84 – Fax 05 59 24 20 13 – Fermé 24 nov.-13 déc., 5 janv.-10 fév. et merc. sauf juil.-août DY **v**

Rest – Menu 40 € – Carte 34/62 €

◆ Les produits de la mer sont à l'honneur dans cette adresse animée et décontractée d'où l'on aperçoit le petit port de pêche. Terrasse très prisée en été. Mezzanine prévue.

au lac de Brindos 4 km au Sud-Est – ⊠ 64600 Anglet

Château de Brindos 🐾   ⇐ 🐕 ☆ ♨ ⅃ ⅃⅄ 🖹 ⅃ ch, 🖩 📞 ﷼
1 allée du Château – 𝒞 *05 59 23 89 80*   🅿 𝗩𝗜𝗦𝗔 🐵 🅰🅴 ⓪
– brindos@relaischateaux.com – Fax 05 59 23 89 81 – Fermé 17 fév.-6 mars
24 ch – ❙160/270 € ❙❙210/325 €, � 25 € – 5 suites   BX **e**
Rest – *(fermé dim. soir et lundi sauf de mai à oct.)* Menu 32 € (déj. en sem.),
52/70 € – Carte 59/72 €
♦ Face à un lac de 10 ha, élégante bâtisse invitant au repos et disposant de salons
ornés de belles boiseries, de chambres très spacieuses et de luxueuses salles de bains.
Salle à manger en rotonde et terrasse au bord de l'eau ; cuisine au goût du jour
soignée.

rte d'Arbonne 4 km au Sud par La Négresse et D 255 – ⊠ 64200 Biarritz

Le Château du Clair de Lune sans rest 🐾   ⇐ 🐕 🅿 𝗩𝗜𝗦𝗔 🐵
48 av. Alan-Seeger – 𝒞 *05 59 41 53 20 – Fax 05 59 41 53 29*   AX **b**
17 ch – ❙80/96 € ❙❙130/155 €, � 10 €
♦ Dans un joli parc, charmante demeure bourgeoise (1902) abritant des chambres
raffinées ; décor plus campagnard dans le pavillon. Pour contempler le clair de lune… à
Biarritz !

ⅩⅩ   **Campagne et Gourmandise**   ⇐ 🚗 ☆ 🅰🅲 🅿 𝗩𝗜𝗦𝗔 🐵 🅰🅴 ⓪
52 av. Alan-Seeger, (rte d' Arbonne) – 𝒞 *05 59 41 10 11 – Fax 05 59 43 96 16*
– Fermé dim. soir sauf du 13 juil. au 31 août, lundi midi et merc.   AX **v**
Rest – Menu 45/70 €
♦ Cette ancienne ferme nichée dans un vaste jardin, face aux Pyrénées, propose une
cuisine du terroir. Intérieur campagnard chic (belle cheminée), véranda et jolie
terrasse.

à Arbonne 7 km au Sud par La Négresse et D 255 – 1 375 h. – alt. 37 m – ⊠ 64210

Laminak sans rest 🐾   ⇐ 🚗 ⅃ ♨ ⅄ 📞 🅿 𝗩𝗜𝗦𝗔 🐵 ⓪
rte de St-Pée – 𝒞 *05 59 41 95 40 – info@hotel-laminak.com – Fax 05 59 41 87 65*
– Fermé 15-nov.-4 déc.
12 ch – ❙71 € ❙❙71 €, � 10 €
♦ Ferme du 18ᵉ s. située à la sortie de ce joli village. Chambres personnalisées et redécorées. Petits-déjeuners servis sous la véranda ouvrant sur le jardin. Piscine.

à Arcangues 8 km par La Négresse, D 254 et D 3 – 2 733 h. – alt. 80 m – ⊠ 64200
🄱 Office de tourisme, le bourg 𝒞 05 59 43 08 55, Fax 05 59 43 39 16

🏠   **Les Volets Bleus** sans rest 🐾   🚗 ⅃ ♨ ⅄ 📞 🅿 𝗩𝗜𝗦𝗔 🐵
chemin Etchegaraya, 2 km au Sud sur ancienne rte de St-Pée – 𝒞 *607690385*
– maisonlesvoletsbleus@wanadoo.fr – Fax 559223971 – Fermé janv. et fév.
5 ch � – ❙90/144 € ❙❙100/154 €
♦ Profitez de la quiétude du jardin et du raffinement mis à l'honneur dans cette villa
basque restaurée avec des matériaux chinés. Chambres aux murs patinés, tomettes et
boutis.

🏠   **Maison Gastelhur** sans rest 🐾   🚗 ♨ ⅄ 🅿
chemin Gastelhur, 2 km à l' Ouest par rte secondaire – 𝒞 *05 59 43 01 46*
– miguel.lagrolet@wanadoo.fr – Fax 05 59 43 12 96 – Fermé 16 fév. -10 mars
3 ch – ❙110/130 € ❙❙110/130 €, � 8 €
♦ Posée dans un parc mitoyen du golf, cette maison bourgeoise du 18ᵉ s. invite à une halte
au grand calme. Chambres spacieuses agrémentées d'objets et meubles de famille
anciens.

ⅩⅩ   **Le Moulin d'Alotz** (Benoît Sarthou)   🚗 ☆ 🅰🅲 🅿 𝗩𝗜𝗦𝗔 🐵 🅰🅴 ⓪
✿   *au Sud : 3 km par rte Arbonne et rte secondaire –* 𝒞 *05 59 43 04 54 – Fermé*
24 juin-1ᵉʳ juil., 20-28 oct., 23 déc.-29 janv., mardi et merc.
Rest – *(nombre de couverts limité, prévenir)* Menu 55/60 € – Carte 54/64 €
Spéc. Cannelloni de langoustines, andouille béarnaise grillée et crème de maïs.
Pigeonneau rôti, poudre réglisse, girolles et petits pois. Confit de tomate aux
épices, gâteau frangipane-pistache, crème glacée verveine. **Vins** Irouléguy,
Madiran.
♦ Vieux moulin basque qui daterait de 1694. Élégant cadre mariant poutres et boiseries
blanchies, plaisante terrasse, jardin fleuri et cuisine au goût du jour personnalisée.

※ **Auberge d'Achtal**　　　🏠 ⇔ VISA ⬤

pl. du Fronton, (accès piétonnier) – 🕿 *05 59 43 05 56 – achtal@wanadoo.fr*
– Fax 05 59 43 16 98 – Fermé 5 janv. -20 mars, mardi et merc.
Rest – Menu 28 € – Carte 22/51 €

♦ Luis Mariano, prince de l'opérette, repose dans ce pittoresque village basque. Intérieur rustique de caractère et terrasse ombragée face au fronton. Plats régionaux.

Voir aussi ressources hôtelières à **Anglet**

BIDARRAY – 64 Pyrénées-Atlantiques – **342** D3 – 645 h. – alt. 110 m – ⊠ 64780
▌Pays Basque　　　　　　　　　　　　　　　　　　　　　　　3 **A3**

▶ Paris 799 – Biarritz 37 – Cambo-les-Bains 17 – Pau 127
　– St-Jean-Pied-de-Port 21

🏠🏠 **Ostapé** ⑳　　◁ 🕭 🞔 🞓 🌡 ♿ 🎬 ⇆ ⇆ ch, 🕻 🔩 **P** 🗢 VISA ⬤ AE ①

Chahatoa, 4 km au Nord par D 349 – 🕿 *05 59 37 91 91 – contact@ostape.com*
– Fax 05 59 37 91 92 – Ouvert 20 mars-11 nov.
22 suites – ♥♥230/565 €, ☲ 22 € – **Rest** – *(fermé lundi midi et mardi midi)*
Menu 55/68 €

♦ Agréables villas de style basque qui se fondent dans le paysage (un parc de 45 ha). Chambres spacieuses, raffinées et dotées d'équipements dernier cri. Piscine, fitness. Cuisine régionale revisitée à découvrir dans une élégante ferme du 17e s.

🏠 **Barberaenea** ⑳　　　　◁ 🞔 🏠 🞓 rest, **P** VISA ⬤

pl. de l'Église – 🕿 *05 59 37 74 86 – hotel-restaurant-barberaenea@wanadoo.fr*
– Fax 05 59 37 77 55 – Fermé 15 nov. au 15 janv.
9 ch – ♥35/61 € ♥♥35/61 €, ☲ 6,50 € – ½ P 41/54 € – **Rest** – Menu 20/25 €
– Carte 21/29 €

♦ Hôtellerie simple, authentique et chaleureuse située près du fronton. Chambres rustiques jouissant d'une belle vue sur monts et vallées environnants. Au restaurant, meubles campagnards, nappes régionales, agréable terrasse et cuisine du terroir.

※ **Auberge Iparla**　　　　　　　　　🏠 VISA ⬤
☺
chemin de l'Église-Bordaberria – 🕿 *05 59 37 77 21 – iparla2@wanadoo.fr*
– Fax 05 59 37 78 84 – Ouvert 15 mars-15 nov. et fermé mardi et merc.
sauf juil.-août
Rest – Menu 25 € – Carte 36/45 €

♦ Café-auberge-épicerie sur la place d'un pittoresque village. Plats basques servis dans une salle rustique et conviviale. Profitez de la terrasse pour admirer la montagne.

BIDART – 64 Pyrénées-Atlantiques – **342** C4 – 4 670 h. – alt. 40 m – ⊠ 64210
▌Pays Basque　　　　　　　　　　　　　　　　　　　　　　　3 **A3**

▶ Paris 778 – Bayonne 17 – Biarritz 7 – Pau 122 – St-Jean-de-Luz 9
🛈 Office de tourisme, rue d'Erretegia 🕿 05 59 54 93 85, Fax 05 59 54 70 51
🏌 d'Ilbarritz Avenue du Château, N : 3 km par N 10 et D 911, 🕿 05 59 43 81 30.
◉ Chapelle Ste-Madeleine ❋★.

🏠🏠 **Villa L'Arche** sans rest ⑳　　◁ Océan, 🗢 ⇆ 🕻 🗢 VISA ⬤ AE

chemin Camboénéa – 🕿 *05 59 51 65 95*
– villalarche@wanadoo.fr
– Fax 05 59 51 65 99 – Ouvert 16 fév.-14 nov.
8 ch – ♥100/265 € ♥♥100/265 €, ☲ 14 €

♦ Entre un quartier résidentiel de la station et les rivages de l'océan se dresse cette charmante villa. Les jolies chambres personnalisées et le beau jardin dominent les flots.

🏠🏠 **L'Hacienda** sans rest ⑳　　　🗢 🞔 ♿ ⇆ 🕻 **P** VISA ⬤

50 r. Bassilour, Sud par N10, rte Ahetze et rte secondaire : 3 km – 🕿 *05 59 54 92 82*
– contact@hotel-hacienda.fr – Fax 05 59 26 52 73 – Ouvert 21 mars-1er nov.
14 ch – ♥115/220 € ♥♥115/220 €, ☲ 12 €

♦ Cette jolie demeure hispanisante pousse le raffinement à son comble dans le décor coloré et romantique de ses chambres (en partie refaites). Grand jardin fleuri avec piscine.

Ouessant-Ty sans rest ⌂ ⬚   🖪 ⛶ Ⓐ ↵ ⚙ ☏ ⌂ 🆅🆂🅰 ⏻
r. Erretegia – ℰ 05 59 54 71 89 – hotel.ouessant-ty @ wanadoo.fr
– Fax 05 59 47 58 70
12 ch – †67/103 € ††65/103 €, ⌑ 12 €
◆ Sympathique petit établissement récent, à la fois central et à deux pas des plages. Grandes chambres meublées en rotin (trois familiales avec cuisinette). Crêperie attenante.

Irigoian sans rest 🖪 ↵ ⚙ ☏ 🅿 🆅🆂🅰 ⏻
av. de Biarritz – ℰ 05 59 43 83 00 – irigoian @ wanadoo.fr – Fax 05 59 41 19 07
5 ch – †80/110 € ††80/110 €, ⌑ 8 €
◆ Cette ancienne ferme du 17ᵉ s. se trouve à proximité de l'océan, en lisière d'un golf. Chambres du meilleur goût et spacieuses salles de bains.

XXX   **Table et Hostellerie des Frères Ibarboure** (Jean-Philippe Ibarboure)
🕸   avec ch 🕭   🖪 🕭 🍴 🎄 🖪 🖪 Ⓐ ⚙ ch, ☏ 🕭 🅿 🆅🆂🅰 ⏻ 🅰🅴 ⓘ
chemin de Ttalienea, 4 Km au Sud par D 810, rte d'Ahetze et rte secondaire –
ℰ 05 59 54 81 64 – contact @ freresibarboure.com – Fax 05 59 54 75 65
– Fermé 15 nov.-7 déc. et 5-20 janv.
12 ch – †120/160 € ††130/230 €, ⌑ 14 €
Rest – (fermé merc. du 7 sept. au 30 juin, dim. soir sauf août et lundi midi de juil. à début sept.) Menu 37 € (déj. en sem.), 47/69 € – Carte 60/79 €
Spéc. Face à face de tourteau, carpaccio de bar et caviar d'Aquitaine (mai à oct.). Tourteau en craquant, asperges vertes, sauce homardine. Foie chaud de canard aux agrumes. **Vins** Jurançon sec, Irouléguy.
◆ Cette demeure basque jouit d'un parc arboré et fleuri. Salles à manger coquettes, terrasse sur jardin ; recettes du Sud-Ouest. Spacieuses chambres personnalisées, au grand calme.

BIEF – 25 Doubs – 321 K3 – rattaché à Villars-sous-Dampjoux

BIELLE – 64 Pyrénées-Atlantiques – 342 J6 – 436 h. – alt. 448 m – ⊠ 64260
▌ Aquitaine   3 **B3**
▯ Paris 803 – Laruns 9 – Lourdes 43 – Oloron-Sainte-Marie 26 – Pau 31

L'Ayguelade 🖪 🍴 Ⓐ rest, ↵ ☏ 🅿 ⌂ 🆅🆂🅰 ⏻ 🅰🅴
rte de Pau : 1 km – ℰ 05 59 82 60 06 – hotel.ayguelade @ wanadoo.fr
– Fax 05 59 82 61 17 – Fermé janv., mardi et merc. sauf juil.-août
10 ch – †46 € ††46/56 €, ⌑ 7 € – ½ P 46/56 € – **Rest** – Menu 16 € (déj. en sem.), 20/38 € – Carte 24/44 €
◆ Accueil charmant, tenue sans faille, chambres coquettes et prix doux : cette maison béarnaise, proche d'un affluent du gave d'Ossau (pêche), cache une bonne petite adresse. Cuisine du terroir servie sous une véranda récente ou dans une salle à manger rustique.

BIESHEIM – 68 Haut-Rhin – 315 J8 – rattaché à Neuf-Brisach

BIGNAN – 56 Morbihan – 308 O7 – rattaché à Locminé

BILLÈRE – 64 Pyrénées-Atlantiques – 342 J5 – rattaché à Pau

BILLIERS – 56 Morbihan – 308 Q9 – 705 h. – alt. 20 m – ⊠ 56190   10 **C3**
▯ Paris 461 – La Baule 42 – Nantes 87 – Redon 39 – La Roche-Bernard 17 – Vannes 28

⌂⌂⌂⌂   **Domaine de Rochevilaine** 🕸   ≤ littoral, 🖪 🔲 ⓦ 🕭 🖪 ⚙ rest,
🕸   à la Pointe de Pen Lan, 2 km par D 5 –   🕭 🅿 ⌂ 🆅🆂🅰 ⏻ 🅰🅴 ⓘ
ℰ 02 97 41 61 61 – rochevilaine @ relaischateaux.com – Fax 02 97 41 44 85
31 ch – †141/416 € ††141/416 €, ⌑ 19 € – 4 suites – ½ P 138/413 €
Rest – Menu 39 € (déj. en sem.), 68/100 € – Carte 63/76 € 🕭
Spéc. Huîtres creuses cuisinées en coquille au beurre de baratte. Bar de ligne en croûte de sel, béarnaise de fenouil. Kouign-amann, glace au caramel salé.
◆ Hameau de belles demeures bretonnes et centre de balnéothérapie ancrés sur une pointe rocheuse face à l'océan. Chambres spacieuses et personnalisées. Carte classique actualisée, proposée dans un cadre mêlant boiseries, miroirs, tissus rouges, et surplombant les flots.

⌂ **Les Glycines** sans rest   🛏 ↳ ⌁ **P** **VISA** **◎◎** **AE**
17 pl. de l'Église – ℰ *06 11 86 07 52 – grimaud.veronique56@wanadoo.fr*
– Fax 02 97 45 69 68
5 ch � – ♦82/102 € ♦♦90/110 €
♦ Maison bleue et blanche sur la place d'un petit village. Intérieur à la décoration fraîche et colorée (piano, bibelots, livres et tableaux). Espace de jeu pour les enfants.

BIOT – 06 Alpes-Maritimes – 341 D6 – **7 395 h.** – **alt. 80 m** – ✉ 06410   42 **E2**
▌ Côte d'Azur
  🔼 Paris 910 – Antibes 6 – Cagnes-sur-Mer 9 – Cannes 17 – Grasse 20 – Nice 21
    – Vence 18
  🔢 Office de tourisme, 46, rue Saint-Sébastien ℰ 04 93 65 78 00,
    Fax 04 93 65 78 04
  🔳 de Biot Avenue Michard Pelissier, S : 1 km, ℰ 04 93 65 08 48.
  ◙ Musée national Fernand Léger★★ - Retable du Rosaire★ dans l'église.

🏠 **Domaine du Jas** sans rest   ≼ 🛏 ⬚ ⅙ Ⓜ ↳ **P** **VISA** **◎◎** **AE**
625 rte de la Mer, D 4 – ℰ *04 93 65 50 50 – domaine-du-jas@wanadoo.fr*
– Fax 04 93 65 02 01 – Ouvert 16 mars-4 janv.
19 ch – ♦90/125 € ♦♦110/235 €, � 15 €
♦ Mignonnes chambres provençales (dont trois familiales et un duplex) avec balcon ou terrasse donnant sur la piscine, le jardin ou le village de Biot : vivez au rythme du Sud !

🅇🅇🅇 **Les Terraillers** (Michaël Fulci)   🛋 Ⓜ ⇔ **P** **VISA** **◎◎** **AE**
ॐ   *11 rte Chemin-Neuf, au pied du village –* ℰ *04 93 65 01 59 – lesterrailliers@*
tiscali.fr – Fax 04 93 65 13 78 – Fermé 23 oct.-30 nov., merc. et jeudi
Rest – Menu 39 € (déj. en sem.), 62/110 € – Carte 86/120 €
Spéc. Fleurs de courgettes farcies. Loup sauvage en croûte de sel, sauce à l'aneth.
Banane rôtie en injection de chocolat, glace rhum-raisin. **Vins** Vin de pays des Alpes-Maritimes, Côtes de Provence.
♦ Poterie du 16ᵉ s. dont l'ancien four a été transformé en salon. Belle salle à manger avec voûtes, pierres, poutres apparentes et fleurs fraîches. Carte aux accents du Sud.

🅇🅇 **Le Jarrier** (Sébastien Broda)   🛋 Ⓜ ⇔ **VISA** **◎◎** **AE**
ॐ   *au village, 30 passage Bourgade –* ℰ *04 93 65 11 68 – info@lejarrier.com*
– Fax 04 93 65 50 03 – Fermé lundi midi, sam. midi et dim.
Rest – Menu (19 €), 23 € (déj. en sem.), 30/59 € – Carte 42/66 €
Spéc. Émietté de tourteau, guacamole, émulsion d'orange. Pigeonneau rôti, cocotte de fruits de saison, jus simple et aceto. Soufflé praliné-noisette, glace caramel.
♦ Cette discrète maison de pays cache un restaurant chic et branché : ambiance lounge, décor contemporain. La cuisine raffinée et riche en saveurs mérite la visite.

🅇 **Chez Odile**   🛋
au village – ℰ *04 93 65 15 63 – Fermé du 1ᵉʳ déc.-31 janv., le midi en juil.-août,*
merc. soir et jeudi hors saison
Rest – Menu 30 €
♦ Peynet avait son rond de serviette dans cette auberge rustique élevée au rang d'institution locale. Odile, joviale et passionnée, annonce le menu oralement (recettes du pays).

BIOULE – 82 Tarn-et-Garonne – 337 F7 – **845 h.** – **alt. 84 m** – ✉ 82800   28 **B2**
  🔼 Paris 613 – Toulouse 75 – Montauban 22 – Cahors 53 – Moissac 60

🏠 **Les Boissières** ॐ   🥂 🛋 ⌁ ch, ↳ **P** **VISA** **◎◎** **AE** **①**
rte de Caussade – ℰ *05 63 24 50 02 – Fax 05 63 24 60 80 – Fermé 10-22 août,*
27 oct.-7 nov., 9-20 fév., sam. midi, dim. soir et lundi
10 ch – ♦70/110 € ♦♦70/110 €, ⊒ 9 € – ½ P 110/115 € – **Rest** – Menu 22 € (déj.
en sem.), 33/50 € – Carte 38/40 €
♦ Composée d'une maison de maître (19ᵉ s.) et de son étable (18ᵉ s.) en briques rouges, cette hôtellerie, entourée par un parc, propose des chambres au style rustique et actuel. Salle à manger complétée par une pergola aux beaux jours. Cuisine dans l'air du temps.

BIRIATOU – 64 Pyrénées-Atlantiques – 342 B4 – **rattaché à Hendaye**

BIRKENWALD – 67 Bas-Rhin – **315** I5 – 253 h. – alt. 295 m – ✉ 67440   1 **A1**

> ❱ Paris 461 – Molsheim 23 – Saverne 12 – Strasbourg 34

🏠 **Au Chasseur** ⌖   ≤ 🖨 🛏 🛐 🛗 🏧 rest, ↔ 📞 ⚒
7 r. de l'Église – ℰ 03 88 70 61 32 – contact@   **P** **VISA** **©©** **AE** **①**
chasseurbirkenwald.com – Fax 03 88 70 66 02 – Fermé 6 janv.-5 fév.
23 ch – †65 € ††86 €, ☕ 14 € – 3 suites – ½ P 70/83 € – **Rest** – (fermé mardi
midi, jeudi midi et lundi) Menu (12 €), 15 € (déj. en sem.), 32/65 € – Carte 35/51 €
♦ Auberge régionale vous réservant un accueil chaleureux, familial et pro. Chambres,
récemment rénovées, confortables et soignées. Certaines regardent le massif des Vosges.
Élégante salle à manger agrémentée de belles boiseries en mélèze et bois de ronce.
Carte classique.

BISCARROSSE – 40 Landes – **335** E8 – 9 281 h. – alt. 22 m – Casino – ✉ 40600
🏛 Aquitaine   3 **B2**

> ❱ Paris 656 – Arcachon 40 – Bayonne 128 – Bordeaux 74 – Dax 91
>   – Mont-de-Marsan 84
>
> 🅙 Office de tourisme, 55, place Georges Dufau ℰ 05 58 78 20 96,
>   Fax 05 58 78 23 65
>
> 🏌 de Biscarrosse Route d'Ispe, E : 9 km par D 83 et D 305, ℰ 05 58 09 84 93.

🍴 **La Fontaine Marsan**   🛐 **VISA** **©©**
pl. Marsan – ℰ 05 58 82 81 29 – fontaine.marsan@wanadoo.fr – Fermé dim. soir
😊 et lundi sauf juil.-août
Rest – Menu 15 € (déj. en sem.), 20/40 € – Carte 33/46 €
♦ Lumineuse salle agrémentée d'une petite collection de triporteurs en miniature.
Restauration traditionnelle ou formule bistrot, dans un répertoire aux accents régionaux.

à Ispe 6 km au Nord par D 652 et D 305 – ✉ 40600 Biscarrosse

🏠 **La Caravelle** ⌖   ≤ 🛐 ↔ 🍽 ch, 📞 **P** **VISA** **©©**
 – ℰ 05 58 09 82 67 – lacaravelle.40@wanadoo.fr – Fax 05 58 09 82 18
😊 – Ouvert mi- fév.-31 oct.
15 ch (½ P seult en saison) – †48 € ††67/102 €, ☕ 7 € – ½ P 61/71 € –
Rest (fermé lundi midi et mardi midi sauf juil.-août) Menu 16/39 € – Carte 21/56 €
♦ Toutes les chambres de cet hôtel – certaines viennent d'être refaites à neuf – s'ouvrent
sur le lac. Celles de l'annexe, de plain-pied, bénéficient d'abords verdoyants. Ambiance
"vacances" dans la salle à manger-véranda et agréable terrasse ombragée.

Au Golf 7 km au Nord-Ouest par D 652 et D 305

🍴🍴 **Le Parcours Gourmand**   ≤ 🛐 **VISA** **©©** **AE**
av. du Golf – ℰ 05 58 09 84 84 – golfdebiscarrosse@wanadoo.fr
– Fax 05 58 09 84 50 – Fermé 7 janv.-12 fév.
Rest – Menu 35/75 € – Carte 53/72 €
♦ Carte classique valorisant les produits locaux servie dans ce restaurant posé sur le golf,
au milieu d'une pinède. Élégant intérieur épuré et terrasse avec vue sur les greens.

BITCHE – 57 Moselle – **307** P4 – 5 752 h. – alt. 300 m – ✉ 57230
🏛 Alsace Lorraine   27 **D1**

> ❱ Paris 438 – Haguenau 43 – Sarrebourg 62 – Sarreguemines 33 – Saverne 51
>   – Strasbourg 72
>
> 🅙 Office de tourisme, 4, rue du glacis du Château ℰ 03 87 06 16 16,
>   Fax 03 87 06 16 17
>
> 🏌 Holigest Golf de Bitche 2 rue des Prés, E : 1 km par D 662, ℰ 03 87 96 15 30.
>
> ◎ Citadelle ⋆ - Ligne Maginot : Gros ouvrage du Simserhof ⋆ O : 4 km.

🍴🍴🍴 **Le Strasbourg** avec ch   📞 ⚒ **VISA** **©©** **AE** **①**
24 r. Col-Teyssier – ℰ 03 87 96 00 44 – le-strasbourg@wanadoo.fr
– Fax 03 87 96 11 57 – Fermé 9-24 fév.
10 ch – †48/76 € ††53/90 €, ☕ 10 € – **Rest** – (fermé dim. soir, mardi midi et
lundi) Menu 23 € (sem.)/54 € – Carte 39/53 €
♦ En centre-ville, établissement d'aspect traditionnel où l'on vient faire des repas au goût
du jour dans une spacieuse salle ayant adopté un nouveau look d'esprit Art déco. Fringantes chambres discrètement personnalisées : Afrique, Asie, Provence, etc.

※※ **La Tour** ※ **P** *VISA* **⓪**
3 r. de la Gare – 𝒞 03 87 96 29 25 – restaurant.la.tour@wanadoo.fr
– Fax 03 87 96 02 61 – Fermé 18 fév.-4 mars, mardi soir et lundi
Rest – Menu 24 € (sem.)/55 € bc – Carte 29/52 €
♦ Entre gare et centre-ville, grande bâtisse flanquée d'une tourelle. Une décoration d'inspiration Belle Époque rend attrayantes les trois salles à manger.

BIZE-MINERVOIS – 11 Aude – 344 I3 – 872 h. – alt. 58 m – ✉ 11120   22 **B2**
🢒 Paris 792 – Béziers 33 – Carcassonne 49 – Narbonne 22
  – St-Pons-de-Thomières 33

🏠 **La Bastide Cabezac** 🍴 🎐 🏊 Ⓐ ⇇ ☎ ♨ **P** *VISA* **⓪**
*au Hameau de Cabezac, Sud : 3 km sur D 5 – 𝒞 04 68 46 66 10 – contact@
labastidecabezac.com – Fax 04 68 46 66 29 – Fermé 23 nov.-15 déc., 16-28 fév., le
midi du lundi au merc. en saison, sam. midi, dim. soir et lundi du 16 sept. au 14 avril*
12 ch – ♦80/95 € ♦♦80/130 €, ⊑ 10 € – ½ P 75/90 € – **Rest** – Menu (16 €),
25/75 € – Carte 50/71 € ♨
♦ Relais de poste du 18ᵉ s. au cœur d'un hameau. Aménagements raffinés, meubles de style régional et couleurs chaleureuses en font un plaisant lieu de séjour. Élégant restaurant proposant des vins locaux et sa cuisine actuelle inspirée par les saveurs du Sud.

BLAESHEIM – 67 Bas-Rhin – 315 J5 – **rattaché à Strasbourg**

BLAGNAC – 31 Haute-Garonne – 343 G3 – **rattaché à Toulouse**

BLAINVILLE-SUR-MER – 50 Manche – 303 C5 – 1 483 h. – alt. 26 m –
✉ 50560   32 **A2**
🢒 Paris 347 – Caen 116 – Saint-Lô 41 – Saint Helier 56 – Granville 36
🛈 Syndicat d'initiative, place de la Marine 𝒞 02 33 07 90 89, Fax 02 33 47 97 93

※※ **Le Mascaret** avec ch ♨ 🍴 ‹ ch, ⇇ ※ ☎ *VISA* **⓪** ⒶⒺ
*1 r. de Bas – 𝒞 02 33 45 86 09 – le.mascaret@wanadoo.fr – Fax 02 33 07 90 01
– Fermé 23 nov.-5 déc. et 2-28 janv.*
5 ch – ♦95/115 € ♦♦115/165 €, ⊑ 10 € – ½ P 120/150 € – **Rest** – (fermé dim.
soir et merc. soir sauf du 15 juil. au 30 août et lundi) Menu (25 €), 29/69 € – Carte
58/85 €
♦ Maison du 18ᵉ s. dotée d'une cour et d'un jardin d'herbes aromatiques. Cuisine inventive à déguster dans un cadre coloré, cossu, intime. Chambres à la décoration originale et baroque (mélange de motifs, baignoire décorative) ; espace bien-être pour la relaxation.

LE BLANC ⬳ – 36 Indre – 323 C7 – 6 998 h. – alt. 85 m – ✉ 36300
▌ Limousin Berry   11 **B3**
🢒 Paris 326 – Bellac 62 – Châteauroux 61 – Châtellerault 52 – Poitiers 62
🛈 Office de tourisme, place de la Libération 𝒞 02 54 37 05 13,
  Fax 02 54 37 31 93

※※ **Le Cygne** Ⓐ *VISA* **⓪**
*8 av. Gambetta – 𝒞 02 54 28 71 63 – Fermé 16 juin-9 juil., 24 août-3 sept.,
2-25 janv., dim. soir, lundi et mardi*
Rest – (nombre de couverts limité, prévenir) Menu 19/60 € – Carte 31/84 €
♦ Non loin de l'église réputée pour ses guérisons miraculeuses, agréable restaurant aux tables soigneusement dressées. La cuisine, au goût du jour, évolue au gré du marché.

LE BLANC-MESNIL – 93 Seine-Saint-Denis – 305 F7 – 101 17 – **voir à Paris,
Environs**

BLANGY-SUR-BRESLE – 76 Seine-Maritime – 304 J2 – 3 405 h. – alt. 70 m –
✉ 76340   33 **D1**
🢒 Paris 156 – Abbeville 29 – Amiens 56 – Dieppe 55 – Neufchâtel-en-Bray 31
  – Le Tréport 26
🛈 Syndicat d'initiative, 1, rue Checkroun 𝒞 02 35 93 52 48, Fax 02 35 94 06 14

X **Les Pieds dans le Plat** 〔AC〕 〔VISA〕 〔MO〕 〔AE〕

27 r. St-Denis – ℰ 02 35 93 38 36 – Fax 02 35 93 43 64 – Fermé vacances de fév.,
jeudi soir et dim. soir de sept. à mai et lundi
Rest – Menu 16 € (sem.)/30 € – Carte 25/44 €

♦ Pimpante et lumineuse salle à manger égayée de tableaux d'un artiste local et
d'originales fleurs en verre. Ambiance conviviale et cuisine du terroir, généreuse et
soignée.

BLANQUEFORT – 33 Gironde – 335 H5 – rattaché à Bordeaux

BLENDECQUES – 62 Pas-de-Calais – 301 G3 – rattaché à St-Omer

BLÉNEAU – 89 Yonne – 319 A5 – 1 459 h. – alt. 200 m – ⊠ 89220   7 **A1**

🄳 Paris 156 – Auxerre 56 – Clamecy 59 – Gien 30 – Montargis 42
🄸 Syndicat d'initiative, 2, rue Aristide Briand ℰ 03 86 74 82 28,
Fax 03 86 74 82 28
🄶 Château de St Fargeau★★ ▌ Bourgogne.

🏨 **Blanche de Castille** 〔Ⓖ〕〔Ⓥ〕〔P〕〔🅰〕〔VISA〕〔MO〕〔AE〕

17 r. d'Orléans – ℰ 03 86 74 92 63 – daniel.gaspard@wanadoo.fr
– Fax 03 86 74 94 43 – Fermé dim. soir
12 ch – †45 € ††52/65 €, � 8,50 € – 1 suite – ½ P 55 € – **Rest** – (fermé 8-21
sept., 31 déc.-18 janv., dim. et jeudi) Menu 15 € (sem.)/25 € – Carte 20/34 €

♦ Cet hôtel familial, logé dans un ancien relais de poste, propose des chambres aux noms
féminins, bien entretenues ; celles du dernier étage sont mansardées. Restaurant feutré et
terrasse dressée dans la cour intérieure. La carte s'inscrit dans l'air du temps.

XXX **Auberge du Point du Jour** 〔🅰〕〔AC〕〔↔〕〔VISA〕〔MO〕

pl. de la Mairie – ℰ 03 86 74 94 38 – auberge-point-du-jour@orange.fr
– Fax 03 86 74 85 92 – Fermé 1er-8 janv., dim. soir, lundi et mardi
Rest – Menu 17 € (déj. en sem.), 24/49 € – Carte 35/58 €

♦ Poutres apparentes, belles boiseries et fleurs fraîches ajoutent à l'ambiance chaleureuse
de ce petit restaurant. Cuisine traditionnelle aux accents de la région.

BLÉNOD-LÈS-PONT-À-MOUSSON – 54 Meurthe-et-Moselle – 307 H5
– rattaché à Pont-à-Mousson

BLÉRÉ – 37 Indre-et-Loire – 317 O5 – 4 576 h. – alt. 59 m – ⊠ 37150
▌ Châteaux de la Loire   11 **A1**

🄳 Paris 234 – Blois 48 – Château-Renault 36 – Loches 25 – Montrichard 16
– Tours 27
🄸 Office de tourisme, 8, rue Jean-Jacques Rousseau ℰ 02 47 57 93 00,
Fax 02 47 57 93 00

🏨 **Cheval Blanc** 〔🅰〕〔🏛〕〔🏊〕〔AC〕 rest, 〔P〕〔VISA〕〔MO〕〔AE〕〔①〕

pl. de l'Église – ℰ 02 47 30 30 14 – le.cheval.blanc.blere@wanadoo.fr
– Fax 02 47 23 52 80 – Fermé 1er janv.-14 fév.
12 ch – †59/61 € ††62/65 €, ⊃ 9 € – ½ P 82/85 € – **Rest** – (fermé dim. soir
sauf juil.-août, vend. midi et lundi) (prévenir) Menu (22 €), 43/62 €
– Carte 53/58 € ∰

♦ Demeure de caractère (17e s.) dont les chambres donnent pour la plupart sur une paisible
cour fleurie. Piscine, jardin. Restaurant agréable : une salle sur l'arrière distille un esprit
rustique, celle de l'avant est plus lumineuse. Cuisine classique, vins du Val de Loire.

BLÉRIOT-PLAGE – 62 Pas-de-Calais – 301 E2 – rattaché à Calais

---

BLESLE – 43 Haute-Loire – 331 B2 – 660 h. – alt. 520 m – ⊠ 43450
▌ Auvergne   5 **B3**

🄳 Paris 484 – Aurillac 92 – Brioude 23 – Issoire 39 – Murat 45 – St-Flour 39
🄸 Office de tourisme, place de l'Église ℰ 04 71 76 26 90, Fax 04 71 76 28 17
🄾 Église St-Pierre★.

La Bougnate
🏠 ⚗ 🅰️ ch, ♿ 𝗩𝗜𝗦𝗔 ⓒⓑ

*pl. Vallat – ℰ 04 71 76 29 30 – contact@labougnate.com – Fax 04 71 76 29 39
– Fermé déc.-janv. et lundi d'oct. à mars*
8 ch – ⭦55/90 € ⭦⭦55/90 €, ⏛ 9 € – ½ P 70 € – **Rest** – Menu 19/31 €
– Carte 27/36 €

◆ Paisible et charmante auberge installée dans une vraie maison de village. Chambres simples et coquettes ; celles de la petite tour sont assez pittoresques. Boutique d'artisanat. À table, joli décor rustique, spécialités de viandes d'Aubrac et vins choisis.

BLIENSCHWILLER – 67 Bas-Rhin – 315 I6 – 288 h. – alt. 230 m –
✉ 67650
2 C1

▶ Paris 504 – Barr 51 – Erstein 26 – Obernai 19 – Sélestat 11 – Strasbourg 47

🅸 Syndicat d'initiative, 4, rue du Winzenberg ℰ 03 88 92 40 16,
Fax 03 88 92 40 16

Winzenberg sans rest
🏠 ⚗ ❄️ 📞 🅿️ 𝗩𝗜𝗦𝗔 ⓒⓑ 🄰🄴
📖

*58 rte des Vins – ℰ 03 88 92 62 77 – winzenberg@wanadoo.fr
– Fax 03 88 92 45 22 – Fermé 24 déc.-3 janv. et 11 fév.-9 mars*
13 ch – ⭦42/45 € ⭦⭦45/53 €, ⏛ 7 €

◆ Façade rose très fleurie, jolie cour intérieure, chambres coquettes (mobilier en bois peint) : cet hôtel familial aménagé dans une maison de viticulteur a du cachet.

Le Pressoir de Bacchus
𝗩𝗜𝗦𝗔 ⓒⓑ
🍽
(😊)

*50 rte des Vins – ℰ 03 88 92 43 01 – lepressoirdebacchus@wanadoo.fr – Fermé
30 juin-17 juil., 23 fév.-11 mars, merc. sauf le soir d'avril à déc. et mardi*
Rest – Menu (15 €), 25/60 € bc – Carte 30/43 € ❀

◆ Cadre à la fois simple et soigné combinant style alsacien et ambiance de bistrot. Cuisine régionale et carte de vins exclusivement issus du village. Accueil souriant.

BLOIS 🅿 – 41 Loir-et-Cher – 318 E6 – 49 171 h. – Agglo. 116 544 h. – alt. 73 m –
✉ 41000 ▌ Châteaux de la Loire
11 A1

▶ Paris 182 – Le Mans 111 – Orléans 61 – Tours 66

🅸 Office de tourisme, 23, place du Château ℰ 02 54 90 41 41, Fax 02 54 90 41 48

🅶 du Château de Cheverny à Cheverny La Rousselière, par rte de Cheverny :
15 km, ℰ 02 54 79 24 70.

◉ Château★★★ : musée des Beaux-Arts★ – Le Vieux Blois★ : Église St-Nicolas★
- Cour avec galeries★ de l'hôtel d'Alluye YZ **E** - Jardins de l'Évêché ⩽★ -
Jardin des simples et des fleurs royales ⩽★ **L** - Maison de la Magie
Robert-Houdin★.

Plan page suivante

Mercure Centre
🔲 🛗 🅰️ ♿ 🧖 🚬 𝗩𝗜𝗦𝗔 ⓒⓑ 🄰🄴 ⓪

28 quai St-Jean – ℰ 02 54 56 66 66 – h1621@accor.com – Fax 02 54 56 67 00
96 ch – ⭦95 € ⭦⭦113/120 €, ⏛ 11,50 €
Y **f**
Rest – Menu 23/27 € – Carte 30/40 €

◆ Chambres contemporaines et fonctionnelles, en partie desservies par une coursive ouvrant sur un bar-salon sous verrière. Petite vue sur la Loire depuis certaines. Lumineuse salle à manger ouverte sur le fleuve. Intéressante sélection de vins au verre.

Holiday Inn Garden Court
🏠 🛗 ♿ ch, 🅰️ ♿ 📞 🧖
🅿️ 𝗩𝗜𝗦𝗔 ⓒⓑ 🄰🄴 ⓪
😊

*26 av. Maunoury – ℰ 02 54 55 44 88 – holiblois@
wanadoo.fr – Fax 02 54 74 57 97*
Y **t**
78 ch – ⭦78/98 € ⭦⭦78/98 €, ⏛ 10 € – **Rest** – (fermé sam. midi, dim. midi et midi fériés) Menu 18/27 € – Carte 29/38 €

◆ Chambres assez amples et bien équipées pour cet hôtel légèrement excentré mais tout proche de la halle aux grains (salles de spectacle et de congrès). Restaurant façon jardin d'hiver. Terrasse intérieure où l'on sert grillades et salades en saison.

Anne de Bretagne sans rest
𝗩𝗜𝗦𝗔 ⓒⓑ
🏠

*31 av. J.-Laigret – ℰ 02 54 78 05 38 – annedebretagne@free.fr
– Fax 02 54 74 37 79 – Fermé 5 janv.-8 fév.*
Z **k**
27 ch – ⭦46/51 € ⭦⭦54/59 €, ⏛ 7 €

◆ Sur une place arborée voisine du château, une adresse familiale où il fait bon s'arrêter : salon cosy, chambres simples et joliment colorées, petit-déjeuner servi dehors l'été.

BLOIS

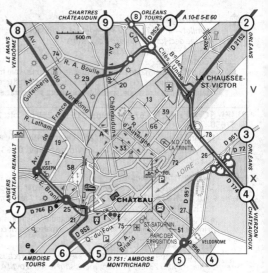

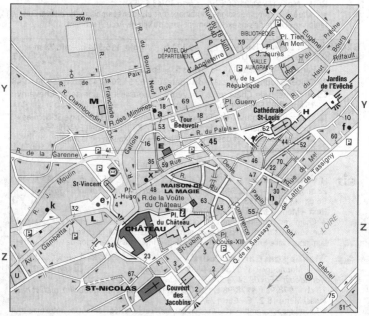

334

Monarque 🏠   AC VISA ◍

61 r. Porte-Chartraine – ℰ 02 54 78 02 35 – lemonarque@free.fr
– Fax 02 54 74 82 76 – Fermé 8 déc.-6 janv.   **Y a**
22 ch – ♦38/57 € ♦♦55/57 €, ⊆ 6,50 € – ½ P 50 € – **Rest** – Menu 25/28 €
– Carte 16/29 €

♦ Non loin des rues piétonnes, bâtisse du 19ᵉ s. dont les murs abritent un accueillant hôtel. Petites chambres sobres et bien tenues, toutes climatisées. Un puits de lumière central et quelques tableaux égaient le restaurant ; recettes actuelles.

Ibis sans rest 🏠   ▣ AC ⇄ ☎ VISA ◍ AE ①

3 r. Porte-Côté – ℰ 02 54 74 01 17 – H0920@accor.com – Fax 02 54 74 85 69
56 ch – ♦52/71 € ♦♦52/71 €, ⊆ 7,50 €   **Z x**

♦ Adresse centrale alliant le cachet d'un ancien hôtel particulier (mosaïque d'entrée, stucs, moulures) et la fonctionnalité de chambres pratiques et bien insonorisées.

Le Plessis sans rest ⌂   ⬚ ⛲ AC ☎ P

195 r. Albert-1ᵉʳ – ℰ 02 54 43 80 08 – leplessisblois@wanadoo.fr
– Fax 02 54 43 95 24   **X e**
5 ch ⊆ – ♦100/120 € ♦♦110/130 €

♦ Une propriété viticole joliment reconvertie : salon de lecture et petit-déjeuner façon brunch dans la maison principale (18ᵉ s.), chambres soignées aménagées dans l'ex-pressoir.

XXX L'Orangerie du Château (Jean-Marc Molveaux) ≼ ✿ AC

⭑

1 av. J.-Laigret – ℰ 02 54 78 05 36 – contact@   ⇔ P VISA AE
orangerie-du-chateau.fr – Fax 02 54 78 22 78 – Fermé 18-24 août, 3-9 nov.,
15 fév.-15 mars, lundi midi de mai à oct., mardi soir de nov. à avril, dim. soir et
merc.   **Z e**
Rest – Menu 34 € (sauf samedi soir)/72 € – Carte 73/93 €
Spéc. Huîtres spéciales, tourteau, chou-fleur et foie gras cru. Selle et carré d'agneau rôtis sur tranche d'aubergine confite (avril à oct.). "Atout framboise" (juin à sept.). **Vins** Cour-Cheverny, Touraine.

♦ Belle dépendance du château (15ᵉ s.) et sa terrasse ménageant une vue imprenable sur le noble logis de François Iᵉʳ. Salle lumineuse et raffinée ; cuisine au goût du jour.

XXX Le Médicis (Damien Garanger) avec ch AC ⇄ ☎ VISA ◍ AE ①

⭑

2 allée François-1ᵉʳ – ℰ 02 54 43 94 04 – le.medicis@wanadoo.fr
– Fax 02 54 42 04 05 – Fermé 12-21 nov., 8-31 janv., dim. soir de nov. à mai
10 ch – ♦87/130 € ♦♦87/130 €, ⊆ 12 € – 1 suite – ½ P 87 €   **X p**
Rest – Menu 29/68 € – Carte 47/75 € ❀
Spéc. Fraîcheur de langoustines et daurade, huître en gelée et caviar d'Aquitaine. Ris de veau aux morilles et pointes d'asperges. Souvenir sucré d'enfance, fraise, rhubarbe et tagada.

♦ Maison 1900 proposant une belle cuisine actuelle dans une salle à manger-véranda cossue (moulures, mobilier Second Empire). Chambres modernisées, soignées et confortables.

X Au Rendez-vous des Pêcheurs (Christophe Cosme) AC ⇔ VISA ◍ AE

⭑

27 r. Foix – ℰ 02 54 74 67 48
– christophe.cosme@wanadoo.fr – Fax 02 54 74 47 67 – Fermé 3-18 août, lundi
midi et dim.   **X r**
Rest – *(nombre de couverts limité, prévenir)* Menu 30 € (sauf samedi soir)/76 €
– Carte 67/87 €
Spéc. Fleur de courgette "Vallée de la Loire" (juin à sept.). Anguille au pied de cochon et foie gras. Assiette de gourmandises sucrées. **Vins** Jasnières, Touraine.

♦ Comme un hommage à l'ex-bar de pêcheurs qui occupait autrefois ces murs : sympathique esprit bistrot rétro et cuisine inventive naviguant avec brio entre terre et mer.

X Côté Loire "Auberge Ligérienne" avec ch ✿ ▣

2 pl. de la Grève – ℰ 02 54 78 07 86 – info@   ⇄ ☎ VISA ◍ AE
coteloire.com – Fax 02 54 56 87 33 – Fermé 13-20 mai, 3-9 sept., 17 nov.-2 déc.,
6 janv.-6 fév.   **X f**
7 ch – ♦55/57 € ♦♦55/75 €, ⊆ 8,50 € – ½ P 61/71 € – **Rest** – *(fermé sam. midi en juil.-août, dim. et lundi)* Menu (18 €), 27 € – Carte 39 €

♦ Poutres d'origine (16ᵉ s.), vaisselier ancien, tables en bois verni et menu unique à l'ardoise évoluant au gré du marché font tout le charme de cette auberge blésoise.

✗ **Le Bistrot de Léonard**   🛋 AC VISA ⓜⓒ
*8 r. Mar.-de Lattre-de-Tassigny – 𝒞 02 54 74 83 04 – lebistrotdeleonard@
orange.fr – Fax 02 54 74 85 87 – Fermé 24 déc.-1ᵉʳ janv., sam. midi et dim.*
Rest – Carte 24/46 €   Z **h**
♦ Ambiance bistrot parisien restituée derrière une jolie façade en bois donnant sur les quais. Plats canailles notés à l'ardoise, mise de table design, clins d'œil à da Vinci.

à St-Denis-sur-Loire 6 km par ② – 884 h. – alt. 92 m – ⊠ 41000

⌂ **La Malouinière** sans rest ☜   🚗 ℥ ⅏ P
– 𝒞 02 54 74 62 56 – infos@la-malouiniere.com – Fax 02 54 74 62 56 – Ouvert d'avril à oct.
4 ch ⌿ – †80 € ††130 €
♦ Cette demeure conserve maints tableaux de son premier propriétaire le peintre Bernard Lorjou. Chambres pétries de charme, méticuleusement tenues. Grand jardin et belle roseraie.

✗✗✗ **Le Grand Atelier** avec ch ☜   🛋 ⇜ ⅏ ch, VISA ⓜⓒ AE
*r. 8-Mai-1945 – 𝒞 02 54 74 10 64 – contact@hotel-restaurant-atelier.com
– Fax 02 54 58 86 37 – Fermé vacances de fév., dim. soir et lundi*
5 ch – †110/125 € ††110/125 €, ⌿ 12 € – **Rest** – Menu 30/59 €
♦ Cette jolie maison, qui fut l'atelier de Bernard Lorjou, a gardé son âme d'artiste : de nombreuses toiles ornent l'élégante salle à manger. Terrasse. Cuisine actuelle. Chambres assez cosy.

à Molineuf 9 km par ⑦ – 801 h. – alt. 115 m – ⊠ 41190

✗✗ **Poste**   AC VISA ⓜⓒ AE ①
⊜ *11 av. de Blois – 𝒞 02 54 70 03 25 – contact@restaurant-poidras.com
– Fax 02 54 70 12 46 – Fermé 17 nov.-5 déc., 23 fév.-13 mars, mardi d'oct. à avril, dim. soir de sept. à juin et merc.*
Rest – Menu 18/34 €
♦ En lisière de la forêt de Blois, auberge de pays abritant une salle à manger aux couleurs vives prolongée par une lumineuse véranda. Cuisine au goût du jour soignée.

BLONVILLE-SUR-MER – 14 Calvados – 303 M3 – 1 341 h. – alt. 10 m –
⊠ 14910   32 **A3**

🄳 Paris 205 – Caen 46 – Deauville 5 – Le Havre 50 – Lisieux 34
  – Pont-l'Évêque 18
🄸 Office de tourisme, 32 bis, avenue Michel d'Ornano 𝒞 02 31 87 91 14,
Fax 02 31 87 11 38

🏠 **L'Épi d'Or**   🛋 ▯ 🕭 ⅏ rest, 🕼 P VISA ⓜⓒ AE ①
*23 av. Michel-d'Ornano – 𝒞 02 31 87 90 48 – epidor@hotel-normand.com
– Fax 02 31 87 08 98 – Fermé 15-26 déc. et 14 janv.-19 fév.*
40 ch – †50/70 € ††55/160 €, ⌿ 8 € – ½ P 65/95 €
Rest – *(fermé merc. et jeudi sauf juil.-août)* Menu 19/45 €
– Carte 30/92 €
♦ Avenante maison de style normand bien rénovée. Les chambres, toutes semblables, sont avant tout pratiques. Sobre salle à manger actuelle et carte traditionnelle ; repas rapides à la brasserie dans un décor rustique.

BOIS-COLOMBES – 92 Hauts-de-Seine – 311 J2 – 101 15 – **voir à Paris, Environs**

BOIS DE BOULOGNE – 75 Ville-de-Paris – **voir à Paris (Paris 16ᵉ)**

BOIS DE LA CHAIZE – 85 Vendée – 316 C5 – **voir à Île de Noirmoutier**

Ne confondez pas les couverts ✗ et les étoiles ✿ !
Les couverts définissent une catégorie de standing, tandis que l'étoile couronne les meilleures tables, dans chacune de ces catégories.

BOIS-DU-FOUR – 12 Aveyron – 338 J5 – ✉ 12780

> ◘ Paris 627 – Aguessac 16 – Millau 23 – Pont-de-Salars 25 – Rodez 45
> – Sévérac-le-Château 18

🏠
🥜 **Relais du Bois du Four** 🍃   ⊘ **P.** 🍽 **VISA** **MC**
– ℰ 05 65 61 86 17 – contact@bois-du-four.com – Fax 05 65 58 81 37 – Ouvert
1er avril-27 juin, 8 juil.-15 nov. et fermé dim. soir et merc.
26 ch – ♦50 € ♦♦50 €, � 7 € – ½ P 51/56 € – **Rest** – Menu 16 € (sem.)/31 €
– Carte 20/43 €
◆ On titille le goujon dans l'étang situé juste en face de cet ancien relais de poste. Les chambres du 1er étage, sobres et fonctionnelles, ont été refaites. Tenue sans reproche. Vaste salle de restaurant campagnarde et cuisine à l'accent aveyronnais.

BOIS-LE-ROI – 77 Seine-et-Marne – 312 F5 – **5 292 h.** – alt. 80 m –
✉ 77590

> ◘ Paris 58 – Fontainebleau 10 – Melun 10 – Montereau-Fault-Yonne 26
> ◙ U.C.P.A. Bois-le-Roi Base de loisirs, NO : 2 km, ℰ 01 64 81 33 31.

🏠
🍽 **Le Pavillon Royal** sans rest   ⛲ ⫝̸ 🏊 ☎ **P.** **VISA** **MC** **AE** **①**
40 av. Gallieni – ℰ 01 64 10 41 00 – hotel-le-pavillon-royal@wanadoo.fr
– Fax 01 64 10 41 10
33 ch – ♦65 € ♦♦65 €, � 6,50 €
◆ Un peu à l'écart du centre-ville, cet hôtel propose des chambres pratiques et actuelles, parfois meublées en rotin. Bonne isolation phonique et tenue impeccable.

✗✗ **La Marine**   🌳 **VISA** **MC**
52 quai O.-Metra, (près de l'écluse) – ℰ 01 60 69 61 38 – Fax 01 60 66 38 59
– Fermé 15 oct.-7 nov., 16-28 fév., lundi et mardi sauf fériés
Rest – Menu 28/33 € – Carte 48/63 €
◆ Cette aimable auberge jouit d'une situation attractive au bord de la Seine. Salle à manger sagement rustique et paisible terrasse d'été. Cuisine traditionnelle.

BOIS-PLAGE-EN-RÉ – 17 Charente-Maritime – 324 B2 – **voir à Île de Ré**

BOISSERON – 34 Hérault – 339 J6 – **rattaché à Sommières**

BOISSET – 15 Cantal – 330 B6 – **653 h.** – alt. 426 m – ✉ 15600

> ◘ Paris 559 – Aurillac 31 – Calvinet 18 – Entraygues-sur-Truyère 48 – Figeac 36
> – Maurs 14

🏠 **Auberge de Concasty** 🍃   ⊘ ⛲ 🏊 ⫝̸ ch, **P.** **VISA** **MC** **AE** **①**
Nord-Est : 3 km par D 64 – ℰ 04 71 62 21 16 – info@auberge-concasty.com
– Fax 04 71 62 22 22 – Ouvert 1er avril-30 nov.
12 ch – ♦61/71 € ♦♦61/119 €, � 16 € – 1 suite – ½ P 70/114 € – **Rest** – (dîner seult) (prévenir) Menu 32/43 €
◆ Air pur et repos garantis en ce domaine ouvert sur la campagne cantalienne. Coquettes chambres actuelles, plus spacieuses dans la dépendance. Brunch auvergnat sur demande. Menu unique mariant tradition et terroir, servi dans une plaisante salle à manger rustique.

BOISSIÈRES – 46 Lot – 337 E4 – **312 h.** – alt. 229 m – ✉ 46150

> ◘ Paris 573 – Toulouse 137 – Cahors 14 – Sarlat-la-Canéda 63 – Caussade 64

🏠 **Michel & Lydia** 🍃   🌳 🔲 🛁 **P.**
à l'Est 1 km par rte secondaire – ℰ 05 65 21 43 29 – Fax 05 65 21 43 29 – Fermé
3 déc.-3 janv.
4 ch � – ♦56/71 € ♦♦61/75 € – **Table d'hôte** – Menu 22 € bc
◆ Les propriétaires, d'origine belge, sont aux petits soins dans cette charmante maison récente. Chambres confortables et personnalisées (mobilier ancien de famille ou chiné). Cuisine traditionnelle du patron – un ancien boulanger ! Viennoiseries et pâtisseries maison.

BOLLENBERG – 68 Haut-Rhin – 315 H9 – **rattaché à Rouffach**

BOLLEZEELE – 59 Nord – 302 B2 – 1 382 h. – alt. 40 m – ⊠ 59470   30 **B1**

◘ Paris 274 – Calais 45 – Dunkerque 24 – Lille 68 – St-Omer 18

Hostellerie St-Louis ⟋   ⚐ ▮ & ⟍ ⚐ **P** **VISA** **◐◯** **AE**

47 r. de l'Église – ℰ 03 28 68 81 83 – contact@hostelleriesaintlouis.com
– Fax 03 28 68 01 17 – Fermé 30 juin-11 juil., 23 déc.-18 janv. et dim. soir
27 ch – ▮42/50 € ▮▮55/80 €, ⊂⊃ 9 € – ½ P 58/63 € – **Rest** – (fermé le midi du
lundi au sam. et dim. soir) Menu 24 € (sem.)/50 € – Carte environ 45 €
♦ Cette belle maison du début du 19ᵉ s. possède un plaisant jardin d'agrément avec bassin.
Les chambres, récentes, sont spacieuses et bien agencées. Généreuse cuisine traditionnelle servie avec le sourire dans un cadre bourgeois (mobilier de style et tons pastel).

BONDUES – 59 Nord – 302 G3 – **rattaché à Lille**

BONIFACIO – 2A Corse-du-Sud – 345 D11 – **voir à Corse**

BONLIEU – 39 Jura – 321 F7 – 225 h. – alt. 785 m – ⊠ 39130

▮ Franche-Comté Jura   16 **B3**

◘ Paris 439 – Champagnole 23 – Lons-le-Saunier 32 – Morez 24 – St-Claude 42

ⵝⵝ **La Poutre** avec ch   **P** **VISA** **◐◯**

☺ – ℰ 03 84 25 57 77 – Fax 03 84 25 51 61 – Ouvert 7 mai-1ᵉʳ nov. et fermé lundi
soir et mardi sauf juil.-août et lundi midi
8 ch – ▮46 € ▮▮58 €, ⊂⊃ 8 € – ½ P 60 € – **Rest** – Menu 25/68 € – Carte 51/79 €
♦ Ferme familiale de 1740 située au centre du bourg. Dans la salle à manger rustique
(poutres, et vieilles pierres), on se régale d'une cuisine maison, régionale et soignée.

BONNAT – 23 Creuse – 325 I3 – 1 348 h. – alt. 330 m – ⊠ 23220   25 **C1**

◘ Paris 329 – Châtre 37 – Guéret 20 – Montluçon 72 – Souterraine 53

L'Orangerie ⟋   ⚐ ⚐ ⵝ ⵝ & ⟍ ⚐ **P** **VISA** **◐◯** **AE** **①**

3 bis r. de la Paix – ℰ 05 55 62 86 86 – reception@hotel-lorangerie.fr
– Fax 05 55 62 86 87 – Fermé de janv. à mars, mardi midi, dim. soir et lundi de nov.
à avril
30 ch – ▮80/110 € ▮▮80/110 €, ⊂⊃ 12 € – **Rest** – Menu 20 € (déj. en sem.),
28/65 € – Carte 51/89 €
♦ Agréables salons, belles chambres très confortables (joli mobilier de style Louis XV) et
petit-déjeuner en terrasse : cette avenante demeure bourgeoise tient ses promesses.
Cuisine traditionnelle gourmande servie en été face au jardin (potager à la française).

BONNATRAIT – 74 Haute-Savoie – 328 L2 – **rattaché à Thonon-les-Bains**

BONNE – 74 Haute-Savoie – 328 K3 – 2 098 h. – alt. 457 m – ⊠ 74380   46 **F1**

◘ Paris 545 – Annecy 45 – Bonneville 16 – Genève 18 – Morzine 40
– Thonon-les-Bains 31

ⵝⵝⵝ **Baud** avec ch   ⚐ ⚐ & rest, ⟍ **P** **VISA** **◐◯** **AE** **①**

– ℰ 04 50 39 20 15 – info@hotel-baud.com – Fax 04 50 36 28 96
13 ch – ▮95/230 € ▮▮95/230 €, ⊂⊃ 14 € – **Rest** – (fermé dim. soir) Menu (24 €),
26 € (déj. en sem.), 36/68 € – Carte 41/73 € ⵝ
♦ Élégant restaurant contemporain et cosy, cuisine de bistrot actualisée, séduisante carte
des vins, salons cossus et insoupçonné jardin bordant la Ménoge : c'est Baud !

au Pont-de-Fillinges 2,5 km à l'Est – ⊠ 74250

ⵝⵝ **Le Pré d'Antoine**   ⚐ **AC** **P** **VISA** **◐◯**

rte Boëge – ℰ 04 50 36 45 06 – lepredantoine@aol.com – Fax 04 50 31 12 28
– Fermé 1ᵉʳ au 8 janv., mardi soir et merc.
Rest – Menu 21 € (déj. en sem.), 35/49 € – Carte 38/58 €
♦ Construction moderne de type chalet abritant une grande salle à manger habillée de
boiseries, complétée d'une terrasse bien exposée. Cuisine oscillant entre terroir et tradi-
tion.

BONNE-FONTAINE – 57 Moselle – 307 O6 – rattaché à Phalsbourg

BONNÉTAGE – 25 Doubs – 321 K3 – 674 h. – alt. 960 m – ⊠ 25210   17 **C2**

■ Paris 468 – Belfort 69 – Besançon 65 – Biel/Bienne 62 – La Chaux-de-Fonds 29

XXX   **L'Etang du Moulin** (Jacques Barnachon) avec ch ⬎   ⩿ ⌫ ₰ rest,
   1,5 km par D 236 et chemin privé –   ☏ **P** **VISA** **◑◐** **AE**
₷   ☏ 03 81 68 92 78 – etang.du.moulin @ wanadoo.fr – Fax 03 81 68 94 42
▨   – Fermé 22-29 déc., 5 janv.-12 fév., dim. soir et lundi du 18 nov. au 15 mars, mardi
   sauf le soir en juil.-août et merc. midi
   19 ch – ✝55/70 € ✝✝60/80 €, ⊇ 8,50 € – ½ P 54/64 €
   Rest – Menu 23/95 € – Carte 32/73 € ⌦
   Spéc. Palette de foies gras de canard et d'oie. Ragoût de morilles au vin jaune
   à la crème de Bonnétage. Indispensable de la maison, fraîcheur de gentiane,
   extrait de bourgeons de sapin et croquant de fruits secs. **Vins** Arbois-Savagnin,
   Charcennes.
   ◆ Grand chalet posé au bord d'un étang, en pleine nature. Confortable salle à manger
   contemporaine, délicieuse cuisine du terroir (carte de foies gras) et beau choix de vins.

X   **Les Perce-Neige** avec ch   **AC** rest, ⬥ **P** **VISA** **◑◐**
   D 437 – ☏ 03 81 68 91 51 – patrick-bole @ wanadoo.fr – Fax 03 81 68 95 25
☙   – Fermé 20-30 janv.
   12 ch – ✝41 € ✝✝50 €, ⊇ 6,50 € – ½ P 50 € – **Rest** – (fermé dim. soir)
   Menu 14,50 € (sem.)/44 € – Carte 28/56 €
   ◆ Plats traditionnels servis dans un cadre champêtre ; ambiance chalet pour déguster
   une fondue. Chambres fonctionnelles dans un bâtiment en bord d'une route assez calme
   la nuit.

BONNEUIL-MATOURS – 86 Vienne – 322 J4 – 1 708 h. – alt. 60 m –
⊠ 86210   39 **C1**

■ Paris 322 – Bellac 79 – Le Blanc 51 – Châtellerault 17 – Montmorillon 42 – Poitiers 25

❷ Office de tourisme, Carrefour Maurice Fombeure ☏ 05 49 85 08 62, Fax 05 49 85 08 62

XX   **Le Pavillon Bleu**   ⌘ **VISA** **◑◐**
   D 749, (face au pont) – ☏ 05 49 85 28 05 – c.ribardiere @ wanadoo.fr
☺   – Fax 05 49 21 61 94 – Fermé 29 sept.-15 oct., merc. soir, dim. soir et lundi
   Rest – Menu (13 €), 19/36 € – Carte environ 30 €
   ◆ Passez la Vienne par le pont suspendu pour rejoindre cette coquette auberge fami-
   liale que l'on apprécie pour son atmosphère reposante et ses goûteuses recettes
   traditionnelles.

BONNEVAL – 28 Eure-et-Loir – 311 E6 – 4 285 h. – alt. 128 m – ⊠ 28800
▮ Châteaux de la Loire   11 **B1**

■ Paris 121 – Chartres 31 – Lucé 34 – Orléans 66

❷ Office de tourisme, 2, square Westerham ☏ 02 37 47 55 89, Fax 02 37 96 28 62

🏠   **Hostellerie du Bois Guibert**   ⌫ ⌂ ☏ ⬥ **P** **VISA** **◑◐** **AE**
   à Guibert, 2 km au Sud-Ouest – ☏ 02 37 47 22 33 – bois-guibert @ wanadoo.fr
   – Fax 02 37 47 50 69
   20 ch – ✝69 € ✝✝160 €, ⊇ 12 € – ½ P 72/126 € – **Rest** – Menu 28 € (sem.)/64 €
   – Carte 53/86 €
   ◆ Au cœur d'un ravissant parc, gentilhommière du 18ᵉ s. au grand calme proposant des
   chambres confortables dotées de mobilier de style. Élégant restaurant et agréable terrasse
   ouverte sur le jardin. Cuisine classique et menu végétarien.

Les bonnes adresses à petit prix ?
Suivez les Bibs : Bib Gourmand rouge ☺ pour les tables
et Bib Hôtel bleu ▨ pour les chambres.

BONNEVAL-SUR-ARC – 73 Savoie – 333 P5 – 242 h. – alt. 1 800 m – Sports d'hiver : 1 800/3 000 m ⚹ 10 – ⊠ 73480 ▌ Alpes du Nord   45 **D2**

  ◪ Paris 706 – Albertville 133 – Chambéry 146 – Lanslebourg 21 – Val-d'Isère 30
  ◪ Syndicat d'initiative, la Ciamarella ℰ 04 79 05 95 95, Fax 04 79 05 86 87
  ◉ Vieux village ★★

⌂   **À la Pastourelle** ⌖   ≼ ⌸ ⌞ 𝘝𝘐𝘚𝘈 ⓂⓄ 𝔸𝔼
⊗   – ℰ 04 79 05 81 56 – hotel.pastourelle@wanadoo.fr – Fax 04 79 05 85 44 – Fermé
🍴   une sem. en juin et vacances de la Toussaint
     12 ch – ♦54/58 € ♦♦58/62 €, ⊇ 7 € – ½ P 55 € – **Rest** – (ouvert 20 déc.-20 avril)
     Menu 11,50/21 € – Carte 11/32 €
     ♦ Calme et confort douillet dans cette maison familiale typique du charmant vieux village.
     Restaurant-crêperie de caractère avec poutres, cheminée, voûte en pierre et photos
     d'ancêtres. Au menu, raclettes, fondues, crêpes et la spécialité régionale, le diot.

⌂   **La Bergerie** ⌖   ≼ ⌸ **P** 𝘝𝘐𝘚𝘈 ⓂⓄ 𝔸𝔼 ⓪
⊗   – ℰ 04 79 05 94 97 – Fax 04 79 05 93 24 – Ouvert 15 juin-25 sept. et
     20 déc.-25 avril
     22 ch – ♦41/50 € ♦♦55/62 €, ⊇ 11 € – ½ P 57/62 € – **Rest** – Menu 16/26 €
     – Carte 23/42 €
     ♦ Entrez dans la Bergerie et repaissez vous de sa douce quiétude dans des chambres
     lumineuses offrant une belle perspective sur le massif des Évettes. Les nombreux cuivres
     et objets paysans accrochés aux murs donnent l'ambiance rustique de la salle à manger.

> Une nuit douillette sans se ruiner ?
> Repérez les Bibs Hôtel 🍴.

BONNEVILLE ◉ – 74 Haute-Savoie – 328 L4 – 10 463 h. – alt. 450 m – ⊠ 74130
▌ Alpes du Nord   46 **F1**

  ◪ Paris 556 – Annecy 42 – Chamonix-Mont-Blanc 54 – Nantua 87
     – Thonon-les-Bains 45
  ◪ Office de tourisme, 148, place de l'Hôtel de Ville ℰ 04 50 97 38 37,
     Fax 04 50 97 19 33

⌂   **Bellevue** ⌖   ≼ 🚗 ⌂ **P** 𝘝𝘐𝘚𝘈 ⓂⓄ
⊗   à Ayze, 2,5 km à l'Est par D 6 – ℰ 04 50 97 20 83 – Fax 04 50 25 28 38
     – Ouvert 5 mai-28 sept., vacances de fév. et fermé dim. soir sauf juil.-août
     20 ch – ♦45/47 € ♦♦50/56 €, ⊇ 7 € – ½ P 48/50 € – **Rest** – (ouvert
     11 juin-31 août et fermé dim. soir et le midi sauf du 1ᵉʳ juil. au 24 août) Menu 18 €
     (sem.)/34 €
     ♦ Cet établissement familial construit dans les années 1960 dispose de chambres simples ;
     certaines s'ouvrent sur les vignes d'Ayze. En rez-de-jardin, salle à manger panoramique et
     terrasse ménagent une vue sur la plaine de l'Arve ; cuisine traditionnelle.

à Vougy 5 km à l'Est par D 1205 – 958 h. – alt. 471 m – ⊠ 74130

✕✕✕   **Le Capucin Gourmand**   ⌂ 🅰 ⌸ ⌸ **P** 𝘝𝘐𝘚𝘈 ⓂⓄ
⌂   1520 rte de Genève, D 1205 – ℰ 04 50 34 03 50 – lecapucingourmand@
     wanadoo.fr – Fax 04 50 34 57 57 – Fermé 1ᵉʳ-24 août, 1ᵉʳ-7 janv., sam. midi, dim. et
     lundi
     Rest – Menu 36/55 € – Carte 46/72 € ℬℬ
     Rest *Le Bistro du Capucin* – Menu (21 € bc), 27 € – Carte 28/39 €
     ♦ Murs agrémentés de dessins au pochoir, meubles de style et bibelots président au cadre
     du restaurant où l'on propose une cuisine au goût du jour et une belle carte des vins. Côté
     Bistro : ambiance décontractée, décor assez sobre et plats typiques du genre.

BONNIEUX – 84 Vaucluse – 332 E11 – 1 417 h. – alt. 400 m – ⊠ 84480
▌ Provence   42 **E1**

  ◪ Paris 721 – Aix-en-Provence 49 – Apt 12 – Carpentras 42 – Cavaillon 27
  ◪ Office de tourisme, 7, place Carnot ℰ 04 90 75 91 90, Fax 04 90 75 92 94
  ◉ Terrasse ≼ ★.

La Bastide de Capelongue (Edouard Loubet) avec ch
rte de Lourmarin, puis D 232
et voie secondaire : 1,5 km – 04 90 75 89 78 – contact@capelongue.com
– Fax 04 90 75 93 03 – Ouvert de mi-mars à mi-nov.
17 ch – 160/380 € 190/380 €, 22 € – ½ P 215/275 €
Rest – *(fermé merc. sauf juil.-août)* Menu 70 € (déj. en sem.), 140/190 € – Carte 107/182 €
Spéc. Boudin de volaille truffé à la pistache, jus à la mauve des prés (juin-juil.). Oursins en coque au beurre d'oursin, salade d'algues de wakamé (oct. à nov.). Ananas Victoria (juin à août). **Vins** Côtes du Lubéron.
◆ Grand mas d'allure traditionnelle niché dans la garrigue. Élégante salle à manger (camaïeu de beige) et plaisante terrasse dotée d'un mobilier en fer forgé. Cuisine inventive. Chambres provençales, jouissant pour certaines d'une jolie vue sur le village.

La Ferme de Capelongue
10 suites – 220/420 €, 22 €
◆ Face à la Bastide, dans un petit hameau rénové, appartements et studios à la décoration épurée mettant en valeur les vieux murs de pierre. Vaste jardin agrémenté d'une piscine.

Le Fournil
pl. Carnot – 04 90 75 83 62 – Fax 04 90 75 96 19
– Fermé 20 nov.-20 déc., 6 janv.-20 fév., sam. midi et mardi sauf le soir d' avril à sept. et lundi
Rest – *(nombre de couverts limité, prévenir)* Menu 28 € (déj.), 42 € (dîner)/48 € (dîner)
◆ Cette maison adossée à la colline propose sa terrasse, installée sur la placette, ou son originale et fraîche salle à manger troglodytique décorée dans un esprit contemporain.

au Sud-Est 6 km par D 36 et D 943 – ✉ 84480 Bonnieux

Auberge de l'Aiguebrun
– 04 90 04 47 00 – resa@aubergedelaiguebrun.fr – Fax 04 90 04 47 01
– Fermé 2 janv.-15 mars
11 ch – 125/155 € 140/200 € – ½ P 120/150 € – **Rest** – *(fermé mardi et merc. sauf le soir du 1er juil. au 15 sept.)* Menu 35 € (déj. en sem.), 55/65 € – Carte 56/60 €
◆ Blottie au creux d'un vallon du Luberon, bastide provençale disposant de chambres soignées dont quatre occupent des "cabanons". Jolie salle à manger campagnarde ouverte sur le jardin en terrasses, près de la rivière.

BONNY-SUR-LOIRE – 45 Loiret – 318 O6 – 1 924 h. – alt. 190 m – ✉ 45420

12 **D2**

Paris 167 – Auxerre 64 – Cosne-sur-Loire 25 – Gien 24 – Montargis 57

Office de tourisme, 29, Grande Rue 02 38 31 57 71, Fax 02 38 31 57 71

Voyageurs avec ch
rest,
10 Grande-Rue – 02 38 27 01 45 – hotel-des-voyageurs9@wanadoo.fr
– Fax 02 38 27 01 46 – Fermé 25 août-9 sept., 2-13 janv., 23 fév.-10 mars et dim. soir
6 ch – 39 € 39/46 €, 6 € – ½ P 54 € – **Rest** – *(fermé dim. soir, mardi midi et lundi)* Menu 19 € (sem.)/44 € – Carte 28/48 €
◆ Les voyageurs pourront se régaler ici d'une cuisine actuelle, gourmande et sans fausse note. Atmosphère un brin bourgeoise en salle (tableaux exposés). Chambres fonctionnelles.

BONS-EN-CHABLAIS – 74 Haute-Savoie – 328 L3 – 3 980 h. – alt. 565 m – ✉ 74890

46 **F1**

Paris 552 – Annecy 60 – Bonneville 30 – Genève 25 – Thonon-les-Bains 16

Progrès
ch,
r. Annexion – 04 50 36 11 09 – hotelleprogres2@wanadoo.fr
– Fax 04 50 39 44 16 – Fermé 15 juin-4 juil., 1er-18 janv., dim. soir et lundi
10 ch – 50 € 59 €, 9 € – ½ P 56 € – **Rest** – Menu (13 €), 18 € (sem.)/48 € – Carte 29/47 €
◆ Deux maisons de village dont une abritant de confortables chambres actuelles. Une base de randonnées pratique vers le Grand Signal des Voirons. Restaurant mi-rustique, mi-bourgeois décoré avec soin et registre culinaire classique.

Le pont de Pierre

BORDEAUX

Ⓟ Département : 33 Gironde	**Population :** 215 363 h 3 **B1**
Carte Michelin LOCAL : n° 335 H5	**Pop. agglomération :** 753 931 h
▶ Paris 579 – Lyon 537 – Nantes 323	**Altitude :** 4 m
– Strasbourg 970 – Toulouse 244	**Code Postal :** ⊠ 33000
	🛇 Aquitaine

PLANS DE BORDEAUX

RENSEIGNEMENTS PRATIQUES

Office de tourisme

🛈 12, cours du 30 Juillet ℘ 05 56 00 66 00, Fax 05 56 00 66 01

Maison du vin de Bordeaux

(informations, dégustations)
(fermé week-ends et j. fériés)
1, cours 30 Juillet ℘ 05 56 00 22 88
bar à vin ouvert tlj de 11 h à 22 h.

Transports

🚆 Auto-train ℘ 3635 et tapez 42 (0,34 €/mn)

Aéroport

🛦 Bordeaux-Mérignac : ℘ 05 56 34 50 50, **AU** : 11 km

LOISIRS

Casino

de Bordeaux-Lac, r. Cardinal Richaud ℘ 05 56 69 49 00 **BT**

Quelques golfs

🏌 de Bordeaux-Lac, Avenue de Pernon N : 5 km par D 209, ℘ 05 56 50 92 72
🏌 du Médoc à Le Pian-Médoc Chemin de Courmateau, par rte de Castelnau : 16 km, ℘ 05 56 70 11 90
🏌 de Pessac à Pessac Rue de la Princesse, SO : 16 km par D 1250, ℘ 05 57 26 03 33.

◎ À VOIR

BORDEAUX DU 18ᵉ S.

Grand théâtre★★ - Place de la
Comédie - Place Gambetta - Cours de
l'intendance - Église Notre-Dame★ **DX**
- Place de la Bourse★★ - Place du
Parlement★ - Basilique St-Michel★
Porte de la Grosse Cloche★ **EY** -
Fontaines★ du monument aux
Girondins, Esplanade des Quinconces.

QUARTIER DES CHARTRONS

Entrepôts de vins - Balcons★ du cours
Xavier-Arnozan - Entrepôt Lainé★ :
musée d'Art contemporain★ **BU** M² -
Musée des Chartrons **BU** M⁵

QUARTIER PEY BERLAND

Cathédrale St-André★ - Hôtel de Ville
DY H - ≼★★ de la tour Pey
Berland★ **DY** Q
Musée : Beaux-Arts★ **DY** M⁴ -
Aquitaine★★ **DY** M¹ - Arts
décoratifs★ **DY** M³

BORDEAUX CONTEMPORAIN

Quartier Mériadeck **CY** : espaces verts,
immeuble en verre et béton (Caisse
d'Épargne, Bibliothèque, Hôtel de
Région, Hôtel des Impôts).

Burdigala 🕭 ⅆ ch, 🏧 ↯ 📞 ⅍ 🚗 VISA ⅏ AE ⓪

115 r. G.-Bonnac – ☎ *05 56 90 16 16 – burdigala @ burdigala.com*
– Fax 05 56 93 15 06 *p. 6* CX **r**
77 ch – ♦200/305 € ♦♦200/305 €, � 20 € – 6 suites
Rest *Le Jardin de Burdigala* – – Menu (29 €), 38 € – Carte 55/67 €
♦ Meubles de style ou contemporains, matériaux nobles, équipements dernier cri... Les
chambres de ce luxueux hôtel parfaitement insonorisé respirent l'élégance et la
sérénité. Au Jardin de Burdigala, salle en rotonde raffinée avec sculpture centrale et puits
de lumière.

 Seeko'o sans rest 🕭 ⅆ 🏧 ↯ 📞 🚗 VISA ⅏ AE

54 quai de Bacalan – ☎ *05 56 39 07 07 – contact @ seekoo-hotel.com*
– Fax 05 56 39 07 09 *p. 5* BT **h**
45 ch – ♦180/360 € ♦♦180/360 €, ⊒ 14 €
♦ Le nom de l'établissement, seeko'o – iceberg en inuit –, donne le ton : bâtiment à la
façade recouverte de corian surgi sur les bords de la Gironde et chambres design lookées
pop.

 Mercure Cité Mondiale 🍃 🍴 🕭 ⅆ ch, 🏧 ↯ 📞 🚗 VISA ⅏ AE ⓪

18 parvis des Chartrons – ☎ *05 56 01 79 79 – h2877 @ accor.com*
– Fax 05 56 01 79 00 *p. 5* BU **k**
96 ch – ♦102/122 € ♦♦112/260 €, ⊒ 14 €
Rest *Le 20* – ☎ *05 56 01 78 78 (fermé 28 juil.-18 août, 22 déc.-2 janv., vend. soir,
sam. et dim.)* Menu 19/38 € – Carte 24/37 €
♦ Chambres contemporaines, toit-terrasse dominant tout Bordeaux (où l'on sert le petit-
déjeuner en été) et centre de congrès vous attendent dans l'enceinte de la Cité mondiale.
Au "20", des dégustations de crus accompagnent des plats bistrotiers ; décor chic.

Mercure Mériadeck 🕭 ⅆ ch, 🏧 ↯ 📞 ⅍ VISA ⅏ AE ⓪

5 r. R.-Lateulade – ☎ *05 56 56 43 43 – h1281 @ accor.com*
– Fax 05 56 96 50 59 *p. 6* CY **v**
194 ch – ♦118 € ♦♦128 €, ⊒ 14 € – 2 suites
Rest – *(fermé sam. et dim.) (dîner seult)* Menu (22 €) – Carte 30/46 €
♦ Décoration sur le thème du 7e art (affiches, photos, objets cinématographiques), confortables chambres majoritairement rénovées et salles de séminaires bien équipées. Café-
lounge où l'on présente une carte saisonnière dans une ambiance cosy.

Bayonne Etche-Ona sans rest 🍃 🕭 🏧 ↯ 🍴 📞 🚗 VISA ⅏ AE ⓪

4 r. Martignac – ☎ *05 56 48 00 88 – bayetche @ bordeaux-hotel.com*
– Fax 05 56 48 41 60 – Fermé 22 déc.-6 janv. *p. 6* DX **f**
62 ch – ♦138/154 € ♦♦159/180 €, ⊒ 12 € – 1 suite
♦ Dans le "Triangle d'Or", cet hôtel occupant deux immeubles du 18e s. cultive tradition et élégance dans ses chambres personnalisées, soignées et équipées de façon
moderne.

Novotel Bordeaux-Centre 🍴 🕭 ⅆ ch, 🏧 rest, ↯ 📞

45 cours Mar- Juin – ☎ *05 56 51 46 46 – h1023 @* ⅍ VISA ⅏ AE ⓪
accor.com – Fax 05 56 98 25 56 *p. 6* CY **m**
137 ch – ♦88/117 € ♦♦88/147 €, ⊒ 14 € – **Rest** – Carte 19/38 €
♦ Une architecture bien intégrée au quartier Mériadeck, des chambres spacieuses régulièrement rafraîchies et une bonne insonorisation caractérisent ce Novotel. Sobre salle de
restaurant et terrasse d'où l'on aperçoit la ville. Nouvel espace café.

De Normandie sans rest 🕭 🏧 📞 ⅍ 🚗 VISA ⅏ AE ⓪

7 cours 30-Juillet – ☎ *05 56 52 16 80 – info @ hotel-de-normandie-bordeaux.com*
– Fax 05 56 51 68 91 *p. 6* DX **z**
100 ch – ♦59/110 € ♦♦98/240 €, ⊒ 14 €
♦ À l'entrée de ce bel hôtel, un vaste hall raffiné dessert des chambres fonctionnelles aux
tons pastel, refaites au dernier étage (contemporaines, confortables et avec balcons).

 Majestic sans rest 🕭 🏧 ↯ 📞 🚗 VISA ⅏ AE ⓪

2 r. Condé – ☎ *05 56 52 60 44 – mail-majestic @ hotel-majestic.com*
– Fax 05 56 79 26 70 *p. 6* DX **a**
48 ch – ♦75 € ♦♦200 €, ⊒ 9 € – 1 suite
♦ Chambres variées, bien entretenues, salon bourgeois cosy et coquette salle des petits-
déjeuners ; le tout dans un élégant immeuble du 18e s. typiquement bordelais.

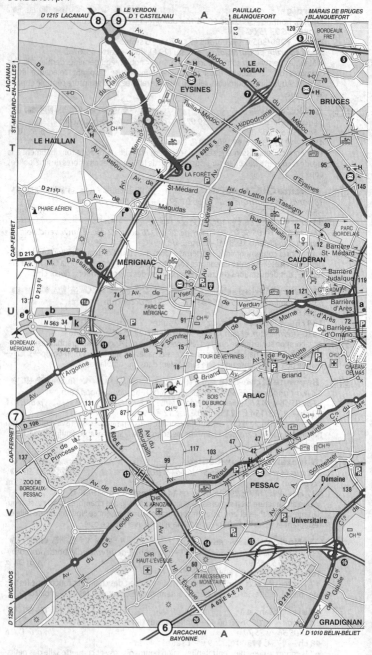

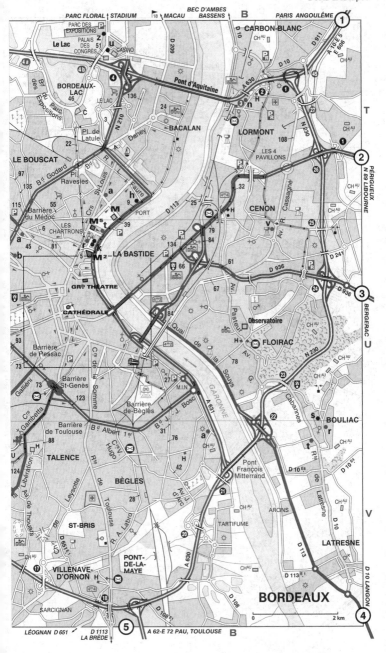

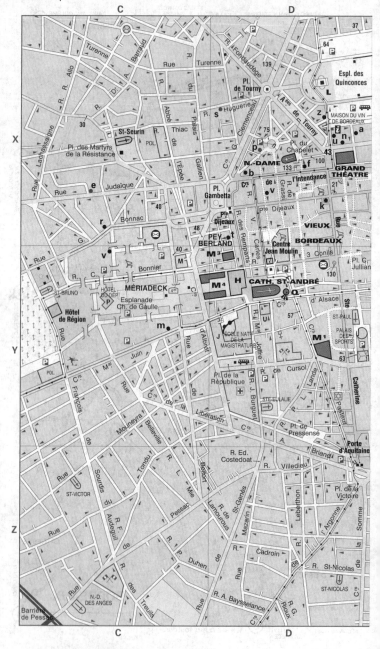

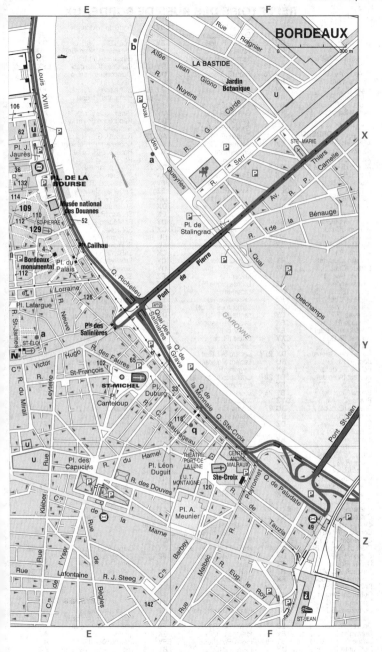

RÉPERTOIRE DES RUES DE BORDEAUX

🏨 **Grand Hôtel Français** sans rest   🕭 & 🅰🅒 ↳ ☏ 𝓥𝓘𝓢𝓐 ⓂⓄ 🅰🅔 ⓪
12 r. du Temple – ☎ 05 56 48 10 35
– infos@grand-hotel-francais.com
– Fax 05 56 81 76 18   p. 6   DX   **v**
35 ch ⌑ – ♦106/144 € ♦♦131/176 €
◆ Très belle façade du Bordeaux historique. Cet immeuble du 18ᵉ s. a préservé son atmosphère feutrée et classique (mobilier de style dans les salons). Chambres au décor actualisé.

🏠 **De la Presse** sans rest   🕭 🅰🅒 ↳ 🕱 ☏ 𝓥𝓘𝓢𝓐 ⓂⓄ 🅰🅔 ⓪
6 r. Porte-Dijeaux – ☎ 05 56 48 53 88 – info@hoteldelapresse.com
– Fax 05 56 01 05 82 – Fermé 24 déc.-11 janv.   p. 6   DX   **k**
27 ch – ♦65/83 € ♦♦74/93 €, ⌑ 9 €
◆ Au cœur du secteur piétonnier, façade en pierres de taille abritant un hôtel récemment rénové et bien tenu. Chambres fonctionnelles. Accès automobile réglementé.

🏠 **Des Quatre Sœurs** sans rest   🕭 🅰🅒 ↳ ☏ 𝓥𝓘𝓢𝓐 ⓂⓄ 🅰🅔 ⓪
6 cours du 30-Juillet – ☎ 05 57 81 19 20 – 4soeurs@mailcity.com
– Fax 05 56 01 04 28   p. 6   DX   **u**
34 ch – ♦80 € ♦♦90 €, ⌑ 8 €
◆ Ce vénérable hôtel bien fleuri s'enorgueillit d'avoir hébergé le musicien Richard Wagner et l'écrivain John Dos Passos. Il abrite aujourd'hui de petites chambres personnalisées.

🏠 **Continental** sans rest   🕭 𝓥𝓘𝓢𝓐 ⓂⓄ 🅰🅔 ⓪
10 r. Montesquieu – ☎ 05 56 52 66 00 – continental@hotel-le-continental.com
– Fax 05 56 52 77 97   p. 6   DX   **b**
50 ch – ♦72/89 € ♦♦79/104 €, ⌑ 8,50 € – 1 suite
◆ Ancien hôtel particulier du 18ᵉ s. situé à proximité de la galerie des Grands Hommes. Plaisantes chambres, de tailles variées, aux tons lumineux. Salon cosy joliment meublé.

🏠 **De l'Opéra** sans rest   🕭 ↳ 𝓥𝓘𝓢𝓐 ⓂⓄ 🅰🅔
35 r. Esprit-des-Lois – ☎ 05 56 81 41 27 – hotel.opera.bx@wanadoo.fr
– Fax 05 56 51 78 80   p. 6   DX   **n**
28 ch – ♦45/55 € ♦♦55/60 €, ⌑ 6 €
◆ L'atout de cet hôtel familial loti dans un immeuble du 18ᵉ s. : sa proximité avec le quartier historique. Chambres simples et bien tenues, mansardées au dernier étage. Non-fumeurs.

🏠 **Notre-Dame** sans rest   ⅘ 📞 _VISA_ 🆗 AE ①
36 r. Notre-Dame – ℰ 05 56 52 88 24 – contact@hotelnotredame33.com
– Fax 05 56 79 12 67   p. 5 BU **k**
22 ch – †41 € ††51 €, � 6 €
♦ Dans la pittoresque rue des Antiquaires, cet hôtel offre une halte pratique, au cœur de la ville. Fonctionnelles et actuelles, les chambres sont d'un bon rapport qualité-prix.

🏠 **Une Chambre en Ville** sans rest   ⅗ 📞 _VISA_ 🆗 AE
35 r. Bouffard – ℰ 05 56 81 34 53 – ucev@bandb-bx.com
– Fax 05 56 81 34 54   p. 6 DXY **t**
5 ch – †89 € ††99 €, ⊇ 9 €
♦ En plein centre historique, chambres impeccables décorées sur des thèmes variés et baptisées Bordelaise, Nautique, Orientale... Petit-déjeuner servi dans un salon contemporain.

XXXX **Le Chapon Fin**   🆔 _VISA_ 🆗 AE
🕸 *5 r. Montesquieu – ℰ 05 56 79 10 10 – contact@chapon-fin.com*
– Fax 05 56 79 09 10
– Fermé 20 juil.-18 août, 15 fév.-2 mars, dim., lundi et fériés   p. 6 DX **p**
Rest – Menu 32 € (déj.), 55/85 € – Carte 88/95 € ⅜
Spéc. Longuets toastés aux huîtres et farce crépinette, jus lie de vin. Duo de rougets, émulsion de soupe de roche (hiver). Pigeon à la nougatine de cumin (automne-hiver). **Vins** Côtes de Blaye, Saint-Estèphe.
♦ Une vraie institution bordelaise que les gourmets fréquentent pour sa belle cuisine au goût du jour, sa riche carte des vins, et aussi pour son original décor de rocaille 1900.

XXX **Le Pavillon des Boulevards** (Denis Franc)   🍴 🆔 ⅗ _VISA_ 🆗 AE
🕸 *120 r. Croix-de-Seguey – ℰ 05 56 81 51 02 – pavillon.des.boulevards@wanadoo.fr*
– Fax 05 56 51 14 58
– Fermé 6-26 août, 3-10 janv., sam. midi, lundi midi et dim.   p. 5 BU **a**
Rest – Menu 40 € (déj.), 65/100 € – Carte 78/98 € ⅜
Spéc. Liégeois de caviar, homard à la crème de châtaigne. Sole dorée au beurre demi-sel, jus au combawa. Effeuillé de pommes confites au caramel. **Vins** Graves blanc, Pessac-Léognan.
♦ Ouvert sur une verdoyante terrasse, ce restaurant illustre une belle modernité : sobriété (tons clairs, parquet), touches colorées (vaisselle, fleurs), carte inventive et soignée.

XXX **Jean Ramet**   🆔 _VISA_ 🆗 AE ①
7 pl. J.-Jaurès – ℰ 05 56 44 12 51 – jean.ramet@free.fr – Fax 05 56 52 19 80
– Fermé 28 avril-4 mai, 3-26 août, dim. et lundi   p. 7 EX **u**
Rest – Menu 35 € (déj.), 60/70 € – Carte 60/74 €
♦ Les Bordelais se retrouvent autour d'une cuisine classique actualisée dans ce restaurant des bords de la Garonne égayé de tons ensoleillés assortis aux tentures et au mobilier.

XXX **Le Vieux Bordeaux**   🍴 🆔 _VISA_ 🆗 AE ①
27 r. Buhan – ℰ 05 56 52 94 36 – Fax 05 56 44 25 11
– Fermé 5-25 août, 17 fév.-2 mars, dim., lundi et fériés   p. 7 EY **a**
Rest – Menu (20 € bc), 29/52 € – Carte 40/80 €
♦ Deux salles à manger redécorées avec goût (tons gris, mobilier de style et contemporain) dont une ouverte sur un agréable patio-terrasse. Généreuse cuisine classique.

XXX **L'Alhambra**   🆔 _VISA_ 🆗
111bis r. Judaïque – ℰ 05 56 96 06 91 – Fax 05 56 98 00 52
– Fermé 14 juil.-15 août, sam. midi, lundi midi et dim.   p. 6 CX **e**
Rest – Menu 20 € (déj. en sem.)/40 € – Carte 40/60 €
♦ Adresse plaisamment agencée à la façon d'un jardin d'hiver : coloris verts et confortable mobilier en rotin. Les plats suivent le rythme des saisons et les opportunités du marché.

XX **La Table Calvet**   🍴 🆔 ⅗ 🅿 _VISA_ 🆗 AE
81 cours Médoc – ℰ 05 56 39 62 80 – tablecalvet@calvet.com
– Fax 05 56 39 62 80 – Fermé 1ᵉʳ-28 août, 24 déc.-2 janv., 23-31 mars, sam. midi, dim. et lundi   p.5 BT **a**
Rest – Menu 20 € (déj.), 28/55 € – Carte 42/54 €
♦ Un restaurant ouvert par la maison Calvet (négoce de vin). La cuisine, inspirée et évoluant au gré des saisons, est servie dans le joli cadre d'un chai datant du 19ᵉ s.

XX **Le Clos d'Augusta** � 🎍 AC **P** VISA ⓶⓪ AE ⑨

339 r. Georges-Bonnac – ℰ *05 56 96 32 51* – *leclosdaugusta@wanadoo.fr*
– *Fax 05 56 51 80 46*
– *Fermé 2-25 août, 21-29 déc., sam. midi, dim. et fériés*   p. 4 AU **a**
Rest – Menu 20 € (déj. en sem.), 43/65 € – Carte 50/69 €
♦ L'enseigne emprunte son nom à un célèbre golf américain : le chef a en effet deux passions, la cuisine et les greens. Beau jardin-terrasse sur l'arrière. Recettes actuelles.

XX **La Tupina** ⌂🍴 VISA ⓶⓪ AE ⑨

6 r. Porte-de-la-Monnaie – ℰ *05 56 91 56 37* – *latupina@latupina.com*
– *Fax 05 56 31 92 11*   p. 7 FY **q**
Rest – Menu (18 €), 34 € bc (déj. en sem.)/58 € – Carte 26/90 € ❀
♦ Ambiance décontractée dans cette maison à l'atmosphère champêtre. Plats du Sud-Ouest rôtis dans la cheminée ou mijotés sur le fourneau, comme autrefois. Belle carte des vins.

XX **Gravelier** AC VISA ⓶⓪ AE ⑨

😊 *114 cours Verdun* – ℰ *05 56 48 17 15* – *restogravelier@yahoo.fr*
– *Fax 05 56 51 96 07* – *Fermé 26 juil.-24 août, vacances de fév., sam. et dim.*
Rest – Menu 20 € (déj. en sem.), 28/50 € – Carte 55/61 €   p. 5 BU **r**
♦ Teck, zinc, couleurs vitaminées et vue sur les cuisines vitrées. Cuisine inventive influencée par l'Asie dont le menu "carte blanche" où s'exprime toute la créativité du chef.

X **L'Estaquade** ≤ vieux Bordeaux, 🍴 AC VISA ⓶⓪ AE ⑨

😊 *quai Queyries* – ℰ *05 57 54 02 50* – *Fax 05 57 54 02 51*
– *Fermé 25 déc.-2 janv.*   p. 7 EX **a**
Rest – (prévenir) Menu 16 € (déj. en sem.) – Carte 37/66 €
♦ Posée sur la Garonne, cette insolite construction sur pilotis contemple le vieux Bordeaux. Décor épuré, menu du jour et carte recomposée chaque saison : un lieu très prisé !

X **Auberge 'Inn** 🍴 ⅏ VISA ⓶⓪ AE

245 r. de Turenne – ℰ *05 56 81 97 86* – *auberge-inn@orange.fr*
– *Fax 05 56 81 34 71*
– *Fermé 2-25 août, 20-29 déc., 15-23 fév., sam., dim. et fériés*   p. 5 BU **b**
Rest – Menu 19 € (déj.), 27/46 € – Carte 35/54 €
♦ Murs couleurs aubergine et vert anis, décor contemporain épuré, mobilier moderne, agréable petite terrasse et cuisine dans l'air du temps : une auberge vraiment "in" !

X **La Petite Gironde** ≤ 🍴 & AC ⅏ **P** VISA ⓶⓪

😊 *75 quai Queyries* – ℰ *05 57 80 33 33* – *Fax 05 57 80 33 31* – *Fermé 24 déc.-1er janv.,*
sam. midi et dim. soir   p. 7 EX **b**
Rest – Menu 16/32 € – Carte 28/41 €
♦ Ce restaurant posé sur la rive droite de la Garonne arbore un joli décor, parfaitement dans l'air du temps. Terrasse "les pieds dans l'eau" très prisée et plats traditionnels.

X **Quaizaco** AC VISA ⓶⓪ AE ⑨

😊 *80 quai des Chartrons* – ℰ *05 57 87 67 72* – *quaizaco@orange.fr*
– *Fax 05 57 87 34 42* – *Fermé 8-18 août, sam. midi et dim.*   p. 5 BU **t**
Rest – Menu (11 €), 14 € (déj.) – Carte 30/41 €
♦ Derrière la façade ancienne de ces entrepôts du 18e s. se cache un intérieur qui tranche, avec meubles et tableaux contemporains (expositions temporaires). Carte actuelle.

à Bordeaux-Lac (près du parc des expositions) - ✉ 33300 Bordeaux

🏨🏨 **Sofitel Aquitania** 🍴 🏊 🛎 & ch, AC ↻ ℘ 🕸 **P** VISA ⓶⓪ AE ⑨

av. J.-G.-Domergue – ℰ *05 56 69 66 66* – *h0669@accor.com*
– *Fax 05 56 69 66 00*   p. 5 BT **u**
166 ch – ♦200/350 € ♦♦210/350 €, ⌂ 22 € – 19 suites
Rest L'Aquitania – Menu (26 € bc), 31 € bc – Carte 34/61 €
♦ Accès direct au Palais des Congrès, salles de réunion sur 2000 m², confortables chambres design : rénovation réussie pour cet hôtel très apprécié de la clientèle d'affaires. Décor contemporain et terrasse d'été ouverte sur le lac à L'Aquitania.

🏠🏠🏠 Novotel-Bordeaux Lac 🚗 🍴 ⌱ 📶 👌 ch. 🅰🅺 ⇔ 📞 🕸

av. J.-G.-Domergue – 📞 *05 56 43 65 00 – h0403@* 🅿 💳 🆅🆂🅰 🆎 ⓞ
accor.com – Fax 05 56 43 65 01 p. 5 BT z
175 ch – 📍95/135 € 📍📍95/135 €, ☲ 14 € – **Rest** – *(fermé vend. soir, dim. midi et sam. d'oct. à mars)* Carte 21/40 €

♦ Près du parc des expositions, chambres – à choisir côté lac – en partie rénovées dans le dernier style de la chaîne, actuel et plaisant. Jardin avec jeux pour enfants. Restauration dans un agréable cadre très contemporain ou en terrasse, au bord de la piscine.

par la rocade A 630 :

à Blanquefort 3 km au Nord, sortie n° 6 – 13 901 h. – alt. 17 m – ✉ 33290

🏠🏠 Les Criquets 🚗 🍴 🖥 🅰🅺 ch. ⇔ 🐾 📞 ⚑ 🅿 💳 🆙🅾 🆎 ⓞ

130 av. 11-Novembre (D 210) – 📞 *05 56 35 09 24 – hotel@lescriquets.com*
– Fax 05 56 57 13 83
21 ch – 📍60 € 📍📍82/125 €, ☲ 12 € – ½ P 79 € – **Rest** – *(fermé sam. midi, dim. soir et lundi)* Menu 20 € (déj. en sem.), 40/65 € – Carte 53/72 €

♦ Il règne une atmosphère de maison de campagne familiale dans cette ancienne ferme et ses coquettes chambres actuelles (bois, fer forgé, tissus colorés). Agréable salle à manger, terrasse face au jardin et recettes dans l'air du temps.

à Lormont Nord-Est, sortie n° 2 – 21 100 h. – alt. 60 m – ✉ 33310

🅓 Office de tourisme, 4, avenue de la Libération 📞 05 56 74 29 17

✗✗ Jean-Marie Amat 🅰🅺 🅿 💳 🆙🅾 🆎
🕸
26 r. Raymond-Lis – 📞 *05 56 06 12 52 – Fax 05 56 74 77 89*
– Fermé 14 juil.-15 août, 23 déc.-2 janv., dim. et lundi p. 5 BT n
Rest – Menu 30 € (déj. en sem.) – Carte 63/105 €
Spéc. Foie frais aux fruits de saison. Pigeon grillé aux épices, cuisses en pastilla. Pêche pochée et sorbet au "Lillet" (été).

♦ L'ancien "enfant terrible" signe son retour avec une table contemporaine, logée dans un château réhabilité : belle cuisine actuelle, véranda épurée, vue sur la verdure et le pont d'Aquitaine.

à Cenon Est, sortie n° 25 – 21 283 h. – alt. 50 m – ✉ 33150

✗✗ La Cape (Nicolas Magie) 🍴 💳 🆙🅾
🕸
allée Morlette – 📞 *05 57 80 24 25 – Fax 05 56 32 37 46 – Fermé 1ᵉʳ-21 août,*
vacances de Noël, sam., dim. et fériés p. 5 BU v
Rest – Menu (23 €), 37 €

♦ On se "bouscule" au portillon de ce pavillon pour savourer une belle cuisine inventive dans un cadre très original, abondamment coloré, ou sur l'agréable jardin-terrasse.

à Bouliac Sud-Est, sortie n° 23 – 3 248 h. – alt. 74 m – ✉ 33270

🏠🏠🏠 Le St-James ⌖ ⩽ Bordeaux, 🚗 🍴 🖥 🍴 🅰🅺 ch. 📞 ⚑
🕸
pl. C.-Hostein, (à Bouliac), près de l'église 🅿 💳 🆙🅾 🆎 ⓞ
– 📞 *05 57 97 06 00 – stjames@relaischateaux.com – Fax 05 56 20 92 58 – Fermé*
1ᵉʳ-15 janv. p. 5 BU s
15 ch – 📍185/290 € 📍📍185/290 €, ☲ 23 € – 3 suites
Rest – *(fermé 21 avril-5 mai, 27 oct.-5 nov., 1ᵉʳ-15 janv., dim. et lundi)* Menu (30 €), 59 € bc/125 € – Carte 90/121 € ℬ
Rest Côté Cour – 📞 *05 57 97 06 06 (fermé 2-24 août, 17 janv.-1ᵉʳ fév., sam. et dim.)* *(déj. seult)* Menu (19 €), 26 €
Spéc. Makis de légumes croquants, crème glacée boquerone et langoustines (été). Jeune poulette rôtie en cocotte, déglaçage iodé (oct. à fév.). Crêpes croustillantes à l'orange safranée, sorbet orange sanguine (hiver). **Vins** Saint-Estèphe, Saint-Emilion.

♦ Vue grandiose sur Bordeaux depuis cette maison vigneronne et ses bâtiments façon séchoirs à tabac conçus par Jean Nouvel. Chambres design, dont une ornée d'une... Harley Davidson ! Belle cuisine créative au restaurant. Recettes du marché (produits de saison) à la brasserie Côté Cour.

XX **Auberge du Marais** 🌳 ₳₵ **P** **VISA** ⓒⓞ

  22 rte de Latresne – ℰ 05 56 20 52 17 – Fax 05 56 20 98 06 – Fermé 4-10 mars,
😓 4-26 août, dim. soir et lundi *p. 5* BV **t**
  Rest – Menu 14,50 € (déj. en sem.), 20/48 € – Carte 28/50 €
  ♦ Aux beaux jours, vous trouverez la fraîcheur sur la terrasse ombragée ou dans la salle à manger de style rustico-bourgeois désormais climatisée. Carte traditionnelle.

X **Café de l'Espérance** 🌳 **VISA** ⓒⓞ ₳₸ ⓞ

  (derrière l'église) – ℰ 05 56 20 52 16 – saintjames @ relaischateaux.com
  – Fax 05 56 20 92 58 *p. 5* BV **r**
  Rest – Carte 24/44 €
  ♦ Les nostalgiques du "troquet" de village aimeront ce petit bistrot où l'on s'attarde sous la treille, autour d'un verre. Plats traditionnels et grillades proposés à l'ardoise.

à Bègles Sud-Est, sortie n°21 – 24 500 h. – alt. 6 m – ⊠ 33130

X **Chiopot** 🌳 ₳₵ **P** **VISA** ⓒⓞ ₳₸ ⓞ

  281 r. des Quatre-Castera – ℰ 05 56 85 62 41 – chiopot @ free.fr
  – Fax 05 56 85 07 24 – Fermé sam. midi et dim. *p. 5* BV **a**
  Rest – Menu 22 € bc (déj. en sem.) – Carte 26/78 € 🍃
  ♦ Avec son cachet de bistrot-brasserie, ce lieu garantit la convivialité, en salle ou en terrasse ombragée. Carte traditionnelle, grillades, bons vins (en vente à la boutique).

à Martillac 9 km au Sud, sortie n° 18, D 1113 et rte secondaire – 2 020 h. – alt. 40 m – ⊠ 33650

🏨🏨 **Les Sources de Caudalie** 🐦 🚗 🌳 ⊼ ☺ ₤ᴓ 🖭 👌 ch, ₳₵ 🍴 rest,
  chemin de Smith-Haut-Lafitte – 📞 🚿 **P** **VISA** ⓒⓞ ₳₸
  ℰ 05 57 83 83 83 – sources @ sources-caudalie.com – Fax 05 57 83 83 84
  43 ch – †200/250 € ††235/285 €, ⊡ 22 € – 7 suites
  Rest **La Grand'Vigne** – (fermé lundi et mardi de nov. à avril) Menu 85 €
  – Carte 67/102 € 🍃
  Rest **La Table du Lavoir** – Menu (26 €), 35 €
  ♦ Ce domaine incluant un institut de vinothérapie offre luxe, détente et remise en forme au milieu des vignobles. Carte actuelle et beau choix de vins au Grand'Vigne, une orangerie du 18ᵉ s. La Table, c'est le lavoir des vendangeuses reconstitué dans un chai.

🏠 **Château de Lantic** sans rest 🚗 ⊼ ⅏ 📞 **P** **VISA** ⓒⓞ ₳₸

  10 rte de Lartigue – ℰ 05 56 72 58 68 – mginebre @ wanadoo.fr
  – Fax 05 56 72 58 67
  8 ch ⊡ – †79/159 € ††79/159 €
  ♦ Cet adorable château propose des chambres meublées d'ancien, souvent décorées dans un esprit romantique ; certaines ont une cuisinette. Une dépendance accueille des expositions.

au Sud-Ouest sortie n° 14 - ⊠ 33600 Pessac

🏨🏨🏨 **Holiday Inn Bordeaux Sud** 🌳 🖭 👌 ₳₵ ⅏ 📞 🚿
  10 av. Antoine Becquerel – ℰ 05 56 07 59 59 **P** **VISA** ⓒⓞ ₳₸ ⓞ
  – contact @ hi-pessac.com – Fax 05 56 07 59 69 *p. 4* AV **f**
  90 ch – †75/150 € ††75/150 €, ⊡ 15 € – **Rest** – (fermé sam., dim. et fériés)
  Menu (17 €), 21/27 € – Carte 24/41 €
  ♦ Proche d'une rocade autoroutière, cet hôtel construit en 2004 propose de confortables chambres contemporaines (lits "king size"). Salles de réunions équipées dernier cri. Chaleureuse salle à manger de type bistrot et cuisine traditionnelle.

à Mérignac Ouest, sortie n° 9 – 61 992 h. – alt. 35 m – ⊠ 33700

🏨🏨🏨 **Kyriad Prestige** 🌳 ⊼ ₤ᴓ 🖭 👌 ch, ₳₵ ⅏ 📞 🚿 **P** **VISA** ⓒⓞ ₳₸ ⓞ
  116 av. Magudas – ℰ 05 57 92 00 00 – kprestige @ bordeaux-hotels.net
  – Fax 05 57 92 00 60 *p. 4* AT **r**
  75 ch – †80/115 € ††80/115 €, ⊡ 12,50 € – 2 suites – **Rest** – (fermé dim.)
  Menu 26 € – Carte 29/43 €
  ♦ Chambres spacieuses, insonorisées et rafraîchies, de plusieurs types : standard assez sobres, "executive" plus contemporaines (mobilier en teck) ou familiales avec mezzanine. Buffets froids ou chauds dressés dans une salle avec cheminée et charpente apparente.

à Eysines Ouest, sortie n° 9 – 18 407 h. – alt. 15 m – ⊠ 33320

XX **Les Tilleuls**　　　　　　　　　　　🈺 𝔸𝕂 **P** _VISA_ ⓪ 🅰🅴
à La Forêt, 205 av. St-Médard – 𝒞 05 56 28 04 56 – restotilleuls@wanadoo.fr
– Fax 05 56 28 93 22 – Fermé 18-24 fév., sam. midi, dim. soir et lundi　　　p. 4　AT **v**
Rest – Menu 19 € (déj. en sem.), 28/47 € – Carte 44/64 €
♦ Sympathique adresse où l'on mitonne plats traditionnels et spécialités régionales. Salle à manger campagnarde égayée de tons vifs et chaleureux. Jolie terrasse d'été.

à l'aéroport de Bordeaux-Mérignac Ouest, sortie n° 11 en venant du Sud, sortie n° 11[b] en venant du Nord – ⊠ 33700 Mérignac

🏨 **Quality Suites Aéroport** sans rest　　　 📺 |📱 🕭 𝔸𝕂 ↩ 📞 🆚 **P**
83 av. J.F.-Kennedy – 𝒞 05 57 53 21 22　　　　　　　　 🛏 _VISA_ ⓪ 🅰🅴 ⓞ
– reservation@qualitybordeaux.com – Fax 05 57 53 21 23　　　p. 4　AU **b**
245 ch – †95/160 € ††95/290 €, � 17 € – 14 suites
♦ Immeuble neuf aux lignes épurées. Équipements home-cinéma et wi-fi dans les vastes chambres contemporaines et insonorisées. Petite restauration proposée au bar.

🏨 **Mercure Bordeaux Aéroport**　　　 🈺 📺 |📱 🕭 ch, 𝔸𝕂 ↩ 📞 🆚 **P**
1 av. Ch.-Lindbergh – 𝒞 05 56 34 74 74 – h1508@　　　　 **P** _VISA_ ⓪ 🅰🅴 ⓞ
accor.com – Fax 05 56 34 30 84　　　　　　　　　　　　　p. 4　AU **e**
149 ch – †95/130 € ††105/140 €, � 14 € – **Rest** – Menu 21/34 €
– Carte 23/54 €
♦ Adresse parfaite pour se reposer entre deux vols. Bar de style anglais, salles de réunion et chambres bien refaites (leur décor décline le thème des cinq continents). Cuisine traditionnelle servie dans une élégante salle à manger tournée vers la terrasse.

🏨 **Novotel Aéroport**　　　 📶 🈺 📺 |📱 🕭 ch, 𝔸𝕂 ↩ 📞 🆚 **P** _VISA_ ⓪ 🅰🅴 ⓞ
av. J.F.-Kennedy – 𝒞 05 57 53 13 30 – h0402@accor.com
– Fax 05 56 55 99 64　　　　　　　　　　　　　　　　　p. 4　AU **k**
137 ch – †95/135 € ††95/135 €, � 13,50 € – **Rest** – Menu 19/25 €
– Carte 22/40 €
♦ Plus tendance et feutré : l'hôtel renouvelle son image avec des chambres rénovées et un café répondant au dernier concept du groupe. Pinède et aire de jeux pour les enfants. À table, cuisine simple axée sur les grillades et agréable vue sur le jardin.

XXX **L'Iguane**　　　　　　　　　 🈺 🕭 𝔸𝕂 _VISA_ ⓪ 🅰🅴 ⓞ
83 av. J.F.-Kennedy – 𝒞 05 56 34 07 39 – iguane.rest@wanadoo.fr
– Fax 05 56 34 41 37　　　　　　　　　　　　　　　　　p. 4　AU **b**
Rest – (fermé 27 juil.-24 août, sam. midi et dim.) Menu (21 €), 32/40 € bc
– Carte 40/57 €
Rest L'Olive de Mer – 𝒞 05 56 12 99 99 (fermé le vend. soir, dim. midi et sam.)
Menu 22 € (déj.)/37 € – Carte 25/38 €
♦ Lumineuse salle tout en longueur, contemporaine et raffinée (parquet et stores en bois exotique). Service soigné, nappes blanches et carte renouvelée au gré des saisons. Un vent iodé souffle sur la carte de L'Olive de Mer (mobilier design et décor branché).

LES BORDES – 45 Loiret – 318 L5 – rattaché à Sully-sur-Loire

BORMES-LES-MIMOSAS – 83 Var – 340 N7 – 6 324 h. – alt. 180 m – ⊠ 83230
▐ Côte d'Azur　　　　　　　　　　　　　　　　　　　　　　　　　41 **C3**
▯ Paris 871 – Fréjus 57 – Hyères 21 – Le Lavandou 4 – St-Tropez 35 – Toulon 39
🄴 Office de tourisme, 1, place Gambetta 𝒞 04 94 01 38 38, Fax 04 94 01 38 39
🄱 de Valcros à La Londe-les-Maures NO : 12 km, 𝒞 04 94 66 81 02.
◉ Site★ – Les vieilles rues★ – ≤★ du château.

🏠 **Hostellerie du Cigalou** sans rest　　　 📺 |📱 🕭 𝔸𝕂 ↩ 🏊 📞 _VISA_ ⓪ 🅰🅴
pl. Gambetta, au vieux village – 𝒞 04 94 41 51 27 – resas@
hostellerieducigalou.com – Fax 04 94 46 20 73
17 ch – †100/230 € ††100/230 €, ⊿ 13,50 € – 3 suites
♦ La propriétaire de cette jolie maison a décoré ses chambres avec raffinement, mêlant différents styles et ambiances. Restauration possible au café d'en bas, provençal et charmant.

⌂ **La Bastide des Vignes** 🕭   🚗 🏠 ♨ 🌿 ch, **P**
464 chemin Patelin – 𝒞 *04 94 71 20 29 – bastidedesvignes@wanadoo.fr*
– Fax 04 94 15 12 71
5 ch 🖙 – 🛉105/129 € 🛉🛉105/129 €
Table d'hôte – Menu 40 € bc
♦ Séduisante bastide posée au milieu des vignes. Les chambres cosy, très provençales (tommettes, teintes ocre), sont dépourvues de TV et jouissent d'un calme rare. Belle piscine. Dégustation de vins régionaux à la table d'hôte, proposée tous les deux jours sur réservation.

⌂ **Les Plumbagos** sans rest   ≤ mer, 🚗 ♨ 🅰🅲 🌿 🐾 **P**
88 impasse du Pin, quartier Le Pin, le Mont Roses – 𝒞 *06 09 82 42 86*
– plumbagos@wanadoo.fr – Ouvert mars-oct.
3 ch 🖙 – 🛉90/125 € 🛉🛉90/125 €
♦ Parmi les atouts de cette belle bâtisse des années 1920 : une situation calme et privilégiée en surplomb de la baie, de coquettes chambres provençales et un plaisant jardin.

✗ **Lou Portaou**   🏠 🅰🅲 **VISA** 🆎
r. Cubert-des-Poètes – 𝒞 *04 94 64 86 37 – lou.portaou@wanadoo.fr*
– Fax 04 94 64 81 43 – Fermé 15 nov.-20 déc., sam. midi en saison, dim. soir et lundi hors saison
Rest – *(prévenir)* Menu 32/39 € – Carte environ 41 €
♦ Étonnant "restaurant-musée" qui a su préserver l'âme de cette demeure médiévale : objets et meubles évoquant cette époque sont réunis dans les deux petites salles voûtées.

✗ **La Tonnelle de Gil Renard**   🅰🅲 **VISA** 🆎
pl. Gambetta – 𝒞 *04 94 71 34 84 – restau.la.tonnelle@free.fr*
– Fermé 1 sem. en mars, 1er nov.-7 déc., jeudi d'oct. à mars, jeudi midi en mai, juin et sept. et merc. sauf juil.-août
Rest – *(dîner seult en juil.-août)* Menu (27 €), 38/42 € – Carte 41/49 €
♦ Salle à manger-véranda vous conviant à un repas d'inspiration régionale, mais parsemé de pointes d'exotisme, dans un sémillant décor floral aux couleurs du Sud. Coin boutique.

✗ **La Rastègue**   ≤ 🏠 **VISA** 🆎
48 bd Levant, au Sud, quartier Le Pin : 2km – 𝒞 *04 94 15 19 41*
– Fermé janv., le midi sauf dim. et lundi
Rest – Menu 39 €
♦ Agréable terrasse et intérieur méridional attachant, avec sièges en Lloyd Loom, cave visible et chef se produisant en "live". Menu régional annoncé oralement.

au Sud 1 km – ✉ 83230 Bormes-les-Mimosas

🏨 **Le Domaine du Mirage**   ≤ 🚗 🏠 ♨ ⛲ ✗ 📶 & 🅰🅲 ch, ↳ ✗ rest,
🐾 **P** 🚗 **VISA** 🆎 🅾
38 r. Vue-des-Iles – 𝒞 *04 94 05 32 60*
– resas@domainedumirage.com – Fax 04 94 64 93 03
– Ouvert 29 mars-5 nov.
35 ch – 🛉126/256 € 🛉🛉126/256 €, 🖙 13,50 € – ½ P 107/173 €
Rest – Menu 34 € (dîner) – Carte 34/42 €
♦ Sur les hauteurs de Bormes, plaisant hôtel entouré d'une végétation luxuriante. Jolies chambres meublées à la mode provençale, avec balcon ou terrasse. Fer forgé, couleurs du Midi et fresque murale composent l'agréable décor de la salle de restaurant.

à la Favière 4 km au Sud – ✉ 83230 Bormes-les-Mimosas

🏠 **Plage**   🚗 🏠 🅰🅲 ✗ rest, **P** 🚗 **VISA** 🆎 🅾
– 𝒞 *04 94 71 02 74 – hoteldelaplage.bormes@wanadoo.fr – Fax 04 94 71 77 22*
– Ouvert 1er avril-30 sept.
45 ch – 🛉55/79 € 🛉🛉55/79 €, 🖙 8 € – ½ P 55/66 € – **Rest** – *(dîner seult sauf dim.)* Menu 22/29 € – Carte 22/40 €
♦ Cet hôtel est situé à quelques encablures du cap Bénat et du fort de Brégançon. Les chambres, simplement aménagées, sont égayées de tableaux et bibelots anciens. Restaurant à l'ambiance "pension de famille" et terrasse ombragée avec fontaine provençale.

à Cabasson 8 km au Sud – ✉ 83230 Bormes-les-Mimosas

🏨   **Les Palmiers** ॐ   🚗 🛋 🔟 📶 **P** 🅿 *VISA* **⓪** **AE** **①**

240 chemin du Petit-Fort – 𝒞 04 94 64 81 94 – les.palmiers@wanadoo.fr
– Fax 04 94 64 93 61 – Fermé 10 nov.-1er fév.
17 ch – ♦60/140 € ♦♦160/200 €, � 15 € – ½ P 100/180 € – **Rest** –
Menu 33/62 € – Carte 37/65 €
♦ L'établissement est proche du fort de Brégançon et de la plage. Les balcons des chambres donnent en majorité sur le jardin. Lumineuse salle à manger et terrasse dressée au bord de la piscine ; bouillabaisse sur commande.

BORNY – 57 Moselle – 307 I4 – rattaché à Metz

BORT-L'ÉTANG – 63 Puy-de-Dôme – 326 H8 – rattaché à Lezoux

BOSDARROS – 64 Pyrénées-Atlantiques – 342 J5 – 937 h. – alt. 370 m –
✉ 64290   **3 B3**
       ☑ Paris 790 – Pau 14 – Lourdes 36 – Oloron-Ste-Marie 29 – Tarbes 50

✗✗   **Auberge Labarthe** (Eric Dequin)   AC ⇔ *VISA* **⓪** **AE**
✿   1 r. P.-Bidau – 𝒞 05 59 21 50 13 – auberge-labarthe@wanadoo.fr
– Fax 05 59 21 68 55 – Fermé 22 juin-7 juil., 18-31 janv., dim. soir, lundi et mardi
Rest – (prévenir le week-end) Menu 23 € (sem.)/62 € – Carte 58/70 €
Spéc. Ventrèche de thon rouge (printemps-été). Palombe entière rôtie, flambée au capucin (oct.-nov.). Baba au vieux rhum (printemps-été). **Vins** Jurançon, Béarn.
♦ Derrière l'église, maison accueillante à la belle façade fleurie. La salle sagement contemporaine prête son cadre discret à une savoureuse et généreuse cuisine régionale.

BOSSEY – 74 Haute-Savoie – 328 J4 – rattaché à St-Julien-en-Genevois

---

LES BOSSONS – 74 Haute-Savoie – 328 O5 – rattaché à Chamonix

BOUAYE – 44 Loire-Atlantique – 316 F5 – rattaché à Nantes

BOUC-BEL-AIR – 13 Bouches-du-Rhône – 340 H5 – 12 297 h. – alt. 259 m –
✉ 13320   **40 B3**
       ☑ Paris 758 – Aix-en-Provence 10 – Aubagne 41 – Marseille 22
       – Salon-de-Provence 43

🏨   **L'Étape Lani**   🚗 🛋 ♿ ch, AC ch, ↬ ॐ ch, 🔊 **P** *VISA* **⓪** **AE** **①**
⊛   au Sud sur D 6 rte de Gardane-Marseille – 𝒞 04 42 22 61 90 – etapelani@
worldonline.fr – Fax 04 42 22 68 67 – Fermé dim.
31 ch – ♦64/72 € ♦♦70/82 €, �𝑣arrow 17 € – ½ P 58/89 €
Rest – (fermé le midi du 23 au 31 déc., lundi midi, dim. midi en juil.-août, sam. midi et dim. soir) Menu 17 € (déj. en sem.), 26/52 €
♦ L'accueil, les chambres bien insonorisées du bâtiment principal et le plaisant décor provençal de l'annexe font vite oublier la proximité de la route passante. Coquet restaurant aux tons ensoleillés où l'on sert une cuisine qui fleure bon le Sud.

BOUCÉ – 03 Allier – 326 H5 – rattaché à Varennes-sur-Allier

BOUDES – 63 Puy-de-Dôme – 326 G10 – 252 h. – alt. 466 m – ✉ 63340   **5 B2**
       ☑ Paris 462 – Brioude 29 – Clermont-Fd 52 – Issoire 16 – St-Flour 62

✗✗   **Le Boudes La Vigne** avec ch   🏠 AC rest, *VISA* **⓪** **AE** **①**
☺   – 𝒞 04 73 96 55 66 – Fax 04 73 96 55 55 – Fermé 30 juin-8 juil., 25 août-3 sept.,
2-22 janv., dim. soir, mardi midi et lundi
10 ch – ♦38 € ♦♦38/85 €, ⊑ 6 € – ½ P 60 € – **Rest** – Menu (17 €), 22/45 €
♦ Maison bâtie sur d'anciennes fortifications. Cuisine au goût du jour servie dans une salle rénovée, aux tons pastel et murs en pierre. La cave comprend des crus locaux.

BOUËSSE – 36 Indre – 323 G7 – rattaché à Argenton-sur-Creuse

BOUGIVAL – 78 Yvelines – 311 I2 – 101 13 – voir à Paris, Environs

LA BOUILLADISSE – 13 Bouches-du-Rhône – 340 I5 – 4 904 h. – alt. 220 m –
⌂ 13720   40 **B3**

    ◘ Paris 776 – Aix-en-Provence 27 – Brignoles 43 – Marseille 31 – Toulon 60

    🛈 Syndicat d'initiative, place de la Libération ℘ 04 42 62 97 08,
    Fax 04 42 62 98 65

🏠 **La Fenière**   🛋 ⚄ & ch, Ⓐ rest, ↳ ⚘ **P** VISA ⦾ AE
😊 – ℘ 04 42 72 38 38 – la.feniere@wanadoo.fr – Fax 04 42 62 30 54 – Fermé sam.
    midi et dim.
🎨 **10 ch** – †50/60 € ††58/63 €, ⌂ 7 € – ½ P 51/55 € – **Rest** – Menu 16 €
    (sem.)/25 € – Carte 24/43 €
    ♦ Établissement composé de deux bâtiments. Côté jardin-piscine, découvrez des petites
    chambres fonctionnelles, fraîches et méticuleusement tenues. Le restaurant de style pro-
    vençal (poutres apparentes, cheminée), agrandi d'une terrasse, sert une cuisine régionale.

BOUILLAND – 21 Côte-d'Or – 320 I7 – 168 h. – alt. 400 m – ⌂ 21420
🏛 Bourgogne   8 **C2**

    ◘ Paris 295 – Autun 54 – Beaune 17 – Bligny-sur-Ouche 13 – Dijon 41
    – Saulieu 57

🏠🏠 **Hostellerie du Vieux Moulin** ॐ   🍽 🛋 ⚄ Ĺ⚄ & ch, Ⓐ rest,
🏵 1 r. de la Forge – ℘ 03 80 21 51 16 – le-moulin@   ⚘ ⚔ **P** VISA ⦾
    le-moulin-de-bouilland.com – Fax 03 80 21 59 90 – Ouvert 13 mars-1er déc. et
    17 déc.-2 janv.
    23 ch – †85/160 € ††85/160 €, ⌂ 16 € – 3 suites
    Rest – (fermé le midi du lundi au jeudi et merc. soir d'oct. à mai) Menu 39/105 €
    – Carte 81/102 €
    Spéc. Homard du vivier. Côtes et selle d'agneau, jus à la réglisse (avril à juil.). Filet
    de bœuf charolais, jus à l'anchois. **Vins** Savigny-les-Beaune, Ladoix.
    ♦ Chambres anciennes au moulin ou plus modernes dans les dépendances : une étape
    "nature" à deux pas de l'A 6 et des grands vignobles bourguignons ! Fitness, piscine. Fine
    cuisine de saison faisant la part belle au terroir. Salle à manger contemporaine.

🍴 **Auberge Saint-Martin**   🍽 VISA ⦾
    17 rte de Beaune – ℘ 03 80 21 53 01 – Fax 03 80 21 53 01
    – Fermé 1er-9 juil., 3 déc.-7 fév., mardi et merc.
    Rest – Menu 20/28 € – Carte 23/31 €
    ♦ La petite salle campagnarde de cette accueillante auberge (18e s.) donne sur une jolie
    terrasse en bois. Appétissante cuisine traditionnelle et spécialités bourguignonnes.

LA BOUILLE – 76 Seine-Maritime – 304 F5 – 791 h. – alt. 5 m – ⌂ 76530
🏛 Normandie Vallée de la Seine   33 **D2**

    ◘ Paris 132 – Bernay 44 – Elbeuf 12 – Louviers 32 – Pont-Audemer 35
    – Rouen 21

🏠 **Le Bellevue**   < 🍽 ▐ ⚘ VISA ⦾ AE ①
😊 13 quai Hector-Malot – ℘ 02 35 18 05 05 – bellevue@hotel.wanadoo.fr
    – Fax 02 35 18 00 92 – Fermé 3-10 août et 24 déc.-4 janv.
    20 ch – †53/86 € ††53/86 €, ⌂ 8 € – ½ P 49/53 € – **Rest** – (fermé dim. soir du
    15 oct. au 15 avril) Menu 15 € (sem.)/41 € – Carte 35/79 €
    ♦ Sur une rive de la Seine. Chambres diversement meublées (rotin coloré ou style "seven-
    ties") ; certaines bénéficient d'une belle vue sur le fleuve. La salle de restaurant, plaisante,
    a conservé son âme normande avec ses poutres et ses colombages.

🍴🍴 **St-Pierre**   < 🍽 VISA ⦾ AE ①
    4 pl. du Bateau – ℘ 02 35 68 02 01 – blanchardlau@wanadoo.fr
    – Fax 02 35 68 04 26 – Fermé 25 août-9 sept., 3-11 nov., 18 fév.-4 mars, dim. soir
    d'oct. à Pâques, lundi et mardi
    Rest – Menu (20 €), 27 € (sem.)/65 € – Carte 54/70 €
    ♦ Cuisine d'aujourd'hui servie dans une salle claire et actuelle ou en plein air, avec la Seine
    et le va-et-vient des bateaux pour toile de fond. Accueil et service avenants.

XX De la Poste ⬅ 🏠 *VISA* 🅰🅲

6 pl. du Bateau – ✆ *02 35 18 03 90 – Fax 02 35 18 18 91 – Fermé 17 déc.-9 janv., dim. soir, lundi soir et mardi*

Rest – Menu 29/42 € – Carte 50/62 €

♦ Jolie façade à colombages d'un relais de poste du 18ᵉ s. ancré sur les quais. Salle à manger rustique ou, à l'étage, cadre plus récent et plus clair avec vue sur la Seine.

XX Les Gastronomes 🏠 *VISA* 🅰🅲

1 pl. du Bateau – ✆ *02 35 18 02 07 – Fax 02 35 18 14 49 – Fermé 24 oct.-13 nov., 20 fév.-5 mars, merc. et jeudi sauf fériés*

Rest – Menu 20 € (sem.)/41 € – Carte 42/50 €

♦ À côté de l'église, restaurant familial traditionnel abritant deux salles : ambiance bistrot Belle Époque dans celle du bas ; touches rustiques et coup d'œil batelier à l'étage.

BOUIN – 85 Vendée – 316 E6 – 2 242 h. – alt. 5 m – ⊠ 85230   34 **A3**

🖸 Paris 435 – Challans 22 – Nantes 51 – Noirmoutier-en-l'Ile 29
– La Roche-sur-Yon 66

🖬 Office de tourisme, boulevard Sébastien Luneau ✆ 02 51 68 88 85

🏠 Du Martinet ⊗ 🖼 🖾 ℔ �; ch, 🍴 rest, 📞 ⅍ 🄿 *VISA* 🅰🅲 🄰🄴

pl. du Gén.-Charette – ✆ *02 51 49 08 94 – hotel.martinet@wanadoo.fr
– Fax 02 51 49 83 08*

30 ch – †49/56 € ††56/74 €, ⊡ 7 € – ½ P 56/65 € – **Rest** – *(fermé lundi midi et mardi midi)* Menu 24/36 € – Carte 22/42 €

♦ Demeure ancienne à l'ambiance familiale dans un bourg tranquille du marais breton vendéen. Les chambres en rez-de-jardin sont plus agréables et coquettes. Salle à manger de caractère (meubles et objets chinés) et jolie véranda. Produits de la pêche locale.

BOULIAC – 33 Gironde – 335 H6 – rattaché à Bordeaux

BOULIGNEUX – 01 Ain – 328 C4 – rattaché à Villars-les-Dombes

BOULOGNE-BILLANCOURT – 92 Hauts-de-Seine – 311 J2 – 101 24 – voir à Paris, Environs

---

BOULOGNE-SUR-MER ⊛ – 62 Pas-de-Calais – 301 C3 – 44 859 h.
– Agglo. 135 116 h. – alt. 58 m – Casino (privé) Z – ⊠ 62200
▌ Nord Pas-de-Calais Picardie   30 **A2**

🖸 Paris 265 – Amiens 130 – Arras 122 – Calais 35 – Lille 118 – Rouen 185

🖬 Office de tourisme, 24, quai Gambetta ✆ 03 21 10 88 10, Fax 03 21 10 88 11

🖬 de Wimereux à Wimereux Avenue François Mitterrand, par rte de Wimereux : 8 km, ✆ 03 21 32 43 20.

◎ Nausicaa★★★ - Ville haute★★ : crypte et trésor★ de la basilique ⬅★ du Beffroi Y **H** - Perspectives★ des remparts - Calvaire des marins ⬅★ Y - Château-Musée★ : vases grecs★★, masques inuits et aléoutes★★ - Colonne de la Grande Armée★ : ⚘★★ 5 km par ① - Côte d'Opale★ par ①.

Plan page ci-contre

🏠 La Matelote ⬅ 🖾 ℔ 🖩 ⅍ 🄰🄲 📞 ⅍ 🌣 *VISA* 🅰🅲 🄰🄴
70 bd Ste-Beuve – ✆ *03 21 30 33 33 – tony.lestienne@la-matelote.com
– Fax 03 21 30 87 40*   Y **q**

35 ch – †80/115 € ††95/170 €, ⊡ 15 €
Rest *La Matelote* – voir ci-après

♦ Fière bâtisse des années 1930 postée sur le front de mer, face au Nausicaa. Ambiance chaleureuse, chambres de bon confort, nouvel espace détente moderne et service prévenant.

BOULOGNE-SUR-MER

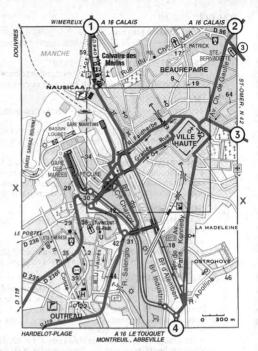

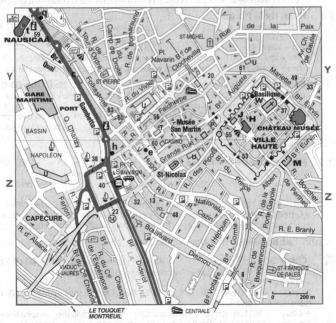

Métropole sans rest   🗐 🛋 AC ✕ ☎ ⇔ VISA ◑ AE

51 r. Thiers – ✆ *03 21 31 54 30* – *hotel.metropol@wanadoo.fr* – *Fax 03 21 30 45 72*
– *Fermé 20 déc.-12 janv.*   Z **e**
25 ch – †69/75 € ††87/94 €, � 10,50 €
♦ Hôtel familial dans le centre-ville. Les chambres offrent espace et équipements actuels (literie neuve). Jolie salle des petits-déjeuners ouverte sur le jardin.

Hamiot   🗗 🛋 ☎ ⇔ VISA ◑ AE

➲

1 r. Faidherbe – ✆ *03 21 31 44 20* – *hotelrestauranthamiot@wanadoo.fr*
– *Fax 03 21 83 71 56*   Z **h**
12 ch – †65/95 € ††80/100 €, ⊑ 12 € – ½ P 90/120 €
Rest *Grand Restaurant* – *(fermé 23 juin- 6 juil., 1ᵉʳ-15 sept., 1ᵉʳ-15 janv., dim. soir et merc.)* Menu 20 € (sem.)/38 € – Carte 43/56 €
Rest *Brasserie* – Menu 13,50 € (sem.)/30 € – Carte 18/36 €
♦ Ce bâtiment d'après-guerre donne sur le port et abrite des chambres refaites (beau mobilier en bois), confortables et bien insonorisées. Atmosphère feutrée et vue sur l'animation portuaire au Grand Restaurant. Ambiance animée et terrasse d'été à la Brasserie.

H. de la Plage sans rest   ⇐ 🛋 ⅃ 丿 VISA ◑ AE ◑

168 bd Ste-Beuve – ✆ *03 21 32 15 15* – *hoteldelaplage4@wanadoo.fr*
– *Fax 03 21 30 47 97*   X **u**
42 ch – †45/55 € ††55/75 €, ⊑ 7 €
♦ Enseigne vérité: l'hôtel est situé sur le front de mer. Chambres fonctionnelles à choisir sur l'arrière pour le calme ou en façade, à partir du 3ᵉ étage, pour la vue.

XXX **La Matelote** (Tony Lestienne)   AC VISA ◑ AE

✿

80 bd Ste Beuve – ✆ *03 21 30 17 97* – *tony.lestienne@la-matelote.com*
– *Fax 03 21 83 29 24* – *Fermé 20 déc.-20 janv., dim. soir sauf fériés et jeudi midi*
Rest – Menu 35 € (sem.)/75 € – Carte 60/92 €   Y **q**
Spéc. Feuilleté de homard, arôme de curry. Darne de turbot, sabayon de fines herbes. Millefeuille framboise.
♦ Tons rouge et or, meubles de style Louis XVI et bibelots marins composent le cadre élégant et feutré de ce restaurant boulonnais. Produits de la mer superbement valorisés.

XX **Rest. de la Plage**   ⇔ VISA ◑ AE

124 bd Ste-Beuve – ✆ *03 21 99 90 90* – *la-plage@wanadoo.fr* – *Fax 03 21 87 23 14*
– *Fermé dim. soir et lundi*   X **v**
Rest – Menu 25 € (sem.)/59 € – Carte 42/81 € ❀
♦ Une adresse qui fait honneur à la vocation maritime de la ville en proposant une carte riche en saveurs iodées. À déguster dans un élégant décor actuel aux jolis tons pastel.

X **Rest. de Nausicaa**   ⇐ AC VISA ◑ AE

bd Ste-Beuve – ✆ *03 21 33 24 24* – *Fax 03 21 30 15 63* – *Fermé lundi hors saison*
Rest – Menu 21 € (sauf déj. dim.)/35 € bc – Carte 29/56 €   Y **t**
♦ Pause repas au fascinant Centre national de la mer. Ambiance animée dans deux immenses salles modernes d'esprit brasserie. Vue panoramique sur le port et la plage.

à Pont-de-Briques 5 km par ④ – ⊠ 62360

XXX **Hostellerie de la Rivière** avec ch   🗐 🛋 ✕ VISA ◑

17 r. de la Gare – ✆ *03 21 32 22 81* – *hostelleriedelariviere@wanadoo.fr*
– *Fax 03 21 87 45 48* – *Fermé 24 août-11 sept., 7-28 janv., dim. soir, mardi midi et lundi*
8 ch – †60 € ††64 €, ⊑ 11 € – **Rest** – Menu (30 € bc), 36/55 € – Carte 57/85 €
♦ Cette demeure retirée dans une impasse abrite une agréable salle à manger bourgeoise. Aux beaux jours, les tables investissent le jardin. Accueil familial. Cuisine actuelle.

à Hesdin-l'Abbé 9 km par ④ et D 901 – 1 998 h. – alt. 50 m – ⊠ 62360

Cléry ⊛   ♨ ┣♬ ⅃ ch, ⇜ ❦ ✕ ₷ P VISA ◑ AE ◑

au village – ✆ *03 21 83 19 83* – *chateau-clery.hotel@najeti.com*
– *Fax 03 21 87 52 59*
27 ch – †130/270 € ††130/270 €, ⊑ 18 € – **Rest** – *(fermé sam. midi)* Menu 29 € (sem.)/69 € – Carte 47/59 €
♦ Castel du 18ᵉ s. et son cottage disposant de douillettes chambres personnalisées. Agréable salon de lecture. Parc fleuri aux arbres centenaires et jardin potager. Plaisante salle de restaurant et belle véranda grande ouverte sur le domaine boisé.

LE BOULOU – 66 Pyrénées-Orientales – 344 I7 – 4 428 h. – alt. 90 m – Stat.
therm. : mi fév.-fin nov. – Casino – ✉ 66160 ▌ Languedoc Roussillon   22 **B3**

🚹 Paris 869 – Argelès-sur-Mer 20 – Barcelona 169 – Céret 10 – Perpignan 22

🚺 Office de tourisme, 1, rue du Château 𝒞 04 68 87 50 95, Fax 04 68 87 50 96

au village catalan 7 km au Nord par D 900 – ✉ 66300 Banyuls-dels-Aspres

🏠　**Village Catalan** sans rest 　　　🚗 🔄 🕭 🎬 ⇔ 🛁 **P** 🚭 **VISA** **🝋**
accès par D 900 et A 9 – 𝒞 04 68 21 66 66 – hotel-catalan@wanadoo.fr
– Fax 04 68 21 70 95
77 ch – †60/70 € ††70/84 €, ⇆ 10 €
♦ Sur une aire d'autoroute, hôtel d'étape doté de chambres fonctionnelles insonorisées,
donnant parfois sur le jardin et la piscine. Garage privatif pour huit d'entre elles.

au Sud-Est 4,5 km par D 900, D 618 et rte secondaire – ✉ 66160 Le Boulou

🏨　**Relais des Chartreuses** ⤶ 　　🚗 🍴 🔄 🕭 ch, 🕯 **P** **VISA** **🝋** **AE**
106 av. d'En-Carbouner – 𝒞 04 68 83 15 88 – contact@relais-des-chartreuses.fr
– Fax 04 68 83 26 62 – Fermé 2 janv.-15 fév.
10 ch – †60/150 € ††60/150 €, ⇆ 10 € – ½ P 65/170 € – **Rest** – (fermé merc.
soir) (dîner seult) (résidents seult) Menu 26 €
♦ Édifié à flanc de colline, mas en pierre, sans doute du 17ᵉ s., entièrement restauré.
Spacieuses chambres personnalisées. Sauna, jacuzzi et terrasse sous les tilleuls.

à Vivès 5 km à l'Ouest par D 115 et D 73 – 128 h. – alt. 228 m – ✉ 66490

🍴　**L'Hostalet de Vivès** avec ch ⤶ 　　　🎬 🍽 ch, **VISA** **🝋**
r. de la Mairie – 𝒞 04 68 83 05 52 – hostalet.de.vives@free.fr – Fax 04 68 83 51 91
– Fermé 13 janv.-5 mars, mardi hors saison et merc.
3 ch – †60/95 € ††60/95 €, ⇆ 11 € – **Rest** – Menu 22 € (déj. en sem.)/32 €
– Carte 29/52 €
♦ Ravissante maison en pierre du 12ᵉ s. ayant conservé son cachet d'antan. Service en
costume traditionnel et "gargantuesques" plats catalans. Quelques chambres fonctionnelles.

BOURBACH-LE-BAS – 68 Haut-Rhin – 315 G10 – 563 h. – alt. 340 m –
✉ 68290   1 **A3**

🚹 Paris 451 – Altkirch 27 – Belfort 26 – Mulhouse 25 – Thann 10

🍴　**A la Couronne d'Or** avec ch ⤶ 　　　　　　**P** **VISA** **🝋** **AE**
9 r. Principale – 𝒞 03 89 82 51 77 – Fax 03 89 82 58 03 – Fermé 18 fév.-2 mars
7 ch – †42 € ††58 €, ⇆ 7 € – **Rest** – (fermé lundi et mardi) Menu 19/50 €
– Carte 25/49 €
♦ Dans un village de la vallée de la Doller, longue maison abritant une salle rustique
modulable et une autre plus intime avec poêle en faïence. Chambres simples et
insonorisées.

BOURBON-LANCY – 71 Saône-et-Loire – 320 C10 – 5 634 h. – alt. 240 m – Stat.
therm. : début avril-fin oct. – Casino – ✉ 71140 ▌ Bourgogne   7 **B3**

🚹 Paris 308 – Autun 62 – Mâcon 110 – Montceau-les-Mines 55 – Moulins 36

🚺 Office de tourisme, place d'Aligre 𝒞 03 85 89 18 27, Fax 03 85 89 28 38

🚹 de Givalois Givallois, E : 3 km, 𝒞 03 85 89 05 48.

📷 Maison de bois et tour de l'horloge★ **B**.

Plan page suivante

🏨　**Le Manoir de Sornat** ⤶ 　　🍸 🍴 🍽 rest, **P** **VISA** **🝋** **AE** **①**
allée Sornat, 2 km rte Moulins par ④ – 𝒞 03 85 89 17 39 – manoir-de-sornat@
wanadoo.fr – Fax 03 85 89 29 47 – Fermé 2 janv.-10 fév., dim. soir sauf juil.-août et
fêtes, lundi midi et mardi midi
13 ch – †62/110 € ††62/140 €, ⇆ 12 € – ½ P 80/110 € – **Rest** – Menu (19 €),
25 € (déj. en sem.), 28 € (dîner)/90 € – Carte 55/93 €
♦ Joli manoir de style normand niché dans un plaisant parc arboré. Belles boiseries dans le
hall et le salon. Chambres spacieuses, garnies de meubles contemporains. Le décor de la
salle à manger bourgeoise évoque le peintre Monet ; cuisine classique actualisée.

BOURBON-LANCY

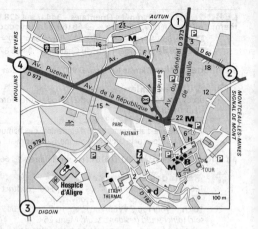

🏨 **Le Grand Hôtel** 🕊️   🕭 🕿 🖭 🕍 P̲ VISA ⓜⓒ
1 parc Thermal – ℰ 03 85 89 08 87 – ghthermal@stbl.fr
– Fax 03 85 89 32 23
– Ouvert 1ᵉʳ mars-15 déc. et fermé mardi et merc. du 27 oct. au 15 déc.   **r**
28 ch – †56 € ††70/78 €, ⊡ 6 € – ½ P 53/56 € – Rest – Menu 21/25 €
– Carte 21/42 €
♦ Ancien couvent bordant le parc de l'établissement thermal. Chambres spacieuses et
dotées d'un mobilier moderne ou de style. Restaurant assez sobre – un peu "pension de
famille" – et jolie terrasse dans l'ex-cloître ; repas diététiques sur commande.

🏨 **La Tourelle du Beffroi** sans rest   🕭 🕿 P̲ VISA ⓜⓒ
pl. de la Mairie – ℰ 03 85 89 39 20 – contact@hotellatourelle.fr
– Fax 03 85 89 39 29   **t**
8 ch – †55 € ††73 €, ⊡ 9 €
♦ Bel emplacement à l'ombre du beffroi pour cette jolie maison 1900 à tourelle et sa
terrasse à balustres. Chambres décorées avec soin. Ambiance guesthouse.

🍴🍴 **Villa du Vieux Puits** avec ch 🕊️   🕭 🕿 🖭 rest, P̲ VISA ⓜⓒ
7 r. Bel-Air – ℰ 03 85 89 04 04 – Fax 03 85 89 13 87 – Fermé 22 janv.-10 mars,
23 déc.-6 janv. et dim. soir   **d**
7 ch – †48/50 € ††50/60 €, ⊡ 10 € – ½ P 65/72 €
Rest – *(dîner seult)* Menu 20/40 €
– Carte 31/42 €
♦ Coquette auberge familiale aménagée dans les murs d'une tannerie nichée dans
un jardin en contrebas de la route. Salle à manger campagnarde et chambres
douillettes.

BOURBON-L'ARCHAMBAULT – 03 Allier – 326 F3 – 2 564 h. – alt. 367 m
– Stat. therm. : début mars-début nov. – Casino – ☒ 03160 🅸 Auvergne   5 **B1**
   🆑 Paris 292 – Montluçon 53 – Moulins 24 – Nevers 54
   🅸 Office de tourisme, 1, place de l'Hôtel de Ville ℰ 04 70 67 09 79,
   Fax 04 70 67 15 20
   ◉ Nouveau parc ≤★ - Château ≤★.

🏨 **Grand Hôtel Montespan-Talleyrand**   🕭 ☂ 🕍 ♿ rest, ⇆
pl. des Thermes – ℰ 04 70 67 00 24   🕍 VISA ⓜⓒ AE ①
– hotelmontespan@wanadoo.fr – Fax 04 70 67 12 00 – Ouvert 1ᵉʳ avril-19 oct.
42 ch – †62/120 € ††62/120 €, ⊡ 12 € – 2 suites – ½ P 64/83 €
– Rest – Menu 24 € (sem.)/52 €
– Carte 36/46 €
♦ Ces trois maisons anciennes ont hébergé Mme de Montespan, Mme de Sévigné et
Talleyrand. Chambres spacieuses et personnalisées. Solarium, jardin intérieur à la
française. Au restaurant, poutres et pierres d'origine côtoient une décoration actuelle de
bon goût.

BOURBONNE-LES-BAINS – 52 Haute-Marne – 313 O6 – 2 495 h. – alt. 290 m
– Stat. therm. : début mars-fin nov. – Casino – ⊠ 52400
▊ Champagne Ardenne   14 **D3**

> ◗ Paris 313 – Chaumont 55 – Dijon 124 – Langres 39 – Neufchâteau 53
> ⋈ Office de tourisme, place des Bains ☎ 03 25 90 01 71, Fax 03 25 90 14 12

BOURBONNE-LES-BAINS

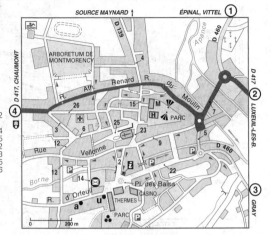

⚏   **Orfeuil**   🛋 🏊 🖥 & ℅ rest, **P** *VISA* ⦿⦿

☎☎   *29 r. Orfeuil – ☎ 03 25 90 05 71 – hotel-orfeuil@wanadoo.fr – Fax 03 25 84 46 25*
  – Ouvert 6 avril-25 oct.   **a**
  43 ch – ♗45/52 € ♗♗50/59 €, ⊇ 8 € – ½ P 38/44 € – **Rest** – *(fermé dim. soir et lundi)* Menu 13/23 € – Carte 17/32 €

  ♦ La maison principale (18ᵉ s.) possède un salon bourgeois et des chambres de bon confort, régulièrement rénovées. L'annexe quant à elle dispose de spacieux studios, plus sobres. Mobilier sixties et plantes vertes dans le lumineux restaurant ; jardin bien fleuri en saison.

⚏   **Des Sources**   🛋 🌳 🖥 & ch, ⇆ ℅ rest, *VISA* ⦿⦿

☎☎   *pl. des Bains – ☎ 03 25 87 86 00 – hotel-des-sources@wanadoo.fr*
  – Fax 03 25 87 86 33 – Ouvert 6 avril-29 nov.   **u**
  23 ch – ♗45/55 € ♗♗50/65 €, ⊇ 8 € – ½ P 40/46 € – **Rest** – *(fermé merc. soir)* Menu 13/30 € – Carte 21/41 €

  ♦ Juste à côté des thermes, un établissement familial dont les chambres simples sont avant tout fonctionnelles et bien tenues. La salle à manger ouvre sur un joli patio verdoyant, agrémenté d'un petit bassin, où l'on dresse des tables par beau temps.

> Comment choisir entre deux adresses équivalentes ?
> Dans chaque catégorie, les établissements sont classés
> par ordre de préférence : nos coups de cœur d'abord.

LA BOURBOULE – 63 Puy-de-Dôme – 326 D9 – 2 043 h. – alt. 880 m – Stat.
therm. : début février-début oct. – Casino AZ – ⊠ 63150 ▊ Auvergne   5 **B2**

> ◗ Paris 469 – Aubusson 82 – Clermont-Ferrand 50 – Mauriac 71 – Ussel 51
> ⋈ Office de tourisme, place de la République ☎ 04 73 65 57 71,
>   Fax 04 73 65 50 21
> ◎ Parc Fenêstre★ - Murat-le-Quaire : musée de la Toinette★ N : 2 km.

LA BOURBOULE

Alsace-Lorraine (Av.) . . . . BY 2
Clemenceau (Bd G.) . . . . . ABY
États-Unis (Av. des) . . . . BY 3
Féron (Quai) . . . . BY
Foch (Av. Mar.) . . . . AY 6
Gambetta (Quai) . . . . AZ 7
Guéneau-de-Mussy (Av.) . . . AY 8
Hôtel de Ville (Quai) . . . . AY 10
Jeanne-d'Arc (Quai) . . . . BY 12
Jet-d'eau (Square du) . . . . . . AY 13
Joffre (Sq. du Mar.) . . . . BY 15
Lacoste (Pl. G.) . . . . AY 16
Libération (Q. de la) . . . . AZ 17
Mangin (Av. du Général) . . . . AZ 19
République (Pl. de la) . . . . AZ 21
Souvenir (Pl. du) . . . . BY 22
Victoire (Pl. de la) . . . . AY 23

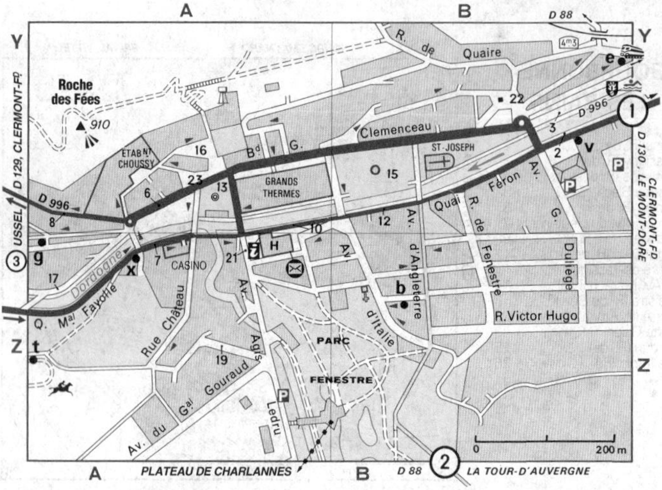

Régina

av. Alsace-Lorraine – 04 73 81 09 22 – reservation@hotelregina-labourboule.com – Fax 04 73 81 08 55 – Fermé 1er-20 déc. et 5 janv.-1er fév. BY **v**

24 ch – 58/65 € 70/140 €, 7,50 € – ½ P 55/75 € – **Rest** – Menu 13 € (sem.)/30 € – Carte 23/40 €

◆ Une demeure du 19e s. au bord de la Dordogne dotée de chambres actuelles et bien équipées. Espace détente. Deux salles à manger : l'une de style Art déco (moulures et parquet anciens), l'autre moderne. Le nouveau chef propose une honnête cuisine traditionnelle.

Le Charlet

rest,

bd L.-Choussy – 04 73 81 33 00 – contact@lecharlet.fr – Fax 04 73 65 50 82 – Fermé 10 nov.-20 déc. AZ **g**

36 ch – 45/70 € 50/75 €, 9 € – ½ P 45/62 € – **Rest** – Menu 18/35 € – Carte 23/43 €

◆ Dans un quartier assez calme, hôtel où vous disposerez de petites chambres propres en parfait état. Équipements de détente et de sport très complets. Au restaurant : mobilier de type bistrot, plantes vertes et claustras. Carte traditionnelle et régionale.

Le Parc des Fées

rest,

107 quai Mar.-Fayolle – 04 73 81 01 77 – info@parcdesfees.com – Fax 04 73 81 30 40 – Fermé 6 nov.-20 déc. et 8 janv.-1er fév. AZ **x**

42 ch – 49/56 € 61/67 €, 9 € – **Rest** – Menu (10 €), 18 € – Carte 20/29 €

◆ La moitié des chambres de cette bâtisse centenaire donne sur la Dordogne. Ampleur, décoration actuelle et confort sont au rendez-vous. Salle de jeux pour les enfants. Chaleureux restaurant où dominent les tons pastel et les miroirs. Carte traditionnelle.

Aviation

rest,

r. de Metz – 04 73 81 32 32 – aviation@nat.fr – Fax 04 73 81 02 85 – Fermé 1er oct.-21 déc. BZ **b**

44 ch – 49/64 € 49/64 €, 7 € – ½ P 46/57 € – **Rest** – Menu 16/19 € – Carte 15/28 €

◆ Cette maison du début du 20e s., à quelques pas du parc Fenestre, abrite des chambres fonctionnelles. Pour les loisirs : piscine, fitness, salle de jeux, billard... Des recettes classiques et régionales vous sont proposées dans une salle à manger sobre et spacieuse.

⌂ **Au Val Doré** ☒ *⅃₅* ⌸ ⅏ 𝗩𝗜𝗦𝗔 🅰🅴

⊜ *r. de Belgique* – ☎ *04 73 81 06 14* – *valdore@wanadoo.fr* – *Fax 04 73 65 58 79*
– *Fermé 11 nov.-25 déc.* BY **e**
29 ch – ♦41/57 € ♦♦43/69 €, ⌷ 7 € – ½ P 45/52 € – **Rest** – Menu 12 € (déj. en sem.), 17/21 € – Carte 15/29 €

♦ Une adresse familiale située à deux pas de la gare, aux chambres sobres et actuelles. Les plus : la piscine couverte et le fitness. Apéritifs servis au salon (cheminée) ; recettes simples et traditionnelles à déguster dans une grande salle ensoleillée et fleurie.

⌂ **La Lauzeraie** sans rest ⌆ ▱ ☒ *⅃₅* ⅏ ⌾ 🄿

577 chemin de la Suchère – ☎ *04 73 81 15 70* – *goigoux.martine@wanadoo.fr*
– *Fermé 15 oct.-1ᵉʳ déc.* AZ **t**
4 ch ⌷ – ♦75 € ♦♦105/125 €

♦ Sérénité et confort vous attendent dans cette maison récente, bâtie avec des matériaux anciens. Belles chambres au mobilier chiné ou de style. Piscine couverte, fitness, hammam.

à St-Sauves-d'Auvergne 5 km par ③ – **1 052 h.** – **alt. 791 m** – ✉ **63950**
🄷 Office de tourisme, le bourg ☎ 04 73 65 50 40

⌂ **De la Poste** ⌸ *⅃₄* 🄿 𝗩𝗜𝗦𝗔 🅰🅴

⊜ *pl. du Portique* – ☎ *04 73 81 10 33* – *hoteldelaposte63@aol.com*
– *Fax 04 73 81 02 27*
15 ch – ♦38/42 € ♦♦40/46 €, ⌷ 6 € – ½ P 41/44 € – **Rest** – *(fermé 5-28 janv.)* Menu 15 € (sem.)/28 € – Carte 17/44 €

♦ Cet ancien relais de poste fait aussi office de bar et de dépôt de presse. Chambres rustiques au charme un tantinet désuet, mais bien tenues. Deux salles à manger d'esprit campagnard avec poutres apparentes. Carte traditionnelle et plats auvergnats.

BOURDEILLES – **24 Dordogne** – **329** E4 – **rattaché à Brantôme**

BOURG-ACHARD – **27 Eure** – **304** E5 – **2 517 h.** – **alt. 124 m** – ✉ **27310**
▌Normandie Vallée de la Seine 33 **C2**

▫ Paris 141 – Bernay 39 – Évreux 62 – Le Havre 62 – Rouen 30

ⅩⅩⅩ **L'Amandier** 𝗩𝗜𝗦𝗔 🅰🅴

581 rte Rouen – ☎ *02 32 57 11 49* – *restaurant.amandier@wanadoo.fr*
– *Fax 02 32 57 11 49* – *Fermé 4-10 août, 5-16 janv., dim. soir, lundi soir, merc. soir et mardi*
Rest – Menu 19 € (déj. en sem.), 28/37 € – Carte 56/75 €

♦ Au centre du village, agréable restaurant relooké dans un esprit sobrement actuel (baies vitrées ouvrant sur le jardin). Accueil aimable et généreuse cuisine au goût du jour.

BOURG-CHARENTE – **16 Charente** – **324** I5 – **rattaché à Jarnac**

LE BOURG-DUN – **76 Seine-Maritime** – **304** F2 – **440 h.** – **alt. 17 m** – ✉ **76740**
▌Normandie Vallée de la Seine 33 **C1**

▫ Paris 188 – Dieppe 20 – Fontaine-le-Dun 7 – Rouen 56
– St-Valery-en-Caux 15
🄷 Office de tourisme, 6, place du Village ☎ 02 35 97 63 05, Fax 02 35 57 24 51
◎ Tour★ de l'église.

ⅩⅩ **Auberge du Dun** (Pierre Chrétien) ⌾ 🄿 𝗩𝗜𝗦𝗔 🄼🄾

❀ *(face à l'église)* – ☎ *02 35 83 05 84* – *Fax 02 35 83 05 84*
– *Fermé 22 sept.-6 oct., 16 fév.-1ᵉʳ mars, merc. sauf le midi du 1ᵉʳ mars au 15 sept., dim. soir et lundi*
Rest – *(prévenir le week-end)* Menu 30 € (sem.)/46 € – Carte 69/97 €
Spéc. Marmite de homard, risotto aux champignons (15 juin au 31 août). Chinoiseries de Saint-Jacques au chou (15 oct. au 30 avril). Crêpes soufflées au calvados.

♦ Coquette auberge disposant de deux jolies salles à manger rustiques, séparées du spectacle des cuisines par une baie vitrée. Recettes au goût du jour soignées.

🚘 Paris 424 – Annecy 113 – Genève 112 – Lyon 82 – Mâcon 38

🛈 Office de tourisme, 6, avenue Alsace Lorraine 𝒞 04 74 22 49 40,
Fax 04 74 23 06 28

🖼 de Bourg-en-Bresse Parc de Loisirs de Bouvent, par rte de Nantua : 2 km,
𝒞 04 74 24 65 17.

👁 Église de Brou★★ (tombeaux★★★, stalles★★, jubé★★, vitraux★★, chapelle
et oratoires★★★, portail★) X **B** - Stalles★ de l'église Notre-Dame Y - Musée
du monastère★ X **E**.

Plan page ci-contre

🏨 **Mercure**   🚗 🛋 🖥 ᴄ ch, 🅰 ch, ↳ ⁒ rest, 🛎 🐾 **P** 🖻 **VISA** **MC** **AE** **①**
10 av. Bad-Kreuznach – 𝒞 04 74 22 44 88 – h1187@accor.com
– Fax 04 74 23 43 57   X **e**
60 ch – ♦86/93 € ♦♦94/105 €, ⊇ 12,50 € – **Rest** – (fermé dim. midi et sam.)
Menu (17 €), 23 € (déj.), 26/39 € – Carte 30/45 €
♦ Ce Mercure propose plusieurs types de chambres ; toutes sont confortables et bien
équipées dans l'ensemble. Le restaurant, avec terrasse couverte et vue sur un jardin, a
adopté un style contemporain sans perdre son charme feutré. Cuisine traditionnelle.

🏨 **De France** sans rest   🖥 ↳ 🛎 🐾 🖻 **VISA** **MC** **AE** **①**
19 pl. Bernard – 𝒞 04 74 23 30 24 – infos@grand-hoteldefrance.com
– Fax 04 74 23 69 90   Y **r**
44 ch – ♦77/85 € ♦♦86/94 €, ⊇ 12 € – 1 suite
♦ Proche de l'église Notre-Dame, cet hôtel cultive avec goût un style mi-cosy, mi-actuel :
jolies chambres spacieuses et hall restauré dans son style 1900 d'origine.

🏨 **Ariane**   🚗 🛋 🛁 🖥 ᴄ ch, 🅰 ↳ ⁒ rest, 🛎 🐾 **P** 🖻 **VISA** **MC** **AE**
bd Kennedy – 𝒞 04 74 22 50 88 – hotel.ariane.bourg@wanadoo.fr
– Fax 04 74 22 51 57   X **s**
40 ch – ♦80 € ♦♦90 €, ⊇ 11 € – **Rest** – (fermé dim. et fériés) (dîner seult)
Menu 28/48 €
♦ En léger retrait du boulevard circulaire, construction des années 1980 dont les chambres
offrent un cadre actuel : mobilier sobre et fonctionnel, et décoration colorée. Salle à manger
et terrasse donnent toutes deux sur le jardin et la piscine.

🏨 **Du Prieuré** sans rest   🚗 🖥 ↳ 🛎 **P** **VISA** **MC** **AE** **①**
49 bd de Brou – 𝒞 04 74 22 44 60 – hotel-du-prieure@wanadoo.fr
– Fax 04 74 22 71 07   X **a**
14 ch – ♦75/87 € ♦♦78/90 €, ⊇ 9,50 €
♦ Second souffle pour cet hôtel qui offre le choix entre les chambres du 1ᵉʳ étage,
actualisées, et d'autres au charme suranné (meubles de style Louis XV, Louis XVI ou
bressan).

🏨 **Logis de Brou** sans rest   🖥 ↳ 🛎 🐾 **P** 🖻 **VISA** **MC** **AE**
132 bd de Brou – 𝒞 04 74 22 11 55 – citotel@logisdebrou.com
– Fax 04 74 22 37 30   Z **k**
30 ch – ♦54/65 € ♦♦61/72 €, ⊇ 9 €
♦ Cet hôtel des années 1970 se refait peu à peu une jeunesse. Dotées de balcons, les
chambres sont colorées et aménagées dans divers styles. Jardin fleuri et bon petit-
déjeuner.

🍴🍴🍴 **L'Auberge Bressane**   ⪡ 🛋 🅰 **P** **VISA** **MC** **AE** **①**
166 bd de Brou – 𝒞 04 74 22 22 68 – info@aubergebressane.fr
– Fax 04 74 23 03 15 – Fermé mardi   X **f**
Rest – Menu (20 €), 26 € (sem.)/73 € – Carte 60/84 € ⨳
♦ Table incontournable : cuisine classique actualisée accompagnée d'un beau choix de
bourgognes, collection de coqs et mobilier bressans, terrasse avec vue sur l'église de Brou.

🍴🍴 **La Reyssouze**   🅰 **VISA** **MC** **AE**
20 r. Ch.-Robin – 𝒞 04 74 23 11 50 – Fax 04 74 23 94 32
– Fermé 11-20 avril, 4-18 août, dim. soir et lundi   Y **n**
Rest – Menu 25 € (déj. en sem.), 35/54 € – Carte 41/64 €
♦ Nouveau décor feutré et intime pour ce restaurant baptisé du nom de la rivière toute
proche. Généreuse cuisine des terroirs bressan et de la Dombes, préparée "à l'ancienne".

BOURG-EN-BRESSE

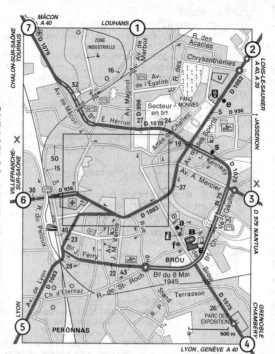

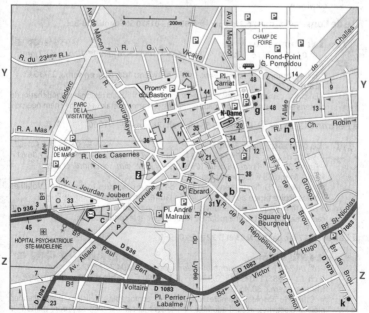

XX **Chez Blanc**　　　　　　　　　　　　　　🚗 VISA ⓦⓞ AE ⓞ

19 pl. Bernard – ☏ *04 74 45 29 11 – chezblanc@georgesblanc.com*
– Fax 04 74 24 73 69　　　　　　　　　　　　　　　　　　Y **g**
Rest – Menu 20 € (déj. en sem.), 24/45 € – Carte 36/51 €
♦ Maison 1900 décorée façon bistrot chic : tons vifs, banquettes rouges, meubles anciens et véranda rétro font de l'effet. La carte, personnalisée, honore les saveurs régionales.

XX **Le Français**　　　　　　　　　　　　🚗 AC ⇪ VISA ⓦⓞ AE

7 av. Alsace-Lorraine – ☏ *04 74 22 55 14 – Fax 04 74 22 47 02 – Fermé*
28 juil.-20 août, sam. soir et dim.　　　　　　　　　　　　Z **r**
Rest – Menu 24/51 € – Carte 29/61 €
♦ Depuis 1932, la même famille vous accueille dans cette institution locale au cadre Belle Époque. Banc d'écailler, répertoire culinaire de type brasserie et touches bressannes.

XX **Mets et Vins**　　　　　　　　　　　　　　VISA ⓦⓞ AE

11 r. de la République – ☏ *04 74 45 20 78 – Fax 04 74 45 20 78 – Fermé lundi et*
🐦 *mardi*　　　　　　　　　　　　　　　　　　　　　Z **b**
Rest – Menu 14 € bc (déj. en sem.), 18/45 € – Carte 28/50 €
♦ Ce restaurant se distingue des nombreuses adresses voisines grâce à son appétissante cuisine dans l'air du temps. La salle à manger se veut un brin rétro (tons rose-saumon).

XX **Chalet de Brou**　　　　　　　　　　　＜ 🚗 VISA ⓦⓞ AE

(face à l'église de Brou) – ☏ *04 74 22 26 28 – Fax 04 74 24 72 42*
🐦 *– Fermé 1er -12 juil., 22 déc.-20 janv., lundi soir, jeudi soir et vend.*　X **f**
Rest – Menu 16 € (sem.)/45 € – Carte 22/47 €
♦ Face à l'église de Brou, joyau architectural, ce restaurant familial perpétue la tradition culinaire locale dans un cadre au charme désuet.

X **Les Quatre Saisons**　　　　　　　　　　　　VISA ⓦⓞ

6 r. de la République – ☏ *04 74 22 01 86 – Fax 04 74 21 10 35 – Fermé 1er-10 mai,*
🐦 *15-30 août, 2-10 janv., sam. midi, dim. et lundi*　　　　　　Z **y**
Rest – Menu 19 € (sem.)/55 € – Carte 28/51 € 🍃
♦ Le patron, passionné de vins et de produits locaux, vous mettra en appétit en vous commentant ses plats du terroir, aussi joliment réinventés que généreux. Ambiance conviviale.

rte de Lons-le-Saunier 6,5 km par ② N 83 – ✉ 01370 St-Étienne-du-Bois

X **Les Mangettes**　　　　　　　　　　　　🚗 P VISA ⓦⓞ AE

– ☏ *04 74 22 70 66 – Fax 04 74 22 70 66 – Fermé 18-26 juin, 1er-10 oct., 7-22 janv.,*
🐦 *dim. soir, lundi soir et mardi*
Rest – *(nombre de couverts limité, prévenir)* Menu 18 € (déj. en sem.), 23/36 €
– Carte 23/36 €
♦ En pleine campagne, pavillon au décor agreste simple : plats régionaux et joli chariot de desserts servis au milieu d'animaux empaillés, de cartes postales et d'une cheminée.

à Péronnas 3 km par ⑤, D 1083 – 5 534 h. – alt. 281 m – ✉ 01960

XXX **La Marelle** (Didier Goiffon)　　　　　🚗 🚗 ⇪ P VISA ⓦⓞ AE

🌣 *1593 av. de Lyon –* ☏ *04 74 21 75 21 – contact@lamarelle.fr – Fax 04 74 21 06 81*
– Fermé 28 avril-8 mai, 18 août-10 sept., 2-14 janv., dim. soir, mardi et merc.
Rest – Menu 28 € (déj. en sem.), 39/75 € – Carte 52/82 € 🍃
Spéc. Menu "Délicate Vénus" autour de la Saint-Jacques (oct. à avril). Volailles locales. Poire tapée aux morilles et vin jaune. **Vins** Manicle, Pouilly-Fuissé.
♦ De la terre jusqu'au ciel, retrouvez à la Marelle une séduisante cuisine inventive dans un cadre chaleureux et raffiné mêlant le rustique chic et le contemporain.

à Lalleyriat 7 km par ⑤, N 83 et D 22 – ✉ 01960

⌂ **Le Nid à Bibi** 🌣　　　　　🚗 🖼 📶 ✂ 🍴 🐾 P VISA ⓦⓞ

– ☏ *04 74 21 11 47 – lenidabibi@wanadoo.fr – Fax 04 74 21 02 83*
5 ch 🖵 – ✝85/110 € ✝✝100/130 € – ½ P 70/90 € – **Table d'hôte** – Menu 20 €
(dîner en sem.), 30/45 €
♦ Quiétude absolue, chambres coquettes et confortables, délicieux petit-déjeuner, pléiade d'activités, accueil adorable : on se sent ici comme dans sa propre maison de campagne ! Plats soignés, mitonnés avec de délicieux produits du terroir.

▶ Paris 244 – Châteauroux 65 – Dijon 254 – Nevers 69 – Orléans 121

🖬 Office de tourisme, 21, rue Victor Hugo ℰ 02 48 23 02 60,
Fax 02 48 23 02 69

🖬 Bourges Golf Club Route de Lazenay, S : 5 km par D 106, ℰ 02 48 20 11 08.

◉ Cathédrale St-Étienne★★★ : tour Nord ≤★★ Z - Jardins de l'Archevêché★ -
Palais Jacques-Coeur★★ - Jardins des Prés-Fichaux★ - Maisons à
colombage★ - Hôtel des Échevins★ : musée Estève★ Y **M²** - Hôtel
Lallemant★ Y **M³** - Hôtel Cujas★ : Musée du Berry★ Y **M¹** - Muséum d'histoire
naturelle★ Z - Les marais★ V - Promenade des remparts★.

Plans pages suivantes

De Bourdon
🖨 & AC ↳ ᴸ ⚿ 🅿 VISA 🅜🅞 AE ①
bd de la République – ℰ 02 48 70 70 00
– contact@hoteldebourbon.fr
– Fax 02 48 70 21 22
Y **b**
58 ch – ♦95/220 € ♦♦110/235 €, ⌘ 15 €
Rest L'Abbaye St-Ambroix – voir ci-après
♦ Cet hôtel proche du centre-ville est installé dans une ancienne abbaye du 17ᵉ s. Toutes
les chambres ont récemment retrouvé leur éclat. Salon-bar raffiné.

Le Berry
🖨 AC ↳ ᴸ ⚿ 🌫 VISA 🅜🅞 AE
3 pl. Gén.-Leclerc – ℰ 02 48 65 99 30 – leberry.bourges@wanadoo.fr
– Fax 02 48 24 29 17
V **a**
64 ch – ♦49 € ♦♦66 €, ⌘ 8,50 €
Rest – (fermé 24 déc.-1ᵉʳ janv., sam. midi et dim.) Menu 16 € (sem.)/22 €
– Carte 20/42 €
♦ Face à la gare, une grande bâtisse récente qui dissimule des chambres rénovées par
étapes : couleurs vives, boiseries peintes et tableaux africains. Décor exotique et tour du
monde des saveurs au restaurant.

D'Angleterre sans rest
🖨 AC ↳ ⚿ ᴸ ⚿ 🌫 VISA 🅜🅞 AE ①
1 pl. Quatre-Piliers – ℰ 02 48 24 68 51
– hotel@bestwestern-angleterre-bourges.com – Fax 02 48 65 21 41
– Fermé 28 déc.-4 janv.
Y **t**
31 ch – ♦82/115 € ♦♦92/135 €, ⌘ 10 €
♦ Cet hôtel bénéficie non seulement d'un bel emplacement près du palais Jacques
Cœur, mais aussi d'une complète cure de jouvence qui rend l'adresse très agréable et
confortable.

Le Christina sans rest
🖨 AC ᴸ ⚿ 🌫 VISA 🅜🅞 AE
5 r. de la Halle – ℰ 02 48 70 56 50 – info@le-christina.com
– Fax 02 48 70 58 13
Z **m**
71 ch – ♦45/80 € ♦♦50/80 €, ⌘ 8 €
♦ Halte pratique proche du centre-ville et face à la jolie halle au blé érigée au 19ᵉ s. Les
chambres fonctionnelles (mobilier basique) sont habillées de tons chauds.

Les Tilleuls sans rest
🍃 🗗 🔟 🖈 & AC ↳ ᴸ ⚿ 🅿 VISA 🅜🅞 AE ①
7 pl. Pyrotechnie – ℰ 02 48 20 49 04 – lestilleuls.bourges@wanadoo.fr
– Fax 02 48 50 61 73
X **s**
39 ch – ♦56 € ♦♦64 €, ⌘ 7 €
♦ Établissement plaisamment fleuri aux chambres toutes climatisées, rustiques ou
feutrées (meubles de style) ; celles de l'annexe sont rénovées. Piscine et petit
fitness.

Ibis
🍴 🖨 AC ↳ ⚿ VISA 🅜🅞 AE ①
quartier Prado – ℰ 02 48 65 89 99 – h0819@accor-hotels.com
– Fax 02 48 65 18 47
Z **v**
86 ch – ♦50/69 € ♦♦50/69 €, ⌘ 7,50 € – **Rest** – (dîner seult)
Menu 12,50/18 €
♦ Les points forts de cet Ibis : son accueil, ses chambres bien tenues et sa bonne
situation ; dix minutes de marche suffisent pour gagner la cathédrale ou le
palais. Bar, salon et restaurant simplement séparés par des claustras. Formules
buffets.

BOURGES

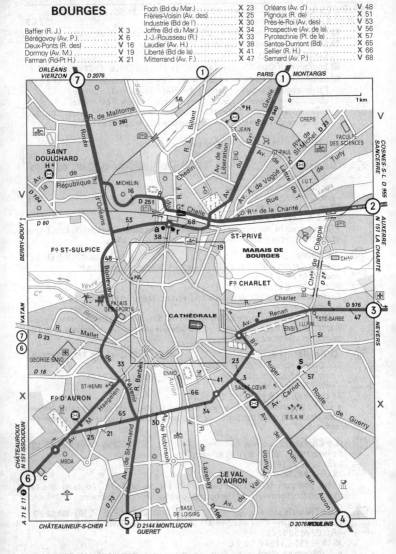

🏠 **Arcane** sans rest   🛗 P VISA ●● AE ●

2 pl. du Gén.-Leclerc – ℘ 02 48 24 20 87 – arcane.bourges @ wanadoo.fr
– Fax 02 48 69 00 67   V **r**
30 ch – †35/39 € ††42/45 €, ⇱ 6,50 €

♦ Devant la gare, un hôtel entièrement refait qui s'avère judicieux pour ses chambres fonctionnelles et ses tarifs serrés. Bon buffet au petit-déjeuner.

🏠 **Le Cèdre Bleu** sans rest   🖼 ⇲ ⌇ 🛗

14 r. Voltaire – ℘ 02 48 25 07 37 – lecedre-bleu @ wanadoo.fr   Y **n**
3 ch ⇱ – †53/70 € ††58/75 € – 1 suite

♦ Perle rare en pleine ville : cette demeure bourgeoise de style Napoléon III, agrémentée d'un agréable jardin, dispose de chambres personnalisées à la tenue irréprochable.

372

BOURGES

😋😋😋

🏵️

L'Abbaye St-Ambroix – Hôtel de Bourbon   🅰️🅲️ ♻️ 𝘝𝘐𝘚𝘈 ⓜ③ 🅰️🅴️

60 av. J.-Jaurès – 𝒞 02 48 70 80 00 – contact @ abbayesaintambroix.fr
– Fax 02 48 70 21 22 – Fermé dim. soir de nov. à mars, lundi et mardi   **Y b**
Rest – Menu (30 € bc), 42 € bc (déj. en sem.), 49/80 € – Carte 77/81 € 🍴
Spéc. Foie gras de canard en copeaux sur salade frisée (printemps-été). Cuisses de
grenouilles au beurre d'ail et persil (printemps et automne). Noix de ris de veau
croustillante. **Vins** Menetou-Salon, Reuilly.
◆ L'ex-chapelle (17ᵉ s.) de l'abbaye avec son immense voûte, brillamment décorée dans un
style contemporain : un cadre exceptionnel pour une belle cuisine actuelle.

XXX Le Jardin Gourmand   🛖 ⇔ VISA ◑◉ AE

15 bis av. E.-Renan – ℰ 02 48 21 35 91 – Fax 02 48 20 59 75
– Fermé 20 déc.-20 janv., dim. soir, mardi midi et lundi   **X r**
Rest – Menu 16/40 € – Carte 30/53 €

♦ Discrète maison de maître sur un boulevard excentré. Le restaurant occupe trois petites salles à l'atmosphère bourgeoise. Joli salon avec cheminée en bois. Carte traditionnelle.

XXX Beauvoir   AC VISA ◑◉

1 av. Marx-Dormoy – ℰ 02 48 65 42 44 – didier-guyot @ club-internet.fr
– Fax 02 48 24 80 84 – Fermé 5-25 août et dim. soir   **Y e**
Rest – Menu 19 € (sem.)/43 € – Carte 42/73 € 🎖️

♦ Recettes actuelles et belle carte des vins à découvrir dans un intérieur contemporain, lumineux et aux tons chauds : une séduisante et sympathique adresse des faubourgs.

XX Le Jacques Cœur   � ⇔ VISA ◑◉

3 pl. J.-Coeur – ℰ 02 48 26 53 01 – restaurant.jacquescoeur @ wanadoo.fr
– Fax 02 48 26 58 05 – Fermé 26-30 déc., lundi midi, sam. midi et dim.
sauf juil.-août   **Y d**
Rest – Menu 20/60 € – Carte 50/84 €

♦ Vieille demeure berruyère face au palais Jacques Cœur. Le décor des élégantes salles à manger évoque discrètement le Moyen-Âge (vitraux, fleurs de lys). Carte dans l'air du temps.

XX Le Bourbonnoux   AC VISA ◑◉ AE

44 r. Bourbonnoux – ℰ 02 48 24 14 76 – restaurant-bourbonnoux @ wanadoo.fr
– Fax 02 48 24 77 67 – Fermé 11-21 avril, 15 août-5 sept., 27 fév.-8 mars, sam. midi,
dim. soir et vend.   **Y a**
Rest – Menu 13 € (sem.)/32 € – Carte 26/40 €

♦ Coloris vifs et colombages composent le plaisant intérieur de ce restaurant situé dans une rue jalonnée de boutiques d'artisans. Accueil aimable. Cuisine classique actualisée.

XX Le d'Antan Sancerrois   AC VISA ◑◉ AE ①

50 r. Bourbonnoux – ℰ 02 48 65 96 26
– dantan.sancerrois @ wanadoo.fr – Fax 02 48 70 50 82 – Fermé 5-23 août,
23 déc.-5 janv., dim., lundi et fériés   **Z n**
Rest – Carte 34/51 €

♦ Une ruelle pavée mène à cette maison ancienne dont le décor marie les styles rétro et contemporain. Belle cuisine au goût du jour, pleine d'originalité, et ambiance cordiale.

rte de Châteauroux 7 km par ⑥, près échangeur A 71 – ⊠ 18570 Le Subdray

🏨 Novotel   🛖 ⅃ 📶 ⅙ AC ⁴⁄₄ ℓ 🖧 P VISA ◑◉ AE ①

– ℰ 02 48 26 53 33 – h1302 @ accor.com
– Fax 02 48 26 52 22
93 ch – †108/115 € ††130/145 €, ⊇ 13 €
Rest – Menu (18 €), 23/25 € – Carte 27/32 €

♦ Près du péage autoroutier, ce novotel s'est relooké à la dernière mode de la chaîne (chambres "Novation"). Petits-déjeuners sous forme de buffet. Simple et contemporaine, la salle à manger s'ouvre sur le jardin et la terrasse bordant la piscine.

à St-Doulchard - V - vers ⑦ – 9 018 h. – alt. 158 m – ⊠ 18230

🏠 Logitel sans rest   🛇 ℓ 🖧 P VISA ◑◉ AE

r. de Malitorne – ℰ 02 48 70 07 26 – hotel.logitel @ wanadoo.fr
– Fax 02 48 24 59 94
30 ch – †48 € ††48 €, ⊇ 7 €

♦ Chambres fonctionnelles meublées dans le style des années 1980, entretien suivi et prix raisonnables : une étape simple de la périphérie berruyère. Accueil familial.

LE BOURGET – 93 Seine-Saint-Denis – 305 F7 – 101 17 – **voir à Paris, Environs**

BOURG-ET-COMIN – 02 Aisne – 306 D6 – 678 h. – alt. 55 m – ⊠ 02160

 37 **D2**

▶ Paris 141 – Reims 40 – Château-Thierry 54 – Laon 25 – Soissons 27

🏠 **De la Vallée** ⇔ ⅍ ch, **P** **VISA** **CO**

⊜ 6 r. d' Oeuilly – ℰ 03 23 25 81 58 – lavallee02@aol.com – Fax 03 23 25 38 10
– Fermé 9-16 avril, 18-24 sept., janv., mardi soir et merc.
9 ch – †48 € ††48/60 €, � 8 € – ½ P 52/60 € – **Rest** – Menu (13 €), 17/38 €
– Carte 22/48 €

♦ Sympathique étape sur le circuit-mémoire du "Chemin des Dames". Les chambres, fonctionnelles et bien tenues, ont subi une récente cure de jouvence. Accueil chaleureux. Cuisine traditionnelle servie dans une lumineuse salle à manger-véranda.

LE BOURGET-DU-LAC – 73 Savoie – 333 I4 – 3 945 h. – alt. 240 m – ⊠ 73370
▌ Alpes du Nord

46 **F2**

▶ Paris 531 – Aix-les-Bains 10 – Annecy 44 – Belley 23 – Chambéry 13
– La Tour-du-Pin 52

🛈 Office de tourisme, place Général Sevez ℰ 04 79 25 01 99,
Fax 04 79 26 10 76

◉ Lac★★ - Église : frise sculptée★ du chœur.

🏘 **Ombremont** 🦢 ≤ lac et montagnes, ↻ ⌁ ⬚ 🆔 ⅍
2 km au Nord par D 1504 – ℰ 04 79 25 00 23 **P** **VISA** **CO** **AE** **①**
– ombremontbateauivre@wanadoo.fr – Fax 04 79 25 25 77
– Fermé 14-30 avril, nov., lundi et mardi de déc. à avril sauf fériés
17 ch – †140/255 € ††140/255 €, ⊐ 22 € – ½ P 150/210 €
Rest Le Bateau Ivre – voir ci-après

♦ Dans un parc arboré et fleuri, vaste demeure 1930 dont les jolies chambres personnalisées jouissent presque toutes d'une remarquable vue sur le lac. Belle piscine.

🍴🍴🍴🍴 **Le Bateau Ivre** (Jean-Pierre Jacob) – Hôtel Ombremont
£3£3£3 2 km au Nord par D 1504 – ≤ lac et montagnes, 🍴 ⅍ **P** **VISA** **CO** **AE** **①**
ℰ 04 79 25 00 23 – ombremontbateauivre@wanadoo.fr – Fax 04 79 25 25 77
– Fermé 14-30 avril, nov., lundi sauf le soir de mi-juin à mi-sept., mardi sauf le soir
de mai à oct. et jeudi midi de mai à oct.
Rest – Menu 55 € (déj.), 85/170 € – Carte 95/137 € ⅋
Spéc. Brochet en quenelles, émulsion d'écrevisses (mai à oct.). Cuisses de grenouilles rôties et désossées, mousseline à l'ail doux (mai à oct.). Ris de veau braisé, jus aux pamplemousses confits (mai à oct.). **Vins** Chignin-Bergeron, Roussette de Monterminod.

♦ Le superbe panorama offert sur le lac et le mont Revard se découvre tant de l'élégante et sobre salle à manger que de la plaisante terrasse. Cuisine ivre d'inventivité.

🍴🍴🍴 **Auberge Lamartine** (Pierre Marin) ≤ lac et montagnes, 🛋 🍴
£3 3,5 km au Nord par D 1504 – ℰ 04 79 25 01 03 **P** **VISA** **CO** **AE** **①**
– aubergelamartine@wanadoo.fr – Fax 04 79 25 20 66
– Fermé 21 déc.-15 janv., dim. soir et lundi sauf fériés
Rest – Menu 26 € (déj. en sem.), 37/80 € – Carte 65/94 €
Spéc. Pressé de lavaret aux légumes. Omble chevalier du lac. Pigeon du Vercors farci au foie gras. **Vins** Chignin, Chignin-Bergeron.

♦ Cuisine délicate, chaleureuse salle à manger (cave à vins vitrée, tableaux, cheminée, etc.) et terrasse tournée vers le "lac de Lamartine" : ô temps, suspends ton vol !

🍴🍴 **La Grange à Sel** 🛋 🍴 **P** **VISA** **CO** **AE**
£3 – ℰ 04 79 25 02 66 – info@lagrangeasel.com – Fax 04 79 25 25 03
– Fermé 2 janv.-10 fév., dim. soir et merc.
Rest – Menu 27 € (déj. en sem.), 38/80 € – Carte 55/89 €
Spéc. Langoustines lardées sur chutney de fruits d'ici et d'ailleurs. Homard en raviole, mousseline d'ail doux. Filet de bœuf, pommes fondantes à la moelle. **Vins** Chignin-Bergeron, Mondeuse.

♦ Cette ancienne grange à sel a conservé ses pierres et poutres apparentes d'origine. Aux beaux jours, attablez-vous dans le joli jardin pour déguster une belle cuisine personnalisée.

XX **Beaurivage** avec ch ← 🏠 ℱ ch, ℳ **P** **VISA** **⬤** **AE**
– ℰ 04 79 25 00 38 – webmaster@beaurivage-bourget-du-lac.com
– Fax 04 79 25 06 49 – Fermé 20 oct.-21 nov., 16-23 fév., merc. soir sauf juil.-août,
dim. soir et lundi
7 ch – ♦65 € ♦♦65 €, ⇨ 9 € – **Rest** – Menu (20 €), 23 € (déj. en sem.), 33/40 €
– Carte 40/55 €
♦ La salle à manger s'ouvre sur une agréable terrasse ombragée de platanes d'où le
regard s'évade sur le romantique lac. Cuisine classique. Chambres refaites et bien aménagées.

aux Catons 2,5 km au Nord-Ouest par D 42 – ✉ 73370

XX **Atmosphères** avec ch ⌕ ← lac et montagnes, 🏠 🏠 **P** **VISA** **⬤** **AE**
618 rte des Tournelles – ℰ 04 79 25 01 29 – info@atmospheres-hotel.com
– Fax 04 79 25 26 19 – Fermé 15 oct.-15 nov., mardi et merc., sauf hôtel d'oct. à avril
4 ch – ♦95/115 € ♦♦95/115 €, ⇨ 13 €
Rest – Menu 21 € (déj. en sem.), 37/62 €
♦ Cuisine contemporaine variant au gré du marché, cadre actuel élégant, superbe vue sur
le lac, splendide terrasse-belvédère : ce chalet a tout pour plaire. Décor épuré, couleurs à
la mode et équipements dernier cri caractérisent les chambres.

Une nuit douillette sans se ruiner ?
Repérez les Bibs Hôtel 🏨 .

BOURG-LA-REINE – 92 Hauts-de-Seine – 311 J3 – 101 25 – **voir à Paris, Environs**

BOURGOIN-JALLIEU – 38 Isère – 333 E4 – 22 947 h. – alt. 235 m – ✉ 38300
▌Lyon et la vallée du Rhône   44 **B2**
🖸 Paris 503 – Bourg-en-Bresse 81 – Grenoble 66 – Lyon 43 – La Tour-du-Pin 16
🖸 Syndicat d'initiative, 1, place Carnot ℰ 04 74 93 47 50, Fax 04 74 93 76 01
🖸 de L'isle-d'Abeau à L'Isle-d'Abeau Le Rival, par rte de Lyon (D 1006) : 5 km,
ℰ 04 74 43 28 84.

Plan page ci-contre

🏠 **Des Dauphins** sans rest 🏠 ↯ ℳ **P** **VISA** **⬤**
8 r. François-Berrier, 1,5 km par ④ – ℰ 04 74 93 00 58 – direction@
hoteldesdauphins.fr – Fax 04 74 28 27 39
20 ch – ♦45/55 € ♦♦45/55 €, ⇨ 7 €
♦ Maison bourgeoise (1910) et ses deux annexes, aux chambres agréables et bien
tenues. Pour la détente : terrasse face au jardin où trône un beau séquoïa et petit
sauna.

par ② 2 km par D 1006 et rte de Boussieu – ✉ 38300 Bourgoin-Jallieu

🏠🏠 **Domaine des Séquoias** 🕐 🏠 ⏚ 🖸 rest, ℳ 🕰 **P** **VISA** **⬤** **AE** **①**
54 Vie-de-Boussieu – ℰ 04 74 93 78 00 – info@domaine-sequoias.com
– Fax 04 74 28 60 90
19 ch – ♦110/200 € ♦♦110/200 €, ⇨ 18 € – **Rest** – (fermé 27 juil.-1er sept., dim.
soir, mardi midi et lundi) Menu (30 €), 36/78 € – Carte 44/100 €
♦ Chambres design et soignées à l'annexe. Cette belle maison de maître (18e s.) cache une
salle mi-bourgeoise, mi-contemporaine, ouverte sur un parc arboré. Carte traditionnelle
et attrayante sélection de côtes du rhône.

à La Grive 4,5 km par ④ – ✉38300 Bourgoin-Jallieu

XX **Bernard Lantelme** 🏠 🖸 **P** **VISA** **⬤**
D 312 – ℰ 04 74 28 19 12 – b.lantelme@free.fr – Fax 04 74 93 78 88
– Fermé 26 juil.-25 août, sam. et dim.
Rest – Menu 22 € (sem.)/54 € – Carte 38/46 €
♦ Ferme du 19e s. transformée en restaurant. Les tableaux modernes qui égaient la
coquette salle à manger rustique forment un heureux contraste avec la cuisine tradition-
nelle.

BOURGOIN-JALLIEU

BOURG-ST-ANDÉOL – 07 Ardèche – 331 J7 – 7 768 h. – alt. 36 m – ⊠ 07700
▊ Lyon et la vallée du Rhône   44 **B3**

🄳 Paris 640 – Aubenas 57 – Montélimar 26 – Orange 34 – Pont-Saint-Esprit 16
🄸 Office de tourisme, place du champs de Mars ℰ 04 75 54 54 20,
Fax 04 75 49 10 57

🏠 **Le Clos des Oliviers**   ☞ ↳ ❄ rest, 🐾 VISA ◍◍
☜ pl. Champ-de-Mars – ℰ 04 75 54 50 12 – contact @ closdesoliviers.fr
– Fax 04 75 54 63 26 – Fermé 29 sept.-5 oct., 1er-25 janv., dim. et lundi de sept. à juin
et lundi midi en juil.-août
24 ch – †32/43 € ††40/48 €, ⊆ 6 € – ½ P 38/44 € – **Rest** – Menu 12,50 € (déj.
en sem.), 15/35 € – Carte 20/37 €
♦ Cette maison ancienne a profité d'une cure de jouvence bienvenue : petites chambres
fonctionnelles et colorées et salles de bains neuves ; annexe plus calme. Terrasse d'été
agrémentée de quelques oliviers ; cuisine actuelle et saveurs du Sud.

BOURG-STE-MARIE – 52 Haute-Marne – 313 N4 – 110 h. – alt. 329 m –
⊠ 52150

▶ Paris 302 – Chaumont 39 – Langres 45 – Neufchâteau 24 – Vittel 43

Le St-Martin 🚗 🏤 ᵫ ch, 📞 🍴 **P** 🅿️ 🛜 **VISA** **⑩** **AE** **⑪**

46 r. Grande-Fontaine – 🕿 03 25 01 10 15 – f1253@aol.com – Fax 03 25 03 91 68
– Fermé 21 déc.-5 janv. et dim. soir du 15 oct. au 30 mars
8 ch – †39 € ††49/55 €, ⊇ 8 € – ½ P 66 € – **Rest** – Menu 16/38 € – Carte
23/38 €

♦ Dans cette maison ancienne bordant une route fréquentée, vous trouverez des chambres colorées et bien rénovées, portant des noms de fleurs. Agréable petit coin salon au mobilier en fer forgé. Cuisine traditionnelle servie dans le cadre chaleureux du restaurant.

BOURG-ST-MAURICE – 73 Savoie – 333 N4 – 6 747 h. – alt. 850 m – Sports
d'hiver : voir aux Arcs – ⊠ 73700 ▮ Alpes du Nord

▶ Paris 635 – Albertville 54 – Aosta 79 – Chambéry 103
– Chamonix-Mont-Blanc 74

🖪 Office de tourisme, 105, place de la Gare 🕿 04 79 07 12 57,
Fax 04 79 07 24 90

🖫 des Arcs Chalet des Villards, S : 20 km, 🕿 04 79 07 43 95.

◻ Fresques★ de la chapelle St-Grat à Vulmix S : 4 km.

L'Autantic sans rest 🐾 ≼ 🔲 ᵫ 📞 🍴 **P** **VISA** **⑩** **AE**

69 rte Hauteville – 🕿 04 79 07 01 70 – bonjour@hotel-autantic.fr
– Fax 04 79 07 51 55
29 ch – †40/70 € ††80/130 €, ⊇ 8 €

♦ Accueillant hôtel évoquant un chalet de Tarentaise. Ses pimpantes chambres, meublées en bois ou en fer forgé, ouvrent largement sur la nature ; une dizaine offre l'agrément d'une terrasse ou d'un balcon. Espace petits-déjeuners sous véranda ; piscine couverte.

L'Arssiban 🏤 **VISA** **⑩** **AE**

253 av. Antoine-Borrel – 🕿 04 79 07 77 35 – Fax 04 79 07 77 35 – Fermé
22 juin-13 juil., 26 oct.-3 nov., 4-8 janv., merc. de sept. à juin et dim. soir
Rest – Menu 25/35 € – Carte 34/60 €

♦ Voûtes en pierre, carrelage ancien, tables en bois soigneusement cirées : un décor authentique qui s'accorde bien avec la généreuse cuisine au goût du jour.

Le Montagnole 🏤 **VISA** **⑩**

26 av. du Stade – 🕿 04 79 07 11 52 – Fax 04 79 07 11 52 – Fermé 26 mai-13 juin,
17 nov.-10 déc., lundi soir et mardi hors saison
Rest – Menu (15 €), 17/37 € – Carte 28/49 €

♦ Les accueillants patron-peintre et patronne-poétesse tapissent amoureusement murs et cartes de leurs œuvres les plus réussies. Tout aussi artistes aux fourneaux, ils relèvent leurs mets traditionnels d'un zeste d'originalité. Menu savoyard.

BOURGUEIL – 37 Indre-et-Loire – 317 J5 – 4 109 h. – alt. 42 m – ⊠ 37140
▮ Châteaux de la Loire

▶ Paris 281 – Angers 81 – Chinon 16 – Saumur 23 – Tours 45

🖪 Syndicat d'initiative, 16, place de l'église 🕿 02 47 97 91 39,
Fax 02 47 97 91 39

La Rose de Pindare 🏤 ᵫ **VISA** **⑩**

4 pl. Hublin – 🕿 02 47 97 70 50 – Fax 02 47 97 70 50 – Fermé 24 juin-2 juil.,
26 août-3 sept., 11-19 nov., 27 janv. 4 fév., mardi et merc.
Rest – Menu 18/29 € – Carte 32/53 € 🍷

♦ Anagramme de Pierre Ronsard, La Rose de Pindare offre un décor simple, blanc et fleuri avec poutres apparentes. Cuisine classique arrosée de bourgueils. Agréable terrasse.

Le Moulin Bleu ≼ 🚗 🏤 **P** **VISA** **⑩** **AE**

7 rte du Moulin-Bleu, 2 km au Nord par rte de Courléon – 🕿 02 47 97 73 13
– Fax 02 47 97 79 66 – Fermé de mi-déc. à fin fév., dim. soir et lundi soir en hiver,
mardi soir et merc.
Rest – Menu (16 € bc), 19 € (sem.)/37 € – Carte 30/47 €

♦ Ce Moulin Bleu est un moulin cavier de style angevin (15ᵉ s.) Il dispose de salles à manger voûtées et d'une terrasse dominant le vignoble. Plats traditionnels et vins locaux.

à Restigné 5 km à l'Est par D 35 – 1 158 h. – alt. 32 m – ⊠ 37140

🏠 **Manoir de Restigné** ⚘ 🚗 🕬 ⊐ ᪣ ⅏ 🐾 🏋 **P** **VISA** **⦿⦿**
15 rte de Tours – ℰ 02 47 97 00 06 – contact @ manoirderestigne.com
– Fax 02 47 97 01 43 – Fermé 1ᵉʳ janv.-10 fév.
6 ch – ❗205/345 € ❗❗205/345 €, ⊑ 15 € – ½ P 235 €
Rest – (fermé mardi soir et merc.) Menu 35 € (déj.), 55/75 €
♦ Cette demeure (17ᵉ-18ᵉ s.) bien restaurée, au cœur des vignes, dispose de jolies chambres raffinées et personnalisées, aux noms de cépages. Bar à vin. Repas servis dans l'ancien chai, métamorphosé en salle à manger aux tables joliment dressées. Terrasse l'été venu.

BOURNEVILLE – 27 Eure – 304 D5 – 736 h. – alt. 124 m – ⊠ 27500   32 **B3**
🖪 Paris 155 – Le Havre 45 – Rouen 43 – Brionne 25 – Caudebec-en-Caux 25
🖪 Office de tourisme, le Bourg ℰ 02 32 57 32 23, Fax 02 32 57 15 48

✕ **Risle Seine** 🚗 **VISA** **⦿⦿** **AE**
🍝 – ℰ 02 32 42 30 22 – risle-seine @ free.fr – Fermé vacances de fév., mardi soir et merc.
Rest – Menu (11,50 €), 18/29 € – Carte 19/30 €
♦ Cette petite auberge située au centre du village abrite une salle à manger rustique et une véranda tournée sur la verdure. Cuisine traditionnelle mitonnée avec soin.

BOURRON-MARLOTTE – 77 Seine-et-Marne – 312 F5 – 2 737 h. – alt. 71 m –
⊠ 77780   19 **C3**
🖪 Paris 72 – Fontainebleau 9 – Melun 26 – Montereau-Fault-Yonne 26
  – Nemours 11
🖪 Office de tourisme, 37, rue Murger ℰ 01 64 45 88 86, Fax 01 64 45 86 80

✕✕✕ **Les Prémices** 🕬 **P** **VISA** **⦿⦿** **AE**
Château de Bourron – ℰ 01 64 78 33 00 – lespremices @ aol.com
– Fax 01 64 78 36 00 – Fermé 1ᵉʳ-15 août, 25 déc.-1ᵉʳ janv., vacances de fév., dim. soir, lundi et mardi
Rest – Menu 38/145 € – Carte 67/117 € ⅋
♦ Étoffes unies et mobilier design décorent avec élégance ce restaurant aménagé dans les dépendances du château de Bourron (16ᵉ s.). Cuisine inventive utilisant de nombreux produits exotiques.

BOURTH – 27 Eure – 304 E9 – 1 124 h. – alt. 182 m – ⊠ 27580   33 **C2**
🖪 Paris 125 – L'Aigle 16 – Alençon 78 – Évreux 46 – Verneuil-sur-Avre 11

✕✕ **Auberge Chantecler** 🕬 **VISA** **⦿⦿** **AE** **⓪**
🍝 face à l'église – ℰ 02 32 32 61 45 – Fax 02 32 32 61 45 – Fermé 3 sem. en août,
🐾 2 sem. en janv., jeudi soir, dim. soir et lundi
Rest – Menu 16 € (déj. en sem.), 27/44 € – Carte 33/47 €
♦ Cette façade en briques chaulées se couvre de fleurs en été. Une collection de coqs, régulièrement enrichie par les habitués, est exposée dans les deux salles à manger. Cuisine du terroir.

BOUSSAC – 23 Creuse – 325 K2 – 1 602 h. – alt. 376 m – ⊠ 23600
▯ Limousin Berry   25 **C1**
🖪 Paris 333 – Aubusson 50 – La Châtre 37 – Guéret 41 – Montluçon 38
🖪 Office de tourisme, place de l'Hôtel de Ville ℰ 05 55 65 05 95,
  Fax 05 55 65 00 94
◉ Site ★.

à Nouzerines 10 km au Nord-Ouest par D97 – 261 h. – alt. 407 m – ⊠ 23600

✕✕ **La Bonne Auberge** avec ch 🐾 **VISA** **⦿⦿** **AE**
🍝 1 r. Lilas – ℰ 05 55 82 01 18 – labonneauberge-23 @ orange.fr – Fermé 6-21 oct.,
16 fév.-10 mars, dim. soir (sauf hôtel) et lundi
6 ch – ❗42/50 € ❗❗42/58 €, ⊑ 7 € – ½ P 33/37 € – **Rest** – Menu 16 € (sem.)/41 € – Carte 31/53 €
♦ Restaurant campagnard proposant une cuisine traditionnelle aux accents du terroir, bar (plat du jour) et "point poste" : cette discrète maison est le poumon du petit village creusois.

BOUT-DU-PONT-DE-LARN – 81 Tarn – 338 G9 – rattaché à Mazamet

BOUTIGNY-SUR-ESSONNE – 91 Essonne – 312 D5 – 3 002 h. – alt. 61 m –
✉ 91820   18 **B3**

❚ Paris 58 – Corbeil-Essonnes 29 – Étampes 19 – Fontainebleau 29 – Melun 33

Domaine de Bélesbat ⚘   ≤ 🏊 🅿 🍴 🍽 📺 🏢 🖀 ☎ ch, AK ↯
– ☎ 01 69 23 19 00 – reception@belesbat.com   ☎ ⚕ 🅿 **VISA** **MO** AE ①
– Fax 01 69 23 19 01 – Fermé 14 déc.-2 janv. et fév.
59 ch ⌙ – ♦370 € ♦♦370 € – 1 suite
Rest L'Orangerie – ☎ 01 69 23 19 30 – Menu 20 € (déj.), 60 € (dîner)/100 €
(dîner) – Carte 70/95 €
♦ Henri IV et Voltaire séjournèrent dans ce château des 15e et 18e s. Luxueuses chambres
contemporaines ou classiques. Superbe parc traversé par un bras de l'Essonne et golf
18 trous. Courte carte traditionnelle à déguster à l'Orangerie, une magnifique serre horti-
cole.

BOUZEL – 63 Puy-de-Dôme – 326 G8 – 507 h. – alt. 320 m – ✉ 63910   6 **C2**

❚ Paris 432 – Ambert 57 – Clermont-Ferrand 23 – Issoire 38 – Thiers 25
– Vichy 47

✗✗ **L'Auberge du Ver Luisant**   🍴 AK ↯ **VISA** **MO**
2 r. Breuil – ☎ 04 73 62 93 83 – Fax 04 73 62 93 83
– Fermé 21-28 avril, 18 août-8 sept., 1er-9 janv., dim. soir, merc. soir et lundi
Rest – Menu 15 € (déj. en sem.), 25/48 € – Carte 30/52 €
♦ Cette sympathique maison de pays a su conserver tout le charme de la campagne. On y
mange une cuisine traditionnelle soignée, de bons produits, variant au rythme des saisons.

BOUZE-LÈS-BEAUNE – 21 Côte-d'Or – 320 I7 – rattaché à Beaune

BOUZIGUES – 34 Hérault – 339 G8 – rattaché à Mèze

BOUZON-GELLENAVE – 32 Gers – 336 C7 – 167 h. – alt. 124 m – ✉ 32290
❚ Paris 745 – Auch 60 – Mont-de-Marsan 53 – Toulouse 135   28 **A2**

🏠 **Château du Bascou** ⚘   🍴 🍽 ↯ 🏊 🅿 **VISA** **MO**
Lieu dit St-Go – ☎ 05 62 69 04 12 – chateau.du.bascou@free.fr
– Fax 05 62 69 06 09 – Fermé 23-31 août et 20-28 déc.
3 ch ⌙ – ♦74 € ♦♦74 € – **Table d'hôte** – (fermé merc.) Menu 20 € bc/28 € bc
♦ Cette belle demeure du 19e s., blottie dans un parc, est entourée de 5 ha de vignes. Les
chambres, de style rustique chic, portent des noms de cépages. Piscine à l'eau de mer.
Cuisine soignée à la table d'hôte. Possibilité de déguster le vin du domaine (caveau).

BOUZY – 51 Marne – 306 G8 – 997 h. – alt. 111 m – ✉ 51150   13 **B2**

❚ Paris 168 – Châlons-en-Champagne 29 – Épernay 21 – Reims 27

🏠 **Les Barbotines** sans rest ⚘   🏊 🖀 ↯ 🏊 ☎ ⚕ 🅿 **VISA** **MO**
1 pl. A.-Tritant – ☎ 03 26 57 07 31 – contact@lesbarbotines.com
– Fax 03 26 58 26 36 – Fermé 1er- 12 août et 15 déc.-1er fév.
5 ch ⌙ – ♦70 € ♦♦90 €
♦ La prestigieuse route du Champagne s'offre à votre curiosité depuis cette belle maison
de vigneron du 19e s. Coquettes chambres personnalisées garnies de meubles chinés chez
les antiquaires.

BOYARDVILLE – 17 Charente-Maritime – 324 C4 – voir à Île d'Oléron

BOZOULS – 12 Aveyron – 338 I4 – 2 329 h. – alt. 530 m – ✉ 12340
▌ Midi-Pyrénées   29 **D1**

❚ Paris 603 – Espalion 11 – Mende 94 – Rodez 22 – Sévérac-le-Château 41

🛈 Office de tourisme, 2 bis, place de la Mairie ☎ 05 65 48 50 52,
Fax 05 65 51 28 01

◎ Trou de Bozouls★.

A la Route d'Argent 🗻 ₺ ch, 𝔸𝘊 rest, ↻ ᶜ 🅿 ☕ 𝘝𝘐𝘚𝘈 🆖

rte d'Espalion – 𝒞 *05 65 44 92 27 – yves.catusse@wanadoo.fr*
– Fax 05 65 48 81 40 – Fermé 2 janv.-31 mars
21 ch – ♦42 €, ♦♦42 €, ⌂ 7 € – ½ P 49 € – **Rest** – *(fermé lundi sauf le soir
en juil.-août et dim. soir hors saison)* Menu 18 € (sem.)/39 €
♦ Bâtisse hôtelière (fin 20ᵉ s.) vous logeant côté route ou piscine et parking, près
desquels une villa abrite 6 chambres neuves (même confort). Repas traditionnel selon
le marché, dans un cadre actuel : panneaux en verre sablé, lumière tamisée, toiles
modernes.

Les Brunes sans rest 🌿 🚲 ↻ 🦿 ᶜ 🅿

5 km au Sud par D 920 et rte secondaire – 𝒞 *05 65 48 50 11 – lesbrunes@
wanadoo.fr*
5 ch ⌂ – ♦74/117 € ♦♦81/124 €
♦ Hébergement calme et cosy en cette belle demeure (18ᵉ s.) à tourelle. Décor intérieur
soigné, petit-déjeuner près de la cheminée, jardin-verger et campagne pour toile de fond.

Le Belvédère avec ch 🍴 ᶜ 𝘝𝘐𝘚𝘈 🆖

rte de St Julien – 𝒞 *05 65 44 92 66 – belvedere.bozouls@wanadoo.fr*
– Fax 05 65 44 46 26 – Fermé 3-21 mars, 29 sept.-24 oct., dim. soir et lundi midi
12 ch – ♦39/59 € ♦♦39/59 €, ⌂ 7 € – ½ P 40 €
Rest – Menu 16 € (déj. en sem.), 19/38 € – Carte 32/49 €
♦ Demeure de caractère perchée au-dessus du "Trou" (gorge du Dourdou). Cadre
rustique et viande de l'Aubrac grillées à la braise de la cheminée. Deux générations de
chambres.

BRACIEUX – 41 Loir-et-Cher – 318 G6 – 1 158 h. – alt. 70 m – ⌂ 41250
▌ Châteaux de la Loire 　　　　　　　　　　　　　　　　　　　　　　11 **B1**

　🚗 Paris 185 – Blois 19 – Montrichard 39 – Orléans 64
　　– Romorantin-Lanthenay 30
　🛈 Syndicat d'initiative, 10 Les Jardins du Moulin 𝒞 02 54 46 09 15,
　　Fax 02 54 46 09 15

De la Bonnheure sans rest 🚲 🅿 𝘝𝘐𝘚𝘈 🆖 𝘈𝘌 ①

– 𝒞 *02 54 46 41 57 – Fax 02 54 46 05 90 – Ouvert mi-mars à début déc.*
11 ch – ♦55 € ♦♦55 €, ⌂ 8,50 € – 2 suites
♦ Chambres rustiques, jardin exposant des outils agricoles, petit-déjeuner soigné et
services destinés aux cyclistes et randonneurs : cet hôtel est un vrai "bonnheure" !

Du Cygne sans rest 🗻 ₺ ᶜ 🅿 𝘝𝘐𝘚𝘈 🆖 𝘈𝘌

5 r. René-Masson – 𝒞 *02 54 46 41 07 – autebert@wanadoo.fr – Fax 02 54 46 04 87
– Fermé 20 déc.-10 fév., dim. et lundi hors saison*
19 ch – ♦52 € ♦♦60/68 €, ⌂ 7,40 €
♦ En centre-ville, chambres simples et fonctionnelles (celles rénovées sont plus actuelles)
réparties dans plusieurs bâtiments solognots. Piscine sur l'arrière, au calme.

Bernard Robin - Le Relais de Bracieux 🚲 🍴 𝔸𝘊 🟢
❀
1 av. de Chambord – 𝒞 *02 54 46 41 22 – robin@* 🦿 𝘝𝘐𝘚𝘈 🆖 𝘈𝘌 ①
*relaischateaux.com – Fax 02 54 46 03 69 – Fermé 22 déc.-29 janv., merc.
sauf juil.-août et mardi*
Rest – *(nombre de couverts limité, prévenir)* Menu 30 € (déj. en sem.), 60/98 €
– Carte 66/104 € ⅋
Spéc. "Noir et blanc-manger" de sole au caviar. Cuisses de grenouilles en fricassée
d'aromates. Lièvre à la royale (saison). **Vins** Cour-Cheverny, Touraine.
♦ Tableaux et tapisseries anciennes président au décor provincial cossu de cette salle à
manger tournée vers le jardin. Cuisine classique et très belle carte des vins.

Le Rendez vous des Gourmets 🍴 🅿 𝘝𝘐𝘚𝘈 🆖

20 r. Roger-Brun – 𝒞 *02 54 46 03 87 – r.d.v. desgourmets@orange.fr*
*– Fax 02 54 56 88 32 – Fermé 7-17 avril, 24 déc.-10 janv., dim. soir sauf juil.-août et
merc.*
Rest – Menu 17 € (déj. en sem.), 20/49 € – Carte 36/71 €
♦ Ce restaurant sobre et rustique possède le charme d'une auberge familiale. Le chef-
patron y propose une cuisine actuelle. Aux beaux jours, petite terrasse côté cour.

BRAM – 11 Aude – 344 D3 – 3 156 h. – alt. 134 m – ⊠ 11150   22 **A2**

    ▶ Paris 749 – Montpellier 173 – Carcassonne 24 – Castres 67 – Pamiers 86

au Nord rte de Castelnaudary : 4 km par D 4, N 113 et rtre secondaire - ⊠ 11150 Bram

⤷   **Château de la Prade** ⊗   ⣀ ⣿ **P** ⣿ _VISA_ ⣿⣿
    – ℰ 04 68 78 03 99 – chateaulaprade @ wanadoo.fr – Fax 04 68 24 96 31 – Ouvert
    d'avril à oct.
    4 ch ⊑ – ♦70/85 € ♦♦80/95 € – **Table d'hôte** – Menu 19 €
    ♦ Le style cossu imprègne les chambres de cette maison bourgeoise au calme d'un parc où
    ne manquent ni arbres centenaires, ni paons et oies, ni piscine. Alléchant petit-déjeuner
    avec confitures maison servi au salon ou en terrasse. Une petite vie de château !

BRANCION – 71 Saône-et-Loire – 320 I10 – **rattaché à Tournus**

LA BRANDE – 36 Indre – 323 H7 – **rattaché à Montipouret**

BRANSAC – 43 Haute-Loire – 331 G2 – **rattaché à Beauzac**

BRANTÔME – 24 Dordogne – 329 E3 – 2 043 h. – alt. 104 m – ⊠ 24310
▌Périgord   4 **C1**

    ▶ Paris 470 – Angoulême 58 – Limoges 83 – Nontron 23 – Périgueux 27
      – Thiviers 26
    🛈 Syndicat d'initiative, boulevard Charlemagne ℰ 05 53 05 80 52,
      Fax 05 53 05 80 52
    ◉ Clocher★★ de l'église abbatiale - Bords de la Dronne★★.

🏠🏠🏠   **Le Moulin de l'Abbaye**   ⩽ ⣿ ⣿ _AK_ ch, ⣿ rest, 📞
❀   – ℰ 05 53 05 80 22 – moulin @   ⣿ _VISA_ ⣿⣿ _AE_ ①
    relaischateaux.com – Fax 05 53 05 75 27 – Ouvert 15 avril-15 nov.
    16 ch – ♦210/245 € ♦♦210/245 €, ⊑ 20 € – 3 suites – ½ P 200/240 €
    Rest – (fermé le midi sauf week-ends et fériés) Menu 58/78 € – Carte 75/90 €
    Spéc. Lobe de foie gras de canard froid, poché au vin de noix. Dodine de pigeon-
    neau au foie gras. Gratin de fraises. **Vins** Montravel, Pécharmant.
    ♦ Un ravissant moulin, la maison du meunier et celle de l'abbé : une trilogie romantique.
    Chambres personnalisées, bercées par le murmure d'une cascade. Sur la terrasse au bord
    de l'eau ou dans l'élégant restaurant, la vue sur la Dronne est bucolique à souhait ! Cuisine
    régionale.

🏠🏠   **Chabrol**   ⣿ 📞 _VISA_ ⣿⣿ _AE_ ①
    – ℰ 05 53 05 70 15 – charbonnel.freres @ wanadoo.fr – Fax 05 53 05 71 85 – Fermé
    15 nov.-15 déc., 1ᵉʳ fév.-10 mars, dim. soir sauf de juil. à sept. et lundi
    19 ch – ♦55 € ♦♦90 €, ⊑ 12 € – ½ P 70/100 € – **Rest** – Menu 29 € (sem.)/65 €
    – Carte 36/98 €
    ♦ L'expression "maison de tradition" s'applique parfaitement à l'hôtel Chabrol. Les cham-
    bres, peu à peu revues, bénéficient d'une amélioration de leur confort. Salle à manger à
    l'atmosphère provinciale et terrasse panoramique dominent le cours de la Dronne.

✗   **Au Fil du Temps**   ⣿ _VISA_ ⣿⣿
    1 chemin du Vert Galand – ℰ 05 53 05 24 12 – fildutemps @ fildutemps.fr
    – Fax 05 53 05 18 01 – Fermé 10 déc.-12 fév., lundi et mardi
    Rest – Menu (12 €), 24/35 € – Carte 26/38 €
    ♦ Une salle avec rôtissoire, une autre cosy (avec cheminée), une terrasse ombragée par un
    tilleul : trois espaces exquis pour déguster plats du terroir et viandes à la broche.

✗   **Au Fil de l'Eau**   ⣿ _VISA_ ⣿⣿
    21 quai Butin – ℰ 05 53 05 73 65 – fildeleau @ fildeleau.fr – Fax 05 53 35 04 81
    – Ouvert 16 avril-19 oct. et fermé dim. soir et mardi d'avril à juin
    Rest – Menu 24/31 €
    ♦ Coquette guinguette décorée sur le thème de la pêche. Suivez le fil de l'eau sous les saules
    pleureurs de la terrasse bordant la Dronne. Fritures et matelote.

à Champagnac de Belair 6 km au Nord-Est par D 78 et D 83 – 685 h. – alt. 135 m –
⊠ 24530

🏨🏨🏨 **Le Moulin du Roc** (Alain Gardillou) 🕭 ⟨ 🗊 🕭 ⅃ ※
  – 𝒞 05 53 02 86 00 – info@moulinduroc.com ☏ 🅿 𝗩𝗜𝗦𝗔 🆎 ①
❀ – Fax 05 53 54 21 31 – Ouvert 8 mai-12 oct.
13 ch – ♦160 € ♦♦160 €, ⊊ 18 € – ½ P 160 €
Rest – (fermé merc. midi et mardi) Menu 40 € bc (déj. en sem.)/65 €
Spéc. Soupe glacée aux herbes de notre jardin. Blanc de pintade fermière rôtie,
tartine de légumes, foie gras poêlé. Tarte fondante au chocolat mi-amer. **Vins**
Montravel, Bergerac.
  ♦ Le lieu est magique : ancien moulin situé sur la Dronne cerné par la nature. Intérieur de
caractère, chambres personnalisées et jardin au fil de l'eau. Cuisine du terroir revisitée
(menu unique), servie dans deux salles rustiques. Terrasses bordant la rivière.

à Bourdeilles 10 km au Sud-Ouest par D 78 – 777 h. – alt. 103 m – ⊠ 24310
  🄸 Syndicat d'initiative, place des Tilleuls 𝒞 05 53 03 42 96, Fax 05 53 54 56 27
  🄾 Château★ : mobilier★★, cheminée★★ de la salle à manger.

🏨🏨 **Hostellerie Les Griffons** ⟨ 🕭 ⅃ ↳ 🅿 𝗩𝗜𝗦𝗔 🆎
  Le Pont – 𝒞 05 53 45 45 35 – griffons@griffons.fr – Fax 05 53 45 45 20 – Ouvert
1er avril-30 nov.
10 ch – ♦95/105 € ♦♦105/115 €, ⊊ 11 €
Rest – (ouvert 1er avril-15 oct. et fermé le midi sauf juil.-août, dim. et fériés)
Menu (20 € bc), 24 € bc (déj. en sem.)/35 €
  ♦ Au pied du château, maison bourgeoise du 16e s. dominant la Dronne. Côté chambres :
meubles anciens, pierres, poutres et belles charpentes au dernier étage. Salon confortable,
lumineuse véranda face à la rivière et terrasse sur le jardin. Plats classiques.

BRAS – 83 Var – 340 K5 – 1 298 h. – alt. 280 m – ⊠ 83149
                                                           41 **C3**
  🄳 Paris 814 – Aix-en-Provence 55 – Marseille 62 – Toulon 61
  🄸 Syndicat d'initiative, place du 14 juillet 𝒞 04 94 69 98 26

🏠 **Une Campagne en Provence** 🕭 🗊 🕭 ⅃ ↳ 🕭 ☏ 🚗
  Domaine Le Peyrourier, 3 km au Sud-Ouest par D 28 𝗩𝗜𝗦𝗔 🆎 🄰🄴
et rte secondaire – 𝒞 04 98 05 10 20 – info@
provence4u.com – Fax 04 98 05 10 21 – Fermé 7 janv.-3 mars
6 ch – ♦80/110 € ♦♦85/115 €, ⊊ 10 €
Table d'hôte – Menu 26 € bc/32 € bc
  ♦ Vaste domaine entouré de prairies et de vignes. Les chambres, aménagées avec beaucoup de goût dans d'anciens bâtiments dont les origines remontent aux Templiers, ont
chacune leur personnalité et profitent du jardin ou de la vue sur les collines. À la table
d'hôte, cuisine provençale et vins de la propriété.

BRAX – 47 Lot-et-Garonne – 336 F4 – rattaché à Agen

BRAY-ET-LU – 95 Val-d'Oise – 305 A6 – 106 – 753 h. – alt. 28 m – ⊠ 95710
                                                           18 **A1**
  🄳 Paris 70 – Rouen 61 – Gisors 26 – Pontoise 36 – Vernon 18

※※ **Les Jardins d'Epicure** avec ch 🕭 🞉 🕭 🖵 ↳ 🞉 ☏ 🅿 𝗩𝗜𝗦𝗔 🆎 🄰🄴
  16 Grande-Rue – 𝒞 01 34 67 75 87 – info@lesjardinsdepicure.com
  – Fax 01 34 67 90 22 – Fermé 2 janv.-8 fév., jeudi midi, mardi et merc. de nov.
à mars, mardi midi en avril-mai et sept.-oct., dim. soir et lundi de sept. à mai
13 ch – ♦110/250 € ♦♦110/250 €, ⊊ 25 € – 2 suites – ½ P 75/225 €
Rest – Menu 30 € (déj. en sem.), 39/105 € – Carte 67/74 €
  ♦ Belle maison de maître (1852) nichée dans un joli parc traversé par une rivière.
Salle à manger bourgeoise ouverte sur une véranda dotée d'une piscine. Chambres de
caractère.

BREBIÈRES – 62 Pas-de-Calais – 301 L5 – rattaché à Douai

BRÉDANNAZ – 74 Haute-Savoie – 328 K6 – alt. 450 m – ⊠ 74210

▶ Paris 550 – Albertville 31 – Annecy 15 – Megève 46

46 F1

à Chaparon 1,5 km au Sud par rte secondaire - ⊠ 74210 - Doussard

✗✗　La Châtaigneraie　≤ 🖭 🖼 🌊 🕅 🎬 P VISA OO AE ①

*325 chemin des Fontaines – ℰ 04 50 44 30 67 – info@hotelchataigneraie.com
– Fax 04 50 44 83 71 – Ouvert 1er avril-1er oct. et fermé dim. soir et lundi sauf de mai
à sept.*

Rest – Menu 21 € (sem.)/48 € – Carte 28/42 €

◆ Cuisine du terroir à déguster au choix dans un vaste salle à manger campagnarde dotée
d'une cheminée ou en terrasse sur l'arrière, au calme d'un jardin ombragé, face aux
sommets.

BRÉHAT (ÎLE-DE-) – 22 Côtes-d'Armor – 309 D1 – voir à Île-de-Bréhat

---

BRELES – 29 Finistère – 308 C4 – 749 h. – alt. 52 m – ⊠ 29810

▶ Paris 616 – Rennes 264 – Quimper 99 – Brest 25 – Landerneau 47

9 A1

⌂　Auberge de Bel Air ⊗　🖭 🖼 ⇔ 🕅 ch, P

*rte de Lanildut – ℰ 02 98 04 36 01 – info.belair@aumoulindebelair.com
– Fax 02 98 04 36 01 – Fermé 1er-21oct., 10 janv.-1er fév.*

3 ch � – †60 € ††60/66 € – **Table d'hôte** – *(fermé mardi et merc. sauf vacances
scolaires et lundi en saison)* Menu 27 € bc

◆ Au bord de l'aber Ildut, dans un site verdoyant, vieille ferme en granit donnant sur un
grand jardin et son étang. Coquettes chambres de bon confort ; terrasse côté rivière. Table
ouverte à tous midi et soir (prévenir). Cadre rustique et menu du marché sur mesure.

LA BRESSE – 88 Vosges – 314 J4 – 4 928 h. – alt. 636 m – Sports d'hiver : 650/
1 350 m ⚡31 ⌇ – ⊠ 88250 ▌Alsace Lorraine

27 C3

▶ Paris 437 – Colmar 52 – Épinal 52 – Gérardmer 13 – Thann 39 – Le Thillot 20

🚹 Office de tourisme, 2a, rue des Proyes ℰ 03 29 25 41 29, Fax 03 29 25 64 61

⌂⌂　Les Vallées　🎵 🖼 🖵 🕅 🛏 📞 🛁 P 🖾 VISA OO AE ①

*31 r. P.-Claudel – ℰ 03 29 25 41 39 – hotel.lesvallees@remy-loisirs.com
– Fax 03 29 25 64 38*

56 ch – †40/65 € ††50/85 €, ⊇ 10 € – ½ P 50/74 € – **Rest** – Menu 17 € (déj. en
sem.), 22/49 € – Carte 23/40 €

◆ Chambres fonctionnelles de taille variée, équipements complets pour séminaires et
installations de loisirs : cet imposant complexe hôtelier est fréquenté hiver comme été.
Haute charpente en bois blond, grandes baies vitrées et plats régionaux au restaurant.

au Sud 3 km, rte de Cornimont par D 486 - ⊠ 88250 La Bresse

✗✗　Le Clos des Hortensias　✿ P VISA OO

*51 rte de Cornimont – ℰ 03 29 25 41 08 – Fax 03 29 25 65 34 – Fermé 11-24 nov.,
dim. soir et lundi*

Rest – *(prévenir)* Menu 15 € (déj. en sem.), 22/39 €

◆ Une fresque représentant des hortensias agrémente la façade de ce restaurant familial.
Cuisine traditionnelle soignée servie dans un intérieur aussi charmant que l'accueil.

BRESSIEUX – 38 Isère – 333 E6 – 89 h. – alt. 510 m – ⊠ 38870

▶ Paris 533 – Grenoble 50 – Lyon 76 – Valence 73 – Vienne 45 – Voiron 30

43 E2

✗　Auberge du Château　≤ 🖼 P VISA OO AE

*– ℰ 04 74 20 91 01 – Fax 04 74 20 54 69 – Fermé 20 oct.-13 nov., 16 fév.-12 mars,
dim. soir hors saison, mardi et merc.*

Rest – Menu (21 €), 30/68 € – Carte 39/46 € 🕸

◆ Au faîte d'un vieux village perché, accueillante maison ancienne bien restaurée. La
terrasse ombragée offre un beau point de vue sur la vallée et les monts du Lyonnais.

BRESSON – 38 Isère – 333 H7 – rattaché à Grenoble

Lexus RX 400h
Technologie **hybride** Haute Performance

**PREMIER TOUT-TERRAIN HYBRIDE
HAUTE PERFORMANCE**
272 ch, 8.1 l/100 km, 192 g/km de CO$_2$*

LEXUS HYBRID DRIVE **

www.lexus.fr

LEXUS

The pursuit of perfection[1]

ViaMichelin

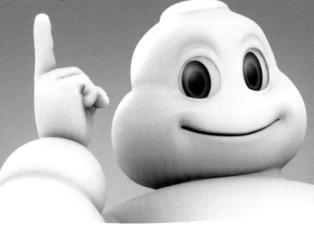

Clic je choisis, clic je réserve !

RÉSERVATION HÔTELIÈRE SUR

www.ViaMichelin.com

Préparez votre itinéraire sur le site ViaMichelin pour optimiser tous vos déplacements. Vous pouvez comparer différents parcours, sélectionner vos étapes gourmandes, découvrir les sites à ne pas manquer… Et pour plus de confort, réservez en ligne votre hôtel en fonction de vos préférences (parking, restaurant...) et des disponibilités en temps réel auprès de 60 000 hôtels en Europe (indépendants ou chaînes hôtelières).

- ■ *Pas de frais de réservation*
- ■ *Pas de frais d'annulation*
- ■ *Pas de débit de la carte de crédit*
- ■ *Les meilleurs prix du marché*
- ■ *La possibilité de sélectionner et de filtrer les hôtels du Guide Michelin*

BUCH CORPORATE - www.buchco.fr

MICHELIN
Une meilleure façon d'avancer

BRESSUIRE ⊚ – 79 Deux-Sèvres – **322** D3 – 17 799 h. – alt. 186 m – ✉ 79300
▌ Poitou Vendée Charentes   38 **B1**

  ▶ Paris 364 – Angers 84 – Cholet 45 – Niort 64 – Poitiers 82 –
    La Roche-sur-Yon 87

  🛈 Office de tourisme, place de l'Hôtel de Ville ✆ 05 49 65 10 27,
    Fax 05 49 80 41 49

🏠   **La Boule d'Or**   📞 🖧 **P** 🚗 *VISA* **①** **AE**
    15 pl. E.-Zola – ✆ 05 49 65 02 18 – hotel-labouledor@wanadoo.fr
⊗   *– Fax 05 49 74 11 19 – Fermé 26 juil.-18 août et 1er-8 mars*
    20 ch – 🛏45/47 € 🛏🛏47 €, 😐 7 € – ½ P 42/64 € – **Rest** – *(fermé dim. soir et lundi*
    midi) Menu 13,50 € (sem.)/35 € – Carte 35/46 €

    ♦ Bâtisse d'aspect régional proche de la gare. Les chambres, d'ampleur variée et correc-
    tement équipées, ont toutes bénéficié d'un rajeunissement. Restaurant proposant de
    la cuisine classique dans une salle claire dotée de chaises de style.

BREST ⊚ – 29 Finistère – **308** E4 – 149 634 h. – Agglo. 210 055 h. – alt. 35 m –
✉ 29200 ▌ Bretagne   9 **A2**

  ▶ Paris 596 – Lorient 133 – Quimper 72 – Rennes 246 – St-Brieuc 145

  🛪 de Brest-Bretagne ✆ 02 98 32 01 00, 10 km au NE

  🛈 Office de tourisme, Place de la Liberté ✆ 02 98 44 24 96, Fax 02 98 44 53 73

  🚢 de Brest les Abers à Plouarzel Kerhoaden, NE : 24 km par D 5,
    ✆ 02 98 89 68 33.

  ◉ Océanopolis★★★ - Cours Dajot ≤★★ - Traversée de la rade★ - Arsenal et
    base navale ★ DZ - Musée des Beaux-Arts★ EZ **M**¹ - Musée de la Marine★
    DZ **M**² - Conservatoire botanique du vallon du Stang-Alar★.

  🏳 Les Abers ★★

Plans pages suivantes

🏨   **Le Continental** sans rest   📶 🖧 **AC** ⇆ 📞 🖧 *VISA* **①** **AE** **①**
    41 r. E.-Zola – ✆ 02 98 80 50 40 – continental.brest@oceaniahotels.com
    – Fax 02 98 43 17 47   EY **f**
    73 ch – 🛏130 € 🛏🛏130/190 €, 😐 13 €

    ♦ C'est dans cet hôtel que séjournent les personnalités de passage à Brest. Intérieur
    décoré de reproductions de Bernard Buffet et grandes chambres cossues, modernes ou Art
    déco.

🏨   **L'Amirauté**   📶 **AC** ⇆ 🍽 rest, 📞 🖧 🚗 *VISA* **①** **AE** **①**
    41 r. Branda – ✆ 02 98 80 84 00 – amirautebrest@oceaniahotels.com
    – Fax 02 98 80 84 84   BX **t**
    84 ch – 🛏104/114 € 🛏🛏104/124 €, 😐 12 €
    Rest – *(fermé 15 juil.-20 août, 24 déc.-7 janv., sam., dim. et fériés)* Menu (20 €),
    28/50 €

    ♦ Architecture récente aux lignes élégantes, disposant de chambres bien insonorisées et
    garnies d'un mobilier contemporain de bon ton. Restaurant agencé à la façon d'une
    brasserie où l'on sert une cuisine au goût du jour utilisant les produits du terroir.

🏨   **La Paix** sans rest   📶 ⇆ 📞 *VISA* **①** **AE** **①**
    32 r. Algésiras – ✆ 02 98 80 12 97 – hoteldelapaixbrest@wanadoo.fr
    – Fax 02 98 43 30 95 – Fermé 22 déc.-1er janv.   EY **y**
    29 ch – 🛏68/72 € 🛏🛏82/115 €, 😐 10 €

    ♦ Petit hôtel du centre-ville entièrement redécoré dans un style moderne épuré. Belles
    chambres neuves, bien équipées et insonorisées. Copieux buffet au petit-déjeuner.

🏨   **Océania**   📶 ⇆ 🍽 rest, 📞 🖧 *VISA* **①** **AE** **①**
    82 r. Siam – ✆ 02 98 80 66 66 – oceania.brest@oceaniahotels.com
    – Fax 02 98 80 65 50   EY **r**
    82 ch – 🛏98/128 € 🛏🛏98/128 €, 😐 13 € – **Rest** – *(fermé 28 juil.-18 août, sam.*
    midi et dim. midi) Menu 21/33 € – Carte 23/39 €

    ♦ Confortable hôtel de la rue de Siam, évoquée dans un célèbre poème de J. Prévert
    (Barbara). Les chambres ont toutes été rénovées et se répartissent en deux caté-
    gories. Table contemporaine. Recettes actuelles (viandes et produits de la mer).

BREST

Aiguillon (R. d')	EZ	Blum (Bd Léon)	BV	Château (R. du)	EYZ		
Albert-1er (Pl.)	BZ	Botrel (R. Th.)	BV	Clemenceau (Av. G.)	EY		
Algésiras (R. d')	EY 2	Bot (R. du)	CV	Colbert (R.)	EY 5		
Anatole-France (R.)	AX	Le Bris (R. J.-M.)	EZ	Collet (R. Yves)	BX		
Beaumanoir (R.)	AX 3	Brossolette (R. Pierre)	DZ	Corniche (Rte de la)	AX		
		Bruat (R.)	BX	Dajot (Cours)	EZ		
		Caffarelli (Porte)	AX	Denvers (R.)	EZ		

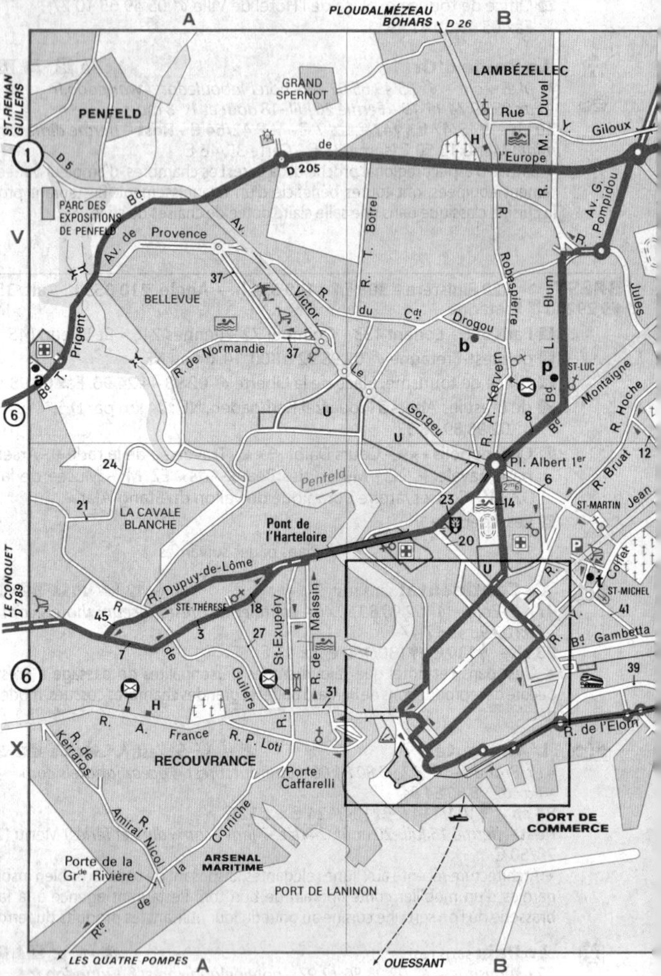

🏠 **Du Questel** sans rest

120 r. F.-Thomas – ✆ 02 98 45 99 20
– hotel-du-questel@wanadoo.fr
– Fax 02 98 45 94 02 AV **a**

30 ch – 🚹39/45 € 🚹🚹48 €, ☕ 7 €

◆ Un hôtel flambant neuf très pratique : proximité de la rocade Nord (mais au calme), chambres fonctionnelles bien tenues, prix tout doux et, sur demande, petit service snack.

RENNES MORLAIX ✈ / LESNEVEN LANNILIS

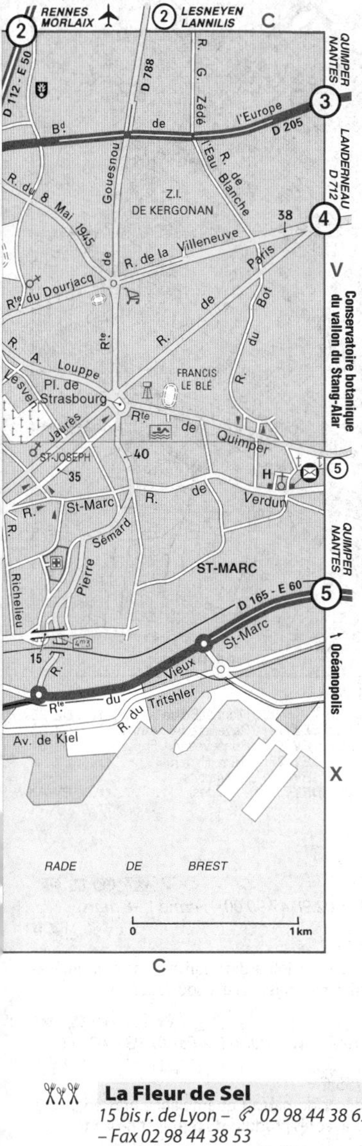

QUIMPER NANTES / LANDERNEAU D 712

Conservatoire botanique du vallon de Stang-Alar

RADE DE BREST

0   1 km

ЖЖЖ **La Fleur de Sel**   ⇔ **VISA** **MC** **AE**

15 bis r. de Lyon – ✆ *02 98 44 38 65 – lafleurdesel@wanadoo.fr*
– Fax 02 98 44 38 53
– Fermé 1ᵉʳ-24 août, 1ᵉʳ-10 janv., sam. midi, lundi midi et dim.   EY **q**
Rest – Menu 29/41 € – Carte 45/66 €

♦ Le chef de cet établissement prépare une savoureuse cuisine inventive sublimant les produits du terroir, les herbes et les saveurs... Intérieur moderne épuré et accueil charmant.

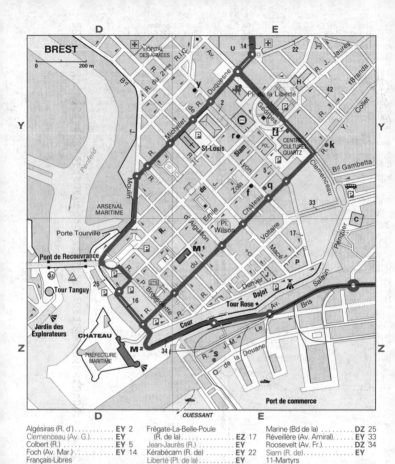

BREST

0 — 200 m

𝕏𝕏𝕏 Le Nouveau Rossini

🚗 🏠 ✿ **P** *VISA* **◯◯** **AE** **◯**

22 r. Cdt-Drogou – ℰ 02 98 47 90 00 – Fax 02 98 47 90 00 – Fermé 1ᵉʳ-8 mars, 24 août-3 sept., dim. soir et lundi   BV **b**

Rest – Menu (28 €), 43/69 € – Carte 40/83 €

◆ Adorable maison bretonne centenaire dotée d'un joli jardin fleuri et d'une cave aménagée pour la dégustation de vins. La carte privilégie poissons et coquillages.

𝕏𝕏 Le Ruffé

✿ *VISA* **◯◯** **AE** **◯**

1 bis r. Y.-Collet – ℰ 02 98 46 07 70 – le-ruffe@wanadoo.fr – Fax 02 98 44 31 46 – Fermé dim. soir et lundi   EY **k**

Rest – Menu (14 €), 20/36 € – Carte 27/55 €

◆ Dans une salle de restaurant mariant décor de bateau et ambiance brasserie, vous goûterez une cuisine traditionnelle réalisée avec les produits du terroir et de la mer.

𝕏 La Maison de l'Océan

≤ 🏠 **AK** *VISA* **◯◯** **AE**

2 quai de la Douane, (port de commerce) – ℰ 02 98 80 44 84 – Fax 02 98 46 19 83

Rest – Menu 16/38 €   EZ **s**

◆ "L'Océan" célébré dans le décor – banc d'écailler, mobilier et bibelots – et dans l'assiette (produits de la mer) : cette adresse du port compte bon nombre de fidèles.

au Nord 5 km par D 788 CV – ⊠ 29200 Brest

Oceania Brest Aéroport
32 av. Baron Lacrosse – ☎ *02 98 02 32 83*
– *oceania.brestaeroport @ oceaniahotels.com* – *Fax 02 98 41 69 27*
82 ch – ♦98/128 € ♦♦98/128 €, ☐ 13 € – **Rest** – *(fermé le midi du 28 juil. au 17 août, sam. midi, dim. midi et fériés)* Menu (17 €), 21/27 € – Carte 21/35 €
♦ Construction des années 1970 bénéficiant de l'agrément d'un petit cadre de verdure. Chambres totalement rénovées, fonctionnelles et spacieuses ; certaines donnent sur la piscine. Lumineux restaurant contemporain où l'on propose des recettes traditionnelles.

au Port du Moulin Blanc 7 km par ⑤ – ⊠ 29200 Brest

Plaisance Hôtel
37 r. du Moulin Blanc – ☎ *02 98 42 33 33* – *leplaisancehotel @ hotmail.fr*
– *Fax 02 98 02 59 34*
46 ch – ♦65 € ♦♦72 €, ☐ 7 € – ½ P 80 € – **Rest** – *(fermé dim. soir)*
Menu (13 € bc), 16 € (sem.)/35 € – Carte 22/48 €
♦ Hôtel bien situé proposant des chambres fonctionnelles, toutes identiques, pratiques et colorées. Une adresse idéale pour partir en visite à Océanopolis. Restaurant au décor sobrement contemporain proposant une carte de brasserie.

Ma Petite Folie
– ☎ *02 98 42 44 42* – *Fax 02 98 41 43 68*
Rest – Menu 22/28 € – Carte 32/54 €
♦ Ponts inférieur et supérieur aménagés en salles à manger, décor nautique, terrasse les pieds dans l'eau et belle cuisine de la mer : un second souffle pour ce langoustier de 1952.

BRETENOUX – 46 Lot – 337 H2 – 1 231 h. – alt. 136 m – ⊠ 46130 ▯ Périgord

▶ Paris 521 – Brive-la-Gaillarde 44 – Cahors 83 – Figeac 48   29 **C1**
– Sarlat-la-Canéda 65 – Tulle 47

🛈 Office de tourisme, avenue de la Libération ☎ 05 65 38 59 53,
Fax 05 65 39 72 14

◎ Château de Castelnau-bretenoux ★★ : ≼★ SO : 3,5 km.

Domaine de Granval *avec ch*
rte de St-Céré – ☎ *05 65 38 63 99* – *domainedegranval @ wanadoo.fr*
– *Fax 05 65 39 77 06* – *Fermé 28 oct.-11 nov.*
7 ch – ♦54/60 € ♦♦60/65 €, ☐ 9 € – ½ P 56/62 € – **Rest** – *(fermé lundi midi, sam. midi et dim.)* Menu 19 € (déj. en sem.)/26 € – Carte 40/51 €
♦ Le chef de ce restaurant renouvelle chaque jour ses recettes en fonction du marché. Chaleureux cadre rustique avec cheminée, murs en pierre, poutres et vue sur la campagne.

au Port de Gagnac 6 km au Nord-Est par D 940 et D 14 – ⊠ 46130 Gagnac-sur-Cère

Hostellerie Belle Rive
Port de Gagnac – ☎ *05 65 38 50 04* – *hostelleriebellerive @ yahoo.fr*
– *Fax 05 65 38 47 72* – *Fermé 20 déc.-5 janv.*
12 ch – ♦45 € ♦♦60 €, ☐ 7 € – 1 suite – ½ P 56/58 € – **Rest** – *(fermé vend. soir et dim. soir du 15 avril au 7 juil. et du 1er sept. au 15 oct., sam. sauf le soir du 15 avril au 15 oct. et dim. de mi-oct. à mi-avril)* Menu 16 € (déj. en sem.), 25/41 € – Carte 38/59 €
♦ Dans un hameau au bord de la Cère, vieille maison lotoise disposant de chambres rajeunies, chaleureuses et bien tenues. Salle à manger agréablement rénovée dans un style actuel ; cheminée originale et pressoir en bois du 19e s. Plats traditionnels revisités.

BRETEUIL – 27 Eure – 304 F8 – 3 473 h. – alt. 168 m – ⊠ 27160
▯ Normandie Vallée de la Seine   33 **C2**

▶ Paris 117 – L'Aigle 25 – Alençon 88 – Évreux 31 – Verneuil-sur-Avre 12

🛈 Syndicat d'initiative, 60, place Lafitte ☎ 02 32 67 88 18, Fax 02 32 67 88 18

Grain de Sel
76 pl. Laffitte – ☎ *02 32 29 70 61* – *Fax 02 32 29 70 61* – *Fermé 1er-15 août, dim. soir, mardi soir et lundi*
Rest – Menu 16/28 €
♦ Carte au registre traditionnel proposée dans un petit restaurant situé sur la place du marché. Une exposition de tableaux égaie les coquettes salles à manger.

BRÉTIGNOLLES-SUR-MER – 85 Vendée – 316 E8 – 2 686 h. – alt. 14 m –
⊠ 85470

34 **A3**

> 🖪 Paris 465 – Challans 30 – La Roche-sur-Yon 44 – Nantes 86
>
> 🖪 Office de tourisme, 1, boulevard du Nord ℘ 02 51 90 12 78,
> Fax 02 51 22 40 72

XX **J.-M. Pérochon et Hôtellerie des Brisants** avec ch
63 av. de la Grand'Roche – ℘ *02 51 33 65 53* – ⇐ 💹 rest, 📞 *VISA* 🏧
– *perochonjeanmarc @ wanadoo.fr* – Fax 02 51 33 89 10 – *Fermé*
12-26 nov., 2-24 fév.
15 ch – ♦41/75 € ♦♦45/80 €, � 9 € – ½ P 57/75 € – **Rest** – *(fermé lundi sauf le*
soir en juil.-août, dim. soir de sept. à juin, et mardi midi) Menu 31/68 € bc – Carte
51/99 €

◆ Jolie vue sur l'Atlantique depuis la grande salle à manger relookée dans un style
contemporain épuré et reposant. Carte au goût du jour dictée par la marée. Chambres
refaites.

BRETTEVILLE-SUR-LAIZE – 14 Calvados – 303 C2 – 1 504 h. – alt. 54 m –
⊠ 14680

32 **B2**

> 🖪 Paris 245 – Caen 18 – Hérouville-Saint-Clair 23 – Lisieux 52

⌂ **Château des Riffets** ⌾   🔲 🐾 ⊐ ↩ **P**
– ℘ 02 31 23 53 21 – chateau.riffets @ wanadoo.fr – Fax 02 31 23 75 14
4 ch ⊐ – ♦110 € ♦♦110/160 € – **Table d'hôte** – Menu 45 € bc

◆ Dominant un vaste parc boisé, ce joli manoir abrite des chambres spacieuses et élégantes. Mobilier d'époque et équipements modernes contribuent au confort des lieux. Cuisine
familiale d'inspiration régionale, préparée au gré du marché, et servie dans une salle à
manger de caractère.

LE BREUIL – 71 Saône-et-Loire – 320 G9 – rattaché au Creusot

LE BREUIL-EN-AUGE – 14 Calvados – 303 N4 – 846 h. – alt. 38 m –
⊠ 14130

33 **C2**

> 🖪 Paris 196 – Caen 55 – Deauville 21 – Lisieux 10

XX **Le Dauphin** (Régis Lecomte)   *VISA* 🏧 🅰🅴
❀ *2 r. de l'Église* – ℘ *02 31 65 08 11 – dauphin.le @ wanadoo.fr* – Fax 02 31 65 12 08
– *Fermé 12 nov.-2 déc., dim. soir et lundi*
Rest – Menu 37/45 € (carte le samedi soir) – Carte 65/77 €
Spéc. Escalope de foie gras normand aux poires et caramel de cidre. Tajine de
homard breton aux girolles (mai à oct.). Tartelette aux pralines roses, glace
plombières.

◆ Maison normande estimée aussi bien pour sa cuisine personnalisée que pour son cadre
rustique chaleureux et coquet : cheminée à blason, cuisinière chromée et aquarelles.

à St-Philbert-des-Champs 2,5 km au Nord-Est par D 264 – 606 h. – alt. 143 m –
⊠ 14130

⌂ **Le Bonheur est dans le Pré** ⌾   🔲 ↩ ℅ rest, **P**
Le Montmain – ℘ *02 31 64 29 79 – lebonheurdanslepre @ wanadoo.fr*
3 ch ⊐ – ♦80/98 € ♦♦80/98 € – **Table d'hôte** – Menu 20 € bc/25 € bc

◆ Une ferme bien restaurée, avec une extension plus moderne et des pavillons, jouxtant un
pré. Les chambres sont sobres et spacieuses. Agréable jardin. Salle à manger chaleureuse.
Le patron mitonne ses plats en fonction de ses trouvailles du marché.

BREUILLET – 17 Charente-Maritime – 324 D5 – 2 178 h. – alt. 28 m –
⊠ 17920

38 **A3**

> 🖪 Paris 509 – Poitiers 176 – La Rochelle 69 – Rochefort 39 – Saintes 38

XX **L'Aquarelle**   *VISA* 🏧
22 rte du Candé – ℘ *05 46 22 11 38 – aurelpain @ wanadoo.fr* – Fermé 2-15 juin,
1 sem. en oct., mardi midi et lundi
Rest – Menu 24/46 € – Carte 38/48 €

◆ Discret intérieur contemporain aux teintes naturelles et carte au goût du jour laissant
s'exprimer la créativité – parfois audacieuse – du chef : une vraie bonne petite adresse !

BRÉVONNES – 10 Aube – 313 G3 – 584 h. – alt. 120 m – ✉ 10220 13 B3

▶ Paris 198 – Bar-sur-Aube 30 – St-Dizier 59 – Troyes 28 – Vitry-le-François 51

XX **Au Vieux Logis** avec ch — rest, P VISA MC

1 r. Piney – ✆ 03 25 46 30 17 – logisbrevonnes@wanadoo.fr – Fax 03 25 46 37 20 – Fermé 18 fév.-13 mars, lundi sauf le soir de mai à sept. et dim. soir

5 ch – 46/55 € 46/55 €, 7,50 € – ½ P 57/63 €

Rest – Menu 17 € (sem.), 21/43 € – Carte 31/46 €

♦ Décor rustique à souhait, douce ambiance familiale et savoureuse carte traditionnelle : tout ce qui faisait le charme des logis de nos grands-mères a été ici jalousement préservé.

BRIANÇON – 05 Hautes-Alpes – 334 H3 – 10 737 h. – alt. 1 321 m – Sports d'hiver : 1 200/2 800 m 9 67 – Casino – ✉ 05100 Alpes du Sud 41 C1

▶ Paris 681 – Digne-les-Bains 145 – Gap 89 – Grenoble 119 – Torino 109

✆ 3635 (0,34 €/mn)

Office de tourisme, 1, place du Temple ✆ 04 92 21 08 50, Fax 04 92 20 56 45

de Montgenèvre à Montgenèvre Route d'Italie, NE : 12 km, ✆ 04 92 21 94 23.

Ville haute★★ : Grande Gargouille★, Statue "La France"★B - Chemin de ronde supérieur★, ≤★ de la porte de la Durance - Puy St-Pierre ✻★★ de l'église SO : 3 km par Rte de Puy St-Pierre.

Croix de Toulouse ≤★★ par Av. de Toulouse et D232^{T} : 8,5 km.

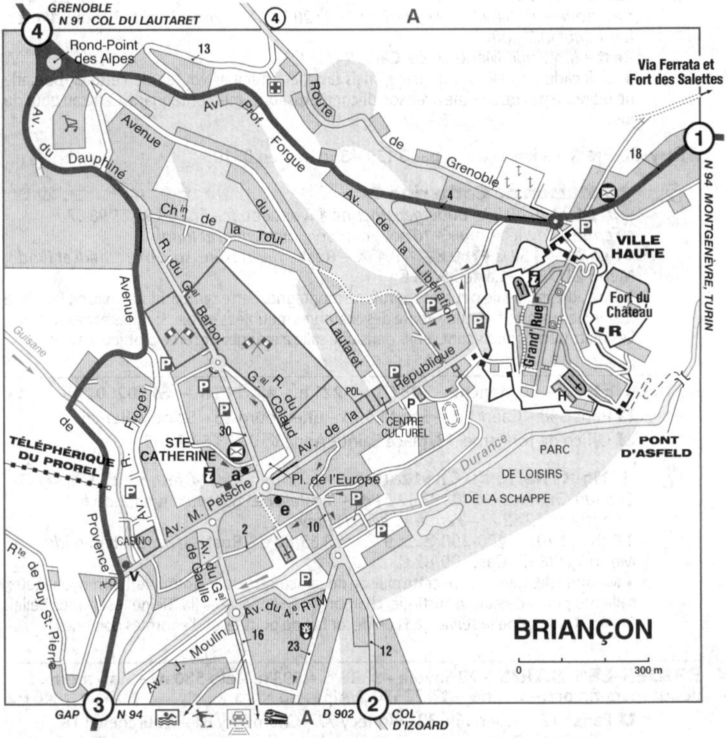

Alphand (R.)	A	2	Col-d'Izoard (Av.)	A	12	Italie (Rte d')	A	18
Baldenberger (Av. P.)	A	4	Daurelle (Av. A.)	A	13	Pasteur (R.)	A	23
Centrale (R.)	A	10	Gaulle (Av. Gén.-de)	A	16	159e-R.-I.-A. (Av.)	A	30

🏨 **Parc Hôtel** sans rest 🛗 🖪 🕭 ♨ ☎ 🕭 🏤 🅿 *VISA* ⓜ⓪ 🖽 ⓪

Central Parc – ℰ *04 92 20 37 47 – resa-serre-che1@monalisahotels.com*
– Fax 04 92 20 53 74 A **a**
60 ch – †89/114 € ††89/114 €, � 10 €
♦ Située au centre-ville, cette construction récente propose des chambres refaites, confortables et égayées de tissus aux couleurs provençales.

🏠 **La Chaussée** *VISA* ⓜ⓪ 🖽

4 r. Centrale – ℰ *04 92 21 10 37 – hotel.de.la.chaussee@wanadoo.fr*
– Fax 04 92 20 03 94 – Fermé 1er-24 mai et 1er-20 oct. A **e**
13 ch – †60/75 € ††60/80 €, ⊐ 7,50 € – ½ P 57/67 € – **Rest** – *(fermé*
20 avril-31 mai, 1er-25 oct., lundi midi, mardi midi et merc. midi) Menu 20/37 €
– Carte 27/38 €
♦ Depuis cinq générations, la même famille vous reçoit dans cet hôtel de la ville basse. Chambres simples et spacieuses ; certaines avec balcon ou terrasse côté Sud. Le décor du restaurant évoque un intérieur de chalet et la table privilégie les plats du pays.

🍽🍽 **Le Péché Gourmand** 🍂 🅿 *VISA* ⓜ⓪

😊 *2 rte de Gap* – ℰ *04 92 21 33 21 – Fax 04 92 21 33 21 – Fermé 1er-16 mai,*
10-25 oct., dim. soir et lundi A **v**
Rest – Menu 19 € (déj. en sem.), 25/48 € – Carte 38/62 €
♦ Le restaurant occupe les caves d'une ancienne fabrique de pâtes située au bord de la Guisane. Décor chaleureux, exposition de tableaux et cuisine au goût du jour soignée.

à La Vachette 3 km par ① – ⊠ 05100

🍽🍽 **Le Vach' tin** 🅿 *VISA* ⓜ⓪

rte d'Italie – ℰ *04 92 46 93 13 – Fax 04 92 20 13 61 – Fermé 27 oct.-30 nov., dim. et*
lundi sauf juil.-août
Rest – *(prévenir)* Menu 20 € – Carte 24/43 €
♦ La façade ne paie pas de mine, mais la salle à manger voûtée de cette ex-bergerie ne manque pas de charme avec son décor mi-rustique, mi-montagnard. Carte au goût du jour.

à Puy-St-Pierre 3 km à l'Ouest par D 135 – 354 h. – ⊠ 05100

🏠 **La Maison de Catherine** ⌂ ⧉ 🍂 ♨ 🅿 *VISA* ⓜ⓪ 🖽

– ℰ 04 92 20 40 89 – aubergecatherine@wanadoo.fr – Fax 04 92 21 98 07
– Fermé 28 avril-11 mai, 3-16 nov., dim. soir, merc. midi et lundi
11 ch ⊐ – †52 € ††60 € – ½ P 45 € – **Rest** – *(fermé dim. soir, merc. midi et lundi)*
Menu 21/28 € – Carte 35/48 €
♦ Une adresse idéale pour les sportifs de montagne. Cette sympathique maison familiale (réservée aux non-fumeurs) abrite des chambres meublées en pin, simples et très propres. Les plats traditionnels sont servis dans une salle à manger décorée d'objets paysans.

BRICQUEBEC – 50 Manche – 303 C3 – **4 221 h.** – alt. 145 m – ⊠ 50260 32 **A1**
� Paris 348 – Caen 115 – Saint-Lô 76 – Cherbourg 26 – Saint Helier 26
🆔 Office de tourisme, 13, place Sainte-Anne ℰ 02 33 52 21 65

🏠 **L'Hostellerie du Château** ♨ ⅌ rest, ☎ 🅿 *VISA* ⓜ⓪ 🖽

Cour du Château – ℰ *02 33 52 24 49 – lhostellerie.chateau@wanadoo.fr*
– Fax 02 33 52 62 71 – Fermé 15 déc.-31 janv.
17 ch – †70 € ††70/100 €, ⊐ 9 € – ½ P 65/80 € – **Rest** – *(fermé mardi midi)*
Menu 21/38 € – Carte 29/82 €
♦ Mélange des genres dans cette maison de caractère : façade gothique, hall moyenâgeux, salle des petits-déjeuners rustique, chambres personnalisées (la "Reine" est la plus belle). Cuisine traditionnelle servie dans un décor fait de poutres et d'énormes colonnes.

BRIDES-LES-BAINS – 73 Savoie – 333 M5 – **593 h.** – alt. 580 m – Stat. therm. :
début mars-fin oct. – Casino – ⊠ 73570 ▌ Alpes du Nord 46 **F2**
🚗 Paris 612 – Albertville 32 – Annecy 77 – Chambéry 81 – Courchevel 18
– Moûtiers 7
🆔 Office de tourisme, place du Centenaire ℰ 04 79 55 20 64,
Fax 04 79 55 20 40

Grand Hôtel des Thermes ⌂ ▦ *Ió* ▨ ⭢ ch, % rest, ☎ ⚶

– *𝒞 04 79 55 38 38 – info@gdhotel-brides.com*   **P** ▱ **VISA** **⓪** **AE**
– *Fax 04 79 55 28 29 – Fermé 2 nov.-28 déc.*
102 ch – †110 € ††210 €, �byₐ 12 € – 4 suites – ½ P 119/160 €
Rest – rest. diététique Menu 25 €

♦ Immeuble du 19ᵉ s. directement relié aux thermes par une passerelle. Chambres amples et actuelles, salons et fitness complet coiffé d'une verrière. Salle à manger un peu rétro (haut plafond préservé) avec tableaux et plantes vertes. Carte actuelle et menus pensés pour les curistes.

Golf-Hôtel ⭠ ▨ % rest, ☎ **P** **VISA** **⓪** **AE**

– *𝒞 04 79 55 28 12 – golfhotel-brides@wanadoo.fr – Fax 04 79 55 24 78 – Fermé 1ᵉʳ nov.-25 déc.*
55 ch – †69/138 € ††82/138 €, �byₐ 9 € – ½ P 68/150 € – **Rest** – *(fermé le midi du 26 déc. au 9 mars)* Menu 25 € – Carte 20/33 €

♦ Cet élégant hôtel des années 1920 a retrouvé une nouvelle jeunesse. Superbe hall d'accueil, chambres spacieuses et contemporaines offrant, pour certaines, une jolie vue sur la Vanoise. Une fontaine ornée d'une statue trône au centre du restaurant mi-bourgeois, mi-actuel.

Amélie ⌂ ⌂ ▤ ▨ ⭢ ch, ☎ **P** ▱ **VISA** **⓪**

r. Émile-Machet – *𝒞 04 79 55 30 15 – info@hotel-amelie.com – Fax 04 79 55 28 08*
– *Fermé 2 nov.-20 déc.*
40 ch – †80/95 € ††115/125 €, �byₐ 11 € – ½ P 62/95 €
Rest *Les Cerisiers* – – Menu 23/40 € – Carte 48/61 €

♦ Bâtiment moderne proche de la gare des télécabines et de l'établissement thermal. Chambres fonctionnelles bien insonorisées et dotées de salles de bains en marbre. Spécialités savoyardes et menus diététiques proposés dans une salle à manger contemporaine.

Altis Val Vert ⌂ ⌂ ▤ *Ió* % **P** **VISA** **⓪** **AE**

quartier de l'Olympe – *𝒞 04 79 55 22 62 – altisvalvert@wanadoo.fr*
– *Fax 04 79 55 29 12 – Fermé 30 oct.-20 déc.*
28 ch – †50/62 € ††68/75 €, �byₐ 10 € – ½ P 62/65 € – **Rest** – *(fermé le midi de mi-déc. à début avril)* Menu (17 €), 22 € (sem.)/26 € – Carte 25/38 €

♦ Au cœur de la station, deux jolis chalets séparés par un ravissant jardin abondamment fleuri en saison. Les chambres sont confortables et colorées. Restaurant néo-rustique et charmante terrasse dressée dans le jardin qui prend tout son éclat aux beaux jours.

Des Sources ⌖ ⭠ ⌂ ▦ ▨ ⭢ ▱ **VISA** **⓪** **AE** **①**

av. des Marronniers – *𝒞 04 79 55 29 22 – les.sources.1@wanadoo.fr*
– *Fax 04 79 55 27 06 – Fermé 2 nov.-20 déc.*
70 ch – †53/63 € ††55/65 €, �byₐ 6 € – ½ P 65 € – **Rest** – Menu 19 €

♦ Imposants bâtiments disposés autour d'un corps central. Les chambres, peu à peu refaites, sont dotées de balcons bénéficiant d'une vue sur le parc thermal. Poutres, mobilier paysan et fresque donnent un petit air champêtre à la spacieuse salle à manger.

Le Belvédère sans rest ▨ % **P** **VISA** **⓪** **AE**

r. Émile-Machet, quartier des Sources – *𝒞 04 79 55 23 41 – hotel.belvedere@ wanadoo.fr – Fax 04 79 55 24 96 – Fermé de fin oct. à mi-déc.*
28 ch – †37/43 € ††52/66 €, �byₐ 5 €

♦ Petit "castel" savoyard où vous passerez un agréable séjour face au massif de la Vanoise. Sobre décor et mobilier d'inspiration montagnarde dans les chambres.

BRIE-COMTE-ROBERT – 77 Seine-et-Marne – **312** E3 – **101** 39 – **voir à Paris, Environs**

BRIGNAC – 34 Hérault – **339** F7 – **rattaché à Clermont-L'Hérault**

BRIGNOGAN-PLAGES – 29 Finistère – **308** F3 – 849 h. – alt. 17 m –
✉ 29890   9 **A1**

▣ Paris 585 – Brest 41 – Landerneau 27 – Morlaix 49 – Quimper 89
🛈 Office de tourisme, 7, avenue du Général-de-Gaulle 𝒞 02 98 83 41 08, Fax 02 98 83 41 08

🏠🏠 **Castel Régis** sans rest ⬧ ← 🚗 ⅉ ✕ ⅋ ⬩ 🅿 𝓥𝓘𝓢𝓐 ⓒⓞ

Prom. du Garo – ✆ *02 98 83 40 22 – castel-regis @ wanadoo.fr*
– Fax 02 98 83 44 71 – Ouvert 26 avril-30 sept.
22 ch – ♦78/115 € ♦♦78/115 €, ⊆ 10 €
♦ L'emplacement enchanteur dans un grand jardin bordant l'anse de Pontusva est l'atout majeur de cet hôtel composé de plusieurs pavillons. Chambres au sobre décor marin.

LA BRIGUE – 06 Alpes-Maritimes – 341 G3 – rattaché à Tende

BRINON-SUR-SAULDRE – 18 Cher – 323 J1 – 1 089 h. – alt. 147 m – ⊠ 18410

▶ Paris 190 – Bourges 66 – Cosne-sur-Loire 59 – Gien 37 – Orléans 53
– Salbris 25   12 **C2**

🏠🏠 **La Solognote** ⬧ 🚗 𝐀𝐂 rest, ✕ 𝐬𝐀 🅿 𝓥𝓘𝓢𝓐 ⓒⓞ 𝐀𝐄

34 Grande-Rue – ✆ *02 48 58 50 29 – lasolognote @ wanadoo.fr*
– Fax 02 48 58 56 00 – Fermé 18 fév.-19 mars, jeudi midi, mardi et merc. du 11 nov. au 30 mars
13 ch – ♦58 € ♦♦76 €, ⊆ 10 € – 1 suite – ½ P 85 € – **Rest** – Menu 23/30 €
– Carte 40/53 €
♦ Hôtel familial composé de maisonnettes où se répartissent des chambres rustiques ou actuelles, aménagées avec goût et donnant sur la jolie cour-terrasse. Restaurant élégant et cosy (meubles anciens, bibelots, bar) pour un repas classique, au pays de Raboliot.

🏠 **Les Bouffards** ⬧ 🕭 ⅉ 🅿 𝓥𝓘𝓢𝓐 ⓒⓞ

– ✆ *02 48 58 59 88 – bouffards @ wanadoo.fr – Fax 02 48 58 32 11*
5 ch ⊆ – ♦60/150 € ♦♦60/150 € – **Table d'hôte** – *(fermé dim.)* Menu 25 € bc
♦ Sympathique maison familiale pour un séjour au calme au cœur d'un joli parc avec piscine. Vous profiterez de chambres spacieuses et confortables assurant la tranquillité.

BRIOLLAY – 49 Maine-et-Loire – 317 F3 – 2 282 h. – alt. 20 m – ⊠ 49125

▶ Paris 288 – Angers 15 – Château-Gontier 44 – La Flèche 45   35 **C2**
🖪 Syndicat d'initiative, 6, rue de la Mairie ✆ 02 41 42 16 84, Fax 02 41 37 92 89
🖸 Plafond★★★ de la salle des Gardes du château de Plessis-Bourré NO : 10 km
🕮 Châteaux de la Loire.

par rte de Soucelles 3 km (D 109) – ⊠ 49125 Briollay

🏠🏠🏠 **Château de Noirieux** ⬧ ← 🕭 🚗 ⅉ ✕ 𝐬𝐀 🅿 𝓥𝓘𝓢𝓐 ⓒⓞ 𝐀𝐄 ⓞ

26 rte du Moulin – ✆ *02 41 42 50 05 – noirieux @ relaischateaux.com*
– Fax 02 41 37 91 00 – Fermé de mi-fév. à mi-mars et nov., dim. et lundi d'oct. à mai
19 ch – ♦175/370 € ♦♦175/370 €, ⊆ 22 € – ½ P 160/246 €
Rest – *(fermé dim. soir d'oct. à mai, mardi sauf le soir d'oct. à mai et lundi)*
Menu 47 € (déj. en sem.), 59/110 € – Carte 98/133 € ⅜
Rest Côté Véranda – *(fermé mardi d'oct. à mai, dim. et lundi) (déj. seult)*
Menu 32/48 €
Spéc. Lasagne d'araignée de mer à la truffe. Escalopes de turbot côtier grillées, asperges vertes et artichauts poivrades (avril à oct.). "Petites folies" de desserts gourmands de Mireille. **Vins** Saumur, Anjou.
♦ Cette superbe propriété réunit un château du 17ᵉ s., un manoir du 15ᵉ s. et une chapelle dans un parc dominant le Loir. Chambres raffinées. Élégante salle à manger et terrasse ombragée ; belle cuisine au goût du jour. Le Côté Véranda n'ouvre qu'au déjeuner.

BRION – 01 Ain – 328 G3 – rattaché à Nantua

BRIONNE – 27 Eure – 304 E6 – 4 449 h. – alt. 56 m – ⊠ 27800

🕮 Normandie Vallée de la Seine   33 **C2**
▶ Paris 156 – Bernay 16 – Évreux 40 – Lisieux 40 – Pont-Audemer 27 – Rouen 44
🖪 Office de tourisme, 1, rue du Général-de-Gaulle ✆ 02 32 45 70 51
🖲 du Champ de Bataille à Le Neubourg Château du Champ de Bataille,
O : 18 km par D 137 et D 39, ✆ 02 32 35 03 72.
🖸 Abbaye du Bec-Hellouin★★ N : 6 km - Harcourt : château★ et arboretum★
SE : 7 km.

XXX **Le Logis** avec ch   ☏ 🅿 VISA ◉ AE

pl. St-Denis – ☏ 02 32 44 81 73 – lelogisdebrionne@free.fr
– Fax 02 32 45 10 92 – Fermé 18 août-2 sept., 3-9 nov., vacances de fév., sam. midi,
dim. soir et lundi
12 ch – ♦70 € ♦♦72 €, ⊇ 11,50 €
Rest – Menu 19 € (déj. en sem.), 25/46 € – Carte environ 56 €
♦ Salle à manger contemporaine agrémentée de nombreuses plantes vertes. On y déguste une cuisine au goût du jour et des spécialités du pays. Chambres garnies de meubles anciens.

BRIOUDE ⓢ – **43 Haute-Loire** – **331** C2 – **6 820 h.** – **alt. 427 m** – ✉ **43100**   6 **C3**
🏳 Auvergne
> 🄳 Paris 479 – Clermont-Ferrand 69 – Le Puy-en-Velay 62 – St-Flour 52
> 🄸 Office de tourisme, place Lafayette ☏ 04 71 74 97 49, Fax 04 71 74 97 87
> ◉ Basilique St-Julien★★ (chevet★★, chapiteaux★★).
> 🄶 Lavaudieu : fresques★ de l'église et cloître★★ de l'ancienne abbaye 9,5 km par ①.

BRIOUDE

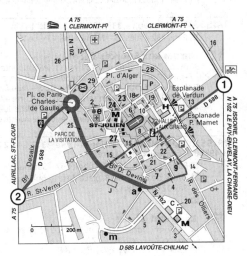

🏨 **La Sapinière**   ▥ 🗖 🅰 rest, ⁒ ☏ ♨ 🅿 VISA ◉

av. P.-Chambriard – ☏ 04 71 50 87 30 – hotel.la.sapiniere@wanadoo.fr
– Fax 04 71 50 87 39 – Fermé fév., vacances de la Toussaint et dim. soir
sauf juil.-août   **m**
11 ch – ♦80/85 € ♦♦96/104 €, ⊇ 10 € – ½ P 78 €
Rest – (ouvert de Pâques au 31 déc. et fermé vacances de la Toussaint, dim. soir, lundi et le midi sauf dim.) Menu 26/45 € – Carte 33/45 €
♦ Au cœur de la cité mais au calme d'un joli jardin, plaisante maison récente abritant d'amples chambres décorées dans un esprit champêtre. Belle piscine couverte ; jacuzzi. Charpente apparente, bois blond et agréable luminosité au restaurant.

🏨 **Artemis**   ▥ 🗖 ▤ 🅰 ch, 🅰 ⁒ ☏ 🅿 VISA ◉
✆

Parc des Conchettes, Rocade N 102 : 2 km au Nord-Ouest – ☏ 04 71 50 45 04
– info@artemis-hotel.com – Fax 04 71 50 45 05
40 ch – ♦60/74 € ♦♦60/74 €, ⊇ 9,50 € – ½ P 57/59 € – **Rest** – Menu (13,50 €), 17/39 € – Carte 25/57 €
♦ Au bord de la nationale contournant Brioude, cet hôtel propose chambres, jardin, piscine et salle de séminaires. Agencements contemporains et pratiques ; bonne insonorisation. Cuisine traditionnelle dans une salle à manger actuelle aux tons crème.

Poste et Champanne
🄰🄲 rest, ⇆ 🐕 🅿 ☕ 𝑉𝐼𝑆𝐴 ⓒⓞ

1 bd Dr-Devins – 𝒞 *04 71 50 14 62 – hpbrioude@wanadoo.fr – Fax 04 71 50 10 55*
– Fermé vacances de la Toussaint, 26 janv.-3 mars, dim. soir et lundi midi　　　a
20 ch – ♦32/48 € ♦♦48/56 €, � 7 € – ½ P 48 € – **Rest** – Menu 15 € (sem.),
23/42 €

◆ Établissement familial du centre-ville. Chambres rénovées, fonctionnelles dans l'aile principale, plus calmes et confortables à l'annexe. Le restaurant rustique et rétro respire l'authenticité, tout comme la cuisine "cent pour cent" auvergnate, copieuse et savoureuse.

BRIOUZE – 61 Orne – 310 G2 – 1 620 h. – alt. 210 m – ⊠ 61220　　32 B3
🄳 Paris 218 – Alençon 58 – Argentan 26 – La Ferté-Macé 13 – Flers 17

✕ **Sophie** avec ch　　🍴 rest, 𝑉𝐼𝑆𝐴 ⓒⓞ

5 pl. Albert-1er – 𝒞 *02 33 62 82 82 – Fax 02 33 62 82 83 – Fermé 10 août-8 sept.,*
20 déc.-4 janv., dim. soir, vend. soir et sam.
9 ch – ♦40 € ♦♦40/65 €, � 6 € – ½ P – **Rest** – Menu 12 € (sem.)/25 € – Carte 19/35 €

◆ Sur la place du village, très animée les jours de marché aux bestiaux, petite adresse familiale disposant de deux salles à manger sobrement rustiques. Chambres pratiques.

BRISSAC – 34 Hérault – 339 H5 – 442 h. – alt. 145 m – ⊠ 34190　　23 C2
🄳 Paris 732 – Alès 55 – Montpellier 41 – Le Vigan 25

✕✕ **Jardin aux Sources** avec ch ⬙　　🍴 🄰🄲 ch, 🍴 ch, ⚶ 𝑉𝐼𝑆𝐴 ⓒⓞ 🄰🄴

30 av. du Parc – 𝒞 *04 67 73 31 16 – isaje@club-internet.fr – Fax 04 67 73 31 16*
– Fermé 27 oct.-14 nov., 5-23 janv., dim. soir et merc. hors saison et lundi
5 ch � – ♦85/100 € ♦♦100/135 € – **Rest** – (nombre de couverts limité, prévenir)
Menu (19 €), 26 € (déj. en sem.), 31/64 € – Carte 47/53 €

◆ Maison en pierre au cœur d'un pittoresque village. Jolie salle de restaurant voûtée avec vue sur les cuisines, ravissante terrasse et carte inventive. Chambres coquettes.

BRISSAC-QUINCÉ – 49 Maine-et-Loire – 317 G4 – 2 296 h. – alt. 65 m –
⊠ 49320 ▌ Châteaux de la Loire　　35 C2
🄳 Paris 307 – Angers 18 – Cholet 62 – Saumur 39
🄴 Office de tourisme, 8, place de la République 𝒞 02 41 91 21 50,
Fax 02 41 91 28 12
◎ Château★★.

🏠 **Le Castel** sans rest　　🛋 ⇆ 🐕 🅿 𝑉𝐼𝑆𝐴 ⓒⓞ ①

1 r. L.-Moron, (face au château) – 𝒞 *02 41 91 24 74 – le.castel.brissac@*
wanadoo.fr – Fax 02 41 91 71 55
11 ch – ♦45/77 € ♦♦45/77 €, � 8 €

◆ Hôtel familial proposant des chambres coquettes et confortables – dont une "nuptiale" plus luxueuse – un salon cossu et une salle des petits-déjeuners ouverte sur le jardin.

BRIVE-LA-GAILLARDE ⬙ – 19 Corrèze – 329 K5 – 49 141 h. – alt. 142 m –
⊠ 19100 ▌ Périgord　　24 B3
🄳 Paris 480 – Albi 218 – Clermont-Ferrand 170 – Limoges 92 – Toulouse 201
☎ 𝒞 3635 (0,34 €/mn)
🄴 Office de tourisme, place du 14 Juillet 𝒞 05 55 24 08 80, Fax 05 55 24 58 24
🄵 de Brive Vallée de Planchetorte, SO : 5 km, 𝒞 05 55 87 57 57.
◎ Musée de Labenche★.

Plans pages suivantes

🏨 **La Truffe Noire**　　🍴 🏢 🄰🄲 🐕 ⚶ 🅿 𝑉𝐼𝑆𝐴 ⓒⓞ 🄰🄴 ①

22 bd A.-France – 𝒞 *05 55 92 45 00 – contact@la-truffe-noire.com*
– Fax 05 55 92 45 13　　CY v
27 ch – ♦85/100 € ♦♦100/125 €, � 19 € – **Rest** – Menu (26 €), 38/80 € – Carte 52/72 €

◆ Au seuil de la vieille ville, grande maison régionale du 19e s., s'étant tout récemment offert une seconde jeunesse. Accueillant salon-cheminée et chambres pimpantes. Truffes et spécialités corréziennes se dégustent dans une salle rafraîchie ou en plein air.

BRIVE-LA-GAILLARDE

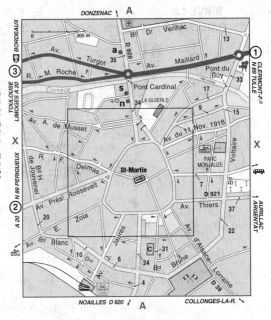

🏠 **Le Collonges** sans rest ⬜ 📞 **VISA** **MC** **AE** ⓘ
3 pl. W.-Churchill – ✆ 05 55 74 09 58 – lecollonges@wanadoo.fr – Fax 05 55 74 11 25
24 ch – ♦50/52 € ♦♦52/59 €, ☑ 8,50 € CZ **n**
♦ Cet hôtel familial est situé en léger retrait du boulevard ceinturant le centre-ville.
Salon-bar coquet et chambres sobrement modernes assurent le bien-être des voyageurs.

🏠 **Le Coq d'Or** sans rest **AC** ⇄ 📞 **VISA** **MC**
16 bd Jules-Ferry – ✆ 05 55 17 12 92 – marc.belacel@wanadoo.fr
– Fax 05 55 88 39 90 – Fermé 23 déc.-2 janv. CZ **e**
8 ch – ♦50 € ♦♦55 €, ☑ 8 €
♦ À deux pas du centre, cet hôtel rénové propose des chambres décorées de meubles
anciens et de toile de Jouy. Terrasse à l'ombre d'un platane.

❌❌❌ **Les Arums** 🌳 **AC** **VISA** **MC** **AE**
15 av. Alsace-Lorraine – ✆ 05 55 24 26 55 – Fax 05 55 17 13 22 – Fermé
25 août-1er sept., sam. midi, dim. soir et lundi CZ **a**
Rest – Menu (27 € bc), 38/85 € – Carte 47/51 €
♦ Restaurant au décor contemporain très épuré, rehaussé de toiles modernes colorées.
Vous dégusterez, ainsi que sur la verdoyante terrasse, une cuisine assez créative.

❌❌ **La Toupine** 🌳 **AC** 🕸 ⇄ **VISA** **MC**
27 av. Pasteur – ✆ 05 55 23 71 58 – Fax 05 55 23 71 58
– Fermé 1er-26 août, 23 fév.-10 mars, dim. et lundi AX **a**
Rest – (prévenir) Menu 25/28 € – Carte 32/40 €
♦ Pour manger en toute quiétude, ce restaurant au décor contemporain, mariant avec goût
l'inox et le bois de rose, régale d'une savoureuse cuisine au goût du jour.

❌❌ **La Crémaillère** avec ch 🌳 🕸 ch, 📞 🛁 **VISA** **MC** ⓘ
53 av. de Paris – ✆ 05 55 74 32 47 – hotel.restaurant-la.cremaillere@wanadoo.fr
– Fax 05 55 74 00 15 – Fermé 22-28 déc., et dim. AX **n**
8 ch – ♦44 € ♦♦47 €, ☑ 7 € – ½ P 54 € – **Rest** – Menu 20 € bc (déj. en sem.),
29/36 € – Carte 52/61 €
♦ Sur une artère fréquentée, contraste d'un cadre rustique avec des œuvres contemporaines peintes ou sculptées par un artiste local. Un tilleul centenaire ombrage la terrasse.

BRIVE-LA-GAILLARDE

Chez Francis
VISA ⓜⓒ

61 av. de Paris – ℰ 05 55 74 41 72 – chezfrancis @ wanadoo.fr – Fax 05 55 17 20 54
– Fermé mardi en août, dim. et lundi   AX **s**
Rest – (nombre de couverts limité, prévenir) Menu 16 € (sem.)/25 € – Carte
37/60 € ♨

♦ Pubs rétro et dédicaces laissées par les clients décorent ce sympathique restaurant aux
allures de bistrot parisien. Cuisine traditionnelle revisitée ; vins du Languedoc.

Auberge de Chanlat
⇐ 🌲 **P.** VISA ⓜⓒ

34 r. G-Buisson, (au Sud du plan), 2 km par rte de Noailles – ℰ 05 55 24 02 03
– Fax 05 55 74 39 06 – Fermé 23 juin-1er juil., 25 août-9 sept., lundi et mardi
Rest – Menu 22/38 € – Carte 27/53 €

♦ Auberge familiale aux abords de la campagne. Dans le décor contemporain d'une
salle panoramique ouverte sur la vallée, dégustez une cuisine d'esprit terroir et à la
plancha.

rte d'Aurillac Est par D 921 CZ – ⊠ 19360 Malemort

⛪ **Auberge des Vieux Chênes** 📞 🔧 P̄ 🛋 VISA ⓪ AE ①
31 av. Honoré-de-Balzac, à 2,5km – ✆ 05 55 24 13 55 – aubergedesvieuxchenes@
wanadoo.fr – Fax 05 55 24 56 82 – Fermé dim. et fériés
16 ch – ♦45/55 € ♦♦48/65 €, ⊇ 6,50 € – ½ P 50/65 € – **Rest** – Menu (14 €),
19/38 € – Carte 39/61 €
◆ Aux portes de Brive, grande bâtisse abritant café, commerce de tabacs et de journaux et
hôtel. Chambres pratiques dont quatre nouvelles, plus spacieuses et modernes. Restaurant
au sobre cadre actuel ; cuisine traditionnelle à l'accent du pays.

à Varetz 10 km par ③, D 901 et D 152 – 1 918 h. – alt. 109 m – ⊠ 19240

🏨 **Château de Castel Novel** ⬧ ⬅ 🏓 🛋 🏊 ✂ 🍴 P̄ AC ↕ 📞
à Varetz – ✆ 05 55 85 00 01 🔧 P̄ VISA ⓪ AE
– novel@relaischateaux.com – Fax 05 55 85 09 03
– Fermé 26 déc.-20 janv., dim. soir et lundi sauf juil.-août
32 ch – ♦84/300 € ♦♦104/320 €, ⊇ 19 € – 5 suites – ½ P 144/220 €
Rest – (fermé dim. soir et lundi soir sauf juil.-août, sam. midi et lundi midi)
Menu (24 €), 32 € (déj. en sem.), 41/71 € – Carte 66/90 €
◆ Pour un séjour au calme, sur les pas de Colette qui vécut dans cet ancien château fort des
13e-15e s. en grès rose, au cœur d'un vaste parc. Chambres raffinées et personnalisées.
Cuisine classique rendant hommage à l'auteur du Blé en Herbe.

BRIVEZAC – 19 Corrèze – 329 M5 – rattaché à Beaulieu-sur-Dordogne

BRON – 69 Rhône – 327 I5 – rattaché à Lyon

BROU – 28 Eure-et-Loir – 311 C6 – 3 713 h. – alt. 150 m – ⊠ 28160 11 **B1**
◪ Paris 142 – Chartres 38 – Châteaudun 22 – Le Mans 86
– Nogent-le-Rotrou 33
◪ Office de tourisme, rue de la Chevalerie ✆ 02 37 47 01 12, Fax 02 37 47 01 12

✗ **L'Ascalier** 📶 VISA ⓪
😊 9 pl. Dauphin – ✆ 02 37 96 05 52 – Fax 02 37 47 02 41 – Fermé dim. soir, lundi soir
et mardi soir
Rest – (prévenir) Menu (14 €), 19/40 €
◆ Le bel "ascalier" du 16e s. dessert la salle à manger de l'étage. Intérieur rustique, terrasse
fleurie et cuisine traditionnelle soignée : l'adresse est très courue.

BROUAINS – 50 Manche – 303 G7 – rattaché à Sourdeval

BROUCKERQUE – 59 Nord – 302 B2 – 1 165 h. – alt. 2 m – ⊠ 59630 30 **B1**
◪ Paris 283 – Calais 37 – Cassel 26 – Dunkerque 14 – Lille 74 – St-Omer 28

✗ **Middel Houck** 👥 ♻ VISA ⓪ AE
😊 pl. du Village – ✆ 03 28 27 13 46 – middelhouck@wanadoo.fr
– Fax 03 28 27 19 19 – Fermé 3-16 août, le soir de dim. à vend. et sam.
Rest – Menu 18 € (déj. en sem.), 26/55 € bc – Carte 37/50 €
◆ Murs en briques, superbes poutres apparentes et fleurs fraîches : une atmosphère
sympathique se dégage de cet ex-relais de poste. Carte traditionnelle aux accents de la
région.

BROUILLA – 66 Pyrénées-Orientales – 344 I7 – 918 h. – alt. 45 m –
⊠ 66620 22 **B3**
◪ Paris 873 – Montpellier 176 – Perpignan 20 – Figueres 47 – Roses 66

⛪ **L'Ancienne Gare** sans rest ⬅ 🌿 P̄
lieu-dit "Le Millery", 1 km au Nord par D 8 B – ✆ 04 68 89 88 21 – anciennegare@
yahoo.fr
5 ch ⊇ – ♦55 € ♦♦65 €
◆ Tout près de la frontière espagnole, l'ex-gare ferroviaire est devenue une maison d'hôtes
très chaleureuse. Chambres romantiques, cachet ancien, terrasse et vue sur le Canigou.

BROUILLAMNON – 18 Cher – 323 I4 – **rattaché à Charost**

BROUSSE-LE-CHÂTEAU – 12 Aveyron – 338 H7 – 163 h. – alt. 239 m –
✉ 12480 ▊ Languedoc Roussillon   **29 D2**

    ☐ Paris 696 – Albi 54 – Cassagnes-Bégonhès 35 – Lacaune 50 – Rodez 61
      – St-Affrique 29

    ◙ Village perché ★.

🏠   **Le Relays du Chasteau** ॐ   ⩽ AC rest, P. VISA ◍
    – ℰ 05 65 99 40 15 – lerelaysduchasteau @ wanadoo.fr – Fax 05 65 99 21 25
    – Fermé 20 déc.-20 janv., vend. soir et sam. d'oct. à mai
    12 ch – ♦37/48 € ♦♦37/48 €, ☑ 6,50 € – ½ P 42/44 € – **Rest** – Menu 16 €
(sem.)/33 € bc – Carte 15/28 €

    ♦ Jolie maison aveyronnaise aux chambres sobres et fonctionnelles, toutes tournées vers
le château médiéval. Une cheminée réchauffe le restaurant d'esprit campagnard (cuivres,
bois brut) où l'on apprécie des plats fleurant bon le terroir.

LES BROUZILS – 85 Vendée – 316 I6 – 2 031 h. – alt. 64 m – ✉ 85260   **34 B3**

    ☐ Paris 427 – Nantes 46 – La Roche-sur-Yon 37 – Cholet 77
      – Saint-Herblain 53

🏠   **Manoir de la Thébline** sans rest ॐ   ♪ ↔ ॐ P.
    rte de l'Herbergement – ℰ 02 51 42 99 98 – contact @ manoirthebline.com
    3 ch ☑ – ♦90 € ♦♦90 €

    ♦ De beaux meubles anciens donnent un cachet aux douillettes chambres de cette jolie
demeure du 19ᵉ s. Plaisant parc fleuri, salon-billard, bibliothèque. Tenue exemplaire.

BRUAY-LA-BUISSIERE – 62 Pas-de-Calais – 301 I5 – **rattaché à Béthune**

BRUÈRE-ALLICHAMPS – 18 Cher – 323 K6 – **rattaché à St-Amand-Montrond**

BRUMATH – 67 Bas-Rhin – 315 K4 – 8 930 h. – alt. 145 m – ✉ 67170   **1 B1**

    ☐ Paris 472 – Haguenau 14 – Molsheim 45 – Saverne 35 – Strasbourg 19

🍴🍴🍴   **À L'Écrevisse**   ⇗ ⌂ AC ॐ ♢ P. VISA ◍ AE ⓪
    4 av. de Strasbourg – ℰ 03 88 51 11 08 – ecrevisse @ wanadoo.fr
    – Fax 03 88 51 89 02 – Fermé 25 juil.-8 août, lundi soir et mardi
    Rest – Menu 18/49 € – Carte 32/62 €
    Rest Krebs'Stuebel – (fermé lundi soir et mardi) Menu (12,50 € bc), 18/38 €
    – Carte 26/46 €

    ♦ Maison alsacienne dirigée par la même famille depuis sept générations. Salle de restau-
rant cossue où l'on sert une cuisine classique. Chambres anciennes mais nettes. Au
Krebs'Stuebel, atmosphère et décor de type winstub ; cuisine ad hoc et tapas.

LE BRUSC – 83 Var – 340 J7 – **rattaché à Six-Fours-les-Plages**

BRY-SUR-MARNE – 94 Val-de-Marne – 312 E2 – 101 18 – **voir à Paris, Environs**

BUELLAS – 01 Ain – 328 D3 – 1 288 h. – alt. 225 m – ✉ 01310   **43 E1**

    ☐ Paris 424 – Annecy 120 – Bourg-en-Bresse 9 – Lyon 69 – Mâcon 32

🍴   **L'Auberge Bressane**   ⌂ P. VISA ◍ AE
    pl. du Prieuré – ℰ 04 74 24 20 20 – Fax 04 74 24 20 20 – Fermé 27 oct.-5 nov.,
    16 fév.-4 mars, dim. soir, mardi et merc.
    Rest – Menu 11,50 € (déj. en sem.), 20/38 € – Carte 29/38 €

    ♦ De belles recettes du terroir, un zeste de saveurs du Sud et une dose d'inventivité : on se
régale dans ce restaurant (ex-boulangerie) au décor méridional. Service attentionné.

LE BUGUE – 24 Dordogne – 329 G6 – 2 778 h. – alt. 62 m – ⊠ 24260
🏛 Périgord

4 **C3**

🚗 Paris 522 – Bergerac 47 – Brive-la-Gaillarde 72 – Périgueux 42
  – Sarlat-la-Canéda 32

🛈 Office de tourisme, porte de la Vézère ℰ 05 53 07 20 48, Fax 05 53 54 92 30

🖼 de La Marterie à Saint-Félix-de-Reillac-et-Mortemart Domaine de la Marterie,
  N : 13 km par D 710, ℰ 05 53 05 61 00.

👁 Gouffre de Proumeyssac★★ S : 3 km.

🏨 **Domaine de la Barde** 🔔 🏕 🏊 🏋 🍴 🖥 🚭 ch, 🚪 🛗 **P** **VISA** **ⓜ** **AE**

rte de Périgueux – ℰ 05 53 07 16 54 – hotel @ domainedelabarde.com
– Fax 05 53 54 76 19 – Fermé 3 janv.-15 mars
18 ch – ♥95/198 € ♥♥95/240 €, ☷ 15 € – ½ P 146/291 €
Rest Le Vélo Rouge – (fermé le midi du mardi au vend. et lundi) Menu 39 €
– Carte 47/51 €
  ♦ Ce beau manoir périgourdin (18ᵉ s.) s'ouvre sur un jardin à la française. Les deux annexes,
  un moulin et une ancienne forge, abritent de vastes chambres décorées avec goût. Au Vélo
  Rouge, on fait la part belle à la tradition, sans renier quelques spécialités régionales.

---

rte de Sarlat 3 km à l'Est par D 703 et rte secondaire ⊠ 24260

🏠 **Maison Oléa** sans rest 🐾 ⬱ vallée de la Vézère, 🍴 🏊 **AC** 🕻 **P**

La Combe de Leygue – ℰ 05 53 08 48 93 – info @ olea-dordogne.com
– Fax 05 53 08 48 93 – Fermé 21 déc.-4 janv.
5 ch – ♥55/70 € ♥♥65/75 €, ☷ 5 €
  ♦ Une maison d'hôtes où chaque chambre possède une loggia orientée plein sud, avec vue
  sur la vallée de la Vézère. Décoration harmonieuse. Piscine d'été et jardin potager.

à Campagne 4 km au Sud-Est par D 703 – 310 h. – alt. 60 m – ⊠ 24260

🏠 **Du Château** 🏕 🍴 ch, **P** **VISA** **ⓜ**

– ℰ 05 53 07 23 50 – hotduchateau @ aol.com – Fax 05 53 03 93 69
– Ouvert 16 mars-15 oct.
12 ch – ♥55/60 € ♥♥55/60 €, ☷ 8 € – ½ P 55/60 € – **Rest** – Menu 22/50 €
– Carte 33/47 €
  ♦ Au cœur du Périgord Noir, face au Château de Campagne, auberge de caractère, dont
  les chambres anciennes et bien tenues ont un esprit champêtre. Décor rustique dans la
  salle à manger et la véranda ; cuisine sans prétention.

BUIS-LES-BARONNIES – 26 Drôme – 332 E8 – 2 226 h. – alt. 365 m – ⊠ 26170
🏛 Alpes du Sud

44 **B3**

🚗 Paris 685 – Carpentras 39 – Nyons 29 – Orange 50 – Sault 38 – Sisteron 72
  – Valence 130

🛈 Office de tourisme, 14, boulevard Eysserie ℰ 04 75 28 04 59,
  Fax 04 75 28 13 63

👁 Vieille ville★.

🏨 **Les Arcades-Le Lion d'Or** sans rest 🍴 🏊 🏋 🕻 🚐 **VISA** **ⓜ**

pl. du Marché – ℰ 04 75 28 11 31 – info @ hotelarcades.fr – Fax 04 75 28 12 07
– Ouvert de mars à nov.
15 ch – ♥41/66 € ♥♥47/70 €, ☷ 7,50 € – 1 suite
  ♦ L'entrée de l'hôtel se fait sous les belles arcades (15ᵉ s.) de la place centrale. Chambres
  rénovées, joliment personnalisées. Le charmant jardin intérieur vaut le coup d'œil.

LE BUISSON-CORBLIN – 61 Orne – 310 F2 – rattaché à Flers

LE BUISSON-DE-CADOUIN – 24 Dordogne – 329 G6 – 2 075 h. – alt. 63 m –
⊠ 24480

4 **C3**

🚗 Paris 532 – Bergerac 38 – Brive-la-Gaillarde 81 – Périgueux 52
  – Sarlat-la-Canéda 36

🛈 Office de tourisme, place André Boissière ℰ 05 53 22 06 09,
  Fax 05 53 22 06 09

🏠🏠🏠 **Le Manoir de Bellerive** ⊗ ≤ ⌂ 🕸 ☕ ☒ 🍽 ♨ ᗗ ch, 🗚 ch, ⇄ 🍸
☸   rte de Siorac : 1,5 km – ℰ 05 53 22 16 16   ☏ 🛗 **P** **VISA** 🄫 **AE**
    – manoir.bellerive@wanadoo.fr – Fax 05 53 22 09 05 – Fermé 2 janv.-15 mars
    21 ch – ♦155/240 € ♦♦155/240 €, ☲ 18 €
    Rest *Les Délices d'Hortense* – *(fermé lundi sauf juil.-août, mardi d'oct. à mai et le*
    midi du lundi au jeudi) Menu 48/90 € – Carte 78/88 €
    Rest *La Table de Louis* – bistrot *(fermé lundi midi)* Carte environ 31 €
    Spéc. Velouté de langoustines, girolles, chair de crabe. Agneau du Quercy dans
    "toute sa splendeur". "Chaud...colat" périgourdin. **Vins** Bergerac, Pécharmant.
    ♦ Esprit villégiature champêtre pour les chambre de ce manoir Napoléon III : grands
miroirs, tentures fleuries, meubles de style et vue sur le parc à l'anglaise ou sur la Dordogne.
Élégantes salles à manger et cuisine classique personnalisée aux Délices d'Hortense. Côté
bistrot : plats traditionnels.

à Paleyrac 4 km au Sud-Est par D 25 et rte secondaire – ✉ 24480

🏠 **Le Clos Lascazes** sans rest ⊗   🕸 ☕ ☒ 🍸 ☏ **P** **VISA** 🄫
    – ℰ 05 53 74 33 94 – clos-lascazes@wanadoo.fr – Fax 05 53 74 03 22 – Ouvert
    de mars à mi-nov.
    5 ch – ♦68/89 € ♦♦68/105 €, ☲ 8 €
    ♦ Trois maisons de siècles différents invitent à une étape détente très tranquille (parc,
piscine d'eau salée). Chambres lumineuses aux murs blancs, tissus brodés, gravures...

BULGNEVILLE – 88 Vosges – **314** D3 – 1 286 h. – alt. 350 m – ✉ 88140
🏴 Alsace Lorraine   **26 B3**
    🅳 Paris 342 – Belfort 133 – Épinal 55 – Langres 71 – Vesoul 92
    🅸 Syndicat d'initiative, 105, rue de l'Hôtel de Ville ℰ 03 29 09 14 67,
      Fax 03 29 09 14 67

🏠 **Benoit Breton** sans rest ⊗   🕸 ☏ **P**
    74 r. des Récollets – ℰ 03 29 09 21 72 – benoitbreton.chambresdhotes@
    wanadoo.fr – Fax 03 29 09 21 72
    4 ch ☲ – ♦65 € ♦♦70 €
    ♦ Antiquaire de son métier, monsieur Breton a posé sa patte dans le décor : chambres
spacieuses aux meubles et bibelots raffinés. Poules, canards, chèvre... s'ébattent au jardin.

✕✕ **La Marmite Beaujolaise**   🏠 **VISA** 🄫 **AE**
🕸   34 r. de l'Hôtel-de-Ville – ℰ 03 29 09 16 58 – Fax 03 29 07 83 99 – Fermé dim. soir
    et lundi
    Rest – Menu 13 € (déj. en sem.), 20/38 € – Carte 34/47 €
    ♦ Auberge du 17e s. où l'on sert une cuisine traditionnelle de bons produits et orientée sur
le terroir. Cadre rustique raffiné : poutres, pierres apparentes, cheminée.

BULLY – 69 Rhône – **327** G4 – 1 739 h. – alt. 313 m – ✉ 69210   **43 E1**
    🅳 Paris 471 – Lyon 32 – Saint-Étienne 92 – Villeurbanne 41 – Lyon 03 34

✕✕ **Auberge du Château**   🏠 ☒ **VISA** 🄫
🕸   pl. de l'Église – ℰ 04 74 01 25 36 – aubergeduchateau@yahoo.fr
🅐   – Fax 04 74 72 50 95 – Fermé 15-30 sept., 5-27 janv., sam. midi, dim. soir et lundi
    Rest – Menu 17 € (déj. en sem.), 27/49 €
    ♦ En face de l'église du village, cette vénérable auberge de 1749 cache un restaurant sobre
et épuré, un rien tendance. Cuisines visibles en salle ; menu-carte concis et actuel.

BURLATS – 81 Tarn – **338** F9 – rattaché à Castres

    Les bonnes adresses à petit prix ?
    Suivez les Bibs : Bib Gourmand rouge 🅐 pour les tables
    et Bib Hôtel bleu 🏠 pour les chambres.

BURNHAUPT-LE-HAUT – 68 Haut-Rhin – 315 G10 – 1 505 h. – alt. 300 m – ✉ 68520 1 A3

Paris 454 – Altkirch 16 – Belfort 32 – Mulhouse 17 – Thann 12

Le Coquelicot
ch, rest, VISA MC AE

au Pont d'Aspach, 1 km au Nord – ✆ 03 89 83 10 10 – info@aigleor.com – Fax 03 89 83 10 33

26 ch – †68 € ††68/84 €, ☕ 11 € – ½ P 61/69 € – **Rest** – *(fermé 26 juil.-11 août, 27 déc.-5 janv., sam. midi et dim. soir)* Menu 11,50 € (déj. en sem.), 23/55 € – Carte 29/48 €

◆ Le village est aux portes de la pittoresque région du Sundgau. Hôtel proche d'axes routiers fréquentés, disposant de chambres confortables et fonctionnelles. Tons pastel et tissus fleuris créent l'ambiance printanière de la salle à manger du Coquelicot.

BUSNES – 62 Pas-de-Calais – 301 I4 – rattaché à Béthune

BUSSEAU-SUR-CREUSE – 23 Creuse – 325 J4 – ✉ 23150 Ahun 25 C1

Paris 368 – Aubusson 27 – Guéret 17

Moutier d'Ahun : boiseries★★ de l'église SE : 5,5 km - Ahun : boiseries★ de l'église SE : 6 km, Berry Limousin.

Le Viaduc avec ch
VISA MC

9 Busseau Gare – ✆ 05 55 62 57 20 – ch-cl-lemestre@wanadoo.fr – Fax 05 55 62 55 80 – Fermé 5-25 janv., dim. soir et lundi

7 ch – †38 € ††41 €, ☕ 6 € – ½ P 48 € – **Rest** – Menu 15 € (déj. en sem.), 25/35 € – Carte 34/46 €

◆ Cette auberge tire profit de sa situation dominante : la salle à manger rustique et la terrasse offrent une belle vue sur un viaduc de 1863 qui enjambe la Creuse. Chambres bien tenues.

LA BUSSIÈRE – 45 Loiret – 318 N5 – 749 h. – alt. 160 m – ✉ 45230 Bourgogne 12 D2

Paris 142 – Auxerre 74 – Cosne-sur-Loire 46 – Gien 14 – Montargis 29 – Orléans 79

Château des pêcheurs★.

Le Nuage
ch, VISA MC AE

r. Briare – ✆ 02 38 35 90 73 – contact@lenuage.com – Fax 02 38 35 90 62 – Fermé 24 déc.-2 janv.

16 ch – †48 € ††52 €, ☕ 7 € – 1 suite – ½ P 43 € – **Rest** – *(dîner seult sauf week-ends) (résidents seult en sem.)* Menu 12/18 € – Carte 22/34 €

◆ Établissement récent de type motel situé aux portes du village. Chambres pratiques et joliment aménagées. Détente assurée, salle de fitness. Plats classiques et grillades servis dans une salle à manger toute rose surmontée d'un salon en mezzanine.

LA BUSSIÈRE-SUR-OUCHE – 21 Côte-d'Or – 320 I6 – 190 h. – alt. 320 m – ✉ 21360 Bourgogne 8 C2

Paris 297 – Dijon 34 – Chalon-sur-Saône 63 – Beaune 34 – Autun 59

Abbaye de la Bussière
P VISA MC AE

– ✆ 03 80 49 02 29 – info@abbayedelabussiere.fr – Fax 03 80 49 05 23 – Fermé 1er janv.-15 fév.

15 ch – †160/375 € ††160/375 €, ☕ 29 €

Rest – *(fermé lundi, mardi et le midi sauf dim.)* Menu 60/95 € (dîner) – Carte 83/117 €

Rest *Le Bistrot* – *(fermé lundi et mardi) (déj. seult)* Menu 29/33 €

Spéc. L'artichaut en dégustation (sauf hiver). La grosse langoustine sur la braise (mai à sept.). L'échine de cochon cul noir aux oignons blancs, jus au poivre de Tasmanie. **Vins** Saint-Romain, Corton-Charlemagne.

◆ Cette ancienne abbaye cistercienne (12e s.) restaurée avec soin et agrémentée d'un superbe parc abrite de fastueuses chambres tout confort et des salons cossus. Fine cuisine actuelle servie dans une atmosphère aristocratique. Choix simplifié à midi au bistrot.

BUSSY-ST-GEORGES – 77 Seine-et-Marne – **312** F2 – **101** 20 – **voir à Paris, Environs (Marne-la-Vallée)**

BUXY – 71 Saône-et-Loire – **320** I9 – **2 098 h.** – alt. 263 m – ⊠ 71390   8 **C3**

🖪 Paris 351 – Chagny 25 – Chalon-sur-Saône 17 – Montceau-les-Mines 33

🖪 Office de tourisme, place de la gare ℰ 03 85 92 00 16, Fax 03 85 92 00 57

🏨 **Fontaine de Baranges** sans rest ⚲   🛏 ৬ ↵ ⌂ ᴄᴀ P ͬᴠͬ𝘪𝘴𝘢 ᴄᴏ ᴀᴇ
r. Fontaine-de-Baranges – ℰ 03 85 94 10 70 – hotel.fontaine.de.baranges @
wanadoo.fr – Fax 03 85 94 10 79
18 ch – ♦67/107 € ♦♦67/107 €, ⊇ 9 € – 3 suites
♦ Un maître vigneron occupait cette élégante demeure conservant son cachet du 19ᵉ s.
Chambres spacieuses et personnalisées, dont un tiers offrent l'agrément d'une terrasse
privative tournée vers le jardin romantique. Belle cave voûtée pour les petits-déjeuners.

🏠 **Relais du Montagny** sans rest   🛏 ᴢ ↵ ᴄᴀ P P 𝘷𝘪𝘴𝘢 ᴄᴏ ᴀᴇ
– ℰ 03 85 94 94 94 – le.relais.du.montagny @ wanadoo.fr – Fax 03 85 92 07 19
– Fermé janv., vend. soir et dim. soir hors saison
30 ch – ♦52/60 € ♦♦54/64 €, ⊇ 10 €
♦ Cet établissement en attente d'une rénovation abrite des chambres fonctionnelles
toutes identiques, un bar et un billard. Idée d'excursion à proximité : la Voie Verte,
ex-chemin de fer converti en promenade.

✗✗ **Aux Années Vins**   🛏 𝘷𝘪𝘴𝘢 ᴄᴏ ᴀᴇ
2 Grande-Rue – ℰ 03 85 92 15 76 – aux.annees.vins @ wanadoo.fr
– Fax 03 85 92 12 20 – Fermé 15-25 sept., 19 janv.-19 fév., merc. sauf le soir du
1ᵉʳ avril au 11 nov., lundi soir du 11 nov. au 31 mars et mardi
Rest – Menu (15 €), 20/59 € – Carte 35/53 €
♦ Bien située au centre du village, grande salle de restaurant ornée d'une cheminée en
pierre. Terrasse intérieure agrémentée de barriques. Cuisine traditionnelle soignée.

BUZANÇAIS – 36 Indre – **323** E5 – **4 581 h.** – alt. 111 m – ⊠ 36500   11 **B3**

🖪 Paris 286 – Le Blanc 47 – Châteauroux 25 – Chatellerault 78 – Tours 91

🖪 Syndicat d'initiative, 11, passage du Marché ℰ 02 54 84 22 00,
Fax 02 54 02 13 45

🏨 **L'Hermitage**   🛏 🛏 ᴀᴄ rest, ↵ ⚘ ᴄᴀ P 𝘷𝘪𝘴𝘢 ᴄᴏ ᴏ
1 chemin de Vilaine – ℰ 02 54 84 03 90 – logis-hermitage @ wanadoo.fr
– Fax 02 54 02 13 19 – Fermé 2-25 janv., dim. soir et lundi sauf juil.-août, lundi midi
en juil.-août
12 ch – ♦59 € ♦♦71 €, ⊇ 7,50 € – ½ P 67/85 €
Rest – (prévenir le week-end) Menu 16 € (déj. en sem.), 22/51 € – Carte 34/55 €
♦ Propriété accueillante agrémentée d'un jardin arboré où se glisse l'Indre ; les chambres
profitent presque toutes de ce cadre apaisant et retrouvent peu à peu l'éclat du neuf. Repas
au goût du jour dans une salle confortable ou sous la véranda aux abords verdoyants.

au Nord-Est 3 km par D 926 (rte de Levroux) ⊠ 36500 Buzançais

🏠 **Le Boisrenault** sans rest ⚲   🛏 ᴢ ᴄᴀ 𝘷𝘪𝘴𝘢 ᴄᴏ
– ℰ 02 54 84 03 01 – boisrenault @ wanadoo.fr – Fax 02 54 84 10 57
5 ch ⊇ – ♦73/94 € ♦♦79/105 €
♦ Château du 19ᵉ s. entouré d'un parc. Salons feutrés pourvus de meubles familiaux
anciens, au même titre que les confortables chambres (deux avec cuisinette) décorées avec
éclectisme.

CABANAC-SÉGUENVILLE – 31 Haute-Garonne – **343** E2 – **128 h.** – alt. 200 m
– ⊠ 31480   28 **B2**

🖪 Paris 668 – Colomiers 39 – Montauban 46 – Toulouse 51

🏠 **Château de Séguenville** ⚲   🛏 ᴢ ↵ ⚘ P
par D 1 et D 89A – ℰ 05 62 13 42 67 – info @ chateau-de-seguenville.com
– Fax 05 62 13 42 68 – Fermé 15 déc.-15 janv.
5 ch ⊇ – ♦100 € ♦♦120/125 € – **Table d'hôte** – (fermé sam. en juil.-août et
dim.) Menu 25 €
♦ Joli château gascon du 19ᵉ s. entouré d'arbres centenaires. Vastes chambres meublées
avec goût ; l'une d'elles ouvre sur une immense terrasse dominant la campagne. Cuisine
régionale.

CABOURG – 14 Calvados – **303** L4 – 3 520 h. – alt. 3 m – Casino – ✉ 14390

Normandie Vallée de la Seine

32 **B2**

▷ Paris 220 – Caen 24 – Deauville 23 – Lisieux 35 – Pont-l'Évêque 34

🛈 Office de tourisme, jardins de l'Hôtel deVille ℰ 02 31 06 20 00,
Fax 02 31 06 20 10

🔟 Public de Cabourg Avenue de l'Hippodrome, 1 km par av. de l'Hippodrome,
ℰ 02 31 91 70 53 ;

🔟 de Cabourg Le Home à Varaville 38 avenue du Pdt René Coty, par rte de
Caen : 3 km, ℰ 02 31 91 25 56.

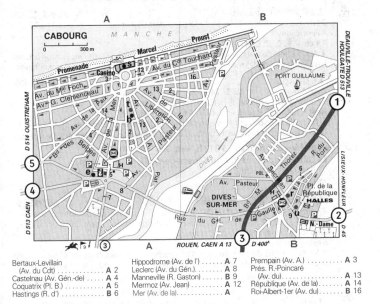

Bertaux-Levillain
(Av. du Cdt) . . . . **A** 2
Castelnau (Av. Gén.-de) . . . . **A** 4
Coquatrix (Pl. B.) . . . . **A** 5
Hastings (R. d') . . . . **B** 6

Hippodrome (Av. de l') . . . . . . **A** 7
Leclerc (Av. du Gén.) . . . . **A** 8
Manneville (R. Gaston) . . . . . **B** 9
Mermoz (Av. Jean) . . . . **A** 12
Mer (Av. de la) . . . . **A**

Prempain (Av. A.) . . . . **A** 3
Prés. R.-Poincaré
(Av. du) . . . . **A** 13
République (Av. de la) . . . . . . **A** 14
Roi-Albert-1er (Av. du) . . . . . . **B** 16

🏨 **Grand Hôtel** ⑤ ≤ Mer, 斎 📶 ℂ 🗲 VISA ⓜ AE ⓞ
prom. M.-Proust – ℰ 02 31 91 01 79 – h1282@accor.com
– *Fax 02 31 24 03 20*
A s
68 ch – ♦205/305 € ♦♦215/315 €, ⌧ 18 € – 2 suites – ½ P 173/223 €
Rest – *(fermé janv., lundi et mardi sauf juil.-août)* Menu 44 € – Carte 53/65 €
◆ Palace du front de mer hanté par le souvenir de Marcel Proust : sa chambre attitrée est
reconstituée à l'identique. Les autres restent personnalisées et confortables. Cuisine traditionnelle et ambiance raffinée dans l'élégante salle à manger ouvrant côté plage.

🏨 **Mercure Hippodrome** ⑤ 斎 🖭 ⅛ 🕹 ch, 🖐 ℂ 🗲
av. M.-d'Ornano, par av. Hippodrome A – 🅿 VISA ⓜ AE ⓞ
🕿 ℰ 02 31 24 04 04 – mercurecabourghippodrome@wanadoo.fr
– *Fax 02 31 91 03 99*
75 ch – ♦98/144 € ♦♦98/260 €, ⌧ 12 € – **Rest** – *(fermé 6 janv.-4 fév., dim. et
lundi d'oct. à Pâques)* Menu 15/19 € – Carte 20/32 €
◆ Deux bâtiments récents d'allure normande jouxtant l'hippodrome. Chambres aménagées dans un style contemporain et pratique. Chaleureuse et agréable salle à manger
profitant d'une belle vue sur le champ de courses.

🏨 Du Golf ⛳ 🍴 🖼 ← ch, ↻ ⚜ 🅿 VISA 🔵 ᴬᴱ ⓘ

av. M.-d'Ornano, par av. Hippodrome A – 𝒞 02 31 24 12 34
– hoteldugolfcabourg@yahoo.fr – Fax 02 31 24 18 51 – Ouvert 16 mars-15 nov.
39 ch – ♦60/78 € ♦♦60/78 €, ⌷ 8 € – **Rest** *– (fermé le midi du 15 oct. au 15 nov.)*
Menu 17 € (déj.)/35 €

♦ Cet établissement de type motel, situé en bordure du golf, abrite des chambres simples et fonctionnelles, de plain-pied avec le jardin ou la terrasse. La salle à manger, confortable et sobrement contemporaine, est tournée vers les greens.

🏠 Castel Fleuri sans rest ⚜ ⟋ ↻ VISA 🔵 ᴬᴱ ⓘ

4 av. Alfred-Piat – 𝒞 02 31 91 27 57 – info@castel-fleuri.com – Fax 02 31 24 03 48
– Fermé 5-24 janv. A b
22 ch ⌷ – ♦74 € ♦♦85 €

♦ Charmante maison précédée d'un joli jardin où l'on sert le petit-déjeuner dès les premiers beaux jours. Chambres coquettes et fraîches ; salon à la fois simple et cosy.

🏠 Le Cottage sans rest ⛳ ⟋ ↻ 🅿 VISA 🔵 ᴬᴱ

24 av. Gén.-Leclerc – 𝒞 02 31 91 65 61 – r.dany@wanadoo.fr – Fax 02 31 28 78 82
– Fermé janv. A e
14 ch – ♦50/58 € ♦♦60/110 €, ⌷ 8 €

♦ Atmosphère de maison d'hôte en ce cottage des années 1900 devancé par un jardinet. Les chambres, simples mais régulièrement rafraîchies, offrent toutes un décor différent.

🍴 Le Baligan 🍴 Aᴄ VISA 🔵

8 av. Alfred-Piat – 𝒞 02 31 24 10 92 – info@lebaligan.fr – Fax 02 31 28 99 09
– Fermé 8 déc.-12 janv., 9-15 fév. et merc. sauf feriés A t
Rest – Menu 17 € (déj. en sem.)/24 € – Carte 28/41 €

♦ Nouvelle table du centre-ville au décor de bistrot actuel, l'espace en plus. Vue sur les cuisines où le chef mitonne les produits de la mer tout frais, selon une carte évolutive.

à Dives-sur-Mer Sud du plan – 5 812 h. – alt. 3 m – ✉ 14160

🛈 Office de tourisme, rue du Général-de-Gaulle 𝒞 02 31 91 24 66,
   Fax 02 31 24 42 28

◎ Halles★.

🍴🍴 Guillaume le Conquérant 🍴 VISA 🔵 ⓘ

2 r. Hastings – 𝒞 02 31 91 07 26 – restaurantguillaumeleconquerant@orange.fr
– Fax 02 31 91 07 26 – Fermé 24 juin-2 juil., 25 nov.-26 déc., merc. soir d'oct. à avril,
dim. soir et lundi sauf juil.-août et fériés B r
Rest – Menu 28/54 € – Carte 33/58 €

♦ Relais de poste du 16ᵉ s. au cœur d'un quartier typique réhabilité en village d'art. Bel intérieur rustique et jolie cour pavée aménagée en terrasse d'été. Carte traditionnelle.

🍴 Chez le Bougnat VISA 🔵

27 r. G.-Manneville – 𝒞 02 31 91 06 13 – chezlebougnat@orange.fr
– Fax 02 31 91 09 87 – Fermé 15 déc.-15 janv. et le soir du dim. au merc. hors
vacances scolaires B u
Rest – Menu 16 € (sem.)/26 € – Carte 18/43 €

♦ Ancienne quincaillerie transformée en bistrot convivial. Murs tapissés de vieilles affiches et étonnant bric-à-brac d'objets chinés en guise de décor. Carte selon le marché.

au Hôme 2 km par ⑤ – ✉ 14390

🛈 Syndicat d'initiative, Mairie 𝒞 02 31 24 73 83, Fax 02 31 24 72 41

🏠 Manoir de la Marjolaine sans rest ⛳ ⟋ ⟋ ↻ ↻

5 av. du Prés.-Coty – 𝒞 02 31 91 70 25 – eric.faye@orange.fr – Fax 02 31 91 77 10
5 ch ⌷ – ♦70/110 € ♦♦80/120 €

♦ Après être tombé sous le charme du petit parc arboré, vous découvrirez le manoir et ses spacieuses chambres personnalisées, décorées de tableaux originaux. Accueil sympathique.

🍴🍴 Au Pied des Marais VISA 🔵 ᴬᴱ

26 av. du Prés.-Coty – 𝒞 02 31 91 27 55 – au-pied-des-marais@orange.fr
– Fax 02 31 91 86 13 – Fermé 24 juin-2 juil., 16-26 déc., 27 janv.-12 fév., mardi et
merc. sauf le soir en juil.-août
Rest – Menu 20 € bc (déj. en sem.), 30/50 € – Carte 36/61 €

♦ Cuisine au goût du jour réalisée avec des produits régionaux et grillades préparées sous vos yeux dans la cheminée de la salle à manger. Atmosphère rustique, véranda.

CABRERETS – 46 Lot – 337 F4 – 203 h. – alt. 130 m – ✉ 46330
🛈 Périgord

> ▷ Paris 565 – Cahors 26 – Figeac 44 – Gourdon 42 – St-Céré 58
> – Villefranche-de-Rouergue 44

🛈 Office de tourisme, place du Sombral ✆ 05 65 31 29 06, Fax 05 65 31 29 06

◎ Château de Gontaut-Biron ★ – ≼ ★ de la rive gauche du Célé.

◎ Grotte du Pech Merle ★★★ NO : 3 km.

🏠 Auberge de la Sagne ॐ   🛋 🍽 ⌁ ⅏ 🅿 VISA 🞔
rte grotte de Pech Merle – ✆ *05 65 31 26 62 – contact@*
hotel-auberge-cabrerets.com – Fax 05 65 30 27 43 – Ouvert 15 mai-15 sept.
8 ch – ♦48/54 € ♦♦48/54 €, ⌑ 7 € – ½ P 46/49 € – **Rest** – *(dîner seult) (nombre de couverts limité, prévenir)* Menu 16/23 € – Carte 25/33 €
♦ Maison d'inspiration régionale aux chambres simples, mais accueillantes dans leur style campagnard ; celles du dernier étage sont mansardées. Joli jardin ombragé. Le Lot se met à la table du restaurant, sobrement rustique et réchauffé par une cheminée.

CABRIÈRES – 30 Gard – 339 L5 – 1 117 h. – alt. 120 m – ✉ 30210

> ▷ Paris 695 – Avignon 33 – Alès 64 – Arles 40 – Nîmes 15 – Orange 45
> – Pont-St-Esprit 52

🏨 L'Enclos des Lauriers Roses ॐ   🛋 🍽 ⌁ AC ch,
                        🚗 VISA 🞔 AE ①
71 r. du 14-Juillet – ✆ *04 66 75 25 42*
– hotel-lauriersroses@wanadoo.fr – Fax 04 66 75 25 21 – Ouvert 14 mars-7 nov.
18 ch – ♦80/110 € ♦♦80/110 €, ⌑ 12 € – 2 suites – ½ P 65/95 €
Rest – Menu 23/42 € – Carte 32/50 € 🕃
♦ Dans le village, bâtisses gardoises ouvertes sur un joli jardin planté de cinq variétés de lauriers roses. Coquettes chambres provençales ; la plupart possèdent une terrasse. Restaurant dont le joli décor évoque la Provence. Cuisine classique et régionale.

CABRIÈRES-D'AIGUES – 84 Vaucluse – 332 F11 – 651 h. – alt. 425 m –
✉ 84240

> ▷ Paris 755 – Marseille 63 – Avignon 82 – Aix-en-Provence 35
> – Salon-de-Provence 75

⌂ Le Mas des Câpriers sans rest   🛋 ⌁ ⅏ ⅍ ⌞ 🅿 VISA 🞔 AE
chemin Raouk – ✆ *04 90 77 69 68 – masdescapriers@orange.fr*
– Fax 04 90 77 69 68 – Fermé 20 déc.-10 fév.
4 ch – ⌑ – ♦95/165 € ♦♦95/165 €
♦ Ravissant mas du 18ᵉ s. au milieu des vignes et de la nature. Les chambres rivalisent de charme et celle logée dans une roulotte (1897) est superbe... Un petit coin de paradis !

CABRIÈRES-D'AVIGNON – 84 Vaucluse – 332 D10 – 1 422 h. – alt. 167 m –
✉ 84220 🛈 Provence

> ▷ Paris 715 – Aix-en-Provence 74 – Avignon 34 – Marseille 88

🏨 La Bastide de Voulonne   🛋 🍽 ⌁ ⅏ ⅍ rest, ⌞ 🔊 🅿 VISA 🞔 AE
D 148 – ✆ *04 90 76 77 55 – contact@bastide-voulonne.com – Fax 04 90 76 77 56*
– Ouvert de mi-fév. à mi-nov.
13 ch – ♦90/145 € ♦♦90/145 €, ⌑ 11 € – ½ P 78/105 € – **Rest** – *(fermé dim.)*
(dîner seult) (résidents seult) Menu 30 €
♦ En pleine campagne, au milieu des vignes et des arbres fruitiers, une bastide de 1764 joliment restaurée. Chambres coquettes et soignées, accueil charmant et séjours à thèmes. Le soir, menu unique (orienté terroir) à la table d'hôte ou sur la terrasse ombragée.

✗ Le Vieux Bistrot avec ch ॐ   🍽 ⅍ ch, ⌞ VISA 🞔
Grande-Rue – ✆ *04 90 76 82 08 – levieuxbistrot@wanadoo.fr – Fax 04 90 76 98 98*
– Fermé lundi
6 ch – ♦65/100 € ♦♦65/100 €, ⌑ 8 € – **Rest** – Carte 29/41 €
♦ Une belle maison de village abrite cet authentique bistrot au cachet préservé (décor à la gloire du vin). Le menu qui n'offre que le choix du plat chaud (le reste étant une surprise) est à découvrir. Coquettes chambres personnalisées, avec terrasses au dernier étage.

CADENET – 84 Vaucluse – 332 F11 – 3 883 h. – alt. 170 m – ⊠ 84160
▯ Provence
42 **E1**

> ▯ Paris 742 – Apt 24 – Cavaillon 34 – Manosque 48 – Salon-de-Provence 36
> ▯ Office de tourisme, 11, place du Tambour d'Arcole ℰ 04 90 68 38 21,
> Fax 04 90 68 24 49

⌂   **La Tuilière** ⌂   ⟨ 🛏 🛆 ⌇ ℗ **VISA** **◍**
chemin de la Tuilière – ℰ 04 90 68 24 45 – clo@latuiliere.com
– Fax 04 90 68 24 45
5 ch ⌑ – ♦54/69 € ♦♦54/85 € – **Table d'hôte** – Menu 22 € bc
♦ Cette bastide du 18ᵉ s. ceinte d'un domaine viticole dissimule cinq chambres d'inspiration
provençale où l'on goûte les parfums et le calme du parc naturel du Luberon. Cuisine
régionale et produits du jardin à la table d'hôte (sur réservation). Jolie terrasse dominant le
village.

✗   **La Cour**   🛖 **AC** **VISA** **◍**
3 r. Hoche – ℰ 04 90 08 57 66 – la.cour.restaurant@free.fr – Fax 04 90 08 57 66
– Fermé 10-20 nov., 11 janv.-12 fév., jeudi et vend. sauf le soir de sept. à juin, le midi
en juil.-août et merc.
Rest – Menu 25/55 € – Carte 48/59 €
♦ Cuisine au goût du jour servie dans cet ancien atelier de vannier (vieux lavoir à osier)
converti en un plaisant restaurant. Coquette salle rustique et agréable terrasse.

LA CADIÈRE-D'AZUR – 83 Var – 340 J6 – 4 239 h. – alt. 144 m – ⊠ 83740
▯ Côte d'Azur
40 **B3**

> ▯ Paris 815 – Aix-en-Provence 66 – Brignoles 53 – Marseille 45 – Toulon 22
> ▯ Office de tourisme, place Général-de-Gaulle ℰ 04 94 90 12 56,
> Fax 04 94 98 30 13
> ◉ ⟨★ - Le Castelet : Village★ NE : 4 km.

🏨 **Hostellerie Bérard** (René et Jean-François Bérard) ⌂   ⟨ 🛏 🛖 🛆
⌘   av. Gabriel-Péri –   **⑩** **Fá** **AC** ⌇ ⌘ ℗ 🛆 **VISA** **◍** **AE** **①**
ℰ 04 94 90 11 43 – berard@hotel-berard.com – Fax 04 94 90 01 94
– Fermé 4 janv.-10 fév.
32 ch – ♦91/169 € ♦♦91/169 €, ⌑ 19 € – 5 suites
Rest – (fermé mardi sauf le soir du 15 avril au 1ᵉʳ oct. et lundi) Menu 49/140 €
– Carte 79/133 € ❀
Rest Le Petit Jardin – (fermé merc. et jeudi) Menu (35 €) – Carte 29/60 €
Spéc. Rouget de roche juste saisi, petits calamars et risotto (printemps-été).
Poulette de Bresse rôtie, fourrée à la brousse d'herbes. Assiette gourmande. **Vins**
Bandol, Côtes de Provence.
♦ Hôtel formé de plusieurs maisons de caractère dont un couvent du 11ᵉ s. abritant de
belles chambres provençales. Spa d'inspiration gallo-romaine. Élégante salle à manger
tournée vers le vignoble de Bandol, jolie terrasse et cuisine actuelle. Le Petit Jardin est
un bistrot méridional, idéal pour manger sur le pouce.

CADILLAC – 33 Gironde – 335 J7 – 2 365 h. – alt. 16 m – ⊠ 33410
▯ Aquitaine
3 **B2**

> ▯ Paris 607 – Bordeaux 41 – Langon 12 – Libourne 40
> ▯ Office de tourisme, 9, place de la Libération ℰ 05 56 62 12 92,
> Fax 05 56 76 99 72

🏨 **Du Château de la Tour**   🐾 🛖 🛆 🎐 🖥 ⌘ ch, **AC** ⌇ ⌘ ℗ **VISA** **◍** **AE**
⌘   av. de la libération, (D 10) – ℰ 05 56 76 92 00 – contact@
hotel-restaurant-chateaudelatour.com – Fax 05 56 62 11 59
32 ch – ♦75/105 € ♦♦90/230 €, ⌑ 12 € – ½ P 80/90 € – **Rest** – (fermé dim. soir
de nov. à fév.) Menu 15 € (déj. en sem.), 28/55 € – Carte 35/55 €
♦ Bâti dans l'ancien potager du château des ducs d'Épernon, l'hôtel, refait par étapes, abrite
des chambres actuelles, un sauna et un jacuzzi. Parc bordé d'une rivière. Restaurant sous
charpente, terrasse d'été, carte traditionnelle et spécialités régionales.

CAEN ⓟ – 14 Calvados – 303 J4 – 113 987 h. – Agglo. 199 490 h. – alt. 25 m –
✉ 14000 ▮ Normandie Cotentin

32 **B2**

▸ Paris 236 – Alençon 105 – Cherbourg 125 – Le Havre 91 – Rennes 189

✈ de Caen-Carpiquet : ℰ 02 31 71 20 10, par D 9 : 7 km.

🅳 Office de tourisme, 12, place Saint-Pierre ℰ 02 31 27 14 14,
Fax 02 31 27 14 13

🚢 de Caen à Biéville-Beuville Le Vallon, N : 5 km par D 60,
ℰ 02 31 94 72 09 ;

⛳ de Garcelles à Garcelles-Secqueville Route de Lorguichon, par rte de Falaise :
15 km, ℰ 02 31 39 09 09.

◉ Abbaye aux Hommes★★ : église St-Etienne★★ - Abbaye aux Dames★ :
église de la Trinité★★ - Chevet★★, frise★★ et voûtes★★ de l'église
St-Pierre★ - Église et cimetière St-Nicolas★ - Tour-lanterne★ de l'église
St-Jean EZ - Hôtel d'Escoville★ DY **B** - Vieilles maisons★ (n° 52 et 54 rue
St-Pierre) DY **K** - Musée des Beaux-Arts★★ dans le château★ DX **M¹** -
Mémorial★★★ AV - Musée de Normandie★ DX **M²**.

CAEN

Baladas (Bd des)	**AV** 6	Côte-de-Nacre (Av. de la)	**AV** 24	Pasteur (R. L.)	**BV** 63
Chemin-vert (R. du)	**AV** 19	Courseulles (Av. de)	**AV** 25	Père-Ch.-de-Foucault	
Chéron (Av. Henri)	**AV** 20	Délivrande (R. de la)	**AV** 29	(Av.)	**AV** 64
Clemenceau (Av. G.)	**BV** 22	Demi-Lune (Pl. de la)	**BV** 30	Poincaré (Bd R.)	**BV** 66
Copernic (Av. N.)	**ABV** 23	Lyautey (Bd Mar.)	**AV** 53	Pompidou (Bd G.)	**AV** 67
		Montalivet (Cours)	**BV** 59	Rethel (Bd de)	**BV** 70
		Montgomery (Av. Mar.)	**AV** 60	Richemond (Bd)	**AV** 71
		Mountbatten (Av. Am.)	**AV** 62	Trouville (Rte de)	**BV** 84

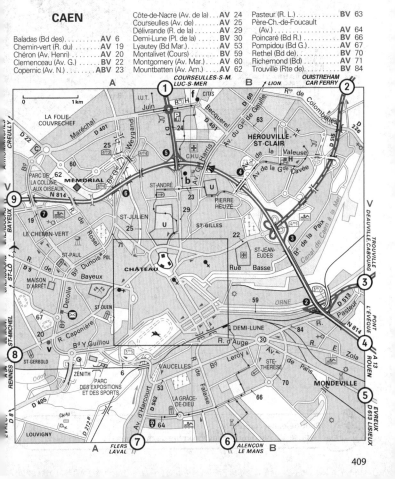

409

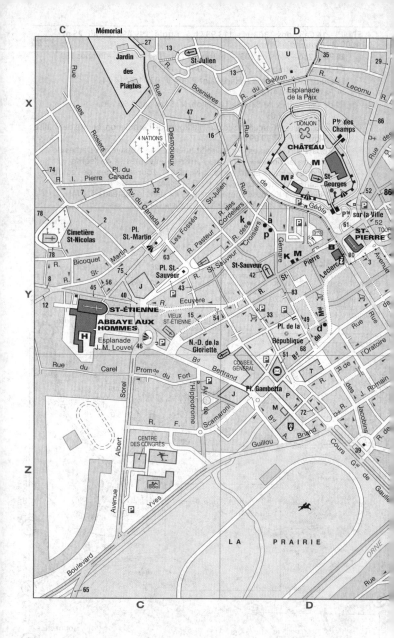

Petit-déjeuner compris ?
La tasse ☕ suit directement le nombre de chambres.

410

CAEN

Une nuit douillette sans se ruiner ?
Repérez les Bibs Hôtel 🏨.

Le Dauphin 🍴 📶 & ch, ↵ ※ rest, ✆ ⅏ P VISA ⓪ AE ①
29 r. Gemare – ℰ *02 31 86 22 26 – dauphin.caen @ wanadoo.fr*
– Fax 02 31 86 35 14 – Fermé 25 oct.-5 nov. et 15-22 fév. DY **a**
37 ch – ♦75/185 € ♦♦85/190 €, ⊡ 14 € – ½ P 75/125 €
Rest *– (fermé 21 juil.-4 août, 25 oct.-5 nov., 15-22 fév., sam. midi et dim.)*
Menu (16 €), 20 € (sem.)/49 € – Carte 49/63 €
♦ Ancien prieuré proche des murailles du château. Chambres personnalisées, parfois agrémentées de poutres patinées et de meubles de style. Agréable salle à manger bourgeoise et cuisine classique aux accents du terroir. Cadre normand dans le salon-bar attenant.

Mercure Port de Plaisance sans rest 📶 & AC ↵ ✆ ⅏
1 r. Courtonne – ℰ *02 31 47 24 24 – h0869 @* 🚗 VISA ⓪ AE ①
accor.com – Fax 02 31 47 43 88 EY **b**
126 ch – ♦78/200 € ♦♦98/200 €, ⊡ 13 € – 3 suites
♦ Cet hôtel de chaîne face au port de plaisance s'est agrandi. Ses chambres se caractérisent par un ameublement de bon goût et une atmosphère cosy. Centre d'affaires.

Moderne sans rest 📶 ↵ ✆ 🚗 VISA ⓪ AE ①
116 bd Mar.-Leclerc – ℰ *02 31 86 04 23 – info @ hotel-caen.com*
– Fax 02 31 85 37 93 DY **d**
40 ch – ♦75/110 € ♦♦95/250 €, ⊡ 13 €
♦ Discrète construction d'après-guerre aux chambres régulièrement rafraîchies. Au 5ᵉ étage, la salle des petits-déjeuners offre une vue sur les toits de la ville.

Des Quatrans sans rest 📶 ✆ VISA ⓪
17 r. Gemare – ℰ *02 31 86 25 57 – hotel-des-quatrans @ wanadoo.fr*
– Fax 02 31 85 27 80 DY **p**
47 ch – ♦55 € ♦♦64 €, ⊡ 7,50 €
♦ Cure de jouvence réussie pour cet hôtel situé à deux pas du centre : hall plaisant, bar cosy et chambres – plus calmes sur l'arrière – égayées par des couleurs chaleureuses.

Du Château sans rest 📶 ✆ VISA ⓪ AE
5 av. du 6-Juin – ℰ *02 31 86 15 37 – Fax 02 31 86 58 08* EY **n**
24 ch – ♦50 € ♦♦60 €, ⊡ 8 €
♦ Hôtel bien placé en centre-ville, entre le port de plaisance et le château. Chambres petites mais coquettes, sobrement décorées dans des coloris pastel.

Du Havre sans rest ↵ ※ ✆ VISA ⓪ AE
11 r. du Havre – ℰ *02 31 86 19 80 – resa @ hotelduhavre.com – Fax 02 31 38 87 67*
– Fermé 13 déc.-4 janv. EZ **v**
19 ch – ♦46 € ♦♦53/58 €, ⊡ 7,50 €
♦ Cet hôtel familial récemment rafraîchi propose des chambres sans luxe mais pratiques, plus tranquilles sur l'arrière. Tenue scrupuleuse et prix doux.

XXX **Le Pressoir** (Ivan Vautier) P VISA ⓪ AE
ಜಿ *3 av. H.-Chéron –* ℰ *02 31 73 32 71 – info @ restaurant-le-pressoir.com*
– Fax 02 31 26 76 64 – Fermé 16-24 août, 12-20 fév., dim. soir,
sam. midi et lundi AV **v**
Rest – Menu 32 € (déj. en sem.), 49/71 € – Carte 67/80 €
Spéc. Poêlée de foie gras de canard. Bar de ligne rôti en brochette de réglisse. Pomme de ris de veau au pesto de truffe.
♦ Située dans les faubourgs de la ville, maison ancienne joliment restaurée. Plaisant cadre rustique et meubles contemporains. Cuisine au goût du jour.

XX **Le Carlotta** AC VISA ⓪ AE
16 quai Vendeuvre – ℰ *02 31 86 68 99 – reservation @ lecarlotta.fr*
– Fax 02 31 38 92 31 – Fermé dim. EY **m**
Rest – Menu 22 € (sem.)/36 € – Carte 38/64 €
♦ Grande brasserie d'inspiration Art déco, fréquentée pour son atmosphère vivante et sa cuisine typique du genre, enrichie de plats de poissons.

X **Café Mancel** 🍴 AC VISA ⓪ AE ①
ಜಿ *au Château –* ℰ *02 31 86 63 64 – cafe.mancel @ wanadoo.fr – Fax 02 31 86 63 40*
– Fermé vacances de fév., dim. soir et lundi DX **t**
Rest – Menu (17 €), 23/33 € – Carte 25/39 €
♦ Discret car situé dans le château, le Café du Musée des Beaux-Arts mérite le détour : sobre cadre contemporain, terrasse, soirées musicales et surtout appétissante cuisine actuelle.

✕ **Pub William's** 　　　　　　　　　　　　　🅰🅲 🆅🆂🅰 🆆🅾 🅰🅴
　　13 r. Prairies-St-Gilles – ✆ 02 31 93 45 52 – pubwilliams14@aol.com
♒　– Fax 02 31 93 45 52 – Fermé 14 juil.-15 août, dim. et fériés　　　　　EY **t**
　　Rest – Menu 15/28 € – Carte 24/50 €
　　♦ Ce pub à l'ambiance chaleureuse a pris ses quartiers à deux pas du bassin Saint-Pierre. Boiseries, tissus écossais, cheminée escortent de bons petits plats traditionnels.

à l'échangeur Caen-Université (bretelle du bd périphérique, sortie n° 5) – ⊠ 14000 Caen

🏨 **Novotel Côte de Nacre** 　　　　🚗 🈁 ☆ |🛏| 🏊 ch, 🗐 ⅍ 📞 ⅍
　　av. Côte-de-Nacre – ✆ 02 31 43 42 00 – h0405@　　　　🅿 🆅🆂🅰 🆆🅾 🅰🅴 ⓘ
　　accor.com – Fax 02 31 44 07 28　　　　　　　　　　　　　　　　AV **b**
　　126 ch – 🛉98/130 € 🛉🛉112/130 €, � 12,50 € – **Rest** – Carte 20/28 €
　　♦ Proche d'axes routiers importants, hôtel offrant des chambres bien insonorisées, progressivement rénovées. Salle à manger, néo-rustique, tournée côté piscine et agréable salon-bar.

à Hérouville St-Clair 3 km au Nord-Est – 24 025 h. – alt. 20 m – ⊠ 14200

🏨 **Mercure Côte de Nacre** 　　　　☆ ⅍ ⅏ rest, ⅍ 🅿 🆅🆂🅰 🆆🅾 🅰🅴 ⓘ
　　2 pl. Boston-Citis – ✆ 02 31 44 05 05 – h5712@accor.com – Fax 02 31 44 95 94
　　88 ch – 🛉80/85 € 🛉🛉98/105 €, ⊠ 11 € – **Rest** – (fermé 24 déc.-1ᵉʳ janv., sam. midi et dim. midi) Menu 20 € – Carte 24/46 €　　　　　　　　　　　　　　　BV **f**
　　♦ Au cœur d'un quartier de bureaux, chambres amples et fraîches bénéficiant d'une bonne isolation phonique. Restaurant décoré dans le style anglais ; la carte offre des choix de recettes au goût du jour.

à Bénouville 10 km par ② – 1 741 h. – alt. 8 m – ⊠ 14970
　　◙ Château★ : escalier d'honneur★★ - Pegasus Bridge★.

🏠 **La Glycine** 　　　　　　　　　🅰🅲 rest, ⅍ 🅿 🆅🆂🅰 🆆🅾 🅰🅴
　　11 pl. Commando-n° 4, (face à l'église) – ✆ 02 31 44 61 94 – la-glycine@
　　wanadoo.fr – Fax 02 31 43 67 30 – Fermé 20 déc.-10 janv.
　　35 ch – 🛉55 € 🛉🛉65 €, ⊠ 8 € – ½ P 65 € – **Rest** – (fermé dim. soir d'oct. à avril) Menu 20 € (sem.)/30 € – Carte 35/75 €
　　♦ Le fameux Pegasus Bridge disputé lors du "D Day" est proche de ces deux maisons reliées par un patio fleuri. Chambres fonctionnelles toutes identiques. Salle à manger contemporaine. Prestation du chef dans le registre actuel.

✕✕ **Le Manoir d'Hastings et la Pommeraie** avec ch ♨ 　　　　　🚗
　　18 av. Côte-de-Nacre, (près de l'église) –　　　　　🈁 ⅏ ch, 🅿 🆅🆂🅰 🆆🅾
　　✆ 02 31 44 62 43 – contact@manoirhastings.com – Fax 02 31 44 76 18
　　– Fermé janv.
　　15 ch – 🛉75 € 🛉🛉90 €, ⊠ 10 € – ½ P 95/110 € – **Rest** – (fermé dim. soir et lundi) Menu 28 € (déj. en sem.), 35/48 € – Carte 52/90 €
　　♦ Salle à manger rustique, véranda et coquettes chambres côté prieuré (17ᵉ s.), aménagements plus fonctionnels dans le bâtiment récent. Cuisine traditionnelle. Jardin arboré.

à Fleury-sur-Orne 4 km par ⑦ – 4 231 h. – alt. 33 m – ⊠ 14123

✕✕ **Auberge de l'Ile Enchantée** 　　　　　　　　　◁ 🆅🆂🅰 🆆🅾
　　1 r. St-André, (au bord de l'Orne) – ✆ 02 31 52 15 52 – aubergeileenchantee@
　　wanadoo.fr – Fax 02 31 72 67 17 – Fermé 4-10 août, 9-15 fév., dim. soir, lundi soir et merc.
　　Rest – Menu 26/42 € – Carte 38/53 €
　　♦ Deux salles à manger au chaleureux cadre agreste dans une maison à colombages ; celle du premier étage, plus claire, donne sur le cours reposant de la rivière. Cuisine au goût du jour.

CAGNES-SUR-MER – 06 Alpes-Maritimes – 341 D6 – 43 942 h. – alt. 20 m
– Casino – ⊠ 06800 █ Côte d'Azur　　　　　　　　　　　　　　　42 **E2**
　🚘 Paris 915 – Antibes 11 – Cannes 21 – Grasse 25 – Nice 13 – Vence 9
　🅱 Office de tourisme, 6, boulevard Maréchal Juin ✆ 04 93 20 61 64,
　　Fax 04 93 20 52 63
　◙ Haut-de-Cagnes★ - Château-musée★ : patio★★, ⅏★ de la tour - Musée Renoir.

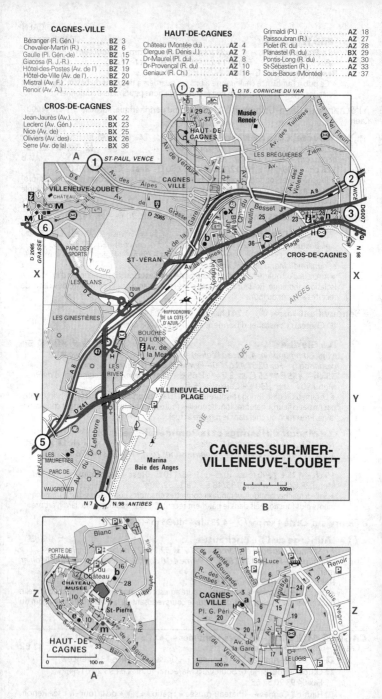

CAGNES-SUR-MER-
VILLENEUVE-LOUBET

HAUT-DE-
CAGNES

CAGNES-
VILLE

Domaine Cocagne 🦢

colline de la rte de Vence, par ①,
D 36 et rte secondaire : 2 km – ℰ *04 92 13 57 77*
– hotel@domainecocagne.com – Fax 04 92 13 57 89
19 ch – ♦175/210 € ♦♦180/275 €, ☑ 12 € – 9 suites – ½ P 124/175 €
Rest – *(fermé 30 nov.-19 déc. et 5-18 janv.)* Menu 40/62 € – Carte 33/50 € ⚜

♦ Dans un cadre idyllique (jardin, piscine, palmiers), luxueuses chambres avec balcon ou terrasse, décor contemporain épuré signé Jan des Bouvrie et expositions de peintures. Fine cuisine au restaurant, à la fois design et cosy. Nouvel espace bistrot.

Splendid sans rest

41 bd Mar.-Juin – ℰ *04 93 22 02 00 – hotel.splendid.riviera@orange.fr*
– Fax 04 93 20 12 44   BX **x**
26 ch – ♦63/72 € ♦♦79/89 €, ☑ 8 €

♦ Cet hôtel du centre-ville dispose de chambres fonctionnelles et claires, qui donnent presque toutes sur l'arrière, bénéficiant ainsi du calme.

Le Chantilly sans rest

31 chemin Minoterie – ℰ *04 93 20 25 50 – hotel.chantilly.cagnes@wanadoo.fr*
– Fax 04 92 02 82 63   BX **b**
18 ch – ♦59/65 € ♦♦66/75 €, ☑ 8 €

♦ Villa balnéaire fleurie en saison. Hall et salon possèdent le charme d'une maison de famille. Les chambres sont diversement meublées et certaines bénéficient d'un balcon.

au Haut-de-Cagnes

Le Cagnard 🦢

45 r. Sous-Barri – ℰ *04 93 20 73 21 – cagnard@relaischateaux.com*
– Fax 04 93 22 06 39   AZ **e**
20 ch – ♦100/140 € ♦♦135/300 €, ☑ 18 € – 6 suites
Rest – *(fermé de mi-nov. à mi-déc., lundi midi, mardi midi et jeudi midi)*
Menu 55 € bc (déj. en sem.), 75/95 € – Carte 90/128 €
Spéc. Fine lasagne de truffe d'Aups. Risotto de gambas et calamar à l'italienne. Petite pêche de Méditerranée aux saveurs de la Ligure. **Vins** Bellet, Côtes de Provence.

♦ Simenon, Renoir, Soutine, Modigliani, etc. ont séjourné dans cette belle demeure historique. Chambres de caractère parfois dotées de terrasses et tournées vers la mer. En été, le plafond à caissons du restaurant s'ouvre sur le ciel. Cuisine du Sud personnalisée.

Villa Estelle sans rest

5 montée de la Bourgade – ℰ *04 92 02 89 83 – info@villa-estelle.com*
– Fax 04 92 02 88 28   BZ **a**
5 ch ☑ – ♦100/130 € ♦♦100/195 €

♦ La propriétaire a redonné vie à cette auberge en la rénovant avec goût. Chambres personnalisées (certaines avec vue sur mer), salon cosy, jolie cour-terrasse, charmant jardin.

Le Grimaldi avec ch

6 pl. du Château – ℰ *04 93 20 60 24 – reservation@hotelgrimaldi.com*
– Fax 04 93 22 82 19 – Fermé 2-19 déc. et 6-31 janv.   AZ **b**
5 ch ☑ – ♦120/135 € ♦♦120/135 € – ½ P 155/170 € – **Rest** – *(fermé le midi du lundi au jeudi en juil.-août et mardi hors saison) (nombre de couverts limité, prévenir)* Menu 30 € bc (déj. en sem.), 35/59 € – Carte 45/69 €

♦ Dans le vieux village, un restaurant contemporain à la fois épuré et chaleureux, ouvert sur une délicieuse terrasse. En cuisine, le chef revisite avec art le répertoire régional. Nombreux et jolis clins d'œil au passé dans les chambres.

Fleur de Sel

85 montée de la Bourgade – ℰ *04 93 20 33 33 – contact@*
restaurant-fleurdesel.com – Fax 04 93 20 33 33 – Fermé 4-11 juin, 27 oct.-12 nov.,
5-21 janv., jeudi midi, merc. et le midi en juil.-août   AZ **m**
Rest – Menu 32/55 € – Carte 44/59 €

♦ Sympathique petite adresse voisine de l'église. Cuisine visible de tous dans la salle mi-rustique, mi-provençale décorée de cuivres et de tableaux. Carte alléchante.

☆ **Josy-Jo** (Josy Bandecchi) ⌂ AC VISA MO AE
✿ 2 r. Planastel – ℰ 04 93 20 68 76 – info@restaurant-josyjo.com
– Fermé 17 nov.-26 déc., sam. midi et dim. AZ **a**
Rest – Menu 29 € bc (déj.)/40 € – Carte 42/69 €
Spéc. Farcis grand-mère. Selle d'agneau grillée au charbon de bois. Homard bleu
grillé. **Vins** Bellet, Côtes de Provence.
♦ Lieu simple mais très convivial : tableaux, objets en ferronnerie et cuisine ouverte en
guise de décor, service sans tralala, fameuses grillades et bons petits plats provençaux.

à Cros-de-Cagnes 2 km au Sud-Est – ☒ 06800 Cagnes-sur-Mer

☆☆☆ **La Bourride** ≤ ⌂ AC ℀ VISA MO AE
(port du Cros) – ℰ 04 93 31 07 75 – Fax 04 93 31 89 11 – Fermé 15-31 oct.,
15 fév.-10 mars, mardi soir et dim. soir hors saison, mardi midi en juil.-août
et merc. BX **e**
Rest – Menu 38/80 € – Carte 53/81 €
♦ Salle à manger décorée d'une fresque représentant la mer, patio agrémenté de pins
parasols, terrasse face au port : trois espaces agréables où déguster poissons et fruits de
mer.

☆☆ **Réserve "Loulou"** ⌂ AC VISA MO AE
91 bd de la Plage – ℰ 04 93 31 00 17 – louloulareserve@wanadoo.fr
– Fax 04 93 22 09 26 – Fermé 10-25 mai, le midi du 15 juil. au 6 sept., sam. midi et
dim. BX **n**
Rest – Menu 41/47 € – Carte 45/132 €
♦ Adresse décontractée où l'on déguste dans un joli cadre régional (tableaux et lithographies) une cuisine axée sur les poissons et proposant aussi des grillades.

CAHORS ℗ – 46 Lot – 337 E5 – 20 003 h. – alt. 135 m – ☒ 46000
🏳 Périgord 28 **B1**

🚗 Paris 575 – Agen 85 – Albi 110 – Brive-la-Gaillarde 98 – Montauban 64
🛈 Office de tourisme, place François Mitterrand ℰ 05 65 53 20 65,
Fax 05 65 53 20 74
◉ Pont Valentré★★ - Portail Nord★★ et cloître★ de la cathédrale
St-Etienne★BY **E** - ≤★ du pont Cabessut - Croix de Magne ≤★ O : 5 km par
D 27 - Barbacane et tour St-Jean★ - ≤★ du nord de la ville.

🏠🏠🏠 **Terminus** 📶 AC ☎ 🛁 ℗ VISA MO AE ①
5 av. Ch.-de-Freycinet – ℰ 05 65 53 32 00 – terminus.balandre@wanadoo.fr
– Fax 05 65 53 32 26 – Fermé 15-30 nov. AY **s**
22 ch – †50/95 € ††60/130 €, ☲ 12 €
Rest Le Balandre – voir ci-après
♦ C'est au Terminus que tout le monde descend ! Cette demeure bourgeoise des années
1910 bénéficie de grandes chambres nettes et insonorisées et d'un salon-bar Art déco.

🏠 **Jean XXII** sans rest ℀ ☎ VISA MO AE ①
5 bd Gambetta – ℰ 05 65 35 07 66 – Fax 05 65 53 92 38 – Fermé 20-31 oct.,
vacances de fév. et dim. d'oct. à mai BY **v**
9 ch – †45 € ††55 €, ☲ 7 €
♦ Voici un point de chute pratique et calme, au pied de la tour Jean XXII. Les murs de ce
palais, édifié par la famille du pontife, abritent des chambres peu à peu refaites.

🏠 **De la Paix** sans rest 📶 VISA MO AE ①
30 pl. St-Maurice – ℰ 05 65 35 03 40 – hoteldelapaix-cahors@wanadoo.fr
– Fax 05 65 35 40 88 BZ **t**
21 ch – †48 € ††54/75 €, ☲ 6 €
♦ Ce petit hôtel central a retouvé ses couleurs après une rénovation complète. Chambres
tranquilles, simples et fonctionnelles. Les plus lumineuses se situent côté halles.

☆☆☆ **Le Balandre** – Hôtel Terminus AC VISA MO AE ①
5 av. Ch.-de-Freycinet – ℰ 05 65 53 32 00 – terminus.balandre@wanadoo.fr
– Fax 05 65 53 32 26 – Fermé 15-30 nov., lundi sauf le soir du 1er août au 15 sept. et
dim. AY **s**
Rest – Menu (42 €), 60/88 € – Carte 72/83 € ⌘
♦ Le chef invente une cuisine aux saveurs actuelles, à déguster dans une élégante salle
égayée de vitraux. En prime : une superbe sélection de vins et un menu plus simple le midi.

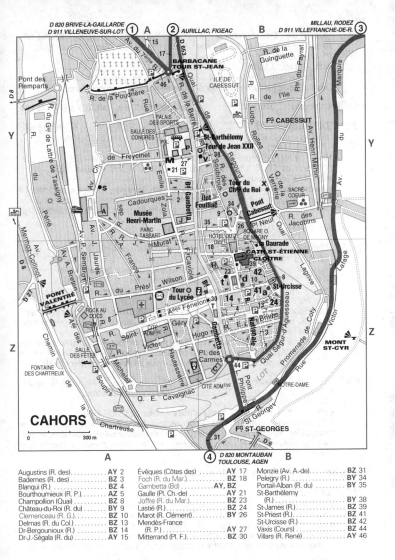

☯☯ **L'Ô à la Bouche** 📶 **AC** **VISA** **MC**

☺ 134 r. Ste-Urcisse – ☎ 05 65 35 65 69 – Fax 05 65 35 65 69 – *Fermé vacances de Pâques et de la Toussaint, dim. et lundi* BZ **a**

Rest – Menu (19 €), 25/28 € – Carte 31/36 €

♦ Plats dans l'air du temps pour le bonheur des gourmands ! Vieilles pierres, briques, poutres et cheminée donnent un charme fou à ce restaurant qui met vraiment l'Ô à la bouche.

☯☯ **Le Marché** 📶 **AC** **VISA** **MC** **AE**

27 pl. Chapou – ☎ 05 65 35 27 27 – restaurant.le.marche@cegetel.net – Fax 05 65 21 09 98 – *Fermé 14-20 avril, 26 oct.-4 nov., lundi sauf août et dim.*

Rest – Menu (23 €), 28 € BZ **b**

♦ Adresse mode tant par son cadre – une salle tout en longueur (banquettes beiges et prune), un mur lumineux, un autre en ardoise – que par sa cuisine tendance et inspirée.

417

✗ **Au Fil des Douceurs** ⇐ 🖼 AC VISA MO

90 quai Verrerie – 𝒞 05 65 22 13 04 – Fax 05 65 35 61 09 – Fermé 23 juin-7 juil.,
😊 *1er-19 janv., dim. et lundi* BY x
Rest – Menu 14 € (déj.), 23/50 € – Carte 30/87 €
♦ Embarquement immédiat sur ce bateau qui offre une vue imprenable sur le Lot et le vieux Cahors. Cuisine traditionnelle proposée dans deux salles à manger superposées.

à Caillac 13 km par ①, rte de Villeneuve-sur-Lot et D145 – 533 h. – alt. 161 m – ⊠ 46140

✗✗ **Le Vinois** avec ch 🖼 ℑ & ch, ⅋ ✗ ch, VISA MO

Le bourg – 𝒞 05 65 30 53 60 – contact@levinois.com – Fax 05 65 21 67 27
😊 *– Fermé 6-13 oct., 12 janv.-9 fév.*
10 ch – ♦70/79 € ♦♦86/135 €, ⊇ 12 € – ½ P 106/161 € – **Rest** – *(fermé dim. soir du 15 sept. au 13 juil., lundi sauf le soir du 14 juil. au 14 sept. et mardi midi)*
Menu 17 € (déj. en sem.), 30/53 €
♦ Au cœur du vignoble de Cahors, ne ratez pas cette étonnante auberge, caractérisée par un esprit contemporain et épuré (fond musical jazzy) conforme à la cuisine proposée. L'hôtel joue aussi la carte de la sobriété chic dans les chambres : détails soignés et design.

à Mercuès 10 km par ① et D 811 – 736 h. – alt. 133 m – ⊠ 46090

🏰 **Château de Mercuès** ⧉ ⇐ vallée du Lot, ⚿ 🖼 ℑ ✗ 🖼 ✗ rest, 🛋
☆ *– 𝒞 05 65 20 00 01 – mercues@* 🅿 VISA MO AE ①
relaischateaux.com – Fax 05 65 20 05 72 – Ouvert de fin mars à début nov.
24 ch – ♦170/270 € ♦♦180/280 €, ⊇ 24 € – 6 suites – ½ P 175/225 €
Rest – *(fermé mardi midi, merc. midi, jeudi midi et lundi)* Menu 65/120 € – Carte 86/124 €
Spéc. Risotto de truffes au jus de céleri et croustille parmesane. Noisette et carré d'agneau en papillote de lard au beurre de noix. Côte de veau cuite en cocotte, artichaut bouquet aux truffes. **Vins** Cahors.
♦ Le designer François Champsaur a insufflé un style contemporain à ce château historique (13e s.), dont les points forts sont les majestueuses chambres et le beau panorama sur la vallée du Lot. Le chef concocte une cuisine inventive, au diapason du décor "griffé".

⌂ **Le Mas Azemar** ⧉ 🖼 ℑ ✗ ch, 🅿

r. du Mas-de-Vinssou – 𝒞 05 65 30 96 85 – masazemar@aol.com
– Fax 05 65 30 53 82
6 ch ⊇ – ♦75 € ♦♦105 € – **Table d'hôte** – Menu 32 € bc/39 € bc
♦ Cette maison de maître du 18e s., ex-dépendance du château de Mercuès, possède de confortables chambres au mobilier de style. Cuisine traditionnelle familiale dans un intérieur vaste, chaleureux et rustique (poutres, murs en pierre, cheminée, grande table d'hôte).

rte de Brive par ① et D 820 – ⊠ 46000 Cahors

✗✗ **La Garenne** 🖼 🖼 🅿 VISA MO

St-Henri, à 7 km – 𝒞 05 65 35 40 67 – michel.carrendier@wanadoo.fr
😊 *– Fax 05 65 35 40 67 – Fermé 1er fév.-15 mars, lundi soir, mardi soir et merc.*
Rest – Menu 20 € (déj. en sem.), 27/48 € – Carte 37/66 €
♦ On se croirait dans l'écurie d'une ferme ancienne ! La cuisine répond à cette atmosphère d'antan à travers des recettes tantôt classiques, tantôt mâtinées de touches régionales.

à Lamagdelaine 7 km par ② – 740 h. – alt. 122 m – ⊠ 46090

✗✗✗ **Claude et Richard Marco** avec ch ⧉ 🖼 🖼 ℑ & ch, AC ☏
☆ *– 𝒞 05 65 35 30 64 – info@restaurantmarco.com* 🅿 VISA MO AE ①
– Fax 05 65 30 31 40 – Fermé 17-27 oct., 4 janv.-5 mars, dim. soir du 15 sept. au 15 juin, lundi sauf le soir du 15 juin au 15 sept. et mardi midi
5 ch – ♦95/110 € ♦♦110/145 €, ⊇ 12 €
Rest – Menu 30 € (sem.)/78 € – Carte 54/84 €
Spéc. Fond d'artichaut braisé aux cèpes, foie gras poêlé, jus de truffe. Salade de homard aux agrumes et beurre d'orange (mai à oct.). Pigeonneau rôti à la coriandre. **Vins** Cahors.
♦ Canard et produits du terroir forment les bases de la cuisine actuelle qu'on savoure ici, dans une belle salle voûtée (auparavant cave à vins) ou en terrasse. Chambres soignées.

CAHUZAC-SUR-VÈRE – 81 Tarn – 338 D7 – 1 027 h. – alt. 240 m – ⊠ 81140

🚩 Paris 655 – Albi 28 – Gaillac 11 – Montauban 60 – Rodez 86 – Toulouse 69

🛈 Syndicat d'initiative, Mairie ℰ 05 63 33 68 91, Fax 05 63 33 68 92   29 **C2**

Château de Salettes ⓢ   ≼ ☞ 🛋 🛋 & ch, 🗚 🌜 🎿

Sud : 3 km par D 922 – ℰ 05 63 33 60 60 – salettes @   **P** **VISA** **☺** **Æ** **①**
chateaudesalettes.com – Fax 05 63 33 60 61 – Fermé 6-23 janv. et 17 fév.-5 mars
18 ch – ♦131/185 € ♦♦131/330 €, ⊑ 16 € – ½ P 185/239 €
Rest – (fermé merc. midi, lundi, mardi d'oct. à mai, lundi midi et mardi midi de mai
à juil. et sept.) Menu 35/80 € – Carte 73/87 €
Spéc. Grillade d'une aiguillette de foie gras. Tronçons de Saint-Pierre sur crumble
d'ail et gingembre. Tube chocolat au grué de cacao, glace cacahuète, caramel salé.
♦ Au cœur des vignes, château du 13ᵉ s. entièrement rebâti. Belle décoration contemporaine et mobilier design, chambres spacieuses. La salle à manger aux murs de pierres
apparentes et au cadre épuré offre un bel écrin pour l'intéressante cuisine du chef.

✕✕ La Falaise   ☞ 🌣 **P** **VISA** **☺**

rte de Cordes – ℰ 05 63 33 96 31 – guillaume.salvan @ wanadoo.fr – Fermé dim.
soir, mardi midi et lundi
Rest – Menu 19 € (déj. en sem.), 33/50 € – Carte 44/62 €
♦ Ancien chai converti en restaurant. Coquette salle à manger rustique, véranda et terrasse
dressée en été sous les saules. Carte personnalisée et beau choix de gaillacs.

CAILLAC – 46 Lot – 337 E5 – rattaché à Cahors

CAILLY-SUR-EURE – 27 Eure – 304 H7 – 233 h. – alt. 23 m – ⊠ 27490   33 **D2**

🚩 Paris 101 – Évreux 13 – Louviers 13 – Rouen 45 – Vernon 30

Les Deux Sapins   ☞ & ch, 🌣 ch, 🌜 **P** **VISA** **☺**

24 r. de la Mairie – ℰ 02 32 67 75 13 – juhel.eric @ wanadoo.fr – Fax 02 32 67 73 62
– Fermé 8 août-1ᵉʳ sept. et dim. soir
15 ch – ♦50/58 € ♦♦53/60 €, ⊑ 6,50 € – ½ P 48/50 € – **Rest** – (fermé dim. soir et
lundi) Menu 15 € (sem.)/29 € – Carte 23/45 €
♦ Établissement de type motel, moderne et accueillant. Chambres simples et fonctionnelles, desservies par une galerie couverte. Petit salon installé sous une verrière. Salle à manger
aux murs parementés de briques, donnant sur la cour intérieure de l'hôtel.

CAIRANNE – 84 Vaucluse – 332 C8 – 850 h. – alt. 136 m – ⊠ 84290   40 **A2**

🚩 Paris 650 – Avignon 43 – Bollène 47 – Montélimar 51 – Nyons 25 – Orange 18

🛈 Office de tourisme, route de Sainte-Cécile ℰ 04 90 30 76 53

Auberge Castel Miréïo   ☞ 🛋 & ch, 🗚 🌜 **P** **VISA** **☺**

rte de Carpentras par D 8 – ℰ 04 90 30 82 20 – info @ castelmireio.fr
– Fax 04 90 30 78 39 – Fermé 31 déc.-14 fév.
8 ch – ♦58/61 € ♦♦60/64 €, ⊑ 7,50 € – 1 suite – ½ P 58 € – **Rest** – (fermé merc.
soir, dim. soir de sept. à juin, mardi midi et sam. midi en juil.-août et lundi midi)
Menu 19 € (déj. en sem.), 22/30 € – Carte 26/37 €
♦ L'ancienne demeure familiale, qui abrite le restaurant, dispose d'une annexe récente où
sont logées des chambres sobres et égayées de tissus provençaux. Salle à manger rustique
fière de son joli carrelage centenaire. Cuisine traditionnelle.

CAJARC – 46 Lot – 337 H5 – 1 114 h. – alt. 160 m – ⊠ 46160 ▮ Périgord   29 **C1**

🚩 Paris 586 – Cahors 52 – Figeac 25 – Rocamadour 59
– Villefranche-de-Rouergue 27

🛈 Office de tourisme, La Chapelle ℰ 05 65 40 72 89, Fax 05 65 40 39 05

La Ségalière ⓢ   ☞ ☞ 🛋 🌣 🎿 **P** **VISA** **☺** **Æ** **①**

rte de Capdenac – ℰ 05 65 40 65 35 – hotel @ lasegaliere.com – Fax 05 65 40 74 92
– Ouvert 15 mars-4 nov. et 15 déc.-31 janv.
24 ch – ♦49/80 € ♦♦65/95 €, ⊑ 10 € – ½ P 65/80 € – **Rest** – (fermé dim. soir, lundi,
mardi et merc. en déc. et janv. et le midi sauf week-ends et fériés) Menu 28/38 €
♦ Adresse détente dans ce village qui vit naître Françoise Sagan. Cet hôtel moderne recèle
de bien agréables chambres dotées de balcons. Les plus : la grande piscine et le jardin. La
carte du restaurant allie tradition et créativité. Terrasse aux beaux jours.

CALACUCCIA – 2B Haute-Corse – 345 D5 – **voir à Corse**

CALAIS ⬡ – 62 Pas-de-Calais – 301 E2 – 77 333 h. – Agglo. 104 852 h. – alt. 5 m
– Casino CX – ⊠ 62100 ▮ Nord Pas-de-Calais Picardie   30 **A1**

▫ Paris 290 – Boulogne-sur-Mer 35 – Dunkerque 46 – St-Omer 43

Tunnel sous la Manche : Terminal de Coquelles AU, renseignements
"Le Shuttle" ℘ 03 21 00 61 00.

☎ ℘ 3635 (0,34 €/mn)

🄸 Office de tourisme, 12, boulevard Clemenceau ℘ 03 21 96 62 40,
Fax 03 21 96 01 92

👁 Monument des Bourgeois de Calais (Rodin)★★ - Phare ❄★★ DX - Musée des
Beaux-Arts et de la Dentelle★ CX **M²**.

🄶 Cap Blanc Nez★★ : 13 km par ④.

🏨 **Meurice**   ▯ 📞 🚗 **VISA** ◐◉ **AE** ⓪
5 r. E.-Roche – ℘ 03 21 34 57 03 – meurice@wanadoo.fr
– Fax 03 21 34 14 71
41 ch – ♦60/150 € ♦♦60/150 €, ⊑ 12 € – ½ P 66/89 € – **Rest** – (fermé sam. midi)
Menu (15 €), 18 € (sem.)/50 €   CX **v**
◆ Hôtel de tradition avec son vaste hall à l'atmosphère vieille France et ses grandes
chambres au charme délicieusement désuet ; décor actuel dans une aile plus récente.
Poutres, boiseries sculptées et meubles de style composent le cadre cossu du restaurant.

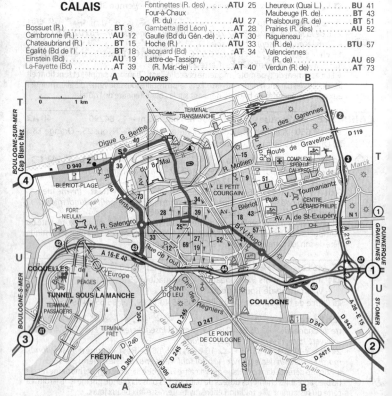

CALAIS

Holiday Inn   ≤ |⃒| & ch, Ⓐℂ rest, ⇄ ✆ ⅗ Ⓟ 𝓥𝓘𝓢𝓐 ⓂⓄ 🄰🄴 ⓞ

bd des Alliés – ℰ *03 21 34 69 69 – holidayinn @ holidayinn-calais.com*
– Fax 03 21 97 09 15   CX **a**
63 ch – ♦128/165 € ♦♦138/185 €, ⌂ 13,50 € – **Rest** *– (fermé sam. midi, dim. midi et fériés midi)* Menu 17 € bc/24 € – Carte 24/40 €
♦ Agréablement située face au port de plaisance, bâtisse imposante disposant de chambres amples et confortables, rénovées en 2005 ; vue sur mer pour la moitié d'entre elles. Les baies vitrées du restaurant s'ouvrent sur les mâts des voiliers. Cadre contemporain.

Métropol Hôtel sans rest |⃒| ⅘ ✆ 🕼 𝓥𝓘𝓢𝓐 ⓂⓄ 🄰🄴 ⓞ

43 quai du Rhin – ℰ *03 21 97 54 00 – metropol @ metropolhotel.com*
– Fax 03 21 96 69 70 – Fermé 21 déc.-11 janv.   CY **h**
40 ch – ♦46 € ♦♦67 €, ⌂ 10 € – 1 suite
♦ Façade ancienne en briques rouges. Les chambres, pratiques et insonorisées, sont parfois rehaussées de notes décoratives anglaises, tout comme le salon-bar à l'esprit british.

Mercure Centre |⃒| & ch, Ⓐℂ ✆ ⅗ Ⓟ 𝓥𝓘𝓢𝓐 ⓂⓄ 🄰🄴 ⓞ

36 r. Royale – ℰ *03 21 97 68 00 – h6739 @ accor.com – Fax 03 21 97 34 73*
41 ch – ♦75/95 € ♦♦85/115 €, ⌂ 13 € – **Rest** *– (fermé sam. midi et dim.)*
Menu 16/35 € – Carte 31/49 €   CX **d**
♦ Cet hôtel qui borde une artère commerçante, près du casino, arbore le nouveau concept de la chaîne : chambres contemporaines, camaïeu de gris-marron, mobilier en alu brossé. Au restaurant, atmosphère feutrée, cave à vin vitrée, cuisine classique ou ardoise du jour.

XX **Aquar'aile**   ≤ plage et port, Ⓐℂ 𝓥𝓘𝓢𝓐 ⓂⓄ 🄰🄴 ⓞ

255 r. J.-Moulin, (4ᵉ étage) – ℰ *03 21 34 00 00 – f.leroy @ aquaraile.com*
– Fax 03 21 34 15 00 – Fermé dim. soir   AT **s**
Rest – Menu (25 € bc), 28/43 € – Carte 46/76 €
♦ L'atout majeur de cet agréable restaurant marin, situé au 4ᵉ étage d'un immeuble ? Son panorama unique sur la Manche, la mer du Nord et les côtes anglaises, visibles à l'horizon.

XX **Au Côte d'Argent**   ≤ ⅘ 𝓥𝓘𝓢𝓐 ⓂⓄ 🄰🄴 ⓞ

1 digue G.-Berthe – ℰ *03 21 34 68 07 – lefebvre @ cotedargent.com*
– Fax 03 21 96 42 10 – Fermé 18 août-9 sept., 22 déc.-6 janv., 23 fév.-10 mars, merc. soir de sept. à avril, dim. soir et lundi   CX **f**
Rest – Menu 18 € (sem.)/40 € – Carte 32/56 €
♦ Embarquement immédiat pour un voyage gourmand riche en saveurs iodées dans un joli cadre inspiré des cabines de bateau, tout en observant le ballet des ferry-boats.

XX **Channel**   Ⓐℂ 𝓥𝓘𝓢𝓐 ⓂⓄ 🄰🄴

3 bd de la Résistance – ℰ *03 21 34 42 30 – contact @ restaurant-lechannel.com*
– Fax 03 21 97 42 43 – Fermé 26 juil.-9 août, 22 déc.-20 janv., dim. soir et mardi
Rest – Menu 22/52 € – Carte 45/85 € ℬ   CX **e**
♦ Élégant décor contemporain, produits de la mer de premier choix et attrayante carte des vins (cave ouverte sur la salle) : une plaisante escale avant la traversée du "channel".

XX **La Pléiade**   Ⓐℂ 𝓥𝓘𝓢𝓐 ⓂⓄ 🄰🄴 ⓞ

32 r. J.-Quehen – ℰ *03 21 34 03 70 – e.memain @ lapleiade.com*
– Fax 03 21 34 03 13 – Fermé 28 juil.-17 août, vacances de fév., dim. soir et lundi
Rest – Menu 28/58 € – Carte 37/76 €   CX **r**
♦ Derrière une façade engageante se cache une charmante salle où sont exposées des toiles d'artistes régionaux. Cuisine au goût du jour volontiers marine et suggestions du marché.

X **Histoire Ancienne**   Ⓐℂ 𝓥𝓘𝓢𝓐 ⓂⓄ 🄰🄴

20 r. Royale – ℰ *03 21 34 11 20 – p.comte @ histoire-ancienne.com*
– Fax 03 21 96 19 58 – Fermé 1ᵉʳ-15 août, lundi soir et dim.   CX **x**
Rest – Menu 11,50/36 € – Carte 25/51 €
♦ Sympathique restaurant qui préserve ses airs d'authentique bistrot rétro : banquettes, chaises en bois, vieux zinc. Dans l'assiette, grillades, plats de tradition et du terroir.

X **Le Grand Bleu**   🕼 𝓥𝓘𝓢𝓐 ⓂⓄ

quai de la Colonne – ℰ *03 21 97 97 98 – legrandbleu-calais @ wanadoo.fr*
– Fax 03 21 82 53 03 – Fermé 26 août-11 sept., 18 fév.-4 mars, mardi soir et merc.
Rest – Menu 18/45 € – Carte 34/51 €   CX **n**
♦ L'enseigne annonce la couleur : cette table du port célèbre la mer sous toutes ses formes, tant dans son décor que dans sa cuisine actuelle qui privilégie les saveurs iodées.

à Coquelles 6 km a l'Ouest par av. R. Salengro AT – **2 370 h.** – alt. **5 m** – ⊠ **62231**

🏠🏠🏠 **Holiday Inn** ⚓   🎿 ⊡ *I*ₐ ▣ ⚅ ch, 🆆 🖧 ⌘ rest, ⅍ **P** *VISA* ⓴⓪ ⅍ ⓪
– 𝒞 *03 21 46 60 60 – info@ holidayinncoquelles.com – Fax 03 21 85 76 76*
118 ch – ♦105/125 € ♦♦125/260 €, ⌕ 15 € – **Rest** – *(fermé sam. midi)*
Menu 25/42 € – Carte 26/46 €

◆ Ce complexe moderne situé à 3 km de l'Eurostar (gare de Calais-Fréthun) propose des chambres de bon confort. Sauna, hammam, piscine intérieure, club de gym et de squash. Mobilier épuré dans la salle à manger, récemment revue dans un esprit actuel.

🏠🏠🏠 **Suitehotel** sans rest   *I*ₐ ▣ ⚅ 🆆 🖧 ⌘ **P** **P** *VISA* ⓴⓪ ⅍
pl. de Cantorbery – 𝒞 *03 21 19 50 00 – h3335@accor.com – Fax 03 21 19 50 05*
100 ch – ♦92/120 € ♦♦92/120 €, ⌕ 12 €   AU

◆ Votre suite ? Pas moins de 30 mètres carrés accueillant espace à vivre (bureau et salon), chambre cloisonnable et salle de bains très complète (douche et baignoire).

à Blériot-Plage AT – ⊠62231 Sangatte

🄳 Office de tourisme, route nationale 𝒞 03 21 34 97 98, Fax 03 21 97 75 13

🏠 **Les Dunes**   ⚅ rest, ☎ **P P** *VISA* ⓴⓪ ⅍ ⓪
   48 rte Nationale – 𝒞 *03 21 34 54 30 – p.mene@les-dunes.com*
⊜⊜   – Fax 03 21 97 17 63 – Fermé 13 oct.-2 nov. et 17-30 mars   AT **z**
🄫   **9 ch** – ♦52/66 € ♦♦52/66 €, ⌕ 8 € – **Rest** – *(fermé dim. soir sauf fériés et lundi de sept. au 13 juil.)* Menu 18/39 € – Carte 36/57 €

◆ Dans la commune qui vit s'envoler Louis Blériot le 25 juillet 1909 pour une glorieuse traversée de la Manche. Chambres bien tenues, simples et pratiques ; petits balcons. Spacieux restaurant joliment aménagé. Cuisine de la mer, gibier en saison.

CALALONGA (PLAGE DE) – 2A Corse-du-Sud – 345 E11 – **rattaché à Corse**
(Bonifacio)

CALA-ROSSA – 2A Corse-du-Sud – 345 F10 – **voir à Corse (Porto-Vecchio)**

CALÈS – 46 Lot – 337 F3 – 149 h. – alt. 273 m – ⊠ 46350   29 **C1**

🄳 Paris 528 – Sarlat-la-Canéda 42 – Cahors 52 – Gourdon 21 – Rocamadour 15 – St-Céré 43

🏠 **Le Petit Relais** ⚓   🎿 ⊿ ⚅ ch, *VISA* ⓴⓪ ⅍
au bourg – 𝒞 *05 65 37 96 09 – Fax 05 65 37 95 93 – Fermé 19-26 déc. et 3-24 janv.*
⊜⊜   **13 ch** – ♦48/52 € ♦♦55/60 €, ⌕ 8 € – ½ P 115/140 € – **Rest** – *(fermé sam. midi, dim. soir et lundi d'oct. à fév.)* Menu (13 € bc), 17/36 € – Carte 33/44 €

◆ Depuis trois générations, la même famille vous accueille dans cette vieille maison quercynoise, au cœur d'un pittoresque village. Chambres bien rénovées et insonorisées. Restaurant rustique (poutres, cheminée, cuivres), terrasse ombragée et plats du terroir.

CALLAS – 83 Var – 340 O4 – 1 388 h. – alt. 398 m – ⊠ 83830 🀫 Côte d'Azur

🄳 Paris 872 – Castellane 51 – Draguignan 14   41 **C3**

🄳 Office de tourisme, place du 18 juin 1940 𝒞 04 94 39 06 77, Fax 04 94 39 06 79

rte de Muy 7 km au Sud-Est par D 25 – ⊠ 83830 Callas

🏠🏠🏠 **Hostellerie Les Gorges de Pennafort**   ⋖ � 🎿 ⊿ ※ ⚅ rest,
D 25 – 𝒞 *04 94 76 66 51 – info@*   🆆 ☎ ⅍ **P** *VISA* ⓴⓪ ⅍ ⓪
⅏   hostellerie-pennafort.com – Fax 04 94 76 67 23 – Fermé de mi-janv. à mi-mars
16 ch – ♦135/150 € ♦♦185/220 €, ⌕ 18 € – 4 suites – ½ P 165/180 €
Rest – *(fermé dim. soir sauf juil.-août, lundi sauf le soir en juil.-août et merc. midi)*
Menu (45 €), 56/135 € – Carte 99/154 € ⅗

Spéc. Ravioli de foie gras et parmesan, sauce aux truffes. Carré d'agneau rôti, jus au thym. Chocolat noir amer, pain de Gênes, parfait fruit de la passion. **Vins** Côtes de Provence, Coteaux Varois.

◆ Harmonie de couleurs et de matières en ce mas où tout a été pensé pour créer une atmosphère raffinée. Le soir, jeux de lumières sur les falaises rouges des gorges. Salle à manger relookée tournée vers une jolie pièce d'eau ; cuisine savoureuse et bonne cave.

CALVINET – 15 Cantal – 330 C6 – 432 h. – alt. 600 m – ⊠ 15340   5 **A3**

◘ Paris 576 – Aurillac 34 – Entraygues-sur-Truyère 32 – Figeac 40 – Maurs 19 – Rodez 56

XX **Beauséjour** (Louis-Bernard Puech) avec ch   ↳ ┗ 🅿 VISA ⦿ AE ①
☆   – ℰ 04 71 49 91 68 – beausejour.puech @ wanadoo.fr – Fax 04 71 49 98 63
🛏   – Fermé 23-27 juin, 24 nov.-5 déc., 5 janv.-14 fév., dim. soir d'oct. à mai, lundi sauf le soir en juil.-août, mardi sauf le soir de mars à sept. et merc. sauf le soir de juin à sept.
8 ch – ♦60/100 € ♦♦60/100 €, � 15 € – ½ P 60/80 €
Rest – (nombre de couverts limité, prévenir) Menu 26/60 € ⅋
Spéc. Oeuf au pot gourmand de saison. Charlotte d'agneau allaiton d'Aveyron aux aubergines confites (juin à oct.). Sablé à la châtaigne, pommes caramélisées. **Vins** Marcillac, Côtes d'Auvergne.
♦ Maison de pays où l'on s'attache à faire découvrir les saveurs d'une cuisine mariant inventivité et terroir. Vins régionaux à prix doux. Chambres modernes. Adresse non-fumeurs.

CAMARET-SUR-MER – 29 Finistère – 308 D5 – 2 668 h. – alt. 4 m – ⊠ 29570
▮ Bretagne   9 **A2**

◘ Paris 597 – Brest 4 – Châteaulin 45 – Crozon 11 – Morlaix 91 – Quimper 60
🄳 Office de tourisme, 15, quai Kleber ℰ 02 98 27 93 60, Fax 02 98 27 87 22
🄶 Pointe de Penhir★★★ SO : 3,5 km.

🏠 **De France**   ← 🗟 ⧉ ▥ rest, ┗ VISA ⦿ AE
⊕   quai G.-Toudouze – ℰ 02 98 27 93 06 – hotel-france-camaret @ wanadoo.fr
     – Fax 02 98 27 88 14 – Ouvert de Pâques au 1er nov.
20 ch – ♦42/52 € ♦♦51/92 €, ⊒ 8 € – ½ P 50/70 €
Rest – (ouvert 12 avril-1er nov.) Menu (14 €), 18/42 € – Carte 28/114 €
♦ Chambres d'inspiration marine, bien tenues et insonorisées ; la moitié regarde les bateaux, les autres sont plus petites mais plus calmes. Le restaurant, réparti sur deux étages, vous invite à déguster ses spécialités de fruits de mer avec le port en toile de fond.

     Bellevue ⛴ ☜   ← le port, ⧉ 🅿 VISA ⦿ AE
     – ℰ 02 98 17 12 50 – hotel-france-camaret @ wanadoo.fr – Fax 02 98 27 88 14
     – Fermé 15 janv.-15 fév.
15 ch – ♦65/85 € ♦♦65/140 €, ⊒ 10 € – ½ P 60/85 €
♦ Vue panoramique sur le port et tranquillité assurée dans les studios fonctionnels de l'annexe, équipés de cuisinettes.

🏠 **Vauban** sans rest   ← 🖼 ⅋ ♨ 🅿 VISA ⦿
🛏   4 quai du Styvel – ℰ 02 98 27 91 36 – Fax 02 98 27 96 34 – Fermé déc. et janv.
16 ch – ⊒ – ♦32/45 € ♦♦32/45 €, ⊒ 6 €
♦ Les navigateurs ne s'y trompent pas en faisant escale ici : l'hôtel est plutôt modeste, mais ses prix sages et son chaleureux accueil justifient qu'on change de cap !

LA CAMBE – 14 Calvados – 303 F3 – 518 h. – alt. 25 m – ⊠ 14230   32 **B2**
◘ Paris 289 – Bayeux 26 – Caen 56 – Saint-Lô 31

🏠 **Ferme Savigny** sans rest ☜   🖼 ⅋ 🅿
     2,5 km par D 613 et D113 – ℰ 02 31 21 12 33 – re.ledevin @ libertysurf.fr
4 ch ⊒ – ♦40 € ♦♦48 €
♦ Cet ancien corps de ferme propose des chambres confortables et décorées avec goût. Lorsque le temps le permet, on sert les petits-déjeuners sous la tonnelle de la jolie cour plantée d'un saule pleureur.

CAMBO-LES-BAINS – 64 Pyrénées-Atlantiques – 342 D4 – 4 416 h. – alt. 67 m
– Stat. therm. : début mars-mi déc. – ⊠ 64250 ▮ Pays Basque   3 **A3**

◘ Paris 783 – Biarritz 21 – Pau 115
🄳 Syndicat d'initiative, avenue de la Mairie ℰ 05 59 29 70 25, Fax 05 59 29 90 77
🄶 Epherra à Souraïde Urloko Bidea, O : 13 km par D 918, ℰ 05 59 93 84 06.
◉ Villa Arnaga★★ M.

Ursula sans rest   🚗 AK 🕿 P VISA ⓜⓞ

quartier Bas-Cambo, au Nord : 2 km – ℰ 05 59 29 88 88 – hotel.ursula@ wanadoo.fr – Fax 05 59 29 22 15 – Fermé déc. et janv.
15 ch – †44/49 € ††49/55 €, ⌷ 9,50 €
♦ Ce petit hôtel familial et convivial, situé dans le pittoresque quartier du Bas-Cambo, met à votre disposition de grandes chambres personnalisées et bien tenues.

Le Trinquet sans rest   VISA ⓜⓞ

r. Trinquet – ℰ 05 59 29 73 38 – trinquet@hotel-trinquet-cambo.com – Fax 05 59 29 25 61 – Fermé 3 nov.-9 déc. et mardi sauf du 2 juil. au 15 sept.
12 ch – †27/48 € ††27/48 €, ⌷ 6,50 €
♦ Cette grande maison a pris le nom d'une variante de la pelote basque. Les chambres, simples et bien entretenues, sont aménagées au-dessus d'un café. Ambiance familiale.

✕✕ **Le Bellevue** avec ch   ⬿ 🚗 🏠 ⓘ AK rest, ↯ ⬚ P VISA ⓜⓞ

r. des Terrasses – ℰ 05 59 93 75 75 – contact@hotel-bellevue64.com – Fax 05 59 93 75 85 – Fermé 6 janv.-10 fév.
1 ch – †60/70 € ††80/95 €, ⌷ 7 € – 6 suites – ††70/95 € – **Rest** – (*fermé jeudi soir sauf juil. à sept., dim. soir et lundi*) Menu 12 € (déj. en sem.), 19/34 €
♦ Tableaux modernes sur murs immaculés et mobilier actuel créent le décor soigné de ce restaurant qui sert une cuisine dans l'air du temps. L'autre charme de cette maison du 19ᵉ s., bien rénovée : ses suites familiales d'esprit contemporain.

✕ **Chez Tante Ursule** avec ch   🚗 🕿 P VISA ⓜⓞ

quartier Bas-Cambo, au Nord : 2 km ⊠ 64250 – ℰ 05 59 29 78 23 – chez.tante.ursule@wanadoo.fr – Fax 05 59 29 28 57 – Fermé 15-30 nov., 15 fév.-15 mars et mardi
7 ch – †29 € ††44 €, ⌷ 7 € – ½ P 55 € – **Rest** – Menu 16 € (déj. en sem.), 20/35 € – Carte 21/58 €
♦ Cet établissement situé près du fronton de pelote du Bas Cambo abrite une pimpante salle à manger agrémentée d'un joli vaisselier. Cuisine à l'âme basque. Chambres rustiques soignées (mobilier ancien).

CAMBRAI ⬌ – **59 Nord** – **302** H6 – **33 738 h.** – **alt. 53 m** – ⊠ **59400**
Nord Pas-de-Calais Picardie   **31 C3**

🚗 Paris 179 – Amiens 98 – Arras 36 – Lille 77 – St-Quentin 51
🔢 Office de tourisme, 48, rue du Noyon ℰ 03 27 78 36 15, Fax 03 27 74 82 82
◎ Mise au tombeau★★ de Rubens dans l'église St-Géry AY - Musée Beaux-Arts : clôture du choeur★, char de procession★ AZ **M.**

Plan page suivante

🏨🏨 **Château de la Motte Fénelon** ⬙   🕭 ⬚ ch, 🕿 🛁 P

square du Château, par allée St Roch - Nord du plan BY   VISA ⓜⓞ AE ⓘ
– ℰ 03 27 83 61 38 – contact@cambrai-chateau-motte-fenelon.com – Fax 03 27 83 71 61
10 ch – †90/260 € ††90/260 €, ⌷ 10 € – ½ P 120/150 € – **Rest** – Menu 24 € bc (déj. en sem.), 26/40 € – Carte 23/45 €
♦ Le château édifié en 1850 par l'architecte Hittorff profite d'un environnement verdoyant et abrite des chambres de caractère au mobilier de style ou cérusé. Voûtes séculaires en briques, décor soigné et carte traditionnelle caractérisent le restaurant.

Orangerie Parc 🏨   P VISA ⓜⓞ AE ⓘ

30 ch – †59/103 € ††59/103 €, ⌷ 10 € – ½ P 89/130 €
♦ L'orangerie propose un hébergement confortable à quelques pas du château. La prestation est plus simple dans les bungalows nichés dans un parc de 8 ha.

🏨🏨 **Beatus** ⬙   🚗 🏠 ⬚ rest, 🕿 🛁 P VISA ⓜⓞ AE ⓘ

718 av. de Paris, par ⑤ : 1,5 km – ℰ 03 27 81 45 70 – hotel.beatus@wanadoo.fr – Fax 03 27 78 00 83
33 ch – †65/69 € ††77/82 €, ⌷ 9,50 € – **Rest** – (*fermé août, 24 déc.-4 janv. et week-ends*) (*dîner seult*) (*résidents seult*) Menu 19 € – Carte 25/54 €
♦ À l'ombre de grands arbres, demeure toute blanche dont le superbe escalier conduit à de spacieuses chambres, toutes différentes, contemporaines ou de style. Salon-bar feutré.

CAMBRAI

Le Clos St-Jacques ⚬ ⚒ ☎ 𝘝𝘐𝘚𝘈 ⓂⒸ

9 r. St-Jacques – ℰ 03 27 74 37 61 – rquero@wanadoo.fr – Fax 03 27 74 37 61 – Fermé 21 déc.-4 janv. BY **e**

6 ch – ❗65 € ❗❗72 €, ⌑ 8,50 € – **Table d'hôte** – *(fermé vend., sam. et dim.)* Menu 22 €

♦ Monsieur conte volontiers l'histoire de ce bel hôtel particulier que madame a superbement redécoré en conservant son âme originelle. Excellent petit-déjeuner, accueil délicieux.

XX **L'Escargot** 🟦VISA🟧MO🟦AE

10 r. Gén.-de-Gaulle – ℰ 03 27 81 24 54 – restaurantlescargot@wanadoo.fr
– Fax 03 27 83 95 21 – Fermé 15-31 juil., 21-26 déc., vend. soir et merc. BZ **n**
Rest – Menu 23/38 € – Carte 30/47 €
♦ Adresse située au cœur de la petite capitale des "bêtises". Salles rénovées, dont une mezzanine, où l'on sert une cuisine traditionnelle dans une ambiance décontractée.

X **Au Fil de l'Eau** 🟦VISA🟧MO🟦AE

1 bd Dupleix – ℰ 03 27 74 65 31 – Fax 03 27 74 65 31 – Fermé 15 juil.-14 août,
19-26 fév., dim. soir, merc. soir et lundi AY **f**
Rest – Menu 22/47 € – Carte 27/43 €
♦ Convivialité, couleurs gaies et goûteuse cuisine traditionnelle aux saveurs iodées vous attendent en ce sympathique petit restaurant proche d'une écluse du canal de St-Quentin.

rte de Bapaume 4 km par ⑥ – ✉ 59400 Fontaine-Notre-Dame

XX **Auberge Fontenoise** 🟦AC🟦VISA🟧MO🟦AE

543 rte de Bapaume – ℰ 03 27 37 71 24 – auberge.fontenoise@wanadoo.fr
😊 *– Fax 03 27 70 34 91 – Fermé dim. soir et lundi soir*
Rest – Menu 24/44 € – Carte 38/52 €
♦ Des produits de qualité et une bonne dose de savoir-faire : on se régale de recettes régionales gourmandes dans cette charmante auberge familiale au décor rustique et soigné.

CAMBREMER – 14 Calvados – 303 M5 – **1 092 h.** – alt. 100 m
– ✉ 14340 33 **C2**

▶ Paris 211 – Caen 38 – Deauville 28 – Falaise 38 – Lisieux 15 – Saint-Lô 110
🛈 Syndicat d'initiative, rue Pasteur ℰ 02 31 63 08 87, Fax 02 31 63 08 21

🏠 **Château Les Bruyères** 🍃 🍸🏮🎐&ch,⇄❄rest,📞🅿
rte Cadran (D 85) – ℰ 02 31 32 22 45 🅿 VISA 🟧MO🟦AE🟧OD
– reception@chateaulesbruyeres.com – Fax 02 31 32 22 58 – Fermé 3 janv.-2 fév.
13 ch – †95 € ††150/220 €, ⊒ 22 € – 1 suite – ½ P 135/170 € – **Rest** – *(fermé lundi et mardi hors saison) (dîner seult)* Menu 39/75 € – Carte 52/93 €
♦ Cette noble demeure se dresse au cœur d'un agréable parc arboré. Élégant salon bourgeois et jolies chambres personnalisées pour un séjour au grand calme. Menus terre et mer composés selon les arrivages du marché ; plantes aromatiques et produits du potager.

CAMIERS – 62 Pas-de-Calais – 301 C4 – **2 252 h.** – alt. 23 m – ✉ 62176 30 **A2**

▶ Paris 244 – Arras 101 – Boulogne-sur-Mer 21 – Calais 58 – Le Touquet 10
🛈 Office de tourisme, esplanade Ste-Cécile-Plage ℰ 03 21 84 72 18,
  Fax 03 21 84 72 18

🏠 **Les Cèdres** 🍃 🎐🏮🅿 VISA 🟧MO🟦AE
64 r. Vieux-Moulin – ℰ 03 21 84 94 54 – hotel-cedres@wanadoo.fr
😊 *– Fax 03 21 09 23 29 – Fermé déc. et janv.*
27 ch – †55/88 € ††55/88 €, ⊒ 8 € – ½ P 58/70 €
Rest *L'Orangeraie* – *(dîner seult)* Menu 24/40 €
♦ Au centre du bourg, deux maisons séparées par une agréable cour-terrasse. Les chambres, modestes mais bien tenues, s'égayent de coloris vifs. Confortable bar, salon british. Salle à manger-véranda ouverte sur la terrasse d'été ; cuisine traditionnelle et régionale.

CAMON – 09 Ariège – 343 J6 – **144 h.** – alt. 349 m – ✉ 09500 ▌Midi-Pyrénées

▶ Paris 780 – Carcassonne 63 – Pamiers 37 – Toulouse 103 29 **C3**
🛈 Office de tourisme, 10, rue Georges d'Armagnac ℰ 05 61 68 88 26,
  Fax 05 61 68 88 26

⛩ **L'Abbaye-Château de Camon** 🍃 ≼🍸🏮🎐⇄🅿 VISA 🟧MO
– ℰ 05 61 60 31 23 – peter.katielawton@wanadoo.fr – Fax 05 61 60 31 23
– Fermé 2 janv.-15 mars
6 ch – †100/160 € ††120/180 €, ⊒ 18 € – **Table d'hôte** – *(fermé merc.)* Menu 38 €
♦ Le temps semble s'être arrêté dans ce site enchanteur dont le jardin offre de multiples recoins où chacun peut s'isoler. Les chambres, personnalisées, occupent d'anciennes cellules monacales. Le soir, vous rejoindrez le cloître où vous attendent de bons petits plats régionaux.

CAMPAGNE – 24 Dordogne – **329** G6 – rattaché au Bugue

CAMPIGNY – 27 Eure – **304** D6 – rattaché à Pont-Audemer

LE CAMP-LAURENT – 83 Var – **340** K7 – rattaché à Toulon

CANAPVILLE – 14 Calvados – **303** M4 – rattaché à Deauville

CANCALE – 35 Ille-et-Vilaine – **309** K2 – 5 203 h. – alt. 50 m – ✉ 35260 Bretagne

Paris 398 – Avranches 61 – Dinan 35 – Fougères 73 – St-Malo 16 10 **D1**

Office de tourisme, 44, rue du Port ✆ 02 99 89 63 72, Fax 02 99 89 75 08

Site★ - Port de la Houle★ - ✵★ de la tour de l'église St-Méen - Pointe du Hock et sentier des Douaniers ≤★.

Pointe du Grouin★★.

CANCALE

Bricourt (Pl.)	Y	3
Calvaire (Pl. du)	Z	4
Duguay-Trouin (Quai)	Z	9
Duquesne (R.)	Y	10
Du-Guesclin (R.)	Y	8
Fenêtre (Jetée de la)	Z	12
Gallais (R.)	Y	13
Gambetta (Quai)	Z	14
Hock (R. du)	Z	16
Jacques-Cartier (Quai)	Z	17
Juin (R. du Mar.)	Z	18
Kennedy (Quai)	Z	19
Leclerc (R. Gén.)	YZ	20
Mennais (R. de la)	Y	22
Port (R. du)	Z	
République (Pl. de la)	Z	23
Rimains (R. des)	Y	24
Roulette (R. de la)	Z	25
Stade (R. du)	Y	27
Surcouf (R.)	Y	28
Thomas (Quai)	Z	30

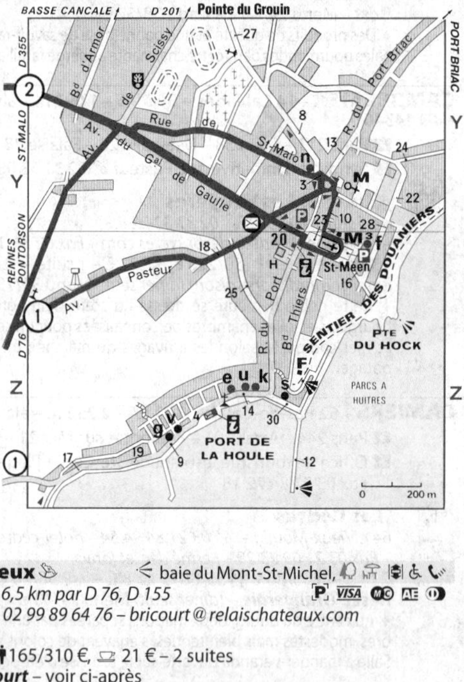

De Bricourt-Richeux ≤ baie du Mont-St-Michel,
rte du Mont-St-Michel : 6,5 km par D 76, D 155 et voie secondaire – ✆ 02 99 89 64 76 – bricourt@relaischateaux.com – Fax 02 99 89 88 47
11 ch – †165/310 € ††165/310 €, ☐ 21 € – 2 suites
Rest ***Maisons de Bricourt*** – voir ci-après
Rest ***Le Coquillage*** – *✆ 02 99 89 25 25 (fermé janv., vend. midi hors saison, lundi et mardi)* Menu 29/58 €
◆ Dans un parc (plantes aromatiques, animaux) dominant la baie du Mont-St-Michel, superbe villa de 1922 où séjourna Léon Blum. Chambres très raffinées, accueil soigné. Goûteuse cuisine de la mer, salle panoramique et divine terrasse d'été sous les pins.

Le Continental ≤ VISA
quai Thomas – ✆ 02 99 89 60 16 – hotel-conti@wanadoo.fr – Fax 02 99 89 69 58 – Fermé 5 janv.-5 fév. Z s
16 ch – †48/88 € ††70/148 €, ☐ 12,50 € – ½ P 79/109 € – **Rest** – *(fermé merc. sauf le soir de juin à sept. et mardi)* Menu 17 € (déj. en sem.), 23/42 € – Carte 21/50 €
◆ Situation privilégiée face au port, accueil sympathique, chambres confortables et très bien tenues, confitures maison au petit-déjeuner : une bonne petite adresse. Belles boiseries rehaussées de miroirs dans la salle à manger ouverte sur la flotille de pêche.

🏠🏠 Le Querrien ⇐ 🏠 **AC** rest, 📞 **VISA** **MO** **AE**

7 quai Duguay-Trouin – 𝒞 02 99 89 64 56 – le-querrien@wanadoo.fr
– Fax 02 99 89 79 35   Z **v**
15 ch – ♦59/79 € ♦♦59/79 €, ⊇ 9 € – ½ P 55/99 € – **Rest** – Menu 16,50 €
(sem.)/28 € – Carte 23/58 €

♦ Maison bretonne et sa véranda en bois directement sur le quai. Ses grandes chambres aux couleurs du large portent le nom d'un bateau ; neuf donnent sur les flots. Le décor (vivier, boiseries, fresque marine) et la carte du restaurant rendent hommage à l'océan.

🏠 Auberge de la Motte Jean sans rest ⑳ �__ 🛇 **P** **VISA** **MO**

2 km par ② par D 355 – 𝒞 02 99 89 41 99 – hotel-pointe-du-grouin@wanadoo.fr
– Fax 02 99 89 92 22 – Fermé janv. et fév.
13 ch – ♦65/78 € ♦♦75/88 €, ⊇ 7 €

♦ Ancien corps de ferme isolé dans la campagne cancalaise. Grand calme, jardin soigné avec étang. Chambres personnalisées garnies de meubles anciens. Accueil "sur mesure".

🏠 Duguay Trouin sans rest   🛆 📞 **VISA** **MO** **AE**

11 quai Duguay-Trouin – 𝒞 02 23 15 12 07 – leduguaytrouin1@aol.com
– Fax 02 99 89 75 20   Z **g**
7 ch – ♦75/85 € ♦♦85/125 €, ⊇ 9 €

♦ On vous reçoit avec simplicité et gentillesse dans cet hôtel du port de pêche entièrement rénové. Chambres sobrement marines (quelques malles-postes), côté baie ou rochers.

🏠 Le Chatellier sans rest   �__ 🛆 **P** **VISA** **MO** **AE**

1 km par ② par D 355 – 𝒞 02 99 89 81 84 – hotelchatel@aol.com
– Fax 02 99 89 61 69 – Fermé déc. et janv.
13 ch – ♦50/55 € ♦♦60/82 €, ⊇ 8,50 €

♦ Belle demeure bretonne au charme familial préservé et ses coquettes chambres de style "campagnard chic", mansardées à l'étage ; certaines donnent sur le jardin.

🏠 Le Manoir des Douets Fleuris sans rest ⑳ �__ **P** **VISA** **MO** **AE**

1,5 km par ② par D 365 – 𝒞 02 23 15 13 81 – manoirdesdouetsfleuris@
wanadoo.fr – Fax 02 23 15 13 81 – Fermé janv.
5 ch – ♦79/90 € ♦♦79/130 €, ⊇ 12 €

♦ Manoir du 17e s. et son jardin où barbotent des oiseaux. Chambres personnalisées avec soin, dont une suite avec ciel de lit et cheminée en granit. Âtre monumental au salon.

❀❀❀ Maisons de Bricourt (Olivier Roellinger) �__ **P** **VISA** **MO** **AE** **①**

r. Duguesclin – 𝒞 02 99 89 64 76 – bricourt@relaischateaux.com
– Fax 02 99 89 88 47 – Ouvert de mi-mars à mi-déc.   Y **n**
Rest – *(fermé lundi midi et mardi midi sauf de mai à sept., merc. et jeudi) (nombre de couverts limité, prévenir)* Menu 100 € (déj.), 122/172 € – Carte 132/146 €
Spéc. Petit homard aux saveurs de l'île aux épices. Bar en cuisson douce aux huiles florales. Selle d'agneau rôtie à la broche, poudre "grande caravane".

♦ Cuisine inventive imprégnée des parfums des cinq continents : cette délicieuse malouinière née au 18e s. de la "course aux épices" réserve un inoubliable voyage gourmand.

Les Rimains 🏠🏠 ⑳ ⇐ baie du Mont-St-Michel, �__ 📞 **P** **VISA** **MO** **AE** **①**

r. Rimains – 𝒞 02 99 89 64 76 – bricourt@relaischateaux.com
– Fax 02 99 89 88 47 – Ouvert de mi-mars à mi-déc.
4 ch – ♦170/180 € ♦♦170/290 €, ⊇ 21 €

♦ Ravissant cottage des années 1930 blotti dans un jardin surplombant la mer. Chambres décorées avec goût, meubles chinés et ambiance guesthouse.

❀❀ Le Cancalais avec ch ⇐ **AC** rest, 🛇 ch, **VISA** **MO**

12 quai Gambetta – 𝒞 02 99 89 61 93 – Fax 02 99 89 89 24 – Fermé déc.- janv.,
dim. soir, mardi midi et lundi sauf vacances scolaires   Z **u**
10 ch – ♦55/90 € ♦♦55/90 €, ⊇ 8 €
Rest – Menu 18 € (sem.)/60 € – Carte 34/62 €

♦ Carte mi-traditionnelle, mi-iodée, intérieur rustique (meubles d'inspiration bretonne) et véranda panoramique caractérisent cette institution cancalaise. Chambres coquettes.

✗ **Surcouf** ⬥ ⌂ & _VISA_ ⓜⓒ
7 quai Gambetta – ℰ 02 99 89 61 75 – Fax 02 99 89 76 41 – Fermé déc., janv.,
😊 merc. sauf juil.-août et mardi   Z **k**
😋 **Rest** – Menu 16 € (sem.)/42 € – Carte 44/60 €
  ♦ Un joli petit bistrot marin qui sort du lot, parmi la foule d'adresses bordant le port de
  Cancale : vue sur la jetée (plus étendue à l'étage) et goûteuse cuisine de la mer.

✗ **Le Troquet** ⬥ ⌂ & _VISA_ ⓜⓒ
19 quai Gambetta – ℰ 02 99 89 99 42 – Fermé 12 nov.-31 janv.,
😊 jeudi et vend.   Z **e**
Rest – Menu 18 € (sem.)/38 € – Carte 31/55 €
  ♦ Un sympathique petit bistrot à dénicher parmi les nombreuses enseignes qui bordent le
  quai. Poissons et crustacés de premier choix, dont les fameuses huîtres de Cancale.

✗ **La Maison de la Marine** avec ch ⎙ ⌂ & rest, ⇄ ☏ _VISA_ ⓜⓒ
23 r. Marine – ℰ 02 99 89 88 53 – courrier@maisondelamarine.com
– Fax 02 99 89 83 27 – Fermé vacances de fév.   Z **f**
5 ch – ♦80/90 € ♦♦90/110 €, ⌷ 12 € – 3 suites – **Rest** – (fermé dim. soir et lundi
hors saison) Menu 32/54 € – Carte 47/59 €
  ♦ Ex-bureau des affaires maritimes superbement reconverti : décor de flibustiers intimiste,
  terrasse face au jardin, salon "so british". Cuisine mi-bretonne, mi-méditerranéenne. Entre
  meubles chinés et équipements luxueux, les chambres d'hôte ont un charme fou.

à la Pointe du Grouin ★★ 4,5 km au Nord par D 201 – ⊠ 35260 Cancale

🏨 **La Pointe du Grouin** ⟡ ⬥ îles et baie du Mt-St-Michel, ✻ rest,
– ℰ 02 99 89 60 55 – hotel-pointe-du-grouin@wanadoo.fr **P** _VISA_ ⓜⓒ
– Fax 02 99 89 92 22 – Ouvert 25 mars-15 nov.
16 ch – ♦85 € ♦♦115 €, ⌷ 8 € – ½ P 83/95 € – **Rest** – (fermé jeudi midi sauf du
15 juil. au 31 août et mardi) Menu 23/75 € – Carte 37/61 €
  ♦ Il règne comme un délicieux air de bout du monde autour de cette demeure
  bretonne perchée sur une falaise, face aux îles et au Mont-St-Michel. Agréables chambres
  campagnardes. Panorama exceptionnel sur le large depuis les tables proches des baies
  vitrées.

CANCON – 47 Lot-et-Garonne – 336 F2 – 1 287 h. – alt. 199 m – ⊠ 47290   4 **C2**
  🛣 Paris 581 – Agen 51 – Bergerac 40 – Bordeaux 134
  🛈 Syndicat d'initiative, place de la Halle ℰ 05 53 01 09 89, Fax 05 53 01 64 70

**à St-Eutrope-de-Born 9 km au Nord-Est par D 124 et D 153 – 609 h. – alt. 95 m –
⊠ 47210**

🏠 **Domaine du Moulin de Labique** ⟡ ⟰ ⌂ ⧖ ⇄ ✻ **P** _VISA_ ⓜⓒ
rte de Villeréal – ℰ 05 53 01 63 90 – moulin-de-labique@wanadoo.fr
– Fax 05 53 01 73 17 – Fermé 17-23 nov.
6 ch – ♦75 € ♦♦90 €, ⌷ 10 € – ½ P 83 € – **Table d'hôte** – Menu 25/31 €
  ♦ Domaine paisible, bordé par un ruisseau et agrémenté d'une piscine, d'un potager et
  d'un coin pêche. Belles chambres logées dans la maison, l'écurie et la grange. Servie
  dans une salle à manger champêtre, la cuisine honore joliment le terroir.

CANDES-ST-MARTIN – 37 Indre-et-Loire – 317 J5 – 227 h. – alt. 35 m –
⊠ 37500 ▮ Châteaux de la Loire   11 **A2**
  🛣 Paris 290 – Angers 76 – Chinon 16 – Saumur 13 – Tours 54
  ◉ Collégiale ★.

✗ **Auberge de la Route d'Or** ⌂ _VISA_ ⓜⓒ
2 pl. de l'Église – ℰ 02 47 95 81 10 – routedor@clubinternet.fr – Fax 02 47 95 81 10
😊 – Ouvert 22 mars-10 nov., mardi sauf le midi en juil.-août et merc.
Rest – (nombre de couverts limité, prévenir) Menu 17 € (déj. en sem.), 23/35 €
– Carte 33/45 €
  ♦ Auberge rustique aménagée dans deux maisons anciennes ; l'une d'elles date du 17ᵉ s.
  Salle intime avec cheminée. La cuisine traditionnelle puise son inspiration dans le terroir.

CANDÉ-SUR-BEUVRON – 41 Loir-et-Cher – 318 E7 – 1 208 h. – alt. 70 m – ⊠ 41120

11 **A1**

▶ Paris 199 – Blois 15 – Chaumont-sur-Loire 7 – Montrichard 21 – Orléans 78 – Tours 51

🛈 Syndicat d'initiative, 10, route de Blois 𝒞 02 54 44 00 44, Fax 02 54 44 00 44

La Caillère ℅   🚑 🛖 & ch, 📞 **P** VISA ⑩ AE
36 rte de Montils – 𝒞 *02 54 44 03 08 – lacaillere2@wanadoo.fr*
– Fax 02 54 44 00 95 – Fermé janv. et fév.
14 ch – †60 € ††65 €, �*22* 11 € – ½ P 66 € – **Rest** – *(fermé lundi midi, jeudi midi et merc.)* Menu (20 €), 30/46 € – Carte 50/60 €
♦ Isolée de la route par un rideau de verdure, ancienne ferme flanquée d'une aile moderne. Chambres sobres et bien tenues. Plaisante salle à manger ayant conservé son petit côté campagnard avec ses tables décorées de vieilles soupières ; cuisine actuelle de saison.

✕   Auberge du Lion d'Or avec ch   🚑 🛖 **P** VISA ⑩ ①
1 rte de Blois – 𝒞 *02 54 44 04 66 – joel.doublet41@orange.fr – Fax 02 54 44 06 19*
– Fermé 1er janv.-11 février, lundi et mardi
8 ch – †35/46 € ††35/46 €, ⊇ 6,50 € – ½ P 39/58 € – **Rest** – Menu 17 € (sem.)/46 € – Carte 38/54 €
♦ Auberge villageoise à l'atmosphère rustique, profitant d'une terrasse ombragée. On y sert une cuisine traditionnelle, 100 % maison, évoluant au gré du marché. Chambres simples.

LE CANET – 13 Bouches-du-Rhône – 340 I5 – rattaché à Aix-en-Provence

---

CANET-EN-ROUSSILLON – 66 Pyrénées-Orientales – 344 J6 – 10 182 h. – alt. 11 m – Casino BZ – ⊠ 66140

22 **B3**

▶ Paris 849 – Argelès-sur-Mer 21 – Narbonne 66 – Perpignan 11

🛈 Office de tourisme, espace Méditerranée 𝒞 04 68 86 72 00, Fax 04 68 86 72 12

Plan page suivante

à Canet-Plage – ⊠ 66140 Canet-en-Roussillon

Les Flamants Roses ℅   ⇐ 🛖 🏊 🏊 ⊛ 🛁 🖃 & 🅰️ 📞 ℅
1 voie des Flamants-Roses – 𝒞 *04 68 51 60 60*   **P** VISA ⑩ AE ①
– contact@hotel-flamants-roses.com – Fax 04 68 51 60 61
59 ch – †140/225 € ††170/270 €, ⊇ 18 € – 4 suites – ½ P 120/180 €
Rest L'Horizon – rest. diététique *(fermé lundi midi et mardi midi)* Menu 29 € (déj. en sem.), 44/62 € – **Rest Le Canotier** – buffet *(déj. seult)* Menu 29 € bc
♦ Établissement moderne bordant la plage et couplé à un centre de thalassothérapie. Les chambres, largement ouvertes sur les flots, offrent un intérieur chaleureux. À L'Horizon : plats actuels ou "allégés" servis face à la mer. Cuisine de type brasserie au Canotier.

Le Mas de la Plage   🚑 🛖 🏊 🅰️ ch, 🕺 📞 🍸 🅰️ **P** VISA ⑩ AE ①
34 av. Roussillon – 𝒞 *04 68 80 32 63 – contact@closdespins.com*
– Fax 04 68 80 49 19 – Ouvert 2 avril-30 oct.   AY **a**
16 ch – †85/120 € ††95/150 €, ⊇ 7,50 € – 1 suite – ½ P 80/95 €
Rest – *(dîner seult) (résidents seult)* Menu 35 €
♦ À l'ombre des pins d'un parc centenaire, charmant mas catalan du 19e s. et ses confortables chambres aux couleurs du Sud. Cheminée habillée d'éclats de faïence au restaurant.

Mercure sans rest   ⇐ mer, 🖃 & 🅰️ 📞 🍸 VISA ⑩ AE ①
120 prom. de la Côte-Vermeille – 𝒞 *04 68 80 28 59 – h3590@accor.com*
– Fax 04 68 80 80 60   BZ **b**
48 ch – †89/119 € ††99/129 €, ⊇ 10 €
♦ Immeuble du front de mer proposant des chambres contemporaines (lits "king size"), pour moitié tournées vers la grande bleue et pourvues de balcons. Buffet de petits-déjeuners.

Le Galion   🛖 🖃 🖃 🅰️ 📞 ℅ **P** VISA ⑩ AE
20 bis av. Grand-large – 𝒞 *04 68 80 28 23 – contact@hotel-le-galion.com*
– Fax 04 68 80 20 46   BZ **r**
28 ch – †55/80 € ††62/128 €, ⊇ 10 € – ½ P 62/95 € – **Rest** – Menu (18 €), 26/30 € – Carte 31/45 €
♦ Ce Galion-là se trouve à quelque 150 m des flots : maison familiale dont la majorité des chambres, peu à peu modernisées, possèdent un balcon. Le restaurant ouvre sur la piscine et la terrasse (grillades aux beaux jours). Recettes catalanes.

CANET-PLAGE

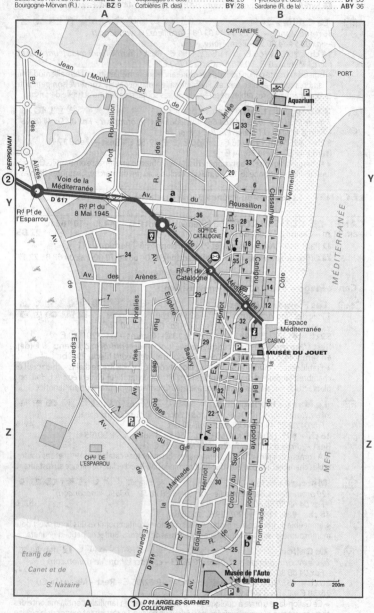

⌂ **Du Port** 📶 📻 ch, ⊗ rest, 🅿 ⇔ 💳 ⑩ 🅰 ⑪
21 bd de la Jetée – ℰ *04 68 80 62 44 – info@hotel-du-port.net*
– Fax 04 68 73 28 83 – Hôtel : ouvert mai-oct. ; rest : ouvert juin-sept.   BY **e**
35 ch (½ P seult) – ½ P 50/70 € – **Rest** – *(dîner seult) (résidents seult)*
♦ À mi-chemin entre le port et la plage, adresse datant des années 1980 et appréciée pour le calme et le confort de ses sobres chambres, toutes dotées d'un balcon. Cuisine traditionnelle sans prétention et ambiance marine dans la salle à manger.

⌂ **La Frégate** sans rest 📻 ⊗ 🅿 💳 ⑩
12 r. Cerdagne – ℰ *04 68 80 22 87 – contact@hotel-lafregate.fr*
– Fax 04 68 73 82 72 – Fermé 3 janv.- 25 mars   BY **f**
26 ch – †50/82 € ††50/86 €, � 7,50 €
♦ Cet hôtel situé à 100 m de la plage propose de petites chambres équipées d'un mobilier rustique de style régional ; insonorisation correcte et tenue rigoureuse.

✕✕ **Le Don Quichotte** 📻 💳 ⑩ 🅰 ⑪
22 av. de Catalogne – ℰ *04 68 80 35 17 – ledonquichotte@wanadoo.fr*
– Fermé mi-janv.-mi-fév., lundi et mardi sauf fériés   BY **r**
Rest – Menu 20 € (déj. en sem.)/45 € – Carte 38/58 € ⚬
♦ Le patron de ce sympathique restaurant soutient les viticulteurs locaux en proposant une belle sélection de leurs vins pour escorter sa carte mi-traditionnelle, mi-catalane.

CANGEY – 37 Indre-et-Loire – **317** P4 – **773 h.** – alt. 85 m – ⊠ 37530   11 **A1**
  🚗 Paris 210 – Amboise 12 – Blois 28 – Montrichard 26 – Tours 35
  📷 de Fleuray Route de Dame-Marie-les-Bois, N : 8 km par D 74, ℰ 02 47 56 07 07.

⌂⌂ **Le Fleuray** ⚬ 🚗 🛖 ⍢ 🅿 ⇔ 💳 ⑩
7 km au Nord, par D 74 rte Dame-Marie-les-Bois – ℰ *02 47 56 09 25*
– lefleurayhotel@wanadoo.fr – Fax 02 47 56 93 97 – Fermé 5-11 nov.
et 19 déc.-7 janv.
18 ch – †78/124 € ††78/124 €, ⊇ 13 € – ½ P 81/114 € – **Rest** – *(fermé lundi soir de nov. à fév.) (dîner seult) (nombre de couverts limité, prévenir)* Menu 29/48 €
– Carte 43/67 €
♦ Ancienne ferme restaurée, d'autant plus charmante avec son jardin-verger et sa piscine. Bon accueil, chambres douillettes et nouveaux duplex. Restaurant très lumineux d'esprit campagne chic pour une cuisine traditionnelle actualisée. Terrasse verdoyante.

CANNES – 06 Alpes-Maritimes – **341** D6 – **67 304 h.** – alt. 2 m – Casinos : Palm Beach ✕, Croisette BZ – ⊠ 06400 ▯ Côte d'Azur   42 **E2**
  🚗 Paris 898 – Aix-en-Provence 149 – Marseille 160 – Nice 33 – Toulon 120
  🄸 Office de tourisme, 1, boulevard de La Croisette ℰ 04 92 99 84 22, Fax 04 92 99 84 23
  📷 Riviera Golf Club à Mandelieu Avenue des Amazones, par rte de la Napoule : 8 km, ℰ 04 92 97 49 49 ;
  📷 de Cannes Mougins à Mougins 175 avenue du Golf, NO : 9 km, ℰ 04 93 75 79 13 ;
  📷 Royal Mougins Golf Club à Mougins 424 avenue du Roi, par rte de Grasse : 10 km, ℰ 04 92 92 49 69.
  ◉ Site ★★ - Le front de Mer ★★ : boulevard ★★ et pointe ★ de la croisette - ≼ ★ de la tour du Mont-Chevalier AZ - Musée de la Castre ★★ AZ - Chemin des Collines ★ NE : 4 km V - La Croix des Gardes X ≼ ★ O : 5 km puis 15 mn.

Plans pages suivantes

⌂⌂⌂⌂ **Carlton Inter Continental** ≼ 🐾 🛖 📶 ⎕ ♿ ch, 📻 ⇄ ⊗ rest, ☏
58 bd de la Croisette – ℰ *04 93 06 40 06* 🄰 🅿 ⇔ 💳 ⑩ 🅰 ⑪
– carlton@hotelsgroupe.com – Fax 04 93 06 40 25   CZ **e**
338 ch – †160/1010 € ††160/1010 €, ⊇ 35 € – 36 suites
Rest *Brasserie Carlton* – Menu 43/55 € – Carte 63/101 €
Rest *La Plage* – rest. de plage – ℰ *04 93 06 44 94 (ouvert 16 mars-14 oct.) (déj. seult)* Carte 55/88 €
♦ Hitchcock filma des scènes de La Main au collet dans le célèbre palace à deux coupoles. Luxueux intérieur Belle Époque, superbes suites, passé prestigieux : un univers d'exception. À la Brasserie Carlton, décor élégant, vue sur la Croisette et carte de saison.

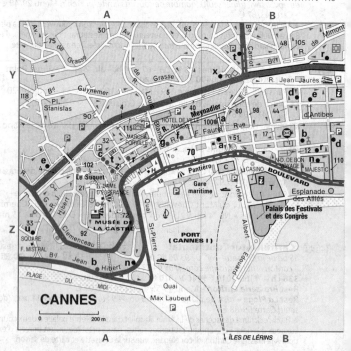

CANNES

0   200 m

↓ ÎLES DE LÉRINS

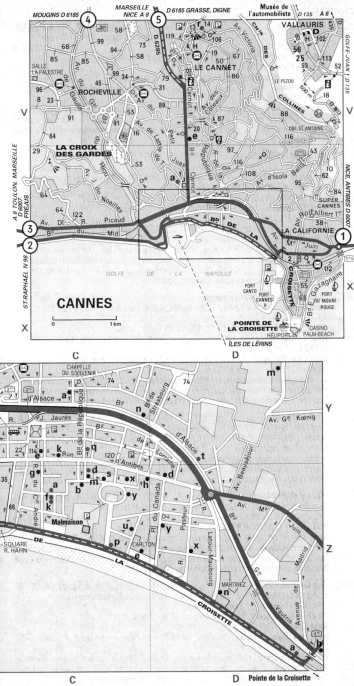

CANNES

Martinez

73 bd de la Croisette – ✆ 04 92 98 73 00 – martinez@concorde-hotels.com
– Fax 04 93 39 67 82

DZ **n**

396 ch – ✝285/2900 € ✝✝285/2900 €, ☕ 34 € – 16 suites
Rest La Palme d'Or – voir ci-après
Rest Relais Martinez – ✆ 04 92 98 74 12 – Carte 48/94 €
Rest Z. Plage – rest. de plage – ✆ 04 92 98 74 22 (ouvert mai-sept.) (déj. seult)
Carte 50/118 €

♦ Le mythique "pied-à-terre" des stars du festival. Chambres de style Art déco ou contemporaines, suites somptueuses, équipements très modernes, spa Givenchy et superbe fitness. Ambiance chic et décontractée, carte gourmande et terrasse d'été au Relais Martinez.

Majestic Barrière

10 bd de la Croisette – ✆ 04 92 98 77 00
– majestic@lucienbarriere.com – Fax 04 93 38 97 90 – Fermé de mi-nov. à fin déc.
282 ch – ✝225/530 € ✝✝500/970 €, ☕ 34 € – 23 suites

BZ **n**

Rest La Villa des Lys – (fermé pour travaux)
Rest Fouquet's – brasserie – ✆ 04 92 98 77 05 – Menu 50 € (déj.)
– Carte 52/106 €
Rest B. Sud – rest. de plage – ✆ 04 92 98 77 30 (ouvert juin à sept.) (déj. seult)
Carte 48/84 €

♦ À deux pas du Palais des festivals, la façade immaculée du Majestic évoque le faste des années folles. Luxe, confort et raffinement à tous les étages. Des plus belles chambres, la vue plonge sur la grande bleue. Chaleureuse et lumineuse salle à manger-véranda face à la Croisette : une place au soleil pour le Fouquet's !

Sofitel Le Méditerranée

1 bd J.-Hibert – ✆ 04 92 99 73 00 – h0591-re@accor.com
– Fax 04 92 99 73 29

AZ **n**

149 ch – ✝165/370 € ✝✝165/750 €, ☕ 25 € – 6 suites
Rest Le Méditerranée – au 7ème étage, ✆ 04 92 99 73 02 – Menu 42 € (déj.),
52/72 € – Carte 69/88 €
Rest Chez Panisse – bistrot – ✆ 04 92 99 73 10 – Menu (20 € bc),
29 € bc/27 € bc – Carte 36/51 €

♦ Joli décor méridional dans cet hôtel des années 1930. La majorité des chambres et le toit-piscine offrent une vue splendide sur Cannes et sa baie. Nouvel espace séminaires. Superbe panorama depuis Le Méditerranée. La Provence de Pagnol célébrée Chez Panisse.

3.14 Hôtel

5 r. F.-Einesy – ✆ 04 92 99 72 00 – info@3-14hotel.com – Fax 04 92 99 72 12
80 ch – ✝150/880 € ✝✝150/880 €, ☕ 25 € – 15 suites – **Rest** – (fermé dim. et
lundi) (dîner seult) Menu 42 € – Carte environ 52 €

CZ **u**

♦ Étonnante et agréable atmosphère pluriethnique dans ce superbe hôtel où décors des chambres, musiques et parfums évoquent les cinq continents. Belle piscine sous le toit. Au restaurant, voyage autour du monde avec une cuisine fusion utilisant les épices.

Gray d'Albion

38 r. des Serbes – ✆ 04 92 99 79 79 – graydalbion@lucienbarriere.com
– Fax 04 93 99 26 10 – Fermé 12-28 déc.

BZ **d**

191 ch – ✝170/970 € ✝✝170/970 €, ☕ 22 € – 8 suites
Rest 38 – ✆ 04 92 99 79 60 (fermé dim. et lundi) Menu 38 € bc – Carte 40/60 €

♦ Cet immeuble des années 1970 abrite une galerie marchande et des chambres plutôt fonctionnelles progressivement rénovées. Plage privée sur la Croisette. Décor épuré non dénué de convivialité et cuisine actuelle au restaurant "38".

Le Grand Hôtel

45 bd de la Croisette – ✆ 04 93 38 15 45 – info@grand-hotel-cannes.com
– Fax 04 93 68 97 45 – Fermé 9-28 déc.

CZ **s**

74 ch – ✝200/460 € ✝✝200/460 €, ☕ 28 € – 2 suites
Rest – Menu 40/55 €
Rest La Plage – rest. de plage – ✆ 04 93 38 19 57 (ouvert 9 avril-7 oct.) (déj. seult)
Carte 36/83 €

♦ Mêlant influences seventies et design contemporain, l'intérieur de cet immeuble entièrement rénové est aussi soigné qu'original. Parc bichonné et joli panorama côté mer. Cuisine traditionnelle à l'accent régional. Recettes estivales à La Plage.

Novotel Montfleury ⚜ ≤ 🚗 🏡 ⌘ 🎱 ♿ ch, 🔲 ⇄ ♨ rest, 📞 🔧
25 av. Beauséjour – 📞 04 93 68 86 86 – h0806 @ 🚗 VISA ⓜ AE ⓞ
accor.com – Fax 04 93 68 87 87 DY **m**
182 ch – †135/220 € ††135/220 €, ☕ 20 € – 1 suite
Rest L'Olivier – Menu (18 € bc), 23 € (déj. en sem.) – Carte 31/45 €
♦ L'hôtel jouxte le quartier de la Californie et ses luxueuses villas. Chambres assez confortables, de style marin ou provençal. Belle piscine et terrasse sous les palmiers. Plaisant décor ensoleillé, vue sur les cuisines et carte méridionale à L'Olivier.

Croisette Beach sans rest ♿ 🎱 ♨ 🔲 ⇄ 📞 🔧 🚗 VISA ⓜ AE ⓞ
13 r. du Canada – 📞 04 92 18 88 00 – H1284 @ accor.com – Fax 04 93 68 35 38
– Fermé 8-28 déc. DZ **y**
94 ch – †114/635 € ††114/790 €, ☕ 20 €
♦ Chambres plutôt spacieuses (pour la plupart dotées d'une terrasse), plus actuelles aux 5ᵉ et 6ᵉ étages. Nouvelle plage privée installée sur la Croisette.

Sun Riviera sans rest 🚗 🎱 ♿ 🔲 ⇄ 📞 🚗 VISA ⓜ AE ⓞ
138 r. d'Antibes – 📞 04 93 06 77 77 – info @ sun-riviera.com – Fax 04 93 38 31 10
– Fermé 5-27 déc. et 1ᵉʳ-21 fév. CZ **h**
40 ch – †98/165 € ††132/265 €, ☕ 16 € – 2 suites
♦ Dans une rue jalonnée de boutiques de luxe. Vastes chambres assez élégantes et parfaitement équipées ; côté jardin, elles sont plus calmes et possèdent un balcon.

Eden Hôtel 🎱 🎱 🎱 ♿ 🔲 ⇄ ♨ 📞 🔧 🚗 VISA ⓜ AE ⓞ
133 r. d'Antibes – 📞 04 93 68 78 00 – reception @ eden-hotel-cannes.com
– Fax 04 93 68 78 01 – Fermé 10-28 déc. DZ **d**
116 ch – †125/280 € ††125/280 €, ☕ 20 € – ½ P 98/183 € – **Rest** – (fermé dim. et lundi) Menu 29/45 € (week-end) – Carte 32/49 €
♦ Hôtel situé dans la prestigieuse rue d'Antibes. Chambres rénovées au mobilier contemporain. Grande piscine intérieure avec hammam (une autre sur le toit avec solarium), fitness. Restaurant traditionnel où la cuisine, au goût du jour, adopte le style fusion.

Belle Plage sans rest ≤ 🎱 🔲 🔲 📞 🚗 VISA ⓜ AE ⓞ
6 r. J.-Dollfus – 📞 04 93 06 25 50 – belleplage @ wanadoo.fr – Fax 04 93 99 61 06
– Ouvert 1ᵉʳ mars-15 nov. AZ **u**
48 ch – †120/250 € ††150/280 €, ☕ 14 €
♦ Au pied de la vieille ville, chambres décorées de photos de stars du "grand écran" et dotées de balcons ; la moitié regarde la mer. Toit-terrasse avec minipiscine.

Amarante 🏡 🎱 🔲 ♿ ch, 🔲 ⇄ 📞 🔧 🚗 VISA ⓜ AE ⓞ
78 bd Carnot – 📞 04 93 39 22 23 – amarante-cannes @ jjwhotels.com
– Fax 04 93 39 40 22 V **e**
71 ch – †120/390 € ††120/390 €, ☕ 20 € – ½ P 90/237 €
Rest – (fermé 28 nov.-29 déc., sam. et dim.) Menu (17 € bc), 35 € – Carte 31/51 €
♦ En bordure d'un boulevard très fréquenté, chambres bien équipées et plutôt colorées. Parking souterrain pratique et cour intérieure agrémentée d'une piscine. Plaisante salle à manger ouverte sur la terrasse, où le décor et l'assiette honorent la Provence.

Splendid sans rest ≤ le Port, 🔲 🔲 📞 VISA ⓜ AE
4 r. F.-Faure – 📞 04 97 06 22 22 – accueil @ splendid-hotel-cannes.fr – Fax 04 93 99 55 02
62 ch – †100/180 € ††100/240 €, ☕ 12 € BZ **a**
♦ Le personnel de cet hôtel (19ᵉ s.), exclusivement féminin, entoure sa clientèle d'attentions. La majorité des chambres, progressivement refaites, a vue sur le port et le Suquet.

Cavendish sans rest 🔲 🔲 ⇄ ♨ 📞 🚗 VISA ⓜ AE ⓞ
11 bd Carnot – 📞 04 97 06 26 00 – reservation @ cavendish-cannes.com
– Fax 04 97 06 26 01 BY **t**
34 ch – †110/160 € ††130/280 €, ☕ 20 €
♦ Jolies chambres insonorisées, équipements complets, petit-déjeuner maison soigné, bar gratuit pour les résidents le soir et accueil chaleureux : une bien charmante adresse.

Victoria sans rest 🎱 🔲 🔲 📞 🚗 VISA ⓜ AE ⓞ
rd-pt Duboys-d'Angers – 📞 04 92 59 40 00 – reservation @
cannes-hotel-victoria.com – Fax 04 93 38 03 91 – Fermé 23 nov.-29 déc.
25 ch – †105/290 € ††105/420 €, ☕ 17 € CZ **x**
♦ Hôtel rénové occupant deux étages d'un immeuble d'habitation. Chambres lumineuses et plutôt actuelles (tons beige et bleu) ; terrasse avec petite piscine face au bar.

America sans rest
🏠 AK 🛇 📞 VISA ⓜⓞ AE ①
13 r. St-Honoré – 𝒞 04 93 06 75 75 – info@hotel-america.com
– Fax 04 93 68 04 58 – Fermé 10-29 déc., 5-20 janv.   BZ **r**
28 ch ⌂ – ♦110/130 € ♦♦125/145 €
♦ Dans une rue calme proche de la Croisette. Les chambres, fraîches et actuelles, sont bien insonorisées et généralement spacieuses. Tenue irréprochable.

Château de la Tour ⑤
← ☞ ☜ ⤢ 🏠 AK ↵ ⅍ 🕭 P VISA ⓜⓞ AE
10 av. Font-de-Veyre, par ③ – 𝒞 04 93 90 52 52 – hotelchateaulatour@wanadoo.fr – Fax 04 93 47 86 61 – Fermé 2-25 janv.
34 ch – ♦95/290 € ♦♦95/290 €, ⌂ 14 € – **Rest** – (fermé sam. midi, dim. soir et lundi) Menu 37/64 € – Carte 36/62 €
♦ Cette ancienne maison nobiliaire ceinte d'un beau jardin clos jouit d'une délicieuse tranquillité. Chambres de grand confort, entièrement aménagées dans un esprit néo-baroque. Au restaurant, recettes régionales et plaisante salle à l'ambiance feutrée.

Fouquet's sans rest
AK 📞 ☜ VISA ⓜⓞ AE ①
2 rd-pt Duboys-d'Angers – 𝒞 04 92 59 25 00 – info@le-fouquets.com
– Fax 04 92 98 03 39 – Ouvert de fév. à oct.   CZ **y**
10 ch – ♦130/200 € ♦♦150/240 €, ⌂ 14 €
♦ Sur un rond-point relativement calme, grandes chambres assez gaies, joliment refaites dans un esprit provençal. Accueil prévenant et tenue rigoureuse.

California sans rest
☞ ⤢ 🏠 AK ⅍ 📞 🕭 ☜ VISA ⓜⓞ AE ①
8 traverse Alexandre-III – 𝒞 04 93 94 12 21 – nadia@californias-hotel.com
– Fax 04 93 43 55 17   DZ **h**
33 ch – ♦101/148 € ♦♦116/300 €, ⌂ 18 €
♦ Ces belles maisons ordonnées autour d'un jardin-piscine abritent des chambres aux couleurs du Sud ; certaines possèdent une terrasse. Wi-fi partout et bateau privé.

Le Mondial sans rest
🏠 ⅍ ↵ 📞 VISA ⓜⓞ AE ①
1 r. Teisseire – 𝒞 04 93 68 70 00 – reservation@hotellemondial.com
– Fax 04 93 99 39 11   CY **e**
39 ch – ♦79/150 € ♦♦99/220 €, ⌂ 13 € – 10 suites
♦ Élégante façade de style Art déco. Les chambres, aux tons chocolat, affichent un cadre plutôt ethnique ; certaines possèdent un balcon avec vue sur mer (étages supérieurs).

Cannes Riviera sans rest
⤢ 🏠 ⅍ 📞 🕭 ☜ VISA ⓜⓞ AE ①
16 bd d'Alsace – 𝒞 04 97 06 20 40 – reservation@cannesriviera.com
– Fax 04 93 39 20 75   BY **r**
58 ch – ♦70/140 € ♦♦85/190 €, ⌂ 14 € – 5 suites
♦ La façade agrémentée d'un portrait géant de Marilyn Monroe attire le regard. Intérieur résolument provençal, chambres insonorisées et piscine panoramique sur le toit-terrasse.

De Paris sans rest
⤢ 🏠 AK ↵ ⅍ 📞 🕭 ☜ VISA ⓜⓞ AE ①
34 bd d'Alsace – 𝒞 04 97 06 98 81 – reservation@hoteldeparis.fr
– Fax 04 93 39 04 61 – Fermé 9-25 déc.   CY **a**
47 ch – ♦70/135 € ♦♦90/150 €, ⌂ 15 € – 3 suites
♦ Proche d'un axe fréquenté mais parfaitement insonorisé, hôtel particulier du 19e s. (non-fumeurs) abritant des chambres bourgeoises bien tenues. Piscine au milieu des palmiers.

Régina sans rest
🏠 AK ⅍ 📞 P VISA ⓜⓞ
31 r. Pasteur – 𝒞 04 93 94 05 43 – reception@hotel-regina-cannes.com
– Fax 04 93 43 20 54 – Fermé 18 nov.-28 déc.   DZ **x**
19 ch – ♦98/185 € ♦♦98/185 €, ⌂ 12 €
♦ Non loin de la Croisette, pimpantes chambres décorées dans le style provençal, régulièrement entretenues et pour la plupart dotées d'un balcon. Wi-fi.

Renoir sans rest
🏠 AK ⅍ 📞 VISA ⓜⓞ AE ①
7 r. Edith-Cavell – 𝒞 04 92 99 62 62 – contact@hotel-renoir-cannes.com
– Fax 04 92 99 62 82   BY **x**
14 ch – ♦125/200 € ♦♦125/200 €, ⌂ 15 € – 12 suites – ♦♦225/620 €
♦ Tout est neuf derrière cette façade de caractère (1913). Décor intérieur ultra-contemporain parsemé de touches néobaroques ; chambres et suites modernes, dans le même esprit.

Cézanne sans rest

40 bd d'Alsace – ℰ 04 92 59 41 00 – contact@hotel-cezanne.com
– Fax 04 92 99 20 99   CY **n**
29 ch – †120/200 € ††120/200 €, ⌹ 17 €

♦ Séduisantes chambres contemporaines mariant chacune le gris à une couleur vive (jaune, turquoise), fitness, hammam et petit-déjeuner sous les palmiers : rénovation réussie !

Villa de l'Olivier sans rest

5 r. Tambourinaires – ℰ 04 93 39 53 28 – reception@hotelolivier.com
– Fax 04 93 39 55 85 – Fermé 22 nov.-25 déc.   AZ **e**
23 ch – †80/145 € ††90/260 €, ⌹ 12 €

♦ Proche du centre-ville et du Suquet, une villa familiale dotée de chambres coquettes et bien insonorisées. Buffet des petits-déjeuners sous la véranda ou en terrasse l'été.

Festival sans rest

3 r. Molière – ℰ 04 97 06 64 40 – infos@hotel-festival.com – Fax 04 97 06 64 45
– Fermé 23-27 déc.   CZ **m**
14 ch – †59/119 € ††69/159 €, ⌹ 9,50 €

♦ Dans cet hôtel, le service du petit-déjeuner se fait uniquement dans les chambres. Fraîchement rénovées dans des couleurs vives, elles sont bien isolées du bruit. Sauna, jacuzzi.

La Villa Tosca sans rest

11 r. Hoche – ℰ 04 93 38 34 40 – contact@villa-tosca.com – Fax 04 93 38 73 34
– Fermé 12-28 déc.   BY **e**
22 ch – †61/98 € ††82/186 €, ⌹ 14 €

♦ Cette belle façade "à l'italienne" jaune citron dissimule un intérieur contemporain associant meubles et objets modernes ou anciens. Petites chambres joliment refaites.

L'Estérel sans rest

15 r. du 24-Août – ℰ 04 93 38 82 82 – reservation@hotellesterel.com
– Fax 04 93 99 04 18   BY **d**
55 ch – †49/64 € ††61/88 €, ⌹ 8 €

♦ À deux pas de la gare, hôtel flambant neuf aux chambres menues, mais correctement équipées. Petit-déjeuner sous véranda, avec vue sur l'Estérel, les toits cannois et la mer.

Le Mistral sans rest

13 r. des Belges – ℰ 04 93 39 91 46 – contact@mistral-hotel.com
– Fax 04 93 38 35 17 – Fermé 13-26 déc. 2008   BZ **b**
10 ch – †77/117 € ††77/117 €, ⌹ 9 €

♦ Un hôtel de poche, tout neuf, situé derrière le Palais des Festivals. Les jolies petites chambres contemporaines portent chacune un nom de vent. Accueil familial et prévenant.

De Provence sans rest

9 r. Molière – ℰ 04 93 38 44 35 – contact@hotel-de-provence.com
– Fax 04 93 39 63 14 – Fermé 1er-27 déc.   CZ **s**
30 ch – †62/79 € ††79/119 €, ⌹ 10 €

♦ Un charmant jardin planté de palmiers devance cet hôtel idéalement proche de la Croisette. Les chambres ne sont pas très grandes mais coquettes et provençales (quelques balcons).

Florian sans rest

8 r. Cdt-André – ℰ 04 93 39 24 82 – contact@hotel-leflorian.com
– Fax 04 92 99 18 30 – Fermé 1er déc.-10 janv.   CZ **g**
20 ch – †48/67 € ††58/77 €, ⌹ 6 €

♦ Accueil tout sourire dans cet hôtel familial doté de chambres simples et rigoureusement tenues. Certaines possèdent un balcon où vous pourrez apprécier un bon petit-déjeuner.

De France sans rest

85 r. d'Antibes – ℰ 04 93 06 54 54 – infos@h-de-france.com – Fax 04 93 68 53 43
– Fermé 22 nov.-25 déc.   CY **k**
33 ch – †65/145 € ††67/150 €, ⌹ 11 €

♦ Entrée discrète dans une rue jalonnée de boutiques de luxe. Petites chambres insonorisées, cadre d'inspiration Art déco et toit-terrasse-solarium dominant la baie.

La Palme d'Or – Hôtel Martinez

73 bd de la Croisette – *04 92 98 74 14* – lapalmedor@concorde-hotels.com
– Fax 04 93 39 03 38 – Fermé 2 janv.-28 fév., dim. et lundi   DZ **n**
Rest – Menu 61 € bc (déj.), 79/180 € – Carte 113/279 €

Spéc. "La Main tendue", caviar d'Iran, crème de concombre aux condiments. "La Balançoire", lapin cuit à la broche en gourmandise de langoustine. Chocolat "Palme d'Or" aux éclats de noisette et gelée de rose. **Vins** Côtes de Provence.

♦ Photos de stars et bois nobles subliment le séduisant intérieur Art déco ouvrant "plein cadre" sur la Croisette. Superbe terrasse panoramique. Brillante cuisine gorgée de soleil.

Le Mesclun

16 r. St-Antoine – *04 93 99 45 19* – mesclun.cannes@wanadoo.fr
– Fax 04 93 99 42 91 11 – Fermé 29 juin-9 juil., 1er fév.-2 mars et dim.   AZ **t**
Rest – *(dîner seult)* Menu 39 € – Carte 60/106 €

♦ Lumière tamisée, boiseries, tableaux et couleurs chaudes composent un cadre idéal pour déguster une cuisine méditerranéenne goûteuse et soignée. Service compétent et souriant.

Le Festival

52 bd de la Croisette – *04 93 38 04 81* – contact@lefestival.fr
– Fax 04 93 38 13 82 – Fermé 17 nov.-26 déc.   CZ **p**
Rest – Carte 37/58 €
Rest Grill – Carte 41/58 €

♦ Des dessins de navires en coupe égayent les lambris blonds de cette vaste brasserie un brin rétro. Terrasse face à la Croisette pour voir... et être vu ! Au Grill, ambiance conviviale et restauration simple : salades, plats du jour, assiettes "minceur", etc.

Mantel

22 r. St-Antoine – *04 93 39 13 10* – noel.mantel@wanadoo.fr
– Fax 04 93 39 13 10 – Fermé 1er-15 juil., 23-29 déc., jeudi midi, merc. et le midi
en juil.-août   AZ **c**
Rest – Menu 25 € (déj.), 36/58 € – Carte 43/80 €

♦ Dans une ruelle pittoresque du Suquet jalonnée de restaurants. Celui-ci se distingue par son décor intimiste et son appétissante cuisine aux saveurs provençales.

Il Rigoletto

60 bd d'Alsace – *04 93 43 32 19* – Fermé 24 nov.-15 déc. et mardi
soir en juil.-août   DY **t**
Rest – Menu (24 €), 33/49 € – Carte 46/68 €

♦ Salle à manger rétro et bonne cuisine italienne à base de produits frais (pâtes et desserts maison) : loin des paillettes, une charmante adresse familiale à prix tout doux.

Comme Chez Soi

4 r. Batéguier – *04 93 39 62 68* – info@commechezsoi.net – Fax 04 93 38 20 65
– Fermé 22-27 déc. et lundi   CZ **k**
Rest – *(dîner seult)* Menu 27/80 € – Carte 58/90 €

♦ On se sent "Comme Chez Soi" dans ces murs agrémentés de bibelots du monde entier et de meubles hétéroclites. Cuisine provençale goûteuse et soignée, escortée de plats classiques.

Rest. Arménien

82 bd de la Croisette – *04 93 94 00 58*
– christian@lerestaurantarmenien.com – Fax 04 93 94 56 12 – Fermé
10-27 déc., lundi hors saison et le midi sauf dim.   DZ **a**
Rest – *(dîner seult)* Menu 42 €

♦ Le menu du jour convie à une goûteuse – et très copieuse – escapade culinaire en Arménie. Cadre un peu kitsch, service jusqu'à minuit, accueil charmant et clientèle fidèle.

Relais des Semailles

9 r. St-Antoine – *04 93 39 22 32* – cannessemailles@orange.fr
– Fax 04 93 39 84 73 – Fermé lundi midi, jeudi midi et sam. midi   AZ **z**
Rest – Menu 22 € (déj.)/34 € – Carte 49/83 €

♦ Tableaux, meubles anciens et bibelots composent le cadre cosy de ce restaurant situé dans une ruelle de la vieille ville. Cuisine à l'accent provençal.

XX **Le Madeleine** ← 🛱 AC VISA MO AE ①
13 bd Jean-Hibert – ℰ 04 93 39 72 22 – lemadeleine@fr.st – Fax 04 93 94 61 57
– Fermé 15 déc.-15 janv., dim. soir du 15 sept. au 15 juin, merc. midi du 16 juin au
14 sept. et mardi AZ **b**
Rest – Menu (23 €), 25/56 € – Carte 43/82 €
♦ Tonalités azuréennes, belle vue sur l'Esterel et les îles de Lérins depuis une partie des tables et recettes iodées (bouillabaisse, poissons grillés) : la mer est à la fête !

XX **3 Portes** 🛱 AC VISA MO AE
16 r. Frères-Pradignac – ℰ 04 93 38 91 70 – roussel3portes@aol.com – Fermé
24 déc.-1ᵉʳ janv. et dim. hors saison CZ **f**
Rest – *(dîner seult)* Menu 29/55 € bc – Carte 41/62 €
♦ Cuisine au goût du jour d'inspiration méditerranéenne servie dans un cadre design épuré, sur fond musical tendance. Terrasse d'été et accueil attentif.

XX **Côté Jardin** 🛱 AC VISA MO AE
12 av. St-Louis – ℰ 04 93 38 60 28 – cotejardin.com@wanadoo.fr
– Fax 04 93 38 60 28 – Fermé 27 oct.-5 nov., dim. et lundi X **a**
Rest – Menu (23 €), 29/37 €
♦ Sympathique petit restaurant dans un quartier résidentiel. Salle à manger-véranda et jardinet-terrasse ombragé. Plats familiaux et du marché, à découvrir sur l'ardoise du jour.

X **L'Affable** 🛱 AC VISA MO AE
5 r. la Fontaine – ℰ 04 93 68 02 09 – laffable@wanadoo.fr – Fax 04 93 68 19 09
– Fermé sam. midi et dim. CZ **d**
Rest – Menu (20 €), 24/38 € – Carte 54/71 €
♦ Décor épuré rehaussé d'une collection d'art africain et cuisine visible de tous dans ce bistrot contemporain proposant une carte assez courte, à la fois sage et appétissante.

X **Caveau 30** 🛱 AC VISA MO AE ①
45 r. F.-Faure – ℰ 04 93 39 06 33 – lecaveau30@wanadoo.fr
– Fax 04 92 98 05 38
Rest – brasserie Menu (17 €), 23/35 € – Carte 34/64 € AZ **f**
♦ Deux grandes salles à manger façon brasserie des années 1930. Banc d'écailler et terrasse donnant sur une grande place ombragée. Poissons, coquillages et plats traditionnels.

X **La Mère Besson** 🛱 AC VISA MO AE ①
13 r. Frères-Pradignac – ℰ 04 93 39 59 24 – lamerebesson@wanadoo.fr
– Fax 04 92 18 93 11 – Fermé dim. CZ **a**
Rest – *(dîner seult)* Menu 29/34 € – Carte 31/48 €
♦ Cette modeste adresse est une véritable institution en matière de cuisine provençale. On y sert pieds et paquets, farcis niçois et aïolis (uniquement le vendredi) faits maison.

X **Rendez-Vous** 🛱 AC VISA MO AE
35 r. F.-Faure – ℰ 04 93 68 55 10 – Fax 04 93 38 96 21 – Fermé 5-20 janv.
Rest – Menu (17 €), 22/31 € – Carte 34/61 € AZ **g**
♦ Rendez-Vous dans ce joli restaurant façon bistrot chic agrémenté d'un plafond mouluré de style Art déco. Poissons, crustacés et plats traditionnels à l'accent méridional.

X **La Cave** AC VISA MO AE
9 bd de la République – ℰ 04 93 99 79 87 – restaurantlacave@free.fr
– Fax 04 93 68 91 19 – Fermé sam. midi et dim. CY **q**
Rest – bistrot Menu 30 € – Carte 40/62 € 🍷
♦ Un vrai petit bistrot, actuel et convivial, avec ses ardoises de suggestions du jour et sa riche carte des vins hexagonale particulièrement bien composée.

X **Aux Bons Enfants** 🛱 AC
80 r. Meynadier – Fermé déc., lundi hors saison et dim. AZ **r**
Rest – *(nombre de couverts limité, prévenir)* Menu 22 €
♦ Cette petite adresse familiale au look rétro cultive avec bonheur l'art de recevoir. Cuisine régionale et particularités maison : pas de téléphone et on paie en liquide.

au Cannet 3 km au Nord - V – **42 158 h.** – **alt. 80 m** – ⊠ 06110

🖸 Office de tourisme, avenue du Campon ℰ 04 93 45 34 27, Fax 04 93 45 28 06

✕ **Pézou** 🎧 ✵ 𝘝𝘐𝘚𝘈 ⓶ ⒶⒺ
😊 346 r. St-Sauveur – ℰ 04 93 69 32 50 – Fax 04 93 43 69 14 – Fermé
23 juin-2 juil., nov., lundi midi en juil.-août, dim. soir de sept. à juin et merc.
Rest – Menu (12 €), 18 € (déj.), 24/30 € – Carte 25/31 €   V r
◆ Pour oublier la Croisette le temps d'un repas, sympathique restaurant situé sur une jolie placette où l'on dresse la terrasse aux beaux jours. Cuisine à l'accent provençal.

LE CANNET – 06 Alpes-Maritimes – **341** D6 – **rattaché à Cannes**

LE CANNET-DES-MAURES – 83 Var – **340** N5 – **3 478 h.** – **alt. 124 m** –
⊠ 83340   41 **C3**

🖸 Paris 834 – Brignoles 31 – Cannes 73 – Draguignan 27 – Fréjus 39
– Toulon 54

🏨 **Le Mas de Causserène** 🎧 ⅃ ⅏ ch, 🐾 ⅍ 🅿 𝘝𝘐𝘚𝘈 ⓶ ⒶⒺ
D N7 – ℰ 04 94 60 74 87 – l-oustalet@wanadoo.fr – Fax 04 94 60 95 97
49 ch – †55/75 € ††58/90 €, ⊇ 10 €
Rest L'Oustalet – (fermé dim. soir sauf juil.-août) Menu 19 € (déj. en sem.),
23/36 € – Carte 22/48 €
◆ Près de l'autoroute et avant les plages de la Côte, hôtel pratique aux chambres fonctionnelles. La vaste salle à manger, tournée côté campagne, présente une plaisante décoration provençale ; cuisine traditionnelle, également servie en terrasse.

CAPBRETON – 40 Landes – **335** C13 – **6 659 h.** – **alt. 6 m** – Casino – ⊠ 40130
▮ Aquitaine   3 **A3**

🖸 Paris 749 – Bayonne 22 – Biarritz 29 – Mont-de-Marsan 90
– St-Vincent-de-Tyrosse 12

🖸 Office de tourisme, avenue Georges Pompidou ℰ 05 58 72 12 11,
Fax 05 58 41 00 29

▥ de Seignosse à Seignosse Avenue du Belvédère, N : 8 km par D 152,
ℰ 05 58 41 68 30.

quartier de la plage

🏨 **Cap Club Hôtel** ≤ 🎧 ⅃ ⓪ 𝗙𝗮 ▐ ⅏ Ⓐ 𝟦 🐾 ⅍ 🅿 🐾 𝘝𝘐𝘚𝘈 ⓶
85 av. Mar.-de-Lattre-de-Tassigny – ℰ 05 58 41 80 00 – contact@
capclubhotel.com – Fax 05 58 41 80 41
75 ch – †69/151 € ††69/151 €, ⊇ 13,50 € – ½ P 98/176 € – **Rest** – Menu 22 €
(déj. en sem.) – Carte 26/40 €
◆ Sport, remise en forme ou détente : à vous de choisir le thème de votre séjour dans cet hôtel situé face à la plage. Chambres modernes et nombreuses installations sportives. Au restaurant, cadre contemporain, belle vue sur l'océan et cuisine traditionnelle.

🏨 **L'Océan** ≤ ▐ Ⓐ rest, 🐾 🅿 𝘝𝘐𝘚𝘈 ⓶ ⒶⒺ ⓪
😊 85 av. G.-Pompidou – ℰ 05 58 72 10 22 – hotel-capbreton@wanadoo.fr
– Fax 05 58 72 08 43 – Fermé 1er-20 déc. et 5-31 janv.
25 ch – †45/88 € ††55/106 €, ⊇ 8,50 € – **Rest** – Menu 15/25 € – Carte 28/41 €
◆ Au bord du chenal, façade immaculée abritant des chambres dotées de balcons ; préférez celles situées sur l'arrière, plus au calme. L'Atlantique est à l'honneur, tant dans le décor de la brasserie que dans l'assiette. Pizzeria pour les petits creux.

quartier la Pêcherie

✕✕✕ **Le Regalty** 🎧 𝘝𝘐𝘚𝘈 ⓶ ⒶⒺ ⓪
port de plaisance – ℰ 05 58 72 22 80 – leregalty@cegetel.net – Fax 05 58 72 22 80
– Fermé 15-30 nov., 15-31 janv., dim. soir et lundi
Rest – Menu 28 € – Carte 35/50 €
Rest Le Bistrot de la Mer – Carte environ 27 €
◆ Restaurant aménagé au rez-de-chaussée d'un immeuble moderne. Atmosphère marine dans la salle à manger habillée de boiseries. À table, produits de l'océan. Côté Bistrot, banc d'écailler, confort simple et petit menu-carte concentré sur les saveurs iodées.

✗ **Le Pavé du Port** ☐ 🖾 *VISA* ●◐ *𝒫 05 58 72 29 28 – Fax 05 58 72 29 28*
🕮 *port de plaisance – 𝒫 05 58 72 29 28 – Fax 05 58 72 29 28*
– *Fermé vacances de Noël, lundi midi en juil.-août, mardi d'oct. à avril et merc. sauf le soir en juil.-août*
Rest – Menu 18 € (sem.)/27 € – Carte 28/45 €
♦ Du poisson tout frais pêché alimente la table de ce restaurant installé sur le port de plaisance. Salles à manger aux discrètes touches marines et terrasse-véranda.

CAP COZ – 29 Finistère – **308** H7 – **rattaché à Fouesnant**

CAP-d'AGDE – 34 Hérault – **339** G9 – **rattaché à Agde**

CAP d'AIL – 06 Alpes-Maritimes – **341** F5 – 4 532 h. – alt. 51 m –
✉ 06320   42 **E2**

🖸 Paris 945 – Monaco 3 – Menton 14 – Monte-Carlo 4 – Nice 18
🄸 Office de tourisme, 87, avenue du 3 Septembre 𝒫 04 93 78 02 33,
Fax 04 92 10 74 36

Voir plan de Monaco (Principauté de)

🏨 **Marriott Riviera la Porte de Monaco** ⇐ 🖾 ♨ 𝟛 *Fả* ᵞᵉ & ch, 🖾
au port – 𝒫 04 92 10 67 67   ⋕ ⅌ rest, ↳ 𝄞 🕭 *VISA* ●◐ ①
– *thierry.derrien @ marriotthotels.com – Fax 04 92 10 67 00*   AV **n**
186 ch – ♦149/329 € ♦♦149/329 €, ☲ 21 € – 15 suites – **Rest** – Menu 20 € (déj. en sem.), 39/49 € – Carte 34/55 €
♦ Immeuble moderne face au port de plaisance du cap d'Ail. Chambres très confortables, conformes aux normes de la chaîne ; la plupart sont dotées de loggias avec vue sur la mer. Élégant restaurant aménagé à la façon d'une brasserie. Cuisine traditionnelle.

CAP d'ANTIBES – 06 Alpes-Maritimes – **341** D6 – **rattaché à Antibes**

CAPDENAC-GARE – 12 Aveyron – **338** E3 – 4 587 h. – alt. 175 m –
✉ 12700   29 **C1**

🖸 Paris 587 – Aurillac 65 – Rodez 59 – Villefranche-de-Rouergue 31
🄸 Office de tourisme, place du 14 juillet 𝒫 05 65 64 74 87, Fax 05 65 80 88 15

à St-Julien-d'Empare 2 km au Sud par D 86 et D 558 – ✉ 12700 Capdenac-Gare

🏠 **Auberge La Diège** 🕊   🚲 🖾 𝟛 ॐ 🖾 ch, ⋕ ↳ 𝄞 **P** *VISA* ●◐ 🕭
– 𝒫 05 65 64 70 54 – *hotel @ diege.com – Fax 05 65 80 81 58*
– *Fermé 16 déc.-7 janv.*
28 ch – ♦45/55 € ♦♦52/60 €, ☲ 7,50 € – 2 suites – ½ P 50/63 € – **Rest** – *(fermé vend. soir, dim. soir et sam. du 1er oct. au 1er avril)* Menu 19/35 € – Carte 25/50 €
♦ Alliance audacieuse d'un bâtiment résolument contemporain (chambres fonctionnelles, sobres et bien tenues) et d'une vieille ferme en grès beige accueillent le restaurant. Cuisine régionale dans un cadre rustique agrémenté de poutres, pierres et cheminée.

CAPDENAC-LE-HAUT – 46 Lot – **337** I4 – **rattaché à Figeac**

CAP FERRET – 33 Gironde – **335** D7 – alt. 11 m – ✉ 33970 ▮ Aquitaine   3 **B2**

🖸 Paris 650 – Arcachon 66 – Bordeaux 71 – Lacanau-Océan 55
– Lesparre-Médoc 88
◉ ☀ ★ du phare.

🏨 **La Frégate** sans rest   𝟛 & ⋕ 𝄞 **P** **P** *VISA* ●◐ 🕭 ①
34 av. de l'Océan – 𝒫 05 56 60 41 62 – *resa @ hotel-la-fregate.net*
– *Fax 05 56 03 76 18 – Fermé déc. et janv.*
29 ch – ♦47/154 € ♦♦47/154 €, ☲ 9 €
♦ Réparties autour de la piscine, ces maisons balnéaires retrouvent leur éclat : les chambres, peu à peu refaites, arborent un nouveau look à la fois sobre, actuel et chic.

✗ **Le Pinasse Café** ⟨ 🛥 𝑉𝐼𝑆𝐴 ⓜ 🄰🄴

2 bis av. de l'Océan – ℰ 05 56 03 77 87 – pinassecafe @ wanadoo.fr
– Fax 05 56 60 63 47 – Ouvert 2 mars-11 nov.
Rest – Menu (31 €), 38 € – Carte 37/59 €

♦ Ce sympathique bistrot honore l'océan dans le décor (œuvres marines) et dans l'assiette : poissons et crustacés. En terrasse, belle vue sur le bassin et la dune du Pilat.

CAP FRÉHEL – 22 Côtes-d'Armor – 309 I2 – ⊠ **22240 Frehel**
▌Bretagne   10 **C1**

🛢 Paris 438 – Dinan 43 – Dinard 36 – Lamballe 36 – Rennes 96 – St-Brieuc 48
– St-Malo 42

◉ Site★★★ - ⁂★★★ - Fort La Latte : site★★, ⁂★★ SE : 5 km.

✗ **La Fauconnière** ⟨ mer et côte, 𝑉𝐼𝑆𝐴 ⓜ

à la Pointe – ℰ 02 96 41 54 20 – Ouvert 1er avril-5 nov. et fermé merc. de sept. à oct.
Rest – (déj. seult) Menu 20/28 € – Carte 23/42 €

♦ Ce restaurant situé dans un site classé uniquement accessible à pied, est ancré sur les roches rouge violacé de la Fauconnière. Décor très sobre mais vue exceptionnelle.

CAP GRIS-NEZ ★★ – 62 Pas-de-Calais – 301 C2 – ⊠ **62179 Audinghen**
▌Nord Pas-de-Calais Picardie   30 **A1**

🛢 Paris 288 – Arras 139 – Boulogne-sur-Mer 21 – Calais 32 – Marquise 13
– St-Omer 61

✗ **La Sirène** ⟨ mer, **P** 𝑉𝐼𝑆𝐴 ⓜ

– ℰ 03 21 32 95 97 – Fax 03 21 32 74 75 – Fermé 15 déc.-25 janv., le soir sauf
de mai à août et sam. de sept. à avril, dim. soir et lundi
Rest – Menu 24/42 € – Carte 29/58 €

♦ Point de sirènes à l'horizon, mais homards et poissons vous charmeront dans cette maison postée au bord de l'eau, face aux côtes anglaises (visibles par beau temps).

CAPINGHEM – 59 Nord – 302 F4 – rattaché à Lille

CAPPELLE-LA-GRANDE – 59 Nord – 302 C2 – rattaché à Dunkerque

CARANTEC – 29 Finistère – 308 H2 – 2 724 h. – alt. 37 m – ⊠ **29660**
▌Bretagne   9 **B1**

🛢 Paris 552 – Brest 71 – Lannion 53 – Morlaix 14 – Quimper 90
– St-Pol-de-Léon 10

🛈 Office de tourisme, 4, rue Pasteur ℰ 02 98 67 00 43, Fax 02 98 67 90 51

🏌 de Carantec Rue de Kergrist, S : 1km par D 73, ℰ 02 98 67 09 14.

◉ Croix de procession★ dans l'église - "Chaise du Curé" (plate-forme) ⟨★.

◎ Pointe de Pen-al-Lann ⟨★★ E : 1,5 km puis 15 mn.

🏠 **L'Hôtel de Carantec-Patrick Jeffroy** ⟩ ⟨ Baie de Morlaix, 🛥
🕸🕸 *r. du Kelenn – ℰ 02 98 67 00 47* 🛗 ⁂ 🛁 **P** 𝑉𝐼𝑆𝐴 ⓜ 🄰🄴
– patrick.jeffroy @ wanadoo.fr – Fax 02 98 67 08 25
– Fermé 17 nov.-10 déc., 19 janv.-3 fév., dim. soir, lundi et mardi sauf fériés
et sauf vacances scolaires du 14 sept. au 16 juin, lundi midi, mardi midi et jeudi midi
du 17 juin au 13 sept.
12 ch – ♦116/185 € ♦♦150/226 €, � 21 € – ½ P 160/198 €
Rest – (prévenir) Menu 40 € (déj. en sem.), 64/135 € – Carte 82/150 €
Spéc. Saint-Jacques de la baie et foie gras snacké. Bar de ligne à la marmelade d'oignons de Roscoff au citron confit. Crêpes dentelles en millefeuille, crème à la bergamote et fruits frais.

♦ Cette charmante maison de 1936 surplombe la merveilleuse baie de Morlaix. Les chambres (avec terrasse au 1er étage), contemporaines et chaleureuses, donnent toutes sur la Manche. Restaurant panoramique où l'on se régale d'une cuisine inventive, "terre et mer" à l'unisson.

⟨⟩ **Le Manoir de Kervézec** sans rest ॐ   ◁ ↝ ⅏ **P**
– 𝄐 02 98 67 00 26 – gerardbohic@wanadoo.fr – Fax 02 98 67 00 52 – Ouvert avril à sept.
5 ch – ☎40/58 € ☎☎48/66 €, � 6 €
♦ Beau manoir du 19e s. au cœur d'un vaste parc dominant les flots. Mobilier familial chargé de souvenirs, arbres séculaires, bon petit-déjeuner (produits bio) et quiétude absolue.

✗ **Le Cabestan**   ⇐ 𝄐 **VISA** **◍◎**
au port – 𝄐 02 98 67 01 87 – godec.michel@wanadoo.fr – Fax 02 98 67 90 49
– Fermé 5 nov.-5 déc., mardi sauf le soir en saison et lundi
Rest – Menu 19/33 € – Carte 27/42 €
♦ On vient ici pour déguster des plats de type brasserie orientés produits de la mer. Salle à manger d'esprit rustique et, à l'étage, beau panorama sur l'île Callot.

CARCASSONNE **P** – 11 Aude – **344** F3 – 43 950 h. – alt. 110 m – ✉ **11000**
▯ Languedoc Roussillon   22 **B2**

> ▣ Paris 768 – Albi 110 – Narbonne 61 – Perpignan 114 – Toulouse 92
> ▤ de Carcassonne-Salvaza : 𝄐 04 68 71 96 46, par ④ : 3 km.
> ▦ Office de tourisme, 28, rue de Verdun 𝄐 04 68 10 24 30, Fax 04 68 10 24 38
> ▨ de Carcassonne Route de Saint Hilaire, S : 4 km par D 118 et D 104, 𝄐 06 13 20 85 43.
> ▣ La Cité★★★ - Basilique St-Nazaire★ : vitraux★★, statues★★ - Musée du château Comtal : calvaire★ de Villanière - Montolieu★ (village du livre) - Châteaux de Latours★ - Cité des oiseaux et des loups ★.
> Plan page suivante

⟨⟩ **La Maison Coste**   ⧉ 𝄐 **VISA** **◍◎** **AE**
40 r. Coste-Reboulh – 𝄐 04 68 77 12 15 – contact@maison-coste.com
– Fax 04 68 77 59 91 – Fermé 20 janv.-10 fév.   BZ **n**
5 ch ⊆ – ☎87/97 € ☎☎97/160 € – **Table d'hôte** – Menu 25 €
♦ Tout a été pensé pour que l'on se sente bien dans cette accueillante maison décorée dans un style contemporain sobre et du meilleur goût. Jardin-terrasse, jacuzzi et solarium. Un menu unique (annoncé le soir même) à la table d'hôte ; apéritif et café offerts.

✗✗✗ **Le Parc Franck Putelat**   𝄐 ⅙ **AC** **P** **VISA** **◍◎** **AE**
✿ 80 chemin des Anglais, au Sud de la Cité – 𝄐 04 68 71 80 80 – fr.putelat@
wanadoo.fr – Fax 04 68 71 80 79 – Fermé janv., dim. et lundi sauf fériés
Rest – Menu 27 € bc (déj. en sem.), 42/110 € bc – Carte 66/85 €
Spéc. Tartine de haricots de Castelnaudary confits à la sauge et mozarella à la truffe d'été (juin à août). Filet de bœuf "Bocuse d'Or 2003". Sphère au chocolat guanaja, ananas et fruits de la passion.
♦ Au pied de Carcassonne, ce restaurant se révèle aussi raffiné que sa cuisine, actuelle et personnalisée. Lumineuse salle d'un modernisme épuré, ouverte sur la nature.

✗✗ **Robert Rodriguez**   ⇔ **VISA** **◍◎** **AE**
39 r. Coste-Reboulh – 𝄐 04 68 47 37 80 – rodriguezro@wanadoo.fr
– Fax 04 68 47 37 80 – Fermé merc. sauf juil.-août et dim.   BZ **z**
Rest – (nombre de couverts limité, prévenir) Menu 20 € bc (déj. en sem.),
39/85 € bc – Carte 64/113 €
♦ On sonne à la grille de cette maison confidentielle pour s'attabler dans une salle intime et chaleureuse où le chef revisite "à sa sauce" les spécialités régionales.

✗✗ **Le Clos Occitan**   𝄐 ⅙ **AC** **VISA** **◍◎** **AE** **①**
68 bd Barbès – 𝄐 04 68 47 93 64 – Fax 04 68 72 46 91 – Fermé 10-31 janv., sam.
midi, dim. soir et lundi   AZ **s**
Rest – Menu 16 € bc (déj. en sem.), 21/40 € – Carte 29/45 €
♦ Ancien garage converti en restaurant : décor ensoleillé, mezzanine utilisée avant tout pour les banquets et terrasse en fer forgé. Longue carte traditionnelle et produits du marché.

à l'entrée de la Cité près porte Narbonnaise

▦ **Mercure Porte de la Cité** ॐ   ⧉ 𝄐 ⌁ ▯ ⅙ ch, **AC** ↝ ☏ ⚲
18 r. Camille-St-Saens – 𝄐 04 68 11 92 82   **P** **VISA** **◍◎** **AE** **①**
– h1622@accor.com – Fax 04 68 71 11 45
56 ch – ☎100/125 € ☎☎110/140 €, ⊆ 13 € – **Rest** – Menu 17/22 € – Carte 18/39 €
♦ Cette bâtisse offre confort et intimité. Le décor méridional cohabite avec le nouveau style actuel, amené à habiller tout l'hôtel. Citadelle visible de certaines chambres. Salle à manger d'une élégante sobriété donnant sur une jolie terrasse verdoyante.

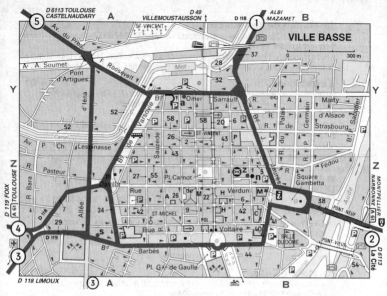

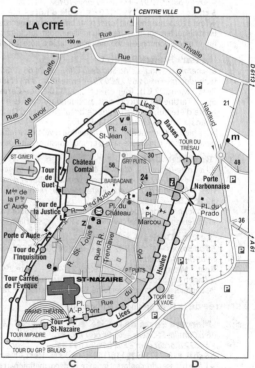

LA CITÉ

Du Château sans rest 🖼 🛏 ᴛ &️ 🅰️ 🆔 🅿️ 💳 🅼 🅰️ 🅾️

2 r. Camille-St-Saens – ℰ 04 68 11 38 38 – contact @ hotelduchateau.net
– Fax 04 68 11 38 39   D m
15 ch – ♦110/180 € ♦♦110/180 €, ☲ 10 € – 1 suite
♦ Au pied de la Cité, hôtel refait à neuf : chambres très raffinées, joli décor contemporain inspiré de l'époque médiévale, salles de bains en marbre, belle piscine et terrasse.

Montmorency 🖼 sans rest 🛏 🆔 🅿️ 💳 🅼 🅰️ 🅾️

2 r. Camille-St-Saens – ℰ 04 68 11 96 70 – le.montmorency @ wanadoo.fr
– Fax 04 68 11 96 79
20 ch – ♦65/85 € ♦♦65/95 €, ☲ 7 €
♦ Chambres plus simples mais tout aussi coquettes et bien tenues que dans le bâtiment principal.

dans la Cité - Circulation réglementée en été

De La Cité 🅢 ⟪ 🖼 🛏 ᴛ 🎚️ &️ ch, 🅰️ 🆊 rest, 🆔 🛎️ 🅿️

🌸   pl. Auguste-Pierre-Pont – ℰ 04 68 71 98 71   🚗 💳 🅼 🅰️ 🅾️
– reservations @ hoteldelacite.com – Fax 04 68 71 50 15
– Fermé 20 janv.-8 mars   C e
53 ch – ♦295/545 € ♦♦295/545 €, ☲ 33 € – 8 suites
Rest *La Barbacane* – (fermé mardi et merc.) (dîner seult) Menu 74/160 € bc
– Carte 77/122 €
Rest *Brasserie Chez Saskia* – Menu 28 € (déj. en sem.), 35/50 € – Carte 35/50 €
Spéc. Légumes en fricassée aux truffes de saison. Pavé de loup braisé aux artichauts, tomates et courgettes. Filet de charolais au foie gras, joue de bœuf braisée, sauce périgourdine. **Vins** Vin de pays des Coteaux de la Cité de Carcassonne, Limoux.
♦ Prestigieuse demeure néo-gothique ouverte sur un jardin avec piscine côté remparts. Agencements luxueux, chambres personnalisées, quelques balcons et terrasses avec vue sur la Cité. À la Barbacane, cuisine actuelle et cadre médiéval raffiné. Chez Saskia, brasserie à l'ambiance décontractée.

Le Donjon 🖼 🛏 🎚️ &️ ch, 🅰️ 🆊 🆔 🛎️ 🅿️ 💳 🅼 🅰️ 🅾️

2 r. Comte-Roger – ℰ 04 68 11 23 00 – info @ bestwestern-donjon.fr
– Fax 04 68 25 06 60   C a
62 ch – ♦105/210 € ♦♦105/210 €, ☲ 11 € – 2 suites
Rest – ℰ 04 68 25 95 72 (fermé dim. soir de nov. à mars) Menu (16 €), 20/28 €
– Carte 31/46 €
♦ Un orphelinat du 15ᵉ s., une maison médiévale et deux pavillons dans le jardin composent cet hôtel entièrement rénové. Chambres personnalisées parfois dotées d'une miniterrasse. Cuisine traditionnelle à la brasserie, contemporaine et claire. Boutique de vins.

Comte Roger 🛏 💳 🅼 🅰️

14 r. St-Louis – ℰ 04 68 11 93 40 – restaurant @ comteroger.com
– Fax 04 68 11 93 41 – Fermé 1ᵉʳ-10 mars, dim. et lundi   C z
Rest – Menu (20 €), 33/60 € – Carte 41/60 €
♦ Vos flâneries dans la Cité vous mèneront peut-être à cette terrasse ombragée dressée au bord d'une venelle animée. Intérieur moderne épuré et carte attentive au marché.

La Marquière 🛏 ✡️ 💳 🅼 🅰️ 🅾️

13 r. St-Jean – ℰ 04 68 71 52 00 – lamarquiere @ wanadoo.fr – Fax 04 68 71 30 81
– Fermé 15 janv.-12 fév., jeudi sauf juil.-août et merc.   C v
Rest – Menu (18 € bc), 23/50 € – Carte 24/57 €
♦ Cette maison proche des remparts Nord vous reçoit dans un cadre sagement provincial, ou dans sa sympathique petite cour-terrasse. Cuisine traditionnelle simple et goûteuse.

Auberge de Dame Carcas 🛏 🅰️ 💳 🅼 🅾️

3 pl. du Château – ℰ 04 68 71 23 23 – contact @ damecarcas.com
🆖   – Fax 04 68 72 46 17 – Fermé 20-30 déc. et merc.   C t
Rest – Menu 14,50/26 €
♦ Sur l'enseigne, la dame Carcas qui, selon la légende, stoppa le siège de la ville, porte un petit cochon. Normal, cette auberge rustique est réputée pour ses plats canailles.

CARCASSONNE

à Aragon 10 km par ① D 118 et D 935 – 453 h. – alt. 195 m – ⊠ 11600

🏠🏠   **La Bergerie** ⬙   ⬉ 🍴 ⌁ ⅋ ch, 🖼 ch, ⅋ 🅿 𝘝𝘐𝘚𝘈 ⚊ 𝖠𝖤
allée Pech-Marie – ℰ *04 68 26 10 65 – info @ labergeriearagon.com*
– Fax 04 68 77 02 23 – Fermé 6-22 oct. et 2-23 janv.
8 ch – ♦60/80 € ♦♦90/110 €, � 10 € – ½ P 73/98 € – **Rest** – *(fermé lundi et mardi sauf le soir en juil.-août)* Menu 25 € bc (déj. en sem.), 35/60 € – Carte 56/64 €
♦ Maison récente qui se fond bien dans le décor de ce pittoresque village perché. Agréables chambres provençales d'où l'on admire le vignoble de Cabardès. Coquet restaurant aux tons ensoleillés ; cuisine inventive élaborée avec des produits régionaux de qualité.

au hameau de Montredon 4 km au Nord-Est par r. A. Marty BY – ⊠ 11000
Carcassonne

🏠🏠   **Hostellerie St-Martin** ⬙   🍴 ⌁ 🖼 ⅋ ⅋ 🅿 𝘝𝘐𝘚𝘈 ⚊
– ℰ *04 68 47 44 41 – hostellerie @ chateausaintmartin.net – Fax 04 68 47 74 70*
– Ouvert 15 mars-15 nov.
15 ch – ♦65 € ♦♦95 €, �$ 9 €
Rest *Château St-Martin* – voir ci-après
♦ Cette bâtisse récente de style régional se situe dans un paisible parc entouré par la campagne. Les chambres, mi-provençales, mi-rustiques, sont plaisantes.

𝕏𝕏𝕏   **Château St-Martin "Trencavel"**   ⬙ 🍴 ⬂ 🅿 𝘝𝘐𝘚𝘈 ⚊ 𝖠𝖤 ⬤
– ℰ *04 68 71 09 53 – restaurant @ chateausaintmartin.net – Fax 04 68 25 46 55*
– Fermé 21-27 fév., dim. soir et merc.
Rest – Menu 32/56 € – Carte 47/60 €
♦ Au fond d'un parc, belle demeure des 14e et 17e s., flanquée d'une tour du 12e s. Sobre intérieur agrémenté d'une fresque et agréable terrasse d'été. Cuisine classique.

à Trèbes 4 km à l'Est par ② et N 113 – ⊠ 11800
🄸 Syndicat d'initiative, 12, avenue Pierre Curie ℰ 04 68 78 89 50

⌂   **La Tuilerie du Bazalac** sans rest   ⌁ 🖼 ℀ ☏ 🅿
7 bis rte des Corbières – ℰ *04 68 78 10 82 – info @ latuileriedubazalac.com*
4 ch �$ – ♦75/95 € ♦♦115/135 €
♦ Cette maison moderne a pour cadre une ancienne tuilerie. Design zen et lignes pures signent son décor. Terrasse et banquettes sous arcades pour paresser au bord de la piscine.

à Floure 11 km par ② et D 6113 – 318 h. – alt. 77 m – ⊠ 11800

🏠🏠🏠   **Château de Floure** ⬙   🍴 🍴 ⌁ ⬙ ℀ 🛗 ⌁ ch, 🖼 ⅋ ⅋ rest, 🛁
1 allée Gaston-Bonheur – ℰ *04 68 79 11 29*   🅿 𝘝𝘐𝘚𝘈 ⚊ 𝖠𝖤 ⬤
– contact @ chateau-de-floure.com – Fax 04 68 79 04 61 – Fermé 15 nov.-15 déc. et 4 janv.-14 fév.
21 ch – ♦110 € ♦♦110/190 €, �$ 16 € – 4 suites – ½ P 116/156 € – **Rest** – *(dîner seult)* Menu 49/79 € – Carte 62/90 €
♦ Jadis villa romaine puis monastère, ce château du 12e s. arbore un cadre opulent (dorures, tapisseries). Chambres de caractère donnant sur le jardin à la française. Restaurant relooké dans un style contemporain avec poutres et statues du 17e s. Vue sur le mont Alaric.

au Sud par ③ 3 km et par D104 – ⊠ 11000 Carcassonne

🏠🏠🏠   **Domaine d'Auriac** ⬙   ⬉ ⬙ 🍴 ⌁ ℀ 🖼 🛗 🖼 ℀ ☏ 🛁 🅿
❀   *–* ℰ *04 68 25 72 22 – auriac @ relaischateaux.com*   🚗 𝘝𝘐𝘚𝘈 ⚊ 𝖠𝖤 ⬤
   – Fax 04 68 47 35 54 – Fermé 27 avril-1er mai, 9-17 nov., 4 janv.-9 fév., dim. et lundi
⬙   *du 5 oct. au 21 avril sauf fériés*
23 ch – ♦100/450 € ♦♦100/450 €, �$ 20 € – ½ P 145/320 €
Rest – *(fermé dim. soir et lundi d'oct. à avril, lundi midi, mardi midi et merc. midi de mai à sept. sauf fériés)* Menu 70/150 € – Carte 73/81 €
Rest *Bistrot d'Auriac* – ℰ *04 68 25 37 19 (fermé 24 nov.-1er déc., lundi et le soir du mardi au jeudi d'oct. à avril et dim. soir sauf fériés)* Menu 17 € (déj.), 24/45 € – Carte 26/30 €
Spéc. Assiette de dégustation autour de l'anchois de Collioure. Cassoulet. Gibier (oct. à janv.). **Vins** Corbières, Saint-Chinian.
♦ Belle demeure du 19e s. dans un parc avec golf 18 trous. Chambres personnalisées au château, grandes et méridionales dans les dépendances. Savoureuse cuisine du terroir servie dans une salle à manger bourgeoise prolongée d'une terrasse. Club-house façon bistrot.

à Cavanac 7 km par ③ et rte de St-Hilaire – 665 h. – alt. 138 m – ⊠ 11570

🏠🏠🏠 **Château de Cavanac** ॐ   🍴 🏡 ⛳ *L₆* ※ 📱 ⅙ ch, 🏧 ch, ⅍
    – 𝒞 04 68 79 61 04 – infos @   ※ ch, 🏧 📱 **VISA** 🏧
chateau-de-cavanac.fr – Fax 04 68 79 79 67 – Fermé 12-26 nov., janv. et fév.
24 ch – ♥65/120 € ♥♥100/150 €, ⊇ 10 € – 4 suites – **Rest** – *(fermé lundi et le midi sauf dim.)* Menu 40 € bc – Carte environ 37 €
◆ En pleine campagne, château du 17ᵉ s. sur un domaine viticole. Ravissantes chambres baptisées de noms de fleurs. Véranda-terrasse pour les petits-déjeuners. Plats traditionnels, grillades et vins de la propriété dans une belle salle rustique (anciennes écuries).

CARENNAC – 46 Lot – 337 G2 – 373 h. – alt. 123 m – ⊠ 46110
▮ Périgord   29 **C1**

    ▶ Paris 520 – Brive-la-Gaillarde 39 – Cahors 79 – Martel 16 – St-Céré 17
      – Tulle 51

    🛈 Office de tourisme, le bourg 𝒞 05 65 10 97 01, Fax 05 65 10 51 22

    ◎ Portail★ de l'église St Pierre - Mise au tombeau★ dans la salle capitulaire du
      cloître.

🏠 **Hostellerie Fénelon** ॐ   🍴 ⅗ 📱 **VISA** 🏧
🏠   – 𝒞 05 65 10 96 46 – contact @ hotel-fenelon.com – Fax 05 65 10 94 86 – Fermé
17 nov.-20 déc., 7 janv.-15 mars et du 15 oct. à Pâques
15 ch – ♥50/56 € ♥♥54/66 €, ⊇ 10 € – ½ P 57/67 € – **Rest** – *(fermé lundi midi, vend. midi et sam. midi sauf juil.-août et vend. du 10 oct. au 30 avril)* Menu (17 €), 23/50 € – Carte 32/57 €
◆ Grande maison quercinoise à l'ambiance familiale, où vous préférerez les chambres offrant une vue sur le cours de la Dordogne. Poutres, pierres, cheminée et objets paysans font le cachet de la salle de restaurant largement ouverte sur la campagne.

CARGÈSE – 2A Corse-du-Sud – 345 A7 – **voir à Corse**

CARHAIX-PLOUGUER – 29 Finistère – 308 J5 – 7 648 h. – alt. 138 m – ⊠ 29270
▮ Bretagne   9 **B2**

    ▶ Paris 506 – Brest 86 – Guingamp 49 – Lorient 74 – Morlaix 51 – Pontivy 59
      – Quimper 61

    🛈 Office de tourisme, rue Brizeux 𝒞 02 98 93 04 42, Fax 02 98 93 23 83

🏠 **Noz Vad** sans rest   📠 ⅗ ✆ 🏧 **VISA** 🏧
🏠   12 bd de la République – 𝒞 02 98 99 12 12 – aemcs @ nozvad.com
    – Fax 02 98 99 44 32 – Fermé 15 déc.-18 janv.
44 ch – ♥49/87 € ♥♥55/93 €, ⊇ 8,50 €
◆ Bel intérieur breton contemporain, réalisé par des artistes locaux : peintures, photos, fresque... Vous passerez une "noz vad" (bonne nuit) dans une chambre moderne et pratique.

à Port de Carhaix 6 km au Sud-Ouest par rte de Lorient – ⊠ 29270 Carhaix-Plouguer

🍴🍴 **Auberge du Poher**   📠 📱 **VISA** 🏧
😊   – 𝒞 02 98 99 51 18 – Fax 02 98 99 55 98 – Fermé 1ᵉʳ-13 juil., 2-15 fév., mardi
😊   soir, merc. soir et dim. soir hors saison et lundi
Rest – Menu 15 € (sem.), 20/46 € – Carte 21/48 €
◆ Cette gentille auberge abrite une salle à manger champêtre tournée vers un jardin. Copieuse cuisine traditionnelle concoctée dans les règles de l'art et servie à des prix très doux.

CARIGNAN – 08 Ardennes – 306 N5 – 3 259 h. – alt. 174 m – ⊠ 08110   14 **C1**

    ▶ Paris 264 – Charleville-Mézières 43 – Mouzon 8 – Montmédy 24 – Sedan 20
      – Verdun 70

🍴🍴 **La Gourmandière**   📠 🍴 📱 **VISA** 🏧 🅰🅴
😊   19 av. Blagny – 𝒞 03 24 22 20 99 – la-gourmandiere2 @ wanadoo.fr
😊   – Fax 03 24 22 20 99 – Fermé lundi sauf fériés
Rest – Menu (20 €), 29/50 € – Carte 53/74 € ❦
◆ Maison bourgeoise en pierre abritant une sobre salle à manger rustique. En été, profitez de la terrasse dressée dans le jardin. Goûteuse cuisine utilisant les produits du potager et belle carte des vins.

CARMAUX – 81 Tarn – 338 E6 – 10 231 h. – alt. 241 m – ⊠ 81400 29 **C2**

> ▣ Paris 673 – Rodez 59 – Toulouse 96 – Cordes-sur-Ciel 22 – St-Affrique 90
> 🚹 Office de tourisme, place Gambetta ℰ 05 63 76 76 67, Fax 05 63 36 84 51

XX **Au Chapon Tarnais** _VISA_ **CO**
3 bd Augustin-Malroux, (N 88) – ℰ 05 63 36 60 10 – auchapontarnais@free.fr
– Fax 05 63 36 60 10 – Fermé 2-20 janv., sam. midi, dim. soir, mardi soir et lundi
Rest – Menu (22 €), 24/45 €

♦ Discrète maisonnette au bord de la route nationale. Plaisante salle à manger rajeunie, mise en place soignée, généreuse cuisine actuelle et accueil familial charmant.

CARNAC – 56 Morbihan – 308 M9 – 4 444 h. – alt. 16 m – Casino Z – ⊠ 56340
Bretagne 9 **B3**

> ▣ Paris 490 – Auray 13 – Lorient 49 – Quiberon 19 – Vannes 33
> 🚹 Office de tourisme, 74, avenue des Druides ℰ 02 97 52 13 52, Fax 02 97 52 86 10
> 🖼 de Villarceaux à Auray Ploemel, N : 8 km par D 196, ℰ 02 97 56 85 18.
> 🎦 Musée de préhistoire★★ M - Église St-Cornély★ E - Tumulus St-Michel★ :
> ≤★ - Alignements du Ménec★★ par D 196 : 1,5 km - Alignements de
> Kermario★★ par ② : 2 km - Alignements de Kerlescan★ par ② : 4,5 km.

🏨 **Le Diana** ≤ 🏠 🌊 🛏 🕮 ⑤ ch, 🤙 🦺 🅿 _VISA_ **CO** 🅰🅴 ①
21 bd de la Plage – ℰ 02 97 52 05 38 – contact@lediana.com – Fax 02 97 52 87 91
– Ouvert 20 mars-7 nov. Z **r**
35 ch – ♦105/248 € ♦♦120/248 €, ☲ 20 € – 3 suites – ½ P 113/177 €
Rest – (ouvert 30 avril-5 oct. et fermé merc. soir hors saison et le midi sauf dim. et fériés) Menu (25 €), 28 € (déj.), 38/65 € – Carte 50/70 € ❀

♦ Atmosphère cossue dans ce grand hôtel aux chambres plutôt spacieuses ayant vue sur l'océan ou – plus calmes – sur le minigolf. Espace bien-être. Véranda et terrasse face à la plage ; cuisine dans l'air du temps et carte des vins et de rhums très étoffée.

🏨 **Novotel** ⑤ ≤ 🚗 🏠 🗋 🕮 🛏 🍽 🛁 ⑤ 🅰🅲 ↯ 🕸 rest, 🤙 🦺
av. de l'Atlantique – ℰ 02 97 52 53 00 – h0406@ 🅿 _VISA_ **CO** 🅰🅴 ①
accor.com – Fax 02 97 52 53 55 – Fermé 5-20 janv. Z **s**
109 ch – ♦99/191 € ♦♦115/191 €, ☲ 14 € – 1 suite – ½ P 97/135 €
Rest Le Clipper – Menu (22 €), 29 € – Carte 28/51 €
Rest Diététique – Menu 30 €

♦ Accès direct à la "thalasso", piscine d'eau de mer, spa moderne, fitness, tennis et chambres avenantes : un Novotel ressourçant ! Au Clipper, plats traditionnels et cadre marin. Au Diététique, menus pour les curistes établis sur les conseils d'un diététicien.

🏨 **Celtique** 🏠 🗋 🛏 🕮 🛁 ↯ 🕸 rest, 🤙 🦺 🅿 🍽 _VISA_ **CO** 🅰🅴 ①
82 av. des Druides – ℰ 02 97 52 14 15 – reservation@hotelceltique.com
– Fax 02 97 52 71 10 Z **h**
71 ch – ♦69/139 € ♦♦69/159 €, ☲ 12 € – 2 suites – ½ P 139/209 €
Rest – (dîner seult hors saison) Menu 25/50 € – Carte 31/70 €

♦ Immeuble entouré de pins séculaires abritant des chambres revisitées à la mode bretonne, actuelles et claires. Proximité de la plage, piscine couvrable, jacuzzi et fitness. La cuisine classique et riche en produits de la mer s'adapte aux goûts de la clientèle.

🏨 **Tumulus** ⑤ ≤ 🚗 🏠 🌊 🕮 🛁 ↯ 🕸 rest, 🤙 🦺 🅿 _VISA_ **CO** 🅰🅴 ①
chemin du Tumulus – ℰ 02 97 52 08 21 – info@hotel-tumulus.com
– Fax 02 97 52 81 88 – Fermé de mi-nov. à mi-fév. Y **t**
23 ch – ♦75/170 € ♦♦85/295 €, ☲ 15 € – **Rest** – (fermé dim. soir et mardi midi sauf juil.-août et lundi) Menu 27/35 € – Carte 40/56 €

♦ Sur les hauteurs, cet hôtel des années 1920 (refait en 2006) profite de la vue sur le littoral. Chambres aux étages, bungalows dotés de terrasse, piscine et jacuzzi au jardin. Plats sagement traditionnels au restaurant, généreusement tourné vers la baie de Quiberon.

🏨 **Ibis** ⑤ ≤ 🚗 🛏 🕮 🍽 ↯ 🕸 rest, 🤙 🦺 🅿 _VISA_ **CO** 🅰🅴 ①
av. de l'Atlantique – ℰ 02 97 52 54 00 – h1054@accor.com – Fax 02 97 52 53 66
– Fermé 4-18 janv. Z **u**
121 ch – ♦63/134 € ♦♦69/134 €, ☲ 9,50 € – ½ P 92/164 € – **Rest** – Menu (17 €), 22 € – Carte 20/45 €

♦ Ensemble hôtelier bâti au ras des anciennes salines et relié au centre de thalassothérapie. Confort de rigueur et balcons pour les chambres. Belle piscine couverte. Grand buffet dressé dans une coquette salle aux tons bleu et blanc, donnant sur un jardinet.

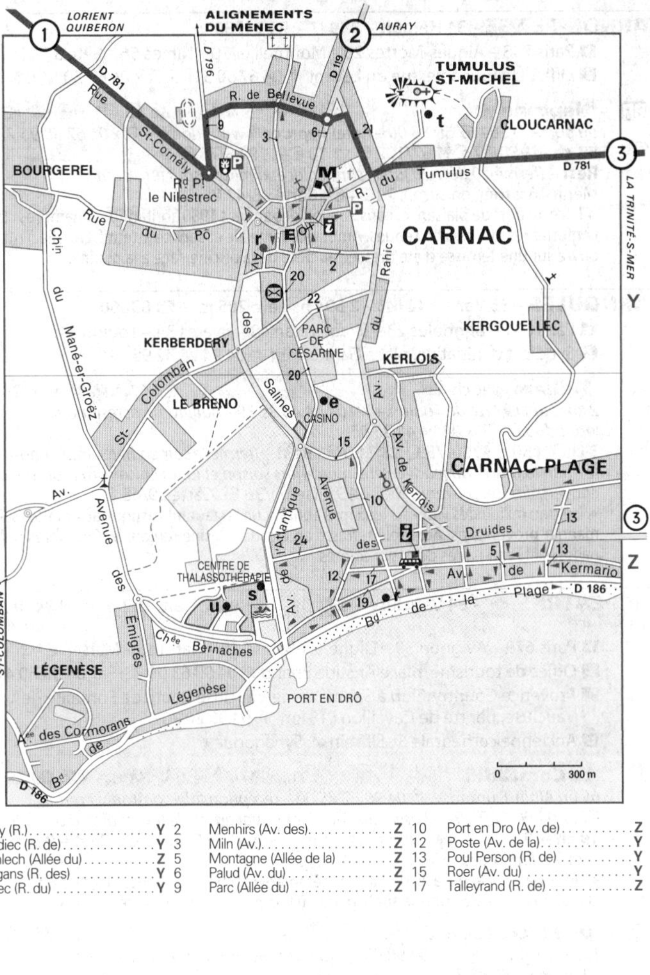

Colary (R.) ...... Y 2	Menhirs (Av. des) ...... Z 10	Port en Dro (Av. de) ...... Z 19
Courdiec (R. de) ...... Y 3	Miln (Av.) ...... Z 12	Poste (Av. de la) ...... Y 20
Cromlech (Allée du) ...... Z 5	Montagne (Allée de la) ...... Z 13	Poul Person (R. de) ...... Y 21
Korrigans (R. des) ...... Y 6	Palud (Av. du) ...... Z 15	Roer (Av. du) ...... Y 22
Ménec (R. du) ...... Y 9	Parc (Allée du) ...... Z 17	Talleyrand (R. de) ...... Z 24

XX **La Côte** P VISA

3 impasse Parc er Forn (Alignements de Kermario), par ② : 2 km
– ✆ 02 97 52 02 80 – restaurant.lacote@orange.fr
– Fermé 5-15 oct., 5-15 nov., 4 janv.-10 fév., sam. midi, dim. soir de sept. à juin, mardi midi en juil.-août et lundi
Rest – Menu 23 € (déj. en sem.), 35/85 € – Carte 46/62 €
◆ Dans une ancienne ferme, à deux pas des alignements de Kermario, le célèbre site mégalithique. Chaleureux restaurant rustique, véranda, terrasse sur jardin et plats inventifs.

X **Auberge le Râtelier** avec ch P VISA

4 chemin du Douet – ✆ 02 97 52 05 04 – contact@le.ratelier.com
– Fax 02 97 52 76 11 – Fermé 15 nov.-20 déc. et 5 janv.-10 fév. Y **r**
9 ch – †38/60 € ††38/60 €, ☕ 8 € – ½ P 48/60 €
Rest – *(fermé mardi et merc. d'oct. à avril)* Menu 19 € (sem.)/45 €
– Carte 30/66 €
◆ Ferme du 19e s. dont la façade en granit est recouverte de vigne vierge. Salle à manger conviviale ; cuisine régionale faisant la part belle au poisson. Chambres simples.

CARNON-PLAGE – 34 Hérault – 339 I7 – ⊠ 34280 — 23 **C2**

> ▶ Paris 758 – Aigues-Mortes 20 – Montpellier 20 – Nîmes 56 – Sète 37
>
> 🛈 Office de tourisme, rue du Levant ✆ 04 67 50 51 15, Fax 04 67 50 54 04

🏨 Neptune ⫷ 🏡 ⌁ 📶 🌡 ⫗ 🛁 🅿 🚭 VISA ⦾ AE ①
au port – ✆ 04 67 50 88 00 – hotel-neptune@wanadoo.fr – Fax 04 67 50 96 72
53 ch – ⋔50/87 € ⋔⋔62/102 €, ⊃ 10 € – ½ P 58/78 €
Rest – *(fermé 20 déc.-20 janv., sam. midi et dim. soir sauf juil.-août)*
Menu 16 € (déj. en sem.), 22/34 € – Carte 28/47 €
♦ Face au port de plaisance, construction des années 1980 abritant des chambres claires, confortables et très bien tenues. Ambiance familiale et service attentif. La salle à manger ouvre sur une terrasse d'été dressée au bord de la piscine, face à la marina.

CARNOULES – 83 Var – 340 M6 – 2 594 h. – alt. 205 m – ⊠ 83660 — 41 **C3**

> ▶ Paris 831 – Brignoles 23 – Draguignan 48 – Hyères 34 – Toulon 34
>
> 🛈 Syndicat d'initiative, place Gabriel Péri ✆ 04 94 28 32 96

✕ Tuilière avec ch ॐ 🛋 🏡 ⌁ ⅍ ⫗ 🛁 🅿 VISA ⦾ AE
2 km par D 97 rte de Toulon – ✆ 04 94 48 32 39 – guillaume.astesiano@wanadoo.fr – Fax 04 94 48 36 06
3 ch – ⋔50 € ⋔⋔60/75 €, ⊃ 7,50 € – **Rest** – *(fermé le soir en hiver sauf vend.-sam., le midi du mardi au jeudi en été, merc. hors saison et lundi en saison) (nombre de couverts limité, prévenir)* Menu 19 € (sem.)/36 € – Carte 29/48 €
♦ Isolé au milieu des vignes, vieux mas abritant un restaurant rustique aux petites salles à manger provençales. Agréable terrasse en façade. Cuisine régionale. Chambres personnalisées et rehaussées de tissus colorés.

CARPENTRAS ⊛ – 84 Vaucluse – 332 D9 – 26 090 h. – alt. 102 m – ⊠ 84200
Provence — 42 **E1**

> ▶ Paris 679 – Avignon 30 – Digne-les-Bains 139 – Gap 146 – Marseille 105
>
> 🛈 Office de tourisme, place Aristide Briand ✆ 04 90 63 00 78, Fax 04 90 60 41 02
>
> 🏌 Provence Country Club à Saumane-de-Vaucluse Route de Fontaine de Vaucluse, par rte de Cavaillon : 18 km, ✆ 04 90 20 20 65.
>
> ◉ Ancienne cathédrale St-Siffrein ★ : Synagogue ★.

🏠 Le Comtadin 🛋 ch, 🔲 ⅍ ⅍ rest, ⫗ 🛁 🚭 VISA ⦾ AE ①
65 bd Albin-Durand – ✆ 04 90 67 75 00 – reception@le-comtadin.com
– Fax 04 90 67 75 01 – Fermé 20 déc.-7 janv., vacances de fév. et dim. d'oct. à fév.
19 ch – ⋔54/91 € ⋔⋔73/99 €, ⊃ 11 € – 1 suite – ½ P 76/90 € – **Rest** – *(fermé sam.,et dim.)* Carte 20/30 € — Z **u**
♦ Hôtel particulier de la fin du 18e s. entièrement rénové. La majorité des chambres, claires et bien insonorisées, donne sur le patio où l'on petit-déjeune en été (buffets).

🏠 Du Fiacre sans rest ⫗ VISA ⦾ AE
153 r. de la Vigne – ✆ 04 90 63 03 15 – contact@hotel-du-fiacre.com
– Fax 04 90 60 49 73 — Z **f**
18 ch – ⋔60/85 € ⋔⋔68/110 €, ⊃ 10 €
♦ Cet hôtel particulier (18e s.) de la vieille ville a conservé son atmosphère bourgeoise d'origine. Chambres confortables et chaleureuses, agréable patio-terrasse.

🏠 Forvm sans rest 📶 🛋 🔲 ⫗ 🅿 VISA ⦾ AE
24 r. Forum – ✆ 04 90 60 57 00 – reception@hotel-forum.fr – Fax 04 90 63 52 65
28 ch – ⋔60/65 € ⋔⋔65/75 €, ⊃ 10 € — Z **t**
♦ Au centre-ville, immeuble récent dont les chambres sont garnies de meubles de style provençal. Au 3e étage, mini-salon et terrasse solarium. Formule buffet au petit-déjeuner.

à Beaumes-de-Venise 10 km par ① D 7 puis D 21 – ⊠ 84190
> 🛈 Office de tourisme, place du Marché ✆ 04 90 62 94 39

✕ Dolium 🏡 VISA ⦾
pl. Balma-Vénitia – ✆ 04 90 12 80 00 – Fermé 1er-15 nov., 15-28 fév., le soir sauf vend. et sam. du 16 sept. au 14 juin et merc.
Rest – Menu (20 €), 30/50 €
♦ Une bonne étape pour qui veut découvrir la région du Mont Ventoux : on y est assuré de déguster les vins locaux et une cuisine simple qui mise sur la vérité du produit.

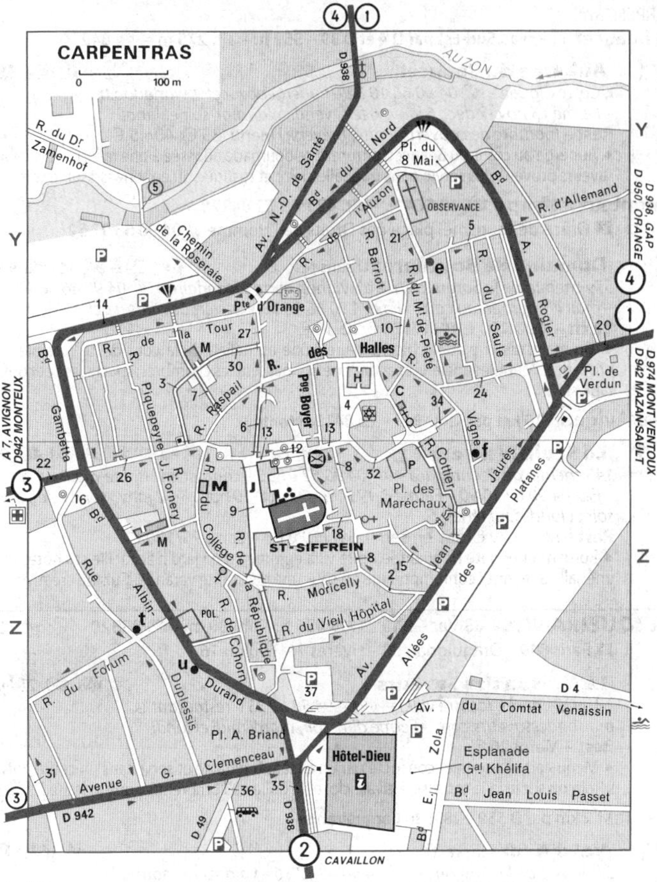

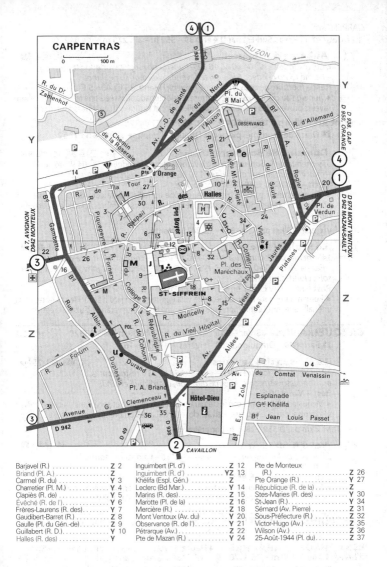

Barjavel (R.)	Z	2	Inguimbert (Pl. d')	Z	12	Pte de Monteux (R.)	Z	26
Briand (Pl. A.)	Z		Inguimbert (R. d')	YZ	13	Pte Orange (R.)	Y	27
Carmel (R. du)	Y	3	Khélifa (Espl. Gén.)	Z		République (R. de la)	Z	
Charretier (Pl. M.)	Y	4	Leclerc (Bd Mar.)	Y	14	Stes-Maries (R. des)	Y	30
Clapiès (R. de)	Y	5	Marins (R. des)	Z	15	St-Jean (R.)	Y	34
Évêché (R. de l')	Y	6	Marotte (Pl. de la)	Z	16	Sémard (Av. Pierre)	Z	31
Frères-Laurens (R. des)	Y	7	Mercière (R.)	Z	18	Sous-Préfecture (R.)	Z	32
Gaudibert-Barret (R.)	Z	8	Mont Ventoux (Av. du)	Y	20	Victor-Hugo (Av.)	Z	35
Gaulle (Pl. du Gén.-de)	Z	9	Observance (R. de l')	Y	21	Wilson (Av.)	Z	36
Guillabert (R. D.)	Y	10	Pétrarque (Av.)	Z	22	25-Août-1944 (Pl. du)	Z	37
Halles (R. des)	Y		Pte de Mazan (R.)	Y	24			

à Mazan **7 km à l'Est par D 942 – 4 943 h. – alt. 100 m – ✉ 84380**

ℹ Office de tourisme, 83, place du 8 Mai ✆ 04 90 69 74 27

◉ Cimetière ⋞★.

Château de Mazan

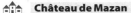

pl. Napoléon – ✆ 04 90 69 62 61 – chateaudemazan@wanadoo.fr
– Fax 04 90 69 76 62 – Fermé 1er janv.-1er mars

29 ch – 🚹98/275 € 🚹🚹98/275 €, ☕ 15 € – 2 suites – **Rest** – *(fermé le midi en sem., lundi de nov. à avril et mardi)* Menu 35/46 € – Carte 44/55 €

◆ L'ancienne demeure (18e s.) du marquis de Sade offre un ravissant décor mariant moulures d'époque, élégant mobilier et touches modernes. Belle piscine et séduisant jardin. Deux charmants salons et une superbe terrasse ombragée composent le restaurant.

au Beaucet 11 km au Sud-Est par D 4 et D 39 – 352 h. – alt. 275 m – ⊠ 84210

※※   Auberge du Beaucet   🛋 VISA ⓒ

r. Coste Claude – 𝒞 04 90 66 10 82 – aubergebeaucet@wanadoo.fr
– Fermé 15 nov.-2 déc., 6 janv.-6 fév., vend. midi, dim. soir et lundi
Rest – *(nombre de couverts limité, prévenir)* Menu (35 €), 40/45 €
♦ Auberge au cœur du Beaucet, pittoresque bourgade adossée à une falaise. Cuisine aux saveurs provençales servie dans une salle claire et rustique ou en terrasse sur le toit.

à Monteux 4,5 km par ③ – 9 564 h. – alt. 42 m – ⊠ 84170

🖪 Office de tourisme, place des Droits de l'Homme 𝒞 04 90 66 97 52

🏠   Domaine de Bournereau *sans rest* ⊗   🛋 🗓 🕭 Ⓐ 🅿 VISA ⓒ

579 chemin de la Sorguette, rte d'Avignon et rte secondaire – 𝒞 04 90 66 36 13
– mail@bournereau.com – Fax 04 90 66 36 93 – Ouvert de mars à oct.
12 ch – ♥90/120 € ♥♥90/170 €, ⊇ 10 €
♦ Un majestueux platane bicentenaire trône au milieu de la cour de ce paisible mas provençal. Meubles anciens et actuels personnalisent les chambres, spacieuses et confortables.

rte d'Avignon 10 km par ③ D 942 – ⊠ 84180 Monteux

※※※   Le Saule Pleureur   🛋 🛋 Ⓐ 🅿 VISA ⓒ AE

145 chemin de Beauregard – 𝒞 04 90 62 01 35 – contact@le-saule-pleureur.fr
– Fax 04 90 62 10 90 – Fermé 3-17 mars, 27 oct.-10 nov., 5-12 janv., sam. midi, dim. soir et lundi sauf fériés
Rest – Menu 29 € (déj. en sem.), 59/119 € bc – Carte 75/120 €
♦ Bordant une route fréquentée, cette villa entourée d'un jardin accueille ses hôtes dans une salle à manger contemporaine ou sous une ravissante véranda. Cuisine créative.

CARQUEIRANNE – 83 Var – 340 L7 – 8 436 h. – alt. 30 m – ⊠ 83320   41 **C3**

🚹 Paris 849 – Draguignan 80 – Hyères 7 – Toulon 16

※   La Maison des Saveurs   🛋 VISA ⓒ AE ⓪

18 av. J.-Jaurès, (centre ville) – 𝒞 04 94 58 62 33 – restaurant@
maisondessaveurs.com – Fermé dim. soir, mardi midi et lundi
Rest – Menu 26 €
♦ Menu-carte saisonnier concocté par un chef autodidacte et servi dans un cadre frais et serein ou sur la jolie terrasse estivale close de grilles, à l'ombre du vieux platane.

à l'Ouest 2 km par D 559 ⊠83320 Carqueiranne

🏠   Val d'Azur *sans rest*   Ⓐ ⌀ 🕭 🅿

3 impasse de la Valérane – 𝒞 04 94 48 07 16 – valdazur@hotmail.fr
– Fax 04 94 48 07 16
5 ch ⊇ – ♥75/135 € ♥♥75/135 €
♦ À proximité de la mer, maison neuve proposant des chambres personnalisées habillées de couleurs gaies, dotées d'un joli mobilier moderne et d'un balcon.

CARRIÈRES-SUR-SEINE – 78 Yvelines – 311 J2 – 101 14 – voir à Paris, Environs

---

LES CARROZ-D'ARÂCHES – 74 Haute-Savoie – 328 M4 – alt. 1 140 m – Sports d'hiver : 1 140/2 500 m ✦5 ≰70 ✦ – ⊠ 74300 ▌ Alpes du Nord   46 **F1**

🚹 Paris 580 – Annecy 67 – Bonneville 25 – Chamonix-Mont-Blanc 47
– Thonon-les-Bains 70

🖪 Office de tourisme, 9, place Ambiance 𝒞 04 50 90 00 04, Fax 04 50 90 07 00
🖫 de Pierre Carrée à Flaine, E : 12 km par D 106, 𝒞 04 50 90 85 44.

🏠🏠   Les Servages d'Armelle ⊗   ≤ montagnes, 🛋 🛋

841 rte des Servages – 𝒞 04 50 90 01 62   ⌀ ch, 🕭 🅿 VISA ⓒ
– servages@wanadoo.fr – Fax 04 50 90 39 41 – Fermé mai et nov.
6 ch – ♥155/330 € ♥♥155/330 €, ⊇ 30 € – 2 suites – **Rest** – *(fermé mardi et merc. hors saison et lundi)* Carte 44/74 €
♦ Vieux bois patinés, équipements high-tech et touches design se marient avec raffinement dans les chambres de ce superbe chalet restauré avec des matériaux anciens. Vue sur les cuisines ultramodernes depuis la salle à manger très montagnarde ; recettes régionales.

⌂ Les Airelles ⌖ ⇟ P VISA ⦿ AE

346 rte Moulins – ℰ *04 50 90 01 02 – lesairelles@free.fr – Fax 04 50 90 03 75*
– Ouvert 22 juin-30 sept. et 15 déc.-22 avril
12 ch – ♦50/55 € ♦♦59/90 €, ⊑ 9,50 € – 3 suites – ½ P 73/98 €
Rest – Menu 24/36 € – Carte 33/48 €
♦ Les chambres du premier chalet sont petites, mais réellement délicieuses (bois, tons chauds) ; le second, flambant neuf, abrite de confortables appartements. Table résolument montagnarde dans le décor et dans l'assiette (spécialité maison : les diots au chou).

✗ La Croix de Savoie ⇠ montagnes, ⌖ P VISA ⦿ AE

768 rte du Pernand – ℰ *04 50 90 00 26 – info@lacroixdesavoie.fr*
– Fax 04 50 90 00 63 – Fermé 1er mai-14 juin et 6 oct.-24 nov.
Rest – Menu 19/41 € – Carte environ 38 €
♦ Salle rustico-montagnarde, appétissantes recettes régionales revisitées par la patronne, service familial, terrasse estivale et vue splendide sur les montagnes et la vallée.

CARRY-LE-ROUET – 13 Bouches-du-Rhône – 340 F6 – 6 009 h. – alt. 5 m
– Casino – ✉ 13620 ▌ Provence 40 **B3**

■ Paris 765 – Aix-en-Provence 39 – Marseille 34 – Martigues 20
– Salon-de-Provence 45

🛈 Office de tourisme, avenue Aristide Briand ℰ 04 42 13 20 36, Fax 04 42 44 52 03

✗ Le Madrigal ⇐ ⌖ P VISA ⦿

4 av. Dr G. Montus – ℰ *04 42 44 58 63 – Fax 04 42 44 58 63 – Fermé de mi-nov. à début janv., dim. soir et lundi de sept. à avril*
Rest – Menu 29/38 € – Carte 40/51 €
♦ Sur les hauts de Carry et dominant le port, maison rose dont l'agréable terrasse offre un panorama de carte postale. Généreuse cuisine traditionnelle et poissons.

CARSAC-AILLAC – 24 Dordogne – 329 I6 – 1 217 h. – alt. 80 m – ✉ 24200
▌ Périgord 4 **D3**

■ Paris 536 – Brive-la-Gaillarde 59 – Gourdon 18 – Sarlat-la-Canéda 9

⌂⌂ La Villa Romaine ⌇ ⌗ ⌖ ⊼ ⅋ AC ⇟ ⤣ 🕭 P VISA ⦿ AE

St-Rome, 3 km par rte de Gourdon – ℰ *05 53 28 52 07 – contact@ lavillaromaine.com – Fax 05 53 28 58 10*
17 ch – ♦110/160 € ♦♦110/160 €, ⊑ 13 € – 2 suites – ½ P 91/118 €
Rest – *(ouvert 2 avril-10 nov. et fermé merc. soir du 23 mars au 10 nov. sauf juil.-août) (dîner seult)* Menu 27/37 € – Carte 34/58 €
♦ Ancienne métairie joliment restaurée, bâtie sur un site gallo-romain proche de la Dordogne. Chambres spacieuses et soignées. Terrasses, jardin et piscine sont très agréables. Au restaurant, plaisant cadre agreste, mobilier en fer forgé et recettes actuelles.

✗ Domaine Lacoste avec ch ⌖ ⊼ ⅋ rest, ⇟ ⅋ ch, P VISA ⦿

– ℰ *05 53 59 58 81 – info@domainelacoste.com – Fermé fév. et vacances de la Toussaint*
5 ch ⊑ *–* ♦60/70 € ♦♦60/75 € – **Rest –** *(fermé le midi de juin à sept., dim. soir, jeudi soir et merc.) (nombre de couverts limité, prévenir)* Menu 20/30 €
♦ Appétissante cuisine associant recettes méridionales et saveurs périgourdines. Joli décor campagnard et terrasse couverte face à la piscine. Chambres simples et coquettes.

CARTERET – 50 Manche – 303 B3 – voir à Barneville-Carteret

CARVIN – 62 Pas-de-Calais – 301 K5 – 17 772 h. – alt. 31 m – ✉ 62220 31 **C2**
■ Paris 204 – Arras 35 – Béthune 28 – Douai 23 – Lille 24

⌂ Parc Hôtel ⌖ & 🕭 ⤣ P VISA ⦿ AE ⓞ

Z.I. du Château – ℰ *03 21 79 65 65 – customer@parc-hotel.com*
– Fax 03 21 79 80 00
46 ch – ♦42/68 € ♦♦52/80 €, ⊑ 12 € – ½ P 55/65 € – **Rest –** *(fermé dim. soir et soirs fériés)* Menu (19 €), 24/35 € bc – Carte 28/36 €
♦ Près de l'autoroute, hôtel d'aspect moderne proposant des chambres fonctionnelles rénovées dans un style contemporain épuré, à choisir de préférence côté campagne. Salle à manger claire et spacieuse où les repas peuvent être servis sous forme de buffets.

XX **Le Charolais**　　　　　　　🚗 🛜 Ⓚ Ⓟ 𝘝𝘐𝘚𝘈 ⓶ ⒶⒺ
Domaine de la Gloriette, 143 bis r. Mar.-Foch – ℰ *03 21 40 12 98 – lecharolais@*
wanadoo.fr – Fax 03 21 40 41 15 – Fermé 5-25 août, mardi soir, dim. soir et lundi
Rest – Menu (16 €), 36/68 € bc – Carte 33/58 €
♦ La maison est conforme au style régional avec sa façade en briques. Dans la salle à manger
sobrement aménagée, dégustez plats classiques et spécialités de bœuf charolais.

CASAMOZZA – 2B Haute-Corse – **345** F4 – **voir à Corse**

CASCASTEL-DES-CORBIÈRES – 11 Aude – **344** H5 – 196 h. – alt. 140 m –
✉ 11360　　　　　　　　　　　　　　　　　　　　　　　　　22 **B3**

　　　🄳 Paris 835 – Perpignan 52 – Carcassonne 70 – Narbonne 48

⌂ **Domaine Grand Guilhem** sans rest ⌚　　　🚗 ⌵ ⫽ ⌘
chemin du Col-de-la-Serre – ℰ *04 68 45 86 67 – gguilhem@aol.com*
– Fax 04 68 45 29 58 – Fermé vacances de fév.
4 ch ⌂ – †78 € ††85 €
♦ Habilement restaurée, cette demeure en pierre du 19ᵉ s. a gardé toute son authenticité.
Chambres pétries de charme, d'une tenue impeccable. Dégustations de vins dans le
caveau.

X **Le Clos de Cascastel**　　　　　　　🛜 𝘝𝘐𝘚𝘈 ⓶
⊕　*quai de la Berre –* ℰ *04 68 45 06 22 – leclosdecascastel@orange.fr*
– Fax 04 68 45 06 22 – Fermé mi-nov.-mi- déc., mi-janv.- début fév. et mardi
Rest – Menu 17/39 € bc – Carte 24/38 €
♦ Mets régionaux et sélection de corbières à apprécier dans une chaleureuse salle
relookée ou sous les canisses de la terrasse meublée en teck, où voisinent platane et
oliviers.

CASSEL – 59 Nord – **302** C3 – 2 290 h. – alt. 175 m – ✉ 59670
▊ Nord Pas-de-Calais Picardie　　　　　　　　　　　　　　　30 **B2**

　　　🄳 Paris 250 – Calais 58 – Dunkerque 30 – Hazebrouck 11 – Lille 52
　　　　– St-Omer 21

　　　🄴 Syndicat d'initiative, 20, Grand'Place ℰ 03 28 40 52 55, Fax 03 28 40 59 17
　　　◉ Site ★.

🏛 **Châtellerie de Schoebeque** sans rest ⌚　　　 ⋖ 🚗 ⌚ 🏊 ⌾ ⫽ 🦮 🎿
32 r. du Maréchal Foch – ℰ *03 28 42 42 67*　　　Ⓟ 𝘝𝘐𝘚𝘈 ⓶ ⒶⒺ ⓪
– contact@schoebeque.com – Fax 03 28 42 21 86
14 ch – †155/299 € ††155/299 €, ⌂ 15 €
♦ Luxe, charme et quiétude dans une demeure historique du 18ᵉ s. Chambres presti-
gieuses, spa (soins esthétiques) et vue unique sur les Flandres depuis la véranda du
petit-déjeuner.

XXX **Au Petit Bruxelles**　　　　　　　🛜 ⌾ Ⓟ 𝘝𝘐𝘚𝘈 ⓶
au Petit-Bruxelles, Sud-Est : 3,5 km sur D 916 – ℰ *03 28 42 44 64*
– aupetitbruxelles@wanadoo.fr – Fax 03 28 40 58 13 – Fermé dim. soir, mardi soir,
merc. soir et lundi
Rest – Menu 26 € (sem.)/56 € – Carte 31/62 €
♦ Ancien relais de poste à la jolie façade en briques rouges typique de la région.
Chaleureux décor rustique, ambiance bon enfant et cuisine au goût du jour, gourmande et
soignée.

à St-Sylvestre-Cappel 6 km au Nord-Est par D 916 – 1 093 h. – alt. 55 m – ✉ 59114

XX **Le St Sylvestre**　　　　　　　🛜 𝘝𝘐𝘚𝘈 ⓶ ⒶⒺ
57 rte Nationale – ℰ *03 28 42 82 13 – restaurantlesaintsylvestre@wanadoo.fr*
– Fermé 4-31 août, 23 fév.-4 mars, lundi soir, sam. midi, dim. soir et merc.
Rest – Menu 28/49 € – Carte 39/49 €
♦ Cette devanture noire dévoile une salle très "in". Mobilier design, couleurs vives,
films de Charlot diffusés en boucle : un cadre en phase avec une cuisine épurée à base
d'épices.

CASSIS – 13 Bouches-du-Rhône – 340 I6 – 8 001 h. – alt. 10 m – Casino – ⊠ **13260**
🟦 Provence
40 **B3**

> ▶ Paris 800 – Aix-en-Provence 51 – La Ciotat 10 – Marseille 30 – Toulon 42
> 🖪 Office de tourisme, Quai des Moulins 𝒞 08 92 25 98 92, Fax 04 42 01 28 31
> 🔵 Site★ - Les Calanques★★ (1h en bateau) - Mt de la Saoupe ⁂★★ : 2 km par D 41A.
> 🔵 Cap Canaille, la plus haute falaise maritime d'Europe, ≼★★★ 5 km par D41A
> - Sémaphore ⁂★★★ - Corniche des Crêtes★★ de Cassis à la Ciotat.

CASSIS

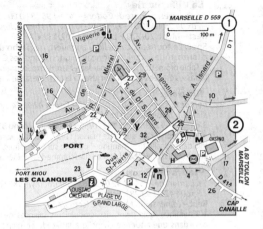

🏠🏠🏠 **Royal Cottage** sans rest ॐ
6 av. 11 Novembre par ① – 𝒞 04 42 01 33 34
– info@royal-cottage.com – Fax 04 42 01 06 90 – Fermé 12- 27 déc.
25 ch – ♦80/204 € ♦♦80/204 €, ⊇ 12 €
♦ Petit paradis provençal où s'épanouit une luxuriante végétation exotique. Intérieur contemporain. La terrasse de certaines chambres offre un splendide aperçu sur le port.

🏠🏠 **Les Jardins de Cassis** sans rest
r. A. Favier, 1 km par ① – 𝒞 04 42 01 84 85
– contact@lesjardinsdecassis.com – Fax 04 42 01 32 38 – Ouvert d'avril à oct.
36 ch – ♦60/123 € ♦♦60/234 €, ⊇ 15 €
♦ Bâtiments profilant leurs couleurs ocre sur les hauteurs de Cassis. Chambres coquettes, souvent dotées de terrasses privées. Beau jardin méridional, piscine, jacuzzi.

🏠 **Le Golfe** sans rest
3 pl. Grand Carnot – 𝒞 04 42 01 00 21 – contact@hotel-le-golfe-cassis.com
– Fax 04 42 01 92 08 – Ouvert 21 mars-10 nov.   **t**
30 ch – ♦70/95 € ♦♦70/95 €, ⊇ 11 €
♦ Une terrasse sous les platanes face au port et des petites chambres pratiques, climatisées, dont certaines côté mer : tels sont les atouts de cette demeure familiale sans chichi.

🏠 **Le Clos des Arômes** ॐ
10 r. Paul Mouton – 𝒞 04 42 01 71 84 – closdesaromes@orange.fr
– Fax 04 42 01 31 76 – Fermé 3 janv.-28 fév.   **u**
14 ch – ♦52 € ♦♦69/89 €, ⊇ 9 € – **Rest** – (fermé mardi midi, merc. midi et lundi sauf le soir en juil.-août) Menu 29/40 € – Carte 37/56 €
♦ Les portes de cette maison traditionnelle ouvrent sur un charmant jardin fleuri. Les chambres, à la fois sobres et contemporaines, sont gaies et décorées avec goût. Minuscule salle à manger, jolie terrasse et cuisine méridionale : bourrides, bouillabaisses, etc.

🏠 **Cassitel** sans rest
pl. Clemenceau – 𝒞 04 42 01 83 44 – cassitel@hotel-cassis.com – Fax 04 42 01 96 31
32 ch – ♦63/68 € ♦♦71/90 €, ⊇ 8 €   **n**
♦ Proche de la plage, mais aussi au cœur du Cassis animé et noctambule (discothèques, bars). Chambres pratiques, plus récentes côté port ; salle des petits-déjeuners provençale.

⋔ **Château de Cassis** sans rest ⌂ ⇐ ⬚ ☓ 🅰🅺 ↯ ※ ☎
Traverse du Château, (par Traverse des Lombards) 🔥 **P** **VISA** **◑◐** **AE**
– ℰ 04 42 01 63 20 – chateaudecassis@free.fr
– Fax 04 42 01 73 58
5 ch ⌂ – ♥300/690 € ♥♥300/690 €
♦ Cerné par une enceinte, château-forteresse (18ᵉ s.) surplombant la baie de Cassis : entre vieilles pierres et cyprès, superbes terrasse et piscine, luxueuses chambres romantiques.

⋔⋔⋔ **La Villa Madie** ⇐ mer, ⬚ ⛱ & 🅰🅺 ※ ⌂ **VISA** **◑◐** **AE** **①**
❀ *av. du Revestel, (anse de Corton)* – ℰ 04 96 18 00 00 – contact@lavillamadie.com
– Fax 04 96 18 00 01 – Fermé17-30 nov., 2-31 janv., lundi et mardi d'oct. à avril
Rest – Menu 70/220 € bc – Carte 102/132 € ❀
Spéc. Le tourteau, cannelloni au raifort, gaspacho de laitue. La lotte piquée au chorizo, rôtie. La selle d'agneau, oignon blanc des Cévennes farci aux céréales.
♦ Table prometteuse lancée par Jean-Marc Banzo : cuisine actuelle, cadre design et épuré, terrasses étagées descendant jusqu'à la mer, vue sur le large et les pins...

⋔ **Nino** avec ch ⇐ **VISA** **◑◐** **AE** **①**
port de Cassis – ℰ 04 42 01 74 32 – Fax 04 42 01 74 32 – Fermé 27 nov.-11 déc.,
dim. soir hors saison et lundi **v**
3 ch ⌂ – ♥210/250 € ♥♥310/350 € – **Rest** – Menu 35 €
♦ Institution locale que cette maison (1432) ! Bouillabaisse et produits de la mer sont les rois dans la salle très "nautique" ouverte sur les cuisines. Terrasse fleurie côté port. Aux étages, trois belles chambres conçues comme des cabines de bateau. Vue et confort au top.

⋔ **Fleurs de Thym** ⛱ **VISA** **◑◐**
5 r. Lamartine – ℰ 04 42 01 23 03 – fleurdethym3@wanadoo.fr
– Fax 04 42 03 95 28 – Fermé mi déc.-mi janv. **y**
Rest – *(dîner seult)* Menu 29 € (sem.)/42 €
♦ Cheminée, bois peint, tissus Souleiado, faïences de Moustiers : décor méridional cosy dans une ancienne chapelle à la façade en pierre. Carte de tradition régionale actualisée.

CASTAGNÈDE – 64 **Pyrénées-Atlantiques** – 342 G4 – **rattaché à Salies-de-Béarn**

CASTAGNIERS – 06 **Alpes-Maritimes** – 341 E5 – 1 359 h. – alt. 350 m –
✉ 06670 42 **E2**

🚩 Paris 938 – Antibes 34 – Cannes 44 – Contes 31 – Levens 16 – Nice 18
– Vence 22

◙ Aspremont : ❄ ★ de la terrasse de l'ancien château SE : 4 km, ▌ Côte d'Azur

⋔ **Chez Michel** avec ch ⌂ ⛱ ☓ 🔥 **VISA** **◑◐** **①**
1 pl. St Michel – ℰ 04 93 08 05 15 – hotel.restaurant.chez-michel@wanadoo.fr
– Fax 04 93 08 05 38 – Fermé 26 oct.-7 déc.
20 ch – ♥52 € ♥♥52 €, ⌂ 8 € – ½ P 60 € – **Rest** – *(fermé dim. soir et lundi)*
Menu (13 €), 19 € (sem.)/38 € – Carte 21/48 €
♦ Restaurant de style rustique agrémenté d'outils agricoles ; cuisine niçoise avec notamment daubes et raviolis. Quelques chambres simples et bien tenues dans une annexe.

CASTANET-TOLOSAN – 31 **Haute-Garonne** – 343 H3 – **rattaché à Toulouse**

LE CASTELET – 09 **Ariège** – 343 I8 – **rattaché à Ax-les-Thermes**

CASTELJALOUX – 47 **Lot-et-Garonne** – 336 C4 – 4 755 h. – alt. 52 m – ✉ 47700
▌ Aquitaine 4 **C2**

🚩 Paris 674 – Agen 55 – Langon 55 – Marmande 23 – Mont-de-Marsan 73
– Nérac 30

🆔 Office de tourisme, Maison du Roy ℰ 05 53 93 00 00, Fax 05 53 20 74 32

🖪 de Casteljaloux Route de Mont de Marsan, S : 4 km par D 933,
ℰ 05 53 93 51 60.

Les Cordeliers 🏠 AC rest, ↵ ⤚ ⸌ P 🅿️ VISA ⓜ AE

r. Cordeliers – ℰ 05 53 93 02 19 – hotel.lescordeliers@wanadoo.fr
– Fax 05 53 93 55 48 – Fermé 23 déc.-13 janv.
24 ch – ♦40/42 € ♦♦45/70 €, ⌴ 7 € – ½ P 45 € – **Rest** – *(fermé dim. soir)*
Menu (12 €), 16 € (sem.)/29 € – Carte 26/43 €
♦ Accueil souriant en cet établissement situé dans une venelle donnant sur la grande place.
On rafraîchit peu à peu les chambres, fonctionnelles et bien tenues. Le restaurant sert une
cuisine traditionnelle dans un décor frais et coloré.

La Vieille Auberge AC P VISA ⓜ

11 r. Posterne – ℰ 05 53 93 01 36 – la.vieille.auberge.47@wanadoo.fr
– Fax 05 53 93 18 89 – Fermé 23 juin-6 juil., 24 nov.-10 déc., 18-27 fév., dim.
soir, mardi soir et merc.
Rest – Menu 20/38 € – Carte 41/61 €
♦ Charmante maison de pierre bordant une ruelle de la bastide. La salle à manger,
redécorée et colorée, est bien fleurie. Cuisine classique soignée.

CASTELLANE 👁 – 04 Alpes-de-Haute-Provence – **334** H9 – 1 508 h. – alt. 730 m
– ✉ 04120 ▮ Alpes du Sud   41 **C2**

▷ Paris 797 – Digne-les-Bains 54 – Draguignan 59 – Grasse 64 – Manosque 92
▯ Office de tourisme, rue Nationale ℰ 04 92 83 61 14, Fax 04 92 83 76 89
▦ de Taulane à La Martre Le Logis du Pin, E : 17 km par D 4085,
     ℰ 04 93 60 31 30.
▢ Site★ – Lac de Chaudanne★ 4 km par ①.
▣ Grand canyon du Verdon★★★.

à la Garde 6 km par ① D 559 et D 4085 – 56 h. – alt. 928 m – ✉ 04120

Auberge du Teillon avec ch P VISA ⓜ

rte Napoléon – ℰ 04 92 83 60 88 – contact@auberge-teillon.com
– Fax 04 92 83 74 08 – Ouvert 15 mars-15 nov. et fermé dim. soir et lundi
sauf juil.-août et fériés, mardi midi en juil.-août
8 ch – ♦50/55 € ♦♦50/55 €, ⌴ 8 € – ½ P 55/57 € – **Rest** – Menu 22/48 € – Carte
36/52 €
♦ Accueil tout sourire et ambiance conviviale en cette auberge rustique de bord de route.
Goûteuse cuisine traditionnelle revisitée, assortie de recettes provençales.

LE CASTELLET – 83 Var – **340** J6 – 3 799 h. – alt. 252 m – ✉ 83330   40 **B3**
▷ Paris 816 – Marseille 46 – Toulon 23 – Aubagne 30 – Bandol 11
Circuit Paul Ricard ℰ 04 94 98 36 66

Castel Lumière ⩽ baie de St-Cyr-sur-Mer, � AC ch, ↵ VISA ⓜ

au vieux village – ℰ 04 94 32 62 20 – infos@castellumiere.com
– Fax 04 94 32 70 33 – Hôtel : ouvert de mars à sept. ;
rest : fermé janv. et fév.
6 ch – ♦85/100 € ♦♦85/100 €, ⌴ 10 € – ½ P 75/85 €
Rest – *(fermé mardi et merc. du 1er sept. au 30 juin et lundi midi en juil.-août)*
Menu 36/47 € – Carte 36/52 €
♦ Les nouveaux propriétaires ont donné un style actuel à cette vieille bâtisse dominant
la vallée et la mer. Agréables chambres tendance et colorées ; six profitent de la
vue. Restaurant panoramique d'esprit contemporain et cuisine empreinte du terroir provençal.

à Ste-Anne-du-Castellet 4,5 km au Nord par D 226 et D 26 – ✉ 83330

Castel Ste-Anne sans rest ⌂ ⟋ ⌇ ⌃ ⚘ P VISA ⓜ ①

81 chemin Chapelle – ℰ 04 94 32 60 08 – hotelcastelstanne@wanadoo.fr
– Fax 04 94 32 68 16
17 ch – ♦55 € ♦♦65/70 €, ⌴ 7,50 €
♦ Quiétude, jardin fleuri et jolie piscine caractérisent l'environnement de cet hôtel familial.
Chambres récentes, dotées de terrasses à l'annexe ; les autres sont plus sobres.

au Circuit Paul Ricard 11 km au Nord par D 226, D 26 et D N8 – ✉ 83330 Le Beausset

Du Castellet
3001 rte Hauts du Camp – ✆ 04 94 98 37 77 – welcome@hotelducastellet.com – Fax 04 94 98 37 78
34 ch – 🛉320/380 € 🛉🛉320/380 €, ☕ 32 € – 13 suites
Rest *Monte Cristo* – Menu 50 € (déj. en sem.)/100 € – Carte 89/132 €
Spéc. "Yin et Yang" de langoustines, fraîcheur de tourteau, soupe de petits pois (printemps). Saint-Pierre, seiche et casserons au saté. Carré d'agneau frotté de cumin, courgette fleur. **Vins** Bandol.
◆ À deux pas du circuit, belle demeure orientée plein Sud et entourée d'un joli parc clos. Décor mi-provençal, mi-toscan, luxueux aménagements et golf 4 trous. Élégant restaurant où le chef apporte sa touche personnelle à des recettes méditerranéennes soignées.

Résidence des Équipages sans rest
3100 rte des Hauts du Camp – ✆ 04 94 98 37 77 – welcome@hotelducastellet.com – Fax 04 94 98 37 78
19 ch – 🛉130/160 € 🛉🛉130/160 €, ☕ 15 €
◆ Mobilier design, isolation phonique efficace, télévison à écran plat, connexion Internet : cet hôtel accolé à l'aérogare séduira autant équipages que passagers en transit.

CASTELNAUDARY – 11 Aude – 344 C3 – 10 851 h. – alt. 175 m – ✉ 11400

Languedoc Roussillon 22 **A2**

Paris 735 – Carcassonne 42 – Foix 70 – Pamiers 49 – Toulouse 60

Office de tourisme, place de Verdun ✆ 04 68 23 05 73, F ax 04 68 23 61 40

Plan page ci-contre

Du Canal sans rest
2 ter av. A. Vidal – ✆ 04 68 94 05 05 – hotelducanal@wanadoo.fr – Fax 04 68 94 05 06 AZ **b**
38 ch – 🛉48/57 € 🛉🛉55/66 €, ☕ 8 €
◆ Belle bâtisse ocre, autrefois usine à chaux, longée par le canal du Midi. Chambres pratiques et bien insonorisées. Petits-déjeuners servis au bord de l'eau. Joli Jardin.

Du Centre et du Lauragais
31 cours République – ✆ 04 68 23 25 95 – Fax 04 68 94 01 66 – Fermé 1er-27 janv. et dim. soir AZ **n**
16 ch – 🛉50/55 € 🛉🛉50/70 €, ☕ 7 € – ½ P 65 € – **Rest** – Menu 18 € (sem.)/51 € – Carte 31/60 €
◆ Engageante maison de ville installée sur l'avenue principale de Castelnaudary. Chambres fonctionnelles, équipées d'un mobilier canné. Nouveau cadre néo-rétro, pour une cuisine traditionnelle enrichie de spécialités d'ici, dont le fameux cassoulet.

Le Clos Fleuri St-Siméon
134 av. Mgr. de Langle, par ③ – ✆ 04 68 94 01 20 – leclos@hotmail.fr – Fax 04 68 94 05 47 – Fermé 22 déc.-6 janv. et le week-end de nov. à avril
31 ch – 🛉52/57 € 🛉🛉55/60 €, ☕ 6 € – ½ P 48 € – **Rest** – Menu 14 € (sem.), 20/30 € – Carte 18/36 €
◆ Isolé des bâtiments commerciaux par son enclos de verdure, hôtel disposant de chambres aux tons pastel, bien tenues et pourvues du double vitrage. Le restaurant se prolonge d'une terrasse donnant sur le petit jardin-piscine. Carte simple et cassoulet maison.

Le Tirou
90 av. Mgr de Langle – ✆ 04 68 94 15 95 – letirou@wanadoo.fr – Fax 04 68 94 15 96 – Fermé 23-30 juin, 20 déc.-20 janv., le soir et lundi BZ **e**
Rest – Menu 18 € (sem.)/33 € – Carte 30/53 €
◆ Le chef prépare son cassoulet avec de la viande de porc élevé en plein air. Beau choix de vins régionaux et agréable salle ouverte sur un jardin où paissent des chèvres et un âne.

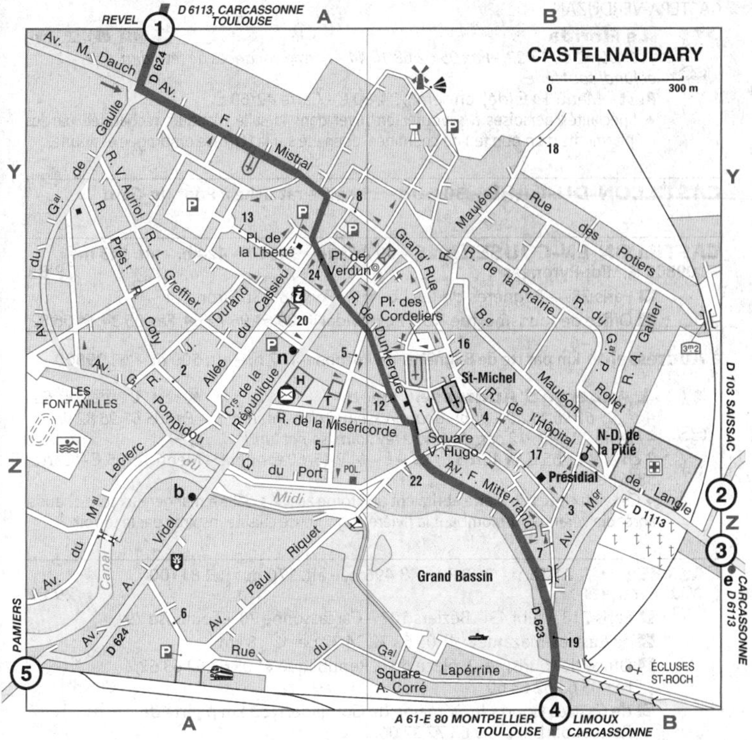

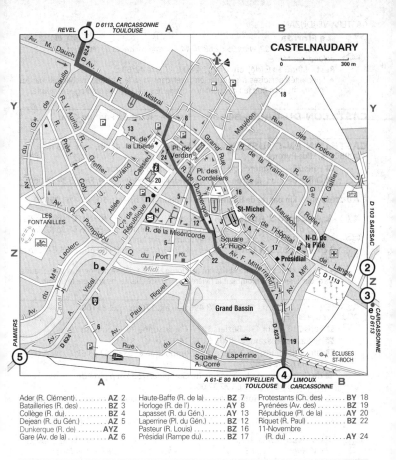

Ader (R. Clément)	AZ	2	Haute-Baffe (R. de la)	BZ	7	Protestants (Ch. des)	BY	18
Batailleries (R. des)	BZ	3	Horloge (R. de l')	AY	8	Pyrénées (Av. des)	BZ	19
Collège (R. du)	BZ	4	Lapasset (R. du Gén.)	AY	13	République (Pl. de la)	AY	20
Dejean (R. du Gén.)	AZ	5	Laperrine (Pl. du Gén.)	BZ	12	Riquet (R. Paul)	BZ	22
Dunkerque (R. de)	AYZ		Pasteur (R. Louis)	BZ	16	11-Novembre (R. du)	AY	24
Gare (Av. de la)	AZ	6	Présidial (Rampe du)	BZ	17			

CASTELNAU-DE-LÉVIS – 81 Tarn – 338 E7 – rattaché à Albi

CASTELNAU-DE-MONTMIRAL – 81 Tarn – 338 C7 – 895 h. – alt. 287 m – ✉ 81140

29 **C2**

▶ Paris 645 – Toulouse 69 – Cordes-sur-Ciel 22 – Gaillac 12

ℹ Office de tourisme, place des Arcades ✆ 05 63 33 15 11, Fax 05 63 33 17 60

Des Consuls sans rest — VISA MC

pl. Consuls – ✆ 05 63 33 17 44 – hoteldesconsuls@orange.fr – Fax 05 63 33 78 52 – Ouvert d'avril à oct.

14 ch – 🚹58/78 € 🚹🚹58/78 €, ☕ 9 €

◆ Maisons anciennes situées sur la place centrale de la pittoresque bastide du 13e s. : les vieilles façades dissimulent des chambres neuves ou rafraîchies.

CASTELNAU-LE-LEZ – 34 Hérault – 339 I7 – rattaché à Montpellier

CASTÉRA-VERDUZAN – 32 Gers – 336 E7 – 830 h. – alt. 114 m – Stat. therm. : début mars-mi-déc. – ✉ 32410

28 **A2**

▶ Paris 720 – Agen 61 – Auch 26 – Condom 20

ℹ Syndicat d'initiative, avenue des Thermes ✆ 05 62 68 10 66, Fax 05 62 68 14 58

XX **Le Florida** 🈺 VISA ⓜⓞ AE ①
⊖ – ☎ 05 62 68 13 22 – Fax 05 62 68 10 44 – *Fermé vacances de fév., dim. soir*
et lundi sauf fériés
🍴 **Rest** – Menu 14 € (déj. en sem.), 24/50 € – Carte 42/60 €
◆ Spécialités gersoises à savourer en hiver dans la salle rustique, réchauffée par les crépitements d'un bon feu de cheminée, et en été sur la terrasse ombragée et fleurie.

CASTILLON-DU-GARD – 30 Gard – **339** M5 – rattaché à Pont-du-Gard

---

CASTILLON-EN-COUSERANS – 09 Ariège – **343** E7 – 424 h. – alt. 543 m –
✉ 09800 ▌ Midi-Pyrénées   28 **B3**

🄳 Paris 787 – Bagnères-de-Luchon 61 – Foix 58 – St-Girons 14
🄸 Office de tourisme, rue Noël Peyrevidal ☎ 05 61 96 72 64, Fax 05 34 14 06 82

à Audressein 1 km par rte de Bagnères-de-Luchon – 107 h. – alt. 509 m – ✉ 09800

XX **L'Auberge d'Audressein** avec ch 🈺 AK rest, 📞 VISA ⓜⓞ AE
⊖ – ☎ 05 61 96 11 80 – aubergeaudressein @ club-internet.fr – Fax 05 61 96 82 96
🍴 – *Fermé 22 sept.-12 oct., 5 janv.-2 fév., dim. soir et lundi*
7 ch – †45/65 € ††45/65 €, � 9 € – ½ P 45/60 € – **Rest** – Menu 16/85 € – Carte 38/61 €
◆ Ces vieux murs de pierre abritaient une forge au 19ᵉ s. Salle à manger aux tons chauds, agréable véranda surplombant la rivière et goûteuse cuisine inspirée par le terroir.

CASTRES ◈ – 81 Tarn – **338** F9 – 43 496 h. – alt. 170 m – ✉ 81100
▌ Midi-Pyrénées   29 **C2**

🄳 Paris 718 – Albi 43 – Béziers 107 – Carcassonne 70 – Toulouse 79
🛪 de Castres-Mazamet : ☎ 05 63 70 34 77 par ③ : 8 km.
🄸 Office de tourisme, 2, place de la Republique ☎ 05 63 62 63 62,
Fax 05 63 62 63 60
🄶 de Castres Gourjade Domaine de Gourjade, N : 3 km par rte de
Roquecourbe, ☎ 05 63 72 27 06.
◉ Musée Goya★ - Hôtel de Nayrac★ AY - Centre national et musée Jean-Jaurès
AY.
◙ Le Sidobre★ 9 km par ① - Musée du Protestantisme à Ferrières.

🏨 **Renaissance** sans rest ॐ AK 📞 VISA ⓜⓞ AE
🕮 17 r. V. Hugo – ☎ 05 63 59 30 42 – hotel.renaissance.europe @ wanadoo.fr
– Fax 05 63 72 11 57   AZ **d**
22 ch – †55/60 € ††60/70 €, ☐ 8 €
◆ Belle façade à colombages du 17ᵉ s. abritant des chambres personnalisées (styles Empire, Napoléon III, africain, etc.) où foisonnent tableaux et bibelots. Salons très cosy.

🏨 **Occitan** 🚗 🈺 🗅 ▌ ら AK 📞 ⚒ 🄿 🖼 VISA ⓜⓞ AE ①
⊖ 201 av. Ch. de Gaulle, par ③ – ☎ 05 63 35 34 20 – hotel-occitan @ wanadoo.fr
– Fax 05 63 35 70 32 – Fermé 20-28 déc.
62 ch – †59/83 € ††65/90 €, ☐ 10 € – ½ P 55/70 € – **Rest** – *(fermé*
20 déc.-4 janv., dim. midi en août et sam. midi) Menu 14 € (sem.)/40 € – Carte 28/48 €
◆ Hôtel pratique pour une étape aux portes de la ville. Les chambres, toutes climatisées, ont été rénovées ; certaines occupent une aile très récente. Sauna et jacuzzi. Cuisine tradition-nelle servie dans un cadre contemporain ou en terrasse, face à la piscine.

🏨 **Miredames** 🈺 ▌ ら ch, AK ch, ※ 📞 VISA ⓜⓞ AE ①
⊖ 1 pl. R. Salengro – ☎ 05 63 71 38 18 – bienvenue @ hotel-miredames.com
– Fax 05 63 71 38 19   BY **f**
14 ch – †55 € ††63 €, ☐ 8 € – ½ P 49 €
Rest *Relais du Pont Vieux* – , ☎ 05 63 35 56 14 – Menu 12 € (déj. en sem.),
16/33 € – Carte 21/45 €
◆ L'enseigne de cette maison du vieux Castres évoque le coche d'eau qui remonte l'Agout. Les chambres, de bonne ampleur, sont fonctionnelles et bien tenues. Le Relais du Pont Vieux donne sur une place où murmure une fontaine, mais déploie sa terrasse côté rivière.

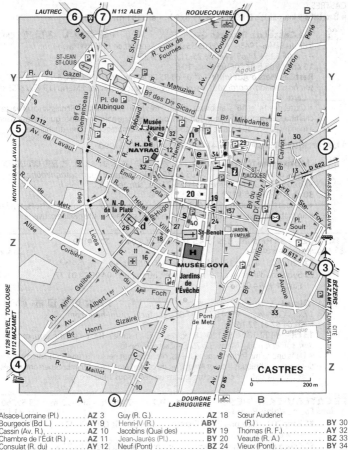

XX **Le Victoria**   AC VISA MO AE

24 pl. 8-Mai-1945 – ℰ 05 63 59 14 68 – Fax 05 63 59 14 68 – Fermé sam. midi et dim.

Rest – Menu 12 € (déj.), 23/46 € – Carte 26/50 €   BZ **s**

◆ Trois salles à manger assez intimes aménagées dans un sous-sol voûté. La plus plaisante donne sur la cave à vins protégée par une vitre. Cuisine traditionnelle soignée.

XX **Mandragore**   AC VISA MO ①

1 r. Malpas – ℰ 05 63 59 51 27 – Fax 05 63 59 51 27 – Fermé 11-25 mars,
9-23 sept., dim. et lundi   BY **e**

Rest – Menu 12,50 € bc (déj. en sem.), 18/26 € – Carte 34/44 €

◆ Cette maison du vieux Castres a été entièrement rénovée dans un esprit contemporain où dominent bois blond et verre dépoli. On y déguste des préparations traditionnelles.

X **La Table du Sommelier**   AC VISA MO

6 pl. Pélisson – ℰ 05 63 82 20 10 – Fax 05 63 82 20 10 – Fermé dim. et lundi

Rest – Menu (13 € bc), 16/35 € bc   AY **t**

◆ Bar à vins situé en face du musée Jean Jaurès : décor de caisses et de bouteilles, crus sélectionnés et généreuse cuisine bistrotière.

CASTRES

à Burlats 9 km par ①, D 89 et D 58 – 1 829 h. – alt. 191 m – ⊠ 81100

🏠 **Le Castel de Burlats** ⚘   🕭 🏠 ⅄ ⌂ 🔊 **P** **VISA** **MO**
8 pl. du 8-Mai-1945 – ℰ 05 63 35 29 20 – le.castel.de-burlats@wanadoo.fr
– Fax 05 63 51 14 69 – Fermé 25-31 août, 9-22 fév.
10 ch – ♦65 € ♦♦80/105 €, ⊑ 10 €
Rest *Les Mets d'Adélaïde* – ℰ 05 63 35 78 42 (fermé 10-18 mars, 6-14 oct., dim.
soir hors saison, mardi sauf le soir en hiver et lundi) (prévenir) Menu (19 €), 23/55 €
– Carte 44/58 €
♦ Castel des 14ᵉ et 16ᵉ s. au blason redoré : très beau salon de style Renaissance et vastes
chambres personnalisées (non-fumeurs) ouvertes sur le parc. Ambiance guesthouse. Salle
à manger cossue au charme bourgeois et terrasse ombragée ; cuisine du marché.

à Lagarrigue 4 km par ③ – 1 641 h. – alt. 200 m – ⊠ 81090

🏠 **Montagne Noire** sans rest   🖳 ⅙ 🕅 ⌂ 🔊 **P** **VISA** **MO** **AE** ①
29 av. Castres, sur RN 112 – ℰ 05 63 35 52 00 – contact@lamontagnenoire.com
– Fax 05 63 35 25 59 – Fermé 24 déc.-2 janv., sam. et dim.
30 ch – ♦83/99 € ♦♦93/110 €, ⊑ 11,50 €
♦ Au bord d'une route fréquentée, hôtel disposant de chambres bien insonorisées, garnies
d'un mobilier d'esprit Art déco. Espace "balnéo" : sauna et petite piscine couverte.

CASTRIES – 34 Hérault – 339 I6 – 5 146 h. – alt. 70 m – ⊠ 34160
🏴 Languedoc Roussillon   23 **C2**
     🖪 Paris 746 – Lunel 15 – Montpellier 19 – Nîmes 44
     🖪 Syndicat d'initiative, 19, rue Sainte Catherine ℰ 04 99 74 01 77,
         Fax 04 99 74 01 77

🏠 **Disini** ⚘   🖳 🏠 🖪 ⅙ 🕅 ⌂ 🔊 **P** **VISA** **MO** **AE**
1 r. des Carrières – ℰ 04 67 41 97 86 – contact@disini-hotel.com
– Fax 04 67 41 97 16
15 ch – ♦120/180 € ♦♦120/180 €, ⊑ 15 € – 1 suite – **Rest** – (fermé sam. midi,
dim. soir et lundi) – Menu 32/75 € – Carte 57/66 €
♦ Dans une calme forêt de chênes verts, cet hôtel tout neuf offre une ambiance tamisée,
des touches ethniques (Asie et Afrique) et un confort high-tech. Chambres personnalisées.
Le restaurant sert une carte actuelle dans un décor sous influence asiatique.

LE CATEAU-CAMBRÉSIS – 59 Nord – 302 J7 – 7 460 h. – alt. 123 m – ⊠ 59360
🏴 Nord Pas-de-Calais Picardie   31 **C3**
     🖪 Paris 202 – Cambrai 24 – Hirson 44 – Lille 86 – St-Quentin 41
         – Valenciennes 33
     🖪 Office de tourisme, 9, place du Commandant Richez ℰ 03 27 84 10 94,
         Fax 03 27 77 81 52

✕✕ **Le Relais Fénelon** avec ch   🖳 🏠 **P** **VISA** **MO** **AE**
21 r. Mar. Mortier – ℰ 03 27 84 25 80 – Fax 03 27 84 38 60 – Fermé
1ᵉʳ-23 août, dim. soir et lundi sauf fériés
5 ch – ♦44 € ♦♦44/51 €, ⊑ 6,50 € – **Rest** – Menu 20/30 € – Carte 31/41 €
♦ Cette demeure du 19ᵉ s. abrite une salle à manger au charme provincial, précédée d'un
salon au confort bourgeois. Agréable terrasse d'été tournée vers un jardin arboré.

LE CATELET – Aisne – 306 B2 – 218 h. – alt. 90 m – ⊠ 02420   37 **C1**
     🖪 Paris 170 – Cambrai 22 – Le Cateau-Cambrésis 29 – Laon 66 – Péronne 28
         – St-Quentin 19

✕✕ **La Coriandre**   **VISA** **MO**
68 r. du Gén. Augereau – ℰ 03 23 66 21 71 – sebastien.monatte@wanadoo.fr
– Fax 03 23 66 84 23 – Fermé 28 juil.-19 août, 2-9 janv., le soir sauf sam. et lundi
Rest – Menu 23 € (sem.)/47 € – Carte 49/56 €
♦ Une façade anodine au bord de la nationale abrite ce restaurant d'une belle rusticité avec
ses chaises paysannes et ses dallages rouges. Plats au goût du jour.

LES CATONS – 73 Savoie – 333 I4 – rattaché au Bourget-du-Lac

CAUDEBEC-EN-CAUX – 76 Seine-Maritime – 304 E4 – 2 342 h. – alt. 6 m – ☒ 76490 ▯ Normandie Vallée de la Seine
33 **C1**

🄳 Paris 162 – Lillebonne 17 – Le Havre 53 – Rouen 37 – Yvetot 14

🇮 Office de tourisme, place du General de Gaulle ℰ 02 32 70 46 32, Fax 02 32 70 46 31

🄴 Église Notre-Dame★.

🄶 Vallon de Rançon★ NE : 2 km.

Normotel La Marine
≤ ⇕ ℓ P VISA ꙮ AE ①

18 quai Guilbaud – ℰ 02 35 96 20 11 – lamarine@libertysurf.fr – Fax 02 35 56 54 40

31 ch – †57/97 € ††57/97 €, ⌷ 12 € – ½ P 54/70 € – **Rest** – (fermé sam. midi, dim. soir et vend.) Menu 20 € (sem.)/44 € – Carte 35/73 €

◆ Face à la Seine animée par le va-et-vient des bateaux, grande bâtisse hôtelière dont les meilleures chambres ont un balcon tourné vers le fleuve. Salle de restaurant panoramique proposant des repas traditionnels ; terrasse d'été au bord de l'eau.

Le Normandie
≤ ⇕ P VISA ꙮ AE

19 quai Guilbaud – ℰ 02 35 96 25 11 – info@le-normandie.fr – Fax 02 35 96 68 15

16 ch – †55 € ††80 €, ⌷ 7,50 € – ½ P 60 € – **Rest** – (fermé lundi midi, merc. midi et dim. soir) Menu (11 €), 18/40 €

◆ Sur le quai longeant la Seine, chambres fonctionnelles, parfois garnies de meubles rustiques ; les plus spacieuses, en façade, ont un balconnet et offrent une échappée sur le fleuve. Vue batelière par les baies du restaurant ; plats traditionnels et normands.

Le Cheval Blanc
⇕ ℓ P VISA ꙮ AE ①

4 pl. R. Coty – ℰ 02 35 96 21 66 – le-cheval-blanc-info@wanadoo.fr – Fax 02 35 95 35 40

14 ch – †56/63 € ††58/65 €, ⌷ 6,50 € – ½ P 67/71 € – **Rest** – (fermé 21 déc.-1er janv., sam. midi, dim. soir et vend.) Menu (13 €), 16 € (sem.)/37 € – Carte 27/49 €

◆ Claires et fraîches, toutes les chambres de cet établissement du centre-ville ont été rénovées et bénéficient d'une insonorisation satisfaisante ; celles du second étage sont mansardées. À table, décor rajeuni et carte actuelle axée terroir. Terrasse fleurie.

CAUREL – 22 Côtes-d'Armor – 309 D5 – 387 h. – alt. 188 m – ☒ 22530
10 **C2**

🄳 Paris 461 – Carhaix-Plouguer 45 – Guingamp 48 – Loudéac 24 – Pontivy 22 – St-Brieuc 48

✗✗ Beau Rivage avec ch ॐ
≤ 🕿 ⇕ ⚿ VISA ꙮ

au Lac de Guerlédan, 2 km par D 111 – ℰ 02 96 28 52 15 – stefetcie@orange.fr – Fax 02 96 26 01 16 – Fermé 15-30 mars, lundi hors saison et dim. soir

4 ch – †56 € ††56 €, ⌷ 8,50 € – ½ P 60 € – **Rest** – Menu 19 € (sem.)/66 € – Carte 42/62 €

◆ Cette maison récente a su tirer parti de sa situation au bord du lac en se dotant d'une salle actuelle bordée de baies vitrées et d'une terrasse. Chambres fonctionnelles.

CAURO – 2A Corse-du-Sud – 345 C8 – voir à Corse

CAUSSADE – 82 Tarn-et-Garonne – 337 F7 – 5 971 h. – alt. 109 m – ☒ 82300
29 **C2**

🄳 Paris 606 – Cahors 38 – Gaillac 51 – Montauban 28 – Villefranche-de-Rouergue 52

🇮 Office de tourisme, 11, rue de la République ℰ 05 63 26 04 04, Fax 05 63 26 04 04

Dupont
🕭 ⅗ ch, ⚿ P VISA ꙮ ①

r. Récollets – ℰ 05 63 65 05 00 – hotel-resto-dupont@cegetel.fr – Fax 05 63 65 12 62 – Fermé 1er-8 janv. et dim. soir

30 ch – †44/60 € ††44/60 €, ⌷ 8,50 € – ½ P 43/53 € – **Rest** – (fermé vend. et sam. sauf le soir en saison) Menu 12 € (déj. en sem.), 16/26 € – Carte 16/41 €

◆ La petite capitale du chapeau de paille compte parmi ses demeures cet ancien relais de poste bâti au 18e s. Préférez les chambres sur l'arrière, plus récentes. Plaisante salle à manger rustique et cuisine d'inspiration régionale.

CAUSSADE

à Monteils 3 km au Nord-Est par D 17 – 1 075 h. – alt. 120 m – ⌧ 82300

X   **Le Clos Monteils**   ⌂ ⌘ VISA ⑩
      – ℰ 05 63 93 03 51 – Fax 05 63 93 03 51 – Fermé 1er-7 nov., 15 janv.-15 fév., mardi
      de nov. à mai, sam. midi, dim. soir et lundi
      Rest – (nombre de couverts limité, prévenir) Menu 17 € (déj. en sem.), 28/51 €
      ◆ L'ex-presbytère (1771) de ce village quercynois, transformé en restaurant, est décoré
      dans l'esprit d'une maison particulière. Agréable terrasse. Cuisine du terroir revisitée.

CAUTERETS – 65 Hautes-Pyrénées – 342 L7 – 1 305 h. – alt. 932 m – **Sports
d'hiver** : 1 000/2 350 m ✙ 3 ✚ 18 ✦ – **Stat. therm.** : début fév.-fin nov. – **Casino** –
⌧ 65110 ▪ Midi-Pyrénées   28 **A3**

▶ Paris 880 – Argelès-Gazost 17 – Lourdes 30 – Pau 75 – Tarbes 49

▪ Office de tourisme, place Foch ℰ 05 62 92 50 50, Fax 05 62 92 11 70

◉ La station ★ - Route et site du Pont d'Espagne ★★★ (chutes du Gave) au Sud
   par D 920 - Cascade ★★ et vallée ★ de Lutour S : 2,5 km par D 920.

◉ Cirque du Lys ★★.

CAUTERETS

Benjamin-Dulau (Av.) 2
Bordenave (Pl.) 3
Clemenceau (Pl. G.) 4
Etigny (R. d') 5
Féria (R. de la) 6
Foch (Pl. Mar.) 8
Jean-Moulin (Pl.) 10
Latapie-Flurin (Bd) 12
Mamelon Vert (Av.) 13
Pont-Neuf (R. du) 15
Richelieu (R. de) 16
Victoire (Pl. de la) 18

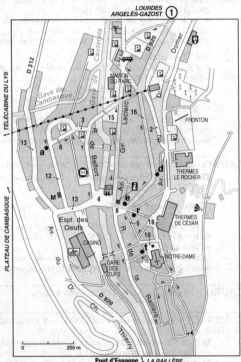

Pont d'Espagne \ LA RAILLÈRE

🏨   **Astérides-Sacca**   ⌫ ▣ AC rest, ⌘ rest, ⌂ ⌫ VISA ⑩ AE ①
      bd Latapie-Flurin – ℰ 05 62 92 50 02 – hotel.le.sacca@wanadoo.fr
      – Fax 05 62 92 64 63 – Fermé 15 oct.-15 déc.   **a**
      56 ch – ♦38/58 € ♦♦47/71 €, ⌷ 7 € – ½ P 46/60 € – **Rest** – Menu 16/42 €
      – Carte 28/40 €
      ◆ Les chambres, dotées de balcons, sont aménagées dans un esprit contemporain et
      fonctionnel. Hall habillé de bois blond. Accueillante salle à manger avec boiseries claires,
      mobilier actuel et tons chaleureux ; recettes traditionnelles.

César
🛄 ☒ ch, 𝖵𝖨𝖲𝖠 ⓂⓄ ⒶⒺ Ⓞ

r. César – 𝒞 05 62 92 52 57 – charles.fontan@wanadoo.fr – Fax 05 62 92 08 19
– Fermé 27 avril-22 mai et 28 sept.-22 oct.   **r**
17 ch – †46/56 € ††46/56 €, ⊇ 7 € – ½ P 50 €
Rest – *(fermé merc. en hiver sauf vacances scolaires) (dîner seult de déc. à avril)*
Menu 18/23 €
♦ À proximité des thermes du même nom, façade colorée abritant des chambres assez grandes ; celles du 3ᵉ étage, rajeunies, sont plus plaisantes et actuelles. À table, plats traditionnels et spécialité de garbure (sur commande).

Welcome Cauterets
🛄 ☒ ch, 𝖵𝖨𝖲𝖠 ⓂⓄ

3 r. V. Hugo – 𝒞 05 62 92 50 22 – hotelwelcomecauterets@wanadoo.fr
– Fax 05 62 92 02 90 – Fermé 7-25 avril et 3 nov.-1ᵉʳ déc.   **t**
26 ch – †41/45 € ††54/59 €, ⊇ 7 € – ½ P 45/48 € – **Rest** –
(fermé 21 oct.-1ᵉʳ déc.) Menu 14 € (sem.)/24 € – Carte 17/44 €
♦ Bordant une rue paisible proche de l'église, hôtel aux chambres pratiques et très bien tenues, un peu plus anciennes à l'annexe située à 50 m. Le restaurant offre une ambiance rustique avec poutres apparentes, mobilier agreste et cuivres. Plats traditionnels.

Du Lion d'Or
🛄 ☒ 📞 𝖵𝖨𝖲𝖠 ⓂⓄ ⒶⒺ

12 r. Richelieu – 𝒞 05 62 92 52 87 – hotel.lion.dor@wanadoo.fr
– Fax 05 62 92 03 67 – Fermé 12-24 mai et 5 oct.-19 déc.   **d**
19 ch – †65/100 € ††65/100 €, ⊇ 10 € – ½ P 57/75 € – **Rest** – *(dîner seult)*
(résidents seult) Menu 20/27 € – Carte 23/28 €
♦ Aimable hôtel tenu par la même famille depuis 4 générations et repérable à sa belle façade (19ᵉ s.) dont les portes-fenêtres s'agrémentent de balconnets en fer forgé. Chambres douillettes personnalisées par des objets chinés. Petit patio bien fleuri en saison.

Le Bois Joli sans rest
🛄 ♿ ☒ 📞 𝖵𝖨𝖲𝖠 ⓂⓄ ⒶⒺ

1 pl. Mar. Foch – 𝒞 05 62 92 53 85 – skibar@wanadoo.fr – Fax 05 62 92 02 23
– Fermé 12 mai-1ᵉʳ juin, 12 oct.-1ᵉʳ déc.   **e**
12 ch – †82/94 € ††85/105 €, ⊇ 9 €
♦ Au cœur de la station thermale, voisinant avec l'Office de tourisme, bâtisse de 1905 au cachet préservé où vous logerez dans de belles chambres remises à neuf en 2005. Bar agréable devancé par une terrasse ensoleillée.

CAVAILLON – 84 Vaucluse – 332 D10 – 24 563 h. – alt. 75 m – ✉ 84300
🏳 Provence   42 **E1**

🛣 Paris 702 – Aix-en-Provence 60 – Arles 44 – Avignon 25 – Manosque 70
🛈 Office de tourisme, place Francois Tourel 𝒞 04 90 71 32 01,
  Fax 04 90 71 42 99
◎ Musée de l'Hôtel-Dieu : collection archéologique★ M - ≼★ de la colline
  St-Jacques.

Plan page suivante

Mercure
🚗 🛢 �🏊 ☒ 🛄 🆎 ⤴ ☒ 📞 ♿ 🅿 𝖵𝖨𝖲𝖠 ⓂⓄ ⒶⒺ Ⓞ

601 av. Boscodomini, par ④ : 2 km – 𝒞 04 90 71 07 79 – h1951@accor.com
– Fax 04 90 78 27 94
43 ch – †91/123 € ††101/133 €, ⊇ 12 €
Rest – *(fermé sam. midi et dim. midi d'oct. à avril)* Menu (15 €), 20 €, 23 € – Carte 18/33 €
♦ Bâtisse des années 1970 récemment rajeunie dans le style méridional. Les chambres, plus calmes côté Sud, sont fonctionnelles et dotées de balcons. Joli décor provençal au restaurant ; la carte "Mercure" puise dans le terroir comtadin.

Prévôt
🆎 𝖵𝖨𝖲𝖠 ⓂⓄ ⒶⒺ Ⓞ

353 av. Verdun – 𝒞 04 90 71 32 43 – jean-jacques@restaurant-prevot.com
– Fermé dim. et lundi sauf fériés   **n**
Rest – Menu 25 € (déj. en sem.), 35/85 € – Carte 64/77 €
♦ La décoration célèbre le melon dans tous ses états : tableaux, bibelots, lustres, vaisselle... Bien sûr, un menu entier est dédié à la cucurbitacée !

CAVAILLON

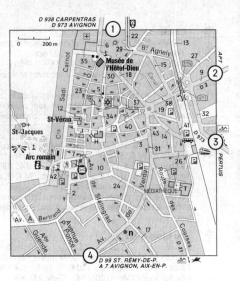

à Cheval-Blanc 5 km par ③ – 3 524 h. – alt. 83 m – ⊠ 84460

✗✗ L'Auberge de Cheval Blanc 🐾 AC VISA MO
481 av. de la Canebière – ℰ 04 32 50 18 55 – contact@
auberge-de-chevalblanc.com – Fax 04 32 50 18 52 – Fermé vacances de la
Toussaint, sam. midi, dim. soir et lundi sauf juil.-août
Rest – *(nombre de couverts limité, prévenir)* Menu 23 € bc (déj. en sem.), 28/68 €
– Carte 45/54 €

♦ Plaisante étape que cette discrète auberge de bord de route. Élégant cadre associant sièges en cuir, miroirs et couleurs pâles. Cuisine au goût du jour suivant les saisons.

CAVALAIRE-SUR-MER – 83 Var – 340 O6 – 5 237 h. – alt. 2 m – Casino –
⊠ 83240 ▯ Côte d'Azur   41 **C3**

▯ Paris 880 – Draguignan 55 – Fréjus 41 – Le Lavandou 21 – St-Tropez 20
– Toulon 61

🔢 Office de tourisme, Maison de la Mer ℰ 04 94 01 92 10, Fax 04 94 05 49 89

☑ Massif des Maures★★★.

🏨 La Calanque 🦢 ≤ mer et calanques, 🍴 ⚒ ⚒ ▮ AC 📞
r. Calanque – ℰ 04 94 00 49 00 ▯ VISA MO AE ➊
– mario.lacalanque@wanadoo.fr – Fax 04 94 64 66 20 – Fermé 2 janv.-15 mars
24 ch – ♦160/275 € ♦♦160/275 €, ☲ 19 € – 4 suites – ½ P 130/170 €
Rest – Menu 25/55 € – Carte 56/82 €

♦ Au pied de l'hôtel : la superbe plage de Cavalaire (4 km), les calanques et le massif des Maures. Les chambres, spacieuses et joliment meublées, dominent la Méditerranée. Salles à manger et terrasse panoramiques donnent sur les flots ; spécialités du pays.

🏠 Golfe Bleu 🍴 ⚒ ch, ▯ VISA MO AE ➊
rte de la Croix-Valmer, 1 km : par D 559 – ℰ 04 94 00 42 81 – le.golfe-bleu@
wanadoo.fr – Fax 04 94 05 48 79 – Fermé 1er déc.-15 janv.
15 ch – ♦48/84 € ♦♦48/84 €, ☲ 7 € – ½ P 73/108 € – **Rest** – *(ouvert mai-oct.)*
(dîner seult) Menu 23 €

♦ Un double vitrage protège les chambres des nuisances sonores de la route voisine. Hébergement sans ampleur, mais chaleureux décor. Salle à manger relookée, ouverte sur une terrasse côté rue. La cuisine, traditionnelle, met avant les produits de la mer.

LA CAVALERIE – 12 Aveyron – 338 K6 – 813 h. – alt. 800 m – ⌧ 12230

🚹 Paris 655 – Montpellier 96 – Millau 20 – Rodez 87

De la Poste
🏠 | 🔊 AC rest, 🛏 ♨ ch, P VISA ⓂⓄ

ⓔ D 809 – ☏ 05 65 62 70 66 – contact@hotel-larzac.com – Fax 05 65 62 78 24
– Fermé 23 déc.-8 janv., dim. soir de la Toussaint à Pâques, vend. soir et sam.
de nov. à mars

31 ch – ♦49 € ♦♦49 €, ⌥ 7 € – ½ P 55/59 € – **Rest** – Menu 18 € (déj. en
sem.)/55 € – Carte 23/57 €

♦ Hôtel commode pour l'étape sur la route des vacances, au cœur du Parc naturel
régional des Grands Causses. Chambres assez spacieuses, fonctionnelles et colorées.
Restaurant au décor épuré et véranda climatisée ; plats traditionnels et régionaux. Accueil
tout sourire.

CAVALIÈRE – 83 Var – 340 N7 – alt. 4 m – ⌧ 83980 Le Lavandou
▮ Côte d'Azur

🚹 Paris 880 – Draguignan 68 – Fréjus 55 – Le Lavandou 7 – St-Tropez 33
– Toulon 48

◪ Massif des Maures ★★★.

Le Club de Cavalière & Spa ⌁
🏨 | ⟨ mer et les îles, 🔊 🔥 ⍏ 🌐 ℔

30 av. Cap Nègre – 🔊 ℉ ⍒ 🛏 ch, AC ⌕ P 🚗 VISA ⓂⓄ AE ①
☏ 04 98 04 34 34 – cavaliere@relaischateaux.com – Fax 04 94 05 73 16 – Ouvert
19 avril-28 sept.

32 ch – ♦280/390 € ♦♦365/735 €, ⌥ 20 € – 5 suites – ½ P 263/445 €
Rest – Menu 45 € (déj.), 60/85 € – Carte 83/142 € ⌀

♦ Face à la mer, élégante demeure abritant de magnifiques chambres contemporaines.
Superbes équipements de loisirs : piscine, plage privée, spa, sauna, jacuzzi, fitness,
hammam... Beau restaurant provençal (toit ouvrant) et terrasses ombragées dominant les
flots.

CAVANAC – 11 Aude – 344 E3 – rattaché à Carcassonne

CEILLAC – 05 Hautes-Alpes – 334 I4 – 276 h. – alt. 1 640 m – Sports d'hiver :
1 700/2 500 m ⸙6 ⸸ – ⌧ 05600 ▮ Alpes du Sud

🚹 Paris 729 – Briançon 50 – Gap 75 – Guillestre 14

ℹ Office de tourisme, le village ☏ 04 92 45 05 74, Fax 04 92 45 47 05

◪ Site ★ - Église St-Sébastien ★.

◪ Vallon du Mélezet ★ - Lac Ste-Anne ★★.

La Cascade ⌁
🏠 | ⟨ 🏠 ♨ ⌕ P VISA ⓂⓄ AE

ⓔ 2 km au Sud-Est, au pied du Mélezet – ☏ 04 92 45 05 92
– info@hotel-la-cascade.com – Fax 04 92 45 22 09 – Ouvert 1er juin-15 sept.
et 20 déc.-2 avril

22 ch – ♦43/60 € ♦♦51/72 €, ⌥ 9 € – ½ P 54/64 € – **Rest** – Menu 16/28 €
– Carte 28/35 €

♦ L'hôtel, isolé dans un beau site alpestre, séduira les amoureux de la nature.
Chambres dotées de meubles en pin ornés de sculptures au couteau, typiques du
Queyras. La salle à manger et la terrasse offrent une jolie vue sur les montagnes ; cuisine
régionale.

CEILLOUX – 63 Puy-de-Dôme – 326 I9 – 151 h. – alt. 615 m – ⌧ 63520

🚹 Paris 464 – Clermont-Ferrand 50 – Cournon-d'Auvergne 36 – Riom 62

Domaine de Gaudon sans rest ⌁
🏠 | ℔ 🛏 P

4 km au Nord par D 304 – ☏ 04 73 70 76 25 – domainedegaudon@wanadoo.fr
5 ch ⌥ – ♦80 € ♦♦98 €

♦ Adresse rare que cette maison du 19e s. bordée d'un parc et d'un étang de pêche. Les
chambres et la salle à manger où l'on sert le petit-déjeuner sont superbes.

LA CELLE – 83 Var – 340 L5 – 1 082 h. – alt. 260 m – ✉ 83170　　　41 **C3**
- ▶ Paris 812 – Aix-en-Provence 63 – Draguignan 62 – Marseille 65 – Toulon 48
- ▪ Office de tourisme, place des Ormeaux ✆ 04 94 59 19 05

Hostellerie de l'Abbaye de la Celle

10 pl. du Gén. de Gaulle – ✆ 04 98 05 14 14
– contact@abbaye-celle.com – Fax 04 98 05 14 15 – Fermé 14 janv.-7 fév.
10 ch – ♦205/275 € ♦♦205/370 €, ⌂ 20 €
Rest – (fermé mardi et merc. de mi-oct. à fin mars) Menu 42 € (sem.)/78 €
– Carte 51/73 €
Spéc. Petits farcis de légumes d'été (saison). Baudroie en bourride, blanquette de légumes et safran de Provence. Tendron de veau cuit longuement puis caramélisé à la broche. **Vins** Coteaux Varois en Provence.
◆ Cette ravissante demeure provençale du 18e s. entourée d'un parc arboré et d'un potager eut pour hôte le Général. Chambres spacieuses et raffinées. Salles à manger de caractère et belle terrasse ombragée. Séduisante cuisine méridionale.

LA CELLE-LES-BORDES – 78 Yvelines – 311 H4 – 106 28 – 101 31 – **voir à Paris, Environs (Cernay-la-Ville)**

CELLES-SUR-BELLE – 79 Deux-Sèvres – 322 E7 – 3 480 h. – alt. 117 m –
✉ 79370 ▌ Poitou Vendée Charentes　　　38 **B2**
- ▶ Paris 400 – Couhé 37 – Niort 22 – Poitiers 69 – St-Jean-d'Angély 52
- ▪ Office de tourisme, 9, rue des Halles ✆ 05 49 32 92 28, Fax 05 49 32 92 28
- ▣ Portail ★ de l'église Notre-Dame.

Hostellerie de l'Abbaye

1 pl. Epoux-Laurant – ✆ 05 49 32 93 32 – hostellerie.abbaye@wanadoo.fr
– Fax 05 49 79 72 65
20 ch – ♦48 € ♦♦50 €, ⌂ 7 € – ½ P 48/50 € – **Rest** – Menu 13 € (sem.)/45 €
– Carte 31/46 €
◆ À l'ombre du haut clocher de l'abbatiale, maison régionale disposant de chambres fonctionnelles, rénovées par étapes. Salle mi-rustique, mi-bourgeoise et terrasse dans la cour ; la table, traditionnelle, s'inspire du terroir charentais. Belle carte d'Armagnac.

CELLETTES – 41 Loir-et-Cher – 318 F6 – 2 138 h. – alt. 78 m – ✉ 41120　　　11 **A1**
- ▶ Paris 189 – Blois 9 – Orléans 68 – Romorantin-Lanthenay 36 – Tours 73
- ▪ Syndicat d'initiative, 2, rue de la Rozelle ✆ 02 54 70 30 46, Fax 02 54 70 30 46

La Vieille Tour

7 r. Nationale – ✆ 02 54 70 46 31 – lavieilletour@yahoo.fr – Fax 02 54 70 46 31
– Fermé 23-29 juin, janv., merc. de sept. à juin et mardi
Rest – Menu 18 € (sem.)/46 € – Carte 33/57 €
◆ Cette table à l'ambiance feutrée et au joli cadre rustique actualisé occupe une belle maison du 15e s. repérable à sa vieille tour. Cuisine traditionnelle féminine.

CELONY – 13 Bouches-du-Rhône – 340 H4 – **rattaché à Aix-en-Provence**

CÉLY – 77 Seine-et-Marne – 312 E5 – 1 010 h. – alt. 62 m – ✉ 77930　　　19 **C2**
- ▶ Paris 56 – Melun 15 – Boulogne-Billancourt 56 – Montreuil 57 – Créteil 47

Chateau de Cély

rte de St Germain – ✆ 01 64 38 03 07 – cely@club-albatros.com
– Fax 01 64 38 08 78
4 ch – ♦260/300 € ♦♦260/300 €, ⌂ 30 € – 10 suites – ♦♦260/300 € – ½ P
220/260 €
Rest – (dîner sur réservation) Carte 31/59 €
◆ Château du 14e s. et son parc. Les chambres, contemporaines et bien équipées, ont pour panorama un magnifique golf entouré de jardins paysagers. Pensé pour les séminaires. Cuisine traditionnelle au restaurant éclairé par une grande verrière et ouvert sur la verdure.

CÉNAC-ET-ST-JULIEN – 24 Dordogne – 329 I7 – 1 193 h. – alt. 70 m – ⊠ 24250   **4 D1**

🖸 Paris 547 – Bordeaux 205 – Périgueux 73 – Cahors 71 – Sarlat-la-Canéda 12

⌂   **La Guérinière** ॐ   🖅 ⓗ ⛀ ℁ ⅄ ℀ ⌧ 🅿
sur D 46 – 𝒞 05 53 29 91 97 – contact@la-gueriniere-dordogne.com
– Fax 05 53 29 91 97 – Ouvert de Pâques à oct.
5 ch – ✝54/79 € ✝✝54/79 €, ⌧ 8 € – ½ P 58/71 € – **Table d'hôte** – *(fermé merc.
et dim. sauf fériés)* Menu 23 €
◆ Une allée de platanes mène à cette chartreuse périgourdine qui dispose de coquettes chambres décorées avec soin, d'une petite piscine et d'un tennis. Le soir, le patron, ancien restaurateur, prépare des recettes régionales dans une immense salle rustique.

⌂   **Le Moulin Rouge** sans rest   🖅 ℀ ⌧ 🅿 **VISA** **◉**
– 𝒞 05 53 28 23 66 – lemoulinrouge@perigord.com – Ouvert 1ᵉʳ avril-30 oct.
4 ch – ✝45/50 € ✝✝58/65 €, ⌧ 7 €
◆ Cadre bucolique pour ce moulin au bord de son petit étang (baignade possible). Les charmants propriétaires vous retraceront avec plaisir son histoire. Chambres douillettes.

CENON – 33 Gironde – 335 H5 – **rattaché à Bordeaux**

CERDON – 01 Ain – 328 F4 – 672 h. – alt. 300 m – ⊠ 01450   **44 B1**

🖸 Paris 460 – Ambérieu-en-Bugey 25 – Bourg-en-Bresse 32 – Nantua 20
  – Oyonnax 32

🄸 Syndicat d'initiative, place F. Allombert 𝒞 04 74 39 93 02, Fax 04 74 39 93 02

✗   **Vieille Côte**   🏠 **VISA** **◉** **AE** **◉**
☜   *pl. Mairie – 𝒞 04 74 39 96 86 – c.b.france@wanadoo.fr – Fax 04 74 39 93 42*
– Fermé 2-27 fév., mardi et merc. hors saison
Rest – Menu 18/43 € – Carte 24/47 € ⅋
◆ Madame concocte des plats du terroir agrémentés d'herbes du jardin pendant que Monsieur reçoit les hôtes avec bonne humeur dans deux salles à manger champêtres. Vins du Bugey.

CERDON – 45 Loiret – 318 L6 – 1 009 h. – alt. 145 m – ⊠ 45620   **12 C2**

🖸 Paris 185 – Orléans 73 – Fleury-les-Aubrais 63 – Olivet 59
  – Saint-Jean-de-Braye 60

⌂   **Les Vieux Guays** sans rest ॐ   ⏃ ⛀ ℁ 🅿
rte des Hauteraults – 𝒞 02 38 36 03 76 – lvg45@orange.fr – Fax 02 38 36 03 76
– Fermé 23 fév.-7 mars
5 ch ⌧ – ✝60 € ✝✝75 €
◆ Superbe propriété préservée avec étang, piscine, tennis. Tel est le cadre de cet ex-relais de chasse aux chambres confortables et décorées avec raffinement, dans l'esprit local.

CÉRET ⊛ – 66 Pyrénées-Orientales – 344 H8 – 7 291 h. – alt. 153 m – ⊠ 66400
🄸 Languedoc Roussillon   **22 B3**

🖸 Paris 875 – Gerona 81 – Perpignan 34 – Port-Vendres 37 – Prades 72

🄸 Office de tourisme, 1, avenue Georges Clemenceau 𝒞 04 68 87 00 53,
  Fax 04 68 87 00 56

◉ Vieux pont ★ – Musée d'Art Moderne ★★.

🏠   **La Terrasse au Soleil** ॐ   ≤ le Canigou et plaine du Roussillon, 🖅
Ouest : 1,5 km par rte Fontfrède   🏠 ⛀ ℁ ⅙ ch, 🄺 ch, ⅄ 🅿 **VISA** **◉** **AE**
– 𝒞 04 68 87 01 94 – terrasse-au-soleil.hotel@wanadoo.fr – Fax 04 68 87 39 24
– Ouvert mars-nov.
39 ch ⌧ – ✝93/210 € ✝✝130/249 € – 2 suites – ½ P 97/156 €
Rest – Menu 31/62 € – Carte 44/70 €
◆ Charles Trenet vécut dans ce mas catalan isolé sur les vertes hauteurs de Céret. Chambres fonctionnelles sur l'arrière. Piscine, jacuzzi, sauna. Murs blancs, faïences et meubles régionaux ensoleillent la salle à manger. Terrasse avec vue sur le Canigou.

🏠 **Le Mas Trilles** sans rest 🦢   🚗 ⛄ **P** **VISA** **MO**
au Pont de Reynès : 3 km après Céret direction Amélie Les Bains – 𝒞 *04 68 87 38 37*
– mastrilles@free.fr – Fax 04 68 87 42 62 – Ouvert 27 avril-7 oct.
8 ch � – †85/100 € ††108/205 € – 2 suites
♦ Cette maison du 17ᵉ s. nichée dans un vallon soigne son accueil. Ravissantes chambres aux couleurs du Sud, souvent avec terrasse ou jardin privatif. Piscine dominant le Tech.

🏠 **Les Arcades** sans rest   🏠 🔄 **VISA** **MO**
1 pl. Picasso – 𝒞 04 68 87 12 30 – hotelarcades.ceret@wanadoo.fr
– Fax 04 68 87 49 44
30 ch – †42/57 € ††42/57 €, ⊐ 7 €
♦ Sympathique hôtel décoré d'œuvres d'artistes de "L'École de Céret". Chambres gaies, mobilier catalan, quelques cuisinettes. Bon petit-déjeuner avec des produits locaux.

✗ **Le Chat qui Rit**   🔄 🅰️🅲 **P** **VISA** **MO** ①
à la Cabanasse : 1,5 km par rte Amélie – 𝒞 *04 68 87 02 22 – lechatquirit@*
wanadoo.fr – Fax 04 68 87 43 40 – Fermé 5 janv.-10 fév., mardi sauf juil.-août, dim.
soir et lundi
Rest – buffet Menu (15 € bc), 24/36 € – Carte 31/47 €
♦ Emblème de cette maison de pays, le chat fait partie intégrante du décor. Cadre moderne et table centrale où sont dressés de copieux buffets catalans.

✗ **Del Bisbe** avec ch   🔄 🔄 📞 **VISA** **MO**
4 pl. Soutine – 𝒞 04 68 87 00 85 – bisbe@club-internet.fr – Fax 04 68 87 62 33
– Fermé nov., mardi et merc.
10 ch – †40 € ††40 €, ⊐ 6 € – ½ P 75 € – **Rest** – Menu 28 €
♦ Demeure du 18ᵉ s. dont l'enseigne signifie "maison de l'Évêque" en catalan. Authentique décor rustique, jolie terrasse sous une treille et cuisine du terroir. Bar à tapas. À l'étage, des chambres simples pour petits budgets ont été rafraîchies (literie neuve).

LE CERGNE – 42 Loire – 327 E3 – 698 h. – alt. 640 m – ⊠ 42460   **44 A1**
📍 Paris 414 – Charlieu 17 – Chauffailles 15 – Lyon 78 – Mâcon 72 – Roanne 27
  – St-Étienne 107

✗✗ **Bel'Vue** avec ch   ≤ 🔄 & ch, ↳ 📞 **VISA** **MO** 🅰️🅴 ①
– 𝒞 *04 74 89 87 73 – lebelvue@wanadoo.fr – Fax 04 74 89 78 61 – Fermé*
17-24 fév., 11-24 août, vend. soir, dim. soir et lundi midi
15 ch – †50 € ††53/90 €, ⊐ 8 € – ½ P 58 € – **Rest** – Menu 19 € (déj. en sem.),
24 € bc/60 € – Carte 32/54 €
♦ Coquette auberge qui, comme son nom l'indique, offre, de sa salle à manger panoramique, une belle vue sur la vallée. Cuisine traditionnelle. Aux étages, chambres bien tenues.

CERGY – 95 Val-d'Oise – 305 D6 – 106 5 – 101 2 – **voir à Paris, Environs**
(Cergy-Pontoise)

CÉRILLY – 03 Allier – 326 D3 – 1 568 h. – alt. 340 m – ⊠ 03350
📙 Auvergne   **5 B1**
📍 Paris 298 – Bourges 66 – Montluçon 41 – Moulins 47
  – St-Amand-Montrond 33
🅱️ Office de tourisme, place du Champ de Foire 𝒞 04 70 67 55 89,
  Fax 04 70 67 31 73

🏠 **Chez Chaumat**   🅰️🅲 📞 **VISA** **MO** 🅰️🅴
pl. Péron – 𝒞 04 70 67 52 21 – chezchaumat@alicepro.fr – Fax 04 70 67 35 28
– Fermé 15-25 juin, 5-15 sept., 20 déc.-10 janv., dim. soir et lundi
8 ch – †40/43 € ††43/46 €, ⊐ 7 € – ½ P 48/52 € – **Rest** – Menu 12 € (déj. en sem.), 19/39 € – Carte 24/37 €
♦ Établissement familial implanté à quelques toises de la superbe forêt domaniale de Tronçais. Les chambres, simples, sont rénovées et insonorisées. Deux salles à manger : l'une mi-rustique, mi-bistrot, l'autre lambrissée et meublée dans le style Louis XIII.

CERNAY – 68 Haut-Rhin – 315 H10 – 10 446 h. – alt. 275 m – ⊠ 68700
📗 Alsace Lorraine   1 **A3**

🚘 Paris 461 – Altkirch 26 – Belfort 39 – Colmar 37 – Guebwiller 15
   – Mulhouse 18 – Thann 6

🏢 Office de tourisme, 1, rue Latouche 🕾 03 89 75 50 35, Fax 03 89 75 49 24

🍴🍴 **Hostellerie d'Alsace** avec ch   🅰🅺 rest, 📞 **P.** 💳 ⓂⓄ 🄰🄴
61 r. Poincaré – 🕾 03 89 75 59 81 – hostellerie.alsace@wanadoo.fr
– Fax 03 89 75 70 22 – Fermé 21 juil.-11 août, 26 déc.-11 janv., sam. et dim.
10 ch – †51 € ††63 €, ☳ 8 € – ½ P 62 €
Rest – Menu 19/58 € – Carte 43/60 €
♦ Grande maison à colombages dans la lignée des auberges alsaciennes. La salle à
manger et les chambres, rénovées, contrastent par leur cadre très contemporain et
fonctionnel.

CERNAY-LA-VILLE – 78 Yvelines – 311 H3 – 106 29 – 101 31 – **voir à Paris,**
Environs

CERVIONE – 2B Haute-Corse – 345 F6 – **voir à Corse**

CESSON – 22 Côtes-d'Armor – 309 F3 – **rattaché à St-Brieuc**

CESSON-SÉVIGNÉ – 35 Ille-et-Vilaine – 309 M6 – **rattaché à Rennes**

CESTAYROLS – 81 Tarn – 338 D7 – 451 h. – alt. 233 m – ⊠ 81150   29 **C2**
🚘 Paris 660 – Albi 19 – Castres 59 – Toulouse 71

🍴 **Lou Cantoun**   🏠 🍽 💳 ⓂⓄ
😎 Le village – 🕾 05 63 53 28 39 – lou.cantoun@orange.fr – Fax 05 63 53 12 77
    – Fermé 2 janv.-5 fév., mardi soir et merc.
Rest – Menu 12 € bc (déj. en sem.), 22/37 € – Carte 27/43 €
♦ Une agréable terrasse ombragée prolonge les deux salles rustiques (pierres
apparentes, cheminée) de ce restaurant qui fait aussi dépôt de pain. Plats traditionnels et
goûteux.

CETTE-EYGUN – 64 Pyrénées-Atlantiques – 342 I7 – 95 h. – alt. 700 m –
⊠ 64490   3 **B3**
🚘 Paris 844 – Pau 68 – Lescun 10 – Lurbe-St-Christau 25 – Urdos 10

🏨 **Au Château d'Arance** 🌳   🏠 ঌ ch, 🖐 🍽 📞 🏊 💳 ⓂⓄ
😎 r. Centrale – 🕾 05 59 34 75 50 – didier.ziane@orange.fr – Fax 05 59 34 57 62
    – Fermé 12 nov.-7 déc., 7 janv.-15 fév. et mardi d'oct. à avril
8 ch – †50/65 € ††50/65 €, ☳ 8 € – ½ P 52/58 € – **Rest** – Menu 17/28 € – Carte
environ 35 €
♦ Mariage réussi entre l'ancien et le contemporain dans cet ensemble dominant la vallée
d'Aspe, composé par une maison du 17ᵉ s. (cadre actuel) et une ferme de 1785, plus
rustique. La salle à manger occupe une ancienne étable. Terrasse panoramique. Cuisine
régionale.

CEVINS – 73 Savoie – 333 L4 – 687 h. – alt. 400 m – ⊠ 73730   46 **F2**
🚘 Paris 629 – Lyon 172 – Chambéry 63 – Annecy 57 – Aix-les-Bains 79

🍴🍴 **La Fleur de Sel**   🏠 **P.** 💳 ⓂⓄ 🄰🄴
Les Marais – 🕾 04 79 37 49 98 – restaufleurdesel@aol.com – Fax 04 79 37 40 44
– Fermé 30 juin-12 juil., lundi soir, mardi soir et merc.
Rest – Menu 19 € bc (déj. en sem.), 39/58 € – Carte 50/61 €
♦ Entre route et vignes, gros chalet vous conviant à un repas au goût du jour dans un cadre
néo-rustique : pierres apparentes, chaises en fer forgé et cheminée. Terrasse verte.

CHABLIS – 89 Yonne – 319 F5 – 2 594 h. – alt. 135 m – ⊠ 89800 🏢 Bourgogne

> ▶ Paris 181 – Auxerre 21 – Avallon 39 – Tonnerre 18 – Troyes 76   7 **B1**
>
> 🖥 Office de tourisme, 1, rue du Maréchal de Lattre ℰ 03 86 42 80 80, Fax 03 86 42 49 71

🏠 ⊜   **Du Vieux Moulin**   🕭 🗚 ⅙ 🗘 🅿 VISA 🐵 AE ⓞ
18 r. des Moulins – ℰ 03 86 42 47 30 – vieuxmoulin @ larochewines.com
– Fax 03 86 42 84 44 – Fermé janv. et dim. soir hors saison
7 ch – †90/255 € ††90/255 €, � 12 € – 2 suites
Rest *Laroche Wine Bar* – (fermé le soir du lundi au merc. et dim.) Menu (15 € bc),
25 € – Carte 24/43 € 🏵

♦ Subtile alliance de tradition (poutres, pierres) et de modernité (salles de bain design, wifi),
ou comment le domaine Laroche conçoit le luxe discret. Vraie cuisine du terroir s'accordant
parfaitement avec les crus du vignoble. Stages d'œnologie à la boutique.

🏠 ☃   **Hostellerie des Clos** (Michel Vignaud)   🕭 🕭 🕭 🗚 rest, 🕱 🗘
18 r. Jules Rathier – ℰ 03 86 42 10 63 – host.clos @   🔏 🅿 VISA 🐵 AE
wanadoo.fr – Fax 03 86 42 17 11 – Fermé 23 déc.-23 janv.
32 ch – †59 € ††76 €, ⊇ 11 € – 4 suites – ½ P 100/135 €
Rest – Menu 40/75 € – Carte 62/97 € 🏵
Spéc. Nage d'huîtres spéciales d'Isigny au chablis. Dos de sandre saisi sur peau au
beurre de légumes. Rognon de veau saisi dans sa graisse, jus au chablis. **Vins**
Chablis, Irancy.

♦ Élégante hostellerie en partie installée dans les murs d'un ancien hospice. Chambres
soignées, plus amples à la Résidence, salons cossus et caveau de dégustation. Restaurant
ouvert sur un jardin, cuisine classique et du terroir, bon choix de vins locaux.

CHAGNY – 71 Saône-et-Loire – 320 I8 – 5 591 h. – alt. 215 m – ⊠ 71150   7 **A3**

> ▶ Paris 327 – Autun 44 – Beaune 15 – Chalon-sur-Saône 20 – Mâcon 77
>
> 🖥 Office de tourisme, 2, place des Halles ℰ 03 85 87 25 95, Fax 03 85 87 14 44

🏠🏠 🕭🕭🕭   **Lameloise** (Jacques Lameloise)   🛏 🗚 🗘 🕰 VISA 🐵 AE ⓞ
36 pl. d'Armes – ℰ 03 85 87 65 65 – lameloise @ relaischateaux.com
– Fax 03 85 87 03 57 – Fermé 8-14 juil., 22 déc.-22 janv. et merc.
16 ch – †135 € ††295 €, ⊇ 22 €
Rest – (fermé lundi midi, mardi midi, jeudi midi et merc.) (prévenir) Menu 95/150 €
– Carte 90/148 € 🏵
Spéc. Pommes de terre ratte grillées aux escargots de Bourgogne. Millefeuille de
filet de bœuf et foie gras poêlé, pommes de terre soufflées. Grande assiette du
chocolatier. **Vins** Rully blanc, Chassagne-Montrachet rouge.

♦ Cette ample maison bourguignonne au décor intérieur raffiné abrite des chambres
spacieuses. Élégance rustique, cuisine de grande tradition et accueil parfait : la table est une
véritable institution gourmande.

🏠 🖾   **De la Poste** sans rest ☃   🚗 🅿 🕰 VISA 🐵 AE
17 r. de la Poste – ℰ 03 85 87 64 40 – hoteldelaposte-chagny71 @ tiscali.fr
– Fax 03 85 87 64 41 – Fermé 26 déc.-11 janv.
11 ch – †42/50 € ††44/58 €, ⊇ 6,50 €

♦ L'établissement est situé au cœur du bourg, mais au calme d'une impasse. Toutes les
chambres, rénovées et nettes, sont en rez-de-jardin.

🏠   **La Ferté** sans rest   🚗 ⅙ 🅿 VISA 🐵
bd Liberté – ℰ 03 85 87 07 47 – reservation @ hotelferte.com – Fax 03 85 87 37 64
– Fermé 7-29 déc.
13 ch – †39/55 € ††49/62 €, ⊇ 7 €

♦ Dans un village de la côte chalonnaise, hôtel dont les nouveaux propriétaires, artistes,
vous reçoivent avec égards. Expo d'art ; jardin aux senteurs de glycine et de rose.

rte de Chalon 2 km au Sud-Est par N 6 et rte secondaire – ⊠ 71150 Chagny

🏠🏠   **Hostellerie du Château de Bellecroix** ☃   🎆 🎄 🗘 🅿 VISA 🐵 AE ⓞ
– ℰ 03 85 87 13 86 – info @ chateau-bellecroix.com   🅿 VISA 🐵 AE ⓞ
– Fax 03 85 91 28 62 – Fermé 18 déc.-13 fév. et merc. sauf de juin à sept.
19 ch – †85/220 € ††85/220 €, ⊇ 18,50 € – 1 suite – ½ P 106/190 €
Rest – (fermé lundi midi, jeudi midi et merc.) Menu 25 € (déj. en sem.), 49/63 €
– Carte 56/88 €

♦ Ancienne demeure des chevaliers de Malte nichée dans un parc. Les chambres, personnalisées, sont vastes dans la commanderie du 12ᵉ s., plus petites dans le château du 18ᵉ s.
Le restaurant a fière allure : cheminée, boiseries ouvragées et mobilier de style.

à Chassey-le-Camp 6 km au Sud-Ouest par D 974 et D 109 – 277 h. – alt. 300 m – ⊠ 71150

⌂⌂ **Auberge du Camp Romain** ⌚ ⟨ 🚗 🏠 ⼻ ⊞ ⼩ ⼼ 🖺 ⼳ ch,
🍴 rest, ⼐ **P**, **VISA** **⑩**
au bourg – ℰ 03 85 87 09 91 – contact@
auberge-du-camp-romain.com – Fax 03 85 87 11 51
41 ch – ⛟70/95 € ⛟⛟70/95 €, ⊂⊐ 12 € – 1 suite – ½ P 75/82 € – **Rest** – Menu 19 €
(déj. en sem.), 26/46 € – Carte 26/50 €
 ♦ Entre vignes et bois, près d'un camp néolithique. Le bâtiment principal abrite des
chambres simples ; celles de l'annexe sont plus grandes et plus modernes. Généreuse
cuisine traditionnelle servie dans une salle à manger rustique ou dans la véranda.

CHAILLES – 73 Savoie – 333 H5 – **rattaché aux Échelles**

CHAILLY-SUR-ARMANÇON – 21 Côte-d'Or – 320 G6 – **rattaché à
Pouilly-en-Auxois**

CHAINTRÉ – 71 Saône-et-Loire – 320 I12 – 503 h. – alt. 284 m – ⊠ 71570   8 **C3**
 ❱ Paris 397 – Bourg-en-Bresse 45 – Lyon 70 – Mâcon 10

✗✗ **La Table de Chaintré** (Sébastien Grospellier)   ⼳ **AK** **VISA** **⑩**
❀ – ℰ 03 85 32 90 95 – sebastien.grospellier@yahoo.fr – Fax 03 85 32 91 04
 – Fermé 28 juil.-10 août, lundi et mardi sauf fériés
Rest – (nombre de couverts limité, prévenir) Menu 38 € (déj. en sem.)/50 € ⼺
Spéc. Marbré de foie gras de canard et poule faisane. Quasi de veau fermier,
fricassée de cerfeuil tubéreux et mousseline de panais. Assiette des desserts.
 ♦ Au cœur du vignoble de Pouilly, maison de famille où naquit Lucie Aubrac. Élégante
petite salle et délicieux menu dégustation (produits du marché). Gibier et truffes en saison.

LA CHAISE-DIEU – 43 Haute-Loire – 331 E2 – 772 h. – alt. 1 080 m – ⊠ 43160
▌Auvergne   6 **C3**
 ❱ Paris 503 – Ambert 29 – Brioude 35 – Issoire 59 – Le Puy-en-Velay 42
 – St-Étienne 81
 ❚ Office de tourisme, place de la Mairie ℰ 04 71 00 01 16, Fax 04 71 00 03 45
 ◎ Église abbatiale St-Robert★★ : tapisseries★★★.

⌂ **Casadeï**   ⟨ 🏠 ⼻ ⼶ **VISA** **⑩**
pl. Abbaye – ℰ 04 71 00 00 58 – lacasadei@msn.com – Fax 04 71 00 01 67
 – Ouvert 2 mai-fin oct.
9 ch – ⛟39/49 € ⛟⛟49/53 €, ⊂⊐ 9 € – ½ P 58/70 € – **Rest** – (dîner seult) (résidents
seult) Menu (23 €), 28 € – Carte 37/40 €
 ♦ Au pied de l'abbaye, hôtel familial doté de chambres sobres et pratiques. Boutique
d'artisanat et de produits du terroir ; galerie d'art exposant des artistes d'ici ou d'ailleurs.
Ambiance de brocante au restaurant qui propose d'authentiques recettes du terroir.

✗✗ **L'Écho et l'Abbaye** avec ch ⌚   🏠 ⼶ 🍴 ⼶ **VISA** **⑩** **AE** **①**
❀ pl. Écho – ℰ 04 71 00 00 45 – hoteldelecho@orange.fr – Fax 04 71 00 00 22
 – Ouvert 16 mars-11 nov. et fermé merc. sauf juil.-août
10 ch – ⛟44 € ⛟⛟49/65 €, ⊂⊐ 8,50 € – ½ P 59 € – **Rest** – (nombre de couverts
limité, prévenir) Menu 17/40 € – Carte 27/57 € ⼺
 ♦ Tables joliment dressées, cuisine traditionnelle, carte des vins étoffée... et clientèle V.I.P.
lors du festival de musique. Certaines chambres ont vue sur le cloître.

CHALAIS – 16 Charente – 324 K8 – 2 027 h. – alt. 70 m – ⊠ 16210
▌Poitou Vendée Charentes   39 **C3**
 ❱ Paris 494 – Angoulême 47 – Bordeaux 83 – Périgueux 66
 ❚ Office de tourisme, 8, rue de Barbezieux ℰ 05 45 98 02 71, Fax 05 45 78 54 17

✗ **Relais du Château**   🏠 **P**, **VISA** **⑩**
❀ au château – ℰ 05 45 98 23 58 – relaisduchateautalleyrand@wanadoo.fr
 – Fax 05 45 98 00 53 – Fermé 2-30 nov., dim. soir, mardi midi et lundi
Rest – Menu 17 € (déj. en sem.), 24/31 € – Carte 32/37 €
 ♦ Le pont-levis franchi (à pied !), gagnez ce restaurant aménagé dans une noble salle
voûtée du château érigé sur les hauteurs de Chalais. Cadre médiéval, jolie cour-terrasse.

CHALLANS – 85 Vendée – 316 E6 – 16 132 h. – alt. 8 m – ⊠ 85300
Poitou Vendée Charentes

34 **A3**

▶ Paris 436 – Cholet 84 – Nantes 58 – La Roche-sur-Yon 42

🛈 Office de tourisme, place de l'Europe ℰ 02 51 93 19 75, Fax 02 51 49 76 04

CHALLANS

Baudry (R. P.) . . . . **A**
Bazin (Bd R.) . . . . **A**
Biochaud (Av.) . . . . **B**
Bois de Céné (R. de) . . . **A** 2
Bonne Fontaine (R.) . . . **B**
Briand (Pl. A.) . . . . **A** 3
Calmette (R.) . . . . **A**
Carnot (R.) . . . . **A**
Champ de Foire (Pl. du). **B** 4
Cholet (R. de) . . . . **B** 5
Clemenceau (Bd) . . . . . **B**
Dodin (Bd L.) . . . . **B**
F.F.I. (Bd des) . . . . **A** 6
Gambetta (R.) . . . . **B**
Gare (Bd de la) . . . . . . **B**
Gaulle (Pl. du Gén.-de) . **A** 7
Guérin (Bd) . . . . **B**
Leclerc (R. du Général) . **A** 8
Lézardière (R. P. de). . . **A** 10
Lorraine (R.) . . . . **A** 12
Marzelles (R. des) . . . . **B** 13
Monnier (R. P.) . . . . . . **A** 15
Nantes (R. de) . . . . **AB**
Roche-sur-Yon (R. de la) **B** 16
Sables (R. des) . . . . **B** 17
Strasbourg (Bd de) . . . . **A**
Viaud Grand Marais (Bd) **B**
Yole (Bd J.) . . . . **AB**

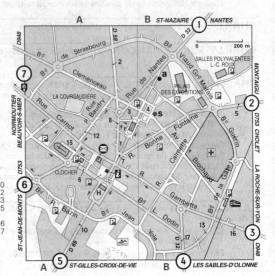

🏠 **De l'Antiquité** sans rest   ⌸ ⇆ 🛇 ⤸ 🅅🅸🆂🅰 ⑩ 🅰🅴 ⑩

14 r. Galliéni – ℰ 02 51 68 02 84 – hotelantiquite@wanadoo.fr
– Fax 02 51 35 55 74

16 ch – ♦52/80 € ♦♦55/85 €, ⊇ 7 €   B **a**

♦ Maison récente de style vendéen. Le mobilier chiné chez les antiquaires personna-
lise les jolies chambres, toutes tournées vers la cour ; celles de l'annexe sont très
soignées.

✕ **Chez Charles**   🅰🅲 🅅🅸🆂🅰 ⑩ 🅰🅴 ⑩

8 pl. Champ de Foire – ℰ 02 51 93 36 65 – chezcharles85@aol.com
– Fax 02 51 49 31 88 – Fermé 23 déc.-24 janv., dim. soir et lundi   B **s**
Rest – Menu 20 € (sem.)/55 € – Carte 24/43 €

♦ Sympathique petit restaurant familial à l'esprit bistrot. Vous y dégusterez une
cuisine régionale sensible aux arrivages du marché et privilégiant les produits du
terroir.

à la Garnache 6,5 km par ① – 3 576 h. – alt. 28 m – ⊠ 85710

✕✕ **Le Petit St-Thomas**   🅰🅲 🛇 🅅🅸🆂🅰 ⑩

25 r. de Lattre-de-Tassigny – ℰ 02 51 49 05 99
– bienvenue@restaurant-petit-st-thomas.com
– Fermé 23 juin-9 juil., 7-28 janv., dim. soir, merc. soir et lundi
Rest – Menu 22 € (sem.)/59 € – Carte 39/75 €

♦ Pour déguster une cuisine soignée rythmée par le marché, rendez-vous dans cette
coquette auberge régionale dotée d'une véranda donnant sur une courette.

rte de St-Gilles-Croix-de-Vie par ⑤ – ✉ **85300 Challans**

🏰 **Château de la Vérie** ⑤ 🌀 🎤 🛋 ⚒ **P** *VISA* **◑◐**
2,5 km sur D 69 – ✆ *02 51 35 33 44 – info@chateau-de-la-verie.com*
– Fax 02 51 35 14 84
21 ch – ♦56/96 € ♦♦72/158 €, 🍽 10 € – ½ P 71/122 €
Rest – *(fermé dim. soir, mardi midi et lundi hors saison)* Menu (15 € bc), 25/55 €
bc – Carte 38/74 €
♦ Cette demeure du 16ᵉ s. vous invite à séjourner dans des chambres spacieuses, garnies de
vieux meubles. Promenades bucoliques dans le parc avec rivière et marais. Salle à manger
décorée dans des tons provençaux, avec moulures et cheminée anciennes préservées.

au Perrier 10 km par ⑥ – 1 506 h. – alt. 4 m – ✉ 85300

✕✕ **Les Tendelles** *VISA* **◑◐**
☺ *lieu-dit Les Hautes Tendes, rte de Challans : 4 km –* ✆ *02 51 35 36 94*
*– restaurant-les-tendelles@wanadoo.fr – Fermé 1ᵉʳ-18 mars, 29 sept.-12 oct., mardi
soir, merc. soir et jeudi soir d'oct. à fév., dim. soir et lundi*
Rest – Menu (19 €), 23 € (sem.)/47 € – Carte 35/57 €
♦ Chaleureux décor rustique rehaussé de coloris actuels, appétissante cuisine saisonnière
et bon choix de vins régionaux : cette maison typiquement locale cumule les atouts.

CHALLES-LES-EAUX – 73 Savoie – 333 I4 – **rattaché à Chambéry**

CHALLEX – 01 Ain – 328 I3 – 1 057 h. – alt. 500 m – ✉ 01630   45 **C1**
◘ Paris 519 – Bellegarde sur Valserine 22 – Bourg en Bresse 94 – Gex 20 – Lons
le Saunier 113

✕ **Chalet l'Ecureuil** 🎤 **P**
rte de la Plaine – ✆ *04 50 56 40 82 – Fax 04 50 41 24 58 – Fermé lundi, mardi,
merc. et le midi sauf dim.*
Rest – Menu 39 € – Carte 45/64 €
♦ Une adresse sympathique installée dans un chalet situé à l'écart du village. Salle à manger
rustique décorée de vieux ustensiles, véranda et cuisine traditionnelle revisitée.

CHÂLONS-EN-CHAMPAGNE **P** – 51 Marne – 306 I9 – 47 339 h. – alt. 83 m –
✉ 51000 ▮ Champagne Ardenne   13 **B2**
◘ Paris 188 – Dijon 259 – Metz 157 – Nancy 162 – Reims 47 – Troyes 82
◪ Office de tourisme, 3, quai des Arts ✆ 03 26 65 17 89, Fax 03 26 65 35 65
▦ de la Grande-Romanie à Courtisols Route Départementale 994, par rte de
Verdun : 15 km, ✆ 03 26 66 65 97.
◙ Cathédrale St-Étienne★★ - Église N.-D.-en-Vaux★ : intérieur★★ F -
Statues-colonnes★★ du musée du cloître de N.-D.-en-Vaux★ AY **M¹**.
◙ Basilique N.-D.-de-l'Épine★★.

Plan page suivante

🏰 **D'Angleterre** (Jacky Michel) 🕼 & ch, 🌀 📶 ☆ **P** 🍽 *VISA* **◑◐** AE ◑
⛬ *19 pl. Mgr Tissier –* ✆ *03 26 68 21 51 – hot.angl@wanadoo.fr – Fax 03 26 70 51 67*
– Fermé 27 juil.-19 août, vacances de Noël et dim.   BY **g**
25 ch – ♦75/130 € ♦♦85/160 €, 🍽 15 €
Rest *Jacky Michel* *– (fermé sam. midi, lundi midi, dim. et fériés)* Menu 35 € (déj.),
45/95 € – Carte 57/100 €
Rest *Les Temps changent –* ✆ *03 26 66 41 09 (fermé sam. midi, lundi midi, dim.
et fériés)* Menu 23 € – Carte 27/42 €
Spéc. Langoustines royales à la nage de chardonnay. Mignon d'agneau cuit rosé
aux champignons des bois (automne). Soufflé au chocolat. **Vins** Champagne,
Bouzy.
♦ Sobre construction offrant des chambres très confortables et personnalisées, souvent
dotées de belles salles de bains en marbre. Élégante salle à manger agrémentée de
boiseries claires et de tomettes ; goûteuse cuisine classique. Côté brasserie, décor actuel et
cuisine du marché.

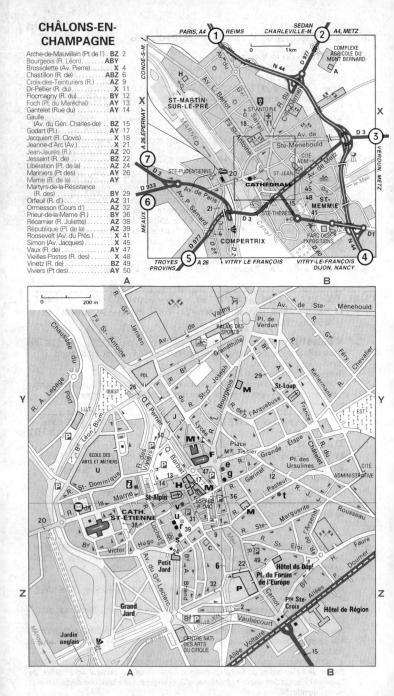

CHÂLONS-EN-CHAMPAGNE

Le Renard 4 ⑤ P VISA ⑩ AE ⑩

24 pl. République – 𝒞 *03 26 68 03 78 – lerenard51@wanadoo.fr*
– Fax 03 26 64 50 07 – Fermé 19 déc.-5 janv. AZ **r**
35 ch – †65 € ††75 €, � 11 € – 1 suite – ½ P 67 € – **Rest** – *(fermé sam. midi et lundi midi)* Menu (14,50 €), 19/37 € – Carte 23/41 €

♦ Ces deux maisons du 15ᵉ s. reliées par un patio-jardin d'hiver abritent d'originales chambres contemporaines : lit au centre de la pièce et cadre minimaliste. Au restaurant : boiseries murales, chaises paillées et couleurs gaies. Accueil convivial.

Le Pot d'Étain sans rest ▤ 4 ↔ VISA ⑩ AE

18 pl. République – 𝒞 *03 26 68 09 09 – hotellepotdetain51@wanadoo.fr*
– Fax 03 26 68 58 18 AZ **u**
30 ch – †65 € ††70 €, ⊊ 9 €

♦ Sur une place animée, immeuble ancien aux pimpantes chambres insonorisées et garnies de meubles rustiques, néo-coloniaux ou actuels. Petit-déjeuner avec viennoiseries maison.

Les Caudalies 🍴 AC VISA ⑩

2 r. de l'Abbé-Lambert – 𝒞 *03 26 65 07 87 – caudalies@orange.fr*
– Fax 03 26 65 07 87 – Fermé 1ᵉʳ-4 mai, 8-12 mai, 10-24 août, 1ᵉʳ-11 nov.,
24 déc.-4 janv., sam. midi et dim. AY **v**
Rest – Menu 30/48 € – Carte 36/49 €

♦ Au cœur de la ville, un lieu au charme fin 19ᵉ s. – superbes verrières, vitraux, luminaires Art Nouveau – proposant une cuisine traditionnelle revisitée. Terrasse côté cour.

Les Ardennes 🍴 VISA ⑩ AE

34 pl. République – 𝒞 *03 26 68 21 42 – Fax 03 26 21 34 55 – Fermé dim. soir et lundi* AZ **s**
Rest – Menu (23 €), 29/45 € – Carte 25/48 €

♦ Le décor marie éléments en cuivre, mobilier rustique, cheminée en briques, aquarium et vivier. La carte privilégie les produits du terroir et de la mer. Agréable terrasse d'été.

Au Carillon Gourmand AC VISA ⑩

15 bis pl. Mgr Tissier – 𝒞 *03 26 64 45 07 – Fax 03 26 21 06 09*
– Fermé 7-13 avril, 4-25 août, 2-7 mars, dim. soir, merc. soir et lundi BY **e**
Rest – Menu (19 €), 32 € – Carte 32/43 €

♦ Chaleureuse salle à manger contemporaine prolongée d'une véranda ouverte sur la rue. Plats traditionnels assortis de suggestions du jour mitonnées en fonction des arrivages du marché.

Le Petit Pasteur 🍴 ♿ P VISA ⑩ ⑩

42 r. Pasteur – 𝒞 *03 26 68 24 78 – restaurant.petitpasteur@orange.fr*
– Fax 03 26 68 25 97 – Fermé 2-24 août, 27 déc.-4 janv., dim. soir,
sam. midi et lundi BY **t**
Rest – Menu 19 € (sem.)/33 € – Carte 35/51 €

♦ Aimable restaurant abritant une salle au cadre actuel complétée, à la belle saison, d'une terrasse joliment fleurie. Recettes traditionnelles.

à l'Épine 8,5 km par ③ – 648 h. – alt. 153 m – ⊠ 51460

◎ Basilique N.-Dame ★★.

Aux Armes de Champagne (Philippe Zeiger) 🍴 AC rest, ↔ ⑤

❀ *31 av. du Luxembourg –* 𝒞 *03 26 69 30 30*
– accueil@aux-armes-de-champagne.com – Fax 03 26 69 30 26
– Fermé 12 janv.-9 fév. (sauf hôtel), dim. soir et lundi de nov. à avril
35 ch – †85/168 € ††85/168 €, ⊊ 14 € – 2 suites – ½ P 139 €
Rest – Menu 25 € (déj. en sem.), 45/92 € – Carte 59/98 €

Spéc. Saint-Jacques aux truffes (15 nov. au 15 fév.). Tranche d'aubergine rôtie au pied de cochon (15 juin au 15 août). Soufflé à l'estragon, sorbet groseille à maquereau (15 juin au 15 août). **Vins** Champagne, Coteaux Champenois.

♦ Coquette auberge champenoise couplée à une hôtellerie confortable et raffinée. Chambres cosy et personnalisées. Salon-bar douillet. Les baies de la jolie salle à manger ouvrent sur la basilique ; cuisine classique actualisée utilisant les produits du potager.

CHALON-SUR-SAÔNE – 71 Saône-et-Loire – 320 J9 – 50 124 h. – Agglo. 130 825 h. – alt. 180 m – ✉ 71100 Bourgogne 8 C3

Paris 335 – Besançon 132 – Dijon 68 – Lyon 125 – Mâcon 59

Office de tourisme, boulevard de la République ✆ 03 85 48 37 97, Fax 03 85 48 63 55

de Chalon-sur-Saône à Châtenoy-en-Bresse Parc de Loisirs Saint Nicolas, ✆ 03 85 93 49 65.

Musées : Denon★ BZ M¹, Nicéphore Niepce★★ BZ M² - Roseraie St-Nicolas★ SE : 4 km X.

St-Régis

22 bd République – ✆ 03 85 90 95 60 – saint-regis@saint-regis-chalon.fr – Fax 03 85 90 95 70 BZ **v**

36 ch – †78/90 € ††98/175 €, ☕ 13,50 € – **Rest** – *(fermé sam. midi et dim. soir)* Menu 22 € (sem.)/54 € – Carte 39/63 €

◆ Sur un boulevard animé, immeuble du début du 20e s. au charme provincial. Chambres bourgeoises, souvent spacieuses. Plaisant salon meublé en cuir. Lumineuse salle à manger bien réaménagée ; cuisine actuelle assortie d'une belle sélection de vins de la Côte chalonnaise.

St-Georges

32 av. J. Jaurès – ✆ 03 85 90 80 50 – reservation@le-saintgeorges.fr – Fax 03 85 90 80 55 AZ **s**

50 ch – †75/138 € ††75/138 €, ☕ 11 € – ½ P 72 €

Rest – *(fermé 21 juil.-17 août, sam. midi et dim. soir)* Menu (19 €), 26/44 € – Carte 45/67 €

Rest *Le Petit Comptoir d'à Côté* – *✆ 03 85 90 80 52 (fermé sam. midi, dim. et fériés)* Menu (14 €), 15/18 € – Carte 21/32 €

◆ Plaisante façade colorée proche de la gare. Chambres accueillantes et bien insonorisées ; certaines optent pour un style contemporain. Restaurant égayé de couleurs ensoleillées ; cuisine traditionnelle. Élégant décor de brasserie mêlant cuir et bois au Petit Comptoir d'à Côté.

St-Jean sans rest

24 quai Gambetta – ✆ 03 85 48 45 65 – reservation@hotelsaintjean.fr – Fax 03 85 93 62 69 BZ **s**

25 ch – †42 € ††56 €, ☕ 6 €

◆ Cet hôtel familial, bien placé en bordure de Saône, vous réservera un accueil plein d'attention. Chambres soigneusement tenues, décorées de motifs floraux, et salle des petits-déjeuners sous verrière, dans l'esprit jardin d'hiver.

Le Bourgogne

28 r. Strasbourg – ✆ 03 85 48 89 18 – restaurant.lebourgogne@orange.fr – Fax 03 85 93 39 10 – Fermé 5-11 mai, 6-21 juil., 9-17 nov., sam. midi, dim. soir et lundi CZ **t**

Rest – Menu 18/47 € – Carte 43/65 €

◆ Le haut plafond aux poutres apparentes et le mobilier d'inspiration Louis XIII dans la salle à manger confortent le cadre "rustico-bourguignon" de ce restaurant. Cuisine traditionnelle.

La Réale

8 pl. Gén. de Gaulle – ✆ 03 85 48 07 21 – Fax 03 85 48 57 77 – Fermé 28 avril-13 mai, 13 juil.-12 août, dim. sauf le midi du 1er sept. au 1er juin et lundi BZ **m**

Rest – Menu 19 € (sauf dimanche midi), 24 € (dimanche midi)/34 € – Carte 29/48 €

◆ Vous êtes dans le quartier commerçant, au cœur de la ville, où ce restaurant de type brasserie propose plats régionaux et fruits de mer.

Le Bistrot

31 r. Strasbourg – ✆ 03 85 93 22 01 – Fax 03 85 93 27 05 – Fermé 18-31 août, 5-25 fév., sam. et dim. CZ **f**

Rest – Menu 24 € (déj.), 29/34 € – Carte 37/45 €

◆ Ce bistrot tout de rouge vêtu (boiseries, banquettes, lustres, etc.) a vraiment belle allure, en particulier la petite salle à manger voûtée du sous-sol qui donne sur une cave vitrée. Cuisine au goût du jour avec légumes du jardin et belle carte de bourgognes.

CHALON-SUR-SAÔNE

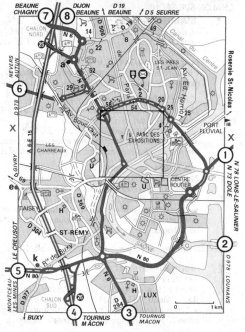

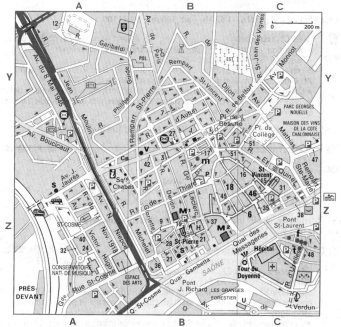

X **L'Air du Temps** 🛎 VISA 🌐 ⓪

7 r. de Strasbourg, Ile St Laurent – 𝒞 03 85 93 39 01 – lair.du.temps@wanadoo.fr
– Fax 03 85 93 39 01 – Fermé une sem. en mai, 25 août-7 sept., 20 déc.-4 janv., dim.
et lundi   CZ **f**
Rest – Menu 24/34 € – Carte 34/38 €
♦ Bistrot bien dans "l'air du temps" tant dans le décor des deux petites salles à manger que dans l'assiette avec ses savoureuses recettes du marché proposées à prix sages.

X **Chez Jules** 🕮 VISA 🌐 AE ⓪

11 r. de Strasbourg – 𝒞 03 85 48 08 34 – Fax 03 85 48 55 48 – Fermé 3 sem.
en août, fév., sam. midi et dim.   CZ **f**
Rest – Menu 19 € (sem.)/35 € – Carte 27/45 €
♦ Sur l'île St-Laurent, étroite façade vitrée laissant découvrir une salle au cadre agreste et simple. Dans l'assiette : tradition, suggestions du jour et grand choix de desserts.

X **La Table de Fanny** 🕮 VISA 🌐 AE

21 r. de Strasbourg – 𝒞 03 85 48 23 11 – Fax 03 85 48 23 11 – Fermé16-25 août,
27 janv.-5 janv., lundi midi, sam. midi et dim.   CZ **f**
Rest – Menu (20 €), 26/30 € – Carte 32/37 €
♦ Ici, on cultive la nostalgie de l'enfance (photos d'école, intitulés des plats) et on propose une cuisine pleine d'inventivité dans un joli décor : chaises en osier, murs en brique et colombages.

à St-Marcel 3 km à l'Est par D 978 – 4 705 h. – alt. 185 m – ⊠ 71380

XX **Jean Bouthenet** VISA 🌐

19 r. de la Villeneuve, (D 978) – 𝒞 03 85 96 56 16 – Fax 03 85 96 75 81
– Fermé 15-30 août, 15-28 fév., mardi soir, dim. soir et lundi
Rest – Menu (18,50 €), 24/47 € – Carte 24/34 €
♦ Située à la sortie du village, cette construction régionale abrite une salle à manger colorée. Plats traditionnels et terrines maison à déguster dans une ambiance conviviale.

à Lux 4 km vers ③ par N 6 – 1 620 h. – alt. 180 m – ⊠ 71100

🏠 **Les Charmilles** 🛎 🕮 rest, ⇐ 🐾 🛁 🅿 ☁ VISA 🌐 AE

r. Libération – 𝒞 03 85 48 58 08 – hotel.les.charmilles@wanadoo.fr
– Fax 03 85 93 04 49 – Fermé 21-31 déc.
32 ch – ♦45/53 € ♦♦51/61 €, � 8 € – ½ P 50/55 € – **Rest** – (fermé 4-17 août,
21-31 déc., sam. midi et dim.) Menu 15 € (sem.)/36 € – Carte 27/37 €
♦ Cet hôtel des années 1970, installé en retrait de la route, dispose de chambres petites mais très bien tenues. Préférez celles donnant sur l'arrière, plus au calme. Salle à manger ensoleillée et terrasse dressée au bord de la piscine.

à St-Loup-de-Varennes 7 km par ③ – 1 018 h. – alt. 186 m – ⊠ 71240

XX **Le Saint Loup** 🕮 🅿 VISA 🌐

13 RN 6 – 𝒞 03 85 44 21 58 – Fax 03 85 44 21 58 – Fermé 7-13 avril, 30 juin-12 juil.,
merc. et le soir du dim. au mardi
Rest – Menu (16 €), 18 € (déj. en sem.), 21/44 € – Carte 32/48 €
♦ Pratique pour l'étape, cette auberge bourguignonne est sur la route nationale. Coquette salle à manger campagnarde. Cuisine traditionnelle et bon choix de vins au verre.

à St-Rémy 4 km vers ⑤ (rte du Creusot) N 6, N 80 et rte secondaire – 5 961 h.
– alt. 187 m – ⊠ 71100

XXX **Moulin de Martorey** (Jean-Pierre Gillot) 🛎 🕮 🅿 VISA 🌐 AE

– 𝒞 03 85 48 12 98 – moulindemartorey@wanadoo.fr – Fax 03 85 48 73 67
– Fermé 4-21 août, 5-22 janv., dim. soir, mardi midi et lundi sauf fériés   X **k**
Rest – Menu 30 € (sem.)/84 €
Spéc. Lièvre à la royale (15 oct. au 31 déc.). Opéra de foie gras de canard à l'échalote confite et anguille fumée. Fondant au chocolat guanaja et pralin feuilleté. **Vins** Montagny, Givry.
♦ Paisible minoterie du 19ᵉ s. surplombant un bief. Bel intérieur rustique (jolies dalles de pierre) agencé autour de l'ancienne machinerie. Cuisine personnalisée et belle carte des vins.

rte de Givry 4 km à l'Ouest sur D 69 – ⊠ **71880 Châtenoy-le-Royal**

⛿⛿   **L'Auberge des Alouettes**   AC VISA CO

🍽   *1 rte de Givry* – ☎ *03 85 48 32 15 – Fax 03 85 93 12 96*
      – Fermé 16 juil.-7 août, 7-21 janv., dim. soir, mardi soir et merc.   X **e**
      Rest – Menu 20/31 € – Carte 28/70 €

      ♦ Atmosphère chaleureuse dans cette auberge bordant une artère fréquentée. Attablez-vous près de l'élégante cheminée en pierre pour déguster les suggestions du jour.

à Dracy-le-Fort 6 km par ⑤ et D 978 – 1 092 h. – alt. 180 m – ⊠ **71640**

🏰   **Le Dracy** ⚽   🗩 🍽 ⌚ 🛀 P VISA CO AE ①
      4 r. du Pressoir – ☎ *03 85 87 81 81 – info@ledracy.com – Fax 03 85 87 77 49*
      47 ch – ⚟66/125 € ⚟⚟66/125 €, ⊜ 11 € – ½ P 68/100 €
      Rest *La Garenne* – Menu 20 € (déj. en sem.), 28/45 € – Carte 37/45 €

      ♦ Pour un séjour au vert placé sous le signe de la détente : chambres, rénovées dans un style cosy, dotées de terrasses privatives côté jardin, piscine. Salles à manger au cadre contemporain clair et apaisant ; table régionale.

près échangeur A6 Chalon-Nord – ⊠ **71100 Chalon-sur-Saône**

🏰   **Mercure**   🗩 🍽 ⌚ ✏ ⌚ ch, AC ½ ⌚ 🛀 P P VISA CO AE ①
      av. Europe – ☎ *03 85 46 51 89 – H368@accor.com*
      – Fax 03 85 46 08 96   X **a**
      85 ch – ⚟84/116 € ⚟⚟91/141 €, ⊜ 13 € – **Rest** – *(fermé sam., dim. midi)*
      Menu (11 €), 21 €

      ♦ Bien placée près de l'accès autoroutier, construction des années 1970 abritant des chambres colorées et bien insonorisées. Décorée sur le thème du vin et de la photo, la salle à manger ouvre grand ses baies sur la piscine.

à Sassenay 9 km au Nord-Est par D 5 – 1 402 h. – alt. 178 m – ⊠ **71530**

⛿⛿   **Le Magny**   AC VISA CO AE
      29 Grande rue – ☎ *03 85 91 61 58 – salognon.pierre@wanadoo.fr*
      – Fax 03 85 91 77 28 – Fermé 7-13 avril, 1er-13 août, 1er-8 janv., dim. soir, mardi soir et lundi
      Rest – Menu 21 € (sem.)/44 € – Carte 46/52 €

      ♦ Avec sa façade jaune aux volets verts et son intérieur campagnard (armoires bressannes, parquet, cheminée), cette auberge de village offre un cadre chaleureux. Cuisine régionale.

CHAMAGNE – 88 Vosges – 314 F2 – **rattaché à Charmes**

CHAMALIÈRES – 63 Puy-de-Dôme – 326 F8 – **rattaché à Clermont-Ferrand**

CHAMARANDES – 52 Haute-Marne – 313 K5 – **rattaché à Chaumont**

CHAMBERET – 19 Corrèze – 329 L2 – 1 304 h. – alt. 450 m – ⊠ 19370   25 **C2**

► Paris 453 – Guéret 84 – Limoges 66 – Tulle 45 – Ussel 64

🔱 Syndicat d'initiative, 5, place du Marché ☎ 05 55 98 30 14,
   Fax 05 55 98 79 34

🌍 Mont Gargan ✱ ★★ NO : 9 km, ▌ Berry Limousin

🏠   **De France**   AC rest, 🛀 P VISA CO AE
      – ☎ 05 55 98 30 14 – sylvie.pouget@wanadoo.fr – Fax 05 55 73 47 15 – Fermé
🍽   *16-22 juin, 22 déc.-31 janv., vend. soir, dim. soir et lundi*
      15 ch – ⚟40/52 € ⚟⚟40/52 €, ⊜ 7,50 € – ½ P 49 € – **Rest** – Menu 13 € (déj. en sem.), 26/33 € – Carte 28/40 €

      ♦ Ambiance familiale dans une pimpante maison de pierre proposant des chambres rénovées. Bar à clientèle locale. Le restaurant a fière allure avec ses vieux meubles, poutres et fresques représentant châteaux et villages corréziens. À table, tradition et terroir.

▶ Paris 562 – Annecy 50 – Grenoble 55 – Lyon 101 – Torino 205

✈ de Chambéry-Aix-les-Bains : ℰ 04 79 54 49 54, à Viviers-du-Lac par ④ : 8 km.

🛈 Office de tourisme, 24, boulevard de la Colonne ℰ 04 79 33 42 47,
  Fax 04 79 85 71 39

🏌 du Granier Apremont à Apremont Chemin de Fontaine Rouge, SE : 8 km par
  D 201, ℰ 04 79 28 21 26.

◉ Vieille ville★★ : Château★, place St-Léger★, grilles★ de l'hôtel de
  Châteauneuf (n° 18 rue de la Croix-d'Or) - Crypte★ de l'église
  St-Pierre-de-Lémenc - Rue Basse-du-Château★ - Cathédrale métropolitaine
  St-François-de-Sales★ - Musée Savoisien★ **M**¹ - Musée des Beaux-Arts★ **M**².

🏨 **Mercure** sans rest   ▨ & 🗚 ↔ 🗘 ☎ **VISA** 🐵 ஊ ①
  183 pl. de la Gare – ℰ 04 79 62 10 11 – h1541@accor.com
  – Fax 04 79 62 10 23   A **s**
  81 ch – ♦68/145 € ♦♦75/160 €, ☲ 13,50 €
  ◆ Face à la gare, architecture résolument moderne alternant verre et béton. Plaisant hall
  d'accueil, salon-bar contemporain, chambres spacieuses et bien insonorisées.

CHAMBÉRY

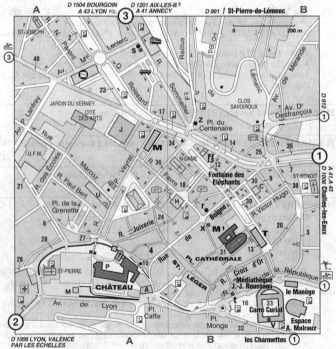

Des Princes sans rest 〔🛏️〕🆔 AC ↳ 📞 🔥 VISA ⓜⓒ AE ⓪
4 r. Boigne – 𝒞 04 79 33 45 36 – hoteldesprinces@wanadoo.fr
– Fax 04 79 70 31 47 B r
45 ch – 🛏️75 € 🛏️🛏️90 €, � 9 €
♦ Chambres plaisantes, décor thématique (musique, cinéma, poésie), meubles choisis, etc. : cet hôtel charmant est situé à proximité de la fontaine des Éléphants.

Le France sans rest 〔🛏️〕🆔 AC ↳ 📞 🔥 🏤 VISA ⓜⓒ AE ⓪
22 fg Reclus – 𝒞 04 79 33 51 18 – info@le-france-hotel.com
– Fax 04 79 85 06 30
48 ch – 🛏️75/80 € 🛏️🛏️88/95 €, ⊆ 10 € B z
♦ Cette imposante bâtisse des années 1960 propose des chambres bien tenues, dotées de balcons et rénovées par étapes. Bonne insonorisation.

XXX **Le St-Réal** VISA ⓜⓒ AE ⓪
pl. Pierre Dumas – 𝒞 04 79 70 09 33 – info@restaurant-saint-real.com
– Fax 04 79 33 49 65 – Fermé 1er-15 août et dim. B x
Rest – Menu 40/95 € – Carte 58/91 € ⅋
♦ Cette maison du 17e s., jadis église des pénitents blancs, abrite une salle à manger cossue (éclairage tamisé, tableaux, poutres et pierres apparentes). Belle carte des vins.

XX **L'Hypoténuse** 🏤 VISA ⓜⓒ AE
141 Carré Curial – 𝒞 04 79 85 80 15 – resto-hypo@wanadoo.fr
– Fax 04 79 85 80 18 – Fermé vacances de printemps, 17 juil.-17 août, dim. et lundi
Rest – Menu (18 €), 22/44 € – Carte 38/51 € B v
♦ L'Hypoténuse dans le Carré est égale à la somme d'un décor contemporain – rehaussé de quelques meubles de style et d'expositions de tableaux – et d'une copieuse cuisine.

XX **Les Comptoirs** AC VISA ⓜⓒ AE ⓪
🏵 *183 pl. de la Gare – 𝒞 04 79 96 97 27 – bouviergastronomie@orange.fr*
– Fax 04 79 96 17 78 – Fermé sam. midi et dim. A s
Rest – Menu 15 € (déj. en sem.), 24/45 € – Carte environ 35 €
♦ Pyramide de verre abritant une salle élégante et moderne, dans les tons vert-chocolat. Cuisine traditionnelle, formule "finger food" sucré-salé le soir au salon-bar, prix allégés.

X **L'Atelier** 🏤 VISA ⓜⓒ
🏵 *59 r. de la République – 𝒞 04 79 70 62 39 – contact@atelier-chambery.com*
– Fermé dim. et lundi B t
Rest – Menu 13/27 € – Carte 23/34 € ⅋
♦ Bien que logé dans un ancien relais de poste, ce restaurant affiche un cadre moderne dans ses deux salles et son bar à vin. Cuisine inventive.

à Sonnaz 8 km par ① sur D 991 – *1 222 h. – alt. 370 m* – ✉ 73000

XX **Auberge Le Régent** 🚗 🏤 🌿 P VISA ⓜⓒ
453 rte d'Aix-les-Bains – 𝒞 04 79 72 27 70
– pascal.vichard@wanadoo.fr – Fax 04 79 72 27 70
– Fermé 16 août-10 sept., vacances de fév., dim. soir et merc.
Rest – Menu (19 €), 27/45 € – Carte 39/57 €
♦ Ferme savoyarde du 19e s. transformée en restaurant. Coquettes salles à manger rustiques et agréable terrasse tournée sur le paisible jardin. Accueil familial.

à St-Alban-Leysse 4 km par ①, D 1006 et rte secondaire – *5 071 h. – alt. 285 m* – ✉ 73230

🏠 **L'Or du Temps** ⑤ 🏤 ↳ 📞 🔥 P 🏤 VISA ⓜⓒ
🏵 *814 rte de Plainpalais – 𝒞 04 79 85 51 28 – or.du.temps@free.fr*
– Fax 04 79 85 83 87 – Fermé 13 août-2 sept. et 2-10 janv.
18 ch – 🛏️39/44 € 🛏️🛏️45/50 €, ⊆ 6,50 € – ½ P 56/60 €
Rest – *(fermé sam. midi, dim. soir et lundi)* Menu 13,50 € (déj. en sem.), 29/46 € – Carte 40/55 €
♦ À l'écart de la ville, ancienne ferme rénovée dotée d'une belle terrasse orientée vers le massif des Bauges. Chambres contemporaines égayées de meubles colorés. Chaleureuse salle à manger aux touches rustiques (auge et murs en pierre). Carte traditionnelle.

au Sud-Est 2 km par D 912 (rte des Charmettes) et D 12 - B - ⌂ **73000 Barberaz**

XXX **Le Mont Carmel** 🖼 🖼 🖾 **VISA** **CO** **AE**
1 r. de l'Eglise – 𝒞 *04 79 85 77 17 – montcarmel@wanadoo.fr – Fax 04 79 85 16 65*
– Fermé 20-30 août, 1ᵉʳ-10 janv., dim. soir, merc. soir et lundi
Rest – Menu 25 € (déj. en sem.), 37/75 € – Carte 52/72 €
♦ Ex-maison de carmélites bâtie sur les hauteurs verdoyantes dominant le village. Belle terrasse d'été offrant quiétude et vue agréable sur les montagnes. Répertoire classique.

à Challes-les-Eaux 7 km par ② par D 1006 et rte secondaire – 3 931 h. – alt. 310 m – ⌂ **73190**

🏛 Office de tourisme, avenue de Chambéry 𝒞 04 79 72 86 19, Fax 04 79 71 38 51

🏛🏛🏛 **Château des Comtes de Challes** 🖼 ⌂ 🖼 🖾 🖾 🖾 🖾
247 montée du Château – 𝒞 *04 79 72 72 72 – info@* 🖾 **P** **VISA** **CO** **AE**
chateaudescomtesdechalles.com – Fax 04 79 72 83 83 – Fermé 29 oct.-12 nov.
46 ch – 🛏60 € 🛏🛏84 €, ⌂ 12 € – 8 suites – ½ P 72 € – **Rest** – 𝒞 04 79 72 86 71 –
Menu 26 € (sem.)/56 € – Carte 54/69 €
♦ Joli château des 13ᵉ et 15ᵉ s. entouré d'un parc dominant la campagne et planté d'arbres centenaires. Chambres raffinées agrémentées de beaux meubles anciens ; celles de l'annexe sont plus sobres. Une cheminée de 1650 trône dans la salle de restaurant, confortable et feutrée.

à Chambéry-le-Vieux 5 km par ③ par N 201 et rte secondaire (sortie Chambéry-le-Haut) – ⌂ **73000**

🏛🏛🏛 **Château de Candie** 🖼 ⌂ 🖼 🖾 🖾 🖾 🖾 ch, 🖾 **P** **VISA** **CO**
❀ *r. Bois de Candie –* 𝒞 *04 79 96 63 00 – candie@icor.fr – Fax 04 79 96 63 10*
– Fermé 14-27 avril et 26 oct.-5 nov.
15 ch – 🛏130/230 € 🛏🛏130/230 €, ⌂ 15 € – 5 suites
Rest – *(fermé sam. midi, dim. soir et lundi)* Menu 32 € (déj. en sem.), 50/75 €
– Carte 73/129 € 🖾
Spéc. Foie gras de canard en gelée de fraise et rhubarbe fondante (printemps).
Huîtres en gelée d'eau de mer au raifort et tartare de crevette au piment d'Espelette (automne). Oeuf cassé, salade de pomme de terre et truffe (hiver). **Vins**
Manicle, Mondeuse.
♦ Cette maison forte, bâtie au 14ᵉ s. par des croisés et restaurée avec raffinement, domine la vallée de Chambéry. Meubles anciens, bibelots, objets rares. Cuisine contemporaine jouant avec intelligence sur l'harmonie des goûts et des textures.

Nous essayons d'être le plus exact possible
dans les prix que nous indiquons.
Mais tout bouge !
Lors de votre réservation, pensez à vous faire préciser le prix du moment.

CHAMBOLLE-MUSIGNY – 21 Côte-d'Or – 320 J6 – 313 h. – alt. 280 m –
⌂ **21220**   8 **D1**

🚉 Paris 326 – Beaune 28 – Dijon 17

🏛🏛🏛 **Château André Ziltener** sans rest 🖼 🖼 🖾 🖾 🖾 **P**
– 𝒞 *03 80 62 41 62 – chateau.ziltener@* 🖾 **VISA** **CO** **AE** **①**
wanadoo.fr – Fax 03 80 62 83 75 – Fermé 10 déc.-28 fév.
8 ch – 🛏180/220 € 🛏🛏200/285 €, ⌂ 15 € – 2 suites
♦ Cette demeure du 18ᵉ s. vous invite à partager le luxe discret de ses spacieuses chambres de style Louis XV, mariage réussi de l'ancien et du moderne. Petit musée du vin.

X **Le Chambolle** 🖾 **VISA** **CO**
28 r. Basse – 𝒞 *03 80 62 86 26 – Fax 03 80 62 86 26*
– Fermé 25 juin-17 juil., 22 déc.-22 janv., dim. soir de déc. à mars, merc. et jeudi
Rest – Menu 26/40 € – Carte 23/52 €
♦ Accueil tout sourire dans cette petite salle à manger simple et proprette où l'on propose des recettes inspirées par le terroir et mitonnées avec le plus grand soin.

CHAMBON-LA-FORÊT – 45 Loiret – 318 K3 – 625 h. – alt. 117 m –
✉ 45340   12 **C2**

▷ Paris 96 – Châteauneuf-sur-Loire 26 – Montargis 43 – Orléans 43 – Pithiviers 15

✗✗ Auberge de la Rive du Bois   ⌷ 綜 ☆ **P** *VISA* **MO** AE

☜ *1 km au Nord par rte Pithiviers –* ℰ *02 38 32 28 44 – aubergedelarivedubois* @
*wanadoo.fr – Fax 02 38 32 02 61 – Fermé 30 juil.-19 août, 23 déc.-6 janv., lundi soir,
mardi soir et merc.*
Rest – Menu 15 € (sem.)/46 € – Carte 26/41 €

♦ Dans un paisible hameau, sympathique auberge propice aux repas de famille et d'affaires :
salles à manger champêtres, terrasse fleurie et véranda. Cuisine traditionnelle.

LE CHAMBON-SUR-LIGNON – 43 Haute-Loire – 331 H3 – 2 642 h. – alt. 967 m
– ✉ 43400 ▯ Lyon et la vallée du Rhône   6 **D3**

▷ Paris 573 – Annonay 48 – Lamastre 32 – Privas 75 – Le Puy-en-Velay 45
– St-Étienne 60

🖪 Office de tourisme, 1, rue des Quatre Saisons ℰ 04 71 59 71 56, Fax 04 71 65 88 78

🖫 du Chambon-sur-Lignon La Pierre de la Lune, SE : 5 km par D 103,
ℰ 04 71 59 28 10.

🏠 Bel Horizon ⌂   ⇐ ⌷ 綜 ⅃ 𝄞 ℁ & ch, ↳ ℁ rest, ℄ 𝄜
                                                            P *VISA* **MO** AE ①
☜ *chemin de Molle –* ℰ *04 71 59 74 39 – info* @
*belhorizon.fr – Fax 04 71 59 79 81 – Fermé 2-24 janv., lundi (sauf hôtel) et dim. soir
du 1ᵉʳ oct. au 30 avril*
30 ch – †55/94 € ††55/100 €, ⌷ 10 € – ½ P 66/84 € – **Rest** – Menu 18 €
(sem.)/40 € – Carte 27/46 €

♦ Ambiance décontractée dans cet hôtel misant sur la détente et les loisirs (centre de
remise en forme complet). Chambres claires, fonctionnelles, bien tenues. Restaurant refait,
aux tons ensoleillés et terrasse donnant sur le jardin ; carte classique.

au Sud 3 km par D 151, rte de la Suchère et rte secondaire – ✉ 43400
Chambon-sur-Lignon

🏠 Le Bois Vialotte ⌂   ⇐ ⌷ ℁ rest, ℄ 𝄜 **P** *VISA* **MO**
☜ *rte de la Suchère –* ℰ *04 71 59 74 03 – crosde* @ *wanadoo.fr – Fax 04 71 65 86 32
– Ouvert 20 mai-30 sept.*
17 ch – †52/65 € ††52/65 €, ⌷ 9 € – ½ P 54/62 € – **Rest** – Menu 15/26 €

♦ Les amateurs de calme apprécieront cet établissement familial situé à la lisière d'un bois.
Les chambres, tournées vers la campagne, sont très bien tenues. Salle de restaurant au
charme un peu désuet, de type « pension » ; cuisine ménagère traditionnelle.

à l'Est 3,5 km par D 157 et D 185 – ✉ 43400 Chambon-sur-Lignon

🏠 Clair Matin ⌂   ⇐ ◊ 綜 ⅃ 𝄞 ℁ & ch, ℁ rest, ℄ 𝄜 **P** ⌂ *VISA* **MO**
☜ *Les Barandons –* ℰ *04 71 59 73 03 – clairmatin* @ *hotelclairmatin.com
– Fax 04 71 65 87 66 – Fermé 15 nov.-10 fév., lundi et mardi hors saison*
25 ch – †50/130 € ††50/130 €, ⌷ 11 € – 2 suites – ½ P 55/89 €
Rest – Menu 15 € (sem.)/40 € – Carte 34/53 €

♦ Cet accueillant chalet offre au "matin clair" une vue étendue sur les Cévennes et un air pur
garanti ! Chambres fonctionnelles et nombreux loisirs dans le parc. Le restaurant et la
terrasse ménagent un beau panorama sur les monts Mézenc et Gerbier-de-Jonc.

CHAMBORD – 41 Loir-et-Cher – 318 G6 – 185 h. – alt. 71 m – ✉ 41250   11 **B1**

▷ Paris 176 – Blois 18 – Châteauroux 101 – Orléans 56
– Romorantin-Lanthenay 38 – Salbris 55

◙ Château★★★, ▯ Châteaux de la Loire.

🏠 Du Grand St-Michel ⌂   綜 ℁ **P** *VISA* **MO**
☜ *pl. St-Louis –* ℰ *02 54 20 31 31 – hotelsaintmichel* @ *wanadoo.fr
– Fax 02 54 20 36 40 – Fermé de mi-nov. à mi-déc.*
40 ch – †52/110 € ††52/110 €, ⌷ 8 € – **Rest** – Menu 22/35 € – Carte 37/53 €

♦ Sur le superbe site du domaine de Chambord, face au château. Préférez les chambres
rénovées, plus actuelles. Vaste restaurant orné de trophées, photos et tableaux évoquant
les plaisirs de la chasse ; terrasse tournée vers le logis royal, illuminé le soir.

CHAMBRAY-LÈS-TOURS – 37 Indre-et-Loire – 317 N4 – rattaché à Tours

CHAMBRETAUD – 85 Vendée – 316 K6 – 1 275 h. – alt. 214 m –
✉ 85500   34 **B3**

■ Paris 373 – Angers 85 – Bressuire 50 – Cholet 21 – Nantes 76
– La Roche-sur-Yon 55

🏨 **Château du Boisniard** ⌂   ♪ ⓢ ☆ ♿ ch, 🅰🄲 ch, ⇔ ⚘ ☎
– ☎ 02 51 67 50 01 – contact @   ⑁ 🅿 𝚅𝙸𝚂𝙰 ⓜⓞ 🄰🄴
chateau-boisniard.com – Fax 02 51 67 53 81
17 ch – ♦130/320 € ♦♦130/390 €, ☲ 27 €
– **Rest** – (fermé dim. soir du 30 sept. au 31 mars) Menu (28 €), 36/58 €
– Carte 47/57 €
♦ Ce manoir du 15ᵉ s. (entièrement non-fumeurs) abrite de jolies chambres refaites dans le style médiéval ; celles de la dépendances sont neuves et confortables. Vaste domaine arboré et spa. Élégante salle de restaurant avec vue sur le parc et cuisine du marché.

CHAMESOL – 25 Doubs – 321 K2 – 328 h. – alt. 730 m – ✉ 25190   17 **C2**

■ Paris 453 – Besançon 91 – Belfort 43 – Montbéliard 30 – Morteau 50

🍴🍴 **Mon Plaisir** (Christian Pilloud)   ⚘ 🅿 𝚅𝙸𝚂𝙰 ⓜⓞ 🄰🄴 ⓓ
❀ – ☎ 03 81 92 56 17 – mon-plaisir @ wanadoo.fr – Fax 03 81 92 52 67
– Fermé 3-11 mars, 1ᵉʳ-16 sept., 22-30 déc., dim. soir, lundi et mardi sauf fériés le midi
Rest – Menu 38/70 €
Spéc. Foie gras en terrine ou en escalope. Escargots en cappuccino. La farandole de desserts. **Vins** Arbois-Chardonnay, Arbois-Savagnin.
♦ Mélange de styles, nombreux bibelots, tableaux et compositions florales : le décor de ce restaurant familial joue la note du charme désuet. Séduisante cuisine au goût du jour.

CHAMONIX-MONT-BLANC – 74 Haute-Savoie – 328 O5 – 9 830 h. – alt.
1 040 m – Sports d'hiver : 1 035/3 840 m ⛷ 14 ⛷ 36 ⛷ – Casino AY – ✉ 74400
▌ Alpes du Nord   45 **D1**

■ Paris 610 – Albertville 65 – Annecy 97 – Aosta 57 – Genève 82

🚇 **Tunnel du Mont-Blanc :** péage en 2006, aller simple : autos 31,90, auto et caravane 42,10, camions 115,40 à 245,40, motos 21,10. Renseignements ATMB ☎ 04 50 55 55 00 et ☎ 04 50 55 39 36.

🛈 Office de tourisme, 85, place du Triangle de l'Amitié ☎ 04 50 53 00 24, Fax 04 50 53 58 90

🖿 de Chamonix à Les Praz-de-Chamonix 35 route du Golf, N : 3 km, ☎ 04 50 53 06 28.

◙ E : Mer de glace★★★ et le Montenvers★★★ par chemin de fer à crémaillère - SE : Aiguille du midi ✳ ★★★ par téléphérique (station intermédiaire : plan de l'Aiguille★★) - NO : Le Brévent ✳ ★★★ par téléphérique (station intermédiaire : Planpraz★★) - N : Col de Balme★★ (Alpages de Charamillon).

Plan page ci-contre

🏨 **Hameau Albert 1ᵉʳ** (Pierre Carrier et Pierre Maillet)   ⇐ 🌐 𝕃𝕤 ▤ ♿ ch,
❀❀ 38 rte du Bouchet –   🅰🄲 ch, ☎ ⑁ 🅿 ⌂ 𝚅𝙸𝚂𝙰 ⓜⓞ 🄰🄴 ⓓ
☎ 04 50 53 05 09 – infos @ hameaualbert.fr – Fax 04 50 55 95 48
– Fermé 11 nov.-3 déc.   AX **f**
21 ch – ♦125/490 € ♦♦125/490 €, ☲ 18 €
Rest – (fermé 12 mai-3 juin, 5 nov.-3 déc., mardi midi, jeudi midi et merc.)
Menu 68 € bc (déj.), 70/145 € – Carte 112/171 € ⊛
Spéc. Menu ''La Maison de Savoie''. Truffe blanche d'Alba (sept. à déc.). Homard en trois services. **Vins** Roussette de Marestel, Mondeuse d'Arbin.
♦ Hôtel centenaire cultivant avec bonheur tradition et modernité. Chambres superbement refaites : belles boiseries, matériaux nobles et équipements dernier cri. Coquet jardin. Élégant restaurant, brillante cuisine classique subtilement modernisée et carte des vins étoffée.

La Ferme ▤▤ ⌂   ⇐ massif du Mont-Blanc, 🌐 ⛆ 🖵 ⓦ 𝕃𝕤 ▤ ♿ ☎
11 ch – ♦255/520 € ♦♦255/520 €, ☲ 18 € – 2 suites   ⌂ 𝚅𝙸𝚂𝙰 ⓜⓞ 🄰🄴 ⓓ
Rest Repas voir **Le Hameau Albert 1ᵉʳ**   AX **f**
et rest. **La Maison Carrier** – voir ci-après
♦ Le ''Hameau'', c'est aussi ce magnifique chalet construit avec le bois patiné de fermes d'alpages et à l'intérieur résolument design très réussi. Fitness et spa.

488

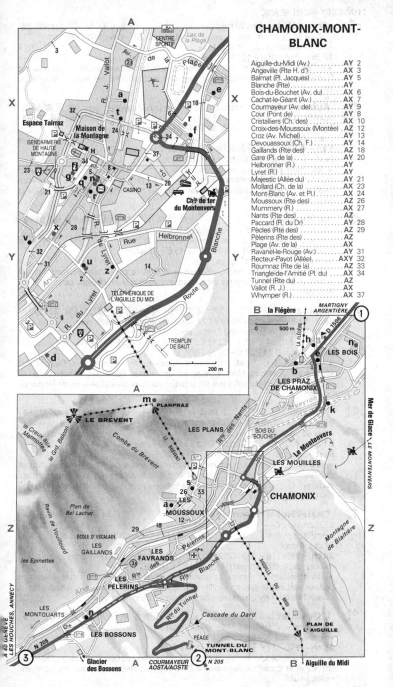

CHAMONIX-MONT-BLANC

Grand Hôtel des Alpes sans rest 🔲 🏻 ⅙ ↳↲ ⓛ ⌣ 𝐕𝐈𝐒𝐀 ⓜⓒ 𝐀𝐄
– 𝒞 04 50 55 37 80 – info@grandhoteldesalpes.com – Fax 04 50 55 88 50
– Fermé 6 avril-15 juin, 1er oct.-15 déc. AY **r**
27 ch – 🛉140/450 € 🛉🛉140/450 €, ⌻ 20 € – 3 suites
♦ Ce "grand hôtel" bâti en 1840 a été merveilleusement restauré en 2004 : hall cossu, bar feutré, élégants salons, vastes chambres chic et douillettes, bel espace de détente, etc.

Auberge du Bois Prin 𝔖 ≪ massif du Mont-Blanc, 🗚 🏠 ⅙ ⓛ
aux Moussoux – 𝒞 04 50 53 33 51 𝐏 ⌣ 𝐕𝐈𝐒𝐀 ⓜⓒ 𝐀𝐄 ①
– info@boisprin.com – Fax 04 50 53 48 75 – Fermé 13-29 mai,
3 nov.-4 déc. AZ **a**
8 ch – 🛉198/282 € 🛉🛉200/290 €, ⌻ 14 € – 2 suites – ½ P 142/187 €
Rest – (fermé merc. midi et lundi midi) Menu 34/44 € – Carte 48/67 €
♦ Joli chalet perché sur les hauteurs de la station. Décoration design, équipements high-tech et lambris se marient avec goût dans les chambres luxueusement rénovées. Panorama sur le Mont-Blanc depuis la salle à manger et la terrasse ; produits du marché et du potager.

Le Morgane ≪ 🔲 🏻 ⅙ ↳↲ ⓛ ⅍ 𝐏 ⌣ 𝐕𝐈𝐒𝐀 ⓜⓒ 𝐀𝐄 ①
145 av. Aiguille du Midi – 𝒞 04 50 53 57 15 – reservation@
hotelmorganechamonix.com – Fax 04 50 53 28 07 AY **u**
56 ch – 🛉105/205 € 🛉🛉120/400 €, ⌻ 15 € – 17 suites
Rest Le Bistrot – voir ci-après
♦ Cet hôtel a fait peau neuve, affichant un confort contemporain séduisant, mariant le bois et la pierre. Chambres bien équipées ; vue sur le Mont-Blanc pour certaines. Petit spa.

Alpina ≪ 𝐹ₐ 🏻 ⅙ ch, 𝐀𝐂 rest, ↳↲ ⓛ ⅍ ⌣ 𝐕𝐈𝐒𝐀 ⓜⓒ 𝐀𝐄 ①
79 av. Mt-Blanc – 𝒞 04 50 53 47 77 – alpina@chamonixhotels.com
– Fax 04 50 55 98 99 – Fermé 5 oct.-5 déc. AX **t**
127 ch – 🛉70/84 € 🛉🛉76/162 €, ⌻ 14 € – 9 suites – ½ P 76/119 €
Rest – Menu (17 €), 24 € – Carte 28/35 €
♦ Immeuble à la façade récemment relookée, bien équipé pour l'accueil des séminaires. Chambres fonctionnelles et lambrissées. Restaurant panoramique au 7ᵉ étage offrant une superbe vue sur la chaîne du Mont-Blanc. Spécialité de fondue au bouillon.

Prieuré ≪ ⊛ 𝐹ₐ 🏻 ⅙ ch, ↳↲ 𝒳 rest, ⓛ ⅍ 𝐏 ⌣ 𝐕𝐈𝐒𝐀 ⓜⓒ 𝐀𝐄 ①
allée Recteur Payot – 𝒞 04 50 53 20 72 – prieure@chamonixhotels.com
– Fax 04 50 55 87 41 AY **v**
81 ch – 🛉72/104 € 🛉🛉98/162 €, ⌻ 14 € – 10 suites – ½ P 87/119 €
Rest – (dîner seult) Menu 17/24 € – Carte 26/37 €
♦ Ce grand hôtel de type chalet abrite des chambres insonorisées et aménagées dans un style savoyard actuel (lambris, meubles en pin et tissus colorés). Wellness et espace massages. Carte traditionnelle enrichie de quelques plats du cru à déguster dans un joli cadre montagnard.

Chalet Hôtel Hermitage 𝔖 ≪ 🗚 🏠 𝐹ₐ 🏻 𝒳 rest, ⓛ
63 chemin du Cé – 𝒞 04 50 53 13 87 – info@ ⅍ 𝐏 𝐕𝐈𝐒𝐀 ⓜⓒ 𝐀𝐄
hermitage-paccard.com – Fax 04 50 55 98 14 – Ouvert 20 juin-15 sept. et
21 déc.-6 avril AX **e**
24 ch – 🛉89/118 € 🛉🛉97/252 €, ⌻ 13,50 € – 4 suites – **Rest** – (fermé mardi)
(dîner seult) (résidents seult) Menu 24 € – Carte 26/31 €
♦ Cet hébergement dispose de grandes chambres décorées de frisettes, convenant parfaitement aux séjours en famille. Les appartements de l'annexe peuvent dépanner. Cuisine familiale servie dans une salle à manger au décor "tout bois".

L'Oustalet sans rest ≪ 🗚 𝐈 🏻 ⅙ 𝒳 ⓛ 𝐏 ⌣ 𝐕𝐈𝐒𝐀 ⓜⓒ 𝐀𝐄 ①
330 r. Lyret – 𝒞 04 50 55 54 99 – infos@hotel-oustalet.com – Fax 04 50 55 54 98
– Fermé 27 mai-10 juin, 6 nov.-18 déc. AY **z**
15 ch – 🛉90/114 € 🛉🛉106/160 €, ⌻ 13 €
♦ Près du téléphérique de l'aiguille du Midi, chalet récent au décor chaleureux. Chambres spacieuses et coquettes, regardant le Mont-Blanc. Salon-cheminée douillet, hammam, sauna, jacuzzi.

🏥 **Park Hotel Suisse** 🖼 📶 ⚿ rest, 🕻 ⚙ 🚗 VISA ⓶ AE ⓪
75 allée du Majestic – ℰ 04 50 53 07 58 – reservation@chamonix-park-hotel.com
– Fax 04 50 55 99 32 – Ouvert 31 mai-30 sept. et 16 déc.-29 avril   AY **q**
64 ch – ♦76/125 € ♦♦99/175 €, ⌷ 10 € – 2 suites – ½ P 68/121 €
Rest – Menu 18 € (déj.), 28/35 € – Carte 48/64 €
♦ Totalement rénové, cet hôtel allie le caractère montagnard très chaleureux au confort
actuel. Belle terrasse-solarium sur le toit, de laquelle on admire la chaîne du Mont-Blanc.
Cuisine traditionnelle et spécialités savoyardes ; décor convivial, à l'image d'un chalet
moderne.

🏠 **De l'Arve** ⌓ ⌇ 🚲 🛗 ♿ ch, ⚿ rest, 🕻 P VISA ⓶ AE ⓪
60 impasse Anémones – ℰ 04 50 53 02 31 – contact@hotelarve-chamonix.com
– Fax 04 50 53 56 92 – Fermé de mi-oct. à mi-déc.   AX **a**
37 ch – ♦49/85 € ♦♦59/114 €, ⌷ 9 € – 1 suite – ½ P 52/79 € – **Rest** – (ouvert de
mi-juin à mi-sept., de mi-déc. à mi-avril et fermé mardi et merc.) (dîner seult)
(résidents seult) Menu 18 €
♦ Bâtisse régionale disposant de chambres toutes rénovées dans l'esprit savoyard. Jardinet
face à la chaîne du Mont-Blanc. Au fitness, équipements complets et mur d'escalade. Salle
à manger sobrement actuelle dont les baies vitrées sont tournées vers l'Arve.

🏠 **Arveyron** ⌓ 🚲 🏠 ♿ ch, ⚿ rest, P VISA ⓶
1650 rte du Bouchet, 2 km – ℰ 04 50 53 18 29 – hotelarveyron@wanadoo.fr
– Fax 04 50 53 06 43 – Ouvert 14 juin-28 sept. et 20 déc.-6 avril   BZ **k**
30 ch – ♦42/45 € ♦♦72/78 €, ⌷ 9 € – ½ P 60/75 € – **Rest** – (fermé lundi et merc.)
Menu 22/25 € – Carte 17/26 €
♦ Ce plaisant hôtel familial abrite des chambres montagnardes, plus au calme côté forêt.
Bar-salon, billard et jardin... sous les aiguilles de Chamonix ! Salle à manger toute neuve,
"tout bois". Agréable terrasse. La cuisine traditionnelle prend des accents du terroir.

🏠 **La Savoyarde** ⌓ 🚲 🏠 ⚿ rest, P VISA ⓶ AE
28 rte Moussoux – ℰ 04 50 53 00 77 – lasavoyarde@wanadoo.fr
– Fax 04 50 55 86 82 – Fermé mai et nov.   AZ **s**
14 ch – ♦56/76 € ♦♦74/135 €, ⌷ 12 € – ½ P 74/102 € – **Rest** – (fermé mardi et
jeudi) (dîner seult) Carte 27/63 €
♦ Coquette maison chamoniarde du 19e s. située à 50 m du téléphérique du Brévent.
Chambres simples, lambrissées, parfois mansardées ou agrandies d'une mezzanine. Les
salles à manger bénéficient d'une jolie vue ; recettes traditionnelles dans la note régionale.

XXX **Les Jardins du Mont Blanc** 🚲 🏠 P VISA ⓶ AE ⓪
62 allée du Majestic – ℰ 04 50 53 05 64 – mont-blanc@chamonixhotels.com
– Fax 04 50 55 89 44 – Fermé 5 oct.-5 déc.   AY **g**
Rest – (prévenir) Menu 19 € (déj.), 33/74 € – Carte 46/65 €
♦ Un chef au talent créatif réveille avec brio cette institution du centre-ville : repas
gastronomique le soir, dans la salle cossue rétro, plus simple à midi, au jardin ou au bar.

XX **La Maison Carrier** – Hôtel Hameau Albert 1ᵉʳ 🏠 VISA ⓶ AE ⓪
44 rte du Bouchet – ℰ 04 50 53 00 03 – infos@hameaualbert.fr – Fax 04 50 55 95 48
– Fermé 4-24 juin, 11 nov.-11 déc., lundi sauf juil.-août et fériés   AX **r**
Rest – Menu 24 € (déj. en sem.), 28/39 € – Carte 38/58 € 🕸
♦ Salle des guides, "borne" (cheminée) où fument les charcuteries maison : un intérieur
savoyard typique pour cette jolie ferme reconstituée avec le bois de vieux chalets d'alpage.
Belle cuisine du terroir.

XX **Atmosphère** AC VISA ⓶ AE ⓪
123 pl. Balmat – ℰ 04 50 55 97 97 – info@restaurant-atmos.fr
– Fax 04 50 53 38 96   AY **n**
Rest – Menu (18 €), 21/30 € – Carte 31/59 € 🕸
♦ Décor montagnard, véranda surplombant l'Arve, tables serrées, carte des vins très
étoffée, cuisine traditionnelle et spécialités régionales : un restaurant d'atmosphère !

XX **L'Impossible** AC VISA ⓶ AE
9 chemin du Cry – ℰ 04 50 53 20 36 – wim@nerim.fr – Fax 04 50 53 58 91
– Fermé nov.   AY **d**
Rest – Menu 23/30 € – Carte 29/60 €
♦ Dans cette ancienne ferme du 18e s., le chef mitonne de sympathiques plats de tradition
aux accents régionaux. Chaleureuse salle à manger "tout bois" à la décoration éclectique.

XX ⁂ **Le Bistrot** (Mickael Bourdillat) – Hôtel Le Morgane   ⌂ ⅙ *VISA* ⓜⓞ ᴁᴇ
151 av. Aiguille du Midi – ℰ 04 50 53 57 64 – info@lebistrotchamonix.com
– Fax 04 50 53 28 07   AY **u**
Rest – Menu 33 € (déj.), 41/53 € – Carte 39/45 € ⅜
Spéc. Menu du marché. **Vins** Chignin-Bergeron, Mondeuse.
♦ Le Bistrot a revu son décor dans un esprit contemporain dépouillé. Cuisine de beaux produits accompagnée d'une attrayante sélection de vins (jolie vitrine en verre sablé).

X **Le Panier des Quatre Saisons**   *VISA* ⓜⓞ ᴁᴇ
24 galerie Blanc-Neige, (r. Dr Paccard) – ℰ 04 50 53 98 77
– e-panier@wanadoo.fr – Fax 04 50 53 98 77
– Fermé 29 mai-15 juin, 10-20 nov., jeudi midi et merc.   AY **x**
Rest – Menu (15 € bc), 24 € (sem.)/44 € – Carte 45/55 € ⅜
♦ Caché dans un étroit passage, ce restaurant mérite le détour : chaleureux décor savoyard, carte évoluant au gré des saisons et beau choix de vins au verre (40 références).

X **Le National**   ⌂ *VISA* ⓜⓞ
3 r. Dr-Paccard – ℰ 04 50 53 02 23 – Fax 04 50 53 71 94 – Fermé 15 nov.-15 déc.
et lundi en oct.-nov.   AY **n**
Rest – Menu 20/30 € – Carte 21/60 €
♦ Boiseries, pierres apparentes et photos anciennes de la station servent de cadre à une cuisine traditionnelle mâtinée de spécialités savoyardes. Grande terrasse très prisée.

aux Praz-de-Chamonix 2,5 km au Nord – ✉ 74400 Chamonix-Mont-Blanc
– alt. 1 060 m

◙ La Flégère ≼★★ par téléphérique BZ.

🏨🏨🏨 **Le Labrador** sans rest 🌿   ≼ Mont-Blanc et golf, ℻ 🔳 ⅙ 📞
au golf – ℰ 04 50 55 90 09   🔺 P̄ *VISA* ⓜⓞ ᴁᴇ
– info@hotel-labrador.com – Fax 04 50 53 15 85
– Fermé 20 avril-1ᵉʳ mai et 19 oct.-6 déc.   BZ **h**
31 ch – ♦75/190 € ♦♦90/250 €, ⌑ 10 € – 1 suite
♦ Ce chalet à la silhouette scandinave jouit d'un environnement exceptionnel : les chambres ménagent une vue superbe sur le Mont-Blanc et la vallée de Chamonix. Salons cosy.

🏨 **Eden**   ≼ ⌂ ↯ 📞 P̄ ⌂ *VISA* ⓜⓞ ᴁᴇ
– ℰ 04 50 53 18 43 – relax@hoteleden-chamonix.com – Fax 04 50 53 51 50
– Fermé 5 nov.-5 déc.   BZ **e**
31 ch – ♦65/121 € ♦♦72/247 €, ⌑ 11 € – ½ P 74/161 €
Rest – (fermé 15 oct.-13 déc. et mardi) (dîner seult) Menu 27/68 € – Carte 33/43 €
♦ Les propriétaires, d'origine scandinave, ont redécoré ce petit hôtel bicentenaire à la mode de chez eux : design nordique, insolite et séduisant, du salon jusqu'aux chambres ! Au restaurant, exposition de très belles photos et cuisine fusion franco-suédoise.

🏨 **Les Lanchers**   ≼ ⌂ ⅙ rest, ↯ 📞 *VISA* ⓜⓞ
1459 rte des Praz – ℰ 04 50 53 47 19 – vacances@hotel-lanchers-chamonix.com
– Fax 04 50 53 66 14 – Fermé 10 nov.-12 déc.   BZ **b**
11 ch – ♦58/98 € ♦♦58/98 €, ⌑ 8 € – ½ P 56/78 € – **Rest** – Menu (14 €), 18/23 €
– Carte 23/29 €
♦ Derrière la façade égayée de fresques colorées, vous trouverez de grandes chambres simples et fraîches, et un bar fréquenté par la clientèle locale. Salle à manger-véranda meublée dans le style bistrot ; cuisine traditionnelle, spécialités italiennes et savoyardes.

XX **La Cabane des Praz**   ≼ ⌂ P̄ *VISA* ⓜⓞ ᴁᴇ
23 rte du Golf – ℰ 04 50 53 23 27 – restaurantlacabane@orange.fr
– Fax 04 50 91 15 28   BZ **v**
Rest – Menu (19 €), 28 € – Carte 31/61 €
♦ Superbement refaite, cette élégante cabane en rondins finlandais offre un chic décontracté : salon-bar cossu, terrasse avec vue sur le golf et les aiguilles, cuisine traditionnelle.

aux Tines 4 km par ①, D 1506 et rte secondaire – ⊠ 74400 Chamonix-Mont-Blanc

🏠 **Excelsior** ॐ ≤ 🚲 🛏 🎿 ‖ 🛁 ch, 🍴 rest, 🐾 🅿 VISA ⚫
😊   *251 chemin de St-Roch – ℰ 04 50 53 18 36 – excelsior @ hotelchamonix.info*
   – Fax 04 50 53 56 16 – Fermé 11-25 mai et 5 nov.-15 déc.
   36 ch – ♦40/61 € ♦♦65/91 €, ☲ 8 € – ½ P 56/69 €
   Rest – *(fermé merc. midi du 15 déc. au 11 mai)* Menu 16/42 € – Carte 29/45 €
   ◆ Au pied de l'aiguille Verte et du Dru, engageante maison tenue par la même famille depuis 1910. Plaisantes chambres rénovées, habillées de bois clair. Jardin et piscine. Le restaurant ouvre ses baies sur les sommets alentour. Plats au goût du jour et montagnards.

aux Bois 3,5 km au Nord – ⊠ 74400 Chamonix-Mont-Blanc

🍴 **Sarpé** 🈺 🅿 VISA ⚫
   – ℰ 04 50 53 29 31 – couttety @ hotmail.fr – Fermé 12 mai
   -11 juin, 5 nov.-5 déc., lundi sauf vacances scolaires   BZ n
   Rest – *(dîner seult sauf vacances scolaires)* Menu 22/44 € – Carte 26/52 €
   ◆ Ancien atelier de menuiserie converti en restaurant : cadre rustique, ambiance savoyarde, deux petites terrasses, cuisine traditionnelle et spécialités alpines.

au Lavancher 6 km par ①, D 1506 et rte secondaire – ⊠ 74400 Chamonix-Mont-Blanc
– Sports d'hiver : voir à Chamonix
   👁 ≤★★.

🏨 **Le Jeu de Paume** ॐ ≤ 🚲 🈺 ▣ 🍴 ‖ 🛁 ch, 🍴 rest, 🐾 🏋
   705 rte Chapeau – ℰ 04 50 54 03 76   🅿 VISA ⚫ AE ①
   – jeudepaumechamonix @ wanadoo.fr – Fax 04 50 54 10 75
   – Ouvert 16 juin-24 sept. et 6 déc.-14 mai
   24 ch – ♦150/255 € ♦♦150/255 €, ☲ 14 € – ½ P 124/176 € – **Rest** – *(fermé mardi midi et merc. midi)* Menu 35/58 € – Carte 40/59 €
   ◆ Billard, piscine couverte, sauna, jacuzzi, salons-cheminée... Détente assurée dans ce chalet traditionnel au décor "tout bois" très raffiné. Vue sur les aiguilles ou la vallée. Décor montagnard quelque peu baroque et cuisine inspirée des quatre coins du monde.

🏠 **Beausoleil** ॐ ≤ 🚲 🈺 🍴 ‖ 🍴 rest, 🅿 VISA ⚫ AE
😊   *– ℰ 04 50 54 00 78 – info @ hotelbeausoleilchamonix.com – Fax 04 50 54 17 34*
   – Fermé 26 mai-6 juin et 21 sept.-21 déc.
   17 ch – ♦46/65 € ♦♦70/120 €, ☲ 10 € – ½ P 60/85 € – **Rest** – *(fermé merc. midi et jeudi midi en juil.-août) (dîner seult sauf juil.-août)* Menu 15 € (sem.)/30 €
   – Carte 23/42 €
   ◆ Ce chalet familial (non-fumeurs) à la jolie façade ouvragée abrite de petites chambres simples et lambrissées ; certaines sont rénovées. Agréable jardin fleuri. Restaurant rustico-montagnard et belle terrasse ; spécialités fromagères et pierrades.

🏠 **Les Chalets de Philippe** sans rest ॐ ≤ 🐾 VISA ⚫ AE
   700-718 rte Chapeau – ℰ 06 07 23 17 26 – contact @ chamonixlocations.com
   – Fax 04 50 54 08 28
   8 ch – ♦84/620 € ♦♦91/1215 €, ☲ 15 €
   ◆ Plusieurs chalets à flanc de colline, parmi les sapins. Vieux bois, meubles chinés, objets rares, équipements de pointe et luxe incomparable... Une véritable petite folie !

aux Bossons 3,5 km au Sud – ⊠ 74400 Chamonix-Mont-Blanc – alt. 1 005 m

🏨 **Aiguille du Midi** ≤ 🐕 🛏 🎿 🍴 ‖ AC rest, 🍴 rest,
🍽   *479 chemin Napoléon – ℰ 04 50 53 00 65*   🐾 🏋 🅿 VISA ⚫
   – hotel-aiguille-du-midi @ wanadoo.fr – Fax 04 50 55 93 69
   – Ouvert 11 mai-19 sept. et 21 déc.-6 avril   AZ n
   40 ch – ♦70/80 € ♦♦72/88 €, ☲ 13 € – ½ P 70/82 € – **Rest** – Menu 23/47 €
   – Carte 28/51 €
   ◆ Des fresques à la mode tyrolienne égayent l'extérieur de cet hôtel bâti en 1908. Chambres diversement meublées, bons équipements de loisirs et parc face au glacier des Bossons. Restaurant en rotonde, jolie terrasse côté jardin, plats traditionnels et savoyards.

à Planpraz par télécabine – ⊠ 74400 Chamonix-Mont-Blanc

X **La Bergerie de Planpraz** ≤ Mont-Blanc et aiguilles, 🖼 **VISA** **⨂⨀** **AE**
– 𝒞 04 50 53 05 42 – contact@serac.biz – Fax 04 50 53 93 40 – Ouvert de
début juin à fin août et de mi-déc. à fin avril AZ **m**
Rest – (déj. seult) Carte 34/54 €
♦ Vue époustouflante sur le massif du Mont-Blanc depuis la terrasse de ce chalet d'altitude.
Salle rustique tout en bois et pierre, et cuisine du terroir aussi bonne que généreuse.

CHAMOUILLE – 02 Aisne – **306** D6 – rattaché à Laon

CHAMOUILLEY – 52 Haute-Marne – **313** K2 – rattaché à St-Dizier

---

CHAMOUSSET – 73 Savoie – **333** K4 – 383 h. – alt. 215 m – ⊠ 73390 46 **F2**
🔼 Paris 588 – Albertville 26 – Allevard 25 – Chambéry 28 – Grenoble 61

X **Christin** avec ch 🚳 **AC** rest, **P** **VISA** **⨂⨀**
– 𝒞 04 79 36 42 06 – Fax 04 79 36 45 43 – Fermé sam.
16 ch – †42 € ††57 €, ☑ 7 € – ½ P 54 € – **Rest** – (fermé dim. soir, lundi soir et
sam.) Menu 12,50 € (déj. en sem.), 22/38 € – Carte 20/40 €
♦ Cuisine traditionnelle réalisée avec les produits du potager, cadre rustique et ambiance
familiale. Près d'une voie ferrée peu fréquentée et du confluent de l'Arc et de l'Isère.
Chambres réparties dans deux pavillons s'ouvrant sur un vaste et beau jardin.

CHAMPAGNAC-DE-BELAIR – 24 Dordogne – **329** F3 – rattaché à Brantôme

---

CHAMPAGNÉ – 72 Sarthe – **310** L6 – 3 294 h. – alt. 53 m – ⊠ 72470 35 **D1**
🔼 Paris 205 – Alençon 67 – Le Mans 14 – Nantes 204
🅱 Office de tourisme, place de l'Église 𝒞 02 43 89 89 89, Fax 02 43 89 58 58

XX **Le Cochon d'Or** 🚳 **AC** **VISA** **⨂⨀** **AE** **⨀**
49 rte de Paris, D 323 – 𝒞 02 43 89 50 08 – Fax 02 43 89 79 34
– Fermé 28 juil.-19 août, lundi et le soir sauf sam.
Rest – Menu (16 €), 20 € (sem.), 29/47 € – Carte 41/53 €
♦ Cette imposante maison bordant une route passante est prisée dans la région : on y sert
une bonne cuisine classique dans une salle à manger lumineuse et joliment dressée.

CHAMPAGNE-AU-MONT-D'OR – 69 Rhône – **327** H5 – rattaché à Lyon

---

CHAMPAGNEUX – 73 Savoie – **333** G4 – rattaché à St-Genix-sur-Guiers

---

CHAMPAGNEY – 70 Haute-Saône – **314** I6 – rattaché à Ronchamp

---

CHAMPAGNOLE – 39 Jura – **321** F6 – 8 616 h. – alt. 541 m – ⊠ 39300
▌Franche-Comté Jura 16 **B3**
🔼 Paris 420 – Besançon 66 – Dole 68 – Genève 86 – Lons-le-Saunier 34
🅱 Office de tourisme, rue Baronne Delort 𝒞 03 84 52 43 67, Fax 03 84 52 54 57
◙ Musée archéologique : plaques-boucles ★ M.

🏨 **Le Bois Dormant** ⌖ 𝕂 🖼 🖳 🛏 🍴 🐕 ch, ⇆ 🕻 🔥 **P** **VISA** **⨂⨀**
rte de Pontarlier, 1,5 km – 𝒞 03 84 52 66 66 – hotel@bois-dormant.com
– Fax 03 84 52 66 67 – Fermé 20-27 déc.
40 ch – †59/62 € ††67/70 €, ☑ 10 € – ½ P 57/60 € – **Rest** – Menu 18 €
(sem.)/43 € – Carte 27/55 €
♦ Au sein d'un parc arboré, établissement au décor chaleureux et moderne. Chambres
fonctionnelles, habillées de bois blond et de tons roses. Fitness et piscine côté jardin.
Grande salle à manger-véranda et paisible terrasse. Carte traditionnelle et vins du Jura.

rte de Genève 8 km au Sud – ⊠39300 **Champagnole**

XX **Auberge des Gourmets** avec ch 🔲 🔲 🔲 🔲 **P** **VISA** **MO** **AE** ①
sur N 5 – 𝒞 *03 84 51 60 60 – aubergedesgourmets@wanadoo.fr*
🐾 *– Fax 03 84 51 62 83 – Fermé 15 déc.-5 fév., dim. soir et lundi sauf vacances scolaires*
7 ch – ♦69 € ♦♦74/88 €, ⊆ 8 € – ½ P 76 € – **Rest** – Menu 15 € (sem.)/48 €
– Carte 33/62 €
♦ Petits plats traditionnels faits maison, servis dans plusieurs salles à manger (dont une véranda) rustico-bourgeoises et soignées. Les chambres côté terrasse sont plus calmes.

CHAMPAGNY-EN-VANOISE – 73 Savoie – **333** N5 – 585 h. – alt. 1 240 m –
⊠ **73350** ▊ Alpes du Nord   45 **D2**
▶ Paris 625 – Albertville 44 – Chambéry 94 – Moûtiers 19
▯ Office de tourisme, Le Centre 𝒞 04 79 55 06 55, Fax 04 79 55 04 66
◉ Retable★ dans l'église - Télécabine de Champagny★ : ≤★ -
Champagny-le-Haut★★.

🔒 **L'Ancolie** ⌇ ≤ 🔲 🔲 🔲 & ch, % rest, 🔲 **VISA** **MO**
Les Hauts du Crey – 𝒞 *04 79 55 05 00 – contact@hotel-ancolie.com*
🐾 *– Fax 04 79 55 04 42 – Ouvert 21 juin-6 sept. et 21 déc.-12 avril*
31 ch – ♦59/96 € ♦♦59/123 €, ⊆ 9 € – ½ P 56/90 € – **Rest** – Menu 18/20 €
– Carte 27/42 €
♦ La fleur d'altitude a prêté son nom à cet hôtel perché sur les hauteurs d'un authentique village-station. La majorité des chambres, décorée à la montagnarde, ouvre plein Sud. Salle à manger chaleureuse ; cuisine régionale simple.

🔒 **Les Glières** ⌇ ≤ 🔲 🔲 **VISA** **MO**
– 𝒞 *04 79 55 05 52 – accueil@hotel-glieres.com – Fax 04 79 55 04 84*
🐾 *– Ouvert 5 juil.-24 août et 20 déc.-18 avril*
20 ch – ♦46/86 € ♦♦46/86 €, ⊆ 9,50 € – ½ P 46/78 € – **Rest** – *(fermé mardi en été)* Menu (15 €), 18 € – Carte 21/37 €
♦ Ce chalet récent jouit d'un environnement paisible tout en étant proche du centre du bourg. Chambres simples, rafraîchies par étapes, salon-cheminée, sauna et salle de jeux. Restaurant rustique et terrasse orientée plein Sud ; recettes typiquement savoyardes.

CHAMPCEVINEL – 24 Dordogne – **329** F4 – **rattaché à Périgueux**

CHAMPEAUX – 50 Manche – **303** C7 – 320 h. – alt. 80 m – ⊠ 50530   32 **A2**
▶ Paris 353 – Avranches 19 – Granville 17 – St-Lô 69 – St-Malo 85

XX **Au Marquis de Tombelaine et H. les Hermelles** avec ch ⌇
D 911 – 𝒞 *02 33 61 85 94 – claude.giard@* ≤ 🔲 🔲 % **P** **VISA** **MO**
wanadoo.fr – Fax 02 33 61 21 52 – Hôtel : fermé 20-30 nov. et 20-30 janv. ; restaurant : ouvert d'avril à fin oct.
6 ch – ♦55 € ♦♦64 €, ⊆ 9 € – ½ P 68/71 € – **Rest** – *(fermé mardi soir et merc.)* Menu 25/65 € – Carte 38/78 €
♦ Produits de la mer et du terroir se rejoignent dans les assiettes de ce restaurant juché sur la falaise en face du Mont-St-Michel. Chambres avec vue sur la célèbre baie.

CHAMPEIX – 63 Puy-de-Dôme – **326** F9 – 1 135 h. – alt. 456 m – ⊠ 63320
▊ Auvergne   5 **B2**
▶ Paris 440 – Clermont-Ferrand 30 – Condat 49 – Issoire 14 – Le Mont-Dore 35
– Thiers 63
▯ Syndicat d'initiative, place du Pré 𝒞 04 73 96 26 73, Fax 04 73 96 21 77
◉ Église de St-Saturnin★★ N : 10 km.

X **La Promenade** 🔲 **VISA** **MO** **AE**
3 r. Halle – 𝒞 *04 73 96 70 24 – h.r.lapromenade@wanadoo.fr – Fax 04 73 96 71 76*
🐾 *– Fermé oct., mardi soir, jeudi soir et merc. de sept. à juin, merc. midi en juil.-août*
Rest – Menu 15/29 € – Carte 23/36 €
♦ Modeste auberge de village dont le cadre rustique a été patiné par le temps. Ambiance toute locale s'accordant à une cuisine qui fleure bon l'Auvergne.

495

CHAMPEIX

à Montaigut-le-Blanc 3 km à l'Ouest par D 996 – 601 h. – alt. 500 m – ⊠ 63320

⌂ **Le Chastel Montaigu** sans rest ⌖
≤ les Monts du Forez et la Chaîne des Monts Dore, ⌖ ⌖ ⌖ **P**
au château – ☏ 04 73 96 28 49 – Fax 04 73 96 21 60 – Ouvert 1er mai-30 sept.
4 ch ⌖ – ♦120 € ♦♦133 €
♦ L'originalité de cette maison d'hôte haut perchée : ses superbes chambres (lits à baldaquin) logées dans un donjon crénelé, avec vue plongeante sur les monts Dore et le Forez.

CHAMPENOUX – 54 Meurthe-et-Moselle – 307 J6 – 1 124 h. – alt. 234 m –
⊠ 54280   27 **C2**

🗾 Paris 332 – Château-Salins 18 – Nancy 20 – Pont-à-Mousson 40
– St-Avold 61

⌂ **La Lorette** ⌖ & ch, ⌖ **P** _VISA_ ⏀⏀
52 r. St-Barthélémy – ☏ 03 83 39 91 91 – la.lorette@wanadoo.fr
– Fax 03 83 31 71 04 – Fermé 14 juil.-5 août et 7-17 fév.
10 ch – ♦52 € ♦♦57 €, ⌖ 7 € – ½ P 54 € – **Rest** – (fermé sam. midi, dim. soir et lundi) Menu (13 €), 24/35 € bc
♦ L'enseigne évoque les haies de laurier qui entouraient jadis le verger familial voisin de cette ferme convertie en hôtellerie. Chambres fonctionnelles et calmes. L'une des deux salles à manger est aménagée en véranda ; carte traditionnelle et plats régionaux.

CHAMPIGNÉ – 49 Maine-et-Loire – 317 F3 – 1 501 h. – alt. 25 m –
⊠ 49330   35 **C2**

🗾 Paris 287 – Angers 24 – Château-Gontier 24 – La Flèche 41
🖼 Anjou Golf & Country Club Route de Cheffes, S : 3 km par D 190,
☏ 02 41 42 01 01.

au Nord-Ouest 3 km par D 768 et D 190 - ⊠ 49330 Champigné

⌂⌂⌂ **Château des Briottières** ⌖ ⌖ ⌖ ⌖ ⌖ ⌖ ⌖ ⌖ **P** _VISA_ ⏀⏀ ⌶
– ☏ 02 41 42 00 02 – briottieres@wanadoo.fr – Fax 02 41 42 01 55 – Fermé 21 déc.-4 janv. et 9-22 fév.
14 ch – ♦120/160 € ♦♦160/350 €, ⌖ 15 € – **Rest** – (dîner seult) (résidents seult) Menu 50 €
♦ Un raffinement très 18e s. règne dans ce château familial entouré d'un parc. Chambres spacieuses, garnies de meubles et objets anciens. Salons et bibliothèque.

CHAMPILLON – 51 Marne – 306 F8 – rattaché à Épernay

CHAMPSANGLARD – 23 Creuse – 228 h. – alt. 360 m – ⊠ 23220   25 **C1**

🗾 Paris 406 – Limoges 104 – Guéret 16 – La Souterraine 51
– Argenton-sur-Creuse 104
🚺 Office de tourisme, le bourg ☏ 05 55 51 21 18

⌂ **La Villa des Cagnes** sans rest ⌖ ⌖ ⌖ ⌖ **P**
à 600 m, le Villard Ouest – ☏ 05 55 51 98 95 – lescagne@wanadoo.fr
4 ch ⌖ – ♦85 € ♦♦90 €
♦ Un relais de chasse et de pêche (fin 19e s.) bien au calme dans son jardin avec piscine. Chambres à la décoration classique et aux tons pastel (mobilier ancien et de style).

CHAMPS-SUR-TARENTAINE – 15 Cantal – 330 D2 – 1 044 h. – alt. 450 m –
⊠ 15270   5 **B2**

🗾 Paris 500 – Aurillac 90 – Clermont-Ferrand 82 – Condat 24 – Mauriac 38
– Ussel 36
🚺 Syndicat d'initiative, Mairie ☏ 04 71 78 72 75, Fax 04 71 78 75 09
🎬 Gorges de la Rhue★★ SE : 9 km, ▌Auvergne.

🏠 **Auberge du Vieux Chêne** ◈ 🚗 🏡 🗜 **P** **VISA** **◎** **AE**
34 rte des Lacs – ℰ *04 71 78 71 64 – danielle.moins @ wanadoo.fr*
– Ouvert 21 avril-30 sept. et fermé dim. soir et lundi sauf du 15 juin au 15 sept.
15 ch – ♦56/61 € ♦♦60/86 €, ⧖ 9 € – ½ P 52/68 € – **Rest** – *(dîner seult)*
Menu 24 € – Carte 32/53 €
◆ Agréable étape champêtre dans une authentique ferme du 19ᵉ s. Chambres simples et
chaleureuses, propices à un séjour empreint de quiétude. L'ex-grange a été transformée en
salle à manger où trône un grand cantou. Terrasse bucolique face au joli jardin.

CHAMPS-SUR-YONNE – 89 Yonne – **319** E5 – rattaché à Auxerre

---

CHAMPTOCEAUX – 49 Maine-et-Loire – **317** B4 – 1 748 h. – alt. 68 m – ✉ **49270**
▌ Châteaux de la Loire   **34 B2**

◘ Paris 357 – Ancenis 9 – Angers 65 – Beaupréau 30 – Cholet 50 – Clisson 35
– Nantes 32

∎ Office de tourisme, Le Champalud ℰ 02 40 83 57 49, Fax 02 40 83 54 73

◙ de l'Île d'Or à La Varenne O : 5 km par D 751, ℰ 02 40 98 58 00.

◎ Site ★ - Promenade de Champalud ★★.

🏠 **Le Champalud** 🖪 🛗 ch, ↔ 🗜 🔏 **VISA** **◎** **AE**
🍴 *pl. de l'Église –* ℰ *02 40 83 50 09 – le-champalud @ wanadoo.fr – Fax 02 40 83 53 81*
📺 **13 ch** – ♦58/72 € ♦♦58/72 €, ⧖ 8,50 € – ½ P 57 € – **Rest** – *(fermé dim. soir*
du 1ᵉʳ oct. au 30 mars) Menu (13 € bc), 17/41 € – Carte 28/34 €
◆ Poutres apparentes et vieilles pierres se fondent habilement dans le décor actuel de cette
maison rénovée située face à l'église. Chambres toutes refaites, bien équipées. Restaurant
au joli cachet rustique ; cuisine traditionnelle orientée terroir. Bar-pub.

𝕏𝕏𝕏 **Les Jardins de la Forge** (Paul Pauvert) avec ch ◈ 🚗 🍽 🛗 ch,
❀ *1 pl. des Piliers –* ℰ *02 40 83 56 23* 🔠 ch, ↔ 🍽 ch, **VISA** **◎** **AE** **①**
– jardins.de.la.forge @ wanadoo.fr – Fax 02 40 83 59 80
– Fermé 7-15 juil., 27 oct.-12 nov. et 16 fév.-4 mars
7 ch – ♦80/95 € ♦♦110/165 €, ⧖ 14 € – **Rest** – *(fermé merc. d'oct. à avril, dim.*
soir, lundi et mardi) (prévenir le week-end) Menu 30 € (sem.)/92 € – Carte 69/97 €
Spéc. Duo de sandre et alose de Loire poêlés au beurre d'oseille (mars à mai). Dos
de sandre de Loire à la crème d'asperges (printemps-été). Pigeonneau rôti sauce
morilles. **Vins** Muscadet sur lie, Anjou-Villages.
◆ Aménagé dans les murs de la forge familiale, ce restaurant jouit d'une échappée sur les
ruines du château. Cuisine classique. Belles chambres contemporaines. Jardin, piscine.

CHAMPVANS-LES-MOULINS – 25 Doubs – **321** F3 – rattaché à Besançon

---

CHANAS – 38 Isère – **333** B6 – 1 931 h. – alt. 150 m – ✉ **38150**   **43 E2**
◘ Paris 512 – Grenoble 89 – Lyon 57 – St-Étienne 75 – Valence 51

🏠 **Mercure** 🏡 🍽 🖪 🛗 🔠 ↔ 🗜 🔏 **P** **P** **VISA** **◎** **AE** **①**
🍴 *à l'échangeur A 7 –* ℰ *04 74 84 27 50 – h61486 @ accor.com – Fax 04 74 84 36 61*
42 ch – ♦70/84 € ♦♦78/92 €, ⧖ 11 € – **Rest** – *(fermé sam. midi et dim.)*
Menu (12,50 €), 16 € – Carte 22/39 €
◆ Pour une étape sur la route des vacances, hôtel disposant de chambres récemment
rénovées, pratiques et pourvues d'une bonne isolation phonique. Lumineux restaurant
agrémenté de claustras et de plantes vertes ; cuisine traditionnelle.

CHANCEAUX-SUR-CHOISILLE – 37 Indre-et-Loire – **317** N4 – 2 821 h. – alt.
104 m – ✉ **37390**   **11 B2**
◘ Paris 237 – Orléans 113 – Tours 11 – Joué-lès-Tours 25 – Vendôme 50

𝕏𝕏 **Le Relais du Moulin de la Planche** 🚗 🏡 **P** **VISA** **◎**
à Langennerie, 2 km au Nord – ℰ *02 47 55 11 96 – contact @*
moulindelaplanche.com – Fax 02 47 55 24 34 – Fermé 10-25 janv., dim. soir, lundi
soir et mardi soir
Rest – Menu 25 € (déj. en sem.), 33/76 € bc – Carte 46/57 €
◆ Dans un site calme et bucolique (jardin, petit étang), moulin du 15ᵉ s. avec ses dépendances abritant une galerie d'art. Restaurant rustique et cuisine actuelle soignée.

CHANCELADE – 24 Dordogne – 329 E4 – rattaché à Périgueux

CHANDAI – 61 Orne – 310 N2 – 532 h. – alt. 200 m – ⊠ 61300   33 C3

🔼 Paris 129 – L'Aigle 10 – Alençon 72 – Chartres 71 – Dreux 53 – Évreux 57
– Lisieux 66

✗✗ L'Écuyer Normand   *VISA* **⬤** AE ⓪

*D 626 – ⌀ 02 33 24 08 54 – ecuyer-normand@wanadoo.fr – Fax 02 33 34 75 67
– Fermé merc. soir, dim. soir et lundi*
Rest – Menu 25/38 € – Carte 49 €

♦ Bibelots et tableaux sur le thème du cheval, poutres, mobilier rustique et cheminée
font le cachet de cette auberge normande. Cuisine classique sensible au rythme des
saisons.

CHANDOLAS – 07 Ardèche – 331 H7 – 342 h. – alt. 115 m – ⊠ 07230   44 A3

🔼 Paris 662 – Alès 43 – Aubenas 34 – Privas 66

🏠 Auberge Les Murets ⌂   🔷 🏠 ⍿ AC ↳ ⌚ ch, ⌂ P. *VISA* **⬤** AE ⓪

*D 104, quartier Langarnayre – ⌀ 04 75 39 08 32 – dominique.rignanese@
wanadoo.fr – Fax 04 75 39 39 90 – Fermé 1er -14 déc., 5 janv.-7 fév., lundi et mardi
du 10 nov. au 31 mars*
7 ch – †58 € ††58 €, � 8 € – ½ P 53 €
Rest – *(fermé lundi sauf le soir d'avril au 9 nov. et mardi du 10 nov. au 31 mars)*
Menu 16 € (sem.)/29 € – Carte 24/29 €

♦ Ferme cévenole du 18e s. entourée d'un parc ouvert sur la campagne et les vignes.
Pimpantes et agréables chambres meublées en rotin. Restaurant aménagé dans deux
caves voûtées. Un mûrier plus que centenaire procure un bel ombrage à la jolie terrasse.

CHANTELLE – 03 Allier – 326 F5 – 1 040 h. – alt. 324 m – ⊠ 03140
🏛 Auvergne   5 B1

🔼 Paris 339 – Gannat 17 – Montluçon 61 – Moulins 47
– St-Pourçain-sur-Sioule 15

✗ Poste avec ch   ⍿ P *VISA* **⬤**

*5 r. de la République – ⌀ 04 70 56 62 12 – Fax 04 70 56 62 12 – Fermé
20 sept.-15 oct., 20 fév.-12 mars, mardi soir hors saison et merc.*
12 ch – †30/40 € ††40/46 €, � 5,50 € – ½ P 34/38 € – **Rest** – Menu (9,50 €),
17 € (sem.)/36 € – Carte 31/33 €

♦ Cette vieille auberge vous réserve un accueil familial. Sobre intérieur champêtre, charmante terrasse d'été arborée et petits plats traditionnels. Chambres simples. Cet ancien
relais de poste propose des chambres modestes mais bien tenues, dotées d'un mobilier
éclectique à dominante rustique.

CHANTEMERLE – 05 Hautes-Alpes – 334 H3 – rattaché à Serre-Chevalier

---

CHANTEPIE – 35 Ille-et-Vilaine – 309 M6 – rattaché à Rennes

CHANTILLY – 60 Oise – 305 F5 – 10 902 h. – alt. 59 m – ⊠ 60500
🏛 Île de France   36 B3

🔼 Paris 51 – Beauvais 55 – Compiègne 44 – Meaux 53 – Pontoise 41
🅸 Office de tourisme, 60, avenue du Maréchal Joffre ⌀ 03 44 67 37 37,
Fax 03 44 67 37 38
🅱 Dolce Chantilly à Vineuil-Saint-Firmin Route d'Apremont, par rte
d'Apremont : 3 km, ⌀ 03 44 58 47 74 ;
🅱 d'Apremont à Apremont CD 606, N : 7 km par D 606, ⌀ 03 44 25 61 11 ;
🅱 Les Golfs de Mont-Griffon à Luzarches Route Départementale 909, S : 11km
par N 16, ⌀ 01 34 68 10 10.
◎ Château★★★ - Parc★★ - Grandes Écuries★★ : musée vivant du Cheval★★ -
L'Aérophile★ (vol en ballon captif) : ≤★.
◎ Site★ du château de la Reine-Blanche S : 5,5 km.

CHANTILLY

	Hôtel du Parc sans rest	🚗 🕌 ⇆ 📞 ⅍ VISA ⓂⓄ 🅰🅔 ①
🔲		

36 av. Mar. Joffre – ℰ *03 44 58 20 00* – *bwhotelduparc@wanadoo.fr*
– *Fax 03 44 57 31 10*   A **a**
57 ch – ♦100 € ♦♦130/150 €, ⊋ 11 €
♦ Hôtel récent aux chambres assez spacieuses, claires et fonctionnelles, bénéficiant parfois
d'une terrasse ; les plus calmes sont tournées vers le jardin. Bar anglais.

rte d'Apremont par ① et D 606

	Dolce Chantilly ⊗	⇐ 🏠 🛏 🔲 ℔ 🕌 ⅍ ch, 🄺 ⇆ ℅ rest, 📞 ⅍
🏨		
✿		P VISA ⓂⓄ 🅰🅔 ①

à 3 km ⊠ *60500 Vineuil-St-Firmin* – ℰ *03 44 58 47 77*
– *info_chantilly@dolce.com* – *Fax 03 44 58 50 11* – *Fermé 21 déc.-2 janv.*
196 ch – ♦150/300 € ♦♦150/300 €, ⊋ 40 € – 4 suites
Rest *Carmontelle* – ℰ *03 44 58 47 57 (fermé le midi du 26 juil. au 18 août,
sam. midi, dim. et lundi) (nombre de couverts limité, prévenir)* Menu 49 € bc
(déj. en sem.), 66 € bc/130 € bc – Carte 92/102 €
Rest *L'Étoile* – *(dîner seult sauf dim.)* Menu 42 € bc/55 € bc – Carte 41/50 €
Spéc. Jambonnettes de grenouilles. Ris de veau braisé au vin jaune. Pain de Gênes
à la framboise et moelleux au chocolat.
♦ Ce grand hôtel d'architecture francilienne associé à un golf abrite des chambres spacieuses et fonctionnelles. Bel espace détente. Équipements performants pour séminaires.
Cadre moderne cossu et service attentionné au Carmontelle, pour une fine cuisine inven-
tive. À L'Étoile, carte traditionnelle et jolie rotonde.

XX **Auberge La Grange aux Loups** avec ch ❧ 🚗 🛋 📞 _VISA_ ⓜ AE
à Apremont, 6 km ⊠ *60300 –* ✆ *03 44 25 33 79 – lagrangeauxloups @ wanadoo.fr
– Fax 03 44 24 22 22 – Fermé 1er-15 sept. et dim.*
4 ch – ❜80 € ❜❜80 €, ⊑ 10 € – **Rest** *– (fermé lundi)* Menu (20 €), 29 €
(sem.)/55 € – Carte 61/81 €
♦ Auberge villageoise régalant sous les poutres et solives d'une jolie salle néo-rustique avec cheminée centrale ou sur sa terrasse "4 saisons". Choix classico-traditionnel.
Chambres bien tenues, offrant calme et ampleur, installées dans une dépendance.

à Montgrésin 5 km par ② – ⊠ 60560 Orry-la-Ville

🏨 **Relais d'Aumale** ❧ 🚗 🛋 ✵ |▯| ᶜ ch, 📞 🛁 **P** _VISA_ ⓜ AE ①
– ✆ *03 44 54 61 31 – relaisd.aumale @ wanadoo.fr – Fax 03 44 54 69 15 – Fermé
22 déc.-3 janv.*
22 ch – ❜115/132 € ❜❜130/156 €, ⊑ 13 € – 2 suites – ½ P 114/122 €
Rest *– (fermé dim. soir en hiver)* Menu 28 € (déj. en sem.)/44 € – Carte 55/80 €
♦ Ancien pavillon de chasse du duc d'Aumale, niché dans un jardin à l'orée de la forêt.
Chambres confortables et joliment décorées. Deux salles à manger : l'une actuelle, l'autre
châtelaine, avec boiseries, plafond à la française et tableaux. Recettes traditionnelles.

à Gouvieux 4 km par ④ – 9 406 h. – alt. 26 m – ⊠ 60270

🏰 **Château de Montvillargenne** ❧ ⪕ 🖤 🚗 🖽 🎣 ✵ |▯| ᶜ ch, ⟿
6 av. F. Mathet – ✆ *03 44 62 37 37* ✵ 📞 🛁 **P** _VISA_ ⓜ AE ①
– info@chmvt.com – Fax 03 44 57 28 97
120 ch – ❜175/380 € ❜❜175/380 €, ⊑ 23 € – ½ P 130/207 €
Rest – Menu 42/83 € – Carte 46/98 €
♦ Ce château du 19e s. au cœur d'un grand parc propose quatre catégories de chambres,
toutes confortables et agréablement personnalisées. Grande salle à manger complétée par
une mezzanine et de petits salons égayés de boiseries. Agréable terrasse.

🏰 **Château de la Tour** ❧ ⪕ 🖤 🚗 ⫿ ✵ ᶜ ch, ⟿ 🛁
chemin de la Chaussée – ✆ *03 44 62 38 38* **P** _VISA_ ⓜ AE ①
– reception @ lechateaudelatour.fr – Fax 03 44 57 31 97
41 ch – ❜140/225 € ❜❜140/225 €, ⊑ 13 € – ½ P 100/120 €
Rest – Menu 39/75 € – Carte 53/70 €
♦ Belle demeure bâtie au début du 20e s. et son extension contemporaine dominant un joli
parc de 5 ha. À l'intérieur, raffinement et atmosphère bourgeoise. Parquet ancien et
cheminées agrémentent le restaurant ; superbe terrasse. Carte classique.

🏠 **Le Pavillon St-Hubert** ❧ ⪕ 🚗 🛋 📞 🛁 **P** _VISA_ ⓜ AE
à Toutevoie – ✆ *03 44 57 07 04 – pavillon.sthubert @ wanadoo.fr
– Fax 03 44 57 75 42 – Fermé 2-20 janv.*
18 ch – ❜55 € ❜❜80 €, ⊑ 8 € – ½ P 70/90 € – **Rest** *– (fermé 2 janv.-8 fév., dim.
soir et lundi)* Menu 25 € (sem.), 33/50 € – Carte 42/64 €
♦ Ex-pavillon de chasse et son joli jardin situé au bord de l'Oise. Confortables petites
chambres. Restaurant meublé dans le style Louis XIII ; l'été, la terrasse dressée à l'ombre des
tilleuls profite d'une vue sur le trafic des péniches. Plats traditionnels.

XX **La Renardière** A⁄C _VISA_ ⓜ
⊛ *2 r. Frères Segard, (La Chaussée) –* ✆ *03 44 57 08 23 – Fax 03 44 57 30 37 – Fermé
4-19 août, dim. soir et lundi*
Rest – Menu 16 € (déj. en sem.), 28/48 € – Carte 48/89 € 🍷
♦ Cette sympathique auberge vous accueille dans un plaisant cadre rustique. Cuisine
traditionnelle et carte des vins habilement composée par la patronne, sommelière de
la maison.

rte de Creil 4 km par ⑤ – ⊠ 60740 St-Maximin

XXX **Le Verbois** 🚗 🛋 ✵ **P** _VISA_ ⓜ AE
rd-pt Verbois, (D 1016) – ✆ *03 44 24 06 22 – Fax 03 44 25 76 63 – Fermé 16 août -
1er sept., 2-15 janv., lundi sauf fériés et dim. soir*
Rest – Menu (29 €), 35/60 € – Carte 52/68 € 🍷
♦ À l'orée de la forêt, ancien relais de chasse précédé d'un joli jardin. Charmantes salles à
manger bourgeoises. Cuisine actuelle sur une base classique, gibier en saison.

CHANTONNAY – 85 Vendée – 316 J7 – 7 541 h. – alt. 58 m – ⊠ 85110   34 **B3**
- ◼ Paris 410 – Nantes 79 – La Roche-sur-Yon 34 – Cholet 53 – Bressuire 53
- ◼ Office de tourisme, place de la Liberté ℰ 02 51 09 45 77, Fax 02 51 09 45 78

⌂   **Manoir de Ponsay** ⍦   ◑ ⫝ ⅄ ⅍ ⍦ P
5 km à l' Est par rte de Pouzauges et rte secondaire – ℰ *02 51 46 96 71*
– manoir.de.ponsay@wanadoo.fr – Fax 02 51 46 80 07
5 ch – ⸙62/115 € ⸙⸙62/115 €, ⌙ 9 € – ½ P 66/93 €
Table d'hôte – Menu 32 € bc
♦ Pour jouir de la vie de château, ce manoir classé, transmis de père en fils depuis 1644, est idéal : spacieuses chambres décorées d'objets accumulés au fil des siècles, parc, piscine. Belle salle à manger et table d'hôte à la demande.

CHAOURCE – 10 Aube – 313 E5 – 1 092 h. – alt. 150 m – ⊠ 10210
▯ Champagne Ardenne   13 **B3**
- ◼ Paris 196 – Auxerre 66 – Bar-sur-Aube 58 – Châtillon-sur-Seine 52
  – Troyes 33
- ◼ Office de tourisme, 2, Place de l'Échiquier ℰ 03 25 40 97 22,
  Fax 03 25 40 97 22
- ◙ Église St-Jean-Baptiste ★ : sépulcre ★★.

à Maisons-lès-Chaource 6 km au Sud-Est par D 34 – 188 h. – alt. 235 m – ⊠ 10210

⌂⌂   **Aux Maisons** ⍦   ⌂ ▯ ৬ 🅰 ⅄ ⍦ ⍦ 🏠 P P VISA ◍ 🅰🄴
– ℰ 03 25 70 07 19 – accueil@logis-aux-maisons.com – Fax 03 25 70 07 75
23 ch – ⸙63 € ⸙⸙68 €, ⌙ 10 € – ½ P 72 €
Rest – *(fermé dim. soir du 15 oct. au 15 mars)* Menu (16 €), 19 € (déj. en sem.), 31/68 € – Carte 40/61 €
♦ Des douches "balnéo" agrémentent les plus confortables chambres de cet hôtel incluant une ferme champenoise restaurée. Adresse bien insonorisée et réservée aux non-fumeurs. Salle à manger d'esprit campagnard et terrasse d'été dressée au bord de la piscine.

CHAPARON – 74 Haute-Savoie – 328 K6 – **rattaché à Bredannaz**

LA CHAPELLE-AUX-CHASSES – 03 Allier – 326 I2 – 216 h. – alt. 225 m –
⊠ 03230   6 **C1**
- ◼ Paris 294 – Moulins 21 – Bourbon-Lancy 22 – Decize 25 – Digoin 50

XX   **Auberge de la Chapelle aux Chasses**   ⌷ ⌂ ৬ VISA ◍
⊜   *– ℰ 04 70 43 44 71 – aubergechapelle@aol.com – Fermé 15-25 juil., 20 oct.-7 nov.,*
5-25 fév., mardi et merc.
Rest – *(prévenir)* Menu 15 € bc, 21/68 €
– Carte 39/51 €
♦ Appétissante cuisine au goût du jour évoluant au gré des saisons servie dans un sobre cadre mi-rustique, mi-actuel. Tables bien dressées et accueil sympathique.

LA CHAPELLE-D'ABONDANCE – 74 Haute-Savoie – 328 N3 – 719 h.
– alt. 1 020 m – Sports d'hiver : 1 000/1 850 m ⛷ 1 ⛷ 11 ⅍ – ⊠ 74360
▯ Alpes du Nord   46 **F1**
- ◼ Paris 600 – Annecy 108 – Châtel 6 – Évian-les-Bains 29 – Morzine 32
  – Thonon-les-Bains 34
- ◼ Syndicat d'initiative, Chef-lieu ℰ 04 50 73 51 41, Fax 04 50 73 56 04

⌂⌂⌂   **Les Cornettes**   ⌷ ⌂ ▯ ⅃ ⅀ 🅰 rest, ⅍ P VISA ◍
– ℰ 04 50 73 50 24 – lescornettes@valdabondance.com – Fax 04 50 73 54 16
– Ouvert de mi-avril à mi-oct. et de mi-déc. à fin mars
42 ch – ⸙70/95 € ⸙⸙100/145 €, ⌙ 12 € – ½ P 75/115 € – **Rest** – Menu 23 €
(sem.)/70 €
♦ Dans les mains de la même famille depuis 1894, ces bâtiments reliés par un souterrain abritent de confortables chambres lambrissées. Équipements de loisirs et petit musée savoyard. Vaste salle à manger montagnarde ornée d'objets régionaux chinés ; cuisine du terroir.

Les Gentianettes

🏫 🖼 📶 ⅙ ch, 🔏 rest, **P** _VISA_ **MO** **AE**

rte de Chevenne – 𝄐 04 50 73 56 46 – bienvenue@gentianettes.fr
– Fax 04 50 73 56 39 – Ouvert 13 juin-15 sept. et 20 déc.-5 avril et fermé merc.
en juin, sept., janv. et mars
36 ch – †90/130 € ††95/145 € – ½ P 69/115 € – **Rest** – Menu 19 € (sem.)/69 €
– Carte 29/53 €

♦ Chalet blond aux plaisantes chambres pourvues de balcons et habillées de chaleureuses
boiseries. Sauna, hammam, jacuzzi. Goûteuse cuisine régionale et atmosphère cosy au
restaurant : lambris naturels, cuivres, objets paysans et décoration soignée.

L'Ensoleillé

🚗 🏫 📶 ⅝ rest, 🐾 **P** _VISA_ **MO**

– 𝄐 04 50 73 50 42 – info@hotel-ensoleille.com – Fax 04 50 73 52 96 – Ouvert
de juin à mi-sept. et de mi-déc. à fin mars
35 ch – †60/75 € ††70/120 €, � 10 € – ½ P 60/95 € – **Rest** – (fermé mardi)
Menu 20 € (sem.)/52 € – Carte 28/59 €

♦ Ces deux chalets voisins proposent des chambres dotées de balcons et un espace
"forme" complet. Une généreuse cuisine savoyarde vous sera servie dans le décor
tout bois de la salle à manger ; fresques représentant le village, meubles et objets du
pays.

Le Vieux Moulin ⌘

🚗 🏫 ⅝ ch, **P** _VISA_ **MO** **AE**

rte de Chevenne – 𝄐 04 50 73 52 52 – maxit-levieuxmoulin@wanadoo.fr
– Fax 04 50 73 55 62 – Ouvert 1ᵉʳ juin-30 sept., 20 déc.-15 avril et fermé merc.
15 ch – †45/60 € ††60/70 €, ⊞ 8 € – ½ P 55/59 € – **Rest** – Menu 22 € (sem.),
38/45 € – Carte 25/44 €

♦ Cet établissement entouré d'un jardin et un peu excentré dispose de chambres fonctionnelles, lambrissées et mansardées au dernier étage. La belle échappée sur la vallée et
la carte mi-traditionnelle, mi-régionale sont les deux atouts du restaurant.

LA CHAPELLE-DE-GUINCHAY – 71 Saône-et-Loire – 320 I12 – 2 595 h.
– alt. 200 m – ⌧ 71570
8 **C3**

🛣 Paris 412 – Bourg-en-Bresse 50 – Caluire-et-Cuire 64 – Dijon 142

La Poularde

🔏 _VISA_ **MO**

pl. de la Gare – 𝄐 03 85 36 72 41 – restlapoularde@aol.com – Fax 03 85 33 83 25
– Fermé 1ᵉʳ-17 août, vacances de fév., dim. soir, mardi soir et merc.
Rest – Menu 18 € (déj. en sem.), 30/45 € – Carte 42/51 €

♦ Cette ancienne maison a troqué sa façade rose et son intérieur rustique pour un
style nettement plus contemporain (fauteuils design, tableaux modernes). Cuisine
actuelle.

LA CHAPELLE-EN-VALGAUDEMAR – 05 Hautes-Alpes – 334 F4 – 129 h.
– alt. 1 083 m – ⌧ 05800 ▮ Alpes du Sud
41 **C1**

🛣 Paris 653 – Gap 48 – Grenoble 91 – La Mure 51

🛈 Syndicat d'initiative, La Chapelle en Valgaudemar 𝄐 04 92 55 23 21,
Fax 04 92 55 23 21

◉ Les "Oulles du Diable"★★ (marmites des géants) - Cascade du Casset★ NE :
3,5 km.

◐ Chalet-hôtel du Gioberney : cirque★★.

Du Mont-Olan

≤ 🚗 ⅝ ch, **P** 🕾 _VISA_ **MO**

– 𝄐 04 92 55 23 03 – info@hoteldumontolan.com – Fax 04 92 55 34 58
– Ouvert 1ᵉʳ mai-15 oct.
14 ch – †41 €††49 €, ⊞ 7,50 € – ½ P 47 € – **Rest** – Menu (12 €), 19/22 €
♦ Établissement chaleureux tenu par la même famille depuis 4 générations dans ce joli
village isolé au pied du massif des Ecrins. Petites chambres rustiques. À table, ambiance
rurale et cuisine traditionnelle axée terroir. Formules rapides au bar.

Hôtels et restaurants bougent chaque année.
Chaque année, changez de guide Michelin !

LA CHAPELLE-EN-VERCORS – 26 Drôme – **332** F4 – 662 h. – alt. 945 m – Sports d'hiver : au Col de Rousset 1 255/1 700 m ⚐8 ⚐ – ⊠ 26420
🏔 Alpes du Nord

43 **E2**

🚗 Paris 604 – Die 41 – Grenoble 60 – Romans-sur-Isère 47 – St-Marcellin 35 – Valence 63

🎫 Office de tourisme, place Piétri 𝒞 04 75 48 22 54, Fax 04 75 48 13 81

⛳ Chapelle-en-Vercors, S : 2 km, 𝒞 04 75 48 19 86.

◉ Grotte de la Draye blanche★, 5 km au S par D 178.

🏨 **Bellier** ⌂   🚗 🛁 ⴵ **P** **VISA** **MC**
😊 – 𝒞 04 75 48 20 03 – hotel-bellier @ wanadoo.fr – Fax 04 75 48 25 31
– Ouvert d'avril à mi-oct. et fermé merc. soir et jeudi hors saison
13 ch – †29/32 € ††48/65 €, ⊡ 7 € – ½ P 46/60 € – **Rest** – Menu 16/32 € – Carte 16/33 €
♦ Cinq générations de la même famille se sont succédé aux commandes de ce chalet bâti sur un éperon dominant la route. Balcon pour la moitié des chambres. Jolie piscine bio. Restaurant rustique doté d'un mobilier savoyard. Terrasse sous les arbres du jardin.

🏠 **Des Sports**   🛁 ⴵ 🍽 **VISA** **MC**
av. des Grands Goulets – 𝒞 04 75 48 20 39 – hotel.des.sports @ wanadoo.fr
– Fax 04 75 48 10 52 – Fermé 12 nov.-26 déc., 4 janv.-1er fév., dim. soir et lundi
11 ch – †54/57 € ††54/57 €, ⊡ 8 € – ½ P 57/59 € – **Rest** – Menu 20/35 € – Carte 28/45 €
♦ Dans une rue commerçante à l'entrée du village, un véritable pied-à-terre pour cyclistes et randonneurs parcourant le Vercors. Chambres colorées, très bien rénovées. Au restaurant, cadre campagnard rajeuni, plats traditionnels et spécialités régionales.

LA CHAPELLE-ST-MESMIN – 45 Loiret – **318** H4 – rattaché à Orléans

---

CHARBONNIÈRES-LES-BAINS – 69 Rhône – **327** H5 – rattaché à Lyon

---

CHARENTON-LE-PONT – 94 Val-de-Marne – **312** D3 – **101** 26 – voir à Paris, Environs

---

CHARETTE – 38 Isère – **333** F3 – 281 h. – alt. 250 m – ⊠ 38390

44 **B1**

🚗 Paris 479 – Aix-les-Bains 68 – Belley 39 – Grenoble 100 – Lyon 63

🏠 **Auberge du Vernay**   🚗 🛁 ⴵ ⌂ ⴵ 🍴 **P** **VISA** **MC**
😊 rte Optevoz, (D 52) – 𝒞 04 74 88 57 57 – reservation @ auberge-du-vernay.fr
– Fax 04 74 88 58 57
7 ch – †55/65 € ††80/100 €, ⊡ 9 € – ½ P 88 € – **Rest** – (fermé 23-29 juin, janv., dim. soir et lundi) (nombre de couverts limité, prévenir) Menu 28/69 € – Carte 35/75 €
♦ Le calme de la campagne environnante et les coquettes chambres personnalisées font l'attrait de cette accueillante ferme du 18e s. joliment réhabilitée. Au restaurant : décor mi-rustique, mi-contemporain, belle cheminée et cuisine au goût du jour pleine de saveurs.

LA CHARITÉ-SUR-LOIRE – 58 Nièvre – **319** B8 – 5 460 h. – alt. 170 m – ⊠ 58400 🏔 Bourgogne

7 **A2**

🚗 Paris 212 – Auxerre 109 – Bourges 51 – Montargis 102 – Nevers 25

🎫 Syndicat d'initiative, 5, place Sainte-Croix 𝒞 03 86 70 15 06, Fax 03 86 70 21 55

◉ Église N.-Dame★★ : ⩽★★ sur le chevet - Esplanade rue du Clos ⩽★.

🍴 **Auberge de Seyr**   **VISA** **MC**
😊 4 Grande Rue – 𝒞 03 86 70 03 51 – Fax 03 86 70 03 51 – Fermé 10-17 mars, 17 août-4 sept., dim. soir et lundi
Rest – Menu 12 € (sem.)/33 € – Carte 25/36 €
♦ Faites une halte en toute simplicité dans ce restaurant composé de deux salles à manger agrémentées de poutres peintes. Le chef concocte des petits plats traditionnels.

🖪 Paris 230 – Luxembourg 168 – Reims 85 – Sedan 26

🛈 Office de tourisme, 4, place Ducale ✆ 03 24 55 69 90, Fax 03 24 55 69 89

🖩 des Sept-Fontaines à Fagnon Abbaye de Sept Fontaines, SO : 10 km par
D 139, ✆ 03 24 37 38 24 ;

🖩 des Ardennes à Villers-le-Tilleul Base de Loisirs des Poursaudes, S : 21 km
par D 764 et D 33, ✆ 03 24 35 64 65.

◎ Place Ducale★★ - Musée de l'Ardenne★ BX **M¹** - Musée Rimbaud BX **M²** -
Basilique N.-D.-d'Espérance : vitraux★★ BZ.

Plan page ci-contre

🏠 **De Paris** sans rest   ⇔ ☎ **P** VISA ◍◍ AE ①

🏨 24 av. G. Corneau – ✆ 03 24 33 34 38 – hotel.de.paris.08@wanadoo.fr
– Fax 03 24 59 11 21   BY **n**
27 ch – †45/50 € ††55/75 €, � 7 €
♦ Hôtel composé de trois bâtiments du début du 20ᵉ s. A. Rimbaud trône à l'accueil. Suites
avec cheminée et chambres insonorisées côté rue ; plus petites et calmes côté cour.

🏠 **Le Pélican** sans rest   ☒ ☎ **P** VISA ◍◍ AE ①

42 av. Maréchal Leclerc – ✆ 03 24 56 42 73 – hotelpelican@wanadoo.fr
– Fax 03 24 59 26 16 – Fermé 27 déc.-2 janv.
20 ch – †45 € ††48 €, ⊑ 8 €
♦ Maison en brique rouge entièrement rénovée. Quelques chambres personnalisées,
double vitrage atténuant la rumeur de l'avenue. Agréable espace petit-déjeuner.

XXX **La Clef des Champs**   ☆ AC VISA ◍◍ AE

33 r. Moulin – ✆ 03 24 56 17 50 – courrier@laclefdeschamps.fr – Fax 03 24 59 94 07
– Fermé dim. soir **Rest** – Menu 23/60 € – Carte 43/58 €   BX **e**
♦ Près de la place Ducale, maison du 17ᵉ s. abritant deux salles à manger sobres, dont l'une
s'agrémente d'une cheminée en brique et bois. Mets au goût du jour. Terrasse d'été.

XX **Le Manoir du Mont Olympe**   ☆ VISA ◍◍

139 r. Pâquis – ✆ 03 24 33 43 20 – lemanoirdelolympe@orange.fr
– Fax 03 24 37 12 25   BX **v**
Rest – Menu 23 € (sem.)/45 € – Carte 32/42 €
♦ Villa centenaire en briques rouges adossée au mont Olympe. Agréable salle à manger aux
tons pastel et terrasse couverte où l'on sert repas et rafraîchissements.

XX **La Côte à l'Os**   ☆ AC VISA ◍◍ AE

11 cours A. Briand – ✆ 03 24 59 20 16 – la.cote.a.l.os@orange.fr – Fax 03 24 22 04 99
Rest – Menu (13 €), 20/28 € – Carte 26/44 €   BY **e**
♦ Cuisine bistrotière (produits de la mer et gibier en saison) à apprécier dans une salle
animée (plus d'intimité à l'étage). Nouveau décor néoclassique façon brasserie cossue.

X **La Table d'Arthur**   VISA ◍◍

☺ 9 r. Bérégovoy – ✆ 03 24 57 05 64 – Fax 03 24 27 65 60 – Fermé vacances de
Pâques, 10-31 août, lundi soir, merc. soir, dim. et fériés   BX **a**
Rest – Menu (20 €), 26 €
♦ Au bout d'une impasse, un univers dédié au vin et au bien manger. Après la découverte
des nombreux flacons, on descend à la cave... pour déguster une cuisine franche et sincère.

X **Amorini**   VISA ◍◍

46 pl. Ducale – ✆ 03 24 37 48 80 – Fermé 28 juil.-18 août, dim. et lundi
Rest – (déj. seult) Carte 22/25 €   BX **t**
♦ Cette trattoria carolomacérienne offre un cadre typiquement italien avec ses fresques
figurant des angelots. Mets et vins transalpins servis en salle ou en vente à l'épicerie.

à Fagnon 8 km par D 3 AZ et D 39 – 345 h. - alt. 171 m - ⊠ 08090

🏛 **Abbaye de Sept Fontaines** ⊱   ⇐ ⚡ ☆ 🖩 ☒ rest, ♨
– ✆ 03 24 37 38 24 – abbaye-7-fontaines@   **P** VISA ◍◍ AE ①
wanadoo.fr – Fax 03 24 37 58 75
23 ch – †89/195 € ††98/199 €, ⊑ 14 € – ½ P 92/109 € – **Rest** – Menu 29/56 €
– Carte 45/52 €
♦ Dans un parc agrémenté d'un golf, hôtel mettant à profit les bâtiments restaurés d'une
abbaye du 1ᵉʳ s. Au 1ᵉʳ étage, grandes chambres tournées vers la nature. Repas servi dans
une salle que le Général honora de sa présence. Vue sur le "green". Lunch-buffet.

CHARLEVILLE-
MÉZIÈRES

Arches (Av. d') .... **BYZ**
Arquebuse (R. de l') .... **BX** 2
Bérégovoy (R. P.) .... **BX** 3
Bourbon (R.) .... **BX** 4
Carré (R. Irénée) .... **BX** 5
Corneau (Av. G.) .... **BY** 6

Droits-de-l'Homme (Pl. des) **BX** 7
Fg de Pierre (R. du) ...... **BZ** 8
Flandre (R. de) .... **BX** 9
Hôtel de Ville (Pl. de l') ... **BZ** 10
Jean-Jaurès (Av.) .... **BY**
Leclerc (Av. Mar.) .... **BY** 19
Manchester (Av. de) ..... **AY** 20
Mantoue (R. de) .... **BX** 21
Mitterrand (Av. F.) ...... **AX** 22
Monge (R.) .... **BZ** 23
Montjoly (R. de) .... **AX** 24

Moulin (R. du) .... **BX** 25
Nevers (Pl. de) .... **BX** 27
Petit-Bois (Av. du) ...... **BX** 28
République
  (R. de la) .... **BX** 30
Résistance (Pl. de la) .... **BZ** 31
St-Julien (Av. de) .... **AY** 32
Sévigné (R. Mme de) .... **BX** 33
Théâtre (R. du) .... **BY** 34
91e-Régt-d'Infanterie
  (Av. du) .... **BZ** 36

CHARLIEU – 42 Loire – 327 E3 – 3 582 h. – alt. 265 m – ⊠ 42190
▓ Bourgogne

🚹 Paris 398 – Mâcon 77 – Roanne 18 – St-Étienne 102

🚺 Office de tourisme, place Saint-Philibert, ✆ 04 77 60 12 42,
Fax 04 77 60 16 91

◉ Ancienne abbaye bénédictine★ : façade★★ - Couvent des Cordeliers★.

CHARLIEU

🏠 **Relais de l'Abbaye** 🛋 ⇆ 📞 **P** VISA **MC** AE ①
415 rte du Beaujolais – ✆ 04 77 60 00 88 – relais.de.abbaye@wanadoo.fr
– Fax 04 77 60 14 60 – Fermé 19 déc.-11 janv. **a**
27 ch – ♦60/68 € ♦♦68/69 €, ☐ 7,50 € – ½ P 53 € – **Rest** – Menu 13 € (déj. en
sem.), 17/38 € – Carte 27/67 €

♦ Établissement rénové où vous séjournerez dans des chambres fonctionnelles, colorées
et bien tenues. Vaste pelouse avec aire de jeux pour enfants. Salle à manger néo-rustique,
paisible terrasse et plats classiques aux accents du terroir.

rte de Pouilly 2,5 km par ④ et rte secondaire

✗✗ **Le Moulin de Rongefer** 🛋 **P** VISA **MC**
⊠ *42190 St-Nizier-sous-Charlieu – ✆ 04 77 60 01 57 – Fax 04 77 60 33 28 – Fermé
dim. soir, mardi soir et merc.*
Rest – Menu 25/51 € – Carte 33/55 € ❀

♦ Ancien moulin bordant le Sornin où l'on déguste une cuisine actuelle (belle carte des vins
honorant la Bourgogne). Salle à manger campagnarde et agréable terrasse fleurie.

à St-Pierre-la-Noaille 5,5 km au Nord-Ouest par rte secondaire – 323 h. – alt. 287 m –
⊠ 42190

🏠 **Domaine du Château de Marchangy** sans rest ⌂ ⪡ 🌤 🍸 **P**
– ✆ 04 77 69 96 76 – contact@marchangy.com – Fax 04 77 60 70 37
3 ch ☐ – ♦77/99 € ♦♦85/110 €

♦ Ce superbe château du 18ᵉ s. jouxte une jolie maison de vigneron dans laquelle se
trouvent les chambres. Décorées avec goût, elles ouvrent sur les monts du Forez et la
campagne.

CHARMES – 88 Vosges – 314 F2 – 4 665 h. – alt. 282 m – ⊠ 88130
▓ Alsace Lorraine

🚹 Paris 381 – Épinal 31 – Lunéville 40 – Nancy 43 – St-Dié 59 – Toul 62
– Vittel 40

🚺 Office de tourisme, 2, place Henri Breton ✆ 03 29 38 17 09,
Fax 03 29 38 17 09

%% **Dancourt** avec ch ⌂ ⅍ VISA ⦿ AE ⓪
6 pl. Henri Breton – ℰ 03 29 38 80 80 – contact@hotel-dancourt.com
– Fax 03 29 38 09 15 – Fermé 18 déc.-18 janv., dim. soir d'oct. à mai, sam. midi et vend.
16 ch – ♦40/50 € ♦♦45/57 €, ☖ 8 € – ½ P 44/51 € – **Rest** – Menu (16 €), 18 € (sem.)/40 € – Carte 30/62 €
♦ Près de la maison natale de Maurice Barrès, cadre mêlant bustes et colonnes grecs à un mobilier plus sobre pour une cuisine traditionnelle locale. Chambres simples et propres.

à Chamagne 4 km au Nord par D 9 – 416 h. – alt. 265 m – ✉ 88130

X **Le Chamagnon** ⌂ AC ⅍ VISA ⦿
236 r. du Patis – ℰ 03 29 38 14 74 – charlesvincent038@orange.fr
– Fax 03 29 38 14 74 – Fermé 7-28 juil., 27 oct.-5 nov., dim. soir, mardi soir, merc. soir et lundi
Rest – Menu 10 € (déj. en sem.), 19/53 € – Carte 28/46 €
♦ Dans le village de Claude Gellée dit Le Lorrain, ce restaurant chaleureux (cave en exposition) propose une carte actuelle ouverte aux saveurs d'ailleurs : Corse, Provence, Asie.

à Vincey 4 km au Sud-Est par N 57 – 2 159 h. – alt. 297 m – ✉ 88450

🛏 **Relais de Vincey** ⌂ ⌂ ⅀ ⌗ ℔ ⅍ ⅌ ⅃ ⌑ ℙ VISA ⦿ AE
33 r. de Lorraine – ℰ 03 29 67 40 11 – relais.de.vincey@wanadoo.fr
– Fax 03 29 67 36 66 – Fermé 18-31 août
34 ch – ♦58/68 € ♦♦73/81 €, ☖ 9 € – ½ P 61/72 € – **Rest** – (fermé sam. midi et dim. soir) Menu (21 €), 25/34 € – Carte 30/53 €
♦ Les chambres, fonctionnelles, occupent l'annexe de cet établissement et donnent sur le jardin. Tennis, fitness, piscine couverte. Le bâtiment principal abrite un restaurant au décor design où l'on sert une carte traditionnelle. Au bar, repas rapides.

CHARNAY-LÈS-MÂCON – 71 Saône-et-Loire – 320 I12 – rattaché à Mâcon

---

CHARNY-SUR-MEUSE – 55 Meuse – 307 D3 – rattaché à Verdun

CHAROLLES ⬳ – 71 Saône-et-Loire – 320 F11 – 3 027 h. – alt. 279 m – ✉ 71120
▌Bourgogne 8 **C3**

▣ Paris 374 – Autun 80 – Chalon-sur-Saône 67 – Mâcon 55 – Moulins 81 – Roanne 61
🄸 Office de tourisme, 24, rue Baudinot ℰ 03 85 24 05 95, Fax 03 85 24 28 12

⌂ **Le Téméraire** sans rest ⅍ ℄ ⌂ VISA ⦿ AE ⓪
3 av. J. Furtin – ℰ 03 85 24 06 66 – guinet.suzane.@wanadoo.fr
– Fax 03 85 24 05 54 – Fermé 23 juin-6 juil.
10 ch – ♦43/49 € ♦♦50/59 €, ☖ 6,50 €
♦ Cet hôtel dont l'enseigne fait référence à Charles le Téméraire abrite des chambres bien insonorisées ; petit salon d'accueil décoré de faïences de Charolles.

⌂ **Le Clos de l'Argolay** sans rest ⅏ ⌂ ⅍ ⅌ ℄
21 quai de la Poterne – ℰ 03 85 24 10 23 – closdelargolay@orange.fr
– Fermé janv. et fév.
3 ch ☖ – ♦89 € ♦♦99 € – 2 suites
♦ Dans la petite Venise du Charolais, maison (18e s.) protégée par un jardin clos soigné. Belles suites (mobilier de style) et duplex actuel en annexe. Produits maison de qualité.

%%% **De la Poste** avec ch ⌂ ℄ ⅃ VISA ⦿ AE ⓪
av. Libération, (près église) – ℰ 03 85 24 11 32 – hotel-de-la-liberation-doucet@wanadoo.fr – Fax 03 85 24 05 74 – Fermé 23-30 juin, 17-30 nov., 23 fév.-9 mars, dim. soir, jeudi soir et lundi
14 ch – ♦55/120 € ♦♦55/120 €, ☖ 10 € – 2 suites – **Rest** – Menu 25 € (sem.)/70 € – Carte 50/76 €
♦ Cuisine au goût du jour à savourer dans le décor raffiné de cette maison régionalisante ou sur la verdoyante terrasse. Chambres confortables ; certaines dans l'annexe récente.

au Sud-Ouest 11 km par D 985 et D 270 – ⊠ 71120 Changy

✗   **Le Chidhouarn**   🚗 🍴 **P** **VISA** **◑◉**

⊗   – ✆ 03 85 88 32 07 – Fax 03 85 88 01 23 – Fermé 1ᵉʳ-11 sept., 12 janv.-6 fév., lundi
et mardi

Rest – Menu 12,50 € (déj. en sem.), 20/50 € – Carte 18/32 €

♦ Une collection de coquillages pour égayer cette maison rustique du bocage charolais,
une cheminée pour réchauffer son salon. Spécialités à base de produits en provenance de
Bretagne.

CHAROST – 18 Cher – 323 I5 – 1 069 h. – alt. 137 m – ⊠ 18290   12 **C3**
▌ Limousin Berry

   🄳 Paris 239 – Châteauroux 39 – Bourges 26 – Dun-sur-Auron 42 – Issoudun 11
     – Vierzon 31

à Brouillamnon 3 km au Nord-Est par N 151 et D 16ᴱ - ⊠ 18290 Plou

✗✗   **L'Orée du Bois**   🚗 🏠 🍽 **P** **VISA** **◑◉**

⊗   – ✆ 02 48 26 21 40 – loreeduboisplou @ orange.fr – Fax 02 48 26 27 81
– Fermé 29 juil.-13 août, 12 janv.-13 fév., dim. soir et lundi

Rest – Menu 15 € (sem.)/36 € – Carte 33/44 €

♦ Un petit hameau tranquille abrite cette auberge champêtre et son agréable jardin. Plats
du terroir servis dans une lumineuse salle à manger, ou sur la terrasse en été.

CHARQUEMONT – 25 Doubs – 321 K3 – 2 209 h. – alt. 864 m –
⊠ 25140   17 **C2**

   🄳 Paris 478 – Basel 98 – Belfort 66 – Besançon 75 – Montbéliard 49
     – Pontarlier 59

✗   **Au Bois de la Biche** avec ch 🐾   ≤ Jura suisse, 🚗 🏠 **P** **VISA** **◑◉**

4,5 km au Sud-Est par D 10ᴱ et rte secondaire – ✆ 03 81 44 01 82
– thierry.marcelpoix @ wanadoo.fr – Fax 03 81 68 65 09 – Fermé 2 janv.-3 fév. et
lundi

3 ch – †45 € ††45 €, ⊑ 7 € – ½ P 49 € – **Rest** – Menu 20 € (sem.)/41 €
– Carte 26/52 €

♦ Point de ralliement des randonneurs, cette ancienne ferme cernée par les bois domine
les gorges du Doubs. Restaurant familial avec vue ; cuisine régionale. Chambres simples.

CHARRECEY – 71 Saône-et-Loire – 320 H8 – 313 h. – alt. 350 m –
⊠ 71510   8 **C3**

   🄳 Paris 341 – Autun 36 – Beaune 29 – Chalon-sur-Saône 18 – Mâcon 77

✗   **Le Petit Blanc**   🏠 **P** **VISA** **◑◉** **AE**

⊗   2 km à l'Est par D 978, rte de Chalon-sur-Saône – ✆ 03 85 45 15 43
– lepetitblanc @ orange.fr – Fax 03 85 45 19 80 – Fermé 13-21 avril,
17 août-1ᵉʳ sept., 21 déc.-12 janv., dim. soir et jeudi soir du 7 oct. au 22 juin, dim. du
23 juin au 6 oct. et lundi

Rest – Menu 15 € (déj. en sem.), 22/32 € – Carte 32/39 €

♦ Cette auberge de bord de route ne paye pas de mine et pourtant on s'y bouscule : plaisant
intérieur rénové et cuisine traditionnelle servie avec générosité. Terrasse d'été.

CHARROUX – 03 Allier – 326 F5 – 330 h. – alt. 420 m – ⊠ 03140   5 **B1**
▌ Auvergne

   🄳 Paris 344 – Clermont-Ferrand 61 – Montluçon 68 – Moulins 52 – Vichy 30
   🄸 Office de tourisme, rue de l'Horloge ✆ 04 70 56 87 71, Fax 04 70 56 87 71

🏠   **La Maison du Prince de Condé** sans rest   🚗 ↳ 🍽 **VISA** **◑◉**

pl. d'Armes – ✆ 04 70 56 81 36 – jspeer @ club-internet.fr

6 ch ⊑ – †50 € ††66 €

♦ Cette maison d'hôte propose des chambres personnalisées. Celle baptisée Porte
d'Orient, en duplex, se trouve dans la tour. Petit-déjeuner servi dans une jolie salle voûtée
du 13ᵉ s.

✕✕ **Ferme Saint-Sébastien** ⇄ P̄ 𝑉𝐼𝑆𝐴 ⓜⓞ
☺ chemin de Bourion – 𝒞 04 70 56 88 83 – ferme.saint.sebastien@wanadoo.fr
– Fax 04 70 56 86 66 – Fermé 30 juin-9 juil., 22 sept.-2 oct., 15 déc.-3 fév., mardi
sauf juil.-août et lundi
Rest – (prévenir) Menu 24/53 € – Carte 39/71 €
♦ Cette authentique ferme bourbonnaise réhabilitée abrite une coquette salle à manger
égayée de poutres peintes et d'herbiers. Cuisine au goût du jour fleurant bon le terroir.

à Valignat 8 km à l'Ouest sur D 183 – 57 h. – alt. 420 m – ⊠ 03330

⌂ **Château de l'Ormet** sans rest ⤸ 🛦 ⤶ P̄
L'Ormet – 𝒞 04 70 58 57 23 – lormet@wanadoo.fr – Fax 04 70 58 57 19 – Ouvert
d'avril à mi-nov.
4 ch ⊆ – ✝64/75 € ✝✝72/83 €
♦ Champêtre, gothique ou romantique : les chambres de ce manoir bourbonnais du 18ᵉ s.
ont chacune leur caractère. Toutes donnent sur le parc où sont dessinés des circuits de petit
train, passion du patron.

CHARTRES P̄ – 28 Eure-et-Loir – 311 E5 – 40 361 h. – Agglo. 130 681 h.
– alt. 142 m – Grand pèlerinage des étudiants (fin avril-début mai) – ⊠ 28000
▌Île de France   11 **B1**

▶ Paris 89 – Évreux 78 – Le Mans 120 – Orléans 80 – Tours 138
🗓 Office de tourisme, place de la Cathédrale 𝒞 02 37 18 26 26,
Fax 02 37 21 51 91
🏌 du Bois d'Ô à Saint-Maixme-Hauterive Ferme de Gland, par rte de
Verneuil-sur-Avre : 26 km, 𝒞 02 37 51 04 61.
◉ Cathédrale Notre-Dame★★★ : le portail Royal★★★, les vitraux★★★ - Vieux
Chartres★ : église St-Pierre★, ≼★ sur l'église St-André, des bords de l'Eure -
Musée des Beaux-Arts : émaux★ Y M² - COMPA★ (Conservatoire du
Machinisme agricole et des Pratiques Agricoles) 2 km par D24.

Plan page suivante

🏨 **Le Grand Monarque** 🖾 A̅C̅ rest, ✆ ⤸ ⚖ ⌂ 𝑉𝐼𝑆𝐴 ⓜⓞ A̅E̅ ⓪
22 pl. Épars – 𝒞 02 37 18 15 15 – info@bw-grand-monarque.com
– Fax 02 37 36 34 18   Z **e**
50 ch – ✝101 € ✝✝145 €, ⊆ 14 € – 5 suites
Rest Georges – (fermé 2-7 janv., dim. soir et lundi) Menu 48 €
– Carte 47/64 € ☸
Rest Le Madrigal – Menu (24 € bc), 28 €
♦ Relais de poste (16ᵉ s.) recommandé dans le Guide Michelin depuis 1900 !
Chambres spacieuses, personnalisées et cosy. Au restaurant, carte classique évolutive, bon
choix de vins et décor chic et feutré. Ambiance conviviale et table bistrotière au Madrigal.

🏠 **Ibis Centre** 🖾 🖥 & A̅C̅ ⤶ ⤸ ⚖ P̄ 🅰 𝑉𝐼𝑆𝐴 ⓜⓞ A̅E̅ ⓪
14 pl. Drouaise – 𝒞 02 37 36 06 36 – h0917@accor.com – Fax 02 37 36 17 20
79 ch – ✝50/79 € ✝✝50/79 €, ⊆ 7,50 € – **Rest** – Menu (14 €), 19 €   X **b**
– Carte 20/26 €
♦ À proximité du quartier historique et de la cathédrale, cet hôtel rénové par étapes
propose des chambres fonctionnelles et bien tenues. La terrasse du restaurant, dressée au
bord de l'Eure, est très courue aux beaux jours.

✕✕✕ **La Vieille Maison** 𝑉𝐼𝑆𝐴 ⓜⓞ
5 r. au Lait – 𝒞 02 37 34 10 67 – Fax 02 37 91 12 41 – Fermé dim. soir, mardi midi
et lundi   Y **s**
Rest – Menu (29 €), 35/48 €
♦ Pierres et poutres apparentes, meubles rustiques et cheminée donnent tout son cachet
à cette vénérable demeure plusieurs fois centenaire. Cuisine traditionnelle.

✕✕ **St-Hilaire** 𝑉𝐼𝑆𝐴 ⓜⓞ
☺ 11 r. Pont-St-Hilaire – 𝒞 02 37 30 97 57 – Fax 02 37 30 97 57
– Fermé 27 juil.-18 août, dim. et lundi   YZ **t**
Rest – (nombre de couverts limité, prévenir) Menu 26/42 € – Carte 39/50 €
♦ Tomettes, poutres, meubles peints et tableaux réalisés par une artiste locale : cette
maison du 16ᵉ s. a du style. Cuisine classique sagement revisitée.

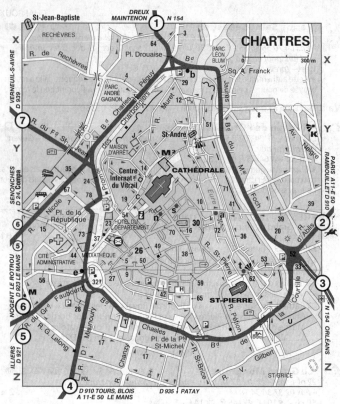

CHARTRES

☆ **Les Feuillantines** 🛜 **VISA ④④**

4 r. du Bourg – ☎ 02 37 30 22 21 – Fax 02 37 30 22 21 – Fermé 7-16 avril, 3-25 août,
vacances de Noël, dim. et lundi **Y a**
Rest – Menu (18 €), 25 € – Carte 41/52 €

♦ Dans ce petit restaurant du quartier historique, le chef prépare une cuisine traditionnelle sensible au rythme des saisons. Décor ensoleillé, terrasse d'été et accueil chaleureux.

☆ **Le Bistrot de la Cathédrale** 🛜 **VISA ④④**

1 Cloître Notre Dame – ☎ 02 37 36 59 60 – jalleratbertrand @ wanadoo.fr
– Fax 02 37 36 59 60 – Fermé merc. **Y n**
Rest – Menu 21/30 € bc – Carte 26/39 €

♦ L'adresse, au voisinage immédiat de la célèbre cathédrale, plaît autant pour son emplacement que pour sa bonne cuisine de bistrot, revisitée par un jeune chef plein d'allant.

par ② 4 km par D 910 – ⊠ 28000 Chartres

🏨 **Novotel**   🚗 🍴 ⊼ ℉₆ 🏥 ⅃ ch, 🅰 ⅙ 🏖 🅿 𝘝𝘐𝘚𝘈 ⓜⓞ ⒶⒺ ⓞ
av. Marcel Proust – ☎ 02 37 88 13 50 – h0413@accor.com – Fax 02 37 30 29 56
112 ch – ♦88/96 €, ♦♦100/125 €, � 12,50 € – **Rest** – Menu (22 €), 27/30 €
– Carte 25/41 €
♦ Construction "seventies" située entre zone commerciale et voies rapides. Préférez les
chambres rénovées, pratiques et claires. Agréable jardin-patio, jeux pour les enfants.
Restaurant mis aux normes du concept Novotel Café, carte traditionnelle.

Z. A. de Barjouville 4 km par ④ – ⊠ 28630 Barjouville

🏨 **Mercure**   🍴 ⅃ ch, ⅙ ☎ 🏖 🅿 𝘝𝘐𝘚𝘈 ⓜⓞ ⒶⒺ ⓞ
4 km, par ④ – ☎ 02 37 35 35 55 – h3481@accor.com – Fax 02 37 34 72 12
73 ch – ♦72 €, ♦♦82 €, ⊑ 12 € – 1 suite – **Rest** – (fermé sam. midi et dim.)
Menu (22 €), 26 €
♦ Cet hôtel de chaîne, établi dans un parc d'affaires, met à votre disposition des chambres
de bon confort et progressivement pourvues de la climatisation. Au restaurant, cuisine
traditionnelle et décor de type bistrot chic.

à Chazay 12 km à l'Ouest par D 24 et D 121 – ⊠ 28300 St-Aubin-des-Bois

🏠 **L'Erablais** sans rest 🌿   🚗 ⅙ ℀ 🅿
38 r. Jean Moulin – ☎ 02 37 32 80 53 – jmguinard@aol.com – Fax 02 37 32 80 53
– Fermé 21 déc.-4 janv.
3 ch ⊑ – ♦35 €, ♦♦47 €
♦ Les chambres, aménagées dans l'ex-étable de cette ferme du 19ᵉ s., sont coquettement
décorées sur le thème des fleurs. Paisible et beau jardin donnant sur les champs de colza.

au Nord-Ouest 8 km par ① et D121 ⁹ - ⊠28300 Bailleau-l'Évêque

🏠 **Ferme du Château** sans rest   🚗 ⅙ ℀ 🅿
à Levesville – ☎ 02 37 22 97 02 – Fax 02 37 22 97 02 – Fermé 25 déc.-1ᵉʳ janv.
3 ch ⊑ – ♦45 €, ♦♦55/60 €
♦ Ceux qui recherchent le calme et la nature seront séduits par cette jolie ferme beauceronne et son agréable jardin. Chambres spacieuses et gaies ; table d'hôte sur réservation.

CHARTRES-DE-BRETAGNE – 35 Ille-et-Vilaine – 309 L6 – **rattaché à Rennes**

LA CHARTRE-SUR-LE-LOIR – 72 Sarthe – 310 M8 – **1 547 h. – alt. 55 m** –
⊠ 72340 📙 Châteaux de la Loire   35 **D2**

◻ Paris 217 – La Flèche 57 – Le Mans 49 – St-Calais 30 – Tours 42
– Vendôme 42

🎫 Office de tourisme, Parking Central ☎ 02 43 44 40 04, Fax 02 43 44 40 04

🏠 **De France**   🚗 🍴 ⊼ ⅙ ☎ 🏖 🅿 𝘝𝘐𝘚𝘈 ⓜⓞ ⒶⒺ
⊗ 20 pl. de la République – ☎ 02 43 44 40 16 – hoteldefrance@worldonline.fr
– Fax 02 43 79 62 20 – Fermé vacances de Noël, fév., dim. soir et lundi sauf le soir
en juil.-août
24 ch – ♦45 €, ♦♦59 €, ⊑ 8,50 € – ½ P 48 € – **Rest** – (prévenir le week-end)
Menu 16 € (sem.)/40 € – Carte 30/55 €
♦ Relais de poste centenaire aux chambres progressivement rénovées. Piscine chauffée
pour la détente. Vue sur la verdure et le Loir. Le restaurant se caractérise par son cadre
rustique et son atmosphère vieille France. Table traditionnelle.

CHARTRETTES – 77 Seine-et-Marne – 312 F5 – **2 391 h. – alt. 75 m** –
⊠ 77590   19 **C2**

◻ Paris 66 – Créteil 44 – Montreuil 60 – Vitry-sur-Seine 48

🏠 **Château de Rouillon** sans rest   🚗 ⅉ ⅙ ℀ 🅿
41 av. Charles de Gaulle – ☎ 01 60 69 64 40 – chateau.de.rouillon@club.fr
– Fax 01 60 69 64 55
5 ch ⊑ – ♦74/96 €, ♦♦82/104 €
♦ Château du 17ᵉ s. et son gracieux parc bordant la Seine. Meubles de style et objets anciens
composent un décor raffiné dans les chambres comme dans les salons.

CHASSAGNE-MONTRACHET – 21 Côte-d'Or – 320 I8 – 472 h. – alt. 200 m –
✉ 21190
7 **A3**

> ▶ Paris 327 – Amboise 343 – Beaune 16 – Blois 69 – Chalon-sur-Saône 23

⌂ **Château de Chassagne-Montrachet** sans rest ॐ ≤ AK 4⁄
5 r. du Château – ℰ 03 80 21 98 57 – contact @ ☎ **P** VISA ⬤⬤ ⓪
michelpicard.com – Fax 03 80 21 98 56 – Fermé 23 déc.-3 janv.
5 ch ☑ – †250/300 € ††250/300 €

♦ Ce prestigieux domaine viticole vous ouvre les portes de son château (fin 18ᵉ) et de ses caves. Belles chambres très contemporaines, salles de bain créées par le sculpteur Arguey-rolles.

※※ **Le Chassagne** AK VISA ⬤⬤
4 imp. Chenevottes – ℰ 03 80 21 94 94 – lechassagne @ wanadoo.fr
– Fax 03 80 21 97 77 – Fermé 1ᵉʳ-14 août, 31 déc.-14 janv., dim. soir, merc. soir et lundi
Rest – Menu 29 € (sem.)/89 € – Carte 81/106 € ॐ

♦ Décor actuel rafraîchi, table au goût du jour et très bel assortiment de chassagne-montrachet : une plaisante étape gourmande au pays des "plus grands vins blancs du monde" !

CHASSELAY – 69 Rhône – 327 H4 – 2 590 h. – alt. 220 m – ✉ 69380
43 **E1**

> ▶ Paris 443 – L'Arbresle 15 – Lyon 21 – Villefranche-sur-Saône 18

※※※ **Guy Lassausaie** AK VISA ⬤⬤ AE ⓪
❀ r. de Belle Sise – ℰ 04 78 47 62 59 – guy.lassausaie @ wanadoo.fr
– Fax 04 78 47 06 19 – Fermé 4-28 août, 9-18 fév., mardi et merc.
Rest – Menu 45/90 € – Carte 60/72 € ॐ

Spéc. Langoustines en cheveux d'ange, beurre blanc à la vanille. Vapeur de barbue au citron, tartare d'huîtres et Saint-Jacques (saison). Poitrine de caille et foie gras en coque d'épices. **Vins** Viré-Clessé, Fleurie.

♦ Savourez une cuisine classique personnalisée et soignée dans ces vastes salles contemporaines agrémentées de carrés de soie lyonnais. Boutique de produits maison.

CHASSENEUIL-DU-POITOU – 86 Vienne – 322 I5 – rattaché à Poitiers

CHASSE-SUR-RHÔNE – 38 Isère – 333 B4 – rattaché à Vienne

CHASSEY-LE-CAMP – 71 Saône-et-Loire – 320 I8 – rattaché à Chagny

LA CHÂTAIGNERAIE – 85 Vendée – 316 L8 – 2 762 h. – alt. 155 m –
✉ 85120
35 **C3**

> ▶ Paris 408 – Bressuire 32 – Fontenay-le-Comte 23 – Parthenay 43 – La Roche-sur-Yon 59

> 🖪 Office de tourisme, rond-point des Sources ℰ 02 51 52 62 37, Fax 02 51 52 69 20

⌂ **Auberge de la Terrasse** 4⁄ ☎ VISA ⬤⬤ AE ⓪
❀ 7 r. Beauregard – ℰ 02 51 69 68 68 – contact @ aubergedelaterrasse.com
– Fax 02 51 52 67 96 – Fermé 26 avril-4 mai, 25 oct.-2 nov.
14 ch ☑ – †53 € ††67 € – ½ P 52/71 € – **Rest** – (fermé dim. soir, vend. soir, et sam. midi du 15 sept. au 31 mai et dim. midi en juil.-août) Menu (12 €), 18 € – Carte 20/40 €

♦ Dans un quartier excentré assez tranquille. L'hôtel propose des chambres bien tenues, simples et avant tout pratiques. Accueil aimable. Petite salle de restaurant rustique décorée de peintures et estampes, où l'on propose carte et menus traditionnels.

CHÂTEAU-ARNOUX-ST-AUBAN – 04 Alpes-de-Haute-Provence – 334 E8
– 4 970 h. – alt. 440 m – ✉ 04160 ▮ Alpes du Sud
41 **C2**

> ▶ Paris 719 – Digne-les-Bains 26 – Forcalquier 30 – Manosque 42 – Sault 71 – Sisteron 15

> 🖪 Syndicat d'initiative, 4, place de la carrière ℰ 02 96 73 49 57
> Office de tourisme, Font Robert ℰ 04 92 64 02 64, Fax 04 92 64 54 55

> 🖾 Église St-Donat★ - Belvédère de la chapelle St-Jean★ - Site★ de Montfort.

La Bonne Étape (Jany Gleize) 🚗 ☒ 🏧 📞 🗻 🅿 VISA ⓜ AE ⓞ

🌼 *Chemin du lac –* 𝒞 *04 92 64 00 09 – bonneetape@relaischateaux.com*
– Fax 04 92 64 37 36 – Fermé 4 janv.-12 fév.
18 ch – ♦152/172 € ♦♦168/370 €, ☲ 19 € – ½ P 161/270 €
Rest *– (fermé 17 nov.-2 déc., 4 janv.-12 fév., lundi et mardi hors saison sauf fériés)*
Menu 42/100 € – Carte 64/117 €
Spéc. Menu "Provence". Agneau de Sisteron. Crème glacée au miel de lavande
dans sa ruche. **Vins** Coteaux de Pierrevert, Palette.
♦ Difficile de ne pas succomber au charme de cette demeure du 18ᵉ s. fleurant bon la
Provence. Ravissantes chambres dotées de meubles anciens. Au restaurant, décor rustique
cossu et cuisine classique accompagnée d'une belle carte des vins hexagonale.

XXX L'Oustaou de la Foun 🏠 📞 VISA ⓜ AE ⓞ

Nord : 1,5 km sur N 85 – 𝒞 *04 92 62 65 30 – loustaoudela-foun@wanadoo.fr*
– Fax 04 92 62 65 32 – Fermé dim. soir et lundi
Rest – Menu 20 € bc (déj. en sem.), 30/55 € – Carte 54/62 €
♦ Table régionale occupant un ancien relais de poste (16ᵉ s.) bordé par la nationale. Salles
rajeunies : l'une est voûtée et l'autre, dotée de poutres. Repas d'été en plein air.

XX La Magnanerie avec ch 🏠 📞 🅿 VISA ⓜ ⓞ

🍝 *Nord : 2 km sur N 85 ☒ 04200 Aubignosc –* 𝒞 *04 92 62 60 11 – stefanparoche@*
aol.com – Fax 04 92 62 63 05 – Fermé 1ᵉʳ-8 sept. et 22-30 déc.
8 ch – ♦49/75 € ♦♦49/75 €, ☲ 8 € – ½ P 50/70 € – **Rest** *– (fermé dim. soir et
lundi)* Menu 15 € (sem.)/39 € – Carte 38/72 €
♦ Revisitée de a à z, cette magnanerie s'est embellie : décor design coloré en accord
avec l'inventive cuisine, nouveaux bar et terrasse-jardin garnie de tentes. Chambres vastes.

X Au Goût du Jour 🏧 VISA ⓜ AE ⓞ

☺ *14 av. Gén. de Gaulle –* 𝒞 *04 92 64 48 48 – goutdujour@bonneetape.com*
– Fax 04 92 64 37 36 – Fermé 4 janv.-12 fév.
Rest – Menu (18 €), 25 €
♦ Coquette petite salle à manger habillée aux couleurs de la Provence où l'on déguste dans
un esprit bistrot de bons plats du terroir affichés sur ardoise.

CHÂTEAUBOURG – 35 Ille-et-Vilaine – 309 N6 – 4 877 h. – alt. 50 m –
☒ 35220   **10 D2**

🚗 Paris 329 – Angers 114 – Châteaubriant 52 – Fougères 44 – Laval 57 – Rennes 24

🏠 Ar Milin' ⌚ 🍴 🏠 % 🈸 ⅙ 📞 🗻 🅿 VISA ⓜ ⓞ

– 𝒞 *02 99 00 30 91 – resa.armilin@wanadoo.fr – Fax 02 99 00 37 56*
– Fermé 21 déc.-7 janv. et dim. soir nov. au 28 fév.
32 ch – ♦71/126 € ♦♦80/200 €, ☲ 12 € – ½ P 93/116 €
Rest *– (fermé mardi midi, lundi en juil.-août et sam. midi)* Menu 28/99 € bc
– Carte 35/70 € 🍝
Rest *Bistrot du Moulin – (fermé dim. et fériés) (déj. seult)* Carte 16/26 €
♦ Au calme d'un parc agrémenté d'œuvres contemporaines monumentales, ce moulin de
pierre du 19ᵉ s. abrite de chaleureuses chambres (plus petites dans l'annexe). Salle à
manger claire (harmonie de blancs) avec vue sur la rivière ; cuisine traditionnelle. Cadre
actuel et ambiance informelle au Bistrot.

à St-Didier 6 km à l'Est par D 33 – 1 275 h. – alt. 49 m – ☒ 35220

🏠 Pen'Roc ⌚ 🚗 🏠 ☒ 🛁 🍴 ᐸ ch, 🏧 📞 🗻 🅿 VISA ⓜ AE

à La Peinière, (D 105) – 𝒞 *02 99 00 33 02 – hotellerie@penroc.fr*
– Fax 02 99 62 30 89 – Fermé 22 déc.-5 janv., 16-22 fév.
29 ch – ♦87/231 € ♦♦101/231 €, ☲ 12,50 € – ½ P 95/160 € – **Rest** *– (fermé
vend. soir et dim. soir hors saison)* Menu (18 €), 24 € (sem.)/85 € – Carte 56/96 €
♦ Vous rêvez de silence ? C'est l'un des atouts de cet hôtel aux chambres contemporaines
ou rappelant l'Asie. Coup de cœur pour le petit-déjeuner (confitures, far et yaourt maison).
Alléchant programme au restaurant : carte actuelle servie dans de petites salles feutrées.

CHÂTEAUBRIANT 👁 – 44 Loire-Atlantique – 316 H1 – 12 065 h. – alt. 70 m –
☒ 44110 ▌ Bretagne   **34 B2**

🚗 Paris 354 – Angers 72 – Laval 65 – Nantes 62 – Rennes 61
🚹 Office de tourisme, 22, rue de Couéré 𝒞 02 40 28 20 90, Fax 02 40 28 06 02
◙ Château★.

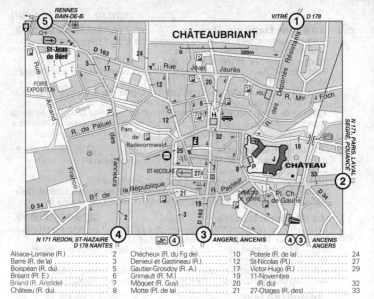

CHÂTEAUBRIANT

🏠 **La Ferrière** 🐾 AC rest, ⇄ ㊙ P VISA ⑩ AE ①

rte de Moisdon-la-Rivière, D 178 par ④ – ℰ 02 40 28 00 28
– hostellerie-laferriere @ wanadoo.fr – Fax 02 40 28 29 21
19 ch – †92 € ††92 €, ⇱ 10,50 € – ½ P 62/72 € – **Rest** – *(fermé dim. soir)*
Menu 20 € (sem.)/40 € – Carte 40/56 €

♦ Une maison bourgeoise de 1840 nichée dans un parc. Chambres confortables dans les étages de la demeure, moins grandes dans le pavillon annexe. Cuisine traditionnelle à goûter dans des salles à manger de caractère ou sous une véranda lumineuse.

CHÂTEAU-CHALON – 39 Jura – 321 D6 – 160 h. – alt. 420 m – ⊠ 39210

Franche-Comté Jura   16 **B3**

▶ Paris 409 – Besançon 73 – Dole 51 – Lons-le-Saunier 14

⛺ **Le Relais des Abbesses** ≼ 🏡 ⇄ 📞 P

r. de la Roche – ℰ 03 84 44 98 56 – relaisdesabbesses @ wanadoo.fr
– Fax 03 84 44 98 56 – Ouvert de fév. à mi-nov.
4 ch ⇱ – †62 € ††65/70 € – **Table d'hôte** – Menu 24 € bc/32 € bc

♦ Les propriétaires ont eu le coup de foudre pour cette maison de village. Ses chambres, baptisées Agnès, Marguerite et Eugénie offrent une superbe vue sur la Bresse ; Violette regarde Château-Chalon. Cuisine franc-comtoise familiale.

CHÂTEAU D'IF – 13 Bouches-du-Rhône – 340 G6 Provence   40 **B3**

⛴ au départ de **Marseille** pour le château d'If★★ (※★★★) 20 mn.

LE CHÂTEAU D'OLÉRON – 17 Charente-Maritime – 324 C4 – **voir à Île d'Oléron**

CHÂTEAUDOUBLE – 83 Var – 340 N4 – 381 h. – alt. 540 m – ⊠ 83300

Côte d'Azur   41 **C3**

▶ Paris 875 – Castellane 50 – Draguignan 14 – Fréjus 43 – Toulon 98

⊙ Site★ – ≼★ de la tour "sarrasine" - Gorges de Châteaudouble★.

✕✕ **Du Château** 🏡 ✤ VISA ⑩

pl. Vieille – ℰ 04 94 70 90 05 – Fax 04 94 70 90 05 – Fermé lundi, mardi et merc. du
1ᵉʳ nov. au 1ᵉʳ mars **Rest** – Menu 25/40 €

♦ Sièges design, tableaux modernes et coloris provençaux composent le cadre de ce charmant restaurant prolongé d'une terrasse ombragée. Cuisine régionale actualisée.

CHÂTEAU-DU-LOIR – 72 Sarthe – **310** L8 – **5 148 h.** – **alt. 50 m** – ✉ 72500 35 **D2**

▶ Paris 235 – La Flèche 41 – Langeais 47 – Le Mans 43 – Tours 42 – Vendôme 59

ℹ Office de tourisme, 2, avenue Jean Jaurès ✆ 02 43 44 56 68, Fax 02 43 44 56 95

Le Grand Hôtel

VISA

pl. Hôtel de Ville – ✆ 02 43 44 00 17 – avel5@wanadoo.fr – Fax 02 43 44 37 58 – Fermé vacances de la Toussaint, vend. soir et sam. midi de nov. à fév.

18 ch – 51 € 51/59 €, 9 € – ½ P 66 € – **Rest** – Menu 21/39 € – Carte 26/52 €

◆ Ce relais de poste en tuffeau du 19e s. abrite des chambres correctement équipées, rustiques ou actuelles ; elles sont plus calmes à l'annexe, sise dans l'ancienne écurie. Salle à manger au cachet rétro et terrasse sous une glycine ; cuisine traditionnelle.

CHÂTEAUDUN – 28 Eure-et-Loir – **311** D7 – **14 543 h.** – **alt. 140 m** – ✉ 28200

Châteaux de la Loire 11 **B2**

▶ Paris 131 – Blois 57 – Chartres 45 – Orléans 53 – Tours 94

ℹ Office de tourisme, 1, rue de Luynes ✆ 02 37 45 22 46, Fax 02 37 66 00 16

◉ Château★★ - Vieille ville★ : église de la Madeleine★ - Promenade du Mail ≤★ - Musée des Beaux-Arts et d'Histoire naturelle : Collection d'oiseaux★ **M.**

CHÂTEAUDUN

Cap-de-la-Madeleine (Pl.) .... **A** 3
Château (R. du) .... **A** 4
Cuirasserie (R. de la) .... **A** 5
Dunois (Pl. J.-de) .... **A** 6
Gambetta (R.) .... **AB**
Guichet (R. du) .... **A** 7
Huileries (R. des) .... **A** 8
Luynes (R. de) .... **A** 10
Lyautey (R. du Mar.) .... **A** 12
Porte d'Abas (R. de la) .... **A** 14
République (R.) .... **AB**
St-Lubin (R.) .... **A** 18
St-Médard (R.) .... **A** 19
18-Octobre (Pl. du) .... **A** 21

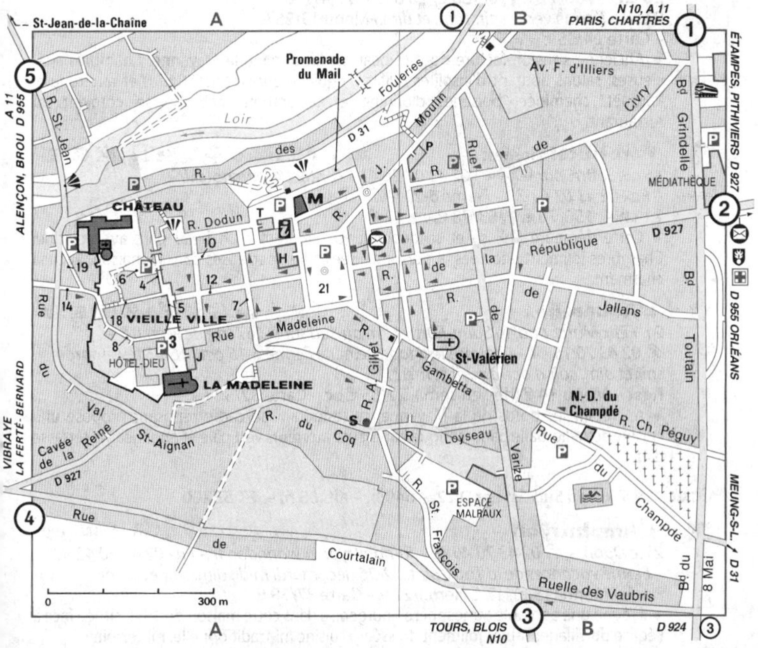

XX Aux Trois Pastoureaux   🕿 VISA ⓂⓄ AE

31 r. A Gillet – ℰ 02 37 45 74 40 – j-f.lucchese@wanadoo.fr – Fax 02 37 66 00 32
– Fermé 7-21 juil., 28 déc.-5 janv., 22 fév.-2 mars, dim. et lundi   A s
Rest – Menu (19 €), 20/44 € – Carte 30/60 €
♦ Boiseries, tons chaleureux et tableaux peints par un artiste local composent le nouveau décor du restaurant. Carte traditionnelle, menu médiéval et bon choix de vins au verre.

à Flacey 8 km au Nord par ① – ⊠ 28800 – 193 h. – alt. 157 m – ⊠ 28800

🏠 Domaine de Moresville sans rest ⌂   🚗 ₺ 🕸 ✆ 🏛

rte de Brou, Nord-Ouest par D 110 –   P VISA ⓂⓄ AE ①
ℰ 02 37 47 33 94 – resa@domaine-moresville.com – Fax 02 37 47 56 40
16 ch – †70/100 € ††80/160 €, ⊡ 12 € – 1 suite
♦ Beau château du 18ᵉ s. dans un joli parc doté d'un étang. Meubles et parquets anciens, bonne ampleur et calme caractérisent les chambres personnalisées. Sauna et jacuzzi.

CHÂTEAUFORT – 78 Yvelines – 311 I3 – 101 22 – voir à Paris, Environs

---

CHÂTEAU-GONTIER ⊙ – 53 Mayenne – 310 E8 – 11 131 h. – alt. 33 m –
⊠ 53200 ▮ Châteaux de la Loire   35 **C1**

   ◨ Paris 288 – Angers 50 – Châteaubriant 56 – Laval 30 – Le Mans 95
   ◨ Office de tourisme, place André Counord ℰ 02 43 70 42 74,
     Fax 02 43 70 95 52
   ◙ Intérieur roman★ de l'église St-Jean-Baptiste.

Plan page ci-contre

🏠 Le Jardin des Arts ⌂   ≼ 🚗 🕿 🕸 ✆ 🏛 P VISA ⓂⓄ

5 r. A. Cahour – ℰ 02 43 70 12 12 – jardin@art8.com – Fax 02 43 70 12 07
– Fermé 28 juil.-17 août, 22 déc.-4 janv. et fériés   A e
20 ch – †60/72 € ††68/88 €, ⊡ 8 € – ½ P 47/70 €
Rest – *(fermé vend. soir, sam. et dim.)* Menu 19/25 €
– Carte 24/35 €
♦ Ancienne sous-préfecture dont le beau jardin domine la Mayenne. Chambres spacieuses, salons abritant d'insolites billards, équipements informatiques et auditorium. Parquet, cheminée, boiseries d'origine et décoration moderne se côtoient au restaurant.

🏠 Parc Hôtel sans rest   🏊 🗊 🕸 ₺ 🛁 ✆ 🏛 P VISA ⓂⓄ AE

46 av. Joffre, par ③ – ℰ 02 43 07 28 41 – contact@parchotel.fr
– Fax 02 43 07 63 79 – Fermé 6-22 fév.
21 ch – †56/70 € ††63/78 €, ⊡ 12 €
♦ Cette demeure (19ᵉ s.) et sa dépendance profitent d'un beau parc avec piscine. Chambres joliment décorées et personnalisées, plus spacieuses dans la maison. Accueil charmant.

XX L'Aquarelle   ≼ Mayenne, 🕿 AC P VISA ⓂⓄ AE ①

2 r. Félix Marchand, (à Saint-Fort), 1 km au Sud sur D 267 (rte de Ménil) B –
ℰ 02 43 70 15 44 – l.aquarelle@laposte.net – Fermé 6-15 oct., 16-25 fév., mardi soir et dim. soir d'oct. à avril et merc.
Rest – Menu 14 € (déj. en sem.), 22/55 € bc – Carte 32/50 €
♦ Ancré sur les bords de la Mayenne, ce restaurant au cadre reposant propose une cuisine actuelle. Salle panoramique lumineuse aux murs vert pâle et engageante terrasse d'été.

à Coudray 7 km au Sud-Est par D 22 – 640 h. – alt. 68 m – ⊠ 53200

XX L'Amphitryon   🕿 ₺ VISA ⓂⓄ

2 rte Daon – ℰ 02 43 70 46 46 – lamphitryon@wanadoo.fr – Fax 02 43 70 42 93
– Fermé vacances de la Toussaint, 22-26 déc., mardi midi, dim. soir et lundi
Rest – Menu (13 €), 17 € (sem.)/27 € – Carte 37/58 €
♦ Il règne une agréable atmosphère bourgeoise dans cette maison du 19ᵉ s. située face à l'église du village. Tables joliment dressées ; cuisine mi-traditionnelle, mi-terroir.

CHÂTEAU-GONTIER

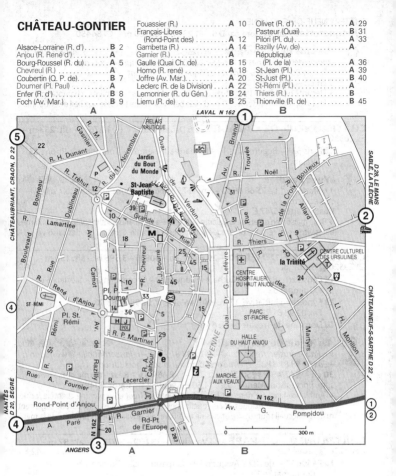

à Ruillé-Froid-Fonds 12,5 km par ① et D605 – 436 h. – alt. 87 m – ⊠ 53170

⌂   **Logis Villeprouvée** ⌖   🛋 🏠 ↯ 📞 **P**
      rte du Bignon-du-Maine – ℰ 02 43 07 71 62 – christ.davenel @ orange.fr
☎   – Fax 02 43 07 71 62
      4 ch ⊉ – ♦33 € ♦♦43/48 € – ½ P 33/35 €
      Table d'hôte – Menu 13 €
      ◆ Le décor soigné de cet ancien prieuré des 14ᵉ-17ᵉ s. vous replonge à l'époque
      de la chevalerie : armures, tapisseries médiévales, lits à baldaquin. Côté table d'hôte :
      salle à manger au cachet très rustique et plats concoctés avec les produits de la
      ferme.

CHÂTEAUNEUF – 71 Saône-et-Loire – **320** F12 – **rattaché à Chauffailles**

CHÂTEAUNEUF-DE-GADAGNE – 84 Vaucluse – **84** C10 – 2 838 h. – alt. 90 m
– ⊠ 84470   42 **E1**

    🖸 Paris 694 – Arles 47 – Avignon 13 – Marseille 95
    🖸 Office de tourisme, Place de la Liberté ℰ 04 90 38 04 78,
      Fax 04 90 38 35 43

CHÂTEAUNEUF-DE-GADAGNE
à Jonquerettes 4 km au Nord par D 6 – 1 236 h. – alt. 60 m – ⊠ 84450

⌂ **Le Clos des Saumanes** sans rest ॐ ♨ ⌸ ⅃ ⅃ ⅋ **P**
chemin des Saumanes – ☏ 04 90 22 30 86 – closaumane@aol.com
– Fax 04 86 34 04 46 – Ouvert de Pâques à la Toussaint
5 ch ⊆ – †80 € ††130 €
◆ Élégante bastide du 18e s. située entre pinède et vignes. Charmantes chambres provençales meublées à l'ancienne ; l'une d'elles bénéficie d'une terrasse. Accueil attentionné.

CHÂTEAUNEUF-DE-GALAURE – 26 Drôme – 332 C2 – 1 276 h. – alt. 253 m –
⊠ 26330   43 **E2**
    ▷ Paris 531 – Beaurepaire 19 – Romans-sur-Isère 27 – Tournon-sur-Rhône 25
      – Valence 41

ⅩⅩ **Yves Leydier** ♨ ⍥ **VISA** ◍◍
1 r. Stade – ☏ 04 75 68 68 02 – Fax 04 75 68 66 19 – Fermé fév., dim. soir, mardi
soir et merc.
Rest – Carte 25/47 €
◆ Belle maison en galets de la Galaure. Au choix : salle à manger intime, véranda aux larges
baies vitrées ou terrasse ombragée surplombant le jardin. Carte au gré des saisons.

CHÂTEAUNEUF-DU-FAOU – 29 Finistère – 308 I5 – 3 595 h. – alt. 130 m –
⊠ 29520 ▮ Bretagne   9 **B2**
    ▷ Paris 526 – Brest 65 – Carhaix-Plouguer 23 – Châteaulin 24 – Morlaix 51
      – Quimper 38
    ▯ Syndicat d'initiative, 17, rue de la Mairie ☏ 02 98 81 83 90,
      Fax 02 98 81 79 30
    ◉ Domaine de Trévarez★ S : 6 km.

⌂ **Le Relais de Cornouaille** ▮⅋ ⅋ ⌃ ⅄ ⅃ **P** **VISA** ◍◍
9 r. Paul-Sérusier, rte Carhaix – ☏ 02 98 81 75 36 – relaiscornouaille@wanadoo.fr
– Fax 02 98 81 81 32 – Fermé oct., dim. soir et sam. hors saison
30 ch – †42/45 € ††50/53 €, ⊆ 7 € – ½ P 46/48 € – **Rest** – (fermé dim. soir et
sam. hors saison) Menu (10 €), 14,50 € (sem.)/37 € – Carte 18/48 €
◆ Ambiance familiale dans cet hôtel dont le bar est fréquenté par une clientèle locale.
Chambres un peu exiguës, mais fonctionnelles et bien tenues. Restaurant sagement
rustique, accueil tout sourire et cuisine traditionnelle privilégiant les produits de la mer.

CHÂTEAUNEUF-DU-PAPE – 84 Vaucluse – 332 B9 – 2 078 h. – alt. 87 m –
⊠ 84230 ▮ Provence   42 **E1**
    ▷ Paris 667 – Alès 82 – Avignon 19 – Carpentras 22 – Orange 10
      – Roquemaure 10
    ▯ Syndicat d'initiative, place du Portail ☏ 04 90 83 71 08, Fax 04 90 83 50 34
    ◉ ≤★★ du château des Papes.

⌂⌂ **Hostellerie Château des Fines Roches** ॐ ≤ les vignes, ♨
rte de Sorgues et voie privée – ⍥ ⅃ Ⓐ⍤ ⍥ ⌁ **VISA** ◍◍ Ⓐ⑀ ◍
☏ 04 90 83 70 23 – reservation@chateaufinesroches.com – Fax 04 90 83 78 42
– Fermé nov. et du dim. soir au mardi midi de déc. à avril
11 ch – †99/309 € ††119/309 €, ⊆ 16 € – ½ P 120/215 € – **Rest** – Menu 33 €
bc (déj. en sem.), 52/65 €
◆ Étonnant château crénelé (19e s.) dominant le vignoble. Petites salles élégamment
décorées où l'on sert une cuisine aux saveurs régionales. Chambres agréables et spacieuses.

ⅩⅩ **Le Verger des Papes**
au château – ≤ le vignoble, le Luberon et Avignon, ⍥ Ⓐ⍤ **VISA** ◍◍
☏ 04 90 83 50 40 – vergerdespapes@wanadoo.fr – Fax 04 90 83 50 49 – Fermé
21 déc.-1er mars, dim. soir, lundi soir, mardi soir et merc. soir d'oct. à mars
Rest – Menu 20 € (déj. en sem.)/29 € – Carte 30/57 €
◆ Plaisant restaurant logé dans les remparts du château. Terrasse ombragée d'où l'on
admire un splendide panorama. Caves gallo-romaines taillées dans le roc. Cuisine provençale.

X **Le Pistou** VISA MC AE D

15 r. Joseph Ducos – ✆ 04 90 83 71 75 – charlotte.ledoux@tiscali.fr – Fermé janv., dim. soir et lundi

Rest – Menu 15/28 € – Carte 26/35 €

◆ Petit bistrot situé dans une ruelle menant à la forteresse papale. Sympathique cadre rustique et terrasse. Plats traditionnels et provençaux ou suggestions du jour à découvrir sur l'ardoise.

à l'Ouest 4 km par D 17 – ✉ 84230 Châteauneuf-du-Pape

La Sommellerie AC rest, P VISA MC AE

rte de Roquemaure – ✆ 04 90 83 50 00 – la-sommellerie@wanadoo.fr – Fax 04 90 83 51 85 – Fermé 2 janv.-10 fév.

16 ch – †74/117 € ††74/175 €, ☕ 12 € – ½ P 90/113 €

Rest – *(fermé lundi soir et dim. de nov. à avril, sam. midi et lundi midi)* Menu 30 € (déj. en sem.), 45/62 € – Carte 48/103 €

◆ Au cœur du vignoble de Châteauneuf, bergerie du 17e s. joliment restaurée. Chambres fraîches, garnies de meubles campagnards. Beau jardin arboré. Coquettes salles à manger provençales et terrasse face à la piscine ; cuisine régionale et rôtisserie (four à bois) en été.

Un hôtel charmant pour un séjour très agréable ?
Réservez dans un hôtel avec pavillon rouge : … .

CHÂTEAUNEUF-EN-THYMERAIS – **28 Eure-et-Loir** – **311** D4 – **2 423 h.** – **alt. 204 m** – ✉ **28170** 11 **B1**

Paris 98 – Chartres 26 – Dreux 21 – Nogent-le-Rotrou 44 – Verneuil-sur-Avre 32

27 du Bois d'Ô à Saint-Maixme-Hauterive Ferme de Gland, O : 2 km par D 140, ✆ 02 37 51 04 61.

X **Le Relais D'Aligre** AC VISA MC AE

25 r. Jean Moulin – ✆ 02 37 51 69 59 – Fax 02 37 51 80 49 – Fermé 7-28 juil., dim. soir et lundi

Rest – Menu 16 € (sem.)/44 € – Carte 25/75 €

◆ Poissons, coquillages et crustacés sont à l'honneur derrière cette façade lavande située dans la rue principale. Décor intérieur vaguement nautique ; ambiance familiale.

CHÂTEAURENARD – **13 Bouches-du-Rhône** – **340** E2 – **12 999 h.** – **alt. 37 m** – ✉ **13160** Provence 42 **E1**

Paris 692 – Avignon 10 – Carpentras 37 – Cavaillon 23 – Marseille 95 – Nîmes 44 – Orange 40

Syndicat d'initiative, 11, cours Carnot ✆ 04 90 24 25 50, Fax 04 90 24 25 52

Château féodal : ✲★ de la tour du Griffon.

X **Les Glycines** avec ch AC ch, VISA MC

14 av. V. Hugo – ✆ 04 90 94 10 66 – lesglycines3@wanadoo.fr – Fax 04 90 94 78 10 – Fermé vacances de fév., dim. soir et lundi

10 ch – †47 € ††47 €, ☕ 6 € – ½ P 53 € – **Rest** – Menu 18 € (sem.)/27 € – Carte 30/46 €

◆ Trois salles à manger en enfilade, un patio couvert et une agréable petite terrasse d'été. Cuisine à l'accent régional et, servie sur commande, spécialité de bouillabaisse.

CHÂTEAUROUX P – **36 Indre** – **323** G6 – **49 632 h.** – **alt. 155 m** – ✉ **36000** Limousin Berry 12 **C3**

Paris 265 – Blois 101 – Bourges 65 – Limoges 125 – Tours 115

Office de tourisme, 1, place de la Gare ✆ 02 54 34 10 74, Fax 02 54 27 57 97

18 du Val de l'Indre à Villedieu-sur-Indre Parc du Château, par rte de Loches : 13 km, ✆ 02 54 26 59 44.

Déols : clocher★ de l'ancienne abbaye, sarcophage★ dans l'église St-Etienne.

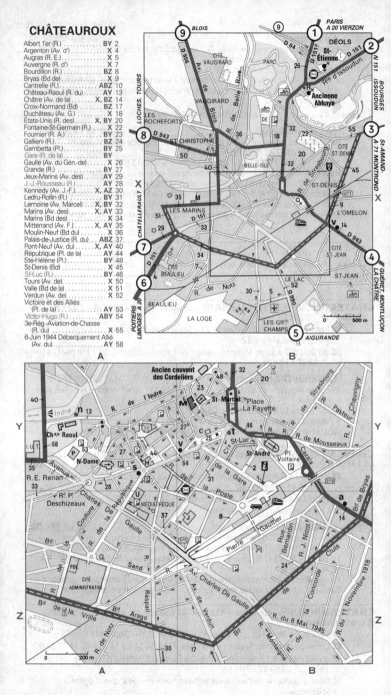

CHÂTEAUROUX

520

🏠 **Colbert** 🛗 ⚐ AC ↵ ☎ 🛁 P VISA MO AE ①
4 r. Colbert – ℰ 02 54 35 70 00 – contact@hotel-colbert.fr
– Fax 02 54 27 45 88
44 ch – ♦92 € ♦♦102 €, � 11 € – 6 suites – **Rest** – Menu 18/27 €   Z **a**
– Carte 29/41 €
• L'ancien bâtiment de la manufacture des tabacs abrite aujourd'hui cet hôtel récent et fonctionnel, aux touches design. Quelques chambres ont un duplex. Le concept "Le pain, le vin et la broche" sert de fil conducteur au restaurant, de style brasserie contemporaine.

🏠 **Ibis** 🛗 ⚐ ch, AC ↵ 🛁 P ☁ VISA MO AE ①
r. V. Hugo – ℰ 02 54 34 61 61 – h1080@accor.com – Fax 02 54 27 69 51
60 ch – ♦72 € ♦♦72/77 €, ⊃ 8 €   BY **v**
Rest – (fermé sam. et dim. sauf juil.-aout) Carte 26/37 €
• Étape pratique, cet hôtel central abrite des chambres de bonne ampleur, fonctionnelles et bien insonorisées. Plaisante salle à manger avec jolies chaises, luminaires en fer forgé, voilages et stores aux couleurs ensoleillées ; cuisine traditionnelle.

🏠 **Elysée Hôtel** sans rest 🛗 ⚐ ↵ ☎ VISA MO AE ①
2 r. République – ℰ 02 54 22 33 66 – elysee36@wanadoo.fr – Fax 02 54 07 34 34
18 ch – ♦61 € ♦♦68 €, ⊃ 8,50 €   AY **s**
• Les chambres de cet immeuble centenaire sont personnalisées et bien tenues. Oranges pressées et confitures maison au petit-déjeuner.

🏠 **Boischaut** sans rest 🛗 ↵ ☎ P VISA MO
135 av. la Châtre, par ④ – ℰ 02 54 22 22 34 – boischaut@hotel-chateauroux.com
– Fax 02 54 22 64 89 – Fermé 28 déc.-5 janv.   X **v**
27 ch – ♦44/54 € ♦♦48/64 €, ⊃ 7 €
• À quelques minutes du centre-ville, hôtel aux chambres garnies d'un mobilier fonctionnel, rustique ou en fer forgé. Espace petits-déjeuners clair et moderne étagé sur deux niveaux.

XX **Le Lavoir de la Fonds Charles** 🏡 VISA MO
26 r. Château-Raoul – ℰ 02 54 27 11 16 – Fax 02 54 60 02 22 – Fermé 11-24 août,
26 déc.-11 janv., sam. midi, dim. soir et lundi   AY **n**
Rest – Menu 19 € (sem.)/48 € – Carte 51/65 €
• Table familiale au cadre néo-rustique située en contrebas du château Raoul, dans un ex-lavoir (18ᵉ s.). Repas traditionnel valorisant les épices ; véranda et terrasse riveraine.

X **Le Sommelier** AC VISA MO AE
5 pl. Gambetta – ℰ 02 54 07 45 52 – Fax 02 54 08 68 46 – Fermé
27 avril-12 mai, 3-18 août, lundi soir et dim.   BY **t**
Rest – Menu (12 €) – Carte 28/47 €
• Cette ancienne maison berrichonne a été rénovée avec goût et vous accueille dans un cadre aux notes actuelles. On y sert une cuisine classique.

rte de Paris 6 km près de Céré par ① – ✉ 36130 Déols

🏠 **Relais St-Jacques** 🏡 ⚐ ch, AC rest, ☎ 🛁 P VISA MO AE ①
D 920 – ℰ 02 54 60 44 44 – saint-jacques@wanadoo.fr – Fax 02 54 60 44 00
46 ch – ♦63 € ♦♦70 €, ⊃ 9,50 € – ½ P 55/59 € – **Rest** – (fermé dim. soir)
Menu 22 € (sem.)/53 € – Carte 26/76 €
• Jouxtant l'aérodrome de Déols au Nord de l'active cité berrichonne, construction des années 1970 renfermant des chambres équipées d'un mobilier fonctionnel. Au restaurant, atmosphère feutrée et cuisine traditionnelle aux accents régionaux.

Le Poinçonnet 6 km par ⑤ – 5 021 h. – alt. 160 m – ✉ 36330

XXX **Le Fin Gourmet** 🏡 AC P VISA MO AE
73 av. Forêt – ℰ 02 54 35 40 17 – franck.gatefin@wanadoo.fr – Fax 02 54 35 47 20
– Fermé août, dim. soir, mardi soir et lundi
Rest – Menu 16 € (déj. en sem.), 32/42 € – Carte 41/75 €
• Cette discrète bâtisse de la périphérie dissimule un élégant intérieur contemporain : tons ocre et bleu, tableaux modernes et mise en place soignée. Cuisine au goût du jour.

CHÂTEAU-THÉBAUD – 44 Loire-Atlantique – 316 H5 – rattaché à Nantes

CHÂTEAU-THIERRY ⊛ – 02 Aisne – 306 C8 – 14 967 h. – alt. 63 m – ⊠ 02400
🛑 Champagne Ardenne   37 C3

> ◘ Paris 95 – Épernay 56 – Meaux 48 – Reims 58 – Soissons 41 – Troyes 113
> 🖪 Syndicat d'initiative, 9, rue Vallée ℰ 03 23 83 51 14, Fax 03 23 83 14 74
> 🏙 du Val Secret Le Val Secret, N : 5 km, ℰ 03 23 83 07 25.
> ◙ Maison natale de La Fontaine A **M** - Vallée de la Marne★.

Île de France   🚗 🏤 ⊛ 🖪 ⏻ ↯ 📞 🛁 P VISA ◍ AE ①
37 rte de Soissons – ℰ 03 23 69 10 12 – contact @ hotel-iledefrance.fr
– Fax 03 23 83 49 70 – Fermé 22-28 déc.
34 ch – †82 € ††92 €, � 12 € – ½ P 85/145 € – **Rest** – (fermé dim. soir)
Menu 25/54 €
♦ Cet hôtel qui surplombe la vallée de la Marne s'est offert une seconde jeunesse : chambres rénovées, douillettes et confortables, spa et centre de remise en forme modernes. Au restaurant, la carte change avec les saisons. Agréable terrasse panoramique.

Ibis   🏤 🖪 ⏺ ch, ↯ 📞 🛁 P VISA ◍ AE ①
60 av. du Gén. de Gaulle, à Essômes-sur-Marne, 2 km au Sud par D 969 –
ℰ 03 23 83 10 10 – ibis @ groupebachelet.com – Fax 03 23 83 45 23
55 ch – †47/57 € ††47/57 €, ⊷ 7,50 € – **Rest** – Menu 17 €
♦ Chambres aux dernières normes de la chaîne ; calmes sur l'arrière, elles ménagent à l'avant la vue sur le monument américain de la Côte 204 commémorant les combats de 1918. Le restaurant et la terrasse donnent sur un petit plan d'eau ; carte traditionnelle.

CHÂTEL – 74 Haute-Savoie – 328 O3 – 1 190 h. – alt. 1 180 m – Sports d'hiver :
1 200/2 100 m ✦2 ✦52 ✦ – ⊠ 74390 🛑 Alpes du Nord   46 F1

> ◘ Paris 578 – Annecy 113 – Évian-les-Bains 34 – Morzine 38
>   – Thonon-les-Bains 39
> 🖪 Office de tourisme, Chef-Lieu ℰ 04 50 73 22 44, Fax 04 50 73 22 87
> ◙ Site★ - Lac du pas de Morgins★ S : 3 km.

Macchi   ≤ 🏤 🖳 🖪 🖩 Ⓐ rest, ℁ rest, 📞 P 🚗 VISA ◍ AE
94 chemin de l'Etringa – ℰ 04 50 73 24 12 – contact @ hotelmacchi.com
– Fax 04 50 73 27 25 – Ouvert 20 juin-20 sept. et 20 déc.-20 avril
32 ch – †77/212 € ††77/212 €, ⊷ 13 €
Rest – (dîner seult) Menu 23 € – Carte 37/57 €
Rest Le Cerf – (dîner seult) Menu 22/50 € – Carte 37/57 €
♦ Beau chalet dont les balcons finement ouvragés donnent sur la vallée d'Abondance. Chambres refaites avec goût, agrémentées d'une fresque signée par une artiste locale. Raclettes et fondues dans un cadre savoyard. Carte traditionnelle et variée au Cerf.

Fleur de Neige   ≤ 🚗 🏤 🖳 🖪 🖩 P VISA ◍ AE
564 rte Vonnes – ℰ 04 50 73 20 10 – information @ hotel-fleurdeneige.fr
– Fax 04 50 73 24 55 – Ouvert 21 déc.-4 avril et 29 juin-30 août
34 ch – †59/88 € ††88/150 €, ⊷ 12 € – ½ P 57/110 €
Rest La Grive Gourmande – (fermé le midi et lundi en hiver) Menu (20 €), 26/54 €
– Carte 52/72 €
♦ Chalet à flanc de montagne. Les chambres sont de tailles différentes et diversement meublées. Bar réchauffé par une cheminée, espace balnéo. À La Grive Gourmande, confortable salle à manger en rotonde, panorama sur les alpages et cuisine au goût du jour.

Le Kandahar ⌖   🚗 🏤 🖪 ℁ ch, 📞 P VISA ◍
1,5 km au Sud-Ouest par rte Béchigne – ℰ 04 50 73 30 60
– lekandahar @ wanadoo.fr – Fax 04 50 73 25 17
– Fermé de mi-avril à mi-mai, 22 juin-9 juil., 2 nov.-19 déc. et merc. hors saison
8 ch – †46/57 € ††49/84 €, ⊷ 8 € – ½ P 40/65 € – **Rest** – (fermé dim. soir, mardi soir et merc. hors saison) Menu 13 € (déj. en sem.), 19/38 € – Carte 21/47 €
♦ Accueillante adresse familiale composée d'un chalet-hôtel rustique doté de petites chambres pratiques et lambrissées. Navettes pour le Linga. Cuisine régionale servie dans un chaleureux décor : mobilier campagnard, comtoise, cuivres rutilants et cheminée.

Belalp ⟨ ⟨ P VISA 𝝮
– ✆ 04 50 73 24 39 – belalpchatel@aol.com – Fax 04 50 73 38 55 – Ouvert 1ᵉʳ
juil.-31 août et 20 déc.-31 mars
26 ch – †49/73 € ††69/94 €, ⤋ 9 € – ½ P 59/72 €
Rest – (fermé mardi) Menu 20/33 € – Carte 22/45 €
♦ Pimpante façade en bois blond rythmée de volets verts pour ce chalet aux
chambres mignonnes, rénovées dans la note montagnarde, à choisir si possible côté vallée.
Repas savoyard près de la cheminée au "carnotzet" ou dans une salle panoramique
(résidents).

Le Choucas sans rest ⟨ ℎₛ ℅ 🖙 VISA 𝝮
303 rte Vonnes – ✆ 04 50 73 22 57 – info@hotel-lechoucas.com
– Fax 04 50 81 36 70 – Ouvert 18 juin-21 sept. et 17 déc.-20 avril
12 ch – †59 € ††59 €, ⤋ 7,50 €
♦ Entièrement rénové, un hôtel à l'allure de chalet moderne, largement fleuri en
façade. Chambres sobres et nettes, au style montagnard actuel, en majorité avec
balcon.

Les Triolets avec ch ⟨ vallée et montagnes, 🏕 ▯ ℅ rest,
rte Petit Châtel – ✆ 04 50 73 20 28 – info@ ☏ P VISA 𝝮 AE
lestriolets.com – Fax 04 50 73 24 10 – Ouvert 28 juin-31 août et 20 déc.-4 avril
20 ch – †56/70 € ††84/130 €, ⤋ 11 € – ½ P 70/90 € – **Rest** – (dîner seult)
Menu 24 €
♦ Surplombant la station et bénéficiant d'un environnement calme, sympathique chalet abritant une salle panoramique avec terrasse orientée plein Sud. Plats typiquement
chablaisiens.

Le Vieux Four 🏕 VISA 𝝮
55 rte du Boude – ✆ 04 50 73 30 56 – Fax 04 50 73 38 12 – Ouvert 1ᵉʳ déc.-19 avril,
7 juin-6 sept. et fermé lundi
Rest – Menu 16/42 € – Carte 30/51 €
♦ Le décor rustique de cette ferme (1852) tire profit du lieu : objets et figurines nichés dans
les mangeoires de l'étable. Grande terrasse. Plats traditionnels et savoyards.

CHÂTELAILLON-PLAGE – 17 Charente-Maritime – 324 D3 – 5 625 h. – alt. 3 m
– Casino – ✉ 17340 ▯ Poitou Vendée Charentes   38 **A2**
▯ Paris 482 – Niort 74 – Rochefort 22 – La Rochelle 19 – Surgères 29
▯ Office de tourisme, 5, avenue de Strasbourg ✆ 05 46 56 26 97,
   Fax 05 46 56 58 50

Ibis ⊗ ⟨ 🏕 ▯ & ch, AC ↳ ℅ rest, ☏ 🎿 P VISA 𝝮 AE ◐
à la Falaise, 1,5 km – ✆ 05 46 56 35 35 – Fax 05 46 56 33 44
70 ch – †74/114 € ††89/114 €, ⤋ 10 € – **Rest** – Menu (16 €), 19 €
– Carte 18/31 €
♦ À l'écart de l'agitation touristique et face à la mer, bâtiment moderne comprenant un
centre de thalassothérapie. Chambres assez spacieuses, avant tout pratiques. Restaurant
et terrasse tournés vers l'Atlantique ; menu diététique et carte traditionnelle.

Majestic Hôtel 🏕 ↳ ☏ VISA 𝝮 AE ◐
bd République – ✆ 05 46 56 20 53 – majestic.chatelaillon@wanadoo.fr
– Fax 05 46 56 29 24
34 ch – †48/150 € ††48/150 €, ⤋ 8 € – ½ P 56/106 € – **Rest** – (fermé 2-15 janv.,
lundi midi et dim. soir d'oct. à mai, sam. midi et vend.) Menu 18/25 €
– Carte 37/51 €
♦ Cet hôtel doté d'une belle façade des années 1920 se dresse au cœur de la cité balnéaire.
Les chambres, de diverses tailles et simplement meublées, sont bien tenues. Mobilier en
rotin et décor rétro au restaurant (carte axée sur les produits de la mer).

Le Relais de la Bernache 🏕 ℅ VISA 𝝮 AE
1 r. Félix Faure – ✆ 05 46 56 20 19 – Fermé lundi, mardi et merc. du 1ᵉʳ janv. au
15 mars
Rest – Menu 25/72 € – Carte 44/59 €
♦ Maison régionale à deux pas de la plage. Intérieur classique assez chic, rehaussé
de touches exotiques (chaises acajou, masques ethniques), terrasse et carte traditionnelle.

✗ **L'Acadie St-Victor** avec ch ⟨ ☎ VISA ⓜ AE
*35 bd de la Mer – ☎ 05 46 56 25 13 – stvictor@wanadoo.fr – Fax 05 46 56 25 12
– Fermé 19 oct.-15 nov., 3-28 fév., vend. soir du 20 oct. au 31 mars, dim. soir et lundi
sauf du 15 juin au 15 sept.*
13 ch – ♦45/64 € ♦♦45/64 €, ⌐ 7,50 € – ½ P 53/64 € – **Rest** – *(fermé dim.
soir, lundi sauf du 15 juin au 15 sept. et vend. soir de nov. à mars)* Menu (15,50 €),
21 € (sem.), 38/41 € – Carte 28/47 €
♦ Belle vue sur l'océan depuis ce restaurant du front de mer. Lumineuse salle
actuelle et sobre, et cuisine privilégiant poissons et coquillages. Chambres simples et
pratiques.

✗ **Les Flots** avec ch ⟨ ☆ ♿ ch, Ⓐ ☆ P VISA ⓜ
⊛ *52 bd de la Mer – ☎ 05 46 56 23 42 – contact@les-flots.fr – Fax 05 46 56 99 37
– Fermé 15 déc.-29 janv.*
11 ch – ♦54/95 € ♦♦54/95 €, ⌐ 8,50 € – ½ P 58/80 € – **Rest** – *(fermé mardi d'oct.
à mars)* Menu 25 € – Carte 29/51 €
♦ Décor marin dans une agréable salle de type bistrot ouverte sur l'immense plage.
Sur l'ardoise, petits plats simples et goûteux, mitonnés au gré du marché. Chambres
modernes.

CHÂTELAIS – 49 Maine-et-Loire – **317** D2 – 576 h. – alt. 65 m –
✉ 49520   34 **B2**

▶ Paris 326 – Nantes 93 – Angers 53 – Laval 43 – Vitré 68

⛰ **Le Frêne** ⊛ ⛴ ⊬ ⅋
22 r. St-Sauveur – ☎ 02 41 61 16 45 – lefrene@free.fr – Fax 02 41 61 16 45
4 ch – ♦55 € ♦♦55 € – **Table d'hôte** – Menu 19 €
♦ Un agréable jardin assure la tranquillité de cette maison de maître des 17ᵉ et 19ᵉ s.
Chambres agrémentées de toiles. Stages d'aquarelle et galerie d'exposition. Repas servis
dans le salon bourgeois.

LE CHÂTELET – 18 Cher – **323** J7 – 1 104 h. – alt. 200 m – ✉ 18170   12 **C3**

▶ Paris 301 – Argenton-sur-Creuse 66 – Bourges 54 – Châteauroux 55

à Notre-Dame d'Orsan 7 km au Nord-Ouest par D 951 et D 65, rte de Lignères
– ✉ 18170 Rezay

🏠 **La Maison d'Orsan** ⊛ ⟨ ⛴ ⅋ P VISA ⓜ AE
*– ☎ 02 48 56 27 50 – prieuredorsan@wanadoo.fr – Fax 02 48 56 39 64 – Ouvert
21 mars-11 nov.*
6 ch – ♦180/280 € ♦♦180/280 €, ⌐ 18 € – **Rest** – *(fermé le midi du lundi au
vend. sauf de mai à août)* Menu 40 € (déj.)/62 €
♦ Délicieuse étape dans un prieuré du 17ᵉ s.: réfectoire et dortoir transformés en ravissantes chambres contemporaines, exquise tonnelle et jardins monastiques recomposés. Dans
l'assiette, produits du potager et du marché. Boutique et salon de thé.

CHÂTELGUYON – 63 Puy-de-Dôme – **326** F7 – 5 241 h. – alt. 430 m – Stat.
therm. : début mai-fin sept. – Casino B – ✉ 63140 ▮ Auvergne   5 **B2**

▶ Paris 411 – Clermont-Ferrand 21 – Gannat 31 – Vichy 43 – Volvic 11

🛈 Office de tourisme, 1, avenue de l'Europe ☎ 04 73 86 01 17,
Fax 04 73 86 27 03

Plan page ci-contre

🏠 **Splendid** ⚘ ☆ ⓙ ⊛ ▮⚑ ⊬ ⅋ rest, ☎ ☆ P VISA ⓜ AE
⊛⊛ *5-7 r. Angleterre – ☎ 04 73 86 04 80 – contact@splendid-resort.com
– Fax 04 73 86 17 56 – Fermé 20 déc.-4 janv., vend. soir, sam., dim. et lundi midi du
3 oct. au 23 mars*   A **b**
71 ch – ♦57/100 € ♦♦57/100 €, ⌐ 10 € – 2 suites – ½ P 63/84 €
Rest – Menu 17 € (sem.)/37 € – Carte 39/64 €
♦ Guy de Maupassant, qui fréquenta cet ancien palace bâti en 1872, a laissé son nom à l'un
des salons. Esprit délicieusement rétro dans les chambres, peu à peu rajeunies. Majestueuse salle à manger du 19ᵉ s.: colonnes, belle cheminée en bois sculpté, etc.

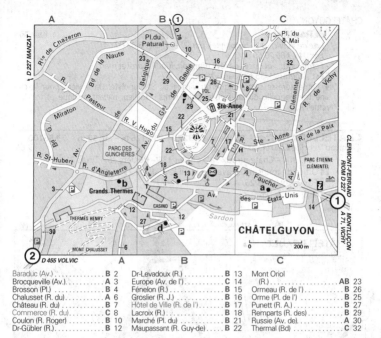

CHÂTELGUYON

Le Bellevue ⌂   ⇐ 🏠 🛗 ⌦ 🐾 VISA ⓜⓞ

4 r. A. Punett – ℰ 04 73 86 07 62 – bellevue63@wanadoo.fr – Fax 04 73 86 02 56
– Ouvert 1ᵉʳ avril-15 oct.   B d
38 ch – †55 € ††75 €, � 12 € – ½ P 57/67 € – **Rest** – *(ouvert 1ᵉʳ juin-20 sept.)*
(dîner seult) (résidents seult) Menu (20 €), 30 € – Carte environ 36 €

◆ Au calme, hôtel des années 1930 surplombant la petite station thermale du pays brayaud. Les chambres, fonctionnelles et fraîches, sont plus grandes en façade. La salle de restaurant offre une agréable vue sur Châtelguyon. Cuisine traditionnelle.

De Paris   ♨ 🛗 🅰🅲 rest, 🐾 🏊 VISA ⓜⓞ 🅰🅴

1 r. Dr Levadoux – ℰ 04 73 86 00 12 – hotel.de.paris@wanadoo.fr
– Fax 04 73 86 43 55 – Fermé 10-31 oct.   B s
59 ch – †40/47 € ††50/61 €, ⊑ 7,50 € – ½ P 50/55 € – **Rest** – *(fermé le midi du lundi au jeudi du 15 oct. au 15 avril et dim. soir)* Menu 20 € (sem.)/54 €
– Carte 23/33 €

◆ Les chambres, rénovées, sont logées dans le bâtiment principal de l'établissement et dans une ancienne chapelle située à l'arrière. Fitness et sauna. Spacieuse salle à manger climatisée où l'on vient faire des repas traditionnels dans une ambiance conviviale.

Régence sans rest   ♨ 🛗 🐾 🅿 VISA ⓜⓞ 🅰🅴

31 av. États-Unis – ℰ 04 73 86 02 60 – hotel-regence3@wanadoo.fr
– Fax 04 73 86 12 49 – Fermé 1ᵉʳ janv.-15 fév. et merc. du 15 oct. au 15 avril   C a
24 ch – †50 € ††59 €, ⊑ 8 €

◆ Bâti en 1903 dans la rue principale, cet hôtel de tradition préserve son cachet originel (mobilier ancien ou de style, belle cheminée). Chambres bien tenues. Salons douillets.

Chante-Grelet   ♨ 🤟 🛁 rest, 🚗 VISA ⓜⓞ

av. Gén. de Gaulle – ℰ 04 73 86 02 05 – chante-grelet@wanadoo.fr
– Fax 04 73 86 48 58 – Ouvert 2 mai-30 sept.   B r
35 ch – †45/48 € ††48/55 €, ⊑ 7 € – ½ P 48/52 € – **Rest** – Menu 14 € (dîner en sem.), 17/28 €

◆ Légèrement excentré, hôtel familial des années 1960 en bon état. Chambres simples et soignées dont la moitié donne sur le jardin ombragé. Cuisine mi-traditionnelle mi-régionale, à savourer dans une salle au mobilier rustique ou dehors dès que le temps le permet.

CHÂTELGUYON

✗ **La Papillote**   *VISA* 🆚🅒

11 rte de Volvic, (à St-Hippolyte), par ② – 𝒞 *04 73 67 00 64*
– Fax 04 73 86 20 60
– Fermé août, vacances de fév., dim. soir, lundi, mardi et merc.
Rest – Menu 21/35 € – Carte 25/40 €

♦ Petite adresse sympathique du village de St-Hippolyte. On y vient pour la cuisine traditionnelle du chef et le cadre simple du lieu, mêlant rustique et touches
actuelles.

CHÂTELLERAULT ⬠ – **86 Vienne** – **322** J4 – **34 126 h.** – **alt. 52 m** – ⬠ **86100**
🏛 Poitou Vendée Charentes   **39 C1**

▶ Paris 304 – Châteauroux 98 – Cholet 134 – Poitiers 36 – Tours 71
🛈 Office de tourisme, 2, avenue Treuille 𝒞 05 49 21 05 47,
Fax 05 49 02 03 26

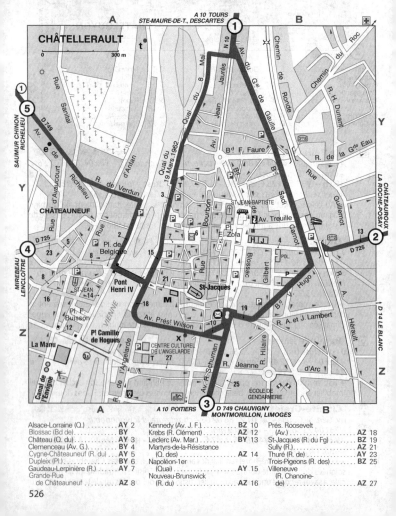

⌂ **Villa Richelieu** ⛾ 🛠 ☎ 📞 **P** 🆅🅸🆂🅰 🆆🅲
61 av. Richelieu – ☎ *05 49 20 28 02 – info@villarichelieu.com*
– Fax 05 49 20 28 02   AY **e**
5 ch ⌷ – ♦73/115 € ♦♦90/115 € – **Table d'hôte** – *(fermé le week-end)*
Menu 20 € bc
◆ Vous logerez au calme, côté cour, dans le cadre chaleureux d'une bâtisse en tuffeau indépendante de l'habitation des propriétaires. Chambres douillettes et personnalisées.

⚒⚒ **La Gourmandine**   � **P** 🆅🅸🆂🅰 🆆🅲
22 av. Président Wilson – ☎ *05 49 21 05 85 – la-gourmandine@wanadoo.fr*
– Fax 05 49 21 05 85 – Fermé 3-23 nov., 2-11 janv., dim. soir et lundi midi
Rest – Menu (18 €), 24 € (sem.)/54 € – Carte 44/65 €   AZ **x**
◆ Maison bourgeoise joliment rénovée : haut plafond, moulures et cheminée d'origine côtoient touches contemporaines et tons vifs. Jardin-terrasse et carte dans l'air du temps.

⚒⚒ **Bernard Gautier**   🆅🅸🆂🅰 🆆🅲
😊 *189 r. d'Antran –* ☎ *05 49 90 24 74 – Fax 05 49 90 27 85 – Fermé 25 août-7 sept.,*
15 fév.-7 mars, sam., dim. et lundi   AY **t**
Rest – Menu (17 € bc), 23/32 € – Carte 31/57 €
◆ Avec sa salle à manger rustico-bourgeoise, ce restaurant possède un petit air d'auberge familiale qui s'accorde plutôt bien avec la solide cuisine traditionnelle du chef.

à Usseau 7 km par ⑤, D 749 et D 75 – 573 h. – alt. 82 m – ✉ 86230

⌂ **Château de la Motte** 🐦   ⩽ 🚗 ⏿ 📞 **P**
– ☎ *05 49 85 88 25 – chateau.delamotte@wanadoo.fr – Fax 05 49 85 88 25*
– Ouvert 24 mars-2 nov.
5 ch ⌷ – ♦75/120 € ♦♦75/120 € – ½ P 95/138 € – **Table d'hôte** – *(fermé dim.)*
Menu 28 € bc
◆ Accueil charmant assuré par deux amoureux des vieilles pierres en ce château du 15ᵉ s. dominant la vallée. Confort et authenticité au rendez-vous : baldaquins, hauts plafonds. Légumes "oubliés" du potager et produits du verger à découvrir à la table d'hôte.

Grand luxe ou sans prétention ?
Les ⚒ et les ⛫ notent le confort.

CHÂTILLON-ST-JEAN – 26 Drôme – 332 D3 – rattaché à Romans-sur-Isère

CHÂTILLON-SUR-CHALARONNE – 01 Ain – 328 C4 – 4 137 h. – alt. 177 m –
✉ 01400 ▌ Lyon et la vallée du Rhône   43 **E1**
  🖪 Paris 418 – Bourg-en-Bresse 28 – Lyon 55 – Mâcon 28
    – Villefranche-sur-Saône 27
  🖪 Office de tourisme, place du Champ de Foire ☎ 04 74 55 02 27,
    Fax 04 74 55 34 78
  🖬 de La Bresse à Condeissiat Domaine de Mary, NE : 12 km par D 936 et D 64,
    ☎ 04 74 51 42 09.
  ◙ Triptyque★ dans l'ancien hôpital.

🏠 **La Tour**   🖭 & 🄰🄲 rest, ⛾ 📞 ⏿ 🚗 🆅🅸🆂🅰 🆆🅲
pl. de la République – ☎ *04 74 55 05 12 – info@hotel-latour.com*
– Fax 04 74 55 09 19
20 ch – ♦80/170 € ♦♦80/170 €, ⌷ 9 € – ½ P 85/128 €
Rest – *(fermé 23-30 déc., dim. soir, lundi midi et merc.)* Menu (18 €), 23 €
(sem.)/65 € – Carte 60/72 €
◆ Charme et cocooning caractérisent ce superbe hôtel, entre cabinet de curiosités et magazine de décoration : salles de bains ouvertes, tissus choisis, objets chinés, etc. Spécialités de poissons et cuisine bressane servies dans un cadre d'esprit baroque.

Le Clos de la Tour 🏠🏠   🚗 ⏿ & ⏿ 🚗 🆅🅸🆂🅰 🆆🅲
135 r. Barrit – ☎ *04 74 55 05 12 – info@hotel-latour.com – Fax 04 74 55 09 19*
15 ch – ♦115/155 € ♦♦115/155 €, ⌷ 9 € – ½ P 86/121 €
◆ Belles demeures bressanes – dont un moulin du 16ᵉ s. – situées dans un grand jardin bordé par la Chalaronne. Chambres soignées associant l'ancien et le contemporain.

CHÂTILLON-SUR-CHALARONNE

à l'Abergement-Clémenciat 5 km au Nord-Ouest par D 7 et D 64^c – 728 h.
– alt. 250 m – ✉ 01400

XX **St-Lazare** (Christian Bidard)   🛧 & ⇔ 𝗩𝗜𝗦𝗔 ⑩ 🖭
☸   – ℰ 04 74 24 00 23 – lesaintlazare@aol.com – Fax 04 74 24 00 62
    – Fermé 15-31 juil., vacances de la Toussaint, 20-27 déc., vacances de fév., dim. soir, merc. et jeudi
    Rest – (prévenir) Menu (25 € bc), 36/82 € – Carte 53/64 €
    Spéc. Ecrevisses en verrine et omble chevalier à la chlorophylle (été). Sandre de Saône (automne-hiver). Poitrine de poulette de Bresse rôtie, cuisse mijotée au vin jaune et foie gras. **Vins** Viré-Clessé, Juliénas.
    ♦ Ancienne maison de famille au décor contemporain et raffiné : lumineuses salles à manger, véranda ouverte sur un jardinet méditerranéen. On y déguste une cuisine inventive.

CHÂTILLON-SUR-CLUSES – 74 Haute-Savoie – 328 M4 – 1 061 h. – alt. 730 m
– ✉ 74300   46 **F1**

🖸 Paris 576 – Annecy 63 – Chamonix-Mont-Blanc 47 – Thonon-les-Bains 49

🏠 **Le Bois du Seigneur**   ⇐ ↩ ⌂ 🅿 𝗩𝗜𝗦𝗔 ⑩ 🖭 ①
☜   rte Taninges – ℰ 04 50 34 27 40 – leboisduseigneur@wanadoo.fr
    – Fax 04 50 34 80 20 – Fermé 29 sept.-12 oct. et dim. soir
    12 ch – ♦55 € ♦♦55 €, ☕ 7 € – ½ P 49 € – **Rest** – (fermé 2-6 janv., mardi midi et lundi) Menu (13 € bc), 16 € (sem.)/39 € – Carte 37/58 €
    ♦ Bâtisse savoyarde surplombant une route passante dans un village situé au-dessus de Cluses. Chambres simples, campagnardes, à la tenue irréprochable. Accueil charmant. Plats traditionnels servis auprès de la cheminée de la salle à manger ou dans la véranda.

CHÂTILLON-SUR-INDRE – 36 Indre – 323 D5 – 2 909 h. – alt. 115 m –
✉ 36700   11 **B3**

🖸 Paris 261 – Orléans 175 – Châteauroux 47 – Déols 51 – Le Blanc 43
🖬 Office de tourisme, boulevard du Général Leclerc ℰ 02 54 38 74 19

🏠 **La Poignardière** ⌂   ◊ ⽬ ✗ ↩ 🅿
    4 km au Nord-Est par D 975 et D 28 direction Le Tranger – ℰ 02 54 38 78 14
    – maryse_lheureux@yahoo.fr – Fax 02 54 38 95 34 – Ouvert de mars à nov.
    5 ch – ♦70/80 € ♦♦80/90 € – **Table d'hôte** – Menu 25 € bc
    ♦ Castel d'architecture 1900 entouré d'un parc de 12 ha aux arbres tricentenaires. Piscine, promenades en barque sur l'étang, tennis. Chambres lumineuses, classiques ou actuelles. Cuisine traditionnelle, belle cheminée en bois, jardin d'hiver sous une verrière.

CHÂTILLON-SUR-SEINE – 21 Côte-d'Or – 320 H2 – 6 269 h. – alt. 219 m –
✉ 21400 ▯ Bourgogne   8 **C1**

🖸 Paris 233 – Auxerre 85 – Chaumont 60 – Dijon 83 – Langres 74 – Saulieu 79
   – Troyes 69
🖬 Office de tourisme, place Marmont ℰ 03 80 91 13 19, Fax 03 80 91 21 46
◉ Source de la Douix★ - Musée★ du Châtillonnais : trésor de Vix★★.

à Montliot-et-Courcelles 4 km au Nord-Ouest par D 971 – 278 h. – alt. 224 m –
✉ 21400

🏠 **Le Magiot** sans rest   & ↩ ✗ ⌂ ♨ 🅿 ☕ 𝗩𝗜𝗦𝗔 ⑩ ①
    – ℰ 03 80 91 20 51 – lemagiot@wanadoo.fr – Fax 03 80 91 30 20
    22 ch – ♦40 € ♦♦48 €, ☕ 6 €
    ♦ Établissement récent de type motel. Chambres avant tout pratiques, réparties dans les deux ailes encadrant la terrasse-solarium. Véranda aménagée en salon.

CHATOU – 78 Yvelines – 311 I2 – 101 13 – **voir à Paris, Environs**

LA CHÂTRE 👁 – 36 Indre – 323 H7 – 4 547 h. – alt. 210 m – ✉ 36400
▯ Limousin Berry   12 **C3**

🖸 Paris 298 – Bourges 69 – Châteauroux 37 – Guéret 53 – Montluçon 65
🖬 Office de tourisme, 134, rue Nationale ℰ 02 54 48 22 64, Fax 02 54 06 09 15
🖫 les Dryades à Pouligny-Notre-Dame Hôtel des Dryades, S : 9 km par D 940,
   ℰ 02 54 06 60 67.

à St-Chartier 9 km au Nord par D 943 et D 918 – 540 h. – alt. 195 m – ⊠ 36400

◙ Vic : fresques★ de l'église SO : 2 km.

🏨 **Château de la Vallée Bleue** ⚓ 🐠 🍴 🎋 🌿 ✠ 🐴 **P** **VISA** **◎** **AE**
rte Verneuil – 🕾 *02 54 31 01 91 – valleebleu@aol.com – Fax 02 54 31 04 48*
– Ouvert de mi-mars à mi-nov. et fermé dim. soir sauf de juin à sept.
14 ch – 🛏85/140 € 🛏🛏100/150 €, � 12 € – 1 suite – ½ P 90/115 € – **Rest** – *(fermé le midi sauf week-ends)* Menu 29/45 € – Carte 38/60 € 🍷

♦ Cette belle maison de maître du 19ᵉ s. héberge des chambres personnalisées, tandis que l'agréable duplex occupe un pigeonnier. Restaurant proposant un décor mi-rustique, mi-bourgeois, des plats traditionnels et une séduisante carte des vins.

CHÂTRES – 77 Seine-et-Marne – 312 F3 – 555 h. – alt. 116 m – ⊠ 77610 19 **C2**
🚗 Paris 49 – Boulogne-Billancourt 57 – Montreuil 44 – Saint-Denis 62

⌂ **Le Portail Bleu** 📠 📞 **P**
2 rte de Fontenay – 🕾 *01 64 25 84 94 – leportailbleu@voila.fr – Fax 01 64 25 84 94*
4 ch �️ – 🛏50 € 🛏🛏60 € – **Table d'hôte** – Menu 21 € bc

♦ Cet ensemble de bâtiments anciens qui a profité d'une belle restauration abrite des chambres mansardées et douillettes, garnies de meubles anciens.

CHAUBLANC – 71 Saône-et-Loire – 320 J8 – rattaché à St-Gervais-en-Vallière

---

CHAUDES-AIGUES – 15 Cantal – 330 G5 – 986 h. – alt. 750 m – Stat. therm. :
début avril-fin nov. – Casino – ⊠ 15110 ▮ Auvergne 5 **B3**
🚗 Paris 538 – Aurillac 94 – Espalion 54 – St-Chély-d'Apcher 30 – St-Flour 27
🛈 Syndicat d'initiative, 1, avenue Georges Pompidou 🕾 04 71 23 52 75, Fax 04 71 23 51 98

🏨 **Beauséjour** 🐠 🍴 📶 🌿 🍃 **VISA** **◎** **AE**
🐾
9 av. G. Pompidou – 🕾 *04 71 23 52 37 – beausejour@wanadoo.fr*
– Fax 04 71 23 56 89 – Ouvert 1ᵉʳ avril-25 nov.
🍽
39 ch – 🛏45/53 € 🛏🛏57/63 €, ⊑ 6,50 € – ½ P 48/53 € – **Rest** – Menu 14/33 € – Carte 25/41 €

♦ À deux pas du centre thermal, des chambres simples mais assez confortables (double-vitrage) et bien tenues vous attendent derrière cette façade blanche des années 1960. Plaisantes salles à manger et terrasse donnant sur la piscine chauffée ; cuisine du terroir.

à Maisonneuve 10 km au Sud-Ouest par D 921 – ⊠ 15110 Jabrun

✗ **Moulin des Templiers** avec ch **P** **VISA** **◎**
🐾
– 🕾 *04 71 73 81 80 – les-templiers2@wanadoo.fr – Fax 04 71 73 81 80*
– Fermé 10-25 oct., dim. soir et lundi sauf hôtel en juil.-août
5 ch – 🛏37/38 € 🛏🛏37/38 €, ⊑ 7 € – ½ P 37/38 € – **Rest** – Menu 12,50 € (dîner en sem.), 20/35 € – Carte 19/31 €

♦ Aimable auberge de bord de route où l'on propose une cuisine traditionnelle fleurant bon l'Aubrac. Salle à manger sagement campagnarde et quelques chambres pratiques.

CHAUFFAILLES – 71 Saône-et-Loire – 320 G12 – 4 119 h. – alt. 405 m – ⊠ 71170
▮ Bourgogne 8 **C3**
🚗 Paris 404 – Charolles 32 – Lyon 77 – Mâcon 64 – Roanne 33
🛈 Office de tourisme, 1, rue Gambetta 🕾 03 85 26 07 06, Fax 03 85 26 03 92

à Châteauneuf 7 km à l'Ouest par D 8 – 110 h. – alt. 370 m – ⊠ 71740

✗✗ **La Fontaine** **P** **VISA** **◎**
🐾
– 🕾 *03 85 26 26 87 – Fax 03 85 26 26 87 – Fermé 12-20 nov., 5 janv.-6 fév., dim.
soir hors saison, lundi et mardi*
😊
Rest – Menu 16 € bc (déj. en sem.), 20/45 € – Carte 37/46 €

♦ Ancien atelier de tissage où grimpe la glycine. La salle est aménagée à la façon d'un jardin d'hiver rétro, avec fontaine et mosaïque décorative. Produits du terroir.

CHAUFFAYER – 05 Hautes-Alpes – 334 E4 – 334 h. – alt. 910 m –
⊠ 05800   40 **B1**

■ Paris 639 – Gap 27 – Grenoble 77 – St-Bonnet-en-Champsaur 13

Château des Herbeys ⟆   🔊 🎧 ⅃ ❀ 🍴 🛁 **P** 🚗 **VISA** 🐱 **AE**
2 km au Nord par N 85 et rte secondaire – ℰ 04 92 55 26 83
– *delas-hotel-restaurant@wanadoo.fr* – Fax 04 92 55 29 66
– *Ouvert 1er avril-15 nov. et fermé mardi sauf vacances scolaires*
12 ch – †65 € ††100/130 €, ⊆ 16 € – ½ P 65/85 € – **Rest** – Menu 20/38 €
– Carte 36/50 €

♦ Daims et lamas peuplent le joli parc de cette demeure fondée au 13e s. Amples chambres hautes sous plafond, dotées de meubles anciens. Banquets et activités de plein air.
Table au décor éclectique mais de caractère (mobilier de style, objets chinés, etc.).

CHAUFOUR-LÈS-BONNIÈRES – 78 Yvelines – 311 E1 – 413 h. – alt. 157 m –
⊠ 78270   18 **A1**

■ Paris 74 – Évreux 27 – Mantes-la-Jolie 21 – Rouen 64 – Vernon 10
– Versailles 64

Les Nymphéas sans rest   ⅋ 🍴 🛁 **P** **VISA** 🐱 **AE** ⓪
N 13 – ℰ 01 34 76 09 44 – *contact@hotelnympheas.com*
– Fax 01 34 76 09 45
24 ch – †58 € ††65 €, ⊆ 8 €

♦ Architecture récente abritant un hall au cadre rustique réchauffé par une cheminée et des
chambres neuves, sobrement décorées et bien insonorisées.

Au Bon Accueil avec ch   🅰🅲 rest, **P** **VISA** 🐱
N 13 – ℰ 01 34 76 11 29 – Fax 01 34 76 00 36 – Fermé 20 juil.-20 août,
22 déc.-3 janv., vend. soir et dim. soir et sam.
15 ch – †27 € ††45 €, ⊆ 5 € – ½ P 47 € – **Rest** – Menu 15 € (sem.)/42 € – Carte
23/46 €

♦ Adresse toute simple, mais "bon accueil" assuré. Ambiance décontractée et plats
traditionnels sont les autres atouts de cette maison qui sert aussi des repas pour les
routiers.

CHAULGNES – 58 Nièvre – 319 B9 – 1 262 h. – alt. 240 m – ⊠ 58400
▐ Bourgogne   7 **A2**

■ Paris 227 – Cosne-sur-Loire 40 – Dijon 201 – Nevers 21

Beaumonde ⟆   🔊 ⅃ 🐱 ⅋ **P**
Le Margat – ℰ 03 86 37 86 16 – *cheryl.jj.trinquard@wanadoo.fr*
– Fax 03 86 37 86 16 – *Ouvert de mars à mi-nov.*
4 ch ⊆ – †60 € ††65 € – **Table d'hôte** – Menu 24 € bc

♦ Un vaste parc entoure cette maison rose aux chambres confortables et bien équipées. La plus luxueuse ("Cristal"), possède une grande baignoire d'angle et une terrasse
privée. La propriétaire, d'origine australienne, concocte souvent des plats de son
pays.

CHAUMONT **P** – 52 Haute-Marne – 313 K5 – 25 996 h. – alt. 318 m – ⊠ 52000
▐ Champagne Ardenne   14 **C3**

■ Paris 264 – Épinal 128 – Langres 35 – St-Dizier 74 – Troyes 101
🛈 Office de tourisme, place du Général-de-Gaulle ℰ 03 25 03 80 80,
Fax 03 25 32 00 99
◎ Viaduc★ – Basilique St-Jean-Baptiste★.

Plan page ci-contre

De France   🖼 ⅋ 🅰🅲 ch, ⅋ 🍴 🛁 **P** 🚗 **VISA** 🐱 **AE** ⓪
25 r. Toupot de Béveaux – ℰ 03 25 03 01 11 – *contact@*
hotel-france-chaumont.com – Fax 03 25 32 35 80   Z **s**
13 ch – †70/95 € ††76/101 €, ⊆ 10 € – 7 suites – ½ P 72 € – **Rest** – (fermé
21 juil.-16 août, dim. et fériés) (dîner seult) Menu 16/36 €
– Carte 29/41 €

♦ Auberge depuis le 16e s., cet hôtel abrite des chambres personnalisées par des détails
évoquant des destinations lointaines. Bonne insonorisation et literie neuve. Restaurant
relooké dans un esprit contemporain et accueillant ; recettes traditionnelles.

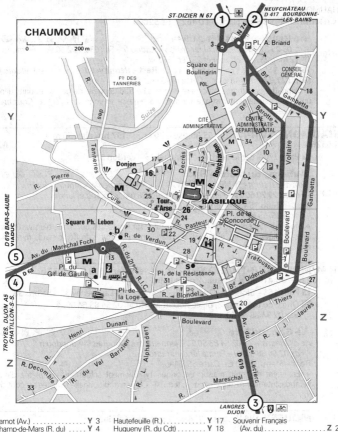

CHAUMONT

0   200 m

🆎   **Les Remparts**   🕭 ch, 🗚 ⇆ 🥂 🕍 *VISA* 🐵 ᴁ

72 r. Verdun – ℰ 03 25 32 64 40 – hotel.rest.des.remparts @ wanadoo.fr
– Fax 03 25 32 51 70 – Fermé dim. soir du 1ᵉʳ nov. au 31 mars   Z **b**
17 ch – †65/72 € ††92 €, ⌑ 12 € – **Rest** – Menu (17 €), 28/49 € – Carte 33/72 €
◆ À deux pas de la gare, cet établissement familial propose des chambres de tailles diverses, rénovées par étapes. Petit salon et bar propices à la détente. Cuisine traditionnelle servie dans un cadre assez feutré ou formules buffets à la brasserie.

🆎   **Grand Hôtel Terminus-Reine**   📶 🕭 ch, 🥂 🕍 🕭 *VISA* 🐵

♾   *pl. Gén. de Gaulle – ℰ 03 25 03 66 66 – relais.sud.terminus @ wanadoo.fr*
– Fax 03 25 03 28 95   Z **a**
61 ch – †65/125 € ††65/125 €, ⌑ 8,50 € – ½ P 66/87 € – **Rest** –
(fermé 28 juil.-27 août et dim. soir) Menu 16 € (dîner), 24/77 € – Carte 36/59 €
◆ Voici un imposant "terminus" des années 1950 ! L'intérieur mêle les genres : chambres tantôt fonctionnelles, tantôt désuètes, ou bien modernes ; collection d'affiches. Restaurant classique à la carte traditionnelle (gibier, truffe). Espace rôtisserie et pizzeria.

à Chamarandes 3,5 km par ③ et D 162 – ✉ 52000

XX　　**Au Rendez-vous des Amis** avec ch ⊗　　🕭 ⇆ 🕽 ♨ ⅍ **P** **VISA** ⓌⓄ
⏃⭤⏃　– 𝒞 03 25 32 20 20 – pascal.nicard@wanadoo.fr – Fax 03 25 02 60 90 – Fermé
　　1er-12 mai, 28 juil.-21 août et 22 déc.-2 janv.
　　19 ch – ✚50/65 € ✚✚54/73 €, ⌑ 12 € – **Rest** – (fermé vend. soir, dim. soir et sam.)
　　Menu 21 € (sem.)/48 € bc – Carte 47/67 €
　　◆ Sympathique auberge proposant une cuisine traditionnelle de beaux produits dans
　　un cadre fraîchement rustique ou sur une terrasse tournée vers l'église. Chambres
　　plaisantes.

CHAUMONT-SUR-AIRE – 55 Meuse – 307 C5 – 157 h. – alt. 250 m –
✉ 55260　　　　　　　　　　　　　　　　　　　　　　　　　　　　　26 **A2**

　　◘ Paris 270 – Bar-le-Duc 24 – St-Mihiel 25 – Verdun 33

XX　　**Auberge du Moulin Haut**　　　　　　　　🖉 **P** **VISA** ⓌⓄ **AE**
　　1 km à l'Est sur rte St-Mihiel – 𝒞 03 29 70 66 46 – auberge@moulinhaut.fr
⊜　– Fax 03 29 70 60 75 – Fermé 1er-15 oct., 15-28 fév., dim. soir et lundi
　　Rest – Menu 15 € (déj. en sem.), 25/90 € bc
　　– Carte 35/63 €
　　◆ Moulin à eau entouré de maisons du 18e s. sur le site très bucolique d'un vaste parc
　　avec étang (pêche). Cuisine alliant tradition et terroir : truffe, canard, mirabelle,
　　etc.

CHAUMONT-SUR-THARONNE – 41 Loir-et-Cher – 318 I6 – 1 072 h.
– alt. 122 m – ✉ 41600 ▐ Châteaux de la Loire　　　　　　　　　　12 **C2**

　　◘ Paris 165 – Blois 52 – Orléans 35 – Romorantin-Lanthenay 32 – Salbris 30
　　🛈 Office de tourisme, 3, place Robert Mottu 𝒞 02 54 88 64 00,
　　　Fax 02 54 88 60 40

XX　　**La Grenouillère**　　　　　　　　　　　🖉 🏠 **P** **VISA** ⓌⓄ
　　rte d'Orléans – 𝒞 02 54 88 50 71 – jean-charles.dartigues@wanadoo.fr
　　– Fax 02 54 88 53 49 – Fermé lundi et mardi
　　Rest – Menu 38/50 € – Carte 55/64 € ⅋⅋
　　◆ En lisière de forêt, maison en brique typiquement solognote, complétée d'une
　　véranda. Intérieur rustique et cosy ; terrasse. Cuisine traditionnelle revisitée au goût du
　　jour.

CHAUMOUSEY – 88 Vosges – 314 G3 – **rattaché à Épinal**

CHAUNY – 02 Aisne – 306 B5 – 12 523 h. – alt. 50 m – ✉ 02300　　37 **C2**

　　◘ Paris 124 – Compiègne 46 – Laon 35 – Noyon 18 – St-Quentin 31
　　　– Soissons 32
　　🛈 Syndicat d'initiative, place du Marché Couvert 𝒞 03 23 52 10 79,
　　　Fax 03 23 39 38 77

XXX　　**Toque Blanche** avec ch　　　🕭 🏠 🖾 rest, ⇆ ⅍ **P** **P** **VISA** ⓌⓄ
　　24 av. V. Hugo – 𝒞 03 23 39 98 98 – info@toque-blanche.fr
　　– Fax 03 23 52 32 79
　　– Fermé 5-24 août, 1er-4 janv., 21 fév.-8 mars, sam. midi, dim. soir et lundi
　　7 ch – ✚62/88 € ✚✚72/88 €, ⌑ 12 € – **Rest** – Menu 33 € (sem.)/73 €
　　– Carte 60/78 €
　　◆ Harmonieuse demeure 1920 blottie dans un parc. Un décor romantique remis à neuf
　　vous accueille pour déguster une savoureuse cuisine actuelle.

à Ognes 2 km à l'Ouest par rte de Noyon – 1 120 h. – alt. 55 m – ✉ 02300

X　　**L'Ardoise**　　　　　　　　　　　　🏠 **VISA** ⓌⓄ **AE** ①
　　26 av. Liberté – 𝒞 03 23 52 15 77 – lardoise@yahoo.fr
　　– Fax 03 23 39 91 52
　　– Fermé 24-31 août, 1er-8 fév., dim. soir, lundi soir et jeudi
　　Rest – Carte 20/37 €
　　◆ C'est sur ardoise que s'affichent les plats bistrotiers de cette auberge familiale. Joli
　　cadre contemporain en noir et blanc avec vue sur les cuisines. Terrasse côté jardin.

au Rond-d'Orléans 8 km au Sud-Est par D 937 et D 1750 – ⊠ 02300 Sinceny

🏠 **Auberge du Rond d'Orléans** ॐ   🛱 😩 **P** **VISA** **◑②** **AE**
– 𝒞 03 23 40 20 10 – aubergeduronddorleans @ orange.fr – Fax 03 23 52 36 80
21 ch – †48 € ††55/96 €, ☲ 7 € – ½ P 64 €
Rest – (fermé dim. soir) Menu (15 € bc), 19/60 €
– Carte 38/69 €
♦ Au cœur de la forêt domaniale de Coucy-Basse, établissement de type motel disposant de chambres fonctionnelles bien tenues. Petits-déjeuners dans un bâtiment séparé. Vastes salles à manger de style rustique et cuisine traditionnelle aux accents du terroir.

CHAUSEY (ÎLES) – 50 Manche – 303 B6 – **voir à Îles Chausey**

LA CHAUSSÉE D'IVRY – 28 Eure-et-Loir – 311 E2 – 924 h. – alt. 57 m –
⊠ 28260   11 **B1**
  🚹 Paris 75 – Orléans 141 – Chartres 60 – Cergy 59 – Évreux 35

🏨 **Gingko** sans rest   🗐 ♿ ↫ ॐ **P** **VISA** **◑②**
Golf Parc de Nantilly – 𝒞 02 37 64 01 11 – contact @ hotel-gingko.com
– Fax 02 37 64 32 85
20 ch – †75/160 € ††75/160 €, ☲ 8 €
♦ Voisinant avec le golf, hôtel dont les chambres, amples et confortables, agencées dans l'esprit contemporain, se partagent une ancienne maison de notable et ses dépendances.

LA CHAUSSÉE-ST-VICTOR – 41 Loir-et-Cher – 318 F6 – **rattaché à Blois**

CHAUSSIN – 39 Jura – 321 C5 – 1 579 h. – alt. 191 m – ⊠ 39120   16 **A2**
  🚹 Paris 354 – Beaune 52 – Besançon 76 – Chalon-sur-Saône 56 – Dijon 62
      – Dole 21

🏨 **Chez Bach**   🛱 ↫ 📞 😩 **P** **VISA** **◑②** **AE** **①**
pl. Ancienne Gare – 𝒞 03 84 81 80 38 – hotel-bach @ wanadoo.fr
– Fax 03 84 81 83 80 – Fermé 22 déc.-6 janv., vend. soir sauf du 14 juil. au 31 août,
dim. soir et lundi midi sauf fériés
22 ch – †58 € ††60 €, ☲ 11 € – ½ P 68 €
Rest – (prévenir le week-end) Menu 18 € (sem.)/60 €
– Carte 46/66 € ॐ
♦ Face à l'ancienne gare de ce village aux confins de la Bresse, de la Bourgogne et du Jura, hôtel familial en partie rénové dont certaines chambres dans un style frais. Au restaurant, cuisine traditionnelle maniérée et bon choix de vins régionaux.

🏠 **Val d'Orain**   🗐 🛱 **VISA** **◑②** **AE**
34 r. S.-M. Lévy – 𝒞 03 84 81 82 15 – aubergevaldorain @ wanadoo.fr
– Fax 03 84 81 75 24 – Fermé 21-29 juin, 23-31 août, 24 oct.-5 nov., vend. soir, sam.
midi et dim. soir
10 ch – †35 € ††45 €, ☲ 6 € – ½ P 42 €
Rest – Menu 12,50 € bc (déj. en sem.), 17/28 €
– Carte 17/36 €
♦ Auberge bordant la traversée du village baigné par l'Orain, un affluent du Doubs. Chambres simples à la tenue irréprochable. Salle à manger sagement campagnarde prolongée d'une véranda et terrasse dressée dans la cour. Cuisine du terroir et vins jurassiens.

CHAUVIGNY – 86 Vienne – 322 J5 – 7 025 h. – alt. 65 m – ⊠ 86300
▌Poitou Vendée Charentes   39 **C1**
  🚹 Paris 333 – Bellac 64 – Le Blanc 36 – Châtellerault 30 – Montmorillon 27
     – Poitiers 26
  🚦 Office de tourisme, Mairie 𝒞 05 49 45 99 10, Fax 05 49 45 99 10
  ◙ Ville haute★ - Église St-Pierre★ : chapiteaux du chœur★★ - Donjon de
     Gouzon★.
  ◙ St-Savin : abbaye★★ (peintures murales★★★).

Lion d'Or — ch, rest, P VISA MC AE

8 r. du Marché, (près de l'église) – 05 49 46 30 28 – Fax 05 49 47 74 28 – Fermé 24 déc.-12 janv.

26 ch – 45 € 45 €, 6,50 € – ½ P 43 € – **Rest** – Menu (12 €), 18/39 € – Carte 22/45 €

◆ Une adresse de la ville basse appréciée pour son décor gai et pour ses chambres personnalisées, confortables et bien tenues. Au restaurant, atmosphère méridionale, fer forgé, chaises de style Art nouveau et goûteuse cuisine traditionnelle.

CHAUX-NEUVE – 25 Doubs – 321 G6 – 223 h. – alt. 992 m – ✉ 25240 — 16 B3

Paris 450 – Besançon 94 – Genève 78 – Lons-le-Saunier 68 – Pontarlier 35 – St-Claude 53

Auberge du Grand Gît — ch, P VISA MC

– 03 81 69 25 75 – nicod@aubergedugrandgit.com – Fax 03 81 69 15 44 – Ouvert 1er mai-12 oct., 20 déc.-29 mars et fermé dim. soir et lundi hors saison

8 ch – 37/42 € 46/49 €, 8 € – ½ P 47/50 €

Rest – *(dîner seult)* Menu 18/23 € – Carte 24/35 €

◆ Vous apprécierez l'ambiance familiale et le calme des chambres lambrissées de ce chalet récent, posté près des tremplins de saut de ski. Le patron mitonne une appétissante cuisine régionale, servie dans une sympathique salle campagnarde.

CHAVIGNOL – 18 Cher – 323 M2 – rattaché à Sancerre

CHAVOIRES – 74 Haute-Savoie – 328 K5 – rattaché à Annecy

CHAZAY – 28 Eure-et-Loir – 311 E5 – rattaché à Chartres

CHAZEY-SUR-AIN – 01 Ain – 328 E5 – 1 200 h. – alt. 235 m – ✉ 01150 — 44 B1

Paris 469 – Bourg-en-Bresse 45 – Chambéry 87 – Lyon 43 – Nantua 57

La Louizarde — P VISA MC

3 km au Sud par D 62 et rte secondaire – 04 74 61 53 23 – Fax 04 74 61 58 47 – Fermé 1er-12 sept., 23-30 déc., 10-22 fév., mardi soir, merc. soir et jeudi soir d'oct. à mai, sam. midi, dim. soir et lundi

Rest – Menu 17 € bc (déj. en sem.)/41 € – Carte 37/49 €

◆ La silhouette de cette maison n'est pas sans rappeler l'architecture de la Louisiane. Décor intérieur subtilement "colonial" et belle terrasse ouverte sur le jardin.

CHECY – 45 Loiret – 318 J4 – 7 221 h. – alt. 112 m – ✉ 45430 — 12 C2

Paris 142 – Orléans 10 – Fleury-les-Aubrais 13 – Olivet 28 – Saint-Jean-de-Braye 6

Le Week End — VISA MC

1 pl. du Cloître – 02 38 86 84 93 – info@restaurant-leweekend.com – Fax 02 38 86 81 30 – Fermé dim. soir et lundi

Rest – Menu 25 € (sem.)/65 € – Carte 52/59 €

◆ Sur la place centrale, jolie maison à l'intérieur confortable et lumineux. Carte de saison soignée et beau choix de vins du Val de Loire (caveau aménagé pour la dégustation).

CHELLES – 60 Oise – 305 J4 – rattaché à Pierrefonds

Ce guide vit avec vous : vos découvertes nous intéressent.
Faites-nous part de vos satisfactions comme de vos déceptions.
Coup de colère ou coup de cœur : écrivez-nous !

CHÉNAS – 69 Rhône – 327 H2 – 442 h. – alt. 253 m – ⊠ 69840

> ◘ Paris 407 – Mâcon 18 – Bourg-en-Bresse 45 – Lyon 59
> – Villefranche-sur-Saône 28

✗✗ **Les Platanes de Chénas** ← 🛗 **P** *VISA* **⓪**
aux Deschamps, 2 km au Nord par D 68 – ✆ *03 85 36 79 80 – chgerber@*
wanadoo.fr – Fax 03 85 36 78 33 – Fermé 22 déc.-6 janv., fév., le soir du 15 nov. au 15 avril, mardi et merc.
Rest – Menu 17 € (déj. en sem.), 24/68 € – Carte 35/57 € ☕
♦ Repas régional et bon choix de vins du cru proposés dans un cadre rustique coloré ou sous les platanes de la terrasse meublée en fer forgé, avec le Beaujolais en toile de fond.

CHÊNEHUTTE-LES-TUFFEAUX – 49 Maine-et-Loire – 317 I5 – rattaché à Saumur

---

CHÉNÉRAILLES – 23 Creuse – 325 K4 – 759 h. – alt. 537 m – ⊠ 23130
▌ Limousin Berry

> ◘ Paris 369 – Aubusson 19 – La Châtre 63 – Guéret 32 – Montluçon 46
> 🛈 Syndicat d'initiative, 32, route de gouzon ✆ 05 55 62 91 22
> ◙ Haut-relief★ dans l'église.

✗✗ **Coq d'Or** *VISA* **⓪** **AE**
7 pl. du Champ de Foire – ✆ *05 55 62 30 83 – Fax 05 55 62 95 18 – Fermé 21 juin-2 juil., 20 sept.-2 oct., 31 déc.-20 janv., dim. soir, merc. soir et lundi*
Rest – Menu (14 €), 21/45 € – Carte 32/45 €
♦ L'insolite vitrine à l'entrée de ce restaurant expose les coqs rapportés des quatre coins du monde par les clients. Cuisine actuelle goûteuse.

à Montignat 10 km au Nord-Ouest par D 990 et D 50 – ⊠ 23140

🏠 **La Maison Bleue** ✿ ← 🚗 🛗 ⅄ **P**
3 km par N 145 – ✆ *05 55 81 88 80 – lamaisonbleue2002@yahoo.fr*
– Fax 05 55 81 86 69 – Fermé 10-21 mars
4 ch ⌂ – ♦50 € ♦♦70/80 € – **Table d'hôte** – Menu 25 € bc
♦ Ancienne ferme superbement restaurée offrant des chambres ravissantes et originales, décorées d'objets en provenance du monde entier. L'une d'elles occupe même une roulotte ! Cuisine cent pour cent terroir, servie près de la cheminée ou sur la grande terrasse.

CHENNEVIÈRES-SUR-MARNE – 94 Val-de-Marne – 312 E3 – 101 28 – voir à Paris, Environs

---

CHENONCEAUX – 37 Indre-et-Loire – 317 P5 – 325 h. – alt. 62 m – ⊠ 37150
▌ Châteaux de la Loire

> ◘ Paris 234 – Amboise 12 – Château-Renault 36 – Loches 31 – Montrichard 8 – Tours 33
> 🛈 Syndicat d'initiative, 1, rue Bretonneau ✆ 02 47 23 94 45, Fax 02 47 23 82 41
> ◙ Château de Chenonceau★★★.

🏨 **Auberge du Bon Laboureur** (Antoine Jeudi) 🚗 🛗 ⌕ ₺ ch, 📶
6 r. Dr Bretonneau – ✆ *02 47 23 90 02* ⅄ 📞 ⚐ **P** *VISA* **⓪** **AE**
– laboureur@wanadoo.fr – Fax 02 47 23 82 01
– Fermé 11 nov.-19 déc., 4 janv.-14 fév. et mardi midi
22 ch – ♦95/155 € ♦♦115/155 €, ⌂ 13 € – 4 suites
Rest – Menu 30 € (déj. en sem.), 48/85 € – Carte 67/98 €
Spéc. Crème onctueuse d'écrevisses et concassé de tomate (juin à sept.). Conjugaison de ris et tête de veau sauce gribiche. Dessert autour de la figue (sept. à mars). **Vins** Montlouis, Bourgueil.
♦ Près du célèbre "château des Dames", ensemble de coquettes maisons abritant de belles chambres feutrées et rénovées, toutes différentes. Parc avec potager. Élégantes salles à manger bourgeoises et jolie terrasse ombragée bordant le jardin ; cuisine classique.

La Roseraie 🛋 🏠 🗅 🗚 ch, ⇴ 🅿 🚾 🔇

7 r. Dr Bretonneau – ℰ 02 47 23 90 09 – sfiorito@wanadoo.fr – Fax 02 47 23 91 59
– Ouvert 15 mars-12 nov.

17 ch – ♦52/55 € ♦♦62/67 €, ⌿ 11,50 €

Rest – (fermé lundi et le midi sauf dim. et fériés) Menu 25/43 €
– Carte 33/50 €

♦ Ce long bâtiment tapissé de vigne vierge propose de spacieuses chambres climatisées. Cadre rustique et ambiance familiale. Jardin et piscine pour la détente. Dans le restaurant campagnard (avec salon doté d'une cheminée), on sert une cuisine traditionnelle.

CHENÔVE – 21 Côte-d'Or – 320 K6 – rattaché à Dijon

CHÉPY – 80 Somme – 301 C7 – **1 277 h. – alt. 96 m** – ✉ 80210   36 **A1**

◘ Paris 207 – Abbeville 17 – Amiens 72 – Le Tréport 23

L'Auberge Picarde 🛬   🕹 ch, 🏄 🅿 🚾 🔇 🆎

à la Gare – ℰ 03 22 26 20 78 – auberge-picarde@wanadoo.fr
– Fax 03 22 26 33 34 – Fermé 2 sem. en août et 1ᵉʳ-10 janv.

25 ch – ♦46/63 € ♦♦51/68 €, ⌿ 6,50 € – ½ P 60 € – **Rest** – (fermé sam. midi et dim. soir) Menu 15 € (sem.)/39 € – Carte 23/37 €

♦ Confortables chambres de style ancien ou moderne situées face à une gare désaffectée, dans un environnement campagnard. Billard. Une galerie couverte, aménagée comme un jardin d'hiver, conduit au restaurant d'esprit rustique. Table "tradition et terroir".

CHÉRAC – 17 Charente-Maritime – 324 H5 – **1 006 h. – alt. 54 m** –
✉ 17610   38 **B3**

◘ Paris 495 – Angoulême 59 – Poitiers 162 – Saintes 19

La Pantoufle 🛬   🛋 ⇴ 🏵 🅿

5 imp. des Dîmiers – ℰ 05 46 95 37 10 – lapantoufle@free.fr

3 ch ⌿ – ♦45 € ♦♦50 € – **Table d'hôte** – Menu 20 € bc

♦ Cette demeure typiquement charentaise invite au farniente : chambres confortables, charmant salon garni de canapés et chaises longues dans le jardin clos. À table, la patronne, vrai cordon bleu, régale ses hôtes de légumes du potager et de produits du terroir.

CHERBOURG-OCTEVILLE 👁 – 50 Manche – 303 C2 – **25 370 h. – Agglo. 117 855 h. – alt. 10 m – Casino** BY – ✉ 50100 🗼 Normandie Cotentin   32 **A1**

◘ Paris 359 – Brest 399 – Caen 125 – Laval 224 – Le Mans 284 – Rennes 210

🛫 de Cherbourg-Maupertus : ℰ 02 33 88 57 60, par ① : 13 km.

🛈 Office de tourisme, 2 quai Alexandre III ℰ 02 33 93 52 02, Fax 02 33 53 66 97

🚢 de Cherbourg à La Glacerie Domaine des Roches, par rte de Valognes et D 122 : 7 km, ℰ 02 33 44 45 48.

🔲 Fort du Roule ≤★ - Château de Tourlaville : parc★ 5 km par ①.

Plan page ci-contre

Le Louvre sans rest   📶 📞 🚐 🚾 🔇 🆎 ⑩

2 r. H. Dunant – ℰ 02 33 53 02 28 – inter.hotel.le.louvre@wanadoo.fr
– Fax 02 33 53 43 88 – Fermé 24 déc.-4 janv.   AX **e**

42 ch – ♦52/58 € ♦♦58/63 €, ⌿ 8 €

♦ Situation centrale, chambres confortables, isolation phonique efficace et petits-déjeuners servis sous forme de buffet caractérisent cet hôtel familial.

La Renaissance sans rest   ≤ ⇴ 🏵 📞 🚐 🚾 🔇

4 r. de l'Église – ℰ 02 33 43 23 90 – contact@hotel-renaissance-cherbourg.com
– Fax 02 33 43 96 10   ABX **a**

12 ch – ♦46/60 € ♦♦52/66 €, ⌿ 8 € – 1 suite

♦ Vous séjournerez au calme dans des chambres gaies et parfaitement tenues, tout en profitant d'un accueil souriant, d'un bon petit-déjeuner... et de prix très raisonnables.

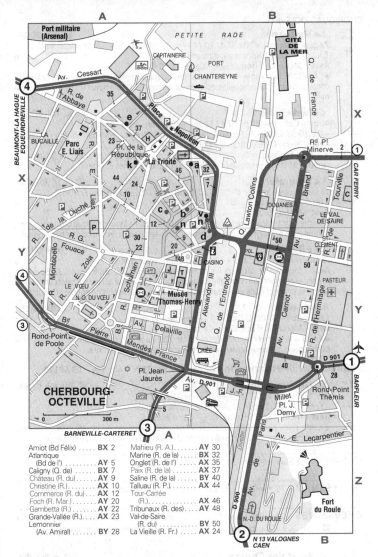

🏠 **Ambassadeur** sans rest   🚪 ⅋ 📞 **VISA** 🆗 AE ⓪

22 quai Caligny – ☏ *02 33 43 10 00* – *ambassadeur.hotel@wanadoo.fr*
– *Fax 02 33 43 10 01* – *Fermé 19 déc.-4 janv.*   BX **v**
40 ch – 🛏36/53 € 🛏🛏47/63 €, ⊋ 6 €

♦ Sur les quais, établissement mettant à votre disposition ses chambres sobres et convenablement équipées ; celles de la façade donnent sur le port.

🏠 **Angleterre** sans rest   ⅋ 🍴 📞 **VISA** 🆗 AE

8 r. P. Talluau – ☏ *02 33 53 70 06* – *contact@hotelangleterre-fr.com*
– *Fax 02 33 53 74 36*   AX **k**
23 ch – 🛏35/45 € 🛏🛏40/50 €, ⊋ 6 €

♦ Accueil souriant dans cette adresse familiale proche du centre-ville. Petites chambres fonctionnelles et proprettes. Entièrement non-fumeurs.

XX **Le Vauban**   AC VISA MC AE

22 quai Caligny – ℰ 02 33 43 10 11 – Fax 02 33 43 15 18 – Fermé vacances de la
Toussaint, de fév., sam. midi, dim. soir et lundi   BX **n**
Rest – Menu 22 € (sem.)/59 € – Carte 44/55 €
♦ Agréable panorama sur les quais de l'avant-port depuis cet élégant restaurant
contemporain. Tons ensoleillés, cuisine visible en salle et table honorant les produits de la
mer.

XX **Café de Paris**   AC VISA MC AE

40 quai Caligny – ℰ 02 33 43 12 36 – cafedeparis.res @ wanadoo.fr
– Fax 02 33 43 98 49 – Fermé 2 sem. en mars, 3-23 nov., lundi midi et dim.   BXY **d**
Rest – Menu (14 €), 18/35 € – Carte 25/53 €
♦ Face à l'animation des bassins portuaires, restaurant de type brasserie (salle pano-
ramique à l'étage) proposant des plats traditionnels soignés et iodés.

X **Le Pommier**   AC VISA MC

15 bis r. Notre-Dame – ℰ 02 33 53 54 60 – Fax 02 33 53 40 86 – Fermé
8 nov.-2 déc., dim. et lundi   AXY **n**
Rest – Menu 16/28 €
♦ Derrière cette façade contemporaine se cache une salle à manger façon bistrot moderne
agrémentée de peintures et de sculptures. Belle terrasse en teck et cuisine traditionnelle.

X **Le Pily**   VISA MC AE

39 Gde Rue – ℰ 02 33 10 19 29 – Fermé sam. midi et merc.   AX **b**
Rest – (nombre de couverts limité, prévenir) Menu (15 €), 28 € (sem.), 32/55 €
♦ Accueil souriant dans une salle à manger tout en longueur alliant des teintes tendance
crème et prune et dans un agréable coin salon. Savoureuse cuisine épurée et actuelle.

X **L'Imprévu**   VISA MC AE

32 Gde Rue – ℰ 02 33 04 53 90 – Fermé dim. et lundi   AX **c**
Rest – Menu (16 € bc), 32 € – Carte environ 34 €
♦ En cuisine, le chef concocte des plats dans l'air du temps, privilégiant les produits de la
pêche locale. Intérieur actuel, service efficace et accueil tout sourire.

à Equeurdreville-Hainneville 4 km par ④ – 18 173 h. – alt. 8 m – ⊠ 50120

XX **La Gourmandine**   ≼ AC VISA MC AE ⓞ

24 r. Surcouf – ℰ 02 33 93 41 26 – Fax 02 33 93 41 26
– Fermé 12 juil.-5 août, 21 déc.-6 janv., dim. et lundi
Rest – Menu 13,50 € (sem.)/48 € – Carte 29/53 €
♦ Cette chaleureuse salle à manger au décor nautique est un observatoire idéal pour
contempler le trafic maritime en rade de Cherbourg. Registre culinaire traditionnel.

CHERISY – 28 Eure-et-Loir – 311 E3 – rattaché à Dreux

LE CHESNAY – 78 Yvelines – 311 I3 – 101 23 – voir à Paris, Environs (Versailles)

CHEVAGNES – 03 Allier – 326 I3 – 716 h. – alt. 224 m – ⊠ 03230   6 **C1**
🗗 Paris 309 – Bourbon-Lancy 18 – Decize 31 – Digoin 43 – Lapalisse 51
– Moulins 18

XX **Le Goût des Choses**   ⌂ & VISA MC

12 rte Nationale – ℰ 04 70 43 11 12 – Fermé 14-22 avril, 27 oct.-4 nov., dim. soir,
lundi et mardi
Rest – Menu 22/48 € – Carte 35/59 €
♦ Ici, le goût des choses s'exprime tant dans l'assiette, élaborée en fonction du marché, que
dans la salle, décorée et dressée avec soin. Mini-terrasse dans la cour intérieure.

CHEVAL-BLANC – 84 Vaucluse – 332 D11 – rattaché à Cavaillon

CHEVANNES – 89 Yonne – 319 D5 – rattaché à Auxerre

CHEVERNY – 41 Loir-et-Cher – 318 F7 – rattaché à Cour-Cheverny

CHEVIGNY – 21 Côte-d'Or – 320 K6 – **rattaché à Dijon**

LE CHEYLARD – 07 Ardèche – 331 I4 – 3 514 h. – alt. 450 m –
✉ 07160   44 **A3**

➲ Paris 598 – Aubenas 50 – Lamastre 21 – Privas 47 – Le Puy-en-Velay 62
– Valence 59

🛈 Office de tourisme, rue du 5 Juillet 44 ☎ 04 75 29 18 71, Fax 04 75 29 46 75

Le Provençal   ⌧ 𝐀𝐂 rest, ⅏ ch, 📞 **P** *VISA* **⬤⬤**
17 av. de la Gare – ☎ 04 75 29 02 08 – contact @ hotelrestaurantleprovencal.com
– Fax 04 75 29 35 63 – Fermé 28 mars-16 avril, 26 sept.-15 oct., 26 déc.-14 janv.,
vend. soir, dim. soir et lundi
10 ch – ♦46 € ♦♦62 €, ⊐ 8,50 € – **Rest** – Menu (16 €), 22/51 € bc
♦ Bâtisse en pierre abritant de petites chambres simples et bien tenues. Garage à vélos
apprécié des cyclistes qui parcourent la corniche de l'Eyrieux. Salles à manger sobrement
rustiques, cuisine traditionnelle inspirée du terroir et sélection de vins du pays.

CHÉZERY-FORENS – 01 Ain – 328 I3 – 369 h. – alt. 585 m – ✉ 01200   45 **C1**

➲ Paris 506 – Bellegarde-sur-Valserine 17 – Bourg-en-Bresse 82 – Gex 39
– Nantua 30

Commerce avec ch   ⌂ ↩ *VISA* **⬤⬤**
– ☎ 04 50 56 90 67 – Fax 04 50 56 92 54 – Ouvert 7 fév.-28 sept. et fermé
21-29 avril, 9 juin-6 juil., mardi soir et merc. hors vacances scolaires
8 ch – ♦50/60 € ♦♦50/60 €, ⊐ 7,50 € – ½ P 46/50 € – **Rest** – Menu 15 €
(sem.)/39 € – Carte 19/42 €
♦ Cette attachante maison propose une généreuse cuisine régionale (grenouille en saison)
dans un décor campagnard ou sur la terrasse bercée par le bruit des eaux de la Valserine.
Petites chambres bien tenues et accueil plein de gentillesse.

CHILLE – 39 Jura – 321 D6 – **rattaché à Lons-le-Saunier**

CHILLEURS-AUX-BOIS – 45 Loiret – 318 J3 – 1 703 h. – alt. 125 m –
✉ 45170   12 **C2**

➲ Paris 96 – Orléans 30 – Chartres 71 – Étampes 47 – Pithiviers 14

Lancelot   ⌂ 𝐀𝐂 **P** *VISA* **⬤⬤** 𝐀𝐄
12 r. des Déportés – ☎ 02 38 32 91 15 – info @ restaurant-le-lancelot.com
– Fax 02 38 32 92 11 – Fermé 4-24 août, 23 fév.-8 mars, merc. soir, dim. soir et lundi
Rest – (prévenir le week-end) Menu (14 €), 20 € (sem.), 29/65 € – Carte 48/82 €
♦ Au centre du village, accueillante maison fleurie et rustique, dotée d'un jardin. La
patronne sert une généreuse cuisine actuelle, qui fait aussi écho aux recettes de sa
mère.

CHINAILLON – 74 Haute-Savoie – 328 L5 – **rattaché au Grand-Bornand**

CHINDRIEUX – 73 Savoie – 333 I3 – 1 092 h. – alt. 300 m – ✉ 73310   45 **C1**

➲ Paris 520 – Aix-les-Bains 16 – Annecy 48 – Bellegarde-sur-Valserine 39
– Chambéry 33

◪ Abbaye de Hautecombe★★ SO : 10 km, 📗 Alpes du Nord

Relais de Chautagne   ⌂ & ch, 𝐒𝐀 **P** *VISA* **⬤⬤**
– ☎ 04 79 54 20 27 – Fax 04 79 54 51 63 – Fermé 24 déc. au 10 fév., dim. soir et
lundi
25 ch – ♦45/48 € ♦♦45/50 €, ⊐ 9 € – **Rest** – Menu 15 € (sem.), 22/35 €
– Carte 25/57 €
♦ La Chautagne est le nom de ce petit "pays" savoyard que traverse le Rhône. Chambres de
style actuel ou plus anciennes mais entretenues. Salles à manger de style néo-rustique où
l'on sert cuisine traditionnelle, spécialités savoyardes et gibier en saison.

> ▣ Paris 285 – Châtellerault 51 – Poitiers 80 – Saumur 29 – Tours 46
> ⬛ Office de tourisme, place Hofheim ℰ 02 47 93 17 85, Fax 02 47 93 93 05
> ◉ Vieux Chinon★★ : Grand Carroi★★ A **E** - Château★★ : ≼★★.
> ◖ Château d'Ussé★★ 14 km par ①.

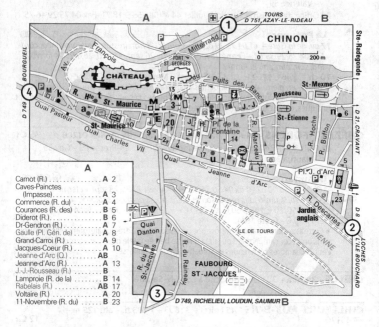

	A
Carnot (R.)	**A** 2
Caves-Painctes (Impasse)	**A** 3
Commerce (R. du)	**A** 4
Courances (R. des)	**B** 5
Diderot (R.)	**B** 6
Dr-Gendron (R.)	**A** 7
Gaulle (Pl. Gén. de)	**A** 8
Grand-Carroi (R.)	**A** 9
Jacques-Coeur (R.)	**A** 10
Jeanne-d'Arc (Q.)	**AB**
Jeanne-d'Arc (R.)	**A** 13
J.-J.-Rousseau (R.)	**B**
Lamproie (R. de la)	**B** 14
Rabelais (R.)	**AB** 17
Voltaire (R.)	**A** 20
11-Novembre (R. du)	**B** 23

🏨 **De France** sans rest ⇆ ⚅ 🕿 🌫 **VISA** 🐓 **AE** ⓪
47 pl. Gén. de Gaulle – ℰ 02 47 93 33 91 – elmachinon@aol.com – Fax 02 47 98 37 03
– Fermé 16 fév.-10 mars, 8-28 nov., dim. soir et lundi de nov. à mars A **s**
30 ch – ♦72/80 € ♦♦80/140 €, ⊇ 10 € – 3 suites
♦ Chambres confortables (mobilier de style) et insonorisées, logées dans deux maisons mitoyennes du 16ᵉ s. Certaines donnent sur la place et le château. Jolie courette intérieure.

🏨 **Diderot** sans rest ♿ ⇆ ⚅ 🕿 **P** **VISA** 🐓 **AE** ⓪
🏠 *4 r. de Buffon – ℰ 02 47 93 18 87 – hoteldiderot@hoteldiderot.com*
– Fax 02 47 93 37 10 B **n**
26 ch – ♦43/53 € ♦♦53/75 €, ⊇ 8 €
♦ Cette belle demeure du 18ᵉ s. propose des chambres d'esprit ancien, régulièrement refaites. Petit-déjeuner façon table d'hôte : produits fermiers et confitures maison.

🏨 **Agnès Sorel** sans rest ♿ 🕿 **VISA** 🐓 **AE** ⓪
4 quai Pasteur – ℰ 02 47 93 04 37 – info@agnes-sorel.com – Fax 02 47 93 06 37
10 ch – ♦47/98 € ♦♦47/98 €, ⊇ 9 € A **k**
♦ À l'ombre du château médiéval, un hôtel "les pieds dans la Vienne" aux chambres personnalisées, plus grandes et au calme dans l'annexe. Jardin-cour. Garage à vélos.

XXX **Au Plaisir Gourmand** (Jean-Claude Rigollet) 🈺 **AC** **VISA** 🐓 **AE**
❀ *quai Charles VII – ℰ 02 47 93 20 48 – Fax 02 47 93 05 66 – Fermé 15 fév.-15 mars,*
dim. soir, lundi et mardi A **a**
Rest – *(nombre de couverts limité, prévenir)* Menu 28/64 € – Carte 46/77 €
Spéc. Salade de langoustines aux épices. Sandre au beurre blanc. Gratin de framboises aux amandes (mai à sept.). **Vins** Vouvray, Chinon.
♦ Passé une ravissante cour fleurie, offrez-vous une halte très gourmande dans cette maison (16ᵉ-17ᵉ s.) élégante et feutrée. Cuisine classique de qualité.

XX **Au Chapeau Rouge** 🛍 & AK VISA ⓂⒸ AE ①
49 pl. du Gén. de Gaulle – 𝒞 *02 47 98 08 08 – chapeau.rouge @ club-internet.fr*
– Fax 02 47 98 08 08 – Fermé 26 oct.-18 nov., 16 fév.-10 mars, dim. soir et lundi
Rest – Menu 21 € (déj. en sem.), 26/56 €   A v
– Carte 39/82 €

♦ Sur une place ombragée, le Chapeau Rouge affiche un décor soigné. Son chef propose une intéressante carte au goût du jour, renouvelée au fil des saisons (menu truffes l'hiver).

XX **L'Océanic** 🛍 AK VISA ⓂⒸ
ⓒⓔ *13 r. Rabelais –* 𝒞 *02 47 93 44 55 – oceanic.restaurant @ club-internet.fr*
– Fax 02 47 93 38 08 – Fermé 24 mars-6 avril, 25-31 août, dim. soir et lundi
(🐸) **Rest** – Menu 16 € bc (déj. en sem.), 24/68 € bc
– Carte 35/79 €   A u

♦ Sympathique restaurant de produits de la mer situé dans une rue piétonne du centre-ville. Un vivier à homards trône au milieu de la salle à manger, actuelle et confortable.

X **Les Années Trente** 🛍 VISA ⓂⒸ ①
78 r. Voltaire – 𝒞 *02 47 93 37 18 – lebeaucharles @ wanadoo.fr*
*– Fax 02 47 93 33 72 – Fermé 21-29 juin, 26 nov.-9 déc., 2-12 janv., mardi de Pâques
au 1ᵉʳ nov. et merc.*   A t
Rest – Menu 27/40 € – Carte 37/54 €

♦ Bibelots, petits tableaux et photos des années 1930 font le charme des salles à manger de ce restaurant du vieux Chinon. Cuisine au goût du jour à base de produits frais.

à Marçay 9 km par ③ et D 116 – 448 h. – alt. 65 m – ✉ 37500

🏠 **Château de Marçay** ⌂ ⟨◐ 🛍 ⤚ ※ ᵛ ⌾ ⛳ P VISA ⓂⒸ AE ①
✿ *–* 𝒞 *02 47 93 03 47 – marcay @ relaischateaux.fr – Fax 02 47 93 45 33*
– Fermé 16-28 nov. et 6 janv.-1ᵉʳ mars
33 ch – ♦130 € ♦♦285 €, ⌷ 21 € – 4 suites
Rest – *(fermé lundi midi, merc. midi et mardi)* Menu 58/115 € – Carte 86/108 € ᵇ
Spéc. (15 avril au 15 oct.) Petits légumes du "jardin de la France" cuits et crus. Petit bar de ligne cuit au plat. Agneau du Poitou-Charente, sa noisette laquée et épaule confite. **Vins** Vouvray, Chinon.

♦ De la forteresse militaire du 12ᵉ s. ne subsiste que ce château à fière allure, remanié au 15ᵉ s. Lieu de charme, grand parc arboré et vue sur les vignes (dégustation au domaine). Décor raffiné, belle carte au goût du jour et vins de Loire au restaurant.

CHIROUBLES – 69 Rhône – 349 h. – alt. 430 m – ✉ 69115   43 **E1**
🚗 Paris 422 – Lyon 59 – Villeurbanne 67 – Bourg-en-Bresse 60
– Caluire-et-Cuire 63

🏠 **La Tour** ⌂ 🚗 🛍 ⤚ ⑭ ※ P
à 1 km, le Pont (rte de Fleurie) – 𝒞 *04 74 04 20 26 – mfjp.bernard @ free.fr*
4 ch ⌷ – ♦70 € ♦♦80 € – **Table d'hôte**
– Menu 25 € bc

♦ Maison de caractère abritant de belles chambres à thèmes : Romantique et Florale (dans la tour), Rétro et Pastorale. Agréable vue sur la vigne. Cuisine régionale.

CHISSAY-EN-TOURAINE – 41 Loir-et-Cher – 318 D7 – **rattaché à Montrichard**

CHISSEAUX – 37 Indre-et-Loire – 317 P5 – 575 h. – alt. 58 m –
✉ 37150   11 **A1**
🚗 Paris 235 – Tours 37 – Amboise 14 – Loches 33 – Romorantin-Lanthenay 63

XX **Auberge du Cheval Rouge** 🛍 VISA ⓂⒸ
(🐸) *30 r. Nationale –* 𝒞 *02 47 23 86 67 – Fax 02 47 23 92 22 – Fermé 2-10 juin,
10-26 nov., dim. soir d'oct. à mai, lundi et mardi*
Rest – Menu 20 € (déj. en sem.), 26/50 €
– Carte 42/58 €

♦ L'ancien café du village abrite aujourd'hui un coquet restaurant dont le décor réactualisé a gagné en sobriété rustique (tons clairs). Charmante terrasse verdoyante.

CHITENAY – 41 Loir-et-Cher – **318** F7 – 989 h. – alt. 90 m – ⊠ 41120   11 **A1**

 ◻ Paris 196 – Orléans 72 – Blois 15 – Romorantin-Lanthenay 39 – Vendôme 47

⌂   **Auberge du Centre**   ⇜ ⌞ **P** **VISA** **CO** **AE**
pl. de l'Église – ℰ 02 54 70 42 11 – aub-centre @ wanadoo.fr – Fax 02 54 70 35 03
– Fermé 26 janv.-5 mars   BX **t**
26 ch – ♦55/82 € ♦♦62/92 €, ⊇ 9,50 € – ½ P 60/79 € – **Rest** – *(fermé dim. soir
hors saison, mardi midi et lundi)* Menu 23 € (sem.), 29/47 € – Carte 34/44 €
 ♦ À proximité des châteaux de la Loire, cette auberge de village à la façade couverte de
vigne vierge abrite des chambres sobres et actuelles. Restaurant lumineux de style méridional, proposant une carte traditionnelle. Petit jardin sur l'arrière.

CHOISY-AU-BAC – 60 Oise – **305** I4 – rattaché à Compiègne

CHOLET ⌖ – 49 Maine-et-Loire – **317** D6 – 54 204 h. – alt. 91 m – ⊠ 49300
▯ Châteaux de la Loire   34 **B2**

 ◻ Paris 353 – Ancenis 49 – Angers 64 – Nantes 60 – La Roche-sur-Yon 70
 ◧ Office de tourisme, 14, avenue Maudet ℰ 02 41 49 80 00, Fax 02 41 49 80 09
 ▦ de Cholet Allée du Chêne Landry, ℰ 02 41 71 05 01.
 ◲ Musée d'Art et d'Histoire ★ Z **M**.

Plan page ci-contre

⌂⌂   **All Seasons**   ⇗ 𝔸 ↯ ⅍ rest, ⌞ 𝔰ⓐ **VISA** **CO** **AE** ①
45 av. d'Angers – ℰ 02 41 71 08 08 – Fax 02 41 71 96 96   BX **t**
57 ch ⊇ – ♦98/108 € ♦♦106/116 € – **Rest** – *(fermé sam. et dim.)* Carte 27/40 €
 ♦ Une fois entré, on oublie la zone commerciale voisine : chaleureux décor où domine un
bois issu d'ex-cabanes canadiennes, chambres confortables et modernes, bien insonorisées. Agréable salle coiffée d'une verrière, décor contemporain et carte traditionnelle.

⌂   **Du Parc** sans rest   ▯ ↯ ⌞ 𝔰ⓐ ⌂ **VISA** **CO**
4 av. A. Manceau – ℰ 02 41 62 65 45 – hotel.parc.cholet @ wanadoo.fr
– Fax 02 41 58 64 08 – Fermé 21 déc.-6 janv. et fériés   AY **x**
46 ch – ♦57/58 € ♦♦57/58 €, ⊇ 8 €
 ♦ Chambres sobres, fonctionnelles et bien insonorisées, grande salle de réunion et buffet
de petits-déjeuners : cette adresse pratique se trouve près de la patinoire de Cholet.

⌂⌂   **Demeure l'Impériale** sans rest   ⇗ ↯ ⅍ **P** **VISA** **CO**
28 r. Nationale – ℰ 02 41 58 84 84 – demeure.imperiale @ wanadoo.fr
– Fax 02 41 63 17 03   Z **t**
4 ch ⊇ – ♦65/69 € ♦♦69/176 €
 ♦ Accueil charmant dans cet hôtel particulier de 1860. Chambres lumineuses (fleurs, linge
luxueux, parquet). Petit-déjeuner sous une verrière avec confiture et gâteaux maison.

⅗⅗   **La Grange**   ⇗ ⇗ 𝔠 **VISA** **CO** **AE**
⊛   *64 r. de St-Antoine* – ℰ 02 41 62 09 83 – Fax 02 41 62 32 89
        – Fermé 28 juil.-20 août, 9-24 fév., merc. soir, dim. soir et lundi   AY **g**
⊛   **Rest** – Menu 18 € (déj. en sem.), 27/40 € – Carte 38/43 €
 ♦ Objets agrestes, poutres apparentes et cheminée témoignent du passé de cette
ancienne ferme où l'on savoure désormais une cuisine actuelle et soignée, sans se ruiner.

⅗⅗   **La Touchetière**   ⇗ ⇔ **P** **VISA** **CO** **AE**
41 bd Roux – ℰ 02 41 62 55 03 – latouchetiere @ orange.fr – Fax 02 41 58 82 10
– Fermé 28 juil.-19 août, sam. midi, dim. soir et lundi soir   AX **b**
Rest – Menu (18 €), 21/36 € – Carte 39/48 €
 ♦ Vieille auberge rajeunie en préservant son cachet rustique. Salle claire coiffée de poutres
blanchies, carte traditionnelle, cheminée allumée en hiver, terrasse d'été fleurie.

⅗   **Au Passé Simple**   ⅍ **VISA** **CO** **AE** ①
⊛   *181 r. Nationale* – ℰ 02 41 75 90 06 – aupassesimple2 @ wanadoo.fr
    *– Fax 02 41 75 90 06 – Fermé 11-31 août, 22 déc.-4 janv., dim. soir, mardi midi et
    lundi*   Z **v**
Rest – Menu (15 € bc), 18 € bc (déj. en sem.), 33/68 € bc – Carte 47/51 €
 ♦ Le chef mitonne avec savoir-faire et au gré du marché une séduisante cuisine inventive.
Le décor panache agréablement moderne et ancien. Bon choix de vins régionaux.

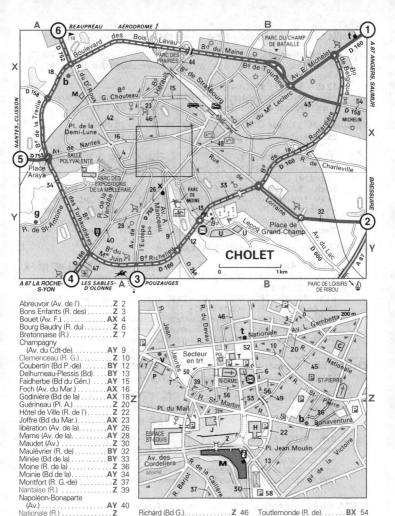

✗ L'Ourdissoir

VISA **MO** **AE**

40 r. St-Bonaventure – ✆ 02 41 58 55 18
– *ourdissoir@wanadoo.fr*
– *Fax 02 41 58 55 18*
– *Fermé 26 juil.-14 août, 15-22 fév., dim. soir, lundi soir et merc.*
Rest – Menu 18 € (déj. en sem.), 22/45 € bc   **Z b**
– *Carte environ 39 €*

♦ Deux salles rustiques (beaux murs en pierre) dont l'une fut un atelier de tisserands de la ville du mouchoir. Copieuse cuisine actuelle et un menu du terroir. Prix doux.

CHOLET

à Nuaillé 7,5 km par ① et D 960 – 1 356 h. – alt. 133 m – ⌧ 49340

🏠 **Les Biches** sans rest   ⏚ ⏦ ⏦ ⏦ 🆚 ⏦

pl. de l'Eglise – ℰ 02 41 62 38 99 – les-biches @ wanadoo.fr – Fax 02 41 62 96 24 – Fermé 21 déc.-6 janv.

12 ch – †52/57 € ††60/64 €, ⏛ 8 €

♦ Plaisante atmosphère en ce petit hôtel familial disposant de chambres gaies, bien tenues et régulièrement rafraîchies. En été, petits-déjeuners servis face à la piscine.

à Maulévrier 13 km par ② et D 20 – 2 830 h. – alt. 130 m – ⌧ 49360

🖪 Syndicat d'initiative, place de l'Hôtel de Ville ℰ 02 41 55 06 50

🏨 **Château Colbert** ⏦   ⏦ ⏦ ⏦ ⏦ ⏦ ⏦ ⏦ 🅿 🆚 ⏦ ⏦ ⏦

pl. Château – ℰ 02 41 55 51 33 – reception @ chateaucolbert.com – Fax 02 41 55 09 02 – Fermé 22-30 déc.

20 ch – †72/150 € ††72/150 €, ⏛ 12 € – 1 suite – ½ P 77/116 € – **Rest** – *(fermé 18 fév.-3 mars et dim. soir)* Menu 25 € (déj. en sem.), 29/65 € – Carte 53/61 €

♦ Ce château du 17e s. cache des chambres meublées d'ancien – celles du 1er étage sont magnifiques – surplombant le parc oriental et son splendide jardin japonais. Salle à manger "Grand Siècle". Spécialités locales et cuisine actuelle où entre le terroir.

au Sud-Est 4 km par D 600 (av. Lac) – ⌧ 49300 Cholet

🏨 **Le Belvédère** ⏦   ⏦ ⏦ ⏦ rest, 🅰🅳 ch, ⏦ ⏦ ⏦ 🅿 🆚 ⏦ ⏦ ⏦
⏦ *lac de Ribou – ℰ 02 41 75 68 00 – lebelvedere-cholet @ wanadoo.fr – Fax 02 41 75 68 09*

8 ch – †78/87 € ††83/92 €, ⏛ 10 € – **Rest** – *(fermé dim. soir et lundi)* Menu 15 € (déj. en sem.), 22/33 € – Carte 31/63 €

♦ Environnement calme et verdoyant pour cette bâtisse récente dominant le lac de Ribou. Chambres spacieuses et claires (mobilier en rotin peint). Petits plats traditionnels agrémentés d'épices, salle actuelle et agréable terrasse ouverte sur la nature.

CHOMELIX – 43 Haute-Loire – 331 E2 – 409 h. – alt. 910 m – ⌧ 43500   6 **C3**

🔼 Paris 519 – Ambert 36 – Brioude 52 – Le Puy-en-Velay 30 – St-Étienne 77

✕✕ **Auberge de l'Arzon** avec ch   ⏦ ch, ⏦ rest, 🅿 🆚 ⏦

pl. Fontaine – ℰ 04 71 03 62 35 – aubergedelarzon @ wanadoo.fr – Fax 04 71 03 61 62 – Ouvert de fin avril à fin sept. et fermé dim. soir, lundi et mardi sauf juil.-août

9 ch – †60/65 € ††60/65 €, ⏛ 7 € – ½ P 55/60 € – **Rest** – *(fermé lundi midi et mardi midi en juil.-août)* Menu 23/47 € – Carte 25/42 €

♦ Au cœur du village, bâtisse en pierre vous conviant à un repas traditionnel dans un cadre rustique réactualisé. Tables dressées avec sobriété ; mobilier en chêne et acajou. Une dépendance située à l'arrière abrite des chambres fonctionnelles tranquilles.

CHOMÉRAC – 07 Ardèche – 331 J5 – rattaché à Privas

CHONAS-L'AMBALLAN – 38 Isère – 333 B5 – rattaché à Vienne

CHORANCHE – 38 Isère – 333 F7 – 130 h. – alt. 280 m – ⌧ 38680
📗 Alpes du Nord   43 **E2**

🔼 Paris 588 – Grenoble 52 – Valence 48 – Villard-de-Lans 20
◎ Grotte de Coufin ★★.

🏠 **Le Jorjane**   ⏦ ⏦ 🅿 🆚 ⏦
⏦ *– ℰ 04 76 36 09 50 – info @ lejorjane.com – Fax 04 76 36 00 80 – Fermé 15-30 nov., dim. soir hors saison et lundi*

7 ch – †37 € ††48 €, ⏛ 7 € – ½ P 60/72 € – **Rest** – Menu (8,50 €), 14,50/22 € – Carte 19/28 €

♦ Dans le célèbre village aux sept grottes, auberge familiale abritant des chambres pratiques. Les motards y sont chouchoutés. Restaurant rustique décoré d'objets chinés et terrasse couverte bordant la route ; plats traditionnels, grillades, salades, pizzas.

CIBOURE – 64 Pyrénées-Atlantiques – 342 C4 – **rattaché à St-Jean-de-Luz**

CINQ CHEMINS – 74 Haute-Savoie – 328 L2 – **rattaché à Thonon-les-Bains**

LA CIOTAT – 13 Bouches-du-Rhône – 340 I6 – **31 630 h.** – **Casino** – ⊠ 13600
▌Provence   40 **B3**

> ◘ Paris 802 – Aix-en-Provence 53 – Brignoles 62 – Marseille 32 – Toulon 36
> ◱ Office de tourisme, boulevard Anatole France ℰ 04 42 08 61 32,
>   Fax 04 42 08 17 88
> ◉ Calanque de Figuerolles★ SO : 1,5 km puis 15 mn par D141 -
>   Chapelle N.-D. de la Garde ≼★★ O : 2,5 km puis 15 mn.
> ◧ à l'Ile Verte ≼★ en bateau 30 mn.

✗   **La Sardine**   🛏 VISA ⓜ AE
         18 r. des Combattants – ℰ 04 42 08 00 60 – contact@lasardinedemarseille.com
         – Fax 04 42 73 87 23 – Fermé janv., dim. soir de sept. à juin, mardi midi en juil.-août
         et lundi
         Rest – Menu (15 €), 29/35 € – Carte 33/51 €
         ◆ Ce restaurant-boutique décline une série de recettes sur le thème de la sardine de Mar-
         seille. Décor vert flashy et fresque de 1858 au plafond. Belle terrasse ombragée côté port.

au Liouquet 6 km à l'Est par D 559 (rte de Bandol) – ⊠ 13600 La Ciotat

✗✗   **Auberge Le Revestel** avec ch ⌕   ≼ 🛏 AK ℅ rest, ⴖ VISA ⓜ
         – ℰ 04 42 83 11 06 – revestel@wanadoo.fr – Fax 04 42 83 29 50
         – Fermé 17-30 nov. et 5 janv.-9 fév.
         6 ch – †65 € ††65 €, ⌑ 8 € – ½ P 75 € – **Rest** – (fermé dim. soir et merc.)
         Menu (25 € bc), 27 € bc (déj. en sem.), 38/55 € – Carte 59/64 €
         ◆ Belle situation sur la corniche pour cette petite auberge colorée, au calme. Les larges
         baies de la salle offrent une vue imprenable sur le large. Cuisine régionale actuelle.

CIRES-LÈS-MELLO – 60 Oise – 305 F5 – **3 585 h.** – **alt. 39 m** – ⊠ 60660   36 **B3**

> ◘ Paris 65 – Beauvais 32 – Chantilly 17 – Compiègne 47 – Clermont 16 – Creil 12

🏠   **Relais du Jeu d'Arc**   🚗 🛏 ⵂ ⵏ ℅ ⳗ ᯤ ⴖ VISA ⓜ
⌾   pl. Jeu-d'Arc, 1 km à l'Est – ℰ 03 44 56 85 00 – jeudarc@cdno.org
         – Fax 03 44 56 85 19 – Fermé août et 21 déc.-1er janv.
         14 ch – †60/120 € ††60/120 €, ⌑ 8 € – ½ P 75 € – **Rest** – (fermé dim. et lundi)
         Menu 16 € (déj. en sem.), 23/39 € – Carte 39/48 €
         ◆ Ancien relais de poste dont les origines remontent au 17e s. Les chambres, actuelles et
         confortables, sont parfois mansardées. Plats traditionnels servis au coin du feu dans une
         sympathique salle aménagée dans l'ex-écurie. Terrasse avec vue sur le château.

CLAIRAC – 47 Lot-et-Garonne – 336 E3 – **2 385 h.** – **alt. 52 m** – ⊠ 47320   4 **C2**

> ◘ Paris 690 – Agen 42 – Marmande 24 – Nérac 35
> ◱ Office de tourisme, 16, place Viçoze ℰ 05 53 88 71 59, Fax 05 53 88 71 59

✗   **L'Auberge de Clairac**   🛏 AK VISA ⓜ AE
         12 rte Tonneins – ℰ 05 53 79 22 52 – aubergedeclairac@orange.fr – Fermé
         vacances de fév., dim. soir, mardi soir et merc.
         Rest – Menu 28 € bc – Carte 27/39 €
         ◆ Cette maison régionale bâtie au 19e s. jouxte un ancien séchoir à tabac. Cuisine au goût
         du jour servie dans un cadre actuel ou sur la jolie terrasse fleurie.

CLAIX – 38 Isère – 333 H7 – **rattaché à Grenoble**

CLAM – 17 Charente-Maritime – 324 H7 – **rattaché à Jonzac**

CLAMART – 92 Hauts-de-Seine – 311 J3 – 101 25 – **voir à Paris, Environs**

CLAMECY ◉ – 58 Nièvre – 319 E7 – **4 806 h.** – **alt. 144 m** – ⊠ 58500
▌Bourgogne   7 **B2**

> ◘ Paris 208 – Auxerre 42 – Avallon 38 – Cosne-sur-Loire 52 – Dijon 145 – Nevers 69
> ◱ Office de tourisme, rue du Grand Marché ℰ 03 86 27 02 51, Fax 03 86 27 20 65
> ◉ Église St-Martin★.

🏠 Hostellerie de la Poste　　　🈂️ ქ ch, 📞 VISA ⓞⓞ ﷼ ⓞ

9 pl. E. Zola – 🕿 *03 86 27 01 55* – *hotelposteclamecy@wanadoo.fr*
– *Fax 03 86 27 05 99*
17 ch – 🛏52/74 € 🛏🛏56/74 €, ☕ 10 € – ½ P 57/65 € – **Rest** – Menu 24 €
(sem.)/35 € – Carte environ 42 €
♦ Ex-relais de poste de la cité où l'on pratiquait le spectaculaire flottage du bois. Coquettes
petites chambres (salles de bains refaites), plus calmes sur l'arrière. Dans l'agréable salle à
manger, mi-classique, mi-actuelle, goûtez à des plats dans l'air du temps.

LES CLAUX – 05 Hautes-Alpes – 334 I5 – rattaché à Vars

CLELLES – 38 Isère – 333 G9 – 378 h. – alt. 746 m – ⊠ 38930　　　45 **C3**
　　🚹 Paris 614 – Die 60 – Gap 72 – Grenoble 52 – La Mure 29 – Serres 57
　　🚺 Office de tourisme, le bourg 🕿 04 76 34 43 09, Fax 04 76 34 43 09

🏠 Ferrat　　　　　　　　　🈂️ 🗻 P 🛜 🚗 VISA ⓞⓞ

à la gare – 🕿 *04 76 34 42 70* – *hotel.ferrat@wanadoo.fr* – *Fax 04 76 34 47 47*
– *Fermé 7-22 fév. et mardi hors saison*
23 ch – 🛏40/42 € 🛏🛏52/54 €, ☕ 9 € – ½ P 58/63 € – **Rest** – Menu 21/38 €
♦ Au pied du mont Aiguille, chambres d'esprit rustique ou actuelles, parfois dotées de
petits balcons. Bonne insonorisation. Chaleureuse salle à manger d'hiver. En été, optez
pour la véranda ou le snack-bar auprès de la piscine.

CLÉMONT – 18 Cher – 323 J1 – 642 h. – alt. 141 m – ⊠ 18410　　　12 **C2**
　　🚹 Paris 187 – Orléans 72 – Bourges 62 – Vierzon 71 – Olivet 59

↑ Domaine des Givrys ⑳　　　　🏠 🛜 ⅍ 🐾 ኢ P

– 🕿 *02 48 58 80 74* – *givrys@wanadoo.fr* – *Fax 02 48 58 80 74*
5 ch – 🛏57 € 🛏🛏65 €, ☕ 8 € – **Table d'hôte** – Menu 30 € bc
♦ Pour les amoureux de la nature, voici une ancienne ferme au cœur d'un vaste domaine,
en bordure d'étang et de rivière. Chambres romantiques. Le terroir et la convivialité sont à
l'honneur autour de la grande table d'hôte en chêne.

CLÈRES – 76 Seine-Maritime – 304 G4 – 1 266 h. – alt. 113 m – ⊠ 76690
📗 Normandie Vallée de la Seine　　　　　　　　　　　　　　　33 **D1**
　　🚹 Paris 155 – Dieppe 45 – Forges-les-Eaux 35 – Neufchâtel-en-Bray 36
　　　– Rouen 25 – Yvetot 39
　　🚺 Syndicat d'initiative, 59, avenue du Parc 🕿 02 35 33 38 64,
　　　Fax 02 35 33 38 64
　　◉ Parc zoologique★.

à Frichemesnil 4 km au Nord-Est par D 6 et D 100 – 402 h. – alt. 150 m – ⊠ 76690

✕✕ Au Souper Fin (Eric Buisset) avec ch ⑳　🈂️ 🈂️ ⅍ ch, 🚗 VISA ⓞⓞ ﷼
ⵛⵛ　*1 rte de Clères* – 🕿 *02 35 33 33 88* – *buisset.eric@wanadoo.fr* – *Fax 02 35 33 50 42*
– *Fermé 6-28 août, 22-30 déc., dim. soir, merc. et jeudi*
3 ch – 🛏52 € 🛏🛏60 €, ☕ 10 € – ½ P 70/92 € – **Rest** – Menu 30 € (sem.)/52 €
– Carte 55/74 € ⑱
Spéc. Grillade de langoustines de Bretagne (avril à sept.). Saint-Pierre meunière à
l'amande. Millefeuille à la vanille.
♦ Ce sympathique restaurant arbore un décor contemporain, élégant et chaleureux.
Cuisine actuelle soignée, vins choisis, terrasse-pergola côté jardin et jolies petites cham-
bres.

au Sud 2 km sur D 155 – ⊠ 76690 Clères

✕ Auberge du Moulin　　　　　　　🈂️ P VISA ⓞⓞ
ⵛ　*36 r. des Moulins du Tot* – 🕿 *02 35 33 62 76* – *marc.halbourg@wanadoo.fr*
– *Fax 02 35 33 62 76* – *Fermé 18 août-3 sept., mardi sauf le soir de fév. à oct., dim.
soir et lundi*
Rest – Menu (16 €), 26/39 € – Carte 34/49 €
♦ Auberge sympathique tournée vers un vieux moulin bordé par une petite rivière dont le
cours est ponctué de cressonnières. Cuisine actuelle où entre le terroir. Terrasse.

CLERMONT ⊛ – 60 Oise – 305 F4 – 9 699 h. – alt. 125 m – ✉ 60600
📗 Nord Pas-de-Calais Picardie

36 **B2**

> 🚗 Paris 79 – Amiens 83 – Beauvais 27 – Compiègne 34 – Mantes-la-Jolie 101
> – Pontoise 62
> 🚹 Syndicat d'initiative, 19, place de l'Hôtel de Ville ☎ 03 44 50 40 25,
> Fax 03 44 50 40 25

à Gicourt-Agnetz 2 km à l'Ouest par ancienne rte de Beauvais – ✉ 60600 Agnetz

X X **Auberge de Gicourt** 🛋 🛏 ✿ VISA ⓦ AE
466 av. Philippe Courtial – ☎ 03 44 50 00 31 – *aubergedegicourt @ wanadoo.fr*
– Fax 03 44 50 42 29 – Fermé 26 juil.-15 août, dim. soir, mardi soir et merc.
Rest – Menu 19/46 € – Carte 44/62 €
♦ À proximité d'une forêt, pimpante auberge où l'on concocte une cuisine traditionnelle.
Salle à manger champêtre récemment refaite ; belle terrasse d'été fleurie.

à Étouy 7 km au Nord-Ouest par D 151 – 772 h. – alt. 85 m – ✉ 60600

XXX **L'Orée de la Forêt** (Nicolas Leclercq) 🔊 ❀ P. VISA ⓦ AE
£3 *255 r. Forêt –* ☎ 03 44 51 65 18 – *info @ loreedelaforet.fr – Fax 03 44 78 92 11*
– Fermé 2 août-2 sept., 3-13 janv., sam. midi, dim. soir, vend. et soirs fériés
Rest – Menu 29 € (déj. en sem.), 48/78 € – Carte 68/82 €
Spéc. Foie gras poêlé au sirop de betterave. Pigeonneau rôti à la badiane. Mille-
feuille vanillé.
♦ Cette maison de maître du 20e s. à fière allure avec ses jolies salles à manger bourgeoises
et son paisible parc arboré. Accueil charmant et belle cuisine au goût du jour.

CLERMONT-EN-ARGONNE – 55 Meuse – 307 B4 – 1 767 h. – alt. 229 m –
✉ 55120 📗 Champagne Ardenne

26 **A1**

> 🚗 Paris 236 – Bar-le-Duc 49 – Dun-sur-Meuse 41 – Ste-Menehould 15
> – Verdun 29
> 🚹 Syndicat d'initiative, place de la république ☎ 03 29 88 42 22,
> Fax 03 29 88 42 43

X X **Bellevue** avec ch 🛋 🛏 ❀ ch, P. VISA ⓦ AE
⊜ *r. Libération –* ☎ 03 29 87 41 02 – *hotel.bellevuepc @ wanadoo.fr*
– Fax 03 29 88 46 01 – Fermé 23 déc.-10 janv. et dim. soir
7 ch – ♥42 € ♥♥50/55 €, ⊇ 7,50 € – ½ P 56/60 € – **Rest** – Menu 17/48 €
– Carte 27/43 €
♦ Salle à manger coiffée de lattes de bois formant une vague, salle de banquets
"1925" et terrasse en surplomb du jardin. Chambres simples, un peu désuètes mais bien
tenues.

> 😊 Rouge = agréable. Repérez les symboles X et 🏠 passés en rouge.

CLERMONT-FERRAND P – 63 Puy-de-Dôme – 326 F8 – 137 140 h.
– Agglo. 258 541 h. – alt. 401 m – ✉ 63000 📗 Auvergne

5 **B2**

> 🚗 Paris 420 – Lyon 172 – Moulins 106 – St-Étienne 147
> ✈ de Clermont-Ferrand-Auvergne : ☎ 04 73 62 71 00 par D 766 CY : 6 km.
> 🚹 Office de tourisme, place de la Victoire ☎ 04 73 98 65 00, Fax 04 73 90 04 11
> 🏌 Nouveau Golf de Charade à RoyatO par D 5 : 8 km, ☎ 04 73 35 73 09 ;
> 🏌 des Volcans à Orcines La Bruyère des Moines, NO : 9 km, ☎ 04 73 62 15 51.
> **Circuit automobile de Charade, St Genès-Champanelle** ☎ 04 73 29 52 95 AZ.
> 👁 Le Vieux Clermont★ EFVX : Basilique de N.-D.-du-Port★★ (chœur★★★),
> Cathédrale★★ (vitraux★★★), fontaine d'Amboise★, cour★ de la maison de
> Savaron EV - Cour★ dans l'Hôtel de Fonfreyde EV M¹, musée d'archéologie
> Bargoin★ FX - Le Vieux Montferrand★★ : hôtel de Lignat★, hôtel de
> Fontenilhes★, maison de l'Éléphant★, cour★ de l'hôtel Regin★, porte★ de
> l'hôtel d'Albiat, - Bas-relief★ de la maison d'Adam et d'Ève - Musée d'art
> Roger-Quilliot - Belvédère de la D 941A ≤★★ AY.
> 🗻 Puy de Dôme ※★★★ 15 km par ⑥ - Vulcania (Centre Européen du
> Vulcanisme). Parc Naturel régional des volcans d'Auvergne ★★★.

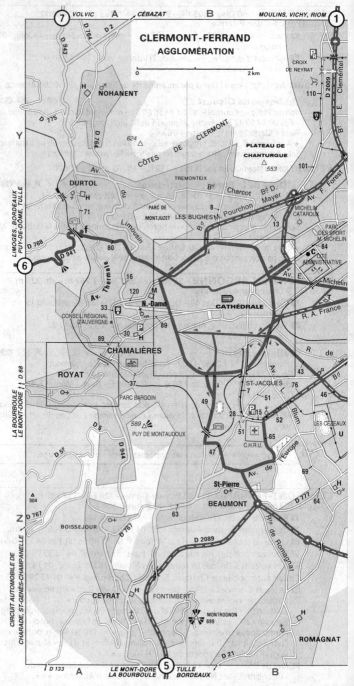

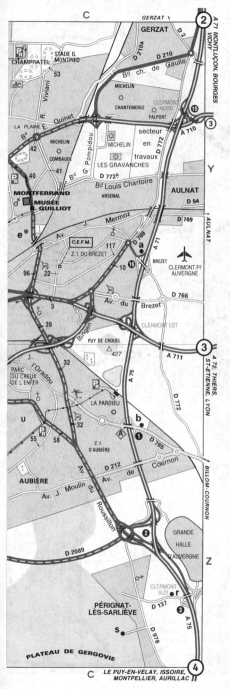

AUBIÈRE

Cournon (Av. de)	**CZ**	
Maerte (Av. R.)	**CZ**	55
Mont Mouchet (Av. du)	**BZ**	64
Moulin (Av. Jean)	**CZ**	
Noellet (Av. J.)	**BZ**	69
Roussillon (Av. du)	**CZ**	

BEAUMONT

Europe (Av. de l')	**BZ**	
Leclerc (Av. du Mar.)	**ABZ**	47
Mont Dore (Av. du)	**ABZ**	63
Romagnat (Rte de)	**BZ**	

CHAMALIÈRES

Claussat (Av. J.)	**AY**	16
Europe (Carrefour de l')	**AY**	30
Fontmaure (Av. de)	**AY**	33
Gambetta (Bd)	**AZ**	37
Royat (Av. de)	**AY**	89
Thermale (Av.)	**AY**	
Voltaire (R.)	**AY**	120

CLERMONT-FERRAND

Agriculture (Av. de l')	**CY**	3
Anatole-France (R.)	**BY**	
Bernard (Bd Cl.)	**BZ**	7
Bingen (Bd J.)	**BCYZ**	
Blanzat (R. de)	**BY**	8
Blériot (R. L.)	**CY**	10
Blum (Av. L.)	**BZ**	
Brezet (Av. du)	**BZ**	
Champfleuri (R. de)	**BY**	13
Charcot (Bd)	**BY**	
Churchill (Bd Winston)	**BZ**	15
Clementel (Bd E.)	**BY**	
Cugnot (R. N.-J.)	**CY**	22
Dunant (Pl. H.)	**BZ**	28
La-Fayette (Bd)	**BZ**	43
Flaubert (Bd G.)	**CZ**	32
Forest (Av. F.)	**BY**	
Jean-Moulin (Bd)	**CY**	39
Jouhaux (Bd L.)	**CY**	40
Kennedy (Bd J.-F.)	**CY**	41
Kennedy (Carrefour)	**CY**	42
Landais (Av. des)	**BCZ**	46
Libération (Av. de la)	**BZ**	49
Limousin (Av. du)	**AY**	
Liondards (Av. des)	**BZ**	51
Loucheur (Bd Louis)	**BZ**	52
Mabrut (R. A.)	**CY**	53
Margeride (Av. de la)	**CZ**	58
Mayer (Bd D.)	**BY**	
Mermoz (Av. J.)	**CY**	
Michelin (Av. Édouard)	**BY**	
Montalembert (R.)	**BZ**	64
Oradour (R. de l')	**BCZ**	
Pochet-Lagaye (Bd P.)	**BZ**	76
Pompidou (Bd G.)	**CY**	
Pourchon (Bd M.)	**BY**	
Puy de Dôme (Av. du)	**AY**	80
Quinet (Bd Edgar)	**CY**	
République (Av. de la)	**BY**	84
St-Jean (Bd)	**CY**	96
Sous les Vignes (R.)	**BY**	101
Torpilleur Sirocco (R. du)	**BY**	110
Verne (R. Jules)	**CY**	117
Viviani (R.)	**CY**	

DURTOL

Paix (Av. de la)	**AY**	71

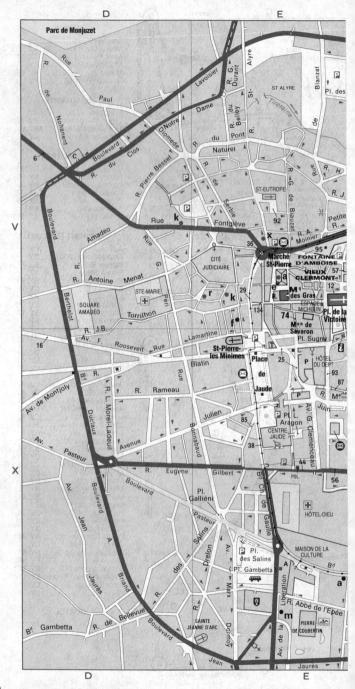

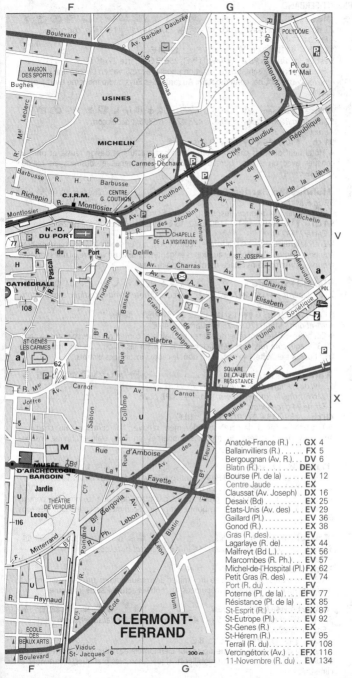

CLERMONT-FERRAND

300 m

Novotel 🚗 🏠 🏊 🍴 👌 🏧 ↯ 📞 🐾 🅿 *VISA* ⦿⦿ 🅰🅴 ⓞ

Z.I. du Brézet, r. G. Besse ✉ 63100 – ☏ 04 73 41 14 14 – h1175@accor.com
– Fax 04 73 41 14 00   CY **a**
131 ch – ♦112/127 € ♦♦119/135 €, ☕ 13,50 €
Rest *Le Jardin des Puys* – Menu (19 €), 25/42 € – Carte 27/49 €
♦ Espace, décor plaisant, bonne isolation phonique : réservez en priorité une chambre
rénovée. Vaste hall, bar contemporain. Au Jardin des Puys, cadre moderne tourné sur la
piscine.

Suitehôtel sans rest 🏧 👌 🏧 ↯ 🐾 🅿 🌐 *VISA* ⦿⦿ 🅰🅴 ⓞ

52 av. de la République – ☏ 0 473 423 473 – H6306@accor.com
– Fax 04 73 42 34 77   BY **c**
91 ch – ♦105/115 € ♦♦105/140 €, ☕ 12 €
♦ Hôtel neuf dont les chambres offrent un cadre actuel et design réussi, et ont été
conçues avec un espace bureau modulable. Coins repas et business au rez-de-
chaussée.

Holiday Inn Garden Court 🏧 👌 ch, 🏧 ↯ 🐾 🕍

59 bd F. Mitterrand – ☏ 04 73 17 48 48   🌐 *VISA* ⦿⦿ 🅰🅴 ⓞ
– higcclermont@alliance-hospitality.com – Fax 04 73 35 58 47   EX **a**
94 ch – ♦115/160 € ♦♦115/160 €, ☕ 13 € – **Rest** – Menu (14 €), 19/28 €
– Carte 21/32 €
♦ Entre le jardin Lecoq et la maison de la culture, à l'abri d'une sobre façade, chambres bien
équipées, garnies d'un mobilier aux lignes élégantes. Lumineuse verrière, plantes vertes et
meubles contemporains caractérisent la salle à manger.

Kyriad Prestige 🏠 🎦 🏧 👌 ch, 🏧 🐾 🕍 🌐 *VISA* ⦿⦿ 🅰🅴 ⓞ

25 av. Libération – ☏ 04 73 93 22 22 – accueil@hotel-kyriadprestigeclermont.com
– Fax 04 73 34 88 66   EX **m**
87 ch – ♦113/185 € ♦♦113/185 €, ☕ 12 € – **Rest** – (fermé 1ᵉʳ -15 août,
sam. et dim.) Menu (20 €), 25 € – Carte 33/48 €
♦ Cet hôtel entièrement repensé abrite des chambres contemporaines colorées ; à partir
du 3ᵉ étage, côté rue, elles bénéficient de la vue sur les volcans. Sauna, fitness. Carte
traditionnelle et buffets au restaurant dont le cadre s'inspire des bistrots.

Lafayette sans rest 🏧 🏧 ↯ 🐾 🕍 🅿 *VISA* ⦿⦿ 🅰🅴 ⓞ

53 av. de l'Union Soviétique – ☏ 04 73 91 82 27
– info@hotel-le-lafayette.com – Fax 04 73 91 17 26
– Fermé 24 déc.-4 janv.   GV **a**
48 ch – ♦89/115 € ♦♦89/125 €, ☕ 10 €
♦ Cet hôtel voisin de la gare est entièrement rénové : hall contemporain, chambres
aux tons pastel dotées de meubles modernes en bois clair et bonne insonorisation.

Dav'Hôtel Jaude sans rest 🏧 🐾 *VISA* ⦿⦿ 🅰🅴 ⓞ

10 r. Minimes – ☏ 04 73 93 31 49 – contact@davhotel.fr – Fax 04 73 34 38 16
28 ch – ♦50/53 € ♦♦53/58 €, ☕ 8,50 €   EV **f**
♦ Atout majeur de l'hôtel : sa proximité avec la place de Jaude (commerces, parking
public et cinémas). Chambres de bonne ampleur, récemment refaites dans des tons
vifs.

Cristal sans rest 🔲 🏧 👌 🏧 ↯ 🐾 🕍 🅿 *VISA* ⦿⦿ 🅰🅴

37 av. E.-Cristal – ☏ 04 73 28 24 24 – info@le-cristal-hotel.com
– Fax 04 73 28 24 20   CZ **b**
79 ch – ♦82/129 € ♦♦82/129 €, ☕ 10 €
♦ Voici une adresse bien pratique à proximité d'un axe autoroutier : un établissement tout
neuf abritant des chambres bien équipées, au mobilier actuel. Piscine intérieure.

Albert-Élisabeth sans rest 🏧 🏧 🐾 *VISA* ⦿⦿ 🅰🅴 ⓞ

37 av. A. Élisabeth – ☏ 04 73 92 47 41 – info@hotel-albertelisabeth.com
– Fax 04 73 90 78 32   GV **v**
38 ch – ♦49/53 € ♦♦49/53 €, ☕ 8 €
♦ Le nom de cet hôtel évoque un séjour clermontois des souverains belges. On est
accueilli dans un beau salon au mobilier rustique. Chambres pratiques, bien tenues et
climatisées.

XXX
✿ **Emmanuel Hodencq** 🖻 🗚 ⇄ 𝖵𝖨𝖲𝖠 ⓜⓞ 𝖠𝖤

pl. Marché St-Pierre, (1er étage) – ℰ 04 73 31 23 23 – emmanuel.hodencq @ wanadoo.fr – Fax 04 73 31 36 00 – Fermé 10-28 août, lundi midi et dim.

Rest – Menu (27 € bc), 36 € (sem.)/135 € bc – Carte 76/97 € ﷯   EV **a**

Spéc. Tarte fine de homard aux tomates et aromates (mai à août). Noix de ris de veau dorée au sautoir, morilles étuvées au vin jaune (avril-mai). Macaron citron/fraises des bois, sorbet basilic (mai à août). **Vins** Vin de pays d'Urfé, Vin de pays du Puy de Dôme.

♦ Installée au-dessus des halles, chaleureuse salle de restaurant contemporaine ouverte sur une jolie terrasse verdoyante. Savoureuse cuisine actuelle.

XXX
✿ **Jean-Claude Leclerc** 🖻 🗚 ⇄ 𝖵𝖨𝖲𝖠 ⓜⓞ

12 r. St-Adjutor – ℰ 04 73 36 46 30 – Fax 04 73 31 30 74 – Fermé 28 avril-6 mai, 10 août-2 sept., 2-9 janv., dim. et lundi   EV **k**

Rest – Menu 26 € (déj. en sem.), 36/80 € – Carte 68/89 €

Spéc. Délice de cèpes (automne). Lotte aux coquillages, légumes et champignons (été). Faux-filet de Salers, pommes de terre fondantes au cantal, sauce périgueux. **Vins** Saint-Pourçain, Châteaugay.

♦ Dans une atmosphère élégante et moderne, découvrez une cuisine classique actualisée et originale. Ce restaurant proche de la cité judiciaire dispose d'une terrasse ombragée.

XX
🕲 **Amphitryon Capucine** 🗚 𝖵𝖨𝖲𝖠 ⓜⓞ 𝖠𝖤

50 r. Fontgiève – ℰ 04 73 31 38 39 – kovacs.christophe557 @ orange.fr – Fax 04 73 31 38 44 – Fermé 27 juil.-17 août, dim. sauf fêtes et lundi   DV **k**

Rest – Menu 21 € (déj. en sem.), 27/75 € – Carte 51/65 €

♦ Ce petit restaurant à la façade en bois abrite une salle à manger redécorée, agrémentée de poutres et d'une cheminée. Les menus, au goût du jour, changent au gré des saisons.

X
Goûts et Couleurs 🖼 𝖵𝖨𝖲𝖠 ⓜⓞ

6 pl. du Changil – ℰ 04 73 19 37 82 – Fax 04 73 19 37 83 – Fermé 1er-8 mai, 10 août-1er sept. et dim.   DV **r**

Rest – Menu (18 €), 26/55 € – Carte 36/64 €

♦ Sur une petite place, sympathique restaurant pour déguster une cuisine dans l'air du temps. Cadre sobre, bicolore (blanc-mauve), orné de tableaux ; salle sous une arcade voûtée.

X
Brasserie Danièle Bath 🖻 🗚 𝖵𝖨𝖲𝖠 ⓜⓞ 𝖠𝖤 ⓞ

pl. Marché St-Pierre – ℰ 04 73 31 23 22 – Fermé 1er-10 mars, 18 août-1er sept., 9 fév.-2 mars, dim., lundi et fériés   EV **e**

Rest – Menu 25/42 € – Carte 42/58 €

♦ Décor de bistrot, salle à manger cossue égayée d'œuvres d'art contemporaines ou, en été, terrasse sur la place piétonne. Cuisine traditionnelle ; bon choix de vins au verre.

X
Fleur de Sel 🗚 𝖵𝖨𝖲𝖠 ⓜⓞ

8 r. Abbé Girard – ℰ 04 73 90 30 59 – fleurdesel63 @ wanadoo.fr – Fax 04 73 90 37 49 – Fermé août, vacances de Noël, dim., lundi et fériés   FX **a**

Rest – *(nombre de couverts limité, prévenir)* Menu 28/68 € – Carte 63/68 € ﷯

♦ Produits de la mer et suggestions du jour servis dans une salle à manger ensoleillée dotée d'un mobilier contemporain : cette adresse a le vent en poupe.

X
🕲 **Le Moulin Blanc** 🗚 ⇄ 𝖵𝖨𝖲𝖠 ⓜⓞ

48 r. Chandiots – ℰ 04 73 23 06 81 – restaurant.lemoulinblanc @ wanadoo.fr – Fax 04 73 23 29 76 – Fermé 4-11 août, 18-23 août, 2-10 janv., le soir en sem., sam. midi, dim. soir   CY **e**

Rest – Menu (13 €), 17 € (déj. en sem.), 21/42 € – Carte 23/46 €

♦ Confortable salle à manger colorée où se marient avec bonheur décor actuel et chaises de style Louis XIII. Cuisine traditionnelle judicieusement revisitée.

X
Le Comptoir des Saveurs 🗚 𝖵𝖨𝖲𝖠 ⓜⓞ

5 r. Ste-Claire – ℰ 04 73 37 10 31 – lecomptoirdessaveurs63 @ neuf.fr – Fax 04 73 37 10 31 – Fermé août, 15-23 fév., mardi soir, merc. soir, jeudi soir, dim. et lundi   EV **x**

Rest – Menu 23 € (déj.), 31/41 € – Carte 37/64 €

♦ On peut jouer à la dînette en picorant parmi les propositions du chef – plats servis en mini-portions – changées chaque jour. Un concept à découvrir dans un cadre contemporain.

✗ L'Annexe 🛏 VISA 🐵 AE ⓪

1 r. de Coupière – ℰ 04 73 92 50 00 – croixmama@wanadoo.fr
– Fax 04 73 92 92 03 – Fermé sam. midi, dim., lundi et fériés   GV t
Rest – Menu (16 €), 34 € – Carte 33/69 €

♦ Ambiance lounge et plats actuels résument l'esprit de ce restaurant occupant un ancien entrepôt. Grande salle, mezzanine, cuisine ouverte, mobilier contemporain et expositions.

à Chamalières – 18 136 h. – alt. 450 m – ⊠ 63400

🛏🛏 Radio ⌖ ≼ 🚗 🕪 AC rest. ↯ 🕭 P. ⌂ VISA 🐵 AE ⓪

43 av. P. et M.-Curie – ℰ 04 73 30 87 83 – resa@hotel-radio.fr – Fax 04 73 36 42 44
– Fermé 1ᵉʳ-8 mai, 27 oct.-12 nov. et 2-9 janv.   Plan de Royat   B w
26 ch – †82/125 € ††92/139 €, ⊇ 14 € – ½ P 104/130 €
Rest – *(fermé lundi midi, sam. midi et dim.)* Menu 40 € bc (déj. en sem.), 48/92 €
– Carte 62/88 € ⸙

♦ Élégant établissement des années 1930 où l'on valorise le style Art déco. Les chambres, amples et feutrées, optent pour une ambiance plus contemporaine. Cuisine originale et belle carte des vins dans un cadre chic, rénové mais respectueux de l'âme du lieu.

à Pérignat-lès-Sarliève 8 km – 2 221 h. – alt. 364 m – ⊠ 63170

🖸 Plateau de Gergovie★ : ✳✳★★ S : 8 km.

🛏🛏🛏 Hostellerie St-Martin ⌖ ≼ 🕭 🚗 ⏃ ✗ 🕪 ↯ ⌫ 🕭

– ℰ 04 73 79 81 00 – reception@   P VISA 🐵 AE ⓪
hostellerriestmartin.com – Fax 04 73 79 81 01   CZ s
32 ch – †90/150 € ††90/195 €, ⊇ 13 € – 1 suite – ½ P 81/108 €
Rest – *(fermé dim. soir de nov. à mars)* Menu 26/49 €
– Carte 32/51 €

♦ Cette abbaye cistercienne du 14ᵉ s., entourée d'un joli parc, abrite désormais des chambres confortables et personnalisées ; celles de l'annexe sont plus simples. Élégant restaurant au décor bourgeois et mobilier de style. Terrasse dressée dans le jardin.

🛏🛏 Gergovie 🚗 🛏 🕭 🕭 AC ↯ ✗ 🕪 P VISA 🐵 AE ⓪

ⓔⓔ *25 allée du Petit Puy – ℰ 04 73 79 00 95 – hotelgergovie@bestwestern.fr*
– Fax 04 73 79 08 76   CZ b
59 ch – †105/135 € ††105/135 €, ⊇ 11 € – 3 suites – **Rest** – *(fermé sam. et dim.)* Menu 16 € (déj.)/25 € – Carte 27/40 €

♦ Construit récemment en périphérie de la ville, grand bâtiment moderne dont les chambres, climatisées, offrent un confort actuel et un décor design et résolument sobre. Restaurant contemporain servant une cuisine traditionnelle. Belle terrasse d'été en teck.

rte de La Baraque vers ⑥ – ⊠ 63830 Durtol

✗✗✗ Bernard Andrieux AC ✗ ⇔ P VISA 🐵 AE ⓪

– ℰ 04 73 19 25 00 – andrieuxbe@wanadoo.fr – Fax 04 73 19 25 04
– Fermé 1ᵉʳ-7 mai, 3-21 août, vacances de la Toussaint, 1ᵉʳ-10 janv., 18-24 fév., sam. midi, merc. midi, dim. soir et lundi   AY f
Rest – Menu (28 €), 52/73 € – Carte 57/76 € ⸙

♦ Sur la route du puy de Dôme, cette maison fleurie abrite d'élégants petits salons bourgeois, classiques et feutrés. La cuisine marie tradition et modernité.

à La Baraque 6 km par ⑥ - ⊠ 63870 Orcines

🛏 Le Relais des Puys 🛏 🕭 & ch, ↯ ✗ 🕪 🕭 P VISA 🐵 AE

ⓔⓔ *– ℰ 04 73 62 10 51 – info@relaisdespuys.com – Fax 04 73 62 22 09 – Fermé 19 déc.-2 fév., dim. soir d'oct. à mars et lundi midi*
36 ch – †58/70 € ††58/70 €, ⊇ 8,50 € – ½ P 57/63 € – **Rest** – Menu (14,50 €), 18 € (sem.)/43 € – Carte 27/53 €

♦ Depuis sept générations, la même famille veille aux destinées de cet ancien relais de diligences. Les chambres bien rénovées offrent tous les agréments du confort moderne. Recettes traditionnelles et auvergnates se dégustent devant une grande cheminée en pierre de Volvic.

à Orcines 8 km par ⑥ – **3 067 h.** – alt. 810 m – ✉ 63870

🅸 Office de tourisme, place de la Liberté ✆ 04 73 62 20 08, Fax 04 73 62 73 00

Les Hirondelles

🛬 ⅄ ⚬ 🅿 VISA 🄌 Æ

34 rte de Limoges – ✆ *04 73 62 22 43 – info@hotel-leshirondelles.com*
– Fax 04 73 62 19 12 – Ouvert 13 fév.-11 nov. et fermé dim. soir, mardi midi et lundi d'oct. à avril
30 ch – †52/69 € ††52/69 €, ⌑ 8 € – ½ P 52/62 € – **Rest** – Menu 19 € (sem.)/44 € – Carte 25/36 €
♦ Cette ancienne ferme postée en lisière du Parc naturel des Volcans porte un bien joli nom. Les chambres, petites et sobrement décorées, sont correctement insonorisées. Salle de restaurant aménagée sous les voûtes de l'ex-étable ; cuisine auvergnate.

Domaine de Ternant sans rest 🌿

≤ plaine de la Limagne, 🝙

Ternant, 5,5 km au Nord – ✆ *04 73 62 11 20*
⚒ ⅄ 🅿 🍽
– domaine.ternant@free.fr – Fax 04 73 62 29 96 – Ouvert de mi-mars à mi-nov.
5 ch ⌑ – †70/82 € ††78/90 €
♦ Cette demeure du 19ᵉ s. se dresse dans un parc parfumé de plus de 200 rosiers, au pied des monts Dôme. Chambres garnies de meubles de famille et égayées de patchwork. Tennis et billard.

Auberge de la Baraque

⟳ 🅿 VISA 🄌

2 rte de Bordeaux – ✆ *04 73 62 26 24 – geraldine@laubrieres.com*
– Fax 04 73 62 26 26 – Fermé 7-23 oct., 5-22 janv., lundi, mardi, merc. et fériés
Rest – Menu 24/50 € – Carte 31/57 €
♦ La cuisine réalisée par la jeune propriétaire de cet ex-relais de diligences de 1800 – cadre classique – est actuelle, simple et souvent renouvelée : elle vaut le détour.

au sommet du Puy-de-Dôme 13 km par ⑥ – ✉ 63870 Orcines – alt. 1 465 m

Mont Fraternité

≤ volcans et Sancy, VISA 🄌

– ✆ *04 73 62 23 00 – Fax 04 73 62 10 30 – Ouvert de début avril à fin oct. et fermé dim. soir et lundi*
Rest – Menu 25/48 € – Carte 39/47 €
♦ Restaurant moderne éclairé par de larges baies vitrées dans un bâtiment hébergeant également un musée, une boutique de souvenirs et un bar. Goûteuse cuisine actuelle.

au col de Ceyssat 12 km par ⑥ et rte du Puy-de-Dôme – ✉ 63210 Ceyssat – 467 h. – alt. 800 m

Auberge des Muletiers

🍴 🅿 VISA 🄌

– ✆ *04 73 62 25 95 – Fax 04 73 62 28 03 – Fermé 5 nov.-19 déc., 7 janv.-12 fév., mardi d'oct. à mars, dim. soir et lundi*
Rest – Menu 25/28 € – Carte 27/36 €
♦ Construction de type chalet située au pied du puy de Dôme. Chaleureux décor rustique agrémenté d'un vaisselier et d'une cheminée. Terrasse panoramique. Cuisine régionale.

CLERMONT-L'HÉRAULT – 34 Hérault – 339 F7 – 6 532 h. – alt. 92 m –
✉ 34800 ▌ Languedoc Roussillon

23 **C2**

🄳 Paris 718 – Béziers 46 – Lodève 24 – Montpellier 42 – Pézenas 22 – Sète 55
🅸 Office de tourisme, 9, rue René Gosse ✆ 04 67 96 23 86, Fax 04 67 96 98 58
◎ Église St-Paul★.

Tournesol

🍴 ⚒ VISA 🄌 ①

2 r. Roger Salengro – ✆ *04 67 96 99 22 – azemard.christophe@wanadoo.fr*
– Fax 04 67 88 12 53 – Fermé dim. soir et lundi d'avril à avril
Rest – Menu 16 € (déj. en sem.), 21/34 € – Carte 37/68 €
♦ Le chef de ce restaurant réalise une cuisine traditionnelle ne reniant pas ses influences régionales. Jolie véranda et terrasse entourée d'une végétation tropicale.

Le Fontenay

🍴 Ⓐ ⟳ 🅿 VISA 🄌

1 r. Georges-Brasssens, rte du Lac du Salagou – ✆ *04 67 88 04 06*
– Fax 04 67 88 04 06 – Fermé dim. soir et merc.
Rest – Menu 15 € (déj. en sem.), 26/49 € – Carte 48/65 € 🍷
♦ Construction récente dans un quartier résidentiel. Salle à manger actuelle et colorée, tournée sur une agréable terrasse intérieure. Cuisine au goût du jour et vins régionaux.

CLERMONT-L'HÉRAULT

à St-Guiraud 7,5 km au Nord par D 609, D 908, D 141 et D 130ᴱ – **184 h. – alt. 120 m** – ✉ 34725

XX **Le Mimosa** 🏠 AC 🍴 ⇄ VISA OO ①
– ℰ 04 67 96 67 96 – le.mimosa@free.fr – Fax 04 67 96 61 15 – Ouvert
14 mars-2 nov. et fermé le midi sauf dim., dim. soir sauf juil.-août et lundi
Rest – Menu 56/84 € bc – Carte 55/90 € 🏵
♦ Ex-maison de vigneron au cœur du village. Coquet intérieur contemporain où l'on déguste une cuisine du marché d'inspiration méditerranéenne. Bon choix de vins du Languedoc.

à St-Saturnin-de-Lucian 10 km au Nord par D 609, D 908, D 141 et D 130 – **229 h. – alt. 150 m** – ✉ 34725

🖼 Grotte de Clamouse★★ NE : 12 km - St-Guilhem-le-Désert : site★★, église abbatiale★ NE : 17 km.

🏠 **Du Mimosa** sans rest 🐾 🍴 VISA OO ①
10 pl. de la Fontaine – ℰ 04 67 88 62 62 – ostalaria.cardabela@wanadoo.fr
– Fax 04 67 88 62 82 – Ouvert de mi-mars à début nov.
7 ch – ♦68/95 € ♦♦68/95 €, �� 9,50 €
♦ Ravissante demeure séculaire sur la place du village. Chambres spacieuses où s'harmonisent mobilier design, vieilles pierres et cheminées d'origine. Accueil à partir de 17 h.

à Brignac 3 km à l'Est par D 4 – **345 h. – alt. 60 m** – ✉ 34800

⋔ **La Missare** sans rest 🐾 🍴 ⬚ 🍴 ☕
9 rte de Clermont – ℰ 04 67 96 07 67 – la.missare@free.fr
4 ch ⊑ – ♦70 € ♦♦70 €
♦ La Missare (loir en languedocien) allie charme et sérénité : vastes chambres, meubles chinés, objets anciens, beau jardin envahi de fleurs, piscine, petit-déjeuner maison.

CLICHY – 92 Hauts-de-Seine – 311 J2 – 101 15 – **voir à Paris, Environs**

CLIOUSCLAT – 26 Drôme – 332 C5 – **641 h. – alt. 235 m** – ✉ 26270   44 **B3**
▣ Paris 586 – Valence 31 – Montélimar 24

🏠 **La Treille Muscate** 🐾 ⇐ 🏠 P P VISA OO
Le Village – ℰ 04 75 63 13 10 – latreillemuscate@wanadoo.fr – Fax 04 75 63 10 79
– Fermé déc. et janv.
11 ch – ♦65/150 € ♦♦65/150 €, ⊑ 10 € – 1 suite – **Rest** – (fermé lundi)
Menu (15 €), 20 € (déj. en sem.)/28 € – Carte 25/40 €
♦ Cette coquette auberge ne manque pas de charme : atmosphère provençale, chambres joliment personnalisées et généreux vergers en toile de fond. La belle salle à manger voûtée ravit les yeux : poteries de Cliouscat, meubles et objets chinés. Cuisine du Sud.

CLISSON – 44 Loire-Atlantique – 316 I5 – **5 939 h. – alt. 34 m** – ✉ 44190
📙 Poitou Vendée Charentes   34 **B2**
▣ Paris 396 – Nantes 31 – Niort 130 – Poitiers 151 – La Roche-sur-Yon 54
🛈 Office de tourisme, place du Minage ℰ 02 40 54 02 95, Fax 02 40 54 07 77
◎ Site★ - Domaine de la Garenne-Lemot★.

XXX **La Bonne Auberge** 🚿 🏠 AC VISA OO AE ①
1 r. O. de Clisson – ℰ 02 40 54 01 90 – labonneauberge2@wanadoo.fr
– Fax 02 40 54 08 48 – Fermé 11 août-3 sept., 1ᵉʳ-20 janv., mardi midi, merc. soir et lundi
Rest – Menu 24 € (déj. en sem.), 40/60 € – Carte 63/79 €
♦ Cette maison bourgeoise compte trois salles à manger chaleureuses (boiseries blondes) et soignées, dont une véranda ouverte sur un petit jardin. Carte fidèle à son classicisme.

à Gétigné 3 km au Sud-Est par D 149 et rte secondaire – 3 076 h. – alt. 26 m – ⊠ 44190

XX **La Gétignière** *VISA* **◯◯** AE
😊 *3 r. Navette –* ⌀ *02 40 36 05 37 – la.getigniere@wanadoo.fr – Fax 02 40 54 24 76*
– Fermé 1ᵉʳ-14 août, vacances de Noël, dim. soir, mardi soir et lundi
Rest – Menu 21 € (déj. en sem.)/28 €
♦ Lambris et stores bateau blancs, plantes et vases fleuris à profusion : régalez-vous d'une cuisine au goût du jour dans cette jolie salle à manger contemporaine.

au Pallet 7 km au Nord-Ouest par D 149 et chemin privé – ⊠ 44330

⌂ **Château de la Sébinière** sans rest ❀ ⋘ 🕭 ⅀ ↯ 💨 **P** *VISA* **◯◯**
– ⌀ *02 40 80 49 25 – info@chateausebiniere.com – Fax 02 40 80 49 25*
3 ch ⊏⊐ – †80/110 € ††80/110 €
♦ Ce château chaleureux et convivial s'élève au milieu des bois et des vignes. Matériaux de qualité dans les chambres très confortables ; superbes salles de bains à l'ancienne.

CLOHARS-FOUESNANT – 29 Finistère – 308 G7 – rattaché à Bénodet

---

CLOYES-SUR-LE-LOIR – 28 Eure-et-Loir – 311 D8 – 2 636 h. – alt. 97 m –
⊠ 28220 ▌ Châteaux de la Loire 11 **B2**

◰ Paris 146 – Blois 54 – Orléans 64 – Vendôme 30
🖪 Office de tourisme, 11, place Gambetta, Fax 02 37 98 55 27

⌂ **Le Saint-Jacques** 🚑 🏦 🎬 🕭 & ch, ↯ ✼ ch, ⌘ **P** *VISA* **◯◯** AE
😊 *pl. du Marché aux Œufs –* ⌀ *02 37 98 40 08 – info@lesaintjacques.fr*
– Fax 02 37 98 32 63 – Fermé 5-15 mars, 22 déc.-19 janv. et dim. de nov. à mars
20 ch – †65/160 € ††65/160 €, ⊏⊐ 12 € – ½ P 66/106 €
Rest – Menu 33/50 € – Carte 35/57 €
Rest *Le P'tit Bistrot* – (fermé dim. soir et lundi) Menu 18/30 €
– Carte 23/31 €
♦ Blotti dans un jardin au bord du Loir, cet ancien relais de poste du 16ᵉ s. offre des chambres calmes, progressivement rénovées. Cuisine au goût du jour et terrasse ombragée au restaurant. Le P'tit Bistrot propose des plats du terroir dans un cadre rétro.

CLUNY – 71 Saône-et-Loire – 320 H11 – 4 376 h. – alt. 248 m – ⊠ 71250
▌ Bourgogne 8 **C3**

◰ Paris 384 – Mâcon 25 – Chalon-sur-Saône 49 – Montceau-les-Mines 44
– Tournus 33
🖪 Office de tourisme, 6, rue Mercière ⌀ 03 85 59 05 34, Fax 03 85 59 06 95
◎ Anc. abbaye★★ : clocher de l'Eau Bénite★★ - Musée Ochíer★ **M** - Clocher★ de l'église St-Marcel.
◎ Château de Cormatin★★ (cabinet de St-Cécile★★★) N : 13 km - Communauté de Taizé N : 10 km.

Plan page suivante

🏨 **De Bourgogne** & ch, ↯ 🚘 *VISA* **◯◯** AE
pl. l'Abbaye – ⌀ *03 85 59 00 58 – contact@hotel-cluny.com – Fax 03 85 59 03 73*
– Fermé 1ᵉʳ déc.-31 janv. **n**
14 ch – †85 € ††95 €, ⊏⊐ 10,50 € – 2 suites – ½ P 121 € – **Rest** – (fermé mardi et merc.) Menu 25/42 € – Carte 37/58 €
♦ Lamartine venait se reposer dans cet hôtel particulier de caractère situé en face de l'abbaye bénédictine. Salon agréable et chambres diversement aménagées. Sol en damier, murs clairs, sièges Louis XVI et cheminée en pierre au restaurant. Choix traditionnel.

⌂ **St-Odilon** sans rest 🚑 & ↯ 🕭 **P** *VISA* **◯◯** AE
rte d'Azé – ⌀ *03 85 59 25 00 – contact@hotelsaintodilon.com*
– Fax 03 85 59 06 18 **y**
36 ch – †52 € ††52 €, ⊏⊐ 7 €
♦ Vous apprécierez l'environnement champêtre de ce motel proche du pont sur la Grosne. Petites chambres discrètes garnies d'un mobilier fonctionnel.

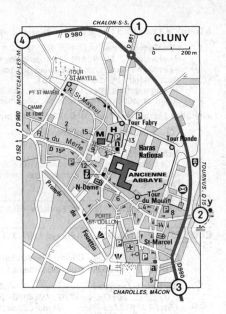

X **Auberge du Cheval Blanc**   `A/C` `VISA` `MO`

1 r. Porte de Mâcon – ☎ 03 85 59 01 13 – chevalblanc.auberge@orange.fr
– Fax 03 85 59 13 32 – Ouvert de mi-mars à nov. et fermé 1er-13 juil.,vend. soir et
sam.   **a**
Rest – Menu 17/40 € – Carte 27/36 €

♦ Auberge d'aspect régional officiant à l'entrée de la ville. Repas traditionnel sous les
poutres d'un haut plafond turquoise ; peinture murale à thématique agreste et festive en
salle.

> Passée en rouge, la mention « Rest » repère l'établissement
> auquel est attribué notre distinction, ✿ (étoile) ou ⊛ (Bib Gourmand).

LA CLUSAZ – 74 Haute-Savoie – 328 L5 – 2 023 h. – alt. 1 040 m – Sports d'hiver :
1 100/2 600 m ⬲ 6 ⬴ 49 ⬰ – ⊠ 74220 ▮ Alpes du Nord   46 **F1**

▶ Paris 564 – Albertville 40 – Annecy 32 – Chamonix-Mont-Blanc 60

▯ Office de tourisme, 161, place de l'église ☎ 04 50 32 65 00,
Fax 04 50 32 65 01

▣ E : Vallon des Confins★ - Vallée de Manigod★ S - Col des Aravis ⩽★★ par ② :
7,5 km.

Plan page ci-contre

▲▲▲ **Beauregard** ⬳   ⌂ ▢ ⅃ゟ 🖥 & ch, ♉ rest, ☎ ⅄ 🄿

90 sentier du Bossonet – ☎ 04 50 32 68 00   ⌂ `VISA` `MO` `AE` `O`
– info@hotel-beauregard.fr – Fax 04 50 02 59 00
– Fermé 20 oct.-24 nov.   **k**
95 ch – ♦104/415 € ♦♦104/415 €, ⌑ 13 € – ½ P 87/245 € – **Rest** – Menu 25/40 €
– Carte 28/45 €

♦ Au pied des pistes, vaste chalet confortable et bien équipé : ample salon-bar (billard),
piscine couverte, fitness. Chaleureux intérieur en bois blond, chambres avec balcon. Plats
traditionnels simples servis sur la terrasse exposée au Sud, si le temps le permet.

BONNEVILLE, ANNECY

LA CLUSAZ

0   200 m

🏨 **Les Sapins** ☜   ⟨ 🏊 ♨ 📞 P VISA MC

– ☎ 04 50 63 33 33 – sapins@clusaz.com – Fax 04 50 63 33 34 – Ouvert
15 juin-10 sept. et 20 déc.-10 avril   **h**
24 ch – ♦50/80 € ♦♦60/110 €, ☲ 10 € – ½ P 56/118 € – **Rest** – Menu 21/24 €
◆ Face à la chaîne des Aravis, chalet abritant des chambres décorées à la mode
montagnarde (boiseries blondes et couleurs gaies), souvent dotées d'un balcon. Accès
direct aux pistes. Tartiflettes et fondues se dégustent avec les pentes enneigées en toile de
fond.

🏨 **Alp'Hôtel**   📶 📺 ♨ 📞 P VISA MC AE

192 rte col des Aravis – ☎ 04 50 02 40 06 – alphotel@clusaz.com
– Fax 04 50 02 60 16 – Ouvert 1er juin-29 sept. et 2 déc.-24 avril   **e**
15 ch – ♦60/210 € ♦♦70/260 €, ☲ 10 € – **Rest** – Carte 36/61 €
◆ Haut chalet dressé au centre de La Clusaz. Les chambres, garnies de mobilier typiquement savoyard, possèdent toutes un balcon. Salon-cheminée. Cuisine régionale personnalisée servie, à la belle saison, sur la terrasse exposée au Sud.

🏨 **La Montagne**   📶 📞 VISA MC AE ①

– ☎ 04 50 63 38 38 – montagne@clusaz.com – Fax 04 50 63 38 39   **u**
27 ch – ♦60/160 € ♦♦65/200 €, ☲ 10 € – ½ P 56/128 € – **Rest** – (fermé dim. soir
hors saison) Menu (19 €), 25 € – Carte 30/33 €
◆ Architecture classique des stations de sports d'hiver. Intérieur tout bois, chambres
douillettes et de bonne ampleur, sympathique bar voûté avec cheminée et salon-billard.
Restaurant panoramique agrandi d'une terrasse, cuisine traditionnelle et du pays.

🏠 **Christiania**   ♨ 🍴 📞 P 🛏 VISA MC

– ☎ 04 50 02 60 60 – contact@hotelchristiania.fr – Fax 04 50 32 66 98 – Ouvert
4 juil.-14 sept. et 20 déc.-15 avril   **f**
28 ch – ♦44/80 € ♦♦52/130 €, ☲ 9 € – ½ P 52/98 € – **Rest** – (fermé le mardi en
hiver) (dîner seult en été) Menu (18 €), 20/26 € – Carte 26/33 €
◆ Construction locale abritant une adresse familiale bien tenue. Chambres fonctionnelles
et lambrissées, toutes rénovées ; certaines profitent d'une terrasse. Recettes traditionnelles
et fromagères se partagent la carte du restaurant, simple et rustique.

🏠 **Les Airelles**   📶 🍴 VISA MC

33 pl. de l'Église – ☎ 04 50 02 40 51 – airelles@clusaz.com – Fax 04 50 32 35 33
– Fermé 28 avril-12 mai et 17 nov.-7 déc.   **a**
14 ch – ♦55/100 € ♦♦55/100 €, ☲ 9 € – ½ P 55/113 € – **Rest** – (fermé dim. soir
du 12 mai au 30 juin et 15 sept. au 15 déc.) Menu 20/26 € – Carte 20/40 €
◆ Une situation de choix, face à l'église et au pied des pistes, pour cet hôtel cultivant la
simplicité. Petites chambres possédant en majorité un balcon fleuri. Sauna, jacuzzi. Table
estimée pour son cadre très montagnard, sa convivialité et ses petits plats savoyards.

LA CLUSAZ
au Crêt du Loup par télésièges Crêt du Merle et Crêt du Loup

X   **Le Relais de l'Aiguille**   ≼ Massif de l'Étale et Glacier Vanoise,
– ☏ 06 89 10 82 63 – aiguille @ orange.fr   ☐ VISA ⬤⬤
– Ouvert 15 déc.-30 avril
Rest – (déj. seult) (prévenir) Carte 28/65 €
♦ Mobilier en bois brut, ardoises en guise d'assiettes... La rusticité informelle du cadre et la
cuisine familiale, simple et bonne, font de ce chalet d'altitude une adresse en vogue.

rte du Col des Aravis 4 km par ② – ⊠ 74220 La Clusaz

🏨   **Les Chalets de la Serraz** ⌖   ≼ ☐ ⊃ ⅛ ⊗ rest, ☏
– ☏ 04 50 02 48 29 – contact @ laserraz.com   P VISA ⬤⬤ AE ⓪
– Fax 04 50 02 64 12 – Fermé 13 avril-23 mai et 28 sept.-7 nov.
10 ch – ⅋130/180 € ⅋⅋130/250 €, ⊃ 16,50 € – ½ P 95/165 €
Rest – (fermé le midi sauf dim.) Menu 32/38 € – Carte 33/51 €
♦ Les coquettes chambres de cette ancienne ferme s'ouvrent toutes sur la montagne.
Dans le jardin, des petits chalets abritent les duplex. Hammam, jacuzzi et salon-bar
cosy. Menu traditionnel et vins choisis proposés dans une salle à manger très
savoyarde.

Nous essayons d'être le plus exact possible
dans les prix que nous indiquons.
Mais tout bouge !
Lors de votre réservation, pensez à vous faire préciser le prix du moment.

LA CLUSE – 01 Ain – 328 G3 – rattaché à Nantua

CLUSES – 74 Haute-Savoie – 328 M4 – 17 711 h. – alt. 486 m – ⊠ 74300
▌Alpes du Nord   46 **F1**
  ◨ Paris 570 – Annecy 56 – Chamonix-Mont-Blanc 41 – Thonon-les-Bains 59
  ◧ Office de tourisme, 100, place du 11 Novembre ☏ 04 50 98 31 79,
     Fax 04 50 96 46 99
  ◙ Bénitier★ de l'église.

Plan page ci-contre

🏨   **4 C**   ☐ ⅃ ⅀ |▮| ⅛ ch, ⅛ ☏ ⅃ᴬ P VISA ⬤⬤ AE
301 bd Chevran – ☏ 04 50 98 01 00 – hotel.4c @ orange.fr
– Fax 04 50 98 32 20   BY **a**
38 ch – ⅋73/84 € ⅋⅋80/102 €, ⊃ 11 € – ½ P 65/73 € – **Rest** – (fermé sam. et
dim.) Menu (13 €), 20/32 € – Carte 16/41 €
♦ Légèrement excentrée, cette adresse propose des chambres fonctionnelles, dotées de
petits balcons (sauf trois) ouverts sur la nature. Jacuzzi extérieur. Ample restaurant au sobre
décor moderne et belle terrasse où sont servis pizzas, pâtes et plats traditionnels.

🏨   **Le Bargy**   ☐ |▮| ⅛ ☏ P VISA ⬤⬤ AE
28 av. Sardagne – ☏ 04 50 98 01 96 – le.bargy @ wanadoo.fr
⊗   – Fax 04 50 98 23 24   AY **b**
30 ch – ⅋62/68 € ⅋⅋62/68 €, ⊃ 8 € – ½ P 55/58 €
Rest Le Cercle des Songes – (fermé 5-11 mai, 4-24 août, 24 déc.-1er janv., sam.
sauf de janv. à mars et dim.) Menu (13 €), 15/27 € – Carte 31/43 €
♦ À proximité du centre-ville, établissement familial dont les chambres, spacieuses et
bien insonorisées, disposent toutes d'un canapé pour "tenir salon". Carte traditionnelle
étoffée servie dans un cadre confortable et feutré et bar-brasserie pour repas
express.

XX   **Saint-Vincent**   ☐ ⅛ ⊗ VISA ⬤⬤ AE
14 r. Fg St Vincent, 200 m par ② – ☏ 04 50 96 17 47 – restaurant @
le-saint-vincent.com – Fax 04 50 96 83 75 – Fermé 10-25 août, sam. midi et dim.
Rest – Menu 20 € (déj. en sem.), 31/58 €   BZ **d**
♦ Cette auberge régionale arbore un chaleureux intérieur, mi-rustique, mi-actuel, qui sied
à la dégustation d'une cuisine saisonnière valorisant les produits du pays.

CLUSES

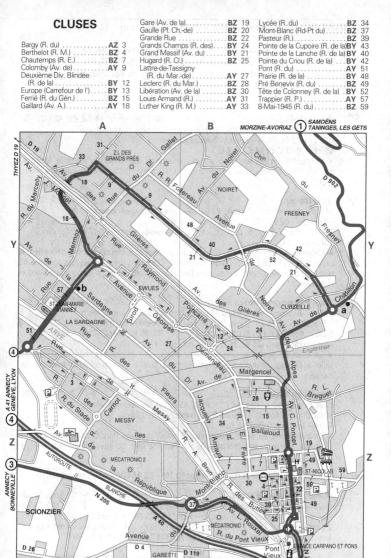

COCHEREL – 27 Eure – 304 I7 – rattaché à Pacy-sur-Eure

COCURÈS – 48 Lozère – 330 J8 – rattaché à Florac

COEX – 85 Vendée – 316 E7 – rattaché à St-Gilles-Croix-de-Vie

▶ Paris 478 – Angoulême 45 – Bordeaux 120 – Niort 83 – Saintes 27

🛈 Office de tourisme, 16, rue du 14 juillet ℰ 05 45 82 10 71, Fax 05 45 82 34 47

▣ Du Cognac à Saint-Brice La Maurie, E : 8 km rte de Bourg-de-Charente,
ℰ 05 45 32 18 17.

Plan page ci-contre

🏠🏠　**Le Valois** sans rest　　　　　🔲 & 🎬 ↮ 📞 🕳 🄿 🎴 ◍ 🄰🄴 ◍
35 r. du 14-Juillet – ℰ 05 45 36 83 00 – hotel.le.valois @ wanadoo.fr
– Fax 05 45 36 83 01 – Fermé 19 déc.-2 janv.　　　　　　　　　Z **a**
45 ch – ♦67 € ♦♦74 €, ⊇ 8 €
◆ Construction récente proposant des chambres spacieuses au mobilier fonctionnel. Salon-bar actuel aménagé dans le hall... Une adresse pratique à deux pas des grands
chais.

🏠　**Héritage**　　　　　　　　　　　🕳 📞 🎴 ◍ 🄰🄴
25 r. d'Angoulême – ℰ 05 45 82 01 26 – hotel.heritage @ wanadoo.fr
– Fax 05 45 82 20 33 – Fermé 31 déc.-2 janv.　　　　　　　　　Y **z**
19 ch – ♦63 € ♦♦68 €, ⊇ 10 € – ½ P 77 € – **Rest** – (fermé 1er-15 mars et dim.)
Carte 22/51 €
◆ Mélanges d'ambiances et de styles, mobilier chiné et couleurs vitaminées réveillent le
cadre Second Empire de cet hôtel particulier. Chambres thématiques très réussies. Au
restaurant, influences multiples dans l'assiette et dans le décor (original, pétillant et
chaleureux).

XXX　**Les Pigeons Blancs** avec ch　　　🚿 🎑 ✵ ch, 📞 🄿 🎴 ◍ 🄰🄴
110 r. J.-Brisson – ℰ 05 45 82 16 36 – pigeonsblancs @ wanadoo.fr
– Fax 05 45 82 29 29 – Fermé 15-30 nov., dim. soir d'oct. à avril　　　　Y **d**
6 ch – ♦65/85 € ♦♦75/105 €, ⊇ 12 € – ½ P 85/95 € – **Rest** – (fermé dim. soir et
lundi midi) Menu (25 €), 35/69 € – Carte 58/71 €
◆ Ce relais de poste du 17e s. bénéficie du calme d'un quartier résidentiel. Plaisante
salle à manger bourgeoise, terrasse-pergola face au jardin et chambres personnalisées.

X　**La Courtine**　　　　　　　　　　🎑 🄿 🎴 ◍ 🄰🄴
allée Fichon, parc François 1er – ℰ 05 45 82 34 78 – lacourtinecognac @
wanadoo.fr – Fax 05 45 82 05 50 – Fermé 24 déc.-15 janv.　　　　　Y **t**
Rest – Menu (20 €), 26 € bc
◆ Ex-guinguette au décor chaleureux et boisé, dans un parc bucolique en bord de
Charente. Choix traditionnel et grillades. Terrasse bien abritée. Soirées jazz, blues et
country.

par ① 3 km rte d'Angoulême et rte de Rouillac (D 15) – ⊠ 16100 Châteaubernard

🏠🏠🏠　**Château de l'Yeuse** ⚘　　🐾 🚿 🎑 ☓ 🎞 ▤ 🔲 & ch, 📞 🕳
quartier l'Échassier, r. Bellevue – ℰ 05 45 36 82 60　　🄿 🎴 ◍ 🄰🄴 ◍
– reservations.yeuse @ wanadoo.fr – Fax 05 45 35 06 32 – Fermé 20 déc.-12 fév.
21 ch – ♦100 € ♦♦137/170 €, ⊇ 16 € – 3 suites – ½ P 105/135 € – **Rest** – (fermé
lundi midi, vend. midi et sam. midi) Menu 30 € (déj. en sem.), 46/80 €
– Carte 63/95 € ❀
◆ Atmosphère romantique en cette gentilhommière du 19e s. agrandie d'une aile
moderne. Mobilier ancien et décor raffiné dans les chambres. Salon "cognacs et cigares".
Élégant restaurant et terrasse d'été dominant la vallée de la Charente. Carte
personnalisée.

🏠🏠🏠　**Domaine de l'Échassier** ⚘　　🚿 🎑 🎞 & ch, ↮ 📞
quartier l'Échassier, 72 r. Bellevue –　　　　🕳 🄿 🎴 ◍ 🄰🄴
ℰ 05 45 35 01 09 – echassier @ wanadoo.fr – Fax 05 45 32 22 43
– Fermé 21-29 déc. et dim. hors saison
22 ch – ♦78/95 € ♦♦95/115 €, ⊇ 13 € – ½ P 110/125 €
Rest – (fermé 26 oct.-5 nov. et 22 fév.-7 mars) (dîner seult) Menu 34/45 €
◆ Dans un joli jardin, maison récente abritant de douillettes chambres dont la décoration
contemporaine évoque parfois l'activité viticole. Quelques terrasses ou balcons. Ambiance
mi-restaurant, mi-table d'hôte dans la salle à manger, coquette et chaleureuse.

COGNAC

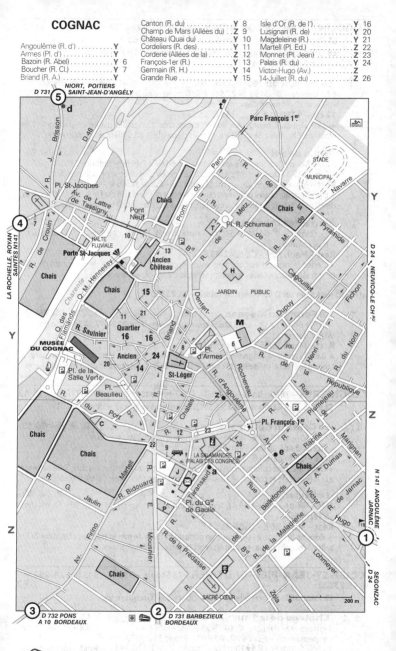

Ce symbole en rouge 🐦 ?
La tranquillité même, juste le chant des oiseaux au petit matin…

COGOLIN – 83 Var – 340 O6 – 9 079 h. – alt. 20 m – ⌖ 83310　　　41 **C3**

　🚹 Paris 864 – Fréjus 33 – Ste-Maxime 13 – Toulon 60
　🛈 Office de tourisme, place de la République ℰ 04 94 55 01 10,
　　Fax 04 94 55 01 11

🏠　**La Maison du Monde** sans rest　　🚃 ⛵ 🅰🅒 📞 🅿 *VISA* 🆖 🆎
　63 r. Carnot – ℰ 04 94 54 77 54 – info@lamaisondumonde.fr – Fax 04 94 54 77 55
　– Fermé 1er-14 mars, 16 nov.-31 déc.
　12 ch – †75/185 € ††75/185 €, ⌗ 13 €
　♦ Jolie demeure bourgeoise du 19e s. entourée d'un jardin planté de palmiers et de
　platanes. Chambres de caractère, garnies de meubles provenant du monde entier.

✗　**Grain de Sel**　　🅰🅒 *VISA* 🆖
　6 r. 11-Novembre, (derrière la mairie) – ℰ 04 94 54 46 86 – phianne2@orange.fr
　– Fermé 25-31 août, 24-31 déc., vacances de fév., lundi de sept. à juin et dim.
　Rest – (dîner seult en juil.-août) Menu 31 € – Carte 37/46 €
　♦ Un minuscule bistrot provençal qui ne manque pas de sel : le chef prépare sous vos yeux,
　directement dans la salle à manger rajeunie, d'appétissantes recettes du marché.

✗　**Carré des Oliviers**　　🅰🅒 *VISA* 🆖
　16 r. Carnot – ℰ 04 94 54 64 21 – Fermé 30 juin-17 juil., 22-29 déc., dim. soir d'oct.
　à mai et lundi
　Rest – Menu 30 € – Carte 42/49 €
　♦ Certes la salle est exiguë, mais vous apprécierez la simplicité de son cadre de style
　bistrot. Attrayante carte de mets provençaux, énoncés sur ardoise.

au Sud-Est 5 km sur D 98, direction Toulon – ⌖ 83310

✗　**La Ferme du Magnan**　　⛰ 🏡 🅿 *VISA* 🆖 🆎
　– ℰ 04 94 49 57 54 – sales@alpazurhotels.com – Fax 04 94 49 57 54 – Ouvert
　de fév. à nov.
　Rest – Menu 35/55 € – Carte 35/69 €
　♦ Bastide au 16e s., magnanerie au 19e s. et enfin pittoresque restaurant campagnard. La
　table, généreuse, utilise les produits de la ferme. Terrasse panoramique ornée de jarres.

COIGNIÈRES – 78 Yvelines – 311 H3 – 4 231 h. – alt. 160 m – ⌖ 78310　　18 **A2**
　🚹 Paris 39 – Rambouillet 15 – St-Quentin-en-Yvelines 7 – Versailles 21

✗✗✗　**Le Capucin Gourmand**　　🏡 🅿 *VISA* 🆖 🆎
　170 N 10 – ℰ 01 34 61 46 06 – capucingourmand@wanadoo.fr
　– Fax 01 34 61 46 06 – Fermé dim. soir et lundi
　Rest – Carte 46/66 €
　♦ Dans une zone commerciale, ancien relais de poste au charme préservé. Salle à manger
　à la fois agreste et cossue, réchauffée l'hiver par une cheminée. Calme terrasse fleurie.

✗✗　**Le Vivier**　　🅿 *VISA* 🆖
　N 10 – ℰ 01 34 61 64 39 – k-vivier@wanadoo.fr – Fax 01 34 61 94 30 – Fermé dim.
　soir et lundi
　Rest – Menu 36 € – Carte 43/65 €
　♦ Comme le suggère l'enseigne, on déguste ici fruits de mer et poissons. Les deux belles
　salles à manger rustiques sont égayées de petites notes marines.

COISE-ST-JEAN-PIED-GAUTHIER – 73 Savoie – 333 J4 – 945 h. – alt. 292 m
– ⌖ 73800　　　46 **F2**
　🚹 Paris 582 – Albertville 32 – Chambéry 23 – Grenoble 55

🏠　**Château de la Tour du Puits** ⌖　　⛰ 🍸 🛁 🏊 📞 🏌
　1 km par rte du Puits – ℰ 04 79 28 88 00 – info@　　🅿 *VISA* 🆖 🆎 ⓞ
　chapeaupuit.fr – Fax 04 79 28 88 01 – Fermé 15 oct.-30 nov.
　7 ch – †100/270 € ††100/270 €, ⌗ 20 € – ½ P 116/191 € – **Rest** – (fermé mardi
　midi et lundi) Menu 25 € (déj. en sem.), 42/70 € – Carte 65/79 €
　♦ Ce gracieux château rebâti au 18e s. dresse sa jolie tour en poivrière au milieu d'un
　superbe parc boisé. Chambres décorées à ravir. Héliport. Le restaurant, chaleureux et
　intime, a beaucoup de cachet. Belle terrasse sous les platanes.

COL BAYARD – 05 Hautes-Alpes – **334** E5 – **alt. 1 248 m** – ⊠ 05000 GAP
▌ Alpes du Sud

▶ Paris 658 – Gap 7 – La Mure 56 – Sisteron 60

à Laye 2,5 km au Nord par N 85 – 212 h. – alt. 1 170 m – ⊠ 05500

✗ **La Laiterie du Col Bayard** 🍽 **P** **VISA** **◍** **①**
– 𝒞 04 92 50 50 06 – col.bayard@wanadoo.fr – Fax 04 92 50 19 91 – Fermé
🕮 16 nov.-19 déc., mardi soir, merc. soir, jeudi soir et lundi sauf vacances scolaires et
fériés
Rest – Menu 17/36 € – Carte 11/42 €
♦ Attenant à une laiterie-fromagerie, étonnant restaurant où est installée une boutique de
produits locaux. Terrasse avec vue sur les montagnes. À la carte, les fromages de la région
sont rois.

COL DE BAVELLA – 2A Corse-du-Sud – **345** E9 – **voir à Corse**

COL DE CEYSSAT – 63 Puy-de-Dôme – **326** E8 – **rattaché à Clermont-Ferrand**

COL DE CUREBOURSE – 15 Cantal – **330** D5 – **rattaché à Vic-sur-Cère**

COL DE LA CROIX-FRY – 74 Haute-Savoie – **328** L5 – **rattaché à Manigod**

COL DE LA CROIX-PERRIN – 38 Isère – **333** G7 – **rattaché à Lans-en-Vercors**

COL DE LA FAUCILLE ★★ – 01 Ain – **328** J2 – **alt. 1 320 m** – Sports d'hiver :
(Mijoux-Lelex-la Faucille) 900/1 680 m ⭢ 3 ⭢ 29 ⭢ – ⊠ 01170 Gex
▌ Franche-Comté Jura

▶ Paris 480 – Bourg-en-Bresse 108 – Genève 29 – Gex 11 – Morez 28
– Nantua 58

◉ Descente sur Gex★★ (N 5) ☀ ★★ SE : 2 km - Mont-Rond★★ (accès par
télécabine - gare à 500 m au SO du col).

🏨 **La Mainaz** ⬙ ≤ lac Léman et les Alpes, 🍽 ⌕ ⬙ **P**, **VISA** **◍** **AE** **①**
col de la Faucille, 1 km au Sud par D 1005 – 𝒞 04 50 41 31 10 – mainaz@
club-internet.fr – Fax 04 50 41 31 77 – Fermé 15 juin-2 juil., 27 oct.-11 déc., dim. soir
et lundi sauf vacances scolaires
23 ch – �psingle77/97 € ♦♦77/97 €, ⛉ 12,50 € – ½ P 82/107 € – **Rest** – Menu 32 €
(sem.)/65 € – Carte 45/68 €
♦ Atout incontestable de ce grand chalet de bois : la vue exceptionnelle sur le Léman et les
Alpes. Chambres spacieuses, parfois dotées d'un balcon ; certaines sont plus récentes.
Magnifique panorama sur la région de la terrasse du restaurant ; cuisine classique.

🏠 **La Petite Chaumière** ⬙ ≤ 🍽 ⬙ ⭢ ⭢ **P** **VISA** **◍**
col de la Faucille – 𝒞 04 50 41 30 22 – info@petitechaumiere.com
– Fax 04 50 41 33 22 – Fermé 1ᵉʳ-25 avril et 11 oct.-19 déc.
54 ch – ♦48/55 € ♦♦55/69 €, ⛉ 10 € – ½ P 63/71 € – **Rest** – Menu (15 €), 20 €
(sem.)/32 € – Carte 30/43 €
♦ Chalet jurassien des années 1960 au pied des pistes. Petites chambres simples habillée
de bois ; certaines avec balcon. Studios familiaux en annexe. Jetez un œil à la collection de
vieux soufflets de forge du patron en allant au restaurant, rustique et chaleureux.

🏠 **La Couronne** ≤ 🍽 ⌕ ⬙ **P** **VISA** **◍**
– 𝒞 04 50 41 32 65 – hotel-de-la-couronne@wanadoo.fr – Fax 04 50 41 32 47
– Ouvert 15 mai-30 sept. et 15 déc.-31 mars
15 ch – ♦65 € ♦♦70 €, ⛉ 10 € – ½ P 65/71 € – **Rest** – (fermé merc. en juin)
Menu 27/41 € – Carte 34/56 €
♦ On respire ici ! La plupart des chambres, seventies, sont dotées d'un balcon. Quelques-
unes sont bien rénovées, avec des murs recouverts de bois clair. Plats classiques au
restaurant (poutres apparentes, bibelots et fresque). Terrasse oxygénante.

COL DE LA MACHINE – 26 Drôme – 332 F4 – **rattaché à St-Jean-en-Royans**

COL DE LA SCHLUCHT – 88 Vosges – 314 K4 – **alt. 1 258 m** – **Sports d'hiver :**
1 150/1 250 m ⚡ ▮ Alsace Lorraine   27 **D3**

> ◨ Paris 441 – Colmar 37 – Épinal 56 – Gérardmer 16 – Guebwiller 46 – St-Dié 37
> – Thann 43

> ◙ Route des Crêtes★★★ N et S – Le Hohneck ✳★★★ S : 5 km.

⬚▮ **Le Collet**   ⪕ 🕏 ✻ rest, **P.** **VISA** **OO** **AE**
au Collet, 2 km sur rte de Gérardmer – ☏ *03 29 60 09 57 – hotcollet @ aol.com*
– Fax 03 29 60 08 77 – Fermé 2 nov.-3 déc.
25 ch – ♦65 € ♦♦75 €, ☷ 12 € – 6 suites – ½ P 74/84 €
Rest – *(fermé jeudi midi et merc. hors vacances scolaires)* Menu 17 € (déj. en
sem.), 25/28 €
– Carte 32/49 €
♦ Au milieu des sapins, grand chalet à l'ambiance conviviale. Belle décoration des chambres, très douillettes, et détails soignés (tissu des Vosges brodé, omniprésence du bois).
Goûteuse cuisine du terroir à savourer dans une chaleureuse salle à manger.

COL D'ÈZE – 06 Alpes-Maritimes – 341 F5 – **rattaché à Èze**

COL DU DONON – 67 Bas-Rhin – 315 G5 – **alt. 718 m** – ⊠ 67130 Grandfontaine
▮ Alsace Lorraine   1 **A2**

> ◨ Paris 402 – Lunéville 61 – St-Dié 41 – Sarrebourg 39 – Sélestat 67
> – Strasbourg 61

> ◙ ✳★★ sur la chaîne des Vosges.

⬚▮ **Du Donon**   ⪕ 🚗 🕏 ▦ ℔ ✻ ⚲ **P.** **VISA** **OO**
– ☏ *03 88 97 20 69 – hotelrestdudonon @ wanadoo.fr – Fax 03 88 97 20 17*
– Fermé 17-23 mars et 12 nov.-3 déc.
22 ch – ♦50 € ♦♦62 €, ☷ 9,50 € – 1 suite – ½ P 64 € – **Rest** – Menu 18/37 €
– Carte 25/40 €
♦ Accueil familial dans cette auberge entourée de forêts. Chambres rénovées, de même
que les studios (mansardés). Jolie piscine, sauna et jacuzzi. Repas régional proposé dans un
cadre rustique ou l'été sur la terrasse fleurie.

COL DU LAUTARET – 05 Hautes-Alpes – 334 G2 – **alt. 2 058 m** – ⊠ 05480
Villar-d'Arène   41 **C1**

> ◨ Paris 653 – Briançon 27 – Les Deux-Alpes 38 – Valloire 25

⬚▮▮ **Des Glaciers** ⬗   ⪕ montagnes et glaciers, 🕏 ▦ ℔ ▯ ⅃ ch, ↯ ☎
– ☏ *04 92 24 42 21 – bonnabel @*   🕏 **VISA** **OO** **AE** **①**
hotel-bonnabel.com – Fax 04 92 24 44 81 – Ouvert 1ᵉʳ mai-30 sept. et
20 déc.-30 mars
23 ch – ♦165/352 € ♦♦165/352 €, ☷ 20 € – 2 suites – ½ P 133/226 €
Rest – *(dîner seult)* Menu 35/50 € – Carte 41/59 €
♦ Depuis cet hôtel bâti au sommet du col (2 058 m), la vue sur les montagnes et les glaciers
est exceptionnelle. Grandes chambres d'esprit chalet, bel espace de remise en forme.
Cuisine traditionnelle le soir et plats de brasserie à midi ; salon-bar (jeux).

COL DU PAVILLON – 69 Rhône – 327 F3 – **rattaché à Cours**

COLIGNY – 01 Ain – 328 F2 – **1 091 h.** – **alt. 298 m** – ⊠ 01270   44 **B1**

> ◨ Paris 407 – Bourg-en-Bresse 24 – Lons-le-Saunier 39 – Mâcon 57
> – Tournus 48

✗✗ **Au Petit Relais**   🕏 **VISA** **OO** **AE** **①**
Grande Rue – ☏ *04 74 30 10 07 – Fax 04 74 30 10 07 – Fermé 27 mars-4 avril,*
23 sept.-3 oct., 8-11 déc., merc. soir et jeudi
Rest – *(nombre de couverts limité, prévenir)* Menu 16 € (déj. en sem.), 26/56 € bc
– Carte 38/89 € ⅌
♦ Cuisine goûteuse, spécialités de la Bresse et vins choisis à déguster dans une salle à
manger pimpante (refaite). Terrasse dressée l'été dans la cour intérieure.

COLLÉGIEN – 77 Seine-et-Marne – **312** F2 – **101** 19 – voir à Paris, Environs (Marne-la-Vallée)

LA COLLE-SUR-LOUP – 06 Alpes-Maritimes – **341** D5 – 6 697 h. – alt. 90 m – ⌧ 06480 ▮ Côte d'Azur   42 **E2**

> ▷ Paris 919 – Antibes 15 – Cagnes-sur-Mer 7 – Cannes 26 – Grasse 19 – Nice 18 – Vence 7
>
> ▯ Syndicat d'initiative, 28, rue Maréchal Foch ✆ 04 93 32 68 36, Fax 04 93 32 05 07

🏠 **Le Clos des Arts** ⌖   ⇐ 🍴 🛎 🏊 ⅙ 🅰️ ⅞ 📞 🛋 🅿️
350 rte de St-Paul – ✆ 04 93 32 40 00 – info @   🚗 VISA ⑯ 🆎 ①
closdesarts.fr – Fax 04 93 32 69 98
8 ch – ♦190/430 € ♦♦190/430 €, ⇆ 26 € – **Rest** – (fermé 15 nov.-20 déc., mardi
midi, dim. soir et lundi du 1ᵉʳ nov.-28 fév.) Menu 45/89 € – Carte 52/104 €
♦ Hôtel fastueux ressuscité en 2006 dans ce village typé. Deux villas provençales abritent
des juniors suites personnalisées avec raffinement, parfois dotées d'une terrasse. Repas au
goût du jour sous un plafond peint ou en plein air. Vivier, rôtissoire et gril.

🏠 **Marc Hély** sans rest ⌖   ⇐ 🍴 🏊 🅰️ ⅙ 📞 🅿️ VISA ⑯ 🆎 ①
535 rte de Cagnes, 800 m au Sud-Est par D 6 – ✆ 04 93 22 64 10 – contact @
hotel-marc-hely.com – Fax 04 93 22 93 84 – Fermé 9-23 nov. et 25 janv.-8 fév.
12 ch – ♦69/80 € ♦♦69/135 €, ⇆ 11 €
♦ La majorité des chambres de cette grande maison bénéficient d'une belle vue sur
St-Paul-de-Vence. Confort fonctionnel, calme, piscine et petits-déjeuners dans la véranda.

🏠 **L'Abbaye**   🍴 🛎 🏊 🅰️ ch, ⅙ ℀ rest, 🛋 🅿️ VISA ⑯ 🆎 ①
541 bd Teisseire, (rte de Grasse) – ✆ 04 93 32 68 34 – contact @ hotelabbaye.com
– Fax 04 93 32 85 06
14 ch – ♦85/280 € ♦♦85/280 €, ⇆ 12 € – **Rest** – (fermé le lundi de mi-sept. à
mi-juin) Menu (15 €), 20 € (déj. en sem.), 35/55 € – Carte 34/48 €
♦ Jolies chambres personnalisées, aménagées dans les nobles murs d'une très
vieille abbaye, ex-propriété des moines de l'île St-Honorat. Chapelle du 10ᵉ s. Le restaurant
voûté affiche un nouveau décor design et branché. Terrasse ombragée dans l'ancien
cloître.

✕✕ **Le Blanc Manger**   🛎 🅿️ VISA ⑯ 🆎
1260 rte de Cagnes – ✆ 04 93 22 51 20 – leblancmanger @ wanadoo.fr
– Fax 04 92 02 00 46 – Fermé 12 nov.-12 déc., mardi sauf le soir du 1ᵉʳ mai au
15 sept., merc. midi du 1ᵉʳ mai au 15 sept. et lundi
Rest – (nombre de couverts limité, prévenir) Menu 26/38 €
♦ Cuisine féminine aux accents du Sud à apprécier dans une salle d'esprit champêtre
affichant un petit côté "bonbonnière" ou sur la jolie terrasse couverte et meublée en
bois.

COLLEVILLE-SUR-MER – 14 Calvados – **303** G3 – 172 h. – alt. 42 m – ⌧ 14710
▮ Normandie Cotentin   32 **B2**

> ▷ Paris 281 – Cherbourg 84 – Caen 49 – Saint-Lô 39

🏠 **Domaine de L'Hostréière** sans rest ⌖   🍴 🏊 ⅙ ⅚ ⅙ ℀
rte Cimetière Américain – ✆ 02 31 51 64 64   📞 🅿️ VISA ⑯ ①
– hotelhostreiere @ wanadoo.fr – Fax 02 31 51 64 65 – Ouvert 1ᵉʳ avril-15 nov.
19 ch – ♦75/110 € ♦♦75/180 €, ⇆ 16 €
♦ Modernes chambres (certaines avec terrasse) installées dans les dépendances d'une
ex-ferme, proche du cimetière américain de St-Laurent-sur-Mer. Fitness, piscine, salon de
thé.

COLLIAS – 30 Gard – **339** L5 – rattaché à Pont-du-Gard

COLLIOURE – 66 Pyrénées-Orientales – **344** J7 – 2 763 h. – alt. 2 m – Casino –
⌧ 66190 ▮ Languedoc Roussillon   22 **B3**

> ▷ Paris 879 – Argelès-sur-Mer 7 – Céret 36 – Perpignan 30 – Port-Vendres 3
> ▯ Office de tourisme, place du 18 Juin ✆ 04 68 82 15 47, Fax 04 68 82 46 29
> ◉ Site★★ - Retables★ dans l'église Notre-Dame-des-Anges.

COLLIOURE

Sens unique en été

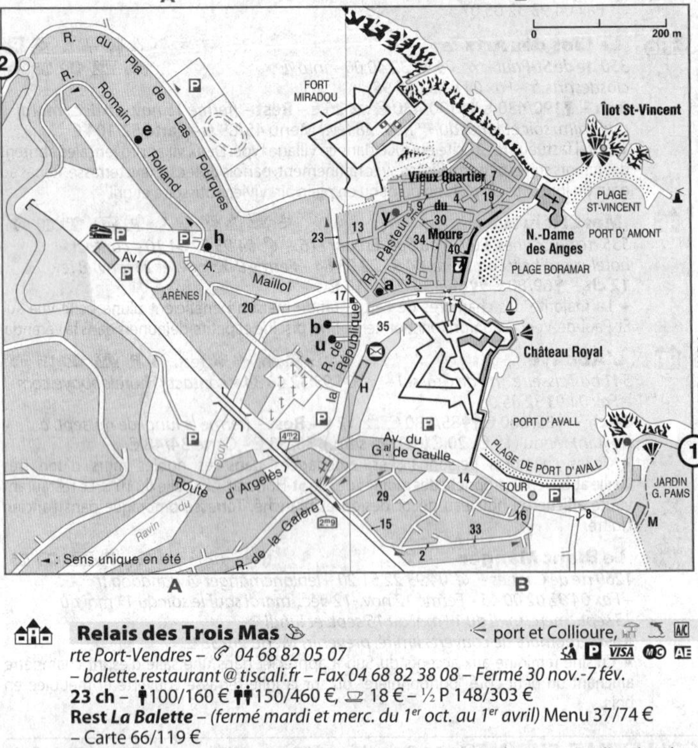

🏠🏠🏠 **Relais des Trois Mas** ⊗ ⩽ port et Collioure, 🍴 ⽔ 🅰🅲
rte Port-Vendres – ℰ 04 68 82 05 07 🔥 🅿 *VISA* 🆔 🆎
– balette.restaurant @ tiscali.fr – Fax 04 68 82 38 08 – Fermé 30 nov.-7 fév.
23 ch – ♦100/160 € ♦♦150/460 €, � 18 € – ½ P 148/303 €
Rest *La Balette* – (fermé mardi et merc. du 1er oct. au 1er avril) Menu 37/74 €
– Carte 66/119 €

◆ Ces trois mas rénovés ménagent une vue imprenable sur le port et la ville. Chambres
personnalisées portant le nom d'un peintre. Jardin, piscine et jacuzzi complètent le décor.
Cuisine du terroir actualisée servie en été sur l'agréable terrasse panoramique.

🏠🏠🏠 **Casa Païral** sans rest   🚗 ⽔ 🅰🅲 ⵜ 🅿 *VISA* 🆔 🆎 ①
imp. Palmiers – ℰ 04 68 82 05 81 – contact @ hotel-casa-pairal.com
– Fax 04 68 82 52 10 – Ouvert 22 mars-2 nov.   A **b**
27 ch – ♦89/100 € ♦♦122/198 €, ⊐ 11 €

◆ Demeure du 19e s. agencée autour d'un luxuriant jardin méditerranéen où murmure une fontaine. Chambres de caractère dans le bâtiment principal, plus calmes dans le
second.

🏠🏠 **L'Arapède**   ⩽ 🍴 ⽔ 🛗 ⵜ ch, 🅰🅲 🅿 *VISA* 🆔
rte Port-Vendres – ℰ 04 68 98 09 59 – hotelarapede @ yahoo.fr
– Fax 04 68 98 30 90 – Fermé 30 nov.-7 fév.
20 ch – ♦55/80 € ♦♦65/110 €, ⊐ 11 € – ½ P 65/87 €
Rest – (fermé le midi sauf dim.) Menu 25/48 €
– Carte 35/53 €

◆ Hôtel moderne bâti à flanc de colline. Joli mobilier de style catalan dans de vastes
chambres tournées vers la mer et la piscine à débordement. Restaurant décoré de photos
anciennes de Collioure, terrasse face à la grande bleue et recettes du terroir.

Madeloc sans rest
r. R. Rolland – ✆ 04 68 82 07 56 – hotel@madeloc.com – Fax 04 68 82 55 09 – Ouvert 15 mars-5 nov. A **e**
27 ch – 🛉65/108 € 🛉🛉65/108 €, ☕ 11 € – 5 suites
◆ Sur les hauteurs, chambres meublées en rotin, souvent dotées d'une terrasse. Piscine sur le toit et jardin à flanc de colline. Expositions de peintures et de sculptures.

La Frégate ch, VISA
24 quai de l'Amirauté – ✆ 04 68 82 06 05 – hotel.lafregate@orange.fr – Fax 04 68 82 55 00 – Fermé 30 nov.-7 fév. B **a**
26 ch – 🛉50/70 € 🛉🛉70/115 €, ☕ 8 € – 1 suite – ½ P 65/88 € – **Rest** – *(fermé mardi et merc. d'oct. à mars)* Menu 24/40 € – Carte 30/45 €
◆ Idéalement situé face au château, cet hôtel reprend des couleurs grâce à sa cure de jouvence : petites chambres d'esprit catalan, bien tenues et toutes rénovées. Deux salles à manger parées de faïence servent de cadre à une cuisine du terroir simple et bonne.

Méditerranée sans rest VISA
av. A. Maillol – ✆ 04 68 82 08 60 – mediterraneehotel@free.fr – Fax 04 68 82 28 07 – Ouvert d'avril à nov. A **h**
23 ch – 🛉63/92 € 🛉🛉63/97 €, ☕ 10 €
◆ Pratiques et pourvues de balcons, les chambres de cet hôtel des années 1970 adoptent progressivement un style actuel rehaussé de teintes locales. Jardin en terrasses. Solarium.

Le Neptune (Jean-Claude Mourlane) < vieux port,
rte Port-Vendres – ✆ 04 68 82 02 27 – smourlane@yahoo.fr – Fax 04 68 82 50 33 – Fermé 5-23 déc., 1er janv.-28 fév., mardi et merc. d'oct. à juin, mardi midi et lundi de juil. à sept. B **v**
Rest – Menu (30 €), 38/105 € – Carte 47/109 €
Spéc. Anchois de Collioure selon la recette du moment. Homard bleu en coque (été). Filet de bœuf Salers ou Aubrac. **Vins** Côtes du Roussillon-Villages, Banyuls.
◆ Les superbes terrasses étagées de ce restaurant s'agrippent au rocher. Décor aux couleurs du Sud et tableaux contemporains. Carte régionale et produits de la mer.

Le 5ème Péché VISA
18 r. de la Fraternité – ✆ 04 68 98 09 76 – contact@le5peche.com – Fermé 17 nov.-14 déc., janv., mardi midi et sam. midi sauf juil. -août et lundi B **y**
Rest – *(nombre de couverts limité, prévenir)* Menu 23 € (déj.), 34/50 € – Carte 46/54 €
◆ Petite table du vieux Collioure symbolisant la rencontre entre le Japon et la Catalogne. Le chef tokyoïte y prépare une belle cuisine fusion dominée par les poissons ultra frais.

COLLONGES-AU-MONT-D'OR – 69 Rhône – 327 I5 – rattaché à Lyon

COLLONGES-LA-ROUGE – 19 Corrèze – 329 K5 – 413 h. – alt. 230 m – ✉ 19500 Périgord 25 **C3**

Paris 505 – Brive-la-Gaillarde 21 – Cahors 105 – Figeac 75 – Tulle 35
Office de tourisme, avenue de l'Auvitrie ✆ 05 55 25 47 57
Village★★ : tympan★ et clocher★ de l'église, castel de Vassinhac★ - Saillac : tympan★ de l'église S : 4 km.

Le Relais de St-Jacques de Compostelle VISA
– ✆ 05 55 25 41 02 – sarlmanalese@orange.fr – Fax 05 55 84 08 51 – Fermé janv., fév., mardi sauf juil.-août et lundi
11 ch – 🛉59 € 🛉🛉51/64 €, ☕ 7,50 € – ½ P 51/80 € – **Rest** – Menu 17/43 € – Carte 30/79 €
◆ Dans cette maison du 15e s., les chambres, petites mais bien tenues, offrent une vue imprenable sur les castels du fameux village médiéval en grès rouge, ou sur la campagne. Deux salles à manger champêtres complétées par une plaisante terrasse. Cuisine du Sud-Ouest.

Jeanne ⌂
au bourg – ℰ 05 55 25 42 31 – info @ jeannemaisondhotes.com
– Fax 05 55 25 47 80

5 ch ⌂ – †90 € ††90 € – **Table d'hôte** – Menu 32 € bc
♦ Fière demeure en pierres rouges flanquée d'une tour (15ᵉ s.) desservant des chambres néo-rustiques personnalisées avec goût. Salon-cheminée, terrasse et jardin clos de murs. Le soir, table d'hôte sur réservation ; cuisine ménagère.

Une bonne table sans se ruiner ?
Repérez les Bibs Gourmands 🍴.

COLMAR Ⓟ – 68 Haut-Rhin – 315 18 – 65 136 h. – Agglo. 116 268 h. – alt. 194 m –
✉ 68000 ▮ Alsace Lorraine 2 **C2**

▣ Paris 450 – Basel 68 – Freiburg-im-Breisgau 51 – Nancy 140 – Strasbourg 78
▣ Office de tourisme, 4, rue d'Unterlinden ℰ 03 89 20 68 92, Fax 03 89 20 69 14
▣ d'Ammerschwihr à Ammerschwihr Allée du Golf, NO : 9 km par D 415 puis D 11, ℰ 03 89 47 17 30.
▣ Musée d'Unterlinden★★★ (retable d'Issenheim★★★) - Ville ancienne★★ :
Maison Pfister★★ BZ **W**, Collégiale St-Martin★ BY, Maison des Arcades★
CZ**K**, Maison des Têtes★ BY **Y** - Ancienne Douane★ BZ **D**, Ancien Corps de
Garde★ BZ **B** - Vierge au buisson de roses★★ et vitraux★ de l'église des
Dominicains BY - Vitrail de la Grande Crucifixion★ du temple St-Matthieu CY
- La "petite Venise"★ : ⩽★ du pont St-Pierre BZ, quartier de la Krutenau★,
rue de la Poissonnerie★, façade du tribunal civil★ BZ **J** - Maison des vins
d'Alsace par ①.

Plans pages suivantes

Les Têtes ⌂
19 r. Têtes – ℰ 03 89 24 43 43 – les-tetes @ calixo.net.fr – Fax 03 89 24 58 34
– Fermé fév. BY **y**
21 ch – †95/112 € ††112/234 €, ⌂ 14 € – 1 suite
Rest *La Maison des Têtes* – voir ci-après
♦ À l'attrait historique de cette superbe demeure, bâtie au 17ᵉ s. sur les vestiges du mur d'enceinte de Colmar, s'ajoute le raffinement du décor, refait. Ravissante cour intérieure.

Le Colombier sans rest
7 r. Turenne – ℰ 03 89 23 96 00 – info @ hotel-le-colombier.fr – Fax 03 89 23 97 27
– Fermé 24 déc.-2 janv. BZ **u**
28 ch – †81/195 € ††81/195 €, ⌂ 12 €
♦ Le cadre contemporain et le mobilier créé par un designer italien soulignent le charme authentique de cette bâtisse régionale du 15ᵉ s. Escalier Renaissance, paisible patio.

Grand Hôtel Bristol
7 pl. Gare – ℰ 03 89 23 59 59 – reservation @
grand-hotel-bristol.com – Fax 03 89 23 92 26 AZ **g**
91 ch – †93/149 € ††100/149 €, ⌂ 13,50 €
Rest *Rendez-vous de Chasse* – voir ci-après
Rest *L'Auberge* – brasserie – ℰ 03 89 23 17 57 – Menu (14 €), 20/29 €
– Carte 28/40 €
♦ Proximité de la gare TGV oblige, vingt chambres flambant neuves, un fitness et des salles de séminaires viennent agrandir cet hôtel à la plaisante atmosphère Belle Époque. Joli cadre 1900 et attrayante carte privilégiant plats et vins d'Alsace à l'Auberge.

Mercure Champ de Mars sans rest
2 av. Marne – ℰ 03 89 21 59 59 – h1225 @
accor.com – Fax 03 89 21 59 00 BZ **n**
75 ch – †111/121 € ††125/135 €, ⌂ 14,50 €
♦ Entre gare et centre-ville, construction des années 1970 bordant le parc du Champ-de-Mars. Les chambres, fonctionnelles et assez modernes (wi-fi), sont refaites par étapes.

🏨 **Hostellerie Le Maréchal** 　 🛜 📶 📱 ↳ 📞 🅿 VISA ⓜ⓪ AE ①
4 pl. Six Montagnes Noires – ℰ *03 89 41 60 32 – info@le-marechal.com*
– Fax 03 89 24 59 40 　 BZ **b**
30 ch – †85/95 € ††105/255 €, ⭧ 14 € – ½ P 108/189 €
Rest *A l'Échevin* – *(fermé 14 janv.-1er fév.)* Menu 28 € (déj. en sem.), 38/78 €
– Carte 43/79 €
◆ Les chambres de ces ravissantes maisons alsaciennes de la Petite Venise affichent un côté
bonbonnière (sauf deux, un peu plus vieillottes). Très bon petit-déjeuner régional. À
l'Échevin, décor cosy sur le thème de la musique et spectacle enchanteur de la Lauch.

🏨 **Mercure Unterlinden** sans rest 　 📱 ♿ 📶 ↳ 📞 📱
15 r. Golbery – ℰ *03 89 41 71 71 – h0978@* 　 🚗 VISA ⓜ⓪ AE ①
accor.com – Fax 03 89 23 82 71 　 BY **v**
72 ch – †109/129 € ††119/139 €, ⭧ 14 € – 4 suites
◆ À deux pas du musée d'Unterlinden, établissement non-fumeurs disposant de
chambres confortables, fonctionnelles et plutôt actuelles. Le "plus" : un garage en plein
centre-ville.

🏨 **St-Martin** sans rest 　 📱 ♿ VISA ⓜ⓪ AE ①
38 Grand'Rue – ℰ *03 89 24 11 51 – colmar@hotel-saint-martin.com*
– Fax 03 89 23 47 78 – Fermé 23-26 déc. et 1er janv.-8 mars 　 CZ **e**
40 ch – †79/99 € ††89/149 €, ⭧ 11 €
◆ Dans le quartier historique, trois maisons des 14e et 17e s. réparties autour d'une cour
intérieure avec tourelle et escalier Renaissance. Chambres cosy personnalisées.

🏨 **Amiral** sans rest 　 🛁 📱 ♿ ↳ 📞 📱 🚗 VISA ⓜ⓪
11a bd du Champ-de-Mars – ℰ *03 89 23 26 25 – hotelamiralcolmar@wanadoo.fr*
– Fax 03 89 23 83 64 　 BZ **d**
47 ch – †55/83 € ††55/99 €, ⭧ 12 €
◆ Cette ancienne malterie abrite d'agréables chambres sobrement contemporaines, un
peu plus spacieuses au rez-de-chaussée. Chaleureux salon-cheminée meublé en rotin.

🏠 **Turenne** sans rest 　 📱 📶 ↳ 📞 📱 🚗 VISA ⓜ⓪ AE ①
10 rte Bâle – ℰ *03 89 21 58 58 – infos@turenne.com – Fax 03 89 41 27 64*
83 ch – †49/72 € ††62/82 €, ⭧ 8,50 € – 2 suites 　 CZ **x**
◆ Architecture d'inspiration régionale, chambres fonctionnelles, copieux buffet de petits-
déjeuners et prix sages : une adresse pratique à deux pas de la Petite Venise.

XXX **La Maison des Têtes** – Hôtel Les Têtes 　 🛜 ♿ 📶 VISA ⓜ⓪ AE ①
19 r. Têtes – ℰ *03 89 24 43 43 – les-tetes@calixo.net – Fax 03 89 24 58 34*
– Fermé fév., dim. soir, mardi midi et lundi 　 BY **Y**
Rest – Menu 29/60 € – Carte 36/61 €
◆ Cette belle maison Renaissance est l'un des joyaux du patrimoine architectural colma-
rien. Boiseries blondes (19e s.), cuisine traditionnelle et bon choix de vins régionaux.

XXX **Rendez-vous de Chasse** – Grand Hôtel Bristol 　 📶 VISA ⓜ⓪ AE ①
☸ *7 pl. de la Gare –* ℰ *03 89 23 15 86 – reservation@grand-hotel-bristol.com*
– Fax 03 89 23 92 26 　 AZ **g**
Rest – Menu (29), 45/80 € – Carte 64/78 €
Spéc. Terrine de foie gras d'oie, marmelade aux mirabelles (15 août-15 sept.).
Omble chevalier cuit à l'huile d'olive, poêlée de girolles, cuisses de grenouille en
tempura (mi-juin à fin août). Dos de chevreuil d'Alsace, nems aux fruits, sauce
épicée (15 mai au 15 janv.). **Vins** Riesling, Pinot noir.
◆ Cheminée, pierres et poutres ajoutent au charme de cette salle à manger cossue,
agrémentée en outre de dessins originaux de Daumier. Fine cuisine d'aujourd'hui ; cave
étoffée.

XX **JY'S** (Jean-Yves Schillinger) 　 🛜 📶 VISA ⓜ⓪ AE ①
☸ *17 r. Poissonnerie –* ℰ *03 89 21 53 60 – Fax 03 89 21 53 65 – Fermé vacances*
de fév., lundi midi et dim. 　 BZ **g**
Rest – Menu 30 € (déj. en sem.), 51/68 € – Carte 57/63 € 🕭
Spéc. Cocktail de chair de tourteau. Pavé de cabillaud rôti, tomates confites et
olives noires. Canon d'agneau rôti à la fleur de sel. **Vins** Riesling, Pinot gris.
◆ Carte très inventive et décor ultra-contemporain signé Olivier Gagnère : c'est au bord de
la Lauch, dans une jolie maison de 1750, que se cache l'adresse branchée de Colmar.

COLMAR

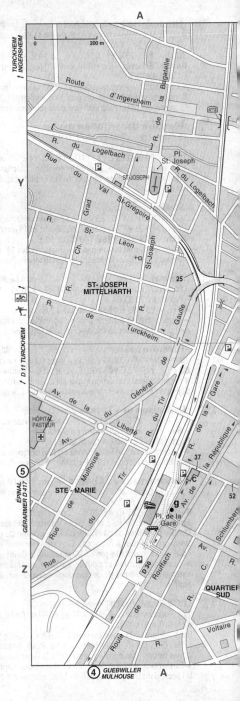

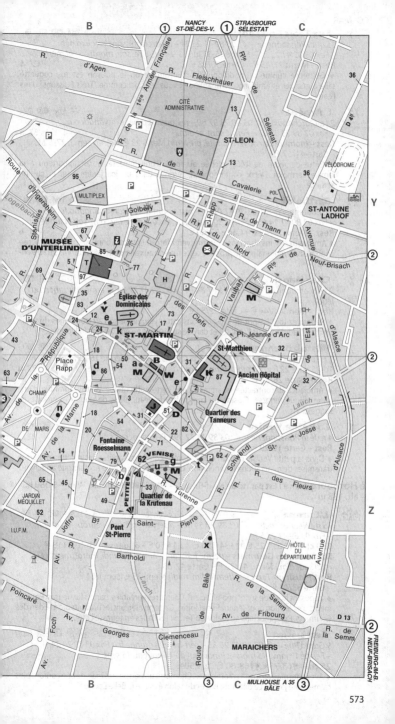

XX **Aux Trois Poissons**　　　　　🅰🅺 ⇔ 𝗩𝗜𝗦𝗔 ⓂⓈ 🅰🅴 ⓪

😊

15 quai Poissonnerie – ℰ 03 89 41 25 21 – auxtroispoissons@calixo.net
– Fax 03 89 41 25 21 – Fermé 15-31 juil., 3-9 nov., dim. soir, mardi soir et merc.
Rest – Menu 21/45 € – Carte 30/68 €　　　　　　　　　　　　CZ **t**
◆ Goûteuse cuisine mi-traditionnelle, mi-inventive où le poisson est roi, coquette salle à manger et ambiance sympathique : vous serez ici comme "Trois Poissons" dans l'eau !

XX **L'Arpège**　　　　　　　　　　🕼 𝗩𝗜𝗦𝗔 ⓂⓈ 🅰🅴

24 r. Marchands – ℰ 03 89 23 37 89 – restaurant.arpege@wanadoo.fr
– Fax 03 89 23 39 22 – Fermé sam. et dim.　　　　　　　　　BZ **a**
Rest – *(nombre de couverts limité, prévenir)* Menu 23 € (déj. en sem.), 27/52 €
– Carte 41/57 €
◆ Cette demeure de 1463, nichée au fond d'une impasse, aurait appartenu à la famille Bartholdi. Décor contemporain, terrasse dans un joli jardin fleuri et cuisine actuelle.

XX **Bartholdi**　　　　　　　　　　🕼 ⇔ 𝗩𝗜𝗦𝗔 ⓂⓈ 🅰🅴

2 r. Boulangers – ℰ 03 89 41 07 74 – restaurant.bartholdi@wanadoo.fr
– Fax 03 89 41 14 65 – Fermé 30 juin-7 juil., vacances de fév., dim. soir et lundi
Rest – Menu 22/49 € – Carte 22/60 €　　　　　　　　　　BY **e**
◆ Amoureux de vins alsaciens, vous trouverez forcément votre bonheur parmi l'immense choix de crus régionaux que propose cette maison aux allures de winstub. Plats traditionnels.

X **Chez Hansi**　　　　　　　　　　🕼 𝗩𝗜𝗦𝗔 ⓂⓈ

😊🅰
23 r. Marchands – ℰ 03 89 41 37 84 – Fax 03 89 41 37 84 – Fermé janv., merc. et jeudi　　　　　　　　　　　　　　　　　　BZ **e**
Rest – Menu 18/44 € – Carte 22/52 €
◆ Retrouvez tout l'esprit de l'Alsace dans cette typique maison à colombages du vieux Colmar. Tradition dans l'assiette et dans le service assuré en costume folklorique.

X **Wistub Brenner**　　　　　　　　🕼 𝗩𝗜𝗦𝗔 ⓂⓈ

1 r. Turenne – ℰ 03 89 41 42 33 – Fax 03 89 41 37 99 – Fermé 15-25 juin,
16-25 nov., 22 fév.-12 mars, mardi et merc.　　　　　　　BZ **u**
Rest – Carte 28/38 €
◆ Ambiance décontractée et animée dans cette authentique Wistub agrandie d'une sympathique terrasse. Cuisine du pays (tête de veau, pieds de porc...) et ardoise de suggestions.

X **La Petite Venise**　　　　　　　　　　　　𝗩𝗜𝗦𝗔 ⓂⓈ

4 r. de la Poissonnerie – ℰ 03 89 41 72 59 – Fermé merc. et dim.　　BZ **t**
Rest – Carte 19/29 €
◆ Dans la petite Venise, maison du 17ᵉ s. vous conviant à goûter des recettes du terroir transmises de génération en génération. Choix à l'ardoise ; cadre nostalgique attachant.

à Horbourg 4 km à l'Est par rte de Neuf-Brisach – ✉ 68180 Horbourg Wihr – 5 060 h.
– alt. 188 m

🏨🏨🏨 **L'Europe**　　　🕼 📺 🆘 ⚭ 🎗 & ch, 🅺 ch, ↯ 🎗 🆚 🄿 𝗩𝗜𝗦𝗔 ⓂⓈ 🅰🅴 ⓪

15 rte Neuf-Brisach – ℰ 03 89 20 54 00 – reservation@hotel-europe-colmar.fr
– Fax 03 89 41 27 50
130 ch – ♦103/125 € ♦♦134/156 €, � 14,50 € – 6 suites – ½ P 107/118 €
Rest *Eden des Gourmets* – *(fermé juil., janv., dim. soir, lundi, mardi, merc. et le midi sauf dim.)* Menu 47/76 € – Carte 42/63 €
Rest *Plaisir du Terroir* – *(fermé dim. midi)* Menu 25 € (sem.)/64 €
– Carte 33/47 €
◆ Imposant hôtel de style "néo-alsacien". Chambres agréables, parfois luxueuses. Équipements d'exception pour séminaires et loisirs. Carte privilégiant les produits bio à l'Éden des Gourmets. Plats alsaciens au Plaisir du Terroir (grillades en terrasse l'été).

🏠 **Cerf** sans rest　　　　　　　　🚃 ↯ 🎗 🄿 𝗩𝗜𝗦𝗔 ⓂⓈ

9 Grand'Rue – ℰ 03 89 41 20 35 – cerf-hotel@orange.fr – Fax 03 89 24 24 98
– Fermé 1ᵉʳ janv.-15 mars et lundi sauf du 15 août au 15 sept.
25 ch – ♦63/75 € ♦♦68/80 €, � 9,50 €
◆ Avenante maison rose à colombages. Chambres un peu petites mais de bon confort, plus calmes côté jardin. Le décor du bar et du salon évoque la Belle Époque.

574

à Logelheim 9 km au Sud-Est par D 13 et D 45 - CZ – 585 h. – alt. 195 m – ⌧ 68280

🏠 **A la Vigne** ॐ   🍴 ch, *VISA* **©⊙**
  5 Grand'Rue – ℰ 03 89 20 99 60 – restaurant.alavigne @ calixo.net
🍽 *– Fax 03 89 20 99 69 – Fermé 27 juin-9 juil. et 24 déc.-5 janv.*
  9 ch – ♦51/53 € ♦♦54/72 €, ⌂ 6,50 € – ½ P 53 € – **Rest** – *(fermé sam. midi, lundi soir et dim. sauf fériés)* Menu 11,50 € (déj. en sem.), 22/28 € – Carte 21/36 €
  ♦ Maison régionale simple mais accueillante située au cœur d'un paisible village. Les chambres sont calmes et sobrement contemporaines. Salle à manger champêtre où l'on propose plats du terroir (tartes flambées, choucroutes, spaetzle) et ardoise de suggestions.

à Ste-Croix-en-Plaine 10 km par ③ – 2 121 h. – alt. 192 m – ⌧ 68127

🏠 **Au Moulin** ॐ   ≼ 🚗 |≑| **P** *VISA* **©⊙**
  rte d'Herrlisheim, sur D 1 – ℰ 03 89 49 31 20 – hotelaumoulin @ wanadoo.fr
  – Fax 03 89 49 23 11 – Ouvert 1ᵉʳ avril-20 déc.
  16 ch – ♦49 € ♦♦62/80 €, ⌂ 10 € – **Rest** – *(fermé dim. soir) (dîner seult) (résidents seult)* Carte 24/35 €
  ♦ Les chambres de ce moulin, confortables et entièrement refaites, ont vue sur les Vosges. Petit musée d'objets alsaciens anciens. Restauration d'appoint (plats locaux).

à Wettolsheim 4,5 km par ⑤ et D 1bis II – alt. 220 m – ⌧ 68920

🍴🍴 **La Palette** avec ch   🚗 ♿ ↔ ☎ **P** *VISA* **©⊙** AE ⊙
  9 r. Herzog – ℰ 03 89 80 79 14 – lapalette @ lapalette.fr – Fax 03 89 79 77 00
🍽 *– Fermé 2-8 janv.*
  16 ch – ♦64/70 € ♦♦70/74 €, ⌂ 11 € – 1 suite – ½ P 71 € – **Rest** – *(fermé dim. soir, mardi midi et lundi)* Menu 14 € (déj. en sem.), 32/59 € – Carte 38/50 €
  ♦ Une riche palette de styles et de couleurs se déploie dans les salles à manger de cette auberge où l'on déguste une cuisine au goût du jour. Jolies chambres rénovées.

à Ingersheim 4 km au Nord-Ouest – 4 170 h. – alt. 220 m – ⌧ 68040

🍴🍴 **La Taverne Alsacienne**   *VISA* **©⊙** AE
  99 r. République – ℰ 03 89 27 08 41 – tavernealsacien @ aol.com
🍽 *– Fax 03 89 80 89 75 – Fermé 14-21 avril, 21 juil.-7 août, 1ᵉʳ-10 janv., jeudi soir*
🐱 *sauf déc., dim. soir et lundi*
  Rest – Menu 16 € (sem.)/53 € – Carte 28/58 € ⅋
  ♦ Au bord de la Fecht, vaste salle à manger contemporaine et claire, bar servant des plats du jour et salon refait. Cuisine classique et régionale, belle carte de vins alsaciens.

COLOMBES – 92 Hauts-de-Seine – 312 C2 – **voir à Paris, Environs**

COLOMBEY-LES-DEUX-ÉGLISES – 52 Haute-Marne – 313 J4 – 650 h.
– alt. 353 m – ⌧ 52330 ▌Champagne Ardenne   14 **C3**

  ◨ Paris 248 – Bar-sur-Aube 16 – Châtillon-sur-Seine 63 – Chaumont 26
  – Neufchâteau 71
  🛈 Syndicat d'initiative, 68, rue du Général-de-Gaulle ℰ 03 25 01 52 33,
  Fax 03 25 01 98 61
  ◉ Mémorial du Général-de-Gaulle et la Boiserie (musée).

🏠🏠 **Hostellerie la Montagne** (Jean-Baptiste Natali) 🚗 🌿 ↔
  r. Pisseloup – ℰ 03 25 01 51 69   🍴 ch, 🚗 *VISA* **©⊙** AE
🌸 *– contact @ hostellerielamontagne.com – Fax 03 25 01 53 20*
  – Fermé 1ᵉʳ-15 oct., 22-30 déc., 26 janv.-10 fév., lundi et mardi
  9 ch – ♦110/160 € ♦♦110/160 €, ⌂ 13 € – 1 suite
  Rest – Menu 28 € (sem.)/85 € – Carte 80/103 €
  Spéc. Ravioles d'anguille fumée aux zestes de citron. Cabillaud confit au jus de morille et ail des ours. Abricots pochés et sorbet à la reine des prés. **Vins** Coteaux Champenois, Vin de pays des Coteaux de Coiffy.
  ♦ Au cœur d'un jardin, cette maison de maître en pierre dispose de charmantes chambres qui vous enchanteront par leur joli style campagnard. Séduisante carte inventive et salles à manger contemporaines. Demandez la "table du chef", à la datcha, avec vue sur les cuisines.

COLOMBIERS – 34 Hérault – **339** D9 – 2 065 h. – alt. 25 m – ⊠ **34440**
▌ Languedoc Roussillon   22 **B2**

   ▶ Paris 779 – Béziers 10 – Montpellier 78 – Narbonne 23

XX   **Château de Colombiers**   🕭 **P** **VISA** **CO** **AE** **①**
    1 r. du Château – ℰ 04 67 37 06 93 – chateaudecolombiers @ wanadoo.fr
    – Fax 04 67 37 63 11 – Fermé 1ᵉʳ-10 janv. et dim. soir
    Rest – Menu 20 € (déj. en sem.), 25/55 € – Carte 31/54 €
    ♦ Ce château du 18ᵉ s. abrite plusieurs salles à manger, confortables et actuelles, ainsi
    qu'une immense terrasse dressée sous les marronniers. Cuisine au goût du jour.

COLOMIERS – 31 Haute-Garonne – **343** F3 – **rattaché à Toulouse**

COLONZELLE – 26 Drôme – **332** C7 – 432 h. – alt. 179 m – ⊠ 26230   44 **B3**

   ▶ Paris 642 – Lyon 180 – Montélimar 33 – Orange 37

⌂   **La Maison de Soize** ⌘   🚗 🕭 🏊 ↔ ⌘ ch, **VISA** **CO**
    pl. de l'Église – ℰ 04 75 46 58 58 – Fax 04 75 46 58 58 – Ouvert Pâques au 30 oct.
    5 ch ⊑ – ♦80 € ♦♦90 € – **Table d'hôte** – Menu 30 € bc
    ♦ Les chambres de cette maison ancienne portent le nom d'une fleur. Fraîches et
    colorées, elles possèdent des salles de bains modernes et une bonne literie. Repas
    (légumes du potager) dans le jardin ombragé ou dans une salle décorée de bibelots de
    famille.

COLROY-LA-ROCHE – 67 Bas-Rhin – **315** H6 – 455 h. – alt. 475 m –
⊠ 67420   1 **A2**

   ▶ Paris 412 – Lunéville 70 – St-Dié 33 – Sélestat 31 – Strasbourg 66

🏠🏠   **Hostellerie La Cheneaudière** ⌘   ≤ 🚗 🕭 🖥 ♭ ⌘ 🅐🅒 rest, 📞
    3 r. Vieux Moulin – ℰ 03 88 97 61 64   🔏 **P** **VISA** **CO** **AE** **①**
    – cheneaudiere @ relaischateaux.com – Fax 03 88 47 21 73
    32 ch – ♦90/260 € ♦♦90/260 €, ⊑ 21 € – 7 suites – ½ P 99 € – **Rest** – *(fermé le*
    midi du lundi au vend. de nov. à mars) Menu 49 € bc (déj.)/110 € (dîner)
    – Carte 45/112 €
    ♦ Adresse luxueuse pour profiter du bon air des sapins. Les spacieuses chambres ont été
    rénovées dans des tons clairs apaisants. Piscine intérieure, massages, sauna. Une cuisine
    fine et une alternative terroir sont à l'honneur dans deux salles à manger élégantes.

COLY – 24 Dordogne – **329** I5 – **rattaché au Lardin-St-Lazare**

LA COMBE – 73 Savoie – **333** H4 – **rattaché à Aiguebelette-le-Lac**

COMBEAUFONTAINE – 70 Haute-Saône – **314** D6 – 496 h. – alt. 259 m –
⊠ 70120   16 **B1**

   ▶ Paris 336 – Besançon 72 – Épinal 83 – Gray 40 – Langres 52 – Vesoul 24
   🄵 Syndicat d'initiative, Mairie ℰ 03 84 92 11 80, Fax 03 84 92 15 23

XX   **Le Balcon** avec ch   ↔ ⌘ ch, 🔏 🕭 **VISA** **CO** **AE** **①**
(🙂)   *– ℰ 03 84 92 11 13 – lebalcon @ aol.com – Fax 03 84 92 15 89 – Fermé*
    23 juin-3 juil., 29 sept.-4 oct., 26 déc.-15 janv., dim. soir, mardi midi et lundi
    14 ch – ♦45 € ♦♦55/65 €, ⊑ 9 € – ½ P 54 € – **Rest** – Menu 24/60 €
    – Carte 39/72 €
    ♦ Cette auberge tapissée de vigne vierge abrite une jolie salle à manger rustique
    (cuivres et meubles cirés) ; goûteuse cuisine classique. Réservez une chambre sur l'arrière,
    au calme.

LES COMBES – 25 Doubs – **321** J4 – **rattaché à Morteau**

Passée en rouge, la mention « Rest » repère l'établissement
auquel est attribué notre distinction, ✿ (étoile) ou 🙂 (Bib Gourmand).

Lexus GS 450h
Technologie **hybride** Haute Performance

**PREMIÈRE BERLINE HYBRIDE
HAUTE PERFORMANCE**
345 ch, 7.9 l/100 km, 186 g/km de CO_2*

CUISINE.TV

pour être bien cuisinez mieux

Les desserts de Benoît Molin

Eric Léautey cuisine la mer

LA CUISINE 100% VIDÉO

entrée + plat + dessert =
toutes vos envies sont sur Cuisine.tv
et sur www.cuisine.tv

COMBLOUX – 74 Haute-Savoie – **328** M5 – 1 976 h. – alt. 980 m – **Sports d'hiver :** 1 000/1 850 m ✓ 1 ✚ 24 ✗ – ✉ 74920 ▯ Alpes du Nord   46 **F1**

▷ Paris 593 – Annecy 80 – Bonneville 37 – Chamonix-Mont-Blanc 31 – Megève 6 – Morzine 50

🛈 Office de tourisme, 49, chemin des Passerands ✆ 04 50 58 60 49, Fax 04 50 93 33 55

👁 ❄★★★ - Table d'orientation ★ de la Cry.

🏨 **Aux Ducs de Savoie** ≤ ≤ Mont-Blanc, 🚗 🍴 ⓘ 🛁 ⧉ ⅋ rest, 🍴 *au Bouchet* – ✆ 04 50 58 61 43 – info @ **P** 🅿 **VISA** ⓜⓞ ⒜ⓔ *ducs-de-savoie.com* – Fax 04 50 58 67 43 – Ouvert 1er juin-6 oct. et 15 déc.-25 avril **50 ch** – ♦130/190 € ♦♦130/190 €, ⊇ 18 € – ½ P 110/150 € – **Rest** – Menu 32 € (sem.)/45 € – Carte 40/52 €

♦ Ce vaste chalet tout en bois vous réserve un bon accueil et offre un superbe panorama alpin. Chambres avenantes, salon-cheminée, piscine face au Mont-Blanc. Repas traditionnel actualisé servi dans une salle savoyarde panoramique. Ambiance conviviale et feutrée.

🏨 **Au Cœur des Prés** ≤ ≤ Aravis et Mont-Blanc, 🚗 ⓘ 🛁 ⅋ 🛁 ☎ *152 chemin du Champet* – ✆ 04 50 93 36 55 **P** 🅿 **VISA** ⓜⓞ ⒜ⓔ – *hotelaucoeurdespres @ wanadoo.fr* – Fax 04 50 58 69 14 – Ouvert fin mai-fin sept. et mi-déc.-début avril **33 ch** – ♦80/90 € ♦♦100/170 €, ⊇ 12 € – ½ P 77/97 € – **Rest** – Menu 28 € (sem.)/36 €

♦ Sur les hauts de Combloux, bâtisse de type chalet vous logeant dans des chambres majoritairement rénovées et donnant toutes à admirer les sommets. Salon-cheminée douillet. Vue étendue, décor soigné et cuisine classique au restaurant.

🏨 **Joly Site** ≤ 🚗 ☎ **VISA** ⓜⓞ *81 rte de Sallanches* – ✆ 04 50 58 60 07 – *joly-site @ joly-site.com* – *Fax 04 50 93 38 09* – Fermé lundi hors saison **10 ch** – ♦75/95 € ♦♦75/120 €, ⊇ 9 € – ½ P 75/85 € – **Rest** – Menu 19/26 € – Carte 26/51 €

♦ Entièrement rénové par une équipe jeune et enthousiaste, l'hôtel dispose de chambres à la fois traditionnelles et modernes, souvent dotées d'un accès direct au jardin. À table, recettes montagnardes ou méridionales à déguster autour de la cheminée centrale.

🏨 **Coin Savoyard** ≤ 🚗 🍴 ⓘ **P** 🅿 **VISA** ⓜⓞ ⒜ⓔ *300 rte Cry, Cuchet* – ✆ 04 50 58 60 27 – *coin-savoyard @ wanadoo.fr* – *Fax 04 50 58 64 44* – Ouvert 8 juin-20 sept. et 15 déc.-12 avril **14 ch** – ♦92 € ♦♦112/145 €, ⊇ 10 € – ½ P 90/105 € – **Rest** – *(fermé lundi midi en hiver sauf vacances scolaires et lundi en juin et sept.)* Carte 20/52 €

♦ Accueillante ferme du 19e s. située à côté de l'église. Sous ses allures d'auberge savoyarde, elle recèle de confortables chambres rafraîchies et tournées vers les monts. Spécialités régionales servies au bord de la piscine lorsqu'arrivent les beaux jours.

COMBOURG – 35 Ille-et-Vilaine – **309** L4 – 4 850 h. – alt. 45 m – ✉ 35270 ▯ Bretagne   10 **D2**

▷ Paris 387 – Avranches 58 – Dinan 25 – Fougères 49 – Rennes 41 – St-Malo 36 – Vitré 56

🛈 Office de tourisme, 23, place Albert Parent ✆ 02 99 73 13 93, Fax 02 99 73 52 39

🖼 des Ormes à Dol-de-Bretagne Epiniac, N : 13 km par D 795, ✆ 02 99 73 54 44.

👁 Château★.

🏨 **Du Château** 🚗 🍴 ☎ 🍴 **P** 🅿 **VISA** ⓜⓞ ⒜ⓔ ⓞ – ✆ 02 99 73 00 38 – *hotelduchateau @ wanadoo.fr* – Fax 02 99 73 25 79 – Fermé 19 déc.-27 janv., dim. soir sauf juil.-août, lundi midi et sam. midi **33 ch** – ♦56/146 € ♦♦56/146 €, ⊇ 12 € – 1 suite – ½ P 59/106 € **Rest** – Menu (16 €), 21 € (sem.)/57 € – Carte 34/65 €

♦ Au pied du château et du lac célébrés par Chateaubriand, belle maison ancienne et ses annexes. Chambres personnalisées, en partie rafraîchies. Carte mi-traditionnelle, mi-régionale où figure en bonne place le délicieux chateaubriand ! L'été, terrasse au jardin.

XX **L'Écrivain** 🍴 ⅙ **P** 𝘝𝘐𝘚𝘈 ⓜⓞ

pl. St-Gilduin, (face à l'église) – 🖉 02 99 73 01 61 – l-ecrivain@orange.fr
– Fax 02 23 16 46 31 – Fermé 20-30 juin, 15-30 oct., dim. soir, merc. soir sauf du
15 juil. au 15 août et jeudi
Rest – Menu 16 € (déj. en sem.), 23/37 €

♦ Ambiance rustique ou classique, terrasse, jardin : il règne ici un charme bucolique
que n'aurait pas renié le plus célèbre de nos lettrés romantiques. Plats actuels et
bretons.

COMBREUX – 45 Loiret – 318 K4 – 202 h. – alt. 130 m – ⊠ 45530   12 **C2**

🔹 Paris 113 – Bellegarde 12 – Châteauneuf-sur-Loire 14 – Orléans 41
– Pithiviers 31

🏠 **Auberge de Combreux** 🛏 🍴 ⅝ 🍽 ⅙ **P** 𝘝𝘐𝘚𝘈 ⓜⓞ 𝔸𝔼

– 🖉 02 38 46 89 89 – contact@auberge-de-combreux.fr – Fax 02 38 59 36 19
– Fermé de mi-déc. au 25 janv. et dim. soir de nov. à avril
19 ch – †60/79 € ††60/79 €, ⊡ 9 € – ½ P 68/78 € – **Rest** – (fermé de mi-déc. au
20 janv., vend. midi de mai à oct., dim. soir de nov. à avril et lundi midi) Menu 19 €
(sem.)/36 € – Carte 35/51 €

♦ Près de la forêt, ex-relais de poste tapissé de vigne vierge et son annexe composée de
trois maisonnettes entourées d'un jardin. Chambres rustiques (deux avec jacuzzi). Chaleureuse salle à manger champêtre, terrasse verdoyante et carte actuelle.

COMMELLE-VERNAY – 42 Loire – 327 D4 – rattaché à Roanne

COMMERCY 👁 – 55 Meuse – 307 E6 – 6 324 h. – alt. 240 m –
⊠ 55200   26 **B2**

🔹 Paris 269 – Bar-le-Duc 40 – Metz 73 – Nancy 53 – Toul 31 – Verdun 56
🅵 Office de tourisme, Château Stanislas 🖉 03 29 91 33 16

🏨 **Côté Jardin** 🛏 🍴 ⅙ ch, 𝕂 rest, ⅙ ⅙ 𝘝𝘐𝘚𝘈 ⓜⓞ

40 r. St-Mihiel – 🖉 03 29 92 09 09 – bernard.bou794@orange.fr
– Fax 03 29 92 09 10 – Fermé 15-31 août
11 ch – †55/70 € ††66/150 €, ⊡ 11 € – ½ P 93 € – **Rest** – (fermé juil.-août,
vend., sam. et dim.) (dîner seult) (résidents seult) Menu 20/25 €

♦ Côté rue, une façade joliment rénovée ; "côté jardin", une confortable salle de restaurant largement ouverte sur la terrasse et la verdure. Cuisine composée selon la
saison.

🏨 **De la Madeleine** 🍴 𝕂 ⅙ ⅙ ⅙ **P** 𝘝𝘐𝘚𝘈 ⓜⓞ

La Louvière, (rte de Nancy) – 🖉 03 29 91 51 25 – hotelmadeleine@free.fr
– Fax 03 29 91 09 59
26 ch – †42/61 € ††56/69 €, ⊡ 6 € – ½ P 48/52 €
Rest – (fermé 24 déc.-1er janv. et le dim. soir) Menu 12/32 €
– Carte 17/36 €

♦ Au pays de la célèbre madeleine, bâtiment moderne proposant aux voyageurs des
chambres actuelles, insonorisées et équipées d'un mobilier mariant bois et fer forgé. Sobre
salle à manger éclairée par de larges baies.

COMPIÈGNE 👁 – 60 Oise – 305 H4 – 41 254 h. – Agglo. 108 234 h. – alt. 41 m –
⊠ 60200 ▯ Nord Pas-de-Calais Picardie   36 **B2**

🔹 Paris 81 – Amiens 80 – Beauvais 61 – St-Quentin 74 – Soissons 39
🅵 Office de tourisme, place de l'Hôtel de Ville 🖉 03 44 40 01 00,
Fax 03 44 40 23 28
🏌 de Compiègne Avenue Royale, E : par avenue Royale, 🖉 03 44 38 48 00 ;
🏌 du Château d'Humières à Monchy Humières Rue de Gournay, NO : 9 km par
D202, 🖉 03 44 86 48 22.
◎ Palais★★★ : musée de la voiture★★, musée du Second Empire★★ - Hôtel de
ville★ BZ **H** - Musée de la Figurine historique★ BZ **M** - Musée Vivenel : vases
grecs★★ AZ **M¹**.
◪ Forêt★★ (les Beaux Monts) - Rethondes : Clairière de l'Armistice★★ (statue
du Maréchal Foch, dalle commémorative, wagon du Maréchal Foch).

COMPIÈGNE

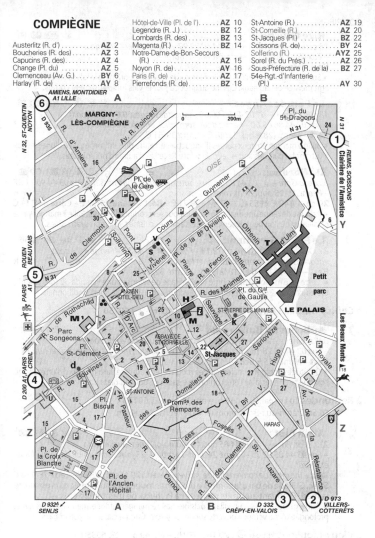

 Les Beaux Arts sans rest ⬚ ⬚ ⬚ ⬚ ⬚ ⬚ 🅅🅸🆂🅰 🅼🄲 🄰🄴 🄾

33 cours Guynemer – ℰ 03 44 92 26 26 – hotel@bw-lesbeauxarts.com
– Fax 03 44 92 26 00   AY **v**
36 ch – ♦69/99 € ♦♦79/109 €, ⬚ 10 € – 14 suites
♦ Plaisant mobilier en teck, couleurs ensoleillées, confort moderne : les chambres de cet
hôtel situé sur les quais sont chaleureuses ; certaines disposent de cuisinettes.

 De Flandre sans rest ⬚ ⬚ 🅅🅸🆂🅰 🅼🄲 🄾

16 quai République – ℰ 03 44 83 24 40 – hoteldeflandre@wanadoo.fr
– Fax 03 44 90 02 75   AY **u**
42 ch – ♦50 € ♦♦60 €, ⬚ 8 €
♦ À deux pas de la gare, sur la rive droite de l'Oise. Chambres d'esprit rustique, progressivement rafraîchies. Une bonne insonorisation atténue les bruits du carrefour.

XXX **Rive Gauche**   AK VISA ⦿ AE

13 cours Guynemer – ℰ 03 44 40 29 99 – rivegauche@orange.fr
– Fax 03 44 40 38 00 – Fermé lundi et mardi   BY **e**
Rest – Menu 38/45 € – Carte 73/99 € ⅌
♦ Sur la rive gauche de l'Oise, salle de restaurant contemporaine, à la fois sobre et élégante, agrémentée de tableaux. Cuisine au goût du jour et vins judicieusement choisis.

XXX **La Part des Anges**   ⭍ AK ✿ P VISA ⦿ AE

18 r. Bouvines – ℰ 03 44 86 00 00 – lapartdesanges60@wanadoo.fr
– Fax 03 44 86 09 00 – Fermé août, sam. midi, dim. soir et lundi   AZ **d**
Rest – Menu (28 € bc), 33/48 € – Carte 39/51 €
♦ Salle à manger en deux parties (l'une actuelle, l'autre plus intime) égayée d'une fresque illustrant la "part des anges" et d'angelots. Recettes d'aujourd'hui soignées.

XX **Du Nord** avec ch   📶 ↳ VISA ⦿ AE

pl. de la Gare – ℰ 03 44 83 22 30 – hoteldunord@9business.fr – Fax 03 44 90 11 87
– Fermé 1er-15 août, sam. midi et dim. soir   AY **b**
20 ch – ♥49 € ♥♥55 €, � 7 € – ½ P 71 € – **Rest** – Menu 25/37 € – Carte 44/111 €
♦ Adresse devenue une institution locale pour ses produits de la mer. Salle à manger vaste et claire, d'où l'on peut observer le spectacle des cuisines. Chambres rafraîchies.

X **Le Palais Gourmand**   ⭍ VISA ⦿ AE ①

8 r. Dahomey – ℰ 03 44 40 13 13 – Fax 03 44 40 41 36 – Fermé 4-23 août,
⊜   vacances de printemps, dim. soir et lundi   BZ **k**
Rest – Menu (14,50 €), 18/21 € bc – Carte 32/36 €
♦ Cette jolie maison (1890) abrite une enfilade de salons et une véranda où tons chauds, tableaux mauresques et mosaïques créent un cadre agréable. Plats traditionnels.

à Choisy-au-Bac 5 km par ② – 3 571 h. – alt. 40 m – ⬚ 60750

XX **Auberge du Buissonnet**   🚗 ⭍ VISA ⦿ AE

825 r. Vineux – ℰ 03 44 40 17 41 – chantallequeux@wanadoo.fr
– Fax 03 44 85 28 18 – Fermé mardi soir hors saison, merc. soir, dim. soir et lundi
Rest – Menu (15 € bc), 30/45 € – Carte 34/50 €
♦ Quiétude et confort sont les maîtres-mots de cette adresse. Jardin au bord d'un étang où l'on dresse une terrasse l'été, confortable cadre rustique et plats traditionnels.

à Rethondes 10 km par ② – 668 h. – alt. 38 m – ⬚ 60153
   ◎ St-Crépin-aux-Bois : mobilier ⋆ de l'église NE : 4 km.

XXX **Alain Blot**   🚗 & VISA ⦿

21 r. Mar. Foch – ℰ 03 44 85 60 24 – alainblot@netcourrier.com
⅏   – Fax 03 44 85 92 35 – Fermé 24 août-12 sept., 5-23 janv., sam. midi, dim. soir, lundi
et mardi
Rest – (nombre de couverts limité, prévenir) Menu 29 € (sem.)/85 € – Carte 78/118 €
Spéc. Grillade de bar à la confiture d'oignons rouges. Menu "simple expression de la mer". Craquant aux fruits rouges et à la rhubarbe (printemps-été).
♦ Auberge postée dans un village paisible. Salle à manger raffinée, meublée Louis XVI et prolongée d'une véranda ouverte sur un joli jardin. Cuisine classique personnalisée.

à Vieux-Moulin 10 km par ③ et D 14 – 579 h. – alt. 49 m – ⬚ 60350
   ◎ Mont St-Marc ⋆ N : 2 km - Les Beaux-Monts ⋆⋆ : ≼ ⋆ NO : 7 km.

XXX **Auberge du Daguet**   VISA ⦿

(face à l'église) – ℰ 03 44 85 60 72 – auberge.du.daguet@free.fr
– Fax 03 44 85 60 72 – Fermé 15-25 juil. et 2-25 janv.
Rest – Menu 36/48 € – Carte 45/73 €
♦ À l'ombre du clocher en chapeau chinois, vitraux, pierres et poutres composent le cadre d'inspiration "médiévale" de cette avenante auberge champêtre. Gibier en saison.

XX **Auberge du Mont St-Pierre**   ⭍ P VISA ⦿ AE ①

28 rte des Étangs – ℰ 03 44 85 60 00 – safajo-js@wanadoo.fr – Fax 03 44 85 23 03
– Fermé 3-18 août, vacances de fév., dim. soir, jeudi soir et lundi sauf fériés
Rest – Menu 25/38 € – Carte 50/65 €
♦ Cette maison de pays bâtie à l'orée de la forêt abrite une salle à manger-véranda (décor cynégétique) et une paisible terrasse d'été ; produits de saison et gibier.

Z.A.C. de Mercières 6 km par ⑤ et D 200 – ✉ 60472 Compiègne

🏨 **Mercure** 🔇 🗐 & ch, 🔟 ⇆ ⅍ rest, 🔊 **P** 🗹🗹🗹 🗹🗹 🗹🗹 🗹

carrefour J. Monnet – ☎ 03 44 30 30 30 – h1623@accor.com
– Fax 03 44 30 30 44
92 ch – †106/113 € ††113/124 €, ⇋ 12 €
Rest – (fermé sam. et dim. sauf juil.-août) Menu 21 €
– Carte 28/41 €
♦ Entre ville et autoroute, hôtel pensé pour le bien-être du voyageur : confort, espace, bonne insonorisation et bar convivial, idéal pour la détente. Vaste et sobre salle à manger contemporaine prolongée d'une terrasse d'été. Carte "Mercure" et grillades.

au Meux 11 km par ⑤, D 200 et D 98 – 1 708 h. – alt. 50 m – ✉ 60880

🏠 **Auberge de la Vieille Ferme** 🔇 🔟 rest, ⇆ ⅍ 📞

– ☎ 03 44 41 58 54 – auberge.vieille.ferme@ 🔊 **P** 🗹🗹🗹 🗹🗹 🗹🗹
wanadoo.fr – Fax 03 44 41 23 50 – Fermé 28 juil.-19 août, 22 déc.-6 janv. et dim.
soir
14 ch – †59 € ††63 €, ⇋ 8 € – ½ P 80 € – **Rest** – (fermé sam. midi, dim. soir et lundi) Menu 22 € bc/44 € bc – Carte 29/43 €
♦ Ancienne ferme en briques rouges de la vallée de l'Oise. Les chambres, simples, pratiques et bien tenues, sont aménagées de part et d'autre des deux cours intérieures. Au restaurant, ambiance campagnarde et cuisine traditionnelle à base de produits du terroir.

🍴🍴 **L'Annexe** 🔇 **P** 🗹🗹🗹 🗹🗹 🗹🗹

1 r. République – ☎ 03 44 91 10 10 – restaurantlannexe@orange.fr
– Fax 03 44 40 38 00 – Fermé lundi et mardi
Rest – Menu 24/35 €
♦ Restaurant récemment repris par une nouvelle équipe. Cadre repensé dans un esprit de bistrot contemporain aux teintes chaudes. Terrasse d'été au calme. Cuisine au goût du jour.

COMPS-SUR-ARTUBY – 83 Var – 340 O3 – 280 h. – alt. 898 m – ✉ 83840
🏳 Alpes du Sud 41 **C2**

◘ Paris 892 – Castellane 29 – Digne-les-Bains 82 – Draguignan 31 – Grasse 60
– Manosque 97

🖾 Balcons de la Mescla ★★★ NO : 14,5 km - Tunnels de Fayet ≼★★★ O : 20 km.

🏠 **Grand Hôtel Bain** 🚗 🔇 🛋 🗹🗹🗹 🗹🗹 🗹🗹 🗹
😊
– ☎ 04 94 76 90 06 – reservation@grand-hotel-bain.fr
– Fax 04 94 76 92 24 – Fermé 11 nov.-26 déc.
17 ch – †55/60 € ††55/78 €, ⇋ 8,50 € – ½ P 53/56 € – **Rest** – Menu 17/38 €
– Carte 29/65 €
♦ Inscrite dans le Livre des records, la même famille vous accueille dans cet hôtel depuis 1737. Les chambres, fonctionnelles, optent peu à peu pour le style régional. Salle à manger panoramique égayée de tons provençaux. Cuisine aux accents du pays.

CONCARNEAU – 29 Finistère – 308 H7 – 19 453 h. – alt. 4 m – ✉ 29900
🏳 Bretagne 9 **B2**

◘ Paris 546 – Brest 96 – Lorient 49 – Quimper 22 – Vannes 102

🛳 pour **Beg Meil** - (juillet-août) Traversée 25 mn - Renseignements et tarifs : Vedettes Glenn, face au port de Plaisance à Concarneau ☎ 02 98 97 10 31, Fax 02 98 60 49 70

🛳 pour Iles Glénan - (avril à sept.) Traversée 1 h 10 mn - Renseignements et tarifs : Vedettes de l'Odet ☎ 02 98 57 00 58 pour les Iles Glénan et la Rivière de l'Odet - Vieux Port Bénodet.

🛳 pour **La Rivière de l'Odet** - (avril à sept.) Traversée 4 h AR- Renseignements et tarifs : voir ci-dessus (Vedettes Glenn), au Port de pêche de Bénodet.

🆔 Office de tourisme, quai d'Aiguillon ☎ 02 98 97 01 44, Fax 02 98 50 88 81

◎ Ville Close★★ C - Musée de la Pêche★ M¹ - Pont du Moros ≼★ B - Fête des Filets bleus★ (fin août).

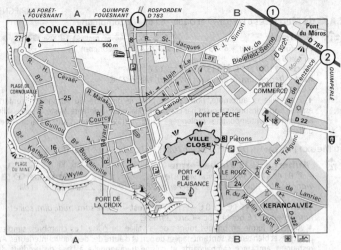

CONCARNEAU

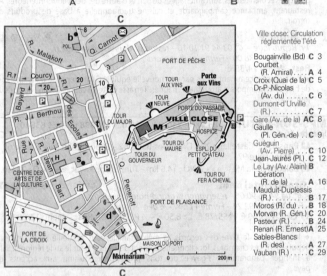

Ville close: Circulation
réglementée l'été

L'Océan
plage des Sables Blancs – ℰ 02 98 50 53 50 – hotel-ocean@wanadoo.fr
– Fax 02 98 50 84 16 – Fermé 24 déc.-31 janv.,

A r

71 ch – †75/120 € ††115/175 €, ☲ 12 € – ½ P 72/95 €
Rest – (fermé dim. soir, lundi midi et sam. d'oct. à mars)
Menu 26/45 € – Carte 40 €

♦ Imposant bâtiment moderne contemplant la mer. Chambres spacieuses et fonctionnelles ; en façade, elles possèdent de grands balcons tournés vers le large. Vaste salle de restaurant contemporaine ouverte sur la baie de Concarneau ; cuisine traditionnelle.

Les Sables Blancs ≤ la mer, 🏠 & ⒶⒸ ↩ 🍽 ch, 📞 ⚡ 🚭 VISA ⓦ AE

plage des Sables Blancs – 📞 *02 98 50 10 12 – contact@*
hotel-les-sables-blancs.com – Fax 02 98 97 20 92 A
18 ch – †95/160 € ††105/190 €, ⌂ 14 € – ½ P 120/160 € – **Rest** – *(fermé*
11 nov.-11 déc.) Menu 25 € (déj. en sem.), 32/85 € – Carte 43/87 €
♦ Ce bel hôtel les pieds dans l'eau – accès direct à la plage – a été relooké dans un esprit
contemporain chic : sage décoration en demi-teinte dans les chambres dotées de terrasses.
Cuisine iodée servie au restaurant lounge, surplombant l'océan à perte de vue.

Des Halles sans rest 🏠 & ↩ 📞 VISA ⓦ ⓘ

pl. de l'Hôtel de Ville – 📞 *02 98 97 11 41 – contact@hoteldeshalles.com*
– Fax 02 98 50 58 54 C s
25 ch – †44/46 € ††53/78 €, ⌂ 8,50 €
♦ Il règne une ambiance familiale dans cet hôtel réservé aux non-fumeurs. Chambres de
tailles diverses, le plus souvent décorées dans un esprit marin coloré et personnalisé.

France et Europe sans rest 🏠 & 📞 P VISA ⓦ

9 av. de la Gare – 📞 *02 98 97 00 64 – hotel.france-europe@wanadoo.fr*
– Fax 02 98 50 76 66 – Fermé 19 déc.-12 janv. et sam. de mi-nov. à mi-mars
25 ch – †54/67 € ††54/77 €, ⌂ 10 € C b
♦ L'axe passant qui longe l'immeuble ne nuit pas à la tranquillité des chambres, fonctionnelles et équipées du double vitrage. Salle des petits-déjeuners nautique.

La Coquille 🏠 ⇔ VISA ⓦ AE

1 quai du Moros – 📞 *02 98 97 08 52 – sicallac@wanadoo.fr – Fax 02 98 50 69 13*
– Fermé 10-20 juin., sam. midi, dim. soir hors saison et lundi B k
Rest – Menu 29/100 € – Carte 50/77 €
Rest *Le Bistrot* – *(déj. seult)* Menu 20 €
♦ Tourné vers le port de pêche, restaurant rajeuni par du mobilier actuel et des marines de
peintres locaux. Salle et terrasse panoramiques. Carte à dominante océane. À midi, offre
culinaire simplifiée (formules) et ambiance portuaire sympathique au bistrot.

Chez Armande 🏠 VISA ⓦ

15 bis av. Dr Nicolas – 📞 *02 98 97 00 76 – Fax 02 98 97 00 76 – Fermé 6-30 nov.,*
mardi sauf juil.-août et merc. C d
Rest – Menu (12,50 €), 20/36 € – Carte 31/68 €
♦ Une copieuse cuisine traditionnelle axée sur les produits de la mer vous attend dans cette
maison située face à la ville close. Jolie salle à manger typiquement bretonne.

L'Amiral & ⒶⒸ ⇔ VISA ⓦ AE ⓘ

1 av. P. Guéguin – 📞 *02 98 60 55 23 – info@restaurant-amiral.com*
– Fax 02 98 50 66 23 – Fermé 21 sept.-6 oct., 8-23 fév., dim. soir et lundi d'oct.
à mars C t
Rest – Menu (15 €), 22/39 € – Carte 32/47 €
♦ Emplacement pratique entre l'Office de tourisme et la ville close, plaisant décor marin
dominé par le bois et registre culinaire traditionnel : bienvenue à bord de l'Amiral !

Le Buccin ↩ VISA ⓦ AE

1 r. Duguay-Trouin – 📞 *02 98 50 54 22 – Fax 02 98 50 70 37 – Fermé*
17 nov.-12 déc., lundi midi de juil. à sept., sam. midi, dim. soir et jeudi hors saison
Rest – Menu 20 € (déj.), 25/39 € – Carte 35/50 € C v
♦ Accueil charmant, intérieur chaleureux (tons orange et jaune, tableaux) et carte traditionnelle axée sur le poisson : cette maison légèrement excentrée connaît un franc succès.

CONCHES-EN-OUCHE – 27 Eure – 304 F8 – 4 280 h. – alt. 123 m – ⊠ 27190
📖 Normandie Vallée de la Seine 33 **D2**
🚊 Paris 118 – Bernay 34 – Dreux 49 – Évreux 18 – Rouen 61
🛈 Syndicat d'initiative, place A. Briand 📞 02 32 30 76 42, Fax 02 32 60 22 35
◎ Église Ste-Foy★.

La Grand'Mare VISA ⓦ

13 av. Croix-de-Fer – 📞 *02 32 30 23 30 – Fermé dim. soir, mardi soir et lundi*
Rest – Menu (11 €), 13/27 € – Carte 16/27 €
♦ Cette auberge à l'élégante salle à manger habillée de boiseries jouxte une maison à
colombages au cadre plus simple (cheminée). Plats traditionnels et suggestions à l'ardoise.

CONCHY-LES-POTS – 60 Oise – 305 H3 – 522 h. – alt. 106 m –
✉ 60490

36 **B2**

> ◘ Paris 100 – Compiègne 28 – Amiens 55 – Beauvais 68 – Montdidier 14
> – Roye 13

✗✗ Le Relais   P VISA ©©

D 1017 – ✆ 03 44 85 01 17 – Fax 03 44 85 00 58 – Fermé 28 juil.-13 août,
23 fév.-4 mars, dim. soir, mardi soir, lundi et merc.
Rest – Menu 27/84 € – Carte 41/68 €

♦ N'hésitez pas à pousser la porte cet ancien relais routier à la façade peinte en jaune :
la salle à manger s'avère coquette et lumineuse, et la cuisine traditionnelle, généreuse.

Petit-déjeuner compris ?
La tasse ⌣ suit directement le nombre de chambres.

CONDÉ-NORTHEN – 57 Moselle – 307 J4 – 526 h. – alt. 208 m –
✉ 57220

27 **C1**

> ◘ Paris 350 – Metz 21 – Pont-à-Mousson 52 – Saarlouis 38 – Saarbrücken 52
> – Thionville 49

🏠 La Grange de Condé   🚿 🏠 ⛲ 🛎 🕭 ch, 🏋 P VISA ©© 🏧

41 r. Deux-Nieds – ✆ 03 87 79 30 50 – lagrangedeconde@wanadoo.fr
– Fax 03 87 79 30 51
17 ch – ♦88/95 € ♦♦88/95 €, ⌣ 12 € – 3 suites – **Rest** – Menu (16 €), 22/48 €
– Carte 30/49 €

♦ Un hôtel est venu s'ajouter à cette ferme familiale bâtie en 1682. Chambres de bon
confort, sauna, jacuzzi et hammam. Cuisine à la broche et produits du potager sont à
déguster dans le plaisant cadre rustico-lorrain de la salle à manger.

CONDOM 👁 – 32 Gers – 336 E6 – 7 251 h. – alt. 81 m – ✉ 32100
📱 Midi-Pyrénées

28 **A2**

> ◘ Paris 729 – Agen 41 – Mont-de-Marsan 80 – Toulouse 121 – Auch 46
> 🅰 Office de tourisme, place Bossuet ✆ 05 62 28 00 80, Fax 05 62 28 45 46
> 📷 Cathédrale St-Pierre★ : Cloître★ BZ.

Plan page ci-contre

🏠 Les Trois Lys �---   🏠 ⛲ 🎛 📶 🛎 🏋 P VISA ©©

38 r. Gambetta – ✆ 05 62 28 33 33 – hoteltroislys@wanadoo.fr
– Fax 05 62 28 41 85 – Fermé fév.   Y **a**
10 ch – ♦50/60 € ♦♦110/170 €, ⌣ 9 € – ½ P 150/210 €
Rest – (fermé lundi midi, jeudi midi et dim. sauf juil.-août)
Menu 29/39 € – Carte 40/57 €

♦ Cet élégant hôtel particulier du 18e s. abrite des chambres personnalisées, souvent
dotées de beaux meubles anciens et parfois d'une cheminée. Jolie piscine sur l'arrière. Salle
à manger rénovée et terrasse en teck dressée dans la cour ; bar cosy.

🏠 Continental   🏠 🕭 ch, 📶 ch, ⇆ 📶 VISA ©© 🏧 ⓪

20 r. Mar. Foch – ✆ 05 62 68 37 00 – lecontinental@lecontinental.net
– Fax 05 62 68 23 71 – Fermé 16 fév.-3 mars,   Y **d**
25 ch – ♦42/66 € ♦♦42/125 €, ⌣ 10 € – ½ P 90 €
Rest – (fermé sam. midi, dim. soir et lundi) Menu 13 € (déj. en sem.), 20/37 €
– Carte 28/49 €

♦ La Baïse coule au pied de cet hôtel entièrement rénové. Chambres confortables, ornées
de gravures anciennes ; la plupart donnent sur un jardinet. Pimpante salle à manger aux
tons jaune-orangé et terrasse d'été côté cour. Plats traditionnels et régionaux.

🏠 Logis des Cordeliers sans rest 🌿   🎛 ⇆ 📶 P VISA ©© 🏧

r. de la Paix – ✆ 05 62 28 03 68 – info@logisdescordeliers.com
– Fax 05 62 68 29 03 – Fermé 2 janv.-3 fév.   Z **b**
21 ch – ♦47/64 € ♦♦47/64 €, ⌣ 8 €

♦ Bâtiment récent situé dans un quartier tranquille. Chambres fonctionnelles ; optez pour
celles donnant sur la piscine, agrémentées de petits balcons fleuris. Accueil aimable.

CONDOM

XXX **La Table des Cordeliers** (Eric Sampietro)   🛜 🕭 **VISA** **MO** **AE**
🕸 *1 r. des Cordeliers –* 🕿 *05 62 68 43 82 – info@latabledescordeliers.fr*
– Fax 05 62 28 15 92 – Fermé 5-28 janv., dim. soir hors saison, mardi midi, merc.
midi en saison et lundi   Z **e**
Rest – Menu 22 € (sem.)/58 € – Carte 48/68 €
Spéc. Cèpe en tarte fine (automne). Assiette des Cordeliers (canard). Croustade
aux pommes, nougat glacé aux pruneaux.
♦ Cuisine actuelle valorisant avec brio les produits du terroir dans ce restaurant contemporain qui occupe le cloître et la chapelle (13ᵉ s.) d'un ancien couvent très serein.

CONDRIEU – 69 Rhône – 327 H7 – 3 424 h. – alt. 150 m – ⊠ 69420

📗 Lyon et la vallée du Rhône   44 **B2**

🗓 Paris 497 – Annonay 34 – Lyon 41 – Rive-de-Gier 21 – Tournon-sur-Rhône 55
– Vienne 12

🖼 Office de tourisme, place du Séquoïa 🕿 04 74 56 62 83, Fax 04 74 56 65 85

👁 Calvaire ≤★.

🏠🏠🏠 **Hôtellerie Beau Rivage** (Reynald Donet)   ≤ 🚗 🛜 🕭 ᗌ 🕭 **AK** ↦
r. Beau Rivage – 🕿 *04 74 56 82 82*   🔏 **P** **VISA** **MO** ➀
🕸 *– infos@hotel-beaurivage.com – Fax 04 74 59 59 36*
18 ch – †110/160 € ††110/160 €, ⊑ 17 € – 10 suites
Rest – Menu 36 € (déj. en sem.), 58/79 € – Carte 68/131 € ⅋
Spéc. Quenelle de brochet au salpicon de homard. Fleur de courgette farcie,
beurre d'estragon (15 mai au 15 oct.). Côte de veau de lait rôtie à l'os, sauce choron.
Vins Condrieu, Saint-Joseph.
♦ Une étape de charme dans l'un des plus fameux vignobles des côtes du Rhône. Chambres
élégantes, rustiques ou bourgeoises, mais toujours très cosy. Restaurant s'agrémentant
d'une belle terrasse au bord du fleuve. Cuisine classique dans la veine méridionale.

CONFLANS-STE-HONORINE – 78 Yvelines – 311 I2 – 101 3 – voir à Paris, Environs

CONFLANS-SUR-LOING – rattaché à Montargis

CONILHAC-CORBIÈRES – 11 Aude – 344 H3 – 601 h. – alt. 125 m –
✉ 11200   22 **B3**

▶ Paris 802 – Montpellier 120 – Carcassonne 31 – Béziers 59 – Narbonne 29

☆☆ **Auberge Coté Jardin** avec ch   🖵 🖾 ch, ⇄ 🅿 🎫 🐦 🖭
😊 D 6113 – 𝒞 04 68 27 08 19 – sophie.prevel @ club-internet.fr – Fax 04 68 48 64 60
– Fermé 13-26 oct., 19 janv.-2 fév. et lundi d'oct. à mai
8 ch – 🛏60/115 € 🛏🛏60/115 €, ⊑ 10 € – ½ P 70/90 €
Rest – (fermé dim. soir de sept. à juin et lundi) Menu (18 €), 27/48 € – Carte 46/57 €
♦ Un cadre enchanteur fait de pierre, de verdure et de fleurs vous attend sur la terrasse de
cette coquette auberge. Produits de qualité pour une table simple, fraîche et goûteuse.
Jolies chambres calmes et contemporaines.

CONLEAU – 56 Morbihan – 308 O9 – rattaché à Vannes

CONNELLES – 27 Eure – 304 H6 – 188 h. – alt. 15 m – ✉ 27430   33 **D2**

▶ Paris 111 – Les Andelys 13 – Évreux 34 – Rouen 33 – Vernon-sur-Eure 40

🏫🏫🏫 **Le Moulin de Connelles** ॐ   🔔 🖵 ☒ ♿ 🅿 🎫 🐦 🖭 ⓞ
– 𝒞 02 32 59 53 33 – moulindeconnelles @ moulindeconnelles.com
– Fax 02 32 59 21 83
8 ch – 🛏130/200 € 🛏🛏130/200 €, ⊑ 15 € – 5 suites – ½ P 109/195 €
Rest – (fermé le midi en juil.-août, dim. soir et lundi d'oct. à avril) Menu 33/56 €
– Carte 41/58 €
♦ Niché au cœur de son parc-écrin sur une île de la Seine, ce ravissant manoir anglo-
normand est un vrai havre de paix partagé entre romantisme et impressionnisme. Élégante
salle à manger, véranda surplombant la rivière et délicieuse terrasse.

CONQUES – 12 Aveyron – 338 G3 – 302 h. – alt. 350 m – ✉ 12320 ▮ Midi-Pyrénées

▶ Paris 601 – Aurillac 53 – Espalion 42 – Figeac 43 – Rodez 37   29 **C1**
🄴 Office de tourisme, Le Bourg 𝒞 08 20 82 08 03, Fax 05 65 72 87 03
◉ Site★★ - Village★ - Abbatiale Ste-Foy★★ : tympan du portail occidental★★★
et trésor de Conques★★★ - Le Cendié★ O : 2 km par D 232 - Site du
Bancarel★ S : 3 km par D 901.

🏨 **Ste-Foy** ॐ   ≼ 🖵 📶 ⌂ 🎫 🐦 🖭 ⓞ
r. Principale – 𝒞 05 65 69 84 03 – hotelsaintefoy@ hotelsaintefoy.fr
– Fax 05 65 72 81 04 – Ouvert 26 avril-24 oct.
17 ch – 🛏110/169 € 🛏🛏115/227 €, ⊑ 13,50 € – **Rest** – Menu (18 €), 38/53 €
– Carte 48/67 €
♦ Cette demeure du 17ᵉ s. typiquement rouergate contemple la magnifique abbatiale.
Meubles rustiques ou de style, poutres et vieilles pierres font le cachet des chambres. Salles
à manger de caractère ouvertes sur de bucoliques terrasses ; cuisine actuelle.

☆ **Auberge St-Jacques** avec ch   🖵 🎫 🐦 🖭
😊 – 𝒞 05 65 72 86 36 – info @ aubergestjacques.fr – Fax 05 65 72 82 47
😊 – Fermé 3 janv.-3 fév.
13 ch – 🛏50/70 € 🛏🛏50/70 €, ⊑ 8 € – ½ P 48 €
Rest – (fermé dim. soir et lundi de nov. à avril) Menu 18/60 € – Carte 25/66 €
♦ Le chef de ce restaurant au cadre champêtre réalise des recettes copieuses et soignées,
d'inspiration régionale ou inventives. Modestes chambres rustiques, bien au calme.

au Sud 3 km sur D 901 – ✉ 12320 Conques

🏨 **Le Moulin de Cambelong** (Hervé Busset) ॐ   ≼ 🚲 ☒ ⇄
😊 – 𝒞 05 65 72 84 77 – domaine-de-cambelong @   🕽 🅿 🎫 🐦 🖭
wanadoo.fr – Fax 05 65 72 83 91 – Ouvert 16 mars-1ᵉʳ nov. et fermé lundi hors saison
10 ch – 🛏120/210 € 🛏🛏120/240 €, ⊑ 15 € – ½ P 125/165 €
Rest – (dîner seult sauf sam., dim. et fériés) Menu 55/85 € bc
Spéc. "Oeuf Louisette". Filet de truite fario d'Estaing, boulgour au sureau. Morceau
de cochon fermier, croustillant de gnocchi à l'amaranthe. **Vins** Marcillac.
♦ Logées dans l'un des derniers moulins à eau du 18ᵉ s. le long du Dourdou, ces chambres
aux tissus tendus et mobilier de style portent toutes un charme singulier. Table créative
mariant fleurs et produits du terroir (menu unique), avec la cascade en toile de fond.

CONQUES-SUR-ORBIEL – 11 Aude – 344 F3 – 2 061 h. – alt. 127 m –
⊠ 11600   22 **B2**

▶ Paris 777 – Montpellier 155 – Carcassonne 12 – Castres 62 – Castelnaudary 43

⛫ **La Maison Pujol** sans rest ॐ   🚗 ⛬ ⅌ ⌣ **P.**
17 r. F.-Mistral – ☎ 04 68 26 98 18 – postmaster@lamaisonpujol.com
– Fermé janv.-fév.
4 ch ⌑ – ♦70/80 € ♦♦80/90 €
♦ Une architecture intérieure moderne qui a du style : matériaux bruts, blanc immaculé,
objets design, œuvres d'art... À noter, une chambre colorée rien que pour les enfants.
Piscine.

LE CONQUET – 29 Finistère – 308 C4 – 2 408 h. – alt. 30 m – ⊠ 29217 ▮ Bretagne

▶ Paris 619 – Brest 24 – Brignogan-Plages 59 – St-Pol-de-Léon 85   9 **A2**
🅸 Office de tourisme, parc de Beauséjour ☎ 02 98 89 11 31, Fax 02 98 89 08 20
◙ Site★.
◙ Île d'Ouessant★★ - Les Abers★★.

à la Pointe de St-Mathieu 4 km au Sud – ⊠ 29217 Plougonvelin

◙ Phare ❄★★ – Ruines de l'église abbatiale★.

🏨 **Hostellerie de la Pointe St-Mathieu** ॐ   ⇐ 🖥 🛗 ⅋ ch, ⟿
– ☎ 02 98 89 00 19 – saintmathieu.hotel@   ⌣ ⅏ **VISA** **◍** **AE**
wanadoo.fr – Fax 02 98 89 15 68 – Fermé fév.
27 ch – ♦55/150 € ♦♦60/170 €, ⌑ 11 € – ½ P 68/123 € – **Rest** – (fermé dim. soir)
Menu 25 € (déj. en sem.), 33/73 € – Carte 41/104 €
♦ Hôtellerie du bout du monde voisinant avec les phares et les vestiges de l'abbaye. Deux
générations de chambres (ultra-modernes ou traditionnelles), à choisir avec balcon !
Cuisine actuelle gorgée d'iode, servie dans deux salles d'esprit contemporain.

LES CONTAMINES-MONTJOIE – 74 Haute-Savoie – 328 N6 – 1 129 h.
– alt. 1 164 m – Sports d'hiver : 1 165/2 500 m ⚞ 4 ⚟ 22 ⚞ – ⊠ 74170
▮ Alpes du Nord   46 **F1**

▶ Paris 606 – Annecy 93 – Bonneville 50 – Chamonix-Mont-Blanc 33
– Megève 20
🅸 Office de tourisme, 18, route de Notre-Dame de la Gorge ☎ 04 50 47 01 58,
Fax 04 50 47 09 54
◙ Le Signal★ (par télécabine).

🏨 **La Chemenaz**   🚗 🚠 ⛬ 🅵🅰 🛗 ⅋ rest, ⌣ **P.** **VISA** **◍** **AE** **①**
🕿 près de la télécabine du Lay – ☎ 04 50 47 02 44 – info@chemenaz.com
– Fax 04 50 47 12 73 – Ouvert 15 juin-15 sept. et 15 déc.-15 avril
39 ch – ♦66/87 € ♦♦100/160 €, ⌑ 10 € – ½ P 75/88 €
Rest La Trabla – Menu 15 € (déj.), 21/45 € – Carte 22/42 €
♦ Face à la télécabine du Lay, chalet moderne aux chambres lumineuses, revues à la mode
savoyarde et bien équipées (séchoir à chaussures de ski). La "Trabla" (étagère à fromage en
patois savoyard), table chaleureuse avec une cheminée centrale, propose des plats fumés
maison.

🏠 **Gai Soleil** ॐ   ⇐ 🚗 🚠 ⅋ rest, ⌣ **P.** **VISA** **◍**
288 chemin des Loyers – ☎ 04 50 47 02 94 – gaisoleil2@wanadoo.fr
– Fax 04 50 47 18 43 – Ouvert 16 juin-15 sept. et 21 déc.-19 avril
19 ch – ♦58/62 € ♦♦65/75 €, ⌑ 12 € – ½ P 58/70 € – **Rest** – (fermé le midi en
hiver) Menu 22 € (déj.)/31 €
♦ On est ici aux petits soins pour la clientèle. Dominant la station, cette ancienne ferme au
toit recouvert de tavaillons se pare de fleurs en saison. Chambres personnalisées. Sympathique salle rustique à l'atmosphère de pension de famille. Soirée fondue le mardi.

🏠 **Le Grizzli** sans rest   ⇐ ⅌ ⌣ **P.** **VISA** **◍** **AE** **①**
148 rte de Notre-Dame de la Gorge – ☎ 04 50 91 56 55 – grizzlihotel@grizzli.com
– Fax 04 50 91 57 00 – Fermé 26 avril-2 juin et 15 oct.-15 déc.
16 ch – ♦68 € ♦♦68 €, ⌑ 8 €
♦ Au cœur de la ville, chambres simples habillées de bois et de tissus colorés. Préférez celles
tournées vers l'arrière, plus calmes et avec vue sur le mont Joly.

XX L'Ô à la Bouche   🖼 ὃ **VISA** 🆖

510 rte Notre-Dame de la Gorge – 𝒞 *04 50 47 81 67 – Ouvert 15 juin-30 sept. et
14 déc.-15 mai*
Rest *– (prévenir)* Menu 16 € (déj.), 26/32 €
♦ "Le" restaurant de la vallée dont le succès tient à l'élégant cadre montagnard contemporain épuré et aux plats traditionnels (spécialités de viandes). Dîners gastronomiques.

CONTAMINE-SUR-ARVE – 74 Haute-Savoie – 328 L4 – 1 343 h. – alt. 450 m – ✉ 74130   46 **F1**

❱ Paris 547 – Annecy 46 – Chamonix-Mont-Blanc 63 – Genève 20
– Thonon-les-Bains 36

X Le Tourne Bride *avec ch*   🆎 rest, 💬 **VISA** 🆖 🆎

94 rte d'Annemasse – 𝒞 *04 50 03 62 18 – hotel-tourne-bride @ wanadoo.fr*
– Fax 04 50 03 91 99 – Fermé 14 juil.-4 août, 5-25 janv., dim. soir et lundi
7 ch – �45/47 € ♦♦57/60 €, ☑ 7,50 € – ½ P 55 € – **Rest** – Menu 14 € (déj. en
sem.), 23/45 € – Carte 29/49 €
♦ La façade pimpante de cet ex-relais de poste attire l'oeil. L'écurie abrite désormais une
coquette salle à manger campagnarde où l'on sert une cuisine traditionnelle soignée.

CONTES – 06 Alpes-Maritimes – 341 E5 – 6 551 h. – alt. 250 m – ✉ 06390   41 **D2**

❱ Paris 954 – Marseille 206 – Nice 21 – Antibes 43 – Cannes 55
🛈 Syndicat d'initiative, 13, place Jean Allardi 𝒞 04 93 79 13 99

X La Fleur de Thym   🆎 **VISA** 🆖

3 bd Charles Alunni – 𝒞 *04 93 79 47 33 – restaurantlafleurdethym @ wanadoo.fr*
– Fax 04 93 79 47 33 – Fermé 14-26 août, 24-10 janv., mardi soir et merc.
Rest – Menu 18 € (déj. en sem.), 26/29 € – Carte 30/51 €
♦ Tons jaune et orange, fleurs fraîches et grande cheminée : il souffle comme un air de
Provence sur cette petite salle rustique. Copieux plats traditionnels et service souriant.

CONTEVILLE – 27 Eure – 304 C5 – 726 h. – alt. 33 m – ✉ 27210   32 **A3**

❱ Paris 181 – Évreux 102 – Le Havre 34 – Honfleur 15 – Pont-Audemer 14
– Pont-l'Évêque 28

XXX Auberge du Vieux Logis (Guillaume Louet)   **VISA** 🆖

– 𝒞 *02 32 57 60 16 – Fax 02 32 57 45 84 – Fermé 10-27 nov., mardi de sept. à juin,
dim. soir et lundi*
Rest – Menu 45 € (sem.)/85 € – Carte 66/104 €
Spéc. Foie gras de canard poêlé aux fil de pommes sauce aigre-douce. Gratin de
homard, langoustines et Saint-Jacques au coulis de crustacés (oct. à avril). Aile de
pigeon et cuisse en croûte sauce périgueux.
♦ Coquette façade à pans de bois et intérieur normand de caractère avec colombages et
murs de briques. La cuisine, personnalisée, revisite avec brio les "classiques" du terroir.

---

au Marais Vernier 8 km à l'Est par D 312 et D 90 – 455 h. – alt. 10 m – ✉ 27680

X Auberge de l'Etampage *avec ch*   🍴 ch, **VISA** 🆖

– 𝒞 *02 32 57 61 51 – etampage.blaize @ wanadoo.fr – Fax 02 32 57 23 47 – Fermé
23 déc.-1er fév., dim. soir et merc.*
3 ch – ♦39 € ♦♦39 €, ☑ 8 € – ½ P 55 € – **Rest** – Menu 19/29 € – Carte 34/39 €
♦ Cette maison villageoise à colombages propose une cuisine orientée terroir mitonnée
avec des produits frais. Intérieur d'esprit bistrot et trois coquettes chambres soignées.

à Foulbec 4 km au Sud-Est par D 312 – 467 h. – alt. 30 m – ✉ 27210

⌂ L'Eau-Asis *sans rest* 🌳   🚗 🏡

La Valllée Guillemard – 𝒞 *02 32 56 59 92 – alain-ratiskol @ wanadoo.fr – Ouvert
1er avril-30 sept.*
3 ch – ♦55 € ♦♦55 €, ☑ 6 €
♦ Maison récente blottie dans un paisible et beau parc agrémenté d'un plan d'eau où
évoluent cygnes et canards. Chambres personnalisées et multiples terrasses... Un havre de
paix.

CONTRES – 41 Loir-et-Cher – **318** F7 – **3 268 h.** – alt. 98 m – ⊠ **41700**
■ Paris 203 – Blois 22 – Châteauroux 79 – Montrichard 23 – Tours 66

🏠 **De France** 🛗 ☒ ℀ ⅗ ch, 🆎 rest, ⅗ ℀ ℩ 🛁 🅿 ☂ 🆅🆂🅰 🆎🆂

rte de Blois – 𝒞 02 54 79 50 14 – *metivier @ mond.net* – Fax 02 54 79 02 95 – *Fermé 25 janv.-10 mars, dim. soir, mardi midi et lundi*
35 ch – ♦54/83 € ♦♦54/83 €, ⊡ 10 € – 2 suites – ½ P 54/81 €
Rest – Menu 22 € (sem.)/50 € – Carte 37/50 €
 ♦ Une bonne adresse familiale au centre de Contres. Chambres confortables souvent rénovées et majoritairement orientées côté piscine et jardin. À l'annexe, meubles en rotin. Restaurant au cadre bourgeois soigné pour une cuisine traditionnelle sérieuse.

℀℀ **La Botte d'Asperges** 🆎 🆅🆂🅰 🆎🆂

– 𝒞 02 54 79 50 49 – Fax 02 54 79 08 74 – Fermé 18-24 août, 2-15 janv., dim. soir et lundi
Rest – Menu 22/49 € – Carte 36/51 €
 ♦ Derrière la façade vitrée à colombages de ce restaurant d'esprit bistrot se trouvent deux salles lumineuses, décorées de fresques sur la cuisine et le vin. Carte au goût du jour.

CONTREVOZ – 01 Ain – **328** G6 – **rattaché à Belley**

CONTREXÉVILLE – 88 Vosges – **314** D3 – **3 708 h.** – alt. 342 m – Stat. therm. :
début avril-début oct. – Casino Y – ⊠ **88140** ▌ Alsace Lorraine   26 **B3**
 ■ Paris 337 – Épinal 47 – Langres 75 – Nancy 83 – Neufchâteau 28
 🛈 Office de tourisme, 116, rue du Shah de Perse 𝒞 03 29 08 08 68, Fax 03 29 08 25 40
 🏌 de Vittel Ermittage à Vittel Hôtel Ermitage, N : 7 km, 𝒞 03 29 08 81 53 ;
 🏌 du Bois de Hazeau Centre Préparation Olympique, par D 429 : 4 km,
    𝒞 03 29 08 20 85.

CONTREXÉVILLE

CONTREXÉVILLE

🏨 Cosmos   🚗 🛆 🗲 ⊕ ⚘ ✕ 🛗 ← ch, ⊬ ✕ rest, ℓ 🛆 **P** VISA ☎❸ AE ❶
13 r. Metz – ℰ 03 29 07 61 61 – contact@cosmos-hotel.com – Fax 03 29 08 68 67
77 ch – ♦95 € ♦♦115 €, ⊒ 11 € – 6 suites – ½ P 92/105 €   **Y u**
Rest – Menu 35 €

♦ L'atmosphère vieille France de cet hôtel aux chambres confortables nous transporte à la Belle Époque. Un endroit idéal pour les adeptes de fitness et de balnéothérapie. Menus classiques et diététiques servis dans une grande salle à manger rétro à souhait.

🏨 Souveraine sans rest   **P** VISA ☎❸ AE ❶
Parc Thermal – ℰ 03 29 08 09 59 – contact@souveraine-hotel.com
– Fax 03 29 08 16 39 – Ouvert 1er avril-14 sept.   **Y e**
31 ch – ♦75 € ♦♦89 €, ⊒ 9,50 €

♦ Charme d'antan dans l'ancienne résidence de la grande-duchesse Wladimir, tante de Nicolas II : hauts plafonds, moulures, lits en cuivre. Chambres plus calmes côté parc.

COQUELLES – 62 Pas-de-Calais – 301 D2 – **rattaché à Calais**

CORBEIL-ESSONNES – 91 Essonne – 312 D4 – 101 37 – **voir à Paris, Environs**

> Comment choisir entre deux adresses équivalentes ?
> Dans chaque catégorie, les établissements sont classés
> par ordre de préférence : nos coups de cœur d'abord.

CORBIGNY – 58 Nièvre – 319 F8 – 1 709 h. – alt. 203 m – ⊠ 58800
🏛 Bourgogne   **7 B2**
   🅳 Paris 236 – Autun 76 – Avallon 38 – Clamecy 28 – Nevers 58
   🄴 Office de tourisme, 8, rue de l'Abbaye ℰ 03 86 20 02 53

🏨 Hôtel de L'Europe   🛆 🛗 ← ch, ⊬ ℓ 🛆 VISA ☎❸ AE ❶
🔗 *7 Grande Rue* – ℰ 03 86 20 09 87 – hoteleuropelecepage@tiscali.fr
– Fax 03 86 20 06 40 – Fermé 22 déc.-4 janv. et 23 fév.-8 mars
18 ch – ♦48 € ♦♦54 €, ⊒ 8 € – ½ P 56/70 €
Rest Le Cépage – (fermé dim. soir, merc. soir et jeudi) Menu 28/62 € – Carte 26/59 € 🏵
Rest Le Bistrot – (fermé dim. soir, merc. soir et jeudi) Menu 11 € (déj. en sem.)/19 € – Carte 21/37 €

♦ Sympathique hôtel familial aux chambres colorées et bien équipées, dotées de belles salles de bains. Au Cépage, cadre rustique, cuisine traditionnelle et remarquable petite carte des vins à prix d'amis. Menu bourguignon et plats du terroir au Bistrot.

CORBON – 14 Calvados – 303 L5 – 56 h. – alt. 8 m – ⊠ 14340   **33 C2**
   🅳 Paris 215 – Caen 31 – Hérouville-Saint-Clair 30 – Le Havre 70

🏠 La Ferme aux Étangs ☙   🚗 ✕ **P** VISA ☎❸ ❶
Chemin de l'Épée – ℰ 02 31 63 99 16 – contact@lafermeauxetangs.com
– Fax 02 31 63 99 16
5 ch ⊒ – ♦68 € ♦♦78/98 € – **Table d'hôte** – Menu 30 €

♦ Les amoureux de calme et de nature seront conquis par cette belle maison normande posée au bord d'un plan d'eau. Chambres spacieuses, à la fois rustiques et design. Grand salon. La table d'hôte propose des spécialités cuisinées au four à bois.

CORDES-SUR-CIEL – 81 Tarn – 338 D6 – 996 h. – alt. 279 m – ⊠ 81170
🏛 Midi-Pyrénées   **29 C2**
   🅳 Paris 655 – Albi 25 – Rodez 78 – Toulouse 82 – Villefranche-de-Rouergue 47
   🄴 Office de tourisme, place Jeanne Ramel-Cals ℰ 05 63 56 00 52,
     Fax 05 63 56 19 52
   🅾 Site★★ - La Ville haute★★ : maisons gothiques★★ - musée d'Art et d'Histoire
     Charles-Portal★.

Le Grand Écuyer (Damien Thuriès) 🐌   ← vallée, 🅰️🅲️ 𝘝𝘐𝘚𝘈 🅜🅒 🅐🅔 ⓘ
– 𝒞 05 63 53 79 50 – grand.ecuyer@thuries.fr – Fax 05 63 53 79 51
– Ouvert 14 mars-11 oct.
12 ch – 🛏100 € 🛏🛏165 €, ⊊ 14 € – 1 suite – ½ P 120/135 € – **Rest** – *(fermé lundi et le midi en sem. sauf juil.-août)* Menu 49 € (déj.), 69/84 € – Carte environ 92 € 🕮
Spéc. Assiettes d'entrées froides et chaudes en trilogie. Une assiette de poissons et crustacés ainsi qu'une assiette de viandes et volailles en dégustation. Six desserts chauds et froids. **Vins** Gaillac.
♦ Demeure gothique (classée monument historique) sise dans l'une des pittoresques ruelles pavées de ce village perché. Intérieur raffiné. Salles de caractère, beaux meubles anciens et cuisine à vue envoyant des mets classiques personnalisés, servis "en trilogie".

Hostellerie du Vieux Cordes 🐌   ← 🏠 📞 🕭 𝘝𝘐𝘚𝘈 🅐🅔
21 r. St-Michel – 𝒞 05 63 53 79 20 – vieux.cordes@thuries.fr – Fax 05 63 56 02 47
– Fermé 1ᵉʳ janv.-13 fév.
18 ch – 🛏49/155 € 🛏🛏49/155 €, ⊊ 10 € – 1 suite – ½ P 78 € – **Rest** – *(fermé dim. soir et mardi de nov. à avril, mardi midi en mai-juin et en sept.-oct., et lundi sauf juil.-août)* Menu 22/46 € – Carte environ 37 €
♦ Dans les murs d'un ancien monastère. Un bel escalier à vis mène aux chambres personnalisées, en partie refaites. Salle à manger-terrasse ouverte sur la vallée. Deux thèmes à la carte : saumon et canard.

La Cité 🔒 🐌   ← 𝘝𝘐𝘚𝘈 🅜🅒
– 𝒞 05 63 56 03 53 – vieux.cordes@thuries.fr – Fax 05 63 56 02 47 – Ouvert
1ᵉʳ mai-14 sept.
8 ch – 🛏59/72 € 🛏🛏59/72 €, ⊊ 9 €
♦ Au fond d'une cour-patio, maison du 13ᵉ s. Chambres au décor ancien, peu à peu rafraîchies.

rte d'Albi

L'Envolée sauvage   🏠 📞 🕭 𝘝𝘐𝘚𝘈 🅜🅒 ⓘ
La Borie – 𝒞 05 63 56 88 52 – info@lenvolee-sauvage.com – Fermé mars
4 ch ⊊ – 🛏75/88 € 🛏🛏85/88 € – ½ P 72/74 € – **Table d'hôte** – Menu 30/40 €
♦ Séjour au goût authentique de terroir dans cette coquette ferme du 18ᵉ s. où l'on élève des oies. Chambres personnalisées et grand salon-bibliothèque. Les produits de la ferme garnissent la table d'hôte, simple et savoureuse. Stages de cuisine. Accueil aimable.

CORDON – **74** Haute-Savoie – **328** M5 – **881** h. – alt. **871** m – ⊠ **74700** 🏔 Alpes du Nord
🄳 Paris 589 – Annecy 76 – Bonneville 33 – Chamonix-Mont-Blanc 32 – Megève 10
🄱 Office de tourisme, route de Cordon 𝒞 04 50 58 01 57, Fax 04 50 91 25 36
◉ Site ★.   46 **F1**

Les Roches Fleuries 🐌   ← chaîne Mont-Blanc, 🍴 🏠 📞 🕭 ⚡ rest,
rte de la Scie – 𝒞 04 50 58 06 71 – info@   🕭 🅿️ 𝘝𝘐𝘚𝘈 🅜🅒 🅐🅔
rochesfleuries.com – Fax 04 50 47 82 30 – Ouvert 10 mai-25 sept. et 16 déc.-10 avril
20 ch – 🛏150/240 € 🛏🛏150/240 €, ⊊ 17 € – 5 suites – ½ P 120/175 €
Rest – *(fermé mardi midi, dim. soir et lundi sauf vacances scolaires)* Menu 35 € (déj. en sem.), 52/78 € – Carte 64/88 € 🕮
Rest *La Boîte à Fromages* – *(ouvert 2 juil.-31 août, 16 déc.-30 mars et fermé dim. soir et lundi soir) (dîner seult) (prévenir)* Menu 33 €
Spéc. Carpaccio de tête de veau aux langoustines croustillantes. Omble chevalier de nos lacs aux lentilles vertes. Poire pochée au pain d'épice en nage de vin chaud. **Vins** Roussette de Marestel, Mondeuse d'Arbin.
♦ Ravissant chalet fleuri perché sur les hauteurs du "balcon du Mont-Blanc". Chaleureux intérieur tout bois et élégant mobilier savoyard ancien. Au restaurant, cadre alpin feutré et cuisine créative riche en saveurs. Recettes du terroir à la Boîte à Fromages.

Le Cerf Amoureux 🐌   ← 🏠 📞 🕭 📶 🍴 🕭 🛜 𝘝𝘐𝘚𝘈 🅜🅒 🅐🅔
à Nant-Cruy, 2km au Sud (rte Combloux) ⊠ 74700 Sallanches – 𝒞 04 50 47 49 24
– contact@lecerfamoureux.com – Fax 04 50 47 49 25 – Fermé 4-18 mai et 21 sept.-6 oct.
11 ch – 🛏130/360 € 🛏🛏130/360 €, ⊊ 17 € – ½ P 113/228 € – **Rest** – *(fermé dim. et lundi hors vacances scolaires) (dîner seult) (résidents seult)* Menu 36 €
♦ Il règne une ambiance très cosy dans ce chalet tout de pierre et de bois vêtu. Délicieuses chambres dotées de balcons tournés vers les massifs des Aravis ou du Mont-Blanc. La ravissante salle à manger sert de cadre à une cuisine familiale de bon aloi.

Le Chamois d'Or ⚜ ≼ chaîne Mont-Blanc, 🚗 🍴 ♨ 🏊 ⚒ 🎿 ⛄ 🛎 ✆
– ℰ 04 50 58 05 16 – hotellechamoisdor@ 🍴 🅿 🐕 VISA 🅜🅞 🄰🄴
wanadoo.fr – Fax 04 50 93 72 96 – Ouvert 1er juin-mi sept. et 20 déc.-début avril
26 ch – †80/125 € ††115/180 €, ⊑ 15 € – 2 suites – ½ P 82/120 €
Rest – (fermé merc. midi et jeudi midi) Menu (22 €), 26 € (sem.), 32/45 €
– Carte 33/58 €
♦ Gros chalet bien fleuri en été et équipé pour les loisirs. Chambres et suites cosy rénovées
en style alpin (tissus choisis), salon-cheminée douillet, salle de réunions. Au restaurant, mur
en moellons, mobilier régional, terrasse "4 saisons" et vue montagnarde.

Le Cordonant ≼ chaîne Mont-Blanc, 🍴 🏋 ⚒ rest, 🅿 VISA 🅜🅞
– ℰ 04 50 58 34 56 – lecordonant@wanadoo.fr – Fax 04 50 47 95 57 – Ouvert de
mi-mai à fin sept. et de mi-déc. à mi-avril
16 ch – †63/68 € ††85/90 €, ⊑ 9 € – ½ P 70/82 €
Rest – Menu 24 € (sem.)/32 € – Carte 36/46 €
♦ Grand chalet à la sympathique ambiance familiale. Beaux meubles en bois peint dans
les chambres bien tenues ; certaines profitent d'un balcon, côté vallée. Goûteuse
cuisine traditionnelle et vue imprenable sur les sommets depuis la salle à manger
rustique.

CORENC – 38 Isère – **333** H6 – **rattaché à Grenoble**

CORMEILLES – 27 Eure – **304** C6 – **1 191 h.** – alt. 80 m – ⊠ 27260   32 **A3**
▣ Paris 181 – Bernay 441 – Lisieux 19 – Pont-Audemer 17 – Pont-l'Évêque 17
🄳 Office de tourisme, 14, place du Mont Mirel ℰ 02 32 56 02 39,
Fax 02 32 42 32 66

L'Auberge du Président ⚒ rest, ✆ 🅿 VISA 🅜🅞 🄰🄴
– ℰ 02 32 57 80 37 – aubergedupresident@wanadoo.fr – Fax 02 32 57 88 31
14 ch – †50 € ††52/80 €, ⊑ 9,50 € – ½ P 55/65 € – **Rest** – (fermé mardi midi,
merc. midi, jeudi midi d'oct. à mars, lundi midi et dim. soir) Menu 18 € (sem.)/35 €
– Carte 25/60 €
♦ L'enseigne rend hommage au président de la République René Coty qui séjourna à
l'hôtel. Chambres fraîchement rénovées. Au restaurant, le plaisant décor normand avec
poutres et cheminée remporte tous les suffrages !

Gourmandises VISA 🅜🅞
29 r. de l'Abbaye – ℰ 02 32 42 10 96 – Fax 02 32 56 98 13 – Fermé
23-30 juin, janv., fév., lundi, mardi et merc.
Rest – Carte 30/43 €
♦ Reconversion réussie pour l'ancienne fromagerie du bourg : il règne une convivialité rare
dans sa jolie salle un peu tendance et l'on y sert de bons petits plats de bistrot.

CORMEILLES-EN-VEXIN – 95 Val-d'Oise – **305** D6 – **106** 5 – **voir à Paris,
Environs (Cergy-Pontoise)**

CORMERY – 37 Indre-et-Loire – **317** N5 – **1 542 h.** – alt. 59 m – ⊠ 37320
Châteaux de la Loire   11 **B2**
▣ Paris 254 – Blois 63 – Château-Renault 48 – Loches 22 – Montrichard 33
– Tours 21
🄳 Syndicat d'initiative, 13, rue Nationale ℰ 02 47 43 30 84, Fax 02 47 43 18 73

Auberge du Mail 🍴 VISA 🅜🅞 🄰🄴
pl. Mail – ℰ 02 47 43 40 32 – aubergedumail@wanadoo.fr
– Fax 02 47 43 08 72 – Fermé 12-20 avril, 26-31 déc., le soir de mi-oct. à fin mars,
sam. midi et jeudi
Rest – Menu (17 €), 19 € (sauf dim.)/39 € – Carte 28/52 €
♦ Maison de pays proche de l'abbaye célèbre pour ses macarons. Cadre rustico-
bourgeois dans la salle à manger et reposante terrasse ombragée par des tilleuls et une
glycine.

✕ **Auberge des 2 Cèdres**   🏠 ⟷ VISA ⓂⓄ

av. de la Gare – ℰ *02 47 43 03 09* – *Fax 02 47 43 03 09* – *Fermé 7-22 juil.,*
19-31 janv., 1ᵉʳ-8 fév., le soir du dim. au jeudi et lundi
Rest – Menu 13,50 € (déj. en sem.), 19/28 € – Carte 19/31 €
♦ Faux air de guinguette pour cette bâtisse régionale proche de la gare. Cadre très simple
et terrasse dressée dans un minijardin. Accueil charmant et cuisine familiale.

CORNILLON – 30 Gard – **339** L3 – 689 h. – alt. 168 m – ✉ 30630
▌Provence   23 **D1**
  ▶ Paris 666 – Avignon 50 – Alès 47 – Bagnols-sur-Cèze 17 – Pont-St-Esprit 25

✕✕ **La Vieille Fontaine** avec ch ⌂   ⇜ vallée de la Cèze, 🚗
– ℰ *04 66 82 20 56* – *lavieillefontaine400@orange.fr*   🏠 ⎙ ↩ VISA ⓂⓄ
– *Fax 04 66 82 33 64* – *Ouvert avril-oct. et fermé lundi, mardi et merc. en avril et oct.*
8 ch – ✝155 € ✝✝155 €, ⊊ 10 € – ½ P 115 € – **Rest** – Menu 35/55 €
♦ Maison de caractère adossée aux murailles médiévales. Chambres coquettes, salle à
manger voûtée, cuisine traditionnelle, piscine et jardin en terrasses dominant la vallée.

CORPS – 38 Isère – **333** I9 – 453 h. – alt. 939 m – ✉ 38970 ▌Alpes du Sud
  ▶ Paris 626 – Gap 39 – Grenoble 64 – La Mure 24   45 **C3**
  🄸 Office de tourisme, Route Napoléon ℰ 04 76 30 03 85, Fax 04 76 30 03 85
  ◉ Barrage★★ et pont★ du Sautet O : 4 km.

🏠 **Du Tilleul**   🏠 ↩ 🅿 ⌂ VISA ⓂⓄ AE ①
r. des Fosses – ℰ *04 76 30 00 43* – *jourdan@hotel-restaurant-du-tilleul.com*
– *Fax 04 76 30 06 12* – *Fermé 2 nov.-22 déc.*
19 ch – ✝38/44 € ✝✝44/68 €, ⊊ 7 € – ½ P 49/60 € – **Rest** – Menu 14/35 €
– Carte 18/28 €
♦ Sur l'impériale route Napoléon et au cœur du vieux village fort animé en été. Chambres
fraîches et bien tenues, plus calmes à l'annexe. Accueil charmant. Salle de restaurant un peu
sombre, mais sympathique ambiance campagnarde. Cuisine traditionnelle.

à Aspres-les-Corps 5 km au Sud-Est par N 85 et D 58 – 121 h. – alt. 930 m – ✉ 05800

🏠🏠 **Château d'Aspres**   🚗 🏠 🅿 VISA ⓂⓄ AE ①
– ℰ *04 92 55 28 90* – *snc.charpentier@wanadoo.fr* – *Fax 04 92 55 48 48* – *Ouvert*
1ᵉʳ mars-15 nov., 30 déc.-2 janv. et fermé dim. soir
6 ch – ✝80 € ✝✝110 €, ⊊ 11 € – 2 suites – ½ P 70/140 € – **Rest** – Menu 22/38 €
– Carte 29/58 €
♦ Cette demeure seigneuriale (12ᵉ-17ᵉ s.) domine la vallée du Champsaur. Chambres de
caractère, garnies de beaux meubles anciens. Des portraits d'ancêtres accompagnent
votre repas dans l'élégante salle à manger. Cuisine traditionnelle.

CORRENÇON-EN-VERCORS – 38 Isère – **333** G7 – rattaché à Villard-de-Lans

---

CORRÈZE – 19 Corrèze – **329** M3 – 1 152 h. – alt. 455 m – ✉ 19800
▌Limousin Berry   25 **C3**
  ▶ Paris 480 – Aubusson 96 – Brive-la-Gaillarde 45 – Tulle 19 – Uzerche 35
  🄸 Office de tourisme, place de la Mairie ℰ 05 55 21 32 82, Fax 05 55 21 63 56

🏠🏠 **Mercure Seniorie** ⌂   ⇜ 🚗 🏠 ⎙ ✕ 🅿 ✕ rest, 🐾 🅿
– ℰ *05 55 21 22 88* – *h5711@accor.com*   🚗 VISA ⓂⓄ AE ①
– *Fax 05 55 21 24 00* – *Fermé 20 déc.-7 janv.*
29 ch – ✝53/125 € ✝✝60/135 €, ⊊ 12 € – **Rest** – Menu (21 €), 26/40 €
♦ Sur les hauteurs de la cité médiévale, cette élégante demeure du 19ᵉ s., ancien pension-
nat, abrite des chambres très spacieuses, aux équipements et confort modernes. Carte
traditionnelle que l'on déguste dans un décor cossu et bourgeois. Grande terrasse.

🏠 **Le Parc des 4 Saisons** ⌂   🕭 🎵 ↩ ✕ 🅿
av. de la Gare – ℰ *05 55 21 44 59* – *annick.peter@wanadoo.fr* – *Ouvert*
16 mars-30 nov.
5 ch ⊊ – ✝53/78 € ✝✝60/85 € – **Table d'hôte** – Menu 25 € bc
♦ Un jeune couple belge vous reçoit dans cette ancienne maison de notable agrémentée d'un parc. Chambres pimpantes et confortables, joli salon, piscine d'été, sauna et massages. Table d'hôte (sur réservation) proposée quatre soirs par semaine.

La Balagne : Village de Lama

CORSE

Ⓟ Département : 20 Corse
Carte Michelin LOCAL : n° 345

Population : 249 729 h
🮲 Corse

RENSEIGNEMENTS PRATIQUES

Transports maritimes

🛳 Depuis la France continentale les relations avec la Corse s'effectuent à partir de Marseille, Nice et Toulon.
au départ de Marseille : SNCM - 61 bd des Dames (2e) ☏ 0 825 888 088 (0,15 €/mn) et 3260 dites "SNCM", Fax 04 91 56 33 36.
CMN - 4 quai d'Arenc (2e) ☏ 0 810 201 320, Fax 04 91 99 45 95.
au départ de Nice : SNCM - Ferryterranée quai du Commerce ☏ 0 825 888 088 (0,15 €/mn).
CORSICA FERRIES - Port de Commerce ☏ 0 825 095 095 (0,15 €/mn), Fax 04 92 00 42 94.
au départ de Toulon : SNCM - 49 av. Infanterie de Marine (15 mars-15 sept.) ☏ 0 825 888 088 (0,15 €/mn).
CORSICA FERRIES - Gare Maritime ☏ 0 825 095 095 (0,15 €/mn).

Aéroports

🛫 La Corse dispose de quatre aéroports assurant des relations avec le continent, l'Italie et une partie de l'Europe :
Ajaccio ☏ 04 95 23 56 56, Calvi ☏ 04 95 65 88 88, Bastia ☏ 04 95 54 54 54 et Figari-Sud-Corse ☏ 04 95 71 10 10 (Bonifacio et Porto-Vecchio).
Voir aussi au texte de ces localités.

LOISIRS

Quelques golfs

🏌 Bastia (voir à la localité), ☏ 04 95 38 33 99
🏌 de Sperone à Bonifacio (voir à la localité), ☏ 04 95 73 17 13

AJACCIO Ⓟ – **2A Corse-du-Sud** – **345** B8 – **52 880 h.** – **Casino** Z – ✉ **20000** 15 **A3**

Bastia 147 – Bonifacio 131 – Calvi 166 – Corte 80 – L'Ile-Rousse 141

d'Ajaccio-Campo dell'Oro : ✆ 04 95 23 56 56, par ① : 7 km.

Office de tourisme, boulevard du Roi Jérôme ✆ 04 95 51 53 03, Fax 04 95 51 53 01

Vieille Ville★ - Musée Fesch★★ : peintures italiennes★★★ - Maison Bonaparte★ - Salon Napoléonien★ (1er étage de l'hôtel de ville) - Jetée de la Citadelle ⋞★ - Place Gén.-de-Gaulle ou Place du Diamant ⋞★.

Golfe d'Ajaccio★★. Aux Iles sanguinaires★★.

Albert-1er (Bd) . . . . Y 2
Bévérini Vico (Av.) . . . . Y 4
Colonna d'Ornano (Av. du Col.) . . . . Y 10
Griffi (Square P.) . . . . Y 22
Leclerc (Cours Gén.) . . . . Y 25
Madame-Mère (Bd) . . . . Y 29
Maillot (Bd H.) . . . . Y 30
Masséria (Bd) . . . . Y 32
Napoléon-III (Av.) . . . . Y 37
Napoléon (Cours) . . . . Y
Nicoli (Cours J.) . . . . Y 38
Paoli (Bd D.) . . . . Y 41
St-Jean (Montée) . . . . Y 51

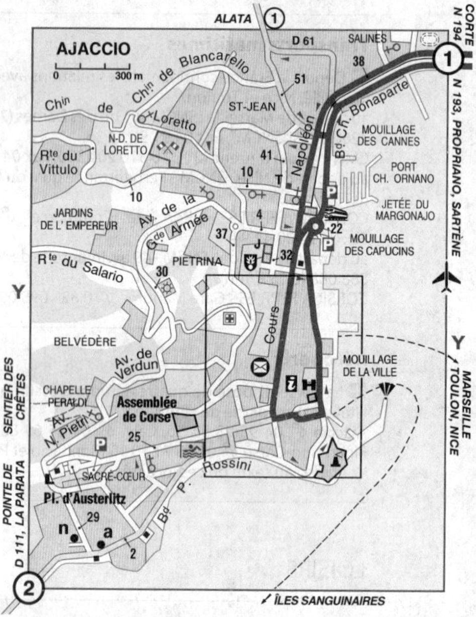

Palazzu U Domu sans rest VISA AE

17 r. Bonaparte – ✆ 04 95 50 00 20 – reservation@palazzu-domu.com – Fax 04 95 50 02 10 Z **e**

45 ch – 🛉180/760 € 🛉🛉180/760 €, ☕ 22 €

◆ Le palais du comte Pozzo di Borgo (18e s.) a été entièrement restauré dans un esprit luxueux alliant tradition et modernité. Chambres au doux raffinement contemporain.

Les Mouettes sans rest

9 cours Lucien-Bonaparte – ✆ 04 95 50 40 40 – info@hotellesmouettes.fr – Fax 04 95 21 71 80 – Fermé du 5 janv. au 6 mars

28 ch – 🛉99/275 € 🛉🛉99/275 €, ☕ 14 €

◆ On succombe au charme de cette demeure de 1880 : vue sur le golfe, jardin méditerranéen et plage privée. Chambres spacieuses à la décoration soignée, la plupart avec loggia.

Napoléon sans rest VISA AE

4 r. Lorenzo Vero – ✆ 04 95 51 54 00 – info@hotel-napoleon-ajaccio.com – Fax 04 95 21 80 40 – Fermé 16 déc.-1er janv. Z **s**

62 ch – 🛉72/97 € 🛉🛉82/114 €, ☕ 8 €

◆ Accueil tout sourire dans cet établissement d'une rue perpendiculaire au cours Napoléon. La décoration des chambres a été récemment repensée dans un style actuel.

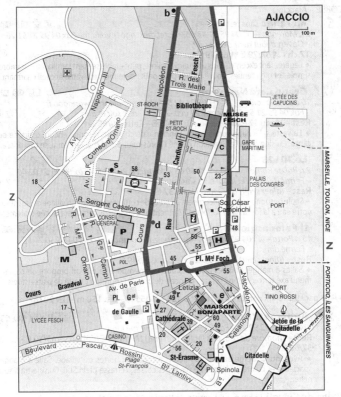

AJACCIO

0   100 m

MARSEILLE, TOULON, NICE

PORTICCIO, ÎLES SANGUINAIRES

San Carlu sans rest
📶 ⚜ VISA ⓜⓒ AE

8 bd Casanova – ℰ 04 95 21 13 84 – hotel-san-carlu@wanadoo.fr
– Fax 04 95 21 09 99 – Fermé 22 déc.-fin janv.   Z **f**
40 ch – ♦69/120 € ♦♦89/140 €, ⌑ 9 €
◆ Au cœur du vieil Ajaccio et à deux pas de la plage St-François, cet hôtel abrite des chambres pratiques et bien tenues. Certaines regardent la citadelle et la mer.

Impérial sans rest
🚿 📶 AK ✆ VISA ⓜⓒ ⓞ

6 bd Albert 1ᵉʳ – ℰ 04 95 21 50 62 – info@hotelimperial-ajaccio.fr
– Fax 04 95 21 15 20 – Ouvert 11 mars-4 nov. et 15 déc.-5 janv.   Y **a**
44 ch – ♦70/140 € ♦♦70/140 €, ⌑ 9 €
◆ Petit immeuble en lisière de la ville, que seule une placette sépare de la mer. Le vaste hall de l'hôtel est totalement dédié à Napoléon. Chambres gaies et fonctionnelles.

Kallisté sans rest
📶 ↳ ✆ VISA ⓜⓒ

51 cours Napoléon – ℰ 04 95 51 34 45 – info@hotel-kalliste-ajaccio.com
– Fax 04 95 21 79 00   Z **b**
45 ch – ♦56/69 € ♦♦64/79 €, ⌑ 8 €
◆ Cet édifice ajaccien (19ᵉ s.) du cour Napoléon vient de faire peau neuve, préservant habilement ses voûtes originales. Petites chambres confortables.

597

🏠 **Marengo** sans rest ⌂   AC ✗ VISA ©®

2 r. Marengo – ℰ 04 95 21 43 66 – hotel.marengo @ voila.fr – Fax 04 95 21 51 26
– Ouvert début avril-début nov.   Y n
17 ch – ♦67/79 € ♦♦69/79 €, ⊃ 7 €
♦ Légèrement excentré dans un quartier calme, petit établissement familial aux chambres
simples et bien tenues. Cour-terrasse pour petits-déjeuners estivaux. Accueil charmant.

✗✗ **Grand Café Napoléon**   ⇔ VISA ©® AE

10 cours Napoléon – ℰ 04 95 21 42 54 – cafe.napoleon @ wanadoo.fr
– Fax 04 95 21 53 32 – Fermé 22 déc.-2 janv., sam. soir et dim.   Z d
Rest – Menu 17 € (déj. en sem.), 30/45 € – Carte 39/65 €
♦ La vaste salle napoléonienne de l'ancien café chantant résonne encore d'airs de bel
canto. Cuisine actuelle. Bar-salon de thé l'après-midi. Sur la rue, une terrasse très prisée.

✗ **Le 20123**   🏠 AC

2 r. Roi de Rome – ℰ 04 95 21 50 05 – contact @ 20123.fr – Fax 04 95 51 02 40
– Fermé 2-27 fév. et lundi hors saison   Z v
Rest – (dîner seult) (prévenir) Menu 32 €
♦ Seule besogne qui vous incombera au cœur de cette évocation d'un village corse : puiser
votre eau à la fontaine de la "place". Authentique cuisine du terroir annoncée oralement.

✗ **U Pampasgiolu**   🏠 AC VISA ©®

15 r. Porta – ℰ 04 95 50 71 52 – pampa.zdt @ orange.fr – Fax 04 95 50 71 52
– Fermé dim.   Z r
Rest – (dîner seult) Menu 26/28 € – Carte 31/49 €
♦ Salles à manger voûtées à la décoration contemporaine où l'on propose un copieux
menu axé terroir et servi sur une planche de bois, le "spuntinu". Carte de plats actuels.

à Afa par ① : 15 km par rte de Bastia et D 161 – 2 055 h. – alt. 150 m – ⊠ 20167

✗ **Auberge d'Afa**   🏠 P VISA ©® AE

– ℰ 04 95 22 92 27 – Fax 04 95 22 92 27 – Fermé lundi
Rest – (nombre de couverts limité, prévenir) Menu 20 € (déj. en sem.)/30 € – Carte
37/58 €
♦ Avenante auberge aux abords fleuris nichée aux portes du village. Salle à manger
spacieuse et colorée, décorée de paysages corses. Terrasse plein Sud. Cuisine traditionnelle.

Plaine de Cuttoli 15 km par ① par rte de Bastia, rte de Cuttoli (D 1) puis rte de
Bastelicaccia – ⊠ 20167 Mezzavia

✗✗ **U Licettu** avec ch ⌂   ≤ 🏠 🏠 🏊 P VISA ©®

– ℰ 04 95 25 61 57 – Fax 04 95 53 71 00 – Fermé janv., dim. soir et lundi hors
saison
4 ch ⊃ – ♦80/90 € ♦♦80/90 € – **Rest** – (prévenir) Menu 39 € bc
♦ Villa dominant le golfe et noyée sous les fleurs, accueil charmant, plats corses copieux et
savoureux (charcuteries maison) : de bonnes raisons de ne pas prendre le maquis ! La
maison propose des chambres récentes, gaies et spacieuses, donnant sur le jardin.

à Pisciatello 12 km par ① et N 196 – ⊠ 20117 Cauro

✗ **Auberge du Prunelli**   🏠 VISA ©® ①

– ℰ 04 95 20 02 75 – Fermé mardi
Rest – Menu 20 € (déj.)/31 € bc – Carte 26/39 €
♦ Maison corse du 19ᵉ s. jouxtant le pont ancien qui traverse le Prunelli. Cuisine du terroir,
produits du verger et du potager servis dans un agréable cadre rustique.

rte des îles Sanguinaires par ② – ⊠ 20000 Ajaccio

🏠🏠 **Dolce Vita** ⌂   ≤ Îles Sanguinaires et le golfe, 🏊 🏠 🏠 🏊 AC ch, 🏋
à 9 km – ℰ 04 95 52 42 42 – reservation @   P VISA ©® AE ①
hotel-dolcevita.com – Fax 04 95 52 07 15 – Ouvert fin mars-début nov.
32 ch (½ P seult en saison) – ♦115/262 € ♦♦186/262 €, ⊃ 18 € – ½ P 173/231 €
Rest La Mer – Menu (25 €), 30/40 € – Carte 73/86 €
♦ Dolce Vita... Et si Anita Ekberg surgissait de la piscine ? Ce lieu de villégiature justement
couru est bien séduisant avec ses chambres orientées côté Méditerranée. Cuisine originale
à déguster dans la vaste salle ou sur la belle terrasse face au golfe.

🏠 **Cala di Sole** ☜ ⪡ mer, 🅰 🌲 ⅃ ㎙ ※ 🅰🅲 ※ rest, 📞
🅿 VISA 🆎 🆎 ⑤
à 6 km – 𝒞 04 95 52 01 36 – caladisole@
annuaire-corse.com – Fax 04 95 52 00 20 – Ouvert 1ᵉʳ avril-30 oct.
31 ch – †120 € ††168 €, ⌑ 12 € – ½ P 155 € – **Rest** – *(ouvert 15 juin-15 sept.)*
(dîner seult) Menu 30/40 €

◆ Séjour tonique dans un bâtiment des années 1960, les pieds dans l'eau : plage privée, piscine, fitness, plongée, jet-ski et planche à voile. Chambres avec terrasse. Cuisine traditionnelle simple, axée sur le poisson, à déguster face à la mer.

🏠 **La Pinède** sans rest ☜ ⪡ 🌲 ⅃ 🛗 🅰🅲 🅿 VISA 🆎 🆎 ⑤
à 3,5 km – 𝒞 04 95 52 00 44 – hotellapinede@wanadoo.fr – Fax 04 95 52 09 48
– Ouvert 15 janv.-13 déc.
38 ch – †96/174 € ††103/174 €, ⌑ 7 €

◆ Le jardin de ce bâtiment moderne et sa piscine bordée de pins incitent au farniente. Chambres actuelles, en majorité tournées vers la baie. Plage de Barbicaja à proximité.

✕✕ **Palm Beach** avec ch ⪡ 🅰 🌲 🅰🅲 rest, ※ 📞 VISA 🆎 🆎
à 5 km – 𝒞 04 95 52 01 03 – hotel@palm-beach.fr – Fermé du 1ᵉʳ-30 déc., dim.
soir, lundi midi et le midi en juil.-août
9 ch – †90/160 € ††90/230 €, ⌑ 14 €
Rest – Menu 31/60 € – Carte 62/84 €

◆ Le poisson est roi sur la carte de ce restaurant aménagé dans un esprit méditerranéen cossu et raffiné. Superbe terrasse surplombant la plage et la grande bleue. Les chambres aussi respirent l'air du large ! Mobilier simple et élégant ; équipements dernier cri.

ALÉRIA – 2B Haute-Corse – 345 G7 – 1 966 h. – alt. 20 m – ⌷ 20270   15 **B2**
🚹 Bastia 71 – Corte 50 – Porto Vecchio 72
🚹 Office de tourisme, Casa Luciana 𝒞 04 95 57 01 51, Fax 04 95 57 03 79
👁 Fort de Matra ★ - Musée Jérôme-Carcopino collection de céramiques attiques ★★ - Ville antique★.

🏠 **L'Atrachjata** sans rest 📶 🛗 🅰🅲 ↯ ※ 📞 🚿 🅿 VISA 🆎 🆎
– 𝒞 04 95 57 03 93 – info@hotel-atrachjata.net – Fax 04 95 57 08 03
29 ch – †49/89 € ††59/134 €, ⌑ 11 € – 1 suite

◆ Au cœur d'Aléria (première métropole historique de Corse), hôtel familial entièrement refait. Grandes chambres actuelles, salles de bains neuves et insonorisation efficace.

🏠 **L'Empereur** 🌲 ⅃ 🅰🅲 ※ 📞 🅿 VISA 🆎 🆎
☕ *lieu-dit Cateraggio, (N 198) – 𝒞 04 95 57 02 13 – hotel.empereur@tiscali.fr*
– Fax 04 95 57 02 33
22 ch – †45/77 € ††62/91 €, ⌑ 6,50 € – ½ P 43/59 € – **Rest** – *(fermé le dim.*
d'oct. à avril) Menu 14/24 € – Carte 26/32 €

◆ À 3 minutes de la plage, construction de style motel abritant des chambres spacieuses et fonctionnelles tournées vers la piscine ; certaines possèdent une mezzanine. Appétissantes recettes traditionnelles corses à déguster dans une lumineuse salle à manger.

ALGAJOLA – 2B Haute-Corse – 345 C4 – 216 h. – alt. 2 m – ⌷ 20220   15 **A1**
🚹 Bastia 76 – Calvi 16 – L'Ile-Rousse 10
🚹 Office de tourisme, rue Droite 𝒞 04 95 62 78 32
👁 Citadelle★.

🏠 **Stellamare** sans rest 🌲 🅰🅲 ※ 📞 🅿 VISA 🆎
chemin Santa Lucia – 𝒞 04 95 60 71 18 – info@stellamarehotel.com
– Fax 04 95 60 69 39 – Ouvert de mai à sept.
16 ch – †70/115 € ††70/115 €, ⌑ 10 €

◆ En retrait de la mer, nichée sur les hauteurs de la station, maison que l'on atteint après avoir traversé un beau jardin. Chambres plaisantes, régulièrement rafraîchies.

AULLÈNE – 2A Corse-du-Sud – 345 D9 – 138 h. – alt. 825 m – ⊠ 20116   15 B3

🚩 Ajaccio 73 – Bonifacio 84 – Corte 103 – Porto-Vecchio 59 – Propriano 37 – Sartène 35

⌂   **San Larenzu** sans rest ☜   ⫷ 🚗 ⅘ ⅗ ☘ **P** **VISA** **☯**

Pasta di Grano – 🕾 04 95 78 63 12 – sanlarenzu@hotmail.fr – Fax 04 95 74 24 83 – Ouvert de fév. à oct.

6 ch ⊂ – ♥55 € ♥♥58 €

◆ En route pour le GR 20 ? Laurent vous propose des chambres actuelles bien tenues. Petit-déjeuner délicieux avec miel et confitures corses, pris en terrasse aux beaux jours.

BASTELICA – 2A Corse-du-Sud – 345 D7 – 460 h. – alt. 800 m – ⊠ 20119   15 B2

🚩 Ajaccio 43 – Corte 69 – Propriano 70 – Sartène 82

◎ Route panoramique★ du plateau d'Ese.

⒢ A 400 m du col de Mercujo : belvédère ⫷★★ et SO : 13,5 km.

✕   **Chez Paul** avec ch   ⫷ 🎝 **VISA** **☯**

😊   – 🕾 04 95 28 71 59 – Fax 04 95 28 73 13

🈁   **6 ch** ⊂ – ♥50 € ♥♥50 € – **Rest** – Menu 15/24 €

◆ Vue plongeante sur le village et la vallée du Prunelli depuis la petite salle séparée de la cuisine... par la rue ! Cuisine corse, charcuteries maison. Spacieux appartements.

BASTIA 🅿 – 2B Haute-Corse – 345 F3 – 37 884 h. – ⊠ 20200   15 B1

🚩 Ajaccio 148 – Bonifacio 171 – Calvi 92 – Corte 69 – Porto 136

✈ de Bastia-Poretta 🕾 04 95 54 54 54, par ② : 20 km.

🛈 Office de tourisme, place Saint-Nicolas 🕾 04 95 54 20 40, Fax 04 95 54 20 41

🕅 Bastia Golf Club Borgo Castellarese, S : 20 km par te Aéroport, 🕾 04 95 38 33 99.

◎ Terra-Vecchia★ : le vieux port★★, oratoire de l'Immaculée Conception★ - Terra-Nova★ : Assomption de la Vierge★★ dans l'église Ste-Marie, décor★★ rococo dans la chapelle Ste-Croix.

⒢ Église Ste-Lucie ⫷★★ 6 km NO par D 31 X - ❄★★★ de la Serra di Pigno 14 km par ③ - ⫷★★ du col de Teghime 10 km par ③.

Plan page ci-contre

🏠   **Les Voyageurs** sans rest   🄰🄲 ☘ **P** **VISA** **☯** **AE** **①**

9 av. Mar. Sébastiani – 🕾 04 95 34 90 80 – info@hotel-lesvoyageurs.com – Fax 04 95 34 00 65   X **r**

24 ch – ♥70/75 € ♥♥80/95 €, ⊂ 8 €

◆ À deux pas de la gare, cet hôtel a pris un nouvel élan grâce à la rénovation réussie de ses chambres, décorées dans des tons jaune et bleu. Bonne insonorisation.

🏠   **Corsica Hôtels Bastia Centre** sans rest   🖥 ⅘ 🄰🄲 ⅘ ⅗ ☘ 🎝

av. J. Zuccarelli, par ③ – 🕾 04 95 55 10 00   🚗 **VISA** **☯** **AE** **①**

– contact@corsica-hotels.fr – Fax 04 95 55 05 11

71 ch – ♥59/79 € ♥♥71/91 €, ⊂ 8 €

◆ Architecture contemporaine bénéficiant d'équipements modernes très appréciables. Chambres confortables, insonorisées et bien conçues. Buffet de petits-déjeuners et snack-bar.

🏠   **Posta Vecchia** sans rest   🖥 🄰🄲 **VISA** **☯** **AE** **①**

r. Posta Vecchia – 🕾 04 95 32 32 38 – info@hotel-postavecchia.com – Fax 04 95 32 14 05   Y **s**

50 ch – ♥40/80 € ♥♥40/92 €, ⊂ 6,50 €

◆ Au cœur de Terra-Vecchia, la vieille ville bastiaise, immeuble aux volets bleus. Chambres un peu étroites mais bien tenues ; elles sont plus grandes et plaisantes à l'annexe.

✕✕   **Chez Huguette**   ⫷ 🎝 🄰🄲 **VISA** **☯** **AE** **①**

quai Sud, au Vieux-Port – 🕾 04 95 31 37 60 – panta@wanadoo.fr – Fax 04 95 31 37 60 – Fermé 8-29 déc., dim. sauf le soir du 16 juin au 14 sept., lundi midi du 16 juin au 14 sept. et sam. midi   Z **t**

Rest – Carte 38/65 €

◆ Restaurant familial situé face aux nombreuses embarcations du vieux port. Cet agréable voisinage donne le ton à la cuisine qui met à l'honneur fruits de mer et poissons frais.

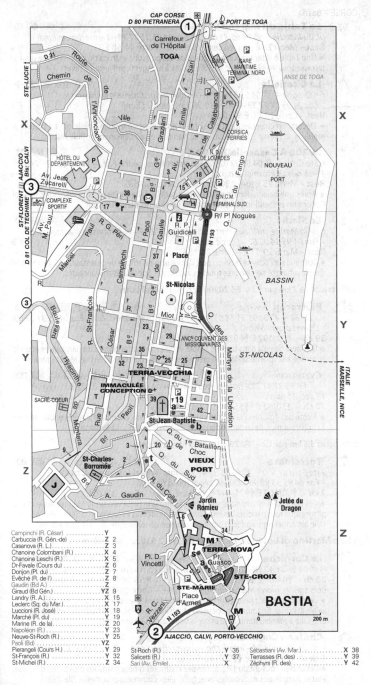

XX **La Table du Marché St Jean** 🍽 AK VISA ⓂⓈ AE
pl. du Marché – ℰ 04 95 31 64 25 – Fax 04 95 31 87 23 – Fermé dim. et lundi
Rest – Menu 25 € (déj. en sem.), 38/58 € – Carte 44/58 € Y **a**
♦ Une Table à retenir pour la fraîcheur de ses poissons et fruits de mer ainsi que pour sa terrasse sous les platanes et ses jolies salles à manger façon jardin d'hiver.

XX **La Citadelle** 🍽 AK VISA ⓂⓈ AE Ⓞ
*6 r. Dragon – ℰ 04 95 31 44 70 – restaurantlacitadelle@wanadoo.fr
– Fax 04 95 32 77 53 – Fermé 1er-20 janv., dim. et lundi* Z **a**
Rest – Carte 32/46 € au dîner
♦ Décoration chaleureuse et rafraîchie pour cet ancien moulin à huile qui a conservé sa meule et sa presse à olives. Cuisine de tradition et, au déjeuner, formule bistrot.

X **20200 A Casarella 20200** 🍽 AK VISA ⓂⓈ
r. Ste-Croix – ℰ 04 95 32 02 32 – acerchef@yahoo.fr – Fax 04 95 32 02 32 – Fermé 1er-15 nov., sam. midi et dim. Z **s**
Rest – Menu 25 € (déj.), 30/42 € bc – Carte 26/45 €
♦ Après une balade dans la pittoresque citadelle, faites halte dans ce restaurant familial. Décor sans prétention compensé par de bons petits plats du terroir.

X **Le Siam** ⇐ 🍽 VISA ⓂⓈ
*r. de la Marine, au Vieux-Port – ℰ 04 95 31 72 13 – lesiambastia@wanadoo.fr
– Fax 04 95 34 05 62 – Fermé lundi* Y **b**
Rest – Menu 20/31 € – Carte 24/38 €
♦ Belle vue sur l'activité du vieux port depuis la miniterrasse de ce restaurant. Intérieur tout simple rehaussé de discrètes touches asiatiques. Spécialités thaïlandaises.

à Pietranera 3 km par ① – ⊠ 20200 San Martino di Lota

🏨 **Pietracap** sans rest ⌂ ⇐ Ⓠ ☒ AK ⓢ P VISA ⓂⓈ AE ⓄⓄ
*sur D 131 – ℰ 04 95 31 64 63 – hotel-pietracap@wanadoo.fr – Fax 04 95 31 39 00
– Ouvert d'avril à nov.*
39 ch – ⸙92/192 € ⸙⸙92/192 €, ⊃ 12 €
♦ Un havre de paix dans un parc arboré et fleuri, une attention toute particulière étant ici accordée à la splendide décoration florale. Vastes chambres côté mer Méditerranée.

🏠 **Cyrnea** sans rest ⇐ 🚗 AK ⅍ ☏ ⓢ P 🅿 VISA ⓂⓈ
– ℰ 04 95 31 41 71 – hotelcyrnea@wanadoo.fr – Fax 04 95 31 72 65 – Fermé 15 déc.-15 janv.
20 ch – ⸙50/62 € ⸙⸙56/85 €, ⊃ 6 €
♦ À côté de l'église, sur la rue principale, petit hôtel aux chambres simples et bien tenues, à choisir sur mer. Le jardin, en terrasses, mène directement à la plage.

à Miomo 5,5 km par ① – ⊠ 20200 Santa Maria di Lota

🏠 **Torremare** 🚗 🍽 ⅖ ch, AK ch, ⅍ P VISA ⓂⓈ
*2 rte Bord de Mer – ℰ 04 95 33 47 20 – info@hotel-torremare-corse.com
– Fax 04 95 33 93 96 – Ouvert début mars à fin sept.*
7 ch – ⸙60/109 € ⸙⸙75/147 €, ⊃ 10 € – **Rest** – Carte 37/46 €
♦ Cet hôtel idéalement situé sur la plage offre une belle vue sur la Méditerranée et une pittoresque tour génoise. Les chambres sont modernes et sobrement décorées. Coquette salle à manger immaculée et agréable terrasse panoramique dressée face à la mer.

à San Martino di Lota 13 km par ① et D 131 – 2 530 h. – alt. 350 m – ⊠ 20200

🏨 **La Corniche** ⇐ mer et vallée, 🚗 🍽 ☒ ☏ ⓢ P VISA ⓂⓈ AE
(icon) *– ℰ 04 95 31 40 98 – info@hotel-lacorniche.com – Fax 04 95 32 37 69 – Fermé janv.*
20 ch – ⸙44/84 € ⸙⸙53/104 €, ⊃ 8,50 € – ½ P 58/86 € – **Rest** – *(fermé dim. soir hors saison, mardi midi et lundi)* Menu 28 € – Carte 38/51 €
♦ Cet établissement perché sur une colline profite d'une vue dominante inoubliable sur la vallée et la mer. Chambres spacieuses et bien insonorisées. Carte traditionnelle servie dans une salle à manger lumineuse et sur la belle terrasse panoramique.

🏠 **Château Cagninacci** sans rest ⌂ ⇐ 🚗 ⅍ ⅖ ☏
– ℰ 06 78 29 03 94 – info@chateaucagninacci.com – Ouvert 15 mai-1er oct.
4 ch ⊃ – ⸙86/108 € ⸙⸙90/112 €
♦ Cet ancien couvent du 17e s. abrite des chambres d'hôte parmi les plus belles de Corse. Vastes, lumineuses et décorées avec goût, elles s'ouvrent sur la mer et l'île d'Elbe.

rte d'Ajaccio 4 km par ② – ⊠ 20600 Bastia

🏨 **Ostella** 🛁 ⬚ 𝄞 ᛁᛖ ᚴ ch, ₳ 🍽 ch, 🐾 🕴 🄿 ⱽ𝐈𝐒𝐀 ⑩
– ℰ 04 95 30 97 70 – hotel.ostella@wanadoo.fr – Fax 04 95 33 11 70
52 ch – †60/110 € ††76/290 €, 🖵 12 € – **Rest** – (fermé dim.) Menu 23/30 €
– Carte 34/58 €
♦ Hôtel récent abritant des chambres fonctionnelles ; certaines possèdent un petit balcon ouvrant sur la mer. Jardin original avec cascade. Beau fitness. Salle à manger agrémentée de colonnes en marbre, terrasse et cuisine traditionnelle.

rte de l'aéroport de Bastia-Poretta 18 km par ②, N 193 et D 507 ⊠ 20290 Lucciana

🏨 **Poretta** sans rest 🖼 ᛁᛖ ᚴ ₳ 🍽 🐾 🕴 🄿 🚗 ⱽ𝐈𝐒𝐀 ⑩ 𝐀𝐄
rte de l'aéroport – ℰ 04 95 36 09 54 – hotel-poretta@wanadoo.fr – Fax 04 95 36 15 32
45 ch – †57/69 € ††59/72 €, 🖵 7 €
♦ En retrait de la route, construction moderne flanquée d'imposants palmiers. Chambres de taille variable, fraîches et fonctionnelles. Duplex pratiques pour les familles.

BOCOGNANO – 2A Corse-du-Sud – 345 D7 – 343 h. – alt. 600 m – ⊠ 20136   15 **B2**
🚗 Ajaccio 39 – Bonifacio 155 – Corte 43
◉ Cascade du Voile de la Mariée ★ 3,5 km au Sud.

🍴 **Beau Séjour** avec ch ঌ ≤ 🖼 🖼 🄿 ⱽ𝐈𝐒𝐀 ⑩
– ℰ 04 95 27 40 26 – ferripisani@wanadoo.fr – Fax 04 95 27 40 95 – Ouvert
🥜 15 avril-7 oct.
17 ch – †43/50 € ††53/61 €, 🖵 6,50 € – ½ P 59 € – **Rest** – Menu 16 € (sem.),
30/45 € – Carte 20/36 €
♦ Au milieu des châtaigniers, bâtisse (1890) appréciée des randonneurs et autres amoureux de la nature. On y déguste de copieuses recettes insulaires présentées dans un cadre sobre et fleuri. Chambres simples ; certaines offrent une belle vue sur le Monte d'Oro.

BONIFACIO – 2A Corse-du-Sud – 345 D11 – 2 658 h. – alt. 55 m – ⊠ 20169   15 **B3**
🚗 Ajaccio 132 – Corte 150 – Sartène 50
✈ Figari-Sud-Corse : ℰ 04 95 71 10 10, N : 21 km.
🛈 Office de tourisme, 2, rue Fred Scamaroni ℰ 04 95 73 11 88, Fax 04 95 73 14 97
⛳ Golf de Sperone Domaine de Sperone, E : 6 km, ℰ 04 95 73 17 13.
◉ Site ★★★ - Ville haute ★★ : Place du marché ≤ ★★ - Trésor ★ des églises de Bonifacio (Palazzu Publicu) - Eglise St-Dominique ★ - Esplanade St-François ≤ ★★ - Cimetière marin ★.
◎ Grottes marines et la côte ★★.

🏨 **Genovese** ঌ ≤ 🖼 ⬚ ₳ ch, 🍽 🕴 🄿 ⱽ𝐈𝐒𝐀 ⑩ 𝐀𝐄 ⑩
Haute Ville – ℰ 04 95 73 12 34 – info@hotel-genovese.com – Fax 04 95 73 09 03
15 ch – †140/285 € ††140/285 €, 🖵 20 € – 3 suites – **Rest** – (ouvert d'avril
à oct.) Menu 40 € (déj.) – Carte 63/79 €
♦ L'architecture du lieu confine au minimalisme chic et moderne, propice à la détente. Belles chambres réparties autour d'une cour, orientées côté citadelle ou port. Cuisine de produits locaux en phase avec le cadre tendance du restaurant, ouvert sur la piscine.

🏨 **Santa Teresa** sans rest ঌ ≤ 🖼 ₳ 🍽 🄿 ⱽ𝐈𝐒𝐀 ⑩
quartier St-François, (ville haute) – ℰ 04 95 73 11 32 – hotel.santateresa@
wanadoo.fr – Fax 04 95 73 15 99 – Ouvert 11 avril-14 oct.
46 ch – †105/280 € ††105/280 €, 🖵 15 €
♦ Hôtel imposant surplombant les falaises. Chambres contemporaines très soignées, dont certaines bénéficient d'une vue plongeante sur la grande bleue et la Sardaigne au loin.

🏨 **La Caravelle** ≤ 🖼 🖼 🐾 🄿 ⱽ𝐈𝐒𝐀 ⑩ 𝐀𝐄 ⑩
35 quai Comparetti – ℰ 04 95 73 00 03 – restaurant.la.caravelle@wanadoo.fr
– Fax 04 95 73 00 41 – Ouvert 22 mars -mi-oct.
28 ch – †97/300 € ††97/300 €, 🖵 16 € – **Rest** – (ouvert de mai à sept.)
Menu 24/60 € – Carte 44/261 €
♦ Ambiance intime (meubles chinés) et ensoleillée dans cet hôtel du port. Grandes chambres sobres et confortables. Longue carte de poissons (choix très frais et de qualité). Agréable terrasse. Deux bars : l'un dans une ex-chapelle, l'autre, lounge, dehors.

A Trama ⚜   🚗 🏡 ⌵ 🅰 ch, ⚄ rest, 📶 🅿 VISA ⓶ ⓪

2 km à l'Est par rte Santa Manza – 𝒞 04 95 73 17 17 – hotelatrama @ aol.com
– Fax 04 95 73 17 79 – Fermé 6 janv.-4 fév.
25 ch – ♦88/188 € ♦♦88/188 €, ⇌ 14 € – **Rest** – (ouvert 1er avril-31 oct.) (dîner
seult) Menu 30 €
♦ Chambres disséminées dans les cinq bungalows d'un beau jardin planté d'oliviers et de
palmiers; elles ont toutes un décor soigné (mosaïque) et possèdent une terrasse privée. Au
menu, la pêche du jour, servie dans le restaurant-véranda face à la piscine.

A Cheda   🚗 🏡 ⌵ 🅰 ch, ⚄ rest, 🅿 VISA ⓶ ⓪

rte Porto Vecchio, 2 km au Nord-Est sur N198 – 𝒞 04 95 73 03 82 – acheda @
acheda-hotel.com – Fax 04 95 73 17 72
16 ch – ♦99/439 € ♦♦99/439 €, ⇌ 20 € – 3 suites – **Rest** – (fermé 2 janv.-15 fév.,
le midi et mardi sauf du 1er juin au 15 sept.) Menu 51/79 € – Carte 58/72 €
♦ Un jardin planté de multiples essences entoure les délicieuses chambres de cet hôtel, de
plain-pied et décorées de bois, pierre, mosaïque et couleurs méditerranéennes. Restaurant
intimiste et terrasse face à la piscine. Recettes actuelles à base de produits corses.

Roy d'Aragon sans rest   ⌶ 🅰 VISA ⓶ ⓪ AE ⓪

13 quai Comparetti – 𝒞 04 95 73 03 99 – info @ royaragon.com
– Fax 04 95 73 07 94 – Fermé fév.
31 ch – ♦54/90 € ♦♦140/197 €, ⇌ 9 € – 4 suites
♦ Cet édifice (18e s.) propose des chambres fonctionnelles et colorées. Certaines regardent
le port; celles du 4e étage sur l'avant ont un beau balcon. Petit-déjeuner en terrasse.

Le Voilier   🏡 VISA ⓶ AE

quai Comparetti – 𝒞 04 95 73 07 06 – lautrerestaurant @ wanadoo.fr
– Fax 04 95 73 14 27 – Fermé 7 janv.-24 fév., dim. soir et merc. hors saison
Rest – Menu (25 €), 30/35 € – Carte 55/100 €
♦ Sa terrasse donne directement sur le quai. Salle à manger aux tons crème, mobilier en bois
brun, tableaux de voiliers et cuisine au goût du jour iodée très appétissante.

Stella d'Oro   🅰 VISA ⓶ AE ⓪

7 r. Doria, (ville haute) – 𝒞 04 95 73 03 63 – stella.oro @ bonifacio.com
– Fax 04 95 73 03 12 – Ouvert avril-sept.
Rest – Menu 25 € (déj.) – Carte 39/70 €
♦ Adresse sympathique et joliment décorée (poutres, pressoir à olives et meule en pierre).
Cuisine savoureuse faisant la part belle aux poissons. La mamma veille encore au grain !

Domaine de Licetto avec ch ⚜   ≼ 🏡 🅿

rte Pertusato – 𝒞 04 95 73 19 48 – denisefaby @ aol.com – Fax 04 95 72 11 92
7 ch – ♦39/70 € ♦♦49/80 €, ⇌ 7 € – **Rest** – (ouvert 1er avril-30 oct. et fermé dim.
sauf août) (dîner seult) (nombre de couverts limité, prévenir) Menu 33 € bc (menu
unique)
♦ Salle rustique et terrasse fleurie où l'on sert une cuisine corse familiale préparée avec les
légumes du potager. Chambres spacieuses. Du domaine, vue superbe sur la région.

à Gurgazu 6 km au Nord-Est par rte de Santa-Manza – ✉ 20169 Bonifacio

Du Golfe ⚜   ≼ 🏡 🅰 ch, 🅿 VISA ⓶

Golfe Santa Manza – 𝒞 04 95 73 05 91 – golfe.hotel @ wanadoo.fr
– Fax 04 95 73 17 18 – Ouvert de mi-mars à mi-oct.
12 ch (½ P seult) – ½ P 55/80 € – **Rest** – Menu 21/28 € – Carte 26/42 €
♦ Cette affaire familiale nichée dans un site sauvage du golfe de Santa Manza, à 50 m de la
mer, séduit les amateurs de quiétude et de simplicité. Salle de restaurant conviviale et
terrasse face à la côte. Appétissante cuisine, régionale et sans prétention.

au Nord-Est 10 km par rte de Porto-Vecchio (N 198) et rte secondaire – ✉ 20169 Bonifacio

U Capu Biancu   ≼ 🚗 🐾 🏡 ⌵ ♿ ch, 🅰 ⚄ rest, 📶

Domaine de Pozzioniello – 𝒞 04 95 73 05 58   🅿 VISA ⓶ AE ⓪
– info @ ucapubiancu.com – Fax 04 95 73 18 66 – Ouvert 3 avril-vacances de la
Toussaint et vacances de Noël
42 ch – ♦190/640 € ♦♦190/640 €, ⇌ 20 € – 4 suites – ½ P 164/389 €
Rest – Menu 43 € (déj.), 85/195 € – Carte 81/151 €
♦ Hôtel perdu dans la nature, face au golfe de Santa Manza. Jolies chambres personnalisées, côté mer ou maquis. Piscine et jardin menant à la plage; activités de loisir. Au restaurant, le chef d'origine sénégalaise mêle habilement saveurs corses et africaines.

à la plage de Calalonga 6 km à l'Est par D 258 et rte secondaire – ✉ **20169 Bonifacio**

🏠 **Marina di Cavu** ⊗ ≤ Iles Lavezzi et Cavallo, 🍴 ☐ 🎬 ch, 📞
– 📞 04 95 73 14 13 – info@marinadicavu.com 🅿 VISA ⓂⓄ AE ①
– Fax 04 95 73 04 82
6 ch – †100/410 € ††100/410 €, ☐ 21 € – 3 suites – ½ P 195/495 €
Rest – (ouvert mi-mars-fin oct.) (nombre de couverts limité, prévenir) Menu 64 €
– Carte 71/85 €
◆ Hôtel en plein maquis, face aux îles Lavezzi et Cavallo. Des rochers granitiques s'invitent dans le décor typé des vastes chambres (mosaïques et mobilier d'Afrique du Nord). Détour par la piscine (vue superbe !) pour rejoindre le restaurant. Carte actuelle épurée.

CALACUCCIA – 2B Haute-Corse – 345 D5 – 340 h. - alt. 830 m – ✉ 20224　　15 **A2**
🔟 Bastia 78 – Calvi 97 – Corte 35 – Piana 68 – Porto 58
🛈 Office de tourisme, avenue Valdoniello 📞 04 95 47 12 62, Fax 04 95 47 12 62
◉ Lac de Calacuccia★ - Tour du lac de barrage ≤ ★★ - Défilé de la Scala di Santa Regina★★ NE : 5 km.

🏠 **Acqua Viva** sans rest 🚿 🅿 VISA ⓂⓄ AE ①
– 📞 04 95 48 06 90 – stella.acquaviva@wanadoo.fr – Fax 04 95 48 08 82
14 ch – †55/69 € ††55/74 €, ☐ 9 €
◆ Au débouché de la Scala di Santa Regina taillée, dit-on, par la Vierge en personne, cet hôtel dispose de chambres actuelles d'une tenue irréprochable. Accueil aimable.

🏠 **Auberge Casa Balduina** ⊗ 🚿 🍴 ⅄ ⅋ 🅿 VISA ⓂⓄ
lieu-dit Le Couvent – 📞 04 95 48 08 57 – jeannequilichini@aol.com – Fermé vacances de Noël
7 ch – †57/71 € ††57/76 €, ☐ 7 € – ½ P 63/72 € – **Rest** – (dîner sur réservation résidents seult)
◆ Cette avenante maison récente nichée dans un jardin abrite des petites chambres claires et sobrement décorées. Les petits-déjeuners sont servis sous une jolie pergola.

CALVI ⊛ – 2B Haute-Corse – 345 B4 – 5 177 h. – ✉ 20260　　15 **A1**
🔟 Bastia 92 – Corte 88 – L'Île-Rousse 25 – Porto 73
✈ de Calvi-Ste-Catherine : 📞 04 95 65 88 88, par ①.
🛈 Office de tourisme, Port de Plaisance 📞 04 95 65 16 67, Fax 04 95 65 14 09
◉ Citadelle★★ : fortifications★ - La Marine★.
◉ Intérieur★ de l'église St-Jean-Baptiste - La Balagne★★★. La Balagne★★★.

Plan page suivante

🏠🏠🏠 **La Villa** ⊗ ≤ Calvi et la mer, 🌀 🍴 ☐ 🛁 ✗ 🖥 🍴 ὅ ch, 🎬 ⅄ ⅋ 📞 🛎
🕸🕸 chemin de Notre Dame de la Serra, 1 km par ① – 🅿 VISA ⓂⓄ AE ①
📞 04 95 65 10 10 – la-villa.reservation@wanadoo.fr – Fax 04 95 65 10 50
– Ouvert 1er avril-31 oct.
38 ch – †250/700 € ††250/700 €, ☐ 33 € – 13 suites
Rest L'Alivu – (fermé lundi et mardi) (dîner seult) Menu 90/195 € – Carte 137/208 € ⅋
Rest Le Bistrot – (dîner seult) Carte 65/75 €
Spéc. Langoustines de nos côtes aux trois saveurs (juin à mi-sept.). Rougets de pêche locale en filets saisis à l'huile d'olive (août à oct.). Quasi de veau corse cuit au sautoir, tarte feuilletée aux champignons sauvages (avril à oct.). **Vins** Ajaccio, Vin de Corse-Calvi.
◆ Entre couvent et villa romaine, palace contemporain juché sur les hauteurs, comme prosterné face à la mer. Fer forgé, mosaïques, rotin, terre cuite... Un joyau caché ! Au dîner, cuisine méditerranéenne signée par un chef Meilleur Ouvrier de France.

🏠🏠 **Regina** sans rest ≤ ☐ 🖥 ὅ 🎬 ⅋ 🛁 🅿 🍴 VISA ⓂⓄ AE
av. Santa Maria, par ① – 📞 04 95 65 24 23 – infos@reginahotelcalvi.com
– Fax 04 95 61 00 09
44 ch – †67/320 € ††67/320 €, ☐ 12 €
◆ Ce nouvel hôtel bénéficie d'une situation dominante offrant ainsi une vue sur le port et le golfe de Calvi. Grandes chambres modernes tournées vers la mer ou la jolie piscine.

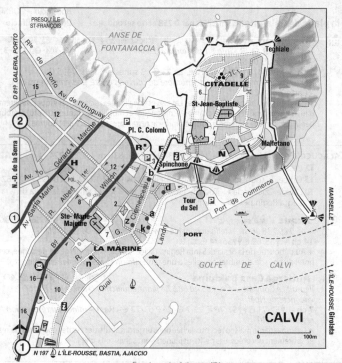

PRESQU'ÎLE ST-FRANÇOIS

ANSE DE FONTANACCIA

CITADELLE

St-Jean-Baptiste

Tegniale

Malfetano

Pl. C. Colomb

Spinchone

Tour du Sel

Port de Commerce

PORT

GOLFE DE CALVI

CALVI

0   100m

N 197 L'ÎLE-ROUSSE, BASTIA, AJACCIO

MARSEILLE

L'ÎLE-ROUSSE Girolata

En saison: circulation modifiée

🅱 Balanea sans rest ⇐ 🖪 AC VISA ⓂⒸ AE ⓪
6 r. Clemenceau – ☎ 04 95 65 94 94 – info@hotel-balanea.com – Fax 04 95 65 29 71
38 ch – ♦79/219 € ♦♦79/299 €, ⊊ 12 € n
♦ Accès par une rue piétonne. Les chambres cultivent l'originalité : couleurs vives, mobilier néo-rustique ou design ; certaines offrent un beau panorama sur le port.

🅱 Mariana sans rest ⇐ 🖪 AC P VISA ⓂⒸ AE ⓪
av. Santa Maria, par ① – ☎ 04 95 65 31 38 – mariana-hotel-calvi@orange.fr
– Fax 04 95 65 32 72
43 ch – ♦55/110 € ♦♦65/160 €, ⊊ 10 €
♦ Complexe hôtelier moderne sur les hauteurs de la cité "toujours fidèle". Loggia privée et vue sur la mer pour les chambres (sauf quatre récemment aménagées). Accueil aimable.

🅱 L'Onda sans rest 🖪 & AC ⅍ ☏ P VISA ⓂⒸ AE
av. Christophe Colomb, 1 km par ① – ☎ 04 95 65 35 00 – hotelonda@yahoo.fr
– Fax 04 95 65 16 26 – Ouvert 23 avril-4 nov.
24 ch – ♦50/90 € ♦♦65/130 €, ⊊ 7 €
♦ À proximité de la plage et de la pinède créée à la fin du 19ᵉ s., petit immeuble des années 1990 dont les chambres, pratiques, bénéficient toutes de l'agrément d'une loggia.

🏠 Revellata sans rest ⇐ 🖪 AC P VISA ⓂⒸ AE ⓪
av. Napoléon, rte d'Ajaccio par ② : 0,5 km – ☎ 04 95 65 01 89 – Fax 04 95 65 29 82
– Ouvert 1ᵉʳ avril-15 oct.
55 ch – ♦80/115 € ♦♦90/135 €, ⊊ 5 €
♦ La mer est à moins de 100 m, seulement séparée de l'établissement par la route conduisant à Porto. Chambres au mobilier robuste, jouissant de la vue sur la grande bleue.

XXX **Emile's** ≼ 🖼 🅰🅲 ⬜ **VISA** **⑩** 🅰🅴 ⓘ
*quai Landry – 𝒞 04 95 65 09 60 – info@restaurant-emiles.com
– Fax 04 95 60 56 40 – Ouvert 15 mars-15 oct.* **k**
Rest – Menu 40/100 € – Carte 74/135 €
♦ Un discret escalier mène à la terrasse et à la salle-véranda qui surplombent le port et la baie. La cuisine, dans l'air du temps, fait la part belle aux produits de la mer.

XX **L'Ile de Beauté** ≼ 🖼 🅰🅲 **VISA** **⑩** 🅰🅴 ⓘ
*quai Landry – 𝒞 04 95 65 00 46 – restaurantiledebeauté@orange.fr
– Fax 04 95 65 27 34 – Fermé 5 janv.-25 mars et lundi d'oct. à déc.* **a**
Rest – Menu 21/45 € – Carte 46/67 €
♦ Des chaises Stark agrémentent l'intérieur design de ce restaurant qui dresse sa grande et belle terrasse face au port. Carte actuelle axée sur le poisson, tapas haut de gamme.

X **E.A.T.** 🖼 🅰🅲 **VISA** **⑩** 🅰🅴
*r. Clemenceau, Montée du Port – 𝒞 04 95 38 21 87 – remi.robert636@orange.fr
– Fermé 1er-15 nov., 1er-15 fév., lundi, mardi et merc. de nov. à mars* **b**
Rest – Menu 33 € – Carte 35/68 €
♦ Épicurien Avant Tout ! Un restaurant d'ambiance lounge au concept original : à vous de choisir les plats en taille L ou XL, actuels et épurés. Terrasse au pied de la citadelle.

X **Calellu** ≼ 🖼 **VISA** **⑩** 🅰🅴
quai Landry – 𝒞 04 95 65 22 18 – calellu@wanadoo.fr – Ouvert 1er avril-31 oct. et fermé lundi hors saison **d**
Rest – Menu 22 € – Carte 42/55 €
♦ Petite façade avenante et salle aux tons beiges, décorée sur le thème de la flore corse. Carte de poissons, à déguster tout en contemplant les bateaux dans la baie.

X **Aux Bons Amis** 🖼 🅰🅲 **VISA** **⑩** 🅰🅴
r. Clemenceau – 𝒞 04 95 65 05 01 – Ouvert 16 mars-14 oct. et fermé merc. soir hors saison, sam. midi en saison et merc. midi **z**
Rest – Menu 22 € – Carte 43/66 €
♦ Dans une rue piétonne, sympathique petit restaurant décoré sur le thème de la pêche (filets, bibelots) ; vivier à langoustes et homards. Spécialités de produits de la mer.

par ① 5 km rte de l'aéroport et chemin privé – ⊠ 20260 Calvi

🏠 **La Signoria** ⤶ 🏛 🏠 🏊 🛁 🏋 🖼 🅰🅲 ⬜ 🅿 **VISA** **⑩** 🅰🅴 ⓘ
*rte de la fôret de Bonifato – 𝒞 04 95 65 93 00 – info@
auberge-relais-lasignoria.com – Fax 04 95 65 38 77 – Ouvert 1er avril-30 oct.*
24 ch – †180/390 € ††230/390 €, ⊇ 28 € – 2 suites – **Rest** – (dîner seult)
Menu 80/120 € – Carte 85/101 €
♦ La fibre méditerranéenne palpite en cette demeure du 18e s. nichée dans une pinède : murs aux tons ocre ou bleu, mobilier corse d'époque et... senteurs infinies ! Belle cuisine au goût du jour, servie dans une salle méridionale ou sur la jolie terrasse.

CARGÈSE – 2A Corse-du-Sud – 345 A7 – 982 h. – alt. 75 m – ⊠ 20130   15 **A2**
  🄳 Ajaccio 51 – Calvi 106 – Corte 119 – Piana 21 – Porto 33
  🄵 Office de tourisme, rue du Dr Dragacci 𝒞 04 95 26 41 31, Fax 04 95 26 48 80
  ◙ Église grecque ★ - Site★★ depuis le belvédère de la pointe Molendino E : 3 km.

🏠 **Thalassa** ⤶ 🚗 🐾 ⅙ ch, 🍴 rest, 🅿
*plage du Pero, 1,5 km au Nord – 𝒞 04 95 26 40 08 – Fax 04 95 26 41 66 – Ouvert
1er mai-30 sept.*
25 ch – †68/90 € ††90/100 €, ⊇ 6 € – ½ P 73/95 € – **Rest** – (ouvert 1er juin-
18 sept.) (dîner seult) (résidents seult)
♦ Sympathique ambiance de pension de famille dans cet hôtel posé en bordure de plage. Les chambres, assez petites, claires et bien entretenues, donnent majoritairement côté mer. Agréable salle à manger et terrasse dans la verdure ; cuisine traditionnelle.

CASAMOZZA – 2B Haute-Corse – 345 F4 – ⊠ 20290 Lucciana   15 **B1**

 ▪ Bastia 20 – Corte 49 – Vescovato 6

Chez Walter   🛋 🏖 ⅃ ※ 🕭 ch, 🅰🅲 ch, ※ 📞 🔧 🅿 VISA ⓪ 🆎 ①

N 193 – ✆ 04 95 36 00 09 – hotel.chez.walter@wanadoo.fr – Fax 04 95 36 18 92
64 ch – ♦63/90 € ♦♦85/120 €, ☑ 8 € – 2 suites – ½ P 69/73 € – **Rest** – (fermé
15 déc.-6 janv. et dim. sauf le soir en août) Menu 20 € – Carte 30/47 €
 ♦ Proche de l'aéroport de Bastia-Poretta, un complexe hôtelier moderne dont les chambres, bien équipées, ont toutes été relookées. Vaste salle de restaurant au décor néo-
rustique ; cuisine traditionnelle, buffets et pizzas.

CAURO – 2A Corse-du-Sud – 345 C8 – 1 060 h. – alt. 450 m – ⊠ 20117   15 **A3**

 ▪ Ajaccio 22 – Sartène 63

✗   **Auberge Napoléon**   VISA ⓪

– ✆ 04 95 28 40 78 – Ouvert 15 juil.-15 sept. et week-ends hors saison
Rest – (dîner seult sauf sam. et dim.) (prévenir) Menu 28 € – Carte 28/43 €
 ♦ Auberge avenante sur la rue principale du village. Salle à manger rustique où l'on
propose une cuisine d'inspiration régionale. Accueil familial décontracté.

CERVIONE – 2B Haute-Corse – 345 F6 – 1 452 h. – alt. 350 m – ⊠ 20221   15 **B2**

 ▪ Paris 999 – Ajaccio 140 – Bastia 52 – Corte 78 – Biguglia 45

à Prunete 5,5 km à l'Est par D 71 – ⊠ 20221

↑   **Casa Corsa** sans rest   ↳ ※ 🅿

Acqua Nera – ✆ 04 95 38 01 40 – casa.corsa@free.fr – Fax 04 95 33 39 27
6 ch ☑ – ♦56/62 € ♦♦56/62 €
 ♦ Vous ne serez pas déçu par le confort et l'accueil vraiment convivial de cette maison
d'hôte. Les chambres, pétries de charme, possèdent de grandes salles de bains. Beau jardin.

COL DE BAVELLA – 2A Corse-du-Sud – 345 E9 – alt. 1 218 m – ⊠ 20124 Zonza   15 **B3**

 ▪ Ajaccio 102 – Bonifacio 76 – Porto-Vecchio 49 – Propriano 49 – Sartène 47
 ◉ Col et aiguilles de de Bavella★★★ - Forêt de Bavella★★.

✗   **Auberge du Col de Bavella**   🏖 🅿 VISA ⓪ 🆎

– ✆ 04 95 72 09 87 – auberge-bavella@wanadoo.fr – Fax 04 95 72 16 48
– Ouvert avril-oct.
Rest – Menu 22 € – Carte 20/43 €
 ♦ Gîte d'étape du GR 20 au milieu des pins laricio, à proximité des majestueuses aiguilles
de Bavella. Vaste salle rustique (cheminée). Spécialités corses et charcuteries maison.

CORTE ⬫ – 2B Haute-Corse – 345 D6 – 6 329 h. – alt. 396 m – ⊠ 20250

▮ Corse   15 **B2**

 ▪ Bastia 69 – Bonifacio 150 – Calvi 88 – L'Ile-Rousse 63 – Porto 93 – Sartène 149
 ▯ Office de tourisme, la Citadelle ✆ 04 95 46 26 70, Fax 04 95 46 34 05
 ◉ Ville haute★ : chapelle Ste-Croix★, citadelle★ ≤★, Belvédère ※★ - Musée
 de la Corse★★.
 ◙ ※★★ du Monte Cecu N : 7 km - SO : gorges de la Restonica★★.

dans les Gorges de La Restonica Sud-Ouest sur D 623 – ⊠ 20250 Corte

Dominique Colonna sans rest ⬮   🛋 ⅃ 🕭 🅰🅲 🅿 VISA ⓪ 🆎

à 2 km – ✆ 04 95 45 25 65 – info@dominique-colonna.com – Fax 04 95 61 03 91
– Ouvert 11 mars-11 nov.
28 ch – ♦65/180 € ♦♦65/180 €, ☑ 11,50 € – 1 suite
 ♦ À l'entrée des gorges et parmi les "pins de Corte", bâtiments modernes tapissés de vigne
vierge abritant des chambres confortables et modernes. Agréable piscine chauffée.

COTI-CHIAVARI – 2A Corse-du-Sud – 345 B9 – 490 h. – alt. 625 m – ⊠ 20138   15 **A3**
🔼 Ajaccio 42 – Propriano 38 – Sartène 50

Le Belvédère ⌖   ≤ golfe d'Ajaccio, 🚗 🛰 ᴅ ⇜ **P**
– 𝒞 04 95 27 10 32 – Fax 04 95 27 12 99 – Ouvert 2 mars-10 nov.
13 ch – †55 € ††55/71 €, ⊃ 5 € – ½ P 48/56 € – **Rest** – (fermé le midi sauf dim.
du 1ᵉʳ mars-31 mai) (prévenir) Menu 26/28 €
♦ Véritable nid d'aigle isolé dans le maquis et offrant une vue époustouflante sur le golfe
d'Ajaccio. Les chambres sont spacieuses et fonctionnelles. La salle de restaurant vitrée et
la terrasse forment de séduisants belvédères ; cuisine du terroir (beaux produits).

ECCICA-SUARELLA – 2A Corse-du-Sud – 345 C8 – 828 h. – alt. 300 m
– ⊠ 20117   15 **A3**
🔼 Paris 964 – Ajaccio 19 – Corte 87 – Ghisonaccia 129 – Propriano 52

Carpe Diem Palazzu ⌖   ≤ 🚗 🛰 ⅃ 𝗔𝗖 ch, ⇜ 🛇 🅲 **P** 𝗩𝗜𝗦𝗔 ⓂⓈ
– 𝒞 04 95 10 96 10 – info@carpediem-palazzu.com – Fax 04 95 23 80 83 – Fermé
12 janv.-27 fév.
6 ch – †270/400 € ††270/400 €, ⊃ 19 € – **Table d'hôte** – (fermé lundi sauf
vacances scolaires) Menu 45/70 €
♦ Pierre brute et bois omniprésents, mobilier de style ou chiné, salles de bains bien
équipées... Chaque détail dans ces suites raffinées traduit une volonté de bien-être.
Hammam. Cuisine de terroir (produits de choix) servie en terrasse ou dans le jardin, face à
la piscine.

ERBALUNGA – 2B Haute-Corse – 345 F3 – ⊠ 20222   15 **B1**
🔼 Bastia 11 – Rogliano 30
◉ Chapelle N.-D. des Neiges ★ 3 km à l'Ouest.

Castel'Brando sans rest   🚗 ⅃ 𝕴𝖆 ᴅ 𝗔𝗖 🛇 rest, 🅲 **P** 𝗩𝗜𝗦𝗔 ⓂⓈ 𝗔𝗘
– 𝒞 04 95 30 10 30 – info@castelbrando.com – Fax 04 95 33 98 18 – Fermé
janv. et fév.
39 ch – †105/145 € ††105/145 €, ⊃ 13 € – 6 suites
♦ Maison de maître édifiée par un médecin des armées napoléoniennes. Chambres simples
mais plaisantes ; hébergement plus confortable et moderne dans une villa récente. Beau
jardin avec piscines.

Le Pirate   ≤ 🛰 𝗔𝗖 𝗩𝗜𝗦𝗔 ⓂⓈ 𝗔𝗘
au port – 𝒞 04 95 33 24 20 – jeanpierrericci@aol.com – Fax 04 95 33 18 97
– Fermé 7 janv.-28 fév., lundi et mardi sauf de juin à sept.
Rest – Menu 29 € (déj. en sem.), 60/90 € – Carte 66/84 €
Spéc. Tortellini d'araignée de mer sur crème de crustacés (mai à juin). Déclinaison
autour du veau bio corse. Palet fondant aux framboises, sorbet agrumes (mai à
sept.). **Vins** Vin de Corse-Figari, Patrimonio.
♦ Agréable terrasse dressée face au petit port, coquettes salles à manger rénovées
et appétissante cuisine au goût du jour font le charme de cette vieille maison en pierre.

ÉVISA – 2A Corse-du-Sud – 345 B6 – 196 h. – alt. 850 m – ⊠ 20126   15 **A2**
🔼 Ajaccio 71 – Calvi 96 – Corte 70 – Piana 33 – Porto 23
◉ Forêt d'Aïtone★★ - Cascades d'Aïtone★ NE : 3 km puis 30 mn.
◉ Col de Vergio ≤★★ NE : 10 km.

Scopa Rossa   🛰 ⅃ 🛇 rest, **P** **P** 𝗩𝗜𝗦𝗔 ⓂⓈ
– 𝒞 04 95 26 20 22 – scopa-rossa@wanadoo.fr – Fax 04 95 26 24 17
– Ouvert mars-nov.
28 ch – †43/56 € ††56/76 €, ⊃ 7 € – **Rest** – Menu 21 € (déj. en sem.), 25/30 €
♦ Un hôtel idéal pour un séjour en famille au cœur de cette station climatique.
Les chambres, simples et bien tenues, se répartissent entre un bâtiment central et une
annexe. Les fusils ornant la salle à manger rustique sont aujourd'hui muets ; recettes du
terroir.

FAVONE – 2A Corse-du-Sud – 345 F9 – ⊠ 20135 **Conca**   15 **B3**
> ◪ Ajaccio 128 – Bonifacio 58

⌂   **U Dragulinu** ⌂   ≤ ⛱ ♨ ♖ rest, ☏ **P** **VISA** **◐◑** **AE**
– ✆ 04 95 73 20 30 – hoteludragulinu@wanadoo.fr – Fax 04 95 73 22 06 – Ouvert
11 avril-30 oct.
34 ch – ♦80/210 € ♦♦90/220 €, ⊡ 12 € – **Rest** – (ouvert 1er juin-30 sept. et fermé
le midi du 1er juin au 15 juil. et en sept., le soir du 15 juil. au 30 août) Carte 35/54 €
♦ Cet hôtel tenu par deux sœurs jouit d'un emplacement idyllique devant la plage, idéal
pour un séjour balnéaire. Chambres fonctionnelles, bien tenues, en majorité de plain-pied.
Cuisine familiale et simple de produits frais au restaurant. Jolie terrasse.

FELICETO – 2B Haute-Corse – 345 C4 – 162 h. – alt. 350 m – ⊠ 20225   15 **A1**
> ◪ Bastia 76 – Calvi 26 – Corte 72 – L'Ile-Rousse 15

⌂   **Mare e Monti** sans rest ⌂   ≤ ⚘ ☂ ♨ ☏ **P** **VISA** **◐◑**
– ✆ 04 95 63 02 00 – mare-e-monti@wanadoo.fr – Fax 04 95 63 02 01
– Ouvert 2 avril-30 oct.
16 ch – ♦70/126 € ♦♦70/126 €, ⊡ 8 €
♦ Fortune faite dans la canne à sucre, les ancêtres de la famille revinrent de Porto Rico et
édifièrent au 19e s. ce "Palais américain" entre mer et montagne.

GALÉRIA – 2B Haute-Corse – 345 A5 – 302 h. – alt. 30 m – ⊠ 20245   15 **A2**
> ◪ Bastia 118 – Calvi 34 – Porto 48
> ☒ Syndicat d'initiative, Carrefour ✆ 04 95 62 02 27, Fax 04 95 62 02 27
> ◎ Golfe de Galéria ★.

à Ferayola 13 km au Nord par D 351 et D 81B – ⊠ 20245 Galeria

⌂   **Auberge Ferayola** ⌂   ⛱ ⌂ ☂ ♨ ♨ **P** **VISA** **◐◑**
– ✆ 04 95 65 25 25 – ferayola@wanadoo.fr – Fax 04 95 65 20 78 – Ouvert de mai
à fin sept.
14 ch – ♦50/97 € ♦♦55/120 €, ⊡ 8 € – ½ P 57/83 € – **Rest** – Menu 21/23 €
– Carte 24/38 €
♦ Auberge isolée en plein maquis et surplombant la mer pour un dépaysement et un calme
assurés ! Petites chambres simples mais agréables et chalets. Vue imprenable sur la
montagne et beau panorama sur le soleil couchant de la salle à manger rustique et sa
terrasse.

L'ILE-ROUSSE – 2B Haute-Corse – 345 C4 – 2 774 h. – ⊠ 20220   15 **A1**
> ◪ Bastia 67 – Calvi 25 – Corte 63
> ☒ Syndicat d'initiative, 7, place Paoli ✆ 04 95 60 04 35, Fax 04 95 60 24 74
> ◎ Marché couvert ★ - Ile de la Pietra ★.
> ◖ La Balagne ★★★.

⌂⌂   **Santa Maria** sans rest   ≤ ♨ ☂ **AC** ☏ ♨ **P** **VISA** **◐◑** **AE** **①**
rte du Port – ✆ 04 95 63 05 05 – infos@hotelsantamaria.com – Fax 04 95 60 32 48
56 ch ⊡ – ♦79/190 € ♦♦90/200 €
♦ Situé avant le pont conduisant sur l'île de la Pietra. Chambres agréables, de conception
actuelle. Quelques-unes offrent, par gros temps, une vue d'apocalypse sur la mer.

⌂⌂   **Funtana Marina** sans rest ⌂   ≤ mer, ☂ ♨ **P** **VISA** **◐◑**
1 km par rte de Monticello et rte secondaire – ✆ 04 95 60 16 12
– hotel-funtana-marina@wanadoo.fr – Fax 04 95 60 35 44
29 ch – ♦55/105 € ♦♦55/105 €, ⊡ 9 €
♦ Sur les hauteurs, bâtisse immergée dans une végétation luxuriante. Les chambres,
presque toutes rénovées, regardent la belle piscine, elle-même tournée vers la mer et la
ville.

🏠 **Cala di l'Oru** sans rest ⚜ ≤ 🚗 ⌂ AC ♨ P VISA ⦿
bd Pierre Pasquini – ℰ 04 95 60 14 75 – hotelcaladiloru @ wanadoo.fr
– Fax 04 95 60 36 40 – Ouvert de mars à oct.
26 ch – ♟56/106 € ♟♟59/107 €, ⌚ 8,50 €
♦ Les fils de la patronne exposent photographies et œuvres d'art moderne dans cet hôtel doté de chambres zen, donnant sur la mer ou la montagne. Beau jardin méditerranéen.

🏠 **L'Amiral** sans rest ⚜ ≤ AC ♨ ♨ ☎ P VISA ⦿
bd Ch.-Marie Savelli – ℰ 04 95 60 28 05 – info @ hotel-amiral.com
– Fax 04 95 60 31 21 – Ouvert d'avril à sept.
19 ch – ♟65/100 € ♟♟65/100 €, ⌚ 10 €
♦ Petit immeuble de deux étages, à 25 m de la plage de sable de cette station de villégiature. Chambres fonctionnelles, de taille moyenne, très propres et soignées.

🏠 **Le Grillon** AC ☎ VISA ⦿
🍴 *av. P. Doumer – ℰ 04 95 60 00 49 – hr-le-grillon @ wanadoo.fr*
– Fax 04 95 60 43 69 – Ouvert 1er mars-31 oct.
16 ch – ♟35/56 € ♟♟36/58 €, ⌚ 5,60 € – ½ P 38/49 € – **Rest** – Menu 13,50/17 €
– Carte 20/24 €
♦ Le sens de l'hospitalité, que l'on cultive ici de manière intensive, fera oublier la simplicité du lieu. Petites chambres fraîches et bien tenues. Sobre salle de restaurant où l'on propose une cuisine familiale à tendance régionale.

🏠 **La Pietra** ≤ 🏠 ⌂ & AC P VISA ⦿ AE
chemin du Phare – ℰ 04 95 63 02 30 – hotellapietra @ wanadoo.fr
– Fax 04 95 60 15 92 – Ouvert d'avril à oct.
42 ch – ♟64/109 € ♟♟65/110 €, ⌚ 9 € – ½ P 64/86 € – **Rest** – Menu 21/29 €
– Carte 42/48 €
♦ Belle situation face au port, les "pieds dans l'eau", pour cet hôtel des années 1970. Les chambres, bien rénovées, ont toutes un balcon côté mer ou côté tour génoise (15e s.). Recettes locales et suggestions du jour, avec la grande bleue en toile de fond.

à Monticello 4,5 km au Sud-Est par D 63 – 1 253 h. – alt. 220 m – ✉ 20220

🍴🍴 **A Pasturella** avec ch ≤ 🏠 AC VISA ⦿ AE ①
– ℰ 04 95 60 05 65 – a.pasturella @ wanadoo.fr – Fax 04 95 60 21 78
– Fermé 8 nov.-21 déc., 17-24 fév. et dim. soir du 21 déc. au 31 mars
14 ch – ♟80/90 € ♟♟90/100 €, ⌚ 11 € – ½ P 88/95 € – **Rest** – Menu 33/48 €
– Carte 40/65 €
♦ Dans un pittoresque village perché de la corniche Paoli. Poissons (pêche du jour) et plats traditionnels à savourer dans une salle rajeunie ou sur la belle terrasse.

LEVIE – 2A Corse-du-Sud – **345** D9 – 696 h. – alt. 645 m – ✉ 20170 15 **B3**
🔼 Ajaccio 101 – Bonifacio 57 – Porto-Vecchio 39 – Sartène 28
🔼 Office de tourisme, rue Sorba ℰ 04 95 78 41 95, Fax 04 95 78 46 74
◻ Musée de l'Alta Rocca★ : christ en ivoire★.
◻ Sites★★ de Cucuruzzu et Capula O : 7 km.

🍴 **La Pergola** 🏠
r. Sorba – ℰ 04 95 78 41 62
🍴 **Rest** – *(nombre de couverts limité, prévenir)* Menu 16/18 €
♦ Après la visite des collections du musée de l'Alta Rocca, régalez-vous de spécialités exclusivement corses à prix très digestes. Accueillante tonnelle et salle toute simple.

LUMIO – 2B Haute-Corse – **345** B4 – 1 040 h. – alt. 150 m – ✉ 20260 15 **A1**
🔼 Bastia 82 – Calvi 10 – L'Ile-Rousse 16

🍴🍴 **Chez Charles** avec ch 🏠 ⌂ AC ♨ ☎ P VISA ⦿ AE ①
– ℰ 04 95 60 61 71 – reservations @ hotel-chezcharles.com – Fax 04 95 60 62 51
– Ouvert 16 mars-29 oct.
16 ch – ♟45/115 € ♟♟48/120 €, ⌚ 12 € – ½ P 75/100 € – **Rest** – Menu (24 €),
36/55 € – Carte 43/61 € ⚜
♦ Agréable et lumineuse salle à manger, terrasse panoramique ombragée, cuisine au goût du jour, confortables chambres à l'esprit méridional et belle piscine à débordement.

MACINAGGIO – 2B Haute-Corse – 345 F2 – ⊠ 20248   15 **B1**

🚌 Bastia 37

🛈 Syndicat d'initiative, port de plaisnce ℰ 04 95 35 40 34, Fax 04 95 35 40 34

🏠 **U Libecciu** ⬙   🚗 🔃 rest, ℅ ch, **P** *VISA* ◑

– ℰ 04 95 35 43 22 – info@u-libecciu.com – Fax 04 95 35 46 08 – Ouvert
1er avril-15 oct.
30 ch – †48/94 € ††55/115 €, ⬤ 7 € – ½ P 70/125 € – **Rest** – (dîner seult)
Menu 20/25 € – Carte 25/33 €

◆ Le mouillage de Macinaggio est réputé depuis l'Antiquité ; le port moderne est à moins
de 100 m de cette pension de famille datant des années 1980. Chambres spacieuses. À la
carte du restaurant, spécialités insulaires dont la terrine de mouflon (en saison).

🏠 **U Ricordu**   🔃 🔃 ℅ ch, 🔃 **P** *VISA* ◑ 🔃 ◑

– ℰ 04 95 35 40 20 – info@hotel-uricordu.com – Fax 04 95 35 41 88 – Ouvert
22 mars-6 nov.
54 ch – †73/163 € ††76/166 €, ⬤ 6 € – **Rest** – (ouvert 15 avril-15 oct.)
Menu 15/18 € – Carte 26/37 €

◆ Chambres fraîches et actuelles que vous rejoindrez après avoir parcouru le vivifiant
sentier des douaniers. Belle piscine d'été. Sobre salle à manger et cuisine traditionnelle.

MOROSAGLIA – 2B Haute-Corse – 345 E5 – 1 008 h. – alt. 800 m – ⊠ 20218   15 **B2**

🚌 Bastia 53 – Corte 36

🍴 **Osteria di U Cunventu**   ⬙ 🔃 *VISA* ◑ 🔃 ◑

– ℰ 04 95 47 11 79 – cunventu@wanadoo.fr – Fermé 20 déc.-1er fév.
Rest – Menu 25/45 € – Carte 28/53 €

◆ Petit chalet au cœur du hameau où naquit Pascal Paoli, acteur de la Corse indépendante.
Salle à manger panoramique et cuisine du marché valorisant les produits corses.

NONZA – 2B Haute-Corse – 345 F3 – 67 h. – alt. 100 m – ⊠ 20217   15 **B1**

🚌 Bastia 33 – Rogliano 49 – Saint-Florent 20

🏠 **Casa Maria** sans rest ⬙   ⬙ 🔃 ℅ 📞

au pied de la tour génoise – ℰ 04 95 37 80 95 – casamaria@wanadoo.fr
– Fax 04 95 37 80 95 – Ouvert d'avril à oct.
5 ch – ⬤ – †70/90 € ††70/90 €

◆ Au pied d'une tour génoise, ancienne maison de maître dont les chambres, confortables
et climatisées, font montre d'une sobre élégance. Belle vue sur la mer et accueil chaleureux.

OLETTA – 2B Haute-Corse – 345 F4 – 830 h. – alt. 250 m – ⊠ 20232   15 **B1**

🚌 Bastia 18 – Calvi 78 – Corte 72 – L'Ile-Rousse 53

🍴🍴 **Auberge A Magina**   ⬙ Nebbio et golfe de St-Florent, 🔃 ℅ *VISA* ◑

– ℰ 04 95 39 01 01 – Ouvert 1er avril-15 oct. et fermé lundi
Rest – Menu 25 € – Carte 31/49 €

◆ Une vue à couper le souffle et une vraie cuisine corse préparée en famille et servie dans
une agréable salle à manger. Le soir, depuis la terrasse, sublime coucher de soleil.

OLMETO – 2A Corse-du-Sud – 345 C9 – 1 115 h. – alt. 320 m – ⊠ 20113   15 **A3**

🚌 Ajaccio 64 – Propriano 8 – Sartène 20

🛈 Syndicat d'initiative, Village ℰ 04 95 74 65 87, Fax 04 95 74 62 86

🏠 **Santa Maria** ⬙   🔃 🔃 ch, *VISA* ◑

pl. de l'Église – ℰ 04 95 74 65 59 – ettorinathalie@aol.com – Fax 04 95 74 60 33
– Fermé nov. et déc.
12 ch (½ P seult en août) – †45/58 € ††45/58 €, ⬤ 6 € – ½ P 44/56 €
Rest – Menu 16 € (déj. en sem.)/23 € – Carte 29/38 €

◆ Ambiance familiale dans cet ancien moulin à huile veillé par l'église. Une envolée
d'escaliers menant aux chambres fonctionnelles lui donne du cachet. Restaurant aménagé
sous de belles voûtes séculaires et terrasse fleurie tournée vers le golfe. Plats corses.

à Olmeto-Plage 9 km au Sud-Ouest par D 157 – ✉ 20113

🏨 **Ruesco** 🍴 ⟪ 🚗 🅰 ⚡ 🅟 *VISA* ◉◉
– 𝒞 04 95 76 70 50 – info@hotel-ruesco.com – Fax 04 95 76 70 51 – Ouvert
19 avril-11 oct.
25 ch – ♦61/101 € ♦♦101/139 €, ⌧ 8,50 € – **Rest** – *(ouvert 15 mai-30 sept.)*
Carte 30/52 €
♦ Bâtiments modernes abritant des chambres spacieuses, toutes pourvues de balcons orientés vers les flots, à l'exception de deux chambres. Un jardin précède le restaurant où grillades et pizzas au feu de bois sont à l'honneur. La terrasse donne sur la plage.

au Sud 5 km par N 196 et rte secondaire – ✉ 20113 Olmeto

🏨 **Marinca** 🍴 ⟪ golfe du Valinco et Propriano, 🚗 🅰 🍴 🗲 🔲 ◉ 🔋
Lieu dit Vintricella – 𝒞 04 95 70 09 00   AC ch, ⚡ 🕿 🅟 *VISA* ◉◉ AE
– info@hotel-marinca.com – Fax 04 95 76 19 09 – Ouvert d'avril à oct.
53 ch – ♦165/620 € ♦♦190/540 €, ⌧ 25 € – 3 suites – ½ P 95/500 €
Rest – Menu 35/55 €
Rest *Le Diamant Noir* – *(dîner seult)* Carte 53/83 €
♦ Hôtel dominant le golfe et entouré d'un jardin. Trois piscines à débordement, étagées, descendent vers la plage privée. Grandes chambres personnalisées avec balcon côté mer. Spa oriental. Belle terrasse de style mauresque pour une cuisine traditionnelle. Le Diamant Noir sert au dîner des repas plus élaborés.

PATRIMONIO – 2B Haute-Corse – 345 F3 – 645 h. – alt. 100 m – ✉ 20253   15 B1
🚗 Bastia 16 – St-Florent 6 – San-Michele-di-Murato 22
◉ Église St-Martin★.

🍴 **Osteria di San Martinu** 🍴 ⚡ 🅟 *VISA* ◉◉
– 𝒞 04 95 37 11 93 – Ouvert 1ᵉʳ mai-30 sept. et fermé merc. en sept.
Rest – Menu 22 € – Carte 19/37 €
♦ Tout se passe, en été, sur la terrasse sous pergola : on y goûte des plats corses et des grillades arrosés, bien entendu, de vin de Patrimonio, produit par le frère du patron.

PERI – 2A Corse-du-Sud – 345 C7 – 1 140 h. – alt. 450 m – ✉ 20167   15 A2
🚗 Ajaccio 26 – Corte 71 – Propriano 82 – Sartène 94

🍴 **Chez Séraphin** 🍴
– 𝒞 04 95 25 68 94 – Fermé 1er oct.-7 déc., jeudi, mardi et merc. sauf le soir hors saison et lundi
Rest – Menu 42 € bc
♦ Typique maison corse dans un charmant village accroché à la montagne. Terrasse dominant la vallée. L'accueil est chaleureux, la cuisine authentique et généreuse.

PETRETO-BICCHISANO – 2A Corse-du-Sud – 345 C9 – 549 h. – alt. 600 m
– ✉ 20140   15 A3
🚗 Ajaccio 52 – Sartène 35

🍴🍴 **De France** 🍴 ⚡ 🅟 *VISA* ◉◉
🍤 à Bicchisano – 𝒞 04 95 24 30 55 – Fax 04 95 24 30 55 – Ouvert de mars à nov.
Rest – *(prévenir)* Menu 15 € (déj. en sem.), 21/50 € – Carte 41/62 €
♦ Spécialités corses et produits maison (charcuteries, confitures, liqueurs) vous attendent dans cette salle à manger au décor agreste soigné ou sous la fraîche tonnelle.

PIANA – 2A Corse-du-Sud – 345 A6 – 428 h. – alt. 420 m – ✉ 20115   15 A2
🚗 Ajaccio 72 – Calvi 85 – Évisa 33 – Porto 13
ℹ Syndicat d'initiative, 𝒞 04 95 27 84 42, Fax 04 95 27 82 72
◉ Golfe de Porto★★★.

🏨 **Capo Rosso** ⌖ — ≤ Golfe et les Calanche, 🍴 🏨 ⌫ 🆈 ♨ ch, — 📞 **P** _VISA_ **MC** **AE**
– ℘ 04 95 27 82 40 – info @ caporosso.com
– Fax 04 95 27 80 00 – Ouvert 1er avril-20 oct.
50 ch (½ P seult en saison) – 🛏90 € 🛏🛏110 €, ⊇ 20 € – ½ P 105/130 €
Rest – Menu 28/38 € – Carte 47/60 €
♦ Vue imprenable sur le golfe de Porto et les Calanche depuis la piscine et les vastes chambres avec balcons de cet hôtel. Décoration contemporaine dans la plupart. Restaurant panoramique ; cuisine familiale iodée faisant honneur à la pêche locale.

🏠 **Le Scandola** ≤ 🏨 ♨ ch, 📞 **P** _VISA_ **MC**
rte Cargèse – ℘ 04 95 27 80 07 – infos @ hotelscandola.com – Fax 04 95 27 83 88
– Fermé 17 nov.-1er fév.
12 ch – 🛏40/76 € 🛏🛏40/76 €, ⊇ 10 € – ½ P 50/68 € – **Rest** – (dîner seult)
Menu 30 €
♦ Au cœur d'un site exceptionnel, cet hôtel fait face à la presqu'île de Scandola et au golfe de Piana. Chambres chaleureuses très colorées et balcons orientés vers la mer. Carte axée sur la cuisine du monde à découvrir au restaurant lounge, avec vue.

PORTICCIO – 2A Corse-du-Sud – 345 B8 – ⊠ 20166   15 **A3**
▶ Ajaccio 19 – Sartène 68
🛈 Office de tourisme, les Marines ℘ 04 95 25 01 01, Fax 04 95 25 11 12

🏨 **Le Maquis** ⌖ — ≤ Ajaccio et golfe, 🍴 🐾 🏨 ⌫ 🖥 🍽 ♨ 🆈 ch, 📞
– ℘ 04 95 25 05 55 – info @ lemaquis.com   **P** _VISA_ **MC** **AE** ①
– Fax 04 95 25 11 70 – Fermé janv. et fév.
20 ch – 🛏155/680 € 🛏🛏175/680 €, ⊇ 26 € – 5 suites – ½ P 184/396 €
Rest – Menu 70 € – Carte 81/133 €
♦ Jolie demeure d'inspiration génoise nichée dans un jardin luxuriant en bordure de mer. Chambres spacieuses, au beau mobilier ancien. Splendides piscines. Cuisine inventive, vins choisis et vue panoramique depuis le restaurant et la superbe terrasse.

🏨 **Sofitel Thalassa** ⌖ — ≤ golfe, 🍴 🐾 🏨 ⌫ 🖥 ♨ 🍽 📶 ♿ 🆈 ⤺ ♨
– ℘ 04 95 29 40 40 – h0587 @ accor.com   🛁 **P** _VISA_ **MC** **AE** ①
– Fax 04 95 25 00 63 – Fermé déc. et janv.
96 ch – 🛏149/452 € 🛏🛏195/519 €, ⊇ 23 € – 2 suites – **Rest** – Menu 49 € – Carte 56/89 €
♦ Complexe hôtelier voué à Neptune : situation isolée à la pointe du cap de Porticcio, institut de thalassothérapie, sports nautiques et chambres tournées vers la mer. Plats au goût du jour et diététiques à déguster dans un décor marin ou dehors, face aux flots.

à Agosta-Plage 2 km au Sud – ⊠ 20166 Porticcio

🏠 **Kallisté** sans rest ⌖ — ≤ golfe d'Ajaccio, 🍴 ⌫ **P** _VISA_ **MC**
rte du Vieux Molini – ℘ 04 95 25 54 19 – info @ hotels-kalliste.com
– Fax 04 95 25 59 25 – Ouvert 21 mars-11 nov.
8 ch – 🛏75/105 € 🛏🛏75/180 €, ⊇ 12 € – 1 suite
♦ Un joli jardin clos assure la tranquillité de cette villa nichée dans un quartier résidentiel. Chambres sobrement décorées ; expositions (mer ou verdure) et ampleurs diverses.

PORTO – 2A Corse-du-Sud – 345 B6 – ⊠ 20150 Ota   15 **A2**
▶ Ajaccio 84 – Calvi 73 – Corte 93 – Évisa 23
🛈 Office de tourisme, place de La Marine ℘ 04 95 26 10 55, Fax 04 95 26 14 25
◉ Tour génoise★.
◉ Golfe de Porto★★★ : les Calanche★★★ - NO : réserve de Scandola★★★, golfe★★ de Girolata.

🏨 **Capo d'Orto** sans rest ≤ ⌫ 🆈 📞 **P** _VISA_ **MC**
– ℘ 04 95 26 11 14 – hotel.capo.d.orto @ wanadoo.fr – Fax 04 95 26 13 49
– Ouvert du 10 avril au 20 oct.
39 ch ⊇ – 🛏75/139 € 🛏🛏75/159 €
♦ Cet hôtel abrite trois types de chambres, toutes de bonne ampleur et dotées de balcons tournés vers la mer. Préférez celles de l'extension récente, à la décoration plus actuelle.

🏠🏠 **Le Subrini** sans rest ← 🛏 🖥 🖥 🛗 🗚 ✗ 📞 **P.** *VISA* ⊕⊕
à la Marine – ℰ *04 95 26 14 94* – *subrini@hotels-porto.com* – *Fax 04 95 26 11 57*
– *Ouvert de mars à oct.*
23 ch – ♦60/90 € ♦♦100/140 €, � 10 €
♦ Dans cet édifice en pierres de taille situé sur la place principale de la marine, les spacieuses chambres, toutes rénovées, offrent fonctionnalité et luminosité. Vue sur le golfe.

🏠🏠 **Le Belvédère** sans rest ☜ ← 🖟 🖥 🛗 🗚 📞 *VISA* ⊕⊕
à la Marine – ℰ *04 95 26 12 01* – *info@hotel-le-belvedere.com* – *Fax 04 95 26 11 97*
20 ch – ♦45/110 € ♦♦45/110 €, ⊃ 7,50 €
♦ Au pied de la célèbre tour génoise défiant les assauts de la mer, construction moderne en pierres rouges proposant des chambres bien équipées, à choisir côté port.

🏠 **Bella Vista** ← 🚗 🖥 🛗 🗚 ✗ rest, 📞 **P.** *VISA* ⊕⊕ ⊕⊕
😊 – ℰ *04 95 26 11 08* – *info@hotel-bellavista.net* – *Fax 04 95 26 15 18*
– *Ouvert avril-oct.*
17 ch (½ P seult en saison) – ♦60/85 € ♦♦65/140 €, ⊃ 11 € – 4 suites
– ½ P 60/110 € – **Rest** – *(ouvert 15 avril-30 sept.) (dîner seult)* Menu 19/29 €
– Carte 40/61 €
♦ Il règne une ambiance familiale dans cette maison proposant des chambres à la décoration soignée. Inoubliable coucher de soleil sur le Capo d'Orto et bon petit-déjeuner. Plats actuels aux accents corses au menu du restaurant ; salle et terrasse avec vue.

🏠 **Romantique** sans rest ☜ ← 🛗 🗚 *VISA* ⊕⊕ ⊕⊕ ⊕
à la Marine – ℰ *04 95 26 10 85* – *info@hotel-romantique-porto.com*
– *Fax 04 95 26 14 04* – *Ouvert 15 avril-15 oct.*
8 ch – ♦64/92 € ♦♦64/92 €, ⊃ 8 €
♦ Chambres spacieuses, crépies et carrelées, équipées d'un mobilier de fabrication artisanale ; les balcons donnent tous sur une petite marina et un bois d'eucalyptus.

🍴 **La Mer** ← 🖥 ⊕⊕ ⊕
à la Marine – ℰ *04 95 26 11 27* – *laora5@wanadoo.fr* – *Fax 04 95 96 11 27*
– *Ouvert mi-mars à début nov.*
Rest – Menu 19 € (déj.)/29 € – Carte 34/67 €
♦ Au bout de la marine, la terrasse de cette maison aux volets bleus est idéale pour voir la montagne se jeter dans la mer. Spécialités de poissons et cuissons au four à bois.

PORTO-POLLO – 2A Corse-du-Sud – 345 B9 – alt. 140 m – ✉ 20140   15 **A3**
▶ Ajaccio 52 – Sartène 31

🏠 **Les Eucalyptus** sans rest ☜ ← 🚗 ✗ 🛗 🗚 **P.** *VISA* ⊕⊕ ⊕⊕
📠 – ℰ *04 95 74 01 52* – *portopollo@hotmail.com* – *Fax 04 95 74 06 56*
– *Ouvert 5 avril-14 oct.*
32 ch – ♦50/82 € ♦♦58/82 €, ⊃ 8 €
♦ Hôtel des années 1960 dominant le golfe de Valinco que l'on contemplera du balcon de la plupart des chambres, pour l'essentiel pratiques (5 plus récentes et plus confortables).

🏠 **Le Kallisté** 🛗 **P.** *VISA* ⊕⊕
– ℰ *04 95 74 02 38* – *lekalliste@free.fr* – *Fax 04 95 74 06 26* – *Ouvert*
Pâques-15 oct.
19 ch – ♦58/66 € ♦♦58/66 €, ⊃ 8,50 € – ½ P 55/70 € – **Rest** – *(dîner seult)* Carte
29/40 €
♦ Chambres actualisées, dotées d'un mobilier et d'équipements fonctionnels. Quelques-unes bénéficient de terrasses accordant le coup d'œil sur les flots bleus. Cuisine familiale axée terroir servie dans une salle à manger fraîche et colorée ou en terrasse.

PORTO-VECCHIO – 2A Corse-du-Sud – 345 E10 – 10 326 h. – alt. 40 m – ✉ 20137
▶ Ajaccio 141 – Bonifacio 28 – Corte 121 – Sartène 59   15 **B3**
✈ Figari-Sud-Corse : ℰ *04 95 71 10 10*, SO : 23 km.
🛈 Office de tourisme, rue du Docteur Camille de Rocca Serra ℰ *04 95 70 09 58*,
Fax 04 95 70 03 72
◉ La Citadelle★.
◉ Golfe de Porto-Vecchio★★ - Castellu d'Arraghju★ ←★★ N : 7,5 km.

Casadelmar ⊗ — ≼ Golfe de Porto Vecchio, 🗺 🐾 🎴 🏊 🎰 ⅙ 📶 ㅎ
❀ *7 km par rte de Palombaggia –* 🛏 📶 rest, 🛎 🔊 **P** **VISA** **MO** **AE** **①**
🅒 *04 95 72 34 34 – info@casadelmar.fr – Fax 04 95 72 34 35 – Ouvert 1ᵉʳ avril-2 nov.*
14 ch – 🛏350/890 € 🛏🛏350/890 €, ⌷ 31 € – 20 suites – 🛏🛏470/3000 €
Rest – *(dîner seult)* Menu 170 € – Carte 116/166 €
Spéc. Baccala séchée au vent, gambas de San Remo en sashimi, jus de poivron rouge.
Risotto au citron vert, basilic, mascarpone et langoustines au gingembre. Loup de
ligne en croûte de sel gris, vongole à la verveine. **Vins** Vin de Corse-Figari, Patrimonio.
♦ Sur les hauteurs, ce luxueux hôtel ultramoderne se fond dans le paysage, profitant
d'une vue plongeante sur le golfe. Chambres design, piscine à débordement et remarquable spa. Au restaurant, délicieuse cuisine actuelle à déguster dans un cadre d'exception.

Belvédère ⊗ — ≼ 🗺 🐾 🎴 🏊 ㅎ ch, 📶 ch, ⅙ ch, 🔊 **P** **VISA** **MO** **AE** **①**
❀ *rte de la plage de Palombaggia : 5 km –* 🅒 *04 95 70 54 13 – info@hbcorsica.com
– Fax 04 95 70 42 63 – Ouvert 15 mars-2 janv.*
15 ch – 🛏100/410 € 🛏🛏100/410 €, ⌷ 20 € – ½ P 130/285 €
Rest – *(fermé lundi et mardi du 6 oct. au 6 avril)* Menu 60 € (déj. en sem.),
89/125 € – Carte 86/126 € ⅌
Rest *Mari e Tarra* – rest.-terrasse *(ouvert mi avril-4 oct.)* Carte 39/66 €
Spéc. Nougat froid d'huîtres, caviar avruga (oct. à avril). Dos de denti de palangre
fumé (mai à sept.). Ris de veau glacé à la myrte. **Vins** Ajaccio, Patrimonio.
♦ Dans une oasis de verdure au bord de l'eau, bel ensemble avec piscine et terrasse panoramiques, plage privée et chambres (en partie refaites) logées dans de paisibles pavillons. Chaleureux restaurant tourné vers la mer ; cuisine épurée. Carte d'été simplifiée au Mari e Tarra.

Le Goéland — ≼ 🗺 🐾 🎴 📶 🛎 **P** **VISA** **MO**
à la Marine – 🅒 *04 95 70 14 15 – contact@hotelgoeland.com – Fax 04 95 72 05 18
– Ouvert fin mars-début nov.*
28 ch – 🛏65/260 € 🛏🛏75/270 €, ⌷ 11 € – ½ P 75/170 € – **Rest** – Menu 25/46 €
♦ Intégralement refait, cet hôtel agréable propose des chambres d'allure marine : lampes
tempêtes, meubles aux peintures patinées... Le grand restaurant s'ouvre totalement sur le
golfe et le jardin. Cuisine corse et plats méditerranéens affichés sur ardoise.

Le Syracuse sans rest ⊗ — ≼ 🗺 🐾 🏊 📶 **P** **VISA** **MO** **AE** **①**
6 km par rte de Palombaggia – 🅒 *04 95 70 53 63 – contact@
corse-hotelsyracuse.com – Fax 04 95 70 28 97 – Ouvert 1ᵉʳ avril-1ᵉʳ oct.*
18 ch – 🛏110/261 € 🛏🛏116/275 €, ⌷ 9 €
♦ Plusieurs bâtiments modernes séparés de la mer par une végétation luxuriante. Chambres en rez-de-jardin ou dotées d'une loggia. Farniente sur la plage ou près de la piscine.

Golfe Hôtel — 🏊 🎰 ㅎ ch, 📶 ⅙ rest, 🛎 🔊 **P** **VISA** **MO** **AE**
r. du 9 Septembre 1943 – 🅒 *04 95 70 48 20 – info@golfehotel.com
– Fax 04 95 70 92 00 – Fermé 1ᵉʳ déc.-11 janv.*
39 ch – 🛏69/301 € 🛏🛏76/320 €, ⌷ 8 € – ½ P 70/198 €
Rest – *(fermé 12 nov.-28 fév., vend., sam. et dim. hors saison)* (dîner seult)
Menu 25/30 €
♦ Hôtel situé sur la route du port. Les chambres aménagées autour de la piscine offrent une
décoration contemporaine soignée. Celles du bâtiment principal sont plus simples. Salle à
manger sobre et claire où l'on propose une formule buffet.

Alcyon sans rest — 🎰 ㅎ 📶 ↔ 🛎 **P** **VISA** **MO** **AE** **①**
9 r. Mar. Leclerc, (face à la poste) – 🅒 *04 95 70 50 50 – info@hotel-alcyon.com
– Fax 04 95 70 25 84 – Fermé 23-26 déc.*
40 ch – 🛏52/153 € 🛏🛏66/272 €, ⌷ 10 €
♦ Immeuble moderne du centre-ville aux chambres sobres et fonctionnelles, toutes rénovées. Celles situées côté façade profitent d'une échappée sur la mer, les autres du calme.

San Giovanni ⊗ — ≼ 🐾 🏊 🎴 📶 rest, **P** **VISA** **MO** **AE** **①**
rte Arca, 3 km au Sud-Ouest par D 659 – 🅒 *04 95 70 22 25 – info@
hotel-san-giovanni.com – Fax 04 95 70 20 11 – Ouvert 1ᵉʳ mars-1ᵉʳ nov.*
30 ch – 🛏60/100 € 🛏🛏70/127 €, ⌷ 9 € – ½ P 60/78 € – **Rest** – *(dîner seult)*
(résidents seult)
♦ Pension de famille dans un très beau parc arboré et fleuri, agrémenté d'un bassin.
Certaines chambres donnent de plain-pied sur un petit jardin privatif. Piscine et jacuzzi.
Petits-déjeuners et restauration familiale simple servie sous la pergola.

ႸႸ **L'Orée du Maquis** 🏠 **P** **VISA** **①**
à la Trinité, 5 km au Nord par chemin de la Lézardière – ℰ *04 95 70 22 21*
– daniellec201@orange.fr – Fax 04 95 70 22 21 – Ouvert 15 juin-15 sept. et fermé le lundi
Rest *– (dîner seult) (nombre de couverts limité, prévenir)* Menu 65/70 €
♦ Un chemin escarpé mène à la villa. Restaurant en plein air (tables dressées sous un dais), grand ouvert sur le littoral. Menu unique : poissons, crustacés... et foie gras !

ႸႸ **Le Troubadour** 🏠 **AC** **VISA** **①**
13 r. Gén. Leclerc, (près Poste) (1er étage) – ℰ *04 95 70 08 62 – bertrand.tilloux@ wanadoo.fr – Fax 04 95 70 92 80 – Fermé 1er-21 janv. et dim. midi*
Rest *– (dîner seult de mi-juin à mi-sept.)* Menu 19 € (déj.)/29 € – Carte 35/57 €
♦ Ce restaurant abrite à l'étage une salle à manger ornée de boiseries et de casseroles en cuivre, prolongée par une plaisante terrasse fleurie. Cuisine corse actualisée.

au golfe de Santa Giulia 8 km au Sud par N 198 et rte secondaire – ✉ 20137 Porto-Vecchio

🏠 **Moby Dick** 🌿 ⪦ 🅰 🏠 🍴 ⅋ ch, **AC** ch, 🍸 🅰 **P** **VISA** **①** **AE** **①**
– ℰ *04 95 70 70 00 – mobydick@sud-corse.com – Fax 04 95 70 70 01 – Ouvert mi-avril-mi-oct.*
44 ch (½ P seult) – ½ P 105/230 € – **Rest** – Menu 38 € (déj. en sem.)/55 € – Carte 54/87 €
♦ Emplacement idyllique sur la lagune pour cet hôtel séparé du golfe aux couleurs polynésiennes par une plage de sable fin. Chambres spacieuses à choisir côté mer ou côté jardin. Au restaurant, cuisine méditerranéenne et produits locaux à l'honneur.

🏠 **Castell' Verde** 🌿 ⪦ Golfe de Santa Giulia, 🚗 🅰 🍸 🍴 **AC** 🍸
– ℰ *04 95 70 71 00 – castellverde@* **P** **VISA** **①** **AE** **①**
sud-corse.com – Fax 04 95 70 71 01 – Ouvert 26 avril-18 octobre
30 ch (½ P seult en saison) 🍽 – ♦109/252 € ♦♦120/300 € – ½ P 90/150 €
Rest *Le Costa Rica* – voir ci-après
♦ Dans un site protégé (parc de 5 ha), spacieux bungalows à portée de la grande bleue. Chambres aux tissus colorés et mobilier en bois. Piscine et accès direct à la plage.

ႸႸ **U Santa Marina** avec ch ⪦ mer, 🚗 ⪦ 🏠 🍴 ch, ⅋
Marina Di Santa Giulia – ℰ *04 95 70 45 00* 🍸 ch, 📞 **VISA** **①** **AE**
– santamarina@wanadoo.fr – Fax 04 95 70 45 00 – Ouvert 1er avril-15 nov.
10 ch – ♦144/348 € ♦♦174/378 €, 🍽 15 € – **Rest** *– (dîner seult)* Menu 55/95 €
– Carte 60/88 €
♦ Ambiance "Sud" et belle cuisine actuelle valorisant la pêche locale, dans cette maison agrémentée de terrasses braquées vers le golfe. Carte de grillades et salades à la plage. Nouvelles chambres décorées dans un style contemporain apaisant. Piscine invitante.

ႸႸ **Le Costa Rica** – H. Castell' Verde ⪦ Golfe de Santa Giulia, 🏠 🍸
ℰ *04 95 72 24 51 – castellverde@* **P** **VISA** **①** **AE** **①**
sud-corse.com – Fax 04 95 70 05 66 – Ouvert 1er mai-15 oct.
Rest – Menu 35 € (dîner) – Carte 39/57 €
♦ L'agréable terrasse du restaurant, dont le décor mise sur la sobriété, surplombe la baie et offre un panorama unique. Carte contemporaine axée sur la mer.

à Cala Rossa 10 km au Nord-Est par N 198 et D 468 – ✉ 20137 Lecci

🏠 **Grand Hôtel de Cala Rossa** 🌿 ⪦ 🚗 ⪦ 🏠 🔳 ◉ 🛁 🍴 **AC** 🍸
– ℰ *04 95 71 61 51 – calarossa@* 📞 **P** **VISA** **①** **AE** **①**
🕸 *relaischateaux.fr – Fax 04 95 71 60 11 – Ouvert 1er avril-2 janv.*
40 ch (½ P seult du 1er juin au 15 septembre) – ♦275/535 € ♦♦315/725 €,
🍽 40 € – 8 suites – ½ P 230/680 €
Rest *– (dîner seult)* Menu 120/160 € – Carte 130/195 € 🍷
Spéc. Cannelloni de seiche, crevettes rouges de Méditerranée à la plancha. Saint-Pierre en aiguillettes, artichauts poivrade au tourteau. Carré d'agneau en cocotte lutée, parfums du maquis. **Vins** Vin de Corse-Figari, Patrimonio.
♦ Sous les pins, jardin luxuriant avec à l'horizon la plage et un ponton privé : à demeure d'exception, écrin splendide. Spacieuses chambres très raffinées. Magnifique spa. Élégante salle à manger subtilement rustique, luxueuse terrasse ombragée et cuisine inventive.

à la presqu'île du Benedettu 10 km au Nord-Est par N 198 et D 468 – ✉ 20137 Porto-Vecchio

🏨 **U Benedettu** ⚓   ⪡ 🚗 🕭 🛏 AC ch, ⌂ P VISA ◯◯
– 𝒞 04 95 71 62 81 – benedettu@wanadoo.fr – Fax 04 95 71 66 37 – Ouvert fin mars-fin oct.
20 ch – †65/250 € ††65/250 €, ☲ 15 € – 3 suites – **Rest** – Carte 25/45 €
♦ Situation idyllique : pavillons disséminés sur une presqu'île au bord de la plage d'où l'on jouit d'une belle perspective sur le golfe de Porto-Vecchio. Les recettes régionales et les poissons sont les vedettes de ce restaurant qui a "les pieds dans l'eau".

PROPRIANO – 2A Corse-du-Sud – 345 C9 – 3 166 h. – alt. 5 m – ✉ 20110   15 **A3**
🚹 Ajaccio 74 – Bonifacio 62 – Corte 139 – Sartène 13
🛈 Office de tourisme, Port de Plaisance 𝒞 04 95 76 01 49, Fax 04 95 76 00 65

🏨 **Grand Hôtel Miramar**   ⪡ golfe de Valinco, 🚗 🕭 ⊒ ℱ AC ch,
rte Corniche – 𝒞 04 95 76 06 13   ℱ rest, 🔄 P VISA ◯◯ AE ①
– info@grandhotelmiramar.com – Fax 04 95 76 13 14 – Ouvert 7 mai à fin oct.
22 ch – †200/490 € ††200/490 €, ☲ 20 € – 4 suites – **Rest** – Menu 39 € (déj.)/75 € – Carte 45/80 €
♦ Au cœur d'un parc luxuriant, cette villa aux murs chaulés regarde le golfe du Valinco. Salon garni d'objets chinés ; chambres spacieuses et raffinées (avec balcon). Carte épurée et produits locaux proposés dans un cadre coquet ou en terrasse sous les mûriers.

🏠 **Loft Hôtel** sans rest   ℱ ⌂ P VISA ◯◯
3 r. Pandolfi – 𝒞 04 95 76 17 48 – loft-hotel@wanadoo.fr – Fax 04 95 76 22 04 – Ouvert 16 mars-29 oct.
25 ch – †48/70 € ††48/70 €, ☲ 6 €
♦ Cet hôtel en retrait du port abrite de grandes chambres (mansardées à l'étage). Accueil personnalisé du patron ; petit-déjeuner servi en terrasse aux beaux jours.

🏠 **Le Lido** ⚓   ⪡ ℱ AC ch, ℱ ch, ⌂ VISA ◯◯ AE
– 𝒞 04 95 76 06 37 – le.lido@wanadoo.fr – Fax 04 95 76 31 18 – Ouvert 15 avril-30 oct.
15 ch – ††105/225 €, ☲ 12 € – **Rest** – (ouvert 15 avril-30 sept., et fermé mardi midi et lundi sauf août) Menu (24 €) – Carte 53/69 €
♦ Sur une presqu'île, hôtel les pieds dans l'eau : chambres bien décorées (bois exotique, objets chinés, mosaïques portugaises), certaines ont une terrasse donnant sur la plage. Produits de la mer à l'honneur au restaurant ; terrasse sur un promontoire au-dessus des flots.

✗✗ **Le Tout va Bien "Chez Parenti"**   ⪡ ℱ VISA ◯◯ AE ①
13 av. Napoléon – 𝒞 04 95 76 12 14 – mathieu.andrei@wanadoo.fr
– Fax 04 95 76 27 11 – Fermé 1ᵉʳ-15 déc., 2 janv.-28 fév., dim. soir et lundi sauf le soir en saison
Rest – Menu 21 € (déj. en sem.), 30/52 € – Carte 52/84 €
♦ Ce sympathique restaurant tenu depuis 1935 par la famille Parenti dispose d'une agréable terrasse tournée vers le port. Cuisine actuelle évoluant au gré de la pêche du jour.

QUENZA – 2A Corse-du-Sud – 345 D9 – 215 h. – alt. 840 m – ✉ 20122   15 **B3**
🚹 Ajaccio 85 – Bonifacio 75 – Porto-Vecchio 47 – Sartène 38
◙ Fresques★ de la chapelle Santa-Maria-Assunta.

🏠 **Sole e Monti**   ⪡ 🚗 ℱ P VISA ◯◯ AE ①
– 𝒞 04 95 78 62 53 – sole.e.monti@wanadoo.fr – Fax 04 95 78 63 88 – Ouvert 15 avril-30 sept.
19 ch – †70/135 € ††80/190 €, ☲ 10 € – ½ P 70/125 € – **Rest** – (fermé lundi midi et mardi midi) Menu 28 € (sem.)/36 € – Carte 35/51 €
♦ Dans un village dominé par les majestueuses aiguilles de Bavella, chambres rustiques (deux rénovées à l'identique), à choisir côté façade principale pour la vue sur la vallée. Au restaurant : cochon sauvage, cabri, charcuterie corse et autres richesses du terroir.

St-Florent – 2B Haute-Corse – 345 E3 – 1 474 h. – ✉ 20217   15 **B1**

🖪 Bastia 22 – Calvi 70 – Corte 75 – L'Ile-Rousse 45

🖪 Office de tourisme, centre Administratif ℰ 04 95 37 06 04, Fax 04 95 35 30 74

◙ Église Santa Maria Assunta★★ - Vieille Ville★.

◙ Les Agriates★.

Demeure Loredana sans rest ⍒   ⟨ 🖭 ⌶ ▤ & 🗚 ⤧ ⅍
Cisterninu Suttanu – ℰ 04 95 37 22 22 – info @   ☎ ⍓ **P** **VISA** **⓪**
demeureloredana.com – Fax 04 95 37 41 91
13 ch – ♦230/440 € ♦♦230/490 €, ⌷ 26 € – 4 suites
♦ Cet hôtel rivalise de détails luxueux pour un séjour d'exception. Espaces cossus, décor placé sous le signe de l'Inde (monumental balcon indien du 17ᵉ s.), vue sur la mer, piscine...

La Roya ⍒   ⟨ golfe et St Florent, 🖭 ⍺ 🕸 ⌶ ▤ 🗚 ⤧ ⅍ ch, ☎
1 km par rte Calvi et rte secondaire –   ⍓ **P** **VISA** **⓪** **AE**
ℰ 04 95 37 00 40 – michel @ hoteldelaroya.com – Fax 04 95 37 09 85
– *Ouvert 29 mars-12 nov.*
31 ch – ♦140/390 € ♦♦140/560 €, ⌷ 15 € – ½ P 110/235 €
Rest – *(ouvert 29 mars-2 nov.)* Menu 45 € – Carte 34/60 €
♦ Architecture moderne face à la plage de la Roya (accès direct). Jolies chambres bien équipées, d'esprit méridional ou asiatique, souvent dotées de balcons côté flots. Lumineuse salle à manger et terrasse ouverte sur le ravissant jardin et la piscine.

Dolce Notte sans rest ⍒   ⟨ golfe, 🖭 ⍺ 🕸 ☎ **P** **VISA** **⓪**
– ℰ 04 95 37 06 65 – info @ hotel-dolce-notte.com – Fax 04 95 37 10 70 – Ouvert
d'avril à oct.
20 ch – ♦67/122 € ♦♦67/164 €, ⌷ 8 €
♦ Construction basse tout en longueur, en bord de mer à la sortie de la ville sur la route du Cap Corse. Chambres tournées vers la Méditerranée, avec terrasse ou loggia.

Tettola sans rest   ⟨ ⌶ ▤ 🗚 🕸 **P** **VISA** **⓪**
1 km au Nord sur D 81 – ℰ 04 95 37 08 53 – info @ tettola.com
– *Fax 04 95 37 09 19 – Ouvert d'avril à oct.*
30 ch – ♦50/130 € ♦♦55/160 €, ⌷ 8 €
♦ Sur une plage de galets, hôtel récent disposant de chambres situées côté montagne ou côté grande bleue, plus tranquilles et lumineuses. Accueil aimable.

Le Bellevue sans rest   ⟨ ⍐ ⌶ 🕷 🕸 ☎ ⍓ **P** **VISA** **⓪** **AE** **①**
– ℰ 04 95 37 00 06 – hotel-bellevue@wanadoo.fr – Fax 04 95 37 14 83
– *Ouvert d'avril à oct.*
28 ch – ♦65/116 € ♦♦71/155 €, ⌷ 7 €
♦ Une place de choix au milieu d'un beau parc dominant la mer, face au Cap Corse. Les chambres, tout en blanc et bleu, sont dotées de lits en fer forgé, parfois à baldaquin.

Les Galets sans rest   ⟨ 🖭 & 🗚 ☎ **P** **VISA** **⓪**
rte du Front de Mer – ℰ 04 95 37 09 09 – hotellesgalets @ wanadoo.fr
– *Fax 04 95 37 48 88 – Ouvert d'avril à oct.*
16 ch – ♦47/99 € ♦♦47/128 €, ⌷ 7 €
♦ Attenant à une résidence, mais indépendant, hôtel récent disposant de grandes chambres fonctionnelles avec balcon et vue sur la mer. Agréable jardin ; accueil sympathique.

Maxime sans rest   🕸 **P**
St Florent – ℰ 04 95 37 05 30 – Fax 04 95 37 13 07 – Fermé déc. et janv.
19 ch – ♦48/75 € ♦♦48/75 €, ⌷ 7 €
♦ Bâtisse blanche aux volets bleus construite au bord d'un petit canal (amarrage possible). La plupart des chambres sont équipées de loggias ou de balcons.

🕺🕺 **La Rascasse**   ⟨ 🕷 🗚 **VISA** **⓪** **①**
promenade des Quais – ℰ 04 95 37 06 09 – atrium-saintflorent @ wanadoo.fr
– *Fax 04 95 37 06 99 – Ouvert avril-sept. et fermé lundi sauf de juin à août*
Rest – Menu 38 € – Carte 43/62 €
♦ Après la visite de l'ancienne cathédrale du Nebbio, venez ici déguster une fine cuisine au goût du jour. Deux agréables terrasses dont une panoramique dominant le port.

STE-LUCIE-DE-PORTO-VECCHIO – 2A Corse-du-Sud – 345 F9 – ✉ 20144

📗 Corse   15 **B3**

> ▶ Paris 942 – Ajaccio 157 – Porto-Vecchio 16 – Sartène 76 – Ghisonaccia 42
> 🛈 Syndicat d'initiative, Mairie annexe ℰ 04 95 71 48 99, Fax 04 95 71 48 99

Le Pinarello sans rest   ≤ mer, ⚶, ☷ AC ⁇ ☎ ⒔ P VISA ◍ AE
Pinarello – ℰ 04 95 71 44 39 – contact@lepinarello.com – Fax 04 95 70 66 87
– Ouvert de mi-avril à mi-oct.
31 ch – ♦214/535 € ♦♦230/1102 €, ⌑ 22 €
♦ Cet hôtel de plage, les pieds dans l'eau, fournit un hébergement aussi moderne que
raffiné et offre une vue magnifique sur le golfe éponyme. Bar luxueux et terrasse.

STE-LUCIE-DE-TALLANO – 2A Corse-du-Sud – 345 D9 – 392 h. – alt. 450 m
– ✉ 20112   15 **B3**

> ▶ Ajaccio 92 – Bonifacio 68 – Porto-Vecchio 48 – Sartène 19

✂ **Santa Lucia**   ⌂ AC VISA ◍
🍴 – ℰ 04 95 78 81 28 – santalucia@alicepro.fr – Fax 04 95 78 81 28 – Fermé janv. et
dim. hors saison
Rest – Menu 17/23 € – Carte 25/31 €
♦ Bercé par le murmure de la fontaine, attardez-vous sur la terrasse ombragée (tilleul et
acacia), face à la place centrale de ce pittoresque village. Cuisine corse familiale.

STE-MARIE-SICCHÉ – 2A Corse-du-Sud – 345 C8 – 357 h. – alt. 420 m
– ✉ 20190   15 **A3**

> ▶ Ajaccio 36 – Sartène 51

🏠 **Santa Maria**   ⌂ AC ⁇ P VISA ◍ AE ①
🍴 – ℰ 04 95 25 72 65 – info@santa-maria-hotel.com – Fax 04 95 25 71 34
22 ch – ♦45/50 € ♦♦50/55 €, ⌑ 7 € – ½ P 50/59 € – **Rest** – Menu (15 € bc),
17/25 €
♦ Ambiance de pension de famille dans ce bâtiment des années 1970 dont les chambres,
simples mais bien tenues, possèdent pour certaines un balcon. Salle à manger rustique où
l'on sert charcuteries maison et plats corses ; carte renouvelée régulièrement.

SANT'ANTONINO – 2B Haute-Corse – 345 C4 – 77 h. – alt. 500 m – ✉ 20220   15 **A1**

> ▶ Paris 959 – Ajaccio 155 – Bastia 99 – Corte 74 – Calvi 21

✂ **I Scalini**   ≤ montagne et mer, ⌂ VISA ◍
haut du village – ℰ 04 95 47 12 92 – Ouvert fin avril- début oct., fermé lundi sauf le
soir en juil. août et mardi midi hors saison
Rest – (nombre de couverts limité, prévenir) Carte 31/42 €
♦ Un étroit escalier en pierre conduit à ce restaurant perché au sommet du village. Intérieur
original (toilettes à voir absolument) et 4 petites terrasses ménagent de superbes panoramas. Délicieux petits plats et ambiance zen.

SARTÈNE ⊚ – 2A Corse-du-Sud – 345 C10 – 3 410 h. – alt. 310 m – ✉ 20100   15 **A3**

> ▶ Ajaccio 84 – Bonifacio 50 – Corte 149
> 🛈 Office de tourisme, 6, rue Borgo ℰ 04 95 77 15 40, Fax 04 95 77 15 40
> ◎ Vieille ville ★★ - Musée de Préhistoire corse ★.

🏨 **La Villa Piana** sans rest ⌂   ≤ ⚶ ☵ ⁇ ⁇ ⒔ P VISA ◍ AE
rte de Propriano – ℰ 04 95 77 07 04 – info@lavillapiana.com – Fax 04 95 73 45 65
– Ouvert 5 oct.-17 mars
32 ch – ♦62/115 € ♦♦62/115 €, ⌑ 9 €
♦ Beau panorama sur "la plus corse des villes corses" (P. Mérimée) depuis le parc de l'hôtel.
La piscine à débordement domine la vallée du Rizzanèse. Chambres plaisantes.

SOLENZARA – 2A Corse-du-Sud – 345 F8 – alt. 310 m – ✉ 20145   15 **B3**

> 🚗 Ajaccio 118 – Bonifacio 68 – Sartène 77
>
> 🖸 Office de tourisme, Anciennes ecoles ✆ 04 95 57 43 75, Fax 04 95 57 43 59

🏨 **La Solenzara** sans rest   ⪡ 🚗 ⅀ ఉ 🏧 📞 **P** VISA 🐓 AE

quartier du Palais – ✆ 04 95 57 42 18 – *info@lasolenzara.com*
– Fax 04 95 57 46 84 – Ouvert 15 mars-30 oct.
28 ch ⚏ – ♦60/95 € ♦♦65/100 €

♦ Grande demeure de style génois (18ᵉ s.) entourée d'un jardin. Chambres spacieuses, claires et sobres ; vue sur la mer à l'arrière. Belle piscine à débordement, jacuzzi extérieur.

⌂ **Francine et Sébastien** sans rest ⊗   ⪡ 🚗 ఉ 🏧 ↬ **P**

Scaffa Rossa, 1,5 km au Nord – ✆ 04 95 57 44 41
– sebastien.roccaserradeperetti@orange.fr – Fax 04 95 57 46 73
4 ch ⚏ – ♦90 € ♦♦90 €

♦ En bord de mer, jolie maison et son jardin bichonné menant à trois petites criques. Décor de bibelots et meubles de famille, chambres avec terrasse, petit-déjeuner sous véranda.

✗ **A Mandria**   🚗 🍴 **P**

1 km au Nord – ✆ 04 95 57 41 95 – *marcantoine.roccaserra@orange.fr*
– Fax 04 95 57 45 96 – Fermé janv. et fév., dim. soir et lundi de sept. à juin, lundi midi et merc. midi en juil. et août
Rest – Menu (16 €), 22/26 € – Carte 27/36 €

♦ Ce restaurant agréablement rustique (pierres et poutres apparentes, vieux outils de l'ancienne bergerie) propose une cuisine naturellement corse. Pergola jouxtant un potager.

ZONZA – 2A Corse-du-Sud – 345 E9 – 1 802 h. – alt. 780 m – ✉ 20124   15 **B3**

> 🚗 Ajaccio 93 – Bonifacio 67 – Porto-Vecchio 40 – Sartène 38
>
> ◉ Col et aiguilles de Bavella★★★ NE : 9 km.

🏠 **Le Tourisme** sans rest   ⪡ 🚗 ⅀ 🛋 🛗 ⅏ 📞 **P** VISA 🐓

– ✆ 04 95 78 67 72 – *letourisme@wanadoo.fr* – Fax 04 95 78 73 23 – *Ouvert d'avril à oct.*
16 ch ⚏ – ♦75/100 € ♦♦90/185 €

♦ Ancien relais de diligences (1875) qui a gardé sa fontaine d'origine. Chambres claires dotées de balcons. Jardin, belle piscine chauffée avec vue, fitness, sauna et jacuzzi.

CORTE – 2B Haute-Corse – 345 D6 – **voir à Corse**

CORVOL-D'EMBERNARD – 58 Nièvre – 319 D8 – 112 h. – alt. 260 m –
✉ 58210   7 **B2**

> 🚗 Paris 236 – Cosne-sur-Loire 48 – Dijon 168 – Nevers 45

⌂ **Le Colombier de Corvol** ⊗   🚗 ⅀ ↬ ⅏ **P** VISA 🐓

– ✆ 03 86 29 79 60 – *robert.collet1@wanadoo.fr* – Fax 03 86 29 79 33
5 ch ⚏ – ♦97/107 € ♦♦97/107 € – **Table d'hôte** – Menu 47 € bc

♦ Cette ferme de 1812 réunit chambres d'hôtes de charme et galerie d'art (dans les anciennes étables) où artistes contemporains sont exposés d'avril à septembre. Belle piscine dans la cour intérieure. Cuisine traditionnelle de saison.

COSNE-COURS-SUR-LOIRE ⬙ – 58 Nièvre – 319 A7 – 11 399 h. – alt. 150 m
– ✉ 58200 ▌ Bourgogne   7 **A2**

> 🚗 Paris 186 – Auxerre 83 – Bourges 61 – Montargis 76 – Nevers 54
>
> 🖸 Office de tourisme, place de l'Hôtel de Ville ✆ 03 86 28 11 85,
> Fax 03 86 28 11 85
>
> 🏌 du Sancerrois à SancerreN : 10 km par D 955, ✆ 02 48 54 11 22.
>
> ◉ Cheminée★ du musée.

Le Vieux Relais
🛏 VISA ⓜⓞ AE

11 r. St-Agnan – ℰ *03 86 28 20 21 – contacts@le-vieux-relais.fr*
– Fax 03 86 26 71 12 – Fermé 23 déc.-13 janv., vend. soir et dim. soir du 15 sept. au
30 avril et sam. midi
10 ch – †73/84 € ††80/91 €, ⌸ 10,50 € – ½ P 93 € – **Rest** – Menu 21 €
(sem.)/41 € – Carte 31/57 €

♦ Entre Loire et Nohain, un relais de poste multi-centenaire aux chambres agréables, portant des noms d'oiseaux et réparties autour d'une cour intérieure fleurie. Poutres et tons lumineux décorent la salle à manger, rénovée. Côté assiette, la tradition est à l'honneur.

✗✗ Les Forges avec ch
AC rest, VISA ⓜⓞ AE

21 r. St-Agnan – ℰ *03 86 28 23 50 – denis-cathye@wanadoo.fr*
– Fax 03 86 28 91 60
7 ch – †53/59 € ††59/68 €, ⌸ 8 € – **Rest** – (fermé 22-28 déc., dim. soir et lundi)
Menu (19 €), 26/60 € – Carte 38/49 €

♦ Cette avenante maison abrite une salle à manger confortable et chaleureuse où l'on propose une courte carte régionale. Chambres joliment décorées et tenues avec soin.

COSQUEVILLE – 50 Manche – 303 D1 – 491 h. – alt. 22 m – ⌷ 50330   32 **A1**
D Paris 358 – Caen 124 – Carentan 51 – Cherbourg 21 – St-Lô 79 – Valognes 27

✗✗ Au Bouquet de Cosqueville avec ch
P VISA ⓜⓞ

38 hameau Remond – ℰ *02 33 54 32 81 – aubouquet.decosqueville@orange.fr*
– Fax 02 33 54 63 38 – Fermé janv., merc. sauf juil. et mardi
7 ch – †47 € ††52 €, ⌸ 6,50 € – ½ P 56 € – **Rest** – Menu 20/65 € – Carte
45/56 €

♦ Un décor sagement rustique et une ambiance feutrée vous attendent dans cette vieille maison villageoise tapissée de vigne vierge. Cuisine de la mer et du terroir.

LE COTEAU – 42 Loire – 327 D3 – rattaché à Roanne

LA CÔTE-ST-ANDRÉ – 38 Isère – 333 E5 – 4 240 h. – alt. 370 m – ⌷ 38260
📙 Lyon et la vallée du Rhône   44 **B2**
D Paris 525 – Grenoble 50 – Lyon 67 – La Tour-du-Pin 33 – Valence 75
– Vienne 36 – Voiron 32
B Office de tourisme, place Hector Berlioz ℰ 04 74 20 61 43, Fax 04 74 20 56 25

✗✗ France avec ch
🕏 AC ⌕ 𝒶 VISA ⓜⓞ AE

16 pl. de l'Église – ℰ *04 74 20 25 99 – Fax 04 74 20 35 30*
14 ch – †58 € ††60/75 €, ⌸ 10 € – ½ P 82 € – **Rest** – (fermé dim. soir et lundi
sauf fériés) Menu 30 (sem.)/85 € – Carte 44/96 €

♦ Au cœur de la cité natale de Berlioz, cette demeure ancienne vous propose une cuisine ancrée dans la tradition. Petites chambres simples mais rafraîchies.

COTI-CHIAVARI – 2A Corse-du-Sud – 345 B9 – voir à Corse

COTIGNAC – 83 Var – 340 L4 – 2 026 h. – alt. 262 m – ⌷ 83570   41 **C3**
D Paris 834 – Marseille 84 – Toulon 69 – Hyères 73 – Draguignan 37
B Syndicat d'initiative, 2, rue Bonaventure ℰ 04 94 04 61 87

✗✗ L' Ensouleillado
🕏 AC **P** VISA ⓜⓞ AE

1 km au Nord sur D 13 – ℰ *04 94 04 61 61 – francoise.perie@wanadoo.fr*
– Fax 04 94 78 01 89 – Fermé 17 nov.-3 déc., 12-28 janv. lundi et mardi
Rest – (dîner seult sauf sam. et dim.) Menu 45 € – Carte 46/75 €

♦ La terrasse de cette jolie maison de pays bâtie à flanc de colline ménage une belle vue sur le village. Intérieur sobrement contemporain. Cuisine du marché.

COTINIÈRE – 17 Charente-Maritime – 324 C4 – voir à Île d'Oléron

---

LA COUARDE-SUR-MER – 17 Charente-Maritime – 324 B2 – voir à Île de Ré

COUCHES – 71 Saône-et-Loire – 320 H8 – 1 409 h. – alt. 320 m – ✉ 71490
Bourgogne 8 **C3**

Paris 328 – Autun 26 – Beaune 31 – Le Creusot 16 – Chalon-sur-Saône 26

Syndicat d'initiative, 3, Grande Rue ✆ 03 85 49 69 47, Fax 03 85 49 69 47

Les 3 Maures
ch, VISA AE

4 pl. de la République – ✆ 03 85 49 63 93 – tolfotel@wanadoo.fr
– Fax 03 85 49 50 29 – Fermé 1er-18 mars, 22-29 déc., et lundi hors saison
35 ch – 54/58 € 54/58 €, 7 € – ½ P 54 € – **Rest** – *(fermé 1er-18 mars, 22-29 déc., 15-28 fév., mardi midi et lundi hors saison)* Menu 16/40 € – Carte 25/37 €

◆ Préférez les chambres situées dans la nouvelle aile de cet ancien relais de poste. Bar à clientèle locale et grand caveau voûté où l'on vend des vins de Bourgogne. Salle à manger rustique agrémentée d'un beau plafond à la française et prolongée par une véranda.

COUDEKERQUE-BRANCHE – 59 Nord – 302 C1 – rattaché à Dunkerque

---

COUDRAY – 53 Mayenne – 310 F8 – rattaché à Château-Gontier

LE COUDRAY-MONTCEAUX – 91 Essonne – 312 D4 – 106 44 – voir à Paris, Environs (Corbeil-Essonnes)

COUERON – 44 Loire-Atlantique – 316 F4 – rattaché à Nantes

COUILLY-PONT-AUX-DAMES – 77 Seine-et-Marne – 312 G2 – 1 897 h. – alt. 50 m – ✉ 77860 Île de France 19 **C2**

Paris 45 – Coulommiers 20 – Lagny-sur-Marne 12 – Meaux 9 – Melun 45

Auberge de la Brie (Alain Pavard)
VISA AE

14 av. Boulingre, (D 436) – ✆ 01 64 63 51 80 – Fax 01 60 04 69 82
– Fermé 27 avril-5 mai, 2-26 août, 21 déc.-6 janv., dim. et lundi
Rest – *(nombre de couverts limité, prévenir)* Menu (33 €), 50/68 € – Carte 62/85 €
Spéc. Homard et tomates confites en millefeuille (début mai à mi-oct.). Saint-Jacques rôties, émulsion de citron et huile d'olive (mi-oct. à fin avril). Profiteroles "minute", crème glacée et chantilly vanille, sauce tiède chocolat.

◆ Parmi les atouts que compte cette coquette maison briarde : son cadre contemporain raffiné, sa délicieuse cuisine actuelle personnalisée et son accueil tout sourire.

COUIZA – 11 Aude – 344 E5 – 1 194 h. – alt. 228 m – ✉ 11190
Languedoc Roussillon 22 **B3**

Paris 785 – Carcassonne 41 – Foix 75 – Perpignan 88 – Toulouse 110

Château des Ducs de Joyeuse
rest, VISA AE

allée du Château – ✆ 04 68 74 23 50
– reception@chateau-des-ducs.com – Fax 04 68 74 23 36 – Ouvert 1er mars-15 nov.
35 ch – 90/105 € 90/205 €, 13 € – **Rest** – *(fermé dim. et lundi sauf juil.-août et le midi de sept. à avril)* Menu (26 € bc), 29 € (déj.)/55 € – Carte 49/67 €

◆ Les tours de ce beau château fortifié (16e s.) abritent de belles chambres d'inspiration médiévale (pierres, poutres, lits à baldaquin) ; toutes ont été rénovées. Élégante salle à manger voûtée ; cuisine sensible au rythme des saisons et au terroir.

COULANDON – 03 Allier – 326 G3 – rattaché à Moulins

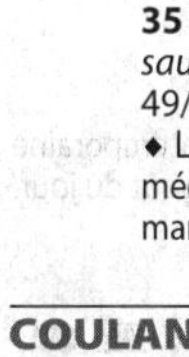

Première distinction : l'étoile ✿.
Elle couronne les tables pour lesquelles on ferait des kilomètres !

COULANGES-LA-VINEUSE – 89 Yonne – 319 E5 – 916 h. – alt. 193 m – ⊠ 89580

7 B1

▶ Paris 180 – Auxerre 15 – Avallon 42 – Clamecy 33 – Cosne-sur-Loire 67

à Val-de-Mercy 4 km au Sud par D 165 et D 38 – 369 h. – alt. 115 m – ⊠ 89580

XX **Auberge du Château** avec ch ⌖   🖼 🖼 ⅙ ⅞ rest, VISA ⓶

3 r. du Pont – ℰ 03 86 41 60 00 – delfontaine.j@wanadoo.fr – Fax 03 86 41 73 28
– Fermé 15 janv.-5 mars, lundi et mardi du 16 sept. au 14 juin
6 ch – †60/66 € ††69/91 €, ⊐ 10 € – ½ P 77/80 € – **Rest** – (nombre de couverts
limité, prévenir) Menu 25 € (déj.), 36/42 € – Carte 43/67 €

♦ Cette ancienne ferme est devenue une coquette auberge de campagne. Restaurant
composé de deux salons bourgeois parquetés aux murs ornés de tableaux. Chambres
feutrées.

COULLONS – 45 Loiret – 318 L6 – 2 274 h. – alt. 166 m – ⊠ 45720

12 C2

▶ Paris 165 – Aubigny-sur-Nère 18 – Gien 16 – Orléans 60 – Sully-sur-Loire 22

XX **La Canardière**   🖼 ⇔ VISA ⓶

1 r. de la Mairie – ℰ 02 38 29 23 47 – la.canardiere@wanadoo.fr
– Fax 02 38 29 27 33 – Fermé 11 août-2 sept., 22 déc.-6 janv., dim. soir, merc. soir,
lundi et mardi
Rest – Menu (20 €), 28/69 € – Carte 47/76 €
Rest *Brasserie* – Menu 11 € bc (déj. en sem.)/18 € – Carte 15/42 €

♦ Au restaurant, cadre rustique soigné : poutres, belle cheminée en cuivre, trophées de
chasse et animaux naturalisés. Cuisine traditionnelle et gibier en saison. À la Brasserie,
atmosphère conviviale, confort simple et menu annoncé sur l'ardoise du jour.

COULOMBIERS – 86 Vienne – 322 H6 – 1 017 h. – alt. 141 m – ⊠ 86600

39 C2

▶ Paris 352 – Couhé 25 – Lusignan 8 – Parthenay 44 – Poitiers 19 – Vivonne 10

▥ **Auberge le Centre Poitou**   🖼 🖼 ▤ ⅙ ch, ⌕ ⅍ ⌕ VISA ⓶

– ℰ 05 49 60 90 15 – hotelcentre-poitou@wanadoo.fr – Fax 05 49 60 53 70
– Fermé 20 oct.-3 nov., 23 fév.-2 mars, dim. soir et lundi du 15 sept. à juin
14 ch – †48/65 € ††55/130 €, ⊐ 15 € – ½ P 56/90 € – **Rest** – Menu 26/75 €
– Carte 63/80 €

♦ Relais sur la route de Compostelle, cette maison régionale dispose d'agréables chambres
meublées dans le style Louis-Philippe. Salon-piano, jardin verdoyant. Chaleureux restaurant façon auberge, terrasse sous une tonnelle et carte au goût du jour bien composée.

COULOMMIERS – 77 Seine-et-Marne – 312 H3 – 13 852 h. – alt. 85 m – ⊠ 77120
▥ Île de France

19 D2

▶ Paris 62 – Châlons-en-Champagne 111 – Meaux 26 – Melun 46 – Provins 39
🄸 Office de tourisme, 7, rue du Général-de-Gaulle ℰ 01 64 03 88 09,
Fax 01 64 03 88 09

XX **Les Échevins**   🖼 AC VISA ⓶ AE

quai de l'Hôtel-de-Ville – ℰ 01 64 20 75 85 – les.echevins@wanadoo.fr
– Fax 01 64 20 03 32 – Fermé août, janv., dim. et lundi
Rest – Menu (13 €), 17 € (sem.) – Carte 23/54 €

♦ Une façade évoquant un chalet dissimule cette salle de restaurant contemporaine
décorée de lithographies (fruits, légumes, vins). Terrasse d'été et cuisine au goût du jour.

à Pommeuse Ouest : 6,5 km – 2 476 h. – alt. 67 m – ⊠ 77515

⛫ **Le Moulin de Pommeuse** ⌖   🖼 🖼 ⅙ ⅞ VISA ⓶

32 av. Gén. Herne – ℰ 01 64 75 29 45 – info@le-moulin-de-pommeuse.com
– Fax 01 64 75 29 45
6 ch ⊐ – †53 € ††64 € – **Table d'hôte** – Menu 25 € bc/35 € bc

♦ Ce moulin à eau du 14e s. abrite de coquettes chambres aux noms évocateurs : Semailles,
Moisson, Batteuse... Petit salon aménagé dans l'ex-machinerie et parc agrémenté d'une île.
Menu unique à la table d'hôte (seulement certains jours).

COULON – 79 Deux-Sèvres – **322** C7 – 2 074 h. – alt. 6 m – ⊠ 79510
| Poitou Vendée Charentes   38 **B2**

- ◘ Paris 418 – Fontenay-le-Comte 25 – Niort 11 – La Rochelle 63
  – St-Jean-d'Angély 58
- **ℹ** Office de tourisme, 31, rue Gabriel Auchier *ℰ* 05 49 35 99 29,
  Fax 05 49 35 84 31
- ◉ Marais poitevin★★.

🏠   **Au Marais** sans rest ⑤   & VISA ◍◎ AE
quai L. Tardy – *ℰ* 05 49 35 90 43 – information@hotel-aumarais.com
– Fax 05 49 35 81 98 – Fermé 15 déc.-1er fév.
18 ch – †65 € ††75 €, � 12 €
♦ Face à l'embarcadère pour le Marais mouillé, deux anciennes maisons de bateliers.
Agréables chambres rustiques et colorées ; certaines ont vue sur la Sèvre. Accueil
charmant.

✗✗   **Le Central** avec ch   🈂 AC **P** VISA ◍◎ AE
🙂   4 r. d'Autrement – *ℰ* 05 49 35 90 20 – le-central-coulon@wanadoo.fr
– Fax 05 49 35 81 07 – Fermé 9-28 fév. et dim. soir d'oct. à mars
13 ch – †49/53 € ††56/70 €, ⊇ 9 € – ½ P 55/62 €
Rest – (fermé 29 sept.-13 oct., 9-28 fév., dim. soir et lundi) Menu 19 € (sem.)/40 €
– Carte 34/48 €
♦ Poutres, meubles campagnards, tons ensoleillés, faïences : la salle à manger de cette
auberge, située sur une jolie place, a du cachet. Patio-terrasse. Cuisine traditionnelle
soignée.

COUPELLE-VIEILLE – 62 Pas-de-Calais – **301** F4 – 494 h. – alt. 147 m –
⊠ 62310   30 **A2**

- ◘ Paris 232 – Abbeville 58 – Arras 64 – Boulogne-sur-Mer 48 – Calais 68
  – Lille 90

✗✗   **Le Fournil**   🚗 🈂 **P** VISA ◍◎
🍝   r. St-Omer – *ℰ* 03 21 04 47 13 – glefournil@wanadoo.fr – Fax 03 21 47 16 06
– Fermé mardi soir, dim. soir, soirs fériés et lundi
Rest – Menu (14,50 €), 17 € (sem.)/40 € – Carte 40/55 € ❀
♦ Restaurant proche du parc d'attractions du Moulin de la tour. Chaleureuse salle
à manger au décor étudié où l'on sert une cuisine actuelle arrosée de crus bien
choisis.

COURBEVOIE – 92 Hauts-de-Seine – **311** J2 – **101** 15 – voir à Paris, Environs

COURCELLES-DE-TOURAINE – 37 Indre-et-Loire – **317** K4 – 325 h. – alt. 85 m
– ⊠ 37330   11 **A2**

- ◘ Paris 267 – Angers 74 – Chinon 46 – Saumur 46 – Tours 35
- 🏌 du Château des Sept-Tours, E : 7 km, *ℰ* 02 47 24 69 75.

au golf 7 km à l'Est dir. Ambillou puis Château La Vallière
– ⊠ 37330 Courcelles-de-Touraine

🏠   **Château des Sept Tours** ⑤   ⇐ 🍃 🈂 🏊 🎈 & ch, 🏌 **P** VISA ◍◎ AE
– *ℰ* 02 47 24 69 75 – info@7tours.com – Fax 02 47 24 23 74 – Fermé fév.
44 ch – †150/265 € ††150/265 €, ⊇ 18 € – 2 suites
Rest *Notaboo* – (fermé dim. soir et lundi du 1er nov. au 31 janv. et le midi du lundi
au jeudi) Menu 85/130 € – Carte 60/76 €
Rest *Club House* – *ℰ* 02 47 24 59 67 (fermé mardi du 1er déc. au 28 fév.) (déj. seult)
Menu 19/40 € – Carte 24/28 €
♦ Château du 15e s. entouré d'un golf 18 trous. Grandes chambres sobrement décorées ;
fonctionnelles à l'Orangerie. Le chef, sorcier des fourneaux, réalise une cuisine inven-
tive, servie dans une salle bourgeoise doublée d'une terrasse-véranda tournée vers le parc.
Carte actuelle au Club House, situé dans une ex-chapelle.

COURCELLES-SUR-VESLE – 02 Aisne – 306 D6 – 295 h. – alt. 75 m – ⊠ 02220

37 **C2**

🔽 Paris 122 – Fère-en-Tardenois 20 – Laon 35 – Reims 39 – Soissons 21

Château de Courcelles 🔊 ≤ 🕭 🍽 ⌁ ℅ ⅄ ⇘ ⅃ ⅌ ⅍, 🔟 rest, 🔅
– ℘ 03 23 74 13 53 – reservation @ 🔅 rest, 🔅 🄿 𝗩𝗜𝗦𝗔 🔟 🄰🄴 🔟
chateau-de-courcelles.fr – Fax 03 23 74 06 41

15 ch – †180/355 € ††180/450 €, ⇌ 21 € – 3 suites – ½ P 175/265 €

Rest – Menu 45/195 € – Carte 81/137 € ⅋

Spéc. Langoustines à l'émietté de tourteau. Daurade grise cuite en croûte de sel aux algues (oct. à juil.). Côte de bœuf charolais grillée à la fondue de poireaux et légumes croustillants (avril à oct.). **Vins** Champagne.

◆ Château du 17ᵉ s. dans un parc de 20 ha (étang). Crébillon, Rousseau ou encore Cocteau lui ont confirmé ses lettres de noblesse. Chambres personnalisées. Salle à manger raffinée et belle véranda, meublée dans le style Napoléon III. Cuisine au goût du jour.

COURCHEVEL – 73 Savoie – 333 M5 – Sports d'hiver : 1 100/2 750 m ⅊ 11 ⅋ 54 ⅊ – ⊠ 73120 ▯ Alpes du Nord

45 **D2**

🔽 Paris 660 – Albertville 52 – Chambéry 99 – Moûtiers 25

Altiport ℘ 04 79 08 31 23, S : 4 km

🛈 Office de tourisme, Courchevel 1850 ℘ 04 79 08 00 29, Fax 04 79 08 15 63

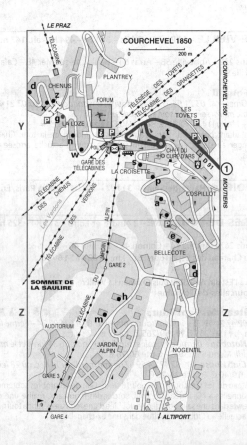

à Courchevel 1850 – alt. 1 850 m – ✉ 73120

◉ ❄★ - Belvédère la Saulire ★★★ (télécabine).

🏨🏨🏨 **Les Airelles** ⌂ — ⟨ 🏢 🖼 🕭 ḿ 📱 ⅀ ch, 🅰 rest, ⅗ 🏊 ☏
au Jardin Alpin – ✆ 04 79 00 38 38 – info@ — 🕭 VISA ◍◎ AE ⓪
airelles.fr – Fax 04 79 00 38 39 – Ouvert 14 déc.-12 avril — Z h
52 ch – ♦725/2200 € ♦♦800/2200 €, ⅁ 50 € – 7 suites
Rest *Pierre Gagnaire pour les Airelles* – (dîner seult) Carte 340/590 € ⅏
Rest *Le Coin Savoyard* – (dîner seult) Menu 100/130 € – Carte 110/165 €
♦ Exotisme montagnard en ce chalet de style tyrolien : oriel, balcons ouvragés, polychromie des façades, poêle en faïence et personnel en costume autrichien ! Bonne nouvelle pour les skieurs gourmets : Pierre Gagnaire se délocalise en Savoie. Cadre et cuisine d'esprit régional au Coin Savoyard.

🏨🏨🏨 **Cheval Blanc** ⌂ — ⟨ 🏢 🖼 🕭 ḿ 📱 ⅀ 🏊 rest, ☏ ⌂
au Jardin Alpin – ✆ 04 79 00 50 50 – info@ — 🕭 VISA ◍◎ AE ⓪
chevalblanc.com – Fax 04 79 00 50 51 – Ouvert 13 déc.-12 avril — Z m
33 ch (½ P seult) – 1 suite – ½ P 950/2250 €
Rest *Le 1947* – Carte 155/210 € ⅏
♦ Spa Givenchy, superbe piscine-cascade, boutiques, salon de coiffure, luxueuses chambres design et appartement de 650 m² : le chalet de montagne version... "haute couture". Délicieuse cuisine actuelle, large choix de bordeaux et ambiance contemporaine au 1947.

🏨🏨🏨 **Annapurna** ⌂ — ⟨ pistes et la Saulire, 🏢 🖼 ḿ 📱 🏊 rest, ☏ ⚜ 🅿
rte Altiport – ✆ 04 79 08 04 60 – info@ — 🕭 VISA ◍◎ AE ⓪
annapurna-courchevel.com – Fax 04 79 08 15 31 – Ouvert mi-déc. à mi-avril
55 ch ⅁ – ♦495/1124 € ♦♦625/1140 € – 8 suites – **Rest** – Menu 64 € (déj.)/72 € (dîner) – Carte 52/258 €
♦ C'est l'hôtel de Courchevel le plus proche des cimes. Cadre minéral, sobre architecture de bois clair. La plupart des chambres sont exposées plein Sud. Grande salle à manger et sa terrasse tournées vers les pistes de ski. Cuisine traditionnelle.

🏨🏨🏨 **Le Kilimandjaro** ⌂ — ⟨ pistes et montagnes, 🚠 🏢 🖼 🕭 ḿ 📱 🏊
rte Altiport – ✆ 04 79 01 46 46 — ☏ 🅿 🕭 VISA ◍◎ AE ⓪
– welcome@hotelkilimandjaro.com – Fax 04 79 01 46 40 – Ouvert mi-déc. à mi-avril
32 ch – ♦690/3190 € ♦♦690/3190 €, ⅁ 45 € – 3 suites
Rest *Le Cœur d'Or* – Carte 90/245 €
♦ Lauze, pierre et bois "vieilli" : de nobles matériaux pour ces luxueux chalets regroupés en hameau. Superbes chambres savoyardes, équipées high-tech et toutes dotées d'une loggia. Cuisine actuelle à savourer dans un cadre chaleureux et cosy.

🏨🏨🏨 **Amanresorts Le Mélézin** ⌂ — ⟨ 🏢 🖼 🕭 ḿ 📱 🏊 ☏
r. Bellecôte – ✆ 04 79 08 01 33 – lemelezin@ — 🅿 🕭 VISA ◍◎ AE
amanresorts.com – Fax 04 79 08 08 96 – Ouvert 19 déc.-13 avril — Y r
23 ch – ♦680 € ♦♦1050 €, ⅁ 28 € – 8 suites – **Rest** – Carte 67/91 €
♦ L'inspiration "troubadour" de la façade ne laisse pas deviner le ravissant intérieur contemporain (jolis bronzes d'art). Chambres raffinées, la plupart exposées plein Sud. Élégant restaurant et agréable terrasse où l'on déguste une cuisine au goût du jour.

🏨🏨🏨 **Le Carlina** ⌂ — ⟨ 🏢 🖼 🕭 ḿ 📱 🏊 rest, ☏ ⚜ 🅿 🕭 VISA ◍◎ AE
– ✆ 04 79 08 00 30 – message@hotelcarlina.com – Fax 04 79 08 04 03 – Ouvert de mi-déc. à mi-avril — Y a
58 ch (½ P seult) – 5 suites – ½ P 295/400 € – **Rest** – Menu 55 € (déj.)/75 €
♦ Imposant chalet de couleur brun-rouge dont les chambres, vastes et feutrées, ont vue sur les pistes (Sud) ou sur la vallée (Nord). Centre de balnéothérapie complet. Belle échappée sur les pentes enneigées depuis la salle à manger et la terrasse ensoleillée.

🏨🏨🏨 **Le Lana** ⌂ — ⟨ 🏢 🖼 🕭 ḿ 📱 🏊 rest, ☏ 🕭 VISA ◍◎ AE ⓪
– ✆ 04 79 08 01 10 – info@lelana.com – Fax 04 79 08 36 70 – Ouvert 15 déc.-15 avril — Y p
59 ch (½ P seult) – 20 suites – ½ P 320/1130 €
Rest *La Table du Lana* – Menu 40 € (déj.)/90 € – Carte 59/145 € ⅏
♦ Chambres cossues et personnalisées, bronzes, belle piscine "à la romaine" : l'originalité est de mise à l'intérieur de ce chalet en bois sombre. Centre de beauté. Jolie salle à manger d'inspiration montagnarde et sa terrasse bien exposée. Plats traditionnels.

Bellecôte ⚘ — ≤ 🏡 📺 ℔ ⓘ ℀ rest, 🖢 🖄 VISA ⓜ 🖭

r. Bellecôte – ℰ 04 79 08 10 19 – message@lebellecote.com – Fax 04 79 08 17 16
– Ouvert de mi-déc. à mi-avril   Z **d**
50 ch (½ P seult) – ½ P 250/350 € – **Rest** – Menu 55 € (déj.)/75 €

♦ Insolites chambres au parfum d'Asie : portes sculptées afghanes, mobilier népalais et statuettes cambodgiennes ; certaines possèdent un balcon orienté plein Sud. Restaurant meublé en style Louis XIII ou terrasse offrant la vue sur le sommet de Bellecôte.

Des Neiges ⚘ — ≤ 🏡 📺 ⓦ ⓘ ℔ ℀ rest, 🅿 🚗 VISA ⓜ 🖭

r. Bellecôte – ℰ 04 79 08 03 77 – welcome@hoteldesneiges.com
– Fax 04 79 08 18 70 – Ouvert 15 déc.-13 avril   Z **e**
42 ch ⊇ – ♦220/455 € ♦♦400/790 € – 6 suites – **Rest** – Menu 50 € (déj.),
72/150 €

♦ Nouvelle façade en bois clair et pierre, chambres rénovées avec goût, piano-bar feutré et centre de remise en forme : une cure de jouvence réussie ! Sobre salle à manger (exposition de tableaux), terrasse regardant les pistes et cuisine traditionnelle.

Alpes Hôtel du Pralong ⚘ — ≤ 🏡 📺 ℔ ⓘ 🖢 🖄

rte Altiport – ℰ 04 79 08 24 82 – reservation@   🅿 🚗 VISA ⓜ 🖭
hotelpralong.com – Fax 04 79 08 36 41 – Ouvert de mi-déc. à mi-avril
57 ch (½ P seult) – 8 suites – ½ P 207/480 € – **Rest** – Menu 58 € (déj.), 75 €
(dîner)/125 € (dîner) – Carte 113/145 €

♦ Sur la route de l'altiport, établissement tout entier tourné vers la montagne. Chambres claires et spacieuses, agréable piano-bar et jolie piscine en mosaïque. Vaste salle à manger compartimentée par d'imposantes colonnes. Terrasse ensoleillée face aux pistes.

La Sivolière ⚘ — ≤ ℔ ⓘ ℀ rest, 🖢 🖄 VISA ⓜ 🖭

r. Chenus – ℰ 04 79 08 08 33 – lasivoliere@sivoliere.fr – Fax 04 79 08 15 73
– Ouvert 16 déc.-19 avril   Y **d**
27 ch – ♦320 € ♦♦470 €, ⊇ 25 € – 12 suites – **Rest** – Menu 100 € (dîner)
– Carte le midi

♦ Les coquettes chambres montagnardes ont vue sur le spectacle donné par les écureuils de la forêt de sapins ! Salon de billard et attentions pour les enfants. Ravissante salle à manger lambrissée où trône une belle cheminée. Cuisine de tradition.

Le Chabichou (Michel Rochedy) ⚘ — ≤ 🏡 ℔ ⓘ ⅋ ch, 🖢 🖄

❀❀

r. Chenus – ℰ 04 79 08 00 55   🚗 VISA ⓜ 🖭 ⓞ
– info@lechabichou.com – Fax 04 79 08 33 58
– Ouvert début juil. à début sept. et début déc. à fin avril   Y **z**
22 ch (½ P seult) – 18 suites – ½ P 240/625 €
Rest – Menu (60 €), 100/220 € – Carte 130/220 €
Spéc. Croque-monsieur de homard bleu, fondant de céleri. Blanquette de grenouilles aux cèpes en corolle de pommes de terre. A la rencontre du chocolat. **Vins** Chignin-Bergeron, Mondeuse d'Arbin.

♦ Deux jolis chalets jumeaux tout de blanc vêtus. Les chambres rénovées arborent un chaleureux décor alpin. Plaisante salle à manger, petits salons intimes et deux étoiles... des neiges pour une belle cuisine inventive !

Les Grandes Alpes ⚘ — ≤ 🏡 📺 ⓦ ⓘ ℀ rest, 🖢 🖄 🚗 VISA ⓜ 🖭

r. de l'Église – ℰ 04 79 00 00 00 – welcome@lesgrandesalpes.com
– Fax 04 79 08 12 52 – Ouvert de début déc. à fin avril   Y **s**
43 ch – ♦350/680 € ♦♦380/710 €, ⊇ 25 € – 5 suites – ½ P 190/650 €
Rest – Menu 38 € (déj.), 55/68 € – Carte 39/84 €

♦ Chalet à la belle façade de pierre situé au-dessus d'une luxueuse galerie marchande. Chambres spacieuses et coquettes, plus agréables côté Sud (calme et vue sur les pistes). À midi, formules rapides. Le soir, carte traditionnelle et plats savoyards.

De la Loze sans rest — ℔ ⅋ VISA ⓜ 🖭

r. Park City – ℰ 04 79 08 28 25 – info@la-loze.com – Fax 04 79 08 39 29 – Ouvert
14 déc.-12 avril   Y **w**
28 ch – ♦240/500 € ♦♦240/500 €, ⊇ 20 € – 1 suite

♦ À côté des télécabines, hôtel au cadre raffiné : peintures murales dans les chambres confortables, salles de bains rénovées, salon décoré à l'autrichienne pour l'heure du thé.

La Pomme de Pin ⊗ ≤ vallée et montagnes, ╦ ℔ 🎬 ₺ ch, ℀ rest, r. Chenus – ℰ 04 79 08 36 88 – info @ ⓒ 🚙 VISA 🐵 AE
pommedepin.com – Fax 04 79 08 38 72 – Ouvert 15 déc.-15 avril   Y x
49 ch – ♦303/567 € ♦♦303/567 €, ⊆ 10 € – 1 suite – ½ P 198/353 €
Rest Le Bateau Ivre – voir ci-après – **Rest** – Carte 52/66 €
♦ Architecture contemporaine en bois et verre vous logeant dans de grandes chambres bientôt toutes rénovées ; la plupart ont vue sur la station, côté soleil levant.

Crystal Hôtel ⊗ ≤ montagnes, ╦ 🎬 🎬 P VISA 🐵 AE
rte Altiport – ℰ 04 79 08 28 22 – crystal.hotel @ wanadoo.fr – Fax 04 79 08 28 39
– Ouvert mi-déc. à mi-avril
47 ch (½ P seult) – 4 suites – ½ P 173/308 € – **Rest** – Menu 33 € (déj.), 45/58 € (dîner) – Carte 67/80 €
♦ Hôtel situé au pied des pistes et à l'écart du centre. Chambres rénovées, pratiques et baignées de lumière (vue sur la montagne ou la vallée). Bel espace de remise en forme. Sobre décor actuel dans une spacieuse salle à manger lambrissée. Recettes classiques.

Courcheneige ⊗ ≤ montagnes, ╦ ℔ 🎬 ℀ rest, ⓒ 🚙 VISA 🐵 AE
r. de Nogentil – ℰ 04 79 08 02 59 – info @ courcheneige.com – Fax 04 79 08 11 79
– Ouvert 20 déc.-15 avril
85 ch – ♦172/265 € ♦♦264/526 €, ⊆ 13 € – ½ P 132/189 € – **Rest** – Menu 25 € (déj.)/35 € – Carte 32/55 €
♦ Ce chalet planté au milieu des pistes illustre bien le concept de "station skis aux pieds". Petites chambres fonctionnelles. Salle à manger rustique réchauffée d'une grande cheminée. Belle terrasse. Carte traditionnelle.

ℋℋℋ **Le Bateau Ivre** (Jean-Pierre Jacob) – Hôtel La Pomme de Pin –
❀❀ r. Chenus – ≤ station et massif de la Vanoise, VISA 🐵 AE ⑩
ℰ 04 79 00 11 71 – pommedepin.courchevel @ wanadoo.fr – Fax 04 79 08 38 72
– Ouvert mi-déc. à mi-avril et fermé le midi du lundi au vend.   Y x
Rest – Menu 60 € (déj.), 95/190 € – Carte 108/215 € ᪣
Spéc. Saint-Jacques rôties, émulsion crémeuse d'oignons. Cuisses de grenouilles rôties, mousseline à l'ail doux. Fricassée de ris de veau aux écrevisses et aux asperges de Pertuis (mi-fév. à mi-avril). **Vins** Roussette de Savoie, Chignin-Bergeron.
♦ Cuisine inventive, belle carte des vins, chaleureux cadre contemporain et vue panoramique époustouflante sur la station et sur la Vanoise : l'après-ski façon "Courch" !

ℋℋ **La Saulire** ╦ VISA 🐵 AE
pl. Rocher – ℰ 04 79 08 07 52 – info @ lasaulire.com – Fax 04 79 08 02 63 – Ouvert
1er déc.-30 avril   Y t
Rest – Menu (29 €), 42 € (déj.) – Carte 67/98 € le soir
♦ Décor savoyard tout bois, affiches anciennes et vieux outils montagnards : l'intérieur façon chalet alpin a du cachet. Plats traditionnels et menu du jour suggéré sur ardoise.

ℋℋ **Le Genépi** VISA 🐵 AE
r. Park City – ℰ 04 79 08 08 63 – le-genepi @ wanadoo.fr – Fax 04 79 06 51 43
– Ouvert sept. à avril et fermé sam. et dim. de sept. à nov.   Y g
Rest – Menu 25 € (déj.), 30/65 € – Carte 52/83 €
♦ Le plaisant salon-bar, agrémenté d'une cheminée, dessert deux petites salles à manger rustiques et chaleureuses. Cuisine régionale privilégiant les produits du terroir.

ℋ **La Fromagerie** VISA 🐵
La Porte de Courchevel – ℰ 04 79 08 27 47 – Fax 04 79 08 20 91 – Ouvert de
début déc. à fin avril   Y b
Rest – (dîner seult) Menu 26/38 € – Carte 33/70 €
♦ Dégustation de spécialités fromagères régionales dans une salle à manger montagnarde décorée d'objets savoyards chinés dans les brocantes. Dîner aux chandelles.

à Courchevel 1650 par ① : 4 km – ⊠ 73120

Le Seizena ℔ ℀ ⓒ VISA 🐵
– ℰ 04 79 08 26 36 – welcome @ hotelseizena.com – Fax 04 79 08 38 83
– Ouvert mi-déc.-mi-avril
20 ch – ♦180/350 € ♦♦180/350 €, ⊆ 15 € – **Rest** – (dîner seult) Menu 38/60 €
– Carte 35/50 €
♦ Chaleureuse façade habillée de bois et de pierre, au centre de la station. Spacieuses cabines (chambres) résolument contemporaines, équipées high-tech. Restaurant lounge dont le décor évoque l'aviation. Carte des vins et cuisine du monde déclinées par escales.

COURCHEVEL

à **Courchevel 1550** par ① : 5,5 km – alt. 1 550 m – ✉ **73120**

🏠 **Les Ancolies** ⌛   ⪡ 𝟙6 🍴 ⅃ rest, 🛎 **P** **VISA** **◑◐**
– ☎ 04 79 08 27 66 – message@lesancolies.fr – Fax 04 79 08 05 64 – Ouvert
15 déc.-20 avril
32 ch (½ P seult) – ½ P 126/143 € – **Rest** – (dîner seult) Menu 40/45 € – Carte
42/48 € ⅋

♦ Tout de pierre et de bois, imposant immeuble situé aux portes de cette paisible station
familiale ; chambres fonctionnelles et lambrissées, toutes pourvues de balcons. Salle à
manger bordée de grandes baies vitrées. Cuisine actuelle et belle carte des vins.

au **Praz** (Courchevel 1300) par ① : 8 km – ✉ **73120 St-Bon-Tarentaise**

🏠 **Les Peupliers**   𝟙6 🍴 **P** **VISA** **◑◐** **AE**
– ☎ 04 79 08 41 47 – infos@lespeupliers.com – Fax 04 79 08 45 05 – Fermé mai
et juin
33 ch – †85/145 € ††95/250 €, ⊇ 11 € – 2 suites – ½ P 105/160 € –
Rest *La Table de mon Grand-Père* – Menu 25 € (déj. en sem.)/37 € – Carte
33/58 €

♦ Près d'un petit lac et du tremplin de saut olympique, hôtel aux chaleureuses chambres
montagnardes (avec balcon côté Sud). Accueil sympathique. Joli cadre savoyard et plats de
tradition à la Table de mon Grand-Père.

À LA TANIA – ✉ **73120**   46 **F2**

▶ Paris 661 – Lyon 195 – Chambéry 95 – Albertville 46
– Saint-Jean-de-Maurienne 104

🛈 Office de tourisme, Maison de la Tania ☎ 04 79 08 40 40, Fax 04 79 08 45 71

✗✗ **Le Farçon** (Julien Machet)   🌳 ⅃ **VISA** **◑◐**
⅍ – ☎ 04 79 08 80 34 – Fax 04 79 08 38 51 – Ouvert mi-juin à mi-sept., début déc. à
mi-avril et fermé dim. soir et lundi en été
Rest – Menu 30 € (déj.), 50/120 € – Carte 58/122 €
Spéc. Mille et trois façons de déguster les œufs et truffes. Foie de canard chaud en
raviole ouverte de chocolat. Râble de lapin farci au beaufort, polenta. **Vins** Vin de
Savoie, Mondeuse.

♦ Si l'enseigne et le coquet décor de ce restaurant rendent hommage à la Savoie, la
délicieuse cuisine explore un répertoire plus large et se montre pleine d'inventivité.

COUR-CHEVERNY – 41 Loir-et-Cher – 318 F6 – 2 555 h. – alt. 86 m –
✉ **41700**   11 **AB1**

▶ Paris 194 – Blois 14 – Châteauroux 88 – Orléans 73
– Romorantin-Lanthenay 28

🛈 Office de tourisme, 12, rue du Chêne des Dames ☎ 02 54 79 95 63,
Fax 02 54 79 23 90

◨ Château de Cheverny★★★ S : 1 km - Porte★ de la chapelle du château de
Troussay SO : 3,5 km - Château de Beauregard★, ▯ Châteaux de la loire

🏠 **St-Hubert**   🌳 🛎 ⅍ **P** **VISA** **◑◐** **AE** **①**
⊜ – ☎ 02 54 79 96 60 – hotel-sthubert@wanadoo.fr – Fax 02 54 79 21 17
🍽 **21 ch** – †40 € ††49 €, ⊇ 8,50 € – ½ P 52 € – **Rest** – (fermé dim. soir de nov.
à mars) Menu 16 € (déj. en sem.), 22/38 € – Carte 29/45 €

♦ Petit hôtel placé sous la protection du patron des chasseurs en cette localité à grande tradition de vénerie. Plaisante ambiance provinciale, âtre au salon, chambres actuelles. Salle
de restaurant lumineuse et colorée. Cuisine traditionnelle et gibier en saison.

à **Cheverny** 1 km au Sud – 986 h. – alt. 110 m – ✉ **41700**

🛈 Office de tourisme, 12, rue du Chêne des Dames ☎ 02 54 79 95 63,
Fax 02 54 79 23 90

🏠 **Château du Breuil** ⌛   ◊ 🌳 ⊐ 🛎 **P** **VISA** **◑◐** **AE** **①**
Ouest : 3 km par D 52 et voie privée – ☎ 02 54 44 20 20 – info@
chateau-du-breuil.fr – Fax 02 54 44 30 40 – Fermé janv.
16 ch – †106/140 € ††106/185 €, ⊇ 14 € – 2 suites – **Rest** – (dîner seult)
(résidents seult) Menu 40 €

♦ Visitez Cheverny et logez au Breuil : un parc arboré de 30 ha préserve ce château du 18ᵉ s.
du monde extérieur. Jolis salons et spacieuses chambres garnies de beaux meubles.

COURCOURONNES – 91 Essonne – 312 D4 – 101 36 – voir à Paris, Environs (Évry)

COURRUERO – 83 Var – 340 O6 – rattaché à Plan-de-la-Tour

COURS – 69 Rhône – 327 E3 – 4 241 h. – alt. 543 m – ⊠ 69470   44 **A1**

> ▷ Paris 416 – Chauffailles 17 – Lyon 75 – Mâcon 70 – Roanne 28
> – Villefranche-sur-Saône 50

au col du Pavillon 4 km à l'Est par D 64 – alt. 755 m – ⊠ 69470 Cours-la-Ville

🏨   **Le Pavillon** ॐ   🔲 🖧 🖧 ch, ⅃ ⌙ 🛆 P. VISA ⚫⚫
– ✆ 04 74 89 83 55 – hotel-pavillon @ wanadoo.fr – Fax 04 74 64 70 26 – Fermé
15-28 fév., dim. soir et sam. de sept. à avril
21 ch – ♦46 € ♦♦57 €, ☞ 8,50 € – ½ P 63 € – **Rest** – Menu 19 € (déj. en sem.),
24/35 € – Carte 33/38 €
♦ Au col même, en lisière de forêt ; la quiétude de l'environnement, l'architecture d'inspiration nordique et les chambres confortables font de cet hôtel une étape plaisante. Cuisine classique servie dans une salle à manger contemporaine prolongée d'une véranda.

COUR-ST-MAURICE – 25 Doubs – 321 K3 – 157 h. – alt. 500 m – ⊠ 25380

> ▷ Paris 481 – Baume-les-Dames 50 – Besançon 68 – Montbéliard 44
> – Maiche 12 – Morteau 37   17 **C2**

🏠   **Le Moulin** ॐ   ⪡ 🔲 🎸 rest, P. VISA ⚫⚫
à Moulin du Milieu, Est : 3 km sur D 39 – ✆ 03 81 44 35 18 – hotel.lemoulin @
yahoo.fr – Ouvert mars-sept.
6 ch – ♦45 € ♦♦76 €, ☞ 6,50 € – ½ P 58/63 € – **Rest** – (fermé merc. hors saison)
(nombre de couverts limité, prévenir) Menu 20/30 € – Carte 29/53 €
♦ Cette insolite villa des années 1930 fut construite pour un meunier de la vallée. Chambres rétro et salon moderne. Agréable jardin ombragé, parcours de pêche réservé aux hôtes. Carte traditionnelle servie dans une coquette salle à manger tournée vers la rivière.

COURSAN – 11 Aude – 344 J3 – rattaché à Narbonne

COURSEULLES-SUR-MER – 14 Calvados – 303 J4 – 3 886 h. – ⊠ 14470
▋ Normandie Cotentin   32 **B2**

> ▷ Paris 252 – Arromanches-les-Bains 14 – Bayeux 24 – Cabourg 41 – Caen 20
> 🖪 Office de tourisme, 5, rue du 11 novembre ✆ 02 31 37 46 80,
> Fax 02 31 37 29 25
> ◎ Clocher★ de l'église de Bernières-sur-Mer E : 2,5 km - Tour★ de l'église de
> Ver-sur-Mer O : 5 km par D 514.
> ◙ Château★★ de Fontaine-Henry S : 6,5 km.

✗✗   **La Pêcherie** avec ch   🔲 🎸 P. VISA ⚫⚫
pl. 6-Juin – ✆ 02 31 37 45 84 – pecherie @ wanadoo.fr – Fax 02 31 37 90 40
6 ch – ♦60/90 € ♦♦74/90 €, ☞ 9 € – ½ P 74/84 € – **Rest** – Menu 21/38 € – Carte
34/71 €
♦ Lampes-tempête, rames et hublots apportent à la salle de restaurant une touche maritime. On y sert une cuisine océane. Chambres façon cabines de bateau.

COURTENAY – 45 Loiret – 318 P3 – 3 437 h. – alt. 146 m – ⊠ 45320   12 **D2**

> ▷ Paris 118 – Auxerre 56 – Nemours 44 – Orléans 101 – Sens 25
> 🖪 Syndicat d'initiative, 5, rue du Mail ✆ 02 38 97 00 60, Fax 02 38 97 39 12
> 🖪 de Clairis à Savigny-sur-Clairis Domaine de Clairis, N : 7 km,
> ✆ 03 86 86 33 90.

✗✗✗   **Auberge La Clé des Champs** avec ch ॐ   🔲 🔲 🌊 P. VISA ⚫⚫ AE
rte de Joigny, 1 km – ✆ 02 38 97 42 68 – info @ hotel-lacledeschamps.fr
– Fax 02 38 97 38 10 – Fermé 13-30 oct., 12-29 janv., mardi et merc.
7 ch – ♦73/131 € ♦♦73/131 €, ☞ 10 € – **Rest** – (nombre de couverts limité,
prévenir) Menu 25/45 € – Carte 37/77 €
♦ Ferme du 17e s. et son jardin fleuri. Chambres campagnardes, élégante salle à manger rustique, ambiance champêtre, héliport privé : cette clé-là ouvre bien des horizons !

COURTENAY

à Ervauville 9 km au Nord-Ouest par N 60, D 32 et D 34 – 389 h. – alt. 152 m – ⊠ 45320

XXX **Le Gamin**   🚗 🛜 VISA ⓪
– 🕿 02 38 87 22 02 – restaurantlegamin@wanadoo.fr – Fax 02 38 87 25 40
– Fermé 23 juin-4 juil., 10-25 nov., 26 janv.-3 fév., dim. soir, lundi et mardi
Rest – *(nombre de couverts limité, prévenir)* Menu 46/56 €
♦ L'ancienne épicerie-buvette est devenue une élégante auberge. Décor original : grands miroirs, briques flammées et bibelots. Terrasse ouverte sur un joli jardin. Séduisante cuisine au goût du jour.

LA COURTINE – 23 Creuse – 325 K6 – 971 h. – alt. 789 m – ⊠ 23100   25 **D2**
🔼 Paris 424 – Aubusson 38 – La Bourboule 53 – Guéret 80 – Ussel 21
🔡 Syndicat d'initiative, Mairie 🕿 05 55 66 76 58, Fax 05 55 66 70 69

🏠 **Au Petit Breuil**   🚗 🏊 📶 & ch, 🐾 **P** 🛜 VISA ⓪ AE
rte Felletin – 🕿 05 55 66 76 67 – le.petit.breuil@wanadoo.fr – Fax 05 55 66 71 84
– Fermé 22 déc.-7 janv., lundi (sauf hôtel), vend. soir du 15 sept. au 15 avril et dim. soir
11 ch – †42 € ††51 €, � 7 € – ½ P 58 € – **Rest** – Menu 14 € (sem.)/39 € – Carte 22/42 €
♦ Demeure familiale centenaire dont les chambres, simples mais correctement équipées, sont plus calmes sur l'arrière. Pierres apparentes, chaises paillées, meubles anciens et cuivres donnent un cachet rustique à la salle à manger ; terrasse auprès de la piscine.

COUSSEY – 88 Vosges – 314 C2 – 707 h. – alt. 280 m – ⊠ 88630   26 **B3**
🔼 Paris 290 – Metz 116 – Toul 48 – Vandœuvre-lès-Nancy 56

🔼 **La Demeure du Gardien du Temps qui passe**   🚗 ♿ **P** 🛜
47 Grand Rue – 🕿 03 29 06 99 83 – Fax 03 29 06 99 83
5 ch ⊡ – †55 € ††75 € – 1 suite – **Table d'hôte** – Menu 20 €
♦ Cet ancien relais de poste (18ᵉ s.) dégage un charme authentique : jolis meubles chinés dans les chambres spacieuses et agréable salon-bibliothèque. La cuisine inspirée des îles procure un dépaysement total.

COUSTELLET – 84 Vaucluse – 332 D10 – alt. 243 m
– ⊠ 84220 Cabrières-d'Avignon ▌Provence   42 **E1**
🔼 Paris 705 – Avignon 31 – Apt 23 – Carpentras 26 – Cavaillon 10

X **Maison Gouin**   🛜 AC VISA ⓪
D 900 – 🕿 04 90 76 90 18 – lamaisongouin@wanadoo.fr – Fermé 1ᵉʳ-23 nov.,
11-25 fév., merc. et dim.
Rest – Menu 13 € bc (déj. en sem.)/36 € – Carte 44/60 €
♦ Dans un village du Petit Luberon, restaurant familial aménagé dans l'arrière-boutique de cette boucherie ouverte en 1928. On choisit directement son vin à la cave. Atypique !

COUTANCES ⊙ – 50 Manche – 303 D5 – 9 522 h. – alt. 91 m – ⊠ 50200
▌Normandie Cotentin   32 **A2**
🔼 Paris 335 – Avranches 52 – Cherbourg 76 – St-Lô 28 – Vire 66
🔡 Office de tourisme, place Georges Leclerc 🕿 02 33 19 08 10,
Fax 02 33 19 08 19
📷 Cathédrale★★★ : tour-lanterne★★★, parties hautes★★ - Jardin des Plantes★.

Plan page ci-contre

🏨 **Cositel** 🏖   ⟨ 🚗 🛜 & ch, ♿ 🐾 🖑 **P** VISA ⓪ AE
r. St-Malo – 🕿 02 33 19 15 00 – accueil@cositel.fr – Fax 02 33 19 15 02
55 ch – †59/81 € ††59/81 €, ⊡ 9 € – ½ P 53/60 €
Rest *Pommeau* – *(fermé sam. midi et dim. midi)* Menu (15 € bc), 21/29 € – Carte 23/44 €
♦ Ensemble moderne érigé sur une colline dominant la ville. Les chambres sont claires et garnies d'un mobilier fonctionnel. Au Pommeau, cuisine traditionnelle et terrasse d'été animée par la présence de petits bassins.

COUTANCES

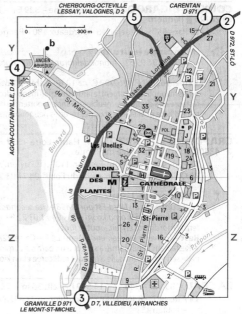

CHERBOURG-OCTEVILLE
LESSAY, VALOGNES, D 2
CARENTAN D 971

GRANVILLE D 971   D 7, VILLEDIEU, AVRANCHES
LE MONT-ST-MICHEL

⌂ **Manoir de L'Ecoulanderie** sans rest ⊗   ⩽ ⏀ 🖥 ⇆ ✠ ☎ **P**
r. de la Broche – ℰ 02 33 45 05 05 – contact@l-b-c.com   **Y** **b**
4 ch ⌂ – 🛉90/110 € 🛉🛉110/130 €

◆ Un parc arboré, une piscine couverte, Coutances et sa cathédrale à l'horizon... : de
séduisants atouts pour ce beau manoir du 18ᵉ s. et sa dépendance. Chambres personnalisées.

à Gratot 4 km par ④ et D 244 – 612 h. – alt. 83 m – ⊠ 50200

X **Le Tourne-Bride**   🚗 **P** **VISA** **◉◉**
85 r. d'Argouges – ℰ 02 33 45 11 00 – Fax 02 33 45 11 00 – Fermé vacances de fév.,
dim. soir et lundi
Rest – Menu (15 €), 20/52 € – Carte 36/56 €

◆ La cuisine traditionnelle perdure sereinement dans ce coquet relais de poste
du 19ᵉ s. proche du château de Gratot et de sa Tour à la Fée. Cadre rustique et chaleureux.

COUTRAS – 33 Gironde – 335 K4 – 7 003 h. – alt. 15 m – ⊠ 33230   **4 C1**
🄳 Paris 527 – Bergerac 67 – Blaye 50 – Bordeaux 51 – Jonzac 58 – Libourne 18
– Périgueux 87
🄸 Office de tourisme, 17, rue Sully ℰ 05 57 69 36 53, Fax 05 57 69 36 43

⌂ **Henri IV** sans rest   🚗 🅺 ⇆ ☎ 🍴 **P** **VISA** **◉◉** **AE**
pl. du 8 Mai 1945, (face à la gare) – ℰ 05 57 49 34 34 – contact@hotelcoutras.com
– Fax 05 57 49 20 72
16 ch – 🛉50/53 € 🛉🛉56/61 €, ⌂ 11 €

◆ La bataille que livra Henri IV en 1587 a fait entrer Coutras dans l'histoire. Cette
maison de maître du 19ᵉ s. abrite des chambres rénovées, climatisées et parfois mansardées.

COUX-ET-BIGAROQUE – 24 Dordogne – 329 G7 – 818 h. – alt. 85 m –
⊠ 24220 ▯ Périgord   4 **C3**

▸ Paris 557 – Bergerac 46 – Bordeaux 180 – Périgueux 55

Manoir de la Brunie ⌖   ⌂ ⌂ ⌃ 🌣 🌣 **P** **VISA** **MC**
– ☏ 05 53 31 95 62 – manoirdelabrunie@wanadoo.fr – Fax 05 53 31 95 62
– Fermé déc.-janv.
5 ch – †62/97 € ††62/97 €, ⌁ 12 € – **Table d'hôte** – Menu 27 € bc
♦ Des magnolias parfument le jardin de ce joli manoir dont l'intérieur a été soigneusement restauré. Les chambres, meublées d'ancien, portent le nom d'un château de la région. La table d'hôte privilégie les bonnes recettes périgourdines.

CRAPONNE-SUR-ARZON – 43 Haute-Loire – 331 F2 – 2 653 h. – alt. 915 m –
⊠ 43500 ▯ Lyon et la vallée du Rhône   6 **C2**

▸ Paris 473 – Clermont-Ferrand 110 – Le Puy-en-Velay 39 – St-Etienne 60
🛈 Office de tourisme, 6, place du For ☏ 04 71 03 23 14, Fax 04 71 01 24 19

✕ **Brûleurs de Loups**   ≤ ⌃ ⌂ 🌣 **P** **VISA** **MC** **AE**
Les Cours, 1 km au Nord-Est par D 498 et rte secondaire – ☏ 04 71 03 22 99
– fredericmatton@gmail.com – Fax 04 71 03 22 99 – Ouvert 1er mai-5 sept. et fermé mardi sauf en juil.-août et lundi
Rest – (prévenir le week-end) Menu 24 € – Carte 22/37 €
♦ Restaurant familial situé au cœur d'un parc qui surplombe le village. Cuisine traditionnelle servie dans une salle à manger redécorée et un kiosque-terrasse en plein air.

LA CRAU – 83 Var – 340 L7 – 14 509 h. – alt. 36 m – ⊠ 83260   41 **C3**

▸ Paris 847 – Brignoles 41 – Draguignan 71 – Hyères 9 – Marseille 77
  – Toulon 15
🛈 Office de tourisme, 37 avenue du 8 mai 1945 ☏ 04 94 66 14 48,
  Fax 04 94 14 03 15

✕✕ **Auberge du Fenouillet**   **AC** **VISA** **MC** **AE**
20 av. Gén. de Gaulle – ☏ 04 94 66 76 74 – aubergedu-fenouillet@orange.fr
– Fax 04 94 57 81 09 – Fermé dim. soir, lundi et mardi
Rest – Menu 45/60 € – Carte 45/60 €
♦ En centre-ville, façade riante dont la jolie patine ocre vif ravive aussi les murs intérieurs des salles à manger principales. Patio-terrasse sur planches. Choix traditionnel.

CRAVANT – 89 Yonne – 319 F5 – 824 h. – alt. 120 m – ⊠ 89460   7 **B1**

▸ Paris 185 – Auxerre 19 – Avallon 33 – Clamecy 35 – Montbard 65
🛈 Syndicat d'initiative, 4, rue d'Orléans ☏ 03 86 42 25 71

▥ **Hostellerie St-Pierre** ⌖   ⌂ ⌃ ⌂ 🌣 ⌃ **VISA** **MC**
5 r. Église – ☏ 03 86 42 31 67 – hostellerie-st-pierre@wanadoo.fr
– Fax 03 86 42 37 43 – Fermé 20 déc.-10 janv. et dim.
9 ch – †58 € ††63 €, ⌁ 9 € – ½ P 71 € – **Rest** – (dîner seult) (nombre de couverts limité, prévenir) Menu 32 € ⌀
♦ Cet hôtel familial vous réserve un accueil chaleureux dans de coquettes petites chambres disposées autour d'une mignonne cour fleurie. Caveau de dégustation. Lumineuse salle-véranda, cuisine actuelle et bons vins (vieux millésimes) à prix doux.

CRAVANT-LES-CÔTEAUX – 37 Indre-et-Loire – 317 L6 – 751 h. – alt. 50 m –
⊠ 37500   11 **A3**

▸ Paris 284 – Orléans 160 – Tours 45 – Joué-lès-Tours 37 – Châtellerault 57

Manoir des Berthaisières ⌖   ⌃ ⌂ ⌃ **P** **VISA** **MC**
– ☏ 02 47 98 35 07 – lesberthaisieres@wanadoo.fr – Fax 02 47 98 35 07
3 ch ⌁ – †65 € ††75/125 € – **Table d'hôte** – Menu 30 € bc
♦ Au cœur d'une immense propriété possédant des vignes, ce manoir propose trois chambres (deux dans le pavillon, dont une accueillant les chiens). Piscine, fitness et jacuzzi. À table, on déguste une cuisine traditionnelle. Cours de cuisine dispensés aux hôtes.

CRAZANNES – 17 Charente-Maritime – 324 F4 – 409 h. – alt. 25 m – ⊠ 17350

📗 Poitou Vendée Charentes

38 **B2**

　　　🖸 Paris 468 – Poitiers 134 – Rochefort 37 – Saintes 18

⚐　　**Château de Crazannes** ⬩　　　≤ 🕭 ⌁ �, 🄿 **VISA** **⓪⓪** 🄰🄴
　　　– 🕾 06 80 65 40 96 – crazannes @ worldonline.fr – Fax 05 46 91 34 46
　　　6 ch – †90/180 € ††90/180 €, � 12 € – **Table d'hôte** – Menu 35 €
　　　◆ Ce château du 15e s., niché dans un parc de 8 ha, est classé monument historique. Les
　　　chambres du donjon sont luxueuses ; les autres possèdent un beau mobilier ancien.

CREANCEY – 21 Côte-d'Or – 320 H6 – rattaché Pouilly-en-Auxois

---

CRÈCHES-SUR-SAÔNE – 71 Saône-et-Loire – 320 I12 – rattaché à Mâcon

---

CRÉCY-LA-CHAPELLE – 77 Seine-et-Marne – 312 G2 – 3 851 h. – alt. 50 m –
⊠ 77580 📗 Île de France

19 **C2**

　　　🖸 Paris 48 – Boulogne-Billancourt 56 – Montreuil 43 – Saint-Denis 60
　　　🄱 Office de tourisme, 1, place du Marché 🕾 01 64 63 70 19, Fax 01 64 63 70 39
　　　🖪 de la Brie Ferme de Montpichet, SE : 2km par D 934, 🕾 01 64 75 34 44.

⚐　　**La Hérissonière** sans rest ⬩　　　　　　🚄 🛏 📞
　　　4 r. Barrois – 🕾 01 64 63 00 72 – laherissoniere @ free.fr – Fax 01 64 63 00 72
　　　4 ch ⊑ – †50 € ††60 €
　　　◆ Cette charmante demeure du 18e s. jouit d'une situation privilégiée au bord du Morin. Les
　　　confortables chambres, garnies de meubles de famille, donnent toutes côté rivière.

CRÉDIN – 56 Morbihan – 308 O6 – 1 421 h. – alt. 124 m – ⊠ 56580

10 **C2**

　　　🖸 Paris 451 – Rennes 100 – Vannes 49 – Pontivy 19 – Hennebont 64

⚐　　**La Maison Blanche aux Volets Bleus** ⬩　　　🚄 🛏 📞 🄿
　　　à Blézouan, 2,5 km à l'Est par D11 et rte secondaire – 🕾 02 97 38 58 61 – info @
　　　lamaisonblancheauxvoletsbleus.com
　　　4 ch ⊑ – †88 € ††126 € – ½ P 95 € – **Table d'hôte** – Menu 50 € bc
　　　◆ Une maison bien attachante au bout d'un hameau perdu dans la campagne : coquettes
　　　chambres évoquant divers aspects de la Bretagne. Location de vélos ; ateliers de cuisine.
　　　Petits plats familiaux servis autour d'une grande table en teck.

CREIL – 60 Oise – 305 F5 – 30 675 h. – alt. 30 m – ⊠ 60100

📗 Île de France

36 **B3**

　　　🖸 Paris 63 – Beauvais 45 – Chantilly 9 – Clermont 17 – Compiègne 37
　　　🄱 Syndicat d'initiative, 41, place du Général-de-Gaulle 🕾 03 44 55 16 07,
　　　Fax 03 44 55 05 27
　　　🖪 d'Apremont à Apremont CD 606, SE : 6 km par D 1330, 🕾 03 44 25 61 11.

🏠　　**La Ferme de Vaux**　　　　🚄 🛏 📞 🔥 🄿 **VISA** **⓪⓪** 🄰🄴
　　　à Vaux, (sur D 120 direction Verneuil) – 🕾 03 44 64 77 00 – joly.eveline @
　　　wanadoo.fr – Fax 03 44 26 81 50
　　　28 ch – †64 € ††72 €, ⊑ 7,50 € – ½ P 62 € – **Rest** – (fermé sam. midi et dim. soir)
　　　Menu (17 €), 25/36 € – Carte 41/53 €
　　　◆ Ancienne ferme francilienne entourant une cour intérieure. Confort moderne dans les
　　　chambres, plus spacieuses au rez-de-chaussée. Murs en pierres apparentes et mobilier
　　　rajeuni servent de décor à la salle à manger. Carte classique ; service attentionné.

CRÉMIEU – 38 Isère – 333 E3 – 3 169 h. – alt. 200 m – ⊠ 38460

📗 Lyon et la vallée du Rhône

44 **B2**

　　　🖸 Paris 488 – Belley 49 – Bourg-en-Bresse 64 – Grenoble 86 – Lyon 36 – La
　　　Tour-du-Pin 28
　　　🄱 Office de tourisme, 9, place de la Nation 🕾 04 74 90 45 13,
　　　Fax 04 74 90 02 25
　　　◎ Halles★.

✗ **Auberge de la Chaite** avec ch   🖼 🖼 ↳ **P** **VISA** **◯◯** **AE**
pl. des Tilleuls – ℰ 04 74 90 76 63 – aubergedelachaite@wanadoo.fr
– Fax 04 74 90 88 08 – Fermé 12-28 avril, 25-31 août, 23 déc.-12 janv., dim. soir,
merc. midi et lundi
10 ch – ♦51 € ♦♦51 €, ⌷ 7,50 € – **Rest** – Menu 18 € (sem.)/37 € – Carte 28/53 €
♦ Face à la porte de la Loi, cette maison de pays propose des plats traditionnels à déguster
dans une salle rustique à souhait ou sur la terrasse ombragée. Chambres modestes.

CREON – 33 Gironde – 335 I6 – 2 856 h. – alt. 110 m – ⊠ 33670
🔲 Aquitaine   3 **B1**

   🖸 Paris 597 – Bordeaux 25 – Arcachon 88 – Langon 32 – Libourne 22
   🖪 Office de tourisme, 62, boulevardd Victor Hugo ℰ 05 56 23 23 00

🏠🏠🏠 **Hostellerie Château Camiac** ⌂   🕭 🖼 ⤳ ✗ 🖫 🖾 ch, ✗ rest,
rte de Branne, (D 121) – ℰ 05 56 23 20 85 – info@   📞 🖓 **P** **VISA** **◯◯**
chateaucamiac.com – Fax 05 56 23 38 84 – Ouvert 1er mai-30 sept.
12 ch – ♦160/200 € ♦♦200/250 €, ⌷ 16 € – 2 suites – **Rest** – (fermé mardi)
Menu 32/68 € – Carte 43/71 €
♦ Étape de charme en ce château du vignoble bordelais bâti au 18e s. Chambres garnies de
meubles anciens ou de style ; quelques originales salles de bains vitrées. Piscine, tennis.
Restaurant cossu et feutré, agrémenté de tableaux ; cuisine dans l'air du temps.

CRÉON-D'ARMAGNAC – 40 Landes – 335 K11 – 282 h. – alt. 130 m – ⊠ 40240
   🖸 Paris 700 – Bordeaux 122 – Condom 47 – Mont-de-Marsan 36   4 **C2**

🏠 **Le Poutic** ⌂   🖼 🖼 ↳ ✗ **P** **VISA** **◯◯**
rte de Cazaubon – ℰ 05 58 44 66 97 – lepoutic@wanadoo.fr
3 ch ⌷ – ♦45/53 € ♦♦50/62 € – **Table d'hôte** – (fermé dim. en juil.-août)
Menu 20 € bc/30 € bc
♦ Chênes et tilleuls ombragent le parc de cette ferme landaise parfaitement restaurée. Les
chambres, décorées avec attention, disposent d'une entrée indépendante. Nombreux
séjours à thème (golf, équitation et chasse à la palombe). Table traditionnelle et régionale.

CREPON – 14 Calvados – 303 I4 – 199 h. – alt. 52 m – ⊠ 14480
🔲 Normandie Cotentin   32 **B2**

   🖸 Paris 257 – Bayeux 13 – Caen 23 – Deauville 66

🏠🏠 **Ferme de la Rançonnière** ⌂   🖼 🖫 ⅚ 📞 🖓 **P** **VISA** **◯◯**
rte Arromanches-les-Bains – ℰ 02 31 22 21 73 – ranconniere@wanadoo.fr
– Fax 02 31 22 98 39
35 ch – ♦55/170 € ♦♦55/170 €, ⌷ 11 € – ½ P 65/125 €
Rest – (fermé 5-28 janv.) Menu 22 € (sem.)/48 € – Carte 34/53 €
♦ Vous serez séduits par cette ferme fortifiée médiévale dont les chambres aux poutres
patinées sont agrémentées de meubles et bibelots anciens. Le cadre paysan de la salle de
restaurant a été jalousement préservé : cheminée, murs et belles voûtes en pierre.

Ferme de Mathan 🕭 ⌂   🖼 📞 **P** **VISA** **◯◯**
à 800 m. – ranconniere@wanadoo.fr
22 ch – ♦110/170 € ♦♦110/250 €, ⌷ 11 € – ½ P 90/240 €
♦ Chambres récemment aménagées dans une métairie du 18e s. ; spacieuses, elles sont
joliment décorées et dotées de meubles chinés. Calme garanti.

CRESSERONS – 14 Calvados – 303 J4 – rattaché à Douvres-la-Délivrande

---

CREST – 26 Drôme – 332 D5 – 7 739 h. – alt. 196 m – ⊠ 26400
🔲 Lyon et la vallée du Rhône   44 **B3**

   🖸 Paris 585 – Die 37 – Gap 129 – Grenoble 114 – Montélimar 37 – Valence 28
   🖪 Office de tourisme, place du Docteur Rozier ℰ 04 75 25 11 38,
   Fax 04 75 76 79 65
   🖸 du Domaine de Sagnol à Gigors-et-Lozeron Domaine de Sagnol, NE : 19 km
   par D 731, ℰ 04 75 40 98 00.
   ◉ Donjon ★ : ✳ ★.

✕✕ **Kléber** avec ch   AC rest, VISA ⓂⓄ AE
6 r. A. Dumont – ℰ 04 75 25 11 69 – Fax 04 75 76 82 82 – Fermé 1ᵉʳ-15 janv., lundi
soir et mardi midi   Z e
7 ch – ♦34/54 € ♦♦34/54 €, ⌑ 7 € – **Rest** – Menu 25/46 €
♦ Touche transalpine dans la petite cité au fier donjon : murs joliment travaillés à l'éponge
et sièges italiens en cuir rouge. Cuisine classique.

à La Répara-Auriples 8 km au Sud par D 538 et D 166 rte d'Autichamp – 222 h.
– alt. 350 m – ✉ 26400

⌂ **Le Prieuré Des Sources** 🦢   ≼ 🚗 🏠 ⅉ ☏ 🛁 P VISA ⓂⓄ
– ℰ 04 75 25 03 46 – leprieuredessources@wanadoo.fr – Fax 04 75 25 53 07
10 ch – ♦100/195 € ♦♦100/195 €, ⌑ 13,50 € – ½ P 90/135 €
Table d'hôte – Menu 22/43 €
♦ Dans son jardin bien tenu, cet ancien prieuré vous ouvre ses portes : salon et salle à
manger voûtés, grandes chambres décorées dans un style africain ou asiatique. Plats au
goût du jour servis aux résidents, pour le dîner uniquement.

LE CRESTET – 84 Vaucluse – 332 D8 – **rattaché à Vaison-la-Romaine**

CREST-VOLAND – 73 Savoie – 333 M3 – 418 h. – alt. 1 230 m – **Sports d'hiver :**
1 230/2 000 m ⅀17 ⅀ – ✉ 73590 ▯ **Alpes du Nord**   46 **F1**
🚗 Paris 588 – Albertville 24 – Annecy 53 – Chamonix-Mont-Blanc 47
– Megève 15
🛈 Office de tourisme, Maison de Crest-Voland ℰ 04 79 31 62 57,
Fax 04 79 31 85 36

⌂ **Caprice des Neiges** 🦢   ≼ 🚗 🏠 ✕ ✕ rest, P VISA ⓂⓄ AE
rte du Col des Saisies : 1 km – ℰ 04 79 31 62 95 – info@
hotel-capricedesneiges.com – Fax 04 79 31 79 30 – Fermé mi-avril à mi-juin
16 ch – ♦78/130 € ♦♦78/130 €, ⌑ 10 € – ½ P 62/92 € – **Rest** – Menu 15/40 €
– Carte 24/49 €
♦ Chalet aux balcons fleuris situé au pied des pistes, légèrement à l'écart du village.
Chaleureux intérieur au charme savoyard actuel. Salle à manger au joli décor montagnard,
tout de bois et de pierres. Cuisine régionale. Aire de jeux pour enfants.

⌂ **Mont Bisanne**   ≼ 🏠 P VISA ⓂⓄ ①
– ℰ 04 79 31 60 26 – hotelmontbisanne@yahoo.fr – Fax 04 79 31 89 58 – Ouvert
18 déc.-3 mai
14 ch – ♦50 € ♦♦65 €, ⌑ 9 € – ½ P 61/76 € – **Rest** – Menu (15 €), 22 € – Carte
22/28 €
♦ Au cœur du petit village, un chalet rénové il y a peu dans un esprit savoyard tout à fait
charmant. Chambres confortables et bien tenues, dotées de balcons à l'avant. Plats traditionnels et spécialités savoyardes sont servis dans deux salles à manger séparées.

⌂ **Les Campanules** 🦢   ≼ ↯ ✕ P
chemin de la Grange – ℰ 04 79 31 81 43 – chanteline@wanadoo.fr
3 ch ⌑ – ♦51/67 € ♦♦61/67 € – **Table d'hôte** – (ouvert de déc. à mars)
Menu 21 € bc
♦ Ce chalet bâti face à la chaîne des Aravis et au mont Charvin séduira les amateurs de calme
et de nature. Chambres confortables et soignées, salon-cheminée, copieux petits-déjeuners. Spécialités savoyardes et produits du terroir à la table d'hôte.

CRÉTEIL – 94 Val-de-Marne – 312 D3 – **101** 27 – **voir à Paris, Environs**

CREULLY – 14 Calvados – 303 I4 – 1 426 h. – alt. 27 m – ✉ 14480   32 **B2**
🚗 Paris 253 – Bayeux 14 – Caen 20 – Deauville 62

✕✕ **Hostellerie St-Martin** avec ch   ↯ P VISA ⓂⓄ AE ①
– ℰ 02 31 80 10 11 – hostellerie.st.martin@wanadoo.fr – Fax 02 31 08 17 64
12 ch – ♦48 € ♦♦48 €, ⌑ 6 € – ½ P 49 € – **Rest** – Menu 14 € (sem.)/42 €
♦ Ces belles salles voûtées du 16ᵉ s., agrémentées de sculptures d'un artiste régional,
abritaient naguère les halles du village ; plats traditionnels. Chambres pour l'étape.

LE CREUSOT – 71 Saône-et-Loire – **320** G9 – 26 283 h. – alt. 348 m – ⌧ 71200

Bourgogne

8 C3

> ▶ Paris 316 – Autun 30 – Beaune 46 – Chalon-sur-Saône 38 – Mâcon 89
>
> ▯ Office de tourisme, château de la Verrerie ℰ 03 85 55 02 46,
>   Fax 03 85 80 11 03
>
> ◉ Château de la Verrerie★.
>
> ◖ Mont St-Vincent★ ⁂ ★★.

🏨 **La Petite Verrerie** 🏠 📶 P̲ V̲I̲S̲A̲ ⓐⓔ AE

4 r. J. Guesde – ℰ *03 85 73 97 97* – *petiteverrerie@hotelfp-lecreusot.com*
– Fax 03 85 73 97 90 – Fermé 20 déc.-5 janv.
43 ch – ♦93 € ♦♦113 €, ⊡ 12 € – 6 suites – **Rest** – *(fermé sam. midi et dim.)*
Menu 26/31 €

♦ Pharmacie des Usines, cercle des employés, maison pour hôtes de marque et enfin hôtel confortable imprégné de l'histoire de la ville. Chambres rénovées. Salle à manger bourgeoise ornée de peintures sur le thème de la métallurgie ; bar contigu.

au Breuil 5,5 km à l'Est par rue principale et direction centre équestre – 3 667 h.
– alt. 337 m – ⌧ 71670

🏠 **Le Domaine de Montvaltin** sans rest ⅏ ⤢ 🖼 ⁂ ⅋ ⤶
– ℰ *03 85 55 87 12* – *domainedemontvaltin@* ⅏ 📶 P̲ V̲I̲S̲A̲ ⓐⓔ
hotmail.com – Fax 03 85 55 54 72 – Fermé fév.
4 ch ⊡ – ♦65/85 € ♦♦70/90 €

♦ À 5 minutes du Creusot, dans un site agreste, ancienne ferme (20ᵉ s.) réaménagée mettant à votre disposition trois types de chambres aux décors personnalisés avec fraîcheur et féminité. Court de tennis, piscine couverte, jardin soigné et étang peuplé de carpes.

à Montcenis 3 km à l'Ouest par D 784 – 2 352 h. – alt. 400 m – ⌧ 71710

✕✕ **Le Montcenis** V̲I̲S̲A̲ ⓐⓔ
2 pl. Champ de Foire – ℰ *03 85 55 44 36* – *restaurant.le-montcenis@wanadoo.fr*
☺ *– Fax 03 85 55 89 52 – Fermé 13 juil.-4 août, 2 sem. en fév., dim. soir et lundi*
Rest – *(nombre de couverts limité, prévenir)* Menu (13 €), 19 € (déj. en sem.),
26/40 € – Carte 41/51 €

♦ Salon douillet, cave voûtée pour l'apéritif et salle "néo-bourguignonne" où l'on mange sous de belles poutres : un cadre accueillant pour une cuisine généreuse et personnalisée.

à Torcy 4 km au Sud par D 28 – 3 554 h. – alt. 310 m – ⌧ 71210

✕✕✕ **Le Vieux Saule** 🏠 P̲ V̲I̲S̲A̲ ⓐⓔ
– ℰ *03 85 55 09 53* – *restaurant.levieuxsaule@wanadoo.fr – Fax 03 85 80 39 99*
☺ *– Fermé dim. soir et lundi*
Rest – Menu 16 € (sem.), 26/67 € – Carte 45/65 €

♦ Mets traditionnels et quelquefois actualisés, servis dans l'ambiance feutrée d'une salle aux murs pourpres. Chaises ornées de motifs liés aux vins de Bourgogne.

CREUTZWALD – 57 Moselle – **307** L3 – 14 360 h. – alt. 210 m –
⌧ 57150

27 C1

> ▶ Paris 376 – Metz 53 – Neunkirchen 61 – Saarbrücken 37
>
> ▯ Syndicat d'initiative, Hôtel de Ville ℰ 03 87 81 89 89, Fax 03 87 82 08 15

✕✕ **Auberge Richebourg** 🏠 A̲C̲ V̲I̲S̲A̲ ⓐⓔ AE
17 r. de la Houve – ℰ *03 87 90 17 54* – *richebourg@wanadoo.fr*
– Fax 03 87 90 28 56 – Fermé 1ᵉʳ-21 août, sam. midi, dim. soir et lundi
Rest – Menu 20 € (sem.)/55 € – Carte 40/55 €

♦ Salle moderne rénovée, terrasse donnant sur un petit jardin-potager et carte traditionnelle. En plus, les mardis et vendredis soirs, grillades dans la cheminée.

CRICQUEBŒUF – 14 Calvados – **303** M3 – rattaché à Honfleur

CRILLON – 60 Oise – 305 C3 – 433 h. – alt. 110 m – ⊠ 60112   36 **A2**

> ◘ Paris 103 – Aumale 33 – Beauvais 16 – Breteuil 33 – Compiègne 75
> – Gournay-en-Bray 18

XX   **La Petite France**   AC VISA ●● AE
7 r. Moulin – ✆ 03 44 81 01 13 – lapetitefrance@wanadoo.fr – Fax 03 44 81 01 13
– Fermé 21 juil.-3 août, mardi soir, dim. soir et lundi sauf fériés
Rest – Menu (13,50 €), 23 € bc (sem.)/34 € – Carte 33/60 €
♦ Cette accueillante auberge située dans un village du Beauvaisis abrite deux
salles à manger rustiques. Carte traditionnelle dont la tête de veau ravigote, spécialité
maison.

CRILLON-LE-BRAVE – 84 Vaucluse – 332 D9 – 398 h. – alt. 340 m
– ⊠ 84410   42 **E1**

> ◘ Paris 687 – Avignon 41 – Carpentras 14 – Nyons 37 – Vaison-la-Romaine 22

🏠🏠🏠   **Crillon le Brave** ⚜   🚗 🎇 🏊 ᦔ ch, 🍽 🐾 **P** VISA ●● AE ①
pl. de l'Église – ✆ 04 90 65 61 61 – crillonbrave@relaischateaux.com
– Fax 04 90 65 62 86 – Ouvert avril-déc.
28 ch – ♦200/700 € ♦♦200/700 €, ⊃ 19 € – 4 suites – **Rest** – Carte 44/75 €
♦ Sept maisons anciennes typées dans un village perché face au Mont Ventoux. Jardin à
l'italienne en terrasses débouchant sur la piscine. Ravissantes chambres provençales.
Cuisine actuelle aux accents du Sud et carte "snack" à l'heure du déjeuner.

CRIQUETOT-L'ESNEVAL – 76 Seine-Maritime – 304 B4 – 2 149 h. – alt. 127 m
– ⊠ 76280   33 **C1**

> ◘ Paris 197 – Fécamp 19 – Le Havre 28 – Rouen 81

⌂   **Le Manoir**   🛋 ⇆ **P**
🆘   5 pl. des Anciens Élèves, (près de l'église) – ✆ 02 35 29 31 90 – serge.quevilly@
wanadoo.fr – Fax 02 35 29 31 90
6 ch ⊃ – ♦50/52 € ♦♦62/66 € – ½ P 50 € – **Table d'hôte** – Menu 17 €
♦ D'élégantes armoires normandes garnissent les grandes chambres de cette gentilhommière à la coquette façade de brique et de pierre. Vaste parc arboré et fleuri.

CRISENOY – 77 Seine-et-Marne – 312 F4 – **rattaché à Melun**

LE CROISIC – 44 Loire-Atlantique – 316 A4 – 4 278 h. – alt. 6 m – ⊠ 44490
▌Bretagne   34 **A2**

> ◘ Paris 459 – La Baule 9 – Nantes 86 – Redon 66 – Vannes 81
> 🚹 Office de tourisme, place du 18 Juin 1940 ✆ 02 40 23 00 70,
> Fax 02 40 23 23 70
> 🏐 du Croisic Golf de la Pointe, O : 3 km, ✆ 02 40 23 14 60.
> ◎ Océarium★ - ≼★ du Mont-Lénigo.

Plan page suivante

🏠🏠🏠   **Le Fort de l'Océan** ⚜ 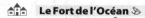   ≼ 🚗 🎇 🏊 ᦔ ch, AC 🐾 🚗 VISA ●● AE ①
pointe du Croisic – ✆ 02 40 15 77 77 – fortocean@relaischateaux.com
– Fax 02 40 15 77 80
9 ch – ♦200 € ♦♦280/300 €, ⊃ 18 € – ½ P 165/220 € – **Rest** – (fermé
11 nov.-20 déc., 4 janv.-7 fév., merc. et jeudi midi du 14 juil. au 31 août, lundi et
mardi) Menu 32 € (déj. en sem.), 45/78 € – Carte 76/103 €
♦ Fortin du 17ᵉ s. "à la Vauban" surplombant l'océan. Toutes les chambres, agréablement
personnalisées, jouissent d'une vue superbe sur la Côte sauvage. Vélos à disposition.
Cuisine de la mer soignée à déguster dans une élégante salle à manger-véranda.

🏠🏠🏠   **Les Vikings** sans rest   ≼ 🏐 AC 🛁 🚗 VISA ●● AE ①
à Port-Lin – ✆ 02 40 62 90 03 – vikings@fr.oleane.com
– Fax 02 40 23 28 03   AZ **e**
24 ch – ♦71/111 € ♦♦71/111 €, ⊃ 12 €
♦ Airs de villégiature pour cet hôtel aux chambres spacieuses et personnalisées
(mobilier récent d'esprit ancien). Quelques-unes tournent leur bow-window vers la Côte
sauvage.

LE CROISIC

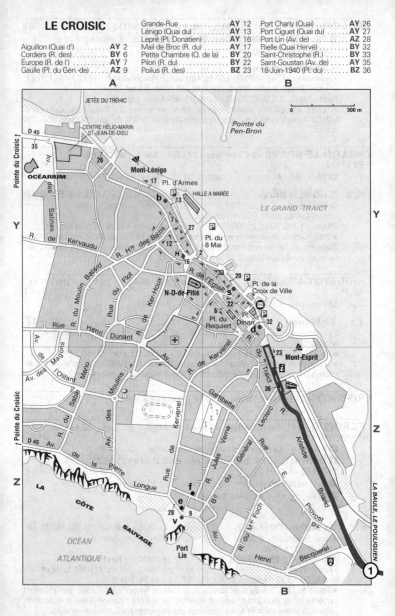

 Les Nids sans rest 🦢   📶 🄽 ᡬ, 📞 **P** *VISA* 🌕 🄰🄴

15 r. Pasteur à Port-Lin – 𝒞 02 40 23 00 63 – hotellesnids@worldonline.fr
– Fax 02 40 23 09 79 – Ouvert d'avril à sept.   AZ **f**
24 ch – 🛏61/77 € 🛏🛏61/89 €, ☑ 9 €

♦ Petit hôtel bien entretenu proposant des chambres colorées équipées de meubles
peints. Petits-déjeuners servis au bord de la piscine couverte. Aire de jeux pour les enfants

Castel Moor ≤ ⌂ ∿ 🐾 ♨ P VISA ⚫ AE

Baie Castouillet, 1,5 km au Nord Ouest par D 45 – ℰ 02 40 23 24 18 – castel @
castel-moor.com – Fax 02 40 62 98 90
18 ch – 💧58/63 € 💧💧64/70 €, ⌑ 8 € – ½ P 92/110 € – **Rest** – *(fermé dim. soir*
d'oct. à fév.) Menu 24/41 € – Carte 31/50 €

♦ Imposante villa contemporaine située sur la route de corniche, longeant la Côte sauvage.
Les chambres disposent presque toutes d'un balcon ou d'une terrasse. Salle à manger en
demi-rotonde et véranda ouvrant plein cadre sur l'océan. La table est marine à souhait.

XXX L'Océan ≤ mer et côte, VISA ⚫ AE ⓞ

à Port-Lin – ℰ 02 40 62 90 03 – vikings @ fr.oleane.com
– Fax 02 40 23 28 03 AZ **v**
Rest – Carte 51/110 € ✿
Rest *Le Bistrot de l'Océan* – Carte 25/45 €

♦ Atout majeur de ce restaurant agrippé aux rochers : la vue panoramique sur le large. On
y propose des produits de la mer "tout frais pêchés". Côté plage, on s'installe dans
l'atmosphère actuelle du Bistrot de l'Océan. Plats iodés et choix de crêpes et galettes.

XX La Bouillabaisse Bretonne VISA ⚫

au port – ℰ 02 40 23 06 74 – Fax 02 40 15 71 43 – Fermé 2 janv.-20 mars, dim. soir
et mardi sauf juil.-août et lundi BY **s**
Rest – Menu 20 € bc/33 € bc – Carte 30/53 €

♦ L'enseigne fera sourciller les Marseillais, mais la vue sur les flots bleus réconciliera Bretons
et Provençaux. Homards et langoustines vous tendent leurs pinces.

XX Le Lénigo ⌂ VISA ⚫ AE

11 quai Lénigo – ℰ 02 40 23 00 31 – le.lenigo @ wanadoo.fr – Fax 02 40 23 01 01
– Ouvert 15 fév.-15 nov. et fermé lundi et mardi sauf août AY **b**
Rest – Menu 22/34 € – Carte 30/59 €

♦ Face à la criée, embarquez dans ce restaurant à l'atmosphère nautique (bois vernis,
hublots, cordages...), et à la cuisine simple mais fine, à base de produits iodés très frais.

X Le Saint-Alys ⌂ 👍 🎬 VISA ⚫

3 quai Hervé-Rielle – ℰ 02 40 23 58 40 – Fax 02 40 23 58 40 – Fermé 3-9 nov.,
⚭ *23-26 déc., 12-24 fév., dim. soir, mardi soir et merc.* BY **d**
⊚ **Rest** – Menu 17 € (sem.)/35 € – Carte 30/45 €

♦ Accueil charmant dans cette petite maison bien placée, face au port de plaisance. Intérieur sobre et soigné où l'on savoure une cuisine actuelle privilégiant les poissons.

LA CROIX-BLANCHE – 71 Saône-et-Loire – 320 I11 – **rattaché à Berzé-la-Ville**

LA CROIX-DU-BREUIL – 87 Haute-Vienne – 325 F4 – **rattaché à**
Bessines-sur-Gartempe

LA CROIX-FRY (COL DE) – 74 Haute-Savoie – 328 L5 – **rattaché à Manigod**

LA CROIX-VALMER – 83 Var – 340 O6 – 2 734 h. – alt. 120 m – ⊠ 83420
▮ Côte d'Azur 41 **C3**

> ▶ Paris 873 – Draguignan 48 – Fréjus 35 – Le Lavandou 27 – Ste-Maxime 15
> – Toulon 68

> 🚹 Office de tourisme, esplanade de la Gare ℰ 04 94 55 12 12,
> Fax 04 94 55 12 10

> 🏌 Gassin Golf Country Club à Gassin Route de Ramatuelle, N : 8 km,
> ℰ 04 94 55 13 44.

au Sud-Ouest 3,5 km par D 559 puis rte secondaire par rd-pt du Débarquement
– ⊠ 83420 La Croix-Valmer

X La Petite Auberge de Barbigoua ⌂ P VISA ⚫

quartier Barbigoua – ℰ 04 94 54 21 82 – Ouvert Pâques-30 sept. et fermé du lundi
au jeudi de pâques à mai, lundi et mardi de juin à sept.
Rest – *(dîner seult)* Menu (30 €) – Carte 39/48 €

♦ Discrète petite adresse et son agréable terrasse-jardin. Atmosphère conviviale, intérieur
d'esprit rustique, carte dans la note régionale orientée poissons.

à Gigaro 5 km au Sud-Est par rte secondaire – ⊠ 83420 La Croix-Valmer

🏠🏠🏠 **Château de Valmer** ⬙ ⩽ 🛈 🌀 🍽 🕲 🖊 🕭 ⲕ ch, ⸙ 🕉
plage de Gigaro – ℰ 04 94 55 15 15 – info @ 🅿 VISA 🐵 AE ①
chateauvalmer.com – Fax 04 94 55 15 10 – Ouvert début avril-mi-oct.
41 ch – †197/282 € ††345/494 €, ⊇ 27 € – 1 suite – **Rest** – (fermé mardi) (dîner
seult) Menu 65 € – Carte 77/98 €
♦ Au sein d'un domaine viticole, ancienne maison de maître abritant de vastes chambres de style régional. Piscine bordée d'une palmeraie. Tout nouveau spa très complet. Au restaurant, la Provence est à la fête, tant dans le décor que dans l'assiette !

🏠🏠🏠 **La Pinède-Plage** ⬙ ⩽ 🌊 ⚠ 🍽 ⸙ ⲕ ch, ⸙ 🅿 VISA 🐵 AE ①
plage de Gigaro – ℰ 04 94 55 16 16 – info @ pinedeplage.com – Fax 04 94 55 16 10
– Ouvert mai- début oct.
33 ch – †197/282 € ††340/486 €, ⊇ 27 € – **Rest** – Menu 56 € (dîner) – Carte 50/92 €
♦ "Les pieds dans l'eau" et ombragée par des pins parasols, construction récente au plaisant décor (joli camaïeu de beige). Chambres cosy, avec terrasse ou balcon. Salle à manger-véranda meublée en rotin ou tables dressées près de la piscine, face à la mer.

🏠🏠🏠 **Souleias** ⬙ ⩽ mer et îles, 🌊 🍽 🖊 🕲 ⲕ ch, ⸙ rest,
plage de Gigaro – ℰ 04 94 55 10 55 – infos @ ⸙ 🅿 VISA 🐵 AE
hotel-souleias.com – Fax 04 94 54 36 23 – Ouvert 21 mars-14 oct.
48 ch – †100/464 € ††100/464 €, ⊇ 20 € – ½ P 125/307 € – **Rest** – (ouvert
2 mai-5 oct. et fermé mardi soir) Menu 38 € (déj. en sem.), 52/89 €
♦ Belle propriété sous les pins, au sommet d'une colline face au littoral. Chambres sobres, jardin fleurant bon la Provence, tennis et plaisance. Le restaurant – sa terrasse ombragée surplombe le bar-piscine – propose des soirées musicales le mardi. Carte régionale.

CROS-DE-CAGNES – 06 Alpes-Maritimes – 341 D6 – **rattaché à Cagnes-sur-Mer**

LE CROTOY – 80 Somme – 301 C6 – **2 439 h.** – **alt. 1 m** – ⊠ 80550
📘 Nord Pas-de-Calais Picardie   36 **A1**
🚗 Paris 210 – Abbeville 22 – Amiens 75 – Berck-sur-Mer 29 – Hesdin 41
🖼 Office de tourisme, 1, rue Carnot ℰ 03 22 27 05 25, Fax 03 22 27 90 58

🏠 **Les Tourelles** ⩽ 🍽 VISA 🐵
2 et 4 r. Pierre Guerlain – ℰ 03 22 27 16 33 – info @ lestourelles.com
– Fax 03 22 27 11 45 – Fermé 6 janv.-1er fév.
33 ch – †41/51 € ††61/89 €, ⊇ 9 € – **Rest** – Menu 21/31 € – Carte 25/50 €
♦ Belle maison de maître du 19e s. face à la baie de Somme. Chambres personnalisées, original dortoir pour les enfants, salon cosy. Nombreuses activités et expositions. Cuisine du terroir privilégiant les produits de la mer servie dans une sobre salle.

CROZANT – 23 Creuse – 325 G2 – **581 h.** – **alt. 263 m** – ⊠ 23160 📘 Limousin Berry
🚗 Paris 329 – Argenton-sur-Creuse 31 – La Châtre 46 – Guéret 41
– Montmorillon 68   25 **C1**
🔳 Ruines ★.

✕ **Auberge de la Vallée** VISA 🐵
😊 – ℰ 05 55 89 80 03 – Fax 05 55 89 83 22 – Fermé 2 janv.-2 fév., lundi soir et mardi
Rest – Menu 17/41 € – Carte 29/37 €
♦ Petite auberge campagnarde proposant une cuisine traditionnelle réalisée avec les produits du terroir. Sobre salle à manger de style rustique.

CROZET – 01 Ain – 328 J3 – **1 349 h.** – **alt. 540 m** – ⊠ 01170   46 **F1**
🚗 Paris 537 – Lyon 153 – Bourg-en-Bresse 105 – Genève 16 – Annecy 57

🏠🏠🏠 **Jiva Hill Park Hôtel** ⬙ ⩽ 🛈 🍽 🔲 🌀 🖼 ⸙ 🕭 ⲕ 🖊 📞 ⸙
rte d'Harée – ℰ 04 50 28 48 48 – welcome @ 🅿 VISA 🐵 AE ①
jivahill.com – Fax 04 50 28 48 49
34 ch – †265/365 € ††305/405 €, ⊇ 20 € – 6 suites
Rest *Shamwari* – Menu 35 € (déj.), 45/65 € – Carte 60/68 €
♦ Raffinement, luxe et lignes contemporaines à 10 mn de l'aéroport de Genève. Cet hôtel, pensé comme un lodge sud-africain, est placé sous le signe de la sophistication chic. Restaurant intimiste, avec terrasse face au Mont-Blanc, pour une cuisine au goût du jour.

CROZON – 29 Finistère – **308** E5 – 7 535 h. – alt. 85 m – ⊠ 29160

▐ Bretagne

9 **A2**

> ◗ Paris 587 – Brest 60 – Châteaulin 35 – Douarnenez 40 – Morlaix 81
> – Quimper 49

> ◮ Office de tourisme, boulevard de Pralognan ⌀ 02 98 27 07 92,
> Fax 02 98 27 24 89

> ◙ Retable★ de l'église.

> ◩ Circuit des Pointes★★★.

⊞ **La Presqu'île** ⴲ ☒ rest, ⚘ ☏ *VISA* 🆖 ஐ

pl. de l'Église – ⌀ 02 98 27 29 29 – mutin.gourmand1 @ wanadoo.fr
– Fax 02 98 26 11 97 – Fermé 6-26 oct., 24 mars-6 avril, dim. soir et lundi hors
saison
12 ch – ▮46/75 € ▮▮46/75 €, ⊆ 10 € – ½ P 56/90 €
Rest *Le Mutin Gourmand* – voir ci-après
♦ L'ex-mairie abrite désormais des chambres insonorisées et décorées avec goût dans un
style qui panache touches actuelles et esprit breton. Boutique de vins et produits régionaux.

☓☓ **Le Mutin Gourmand** ⴲ ☒ ⚘ ch, ⇔ *VISA* 🆖 ஐ

pl. de l'Église – ⌀ 02 98 27 06 51 – mutin.gourmand1 @ wanadoo.fr
– Fax 02 98 26 11 97 – Fermé 6-26 oct., 24 mars-6 avril, lundi sauf le soir en saison,
mardi midi et dim. soir
Rest – Menu 23/59 € – Carte 42/73 € ⅜
♦ Décor contemporain, pierres apparentes, aquarelles et vivier de homards en cette
accueillante maison bretonne. Cuisine régionale soignée ; vins du Languedoc et de la Loire.

au Fret 5,5 km au Nord par D 155 et D 55 – ⊠ 29160 Crozon

⊞ **Hostellerie de la Mer** ⬕ ⌂ ☏ *VISA* 🆖 ஐ

11 quai du Fret – ⌀ 02 98 27 61 90 – hostellerie.de.la.mer @ wanadoo.fr
– Fax 02 98 27 65 89 – Fermé sam. et dim. en janv.
25 ch – ▮44/70 € ▮▮44/95 €, ⊆ 9 € – ½ P 54/67 € – **Rest** – (fermé 2 janv.-8 fév.)
Menu 25/69 € – Carte 41/80 €
♦ Agréable ambiance de pension familiale pour cet hôtel regardant la rade de Brest. Petites
chambres simples mais bien tenues (certaines profitent de la vue). Au restaurant, mobilier
breton, beau panorama et cuisine honorant les produits de la mer.

CRUGNY – 51 Marne – **306** E7 – 576 h. – alt. 100 m – ⊠ 51170

▐ Champagne Ardenne

13 **B2**

> ◗ Paris 135 – Châlons-en-Champagne 71 – Reims 28 – Soissons 39

⌂ **La Maison Bleue** ⑤ ⥾ ☕ ↯ ⚘ ▣ *VISA* 🆖

46 r. Haute – ⌀ 03 26 50 84 63 – maisonbleue @ aol.com – Fax 03 26 97 43 92
– Fermé 20 déc.-31 janv.
6 ch – ▮78 € ▮▮93 €, ⊆ 6,50 € – **Table d'hôte** – Menu 26 € bc
♦ Goûtez au calme de cette accueillante maison et de son parc. Chambres personnalisées ;
la plus spacieuse, sous les toits, jouit d'une belle vue sur le village et la vallée de l'Ardre.
Cuisine bourgeoise.

CRUIS – 04 Alpes-de-Haute-Provence – **334** D8 – 551 h. – alt. 728 m –
⊠ 04230

40 **B2**

> ◗ Paris 732 – Digne-les-Bains 42 – Forcalquier 22 – Manosque 42 – Sisteron 26

⊞ **Auberge de l'Abbaye** ⌂ *VISA* 🆖

– ⌀ 04 92 77 01 93 – auberge-abbaye-cruis @ wanadoo.fr – Fax 04 92 77 01 92
– Fermé vacances de la Toussaint, de Noël et de fév.
9 ch – ▮55/75 € ▮▮55/75 €, ⊆ 10 € – ½ P 64/74 € – **Rest** – (fermé lundi midi,
mardi midi, merc. midi et jeudi midi en juil.-août, mardi de nov. à mars, dim. soir et
merc. de sept. à juin) (nombre de couverts limité, prévenir) Menu (24 €), 29/49 €
– Carte 44/52 €
♦ Dans un village accroché à la montagne de Lure, sympathique adresse familiale aux
chambres simples et fort bien tenues. Pain maison au petit-déjeuner. Restaurant rustique
et terrasse ombragée dressée sur la place du bourg ; cuisine dans la note régionale.

CRUSEILLES – 74 Haute-Savoie – 328 J4 – 3 186 h. – alt. 781 m – ✉ 74350

D Paris 537 – Annecy 19 – Bellegarde-sur-Valserine 44 – Bonneville 37 – Genève 27   46 **F1**

∃ Syndicat d'initiative, 46, place de la Mairie ✆ 04 50 44 20 92

XXX   **L'Ancolie** avec ch ⌂   ⬅ 🚗 🏠 🕊 ⅜ rest, ☏ 🈸 **P** **VISA** **©©**
au parc des Dronières, Nord-Est : 1 km par D 15 – ✆ 04 50 44 28 98 – info @
lancolie.com – Fax 04 50 44 09 73 – Fermé vacances de la Toussaint
10 ch – †83/119 € ††83/119 €, ⌷ 13 € – ½ P 85/100 € – **Rest** – *(fermé dim. soir*
sauf juil.-août et lundi) Menu 29 € (déj. en sem.), 43/71 € – Carte 58/75 €
♦ Face à un lac, chalet moderne bien aménagé, à l'ambiance savoyarde. Plats classiques
actualisés et terrasse panoramique. Confortables chambres lambrissées avec balcon (sauf
une).

aux Avenières 6 km au Nord par D 41 et rte secondaire – ✉ 74350 Cruseilles

🏰   **Château des Avenières** ⌂   ⬅ chaîne des Aravis, 🕊 🏠 🛁 ⅗ 🎱 🛎 ⅜
    ☏ **P** **VISA** **©©** **AE** **①**
– ✆ 04 50 44 02 23 – reservation @
chateau-des-avenieres.com – Fax 04 50 44 29 09 – Fermé vacances de la Toussaint,
de Noël et de fév.
12 ch – †150/280 € ††150/280 €, ⌷ 17 € – **Rest** – *(fermé lundi, mardi et le midi*
sauf week-ends) Menu 58/98 €
♦ Ce manoir bâti en 1907, au passé plein de mystère, se dresse dans un charmant parc en
forme de papillon. Chambres de caractère, vue imprenable sur la chaîne des Aravis.
Superbe salle à manger classico-baroque (boiseries ouvragées ornées de camées à l'antique).

CUBRY – 25 Doubs – 321 I2 – 70 h. – alt. 340 m – ✉ 25680   17 **C1**

D Paris 389 – Belfort 49 – Besançon 53 – Lure 27 – Montbéliard 42 – Vesoul 31

🏰   **Château de Bournel** ⌂   🕊 🏠 🎱 🛎 ⅗ **P** **VISA** **©©** **AE**
– ✆ 03 81 86 00 10 – info @ bournel.com – Fax 03 81 86 01 06
– *Ouvert 1er avril-1er nov.*
16 ch – †127/140 € ††195/215 €, ⌷ 15 € – 2 suites – ½ P 130/140 €
Rest *Le Maugré* – ✆ 03 81 86 06 60 *(fermé mardi) (dîner seult)* Menu 30/55 €
♦ Hôtel aménagé dans les dépendances (18e s.) du château du marquis de Moustier, au
cœur d'un parc de 80 ha. Jardin à la française et golf 18 trous. Chambres spacieuses. Salle
à manger voûtée et cuisine au goût du jour au Maugré. Repas rapide à la brasserie.

CUCUGNAN – 11 Aude – 344 G5 – 113 h. – alt. 310 m – ✉ 11350
▊ Languedoc Roussillon   22 **B3**

D Paris 847 – Carcassonne 77 – Limoux 79 – Perpignan 42 – Quillan 51
Ⓒ Circuit des Corbières cathares ★★.

⌂   **La Tourette** sans rest   🚗 ⅗ 🏧 🚘
4 passage de la Vierge – ✆ 04 68 45 07 39 – coco @ latourette.eu
3 ch ⌷ – †105 € ††115 €
♦ La propriétaire a décoré cette maison avec un goût sûr et les chambres Prune, Turquoise et
Indigo sont insolites et réellement exquises. Jacuzzi sous un olivier, dans le patio.

XX   **Auberge du Vigneron** avec ch ⌂   🏠 🏧 ch, ⅘ ⅗ ch, **VISA** **©©**
– ✆ 04 68 45 03 00 – auberge.vigneron @ ataraxie.fr – Fax 04 68 45 03 08 – *Ouvert*
16 mars-10 nov.
7 ch – †49 € ††49/65 €, ⌷ 7 € – ½ P 54 € – **Rest** – *(fermé dim. soir hors saison,*
sam. midi en juil.-août et lundi) Menu 22 € (sem.)/38 € – Carte 35/46 €
♦ Le chef travaille de beaux produits et une cuisine régionale où l'originalité trouve
sa place. Salle aménagée dans l'ancien chai et jolie terrasse face au vignoble.

X   **Auberge de Cucugnan** avec ch ⌂   🏠 🏧 ch, ⅘ **P** **VISA** **©©**
   2 pl. Fontaine – ✆ 04 68 45 40 84 – contact @ auberge-cucugnan.com
⌾   – *Fax 04 68 45 01 52 – Fermé 1er janv.-1er mars*
⌾   **9 ch** – †46 € ††46 €, ⌷ 6,50 € – ½ P 49/73 € – **Rest** – *(fermé jeudi)*
Menu 18/44 €
♦ Ambiance campagnarde dans cette ex-grange que l'on atteint après avoir parcouru un
dédale de ruelles. Cuisine généreuse, fleurant bon le terroir. Chambres parfaitement
tenues.

CUCURON – 84 Vaucluse – 332 F11 – 1 792 h. – alt. 350 m – ⊠ 84160
▌Provence

42 **E1**

🖸 Paris 739 – Apt 25 – Cavaillon 39 – Digne-les-Bains 109 – Manosque 35
🖪 Office de tourisme, rue Léonce Brieugne ℰ 04 90 77 28 37

XX **La Petite Maison**   🔐 🆅🅸🆂🅰 🆀🆂 🅰🅴
pl. Étang – ℰ *04 90 68 21 99 – info@lapetitemaisondecucuron.com – Fermé lundi et mardi*
Rest – Menu 35 € (sem.)/55 € ℬ
♦ Cuisine du marché (menus changés régulièrement) servie dans deux salles à la décoration soignée (magnifique tapisserie du 17e s. au rez-de-chaussée) ou sur une terrasse ombragée.

X **L'Horloge**   🆅🅸🆂🅰 🆀🆂 🅰🅴
🕸 *55 r. L. Brieugne* – ℰ *04 90 77 12 74 – horlog@wanadoo.fr – Fax 04 90 77 29 90 – Fermé 30 juin-5 juil., 18-27 déc., 9 fév.-13 mars, lundi du 1er sept. au 6 avril, mardi soir et merc.*
Rest – Menu (15 € bc), 18/42 € – Carte 34/52 €
♦ Dans ce bourg du Luberon, pressoir à huile du 14e s. réaménagé en restaurant rustique égayé de chauds coloris. Plats aux accents régionaux.

CUERS – 83 Var – 340 L6 – 8 174 h. – alt. 140 m – ⊠ 83390

41 **C3**

🖸 Paris 834 – Brignoles 25 – Draguignan 59 – Marseille 84 – Toulon 22
🖪 Office de tourisme, 18, Place de la Convention ℰ 04 94 48 56 27,
   Fax 04 94 28 03 56

XX **Le Verger des Kouros**   🚗 🔐 🅿 🆅🅸🆂🅰 🆀🆂 🅰🅴 ⓪
2 km par rte de Solliès-Pont D 97 – ℰ *04 94 28 50 17 – couros@wanadoo.fr – Fax 04 94 48 69 77 – Fermé 15-30 oct., 2-15 fév., mardi soir hors saison, mardi midi en saison et merc.*
Rest – Menu 19 € (déj. en sem.), 34/45 €
♦ Point de statues d'éphèbes, mais trois frères d'origine grecque à la tête de ce restaurant occupant une maison régionale. Fraîche salle à manger et recettes du terroir.

CUISEAUX – 71 Saône-et-Loire – 320 M11 – 1 749 h. – alt. 280 m – ⊠ 71480
▌Bourgogne

8 **D3**

🖸 Paris 395 – Chalon-sur-Saône 60 – Lons-le-Saunier 26 – Mâcon 74
   – Tournus 52
🖪 Syndicat d'initiative, cours des Princes d'Orange ℰ 03 85 72 76 09

🏠 **Vuillot**   ☒ 🄰🄺 rest, 🅿 ☕ 🆅🅸🆂🅰 🆀🆂
🕸 *36 r. Vuillard* – ℰ *03 85 72 71 79 – hotel.vuillot@wanadoo.fr – Fax 03 85 72 54 22 – Fermé 13-24 juin, 27 déc.-19 janv., dim. soir et lundi midi*
15 ch – †40/42 € ††52/56 €, ☑ 8,50 € – ½ P 47/50 € – **Rest** – Menu 14 €
(sem.)/45 € – Carte 21/47 €
♦ Maison bourguignonne en belles pierres du pays abritant des petites chambres pro-prettes, dans un bourg conservant des vestiges de ses anciennes fortifications. Restaurant sagement campagnard prolongé d'une véranda. Spécialités de la Bresse et des Dombes.

CUISERY – 71 Saône-et-Loire – 320 J10 – 1 612 h. – alt. 211 m – ⊠ 71290
▌Bourgogne

8 **C3**

🖸 Paris 367 – Chalon-sur-Saône 35 – Lons-le-Saunier 50 – Mâcon 38
   – Tournus 8
🖪 Syndicat d'initiative, 32, place d'Armes ℰ 03 85 40 11 70

🏨 **Hostellerie Bressane**   🚗 🔐 🅰 🄰🄺 🅪 🗣 🅿 ☕ 🆅🅸🆂🅰 🆀🆂 🅰🅴
56, rte de Tournus – ℰ *03 85 32 30 66 – hostellerie.bressane@wanadoo.fr – Fax 03 85 40 14 96 – Fermé 29 déc.-12 fév., merc. et jeudi*
15 ch – †60/90 € ††70/120 €, ☑ 10 € – ½ P 76/100 € – **Rest** – Menu 26/66 €
– Carte 35/55 € ℬ
♦ Hostellerie familiale (1870) aux chambres spacieuses rénovées avec soin ; les meilleures, à l'arrière, occupent les ex-écuries. Charmant jardin. Entièrement non-fumeurs. Mets traditionnels et locaux servis avec le sourire dans un cadre classique actualisé. Superbe platane en terrasse.

CULT – 70 Haute-Saône – 321 E3 – 158 h. – alt. 270 m – ✉ 70150   16 **B2**
> ◘ Paris 367 – Besançon 35 – Dole 44 – Vesoul 56

⌂   **Les Egrignes**   ◐ ☂ ⅏ ⅌ **P**
rte d'Hugier – ℰ 03 84 31 92 06 – *lesegrignes@wanadoo.fr* – *Fax 03 84 31 92 06*
– Fermé 17 nov.-6 janv.
3 ch � – †75 € ††85 € – **Table d'hôte** – *(fermé jeudi)* Menu 28 € bc
◆ Belle demeure de 1849 environnée d'un parc planté d'arbres centenaires.
Chambres de bonne ampleur, décorées avec raffinement. Élegant salon aux meubles
Art déco. La table d'hôte vous fera découvrir les spécialités culinaires et les crus de la
région.

CUQ-TOULZA – 81 Tarn – 338 D9 – 519 h. – alt. 203 m – ✉ 81470   29 **C2**
> ◘ Paris 713 – Toulouse 47 – Albi 72 – Castelnaudary 35 – Castres 33
> – Gaillac 54

🏠   **Cuq en Terrasses** ⤫   ⟨ ▦ ☂ ⌇ 🄰 ch, ⅌ ch, **VISA** ⦿ **AE** ⓪
Sud-Est : 2,5 km par D 45 – ℰ 05 63 82 54 00 – *info@cuqenterrasses.com*
– Fax 05 63 82 54 11 – Ouvert 2 avril-30 oct.
6 ch – †105/155 € ††105/155 €, � 14 € – 1 suite – ½ P 96/120 € – **Rest** –
(fermé merc.) (dîner seult) (résidents seult) Menu 36 €
◆ Cette charmante maison du 18ᵉ s. est une perle rare : insolite jardin en terrasses, ambiance
guesthouse, chambres personnalisées et décorées avec goût. Le soir, un menu unique est
servi dans la coquette petite salle à manger.

LA CURE – 39 Jura – 321 G8 – **rattaché aux Rousses**

CUREBOURSE (COL DE) – 15 Cantal – 330 D5 – **rattaché à Vic-sur-Cère**

CURTIL-VERGY – 21 Côte-d'Or – 320 J6 – **rattaché à Nuits-St-Georges**

CURZAY-SUR-VONNE – 86 Vienne – 322 G6 – 426 h. – alt. 125 m –
✉ 86600   39 **C1**
> ◘ Paris 364 – Lusignan 11 – Niort 54 – Parthenay 34 – Poitiers 29
> – St-Maixent-l'École 28

🏛   **Château de Curzay** ⤫   ⟨ ◐ ☂ ⌇ ⅋ ch, 🄰 ch, ⅌ ☎ ⚐
❀   *rte Jazeneuil* – ℰ 05 49 36 17 00 – *info@*   **P VISA** ⦿ **AE** ⓪
chateau-curzay.com – Fax 05 49 53 57 69 – Ouvert 16 mars-30 nov.
20 ch – †180/300 € ††180/300 €, � 25 € – 2 suites – ½ P 190/280 €
Rest *La Cédraie* – Menu 32 € (déj. en sem.), 80/120 € – Carte 80/106 €
Spéc. Oeuf en croûte au parmesan et asperges. Vol au vent de ris de veau,
écrevisses et champignons. Saint-Pierre, houmous et saveurs orientales. **Vins** Vin
de Pays de la Vienne, Vin de Pays thouarsais.
◆ Superbe château (1710) au cœur d'un beau parc de 120 ha traversé par une rivière et
hébergeant un haras. Chambres au port aristocratique. Cuisine inventive (produits du
potager et du jardin aromatique) à la Cédraie.

CUSSAY – 37 Indre-et-Loire – 317 N6 – 562 h. – alt. 105 m – ✉ 37240   11 **B3**
> ◘ Paris 303 – Orléans 179 – Tours 67 – Joué-lès-Tours 62 – Châtellerault 36

⌂   **La Ferme Blanche** ⤫   ▦ ⌇ ⅏ ⅌ ☎ **P**
– ℰ 02 47 91 94 43 – af-bouvier@wanadoo.fr – Fermé 21 déc.-28 fév.
3 ch ⊘ – †90/120 € ††90/120 € – **Table d'hôte** – Menu 35 € bc
◆ Dans un agréable jardin, ouvert sur la calme campagne, une ferme du 18ᵉ s. en pierre.
Le mobilier chiné, associé avec harmonie, donne du caractère aux chambres personnalisées. À la table d'hôte, on profite d'une cuisine traditionnelle inspirée du terroir tourangeau.

CUSSEY-SUR-L'OGNON – 25 Doubs – 321 F2 – 621 h. – alt. 227 m – ⊠ 25870   16 **B2**
D Paris 412 – Besançon 14 – Gray 37 – Vesoul 45
G Château de Moncley★, **▮** Jura.

X **La Vieille Auberge**   ⌂ *VISA* **MO** **AE**
  1 grande rue – ℰ 03 81 48 51 70 – lavieilleauberge@wanadoo.fr
⊜ *– Fax 03 81 57 62 30 – Fermé 25 août-8 sept., 22 déc.-5 janv., vend. soir de nov.*
à janv., dim. soir et lundi
Rest – Menu 15 € (déj. en sem.), 23/45 € – Carte 29/46 €
♦ Maison ancienne en pierres de taille tapissée de lierre. Cuisine traditionnelle et plats régionaux proposés dans une salle à manger discrètement rustique.

CUTS – 60 Oise – 305 J3 – 858 h. – alt. 79 m – ⊠ 60400   37 **C2**
D Paris 115 – Chauny 16 – Compiègne 26 – Noyon 10 – Soissons 30 – St-Quentin 45

XX **Auberge Le Bois Doré** avec ch   ⇆ % ch, *VISA* **MO**
  5 r. Ramée, D 934 – ℰ 03 44 09 77 66 – sarl-le-bois-dore@wanadoo.fr
⊜ *– Fax 03 44 09 79 27 – Fermé 23 fév.-10 mars, mardi soir, dim. soir et lundi*
3 ch – †44 € ††48 €, �_ 7 € – 2 suites – **Rest** – Menu (13,50 €), 16 € (déj. en sem.), 19/36 € – Carte 29/41 €
♦ Bâtisse plus que centenaire dont la façade s'égaye de dais rouges. Salle à manger refaite, claire et sobrement décorée. À l'étage, vaste salle de banquets. Quelques chambres pour prolonger l'étape dans cet établissement entièrement non-fumeurs.

CUVES – 50 Manche – 303 F7 – 360 h. – alt. 78 m – ⊠ 50670   32 **A2**
D Paris 334 – Avranches 23 – Domfront 42 – Fougères 47 – St-Lô 54 – Vire 25

XX **Le Moulin de Jean**   ⌂ **P** *VISA* **MO** **AE** ⓞ
Nord-Est : 2 km sur D 48 – ℰ 02 33 48 39 29 – reservations@lemoulindejean.com
– Fax 02 33 48 35 32
Rest – Menu (25 €), 32/44 € – Carte 32/40 €
♦ Dans un site bucolique, ancien moulin où se marient harmonieusement pierres restaurées, parquet et sobre mise de table actuelle. Cuisine du moment ; cave à vins vitrée.

CUVILLY – 60 Oise – 305 H3 – 520 h. – alt. 78 m – ⊠ 60490   36 **B2**
D Paris 93 – Compiègne 21 – Amiens 54 – Beauvais 61 – Montdidier 15
– Noyon 32 – Roye 20

XX **L'Auberge Fleurie**   🚗 ⌂ *VISA* **MO**
  64 rte Flandres, D 1017 – ℰ 03 44 85 06 55 – Fax 03 44 85 06 55 – Fermé
⊜ *16 août-4 sept., 26-30 déc., dim. soir, mardi soir, merc. soir, jeudi soir et lundi*
Rest – Menu 14 € (sem.)/38 € – Carte 40/70 €
♦ Maison tapissée de vigne vierge au riche passé : relais de poste, puis ferme et aujourd'hui restaurant. Salle rustique, sise dans l'ex-bergerie. Plats traditionnels.

DABISSE – 04 Alpes-de-Haute-Provence – 334 D9 – ⊠ 04190 Les Mées   40 **B2**
D Paris 734 – Digne-les-Bains 34 – Forcalquier 20 – Manosque 27 – Sisteron 30

XXX **Le Vieux Colombier**   ⌂ **P** *VISA* **MO**
rte d'Oraison, 2 km au Sud par D 4 – ℰ 04 92 34 32 32 – snowak@wanadoo.fr
– Fax 04 92 34 34 26 – Fermé 1er-15 janv., mardi soir d'oct. à mars, dim. soir et merc.
Rest – Menu (20 €), 30/59 € – Carte 43/59 €
♦ Dans une ancienne ferme, salle à manger avec poutres apparentes. Agréable terrasse ombragée par deux marronniers centenaires. Cuisine classique.

DACHSTEIN – 67 Bas-Rhin – 315 J5 – 1 271 h. – alt. 160 m – ⊠ 67120   1 **A1**
D Paris 477 – Molsheim 6 – Saverne 28 – Sélestat 40 – Strasbourg 23

XX **Auberge de la Bruche**   ⌂ *VISA* **MO** **AE**
– ℰ 03 88 38 14 90 – info@auberge-bruche.com – Fax 03 88 48 81 12
– Fermé 16-31 août, 27 déc.-6 janv., sam. midi, dim. soir et merc.
Rest – Menu 26/68 € bc – Carte 38/55 €
♦ Prenez l'ancienne tour de garde du village : à ses pieds, un cours d'eau, la Bruche, et à ses côtés une auberge fleurie au décor élégant. Le tout forme un joli tableau.

DAGLAN – 24 Dordogne – 337 D3 – 535 h. – alt. 101 m – ⊠ 24250   4 **D2**

> 🚗 Paris 558 – Bordeaux 203 – Cahors 51 – Sarlat-la-Canéda 23
> 🛈 Syndicat d'initiative, le Bourg 𝒞 05 53 29 88 84, Fax 05 53 29 88 84

XX   **Le Petit Paris**   🛜 *VISA* 🌕🌕

☺   *au bourg* – 𝒞 05 53 28 41 10 – Fax 05 53 28 41 10 – *Ouvert 7 mars-21 déc. et fermé dim. soir hors saison, sam. midi et lundi*
     Rest – *(nombre de couverts limité, prévenir)* Menu (22 €), 27/39 € – Carte environ 40 €
     ♦ Deux salles à manger rustiques (celle du 1ᵉʳ étage est plus cossue) et une terrasse d'été pour déguster une cuisine au goût du jour soignée, réalisée avec les produits régionaux.

LA DAILLE – 73 Savoie – 333 O5 – **rattaché à Val-d'Isère**

DAMBACH-LA-VILLE – 67 Bas-Rhin – 315 I7 – 1 973 h. – alt. 210 m – ⊠ 67650
▌Alsace Lorraine   2 **C1**

> 🚗 Paris 443 – Obernai 24 – Saverne 61 – Sélestat 8 – Strasbourg 52
> 🛈 Office de tourisme, 11, place du Marché 𝒞 03 88 92 61 00,
>   Fax 03 88 92 47 11

🏠   **Le Vignoble** sans rest   🕭 ❀ **P** *VISA* 🌕🌕 **AE**

⌂   – 𝒞 03 88 92 43 75 – info@hotel-vignoble-alsace.fr – Fax 03 88 92 62 21
     – *Fermé janv.*
     7 ch – ♦55/60 € ♦♦60/62 €, � 7 €
     ♦ Attenante à l'église du village, cette ancienne grange alsacienne de 1765 propose des chambres coquettes (bien insonorisées) et offre un accueil chaleureux. Cour et jardinet.

DAMGAN – 56 Morbihan – 308 P9 – 1 327 h. – ⊠ 56750   9 **B3**

> 🚗 Paris 469 – Muzillac 10 – Redon 46 – La Roche-Bernard 25 – Vannes 29
> 🛈 Office de tourisme, Place Alexandre Tiffoche 𝒞 02 97 41 11 32

🏠   **De la Plage** sans rest   ≼ 🛦 🗲 ❀ 🖑 **P** *VISA* 🌕🌕

     38 bd de l'Océan – 𝒞 02 97 41 10 07 – contact@hotel-morbihan.com
     – *Fax 02 97 41 12 82 – Fermé 11 nov.-6 fév.*
     17 ch – ♦54/55 € ♦♦54/93 €, � 10 € – 1 suite
     ♦ Mention particulière pour l'accueil familial tout sourire. Les chambres profitent presque toutes d'une belle échappée sur l'Atlantique. Restauration d'appoint (saladerie).

🏠   **Albatros**   ≼ 🛱 🕭 🎬 rest, ⅃ **P** *VISA* 🌕🌕

⌂   *1 bd de l'Océan* – 𝒞 02 97 41 16 85 – albatros56@wanadoo.fr
     – *Fax 02 97 41 21 34 – Ouvert 15 mars-3 nov.*
     27 ch – ♦45/54 € ♦♦51/67 €, ⊋ 7,50 € – ½ P 52/59 € – **Rest** – Menu (12 €), 19/41 € – Carte 29/53 €
     ♦ Ambiance très gaie dans cette maison de front de mer, au cœur d'un quartier résidentiel. La majorité des chambres donnent sur l'océan ; toutes sont scrupuleusement tenues. Au restaurant, joli cadre coloré, belle échappée sur les flots, et carte de poissons.

DAMPIERRE-EN-YVELINES – 78 Yvelines – 311 H3 – 101 31 – **voir à Paris, Environs**

DAMPRICHARD – 25 Doubs – 321 L3 – 1 768 h. – alt. 825 m –
⊠ 25450   17 **C2**

> 🚗 Paris 505 – Basel 94 – Belfort 64 – Besançon 82 – Montbéliard 47
>   – Pontarlier 67

XX   **Le Lion d'Or**   🛜 *VISA* 🌕🌕 **AE**

☺   *7 pl. du 3ᵉᵐᵉ RTA* – 𝒞 03 81 44 22 84 – hotel.damprichard@wanadoo.fr
     – *Fax 03 81 44 23 10 – Fermé 25 oct.-7 nov., 22-31 fév., dim. soir et lundi*
     Rest – Menu (11 €), 13,50 € (déj. en sem.), 20/50 € – Carte 30/61 €
     ♦ Au centre d'un bourg limitrophe de la Suisse, découvrez cet agréable restaurant (poutres, cheminée) servant une cuisine classique de produits frais. Bon choix de vins au verre.

DANIZY – 02 Aisne – 306 C5 – 560 h. – alt. 54 m – ⊠ 02800   37 **C2**

▶ Paris 148 – Amiens 111 – Laon 32 – Saint-Quentin 28 – Soissons 53

⌂   **Domaine le Parc** ⌂   ⩤ ⌱ ⌖ ⌕ ⌗ ⌲ **P**
r. du Quesny – ⌀ 03 23 56 55 23 – contact @ domaineleparc.fr
5 ch ⌷ – †65/85 € ††65/85 € – **Table d'hôte** – Menu 35 € bc
♦ Belle demeure de caractère du 18ᵉ s. nichée dans un magnifique parc boisé. Côté
chambres, lumière douce et décoration classique. Certaines ont vue sur la vallée de l'Oise.
La table d'hôte séduit par la cuisine familiale soignée que propose la propriétaire.

DANJOUTIN – 90 Territoire de Belfort – 315 F11 – **rattaché à Belfort**

DANNEMARIE – 68 Haut-Rhin – 315 G11 – 1 988 h. – alt. 320 m – ⊠ 68210

▶ Paris 447 – Basel 43 – Belfort 25 – Colmar 58 – Mulhouse 25 – Thann 25   1 **A3**

✗   **Ritter**   ⌱ ⌕ **P** **VISA** **⓿** **⓪**
(face à la gare) – ⌀ 03 89 25 04 30 – restaurant.ritter @ wanadoo.fr
⌘ – Fax 03 89 08 02 34 – Fermé 8-18 juil., 22-31 déc., 24 fév.-12 mars, lundi soir, jeudi
soir et mardi
Rest – Menu 13 € (déj. en sem.), 18/58 € bc – Carte 33/57 €
♦ L'ancien théâtre du village (1900) converti en restaurant. Sur scène et dans la salle, décor
alsacien, collection de chopes et outils paysans... Spécialité de carpes frites.

✗   **Wach**   **VISA** **⓿** **⓪**
13 pl. Hôtel-de-Ville – ⌀ 03 89 25 00 01 – Fax 03 89 25 00 01 – Fermé 4-18 août,
⌘ 22 déc.-5 janv. et lundi
Rest – (déj. seult) Menu 12,50 € (sem.)/35 € – Carte 29/42 € ⌂
♦ La modeste façade de cette adresse familiale est joliment fleurie en saison. Vous y
goûterez une cuisine régionale accompagnée de vins de qualité proposés à des prix
raisonnables.

DAVAYAT – 63 Puy-de-Dôme – 323 F7 – 510 h. – alt. 369 m – ⊠ 63200
▯ Auvergne   5 **B2**

▶ Paris 402 – Clermont-Ferrand 28 – Cournon-d'Auvergne 29 – Vichy 46

⌂   **La Maison de la Treille** sans rest ⌂   ⌱ ⌱ ⌗ ⌖ **P**
25 r. de l'Église – ⌀ 04 73 63 58 20 – honnorat.la.treille @ wanadoo.fr
4 ch ⌷ – †66/83 € ††73/90 €
♦ Demeure de 1810 dont l'architecture s'inspire du néoclassicisme italien. Les chambres
soignées se trouvent dans l'orangerie, entourée d'un ravissant jardin. Stages de tapisserie.

DAX ⊙ – 40 Landes – 335 E12 – 19 515 h. – alt. 12 m – Stat. therm. :
à St-Paul-lès-Dax : toute l'année – Casinos : La Potinière, et à St-Paul-lès-Dax –
⊠ 40100 ▯ Aquitaine   3 **B3**

▶ Paris 727 – Biarritz 61 – Bordeaux 144 – Mont-de-Marsan 54 – Pau 85

🛈 Office de tourisme, 11, cours Foch ⌀ 05 58 56 86 86, Fax 05 58 56 86 80

Plan page suivante

🏨   **Grand Hôtel Mercure Splendid**   ⩤ ⌱ ⊛ ⌡ ⌸ ⌖ ch, ⌗ ⌘ rest,
cours Verdun – ⌀ 05 58 56 70 70   ⌲ ⌂ **P** **VISA** **⓿** **AE** **⓪**
– h2148 @ accor-hotels.com – Fax 05 58 74 76 33 – Fermé janv. et fév.   B **a**
100 ch – †98/115 € ††110/120 €, ⌷ 10 € – 6 suites – **Rest** – Carte 32/54 €
♦ Le cadre Art déco original est pieusement conservé, tant dans le hall et le bar que dans
les chambres spacieuses, au charme désuet. Centre thermal rénové. Majestueuse salle à
manger inspirée, dit-on, de celle du paquebot Normandie.

🏨   **Le Grand Hôtel** ⌂   ⌱ ⌡ ⌖ ch, ⌠ ⌗ ⌘ rest, ⌲ ⌂
r. Source – ⌀ 05 58 90 53 00 – grandhotel @   **P** ⌂ **VISA** **⓿** **AE**
⌘ thermesadour.com – Fax 05 58 90 52 88   B **f**
128 ch – †68/99 € ††75/103 €, ⌷ 8 € – 8 suites – ½ P 65/77 € – **Rest** – (fermé
23 déc.-6 janv.) Menu 18/25 €
♦ Cet hôtel a trouvé un second souffle grâce à une réfection bien réalisée. Chambres
contemporaines insonorisées. Thermes intégrés et nombreuses animations (thés dan-
sants). Salle à manger très spacieuse, fréquentée principalement par une clientèle de
curistes.

DAX

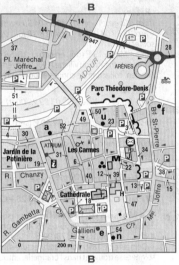

🖀🖀 Le Richelieu
🎄 🖺 🗚🗐 ch, 📞 🏊 🅿 *VISA* 🐵 🗚🗉

13 av. V. Hugo – 𝒞 05 58 90 49 49 – hotellerichelieu@wanadoo.fr
– Fax 05 58 90 80 86 – Fermé 25 déc.-10 janv.   **B** **n**
30 ch – 🛏55 € 🛏🛏65 €, ⳤ 6 € – ½ P 90/98 € – **Rest** – *(fermé sam. midi, dim. soir et lundi)* Menu 23 € – Carte 24/44 €

♦ Chambres fonctionnelles refaites ; demandez-en une sur l'arrière. Un "tuyau" pour les curistes : l'annexe abrite des studios pratiques et équipés d'une cuisinette. Salle à manger colorée jusqu'aux poutres et patio où l'on dresse les tables par beau temps.

🖀 Le Vascon sans rest
🖺 *VISA* 🐵

pl. Fontaine Chaude – 𝒞 05 58 56 64 60 – hotel-levascon@wanadoo.fr
– Fax 05 58 90 85 47 – Ouvert 2 mars-29 nov.   **B** **u**
25 ch – 🛏34/36 € 🛏🛏50/52 €, ⳤ 7 €

♦ Face à la Fontaine chaude (64° !), principale curiosité dacquoise, petites chambres coquettes, colorées et dotées d'un mobilier de facture artisanale. Accueil aimable.

🍴🍴 L'Amphitryon
🗚🗐 *VISA* 🐵

😊 *38 cours Galliéni – 𝒞 05 58 74 58 05 – Fermé 23 août-5 sept., 1ᵉʳ-30 janv., sam. midi, dim. soir et lundi*   **B** **e**
Rest – *(nombre de couverts limité, prévenir)* Menu 20 € (sem.)/38 € – Carte 37/48 €

♦ Le restaurant a été revu de pied en cap : façade immaculée et plaisante salle à manger au décor marin. Cuisine au goût du jour utilisant les produits régionaux.

Ɣ **Une Cuisine en Ville** (Philippe Lagraula)   AK VISA CO
ఘ3   *11 av. G. Clemenceau – ℰ 05 58 90 26 89 – Fax 05 58 90 26 89 – Fermé*
15 août-7 sept., 2-14 janv., dim. soir, lundi et mardi   A p
Rest – Menu 23 € (déj. en sem.), 35/60 € – Carte 57/63 €
Spéc. Foie gras poché à la sangria (été). Saint-Jacques, potimarron et chanterelles (oct. à janv.). Le "Russe" de Dax. **Vins** Jurançon.
♦ L'inventivité est ici de mise tant dans le décor, mariant vieux murs de pierre et éléments contemporains, que dans l'assiette, proposant une savoureuse cuisine personnalisée.

St-Paul-lès-Dax – 10 226 h. – alt. 21 m – ⊠ 40990

🛈 Office de tourisme, 68, avenue de la Résistance ℰ 05 58 91 60 01,
Fax 05 58 91 97 44

🏠 **Calicéo** ॐ   ⪡ ⚏ 🏠 ⊕ ♨ 🔊 🔲 & ch, AK 🐾 ⅍ rest, ℰ 🕴 Ⓟ
355 r. du Centre Aéré, au lac de Christus –   ⊜ VISA CO AE   A n
ℰ 05 58 90 66 00 – caliceo@thermesadour.com – Fax 05 58 90 66 64
47 ch – ♦76/89 € ♦♦89/101 €, � 9,50 € – 148 suites – ♦♦107/118 €
Rest – Menu 19/28 € – Carte 20/39 €
♦ Complexe récent dont la décoration des chambres s'inspire des années 1940. Espace de remise en forme aquatique et minicentre thermal. La salle de restaurant est agrandie d'une terrasse tournée vers le lac de Christus ; cuisine traditionnelle ou diététique.

🏠 **Du Lac** ॐ   ⚏ 🔲 & AK rest, 🐾 ⅍ rest, ℰ 🕴 Ⓟ VISA CO AE
⊜   *allée de Christus – ℰ 05 58 90 60 00 – hoteldulac@thermesadour.com*
– Fax 05 58 91 34 88 – Ouvert 2 mars-23 nov.   A t
209 ch – ♦59/65 € ♦♦65/73 €, � 10 € – ½ P 59/63 €
Rest *L'Arc-en-Ciel* – ℰ 05 58 90 63 00 – Menu 14,50/23 € – Carte 20/32 €
♦ Ensemble hôtelier et thermal bien situé à deux pas du lac de Christus. Chambres pratiques ; la moitié d'entre elles ont une loggia. Cadre contemporain, vue sur l'eau et carte traditionnelle à l'Arc-en-Ciel ; restaurant diététique pour les curistes.

🏠 **Les Jardins du Lac** ॐ   ⚏ 🏠 ⌇ 🔲 & AK rest, 🐾 ⅍ rest, 🕴
⊜   *au lac de Christus – ℰ 05 58 91 43 43*   Ⓟ VISA CO AE ①
– jardinsdulac@wanadoo.fr – Fax 05 58 91 34 24   A v
30 ch – ♦72/93 € ♦♦72/93 €, � 9,50 € – 20 suites – **Rest** *(fermé vend., sam. et dim. sauf août) (dîner seult)* Menu 16/23 € – Carte 26/30 €
♦ Immeuble moderne entre lac et forêt. Studios spacieux, sobrement décorés et répondant aux normes de confort actuelles ; espace salon séparé et cuisinette. La petite salle de restaurant, lumineuse et contemporaine, s'ouvre côté piscine.

ƔƔƔ **Le Moulin de Poustagnacq**   🏠 Ⓟ VISA CO AE ①
– ℰ 05 58 91 31 03 – moulindepoustagnacq@orange.fr – Fax 05 58 91 37 97
– Fermé vacances de la Toussaint, 20-30 déc., vacances de fév., mardi midi, dim. soir et lundi   A r
Rest – Menu 29/69 € – Carte 65/73 €
♦ Réhabilitation réussie d'un ancien moulin en lisière de bois. Salle à manger originalement décorée et terrasse au bord d'un étang. Cuisine actuelle aux accents régionaux.

DEAUVILLE – 14 Calvados – 303 M3 – 4 364 h. – alt. 2 m – Casino AZ – ⊠ 14800
📗 Normandie Vallée de la Seine   32 **A3**

▶ Paris 202 – Caen 50 – Évreux 101 – Le Havre 44 – Lisieux 30 – Rouen 90
✈ de Deauville-St-Gatien : ℰ 02 31 65 65 65, par ② : 8 km BY.
🛈 Office de tourisme, place de la Mairie ℰ 02 31 14 40 00, Fax 02 31 88 78 88
⛳ New Golf de Deauville, S : 3 km par D 278, ℰ 02 31 14 24 24 ;
⛳ de l'Amirauté à Tourgéville Route Départementale 278, S : 4 km par D 278, ℰ 02 31 14 42 00 ;
⛳ de Saint-Gatien à Saint-Gatien-des-Bois Le Mont Saint Jean, E : 10 km par D 74, ℰ 02 31 65 19 99.
◎ Mont Canisy★ 5 km par ④ puis 20 mn.
◙ La corniche normande★★ - La côte fleurie★★

DEAUVILLE

Blanc (R. E.) . . . . **AZ** 4
Colas (R. E.) . . . . **AZ** 5
Fossorier (R. R.) . . . . **ABZ** 8
Fracasse (R. A.) . . . . **AZ**
Gambetta (R.) . . . . **BY** 9
Gaulle (Av. Gén.-de) . . . . **AZ** 10
Gontaut-Biron (R.) . . . . **AYZ** 13
Hoche (R.) . . . . **AYZ** 20
Le-Hoc (R. D.) . . . . **BZ** 24
Laplace (R.) . . . . **AZ** 23
Le Marois (R.) . . . . **AZ** 25
Mirabeau (R.) . . . . **BY** 26
Morny (Pl. de) . . . . **BZ** 28
République (Av. de la) . . . . **ABZ**

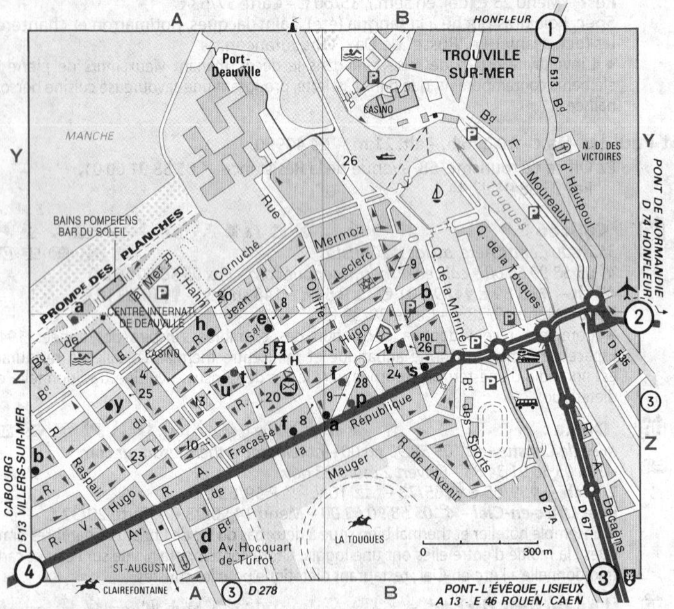

Normandy-Barrière

38 r. J. Mermoz – ✆ 02 31 98 66 22 – normandy@lucienbarriere.com – Fax 02 31 98 66 23 AZ **h**
259 ch – 🚹292/726 € 🚹🚹292/726 €, ☕ 24 € – 31 suites
Rest *La Belle Époque* – Menu 48/64 € bc – Carte 62/84 €
◆ La silhouette de manoir anglo-normand de ce palace dessiné en 1912 est devenue l'emblème de la station. Spacieuses chambres soignées et bel espace de remise en forme. Salle à manger de style Belle Époque et tables dressées dans la jolie "cour normande" l'été.

Royal-Barrière

bd E. Cornuché – ✆ 02 31 98 66 33 – royal@lucienbarriere.com – Fax 02 31 98 66 34 – Ouvert mars-oct. AZ **y**
236 ch – 🚹255/890 € 🚹🚹255/890 €, ☕ 24 € – 16 suites
Rest *L'Etrier* – *(fermé le midi sauf sam. et dim.)* Menu 62/92 € – Carte 79/125 €
Rest *Côté Royal* – *(dîner seult sauf sam., dim. et fériés)* Menu 50 € – Carte 55/93 €
Spéc. Lisette roulée cuite dans un bouillon et petit sauté de cuisse de grenouilles. Bar sauvage à la peau croustillante, tapenade de tomate et rhubarbe. Millefeuille gourmand.
◆ Imposante architecture 1900 appréciée par la "jet-set" et les stars du cinéma. Chambres luxueusement aménagées, parfois tournées vers la Manche. L'Étrier propose son cadre cosy et sa délicieuse cuisine au goût du jour. Atmosphère de palace au Côté Royal.

L'Augeval sans rest

15 av. Hocquart de Turtot – ✆ 02 31 81 13 18 – info@augeval.com – Fax 02 31 81 00 40 AZ **d**
40 ch – 🚹68/242 € 🚹🚹95/242 €, ☕ 13 € – 2 suites
◆ Ce séduisant manoir restauré est situé à proximité de l'hippodrome et des haras. Ambiance feutrée et décor sobre dans les chambres.

🏨 **Le Trophée** sans rest   🛋 🏢 & 🏧 ⟨ ⸝ 𝓢𝓐 𝑽𝑰𝑺𝑨 ⓂⓈ 𝔸𝔼 ⓪

81 r. Gén. Leclerc – 𝒞 *02 31 88 45 86 – information @ letrophee.com*
– Fax 02 31 88 07 94   AZ **u**
35 ch – ♦59/99 € ♦♦64/144 €, ⨿ 11 €

♦ Toutes les chambres de cet hôtel ont bénéficié d'une rénovation soignée ; certaines sont dotées d'une baignoire "balnéo" ou d'un balcon. Çà et là, meubles coloniaux. Petits sauna et hammam.

🏨 **Continental** sans rest   🏢 ⟨ 𝓢𝓐 𝑽𝑰𝑺𝑨 ⓂⓈ 𝔸𝔼 ⓪

1 r. Désiré Le Hoc – 𝒞 *02 31 88 21 06 – info @ hotel-continental-deauville.com*
– Fax 02 31 98 93 67 – Fermé 12 nov.-19 déc.   BZ **s**
42 ch – ♦57/84 € ♦♦57/96 €, ⨿ 8,50 €

♦ Cet hôtel, bien situé au centre de la station, a été refait de pied en cap. Chambres spacieuses et d'une fraîche simplicité, salon et salle des petits-déjeuners chaleureux.

🏨 **Mercure Deauville Hôtel du Yacht Club** sans rest   🏢 & ⤴ ⟨

2 r. Breney – 𝒞 *02 31 87 30 00 – h2876@*   🅿 𝑽𝑰𝑺𝑨 ⓂⓈ 𝔸𝔼 ⓪
accor.com – Fax 02 31 87 05 80 – Fermé 6 janv.-6 fév.   BY **b**
53 ch – ♦84/166 € ♦♦90/172 €, ⨿ 14 €

♦ Hôtel récent abritant des chambres fonctionnelles et fraîches. Leurs balcons sont tournés vers le quai et les voiliers de la marina, ou vers le jardin. Copieux petit-déjeuner.

🏨 **Marie-Anne** sans rest   ⤴ ⸝ ⟨ 🅿 𝑽𝑰𝑺𝑨 ⓂⓈ 𝔸𝔼 ⓪

142 av. République – 𝒞 *02 31 88 35 32 – info @ hotelmarieanne.com*
– Fax 02 31 81 46 31   AZ **f**
25 ch – ♦100/250 € ♦♦100/250 €, ⨿ 11 €

♦ De par sa situation centrale, cette jolie villa vous met à proximité de tous les agréments de la station. La moitié des chambres a été rénovée en 2006 et un jardin a été créé.

🏠 **Villa Joséphine** sans rest   ⟿ 🏧 ⟨ 𝑽𝑰𝑺𝑨 ⓂⓈ 𝔸𝔼

23 r. Villas – 𝒞 *02 31 14 18 00 – villajosephine @ wanadoo.fr – Fax 02 31 14 18 10*
– Fermé 5-15 janv.   AZ **b**
9 ch ⨿ **–** ♦130/165 € ♦♦155/380 €

♦ Charmante villa normande (fin 19e) classée, entourée d'un ravissant jardin. Tout y est cosy et délicat (couleurs poudrées, mobilier de style, drapés, portraits de famille...).

🏠 **Le Chantilly** sans rest   ⸝ ⟨ 𝑽𝑰𝑺𝑨 ⓂⓈ 𝔸𝔼

120 av. République – 𝒞 *02 31 88 79 75 – hchantilly @ orange.fr*
– Fax 02 31 88 41 29 – Fermé 3-20 janv.   BZ **a**
17 ch – ♦62/95 € ♦♦82/115 €, ⨿ 8,50 €

♦ Hôtel sis à deux pas de l'hippodrome de la Touques. Les chambres, pimpantes et colorées, ont toutes fait peau neuve ; préférez celles donnant sur le patio, plus au calme.

🏠 **Hélios** sans rest   🏢 & ⟨ 𝑽𝑰𝑺𝑨 ⓂⓈ 𝔸𝔼 ⓪

10 r. Fossorier – 𝒞 *02 31 14 46 46 – hotelhelios @ wanadoo.fr – Fax 02 31 88 53 87*
– Fermé 9-22 janv.   AZ **e**
43 ch – ♦65/80 € ♦♦76/80 €, ⨿ 8 € **– 1 suite**

♦ Emplacement pratique au centre de la célèbre station balnéaire de la Côte Fleurie. Sobres chambres rajeunies et duplex appréciés par les familles. Minipiscine.

🍴🍴🍴 **Ciro's**   ⟨ 🏡 𝑽𝑰𝑺𝑨 ⓂⓈ 𝔸𝔼 ⓪

prom. Planches – 𝒞 *02 31 14 31 31 – rpapoz @ lucienbarriere.com*
– Fax 02 31 88 32 02 – Fermé fév. et du dim. soir au vend. midi sauf vacances
scolaires   AZ **a**
Rest – Menu 39 € (déj.)/85 € – Carte 48/98 €

♦ Pavillon donnant sur la fameuse promenade des "planches". Salle feutrée tournée vers la Manche et produits de la mer à l'honneur pour ce rendez-vous chic des célébrités.

🍴🍴 **Le Spinnaker**   𝑽𝑰𝑺𝑨 ⓂⓈ 𝔸𝔼 ⓪

52 r. Mirabeau – 𝒞 *02 31 88 24 40 – Fax 02 31 88 43 58 – Fermé 23-30 juin,*
17-29 janv., janv., lundi et mardi   BZ **v**
Rest – Menu 32/47 € – Carte 51/80 €

♦ Ce "spi"-là ne vous fera pas gagner de régate, mais il vous propulsera vers un joli cadre contemporain où vous attendent cuisine de la mer et viandes cuites à la rôtissoire.

XX   **La Flambée**   🕭 AC VISA ⓂⒸ AE ①
81 r. Général Leclerc – ℰ 02 31 88 28 46 – restaurant.laflambee@wanadoo.fr
– Fax 02 31 87 50 27   AZ **t**
Rest – Menu 26/48 € – Carte 39/72 €
♦ Une belle flambée crépite dans la grande cheminée où l'on prépare, sous vos yeux, les grillades. Autres choix : plats traditionnels et homard (vivier). Décor "brasserie".

X   **Le Garage**   🕭 VISA ⓂⒸ AE
118 bis av. République – ℰ 02 31 87 25 25 – Fax 02 31 87 38 37
😊   *– Fermé 22 déc.-12 janv.*   BZ **p**
Rest – Menu 18/29 € – Carte 24/59 €
♦ De l'ancien garage subsiste une fresque à sujet automobile. Salle de restaurant façon brasserie, agrémentée de photographies de stars. On y déguste surtout des fruits de mer.

à Touques 2,5 km par ③ – 3 500 h. – alt. 10 m – ⊠ 14800
🄴 Office de tourisme, place Lemercier ℰ 02 31 88 70 93

XX   **Les Landiers**   AC VISA ⓂⒸ AE ①
90 r. Louvel et Brière – ℰ 02 31 87 41 08 – nycgerard@hotmail.com
– Fax 02 31 81 90 31 – Fermé 14-18 avril, 6-17 oct., 9-13 fév., jeudi midi, dim. soir et merc.
Rest – Menu 20/45 €
♦ Cette façade à colombages typiquement normande dissimule deux coquettes salles à manger où poutres et cheminée apportent une plaisante touche campagnarde. Cuisine traditionnelle.

XX   **L'Orangeraie**   🕭 VISA ⓂⒸ AE
12 quai Monrival – ℰ 02 31 81 47 81 – isabelle.camillieri@wanadoo.fr
– Fermé 17-30 nov., 6-15 fév., jeudi hors vacances scolaire et merc.
Rest – Menu 26/39 € – Carte 38/104 €
♦ L'atmosphère rustique créée par les murs blanchis à la chaux et les colombages s'accorde bien avec l'élégance de la mise en place. Cuisine actuelle. Terrasse en bois exotique.

à Canapville 6 km par ③ – 222 h. – alt. 10 m – ⊠ 14800

⛫   **Le Mont d'Auge** sans rest ⑤   🚗 🛁 🕭 📞 P
par D 279 et rte secondaire (rte de St-Gatien) – ℰ 02 31 64 95 17 – zeniewski@hotmail.com
4 ch ⊑ – †90/130 € ††110/130 €
♦ Belle maison normande jouissant du calme de la campagne deauvillaise. Chambres d'esprit rustique ; la plus spacieuse, avec salon et miniterrasse, peut accueillir une famille.

XX   **Auberge du Vieux Tour**   🚗 🕭 P VISA ⓂⒸ
sur D 677 – ℰ 02 31 65 21 80 – le.vieux.tour@free.fr – Fax 02 31 65 03 75
– Fermé 1er-9 juil., vacances de Noël, de fév., dim. soir, lundi soir, mardi soir et merc. sauf du 14 juil. au 31 août
Rest – Menu 23 € (sem.)/57 € – Carte 33/75 €
♦ Coiffée de chaume, l'auberge borde la nationale, mais la coquette salle à manger (poutres, murs rose saumon, tableaux, tomettes) et la terrasse sont au calme, côté jardin.

au New Golf 3 km au Sud par D 278 - BAZ – ⊠ 14800 Deauville

🏨🏨   **Du Golf-Barrière** ⑤   ≤ campagne deauvillaise, 🌳 🕭 ⚒ 👌 ℀ 🈳
– ℰ 02 31 14 24 00   👌 ch, ℀ rest, 📞 ⚒ P VISA ⓂⒸ AE ①
– hoteldugolfdeauville@lucienbarriere.com – Fax 02 31 14 24 01
– Fermé de mi-nov. à fin-déc.
178 ch – †172/545 € ††172/545 €, ⊑ 22 € – 9 suites
Rest Le Lassay – (dîner seult) Menu 30 € (dîner en sem.), 38/55 € – Carte 51/68 €
Rest Le Club House – ℰ 02 31 14 24 23 (déj. seult) Menu (20 €), 25 € – Carte 28/60 €
♦ Palace Art déco entouré d'un golf et juché sur le mont Canisy, d'où la vue s'étend sur la mer et sur la campagne. Grandes chambres tout confort. Cadre chic et cuisine classique au Lassay. Repas servis sous forme de buffets au Club House.

au Sud 6 km par D 278 et chemin de l'Orgueil – ⊠ 14800 Deauville

🏨🏨🏨 **Hostellerie de Tourgéville** ⚘   ⪪ 🚗 ♨ 🏡 🖭 ↆ6 ℛ ℀ ↆ
– 𝒞 02 31 14 48 68 – info@   🔥 **P** **VISA** 🐵 ᴁ
*hostellerie-de-tourgeville.fr – Fax 02 31 14 48 69 – Fermé 8 fév.-2 mars et le midi
sauf dim. et jours fériés*
20 ch – †130/185 € ††130/185 €, ⌿ 16 € – 6 suites – ½ P 115/143 €
Rest – Menu (29 €), 39/56 € – Carte 48/70 €
♦ Séduisant manoir normand isolé en plein bocage du pays d'Auge. Chambres, duplex et triplex portent le nom de vedettes du cinéma ; décor personnalisé (golf, cheval, etc.). La ravissante salle à manger campagnarde donne sur un joli patio.

au golf de l'Amirauté 7 km au Sud par D 278 – ⊠ 14800 Deauville

✕✕ **Les Chaumes**   ⪪ 🏡 **P** **VISA** 🐵
– 𝒞 02 31 14 42 00 – golf@amiraute.com – Fax 02 31 88 32 00
Rest – (déj. seult) Menu 19/39 € – Carte 41/61 €
♦ Hier haras, aujourd'hui club-house abritant une salle de restaurant au cadre contempo-rain. Vue panoramique sur le parcours de 27 trous agrémenté de sculptures modernes.

DECAZEVILLE – 12 Aveyron – **338** F3 – 6 805 h. – alt. 230 m – ⊠ 12300
▌Midi-Pyrénées   29 **C1**
🔼 Paris 605 – Aurillac 64 – Figeac 27 – Rodez 39 – Villefranche-de-Rouergue 39
🅸 Office de tourisme, square Jean Segalat 𝒞 05 65 43 18 36, Fax 05 65 43 19 89

🏠 **Moderne et Malpel**   ↆ 🔥 **VISA** 🐵
16 av. A. Bos, (derrière l'église) – 𝒞 05 65 43 04 33 – Fax 05 65 43 17 17
⊛   **24 ch** – †42/47 € ††47/60 €, ⌿ 6,50 € – ½ P 54 € – **Rest** – (fermé sam., dim. et fériés) Menu 14,50/28 € – Carte 29/41 €
♦ Face à la poste, une adresse toute simple, pratique pour l'étape sur la route de Compos-telle. Ambiance familiale et chambres sobrement aménagées. Lumineuse salle à manger mi-moderne, mi-rustique ; solide cuisine régionale.

DECIZE – 58 Nièvre – **319** D11 – 6 456 h. – alt. 197 m – ⊠ 58300
▌Bourgogne   7 **B3**
🔼 Paris 270 – Châtillon-en-Bazois 34 – Luzy 44 – Moulins 35 – Nevers 34
🅸 Office de tourisme, place du Champ de Foire 𝒞 03 86 25 27 23, Fax 03 86 77 16 58

✕✕ **Le Charolais**   🏡 **VISA** 🐵
33 bis rte Moulins – 𝒞 03 86 25 22 27 – frank.rapiau@wanadoo.fr
⊛   – Fax 03 86 25 52 52 – Fermé 1er-7 janv., vacances de fév., mardi du 15 nov. au
15 avril, dim. soir et lundi
Rest – Menu 17/55 € – Carte 48/73 €
♦ Le chef de ce restaurant au cadre contemporain mitonne des plats au goût du jour. Dès que le temps le permet, grillades et cuisine à la plancha se dégustent en terrasse.

LA DÉFENSE – 92 Hauts-de-Seine – **311** J2 – **101** 14 – **voir à Paris, Environs**

DELME – 57 Moselle – **307** J5 – 728 h. – alt. 220 m – ⊠ 57590   27 **C2**
🔼 Paris 364 – Château-Salins 12 – Metz 33 – Nancy 36 – Pont-à-Mousson 27
    – St-Avold 43
🅸 Syndicat d'initiative, 33, rue Raymond Poincaré 𝒞 03 87 01 37 19,
    Fax 03 87 01 43 14

🏠 **A la XIIe Borne**   🚗 🏡 📶 🅰🅲 rest, ↯ **VISA** 🐵 ᴁ ①
6 pl. République – 𝒞 03 87 01 30 18 – XIIborne@wanadoo.fr – Fax 03 87 01 38 39
– Fermé dim. soir et lundi
15 ch – †53/70 € ††53/70 €, ⌿ 7,50 € – ½ P 54 € – **Rest** – Menu 20 €
(sem.)/46 € – Carte 44/67 €
♦ Quatre frères président au destin de cette longue bâtisse dont la façade pastel égayée de volets blancs surveille la place centrale. Chambres fonctionnelles bien insonorisées. Repas traditionnel servi dans un cadre actuel sobre ; spécialité de tête de veau.

DERCHIGNY – 76 Seine-Maritime – **304** H2 – 416 h. – alt. 100 m – ⊠ 76370
> ◨ Paris 206 – Barentin 64 – Dieppe 10 – Rouen 74   33 **D1**

⌂   **Manoir de Graincourt** ⚘   🛋 ⅍ ⅋ ⌾ **P**
10 pl. Ludovic Panel – ℰ 02 35 84 12 88 – contact @ manoir-de-graincourt.fr
– Fax 02 35 84 12 88
5 ch ⊡ – †78/100 € ††78/119 € – **Table d'hôte** – Menu 32 € bc
♦ Ce manoir typé (19ᵉ s.) et sa dépendance, autrefois couvent, jouxtent l'église. Chambres
coquettes ouvrant sur un jardin bien tenu ; salon-bibliothèque et salle de billard. Belle
cuisine où l'on dîne en table d'hôte (pensez à réserver).

DESCARTES – 37 Indre-et-Loire – **317** N7 – 4 019 h. – alt. 50 m – ⊠ 37160
▌ Châteaux de la Loire   11 **B3**
> ◨ Paris 292 – Châteauroux 94 – Châtellerault 24 – Chinon 51 – Loches 32
>   – Tours 59
> ◲ Office de tourisme, place Blaise Pascal ℰ 02 47 92 42 20, Fax 02 47 59 72 20

✗   **Moderne** avec ch   🍽 ⌾ **P** **VISA** **⦿⦿**
15 r. Descartes – ℰ 02 47 59 72 11 – hotel.moderne.ft @ wanadoo.fr
🕮 – Fax 02 47 92 44 90 – Fermé lundi midi de mi-avril à oct., vend. midi et sam. midi
de nov. à mi-avril et dim. soir
11 ch – †39 € ††45 €, ⊡ 6,50 € – ½ P 42 € – **Rest** Menu 15/34 € – Carte 33/43 €
♦ Restaurant au cadre néo-rustique, proche de la maison natale de René Descartes,
aujourd'hui musée. L'été, terrasse dressée dans le petit jardin. Cuisine traditionnelle.
Quelques chambres sobres et pratiques.

✗   **Auberge de Lilette**   **P** **VISA** **⦿⦿**
21 r. Robert-Lecomte, Ouest : 3 km par D 58 et D5 – ℰ 02 47 59 72 22
🕮 – auberge.lilette @ wanadoo.fr – Fax 02 47 92 93 93 – Fermé dim. soir hors saison
et vend. soir
Rest – Menu 10,50 € bc (déj. en sem.), 16/35 € – Carte 28/40 €
♦ Modeste salle à manger accessible par le bar-tabac du village. Les tables y sont bien
espacées et la carte présente des plats à dominante régionale.

DESVRES – 62 Pas-de-Calais – **301** E3 – 5 205 h. – alt. 98 m – ⊠ 62240   30 **A2**
> ◨ Paris 263 – Calais 40 – Arras 98 – Boulogne 19
> ◲ Syndicat d'initiative, 25, rue des Potiers ℰ 03 21 92 09 09

🏠   **Ferme du Moulin aux Draps** sans rest ⚘   ⌖ 🖵 ⅍ ⌾
rte Crémarest, 1,5 km par D 254ᴱ –   **P** **VISA** **⦿⦿** **AE** **①**
ℰ 03 21 10 69 59 – moulinauxdraps @ orange.fr – Fax 03 21 87 14 56 – Fermé
29 déc.-19 janv.
20 ch – †75 € ††85/115 €, ⊡ 12 €
♦ Ce séduisant hôtel niché entre forêt et prairie a été reconstruit sur le modèle de l'ancienne
ferme familiale. Plaisantes chambres et piscine couverte dans la cour intérieure.

LES DEUX-ALPES (Alpes de Mont-de-Lans et de Vénosc) – 38 Isère
– **333** J7 – **Sports d'hiver :** 1 650/3 600 m ⅍7 ⅍49 ⅍ – ⊠ 38860
▌ Alpes du Nord   45 **C2**
> ◨ Paris 640 – Le Bourg-d'Oisans 26 – Grenoble 78
> ◲ Office de tourisme, 4, place Deux-Alpes ℰ 04 76 79 22 00, Fax 04 76 79 01 38
> ◙ des Deux-Alpes Rue des Vikings, E : 2 km, ℰ 04 76 80 52 89.
> ◉ Belvédères : de la Croix★, des Cîmes★ - Croisière Blanche★★★.

Plan page ci-contre

🏠   **Chalet Mounier**   ⪕ 🛋 🍽 ⽊ 🖵 ⊛ ⅄ 🛗 ⅋ 🛁 **VISA** **⦿⦿**
– ℰ 04 76 80 56 90 – doc @ chalet-mounier.com – Fax 04 76 79 56 51 – Ouvert de
mi-juin à début sept., de déc. à début mai   n
42 ch – †85/174 € ††120/250 €, ⊡ 13 € – 4 suites – ½ P 87/160 €
Rest – (dîner seult) (résidents seult)
Rest Le P'tit Polyte – (dîner seult sauf dim. et fériés) Menu (36 €), 49/59 € ❀
♦ Ce chalet d'alpage de 1879 arbore un look ultra contemporain : décor ultra cosy grâce au bois
dominant et aux tons chaleureux du salon et des chambres (rénovées peu à peu) ; wellness.
Cuisine inventive servie dans la jolie salle du P'tit Polyte donnant sur la montagne.

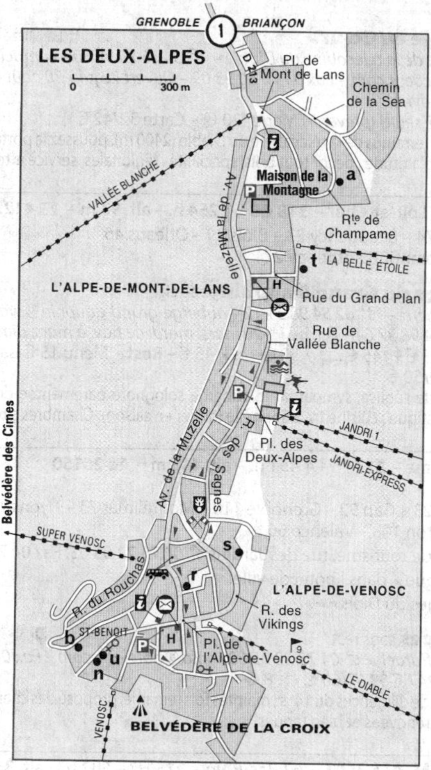
GRENOBLE
BRIANÇON
LES DEUX-ALPES
0
300 m
D 213
Pl. de Mont de Lans
Chemin de la Sea
VALLÉE BLANCHE
Maison de la Montagne
a
Rte de Champame
Av. de la Muzelle
t
LA BELLE ÉTOILE
L'ALPE-DE-MONT-DE-LANS
H
Rue du Grand Plan
Rue de Vallée Blanche
JANDRI 1
Pl. des Deux-Alpes
JANDRI-EXPRESS
R. des Sagnes
Belvédère des Cimes
SUPER VENOSC
s
R. du Rouchas
r
L'ALPE-DE-VENOSC
R. des Vikings
ST-BENOIT
b
u
n
Pl. de l'Alpe-de-Venosc
LE DIABLE
VENOSC
BELVÉDÈRE DE LA CROIX

Souleil'Or ⅄ rest, VISA MC AE

10 r. Grand Plan – ✆ 04 76 79 24 69 – hotel.le.souleil.or@wanadoo.fr – Fax 04 76 79 20 64 – Ouvert 17 juin-31 août et 2 déc.-20 avril t

42 ch – †103/122 € ††134/176 €, ☕ 14 € – ½ P 88/135 € – **Rest** – *(dîner seult)* Menu 33 €

◆ Les chambres de cet hôtel à la façade en bois, rénovées par étapes, disposent toutes d'un balcon. Ambiance "chalet", bon confort et tenue rigoureuse. Sauna, hammam. Restaurant avec terrasse au bord de la piscine ; plats traditionnels et dauphinois.

Les Mélèzes VISA MC AE

– ✆ 04 76 80 50 50 – reservation@hotelmelezes.com – Fax 04 76 79 20 70 – Ouvert 15 déc.-26 avril s

34 ch – †61/70 € ††95/120 €, ☕ 10 € – 3 suites – ½ P 78/111 € – **Rest** – *(ouvert du 20 déc.-26 avril)* Menu 33/74 €

◆ Au pied des pistes, hôtel peu à peu revu dans un esprit chalet cosy. Accueil charmant, majorité de chambres plein Sud, plaisants salons, fitness, sauna, jacuzzi. Restauration assez simple à midi et menu unique le soir ("menu montagnard" le mardi).

Serre-Palas sans rest VISA MC

13 pl. de l'Alpe de Venosc – ✆ 04 76 80 56 33 – limounier@wanadoo.fr – Fax 04 76 79 04 36 – Ouvert de mi-juin à fin août, 24 oct.-3 nov. et de déc. à avril u

24 ch ☕ – †28/67 € ††40/140 €

◆ À 50 m de la télécabine du Venosc, des chambres sobres (sauf une, joliment revue dans un esprit "chalet"), dont certaines offrent un balcon face au Parc national des Écrins.

✗ **Le Diable au Cœur** ⬉ La Muzelle, 🛋 *VISA* **MC**
au sommet de la télécabine du Diable – ℰ *04 76 79 99 50 – contact @
lediableaucoeur.com – Fax 04 76 80 23 09 – Ouvert 28 juin-30 août et
15 déc.-26 avril*
Rest *– (déj. seult) (prévenir)* Menu (20 €) – Carte 32/42 €
♦ Arrivé au terminus de la télécabine du Diable (2400 m), poussez la porte de ce charmant
restaurant d'altitude : décor tout bois, spécialités régionales, service attentionné.

DHUIZON – 41 Loir-et-Cher – 318 G6 – **1 254 h. – alt. 93 m** – ✉ 41220   12 **C2**
🚗 Paris 174 – Beaugency 23 – Blois 29 – Orléans 46
– Romorantin-Lanthenay 27

✗✗ **Auberge du Grand Dauphin** avec ch   🛋 **P** *VISA* **MC**
😌 *17 pl. St.-Pierre –* ℰ *02 54 98 31 12 – auberge-grand-dauphin @ wanadoo.fr
– Fax 02 54 98 37 64 – Fermé 1ᵉʳ-20 mars, mardi de nov. à mars, dim. soir et lundi*
9 ch – †45 €, ††45 €, ⊑ 7,50 € – ½ P 45 € – **Rest** – Menu 15 € (sauf dim.)/38 €
– Carte 31/50 €
♦ Proche de l'église, sympathique auberge solognote parementée de briques. Salle à
manger rustique ; cuisine traditionnelle (gibier en saison). Chambres simples sur la cour.

DIE ⬉ – 26 Drôme – 332 F5 – **4 451 h. – alt. 415 m** – ✉ 26150
🏔 Alpes du Sud   44 **B3**
🚗 Paris 623 – Gap 92 – Grenoble 110 – Montélimar 73 – Nyons 77
– Sisteron 103 – Valence 66
🅸 Office de tourisme, rue des Jardins ℰ 04 75 22 03 03, Fax 04 75 22 40 46
◉ Mosaïque★ dans l'hôtel de ville.
🅖 Paysages du Diois★★.

🏠 **Des Alpes** sans rest   📶 📞 📶 *VISA* **MC** **AE**
87 r. C. Buffardel – ℰ *04 75 22 15 83 – info @ hotel-die.com – Fax 04 75 22 09 39*
24 ch – †47 € ††47/60 €, ⊑ 8 €
♦ Ce relais de diligences du 14ᵉ s., maintes fois remanié, propose des chambres spacieuses,
peu à peu rénovées et bien tenues.

DIEFFENBACH-AU-VAL – 67 Bas-Rhin – 315 H7 – **582 h. – alt. 350 m** –
✉ 67220   2 **C1**
🚗 Paris 538 – Colmar 33 – Lahr 65 – Strasbourg 53

🏠 **La Romance** sans rest ⬙   📶 **AC** ⇄ **P**
17 r. de Neuve-Église – ℰ *03 88 85 67 09 – corinne @ la-romance.net
– Fax 03 88 57 61 58*
6 ch ⊑ – †83/93 € ††88/98 €
♦ Dans cette demeure de style régional, sur les hauteurs du village, les chambres sont
colorées et vraiment très tranquilles. Deux possèdent une terrasse avec vue sur la vallée.

🏠 **La Maison Fleurie** sans rest ⬙   📶 ⇄ ⊗ **P**
19 r. de Neuve-Église – ℰ *03 88 85 60 48 – engel-thierry @ wanadoo.fr
– Fax 03 88 85 60 48*
4 ch ⊑ – †45 € ††56/72 €
♦ Les chambres (avec vue) de cette maison perchée sont confortables et très propres. Au
petit-déjeuner, on a la chance de déguster kougelhopf, confiture et miel faits maison !

DIEFFENTHAL – 67 Bas-Rhin – 315 I7 – **226 h. – alt. 185 m** – ✉ 67650   2 **C1**
🚗 Paris 441 – Lunéville 100 – St-Dié 45 – Sélestat 7 – Strasbourg 54

🏨 **Le Verger des Châteaux** ⬙   ⬉ 📶 🛋 📶 ⅉ ch, 📞 🅂 **P** *VISA* **MC**
2 rte Romaine – ℰ *03 88 92 49 13 – verger-des-chateaux @ villes-et-vignoble.com
– Fax 03 88 92 40 99*
32 ch – †58/64 € ††58/64 €, ⊑ 8 € – ½ P 58 € – **Rest** – (fermé lundi midi)
Menu 20/30 € – Carte 30/52 €
♦ L'imposante bâtisse borde le fameux vignoble alsacien. Les chambres, un peu nues, y
sont amples et munies d'un mobilier actuel. Vaste et sobre salle à manger agréablement
ouverte sur la campagne ; registre culinaire traditionnel. Winstub au décor coloré.

DIEFMATTEN – 68 Haut-Rhin – **315** G10 – 251 h. – alt. 300 m –
✉ 68780

1 **A3**

🚗 Paris 450 – Belfort 25 – Colmar 48 – Mulhouse 21 – Thann 15

XXX   **Auberge du Cheval Blanc** avec ch   🚗 🏡 AC rest,
17 r. Hecken – 𝒞 *03 89 26 91 08* – *patrick @*   P VISA MC AE ①
auchevalblanc.fr – *Fax 03 89 26 92 28*
8 ch – ♦54/80 € ♦♦54/120 €, ☲ 8 € – ½ P 85 €
Rest – *(fermé 15-31 juil., 5-15 janv., lundi et mardi sauf fériés)*
Menu 23 € bc *(déj. en sem.)*, 28/72 € – Carte 47/69 €
♦ Maison alsacienne (19ᵉ s.) dont l'intérieur, refait dans un esprit contemporain,
conserve néanmoins son âme campagnarde. Belle échappée sur le parc depuis la
terrasse arrière. Cinq appartements neufs et accueillants ; les autres chambres sont plus
anciennes.

DIENNE – 15 Cantal – **330** E4 – 293 h. – alt. 1 053 m – ✉ 15300
📗 Auvergne

5 **B3**

🚗 Paris 529 – Allanche 21 – Aurillac 54 – Condat 30 – Mauriac 52 – Murat 10
– St-Flour 34

◎ ≤★★ du Pas de Peyrol.

X   **Poste** avec ch   ≤ P VISA MC
    – 𝒞 *04 71 20 80 40* – *Fax 04 71 20 82 75* – *Fermé 15 nov.-1ᵉʳ fév.*
☎   **10 ch** – ♦42/45 € ♦♦42/45 €, ☲ 8 € – ½ P 43/45 € – **Rest** – *(dîner seult)*
Menu 18/20 €
♦ Hospitalité toute auvergnate, produits du potager et petite terrasse : cet ancien relais de
poste en pierres du pays est depuis 1916 une adresse familiale bien sympathique.

DIEPPE 👁 – 76 Seine-Maritime – **304** G2 – 34 653 h. – alt. 6 m – Casino Municipal
AY – ✉ 76200 📗 Normandie Vallée de la Seine

33 **D1**

🚗 Paris 197 – Abbeville 68 – Caen 176 – Le Havre 111 – Rouen 66
🚹 Syndicat d'initiative, pont Jehan Ango 𝒞 02 32 14 40 60,
Fax 02 32 14 40 61
🏌 de Dieppe-Pourville Route de Pourville, O : 2 km par D 74, 𝒞 02 35 84 25 05.
◎ Église St-Jacques★ - Chapelle N.-D.-de-Bon-Secours ≤★ - Musée★ du
château (ivoires dieppois★).

Plan page suivante

🏨   **Aguado** sans rest   ≤ 📶 ⌿ 📞 VISA MC AE
30 bd Verdun – 𝒞 *02 35 84 27 00* – *chris.bert @ tiscali.fr*
– Fax 02 35 06 17 61   BY **s**
56 ch – ♦55/95 € ♦♦60/115 €, ☲ 10 €
♦ L'immeuble enjambe une rue donnant sur le front de mer, mais les chambres, à
choisir côté promenade maritime ou côté ville et port, bénéficient d'une insonorisation
optimale.

🏨   **De l'Europe** sans rest   ≤ 📶 ⌿ ⇆ 🛁 VISA MC
63 bd Verdun – 𝒞 *02 32 90 19 19* – *chris.bert @ tiscali.fr*
– Fax 02 32 90 19 00   BY **t**
60 ch – ♦55/88 € ♦♦65/106 €, ☲ 9 €
♦ Bâtisse hôtelière à façade en bois et béton. Les chambres, claires et amples,
sont meublées en rotin et tournées vers la Manche. Bar feutré fréquenté par la clientèle
locale.

🏨   **La Présidence**   ≤ 📶 AC rest, 📞 🛁 🚗 VISA MC AE ①
1 bd Verdun – 𝒞 *02 35 84 31 31* – *contact @ hotel-la-presidence.com*
– Fax 02 35 84 86 70   AY **v**
89 ch – ♦65/90 € ♦♦70/140 €, ☲ 11 € – ½ P 70/80 € – **Rest** – Menu 24/46 €
– Carte 30/53 €
♦ Réservez une chambre rénovée dans cet hôtel des années 1970 idéalement
situé à proximité de la plage et du château-musée. Les larges baies du restaurant panoramique logé au dernier étage de l'immeuble permettent de profiter du spectacle de la
Manche.

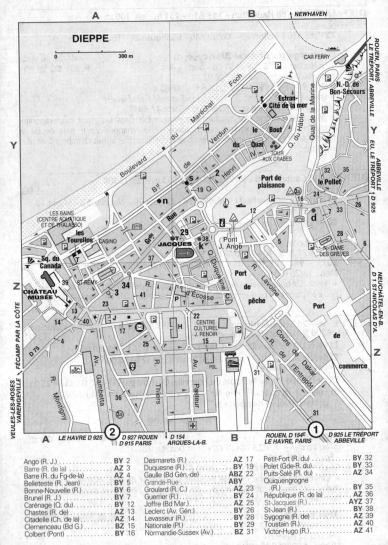

DIEPPE

NEWHAVEN

ROUEN, PARIS, LE TRÉPORT, ABBEVILLE

CAR FERRY

N.-D. de Bon-Secours

Estran-Cité de la mer

le Bout du Quai

TOUR AUX CRABES

EU, LE TRÉPORT / D 925

le Pollet

Port de plaisance

NEUCHÂTEL-EN-B. D 1 ST-NICOLAS D'A.

LES BAINS (CENTRE AQUATIQUE ET DE THALASSO)

les Tourelles

CASINO

ST-JACQUES

Pont J. Ango

N.-DAME DES GRÈVES

Sq. du Canada

CHÂTEAU MUSÉE

ST-RÉMY

Port de pêche

VEULES-LES-ROSES VARENGEVILLE

FÉCAMP PAR LA CÔTE

D 75

CENTRE CULTUREL J. RENOIR

Port de commerce

POL.

LE HAVRE D 925 ②

D 927 ROUEN D 915 PARIS

D 154 ARQUES-LA-B.

ROUEN, D 154E LE HAVRE, PARIS

① *D 925 LE TRÉPORT ABBEVILLE*

Ango (R. J.)	**BY** 2	Desmarets (R.)	**AZ** 17	Petit-Fort (R. du)	**BY** 32
Barre (R. de la)	**AZ** 3	Duquesne (R.)	**AZ** 19	Polet (Gde-R. du)	**BY** 33
Barre (R. du Fg-de-la)	**AZ** 4	Gaulle (Bd Gén.-de)	**ABZ** 22	Puits-Salé (Pl. du)	**AZ** 34
Belleteste (R. Jean)	**BY** 5	Grande-Rue	**ABY**	Quiquengrogne	
Bonne-Nouvelle (R.)	**BY** 6	Groulard (R. C.)	**AZ** 23	(R.)	**BY** 35
Brunel (R. J.)	**BY** 7	Guerrier (R.)	**AZ** 24	République (R. de la)	**AZ** 36
Carénage (Q. du)	**BY** 12	Joffre (Bd Mar.)	**AZ** 25	St-Jacques (R.)	**AYZ** 37
Chastes (R. de)	**AZ** 13	Leclerc (Av. Gén.)	**BY** 26	St-Jean (R.)	**BY** 38
Citadelle (Ch. de la)	**AZ** 14	Levasseur (R.)	**BY** 28	Sygogne (R. de)	**AZ** 39
Clemenceau (Bd G.)	**BZ** 15	Nationale (Pl.)	**BY** 29	Toustain (R.)	**AZ** 40
Colbert (Pont)	**BY** 16	Normandie-Sussex (Av.)	**BZ** 31	Victor-Hugo (R.)	**AZ** 41

La Villa Florida sans rest 🦢

24 chemin du Golf, par D 75 – ℰ 02 35 84 40 37 – adn@lavillaflorida.com
– Fax 01 72 74 33 76

4 ch ⊇ – †70/78 € ††70/78 €

◆ Il flotte comme un parfum des Indes dans cette maison dont la propriétaire est passionnée de yoga. Chambres sereines et personnalisées. Beau jardin fleuri. Accueil charmant.

Villa des Capucins sans rest 🛇 **VISA** 🐵🐵

11 r. des Capucins – ℰ 02 35 82 16 52 – villa.des.capucins@wanadoo.fr
– Fax 02 32 90 97 52

5 ch ⊇ – †60 € ††70 €

◆ Dans le quartier du Pollet, maison d'hôte de caractère mettant à profit les dépendances d'un prieuré. Jolies chambres tournées vers un jardin clos. Cuisine-salle à manger ancienne.

XX **Les Voiles d'Or** VISA MC AE

2 chemin de la Falaise, près de la chapelle N.-D.-de-Bon-Secours – ☎ 02 35 84 16 84 – Fermé 17 nov.-3 déc., dim. soir, lundi et mardi

Rest – *(nombre de couverts limité, prévenir)* Menu 30 € bc (déj. en sem.)/48 € – Carte 50/58 €

◆ Table au goût du jour perchée sur la falaise du Pollet, à proximité de la chapelle N.-D. de Bon-Secours et du sémaphore. Intérieur chaleureux et coloré ; mobilier design.

XX **La Marmite Dieppoise** VISA MC

8 r. St-Jean – ☎ 02 35 84 24 26 – Fax 02 35 84 31 12 – Fermé 20 juin-3 juil., 21 nov.-8 déc., 15-28 fév., jeudi soir de sept. à juin, dim. soir et lundi BY **k**

Rest – Menu 30/46 € – Carte 31/56 €

◆ La fameuse marmite dieppoise tient la vedette à cette table proche du port de pêche. Décor plus typé à l'étage qu'en dessous. Dîner aux chandelles les vendredis et samedis.

X **Bistrot du Pollet** VISA MC

23 r. Tête de Bœuf – ☎ 02 35 84 68 57 – Fermé 20-29 avril, 17 août-1er sept.-8 janv., dim. et lundi BY **e**

Rest – *(nombre de couverts limité, prévenir)* Carte 25/39 €

◆ Sur l'île portuaire du Pollet, bistrot estimé pour son ambiance conviviale, sa cuisine généreuse valorisant les produits de la pêche et son décor marin au charme suranné.

aux Vertus **3,5 km par ② et D 927 – ✉ 76550 St-Aubin-sur-Scie**

XXX **La Bucherie** P VISA MC

– ☎ 02 35 84 83 10 – Fax 02 35 84 83 10 – Fermé dim. soir, mardi soir et lundi

Rest – Menu 19 € (sem.)/51 € – Carte 44/69 €

◆ Maison d'aspect régional agrémentée d'un jardin arboré bordant la grand-route. Une cheminée réchauffe l'une des deux salles contemporaines et colorées. Choix traditionnel et menu.

à Offranville **6 km par ②, D 927 et D 54 – 3 470 h. – alt. 80 m – ✉ 76550**

XX **Le Colombier** VISA MC

r. Loucheur, parc du Colombier – ☎ 02 35 85 48 50 – lecourski@wanadoo.fr – Fax 02 35 83 76 87 – Fermé 20 oct.-5 nov., 23 fév.-11 mars, mardi soir sauf du 2 juil. au 27 août, dim. soir et merc.

Rest – Menu 25/61 €

◆ Cette vénérable maison normande (1509) serait la doyenne du bourg. Murs jaunes, poutres restaurées, belle cheminée ancienne et vieux tournebroche en salle. Cuisine actuelle.

à Pourville-sur-Mer **5 km à l'Ouest par D 75** AZ – **✉ 76550 Hautot-sur-Mer**

XX **Le Trou Normand** VISA MC

128 r. des Verts Bois – ☎ 02 35 84 59 84 – Fax 02 35 40 29 41 – Fermé 16 août-4 sept., 22 déc.-7 janv., dim. sauf midi de Pâques à sept. et merc.

Rest – Menu 23/35 € – Carte 39/53 €

◆ Auberge avoisinant la plage où débarquèrent, en 1942, les Canadiens de l'opération "Jubilee". Décor rustique ; petite carte selon le marché : produits de la mer et du terroir.

DIEULEFIT – 26 Drôme – **332** D6 – **3 096 h. – alt. 366 m – ✉ 26220**

Lyon et la vallée du Rhône 44 **B3**

▶ Paris 614 – Crest 30 – Montélimar 29 – Nyons 30 – Orange 58 – Valence 57

ℹ Office de tourisme, 1, place Abbé Magnet ☎ 04 75 46 42 49, Fax 04 75 46 36 48

XX **Le Relais du Serre** avec ch P VISA MC AE

rte de Nyons, 3 km sur D 538 – ☎ 04 75 46 43 45 – le-relais-du-serre@orange.fr – Fax 04 75 46 40 98 – Fermé 5-20 janv., dim. soir et lundi de sept. à mai

7 ch – †40/60 € ††50/70 €, ☕ 8 € – ½ P 60/70 € – **Rest** – Menu 13 € (déj. en sem.), 22/36 € – Carte 31/52 €

◆ Agréable maison à la façade rénovée, sur la route de la vallée du Lez. Salle à manger colorée, agrémentée de fleurs et de tableaux ; cuisine traditionnelle et gibier en saison.

au Poët-Laval 5 km à l'Ouest par D 540 – 809 h. – alt. 311 m – ⊠ 26160

◎ Site★.

🏨 **Les Hospitaliers** ⊗   ⇐ 🚗 🏛 ⎯ 🍸 ⛱ 🖥 🅿️ **VISA** **MC** **AE** **①**
– ℰ 04 75 46 22 32 – contact@hotel-les-hospitaliers.com – Fax 04 75 46 49 99
– Ouvert 15 mars-9 nov.
20 ch – †75/140 € ††75/160 €, ☱ 15 € – **Rest** – (fermé lundi et mardi hors saison) Menu (26 €), 39/53 € – Carte 59/75 €
◆ Au vieux village, chambres aménagées dans des maisons de pierres sèches et piscine surplombant la vallée : difficile pour ces Hospitaliers-là de repartir en croisade ! Cuisine d'aujourd'hui servie dans une salle de caractère ou sur la terrasse panoramique.

au Nord 9 km par D 538, D 110 et D 245 - ⊠ 26460 Truinas

🏠 **La Bergerie de Féline** ⊗   ⇐ 🚗 🏛 ⎯ 🍸 🐾 🅿️
Les Charles – ℰ 04 75 49 12 78 – welcome@labergeriedefeline.com
– Fax 04 75 49 12 78
5 ch ☱ – †110/200 € ††110/200 € – **Table d'hôte** – Menu 30 € bc
◆ Dans une belle bergerie du 18ᵉ s., chambres contemporaines pour un séjour en toute tranquillité avec le Vercors en paysage. Superbe piscine, cabane et hamac au fond du jardin. Plats du terroir proposés à la table d'hôte, dans un cadre alliant design et authenticité.

DIGNE-LES-BAINS 🅿 – 04 Alpes-de-Haute-Provence – 334 F8 – 16 064 h. – alt. 608 m – Stat. therm. : début mars-début déc. – ⊠ 04000 ▮ Alpes du Sud   41 **C2**

▶ Paris 744 – Aix-en-Provence 109 – Avignon 167 – Cannes 135 – Gap 89

🅸 Office de tourisme, place du Tampinet ℰ 04 92 36 62 62,
Fax 04 92 32 27 24

🄖 de Digne-les-Bains 57 route du Chaffaut, par rte de Nice et D 12 : 7 km,
ℰ 04 92 30 58 00.

◎ Musée départemental★ B M² - Cathédrale N.D.-du-Bourg★ - Dalles à ammonites géantes★ N : 1 km par D 900^A.

◉ ⇐★ du Relais de Télévision.

Plan page ci-contre

🏨 **Le Grand Paris**   🏛 📞 🔔 ⎯ **VISA** **MC** **AE** **①**
19 bd Thiers – ℰ 04 92 31 11 15 – info@hotel-grand-paris.com
– Fax 04 92 32 32 82 – Ouvert 1ᵉʳ mars-30 nov.   A **a**
16 ch – †75/105 € ††88/137 €, ☱ 17 € – 4 suites – ½ P 85/120 €
Rest – (fermé lundi midi, mardi midi et merc. midi hors saison) Menu (26 €), 32/67 € – Carte 60/92 € ℬ
◆ Ambiance vieille France dans cet ancien couvent du 17ᵉ s. Certaines chambres ont bénéficié d'un rajeunissement (salles de bains contemporaines). Belle salle à manger colorée ou terrasse ombragée. Plats traditionnels et bon choix de côtes-du-rhône.

🏠 **Le Coin Fleuri**   🏛 **VISA** **MC**
9 bd V. Hugo – ℰ 04 92 31 04 51 – lecoinfleuri9@orange.fr
– Fax 04 92 32 55 75   B **v**
13 ch – †40/45 € ††43/53 €, ☱ 6,50 € – ½ P 60/68 €
Rest – (fermé dim. soir, mardi soir et lundi) Menu (13 €), 21/27 € – Carte environ 34 €
◆ Les chambres de cet établissement fréquenté par une clientèle de curistes sont simples, pratiques et bien insonorisées. Restaurant de type pension au décor sagement provençal, et grande terrasse ombragée où l'on sert des repas sous forme de buffets en été.

🏠 **Central** sans rest   📞 **VISA** **MC** **AE**
26 bd Gassendi – ℰ 04 92 31 31 91 – webmaster@lhotel-central.com
– Fax 04 92 31 49 78   A **t**
20 ch – †31 € ††49 €, ☱ 6 €
◆ Les chambres scrupuleusement tenues de ce petit hôtel situé au cœur de la capitale des "Alpes de la Lavande" présentent une discrète décoration provençale.

DIGNE-LES-BAINS

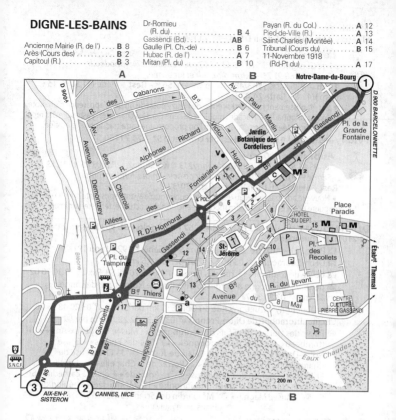

rte de Nice 2 km par ② et N 85 – ⊠ 04000 Digne-les-Bains

🏠🏠 **Villa Gaïa** 🕭 🕭 ⋔⋔ ⌂ ⌖ ch, ⋇ 🕭 **P** **VISA** **◑◐**
24 rte de Nice – 𝒞 *04 92 31 21 60* – *hotel.gaia@wanadoo.fr* – *Fax 04 92 31 20 12*
– Ouvert 15 avril-21 oct.
10 ch – ⋔65/95 € ⋔⋔95/102 €, 🖙 9 € – ½ P 76/82 € – **Rest** – *(fermé 1er-11 juil. et*
merc. sauf du 11 juil.-26 août) (dîner seult) (résidents seult) Menu 26 €
♦ Atmosphère familiale en cette accueillante maison de maître nichée dans un vaste parc
arboré. Salons, bibliothèque, meubles de style et chambres personnalisées.

DIGOIN – 71 Saône-et-Loire – **320** D11 – **8 947 h.** – alt. 232 m – ⊠ 71160
📗 Bourgogne   7 **B3**

🗗 Paris 337 – Autun 69 – Charolles 26 – Moulins 57 – Roanne 57 – Vichy 69
🗗 Office de tourisme, 8, rue Guilleminot 𝒞 03 85 53 00 81, Fax 03 85 53 27 54

✗✗ **De la Gare** avec ch   🚃 **AC** rest, ↯ **P** **VISA** **◑◐**
🕭 *79 av. Gén. de Gaulle* – 𝒞 *03 85 53 03 04* – *jean-pierre.mathieu@worldonline.fr*
– Fax 03 85 53 14 70 – *Fermé 1 sem. en juin, 5 janv.-6 fév., dim. soir et merc.*
sauf juil.-août
13 ch – ⋔38/45 € ⋔⋔46/60 €, 🖙 10 € – ½ P 60/65 € – **Rest** – Menu 18 €
(sem.)/62 € – Carte 37/56 €
♦ Repas traditionnels teintés d'un certain classicisme, à apprécier dans un décor composite
associant styles Louis XIII et "seventies". Fauteuils oranges au salon ; éclectique mobilier
d'antiquaire dans les chambres.

DIGOIN

à Neuzy 4 km au Nord-Est par D 994 – ⊠ 71160 Digoin

Le Merle Blanc

36 rte Gueugnon – ℰ 03 85 53 17 13 – lemerleblanc @ wanadoo.fr
– Fax 03 85 88 91 71 – Fermé dim. soir et lundi midi
15 ch – ♦35/42 € ♦♦43/48 €, � 6 € – ½ P 56 € – **Rest** – Menu (11,50 €), 15 €
(sem.)/41 € – Carte 24/42 €
♦ Cet établissement familial du centre de Neuzy possède un peu l'apparence d'un motel.
Galerie à colonnades en façade ; mobilier de série dans les chambres. Vaste salle des repas
compartimentée par des claustras, où l'on propose une carte traditionnelle étoffée.

à Vigny-les-Paray 9 km au Nord-Est par D 994 et D 52 – ⊠ 71160

Auberge de Vigny

– ℰ 03 85 81 10 13 – aubergedevigny213 @ wanadoo.fr – Fax 03 85 81 10 13
– Fermé 9-30 oct., 2-20 janv., dim. soir de nov. à mars, lundi et mardi
Rest – Menu 17 € (sem.)/34 € – Carte 30/37 €
♦ Nouvelle adresse, nouveau défi pour le jeune couple ayant repris cette maison de 1850,
naguère école et mairie. Cadre moderne-ancien, table actuelle, terrasse-jardin plein Sud.

DIJON P – 21 Côte-d'Or – 320 K6 – 149 867 h. – Agglo. 236 953 h. – alt. 245 m –
⊠ 21000 ▌ Bourgogne   **8 D1**

> ▶ Paris 311 – Auxerre 152 – Besançon 94 – Genève 192 – Lyon 191
>
> ◪ Dijon-Bourgogne ℰ 03 80 67 67 67 par ⑤ : 4,5 km.
>
> 🖪 Office de tourisme, 34, rue des Forges ℰ 08 92 70 05 58, Fax 03 80 30 90 02
>
> 🖬 de Dijon Bourgogne à Norges-la-Ville Bois de Norges, par de Langres :
> 15 km, ℰ 03 80 35 71 10 ;
>
> 🖬 de Quetigny à Quetigny Rue du Golf, E : 5 km par D 107, ℰ 03 80 48 95 20.
>
> **Circuit automobile de Dijon-Prenois** ℰ 03 80 35 32 22, 16 km par ⑧
>
> ◉ Palais des Ducs et des États de Bourgogne★★ : Musée des Beaux-Arts★★
> (tombeaux des Ducs de Bourgogne★★★) - Rue des Forges★ - Eglise
> Notre-Dame★ - Plafonds★ du Palais de Justice DY J - Chartreuse de
> Champmol★ : Puits de Moïse★★★, Portail de la Chapelle★ A - Église
> St-Michel★ - Jardin de l'Arquebuse★ CY - Rotonde★★ dans la cathédrale St-
> Bénigne - Musée de la Vie bourguignonne★ DZ M⁷ - Musée Archéologique★
> CY M² - Musée Magnin★ DY M⁵ - Jardin des Sciences★ CY M⁸.
> Plans pages suivantes

Sofitel La Cloche

14 pl. Darcy – ℰ 03 80 30 12 32 – h1202@
accor.com – Fax 03 80 30 04 15   CY **f**
64 ch – ♦170/275 € ♦♦200/300 €, ⊊ 20 € – 4 suites
Rest *Les Jardins de la Cloche* – Menu 33/43 € bc – Carte 54/82 €
♦ Le bâtiment actuel ne date que de la fin du 19ᵉ s., mais la Cloche ouvrit ses portes dès 1424.
Chambres contemporaines en partie refaites. Piano-bar, espace internet. Aux Jardins de la
Cloche, salle sous verrière bien décorée, jolie terrasse et cuisine actuelle.

Hostellerie du Chapeau Rouge (William Frachot)

5 r. Michelet – ℰ 03 80 50 88 88
– chapeaurouge @ bourgogne.net – Fax 03 80 50 88 89   CY **a**
30 ch – ♦132/150 € ♦♦143/159 €, ⊊ 16 € – 2 suites
Rest – (fermé 2-16 janv.) Menu 40 € (déj.), 48/100 € – Carte 66/83 € ❀
Spéc. Langue de veau et langoustine. Le thon rouge. Cochon noir de Bigorre. **Vins**
Chablis, Pernand Vergelesses.
♦ Cette élégante hostellerie, créée en 1863, abrite de plaisantes chambres personnalisées
et un salon sous verrière façon jardin d'hiver. Restaurant feutré (boiseries, collection de
tableaux) ; cuisine inventive et beau livre de cave.

Mercure-Centre Clemenceau

22 bd Marne – ℰ 03 80 72 31 13 – h1227@
accor.com – Fax 03 80 73 61 45   EX **z**
123 ch – ♦125/180 € ♦♦145/180 €, ⊊ 13,50 €
Rest *Le Château Bourgogne* – Menu (27 €), 32/48 € – Carte 34/73 €
♦ L'immeuble, moderne, jouxte l'auditorium, le palais des congrès et celui des expositions.
Toutes les chambres ont été rénovées dans un style gai et actuel. Cuisine traditionnelle
et cadre design flambant neuf au Château Bourgogne. Terrasse près de la piscine.

DIJON

DIJON

C

ST-JOSEPH

0   200 m

X

Montchapet

Square Darcy

Pl. Darcy

DIJON-VILLE

Y

Av. Albert 1er

Cathédrale
St-Bénigne

M²

M⁸

**JARDIN
DE
L'ARQUEBUSE**

St-Philibert

Pl.
Bossuet

Pl. E.
Zola

Z

Quai N. Rolin

Obélisque

PORT DU
CANAL

Pl. de la
Perspective

Pl. Suquet

Pl. J.
Prévert

C

Rouge = agréable. Repérez les symboles 🍴 et 🏠 passés en rouge.

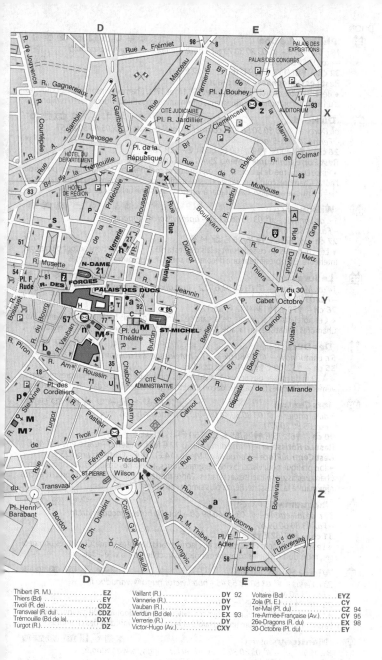

 Le rouge est la couleur de la distinction : nos valeurs sûres !

Philippe Le Bon ⌷ ▤ ⬥ AC ⬥ ⬥ ⬥ P VISA ⬥ AE

18 r. Ste-Anne – ℰ 03 80 30 73 52 – hotel-philippe-le-bon @ wanadoo.fr
– Fax 03 80 30 95 51 DY **p**
32 ch – ♦81/113 € ♦♦94/160 €, ⬦ 12 €
Rest Les Oenophiles – voir ci-après
♦ Bel ensemble de trois demeures des 15ᵉ, 16ᵉ et 17ᵉ s. Chambres insonorisées, pourvues
d'un mobilier pratique. Quelques-unes offrent une sympathique vue sur les toits dijonnais.

Du Nord ▤ AC ⬥ ⬥ VISA ⬥ AE

pl. Darcy – ℰ 03 80 50 80 50 – contact @ hotel-nord.fr – Fax 03 80 50 80 51
– Fermé 19 déc.-5 janv. CY **w**
26 ch – ♦80/90 € ♦♦90/100 €, ⬦ 11 € – ½ P 76 €
Rest Porte Guillaume – Menu 25/40 € – Carte 28/50 €
♦ Place Darcy, rue de la Liberté : le cœur animé et commerçant de Dijon bat aux portes de
l'hôtel. Chambres contemporaines. Cuisine traditionnelle servie dans une salle à manger au
cadre rustique actualisé. Caveau-bar à vins logé sous une belle voûte en pierre.

Wilson sans rest ▤ ⬥ ⬥ ⬥ ⬥ VISA ⬥ AE

1 r. de Longvic – ℰ 03 80 66 82 50 – hotelwilson @ wanadoo.fr
– Fax 03 80 36 41 54 DZ **k**
27 ch – ♦76/96 € ♦♦76/96 €, ⬦ 11 €
♦ Les chambres de ce séduisant relais de poste du 17ᵉ s. s'ordonnent autour d'une cour
intérieure. Elles présentent une décoration sobre et des poutres apparentes.

Le Jura sans rest ▤ ⬥ ⬥ ⬥ ⬥ VISA ⬥ AE

14 av. Mar. Foch – ℰ 03 80 41 61 12 – jura.dijon @ oceaniahotels.com
– Fax 03 80 41 51 13 CY **r**
76 ch – ♦78 € ♦♦134/142 €, ⬦ 12 €
♦ Cet hôtel du 19ᵉ s. proche de la gare se compose de trois bâtiments reliés entre eux.
Chambres climatisées en façade. Pierres apparentes dans la salle des petits-déjeuners.

Des Ducs sans rest ▤ ⬥ ⬥ ⬥ VISA ⬥ AE

5 r. Lamonnoye – ℰ 03 80 67 31 31 – hoteldesducs @ aol.com – Fax 03 80 67 19 51
35 ch – ♦52/69 € ♦♦63/125 €, ⬦ 11 € DY **a**
♦ À 50 m du musée des Beaux-Arts (superbes tombeaux des ducs). Chambres progressivement rafraîchies (sol carrelé, décor) et petit-déjeuner servi l'été dans la cour intérieure.

Ibis Central ⌷ ▤ ⬥ ch, AC ⬥ ⬥ ⬥ VISA ⬥ AE

3 pl. Grangier – ℰ 03 80 30 44 00 – h0654 @ accor-hotels.com
– Fax 03 80 30 77 12 CY **v**
90 ch – ♦68/75 € ♦♦75/85 €, ⬦ 8,50 € – ½ P 89 €
Rest La Rôtisserie – (fermé dim.) Menu 27 € (déj. en sem.) – Carte environ 45 €
Rest Central Place – (fermé dim.) Menu (14 €), 21 € – Carte environ 25 €
♦ Ibis pratique pour visiter la cité des grands ducs, à deux pas des principaux monuments.
Chambres assez spacieuses et refaites. Cadre moderne, viandes rôties à la broche et crus
régionaux à la Rôtisserie. Repas plus simples au Central Place.

Jacquemart sans rest ⬥ ⬥ VISA ⬥ AE

32 r. de la Verrerie – ℰ 03 80 60 09 60 – hotel @ hotel-lejacquemart.fr
– Fax 03 80 60 09 69 DY **h**
31 ch – ♦29/62 € ♦♦32/64 €, ⬦ 6,50 €
♦ Les Dijonnais sont très attachés aux jacquemarts de Notre-Dame. Chambres bourgeoises, murs du 17ᵉ s. et les somptueux hôtels particuliers de la ville à deux pas.

Victor Hugo sans rest ⬥ ⬥ ⬥ VISA ⬥ AE

23 r. Fleurs – ℰ 03 80 43 63 45 – hotel.victor.hugo @ wanadoo.fr
– Fax 03 80 42 13 01 CX **b**
23 ch – ♦39 € ♦♦49 €, ⬦ 6,50 €
♦ L'amabilité de l'accueil, l'entretien scrupuleux et la fonctionnalité du garage compensent
l'insonorisation intérieure un peu faible et le décor sans fioritures des chambres.

Montigny sans rest ▤ AC ⬥ P VISA ⬥ AE

8 r. Montigny – ℰ 03 80 30 96 86 – hotel.montigny @ wanadoo.fr
– Fax 03 80 49 90 36 – Fermé 21 déc.-4 janv. CY **e**
28 ch – ♦50/52 € ♦♦55/57 €, ⬦ 7,50 €
♦ Établissement pratique car proche du centre-ville et disposant d'un parking fermé.
Chambres fonctionnelles, bien insonorisées et parfaitement tenues. Accueil courtois.

XXX **Stéphane Derbord** 🔃 VISA 🍴 AE ①

£3 *10 pl. Wilson –* 𝒞 *03 80 67 74 64 – contactderbord@aol.com – Fax 03 80 63 87 72*
– Fermé 30 juil.-16 août, 2-7 janv., lundi midi, mardi midi et dim. DZ **k**
Rest – Menu 25 € (déj. en sem.), 48/88 € – Carte 65/79 € 🍴

Spéc. Foie gras de canard à la chapelure de truffe de Bourgogne. Sandre de Saône rôti, mousseline à l'estragon. Pigeon aux grains de cassis. **Vins** Saint-Aubin, Marsannay.

♦ Élégant cadre contemporain, plats inventifs mariant saveurs exotiques et du terroir, riche livre de cave : une étape incontournable de la cité des "grands ducs d'Occident".

XXX **Les Oenophiles** – Hôtel Philippe Le Bon 🚗 🔃 🔃 VISA 🍴 AE ①

18 r. Ste-Anne – 𝒞 *03 80 30 73 52 – hotel-philippe-le-bon@wanadoo.fr*
– Fax 03 80 30 95 51 – Fermé le midi du 11 au 24 août et dim.
sauf fériés DY **p**
Rest – Menu 25 € (sem.)/55 € – Carte 55/70 €

♦ Salles de caractère installées dans un hôtel particulier du 15ᵉ s. Caveau-musée du Vin et collection de figurines se rapportant à l'histoire du duché de Bourgogne.

XXX **Le Pré aux Clercs** (Jean-Pierre et Alexis Billoux) VISA 🍴 AE

£3 *13 pl. de la Libération –* 𝒞 *03 80 38 05 05 – billoux@club-internet.fr*
– Fax 03 80 38 16 16 – Fermé 17-29 août, 23 fév.-7 mars, dim. soir et lundi
Rest – Menu 36 € bc (déj. en sem.), 50/95 € – Carte 64/111 € DY **n**
Spéc. Oeufs cocotte aux truffes fraîches de Bourgogne (saison). Paillasson de langoustines au vinaigre de Xérès. Carré de veau fermier, jus chicorée, gnocchi de pommes de terre aux truffes. **Vins** Marsannay blanc, Saint-Romain rouge.

♦ Les baies de l'élégante salle à manger (décor design et poutres apparentes) donnent sur la jolie place dessinée par Hardouin-Mansart. Goûteuse cuisine classique.

XX **La Dame d'Aquitaine** VISA 🍴 AE ①

23 pl. Bossuet – 𝒞 *03 80 30 45 65 – dame.aquitaine@wanadoo.fr*
– Fax 03 80 49 90 41 – Fermé lundi midi et dim. CY **m**
Rest – Menu 22 € (déj. en sem.), 29/45 € – Carte 35/70 €

♦ Un restaurant au cadre inédit aménagé dans une crypte du 13ᵉ s. Mobilier actuel et bel éclairage des voûtes et arcs pour une cuisine mariant saveurs gasconnes et bourguignonnes.

XX **Ma Bourgogne** 🔃 VISA 🍴 AE

1 bd P. Doumer – 𝒞 *03 80 65 48 06 – Fax 03 80 67 82 65 – Fermé 26 juil.-21 août,*
15-23 fév., dim. soir et sam. B **e**
Rest – Menu 22/34 € – Carte 34/51 €

♦ Sacrifiez à la tradition en buvant un kir, la boisson apéritive du truculent chanoine, avant de partir à la découverte des spécialités régionales. Terrasse paysagère.

XX **Petit Vatel** 🔃 VISA 🍴

73 r. Auxonne – 𝒞 *03 80 65 80 64 – Fax 03 80 31 69 92 – Fermé 28 juil.-20 août,*
sam. midi et dim. sauf fériés EZ **a**
Rest – Menu (21 €), 27/40 € – Carte 50/59 €

♦ Sympathique restaurant de quartier aménagé dans deux petites salles à manger sobrement décorées. La cuisine opte pour le registre traditionnel. Accueil aimable.

X **Bistrot des Halles** 🔃 🔃 🔃 VISA 🍴

🐌 *10 r. Bannelier –* 𝒞 *03 80 49 94 15 – Fax 03 80 38 16 16 – Fermé 25 déc.-2 janv.,*
dim. et lundi DY **s**
Rest – Menu 17 € (déj. en sem.) – Carte 29/32 €

♦ Face aux halles joliment restaurées, les plats canailles, la rôtissoire et le décor de bistrot 1900 un brin théâtral séduisent les Dijonnais. Convivialité assurée !

X **Les Deux Fontaines** 🔃 🔃 VISA 🍴 AE ①

16 pl. République – 𝒞 *03 80 60 86 45 – Fax 03 80 28 54 80 – Fermé 4-25 août, dim.*
et lundi DX **x**
Rest – Menu 27 € – Carte 22/39 €

♦ Plaisante reconstitution d'un bistrot à l'ancienne (murs chaulés, vieilles banquettes restaurées, tables en bois brut). Cuisine traditionnelle réactualisée.

DIJON

au Parc de la Toison d'Or 5 km au Nord par D 974 – ✉ 21000 Dijon

🏨 **Holiday Inn** 📶 & ch, ㎰ 🛁 📞 🎿 **P** **VISA** **MC** **AE** **①**
*1 pl. Marie de Bourgogne – 𝒞 03 80 60 46 00 – holiday-inn.dijonfrance@
wanadoo.fr – Fax 03 80 72 32 72* B r
100 ch – †95/110 € ††105/135 €, � 15 €
Rest – *(fermé sam. midi, dim. midi et midi fériés)* Menu 19 € (déj. en sem.),
25/40 € – Carte 30/68 €
♦ Cet immeuble contemporain du quartier de la Toison d'Or jouxte le centre commercial
et son parc aquatique. Plusieurs sortes de chambres ont été rénovées en 2007. Cuisine
traditionnelle servie dans une spacieuse salle à manger actuelle.

à Chevigny 9 km par ⑤ et D 996 – ✉ 21600 Fenay

🏠 **Le Relais de la Sans Fond** 🚗 🎄 🛁 📞 🎿 **P** **VISA** **MC** **AE**
😊 *33 rte Dijon – 𝒞 03 80 36 61 35 – sansfond@aol.com – Fax 03 80 36 94 89 – Fermé
22 déc.-1er janv.*
17 ch – †52/57 € ††62/67 €, � 8 € – ½ P 72/77 €
Rest – *(fermé dim. soir et soirs fériés)* Menu 16 € (déj. en sem.), 27/49 € – Carte
33/53 €
♦ Petite auberge familiale aux aménagements simples et soignés. Chambres
claires, équipées d'un mobilier en bois stratifié et fort bien tenues. Salle à manger
actuelle dotée d'une cheminée et agréable terrasse installée face au jardin. Cuisine traditionnelle.

à Chenôve 6 km par ⑥ – 16 257 h. – alt. 263 m – ✉ 21300

🏠 **Quality Hôtel l'Escargotière** 🎄 📶 & ch, ㎰ 🛁 📞 🎿
P **VISA** **MC** **AE** **①**
*120 av. Roland-Carraz – 𝒞 03 80 54 04 04
– contact@hotel-escargotiere.fr – Fax 03 80 54 04 05 – Fermé 19 déc.-4 janv.*
41 ch – †62/74 € ††62/100 €, � 10 € – ½ P 56/60 €
Rest *La Véranda* – Menu (16 €), 20 € – Carte 24/36 €
♦ L'hôtel borde une route très passante, mais l'insonorisation des chambres, rénovées ou
fonctionnelles, est efficace. Petits-déjeuners sous forme de buffets. Ambiance "jardin
d'hiver", grillades et plats à la broche au restaurant La Véranda.

XX **Le Clos du Roy** ㎰ **P** **VISA** **MC**
😊 *35 av. 14-Juillet – 𝒞 03 80 51 33 66 – clos.du.roy@wanadoo.fr
– Fax 03 80 51 36 66 – Fermé août, merc. soir, dim. soir et lundi*
😊 **Rest** – Menu 17 € (déj. en sem.), 24/56 € – Carte 51/61 €
♦ Ce restaurant au cadre actuel est une étape de choix sur la route du vignoble. Cuisine au
goût du jour rehaussée de touches régionales, accompagnée d'une belle carte de bourgognes.

à Marsannay-la-Côte 8 km par ⑥ – 5 211 h. – alt. 275 m – ✉ 21160
🚩 Office de tourisme, 41, rue de Mazy 𝒞 03 80 52 27 73, Fax 03 80 52 30 23

XXX **Les Gourmets** 🎄 **VISA** **MC** **AE**
*8 r. Puits de Têt, (près de l'église) – 𝒞 03 80 52 16 32
– romainetagnesdetot.lesgourmets@orange.fr – Fax 03 80 52 03 01
– Fermé 4-19 août, 20 janv.-12 fév., mardi midi, dim. soir et lundi*
Rest – Menu 25/82 € – Carte 57/87 € 🌿
♦ Une superbe carte des vins, une cuisine au goût du jour personnalisée, une élégante salle
à manger ouverte sur une terrasse d'été. Tout est dit... ou presque.

à Talant 4 km – 12 176 h. – alt. 354 m – ✉ 21240
◎ Table d'orientation ≼★.

🏠 **La Bonbonnière** sans rest 🌿 🚗 📶 🍽 📞 **P** **VISA** **MC** **AE**
*24 r. Orfèvres, (au vieux village) – 𝒞 03 80 57 31 95 – labonbonniere@wanadoo.fr
– Fax 03 80 57 23 92 – Fermé 28 juil.-15 août et 22 déc.-4 janv.* A s
20 ch – †65/75 € ††70/95 €, � 10 €
♦ À proximité du lac artificiel (sports nautiques) créé par le chanoine Kir, petit hôtel
familial aux aménagements soignés. Chambres spacieuses et fraîches ; agréable
jardin.

à Prenois 12 km par ⑧ par D 971 et D 104 – 310 h. – alt. 485 m – ✉ 21370

XXX   **Auberge de la Charme** (David Zuddas)   VISA ⦾ AE

☘   12 r. de la Charme – ✆ 03 80 35 32 84 – davidlacharme@aol.com
– Fax 03 80 35 34 48 – Fermé 4-14 août, 23 fév.-5 mars, mardi midi, jeudi midi, dim.
soir et lundi
Rest – (prévenir) Menu (18 € bc), 25 € (sem.)/80 € – Carte 61/75 € &

Spéc. Escargots, galette de chèvre au pain trempé, jus de persil. Saint-Jacques
juste saisies, citronnelle, mélisse et ipomée au lait de coco (automne-hiver). Carré
de chevreuil rôti, champignons sauvages, jus au cacao (automne-hiver). **Vins**
Chablis, Saint-Aubin.
♦ Le célèbre circuit voisin accueillit naguère les courses de F1, mais c'est désormais à cette
ex-forge coquettement rénovée que le village doit sa notoriété. Cuisine inventive.

rte de Troyes 4 km par ⑧ – ✉ 21121 Daix

🏠   **Castel Burgond** sans rest   🏠 & ↫ 📞 🚿 P VISA ⦾ AE ⓘ
3 rte de Troyes, (D 971) – ✆ 03 80 56 59 72 – castel.burgond@wanadoo.fr
– Fax 03 80 57 69 48 – Fermé 25 déc.-4 janv.
46 ch – ♦64 € ♦♦70 €, ⊑ 8,50 €
♦ Dans un quartier résidentiel, bâtisse contemporaine proposant quelques petites chambres récentes au dernier étage ; les autres sont simplement fonctionnelles.

XXX   **Les Trois Ducs**   🏠 AC P VISA ⦾ AE ⓘ
5 rte de Troyes – ✆ 03 80 56 59 75 – eric-briones@wanadoo.fr
– Fax 03 80 56 00 16 – Fermé 4-24 août, sam. midi, dim. soir et lundi
Rest – Menu 21 € (sem.), 30/100 € bc – Carte 51/72 €
♦ Nouveau décor contemporain soigné, rehaussé de tableaux modernes, pour ce confortable restaurant servant une cuisine actuelle. Repas en terrasse dès les premiers beaux
jours.

à Hauteville-lès-Dijon 6 km par ⑧ et D 107ᶠ – 1 023 h. – alt. 402 m – ✉ 21121

XX   **La Musarde** avec ch ☘   🚗 🏠 📞 P VISA ⦾ AE ⓘ
7 r. des Riottes – ✆ 03 80 56 22 82 – hotel.rest.lamusarde@wanadoo.fr
– Fax 03 80 56 64 40 – Fermé 21 déc.-6 janv.
12 ch – ♦49/57 € ♦♦57/67 €, ⊑ 9,50 € – ½ P 63/65 € – **Rest** – (fermé mardi midi,
dim. soir et lundi) Menu (20 €), 24 € (déj. en sem.), 30/61 € – Carte 47/66 €
♦ Ferme du 19ᵉ s. devenue hôtel-restaurant, grand calme et verdure, salle à manger feutrée,
belle terrasse d'été, cuisine au goût du jour... Tout semble réuni pour y musarder sans
retenue.

DINAN ⬠ – 22 Côtes-d'Armor – 309 J4 – 10 907 h. – alt. 92 m – ✉ 22100
▐ Bretagne
                                                             10 **C2**

  ▣ Paris 400 – Rennes 54 – St-Brieuc 61 – St-Malo 32 – Vannes 120
  �

 Office de tourisme, 9, rue du Château ✆ 02 96 87 69 76, Fax 02 96 87 69 77
  ◩ La Corbinais Golf Club à Saint-Michel-de-Plélan La Corbinais, O : 15 km,
      ✆ 02 96 27 64 81 ;
  ◪ de Saint-Malo à Le Tronchetrte de Dol-de-Bretagne : 19 km,
      ✆ 02 99 58 96 69 ;
  ◩ de Tréméreuc à Tréméreuc 14 rue de Dinan, par rte de Dinard : 11 km,
      ✆ 02 96 27 10 40.
  ◉ Vieille ville★★ : Tour de l'Horloge ✳★★ **R**, Jardin anglais ≤★★, place des
      Merciers★ BZ, rue du Jerzual★ BY, – Promenade de la Duchesse-Anne ≤★,
      Tour du Gouverneur ≤★★, Tour Ste-Catherine ≤★★ – Château★ : ✳★.

Plan page suivante

🏰   **Jerzual**   🏠 ⩩ 🛗 & ch, AC rest, ↫ 📞 🚿 P VISA ⦾ ⓘ
26 quai Talards, (au port) – ✆ 02 96 87 02 02 – reservation@bestwesterndinan.fr
☘☘   – Fax 02 96 87 02 03   BY **b**
55 ch – ♦82/118 € ♦♦89/140 €, ⊑ 14 € – ½ P 74/104 € – **Rest** – Menu 15 € (déj.
en sem.), 19/34 € – Carte 31/55 €
♦ La silhouette de cet hôtel récent qui évoque les cloîtres bretons se fond bien dans le
quartier du port. Chambres spacieuses et actuelles. Piscine dans un joli patio. Le restaurant-
rôtisserie, habillé de boiseries blondes, se prolonge d'une terrasse côté Rance.

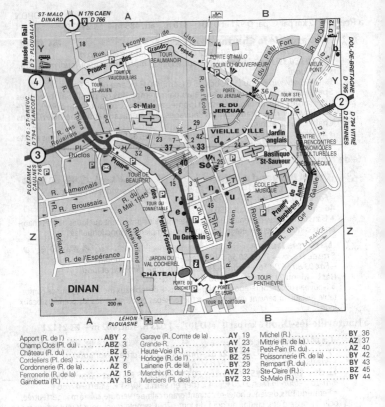

Le d'Avaugour sans rest
🚗 |⊟| 📞 **VISA** **◎**

1 pl. Champ – ✆ 02 96 39 07 49 – contact @ avaugourhotel.com
– Fax 02 96 85 43 04 – *Ouvert de mars à oct.*

AZ **r**

24 ch – †80/180 € ††80/190 €, �] 12,50 €

♦ Belle bâtisse en pierres du pays adossée aux remparts. Chambres classiques, avec vue sur la place ou sur le joli jardin où l'on dresse des tables pour le petit-déjeuner en été.

Challonge sans rest
|⊟| 🚫 📞 **VISA** **◎** **AE**

29 pl. Duguesclin – ✆ 02 96 87 16 30 – lechallonge @ wanadoo.fr
– Fax 02 96 87 16 31

AZ **e**

18 ch – †53/64 € ††64/130 €, ⊋ 8 €

♦ Cette longue façade classique borde l'ancien champ de foire veillé par la statue de Du Guesclin. Les chambres, confortables, ont un petit air british. Accueil charmant.

Ibis sans rest
|⊟| 🚫 **AK** ↔ 📞 **VISA** **◎** **AE** **①**

1 pl. Duclos – ✆ 02 96 39 46 15 – h5977 @ accor.com – Fax 02 96 85 44 03

62 ch – †48/95 € ††48/95 €, ⊋ 7,50 €

♦ Entièrement rénové, cet hôtel du centre-ville, à proximité des remparts et du château, dispose de chambres spacieuses et climatisées.

Arvor sans rest
|⊟| 📞 **P** **VISA** **◎** **①**

5 r. Pavie – ✆ 02 96 39 21 22 – hotel-arvor @ wanadoo.fr – Fax 02 96 39 83 09
– *Fermé 5-25 janv.*

BZ **u**

24 ch – †45/70 € ††59/114 €, ⊋ 6,50 €

♦ Un portail Renaissance sculpté donne accès à cet immeuble du 18ᵉ s. édifié sur le site d'un ancien couvent. Intérieur moderne et fonctionnel ; chambres de bonne ampleur.

XX **L'Auberge du Pélican**　　　　　　　　🛜 ⌖ 𝑽𝑰𝑺𝑨 ⓜⓒ
3 r. Haute Voie – 𝒞 02 96 39 47 05 – Fax 02 96 87 53 30 – Fermé 10 janv.-10 fév.,
lundi sauf le soir en juil.-août, jeudi soir de sept. à juin et sam. midi　　　　BY **d**
Rest – Menu 19/58 € – Carte 32/84 €
♦ Sympathique adresse située au cœur du vieux Dinan. Salle à manger refaite dans un style
contemporain et jolie terrasse d'été. Cuisine traditionnelle et produits de la mer.

X **Le Cantorbery**　　　　　　　　　　　　　　𝑽𝑰𝑺𝑨 ⓜⓒ
6 r. Ste-Claire – 𝒞 02 96 39 02 52 – Fermé 15 nov.-4 déc., 15 janv.-3 fév. et dim. du
⊜　15 nov. au 15 mars　　　　　　　　　　　　　　　　　　　　　　BZ **n**
Rest – Menu (12,50 €), 16 € (déj. en sem.), 25/38 € – Carte 34/56 €
♦ En cette maison de ville du 17ᵉ s., les grillades sont cuites dans la grande cheminée de
pierre du rez-de-chaussée. Boiseries d'époque dans la salle de l'étage.

DINAR – 35 Ille-et-Vilaine – 309 J3 – **10 430 h.** – alt. 25 m – Casino BY – ✉ **35800**
▌ Bretagne　　　　　　　　　　　　　　　　　　　　　　　　　10 **C1**

　🄳 Paris 408 – Dinan 22 – Dol-de-Bretagne 31 – Rennes 73 – St-Malo 10
　🛪 de Dinard-Pleurtuit-St-Malo 𝒞 02 99 46 18 46, par ① : 5 km.
　🄸 Office de tourisme, 2, boulevard Féart 𝒞 02 99 46 94 12, Fax 02 99 88 21 07
　🄶 Dinard Golf à Saint-Briac-sur-Mer Boulevard de la Houle, O : 7 km,
　　　𝒞 02 99 88 32 07 ;
　🄶 de Trémereuc à Trémereuc 14 rue de Dinan, par rte de Dinan : 6 km,
　　　𝒞 02 96 27 10 40.
　🄾 Pointe du Moulinet ≼★★ - Grande Plage ou Plage de l'Écluse★ - Promenade
　　　du Clair de Lune★ - Pointe de la Vicomté★★ - La Rance★★ en bateau -
　　　St-Lunaire : pointe du Décollé ≼★★ et grotte des Sirènes★ 4,5 km par ② -
　　　Usine marémotrice de la Rance : digue ≼★ SE : 4 km.
　🄶 Pointe de la Garde Guérin★ - ⁂★★ par ② : 6 km puis 15 mn.

　　　　　　　　　　　Plan page suivante

🄰🄰🄰 **Grand Hôtel Barrière de Dinard**　　≼ 🏊 🖼 🕩 🕮 ♿ ch, ⇄ 🕻 🕊
46 av. George V – 𝒞 02 99 88 26 26　　　　　　**P** 𝑽𝑰𝑺𝑨 ⓜⓒ 🄰🄴 ①
– grandhoteldinard@lucienbarriere.com – Fax 02 99 88 26 27 – Ouvert
14 mars-22 nov.　　　　　　　　　　　　　　　　　　　　　　BY **v**
90 ch – ♦180/450 € ♦♦180/450 €, ☑ 21 €
Rest Le Blue B – (dîner seult) Menu 39/55 € – Carte 29/62 €
Rest 333 Café – (déj. seult) Menu (20 €) – Carte 30/45 €
♦ Ce "grand hôtel" du 19ᵉ s. qui domine la promenade maritime du Clair de Lune accueille
les stars de cinéma lors du Festival du Film britannique. Chambres sobres et raffinées. Belle
vue sur mer au Blue B. En été, le 333 Café propose une carte légère en terrasse.

🄰🄳🄰 **Novotel Thalassa** ⌖　　　　　　≼ mer, 🏊 🚿 🖼 🕮 🕩 ⌖ 🕮 ♿ ch, ⇄
1 av. Château Hébert –　　　　　　　　　⌖ rest, 🕻 🛗 **P** 🞋 𝑽𝑰𝑺𝑨 ⓜⓒ 🄰🄴 ①
𝒞 02 99 16 78 10 – H1114@accor.com – Fax 02 99 16 78 29 – Fermé 2-25 déc.
106 ch – ♦130/176 € ♦♦130/176 €, ☑ 13 € – ½ P 103/124 €　　　　AY **r**
Rest – Menu 28/48 € (week-end) – Carte 24/51 €
♦ Dans un cadre unique (la pointe de St-Énogat), un complexe moderne voué à la détente :
superbe centre de thalassothérapie, salon de beauté et chambres actuelles mirant l'océan.
Au restaurant, panorama sur la Manche, décor actuel et recettes diététiques.

🄰🄰 **Villa Reine Hortense** sans rest ⌖　　　　　　≼ mer et St-Malo,
19 r. Malouine – 𝒞 02 99 46 54 31　　　　　　　　　　🕻 **P** 𝑽𝑰𝑺𝑨 ⓜⓒ 🄰🄴
– reine.hortense@wanadoo.fr – Fax 02 99 88 15 88
– Ouvert de fin fév. à fin sept.　　　　　　　　　　　　　　　　BY **e**
7 ch – ♦150/245 € ♦♦150/245 €, ☑ 16 € – 1 suite
♦ Toute la Belle Époque revit dans cette villa typique de la "perle" de la Côte d'Émeraude.
Luxueuses chambres personnalisées, dont trois regardent la plage (accès privé).

🄰🄰 **Crystal** sans rest　　　　　　　≼ 🕮 ⇄ 🕻 🞋 𝑽𝑰𝑺𝑨 ⓜⓒ 🄰🄴 ①
15 r. Malouine – 𝒞 02 99 46 66 71 – hcrystal@club-internet.fr
– Fax 02 99 88 17 73　　　　　　　　　　　　　　　　　　　BY **n**
24 ch – ♦79/135 € ♦♦79/135 €, ☑ 11 € – 2 suites
♦ Hôtel datant des années 1970 aux chambres amples et bien tenues, rénovées côté rue ou
bénéficiant de la vue sur la plage et la pointe de la Malouine côté mer.

DINARD

Abbé-Langevin (R.) . . . . **AY** 2
Albert-1er (Bd) . . . . **BY** 3
Anciens Combattants (R. des) . . . . **AZ** 5
Barbine (R. de) . . . . **AZ** 7
Boutin (Pl. J.) . . . . **BY** 9
Clemenceau (R. G.) . . . . **BY** 10
Coppinger (R.) . . . . **BY** 12
Corbinais (R. de la) . . . . **AZ** 13
Croix-Guillaume (R.) . . . . **AZ** 15
Douet-Fourche (R. du) . . . . . **AZ** 17
Dunant (R. H.) . . . . **AY** 19
Féart (Bd) . . . . **BYZ**
Français-Libres (R.) . . . . . . **ABZ** 22
Gaulle (Pl. du Gén.-de) . . . . . **BZ** 25
Giraud (Av. du Gén.) . . . . **BZ** 26
Leclerc (R. Mar.) . . . . **BYZ** 28
Levasseur (R.) . . . . **BY** 29
Lhotelier (Bd) . . . . **AY** 31
Libération (Bd de la) . . . . **AZ** 32
Malouine (R. de la) . . . . **BY** 34
Mettrie (R. de la) . . . . **BZ** 35
Pionnière (R. de la) . . . . **ABY** 38
Prés.-Wilson (Bd) . . . . **BY** 40
Renan (R. E.) . . . . **AY** 43
République (Pl. de la) . . . . . . **BY** 44
St-Lunaire (R. de) . . . . **AY** 48
Vallée (R. de la) . . . . **BYZ** 50
Verney (R. Y.) . . . . **BY** 52

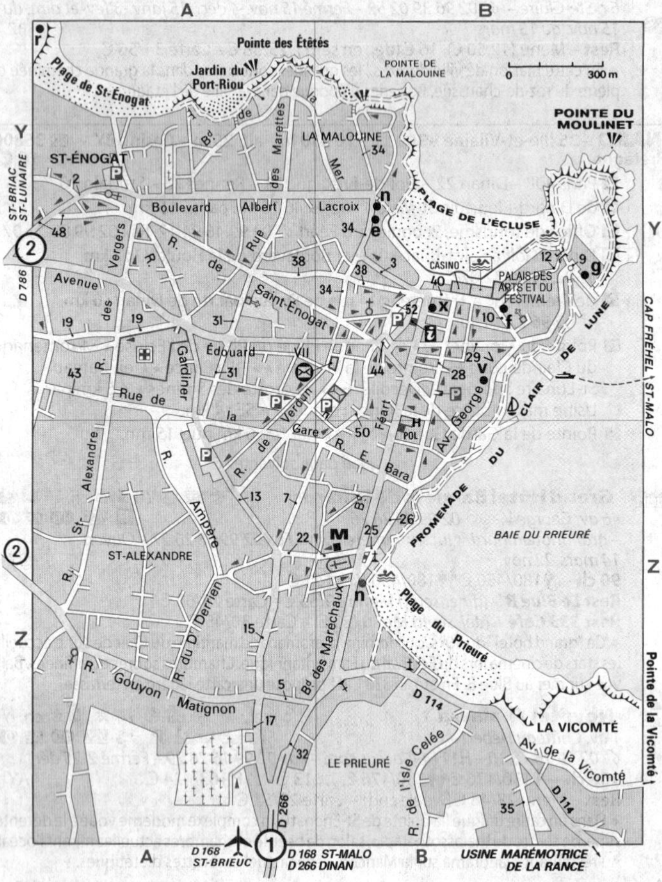

La Vallée

6 av. George-V – ✆ 02 99 46 94 00
– hdlv@wanadoo.fr – Fax 02 99 88 22 47
– Fermé janv. BY **g**

24 ch – †60/150 € ††60/150 €, ☕ 12 €

Rest – *(fermé dim. soir et lundi)* Carte 36/50 €

◆ Bâtisse balnéaire postée sur un ancien embarcadère. Belles chambres contemporaines arborant, selon l'étage, une couleur différente (rouille, turquoise, vert anis). Deux salles modernes dont une façon loft, face à la baie ; carte bistrotière et fruits de mer.

🏨 **Roche Corneille** 🛗 ⅙ ch, ⅍ 📞 **VISA** **MC** **AE** **①**
4 r. G. Clemenceau – 𝒞 02 99 46 14 47 – roche.corneille @ wanadoo.fr
– Fax 02 99 46 40 80 BY **f**
28 ch – †60/95 € ††90/165 €, � 13 € – ½ P 85/123 € – **Rest** – (fermé
15 nov.-31 mars sauf fêtes, le midi et lundi) Menu 29/35 € – Carte 46/63 €
♦ Imposante villa caractéristique du style balnéaire de la fin du 19e s. L'intérieur, soigné, allie
charme et confort, matériaux de qualité et équipements modernes (wifi). La cuisine "terre
et mer" évolue au gré du marché.

🏠 **La Plage** sans rest ⟨ 🛗 📞 **VISA** **MC** **AE**
3 bd Féart – 𝒞 02 99 46 14 87 – hotel-de-la-plage @ wanadoo.fr
– Fax 02 99 46 55 52 – fermé dim. du 15 nov. au 1er mars sauf vacances scolaires
18 ch – †55/67 € ††59/93 €, ⊇ 9,50 € BY **x**
♦ Petit-déjeuner en terrasse face à la plage de l'Écluse et nuit sereine dans une chambre
joliment rénovée, telles sont les belles promesses que vous fait ce sympathique hôtel.

🍴🍴 **Didier Méril** avec ch ⟨ baie du Prieuré, 🏡 **AK** 📞 **VISA** **MC** **AE** **①**
1 pl. Gén. de Gaulle – 𝒞 02 99 46 95 74 – didiermeril @ wanadoo.fr
– Fax 02 99 16 07 75 – Fermé 17 nov.-14 déc. et merc. d'oct. à mars BZ **n**
8 ch – †65/85 € ††90/160 €, ⊇ 10 € – ½ P 85/115 € – **Rest** – Menu (22 €), 29 €
(sem.)/75 € – Carte 54/74 € 🏵
♦ Tons orange et gris, cave vitrée, mobilier design et – clou du spectacle – vue splendide
sur la baie du Prieuré : la rencontre d'un cadre moderne et d'une cuisine traditionnelle.
Petites chambres sobrement actuelles.

à St-Lunaire 5 km par ② par D786 – **2 250 h.** – alt. 20 m – ✉ 35800
🚊 Office de tourisme, 72, boulevard du Général-de-Gaulle 𝒞 02 99 46 31 09,
Fax 02 99 46 31 09

🍴 **Le Décollé** ⟨ mer et Côte, 🏡 **VISA** **MC**
1 Pointe du Décollé – 𝒞 02 99 46 01 70 – Fax 02 99 46 01 70 – Fermé
12 nov.-31 janv., mardi sauf juil.-août et lundi
Rest – (prévenir) Menu (19 €), 29/39 € – Carte 44/69 €
♦ La carte fait la part belle aux produits de la mer, tandis que le sobre décor s'efface
volontiers devant la superbe vue sur la Côte d'Émeraude. Terrasse d'été idyllique.

DIOU – 36 Indre – 323 I4 – **rattaché à Issoudun**

DISNEYLAND RESORT PARIS – 77 Seine-et-Marne – 312 F2 – 106 22 – **voir à
Paris, Environs (Marne-La-Vallée)**

DISSAY – 86 Vienne – 322 I4 – **2 634 h.** – alt. 69 m – ✉ 86130
▌ Poitou Vendée Charentes 39 **C1**
🚗 Paris 320 – Châtellerault 19 – Poitiers 16
🚊 Office de tourisme, place du 8 Mai 1945 𝒞 05 49 52 34 56, Fax 05 49 62 58 72
◎ Peintures murales ⋆ de la chapelle du château.

🍴🍴 **Le Binjamin** avec ch 🚗 ⟲ **AK** rest, 📞 **P** **VISA** **MC** **AE**
D 910 – 𝒞 05 49 52 42 37 – binjamin1 @ aol.com – Fax 05 49 62 59 06
– Fermé sam. midi, dim. soir et lundi
9 ch – †43/48 € ††43/51 €, ⊇ 7 € – ½ P 60/80 € – **Rest** – Menu (30 €), 37/56 €
♦ Un artisan local a façonné les jolies assiettes qui garnissent les tables de ce restaurant
familial. Décor néo-rustique et carte actuelle bien composée. Chambres côté campagne.

DIVES-SUR-MER – 14 Calvados – 303 L4 – **rattaché à Cabourg**

DIVONNE-LES-BAINS – 01 Ain – 328 J2 – **6 171 h.** – alt. 486 m – Stat. therm. :
mi mars-mi nov. – Casino – ✉ 01220 ▌ Franche-Comté Jura 46 **F1**
🚗 Paris 488 – Bourg-en-Bresse 129 – Genève 18 – Gex 9 – Nyon 9
– Thonon-les-Bains 51
🚊 Office de tourisme, rue des Bains 𝒞 04 50 20 01 22, Fax 04 50 20 00 40
🏌 de Divonne-les-Bains Route de Gex, O : 2 km, 𝒞 04 50 40 34 11 ;
🏌 de Maison-Blanche à Échenevex, SO : 11 km, 𝒞 04 50 42 44 42.

Le Grand Hôtel ⚜ ≼ 🕭 🎏 🎄 𝟨₆ 🍸 ⬛ Ⓐ ↯ 🕻 ⅀ ⊿
av. des Thermes – ℰ 04 50 40 34 34 ▣ VISA ⓪ AE ⓪
– info@domaine-de-divonne.com – Fax 04 50 40 34 24
130 ch – ♦230/290 € ♦♦230/290 €, ⬕ 25 € – 4 suites
Rest La Terrasse – ℰ 04 50 40 35 39 (fermé 1er janv.-7 fév., dim. soir, lundi et mardi) Menu (35 € bc), 39/65 € – Carte 45/58 €
Rest Le Léman – ℰ 04 50 40 34 18 (fermé merc., jeudi, vend. et sam.) Menu 24 € (déj. en sem.), 35 € (dîner)/45 € – Carte 31/44 €
♦ Palace de 1931 inscrit dans son parc soigné. Chambres amples et élégantes, disponibles en trois styles : bourgeois, Art déco ou contemporain. Casino et golf. Restaurant d'été côté jardin et salle façon "orangerie" à La Terrasse. Décor "Entre-deux-guerres" orientalisant au Léman.

Château de Divonne ⚜ ≼ lac Léman et Mont-Blanc, 🕭 🎏 🎄 🍸
115 r. des Bains – ▣ Ⓐ rest, 🍽 rest, 🕻 ⅀ ▣ VISA ⓪ AE ⓪
ℰ 04 50 20 00 32 – divonne@grandesetapes.fr – Fax 04 50 20 03 73
28 ch – ♦95/135 € ♦♦110/155 €, ⬕ 22 € – 6 suites – **Rest** – (fermé lundi midi, mardi midi et merc. midi en janv.-fév.) Menu (28 €), 55 € (déj. en sem.), 56/96 € – Carte 65/93 €
♦ Un superbe parc arboré entoure cette demeure (19e s.) bâtie sur les ruines d'une maison forte du 11e s. Chambres personnalisées desservies par un escalier monumental. Élégante salle de restaurant, terrasse enchanteresse et panoramique ; cuisine au goût du jour.

La Villa du Lac ⚜ ≼ 🎏 🖼 🕭 𝟨₆ ▣ ⅗ ch, Ⓐ ch, ↯ 🍽 🕻 ⅀
93 chemin du Chatelard – ℰ 04 50 20 90 00 ▣ ⌂ VISA ⓪ AE
– info@lavilladulac.com – Fax 04 50 99 40 00
90 ch – ♦135/180 € ♦♦135/180 €, ⬕ 11 € – **Rest** – Menu (19 €), 22 € – Carte 26/36 €
♦ Ensemble moderne tout récent, situé au calme, entre lac et ville. Chambres de style contemporain avec balcon, salles de séminaires équipées dernier cri et spa très complet. Repas traditionnel dans un cadre actuel ou sur la terrasse tournée vers le plan d'eau.

Le Jura sans rest ⚜ 🚿 ⅗ 🕻 ▣ ⌂ VISA ⓪ AE ⓪
54 r. d'Arbère – ℰ 04 50 20 05 95 – reservation@hotellejura.com
– Fax 04 50 20 21 21
29 ch – ♦62/98 € ♦♦69/104 €, ⬕ 9,50 €
♦ Affaire familiale aux chambres bien tenues. Celles de l'annexe sont neuves (mobilier actuel) avec terrasses. Petits-déjeuners servis dans la véranda ouverte sur le jardin.

🍴🍴 **Le Rectiligne** ≼ lac, 🎏 ⅗ ▣ VISA ⓪
2981 rte du Lac – ℰ 04 50 20 06 13 – lerectiligne@residencedulac.fr
– Fax 04 50 20 53 81 – Fermé dim. de sept. à mai et lundi de juin à août
Rest – Menu 23 € (déj.), 40/65 € – Carte 48/67 € ⅋
♦ Maison blanche moderne dont le restaurant et la terrasse donnent sur le lac. L'espace est volontairement épuré et zen (tons pastels, mur d'eau). Goûteuse cuisine actuelle.

🍴🍴 **Le Pavillon du Golf** ≼ 🚿 ▣ VISA ⓪ AE ⓪
av. des Thermes – ℰ 04 50 40 34 13 – restauration@domaine-de-divonne.com
– Fax 04 50 40 34 24 – Fermé 20 déc.-6 fév., lundi et mardi hors saison
Rest – Menu 24 € (déj. en sem.), 40/55 € – Carte 40/52 €
♦ Ancienne ferme bordant le parcours de golf. Redécorée, la salle à manger est à la fois lumineuse et feutrée (cheminée). Charmante terrasse. Appétissante carte traditionnelle.

DIZY – 51 Marne – 306 F8 – rattaché à Épernay

DOLANCOURT – 10 Aube – 313 H4 – 145 h. – alt. 112 m – ⊠ 10200 13 **B3**
◨ Paris 229 – Châlons-en-Champagne 92 – Saint-Dizier 63 – Troyes 45

Moulin du Landion ⚜ 🕭 🎏 🎄 🕻 ⅀ ▣ VISA ⓪ AE ⓪
5 r. St-Léger – ℰ 03 25 27 92 17 – contact@moulindulandion.com
– Fax 03 25 27 94 44 – Fermé 17-29 déc.
16 ch – ♦72/88 € ♦♦72/88 €, ⬕ 10 € – ½ P 73/79 € – **Rest** – Menu 23/56 € – Carte 29/51 €
♦ Toute une famille se met ici en quatre pour vous satisfaire. Chambres rénovées, pourvues de nouvelles salles de bains et dotées de balcons tournés vers le cours du Landion ou le parc. Le restaurant, aménagé dans le moulin datant de 1872, propose une carte classique.

▶ Paris 363 – Beaune 65 – Besançon 55 – Dijon 50 – Lons-le-Saunier 57

🖪 Office de tourisme, 6, place Grévy ℘ 03 84 72 11 22,
Fax 03 84 82 49 27

🖸 Public du Val d'Amour à Parcey Chemin du Camping, S : 9 km par D 405 et
N 5, ℘ 03 84 71 04 23.

◉ Le Vieux Dole★★ BZ : Collégiale Notre-Dame★ - Grille★ en fer forgé de
l'église St-Jean-l'Evangéliste AZ - Le musée des Beaux-Arts★.

🖸 Fôret de Chaux★.

DOLE

Arènes (R. des)	**ABZ**
Besançon (R. de)	**BYZ**
Béthouart (R. du Gén.)	**BZ** 2
Boyvin (R.)	**BZ** 4
Chifflot (R. L.)	**AZ** 5

Duhamel (Av. J)	**AZ** 6
Gouvernement (R. du)	**BY** 9
Grande-Rue	**BZ** 10
Jean-Jaurès (Av.)	**BY** 13
Juin (Av. du Mar.)	**BZ** 14
Lattre de Tassigny (Av. du Mar.de)	**BY** 15

Messageries (R. des)	**AY** 16
Nationale, Charles-de-Gaulle (Pl.)	**BZ** 17
Parlement (R. du)	**BZ** 18
Rockefeller (R. J.)	**BY** 21
Sous-Préfecture (R. de la)	**BY** 22

⌂ **La Cloche** sans rest   ❄ 🐾 📞 🔄 VISA ⓜ AE
1 pl. Grévy – 𝒞 *03 84 82 06 06 – lacloche.hotel@wanadoo.fr – Fax 03 84 72 73 82*
– Fermé 24 déc.-2 janv.   BY **v**
28 ch – †60 € ††70 €, ⬭ 8,50 €
◆ Stendhal aurait séjourné dans cette vieille maison voisine du cours St-Mauris. Ses chambres, de bonne ampleur, sont rafraîchies par étapes. Sauna.

XXX **La Chaumière** (Joël Césari) avec ch   ☷ 🏠 ⬰ 📞 🔄 P VISA ⓜ AE
😊 *346 av. Mar. Juin, 3 km par* ③ *–* 𝒞 *03 84 70 72 40 – lachaumiere.dole@*
wanadoo.fr – Fax 03 84 79 25 60 – Fermé 24 août-1er sept. (sauf hôtel),
24 déc.-5 janv., dim. (sauf hôtel en juil.-août), lundi midi et sam. midi
19 ch – †68/120 € ††77/120 €, ⬭ 14 €
Rest – Menu (19 € bc), 32 € (sem.)/75 € – Carte 54/63 €
Spéc. Dos de sandre du Val de Saône, jus à l'infusion de baies de genièvre. Rouelles de poularde aux morilles et vin jaune. Dégustation de crèmes brûlées aux saveurs du Jura.
◆ Savoureuse cuisine inventive à base de produits du terroir et bon choix de vins régionaux dans cette maison décorée selon un savant équilibre entre modernité et tradition locale.

XX **La Romanée**   🏠 ✿ VISA ⓜ ⓞ
😊 *13 r. Vieilles Boucheries –* 𝒞 *03 84 79 19 05 – la-romanee.franchini@wanadoo.fr*
– Fax 03 84 79 26 97 – Fermé dim. soir et merc. sauf juil.-août   BZ **n**
Rest – Menu (12 € bc), 18/50 € – Carte 33/56 €
◆ Cette ancienne boucherie datant de 1717 a conservé, sur les murs de la salle à manger voûtée, ses pendoirs. Terrasse bordée d'arbustes et de fleurs. Cuisine traditionnelle.

X **Le Grévy**   🏠 VISA ⓜ
😊 *2 av. Eisenhower –* 𝒞 *03 84 82 44 42 – gibeauvais@wanadoo.fr*
– Fax 03 84 82 44 42 – Fermé 4-24 août, 24 déc.-1er janv., sam. et dim.   BY **v**
Rest – Menu 14,50 € (déj.)/17 € bc – Carte 20/54 €
◆ Décor minimal, banquettes et nappes à carreaux donnent le ton de ce petit bistrot façon bouchon lyonnais. Tripes et autres plats canailles du Rhône et du Jura à l'honneur.

à Rochefort-sur-Nenon 7 km par ② par D 673 – 641 h. – alt. 210 m – ⊠ 39700

⌂ **Fernoux-Coutenet** ⬙   🏠 🐾 ⬰ VISA ⓜ AE
😊 *r. Barbière –* 𝒞 *03 84 70 60 45 – hotelfernouxcoutenet@wanadoo.fr*
– Fax 03 84 70 50 89 – Fermé 19 déc.-4 janv. et dim. soir d' oct. à avril
20 ch – †52 € ††55 €, ⬭ 8,50 € – ½ P 50 € – **Rest** – (fermé sam. midi et dim.
en janv. et fév.) Menu 16 € (déj. en sem.)/21 € – Carte 22/43 €
◆ Nouvelle direction et évolutions en perspective pour cet hôtel familial accueillant aussi un café. Chambres simples et petit-déjeuner sous forme de buffet. Trois salles à manger rustiques, dont une voûtée, et cuisine traditionnelle sans prétention.

à Parcey 8 km par ③ rte de Lons-le-Saunier – 838 h. – alt. 197 m – ⊠ 39100

XX **Les Jardins Fleuris**   🏠 VISA ⓜ
😊 *35 Route Nationale 5 –* 𝒞 *03 84 71 04 84 – Fax 03 84 71 09 43 – Fermé 2-15 juil.,*
11 nov.-2 déc., dim. soir et mardi
Rest – Menu 16/43 € – Carte 29/45 €
◆ Cette maison de village en pierres de taille abrite une salle à manger à la fois sobre et cossue. Paisible terrasse fleurie sur l'arrière. Carte traditionnelle personnalisée.

à Sampans 6,5 km au Nord par ① – 777 h. – alt. 222 m – ⊠ 39100

XXX **Château du Mont Joly** (Romuald Fassenet) avec ch ⬙   📀 ⬰ ⬥ rest,
😊 *6 r. du Mont-Joly –* 𝒞 *03 84 82 43 43*   AC rest, 🍽 📞 P VISA ⓜ AE
– reservation@chateaumontjoly.com – Fax 03 84 79 28 07
– Fermé 5-20 janv., mardi et merc. sauf le soir en juil.-août
7 ch – †90/140 € ††110/250 €, ⬭ 14 €
Rest – Menu 30 € (déj. en sem.), 38/78 € – Carte 56/84 €
Spéc. Escargots du Jura poêlés aux épinards, émulsion au lait d'absinthe. Volaille de Bresse façon "percée du vin jaune". Lièvre à la royale (saison). **Vins** Château-Chalon, Côte du Jura.
◆ Cette belle demeure du 18e s., au cœur d'un parc avec piscine, possède une agréable salle à manger contemporaine dotée d'une verrière tournée vers le jardin. Plats actuels.

DOLUS-D'OLERON – 17 Charente-Maritime – **324** C4 – **voir à Île d'Oléron**

DOMFRONT-EN-CHAMPAGNE – 72 Sarthe – **310** J6 – 936 h. – alt. 131 m –
⊠ 72240   35 **C1**

    D Paris 216 – Alençon 54 – Laval 77 – Le Mans 20 – Mayenne 55

※※   **Midi**   **AC** **VISA** **◐◑** **AE**
    33 r. du Mans, D 304 – ℰ 02 43 20 52 04 – jeanluc-haudry@orange.fr
    – Fax 02 43 20 56 03 – Fermé 15-31 août, 15 fév.-15 mars, lundi et le soir sauf vend.
    et sam.
    Rest – Menu 13 € (déj. en sem.), 19/35 € – Carte environ 31 €
    ♦ Petite auberge de village abritant une salle à manger très colorée, équipée d'un mobilier
    contemporain. Tables bien espacées, préservant l'intimité. Cuisine au goût du jour.

DOMMARTEMONT – 54 Meurthe-et-Moselle – **307** I6 – **rattaché à Nancy**

DOMME – 24 Dordogne – **329** I7 – 987 h. – alt. 250 m – ⊠ 24250
🔖 Périgord   4 **D1**

    D Paris 538 – Sarlat-la-Canéda 12 – Cahors 51 – Fumel 50 – Gourdon 20
    – Périgueux 76

    🛈 Office de tourisme, place de la Halle ℰ 05 53 31 71 00, Fax 05 53 31 71 09

    ◉ La bastide★ : ✳★★★.

🏠   **L'Esplanade** ⬙   ≤ 🗗 🗖 **AC** 🛎 **VISA** **◐◑** **AE** **①**
    2 r. Pontcarral – ℰ 05 53 28 31 41 – esplanade.domme@wanadoo.fr
    – Fax 05 53 28 49 92 – Ouvert 14 mars-2 nov.
    15 ch – †77/84 € ††77/148 €, ⊇ 13 € – ½ P 98/136 € – **Rest** – (fermé sam. midi
    de mars à avril, lundi sauf le soir de mai à sept. et merc. midi) Menu 40 €
    (sem.)/100 € – Carte 38/90 €
    ♦ Demeure périgourdine en bordure de la bastide, surplombant la vallée de la
    Dordogne. Chambres bourgeoises, dont certaines bénéficient d'une belle vue. L'élégante
    salle à manger jouit du panorama. Cuisine actuelle soignée ; formule bistrot en terrasse
    l'été.

DOMPAIRE – 88 Vosges – **314** F3 – 919 h. – alt. 300 m – ⊠ 88270   26 **B3**

    D Paris 366 – Épinal 21 – Luxeuil-les-Bains 61 – Nancy 64 – Neufchâteau 56
    – Vittel 24

※※   **Le Commerce** avec ch   **VISA** **◐◑** **AE**
🍴   pl. Gén. Leclerc – ℰ 03 29 36 50 28 – Fax 03 29 36 66 12 – Fermé 22 déc.-12 janv.,
    dim. soir sauf hôtel et lundi
    7 ch – †38 € ††40/44 €, ⊇ 6 € – ½ P 35/38 € – **Rest** – Menu 13 € (sem.)/32 €
    – Carte 20/35 €
    ♦ Salle à manger actuelle, éclairée par une grande baie vitrée ouvert sur un jardin, où l'on
    sert une cuisine traditionnelle de produits locaux. Chambres simples et spacieuses.

DOMPIERRE-SUR-BESBRE – 03 Allier – **326** J3 – 3 477 h. – alt. 234 m –
⊠ 03290   6 **C1**

    D Paris 324 – Bourbon-Lancy 19 – Decize 46 – Digoin 27 – Lapalisse 36
    – Moulins 31

    🛈 Office de tourisme, 145, Grande Rue ℰ 04 70 34 61 31, Fax 04 70 34 27 16

※※   **Auberge de l'Olive** avec ch   🛌 ch, **AC** rest, ⇇ 🛎 **P** **VISA** **◐◑**
    av. de la Gare – ℰ 04 70 34 51 87 – contact@auberge-olive.fr – Fax 04 70 34 61 68
    – Fermé 20-28 sept., dim. soir de nov. à mars et vend. sauf juil.-août
    17 ch – †49 € ††55 €, ⊇ 7 € – ½ P 54 € – **Rest** – Menu 19 € (sauf dim.
    midi)/58 € – Carte 32/51 €
    ♦ Deux salles à manger : l'une campagnarde, l'autre moderne, en véranda. Recettes
    traditionnelles revisitées. À deux tours de roues du parc d'attractions du Pal, auberge
    abritant des chambres rustiques rafraîchies ; celles de l'annexe sont plus actuelles.

DOMPIERRE-SUR-VEYLE – 01 Ain – **328** E4 – 968 h. – alt. 285 m – ⌧ 01240

▶ Paris 439 – Belley 70 – Bourg-en-Bresse 18 – Lyon 58 – Mâcon 54
– Nantua 47   44 **B1**

X **L'Auberge de Dompierre**   ⌂ ⅙ VISA ◗◉

⌧ *7 r. des Ecoles* – ℰ *04 74 30 31 19* – *aubergededompierresurveyle@orange.fr*
– *Fermé 26 août-15 sept., 23-30 déc., 11-18 fév., dim. soir, mardi soir et merc.*
Rest – *(prévenir)* Menu 12 € bc (déj. en sem.), 21/36 €

♦ Restaurant de village situé sur la place de l'église. Salle à manger sobrement rénovée. Au menu, spécialités de la Dombes ; le plat du jour est proposé dans l'espace bar.

DONNAZAC – 81 Tarn – **338** D6 – 85 h. – alt. 291 m – ⌧ 81170   29 **C2**

▶ Paris 654 – Albi 22 – Montauban 66 – Toulouse 75

⌂ **Les Vents Bleus** sans rest ⌂   ⌷ ⅃ ⅗ ⟆ **P**
rte de Caussade – ℰ *05 63 56 86 11* – *lesventsbleus@orange.fr*
– *Fax 05 63 56 86 11* – *Ouvert 20 mars-28 oct.*
5 ch ⌷ – †80/100 € ††80/140 €

♦ Au cœur du vignoble de Gaillac, belle demeure en pierre blanche (18e s.) flanquée d'un pigeonnier. Décoration personnalisée et raffinée pour chaque chambre. Jardin et piscine.

DONON (COL DU) – 67 Bas-Rhin – **315** G5 – **voir à Col du Donon**

DONZENAC – 19 Corrèze – **329** K4 – 2 147 h. – alt. 204 m – ⌧ 19270 ▯ Périgord

▶ Paris 469 – Brive-la-Gaillarde 11 – Limoges 81 – Tulle 27 – Uzerche 26

🄴 Office de tourisme, place de la Liberté ℰ 05 55 85 65 35, Fax 05 55 85 72 30

◉ Les Pans de Travassac★.   24 **B3**

au Nord-Est sur D 920, près sortie 47 A20, dir. Sadroc

🏠 **Relais du Bas Limousin**   ⌷ ⌂ ⅃ ⅗ **P** ⌂ ⌾ VISA ◗◉ AE
⌂ *à 6 km* – ℰ *05 55 84 52 06* – *relais-du-bas-limousin@wanadoo.fr*
– *Fax 05 55 84 51 41* – *Fermé 26 oct.-6 nov., vacances scolaires de fév., dim. soir sauf en juil.-août et lundi midi*
22 ch – †46 € ††61 €, ⌷ 8,50 € – ½ P 55/64 € – **Rest** – Menu (16 €), 26/54 €
– Carte 34/52 €

♦ Cette auberge inspirée de l'architecture régionale est bâtie en léger retrait de la route. Chambres personnalisées et accueil réellement charmant. Salle à manger rustique complétée d'une véranda ouverte sur le jardin et la piscine ; cuisine traditionnelle.

DONZY – 58 Nièvre – **319** B7 – 1 659 h. – alt. 188 m – ⌧ 58220 ▯ Bourgogne

▶ Paris 203 – Auxerre 66 – Bourges 73 – Clamecy 39 – Cosne-sur-Loire 19
– Nevers 50   7 **A2**

🄴 Office de tourisme, 18, rue du Gal Leclerc ℰ 03 86 39 45 29

🏠 **Le Grand Monarque**   ⌂ ⟆ VISA ◗◉
10 r. de l'Etape, (près de l'église) – ℰ *03 86 39 35 44* – *monarque.jacquet@laposte .net* – *Fax 03 86 39 37 09* – *Fermé 2 janv.-14 fév., dim. soir et lundi d'oct. à Pâques*
11 ch – †49 € ††58/74 €, ⌷ 8,50 € – ½ P 55 € – **Rest** – Menu 14 € (déj. en sem.), 23/38 € – Carte 31/39 €

♦ Petit hôtel familial d'un paisible village. Un bel escalier à vis du 16e s. dessert des chambres, dont certaines se révèlent charmantes (lits "king size"). L'attrait de la maison : une jolie cuisine du 19e s. bien préservée. Plats traditionnels sans prétention.

LE DORAT – 87 Haute-Vienne – **325** D3 – 1 963 h. – alt. 209 m – ⌧ 87210
▯ Limousin Berry   24 **B1**

▶ Paris 369 – Bellac 13 – Le Blanc 49 – Guéret 68 – Limoges 58 – Poitiers 77

🄴 Office de tourisme, 17, place de la Collégiale ℰ 05 55 60 76 81, Fax 05 55 60 76 81

◉ Collégiale St-Pierre★★.

X **La Marmite**   ⌂ VISA ◗◉
⌧ *29 av. de la Gare* – ℰ *05 55 60 66 94* – *Fax 05 55 60 66 94* – *Fermé 24 juin-2 juil., 8-24 sept., 23 fév.-2 mars, merc. sauf le soir en juil.-août et mardi*
Rest – Menu 12 € (sem.)/36 € – Carte 24/32 €

♦ Monsieur utilise bien plus qu'une marmite pour mijoter sa copieuse cuisine traditionnelle, tandis que madame s'occupe de la salle d'esprit rustique. Jeux d'enfants au jardin.

DORMANS – 51 Marne – 306 D8 – 3 126 h. – alt. 70 m – ⊠ 51700
🏛 Champagne

13 **B2**

🛣 Paris 118 – Château-Thierry 24 – Épernay 25 – Meaux 71 – Reims 41
– Soissons 46

🚹 Office de tourisme, parc du Château ☏ 03 26 53 35 86, Fax 03 26 53 35 87

🍴🍴 **La Table Sourdet** ⟨VISA⟩ ⟨MO⟩ ⟨AE⟩ ⟨O⟩
😊 *6 r. Dr Moret* – ☏ *03 26 58 20 57 – Fax 03 26 58 88 82*
Rest – Menu 37/64 € – Carte 46/72 €
Rest *La Petite Table* – *(déj. seult)* Menu 17/32 €
♦ L'on est cuisinier de père en fils depuis six générations à la Table Sourdet ! La vaste maison abrite une salle à manger bourgeoise où l'on propose une carte traditionnelle. La Petite Table est installée dans une véranda ; menus simples et à prix doux.

DORRES – 66 Pyrénées-Orientales – 344 C8 – 219 h. – alt. 1 458 m – ⊠ 66760
🏛 Languedoc Roussillon

22 **A3**

🛣 Paris 849 – Ax-les-Thermes 47 – Font-Romeu-Odeillo-Via 15 – Perpignan 104

🏠 **Marty** 🌿 ⟨≤⟩ 🛏 **P** ⟨VISA⟩ ⟨MO⟩
😊 *3 carrer Major* – ☏ *04 68 30 07 52 – info@hotelmarty.com – Fax 04 68 30 08 12*
– *Fermé 15 oct.-20 déc.*
21 ch – †46 € ††53 €, � 9 € – ½ P 45/47 € – **Rest** – Menu 16/31 € – Carte 20/47 €
♦ Pension de famille sur les hauteurs de la Cerdagne, proche d'une source sulfureuse et de son petit bassin. Chambres un brin désuètes, parfois avec loggia. Restaurant panoramique agrémenté d'objets agricoles et de trophées de chasse. Copieuse cuisine catalane.

DOUAI ⟨⟩ – 59 Nord – 302 G5 – 42 796 h. – Agglo. 518 727 h. – alt. 31 m –
⊠ 59500 🏛 Nord Pas-de-Calais Picardie

31 **C2**

🛣 Paris 194 – Arras 26 – Lille 42 – Tournai 39 – Valenciennes 47

🚹 Office de tourisme, 70, place d'Armes ☏ 03 27 88 26 79, Fax 03 27 99 38 78

🏌 de Thumeries à ThumeriesN : 15 km par D 8, ☏ 03 20 86 58 98.

◎ Beffroi★ BY D - Musée de la Chartreuse★★.

◻ Centre historique minier de Lewarde★★ SE : 8 km par ②.

Plan page suivante

🏨 **La Terrasse** ⟨AC⟩ rest, ⟨⟩ 🛏 **P** ⟨VISA⟩ ⟨MO⟩ ⟨AE⟩ ⟨O⟩
36 terrasse St-Pierre – ☏ *03 27 88 70 04 – contact@laterrasse.fr*
– Fax 03 27 88 36 05 BY **a**
24 ch – †55 € ††80 €, � 10,50 € – ½ P 60 € – **Rest** – Menu (19 €), 23 € bc/79 €
– Carte 43/63 € ⅜
♦ Avenante maison cachée dans une ruelle jouxtant l'ancienne collégiale St-Pierre. Les chambres, un peu petites, sont décorées dans le style des années 1980. À table, copieuse cuisine classique, simple et bien faite, et belle carte des vins (900 appellations).

🏠 **Ibis** sans rest ⟨⟩ ⟨⟩ ⟨⟩ 🛏 **P** ⟨VISA⟩ ⟨MO⟩ ⟨AE⟩ ⟨O⟩
pl. St-Amé – ☏ *03 27 87 27 27 – h0956@accor.com – Fax 03 27 98 31 64*
42 ch – †55/65 € ††55/65 €, � 7,50 € AY **e**
♦ Les standards Ibis dans une demeure historique ! Ces maisons des 16ᵉ et 18ᵉ s. abritent des chambres fonctionnelles de tailles variées ; poutres et mansardes au 3ᵉ étage.

🍴🍴 **Au Turbotin** ⟨AC⟩ ⟨VISA⟩ ⟨MO⟩ ⟨AE⟩
9 r. Massue – ☏ *03 27 87 04 16 – g.coussement@wanadoo.fr – Fermé 1ᵉʳ-21 août,*
sam. midi, dim. soir et lundi AY **s**
Rest – Menu 21 € (sem.)/72 € bc – Carte 45/55 €
♦ Un beau vivier est "exposé" comme un tableau dans ce restaurant redécoré dans un plaisant style contemporain. Recettes dans l'air du temps n'oubliant pas le terroir.

🍴 **Le P'tit Gouverneur** ⟨AC⟩ ⟨VISA⟩ ⟨MO⟩
76 r. St-Jean – ☏ *03 27 88 90 04 – leptitgouverneur@voila.fr – Fermé 1ᵉʳ-15 août,*
😊 *1ᵉʳ-8 janv., dim. soir et lundi* BY **e**
Rest – Menu 18 € (déj. en sem.), 24/46 € – Carte 36/51 €
♦ Table rajeunie dont la façade en angle de rue, ornée de statues d'animaux, apporte un peu de fantaisie dans le quartier. Carte actuelle assortie de cinq menus.

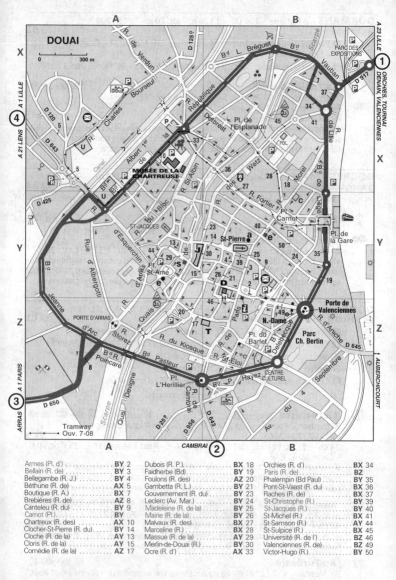

à Roost-Warendin 10 km par ①, D 917 et D 8 – 5 744 h. – alt. 22 m – ⊠ 59286

🖪 Syndicat d'initiative, 270, rue Brossolette, ℰ 03 27 95 90 00,
Fax 03 27 95 90 01

✕✕ **Le Chat Botté** ⏶ 🚗 **P.** **VISA** **⬤⬤**

Château de Bernicourt – ℰ 03 27 80 24 44 – contact@restaurantlechatbotte.com
– Fax 03 27 80 35 81 – Fermé 1er-15 août, dim. soir et lundi

Rest – Menu (20 €), 32/65 € – Carte 50/65 € ⽊

♦ Nouveau look moderne bien cosy, mets classiques et beau choix de vins pour cette table
occupant une dépendance d'un joli château du 18e s. Parc, écomusée et expos temporaires.

à Brebières 7 km par ③ – 4 424 h. – alt. 48 m – ✉ 62117

XXX **Air Accueil**

D 950 – ✆ 03 21 50 01 02 – Fax 03 21 50 84 17 – Fermé 18-31 août, dim. soir et lundi

Rest – Menu 29/60 €

◆ Long bâtiment en briques près d'un aérodrome. Salle à manger de style Louis XIII égayée de tissus fleuris et verdoyante terrasse. Dégustations de vins dans un des salons.

DOUAINS – 27 Eure – **304** I7 – rattaché à Vernon

DOUARNENEZ – 29 Finistère – **308** F6 – 15 827 h. – alt. 25 m – ✉ 29100

Bretagne 9 **A2**

Paris 585 – Brest 76 – Lorient 88 – Quimper 23 – Vannes 141

Office de tourisme, 2, rue Docteur Mével ✆ 02 98 92 13 35, Fax 02 98 92 70 47

Boulevard Jean-Richepin et nouveau port★ ≤★ Y - Port du Rosmeur★ - Musée à flot★★ - collection★ au musée du bateau - Ploaré : tour★ de l'église S : 1 km - Pointe de Leydé★ ≤★ NO : 5 km.

Le Clos de Vallombreuse

7 r. d'Estienne-d'Orves – ✆ 02 98 92 63 64 – clos.vallombreuse@wanadoo.fr – Fax 02 98 92 84 98 Y **x**

25 ch – 46/122 € 52/122 €, 11 € – ½ P 56/91 €

Rest – Menu 19 € (sem.)/55 € – Carte 38/58 €

◆ Face à la baie, fière demeure achevée en 1902 pour un baron de la conserve. Chambres personnalisées dans le logis et son extension ; jardin clos et piscine surplombant le port. Élégant décor et produits de la mer font l'attrait du restaurant.

X **Le Kériolet** avec ch

29 r. Croas-Talud – ✆ 02 98 92 16 89 – keriolet2@wanadoo.fr – Fax 02 98 92 62 94 – Fermé 9-22 fév. et lundi midi hors saison Z **a**

8 ch – 50/60 € 50/60 €, 6,50 € – ½ P 58 € – **Rest** – Menu 13,50 € (déj. en sem.), 20/38 € – Carte 26/52 €

◆ Le chef prépare des plats traditionnels qui valorisent les produits du terroir et de la pêche locale. Décoration marine sobre et de bon goût dans la salle ouverte sur un jardinet. Chambres toutes simples, mais bien rénovées.

DOUARNENEZ

Anatole-France (R.)	Y	2
Baigneurs (R. des)	Y	5
Barré (R. J.)	YZ	7
Berthelot (R.)	Z	8
Centre (R. du)	Y	10
Croas-Talud (R.)	Z	14
Duguay-Trouin (R.)	YZ	15
Enfer (Pl. de l')	YZ	16
Grand-Port (Quai du)	Y	19
Grand-Port (R. du)	Y	20
Jaurès (R. Jean)	YZ	
Jean-Bart (R.)	Y	24
Kerivel (R. E.)	YZ	21
Laënnec (R.)	Z	25
Lamennais (R.)	Z	27
Marine (R. de la)	Y	32
Michel (R. L.)	Y	36
Monte-au-Ciel (R.)	Z	37
Péri (Pl. Gabriel)	Y	42
Petit-Port (Quai du)	Y	43
Plomarc'h (R. des)	YZ	44
Stalingrad (Pl.)	Z	65
Vaillant (Pl. E.)	Y	59
Victor-Hugo (R.)	Z	60
Voltaire (R.)	Y	62

Sens unique en saison: flèche noire

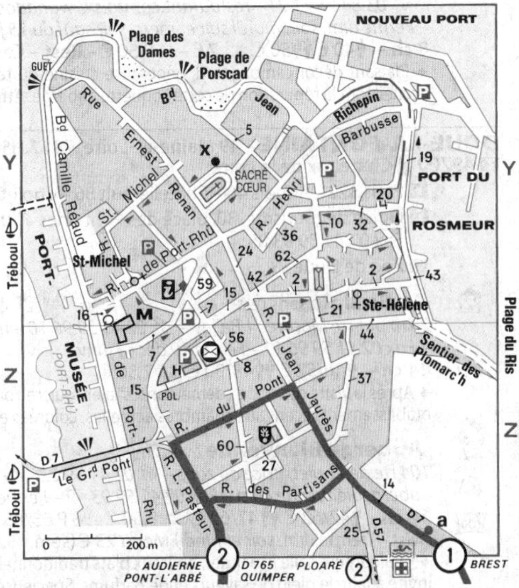

rte de Quimper 4 km – ⊠ 29100 Douarnenez

🏠 **Auberge de Kerveoc'h**   🛋 ⅍ rest, 📞 🅿 VISA ◑

42, rte de Kerveoc'h, par D 765 – 📞 *02 98 92 07 58 – contact @ auberge-kerveoch.com – Fax 02 98 92 03 58*

14 ch – ♦47/56 € ♦♦47/75 €, ⊇ 8 € – ½ P 54/68 € – **Rest** – *(fermé dim. soir d'oct. à mai) (dîner seult)* Menu 24 €

♦ Les chambres de la ferme ont été refaites avec soin ; celles du petit manoir, plus anciennes, demeurent plaisantes et coquettes. Agréable jardin profitant du calme environnant. Courte carte élaborée selon le marché et cachet rustique très affirmé au restaurant.

à Tréboul 3 km au Nord-Ouest – ⊠ 29100 Douarnenez

🏠 **Thalasstonic**   🛏 📶 ⅙ ch, ⅍ ⅍ rest, 📞 🅿 VISA ◑ AE ①

r. des Professeurs Curie – 📞 *02 98 74 45 45 – info-hotel-dz @ thalasso.com – Fax 02 98 74 36 07*

46 ch – ♦51/72 € ♦♦75/110 €, ⊇ 11 € – 4 suites – ½ P 74/116 €
Rest – Menu (18 €), 25/95 € – Carte 34/75 €

♦ Cet hôtel réservé aux non-fumeurs respire l'air marin. Séjour tonic : plage et centre de thalassothérapie à proximité. Chambres spacieuses, avant tout pratiques. Vaste restaurant contemporain prolongé d'une terrasse d'été. Plats traditionnels ou diététiques.

🏠 **Ty Mad** ⌂   ⇜ 🛋 📞 🅿 VISA ◑

près chapelle St-Jean – 📞 *02 98 74 00 53 – info @ hoteltymad.fr – Fax 02 98 74 15 16 – Ouvert 17 mars-11 nov.*

14 ch – ♦55/168 € ♦♦55/168 €, ⊇ 11 € – 1 suite – **Rest** – *(dîner seult)* Menu 27 € – Carte 33/35 €

♦ Le peintre quimpérois Max Jacob séjourna dans cette "bonne maison" (ty mad) dominant la plage St-Jean. Chambres personnalisées par du mobilier contemporain ou chiné. Menu du marché servi au dîner dans une véranda lumineuse et coquette ouvrant sur le jardin.

DOUBS – 25 Doubs – 321 I5 – **rattaché à Pontarlier**

DOUCIER – 39 Jura – 321 E7 – 270 h. – alt. 526 m – ⊠ 39130   16 **B3**

◻ Paris 427 – Champagnole 21 – Lons-le-Saunier 25

◉ Lac de Chalain ★★ N : 4 km ▮ Jura.

✕✕ **Le Comtois** avec ch   🛋 VISA ◑ AE ①

– 📞 *03 84 25 71 21 – restaurant.comtois @ wanadoo.fr – Fax 03 84 25 71 21 – Fermé dim. soir, mardi soir et merc. soir sauf du 15 juin au 15 sept.*

8 ch – ♦40 € ♦♦50 €, ⊇ 7 € – ½ P 50 € – **Rest** – Carte 30/37 € ⅗

♦ Plaisant décor campagnard, généreuse cuisine du terroir, service soigné et très bon accueil font la réputation de cette coquette auberge. Attrayante sélection de vins du Jura.

DOUÉ-LA-FONTAINE – 49 Maine-et-Loire – 317 H5 – 7 450 h. – alt. 75 m – ⊠ 49700 ▮ Châteaux de la Loire   35 **C2**

◻ Paris 322 – Angers 40 – Châtellerault 86 – Cholet 50 – Saumur 19 – Thouars 30

🛈 Office de tourisme, 30, place des Fontaines 📞 02 41 59 20 49, Fax 02 41 59 93 85

◉ Zoo de Doué ★★.

🏠 **La Saulaie** sans rest   🛋 ⅀ ⅙ ⅍ 📞 🔥 🅿 VISA ◑ AE ①

2 km par rte Montreuil-Bellay – 📞 *02 41 59 96 10 – hoteldelasaulaie @ wanadoo.fr – Fax 02 41 59 96 11 – Fermé 19 déc.-4 janv.*

44 ch – ♦40/52 € ♦♦48/90 €, ⊇ 7,50 €

♦ Après la visite des "caves demeurantes" alentour, retrouvez la lumière naturelle dans cet établissement récent aux chambres actuelles, colorées et assez spacieuses.

✕✕ **Auberge Bienvenue** avec ch   🛋 🛋 AC ch, 🅿 VISA ◑ AE

😊   *104 rte de Cholet, (face au zoo) –* 📞 *02 41 59 22 44 – info @ aubergebienvenue.com – Fax 02 41 59 93 49 – Fermé 22 déc.-14 janv.*

◲   **10 ch** – ♦47/62 € ♦♦47/62 €, ⊇ 8,50 € – ½ P 65/85 €

Rest – *(fermé dim. soir et lundi)* Menu 23 € (sem.)/52 € – Carte 39/56 €

♦ Chaleureuse salle à manger, goûteux plats traditionnels, terrasse fleurie : cette auberge invite à faire le plein de saveurs et de parfums. Spacieuses chambres récentes.

XX **De France** avec ch　　　　　　　　⇔ ⌂ **P** **VISA** **◎◎**
19 pl. Champ de Foire – ℰ *02 41 59 12 27 – jarnot@hoteldefrance-doue.com*
– Fax 02 41 59 76 00 – Fermé 20 déc.-20 janv., dim. soir et lundi
17 ch – ♦42 € ♦♦44 €, ☑ 7 € – ½ P 48/55 € – **Rest** – Menu (17 €), 21/38 €
– Carte 28/41 €
♦ Dans la cité de la rose, salle à manger au décor velouté : murs tendus de tissu bleu, plafond orné de draperies et sièges Louis XVI. Chambres simples, refaites par étapes.

DOURDAN – 91 Essonne – 312 B4 – 9 555 h. – alt. 100 m – ⊠ 91410
▌Île de France　　　　　　　　　　　　　　　　　　　　　18 **B2**

　　Ð Paris 54 – Chartres 48 – Étampes 18 – Évry 44 – Orléans 81 – Rambouillet 22
　　　– Versailles 51
　　🅱 Office de tourisme, place du Général-de-Gaulle ℰ 01 64 59 86 97,
　　　Fax 01 60 81 05 69
　　🅽 Rochefort Chisan Country Club à Rochefort-en-Yvelines Château de
　　　Rochefort/Yvelines, N : 8 km par D 836 et D 149, ℰ 01 30 41 31 81 ;
　　🅽 de Forges-les-Bains à Forges-les-Bains Route du Général Leclerc, N : 14 km
　　　par D 838, ℰ 01 64 91 48 18.
　　◎ Place du Marché aux grains★ - Vierge au perroquet★ au musée.

🏠🏠 **Host. Blanche de Castille**　　　🎴 🛗 ⇔ ⌂ 🧖 **P** **VISA** **◎◎** **AE**
　 pl. Marché aux Herbes – ℰ *01 60 81 19 10 – info@residourdan.fr*
🆘 *– Fax 01 60 81 19 11*
　 33 ch – ♦90 € ♦♦90 €, ☑ 8 € – 12 suites – **Rest** – *(fermé 1er-15 août, sam. midi et dim.)* Menu 16 € (déj.)/27 €
　 ♦ Maison ancienne ouvrant sur une place située au cœur du vieux Dourdan. Chambres de bon confort, toutes flambant neuves. Vue sur l'église aux 3 clochers pour certaines. Salle à manger bourgeoise et rustique (cheminée, lustres, poutres). Carte traditionnelle.

XX **Auberge de l'Angélus**　　　　　　　🎴 ⇔ **VISA** **◎◎**
4 pl. Chariot – ℰ *01 64 59 83 72 – Fax 01 64 59 83 72 – Fermé 30 juil.-20 août,*
24-30 déc., 21 fév.-4 mars, lundi soir, mardi soir et merc.
Rest – Menu 22 € (sem.)/42 € – Carte 68/78 €
♦ À l'écart du pittoresque centre historique, relais de poste du 18e s. abritant trois petites salles à manger rénovées. Terrasse dressée dans la jolie cour pavée.

DOURGNE – 81 Tarn – 338 E10 – 1 186 h. – alt. 250 m – ⊠ 81110　　29 **C2**
　　Ð Paris 742 – Toulouse 67 – Carcassonne 52 – Castelnaudary 35 – Castres 19
　　　– Gaillac 64
　　🅱 Office de tourisme, 1, avenue du maquis ℰ 05 63 74 27 19,
　　　Fax 05 63 74 27 19

X **Hostellerie de la Montagne Noire** avec ch　　　　🎴 ⅃
　 15 pl. Promenades – ℰ *05 63 50 31 12*　　　　**🄰🄲** rest, ⅍ **VISA** **◎◎** **AE**
🆘 *– hotel.restaurant.montagne.noire@wanadoo.fr – Fax 05 63 50 13 55*
　 – Fermé 1er-7 sept., 2 sem. en nov. et18 fév.-2 mars
　 9 ch – ♦46 € ♦♦49 €, ☑ 8,50 € – ½ P 31 € – **Rest** – *(fermé dim. soir et lundi)*
　 Menu 15 € (déj. en sem.), 22/44 € – Carte 29/41 €
　 ♦ Cette maison de village abrite deux salles à manger : l'une contemporaine, l'autre décorée dans un style campagnard chic. Terrasse sous les platanes et cuisine traditionnelle.

au Nord 4 km par D 85 et D 14 – ⊠ 81110 St-Avit

XX **Les Saveurs de St-Avit**　　　　　　🎴 ⅍ **P** **VISA** **◎◎**
　 – ℰ *05 63 50 11 45 – simonscott6@aol.com – Fax 05 63 50 11 45*
😊 *– Fermé 15-30 nov., 1er-15 janv., mardi midi, merc. midi et jeudi midi de mi-oct. à*
　 mi-avril, sam. midi, dim. soir et lundi
　 Rest – *(nombre de couverts limité, prévenir)* Menu 28/82 € bc – Carte 58/82 €
　 ♦ Dans une ferme convertie en restaurant, charmante salle à manger associant avec art les styles rustique et contemporain. Fine cuisine au goût du jour à base de produits régionaux.

DOURLERS – 59 Nord – 302 L6 – 568 h. – alt. 171 m – ⊠ 59440 — 31 **D3**

❑ Paris 245 – Avesnes-sur-Helpe 10 – Lille 94 – Maubeuge 13 – Le Quesnoy 27
– St-Quentin 75

XX **Auberge du Châtelet** 🚗 ✿ **P.** **VISA** 🐨

rte d'Avesnes-sur-Helpe, sur N 2 : 1 km ⊠ *59440 Avesnes-sur-Helpe –*
℘ *03 27 61 06 70 – carlierchatelet@aol.com – Fax 03 27 61 20 02 – Fermé dim. soir
et soirs fériés*

Rest – Menu (23 € bc), 25/55 € bc – Carte 36/67 € ⅜

♦ La même famille officie dans cette belle longère fleurie depuis 1971. Intérieur rustique,
paisible terrasse, plats traditionnels et superbe livre de cave (grands millésimes).

DOURNAZAC – 87 Haute-Vienne – 325 C7 – 728 h. – alt. 368 m – ⊠ 87230
▌ Limousin Berry — 24 **B2**

❑ Paris 436 – Limoges 42 – Panazol 47 – St-Junien 41

介 **Château de Montbrun** sans rest ⌂ 🕸 ≤ 🚗 ⅗ **P.**

à Montbrun, 2 km au Nord-Ouest par D 64 – ℘ *05 55 78 65 26 – Montbrun@
Montbrun.com – Fax 05 55 78 65 34*

6 ch ⌂ – ♥175/200 € ♥♥175/200 €

♦ Ce château abrite de superbes chambres dont certaines décorées dans le style du 15ᵉ s.
Nombreuses activités possibles : billard, pêche, chasse, tir à l'arbalète, équitation...

DOUSSARD – 74 Haute-Savoie – 328 K6 – 2 781 h. – alt. 456 m –
⊠ 74210 — 46 **F1**

❑ Paris 555 – Albertville 27 – Annecy 20 – Megève 42

🏠 **Arcalod** 🚗 🏡 ⅃ ƒ♠ 📶 ⅗ ch, ⅗ rest, **℘** **P.** **VISA** 🐨

– ℘ *04 50 44 30 22 – info@hotelarcalod.fr – Fax 04 50 44 85 03 – Ouvert
10 mai-30 sept.*

33 ch – ♥58/67 € ♥♥62/85 €, ⌂ 10 € – ½ P 59/76 € – **Rest** – Menu 20 € (sem.),
26/31 € – Carte 26/33 €

♦ L'atout de ce chalet familial : les nombreuses activités gratuites proposées sur place
(randonnée, tir à l'arc, vélo...). Petites chambres bien tenues et grand jardin arboré.
Spacieuse et lumineuse salle de restaurant, cuisine de pension gentiment savoyarde.

DOUVAINE – 74 Haute-Savoie – 328 K3 – 3 859 h. – alt. 428 m –
⊠ 74140 — 46 **F1**

❑ Paris 555 – Annecy 63 – Chamonix-Mont-Blanc 87 – Genève 18
– Thonon-les-Bains 16

🛈 Office de tourisme, place de l'Hôtel de Ville ℘ 04 50 94 10 55,
Fax 04 50 94 36 13

XXX **Ô Flaveurs** (Jérôme Mamet) 🏡 **P.** **VISA** 🐨
✿

Château de Chilly, 2 km au Sud Est par rte de Crépy – ℘ *04 50 35 46 55*
– restaurantoflaveurs@wanadoo.fr – Fax 04 50 35 41 31 – Fermé mardi et merc.

Rest – Menu 29 € (déj. en sem.), 45/75 € – Carte 68/115 €

Spéc. Foie gras de canard des Landes confit. Suprême de volaille fermière parfumé
au pin. Millefeuille chocolat, crème praliné.

♦ Cuisine actuelle rehaussée d'inventivité dans ce restaurant raffiné occupant un petit château du 15ᵉ s. à l'authenticité bien préservée (pierres, poutres, cheminée).

XX **La Couronne** 🏡 **P.** **VISA** 🐨

– ℘ *04 50 85 10 20 – la.couronne2@freesbee.fr – Fax 04 50 85 10 40 – Fermé
26 juil.-17 août, 22 déc.-7 janv., dim. soir et lundi*

Rest – Menu 13 € bc (déj. en sem.), 32/36 € – Carte 37/54 €

♦ Cette auberge datant de 1780 abrite une chaleureuse salle à manger (poutres apparentes, couleurs ensoleillées) ouverte sur une petite cour ombragée. Recettes au goût du jour.

DOUVRES-LA-DÉLIVRANDE – 14 Calvados – 303 J4 – 4 809 h. – alt. 19 m –
⊠ 14440 ▌ Normandie Cotentin — 32 **B2**

❑ Paris 246 – Bayeux 26 – Caen 15 – Deauville 48

🛈 Syndicat d'initiative, 41, rue Général-de-Gaulle ℘ 02 31 37 93 10,
Fax 02 31 37 93 10

à Cresserons 2 km à l'Est par D 35 – 1 202 h. – alt. 9 m – ⊠ 14440

XXX **La Valise Gourmande** 🚗 🛜 **P** _VISA_ **⬤⬤**
7 rte de Lion sur Mer – 𝒞 02 31 37 39 10 – contact@lavalisegourmande-caen.com
– Fax 02 31 37 59 13 – Fermé dim. soir, mardi midi et lundi
Rest – Menu 28/52 € – Carte 45/75 €
♦ Prieuré du 18ᵉ s. et son jardin clos. Élégamment décorées, trois petites salles à l'esprit campagnard, dont une agrémentée d'une cheminée. Cuisine classique.

DRACY-LE-FORT – 71 Saône-et-Loire – 320 I9 – **rattaché à Chalon-sur-Saône**

DRAGUIGNAN ◉ – 83 Var – 340 N4 – 32 829 h. – alt. 178 m – ⊠ 83300
📘 Côte d'Azur 41 **C3**

▶ Paris 862 – Fréjus 30 – Marseille 124 – Nice 89 – Toulon 79

🖪 Office de tourisme, 2, avenue Lazard Carnot 𝒞 04 98 10 51 05,
Fax 04 98 10 51 10

🖫 de Saint Endréol à La Motte Route de Bagnols en Forêt, par rte du Muy et
D 47 : 15 km, 𝒞 04 94 51 89 89.

◙ Musée des Arts et Traditions populaires de moyenne Provence★ M².

🄶 Site★ de Trans-en-Provence S : 5 km.

DRAGUIGNAN

Gay (Pl. C.)	**Y** 6
Grasse (Av. de)	**Y** 8
Joffre (Bd. Mar.)	**Z** 9
Juiverie (R. de la)	**Y** 12
Kennedy (Bd J.)	**Z** 13
Leclerc (Bd Gén.)	**Z** 14
Marchands (R. des)	**Y** 15
Marché (Pl. du)	**Y** 16

Martyrs-de-la-Résistance (Bd des)	**Z** 17
Marx-Dormoy (Bd)	**Z** 18
Mireur (R. F.)	**Y** 19
Observance (R. de l')	**Y** 20
République (R. de la)	**Z** 23
Rosso (Av. P.)	**Z** 24

Cisson (R.)	**YZ** 3
Clemenceau (Bd)	**Z**
Clément (R. P.)	**Z** 4
Droits-de-l'Homme (Parvis des)	**Z** 5

Mercure sans rest · 🖻 ᵹ 🔟 ⅌ ℆ ⏢ VISA 🐵 AE ⓪
11 bd G. Clemenceau – 𝒞 04 94 50 95 09 – h2969@accor.com
– Fax 04 94 68 23 49
Z **n**
38 ch – †88/119 € ††98/129 €, ⌷ 12 €
♦ Complexe hôtelier moderne situé en plein centre-ville, à proximité des musées. Chambres spacieuses, bien équipées et insonorisées, dont une partie a été rénovée.

Lou Galoubet 🔟 VISA 🐵 AE
23 bd J. Jaurès – 𝒞 04 94 68 08 50 – lougaloubet@orange.fr – Fax 04 94 68 08 50
– Fermé 17 juil.-6 août, dim. soir, mardi soir et merc.
Z **e**
Rest – Menu 24 € (déj. en sem.), 29/45 € – Carte 39/51 €
♦ Le restaurant a troqué ses airs de brasserie contre un style plus actuel : tables et chaises en bois, bouquets, tableaux contemporains et murs ensoleillés. Recettes classiques.

rte de Flayosc 4 km par ③ et D 557 – ⌷ 83300 Draguignan

Les Oliviers sans rest 🚗 ⬛ ᵹ 🄿 VISA 🐵 AE
– 𝒞 04 94 68 25 74 – hotel-les-oliviers@club-internet.fr – Fax 04 94 68 57 54
– Fermé 10-20 janv.
12 ch – †49/58 € ††51/58 €, ⌷ 8 €
♦ Cet hôtel tout simple, progressivement rénové, offre des chambres parfaitement tenues, de plain-pied avec le jardin fleuri où l'on sert le petit-déjeuner en été.

à Flayosc 7 km par ③ et D 557 – 3 924 h. – alt. 310 m – ⌷ 83780
🖪 Office de tourisme, place Pied Bari 𝒞 04 94 70 41 31, Fax 04 94 70 47 91

L'Oustaou 🛱 VISA 🐵 AE
au village – 𝒞 04 94 70 42 69 – lymal74@aol.com – Fax 04 94 84 64 92 – Fermé
dim. soir et merc. d'oct. à avril, mardi midi et vend. midi de mai à sept. et lundi
Rest – Menu (20 €), 26/40 € – Carte 34/59 €
♦ Cuisine régionale actualisée, valorisant le terroir, servie avec gentillesse dans le cadre rustique d'un ex-relais de poste dont le nom signifie "petit mas". Terrasse en teck.

La Salle à Manger 🛱 VISA 🐵
9 pl. République – 𝒞 04 94 84 66 04 – ronald-abbink@wanadoo.fr
– Fax 04 94 85 30 59 – Fermé 27 oct.-6 nov., 23 déc.-3 janv., dim. soir de nov.
à mars, mardi midi d'avril à oct. et lundi
Rest – Menu 25/43 € – Carte 42/66 €
♦ Un couple batave tient cette séduisante "salle à manger" néo-rustique (poutres, murs en pierres ou chaulés) où l'on savoure une cuisine d'aujourd'hui sur des tables nappées de lin.

DRAIN – 49 Maine-et-Loire – 317 B4 – 1 668 h. – alt. 53 m – ⌷ 49530   34 **B2**
🖸 Paris 359 – Cholet 60 – Nantes 41 – Saint-Herblain 48

Le Mésangeau ⬙ ⅅ ⅌ ⅍ ℆ 🄿
5 km au Sud par D 154 – 𝒞 02 40 98 21 57 – le.mesangeau@wanadoo.fr
– Fax 02 40 98 28 62
5 ch ⌷ – †80/100 € ††90/110 € – ½ P 76/85 € – **Table d'hôte** – Menu 35 € bc
♦ Vaste demeure de 1830, rénovée avec goût (mobilier et objets anciens), dotée de grandes chambres. Parc, étang, petit golf, vélos, collection de voitures du début du 20ᵉ s. Table d'hôte rustique, avec une belle cheminée en pierre, pour déguster des plats du terroir.

LE DRAMONT – 83 Var – 340 Q5 – **rattaché à St-Raphaël**

DRAVEIL – 91 Essonne – 312 D3 – 101 36 – **voir à Paris, Environs**

DREUX ⬠ – 28 Eure-et-Loir – 311 E3 – 31 849 h. – alt. 82 m – ⌷ 28100
▌ Normandie Vallée de la Seine   11 **B1**
🖸 Paris 78 – Chartres 36 – Évreux 44 – Mantes-la-Jolie 43
🖪 Office de tourisme, 6, rue des Embûches 𝒞 02 37 46 01 73,
Fax 02 37 46 19 27
◙ Beffroi★ AY **B** - Glaces peintes★★ de la chapelle royale St-Louis AY.

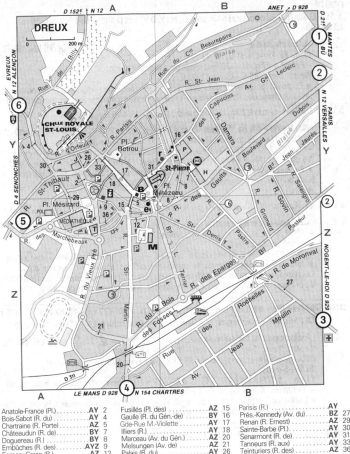

DREUX

🛏 **Le Beffroi** sans rest   ⇄ 🛎 *VISA* **◍** **AE**

12 pl. Métézeau – ℰ 02 37 50 02 03 – hotel.beffroi@club-internet.fr
– Fax 02 37 42 07 69 – Fermé 24 juil.-15 août   AZ **e**

15 ch – †65 € ††65 €, ⊡ 7 €

♦ Les chambres ont vue sur la Blaise ou l'église St-Pierre. Décor à base d'objets glanés par le propriétaire, ex-grand reporter, et belles mosaïques dans les salles de bains.

🍴 **Le St-Pierre**   *VISA* **◍**

19 r. Sénarmont – ℰ 02 37 46 47 00 – contact@lesaint-pierre.com
– Fax 02 37 64 26 37 – Fermé 14-30 juil., 2-10 mars, jeudi soir, dim. soir et lundi

Rest – Menu (14 €), 16 € (sem.)/29 € – Carte 26/36 €   BY **r**

♦ Ce restaurant, niché dans une ruelle voisine de l'église St-Pierre, dispose de trois petites salles colorées et meublées dans le style bistrot. Goûteuse cuisine traditionnelle.

à Cherisy 4,5 km par ② – **1 768 h.** – alt. **88 m** – ⊠ **28500**

🍴🍴 **Le Vallon de Chérisy**   🚗 🛖 **P** *VISA* **◍** **AE**

12 rte de Paris – ℰ 02 37 43 70 08 – Fax 02 37 43 86 00 – Fermé en juil., dim. soir, mardi soir et merc.

Rest – Menu 28/57 € – Carte 28/57 €

♦ Maison à colombages proposant deux cadres : poutres et mobilier Louis-Philippe dans la salle, baies vitrées et sièges en rotin sous la véranda. La cuisine est au goût du jour.

DREUX

à Ste-Gemme-Moronval 6 km par ②, N 12, D 912 et D 308[1] – 691 h. – alt. 79 m –
✉ 28500

XXX **L'Escapade**   ☆ **P** *VISA* **MO** **AE**
pl. du Dr Jouve – ℰ 02 37 43 72 05 – Fax 02 37 43 86 96
– Fermé 4-27 août, 6-20 fév., dim. soir, lundi soir et mardi
Rest – Menu 35 € – Carte 57/92 €
♦ Escapade gourmande dans cette accueillante auberge campagnarde proposant des
recettes classiques. Paisible terrasse et élégante salle à manger agrémentée de boiseries.

à Vernouillet-centre 2 km au Sud par D 311 AZ – 11 496 h. – alt. 97 m – ✉ 28500

XX **Auberge de la Vallée Verte** avec ch   ☆ ch, ♨ **P** *VISA* **MO** **AE**
6 r. Lucien Dupuis, (près de l'église) – ℰ 02 37 46 04 04 – aubergevallee@wanadoo.fr
– Fax 02 37 42 91 17 – Fermé 3-27 août, 21 déc.-6 janv., lundi sauf hôtel et dim.
16 ch – ♦70/90 € ♦♦70/90 €, ☞ 10 € – **Rest** – Menu 30/55 € bc – Carte 40/60 €
♦ Poutres anciennes et tomettes : l'aspect rustique de ce restaurant du vieux Vernouillet
a été pieusement préservé. Carte traditionnelle. Chambres neuves à l'annexe dotée d'un
jardin.

à Vert-en-Drouais 8 km à l'Ouest par N 12 et D 314 – 1 049 h. – alt. 92 m – ✉ 28500

↑ **Château de Marsalin** ৯   ☆ ♨ ☆ **P** *VISA* **MO**
– ℰ 02 37 82 85 06 – marsalin@chateau-de-marsalin.com – Fax 02 37 82 85 06
– Fermé vacances de fév.
5 ch – ♦145/260 € ♦♦145/260 €, ☞ 28 € – 1 suite – **Table d'hôte** – Menu 70 €
♦ Jardins à la française, espaces cossus très raffinés, soirées en costume d'époque...
Ce château reconstruit en 1850 (deux tours du 16ᵉ s. pour vestiges) offre le grand jeu. Dîners
de prestige dans la somptueuse salle à manger, grands crus ; cours de cuisine.

DRUSENHEIM – 67 Bas-Rhin – 315 L4 – 4 723 h. – alt. 122 m – ✉ 67410   1 **B1**
◨ Paris 499 – Haguenau 17 – Saverne 61 – Strasbourg 33 – Wissembourg 48

XX **Auberge du Gourmet** avec ch   ☆ ☆ ☆ & ch, **P** *VISA* **MO** **AE**
rte Strasbourg, Sud-Ouest : 1 km – ℰ 03 88 53 30 60 – info@
auberge-gourmet.com – Fax 03 88 53 31 39 – Fermé 18 août-10 sept. et
18 fév.-5 mars
11 ch – ♦37/43 € ♦♦45/51 €, ☞ 6 € – ½ P 49 € – **Rest** – (fermé sam. midi, mardi
soir et merc.) Menu 24/50 € – Carte 26/59 €
♦ L'auberge, postée à l'entrée de ce joli village, abrite une chaleureuse salle ornée d'un
plafond à caissons ; cuisine alsacienne et suggestions du marché. Coquettes chambres.

DRUYES-LES-BELLES-FONTAINES – 89 Yonne – 319 D6 – 288 h.
– alt. 168 m – ✉ 89560   7 **B2**
◨ Paris 183 – Auxerre 34 – Clamecy 17 – Gien 75 – Montargis 98

↟ **L'Auberge des Sources** ৯   ☆ **P** *VISA* **MO**
– ℰ 03 86 41 55 14 – aubergedessources@wanadoo.fr – Fermé janv. et fév.
8 ch – ♦60/70 € ♦♦60/70 €, ☞ 9 € – ½ P 70 € – **Rest** – (fermé lundi et mardi
de sept. à mai) Menu 27/33 € – Carte 28/55 €
♦ Les chambres de cet ex-relais de poste situé dans un paisible village bourguignon
retrouvaient l'éclat du neuf en 2007. Annexes avec gîte et espace pour se réunir. Cuisine
régionale servie dans une salle à manger champêtre ou sur le patio-terrasse.

DUCEY – 50 Manche – 303 E8 – 2 174 h. – alt. 15 m – ✉ 50220
▮ Normandie Cotentin   32 **A3**
◨ Paris 348 – Avranches 11 – Fougères 41 – Rennes 80
– St-Hilaire-du-Harcouët 16 – St-Lô 68
◩ Office de tourisme, 4, rue du Génie ℰ 02 33 60 21 53, Fax 02 33 60 54 07

▨ **Moulin de Ducey** sans rest ৯   ≤ ▯ ♨ ♨ **P** *VISA* **MO** **AE** ①
1 Grande Rue – ℰ 02 33 60 25 25 – info@moulindeducey.com
– Fax 02 33 60 26 76 – Fermé 19 déc.-4 janv.
28 ch – ♦46/100 € ♦♦61/110 €, ☞ 10,50 €
♦ Entre bief et Sélune, l'ancien moulin semble établi sur une île verdoyante. Chambres de
style anglais et salle des petits-déjeuners surplombant la rivière (pêche au saumon).

⌂ **Auberge de la Sélune**   🛁 🕮 📞 ♿ **P** **VISA** **MC** **AE**
2 r. St-Germain – ℰ 02 33 48 53 62 – info@selune.com – Fax 02 33 48 90 30
☞ – *Fermé 23 nov.-15 déc., 18 janv.-9 fév. et lundi d'oct. à mars*
20 ch – ♦60 € ♦♦64 €, ☷ 8,50 € – ½ P 65 € – **Rest** – Menu 17 € (sem.)/40 €
– Carte 23/39 €
♦ Cette belle maison de pierres abrite des chambres progressivement redécorées, donnant pour certaines sur le joli jardin doté d'un pittoresque abri au bord de la Sélune. Plaisantes salles à manger, dont une ouverte sur la verdure.

DUINGT – 74 Haute-Savoie – 328 K6 – 797 h. – alt. 450 m – ☒ 74410   46 **F1**
▊ Alpes du Nord
 � **D** Paris 548 – Albertville 34 – Annecy 12 – Megève 48 – St-Jorioz 3
 🛈 Office de tourisme, rue du Vieux Village ℰ 04 50 77 64 75

⌂ **Le Clos Marcel**   ≤ 🛁 🐾 🕮 ⇆ ⊗ rest, **P** **VISA** **MC**
410 allée de la Plage – ℰ 04 50 68 67 47 – lionel@clos-marcel.com
– Fax 04 50 68 61 11 – Ouvert 19 avril-27 sept.
15 ch – ♦40/86 € ♦♦40/86 €, ☷ 8,50 € – ½ P 53/76 € – **Rest** – *(fermé mardi sauf juil.-août)* Menu (20 €), 26 € – Carte 35/50 €
♦ Toutes les chambres sont tournées vers le lac et offrent le coup d'œil sur les sommets de la rive opposée. Agréable jardin au bord de l'eau et ponton privé. Salle de restaurant panoramique et délicieuse terrasse sous les arbres.

🍴🍴 **Auberge du Roselet** avec ch   🛁 🐾 🕮 **P** **VISA** **MC**
– ℰ 04 50 68 67 19 – nicolas.falquet@wanadoo.fr – Fax 04 50 68 64 80
14 ch – ♦80/104 € ♦♦80/110 €, ☷ 10 € – ½ P 80 € – **Rest** – Menu 22 € (sem.)/55 € – Carte 34/63 €
♦ Spécialités de poissons du lac – pêchés par le cousin de la patronne – à déguster sur la terrasse à fleur d'eau ou dans deux salles à manger (l'une classique, l'autre marine). Chambres un brin rétro et petite plage privée.

DUNES – 82 Tarn-et-Garonne – 337 A7 – 893 h. – alt. 120 m – ☒ 82340   28 **B2**
 D Paris 655 – Agen 21 – Auvillar 13 – Miradoux 12 – Moissac 32

🍴🍴 **Les Templiers**   🕮 **AC** **VISA** **MC** **AE**
1 pl. des Martyrs – ℰ 05 63 39 86 21 – lestempliers4@wanadoo.fr
☺ *– Fax 05 63 39 86 21 – Fermé 5-15 mars, vacances de la Toussaint, mardi soir, sam. midi, dim. soir et lundi*
Rest – Menu 22 € (sem.)/47 €
♦ Maison du 16ᵉ s. au cachet rustique habilement mis à profit. Décor lumineux (tons jaunes, pierres, briques et fleurs), terrasse sous les arcades et cuisine au goût du jour.

DUNIÈRES – 43 Haute-Loire – 331 I2 – 2 949 h. – alt. 760 m – ☒ 43220   6 **D3**
 D Paris 549 – Le Puy-en-Velay 52 – St-Agrève 30 – St-Étienne 37

🍴🍴 **La Tour** avec ch   ≤ 🕮 🐾 ch, 📞 **P** **VISA** **MC** **AE**
7 ter r. Fraisse, (D 61) – ℰ 04 71 66 86 66 – la.tour-hotel-restaurant@wanadoo.fr
☺ *– Fax 04 71 66 82 32 – Fermé 1ᵉʳ-9 mars, 23 août-5 sept., 1ᵉʳ-5 janv., 2-28 fév.*
☺ **11 ch** – ♦53/58 € ♦♦53/58 €, ☷ 8 € – ½ P 54/58 € – **Rest** – *(fermé vend. soir d'oct. à mai, dim. soir et lundi midi)* Menu 15 € (déj. en sem.), 21/56 € – Carte 45/67 €
♦ Cette maison moderne domine le village de Dunières. Salle à manger actuelle et de bon goût, jolie terrasse fleurie et cuisine traditionnelle bien mitonnée. Chambres pratiques.

DUNKERQUE ◈ – 59 Nord – 302 C1 – 70 850 h. – Agglo. 191 173 h. – alt. 4 m
– Casino : à Malo-les-Bains – ☒ 59140 ▊ Nord Pas-de-Calais Picardie   30 **B1**
 D Paris 288 – Amiens 205 – Calais 47 – Ieper 56 – Lille 73 – Oostende 57
 🛈 Office de tourisme, rue de l'Amiral Ronarc'h ℰ 03 28 66 79 21,
Fax 03 28 63 38 34
 ✈ de Dunkerque à Coudekerque Fort Vallières, SE : 1 km par D 72,
ℰ 03 28 61 07 43.
 ◉ Port★★ - Musée d'Art contemporain★ : jardin des sculptures★ CDY - Musée des Beaux-Arts★ CDZ M² - Musée portuaire★ CZ M³.

DUNKERQUE

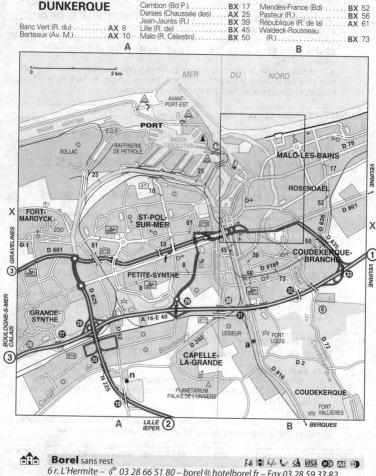

Borel sans rest
  📶 🖥 ⚅ 🛎 🌡 *VISA* 🆚 AE ①
6 r. L'Hermite – ✆ 03 28 66 51 80 – borel@hotelborel.fr – Fax 03 28 59 33 82
48 ch – †72 € ††78/110 €, ⯑ 10 €
            CY **u**
♦ Immeuble en briques proche du port de plaisance proposant des chambres bien
équipées et parfaitement tenues. Agréable salon feutré. Formule buffet au petit-déjeuner.

Ibis sans rest
  🖥 ⚅ 🛎 🌡 🍴 *VISA* 🆚 AE ①
13 r. Leughenaer – ✆ 03 28 66 29 07 – h6546@accor.com – Fax 03 28 63 67 87
110 ch – †66/69 € ††66/69 €, ⯑ 8 €
            CY **s**
♦ Bâtiment des années 1970 entièrement rénové. Chambres confortables, bel espace
shopping, bar au cadre contemporain, buffet de petit-déjeuner présenté sur une barque de
pêcheurs.

Welcome
  🖥 ⚅ ch, 🆎 rest, ⚅ 🌡 🍴 *VISA* 🆚 AE
37 r. R. Poincaré – ✆ 03 28 59 20 70 – contact@hotel-welcome.fr
– Fax 03 28 21 03 49
            CZ **e**
41 ch – †66 € ††77 €, ⯑ 10,50 € – ½ P 58 €
Rest L'Écume Bleue – brasserie – Menu (14,50 € bc), 17 € (sauf déj. dim.)/24 €
– Carte 23/38 €
♦ Chambres fonctionnelles égayées de couleurs vitaminées et bar moderne doté d'un
billard. Le "plus" : la suite, située au dernier étage, et sa salle de bains ultramoderne. Cadre
contemporain très coloré dans la salle de l'Écume Bleue (cuisine traditionnelle).

DUNKERQUE

XX **Au Bon Coin** avec ch   🔠 rest, *VISA* 🌀

49 av. Kléber – ℰ 03 28 69 12 63 – restaurantauboncoin @ wanadoo.fr
– Fax 03 28 69 64 03
4 ch – ♦58/63 € ♦♦63/73 €, ⊑ 7 € – **Rest** – *(fermé dim. soir et lundi)*
Menu 28/45 € – Carte 30/70 €

♦ Proximité de la mer oblige, cette table se consacre aux saveurs iodées. Salle à l'ambiance feutrée dont les murs s'ornent de photos de célébrités dédicacées. Chambres élégantes.

XX **L'Estouffade**   🏠 *VISA* 🌀

2 quai Citadelle – ℰ 03 28 63 92 78 – Fax 03 28 63 92 78 – Fermé 11-31 août, dim.
soir et lundi   CZ **s**
Rest – Menu 26 € (sem.)/37 € – Carte 43/58 €

♦ Petite salle à manger souvent bondée où poissons et coquillages côtoient une belle cuisine au goût du jour. Terrasse d'été au calme, face au quai bordant le bassin du Commerce.

XX **Le Vent d'Ange**   *VISA* 🌀 🖭

1449 av. de Petite Synthe – ℰ 03 28 25 28 98 – leventdange @ wanadoo.fr
– Fax 03 28 58 12 88 – Fermé 1er-7 sept., 5-11 janv., mardi soir, dim. soir et lundi
Rest – Menu (20 €), 25/45 € – Carte 35/57 €   AX **f**

♦ Madame réserve un accueil d'une rare gentillesse, et monsieur réalise une cuisine traditionnelle à son image, fort généreuse. Décor un peu désuet, entièrement dédié aux anges.

X **Le Corsaire**   ⇐ 🏠 🔠 *VISA* 🌀 🖭

6 quai Citadelle – ℰ 03 28 59 03 61 – contact @ lecorsaire.fr – Fax 03 28 59 03 61
– Fermé 24-31 déc., dim. soir et merc.   CZ **a**
Rest – Menu 26/42 € – Carte 37/56 €

♦ Proche du Musée portuaire, ce restaurant et sa terrasse offrent une vue sur le trois-mâts Duchesse Anne. Cadre actuel coloré et cuisine évoluant au gré des saisons.

X **La Vague**   *VISA* 🌀

9 r. de la Poudrière – ℰ 03 28 63 68 80 – Fermé 10-31 août, 5-12 janv., sam. midi,
dim. et fériés   CY **a**
Rest – Menu 30/55 € – Carte 35/62 €

♦ Voici une adresse pour le moins familiale. La patronne accommode les poissons fournis quotidiennement par son père et son frère, patrons pêcheurs, tandis que son mari prépare les desserts.

à Malo-les-Bains – ⌧ 59240 Dunkerque

🏨 **L'Hirondelle**   🗗 📶 ఈ ch, 🔠 ⅍ ch, 👋 🗜 🖾 *VISA* 🌀

46 av. Faidherbe – ℰ 03 28 63 17 65 – info @ hotelhirondelle.com – Fax 03 28 66 15 43
50 ch – ♦54/70 € ♦♦65/88 €, ⊑ – ½ P 54/64 €   DY **n**
Rest – *(fermé 9 août-2 sept., 21 fév.-9 mars, dim. soir et lundi midi)* Menu (14 €),
19 € (sem.)/58 € – Carte 20/40 € 🕸

♦ Au cœur de la petite station balnéaire, ce sympathique hôtel familial rénove peu à peu ses chambres dans un esprit contemporain sobre et plaisant ; celles de l'annexe sont neuves. À table, produits de la mer, plats classiques et vins du Languedoc-Roussillon.

🏨 **Victoria Hôtel**   📶 ఈ ch, 👋 *VISA* 🌀

5 av. de la Mer – ℰ 03 28 28 28 11 – zanzibar.victoria @ wanadoo.fr
– Fax 03 28 28 77 29   DY **b**
11 ch – ♦65 € ♦♦65 €, ⊑ 7,50 € – 1 suite
Rest *Zanzibar* – *(fermé sam. midi et dim. soir)* Menu 17 € (déj. en sem.), 25/45 €
bc – Carte 23/47 €

♦ Bois exotique, lits à baldaquin, mobilier importé d'Afrique : le décor des chambres, modernes er confortables, évoque un continent cher aux propriétaires de cet hôtel. À table, dépaysement assuré : cadre ethnique, spécialités africaines et créoles, mais aussi françaises.

🏨 **Au Côté Sud**   👋 *VISA* 🌀 ①

19 av. du Casino – ℰ 03 28 63 55 12 – contact @ aucotesud.com
– Fax 03 28 61 54 49 – Fermé 24 déc.-8 janv.   DY **e**
10 ch – ♦43/45 € ♦♦56/58 €, ⊑ 7 € – ½ P 48/49 € – **Rest** – *(dîner seult)*
Menu 13/22 €

♦ Chambres fonctionnelles bien insonorisées, bon petit-déjeuner continental : une adresse pratique entièrement rénovée à deux pas du Palais des Congrès. Dans un restaurant au cadre chaleureux, cuisine mêlant habilement saveurs du Nord et du Sud.

à Téteghem 6 km au Sud-Est par D 601 BX – **7 237 h.** – **alt. 1 m** – ✉ **59229**

XXX **La Meunerie** avec ch
au Galghouck, 2 km au Sud Est par D 4 – ✆ 03 28 26 14 30 – contact@lameunerie.fr – Fax 03 28 26 17 32 – Fermé 20 juil.-10 août et 12-18 fév.
9 ch – †90/218 € ††90/218 €, ☕ 12,50 € – ½ P 110 € – **Rest** – *(fermé 15 juil.-1er août, 8-16 fév., dim. soir et lundi) (dîner seult sauf dim.)* Menu 28/61 €
◆ Réparti en plusieurs salons feutrés et bourgeois ouverts sur un élégant jardin, ce restaurant occupe un ancien moulin à vapeur. Cuisine traditionnelle rythmée par les saisons.

à Coudekerque-Branche – **24 152 h.** – **alt. 1 m** – ✉ **59210**

ℹ Syndicat d'initiative, 4, rue de la Convention ✆ 03 28 64 60 00

XXX **Le Soubise**
49 rte Bergues – ✆ 03 28 64 66 00 – restaurant.soubise@wanadoo.fr – Fax 03 28 25 12 19 – Fermé 10-22 avril, 24 juil.-19 août, 18 déc.-6 janv., sam. et dim. BX **a**
Rest – Menu 27/48 € – Carte 46/62 €
◆ Une grande convivialité anime ce relais de poste du 18e s. qui borde le canal. Les plats traditionnels, bien mitonnés, ne manquent pas de générosité, à l'instar du patron.

à Cappelle-la-Grande 5 km au Sud sur D 916 – **8 613 h.** – ✉ **59180**

ℹ Syndicat d'initiative, Mairie ✆ 03 28 64 94 41, Fax 03 28 60 25 31

XX **Fleur de Sel**
48 rte Bergues – ✆ 03 28 64 21 80 – laurentbraem@wanadoo.fr – Fax 03 28 61 22 00 – Fermé dim. soir et lundi BX **a**
Rest – Menu 25 € (sem.)/45 € – Carte 34/66 €
◆ Intérieur cosy bien dans l'air du temps (pierres apparentes, tons gris, mobilier et tableaux contemporains), accueil parfait et bonne cuisine classique.

à Armbouts-Cappel par ② **N 225 sortie 19a** – **2 677 h.** – ✉ **59380**

Du Lac
2 bordure du Lac – ✆ 03 28 60 70 60 – contact@hoteldulacdk.com – Fax 03 28 61 06 39 AX **n**
66 ch – †57 € ††74 €, ☕ 9,50 € – **Rest** – *(fermé sam. midi)* Menu (13 €), 16 € (sem.), 18/24 € – Carte 27/39 €
◆ Hôtel récent situé dans un cadre verdoyant, sur une rive du lac d'Armbouts. Chambres de bon confort, à choisir côté plan d'eau pour la vue ou côté parking pour l'ampleur. Salle à manger contemporaine ouverte sur une terrasse, un jardin et la campagne flamande.

DUN LE PALESTEL – **23 Creuse** – **325** G3 – **1 106 h.** – **alt. 370 m** – ✉ **23800** 25 **C1**

▶ Paris 349 – Limoges 83 – Guéret 29 – La Souterraine 18 – Argenton-sur-Creuse 47

ℹ Office de tourisme, 81, Grande Rue ✆ 05 55 89 24 61, Fax 05 55 89 95 11

Joly
3 r. Bazenerye – ✆ 05 55 89 00 23 – hoteljoly@wanadoo.fr – Fax 05 55 89 15 89 – Fermé 3-8 mars, 29 sept.-6 oct., dim. soir et lundi midi sauf fériés
27 ch – †40 € ††44/55 €, ☕ 9 € – ½ P 40 € – **Rest** – Menu 19/36 € – Carte 35/49 €
◆ Au centre du village, le bâtiment principal abrite des chambres entièrement refaites et personnalisées ; elles sont plus simples à l'annexe. Le terroir s'immisce dans les recettes traditionnelles soignées du restaurant rustique.

DURAS – **47 Lot-et-Garonne** – **336** D1 – **1 214 h.** – **alt. 122 m** – ✉ **47120** 4 **C2**
Aquitaine

▶ Paris 577 – Agen 90 – Marmande 23 – Périgueux 88 – Ste-Foy-la-Grande 22

ℹ Office de tourisme, 2, boulevard Jean Brisseau ✆ 05 53 83 63 06, Fax 05 53 76 04 36

XX **Hostellerie des Ducs** avec ch 🔲 🏡 ☒ ఉ 鼠 rest, 🔐 **VISA** **MO** **AE** ①
bd. J. Brisseau – 𝒞 05 53 83 74 58 – hostellerie.des.ducs@wanadoo.fr
– Fax 05 53 83 75 03 – Fermé lundi sauf le soir de juil. à sept., dim. soir d'oct. à juin
et sam. midi
15 ch – ♥57 € ♥♥70/107 €, ☑ 9 € – ½ P 71/87 € – **Rest** – Menu (17 €), 29/68 €
🍸

♦ Cet ancien presbytère voisin du château propose une cuisine traditionnelle dans une
salle à manger meublée en style Louis XIII ou sous la véranda. Chambres actuelles.

DURY – 80 Somme – 301 G8 – **rattaché à Amiens**

EAUX-PUISEAUX – 10 Aube – 313 D5 – 194 h. – alt. 220 m – ⊠ 10130   13 **B3**
🖸 Paris 161 – Auxerre 53 – Sens 63 – Troyes 32

🏠 **L'Étape du P'tit Sim** sans rest 🔲 **P** **VISA** **MO** ①
6 Gde-Rue – 𝒞 03 25 42 02 21 – etapeduptitsim@wanadoo.fr – Fax 03 25 42 03 30
– Fermé dim. soir
19 ch – ♥49 € ♥♥49 €, ☑ 7 €
♦ Hôtel abritant des chambres actuelles. Petit-déjeuner sous forme de buffet. Parking
privé.

EBERSMUNSTER – 67 Bas-Rhin – 315 J7 – 435 h. – alt. 165 m –
⊠ 67600   2 **C1**
🖸 Paris 508 – Strasbourg 40 – Obernai 23 – Saint-Dié-des-Vosges 55
– Sélestat 9

XX **Des Deux Clefs** ఉ 🍸 **VISA** **MO** ①
🐟 72 r. Gén. Leclerc – 𝒞 03 88 85 71 55 – Fax 03 88 85 71 55 – Fermé 9-21 juil.,
24 déc.-17 janv., lundi et jeudi
Rest – Menu 17 € (déj. en sem.), 30/60 € – Carte 30/46 €
♦ Face à une église abbatiale réputée pour son intérieur baroque ; le décor du restaurant
est plus sobre mais tout aussi soigné. Spécialités de matelote, friture, anguille, etc.

ECCICA-SUARELLA – 2A Corse-du-Sud – 345 C8 – **voir à Corse**

LES ÉCHELLES – 73 Savoie – 333 H5 – 1 248 h. – alt. 386 m
– ⊠ 73360 Les Echelles 🎐 Alpes du Nord   45 **C2**
🖸 Paris 552 – Chambéry 24 – Grenoble 40 – Lyon 92 – Valence 106
🖪 Office de tourisme, rue Stendhal 𝒞 04 79 36 56 24, Fax 04 79 36 53 12

à Chailles 5 km au Nord – ⊠ 73360 St-Franc

X **Auberge du Morge** avec ch 🔲 🏡 🍸 🕻 **P** **VISA** **MO** **AE**
D 1006, Gorges de Chailles – 𝒞 04 79 36 62 76 – contact@aubergedumorge.com
– Fax 04 79 36 51 65 – Fermé 11 nov.-20 janv., jeudi midi et merc.
8 ch – ♥48/54 € ♥♥48/54 €, ☑ 9 € – ½ P 60/63 € – **Rest** – Carte 26/44 €
♦ Construction régionale à l'entrée des gorges de Chailles, entre la route et un torrent qui
tentera les pêcheurs. Chaleureuse salle à manger campagnarde. Chambres rajeunies.

à St-Christophe-la-Grotte 5 km au Nord-Est par D 1006 et rte secondaire – 442 h.
– alt. 425 m – ⊠ 73360

⟨⟩ **La Ferme Bonne de la Grotte** 🦋 🔲 🦋 🍸 **VISA** **MO**
– 𝒞 04 79 36 59 05 – info@ferme-bonne.com – Fax 04 79 36 59 31 – Fermé janv.
6 ch ☑ – ♥63/77 € ♥♥71/89 € – ½ P 63 € – **Table d'hôte** – Menu 28 € bc
♦ Cette ancienne ferme du 18ᵉ s. adossée à une falaise est le point de départ d'une
randonnée vers la superbe grotte de St-Christophe. Chambres coquettes et chaleureuses.
Plats régionaux servis dans un charmant cadre rehaussé de meubles authentiques
savoyards.

ECHENEVEX – 01 Ain – 328 J3 – **rattaché à Gex**

LES ÉCHETS – 01 Ain – 328 C5 – alt. 276 m – ✉ 01700 Miribel 43 **E1**

▶ Paris 454 – L'Arbresle 28 – Bourg-en-Bresse 47 – Lyon 20 – Villefranche-sur-Saône 30

🍴🍴🍴 **Christophe Marguin** avec ch ⛱ ❄ rest, 🅿 VISA MC AE

916 rte de Strasbourg – ✆ 04 78 91 80 04 – contact@christophe-marguin.com – Fax 04 78 91 06 83 – Fermé 1er-20 août, 20 déc.-5 janv., sam. midi, dim. soir et lundi

7 ch – 👤65 € 👥95 €, ☕ 12 € – **Rest** – Menu 28 € (sauf dim.)/70 € – Carte 53/82 € 🍇

◆ Photographies des "ancêtres", boiseries, bibliothèque : un lieu agréable où l'on se sent comme chez soi. Cuisine mi-classique mi-régionale, cave riche en bordeaux et bourgognes.

ÉCHIROLLES – 38 Isère – 333 H7 – rattaché à Grenoble

ÉCULLY – 69 Rhône – 327 H5 – rattaché à Lyon

EFFIAT – 63 Puy-de-Dôme – 326 G6 – 744 h. – alt. 350 m – ✉ 63260

▮ Auvergne 5 **B2**

▶ Paris 392 – Clermont-Ferrand 38 – Gannat 11 – Riom 22 – Thiers 39 – Vichy 18

👁 Château★.

🍴 ☺ **Cinq Mars** VISA MC

r. Cinq-Mars, (D 984) – ✆ 04 73 63 64 16 – Fax 04 73 63 64 16 – Fermé 9-31 août, 14-27 fév. et le soir en sem.

Rest – Menu 11 € (déj. en sem.)/18 €

◆ Café de village (1876) à proximité du château du marquis de Cinq-Mars. Le chef-patron prépare une cuisine traditionnelle, servie dans une salle à manger rustique et conviviale.

ÉGLETONS – 19 Corrèze – 329 N3 – 4 087 h. – alt. 650 m – ✉ 19300 25 **C3**

▶ Paris 499 – Aubusson 75 – Aurillac 97 – Limoges 112 – Mauriac 46 – Tulle 31 – Ussel 29

ℹ Office de tourisme, rue Joseph Vialaneix ✆ 05 55 93 04 34, Fax 05 55 93 00 09

🏠 ☺ **Ibis** ⛱ ⛱ 🎾 ♿ ch, 🚭 ✆ 🏋 🅿 VISA MC AE DC

rte Ussel par D 1089 : 1,5 km – ✆ 05 55 93 25 16 – h0816@accor.com – Fax 05 55 93 37 54

41 ch – 👤47/62 € 👥47/62 €, ☕ 8 € – **Rest** – *(dîner seult)* Menu (13 €), 16 €

◆ En pleine campagne haut-corrézienne, cet Ibis se démarque par ses grandes chambres rénovées et son mobilier dernière génération. Le plan d'eau ajoute un supplément d'âme au lieu. La salle à manger intègre un salon avec cheminée ; carte traditionnelle.

EGUISHEIM – 68 Haut-Rhin – 315 H8 – 1 548 h. – alt. 210 m – ✉ 68420

▮ Alsace Lorraine 2 **C2**

▶ Paris 452 – Belfort 68 – Colmar 7 – Gérardmer 52 – Guebwiller 21 – Mulhouse 42

ℹ Office de tourisme, 22a, Grand'Rue ✆ 03 89 23 40 33, Fax 03 89 41 86 20

👁 Circuit des remparts★ - Route des Cinq Châteaux★ SO : 3 km.

🏠🏠 **Hostellerie du Château** sans rest ✆ VISA MC AE

2 r. Château – ✆ 03 89 23 72 00 – info@hostellerieduchateau.com – Fax 03 89 41 63 93

11 ch – 👤68/98 € 👥79/125 €, ☕ 11 €

◆ Sur une place pittoresque du bourg. La façade à colombages de cet hôtel de caractère dissimule de lumineuses chambres personnalisées et contemporaines. Bon petit-déjeuner.

🏠🏠 **Hostellerie du Pape** 🕭 🖺 ⅙ ch, 🕻 ⅍ **P** 𝗩𝗜𝗦𝗔 **𝗠𝗦** 𝗔𝗘 ⓪

10 Grand'Rue – ℰ 03 89 41 41 21 – info@ hostellerie-pape.com
– Fax 03 89 41 41 31 – Fermé 5 janv.-9 fév.
33 ch – ♦68 € ♦♦80 €, ⌑ 10 € – ½ P 78 € – **Rest** – *(fermé lundi et mardi)*
Menu 18/39 € – Carte 27/47 €

♦ L'enseigne de cette ancienne exploitation vinicole est un clin d'œil au pape Léon IX, dont le château tout proche. Chambres pratiques au cadre traditionnel modernisé. Plats régionaux servis dans une chaleureuse salle à manger.

🏠🏠 **St-Hubert** sans rest 🦢 ⤆ 🖺 ⅙ ⅍ **P** 𝗩𝗜𝗦𝗔 **𝗠𝗦**

6 r. Trois Pierres – ℰ 03 89 41 40 50 – hotel.st.hubert@ wanadoo.fr
– Fax 03 89 41 46 88 – Fermé 13-27 nov., 18 janv.-28 fév.
13 ch – ♦85 € ♦♦109 €, ⌑ 11 € – 2 suites

♦ À l'écart du village, hôtel où l'on cultive une ambiance de maison d'hôte. Chambres fonctionnelles bénéficiant de la sérénité du vignoble. Miniterrasses, piscine couverte.

🏠 **Hostellerie des Comtes** 🕭 🖺 ⅘ 🕻 **P** 𝗩𝗜𝗦𝗔 **𝗠𝗦**

2 r. des Trois Châteaux – ℰ 03 89 41 16 99 – aubergedescomtes@ wanadoo.fr
– Fax 03 89 24 97 10 – Fermé 5-25 janv.
14 ch – ♦49/55 € ♦♦49/65 €, ⌑ 8 € – ½ P 68/76 € – **Rest** – *(fermé vend. midi et jeudi)* Menu 12 € (sem.)/39 € – Carte 23/39 €

♦ Une nouvelle équipe vous accueille dans cette auberge rajeunie de-ci de-là. Certaines chambres offrent l'agrément d'une petite terrasse. Cuisine traditionnelle servie dans une salle à manger rafraîchie ou en plein air lorsque le temps s'y prête.

🏠 **Auberge des Trois Châteaux** ⅍ ch, 𝗩𝗜𝗦𝗔 **𝗠𝗦**

26 Grand'Rue – ℰ 03 89 23 11 22 – contact@ auberge-3-chateaux.com
– Fax 03 89 23 72 88 – Fermé 1er-14 janv.
12 ch – ♦49 € ♦♦54/66 €, ⌑ 8 € – ½ P 58/64 € – **Rest** – *(fermé 1er-9 juil., 12-19 nov., mardi soir et merc.)* Menu 17/32 € – Carte 25/49 €

♦ Au cœur du village, trois maisons du 17e s. au charme rustique alsacien et bien fleuries en saison. Toutes les chambres sont récentes, fonctionnelles et propres. Le restaurant, sympathique et lumineux, sert des petits plats du terroir.

✕✕ **Caveau d'Eguisheim** (Jean-Christophe Perrin) 𝗩𝗜𝗦𝗔 **𝗠𝗦**

3 pl. Château St-Léon – ℰ 03 89 41 08 89 – Fax 03 89 23 79 99 – Fermé 23-27 déc., fin janv. à mi-mars, lundi et mardi
Rest – Menu 29 € bc (déj. en sem.), 37/59 € – Carte 47/86 €
Spéc. Ravioles de carpe au bouillon de vin blanc safrané. Epaule de cochon de lait sur un lit de foin. Trésor du gourmet. **Vins** Pinot gris, Pinot noir.

♦ Authentique maison vigneronne et son élégante salle à manger au décor "tout bois". Goûteux plats traditionnels, carte "cochon" et menu de midi à prix doux.

✕✕ **Au Vieux Porche** 🕭 ⅍ ⟡ 𝗩𝗜𝗦𝗔 **𝗠𝗦**

16 r. des Trois Châteaux – ℰ 03 89 24 01 90 – vieux.porche@ wanadoo.fr
– Fax 03 89 23 91 25 – Fermé juin, vacances de fév., mardi et merc.
Rest – Menu 23/60 € bc – Carte 30/53 €

♦ Poutres, vitraux et boiseries : un cadre soigné pour cette demeure de vignerons de 1707. Bonne cuisine traditionnelle et belle sélection de vins de la propriété et d'ailleurs.

✕✕ **La Grangelière** 𝗩𝗜𝗦𝗔 **𝗠𝗦**

59 r. Rempart Sud – ℰ 03 89 23 00 30 – lagrangeliere@ wanadoo.fr
– Fax 03 89 23 61 62 – Fermé de mi-janv. à mi-fév., dim. soir de nov. à avril et jeudi
Rest – Menu 23 € bc (sem.)/67 € bc – Carte 42/62 €

♦ Cette belle façade à pans de bois, typiquement alsacienne, abrite une conviviale brasserie au rez-de-chaussée et un restaurant gastronomique plus cossu à l'étage.

✕ **Le Pavillon Gourmand** 🕭 𝗩𝗜𝗦𝗔 **𝗠𝗦**

101 r. Rempart Sud – ℰ 03 89 24 36 88 – pavillon.schubnel@ wanadoo.fr
– Fax 03 89 23 93 94 – Fermé de fin juin à début juil., mi-janv. à mi-fév., mardi et merc.
Rest – Menu 16/60 € bc – Carte 26/60 €

♦ Installé dans une rue pittoresque, ce restaurant familial prépare d'alléchants petits plats alsaciens à base de produits frais. Cadre rustique et vue sur les cuisines.

EICHHOFFEN – 67 Bas-Rhin – 315 I6 – 410 h. – alt. 200 m – ⊠ 67140   2 **C1**
- ▶ Paris 497 – Strasbourg 38 – Colmar 43 – Offenburg 50 – Lahr 65

⌂   **Les Feuilles d'Or** sans rest ⌖   ⅙ ⇎ ⌗
52 r. du Vignoble – 𝄐 03 88 08 49 80 – kuss.francis@libertysurf.fr
– Fax 03 88 08 49 80
5 ch ⌸ – †65 € ††75 €
♦ Entre vignes et village, cette maison récente d'allure traditionnelle offre un cadre cosy, mi-actuel mi-rustique (poutres apparentes, poêle en faïence). Chambres spacieuses.

ÉLOISE – 74 Haute-Savoie – 328 I4 – rattaché à Bellegarde-sur-Valserine

EMBRUN – 05 Hautes-Alpes – 334 G5 – 6 152 h. – alt. 871 m – ⊠ 05200
▌Alpes du Sud   41 **C1**
- ▶ Paris 706 – Barcelonnette 55 – Briançon 48 – Digne-les-Bains 97 – Gap 41
  – Guillestre 21
- ▯ Office de tourisme, place Général-Dosse 𝄐 04 92 43 72 72, Fax 04 92 43 54 06
- ◉ Cathédrale N.-D. du Réal★ : trésor★, portail★ - Peintures murales★ dans la chapelle des Cordeliers - Rue de la Liberté et Rue Clovis-Huques★.

⌂   **Mairie**   ⌗ |≣| ⅙ |AC| rest, ⌂ VISA ⏀ AE
pl. Barthelon – 𝄐 04 92 43 20 65 – courrier@hoteldelamairie.com
– Fax 04 92 43 47 02 – Fermé oct. et nov.
24 ch – †47/50 € ††50/53 €, ⌸ 7,50 € – ½ P 48/55 € – **Rest** – (fermé dim. soir et lundi de déc. à mai, lundi midi en juin et sept.) Menu 19/26 € – Carte 26/42 €
♦ Jolie maison ancienne située au cœur de la vieille ville, sur une place pittoresque au parfum de Provence. Bar rétro et chambres simples meublées en pin. Restaurant traditionnel devancé par une terrasse où le murmure d'une fontaine accompagnera votre repas.

rte de Gap 3 km au Sud-Ouest par N 94 – ⊠ 05200 Embrun

⌂⌂   **Les Bartavelles**   ⌖ ⌗ ⌇ ⌘ |≣| ⅙ rest, |AC| ⌕ ⌖ |P| VISA ⏀ AE ⏀
– 𝄐 04 92 43 20 69 – info@bartavelles.com – Fax 04 92 43 11 92
⌘   – Fermé 4-19 janv., dim. soir et lundi midi d'oct. à avril
42 ch – †48/88 € ††78/125 €, ⌸ 10 € – 1 suite – ½ P 68/88 € – **Rest** – (fermé dim. soir et lundi midi d'oct. à avril) Menu 18 € (déj. en sem.), 20/48 € – Carte 32/63 €
♦ Chambres et duplex aux décors typés (mélèze sculpté de rosaces) répartis dans la maison principale et 3 bungalows. Jardin, sauna, hammam, jacuzzi. Repas classique sous la rotonde (colonne de Guillestre). Formules grill l'été sur la terrasse bordant la piscine.

ÉMERINGES – 69 Rhône – 327 H2 – 215 h. – alt. 353 m – ⊠ 69840   43 **E1**
- ▶ Paris 408 – Bourg-en-Bresse 56 – Lyon 65 – Mâcon 20
  – Villefranche-sur-Saône 33

⌨   **L'Auberge des Vignerons-La Tassée** |AC| VISA ⏀
Les Chavannes – 𝄐 04 74 04 45 72 – Fax 04 74 04 45 72 – Fermé 23-30 déc.,
⌘   vacances de fév., dim. soir, lundi soir et mardi
Rest – Menu 12 € bc (déj. en sem.), 22/38 € – Carte 33/45 €
♦ Un couple franco-japonais vous accueille à cette enseigne. Intérieur lambrissé, mobilier rustique et vue sur les vignes du Beaujolais. Repas traditionnel.

EMMERIN – 59 Nord – 302 F4 – rattaché à Lille

ENGHIEN-LES-BAINS – 95 Val-d'Oise – 305 E7 – 101 5 – voir à Paris, Environs

ENNORDRES – 18 Cher – 323 K2 – 249 h. – alt. 166 m – ⊠ 18380   12 **C2**
- ▶ Paris 191 – Orléans 102 – Bourges 44 – Vierzon 38 – Gien 37

⌂   **Les Chatelains** ⌖   ⌗ ⌇ ⇎ VISA ⏀
– 𝄐 02 48 58 40 37 – contact@leschatelains.com – Fax 02 48 58 40 37
5 ch ⌸ – †69 € ††75/105 € – **Table d'hôte** – Menu 28 € bc
♦ Le charme particulier de cette ferme restaurée et de ses annexes solognotes tient à son cadre coquet (mobilier d'antiquaires et de brocantes) et à la gentillesse de ses hôtes. L'autre atout du lieu : la table d'hôte, joliment champêtre. Cuisine de tradition.

ENSISHEIM – 68 Haut-Rhin – **315** I9 – 6 640 h. – alt. 217 m – ⊠ 68190   1 **A3**

🞂 Paris 487 – Strasbourg 100 – Colmar 27 – Freiburg im Breisgau 68 – Basel 44

Le Domaine du Moulin

44 r. 1ère Armée – ℘ 03 89 83 42 39
– reservation @ domainedumoulin.com – Fax 03 89 66 21 40
65 ch – †76/105 € ††82/115 €, � 12 € – ½ P 66/82 €
Rest *La Villa du Meunier* – ℘ 03 89 81 15 10 *(fermé sam. midi)* Menu 20 € (sem.),
25/52 € – Carte 33/60 €

◆ Grande maison récente d'allure alsacienne, ouverte sur un jardin agrémenté d'un étang.
Chambres spacieuses et fonctionnelles. Belle piscine, sauna, hammam et jacuzzi. La villa du
Meunier, dans un ex-moulin, se consacre à la cuisine du terroir local. Agréable terrasse.

ENTRAYGUES-SUR-TRUYÈRE – 12 Aveyron – **338** H3 – 1 267 h. – alt. 236 m
– ⊠ 12140 ▮ Midi-Pyrénées   29 **C1**

🞂 Paris 600 – Aurillac 45 – Figeac 58 – Rodez 43 – St-Flour 83

🛈 Syndicat d'initiative, place de la République ℘ 05 65 44 56 10,
Fax 05 65 44 50 85

◉ Vieux Quartier : Rue Basse★ - Pont gothique★.

◐ Vallée du Lot★★.

La Rivière

60 av. du Pont-de-Truyère – ℘ 05 65 66 16 83 – info @ hotellariviere.com
– Fax 05 65 66 24 98 – Fermé 9 fév.-2 mars
31 ch – †55/70 € ††75/90 €, � 10 € – ½ P 70/82 € – **Rest** – *(fermé mardi et
merc. du 15 oct. au 1er avril)* Menu 28/42 € – Carte 37/48 €

◆ Cet hôtel des bords de la Truyère sort d'une cure de jouvence. Résultat : un appréciable confort actuel et une décoration dans l'air du temps (tons harmonieux, matériaux
choisis). Restaurant lumineux ouvrant sur la rivière et proposant une cuisine contemporaine.

Les Deux Vallées

av. du Pont-de-Truyère – ℘ 05 65 44 52 15 – hotel.2vallees @ wanadoo.fr
– Fax 05 65 44 54 47 – Fermé fév., en nov., vacances de Noël, dim. soir, vend. soir et
sam. d'oct. à avril
20 ch – †42 € ††42 €, � 7,50 € – ½ P 45/48 € – **Rest** – Menu 16/35 € – Carte
23/32 €

◆ À Entraygues confluent les vallées du Lot et de la Truyère. Rénovées, les chambres misent
plus sur l'aspect pratique que sur l'apparat. Toutes sont efficacement insonorisées.
Atmosphère campagnarde au restaurant ouvert sur une petite cour-terrasse.

Le Clos St Georges

19 côteaux St Georges – ℘ 05 65 48 68 22 – catherine.rethore @ hotmail.fr
– Fermé 15 déc.-15 janv.
4 ch � – †47 € ††57 € – ½ P 47 € – **Table d'hôte** – *(fermé dim. du 15 juin au
15 sept.)* Menu 18 € bc

◆ Sur les hauteurs, cette ex-maison de vigneron (1637) vous propose ses coquettes
chambres, son joli salon de détente, sa cour pavée et son jardin fleuri ouvert sur une prairie.
Repas et petits-déjeuners servis dans l'ancienne cuisine où trône une belle cheminée.

au Fel 10 km à l'Ouest par D 107 et D 573 – 146 h. – alt. 530 m – ⊠ 12140

Auberge du Fel

– ℘ 05 65 44 52 30 – info @ auberge-du-fel.com – Fax 05 65 48 64 96
– Ouvert 23 mars-2 nov.
10 ch – †54/65 € ††54/65 €, � 8 € – ½ P 49/59 € – **Rest** – *(fermé le midi sauf
sam. et dim. hors saison)* Menu 20 € (sem.)/40 € – Carte 24/42 €

◆ Maison coiffée de lauzes et couverte de vigne dans un pittoresque hameau surplombant
le Lot. Chambres personnalisées version contemporaine, simples et à la tenue irréprochable.
Pounti, truffade et cabécou arrosés du vin du Fel vous attendent au restaurant.

ENTRECHAUX – 84 Vaucluse – **332** D8 – rattaché à Vaison-la-Romaine

---

ENTZHEIM – 67 Bas-Rhin – **315** J5 – rattaché à Strasbourg

ÉPAIGNES – 27 Eure – **304** C6 – 1 158 h. – alt. 159 m – ⊠ 27260   32 **A3**
▶ Paris 175 – Le Grand-Quevilly 63 – Le Havre 50 – Rouen 69

✗ **L'Auberge du Beau Carré** avec ch   🎇 & ch, ✆ 𝗩𝗜𝗦𝗔 ⓶
⬙ 1 rte des Anglais – ℰ 02 32 41 52 42 – aubergedubeaucarre@wanadoo.fr
– Fax 02 32 41 48 60
7 ch – ♦45 € ♦♦60 €, ☷ 6 € – ½ P 48 € – **Rest** – (fermé dim. soir et lundi)
Menu (18 €), 25/55 €
♦ Dans une maison de briques rouges en bon état, restaurant familial à l'appétissante cuisine classique préparée avec des produits de qualité. Chambres confortables.

ÉPENOUX – 70 Haute-Saône – **314** E7 – rattaché à Vesoul

ÉPERNAY – 51 Marne – **306** F8 – 25 844 h. – alt. 75 m – ⊠ 51200
▌ Champagne Ardenne   13 **B2**
▶ Paris 143 – Châlons-en-Champagne 35 – Château-Thierry 57 – Reims 28
🅸 Office de tourisme, 7, avenue de Champagne ℰ 03 26 53 33 00,
Fax 03 26 51 95 22
◉ Caves de Champagne★★ - Collection archéologique★ au musée municipal.

Plan page suivante

🏨 **La Villa Eugène** sans rest   🞰 🎝 🛗 🛗 🞰 ✆ 𝗣 𝗩𝗜𝗦𝗔 ⓶ 𝗔𝗘
82 av. de Champagne, 1 km par ② – ℰ 03 26 32 44 76 – info@villa-eugene.com
– Fax 03 26 32 44 98
15 ch – ♦100/300 € ♦♦100/300 €, ☷ 14 €
♦ Fière maison restaurée ayant appartenu à un baron du champagne. Chambres de style colonial ou Louis XVI, bar dédié au fameux breuvage pétillant, petit-déjeuner sous verrière.

🏨 **Clos Raymi** sans rest 🞰   🞰 ✆ 𝗣 𝗩𝗜𝗦𝗔 ⓶ 𝗔𝗘
3 r. Joseph de Venoge – ℰ 03 26 51 00 58 – closraymi@wanadoo.fr
– Fax 03 26 51 18 98 – Fermé 24 déc.-2 janv.   BZ **a**
7 ch – ♦100/160 € ♦♦100/160 €, ☷ 14 €
♦ La jolie maison de maître en briques rouges fut celle de la famille Chandon. Chambres personnalisées raffinées. Agréable salle des petits-déjeuners ouverte sur le jardin.

🏨 **Les Berceaux** (Patrick Michelon)   🛗 🛗 rest, 🞰 ✆ 🞰 𝗩𝗜𝗦𝗔 ⓶ 𝗔𝗘 ⓵
🞰 13 r. Berceaux – ℰ 03 26 55 28 84 – les.berceaux@wanadoo.fr
– Fax 03 26 55 10 36   AZ **a**
28 ch – ♦95/115 € ♦♦95/115 €, ☷ 11 € – 1 suite
Rest – (fermé 15-31 août, vacances de fév., lundi et mardi) Menu (24 €), 33 €
(sem.)/69 € – Carte 60/82 € ❀
Rest *Bistrot le 7* – (fermé merc. et jeudi) Menu (17,50 €), 24 € – Carte 33/56 €
Spéc. Millefeuille de homard bleu et artichaut croustillant. Ris de veau braisé sur matignon de légumes. Soufflé glacé aux deux chocolats.
♦ Au cœur de la pétillante cité, l'élégance est au rendez-vous dans ce restaurant dont la séduisante cuisine s'appuie sur la tradition. Bistrot au cadre moderne chaleureux (vins au verre). Chambres rénovées côté hôtel.

✗✗ **Les Cépages**   🛗 𝗩𝗜𝗦𝗔 ⓶ 𝗔𝗘 ⓵
16 r. Fauvette – ℰ 03 26 55 16 93 – lescepages@wanadoo.fr – Fax 03 26 54 51 30
🞰 – Fermé merc. et dim. sauf fériés   AY **n**
Rest – Menu (15 €), 18 € (sem.)/69 € – Carte 46/61 € ❀
♦ Dans le centre-ville, restaurant qui marie l'art de la table à l'art local : cuisine actuelle, bon choix de champagnes et expositions de peintres régionaux.

✗✗ **Théâtre**   🛗 𝗩𝗜𝗦𝗔 ⓶ ⓵
8 pl. P. Mendès-France – ℰ 03 26 58 88 19 – Fax 03 26 58 88 38
– Fermé 15 juil.-31 juil., 21-28 déc., 20 fév.-10 mars, dim. soir,
mardi soir et merc.   BY **f**
Rest – Menu (16 €), 24/46 € – Carte 41/55 €
♦ Sièges en rotin et couleurs chaudes apportent une touche "coloniale" à cette ample et élégante salle de restaurant installée dans un bâtiment du début du 20ᵉ s.

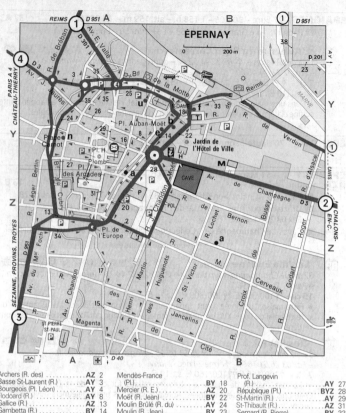

ÉPERNAY

XX **La Table Kobus**   AC VISA ◍

3 r. Dr Rousseau – ℰ 03 26 51 53 53 – Fax 03 26 58 42 68
– Fermé 14-24 avril, 28 juil.-15 août, 22 déc.-6 janv., jeudi soir,
dim. soir et lundi   ABY **u**
Rest – Menu (20 €), 27/47 € – Carte 42/60 €
♦ Sympathique bistrot 1900 où l'on peut déguster du champagne en amenant ses propres
bouteilles et ce, sans payer de droit de bouchon ! Les Sparnaciens s'y précipitent.

X **La Cave à Champagne**   ⅍ AC ⅍ VISA ◍ AE ①

16 r. Gambetta – ℰ 03 26 55 50 70 – cave.champagne@wanadoo.fr
– Fax 03 26 51 07 24 – Fermé mardi et merc.   BY **b**
Rest – *(nombre de couverts limité, prévenir)* Menu 17/32 € – Carte 24/37 € ⅍
♦ Petit caveau à la gloire des vins régionaux (exposition de bouteilles). Vraie gageure,
on y fait un repas au champagne sans se ruiner. Registre culinaire traditionnel.

X **La Table de Tristan**   VISA ◍

21 r. Gambetta – ℰ 03 26 51 11 44 – magalie.dauvissat@wanadoo.fr
– Fermé 18 août-2 sept., 20 janv.-4 fév., dim. et lundi   BY
Rest – Menu 16 € (déj.)/27 € – Carte 38/50 €
♦ Joli cadre soigné et lumineux pour ce restaurant de poche : murs en pierre, fresque,
meubles en fer forgé. Cuisine traditionnelle bien tournée ; menu à l'ardoise le midi.

à Dizy 3 km par ① – 1 832 h. – alt. 77 m – ⊠ 51530

Les Grains d'Argent 🛋 ⟨ 🗚 rest, ↵ ⋟ rest, 📞 🔐 P VISA ⑩ ①
*1 allée du Petit Bois – ℰ 03 26 55 76 28 – hotel.lesgrainsdargent @ wanadoo.fr
– Fax 03 26 55 75 96 – Fermé 26 déc.-6 janv.*
21 ch – ♦80 € ♦♦88 €, ☞ 11 € – ½ P 98 €
Rest – *(fermé sam. midi, dim. soir et lundi)* Menu 25 € (déj. en sem.), 32 € bc/66 €
– Carte 71/94 €
♦ Accueil avenant, jolies chambres personnalisées et bar à champagne dans
cette bâtisse hôtelière moderne tournée vers les vignes. Restaurant clair et spacieux
où l'on déguste, sur des chaises en Lloyd Loom, des plats au goût du jour inspirés des
saisons.

à Champillon 6 km par ① – 528 h. – alt. 210 m – ⊠ 51160

Royal Champagne ⌂   ⟨ Épernay, vignoble et vallée de la Marne,
D 201 –   🚗 ⟨ ch, 🗚 rest, ⋟ rest, 📞 🔐 P 🅿 VISA ⑩ Æ ①
*ℰ 03 26 52 87 11 – royalchampagne @ relaischateaux.com – Fax 03 26 52 89 69
– Fermé 29 déc.-2 fév.*
21 ch – ♦205/355 € ♦♦205/355 €, ☞ 29 € – 4 suites – **Rest** – *(fermé lundi midi et
mardi midi)* Menu 65/110 € – Carte 84/113 € ⅋
♦ L'ancien relais de poste, aux chambres luxueusement aménagées, domine superbement
Épernay. On s'attable dans l'élégante salle à manger d'où la vue se perd sur le vignoble de
Champagne et la vallée de la Marne.

rte de Reims 8 km par ① – ⊠ 51160 St-Imoges

✗✗   **Maison du Vigneron**   🗚 P VISA ⑩ Æ ①
N 51 – ℰ 03 26 52 88 00 – Fax 03 26 52 86 03 – Fermé dim. soir et merc.
Rest – Menu 22 € (sem.)/50 € – Carte 55/63 € ⅋
♦ Autorisez-vous une escale dans une plaisante atmosphère d'auberge forestière. Poutres,
lustres en fer forgé, cheminée et belle mise en place au service d'une cuisine traditionnelle.

à Vinay 6 km par ③ – 463 h. – alt. 102 m – ⊠ 51530

Hostellerie La Briqueterie   🚗 🛋 🖥 ⑩ 🎧 ⟨ ch, 🗚 ↵ ⋟ rest,
⌘ *4 rte Sézanne – ℰ 03 26 59 99 99*   📞 🔐 P 🅿 VISA ⑩ Æ
*– briqueterie @ relaischateaux.com – Fax 03 26 59 92 10
– Fermé 16 déc.-11 janv. et sam. midi*
42 ch – ♦170/290 € ♦♦200/320 €, ☞ 22 € – ½ P 230/300 €
Rest – Menu 34 € (déj. en sem.), 78/95 € – Carte 78/88 €
Spéc. Daurade en deux visions, éminçé de chou en salade, écrevisses et agrumes.
Blanc de turbot braisé, poireaux fondants sauce champagne. Pigeonneau farci
aux cerises et vinaigre de Reims, jus au ratafia. **Vins** Coteaux champenois blanc et
rouge.
♦ Cette hostellerie entourée d'un gracieux jardin abrite de douillettes chambres
rénovées, un espace de remise en forme et un bar où l'on déguste le champagne
maison. Élégant décor (poutres, tons écrus, draperies en lin) et goûteuse cuisine au
restaurant.

ÉPINAL P – 88 Vosges – 314 G3 – 35 794 h. – alt. 324 m – ⊠ 88000
🮲 Alsace Lorraine   27 **C3**

▸ Paris 385 – Belfort 96 – Colmar 88 – Mulhouse 106 – Nancy 72 – Vesoul 90
🮱 Office de tourisme, 6, place Saint-Goëry ℰ 03 29 82 53 32, Fax 03 29 82 88 22
🮘 des Images d'Épinalpar rte de St-Dié-des-Vosges : 3 km, ℰ 03 29 31 37 52.
🮑 Vieille ville★ : Basilique★ - Parc du château★ - Musée départemental d'art
ancien et contemporain★ - Imagerie d'Épinal.

Plan page suivante

Le Manoir ⌂   🎧 🛏 ⟨ 🗚 📞 P VISA ⑩ Æ ①
5 av. Provence – ℰ 03 29 29 55 55 – Fax 03 29 29 55 56   BZ **n**
12 ch – ♦100 € ♦♦100/149 €, ☞ 14 €
Rest *Ducs de Lorraine* – voir ci-après
♦ Cette belle demeure bourgeoise (1876) abrite de jolies chambres personnalisées,
spacieuses et bien équipées (Internet haut débit, console de jeux, fax). Espace fitness.

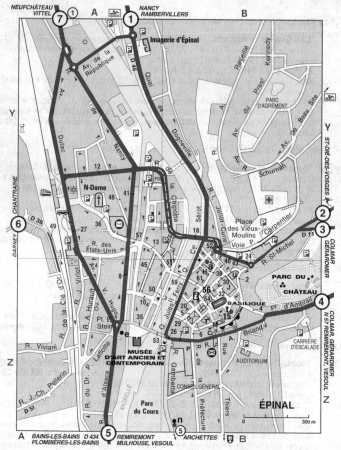

NEUFCHÂTEAU VITTEL ⑦ ① A ⛴ ① NANCY RAMBERVILLERS B

Imagerie d'Épinal

Av. de la République

Quai de Dogneville

Quai de

Av. Dutac

Av. de Nancy

CHANTRAINE

⑥ D 36 DARNEY

N-Dame

R. des États-Unis

R. Viviani

R. J.-Ch. Pelletin

D 51

PARC D'AGRÉMENT

ST-DIÉ-DES-VOSGES

Av. du Prés. Kennedy

Av. du Prés. Roosevelt

Av. de Beau Site

Av. R. Schuman

Place des Vieux-Moulins

R. Carpentier

② ③ D 11 COLMAR GÉRARDMER

R. St-Michel

Voie P.

PARC DU CHÂTEAU

④ d'Ambrail

R. d'Ambrail

COLMAR, GÉRARDMER N 57 REMIREMONT, VESOUL

BASILIQUE

CARRIÈRE D'ESCALADE

MUSÉE D'ART ANCIEN ET CONTEMPORAIN

Pl. E. Stein

MOSELLE

Parc du Cours

AUDITORIUM

CONSEIL GÉNÉRAL

Av. de la Préfecture

R. Thiers

ÉPINAL

A BAINS-LES-BAINS D 434 PLOMBIÈRES-LES-BAINS ⑤ REMIREMONT MULHOUSE, VESOUL ⑤ ARCHETTES B

300 m

Abbé-Friesenhauser (R.). . . . . . .**BZ** 2	Entre-les-Deux-Portes (R.). . .**BYZ** 24	Neufchâteau (R. F. de) . . . .**AY** 48
Ambrail (R. d') . . . .**BZ** 4	États-Unis (R. des) . . . .**AY**	N.-D.-de-Lorette (R.) . . . .**AY** 49
Bassot (Pl. Cl.) . . . .**BZ** 5	Foch (Pl.). . . . .**BZ** 26	Pinau (Pl.). . . . .**AZ** 50
Blaudez (R. F.) . . . .**BZ** 6	Gaulle (Av. du Gén.-de). . . . . .**AY** 27	Poincaré (R. Raymond). . . . . . .**BY** 52
Boegner (R. du Pasteur) . . . . . .**BZ** 7	Georgin (R.) . . . .**BZ**	Sadi-Carnot (Pont). . . . .**AZ** 53
Bons-Enfants (Quai des) . . . . . .**AZ** 8	Halles (R. des) . . . .**BZ** 30	St-Goery (R.) . . . .**BZ** 54
Boudiou (Pt et R. du) . . . .**AZ** 10	Henri (Pl. E.) . . . .**BZ** 32	Schwabisch Hall
Boulay-de-la-Meurthe (R.). . . .**AY** 12	Lattre (Av. Mar.-de) . . . .**AY** 36	(Pl. de) . . . .**BZ** 55
Bourg (R. L.) . . . .**AY** 13	Leclerc (R. Gén.) . . . .**BZ** 38	La Tour (R. G. de la) . . . .**AZ** 35
Chapitre (R. du) . . . .**BZ** 15	Lormont (R.) . . . .**BZ** 40	Vosges (Pl. des) . . . .**BZ** 56
Clemenceau (Pl.). . . . .**AY** 17	Lyautey (R. Mar.) . . . .**BZ** 41	4-Nations (R. des) . . . .**AY** 57
Clemenceau (Pont) . . . .**BY** 18	Maix (R. de la) . . . .**BZ** 43	170e Régt-d'Inf. (Pont du) . . . .**BZ** 59
Comédie (R. de la) . . . .**BZ** 20	Minimes (R. des) . . . .**AZ** 45	170e-Régt-d'Inf. (R. du) . . . . .**BZ** 61

 Mercure 🔲 📶 🈴 🆎 ch, ♿ 🐾 ⚙ 🅿 🚬 🆚 🆚 🅰🅴 🅾

13 pl. E. Stein – ☎ 03 29 29 12 91 – h0831@accor.com
– Fax 03 29 29 12 92

AZ **e**

54 ch – †65/135 € ††75/170 €, ⌷ 14 € – **Rest** – (dîner seult) Menu 25 € – Carte 28/34 €

◆ Hôtel du 19e s. proche du musée d'Art ancien et contemporain. Toutes les chambres sont refaites et dotées d'un système wi-fi ; nuits plus calmes sur l'arrière. Agréable restaurant actuel et terrasse tournée sur le canal. Carte "Mercure" basée sur la tradition.

XXX **Ducs de Lorraine** (Claudy Obriot et Stéphane Ringer) – Hôtel Le Manoir
£3   *5 av. Provence –* 𝒞 *03 29 29 56 00*   🛱 🕭 *VISA* ⓴ AE
     – obriot.ringer@wanadoo.fr – Fax 03 29 29 56 01
     – Fermé 10-25 août, 2-5 janv. et dim.   BZ **n**
     Rest – Menu 35 € (déj. en sem.), 45/76 € – Carte 75/105 €
     Spéc. Carpaccio de Saint-Jacques à la truffe fraîche (novembre-janvier).
     Tournedos de pigeon fourré au foie blond. Soufflé à la mirabelle, sorbet et coulis.
     Vins Côtes de Toul gris, Riesling.
     ♦ Villa cossue de la fin du 19ᵉ s., élégante salle à manger avec moulures et mobilier Louis XV,
     goûteuse cuisine actuelle et vins choisis : une bien belle image d'Épinal !

X **La Voûte**   🛱 *VISA* ⓴
   7 pl. de l'Atre – 𝒞 *03 29 35 47 25 – thomas.hd88@neuf.fr – Fermé 15-23 mars,*
   2-9 nov., 11-18 janv., merc. soir et dim.   BZ **t**
   Rest – *(nombre de couverts limité, prévenir)* Menu (13 €) – Carte 23/41 €
   ♦ Un accueil sympathique vous attend dans cette petite adresse très simple et
   soignée. Sous la voûte qui donne son nom à l'endroit, on sert une cuisine du marché sans
   chichi.

X **Le Petit Robinson**   AC *VISA* ⓴ AE ⓪
   24 r. R. Poincaré – 𝒞 *03 29 34 23 51 – lepetitrobinson@free.fr – Fax 03 29 31 27 17*
   – Fermé 1ᵉʳ-4 mai, 18 juil.-17 août, 1ᵉʳ-4 janv., sam. midi et dim.   BZ **a**
   Rest – Menu (14,50 € bc), 20/38 € – Carte 36/59 €
   ♦ La façade colorée de ce restaurant familial situé entre vieille ville et Moselle cache une
   salle à manger un brin datée mais chaleureuse. Registre culinaire traditionnel.

par ① 3 km – ⊠ **88000 Épinal**

🏠 **La Fayette**   🛱 ⅙ 🕭 ch, AC ch, ⇄ 🖤 🕭 P ☎ *VISA* ⓴ AE ⓪
   3 r. Bazaine (Le-saut-le-Cerf) – 𝒞 *03 29 81 15 15 – hotel.lafayette.epinal@*
   wanadoo.fr – Fax 03 29 31 07 08
   58 ch – †85 € ††99 €, ⌻ 12 € – 1 suite – ½ P 92 € – **Rest** – Menu 19 €
   (sem.)/43 € – Carte 39/48 €
   ♦ Aux portes d'Épinal, cet hôtel possède de vastes chambres fonctionnelles ; les
   dernières nées sont plus agréables. Espace bien-être : bassin à contre-courant, sauna,
   jacuzzi. Cuisine classique et régionale sans prétention proposée dans une salle largement
   vitrée.

à Chaumousey 10 km par ⑥ et D 460 – 784 h. – alt. 360 m – ⊠ **88390**

XX **Calmosien**   🛱 *VISA* ⓴ AE ⓪
   37 r. d'Epinal – 𝒞 *03 29 66 80 77 – lecalmosien@wanadoo.fr – Fax 03 29 66 89 41*
   – Fermé 5-21 juil., dim. soir et lundi
   Rest – Menu 22/62 € – Carte 37/49 €
   ♦ Pimpante maison du début du 20ᵉ s. proche de l'église offrant un cadre élégant : tons
   pastel, tableaux et tables bien dressées pour une cuisine au goût du jour.

à Golbey 4 km au Nord par ⑦ – 7 924 h. – alt. 320 m – ⊠ **88190**

🏠 **Atrium** sans rest   🚋 🕭 P *VISA* ⓴ AE ⓪
   89 r. de Lorraine – 𝒞 *03 29 81 15 20 – info@hotel-atrium.fr – Fax 03 29 29 09 06*
   – Fermé 24 déc.-4 janv.
   22 ch – †52 € ††58 €, ⌻ 7 €
   ♦ Une importante rénovation a redonné de l'éclat à cet hôtel qui s'organise
   autour d'un patio fleuri. Chambres spacieuses : poutres apparentes, bonne literie, écrans
   plats.

L'ÉPINE – 51 Marne – 306 I9 – **rattaché à Châlons-en-Champagne**

L'ÉPINE – 85 Vendée – 316 C6 – **voir à Île de Noirmoutier**

ÉPINEAU-LES-VOVES – 89 Yonne – 319 D4 – **rattaché à Joigny**

ÉPINOUZE – 26 Drôme – 332 C2 – 1 096 h. – alt. 208 m – ⊠ 26210

43 **E2**

🄳 Paris 523 – Grenoble 79 – Lyon 68 – St-Étienne 86 – Valence 62

🏠 **Galliffet** ⌇   🛏 ㅊ ch, ℅ 🅿 VISA ⓞ AE
  au village – ℰ 04 75 31 72 98 – *aubergevalloire@tiscali.fr* – *Fax 04 75 03 58 20*
18 ch – †45 € ††50 €, ⊊ 5 € – **Rest** – *(fermé sam.) (dîner pour résidents seult)*
Menu 10 € (déj. en sem.)/30 €

♦ Deux bâtiments encadrant un jardin ombragé ; le plus récent héberge de petites chambres simples et pratiques, dotées de balcons ou de terrasses permettant de profiter du calme environnant.

ÉQUEURDREVILLE-HAINNEVILLE – 50 Manche – 303 C2 – rattaché à Cherbourg-Octeville

ERBALUNGA – 2B Haute-Corse – 345 F3 – voir à Corse

ERMENONVILLE – 60 Oise – 305 H6 – 830 h. – alt. 92 m – ⊠ 60950
▐ Île de France

36 **B3**

🄳 Paris 51 – Beauvais 70 – Compiègne 42 – Meaux 25 – Senlis 14
  – Villers-Cotterêts 38
🄸 Syndicat d'initiative, rue René de Girardin ℰ 03 44 54 01 58,
  Fax 03 44 54 04 96
◙ Mer de Sable★ - Forêt d'Ermenonville★ - Abbaye de Chaalis★★ N : 3 km.

🏠 **Le Prieuré** *sans rest*   🛏 ↳ ℅ ℅ ㅊ 🅿 VISA ⓞ
  6 pl. de l'Église – ℰ 03 44 63 66 70 – *reception@hotel-leprieure.com*
  – *Fax 03 44 63 95 01 – Fermé vacances de Noël et dim.*
9 ch – †85/165 € ††85/165 €, ⊊ 12 €

♦ Atmosphère de maison d'hôte dans cette ravissante demeure du 18ᵉ s. entourée d'un joli jardin à l'anglaise adossé à l'église. Chambres élégantes, garnies de meubles chinés.

✗✗ **Le Relais de la Croix d'Or** *avec ch*   🛏 AC rest, ℅ ℅ ㅊ
  2 r. Prince Radziwill – ℰ 03 44 54 00 04   🅿 🅿 VISA ⓞ AE
  – *relaisor@wanadoo.fr – Fax 03 44 54 99 16 – Fermé 4-18 août, dim. soir et lundi*
8 ch – †67/72 € ††76/86 €, ⊊ 6 € – **Rest** – Menu 20 € (déj. en sem.), 33/65 €
  – Carte 48/72 €

♦ Cuisine traditionnelle servie dans une salle ornée de poutres et pierres apparentes, une cave voûtée ou, l'été, sur une terrasse bordant l'eau et la verdure. Chambres pratiques.

ERMITAGE-DU-FRÈRE-JOSEPH – 88 Vosges – 314 J5 – rattaché à Ventron

ERNÉE – 53 Mayenne – 310 D5 – 5 703 h. – alt. 120 m – ⊠ 53500
▐ Normandie Cotentin

34 **B1**

🄳 Paris 304 – Domfront 47 – Fougères 22 – Laval 31 – Mayenne 25 – Vitré 30
🄸 Syndicat d'initiative, place de l'Hôtel de Ville ℰ 02 43 08 71 10

✗✗ **Le Grand Cerf**   VISA ⓞ AE
  19 r. A.-Briand – ℰ 02 43 05 13 09 – *infos@legrandcerf.net* – *Fax 02 43 05 02 90*
  – *Fermé 15-31 janv., dim. soir et lundi*
Rest – Menu 23/32 € – Carte 43/50 €

♦ Salle sur deux niveaux, avec pierres apparentes et touches modernes, agrémentée d'un beau buffet et de sculptures. Table généreuse orientée terroir et revisitant la tradition.

à La Coutancière 9 km à l'Est sur N 12 – ⊠ 53500 Vautorte

✗ **La Coutancière**   ㅊ 🅿 VISA ⓞ
  – ℰ 02 43 00 56 27 – *Fax 02 43 00 66 09 – Fermé dim. soir, mardi soir et merc.*
Rest – Menu (11 €), 24/38 € – Carte 23/42 €

♦ Auberge sympathique à l'orée de la forêt de Mayenne, au cœur de la région décrite par Balzac dans son roman Les Chouans. Cuisine traditionnelle et service attentif.

ERQUY – 22 Côtes-d'Armor – **309** H3 – **3 760 h.** - alt. 12 m – ⊠ 22430 ▮ Bretagne

■ Paris 451 – Dinan 46 – Dinard 39 – Lamballe 21 – Rennes 102 – St-Brieuc 33

🔢 Office de tourisme, 3, rue du 19 Mars 1962 ☎ 02 96 72 30 12,
Fax 02 96 72 02 88

◉ Cap d'Erquy ★ NO : 3,5 km puis 30 mn.   10 **C1**

🏠 **Beauséjour**   ⇐ 🄿 VISA ◍ AE

21 r. Corniche – ☎ 02 96 72 30 39 – hotel.beausejour@wanadoo.fr
– Fax 02 96 72 16 30 – Ouvert 15 mars-15 nov. et fermé lundi
15 ch – ♦53/55 € ♦♦57/68 €, ⊇ 8,50 € – ½ P 58/69 € – **Rest** – Menu 20/36 €
– Carte 23/41 €

♦ À 100 m de la plage, hôtel-restaurant familial disposant de chambres bien tenues, égayées de tissus colorés et fleuris ; la moitié offre une vue sur le port de pêche. Table iodée et beau panorama sur la mer à travers les baies de la sobre salle à manger.

🍽🍽 **L'Escurial**   ⇐ VISA ◍ AE

bd de la Mer – ☎ 02 96 72 31 56 – contact@lescurial.com – Fax 02 96 63 57 92
– Fermé 5 janv.-3 fév., dim. soir sauf juil.-août, jeudi soir hors saison et lundi
Rest – Menu 35/59 € – Carte 46/112 €

♦ Élégant restaurant contemporain généreusement ouvert sur les flots. On y déguste recettes actuelles, poissons et, en saison, les fameuses noix de Saint-Jacques.

à St-Aubin 3 km au Sud-Est par rte secondaire – ⊠ 22430 Erquy

🍴 **Relais St-Aubin**   🏡 🏠 🄿 VISA ◍ AE

– ☎ 02 96 72 13 22 – gilbert.josset@wanadoo.fr – Fax 02 96 63 54 31
🔗 *– Fermé 6-14 oct., 20-29 déc., 7-25 fév., merc. du 15 nov. au 18 mars, mardi hors saison et lundi*
Rest – Menu 17 € (déj. en sem.), 23/57 € – Carte 28/60 €

♦ Cette demeure campagnarde en pierres du pays (17ᵉ s.) abrite une belle salle à manger rustique. Aux beaux jours, profitez de la terrasse et du ravissant jardin fleuri.

ERSTEIN – 67 Bas-Rhin – **315** J6 – **9 664 h.** - alt. 150 m – ⊠ 67150   1 **B2**

■ Paris 514 – Colmar 49 – Molsheim 24 – St-Dié 69 – Sélestat 27 – Strasbourg 28

🔢 Office de tourisme, 16, rue du Général-de-Gaulle ☎ 03 88 98 14 33,
Fax 03 88 98 12 32

🏨 **Crystal**   🏡 🏠 🄳 🄺 rest, 🕻 🛁 🄿 🏠 VISA ◍ AE

41-43 av. de la Gare – ☎ 03 88 64 81 00 – baumert@hotelcrystal.info
– Fax 03 88 98 11 29 – Fermé 1ᵉʳ-10 août
71 ch – ♦59/72 € ♦♦68/98 €, ⊇ 13 € – 3 suites – ½ P 59/74 €
Rest – *(fermé 25 juil.-17 août, 19 déc.-1ᵉʳ janv., vend. soir, sam. midi, dim. et fériés)*
Menu 22 € (sem.)/41 € – Carte 26/54 €

♦ Cette architecture récente proche de la route abrite d'accueillantes chambres colorées (bien aménagées) ; celles du 3ᵉ étage sont plus grandes et mansardées. Lumineuse salle à manger à la décoration contemporaine, agrémentée de peintures.

🍽🍽🍽 **Jean-Victor Kalt**   🄳 🄺 🄿 VISA ◍

41 av. de la Gare – ☎ 03 88 98 09 54 – jean-victor.kalt@wanadoo.fr
– Fax 03 88 98 83 01 – Fermé 21 juil.-14 août, 2-8 janv., dim. soir et lundi
Rest – Menu 22 € (déj. en sem.), 30/62 € – Carte 45/73 € 🍷

♦ Le chef aime son métier et le prouve par une cuisine classique attentive au marché et une très riche carte des vins. Il vient souvent en salle (spacieuse rotonde) vous conseiller.

ERVAUVILLE – 45 Loiret – **318** O3 – **rattaché à Courtenay**

ESCATALENS – 82 Tarn-et-Garonne – **337** D8 – **689 h.** - alt. 60 m – ⊠ 82700

■ Paris 649 – Colomiers 58 – Montauban 16 – Toulouse 53   28 **B2**

🏠 **Maison des Chevaliers** 🍴   🍷 🍽 ⚘ 🕻 🄿

pl. de la Mairie – ☎ 05 63 68 71 23 – claude.choux@wanadoo.fr – Fax 05 63 30 25 90
5 ch ⊇ – ♦60 € ♦♦75 € – **Table d'hôte** – Menu 22 € bc

♦ Cette maison en briques accueille de vastes chambres dont le décor, très recherché, associe meubles anciens, souvenirs de voyage, lavabos et faïences ramenés du Portugal. Cuisinette et salle de jeux à disposition. Plats régionaux.

ESCOIRE – 24 Dordogne – 329 G4 – 429 h. – alt. 100 m – ⊠ 24420   4 **C1**

▷ Paris 485 – Bordeaux 147 – Périgueux 13 – Sarlat-la-Canéda 72
– Coulounieix-Chamiers 18

⌂ **Château d'Escoire** sans rest ♨   ≼ ⅃⟩ ⇞ ⅋ **P**
– ℰ 05 53 05 99 80 – sylvie.kordalov@wanadoo.fr – Fax 05 53 05 99 80 – Ouvert
1ᵉʳ avril-31 oct.
4 ch ⚏ – †60 € ††75/80 €
◆ Cette romantique demeure (18ᵉ s.) dominant le village bénéficie d'un grand parc et
d'un jardin à la française. Salle des petits-déjeuners châtelaine et chambres spacieuses.

ESPALION – 12 Aveyron – 338 I3 – 4 360 h. – alt. 342 m – ⊠ 12500
▌ Midi-Pyrénées   29 **D1**

▷ Paris 592 – Aurillac 72 – Figeac 93 – Mende 101 – Millau 81 – Rodez 31
– St-Flour 80

🄸 Office de tourisme, 2, rue Saint-Antoine ℰ 05 65 44 10 63, Fax 05 65 44 10 39
◎ Église de Perse★ SE : 1 km.

⌂ **De France** sans rest   ⧉ ⴲ **P** 𝘝𝘐𝘚𝘈 ◍◍
🄹 36 bd J. Poulenc – ℰ 05 65 44 06 13 – Fax 05 65 44 76 26
9 ch – †42 € ††47 €, ⚏ 7 €
◆ Central et voisin des musées, petit hôtel disposant de chambres crépies, fraîches et
dotées de meubles en bois clair. Insonorisation efficace, tenue rigoureuse et prix doux.

⌂ **Moderne et rest. l'Eau Vive**   ⧉ ⎣Ⓚ⎦ rest, 🖜 𝘝𝘐𝘚𝘈 ◍◍
⊛ 27 bd Guizard – ℰ 05 65 44 05 11 – hotelmoderne12@aol.com
– Fax 05 65 48 06 94 – Fermé 5 nov.-10 déc. et 4-20 janv.
28 ch – †43 € ††58 €, ⚏ 7 € – ½ P 43/50 € – **Rest** – (fermé dim. soir et lundi
sauf juil.-août) Menu 12 € (sem.)/45 € – Carte 34/52 €
◆ Maison à pans de bois où la tradition d'accueil des pèlerins reste vivace. Deux générations
de chambres mûrissantes. Les plus anciennes ont l'avantage d'ouvrir côté cour. Chef-
pêcheur proposant des spécialités de poissons d'eau douce dans un cadre lumineux.

ⵙⵙ **Le Méjane**   ⎣Ⓚ⎦ 𝘝𝘐𝘚𝘈 ◍◍ ⒶⒺ
⊛ r. Méjane – ℰ 05 65 48 22 37 – lemejane@wanadoo.fr – Fax 05 65 48 13 00
– Fermé 3-28 mars, 26-30 juin, lundi sauf le soir de sept. à juin, merc. sauf juil.-août
et dim. soir
Rest – Menu (18 €), 24/56 € – Carte 37/51 €
◆ La présence de miroirs repousse les limites de la petite salle à manger. La décoration
contemporaine est aussi soignée que la cuisine au goût du jour.

ESPALY-ST-MARCEL – 43 Haute-Loire – 331 F3 – alt. 650 m – rattaché au
Puy-en-Velay

ESPELETTE – 64 Pyrénées-Atlantiques – 342 D2 – 1 879 h. – alt. 77 m –
⊠ 64250   3 **A3**

▷ Paris 775 – Bordeaux 215 – Pau 134 – Donostia-San Sebastián 78 – Irun 59
🄸 Office de tourisme, 145, route Karrika Nagusia ℰ 05 59 93 95 02

⌂ **Euzkadi**   ☒ ⧉ ⴲ ⎣Ⓚ⎦ rest, ⇞ ⅋ ch, **P** 𝘝𝘐𝘚𝘈 ◍◍
⊛ 285 Karrika Nagusia – ℰ 05 59 93 91 88 – hotel.euzkadi@wanadoo.fr
– Fax 05 59 93 90 19 – Fermé 1ᵉʳ nov.-24 déc., mardi hors saison et lundi
27 ch – †44/48 € ††54/68 €, ⚏ 8 € – ½ P 53/62 € – **Rest** – Menu 18/35 €
– Carte 26/42 €
◆ Au cœur de la capitale du piment, belle façade basque à la gloire du pays. Réaménage-
ment complet de l'étage : les chambres y sont plus confortables que dans l'annexe. Piscine.
Fidèle à la tradition et généreuse, la cuisine ravit les gourmands dans un décor rustique.

⌂ **Irazabala** sans rest ♨   ≼ 🖾 ⇞ ⅋ **P**
155 Mendiko Bidéa – ℰ 05 59 93 93 02 – irazabala@wanadoo.fr
4 ch ⚏ – †54/60 € ††65/80 €
◆ Charmante demeure construite dans l'esprit régional à l'aide de matériaux traditionnels :
chambres très soignées, salon rustique, grand calme et les montagnes en toile de fond.

ESQUIULE – 64 Pyrénées-Atlantiques – 342 H3 – 500 h. – alt. 277 m –
✉ 64400   3 **B3**

🚗 Paris 813 – Pau 43 – Lourdes 69 – Orthez 44 – Saint-Jean-Pied-de-Port 62

XX   **Chez Château**   🎠 _VISA_ ⓒⓞ
– 𝒞 05 59 39 23 03 – jb.hourcourigaray @ wanadoo.fr – Fax 05 59 39 81 97
– Fermé 15 fév.-15 mars, merc. soir, dim. soir et lundi
Rest – Menu 19/60 € – Carte 33/56 €
♦ Bar, petite épicerie et restaurant cohabitent joyeusement dans cette ancienne ferme qui
jouxte le fronton du hameau. Plaisantes salles à manger rustiques et cuisine régionale.

ESTAING – 12 Aveyron – 338 I3 – 612 h. – alt. 313 m – ✉ 12190
▌ Midi-Pyrénées   29 **D1**

🚗 Paris 602 – Aurillac 63 – Conques 33 – Espalion 10 – Figeac 74 – Rodez 35
🏛 Syndicat d'initiative, 24, rue François d'Estaing 𝒞 05 65 44 03 22,
Fax 05 65 44 03 22

🏠   **L'Auberge St-Fleuret**   🚤 🎠 ⚒ 🍴 _VISA_ ⓒⓞ
😊   face à la mairie – 𝒞 05 65 44 01 44 – auberge-st-fleuret @ wanadoo.fr
     – Fax 05 65 44 72 19 – Ouvert mi-mars à mi-nov. et fermé dim. soir et lundi hors
🍽   saison, lundi midi en juil.-août
14 ch – ♦46/53 € ♦♦46/53 €, ⊇ 8 € – ½ P 47/54 €
Rest – Menu 19 (sem.)/59 € – Carte 45/58 €
♦ Ex-relais de poste (19ᵉ s.) doté de chambres actuelles côté jardin ou vieux village, dominé
par le château. Deux salles à manger, rustique ou claire et fraîche. Spécialités régionales,
dont le fameux aligot (à la carte). Terrasse surplombant la piscine.

🏠   **Aux Armes d'Estaing**   🅿 🚤 _VISA_ ⓒⓞ 🅰🅴
😊   1 quai Lot – 𝒞 05 65 44 70 02 – remi.catusse @ estaing.net – Fax 05 65 44 74 54
     – Ouvert 16 mars-2 nov. et fermé dim. soir et lundi
30 ch – ♦45/60 € ♦♦45/60 €, ⊇ 8 € – ½ P 43/51 € – **Rest** – Menu 16 €
(sem.)/50 €
♦ Devant le pont gothique franchissant le Lot, au pied du château, berceau de la famille
d'Estaing. Chambres sobres et lumineuses. Accueil familial. Le restaurant, décoré dans un
esprit bistrot, propose une carte aveyronnaise actualisée.

ESTAING – 65 Hautes-Pyrénées – 342 K7 – 67 h. – alt. 970 m – ✉ 65400
▌ Aquitaine   28 **A3**

🚗 Paris 874 – Argelès-Gazost 12 – Arrens 7 – Laruns 43 – Lourdes 24 – Pau 69
– Tarbes 43
◎ Lac d'Estaing ★ S : 4 km.

X   **Lac d'Estaing** avec ch ⑤   ≤ 🎠 ⅍ rest, 🅿 _VISA_ ⓒⓞ
au lac, Sud : 4 km – 𝒞 05 62 97 06 25 – Fax 05 62 97 06 25 – Ouvert 15 mai-15 oct.
8 ch – ♦40 € ♦♦48 €, ⊇ 8 € – ½ P 49 € – **Rest** – Menu 20/42 € – Carte 30/50 €
♦ Dans un site superbe, entre lac et montagnes, cette modeste auberge invite à s'attabler
autour d'une sympathique cuisine traditionnelle. Vaste terrasse ombragée. Petites chambres bien rénovées.

ESTÉRENÇUBY – 64 Pyrénées-Atlantiques – 342 E6 – rattaché à
St-Jean-Pied-de-Port

ESTISSAC – 10 Aube – 313 C4 – 1 724 h. – alt. 133 m – ✉ 10190   13 **B3**
🚗 Paris 158 – Châlons-en-Champagne 105 – Sens 44 – Troyes 23
🏛 Syndicat d'initiative, Mairie 𝒞 03 25 40 42 42

⌂   **Moulin d'Eguebaude** ⑤   🚤 🎠 🕭 ch, ↯ ⅍ 🅿
– 𝒞 03 25 40 42 18 – eguebaude @ aol.com – Fax 03 25 40 40 92
8 ch – ♦42/50 € ♦♦49/71 € – **Table d'hôte** – Menu 21 € bc
♦ Sur un vaste domaine piscicole, moulin à blé champenois (1789) dont les chambres,
simples et fraîches, sont plus agréables à l'annexe. Boutique de produits du terroir aubois.
La truite est à l'honneur sur la carte du restaurant, qui évolue au gré du marché.

↑ **Domaine du Voirloup**　🚗 🕭 🕿 🛏 🕙 📶 **P**
3 pl. Betty Dié – ℰ *03 25 43 14 27 – le.voirloup@free.fr*
3 ch ⌂ – ♦60 € ♦♦60/80 € – ½ P 85 € – **Table d'hôte** – Menu 19/25 € bc
♦ Grande demeure bourgeoise (1904) et son superbe parc où courent un ruisseau, une cascade et des canaux. Les chambres, joliment colorées, s'appellent Orient, Occident et Midi. À table, les menus changent selon le marché. Gâteaux et confitures maison au petit-déjeuner.

ESTIVAREILLES – 03 Allier – **326** C4 – **1 033 h.** – **alt. 90 m** – ✉ 03190　　5 **B1**

　🖸 Paris 317 – Bourbon-l'Archambault 45 – Montluçon 12 – Montmarault 36
　　– Moulins 80

XX **Le Lion d'Or** avec ch　🚗 🕿 🛏 **P** **VISA** **☻**
D 2144 – ℰ *04 70 06 00 35 – rmliondor@orange.fr – Fax 04 70 06 09 78 – Fermé 28 juil.-16 août, 16 fév.-2 mars, dim. soir et lundi*
5 ch – ♦38/45 € ♦♦38/45 €, ⌂ 7 € – ½ P 44/48 € – **Rest** – Menu (15 €), 19 € (sem.)/48 € – Carte 34/54 €
♦ Bâtisse centenaire bordant la route nationale. De belles poutres font le caractère de la salle à manger, tandis que la terrasse donne sur un parc arboré baigné par un étang. Chambres récentes et confortables, certaines avec vue sur le plan d'eau.

ESTRABLIN – 38 Isère – **333** C4 – **rattaché à Vienne**

ESTRÉES-ST-DENIS – 60 Oise – **305** G4 – **3 542 h.** – **alt. 70 m** –
✉ 60190　　　　　　　　　　　　　　　　　　　　　　　　　36 **B2**

　🖸 Paris 81 – Beauvais 46 – Clermont 21 – Compiègne 17 – Senlis 34
　🏌 du Château d'Humières à Monchy Humières Rue de Gournay, NE : 11 k m,
　　ℰ 03 44 86 48 22.

XX **Moulin Brûlé**　🚗 🕿 ⇆ **VISA** **☻**
70 r. Flandres – ℰ *03 44 41 97 10 – lemoulinbrule@wanadoo.fr
– Fax 03 44 51 87 96 – Fermé 9-17 avril, 6 août-4 sept., 1ᵉʳ-6 janv., dim. soir, lundi et mardi*
Rest – *(prévenir)* Menu (17 €), 22/50 € – Carte 39/57 € ❀
♦ Maison en pierres de taille sur la traversée du village. Intérieur campagnard avec poutres anciennes, tons pastel et cheminée. Petite terrasse au calme. Cuisine actuelle.

ÉTAIN – 55 Meuse – **307** E3 – **3 709 h.** – **alt. 210 m** – ✉ 55400
▌Alsace Lorraine　　　　　　　　　　　　　　　　　　　　　　　26 **B1**

　🖸 Paris 285 – Briey 26 – Longwy 43 – Metz 66
　🛈 Office de tourisme, 31, rue Raymond Poincaré ℰ 03 29 87 20 80,
　　Fax 03 29 87 20 80

🏠 **La Sirène**　🕿 🕙 📶 **P** **VISA** **☻** **AE**
⊜ *r. Prud'homme-Havette, (rte de Metz) –* ℰ *03 29 87 10 32 – hotel.sirene@free.fr
– Fax 03 29 87 17 65 – Fermé 22 déc.-31 janv., dim. soir et lundi*
21 ch – ♦47/60 € ♦♦47/70 €, ⌂ 7 € – ½ P 41/48 € – **Rest** – Menu (12 €), 14 € (sem.)/40 € – Carte 24/43 €
♦ Les lieux, restés sourds aux appels de la mode, résonnent du tumulte de l'histoire : Napoléon III serait tombé là – par hasard ? – après Gravelotte. Chambres rénovées. Cuisine traditionnelle servie dans une salle à manger et une véranda ornée d'œuvres d'artistes locaux.

ÉTAMPES ◉ – 91 Essonne – **312** B5 – **21 839 h.** – **alt. 80 m** – ✉ 91150
▌Île de France　　　　　　　　　　　　　　　　　　　　　　　18 **B3**

　🖸 Paris 51 – Chartres 59 – Évry 35 – Fontainebleau 45 – Melun 49 – Orléans 76
　　– Versailles 58
　🛈 Office de tourisme, place de l'Hôtel de Ville ℰ 01 69 92 69 00,
　　Fax 01 69 92 69 28
　🏌 de Belesbat à Boutigny-sur-Essonne Domaine de Belesbat, E : 17 km par
　　D 837 et D 153, ℰ 01 69 23 19 10.
　◎ Collégiale Notre-Dame★.

XX **Auberge de la Tour St-Martin** VISA 🅜🅞 AE
    97 r. St-Martin – ℰ 01 69 78 26 19 – tourpenchee@aliceadsl.fr
    – Fax 01 69 78 26 07 – Fermé 11-25 août, dim. soir et lundi
    Rest – Menu (27 €), 34 € – Carte 38/42 €
    ♦ Poutres, pierres apparentes et cheminée agrémentent cette sympathique petite salle à manger rustique. Dans l'assiette, produits choisis préparés selon la tradition.

à Ormoy-la-Rivière 5 km au Sud par D 49 et rte secondaire – **943 h.** – **alt. 81 m** – ✉ 91150

X **Le Vieux Chaudron** 🏠 VISA 🅜🅞
    45 Grande Rue – ℰ 01 64 94 39 46 – guillaume.giblin@wanadoo.fr
    – Fax 01 64 94 39 46 – Fermé 4-25 août, 22 déc.-5 janv., jeudi soir, dim. soir et lundi
    Rest – Menu 32/44 € – Carte 32/44 € ❀
    ♦ Petite auberge au centre du village, face à l'église. Intérieur campagnard réchauffé en hiver par une cheminée. En été, terrasse au calme. Recettes dans l'air du temps.

ÉTANG-DE-HANAU – 57 Moselle – 307 Q4 – **rattaché à Philippsbourg**

LES ÉTANGS-DES-MOINES – 59 Nord – 302 M7 – **rattaché à Fourmies**

ÉTAPLES – 62 Pas-de-Calais – 301 C4 – **11 177 h.** – **alt. 10 m** – ✉ 62630
Nord Pas-de-Calais Picardie
                                                           30 A2
    🅳 Paris 228 – Calais 67 – Abbeville 55 – Arras 101 – Boulogne-sur-Mer 28 – Le Touquet-Paris-Plage 6
    🅸 Office de tourisme, boulevard Bigot Descelers ℰ 03 21 09 56 94, Fax 03 21 09 76 96

X **Aux Pêcheurs d'Étaples** ≤ VISA 🅜🅞 AE
    quai Canche – ℰ 03 21 94 06 90 – rptetaples@cmeop.com – Fax 03 21 89 74 54
🍝   *– Fermé 1er au 23 janv. et dim. soir d'oct. à mars*
    Rest – Menu 14 € (sem.)/35 € – Carte 27/56 €
    ♦ Produits de la mer on ne peut plus frais pour ce restaurant lumineux installé au 1er étage d'une grande poissonnerie des quais de la Canche. Vue sur l'aérodrome du Touquet.

ÉTEL – 56 Morbihan – 308 L9 – **2 165 h.** – **alt. 20 m** – ✉ 56410 Bretagne   **9 B2**
    🅳 Paris 494 – Lorient 26 – Quiberon 24 – Vannes 37
    🅸 Syndicat d'initiative, place des Thoniers ℰ 02 97 55 23 80

🏠 **Trianon** 🚗 P VISA 🅜🅞
    14 r. Gén. Leclerc – ℰ 02 97 55 32 41 – hotel.letrianon@wanadoo.fr
    – Fax 02 97 55 44 71 – Fermé janv.
    24 ch – †50/68 € ††55/100 €, ⊡ 10 € – ½ P 55/79 € – **Rest** – *(ouvert 1er avril-31 oct.) (dîner seult) (résidents seult)*
    ♦ À proximité du port de pêche, étonnantes chambres-bonbonnières au style années 1960 parfaitement entretenu (préférez celles de l'annexe). Salon-cheminée, jardinet au calme. La salle à manger rustique et soignée sert de cadre à une cuisine traditionnelle.

ÉTOILE-SUR-RHÔNE – 26 Drôme – 332 C4 – **4 054 h.** – **alt. 170 m** –
✉ 26800   **44 B3**
    🅳 Paris 569 – Crest 17 – Privas 34 – Valence 12
    🅸 Office de tourisme, 45, Grande Rue ℰ 04 75 60 75 14, Fax 04 75 60 70 12

XX **Le Vieux Four** 🏠 AC VISA 🅜🅞
    1 pl. Léon Lérisse – ℰ 04 75 60 72 21 – levieuxfour@9online.fr – Fax 04 75 62 02 24
    – Fermé 18 août-11 sept., 1er-15 janv., dim. soir, lundi et mardi hors saison
    Rest – Menu 36/69 € bc
    ♦ Près d'une demeure seigneuriale, belle maison régionale en pierre contrastant avec un intérieur contemporain. La cuisine associe produits du terroir et influences modernes.

ÉTOUY – 60 Oise – 305 F4 – **rattaché à Clermont**

L'ÉTRAT – Loire – 327 F7 – **rattaché à St-Étienne**

ÉTRÉAUPONT – 02 Aisne – 306 F3 – 933 h. – alt. 127 m – ⊠ 02580   37 **D1**
> ▶ Paris 184 – Avesnes-sur-Helpe 24 – Hirson 16 – Laon 44 – St-Quentin 51

🏨 **Clos du Montvinage** 🚗 🍴 ✕ 🔥 ↔ ❄ ch, 🛏 🐾 **P** **VISA** **MO** **AE** **①**
8 r. Albert Ledant – ℰ 03 23 97 91 10 – contact@clos-du-montvinage.fr
– *Fax 03 23 97 48 92* – *Fermé 10-18 août, 26 déc.-5 janv., lundi midi et dim. soir*
20 ch – †55/85 € ††67/110 €, ☲ 10 € – ½ P 55/85 €
Rest *Auberge du Val de l'Oise* – ℰ 03 23 97 40 18 – Menu (17 €), 23/40 € bc
– Carte 28/42 €

◆ Avenante maison de maître du 19ᵉ s. aux chambres personnalisées (montagne,
bourgeoise, etc.). Pour vos loisirs : belle salle de billard, tennis, vélos et croquet dans
le parc. Au restaurant, ne manquez pas de goûter la spécialité du terroir : la tourte au
maroilles.

ÉTRETAT – 76 Seine-Maritime – 304 B3 – 1 615 h. – alt. 8 m – Casino A – ⊠ 76790
🏛 Normandie Vallée de la Seine   33 **C1**
> ▶ Paris 206 – Bolbec 30 – Fécamp 16 – Le Havre 29 – Rouen 90
> 🛈 Office de tourisme, place Maurice Guillard ℰ 02 35 27 05 21,
> Fax 03 35 28 87 20
> 🏌 d'Étretat Route du Havre, ℰ 02 35 27 04 89.
> 👁 Le Clos Lupin★ - Falaise d'Aval★★★ - Falaise d'Amont★★.

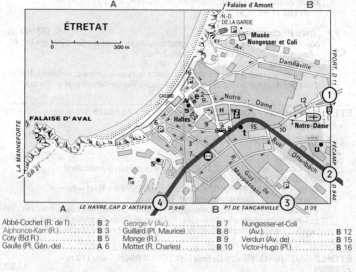

Abbé-Cochet (R. de l')...... **B 2**	George-V (Av.).............. **B 7**	Nungesser-et-Coli
Alphonce-Karr (R.)......... **B 3**	Guillard (Pl. Maurice)...... **B 8**	(Av.)................... **B 12**
Coty (Bd R.)............... **B 5**	Monge (R.)................. **B 9**	Verdun (Av. de).......... **B 15**
Gaulle (Pl. Gén.-de)........ **A 6**	Mottet (R. Charles)........ **B 10**	Victor-Hugo (Pl.)......... **B 16**

🏨 **Dormy House** ⌂   ≤falaise et mer, 🔥 🍴 🛗 ↔ ch, ✕ rest, 🐾
rte du Havre – ℰ 02 35 27 07 88 – dormy.house@   🛏 **P** **VISA** **MO** **AE**
wanadoo.fr – *Fax 02 35 29 86 19*   A **s**
60 ch – †65/185 € ††65/185 €, ☲ 15 € – 1 suite – ½ P 88/139 €
Rest – Menu 32 € (déj. en sem.), 40/70 € – Carte environ 55 €

◆ En surplomb de la station, dans un parc jouxtant le golf, paisible manoir de 1870
et ses dépendances tournés vers la falaise d'Amont. Divers types de chambres :
classiques, cosy ou plus simples. Belle vue littorale par les baies du restaurant, du bar et en
terrasse.

Domaine Saint-Clair rest, P VISA MC AE
chemin de St-Clair – ☎ 02 35 27 08 23 – info@hoteletretat.com – Fax 0235 29 92 24 B **u**
21 ch – †62/192 € ††62/352 €, ☕ 14 € – **Rest** – *(fermé le midi et lundi)*
Menu 60/85 € – Carte 92/111 €
◆ Hôtel des hauteurs d'Étretat invitant à la détente dans un château anglo-normand (19e s.) et une villa Belle Époque. Plusieurs petits salons et chambres aux tissus précieux. Cuisine actuelle de beaux produits (potager) servie dans des salles au décor intime.

Ambassadeur sans rest P VISA MC AE
10 av. Verdun – ☎ 02 35 27 00 89 – hotel-ambassadeur@wanadoo.fr – Fax 02 35 28 63 69 B **t**
20 ch – †45/79 € ††69/135 €, ☕ 8 €
◆ Jolie villa centenaire proche du Clos Lupin, la maison-musée du "gentleman cambrioleur". Chambres personnalisées, réparties dans trois bâtiments autour d'une cour.

Des Falaises sans rest VISA MC AE
1 bd R. Coty – ☎ 02 35 27 02 77 – Fax 02 35 28 87 59 B **v**
24 ch – †29/49 € ††48/69 €, ☕ 7 €
◆ Petit immeuble proche de la plage de galets encadrée par les falaises d'Aval et d'Amont. Les chambres, sans ampleur, sont fonctionnelles et décorées avec sobriété.

Villa sans Souci sans rest P
27 ter r. Guy de Maupassant – ☎ 02 35 28 60 14 – villa-sans-souci@wanadoo.fr – Fax 02 35 28 60 14
4 ch ☕ – †75/85 € ††105/140 €
◆ Villa de 1903 vous logeant au calme, dans des chambres personnalisées. Espace breakfast déclinant les thèmes du 7e art et de l'automobile, joli salon-bibliothèque et jardin ombragé.

Le Galion VISA MC AE
bd R. Coty – ☎ 02 35 29 48 74 – Fax 02 35 29 74 48 – Fermé 17 déc.-20 janv., mardi et merc. sauf vacances scolaires B **e**
Rest – Menu 23/39 € – Carte 40/52 €
◆ Le trésor de ce galion-là ne se trouve pas à fond de cale, mais au plafond : la forêt de poutres sculptées date du 14e s. et provient d'une maison de Lisieux.

Du Golf plage et falaises, P VISA MC
rte du Havre – ☎ 02 35 27 04 56 – Fax 02 35 10 89 12 – Fermé mardi du 1er oct. au 1er avril
Rest – Menu 19/24 €
◆ Superbe échappée littorale par les baies vitrées de ce club house du golf perché tel un belvédère sur la falaise d'Aval. Menu au goût du jour noté à l'ardoise.

ÉTUPES – 25 Doubs – 321 L1 – rattaché à Sochaux

EU – 76 Seine-Maritime – 304 I1 – 8 081 h. – alt. 19 m – ✉ 76260 Normandie Vallée de la Seine

33 **D1**

Paris 176 – Abbeville 34 – Amiens 88 – Dieppe 33 – Rouen 102 – Le Tréport 5

Office de tourisme, 41, rue Paul Bignon ☎ 02 35 86 04 68, Fax 02 35 50 16 03

Collégiale Notre-Dame et St-Laurent★ - Chapelle du Collège★.

Maine ch, P VISA MC AE
20 av. de la Gare – ☎ 02 35 86 16 64 – info@hotel-maine.com – Fax 02 35 50 86 25 – Fermé dim. soir sauf juil.-août et fériés
19 ch – †44/62 € ††54/76 €, ☕ 8 € – ½ P 74/92 € – **Rest** – Menu 16 € (déj. en sem.), 25/42 €
◆ Cette attrayante maison bourgeoise bâtie en 1897 héberge de petites chambres sobrement équipées, garnies d'un mobilier plutôt contemporain. Le décor de la coquette salle à manger évoque la Belle Époque. Carte traditionnelle et joli choix de poissons.

⌂ **Manoir de Beaumont** sans rest ⌂   🕭 ↩ ఔ ☎ **P.**
rte de Beaumont, par D 49 – ☏ 02 35 50 91 91 – catherine@demarquet.eu
– Fax 02 35 50 19 45
3 ch �}); – †36 € ††48/56 €
♦ Ex-relais de chasse vous logeant dans de calmes chambres personnalisées, à un saut
de biche de la forêt d'Eu et à 5 min. des plages. Salon Louis XVI pour le petit-déjeuner ;
joli parc.

EUGÉNIE-LES-BAINS – 40 Landes – 335 I12 – 507 h. – alt. 65 m – Stat. therm. :
mi-fév.-début déc. – ⊠ 40320 ▮ Aquitaine   3 **B3**

🄳 Paris 731 – Aire-sur-l'Adour 12 – Dax 71 – Mont-de-Marsan 26 – Orthez 52
– Pau 56

🄸 Office de tourisme, 147, rue René Vielle ☏ 05 58 51 13 16, Fax 05 58 51 12 02

🄶 Les Greens d'Eugénie à Bahus-Soubiran Golf du Tursan, S : 4 km par D 11 et
D 62, ☏ 05 58 51 11 63.

▦ **Les Prés d'Eugénie** (Michel Guérard) ⌂   ≤ 🕭 🎄 ☒ ⑩ Ⅰ₆ ℀ ⌷ ᴬ⌷
❄❄❄ pl. de l'Impératrice – ☏ 05 58 05 06 07   ℀ ☎ ☝ **P** VISA ⑩ ᴁ ①
– guerard@relaischateaux.com – Fax 05 58 51 10 10 – Fermé 4 janv.-20 mars
25 ch – †270/310 € ††300/360 €, ☳ 30 € – 7 suites
Rest – Menu 55 € (menu minceur pour résidents seult)
Rest rest. Michel Guérard – (fermé le midi en sem. sauf fériés et du 8 juil. au
26 août et lundi soir) (nombre de couverts limité, prévenir) Menu 150/195 €
– Carte 135/162 € ⅊
Spéc. Homard ivre des pêcheurs de lune. Petits rougets poêlés à vif sous une
dentelle de pain beurré. Pêche blanche brûlée au sucre candi en melba de fruits
rouges. **Vins** Tursan blanc, Vin de Pays des Terroirs Landais.
♦ Les Prés du bonheur ! Demeure du 19ᵉ s., élégamment décorée, parc et "ferme" thermale :
heureux mariage entre maison de ville et maison des champs, entre plaisir et forme. Au
village-jardin de Michel Guérard, la cuisine est inspirée par Dame Nature.

▦ **Le Couvent des Herbes** ▦ ⌂   🕭 ☎ **P** VISA ⑩ ᴁ ①
– Fermé 4 janv.-12 fév.
4 ch – †340/420 € ††340/420 €, ☳ 30 € – 4 suites – ††420/540 €
♦ Napoléon III fit amoureusement restaurer pour Eugénie ce joli couvent du 18ᵉ s. surmonté
d'un clocheton. Les chambres, entourées d'un jardin d'éden, sont la séduction même.

▦ **La Maison Rose** ⌂   🕭 ☒ ℀ ఔ ch, ℀ rest, ☎ **P** VISA ⑩ ᴁ ①
– ☏ 05 58 05 06 07 – reservation@michelguerard.com – Fax 05 58 51 10 10
– Fermé 3 déc.-6 fév.
26 ch – †120/145 € ††140/180 €, ☳ 20 € – 5 suites – **Rest** – (résidents seult)
♦ Couleurs pastel reposantes, mobilier en rotin blanc et fleurs fraîches, salon cosy aux murs
tendus d'étoffe rayée : une ambiance guesthouse raffinée et réussie.

℀℀ **La Ferme aux Grives** avec ch ⌂   🕭 🎄 ☒ ℀ ☎ **P** VISA ⑩
– ☏ 05 58 05 05 06 – guerard@relaischateaux.com – Fax 05 58 51 10 10
– Fermé 4 janv.-12 fév.
4 suites – ††420/540 €, ☳ 25 € – **Rest** – (fermé mardi soir et merc. sauf
du 12 juil. au 25 août et sauf fériés) Menu 46 €
♦ Ancienne auberge de village qui a retrouvé ses couleurs d'antan. Jardin potager, vieilles
poutres et tomettes magnifient une cuisine du terroir ressuscitée. Suites et chambre exquises pour nuits quiètes.

ÉVIAN-LES-BAINS – 74 Haute-Savoie – 328 M2 – 7 273 h. – alt. 370 m – Stat.
therm. : fév.-début nov. – Casino B – ⊠ 74500 ▮ Alpes du Nord   46 **F1**

🄳 Paris 577 – Genève 44 – Montreux 40 – Thonon-les-Bains 10

🄸 Office de tourisme, place d'Allinges ☏ 04 50 75 04 26, Fax 04 50 75 61 08

🄶 Évian Masters Golf Club Rive Sud du Lac de Genève, par rte de Thonon :
1 km, ☏ 04 50 75 46 66.

◉ Lac Léman★★★ - Promenade en bateau★★★ - L'escalier d'honneur★ de
l'hôtel de ville.

🄶 Falaises★★.

ÉVIAN-LES-BAINS

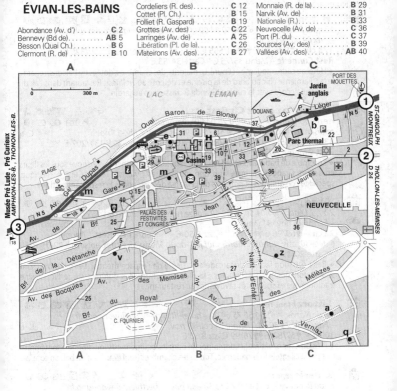

ᐃᐃᐃᐃ **Royal** ⅏   ⊴ 🕭 ⌂ ⌱ 🗲 ⊕ ⅙ ⅍ 🖼 📶 ⅚ rest, 📞 ⅍ ⊿
– ℰ 04 50 26 85 00 – royalpalace@   **P** **VISA** **MC** **AE** **①**
evianroyalresort.com – Fax 04 50 75 38 40   C **z**
132 ch – ♦195/870 € ♦♦300/870 €, � 30 € – 21 suites – ½ P 255/530 €
Rest Fresques Royales – (fermé dim. et lundi sauf vacances scolaires) (dîner seult)
Menu 70/150 € – Carte 90/126 €
Rest La Véranda – rôtisserie Menu 60 € – Carte environ 88 €
Rest Le Jardin des Lys – rest. diététique (déj. seult) Menu 60/70 €
Rest Café Sud – (dîner seult) Menu 60 € – Carte 35/78 €
◆ Belle architecture Art déco pour ce luxueux palace édifié en 1907. Parc majestueux,
superbe institut de remise en forme et spacieuses chambres garnies de meubles de style.
Aux Fresques Royales, peintures de Gustave Jaulnes et magnifique décor Belle Époque.
Terrasse avec vue imprenable sur le lac. Cuisine gastronomique à tendance diététique. À
La Véranda, buffets et grillades. Cuisine diététique au Jardin des Lys. Ambiance lounge et
carte dans la note méridionale au Café Sud.

ᐃᐃᐃ **Ermitage** ⅏   ⊴ lac et montagnes, ⅏ 🕭 ⌱ 🗲 ⊕ ⅙ ⅍ 📶 ⅍ rest, ⇜
– ℰ 04 50 26 85 00 – ermitage@   ⅚ rest, ⅍ **P** **VISA** **MC** **AE** **①**
evianroyalresort.com – Fax 04 50 75 29 37   C **a**
91 ch – ♦130/455 € ♦♦200/670 €, ⊻ 33 € – 3 suites – ½ P 140/375 €
Rest Le Gourmandin – ℰ 04 50 26 85 54 (dîner seult sauf week-ends)
Menu 60/80 € – Carte 63/90 €
Rest La Toscane – (déj. seult) Menu 55 € – Carte 51/65 €
◆ Ce palace du début du 20ᵉ s. rayonne sur un parc féerique dévolu aux loisirs et à la détente.
Potager inspiré du 16ᵉ s., beau spa, espaces "kids"... Au Gourmandin, décor raffiné, superbe
terrasse et plats régionaux. Cuisine italienne et salades à La Toscane.

Hilton

53 quai Paul Léger – ✆ 04 50 84 60 00 – info.hiltonevianlesbains@hilton.com – Fax 04 50 84 60 50 C **b**

173 ch – 🚹99/530 € 🚹🚹124/555 €, ☕ 32 € – 3 suites – ½ P 110/325 €

Rest *Cannelle* – Menu 35/75 € – Carte 34/53 €

◆ Hôtel au cadre moderne et épuré. La majorité des chambres, dotées de balcons, regarde le lac. Farniente chic au bord de la piscine et détente au wellness. Restaurant dans l'air du temps en accord avec la cuisine. Grande terrasse face au jardin.

La Verniaz et ses Chalets

rte d'Abondance – ✆ 04 50 75 04 90 – verniaz@relaischateaux.com – Fax 04 50 70 78 92 – Ouvert 7 fév.-11 nov. C **q**

33 ch – 🚹105/210 € 🚹🚹128/280 €, ☕ 16 € – 6 suites – ½ P 131/207 €

Rest – Menu 39/72 € – Carte 50/65 €

◆ Ensemble de bâtiments et chalets disséminés dans un superbe parc noyé sous les fleurs en saison. Grandes chambres un brin mûrissantes ; vue sur le lac. Cuisine classique, spécialités de grillades et poissons du Léman à déguster dans le restaurant rustique.

Alizé AC ch,

2 av. J. Léger – ✆ 04 50 75 49 49 – alize.hotel@wanadoo.fr – Fax 04 50 75 50 40 – Fermé 15 nov.-31 janv. C **n**

22 ch – 🚹69/96 € 🚹🚹77/107 €, ☕ 8,50 € – ½ P 66/81 € – **Rest** – *(fermé 6 déc.-30 janv., lundi et mardi sauf juil.-août)* Menu 15 € (déj. en sem.), 22/29 € – Carte 20/45 €

◆ Belle situation face au débarcadère et à côté de l'espace thermal. Les chambres sont sobres, fonctionnelles et propres ; la plupart d'entre elles donnent sur le lac. Cuisine traditionnelle et spécialités savoyardes au restaurant.

Littoral sans rest

av. de Narvik – ✆ 04 50 75 64 00 – hotel-littoral-evian@wanadoo.fr – Fax 04 50 75 30 04 – Fermé 24 oct.-11 nov. B **e**

30 ch – 🚹67/82 € 🚹🚹75/99 €, ☕ 8,50 €

◆ Près du casino, bâtiment contemporain dont les équipements fonctionnels sont appréciés par la clientèle internationale. Toutes les chambres (sauf deux) ont un balcon côté lac.

L'Oasis sans rest

11 bd Bennevy – ✆ 04 50 75 13 38 – stephane.berthier3@wanadoo.fr – Fax 04 50 74 90 30 – Ouvert 10 mars-10 oct. A **v**

18 ch – 🚹65/110 € 🚹🚹65/160 €, ☕ 10 €

◆ Sur les hauteurs d'Évian, charmant hôtel aux chambres coquettes et douillettes ; certaines face au lac, d'autres occupent deux maisonnettes nichées dans le joli jardin arboré.

Continental sans rest

65 r. Nationale – ✆ 04 50 75 37 54 – info@continental-evian.com – Fax 04 50 75 31 11 B **m**

32 ch – 🚹40/55 € 🚹🚹50/82 €, ☕ 7,50 €

◆ Immeuble de 1868 aux vastes chambres (création de deux suites) qui, au 4e étage côté rue, ont la meilleure vue sur le lac. Intérieur refait et beau mobilier ancien chiné.

Histoire de Goût

1 av. gén. Dupas – ✆ 04 50 70 09 98 – froissart.dominique@wanadoo.fr – Fax 04 50 70 10 69 – Fermé 4-15 janv. et lundi A **m**

Rest – Menu (18 € bc), 24/39 € – Carte 35/50 €

◆ Casiers à vin et beau comptoir "pin et zinc" dans une salle, voûte et lustre en fer forgé dans l'autre : deux ambiances agréables pour découvrir des menus et suggestions actuels.

ÉVISA – 2A Corse-du-Sud – **345** B6 – voir à Corse

Les bonnes adresses à petit prix ?
Suivez les Bibs : Bib Gourmand rouge pour les tables
et Bib Hôtel bleu pour les chambres.

ÉVOSGES – 01 Ain – 328 F5 – 109 h. – alt. 750 m – ⊠ 01230　　45 **C1**

🛑 Paris 481 – Aix-les-Bains 69 – Belley 37 – Bourg-en-Bresse 57 – Lyon 79
– Nantua 32

🏠　**L'Auberge Campagnarde** ⊗　　🚗 🕭 ⟋ **P** *VISA* **⓿⓿**

– ℘ 04 74 38 55 55 – auberge-campagnarde@wanadoo.fr – Fax 04 74 38 55 62
– Fermé 1ᵉʳ-8 sept., 16-30 nov., janv., dim. soir, lundi soir hors saison, mardi soir et merc.
15 ch – †44/85 € ††44/85 €, ⊒ 10 € – ½ P 52/65 € – **Rest** – Menu 23 € (sem.)/60 €
♦ Savourez la quiétude de cette auberge tenue par la même famille depuis cinq générations. Accueil chaleureux, chambres simples mais impeccables, minigolf, piscine. Salle à
manger champêtre (objets anciens), terrasse fleurie et cuisine féminine aux accents du
terroir.

ÉVREUX **P** – 27 Eure – 304 G7 – 51 198 h. – alt. 64 m – ⊠ 27000
📗 Normandie Vallée de la Seine　　33 **D2**

🛑 Paris 100 – Alençon 119 – Caen 135 – Chartres 78 – Rouen 56
🆔 Office de tourisme, 1 ter, place de Gaulle ℘ 02 32 24 04 43, Fax 02 32 31 28 45
🟦 d'Évreux Chemin du Valème, par rte de Lisieux : 3 km, ℘ 02 32 39 66 22.
◉ Cathédrale Notre-Dame★★ - Châsse★★ dans l'église St-Taurin - Musée★★ **M**.

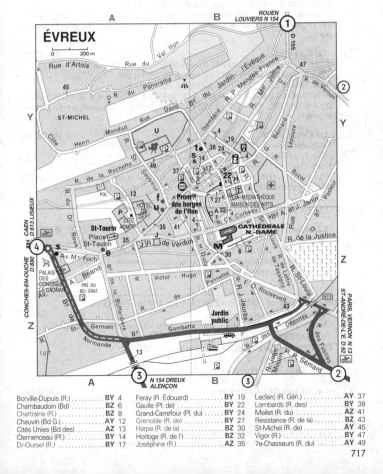

Borville-Dupuis (R.)	**BY** 4	Feray (R. Édouard)	**BY** 19	Leclerc (R. Gén.)	**AY** 37
Chambaudoin (Bd)	**BZ** 6	Gaulle (Pl. de)	**BY** 22	Lombards (R. des)	**BY** 38
Chartraine (R.)	**BZ** 8	Grand-Carrefour (Pl. du)	**BY** 24	Meilet (R. du)	**AZ** 41
Chauvin (Bd G.)	**AY** 12	Grenoble (R. de)	**BY** 27	Résistance (R. de la)	**BZ** 43
Cités Unies (Bd des)	**AZ** 13	Harpe (R. de la)	**BZ** 30	St-Michel (R. de)	**AY** 45
Clemenceau (Pl.)	**BY** 14	Horloge (R. de l')	**BZ** 32	Vigor (R.)	**BY** 47
Dr-Oursel (R.)	**BY** 17	Joséphine (R.)	**AZ** 35	7e-Chasseurs (R. du)	**AY** 49

Mercure
🏨 ▦ 🕭 ch, ▥ ↻ 🕻 ♨ 🅿 🚗 ‹VISA› ⓂⓄ ⒶⒺ ⓄD

bd Normandie – ☏ *02 32 38 77 77 – h1575@accor.com*
– Fax 02 32 39 04 53 AZ **s**
60 ch – †72/98 €, ††77/106 €, ☕ 11 € – **Rest** – Menu 20/29 €
– Carte 29/42 €

♦ Cette architecture contemporaine dressée à l'intersection d'importants axes routiers abrite des chambres bien équipées et insonorisées. Ronce de bois, tons chauds et belle luminosité concourent à créer une plaisante atmosphère dans la salle de restaurant.

L'Orme sans rest
🏨 🕭 ‹VISA› ⓂⓄ ⒶⒺ ⓄD

13 r. Lombards – ☏ *02 32 39 34 12 – patrick.lechevrel@orange.fr*
– Fax 02 32 33 62 48 BY **t**
39 ch – †55 € ††72 €, ☕ 9 €

♦ Cet établissement du centre-ville constitue une adresse pratique pour le voyageur de passage. Chambres sobres et fonctionnelles, refaites en majorité (écrans plats, wi-fi).

La Vieille Gabelle
‹VISA› ⓂⓄ ⒶⒺ

3 r. Vieille Gabelle – ☏ *02 32 39 77 13 – Fax 02 32 39 77 13 – Fermé 1ᵉʳ-21 août, 23 déc.-1ᵉʳ janv., sam. midi, dim. soir et lundi* BY **s**
Rest – Menu 17 € (déj. en sem.)/28 € – Carte 38/47 €

♦ La devanture, bien normande avec ses colombages, est avenante. Deux salles à manger campagnardes avec poutres apparentes, dont une agrémentée d'une jolie cheminée de pierre.

La Gazette
‹VISA› ⓂⓄ ⒶⒺ

7 r. St-Sauveur – ☏ *02 32 33 43 40 – xavier.buzieux@wanadoo.fr*
– Fax 02 32 31 38 87 – Fermé 2-26 août, sam. midi et dim. AY **f**
Rest – Menu (20 €), 23 € (sem.)/39 € – Carte 43/57 €

♦ Table actuelle soignée repérable à sa devanture en bois peint. Mobilier moderne, poutres enduites, murs gris clair et copies de gazettes composent un décor intime et trendy.

La Croix d'Or
⌀ ‹VISA› ⓂⓄ ⒶⒺ

3 r. Joséphine – ☏ *02 32 33 06 07 – la.croixdor@orange.fr*
– Fax 02 32 31 14 27 AZ **e**
Rest – Menu 12 € (déj. en sem.), 22/32 € – Carte 27/43 €

♦ Le banc d'écailler et le vivier à homards annoncent la couleur : la carte, très étoffée, privilégie poissons et crustacés. Sobre décor d'esprit rustique et terrasse-véranda.

à Parville 4 km par ④ – 320 h. – alt. 130 m – ⊠ 27180

Côté Jardin
🏡 ▦ 🅿 ‹VISA› ⓂⓄ ⒶⒺ

rte de Lisieux – ☏ *02 32 39 19 19 – Fax 02 32 31 21 85 – Fermé dim. soir et lundi*
Rest – Menu 18/50 € – Carte 18/32 €

♦ Jolie maison à colombages bordant la route. La coquette salle à manger n'est pas en reste avec son cadre normand repeint dans des tons pastel. Carte au goût du jour.

ÉVRON – 53 Mayenne – 310 G6 – 7 283 h. – alt. 114 m – ⊠ 53600
▌Normandie Cotentin 35 **C1**

🅳 Paris 250 – Alençon 58 – La Ferté-Bernard 98 – Laval 32 – Le Mans 55 – Mayenne 25

🅱 Office de tourisme, place de la Basilique ☏ 02 43 01 63 75, Fax 02 43 01 63 75

◉ Basilique Notre-Dame★ : chapelle N.-D.-de l'Épine★★.

La Toque des Coëvrons
‹VISA› ⓂⓄ

4 r. des Prés – ☏ *02 43 01 62 16 – marcmenard@wanadoo.fr – Fax 02 43 37 20 01*
– Fermé 4-24 août, 9-22 fév., dim. soir, merc. et lundi
Rest – Menu 18 € (sem.)/33 € – Carte 27/40 €

♦ Le chef de cette aimable adresse, toqué de recettes traditionnelles, mitonne de goûteux petits plats. La jolie salle à manger rustique a été récemment rafraîchie.

rte de Mayenne 6 km par D 7 – ⊠ 53600 Mézangers

🏨 **Relais du Gué de Selle** ⚘   🏊 ⅃ ⅃⅍ ⅋ ch, ↳ ℅ 🛁 **P** **VISA** **⚫◯**
   rte de Mayenne, (D 7) – 𝒞 02 43 91 20 00 – relaisduguedeselle@wanadoo.fr
⊕   – Fax 02 43 91 20 10 – Fermé 22 déc.-8 janv., 15 fév.-4 mars, vend. soir, dim. soir et
lundi d'oct. à mai
30 ch – †59/113 € ††74/171 €, ⊇ 10 € – ½ P 81/104 € – **Rest** – (fermé lundi
midi de juin à sept.) Menu (17 € bc), 24 € (sem.)/52 € – Carte 48/56 €
♦ Vieille ferme restaurée et son jardin sur une rive de l'étang, visible depuis une partie des
plaisantes chambres. Promenade aménagée au bord de l'eau, vélos, pêche, etc. Le décor
soigné et avenant de la salle de restaurant s'agrémente d'une cheminée.

ÉVRY – 91 Essonne – **312** D4 – **101** 37 – **voir à Paris, Environs**

EYBENS – 38 Isère – **333** H7 – **rattaché à Grenoble**

EYGALIÈRES – 13 Bouches-du-Rhône – **340** E3 – **1 851 h.** – **alt. 134 m** – ⊠ **13810**
▌Provence   42 **E1**
   ▶ Paris 701 – Avignon 28 – Cavaillon 14 – Marseille 83
   – St-Rémy-de-Provence 12

🏨 **La Bastide d'Eygalières** ⚘   🍴 🍴 ⅃ **AC** ch, ↳ ℅ 🛁 **P** **VISA** **⚫◯**
   rte Orgon (D 24ᴮ) et chemin de Pestelade – 𝒞 04 90 95 90 06 – contact@
labastide.com.fr – Fax 04 90 95 99 77
14 ch – †63/85 € ††78/125 €, ⊇ 13 € – ½ P 70/97 € – **Rest** – (fermé le midi
d' oct. à mars) (dîner pour résidents seult en hiver) Menu 20 € (dîner)/36 € – Carte
25/37 €
♦ Charmante bastide provençale aux volets bleus. À l'intérieur, murs blanc cassé, meubles
patinés et tomettes forment un décor délicat. Chambres spacieuses et refaites. Cuisine de
légumes et produits bio : salades le midi et menu traditionnel le soir.

🏠 **Mas dou Pastré** ⚘   🍴 🍴 ⅃ **AC** ℅ **P** **VISA** **⚫◯**
   1,5 km par rte Orgon (D 24ᴮ) – 𝒞 04 90 95 92 61 – contact@masdupastre.com
– Fax 04 90 90 61 75 – Fermé 15 nov.-15 déc.
15 ch – †125/180 € ††125/180 €, ⊇ 14 € – 2 suites – **Rest** – (fermé dim.)
Menu 39 €
♦ Ambiance guesthouse, décoration provençale à l'ancienne, meubles et bibelots chinés,
jardin... et trois roulottes typiquement gitanes : une bergerie familiale pleine de charme.
Cuisine de saison proposée dans un cadre avenant.

Maison Roumanille 🏠 ⚘   🍴 ⅃ **P** **VISA** **⚫◯**
   au village – 𝒞 04 90 95 92 61 – Fax 04 90 90 61 75 – Fermé 15 nov.-15 déc.
4 ch – †105/120 € ††105/120 €, ⊇ 10 € – 2 suites
♦ Au cœur du village, joli mas décoré dans le même esprit que la maison mère. Chambres
personnalisées et colorées, avec terrasse (sauf une). Véranda pour les petits-déjeuners.

🏠 **L'Oliviera** ⚘   ≤ Eygalières, 🍴 🍴 ⅃ **AC** ↳ ℅ ℅ **P** **VISA** **⚫◯**
   chemin des Jaisses, 1 km par D 74ᵃ – 𝒞 04 90 90 65 28 – contact@loliviera.fr
– Fax 04 90 90 66 40 – Ouvert 15 mars-15 nov.
4 ch – †90/100 € ††90/100 €, ⊇ 11 € – **Table d'hôte** – Menu 32 € bc
♦ Un endroit d'une quiétude absolue parmi les oliviers. Ce chaleureux mas provençal propose des chambres fraîches et joliment décorées. Superbe terrasse avec vue sur les
Alpilles. À la table d'hôte, le patron utilise des produits locaux et son huile d'olive maison.

🍴🍴 **Bistrot d'Eygalières "Chez Bru"** (Wout Bru) avec ch   🛏
❀❀❀   r. de la République – 𝒞 04 90 90 60 34 – sbru@   **AC** **VISA** **⚫◯** **AE** **①**
   club-internet.fr – Fax 04 90 90 60 37 – Ouvert 1ᵉʳ mai-3 nov. et fermé 2-7 août, dim.
soir en oct., mardi midi de mai à sept. et lundi
2 ch – †130/150 € ††130/150 €, ⊇ 20 € – 2 suites – ††180 €
Rest – (nombre de couverts limité, prévenir) Menu 95/115 € – Carte 103/132 € ⅏
Spéc. Ris de veau en salade, glace parmesan. Homard grillé aux jeunes oignons
anisés, glace au foie gras. Croustillant de cochon de lait au porto et champignons.
Vins Vin de Pays des Bouches du Rhône, Coteaux d'Aix-en-Provence-les-Baux.
♦ Savoureuse cuisine provençale au goût du jour servie dans un intérieur chic contempo-
rain (tons crème et chocolat, tableaux, sculptures) ou bien dans un joli patio-terrasse.

✗ **Sous Les Micocouliers** ⌂ 🅰️ 𝐕𝐈𝐒𝐀 ⓿

☺ *Traverse de Montfort –* ℰ *04 90 95 94 53 – contact@souslesmicocouliers.com*
– Fax 04 90 95 94 53 – Fermé 1er-15 déc., 1er-15 fév., mardi du 11 nov. au 1er mars et merc.
Rest – Menu (20 €), 28 € – Carte 39/57 €
♦ Une salle à manger colorée (belle cheminée) et une terrasse ombragée de tilleuls
célèbrent une fine cuisine actuelle, qui ne renie pas les classiques provençaux.

EYGUIÈRES – 13 Bouches-du-Rhône – 340 F3 – 5 392 h. – alt. 75 m – ✉ 13430
▌Provence   42 **E1**

🖸 Paris 715 – Aix-en-Provence 49 – Arles 45 – Avignon 40 – Istres 27
– Marseille 66

🅸 Office de tourisme, place de l'ancien Hôtel de Ville ℰ 04 90 59 82 44,
Fax 04 90 59 89 07

✗ **Le Relais du Coche** ⌂ 🅰️ 𝐕𝐈𝐒𝐀 ⓿

☺ *pl. Monier –* ℰ *04 90 59 86 70 – Fax 04 90 45 09 78 – Fermé 1er-15 juil., 2-15 janv.,*
sam. midi, dim. soir et lundi
Rest – Menu 16 € (déj. en sem.), 28/34 € – Carte 30/48 €
♦ Étonnant endroit que ce restaurant installé dans les écuries d'un ancien relais de
diligences (18e s.) ! Agréable patio-terrasse envahi de vigne vierge. Cuisine régionale.

EYMET – 24 Dordogne – 329 D8 – 2 552 h. – alt. 54 m – ✉ 24500
▌Périgord   4 **C2**

🖸 Paris 560 – Arcachon 72 – Bayonne 239 – Bordeaux 101 – Dax 188
– Périgueux 74

🅸 Office de tourisme, place de la Bastide ℰ 05 53 23 74 95, Fax 05 53 23 74 95

🏠 **Les Vieilles Pierres** ⌇ 🍴 ⌂ 𝄞 🅿️ 𝐕𝐈𝐒𝐀 ⓿

☺ *La Gillette –* ℰ *05 53 23 75 99 – les.vieilles.pierres@wanadoo.fr*
🍴 *– Fax 05 53 27 87 14 – Fermé 27 oct.-17 nov. et 16 fév.-9 mars*
9 ch – ✝43 € ✝✝49/59 €, ⧠ 6,50 € – ½ P 41/45 € – **Rest** – *(fermé sam. midi
de nov. à Pâques et dim. soir sauf juil.-août)* Menu 11 € (sem.)/35 €
– Carte 20/45 €
♦ Chambres simples réparties dans trois pavillons ouvrant sur un patio ombragé d'un
noyer. La salle à manger rustique, dans une ex-grange, ne fait pas mentir l'enseigne.
Restaurant d'été vitré surplombant l'aire de jeux du jardin. Repas classique.

✗✗ **La Cour d'Eymet** avec ch ⌂ 𝄞 rest, 𝐕𝐈𝐒𝐀 ⓿

32 bd National – ℰ *05 53 22 72 83 – Fermé 30 juin-10 juil., 15 fév.-15 mars, jeudi
midi, sam. midi de mars à oct., dim. soir, lundi, mardi de nov. à fév. et merc.*
3 ch ⧠ – ✝60/80 € ✝✝80/100 € – **Rest** – *(nombre de couverts limité, prévenir)*
Menu 25 € (déj. en sem.), 38/48 € – Carte 34/66 €
♦ Restaurant installé dans une maison bourgeoise, à la fois sobre et élégant. Jolie cour-
terrasse. Cuisine actuelle et de saison, petite cave riche en vins du pays. Grandes chambres
confortables.

EYSINES – 33 Gironde – 335 H5 – rattaché à Bordeaux

LES EYZIES-DE-TAYAC – 24 Dordogne – 329 H6 – 909 h. – alt. 70 m –
✉ 24620 ▌Périgord   4 **C3**

🖸 Paris 536 – Brive-la-Gaillarde 62 – Fumel 62 – Périgueux 47
– Sarlat-la-Canéda 21

🅸 Office de tourisme, 19, av. de la Préhistoire ℰ 05 53 06 97 05,
Fax 05 53 06 90 79

◉ Musée national de Préhistoire★ - Grotte du Grand Roc★★ : ≼★ - Grotte de
Font-de-Gaume★★.

🏠🏠 **Du Centenaire** sans rest ⌇ 𝄞 🎴 🅰️ ⇙ ⌇ ♨ 🅿️ 𝐕𝐈𝐒𝐀 ⓿ 🅰🅴 ⓪

2 av. du Cingle – ℰ *05 53 06 68 68 – hotel.centenaire@wanadoo.fr*
– Fax 05 53 06 92 41 – Ouvert d'avril à début nov.
14 ch – ✝100/138 € ✝✝100/230 €, ⧠ 17 € – 5 suites
♦ Cette demeure nichée dans un paisible jardin clos, accueille une délicieuse piscine,
propose des chambres agréables et cossues. Petit-déjeuner sous une belle verrière.

🏠 **Les Glycines** ⇐ ⚘ 🚗 ⋽ 🗘 🥂 ⅙ P VISA ⓪ AE

rte Périgueux – ℘ *05 53 06 97 07 – les-glycines-aux-eyzies@wanadoo.fr*
– Fax 05 53 06 92 19 – Ouvert de Pâques à la Toussaint
27 ch – ✝85/235 € ✝✝85/235 €, ☲ 14 € – ½ P 92/178 € – **Rest** – *(fermé merc.*
midi, lundi et mardi sauf juil.-août) Menu 37 € – Carte 48/72 €
◆ Hostellerie créée en 1862 (ex-relais de poste) au sein d'un site verdoyant : proximité
de la Vézère, parc et tonnelle de glycine. Chambres rénovées ; quatre en rez-de-
jardin. Restaurant tourné vers la nature, plaisante terrasse au calme et recettes au goût du
jour.

🏠 **Hostellerie du Passeur** 🚗 AK ⋽ 🗘 P VISA ⓪

pl. de la Mairie – ℘ *05 53 06 97 13 – hostellerie-du-passeur@perigord.com*
– Fax 05 53 06 91 63 – Ouvert de Pâques à la Toussaint
19 ch – ✝76/120 € ✝✝76/120 €, ☲ 9 € – ½ P 72/92 € – **Rest** – *(fermé mardi midi*
et sam. midi sauf juil.-août) Menu 19 € (déj.), 34/46 €
◆ Au cœur du bourg, bordant une petite place, demeure ancienne de caractère dont
les coquettes chambres ont été totalement refaites. Tables dressées avec soin dans
d'élégantes salles ou sur la terrasse ombragée. Carte traditionnelle le soir, formule bistrot
à midi.

🏠 **Moulin de la Beune** ॐ 🚗 🚗 P VISA ⓪ AE

– ℘ *05 53 06 94 33 – contact@moulindelabeune.com – Fax 05 53 06 98 06*
– Ouvert 2 avril-31 oct.
20 ch – ✝50 € ✝✝59/68 €, ☲ 7 € – ½ P 69 €
Rest *Au Vieux Moulin – (fermé mardi midi, merc. midi et sam. midi)*
Menu 30/42 € bc – Carte 42/63 €
◆ Deux vieux moulins dans un paisible jardin traversé par la Beune. Chambres meublées
d'ancien et décorées avec goût. Agréable salon doté d'une belle cheminée.
Restaurant rustique d'où l'on aperçoit la roue à aubes et terrasse côté rivière. Saveurs
régionales.

🏠 **Des Roches** sans rest 🚗 ⋽ 🕊 ⅙ ⅗ 🥂 P VISA ⓪ AE

rte de Sarlat – ℘ *05 53 06 96 59 – hotel@roches-les-eyzies.com*
– Fax 05 53 06 95 54 – Ouvert 11 avril-31 oct.
40 ch – ✝70/76 € ✝✝76/90 €, ☲ 9,50 €
◆ Au pied de falaises couronnées de chênes, bâtisse de style régional profitant d'une
piscine. Les chambres colorées affichent un décor classique. Jardin calme en bord de
rivière.

🏠 **Le Cro Magnon** 🚗 ⋽ P VISA ⓪ AE

54 av. Préhistoire – ℘ *05 53 06 97 06 – hotel.cro.magnon.les-eyzies@wanadoo.fr*
– Fax 05 53 06 95 45 – Ouvert 1er mars-30 nov.
15 ch – ✝65 € ✝✝70/130 €, ☲ 10 € – ½ P 64/74 € – **Rest** – Menu (17 €), 23/43 €
– Carte 30/42 €
◆ Cette demeure adossée aux rochers abrite de grandes chambres personnalisées. Agréable salon réchauffé d'une cheminée. Piscine. Repas traditionnels servis dans la véranda
ou la cour-terrasse ; petits-déjeuners dans la salle d'hiver, plus cossue.

à l'Est 7 km par rte de Sarlat – ✉ 24620 Les Eyzies-de-Tayac

🍽🍽 **La Métairie** 🚗 P VISA ⓪ AE ⓪

sur D 47 – ℘ *05 53 29 65 32 – bourgeade@wanadoo.fr – Fax 05 53 29 65 30*
🕮 *– Ouvert de mars à nov. et fermé dim. soir sauf juil.-août, merc. midi et lundi*
😊 **Rest** *–* Menu 16 € (déj. en sem.), 27/31 €
◆ Au pied de la falaise, ancienne ferme du château de Beyssac entourée d'un parc. Les
mangeoires dans la salle à manger rustique rappellent sa vocation première. Plats du
terroir.

à l'Est 8 km par rte de Sarlat, C 3 dir. Meyrals et rte secondaire – ✉ 24220 Meyrals

🏠 **Ferme Lamy** sans rest ॐ ⇐ 🚗 ⋽ ⅙ P VISA ⓪ AE

– ℘ *05 53 29 62 46 – ferme-lamy@wanadoo.fr – Fax 05 53 59 61 41*
12 ch – ✝95/165 € ✝✝105/175 €, ☲ 15 €
◆ Ambiance cosy dans cette ferme dotée d'un beau jardin. Chambres calmes, joliment
décorées de meubles anciens. Les "plus" : soirées "truffe" en saison, vol en montgolfière.

▶ Paris 938 – Cap d'Ail 6 – Menton 17 – Monaco 8 – Monte-Carlo 8 – Nice 12

🛈 Office de tourisme, place du Général-de-Gaulle ℰ 04 93 41 26 00,
Fax 04 93 41 04 80

◉ Site★★ - Sentier Frédéric Nietzsche★ - Le vieux village★ - Jardin exotique
❄★★★.

▣ "Belvédère" d'Èze ≼★★ O : 4 km.

Château de la Chèvre d'Or ⌂   ≼ côte et presqu'île, 🖾 🖾 ⌇ ⛨
r. Barri, (accès piétonnier) –   🖭 ❅ rest, ⛰ 🛁 ℗ ᴠɪsᴀ ⓂⓄ ᴀᴇ ⓪
ℰ 04 92 10 66 66 – reservation@chevredor.com – Fax 04 93 41 06 72
– Ouvert 14 mars-1er déc.
31 ch – ✦270/830 € ✦✦270/830 €, ⚏ 45 € – 4 suites
Rest – (fermé merc. en mars, lundi et mardi en nov.) (prévenir)
Menu 65 € (déj. en sem.), 210/340 € – Carte 145/350 €
Spéc. Coquillages et crustacés interprétés au fil des saisons. Homard bleu en deux
services. Filet d'agneau des Pyrénées ou de l'Aveyron. **Vins** Côtes de Provence,
Bellet.

♦ Site pittoresque dominant la mer, vrai nid d'aigle aux jardins suspendus agrippés au
rocher, cette demeure enchanteresse est une promesse de séjour inoubliable. Merveille
pour les yeux (paysage) et régal pour les papilles : le restaurant a un goût de paradis.

Château Eza ⌂   ≼ côte et presqu'île, 🖾 🖭 ❅ rest, ⛰ 🛁 ⌂
r. Pise, (accès piétonnier) – ℰ 04 93 41 12 24   ℗ ᴠɪsᴀ ⓂⓄ ᴀᴇ ⓪
– reception@chateaueza.com – Fax 04 93 41 16 64 – Fermé 1er nov.-15 déc.
9 ch – ✦180/795 € ✦✦180/795 €, ⚏ 25 € – 1 suite
Rest – (fermé lundi et mardi de nov. à mars) Menu 39 € (déj. en sem.), 80/100 € –
Carte 59/97 €
Spéc. Filets de rouget et jeunes pousses de mesclun. Saint-Pierre poché dans un
bouillon corsé. Carré d'agneau mariné et rôti, pressé de légumes. **Vins** Bellet.
♦ Cette somptueuse demeure du 14e s. accrochée entre ciel et mer offre une vue époustouflante sur la côte. Élégantes chambres personnalisées, avec terrasse, balcon ou jacuzzi
privé. À table : panorama sublime, toit ouvrant, décor moyenâgeux et subtile cuisine
actuelle.

Les Terrasses d'Eze ⌂   ≼ mer, 🖾 🖾 ⌇ ▣ 🖭 ⌿ ❅ rest, ⛰ 🛁
rte La Turbie par D 6007 et D 45 : 1,5 km –   ℗ ᴠɪsᴀ ⓂⓄ ᴀᴇ ⓪
ℰ 04 92 41 55 55 – info@hotel-eze.com – Fax 04 92 41 55 10
81 ch – ✦160/390 € ✦✦160/390 €, ⚏ 20 € – 6 suites – **Rest** – Menu 40 € – Carte
41/62 €
♦ Architecture contemporaine à flanc de colline. Toutes les chambres (avec terrasse),
spacieuses, en partie refaites, et la belle piscine à débordement contemplent la grande
bleue. Cuisine aux parfums régionaux complétée d'une petite carte snack en été.

Troubadour   ᴠɪsᴀ ⓂⓄ
r. du Brec, (accès piétonnier) – ℰ 04 93 41 19 03 – troubadoureze@wanadoo.fr
– Fermé 2-10 mars, 29 juin-8 juil., 12 nov.-8 déc., dim. et lundi
Rest – (prévenir) Menu 35/48 € – Carte 45/62 €
♦ Au cœur du vieux village, trois menues salles intimes et fraîches dans une demeure
ancienne. Carte classique évoluant au gré du marché et quelques spécialités provençales.

au Col d'Èze 3 km au Nord-Ouest – ✉ 06360 Eze – 2 509 h. – alt. 390 m

La Bastide aux Camélias sans rest ⌂   🖾 ⌇ ⌿ ⌿
23c rte de l'Adret – ℰ 04 93 41 13 68   ❅ ⛰ ℗ ᴠɪsᴀ ⓂⓄ
– sylviane.mathieu@libertysurf.fr – Fax 04 93 41 13 68
4 ch ⚏ – ✦100/150 € ✦✦100/150 €
♦ Cette belle villa immergée dans la verdure renferme des chambres personnalisées avec
raffinement (meubles anciens ou ethniques). Piscine et fitness.

Hôtels et restaurants bougent chaque année.
Chaque année, changez de guide Michelin !

ÈZE-BORD-DE-MER – 06 Alpes-Maritimes – 341 F5 – ⊠ 06360 Èze

42 E2

Côte d'Azur

▶ Paris 959 – Monaco 8 – Nice 14 – Menton 22

Cap Estel ⊗ ≤ mer, 🅐 🅑 🍴 ⊐ 🖼 🕏 🅛🅖 🖂 ♿ 🅐🅒 ↩ ⚘ 🅢🅐

1312 av. Raymond Poincaré – 𝄐 *04 93 76 29 29* **P** ⊚ **VISA** ⓂⒸ **AE**
– contact@capestel.com – Fax 04 93 01 55 20 – Ouvert 4 janv.-26 sept.
8 ch – 🕴350/1350 € 🕴🕴350/1350 €, ⊑ 25 € – 12 suites – 🕴🕴680/12900 €
Rest – Menu 55 € (déj. en sem.), 75/95 € – Carte 95/107 €

◆ Le havre de paix construit sur cette presqu'île par un prince russe à la fin du 19ᵉ s. a retrouvé toute sa splendeur. Chambres luxueuses et suites somptueuses. Plage privée. Élégante table au goût du jour tournée vers la grande bleue.

FAGNON – 08 Ardennes – 306 J4 – rattaché à Charleville-Mézières

---

FALAISE – 14 Calvados – 303 K6 – 8 434 h. – alt. 132 m – ⊠ 14700

32 B2

Normandie Cotentin

▶ Paris 264 – Argentan 23 – Caen 36 – Flers 37 – Lisieux 45 – St-Lô 107

🅘 Office de tourisme, boulevard de la Libération 𝄐 02 31 90 17 26,
Fax 02 31 90 98 70

◉ Château Guillaume-Le-Conquérant★ - Église de la Trinité★.

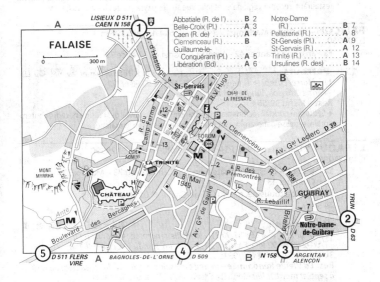

Abbatiale (R. de l')	**B**	2
Belle-Croix (Pl.)	**A**	3
Caen (R. de)	**A**	4
Clemenceau (R.)	**B**	
Guillaume-le-Conquérant (Pl.)	**A**	5
Libération (Bd)	**A**	6
Notre-Dame (R.)	**B**	7
Pelleterie (R.)	**A**	8
St-Gervais (Pl.)	**A**	9
St-Gervais (R.)	**A**	12
Trinité (R.)	**A**	13
Ursulines (R. des)	**A**	14

De la Poste ↩ 📞 🅢🅐 **P** **VISA** ⓂⒸ **AE**

38 r. G. Clemenceau – 𝄐 *02 31 90 13 14 – hotel.delaposte@wanadoo.fr*
– Fax 02 31 90 01 81 – Fermé 1ᵉʳ-23 janv., dim. soir, vend. soir et lundi d'oct. à avril
17 ch – 🕴53 € 🕴🕴53/76 €, ⊑ 8 € – **Rest** – *(fermé vend. midi de mai à sept.)* **B v**
Menu 16 € (sem.)/50 € – Carte 28/61 €

◆ Ce bâtiment de l'après-guerre héberge des chambres sobres et bien tenues ; celles sur l'arrière sont plus calmes. Salle de restaurant aux tons pastel où l'on sert des plats traditionnels.

La Fine Fourchette **VISA** ⓂⒸ **AE**

52 r. G. Clemenceau – 𝄐 *02 31 90 08 59 – Fax 02 31 90 00 83 – Fermé*
18 fév.-8 mars et mardi soir hors saison **B r**
Rest – Menu 16/54 € – Carte 36/54 €

◆ Sur la traversée du bourg, maison en pierre des années 1950 où l'on sert des repas au goût du jour sous les solives de deux salles actualisées. Assiettes joliment dressées.

✕✕ L'Attache

%% VISA ◍ ᴀᴇ

rte de Caen, par ① : 1,5 km – ℰ 02 31 90 05 38 – sarlhastain @ orange.fr
– Fax 02 31 90 57 19 – Fermé 22 sept.-9 oct., mardi et merc.
Rest – *(nombre de couverts limité, prévenir)* Menu 19/60 € – Carte 39/61 €
♦ Ancien relais de poste à façade pimpante. Sympathique intérieur classique et table du terroir réhabilitant quelquefois légumes et aromates injustement oubliés.

LE FALGOUX – 15 Cantal – 330 D4 – 193 h. – alt. 930 m – Sports d'hiver : 1 050 m
⚡1 ⚡ – ⊠ 15380   5 **B3**

🟥 Paris 533 – Aurillac 57 – Mauriac 29 – Murat 34 – Salers 15

◎ Vallée du Falgoux★.

◻ Cirque du Falgoux★★ SE : 6 km - Puy Mary ❄★★★ : 1 h AR du Pas de Peyrol★★ SE : 12 km, ▮ Auvergne

☖ Des Voyageurs

≤ 🌲 VISA ◍

😊
📶
– ℰ 04 71 69 51 59 – Fax 04 71 69 48 05 – Fermé 5 nov.-20 janv. et merc. soir hors saison
14 ch – ♦44 € ♦♦44 €, ⊆ 7 € – ½ P 42 € – **Rest** – Menu (15 €), 18 € (sem.)/27 € – Carte 18/30 €
♦ Auberge dans la pure tradition auvergnate : cantou (grande cheminée bordée de bancs) dans le bar et accueil serviable. Chambres refaites, sobrement rustiques et bien tenues. Au restaurant, recettes régionales et jolie vue sur les paysages des monts du Cantal.

FALICON – 06 Alpes-Maritimes – 341 E5 – 1 644 h. – alt. 396 m –
⊠ 06950   42 **E2**

🟥 Paris 935 – Cannes 42 – Nice 12 – Sospel 41 – Vence 32

✕✕ Parcours

≤ Nice et la mer, ◰ VISA ◍ ᴀᴇ

1 pl. Marcel Eusebi – ℰ 04 93 84 94 57 – Fax 04 93 98 66 90
– Fermé dim. soir, lundi et mardi
Rest – Menu 39/55 €
♦ Séduisant cocktail : écrans plasma retransmettant le travail des cuisiniers, cadre contemporain, terrasse panoramique et menus composés selon le marché.

LE FAOU – 29 Finistère – 308 F5 – 1 571 h. – alt. 10 m – ⊠ 29590
▮ Bretagne   9 **A2**

🟥 Paris 560 – Brest 30 – Châteaulin 20 – Landerneau 23 – Morlaix 52 – Quimper 43

🟦 Office de tourisme, rue du Gal-de-Gaulle ℰ 02 98 81 06 85

◎ Site★.

☖☖ De Beauvoir

▤ ⇆ ⬩ 🖧 🅿 VISA ◍ ᴀᴇ ①

11 pl. Mairie – ℰ 02 98 81 90 31 – la-vieille-renommee @ wanadoo.fr
– Fax 02 98 81 92 93 – Fermé 8-29 déc. et dim. soir du 1er oct. au 30 mai
30 ch – ♦52/75 € ♦♦77/95 €, ⊆ 10 € – ½ P 62/72 €
Rest *La Vieille Renommée* – *(fermé dim. soir d'oct. à mai, lundi sauf le soir de juin à sept. et mardi midi)* Menu 27 € (sem.)/60 € – Carte 35/61 € ❀
♦ Grande bâtisse au cœur d'un village éminemment breton niché au fond de l'estuaire du Faou. Préférez les chambres récemmment rafraîchies. La salle à manger de la Vieille Renommée est dressée avec soin ; cuisine traditionnelle assortie d'une belle carte des vins.

FARGES-ALLICHAMPS – 18 Cher – 323 K6 – 216 h. – alt. 194 m –
⊠ 18200   12 **C3**

🟥 Paris 290 – Orléans 164 – Bourges 38 – Montluçon 67 – Issoudun 47

⌂ Château de la Commanderie ⌂

≤ ◰ ⇆ ⬩ 🅿 VISA ◍

– ℰ 02 48 61 04 19 – chateaudelacommanderie @ wanadoo.fr
– Fax 02 48 61 01 84
5 ch ⊆ – ♦135 € ♦♦160/250 € – **Table d'hôte** – Menu 85 € bc
♦ Les propriétaires de cette ancienne commanderie des Templiers – cadre d'origine bien préservé – sont charmants. Chambres raffinées dans un contexte très calme, un parc de 10 ha. Dîner romantique (sur réservation) dans une superbe salle à manger.

FARROU – 12 Aveyron – 338 E4 – rattaché à Villefranche-de-Rouergue

---

LA FAUCILLE (COL DE) – 01 Ain – 328 J2 – voir à Col de la Faucille

---

FAULQUEMONT – 57 Moselle – 307 K4 – 5 478 h. – alt. 275 m –
⊠ 57380   27 **C1**

    🖪 Paris 367 – Metz 38 – Château-Salins 29 – Pont-à-Mousson 46 – St-Avold 15

🏠   **Le Chatelain** sans rest ॐ   ⇆ 🕉 *VISA* 🐱 AE
    1 pl. Monroë, (près de l'église) – ℰ 03 87 90 70 80 – hotel-lechatelain.com @
    wanadoo.fr – Fax 03 87 90 74 78
    25 ch – ♦49/64 € ♦♦49/64 €, � 7 €
    ♦ Sur une place paisible, à côté de la vieille église, ancienne ferme réaménagée aux chambres fonctionnelles. Patio agrémenté de plantes vertes.

FAVERGES – 74 Haute-Savoie – 328 K6 – 6 310 h. – alt. 507 m – ⊠ 74210
📗 Alpes du Nord   45 **C1**

    🖪 Paris 562 – Albertville 20 – Annecy 27 – Megève 35
    🖪 Office de tourisme, place Marcel Piquand ℰ 04 50 44 60 24, Fax 04 50 44 45 96

🏠🏠   **Florimont**   🚗 🏡 📶 ᕶ ⇆ 🕉 📞 ॐ 🅿 *VISA* 🐱 AE ①
😊   rte d'Albertville, 2,5 km – ℰ 04 50 44 50 05 – info @ hotelflorimont.com
    – Fax 04 50 44 43 20 – Fermé 20 déc.-5 janv.
    27 ch – ♦66/80 € ♦♦75/120 €, ⊆ 12 € – ½ P 72/100 €
    Rest – (fermé 13 déc.-5 janv., dim. soir et sam.) Menu 26/62 € – Carte 52/75 €
    ♦ Le Florimont (mot-valise pour fleur et montagne) jouit d'une situation privilégiée près d'un golf avec vue sur le Mont-Blanc. Tons vifs et tenue parfaite dans les chambres. Deux salles à manger – l'une classique, l'autre très savoyarde – et terrasse verdoyante.

🏠   **De Genève** sans rest   📶 ᕶ 🕮 ⇆ 📞 ॐ 🅿 *VISA* 🐱 AE ①
    34 r. République – ℰ 04 50 32 46 90 – hotel-de-geneve @ wanadoo.fr
    – Fax 04 50 44 48 09 – Fermé 18 avril-4 mai, 19 déc.-4 janv.
    30 ch – ♦46/70 € ♦♦55/78 €, ⊆ 8 €
    ♦ Reconnaissable à sa façade peinte, cet hôtel central constitue un utile point de chute. Chambres fonctionnelles, bien insonorisées côté rue. Expositions au bar (formule snack).

au Tertenoz 4 km au Sud-Est par D 12 et rte secondaire – ⊠ 74210 Seythenex

🍴🍴   **Au Gay Séjour** avec ch ॐ   ⇐ 🏡 ᕶ 🕉 📞 🅿 *VISA* 🐱 AE
    – ℰ 04 50 44 52 52 – hotel-gay-sejour @ wanadoo.fr – Fax 04 50 44 49 52 – Fermé
    dim. soir et lundi sauf fériés et sauf juil.-août
    11 ch – ♦70/75 € ♦♦85/100 €, ⊆ 13 € – ½ P 88/98 € – **Rest** – Menu (23 €),
    33/82 € – Carte 43/62 €
    ♦ Cette ferme du 17e s. retirée dans un hameau à fière allure. Cuisine traditionnelle, vue sur la vallée et décor contemporain haut en couleurs au restaurant. Chambres simples.

LA FAVIÈRE – 83 Var – 340 N7 – rattaché à Bormes-les-Mimosas

FAVIÈRES – 80 Somme – 301 C6 – 405 h. – alt. 1 m – ⊠ 80120   36 **A1**
    🖪 Paris 212 – Abbeville 22 – Amiens 77 – Berck-Plage 27 – Le Crotoy 5
    📷 Le Crotoy : Butte du Moulin ⇐★ SO : 5 km, 📗 Picardie Flandres Artois

🏠   **Les Saules** sans rest ॐ   🚗 ᕶ 📞 🅿 *VISA* 🐱 AE
    1075 r. Forges – ℰ 03 22 27 04 20 – hotellessaules @ wanadoo.fr – Fax 03 22 27 00 38
    13 ch – ♦60/65 € ♦♦65/80 €, ⊆ 10 €
    ♦ Tranquillité assurée dans cette maison moderne proche du parc ornithologique du Marquenterre. Chambres fonctionnelles tournées vers le jardin ou la campagne environnante.

🍴🍴   **La Clé des Champs**   🕮 🅿 *VISA* 🐱 AE ①
😊   – ℰ 03 22 27 88 00 – Fax 03 22 27 79 36 – Fermé 25 août-2 sept.,
😊   5-20 janv., 23 fév.-10 mars, lundi et mardi sauf fériés
    Rest – Menu 15 € (sem.)/40 €
    ♦ Cette ancienne ferme picarde s'est relookée en douceur. Le décor reste classique et sobre, agrémenté de toiles d'artistes locaux. Carte respectant les saisons et le marché.

FAYENCE – 83 Var – **340** P4 – **4 253 h.** – alt. 350 m – ⊠ **83440**
▊ Côte d'Azur

41 **C3**

▶ Paris 884 – Castellane 55 – Draguignan 30 – Fréjus 36 – Grasse 26 – St-Raphaël 37

🛈 Office de tourisme, place Léon Roux ℰ 04 94 76 20 08, Fax 04 94 39 15 96

◫ ≤ ★ de la terrasse de l'Église.

🏨 **Les Oliviers** sans rest   🔟 AC 🛇 🛇 🗜 P VISA ⓶⓪
quartier La Ferrage, rte de Grasse – ℰ *04 94 76 13 12* – *hotel.oliviers.fayen@free.fr*
– *Fax 04 94 76 08 05*
22 ch � – †73/78 € ††86/96 €
♦ Petit immeuble dominant la plaine du Gué et son important centre de vol à voile. Sportifs et "pantouflards" trouveront aux Oliviers des chambres privilégiant le côté pratique.

✕ **La Farigoulette**   🔝 VISA ⓶⓪
pl. du Château – ℰ *04 94 84 10 49* – *la-farigoulette@wanadoo.fr*
– *Fax 04 94 84 10 49 – Fermé 4-10 déc., 15-29 janv., 21 fév.-12 mars, mardi et merc.*
Rest – Menu 20 € bc (déj. en sem.)/36 € – Carte 54/61 €
♦ Terrasse ombragée et deux petites salles aménagées dans une ancienne étable, où pierres apparentes, mobilier traditionnel et décor provençal cohabitent harmonieusement. Cuisine régionale.

✕ **Le Temps des Cerises**   🔝 VISA ⓶⓪
pl. République – ℰ *04 94 76 01 19* – *louis.schroder@tiscali.fr – Fax 04 94 76 92 50*
– *Fermé 1ᵉʳ-27 déc. et mardi*
Rest – *(dîner seult sauf dim.)* Menu 39 € – Carte 42/54 €
♦ Maison charmante laissant le choix entre sa coquette salle ocre-rouge et sa terrasse d'été sous tonnelle. Mets traditionnels ou plus évolutifs ; chef d'origine néerlandaise.

✕ **La Table d'Yves**   🔝 P VISA ⓶⓪ AE
1357 rte de Fréjus, sur D563 : 2 km – ℰ *04 94 76 08 44 – contact@*
latabledyves.com – Fax 04 94 76 19 32 – Fermé vacances de la Toussaint, de fév.,
jeudi sauf le soir en saison et merc.
Rest – Menu 28/60 € bc – Carte 34/55 €
♦ Plaisante terrasse permettant d'admirer le village perché sur sa colline, pimpantes salles à manger aux murs ensoleillés et fraîche cuisine du marché : autant de bonnes raisons de vous attabler chez Yves !

à l'Ouest par rte de Seillans (D 19) et rte secondaire – ⊠ 83440 Fayence

🏨 **Moulin de la Camandoule** ॐ   ≤ 🐾 🔝 🔟 AC 🛇 🛇
à 2 km – ℰ *04 94 76 00 84*   P VISA ⓶⓪ AE ⓪
– *moulin.camandoule@wanadoo.fr – Fax 04 94 76 10 40*
12 ch – †51/118 € ††72/190 €, � 12 € – ½ P 87/125 € – **Rest** – *(fermé*
3-19 janv., jeudi sauf soir en saison et merc.) Menu 30/45 € – Carte 41/61 €
♦ Au cœur d'un parc traversé par un aqueduc romain, moulin à huile du 17ᵉ s. abritant de jolies chambres mi-campagnardes, mi-provençales. Cuisine régionale au restaurant doté d'une belle terrasse dressée au bord d'un charmant jardin-verger.

✕✕✕ **Le Castellaras** (Alain Carro)   ≤ 🍽 🔝 P VISA ⓶⓪ AE ⓪
❀ *461 chemin Peymeyan, à 4 km* – ℰ *04 94 76 13 80 – contact@*
restaurant-castellaras.com – Fax 04 94 84 17 50 – Fermé 6 janv.-6 fév., mardi
sauf juil.-août et lundi
Rest – Menu 45 € (sem.)/100 € bc – Carte 50/75 €
Spéc. Carpaccio de queues de langoustines (juil. à sept.). Carpaccio de filet de bœuf et foie gras (sept. à nov.). Déclinaison autour de l'asperge (avril à juin). **Vins** Côtes de Provence.
♦ Juchée sur une colline, jolie villa en pierre aménagée avec soin, d'où la vue porte sur Fayence et la vallée. Mais le principal attrait du lieu est sa cuisine aux couleurs de la Provence.

FÉCAMP – **76 Seine-Maritime** – **304** C3 – **21 027 h.** – **alt. 15 m** – **Casino** AZ – ✉ **76400** Normandie Vallée de la Seine 33 **C1**

Paris 201 – Amiens 165 – Caen 113 – Dieppe 66 – Le Havre 43 – Rouen 74

Office de tourisme, quai Sadi Carnot ✆ 02 35 28 51 01, Fax 02 35 27 07 77

Abbatiale de la Trinité★ - Palais Bénédictine★★ - Musée des Terres-Neuvas et de la Pêche★ **M³** - Chapelle N.-D.-du-Salut ✻★★ N : 2 km par D 79 BY.

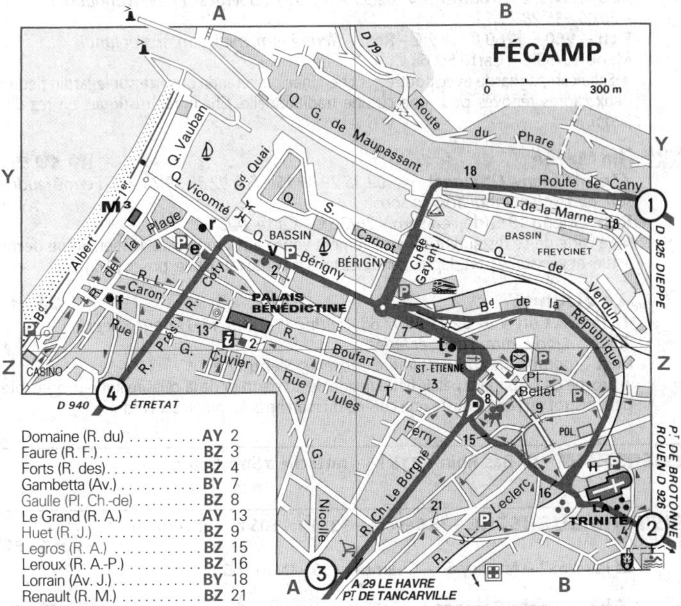

Domaine (R. du) . . . . AY 2
Faure (R. F.) . . . . BZ 3
Forts (R. des) . . . . BZ 4
Gambetta (Av.) . . . . BY 7
Gaulle (Pl. Ch.-de) . . . . BZ 8
Le Grand (R. A.) . . . . AY 13
Huet (R. J.) . . . . BZ 9
Legros (R. A.) . . . . BZ 15
Leroux (R. A.-P.) . . . . BZ 16
Lorrain (Av. J.) . . . . BY 18
Renault (R. M.) . . . . BZ 21

Le Grand Pavois sans rest VISA AE

15 quai Vicomté – ✆ *02 35 10 01 01* – *le.grandpavois@wanadoo.fr* – *Fax 02 35 29 31 67* AY **r**

32 ch – 84/139 € 84/139 €, 12,50 € – 3 suites

◆ Sur les quais, immeuble bâti en lieu et place d'une conserverie. Hall au décor marin et grandes chambres garnies de meubles contemporains ; certaines donnent sur le port.

La Ferme de la Chapelle ch, VISA AE

2 km par ①, rte du Phare et D 79 – ✆ *02 35 10 12 12* – *fermedelachapelle@wanadoo.fr* – *Fax 02 35 10 12 13* – *Fermé 15-22 nov.*

22 ch – 82/90 € 82/90 €, 11 € – **Rest** – *(fermé lundi midi)* Menu 26/32 € – Carte 33/37 €

◆ Couronnant une falaise qui domine la ville, cette ancienne ferme accolée à la chapelle des marins abrite, autour d'une cour carrée, des chambres sobrement meublées. Salle de restaurant à la fois simple et accueillante, où l'on sert des plats traditionnels.

De la Plage sans rest VISA AE

87 r. de la Plage – ✆ *02 35 29 76 51* – *hoteldelaplagefecamp@wanadoo.fr* – *Fax 02 35 28 68 30* AY **f**

22 ch – 40/66 € 40/66 €, 6,50 €

◆ Les chambres de cette construction moderne proche du front de mer sont menues, mais pratiques et fraîches. On petit-déjeune dans une salle au décor maritime.

🏠 **Vent d'Ouest** sans rest 　　　　　　　　📞 VISA ⬤ AE
3 av. Gambetta – ℰ *02 35 28 04 04 – hotel@hotelventdouest.tm.fr*
– Fax 02 35 28 75 96　　　　　　　　　　　　　　　　BY **t**
15 ch – ♦34/40 € ♦♦40/48 €, � 5 €
♦ Cet hôtel familial sans prétention, entièrement refait, conviendra aux budgets serrés. Les chambres, de couleur jaune, sont bien équipées. Coquette salle des petits-déjeuners.

XXX **Auberge de la Rouge** avec ch 　　　🚗 🏡 **P** VISA ⬤ AE
rte du Havre, 2 km par ③ – ℰ *02 35 28 07 59 – auberge.rouge@wanadoo.fr*
– Fax 02 35 28 70 55
8 ch – ♦60 € ♦♦60 €, �‍ 7 € – **Rest** – *(fermé sam. midi, dim. soir et lundi)*
Menu 19/59 € – Carte 59/68 €
♦ Salle campagnarde avec poutres et cheminée ou véranda ouverte sur le jardin fleuri : deux cadres rénovés pour une cuisine traditionnelle. Chambres rustiques en rez-de-jardin.

XX **La Marée** 　　　　　　　　　　　　🏡 VISA ⬤ AE
77 quai Bérigny, (1er étage) – ℰ *02 35 29 39 15 – Fax 02 35 29 73 27 – Fermé jeudi soir, dim. soir et lundi hors saison*　　　　　　　　　　AY **v**
Rest – Menu 19 € (déj. en sem.), 26/36 € – Carte 34/55 €
♦ La carte de ce restaurant est entièrement vouée aux produits de la mer. Sobre décor actuel et vue sur le port depuis certaines tables. Petite terrasse exposée plein Sud.

X **Le Vicomté** 　　　　　　　　　　　　　　VISA ⬤ ⓞ
4 r. Prés. R. Coty – ℰ *02 35 28 47 63 – Fermé 1er-8 mai, 15-31 août-3 sept.,*
20 déc.-4 janv., dim., merc. et fériés　　　　　　　　　AY **e**
Rest – *(nombre de couverts limité, prévenir)* Menu 17 €
♦ Proche de l'étonnant palais Bénédictine dû au créateur de la célèbre liqueur, agréable petit bistrot où l'on déguste une cuisine du marché à découvrir sur l'ardoise.

FEGERSHEIM – 67 Bas-Rhin – 315 K6 – **rattaché à Strasbourg**

FEISSONS-SUR-ISÈRE – 73 Savoie – 333 L4 – 505 h. – alt. 407 m –
✉ 73260　　　　　　　　　　　　　　　　　　　　　46 **F2**
　　🄳 Paris 632 – Annecy 60 – Chambéry 66 – Lyon 166

XX **Château de Feissons** 　　　　　　　⩽ 🏡 VISA ⬤ AE
– ℰ 04 79 22 59 59 – lechateaudefeissons@wanadoo.fr – Fax 04 79 22 59 76
– Fermé dim. soir et lundi
Rest – Menu 19 € (déj. en sem.), 29/56 €
♦ Château du 12e s. perché sur une colline dominant la Tarentaise. Cuisine de saison servie dans un décor chaleureux (poutres, grande cheminée) ou sur la belle terrasse-belvédère.

LE FEL – 12 Aveyron – 338 H3 – **rattaché à Entraygues-sur-Truyères**

FELDBACH – 68 Haut-Rhin – 315 H11 – 401 h. – alt. 410 m – ✉ 68640
▌Alsace Lorraine　　　　　　　　　　　　　　　　　1 **A3**
　　🄳 Paris 461 – Altkirch 14 – Basel 34 – Belfort 46 – Colmar 80 – Montbéliard 41
　　– Mulhouse 32

XX **Cheval Blanc** 　　　　　　　　　　　　🏡 **P** VISA ⬤
1 r. Bisel – ℰ *03 89 25 81 86 – Fax 03 89 07 72 88 – Fermé 23 juin-8 juil., 26 janv.-10 fév., lundi et mardi*
Rest – Menu 11 € (déj. en sem.), 15/36 € – Carte 22/49 € ⸖
♦ Quelques recettes actuelles ponctuent la carte mi-traditionnelle, mi-régionale de cette maison typique du Sundgau. Très beau choix de vins.

FELICETO – 2B Haute-Corse – 345 C4 – **voir à Corse**

FENEYROLS – 82 Tarn-et-Garonne – 337 G7 – 166 h. – alt. 124 m –
✉ 82140   29 **C2**
- ▶ Paris 632 – Cahors 63 – Limoges 245 – Lyon 424 – Montpellier 251
  – Toulouse 642

✗✗   **Hostellerie Les Jardins des Thermes** avec ch ⌂   ⌂ 🕿 🛰 🎮 📶
Le bourg – ✆ 05 63 30 65 49 – *hostellerie@*   ₺ ch, 🅿 *VISA* 🐵 🎴
jardinsdesthermes.com – Fax 05 63 30 60 17 – Ouvert 1er mars-15 nov.
5 ch – ♦42/46 € ♦♦42/46 €, ⊇ 7,50 € – 2 suites – ½ P 47/49 € – *Rest – (fermé
merc. et jeudi sauf juil.-août)* Menu (14,50 €) – Carte 39/46 €
♦ Cet ancien hôtel thermal est blotti dans un parc (vestiges de thermes romains) au bord
de l'Aveyron. Chambres actuelles et restaurant joliment coloré.

FERAYOLA – 2B Haute-Corse – 345 B5 – **voir à Corse (Galéria)**

FÈRE-EN-TARDENOIS – 02 Aisne – 306 D7 – 3 356 h. – alt. 180 m – ✉ 02130
▌ Nord Pas-de-Calais Picardie   37 **C3**
- ▶ Paris 111 – Château-Thierry 23 – Laon 55 – Reims 50 – Soissons 27
- 🛈 Office de tourisme, 18, rue Etienne-Moreau-Nelaton ✆ 03 23 82 31 57,
  Fax 03 23 82 28 19
- 🏌 de Champagne à Villers-Agron-Aiguizy Moulin de Neuville, E : 17 km par D 2,
  ✆ 03 23 71 62 08.
- 📷 Château de Fère★ : Pont-galerie★★ N : 3 km.

🏰   **Château de Fère** ⌂   ≼ ⌂ 🕿 ☁ 🛰 ₺ ch, 🏌 ₷ 🅿 *VISA* 🐵 🎴 🅞
rte de Fismes, 3 km au Nord par D 967 – ✆ 03 23 82 21 13 – *chateau.fere@
wanadoo.fr – Fax 03 23 82 37 81 – Fermé 2 janv. au 1er fév.*
19 ch – ♦150/170 € ♦♦180/360 €, ⊇ 22 € – 7 suites – **Rest** – *(fermé mardi midi
et lundi de nov. à mars)* Menu 36 € (sem.)/90 € – Carte 77/110 € ❀
♦ Avec en arrière-plan les ruines du château d'Anne de Montmorency et de son
fameux pont, cette belle demeure du 16e s. offre un décor somptueux (vaste parc). Les
deux salles à manger rivalisent d'élégance (fresque à la gloire de La Fontaine, belles
boiseries).

FERNEY-VOLTAIRE – 01 Ain – 328 J3 – 7 083 h. – alt. 430 m – ✉ 01210
▌ Franche-Comté Jura   46 **F1**
- ▶ Paris 499 – Bellegarde-sur-Valserine 37 – Genève 10 – Gex 10
  – Thonon-les-Bains 43
- ✈ de Genève-Cointrin ✆ (00 41 22) 717 71 11, S : 4 km.
- 🛈 Office de tourisme, 26, Grand'Rue ✆ 04 50 28 09 16, Fax 04 50 40 78 99
- 🏌 de Gonville à Saint-Jean-de-Gonville, SO : 14 km par D 35 et D 984,
  ✆ 04 50 56 40 92.
- 📷 Château★.
- 📷 Genève★★★.

🏰   **Novotel**   🚗 🕿 ☁ 🛰 ₺ ch, 🎬 ↯ 🛰 ₷ 🅿 *VISA* 🐵 🎴 🅞
par D 35 – ✆ 04 50 40 85 23 – *h0422@accor.com – Fax 04 50 40 76 33*
80 ch – ♦95 € ♦♦175 €, ⊇ 13,50 € – **Rest** – Menu 22 € – Carte 24/41 €
♦ Un vent de renouveau a soufflé sur ce Novotel proche de la frontière suisse.
Chambres désormais contemporaines (aux normes de la chaîne) : bois clair et tendance
zen. Restaurant élégant (avec terrasse) pour des plats traditionnels et des spécialités
régionales.

✗✗   **De France** avec ch   🕿 ↯ *VISA* 🐵 🎴
1 r. de Genève – ✆ 04 50 40 63 87 – *hotelfranceferney@wanadoo.fr*
– *Fax 04 50 40 47 27 – Fermé 19-28 avril, 26 juil.-4 août, 25 oct.-3 nov.,
20 déc.-8 janv.*
14 ch – ♦66/100 € ♦♦84/115 €, ⊇ 9 € – ½ P 72/88 € – **Rest** – *(fermé sam. midi,
dim. et lundi)* Menu (20 €), 23 € (déj.), 43/66 € – Carte 38/60 € ❀
♦ Maison de 1742 bien reprise en main : salle à manger modernisée, bar cosy, véranda
prolongée par une terrasse sous les tilleuls, jolies chambres, et cuisine au goût du jour.

✗✗ Le Pirate ⌂ VISA ⬤ AE ①

chemin de la Brunette – ✆ 04 50 40 63 52 – contact @ lepirate.fr
– Fax 04 50 40 64 50 – Fermé 1ᵉʳ-21 août, 2-10 janv., dim. et lundi sauf fériés
Rest – Menu (24 €), 28 € (déj. en sem.), 36/61 € – Carte 45/69 €
♦ Une adresse dédiée aux produits de la mer. Élégantes salles à manger (tons chaleureux, plantes vertes à profusion) et véranda ouverte, aux beaux jours, sur une fontaine.

✗ Le Chanteclair ⌂ VISA ⬤

13 r. Versoix – ✆ 04 50 40 79 55 – Fax 04 50 40 93 04 – Fermé 27 juil.-26 août, 28 déc.-6 janv., dim. et lundi
Rest – Menu 27 € (déj.)/55 € – Carte 42/54 €
♦ Cuisine rythmée par les saisons et tables dressées de façon contemporaine en ce sympathique restaurant égayé de tons bleu et jaune (originale devanture chargé d'écritures).

FERRETTE – 68 Haut-Rhin – 315 H12 – 1 020 h. – alt. 470 m – ✉ 68480

▮ Alsace Lorraine 　　　　　　　　　　　　　　　　　　　　　　　　　　　1 **A3**

　　▱ Paris 467 – Altkirch 20 – Basel 28 – Belfort 52 – Colmar 85 – Montbéliard 48 – Mulhouse 38

　　▱ Office de tourisme, route de Lucelle ✆ 03 89 08 23 88, Fax 03 89 40 33 84

　　▱ de la Largue à Seppois-le-Bas Rue du Golf, O : 10 km par D 473 et D 24, ✆ 03 89 07 67 67.

　　▱ Site★ – Ruines du Château ≼★.

à Ligsdorf 4 km au Sud par D 432 – 297 h. – alt. 520 m – ✉ 68480

✗✗ Le Moulin Bas et rest. La Mezzanine avec ch ⌂

1 r. Raedersdorf – ✆ 03 89 40 31 25 　　　⌂ ⅗ P VISA ⬤
– info @ le-moulin-bas.fr
8 ch – ♦65/75 € ♦♦85/95 €, ⌷ 9,50 € – ½ P 69/98 €
Rest – (fermé mardi) Menu 12,50 € (déj. en sem.), 34/62 € – Carte 26/64 €
Rest Stuba – (fermé mardi) Menu 34/62 € – Carte 26/64 €
♦ Ce moulin édifié en 1796 au bord de l'Ill dispose d'une élégante salle à manger, où l'on déguste plats régionaux et grillades en saison. Au Stuba, décor de winstub, vue sur l'ancien mécanisme, cuisine alsacienne et tartes flambées. Chambres calmes et fonctionnelles.

à Moernach 5 km à l'Ouest par D 473 – 536 h. – alt. 470 m – ✉ 68480

✗✗ Aux Deux Clefs avec ch ⌂ 　　　　　　P ⌂ VISA ⬤

– ✆ 03 89 40 80 56 – auxdeuxclefs @ wanadoo.fr – Fax 03 89 08 10 47 – Fermé 20 juil.-5 août, vacances de la Toussaint et de fév.
7 ch – ♦36 € ♦♦47 €, ⌷ 7,50 € – ½ P 55 € – **Rest** – (fermé merc. soir et jeudi) Menu 21/46 € – Carte 31/55 €
♦ Jolie maison à colombages typique du Sundgau. Salle à manger cossue ornée de tableaux et carte traditionnelle. Accueillantes chambres fonctionnelles dans l'annexe voisine.

à Lutter 8 km au Sud-Est par D 23 – 297 h. – alt. 428 m – ✉ 68480

✗✗ L'Auberge Paysanne avec ch ⌂ 　　　　　⌂ ⅗ P VISA ⬤

1 r. de Wolschwiller – ✆ 03 89 40 71 67 – aubergepaysanne2 @ wanadoo.fr
– Fax 03 89 07 33 38 – Fermé 30 juin-14 juil., 3 sem. en janv., mardi midi et lundi
7 ch – ♦39 € ♦♦50 €, ⌷ 8 € – ½ P 49 € – **Rest** – Menu 11,50 € (déj. en sem.), 23/40 € – Carte 23/49 €
♦ Maison familiale près de la frontière suisse. Parmi les salles du restaurant, la winstub a plus de charme. Spécialités locales et méditerranéennes. Chambres actuelles.

Hostellerie Paysanne ▯ ⌂ 　　　　　　　　⌂ ⅗ P VISA ⬤

8 r. de Wolschwiller – ✆ 03 89 40 71 67 – aubergepaysanne2 @ wanadoo.fr
– Fax 03 89 07 33 38
9 ch – ♦48 € ♦♦62/70 €, ⌷ 8 € – ½ P 55/59 €
♦ Ferme alsacienne (1618) démontée puis reconstruite dans ce village. Chambres garnies de meubles de style. Accueil à l'Auberge Paysanne.

LA FERRIÈRE-AUX-ÉTANGS – 61 Orne – 310 F3 – rattaché à Flers

FERRIÈRES-EN-GÂTINAIS – 45 Loiret – 318 N3 – 3 049 h. – alt. 96 m –
⊠ 45210 ▥ Bourgogne   12 **D2**

> ◪ Paris 99 – Auxerre 81 – Fontainebleau 40 – Montargis 12 – Nemours 26
> – Orléans 86
> ◪ Office de tourisme, place des Églises ℰ 02 38 96 58 86, Fax 02 38 96 60 39
> ◙ Croisée du transept★ de l'église St-Pierre et St-Paul.

L'Abbaye ⌂   ⌂ & ch, ℰ ⇕ P ⟦VISA⟧ ◑◉ ⟦AE⟧
– ℰ 02 38 96 53 12 – info @ hotel-abbaye.fr – Fax 02 38 96 57 63
30 ch – ♦63/89 € ♦♦63/89 €, ⇌ 8,50 € – ½ P 58 € – **Rest** – Menu (14 €), 23 €
(sem.)/55 €
  ♦ L'enseigne fait allusion à l'abbaye St-Pierre-et-St-Paul autour de laquelle s'est développé
le bourg. Préférez les chambres récentes, spacieuses et bien équipées. Vaste salle des repas
où l'on sert une cuisine traditionnelle ; terrasse très prisée en été.

FERRIÈRES-LES-VERRERIES – 34 Hérault – 339 H5 – 38 h. – alt. 320 m –
⊠ 34190   23 **C2**

> ◪ Paris 747 – Montpellier 41 – Alès 47 – Florac 86 – Millau 102

✗✗ **La Cour-Mas de Baumes** avec ch ⌂   ⟨ ⟫ ⌂ ⌶ & ch, ⅜ ch,
4 km à l'Est par D 107^E4 – ℰ 04 66 80 88 80   ⇕ P ⟦VISA⟧ ◑◉ ⟦AE⟧
– info @ oustaldebaumes.com – Fax 04 66 80 88 82 – Fermé mardi et merc. du
1er nov. au 15 mars, dim. soir, lundi et hôtel fermé en sem. hors saison
6 ch – ♦58/80 € ♦♦70/98 €, ⇌ 9 € – ½ P 70/84 € – **Rest** – Menu (25 €), 38/65 €
– Carte 48/59 € ⅜
  ♦ Ex-métairie et verrerie isolées en pleine nature où l'on déguste une cuisine originale
dans un cadre élégant associant l'ancien et le moderne. Jolies chambres contemporaines.

LA FERTÉ-BEAUHARNAIS – 41 Loir-et-Cher – 318 I6 – 510 h. – alt. 101 m –
⊠ 41210 ▥ Châteaux de la Loire   12 **C2**

> ◪ Paris 183 – Orléans 45 – Blois 46 – Vierzon 56 – Fleury-les-Aubrais 63

↑ **Château de la Ferté Beauharnais** sans rest ⌂   ◱ ⇕ P
172 r. du Prince-Eugène – ℰ 02 54 83 72 18 – Fax 02 54 83 72 18
3 ch ⇌ – ♦135/145 € ♦♦135/145 €
  ♦ Dans un parc, ce château fut la résidence de la famille de Beauharnais, et notamment de
Joséphine, première épouse de Napoléon. Chambres de style (parquet, moulures, cheminée).

LA FERTÉ-BERNARD – 72 Sarthe – 310 M5 – 9 239 h. – alt. 90 m – ⊠ 72400
▥ Châteaux de la Loire   35 **D1**

> ◪ Paris 164 – Alençon 56 – Chartres 79 – Châteaudun 65 – Le Mans 54
> ◪ Office de tourisme, 15, place de la Lice ℰ 02 43 71 21 21, Fax 02 43 93 25 85
> ◪ du Perche à Souancé-au-Perche La Vallée des Aulnes, NE : 21 km par D 923
> et D137, ℰ 02 37 29 17 33.
> ◙ Église N.-D.-des Marais★★.

✗✗✗ **La Perdrix** avec ch   ⟦AC⟧ rest, ℰ ⇌ ⟦VISA⟧ ◑◉
2 r. de Paris – ℰ 02 43 93 00 44 – restaurantlaperdrix @ hotmail.com
⊷ – Fax 02 43 93 74 95 – Fermé fév., lundi soir et mardi
7 ch – ♦47 € ♦♦54/59 €, ⇌ 7 € – **Rest** – Menu 18 € (sem.)/38 €
– Carte 39/45 €
  ♦ Imposante bâtisse bordant la route nationale. Deux salles à manger redécorées dans un
style bourgeois (moulures, tons blanc-bleu dans l'une, rouge-beige dans l'autre).

✗✗ **Le Dauphin**   ⌂ ⟦VISA⟧ ◑◉
3 r. d'Huisne, (accès piétonnier) – ℰ 02 43 93 00 39 – Fax 02 43 71 26 65
⊷ – Fermé 20-26 avril, 10-23 août, dim. soir et lundi
Rest – Menu 17 € (sem.)/41 € – Carte 40/55 €
  ♦ Un vent nouveau souffle dans cette vénérable maison (16e s.) de la vieille ville. Façade
ravivée, salle rafraîchie par des tons vifs, belle cheminée d'époque, terrasse urbaine.

LA FERTÉ-HAUTERIVE – 03 Allier – 326 H5 – rattaché à Varennes-sur-Allier

LA FERTÉ-IMBAULT – 41 Loir-et-Cher – 318 I7 – 1 035 h. – alt. 99 m – ✉ 41300

12 **C2**

Paris 191 – Bourges 66 – Orléans 68 – Romorantin-Lanthenay 19 – Vierzon 23

Syndicat d'initiative, 31, route Nationale ✆ 02 54 96 34 83, Fax 02 54 96 34 83

Auberge À la Tête de Lard – A/C rest, ch, P VISA MC AE

13 pl. des Tilleuls – ✆ 02 54 96 22 32 – Fax 02 54 96 06 22
– Fermé 12-25 sept., 20 janv.-13 fév., dim. soir, mardi midi et lundi

11 ch – †50 € ††76 €, ☕ 8 € – ½ P 59 € – **Rest** – Menu (19 €), 26 € (sem.), 44/51 € – Carte 32/70 €

◆ Chambres actuelles et sobres dans une agréable petite auberge solognote, ex-relais de poste. Côté loisirs : randonnées et VTT dans la campagne environnante. Restaurant rustique, au joli cachet campagnard ; on y sert une cuisine du terroir et du gibier en saison.

LA FERTÉ-MACÉ – 61 Orne – 310 G3 – 6 679 h. – alt. 250 m – ✉ 61600

Normandie Cotentin

32 **B3**

Paris 227 – Alençon 46 – Argentan 33 – Domfront 23 – Falaise 41 – Flers 26

Syndicat d'initiative, 11, rue de la Victoire ✆ 02 33 37 10 97, Fax 02 33 37 10 97

LA FERTÉ-MACÉ

Armand-Macé (R.) . . . . **B** 2
Barre (R. de la) . . . . **B** 4
Chauvière (R.) . . . . **B** 7
Clouet (R. du) . . . . **A** 8
De-Contades (Bd Gérard) . . . . **A** 10
Fossés Nicole (R. des) . . . . . . **B** 12
Hautvie (R. d') . . . . **B**
Leclerc (Pl. du Gén.) . . . . **B** 15
Le-Meunier-de-la-Raillère (Av.) . . . . **B** 13
République (Pl. de la) . . . . . . **B** 16
Teinture (R. de la) . . . . **B** 18
Val Vert (R. du) . . . . **A** 19
4-Roues (R. des) . . . . **B** 21

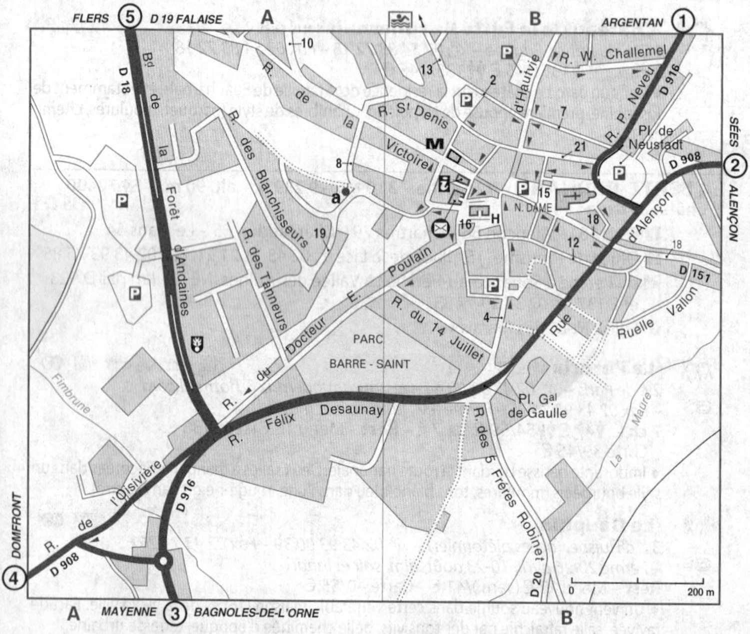

Auberge d'Andaines

rte Bagnoles-de-l'Orne, par ③ : 2 km – ℰ *02 33 37 20 28 – resa@*
aubergeandaines.com – Fax 02 33 37 25 05 – Fermé 20 janv.-10 fév. et vend.
du 15 oct. au 1ᵉʳ avril
15 ch – ♦40/70 € ♦♦40/70 €, ☲ 9,50 € – ½ P 45/55 €
Rest – Menu 16/40 €
◆ Auberge familiale à la lisière de la forêt des Andaines. Chambres simples mais bien tenues ; choisir si possible celles côté jardin. Restaurant coquet et chaleureux, conçu dans un style un brin rétro. Cuisine traditionnelle.

Auberge de Clouet avec ch

Le Clouet – ℰ *02 33 37 18 22 – Fax 02 33 38 28 52 – Fermé 1ᵉʳ-17 nov., dim. soir et*
lundi d'oct. à Pâques A **a**
6 ch – ♦46 € ♦♦67 €, ☲ 8,50 € – ½ P 72 € – **Rest** – *(fermé lundi d'oct. à Pâques et*
dim. soir) Menu (17 €), 22/75 € – Carte 28/68 €
◆ Produits du terroir servis dans le cadre rustique de cette ancienne ferme du bocage normand ou sur sa jolie terrasse fleurie. Quelques chambres modestes.

LA FERTÉ-ST-AUBIN – 45 Loiret – 318 I5 – 6 783 h. – alt. 114 m – ⌷ 45240
🏛 Châteaux de la Loire   12 **C2**

 ▶ Paris 153 – Blois 62 – Orléans 23 – Romorantin-Lanthenay 45
  – Salbris 34
 🛈 Office de tourisme, rue des Jardins ℰ 02 38 64 67 93, Fax 02 38 64 61 39
 🖸 des Aisses Domaine des Aisses, SE : 3 km par N 20, ℰ 02 38 64 80 87 ;
 🖸 de Sologne Route de Jouy-le-Potier, N-O : 5 km, ℰ 02 38 76 57 33.
 ◉ Château★.

L'Orée des Chênes

Nord-Est : 3,5 km par rte Marcilly – ℰ *02 38 64 84 00 – info@loreedeschenes.com*
– Fax 02 38 64 84 20
26 ch – ♦100/130 € ♦♦110/150 €, ☲ 15 € – ½ P 110/140 € – **Rest** – Menu 30 €
(sem.)/50 € – Carte 55/86 €
◆ Les lignes de ce complexe hôtelier récent respectent la tradition architecturale solognote. Chambres au calme. Grand parc avec étang, pêche et chasse. Salle à manger rustique (poutres apparentes, tomettes) proposant une cuisine bien tournée.

La Ferme de la Lande

Nord-Est : 3 km par rte Marcilly – ℰ *02 38 76 64 37 – solognote@*
fermedelalande.com – Fax 02 38 64 68 87 – Fermé 24 sept.-6 oct., 14 janv.-3 fév.,
dim. soir et lundi
Rest – Menu 37/59 € – Carte 61/74 €
◆ Restaurant aménagé dans un corps de ferme dont l'authenticité a été habilement préservée (pans de bois et briques). Cuisine au goût du jour. Balade apéritive dans le parc.

Auberge de l'Écu de France

6 r. Gén.-Leclerc, (N 20) – ℰ *02 38 64 69 22 – Fax 02 38 64 09 54 – Fermé lundi soir,*
dim. soir et vend.
Rest – Menu (12 €), 16 € (déj. en sem.), 23/42 € – Carte 35/51 €
◆ Petite maison régionale bâtie au 17ᵉ s. et située à deux pas du majestueux château. Coquet intérieur campagnard cloisonné de colombages et cuisine traditionnelle.

à Menestreau en Villette 7 km à l'Est par D 17 – 1 384 h. – alt. 122 m – ⌷ 45240

Le Relais de Sologne

63 pl. 8 Mai 1945 – ℰ *02 38 76 97 40 – lerelaisdesologne@wanadoo.fr*
– Fax 02 38 49 60 43 – Fermé 1ᵉʳ-10 mars, 21 juil.-6 août, 22-28 déc., mardi soir, dim.
soir et merc.
Rest – Menu 17 € (déj. en sem.), 27/55 €
◆ Accueillante salle à manger rustique située au centre du village ; plats traditionnels. À 2 km, ne manquez pas le domaine du Ciran, conservatoire solognot de la faune sauvage.

LA FERTÉ-ST-CYR – 41 Loir-et-Cher – 318 H6 – 894 h. – alt. 82 m – ⊠ 41220

12 **C2**

▷ Paris 170 – Orléans 37 – Blois 32 – Romorantin-Lanthenay 35

🏠 **Saint-Cyr** sans rest ✆ 🅿 VISA ⚫⑤

15 r. de Bretagne – ✆ *02 54 87 90 51 – hotel-st-cyr @ tiscali.fr – Fax 02 54 87 94 64*

20 ch – ♦45/60 € ♦♦48/65 €, � 8 €

♦ Petites chambres colorées garnies de meubles en fer forgé et feuilles de bananier tressées. Esprit maison d'hôte, boutique de produits du terroir, location de vélos.

LA FERTÉ-SOUS-JOUARRE – 77 Seine-et-Marne – 312 H2 – 8 584 h. – alt. 58 m – ⊠ 77260

19 **D1**

▷ Paris 67 – Melun 70 – Reims 83 – Troyes 116

🛈 Office de tourisme, 34, rue des Pelletiers ✆ 01 60 01 87 99, Fax 01 60 22 99 82

🏰 **Château des Bondons** ⬚ 🔊 🎨 ✆ 🅿 VISA ⚫⑤ AE ①

2 km à l'Est par D 70, rte Montménard – ✆ *01 60 22 00 98 – castel @ chateaudesbondons.com – Fax 01 60 22 97 01*

11 ch – ♦100/120 € ♦♦100/160 €, � 20 € – 3 suites – **Rest** – *(fermé 2-30 janv., lundi et mardi)* Menu 20 € (sem.)/49 € – Carte 53/117 €

♦ Cette demeure du 18e s. fut celle du romancier G. Ohnet et abrita le G.Q.G. de l'armée française pendant la drôle de guerre. Chambres personnalisées et d'ampleur variée. Restaurant avec boiseries, fresque évoquant Marseille et cheminée ornée de céramiques.

à Jouarre 3 km au Sud par D 402 – 3 415 h. – alt. 141 m – ⊠ 77640

🛈 Office de tourisme, rue de la Tour ✆ 01 60 22 64 54, Fax 01 60 22 65 15

◎ Crypte ★ de l'abbaye, 📗 Île de France.

🏠 **Le Plat d'Étain** ✆ 🅿 VISA ⚫⑤

6 pl. A. Tinchant – ✆ *01 60 22 06 07 – infos @ le-plat-d-etain.com – Fax 01 60 22 35 63*

18 ch – ♦55/62 € ♦♦62 €, � 7 € – ½ P 44/54 € – **Rest** – *(fermé vend. soir, dim. soir et soir fériés)* Menu 18 € (sem.)/46 € – Carte 39/71 €

♦ Auberge édifiée en 1840 à deux pas de l'abbaye et de ses cryptes carolingiennes. Les chambres sont, pour leur part, actuelles. Un plat en étain orne depuis toujours le mur de la salle à manger, récemment rafraîchie dans le style néo-rustique.

FEURS – 42 Loire – 327 E5 – 7 669 h. – alt. 343 m – ⊠ 42110

📗 Lyon et la vallée du Rhône

44 **A2**

▷ Paris 433 – Lyon 69 – Montbrison 24 – Roanne 38 – St-Étienne 47 – Thiers 68 – Vienne 93

🛈 Office de tourisme, place du Forum ✆ 04 77 26 05 27, Fax 04 77 26 00 55

🏠 **Etésia** sans rest 🔊 🗻 🕭 ⇆ 🛇 ✆ 🛦 🅿 VISA ⚫⑤ AE

rte de Roanne – ✆ *04 77 27 07 77 – contact @ hotel-etesia.fr – Fax 04 77 27 03 33 – Fermé 25 déc.-1er janv.*

15 ch – ♦50/56 € ♦♦50/56 €, � 7 €

♦ Cet hôtel entièrement rénové propose des chambres de plain-pied, pratiques et rehaussées de couleurs gaies. Agréable jardin arboré. Formules buffet au petit-déjeuner.

🍴🍴 **La Boule d'Or** 🎨 VISA ⚫⑤

42 r. R. Cassin, (rte de Lyon) – ✆ *04 77 26 20 68 – labouledorfeurs @ wanadoo.fr – Fax 04 77 26 56 84 – Fermé 27 juil.-17 août, 18 janv.-3 fév., dim. soir, merc. soir et lundi*

Rest – Menu 20 € (sem.)/58 € – Carte 34/62 €

♦ L'été, on déjeune sous l'ombrage d'un beau marronnier. À l'intérieur, une vaste salle rustique en trois parties sert de cadre à une cuisine traditionnelle soignée.

à Salt-en-Donzy 5 km rte de Lyon – 393 h. – alt. 337 m – ⊠ 42110

🍴 **L'Assiette Saltoise** 🎨 ❁ VISA ⚫⑤

au bourg – ✆ *04 77 26 04 29 – info-et-reservation @ assiette-saltoise.com – Fax 04 77 28 52 58 – Fermé 1er-7 janv., mardi et merc.*

Rest – Menu 11,50 € (déj. en sem.), 16/31 €

♦ Saucisson lyonnais ou bavette d'aloyau : les recettes traditionnelles donnent le ton de cette auberge conviviale et simple. Terrasse sous les tilleuls aux beaux jours.

à Naconne 3 km au Nord-Ouest par N 89 et D 112 – ✉ 42110

✕✕   **Brin de Laurier** avec ch   🍴 ⇄ ⅁ 🅿 𝑉𝐼𝑆𝐴 ⑩
⊖   – ✆ 04 77 26 07 50 – info@brindelaurier.com – Fax 04 77 26 07 50 – Fermé
     1er-8 mai, 1er-17 sept., 22 déc.-5 janv., sam. midi, dim. soir et lundi
     3 ch ⇄ – †68 € ††68 € – **Rest** – Menu 15 € bc (déj. en sem.), 28/45 €
     ♦ Une adresse sympathique dans le hameau. Le chef s'inspire de ses multiples voyages et
     réalise une cuisine fusion à base de produits du marché. Jolie terrasse d'été.

FEYTIAT – 87 Haute-Vienne – 325 E6 – 5 634 h. – alt. 365 m – ✉ 87220   24 **B2**
   ◗ Paris 398 – Limoges 9 – Saint-Junien 41 – Panazol 5 – Isle 13

⌂   **Prieuré du Puy Marot** ⌖   ≤ 🚗 🍴 ⇄ ⅁ 🅿
   allée du Puy-Marot, 2 km au Nord-Est par rte de St-Just-le-Martel (D 98) –
   ✆ 05 55 48 33 97 – gerardchatagner@wanadoo.fr – Fax 05 55 30 31 86
   3 ch ⇄ – †58 € ††68 € – **Table d'hôte** – Menu 28 € bc
   ♦ Calme assuré dans ce prieuré des 16e-17e s. cerné par un beau jardin clos et surplombant
   la vallée de la Valoise. Confortables chambres personnalisées par un mobilier ancien. La
   patronne vous propose une cuisine traditionnelle.

FIGEAC ⬡ – 46 Lot – 337 I4 – 9 606 h. – alt. 214 m – ✉ 46100   29 **C1**
▯ Périgord
   ◗ Paris 578 – Aurillac 64 – Rodez 66 – Villefranche-de-Rouergue 36
   🛈 Office de tourisme, place Vival ✆ 05 65 34 06 25, Fax 05 65 50 04 58
   ◎ Le vieux Figeac★★ : hôtel de la Monnaie★ M1, musée Champollion★ M2 près
     de la place aux Ecritures★ - Chapelle N.D.-de-Pitié★ dans l'église St-Sauveur.

Plan page suivante

🏨   **Le Pont d'Or** sans rest   ⌁ ℔ 🛗 ⅁ ⅓ ⇄ 📞 🔊 🅿 𝑉𝐼𝑆𝐴 ⑩ ⒶⒺ ⑩
   2 av. J. Jaurès – ✆ 05 65 50 95 00 – contact@hotelpontdor.com
   – Fax 05 65 50 95 39   **x**
   35 ch – †55/102 € ††55/102 €, ⇄ 12 €
   ♦ Hôtel fonctionnel en bordure du Célé, tourné vers la vieille ville. Chambres élégantes
   et bien équipées ; préférez celles orientées vers la rivière. Petite brasserie.

⌂   **Le Champollion** sans rest   𝐴𝐶 📞 𝑉𝐼𝑆𝐴 ⑩ ⒶⒺ ⑩
   3 pl. Champollion – ✆ 05 65 34 04 37 – Fax 05 65 34 61 69   **v**
   10 ch – †44 € ††50 €, ⇄ 6,50 €
   ♦ Maison médiévale en plein quartier ancien, face au musée Champollion. Ambiance
   familiale, chambres fonctionnelles et pratiques, au look actuel (tons noir et blanc).

⌂   **Des Bains** sans rest   ⅁ ⇄ ⅓ 📞 𝑉𝐼𝑆𝐴 ⑩ ⒶⒺ ⑩
   1 r. Griffoul – ✆ 05 65 34 10 89 – figeac@hoteldesbains.fr – Fax 05 65 14 00 45
   – Fermé 19 déc.-5 janv. et le week-end du 2 nov. au 27 fév.   **n**
   19 ch – †45/55 € ††45/70 €, ⇄ 7,50 €
   ♦ Sur la rive gauche du Célé, l'ancien établissement de bains publics fut transformé en hôtel
   dans les années 1970. Chambres bien tenues et terrasse-bar au ras de l'eau.

✕✕✕   **La Dînée du Viguier**   🍴 𝐴𝐶 ⇄ 𝑉𝐼𝑆𝐴 ⑩
   r. Boutaric – ✆ 05 65 50 08 08 – Fax 05 65 50 09 09 – Fermé 24-30 nov.,
   26 janv.-8 fév., dim. soir hors saison, lundi sauf le soir de mai à sept. et sam.
   midi   **s**
   Rest – Menu (20 €), 29/75 € – Carte 55/69 € ⌘
   ♦ Quelques beaux restes médiévaux donnent du cachet à cette salle à manger :
   majestueuse cheminée au manteau sculpté, poutres peintes... N'y manque plus que le
   viguier !

✕✕   **La Cuisine du Marché**   🍴 𝐴𝐶 𝑉𝐼𝑆𝐴 ⑩ ⒶⒺ
⊖   15 r. Clermont – ✆ 05 65 50 18 55 – cuisinedumarche@wanadoo.fr
   – Fax 05 65 50 18 55 – Fermé dim.   **a**
   Rest – Menu 18 € (déj.), 30/45 € – Carte 42/50 €
   ♦ Cuisines visibles de la salle et discrète décoration contemporaine en surimpression : une
   transparence qui respecte l'âme de cette ex-cave à vins du vieux Figeac.

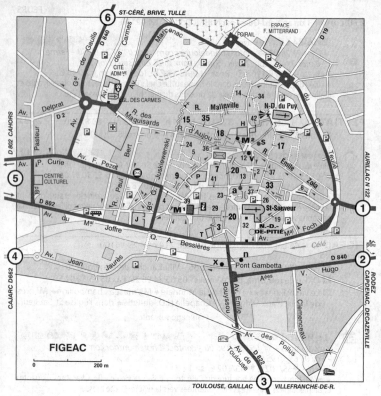

FIGEAC

ST-CÉRÉ, BRIVE, TULLE

ESPACE F. MITTERRAND

0   200 m

TOULOUSE, GAILLAC — VILLEFRANCHE-DE-R.

à Capdenac-le-Haut 5 km par ② – ⊠ 46100

 Le Relais de la Tour ⌂ 🔥 ᝕ ch, 🔥 VISA ◑❾ AE
pl. Lucter – ℰ 05 65 11 06 99 – lerelaisdelatour@wanadoo.fr
⚭ – Fax 05 65 11 20 73
11 ch ⌂ – †50/61 € ††65/91 € – ½ P 54/64 € – **Rest** – *(fermé dim. soir et lundi)*
Menu (10 € bc), 14 € (déj. en sem.), 20/26 € – Carte 23/31 €
♦ Cette maison villageoise du 15ᵉ s. entièrement restaurée fait face à une tour carrée
médiévale qui surplombe la vallée du Lot. Chambres sobrement décorées. Au restaurant,
cadre contemporain, murs peints en rouge et cuisine régionale.

FISMES – 51 Marne – 306 E7 – 5 313 h. – alt. 70 m – ⊠ 51170　　　　13 **B2**

> ◘ Paris 131 – Château-Thierry 42 – Compiègne 69 – Laon 37 – Reims 29
> ◲ Office de tourisme, 28, rue René Letilly ℰ 03 26 48 81 28, Fax 03 26 48 12 09

🏠　**La Boule d'Or**　　　　　 AC rest, ↳⊁ P VISA OO AE ①

11 r. Lefèvre –　ℰ 03 26 48 11 24 – boule.or@wanadoo.fr – Fax 03 26 48 17 08
– Fermé 20 janv.-5 fév., mardi midi, dim. soir et lundi
8 ch – ✝55 € ✝✝60/65 €, ⌑ 12 € – **Rest** – Menu (14,50 €), 23/46 € – Carte 42/56 €
♦ Comme jadis les rois de France en route pour leur sacre, vous ferez étape dans la localité.
À votre disposition, des chambres fraîches d'une tenue impeccable. Deux salles à manger
en enfilade, simples mais coquettes ; cuisine de tradition et plats du terroir.

FITOU – 11 Aude – 344 I5 – 676 h. – alt. 38 m – ⊠ 11510　　　　22 **B3**

> ◘ Paris 823 – Carcassonne 90 – Narbonne 40 – Perpignan 29
> ◪ Fort de Salses★★ SO : 11 km, ▮ Languedoc Roussillon

✗　**La Cave d'Agnès**　　　　　P VISA OO

29 r. Gilbert-Salamo –　ℰ 04 68 45 75 91 – restocavedagnes@orange.fr
🍴　*– Fax 04 68 45 75 91 – Ouvert 1er avril-12 nov. et fermé merc.*
Rest – *(nombre de couverts limité, prévenir)* Menu 16 € (déj. en sem.), 23/38 €
– Carte 26/51 €
♦ Sur les hauteurs du village, une grange au cachet rustique préservé : vieille cheminée,
poutres, pierres, bois brut, expo-vente de peintures locales. Cuisine à l'accent régional.

FLACEY – 28 Eure-et-Loir – 311 E7 – **rattaché à Châteaudun**

FLAGEY-ÉCHEZEAUX – 21 Côte-d'Or – 320 J7 – **rattaché à Vougeot**

FLAMANVILLE – 50 Manche – 303 A2 – 1 683 h. – alt. 74 m –
⊠ 50340　　　　32 **A1**

> ◘ Paris 371 – Barneville-Carteret 23 – Cherbourg 27 – Valognes 36
> ◲ Syndicat d'initiative, ℰ 02 33 52 61 23

🏠　**Bel Air** sans rest ⌂　　　　🛋 ↳⊁ ❀ P VISA OO AE

2 r. du Château –　ℰ 02 33 04 48 00 – hotelbelair@aol.com – Fax 02 33 04 49 56
– Fermé déc.-janv.
11 ch – ✝59/68 € ✝✝65/99 €, ⌑ 10,50 €
♦ Cette maison où résidait jadis le régisseur des fermes du château est appréciée pour son
grand calme. Les chambres, toutes différentes, possèdent une dominante rustique.

✗　**Le Sémaphore**　　　　⩽ mer, îles anglo-normandes, VISA OO ①

Chasse de la Houe –　ℰ 02 33 52 18 98 – lesemaphore2@wanadoo.fr
– Fax 02 33 52 36 39 – Fermé 7 déc.-7 fév., dim. soir, mardi sauf juil.-août et lundi
Rest – Menu 20/37 € – Carte 28/46 €
♦ Vue sublime sur la Manche et les îles anglo-normandes depuis cet ancien séma-
phore perché sur une falaise. Dans l'assiette, tradition et influences du Sud-Ouest.

FLAVIGNY-SUR-MOSELLE – 54 Meurthe-et-Moselle – 307 I7 – **rattaché à
Nancy**

FLAYOSC – 83 Var – 340 N4 – **rattaché à Draguignan**

LA FLÈCHE ⌘ – 72 Sarthe – 310 I8 – 15 241 h. – alt. 33 m – ⊠ 72200
▮ Châteaux de la Loire　　　　35 **C2**

> ◘ Paris 244 – Angers 52 – Laval 70 – Le Mans 44 – Tours 71
> ◲ Office de tourisme, boulevard de Montréal ℰ 02 43 94 02 53,
>   Fax 02 43 94 43 15
> ◙ Prytanée militaire★ - Boiseries★ de la chapelle N.-D.-des-Vertus - Parc
>   zoologique du Tertre Rouge★ 5 km par ② puis D 104.
> ◪ Bazouges-sur-le-Loir : pont ⩽★, 7 km par ④.

LA FLÈCHE

LA SUZE-SUR-SARTHE, D 12

PRYTANÉE NATIONAL MILITAIRE

N.-D.-des-Vertus

A 11 LE MANS, PARIS
D 306 SABLÉ, LAVAL

D 323 NANTES ANGERS

CHARTRES
LE MANS
D 323

TOURS
LE LUDE

Chau des Carmes

Parc des Carmes

D 308 BAUGÉ SAUMUR

🏨 **Le Relais Cicero** sans rest 🈳   📶 📞 VISA ⓜⓒ AE ①
18 bd Alger – ℰ *02 43 94 14 14 – hotel.cicero@wanadoo.fr – Fax 02 43 45 98 96
– Fermé 1ᵉʳ-15 août et 23 déc.-6 janv.   Y **a**
21 ch – ♦75 € ♦♦115 €, � 11 €
♦ Ancien couvent (17ᵉ s.), belle décoration intérieure et mobilier d'époque : une authenticité habilement sauvegardée en ce havre de paix que son jardin sépare du monde.

🏨 **Le Vert Galant** sans rest   🖥 & ⇆ 📞 P VISA ⓜⓒ AE
70 Grande Rue – ℰ *02 43 94 00 51 – contact@vghotel.com
– Fax 02 43 45 11 24*   Y **r**
21 ch – ♦59/77 € ♦♦84/88 €, �}10,50 €
♦ Au centre-ville, non loin du Prytanée, ancien relais de poste du 18ᵉ s. entièrement rénové.
Mobilier contemporain et équipements dernier cri (Internet, wi-fi). Petit-déjeuner servi
dans une véranda.

🍴🍴 **Le Moulin des Quatre Saisons**   🈳 P VISA ⓜⓒ AE ①
r. Gallieni – ℰ *02 43 45 12 12 – contacts@moulindesquatresaisons.com
– Fax 02 43 45 10 31 – Fermé vacances de la Toussaint, de fév., dim. soir, merc.
soir et lundi sauf juil.-août*   Z **e**
Rest – Menu 25 € (sem.)/37 € – Carte 41/70 € 🈐
♦ Moulin du 17ᵉ s. au bord du Loir, plats traditionnels aux accents du Sud, vins des quatre
coins du monde (petits producteurs inclus) et décor autrichien : éclectique !

XX **La Fesse d'Ange**   AK VISA ⓂⓈ AE ①
pl. 8 Mai 1945 – ℰ 02 43 94 73 60 – fdange @ tele2.fr – Fax 02 43 45 97 33
☞ *– Fermé dim. soir, mardi midi et lundi*   Y **b**
Rest – Menu 17 € (sem.)/40 € – Carte 40/57 €
◆ N'allons pas discuter du sexe des anges : la cuisine traditionnelle est généreuse et les salles à manger présentent un élégant décor égayé de tableaux réalisés par le patron.

FLÉCHIN – 62 Pas-de-Calais – 301 G4 – 512 h. – alt. 96 m – ⊠ 62960   30 **B2**
🛙 Paris 246 – Lille 72 – Arras 63 – Lens 55 – Liévin 50

X **La Maison**   VISA
20 r. Haute – ℰ 03 21 12 69 33 – berthelemy.laurent @ wanadoo.fr
☞ *– Fax 03 21 12 69 33 – Fermé 4-14 août, 16-20 fév., sam. midi, merc. et lundi*
Rest – *(nombre de couverts limité, prévenir)* Menu 16 € (déj. en sem.)/46 € – Carte 37/58 €
◆ Maison 1900 abritant une plaisante salle à manger (parquet d'origine, objets chinés). Le chef propose une cuisine du terroir mettant à l'honneur produits bio et légumes oubliés.

FLÉRÉ-LA-RIVIÈRE – 36 Indre – 323 C4 – 594 h. – alt. 95 m –
⊠ 36700   11 **B3**
🛙 Paris 277 – Le Blanc 50 – Châtellerault 60 – Châtillon-sur-Indre 7 – Loches 17 – Tours 61

X **Le Relais du Berry**   VISA ⓂⓈ
2 rte de Tours – ℰ 02 54 39 32 57 – Fermé janv., dim. soir, lundi et mardi
☞ **Rest** – *(nombre de couverts limité, prévenir)* Menu 14 € (sem.)/38 € – Carte
😊 36/46 €
◆ À l'entrée du village, ex-relais postal aux abords fleuris et au cadre rustique vous conviant à un repas traditionnel soigné, où entrent, en saison, fruits et légumes du jardin.

FLERS – 61 Orne – 310 F2 – 16 947 h. – alt. 270 m – ⊠ 61100 ▮ Normandie
Cotentin   32 **B2**
🛙 Paris 234 – Alençon 73 – Argentan 42 – Caen 60 – Laval 86 – Vire 31
🛈 Office de tourisme, place du Docteur Vayssières ℰ 02 33 65 06 75, Fax 02 33 65 09 84
🛦 du Houlme à La Selle-la-Forge Le Bourg, par rte de Bagnoles-de-l'Orne : 4 km, ℰ 02 33 64 42 83.

Plan page suivante

🏨 **Le Galion** sans rest ♨   ☼ ☎ 🅿 ⇌ VISA ⓂⓈ AE ①
5 r. V. Hugo – ℰ 02 33 64 47 47 – le.galion.hotel @ wanadoo.fr
– Fax 02 33 65 10 10   AZ **b**
30 ch – †40/47 € ††45/55 €, � 8 €
◆ Cet immeuble situé au centre-ville bénéficie d'un environnement paisible et d'une bonne insonorisation. Les chambres spacieuses ont été rénovées (tons pastel ou tissus).

🏠 **Beverl'inn**   ☼ ch, ☎ VISA ⓂⓈ
9 r. Chaussée – ℰ 02 33 96 79 79 – beverlinn @ beverlinn.com – Fax 02 33 65 94 89
☞ *– Fermé 22 déc.-5 janv.*   AZ **s**
16 ch – †38/41 € ††44/47 €, ⊇ 5 € – ½ P 37 € – **Rest** – grill *(Fermé sam. midi et dim.)* Menu (9 € bc), 13/27 € – Carte 18/34 €
◆ Auberge proche du musée du Château. Vous séjournerez dans des chambres peu à peu redécorées avec sobriété et équipées de meubles en pin. Restaurant cosy de jaune et de rouge vêtu, grillades au feu de bois et recettes traditionnelles.

XX **Au Bout de la Rue**   AK VISA ⓂⓈ
60 r. de la Gare – ℰ 02 33 65 31 53 – yoann.lelaizant @ orange.fr
– Fax 02 33 65 46 81 – Fermé 4-11 mai, 3-24 août, 1er-11 janv., merc. soir, sam. midi, dim. et fériés   AZ **n**
Rest – Menu (17 €), 22/29 € – Carte 32/41 €
◆ Gravures et affiches anciennes décorent cette salle à manger de style bistrot rétro, d'où vous pourrez observer l'affairement des cuisines. Carte classique.

FLERS

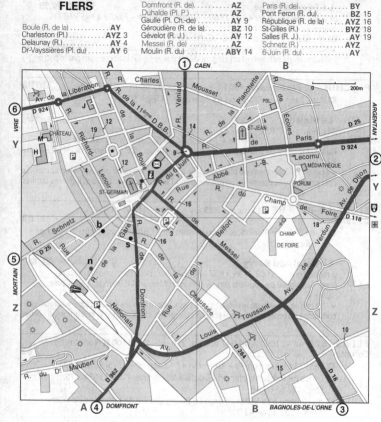

✗✗ Auberge du Relais Fleuri 🍴 ✿ P. VISA ⦾⦾

115 r. Schnetz – ℰ 02 33 65 23 89 – aubergedurelaisfleuri@orange.fr – Fermé dim. soir et lundi

Rest – Menu (15 €), 24/37 € – Carte 30/46 €

♦ Cadre rustique, rehaussé de pierres et poutres apparentes, dans la première salle, la seconde affichant des boiseries normandes. Cuisine inventive et de saison, bons vins.

au Buisson-Corblin 3 km par ② – ✉ 61100 Flers

✗✗ Auberge des Vieilles Pierres AC P. VISA ⦾⦾ AE
⊖⊖
– ℰ 02 33 65 06 96 – aubergedesvieillespierres@wanadoo.fr – Fax 02 33 65 80 72 – Fermé 27 juil.-18 août, 8-23 fév., dim. soir, mardi soir et lundi

Rest – Menu 15 € (sem.), 24/40 € – Carte 37/51 €

♦ Les salles à manger, agréablement rajeunies, se parent de couleurs chaleureuses. La cuisine, au goût du jour, met les produits de la mer à l'honneur.

à La Ferrière-aux-Étangs 10 km par ③ – 1 643 h. – alt. 304 m – ✉ 61450

✗✗ Auberge de la Mine (Hubert Nobis) P. VISA ⦾⦾ AE ⦿
✿✿✿
le Gué-Plat, à 2 km par rte de Dompierre – ℰ 02 33 66 91 10 – aubergedelamine@free.fr – Fax 02 33 96 73 90 – Fermé 21 juil.-12 août, 2-20 janv., dim. soir, lundi et mardi

Rest – Menu 26/65 €

Spéc. Foie gras de canard à la liqueur de pomme à cidre. Ravioli de lapin aux herbes fraîches. Tuyaux croquants fourrés au chocolat au lait.

♦ Intéressante cuisine au goût du jour servie dans deux plaisantes salles à manger. Pour l'anecdote, on se trouve dans l'ex-cantine d'une mine de fer dont l'activité a cessé en 1970.

FLEURANCE – 32 Gers – 336 G6 – 6 273 h. – alt. 97 m – ✉ 32500

▐ Midi-Pyrénées

> ◘ Paris 693 – Agen 49 – Auch 25 – Condom 34 – Montauban 66 – Toulouse 87
> ◘ Office de tourisme, 112 bis, rue de la République ℰ 05 62 64 00 00,
>   Fax 05 62 06 27 80
> ◘ de Fleurance Lassalle, S : 4 km par N 21, ℰ 05 62 06 26 26.

Le Fleurance ⚎ ⌂ ⌁ ⌧ rest, ↳ ⌘ ⩍ P VISA ⓜⓒ
*rte d'Agen – ℰ 05 62 06 14 85 – lefleurance@gmail.com – Fax 05 62 06 05 15
– Fermé 20-31 déc.*
23 ch – ♦47/73 € ♦♦59/88 €, ⌑ 9 € – ½ P 53/89 € – **Rest** – *(fermé dim. soir sauf
de juil. à sept.)* Menu 13 € (déj. en sem.), 20/40 € – Carte 30/45 €
♦ Hôtel pratique pour une étape au cœur de la Lomagne. Chambres fonctionnelles, parfois
de plain-pied avec le jardin ou dotées d'un balcon. Tons jaune-orangé, mobilier en rotin et
larges baies vitrées dans la salle à manger agrandie d'une terrasse côté piscine.

Le Relais sans rest AC ⌘ P VISA ⓜⓒ AE
*32 av. Charles de Gaulle, rte d'Auch – ℰ 05 62 06 05 08 – hotel-le-relais@
wanadoo.fr – Fax 05 62 06 03 84*
20 ch – ♦43/55 € ♦♦50/62 €, ⌑ 8 €
♦ Ce petit hôtel situé aux portes de la bastide du 13ᵉ s. (plan géométrique, halle voûtée)
dispose de chambres correctement insonorisées et rénovées par étapes. Accueil aimable.

FLEURIE – 69 Rhône – 327 H2 – 1 190 h. – alt. 320 m – ✉ 69820

▐ Lyon et la vallée du Rhône

> ◘ Paris 410 – Bourg-en-Bresse 46 – Lyon 58 – Mâcon 22
>   – Villefranche-sur-Saône 27

Des Grands Vins sans rest ⑊ ⪉ ⌁ ⌧ ⩍ ↳ ⌘ P VISA ⓜⓒ
*1 km au Sud par D 119ᴱ – ℰ 04 74 69 81 43 – despres@hoteldesgrandsvins.com
– Fax 04 74 69 86 10 – Fermé 30 nov.-8 fév.*
20 ch – ♦70/79 € ♦♦70/84 €, ⌑ 10 €
♦ Établissement familial dont le jardin borde le vignoble. Chambres simples et bien tenues ;
vaste salle des petits-déjeuners. Exposition-vente de vins du village.

Domaine du Clos des Garands sans rest ⑊ ⪉ Fleurie et vigno-
1 km à l'Est par D 32 – ble, ⪉ ↳ ✗ ⌘ P VISA ⓜⓒ
ℰ 04 74 69 80 01 – contact@closdesgarands.fr – Fax 04 74 69 82 05 – Fermé janv.
4 ch ⌑ – ♦86/106 € ♦♦86/106 €
♦ Les chambres de ce domaine viticole offrent toutes une vue imprenable sur Fleurie et les
monts du Beaujolais. Un soin particulier est apporté au décor. Dégustations de vins de la
propriété.

Le Cep (Chantal Chagny) AC VISA ⓜⓒ AE
*pl. de l'Église – ℰ 04 74 04 10 77 – Fax 04 74 04 10 28 – Fermé
29 juin-7 juil., déc., janv., dim. et lundi*
Rest – *(prévenir)* Menu 45/95 € – Carte 58/82 € ❀
Spéc. Cuissots de grenouilles saisis au beurre, en persillade. Pigeonneau de grain,
jus simple au poivre concassé. Cassis de Lancié en sorbet, pulpe acidulée et glace
vanille. **Vins** Beaujolais blanc, Fleurie.
♦ Foin du décor élégant ou de la brigade stylée ! Cette digne ambassade du Beaujolais a
renoncé au luxe pour mieux retrouver les saveurs d'une authentique cuisine du terroir.

FLEURVILLE – 71 Saône-et-Loire – 320 J11 – 471 h. – alt. 174 m –
✉ 71260

> ◘ Paris 375 – Cluny 26 – Mâcon 18 – Pont-de-Vaux 8 – St-Amour 43
>   – Tournus 16

Château de Fleurville ♨ ⌂ ⌧ ✗ AC ↳ ⌘ P VISA ⓜⓒ AE
*– ℰ 03 85 27 91 30 – chateaufleurville@free.fr – Fax 03 85 27 91 29 – Ouvert
7 fév.-2 nov.*
15 ch – ♦90/170 € ♦♦90/170 €, ⌑ 16 € – 1 suite – ½ P 131/145 € – **Rest** –
(fermé le midi sauf dim.) Menu 38/78 € – Carte 68/82 €
♦ Cet élégant château en pierres dorées, datant du 17ᵉ s., a su se moderniser sans perdre
son caractère. Chambres rénovées garnies de mobilier ancien. Salle à manger rustique avec
cheminée et agréable terrasse donnant sur le parc. Cuisine traditionnelle.

FLEURVILLE
à Mirande 3 km au Nord-Ouest – ⊠ 71260 Montbellet

XX **La Marande** avec ch   🍴 🛋 AC rest, *VISA* ◍◍ AE
rte de Lugny – 𝒞 *03 85 33 10 24 – restaurant-la-marande@wanadoo.fr*
– Fax 03 85 33 95 06 – Fermé 17 nov.-2 déc., 12 janv.-4 fév., lundi et mardi
5 ch – ♦58/65 € ♦♦58/65 €, ⊆ 7 € – **Rest** – Menu 27/65 € – Carte 41/50 €
 ♦ Maison en pierre au grand calme en pleine campagne mâconnaise vous accueillant dans
un décor rajeuni et soigné. Terrasse verte. Carte actuelle. Chambres proprettes pour
l'étape. Café et croissants servis à table. Jardin de repos.

FLEURY-LA-FORÊT – 27 Eure – 304 J5 – 269 h. – alt. 161 m –
⊠ 27480   33 **D2**
  ◘ Paris 108 – Rouen 42 – Évreux 99 – Beauvais 49 – Mantes-la-Jolie 69

⌂ **Château de Fleury la Forêt** sans rest ⊗ 🌀 ↳ ⅏ **P**
1,5 km au Sud-Ouest par D 14 – 𝒞 *02 32 49 63 91 – info@*
chateau-fleury-la-foret.com – Fax 02 32 49 71 67
3 ch ⊆ – ♦65 € ♦♦72 €
 ♦ Les chambres de ce beau château (16ᵉ et 18ᵉ s.) possèdent un authentique mobilier
d'époque. Petit-déjeuner dans la cuisine normande. Collections de poupées et d'objets
anciens.

FLEURY-SUR-ORNE – 14 Calvados – 303 J5 – **rattaché à Caen**

FLORAC ◉ – 48 Lozère – 330 J9 – 1 996 h. – alt. 542 m – ⊠ 48400
▌ Languedoc Roussillon   23 **C1**
  ◘ Paris 622 – Alès 65 – Mende 38 – Millau 84 – Rodez 123 – Le Vigan 72
  🛈 Office de tourisme, 33, avenue J. Monestier 𝒞 04 66 45 01 14,
  Fax 04 66 45 25 80
  ◨ Corniche des Cévennes★.

⌂ **Des Gorges du Tarn**   ⅏ **P** *VISA* ◍◍
  48 r. Pêcher – 𝒞 *04 66 45 00 63 – gorges-du-tarn.adonis@wanadoo.fr*
⊗ *– Fax 04 66 45 10 56 – Ouvert de Pâques à la Toussaint et fermé merc.*
⊚ *sauf juil.-août*
  30 ch – ♦46/70 € ♦♦46/70 €, ⊆ 8,50 € – ½ P 43/55 €
  Rest *L'Adonis* – Menu 17 € (sem.)/55 € – Carte 37/46 €
  ♦ Vous êtes à l'entrée (ou à la sortie) des gorges du Tarn. Chambres rénovées dans
l'habitation principale, moins fraîches mais plus spacieuses à l'annexe. Au restaurant, la
carte et ses spécialités content le pays cévenol dans un cadre modernisé et lambrissé.

à Cocurès 5,5 km au Nord-Est par D 806 et D 998 – 175 h. – alt. 600 m – ⊠ 48400

⌂ **La Lozerette**   🍴 ら ch, ⅏ rest, **P** *VISA* ◍◍ AE ①
  – 𝒞 *04 66 45 06 04 – lalozerette@wanadoo.fr – Fax 04 66 45 12 93 – Ouvert du*
⊚ *16 mars à la Toussaint*
▯◫▯ **21 ch** – ♦53/75 € ♦♦55/82 €, ⊆ 8 € – ½ P 53/70 €
  Rest – *(fermé mardi soir hors saison sauf résidents, mardi midi et merc. midi)*
  Menu 19 € (sem.), 26/49 € – Carte 33/46 € ⅋
  ♦ Dans un hameau situé aux portes du Parc national des Cévennes, vieille demeure aux
petites chambres fraîches et personnalisées. Coquette salle à manger coiffée de poutres
apparentes, cuisine traditionnelle et cave riche en vins du Languedoc-Roussillon.

LA FLOTTE – 17 Charente-Maritime – 324 C2 – **voir à Île de Ré**

FLOURE – 11 Aude – 344 F3 – **rattaché à Carcassonne**

FLUMET – 73 Savoie – 333 M3 – 769 h. – alt. 920 m – **Sports d'hiver : 1 000/2 030 m**
⚡11 ⚞ – ⊠ 73590 ▌ Alpes du Nord   46 **F1**
  ◘ Paris 582 – Albertville 22 – Annecy 51 – Chamonix-Mont-Blanc 43
  – Megève 10
  🛈 Syndicat d'initiative, avenue de Savoie 𝒞 04 79 31 61 08, Fax 04 79 31 84 67

Hostellerie le Parc des Cèdres sans rest ⟨ ⟪ P
– ℰ 04 79 31 72 37 – Fax 04 79 31 61 66   ☎ VISA ⓜⓞ ÆE ①
– *Ouvert de fin juin à mi-sept. et 24 déc.-5 janv.*
20 ch – ✦50/55 € ✦✦58/72 €, ⟁ 9 €

◆ L'hôtel est entouré d'un parc planté de 35 espèces d'arbres différentes. Les chambres
sont dotées de balcon ou de terrasse donnant sur le massif des Aravis.

à St-Nicolas-la-Chapelle 1,2 km au Sud-Ouest par D 1212 – 418 h. – alt. 950 m –
✉ 73590

 Du Vivier ⟨ ⌂ ⅏ ⌞ P VISA ⓜⓞ
D 1212 – ℰ 04 79 31 73 79 – contact@hotelduvivier.fr – Fax 04 79 31 60 70
– *Fermé 30 mars-22 avril, 12 oct.-8 déc., dim. soir et lundi hors saison*
20 ch – ✦50 € ✦✦50 €, ⟁ 6,50 € – ½ P 47/51 €
Rest – *(fermé 30 mars-29 avril, 28 sept.-16 déc., dim. soir et lundi hors saison)*
Menu 13,50/20 € – Carte 21/32 €

◆ Ce chalet bien situé dans la vallée de l'Arly est un "vivier" de convivialité et de bonne
humeur aux chambres simples et nettes. Restauration traditionnelle de type "pension"
servie en salle ou sur la petite terrasse.

FOIX P – **09 Ariège** – **343** H7 – **9 109 h.** – alt. 375 m – ✉ **09000**
▌Midi-Pyrénées   29 **C3**

> 🚗 Paris 762 – Andorra-la-Vella 102 – Carcassonne 89 – St-Girons 45
> 🛈 Office de tourisme, 29, rue Delcassé ℰ 05 61 65 12 12,
>   Fax 05 61 65 64 63
> 🏌 de l'Ariège à La Bastide-de-Sérou Unjat, par rte de St-Girons : 15 km,
>   ℰ 05 61 64 56 78.
> ◎ Site★ - ⁂★ de la tour du château - Route Verte★★ O par D17 A.
> ◉ Rivière souterraine de Labouiche★ NO : 6,5 km par D1.

FOIX

Alsace-Lorraine (Bd) .... **B** 2
Bayle (R.) .... **B**
Chapeliers (R. des) .... **A** 3
Delcassé (R. Th.) .... **B** 4
Delpech (R. Lt P.) .... **A** 5
Duthil (Pl.) .... **B** 6
Fauré (Cours G.) .... **AB** 7
Labistour (R. de) .... **B** 8
Lazéma (R.) .... **A** 9
Lérida (Av. de) .... **A** 10
Lespinet (R. de) .... **A** 13
Marchands (R. des) .... **B** 12
Préfecture (R. de la) ...... **A** 14
Rocher (R. du) .... **A** 20
St-Jammes (R.) .... **A** 22
St-Volusien (Pl.) .... **A** 23
Salenques (R. des) .... **A** 24

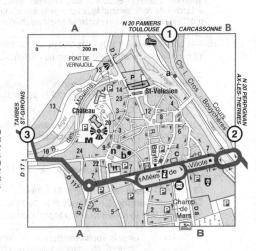

 Du Lac ⅏   ⟐ ⅏ ᴋ ch, Ⓚ ch, ⅏ rest, ⌞ ᴋ P VISA ⓜⓞ ÆE
*rte de Toulouse, 3 km par ① – ℰ 05 61 65 17 17 – hotel.du.lac.foix@free.fr
– Fax 05 61 02 94 24*
35 ch – ✦58/75 € ✦✦58/75 €, ⟁ 8,50 € – ½ P 50/65 € – **Rest** – *(fermé
21 déc.-2 janv. et dim. soir d'oct. à juin)* Menu (29 €), 36 €

◆ Les chambres, confortables et neuves, de cette ancienne bergerie (1599) profitent
du calme du parc et du lac. Nombreuses activités nautiques et location de
bungalows climatisés. Décor rustique (poutres et pierres apparentes, cheminée) au restaurant.

🏠 **Eychenne** sans rest *VISA MC AE ①*
11 r. N. Peyrevidal – ℰ *05 61 65 00 04 – hotel.eychenne@orange.fr*
– Fax 05 61 65 56 63 A b
16 ch – ♦45/50 € ♦♦52/58 €, � 6 €
• Facilement repérable grâce à sa tour d'angle en bois et son bar façon pub anglais, cet hôtel simple et rajeuni se révèle pratique et idéalement situé pour une visite de Foix.

XX **Le Ste-Marthe** *AC VISA MC AE ①*
21 r. N. Peyrevidal – ℰ *05 61 02 87 87 – restaurant@le-saintemarthe.fr*
– Fax 05 61 02 87 87 – Fermé 15-31 janv., mardi soir et merc. sauf juil.-août
Rest – Menu 23/40 € – Carte 26/60 € A n
• Une adresse qui rassasiera vos envies de spécialités régionales (cassoulet, foie gras...) : assiettes généreuses servies sur nappes blanches dans un décor d'esprit rustique.

XX **Phoebus** ≤ *AC VISA MC*
3 cours Irénée Cros – ℰ *05 61 65 10 42 – Fax 05 61 65 10 42 – Fermé*
20 juil.-21 août, 15-25 fév., sam. midi, dim. soir et lundi B a
Rest – Menu (19 €), 29/85 € – Carte 33/68 €
• Pour déguster une cuisine traditionnelle dans une salle dominant l'Ariège et le château de G. Phoebus. L'accueil est soigné et pensé pour les non-voyants (carte en braille).

FONDAMENTE – 12 Aveyron – 338 K7 – 303 h. – alt. 430 m –
✉ 12540 29 **D2**
🚩 Paris 679 – Albi 109 – Millau 43 – Montpellier 98 – Rodez 111 – St-Affrique 28

X **Baldy** avec ch *ch, VISA MC AE*
☺ *–* ℰ *05 65 99 37 38 – Fax 05 65 99 92 84 – Hôtel : ouvert de Pâques à sept. et fermé*
dim. soir et lundi soir
9 ch – ♦44/48 € ♦♦44/48 €, ⊇ 10 € – ½ P 52/54 €
Rest – *(ouvert de Pâques à nov. et fermé le soir d'oct. à déc., dim. soir et lundi)*
(prévenir) Menu (17 €), 25 € bc (déj. en sem.), 30/42 €
• Le chef de cette sympathique auberge familiale – un ancien boucher – mise sur la qualité et propose une carte volontairement réduite d'alléchantes spécialités régionales.

FONS – 46 Lot – 337 H4 – 386 h. – alt. 260 m – ✉ 46100 29 **C1**
🚩 Paris 562 – Toulouse 190 – Cahors 66 – Villefranche-de-Rouergue 47
– Figeac 12

🏠 **Domaine de la Piale** sans rest ॐ ⛬ ☿ ☎ **P**
La Piale, 1 km au Sud – ℰ *05 65 40 19 52 – accueil@domainedelapiale.com*
– Fax 05 65 40 19 52
4 ch ⊇ – ♦50/110 € ♦♦50/110 €
• Une adresse idéale pour se mettre au vert. Ambiance familiale et agréable cadre rustique et campagnard (poutres, pierres apparentes). Les chambres occupent une ancienne grange.

FONTAINEBLEAU ⟨⟩ – 77 Seine-et-Marne – 312 F5 – 15 942 h. – alt. 75 m –
✉ 77300 ▌ Île de France 19 **C3**
🚩 Paris 64 – Melun 18 – Montargis 51 – Orléans 89 – Sens 54
🖼 Office de tourisme, 4, rue Royale ℰ 01 60 74 99 99, Fax 01 60 74 80 22
🖼 U.C.P.A. Bois-le-Roi à Bois-le-Roi Base de loisirs, par rte de Melun : 10 km, ℰ 01 64 81 33 31.
📷 Palais★★★ : Grands appartements★★★ (Galerie François 1er★★★, Salle de Bal★★★) - Jardins★ - Musée napoléonien d'Art et d'Histoire militaire : collection de sabres et d'épées★ M¹ - Forêt★★★ - Gorges de Franchard★★ 5 km par ⑥.

Plan page ci-contre

🏨 **Grand Hôtel de l'Aigle Noir** sans rest 🖼 ℔♨ ᕦ AC ↔ ☎ ⚶
27 pl. Napoléon Bonaparte – ℰ *01 60 74 60 00* ☕ *VISA MC AE ①*
– hotel.aigle.noir@wanadoo.fr – Fax 01 60 74 60 01 – Fermé 1er-23 août et
18 déc.-2 janv. AZ a
15 ch – ♦100/160 € ♦♦110/170 €, ⊇ 15 € – 3 suites
• Ancien hôtel particulier construit au 15e s. situé tout près du château. Ambiance feutrée et chambres personnalisées par de beaux meubles de style. Espace de remise en forme.

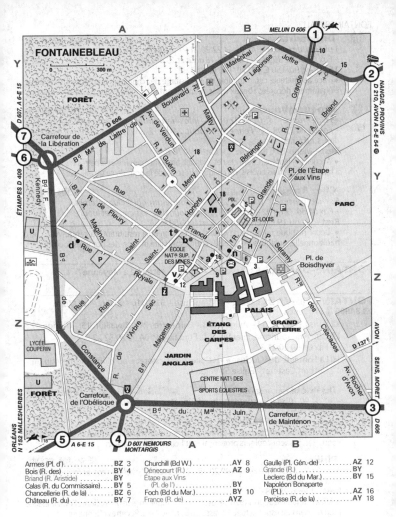

FONTAINEBLEAU

0   300 m

FORÊT

FORÊT

Carrefour de la Libération

Carrefour de l'Obélisque

Carrefour de Maintenon

PALAIS

GRAND PARTERRE

ÉTANG DES CARPES

JARDIN ANGLAIS

CENTRE NAT.L DES SPORTS ÉQUESTRES

ÉCOLE NAT.le SUP. DES MINES

Pl. de l'Étape aux Vins

PARC

Pl. de Boisdhyver

LYCÉE COUPERIN

MELUN D 606

NANGIS, PROVINS
D 210, AVON A 5-E 54

ÉTAMPES D 409

D 607, A 6-E 15

ORLÉANS
N 152 MALESHERBES

AVON
SENS, MORET

A 6-E 15

D 607 NEMOURS
MONTARGIS

🏨 **Mercure** 🛏️   🚗 🅿️ ⅃ॐ 🍽️ 🛗 🐕 ch. Ⅿ ⅃ 🛎️ 🛁 🅿️ 🅿️ *VISA* 🅐🅞 ⒶⒺ ①

41 r. Royale – ℘ *01 64 69 34 34 – h1627@accor.com – Fax 01 64 69 34 39*
97 ch – 🚹130/140 € 🚹🚹135/185 €, ☕ 15 € – **Rest** *– (fermé 31 juil.-24 août et 21 déc.-2 janv.)* Carte 27/49 €

AZ **d**

♦ Un établissement confortable et de qualité proposant des chambres fonctionnelles. Le soir, détendez-vous devant la cheminée du salon ou profitez de l'ambiance cosy du bar. Salle à manger au décor contemporain prolongée d'une terrasse avec vue sur le parc.

🏨 **Napoléon**   🛎️ 🛗 🛁 🐕 *VISA* 🅐🅞 ⒶⒺ ①

9 r. Grande – ℘ *01 60 39 50 50 – resa@naposite.com – Fax 01 64 22 20 87*

BZ **n**

57 ch – 🚹100/160 € 🚹🚹100/160 €, ☕ 15 € – ½ P 180 €
Rest *La Table des Maréchaux* – Menu (32 € bc), 40/55 € – Carte 47/60 €

♦ À 100 m du château où Napoléon fit ses adieux à la garde impériale en 1814, ex-relais de poste dont les chambres s'inspirant du style Empire donnent sur une cour intérieure. L'élégante Table des Maréchaux (clin d'œil à la Malmaison) borde un agréable patio-terrasse.

De Londres sans rest ♿ 🛜 ℅ **P** 𝘝𝘐𝘚𝘈 ⑩ 🅰🅴 ⓞ

1 pl. Gén. de Gaulle – ℰ *01 64 22 20 21 – hdelondres1850@aol.com*
– Fax 01 64 22 39 16 – Fermé 12-18 août et 23 déc.-7 janv. AZ **v**
15 ch – ✝90/150 € ✝✝120/180 €, ☲ 11 €

♦ Face au château, cet immeuble du 19ᵉ s. abrite des chambres amples et insonorisées, élégamment décorées : beaux tissus, meubles rustiques et de style, gravures de chasse.

Croquembouche 🅰🅲 𝘝𝘐𝘚𝘈 ⑩ 🅰🅴 ⓞ

43 r. de France – ℰ *01 64 22 01 57 – info@restaurant-croquembouche.com*
– Fax 01 60 72 08 73 – Fermé 1ᵉʳ-15 août, 24 déc.-2 janv., sam. midi, lundi midi et dim. sauf fériés AZ **b**
Rest – Menu 18 € (déj.)/45 € – Carte 39/70 €

♦ Accueil chaleureux, cadre clair et avenant, ambiance sereine et recettes traditionnelles à base produits frais choisis, où chaque chose garde le goût de ce qu'elle est.

Chez Arrighi 🅰🅲 𝘝𝘐𝘚𝘈 ⑩ 🅰🅴

53 r. de France – ℰ *01 64 22 29 43 – restaurantarrighi@club-internet.fr*
– Fax 01 60 72 68 02 – Fermé 28 juil.-10 août, dim. soir en été et lundi AZ **t**
Rest – Menu 19 € (sem.)/38 € – Carte 34/59 €

♦ Décor rustique rehaussé de cuivres en cet agréable restaurant du centre-ville. Carte traditionnelle, quelques plats corses et une spécialité maison : les pommes soufflées.

FONTAINE-DANIEL – 53 Mayenne – 310 E5 – **rattaché à Mayenne**

FONTAINE-DE-VAUCLUSE – 84 Vaucluse – 332 D10 – **610 h.** – **alt. 75 m** –
✉ 84800 ▐ Provence 42 **E1**

◨ Paris 697 – Apt 34 – Avignon 33 – Carpentras 21 – Cavaillon 15 – Orange 42

🄸 Office de tourisme, chemin de la Fontaine ℰ 04 90 20 32 22,
Fax 04 90 20 21 37

◙ La Fontaine de Vaucluse★★ - Collection Casteret★ au Monde souterrain de Norbert Casteret - Église St-Véran★.

Du Poète sans rest ॐ 🛥 🗍 🛜 ⅙ 🅰🅲 ℅ 🛁 **P** 𝘝𝘐𝘚𝘈 ⑩ 🅰🅴

– ℰ *04 90 20 34 05 – contact@hoteldupoete.com – Fax 04 90 20 34 08*
– Ouvert mars-nov.
24 ch – ✝70/310 € ✝✝70/310 €, ☲ 17 €

♦ Moulin du 19ᵉ s. niché dans un verdoyant jardin traversé par la Sorgue. Les chambres, très coquettes, marient couleurs provençales et beau mobilier. Jacuzzi.

Philip ≼ 🛜 𝘝𝘐𝘚𝘈 ⑩ 🅰🅴

– ℰ *04 90 20 31 81 – Fax 04 90 20 28 63 – Ouvert 1ᵉʳ avril-30 sept. et fermé le soir sauf juil.-août*
Rest – Menu 25/38 €

♦ Affaire de famille depuis 1926, ce restaurant se trouve au pied de la célèbre Fontaine. Salle rénovée dans un esprit actuel. Terrasse au bord de l'eau. Recettes régionales.

FONTANGES – 15 Cantal – 330 D4 – **rattaché à Salers**

LE FONTANIL – 38 Isère – 333 H6 – **rattaché à Grenoble**

FONTENAI-SUR-ORNE – 61 Orne – 310 I2 – **rattaché à Argentan**

FONTENAY-LE-COMTE 👁 – 85 Vendée – 316 L9 – **13 792 h.** – **alt. 21 m** –
✉ 85200 ▐ Poitou Vendée Charentes 34 **B3**

◨ Paris 442 – Cholet 103 – La Rochelle 51 – La Roche-sur-Yon 64

🄸 Office de tourisme, 8, rue de Grimouard ℰ 02 51 69 44 99,
Fax 02 51 50 00 90

◙ Clocher★ de l'église N.-Dame **B** - Intérieur★ du château de Terre-Neuve.

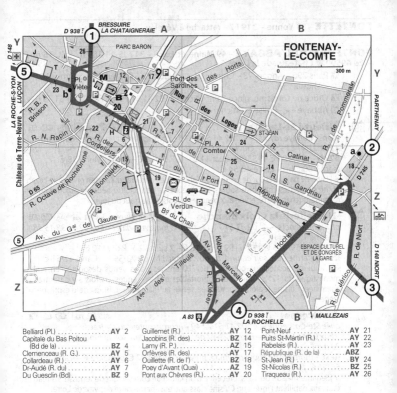

Belliard (Pl.) . . . . **AY** 2	Guillemet (R.) . . . . **AY** 12	Pont-Neuf . . . . **AY** 21
Capitale du Bas Poitou	Jacobins (R. des) . . . . **BZ** 14	Puits St-Martin (R.) . . . . **AY** 22
(Bd de la) . . . . **BZ** 4	Lamy (R. P.) . . . . **AZ** 15	Rabelais (R.) . . . . **AY** 23
Clemenceau (R. G.) . . . . . . **AY** 5	Orfèvres (R. des) . . . . **AY** 17	République (R. de la) . . . . . **ABZ**
Collardeau (R.) . . . . **AY** 6	Ouillette (R. de l') . . . . **BZ** 18	St-Jean (R.) . . . . **BY** 24
Dr-Audé (R. du) . . . . **AY** 7	Poey d'Avant (Quai) . . . . . . **AZ** 19	St-Nicolas (R.) . . . . **BZ** 25
Du Guesclin (Bd) . . . . **BZ** 9	Pont aux Chèvres (R.) . . . . **AY** 20	Tiraqueau (R.) . . . . **AY** 26

Le Rabelais ⓢ   🖼 🍴 🏊 🛗 ⚙ ch, ↝ 🅟 🅿 🚭 **VISA** **◉◉** **AE**
19 r. Ouillette – ℰ 02 51 69 86 20 – hotel-lerabelais@wanadoo.fr
– Fax 02 51 69 80 45   BZ **a**
54 ch – ✝74/82 € ✝✝86/96 €, ⊑ 10 € – ½ P 68/72 € – **Rest** – Menu (13,50 €),
18/32 € – Carte environ 30 €

♦ L'enseigne fait référence au séjour de trois ans que fit l'écrivain dans la ville. La plupart des
chambres, bien rénovées et fonctionnelles, ouvrent sur un jardin fleuri. Au restaurant,
terrasse au bord de la piscine et grand buffet d'entrées et de desserts.

Le Logis de la Clef de Bois sans rest   🖼 🏊
5 r. du Département – ℰ 02 51 69 03 49 – clef_de_bois@hotmail.com
– Fax 02 51 69 03 49   AY **b**
4 ch – ✝80/95 € ✝✝80/115 €, ⊑ 10 €

♦ Cet hôtel particulier abrite des chambres joliment colorées, portant chacune le nom
d'un écrivain. La suite Rabelais, dont le décor évoque la commedia dell'arte, est la plus
originale.

à Velluire 11 km par ④, D 938 ter et D 68 – 508 h. – alt. 9 m – ✉ 85770

Auberge de la Rivière avec ch ⓢ   **VISA** **◉◉** **AE**
r. du Port de la Fouarne – ℰ 02 51 52 32 15 – auberge.delariviere@wanadoo.fr
– Fax 02 51 52 37 42 – Fermé 19 janv.-22 fév., dim. soir et merc. midi sauf juil.-août
et lundi
11 ch – ✝50/94 € ✝✝50/94 €, ⊑ 11 € – ½ P 62/85 € – **Rest** – Menu 26/50 €
– Carte 36/60 €

♦ Coquette auberge postée sur une rive de la Vendée, où l'on sert une cuisine régionale
revisitée dans une jolie salle à manger très rustique. Chambres spacieuses et soignées.

747

FONTEVRAUD-L'ABBAYE – 49 Maine-et-Loire – **317** J5 – **1 189 h.** – **alt. 75 m**
– ⊠ 49590 ▯ Châteaux de la Loire   35 **C2**

▯ Paris 296 – Angers 78 – Chinon 21 – Loudun 22 – Poitiers 78 – Saumur 15
– Thouars 38

▯ Office de tourisme, place Saint-Michel ℰ 02 41 51 79 45, Fax 02 41 51 79 01

◙ Abbaye★★ - Église St-Michel★.

▯▯   Prieuré St-Lazare ⌂   ▱ ▤ ↩ ⅏ ▲ ▯ ▨ ◐ ▥
(dans l'abbaye royale) – ℰ 02 41 51 73 16 – contact @ hotelfp-fontevraud.com
– Fax 02 41 51 75 50 – Ouvert 15 mars-15 nov.
52 ch – ✦53/99 € ✦✦53/99 €, ⊊ 11 € – ½ P 62/85 € – **Rest** – Menu 38 €
(sem.)/80 € bc – Carte 40/54 €

♦ Havre de paix au cœur des jardins de l'abbaye de Fontevraud, l'ancien prieuré St-Lazare abrite de petites chambres sobres et actuelles. Le petit cloître héberge aujourd'hui un restaurant (chapelle réservée aux banquets) ; cuisine au goût du jour.

▯▯   Hostellerie la Croix Blanche ⌂   ⌂ ☶ ▨ rest, ☏ ▲ ▯ ▨ ◐ ▥
pl. Plantagenets – ℰ 02 41 51 71 11 – info @ fontevraud.net – Fax 02 41 38 15 38
– Fermé 17-24 nov.
23 ch – ✦59/125 € ✦✦59/159 €, ⊊ 10 € – 2 suites – ½ P 66/110 €
Rest – *(fermé dim. soir et lundi de nov. à mars)* Menu 23/39 € – Carte 42/51 €

♦ L'auberge accueille depuis plus de 300 ans les hôtes venus découvrir l'ensemble monastique du 12ᵉ s. Chambres confortables et bien tenues, parfois avec poutres et cheminée. Cuisine régionale actualisée servie au Plantagenêt. Brasserie d'esprit rétro ; crêperie.

▨▨▨   La Licorne ⌂   ▱ ⌂ ▨ ◐ ▥ ①
allée Ste-Catherine – ℰ 02 41 51 72 49 – licorne.fontevraud @ free.fr
– Fax 02 41 51 70 40 – Fermé 21-27 déc., 5-19 janv., dim. soir et lundi du 29 sept. au
23 avril
Rest – *(nombre de couverts limité, prévenir)* Menu 27 € (sem.)/72 € – Carte
56/86 € ⌖

♦ Élégante maison du 18ᵉ s. précédée d'un jardin de curé servant de terrasse. Tuffeau et tableaux habillent l'intérieur. Cuisine classique et superbe carte des vins de Loire.

▯   L'Abbaye "Le Délice" ⌂   **▯** ▨ ◐ ▥
8 av. Roches – ℰ 02 41 51 71 04 – Fax 02 41 51 43 10 – Fermé 29 juin-4 juil.,
⊖   26 oct.-5 nov., fév., mardi soir et merc.
Rest – Menu 14 € (sem.)/28 € – Carte 17/28 €

♦ Le délice est le plat mythique de l'enseigne, une croquette au fromage. Recettes traditionnelles servies dans un cadre au charme suranné (accès par un pittoresque café).

FONTJONCOUSE – 11 Aude – **344** H4 – **119 h.** – **alt. 298 m** – ⊠ 11360   22 **B3**
▯ Paris 822 – Carcassonne 56 – Narbonne 32 – Perpignan 65

▨▨▨   Auberge du Vieux Puits (Gilles Goujon) avec ch ⌂   ☶ ﴾ ▨ ↩ ▲
⊛⊛   *av. St Victor* – ℰ 04 68 44 07 37   **▯ ▯** ▨ ◐ ▥
– aubergeduvieuxpuits @ wanadoo.fr – Fax 04 68 44 08 31
– Fermé 2 janv.-5 mars, dim. soir, lundi et mardi du 15 sept. au 15 juin
8 ch – ✦150/230 € ✦✦150/230 €, ⊊ 17 € – ½ P 180/237 €
Rest – Menu 55 € (déj. en sem.), 93/110 € – Carte 100/144 € ⌖
Spéc. Couteaux raidis à la plancha au beurre d'ail (juil.à sept.). Filet de rouget barbet, pomme bonne bouche fourrée d'une brandade à la cèbe en "bullinada". Sablé feuille à feuille au chocolat, surprise de framboise sauce choc o' thé, sorbet framboise. **Vins** Corbières blanc et rouge.

♦ Dans cet élégant restaurant contemporain, le livre de cave est à la hauteur de la cuisine, fine et créative, qui revisite brillamment le terroir. Chambres modernes et minimalistes.

La Maison des Chefs ▯▯ ⌂   **▯** ▨ ◐ ▥
(à 300 m dans le village) – ℰ 04 68 44 07 37 – aubergeduvieuxpuits @ wanadoo.fr
– Fax 04 68 44 08 31
6 ch – ✦105/115 € ✦✦105/115 €, ⊊ 17 €

♦ Le décor des chambres rend hommage aux grands chefs : ustensiles culinaires, vestes signées par Bocuse, Troisgros, etc.

FONT-ROMEU – 66 Pyrénées-Orientales – **344** D7 – 2 003 h. – alt. 1 800 m
– **Sports d'hiver** : 1 900/2 250 m ⛷ 1 ⛷ 28 ⛷ – Casino – ⊠ 66120

▌Languedoc Roussillon   22 **A3**

▶ Paris 858 – Andorra la Vella 73 – Ax-les-Thermes 56 – Bourg-Madame 18

🅭 Office de tourisme, 38, avenue Emmanuel Brousse ℘ 04 68 30 68 30,
Fax 04 68 30 29 70

🄓 de Font-Romeu Espace Sportif Colette Besson, N : 1 km, ℘ 04 68 30 10 78.

◉ Camaril★★★, retable★ et chapelle★ de l'Ermitage - ⛄★★ Calvaire.

FONT-ROMEU

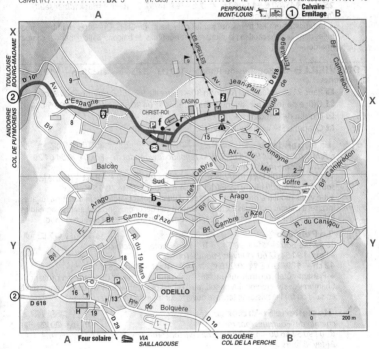

🏨 **Le Grand Tétras** sans rest   🔲 🛁 📶 🐾 🐕 🌀 **VISA** **MO** **AE** **①**
*av. E. Brousse – ℘ 04 68 30 01 20 – infos @ hotelgrandtetras.fr
– Fax 04 68 30 35 67*   AX **r**
36 ch – †60/92 € ††60/92 €, ⚌ 9 €
♦ Hôtel aux allures montagnardes récemment refait. Balcon et vue panoramique
sur les Pyrénées dans les chambres orientées au Sud. Spa et piscine couverte sur le
toit. Wi-fi.

🏨 **Sun Valley**   🔲 🍴 rest, 🐾 🌀 **VISA** **MO**
*3 av. Espagne – ℘ 04 68 30 21 21 – contact @ hotelsunvalley.fr
– Fax 04 68 30 30 38 – Fermé 14 oct.-2 déc.*   AX **f**
41 ch – †75/95 € ††88/116 €, ⚌ 11 € – ½ P 72/92 € – **Rest** – *(résidents seult)*
Menu 21 €
♦ Les chambres, peu à peu rénovées dans un esprit chalet, profitent du soleil depuis leur
balcon. Bel espace bien-être et relaxation au dernier étage. Repas simples et copieux.

⌂ Clair Soleil
≤ 🍽 ⌷ 🖥 ⇆ 🌣 P VISA ©©

29 av. François Arago, rte Odeillo : 1 km – ℰ *04 68 30 13 65* – *Fax 04 68 30 08 27*
– *Fermé 13 avril-17 mai et 25 oct.-19 déc.* AY **b**
29 ch – 🛏50/59 € 🛏🛏50/59 €, ⊇ 7,50 € – ½ P 51/59 € – **Rest** – *(fermé le midi du lundi au jeudi hors saison, mardi midi et merc. midi)* Menu 22 €, 34 € – Carte environ 39 €

◆ Cette sympathique pension de famille, entièrement non-fumeurs, bénéficie d'une très bonne exposition face au four solaire d'Odeillo. Chambres modestes, avec balcon ou terrasse. Cuisine régionale et accueil aux petits soins dans la salle à manger-véranda.

à Via 5 km au Sud par D 29 AY – ⊠ **66210 Font Romeu Odeillo Via**

⌂ L'Oustalet
≤ 🍽 ⌷ 🖥 🌣 rest, P VISA ©©

– ℰ *04 68 30 11 32* – *hotelloustalet @ wanadoo.fr* – *Fax 04 68 30 31 89* – *Fermé 15 avril-8 mai et 15 oct.-15 nov.*
25 ch – 🛏45/60 € 🛏🛏45/60 €, ⊇ 7 € – ½ P 44/51 € – **Rest** – snack *(dîner seult)* *(résidents seult)* Menu 16 €

◆ L'établissement est fréquenté par les chercheurs du CNRS. Quelques chambres meublées dans le style catalan ; la plupart sont pourvues de balcons. Salle à manger campagnarde.

FONTVIEILLE – 13 Bouches-du-Rhône – 340 D3 – 3 456 h. – alt. 20 m – ⊠ 13990
▌Provence 42 **E1**

▶ Paris 712 – Arles 12 – Avignon 30 – Marseille 92 – St-Rémy-de-Provence 18
🄵 Office de tourisme, avenue des Moulins ℰ 04 90 54 67 49, Fax 04 90 54 69 82
◎ Moulin de Daudet ≤★.
🄶 Chapelle St-Gabriel★ N : 5 km.

⌂ La Regalido ॐ
🍽 🍴 AC P VISA ©© AE ⓘ

r. F. Mistral – ℰ *04 90 54 60 22* – *la-regalido @ wanadoo.fr* – *Fax 04 90 54 64 29*
– *Ouvert de mi-mars à mi-nov.*
15 ch – 🛏80/104 € 🛏🛏104/265 €, ⊇ 15 € – ½ P 145/160 € – **Rest** – *(fermé le midi sauf dim. et lundi)* Menu 45 € *(déj. en sem.)*/55 € – Carte 70/75 €

◆ Ce vieux moulin à huile blotti au cœur d'un exubérant jardin fleuri aurait pu lui aussi inspirer à Daudet quelques "Lettres" chantant son décor provençal. Chambres agréables. Salle à manger voûtée, verdoyante terrasse, recettes classiques et saveurs du Sud.

⌂ La Peiriero
🍽 🍴 ⌷ 🖥 AC ch, ⇆ 🌣 📞 🔧 P VISA ©© AE ⓘ

36 av. des Baux – ℰ *04 90 54 76 10* – *info @ hotel-peiriero.com*
– *Fax 04 90 54 62 60* – *Ouvert Pâques-Toussaint*
42 ch – 🛏89/210 € 🛏🛏89/210 €, ⊇ 14 € – **Rest** – Menu 28 €

◆ Plaisant hôtel construit sur une ancienne carrière de pierre ("peiriero" en provençal). Chambres de style régional. Minigolf, jeu d'échecs géant et sauna. Plats traditionnels servis en salle ou sur la ravissante terrasse ouverte sur le jardin arboré.

⌂ Hostellerie St-Victor sans rest ॐ
🍽 ⌷ 🛗 ᕀ AC 📞 P VISA ©© AE ⓘ

chemin des Fourques, par rte d'Arles –
ℰ *04 90 54 66 00* – *aps @ hotel-saint-victor.com* – *Fax 04 90 54 67 88* – *Fermé 21 fév.-8 mars*
13 ch – 🛏75/170 € 🛏🛏80/170 €, ⊇ 11 €

◆ Cette maison respectueuse de l'architecture locale bénéficie du calme d'un quartier résidentiel. Belle piscine, chambres rénovées par étapes et étonnantes salles de bains.

⌂ Le Val Majour sans rest
🏊 ⌷ 🍴 AC ⇆ 📞 🔧 P 🚲 VISA ©© AE ⓘ

rte d'Arles – ℰ *04 90 54 62 33* – *contact @ valmajour.com* – *Fax 04 90 54 61 67*
32 ch – 🛏50/165 € 🛏🛏50/165 €, ⊇ 12 €

◆ Dans un environnement tranquille, cet hôtel des années 1970 propose de spacieuses chambres colorées, parfois dotées de balcons tournés sur le parc. Salon et piscine agréables.

⌂ Le Daudet sans rest
🍽 ⌷ 🛗 AC P VISA ©©

7 av. Montmajour – ℰ *04 90 54 76 06* – *contact @ hotelledaudet.com*
– *Fax 04 90 54 76 95* – *Ouvert de fin mars à début nov.*
14 ch – 🛏60/70 € 🛏🛏60/70 €, ⊇ 8,50 €

◆ Les sympathiques chambres de cet hôtel paisible se distribuent autour d'une cour où chante une fontaine. Les plus : de petites terrasses, une jolie piscine et des prix doux !

Hostellerie de la Tour 🚗 🍴 🛋 **P** **VISA** **◉**

3 r. Plumelets, rte Arles – ℰ *04 90 54 72 21 – bounoir @ wanadoo.fr*
– Fax 04 90 54 86 26 – Ouvert 16 mars-24 oct.
10 ch – ♛51 € ♛♛58 €, ☲ 9,50 € – ½ P 54/62 € – **Rest** – *(dîner seult)* Menu 25 €
(menu unique)

♦ Les habitués plébiscitent cette coquette auberge pour ses chambres simples et agréables, son plaisant jardin-piscine, son accueil attentif et sa tenue sans défaut. Cuisine familiale servie dans une salle où cohabitent vieilles pierres et notes contemporaines.

La Table du Meunier 🍴 **AC** **P** **VISA** **◉**

42 cours Hyacinthe Bellon – ℰ *04 90 54 61 05 – Fax 04 90 54 77 24 – Fermé*
vacances scolaires de la Toussaint, de fév., 20-29 déc., mardi sauf juil.-août et merc.
Rest – *(nombre de couverts limité, prévenir)* Menu (20 €), 26/34 € – Carte environ
37 €

♦ Madame concocte une goûteuse cuisine du terroir, tandis que monsieur vous reçoit avec attention dans une salle rustique ou sur la terrasse agrémentée d'un poulailler de 1765.

Le Patio 🍴 **P** **VISA** **◉**

117 rte du Nord – ℰ *04 90 54 73 10 – Fermé vacances de fév., mardi soir et merc.*
Rest – *(nombre de couverts limité, prévenir)* Menu 26/31 € – Carte 44/52 €

♦ Dans cette bergerie du 18ᵉ s., on profite d'un chaleureux décor "rustique chic" et d'un joli patio ombragé d'acacias, palmiers et magnolias. Carte provençale actualisée.

rte de Tarascon 5 km au Nord-Ouest par D 33 – ✉ 13150 Tarascon

Les Mazets des Roches ⏳ 🍴🚗 🛋 **Fó** **%** **AC** **↔** **P** **VISA** **◉** **AE** **①**

rte de Fonvieille – ℰ *04 90 91 34 89 – mazets-roches @ wanadoo.fr*
– Fax 04 90 43 53 29 – Ouvert de Pâques à mi-oct.
37 ch – ♛60/125 € ♛♛69/153 €, ☲ 12 € – 1 suite – **Rest** – *(fermé jeudi midi et sam. midi sauf juil.-août)* Menu 25 € (sem.)/38 € – Carte 36/57 €

♦ Un établissement agréable pour se mettre au vert (parc boisé de 13 ha, piscine de 25 m). Chambres fonctionnelles et confortables, égayées de tissus aux tons chaleureux. Accueillante salle à manger-véranda : meubles en bambou, plantes vertes et motifs fleuris.

Ne confondez pas les couverts 🍴 et les étoiles 🌸 !
Les couverts définissent une catégorie de standing, tandis que l'étoile couronne les meilleures tables, dans chacune de ces catégories.

FORBACH ◉ *– 57 Moselle – 307 M3 – 22 807 h. – Agglo. 104 074 h. – alt. 222 m
– ✉ 57600 ▌Alsace Lorraine*   27 **C1**

🄳 Paris 385 – Metz 59 – St-Avold 23 – Sarreguemines 21 – Saarbrücken 13
🄸 Office de tourisme, 174, rue nationale ℰ 03 87 85 02 43, Fax 03 87 85 17 15

Plan page suivante

Mercure 🍴 **≣** **AC** ch, **↔** **📞** **🛋** **P** **VISA** **◉** **AE** **①**

par ②, près piscine et échangeur Forbach-Sud Centre de Loisirs –
ℰ *03 87 87 06 06 – h1976@accor.com – Fax 03 87 84 04 23*
67 ch – ♛65/95 € ♛♛75/95 €, ☲ 12,50 € – **Rest** – Menu 20 € (sem.)/55 € – Carte
22/44 €

♦ Hôtel de chaîne excentré situé entre l'autoroute et un complexe sportif. Deux catégories de chambres ("standard" et "confort") ; bonne installation pour séminaires. Salle à manger moderne prolongée d'une véranda.

Le Schlossberg 🍴 🍴 🍴 **VISA** **◉**

13 r. Parc – ℰ *03 87 87 88 26 – Fax 03 87 87 83 86 – Fermé 24 juil.-10 août,*
1ᵉʳ-12 janv., dim. soir, mardi soir et merc.   B **s**
Rest – Menu 20 € (sem.)/49 € – Carte 37/53 €

♦ Bâti en pierre du pays, ce restaurant côtoie le parc du Schlossberg. Salle au beau plafond marqueté aux boiseries habillées de couleurs claires. Terrasse sous les tilleuls.

FORBACH

à Stiring-Wendel 3 km au Nord-Est par D 603 – 13 129 h. – alt. 240 m – ⊠ 57350

🛈 Syndicat d'initiative, 1, place de Wendel ℰ 03 87 87 07 65, Fax 03 87 87 69 98

XXX **La Bonne Auberge** (Lydia Egloff)   🍴 🅰🅲 🅿 *VISA* 🆔 🅰🅴

☆ 15 r. Nationale – ℰ 03 87 87 52 78 – Fax 03 87 87 18 19
– Fermé 21-28 avril, 18 août-4 sept., 29 déc.-6 janv., sam. midi, dim. soir et lundi sauf fériés
Rest – Menu 40 € (déj. en sem.), 50/95 € – Carte 66/94 € ⅜
Spéc. Turbot au verjus de fenouil et d'aneth à l'ouzo. Foie d'oie confit au melon-miel-sauge, "comme un calisson". Lady "Mirabelle". **Vins** Côtes de Toul.
♦ Élégante salle contemporaine entourant le jardin d'hiver éclairé par un puits de lumière, goûteuse cuisine inventive et belle carte des vins : une enseigne-vérité !

à Rosbrück 6 km par ③ – 912 h. – alt. 200 m – ⊠ 57800

XXX **Auberge Albert Marie**   🅰🅲 🅿 *VISA* 🆔 🅰🅴

1 r. Nationale – ℰ 03 87 04 70 76 – Fax 03 87 90 52 55 – Fermé 1er-15 août, sam. midi, dim. soir et lundi
Rest – Menu 28 € (déj. en sem.), 42/58 € – Carte 18/48 € ⅜
♦ Belle mise en place, plafond à caissons, boiseries sombres et discrète thématique à la gloire du coq : la tradition est autant à l'honneur dans le cadre que sur la carte.

752

FORCALQUIER ◉ – 04 Alpes-de-Haute-Provence – 334 C9 – 4 302 h.
– alt. 550 m – ⊠ 04300 █ Alpes du Sud   40 **B2**

█ Paris 747 – Aix-en-Provence 80 – Apt 42 – Digne-les-Bains 50 – Manosque 23
– Sisteron 43

█ Office de tourisme, 13, place du Bourguet ℰ 04 92 75 10 02,
Fax 04 92 75 26 76

◙ Site★ - Cimetière classé★ - ✳★ de la terrasse N.-D. de Provence.

◙ Mane★ - St-Michel-l'Observatoire★ - Observatoire de Haute-Provence★.

█ **La Bastide Saint Georges** sans rest ⌂   🛏 🍸 ὑ AK
rte de Banon, 2 km par D 950 – ℰ *04 92 75 72 80*   📞 P VISA ●● AE
– *bastidesaintgeorges@wanadoo.fr* – Fax 04 92 75 72 81 – Fermé 1er déc.-6 fév.
17 ch – †60/170 € ††85/170 €, � 14 € – 1 suite
♦ Hôtel de caractère, dans une maison récente de style provençal. Les jolies chambres
(meubles chinés, salles de bains en pierre, tissus régionaux) s'ouvrent sur des terrasses.

Ⅹ **L'Establé**   ὑ VISA ●● AE ①
r. L. Andrieux – ℰ *04 92 75 39 82* – *restaurantlestable@wanadoo.fr*
∞ – *Fax 04 92 75 39 82* – Fermé lundi soir et mardi du 5 nov. au 31 mars
Rest – Menu (14 €), 16 € (sem.)/31 € – Carte 36/56 €
♦ Anciennes écuries transformées en restaurant à deux pas de la place du Bourguet.
Charmante salle voûtée agrémentée de vieux objets agrestes ; recettes d'inspiration
régionale.

à l'Est 4 km par D 4100 et rte secondaire – ⊠ 04300 Forcalquier

█ **Auberge Charembeau** sans rest ⌂   ← 🛏 🍸 ✕ ὑ
– ℰ *04 92 70 91 70* – *contact@charembeau.com*   📞 P VISA ●● AE
– *Fax 04 92 70 91 83* – Ouvert 1er mars-15 nov.
24 ch – †59/78 € ††59/120 €, ⊘ 9 €
♦ Ferme du 18e s. dans un charmant parc vallonné. Ce cadre avenant et la décoration
provençale des vastes chambres vous plongeront dans un havre de quiétude.

au Sud 4 km par D 16 et rte secondaire – ⊠ 04300 Forcalquier

█ **Le Colombier** ⌂   ← 🛏 🍸 P VISA ●●
– ℰ *04 92 75 03 71* – *lecolombier@wanadoo.fr* – Fax 04 92 75 14 30
∞ **14 ch** – †63/74 € ††68/108 €, ⊘ 11 € – ½ P 63/90 € – **Rest** – *(fermé mardi)*
Menu 14 € (déj. en sem.), 27/32 €
♦ Ce mas du 18e s. joliment restauré servait jadis de relais à la garde royale de Louis XV. Les
chambres, décorées avec goût, ouvrent sur un grand et beau jardin méridional. Cuisine
régionale servie dans une salle à manger rustique et fraîche en été.

à Mane 4 km au Sud par D 4100 – 1 169 h. – alt. 500 m – ⊠ 04300

█ **Mas du Pont Roman** sans rest ⌂   🛏 🍸 🖥 ὑ 📞 P VISA ●●
chemin de Châteauneuf, (rte d'Apt) – ℰ *04 92 75 49 46* – *info@pontroman.com*
– *Fax 04 92 75 36 73*
9 ch – †55 € ††75/115 €, ⊘ 8 €
♦ Accueil chaleureux en ce mas traditionnel situé en retrait de la route, à proximité d'un
vieux pont roman. Coquet salon et chambres calmes, garnies de meubles provençaux.

LA FORÊT-FOUESNANT – 29 Finistère – 308 H7 – 2 809 h. – alt. 19 m –
⊠ 29940 █ Bretagne   9 **B2**

█ Paris 552 – Concarneau 8 – Pont-l'Abbé 22 – Quimper 16 – Quimperlé 36
█ Office de tourisme, 2, rue du Port ℰ 02 98 51 42 07, Fax 02 98 51 44 52

█ **Beauséjour**   🛏 📞 P VISA ●●
pl. de la Baie – ℰ *02 98 56 97 18* – *beausejourhotel@wanadoo.fr*
∞ – *Fax 02 98 51 40 77* – Ouvert 1er avril-15 oct.
17 ch – †44/56 € ††46/62 €, ⊘ 7 € – ½ P 57/62 € – **Rest** – *(ouvert
1er avril-30 sept. et fermé dim. soir et lundi)* Menu 16/39 € – Carte 30/43 €
♦ Au fond d'une anse de la baie de La Forêt, hôtel familial simple mais bien tenu. Les
chambres sont claires et spacieuses pour la plupart, certaines redécorées. Salle à manger
rustique (cheminée) et terrasse couverte située à quelques mètres de la rive.

✕✕ ⌖ Auberge St-Laurent ⊞ 斎 **P** **VISA** **MC**
2 km rte Concarneau par la côte – ℰ *02 98 56 98 07 – Fax 02 98 56 98 07 – Fermé vacances de la Toussaint, dim., lundi soir, mardi soir hors saison et merc.*
Rest – Menu 15 € (déj. en sem.), 21/39 € – Carte 25/43 €
♦ Sympathique auberge sur la route côtière de Concarneau. L'une des deux salles à manger campagnardes, à poutres apparentes et cheminée, donne sur le jardin et la terrasse d'été.

FORGES-LES-EAUX – 76 Seine-Maritime – 304 J4 – 3 465 h. – alt. 161 m
– Casino – ⌖ 76440 ⫿ Normandie Vallée de la Seine 33 **D1**

> ◗ Paris 117 – Rouen 44 – Abbeville 73 – Amiens 72 – Beauvais 52
> – Le Havre 123

> ⌖ Office de tourisme, rue Albert Bochet ℰ 02 35 90 52 10, Fax 02 35 90 34 80

⌂⌂ Le Continental *sans rest* ⌖ & ⌾ **P** **VISA** **MC** **AE** **①**
av. des Sources, (rte de Dieppe) – ℰ *02 32 89 50 50 – casinoforges@wanadoo.fr – Fax 02 35 90 26 14*
44 ch – †59/73 € ††69/73 €, � 10 €
♦ Petit immeuble de style régional abritant des chambres assez grandes, rénovées dans un style contemporain. Confortable salon et charmante salle de petits-déjeuners.

✕✕ Auberge du Beau Lieu *avec ch* 斎 **P** **VISA** **MC** **AE** **①**
rte de Gournay, 2 km par D 915 – ℰ *02 35 90 50 36 – aubeaulieu@aol.com – Fermé 12 janv.-6 fév., lundi et mardi sauf juil.-août*
3 ch – †40 € ††60 €, � 11 € – **Rest** – Menu 28/58 € – Carte 35/64 €
♦ Auberge campagnarde du pays brayon. L'hiver, on se réfugie avec plaisir auprès de l'âtre de la douillette salle de restaurant. Terrasse d'été. Chambres au rez-de-chaussée.

✕ La Paix *avec ch* ⊞ ⎙ & ⌾ ⌖ **P** **VISA** **MC** **AE** **①**
15 r. de Neufchâtel – ℰ *02 35 90 51 22 – contact@hotellapaix.fr – Fax 02 35 09 83 62 – Fermé 22 déc.-15 janv., dim. soir hors saison et lundi midi*
18 ch – †57 € ††57 €, � 6,50 € – ½ P 53 € – **Rest** – Menu (14 €), 20/35 € – Carte 23/45 €
♦ Faïences, cuivres anciens, cheminée, poutres apparentes participent au caractère champêtre de la spacieuse salle à manger. Cuisine traditionnelle. Chambres sobres.

FORT-MAHON-PLAGE – 80 Somme – 301 C5 – 1 140 h. – alt. 2 m – Casino –
⌖ 80120 ⫿ Nord Pas-de-Calais Picardie 36 **A1**

> ◗ Paris 225 – Abbeville 41 – Amiens 90 – Berck-sur-Mer 19 – Calais 94
> – Étaples 30

> ⌖ Office de tourisme, 1000, avenue de la Plage ℰ 03 22 23 36 00,
> Fax 03 22 23 93 40

> ⛳ de Belle-Dune Promenade du Marquenterre (près de l'Aquaclub),
> ℰ 03 22 23 45 50.

> ◉ Parc ornithologique du Marquenterre★★ S : 15 km.

⌂⌂ Auberge Le Fiacre ⤸ ⊞ & ch, % ch, **P** **VISA** **MC** **①**
à Routhiauville, 2 km au Sud-Est par rte de Rue ⌖ *80120 Quend –*
ℰ *03 22 23 47 30 – lefiacre@wanadoo.fr – Fax 03 22 27 19 80*
– Fermé 15-26 déc., 7 janv.-3 fév.
11 ch – †70/95 € ††70/95 €, ⊆ 11 € – 3 suites – ½ P 120/130 €
Rest – *(fermé le midi sauf week-ends)* Menu (25 €), 32/45 € – Carte 43/60 €
♦ Lieu idéal pour se mettre au vert, cette ancienne ferme du Marquenterre profite d'un coquet cadre campagnard. Atmosphère cosy dans les chambres joliment personnalisées. Cuisine classique servie dans un cadre soigné ou en terrasse côté jardin.

⌂⌂ La Terrasse ⧏ 斎 ⎙ & rest, 🆄 rest, % ch, ⑊ **P** **VISA** **MC** **AE** **①**
– ℰ *03 22 23 37 77 – info@hotellaterrasse.com – Fax 03 22 23 36 74*
– Fermé 8-25 janv.
56 ch – †40/93 € ††40/93 €, ⊆ 10 € – ½ P 38/65 € – **Rest** – Menu 14/55 € bc – Carte 21/46 €
♦ Établissement familial du front de mer aux chambres confortables : certaines regardent vers le large, d'autres donnent sur la cour, plus au calme. Panorama et décor marins, carte iodée et terrasse côté restaurant ; espace brasserie.

LA FOSSETTE (PLAGE DE) – 83 Var – **340** N7 – rattaché au Lavandou

---

FOS-SUR-MER – 13 Bouches-du-Rhône – **340** E5 – 13 922 h. – alt. 11 m –
✉ 13270 ▮ Provence   40 **A3**
- ◪ Paris 750 – Aix-en-Provence 55 – Arles 42 – Marseille 51 – Martigues 12
- ◱ Syndicat d'initiative, avenue René Cassin ℰ 04 42 47 71 96,
  Fax 04 42 05 27 55
- ◙ Village ★.

▮▮▮   **Ariane Fos** ⌂   ⛩ ☒ ※ ⚿ ch, ⚿ ♨ **P** _VISA_ ⊕ ⚿ ⊙
rte d'Istres : 3 km – ℰ 04 42 05 00 57 – contact @ arianefoshotel.com
– Fax 04 42 05 51 00
72 ch – ♦81/99 € ♦♦105/136 €, ☲ 10,50 € – **Rest** – Menu 27/33 € – Carte
35/44 €
♦ Près de l'étang de l'Estomac, cet hôtel propose des chambres actuelles (un tiers avec
balcon), spacieuses et insonorisées. Bons équipements de loisirs et de séminaires. Salle de
restaurant lumineuse où l'on propose une cuisine traditionnelle.

FOUCHÈRES – 10 Aube – **313** F5 – 450 h. – alt. 138 m – ✉ 10260   13 **B3**
- ◪ Paris 189 – Troyes 25 – Bar-sur-Aube 42 – Bar-sur-Seine 11

※※   **Auberge de la Seine**   ⛩ ⚿ _VISA_ ⊕ ⚿
1 fg de Bourgogne – ℰ 03 25 40 71 11 – contact @ aubergedelaseine.com
– Fax 03 25 40 84 09 – Fermé 23 fév.-8 mars, dim. soir, lundi soir et merc.
Rest – Menu 19 € (sem.)/65 € bc – Carte 40/59 €
♦ Relais de poste (18ᵉ s.) agrandi d'une belle terrasse surplombant la Seine. Cuisine
traditionnelle servie sous les poutres de la salle à manger actuelle, sobre et cosy.

> Nous essayons d'être le plus exact possible
> dans les prix que nous indiquons.
> Mais tout bouge !
> Lors de votre réservation, pensez à vous faire préciser le prix du moment.

FOUDAY – 67 Bas-Rhin – **315** H6 – 303 h. – ✉ 67130 ▮ Alsace Lorraine   1 **A2**
- ◪ Paris 412 – St-Dié 34 – Saverne 55 – Sélestat 37 – Strasbourg 61

▮▮▮   **Julien**   ⚘ ⛩ ☒ ⚿ ▮ ⚿ ch, ※ rest, ⚿ ♨ **P** _VISA_ ⊕ ⚿
D 1420 – ℰ 03 88 97 30 09 – hoteljulien @ wanadoo.fr – Fax 03 88 97 36 73
– Fermé 5-25 janv.
37 ch – ♦89/115 € ♦♦89/115 €, ☲ 15 € – 10 suites – ½ P 85/106 €
Rest – (fermé mardi) Menu 15 € (déj. en sem.), 25/38 € – Carte 33/49 €
♦ En pleine verdure, cette maison dispose de chambres chaleureuses et soignées (alliance
du bois et de tons rouges). Les plus : espace bien-être complet et séjours à thème. On sert
une cuisine classique simple et copieuse dans d'élégantes salles à manger.

FOUESNANT – 29 Finistère – **308** G7 – 8 076 h. – alt. 30 m – ✉ 29170
▮ Bretagne   9 **B2**
- ◪ Paris 555 – Carhaix-Plouguer 69 – Concarneau 11 – Quimper 16
  – Quimperlé 39
- ◱ Office de tourisme, Espace Kernevelech ℰ 02 98 51 18 88, Fax 02 98 56 64 02
- ◧ de Cornouaille à La Forêt-Fouesnant Manoir du Mesmeur, E : 4 km par D 44,
  ℰ 02 98 56 97 09.

▮   **L'Orée du Bois** sans rest   ⚘ ⚿ _VISA_ ⊕
4 r. Kergoadig – ℰ 02 98 56 00 06 – hotel.loreedubois @ wanadoo.fr
– Fax 02 98 56 14 17
15 ch – ♦30 € ♦♦57 €, ☲ 6,50 €
♦ Aimable accueil familial en cette maison de pierre abritant des chambres simples
et sans ampleur. Selon la saison, on petit-déjeune au jardin ou dans une salle au décor
marin.

au Cap Coz 2,5 km au Sud-Est par rte secondaire – ✉ 29170 Fouesnant

🏨 **Mona Lisa** ⪛ 🛉 📶 🕭 🕭 P VISA ⚫ AE ⓪
plage du Cap Coz – ✆ *02 98 51 18 10 – resa-capcoz@monalisahotels.com*
– Fax 02 98 56 03 40 – Ouvert de mi- mars à oct.
49 ch – †67/128 € ††67/128 €, ⊑ 11 € – ½ P 65/95 € – **Rest** – Menu 23 €
– Carte 19/53 €
♦ En bordure de plage, bâtisse rénovée abritant des chambres sémillantes, parfois dotées d'une terrasse-balcon panoramique (au 2ᵉ étage). Espaces communs clairs et modernes. Salle à manger-véranda dialoguant en direct avec l'estran.

🏨 **De la Pointe du Cap Coz** ⪛ mer et port, 🛉 🕭 rest,
153 av. de la Pointe – ✆ *02 98 56 01 63*   🕭 rest, 🕭 VISA ⚫ AE
🏨 *– bienvenue@hotel-capcoz.com – Fax 02 98 56 53 20 – Fermé 24-29 nov.,*
1ᵉʳ janv.-12 fév. et dim. soir du 1ᵉʳ oct. au 15 mars
16 ch – †57/60 € ††66/95 €, ⊑ 9,50 € – ½ P 71/86 € – **Rest** – *(fermé dim. soir et lundi midi du 15 sept. au 15 juin et merc.)* Menu 25/47 € – Carte 45/79 €
♦ L'hôtel est posé sur la langue sablonneuse du Cap-Coz. Les chambres, fonctionnelles et rénovées, ont vue sur le port ou le large. Salle à manger fraîche et nette, ménageant un joli coup d'œil littoral ; bonne cuisine côtière mise au goût du jour.

🏨 **Belle-Vue** ⪛ 🛏 🛉 🕭 🕭 🕭 P VISA ⚫
30 descente Belle-Vue – ✆ *02 98 56 00 33 – hotel-belle-vue@wanadoo.fr*
🍽 *– Fax 02 98 51 60 85 – Ouvert 1ᵉʳ mars-31 oct.*
16 ch – †52/62 € ††60/90 €, ⊑ 8,50 € – ½ P 57/66 €
Rest – *(ouvert 15 mars-31 oct. et fermé lundi)* Menu 22/40 € – Carte 29/45 €
♦ Hôtel familial dominant la baie de la Forêt. Les chambres, petites et sans fioriture, sont pour la plupart tournées vers l'océan. Sobre décor et cuisine sans prétention : la simplicité est de mise au restaurant. L'été, plaisante terrasse panoramique.

à la Pointe de Mousterlin 6 km au Sud-Ouest par D 145 et D 134 – ✉ 29170 Fouesnant

🏨 **De la Pointe de Mousterlin** ⌾   🛏 🛉 🍃 🕭 🕭 📶 🕭 rest, 🕭
108 rte de la Pointe – ✆ *02 98 56 04 12*   🕭 rest, 🕭 🕭 P VISA ⚫ AE
– hoteldelapointe@wanadoo.fr – Fax 02 98 56 61 02 – Fermé 10 fév.-3 mars, mardi midi, dim. soir et lundi d'oct. au 15 avril
48 ch – †55/76 € ††74/142 €, ⊑ 11 € – ½ P 74/93 € – **Rest** – Menu 22/37 €
– Carte 46/59 €
♦ Complexe balnéaire posté à l'extrémité de la pointe. Chambres spacieuses et pratiques réparties dans trois bâtiments autour du jardin. Bons équipements de loisirs. Cuisine régionale à composantes océanes, servie dans deux salles dont une véranda.

FOUGÈRES 👓 – 35 Ille-et-Vilaine – 309 O4 – 21 779 h. – alt. 115 m – ✉ 35300
📗 Bretagne   10 **D2**

🖸 Paris 326 – Avranches 44 – Laval 53 – Le Mans 132 – Rennes 52 – St-Malo 80
🖪 Office de tourisme, 2, rue Nationale ✆ 02 99 94 12 20, Fax 02 99 94 77 30
◙ Château★★ - Église St-Sulpice★ - Jardin public★ : ≼★ - Vitraux★ de l'église St-Léonard - Rue Nationale★.

Plan page ci-contre

🏠 **Les Voyageurs** sans rest   📶 🕭 🕭 VISA ⚫ AE ⓪
🍽 *–* ✆ *02 99 99 08 20 – hotel-voyageurs-fougeres@wanadoo.fr – Fax 02 99 99 99 04*
– Fermé 23 déc.-5 janv. et sam. en janv.   BY **e**
37 ch – †43/56 € ††52/58 €, ⊑ 9 €
♦ Établissement centenaire bien situé au cœur de la ville haute. La plupart des chambres rafraîchies affichent un style coloré, gai et personnalisé.

🍴🍴 **Haute Sève**   VISA ⚫ AE
37 bd J. Jaurès – ✆ *02 99 94 23 39 – Fermé 20 juil.-20 août, vacances de fév., dim. soir et lundi*   BY **z**
Rest – Menu 20 € bc (déj. en sem.), 25/43 €
♦ L'avenante façade à colombages abrite une salle à manger récemment relookée dans un esprit contemporain. Cuisine régionale classique, à base de bons produits.

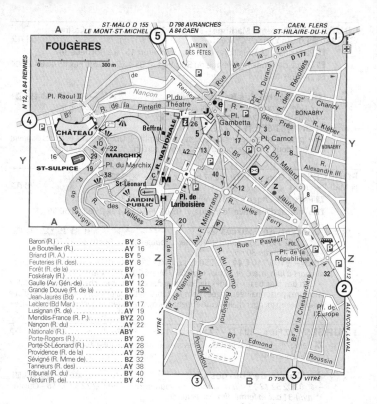

FOUGÈRES

ST-MALO D 155
LE MONT-ST-MICHEL

D 798 AVRANCHES
A 84 CAEN

CAEN, FLERS
ST-HILAIRE-DU-H.

Comment choisir entre deux adresses équivalentes ?
Dans chaque catégorie, les établissements sont classés
par ordre de préférence : nos coups de cœur d'abord.

FOUGEROLLES – 70 Haute-Saône – 314 G5 – 3 967 h. – alt. 311 m – ⊠ 70220
Franche-Comté Jura   17 **C1**

> Paris 374 – Épinal 49 – Luxeuil-les-Bains 10 – Remiremont 25 – Vesoul 43

> Office de tourisme, 1, rue de la Gare ℰ 03 84 49 12 91, Fax 03 84 49 12 91

> Ecomusée du Pays de la Cerise et de la Distillation★.

XX **Au Père Rota**   P̲ VISA ◉◉ AE

8 Grande Rue – ℰ 03 84 49 12 11 – jean-pierre-kuentz@wanadoo.fr
– Fax 03 84 49 14 51 – Fermé 1er-5 sept., 5-29 janv., dim. soir, mardi soir et lundi
Rest – Menu (20 €), 25 € (sem.)/67 € – Carte 43/78 € ⅋⅋
 ♦ La capitale du kirsch abrite ce restaurant élégant et feutré, où l'on déguste une savou-
reuse cuisine classique. Belle carte des vins, riche en vieux millésimes.

LA FOUILLOUSE – 42 Loire – 327 E7 – **rattaché à St-Étienne**

FOULBEC – 27 Eure – 304 C5 – **rattaché à Conteville**

FOURAS – 17 Charente-Maritime – 324 D4 – 3 835 h. – alt. 5 m – Casino –
✉ 17450 ▯ Poitou Vendée Charentes   38 **A2**

> ◘ Paris 485 – Châtelaillon-Plage 18 – Rochefort 15 – La Rochelle 34
> ◲ Office de tourisme, avenue du Bois Vert ℰ 05 46 84 60 69, Fax 05 46 84 28 04
> ◉ Donjon ✳ ★.

▢ **Grand Hôtel des Bains** sans rest   🚗 ⅋ 🕻 🕿 **VISA** **CO** **AE** **①**
15 r. Gén. Bruncher – ℰ 05 46 84 03 44 – hoteldesbains @ wanadoo.fr
– Fax 05 46 84 58 26 – Ouvert 15 mars-31 oct.
31 ch – ✝43/67 € ✝✝45/72 €, ⌑ 7 €
♦ Le "plus" de cet ancien relais de poste ? La chambre 1, face à la mer. Les autres donnent côté rue (double-vitrage) ou sur le patio fleuri, agréable l'été (petit-déjeuner).

FOURCÈS – 32 Gers – 336 D6 – 277 h. – alt. 76 m – ✉ 32250
▯ Midi-Pyrénées   28 **A2**

> ◘ Paris 728 – Agen 53 – Tonneins 57 – Toulouse 130
> ◲ Syndicat d'initiative, le Village ℰ 05 62 29 50 96, Fax 05 62 29 50 96

⌂⌂⌂ **Château de Fourcès** ⌇   ◖ 🕿 ⣉ 🛋 ⅋ rest, ⌂⌂ **P** **VISA** **CO** **AE**
– ℰ 05 62 29 49 53 – contact @ chateau-fources.com – Fax 05 62 29 50 59
– Ouvert 1er mars-30 nov.
18 ch – ✝100/210 € ✝✝135/250 €, ⌑ 14 € – ½ P 100/195 € – **Rest** – (fermé jeudi de mars à juin, merc. et le midi sauf dim.) Menu 29/47 € – Carte 37/54 €
♦ L'un des plus beaux villages de France abrite cet imposant château médiéval. Jolies chambres personnalisées, logées dans les tours, petits salons cosy et parc longé d'une rivière. Salle à manger chaleureuse et élégante, cuisine du terroir quelquefois réactualisée.

FOURGES – 27 Eure – 304 J7 – 772 h. – alt. 14 m – ✉ 27630   33 **D2**

> ◘ Paris 74 – Les Andelys 26 – Évreux 47 – Mantes-la-Jolie 23 – Rouen 75
> – Vernon 14

✕✕ **Le Moulin de Fourges**   🚗 🕿 **VISA** **CO** **AE**
– ℰ 02 32 52 12 12 – info @ moulin-de-fourges.com – Fax 02 32 52 92 56 – Ouvert 1er avril-31 oct. et fermé dim. soir et lundi
Rest – Menu 32/55 € – Carte 42/75 €
♦ Ancien moulin au bord de l'Epte, où se serait sans doute plu Monet, hôte de la voisine Giverny. Point de nymphéas, mais un agréable cadre champêtre. Cuisine traditionnelle.

FOURMIES – 59 Nord – 302 M7 – 13 867 h. – alt. 200 m – ✉ 59610
▯ Nord Pas-de-Calais Picardie   31 **D3**

> ◘ Paris 214 – Avesnes-sur-Helpe 16 – Charleroi 60 – Hirson 14 – Lille 115
> – St-Quentin 65
> ◲ Office de tourisme, 20, rue Jean Jaurès ℰ 03 27 59 69 97, Fax 03 27 57 30 44
> ◉ Musée du textile et de la vie sociale ★.

aux Étangs-des-Moines 2 km à l'Est par D 964 et rte secondaire – ✉ 59610 Fourmies

▢ **Ibis** sans rest   🕻 ⌂⌂ **VISA** **CO** **AE** **①**
– ℰ 03 27 60 21 54 – hotelibisfourmies @ orange.fr – Fax 03 27 57 40 44
31 ch – ✝50/58 € ✝✝50/58 €, ⌑ 7,50 €
♦ Établissement récent en lisière d'une belle forêt de chênes, parfait pour profiter au mieux du calme et du cadre bucolique des étangs. Chambres fonctionnelles bien tenues.

✕ **Auberge des Étangs des Moines**   🕿 **VISA** **CO**
⏄ – ℰ 03 27 60 02 62 – Fax 03 27 60 10 25 – Fermé 1er-21 août, vacances de fév., sam. midi, dim. soir et lundi sauf fériés
Rest – Menu 18 € (sem.)/38 € – Carte 32/51 €
♦ Cette ancienne guinguette au bord de l'eau séduit par son ambiance conviviale, sa terrasse et sa plaisante salle à manger dotée d'une véranda rénovée. Plats traditionnels.

LA FOUX D'ALLOS – 04 Alpes-de-Haute-Provence – 334 H7 – rattaché à Allos

FRANCESCAS – 47 Lot-et-Garonne – 336 E5 – 714 h. – alt. 109 m – ⊠ 47600

4 **C2**

🄳 Paris 720 – Agen 28 – Condom 18 – Nérac 14 – Toulouse 134

XXX **Le Relais de la Hire** 🚗 🛎 **P** **VISA** **⦿** **AE** **①**

😊 11 r. Porte-Neuve – *⌀* 05 53 65 41 59 – la.hire@wanadoo.fr – Fermé 27 oct.-4 nov., *dim. soir, merc. soir et lundi*
Rest – (prévenir) Menu (14,50 € bc), 20/56 € – Carte 45/56 €
♦ Confortable décor classique (plafond peint d'un ciel bleu), terrasse d'été et cuisine du terroir joliment personnalisée : cette maison du 18ᵉ s. cache une très bonne adresse.

FRANCUEIL – 37 Indre-et-Loire – 317 P5 – 1 214 h. – alt. 90 m – ⊠ 37150

11 **A1**

🄳 Paris 249 – Orléans 124 – Tours 38 – Blois 58 – Joué-lès-Tours 37

⌂ **Le Moulin de Francueil** 🌐 ⌛ 🍽 📞 **P** **VISA** **⦿**

*28 r. du Moulin-Neuf, rte de Loches – *⌀* 02 47 23 93 44 – moulinfrancueil@ aol.com*
5 ch ⌷ – ✝102 € ✝✝110/130 € – **Table d'hôte** – Menu 25 € bc
♦ À quelques minutes de Chenonceau, cette maison bourgeoise du 19ᵉ s. vous accueille dans un cadre bucolique propice à la détente. Chambres personnalisées de style classique.

FRANQUEVILLE-ST-PIERRE – 76 Seine-Maritime – 304 H5 – rattaché à Rouen

FRÉHEL – 22 Côtes-d'Armor – 309 H3 – 2 047 h. – alt. 72 m – Casino – ⊠ 22240

10 **C1**

🄳 Paris 433 – Dinan 38 – Lamballe 28 – St-Brieuc 40 – St-Cast-le-Guildo 15 – St-Malo 36

🄴 Office de tourisme, place de Chambly *⌀* 02 96 41 53 81, Fax 02 96 41 59 46
⊙ ❋★★★.
🄶 Fort La Latte★★ : site★★, ❋★★ SE : 5 km.

XX **Le Victorine** 🛎 **VISA** **⦿**

😊 *pl. Chambly – *⌀* 02 96 41 55 55 – Fax 02 96 41 55 55 – Fermé 28 oct.-12 nov., 10-22 fév., dim. soir et lundi sauf du 14 juil. au 30 août*
Rest – Menu 15 € (déj. en sem.)/29 € – Carte 23/37 €
♦ Ce restaurant familial situé sur la place du village vous reçoit dans une sobre salle à manger néo-rustique ou en terrasse. Cuisine traditionnelle influencée par le marché.

LA FREISSINOUSE – 05 Hautes-Alpes – 334 E5 – rattaché à Gap

FRÉJUS – 83 Var – 340 P5 – 46 801 h. – alt. 20 m – ⊠ 83600
▯ Côte d'Azur

41 **C3**

🄳 Paris 868 – Cannes 40 – Draguignan 31 – Hyères 90 – Nice 66
📧 *⌀* 3635 (0,34 €/mn)
🄴 Office de tourisme, 325, rue Jean Jaurès *⌀* 04 94 51 83 83, Fax 04 94 51 00 26
🄶 de Roquebrune à Roquebrune-sur-Argens Quartier des Planes, O : 6 km par D 8, *⌀* 04 94 19 60 35 ;
🄶 de Valescure à Saint-Raphaël Route des golfs, NE : 8 km, *⌀* 04 94 82 40 46.
⊙ Groupe épiscopal★★ : baptistère★★, cloître★, cathédrale★ - Ville romaine★ A : arènes★ - Parc zoologique★ N : 5 km par ③.

Plans pages suivantes

🏠 **L'Aréna** 🛎 ⌛ 🛗 ❘ ⌀ ch, 🄺 ⇄ 🍽 ch, 📞 **P** 🅿 **VISA** **⦿** **AE** **①**

*145 r. Gén. de Gaulle – *⌀* 04 94 17 09 40 – info@arena-hotel.com* C **r**
– Fax 04 94 52 01 52 – Fermé 1ᵉʳ déc.-5 janv.
36 ch – ✝70/100 € ✝✝90/160 €, ⌷ 14 € – ½ P 80/120 € – **Rest** – (fermé sam. midi et lundi) Menu 26 € (sem.)/59 € – Carte 48/76 €
♦ Charmante maison provençale où séjourna Napoléon en retour de la campagne d'Égypte. Les chambres donnent sur un patio agrémenté d'essences méditerranéennes. Agréable piscine et accueil tout sourire. À table, décor ensoleillé et carte méridionale content le pays des cigales.

FRÉJUS

ST-RAPHAËL

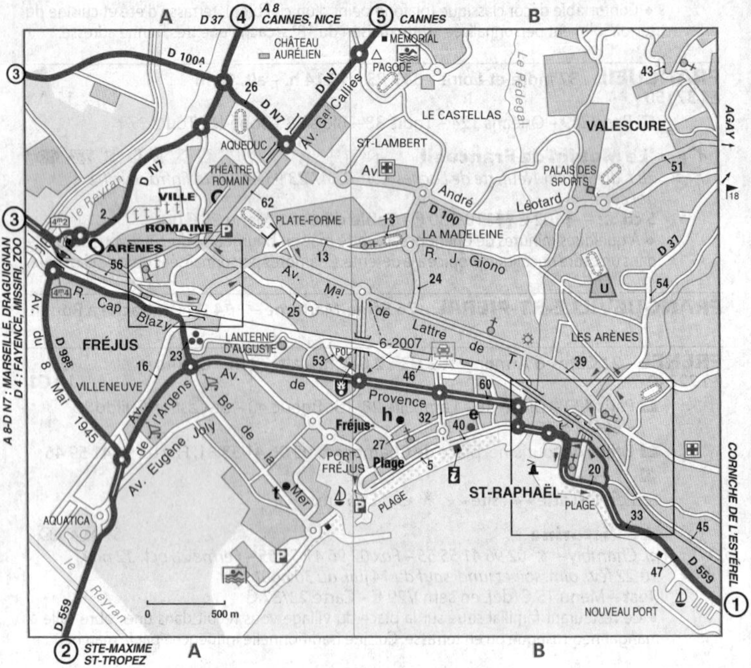

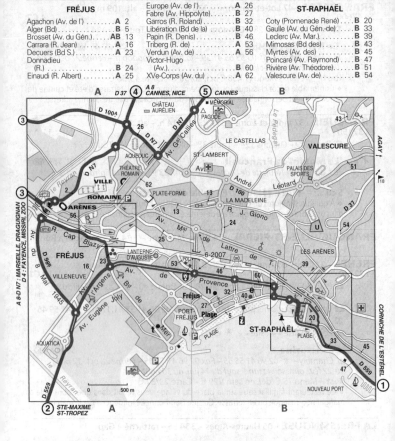

L'Amandier
A/C VISA MC AE

19 r. Marc-Antoine Desaugiers – ✆ 04 94 53 48 77 – Fermé 26 oct.-12 nov., 1er-14 janv., lundi midi, merc. midi et dim. D **v**

Rest – Menu (19 €), 23/36 € – Carte 29/43 €

◆ Restaurant situé dans une rue piétonne, à deux pas de la mairie. Accueil charmant, cuisine dans l'air du temps, tout simplement bonne et soignée, et prix tout doux.

Les Potiers
A/C VISA MC

135 r. Potiers – ✆ 04 94 51 33 74 – Fermé 1er-21 déc., le midi en juil.-août, merc. midi et mardi de sept. à juin C **s**

Rest – *(nombre de couverts limité, prévenir)* Menu 24/36 €

◆ Sympathique ambiance rustique en cette petite adresse où l'on ne façonne pas l'argile, mais une belle cuisine au goût du jour enrichie de saveurs provençales.

à Fréjus-Plage AB – ✉ 83600 Fréjus

L'Oasis sans rest
A/C P VISA MC

imp. Charcot – ✆ 04 94 51 50 44 – info@hotel-oasis.net – Fax 04 94 53 01 04 – Ouvert 1er fév.-12 nov. B **h**

27 ch – †38/55 € ††48/68 €, ☕ 7 €

◆ Bâtiment des années 1950 situé en retrait de la promenade, dans une impasse d'un quartier résidentiel. Ambiance familiale, chambres en majorité rénovées et pergola environnée de pins.

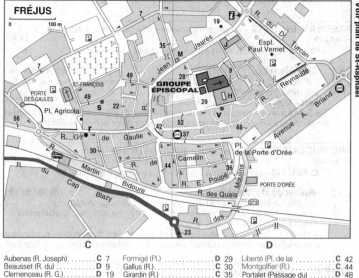

FRÉJUS

0   100 m

🏠 **Atoll** sans rest   🅰🅒 🅿 VISA ⓜⓞ AE ①
   923 bd de la Mer – ℰ 04 94 51 53 77 – atollhotel@wanadoo.fr – Fax 04 94 51 58 33
30 ch – ♦42/60 € ♦♦42/60 €, � 6 €   A **t**
♦ Immeuble rénové situé à 100 m de la plage et à proximité de "Base Nature" (parc d'activités et de loisirs). Chambres sobrement aménagées.

✗ **Le Mérou Ardent**   📶 🅰🅒 VISA ⓜⓞ
   157 bd la Libération – ℰ 04 94 17 30 58 – patrickdelpierre@wanadoo.fr
⊗⊗ *– Fax 04 94 17 33 79 – Fermé 4-12 juin, 19 nov.-18 déc., sam. midi, lundi midi et jeudi midi en saison, merc. et jeudi hors saison* B **e**
Rest – Menu 16/36 € – Carte 21/46 €
♦ Petit restaurant au décor marin aménagé sur le boulevard longeant la plage. Accueil remarquable et spécialités de poisson : une bonne prise !

FRÉMIFONTAINE – 88 Vosges – 314 I3 – **rattaché à Grandvillers**

LE FRENEY-D'OISANS – 38 Isère – 333 J7 – 221 h. – alt. 926 m –
⊠ 38142   45 **C2**

🚇 Paris 626 – Bourg-d'Oisans 12 – La Grave 16 – Grenoble 64
🅸 Syndicat d'initiative, Le Village ℰ 04 76 80 05 82, Fax 04 76 80 05 82
📷 Barrage du Chambon★★ SE : 2 km - Gorges de l'Infernet★ SO : 2 km,
📙 Alpes du Nord

à Mizoën Nord-Est : 4 km par N 91 et D 1091 – 163 h. – alt. 1 100 m – ⊠ 38142

🏨 **Panoramique** 🌿   ≤ montagne et vallée, 🚗 🍴 ⅃⅄ 🎾 📶
   rte des Aymes – ℰ 04 76 80 06 25 – info@hotel-   🅿 VISA ⓜⓞ AE ①
panoramique.com – Fax 04 76 80 25 12 – Ouvert 2 mai-21 sept. et 20 déc.-31 mars
9 ch – ♦55/65 € ♦♦65/95 €, ⊠ 10 € – ½ P 55/85 € – **Rest** – (dîner seult sauf week-end et fériés) Menu (17 €), 23/27 € – Carte 24/30 €
♦ Outre son très bel environnement, ce chalet fleuri entièrement non-fumeurs a de nombreux atouts : accueil charmant, tenue méticuleuse, solarium exposé plein Sud, sauna, etc. Salle de restaurant panoramique et agréable terrasse d'été face aux sommets.

LE FRENZ – 68 Haut-Rhin – 315 F9 – **rattaché à Kruth**

FRESNAY-EN-RETZ – 44 Loire-Atlantique – 316 E5 – 855 h. – alt. 15 m –
⊠ 44580   34 **A2**

■ Paris 425 – Nantes 40 – La Roche-sur-Yon 64 – Saint-Nazaire 51

XX **Le Colvert**   AC VISA ◍◉ ◉
⊜   – ℰ 02 40 21 46 79 – Fax 02 40 21 95 99 – Fermé 10 août-6 sept., dim. soir, mardi
    soir, merc. soir et lundi
    Rest – Menu (14 €), 17 € (déj. en sem.), 26/40 € – Carte 41/63 €
    ♦ Salle à manger "dans son jus", style rustique (poutres apparentes, vivier à homards) et
    cuisine actuelle pour cette maison en bord de route située au cœur du village.

FRESNICOURT – 62 Pas-de-Calais – 301 I5 – 880 h. – alt. 114 m –
⊠ 62150   30 **B2**

■ Paris 218 – Lille 62 – Arras 24 – Villeneuve-d'Ascq 61 – Douai 46

XX **Auberge du Donjon**   VISA ◍◉ AE ◉
⊛   28 r. Léo-Lagrange – ℰ 03 21 27 93 76 – contct @ auberge-donjon.com
    – Fax 03 21 26 20 71 – Fermé 30 juil.-26 août, 18-24 fév., dim. soir, lundi et mardi
    Rest – Menu (18 €), 23/56 € – Carte 36/50 €
    ♦ Maison où l'on ripaille savoureusement et copieusement, dans un cadre néo-rustique
    flamand. Peintures murales bruegeliennes en salles ; grillades à la broche de la cheminée.

LE FRET – 29 Finistère – 308 D5 – **rattaché à Crozon**

FRICHEMESNIL – 76 Seine-Maritime – 304 G4 – **rattaché à Clères**

FROENINGEN – 68 Haut-Rhin – 315 H10 – **rattaché à Mulhouse**

FROIDETERRE – 70 Haute-Saône – 314 H6 – **rattaché à Lure**

FRONCLES-BUXIERES – 52 Haute-Marne – 313 K4 – 1 760 h. – alt. 226 m –
⊠ 52320   14 **C3**

■ Paris 282 – Bar-sur-Aube 41 – Chaumont 28 – Neufchâteau 52
   – Saint-Dizier 52

X   **Au Château**   ⬚ 🍴 P VISA ◍◉
⊜   Parc d'Activités – ℰ 03 25 02 93 84 – didier.pougeoise @ wanadoo.fr – Fermé
⊛   vacances de Noël, sam. midi et dim. soir
    Rest – Menu 13 € (déj. en sem.), 27/42 € – Carte 33/49 €
    ♦ Grande maison bourgeoise constituée de petits salons en guise de salles à manger et
    dotée d'une vaste terrasse couverte tournée vers le parc ; cuisine au goût du jour soignée.

FRONTIGNAN – 34 Hérault – 339 H8 – 19 145 h. – alt. 2 m – ⊠ 34110
▐ Languedoc Roussillon   23 **C2**

■ Paris 775 – Lodève 59 – Montpellier 26 – Sète 10

rte de Montpellier 4 km au Nord-Est sur D 612– ⊠ 34110 Frontignan

🏠 **Hôtellerie de Balajan**   🍴 ⬚ AC ⅗ rest, ⅛ P ⌂ VISA ◍◉
    41 rte de Montpellier – ℰ 04 67 48 13 99 – hotel.balajan @ wanadoo.fr
    – Fax 04 67 43 06 62 – Fermé 24 déc.-4 janv., fév. et dim. soir de nov. à mars
    18 ch – †68/70 € ††70/103 €, ⊑ 10 € – ½ P 60/71 € – **Rest** – (fermé dim. soir
    hors saison, sam. midi et lundi midi) Menu (17 €), 27/53 € – Carte 34/63 €
    ♦ Le vignoble produisant le fameux muscat entoure cet hôtel aux chambres sobres mais
    fraîches. En arrière-plan, le massif de la Gardiole. La convivialité du restaurant doit beau-
    coup à ses tables fleuries ; saveurs méridionales dans l'assiette. Salon cosy.

FRONTIGNAN-DE-COMMINGES – 31 Haute-Garonne – 73 h. – alt. 450 m – ⊠ 31510
28 **B3**

> ▸ Paris 796 – Toulouse 120 – Saint-Gaudens 31 – Bagnères-de-Bigorre 70 – Saint-Girons 77

⋔ **Le Relais des Frontignes** ⌂   🖼 🕭 ⇘ 🐾 **P**
au village, par D 33ᴬ – 𝒞 05 61 79 61 67 – yann.debruycker@wanadoo.fr
– Fax 05 61 79 61 67
5 ch ⌂ – ♦50 € ♦♦60 € – **Table d'hôte** – Menu 20 €
♦ Le propriétaire de cette maison du 19ᵉ s. vous guidera avec plaisir dans les montagnes. Jolies chambres thématiques (Asie, Europe, Afrique) et grand parc où coule un torrent.

FRONTONAS – 38 Isère – 333 E4 – 1 714 h. – alt. 260 m – ⊠ 38290
44 **B2**

> ▸ Paris 495 – Ambérieu-en-Bugey 44 – Lyon 34 – La Tour-du-Pin 26 – Vienne 35

XX **Auberge du Ru**   🖼 ⇔ **P** **VISA** **◍◍**
Le Bergeron-Les-Quatre-Vies – 𝒞 04 74 94 25 71 – info@aubergeduru.fr
– Fax 04 74 94 25 71 – Fermé 18 fév.-4 mars, 14 juil.-5 août, dim. soir, lundi et mardi
Rest – Menu 26/34 € 🈂
♦ Nouveau décor frais et original (tons mode, clins d'œil culinaires, toiles monochromes), saveurs du moment, jolis côtes-du-rhône sagement tarifés et bons conseils du patron.

FUISSÉ – 71 Saône-et-Loire – 320 I12 – 317 h. – alt. 290 m – ⊠ 71960
▯ Bourgogne
8 **C3**

> ▸ Paris 401 – Charolles 54 – Chauffailles 52 – Mâcon 9 – Villefranche-sur-Saône 48

XX **Au Pouilly Fuissé**   🖼 ⇔ **VISA** **◍◍** **AE**
– 𝒞 03 85 35 60 68 – Fax 03 85 35 60 68 – Fermé lundi soir, mardi soir et merc. d'oct. à mars et dim. soir
Rest – Menu 20 € (déj. en sem.), 27/47 € – Carte 33/50 €
♦ Comme son nom l'indique, cette auberge familiale accompagne sa cuisine traditionnelle des bons vins de la région. Salle à manger-véranda et terrasse ombragée.

LA FUSTE – 04 Alpes-de-Haute-Provence – 334 D10 – rattaché à Manosque

FUTEAU – 55 Meuse – 307 B4 – rattaché à Ste-Menehould (51 Marne)

FUVEAU – 13 Bouches-du-Rhône – 340 I5 – 7 509 h. – alt. 283 m – ⊠ 13710
40 **B3**

> ▸ Paris 765 – Marseille 36 – Brignoles 53 – Manosque 73
> 🖪 Office de tourisme, cours Victor Leydet 𝒞 04 42 50 49 77

🏨 **Mona Lisa**   🖼 🏊 🎿 🕭 ₺ 🅰 ch, ↯ 🐾 🕍 **P** **VISA** **◍◍** **AE** **①**
D 6, (face au golf de Château l'Arc) – 𝒞 04 42 68 19 19 – heb-ste-victoire@ monalisahotels.com – Fax 04 42 68 19 18
81 ch – ♦125 € ♦♦125 €, ⌂ 11 € – ½ P 110 € – **Rest** – Menu 26 € bc (sem.), 37 € bc/90 € bc – Carte environ 29 €
♦ Architecture contemporaine proche d'un golf. Camaïeu de beige, mobilier en bois peint et accès Internet haut débit : des chambres reposantes et bien pensées. Sauna et fitness. Lumineux restaurant dont les baies vitrées s'ouvrent sur la terrasse et la piscine.

GABRIAC – 12 Aveyron – 338 I4 – 446 h. – alt. 580 m – ⊠ 12340
29 **D1**

> ▸ Paris 605 – Espalion 13 – Mende 88 – Rodez 27 – Sévérac-le-Château 35

X **Bouloc** avec ch   🖼 🎿 **P** **VISA** **◍◍**
⌂ – 𝒞 05 65 44 92 89 – franckbouloc@wanadoo.fr – Fax 05 65 48 86 74
– Fermé 5-19 mars, 25 juin-2 juil., 1ᵉʳ-22 oct., merc. sauf le soir en juil.-août et mardi soir de sept. à juin
11 ch – ♦40/44 € ♦♦49/53 €, ⌂ 7 € – ½ P 49/50 € – **Rest** – Menu (12 € bc), 17 € (sem.)/36 € – Carte 26/36 €
♦ Maison régionale officiant depuis six générations : autant dire qu'en matière de spécialités du Rouergue, on s'y connaît ! Nouvelle salle à manger-véranda. Chambres anciennes.

GAGNY – 93 Seine-Saint-Denis – **305** G7 – **101** 18 – **voir à Paris, Environs**

GAILLAC – 81 Tarn – **338** D7 – **11 073 h.** – alt. 143 m – ⌧ 81600
▮ Midi-Pyrénées   29 **C2**

  ◪ Paris 672 – Albi 26 – Cahors 89 – Castres 52 – Montauban 50 – Toulouse 58
  ▯ Syndicat d'initiative, Abbaye Saint-Michel ℰ 05 63 57 14 65,
     Fax 05 63 57 61 37

La Verrerie   ◐ 🕭 ⊼ & ch, 🅐🅒 rest, 🗶 rest, ↙ 🕌 🅿 𝑽𝑰𝑺𝑨 ⓤ 🄰🄴 ⓞ
r. Égalité – ℰ 05 63 57 32 77 – contact@la-verrerie.com – Fax 05 63 57 32 27
– Fermé 16-22 fév. et 24-31 déc.
14 ch – ♥55/70 € ♥♥55/85 €, � 11 € – **Rest** – (fermé sam. midi, dim. soir et
vend.) Menu 15 € bc (déj. en sem.), 25/32 € – Carte 38/59 €
♦ Un minimusée évoque le passé de cette bâtisse bicentenaire, jadis verrerie puis fabrique
de pâtes. Chambres modernes et pratiques, à choisir côté parc (belle bambouseraie).
Lumineuse salle à manger prolongée d'une agréable terrasse tournée vers la verdure.

XXX **Les Sarments**   🅐🅒 🗶 𝑽𝑰𝑺𝑨 ⓤ
27 r. Cabrol, derrière abbaye St-Michel – ℰ 05 63 57 62 61 – sarments.les2@
orange.fr – Fax 05 63 57 62 61 – Fermé 21 déc.-11 janv., 23 fév.-7 mars, mardi soir
d'oct. à fév., lundi soir, merc. soir et lundi
Rest – (nombre de couverts limité, prévenir) Menu 25 € (sem.)/35 € – Carte
environ 39 € 🍷
♦ Découvrez le Gaillac viticole avec ce chai médiéval voisin de la maison des Vins. Restaurant au cadre raffiné (voûtes en pierre, tableaux). Carte actuelle et dives bouteilles.

X **La Table du Sommelier**   🕭 🅐🅒 𝑽𝑰𝑺𝑨 ⓤ
34 pl. du Griffoul – ℰ 05 63 81 20 10 – Fax 05 63 81 20 10 – Fermé dim. et lundi
Rest – Menu 13/35 € bc 🍷
♦ Avec une telle enseigne, nul doute, c'est Bacchus que l'on célèbre dans ce "bistrot-
boutique" : belle carte des vins, au verre ou en bouteille, et cuisine du marché.

GAILLAN-EN-MÉDOC – 33 Gironde – **335** F3 – **rattaché à Lesparre-Médoc**

GAILLON – 27 Eure – **304** I7 – **6 861 h.** – alt. 15 m – ⌧ 27600
▮ Normandie Vallée de la Seine   33 **D2**

  ◪ Paris 94 – Les Andelys 13 – Rouen 48 – Évreux 25 – Vernon 15
  ▯ Office de tourisme, 4, place Aristide Briand ℰ 02 32 53 08 25
  ▰ de Gaillon Les Artaignes, E : 1 km par D 515, ℰ 02 32 53 89 40.

à Vieux-Villez Ouest : 4 km par D 6015 – 160 h. – alt. 125 m – ⌧ 27600

Château Corneille   ◐ ↙ 🕌 🅿 𝑽𝑰𝑺𝑨 ⓤ
– ℰ 02 32 77 44 77 – chateau-corneille@wanadoo.fr – Fax 02 32 77 48 79
20 ch – ♥84 € ♥♥100/120 €, �]12 € – ½ P 128 €
Rest Closerie – ℰ 02 32 77 42 97 (fermé 15-31 août, sam. midi, dim. soir et lundi)
Menu 20 € (déj. en sem.), 32/45 € – Carte 26/58 €
♦ Cette avenante demeure bourgeoise nichée dans un petit parc abrite des chambres
confortables et refaites depuis peu. Chaises en fer forgé, poutres, briques et cheminée
composent le décor du restaurant, logé dans une ancienne bergerie.

GALÉRIA – 2B Haute-Corse – **345** A5 – **voir à Corse**

GALLARGUES-LE-MONTUEUX – 30 Gard – **339** J6 – **2 957 h.** – alt. 55 m –
⌧ 30660   23 **C2**

  ◪ Paris 735 – Montpellier 36 – Nîmes 26 – Arles 51 – Alès 68

X **Orchidéa**   & 𝑽𝑰𝑺𝑨 ⓤ 🄰🄴 ⓞ
9 pl. Coudoulié – ℰ 04 66 73 34 07 – orchidea30@orange.fr – Fermé dim.
Rest – Menu 18 € bc (déj.)/36 €
♦ Restaurant d'esprit table d'hôte, convivial et décontracté, dont la cuisine exprime des
accents basque, camarguais et réunionnais. Cadre rustique modernisé avec originalité.

764

GAMBAIS – 78 Yvelines – 311 G3 – 2 064 h. – alt. 119 m – ⊠ 78950   18 **A2**
➤ Paris 55 – Dreux 27 – Mantes-la-Jolie 32 – Rambouillet 22 – Versailles 38

ⅩⅩ   **Auberge du Clos St-Pierre**   🏡 � VISA 🐝 AE
2 bis r. Goupigny – ℰ *01 34 87 10 55* – *clossaintpierre@wanadoo.fr*
– *Fax 01 34 87 03 88* – *Fermé 3-26 août, dim. soir, mardi soir et lundi*
Rest – Menu 37/55 € – Carte 53/78 €
♦ Une cuisine de tradition se conçoit derrière les murs rouges de cette auberge.
Elle s'apprécie dans le décor actuel ou, dès les premiers beaux jours, à l'ombre du
tilleul.

GAN – 64 Pyrénées-Atlantiques – 342 J5 – 4 971 h. – alt. 210 m – ⊠ 64290   3 **B3**
➤ Paris 786 – Pau 10 – Arudy 17 – Lourdes 39 – Oloron-Ste-Marie 26

ⅩⅩ   **Hostellerie L'Horizon** avec ch ⑤   ≤ 🏡 🏡 🍴 🛁 ⅼ
⊗   *chemin Mesplet* – ℰ *05 59 21 58 93*   🛁 P. VISA 🐝 AE
– *eytpierre-hotelresto@wanadoo.fr* – *Fax 05 59 21 71 80* – *Fermé 2 janv.-13 fév.*
10 ch – †55/90 € ††65/90 €, ⊇ 8 € – ½ P 80/100 € – **Rest** – *(fermé dim. soir et
lundi)* Menu 15 € (déj. en sem.), 28/68 € bc – Carte 47/57 €
♦ La salle à manger-véranda et la terrasse regardent un plaisant jardin. Par beau temps, les
Pyrénées ferment l'horizon. Préférez les chambres récentes, plus confortables.

GANNAT – Allier – 326 G6 – 5 838 h. – alt. 345 m – ⊠ 03800 ▯ Auvergne   5 **B1**
➤ Paris 383 – Clermont-Ferrand 49 – Montluçon 78 – Moulins 58 – Vichy 20
🗉 Office de tourisme, 11, place Hennequin ℰ 04 70 90 17 78,
Fax 04 70 90 19 45
◙ Évangéliaire★ au musée municipal (château).

ⅩⅩ   **Le Frégénie**   ⅾ VISA 🐝 AE ①
4 r. des Frères-Bruneau – ℰ *04 70 90 04 65* – *Fax 04 70 90 04 65* – *Fermé
18 août-7 sept., 26 déc.-4 janv., dim. soir et lundi soir*
Rest – Menu 23/43 € – Carte 32/52 €
♦ Dans une rue calme, imposante maison abritant deux salles à manger au décor classique
et frais, pour savourer des plats au goût du jour. Accueil souriant.

GAP 🅿 – 05 Hautes-Alpes – 334 E5 – 36 262 h. – alt. 735 m – ⊠ 05000
▯ Alpes du Sud   41 **C1**
➤ Paris 665 – Avignon 209 – Grenoble 103 – Sisteron 52 – Valence 158
🗉 Office de tourisme, 2a, cours Frédéric Mistral ℰ 04 92 52 56 56,
Fax 04 92 52 56 57
🖫 Alpes Provence Gap Bayard Station Gap Bayard, par rte de Grenoble : 7 km,
ℰ 04 92 50 16 83.
◙ Vieille ville★ - Musée départemental★.

Plan page suivante

🏠   **Le Clos** ⑤   🏡 🏡 ⅼ P. VISA 🐝 AE ①
⊗   *par* ① *rte Grenoble et chemin privé* – ℰ *04 92 51 37 04* – *leclos@voila.fr*
– *Fax 04 92 52 41 06* – *Fermé 20 oct.-24 nov., lundi (sauf hôtel) et dim. soir
sauf juil.-août*
28 ch – †47 € ††51/54 €, ⊇ 8,50 € – ½ P 49 € – **Rest** – Menu 18/31 €
♦ Cet hôtel de la périphérie gapençaise propose des chambres fonctionnelles, dotées pour
moitié d'un balcon. Jardin arboré avec jeux pour les enfants. Spacieuse salle à manger
d'esprit rustique, prolongée d'une véranda et d'une terrasse d'été.

🏠   **Kyriad** sans rest   🏡 ᭡ ⅼ P. VISA 🐝 AE
par ③ *: 2,5 km (près piscine), rte Sisteron* – ℰ *04 92 51 57 82* – *kyriad.gap@
wanadoo.fr* – *Fax 04 92 51 56 52*
26 ch – †59/70 € ††59/70 €, ⊇ 7,50 €
♦ Aux portes de Gap, sur la route Napoléon, hôtel disposant de chambres fraîches et
spacieuses, aménagées de part et d'autre du jardin, où l'on petit-déjeune à la belle
saison.

Ibis 🛏️ 📶 ⚜️ ch, ↵ 🍴 🅿️ 🚗 🅿️ VISA ⑩ AE ⑩
5 bd G. Pompidou – ☏ 04 92 53 57 57 – ibisgap@wanadoo.fr
– Fax 04 92 53 38 15   Y **x**
61 ch – ♦49/71 € ♦♦49/71 €, ⊇ 8 € – **Rest** – Menu 10/17 €
♦ Vous trouverez ici les prestations habituelles à la chaîne, des chambres rajeunies, un double vitrage efficace et un espace séminaire. La bonne tenue et le soin porté à l'accueil sont les atouts majeurs du restaurant de cet Ibis ; décor dans les tons pastel.

Patalain 🌳 🏡 🅿️ VISA ⑩ AE
2 pl. Ladoucette – ☏ 04 92 52 30 83 – sarl-le-patalain@wanadoo.fr
– Fax 04 92 52 30 83 – Fermé 25 déc.-15 janv., et dim.   Y **d**
Rest – Menu 36/41 €
Rest Bistro du Patalain – Menu (16 €), 19/23 €
♦ Belle maison de maître (1890) agrémentée d'un jardin et d'une terrasse sous glycine. La carte traditionnelle est présentée dans une salle bourgeoise classiquement aménagée. Au Bistro, ambiance "bouchon lyonnais", menu du jour inscrit sur ardoise et plats régionaux.

✗✗ **Le Pasturier** ⌂ ⅋ 🆔 **VISA** ⊛ 🅰🅴 ⓪

18 r. Pérolière – ℰ 04 92 53 69 29 – pasturier.resto@wanadoo.fr
– Fax 04 92 53 30 91 – Fermé 1er-16 juin, 24 nov.-2 déc., 5-13 janv., mardi midi, dim.
soir et lundi   Y **a**
Rest – Menu 27/41 € – Carte 41/52 € ⅌

♦ Décor aux tons ensoleillés pour cette accueillante petite adresse du vieux Gap. Cuisine
régionale et beau livre de cave ; terrasse ombragée à l'arrière.

✗ **La Grangette** **VISA** ⊛

1 av. Foch – ℰ 04 92 52 39 82 – Fax 04 92 52 39 82 – Fermé 16-31 juil., 14-31 janv.,
mardi et merc.   Y **t**
Rest – Menu 21/30 € – Carte 28/45 €

♦ Aux abords d'un musée et d'un carrefour très passant, discrète enseigne estimée pour ses
préparations traditionnelles exemptes de complication et pour son décor campagnard.

à La Bâtie-Neuve 10 km par ② – 1 687 h. – alt. 852 m – ⌧ 05230

⌂ **La Pastorale** sans rest ⅏ 🔀 🎱 ⅋ 📞 🏊 **P** **VISA** ⊛

Les Brès, 4 km au Nord-Est par D 214 et D 614 – ℰ 04 92 50 28 40 – la-pastorale@
wanadoo.fr – Fax 04 92 50 21 14 – Ouvert 5 mai-14 oct.
8 ch – ♦77 € ♦♦77/92 €, ⌷ 8,50 €

♦ Les chambres, plaisantes, sont assez originalement agencées puisqu'elles s'adaptent aux
volumes irréguliers de cette vénérable bâtisse du 16e s. Petit jardin ombragé. Accueil
charmant.

à la Freissinouse 9 km par ④ – 456 h. – alt. 965 m – ⌧ 05000

⌂ **Azur** ⌔ 🎱 🛗 🆔 rest, 📞 🏊 **P** **VISA** ⊛

🕿 D 994 – ℰ 04 92 57 81 30 – contact@hotelazur.com – Fax 04 92 57 92 37
45 ch – ♦50/62 € ♦♦50/72 €, ⌷ 6 € – ½ P 52/62 € – **Rest** – Menu 16 €
(sem.)/34 € – Carte 25/38 €

♦ Hôtel disposant de chambres pratiques et colorées, plus au calme sur l'arrière. De l'autre
côté de la route, un parc avec étang, piscine, jeux et annexe (deux duplex pour les familles).
Cuisine classique servie dans une salle à manger spacieuse et confortable.

GAPENNES – 80 Somme – 301 E6 – 218 h. – alt. 76 m – ⌧ 80150 **36 A1**

❱ Paris 178 – Amiens 51 – Abbeville 16 – Berck 63 – Étaples 70

⌂ **La Nicoulette** sans rest ⅏ 🔀 ⅊ **P**

7 r. de St-Riquier – ℰ 03 22 28 92 77 – nicoulette@wanadoo.fr
5 ch ⌷ – ♦74 € ♦♦78 €

♦ Cette ancienne ferme picarde sur la sortie du village propose des chambres de bonne
ampleur, toutes de plain-pied sur le joli jardin. Jacuzzi pour la détente.

GARABIT (VIADUC DE) – 15 Cantal – 330 H5 – **voir à Viaduc de Garabit**

LA GARDE – 04 Alpes-de-Haute-Provence – 334 H10 – **rattaché à Castellane**

LA GARDE – 48 Lozère – 330 H5 – **rattaché à St-Chély-d'Apcher**

LA GARDE-ADHÉMAR – 26 Drôme – 332 B7 – 1 075 h. – alt. 178 m – ⌧ 26700

▯ Lyon et la vallée du Rhône   **44 B3**

❱ Paris 624 – Montélimar 24 – Nyons 42 – Pierrelatte 7

ℹ Syndicat d'initiative, le village ℰ 04 75 04 40 10

◉ Église★ – ≼★ de la terrasse.

⌂⌂ **Le Logis de l'Escalin** ⅏ 🔀 🍽 🎱 ⅋ ch, 🆔 ch, ⅌ ch,

1 km au Nord par D 572 – ℰ 04 75 04 41 32   📞 **P** **VISA** ⊛ 🅰🅴
– info@lescalin.com – Fax 04 75 04 40 05 – Fermé 10-26 janv.
14 ch – ♦65/70 € ♦♦68/90 €, ⌷ 12 € – ½ P 71/77 € – **Rest** – (fermé dim. soir et
lundi) Menu 25 € (sem.)/61 € – Carte 45/69 €

♦ Cette ferme aurait pu voir naître Escalin, baron de la Garde et ambassadeur de François 1er.
Les chambres offrent un confort complet et un plaisant décor coloré. Salle à manger provençale réchauffée par une cheminée et agréable terrasse ombragée de platanes.

LA GARDE-GUÉRIN – 48 Lozère – 330 L8 – ✉ 48800
Languedoc Roussillon 23 **C1**

Paris 610 – Alès 59 – Aubenas 69 – Florac 71 – Langogne 37 – Mende 55
Donjon ✻★ - Belvédère du Chassezac★★.

Auberge Régordane
– ✆ *04 66 46 82 88 – aubergeregordane@orange.fr – Fax 04 66 46 90 29 – Ouvert 12 avril-12 oct.*
16 ch – 55 € 55/66 €, ☕ 8 € – ½ P 53/61 € – **Rest** – Menu 20/37 € – Carte 33/48 €
◆ Cette demeure du 16e s. profite d'un bel intérieur de caractère au cœur d'un village médiéval fortifié situé sur l'antique voie Régordane reliant l'Auvergne au Languedoc. Voûtes en granit, décor rustique soigné et jolie terrasse font le cachet du restaurant.

LA GARENNE-COLOMBES – 92 Hauts-de-Seine – 311 J2 – 101 – voir à Paris, Environs

LA GARETTE – 79 Deux-Sèvres – 322 C7 – ✉ 79270 Sansais
Poitou Vendée Charentes 38 **B2**

Paris 419 – Fontenay-le Comte 28 – Niort 12 – La Rochelle 60 – St-Jean-d'Angély 59

Les Mangeux de Lumas
78 r. des Gravées, accès piétonnier – ✆ 05 49 35 93 42 – Fax 05 49 35 82 89 – Fermé 24-30 nov., 5-23 janv., lundi soir, merc. soir et mardi sauf juil.-août
Rest – Menu 18/43 € – Carte 38/59 €
◆ Typique du Marais poitevin, le double accès de la maison guide vos pas vers les terrasses : côté rue ou côté conche. Spécialités de petits-gris ou "lumas". L'été, formule grill.

GARIDECH – 31 Haute-Garonne – 343 H2 – 954 h. – alt. 180 m – ✉ 31380 29 **C2**

Paris 687 – Toulouse 21 – Albi 58 – Auch 96

Le Club
rte d'Albi – ✆ 05 61 84 20 23 – rest-leclub@wanadoo.fr – Fax 05 61 84 43 21 – Fermé 18 août-1er sept., 16-22 fév., sam. midi, dim. soir et lundi
Rest – Menu 17 € (déj. en sem.), 27/42 € – Carte 42/53 €
◆ Maison familiale située dans un jardin en retrait de la route. Coquette salle à manger rustique ; terrasse et véranda tournées vers la campagne. Carte traditionnelle.

GARNACHE – 85 Vendée – 316 F6 – rattaché à Challans

GARONS – 30 Gard – 339 L6 – rattaché à Nîmes

GARREVAQUES – 81 Tarn – 338 D10 – 252 h. – alt. 192 m – ✉ 81700 29 **C2**

Paris 727 – Carcassonne 53 – Castres 31 – Toulouse 52

Le Pavillon du Château rest,
Château de Garrevaques – ✆ 05 63 75 04 54 – m.c.combes@wanadoo.fr – Fax 05 63 70 26 44
15 ch – 150/180 € 180/220 €, ☕ 15 € – ½ P 110/130 € – **Rest** – *(nombre de couverts limité, prévenir)* Menu 15 € (déj. en sem.), 25/35 € – Carte 25/55 €
◆ Cet hôtel aménagé dans les communs du château abrite de très belles chambres garnies de meubles d'époque, familiaux ou chinés. Superbe spa doté d'équipements dernier cri. Cuisine au goût du jour servie dans la cave voûtée.

Le Château de Garrevaques
– ✆ *05 63 75 04 54 – m.c.combes@wanadoo.fr – Fax 05 63 70 26 44*
5 ch – 150/180 € 180/220 €, ☕ 15 € – ½ P 110/130 €
◆ Chambres cossues et raffinées dans un château du 16e s. remanié au 19e s. Paisible et beau parc.

ON A BEAU RETOURNER LA QUESTION DANS TOUS LES SENS, TGV, IL N'Y A PAS MIEUX POUR VOYAGER.

Et oui, TGV est bel et bien la réponse simple et rapide pour partir en France. Profitez de tous les services à la carte proposés par TGV pour composer votre voyage, puis confortablement installé à bord, laissez-vous transporter, en toute sécurité et en toute quiétude... En fait, voyager avec TGV, c'est une question de bon sens. **ORGANISEZ DÈS MAINTENANT VOTRE SÉJOUR SUR TGV.COM**

À PARTIR DE 22 EUROS*

Prenez le temps d'aller vite

A VOS FOURCHETTES
les samedis et
dimanches à 10h
et du lundi au vendredi
"A vos recettes" à 11 h.

**LA NOUVELLE
GRANDE CHAÎNE
GÉNÉRALISTE**

Direct8

Des astuces pour une cuisine facile et savoureuse !

Chaque semaine,
Grégory Galiffi
est entouré de chefs
et de spécialistes
des métiers de bouche.

Redécouvrons ensemble nos richesses culinaires et produits du terroir à travers la préparation de recettes inédites.

**Objectif : manger mieux,
tout en simplicité et convivialité !**

GASNY – 27 Eure – **304** J7 – 2 941 h. – alt. 36 m – ⊠ 27620   33 **D2**

 ◻ Paris 77 – Évreux 43 – Mantes-la-Jolie 20 – Rouen 71 – Vernon 10
    – Versailles 67

 🔝 de Villarceaux à Chaussy Château du Couvent, N : 11 km par D 37,
    𝒞 01 34 67 73 83.

XX   **Auberge du Prieuré Normand**   🔝 VISA ⓪⑩
😊   1 pl. République – 𝒞 02 32 52 10 01 – prieure.normand@wanadoo.fr
     – Fermé 4-25 août, mardi soir et merc.
     Rest – Menu (19 €), 25/43 € – Carte 39/52 €
     ♦ Depuis la Roche-Guyon, votre route vous mènera le long des boves crayeuses à cette
     sympathique auberge villageoise où vous attend une cuisine traditionnelle soignée.

GASPARETS – 11 Aude – **344** H4 – ⊠ 11200 Boutenac   22 **B3**

 ◻ Paris 815 – Béziers 55 – Montpellier 114 – Perpignan 73

⌂   **La Bastide de Gasparets** sans rest 🍃   🎧 ⌕ ⇔ ⅏ 🅿
     2 r. de l'Église – 𝒞 04 68 48 66 43 – labastide.degasparets@wanadoo.fr
     3 ch ⌂ – †85/150 € ††85/150 €
     ♦ Cette jolie demeure aux airs de château abrite des chambres d'un luxe discret, décorées
     de meubles de famille ou chinés chez les antiquaires. Beau jardin à la française.

GASSIN – 83 Var – **340** O6 – 2 710 h. – alt. 200 m – ⊠ 83580
⃦ Côte d'Azur   41 **C3**

 ◻ Paris 872 – Fréjus 34 – Le Lavandou 31 – St-Tropez 9 – Ste-Maxime 14
    – Toulon 69

 🔝 Gassin Golf Country Club Route de Ramatuelle, 𝒞 04 94 55 13 44.
 ◉ Terrasse des Barri ⩿★.
 ⃟ Moulins de Paillas ✳★★ SE : 3,5 km.

XX   **Auberge la Verdoyante**   ⩿ 🔝 🅿 VISA ⓪⑩
😊   866 chemin vicinal Coste Brigade – 𝒞 04 94 56 16 23 – la.verdoyante@
     wanadoo.fr – Fax 04 94 56 43 10 – Ouvert mi-fév. à mi-nov. et fermé du lundi au
     jeudi en fév. et mars, lundi midi et merc. d'avril à mi-nov.
     Rest – Menu 27/49 € – Carte 42/52 €
     ♦ Auberge nichée dans un écrin de verdure. Goûtez à son appétissante cuisine régionale,
     sur la terrasse dominant le golfe de St-Tropez ou dans une coquette salle provençale avec
     cheminée.

GAURIAC – 33 Gironde – **335** H4 – 826 h. – alt. 50 m – ⊠ 33710   3 **B1**

 ◻ Paris 551 – Blaye 11 – Bordeaux 42 – Jonzac 57 – Libourne 38

X   **La Filadière**   ⩿ 🔝 🅿 VISA ⓪⑩ 🅰
     2 km à l'Ouest par D 669[E1] – 𝒞 05 57 64 94 05 – la-filadiere@wanadoo.fr
     – Fax 05 57 64 94 06 – Fermé mardi et merc.
     Rest – Menu 29/32 € – Carte 34/50 €
     ♦ La terrasse panoramique bordant l'estuaire de la Gironde est un des atouts de ce
     restaurant lumineux, bâti sur un ancien site de stockage pétrolier.

GAVARNIE – 65 Hautes-Pyrénées – **342** L8 – 164 h. – alt. 1 350 m – Sports d'hiver :
1 350/2 400 m ⭐11 ⭲ – ⊠ 65120 ⃦ Midi-Pyrénées   28 **A3**

 ◻ Paris 901 – Lourdes 52 – Luz-St-Sauveur 20 – Pau 96 – Tarbes 71
 🛈 Office de tourisme, le village 𝒞 05 62 92 48 05, Fax 05 62 92 42 47
 ◉ Village★ - Cirque de Gavarnie★★★ S : 3 h 30.

🏠   **Vignemale** sans rest 🍃   ⩿ 🚗 🛗 ⅏ 📞 🅿 VISA ⓪⑩
     – 𝒞 05 62 92 40 00 – hotel.vignemale@orange.fr – Fax 05 62 92 40 08 – Ouvert
     15 mai-30 sept.
     24 ch – †130 € ††150 €, ⌂ 15 €
     ♦ Plein Sud face au majestueux cirque de Gavarnie, cet imposant chalet en pierre
     (1902) jouit d'un beau panorama. Chambres sobres. Parc aux sapins centenaires. Élevage
     de chevaux.

⌂ **Le Marboré** ⟨ 斎 ᖴ૬ ୬ ch, ⑤A P VISA ☎ ⓞ
– 𝒞 05 62 92 40 40 – contacts@lemarbore.com – Fax 05 62 92 40 30
– Fermé 15 nov.-20 déc.
24 ch – †65 € ††100 €, ⊅ 12 € – ½ P 62 € – **Rest** – Menu 26 €
– Carte 25/47 €
◆ À l'entrée du cirque, bâtisse du 19ᵉ s. coiffée de combles à la Mansard. Bar british, ambiance cordiale et chambres nettes offrant parfois une vue montagnarde. Repas traditionnel dans une salle rustique au mobilier de bistrot, sous la véranda ou en terrasse.

GAZERAN – 78 Yvelines – 311 G4 – rattaché à Rambouillet

GÉMENOS – 13 Bouches-du-Rhône – 340 I6 – 5 485 h. – alt. 150 m – ⊠ 13420
▮ Provence   40 **B3**

🚹 Paris 788 – Aix-en-Provence 39 – Brignoles 48 – Marseille 25 – Toulon 50
🛈 Syndicat d'initiative, cours Pasteur 𝒞 04 42 32 18 44, Fax 04 42 32 15 49
◙ Parc de St-Pons★ E : 3 km.

🏠 **Relais de la Magdeleine** ॐ ⌂ 斎 ⅃ 🛗 🛗 ch, ୬ rest, ☎
rd-pt de la Madeleine, N 396 – 𝒞 04 42 32 20 16   ⑤A P VISA ☎ AE
– contact@relais-magdeleine.com – Fax 04 42 32 02 26 – Ouvert 15 mars-15 nov.
28 ch – †100/110 € ††110/185 €, ⊅ 14 € – ½ P 105/142 € – **Rest** – (fermé lundi midi et merc. midi) Menu 30 € (déj. en sem.), 43/57 € – Carte 49/69 €
◆ C'est toute la Provence qui s'exprime dans cette élégante demeure cossue du 18ᵉ s. : mobilier ancien, tomettes, tableaux, tissus... jusqu'au chant des cigales dans le parc ! Cuisine classique, salles à manger en enfilade et décor raffiné caractérisent le restaurant.

🏠 **Bed & Suites** sans rest   🛗 ⅚ 🛗 ⇙ ☎ P VISA ☎ AE ⓞ
au parc d'activités de Gémenos, Sud : 2 km, (250 av. Château de Jouques) –
𝒞 04 42 32 72 73 – bedandsuites@voila.fr – Fax 04 42 32 72 74
29 ch – †85 € ††140 €, ⊅ 12 €
◆ Derrière sa façade ocre, hôtel récent aux chambres modernes, décorées sur les thèmes de la mer et de la Provence (plus calmes à l'avant). Certaines avec balcons et terrasses.

⌂ **Du Parc** ॐ   ⇙ 斎 ☎ ⑤A P VISA ☎ AE
🅾⑤ Vallée St-Pons, 1 km par D 2 – 𝒞 04 42 32 20 38 – hotel.parc.gemenos@
wanadoo.fr – Fax 04 42 32 10 26
13 ch – †49/55 € ††56/89 €, ⊅ 8 € – ½ P 56/71 € – **Rest** – Menu 17 € (déj. en sem.), 25/35 € – Carte 30/50 €
◆ Non loin du parc de St-Pons, en retrait de la départementale, une sympathique adresse noyée dans la verdure, pleine de gaieté avec ses chambres colorées. Spécialités régionales servies dans une salle de restaurant spacieuse ou sur une terrasse ombragée.

GENAS – 69 Rhône – 327 J5 – 11 140 h. – alt. 218 m – rattaché à Lyon

---

GÉNÉRARGUES – 30 Gard – 339 I4 – rattaché à Anduze

GENESTON – 44 Loire-Atlantique – 316 G5 – 2 217 h. – alt. 28 m –
⊠ 44140   34 **B2**

🚹 Paris 398 – Cholet 60 – Nantes 20 – La Roche-sur-Yon 47

ℋℋ **Le Pélican**   🛗 ୬ VISA ☎
🄪 13 pl. G. Gaudet – 𝒞 02 40 04 77 88 – Fax 02 40 04 77 88
– Fermé 4-29 août, 18-28 fév., dim. soir, lundi et mardi
Rest – Menu 20/30 €
◆ Cette pimpante façade en bois peint dissimule deux petites salles à manger rénovées dans les tons jaune et bleu. Cuisine actuelle s'inspirant du répertoire classique.

GENEUILLE – 25 Doubs – 321 F3 – rattaché à Besançon

GENILLÉ – 37 Indre-et-Loire – 317 P5 – 1 425 h. – alt. 88 m – ⌧ 37460

11 B3

Châteaux de la Loire

▶ Paris 239 – Tours 48 – Blois 57 – Châtellerault 67 – Loches 12

🖪 Syndicat d'initiative, 17, place Agnès Sorel ℰ 02 47 59 57 85,
Fax 02 47 59 57 85

✕✕ **Agnès Sorel** avec ch   🔐 📞 *VISA* 🐖 AE

𝕏 *6 pl. Agnès Sorel – ℰ 02 47 59 50 17 – agnessorel@wanadoo.fr*
– Fax 02 47 59 59 50 – Fermé 6-17 oct., 2 janv.-6 fév., dim. soir d'oct. à juin,
mardi d'oct. à fév., mardi midi de mars à juin et lundi
3 ch – ✝45 € ✝✝59 €, ⌑ 8 € – ½ P 70 € – **Rest** – Menu 17 € (déj. en sem.),
38/54 €

♦ Deux plaisantes salles à manger attendent les convives dans cette maison de pays. Ils s'y régaleront avec une goûteuse cuisine dans l'air du temps.

GÉNIN (LAC) – 01 Ain – 328 H3 – rattaché à Oyonnax

GENNES – 49 Maine-et-Loire – 317 H4 – 1 946 h. – alt. 28 m – ⌧ 49350

35 C2

Châteaux de la Loire

▶ Paris 305 – Angers 33 – Bressuire 65 – Cholet 68 – La Flèche 46 – Saumur 20

🖪 Office de tourisme, square de l'Europe ℰ 02 41 51 84 14

◎ Église★★ de Cunault SE : 2,5 km - Église★ de Trèves-Cunault SE : 3 km.

🏠🏠 **Les Naulets d'Anjou** &   ≼ 🚗 🔐 ⅃ ↳ 🏊 rest, 🕭 ℙ *VISA* 🐖 ⓪

🏠 *18 r. Croix de Mission – ℰ 02 41 51 81 88 – lesnauletsdanjou@wanadoo.fr*
– Fax 02 41 38 00 78 – Fermé 23 déc.-31 janv.
19 ch – ✝50/56 € ✝✝50/56 €, ⌑ 8 € – ½ P 47/51 € – **Rest** – (fermé merc. soir du
15 oct. au 15 avril) (dîner seult) Menu (17 €), 21/38 €

♦ Construction des années 1970 dans la partie haute du village, où il fait bon se détendre et se ressourcer entre Anjou et Saumurois. Lumineuse salle à manger prolongée d'un balcon-terrasse ouvert sur la piscine et le jardin. Cuisine simple, plutôt traditionnelle.

GENSAC – 33 Gironde – 335 L6 – 800 h. – alt. 78 m – ⌧ 33890

4 C1

▶ Paris 554 – Bergerac 39 – Bordeaux 63 – Libourne 33 – La Réole 34

🖪 Office de tourisme, 5, place de l'Hôtel de Ville ℰ 05 57 47 46 67,
Fax 05 57 47 46 63

✕✕ **Remparts** avec ch &   ≼ 🚗 ⅃ ↳ ch, ℙ *VISA* 🐖 AE

16 r. Château – ℰ 05 57 47 43 46 – info@lesremparts.net – Fax 05 57 47 46 76
– Fermé 1er janv.-4 mars
7 ch – ✝60/85 € ✝✝60/85 €, ⌑ 8,50 € – ½ P 64/76 € – **Rest** – (fermé dim. soir,
lundi et le midi sauf dim.) Menu 25/30 €

♦ Près de l'église, ensemble typé où un chef anglais vous convie à un repas traditionnel dans une salle sobre et claire, dotée de chaises rustiques. Jolie vue sur la vallée. Chambres avenantes à l'ombre du clocher, dans le presbytère médiéval. Jardin soigné.

au Nord 2 km par D16 et D130 (rte de Juillac) – ⌧ 33890 Juillac

✕✕ **Le Belvédère**   ≼ 🔐 ℙ *VISA* 🐖 AE ⓪

*– ℰ 05 57 47 40 33 – le-belvedere@wanadoo.fr – Fax 05 57 47 48 07 – Fermé oct.,
mardi sauf le midi en juil.-août et merc.*
Rest – Menu 19 € bc (déj. en sem.), 28/58 € – Carte 31/61 €

♦ Grand chalet surplombant le village et un méandre de la Dordogne. Salle rustique avec cheminée et agréable terrasse-belvédère pour goûter une cuisine à l'accent régional.

au Sud-Ouest 2 km par D18 et D15^E1 – ⌧ 33350 Ste-Radegonde

🏠🏠 **Château de Sanse** &   ≼ 🐾 🔐 ⅃ ↳ 🕭 AC rest, ↳ 🏊 📞 🕭

– ℰ 05 57 56 41 10 – contact@   ℙ *VISA* 🐖 AE ⓪
chateaudesanse.com – Fax 05 57 56 41 29 – Fermé 1er janv.-28 fév.
16 ch – ✝100/135 € ✝✝100/195 €, ⌑ 12 € – ½ P 85/128 € – **Rest** – (fermé mardi,
merc. et le midi sauf week-end d'oct. à avril) Menu (18 €), 32 € – Carte 34/66 €

♦ Dominant campagne et vignobles, noble demeure (18e s.) en pierres blondes agrémentée d'un parc et d'une belle piscine. Chambres modernes offrant ampleur, calme et caractère. Repas au goût du jour dans une véranda au cadre actuel ou sur la terrasse perchée.

GÉRARDMER – 88 Vosges – 314 J4 – 8 845 h. – alt. 669 m – Sports d'hiver : 660/1 350 m ✂31 ✠ – Casino AZ – ⊠ 88400 ▮ Alsace Lorraine   27 **C3**

▶ Paris 425 – Belfort 78 – Colmar 52 – Épinal 40 – St-Dié 27 – Thann 50

🅸 Office de tourisme, 4, place des Déportés ✆ 03 29 27 27 27,
Fax 03 29 27 23 25

◉ Lac de Gérardmer★ - Lac de Longemer★ - Saut des Cuves★ E : 3 km par ①.

GÉRARDMER

🏨 **Le Grand Hôtel**   🚗 🏡 ☒ 🛁 🎣 ♿ ↯ 📞 🕍 🅿 **VISA** **◍** **AE** **①**
pl. du Tilleul – ✆ 03 29 63 06 31 – contact @ grandhotel-gerardmer.com
– Fax 03 29 63 46 81   AZ **f**
58 ch – ♦78/130 € ♦♦98/195 €, �) 14 € – 14 suites – ½ P 77/125 €
Rest *Le Pavillon Pétrus* – (dîner seult sauf dim. et fériés) Menu 46/88 € – Carte 53/70 €
Rest *L'Assiette du Coq à l'Âne* – Menu (15 € bc), 18 € bc (sem.)/26 € – Carte 29/40 €
Rest *Le Grand Cerf* – (dîner seult sauf dim. et fériés) Menu 26 €
♦ Grande bâtisse du 19ᵉ s. aux chambres soignées et cossues, donnant sur un jardin arboré. Un chalet abrite de belles suites mixant styles actuel et montagnard. Cadre raffiné et plats contemporains au Pavillon Pétrus. Joli décor régional et spécialités du terroir à L'Assiette du Coq à l'Âne. Cuisine classique au Grand Cerf.

🏨 **Le Manoir au Lac** 📎   ⩽ lac, ₰ ☒ ♿ ch, 🆎 rest, 📞 🕍 🅿
chemin de la Droite du Lac, rte d'Épinal 1 km par ③   🚬 **VISA** **◍** **AE** **①**
– ✆ 03 29 27 10 20 – contact @ manoir-au-lac.com – Fax 03 29 27 10 27
12 ch – ♦150/290 € ♦♦150/380 €, ☒ 20 € – ½ P 125/195 € – **Rest** – (fermé dim. et lundi) (dîner seult) (résidents seult) Menu 30 €
♦ Jadis fréquenté par Maupassant, chalet vosgien de 1830 dans un parc. Ambiance guest-house, piano, beau mobilier, chambres raffinées et superbe vue sur le lac. Salon de thé.

Beau Rivage ◁ lac, 🏖 🖼 🌐 🍸 ⚒ ↤ ⟲ 🛁 🅿 ⛱ 𝗩𝗜𝗦𝗔 🆗 🅰🅴 🅾

esplanade du Lac – ℰ *03 29 63 22 28 – hotel-beau-rivage@wanadoo.fr*
– Fax 03 29 63 29 83 AY **e**
51 ch – ♦75/92 € ♦♦94/198 €, ⌁ 13 € – 1 suite – ½ P 89/141 €
Rest *Côté Lac – (fermé sam. midi et vend. hors saison, vacances scolaires et fériés)*
Menu 23 € (déj. en sem.), 38/75 € – Carte 54/63 €
Rest *Le Toit du Lac – (fermé merc. hors saison, vacances scolaires et fériés)*
Menu (25 €), 35/55 € – Carte 37/46 €
◆ Des confortables chambres "standard" aux superbes suites face aux ondes bleutées, un esprit contemporain du meilleur goût habite cet hôtel. Spa luxueux. Le Côté Lac sert une cuisine actuelle dans un cadre chic. Lounge-bar et cuissons à la plancha au Toit du Lac.

Jamagne 🖼 ↦ 🖵 🆔 ↤ ⅀ rest, ⟲ 🛁 🅿 𝗩𝗜𝗦𝗔 🆗 🅰🅴
🕮
2 bd Jamagne – ℰ *03 29 63 36 86 – hotel.jamagne@wanadoo.fr*
– Fax 03 29 60 05 87 – Fermé 16 nov.-19 déc. AY **g**
48 ch – ♦50/70 € ♦♦60/110 €, ⌁ 10 € – ½ P 55/80 € – **Rest** *– (fermé vend. midi)*
Menu 14/50 € – Carte 21/53 €
◆ Chambres refaites de A à Z dans l'esprit provençal et nouvel espace bien-être très complet : cap sur la détente dans cet hôtel tenu par la même famille depuis 1905. Plats traditionnels, spécialités et vins locaux dans une grande salle aux couleurs du Sud.

Gérard d'Alsace sans rest 🚗 ⅀ ↤ 🅿 ⛱ 𝗩𝗜𝗦𝗔 🆗
🕮
14 r. du 152° R.I. – ℰ *03 29 63 02 38 – contact@hotel-gerard-dalsace.com*
– Fax 03 29 60 85 21 – Fermé 27 juin 2008 - 4 juil. 2008 AZ **v**
13 ch – ♦50/70 € ♦♦50/70 €, ⌁ 7,50 €
◆ La rénovation menée ces dernières années a porté ses fruits : on vous accueille avec attention dans de mignonnes chambres actuelles et douillettes, parfaitement insonorisées.

Paix 🏖 🖂 ⚒ rest, 🅿 𝗩𝗜𝗦𝗔 🆗 🅰🅴 🅾
6 av. Ville-de-Vichy – ℰ *03 29 63 38 78 – hotel.delapaix@wanadoo.fr*
– Fax 03 29 63 18 53 AZ **s**
24 ch – ♦47/76 € ♦♦58/108 €, ⌁ 9 € – ½ P 62/87 €
Rest *Bistrot des Bateliers – (fermé dim. soir et lundi sauf vacances scolaires et fériés)* Menu (19 €), 26 € (sem.)/38 € – Carte 27/37 €
◆ Face au lac et au casino, hôtel familial disposant de chambres rajeunies par étapes. Accès à la piscine couverte, au spa et à la salle de massages du Beau Rivage voisin. Cuisine canaille, vue sur le plan d'eau et atmosphère de style bistrot au restaurant.

Les Reflets du Lac sans rest ◁ ↤ 🅿 𝗩𝗜𝗦𝗔 🆗
au bout du lac, 2,5 km par ③ *–* ℰ *03 29 60 31 50 – contact@lesrefletsdulac.com*
– Fax 03 29 60 31 51 – Fermé 15 nov.-15 déc.
14 ch – ♦49/57 € ♦♦49/57 €, ⌁ 6,50 €
◆ Le petit "plus" de cet hôtel ? L'apaisante vue sur le lac dont bénéficient la plupart des chambres, décorées en toute simplicité mais parfaitement tenues et assez confortables.

à Xonrupt-Longemer 4 km par ① – 1 489 h. – alt. 714 m – ⊠ 88400

Les Jardins de Sophie - Domaine de la Moineaudière ⊗
🍸 🖼 ⚒ ⟲ 🅿 𝗩𝗜𝗦𝗔 🆗 🅰🅴 🅾
rte du Valtin, 4 km au Nord-Ouest par D23 et rte secondaire
– ℰ *03 29 63 37 11 – jardinsdesophie@gmail.com – Fax 03 29 63 17 63*
32 ch – ♦95/200 € ♦♦115/220 €, ⌁ 15 € – 1 suite – ½ P 108/160 €
Rest *– (fermé mardi soir et merc. hors saison et hors vacances)*
Menu 25 € (déj. en sem.), 38/58 € – Carte 59/65 €
◆ Blotti parmi les épicéas, luxueux hôtel revu de pied en cap : partout règne une atmosphère raffinée et cosy, savant mariage d'un décor façon chalet et de touches design. Au restaurant, la chaleur du bois souligne l'élégance épurée des tables. Cuisine actuelle.

La Devinière sans rest ⊗ ◁ ⅀ ⟲ 🅿
318 montée des Broches – ℰ *03 29 63 23 89 – feltzsylvie@hotmail.com*
– Fax 03 29 63 15 22 – Fermé 30 mars-11 avril, 15 juin-4 juil. et 12-26 oct.
5 ch ⌁ – ♦58/82 € ♦♦62/88 €
◆ Parmi les atouts de cette ancienne ferme restaurée : la tranquillité, la vue sur la forêt et un espace bien-être (sauna finlandais). Cinq grandes chambres dont une familiale.

aux Bas-Rupts 4 km par ② – ⊠ 88400 Gérardmer

🏠   **Les Bas-Rupts** (Michel Philippe)   ≤ 🚗 🛎 ⅃ 🎯 ※ 🛏 ఉ rest, Ⓚ rest,
❀   – *€ 03 29 63 09 25 – basrupts@*   📞 🅿 ⅤⅠⓈⒶ ⓪ ㏂
relaischateaux.com – Fax 03 29 63 00 40
21 ch – ♦140/170 € ♦♦140/200 €, � 22 € – 4 suites – ½ P 150/220 €
Rest – *(prévenir le week-end)* Menu 32 € (déj. en sem.), 50/95 €
– Carte 59/101 € ℬ
Spéc. Carpaccio de tête de veau et queues de langoustines rôties. Poulette de
Bresse rôtie, sauce au vin jaune et morilles. Tripes au riesling à la crème et
moutarde. **Vins** Muscat d'Alsace, Pinot gris.
♦ Façade en bois, beau décor rustique à l'autrichienne, agréables chambres personnali-
sées, piscine couverte, sauna et hammam : le cosy du chalet, le confort en plus. Coquet
restaurant campagnard où l'on se régale d'une cuisine mariant terroir et inventivité.

※※   **Cap Sud**   ≤ 🚗 🅿 ⅤⅠⓈⒶ ⓪ ⓪
144 rte de la Bresse – € 03 29 63 06 83 – contact@capsud-bellemaree.fr
– Fax 03 29 63 20 76 – Fermé mardi midi et lundi sauf vacances scolaires
Rest – Menu (15 €), 25/38 € – Carte 26/51 €
♦ Escale maritime au cœur des Vosges : hublots et décor "paquebot" en acajou côté salle,
vue sur les montagnes côté véranda et cuisine du large d'inspiration méditerranéenne.

GERBEROY – 60 Oise – 305 C3 – 111 h. – alt. 180 m – ⊠ 60380   36 **A2**
◪ Paris 110 – Aumale 30 – Beauvais 22 – Breteuil 37 – Compiègne 82
   – Rouen 62

※※   **Hostellerie du Vieux Logis**   🛎 ⅤⅠⓈⒶ ⓪ ㏂
25 r. Logis du Roy – € 03 44 82 71 66 – levieuxlogis@worldonline.fr
– Fax 03 44 82 61 65 – Fermé vacances de Noël, de fév., le soir sauf sam. de nov.
à mars, mardi soir, dim. soir et merc.
Rest – Menu 25/46 € – Carte 42/55 €
♦ Maison à l'entrée du vieux village fortifié désormais pris d'assaut par les fleurs, les peintres
et les touristes. Cheminée et charpente découverte égayent la salle.

GESTEL – 56 Morbihan – 308 K8 – 2 227 h. – alt. 47 m – ⊠ 56530   9 **B2**
◪ Paris 510 – Rennes 158 – Vannes 65 – Lorient 13 – Lanester 13

🏠   **Piscine et Golf** sans rest 🌿   ⅃ ⅃ 📞
6 allée Kerguestenen, 3 km au Sud-Est par D 163 et rte secondaire –
€ 02 97 05 15 03 – ng.gwen@tiscali.fr – Fax 02 97 05 15 03 – Fermé 7 fév.-23 fév.
4 ch ⊂ – ♦59/74 € ♦♦59/74 €
♦ Cette paisible maison de lotissement recèle de plaisantes chambres thématiques –
"Roses", "Anges" – tournées vers le golf et une petite piscine chauffée (30°C) à contre-
courant.

GÉTIGNÉ – 44 Loire-Atlantique – 316 I5 – **rattaché à Clisson**

LES GETS – 74 Haute-Savoie – 328 N4 – 1 352 h. – alt. 1 170 m – Sports d'hiver :
1 170/2 000 m 🎿 5 🚡 47 🎿 – ⊠ 74260 ▮ Alpes du Nord   46 **F1**
◪ Paris 579 – Annecy 77 – Bonneville 33 – Cluses 19 – Morzine 7
   – Thonon-les-Bains 36
🛈 Office de tourisme, place Mairie € 04 50 75 80 80, Fax 04 50 79 76 90
▨ des Gets Les Chavannes, E : 3 km, € 04 50 75 87 63.
◪ Mont Chéry ※★★.

🏠   **Le Labrador**   ≤ 🚗 🛎 ⅃ 🎯 ℔ ※ 🛏 ⅋ rest, 📞 🅿
   rte de La Turche – € 04 50 75 80 00 – info@   �'🚗 ⅤⅠⓈⒶ ⓪ ㏂ ⓪
labrador-hotel.com – Fax 04 50 79 87 03 – Ouvert 21 juin-7 juil. et 20 déc.-13 avril
23 ch – ♦80/180 € ♦♦110/240 €, ⊂ 15 € – ½ P 110/170 €
Rest *Le St-Laurent* – *(dîner seult sauf été)* Menu 28 € (déj.), 40/90 € – Carte
48/63 €
♦ Ce chalet entouré d'un joli jardin offre de nombreux services et loisirs. Salon-cheminée
cossu et chambres avec balcon ménageant souvent une vue sur les montagnes. Cuisine
actuelle et grillades préparées sous vos yeux dans la salle à manger d'esprit savoyard.

La Marmotte ⟨ 🗆 📶 🕮 ⚿ rest, ☏ **P** 🚗 **VISA** **⬤⬤** **AE** **①**
– ☏ 04 50 75 80 33 – info@hotel-marmotte.com – Fax 04 50 75 83 26 – Ouvert
5 juil.-31 août et 20 déc.-12 avril
48 ch – ♟155/279 € ♟♟255/372 €, ⌑ 12 € – ½ P 139/225 € – **Rest** – (dîner seult)
(résidents seult) Menu 28/50 €
♦ Après une journée de ski, détendez-vous près de la cheminée avant de vous faire dorloter
dans le superbe spa (750 m²). Chambres récentes, douillettes et agrémentées de boiseries.
Restaurant ouvert sur les pistes.

Mont Chéry sans rest ⟨ 🚗 🗆 🕮 ⚿ ☏ **P** 🚗 **VISA** **⬤⬤**
– ☏ 04 50 75 80 75 – hotelmontchery@orange.fr – Fax 04 50 79 70 13
– Ouvert 19 déc.-15 avril
27 ch ⌑ – ♟110/190 € ♟♟160/340 €
♦ Au pied des remontées mécaniques, chambres coquettes au décor montagnard chic
(celles de la catégorie "chalet" donnent sur les pistes). Jacuzzi et piscine panoramiques,
sauna.

Alpina ⚲ ⟨ 🚗 🗆 🕮 ⚿ rest, ☏ **P** 🚗 **VISA** **⬤⬤** **①**
55 imp. de la Grange-Neuve – ☏ 04 50 75 80 22
– resa@hotelalpina.fr – Fax 04 50 75 83 48 – Ouvert 27 mai-23 sept. et
16 déc.-14 avril
33 ch – ♟64/84 € ♟♟85/145 €, ⌑ 8,50 € – 1 suite – ½ P 73/112 €
Rest – Menu 20 € (déj. en sem.), 22/36 € – Carte 26/43 €
♦ Ce chalet-hôtel familial qui domine le bourg abrite des chambres généralement
grandes, refaites dans un style savoyard actuel ; plaisant jardin d'été. Cuisine aux
accents du pays, décor chaleureux et tons chauds vous attendent dans les deux salles
du restaurant.

Crychar ⚲ ⟨ 🚗 🗆 ⚿ ☏ **P** **VISA** **⬤⬤** **AE** **①**
136 impasse de la Grange-Neuve, par rte La Turche – ☏ 04 50 75 80 50 – info@
crychar.com – Fax 04 50 79 83 12 – Ouvert 1er juil.-14 sept. et 21 déc.-18 avril
15 ch – ♟55/165 € ♟♟65/220 €, ⌑ 12 € – ½ P 72/160 € – **Rest** – (dîner seult)
Menu 35 €
♦ Cette maison vous accueille dans une ambiance confortable, chaleureuse et cocooning. Salon cheminée, chambres avec balcon, salle de jeux pour enfants. Restaurant au joli
décor néo-savoyard : poutres apparentes, bois blond et tissus artisanaux.

Bellevue ⟨ 🏠 🛁 ⚿ ch, ☏ **P** 🚗 **VISA** **⬤⬤**
125 rte du Front de Neige – ☏ 04 50 75 80 95 – info@hotelbellevue-lesgets.com
– Fax 04 50 79 81 81 – Ouvert 1er juil.-31 août et 20 déc.-15 avril
16 ch – ♟55/115 € ♟♟65/165 €, ⌑ 9 € – ½ P 65/94 € – **Rest** – Menu 17 € (déj.),
20/24 € – Carte 23/37 €
♦ Situé à côté de l'école de ski, ce chalet a été entièrement redécoré. Chambres
avec balcons, peu spacieuses mais soignées ; les plus agréables sont exposées plein Sud.
Carte régionale servie dans un restaurant ouvert sur les pistes. Plats du jour au bar-
brasserie.

Régina ⚿ rest, ☏ **P** **VISA** **⬤⬤**
– ☏ 04 50 75 80 44 – hotelpla@wanadoo.fr – Fax 04 50 79 87 29 – Ouvert
29 juin-5 sept. et 21 déc.-12 avril
21 ch – ♟58/80 € ♟♟65/105 €, ⌑ 9 € – ½ P 62/92 € – **Rest** – (fermé mardi midi et
merc. midi) Menu (14,50 € bc), 17/36 € – Carte 29/42 €
♦ L'un des premiers hôtels de la station, géré de père en fils depuis 1937 ; l'actuel
propriétaire est également guide de montagne. Chambres simples et ambiance
chaleureuse. Au restaurant, décor "tout bois", cheminée, recettes classiques et spécialités
locales.

Bel'Alpe ⟨ 🚗 🏠 🕮 **P** **VISA** **⬤⬤** **①**
r. du Centre – ☏ 04 50 79 74 11 – info@hotel-belalpe.com – Fax 04 50 79 80 99
– Ouvert 16 juin-12 sept. et 18 déc.-11 avril
34 ch – ♟74/95 € ♟♟74/95 €, ⌑ 7 € – ½ P 59/81 € – **Rest** – Menu 17/19 €
– Carte 38/58 €
♦ Tout est fait pour répondre aux besoins d'une clientèle familiale dans ce traditionnel
chalet. Chambres sans fioriture ; la plupart possèdent un balcon. En cuisine, le chef mijote
des plats inventifs qui voleraient presque la vedette aux spécialités régionales.

▶ Paris 315 – Beaune 33 – Dijon 13 – Dole 61
🛈 Office de tourisme, 1, rue Gaston Roupnel ℰ 03 80 34 38 40,
Fax 03 80 34 15 49

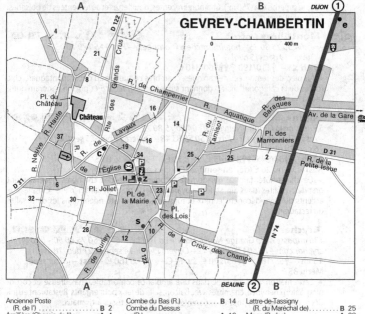

Ancienne Poste		Combe du Bas (R.)	**B** 14	Lattre-de-Tassigny	
(R. de l')	**B** 2	Combe du Dessus		(R. du Maréchal de)	**B** 25
Argillière (Chemin de l')	**A** 4	(R.)	**A** 16	Mees (R. des)	**A** 28
Aumonerie (R. de l')	**A** 6	Docteur-Magnon-Pujo		Meixvelle (R. de)	**A** 30
Caron (R. du)	**A** 8	(R. du)	**A** 19	Planteligone (R. de)	**A** 32
Chambertin (R. du)	**A** 10	En Songe (R. d')	**A** 21	Roupnel (R. Gaston)	**A** 34
Chêne (R. du)	**A** 12	Gaizot (R. du)	**A** 23	Tison (R. du)	**A** 37

🏨 **Arts et Terroirs** sans rest   📶 🚱 **P** 🚗 **VISA** **MC** **AE** **①**
28 rte de Dijon – ℰ 03 80 34 30 76 – arts-et-terroirs@wanadoo.fr
– Fax 03 80 34 11 79   B **e**
20 ch – ♦58/86 € ♦♦66/86 €, ☑ 10 €
♦ Agréables chambres cossues donnant sur un paisible jardin ; seules trois se trouvent côté
route mais bénéficient d'une bonne isolation. Salon "Chesterfield" où trône un piano.

🏨 **Grands Crus** sans rest 🦢   📶 **AC** 📶 🔧 **P** **VISA** **MC** **AE**
r. de Lavaux – ℰ 03 80 34 34 15 – hotel.lesgrandscrus@nerim.net
– Fax 03 80 51 89 07 – Ouvert de mars à nov.   A **c**
24 ch – ♦75/85 € ♦♦75/85 €, ☑ 12 €
♦ Les vignes des "grands crus" voisinent cette chaleureuse maison de village entourée d'un
joli jardin fleuri. Chambres bourgeoises et salon de caractère.

🍴🍴🍴 **Rôtisserie du Chambertin**   📶 **AC** **P** **VISA** **MC**
r. du Chambertin – ℰ 03 80 34 33 20 – rotisserieduchambertin-bonbistrot@
wanadoo.fr – Fermé 27 juil.-12 août, vacances de fév., dim. soir,
mardi midi et lundi   A **s**
Rest – Menu 34/72 € – Carte 45/71 €
Rest *Le Bonbistrot* – Carte 26/33 €
♦ Remonter de la salle voûtée peut être une épreuve, car la carte comporte une séduisante
sélection de chambertins ! Minimusée de la tonnellerie. Le Bonbistrot occupe une ancienne
grange ; carte traditionnelle et régionale où le coq au vin figure en bonne place.

✂ **Chez Guy** 🛜 AC VISA ⓜⓒ
3 pl. de la Mairie – ℰ *03 80 58 51 51 – chez-guy@hotel-bourgogne.com*
– Fax 03 80 58 50 39 A **z**
Rest – Menu (25 €), 28/59 € ⌘

♦ Élégant mobilier contemporain, tons chaleureux, tableaux colorés à thème culinaire : rénovation réussie pour ce restaurant servant une cuisine actuelle. Beau choix de chambertins.

GEX ⍾ **– 01 Ain – 328** J3 **– 7 733 h. – alt. 626 m –** ⊠ **01170**
▌Franche-Comté Jura 46 **F1**

🔁 Paris 490 – Genève 19 – Lons-le-Saunier 93 – Pontarlier 110 – St-Claude 42
🛈 Office de tourisme, square Jean Clerc ℰ 04 50 41 53 85, Fax 04 50 41 81 00
🏌 de Maison-Blanche à Échenevex S : 3 km par D 984, ℰ 04 50 42 44 42.

à Echenevex 4 km au Sud par D 984ᶜ et rte secondaire **– 1 197 h. – alt. 580 m –** ⊠ **01170**

🏨 **Auberge des Chasseurs** ⍦ ≼ Mont-Blanc, 🚗 🛜 ⏚ ✆
Naz Dessus – ℰ *04 50 41 54 07* ⌸ P VISA ⓜⓒ AE
– aubergedeschasseurs@wanadoo.fr – Fax 04 50 41 90 61
– Ouvert 1ᵉʳ mars-16 nov. et fermé dim. soir et lundi sauf juil.-août
15 ch – ♦80/120 € ♦♦90/150 €, � 15 € – ½ P 105/160 € – **Rest** – *(fermé dim.*
soir sauf juil-août, mardi midi, merc. midi et lundi) (prévenir) Menu 31/45 €
– Carte 36/53 €

♦ Coquette maison de campagne couverte de vigne vierge. Intérieur soigné : plafonds peints, photographies de Cartier-Bresson, œuvres d'art... Chambres personnalisées. Sympathique restaurant rustique et agréable terrasse avec le massif du Mont-Blanc en toile de fond.

GICOURT – 60 Oise – 305 F4 **– rattaché à Clermont**

GIEN – 45 Loiret – 318 M5 **– 15 332 h. – alt. 162 m –** ⊠ **45500**
▌Châteaux de la Loire 12 **C2**

🔁 Paris 149 – Auxerre 85 – Bourges 77 – Cosne-sur-Loire 46 – Orléans 70
🛈 Office de tourisme, place Jean Jaurès ℰ 02 38 67 25 28, Fax 02 38 38 23 16
◉ Château★ : musée de la Chasse★★, terrasse du château ≼★ M - Pont ≼★.
◉ Pont-canal★★ de Briare : 10 km par ②.

Plan page suivante

🏨 **Rivage** sans rest ≼ ✆ ⌸ P VISA ⓜⓒ AE
1 quai Nice – ℰ *02 38 37 79 00 – Fax 02 38 38 10 21 – Fermé vacances de Noël*
16 ch – ♦55/90 € ♦♦65/110 €, � 8,50 € – 3 suites Z **a**

♦ Certaines chambres de cet hôtel regardent la Loire et son pittoresque vieux pont ; nouveau décor plus actuel pour près de la moitié d'entre elles. Bar et salon confortables.

🏨 **Axotel** sans rest 🚗 ⏚ AC ↯ ✆ ⌸ P VISA ⓜⓒ AE
14 r. de la Bosserie, 3 km par ① *–* ℰ *02 38 67 11 99 – axotelgien.com@*
wanadoo.fr – Fax 02 38 38 16 61
48 ch – ♦55/60 € ♦♦60/70 €, � 7 €

♦ Hôtel récent situé à l'entrée Nord de la ville. Confortables salons au décor gai et spacieuses chambres garnies de meubles cérusés et égayées de tissus colorés.

🏠 **Anne de Beaujeu** sans rest ▐≣▌ ✆ P VISA ⓜⓒ AE
10 rte de Bourges, par ③ *–* ℰ *02 38 29 39 39 – hotel.a.beaujeu@wanadoo.fr*
– Fax 02 38 38 27 29
30 ch – ♦44 € ♦♦49 €, � 8 €

♦ Cet établissement de la rive gauche porte le nom de la célèbre comtesse de Gien. Chambres aménagées de façon fonctionnelle ; préférez celles situées sur l'arrière.

🏠 **Sanotel** sans rest ≼ ▐≣▌ ⏚ ↯ ✆ P VISA ⓜⓒ AE
21 quai Sully, 0,5 km par ③ *–* ℰ *02 38 67 61 46 – sanotel-gien@wanadoo.fr*
– Fax 02 38 67 13 01
60 ch – ♦35/45 € ♦♦35/45 €, � 6,50 €

♦ Ce bâtiment récent ancré sur les berges de la Loire abrite des chambres avant tout pratiques ; la moitié d'entre elles offrent une vue sur le fleuve et le château.

GIEN

Anne-de-Beaujeu (R.) . . . . Z 2
Bildstein (R. du Lt.) . . . . Y 3
Briqueteries (R. des) . . . . Y
Château (Pl. du) . . . . Z
Clemenceau (R. G.) . . . . Z 5
Curie (Pl.) . . . . Y
Gambetta (R.) . . . . Z 6
Hôtel-de-Ville (R. de l') . . . . . . Z 7
Jeanne-d'Arc (R.) . . . . YZ
Jean-Jaurès (Pl.) . . . . Z 9
Joffre (Q. du Mar.) . . . . Z
Leclerc (Av. du Mar.) . . . . Z 12
Lenoir (Quai) . . . . Z
Louis-Blanc (R.) . . . . Z 13
Marienne (R. de l'Adj.-Chef) . . Z 15
Montbricon (R. de) . . . . YZ
Noé (R. de) . . . . Y
Paris (R. de) . . . . YZ
Paul-Bert (R.) . . . . Z 16
Président-Wilson (Av.) . . . . . . Y 17
République (Av. de la) . . . . . . Y 19
Thiers (R.) . . . . Z 23
Verdun (R. de) . . . . Y
Victor-Hugo (R.) . . . . Z 24
Vieille Boucherie (R.) . . . . Z 25
Villejean (R. J.) . . . . Y

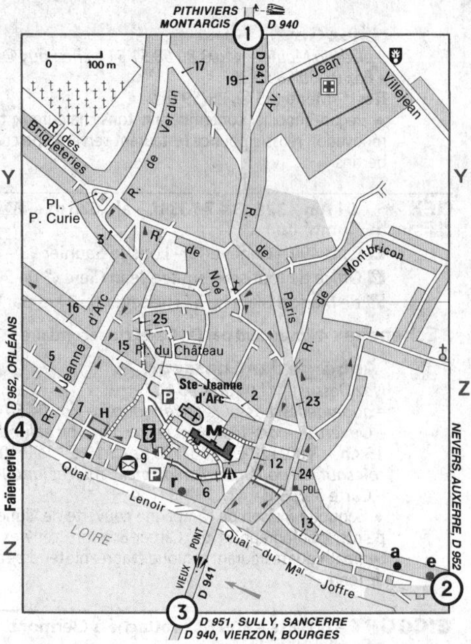

XXX **La Poularde** avec ch AC rest, VISA MC AE

13 quai Nice – ☎ 02 38 67 36 05 – lapoularde2@wanadoo.fr – Fax 02 38 38 18 78 – Fermé 1er-12 janv. dim. soir et lundi midi Z **e**

9 ch – †53/60 € ††60/69 €, ☕ 10 € – ½ P 58 € – **Rest** – Menu 20 € (sem.)/65 € – Carte 57/74 €

♦ En bordure du fleuve, cuisine traditionnelle servie dans une élégante salle à manger : tableaux, tapisseries anciennes, vaisselle de Gien et argenterie. Chambres bien tenues.

XX **Côté Jardin** AC VISA MC

14 rte Bourges, par ③ – ☎ 02 38 38 24 67 – cote-jardin45@orange.fr – Fax 02 38 38 24 67 – Fermé 21 déc.-8 janv., mardi et merc.

Rest – *(nombre de couverts limité, prévenir)* Menu 28 € (sem.)/50 € – Carte 43/54 €

♦ Ce sympathique restaurant de la rive gauche de la Loire vous accueille dans un cadre rafraîchi : mobilier classique et jolie faïence de Gien. Cuisine au goût du jour.

X **Le P'tit Bouchon** VISA MC

66 r. B. Palissy, par r. Hôtel de Ville Z – ☎ 02 38 67 84 40 – Fax 02 38 67 84 40 – Fermé 15-31 juil., sam. midi et dim.

Rest – Menu (16 €), 23 €

♦ Tête de veau, terrine de lapin, saucisse de Morteau... : les standards du répertoire bistrotier s'annoncent ici à l'ardoise. Petite salle sympa dotée de chaises façon Thonet.

X **La Loire** VISA MC AE D

18 quai Lenoir – ☎ 02 38 67 00 75 – trambu67@yahoo.it – Fax 02 38 38 01 49 – Fermé 23 déc.-15 janv. et lundi Z **r**

Rest – Menu 19 € (déj. en sem.), 24/34 € – Carte 29/46 €

♦ Ce restaurant installé sur les quais propose une cuisine actuelle dans une salle rajeunie, tournée vers la Loire et agrémentée d'expositions de tableaux régulièrement renouvelées.

au Sud par ③, D 940 et rte secondaire : 3 km – ✉ 45500 Poilly-lez-Gien

🏠 **Villa Hôtel** ॐ   & ch, ☏ **P** 𝗩𝗜𝗦𝗔 ⓜⓞ
    – ☎ 02 38 27 03 30 – Fax 02 38 27 03 43
☞ **24 ch** – ✝36 € ✝✝36 €, ☐ 6 € – ½ P 39 €
    Rest – (fermé 2-5 mars, 14-24 juil., 22 déc.-1ᵉʳ janv., vend., sam. et dim.) (dîner seult)
    (résidents seult) Menu 12/15 €

    ♦ Accueil et convivialité sont de mise dans cet hôtel moderne au confort simple. Autre
    atout : les chambres y sont bien tenues. Des faïences de Gien égayent les murs du
    restaurant. Plat du jour unique ; buffets d'entrées et de desserts.

GIENS – 83 Var – 340 L7 – ✉ 83400 Hyères ▮ Côte d'Azur   41 **C3**
    🚩 Paris 860 – Carqueiranne 10 – Draguignan 87 – Hyères 9 – Toulon 27
    ◉ Ruines du château des Pontevès ✳ ★★.

Voir plan de Giens à Hyères.

🏠🏠 **Le Provençal**   ≼ ⅃ 🐕 ⌂ ♨ ☃ 🏊 ☏ ਐ **P** 𝗩𝗜𝗦𝗔 ⓜⓞ 𝔸𝔼 ⓞ
    pl. St Pierre – ☎ 04 98 04 54 54 – leprovencal @ wanadoo.fr – Fax 04 98 04 54 50
    – Ouvert 12 avril-19 oct.   X s
    41 ch – ✝82/120 € ✝✝110/150 €, ☐ 14 € – ½ P 92/120 € – **Rest** – Menu 28/53 €
    – Carte 49/75 €

    ♦ L'hôtel, bâti à flanc de colline, dispose d'un parc ombragé et fleuri, descendant en
    terrasses jusqu'à la mer. Chambres provençales. Le panorama offert par le restaurant a
    peut-être inspiré le poète Saint-John Perse, célèbre ex-résident de la presqu'île.

LA GIETTAZ – 73 Savoie – 333 L2 – 488 h. – alt. 1 120 m – ✉ 73590   46 **F1**
    🚩 Paris 575 – Albertville 29 – Chambéry 80 – Chamonix-Mont-Blanc 49
    – Megève 16
    🏢 Office de tourisme, Chef-lieu ☎ 04 79 32 91 90, Fax 04 79 32 93 28

🏠 **Flor'Alpes**   ≼ ▱ ♨ rest, **P** 𝗩𝗜𝗦𝗔 ⓜⓞ
    – ☎ 04 79 32 90 88 – mary-anne.schouppe @ wanadoo.fr – Fermé 10 avril-15 mai
☞   et 10 oct.-10 déc.
🍽   **11 ch** – ✝40/46 € ✝✝45/51 €, ☐ 7 € – ½ P 42/48 € – **Rest** – (fermé le midi d' avril
    à oct.) Menu (15 €), 18 € (sem.)/35 € – Carte 20/44 €

    ♦ Tenue impeccable, balcons fleuris, accueil attentionné : découvrez l'authentique hos-
    pitalité savoyarde dans cette sympathique petite pension jouxtant l'église. La salle à
    manger, sagement rustique, ouvre ses baies sur le jardin. Service tout sourire.

GIFFAUMONT-CHAMPAUBERT – 51 Marne – 306 K11 – 234 h. – alt. 130 m –
✉ 51290 ▮ Champagne Ardenne   14 **C2**
    🚩 Paris 208 – Bar-le-Duc 53 – Chaumont 75 – St-Dizier 25 – Vitry-le-François 28
    🏢 Office de tourisme, Maison du Lac ☎ 03 26 72 62 80, Fax 03 26 72 64 69
    ◉ Lac du Der-chantecoq ★★.

🏠🏠 **Le Cheval Blanc**   ⌂ ⅃ ♨ ch, ਐ **P** 𝗩𝗜𝗦𝗔 ⓜⓞ 𝔸𝔼 ⓞ
    21 r. du Lac – ☎ 03 26 72 62 65 – lechevalblanc7 @ aol.com – Fax 03 26 73 96 97
    – Fermé 7-25 sept., 4-22 janv., mardi midi, dim. soir et lundi
    14 ch – ✝60 € ✝✝65 €, ☐ 8 € – ½ P 65 € – **Rest** – Menu 24/55 € – Carte 35/55 €
    ♦ À 1,2 km du plus grand lac artificiel d'Europe, maison offrant aux vacanciers "verts" un
    accueillant salon et des chambres modernes et claires. Salle de restaurant où domine la
    couleur ocre, terrasse d'été dressée sur l'arrière et registre culinaire classique.

GIF-SUR-YVETTE – 91 Essonne – 312 B3 – 21 364 h. – alt. 61 m –
✉ 91190   20 **A3**
    🚩 Paris 34 – Évry 37 – Boulogne-Billancourt 23 – Montreuil 41 – Argenteuil 42

🍴 **Les Saveurs Sauvages**   ⌂ & 𝔸ℂ 𝗩𝗜𝗦𝗔 ⓜⓞ
    4 r. Croix Grignon – ☎ 01 69 07 01 16 – les-saveurs-sauvages @ wanadoo.fr
    – Fax 01 69 07 20 84 – Fermé 5-25 août, 25 déc.-2 janv., dim. et lundi
    Rest – Menu (18 €), 24 € – Carte 36/44 €
    ♦ Courte carte saisonnière assortie d'un menu changeant tous les jours et lumineuse salle
    à manger-véranda pour cette adresse située face à la gare RER.

GIGARO – 83 Var – 340 O6 – rattaché à La Croix-Valmer

GIGNAC – 34 Hérault – 339 G7 – **3 955 h.** – **alt. 53 m** – ⊠ **34150** 23 **C2**
> ◨ Paris 719 – Béziers 58 – Lodève 25 – Montpellier 30 – Sète 57
> ◨ Office de tourisme, place du Gen Claparède ℰ 04 67 57 58 83,
> Fax 04 67 57 67 95

XX **de Lauzun** ⒶⒸ 𝘝𝘐𝘚𝘈 ⓜⓒ 𝖠𝖤 ⓞ
3 bd de l'Esplanade – ℰ 04 67 57 50 83 – restaurantlauzun@aol.com
– Fax 04 67 57 93 70 – Fermé mars, jeudi midi et merc.
Rest – Menu (20 €), 38/80 € – Carte 39/61 €
♦ Face à une belle esplanade ombragée, restaurant au décor épuré – accrochages temporaires de toiles contemporaines – agrémenté d'une cheminée en grès. Cuisine au goût du jour.

GIGONDAS – 84 Vaucluse – 332 D9 – **648 h.** – **alt. 313 m** – ⊠ **84190**
▊ Provence 42 **E1**
> ◨ Paris 662 – Avignon 40 – Nyons 31 – Orange 20 – Vaison-la-Romaine 16
> ◨ Office de tourisme, rue du Portail ℰ 04 90 65 85 46, Fax 04 90 65 88 42

🏨 **Les Florets** 🛏 🍴 **P** 𝘝𝘐𝘚𝘈 ⓜⓒ 𝖠𝖤 ⓞ
😊 *2 km à l'Est par rte secondaire – ℰ 04 90 65 85 01 – accueil@hotel-lesflorets.com*
– Fax 04 90 65 83 80 – Fermé 1er janv.-15 mars, lundi soir, mardi et merc. en nov.
et déc.
15 ch – †98 € ††98/125 €, � 13,50 € – ½ P 94/112 € – **Rest** – *(fermé merc.)*
(nombre de couverts limité, prévenir) Menu (21 €), 28/42 €
– Carte 54/68 € 🍷
♦ Au pied des Dentelles de Montmirail, cette hôtellerie isolée dans la campagne vous propose de séduisantes chambres colorées. Goûteuse cuisine régionale et vins du domaine servis dans un décor provençal ou sur l'agréable terrasse ombragée et fleurie.

XX **L'Oustalet** 🍴 𝘝𝘐𝘚𝘈 ⓜⓒ 𝖠𝖤
pl. Gabrielle Andéol – ℰ 04 90 65 85 30 – cyril-glemot@meffre.com
– Fax 04 90 12 30 03 – Fermé 21 déc.-18 janv., lundi soir, mardi soir, merc. soir, dim.
soir et jeudi du 3 avril au 31 mars
Rest – Menu (20 €), 29/56 € – Carte 36/59 € 🍷
♦ L'imposante façade en pierre dissimule une salle à manger à l'élégance rustique. Cuisine actuelle à l'accent sincèrement provençal, bonne sélection de vins régionaux.

GILETTE – 06 Alpes-Maritimes – 341 D4 – **1 254 h.** – **alt. 420 m** – ⊠ **06830**
▊ Côte d'Azur 41 **D2**
> ◨ Paris 946 – Antibes 43 – Nice 36 – St-Martin-Vésubie 45
> ◨ Syndicat d'initiative, place du Dr Morani ℰ 04 92 08 98 08,
> Fax 04 93 08 55 24
> ◙ ✳★★ des ruines du château.

à Vescous 9 km par rte de Rosquesteron (D 17) – ⊠ **06830 Toudon**

X **La Capeline** 🍴 **P** 𝘝𝘐𝘚𝘈 ⓜⓒ
😊 *– ℰ 04 93 08 58 06 – Fax 04 93 08 58 06 – Ouvert mars-oct., les week-ends de nov.*
à mars et fermé merc.
Rest – *(fermé le soir sauf vend. et sam. en saison) (prévenir)*
Menu 20 € (sem.)/30 € bc
♦ Maisonnette rustique isolée en bord de route, dans la vallée de l'Esteron. Le goûteux menu unique, annoncé de vive voix, valorise les produits du cru. Belle terrasse ombragée.

GILLY-LÈS-CÎTEAUX – 21 Côte-d'Or – 320 J6 – rattaché à Vougeot

---

GIMBELHOF – 67 Bas-Rhin – 315 K2 – rattaché à Lembach

GIMEL-LES-CASCADES – 19 Corrèze – 329 M4 – 630 h. – alt. 375 m –
☒ 19800
25 **C3**

> ◘ Paris 493 – Limoges 104 – Tulle 13 – Brive-la-Gaillarde 40 – Ussel 56
> ◲ Office de tourisme, le Bourg ℰ 05 55 21 44 32

🏠 **Hostellerie de la Vallée** ॐ ⟨ 🛖 VISA ◍

🍽️ *au bourg* – ℰ 05 55 21 40 60 – *hostellerie_de_la_vallée@hotmail.com*
– *Fax 05 55 21 38 74 – Fermé 20 déc.-5 janv., dim. soir, lundi midi, vend.*
et sam. du 1ᵉʳ oct. au 31 mars
9 ch – ♦53/57 € ♦♦53/57 €, ⥮ 11,50 € – ½ P 45/47 € – **Rest** – Menu 23/35 €
– Carte 35/43 €
♦ Au centre d'un village réputé pour ses cascades, maison de pays rénovée offrant une
halte de choix avec de confortables chambres (dont trois côté vallée). Salle à manger
panoramique et cuisine traditionnelle de saison mitonnée par la mère et sa fille.

LA GIMOND – 42 Loire – 327 F6 – 217 h. – alt. 625 m – ☒ 42140
44 **A2**

> ◘ Paris 485 – Saint-Étienne 18 – Annonay 67 – Lyon 58 – Montbrison 37
> – Vienne 64

✕✕ **Le Vallon du Moulin** **P** VISA ◍

– ℰ 04 77 30 97 06 – Fax 04 77 30 97 06 – Fermé 28 juil.-14 août, 1ᵉʳ-11 janv.,
18-29 fév. et dim. soir
Rest – Menu 26/45 €
♦ Au cœur d'un petit village, ce restaurant relooké dans un style contemporain propose
une carte au goût du jour évoluant au rythme des saisons.

GIMONT – 32 Gers – 336 H8 – 2 734 h. – alt. 180 m – ☒ 32200
▌ Midi-Pyrénées
28 **B2**

> ◘ Paris 701 – Colomiers 40 – Toulouse 51 – Tournefeuille 40
> ◲ Office de tourisme, 83, rue Nationale ℰ 05 62 67 77 87, Fax 05 62 67 93 61

🏨 **Château de Larroque** ॐ ◔ 🛖 ⚒ ✕ ॐ rest, ℂ ॐ

rte de Toulouse – ℰ 05 62 67 77 44 **P** VISA ◍ AE ◍
– *chateaularroque@free.fr – Fax 05 62 67 88 90 – Fermé 2-22 janv., dim. soir*
et lundi d'oct. à avril
17 ch – ♦85/99 € ♦♦105/200 €, ⥮ 14 € – 1 suite – ½ P 103/140 € – **Rest** – *(fermé*
lundi sauf le soir de mai à sept. et mardi midi) Menu 25/58 € – Carte 30/70 €
♦ Ce château édifié en 1805 bénéficie de l'environnement paisible de son parc. L'intérieur
conjugue confort et raffinement ; agréables chambres personnalisées et salons cossus. La
cuisine traditionnelle se déguste dans l'élégante salle à manger ou sur la terrasse ombragée.

GINASSERVIS – 83 Var – 340 K3 – 984 h. – alt. 407 m – ☒ 83560
40 **B3**

> ◘ Paris 781 – Aix-en-Provence 53 – Avignon 111 – Manosque 23 – Marseille 82
> – Toulon 91

✕ **Chez Marceau** avec ch 🛖 ॐ VISA ◍ AE ◍

⊛ *pl. Jean Jaurès* – ℰ 04 94 80 11 21 – *chezmarceau@wanadoo.fr* – Fax 04 94 80 16 82
– *Fermé 22-26 déc., 12-30 janv., mardi soir sauf juil.-août et merc.*
6 ch – ♦45 € ♦♦45 €, ⥮ 6 € – ½ P 50 € – **Rest** – Menu 15 € bc (sem.)/40 €
– Carte 24/77 €
♦ Entre Durance et Verdon, cette sympathique auberge et sa terrasse dressée sur la place
vous feront plonger au cœur de la vie d'un village provençal. Cuisine régionale.

GINCLA – 11 Aude – 344 E6 – 43 h. – alt. 570 m – ☒ 11140
22 **B3**

> ◘ Paris 821 – Carcassonne 77 – Foix 88 – Perpignan 67 – Quillan 25

🏨 **Hostellerie du Grand Duc** ॐ 🛖 🛖 ↔ **P** ॐ VISA ◍

2 rte de Boucheville – ℰ 04 68 20 55 02 – *hotelgranduc@wanadoo.fr*
– *Fax 04 68 20 61 22 – Ouvert 1ᵉʳ avril-1ᵉʳ nov.*
12 ch – ♦60 € ♦♦72/78 €, ⥮ 11 € – ½ P 75/80 € – **Rest** – *(fermé merc. midi)*
Menu 32/62 € – Carte 41/68 €
♦ Maison de maître (18ᵉ s.) du pays cathare et son jardin clos arboré. Pierres apparentes,
boiseries et meubles anciens font le cachet des chambres, joliment personnalisées. Salle à
manger rustique chic, terrasse et copieuses assiettes traditionnelles.

GISORS – 27 Eure – **304** K6 – 10 882 h. – alt. 60 m – ⊠ 27140

▌ Normandie Vallée de la Seine   33 **D2**

> ▣ Paris 73 – Beauvais 33 – Évreux 66 – Mantes-la-Jolie 40 – Pontoise 38
>   – Rouen 59
>
> ▣ Office de tourisme, 4, rue du Général-de-Gaulle ℰ 02 32 27 60 63,
>   Fax 02 32 27 60 75
>
> ▥ de Chaumont-en-Vexin à Chaumont-en-Vexin Château de Bertichères, E :
>   8 km par D 982, ℰ 03 44 49 00 81 ;
>
> ▥ de Rebetz à Chaumont-en-Vexin Route de Noailles, E : 12 km par D 981,
>   ℰ 03 44 49 15 54.
>
> ▣ Château fort★★ - Église St-Gervais et St-Protais★.

⌂ **Moderne**   📞 **P** **VISA** **MC** **AE** **①**

1 pl. de la Gare – ℰ 02 32 55 23 51 – hotel.moderne@free.fr – Fax 02 32 55 08 75
– Fermé 10-18 août

31 ch – ♦50/65 € ♦♦50/65 €, ⊇ 9 € – ½ P 60/84 € – **Rest** – *(fermé
26 juil.-18 août, 20 déc.-5 janv., sam. et dim.)* Menu 14/27 € – Carte 29/36 €
♦ Cet hôtel familial situé face à la gare conviendra pour une étape. Les chambres,
sobrement décorées, sont bien tenues. Salle à manger rustique, cuisine traditionnelle et
formule "table d'hôte" favorisant la convivialité.

ⅩⅩ **Le Cappeville**   **VISA** **MC** **AE**

17 r. Cappeville, (transfert prévu) – ℰ 02 32 55 11 08 – pierre.potel@worldonline.fr
– Fax 02 32 55 93 92
Rest – Menu 26/55 € – Carte 48/62 €
♦ Au cœur de la petite capitale du Vexin normand. Rénovée et parée de couleurs vives
et fraîches, la salle n'en a pas moins conservé poutres patinées et cheminée. Menus du
terroir.

à Bazincourt-sur-Epte 6 km au Nord par D 14 – 578 h. – alt. 55 m – ⊠ 27140

⌂⌂ **Château de la Rapée** ⦦   ◐ ☂ ☃ ❄ 📞 ⚓ **P** **VISA** **MC** **AE** **①**

2 km à l'Ouest par rte secondaire – ℰ 02 32 55 11 61 – infos@hotel-la-rapee.com
– Fax 02 32 55 95 65 – Fermé 17 août-1er sept. et 28 janv.-1er mars
16 ch – ♦89 € ♦♦120/145 €, ⊇ 12 € – ½ P 82/96 € – **Rest** – *(fermé merc.)*
Menu 35/50 € – Carte 64/96 €
♦ La vallée de l'Epte, chérie par les peintres, constitue la toile de fond de ce beau manoir
anglo-normand s'élevant dans un parc arboré. Chambres spacieuses, mobilier ancien. La
salle à manger présente un chaleureux décor bourgeois rehaussé de boiseries.

à St-Denis-le-Ferment 7 km au Nord-Ouest par rte secondaire et D 17 – 456 h.
– alt. 70 m – ⊠ 27140

ⅩⅩ **Auberge de l'Atelier**   ☂ **P** **VISA** **MC**

55 r. Guérard – ℰ 02 32 55 24 00 – Fax 02 32 55 10 20 – Fermé 15-30 sept., dim.
soir, mardi soir et lundi
Rest – Menu 27/53 € – Carte 46/59 €
♦ L'on se sent bien dans cette salle à manger : reposantes couleurs pastel, abondante
décoration florale, sièges cannés et meubles de style. Cuisine traditionnelle.

GIVERNY – 27 Eure – **304** I6 – 524 h. – alt. 17 m – ⊠ 27620   33 **D2**

> ▣ Paris 75 – Cergy 47 – Évreux 37 – Rouen 65

⌂ **La Réserve** sans rest ⦦   ⊟ ◐ ↔ ❄ 📞 **P**

1,5 km au Nord par r. Blanche-Hochedé-Monet (après l'église) – ℰ 02 32 21 99 09
– mlreserve@gmail.com – Fax 02 32 21 99 09
5 ch ⊇ – ♦85/100 € ♦♦130/160 €
♦ Jardin et verger agrémentent cette demeure familiale à façade safran perchée sur les
hauts de Giverny. Bon accueil, espaces communs de caractère et jolies chambres personnalisées.

GIVET – 08 Ardennes – 306 K2 – 7 372 h. – alt. 103 m – ⌧ 08600
▌ Champagne Ardenne

14 **C1**

> ◘ Paris 287 – Charleville-Mézières 58 – Fumay 23 – Rocroi 41
>
> ◨ Office de tourisme, 10, quai des Fours ℰ 08 10 81 09 75, Fax 03 24 42 92 41
>
> ◙ ≼★ du fort de Charlemont★.

⌂⌂⌂ Les Reflets Jaunes sans rest   📧 & 🎴 ↳ ☏ 🅿 VISA ⓜⓞ AE
2 r. du Gén. de Gaulle – ℰ 03 24 42 85 85 – reflets.jaunes @ wanadoo.fr
– Fax 03 24 42 85 86
17 ch – ♦54/89 € ♦♦60/115 €, ⊆ 7,50 €
♦ Immeuble de 1685 converti en hôtel à la fin du 20e s. Harmonie de jaune et bleu
dans les espaces communs et les chambres (magnétoscope et baignoire-jacuzzi pour
certaines).

⌂⌂ Le Val St-Hilaire sans rest   & ☏ 🛁 🅿 VISA ⓜⓞ AE ⓞ
7 quai des Fours – ℰ 03 24 42 38 50 – hotel.val.saint.hilaire @ wanadoo.fr
– Fax 03 24 42 07 36
20 ch – ♦55 € ♦♦65 €, ⊆ 8 €
♦ Bâtisse d'aspect régional postée sur la rive gauche de la Meuse. Chambres à l'identique,
bien insonorisées ; jolie vue fluviale par les fenêtres de celles situées à l'avant.

⌂ Le Roosevelt sans rest   ↳ ☏ VISA ⓜⓞ AE
14 quai des Remparts – ℰ 03 24 42 14 14 – Fax 03 24 42 15 15 – Fermé 22 déc.-4 janv.
8 ch – ♦49 € ♦♦64 €, ⊆ 8 €
♦ Sur un quai mosan, maison ardennaise en pierre abritant des chambres soignées. Agréable salle des petits-déjeuners ; on sert aussi des spécialités régionales.

✗✗ Auberge de la Tour   🍴 VISA ⓜⓞ
✺ 6 quai des Fours – ℰ 03 24 40 41 71 – info @ auberge-de-la-tour.net
– Fax 03 24 56 90 78 – Fermé 15 déc.-14 janv. et lundi d'oct. à mars
Rest – Menu (13 €), 16 € (déj. en sem.), 26/39 € – Carte 25/57 €
♦ Ambiance ardennaise et prestation culinaire d'orientation classique-traditionnelle
dans une salle à manger rustique soignée, aux vieux murs de briques et de pierres du
pays.

GLAINE-MONTAIGUT – 63 Puy-de-Dôme – 326 H8 – 482 h. – alt. 350 m –
⌧ 63160

6 **C2**

> ◘ Paris 440 – Clermont-Ferrand 31 – Issoire 37 – Thiers 21

✗ Auberge de la Forge avec ch ⌂   🍴 ☏ VISA ⓜⓞ
✺ – ℰ 04 73 73 41 80 – a.delaforge @ wanadoo.fr – Fax 04 73 73 33 83 – Fermé
1er-20 sept.
4 ch – ♦30/40 € ♦♦30/40 €, ⊆ 6 € – ½ P 38/48 € – **Rest** – (fermé dim. soir, lundi
et mardi) Menu (13 € bc), 16/34 € – Carte 21/33 €
♦ Face à la belle église romane, sympathique auberge refaite à l'ancienne (murs de pisé) et
proposant une reconstitution de la forge du village (foyer, soufflet, enclume).

GLUIRAS – 07 Ardèche – 331 J4 – 349 h. – alt. 800 m – ⌧ 07190

44 **B3**

> ◘ Paris 606 – Le Cheylard 20 – Lamastre 40 – Privas 33 – Valence 48

✗ Le Relais de Sully avec ch ⌂   🍴 VISA ⓜⓞ
✺ pl. centrale – ℰ 04 75 66 63 41 – lerelaisdesully @ orange.fr – Fax 04 75 64 69 88
– Fermé 20-27 déc., 1er fév.-15 mars, dim. soir, merc. soir et lundi sauf juil.-août
4 ch – ♦34 € ♦♦34 €, ⊆ 6 € – **Rest** – Menu 16 € (sem.)/36 €
♦ Cette maison en pierre, située au centre du village perché, aurait été jadis un
monastère. Cuisine du terroir servie dans une coquette salle à manger-véranda et en
terrasse.

GOLBEY – 88 Vosges – 314 G3 – rattaché à Épinal

GOLFE DE SANTA-GIULIA – 2A Corse-du-Sud – 345 E10 – voir à Corse
(Porto-Vecchio)

LE GOLFE-JUAN – 06 Alpes-Maritimes – 341 D6 – ✉ 06220 Vallauris
Côte d'Azur 42 **E2**

Paris 905 – Antibes 5 – Cannes 6 – Grasse 23 – Nice 29

Office de tourisme, boulevard des Frères Roustan ☎ 04 93 63 73 12, Fax 04 93 63 21 07

pour Vallauris voir plan de Cannes

Beau Soleil sans rest

6 impasse Beau-Soleil, par D 6007 (dir. Antibes) – ☎ 04 93 63 63 63 – contact@hotel-beau-soleil.com – Fax 04 93 63 02 89 – Ouvert 7 mars-31 oct.

30 ch – †54/79 € ††67/134 €, ☕ 9 €

◆ Cet hôtel moderne, sis dans une impasse à 500 m de la plage du Midi et du théâtre de la Mer, vous propose des chambres colorées et bien entretenues (certaines avec balcon).

De la Mer sans rest

226 av. Liberté, (D 6007) – ☎ 04 93 63 80 83 – hotel.de.la.mer@wanadoo.fr – Fax 04 93 63 10 83 – Fermé 3 nov.-3 déc.

33 ch – †49/102 € ††59/115 €, ☕ 8 €

◆ Pour pallier la proximité de la route, les chambres, sobres et actuelles, sont bien insonorisées et tournées sur l'arrière du bâtiment ; certaines ont un balcon côté piscine.

Tétou ← îles de Lérins,

à la plage – ☎ 04 93 63 71 16 – Fax 04 93 63 16 77 – Ouvert 2 mars-30 oct. et fermé merc.

Rest – Carte 100/181 €

◆ Cette institution locale fondée en 1920 a gardé son ambiance de restaurant balnéaire. On y sert la bouillabaisse depuis toujours et une petite carte régionale orientée poisson.

Nounou ← îles de Lérins,

à la plage – ☎ 04 93 63 71 73 – Fax 04 93 63 46 91 – Fermé 12 nov.-25 déc., dim. soir et lundi sauf juil.-août

Rest – Menu 44/66 € – Carte 44/91 €

◆ Restaurant à même la plage, dont les baies vitrées s'ouvrent côté rivage. Intérieur d'inspiration marine ; cuisine de poissons et de coquillages et quelques plats provençaux.

à Vallauris Nord-Ouest : 2,5 km par D 135 – 25 773 h. – alt. 120 m – ✉ 06220

Office de tourisme, 84, avenue de la Liberté ☎ 04 93 63 18 38, Fax 04 93 63 95 01

Musée national "la Guerre et la Paix" (château) - Musée de l'Automobile★ NO : 4 km.

Le Mas Samarcande sans rest

138 Grand-Boulevard de Super-Cannes – ☎ 04 93 63 97 73 – mireille.diot@wanadoo.fr – Fax 04 93 63 97 73 – Fermé 18-28 déc.

5 ch ☕ – †125/130 € ††125/130 €

◆ Cette belle villa vous ouvre ses portes pour un séjour privilégié : chambres originales et raffinées mêlant inspiration provençale et exotique, vue superbe depuis la terrasse.

GORDES – 84 Vaucluse – 332 E10 – 2 092 h. – alt. 372 m – ✉ 84220
Provence 42 **E1**

Paris 712 – Apt 19 – Avignon 38 – Carpentras 26 – Cavaillon 18 – Sault 35

Office de tourisme, le Château ☎ 04 90 72 02 75, Fax 04 90 72 02 26

Site★ - Village★ - Château : cheminée★ - Village des Bories★★ SO : 2 km par D 15 puis 15 mn - Abbaye de Sénanque★★ NO : 4 km - Pressoir★ dans le musée des Moulins de Bouillons S : 5 km.

La Bastide de Gordes & Spa ← le Lubéron, ch, rest,

le village – ☎ 04 90 72 12 12 – mail@bastide-de-gordes.com – Fax 04 90 72 05 20 – Fermé 2 janv.-7 fév.

40 ch – †170/446 € ††180/490 €, ☕ 27 € – 5 suites – ½ P 173/328 €

Rest – Menu 39 € (déj.), 64/94 € – Carte 88/109 €

◆ Demeure du 16e s. à l'élégance toute provençale. Chambres côté vallée ou village. Magnifique spa. Cuisine du Sud et beaux vins régionaux servis dans un cadre raffiné. Véranda face à un jardin suspendu et terrasse panoramique ouverte sur le Lubéron et les Alpilles.

Les Bories ॐ   ⟨ le Lubéron, 🐾 🎿 🏊 ⊞ 🐦 🍴 |※| 🗚 ॐ rest, 📞
2 km par rte de Sénanque – 𝒞 04 90 72 00 51   🏋 **P** **VISA** **◐◑** **AE**
– lesbories@wanadoo.fr – Fax 04 90 72 01 22 – Fermé 4 janv.-13 fév.
27 ch – 🛏195/410 € 🛏🛏195/410 €, � 23 € – 2 suites – ½ P 180/287 €
Rest – *(fermé dim. soir et lundi du 3 nov. au 30 avril et le midi du lundi au jeudi
en juil.-août) (prévenir)* Menu 55/88 € – Carte 83/96 € ∰
Spéc. Tomates anciennes en déclinaison (saison). Saint-Pierre poêlé aux courgettes et olives noires de Nyons. Profiteroles revisitées.
◆ Ces luxueuses "bories" semblent comme perdues dans la garrigue, entre lavande et
oliviers. Chambres raffinées. Superbes piscines et spa. Le restaurant occupe une ancienne
bergerie ; belle terrasse ombragée, jardin aromatique, jolis plats méridionaux et vins du
pays.

Le Gordos sans rest ॐ   🚗 🎿 🗚 📞 **P** **VISA** **◐◑** **AE**
1,5 km par rte de Cavaillon – 𝒞 04 90 72 00 75 – mail@hotel-le-gordos.com
– Fax 04 90 72 07 00 – Ouvert 15 mars-2 nov.
19 ch – 🛏95/126 € 🛏🛏120/205 €, � 15 €
◆ Ce mas récent en pierres sèches est posté à l'entrée du village. Quelques chambres de
plain-pied avec le jardin à l'italienne, qu'embaument les plantes aromatiques.

Le Mas des Romarins sans rest ॐ   ⟨ village, 🚗 🎿 ₺ 🗚
rte de Sénanque – 𝒞 04 90 72 12 13 – info@   ↯ 📞 **P** **VISA** **◐◑**
masromarins.com – Fax 04 90 72 13 13 – Fermé 16 nov.-19 déc., 6 janv.-28 fév.
13 ch ⊒ – 🛏88/112 € 🛏🛏99/188 €
◆ Petit-déjeuner aux premiers rayons de soleil sur la terrasse de cette ferme centenaire
dominant Gordes. Jolies chambres fraîches et personnalisées (non-fumeurs).

Mas de la Beaume sans rest   🚗 🎿 ↯ ॐ **P** **VISA** **◐◑**
rte de Cavaillon – 𝒞 04 90 72 02 96 – la.beaume@wanadoo.fr
– Fax 04 90 72 06 89
5 ch ⊒ – 🛏105/175 € 🛏🛏105/175 €
◆ Cette ancienne bergerie se niche dans un jardin planté d'oliviers, agrémenté d'une
piscine d'eau de mer et d'un jacuzzi. Ses chambres non-fumeurs affichent un joli style
provençal. Bibliothèque.

rte d'Apt à l'Est par D 2 – ✉ 84220 Gordes

Auberge de Carcarille ॐ   🚗 🎋 🎿 ॐ ch, 📞 **P** **VISA** **◐◑** **AE**
rte d'Apt, 4 km par D2 – 𝒞 04 90 72 02 63 – carcaril@club-internet.fr
– Fax 04 90 72 05 74 – Fermé 11 nov.-26 janv.
20 ch – 🛏68/105 € 🛏🛏68/105 €, ⊒ 11 € – ½ P 77/101 € – **Rest** – *(fermé vend.
sauf le soir d'avril à sept.)* Menu 20/47 € – Carte 26/55 €
◆ En contrebas du village. Cette plaisante construction en pierres sèches propose des
chambres refaites dans le style provençal, avec balcon ou terrasse. Blancheur immaculée
des murs dans ce restaurant égayé de chaises colorées et de rideaux fleuris.

La Ferme de la Huppe ॐ   🎋 🎿 🗚 ch, ↯ ॐ 📞 **P** **VISA** **◐◑** **AE**
5 km par D156 rte de Goult – 𝒞 04 90 72 12 25 – gerald.konings@wanadoo.fr
– Fax 04 90 72 01 83 – Ouvert 1ᵉʳ avril-30 oct.
9 ch – 🛏90/125 € 🛏🛏90/170 €, ⊒ 10 € – ½ P 85/125 € – **Rest** – *(fermé merc.)
(dîner seult sauf dim.)* Menu 45 € ∰
◆ Jolie fermette du 18ᵉ s. en pierres sèches, dont les chambres douillettes et fraîches se
répartissent autour d'un puits. Coquette salle à manger rustique de style "borie", agrémentée d'outils agricoles. Terrasse sous auvent avec mobilier en fer forgé.

rte des Imberts Sud-Ouest : 4 km par D 2 – ✉ 84220 Gordes

Mas de la Senancole   🚗 🎿 ₺ 🗚 ↯ 📞 🏋 **P** **VISA** **◐◑** **AE** **①**
(Hameau les Imberts) – 𝒞 04 90 76 76 55 – gordes@mas-de-la-senancole.com
– Fax 04 90 76 70 44
21 ch – 🛏98/140 € 🛏🛏98/229 €, ⊒ 13 €
Rest L'Estellan – voir ci-après
◆ La Sénancole coule à proximité de ces chambres insonorisées et dotées de
meubles peints. Certaines ont une terrasse privative. Salle des petits-déjeuners au bord de
la piscine.

↑ **Le Moulin des Sources**
Hameau des Gros – 𝒞 *04 90 72 11 69 – contact@le-moulin-des-sources.com*
4 ch ⌑ – ♦♦90/145 € – 1 suite – **Table d'hôte**
– Menu 35 € bc
♦ Cette maison vous garantit un séjour d'une grande sérénité. On s'y prélasse volontiers, passant du salon-bibliothèque au jardin et à la piscine. Chambres fraîches et coquettes. Produits frais et régionaux servis dans une salle voûtée en pierre, en partie troglodytique.

XX **Le Mas Tourteron** 🖼 🏠 **P** *VISA* **OO**
chemin de St-Blaise – 𝒞 *04 90 72 00 16 – elisabeth.bourgeois@wanadoo.fr*
– Fax 04 90 72 09 81 – Ouvert 1ᵉʳ mars-31 oct. et fermé dim. soir en oct. et mars, lundi et mardi
Rest *– (dîner seult sauf dim.)* Menu 62 €
♦ Petit mas bucolique protégé d'un haut mur de pierres. Coquette salle à manger rustique et terrasse sous les tilleuls. Les saveurs de la Provence sont conviées dans l'assiette.

XX **L'Estellan** – Hôtel Mas de la Senancole 🖼 🏠 ᴴ **P** *VISA* **OO** **AE**
– 𝒞 *04 90 72 04 90 – Fax 04 90 72 04 90*
Rest – Menu 26 € (déj. en sem.)/55 € – Carte 46/60 €
♦ Séduisant bistrot aménagé dans un mas en pierres du pays. Des citations de Daudet et de Mistral ornent les murs ocres de la salle ; belle terrasse et cuisine régionale.

GORGES DE LA RESTONICA – 2B Haute-Corse – 345 D6 – **voir à Corse (Corte)**

GORZE – 57 Moselle – 307 H4 – 1 392 h. – alt. 300 m – ⊠ 57680
▌Alsace Lorraine
26 **B1**
🄳 Paris 324 – Jarny 17 – Metz 20 – Pont-à-Mousson 22 – St-Mihiel 43
– Verdun 54
🄱 Office de tourisme, 22, rue de l'Église 𝒞 03 87 52 04 57, Fax 03 87 52 04 57

XX **Hostellerie du Lion d'Or** avec ch 🖼 🏠 *VISA* **OO**
105 r. Commerce – 𝒞 *03 87 52 00 90 – h.r.liondor@wanadoo.fr*
– Fax 03 87 52 09 62 – Fermé dim. soir et lundi
15 ch – ♦49 € ♦♦55/60 €, ⌑ 8 € – **Rest** – Menu (22 € bc), 30/40 € – Carte 42/52 €
♦ Poutres, pierres et cheminées d'origine ont été judicieusement conservées dans ce relais de poste du 19ᵉ s. On y sert une cuisine régionale.

GOSNAY – 62 Pas-de-Calais – 301 I4 – **rattaché à Béthune**

LA GOUESNIÈRE – 35 Ille-et-Vilaine – 309 K3 – 1 068 h. – alt. 22 m –
⊠ 35350
10 **D1**
🄳 Paris 390 – Dinan 25 – Dol-de-Bretagne 13 – Lamballe 65 – Rennes 64
– St-Malo 13

🏠🏠 **Maison Tirel-Guérin** (Jean-Luc Guérin) 🖼 🄽 ℐℰ 𝒳 🖨 ᴴ 🄰🄲 🕻 ⚿
ƒ̃ *à la Gare (rte de Cancale), 1,5 km par D 76 –* **P** 🛋 *VISA* **OO** **AE** **①**
𝒞 *02 99 89 10 46 – info@tirel-guerin.com – Fax 02 99 89 12 62*
– Fermé 22 déc.-1ᵉʳ fév.
46 ch – ♦65 € ♦♦82/138 €, ⌑ 12 € – 10 suites – ½ P 105/238 €
Rest *– (fermé dim. soir d'oct. à mars et lundi midi sauf fériés) (prévenir le week-end)*
Menu 27 € (sem.)/105 € – Carte 50/100 €
Spéc. Salade de cailles poêlées, truffe et foie gras. Homard bleu grillé "Jean-Luc". Soufflé au Grand Marnier.
♦ Face à une gare de campagne, maison familiale aux multiples séductions : jardin fleuri, chambres spacieuses et soignées, jacuzzi et service sans faille. Goûteuse cuisine personnalisée servie dans une salle où règne une atmosphère agréablement provinciale.

Château de Bonaban ⌖ 🔊 ※ 🖳 ⅙ ※ 🖈 **P** **VISA** **⑩** **AE**
r. Alfred de Folliny – ℰ 02 99 58 24 50 – chateau.bonaban@wanadoo.fr
– Fax 02 99 58 28 41
34 ch – ♦100/210 € ♦♦100/300 €, ☐ 15 € – **Rest** – *(fermé dim. soir sauf de mai à sept., merc. sauf le soir de mai à sept., mardi midi de mai à sept. et lundi midi)*
Menu 30 € (sem.)/50 € – Carte 44/54 €
♦ Ce château du 18e s. a gardé son escalier de marbre et ses boiseries d'origine. Chambres de divers styles, avec vue sur le parc ; hébergement plus simple à l'annexe. Ambiance un brin aristocratique dans les salles à manger.

GOULT – 84 Vaucluse – 332 E10 – 1 285 h. – alt. 258 m – ⌧ 84220　　42 **E1**
　　🖪 Paris 714 – Apt 14 – Avignon 41 – Bonnieux 8 – Carpentras 35 – Cavaillon 19
　　– Sault 38

La Bartavelle 🛏 **VISA** **⑩** **AE**
r. Cheval Blanc – ℰ 04 90 72 33 72 – Fax 04 90 72 33 72 – Ouvert de début mars à mi-nov. et fermé mardi et merc.
Rest – *(dîner seult)* Menu 39 €
♦ Le "petit Marcel" et son chasseur de père auraient apprécié cette salle voûtée avec ses tomettes... rouges comme des bartavelles ! Plats régionaux pour ce restaurant de poche.

Passée en rouge, la mention « Rest » repère l'établissement auquel est attribué notre distinction, 🕄 (étoile) ou 🏵 (Bib Gourmand).

GOUMOIS – 25 Doubs – 321 L3 – 196 h. – alt. 490 m – ⌧ 25470　　17 **C2**
　　🖪 Paris 513 – Besançon 92 – Bienne 486 – Montbéliard 55 – Morteau 47
　　◎ Corniche de Goumois★★, ▮ Jura

Taillard ⌖ ⩽ vallée du Doubs, 🛋 🛏 ⅃ ⅙ ⅙ ch, 🖈
3 rte de la Corniche – ℰ 03 81 44 20 75　　**P** **VISA** **AE** **⓪**
– hotel.taillard@wanadoo.fr – Fax 03 81 44 26 15 – Ouvert 16 mars-14 nov.
21 ch – ♦75/82 € ♦♦75/145 €, ☐ 12 € – ½ P 72/105 € – **Rest** – *(fermé merc. soir d' oct. à mars, lundi midi et merc. midi)* Menu 23 € (déj.), 33/70 € – Carte 41/68 € ☺
♦ Niché dans un parc, cet hôtel familial (1875) de la Corniche de Goumois propose de plaisantes chambres personnalisées, plus sobres dans l'annexe. Au restaurant, agréable vue sur la vallée, cuisine classique et belle carte de vins franc-comtois.

Le Moulin du Plain ⌖ ⩽ 🛋 **P** **VISA** **⑩**
– ℰ 03 81 44 41 99 – moulinduplain@orange.fr – Fax 03 81 44 45 70 – Ouvert 25 fév.-31 oct.
22 ch – ♦42 € ♦♦57/64 €, ☐ 7 € – ½ P 50 € – **Rest** – Menu 17 € (sem.)/35 € – Carte 19/41 €
♦ Cette bâtisse postée au bord du Doubs dans un environnement forestier séduira en priorité les pêcheurs. Certaines chambres sont d'ailleurs tournées vers la rivière. Dans les assiettes, priorité aux truites, morilles et autres produits d'ici.

GOUPILLIÈRES – 14 Calvados – 303 J5 – 150 h. – alt. 162 m –
⌧ 14210　　32 **B2**
　　🖪 Paris 255 – Caen 24 – Condé-sur-Noireau 27 – Falaise 34 – Saint-Lô 63

Auberge du Pont de Brie 🛏 **P** **VISA** **⑩**
Halte de Grimbosq, 1,5 km à l'Est – ℰ 02 31 79 37 84 – contact@pontdebrie.com
– Fermé 30 juin-9 juil., 22 déc.-22 janv., 16-25 fév., nov. et déc. sauf week-ends, dim. soir d'oct. à avril, mardi sauf juil.-août et lundi
Rest – Menu 21/44 € – Carte 28/51 €
♦ Petite auberge familiale isolée dans la vallée de l'Orne. Salle à manger-véranda claire et lumineuse, entièrement redécorée, et terrasse d'été. Cuisine traditionnelle.

GOURDON ⊛ – 46 Lot – 337 E3 – 4 882 h. – alt. 250 m – ⊠ 46300
▌Périgord

🚘 Paris 543 – Sarlat-la-Canéda 26 – Bergerac 91 – Brive-la-Gaillarde 66 – Cahors 44 – Figeac 63

🛈 Office de tourisme, 24, rue du Majou 𝒞 05 65 27 52 50, Fax 05 65 27 52 52

◎ Rue du Majou★ - Cuve baptismale★ dans l'église des Cordeliers - Esplanade ❄★★.

◉ Grottes de Cougnac★ NO : 3 km.

🏨 **Hostellerie de la Bouriane** ⌖   🚗 ▐ 🖽 rest, ↳ ❄ **P** VISA ⚫◎
⊚ *pl. du Foirail – 𝒞 05 65 41 16 37 – hostellerie-la-bouriane @ wanadoo.fr – Fax 05 65 41 04 92 – Fermé 12-21 oct., 23 janv.-10 mars, dim. soir et lundi du 12 oct. au 30 avril*
20 ch – ♦72/109 € ♦♦72/109 €, � 12 € – ½ P 75/79 € – **Rest** – *(fermé dim. soir et lundi du 12 oct. au 30 avril et le midi sauf dim.)* Menu 25/49 € – Carte 45/82 €

♦ Une maison centenaire qui a su garder sa tradition d'hospitalité. Chambres rustiques et soignées, mansardées au dernier étage. Agréable jardin. Tableaux et tapisseries d'Aubusson ornent la salle à manger. Goûteuse cuisine classique.

au Vigan 5 km à l'Est par D 801 – 1 189 h. – alt. 224 m – ⊠ 46300

✗ **Auberge Chez Louise**   🏠 VISA ⚫◎
au village – 𝒞 05 65 32 64 88 – Fermé 15 déc.-15 fév., dim. soir, vend. soir et sam. midi
Rest – Menu 19 € *(déj. en sem.)*, 23/34 €

♦ Vénérable comptoir, poutres et vieilles pierres : cette auberge de village a su conserver son cachet rustique originel. On y sert une cuisine traditionnelle dans une ambiance très conviviale.

GOURDON – 06 Alpes-Maritimes – 341 C5 – 379 h. – alt. 800 m – ⊠ 06620
▌Côte d'Azur

🚘 Paris 921 – Cannes 27 – Castellane 62 – Grasse 15 – Nice 39 – Vence 25

🛈 Office de tourisme, place Victoria 𝒞 04 93 09 68 25

◎ Site★★ - ≤★★ du chevet de l'église - Château : musée des Arts décoratifs et de la modernité.

✗ **Au Vieux Four**   🏠 VISA ⚫◎
r. Basse – 𝒞 04 93 09 68 60 – Fermé le soir d'oct. à juin sauf vend. et sam., merc. soir de juin à oct. et jeudi
Rest – *(nombre de couverts limité, prévenir)* Menu (20 €), 32 € – Carte 40/44 €

♦ Une charmante petite maison nichée dans le village. L'accueil est d'une rare gentillesse et l'ardoise du jour révèle une généreuse cuisine à l'accent du Sud, inspirée et parfumée.

GOURETTE – 64 Pyrénées-Atlantiques – 342 K7 – alt. 1 400 m – Sports d'hiver :
1 400/2 400 m ⛷ 1 ⛷18 ⛷ – ⊠ 64440 Eaux Bonnes ▌Aquitaine

🚘 Paris 829 – Argelès-Gazost 35 – Eaux-Bonnes 9 – Laruns 14 – Lourdes 47 – Pau 52

🛈 Office de tourisme, bureau d'accueil d'Eaux-Bonnes 𝒞 05 59 05 33 08, Fax 05 59 05 32 58

◎ Col d'Aubisque ❄★★ N : 4 km.

🏠 **Boule de Neige** ⌖   ≤ 🏠 ▐❄ ↳ ❄ ☎ VISA ⚫◎
– 𝒞 05 59 05 10 05 – bouledeneige @ wanadoo.fr – Fax 05 59 05 11 81 – Ouvert de début juil. à fin août et fin nov. au 15 avril
22 ch – ♦60/100 € ♦♦70/150 €, ⊃ 10 € – ½ P 62/72 € – **Rest** – Menu 20/30 € – Carte 22/49 €

♦ Les atouts de cet hôtel : sa situation au pied des pistes, face aux sommets, ses petites chambres de style chalet (la moitié avec mezzanine) et son fitness panoramique. Restaurant familial et grande terrasse prisée. Cuisine traditionnelle ; snack à midi.

※ **L'Amoulat** avec ch   🍸 *VISA* **MO**
– ℰ 05 59 05 12 06 – chalet.hotel.amoulat@wanadoo.fr – Fax 05 59 05 13 45
– Ouvert 16 juin-14 sept. et 21 déc.-29 mars
12 ch – ♦58 € ♦♦72 €, ⊆ 9 € – ½ P 64 € – **Rest** – (fermé le midi en hiver)
Menu 18/24 € – Carte 17/33 €
♦ Vous prendrez vos repas sous une véranda, ou dans une belle salle rustique pour les pensionnaires. Carte régionale soignée et plats du marché en haute saison. Chambres simples.

GOURNAY-EN-BRAY – 76 Seine-Maritime – 304 K5 – 6 275 h. – alt. 94 m –
✉ 76220 ▯ Normandie Vallée de la Seine   33 **D2**
▶ Paris 97 – Amiens 78 – Les Andelys 38 – Beauvais 31 – Dieppe 76 – Gisors 25
  – Rouen 50
▯ Office de tourisme, 9, place d'Armes ℰ 02 35 90 28 34, Fax 02 35 09 62 07

🏨 **Le Saint Aubin**   📶 ⅙ 🄰🄲 ↝ 📞 🄰 **P** *VISA* **MO** 🄰🄴
rte de Dieppe 3 km par D 915 – ℰ 02 35 09 70 97 – hotel.le.saint.aubin@
wanadoo.fr – Fax 02 35 09 30 93
60 ch – ♦70/85 € ♦♦72/120 €, ⊆ 8 € – ½ P 93 € – **Rest** – (fermé dim. soir et sam.)
Menu 25 € (sem.), 30/45 € – Carte 30/52 €
♦ Cette construction récente, en léger retrait de la route, propose des chambres fonctionnelles convenant pour une étape. Le restaurant, aménagé au sous-sol de l'hôtel, est sobrement décoré. Cuisine traditionnelle sans prétention.

🏠 **Le Cygne** sans rest   📶 ⅗ 📞 **P** *VISA* **MO** 🄾
20 r. Notre Dame – ℰ 02 35 90 27 80 – hotel.le.cygne@orange.fr
– Fax 02 35 90 59 00
29 ch – ♦46 € ♦♦57 €, ⊆ 6,50 €
♦ Hôtel familial et accueillant, situé au centre de cette petite cité du pays de Bray. Les chambres, relookées, sont bien tenues ; celles sur l'arrière profitent du calme.

GOUVIEUX – 60 Oise – 305 F5 – **rattaché à Chantilly**

GOUY-ST-ANDRÉ – 62 Pas-de-Calais – 301 E5 – **rattaché à Hesdin**

GRAMAT – 46 Lot – 337 G3 – 3 545 h. – alt. 305 m – ✉ 46500
▯ Périgord   29 **C1**
▶ Paris 534 – Brive-la-Gaillarde 57 – Cahors 58 – Figeac 36 – Gourdon 38
  – St-Céré 22
▯ Office de tourisme, place de la République ℰ 05 65 38 73 60,
  Fax 05 65 33 46 38

🏨 **Lion d'Or**   🛋 📶 🄰🄲 🄰 🍽 *VISA* **MO** 🄰🄴 🄾
pl. de la République – ℰ 05 65 38 73 18 – liondorhotel@wanadoo.fr
– Fax 05 65 38 84 50 – Fermé janv.
15 ch – ♦44/82 € ♦♦55/88 €, ⊆ 10 € – ½ P 92/110 € – **Rest** – (fermé dim. soir et lundi) Menu 17 € (déj. en sem.), 26/39 € – Carte 42/62 €
♦ Cette demeure régionale de caractère établie en centre-ville propose des chambres insonorisées, au décor soigné. Le restaurant sert plats classiques et recettes du terroir dans une salle à manger bourgeoise. Agréable bar-salon ; terrasse ombragée et fleurie.

🏠 **Le Relais des Gourmands**   🍴 🍽 🛝 *VISA* **MO** 🄾
(à la gare) – ℰ 05 65 38 83 92 – relais-des-gourmands@orange.fr
– Fax 05 65 38 70 99 – Fermé une sem. en oct., 9-22 fév., dim. soir et lundi
sauf juil.-août
16 ch – ♦56/62 € ♦♦56/62 €, ⊆ 8,50 € – ½ P 57/70 € – **Rest** – (fermé dim. soir et lundi) Menu (15 €), 17 € (sem.)/40 € – Carte 26/51 €
♦ Accueil attentionné et bonne tenue dans cet établissement situé face à la gare. Chambres actuelles et plaisante piscine bordée d'un jardin. Lumineux restaurant contemporain égayé d'une harmonie de tons jaunes ; on y propose une carte régionale.

Hostellerie du Causse

2 km par rte de Cahors – ✆ 05 65 10 60 60 – contact@hostellerieducausse.com – Fax 05 65 10 60 61 – Fermé 16 nov.-12 fév. et dim. soir

28 ch – 🚹48/59 € 🚹🚹60/75 €, ☕ 9 € – ½ P 57/60 € – **Rest** – Menu (14 € bc), 18 € (sem.)/57 € – Carte 34/60 €

◆ À l'écart du centre, belle bâtisse récente inspirée du style local abritant des chambres assez spacieuses et bien tenues. Piscine. Généreuse cuisine traditionnelle enrichie de spécialités locales à déguster dans une salle à manger soignée ou en terrasse.

Du Centre ch, rest,

pl. de la République – ✆ 05 65 38 73 37 – le.centre@wanadoo.fr – Fax 05 65 38 73 66

18 ch – 🚹46/55 € 🚹🚹55 €, ☕ 7,50 € – ½ P 54 € – **Rest** – Menu (11 €), 13 € (déj. en sem.)/32 € – Carte 22/39 €

◆ Chambres fonctionnelles n'attendant que votre visite, au cœur de cette localité animée par d'importantes foires agricoles. La cuisine traditionnelle, qui fait un clin d'œil à la Bretagne, est servie dans une salle à manger claire ou en terrasse.

Moulin de Fresquet

1 km par rte de Figeac – ✆ 05 65 38 70 60 – info@moulindefresquet.com – Fax 05 65 33 60 13 – Ouvert d'avril à oct.

5 ch ☕ – 🚹64 € 🚹🚹110 € – **Table d'hôte** – *(fermé jeudi)* Menu 25 € bc

◆ Ce moulin où cohabitent des éléments des 14e, 18e et 19e s. se dresse au sein d'un jardin agrementé d'un bief et d'une extraordinaire collection de canards. Les chambres – certaines avec terrasse – sont décorées de meubles anciens et de tableaux. La table d'hôte sert une appétissante cuisine régionale.

à Lavergne 4 km au Nord-Est par D 677 – 410 h. – alt. 320 m – ✉ 46500

Le Limargue avec ch

– ✆ 05 65 38 76 02 – lelimargue@wanadoo.fr – Fax 05 65 38 76 02 – Ouvert 3 mars-10 nov. et fermé 6-17 oct., mardi et merc. sauf juil.-août

3 ch – 🚹44 € 🚹🚹44 €, ☕ 5,50 € – ½ P 46 € – **Rest** – Menu 15/25 € – Carte 21/39 €

◆ En parcourant le causse de Gramat, faites une halte dans cette sympathique maison en pierres de taille pour y goûter la cuisine du Quercy. Chambres joliment personnalisées.

rte de Brive 4,5 km par N 140 et rte secondaire – ✉ 46500 Gramat

Château de Roumégouse ← Causse de Gramat,

– ✆ 05 65 33 63 81 – chateau.de.roumegouse@wanadoo.fr – Fax 05 65 33 71 18 – Ouvert 1er mai -31 déc.

15 ch – 🚹80 € 🚹🚹110/320 €, ☕ 16 € – **Rest** – *(fermé mardi soir sauf juil.-août) (dîner seult sauf dim.)* Menu 42 € bc (déj.)/55 € (dîner) – Carte 52/68 €

◆ La tour ronde et son bar-bibliothèque, les meubles anciens, les "bories" du parc font de ce château du 19e s. – honoré de la visite du général de Gaulle – un lieu unique. Élégantes salles à manger, véranda prolongée d'une terrasse fleurie et carte régionale.

LE GRAND-BORNAND – 74 Haute-Savoie – 328 L5 – 2 115 h. – alt. 934 m – Sports d'hiver : 1 000/2 100 m 2 37 – ✉ 74450 Alpes du Nord 46 F1

Paris 564 – Albertville 47 – Annecy 31 – Bonneville 23 – Chamonix-Mont-Blanc 76

Office de tourisme, place de l'Église ✆ 04 50 02 78 00, Fax 04 50 02 78 01

Vermont sans rest

rte du Bouchet – ✆ 04 50 02 36 22 – hotel.vermont@wanadoo.fr – Fax 04 50 02 39 36 – Ouvert de mi-juin à mi-sept. et de mi-déc. à mi-avril

23 ch ☕ – 🚹75/98 € 🚹🚹89/130 €

◆ Près de la télécabine de la Joyère, construction régionale dotée d'un bel espace de détente et de remise en forme (jacuzzi et sauna). Chambres lambrissées, la plupart avec balcon.

⌂ **Delta** sans rest   ⌖ 🕻 **P** **VISA** **◍**
L'Envers de Villeneuve – ℰ 04 50 02 26 25 – info@hotel-delta74.com
– Fax 04 50 02 32 71 – Ouvert de mi-juin à mi-sept. et de mi-déc. à mi-avril
15 ch – ♟39/69 € ♟♟44/69 €, � 7 €
♦ À la périphérie du village, petit chalet récent abritant un magasin de sport et un hôtel aux chambres "tout bois" bien dimensionnées. Bibliothèque, billard et jeux pour les enfants.

⌂ **Croix St-Maurice**   ≼ 🕭 🛗 🎢 rest, 🚗 **VISA** **◍**
⊜ *(face à l'église) –* ℰ 04 50 02 20 05 – info@hotel-lacroixstmaurice.com
– Fax 04 50 02 35 37 – Fermé 1ᵉʳ-20 oct.
21 ch – ♟49/83 € ♟♟49/83 €, ⊊ 7,50 € – ½ P 47/72 € – **Rest** – Menu 18/27 €
– Carte 26/37 €
♦ Chalet traditionnel au cœur de la petite capitale... du reblochon. Les chambres, souvent dotées de balcons, ont toutes été rénovées dans le style local. Cuisine classique et spécia-lités savoyardes à déguster en admirant l'église sur fond de chaîne des Aravis.

✗✗ **L'Hysope**   🕭 **P** **VISA** **◍** **⫌**
Le Pont de Suize, (rte du Bouchet) – ℰ 04 50 02 29 87 – Fax 04 50 02 29 87 – Fermé
6-26 oct., merc. et jeudi hors saison
Rest – Menu 29/69 € – Carte 43/73 €
♦ Loin de l'esprit montagnard typique, salle rustique, conviviale et claire. Terrasse à la belle saison. Une quarantaine de vins accompagnent la carte, actuelle et personnalisée.

✗ **Le Traîneau d'Angeline**   🕭 **VISA** **◍**
Le Pont de Suize – ℰ 04 50 63 27 64 – Fax 04 50 63 27 64 – Fermé juin,
15 nov.-15 déc., lundi et mardi sauf vacances scolaires et merc. hors saison
Rest – Menu (13,50 €) – Carte 28/40 €
♦ Sympathique restaurant champêtre accueillant une exposition de tableaux contempo-rains. Plats régionaux et viande grillée dans la cheminée, face au client.

au Chinaillon 5,5 km au Nord par D 4 – ⊠ 74450 Le Grand-Bornand

⌂ **Les Cimes** sans rest   ≼ ⅘ 🕻 **P** **VISA** **◍** **AE**
– ℰ 04 50 27 00 38 – info@hotel-les-cimes.com – Fax 04 50 27 08 46 – Ouvert
13 juin-6 sept. et 25 oct.-25 avril
10 ch – ♟70/110 € ♟♟75/155 €, ⊊ 11 €
♦ Au sein du hameau sportif du "Grand Bo", chalet-bonbonnière aux chambres pétillantes : décor montagnard contemporain, meubles et bibelots anciens, etc. Une perle rare !

⌂ **Crémaillère**   ≼ 🕭 **P** 🚗 **VISA** **◍** **AE**
Le Chinaillon – ℰ 04 50 27 02 33 – cremaill@wanadoo.fr – Fax 04 50 27 07 91
– Ouvert 15 juin-15 sept. et 20 déc.-20 avril
15 ch – ♟59/95 € ♟♟59/95 €, ⊊ 7,50 € – ½ P 56/74 € – **Rest** – *(fermé mardi midi et lundi)* Menu 19 € (déj.), 24/34 € – Carte 20/43 €
♦ Toutes les chambres de ce petit hôtel familial, pourvues de balcons, sont orientées plein Sud, face aux pistes. Tenue exemplaire. Salon-cheminée cosy. Cuisine savoyarde proposée dans un chaleureux cadre de bois blond.

à la Vallée du Bouchet – ⊠ 74450

⌂ **Le Chalet des Troncs** 🕊   🛋 🕭 🖼 ⅘ 🕻 **P** **VISA** **◍**
3,5 km à l'Est – ℰ 04 50 02 28 50 – contact@chaletdestroncs.com
– Fax 04 50 63 25 28
4 ch – ♟132/158 € ♟♟148/216 €, ⊊ 15 € – ½ P 116/158 €
Table d'hôte – *(ouvert 22 déc.-23 avril et juil.-août)* Menu 35/52 €
♦ Les chambres de cette ancienne ferme perdue en pleine nature sont de vrais cocons montagnards. Hammam panoramique et superbe piscine couverte alimentée à l'eau de source. Cuisine familiale et produits du potager auprès d'une réconfortante cheminée.

GRANDCAMP-MAISY – 14 Calvados – 303 F3 – 1 831 h. – alt. 5 m – ⊠ 14450
🯄 Normandie Cotentin   32 **B2**
▶ Paris 297 – Caen 63 – Cherbourg 73 – St-Lô 40
🛈 Office de tourisme, 118, rue Aristide-Briand ℰ 02 31 22 62 44,
Fax 02 31 22 62 44

↑ **La Faisanderie** sans rest ॐ   🖼 **P**
– ℰ 02 31 22 70 06
3 ch ☑ – †45 € †50 €
♦ Accueillante maison tapissée de vigne vierge au sein d'un domaine où l'on élève des chevaux. Coquettes chambres personnalisées. Petit-déjeuner servi dans une chaleureuse salle à manger agrémentée d'une belle cheminée.

XX **La Marée**   🖼 **VISA** ◍ **AE**
(😊) 5 quai Henri Cheron – ℰ 02 31 21 41 00 – restolamaree @ wanadoo.fr
– Fax 02 31 21 44 55 – Fermé 1ᵉʳ janv.-12 fév.
Rest – Menu (16 €), 25/40 € – Carte 34/49 €
♦ Ambiance et décor marins face à la criée ; la salle à manger agrandie d'une véranda invite à se régaler de produits tout frais pêchés dans la Manche ou l'Océan.

GRAND'COMBE-CHÂTELEU – 25 Doubs – 321 J4 – rattaché à Morteau

---

LA GRANDE-MOTTE – 34 Hérault – 339 J7 – 6 458 h. – alt. 1 m – Casino –
✉ 34280 ▌ Languedoc Roussillon   23 **C2**
◨ Paris 747 – Aigues-Mortes 12 – Lunel 16 – Montpellier 28 – Nîmes 45 – Sète 47
🄴 Office de tourisme, allée des Parcs ℰ 04 67 56 42 00, Fax 04 67 29 91 42
🄼 de La Grande-Motte Avenue du Golf, N : 2 km, ℰ 04 67 56 05 00.

🏨 **Les Corallines** ॐ   ≤ littoral, 🖼 🗼 🗼 ⅙ 🖼 & 🖼 rest, 🍽 📞 🏋
615 allée de la Plage, (Le Point Zéro) – ℰ 04 67 29 13 13   🖼 **VISA** ◍ **AE** ◍
– info@thalasso-grandemotte.com – Fax 04 67 29 14 74 – Fermé 22 déc.-29 janv.
39 ch – †96/142 € ††120/178 €, ☑ 13 € – 3 suites – ½ P 104/133 €
Rest – Menu (23 €), 25/30 € – Carte 30/51 €
♦ À l'écart du centre, sur le bord de mer, complexe hôtelier récent incluant un centre de thalassothérapie. Chambres avec balcon. Belle piscine et terrasse panoramique. Au restaurant, cadre et mobilier moderne, ambiance méditerranéenne.

🏨 **Mercure**   ≤ littoral, 🖼 🗼 🖼 & ch, 🖼 🏋 **P** **VISA** ◍ **AE** ◍
140 r. du port – ℰ 04 67 56 90 81 – h1230@accor.com – Fax 04 67 56 92 29
99 ch – †120/170 € ††140/200 €, ☑ 13 € – 18 suites – ½ P 80/120 €
Rest – Carte 28/38 €
♦ Sa tour domine le port de plaisance, au cœur du centre animé de la station. Les chambres sont toutes dotées d'un balcon. Cuisine simple (salades et grillades) proposée dans un décor moderne ou sur une terrasse ombragée de platanes.

🏨 **Novotel** ॐ   ≤ 🖼 🗼 ⅙ 🖼 & 🖼 ⅘ 📞 🏋 🖼 **VISA** ◍ **AE** ◍
1641 av. du Golf – ℰ 04 67 29 88 88 – h2190@accor.com – Fax 04 67 29 17 01
81 ch – †90/150 € ††90/150 €, ☑ 12,50 € – **Rest** – Menu (18 €) – Carte 21/37 €
♦ À l'entrée du golf, cet établissement vous accueille avec un hall monumental coiffé d'une coupole en verre. Chambres aux normes de la chaîne, spacieuses et fonctionnelles. Repas façon brasserie dans une salle à manger contemporaine prolongée d'une terrasse.

🏨 **Golf Hôtel** sans rest   🖼 🗼 🍽 🖼 ⅘ 📞 **P** 🖼 **VISA** ◍ **AE** ◍
1920 av. du Golf – ℰ 04 67 29 72 00 – golfhotel.montpellier@hotelbestwestern.fr
– Fax 04 67 56 12 44
45 ch – †83/197 € ††87/197 €, ☑ 14 €
♦ Construction récente aux chambres refaites dans un style actuel, toutes avec loggia et orientées vers le golf ou le plan d'eau du Ponant. Jardin-piscine très agréable.

🏨 **Azur Bord de Mer** sans rest ॐ   ≤ 🗼 🖼 ⅘ 📞 **P** **VISA** ◍ **AE** ◍
pl. Justin – ℰ 04 67 56 56 00 – hotelazur34@aol.com – Fax 04 67 29 81 26
20 ch – †75/185 € ††80/185 €, ☑ 12 €
♦ Une vigie scrutant la grande bleue, par sa situation sur le môle fermant le port au Sud. Chambres bien entretenues, au décor classique ou contemporain. Abords verdoyants.

🏨 **Europe** sans rest   🗼 🖼 📞 **P** **VISA** ◍ **AE** ◍
allée des Parcs – ℰ 04 67 56 62 60 – hoteleurope@wanadoo.fr
– Fax 04 67 56 93 07 – Ouvert de mars à oct.
34 ch – †64/115 € ††64/115 €, ☑ 9,50 €
♦ Sympathique hôtel familial situé derrière le palais des congrès. Chambres pratiques, peu à peu personnalisées. Piscine et terrasse-solarium.

De la Plage ⚜ ⟨ 🛏 MC ch, 🍴 rest, 🛁 P VISA ⓪ AE ⓪

allée du Levant, (direction Grau-du-Roi) – 𝒞 *04 67 29 93 00 – contact@*
hp-lagrandemotte.fr – Fax 04 67 56 00 07 – Ouvert 1ᵉʳ mars-30 oct.
39 ch – ♦80/113 € ♦♦85/117 €, � 13,50 € – ½ P 71/85 € – **Rest** *– (ouvert*
1ᵉʳ avril-30 sept. et fermé dim. et lundi hors saison) (dîner seult) Menu 22 €
   ♦ L'établissement se trouve dans un quartier résidentiel, face à la plage. Toutes les
chambres, spacieuses et lumineuses, ont une loggia côté Méditerranée. Au restaurant,
chaises et nappes aux tons ensoleillés vous convient à un repas simple, orienté "poisson".

Alexandre ⟨ 🛏 MC 🍴 P VISA ⓪ AE ⓪

esplanade Maurice Justin – 𝒞 *04 67 56 63 63 – michel@alexandre-*
restaurant.com – Fax 04 67 29 74 69 – Fermé 24 oct.-8 nov., 2 janv.-2 fév., dim. soir
sauf juil.-août, lundi et mardi d'oct. à mars
Rest *–* Menu 48/75 € – Carte 42/109 € 🕸
Rest *Bistrot d'Alexandre – (ouvert 23 juin-2 sept.)* Menu 20 €
   ♦ Salles panoramiques donnant sur le port et le large, décor moderne et mise en place
soignée. Cuisine classique, produits de la mer et belle sélection de vins du Languedoc. Au
Bistrot : ambiance décontractée, terrasse d'été et carte axée sur les viandes et poissons
grillés.

GRAND-FOUGERAY – 35 Ille-et-Vilaine – 309 L8 – 1 970 h. – alt. 40 m –
✉ 35390   10 **D2**
   ▶ Paris 392 – Rennes 49 – Cesson-Sévigné 52 – Bruz 41 – Châteaubriant 34

Les Palis 🛏 🅿 ⅙ MC ⅔ 🗣 P VISA ⓪ AE ⓪

15 pl. de l'Église – 𝒞 *02 99 08 30 80 – contact@restaurantlespalis.fr*
– Fax 02 99 08 45 20 – Fermé 8-16 fév.
13 ch – ♦70 € ♦♦70 €, ⟓ 9,50 € – ½ P 65 € – **Rest** *– (fermé dim. soir et lundi*
midi) Menu (15 €), 20 € (sem.)/37 € – Carte 37/45 €
   ♦ Hôtel entièrement rénové situé sur la place centrale du village. Les chambres ont été
aménagées dans un esprit zen, tout en gris et blanc, avec un mobilier en bois clair. Cuisine
traditionnelle à déguster sous une fresque de Bacchus et une charpente apparente.

LE GRAND-VILLAGE-PLAGE – 17 Charente-Maritime – 324 C4 – **voir à Île**
d'Oléron

GRANDVILLERS – 88 Vosges – 314 I3 – 712 h. – alt. 365 m – ✉ 88600   27 **C3**
   ▶ Paris 404 – Épinal 22 – Lunéville 48 – Gérardmer 29 – Remiremont 38
   – St-Dié 28

Europe et Commerce 🌫 🛏 ⅙ ch, 🗣 🛁 P VISA ⓪ AE

3 et 4 rte de Bruyères – 𝒞 *03 29 65 71 17 – hotel.bastien.europe@wanadoo.fr*
– Fax 03 29 65 85 23
21 ch – ♦46/56 € ♦♦56/66 €, ⟓ 8 € – ½ P 44 € – **Rest** *– (fermé vend. soir et dim.*
soir) Menu 13 € (sem.)/38 € – Carte 21/45 €
   ♦ Une maison coquette – la partie ancienne de l'hôtel – abrite quelques chambres simples.
Celles de l'annexe sont plus spacieuses, au calme et sur jardin. Le chef réalise une alléchante
cuisine classique, à déguster dans une salle à manger sobre et lumineuse.

à Frémifontaine 5 km au Nord par D 48 et D 70 – 365 h. – alt. 343 m – ✉ 88600

Les Chambres du Bois Collé ⚜ 🌫 🗖 ⅙ 🗣

1 B le Petit-Pierrepont – 𝒞 *03 29 65 90 68 – jean-marie.ferreira@wanadoo.fr*
– Fax 03 29 65 88 90
4 ch ⟓ – ♦45 € ♦♦60 € – ½ P 55 € – **Table d'hôte** – Menu 20 € bc
   ♦ Cette ferme ancienne, restaurée avec goût, accueille les amoureux de la forêt.
Le décor de chacune des quatre chambres, personnalisé par couleur, privilégie l'effet
cocooning.

GRANGES-LÈS-BEAUMONT – 26 Drôme – 332 C3 – **rattaché à**
Romans-sur-Isère

LES GRANGES-STE-MARIE – 25 Doubs – 321 H6 – **rattaché à Malbuisson**

GRANS – 13 Bouches-du-Rhône – 340 F4 – 3 753 h. – alt. 52 m –
✉ 13450   40 **B3**

  ◘ Paris 729 – Arles 43 – Marseille 50 – Martigues 29 – Salon-de-Provence 7
  🛈 Syndicat d'initiative, boulevard Victor Jauffret ℰ 04 90 55 88 92,
    Fax 04 90 55 86 27

✗ **Le Planet**   ⛱ VISA ◍◌
   pl. J. Jaurès – ℰ *04 90 55 83 66 – Fax 04 90 55 83 66 – Fermé 21 sept.-8 oct.,*
   vacances de la Toussaint, de fév., dim. soir de nov. à fév., lundi et mardi
   Rest – Menu 18 € (déj. en sem.), 25/40 € – Carte 30/50 €
   ◆ Cet ancien moulin à huile abrite un petit restaurant voûté aux murs crépis. Agréable
   terrasse à l'ombre des platanes, accueil sympathique et cuisine du terroir.

> Ne confondez pas les couverts ✗ et les étoiles ✿ !
> Les couverts définissent une catégorie de standing, tandis que l'étoile
> couronne les meilleures tables, dans chacune de ces catégories.

GRANVILLE – 50 Manche – 303 C6 – 12 687 h. – alt. 10 m – Casino Z et à
St-Pair-sur-Mer – ✉ 50400 ▌ *Normandie Cotentin*   32 **A2**

  ◘ Paris 342 – Avranches 27 – Cherbourg 105 – St-Lô 57 – St-Malo 93
  🛈 Office de tourisme, 4, cours Jonville ℰ 02 33 91 30 03, Fax 02 33 91 30 19
  ⛳ de Granville à Bréville-sur-Mer Pavillon du Golf, par rte de Coutances : 5 km,
    ℰ 02 33 50 23 06.
  ◎ Le tour des remparts ⋆ : place de l'Isthme ⩽ ⋆ Z - Pointe du Roc : site ⋆.

                            Plan page ci-contre

🏨 **Mercure le Grand Large** *sans rest*   ⩽ ⑩ ⅃⅄ 🗔 ⅃ ⅃ ⅍ ⅊
   5 r. Falaise – ℰ *02 33 91 19 19 – infos @*   ⌲ VISA ◍◌ AE ◍
   mercure-granville.com – Fax 02 33 91 19 00   Z r
   51 ch – †65/125 € ††65/160 €, ⌑ 14 €
   ◆ Sur la falaise à pic au-dessus de la plage, cet hôtel associé à un centre de thalassothérapie
   abrite des chambres modulables en duplex ou studios, donnant la plupart sur la mer.

🏠 **Michelet** *sans rest*   P̱ VISA ◍◌
   5 r. J. Michelet – ℰ *02 33 50 06 55 – contact @ hotel-michelet-granville.com*
   – Fax 02 33 50 12 25   Z u
   19 ch – †38/53 € ††38/53 €, ⌑ 7 €
   ◆ L'enseigne rend hommage à l'un des hôtes célèbres de la station. Chambres simples
   profitant d'un environnement calme ; certaines aperçoivent la Manche. Bon accueil.

✗✗ **La Citadelle**   ⩽ ⛱ AC VISA ◍◌
   34 r. Port – ℰ *02 33 50 34 10 – citadell @ club-internet.fr – Fax 02 33 50 15 36*
   – Fermé 12 nov.-11 déc., mardi d'oct. à mars et merc.   Y d
   Rest – Menu 19/33 € – Carte 27/46 €
   ◆ Dégustez homards de Chausey et autres produits de la mer dans un décor nautique ou
   sur la terrasse protégée, devant le port d'où s'élançaient corsaires et terre-neuvas.

par ① 4,5 km rte de Coutances – ✉ 50290 Bréville-sur-Mer

🏨 **Villa Beaumonderie**   ⩽ ⅊ ⛱ 🗔 ⅍ ⅃ ch, ⅍ ⅌ ⅍ P̱ VISA ◍◌ AE
   20 rte de Coutances – ℰ *02 33 50 36 36 – la-beaumonderie @ wanadoo.fr*
   – Fax 02 33 50 36 45
   15 ch – †70/180 € ††70/190 €, ⌑ 12 € – 1 suite – ½ P 50/125 € – **Rest** – *(fermé*
   1er-6 janv.) Menu (18 €), 21 € (déj. en sem.)/27 € – Carte 28/48 €
   ◆ Cette maison des années 1920 fut le Q.G. de Eisenhower lors du débarquement de
   Normandie. Chambres personnalisées, salon-bar anglais, billard français, squash et joli
   parc. Coquette salle à manger en rotonde et cuisine traditionnelle à l'écoute de la mer.

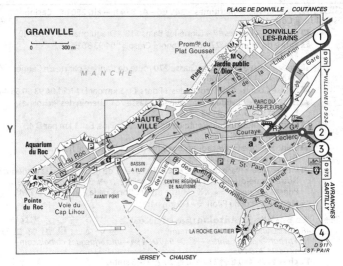

GRANVILLE

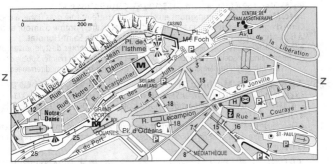

à St-Pair-sur-Mer 4 km par ④ – **3 616 h.** – alt. 30 m – ✉ **50380**
🛈 Office de tourisme, 3, rue Charles Mathurin ℰ 02 33 50 52 77

✗ **Au Pied de Cheval** ⟨ 🏠 🕸 ℁ VISA ⏺⏺
*au Casino – ℰ 02 33 91 34 01 – Fax 02 33 50 26 27 – Fermé 16-22 juin, 1er-21 oct.,
1er-22 janv., dim. soir hors saison, lundi et mardi*
Rest – Menu 19/26 € – Carte 25/46 €
◆ Au pied du casino, sur une plage faisant face à Granville. Vaste salle à manger de style
brasserie et atmosphère feutrée pour une cuisine franco-italienne.

Grand luxe ou sans prétention ?
Les ✗ et les 🏠 notent le confort.

▶ Paris 905 – Cannes 17 – Digne-les-Bains 118 – Draguignan 53 – Nice 40

🛈 Office de tourisme, 22, cours Honoré Cresp ℰ 04 93 36 66 66,
Fax 04 93 36 03 56

🖿 de St-Donat à Le Plan-de-Grasse 270 route de Cannes, par rte de Cannes :
5 km, ℰ 04 93 09 76 60 ;

🖿 Grasse Country Club 1 route des 3 Ponts, O : 5 km par D 11, ℰ 04 93 60 55 44 ;

🖿 de la Grande Bastide à Châteauneuf-Grasse 761 Chemin des Picholines,
E : 6 km par D 7, ℰ 04 93 77 70 08 ;

🖿 Opio Valbonne à Opio Route de Roquefort les Pins, E : 11 km par D 4,
ℰ 04 93 12 00 08 ;

🖸 Saint-Philippe Golf Academy à Sophia-Antipolis Avenue Roumanille,
E : 12 km, ℰ 04 93 00 00 57.

◎ Vieille ville★ : Place du Cours★ ≼★ Z - Toiles★ de Rubens dans la cathédrale
Notre-Dame-du-Puy Z **B** - Parc de la Corniche ❋★★ 30 mn Z - Jardin de la
Princesse Pauline ≼★ X **K** - Musée international de la Parfumerie★ Z **M³**.

◨ Montée au col du Pilon ≼★★ 9 km par ④.

🏠🏠🏠 **La Bastide St-Antoine** (Jacques Chibois) ⬩   ≼ 🕭 🛋 🎿 ⅙ 🕭 ⬥
☼☼   48 av. H. Dunant, (quartier St-Antoine),   🗚 📞 🕭 🖃 🅿 𝑽𝑰𝑺𝑨 ⓪ 🄰🄴 ①
         1,5 km par ② et rte Cannes – ℰ 04 93 70 94 94 – info@jacques-chibois.com
         – Fax 04 93 70 94 95
         11 ch – †220/440 € ††230/440 €, � 29 € – 5 suites
         Rest – Menu 59 € (déj. en sem.), 155/190 € – Carte 93/164 € ఉ
         Spéc. Mousseux de champignons aux lames de truffe et foie gras (janv. à sept.).
         Carré d'agneau de lait rôti à la tapenade d'olive et truffe. Pomme d'amour tiède à
         la florentine de pistache. **Vins** Bellet, Vin de pays de l'Ile Saint-Honorat.
         ◆ Divine bastide du 18ᵉ s. nichée au cœur d'une oliveraie. Les chambres, de style provençal ou
         contemporaines, associent élégance, luxe discret et technologie de pointe. Subtile et déli-
         cieuse, la cuisine assume pleinement son inventivité et son inspiration méditerranéenne.

🏠🏠 **La Bastide St-Mathieu** sans rest ⬩   ⬗ 🎿 🕭 🗚 📞 🅿 𝑽𝑰𝑺𝑨 ⓪ 🄰🄴 ①
     35 chemin Blumenthal, (quartier St-Mathieu), à l'Est du plan par av Jean XXIII
     – ℰ 04 97 01 10 00 – info@bastidestmathieu.com – Fax 04 97 01 10 09
     4 ch � – †330/360 € ††330/360 € – 1 suite
     ◆ Délicieuse bastide du 18ᵉ s. où se marient avec bonheur le luxe d'un hôtel de caractère
     et l'atmosphère d'une maison d'hôte. Superbes chambres, piscine d'eau de mer et ravis-
     sant jardin.

🏠 **Le Patti**   🕭 🕭 🗚 ⅙ 🛋 𝑽𝑰𝑺𝑨 ⓪ 🄰🄴 ①
   pl. Patti – ℰ 04 93 36 01 00 – eric.ramos@hotelpatti.com – Fax 04 93 36 36 40
   73 ch – †54/79 € ††69/115 €, � 8 € – ½ P 53/76 € – **Rest** – (fermé janv. et dim.)
   Menu 19/36 € – Carte 26/55 €   Y **a**
   ◆ Les chambres de cet établissement voisin du centre international arborent un décor
   provençal ou contemporain. Boutique de produits du Sud-Est dans le hall. Salle à manger
   actuelle et terrasse face à une placette ; cuisine traditionnelle aux accents régionaux.

🏠 **Moulin St-François** sans rest ⬩   🕭 🎿 🗚 ⅙ 🕭 📞 🅿
   60 av. Maupassant, 2 km à l'Ouest par rte de St-Cézaire – ℰ 04 93 42 14 35
   – contact@moulin-saint-francois.com – Fax 04 93 42 13 53
   3 ch � – †220/250 € ††220/350 €
   ◆ Savourez le charme et la quiétude de ce moulin (1760) et de son parc planté d'oliviers tout
   en goûtant au luxe de ses superbes chambres où le raffinement est de mise. Non-fumeurs.

au Sud-Est 5 km par D 4 – ⊠ 06130 Grasse

✗✗ **Lou Fassum "La Tourmaline"** (Emmanuel Ruz)   ≼ collines
☼   381 rte de Plascassier –   grassoises et mer, 🕭 🗚 ⇔ 🅿 𝑽𝑰𝑺𝑨 ⓪
       ℰ 04 93 60 14 44 – contact@loufassum.com – Fax 04 93 60 07 92 – Fermé nov.,
       mardi et merc. sauf le soir en juil.-août et lundi en saison
       Rest – (nombre de couverts limité, prévenir) Menu (22 €bc), 36/56 € – Carte 63/92 €
       Spéc. Le fassum et son mesclun. Foie gras de canard, confit de pétales de rose.
       Crème brûlée à la lavande.
       ◆ Savoureuse cuisine provençale à déguster dans un cadre rustique ou sur la terrasse dressée
       sous les tilleuls, qui ménage une vue exceptionnelle jusqu'à Cannes et la grande bleue.

GRASSE

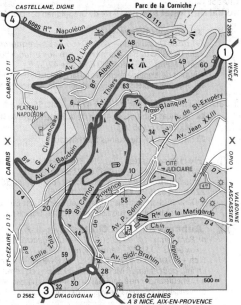

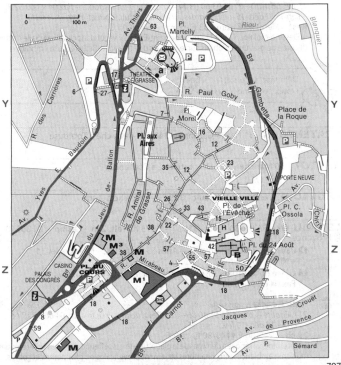

GRASSE
au Val du Tignet 8 km par ③ rte de Draguignan par D 2562 – ⊠ 06530 Peymeinade

XX **Auberge Chantegrill** 🚗 🛱 AC ⅏ P VISA ⚫ AE ⓪
291 rte de Draguignan – ℰ 04 93 66 12 33 – restaurantchantegrill @ wanadoo.fr
– Fax 04 93 66 02 31 – Fermé nov., dim. soir et lundi hors saison
Rest – Menu 22 € (sem.)/49 € – Carte 42/52 €
♦ Auprès de la grande cheminée ou face au jardin-terrasse fleuri, vous dégusterez en cette auberge une copieuse cuisine traditionnelle. Accueil aimable et service attentionné.

à Cabris 5 km à l'Ouest par D 4 X – 1 472 h. – alt. 550 m – ⊠ 06530

🖪 Syndicat d'initiative, 4, rue de la Porte Haute ℰ 04 93 60 55 63,
Fax 04 93 60 55 94

◎ Site ★ - ≤ ★★ des ruines du château.

🔡 **Horizon** sans rest ≤ massifs de l'Esterel et des Maures, 🔟 🛋 ⅏ ℡
100 Promenade St-Jean – ℰ 04 93 60 51 69 P VISA ⚫ AE ⓪
– hotel-horizon.cabris @ wanadoo.fr – Fax 04 93 60 56 29 – Ouvert 15 avril-15 oct.
22 ch – ✝85/95 € ✝✝115/135 €, � 11 €
♦ Dans un charmant village perché où résida Saint-Exupéry. La terrasse, la piscine et les chambres offrent une vue à couper le souffle. Espace-musée dédié aux activités locales.

XX **Auberge du Vieux Château** avec ch ⅏ 🛱 ℡ VISA ⚫ AE
pl. Panorama – ℰ 04 93 60 50 12 – aubergeduvieuxchateau @ wanadoo.fr
– Fax 04 93 60 58 47 – Fermé 5 janv.-11 fév.
5 ch – ✝70/116 € ✝✝70/168 €, � 12 € – **Rest** – *(fermé mardi sauf le soir en juil.-août et lundi)* Menu (26 €), 39 € (déj. en sem.)/45 €
♦ Demeure ancienne à deux pas des ruines du château. Mignonne salle à manger d'allure provençale et jolie terrasse avec une échappée sur la nature. Chambres coquettes.

X **Le Petit Prince** 🛱 VISA ⚫ AE ⓪
15 r. F. Mistral – ℰ 04 93 60 63 14 – knoettler @ wanadoo.fr – Fax 04 93 60 62 87
– Fermé 1er déc.-15 janv., mardi sauf le midi en juil.-août et merc.
Rest – Menu 23 € (sem.)/33 € – Carte environ 45 €
♦ Dessine-moi un... Cabris ! La mère de Saint-Exupéry vécut dans ce village. Salle rustique décorée de gravures et objets sur le thème du Petit Prince. Belle terrasse ombragée.

> Déjeunez dehors, il fait si beau !
> Optez pour une terrasse : 🛱

GRATENTOUR – 31 Haute-Garonne – 343 G2 – rattaché à Toulouse

GRATOT – 50 Manche – 303 D5 – rattaché à Coutances

LE GRAU-D'AGDE – 34 Hérault – 339 F9 – rattaché à Agde

LE GRAU-DU-ROI – 30 Gard – 339 J7 – 5 875 h. – alt. 2 m – Casino – ⊠ 30240
🬒 Provence 23 **C2**

🗖 Paris 751 – Aigues-Mortes 7 – Arles 55 – Lunel 22 – Montpellier 34
– Nîmes 49 – Sète 52

🖪 Office de tourisme, 30, rue Michel Rédarès ℰ 04 66 51 67 70,
Fax 04 66 51 06 80

🔡 **Les Acacias** sans rest ⅏ ℡ VISA ⚫ ⓪
21 r. Egalité – ℰ 04 66 51 40 86 – hotellesacacias @ free.fr – Fax 04 66 51 17 66
– Fermé 10 déc.-10 fév.
29 ch – ✝45/80 € ✝✝45/80 €, � 9 €
♦ Hôtel familial rénové à deux pas de la plage. Une terrasse fleurie d'acacias sépare les deux maisons : ambiance rétro, chambres sagement provençales ou plus petites et sobres.

à Port Camargue 3 km au Sud par D 62ᴮ – ⊠ 30240 Le Grau-du-Roi

🏨 **Spinaker** ⊗   ≼ 🚗 🛜 🎋 🅰 ⓦ ⚶ 🅿 **VISA** ⚫⊗ 🅰🅴 ⓞ
pointe de la Presqu'île –   ℰ 04 66 53 36 37 – spinaker@wanadoo.fr
– Fax 04 66 53 17 47 – Fermé 22-28 déc., et du dim. au merc. du 11 nov. au 14 fév.
16 ch – ♦80/149 € ♦♦80/149 €, ⌷ 12 € – 5 suites
Rest *Carré des Gourmets* – *(fermé 11 nov.-14 fév., lundi et mardi sauf juil.-août)*
Menu 61/91 € – Carte 63/105 € ⊗

♦ Complexe amarré à la marina, au bout de la presqu'île. Les chambres personnalisées (Provence, Afrique, Maroc) donnent de plain-pied sur le jardin et la piscine bordée de palmiers. Restaurant contemporain et terrasse tournés vers le port de plaisance.

🏨 **Mercure**   ≼ 🎋 🎏 ⊛ ⅙ ✗ 📶 ₰ ch, 🅰 ↵ ✗ rest, ⚶ 🎋
rte Marines –   ℰ 04 66 73 60 60 – h1947@   🅿 **VISA** ⚫⊗ 🅰🅴 ⓞ
accor.com – Fax 04 66 73 60 50 – Fermé 7-27 déc.
89 ch – ♦97/147 € ♦♦97/147 €, ⌷ 12 € – **Rest** – Menu (20 €), 26 € – Carte 29/39 €

♦ Face aux dunes et à la mer, ensemble hôtelier englobant un centre de thalassothérapie. Rénovation des confortables chambres dans un esprit actuel ; balcons. Perché au 6ᵉ étage, le restaurant offre le choix entre cuisine traditionnelle et recettes diététiques.

🏨 **L'Oustau Camarguen** ⊗   🎋 🛜 🎋 ₰ ch, 🅰 ↵ ✗ rest, ⚶ 🎋
3 rte Marines –   ℰ 04 66 51 51 65   🅿 **VISA** ⚫⊗ 🅰🅴 ⓞ
– oustaucamarguen@wanadoo.fr – Fax 04 66 53 06 65 – Ouvert 14 mars-5 nov.
39 ch – ♦81/103 € ♦♦81/103 €, ⌷ 11 € – 8 suites – ½ P 75/86 € – **Rest** – *(ouvert 1ᵉʳmai-fin sept. et fermé merc. soir sauf juil.-août) (dîner seult sauf week-end de mai à sept.)* Menu 27/33 € – Carte 32/46 €

♦ Petit mas camarguais décoré sur le mode provençal (fer gorgé, terre cuite, bois patiné). Spacieuses chambres dotées de terrasses ou de jardins privés. Agréable espace détente. Plats classiques à déguster dans une salle rustique ou à l'extérieur, au bord de la piscine.

🍴🍴 **L'Amarette**   ≼ 🛜 🅰 **VISA** ⚫⊗ 🅰🅴
centre commercial Camargue 2000 –   ℰ 04 66 51 47 63 – lamarette2@wanadoo.fr
– Fax 04 66 51 47 63 – Fermé fin nov. à mi-janv.
Rest – Menu 23 € (déj. en sem.), 36/60 € – Carte 40/74 €

♦ Restaurant soigné et agréable terrasse au 1ᵉʳ étage d'un centre commercial, tout près de la plage Nord. Belle cuisine de la mer très attentive à la fraîcheur des produits.

GRAUFTHAL – 67 Bas-Rhin – 315 H4 – **rattaché à La Petite-Pierre**

GRAULHET – 81 Tarn – 338 D8 – 12 663 h. – alt. 166 m – ⊠ 81300   29 **C2**
🔼 Paris 694 – Albi 39 – Castres 31 – Toulouse 63
🅸 Office de tourisme, square Maréchal Foch ℰ 05 63 34 75 09,
    Fax 05 63 34 75 09

🍴🍴 **La Rigaudié**   🎋 🛜 🅿 **VISA** ⚫⊗
rte de St-Julien-du-Puy –   ℰ 05 63 34 49 54 – poser.stephane@wanadoo.fr
⊜ *– Fax 05 63 34 78 91 – Fermé 1ᵉʳ-9 mai, 1ᵉʳ-15 sept., 2-7 janv., sam. midi, dim. soir et lundi*
Rest – Menu (12 €), 15 € bc (déj. en sem.), 24/65 € – Carte 26/52 €

♦ Belle maison de maître (19ᵉ s.) entourée d'un grand parc. Chaleureuse salle bourgeoise et terrasse dressée sous les platanes invitent à déguster une cuisine actuelle bien tournée.

LA GRAVE – 05 Hautes-Alpes – 334 F2 – 511 h. – alt. 1 526 m – **Sports d'hiver :**
1 450/3 250 m 🎿 2 ⚡2 🎿 – ⊠ 05320 ▯ **Alpes du Nord**   41 **C1**
🔼 Paris 642 – Briançon 38 – Gap 126 – Grenoble 80 – Col du Lautaret 11
🅸 Office de tourisme, route nationale 91 ℰ 04 76 79 90 05, Fax 04 76 79 91 65
◎ Glacier de la Meije★★★ (par téléphérique) - ❄★★★.
◉ Oratoire du Chazelet★★★ NO : 6 km.

🏠 **Les Chalets de la Meije** sans rest ॐ   ⪡ Meije et glacier, ℤ ⅙ ⍾ ⅗
– ℰ 04 76 79 97 97 – contact@chalet-meije.com   ☏ ⌒ 𝐕𝐈𝐒𝐀 𝐌𝐎 𝐀𝐄
– Fax 04 76 79 97 98 – Fermé 19 avril-23 mai et 12 oct.-20 déc.
18 ch – ❙50/76 € ❙❙62/81 €, ⊊ 9,50 € – 9 suites
♦ Ensemble hôtelier et résidentiel superbement situé face au parc des Écrins. Les jolies chambres (lambris, fer forgé, meubles exotiques) sont réparties entre plusieurs chalets.

🏠 **La Meijette**   ⪡ ⌂ 🎐 ⅗ rest, 𝐏 𝐕𝐈𝐒𝐀 𝐌𝐎
– ℰ 04 76 79 90 34 – hotel.lameijette.juge@wanadoo.fr – Fax 04 76 79 94 76
– Ouvert 2 juin-19 sept.
18 ch – ❙58 € ❙❙86 €, ⊊ 8,50 € – ½ P 60/80 € – **Rest** – Menu 20/33 € – Carte 29/53 €
♦ Face au grandiose massif de la Meije, deux bâtiments séparés par une route. Les chambres, souvent spacieuses, sont meublées en pin et bien tenues. Superbe vue sur les glaciers depuis le restaurant et la terrasse panoramique, idéalement orientée.

GRAVELINES – 59 Nord – 302 A2 – 12 430 h. – ⊠ 59820
▌Nord Pas-de-Calais Picardie   30 **A1**
◼ Paris 287 – Calais 26 – Cassel 38 – Dunkerque 21 – Lille 89 – St-Omer 36
◼ Office de tourisme, 11, rue de la République ℰ 03 28 51 94 00,
Fax 03 28 65 58 19

🏠 **Hostellerie du Beffroi**   ⌂ 🎐 ⅗ ch, ↯ ⅗ ch, ☏ 𝐒𝐀 𝐕𝐈𝐒𝐀 𝐌𝐎 𝐀𝐄 ⓞ
2 pl. Ch. Valentin – ℰ 03 28 23 24 25 – contact.hoteldubeffroi@wanadoo.fr
– Fax 03 28 65 59 71
40 ch – ❙68 € ❙❙74 €, ⊊ 9,50 € – ½ P 98 € – **Rest** – (Fermé sam. midi et dim. soir) Menu 16 € (sem.)/35 € – Carte 23/38 €
♦ Bâtisse moderne aux murs parementés de briques située au pied du beffroi, dans l'enceinte aménagée par Vauban. Chambres fonctionnelles bien tenues. Salle à manger contemporaine, terrasse ouverte sur la place et cuisine traditionnelle sans prétention.

GRAVESON – 13 Bouches-du-Rhône – 340 D2 – 3 188 h. – alt. 14 m – ⊠ 13690
▌Provence   42 **E1**
◼ Paris 696 – Avignon 14 – Carpentras 40 – Cavaillon 30 – Marseille 102
– Nîmes 38
◼ Office de tourisme, cours National ℰ 04 90 95 88 44, Fax 04 90 95 81 75
◉ Musée Auguste-chabaud ★.

🏠 **Moulin d'Aure** ॐ   ◰ ⌂ ℤ 🄺 ⅗ rest, ☏ 𝐒𝐀 𝐏 𝐕𝐈𝐒𝐀 𝐌𝐎 𝐀𝐄
rte de St-Rémy-de-Provence, 1 km par D 5 – ℰ 04 90 95 84 05 – reception@
hotel-moulindaure.com – Fax 04 90 95 73 84
19 ch – ❙60/200 € ❙❙60/200 €, ⊊ 14 € – **Rest** – (ouvert mars-15 nov. et fermé lundi midi sauf en juil.-août) Menu 38 € – Carte 46/74 €
♦ Dans un grand parc planté d'oliviers, cette bastide récente dispose de coquettes chambres provençales (fer forgé, tomettes, couleurs du Sud); quelques-unes avec terrasse. Lumineuse salle à manger cosy sous de belles poutres, donnant sur la piscine.

🏠 **Le Mas des Amandiers**   ◰ ⌂ ℤ ⅗ ch, 🄺 rest, ↯ 𝐒𝐀
rte d'Avignon, à 1,5 km – ℰ 04 90 95 81 76   𝐏 𝐕𝐈𝐒𝐀 𝐌𝐎 𝐀𝐄 ⓞ
– contact@hotel-des-amandiers.com – Fax 04 90 95 85 18
– Ouvert 16 mars-14 oct.
28 ch – ❙58 € ❙❙61 €, ⊊ 9 € – ½ P 58/61 € – **Rest** – Menu 15 € bc (déj. en sem.), 19/36 € – Carte 23/53 €
♦ Les chambres égayées de tons ensoleillés et garnies de meubles rustiques et peints sont réparties autour de la piscine. Parcours botanique, location de vélos et de scooters. Salle à manger actuelle décorée dans la note provençale; carte classico-régionale.

🏠 **Le Cadran Solaire** sans rest ॐ   ◰ 𝐏 𝐕𝐈𝐒𝐀 𝐌𝐎 𝐀𝐄
r. Cabaret-Neuf – ℰ 04 90 95 71 79 – cadransolaire@wanadoo.fr
– Fax 04 90 90 55 04 – Ouvert de mars à nov.
12 ch – ❙60 € ❙❙60/82 €, ⊊ 9 €
♦ La façade de ce charmant relais de poste du 16ᵉ s., dans un joli jardin, est ornée d'un cadran solaire. Ravissantes chambres cocooning (sans TV) et délicieuse terrasse.

XXX **Le Clos des Cyprès** 🚿 ⌂ AC ⌘ P VISA ℂⓄ

rte de Châteaurenard – ℰ 04 90 90 53 44 – Fermé mardi soir et jeudi soir hors saison, merc. soir, dim. soir et lundi

Rest – *(prévenir)* Menu 27/34 €

♦ Villa provençale au sein d'un parc abritant une salle à manger cossue aux murs ocre rouge ; terrasse sous auvent. Fine cuisine au goût du jour à l'ardoise et service prévenant.

GRAY – 70 Haute-Saône – 314 B8 – 6 773 h. – alt. 220 m – ✉ 70100
Franche-Comté Jura

16 **B2**

🖸 Paris 336 – Besançon 45 – Dijon 50 – Dole 46 – Langres 56 – Vesoul 58

🖪 Office de tourisme, Ile Sauzay ℰ 03 84 65 14 24, Fax 03 84 65 46 26

🔘 Hôtel de ville ★ - Collection de pastels et dessins ★ de Prud'hon au musée Baron-Martin ★ M¹.

à Rigny 5 km par D 70 et D 2 – 586 h. – alt. 196 m – ✉ 70100

🏠 **Château de Rigny** 🦢 ⬅ 🐾 ⌂ ☒ 🍴 ⅊ ch, ⅋ rest, 🛁 P
– ℰ 03 84 65 25 01 – info @ P ⇔ VISA ℂⓄ AE
chateau-de-rigny.com – Fax 03 84 65 44 45

28 ch – ♦75/120 € ♦♦110/210 €, ⊇ 12 € – ½ P 105/150 €

Rest – Menu 32/45 € – Carte 43/57 €

♦ Les allées du parc de cette demeure du 17ᵉ s. serpentent jusqu'à la Saône. Le mobilier des chambres (choisir celles de la magnanerie) a été chiné chez les antiquaires. Confortable salle à manger ou plaisante terrasse ; registre culinaire classique.

à Nantilly 5 km par D 2 – 452 h. – alt. 200 m – ✉ 70100

🏠 **Château de Nantilly** 🦢 🐾 ⌂ ☒ 🛁 ⅋ 🔔 ⅊ ch, 🚲 🛁
1 r. Millerand – ℰ 03 84 67 78 00 P VISA ℂⓄ AE ①
– chateau.nantilly @ wanadoo.fr – Fax 03 84 67 78 01 – Fermé 2 janv. à mi fév.

39 ch – ♦70/110 € ♦♦110/150 €, ⊇ 13 € – 2 suites – ½ P 120/160 €

Rest – *(fermé dim. soir, lundi, mardi et le midi sauf dim.)* Menu 35/63 €
– Carte 50/63 €

♦ Jolie maison de maître couverte de feuilles de vigne dans un parc traversé par un cours d'eau. Les chambres du bâtiment principal ont plus de cachet qu'en annexes. Restaurant très soigné : tons clairs, moulures, tableaux, argenterie... et cuisine régionale.

GRENADE-SUR-L'ADOUR – 40 Landes – 335 I12 – 2 265 h. – alt. 55 m – ✉ 40270

🖸 Paris 720 – Aire-sur-l'Adour 18 – Mont-de-Marsan 15 – Orthez 53
– St-Sever 14 – Tartas 33

3 **B2**

🖪 Office de tourisme, 1, place des Déportés ℰ 05 58 45 45 98,
Fax 05 58 45 45 55

XXX **Pain Adour et Fantaisie** (Philippe Garret) avec ch ⌂ AC ch,
14 pl. des Tilleuls – ℰ 05 58 45 18 80 📞 🛁 VISA ℂⓄ AE
❄️ *– pain.adour.fantaisie @ wanadoo.fr – Fax 05 58 45 16 57*
– Fermé dim. et lundi de mi-déc. à Pâques

11 ch – ♦70/164 € ♦♦70/164 €, ⊇ 15 €

Rest – *(fermé lundi sauf le soir du 14 juil. au 31 août, dim. soir de sept. à mi-juil. et merc. midi)* Menu 38/95 € bc – Carte 54/81 € ❀

Spéc. Foie gras de canard confit au jurançon. Rouget grillé, purée de carotte à la réglisse, jus au safran. Milk-shake à la fraise épicée, sucettes glacées à la rhubarbe.

Vins Vin de pays des Côtes de Gascogne, Madiran.

♦ L'enseigne de cette maison du 17ᵉ s. est un clin d'œil au cinéma néoréaliste italien. Intérieur cossu, terrasse au bord de l'Adour, cuisine actuelle et nombreux vins régionaux.

au Sud-Est 7,5 km par Larrivière et D 352 - ✉ 40270 Renung

🏠 **Domaine de Benauge** sans rest 🦢 🚿 🚲 P
– ℰ 05 58 71 77 30 – benauge @ tiscali.fr

5 ch ⊇ – ♦50/95 € ♦♦50/95 €

♦ Cette commanderie du 15ᵉ s. a conservé des traces visibles de ses fortifications. Belles chambres contemporaines épurées et jardin ouvert sur la campagne.

▶ Paris 566 – Chambéry 55 – Genève 143 – Lyon 105 – Torino 235

✈ de Grenoble-Isère ℰ 04 76 65 48 48, par ⑥ : 45 km.

🛈 Office de tourisme, 14, rue de la République ℰ 04 76 42 41 41,
Fax 04 76 00 18 98

🖹 de Seyssins à Seyssins 29 rue du Plâtre, ℰ 04 76 70 12 63 ;

🖷 de Grenoble à Bresson Route de Montavie, S : 6 km par D 269,
ℰ 04 76 73 65 00.

◉ Site★★★ – Église-musée St-Laurent★★ : crypte St-Oyand★★ FY - Fort de la
Bastille ✳︎★★ par téléphérique EY - Vieille ville★ EY : Palais de Justice★
(boiseries★) - escalier★ de l'hôtel d'Ornacieux EY **J** - Musées : de
Grenoble★★★ FY, de la Résistance et de la Déportation★ F , de l'ancien
Evêché-Patrimoines de l'Isère★★ - Musée dauphinois★ : chapelle★★,
exposition thématique★★ EY.

Plans pages suivantes

🏚🏚 **Park Hôtel** |☰| 🏧 4⁄⁄ 🕊 rest, 🕊 🈸 ☕ 🆅🆂🅰 🅼🅲 🅰🅴 ①
10 pl. Paul Mistral – ℰ *04 76 85 81 23 – resa @ park-hotel-grenoble.fr*
– Fax 04 76 46 49 88 – Fermé 25 juil.-25 août et 21 déc.-2 janv.   FZ **w**
50 ch – ♦135 € ♦♦245 €, ⊇ 16 € – 16 suites
Rest *Le Parc – (fermé dim. midi, sam. et midi fériés)* Menu 29/54 €
– Carte 35/66 €
◆ Les chambres spacieuses dégagent un esprit bourgeois suranné, à l'image de l'hôtel dont
l'ambiance cosy évoque celle des salons ou clubs anglais. Murs de briques, cheminée en
pierre, poutres et vitraux plantent le décor rustique du restaurant traditionnel.

🏚🏚 **Novotel Centre**   ᵭ◎ |☰| 🕭 ch, 🏧 4⁄⁄ 🕊 🈸 🅿 🆅🆂🅰 🅼🅲 🅰🅴 ①
à Europole, pl. R. Schuman – ℰ *04 76 70 84 84 – h1624 @ accor.com*
– Fax 04 76 70 24 93   AV **r**
116 ch – ♦125/145 € ♦♦125/145 €, ⊇ 13,50 € – 2 suites – **Rest** – Menu 24/29 €
– Carte 23/41 €
◆ Cet hôtel face à la gare, refait dans un style contemporain, partage ses murs avec
le WTC et un centre de congrès. Amples chambres japonisantes et beau fitness
moderne. Au restaurant, cadre dans l'air du temps, recettes traditionnelles et grillades à la
plancha.

🏚🏚 **Grand Hôtel Mercure Président**   🕭 ᵭ◎ |☰| 🕭 ch, 🏧 4⁄⁄ 🕊 rest,
11 r. Gén. Mangin ⊠ *38100 –* ℰ *04 76 56 26 56*   🕊 🈸 🅿 ☕ 🆅🆂🅰 🅼🅲 🅰🅴 ①
– h2947 @ accor.com – Fax 04 76 56 26 82   AX **y**
105 ch – ♦112/169 € ♦♦124/181 €, ⊇ 15 € – 3 suites – **Rest** – *(fermé
10-23 août, 20 déc.-4 janv., dim. midi et sam.)* Menu (20 €) – Carte 32/40 €
◆ Rajeunissement achevé pour ce plaisant Mercure : chambres confortables, hall et bar
sagement exotiques, salles de séminaires, fitness, sauna, jacuzzi et terrasse-jardin. L'Afrique inspire le décor du restaurant qui sert une gamme de plats internationaux.

🏚🏚 **Mercure Centre Alpotel** |☰| 🕭 ch, 🏧 4⁄⁄ 🕊 🈸 ☕ 🆅🆂🅰 🅼🅲 🅰🅴 ①
12 bd Mar. Joffre – ℰ *04 76 87 88 41 – h0652 @ accor.com*
– Fax 04 76 47 58 52   EZ **d**
88 ch – ♦119/139 € ♦♦129/149 €, ⊇ 13,50 € – **Rest** – *(fermé 2-24 août,
20 déc.-1ᵉʳ janv., sam., dim. et fériés)* Menu (14 €) – Carte 23/30 €
◆ Construit pour les J.O. de 1968, ce bâtiment, symbole du courant "tout béton"
de l'époque, a été classé. Chambres uniformes (bois clair), actuelles et bien équipées. Le
Café Pourpre affiche sa couleur dans un cadre design. Assiettes traditionnelles ou plus
simples.

🏚 **Europole**   🕭 |☰| 🏧 4⁄⁄ 🕊 🈸 ☕ 🆅🆂🅰 🅼🅲 🅰🅴 ①
29 r. Pierre-Sémard – ℰ *04 76 49 51 52 – resa @ hoteleuropole.com*
– Fax 04 76 21 99 00   AV **a**
71 ch – ♦86 € ♦♦86 €, ⊇ 12 € – 3 suites – **Rest** – brasserie Menu (16 €), 21/28 €
– Carte 26/59 €
◆ Dans le quartier d'Europole, hôtel imposant qui fidélise une clientèle d'affaires. Fonctionnelles avant tout, les chambres, climatisées, offrent plus de calme sur l'arrière. Brasserie
alsacienne (restaurant au décor stylisé) et produits de la mer.

🏨 Lesdiguières   🚗 📶 🕭 ch, ☝️ 🅿️ VISA 🐵

122 cours de la Libération – ℰ 04 38 70 19 50 – hotellesdiguieres@
gastronomie.com – Fax 04 38 70 19 69 – Fermé vacances scolaires, vend.,
sam. et dim.   AX b

23 ch – ♦56 €, ♦♦61 €, � 7,50 € – 1 suite – **Rest** – Menu 21/49 €

♦ Vraie institution grenobloise abritant depuis 1917 une école hôtelière réputée. Bon confort dans les chambres ; préférez celles situées côté parc pour plus de tranquillité. Menus attrayants mettant à l'honneur les produits du terroir dauphinois.

🏨 Terminus sans rest   📶 ⇜ ☂ 📞 ☝️ 🛏 VISA 🐵 AE ①

10 pl. de la Gare – ℰ 04 76 87 24 33 – terminush@aol.com – Fax 04 76 50 38 28

39 ch – ♦68/99 € ♦♦84/149 €, ☐ 12 €   DY t

♦ Comme son nom l'indique, cet hôtel familial fait face à la gare. Vue sur le Moucherotte et le massif du Vercors aux derniers étages. Petits-déjeuners servis sous une verrière.

🏨 Quality Hotel sans rest   📶 🅰🅲 ⇜ 📞 ☝️ 🅿️ VISA 🐵 AE ①

116 cours de la Libération – ℰ 04 76 21 26 63 – qualityhotel@wanadoo.fr
– Fax 04 76 48 01 07   AX n

56 ch – ♦85 € ♦♦95 €, ☐ 12 €

♦ Sur un important axe de circulation, immeuble à la façade habillée de carrelage. Chambres bien tenues, actuelles et insonorisées. Petit bar-salon rénové dans des tons chocolat.

🏨 Angleterre sans rest   📶 🅰🅲 ⇜ 📞 VISA 🐵 AE ①

5 pl. Victor-Hugo – ℰ 04 76 87 37 21 – reservations@
hotel-angleterre-grenoble.com – Fax 04 76 50 94 10   EZ z

62 ch – ♦105/180 € ♦♦105/180 €, ☐ 13 €

♦ Bien placé juste devant un jardin public, cet hôtel dispose de chambres pratiques (meubles en rotin et bois). Certaines sont mansardées, d'autres équipées de baignoires balnéo.

🏨 Splendid sans rest   📶 🕭 ⇜ 📞 🅿️ VISA 🐵 AE ①

22 r. Thiers – ℰ 04 76 46 33 12 – info@splendid-hotel.com – Fax 04 76 46 35 24

45 ch – ♦57/89 € ♦♦71/95 €, ☐ 6,50 €   DZ q

♦ Près du musée des Rêves mécaniques, prolongez vos songes dans ces chambres peu à peu refaites (originales fresques). Petit-déjeuner sous forme de buffet dans un cadre modernisé.

🏨 Le Gambetta   📶 🅰🅲 ⇜ 📞 VISA 🐵 AE

🕸 59 bd Gambetta – ℰ 04 76 87 22 25 – hotelgambetta@wanadoo.fr
– Fax 04 76 87 40 94 – Fermé 21 juil.-10 août   EZ a

45 ch – ♦54 € ♦♦59 €, ☐ 7 € – ½ P 47/52 € – **Rest** – (fermé vend. soir, sam. et dim.) Menu (13 €), 16 € – Carte 19/35 €

♦ La façade récemment rénovée de cet hôtel familial, fondé en 1924, a conservé son allure rétro d'origine. Chambres fonctionnelles pourvues du double vitrage. Vaste et lumineuse salle à manger où l'on sert une carte traditionnelle.

🏠 Europe sans rest   🛗 📶 ⇜ ☝️ VISA 🐵 AE

22 pl. Grenette – ℰ 04 76 46 16 94 – hotel.europe.gre@wanadoo.fr
– Fax 04 76 43 13 65   EY t

45 ch – ♦39/55 € ♦♦60/78 €, ☐ 7,50 €

♦ Au cœur du vieux Grenoble, l'Europe (le premier hôtel de la ville) vous accueille au doux son des oiseaux de sa volière. Chambres refaites dans un style sobre et actuel.

🏠 Gallia sans rest   📶 🅰🅲 ⇜ ☂ 📞 🛏 VISA 🐵 AE ①

7 bd Mar. Joffre – ℰ 04 76 87 39 21 – gallia-hotel@wanadoo.fr
– Fax 04 76 87 65 76 – Fermé 26 juil.-25 août   EZ s

35 ch – ♦50/53 € ♦♦54/57 €, ☐ 7 €

♦ La majorité des chambres de cette affaire familiale a été rajeunie avec des teintes gaies, parfois dans la note provençale. Pimpant hall-salon lumineux.

🏠 Institut sans rest   📶 📞 🛏 VISA 🐵 AE ①

10 r. L. Barbillon – ℰ 04 76 46 36 44 – contact@institut-hotel.fr
– Fax 04 76 47 73 09   DY h

48 ch – ♦52 € ♦♦55 €, ☐ 7,50 €

♦ L'accueil tout sourire, la bonne tenue et les prix modérés sont les atouts de cet hôtel fonctionnel aux chambres bien équipées (pour moitié climatisées) et au décor frais.

803

CORENC

Eygala (Av. de l') **BCV**
Grésivaudan (Av. du) **BCV**

EYBENS

Innsbruck (Av. d') **BX** 38
Jean-Jaurès (Av.) **BX**
Mendès-France (R.) **BX**
Poisat (Av. de) **BX** 47

ÉCHIROLLES

Etats-Généraux (Av. des) **AX** 30
Grugliasco (Av. de) **AX**
Jean-Jaurès (Crs) **AX**
Kimberley (Av. de) **ABX**

FONTAINE

Briand (Av. A.) **AV**
Joliot-Curie (Bd) **AV**
Vercors (Av. du) **AV**

GRENOBLE

Alliés (R. des) **AX**
Alsace-Lorraine (Av.) **DYZ** 3
Ampère (R.) **AV**
Augereau (R.) **DZ**
Barnavel (R.) **EFY** 5
Bayard (R.) **FY** 6
Belgique (Av. Albert-1er de) **EFZ** 7
Belgrade (R. de) **EY** 9
Bernard (Q. Cl.) **DY**
Berriat (Crs) **AV, DZ**
Berthelot (Av. M.) **BX**
Bistesi (R.) **FZ** 10
Bizanet (R.) **FGY**
Blanchard (R. P.) **EYZ**
Blum (Av. Léon) **AX**
Boissieux (R. B.-de) **EZ**
Bonne (R. de) **EZ** 12
Brenier (R. C.) **DY** 13
Briand (Pl. A.) **DY**
Brocherie (R.) **EY** 15
Casimir-Périer (R.) **EZ** 16
Champollion (R.) **FZ** 17
Champon (Av. Gén.) **FZ**
Chanrion (R. J.) **FYZ**
Chenoise (R.) **EFY** 18
Claudel (R. P.) **BX** 20
Clemenceau (Bd) **FGZ**
Clot-Bey (R.) **EYZ** 21
Condillac (R.) **EZ**
Condorcet (R.) **DZ**
Créqui (Q.) **DEY**
Diables-Bleus (Bd des) **FZ** 24
Diderot (R.) **AV** 25
Dr-Girard (Pl.) **FY** 26
Driant (Bd Col.) **FZ** 27
Dubedout (Pl. H.) **DY** 28
Esclangon (R. F.) **AV** 29
Esmonin (Av. E.) **AX**
l'Europe (Av. de) **BX** 31
Fantin-Latour (R.) **FZ** 32
Faure (R. E.) **FZ**
La Fayette (R.) **EY** 39
Flandrin (R. J.) **GZ** 33
Foch (Bd Mar.) **DEZ**
La Fontaine (Crs) **EZ**
Fourier (R.) **FZ** 34
France (Q. de) **DEY**
Gambetta (Bd) **DEZ**
Graille (Q. de la) **DY**
Grande-Rue **EY** 37
Grenette (Pl.) **EY**
Gueymard (R. E.) **DY**
Haxo (R.) **FZ**
Hébert (R.) **FYZ**
L'Herminier (R. Cdt) **FY** 41
Hoche (R.) **EZ**
Jay (Q. S.) **EY**
Jeanne-d'Arc (Av.) **GZ**
Jean-Jaurès (Crs) **DYZ**
Joffre (Bd Mar.) **DEZ**
Jongking (Q.) **FY**
Jouhaux (R. L.) **BX, GZ**
Jouvin (Q. X.) **FY**
Lakanal (R.) **EZ**
Lavalette (Pl.) **FY** 40
Leclerc (Av. Mar.) **FY**
Lesdiguières (R.) **EZ**
Libération et du Gén.-de Gaulle (Crs de la) **AX**
Lyautey (Bd Mar.) **EZ** 42
Lyon (Rte de) **DY**
Malakoff (R.) **FGZ**
Mallifaud (R.) **EFZ**

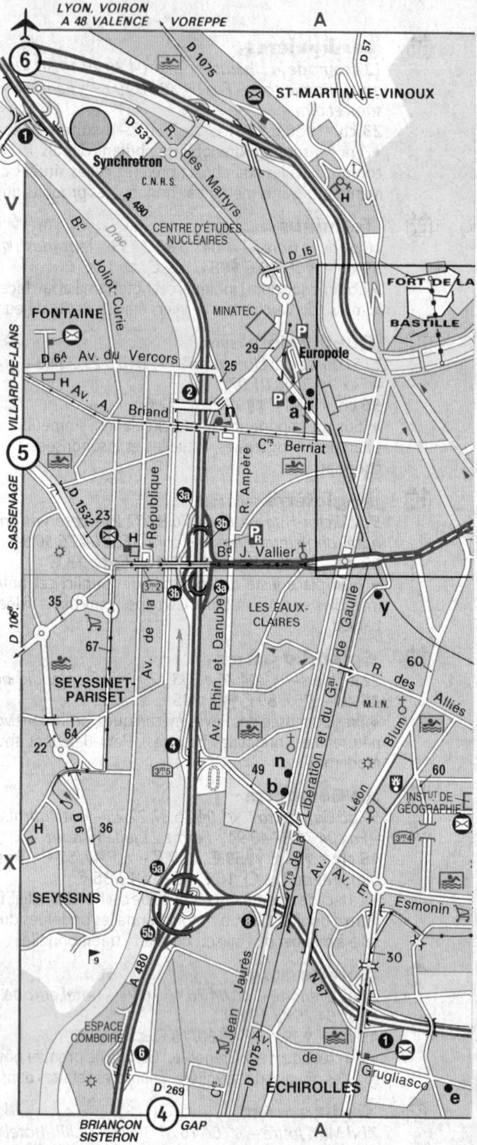

LYON, VOIRON
A 48 VALENCE
VOREPPE
A
V
X
6
5
4
D 1075
D 57
ST-MARTIN-LE-VINOUX
D 531
R. des Martyrs
Synchrotron
C.N.R.S.
A 480
Bd Joliot-Curie
Drac
CENTRE D'ÉTUDES NUCLÉAIRES
D 15
FORT DE LA
BASTILLE
FONTAINE
MINATEC
Europole
D 6A
Av. du Vercors
VILLARD-DE-LANS
SASSENAGE
Av. A. Briand
Crs Berriat
D 1532
Av. de la République
R. Ampère
Bd J. Vallier
LES EAUX-CLAIRES
D 106B
SEYSSINET-PARISET
Av. Rhin et Danube
Libération et du Gal de Gaulle
R. des Alliés
M.I.N.
Léon Blum
INSTUT DE GÉOGRAPHIE
D 6
SEYSSINS
Av. E. Esmonin
N 87
Av. Jean Jaurès
D 1075
ESPACE COMBOIRE
D 269
ÉCHIROLLES
Grugliasco
BRIANÇON
SISTERON
GAP

Martyrs (R. des) **AV**
Mistral (Pl. P.) **FZ**
Montorge (R.) **EY** 43
Mortillet (R. de) **FGY**
Moyrand (R.) **FGZ**
Notre-Dame (Pl.) **FY**
Pain (Bd J.) **FZ**
Palanka (R.) **EY** 44
Pasteur (Pl.) **FZ** 45
Perrière (Q.) **EY** 46
Perrot (Av. J.) **BX, FZ**
Poulat (R. F.) **EY** 48
Prévost (R. J.) **DZ**
Randon (Av. Mar.) **FY**
Reynier (R. A.) **AX** 49

Reynoard (Av. M.) **BX** 50
Rey (Bd Ed.) **EY**
Rhin-et-Danube (Av.) **AX**
Rivet (Pl. G.) **EZ** 53
Rousseau (R. J.-J.) **EY** 55
Sablon (Pont du) **GY**
Ste-Claire (Pl.) **EY** 57
St-André (Pl.) **EY** 56
Sembat (Bd A.) **EZ**
Servan (R.) **FY** 59
Stalingrad (R. de) **AX** 60
Strasbourg (R. de) **EFZ** 62
Thiers (R.) **DZ**
Très-Cloîtres (R.) **FY** 63
Turenne (R.) **DZ**

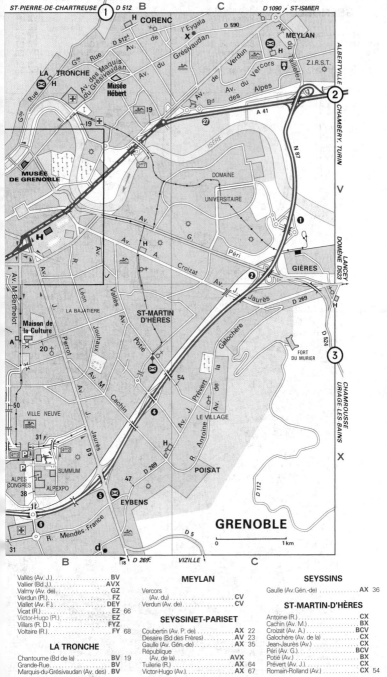

GRENOBLE

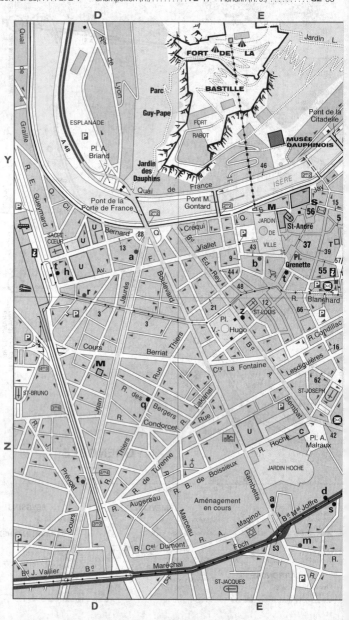

XXX Le Fantin Latour 🚗 🏠 AC ⇔ VISA ⓜ AE

1 r. Gén. Beylié – ✆ 04 76 01 00 97 – fantin.latour @ hotmail.fr – Fax 04 76 01 02 41
– Fermé 3-24 août   FZ a

Rest – (fermé dim., lundi et le midi sauf sam.) Menu 59/95 €

Rest Le 18.36 – 5 r. Abbé de la Salle (fermé sam. et dim.) (déj. seult) Menu (19 €
bc), 26 € bc

• Nouveau chef concoctant une cuisine inventive à base de plantes de montagne dans ce
bel hôtel particulier du 19e s., ex-musée dédié à Fantin Latour. Au "1836" (année de
naissance du peintre), courte carte brasserie et menu du jour.

XXX Auberge Napoléon AC VISA ⓜ AE ⓞ

7 r. Montorge – ✆ 04 76 87 53 64 – Fcaby@ wanadoo.fr – Fermé 4-31 août
et dim.   EY b

Rest – (dîner seult) (nombre de couverts limité, prévenir) Menu 47/87 € – Carte
59/77 €

• La maison entretient le souvenir de Napoléon Bonaparte, son hôte le plus célèbre. Salle
à manger Empire qui sert de théâtre à une cuisine personnalisée et inventive.

XX A Ma Table AC VISA ⓜ

92 cours J. Jaurès – ✆ 04 76 96 77 04 – Fax 04 76 96 77 04 – Fermé août, sam. midi,
dim. et lundi   DZ t

Rest – (nombre de couverts limité, prévenir) Carte 39/57 €

• Une enseigne qui en dit long ! Adresse minuscule où l'on vous reçoit comme à la maison.
Classique, la cuisine ne manque ni de générosité ni de saveurs ; accueil chaleureux.

XX Marie Margaux AC VISA ⓜ AE ⓞ

12 r. Marcel Porte ✉ 38100 – ✆ 04 76 46 46 46 – lemariemargaux @ orange.fr
– Fax 04 76 46 46 46 – Fermé 7-28 juil., dim. soir et lundi   EZm

Rest – Menu 15 € (déj. en sem.), 25/46 € – Carte 29/53 €

• Avenante maison familiale (l'enseigne est la réunion des prénoms des grand-mères) au
décor provençal, où la cuisine de poissons reste traditionnelle et sans superflu.

XX Chasse-Spleen VISA ⓜ AE ⓞ

6 pl. Lavalette – ✆ 04 38 37 03 52 – Fax 04 76 63 01 58
– Fermé sam. et dim.   FY e

Rest – Menu 21/32 € – Carte 31/49 €

• Hommage à Charles Baudelaire qui baptisa ce vin lors d'un séjour à Moulis-en-Médoc.
Aux murs, poèmes de l'auteur en guise de nourriture spirituelle. À table, plats dauphinois.

X Grill Parisien VISA ⓜ AE

34 bd Alsace-Lorraine – ✆ 04 76 46 10 16 – Fermé vacances de Pâques,
19 juil.-19 août, sam., dim. et fériés   DYZ r

Rest – Menu (19 €), 36 € – Carte 40/54 €

• Installés à la table d'hôte (dans la cuisine) ou sous les poutres de la salle à manger, les
habitués de ce bistrot se régalent d'une cuisine traditionnelle aux accents du Sud.

X Le Coup de Torchon VISA ⓜ AE ⓞ

8 r. Dominique Villars – ✆ 04 76 63 20 58 – Fermé merc. soir, dim. et lundi

Rest – Menu (12,50 €), 16/22 € – Carte 29/34 €   FY a

• À proximité des boutiques d'antiquaires, sympathique table dont la cuisine
actuelle puise ses idées et s'élabore en fonction du marché. Cadre clair et coquet. Prix
attractifs.

X La Glycine 🏠 VISA ⓜ

168 cours Berriat – ✆ 04 76 21 95 33 – Fax 04 76 96 31 60 – Fermé 3-17 août
et dim.   AV n

Rest – (prévenir) Menu (17 €), 30/39 €

• Salles rustiques ornées d'assiettes et d'affiches anciennes. En été, un repas sous la glycine,
classée par la ville, s'impose ! Cuisine traditionnelle à tendance méridionale.

X L'Exception AC VISA ⓜ AE

4 cours Jean-Jaurès – ✆ 04 76 47 03 12 – contact @ lexception.com – Fermé
19 juil.-3 août, 3-11 janv., sam. et dim.   DY a

Rest – Menu 25/52 € – Carte 47/69 €

• Une adresse simple qui ne désemplit pas, dont la salle à manger a été revue dans un style
actuel. Généreuse cuisine créative, axée sur le terroir et proposée à prix sages.

X **Le Village**   AC VISA MO AE

20 r. de Strasbourg – 𝒞 *04 76 87 88 44 – Fermé 5-28 juil., 21 déc.-5 janv., dim. et lundi sauf fériés*   FZ **b**

Rest – Menu (14 €), 25/38 € – Carte 31/44 €

♦ Dans un quartier-village du centre, ce restaurant au cadre simple affiche souvent complet. Un succès qui tient à l'ambiance conviviale et à la bonne cuisine au goût du jour.

à Corenc – 3 856 h. – alt. 450 m – ⌧ 38700

XX **Corne d'Or**   ≤ 🍴 P VISA MO AE

159 rte Chartreuse, par ① : 3,5 km sur D 512 – 𝒞 *04 38 86 62 36 – info @ cornedor.fr – Fax 04 38 86 62 37 – Fermé 12 août-5 sept., 2-17 janv., dim. soir, mardi soir et merc.*

Rest – Menu 25 € (déj. en sem.), 38/78 € – Carte 48/74 €

♦ Les tables côté fenêtres et la terrasse ombragée offrent un joli panorama sur Grenoble et la chaîne de Belledonne. Carte au goût du jour qui s'inspire des grands chefs.

XX **Le Provence**   🍴 & AC ⅏ 🛠 VISA MO AE

28 av. du Grésivaudan – 𝒞 *04 76 90 03 38 – contact @ leprovence.fr – Fax 04 76 90 46 13 – Fermé 3-25 août, lundi midi, sam. midi et dim. soir*   CV **x**

Rest – Menu (20 €), 25 € (déj. en sem.), 28/55 € – Carte 38/58 €

♦ Spécialités de poissons grillés (cuisinés à l'huile d'olive, comme en Provence... d'où l'enseigne) servies dans une jolie salle ensoleillée ou en terrasse, l'été.

à Meylan : 3 km par D 1090 – 18 741 h. – alt. 331 m – ⌧ 38240

⌂ **Le Mas du Bruchet** sans rest ঙ   ⅏ ☏ VISA MO

Chemin du Bruchet, au-dessus du Clos des Capucins – 𝒞 *04 76 90 18 30 – amferguson38 @ aol.com – Fax 04 76 41 92 36 – Fermé 15 août-1er sept.*

4 ch ⌚ – †55/65 € ††60/70 €

♦ Au pied du Mont St-Eynard, petite propriété viticole du 18e s. offrant de jolies chambres (deux duplex) aménagées dans l'ancienne grange. Accueil charmant, dégustation de vin.

à Eybens : 5 km – 9 471 h. – alt. 230 m – ⌧ 38320

⭞⭞⭞ **Château de la Commanderie** ঙ   🍴 🍴 🗓 ⅏ rest, ☏ 🛠

17 av. d'Échirolles – 𝒞 *04 76 25 34 58 – resa @*   P VISA MO AE ❶

commanderie.fr – Fax 04 76 24 07 31 – Fermé 21 déc.-5 janv.   BX **d**

28 ch – †92/164 € ††102/180 €, ⌚ 15 € – ½ P 111/119 €

Rest – *(fermé vacances de la Toussaint et de Noël, sam. midi, dim. et lundi)* Menu (27 € bc), 40/71 € – Carte 57/89 €

♦ Petit château – ex-commanderie des Templiers – dans un jardin arboré. Meubles ancestraux, portraits de famille et tapisseries d'Aubusson décorent ce lieu chargé d'histoire. Cuisine classique actualisée servie dans un cadre bourgeois ou sur la terrasse d'été.

à Bresson Sud par av. J. Jaurès : 8 km par D 269ᶜ – 739 h. – alt. 300 m – ⌧ 38320

XXX **Chavant** avec ch   🍴 🍴 🗓 AC ☏ 🛠 P VISA MO AE

– 𝒞 *04 76 25 25 38 – chavant @ wanadoo.fr – Fax 04 76 62 06 55 – Fermé 9-18 août et 24-31 déc., sam. midi, dim. soir et lundi*

5 ch – †115/160 € ††115/160 €, ⌚ 13 € – 2 suites – **Rest** – Menu 35 € (déj.), 48/115 € (dîner) – Carte 58/87 €

♦ Auberge abritant une salle habillée de boiseries et une agréable terrasse donnant sur un jardin arboré. Cave à vins (vente et dégustation). Chambres spacieuses au décor désuet.

à Échirolles : 4 km – 32 806 h. – alt. 237 m – ⌧ 38130

⭞⭞ **Dauphitel**   🍴 🗓 ⧉ AC ≠ ⅏ rest, ☏ 🛠 P VISA MO AE ❶

16 av. Kimberley – 𝒞 *04 76 33 60 60 – info @ dauphitel.fr – Fax 04 76 33 60 00*   AX **e**

68 ch – †90/105 € ††100/115 €, ⌚ 10 € – **Rest** – *(fermé 2-24 août, 20 déc.-4 janv., sam., dim. et fériés)* Menu (19 €), 27/32 € – Carte 23/45 €

♦ Cette construction moderne propose des chambres fonctionnelles, confortables et insonorisées, un équipement pour les séminaires... sans oublier une piscine bordée de verdure. Grande et lumineuse salle à manger, terrasse d'été et cuisine traditionnelle.

par la sortie ⑥ :

au Fontanil : 8 km par A 48, sortie 14 et D 1075 – 2 454 h. – alt. 210 m – ✉ 38120

✗✗ La Queue de Cochon   🏤 AC ⇔ P VISA ⓒⓞ AE ①

rte de Lyon – ℰ *04 76 75 65 54 – qcochon@wanadoo.fr – Fax 04 76 75 76 85*
– Fermé 27 oct.-10 nov., 26-30 déc., sam. midi, dim. soir et lundi
Rest – buffet Menu (20 €), 28/42 € – Carte 28/51 €

♦ L'adresse est autant appréciée pour ses buffets et ses grillades que pour sa vaste terrasse verdoyante. Décor actuel agrémenté d'un vivier ; vaisselle sur le thème du cochon.

près échangeur A 48 sortie n° 12/13 : 12 km – ✉ 38340 Voreppe

🏠🏠 Novotel   🏤 🏤 🏊 ⅀ 🛏 ⅋ ch, AC ⅋ ⅃ ⅍ P VISA ⓒⓞ AE ①

1625 rte de Veurey – ℰ *04 76 50 55 55 – h0423@accor.com – Fax 04 76 56 76 26*
114 ch – †69/125 € ††69/125 €, ⌂ 12,50 € – **Rest** – Menu (19 €), 23 € – Carte 23/38 €

♦ À la fois proches de l'autoroute et entourées de champs, grandes chambres confortables, en partie revues selon les dernières normes de la chaîne. Espace Novotel Café. Terrasse d'été face au jardin, cuisine traditionnelle et plats à la plancha.

GRÉOUX-LES-BAINS – 04 Alpes-de-Haute-Provence – 334 D10 – 1 921 h.
– alt. 386 m – Stat. therm. : début mars-mi déc. – Casino – ✉ 04800
📗 Alpes du Sud   40 **B2**

▶ Paris 783 – Aix-en-Provence 55 – Brignoles 52 – Digne-les-Bains 69
– Manosque 14

🏛 Office de tourisme, 5, avenue des Marronniers ℰ 04 92 78 01 08,
Fax 04 92 78 13 00

🏠🏠 La Crémaillère   🏤 ⅀ 🛏 ⅃ ch, AC rest, ⅋ ⅍ P VISA ⓒⓞ

rte de Riez – ℰ *04 92 70 40 04 – lacremaillere@chainethermale.fr*
– Fax 04 92 78 19 80 – Ouvert 16 mars-20 déc.
51 ch – †84/105 € ††84/105 €, ⌂ 14 € – ½ P 73/110 € – **Rest** – Menu (18 €), 26/48 € – Carte 42/54 €

♦ Les chambres, avec balcon ou loggia, offrent un cadre contemporain coloré et lumineux qui laisse présager un séjour réussi à deux pas des thermes troglodytiques. La cuisine – tout comme le frais décor de la salle à manger – s'inspire de la Provence.

🏠🏠 Villa Borghèse   🏤 ⅀ ⅙ ✗ 🛏 AC ⅋ rest, ⅋ ⅍ P
av. des Thermes – ℰ *04 92 78 00 91*   🏤 VISA ⓒⓞ AE ①
– villa.borghese@wanadoo.fr – Fax 04 92 78 09 55 – Ouvert 16 mars-7 déc.
67 ch – †58/150 € ††78/150 €, ⌂ 11,50 € – ½ P 76/115 € – **Rest** – Menu 31 € (sem.)/42 € – Carte 41/49 €

♦ Pas d'œuvres d'art dans cette "Villa Borghèse" tapissée d'ampélopsis mais de grandes chambres souvent dotées de loggias, et aussi sauna, espace beauté, club et cours de bridge. Restaurant au décor chaleureux et contemporain ; appétissante carte classique.

🏠 La Chêneraie   ≪ 🏤 ⅀ 🛏 ⅃ P VISA ⓒⓞ AE
Les Hautes Plaines, par av. Thermes – ℰ *04 92 78 03 23 – contact@*
la-cheneraie.com – Fax 04 92 78 11 72 – Ouvert mi-mars à mi-nov.
20 ch – †58/78 € ††66/85 €, ⌂ 11 € – ½ P 53/70 € – **Rest** – Menu (15 €), 20/32 € – Carte 29/52 €

♦ Immeuble moderne érigé sur les hauteurs de la station, dans un paisible quartier résidentiel. Amples chambres fonctionnelles. Claire salle à manger dont les larges baies donnent sur la piscine, le vieux village et le château.

🏠 Le Verdon   🏤 🏤 🛏 ⅃ AC rest, ⅋ rest, ⅋ ⅍ P VISA ⓒⓞ AE
rte de Riez – ℰ *04 92 70 40 03 – leverdon@chainethermale.fr – Fax 04 92 70 43 99*
– Ouvert 9 mars-29 nov.
64 ch – †63/76 € ††63/76 €, ⌂ 12 € – ½ P 64/72 € – **Rest** – Menu 23 € – Carte environ 32 €

♦ Cet hôtel rénové abrite des chambres fraîches, pratiques et dotées de balcons ; elles ont vue sur le village ou la garrigue. Agréable jardin avec terrain de pétanque. Plaisante salle de restaurant actuelle et terrasse verdoyante dressée à l'ombre.

Les Alpes 🏠 ⌧ **P** 𝘝𝘐𝘚𝘈 🅼🅾 🅰🅴

av. des Alpes – ☏ *04 92 74 24 24 – hoteldesalpes.greoux@wanadoo.fr*
– Fax 04 92 74 24 26 – Fermé déc. et janv.
30 ch ⌸ – ♦60/120 € ♦♦80/135 € – ½ P 55/83 € – **Rest** – Menu 23 € – Carte
environ 28 €
◆ Petit hôtel familial, dans un bâtiment rénové au pied du château des Templiers. Chambres pratiques et insonorisées. L'enseigne est alpestre mais c'est bien la Provence qui s'exprime au restaurant, tant dans l'assiette que dans le décor. Terrasse ombragée.

GRESSE-EN-VERCORS – 38 Isère – 333 G8 – 299 h. – alt. 1 205 m – Sports
d'hiver : 1 300/1 700 m ⟨16 ⟩ – ⌧ 38650 ▮ Alpes du Nord   45 **C2**

◨ Paris 610 – Clelles 22 – Grenoble 48 – Monestier-de-Clermont 14 – Vizille 43
◧ Office de tourisme, le Faubourg ☏ 04 76 34 33 40, Fax 04 76 34 31 26
◙ Col de l'Allimas ⩽★ S : 2 km.

Le Chalet ⚘ ⩽ 🏠 ⌧ 🍴 ▯ ✿ ♨ **P** 🚗 𝘝𝘐𝘚𝘈 🅼🅾

– ☏ 04 76 34 32 08 – lechalet@free.fr – Fax 04 76 34 31 06 – Fermé 9 mars-3 mai,
12 oct.-20 déc. et merc. midi sauf vacances scolaires
25 ch – ♦46/56 € ♦♦83 €, ⌸ 10 € – ½ P 64/82 € – **Rest** – Menu 20/51 € – Carte
31/48 €
◆ Plutôt qu'un chalet, une maison dauphinoise ancienne, qui soigne ses visiteurs. Grandes chambres progressivement rénovées, parfois dotées d'une loggia. Généreuse cuisine traditionnelle servie dans une élégante salle à manger ou sur la jolie terrasse d'été.

> Passée en rouge, la mention « Rest » repère l'établissement
> auquel est attribué notre distinction, ✿ (étoile) ou 🅐 (Bib Gourmand).

GRESSY – 77 Seine-et-Marne – 312 F2 – 101 10 – **voir à Paris, Environs**

GRÉSY-SUR-ISÈRE – 73 Savoie – 333 K4 – 1 043 h. – alt. 350 m –
⌧ 73460   46 **F2**

◨ Paris 595 – Aiguebelle 12 – Albertville 18 – Chambéry 35
– St-Jean-de-Maurienne 48
◙ Site★★ - Château de Miolans ⩽★ : Tour St-Pierre ⩽★★, souterrain de
défense★ ▮ Alpes du Nord.

La Tour de Pacoret avec ch ⚘ ⩽ vallée et montagnes, 🄰 🏠 ⌧
Nord-Est : 1,5 km par D 201 – ✿ rest, ⌂ **P** 𝘝𝘐𝘚𝘈 🅼🅾
☏ *04 79 37 91 59 – info@hotel-pacoret-savoie.com – Fax 04 79 37 93 84*
– Ouvert 9 mai-19 oct.
10 ch – ♦65 € ♦♦70/110 €, ⌸ 12 € – 1 suite – ½ P 67/110 € – **Rest** – *(fermé*
merc. midi sauf juil.-août, lundi en oct. et mardi) Menu (15 €), 19 € (sem.)/50 €
– Carte 37/58 € ⅋
◆ Cette tour de guet édifiée en 1283 garde la Combe de Savoie. Lumineuse salle à manger, agréable terrasse avec vue sur les sommets environnants et cuisine traditionnelle.

GREZ-EN-BOUÈRE – 53 Mayenne – 310 F7 – 981 h. – alt. 85 m –
⌧ 53290   35 **C1**

◨ Paris 276 – Nantes 143 – Laval 35 – Angers 66 – La Flèche 43

Château de Chanay ⚘ 🄰 ↭ ✿ ⌂ **P**

4 km à l'Ouest par D 28 – ☏ *02 43 70 98 81 – info@chateau-de-chanay.com*
3 ch ⌸ – ♦70/100 € ♦♦80/110 € – **Table d'hôte** – Menu 27 € bc
◆ Cette demeure située dans un parc boisé en pleine campagne a su conserver son précieux cachet ancien. Chambres personnalisées et confortables ; beau salon-bibliothèque. À la table d'hôte, on propose une cuisine maison, servie dans une salle à manger classique.

– 46 Lot – 337 G4 – 133 h. – alt. 312 m – ⊠ 46320   29 **C1**

🚪 Paris 562 – Aurillac 84 – Cahors 50 – Figeac 21 – Rocamadour 37

🏨 **Le Grézalide** ⊗   🍽 🕭 🛏 🏊 ⅙ ⋔ ⅋ ❀ rest, 🛋 **P** **VISA** 🐵 ⓞ
– ℰ 05 65 11 20 40 – chateaugrezes @ wanadoo.fr – Fax 05 65 11 20 41 – Ouvert
20 mars-15 nov.
19 ch – ♦77/97 € ♦♦77/97 €, � 10 € – ½ P 70/80 € – **Rest** – (fermé mardi et
merc. d'oct. à avril) (dîner seult) Menu 25/28 €
◆ Au cœur d'un village du Quercy, une adresse qui vous entraîne sur les chemins de l'art au
fil de chambres dédiées à des artistes (Dali, Rodin...), et d'un espace exposition. Une cuisine
aux accents du terroir vous attend dans une jolie salle à manger voûtée.

LA GRIÈRE – 85 Vendée – 316 H9 – rattaché à La Tranche-sur-Mer

---

GRIGNAN – 26 Drôme – 332 C7 – 1 353 h. – alt. 198 m – ⊠ 26230
▌ Provence   44 **B3**

🚪 Paris 629 – Crest 46 – Montélimar 25 – Nyons 25 – Orange 52 – Pont-St-Esprit 38
🛈 Office de tourisme, place du jeu de Ballon ℰ 04 75 46 56 75,
Fax 04 75 46 55 89
◪ Château★★ - Église St-Sauveur ❊★.

🏩 **Manoir de la Roseraie** ⊗   ⟨ 🕭 🛏 🏊 ❊ ⅙ ch, 🅰🄲 ⅋ ❀ rest, 🛋
chemin des Grands Prés, (rte Valréas) –   🛋 **P** **VISA** 🐵 **AE** ⓞ
ℰ 04 75 46 58 15 – roseraie.hotel @ wanadoo.fr – Fax 04 75 46 91 55 – Ouvert de
début fév. à début nov. et fermé mardi, merc. hors saison
21 ch – ♦152/380 € ♦♦152/380 €, ⊔ 20 € – **Rest** – (fermé mardi
et merc. hors saison et au déj. en sem. en juil.-août) (prévenir) Menu 28 € (déj. en
sem.), 35/60 € – Carte 54/69 €
◆ "Exquis", aurait pu écrire la Marquise à propos de ce manoir (19ᵉ s.) situé au pied du
château. Chambres spacieuses, roseraie, belle piscine... L'élégante salle à manger, aménagée en rotonde, ouvre pleinement sa verrière sur le joli parc arboré.

🏨 **Le Clair de la Plume** sans rest ⊗   🍽 🅰🄲 🛋 **VISA** 🐵 **AE** ⓞ
pl. du Mail – ℰ 04 75 91 81 30 – plume2 @ wanadoo.fr – Fax 04 75 91 81 31
15 ch – ♦98/170 € ♦♦98/170 €, ⊔ 13 €
◆ Cette belle demeure du 17ᵉ s. déborde de charme. Chambres provençales distribuées
autour d'un jardin fleuri. Boutique et salon de thé. Accueil aux petits soins.

🏨 **La Bastide de Grignan** sans rest ⊗   🍽 🏊 ⅙ 🅰🄲 🛋
1 km par D 541 rte de Montélimar –   🛋 **P** **VISA** 🐵 **AE**
ℰ 04 75 90 67 09 – info @ labastidegrignan.com – Fax 04 75 46 10 62
16 ch – ♦60/80 € ♦♦60/80 €, ⊔ 15 €
◆ Cet établissement flambant neuf construit sur une ancienne garrigue truffière offre de
coquettes chambres au décor provençal actuel.

🍴🍴 **La Table des Délices**   🍽 🍃 🅰🄲 **P** **VISA** 🐵
1 km par D 541 rte de Montélimar – ℰ 04 75 46 57 22 – Fax 04 75 46 92 96 – Fermé
mardi soir hors saison, dim. soir et lundi
Rest – Menu 24 € (déj. en sem.)/48 € – Carte 46/59 €
◆ Sur la route de la grotte de Mme de Sévigné, une cuisine traditionnelle servie dans un
cadre actuel ou sous les frondaisons de la terrasse. En hiver, spécialités de truffes.

🍴🍴 **Le Probus**   🍃 🅰🄲 **P** **VISA** 🐵
au village miniature – ℰ 04 75 46 13 34 – Fax 04 75 46 13 34 – Fermé 30 juin -
6 juil., 27 oct.-6 nov., 22-30 déc., jeudi d'oct. à mai et merc.
Rest – (nombre de couverts limité, prévenir) Menu 18 € (sem.), 28/46 € bc – Carte
24/40 €
◆ Ce restaurant, inspiré par la Rome antique tant par son nom, celui d'un empereur,
que pour son décor – fresques et colonnes – propose une appétissante cuisine actuelle.

🍴 **Le Poème de Grignan**   🅰🄲 **VISA** 🐵
r. St-Louis – ℰ 04 75 91 10 90 – Fax 04 75 91 10 90 – Fermé 24-30 mars, 17-30 nov.
et merc.
Rest – Menu 22 € (déj. en sem.), 30/39 €
◆ Restaurant de poche au décor provençal, situé dans une rue piétonne du vieux Grignan.
Cuisine du marché et de saison, à consonance méridionale.

rte de Montélimar

⌂ **La Maison du Moulin** ⌖ 🚗 🏠 ⅃ ⚡ ☏ **P**
– ✆ 04 75 46 56 94 – maisondumoulin @ wanadoo.fr
5 ch � – ♦68/100 € ♦♦75/130 € – ½ P 65/92 € – **Table d'hôte** – Menu 30 €
bc/45 € bc
♦ Moulin du 18ᵉ s. au bord d'une rivière. Chambres personnalisées par des meubles
chinés, salle à manger lumineuse, jardin fleuri, piscine. Plats régionaux et cours de
cuisine.

GRIMAUD – 83 Var – 340 O6 – 3 780 h. – alt. 105 m – ✉ 83310
▌ Côte d'Azur   41 **C3**
▶ Paris 861 – Fréjus 32 – Le Lavandou 32 – St-Tropez 12 – Ste-Maxime 12
– Toulon 64
🔼 Office de tourisme, 1, boulevard des Aliziers ✆ 04 94 55 43 83,
Fax 04 94 55 72 20
◙ Château ≼★.
◙ Port Grimaud★ : ≼★ 5 km.

🏠 **La Boulangerie** sans rest ⌖ ≼ 🕭 ⅃ ⚡ 🆔 ⚡ ☏ **P** *VISA* ⓪ AE
2 km à l'Ouest par rte de Collobrières D14 – ✆ 04 94 43 23 16
– hotelboulangerie @ orange.fr – Fax 04 94 43 38 27 – Ouvert Pâques-9 nov.
10 ch – ♦100/115 € ♦♦110/135 €, � 11 € – 2 suites
♦ Détente et bien-être sont au rendez-vous de ce petit mas niché dans la verdure d'un parc :
chambres au sobre décor provençal, atmosphère conviviale.

🏠 **Athénopolis** ⌖ 🚗 ⅃ ⅙ 🆔 ch, ⚡ rest, **P** *VISA* ⓪ AE ⓞ
3,5 km au Nord-Ouest par D 558, rte de La Garde-Freinet – ✆ 04 98 12 66 44
– hotel @ athenopolis.com – Fax 04 98 12 66 40 – Ouvert 2 avril-31 oct.
11 ch – ♦89/115 € ♦♦89/115 €, � 10 € – ½ P 73/80 € – **Rest** – (fermé merc.
sauf juil.-août) Menu (18 €), 23/33 € – Carte 30/94 €
♦ Dans le paysage méditerranéen – presque grec – du massif des Maures, maison aux volets
bleus et chambres colorées avec loggia ou terrasse privative. Cuisine traditionnelle au
restaurant.

⌂ **Hostellerie du Coteau Fleuri** ≼ ☏ *VISA* ⓪ AE ⓞ
pl. des Pénitents – ✆ 04 94 43 20 17 – coteaufleuri @ wanadoo.fr
– Fax 04 94 43 33 42 – Fermé 1ᵉʳ nov.-20 déc.
14 ch – ♦46/115 € ♦♦46/115 €, � – ½ P 58/93 € – **Rest** – (fermé le midi
en juil.-août, lundi midi, vend. midi et mardi) Menu 30 € bc (déj. en sem.), 45/68 €
bc – Carte 55/72 €
♦ Ancienne magnanerie sur une placette pittoresque du vieux village. Les chambres,
au décor monacal, sont progressivement rénovées. Plaisante salle à manger avec
cheminée monumentale et terrasse tournée vers le massif des Maures. Registre culinaire
classique.

XXX **Les Santons** (Claude Girard) 🆔 *VISA* ⓪ AE
⊹ rte Nationale – ✆ 04 94 43 21 02 – lessantons @ wanadoo.fr – Fax 04 94 43 24 92
– Fermé 12 nov.-15 déc., jeudi midi en saison, merc. sauf le soir en hiver, lundi et
mardi hors saison
Rest – Menu 35 € bc (déj.)/55 € – Carte 74/143 €
Spéc. Risotto crémeux de homard. Petite bourride des Santons. Selle d'agneau de
Sisteron rôtie au thym sauvage. **Vins** Côtes de Provence.
♦ Une institution locale que cette auberge de caractère bordant la traversée
du village. Cadre provençal soigné – antiquités, santons, cuivres et fleurs – et cuisine
classique.

XX **La Bretonnière** 🆔 *VISA* ⓪
⊚ pl. des Pénitents – ✆ 04 94 43 25 26 – Fax 04 94 43 25 26 – Ouvert de mi-mars à
mi-nov. et fermé dim. soir hors saison et lundi
Rest – Menu 18 € (déj.), 28/35 € – Carte 39/53 €
♦ Dans une ruelle du bourg médiéval, ce restaurant offre l'attrait d'une carte
étoffée. Décor coquet, mariant le bois sombre (meubles Louis-Philippe) à un camaïeu de
bleu.

✗✗ Le Murier   🏠 AK P VISA ⬤⬤ AE

*1,5 km au Sud-Est par D 14 – ℰ 04 94 43 34 94 – dubourglemurier@wanadoo.fr
– Fax 04 94 43 32 65 – Fermé 10 janv.-10 fév., dim. soir du 15 oct. à Pâques, sam.
midi de Pâques au 15 oct., lundi et mardi*
Rest – Menu (32 €), 42/62 € – Carte 57/64 € 🍃
♦ Plaisante tonalité beige clair pour ce restaurant abritant une salle prolongée d'une
véranda tournée vers le jardin. Terrasse. Cuisine inventive et belle carte des vins.

✗ Auberge La Cousteline   🏠 P VISA ⬤⬤

*2,5 km au Sud-Est par D 14 – ℰ 04 94 43 29 47 – aubergelacousteline@
wanadoo.fr – Fax 04 94 44 83 19 – Fermé mardi en hiver, le midi en juil.-août et
merc. midi*
Rest – Menu 22 € (déj. en sem.), 33/60 € – Carte 37/77 €
♦ Ancienne ferme isolée, enfouie dans la verdure. Intérieur dans le style "campagne
provençale" et nouvelles pergolas en terrasse, très courtisées en saison. Plats du marché.

LA GRIVE – 38 Isère – 333 E4 – rattaché à Bourgoin-Jallieu

GROFFLIERS – 62 Pas-de-Calais – 301 C5 – rattaché à Berck-sur-Mer

---

GROISY – 74 Haute-Savoie – 328 K4 – 2 605 h. – alt. 690 m – ⊠ 74570   46 **F1**
  🄳 Paris 534 – Annecy 17 – Bellegarde-sur-Valserine 40 – Bonneville 29
    – Genève 37

✗✗ Auberge de Groisy   🏠 VISA ⬤⬤

*– ℰ 04 50 68 09 54 – Fax 04 50 68 09 54 – Fermé 30 juin-15 juil., 2-21 janv., dim.
soir, lundi et mardi*
Rest – *(nombre de couverts limité, prévenir)* Menu 28/65 € – Carte 46/67 €
♦ Voisine de l'église, ferme du 19e s. habilement restaurée (poutres et pierres apparentes)
et cuisine actuelle soignée : une sympathique halte champêtre.

GROIX (ÎLE DE) – 56 Morbihan – 308 K9 – voir à Île de Groix

GRUFFY – 74 Haute-Savoie – 328 J6 – 1 157 h. – alt. 570 m – ⊠ 74540   46 **F1**
  🄳 Paris 545 – Aix-les-Bains 19 – Annecy 17 – Chambéry 36 – Genève 62

🏠 Aux Gorges du Chéran ⑤   ← 🚗 🏠 ⅋ rest, P VISA ⬤⬤

*au Pont de l'Abîme – ℰ 04 50 52 51 13 – savary.marc@wanadoo.fr
– Fax 04 50 52 57 33 – Ouvert 15 mars- 15 nov.*
8 ch – ♦65/85 € ♦♦65/85 €, ⊃ 9 € – ½ P 62/70 € – **Rest** – Menu 18/28 € – Carte
24/44 €
♦ Chambres calmes et lambrissées dans un établissement bénéficiant d'un remarquable
arrière-plan : le pont métallique (1887) qui enjambe les gorges du Chéran. Copieuse cuisine
traditionnelle inspirée par la région et carte snack. Belle terrasse panoramique.

GRUISSAN – 11 Aude – 344 J4 – 3 061 h. – alt. 2 m – Casino – ⊠ 11430
▍Languedoc Roussillon   22 **B3**
  🄳 Paris 796 – Carcassonne 73 – Narbonne 15 – Perpignan 76
  🄴 Office de tourisme, 1, boulevard du Pech-Maynaud ℰ 04 68 49 09 00,
    Fax 04 68 49 33 12

🏠 Le Phoebus   🏊 ⅖ ch, AK ⇆ ⅋ ch, 📞 ⅍ P VISA ⬤⬤

*bd Sagne, (au casino) – ℰ 04 68 49 03 05 – hotel.lephoebus@casinos-sfc.com
– Fax 04 68 49 07 67*
50 ch – ♦30/81 € ♦♦30/91 €, ⊃ 9,50 € – **Rest** – Menu 26/45 € bc – Carte
21/43 €
♦ Intégrées au complexe du casino, confortables chambres de type motel, décorées selon
des thèmes originaux : "Sud", "Pescador", "Chalet", etc. Jardinets en rez-de-chaussée.
Restaurant au cadre actuel complété en été par une formule grill au bord de la piscine.

⌂ **Du Port** ⌂ 🛋 🎐 ᕫ ⅏ 🛇 rest, **P** **VISA** **MO**

bd Corderie – 𝒞 04 68 49 07 33 – info @ gruissan-hotel-du-port.com
– Fax 04 68 49 52 41 – Ouvert de Pâques à début oct.
48 ch – †52/65 € ††52/65 €, � 8 € – **Rest** – (dîner seult)
Menu 20 €

◆ L'extérieur cubique un peu austère contraste avec l'accueillant aménagement intérieur (mobilier en bois peint et teintes méridionales). Petites chambres fonctionnelles. Esprit du Sud au restaurant (fer forgé, tons ensoleillés), jolie terrasse sous une treille.

⌂ **Accueil de la Plage** sans rest ⓛ **P** **VISA** **MO** **①**

r. Bernard l'Hermite, à la plage des Chalets – 𝒞 04 68 49 00 75
– lconsonni @ hotmail.fr – Fax 04 68 49 00 75
– Ouvert Pâques-1er nov.
17 ch ⊂ – †50/58 € ††60/64 €

◆ Dans une ruelle au calme, à 2 minutes des maisons sur pilotis immortalisées par le film "37°2 le matin", chambres sobres, bien tenues et dotées d'un balcon. Accueil sympathique.

✗✗ **L'Estagnol** ᕫ ⌂ **AC** **VISA** **MO** **AE**

12 av. Narbonne – 𝒞 04 68 49 01 27 – Fax 04 68 32 23 38 – Ouvert de fin avril à fin sept. et fermé dim. soir sauf juil.-août, mardi midi de sept. à juin et lundi
Rest – Menu 16 € (déj. en sem.), 25/31 € – Carte 22/56 €

◆ Une adresse authentique et sincère dans une ex-maison de pêcheur : décor provençal, petite terrasse face à l'étang et cuisine régionale axée sur le poisson, simple et bonne.

✗ **Le Lamparo** **AC** **VISA** **MO**

au village – 𝒞 04 68 49 93 65 – restaurant.lelamparo @ wanadoo.fr
– Fax 04 68 49 93 65 – Fermé vacances de noël, lundi et mardi sauf juil.-août
Rest – Menu 23/39 €

◆ Sur le quai en arc de cercle du bourg ancien, spacieux et sobre restaurant agrémenté d'un jardin d'hiver central. Cuisine orientée produits de la mer.

LE GUA – 17 Charente-Maritime – 324 E5 – 1 856 h. – alt. 3 m –
✉ 17600   38 **B3**

🚗 Paris 493 – Bordeaux 126 – Rochefort 26 – La Rochelle 63 – Royan 16
🛈 Syndicat d'initiative, 28, rue Saint-Laurent 𝒞 05 46 23 17 28,
    Fax 05 46 23 17 28

✗✗ **Le Moulin de Châlons** avec ch 🔔 ⌂ **P** 🖪 **VISA** **MO** **AE**

à Châlons, Ouest : 1 km rte de Royan – 𝒞 05 46 22 82 72 – moulin-de-chalons @
wanadoo.fr – Fax 05 46 22 91 07
10 ch – †95/140 € ††95/160 €, ⊂ 13 € – ½ P 89/121 € – **Rest** – Menu (20 €),
25/45 € – Carte 37/64 €

◆ Appétissante cuisine au goût du jour et chaleureux décor rustico-bourgeois (pierres et poutres apparentes) dans un authentique moulin à marée du 18e s. Les chambres, toutes joliment rénovées, donnent sur le parc bucolique.

GUEBERSCHWIHR – 68 Haut-Rhin – 315 H8 – 816 h. – alt. 260 m – ✉ 68420
▌Alsace Lorraine   1 **A2**

🚗 Paris 487 – Colmar 12 – Guebwiller 18 – Mulhouse 36 – Strasbourg 92

⌂ **Relais du Vignoble** ᕫ ᕫ ⌂ ch, ⓛ ᕓ **P** **VISA** **MO** **AE**

33 r. Forgerons – 𝒞 03 89 49 22 22
– relaisduvignoble @ wanadoo.fr – Fax 03 89 49 27 82
– Fermé 1er fév.-1er mars
30 ch – †48/60 € ††63/95 €, ⊂ 9 € – ½ P 62/75 €
Rest Belle Vue – 𝒞 03 89 49 31 09 (fermé jeudi midi et merc.) Menu 18 €
(sem.)/38 € – Carte 33/47 €

◆ Étape "spiritueuse" : la grande bâtisse jouxte la cave familiale et la plupart des chambres, désuètes mais bien tenues, donnent sur les vignes. Salle de séminaires. Plats traditionnels et vins du domaine à déguster sur la terrasse panoramique aux beaux jours.

GUEBWILLER ⊗ – 68 Haut-Rhin – 315 H9 – 11 525 h. – alt. 300 m – ⊠ 68500
▮ Alsace Lorraine   1 **A3**

▶ Paris 474 – Belfort 52 – Colmar 27 – Épinal 96 – Mulhouse 24
– Strasbourg 107

▮ Office de tourisme, 73, rue de la République ℰ 03 89 76 10 63,
Fax 03 89 76 52 72

▮ Église St-Léger★ : façade Ouest★★ - Intérieur★★ de l'église N.-Dame★ :
Maître-Hôtel★★ - Hôtel de ville★ - Musée du Florival★.

▮ Vallée de Guebwiller★★ NO.

Domaine du Lac   🛱 🛱 ⅔ 🗐 ⅙ 🗛 ⅔ 🖞 **P** _VISA_ **◐◑** 🗛
244 r. de la République, vers Buhl – ℰ 03 89 76 15 00
– contact@domainedulac-alsace.com – Fax 03 89 74 14 63
35 ch – ⵟ41/70 € ⵟⵟ41/70 €, ⵱ 8,50 € – ½ P 70/99 €
Rest _Les Terrasses_ – ℰ 03 89 76 15 76 _(fermé sam. midi)_ Menu (17 €), 20 € (déj.
en sem.), 26/45 € – Carte 28/41 €
♦ Belles prestations à prix sages pour cet hôtel. Ses chambres aux lignes graphiques
épurées ouvrent sur le lac ou sur un ruisseau à l'arrière. Restaurant au décor design et
terrasse embrassant le panorama. La carte, actuelle, fait honneur aux spécialités locales.

L'Ange   🛱 🗐 ⅙ 🖞 ⅔ **P** _VISA_ **◐◑** 🗛
4 r. de la Gare – ℰ 03 89 76 22 11 – hoteldelange@wanadoo.fr
– Fax 03 89 76 50 08
36 ch – ⵟ39/50 € ⵟⵟ65/70 €, ⵱ 8 € – ½ P 65 € – **Rest** – _(fermé sam. midi)_
Menu 9,50 € (déj. en sem.), 17/35 € – Carte 20/44 €
♦ L'enseigne - sauf coïncidence - et un élévateur en guise d'ascenseur témoignent que
l'hôtel fut autrefois une maternité. Chambres fonctionnelles autour d'un puits de lumière.
Recettes italo-alsaciennes au restaurant ; optez plutôt pour la jolie terrasse ombragée.

à Murbach 5 km au Nord-Ouest par D 40ᴵᴵ – 136 h. – alt. 420 m – ⊠ 68530
▮ Église★★.

Hostellerie St-Barnabé ⚹   🛱 🛱 ⅔ 🗛 rest, 🖞 ⅔ **P** _VISA_ **◐◑** ⓪
– ℰ 03 89 62 14 14 – hostellerie.st.barnabe@wanadoo.fr – Fax 03 89 62 14 15
– Fermé 24-26 déc. et 6-30 janv.
27 ch – ⵟ57/76 € ⵟⵟ183 €, ⵱ 16 € – ½ P 70/124 € – **Rest** – Menu 13 € (déj. en
sem.), 20/65 € – Carte 28/59 €
♦ Cette demeure alsacienne et son jardin égayent le pittoresque vallon de Murbach. Quelques chambres rédécorées dans un style actuel et coloré. Confortable salon. Cuisine au
goût du jour servie dans un cadre contemporain joliment épuré.

Le Schaeferhof ⚹   🕼 🛱 🔣 ⅙ ⅔ 🖞 **P**
6 r. de Guebwiller – ℰ 03 89 74 98 98 – maisondhotes@s
chaeferhof.fr – Fax 03 89 74 98 99 – Fermé 15-25 oct. et 15-30 janv.
4 ch ⵱ – ⵟ110 € ⵟⵟ130/150 € – **Table d'hôte** – Menu 40 €
(sem.)/110 €
♦ La restauration de cette métairie du 18ᵉ s. est une vraie réussite. Chambres de belle
qualité (coin salon, écran plat, douche à jet) où chaque détail a été soigneusement pensé.
Cuisine alsacienne actualisée et bon choix de vins. Petit-déjeuner maison.

à Rimbach-près-Guebwiller 11 km à l'Ouest par D 5ᴵ – 244 h. – alt. 550 m –
⊠ 68500

L'Aigle d'Or avec ch ⚹   🛱 🛱 ⅔ **P** 🚗 _VISA_ **◐◑** 🗛 ⓪
5 r. Principale – ℰ 03 89 76 89 90 – hotelmarck@aol.com – Fax 03 89 74 32 41
– Fermé mi- fév. à mi-mars
15 ch – ⵟ34 € ⵟⵟ44 €, ⵱ 7 € – ½ P 36/49 € – **Rest** – _(fermé lundi sauf de mi-juil._
à mi-sept.) Menu (9,50 €), 16/35 € – Carte 21/50 €
♦ Auberge familiale toute simple, idéale pour retrouver quiétude et authenticité. Petits
plats du terroir servis dans une salle champêtre près d'une cheminée. Ravissant jardin.
Chambres sobres et bien tenues.

> Le rouge est la couleur de la distinction : nos valeurs sûres !

GUÉCÉLARD – 72 Sarthe – 310 J7 – 2 594 h. – alt. 45 m – ⊠ 72230   35 **C1**

■ Paris 219 – Château-du-Loir 38 – La Flèche 26 – Le Grand-Lucé 38
– Le Mans 19

XX **La Botte d'Asperges**   ⅍ *VISA* ⓒ ⓪

⏖ 49 r. Nationale – ℰ 02 43 87 29 61 – Fax 02 43 87 29 61
– Fermé 2-17 mars, 3-25 août, dim. soir et lundi sauf fériés
Rest – Menu 17/50 € – Carte 30/60 €
♦ Ancien relais de poste bordant la route nationale. Fresques et tableaux à motifs floraux décorent la salle à manger aux tables soigneusement dressées. Carte traditionnelle.

GUENROUËT – 44 Loire-Atlantique – 316 E2 – 2 408 h. – alt. 30 m – ⊠ 44530   34 **A2**

■ Paris 430 – Nantes 56 – Redon 21 – St-Nazaire 41 – Vannes 72

XXX **Relais St-Clair**   ⍨ *AK VISA* ⓒ

⏖ 31 r. de l'Isac, (rte de Nozay) – ℰ 02 40 87 66 11 – g.todesco@wanadoo.fr
– Fax 02 40 87 71 01 – Fermé mardi soir, merc. soir du 15 sept. au 15 juin et lundi
Rest – Menu 30/68 € – Carte 47/75 € ⅏
Rest *Le Jardin de l'Isac* – buffet *(fermé mardi soir, merc. soir et lundi du 15 sept. au 15 juin)* Menu 13 € (déj. en sem.)/19 € – Carte 22/41 €
♦ Décor rajeuni, table de tradition et bon choix de vins de Loire au 1er étage de cette bâtisse fleurie voisinant avec le canal de Nantes à Brest et une petite base de loisirs. Grillades et buffets (entrées, desserts) au Jardin de l'Isac. Glycine en terrasse.

XX **Le Paradis des Pêcheurs**   ⍰ **P** *VISA* ⓒ

au Cougou, 5 km au Nord-Ouest par D 102 – ℰ 02 40 87 64 10
– leparadisdespecheurs@wanadoo.fr – Fax 02 40 87 64 10 – Fermé vacances de la Toussaint, de fév., lundi soir, mardi soir, jeudi soir et merc.
Rest – Menu 20 € (sem.)/34 € – Carte 35/42 €
♦ Dans un hameau tranquille de l'Argoat, maison des années 1930 entourée de pins et châtaigniers. Boiseries d'époque dans le bar et la salle à manger. Recettes traditionnelles.

GUÉRANDE – 44 Loire-Atlantique – 316 B4 – 13 603 h. – alt. 54 m – ⊠ 44350
▌ Bretagne   34 **A2**

■ Paris 450 – La Baule 6 – Nantes 77 – St-Nazaire 20 – Vannes 69
🛈 Office de tourisme, 1, place du Marché au Bois ℰ 02 40 24 96 71,
Fax 02 40 62 04 24
◉ Collégiale St-Aubin★.

⌂ **Les Voyageurs**   ⍨ ↵ *VISA* ⓒ

pl. du 8 Mai 1945 – ℰ 02 40 24 90 13 – Fax 02 40 62 06 64 – Fermé 23 déc.-23 janv.
12 ch – ♦50 € ♦♦56 €, � 7 € – **Rest** – (fermé dim. soir et lundi sauf juil.-août) Menu 21/34 € – Carte 29/48 €
♦ Cette maison ancienne se dresse extra-muros, face aux murailles. La touche rétro du décor fait partie de son charme. Chambres bien entretenues et dotées d'une literie récente. Quatre salles rustiques et des plats traditionnels très simples attendent les voyageurs.

⌂ **La Guérandière** sans rest   ⍰ ☏ **P** *VISA* ⓒ

5 r. Vannetaise – ℰ 02 40 62 17 15 – contact@guerandiere.com
6 ch – ♦58/88 € ♦♦58/118 €, ⊊ 10 €
♦ Demeure du 19e s. pleine de charme, au pied des remparts. Chambres cosy et colorées, plusieurs avec cheminée. L'été, petits-déjeuners servis dans le jardin ou sous la verrière.

X **Les Remparts** avec ch   *VISA* ⓒ AE

⏖ bd Nord – ℰ 02 40 24 90 69 – Fax 02 40 62 17 99
– Hôtel : ouvert 16 fév.-14 nov. et fermé dim. et lundi sauf août ; rest : fermé 1er déc.-15 janv., 17-21 fév., le soir du 16 au 31 janv., dim. soir et lundi sauf août
8 ch – ♦45/47 € ♦♦45/47 €, ⊊ 6,50 € – ½ P 52/65 € – **Rest** – Menu (15 €), 18/38 €
♦ Face aux remparts, restaurant proposant mets classiques et poissons, saupoudrés, bien sûr, de sel de Guérande. Petites chambres ultra-simples et désuettes, mais calmes.

X **Le Vieux Logis** 🏠 VISA ◍◔

pl. Psalette, (intra-muros) – ℰ *02 40 62 09 73* – *Fermé 16 nov.-20 déc., mardi soir sauf juil.-août et merc. sauf fériés*

Rest – Menu (17 €), 25/30 € – Carte 26/40 €

♦ Prévôté de Guérande, étude notariale et enfin restaurant : cette belle maison en pierre a conservé son cadre du 17e s. Spécialités de grillades au feu de bois.

X **Le Balzac** 🏠 VISA ◍◔ AE ◍

2 pl. du Vieux Marché – ℰ *02 40 42 97 46* – *Fax 02 51 76 92 71* – *Fermé 5-25 nov., dim. soir, merc. soir et jeudi*

Rest – Menu 17/30 € – Carte 22/43 €

♦ Sur une placette derrière la collégiale, maison traditionnelle bretonne aux volets rouges. Cuisine au goût du jour teintée de tradition, à apprécier dans un décor frais et soigné.

LA GUERCHE-DE-BRETAGNE – 35 Ille-et-Vilaine – 309 O7 – 4 095 h.
– alt. 77 m – ⊠ 35130 ▌Bretagne   10 **D2**

🚩 Paris 324 – Châteaubriant 30 – Laval 53 – Redon 84 – Rennes 55 – Vitré 22

🚇 Office de tourisme, 30, rue Du Guesclin ℰ 02 99 96 30 78,
      Fax 02 99 96 41 43

XX **Calèche** avec ch 🏠 ➧ 𝐏 VISA ◍◔

16 av. Gén. Leclerc – ℰ *02 99 96 21 63* – *contact@lacaleche.com*
– *Fax 02 99 96 49 52* – *Fermé 1er-21 août, 23-31 déc., lundi sauf hôtel, vend. soir et dim. soir*

13 ch – †47 € ††57 €, ⊃ 10 € – ½ P 65 € – **Rest** – Menu (12 €), 14 € (sem.)/34 €
– Carte 29/46 €

♦ Généreuse cuisine du terroir servie dans une sobre salle à manger complétée par une véranda et un petit espace bistrot. Chambres fonctionnelles.

GUÉRET 𝐏 – 23 Creuse – 325 I3 – 14 123 h. – alt. 457 m – ⊠ 23000
▌Limousin Berry   25 **C1**

🚩 Paris 351 – Châteauroux 90 – Limoges 93 – Montluçon 66

🚇 Office de tourisme, 1, rue Eugène France ℰ 05 55 52 14 29,
      Fax 05 55 41 19 38

▣ Émaux Champlevés★ du musée d'art et d'archéologie de la Sénatorerie.

XXX **Le Coq en Pâte** 🚗 🏠 ዿ 𝐏 VISA ◍◔

2 r. de Pommeil – ℰ *05 55 41 43 43* – *Fax 05 55 41 43 42* – *Fermé 20 oct.-8 nov., 17 fév.-6 mars, dim. soir hors saison et lundi soir*   Z **m**

Rest – Menu 17 € (sem.)/54 € – Carte 43/68 €

♦ Dans cette maison bourgeoise (19e s.) joliment restaurée ou sur sa terrasse regardant un agréable jardin arboré, on savoure avec plaisir une cuisine actuelle généreuse et soignée.

à Ste-Feyre 7 km à l'Est – 2 250 h. – alt. 450 m – ⊠ 23000

XX **Les Touristes-Michel Roux** AE VISA ◍◔ AE

1 pl. de la mairie – ℰ *05 55 80 00 07* – *Fax 05 55 81 11 04* – *Fermé janv., merc. soir, dim. soir et lundi*

Rest – Menu 18/48 €

♦ Bâtisse régionale au centre d'un village de la Haute-Marche. Décor coloré et fleuri dans la salle à manger ornée d'une belle armoire à épices. Cuisine du marché.

GUÉRY (LAC DE) – 63 Puy-de-Dôme – 326 D9 – **rattaché au Mont-Dore**

GUÉTHARY – 64 Pyrénées-Atlantiques – 342 C4 – 1 284 h. – alt. 15 m – ⊠ 64210
▌Pays Basque   3 **A3**

🚩 Paris 780 – Bayonne 19 – Biarritz 9 – Pau 125 – St-Jean-de-Luz 7

🚇 Office de tourisme, 74, rue du Comte de Swiecinski ℰ 05 59 26 56 60,
      Fax 05 59 54 92 67

🏠 **Villa Catarie** sans rest ⟡ 　　　　　⚓ 🛗 ⚓ 📞 **P** _VISA_ ⚫⚫ 🅰🅴 ⓞ

415 av. Gén. de Gaulle – ℰ 05 59 47 59 00 – hotel@villa-catarie.com
– Fax 05 59 47 59 02 – Fermé de nov. à mi-déc. et de janv. à mi-fév.
14 ch – ♦125/175 € ♦♦125/175 €, ☲ 12 € – 2 suites

♦ Cette ravissante maison basque construite en 1830 abrite d'élégantes chambres cosy décorées de tons pastel et de beaux meubles anciens. Coquette salle des petits-déjeuners.

🏠 **Brikétenia** sans rest 　　　　　　　⟡ 🛗 ⚓ 📞 **P** _VISA_ ⚫⚫

r. Empereur – ℰ 05 59 26 51 34 – guethary@briketenia.com – Fax 05 59 54 71 55
17 ch – ♦70/95 € ♦♦75/95 €, ☲ 8 €

♦ Vue côté mer ou montagne de cet hôtel (17ᵉ s.) à l'architecture typique. Salon des petits-déjeuners très convivial et chambres de bonne ampleur ; mobilier ancien dans certaines.

✕✕ **Villa Janénéa** 　　　　　　　　　　🏡 ⚓ 🅰🅲 _VISA_ ⚫⚫

352 av. du Gén. de Gaulle – ℰ 05 59 26 50 69 – gaellethibon@aol.com
– Fax 05 59 54 94 67 – Fermé 23-29 juin, janv., merc. et jeudi sauf vacances scolaires et fériés
Rest – Menu (20 €), 35 € – Carte 36/52 €

♦ Sobre salle à manger de style contemporain, complétée d'une terrasse côté rue et côté jardin. Cuisine au goût du jour personnalisée.

LE GUÉTIN – 18 Cher – 323 O5 – ⌧ 18150　　　　　　　　　　12 **D3**

D Paris 252 – Bourges 58 – La Guerche-sur-l'Aubois 11 – Nevers 13
　　– St-Pierre-le-Moutier 29

✕ **Auberge du Pont-Canal** 　　　　　　　　　🏡 _VISA_ ⚫⚫

37 r. des Écluses – ℰ 02 48 80 40 76 – Fax 02 48 80 45 11 – Fermé 1ᵉʳ-8 janv., dim.
⊖⊝ _soir du 30 oct.-30 avril et lundi_
Rest – Menu 12 € (déj. en sem.)/35 € – Carte 15/40 €

♦ Auberge familiale jouxtant le pont de l'Allier. Rénovation de la salle principale et de la véranda, ouverte sur la campagne. Cuisine traditionnelle ; friture pêchée à l'ancienne.

GUEUGNON – 71 Saône-et-Loire – 320 E10 – 8 563 h. – alt. 243 m –
⌧ 71130　　　　　　　　　　　　　　　　　　　　　　　　7 **B3**

D Paris 335 – Bourbon-Lancy 27 – Mâcon 87 – Montceau-les-Mines 29
　　– Moulins 63

🏠 **Du Centre** 　　　　　　　　　🅰🅲 rest, ⚙ 🛁 **P** _VISA_ ⚫⚫

34 r. de la Liberté – ℰ 03 85 85 21 01 – Fax 03 85 85 02 67
⊖⊝ **18 ch** – ♦40/46 € ♦♦44/50 €, ☲ 6 € – **Rest** – Menu 13 € (sem.)/38 € – Carte
24/44 €

♦ Cet hôtel familial bordant la rue principale de la cité des Forgerons renferme des chambres pratiques retrouvant peu à peu l'éclat du neuf. Salles au décor rustico-bourgeois où l'on mange dans une ambiance vieille France attachante.

GUEWENHEIM – 68 Haut-Rhin – 315 G10 – 1 176 h. – alt. 323 m –
⌧ 68116　　　　　　　　　　　　　　　　　　　　　　　　1 **A3**

D Paris 458 – Altkirch 23 – Belfort 36 – Mulhouse 21 – Thann 9

✕✕ **De la Gare** 　　　　　　　　　🚗 🏡 🅰🅲 **P** _VISA_ ⚫⚫

2 r. Soppe – ℰ 03 89 82 51 29 – Fax 03 89 82 84 62 – Fermé
⊖⊝ _24 juil.-13 août, 23 fév.-6 mars, mardi soir et merc._
Rest – Menu 10 € (déj. en sem.), 27/70 € – Carte 29/59 € ⸘

♦ Un ancien café de village, fort sympathique, tenu par la même famille depuis quatre générations. Plats traditionnels et du terroir. La superbe carte des vins mérite le voyage.

GUIGNIÈRE – 37 Indre-et-Loire – 317 M4 – **rattaché à Tours**

GUILHERAND-GRANGES – 07 Ardèche – 331 L4 – **rattaché à Valence (26 Drôme)**

GUILLESTRE – 05 Hautes-Alpes – 334 H5 – 2 211 h. - alt. 1 000 m – ⊠ 05600
Alpes du Sud

▶ Paris 715 – Barcelonnette 51 – Briançon 36 – Digne-les-Bains 114 – Gap 61

🛈 Office de tourisme, place Salva 𝒞 04 92 45 04 37, Fax 04 95 45 19 09

◉ Porche★ de l'église - Pied-la-Viste ⩽★ E : 2 km - Peyre-Haute ⩽★ S : 4 km
puis 15 mn.

◉ Combe du Queyras★★ NE : 5,5 km.

✗ **Dedans Dehors**
ruelle Sani – 𝒞 *04 92 44 29 07 – albancointe @ yahoo.fr – Ouvert mai-sept.*
Rest – Carte 25/40 €
♦ Une ruelle médiévale dessert cette cave voûtée où tartines, salades et cuisine à la plancha
connotées terroir combleront votre appétit dans un cadre bistrotier éclectique et chamarré.

à Mont-Dauphin gare 4 km au Nord-Ouest par D 902^A et N 94 – 87 h. – alt. 1 050 m –
⊠ 05600

🛈 Office de tourisme, rue Rouget de Lisle 𝒞 04 92 45 17 80

◉ Charpente★ de la caserne Rochambeau.

🏠 **Lacour et rest. Gare**   🚗 ℅ rest, ⅋ 🛁 **P** *VISA* ⓪ AE
⊖ – 𝒞 *04 92 45 03 08 – renseignement @ hotel-lacour.com – Fax 04 92 45 40 09*
– *Fermé sam. du 20 avril au 30 juin et du 1er sept. au 26 déc.*
46 ch – ♦34/35 € ♦♦54/67 €, ⊊ 7,50 € – ½ P 48/56 € – **Rest** – Menu 16/38 €
– Carte 17/41 €
♦ En contrebas des fortifications de Mont-Dauphin, cet hôtel familial et son annexe offrent
des chambres d'un confort simple, plus au calme côté jardin. Restaurant au cadre contem-
porain, aménagé dans un autre bâtiment agrémenté d'un cadran solaire en façade.

GUILLIERS – 56 Morbihan – 308 Q6 – 1 216 h. – alt. 86 m – ⊠ 56490

▶ Paris 418 – Dinan 66 – Lorient 91 – Ploërmel 13 – Rennes 69 – Vannes 59

🏠 **Au Relais du Porhoët**   🚗 ⅋ ℅ ⅋ **P** *VISA* ⓪ AE
⊖ *11 pl. de l'Église* – 𝒞 *02 97 74 40 17 – relais.du.porhoet @ wanadoo.fr*
🐾 – *Fax 02 97 74 45 65 – Fermé 14-22 avril, 30 juin-8 juil., 29 sept.-7 oct. et 2-16 janv.*
12 ch – ♦38/49 € ♦♦43/60 €, ⊊ 9 € – ½ P 45 € – **Rest** – *(fermé lundi sauf le soir*
🍽 *en juil.-août et dim. soir)* Menu (11 €), 14 € (sem.)/40 € – Carte 22/34 €
♦ La façade fleurie de cet hôtel est avenante en saison. Elle cache d'agréables chambres
insonorisées, réservées aux non-fumeurs. Une cheminée monumentale réchauffe l'une des
salles de restaurant où l'on sert une goûteuse cuisine régionale.

GUINGAMP ◈ – 22 Côtes-d'Armor – 309 D3 – 8 008 h. – alt. 81 m – ⊠ 22200
Bretagne

▶ Paris 484 – Carhaix-Plouguer 49 – Lannion 32 – Morlaix 53 – St-Brieuc 32

🛈 Office de tourisme, place Champ au Roy 𝒞 02 96 43 73 89, Fax 02 96 40 01 95

🏌 de Bégard à Bégard Krec'h An Onn, par rte de Lannion : 13 km,
𝒞 02 96 45 32 64.

◉ Basilique N.D.-de-Bon-Secours★ B.

Plan page ci-contre

🏠 **De l'Arrivée** sans rest   ℔ 📶 ₺ ℅ ⅋ *VISA* ⓪ AE ⓪
19 bd Clemenceau, (face à la gare) – 𝒞 *02 96 40 04 57*
– *hoteldelarrivee.guingamp @ wanadoo.fr*   **B a**
27 ch – ♦42/46 € ♦♦56/62 €, ⊊ 7,50 € – 1 suite
♦ L'enseigne évoque la proximité de la gare ferroviaire. À l'arrivée ou au départ de
Guingamp, cet hôtel s'avère pratique avec ses chambres sans ampleur mais bien rénovées.

🏠 **La Demeure** sans rest   🚗 ℅ *VISA* ⓪
5 r. Gén.de Gaulle – 𝒞 *02 96 44 28 53 – contact-demeure @ wanadoo.fr*
– *Fax 02 96 44 45 54 – Fermé janv.*   **B b**
7 ch – ♦66/139 € ♦♦81/139 €, ⊊ 9 €
♦ En centre-ville, ancienne maison de notable (18e s.) vous hébergeant dans de vastes
chambres pourvues de meubles de style. Petit-déjeuner dans une véranda ouverte sur le
jardin.

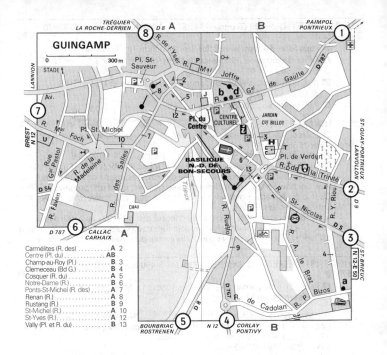

XX   **La Boissière**   🕭 🕸 P VISA ⊕⊖
🕭   r. Yser, 1 km par ⑧ – ℰ 02 96 21 06 35 – Fax 02 96 21 13 38 – Fermé 15-30 juil.,
     16-28 fév., sam. midi, dim. soir et lundi
     Rest – Menu (13 €), 16 € (déj. en sem.), 23/60 € – Carte 35/58 €
     ◆ Maison de maître centenaire nichée dans son parc. Deux plaisantes salles à manger
     bourgeoises servent de cadre à une cuisine traditionnelle qui évolue au gré des
     saisons.

XX   **Le Clos de la Fontaine**   🕭 VISA ⊕⊖
🕭   9 r. Gén. de Gaulle – ℰ 02 96 21 33 63 – Fax 02 96 21 29 78 – Fermé 1er-4 mars,
     15-31 juil., dim. soir et lundi   B d
     Rest – Menu (12,50 €), 14,50 € (déj. en sem.), 28/42 € – Carte 36/53 €
     ◆ Restaurant vous conviant à un repas traditionnel actualisé dans l'une de ses deux
     salles classiquement aménagées, avec parquet et pierres apparentes, ou sur sa terrasse-
     patio.

GUISSENY – 29 Finistère – 308 E3 – 1 783 h. – alt. 18 m – ⊠ 29880   9 **A1**
   ◪ Paris 591 – Brest 35 – Landerneau 27 – Morlaix 56 – Quimper 91
   ◪ Office de tourisme, place Saint Sezny ℰ 02 98 25 67 99,
   Fax 02 98 25 69 69

🏠   **Auberge de Keralloret** 🕸   🕭 ⅙ ch, P VISA ⊕⊖
     Sud: 3 km par D 10 et rte secondaire – ℰ 02 98 25 60 37 – auberge@
     keralloret.com – Fax 02 98 25 69 88 – Fermé 4-15 oct. et 5-31 janv.
     11 ch – ♦49/58 € ♦♦57/76 €, ⊑ 9 € – ½ P 57/67 € – **Rest** – (fermé merc. sauf
     de juin à sept.) Menu 20 € (sem.)/35 € – Carte 28/43 €
     ◆ Goûtez au charme et à la tranquillité de cette vieille ferme joliment rénovée.
     Le décor contemporain des chambres, réparties dans plusieurs maisons de granit,
     s'inspire de la région. Au restaurant, cuisine traditionnelle et chaleureuse atmosphère
     rustique.

GUJAN-MESTRAS – 33 Gironde – 335 E7 – 14 958 h. – alt. 5 m – ✉ 33470
▌ Aquitaine   3 **B2**

■ Paris 638 – Andernos-les-Bains 26 – Arcachon 10 – Bordeaux 56

🛈 Office de tourisme, 19, avenue de Lattre-de-Tassigny ✆ 05 56 66 12 65,
Fax 05 56 22 01 41

🖿 de Gujan-Mestras Route de Sanguinet, S : 5 km par D 1250 et D 65,
✆ 05 57 52 73 73.

◎ Parc ornithologique du Teich★ E : 5 km.

ⒶⒶⒶ   **La Guérinière**   🍴 🏊 🔳 📶 ♨ 🏊 P VISA ◐◎ AE ①
🌸   *18 cours de Verdun, à Gujan* – ✆ 05 56 66 08 78 – laguieriniere @ wanadoo.fr
        – Fax 05 56 66 13 39
        23 ch – ♦95/170 € ♦♦95/170 €, � 11 € – 2 suites – ½ P 110/145 €
        Rest – *(fermé dim. soir en hiver et sam. midi)* Menu 42 € bc/110 € – Carte 63/190 €
        Spéc. Tempura de langoustines, royale de crustacés, crème de lentilles vertes du
        Puy. Cochon de lait, andouillette de pied de porc, épinards, pommes soufflées
        (sauf été). Assiette potagère sucrée, crème glacée à l'olive mentholée. **Vins**
        Entre-deux-Mers, Graves.
        ♦ Maison moderne située au centre du principal port ostréicole du bassin d'Arcachon.
        Chambres spacieuses, aménagées avec goût dans un esprit zen et épuré. Cuisine actuelle
        parfumée à savourer dans un élégant cadre contemporain ou au bord de la piscine.

GUNDERSHOFFEN – 67 Bas-Rhin – 315 J3 – 3 490 h. – alt. 180 m –
✉ 67110   1 **B1**

■ Paris 466 – Haguenau 16 – Sarreguemines 61 – Strasbourg 45
– Wissembourg 33

ⒶⒶ   **Le Moulin** sans rest ॐ   🎧 🖤 🔳 ♨ ✿ 🏊 🛋 P VISA ◐◎ AE
        r. Moulin – ✆ 03 88 07 33 30 – hotel.le.moulin @ wanadoo.fr – Fax 03 88 72 83 97
        – Fermé 4-24 août, 5-12 janv. et 16 fév.-3 mars
        6 ch – ♦90 € ♦♦110/200 €, ⊐ 17 €
        ♦ Ancien moulin entouré d'un beau parc traversé par un cours d'eau. Chambres person-
        nalisées déclinant les styles contemporain ou rustique chic. Calme, charme et raffinement...

ⓍⓍⓍ   **Au Cygne** (François Paul)   🔳 ✿ VISA ◐◎ AE
🌸🌸   *35 Gd'Rue* – ✆ 03 88 72 96 43 – sarl.lecygne @ wanadoo.fr – Fax 03 88 72 86 47
        – Fermé 4-25 août, 5-12 janv., 16 fév.-2 mars, dim. et lundi
        Rest – Menu 45 € (sem.)/95 € – Carte 78/93 € 🍷
        Spéc. Morilles farcies dans leur velouté (avril à juin). Tartare de langoustines
        marinées au piment d'Espelette. Gibier (oct. à avril). **Vins** Pinot gris, Riesling.
        ♦ Cette belle maison à colombages vous reçoit dans son élégant intérieur régionalisant,
        récemment modernisé, et propose une cuisine inventive et raffinée.

ⓍⓍ   **Le Soufflet**   🍴 VISA ◐◎ AE
🍃   *13 r. de la Gare* – ✆ 03 88 72 91 20 – lesoufflet @ free.fr – Fax 03 88 72 91 20
        – Fermé vacances de fév., sam. midi, lundi soir et merc. soir
        Rest – Menu 26/66 € bc – Carte 41/53 €
        Rest *Bahnstub* – Menu 12 € – Carte 25/43 €
        ♦ Derrière la façade fleurie de ce restaurant face à la gare, on déguste un répertoire
        classique dans un décor agrémenté d'animaux empaillés. Agréable terrasse sous une
        pergola. Ambiance familiale à la Bahnstub : plats du jour et carte de spécialités alsaciennes.

GY – 70 Haute-Saône – 314 C8 – 1 018 h. – alt. 237 m – ✉ 70700
▌ Franche-Comté Jura   16 **B2**

■ Paris 356 – Besançon 32 – Dijon 69 – Dôle 50 – Gray 20 – Langres 75
– Vesoul 39

🛈 Office de tourisme, 15, grande rue ✆ 03 84 32 93 93, Fax 03 84 32 86 87

◎ Château★.

ⒶⒶ   **Pinocchio** sans rest ॐ   🍴 🏊 🖤 🛋 P VISA ◐◎ AE
        – ✆ 03 84 32 95 95 – Fax 03 84 32 95 75 – Fermé 25 déc.-1er janv.
        14 ch – ♦49 € ♦♦64 €, ⊐ 7 €
        ♦ Cette jolie maison régionale restaurée avec soin dans le style contemporain offre des
        chambres personnalisées. Intérieur décoré sur le thème de la célèbre marionnette.

GYE-SUR-SEINE – 10 Aube – 313 G5 – 513 h. – alt. 172 m – ⌧ 10250   13 **B3**

▶ Paris 209 – Troyes 45 – Châtillon-sur-Seine 26 – Tonnerre 45

⌂ **Des Voyageurs**   ⎙ 🛁 🕭 VISA ⓪Ⓢ

🕭   6 r. de la Nation – 𝒞 03 25 38 20 09 – hotel-voyageurs-gye @ wanadoo.fr
– Fax 03 25 38 25 37 – Fermé 22-30 août, vacances de fév., dim.
soir et merc.
7 ch – ♦48 € ♦♦48 €, ⌑ 6 € – ½ P 65 € – **Rest** – Menu 15 € (sem.)/22 € – Carte
28/45 €
♦ Des petites chambres fraîches et colorées vous attendent dans ce relais de poste bâti à
la fin du 19ᵉ s. et doté d'une avenante façade en pierre. Le restaurant opte pour un décor
actuel, des meubles en rotin et une carte traditionnelle.

HABÈRE-POCHE – 74 Haute-Savoie – 328 L3 – 729 h. – alt. 945 m – Sports
d'hiver : 930/1 600 m ⚡9 ⚞ – ⌧ 74420   46 **F1**

▶ Paris 564 – Annecy 63 – Bonneville 33 – Genève 37
– Thonon-les-Bains 19

🛈 Office de tourisme, Chef-Lieu 𝒞 04 50 39 54 46, Fax 04 50 39 56 62

◙ Col de Cou★ NO : 4 km, ▮ Alpes du Nord.

✗ **Tiennolet**   ⌂ P VISA ⓪Ⓢ

🕭   – 𝒞 04 50 39 51 01 – pierre.bonnet008 @ .orangefr – Fax 04 50 39 58 15
– Fermé 2-28 juin, 13 oct.-14 nov., dim. soir, mardi soir et merc. sauf vacances
scolaires
Rest – Menu 15 € (déj. en sem.), 26/36 € – Carte 36/40 €
♦ Au centre du village, au-dessus de la pâtisserie familiale, chaleureux restaurant
montagnard avec terrasse exposée plein Sud. Carte oscillant entre classicisme et régionalisme.

L'HABITARELLE – 48 Lozère – 330 K7 – ⌧ 48170 Châteauneuf-de-Randon

▶ Paris 587 – Langogne 19 – Mende 27 – Le Puy-en-Velay 62   23 **C1**

⌂ **Poste**   ⚲ ch, P, 🕭 VISA ⓪Ⓢ ⒜Ⓔ

🕭   – 𝒞 04 66 47 90 05 – contact @ hoteldelaposte48.com – Fax 04 66 47 91 41
– Fermé 29 juin-4 juil., 3-12 nov., 19 déc.-31 janv., dim. soir et lundi
sauf juil.-août
16 ch – ♦46/53 € ♦♦46/53 €, ⌑ 7,50 € – ½ P 46 € – **Rest** – Menu 16/35 €
– Carte 22/32 €
♦ Près du mausolée érigé en l'honneur de Bertrand Du Guesclin, mort ici même
d'avoir bu de l'eau trop glacée, se tient ce sympathique relais de poste du 19ᵉ s. Restaurant
aménagé dans une ex-grange à foin (murs en pierre, charpente en sapin) ; plats du
terroir.

HAGENTHAL-LE-HAUT – 68 Haut-Rhin – 315 I11 – 410 h. – alt. 400 m –
⌧ 68220   1 **B3**

▶ Paris 483 – Altkirch 26 – Basel 13 – Colmar 76 – Mulhouse 41

✗✗ **A l'Ancienne Forge**   ⌂ VISA ⓪Ⓢ

52 r. Principale – 𝒞 03 89 68 56 10 – baumannyves @ aol.com – Fax 03 89 68 17 38
– Fermé dim. soir, lundi et mardi
Rest – Menu 28 € (sem.)/48 € – Carte 27/52 €
♦ Dans un paisible village, maison à pans de bois entourée de verdure. Cuisine au goût du
jour soignée servie dans une salle aux jolies poutres peintes ou dans la véranda.

HAGETMAU – 40 Landes – 335 H13 – 4 403 h. – alt. 96 m – ⌧ 40700
▮ Aquitaine   3 **B3**

▶ Paris 737 – Aire-sur-l'Adour 34 – Dax 45 – Mont-de-Marsan 29 – Orthez 25
– Pau 56

🛈 Office de tourisme, place de la République 𝒞 05 58 79 38 26,
Fax 05 58 79 47 27

◙ Chapiteaux★ de la Crypte de St-Girons.

Les Lacs d'Halco ⓢ ≤ ⚆ ▥ ※ & ℍ ↳ ⅌ rest, ☏

3 km au Sud-Ouest sur rte de Cazalis – 🅿 Ⓟ ▨⅀ ⓂⓄ ⅍
𝒸 05 58 79 30 79 – contact @ hotel-des-lacsdhalco.fr – Fax 05 58 79 36 15
24 ch – ♦70/98 € ♦♦70/98 €, ⌑ 12 € – ½ P 70/100 € – **Rest** – Menu (20 €),
30/60 €

◆ Acier, verre, bois et pierre : esprit zen pour cette étonnante architecture design ouverte
sur lacs et forêt. Belles chambres contemporaines ; barques, minigolf, etc. Une rotonde
"posée" sur l'eau abrite le restaurant qui offre une jolie vue sur la nature.

Le Jambon ⓢ ☖ ▥ ℍ rest, Ⓟ ▨⅀ ⓂⓄ ⅍ ⓞ

r. Carnot – 𝒸 05 58 79 32 02 – Fax 05 58 79 34 78 – Fermé janv., dim. soir et lundi
9 ch – ♦50 € ♦♦60/80 €, ⌑ 7 € – **Rest** – Menu 15 € (sem.)/45 €

◆ Cette grande maison du centre-ville héberge des chambres spacieuses et actuelles ;
toutes donnent sur l'espace cour-piscine. Bonne insonorisation et tenue rigoureuse.
Généreuse cuisine traditionnelle et landaise servie dans une confortable salle bourgeoise.

HAGUENAU ⓦ – 67 Bas-Rhin – 315 K4 – 32 242 h. – alt. 150 m – ⌷ 67500
▊ Alsace Lorraine   1 **B1**

▯ Paris 478 – Baden-Baden 41 – Sarreguemines 93 – Strasbourg 33

▯ Office de tourisme, place de la Gare 𝒸 03 88 93 70 00, Fax 03 88 93 69 89

▥ Soufflenheim Baden-Baden à Soufflenheim Allée du Golf, E : 14 km par
D 1063, 𝒸 03 88 05 77 00.

▣ Musée historique★ BZ **M²** - Retable★ dans l'église St-Georges - Boiseries★
dans l'église St-Nicolas.

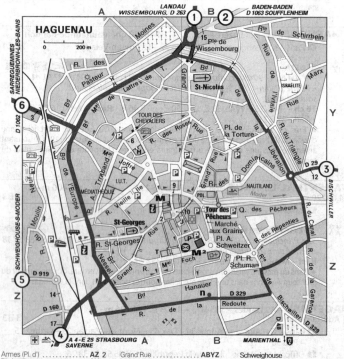

HAGUENAU

XXX **Le Jardin**   AC P VISA MO

16 r. Redoute – ℰ 03 88 93 29 39 – Fax 03 88 93 29 39 – Fermé 29 juil.-13 août,
6-13 oct., 17 fév.-4 mars, mardi et merc.   BZ **n**
Rest – Menu 17 € (déj. en sem.), 36/60 € bc
♦ Jolie façade haguenovienne refaite dans le style Renaissance et bel intérieur composé de
chaleureuses boiseries ornées de motifs peints. Cuisine classique revisitée.

au Sud-Est 3 km par D 329 et rte secondaire – ☒ 67500 Haguenau

Champ'Alsace   🏠 ⅁ ch, AC rest, ⏴ ⅍ P VISA MO

12 r. St-Exupéry – ℰ 03 88 93 30 13 – champalsace@aol.com
– Fax 03 88 73 90 04
40 ch – †60 € ††60 €, ☑ 7,50 € – ½ P 77 € – **Rest** – *(fermé sam. et dim.)*
Menu 18/32 € – Carte 14/40 €
♦ Complexe hôtelier récent dans une zone industrielle. Chambres entretenues, de bonne
ampleur, équipées d'un mobilier de série. Deux salles à manger simples, mais égayées de
fresques représentant des paysages régionaux et une distillerie.

LA HAIE-FOUASSIÈRE – 44 Loire-Atlantique – 316 H5 – **rattaché à Nantes**

LA HAIE-TONDUE – 14 Calvados – 303 M4 – ☒ 14950   32 **A3**
   ◻ Paris 198 – Caen 41 – Deauville 15 – Le Havre 53 – Lisieux 20
     – Pont-l'Évêque 8

XX **La Haie Tondue**   🖼 AC P VISA MO AE

– ℰ 02 31 64 85 00 – la-haie-tondue@wanadoo.fr – Fax 02 31 64 78 35 – Fermé
5-23 janv., lundi soir sauf août et mardi
Rest – Menu 24/47 € – Carte 30/41 €
♦ Accueil chaleureux en cette maison régionale tapissée de vigne vierge. Salles rénovées,
mais à la rusticité préservée (poutres et cheminée). Cuisine traditionnelle.

HALLUIN – 59 Nord – 302 G3 – 18 997 h. – alt. 30 m – ☒ 59250   31 **C2**
   ◻ Paris 239 – Arras 71 – Dunkerque 80 – Lille 22 – Valenciennes 71
   🖼 Syndicat d'initiative, 58, rue de Lille ℰ 03 20 03 49 24

XX **La Clé des Champs**   VISA MO AE

273 r. Lille – ℰ 03 20 37 34 34 – la.clef.des.champs@wanadoo.fr
– Fax 03 20 46 10 32 – Fermé 21 juil.-21 août, 24-30 déc., dim. soir, mardi soir et
merc.
Rest – Menu 29/43 € – Carte 40/58 €
♦ Dans cette maison bourgeoise, hauts plafonds, poutres, parquet et cheminées font le
charme de trois salles à manger. Goûteuse cuisine traditionnelle.

HAMBACH – 57 Moselle – 307 N4 – 2 501 h. – alt. 230 m – ☒ 57910   27 **C1**
   ◻ Paris 396 – Metz 70 – Saarbrücken 23 – Sarreguemines 8 – Strasbourg 98

🏠 **Hostellerie St-Hubert** ⸕   🚗 🖼 ℅ 🏠 ⅍ P VISA MO AE

La Verte Forêt – ℰ 03 87 98 39 55 – annie.roth@wanadoo.fr – Fax 03 87 98 39 57
– Fermé 22 déc.-3 janv.
53 ch – †59/62 € ††79/82 €, ☑ 9 € – 3 suites – **Rest** – Menu 28/60 € – Carte
29/51 €
♦ Bâtisse de notre temps voisinant avec un étang et un complexe sportif. Les chambres,
spacieuses, sont pourvues de meubles en bois peint et parfois d'une loggia. Salles à manger
au décor foisonnant, taverne et terrasse près de l'eau ; table traditionnelle.

HAMBYE – 50 Manche – 303 E6 – 1 121 h. – alt. 111 m – ☒ 50450
🖼 Normandie Cotentin   32 **A2**
   ◻ Paris 316 – Coutances 20 – Granville 30 – St-Lô 25
     – Villedieu-les-Poêles 17
   ◻ Église abbatiale ★★.

à l'Abbaye 3,5 km au Sud par D 51 – ⊠ 50450 Hambye

XXX **Auberge de l'Abbaye** avec ch ⚘ 🛜 VISA ⓴
5 rte de l'Abbaye – ℰ 02 33 61 42 19 – aubergedelabbaye@wanadoo.fr
– Fax 02 33 61 00 85 – Fermé 1ᵉʳ-15 oct., 15-28 fév., dim. soir et lundi
7 ch – ♦44 € ♦♦54 €, ⊇ 8 € – ½ P 56 € – **Rest** – Menu (22 €), 26/65 € – Carte
25/45 €
♦ Cette maison en pierres de taille, proche des ruines de l'abbaye, dresse sa terrasse d'été
dans un petit jardin. Salle à manger rustico-bourgeoise et plats traditionnels.

HANVEC – 29 Finistère – 308 G5 – 1 605 h. – alt. 103 m – ⊠ 29460   9 **A-B2**
▪ Paris 568 – Rennes 216 – Quimper 48 – Brest 35 – Morlaix 47

⟰ **Les Chaumières de Kerguan** sans rest ⚘ 🛏 & ⁊ 🅿
Kerguan, 2 km par rte de Sizun – ℰ 02 98 21 97 75 et06 01 96 8753 – kerguan@
neuf.fr – Fax 02 98 21 97 75
4 ch – ♦29/30 € ♦♦38/42 €, ⊇ 5 €
♦ Jolie longère en moellons emmitouflée sous son toit de chaume, dans un hameau
paisible composé d'anciens bâtiments agricoles restaurés. Chambres mignonnes cédées à
bon prix.

HARDELOT-PLAGE – 62 Pas-de-Calais – 301 C4 – ⊠ 62152 Neufchatel- Hardelot
▌Nord Pas-de-Calais Picardie   30 **A2**
▪ Paris 254 – Arras 114 – Boulogne-sur-Mer 15 – Calais 51
   – Le Touquet-Paris-Plage 23
🄸 Office de tourisme, 476, avenue Francois-1ᵉʳ ℰ 03 21 83 51 02,
   Fax 03 21 91 84 60
🄸 d'Hardelot à Neufchâtel-Hardelot 3 avenue du Golf, E : 1 km,
   ℰ 03 21 83 73 10.

🏨 **Du Parc** ⚘   🛜 🍴 ⌧ ℀ 🛏 & ⁊ ⁊ ⁊ 🅿 VISA ⓴ AE ⓪
111 av. Francois 1ᵉʳ – ℰ 03 21 33 22 11 – parc.hotel@najeti.com
– Fax 03 21 83 29 71
106 ch – ♦105/140 € ♦♦115/160 €, ⊇ 14 € – 1 suite – ½ P 83/113 €
Rest – Menu (22 € bc), 27/45 € – Carte 44/66 €
♦ Complexe hôtelier et sportif récent dans un environnement arboré. Les chambres,
spacieuses et douillettes (mobilier peint), ouvrent sur le parc. Provision de senteurs et de
saveurs iodées dans le lumineux restaurant aux murs revêtus de lambris et de boiseries.

🏨 **Régina**   🛜 🍴 🛏 ⁊ 🅿 VISA ⓴ AE
185 av. François 1ᵉʳ – ℰ 03 21 83 81 88 – leregina.hotel@wanadoo.fr
– Fax 03 21 87 44 01 – Fermé 30 nov.-28 fév.
42 ch – ♦67/71 € ♦♦67/71 €, ⊇ 9 € – ½ P 59 € – **Rest** – *(fermé dim. soir et lundi*
sauf en juil.-août) Menu (20 €), 24/37 € – Carte 21/46 €
♦ Bâtisse moderne en lisière de la pinède qui s'étend aux portes de cette élégante station
de la Côte d'Opale. Les chambres sont progressivement refaites. Au restaurant, produits de
la pêche servis dans un joli décor contemporain. Terrasse agréable par beau temps.

HASPARREN – 64 Pyrénées-Atlantiques – 342 E4 – 5 477 h. – alt. 50 m –
⊠ 64240 ▌Pays Basque   3 **AB3**
▪ Paris 783 – Bayonne 24 – Biarritz 34 – Cambo-les-Bains 9 – Pau 106
🄸 Office de tourisme, 2, place Saint-Jean ℰ 05 59 29 62 02, Fax 05 59 29 13 80
🄶 Grottes d'Oxocelhaya et d'Isturits ★★ SE : 11 km.

🏨 **Les Tilleuls**   🍴 ℀ VISA ⓴
pl. Verdun – ℰ 05 59 29 62 20 – hotel.lestilleuls@wanadoo.fr – Fax 05 59 29 13 58
– Fermé 15 fév.-10 mars, dim. soir et sam. du 13 sept. au 7 juil.
25 ch – ♦45/52 € ♦♦54/60 €, ⊇ 6,50 € – ½ P 46/50 € – **Rest** – Menu 16 €
(sem.)/30 € – Carte 23/43 €
♦ La maison qu'habita l'écrivain Francis Jammes est à deux pas de cette construction de
style basque disposant de chambres bien rénovées. Sympathique salle de restaurant
rustique où l'on vous proposera de goûter aux recettes régionales.

au Sud 6 km par D152 et voie secondaire - ✉ 64240 Hasparren

⌂ **Ferme Hégia** (Arnaud Daguin) ⌖   ⌖ ⌖ ⌖ ⌖ **P** **VISA** **GO** **AE**
☼ *chemin Curutxeta, (quartier Zelai)* – ☎ *05 59 29 67 86 – info @ hegia.com*
5 ch ⌑ – †415 € – ††480 € – ½ P 325 €
Table d'hôte – *(menu unique résidents seult)*
Spéc. Menu du marché.
♦ Cette ancienne ferme labourdine (1746) n'a que la montagne pour vis-à-vis. L'intérieur, superbement rénové dans un esprit contemporain, privilégie les matériaux nobles. Le chef réalise devant ses hôtes une cuisine inspirée par le marché du jour... Jubilatoire.

HASPRES – 59 Nord – 302 I6 – 2 753 h. – alt. 44 m – ✉ 59198   31 **C3**
◘ Paris 197 – Avesnes-sur-Helpe 49 – Cambrai 18 – Lille 66 – Valenciennes 16

⁝⁝ **Auberge St-Hubert**   ⌖ ⌖ ⌖ **P** **VISA** **GO** **AE** **①**
62 r. A. Brunet, rte Denain 1km D 955 – ☎ *03 27 25 70 97*
– auberge.st.hubert.haspres @ wanadoo.fr – Fax 03 27 25 76 21
– Fermé août, 3-13 janv., mardi soir et lundi sauf fériés
Rest – Menu 22 € (sem.)/49 € – Carte 35/50 €
♦ Les habitués apprécient cette coquette auberge de la Vallée de la Selle pour son petit jardin, ses salles à manger champêtres et sa cuisine traditionnelle (gibier en saison).

HAUTEFORT – 24 Dordogne – 329 H4 – 1 135 h. – alt. 160 m – ✉ 24390
▮ Périgord Quercy   4 **D1**
◘ Paris 466 – Bordeaux 189 – Périgueux 59 – Brive-la-Gaillarde 57 – Tulle 92
🛈 Office de tourisme, place du Marquis J. F. de Hautefort ☎ 05 53 50 40 27

⌂ **Au Périgord Noir** sans rest ⌖   ⌖ ⌖ ⌖ **AK** ⌖ **P** **VISA** **GO**
La Genébre – ☎ *05 53 50 40 30 – hotel @ auperigordnoir.com – Fax 05 53 51 86 70*
29 ch – †40/46 € ††43/49 €, ⌑ 7 €
♦ Construction contemporaine et impersonnelle face au château de Hautefort, proposant des chambres fonctionnelles, bien tenues et calmes. Salle des petits-déjeuners panoramique.

Une bonne table sans se ruiner ?
Repérez les Bibs Gourmands 😋.

HAUTE-GOULAINE – 44 Loire-Atlantique – 316 H4 – rattaché à Nantes

---

HAUTE-INDRE – 44 Loire-Atlantique – 316 F4 – rattaché à Nantes

---

HAUTELUCE – 73 Savoie – 333 M3 – 800 h. – alt. 1 150 m – ✉ 73620
▮ Alpes du Nord   45 **D1**
◘ Paris 606 – Albertville 24 – Annecy 62 – Chambéry 77 – Megève 31
🛈 Office de tourisme, 316, Avenue des Jeux Olympiques ☎ 04 79 38 90 30,
   Fax 04 79 38 96 29

⌂ **La Ferme du Chozal** ⌖   ⌖ ⌖ ⌖ ⌖ ⌖ ch, ⌖ rest, ⌖ **P** **VISA** **GO**
– ☎ *04 79 38 18 18 – informations @ lafermeduchozal.com – Fax 04 79 38 87 20*
– Ouvert 5 juin-11 oct. et 5 déc.-12 avril
11 ch – †100/225 € ††100/225 €, ⌑ 15 € – ½ P 90/153 € – **Rest** – *(fermé lundi midi, mardi midi et merc. midi en juil.-août, lundi soir et dim. en juin et en sept.-oct.)*
Menu 28 € (déj.), 35/65 € – Carte 46/63 €
♦ Chambres personnalisées où domine le bois, salon-cheminée, espace bien-être et calme d'un hameau beaufortain en cette ancienne ferme-chalet modernisée au-dedans. À table, déco néo-savoyarde, carte actuelle le soir et choix simplifié à midi. Terrasse-belvédère.

HAUTERIVES – 26 Drôme – 332 D2 – 1 333 h. – alt. 299 m – ✉ 26390
▌ Lyon et la vallée du Rhône
43 **E2**

- ▶ Paris 540 – Grenoble 77 – Lyon 85 – Valence 46 – Vienne 42
- 🖪 Office de tourisme, rue du Palais Idéal 𝒞 04 75 68 86 82, Fax 04 75 68 92 96
- ◎ Le Palais Idéal ★★.

⌂ **Le Relais**　　　　　　　　　　　　　🖅 📞 🗼 🅿 *VISA* ◍◉ ◐
&　*pl. Gén.-de-Miribel – 𝒞 04 75 68 81 12 – Fax 04 75 68 92 42 – Fermé*
15 janv.-1ᵉʳ mars, dim. soir sauf juil.-août et lundi
16 ch – †55 € ††60 €, ⌗ 8,50 € – ½ P 55 € – **Rest** – Menu 17/34 €
– Carte 26/34 €

◆ Les visiteurs du "Palais Idéal" édifié par le facteur Cheval pourront faire étape dans cette solide maison à la façade en galets roulés. Chambres simples et bien tenues. Petits plats traditionnels servis dans la salle à manger rustique ou en terrasse.

LES HAUTES-RIVIÈRES – 08 Ardennes – 306 L3 – 1 949 h. – alt. 175 m –
✉ 08800 ▌ Champagne Ardenne
14 **C1**

- ▶ Paris 254 – Châlons-en-Champagne 150 – Charleville-Mézières 22 – Sedan 29 – Dinant 56
- ◎ Croix d'Enfer ⩻★ S : 1,5 km par D 13 puis 30 mn - Vallon de Linchamps★ N : 4 km.

⌂ **Auberge en Ardenne**　　　　　　　　🖅 📞 *VISA* ◍◉
&　*15 r. Hôtel de Ville – 𝒞 03 24 53 41 93 – auberge.ardenne@orange.fr*
– Fax 03 24 53 60 10 – Fermé 23 déc.-15 janv.
14 ch – †54 € ††54/78 €, ⌗ 7 € – ½ P 55 € – **Rest** – *(fermé sam. midi et dim. soir hors saison)* Menu 12,50 € (sem.)/35 € – Carte 22/65 €

◆ Affaire familiale sympathique établie de part et d'autre de la route traversant ce joli village. Chambres nettes et conseils avisés pour des balades réussies. Repas traditionnel dans un cadre rustique ardennais ou sur la terrasse bordée par une rivière poissonneuse.

⤬⤬ **Les Saisons**　　　　　　　　　　　　🗚 *VISA* ◍◉
5 Grande Rue – 𝒞 03 24 53 40 94 – Fax 03 24 54 57 51 – Fermé 16 août-2 sept.,
1ᵉʳ-9 mars, dim. soir, merc. soir et lundi sauf fériés
Rest – Menu 19/40 € – Carte 24/42 €

◆ Dans un bourg de la vallée de la Semoy, restaurant abritant plusieurs salles à manger rustiques rajeunies ; l'une d'elles, plus simple, est réservée aux plats du jour.

Les bonnes adresses à petit prix ?
Suivez les Bibs : Bib Gourmand rouge ⊛ pour les tables
et Bib Hôtel bleu 🏠 pour les chambres.

HAUTEVILLE-LÈS-DIJON – 21 Côte-d'Or – 320 J5 – rattaché à Dijon

---

LE HAVRE ⊲ⓟ⊳ – 76 Seine-Maritime – 304 A5 – 190 905 h. – Agglo. 248 547 h.
– alt. 4 m – Casino HZ – ✉ 76600 ▌ Normandie Vallée de la Seine
33 **C2**

- ▶ Paris 198 – Amiens 184 – Caen 90 – Lille 318 – Nantes 382 – Rouen 87
- 🛧 du Havre-Octeville : 𝒞 02 35 54 65 00 A.
- 🖪 Office de tourisme, 186, boulevard Clemenceau 𝒞 02 32 74 04 04, Fax 02 35 42 38 39
- 🏌 du Havre à Octeville-sur-Mer Hameau Saint Supplix, par rte d'Etretat : 10 km, 𝒞 02 35 46 36 50.
- ◎ Port★★ EZ - Quartier moderne★ EFYZ : intérieur★★ de l'église St-Joseph★ EZ, pl. de l'Hôtel-de-Ville★ FY47, Av. Foch★ EFY - Musée des Beaux-Arts André-Malraux★ EZ.
- ◎ Ste-Adresse★ : circuit★.

Plans pages suivantes

Pasino 🖼 🔲 ⭐ 🛁 🖭 ♿ ch, 🆔 ⇄ 📞 🔒 𝘝𝘐𝘚𝘈 ⓦ Æ ⓘ
pl. Jules Ferry, (au Casino) – ℰ 02 35 26 00 00 – reservation-lehavre @
g-partouche.fr – Fax 02 35 25 62 18   FZ **b**
45 ch – ♦130/260 € ♦♦130/365 €, � 18 €
Rest *Le Havre des Sens* – *(fermé août, sam. midi, dim. et lundi)* Menu 30/60 €
Rest *La Brasserie* – Menu 25 € – Carte 19/46 €
Rest *Le Pas* – *(fermé dim. et lundi)* Carte environ 15 €
◆ Chambres, junior suites et spa complet dans cet hôtel-casino "ultra-trendy". Mets et
décor au goût du jour au Havre des Sens. Brasserie moderne avec terrasse côté bassin.
Grignotages "globe-trotter" (tapas, sushis) au Pas, dont les lumières brillent très tard.

Novotel 🖼 🖭 ♿ 🆔 ⇄ 🗲 rest, 📞 🔒 𝘝𝘐𝘚𝘈 ⓦ Æ ⓘ
20 cours Lafayette – ℰ 02 35 19 23 23 – h5650 @ accor.com
– Fax 02 35 19 23 25   HZ **a**
134 ch – ♦95/130 € ♦♦95/160 €, ⊆ 13 € – **Rest** – Menu (22 €), 28 € – Carte
26/45 €
◆ Architecture résolument contemporaine posée sur les rives du bassin Vauban, à proximité de la gare. Chambres spacieuses et lumineuses, parfaitement équipées. Le restaurant
au cadre design ouvre ses baies sur le jardin intérieur. Cuisine traditionnelle.

Vent d'Ouest sans rest 🖭 📞 🔒 𝘝𝘐𝘚𝘈 ⓦ Æ
4 r. Caligny – ℰ 02 35 42 50 69 – contact @ ventdouest.fr
– Fax 02 35 42 58 00   EZ **a**
34 ch – ♦98 € ♦♦98/144 €, ⊆ 12 €
◆ Rénovation très réussie pour cet hôtel havrais : chambres agréablement décorées
(thèmes "Mer", "Capitaine" et "Montagne") et accueillant salon-bibliothèque.

Art Hôtel sans rest 🖭 ⇄ 🗲 📞 𝘝𝘐𝘚𝘈 ⓦ Æ ⓘ
147 r. L. Brindeau – ℰ 02 35 22 69 44 – arthotel @ free.fr
– Fax 02 35 42 09 27   FZ **g**
31 ch – ♦79/119 € ♦♦79/125 €, ⊆ 12 €
◆ Face à l'espace Oscar Niemeyer (le Volcan) et à deux pas du bassin du Commerce.
Salon-bar contemporain. Chambres fonctionnelles.

Les Voiles 🖼 🖭 ♿ ch, 🆔 📞 𝘝𝘐𝘚𝘈 ⓦ Æ
3 pl. Clemenceau, à Ste-Adresse ✉ 76310 – ℰ 02 35 54 68 90 – voiles @ voiles76.fr
– Fax 02 35 54 68 91   A **e**
17 ch – ♦60/150 € ♦♦70/150 €, ⊆ 11 € – ½ P 80/170 € – **Rest** – *(fermé dim. sauf
midi) (dîner seult)* Menu (12 €), 26/39 € – Carte 21/51 €
◆ Emplacement idéal face à la mer pour cet hôtel au chaleureux intérieur contemporain.
Toutes les chambres (sauf quatre) s'ouvrent sur le large. Au restaurant, cadre de bistrot
marin et baies vitrées d'où l'on profite de la vue sur la "petite rade".

Terminus 🖭 ⇄ 🗲 📞 🔒 𝘝𝘐𝘚𝘈 ⓦ Æ ⓘ
23 cours République – ℰ 02 35 25 42 48 – inter @ terminus-lehavre.com
– Fax 02 35 24 46 55 – Fermé 24-31 déc.   HZ **e**
44 ch – ♦55/91 € ♦♦67/95 €, ⊆ 7,50 € – 1 suite – ½ P 58 €
Rest – *(fermé 11 juil.-24 août, vend., sam. et dim.) (dîner seult) (résidents seult)*
Menu 17 €
◆ Si vous descendez au Terminus, choisissez une chambre rénovée pour ses couleurs gaies
et son mobilier contemporain. Les autres disposent d'un cadre plus ancien.

Le Richelieu sans rest 🗲 📞 𝘝𝘐𝘚𝘈 ⓦ Æ ⓘ
132 r. Paris – ℰ 02 35 42 38 71 – hotel.lerichelieu @ wanadoo.fr
– Fax 02 35 21 07 28   FZ **f**
19 ch – ♦43 € ♦♦46 €, ⊆ 6,50 €
◆ Hôtel simple situé dans une rue animée, bordée par de nombreuses boutiques.
Hall-salon aux couleurs de la mer. Chambres totalement rénovées et diversement
meublées.

XX **La Petite Auberge** 🆔 𝘝𝘐𝘚𝘈 ⓦ Æ
32 r. Ste-Adresse – ℰ 02 35 46 27 32 – Fax 02 35 48 26 15 – Fermé 5 août-2 sept.,
23 fév.-2 mars, dim. soir, merc. midi et lundi   EY **r**
Rest – Menu 22 € (sem.)/41 € – Carte 41/53 €
◆ Dans cette petite auberge, autrefois relais de poste, on propose une goûteuse cuisine du
terroir à prix étudiés. Façade normande rafraîchie, tout comme le décor, néo-rustique.

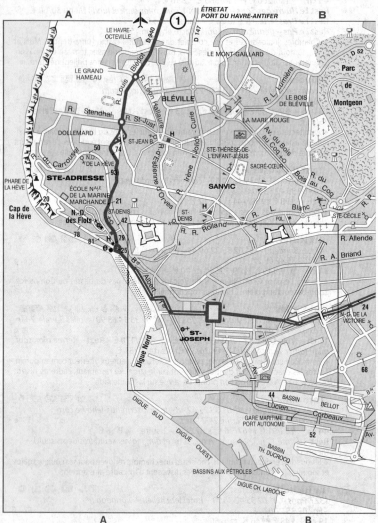

L'Odyssée

41 r. Gén. Faidherbe – ℰ *02 35 21 32 42*
– Fax 02 35 21 32 42 – Fermé 3 sem. en août, vacances de fév.,
dim. soir, sam. midi et lundi

VISA **MC** **AE** **①**

GZ **s**

Rest – Menu (23 €), 29/39 € – Carte 47/58 €

♦ Heureux qui comme vous ferez un beau... repas dans ce sympathique restaurant du quartier St-François : sa cuisine et son cadre semblent inspirés par Poséidon.

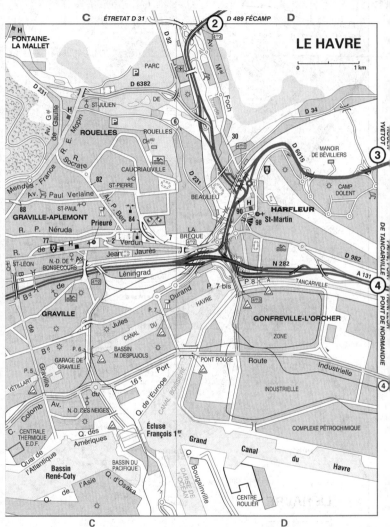

X **Le Wilson**   🖼 **VISA** **MC** **①**

⊗ *98 r. Prés. Wilson – ℰ 02 35 41 18 28*
– Fermé 20 juil.-14 août, 23 fév.-8 mars,
dim. soir, mardi soir et merc.   EY **k**
Rest – Menu (12 € bc), 17 € (sem.)/34 € – Carte 30/39 €
♦ Cette discrète façade située sur une placette d'un quartier commerçant dissimule une
table conviviale : décor marin, ambiance bistrot et cuisine traditionnelle.

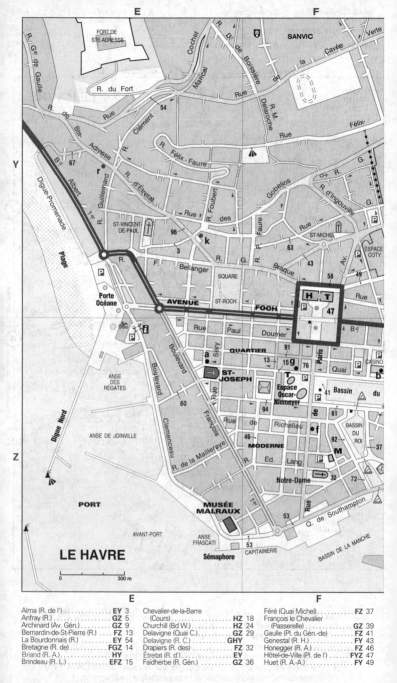

LE HAVRE

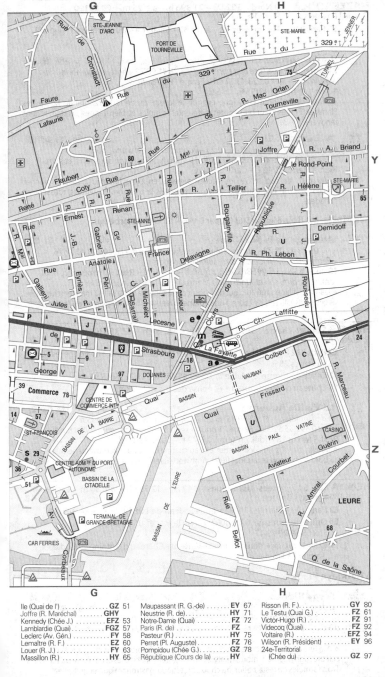

HAZEBROUCK – 59 Nord – 302 D3 – 21 396 h. – alt. 25 m – ⊠ 59190
▊ Nord Pas-de-Calais Picardie

30 **B2**

D Paris 240 – Armentières 28 – Arras 60 – Calais 64 – Dunkerque 43 – Ieper 37
– Lille 43

ⵗ   **Le Gambrinus** sans rest   🌱 📞 VISA 🐠 AE
2 r. Nationale, (rue face à la gare) – 𝒞 *03 28 41 98 79 – hotel.du.gambrinus@
wanadoo.fr – Fax 03 28 43 11 06 – Fermé 11-24 août*
16 ch – ♦47 € ♦♦49/55 €, � 6 €
♦ Hôtel central dont l'enseigne évoque le joyeux roi de la bière, grande figure des
Flandres. Petites chambres toutes différentes, simples et bien tenues ; certaines sont
rénovées.

ⵤ   **Auberge St-Éloi**   AC VISA 🐠 AE
60 r. de l'Église – 𝒞 *03 28 40 70 23 – yannickchever@wanadoo.fr
– Fax 03 28 40 70 44 – Fermé 22 juil.-19 août, lundi et le soir sauf vend. et sam.*
Rest – Menu 20/42 € – Carte 34/48 €
♦ Au pied de l'église St-Éloi, accueil aimable en cette lumineuse salle à manger
où l'on propose une cuisine soignée ancrée dans la tradition. Également, rôtisserie et
grillades.

à la Motte-au-Bois 6 km au Sud-Est par D 946 – ⊠59190 Morbecque

ⵣ   **Auberge de la Forêt** avec ch   🚗 🏡 📞 P VISA 🐠
– 𝒞 *03 28 48 08 78 – auberge-delaforet@wanadoo.fr – Fax 03 28 40 77 76
– Fermé 20 déc.-10 janv. et dim. soir d'oct. à mars*
12 ch – ♦52/55 € ♦♦58/62 €, ⊿ 7,50 € – ½ P 55 € – **Rest** – *(fermé vend. midi,
sam. midi, dim. soir et lundi midi)* Menu (14 €), 19 € (sem.)/40 €
♦ Dans un village situé au cœur de la forêt de Nieppe. La vaste salle à manger (cheminée,
sièges Louis XIII) sert de cadre à une cuisine inventive à base de plantes et d'épices.

HÉDÉ – 35 Ille-et-Vilaine – 309 L5 – 1 822 h. – alt. 90 m – ⊠ 35630
▊ Bretagne

10 **D2**

D Paris 372 – Avranches 71 – Dinan 33 – Dol-de-Bretagne 31 – Fougères 70
– Rennes 25
🖪 Office de tourisme, Mairie 𝒞 02 99 45 46 18, Fax 02 99 45 50 48
🖸 Château de Montmuran ★ et église des Iffs ★ O : 8 km.

ⵤ   **La Vieille Auberge**   🏡 ⟷ P VISA 🐠 AE
🍝   *rte de Tinténiac –* 𝒞 *02 99 45 46 25 – contact@lavieilleauberge35.fr
– Fax 02 99 45 51 35 – Fermé 21 août-4 sept., 9 fév.-4 mars, dim. soir et lundi*
Rest – Menu 18 € (déj. en sem.), 27/72 € – Carte 43/81 €
♦ Moulin du 17ᵉ s. au décor rustique et au charme bucolique : verdoyante terrasse située
au bord d'un étang et jardinet fleuri. Ambiance familiale et alléchante cuisine classique.

HENDAYE – 64 Pyrénées-Atlantiques – 342 B4 – 12 596 h. – alt. 30 m – Casino AX
– ⊠ 64700 ▊ Pays Basque

3 **A3**

D Paris 799 – Biarritz 31 – Pau 143 – St-Jean-de-Luz 12 – San Sebastián 21
🖪 Office de tourisme, 67, boulevard de la Mer 𝒞 05 59 20 00 34,
Fax 05 59 20 79 17
🖸 Grand crucifix ★ dans l'église St-Vincent - Château d'Antoine-Abbadie ★★
(salon ★) 3 km par ①.

à Hendaye Plage

ⵗⵗⵗ **Serge Blanco**   ⟜ 🏡 🏊 🐠 🛁 ▐ 🕭 ch, AC 🌱 ch, 📞 🕷
bd de la Mer – 𝒞 *05 59 51 35 35 – info@*   🚗 VISA 🐠 AE ①
thalassoblanco.com – Fax 05 59 51 36 00 – Fermé 8-30 déc.
90 ch – ♦87/150 € ♦♦132/214 €, ⊿ 14 € – ½ P 108/149 € – **Rest** – Menu (37 €)
– Carte 43/52 €
♦ À la tête de cet hôtel et de son centre de thalassothérapie, bâtis entre plage et marina, le
célèbre rugbyman. Chambres de style contemporain, spacieuses et entièrement rénovées.
Trois formules de restauration au choix : diététique, gastronomique et grill en été.

à Biriatou 4 km au Sud-Est par D 811 – 831 h. – alt. 60 m – ⊠ **64700**

Les Jardins de Bakéa ⊗   ← 🍴 🍴 📶 🦢 📞 **P** **VISA** **◉◉** **AE** **◉**
– ☎ 05 59 20 02 01 – contact@bakea.fr – Fax 05 59 20 58 21 – Fermé
24 nov.-10 déc. et 19 janv.-4 fév.
25 ch – ♦43/120 € ♦♦53/120 €, � 10 € – ½ P 71/104 € – **Rest** – (fermé lundi et
mardi sauf le soir d'avril à oct.) Menu 45/65 € – Carte 43/72 € ☸
♦ Cette maison régionale du début du 20ᵉ s. a fait en partie peau neuve : huit confortables
chambres, dont quatre mansardées, sont ainsi plus actuelles que les autres, rustiques.
Nouveau restaurant (poutres apparentes) et agréable terrasse d'été sous les platanes.

HÉNIN-BEAUMONT – 62 Pas-de-Calais – 301 K5 – 25 178 h. – alt. 30 m –
⊠ **62110** ▮ Nord Pas-de-Calais Picardie   31 **C2**

▶ Paris 194 – Arras 25 – Béthune 30 – Douai 13 – Lens 11 – Lille 34

Novotel   🍴 🍴 �🚲 ⅂ & ch, 📶 ch, ⅃⅃ 📞 🏊 **P** **VISA** **◉◉** **AE** **◉**
av. de la République, près échangeur Autoroute A1, par D 943 ⊠ 62950 –
☎ 03 21 08 58 08 – h0426@accor.com – Fax 03 21 08 58 00
81 ch – ♦79/129 € ♦♦79/129 €, � 13,50 € – **Rest** – Menu (15 €), 19/39 € bc
– Carte 21/39 €
♦ Au sein d'un centre commercial, proche d'un nœud autoroutier, ce Novotel est protégé
par un îlot de verdure. Chambres rénovées par étapes ; préférez celles côté patio-terrasse.
Salle à manger moderne et tables dressées près de la piscine lorsque le temps le permet.

HENNEBONT – 56 Morbihan – 308 L8 – 13 412 h. – alt. 15 m – ⊠ **56700**
▮ Bretagne   9 **B2**

▶ Paris 492 – Concarneau 57 – Lorient 13 – Pontivy 51 – Quimperlé 26
– Vannes 50
▯ Office de tourisme, 9, place Maréchal-Foch ☎ 02 97 36 24 52,
Fax 02 97 36 21 91
◉ Tour-clocher★ de la basilique N.-D.-de-Paradis.
▣ Port-Louis : citadelle★★ (musée de la Compagnie des Indes★★, musée de
l'Arsenal★) S : 13 km.

rte de Port-Louis 4 km au Sud par D 781 – ⊠ 56700 Hennebont

Château de Locguénolé ⊗   ← 🌙 🍴 ⅂ 🍴 % rest, 📞 🏊
– ☎ 02 97 76 76 76 – locguenole@   **P** **VISA** **◉◉** **AE** **◉**
🕸   relaischateaux.com – Fax 02 97 76 82 35 – Fermé 4 janv.-13 fév.
18 ch – ♦112/295 € ♦♦112/295 €, � 24 € – 4 suites – ½ P 143/245 €
Rest – (fermé lundi du 1ᵉʳ sept. au 10 juil. et le midi sauf dim.) Menu 49/94 €
– Carte 72/119 € ☸
Spéc. Sardines marinées à l'huile de basilic (juil.-août). Langoustines royales,
courgette jaune comme un tian (juil. à sept.). Aiguillette de Saint-Pierre en piccata.
♦ Deux demeures historiques dans un parc de 120 ha qui descend jusqu'à la ria du Blavet.
Chambres spacieuses, élégantes et personnalisées. Agréables salles à manger où l'on sert
une cuisine mariant avec brio saveurs marines et potagères ; belle carte des vins.

Chaumières de Kerniaven 🏠 ⊗   🍴 **P** **VISA** **◉◉** **AE** **◉**
à 3 km – ☎ 02 97 76 91 90 – locguenole@relaischateaux.com
– Fax 02 97 76 82 35 – Ouvert 1ᵉʳ mai-28 sept.
9 ch – ♦68/112 € ♦♦68/112 €, � 18 €
♦ Présentez-vous à l'accueil au Château de Locguénolé ; vous serez conduit jusqu'à ces
deux chaumières du 17ᵉ s. perdues dans la nature, idéales pour se ressourcer.

L'HERBAUDIÈRE – 85 Vendée – 316 C5 – voir à Île de Noirmoutier

HERBAULT – 41 Loir-et-Cher – 318 D6 – 1 050 h. – alt. 138 m – ⊠ **41190**

▶ Paris 196 – Blois 17 – Château-Renault 18 – Montrichard 38 – Tours 47
– Vendôme 26   11 **A1**

Auberge des Trois Marchands   % **VISA** **◉◉** **AE** **◉**
34 pl. de l'Hôtel-de-Ville – ☎ 02 54 46 12 18 – Fax 02 54 46 12 18
Rest – Menu 13 € bc (déj. en sem.), 17/40 € – Carte 19/39 €
♦ Sur la place principale du village, cette auberge vous accueille simplement dans sa lumineuse salle à manger campagnarde où vous attend une cuisine traditionnelle.

LES HERBIERS – 85 Vendée – 316 J6 – 13 932 h. – alt. 110 m – ⊠ 85500
▮ Poitou Vendée Charentes   34 **B3**

> ◨ Paris 381 – Bressuire 48 – Chantonnay 25 – Cholet 26 – Clisson 35 – La Roche-sur-Yon 40
>
> ◧ Office de tourisme, 2, rue Saint-Blaise ℰ 02 51 92 92 92, Fax 02 51 92 93 70
>
> ◎ Mont des Alouettes★ : moulin ≼★★ N : 2 km - Chemin de fer de la Vendée★.
>
> ◔ Route des Moulins★.

⌂ **Chez Camille**   🅰🅲 rest, **P**, **VISA** **oo** **AE**

⊖ 2 r. Mgr Massé – ℰ 02 51 91 07 57 – chez.camille@online.fr – Fax 02 51 67 19 28
13 ch – †46/59 € ††50/63 €, ⊡ 7,50 € – ½ P 46/52 € – **Rest** – (fermé dim. soir, vend. soir et sam. hors saison) Menu (12 €), 15/29 € – Carte 22/34 €

♦ Proche du vieux donjon d'Ardelay, cet hôtel à l'atmosphère assez provinciale (le bar est le siège du club de football local) dispose de chambres assez sobres. Au restaurant, on cultive convivialité et simplicité en servant une cuisine sans prétention.

HERBIGNAC – 44 Loire-Atlantique – 316 C3 – 4 353 h. – alt. 18 m – ⊠ 44410

> ◨ Paris 446 – Nantes 72 – La Baule 24 – Redon 37 – St Nazaire 28   34 **A2**
>
> ◧ Syndicat d'initiative, 2, rue Pasteur ℰ 02 40 19 90 01

au Sud 6 km rte de Guérande par D774 – ⊠ 44410 Herbignac

✕✕ **La Chaumière des Marais**   🖼 🖼 ⇩ **P** **VISA** **oo**

⊖ – ℰ 02 40 91 32 36 – lachaumieredesmarais@wanadoo.fr – Fax 02 40 91 33 87
– Fermé de mi-oct. à mi-nov., vacances de fév., lundi sauf juil.-août et mardi
Rest – Menu 18 € (déj. en sem.), 28/62 € bc – Carte environ 49 €

♦ Jolie chaumière briéronne aux abords fleuris ; terrasse et potager. Coquette salle à manger rustique à l'imposante cheminée. Cuisine actuelle nourrie d'aromates et d'épices.

HERMANVILLE-SUR-MER – 14 Calvados – 303 K4 – **rattaché à Ouistreham**

LES HERMAUX – 48 Lozère – 330 G7 – 111 h. – alt. 1 045 m –
⊠ 48340   22 **B1**

> ◨ Paris 594 – Espalion 56 – Florac 73 – Mende 50 – Millau 67 – Rodez 75 – St-Flour 90

⌂ **Vergnet** ॐ   🖼 ♿

⊖ – ℰ 04 66 32 60 78 – vergnet.christophe@wanadoo.fr – Fax 04 66 32 68 13
– Fermé dim. soir hors saison
12 ch – †40 € ††40 €, ⊡ 6 € – ½ P 40 € – **Rest** – Menu 14/23 €

♦ Dans un hameau pittoresque de l'Aubrac, hôtel familial disposant de chambres rustiquement aménagées et toutes rafraîchies. Salle à manger d'aspect un peu suranné, égayée d'animaux naturalisés. Bon aligot-saucisse servi à la bonne franquette.

HÉROUVILLE – 95 Val-d'Oise – 305 D6 – 106 6 – **voir à Paris, Environs**
(Cergy-Pontoise)

HÉROUVILLE-ST-CLAIR – 14 Calvados – 303 J4 – **rattaché à Caen**

HESDIN – 62 Pas-de-Calais – 301 F5 – 2 686 h. – alt. 27 m – ⊠ 62140
▮ Nord Pas-de-Calais Picardie   30 **A2**

> ◨ Paris 210 – Abbeville 36 – Arras 58 – Boulogne-sur-Mer 65 – Calais 89 – Lille 89
>
> ◧ Office de tourisme, place d'Armes ℰ 03 21 86 19 19, Fax 03 21 86 04 05

⌂ **Trois Fontaines** ॐ   🖼 ♿ ch, ↯ ᴸ **P** **VISA** **oo**

⊖ 16 rte d'Abbeville – ℰ 03 21 86 81 65 – hotel.3fontaines@wanadoo.fr
▣ – Fax 03 21 86 33 34 – Fermé 22 déc.-5 janv., lundi midi et sam. midi
16 ch – †51/63 € ††57/71 €, ⊡ 7 € – ½ P 47/50 € – **Rest** – Menu (16 €), 18 € (sem.)/34 €

♦ Les petites chambres redécorées de cet hôtel composé de deux bâtiments sont en rez-de-jardin avec terrasse ; préférez celles de l'extension récente conçue "à la scandinave". Cuisine à prix doux servie dans une salle à manger conviviale, dotée d'une cheminée.

XX **L'Écurie**   🔥 VISA ⓪ AE
17 r. Jacquemont – ℰ *03 21 86 86 86 – lecurie846 @ orange.fr – Fax 03 21 86 86 86
– Fermé dim. soir, lundi et mardi*
Rest – Menu (18 €), 22 € (sem.)/29 €
◆ À deux pas du bel hôtel de ville, un sympathique restaurant qui célèbre le cheval
(sculptures en bois, enseigne). Lumineuse salle agrémentée de faïences. Cuisine traditionnelle.

à Gouy-St-André 14 km à l'Ouest par N 39 et D 137 – 613 h. – alt. 100 m – ⊠ 62870

XX **Le Clos de la Prairie**   🔥 🔥 & VISA ⓪
😊 *17 r. de St Rémy –* ℰ *03 21 90 39 58 – leclosdelaprairie @ orange.fr – Fermé
1er-7 juin, 23-30 déc., jeudi sauf le soir de juin à août et merc.*
Rest – Menu 17 € (déj. en sem.), 29/30 € – Carte 29/50 €
◆ Dans un agréable petit village, restaurant chaleureux occupant un ancien corps de
ferme, avec une terrasse ouverte sur la campagne. Cuisine du marché actuelle et savoureuse.

HESDIN-L'ABBÉ – 62 Pas-de-Calais – 301 D3 – rattaché à Boulogne-sur-Mer

HÉSINGUE – 68 Haut-Rhin – 315 J11 – rattaché à St-Louis

HEUDICOURT-SOUS-LES-CÔTES – 55 Meuse – 307 F5 – rattaché à St-Mihiel

HEYRIEUX – 38 Isère – 333 D4 – 4 163 h. – alt. 220 m – ⊠ 38540   44 **B2**
🚩 Paris 487 – Lyon 30 – Pont-de-Chéruy 22 – La Tour-du-Pin 35 – Vienne 25

XXX **L'Alouette**   🔥 AC P VISA ⓪ AE
rte de St-Jean-de-Bournay, à 3 km ⊠ *38090 –* ℰ *04 78 40 06 08 – alouette @
jcmarlhins.com – Fax 04 78 40 54 74 – Fermé
21-28 avril, 26 juil.-13 août, 21-29 déc., sam. midi, dim. soir et lundi*
Rest – Menu 21 € (déj. en sem.), 31/115 € bc – Carte 39/62 €
◆ Salle de restaurant tripartite avec poutres apparentes, agrémentée de tableaux et de
sculptures d'un artiste régional. Jolie mise en place et cuisine classique.

HIERES-SUR-AMBY – 38 Isère – 333 E3 – 998 h. – alt. 216 m –
⊠ 38118   44 **B1**
🚩 Paris 489 – Lyon 61 – Grenoble 107 – Bourg-en-Bresse 57 – Villeurbanne 48

X **Le Val d'Amby** avec ch 📶   🔥 AC rest, 🍴 ch, 📞 VISA ⓪
😊 *pl. de la République –* ℰ *04 74 82 42 67 – carlona527 @ wanadoo.fr
– Fax 04 74 82 42 68 – Fermé 14-20 avril, 11-24 août, 16-22 fév., dim. soir et merc.*
13 ch – ♦42 € ♦♦50 €, ⊇ 7 € – ½ P 55 € – **Rest** – Menu 13,50 € bc (déj. en
sem.), 30/51 € – Carte 33/46 €
◆ Sur la place du village, belle maison de pays en pierre. Menu du jour servi dans l'espace
café et cuisine traditionnelle dans la salle à manger plus confortable. Terrasse. Chambres
simples et bien tenues.

HINSINGEN – 67 Bas-Rhin – 315 F3 – 72 h. – alt. 220 m – ⊠ 67260   1 **A1**
🚩 Paris 405 – St-Avold 35 – Sarrebourg 37 – Sarreguemines 22 – Strasbourg 92

X **Grange du Paysan**   AC P VISA ⓪
😊 – ℰ *03 88 00 91 83 – Fax 03 88 00 93 23 – Fermé lundi*
Rest – Menu 10 € (sem.)/52 € – Carte 17/41 €
◆ Vieilles poutres, licous et autres objets du monde agricole : on appréciera dans cette salle
champêtre une cuisine du terroir généreuse (produits de l'élevage familial).

HIRMENTAZ – 74 Haute-Savoie – 328 M3 – rattaché à Bellevaux

HIRTZBACH – 68 Haut-Rhin – 315 H11 – 1 183 h. – alt. 308 m – ⊠ 68118
1 A3

   🖪 Paris 462 – Mulhouse 24 – Altkirch 5 – Belfort 31 – Colmar 71

XX   **Hostellerie de l'Illberg**   🔒 **P** *VISA* **©© AE ①**
17 r. Mar. de Lattre de Tassigny – ℰ *03 89 40 93 22 – hostelillberg @ tiscali.fr*
– Fax 03 89 08 85 19 – Fermé dim. soir et lundi
Rest – Menu 23 € (sem.)/90 € – Carte 52/57 €
Rest *Bistrot d'Arthur* – Menu (11 €), 20 € – Carte 26/42 €
♦ Des œuvres d'artistes locaux ornent la salle à manger de cette chaleureuse maison. Cuisine classique revisitée, respectueuse des produits de la région. Le Bistrot propose de bien appétissants plats ou menus du jour dans une grande convivialité.

HOERDT – 67 Bas-Rhin – 315 K4 – 4 123 h. – alt. 135 m – ⊠ 67720
1 B1

   🖪 Paris 483 – Haguenau 21 – Molsheim 44 – Saverne 46 – Strasbourg 18

X   **À la Charrue**   🔒 **P** *VISA* **©©**
   30 r. République – ℰ *03 88 51 31 11 – lacharrue @ wanadoo.fr – Fax 03 88 51 32 55*
🐾   *– Fermé 5-25 août, 24 déc.-2 janv., le soir sauf vend. et sam. et lundi sauf fériés*
Rest – Menu (9 €), 14 € (déj. en sem.), 29/36 € – Carte 27/45 €
♦ La grande spécialité de la maison, c'est l'asperge (en saison) ! Alors toute la région – membres du Conseil de l'Europe compris – accourt ici pour la célébrer.

HOHRODBERG – 68 Haut-Rhin – 315 G8 – alt. 750 m – ⊠ 68140
▌ Alsace Lorraine
1 A2

   🖪 Paris 462 – Colmar 26 – Gérardmer 37 – Guebwiller 47 – Munster 8
   – Le Thillot 57

   ◎ ≤★★.

🏠🏠   **Panorama** ⚘   ≤ les Hautes Vosges, 🔒 🖾 ♨ ᴄ ch, 📞 ⅏ **P** *VISA* **©©**
   3 rte de Linge – ℰ *03 89 77 36 53 – info @ hotel-panorama-alsace.com*
🐾   *– Fax 03 89 77 03 93 – Fermé 12 nov.-3 déc. et 5 janv.-6 fév.*
30 ch – ♦44/71 € ♦♦44/71 €, ⊇ 10 € – ½ P 48/67 € – **Rest** – Menu 17 €
(sem.)/38 € – Carte 25/46 €
♦ Bâtiment ancien et son annexe moderne, face à la vallée de Munster. Chambres confortables – avec ou sans vue sur les Vosges – décorées de fresques à thème régional. Superbe panorama au restaurant où l'on sert des spécialités telles que le Presskopf de la mer.

LE HOHWALD – 67 Bas-Rhin – 315 H6 – 386 h. – alt. 570 m – Sports d'hiver :
600/1 100 m 🎿1 🎿 – ⊠ 67140 ▌ Alsace Lorraine
2 C1

   🖪 Paris 430 – Lunéville 89 – Molsheim 33 – St-Dié 46 – Sélestat 26
   – Strasbourg 51

   🛈 Office de tourisme, square Kuntz ℰ 03 88 08 33 92, Fax 03 88 08 30 14
   ◩ Le Neuntelstein★★ ≤★★ N : 6 km puis 30 mn.

⌂   **La Forestière** ⚘   ≤ 🖾 🔒 ⅏ 📞 **P** 🚗
   10 A chemin du Eck – ℰ *03 88 08 31 08 – catherine.marchal15 @ orange.fr*
– Fax 03 88 08 32 96 – Fermé 5-13 avril et 24 août-1ᵉʳsept.
5 ch ⊇ – ♦70/80 € ♦♦85/95 € – ½ P 71 € – **Table d'hôte** – Menu 25 € bc/35 €
bc
♦ Sur les hauteurs du village, avec la forêt toute proche, cette maison récente et tranquille offre des chambres spacieuses, meublées en bois clair, à l'alsacienne. Table d'hôte (le soir) proposant, dans une ambiance familiale, spécialités régionales et gibier.

XX   **La Petite Auberge**   🔒 **P** *VISA* **©©**
   6 r. Principale – ℰ *03 88 08 33 05 – hrpetiteauberge @ aol.com*
🐾   *– Fax 03 88 08 34 62 – Fermé 2-14 mars, 30 juin-9 juil., 12-21 nov. et 6 janv.-9 fév.*
Rest – *(fermé mardi soir et merc.)* Menu 16/29 € – Carte 23/50 €
♦ Au cœur du petit village, auberge à l'accueil chaleureux. Cuisine du terroir servie dans une lumineuse salle à manger offrant une échappée sur la campagne.

🏠   **Hôtel Petite Auberge** 🏠   **P** *VISA* **©©**
7 ch – ♦55 € ♦♦64 €, ⊇ 8,50 € – ½ P 60 €
♦ Ce bâtiment couvert de bois propose des chambres bien équipées, toutes aménagées en duplex et dotées de terrassettes. Petit-déjeuner à base de produits régionaux.

HOLNON – 02 Aisne – 306 B3 – rattaché à St-Quentin

LE HÔME – 14 Calvados – 303 L4 – rattaché à Cabourg

L'HOMME-D'ARMES – 26 Drôme – 332 B6 – rattaché à Montélimar

HONDSCHOOTE – 59 Nord – 302 D2 – 3 815 h. – alt. 5 m – ⊠ 59122   30 **B1**

▶ Paris 286 – Lille 63 – Dunkerque 22 – Oostende 52 – Roeselare 51

🛈 Office de tourisme, 2, rue des Moëres ✆ 03 28 62 53 00, Fax 03 28 68 30 99

❌ **Les Jardins de l'Haezepoël**   🏡 ⅟ 🅿 *VISA* 🐵 ①

🍴 1151 r. de Looweg – ✆ 03 28 62 50 50 – Fax 03 28 68 31 01 – *Fermé lundi soir et mardi*

Rest – grill Menu (12 €), 15/35 € – Carte 23/36 €

◆ Belle maison en briques abritant également un cabaret. Dans un cadre champêtre, vous dégusterez grillades préparées devant vous et spécialités régionales (potjevleech).

HONFLEUR – 14 Calvados – 303 N3 – 8 178 h. – alt. 5 m – ⊠ 14600

📙 Normandie Vallée de la Seine   32 **A3**

▶ Paris 195 – Caen 69 – Le Havre 27 – Lisieux 38 – Rouen 83

🛈 Office de tourisme, quai Lepaulmier ✆ 02 31 89 23 30, Fax 02 31 89 31 82

👁 le vieux Honfleur★★ : Vieux bassin★ AZ, église Ste-Catherine★★ AY et clocher★ AY **B** - Côte de Grâce★★ AY : calvaire★★.

📷 Pont de Normandie★★ par ① : 4 km (péage).

Plan page suivante

🏨 **La Ferme St-Siméon** ⧖   ⩽ 🐾 🏡 🕸 🐵 ♨ 🛗 ⅟ ch, 📞

⛩ r. A. Marais, par ③ – ✆ 02 31 81 78 00 – accueil@   ⅟ 🅿 *VISA* 🐵 🄰🄴
fermesaintsimeon.fr – Fax 02 31 89 48 48

30 ch – ♦220/450 € ♦♦220/450 €, ⌷ 27 € – 4 suites – ½ P 261/576 €

Rest – *(fermé 12 nov.-7 déc., 14 janv.-8 fév., mardi midi, jeudi midi et merc.)*
Menu 129 € – Carte 109/151 €

Spéc. Turbot, moutarde et tomates. Agneau de pré-salé, blettes et truffe noire. Pommes, pommes, pommes.

◆ Haut lieu de l'histoire de la peinture, l'auberge que fréquentaient les impressionnistes est devenue un magnifique ensemble hôtelier dont le parc domine l'estuaire. Espaces de détente et de remise en forme très complets. Restaurant raffiné, terrasses face à la mer, bon choix de calvados et belle cuisine classique.

🏨 **Le Manoir du Butin** ⧖   ⩽ 🐾 🏡 🅿 *VISA* 🐵 🄰🄴
r. A. Marais, par ③ – ✆ 02 31 81 63 00 – accueil@hotel-lemanoir.fr
– Fax 02 31 89 59 23 – Fermé 2-21 déc. et 20 janv.-8 fév.

10 ch – ♦120/350 € ♦♦120/350 €, ⌷ 15 € – ½ P 138/238 € – **Rest** – *(fermé lundi midi, vend. midi et jeudi)* Menu 35/48 € – Carte 50/65 €

◆ Colombages peints, fenêtres à croisillons, jeu de toitures asymétriques et parc : ce manoir du 18e s. pétri de charme abrite des chambres douillettes. Élégante et lumineuse salle à manger ; cuisine au goût du jour.

🏨 **Les Maisons de Léa** sans rest   📞 ⅟ *VISA* 🐵 🄰🄴
pl. Ste-Catherine – ✆ 02 31 14 49 49 – contact@lesmaisonsdelea.com
– Fax 02 31 89 28 61   AY **a**

27 ch – ♦90/195 € ♦♦90/195 €, ⌷ 12 € – 3 suites

◆ Trois anciens logis de pêcheur (16e s.) et un ex-grenier à sel forment cet hôtel de charme voisinant avec le curieux clocher en bois de Ste-Catherine. Décor à thème dans chaque maison : Campagne, Romance, Baltimore et Capitaine. Chambres-bonbonnières et salons cosy dont l'un abrite une jolie bibliothèque.

🏨 **L'Écrin** sans rest ⧖   🎬 🏊 ⅟ 🍸 📞 ⅟ 🅿 *VISA* 🐵 🄰🄴 ①
19 r. E. Boudin – ✆ 02 31 14 43 45 – hotel.ecrin@honfleur.com
– Fax 02 31 89 24 41   AZ **k**

27 ch – ♦100/180 € ♦♦100/180 €, ⌷ 16 € – 2 suites

◆ Hôtel-musée dont les chambres et salons, foisonnants d'objets d'art et d'ornements anciens, sont répartis dans 5 bâtiments d'époques différentes. La demeure principale, du 18e s., est la plus fastueuse. Petit-déjeuner servi dans une véranda ouvrant sur le jardin.

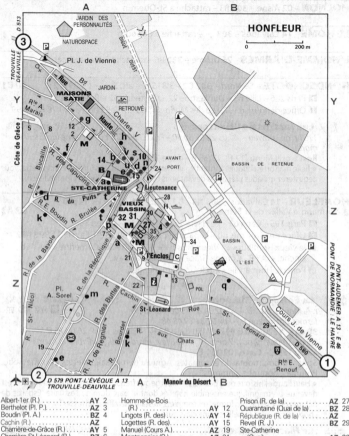

HONFLEUR

0   200 m

La Maison de Lucie sans rest 🌿   ⚥ ⇄ ⚙ ☎ 🚗 VISA ⓂⓄ ⒶⒺ
44 r. Capucins – ℰ 02 31 14 40 40 – info@lamaisondelucie.com
– Fax 02 31 14 40 41 – Fermé 25 nov.-22 déc. et 6-18 janv.   AY **f**
12 ch – ♦150 € ♦♦150 €, � 18 € – 2 suites
♦ Cette maison ancienne du vieux Honfleur a été rénovée et agrandie sans rien perdre de son charme. Chambres coquettes (dont une mansardée). Petit bar et véranda.

La Diligence et la Résidence sans rest   ⇄ ⚥ ☎ 🅿 VISA ⓂⓄ ⒶⒺ ①
53 r. République – ℰ 02 31 14 47 47 – hotel.diligence@honfleur.com
– Fax 02 31 98 83 87   AZ **m**
31 ch – ♦70/235 € ♦♦85/235 €, ⊇ 15 €
♦ À la Diligence, chambres simples, réparties dans plusieurs constructions normandes disposées autour d'une cour. L'ancienne maison de notable appelée Résidence contient des chambres plus cossues, hautes sous plafond et dotées de meubles de style.

🏨 Des Loges sans rest ⚓ 📞 🈺 **VISA** 🅾 **AE**

18 r. Brûlée – 📞 02 31 89 38 26 – info@hoteldesloges.com – Fax 02 31 89 42 79
– Fermé 5-25 janv. AZ **t**
14 ch – ♦105/130 € ♦♦105/130 €, ☑ 11 €

♦ Trois bâtisses anciennes joliment rénovées composent cet insolite hôtel-boutique réservé aux non-fumeurs. Cadre contemporain épuré dans les parties communes et les chambres, qui entretiennent une ambiance zen. Vente sur place d'éléments de décor.

🏨 Castel Albertine sans rest 🐾 ♿ 🈺 **P** **VISA** 🅾

19 cours A. Manuel – 📞 02 31 98 85 56 – info@honfleurhotels.com
– Fax 02 31 98 83 18 – Fermé janv. AZ **e**
27 ch – ♦75/150 € ♦♦75/150 €, ☑ 10 €

♦ Cette ravissante maison de maître du 19e s. appartint à l'historien de la diplomatie Albert Sorel, natif d'Honfleur. Chambres personnalisées, salon coquet, véranda agrémentée de plantes tropicales et joli petit parc ombragé par des arbres vénérables.

🏨 Mercure sans rest 📶 ♿ ⚓ 📞 🈺 **P** **VISA** 🅾 **AE** ⓿

r. Vases – 📞 02 31 89 50 50 – h0986@accor.com – Fax 02 31 89 58 77
56 ch – ♦79/109 € ♦♦79/109 €, ☑ 11 € BZ **q**

♦ Pas loin du centre, hôtel de chaîne à façade vaguement normande où vous logerez dans des chambres fonctionnelles. Amateurs de calme, préférez celles donnant sur l'arrière.

🏠 Le Cheval Blanc sans rest ≼ 📶 📞 **VISA** 🅾 **AE** ⓿

2 quai des Passagers – 📞 02 31 81 65 00 – lecheval.blanc@wanadoo.fr
– Fax 02 31 89 52 80 – Fermé janv. AY **n**
34 ch – ♦60/190 € ♦♦70/425 €, ☑ 8 €

♦ Totalement rénové, de la façade à la salle des petits-déjeuners, cet hôtel affiche un style bourgeois. Chambres bien équipées (plus grandes au 1er) avec vue sur l'avant-port.

🏠 Kyriad 🚲 ♿ ch, 📞 🈺 **P** **VISA** 🅾 **AE**

62 cours A. Manuel, par ② – 📞 02 31 89 41 77 – kyriad.honfleur@free.fr
– Fax 02 31 89 48 09
50 ch – ♦62/73 € ♦♦62/73 €, ☑ 7,50 € – **Rest** – (fermé sam. midi de nov. à janv. et lundi midi) Menu (17 €), 23 € AZ **k**

♦ Hôtel rénové situé à l'écart du centre. Ses chambres, petites mais bien insonorisées, sont avant tout fonctionnelles ; celles de l'arrière donnent sur un jardinet. Table traditionnelle et formule buffets.

⌂ La Petite Folie sans rest 🌿 🚲 ⚓ 🈺

44 r. Haute – 📞 02 31 88 71 55 – info@lapetitefolie-honfleur.com
– Fermé janv. AY **h**
5 ch ☑ – ♦130 € ♦♦130 €

♦ Toutes les touches raffinées d'une maison d'hôte s'illustrent ici : meubles et objets chinés, tommettes au sol, linge luxueux, etc. Petit-déjeuner au jardin dès les beaux jours.

⌂ Le Clos Bourdet 🌿 🚲 🍴 **P** **VISA** 🅾

50 r. Bourdet – 📞 02 31 89 49 11 – leclosbourdet@orange.fr – Fermé janv.
5 ch ☑ – ♦135/165 € ♦♦135/185 € – **Table d'hôte** – Menu 35 € bc AZ **k**

♦ Dans un grand jardin clos à flanc de colline... c'est peu dire que cette belle maison bourgeoise du 18e s. jouit du calme ! Chambres personnalisées. Boutique de produits locaux. La patronne mitonne une cuisine familiale soignée.

⌂ La Cour Ste-Catherine sans rest 🌿 📞

74 r. du Puits – 📞 02 31 89 42 40 – giaglis@wanadoo.fr AYZ **d**
5 ch ☑ – ♦65/85 € ♦♦70/90 €

♦ Paisible et charmante maison d'hôte du vieux Honfleur (hauts de la ville) créée à partir d'un couvent du 17e s. et d'une cidrerie. Ses chambres, mariant l'ancien et le moderne, se partagent trois bâtisses. Petit-déjeuner dans l'ex-pressoir ou, l'été, dans la jolie cour fleurie.

✕✕✕ L'Absinthe avec ch 🍴 🚗 **VISA** 🅾 **AE** ⓿

10 quai Quarantaine – 📞 02 31 89 39 00 – reservation@absinthe.fr
– Fax 02 31 89 53 60 – Fermé 15 nov.-15 déc. BZ **v**
6 ch – ♦115 € ♦♦145 €, ☑ 12 € – 1 suite – **Rest** – Menu 33/65 € – Carte 64/99 €

♦ Devant le port de pêche, restaurant servant de la cuisine actuelle dans un décor (15e et 17e s.) rustique à souhait ou sur sa terrasse dressée en façade. À deux pas, un ancien presbytère permet de prolonger l'étape avec des chambres chaleureuses.

XX **La Terrasse et l'Assiette** (Gérard Bonnefoy) 🛱 VISA 🕢 🖭 ①

ⓈⓈ *8 pl. Ste-Catherine –* ℰ *02 31 89 31 33 – Fax 02 31 89 90 17 – Fermé 5 janv.-5 fév., mardi sauf juil.-août et lundi* AY **e**
Rest – Menu 30/50 € – Carte 66/93 €
Spéc. Gaspacho de homard au piment d'Espelette (été). Noix de ris de veau en aigre-doux. Petit gâteau chaud chocolat-pistache.
♦ Colombages et murs parementés de briques donnent un cachet certain à ce restaurant qui a pour atout supplémentaire sa terrasse dressée face à la surprenante église de bois. Cuisine traditionnelle savoureuse.

XX **Entre Terre et Mer** 🛱 VISA 🕢 ①

ⓈⓈ *12 pl. Hamelin –* ℰ *02 31 89 70 60 – info@entreterreetmer-honfleur.com – Fax 02 31 89 40 55 – Fermé 15 janv.-5 fév. et merc. du 15 nov. au 1ᵉʳ avril*
Rest – Menu (20 €), Carte 49/70 € AY **d**
♦ Deux plaisantes salles à manger contemporaines (néo-rustique avec des poutres et un tapis en joncs marins ou décorée de photos de la Normandie). Carte "terre et mer" actuelle.

XX **Le Bréard** 🛱 VISA 🕢 🖭 ①

ⓈⓈ *7 r. du Puits –* ℰ *02 31 89 53 40 – lebreard@wanadoo.fr – Fax 02 31 88 60 37 – Fermé 1ᵉʳ-26 déc., 2-9 fév., mardi midi, jeudi midi et merc. du 1ᵉʳ sept. au 13 juil.*
Rest – Menu (18 €), 26/34 € – Carte 52/64 € AY **t**
♦ Dans une ruelle pavée proche de l'église Ste-Catherine, façade verte dissimulant deux petites salles lumineuses séparées par une jolie terrasse intérieure chauffée en hiver. Cuisine au goût du jour pleine de saveurs.

XX **La Fleur de Sel** VISA 🕢 🖭

17 r. Haute – ℰ *02 31 89 01 92 – info@lafleurdesel-honfleur.com – Fax 02 31 89 01 92 – Fermé janv., mardi et merc.* AY **v**
Rest – Menu 26/36 € – Carte 40/58 €
♦ Table sympathique où l'on vient faire des repas bien de notre temps dans deux petites salles au décor néo-rustique raffiné : sol en tomettes, poutres et murs clairs égayés de photographies à thème culinaire.

XX **Sa. Qua. Na** (Alexandre Bourdas) 🖭 ℀ VISA 🕢

ⓈⓈ *22 pl. Hamelin –* ℰ *02 31 89 40 80 – saquana@alexandre-bourdas.com – Fermé de mi-janv. à fin fév., merc., jeudi et le midi en sem.* AY **u**
Rest – *(nombre de couverts limité, prévenir)* Menu 40/80 €
Spéc. Homard poché au citron vert, feuilles de céleri et coriandre. Carré de veau rôti, bouillon de navets, petits pois, noisettes. Galette soufflée au sarrasin et grains de maïs.
♦ Sa.Qua.Na pour "saveurs, qualité, nature", ou encore "poisson" (sakana), en nippon : à vous de voir ! Table inventive au cadre moderne tendance zen. Proximité du vieux port.

XX **Auberge du Vieux Clocher** VISA 🕢

9 r. de l'Homme-de-Bois – ℰ *02 31 89 12 06 – Fax 02 31 89 44 75 – Fermé 24-30 nov., 12-30 janv., mardi et merc.* AY **b**
Rest – Menu (14 €), 20/25 € – Carte 30/50 €
♦ Dans une rue du pittoresque quartier Ste-Catherine, restaurant dont les petites salles à manger pastel vous convient à un repas traditionnel. Jolie collection d'assiettes anciennes.

XX **Au Vieux Honfleur** 🛱 VISA 🕢 🖭 ①

13 quai St-Étienne – ℰ *02 31 89 15 31 – contact@auvieuxhonfleur.com – Fax 02 31 89 92 04 – Fermé janv.* AZ **r**
Rest – Menu 31/52 € – Carte 49/63 €
♦ Spécialités de la mer à apprécier au rez-de-chaussée, à l'étage ou l'été en terrasse, avec le Vieux Bassin pour toile de fond. Salles intimes dotées de chaises à médaillon.

X **Au P'tit Mareyeur** VISA 🕢

4 r. Haute – ℰ *02 31 98 84 23 – auptitmareyeur@free.fr – Fax 02 31 89 99 32 – Fermé 5 janv.-3 fév., lundi et mardi* AY **s**
Rest – *(nombre de couverts limité, prévenir)* Menu 25/49 € – Carte 38/51 €
♦ Poutres, colombages, chaises drapées et discrète décoration maritime participent de l'atmosphère intime du restaurant. La carte privilégie poissons et fruits de mer.

✗ **L'Ecailleur** ⬅ AK VISA ❷❸

1 r. de la République – 𝒞 *02 31 89 93 34 – lecailleur@wanadoo.fr*
– Fax 02 31 89 53 73 – Fermé 17 juin-4 juil., merc. et jeudi hors saison   AZ **a**
Rest – Menu 25/37 € – Carte 33/46 €

♦ Fraîches assiettes au goût du jour à déguster dans un décor dépaysant et chaleureux évoquant une cabine de paquebot (boiseries, cordages, hublots). La grande baie vitrée offre une très belle vue sur le port.

✗ **La Tortue** AK VISA ❷❸

36 r. de l'Homme de Bois – 𝒞 *02 31 81 24 60*   AY **g**
❋ **Rest** – Menu (12 €), 18/33 € – Carte 21/46 €

♦ Derrière sa façade à colombages, restaurant à l'ambiance marine et au cadre soigné et chaleureux (couleurs vives, bois flotté, rotin). La carte classique rend hommage à la mer.

à la Rivière-St-Sauveur 2 km par ① – 1 578 h. – alt. 1 m – ⊠ 14600

🏨 **Antarès** sans rest 🔲 📶 & 🕭 ☏ 🔧 P VISA ❷❸ AE

– 𝒞 *02 31 89 10 10 – info@antares-honfleur.com – Fax 02 31 89 58 57*
78 ch – 🛏65/102 € 🛏🛏72/145 €, � 12 €

♦ Complexe hôtelier récent aux équipements pratiques. Petites chambres dont la moitié regarde vers le pont de Normandie, au même titre que la salle des petits-déjeuners ; duplex familiaux bien pensés. Piscine intérieure chauffée.

🏨 **Les Bleuets** sans rest & ❀ ☏ P VISA ❷❸ AE

– 𝒞 *02 31 81 63 90 – contact@motel-les-bleuets.com – Fax 02 31 89 92 12*
– Fermé 17-27 déc., 8-30 janv. et dim. soir hors saison
18 ch ⊇ – 🛏74/94 € 🛏🛏84/102 €

♦ Ensemble propret affichant un petit air de village de vacances : murs bleu ciel et blanc, parterres fleuris, espace détente et chambres nettes avec miniterrasse ou balcon.

par ③ 3 km rte de Trouville – ⊠ 14600 Vasouy

🏨 **La Chaumière** ⌂ ⬅ 🐾 🌿 P VISA ❷❸ AE

rte du Littoral, Vasouy – 𝒞 *02 31 81 63 20 – informations@la-chaumiere.com*
– Fax 02 31 89 59 23 – Fermé 12 nov.-7 déc. et 7 janv.-1ᵉʳ fév.
9 ch – 🛏150/450 € 🛏🛏150/450 €, ⊇ 15 € – ½ P 150/300 € – **Rest** – *(fermé merc. midi, jeudi midi et mardi) (nombre de couverts limité, prévenir)* Menu 40/60 €
– Carte 55/70 €

♦ Cette jolie ferme normande du 17ᵉ s. se dresse face à l'estuaire de la Seine dans un parc dégringolant jusqu'à la mer. Chambres cosy, garnies de beaux meubles anciens. Poutres patinées et belle cheminée contribuent à l'atmosphère douillette du restaurant.

à Pennedepie 5 km par ③ – 310 h. – alt. 20 m – ⊠ 14600

✗ **Au Moulin St-Georges** 🐾 ❀ VISA ❷❸

rte de la Mer – 𝒞 *02 31 81 48 48 – Fermé mi-fév. à mi-mars, mardi soir et merc.*
❋ **Rest** – Menu 16/24 € – Carte 26/45 €

♦ On accède à ce restaurant bordant la route côtière par le bar-tabac, puis par... les cuisines, où trône un vieux fourneau à charbon. Cadre simple, repas copieux.

par ③ 8 km rte de Trouville et rte secondaire – ⊠ 14600 Honfleur

🏨 **Le Romantica** ⌂ ⬅ 🚗 🐾 🏊 ❀ ch, ☏ 🔧 P VISA ❷❸

chemin Petit Paris – 𝒞 *02 31 81 14 00 – hotelromantica@free.fr*
– Fax 02 31 81 54 78
27 ch – 🛏55 € 🛏🛏65 €, ⊇ 9 € – 9 suites – ½ P 65 € – **Rest** – *(fermé jeudi midi et merc. hors saison)* Menu (16 €), 26/37 € – Carte 25/47 €

♦ Perchée sur les hauts du village, cette bâtisse plagiant l'architecture régionale offre calme et confort dans ses chaleureuses chambres à touche rustique. Agréable piscine intérieure. Beau coup d'œil sur la Manche et la campagne par les baies vitrées du restaurant.

à Cricqueboeuf 9 km par ③ et rte de Trouville – 182 h. – alt. 25 m – ⊠ 14113

🏨 **Manoir de la Poterie** ⌂ ⬅ 🚗 🐾 🏊 🕥 🎱 📶 & ch, ↯ ☏ 🔧 P VISA

– 𝒞 *02 31 88 10 40 – info@honfleur-hotel.com – Fax 02 31 88 10 90* ❷❸ AE ①
23 ch – 🛏116/230 € 🛏🛏116/230 €, ⊇ 15 € – 1 suite – **Rest** – *(fermé le midi en sem.)* Menu 32/65 € – Carte 49/74 €

♦ Face à la mer, manoir moderne d'allure normande dont les chambres, de styles Louis XVI, Directoire, marin et actuel, sont tournées vers l'estran ou la campagne. Spa. Atmosphère cosy et cuisine au goût du jour dans la salle à manger qui ménage un espace plus intime.

à Villerville 10 km par ③, rte de Trouville – 676 h. – alt. 10 m – ⊠ 14113

🖪 Office de tourisme, rue Général Leclerc ✆ 02 31 87 21 49, Fax 02 31 98 30 65

🏠🏠 **Le Bellevue** ♨ ⪕ 🚗 🖭 🖭 ⅏ ch, ⅏ 🅿 𝑉𝐼𝑆𝐴 ⓪ 🅐🅔
rte d'Honfleur – ✆ 02 31 87 20 22 – resa @ bellevue-hotel.fr – Fax 02 31 87 20 56
– Fermé 24 nov.-18 déc. et 12 janv.-12 fév.
28 ch – ♦75/90 € ♦♦85/115 €, ☑ 12 € – 2 suites – ½ P 75/115 € – **Rest** – *(fermé*
mardi midi, merc. midi et jeudi midi) Menu 25/44 € – Carte 35/52 €
♦ Cette demeure dominant la mer fut à la fin du 19ᵉ s. la villégiature d'un directeur de
l'Opéra de Paris. Espaces communs au foisonnant décor rustico-bourgeois ; réservez une
chambre dotée d'un balcon panoramique. Coquette salle à manger-véranda offrant une
jolie vue sur le jardin et le littoral.

HORBOURG – 68 Haut-Rhin – 315 I8 – rattaché à Colmar

L'HORME – 42 Loire – 327 G7 – rattaché à St-Chamond

HOSSEGOR – 40 Landes – 335 C13 – alt. 4 m – Casino – ⊠ 40150 ▮ Aquitaine

🖸 Paris 752 – Bayonne 25 – Biarritz 32 – Bordeaux 170 – Dax 40
   – Mont-de-Marsan 93   3 **A3**
🖪 Office de tourisme, place des Halles ✆ 05 58 41 79 00, Fax 05 58 41 79 09
🖫 d'Hossegor 333 avenue du Golf, SE : 0,5 km, ✆ 05 58 43 56 99 ;
🖫 de Seignosse à Seignosse Avenue du Belvédère, N : 5 km par D 152,
   ✆ 05 58 41 68 30 ;
🖫 de Pinsolle à Soustons Port d'Albret Sud, N : 10 km par D 4,
   ✆ 05 58 48 03 92.
🖾 Le lac★ - Les villas basco-landaises★.

🏠🏠 **Les Hortensias du Lac** sans rest ♨ ⪕ 🚗 ⅏ ⅏ 🅿 𝑉𝐼𝑆𝐴 ⓪ 🅐🅔 ⓪
av. du Tour du Lac – ✆ 05 58 43 99 00 – reception @ hortensias-du-lac.com
– Fax 05 58 43 42 81 – Ouvert de mi-mars à début nov.
20 ch – ♦125/215 € ♦♦125/215 €, ☑ 20 € – 4 suites – ♦♦265/425 €
♦ Trois belles maisons des années 1930 entourées d'une pinède et bordant le lac marin. Les
chambres, décorées avec goût, possèdent un balcon ou une terrasse. Salon panoramique.

🏠🏠 **Pavillon Bleu** ⪕ 🖭 🖭 ⅏ 🖭 ⅏ 🅿 𝑉𝐼𝑆𝐴 ⓪ 🅐🅔 ⓪
av. Touring Club de France – ✆ 05 58 41 99 50 – pavillon.bleu @ wanadoo.fr
– Fax 05 58 41 99 59
21 ch – ♦70/145 € ♦♦70/145 €, ☑ 10 € – ½ P 75/108 €
Rest – *(fermé 26 déc.-20 janv. et lundi du 15 sept. au 15 avril)* Menu 23 € bc (déj.
en sem.), 31/68 € – Carte 44/82 €
♦ Un établissement neuf où vous réserverez une chambre dotée d'un balcon tourné vers
le lac pour profiter du ballet nautique des dériveurs et autres planches à voile. Salle à
manger contemporaine, belle terrasse à fleur d'eau et cuisine au goût du jour.

🏠🏠 **Mercédès** sans rest 🖭 🖭 ⅏ ⅏ 🖭 𝑉𝐼𝑆𝐴 ⓪ 🅐🅔 ⓪
av. du Tour du Lac – ✆ 05 58 41 98 00 – hotel.mercedes @ wanadoo.fr
– Fax 05 58 41 98 10 – Ouvert 2 avril-30 oct.
40 ch – ♦70/90 € ♦♦90/130 €, ☑ 10 €
♦ Cette architecture balnéaire proche du lac marin abrite des chambres sobres et plaisantes, toutes dotées d'un balcon. En été, petits-déjeuners servis près de la piscine.

✕✕ **Le Cottage** 🖭 🅿 𝑉𝐼𝑆𝐴 ⓪ 🅐🅔
av. J.-Moulin, rte Seignosse par bords du lac (D 79) – ✆ 05 58 43 31 39
– restaurant-lecottage @ wanadoo.fr – Fax 05 58 43 31 39 – Ouvert de mars à oct.
Rest – Menu 19/39 € – Carte 28/48 €
♦ Une fraîche salle à manger égayée par du linge basque, une coquette terrasse recevant
les effluves de la pinède et des recettes "terre et mer" : un "cottage" apprécié !

Le Reva 🏠 ⅏ ⅏ 𝑉𝐼𝑆𝐴 ⓪ 🅐🅔
– ✆ 05 58 43 10 65 – hotel.le-reva @ wanadoo.fr – Fax 05 58 43 10 13
5 ch – ♦55/98 € ♦♦55/98 €, ☑ 9 €
♦ Un bâtiment situé juste à côté du restaurant abrite des chambres dotées de jolis meubles
exotiques et pourvues de miniterrasses. Salon de coiffure.

HOUAT (ÎLE D') – 56 Morbihan – 308 N10 – **voir à Île d'Houat**

LA HOUBE – 57 Moselle – 307 O7 – ⊠ 57850 Dabo   27 **D2**

❏ Paris 453 – Lunéville 86 – Phalsbourg 18 – Sarrebourg 27 – Saverne 17
– Strasbourg 45

✗   **Des Vosges** avec ch ⑤   ⇐ 🛋 ⅋ ch, **P** 🆅🅸🆂🅰 ⓂⓄ
41 r. de la Forêt Brulée ⊠ 57850 La Hoube Dabo – ℰ 03 87 08 80 44 – info @
hotel-restaurant-vosges.com – Fax 03 87 08 85 96 – Fermé
24 sept.-8 oct., 5 fév.-5 mars, mardi soir et merc.
9 ch – †32 € ††47 €, � 7 € – ½ P 43 € – **Rest** – Menu 19/25 € – Carte 21/41 €
♦ Poussez jusqu'au bout du village pour dénicher cette petite auberge paisible mitonnant
une appétissante cuisine du terroir. Salle tournée vers la forêt vosgienne, le rocher de Dabo
et sa chapelle. Chambres de mise simple mais bien tenues ; jardin de repos.

LES HOUCHES – 74 Haute-Savoie – 328 N5 – 2 706 h. – alt. 1 004 m – Sports
d'hiver : 1 010/1 900 m ⛷2 ⛷16 ⛷ – ⊠ 74310 ❚ Alpes du Nord   46 **F1**

❏ Paris 602 – Annecy 89 – Bonneville 47 – Chamonix-Mont-Blanc 9 – Megève 26
🅱 Office de tourisme, place de la Mairie ℰ 04 50 55 50 62, Fax 04 50 55 53 16
◎ Le Prarion★★.

🏨   **Du Bois**   ⇐ 🛁 🖰 🛗 ↳ ⅋ rest, 🖼 **P** 🚗 🆅🅸🆂🅰 ⓂⓄ
La Griaz – ℰ 04 50 54 50 35 – reception @ hotel-du-bois.com – Fax 04 50 55 50 87
– Fermé 3-30 nov.
51 ch – †50/114 € ††50/124 €, ⊑ 9 € – ½ P 58/95 €
Rest – (fermé 14 avril-11 mai et 6 oct.-8 déc.) (dîner seult) Menu (19 €), 24 €
– Carte 18/35 €
♦ Ensemble typé, avec le Mont-Blanc à l'horizon. Chambres pratiques ou apparts modernes
dans l'aile récente. Belle piscine couverte, sauna et bassin extérieur. Table campa-
gnarde : bardage en bois brut, mobilier rustique, cheminée, nappage vichy. Carte actuelle.

🏨   **Auberge Beau Site**   ⇐ 🛁 🖲 🛗 📞 **P** 🆅🅸🆂🅰 ⓂⓄ 🅰🅴 🅞
(près de l'église) – ℰ 04 50 55 51 16 – hotelbeausite @ netgdi.com
– Fax 04 50 55 53 11 – Ouvert 21 mai-1ᵉʳ oct. et 22 déc.-19 avril
18 ch – †73/90 € ††83/110 €, ⊑ 9 €
Rest Le Pèle – (fermé merc. sauf juil.-août) (dîner seult sauf juil.-août et dim. en
hiver) Menu 22/45 €
♦ Maison familiale située au pied du clocher de la station rendue célèbre par Lord Kandahar.
Chambres de bonne ampleur, fonctionnelles et égayées d'étoffes rouges et vertes. Chaleureux restaurant avec billots de bois posés près de la cheminée aux cuivres rutilants.

🏠   **Auberge Le Montagny** sans rest ⑤   ⇐ ⅋ **P** 🆅🅸🆂🅰 ⓂⓄ
🍽   Le Pont – ℰ 04 50 54 57 37 – hotel.montagny @ wanadoo.fr – Fax 04 50 54 52 97
– Ouvert 15 juin-28 sept. et 20 déc.-14 avril
8 ch – †70 € ††78 €, ⊑ 8,50 €
♦ De la ferme de 1876 ne subsistent que la porte et quelques poutres : ce sympathique petit
chalet où le bois est roi abrite aujourd'hui de coquettes chambres à l'esprit montagne.

🏠   **Chris-Tal**   ⇐ 🖲 ⅋ 🛗 ↳ 📞 **P** 🚗 🆅🅸🆂🅰 ⓂⓄ
242 av. des Alpages – ℰ 04 50 54 50 55 – info @ chris-tal.com – Fax 04 50 54 45 77
– Ouvert 25 mai-1ᵉʳ oct. et 21 déc.-11 avril
23 ch – †95/120 € ††95/130 €, ⊑ 10 € – ½ P 80/92 € – **Rest** – Menu 19/36 €
– Carte 26/54 €
♦ Au cœur de la petite station, chambres cosy privilégiant l'espace et la fonctionnalité ; la
plupart ouvrent sur la célèbre "piste Verte : Kandahar". Cuisine oscillant entre tradition et
terroir à découvrir dans une salle à manger chaleureuse.

au Prarion par télécabine – ⊠ 74310 Les Houches
◎ ❄★★ 30 mn.

🏠   **Le Prarion** ⑤   ⇐ sommets, glaciers et vallées, 🛁 ⅋ ch, 🖼 🆅🅸🆂🅰 ⓂⓄ
alt.1 860 – ℰ 04 50 54 40 07 – info @ prarion.com – Fax 04 50 54 40 03
– Ouvert 21 juin-6 sept. et 20 déc. à fin avril
12 ch – †50 € ††100 €, ⊑ 9 € – ½ P 75/110 € – **Rest** – self Carte 14/28 €
♦ Massifs du Mont-Blanc et des Aravis, vallées de Chamonix et de Sallanches : de cet hôtel
votre regard ne se posera que sur des sommets enneigés... Petites chambres simples. Le
midi, repas traditionnels (en self-service l'hiver) et le soir, menu unique.

HOUDAN – 78 Yvelines – **311** F3 – 3 112 h. – alt. 104 m – ⊠ 78550
▌ Île de France   18 **A2**

- ◪ Paris 60 – Chartres 55 – Dreux 20 – Évreux 52 – Mantes-la-Jolie 28
  – Versailles 42
- ◪ Office de tourisme, 4, place de la Tour ℰ 01 30 59 53 86, Fax 01 30 59 66 84
- ◪ de la Vaucouleurs à Civry-la-Forêt Rue de l'Eglise, N : 11 km par D 983,
  ℰ 01 34 87 62 29 ;
- ◪ des Yvelines à La Queue-les-Yvelines Château de la Couharde, E : 12 km par
  N 12, ℰ 01 34 86 48 89.

⌂ **Crépuscule** sans rest   ▦ ⅙ ⌀ ⌞ **P** _VISA_ **©©**
rte des Longs Champs – ℰ 01 30 46 96 96 – crepuscule.hotel @ wanadoo.fr
– Fax 01 30 46 96 97
21 ch – †60/90 € ††60/90 €, ⌷ 7 € – ½ P 75/95 €
♦ Hôtel de construction récente situé à l'écart du centre-ville. Chambres spacieuses, habillées de rose ou de bleu. Petite restauration d'appoint en semaine.

XXX **La Poularde**   ▦ ▦ **P** _VISA_ **©©** AE
24 av. République, (rte Maulette D 912) – ℰ 01 30 59 60 50 – contact @
alapoularde.com – Fax 01 30 59 79 71 – Fermé 10-18 mars, 11-26 août,
24 nov.-2 déc., 19-27 janv., dim. soir, lundi et mardi
Rest – Menu (24 €), 36 € (sem.)/60 € – Carte 44/58 €
♦ Dans le jardin de cette belle maison bourgeoise folâtrent les fameuses poules de Houdan... bientôt dans votre assiette ! Élégante salle feutrée, carte de tradition.

XX **Donjon**   AC _VISA_ **©©** AE
14 r. Epernon, (près de l'église) – ℰ 01 30 59 79 14 – eric.deserville @ wanadoo.fr
– Fermé 10-25 août, 1 sem. en mars, dim. soir, jeudi soir et lundi
Rest – Menu 29/43 €
♦ Du château médiéval ne subsiste que le donjon, proche voisin de ce restaurant qui en a pris le nom. Cuisine traditionnelle servie dans un joli cadre contemporain et coloré.

HOUDELAINCOURT – 55 Meuse – **307** D7 – 346 h. – alt. 285 m –
⊠ 55130   26 **A2**

- ◪ Paris 270 – Metz 119 – Bar-le-Duc 41 – Saint-Dizier 57 – Toul 51

XXX **Auberge du Père Louis** avec ch   ▦ ⅙ ⌞ **P** _VISA_ **©©**
– ℰ 03 29 89 64 14 – aubergeperelouis @ free.fr – Fax 03 29 89 78 84 – Fermé
1er-21 sept., dim. soir et lundi
7 ch – †50 € ††50 €, ⌷ 10 € – ½ P 75 € – **Rest** – Menu 19 € (sem.)/80 € – Carte
53/75 €
♦ Cette auberge est l'ambassade lorraine de la truffe. Depuis trois générations, elle vous invite à la déguster sans modération et sous toutes ses formes. Boutique et musée. Chambres confortables et personnalisées selon divers thèmes.

HOUDEMONT – 54 Meurthe-et-Moselle – **307** H7 – rattaché à Nancy

---

HOULGATE – 14 Calvados – **303** L4 – 1 832 h. – alt. 11 m – Casino – ⊠ 14510
▌ Normandie Vallée de la Seine   32 **B2**

- ◪ Paris 214 – Caen 29 – Deauville 14 – Lisieux 33 – Pont-l'Évêque 25
- ◪ Office de tourisme, 10, boulevard des Belges ℰ 02 31 24 34 79,
  Fax 02 31 24 42 27
- ◪ d'Houlgate à Gonneville-sur-Mer, E : 3 km par D 513, ℰ 02 31 24 80 49.
- ◙ Falaise des Vaches Noires★ au NE.

⌂ **1900**   AC rest, ⌞ ⅗Å _VISA_ **©©** AE
17 r. des Bains – ℰ 02 31 28 77 77 – hotellenormand @ aol.com
– Fax 02 31 28 08 07 – Fermé 15 nov.-7 déc. et 7-31 janv.
12 ch – †55/85 € ††55/85 €, ⌷ 9 € – ½ P 54/70 € – **Rest** – Menu 20/46 €
– Carte 21/67 €
♦ L'hôtel borde la rue principale de cette charmante station de la Côte Fleurie. Chambres rénovées dans le style de la Belle Époque. Jolie brasserie "1900" : parquet, miroirs, colonnes, vieux comptoir ouvragé et tables rondes, le tout, coiffé de ciels à angelots.

Hostellerie Normande 🕿 VISA ◍ Æ

11 r. Emile Deschanel – ℰ 02 31 24 85 50 – info@hotel-houlgate.com
– Fax 02 31 28 53 61
11 ch – †42/77 € ††42/77 €, ☲ 8 € – ½ P 67/102 € – **Rest** – *(fermé lundi et mardi d'oct. à mars)* Menu 17/30 € – Carte 23/43 €
♦ Cette maison du 19ᵉ s. couverte de vigne vierge vous loge dans des chambres sans ampleur mais fraîches et nettes. L'été une agréable terrasse occupe la cour. Mangeoire pour bestiaux, chaises rustiques et nappages à carreaux Vichy président au décor résolument agreste du restaurant.

❌ **L'Eden** 🕿 VISA ◍ Æ ◉

7 r. Henri Fouchard – ℰ 02 31 24 84 37 – nicolas.tougard@wanadoo.fr
– Fax 02 31 28 32 34 – Fermé 9 sept.-7 oct., 2 janv.-4 fév., lundi et mardi sauf juil.-août
Rest – Menu 19 € (sem.)/39 € – Carte 35/49 €
♦ Embusquée dans une ruelle du centre, cette maison proprette plagiant l'architecture régionale vous convie à découvrir sa savoureuse cuisine traditionnelle. Salle à manger de mise simple au décor agreste ; accueil et service sympathiques.

HUEZ – 38 Isère – 333 J7 – rattaché à Alpe d'Huez

HUNINGUE – 68 Haut-Rhin – 315 J11 – rattaché à St-Louis

HURIGNY – 71 Saône-et-Loire – 320 I12 – rattaché à Mâcon

HUSSEREN-LES-CHÂTEAUX – 68 Haut-Rhin – 315 H8 – 397 h. – alt. 380 m –
✉ 68420 ▮ Alsace Lorraine 2 **C2**

◘ Paris 455 – Belfort 69 – Colmar 10 – Gérardmer 55 – Guebwiller 22 – Mulhouse 40

Husseren-les-Châteaux ⌖ ≼ 🕿 🖻 ♨ ※ ◙ ᓮ ch, ⅄ ℰ ⅏ ▯ VISA ◍ Æ ◉

r. Schlossberg – ℰ 03 89 49 22 93 – mail@
hotel-husseren-les-chateaux.com – Fax 03 89 49 24 84
36 ch – †88/103 € ††115/138 €, ☲ 12,50 € – 2 suites – ½ P 106 €
Rest – Menu (11,50 €), 21/60 € – Carte 23/48 €
♦ Perchée sur les hauteurs du massif vosgien, construction moderne pourvue de grandes chambres fonctionnelles avec mezzanine. Piscine couverte et tennis. Belle échappée sur la vallée du Rhin depuis le lumineux restaurant où l'on sert une cuisine traditionnelle.

HYÈRES – 83 Var – 340 L7 – 51 417 h. – alt. 40 m – Casino : des Palmiers Z –
✉ 83400 ▮ Côte d'Azur 41 **C3**

◘ Paris 851 – Aix-en-Provence 102 – Cannes 123 – Draguignan 78 – Toulon 19
◨ de Toulon-Hyères : ℰ 0 825 01 83 87, SE : 4 km V.
◨ Syndicat d'initiative, 3, avenue Ambroise Thomas ℰ 04 94 01 84 50, Fax 04 94 01 84 51
◙ ≼★ de la place St-Paul Y **49** – ≼★ du parc St-Bernard Y - ≼★ de l'esplanade de la Chapelle N.-D. de Consolation V **B** - ※★ des Ruines du Château des aires - Presqu'île de Giens ★★.
Plan page suivante

Mercure 🕿 ☲ ◙ ᓮ ch, ◍ ⅄ ※ ℰ ⅏ ▯ VISA ◍ Æ ◉

19 av. A. Thomas – ℰ 04 94 65 03 04 – h1055@accor.com – Fax 04 94 35 58 20
84 ch – †94/179 € ††106/191 €, ☲ 13 € – ½ P 71/114 € – **Rest** – grill Carte 24/42 € V **x**
♦ Hôtel moderne intégré à un centre d'affaires bordant la voie rapide Olbia. Chambres rénovées selon le style Mercure, contemporaines et confortables. Le restaurant, décoré sur le thème de la mer, ouvre sur la terrasse et la piscine ; recettes d'inspiration régionale.

L'Europe sans rest ◍ ⅄ ℰ VISA ◍ Æ

45 av. E. Cavell – ℰ 04 94 00 67 77 – contact@hotel-europe-hyeres.com
– Fax 04 94 00 68 48 V **r**
25 ch – †45/87 € ††52/96 €, ☲ 7,50 €
♦ Vous cherchez un hôtel à deux pas de la gare ? Voici un immeuble du 19ᵉ s. entièrement rénové, abritant des chambres claires, fonctionnelles et correctement insonorisées.

HYÈRES-GIENS

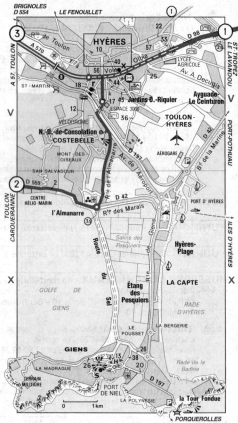

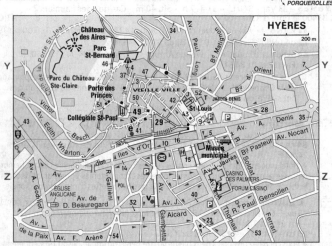

Le Soleil sans rest   📞 VISA ⬤ AE ①
r. du Rempart – 𝒞 04 94 65 16 26 – soleil @ hotel-du-soleil.fr
– Fax 04 94 35 46 00   Y **r**
20 ch ⌂ – †61/95 € ††68/104 €
◆ Vieille maison de caractère juchée sur les hauteurs de la cité, près de la villa-musée des Noailles. Chambres étroites mais nettes ; salle des petits-déjeuners provençale.

XX   **Les Jardins de Bacchus**   🍽 AC VISA ⬤ AE ①
32 av. Gambetta – 𝒞 04 94 65 77 63 – santionijeanclaude @ wanadoo.fr
– Fax 04 94 65 71 19 – Fermé 2-8 janv., sam. midi, dim. soir et lundi   Z **v**
Rest – Menu (26 €), 34/55 € – Carte 66/70 € ❧
◆ Pause bachique au centre-ville : vins régionaux et cuisine aux accents du terroir servis dans une salle à manger rénovée et contemporaine ou sur la terrasse d'été.

X   **Joy**   AC 🍽 VISA ⬤
24 r. de Limans – 𝒞 04 94 20 84 98 – restaurant.joy @ orange.fr
– Fax 04 94 20 84 98 – Fermé 5-20 nov., dim. et lundi hors saison   Y **a**
Rest – Menu 22 € (déj. en sem.), 30/52 € – Carte 40/51 €
◆ Un emplacement au calme dans une rue piétonne, un cadre chic et engageant, une cuisine actuelle : voilà les bons atouts de ce restaurant tenu par un couple de Hollandais.

à La Bayorre 2,5 km à l'Ouest par rte de Toulon – ⊠ 83400 Hyères

XXX   **La Colombe**   🍽 AC VISA ⬤
– 𝒞 04 94 35 35 16 – restauranlacolombe @ orange.fr – Fax 04 94 35 37 68
– Fermé dim. soir de sept. à juin, mardi midi en juil.-août, sam. midi et lundi
Rest – Menu 28/36 € – Carte 53/65 €
◆ Au pied du massif des Maurettes, restaurant aux couleurs du Sud en parfait accord avec une cuisine régionale plaisante et copieuse. Belle terrasse d'été à l'arrière.

HYÈVRE-PAROISSE – 25 Doubs – 321 I2 – 188 h. – alt. 288 m – ⊠ 25110
◘ Paris 445 – Belfort 61 – Besançon 37 – Lure 51 – Montbéliard 44
– Pontarlier 72 – Vesoul 50   17 **C2**

Le Relais de la Vallée   🍽 🏠 & AC rest, ↵ 📞 ♨ 🅿 VISA ⬤ AE
r. Principale, D 683 – 𝒞 03 81 84 46 46 – pierrecossu @ wanadoo.fr
– Fax 03 81 84 37 52
21 ch – †52/56 € ††52/56 €, ⌂ 9,50 € – ½ P 59/73 € – **Rest** – Menu 14,50/37 €
– Carte 38/52 €
◆ Bâtisse des années 1970 vous logeant dans des chambres pratiques dont les balcons ouvrent sur la route nationale et la vallée du Doubs. Lambris blanchis, tentures rouges et statuettes jazzy égayent le restaurant. Terrasse sous auvent. Spécialités comtoises.

IFFENDIC – 35 Ille-et-Vilaine – 309 J6 – 3 778 h. – alt. 48 m – ⊠ 35750   10 **C2**
◘ Paris 393 – Rennes 40 – Cesson-Sévigné 50 – Bruz 36 – Dinan 46

⌂   **Château du Pin** sans rest ⬡   ≤ 🐾 ↵ 🍽 📞 🅿 VISA ⬤ AE
6 km au Nord-Est par D 31 puis D 125 – 𝒞 02 99 09 34 05 – luc.ruan @ wanadoo.fr
– Fax 02 99 09 03 76
5 ch – †85/130 € ††85/130 €, ⌂ 10 €
◆ Cette maison de campagne (1795) fait le bonheur des amateurs de littérature et d'art. Grand salon-bibliothèque, chambres aux noms d'écrivains (Hugo, Proust...) et vue sur le parc.

IGÉ – 71 Saône-et-Loire – 320 I11 – 768 h. – alt. 265 m – ⊠ 71960   8 **C3**
◘ Paris 396 – Cluny 13 – Mâcon 14 – Tournus 34

Château d'Igé ⬡   🍽 🍽 📞 🅿 VISA ⬤ AE ①
– 𝒞 03 85 33 33 99 – chateau.ige @ wanadoo.fr – Fax 03 85 33 41 41 – Ouvert
27 fév.-30 nov. et fermé dim. soir, lundi et mardi sauf du 22 mars au 11 nov.
9 ch – †90/160 € ††90/160 €, ⌂ 14 € – 6 suites – ½ P 101/161 €
Rest – (dîner seult sauf sam., dim. et fériés) Menu 36/76 € – Carte 52/69 €
◆ Ce château fort (1235) du Mâconnais vous accueille dans de belles chambres personnalisées (tapisseries, baldaquins, voûtes). Appartements dans les tours. Cuisine actuelle dans un cadre préservant l'esprit médiéval. Roseraie, jardin et terrasse au bord d'un ruisseau.

ILAY – 39 Jura – 321 F7 – ⊠ 39150 Chaux-du-Dombief ▮ Franche-Comté Jura

▶ Paris 439 – Champagnole 19 – Lons-le-Saunier 36 – Morez 22 – St-Claude 39

◙ Cascades du Hérisson ★★★. 16 **B3**

▯ **Auberge du Hérisson** ⌖ **P.** _VISA_ **⑩⑨**

⊗ _carrefour D 75-D 39 – 𝒞 03 84 25 58 18 – auberge@herisson.com_
– Fax 03 84 25 51 11 – Ouvert fév.-oct.
16 ch – ♦35 € ♦♦55 €, ⊡ 7,50 € – ½ P 42/50 € – **Rest** – Menu 17 € (sem.)/40 €
– Carte 22/56 €

♦ Auberge familiale perchée au-dessus des pittoresques cascades du Hérisson et près du
lac d'Ilay. Chambres rénovées dans l'aile principale, plus modestes dans l'ancienne. À table,
cuisine franc-comtoise, spécialités de grenouilles en saison et vins du terroir.

ÎLE-AUX-MOINES – 56 Morbihan – 308 N9 – 610 h. – alt. 16 m – ⊠ 56780
▮ Bretagne 9 **A3**

▶ Paris 474 – Auray 15 – Quiberon 46 – Vannes 15

✗ **Les Embruns** ⌖ _VISA_ **⑩⑨** 𝔸𝔼

r. Commerce – 𝒞 02 97 26 30 86 – lesembruns.iam@wanadoo.fr
– Fax 02 97 26 31 94 – Fermé 1er-15 oct., janv., fév. et merc. sauf juil.-août
Rest – Menu 19/26 € – Carte 24/36 €

♦ Voici un sympathique bar-restaurant sans chichi, proposant une carte simple influencée
par le marché. On se concentre surtout sur le beau plateau de fruits de mer.

L'ÎLE BOUCHARD – 37 Indre-et-Loire – 317 L6 – 1 764 h. – alt. 41 m – ⊠ 37220
▮ Châteaux de la Loire 11 **A3**

▶ Paris 284 – Châteauroux 118 – Chinon 16 – Châtellerault 49 – Saumur 42
– Tours 45

▯ Office de tourisme, 16, place Bouchard 𝒞 02 47 58 67 75, Fax 02 47 58 67 75

◙ Chapiteaux★ et Cathèdre★ dans le prieuré St-Léonard.

◩ Champigny-sur-Veude : vitraux★★ de la Ste-Chapelle★ SO : 10,5 km.

✗✗ **Auberge de l'Île** ⌖ _VISA_ **⑩⑨**

3 pl. Bouchard – 𝒞 02 47 58 51 07 – aubergedelile@wanadoo.fr
– Fax 02 47 58 51 07 – Fermé 1er-15 déc., 19 fév.-12 mars, mardi et merc. sauf fériés
Rest – Menu 19 € (sem.)/31 €

♦ Sur une île ayant appartenu à Richelieu, auberge qui ravit les amateurs de bons produits.
Cuisine actuelle servie dans un cadre d'esprit contemporain (peintures, mise de table).

à Sazilly 7 km à l'Ouest par D 760 – 317 L6 – ⊠ 37220

✗ **Auberge du Val de Vienne** ♿ **P.** _VISA_ **⑩⑨** 𝔸𝔼

⊗ _30 rte de Chinon – 𝒞 02 47 95 26 49 – valdevienne@wanadoo.fr_
– Fax 02 47 95 25 97 – Fermé 23-30 juin, janv., mardi soir du 1er oct. au 14 avril, dim.
soir et lundi
Rest – Menu 14,50 € (déj. en sem.), 33/43 € ⅍

♦ Faites une halte gourmande dans cet ancien relais de poste (1870) au cœur du vignoble
de Chinon. Décor chaleureux se mariant parfaitement avec une cuisine actuelle de qualité.

ÎLE-D'AIX ★ – 17 Charente-Maritime – 324 C3 – 186 h. – alt. 10 m – ⊠ 17123
▮ Poitou Vendée Charentes 38 **A2**

Accès par transports maritimes

▱ depuis la **Pointe de la Fumée** (2,5 km NO de Fouras) - Traversée 25 mn -
Renseignements et tarifs à Société Fouras-Aix 𝒞 0 820 160 017 (0,12 €/mn),
Fax 05 46 41 16 96.

▱ depuis **La Rochelle** - Service saisonnier (avril-oct.) - Traversée 1h 15 mn -
Renseignements : Croisières Inter Iles, 𝒞 0 825 135 500 (0,15 €/mn) (La
Rochelle)

▱ depuis **Boyardville** (Ile d'Oléron) - Service saisonnier - Traversée 30 mn -
Renseignements Inter Iles 𝒞 0 825 135 500 (0,15 €/mn), (Boyardville)

▱ depuis **Sablanceaux** (Ile de Ré) - Service saisonnier - Agences Inter Iles de
Sablonceaux - Renseignements et tarifs 𝒞 0 825 135 500

▱ depuis **Fouras** (Sté Fouras-Aix) - Service permanent - Traversée 30 mn -
Renseignements et tarifs 𝒞 0 820 160 017 (0,12 €/mn), Fax 05 46 41 16 96.

ÎLE-D'ARZ – 56 Morbihan – 308 O9 – 231 h. – alt. 25 m – ⊠ 56840
▌Bretagne

Accès par transports maritimes.

⛴ depuis **Barrarach et Conleau** - Traversée 20 mn - Renseignements :
Compagnie du Golfe ℰ 02 97 01 22 80, Fax 02 97 47 01 60, www.lactm.com

⛴ depuis **Vannes** d'avril à fin sept. - Traversée 30 mn - Renseignements : Navix
S.A. Gare Maritime (Vannes) ℰ 0825 162 100.

ÎLE-DE-BATZ – 29 Finistère – 308 G2 – 575 h. – alt. 30 m – ⊠ 29253
▌Bretagne

Accès par transports maritimes.

⛴ depuis **Roscoff** - Traversée 15 mn - Renseignements et tarifs : CFTM BP 10 -
29253 Île de Batz ℰ 02 98 61 78 87 - Armein ℰ 02 98 61 77 75 - Armor
Excursion ℰ 02 98 61 79 66.

🛈 Syndicat d'initiative, lieu-dit le Débarcadère ℰ 02 98 61 75 70
Syndicat d'initiative, Mairie ℰ 02 98 61 75 70, Fax 02 98 61 75 85

⛫ **Ti Va Zadou** sans rest ॐ   ℀
au bourg – ℰ 02 98 61 76 91 – *Fax 02 98 61 76 91* – *Ouvert 7 fév.-10 nov.*
4 ch ⌑ – †40 € ††60 €
♦ De coquettes chambres marines, dont une familiale, vous attendent dans cette typique
maison de pays dont on aperçoit les volets bleus en débarquant sur l'île. Location de vélos.

ÎLE-DE-BRÉHAT ★ – 22 Côtes-d'Armor – 309 D1 – 421 h. – alt. 7 m – ⊠ 22870
▌Bretagne

Accès par transports maritimes, pour **Port-Clos.**

⛴ depuis la **Pointe de l'Arcouest** - Traversée 10 mn - Renseignements et tarifs :
Vedettes de Bréhat ℰ 02 96 55 79 50, Fax 02 96 55 79 55

⛴ depuis **St-Quay-Portrieux** - Service saisonnier - Traversée 1 h 15 mn -
Renseignements et tarifs : Vedettes de Bréhat (voir ci-dessus).

⛴ depuis **Binic** - Service saisonnier - Traversée 1 h 30 mn - Renseignements et
tarifs : Vedettes de Bréhat (voir ci-dessus).

⛴ depuis **Erquy** - Service saisonnier - Traversée 1 h 15 mn - Renseignements
et tarifs : Vedettes de Bréhat (voir ci-dessus).

🛈 Syndicat d'initiative, le Bourg ℰ 02 96 20 04 15, Fax 02 96 20 06 94

◎ Tour de l'île★★ - Phare du Paon★ - Croix de Maudez ≼★ - Chapelle
St-Michel ✳★★ - Bois de la citadelle ≼★.

⛫ **La Vieille Auberge** ॐ   🖹 **VISA** ⬤◉
au bourg – ℰ 02 96 20 00 24 – *vieille-auberge.brehat @ wanadoo.fr*
– *Fax 02 96 20 05 12* – *Ouvert 11 avril-2 nov.*
14 ch – †75/107 € ††75/107 €, ⌑ 9,50 € – ½ P 68 € – **Rest** – Carte 27/42 €
♦ On rejoint à pied cette ancienne maison de corsaires située au bourg : le patrimoine
écologique de l'île mérite que l'on oublie sa voiture ! Chambres fonctionnelles. Cuisine de
l'océan à déguster dans la salle ornée de filets de pêche ou dans la cour fleurie.

ÎLE DE GROIX ★ – 56 Morbihan – 308 K9 – ⊠ 56590 ▌Bretagne

Accès par transports maritimes pour **Port-Tudy** (en été **réservation
recommandée** pour le passage des véhicules).

⛴ depuis **Lorient** - Traversée 45 mn - Tarifs, se renseigner : S.M.N., r. G. Gahinet
ℰ 0 820 056 000, Fax 02 97 64 77 69, www.smn-navigation.fr.

◎ Site★ de Port-Lay - Trou de l'Enfer★.

⛫ **De la Marine** ॐ   🚗 🖹 **VISA** ⬤◉
🐾 *7 r. Gén. de Gaulle, au bourg* – ℰ 02 97 86 80 05 – *hotel.dela.marine @ wanadoo.fr*
– *Fax 02 97 86 56 37* – *Fermé 23 nov.-8 déc., 4 janv.-5 fév., dim. soir et lundi d'oct.
à mars sauf vacances scolaires*
22 ch – †38/45 € ††44/94 €, ⌑ 9,50 € – ½ P 48/76 € – **Rest** – Menu 17/25 €
– Carte 27/47 €
♦ Accueil chaleureux dans cette bâtisse dont les chambres offrent différents niveaux de
confort. Ambiance marine au bar où vous côtoierez les îliens. Belle salle rustique (superbe
armoire bretonne) et carte iodée incluant les fameuses sardines à la groisillonne.

🏠 **La Jetée** sans rest ⟨⟩ ⁄⁄ ⁄⁄ **VISA** **◉◉** **AE**
1 quai Port-Tudy – 𝒞 02 97 86 80 82 – laurence.tonnerre@wanadoo.fr
– Fax 02 97 86 56 11 – Fermé 5 janv.-15 mars
8 ch – ♦53 € ♦♦64/79 €, ⊿ 7,50 €
♦ Cette petite maison blanche exploite parfaitement sa situation : huit de ses mignonnes chambres donnent sur la jetée ou la côte du Gripp, comme les terrasses du petit-déjeuner.

ÎLE DE JERSEY ★★ – JSY Jersey – 309 J1 – 85 150 h. ▮ Normandie Cotentin

Accès par transports maritimes pour **St-Hélier (réservation indispensable).**

🚢 depuis **St-Malo** (réservation obligatoire). par **Hydroglisseur** (Condor Ferries) - Traversée 1 h 15 mn - Renseignements et tarifs : gare maritime de la bourse (St-Malo) Terminal Ferry du Naye 𝒞 0 825 135 135 (0,15 €/mn).
depuis **Carteret** : Catamaran - service saisonnier (traversée 50 mn -Gorey) par Manche Iles Express 𝒞 0 825 133 050 (0,15 €/mn).

🚢 depuis **Granville** - Catamaran rapide - traversée 60 mn (St-Hélier) par Manche Iles Express : 𝒞 0 825 133 050 (0,15 €/mn) - depuis **Carteret** - Catamaran - service saisonnier - traversée 50 mn (Gorey) par Manche Iles Express : 𝒞 0 825 133 050 (0,15 €/mn).

Ressources hôtelières voir le Guide Michelin : **Great Britain and Ireland**

ÎLE DE NOIRMOUTIER – 85 Vendée – 316 C6 – alt. 8 m

▮ Poitou Vendée Charentes 34 **A2**

Accès - par le pont routier au départ de Fromentine : passage gratuit.
- par le passage du Gois** : 4,5 km.
- pendant le premier ou le dernier quartier de la lune par beau temps (vents hauts) d'une heure et demie avant la basse mer, à une heure et demie environ après la basse mer.
- pendant la pleine lune ou la nouvelle lune par temps normal : deux heures avant la basse mer à deux heures après la basse mer.
- en toute périodes par mauvais temps (vents bas) ne pas s'écarter de l'heure de basse mer. Voir les panneaux d'affichage sur place, avant l'accès au Gois.

L'ÉPINE – 85 Vendée – 1 685 h. – alt. 2 m – ⊠ 85740 34 **A2**

🛣 Paris 463 – Cholet 134 – Nantes 79 – Noirmoutier-en-l'île 4
– La Roche-sur-Yon 85

🏨 **Punta Lara** ⟨⟩ ⟨⟩ l'Océan, 🍴 ⅃ ❀ ⁄⁄ ch, ⚐ **P** **VISA** **◉◉** **AE** **①**
2 km au Sud par D 95 et rte secondaire ⊠ 85680 – 𝒞 02 51 39 11 58
– puntalara@leshotelsparticuliers.com – Fax 02 51 39 69 12 – Ouvert mai-sept.
62 ch – ♦112/195 € ♦♦112/260 €, ⊿ 15 € – ½ P 101/143 €
Rest – Menu 32/52 € – Carte 41/57 €
♦ Dans une pinède, entre océan et marais salants, bungalows de style vendéen abritant des chambres bien tenues, toutes avec balcon ou terrasse face à l'Atlantique. La vaste salle de restaurant coiffée d'une belle charpente en bois s'ouvre sur la piscine ronde.

L'HERBAUDIÈRE – 85 Vendée – ⊠ 85330 Noirmoutier-en-l'Île 34 **A2**

🛣 Paris 469 – Cholet 140 – Nantes 85 – La Roche-sur-Yon 91

✕✕ **La Marine** (Alexandre Couillon) ⟨⟩ ⟨⟩ **P** **VISA** **◉◉** **AE**
⁂ *(sur le port) – 𝒞 02 51 39 23 09 – Fax 02 51 39 23 09*
– Fermé mars, 1er-22 oct., 6-21 janv., dim. soir, mardi soir et merc.
Rest – Menu 40/60 € – Carte 60/70 €
Spéc. "Crackers" de sardines marinées (mai à sept.). Œuf de pomme de terre iodé aux huîtres creuses (fév. à sept.). Pigeonneau à la choucroute de navets longs. **Vins** Vin de pays de Vendée, Fiefs Vendéens.
♦ Maison de pays face au port de pêche. Deux espaces, l'un contemporain pour une cuisine inventive valorisant les produits de l'océan ; l'autre rustique (menu du marché). Terrasse.

NOIRMOUTIER-EN-L'ÎLE – 85 Vendée – 5 001 h. – alt. 8 m – ⊠ 85330 34 **A2**

🛣 Paris 464 – Cholet 135 – Nantes 80 – La Roche-sur-Yon 86
🛈 Office de tourisme, rue du Général Passaga 𝒞 02 51 39 12 42
◉ Collection de faïences anglaises★ au château.

Fleur de Sel   🚗 🏠 ⌁ ✵ 🅗 rest, 🛏 ⅏ 🅿 VISA ⓜ🅔 ⒶⒺ

r. des Saulniers – ✆ *02 51 39 09 07 – contact@fleurdesel.fr – Fax 02 51 39 09 76*
– Ouvert 14 mars-2 nov.
35 ch – 🛏79/148 € 🛏🛏89/175 €, ⌁ 12,50 € – ½ P 82/130 € – **Rest** *– (fermé lundi
midi et mardi midi sauf juil.-août et fériés)* Menu (21 €), 28 € (sem.)/49 € – Carte
35/62 €

♦ Environnement paisible et verdoyant, practice de golf, terrasse, coquets salons et
chambres soignées (décor marin ou cosy) : ici, calme, confort et détente passent avant tout.
Le cadre du restaurant, qui sert une cuisine au goût du jour, s'inspire de l'océan.

Général d'Elbée sans rest   🚗 ⌁ VISA ⓜ🅔 ⒶⒺ ⓞ

pl. Château – ✆ *02 51 39 10 29 – elbee@leshotelsparticuliers.com*
– Fax 02 51 39 08 23 – Ouvert mai-sept.
27 ch – 🛏97/122 € 🛏🛏172/237 €, ⌁ 15 €

♦ Les chambres de cette demeure historique du 18ᵉ s. possèdent le charme patiné des
maisons d'antan (mobilier d'époque, poutres) ; certaines ont vue sur le château éclairé le
soir.

Les Douves sans rest   ⌁ 🛏 📞 VISA ⓜ🅔

11 r. Douves, (face au château) – ✆ *02 51 39 02 72 – hotel-les-douves@
wanadoo.fr – Fax 02 51 39 73 09 – Fermé 6 janv.-6 fév.*
22 ch – 🛏46/73 € 🛏🛏56/93 €, ⌁ 8 €

♦ Place d'Armes, port et château sont à deux pas de ces petites chambres simplement
meublées, mais claires et pratiques. Piscine aménagée sur l'arrière de la maison.

La Maison de Marine sans rest ⌂   ⌁ 🅰🅒 🛏 📞 🅿 VISA ⓜ🅔 ⒶⒺ

3 r. Parmentier – ✆ *02 28 10 27 21 – lamaisondemarine@hotmail.fr*
5 ch ⌁ – 🛏98/130 € 🛏🛏110/130 €

♦ Belles chambres personnalisées, terrasses fleuries ouvertes sur le patio-piscine, salon-
cheminée, spa, jardin aromatique : cette délicieuse maison respire la douceur de vivre.

Le Grand Four   VISA ⓜ🅔 ⒶⒺ

1 r. Cure, (derrière le château) – ✆ *02 51 39 61 97 – renee.vetele@wanadoo.fr*
– Fax 02 51 39 61 97 – Fermé 1ᵉʳ déc.-31 janv., dim. soir et lundi sauf juil.-août
Rest – Menu 19 € bc (sem.), 25/59 € – Carte 53/63 €

♦ Façade ancienne tapissée de vigne vierge. Deux salles à manger dont une coquette,
envahie de tableaux et bibelots, et une autre plus sobrement marine. Cuisine axée sur
l'océan.

L'Étier   ≤ 🅿 VISA ⓜ🅔

rte de l'Épine, 1 km au Sud-Ouest – ✆ *02 51 39 10 28 – restaurant.etier@
wanadoo.fr – Fax 02 51 39 23 00 – Fermé déc.- janv., mardi sauf juil.-août et lundi*
Rest – Menu 18/37 € – Carte 33/52 €

♦ Une vieille maison basse typique de l'île. Intérieur sagement rustique, terrasse-
véranda face à l'étier de l'Arceau et produits de la pêche locale.

Côté Jardin   🏠 VISA ⓜ🅔

1 bis r. Grand Four, (derrière le château) – ✆ *02 51 39 03 02 – Fax 02 51 54 64 58*
*– Fermé 16 oct.-20 déc., 5 janv.-6 fév., dim. soir, merc. soir, jeudi sauf juil.-août et
lundi*
Rest – Menu 18/40 € – Carte 35/43 €

♦ Adresse prisée pour sa cuisine traditionnelle sachant valoriser les produits du terroir
vendéen. Patio-terrasse adossé à une ancienne chapelle ; exposition d'un artiste local.

au Bois de la Chaize 2 km à l'Est – ✉ 85330 Noirmoutier-en-l'Île
🖼 Bois ★.

Les Prateaux ⌂   🚗 🅗 ch, ✵ ch, 🅿 VISA ⓜ🅔

allée du Tambourin – ✆ *02 51 39 12 52 – contact@lesprateaux.com*
– Fax 02 51 39 46 28 – Ouvert 16 fév.-30 oct.
18 ch – 🛏95/120 € 🛏🛏95/160 €, ⌁ 14 € – 1 suite – ½ P 89/126 € – **Rest** *– (fermé
merc. midi et mardi)* Menu 20/62 € – Carte 25/63 €

♦ Proximité de la plage des Dames, quiétude de la pinède et jardin fleuri sont les atouts de
cet hôtel. Mobilier de style dans les chambres, spacieuses et souvent de plain-pied.
Lumineux restaurant aux tons bleu et blanc ; cuisine axée sur les produits de la mer.

🏠🏠 **St-Paul** ⊗   🖵 🛋 🍴 📺 📞 🛎 *VISA* 🅫 AE

15 av. Mar.-Foch – ☏ *02 51 39 05 63 – contact @ hotel-saint-paul.net*
– Fax 02 51 39 73 98 – Ouvert 16 fév.-30 oct.
41 ch – ♦84/171 € ♦♦84/171 €, ⌷ 13 € – ½ P 112/130 € – **Rest** – *(fermé*
dim. soir et lundi hors saison) Menu 27/68 € – Carte 49/65 €
◆ Un beau parc fleuri entoure cet hôtel bénéficiant de la tranquillité des bois environnants.
Chambres assez cossues (mobilier de style ou rustique) et chaleureux salon-bar. Cuisine
traditionnelle et de la mer servie dans une salle à manger élégante.

🏠🏠 **Château du Pélavé** ⊗   🍷 📞 *VISA* 🅫 AE ①

9 allée de Chaillot – ☏ *02 51 39 01 94 – chateau-du-pelave @ wanadoo.fr*
– Fax 02 51 39 70 42
18 ch – ♦61/177 € ♦♦61/177 €, ⌷ 12,50 € – ½ P 71/133 € – **Rest** – *(fermé*
12 nov.-25 déc., 11 janv.-13 fév., merc. midi, dim. soir, lundi et mardi de fév. à mars
et d'oct. à nov. sauf fériés) Menu (17 € bc), 26/56 € bc – Carte 38/59 €
◆ Pour une halte au grand calme, ce petit castel de la fin du 19e s. blotti dans son ravissant
parc arboré et fleuri vous propose des chambres personnalisées, de divers styles. À table,
cuisine valorisant le terroir et belle carte de vins de propriétaires. Terrasse.

🏠 **Les Capucines**   🍴 🛋 🛠 ch, ↔ 🅿 *VISA* 🅫

38 av. de la Victoire – ☏ *02 51 39 06 82 – capucineshotel @ aol.com*
– Fax 02 51 39 33 10 – Ouvert 13 fév.-1er nov. et fermé merc. et jeudi hors saison
21 ch – ♦52/85 € ♦♦52/95 €, ⌷ 8 € – ½ P 52/83 € – **Rest** – Menu (16 €), 26/36 €
– Carte 26/41 €
◆ Deux bâtiments disposés de part et d'autre d'une piscine. Chambres sans luxe, mais
pratiques ; elles sont plus grandes à l'annexe et plus calmes côté jardin. Accueil aimable.
Salle à manger moderne assez sobre et service en terrasse à la belle saison.

ÎLE DE PORQUEROLLES – **83** Var – **340** M7 – ✉ **83400**   41 **C3**

Accès par transports maritimes.
🚢 depuis **La Tour Fondue** (presqu'île de Giens) - Traversée 20 mn -
Renseignements et tarifs : T.L.V. et T.V.M. ☏ 04 94 58 21 81, (La Tour
Fondue) - depuis **Cavalaire** - service saisonnier - Traversée 1 h 40 mn
ou **Le Lavandou** -service saisonnier - Traversée 50 mn. Vedettes Îles d'Or
15 quai Gabriel-Péri ☏ 04 94 71 01 02 (Le Lavandou), Fax 04 94 01 06 13
🚢 depuis **Toulon** - service saisonnier - Traversée 1 h - Renseignements et tarifs :
Se renseigner auprès de l'Office du tourisme de Toulon ☏ 04 94 18 53 00.

🏠🏠🏠 **Le Mas du Langoustier** ⊗   ≤ 🍷 🐾 🍴 🛋 🍴 🖼 🛠
       3,5 km à l'Ouest du port – ☏ *04 94 58 30 09*   📞 🛎 *VISA* 🅫 ①
✿ *– langoustier @ wanadoo.fr – Fax 04 94 58 36 02 – Ouvert de fin-avril à début-oct.*
45 ch (½ P seult) – 4 suites – ½ P 152/212 € – **Rest** – Menu 55/91 € – Carte 66/131 €
Spéc. Filets de rougets poêlés et brouillade d'œufs à la rouille. Ravioli ouvert aux
artichauts et pistou. Filet de Saint-Pierre rôti au beurre de gingembre et coriandre.
Vins Île de Porquerolles, Côtes de Provence.
◆ Chambres spacieuses et lumineuses dans un site sauvage dominant la mer, près de la
pointe du Grand Langoustier. Transfert possible en hélicoptère depuis le continent. Au
restaurant, cuisine du soleil revisitée avec brio et la grande bleue à perte de vue.

🏠 **Villa Sainte Anne**   🍴 🛠 ch, 🅐🅒 ch, 📞 🛎 *VISA* 🅫
      pl. Armes – ☏ *04 94 04 63 00 – courrier @ sainteanne.com – Fax 04 94 58 32 26*
⊗ *– Fermé 5 nov.-27 déc. et 2 janv.-20 fév.*
25 ch (½ P seult) – ½ P 74/124 € – **Rest** – Menu 18 € (déj.)/25 € – Carte 30/46 €
◆ Accueillante maison installée sur la vivante place du village. Chambres rénovées dans la
partie ancienne ; elles sont récentes et plus grandes à l'annexe. Chaleureuse salle à manger
et plaisante terrasse ombragée. Cuisine traditionnelle et produits de la mer.

ÎLE DE PORT-CROS ★★★ – **83** Var – **340** N7 – ✉ **83400** ▮ Côte d'Azur

Accès par transports maritimes   41 **C3**
🚢 depuis **Le Lavandou** -Traversée 35 mn - Renseignements et tarifs : Vedettes Îles
d'Or 15 quai Gabriel-Péri ☏ 04 94 71 01 02 (Le Lavandou), Fax 04 94 01 06 13
🚢 depuis **Cavalaire** - Traversée 45 mn - Renseignements et tarifs : voir ci-dessus
🚢 depuis **La Tour Fondue** - Traversée 1 h - Renseignements et tarifs : T.L.V. -
T.V.M. ☏ 04 94 58 21 81.

🏨 **Le Manoir** ⧉   ← 🕭 🛋 🍽 ❄ ch, 🛁 🚤 *VISA* ⓪
– ℰ 04 94 05 90 52 – lemanoir.portcros @ wanadoo.fr – Fax 04 94 05 90 89
– Ouvert 27 avril-5 oct.
22 ch (½ P seult) – ½ P 150/238 € – **Rest** – Menu 45 € (sem.)/55 €
♦ Pour les amoureux de calme et de nature... Cette jolie maison du 19ᵉ s. entourée d'un parc jouit en effet d'une situation idyllique dans une île protégée. Restaurant et terrasse regardent les voiliers ancrés dans la rade de Port-Cros ; cuisine régionale.

ÎLE DE RÉ ★ – 17 Charente-Maritime – 324 B2
▦ Poitou Vendée Charentes   38 **A2**
       Accès par le pont routier (voir à La Rochelle).

ARS-EN-RÉ – 17 Charente-Maritime – 1 294 h. – alt. 4 m – ⊠ 17590   38 **A2**
       ◨ Paris 506 – Fontenay-le-Comte 85 – Luçon 75 – La Rochelle 34
       🄸 Office de tourisme, 26, place Carnot ℰ 05 46 29 46 09, Fax 05 46 29 68 30

🏠 **Le Sénéchal** sans rest   *VISA* ⓪
6 r. Gambetta – ℰ 05 46 29 40 42 – hotel.le.senechal @ wanadoo.fr
– Fax 05 46 29 21 25 – Fermé début janv. à début fév.
22 ch – ♦50/200 € ♦♦50/200 €, ⊡ 11 € – 2 suites
♦ Ambiance de maison d'hôte, intérieur de très bon goût mariant vieilles pierres et décoration tendance, joli patio fleuri pour les petits-déjeuners : une adresse pleine de charme.

🏠 **Le Parasol** sans rest   🚗 🞰 rest, ℙ *VISA* ⓪
1 km au Nord-Ouest par rte du phare des Baleines – ℰ 05 46 29 46 17 – contact @ leparasol.com – Fax 05 46 29 05 09 – Fermé janv., fév. et mars
30 ch – ♦67/99 € ♦♦67/99 €, ⊡ 10 €
♦ Chambres néo-rustiques et studios répartis dans cinq petits bâtiments entourés de verdure. Tenue et accueil soignés. Jacuzzi extérieur et aire de jeux.

XX **Le Bistrot de Bernard**   🞰 ⟡ *VISA* ⓪
1 quai Criée – ℰ 05 46 29 40 26 – bistrot.de.bernard @ wanadoo.fr
– Fax 05 46 29 28 99 – Fermé 1ᵉʳ déc.-15 fév., lundi et mardi hors saison
Rest – Menu (21 €), 25 € – Carte 34/63 €
♦ La cour fleurie donne un air colonial à ce restaurant aménagé dans une ancienne demeure rhétaise. Sculptures en bronze et cadres en mosaïque agrémentent la salle à manger.

X **La Cabane du Fier**   ← 🞰 ℙ *VISA* ⓪ ◲
Le Martray, 3 km à l'Est par D 735 – ℰ 05 46 29 64 84 – cabanedufier @ free.fr
– Fax 05 46 29 64 84 – Ouvert 16 mars-14 nov. et fermé mardi soir et merc. sauf juil.-août
Rest – Carte 25/40 €
♦ Dans une construction en bois adossée à une cabane d'ostréiculteur, charmant bistrot marin et sa terrasse regardant le Fier d'Ars. Produits de la mer suggérés sur ardoise.

LE BOIS-PLAGE-EN-RÉ – 17 Charente-Maritime – 2 235 h. – alt. 5 m – ⊠ 17580
       ◨ Paris 494 – Fontenay-le-Comte 74 – Luçon 64 – La Rochelle 23   38 **A2**
       🄸 Office de tourisme, 87, rue des Barjottes ℰ 05 46 09 23 26, Fax 05 46 09 13 15

🏨 **Les Bois Flottais** sans rest ⧉   🏊 👍 ⚗ ☏ ℙ *VISA* ⓪ ◲
chemin des Mouettes – ℰ 05 46 09 27 00 – lesboisflottais @ wanadoo.fr
– Fax 05 46 09 28 00 – Fermé 20 nov.-1ᵉʳ fév.
17 ch – ♦81/125 € ♦♦81/125 €, ⊡ 14 €
♦ Tons beige et chocolat, tomettes, lambris lazurés, bibelots marins : un ravissant décor insulaire habille les chambres, confortables et toutes de plain-pied avec le patio-piscine.

🏨 **L'Océan**   🚗 🞰 🍽 🛎 ⚗ ch, ❄ ☏ ℙ *VISA* ⓪ ◲
172 r. St-Martin – ℰ 05 46 09 23 07 – info @ re-hotel-ocean.com
– Fax 05 46 09 05 40 – Fermé 7 janv.-7 fév.
29 ch – ♦72/120 € ♦♦72/180 €, ⊡ 10 € – ½ P 68/122 € – **Rest** – (fermé merc. sauf le soir d'avril à sept.) Menu (18 €), 23/32 € – Carte 28/55 €
♦ Maisons aux murs chaulés où bois blond, courtepointes et tissus brodés recréent le charme des habitations rhétaises. Chambres très coquettes, dont sept plus contemporaines. Ambiance îlienne dans la jolie salle à manger ouverte sur la cour-terrasse. Bar lounge.

🏠 **Les Gollandières**   🚗 🏠 ⛴ 🌤 🐾 🕭 **P** **P** **VISA** **⑳** **AE** **①**

av. des Gollandières – ✆ *05 46 09 23 99 – hotel-les-gollandieres@wanadoo.fr*
– Fax 05 46 09 09 84 – Ouvert 15 mars-8 nov.
34 ch – ♦93/113 € ♦♦93/113 €, ⌷ 11 € – ½ P 92/111 € – **Rest** – Menu 28 € (déj.
en sem.), 39/74 € – Carte 42/67 €

♦ Derrière les dunes, établissement disposant de petites chambres simples réparties
autour de deux patios. Agréable piscine. Au restaurant, la cuisine, traditionnelle et de
qualité, valorise les richesses du terroir local ; service en terrasse aux beaux jours.

🏠 **La Villa Passagère** sans rest 🕭   ⛴ 🕭 🌤 **P** **VISA** **⑳**

25 av. du Pas des Bœufs – ✆ *05 46 00 26 70 – reception@lavillapassagere.net*
– Fax 05 46 00 26 84 – Ouvert 2 fév.-14 nov.
13 ch – ♦60/105 € ♦♦60/105 €, ⌷ 7,50 €

♦ Hôtel récent composé de petites maisons de style régional, agencées autour de l'agréable piscine et du jardin aromatique. Chambres de plain-pied, simples et lumineuses.

LA COUARDE-SUR-MER – 17 Charente-Maritime – 1 179 h. – alt. 1 m –
✉ 17670   38 **A2**

🄿 Paris 497 – Fontenay-le-Comte 76 – Luçon 66 – La Rochelle 26
🄸 Syndicat d'initiative, rue Pasteur ✆ 05 46 29 82 93, Fax 05 46 29 63 02

🏠 **Le Vieux Gréement** sans rest   🕭 🕭 **VISA** **⑳**

13 pl. Carnot – ✆ *05 46 29 82 18 – hotelvieuxgreement@wanadoo.fr*
– Fax 05 46 29 50 79 – Ouvert 31 mars-13 nov.
17 ch – ♦50/75 € ♦♦65/115 €, ⌷ 12 € – 2 suites

♦ Sur la place du village, une maison familiale qui a une âme. Chambres coquettes, joli
patio, terrasse à l'ombre d'un tilleul et bar proposant huîtres et tartines gourmandes.

LA FLOTTE – 17 Charente-Maritime – 2 737 h. – alt. 4 m – ✉ 17630   38 **A2**

🄿 Paris 489 – Fontenay-le-Comte 68 – Luçon 58 – La Rochelle 17
🄸 Office de tourisme, quai de Sénac ✆ 05 46 09 60 38, Fax 05 46 09 64 88

🏠 **Richelieu** 🕭   ≤ 🚗 ⛴ ⑳ 🕭 🌤 🕭 ch, 🄰🄲 🕭 **P** **VISA** **⑳** **AE**
🏵

av. de la Plage – ✆ *05 46 09 60 70 – info@hotel-le-richelieu.com*
– Fax 05 46 09 50 59 – Fermé janv.
37 ch – ♦140/580 € ♦♦140/580 €, ⌷ 20 € – 3 suites – ½ P 125/340 €
Rest – Menu 50 € (déj.), 55/65 € – Carte 66/80 €
Spéc. Langoustines côtières marinées et grillées. Bar de ligne et casserons, gelée
chaude de soupe de poissons. Feuilleté de pommes "crumble", glace caramel.
Vins Vin de pays de la Vienne, Fiefs Vendéens.

♦ Luxueuses chambres personnalisées (meubles de style) au bord de l'océan. Les plus
agréables possèdent une vaste terrasse face au large. Centre de thalassothérapie. Restaurant généreusement ouvert sur le jardin et l'Atlantique ; cuisine fine et assez originale.

🍴🍴 **L'Écailler**   🕭 **VISA** **⑳**

3 quai Sénac – ✆ *05 46 09 56 40 – flosenac@orange.fr – Ouvert 2 mars-10 nov. et
fermé mardi en mars, oct., nov. et lundi*
Rest – Menu 34/55 € – Carte 45/102 €

♦ Terrasse tournée vers le port, intérieur soigné (boiseries, cheminée et parquet
anciens) et recettes honorant la pêche locale : cette maison d'armateur de 1652 a bien
du charme.

🍴 **Chai nous comme Chai vous**   🕭 **VISA** **⑳**

– ✆ *05 46 09 49 85 – Fermé 5 janv.-8 fév., vend. midi et sam. midi en vacances
scolaires, merc. et jeudi sauf vacances scolaires*
Rest – *(nombre de couverts limité, prévenir)* Menu (32 €), 37 €

♦ On se sent un peu comme chez soi dans ce restaurant très sobre, mené par un couple. Au
menu, produits de la mer, inventivité et petites attentions. Judicieux choix de vins.

LES PORTES-EN-RÉ – 17 Charente-Maritime – 661 h. – alt. 4 m – ✉ 17880   38 **A2**

🄿 Paris 514 – Fontenay-le-Comte 93 – Luçon 83 – La Rochelle 43
🄸 Office de tourisme, 52, rue de Trousse-Chemise ✆ 05 46 29 52 71,
   Fax 05 46 29 52 81
🄶 de Trousse-Chemise Route de la Levée Verte, S : 3 km par D 101,
   ✆ 05 46 29 69 37.

X **Le Chasse-Marée** 🏠 VISA ◉

1 r. J. David – ℰ 05 46 29 52 03 – restaurant.le.chasse-maree@wanadoo.fr
– Fax 05 46 28 00 91 – Ouvert avril-déc. et fermé dim. soir et lundi du 1ᵉʳ sept. au
15 juin
Rest – Menu 26 € (sem.)/40 € – Carte 44/51 €
♦ Avenante maison régionale située au centre du village. L'intérieur de type bistrot actuel est agréable, tout comme la terrasse d'été installée en façade. Produits de la mer.

RIVEDOUX-PLAGE – 17 Charente-Maritime – 1 754 h. – alt. 2 m – ⊠ 17940   38 **A2**

🚹 Paris 483 – Fontenay-le-Comte 63 – Luçon 53 – La Rochelle 12
🚺 Syndicat d'initiative, place de la République ℰ 05 46 09 80 62,
Fax 05 46 09 80 62

🏠 **De la Marée** 🚗 ⅃ ᶦ & ᴀᴋ ↳ P VISA ◉ ᴀᴇ

321 av. A. Sarrault, (rte de St-Martin) – ℰ 05 46 09 80 02 – contact@
hoteldelamaree.com – Fax 05 46 09 88 25
26 ch – ♦78/168 € ♦♦78/168 €, ⊐ 14 € – 3 suites – ½ P 77/152 €
Rest – Menu 20/30 € – Carte 29/35 €
♦ Nouveaux décor contemporain et épuré pour cet hôtel dont les chambres donnent sur la mer, la roseraie ou la piscine. Nombreux salons. Accueil charmant. Formule "ardoise" au restaurant (salle panoramique et lounge), composée selon les arrivages du port et le marché.

ST-CLÉMENT-DES-BALEINES – 17 Charente-Maritime – 728 h. – alt. 2 m – ⊠ 17590

🚹 Paris 509 – Fontenay-le-Comte 89 – Luçon 79 – La Rochelle 38   38 **A2**
🚺 Office de tourisme, 200, rue du Centre ℰ 05 46 29 24 19, Fax 05 46 29 08 14
◉ L'Arche de Noé (parc d'attractions) : Naturama★ (collection d'animaux naturalisés) - Phare des Baleines ❄★ N : 2,5 km.

🏠 **Le Chat Botté** sans rest 🚗 P VISA ◉

2 pl. de l'Église – ℰ 05 46 29 21 93 – hotelchatbotte@wanadoo.fr
– Fax 05 46 29 29 97
20 ch – ♦55/58 € ♦♦62/152 €, ⊐ 13,50 € – 3 suites
♦ Ambiance cosy (bois, tons pastel, meubles anciens), petit-déjeuner servi au cœur d'un adorable jardin et centre de beauté : une adresse dédiée à la détente et au bien-être !

XX **Le Chat Botté** 🚗 🏠 VISA ◉ ᴀᴇ

r. de la Mairie – ℰ 05 46 29 42 09 – restaurant-lechatbotte@wanadoo.fr
– Fax 05 46 29 29 77 – Fermé déc.-janv., dim. soir d'oct. à mars et lundi
Rest – Menu 22 € (sem.)/70 € – Carte 41/67 €
♦ L'enseigne tire son nom du "Chabot", l'un des cinq hameaux qui composent le village. Confortable salle à manger au cadre marin, largement ouverte sur un agréable jardin.

ST-MARTIN-DE-RÉ – 17 Charente-Maritime – 2 637 h. – alt. 14 m – ⊠ 17410   38 **A2**

🚹 Paris 493 – Fontenay-le-Comte 72 – Luçon 62 – La Rochelle 22
🚺 Syndicat d'initiative, 2, quai Nicolas Baudin ℰ 05 46 09 20 06,
Fax 05 46 09 06 18
◉ Fortifications★.

🏠🏠🏠 **De Toiras** 🏠 🛏 & ch, ᴀᴋ ↳ ᴬ VISA ◉ ᴀᴇ ⓪

1 quai Job Foran – ℰ 05 46 35 40 32 – contact@hotel-de-toiras.com
– Fax 05 46 35 64 59
18 ch – ♦135/580 € ♦♦165/610 €, ⊐ 19 € – 2 suites – ½ P 173/490 €
Rest – (fermé mardi et merc.) (dîner seult) Carte 70/90 €
♦ Décoration soignée, à la fois luxueuse et simple, chambres très chaleureuses et accueil particulièrement attentionné... Cette maison d'armateur du 17ᵉ s. est une perle rare ! Repas servis dans une jolie salle à manger ou en terrasse lorsque le temps s'y prête.

🏠🏠🏠 **Le Clos St-Martin** sans rest ❀ 🗇 ⅃ ℱᵇ 🛏 & ᴀᴋ ⇆ ❀ ↳

8 cours Pasteur – ℰ 05 46 01 10 62   ᴬ P VISA ◉ ᴀᴇ
– hotelclos.saintmartin@wanadoo.fr – Fax 05 46 01 99 89
32 ch – ♦95/300 € ♦♦95/300 €, ⊐ 15 €
♦ Cette maison récente se trouve à une encablure du port. Chambres personnalisées, donnant sur un plaisant parc clos avec deux piscines chauffées. Salon-bar ouvert sur la verdure.

La Jetée sans rest 🏨 ⬧ 👤 ⬭ 🚩 ♿ 🈁 🅰️ VISA 🌀 AE
quai G. Clemenceau – 🕿 *05 46 09 36 36 – info@hotel-lajetee.com*
– Fax 05 46 09 36 06
24 ch – ♦95/180 € ♦♦95/180 €, ⬒ 12 € – 7 suites
♦ Sur le port, un hôtel rénové dans un style contemporain chaleureux : couleurs tendance et mobilier épuré dans les chambres, ordonnées autour du patio (petit-déjeuner en été).

Le Galion sans rest ⬧ ♿ 📞 VISA 🌀
allée Guyane – 🕿 *05 46 09 03 19 – hotel.le.galion@wanadoo.fr*
– Fax 05 46 09 13 26
29 ch – ♦70/110 € ♦♦75/115 €, ⬒ 9 €
♦ Les remparts de Vauban protègent l'hôtel des humeurs de l'océan. Chambres actuelles et bien tenues donnant pour la plupart sur le large (quatre côté patio). Salon asiatique.

La Maison Douce sans rest ⚘ ⬛ 🍸 📞 VISA 🌀 AE
25 r. Mérindot – 🕿 *05 46 09 20 20 – lamaisondouce@wanadoo.fr*
– Fax 05 46 09 90 90 – Fermé 15 nov.-25 déc. et 7 janv.-15 fév.
11 ch – ♦110/165 € ♦♦110/185 €, ⬒ 15 €
♦ Cette typique maison rhétaise (19e s.) porte bien son nom : atmosphère feutrée, chambres délicieuses, salles de bains rétro et jolie cour-jardin où l'on petit-déjeune l'été.

Du Port sans rest 🍸 📞 VISA 🌀 AE ⓞ
29 quai Poithevinière – 🕿 *05 46 09 21 21 – iledere-hot.port@wanadoo.fr*
– Fax 05 46 09 06 85 – Fermé 6-30 janv.
35 ch – ♦65/95 € ♦♦65/95 €, ⬒ 10 €
♦ C'est le quartier animé de St-Martin-de-Ré. Établissement proposant des chambres colorées, meublées simplement. Certaines bénéficient de la vue sur le port.

Les Colonnes ⬧ 🍽 🚩 ♿ 🅿 VISA 🌀 AE
19 quai Job-Foran – 🕿 *05 46 09 21 58 – info@hotellescolonnes.com*
– Fax 05 46 09 21 49 – Fermé 15 déc.-1er fév.
30 ch – ♦72/99 € ♦♦72/99 €, ⬒ 9 € – ½ P 79/85 € – **Rest** – *(fermé merc.)*
Menu (22 €), 28 € (sem.), 31/40 € – Carte 34/51 €
♦ Bâtiment régional avec en façade une grande terrasse où s'attablent pêcheurs et gens du coin : convivialité de rigueur ! Chambres sobres et bien tenues, côté cour ou côté port. Salle à manger-véranda largement ouverte sur les quais et cuisine traditionnelle.

Domaine de la Baronnie ⚘ ⬛ 🍽 ⬗ 🍸 📞 🅿 VISA 🌀 AE
21 r. Baron de Chantal – 🕿 *05 46 09 21 29 – info@domainedelabaronnie.com*
– Fax 05 46 09 95 29 – Ouvert de mars à mi-nov.
5 ch – ♦150/210 € ♦♦150/210 €, ⬒ 15 € – **Table d'hôte** – Menu 24/29 €
♦ Cet hôtel particulier du 18e s. restauré dans un esprit "maison de famille" propose des chambres personnalisées. Celle de la tour ouvre sur le jardin et les toits de la ville. Cuisine du marché préparée à partir de produits insulaires.

Le Corps de Garde – La Maison du Port sans rest ⬧ 🍸 📞 VISA 🌀 AE
3 quai Clemenceau – 🕿 *05 46 09 10 50*
– info@lamaisonduport.fr – Fax 05 46 09 76 99
5 ch – ♦175/200 € ♦♦175/200 €, ⬒ 12 €
♦ Mobilier et objets chinés, belles salles de bains à l'ancienne, chambres avec vue sur l'écluse ou le port... Cet ex-corps de garde du 17e s. abrite une adresse pétrie de charme.

La Coursive St-Martin sans rest ⬛ VISA 🌀
13 cours Déchézeaux – 🕿 *05 46 09 22 87 – mail@lacoursine.com*
– Fax 05 46 09 22 87 – Fermé déc. et janv.
4 ch – ♦75/100 € ♦♦80/160 €, ⬒ 10 €
♦ Escale de charme que cette vaste demeure rhétaise du 18e s. chargée d'histoire, cernée de hauts murs et agrémentée d'un beau jardin fleuri. Chambres personnalisées.

Bô ⬛ 🍽 ♿ VISA 🌀
20 cours Vauban – 🕿 *05 46 07 04 04 – le-bo@wanadoo.fr – Fax 05 46 29 08 20*
– Fermé 12 nov.-16 déc., 3 janv.-4 fév. et merc. sauf juil.-août
Rest – Menu 29/39 € – Carte 33/52 €
♦ À deux pas du port, Bô séduit par son atmosphère contemporaine feutrée (bougies, plantes, fauteuils cosy) et sa terrasse luxuriante. Cuisine dans l'air du temps axée sur la mer.

XX **La Baleine Bleue** 🕏 VISA 🆇 AE

sur L'Îlot – 𝒞 *05 46 09 03 30 – info @ baleinebleue.com – Fax 05 46 09 30 86*
– Fermé 12 nov.-19 déc., 5 janv.-5 fév., mardi d'oct. à mars et lundi sauf juil.-août
Rest – Menu (24 €), 32/45 € – Carte 42/66 €

◆ Ce sympathique restaurant dresse sa grande terrasse côté port. Chaleureux intérieur doté d'un zinc des années 1930 et cuisine au goût du jour axée sur les produits de la mer.

STE-MARIE-DE-RÉ – 17 Charente-Maritime – 2 655 h. – alt. 9 m – ⊠ 17740   38 **A2**

▶ Paris 486 – Fontenay-le-Comte 66 – Luçon 55 – La Rochelle 15
🄸 Office de tourisme, place d'Antioche 𝒞 05 46 30 22 92, Fax 05 46 30 01 68

🏠 **Atalante** ⌖   ⪉ 🌕 🖫 🎮 ♨ 🕏 🎛 📶 ⩘ rest, ⇜ ⩘ rest, 🏋
r. Port Notre-Dame – 𝒞 *05 46 30 22 44 – iledere @*   🅿 VISA 🆇 AE ⓪
relaisthalasso.com – Fax 05 46 30 13 49 – Fermé 6-20 janv.
107 ch – ♦83/119 € ♦♦114/250 €, ⌷ 12 € – ½ P 92/160 €
Rest – Menu 24/34 € – Carte 44/64 €

◆ Cet hôtel posté face à l'océan dispose de chambres actuelles aux tons acidulés. Celles de l'aile neuve offrent plus d'espace et de confort. Accès direct à la thalassothérapie. La salle à manger-véranda est une vraie fenêtre sur le spectacle de l'Atlantique.

🏠 **Les Vignes de la Chapelle** sans rest ⌖   ⬚ 🕏 🎮 📞 🅿 VISA 🆇
5 r. de la Manne – 𝒞 *05 46 30 20 30 – hotel @ lesvignesdelachapelle.com*
– Fax 05 46 30 20 31 – Ouvert 19 mars-11 nov.
2 ch – ♦78/183 € ♦♦78/183 €, ⌷ 16 € – 17 suites – ♦♦93/218 €

◆ Face au vignes et à la mer, un hôtel tout neuf respectueux de l'environnement (choix des matériaux, du mode de chauffage...). Suites contemporaines, de plain-pied et avec terrasse.

ÎLE-DE-SEIN – 29 Finistère – 308 B6 – 242 h. – alt. 14 m – ⊠ 29990
▌Bretagne   9 **A2**

▬ Transports uniquement piétons

▬ depuis **Brest** (le dim. en juil.-août) - Traversée 1 h 30 mn - Renseignements et tarifs : Cie Maritime Penn Ar Bed (Brest) 𝒞 02 98 80 80 80 - depuis **Audierne** (toute l'année) Traversée 1 h - Renseignements et tarifs : voir ci-dessus.

▬ depuis **Camaret** (le dim. en juil.-août) Traversée 1 h - Renseignements et tarifs : voir ci-dessus.

🏠 **Ar Men** ⌖   ⪉ VISA 🆇
📺   *rte Phare –* 𝒞 *02 98 70 90 77 – hotel.armen @ wanadoo.fr – Fax 02 98 70 93 25*
– Fermé 28 sept.-23 oct. et 4 janv.-6 fév.
10 ch – ♦43 € ♦♦53 €, ⌷ 7 € – ½ P 50 € – **Rest** – (fermé merc. d'avril à sept. et dim. soir) Menu 19 €

◆ Plaisante étape insulaire en cet hôtel familial à façade rose situé sur la route du phare, près du clocher. Chambres aux couleurs océanes, avec vue sur le large. Menu où entre la pêche du jour, proposé dans une salle sobre. Ragoût de homard sur réservation.

ÎLE-D'HOUAT – 56 Morbihan – 308 N10 – 335 h. – alt. 31 m – ⊠ 56170
▌Bretagne   10 **C3**

Accès par transports maritimes

▬ depuis **Quiberon** - Traversée 40 mn - Renseignements et tarifs : SMN 𝒞 0 820 056 000 (0,12 €/mn)(Quiberon) www.smn-navigation.fr-

▬ depuis **La Trinité-sur-Mer** (juil.-août) Traversée 1 h - Navix : cours des quais 𝒞 0 825 132 150 (0,15 €/mn) www.navix.fr.

▣ Le Bourg ⪉★.

🏠 **La Sirène** ⌖   🕏 🎮 ch, VISA 🆇 AE
rte du Port – 𝒞 *02 97 30 66 73 – la-sirene-houat @ wanadoo.fr*
– Fax 02 97 30 66 94 – Ouvert de Pâques à fin oct.
20 ch – ♦100/120 € ♦♦100/130 €, ⌷ 12 € – ½ P 77/98 € – **Rest** – Menu 22/34 € – Carte 29/57 €

◆ Hôtel familial ancré au cœur du bourg. Amabilité de l'accueil et chambres pratiques et insonorisées – 9 récemment refaites – promettent un agréable séjour. Restaurant au décor marin prolongé d'une terrasse où l'on sert plats traditionnels et produits de la mer.

ÎLE D'OLÉRON ★ – 17 Charente-Maritime – 324 C4 ▮ Poitou Vendée Charentes
Accès par le pont viaduc : passage gratuit. 38 **A2**

BOYARDVILLE – 17 Charente-Maritime – ⊠ 17190 St-Georges-d'Oléron 38 **A2**
- ◘ Paris 517 – Marennes 24 – Rochefort 45 – La Rochelle 82 – Saintes 65
- 🖪 Office de tourisme, 14, avenue de l'Océan ✆ 05 46 47 04 76
- 🖬 d'Oléron à Saint-Pierre-d'Oléron La Vieille Perrotine, S : 2 km par D 126, ✆ 05 46 47 11 59.

⚒ **Des Bains** 🎄 *VISA* **CO** **AE**
1 r. des Quais, (au port) – ✆ 05 46 47 01 02 – info @ hoteldesbains-oleron.com
– Fax 05 46 47 16 90 – Ouvert 31 mai-21 sept. et fermé merc. sauf le soir du 9 juil. au
21 sept.
Rest – Menu 21/37 € – Carte 35/53 €
♦ Poutres, pierres apparentes, cuivres et mobilier rustique donnent à ce restaurant familial
qui borde le canal des allures de vieille auberge. Répertoire culinaire traditionnel.

LE CHÂTEAU-D'OLÉRON – 17 Charente-Maritime – 3 552 h. – alt. 9 m – ⊠ 17480
- ◘ Paris 524 – Poitiers 190 – La Rochelle 72 – Saintes 54 – Rochefort 35 38 **A2**

⚒⚒ **Les Jardins d'Aliénor** avec ch 🎄 AC ↔ ℅ ch, 📞 *VISA* **CO** **AE**
11 r. Mar. Foch – ✆ 05 46 76 48 30 – lesjardinsdalienor @ wanadoo
– Fax 05 46 76 58 47 – Fermé 1ᵉʳ-21 mars, 1ᵉʳ-14 déc. et lundi
4 ch ⊇ – ♦77/97 € ♦♦77/97 € – **Rest** – (dîner seult en juil.-août) Menu 25 €
(déj.)/39 € – Carte 42/49 €
♦ Mélange des styles (ancien, contemporain) et patio-terrasse agrémenté d'un mur végétal : un cadre "baroquisant" qui a de la personnalité, tout comme la cuisine du chef. Jolies
chambres dont une avec terrasse privative.

LA COTINIÈRE – 17 Charente-Maritime – ⊠ 17310 St-Pierre-d'Oléron 38 **A2**
- ◘ Paris 522 – Marennes 22 – Rochefort 44 – La Rochelle 80 – Royan 54 – Saintes 63

🏠 **Face aux Flots** ⊗ ≲ ℥ ⅄ ch, AC rest, *VISA* **CO** **AE**
24 r. du Four – ✆ 05 46 47 10 05 – face.aux.flots @ wanadoo.fr
– Fax 05 46 47 45 95 – Ouvert 10 fév.-11 nov. et vacances de Noël
21 ch – ♦45/90 € ♦♦49/90 €, ⊇ 8 € – ½ P 52/78 € – **Rest** – (dîner seult)
(résidents seult)
♦ Les chambres de ce sympathique hôtel familial ont été rénovées ; elles sont actuelles,
joliment colorées et presque toutes orientées côté mer (quatre avec petit balcon). Lumineux restaurant contemporain ouvert sur le large et cuisine traditionnelle.

🏠 **Île de Lumière** sans rest ≲ 🚗 ⅃ ℔ ℀ 📞 **P** *VISA* **CO**
av. des Pins – ✆ 05 46 47 10 80 – ile.de.lumiere @ wanadoo.fr – Fax 05 46 47 30 87
– Ouvert de fin mars à sept.
45 ch ⊇ – ♦74/93 € ♦♦74/130 €
♦ Au cœur d'un site assez sauvage, sobres chambres de plain-pied souvent dotées de
terrasses regardant l'océan, les dunes ou la piscine. Certaines offrent un décor plus moderne.

à la Ménounière 2 km au Nord par rte secondaire ⊠ 17310 St-Pierre-d'Oléron

⚒⚒ **Saveurs des Îles** 🎄 *VISA* **CO**
18 r. de la Plage – ✆ 05 46 75 86 68 – osaveursdesiles @ wanadoo.fr
– Fax 05 46 75 86 68 – Fermé début janv.-fin mars, lundi sauf le soir en juil.-août,
mardi midi sauf juil.-août, merc. midi en juil.-août, mardi soir et merc. de nov. à déc.
Rest – Menu 24/36 € – Carte 38/52 €
♦ Les propriétaires ont construit eux-mêmes ce restaurant au cadre asiatique : mobilier
indonésien, terrasse côté jardin, cuisine créative relevée de saveurs et épices exotiques.

LE GRAND VILLAGE PLAGE – 17 Charente-Maritime – 898 h. – alt. 6 m – ⊠ 17370
- ◘ Paris 525 – Poitiers 191 – La Rochelle 73 – Rochefort 36 – Royan 44 38 **A2**

⚒ **Le Relais des Salines** 🎄 *VISA* **CO**
Port des Salines – ✆ 05 46 75 82 42 – james.robert @ hotmail.fr
⊝ – Fax 05 46 75 16 70 – Ouvert de début mars à fin nov. et fermé lundi sauf vacances
scolaires
Rest – Menu 17 € (déj. en sem.) – Carte 33/39 €
♦ Ambiance décontractée, esprit bistrot marin tendance, terrasse côté marais salants et
belle ardoise de suggestions iodées : cette ancienne cabane ostréicole est une perle !

ST-PIERRE-D'OLÉRON – 17 Charente-Maritime – 5 944 h. – alt. 8 m –
✉ 17310
38 **A2**

▶ Paris 522 – Marennes 22 – Rochefort 44 – La Rochelle 80 – Royan 54
– Saintes 63

fi Office de tourisme, place Gambetta ℰ 05 46 47 11 39, Fax 05 46 47 10 41

◎ Église ❊★.

⌂ **Habitation Léonie** sans rest   🕭 ⌁ ✿ **P** VISA **MO**
5 r.du Moulin, au bois fleury, 2 km au Nord par D 734 et rte secondaire –
ℰ *05 46 36 88 42 – jean-jacques-mazoyer@wanadoo.fr – Fax 05 46 36 88 42*
– Fermé 2-25 mars
5 ch – ♦60/95 € ♦♦75/115 €
♦ Dans un hameau, maison du 18ᵉ s. et son parc où une dépendance de plain-pied abrite de calmes chambres d'esprit marin, égayées d'objets anciens et dotées chacune d'une terrasse.

✗ **Les Alizés**   VISA **MO** AE
4 r. Dubois-Aubry – ℰ 05 46 47 20 20 – Fax 05 46 47 20 20 – Ouvert de début mars à début déc. et fermé mardi et merc. sauf de mi-juil. à mi-sept. et fériés
Rest – Menu 19/34 € – Carte 23/54 €
♦ Salle à manger en partie lambrissée, sagement décorée dans un esprit bord de mer. À la belle saison, les tables sont dressées dans un patio calme et plaisant. Cuisine de l'océan.

ST-TROJAN-LES-BAINS – 17 Charente-Maritime – 1 624 h. – alt. 5 m –
✉ 17370
38 **A2**

▶ Paris 509 – Marennes 16 – Rochefort 38 – La Rochelle 74 – Royan 47
– Saintes 57

fi Office de tourisme, carrefour du Port ℰ 05 46 76 00 86, Fax 05 46 76 17 64

🏨 **Novotel** ⌕   ⟨ ▰ ⌂ ☐ Ⳇ ✿ ❘ ⼕ ch, Ⓜ ch, ↩ ✿ rest, ⌕ ⚒
plage de Gatseau, Sud : 2,5 km – ℰ 05 46 76 02 46   **P** VISA **MO** AE ⓪
– h0417@accor.com – Fax 05 46 76 09 33 – Fermé 30 nov.-20 déc.
109 ch – ♦94/188 € ♦♦117/205 €, ⌷ 15 € – ½ P 90/132 € – **Rest** – Menu 30 €
– Carte 26/56 €
♦ Repos garanti dans cet hôtel doté d'un centre de thalassothérapie et bâti face à la plage. Établissement entièrement rénové aux confortables chambres d'esprit actuel. À table, guettez le large tout en surveillant votre ligne (carte en partie diététique).

🏨 **Hostellerie Les Cleunes**   ⟨ ▰ ⌂ ✿ **P** VISA **MO** AE
25 bd.Plage – ℰ 05 46 76 03 08 – hotellescleunes@aol.com – Fax 05 46 76 08 95
– Ouvert 21 mars-31 déc.
40 ch – ♦83/245 € ♦♦83/245 €, ⌷ 12 € – ½ P 78/165 € – **Rest** – *(fermé lundi midi)* Menu 28/58 € – Carte 42/160 €
♦ Sur le front de mer, un établissement familial revu de pied en cap : chambres confortables et chaleureuses, salon-billard cosy et piscine installée au cœur d'un joli patio. Au menu du restaurant : cuisine dans l'air du temps avec l'océan en toile de fond.

🏨 **Mer et Forêt** ⌕   ⟨ ▰ ⌂ ⌂ ❘ Ⓜ rest, ↩ **P** VISA **MO**
🕭 *16 bd P. Wiehn – ℰ 05 46 76 00 15 – laforet.oleron@wanadoo.fr*
– Fax 05 46 76 14 67 – Ouvert 21 mars-2 nov.
43 ch – ♦54/118 € ♦♦54/118 €, ⌷ 9 € – ½ P 54/92 € – **Rest** – Menu 18/36 €
– Carte 25/41 €
♦ L'hôtel se trouve dans un quartier résidentiel calme. Chambres actuelles et fonctionnelles, bénéficiant de la vue sur la forêt de pins ou sur l'océan ; agréable piscine. Beau panorama sur le pont-viaduc et le continent depuis le restaurant et sa terrasse.

🏠 **L'Albatros** ⌕   ⟨ ⌂ ⼕ ch, Ⓜ rest, **P** VISA **MO** AE
11 bd Dr Pineau – ℰ 05 46 76 00 08 – allooleron@free.fr – Fax 05 46 76 03 58
– Ouvert 7 fév.-2 nov.
13 ch – ♦64/110 € ♦♦64/110 €, ⌷ 9,50 € – ½ P 70/100 € – **Rest** – Menu 28 €
– Carte 29/65 €
♦ Pour apprécier doublement la quiétude de cet hôtel "les pieds dans l'eau", réservez l'une des cinq chambres relookées dans un agréable style contemporain. Côté restaurant, produits de la pêche locale, décor de brasserie et terrasse panoramique face à la mer.

⌂ **Le Homard Bleu** ← 🖦 VISA ◑◉ AE ①
10 bd Félix Faure – ℰ 05 46 76 00 22 – homard.bleu@wanadoo.fr
– Fax 05 46 76 14 95 – Ouvert de début fév. à début nov.
20 ch ⌷ – ✦71/86 € ✦✦71/86 € – ½ P 57/86 € – **Rest** – *(fermé mardi sauf d'avril à sept.)* Menu 20/61 € – Carte 37/58 €
♦ Cette adresse familiale dispose de chambres fonctionnelles, bien aménagées et insonorisées, regardant pour moitié l'océan. Salle à manger-véranda vivement colorée, ouverte sur le port et le continent. Cuisine traditionnelle aux saveurs iodées.

ÎLE D'OUESSANT – 29 Finistère – 308 A4 – ⊠ 29242 ▌ Bretagne 9 **A1**

◼ Transports uniquement piétons - depuis **Brest** - Traversée 2 h 15 mn - Renseignements et tarifs : Cie Maritime Penn Ar Bed (Brest)
ℰ 02 98 80 80 80

◼ depuis **Le Conquet** - Traversée 1 h - Renseignements et tarifs : voir ci-dessus

◼ depuis **Camaret** (uniquement mi juillet-mi août) - Traversée 1 h 15 mn - Renseignements et tarifs : voir ci-dessus.

⌂ **Ti Jan Ar C' Hafé** *sans rest* ⌖ ↳/↲ ⌖ VISA ◑◉
Kernigou – ℰ 02 98 48 82 64 – hoteltijan@wanadoo.fr – Fax 02 98 48 88 15
– Fermé 11 nov.-23 déc. et 4 janv.-7 fév.
8 ch – ✦78/88 € ✦✦78/88 €, ⌷ 9 €
♦ Entre port et bourg, petit hôtel de charme vous réservant un accueil "sympa". Salon coquet, salle à manger lumineuse et soignée, terrasse sur planches et chambres avenantes.

⌂ **Le Roc'h Ar Mor** ⌖ ← 🖦 ▯ & ch, ⌖ VISA ◑◉
au bourg de Lampaul – ℰ 02 98 48 80 19 – roch.armor@wanadoo.fr
– Fax 02 98 48 87 51 – Fermé 15 nov.-15 déc., 3 janv.-10 fév.
15 ch – ✦55/87 € ✦✦55/87 €, ⌷ 9,50 € – ½ P 52/67 € – **Rest** – *(fermé dim. soir et lundi)* Menu 23/43 € – Carte 27/54 €
♦ Le dernier hôtel avant l'Amérique ! Ambiance familiale et chambres sobres parfois dotées d'un balcon tourné vers la baie de Lampaul. Bar-brasserie complété par une terrasse panoramique et salle feutrée où l'on propose un menu unique aux résidents.

☓ **Ty Korn** VISA ◑◉
au bourg de Lampaul – ℰ 02 98 48 87 33 – Fax 02 98 48 87 33 – Fermé 1er-9 juin, 23 nov.-8 déc., 4-26 janv., dim. soir et lundi sauf fériés
Rest – *(nombre de couverts limité, prévenir)* Menu 29 € – Carte 25/57 €
♦ Incontournable restaurant-pub près de l'église. Dans la salle exiguë, on goûte les produits de la mer, bien amarré sur sa chaise tandis qu'en toile de fond souffle la tempête.

ÎLE D'YEU ★★ – 85 Vendée – 361 BC7 – 4 941 h. ▌ Poitou Vendée Charentes
Accès par transports maritimes pour Port-Joinville. 34 **A3**

◼ depuis Fromentine : traversée de 30 à 70 mn - Renseignements à Cie Yeu Continent BP 16-85550 La Barre-de-Monts ℰ 0 825 853 000 (0,15 €/mn), www.compagnie-yeu-continent.fr.

◼ depuis Fromentine (toute l'année) - Traversée de 30 à 45 mn - Renseignements et tarifs : Cie Yeu Continent (à Fromentine)
ℰ 0 825 853 000 (0,15 €/mn), www.compagnie-yeu-continent.fr - depuis Barbâtre : Cie V.I.I.V. ℰ 02 51 39 00 00 - depuis St-Gilles-Croix-de-Vie et depuis Les Sables d'Olonne (Quai Bénatier) (avril-sept.) : Cie Vendéenne ℰ 0 825 139 085 (0,15 €/mn), www.compagnievendeenne.com Service Saisonnier (avril-sept.).

🛈 Office de tourisme, 1, place du Marché ℰ 02 51 58 32 58, Fax 02 51 58 40 48

PORT-DE-LA-MEULE – 85 Vendée – ⊠ 85350 L'Ile-d'Yeu 34 **A3**
▣ Paris 460 – Nantes 72 – La Roche-sur-Yon 73 – Challans 29
– Saint-Hilaire-de-Riez 36
◎ Côte Sauvage★★ : ← ★★ E et O - Pointe de la Tranche★ SE.

PORT-JOINVILLE – 85 Vendée – ⊠ 85350 L'Ile-d'Yeu 34 **A3**
▣ Paris 457 – Nantes 69 – La Roche-sur-Yon 70 – Challans 26 – Pornic 43
◎ Vieux Château★ : ← ★★ SO : 3,5 km - Grand Phare ←★ SO : 3 km.

Atlantic Hôtel sans rest ⟨ ⯅ 🆔 📞 𝘝𝘐𝘚𝘈 ⓜⓒ AE

quai Carnot – ℰ 02 51 58 38 80 – atlantic-hotel-yeu @ club-internet.fr
– Fax 02 51 58 35 92 – Fermé 8 janv.-4 fév.
18 ch – †43/92 € ††43/92 €, ⊇ 7,50 €

♦ Face à l'embarcadère, chambres claires profitant du tintement des mâts – comme la salle des petits-déjeuners – ou de la tranquillité du village et de ses jardinets de pêcheurs.

L'Escale sans rest 📞 𝘝𝘐𝘚𝘈 ⓜⓒ

r. de La Croix de Port – ℰ 02 51 58 50 28 – yeu.escale @ voila.fr
– Fax 02 51 59 33 55 – Fermé 15 nov.-15 déc.
29 ch – †52/72 € ††52/72 €, ⊇ 7,50 €

♦ En retrait du port, façade blanche égayée de volets colorés. Chambres simples et bien tenues, parfois climatisées. Salle des petits-déjeuners au décor marin.

✗ **Port Baron** ⛩ 𝘝𝘐𝘚𝘈 ⓜⓒ

9 r. Georgette – ℰ 02 51 26 01 61 – baron-michel @ hotmail.com
– Fax 02 51 26 01 61 – Fermé janv., fév., mardi midi et lundi
Rest – Menu 19 € (déj. en sem.), 33/40 €

♦ Vieilles affiches, banquettes, photos, bibelots et disques anciens : dans un agréable décor de bistrot rétro, la carte s'inspire des tendances saisonnières et des arrivages.

L'ILE-ROUSSE – 2B Haute-Corse – 345 C4 – **voir à Corse**

ÎLE STE-MARGUERITE ★★ – 06 Alpes-Maritimes – 341 D6 – ✉ 06400 **Cannes**
▌ Côte d'Azur   42 **E2**

Accès par transports maritimes.

🚢 depuis **Cannes** Traversée 15 mn par Cie Esterel Chanteclair-Gare Maritime
des Iles ℰ 04 93 38 66 33, Fax 04 92 98 80 32.

◎ Forêt★★ - ⟨ ★ de la terrasse du Fort-Royal.

ÎLES CHAUSEY – 50 Manche – 303 B6 – ✉ 50400
▌ Normandie Cotentin   32 **A2**

Accès par transports maritimes.

🚢 depuis **Granville** - Traversée 50 mn - Renseignements à : Vedette "Jolie
France II" Gare Maritime ℰ 02 33 50 31 81 (Granville), Fax 02 33 50 39
90, Compagnie Corsaire : ℰ 0 825 138 050 (0,15 €/mn), Fax 02 33 50 87 80,
www.compagniecorsaire.com

🚢 depuis **St-Malo** - Traversée 1 h 10 mn - Compagnie Corsaire :
ℰ 0 825 138 035 (0,15 €/mn), Fax 02 23 18 02 97.

◎ Grande Ile★.

✗ **Fort et des Îles** avec ch ⌂ ⟨ ⯅ archipel, 🍴 ↔ ℅ ch, 𝘝𝘐𝘚𝘈 ⓜⓒ
– ℰ 02 33 50 25 02 – Fax 02 33 50 25 02 – Ouvert 12 avril-28 sept. et fermé lundi
sauf fériés
8 ch (½ P seult) – ½ P 64/69 € – **Rest** – (prévenir en saison) Menu 22/80 € – Carte
26/47 €

♦ Homards, crabes, huîtres et poissons : cuisine de la mer réalisée selon la pêche du jour.
Belle vue sur l'archipel. Idéal pour se ressourcer loin de l'agitation continentale. Chambres
très simples, sans télévision pour mieux profiter de l'atmosphère insulaire.

LAS ILLAS – 66 Pyrénées-Orientales – 344 H8 – **rattaché à Maureillas-las-Illas**

ILLHAEUSERN – 68 Haut-Rhin – 315 I7 – 646 h. – alt. 173 m – ✉ 68970   2 **C2**
🅳 Paris 452 – Artzenheim 15 – Colmar 19 – St-Dié 55 – Sélestat 15
  – Strasbourg 69

🏠 **La Clairière** sans rest ⌂ 🍴 ⏖ ✗ 📶 ↔ 📞 🅿 𝘝𝘐𝘚𝘈 ⓜⓒ AE

rte de Guémar – ℰ 03 89 71 80 80 – hotel.la.clairiere @ orange.fr
– Fax 03 89 71 86 22 – Fermé janv. et fév.
25 ch – †78/90 € ††98/286 €, ⊇ 12 €

♦ À l'orée de la forêt de l'Ill, vaste construction inspirée de l'architecture alsacienne.
Chambres personnalisées, calmes et spacieuses ; certaines regardent les Vosges.

Les Hirondelles sans rest
⬚ ☒ ⅃ ⅋ AC ↳ P VISA ⦿

au village – ✆ 03 89 71 83 76 – hotelleshirondelles @ wanadoo.fr
– Fax 03 89 71 86 40 – Fermé 1er-14 mars et 12-21 nov.
19 ch ⊃ – ♦66/70 € ♦♦76/82 €

♦ Un accueil sympathique vous attend dans cette ancienne ferme au cadre sagement rustique. Chambres bien équipées, réparties autour d'une jolie cour, et belle piscine chauffée.

Auberge de l'Ill (Marc et Paul Haeberlin)
⟨ jardins fleuris, ⬚ AC ⅌
XXXXX

⛩⛩⛩ *2 r. de Collonges – ✆ 03 89 71 89 00*
P VISA ⦿ AE ⓞ
– aubergedelill @ aubergedelill.com – Fax 03 89 71 82 83
– Fermé 4 fév.-6 mars, lundi et mardi
Rest – *(prévenir)* Menu 95 € (déj. en sem.), 145/225 € bc – Carte 104/235 € ⅋
Spéc. Salade de tripes aux fèves et au foie d'oie. Mousseline de grenouilles "Paul Haeberlin". Carré d'agneau allaiton d'Aveyron, beignets d'artichaut farcis. **Vins** Riesling, Pinot blanc.

♦ Accueil prévenant, décor design signé P. Jouin, vue féerique sur les berges de l'Ill, mets classiques personnalisés, recettes alsaciennes sublimées et cave somptueuse : le luxe, tout simplement.

Hôtel des Berges 🏨 ⬚
⟨ ⬚ ⌷ ⅋ AC ↳ ⅍ ⌘ VISA ⦿ AE ⓞ

– ✆ 03 89 71 87 87 – hotel-des-berges @ wanadoo.fr – Fax 03 89 71 87 88
– Fermé 1er-8 janv., 4 fév.-5 mars, lundi et mardi
13 ch – ♦300 € ♦♦520 €, ⊃ 28 €

♦ Belle reconstitution d'un séchoir à tabac du Ried, au fond du jardin de l'Auberge de l'Ill. Chambres raffinées, jacuzzi extérieur et petit-déjeuner servi... sur une barque !

ILLKIRCH-GRAFFENSTADEN – 67 Bas-Rhin – 315 K5 – rattaché à Strasbourg

---

INGERSHEIM – 68 Haut-Rhin – 315 H8 – rattaché à Colmar

INNENHEIM – 67 Bas-Rhin – 315 J6 – 1 015 h. – alt. 150 m – ⊠ 67880   1 **B2**
▶ Paris 487 – Molsheim 12 – Obernai 10 – Sélestat 34 – Strasbourg 23

Au Cep de Vigne
⬚ 🏠 ⌷ ⅋ ⅍ P VISA ⦿

5 r. Barr – ✆ 03 88 95 75 45 – resa @ aucepdevigne.com – Fax 03 88 95 79 73
– Fermé 16-28 fév. et dim. soir
37 ch – ♦48/62 € ♦♦53/70 €, ⊃ 8,50 € – ½ P 60 € – **Rest** – *(fermé dim. soir et lundi)* Menu (15 €), 23/42 € – Carte 30/48 €

♦ Auberge dans la pure tradition alsacienne abritant derrière sa façade à colombages des chambres confortables bien tenues. Joli jardin sur l'arrière. La cuisine régionale servie au restaurant s'accompagne volontiers de crus locaux (les vignes sont à deux pas).

INXENT – 62 Pas-de-Calais – 301 D4 – rattaché à Montreuil

ISBERGUES – 62 Pas-de-Calais – 301 H4 – rattaché à Aire-sur-la-Lys

---

ISIGNY-SUR-MER – 14 Calvados – 303 F4 – 2 920 h. – alt. 4 m – ⊠ 14230
▌ Normandie Cotentin   32 **A2**
▶ Paris 298 – Bayeux 35 – Caen 64 – Carentan 14 – Cherbourg 63 – St-Lô 29
🛈 Office de tourisme, 16, rue Émile Demagny ✆ 02 31 21 46 00,
Fax 02 31 22 90 21

De France
↳ ⅍ P VISA ⦿ AE

13 r. E. Demagny – ✆ 02 31 22 00 33 – hotel.france.isigny @ wanadoo.fr
– Fax 02 31 22 79 19 – Fermé 20 déc.-13 janv., vend. soir, sam. midi et dim. soir d'oct. à mars
18 ch – ♦50/58 € ♦♦58 €, ⊃ 8 € – **Rest** – Menu 15/28 €

♦ Sur la rue principale de la petite cité laitière et beurrière, établissement ancien bâti autour d'un parking. Chambres simples, parfois de plain-pied. Plats traditionnels et de la mer (dont les huîtres du pays) servis dans deux salles à manger soignées.

L'ISLE-ADAM – 95 Val-d'Oise – 305 E6 – 11 163 h. – alt. 28 m – ✉ 95290

Île de France

18 **B1**

▶ Paris 41 – Beauvais 49 – Chantilly 24 – Compiègne 66 – Pontoise 13
– Taverny 16

🖪 Office de tourisme, 46, Grande Rue ✆ 01 34 69 41 99,
Fax 01 34 08 09 79

🖪 de l'Isle-Adam 1 chemin des Vanneaux, NE : 5 km, ✆ 01 34 08 11 11 ;

🖪 Les Golfs de Mont Griffon à Luzarches Route Départementale 909, NE : 5 km,
✆ 01 34 68 10 10 ;

🖪 Paris International Golf Club à Baillet-en-France 18 route du Golf, SE par
D 301 : 15 km, ✆ 01 34 69 90 00.

◉ Chaire★ de l'église St-Martin.

⌂ **Maison Delaleu** sans rest ॐ   ⇜ ⅀ 📞 **P**
131 av. Foch, à Parmain, 2km à l'Ouest – ✆ 01 34 73 02 92
– chambresdhotes.parmain@wanadoo.fr – Fax 01 34 08 80 76
4 ch ⅀ – ♦42 € ♦♦53 €
♦ Idéale pour partir en balade dans le Vexin, ferme d'une exploitation agricole aux
chambres assez vastes et sobres ; petit-déjeuner convivial autour d'une grande
table.

✕✕ **Le Gai Rivage**   🍴 ⅔ ⇔ **VISA** **◍**
11 r. de Conti – ✆ 01 34 69 01 09 – *contact@legairivage.com*
– Fermé 25 août-9 sept., 25 déc.-6 janv., 15 fév.-3 mars, dim. soir,
mardi soir et lundi
Rest – Menu 34 € (sem.)/38 € (week end) – Carte 47/75 €
♦ Le restaurant se trouve sur une île. Ses larges baies et sa charmante terrasse permettent
de contempler tranquillement le cours de l'Oise. Cuisine traditionnelle.

✕ **Le Relais Fleuri**   🍴 **VISA** **◍**
61 bis r. St-Lazare – ✆ 01 34 69 01 85 – *Fermé 4-29 août, dim. soir, lundi soir, merc.*
soir et mardi
Rest – Menu (23 €), 28 € – Carte 44/52 €
♦ Trois ambiances dans cette auberge familiale : salle rustique, salon Régence ou véranda
plus actuelle. Plats classiques à savourer à l'ombre des tilleuls aux beaux jours.

L'ISLE-D'ABEAU – 38 Isère – 333 E4 – 12 034 h. – alt. 265 m
– ✉ 38080

44 **B2**

▶ Paris 499 – Bourgoin-Jallieu 6 – Grenoble 72 – Lyon 38 – La Tour du Pin 21

✕✕ **Le Relais du Çatey** avec ch ॐ   🚗 🍴 📞 **P** **VISA** **◍** **AE**
⛺ *10 r. Didier, (Le Bourg)* – ✆ 04 74 18 26 50 – *relaiscatey@aol.com*
– Fax 04 74 18 26 59 – Fermé 2-26 août, 28 déc.-5 janv. et dim.
7 ch – ♦57/66 € ♦♦57/66 €, ⅀ 7 € – ½ P 50/54 € – **Rest** – (fermé dim. et lundi)
Menu 22 € (déj. en sem.), 30/53 € – Carte 34/50 € 🎋
♦ Décor et éclairage contemporains soulignent le cachet préservé de cette maison
dauphinoise de 1774 ; terrasse calme et verdoyante. Cuisine actuelle soignée. Jolies
chambres.

à l'Isle-d'Abeau-Ville-Nouvelle Ouest : 4 km par N 6 – ✉ 38080 L'Isle d'Abeau
– 38 769 h.

🏨 **Mercure**   🍴 🏊 🖥 🎧 ✕ 🛗 ᕤ ch, 🎦 ⇜ 📞 ᕟ **P** **VISA** **◍** **AE** **①**
ⓒ *20 r. Condorcet* – ✆ 04 74 96 80 00 – *H1132@accor.com* – Fax 04 74 96 80 99
159 ch – ♦115/125 € ♦♦125/135 €, ⅀ 11 € – 30 suites
Rest *La Belle Époque* – *(fermé 19 juil.-25 août, sam. et dim. de mai à août)*
Menu (19 €), 24 € – Carte 29/44 €
Rest *New Sunset* – brasserie *(fermé sam. et dim. sauf de mai à août)*
Menu (12,50 €), 17 € – Carte 21/35 €
♦ Ce Mercure œuvre pour le bien-être de ses hôtes : construction "géobiologique"
(tendance Feng Shui), centre de remise en forme, bel équipement sportif. Chambres
refaites. Cuisine traditionnelle à la Belle Époque. Carte de brasserie au piano-bar le New
Sunset.

L'ISLE-JOURDAIN – 32 Gers – 336 I8 – 5 560 h. – alt. 116 m – ✉ 32600
Midi-Pyrénées 28 **B2**

Paris 682 – Toulouse 37 – Auch 45 – Montauban 58

Office de tourisme, route de Mauvezin ✆ 05 62 07 25 57, Fax 05 62 07 24 81

Las Martines Route de Saint Livrade, N : 4 km, ✆ 05 62 07 27 12 ;

du Château de Barbet à Lombez Route de Boulogne, SO par D 634 : 25 km, ✆ 05 62 62 08 54.

Centre-musée européen d'art campanaire★.

à Pujaudran **Est : 8 km par N 124 – 898 h. – alt. 302 m – ✉ 32600**

XXX ✿✿ **Le Puits St-Jacques** (Bernard Bach) VISA MC AE

– *✆ 05 62 07 41 11 – lepuitsstjacques@free.fr – Fax 05 62 07 44 09 – Fermé 10-29 août, 1er-23 janv., mardi sauf le soir en nov., dim. soir et lundi*

Rest – *(prévenir le week-end)* Menu 22 € (déj. en sem.), 35/105 € bc – Carte 74/101 €

Spéc. Tronçons de lobe de foie gras panés au pain d'épice. Pièce de filet de bœuf "limousin", confits d'échalote et moelle de bœuf. Véritable chocolat liégeois. **Vins** Vin de pays des Côtes de Gascogne, Pacherenc du Vic-Bilh.

♦ Cette maison gersoise, jadis relais sur la route de Compostelle, abrite une salle à manger raffinée et un patio à l'atmosphère méridionale. Séduisante cuisine, actuelle et délicate, puisant son inspiration dans le terroir.

L'ISLE-JOURDAIN – 86 Vienne – 322 K7 – 1 287 h. – alt. 142 m – ✉ 86150
Poitou Vendée Charentes 39 **C2**

Paris 375 – Confolens 29 – Niort 104 – Poitiers 53

Syndicat d'initiative, place de l'Ancienne Gare ✆ 05 49 48 80 36, Fax 05 49 48 80 36

à Port de Salles **Sud : 7 km par D 8 et rte secondaire – ✉ 86150**

Val de Vienne sans rest P VISA MC AE

– *✆ 05 49 48 27 27 – info@hotel-valdevienne.com – Fax 05 49 48 47 47 – Fermé 20 déc.-5 janv.*

20 ch – †65/78 € ††65/130 €, ☕ 12 € – 1 suite

♦ En pleine campagne, sur une rive de la Vienne, hôtel dont les chambres, calmes et fonctionnelles, s'ouvrent sur des terrasses. Avenant salon-bar dans la véranda côté piscine.

L'ISLE-SUR-LA-SORGUE – 84 Vaucluse – 332 D10 – 16 971 h. – alt. 57 m – ✉ 84800 Provence 42 **E1**

Paris 693 – Apt 34 – Avignon 23 – Carpentras 18 – Cavaillon 11 – Orange 35

Office de tourisme, place de la Liberté ✆ 04 90 38 04 78, Fax 04 90 38 35 43

Décoration★ de la collégiale de Notre-Dame des Anges.

Église★ du Thor O : 5 km.

Les Névons sans rest AC P VISA MC AE

chemin des Névons, (derrière la poste) – ✆ 04 90 20 72 00 – info@hotel-les-nevons.com – Fax 04 90 20 56 20 – Fermé 17 déc.-22 janv.

44 ch – †51/77 € ††51/77 €, ☕ 8,50 €

♦ Cet immeuble moderne propose des chambres fonctionnelles ; celles de l'annexe sont plus spacieuses et dotées d'un balcon donnant sur la rivière. Solarium-piscine sur le toit.

XX **La Prévôté** avec ch VISA MC AE

4 bis r. J.-J.-Rousseau, (derrière l'église) – ✆ 04 90 38 57 29 – contact@la-prevote.fr – Fax 04 90 38 57 29 – Fermé 1er-13 mars, 17 nov.-5 déc., merc. sauf juil.-août et mardi

5 ch ☕ – †80/160 € ††90/170 € – **Rest** – Menu (20 €), 26 € (déj. en sem.), 43/68 € – Carte environ 61 €

♦ Aménagé dans un ancien couvent, ce restaurant abrite une salle à manger rustique dont les baies ouvrent sur un bras de la Sorgue. Carte actuelle. Chambres personnalisées.

XX **L'Oustau de l'Isle** P VISA MC

147 Chemin du Bosquet, 1 km par rte d'Apt – ✆ 04 90 20 81 36 – contact@restaurant-oustau.com – Fax 04 90 38 50 07 – Fermé 12 nov.-5 déc., 12-30 janv., merc. sauf le soir de mi-juin à mi-sept. et mardi

Rest – Menu (19 €), 28/50 € – Carte 37/54 €

♦ Ce mas entouré de verdure dissimule une séduisante terrasse ombragée et deux salles épurées, décorées de grandes reproductions d'œuvres de Modigliani. Saveurs régionales.

XX **Le Vivier** (Patrick Fischnaller) 🎴 ⒶⒸ 𝖵𝖨𝖲𝖠 ⦿ⓔ ⒶⒺ
☆ *800 cours F. Peyre (rte Carpentras) –* 𝒞 *04 90 38 52 80 – info.levivier @ wanadoo.fr*
– Fermé 28 août-4 sept., 2-8 janv., 24 fév.-17 mars, jeudi midi en juil.-août, dim. soir
de sept. à juin, vend. midi, sam. midi et lundi
Rest – Menu 25 € (déj. en sem.), 38/58 € – Carte 38/58 €
Spéc. – Assiette façon tapas. Baron et côtelette d'agneau de Provence, croûte de
noisette. Interprétation de la pêche melba.
♦ Séduisante cuisine très actuelle, tout en finesse et délicatesse, dans ce restaurant design
aux couleurs acidulées, dont les baies s'ouvrent sur la Sorgue. Accueil charmant.

XX **Café Fleurs** 🎴 ⒶⒸ 𝖵𝖨𝖲𝖠 ⦿ⓔ ⒶⒺ
9 r. T.-Aubanel – 𝒞 *04 90 20 66 94 – contact @ cafefleurs.com – Fermé 1er-26 déc.,*
mardi et merc.
Rest – Menu (21 €), 23 € (déj. en sem.), 38/49 € – Carte 34/46 €
♦ Deux salles au décor provençal cosy et soigné (œuvres d'art locales exposées), et une
agréable terrasse ombragée au bord de l'eau : cette table au goût du jour a son charme.

X **Le Jardin du Quai** 🍴 🎴 𝖵𝖨𝖲𝖠 ⦿ⓔ
91 av. J. Guigue, (près de la gare) – 𝒞 *04 90 20 14 98 – contact @ danielhebet.com*
– Fax 04 90 20 31 92
Rest – *(fermé mardi et merc.)* Menu 30 € (déj. en sem.)/40 €
♦ Ce bistrot face à la gare distille le charme si attachant de la Provence d'autrefois. On y
propose un menu unique de retour du marché, une cuisine de produits toute simple.

au Nord par D 938 et rte secondaire – ⊠ 84740 Velleron

🏠 **Hostellerie La Grangette** ⌘ Ⓘ 🎴 ⌁ ✻ ⇄ ⚘ ♨ 🅿 𝖵𝖨𝖲𝖠 ⦿ⓔ
à 6 km – 𝒞 *04 90 20 00 77 – hostellerie-la-grangette @ club-internet.fr*
– Fax 04 90 20 07 06 – Ouvert 13 fév.-10 nov.
16 ch ⌑ – †89/218 € ††89/218 € – ½ P 97/161 € – **Rest** – *(fermé le midi*
et mardi sauf de juin à sept.) (nombre de couverts limité, prévenir) Menu 47/71 €
♦ Ancienne ferme provençale (entièrement non-fumeurs) où règnent gaieté et art de vivre.
Dans les chambres, décoration stylée et belle literie invitent au "cocooning". Cuisine
régionale gorgée de soleil, à apprécier dans une salle intime ou l'été en plein air.

rte d'Apt Sud-Est : 6 km par D 900 – ⊠ 84800 L'Isle-sur-la-Sorgue

🏠 **Le Mas des Grès** ⌘ 🍴 🎴 ⌁ ⒶⒸ ch, ⟐ 🅿 𝖵𝖨𝖲𝖠 ⦿ⓔ
– 𝒞 *04 90 20 32 85 – info @ masdesgres.com – Fax 04 90 20 21 45*
– Ouvert 8 mars-11 nov.
15 ch – †89/169 € ††89/250 €, ⌑ 11 € – ½ P 88/138 € – **Rest** – *(dîner seult sauf*
juil.-août) (prévenir) Menu 20 € (déj.)/35 €
♦ Plus qu'un hôtel, une maison de caractère. Accueil, quiétude, chambres simples, jardin
et piscine : tout respire ici les joies de l'été. Le restaurant est agréable avec ses tables
dressées sous la treille ou sous les platanes ; cuisine du marché.

au Sud-Ouest 4 km par D 938 (rte de Cavaillon) et rte secondaire – ⊠ 84800
L'Isle-sur-la-Sorgue

🏠 **Mas de Cure Bourse** ⌘ 🍴 🎴 ⌁ ⒶⒸ ⟐ ⚘ 🅿 𝖵𝖨𝖲𝖠 ⦿ⓔ
120 chemin de serre – 𝒞 *04 90 38 16 58 – masdecurebourse @ wanadoo.fr*
– Fax 04 90 38 52 31
13 ch – †80/120 € ††80/120 €, ⌑ 12 € – ½ P 86/106 € – **Rest** – *(fermé*
1er-8 janv., lundi de nov. à fév.) Menu 26 € (déj. en sem.), 40/55 € – Carte 37/50 €
♦ Mas du 18e s. perdu au milieu des vergers. Intérieur rustique, chambres impeccables
(parées de tissus Souleïado), piscine et jardin ombragé procurent détente et bien-être. Salle
à manger provençale et terrasse ombragée d'arbres centenaires ; cuisine du Sud.

L'ISLE-SUR-SEREIN – 89 Yonne – 319 H6 – 716 h. – alt. 190 m – ⊠ 89440
◨ Paris 209 – Auxerre 50 – Avallon 17 – Montbard 36 – Tonnerre 36 7 **B2**

XX **Auberge du Pot d'Étain** avec ch 🎴 ⇄ 𝖵𝖨𝖲𝖠 ⦿ⓔ
☺ *24 r. Bouchardat –* 𝒞 *03 86 33 88 10 – potdetain @ ipoint.fr – Fax 03 86 33 90 93*
– Fermé 13-27 oct., 2 fév.-2 mars, dim. soir et mardi midi sauf juil.-août et lundi
◫◲ **9 ch** – †56/75 € ††56/75 €, ⌑ 9 € – ½ P 75 €
Rest – Menu 26/52 € – Carte 41/56 € ⌘
♦ Cuisine aux accents régionaux, multitude de bourgognes, coquettes chambres colorées :
une plaisante auberge de la bucolique vallée du Serein... à deux tours de roue de l'A 6 !

ISPE – 40 Landes – 335 D8 – **rattaché à Biscarrosse**

LES ISSAMBRES – 83 Var – 340 P5 – ⊠ 83380 ▯ Côte d'Azur   41 **C3**
> ◘ Paris 877 – Draguignan 40 – Fréjus 11 – St-Raphaël 14 – Ste-Maxime 9
>   – Toulon 99
> ◘ Office de tourisme, place San-Peire 𝒞 04 94 19 89 89, Fax 04 94 49 66 55

à San-Peire-sur-Mer – ⊠ 83520

▣▣ **Le Provençal**   ≤ 🍽 Ⓜ ch, ▣ 𝘝𝘐𝘚𝘈 ⓪ ▣
D 559 – 𝒞 *04 94 55 32 33 – hotel-le-provencal@wanadoo.fr – Fax 04 94 55 32 34*
– Ouvert 11 fév.-14 oct.
27 ch – ♦63/120 € ♦♦69/120 €, ⊆ 11 € – ½ P 75/100 €
Rest *Les Mûriers* – Menu 28/58 € – Carte 38/75 €
♦ Dans le golfe de St-Tropez, ce bâtiment ocre en forme de U regarde la plage. Chambres
rénovées ; certaines ont un balcon face à la mer. Cuisine méditerranéenne servie dans une
salle à manger égayée de paysages de Provence, ou à l'ombre des mûriers de la terrasse.

au parc des Issambres – ⊠ 83380 Les Issambres

▣▣ **La Quiétude**   ≤ 🍽 🍽 ⌇ Ⓜ ch, ▣ 𝘝𝘐𝘚𝘈 ⓪ ▣
D 559 – 𝒞 *04 94 96 94 34 – laquietude@hotmail.com – Fax 04 94 49 67 82*
– Ouvert 10 mars -8 nov.
20 ch – ♦48/73 € ♦♦55/95 €, ⊆ 9,50 € – ½ P 56/77 € – **Rest** – *(dîner seult sauf
dim.)* Menu 27/36 € – Carte 36/46 €
♦ Maison des années 1960 dans un petit jardin. Chambres fonctionnelles et colorées ;
quelques-unes offrent une échappée sur le large. Les repas pris en toute quiétude, face à la
grande bleue sur la terrasse du restaurant, sont empruntes de saveurs marines.

à la calanque des Issambres – ⊠ 83380 Les Issambres

▣ **Les Calanques**   🍽 ⌇ Ⓜ ⌇ ⌇ 𝘝𝘐𝘚𝘈 ⓪
– 𝒞 04 98 11 36 36 – contact@french-riviera-hotel.com – Fax 04 98 11 36 37
– Ouvert 16 mars-14 oct.
12 ch – ♦58/95 € ♦♦84/136 €, ⊆ 12 € – ½ P 58/97 € – **Rest** – *(fermé dim. et
lundi) (dîner seult)* Menu 23/32 € – Carte 31/42 €
♦ Construction récente d'allure régionale disposant d'un accès direct à la plage. Chambres
provençales à thème ; au 2ᵉ étage, elles possèdent une terrasse avec vue sur la mer. Petite
restauration et vins au verre servis dans un cadre bistrot moderne et coloré.

✕✕ **Chante-Mer**   🍽 Ⓜ 𝘝𝘐𝘚𝘈 ⓪
⌣ *au village – 𝒞 04 94 96 93 23 – Fax 04 94 96 88 49 – Fermé 15 déc.-31 janv., dim.
soir d'oct. à Pâques, mardi midi et lundi*
Rest – Menu 24/45 € – Carte 36/68 €
♦ Menue salle à manger accueillante aux murs habillés de bois clair. Tables joliment
dressées et alléchante carte traditionnelle ouvrent l'appétit. Terrasse d'été en façade.

ISSOIRE ⬤ – 63 Puy-de-Dôme – 326 G9 – 13 773 h. – alt. 400 m – ⊠ 63500
▯ Auvergne   5 **B2**
> ◘ Paris 446 – Clermont-Ferrand 36 – Le Puy-en-Velay 94 – Thiers 56
> ◘ Office de tourisme, place Charles de Gaulle 𝒞 04 73 89 15 90,
>   Fax 04 73 89 96 13
> ◙ Anc. abbatiale St-Austremoine★★ Z.

Plan page ci-contre

▣▣ **Le Pariou**   🍽 🍽 ⌇ ⌇ Ⓜ ⌇ ⌇ 🛁 ▣ 𝘝𝘐𝘚𝘈 ⓪ ▣
*18 av. Kennedy, 1 km par ① – 𝒞 04 73 55 90 37 – info@hotel-pariou.com
– Fax 04 73 55 96 16 – Fermé 19 déc.-4 janv.*
54 ch – ♦67/68 € ♦♦70/72 €, ⊆ 11 € – ½ P 64 €
Rest *Le Jardin* – *(fermé sam. midi du 15 août au 15 juin, dim. et lundi)*
Menu (13,50 €), 20 € (sem.)/38 € – Carte 30/43 €
♦ Bâtisse des années 1950 abritant des chambres progressivement rafraîchies et dotées de
mobilier actuel ; plus spacieuses dans l'aile récente. Deux salles à manger dont une peinte
aux couleurs du Sud et tournée vers le jardin. Cuisine au goût du jour.

ISSOIRE

Altaroche (Pl.)	Z	2
Ambert (R. d')	Y	
Ancienne Caserne (R. de l')	Z	3
Berbiziale (R. de la)	Y	
Buisson (Bd A.)	Y	
Cerf Volant (R. du)	Y	4
Châteaudun (R. de)	Z	5
Cibrand (Bd J.)	Y	
Dr-Sauvat (R.)	Z	
Duprat (Pl. Ch.)	Y	
Espagnon (R. d')	Z	
Foirail (Pl. du)	Y	
Fours (R. des)	Z	
Gambetta (R.)	Z	6
Gare (Av. de la)	Z	9
Gaulle (Pl. du Gén.-de)	Y	
Gauttier (R. Eugène)	Y	
Haïnl (Bd G.)	Z	
Hauterive (R. E. d')	Z	
Libération (Av. de la)	Z	10
Manlière (Bd de la)	Z	
Mas (R. du)	Y	
Montagne (Pl. de la)	Y	
Notre-Dame des Filles (R.)	Z	12
Palais (R. du)	Y	
Pomel (Pl. N.)	Z	13
Ponteil (R. du)	Y	16
Pont (R. du)	Z	14
Postillon (R. du)	Z	
République (Pl. de la)	Z	
St-Avit (Pl.)	Y	22
Sous-Préfecture (Bd de la)	Z	
Terraille (R. de la)	Z	24
Triozon-Bayle (Bd)	YZ	25
Verdun (Pl. de)	Z	26
8 Mai (Av. du)	Y	30

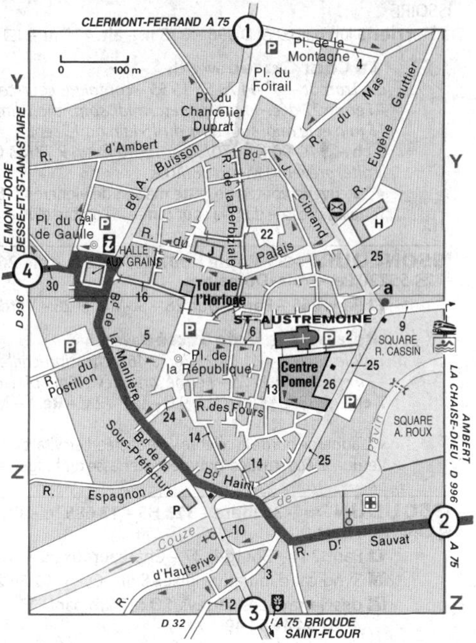

✗ Le Relais avec ch — VISA MC

1 av. de la Gare – ✆ 04 73 89 16 61 – lerelais-issoire@laposte.net – Fax 04 73 89 55 62 – Fermé 19-31 oct., 2-15 fév. YZ **a**

6 ch – †36/48 € ††36/48 €, ☕ 6 € – ½ P 42/45 € – **Rest** – *(fermé dim. soir et lundi)* Menu 11/35 € – Carte 17/33 €

◆ Ancien relais de poste à deux pas de l'abbatiale St-Austremoine. Salle à manger spacieuse et colorée ; cuisine traditionnelle et spécialités régionales. Chambres modestes.

à Varennes-sur-Usson 5 km par ② et D 996 – 161 h. – alt. 315 m – ✉ 63500

Les Baudarts sans rest

– *✆ 04 73 89 05 51 – Ouvert 1er mai-30 sept.*

4 ch ☕ – †65/70 € ††80/85 €

◆ Dans un parc, belle maison de maître dédiée à l'art pictural (tableaux dans toutes les pièces). Les chambres déclinent trois thèmes : africain, "nounours et dentelles" et loft.

à St-Rémy-de-Chargnat 7 km par ② et D 999 – 461 h. – alt. 400 m – ✉ 63500

Château de la Vernède sans rest — P

– *✆ 04 73 71 07 03 – chateauvernede@aol.com – Fax 04 73 71 07 03*

5 ch ☕ – †68 € ††75/100 €

◆ L'ancien relais de chasse de la reine Margot (1850) dispose de chambres garnies de meubles chinés et agrémentées de fleurs fraîches. Côté loisirs : billard, pêche à la truite.

à Sarpoil 10 km par ② et D 999 – ✉ 63490 St-Jean-en-Val

✗✗ La Bergerie — P VISA MC

– *✆ 04 73 71 02 54 – Fax 04 73 71 01 99 – Fermé 15-23 juin, 14-22 sept., 6-29 janv., dim. soir de sept. à juin et lundi*

Rest – *(nombre de couverts limité, prévenir)* Menu 16 € (sem.)/62 € – Carte 40/64 €

◆ Dès l'entrée, la vision des cuisines et de la rôtissoire vous mettra l'eau à la bouche. Salle de restaurant classique (cheminée allumée l'hiver) pour déguster des plats actuels.

ISSOIRE

à Perrier 5 km par ④ et D 996 – 775 h. – alt. 415 m – ✉ 63500

XX   **La Cour Carrée** avec ch ⌖   🏠 ↭ ℅ ch, **P** *VISA* **CO** **AE**
av. Tramot – ✆ 04 73 55 15 55 – contact@cour-carree.com – Fax 04 73 55 98 26
– Fermé 22 déc.-11 janv., merc. midi, sam. midi, dim. soir et lundi du 15 sept. au
15 juin et le midi sauf dim. du 15 juin au 15 sept.
3 ch – ✚70/90 € ✚✚70/90 €, ☲ 10 € – ½ P 73/83 € – **Rest** – *(nombre de couverts
limité, prévenir)* Menu 28/40 €

◆ La cuverie voûtée de cette maison de vigneron (1830) a été convertie en restaurant.
Terrasse dressée dans la cour carrée, à l'ombre d'un marronnier.

ISSONCOURT – 55 Meuse – 307 C5 – 118 h. – alt. 260 m
– ✉ 55220 Les-Trois- Domaines   26 **A2**

🗗 Paris 265 – Bar-le-Duc 28 – St-Mihiel 28 – Verdun 28

XX   **Relais de la Voie Sacrée** avec ch ⌖   🚗 🏠 **K** rest, 🛋 **P** *VISA* **CO**
☁   1, Voie Sacrée – ✆ 03 29 70 70 46 – christian-caillet@wanadoo.fr
– Fax 03 29 70 75 75 – Fermé janv., fév., dim. soir (sauf hôtel) d'oct. à mai et lundi
7 ch – ✚58 € ✚✚58 €, ☲ 9 € – ½ P 72 € – **Rest** – Menu 18/58 € – Carte 33/65 €
🕮

◆ L'auberge borde la célèbre Voie Sacrée, lien vital de communication lors de la bataille de
Verdun. Décor rustico-bourgeois, terrasse ombragée et séduisante carte des vins.

ISSOUDUN ⊚ – 36 Indre – 323 H5 – 13 685 h. – alt. 130 m – ✉ 36100
▮ Limousin Berry   12 **C3**

🗗 Paris 244 – Bourges 37 – Châteauroux 29 – Tours 127 – Vierzon 35
🖪 Syndicat d'initiative, place Saint-Cyr ✆ 02 54 21 74 02, Fax 02 54 03 03 36
🖪 des Sarrays Les Sarrays, SO : 12 km par D 151 et rte secondaire,
✆ 02 54 49 54 49.
◙ Musée de l'hospice St-Roch★ : arbre de Jessé★ dans la chapelle et
apothicairerie★ AB.

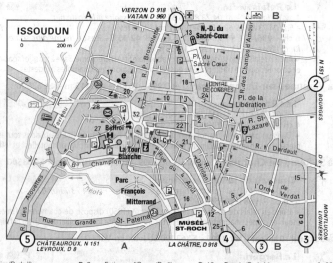

Hôtel La Cognette ⚜   🔥 AC 🛎 🖃 🚗 VISA ⓜ AE ①
r. des Minimes – ☎ 02 54 03 59 59 – lacognettehotel@wanadoo.fr
– Fax 02 54 03 13 03   A e
13 ch – ♦75/125 € ♦♦75/125 €, � 15 € – 3 suites – ½ P 85/125 €
Rest La Cognette – voir ci-après
♦ Chambres rajeunies, climatisées, garnies de meubles de style et nommées d'après des célébrités. La plupart ouvrent de plain-pied sur un jardinet où l'on petit-déjeune en été.

Rest. La Cognette (Alain Nonnet et Jean-Jacques Daumy)   🖕
bd Stalingrad – ☎ 02 54 03 59 59 – lacognette@   AC VISA ⓜ AE ①
wanadoo.fr – Fax 02 54 03 13 03 – Fermé janv., dim. soir, mardi midi et lundi d'oct.
à mai   A z
Rest – (prévenir) Menu (28 €), 31/70 € – Carte 48/70 € ⭐
Spéc. Crème de lentilles vertes du Berry aux truffes. Cannelloni d'huîtres, jus de cresson et gingembre. Massepain d'Issoudun à la fleur d'oranger. **Vins** Reuilly, Quincy.
♦ Plongez dans l'univers balzacien de La Rabouilleuse : cette auberge, qui inspira l'écrivain, vous accueille chaleureusement dans un riche décor bourgeois d'esprit 19ᵉ s. Cuisine généreuse.

à Diou par ① : 12 km sur D 918 – 235 h. – alt. 130 m – ☒ 36260

L'Aubergeade   🚗 🛖 AC P VISA ⓜ
rte d'Issoudun – ☎ 02 54 49 22 28 – jacky.patron@wanadoo.fr
– Fax 02 54 49 27 48 – Fermé dim. soir et merc. soir
Rest – Menu 20 € (sem.)/36 € – Carte 42/53 €
♦ Une adresse bien sympathique dans un joli village fleuri traversé par la Théols. Salle à manger simple et fraîche, terrasse tournée vers un jardin et cuisine au goût du jour.

ISSY-LES-MOULINEAUX – 92 Hauts-de-Seine – 311 J3 – 101 25 – **voir à Paris, Environs**

ISTRES ✈ – 13 Bouches-du-Rhône – 340 E5 – 38 993 h. – alt. 32 m – ☒ 13800
▌Provence   40 **A3**
  ▣ Paris 745 – Arles 46 – Marseille 55 – Martigues 14 – Salon-de-Provence 25
  ▣ Office de tourisme, 30, allées Jean Jaurès ☎ 04 42 81 76 00,
    Fax 04 42 81 76 15

Plan page suivante

Le Castellan sans rest   🔥 AC 🛎 🖃 P VISA ⓜ AE
pl. Ste-Catherine – ☎ 04 42 55 13 09 – renseignements@hotel-lecastellan.com
– Fax 04 42 56 91 36   AX a
17 ch – ♦49 € ♦♦58 €, ⊇ 6,50 €
♦ Parmi les points forts de cette adresse proche de la place forte gréco-ligure : rénovation progressive, tenue sans reproche et accueil aimable. Chambres spacieuses et claires.

La Table de Sébastien   🛖 AC 🖃 VISA ⓜ AE ①
7 av. H. Boucher – ☎ 04 42 55 16 01 – contact@latabledesebastien.fr
– Fax 04 42 55 95 02 – Fermé 6-13 avril, 18-31 août, 22 déc.-3 janv., dim. soir et lundi   AX n
Rest – Menu 28/83 € – Carte 60/77 € ⭐
♦ Le jeune chef propose une séduisante cuisine inventive et un beau choix de vins régionaux, à savourer dans la salle à manger rénovée ou sur la cour-terrasse ombragée.

au Nord 4 km par ③, N 569 et rte secondaire – ☒ 13800 Istres

Ariane sans rest   🔥 & AC 🔲 🛎 🖃 P VISA ⓜ AE ①
av. de Flore – ☎ 04 42 11 13 13 – contact@arianehotel.com – Fax 04 42 11 13 00
73 ch – ♦70/85 € ♦♦75/135 €, ⊇ 10 €
♦ Cet hôtel récent propose des chambres confortables, parfois dotées d'une kitchenette ou d'une terrasse côté piscine. Hébergement un peu plus simple et moins cher à l'annexe.

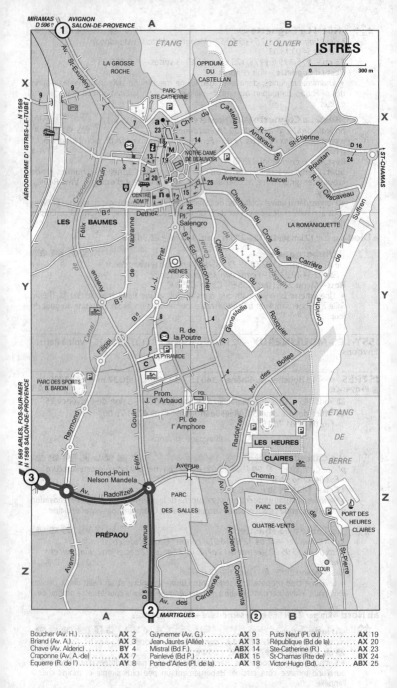

ISTRES

ITTERSWILLER – 67 Bas-Rhin – 315 I6 – 270 h. – alt. 235 m – ⊠ 67140
▌ Alsace Lorraine   2 **C1**

> ◘ Paris 502 – Erstein 25 – Mittelbergheim 5 – Molsheim 26 – Sélestat 16
> – Strasbourg 45
> ◨ Syndicat d'initiative, Mairie ℰ 03 88 85 50 12, Fax 03 88 85 56 09

🏨 **Arnold** ⌂   ⇐ 🚗 🗢 ♿ ch, ℅ 🖘 🍴 **P** **VISA** ◯◯ **AE**
98 rte des vins – ℰ *03 88 85 50 58 – arnold-hotel@wanadoo.fr*
– Fax 03 88 85 55 54
27 ch – ♦78/112 € ♦♦78/112 €, ☲ 12 € – 1 suite – ½ P 77/97 €
Rest *Winstub Arnold* – *(fermé dim. soir de nov. à mai et lundi)* Menu 24 €
(sem.)/58 € – Carte 35/65 €
♦ Dans un village de la route des Vins, deux belles maisons à colombages abritent des
chambres feutrées (mobilier en pin), dont la plupart ont vue sur le vignoble. Décor ancré
dans le terroir pour la Winstub Arnold qui met à l'honneur les "elsässische spezialitäten".

ITXASSOU – 64 Pyrénées-Atlantiques – 342 D5 – 1 770 h. – alt. 39 m – ⊠ 64250
▌ Pays Basque   3 **A3**

> ◘ Paris 787 – Bayonne 24 – Biarritz 25 – Cambo-les-Bains 5 – Pau 119
> – St-Jean-de-Luz 34
> ◙ Église★.

🏠 **Txistulari** ⌂   🚗 🗢 ⬛ ♿ ch, ⚘ **P** **VISA** ◯◯ **AE** ◉
🍃   *–* ℰ *05 59 29 75 09 – hotel.txistulari@wanadoo.fr – Fax 05 59 29 80 07*
– Fermé 15 déc.-6 janv.
20 ch – ♦36/46 € ♦♦44/50 €, ☲ 6,50 € – ½ P 39/42 € – **Rest** – *(fermé dim. soir et*
sam. midi hors saison) Menu 12 € (déj. en sem.), 16/30 €
♦ L'hôtel vous apparaîtra peu après la petite route conduisant au Pas de Roland. Chambres
simples et bien tenues ; environnement calme et verdoyant. S'il fait beau, prenez vos repas
sous la terrasse couverte, sinon optez pour la grande salle à manger colorée.

🏠 **Le Chêne** ⌂   ⇐ 🚗 ⬛ 🍴 rest, **P** **VISA** ◯◯ **AE**
🍃   *près église –* ℰ *05 59 29 75 01 – Fax 05 59 29 27 39 – Fermé 15 déc.-28 fév., mardi*
🍴   *sauf de juil. à sept. et lundi*
16 ch – ♦35/40 € ♦♦46/50 €, ☲ 6,50 € – ½ P 47/51 € – **Rest** – Menu 16/28 €
– Carte 24/45 €
♦ Cette jolie auberge bâtie face à l'église du village accueille les voyageurs depuis 1696.
Chambres anciennes mais bien tenues. Tomettes, poutres colorées et nappes de style
régional agrémentent le restaurant. Table dédiée au Pays basque. Belle terrasse.

🏠 **Du Fronton** ⌂   ⇐ 🗢 ⬛ ▮ ♿ ch, 🅐 rest, **P** **VISA** ◯◯ **AE** ◉
– ℰ *05 59 29 75 10 – reservation@hotelrestaurantfronton.com*
– Fax 05 59 29 23 50 – Fermé 17-22 nov., 1er janv.-15 fév. et merc.
23 ch – ♦48/68 € ♦♦48/68 €, ☲ 8,50 € – ½ P 50/60 € – **Rest** – Menu 22/38 €
– Carte 37/45 €
♦ Maison basque adossée au fronton de pelote du village. Les chambres sont spacieuses
dans l'aile récente, et rajeunies dans la partie ancienne. Tournée vers les monts d'Itxassou,
salle à manger campagnarde où l'on goûte à la fameuse confiture de cerises noires.

IVOY-LE-PRÉ – 18 Cher – 873 h. – alt. 276 m – ⊠ 18380   12 **C2**

> ◘ Paris 202 – Orléans 105 – Bourges 38 – Vierzon 41 – Gien 47

🏡 **Château d'Ivoy** sans rest ⌂   🍷 ⬛ ⚘ 🖘 **P** **VISA** ◯◯
– ℰ *02 48 58 85 01 – chateau.divoy@wanadoo.fr – Fax 02 48 58 85 02*
5 ch ☲ – ♦140 € ♦♦160/195 €
♦ Ce château des 16e-17e s. au cœur d'un domaine préservé a toute une histoire (Henri IV
y séjourna et le Grand Meaulnes y fut tourné). Atmosphère chaleureuse de manoir anglais.

IVRY-LA-BATAILLE – 27 Eure – 304 I8 – 2 639 h. – alt. 54 m – ⊠ 27540
▌ Normandie Vallée de la Seine   33 **D2**

> ◘ Paris 75 – Anet 6 – Dreux 21 – Évreux 36 – Mantes-la-Jolie 25
> – Pacy-sur-Eure 17
> ◪ de La Chaussée d'Ivry à La Chaussée-d'IvryN : 2 km, ℰ 02 37 63 06 30.

XX **Moulin d'Ivry** 🚗 🅿 P VISA ⬤©

10 r. Henri IV – 𝒞 *02 32 36 40 51 – Fax 02 32 26 05 15 – Fermé
7-21 oct., 9 fév.-3 mars, lundi et mardi sauf fériés*
Rest – Menu 30/50 € – Carte 48/79 €
◆ Ancien moulin abritant plusieurs petites salles champêtres, au charme volontiers désuet.
Jardin et terrasse s'étalent agréablement au bord de l'Eure. Recettes classiques.

JANVRY – 91 Essonne – 101 33 – **voir à Paris, Environs**

JARNAC – 16 Charente – 324 I5 – 4 659 h. – alt. 26 m – ✉ 16200
▌ Poitou Vendée Charentes   38 **B3**

▶ Paris 475 – Angoulême 31 – Barbezieux 30 – Bordeaux 113 – Cognac 15
– Jonzac 41

🛈 Office de tourisme, place du Château 𝒞 05 45 81 09 30, Fax 05 45 36 52 45

◉ Donation François-Mitterrand - Maison Courvoisier - Maison Louis-Royer.

⌂ **Château St-Martial** sans rest ⚘ 🛆 ⏚ ℐ 🕾 P VISA ⬤©

56 r. des Chabannes – 𝒞 *05 45 83 38 64 – brigitte.cariou @ wanadoo.fr
– Fax 05 45 83 38 38 – Fermé 25 oct.-5 nov., 27 déc.-4 janv. et 21 fév.-8 mars*
5 ch ⊇ – †70/110 € ††85/130 €
◆ La famille Bisquit, célèbre pour son cognac, vécut dans ce beau château du 19ᵉ s.
Collection de tableaux, mobilier de style, grandes chambres confortables et agréable parc
arboré.

XX **Du Château** AC VISA ⬤© AE

15 pl. du Château – 𝒞 *05 45 81 07 17 – contact @ restaurant-du-chateau.com
– Fax 05 45 35 35 71 – Fermé dim. soir et lundi*
Rest – Menu 26/64 € bc – Carte 56/63 €
◆ Sympathique restaurant voisin des chais de la Maison Courvoisier. Le chef, natif de la
région, sélectionne de beaux produits et réalise une cuisine d'aujourd'hui et de qualité.

à Bourg-Charente Ouest : 6 km par N 141 et rte secondaire – 753 h. – alt. 14 m –
✉ 16200

XXX **La Ribaudière** (Thierry Verrat) ⇐ 🕾 AC ⇔ P VISA ⬤© AE
🕸 *2 pl. du Port –* 𝒞 *05 45 81 30 54 – la.ribaudiere @ wanadoo.fr – Fax 05 45 81 28 05
– Fermé 20 oct.-7 nov., vacances de fév., dim. soir, mardi midi et lundi*
Rest – Menu 38/74 € – Carte 65/88 € ஃ
Spéc. Soupe de cèpes et foie gras de canard poêlé (1ᵉʳ sept. au 15 fév.). Pièce de
bœuf limousin légèrement fumé aux sarments de vigne. Ravioles d'ananas à la
noix de coco. **Vins** Vin de pays Charentais.
◆ Décor contemporain épuré, mobilier design, "cognathèque", belle cuisine actuelle,
terrasses étagées regardant l'eau : venez donc manger sur la rive gauche... de la
Charente !

à Bassac Sud-Est : 7 km par N 141 et D 22 – 461 h. – alt. 20 m – ✉ 16120

🏠 **L'Essille** ⚘ 🛆 🕾 🕾 🔥 P VISA ⬤© AE
⊛ *r. de Condé –* 𝒞 *05 45 81 94 13 – l.essille @ wanadoo.fr – Fax 05 45 81 97 26
– Fermé 1ᵉʳ-8 janv.*
14 ch – †50 € ††50 €, ⊇ 9 € – ½ P 58 € – **Rest** – *(fermé sam. midi et dim. soir)*
Menu 16 € *(déj. en sem.)*, 25/45 € – Carte 43/49 €
◆ Accueil charmant dans cet hôtel familial situé à deux pas de l'abbaye. Grandes chambres
rafraîchies, garnies d'un mobilier de style. Salle à manger-véranda ouverte sur le parc ;
cuisine traditionnelle et belle carte de cognacs (plus de 100 références).

JARVILLE-LA-MALGRANGE – 54 Meurthe-et-Moselle – 307 I6 – **rattaché à
Nancy**

JAUJAC – 07 Ardèche – 331 H6 – 1 065 h. – alt. 450 m – ✉ 07380
▌ Lyon et la Vallée du Rhône   44 **A3**

▶ Paris 616 – Lyon 185 – Montélimar 59 – Pierrelatte 71
🛈 Syndicat d'initiative, place du Champ de Mars 𝒞 04 75 93 28 54,
Fax 04 75 93 28 54

⌂ **Le Rucher des Roudils** sans rest 🐝

Les Roudils, 4 km au Nord-Ouest – ✆ *04 75 93 21 11 – le-rucher-des-roudils @ wanadoo.fr – Ouvert 2 avril-14 nov.*

3 ch ⌑ – †60 € ††60 €

♦ Adresse du bout du monde, grande ouverte sur le massif du Tanargue. Les chambres ont beaucoup de caractère, de même que le salon agrémenté d'une cheminée cévenole.

Une nuit douillette sans se ruiner ?
Repérez les Bibs Hôtel 🛏 .

JAUSIERS – 04 Alpes-de-Haute-Provence – 334 I6 – **rattaché à Barcelonnette**

JERSEY (ÎLE DE) – JSY Jersey – 309 J1 – **voir à Île de Jersey**

JOIGNY – 89 Yonne – 319 D4 – **10 032 h.** – alt. 79 m – ⌧ 89300   7 **B1**

▌ Bourgogne

   ▣ Paris 144 – Auxerre 28 – Gien 74 – Montargis 59 – Sens 33 – Troyes 76

   𝐢 Office de tourisme, 4, quai Ragobert ✆ 03 86 62 11 05, Fax 03 86 91 76 38

   🟥 du Roncemay à Chassy Château du Roncemay, par rte de Montargis : 18 km, ✆ 03 86 73 50 50.

   ◎ Vierge au sourire★ dans l'église St-Thibault A **E** - Côte St-Jacques★ ≤★ 1,5 km par D 20 A.

Plan page suivante

🏠🏠🏠 **La Côte St-Jacques** (Jean-Michel Lorain) 🐝   ≤ 🖼 🗔 🕸 🛁 🕮 ও ch,

❀❀❀ *14 fg de Paris –* ✆ *03 86 62 09 70*   🔠 📞 🏋 🅿 🚗 𝗩𝗜𝗦𝗔 🆎 🆎 ⓪

     – lorain @ relaischateaux.com – Fax 03 86 91 49 70

     – Fermé 5-29 janv., lundi midi et mardi midi   A **r**

     31 ch – †150/460 € ††150/460 €, ⌑ 32 € – 1 suite – ½ P 235/300 €

     Rest – *(prévenir le week-end)* Menu 85 € bc (déj. en sem.), 135/165 € – Carte 101/212 € 🕸

     Spéc. Genèse d'un plat sur le thème de l'huître. Bar légèrement fumé au caviar osciètre. Noix de ris de veau au gingembre, petits oignons, rhubarbe et radis roses. **Vins** Bourgogne blanc, Irancy.

     ♦ Face à l'Yonne, luxueux hôtel aux chambres raffinées. Pour se détendre : piscine, spa, bateau privé et boutique. La table de prestige propose une cuisine inventive à base d'excellents produits, dans un joli cadre ouvert sur les jardins. Superbe carte de grands crus.

🏠🏠 **Rive Gauche** 🐝   ≤ 🕭 🛋 🍽 🕮 ও ch, 🔠 rest, 📞 🏋 🅿 𝗩𝗜𝗦𝗔 🆎 🆎

     r. Port-au-Bois – ✆ *03 86 91 46 66 – contact @ hotel-le-rive-gauche.fr*

     – Fax 03 86 91 46 93   A **s**

     42 ch – †70/110 € ††70/110 €, ⌑ 9,50 € – ½ P 68 €

     Rest – *(fermé dim. soir de nov. à pâques)* Menu (16 € bc), 19 € (déj. en sem.), 28/35 € – Carte 34/49 €

     ♦ Bel emplacement sur la rive gauche de l'Yonne pour ces chambres spacieuses, fonctionnelles et assez claires. Agréable parc avec plan d'eau et hélisurface. La salle à manger-véranda et la terrasse sont toutes deux tournées vers la rivière.

à Épineau-les-Voves 7,5 km par ② – 665 h. – alt. 92 m – ⌧ 89400

🍴🍴 **L'Orée des Champs**   🚗 🌳 🔠 🅿 𝗩𝗜𝗦𝗔 🆎

     (D 606) – ✆ *03 86 91 20 39 – Fax 03 86 91 24 92 – Fermé 15-31 août, vacances de fév., jeudi soir, dim. soir, lundi soir, mardi soir et merc.*

     Rest – Menu (18 €), 23 € (sem.)/40 € – Carte 33/47 €

     ♦ Belle harmonie en rouge et ocre dans la plaisante salle à manger où l'on propose une cuisine traditionnelle. Agréable terrasse ombragée et jardin équipé de jeux pour enfants.

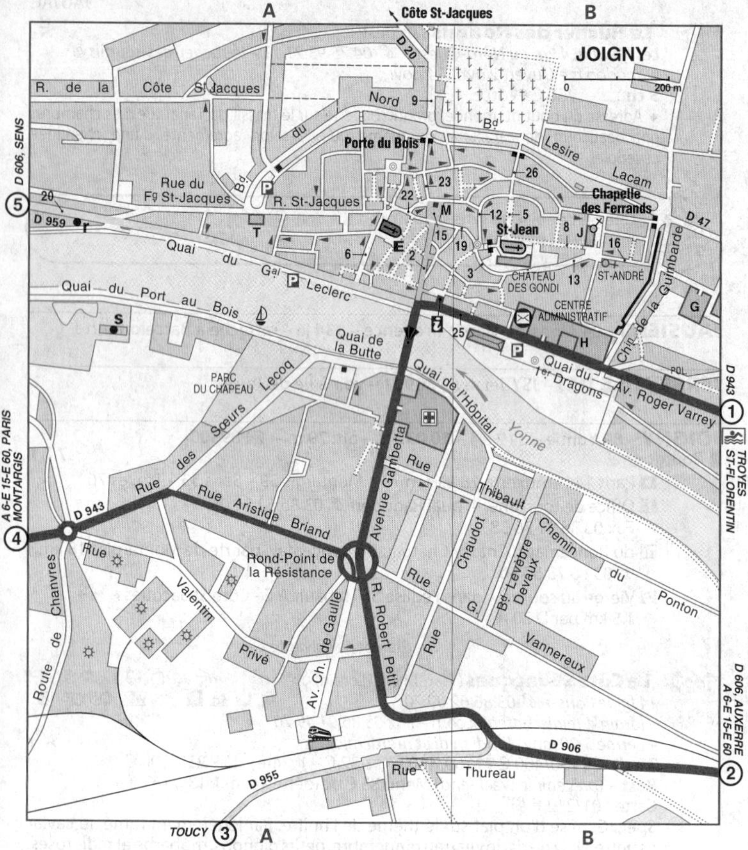

Cortel (R. Gabriel)	A 2	Fossés-St-Jean (R. des)	B 12	Paris (Faubourg de)	A 20
Couturat (R.)	B 3	Gambetta (Av.)	A	Pilori (Pl. du)	A 22
Dans le Château (R.)	B 5	Grenet (R. Dominique)	B 13	Porte du Bois (R. de la)	A 23
Étape (R. de l')	A 6	Joigny (Pl. Jean-de)	A 15	Ragobert (Quai Henri)	AB 25
Ferrand (R. Jacques)	B 8	Moines (R. des)	B 16	Tour Carrée (R. de la)	B 26
Forêt d'Othe (Av. de la)	A 9	Montant au Palais (R.)	B 19		

JOINVILLE – 52 Haute-Marne – 313 K3 – 4 380 h. – alt. 195 m – ✉ 52300

Champagne Ardenne 14 **C2**

- Paris 244 – Bar-le-Duc 54 – Bar-sur-Aube 47 – Chaumont 44 – St-Dizier 32
- Syndicat d'initiative, place Saunoise ✆ 03 25 94 17 90, Fax 03 25 94 68 93
- Château du Grand Jardin★.

Le Soleil d'Or

rest, VISA MC AE

9 r. des Capucins – ✆ 03 25 94 15 66 – info@hotellesoleildor.com – Fax 03 25 94 39 02 – Fermé 15-28 fév.

23 ch – †55/100 € ††65/130 €, ☕ 10 € – ½ P 75/90 € – **Rest** – *(fermé 18-31 août, 16-28 fév., dim. soir, mardi midi et lundi)* Menu 20 € (sem.)/50 € – Carte 48/62 €

◆ Dans le berceau de la famille de Guise, maison chaleureuse dont les origines remontent au 17e s. Chambres rénovées par étape ; sobre décor de bon goût dans les plus récentes. Restaurant néo-gothique alliant sculptures médiévales et tableaux contemporains.

JOINVILLE-LE-PONT – 94 Val-de-Marne – 312 D3 – 101 27 – **voir à Paris, Environs**

JONGIEUX – 73 Savoie – 333 H3 – 233 h. – alt. 300 m – ⊠ 73170   45 **C1**

◧ Paris 528 – Annecy 58 – Chambéry 25 – Lyon 103

X   **Auberge Les Morainières** (Michaël Arnoult)   ⪡ vignoble et Rhône,
rte de Marétel – ℰ 04 79 44 09 39   ⌖ 🅰🅲 🅿 𝐕𝐈𝐒𝐀 ⓴⓿
�ₓ   – lesmorainieres@wanadoo.fr – Fax 04 79 44 09 46 – Fermé 8-22 sept., 5-26 janv.,
dim. soir et lundi
Rest – Menu 26 € (déj. en sem.), 36/65 € – Carte 50/64 €
Spéc. Écrevisses du lac Léman, chantilly de carcasse et estragon (juin à sept.). Féra
pochée au marestel (août à oct.). Épaisse côte de veau fermier, jus de rôti, truffes
de Jongieux (déc. à mars). **Vins** Roussette de Marestel, Jongieux.
♦ Restaurant familial aménagé dans un ancien cellier perché sur un coteau planté de
vignes, face au Rhône. Deux salles à manger dont une sous voûtes de pierre. Menus du
terroir et appétissante cuisine du marché.

JONQUERETTES – 84 Vaucluse – 332 C10 – **rattaché à Châteauneuf-de-Gadagne**

JONS – 69 Rhône – 327 J5 – 1 094 h. – alt. 205 m – ⊠ 69330   43 **E1**

◧ Paris 476 – Lyon 28 – Meyzieu 10 – Montluel 8 – Pont-de-Chéruy 12

🏠   **Auberge de Jons** sans rest   ⪡ 🍸 🅾 🅰🅲 🏄 ⛱ 🅿 🅿 𝐕𝐈𝐒𝐀 ⓴⓿ 🅰🅴 ⓪
rte du Pont – ℰ 04 78 31 29 85 – hotel.de.jons@wanadoo.fr – Fax 04 72 02 48 24
– Fermé 4-19 août et 22 déc.-6 janv.
33 ch – ♦98/125 € ♦♦108/130 €, � 12 € – 3 suites
♦ Complexe hôtelier moderne ancré sur une rive du Rhône. Chambres actuelles et gaies,
deux duplex et huit chaleureux bungalows personnalisés (quelques cuisinettes). Belle
piscine.

JONZAC ⊛ – 17 Charente-Maritime – 324 H7 – 3 817 h. – alt. 40 m – **Stat. therm. :
début mars-début déc. – Casino –** ⊠ 17500 ▌ Poitou Vendée Charentes   38 **B3**

◧ Paris 512 – Bordeaux 84 – Angoulême 59 – Cognac 36 – Royan 60
– Saintes 44

🛈 Office de tourisme, 25, place du Château ℰ 05 46 48 49 29,
Fax 05 46 48 51 07

à Clam Nord : 6 km par D 142 – 283 h. – alt. 67 m – ⊠ 17500

🏠   **Le Vieux Logis**   ⪡ 🍴 🍸 & ch, 🅰🅲 rest, 🎾 ch, ⛱ ⛴ 🅿 𝐕𝐈𝐒𝐀 ⓴⓿ 🅰🅴
          – ℰ 05 46 70 20 13 – info@vieuxlogis.com – Fax 05 46 70 20 64
☺   **10 ch** – ♦54/66 € ♦♦54/66 €, � 8,50 € – ½ P 47/55 € – **Rest** – Menu 15 €
🍽   (sem.)/38 € – Carte 25/51 €
♦ Le maître des lieux, photographe, expose ses clichés dans cet établissement situé au
cœur du Jonzaçais. Chambres de plain-pied avec terrasse, actuelles et bien tenues. Cuisine
du terroir servie dans trois plaisantes salles à manger néo-rustiques.

JOUARRE – 77 Seine-et-Marne – 312 H2 – **rattaché à La Ferté-sous-Jouarre**

JOUCAS – 84 Vaucluse – 332 E10 – 317 h. – alt. 263 m – ⊠ 84220   42 **E1**

◧ Paris 716 – Apt 14 – Avignon 42 – Carpentras 32 – Cavaillon 22

🏠🏠   **Le Mas des Herbes Blanches** ⋟   ⪡ le Lubéron, 🖼 🍸 🍸 🎾 🅰🅲
rte Murs : 2,5 km – ℰ 04 90 05 79 79   ⛱ 🅿 🍴 𝐕𝐈𝐒𝐀 ⓴⓿ 🅰🅴 ⓪
☼   – reservation@herbesblanches.com – Fax 04 90 05 71 96 – Fermé 2 janv.-6 mars
19 ch – ♦149/350 € ♦♦149/350 €, � 23 € – 2 suites
Rest – (fermé mardi et merc. du 15 oct. au 16 avril) Menu 49 € (déj. en sem.),
55/105 € – Carte 97/122 €
Spéc. Pressé de foie gras de canard, fine gelée à l'arabica. Rouget de roche
et mosaïque de jambon cru. Pommes de ris de veau laquées, jus mixé d'anchois,
câpres et crème de chou fleur. **Vins** Côtes du Lubéron, Côtes du Ventoux.
♦ Ce superbe mas adossé au plateau de Vaucluse et dominant la plaine d'Apt abrite des
chambres personnalisées, avec balcon ou jardin privatif. Restaurant chic et terrasse offrant
un panorama inoubliable sur la montagne du Lubéron ; excellente cuisine au goût du jour.

Hostellerie Le Phébus (Xavier Mathieu) ⚜   ⪻ le Lubéron, 🚗 🍴
rte de Murs – 𝒞 04 90 05 78 83   🍽 ⅙ ch, Ⓜ ch, 📞 P *VISA* **MC** AE ⓪
– phebus@relaischateaux.com – Fax 04 90 05 73 61 – Ouvert 15 mars-15 oct.
16 ch – †245/300 € ††245/300 €, ⊃ 20 € – 8 suites – ½ P 185/205 €
Rest *Restaurant Xavier Mathieu* – (fermé mardi midi, merc. midi et jeudi midi)
Menu 60/110 € – Carte 86/125 €
Rest *Le Café de la Fontaine* – (ouvert juin-sept.) (déj. seult) Menu 45/65 €
– Carte 49/76 €
Spéc. Pied d'agneau truffé, brouillade aux truffes (printemps). Dos de loup
rôti à l'huile d'argan vanillée (printemps-été). Agneau confit à l'os, effiloché
puis roulé dans sa croûte (printemps-été). **Vins** Côtes du Ventoux, Côtes du
Lubéron.
♦ Belles chambres et suites provençales (minipiscine pour certaines) dans ce mas
en pierre entouré de garrigue. Repas inventif dans un cadre chic ou dehors, avec le
Lubéron en toile de fond. Au Café de la Fontaine, terrasse charmante et ambiance "bistrot
du Sud".

Le Mas du Loriot ⚜   ⪻ le Lubéron, 🍴 🕏 ⅙ ch, P̂ *VISA* **MC**
rte de Murs, 4 km – 𝒞 04 90 72 62 62 – mas.du.loriot@wanadoo.fr
– Fax 04 90 72 62 54 – Ouvert 15 mars-15 nov.
8 ch – †52/130 € ††52/130 €, ⊃ 12 € – ½ P 77/102 € – **Rest** – (fermé mardi,
jeudi, sam. et dim.) (dîner seult) Menu 30 €
♦ Maison de famille perdue dans la garrigue, avec le Lubéron pour toile de fond. Petites
chambres actuelles, en rez-de-jardin. Agréable piscine que la lavande parfume.

JOUÉ-LÈS-TOURS – 37 Indre-et-Loire – 317 M4 – rattaché à Tours

---

JOUGNE – 25 Doubs – 321 I6 – 1 198 h. – alt. 1 001 m – Sports d'hiver : à Métabief
880/1 450 m ⅖22 ⋨ – ⊠ 25370 ▊ Franche-Comté Jura   17 **C3**
▶ Paris 464 – Besançon 79 – Champagnole 50 – Lausanne 48 – Morez 49
– Pontarlier 20

La Couronne ⚜   🚗 🍴 ⅙ 🕏 📞 *VISA* **MC**
6 r. de l'Église – 𝒞 03 81 49 10 50 – lacouronnejougne@wanadoo.fr
– Fax 03 81 49 19 77 – Fermé nov., dim. soir et lundi soir sauf saison et vacances
scolaires
10 ch – †48 € ††62/64 €, ⊃ 6,50 € – ½ P 54/62 € – **Rest** – Menu 18 €
(sem.)/46 € – Carte 34/55 €
♦ Quasiment entièrement rénovée, cette belle maison du 18e s., proche de l'église, propose
des chambres confortables, dont certaines avec vue sur les monts du Jura. Cadre chaleureux au restaurant et généreuse cuisine régionale.

JOUILLAT – 23 Creuse – 402 h. – alt. 396 m – ⊠ 23220   25 **C1**
▶ Paris 345 – Limoges 102 – Guéret 14 – La Souterraine 49 – La Châtre 42

La Maison Verte ⚜   🚗 🍴 🕏 ⅙ 🕏 P̂
2 Lombarteix, 2 km au Nord par D 940 et rte secondaire – 𝒞 05 55 51 93 34
– info@lamaisonvertecreuse.com
4 ch ⊃ – †50 € ††70 € – **Table d'hôte** – Menu 20 € bc
♦ Ferme du 19e s. parfaitement préservée, située au grand calme, avec un jardin-potager
et une piscine d'été. Grandes chambres à la décoration soignée et de bon goût. La patronne
prépare pour ses hôtes une cuisine traditionnelle servie dans un cadre rustique
actualisé.

JOYEUSE – 07 Ardèche – 331 H7 – 1 483 h. – alt. 180 m – ⊠ 07260
▊ Lyon et la vallée du Rhône   44 **A3**
▶ Paris 650 – Alès 54 – Mende 97 – Privas 55
🄸 Office de tourisme, montée de la Chastellane 𝒞 04 75 89 80 92,
Fax 04 75 89 80 95
◙ Corniche du Vivarais Cévenol★★ O.

Les Cèdres ⌂   🚗 🖼 🛗 ⚬ ch, 🅺 ch, 🕻 ⚔ 🅿 🅿 📇 ⓪ 🅰🅴

– 𝒞 04 75 39 40 60 – hotelcedres@wanadoo.fr – Fax 04 75 39 90 16 – Ouvert
15 avril-15 oct.

44 ch – ❙52 € ❙❙61 €, ⊡ 7,50 € – ½ P 58 € – **Rest** – Menu 15/30 € – Carte 20/38 €
 ◆ Cet hôtel occupe une ex-usine textile du bord de la Beaume. Petites chambres bien
tenues. Tir à l'arc, canoë, piscine chauffée couverte/découverte, soirées à thème. Au restaurant, cuisine traditionnelle servie dans une salle à manger mi-rustique mi-provençale.

JUAN-LES-PINS – 06 Alpes-Maritimes – 341 D6 – alt. 2 m – Casino : Eden Beach
FZ – ⊠ 06160 ▯ Côte d'Azur   42 **E2**

▶ Paris 910 – Aix-en-Provence 161 – Cannes 10 – Nice 22

🄸 Office de tourisme, 51, boulevard Guillaumont 𝒞 04 92 90 53 05,
Fax 04 93 61 55 13

🄶 Massif de l'Esterel★★★ - Massif de Tanneron★.

JUAN-LES-PINS

Accès et sorties : voir à Antibes

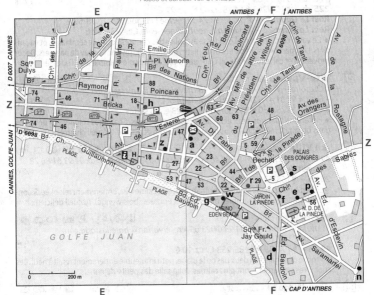

🏨🏨🏨 **Juana** ⚘   🏊 ⏳ 🛗 🅺 ⚘ rest, 🕻 ⚔ 🅿 📇 ⓪ 🅰🅴 ⓪

la Pinède, av. G. Gallice – 𝒞 04 93 61 08 70 – reservation@hotel-juana.com
– Fax 04 93 61 76 60 – Fermé 26 oct.-26 déc.   **FZ f**

37 ch – ❙220/665 € ❙❙220/665 €, ⊡ 23 € – 3 suites – **Rest** – (dîner seult) Carte
49/75 €

 ◆ Luxueux hôtel des années 1930 où l'on cultive l'art de recevoir. Élégantes chambres
d'esprit Art déco, pourvues d'équipements haut de gamme. Belle piscine. Restaurant
"fashionable" et terrasse-jardin face à la pinède. Dîner en musique le week-end
(avril-oct.).

Belles Rives ⋘ mer et massif de l'Estérel, ☆ 🏛 ⌂ 🅰 ↳ 🎾 rest, 📞

33 bd E. Baudoin – 𝒞 *04 93 61 02 79 – info @*
brj-hotels.com – Fax 04 93 67 43 51 – Fermé 2 janv.-3 fév. 🏨 𝗩𝗜𝗦𝗔 ⓿ 🅰 ⓪ FZ **d**
38 ch – †145/740 € ††145/740 €, ⌾ 25 € – 5 suites
Rest *La Passagère* – *(fermé lundi et mardi hors saison) (dîner seult d'avril à oct.)*
Menu 45 € (déj. en sem.), 70/95 € – Carte 78/107 €
Rest *Plage Belles Rives* – *(ouvert d'avril à oct.) (déj. seult)* Carte 50/87 €
◆ Témoin de l'époque où Scott Fitzgerald vécut ici, l'authentique intérieur Art déco superbement modernisé. Le luxe... les pieds dans l'eau ! Beau décor 1930 façon "paquebot" et fine cuisine actuelle au restaurant La Passagère. Tables dressées face à la mer à la Plage Belles Rives.

Méridien Garden Beach ⋘ ☆ 🏛 🖥 🅛♬ 🖩 & ch, 🅰 ↳ 🎾 📞 🏨

15 bd E. Baudoin – 𝒞 *04 92 93 57 57* 🚬 𝗩𝗜𝗦𝗔 ⓿ 🅰 ⓪
– contact.juanlespins @ lemeridien.com – Fax 04 92 93 57 58 – Fermé 7-28 déc.
175 ch – †110/320 € ††110/320 €, ⌾ 30 € – 17 suites
Rest *Brasserie de la Plage* – Carte 40/75 € FZ **w**
◆ Cet immeuble "verre et béton" ouvert sur les flots jouxte le casino. Préférez les grandes chambres joliment rénovées et profitez des équipements sportifs. Cuisine ensoleillée, salades et grillades vous attendent à la Brasserie de la Plage.

Ambassadeur 🖩 🖥 🅛♬ 🖥 & 🅰 ↳ 📞 ☆ 🚬 𝗩𝗜𝗦𝗔 ⓿ 🅰 ⓪

50 chemin des Sables – 𝒞 *04 92 93 74 10 – manager @ hotel-ambassadeur.com*
– Fax 04 93 67 79 85 – Fermé déc. FZ **s**
225 ch – †150/207 € ††180/242 €, ⌾ 22 €
Rest *Le Gauguin* – 𝒞 *04 92 93 74 52 (fermé juil.-août)* Carte 38/52 €
Rest *La Terrasse* – *(ouvert juil.-août) (dîner seult)* Carte 38/52 €
◆ Ce vaste complexe hôtelier adossé au palais des congrès accueille séminaires et vacanciers. Les chambres sont parées de couleurs du Sud. Belle piscine bordée de palmiers. Décor provençal et carte régionale au Gauguin. L'été, restauration simple à La Terrasse.

Ste-Valérie sans rest ⌘ 🚗 🖩 🖥 🅰 🎾 📞 🅿 𝗩𝗜𝗦𝗔 ⓿ 🅰

r. Oratoire – 𝒞 *04 93 61 07 15 – saintevalerie @ juanlespins.net*
– Fax 04 93 61 47 52 – Ouvert 29 avril-14 oct. FZ **p**
24 ch – †175/230 € ††265/400 €, ⌾ 23 € – 6 suites
◆ Hôtel blotti dans un petit écrin de verdure et de fleurs. Chambres soignées et décorées dans un esprit méridional, plus calmes côté jardin et piscine. Accueil charmant.

La Villa sans rest ⌘ 🚗 🖥 🅰 ↳ 📞 🖥 🅿 𝗩𝗜𝗦𝗔 ⓿ 🅰 ⓪

av. Saramartel – 𝒞 *04 92 93 48 00 – resa @ hotel-la-villa.fr – Fax 04 93 61 86 78*
– Ouvert de mars à fin nov. FZ **n**
26 ch – †165/325 € ††165/325 €, ⌾ 17 €
◆ Le jardin et la piscine ajoutent du charme à cette calme villa, entièrement relookée. Salon-bar d'esprit colonial, chambres modernes et épurées (bois wengé). Accueil délicieux.

Astoria sans rest 🖥 🅰 ↳ 📞 🅿 𝗩𝗜𝗦𝗔 ⓿ 🅰 ⓪

15 av. Mar. Joffre – 𝒞 *04 93 61 23 65 – reservation @ hotellastoria.com*
– Fax 04 93 67 10 40 FZ **a**
49 ch – †79/139 € ††85/253 €, ⌾ 10 €
◆ Proche de la gare et à deux pas de la plage, petit immeuble entièrement refait à neuf. Les chambres sur l'arrière sont plus calmes. Jolie salle des petits-déjeuners.

Des Mimosas sans rest 🎐 🚗 🅰 🎾 📞 🅿 𝗩𝗜𝗦𝗔 ⓿ 🅰

r. Pauline – 𝒞 *04 93 61 04 16 – hotel.mimosas @ wanadoo.fr – Fax 04 92 93 06 46*
– Ouvert 23 avril- 30 sept. EZ **q**
34 ch – †95 € ††140 €, ⌾ 10 €
◆ La façade immaculée de cet hôtel se dresse au cœur d'un parc planté de palmiers. Chambres rafraîchies ; préférez celles en rez-de-jardin ou avec balcon tourné vers la piscine.

Juan Beach 🏛 🚗 & ch, 🅰 𝗩𝗜𝗦𝗔 ⓿ 🅰

5 r. Oratoire – 𝒞 *04 93 61 02 89 – info @ hoteljuanbeach.com – Fax 04 93 61 16 63*
– Ouvert 5 avril-18 oct. FZ **e**
24 ch – †77/143 € ††93/165 €, ⌾ 9 € – 2 suites – **Rest** – *(déj. seult) (résidents seult)* Menu (13 €) – Carte 18/35 €
◆ Un accueil chaleureux vous attend dans cette villa blanche et bleue totalement rénovée. Chambres dans l'esprit provençal, bar-salon au décor marin ouvert sur la piscine.

Eden Hôtel sans rest   AC ⚙ 📞 🚗 VISA 🟦
16 av. L. Gallet – ℰ *04 93 61 05 20 – edenhoteljuan @ wanadoo.fr*
– Fax 04 92 93 05 31 – Ouvert de mars à oct.   EZ **z**
17 ch – ♥51/65 € ♥♥62/88 €, � 6 €
♦ Atouts majeurs de cet édifice 1930 : petit-déjeuner en terrasse, proximité de la plage et ambiance conviviale. Chambres simples ; certaines offrent une échappée sur la mer.

Bijou Plage   ≤ îles de Lérins, ⚓ 🍽 AC 🛋 VISA 🟦 AE
bd du Littoral – ℰ *04 93 61 39 07*
– bijou.plage@free.fr – Fax 04 93 67 81 78   *voir plan d'Antibes* AU **d**
Rest – Menu 21 € (déj. en sem.)/49 € – Carte 53/70 €
♦ Restaurant de plage au nouveau décor lounge et feutré (tons beige, grand aquarium) agrandi d'une véranda. Délicieuse terrasse sur le sable ; produits de la Méditerranée.

L'Amiral   AC VISA 🟦 AE
7 av. Amiral Courbet – ℰ *04 93 67 34 61 – restaurant.amiral @ wanadoo.fr*
– Fermé 4-14 avril, 30 juin-15 juil., 1er-31 déc., mardi sauf le soir de mai à sept., dim. soir d'oct. à avril et lundi   EZ **h**
Rest – Menu 25/35 € – Carte 34/54 €
♦ Ce sympathique restaurant familial propose une cuisine traditionnelle et des recettes de la mer. Salle à manger intime, agrémentée de tableaux.

Le Perroquet   🍽 AC VISA 🟦
La Pinède, av. G. Gallice – ℰ *04 93 61 02 20 – Fax 04 93 61 02 20 – Fermé 31 oct.-26 déc. et le midi en juil.-août*   FZ **r**
Rest – Menu 30/34 € – Carte 36/80 €
♦ Restaurant ouvert sur l'animation de la pinède. Bibelots, cafetières, moulins à café et fleurs égayent la plaisante salle à manger provençale. Cuisine traditionnelle.

Le Paradis   ≤ 🍽 🔥 AC VISA 🟦 AE
13 bd Beaudouin – ℰ *04 93 61 22 30 – resto.paradis @ voila.fr – Fax 04 93 67 46 60*
– Fermé nov., dim. soir et lundi du 1er nov. au 1er mars   FZ **g**
Rest – Menu 33 € (déj. en sem.), 38/48 € – Carte 45/93 €
♦ Salle design à touches ethniques, belle vue sur mer et appétissante carte au goût du jour dans cette adresse accessible par un passage sous un immeuble voisin du casino.

JULIÉNAS – 69 Rhône – **327** H2 – 792 h. – alt. 276 m – ✉ 69840
📖 Lyon et la vallée du Rhône   43 **E1**

🄳 Paris 403 – Bourg-en-Bresse 51 – Lyon 63 – Mâcon 15
   – Villefranche-sur-Saône 32

Les Vignes sans rest 🌿   🚗 🎾 🔥 📞 P VISA 🟦 AE
à 0,5 km rte St-Amour – ℰ *04 74 04 43 70 – contact @ hoteldesvignes.com*
– Fax 04 74 04 41 95 – Fermé 20 déc.-5 janv.
22 ch – ♥51/71 € ♥♥56/71 €, ⊇ 9 €
♦ À flanc de coteau, entouré de vignes, hôtel aux chambres proprettes bénéficiant d'une bonne isolation phonique. Assortiment de charcuteries beaujolaises au p'tit-déj' !

Chez la Rose avec ch   🍽 ✄ VISA 🟦 AE ①
pl. du Marché – ℰ *04 74 04 41 20 – info @ chez-la-rose.fr – Fax 04 74 04 49 29*
– Ouvert 9 mars-9 déc.
8 ch – ♥46/65 € ♥♥46/65 €, ⊇ 10 € – 5 suites – ½ P 60/96 €
Rest – *(fermé mardi midi, jeudi midi, vend. midi et lundi sauf fériés)* Menu 28/51 € – Carte 40/60 €
♦ Repas traditionnel dans une salle agreste ou sur la terrasse fleurie. Chambres à géométrie variable, dotées de meubles anciens ou rustiques. Espace petits-déjeuners moderne.

Le Coq à Juliénas   🍽 VISA 🟦 AE
pl. du Marché – ℰ *04 74 04 41 98 – reservation @ leondelyon.com*
– Fax 04 74 04 41 44 – Fermé 15 déc.-17 janv., dim. soir, mardi soir et merc.
Rest – Menu 23 €
♦ Volets bleu lavande, intérieur résolument rétro égayé de bibelots à la gloire du coq et de fresques bachiques, terrasse très prisée l'été : un coquet "bistrot de chef".

JULLIÉ – 69 Rhône – 327 H2 – 384 h. – alt. 370 m – ⊠ 69840 43 E1
▶ Paris 415 – Bourg-en-Bresse 55 – Lyon 67 – Mâcon 20

⌂ **Domaine de la Chapelle de Vâtre** sans rest ॐ
≤ Juliénas et plaine de la Saône, 🖼 ॐ ५⁄ ५ 🅿 *VISA* 🐠
Le Bourbon, 2 km au Sud par D 68 – 🕿 *04 74 04 43 57*
– vatre@wanadoo.fr – Fax 04 74 04 40 27
4 ch ⊐ – †60/80 € ††70/130 €
◆ Ce domaine viticole perché au sommet d'une colline jouit d'un panorama exceptionnel sur la plaine de la Saône. Ses chambres sont superbement décorées dans un esprit contemporain.

JUMIÈGES – 76 Seine-Maritime – 304 E5 – 1 714 h. – alt. 25 m – ⊠ 76480
▐ Normandie Vallée de la Seine 33 C2
▶ Paris 160 – Caudebec-en-Caux 16 – Rouen 28
🔢 Office de tourisme, rue Guillaume le Conquérant 🕿 02 35 37 28 97, Fax 02 35 37 07 07
◉ Ruines de l'abbaye ★★★.

🏨 **Le Clos des Fontaines** sans rest ॐ 🖼 ॐ ५ ५ 🅿 *VISA* 🐠 🆎
191 r. des Fontaines – 🕿 *02 35 33 96 96 – hotel@leclosdesfontaines.com*
– Fax 02 35 33 96 97
18 ch – †90/190 € ††90/190 €, ⊐ 16 €
◆ Adossée aux vestiges de l'abbaye, récente demeure à l'architecture régionale. Chambres au cadre personnalisé, salon cosy. Jolie piscine et jardin reposant.

🍴🍴 **L' Auberge des Ruines** 🍴 ᵫ *VISA* 🐠 🆎
17 pl. de la Mairie – 🕿 *02 35 37 24 05 – loic.henry9@wanadoo.fr*
– Fermé 20 août-3 sept., 20 déc.-7 janv., 21 fév.-1er mars, lundi soir et jeudi soir du 1er nov. au 28 fév., dim. soir, mardi et merc.
Rest – Menu 35/70 € – Carte 64/70 €
◆ Plaisante table au goût du jour voisinant avec les ruines de l'abbaye. Terrasse et véranda devancent la salle principale au décor actualisé en préservant des éléments anciens.

JUNGHOLTZ – 68 Haut-Rhin – 315 H9 – 658 h. – alt. 332 m – ⊠ 68500 1 A3
▶ Paris 475 – Mulhouse 23 – Belfort 62 – Colmar 32 – Guebwiller 6

🏨 **Les Violettes** sans rest ॐ ≤ 🖼 🕮 ᵫ⃒ �& 🕮 rest, ५⁄ ५
à l'Ouest : 1 km – 🕿 *03 89 76 91 19* ᵫ *VISA* 🐠 🆎 🅞
– reservation@lesviolettes.com – Fax 03 89 74 29 12
22 ch – †150/300 € ††150/300 €, ⊐ 11 € – 3 suites
◆ Près de la basilique de Thierenbach, ancienne maison de chasse aux superbes chambres et suites authentiquement alsaciennes. Hébergement douillet, moins cossu à la Gentilhommière.

JURANÇON – 64 Pyrénées-Atlantiques – 342 J5 – rattaché à Pau

JUVIGNAC – 34 Hérault – 339 H7 – rattaché à Montpellier

JUVIGNY-SOUS-ANDAINE – 61 Orne – 310 F3 – 1 055 h. – alt. 200 m – ⊠ 61140
32 B3
▶ Paris 239 – Alençon 51 – Argentan 47 – Domfront 12 – Mayenne 33

🍴🍴 **Au Bon Accueil** avec ch 🕮 rest, ५ ᵫ *VISA* 🐠
🕾 *–* 🕿 *02 33 38 10 04 – hotel.aubonaccueil@wanadoo.fr – Fax 02 33 37 44 92*
– Fermé 15 fév.-15 mars, dim. soir et lundi
🍽 **8 ch** – †52 € ††52/67 €, ⊐ 9 € – ½ P 57 € – **Rest** – Menu 14,50 € (déj. en sem.), 18/42 € – Carte 37/50 €
◆ Au centre du pittoresque village, maison accueillante servant une cuisine généreuse. L'une des deux salles à manger s'agrémente d'une verrière et d'un petit jardin d'hiver.

JUZET-DE-LUCHON – 31 Haute-Garonne – **343** B8 – rattaché à
Bagnères-de-Luchon

KATZENTHAL – 68 Haut-Rhin – **315** H8 – 497 h. – alt. 280 m – ✉ 68230   2 **C2**

🚹 Paris 445 – Colmar 8 – Gérardmer 53 – Munster 18 – St-Dié 48

※※   **À l'Agneau** avec ch   🛜 **P** 𝘝𝘐𝘚𝘈 ⓂⓄ 𝖠𝖤
16 Grand'Rue – 𝒞 03 89 80 90 25 – contact@agneau-katzenthal.com
– Fax 03 89 27 59 58 – Fermé 30 juin-11 juil., 12-20 nov., 12-29 janv.,
23 fév.-12 mars
12 ch – ♦43/55 € ♦♦43/55 €, ☲ 9,50 € – 1 suite – ½ P 49/60 €
Rest – (fermé jeudi sauf le soir de juil. à sept. et merc.) Menu 19 € (sem.)/50 €
– Carte 27/47 €
♦ Attenante à l'exploitation viticole familiale, maison abritant deux coquettes salles à
manger typiquement alsaciennes. Cuisine régionale et du marché, vins de la propriété.

KAYSERSBERG – 68 Haut-Rhin – **315** H8 – 2 676 h. – alt. 242 m – ✉ 68240
▮ Alsace Lorraine   2 **C2**

🚹 Paris 438 – Colmar 12 – Gérardmer 46 – Guebwiller 35 – Munster 22
– St-Dié 41 – Sélestat 24

🅩 Office de tourisme, 39, rue du Gal-de-Gaulle 𝒞 03 89 78 22 78,
Fax 03 89 78 27 44

◉ Église Ste-Croix ★ : retable★★ - Hôtel de ville★ - Vieilles maisons★ - Pont
fortifié★ - Maison Brief★.

🏠   **Chambard** (Olivier Nasti) ⬙   🛜 ▮ঌ ch, ↩⇙ **P** 𝘝𝘐𝘚𝘈 ⓂⓄ 𝖠𝖤
✿   r. Gén.-de-Gaulle – 𝒞 03 89 47 10 17 – info@lechambard.fr – Fax 03 89 47 35 03
20 ch – ♦104 € ♦♦122/225 €, ☲ 21 € – 3 suites – ½ P 127/156 €
Rest – (fermé 5 janv.-9 fév., mardi midi, merc. midi et lundi) Menu 30 € (déj. en
sem.), 48/78 € – Carte 68/83 € 🐃
Rest Winstub – Menu (17 €), 24 € – Carte 29/44 €
Spéc. Escargots à l'alsacienne façon "nouvelle mode". Bar de ligne et homard en
carcasse. Carré d'agneau du Limousin aux gnocchi à la truffe. **Vins** Riesling, Pinot
gris.
♦ Cette grande hôtellerie postée à l'entrée de la ville propose, en plus de ses confortables
chambres, trois superbes suites contemporaines. Élégant restaurant, agréable terrasse,
belle carte des vins et goûteux plats inventifs. Cadre alsacien à la Winstub.

🏠   **Les Remparts** sans rest   ঌ ☏ ⚘ **P** 🚗 𝘝𝘐𝘚𝘈 ⓂⓄ 𝖠𝖤
4 r. Flieh – 𝒞 03 89 47 12 12 – hotel@lesremparts.com – Fax 03 89 47 37 24
28 ch – ♦54/69 € ♦♦69/79 €, ☲ 8 €
♦ L'hôtel se trouve dans un quartier résidentiel calme, aux portes de la cité. Chambres
pratiques dotées d'amples terrasses joliment fleuries à la belle saison.

   Les Terrasses 🏠 sans rest   ▮ ☏ **P** 🚗 𝘝𝘐𝘚𝘈 ⓂⓄ 𝖠𝖤
15 ch – ♦54/69 € ♦♦69/86 €, ☲ 8 €
♦ Architecture néo-alsacienne, quiétude et confort des chambres caractérisent l'annexe
de l'hôtel des Remparts où se trouve l'accueil, commun aux deux hébergements.

🏠   **Constantin** sans rest   ▮ ⚘ 🚗 𝘝𝘐𝘚𝘈 ⓂⓄ 𝖠𝖤
⌸   10 r. Père Kohlman – 𝒞 03 89 47 19 90 – reservation@hotel-constantin.com
– Fax 03 89 47 37 82
20 ch – ♦50/55 € ♦♦62/72 €, ☲ 7,50 €
♦ Vieille maison de vigneron abritant des chambres confortables, parfois agrandies d'une
mezzanine. Salle des petits-déjeuners sous verrière ornée d'un beau poêle en faïence.

🏠   **À l'Arbre Vert**   🛜 𝘝𝘐𝘚𝘈 ⓂⓄ 𝖠𝖤
😊   1 r. Haute du Rempart – 𝒞 03 89 47 11 51 – arbrevertbellepromenade@
wanadoo.fr – Fax 03 89 78 13 40 – Fermé 8 janv.-12 fév.
19 ch – ♦59/61 € ♦♦65/75 €, ☲ 9 € – ½ P 70 € – **Rest** – (fermé lundi)
Menu 23/35 € – Carte 24/52 €
♦ Cette bâtisse de style régional située face au musée du Docteur Schweitzer dispose d'une
avenante façade égayée de fleurs. Chambres rustiques. Salles à manger habillées de
chaleureuses boiseries où l'on sert des recettes alsaciennes soignées.

La Vieille Forge   🗚🗚 VISA ⓌⒸ

1 r. des Écoles – ℰ *03 89 47 17 51 – Fax 03 89 78 13 53 – Fermé 27 juin-11 juil.,
4-21 janv., merc. et jeudi*
Rest – Menu 20/33 € – Carte 30/42 €
♦ La jolie façade à colombages du 16ᵉ s. invite à s'attabler dans ce restaurant familial
proposant une carte régionale assortie de suggestions de saison.

Au Lion d'Or   🗚 VISA ⓌⒸ 🗚

66 r. Gén. de Gaulle – ℰ *03 89 47 11 16 – auliond.or@wanadoo.fr
– Fax 03 89 47 19 02 – Fermé 3-10 juil., 26 janv.-12 mars, mardi sauf le midi de
mai à oct. et merc.*
Rest – Menu 16/38 € – Carte 21/56 €
♦ Belle maison de 1521 tenue par la même famille depuis 1764 ! Salles à manger d'époque
(dont une ornée d'une monumentale cheminée) pouvant accueillir jusqu'à 180 convives.

à Kientzheim Est : 3 km par D 28 – 827 h. – alt. 225 m – ⊠ 68240

👁 Pierres tombales ⋆ dans l'église.

L'Abbaye d'Alspach sans rest 🦢   🛏 ⌖ 🗚 🗚 P VISA ⓌⒸ 🗚 ⓞ

2 r. Foch – ℰ *03 89 47 16 00 – hotel@abbayealspach.com – Fax 03 89 78 29 73
– Fermé 7 janv.-15 mars*
28 ch – ⴕ65/81 € ⴕⴕ71/109 €, ⌸ 10,50 € – 5 suites
♦ Parmi les atouts de cet hôtel occupant les dépendances d'un couvent du 11ᵉ s. : cinq
superbes suites, une jolie cour et un bon petit-déjeuner (kougelhopf et confitures maison).

Hostellerie Schwendi 🦢   🗚 🗚 P VISA ⓌⒸ 🗚 ⓞ

2 pl. Schwendi – ℰ *03 89 47 30 50 – hotel@schwendi.fr – Fax 03 89 49 04 49
– Fermé 5 janv.-1ᵉʳ mars*
29 ch – ⴕ66 € ⴕⴕ78/102 €, ⌸ 11 € – ½ P 77/89 € – **Rest** – *(fermé
24 déc.-10 mars, jeudi midi et merc.)* Menu 22/59 € – Carte 29/58 € 🕸
♦ Belle façade à pans de bois dressée sur une placette pavée. Intérieur mi-rustique,
mi-bourgeois. Coquettes chambres personnalisées, encore plus confortables à l'annexe.
Carte régionale et vins de la propriété à déguster l'été en terrasse, face à une fontaine.

KEMBS-LOÉCHLÉ – 68 Haut-Rhin – 315 J11 – alt. 245 m – ⊠ 68680   1 **B3**

🚪 Paris 493 – Altkirch 26 – Basel 16 – Belfort 70 – Colmar 60 – Mulhouse 25

Les Écluses   🗚 P VISA ⓌⒸ

8 r. Rosenau – ℰ *03 89 48 37 77 – restaurantlesecluses@orange.fr
– Fax 03 89 48 49 31 – Fermé vacances de la Toussaint, de fév., merc. soir d'oct.
à avril, dim. soir et lundi*
Rest – Menu 16/40 € – Carte 27/44 €
♦ À proximité du canal de Huningue et de la Petite Camargue alsacienne, ce restaurant
propose des spécialités de poissons dans une salle à manger au décor contemporain.

KIENTZHEIM – 68 Haut-Rhin – 315 H8 – rattaché à Kaysersberg

KILSTETT – 67 Bas-Rhin – 315 L4 – 1 923 h. – alt. 130 m – ⊠ 67840   1 **B1**

🚪 Paris 489 – Haguenau 23 – Saverne 51 – Strasbourg 14 – Wissembourg 60

Oberlé   🗚 ⌖ 🗚 P VISA ⓌⒸ 🗚

11 rte Nationale – ℰ *03 88 96 21 17 – hroberle@wanadoo.fr – Fax 03 88 96 62 29
– Fermé 18-31 août et 23 fév.-7 mars*
30 ch – ⴕ40 € ⴕⴕ51/60 €, ⌸ 6 € – ½ P 39/43 € – **Rest** – *(fermé vend. midi et
jeudi)* Menu 10 € (déj. en sem.), 22/37 € – Carte 21/45 €
♦ Cet établissement familial propose plusieurs types de chambres (rénovation récente)
dans l'ensemble assez confortables, actuelles et très bien insonorisées. Au restaurant, décor d'esprit rustique, atmosphère conviviale et cuisine aux couleurs régionales.

Au Cheval Noir   🗚 🗚 🗚 P VISA ⓌⒸ

1 r. du Sous-Lieutenant-Maussire – ℰ *03 88 96 22 01 – Fax 03 88 96 61 30
– Fermé 16 juil.-10 août, 10-25 janv., lundi et mardi*
Rest – Menu 14 € (sem.), 25/48 € – Carte 42 €
♦ Belle maison à colombages du 18ᵉ s., dans la même famille depuis cinq générations.
Intérieur chaleureux et rénové avec soin (thème de la chasse), cuisine bourgoise raffinée.

KOENIGSMACKER – 57 Moselle – 307 I2 – 1 893 h. – alt. 150 m – ⊠ 57970

    ◘ Paris 349 – Luxembourg 50 – Metz 39 – Völklingen 69   26 **B1**

    ⬢ Syndicat d'initiative, 1, square du Père Scheil 🕾 03 82 83 75 54,
    Fax 03 82 83 75 54

⌂   **Moulin de Méwinckel** sans rest ⊱   ⅋ ↵ ⅌ **P** _VISA_ **⦿❺**
    – 🕾 03 82 55 03 28
    5 ch ⊈ – 🛇47/60 € 🛇🛇55/70 €
    ♦ Chambres calmes et fringantes aménagées dans l'ex-étable d'une ferme-moulin perpé-
    tuant ses activités agricoles. Accueil spontané et cadre bucolique. La roue à aubes tourne
    encore.

LE KREMLIN-BICÊTRE – 94 Val-de-Marne – 312 D3 – 101 26 – **voir à Paris,
Environs**

KRUTH – 68 Haut-Rhin – 315 F9 – 1 010 h. – alt. 498 m – ⊠ 68820 🗍 Alsace Lorraine

    ◘ Paris 453 – Colmar 63 – Épinal 68 – Gérardmer 31 – Mulhouse 40 – Thann 20
    – Le Thillot 29   1 **A3**

    ▣ Cascade St-Nicolas ★ SO : 3 km par D 13b¹ - Musée du textile et des costumes
    de Haute-Alsace à Husseren-Wesserling SE : 6 km.

au Frenz Ouest : 5 km par D 13bis – ⊠ 68820 Kruth – 1 010 h. – alt. 498 m

⌂   **Les Quatre Saisons** ⊱   ≼ Massif des Vosges, 🚗 ☏ **P** _VISA_ **⦿❺** **AE**
    r. Frentz – 🕾 03 89 82 28 61 – hotel4saisons@wanadoo.fr – Fax 03 89 82 21 42
    – Fermé 1ᵉʳ-6 avril
    10 ch – 🛇45/65 € 🛇🛇45/65 €, ⊈ 8 € – ½ P 44/53 € – **Rest** – (mardi et merc.)
    Menu 18/36 € – Carte 26/41 €
    ♦ Attaché à ses racines montagnardes, ce chalet familial s'est joliment modernisé. Cham-
    bres douillettes et salon de lecture cosy. Petit-déjeuner maison. Cuisine régionale actua-
    lisée et choix de vins judicieux. Belle salle à manger avec vue sur les Vosges.

LABAROCHE – 68 Haut-Rhin – 315 H8 – 1 985 h. – alt. 750 m – ⊠ 68910   2 **C2**

    ◘ Paris 441 – Colmar 17 – Gérardmer 49 – Munster 25 – St-Dié 44

    ⬢ Office de tourisme, 2, impasse Prés. Poincaré 🕾 03 89 49 80 56,
    Fax 03 89 49 80 68

⌂   **La Rochette**   🚗 🎢 **P** _VISA_ **⦿❺**
    500 lieu-dit La Rochette – 🕾 03 89 49 80 40 – hotel.la.rochette@wanadoo.fr
🍽   – Fax 03 89 78 94 82 – Fermé 12-23 nov. et 20 fév.-15 mars
🥘   **7 ch** – 🛇52/55 € 🛇🛇55/65 €, ⊈ 9 € – ½ P 60/65 € – **Rest** – (fermé lundi soir et
    mardi) Menu 18/48 € – Carte 32/47 €
    ♦ À l'heure de l'apéritif, vous pourrez profiter du beau jardin verdoyant qui sert d'écrin à
    cette maison familiale. Chambres assez coquettes, claires et bien insonorisées. Jolie salle à
    manger colorée à dominantes jaune et verte ; carte dans la note régionale.

XX   **Blanche Neige**   ≼ 🎢 ⅋ **P** _VISA_ **⦿❺** **AE**
    692 Les Evaux, 6 km Sud-Est par D11 I et rte secondaire – 🕾 03 89 78 94 71 – info@
    auberge-blanche-neige.fr – Fermé jeudi midi, mardi et merc.
    Rest – Menu 25 € (déj. en sem.), 39/100 € bc – Carte 52/64 €
    ♦ À 700 m d'altitude, charmante auberge avec vue sur les Vosges. L'intérieur, savant
    équilibre de contemporain et d'ancien, est très réussi. Belle terrasse et cuisine créative.

LABARTHE-SUR-LÈZE – 31 Haute-Garonne – 343 G4 – 4 632 h. – alt. 162 m –
⊠ 31860   28 **B2**

    ◘ Paris 694 – Auch 91 – Pamiers 45 – St-Gaudens 81 – Toulouse 21

    ▥ de Toulouse à VieillevigneN : 10 km par D 4, 🕾 05 61 73 45 48.

XX   **Le Poêlon**   🎢 ⇔ _VISA_ **⦿❺** **AE**
    19 pl. V. Auriol – 🕾 05 61 08 68 49 – Fax 05 61 08 78 48 – Fermé 5-25 août,
    23 déc.-7 janv., dim. et lundi
    Rest – Menu 22 € (sem.)/41 € – Carte 35/55 € ⅋⅋
    ♦ Les habitués de cette demeure bourgeoise apprécient sa carte traditionnelle et son
    impressionnant livre de cave (plus de 600 références). Expo-vente de tableaux, terrasse
    ombragée.

✗✗ La Rose des Vents ⬚ ⬚ P VISA ⬚⬚ AE ⬚

carrefour D 19-D 4 – ℰ 05 61 08 67 01 – Fax 05 61 08 85 84 – Fermé
15 août-6 sept., vacances de fév., dim. soir, lundi et mardi
Rest – Menu 17 € (déj. en sem.), 25/43 € – Carte 29/53 €

♦ Confortable maison de pays qu'un écrin de verdure préserve des bruits de la route. Vous vous attablerez tout près de la cheminée ou sous la véranda couverte de vigne vierge.

LABASTIDE-BEAUVOIR – 31 Haute-Garonne – 343 I4 – 664 h. – alt. 260 m – ⬚ 31450

29 **C2**

▶ Paris 701 – Toulouse 25 – Albi 97 – Castelnaudary 35 – Foix 76

⬚⬚ L'Oustal du Lauragais ⬚ ⬚ ⬚ & 🔶 ⬚ ⬚ ⬚ P VISA ⬚⬚ AE

– ℰ 05 34 66 16 16 – contact @ oustal-lauragais.fr – Fax 05 34 66 16 26 – Fermé
23 déc.-3 janv.
14 ch – †65 € ††65 €, ⬚ 7 € – ½ P 56 € – **Rest** – (fermé 4-24 août et
23 déc.-3 janv.) Menu 16/25 € – Carte 22/30 €

♦ Cette ancienne ferme restaurée convertie en hôtel bénéficie d'un calme apaisant. Elle propose de grandes chambres simplement meublées et de belles salles de bains. Une cuisine de tradition est servie dans la salle à manger de style moderne.

LABASTIDE DE VIRAC – 07 Ardèche – 218 h. – alt. 207 m – ⬚ 07150

44 **A3**

▶ Paris 675 – Lyon 213 – Privas 73 – Alès 42 – Montélimar 67

⬚ Le Mas Rêvé ⬚ ⬚ ⬚ ⬚ ⬚

3 km à l'Est par D 217 et rte secondaire – ℰ 04 75 38 69 13 – info @ lemasreve.com
– Ouvert de mi-avril à sept.
5 ch ⬚ – †90/145 € ††90/145 € – **Table d'hôte** – Menu 32 € bc

♦ Profitez des jolies chambres de charme de cette ancienne ferme ardéchoise restaurée avec soin par Marie-Rose et Guido Goossens. Très beau jardin avec piscine. À la table d'hôte : plats élaborés à base de produits locaux.

LABASTIDE-MURAT – 46 Lot – 337 F4 – 690 h. – alt. 447 m – ⬚ 46240
⬚ Périgord

29 **C1**

▶ Paris 543 – Brive-la-Gaillarde 66 – Cahors 32 – Figeac 45 – Gourdon 26
– Sarlat-la-Canéda 50

🔶 Office de tourisme, Grand'Rue ℰ 05 65 21 11 39, Fax 05 65 24 57 66

⬚ La Garissade ⬚ AC ch, ⬚ ⬚ VISA ⬚⬚ AE ⬚

pl. de la Mairie – ℰ 05 65 21 18 80 – garissade @ wanadoo.fr – Fax 05 65 21 10 97
– Ouvert avril-oct.
19 ch – †59/65 € ††65/70 €, ⬚ 7,50 € – ½ P 55/60 € – **Rest** – (fermé lundi midi)
Menu 13,50 € (déj. en sem.)/25 €

♦ Une ambiance familiale règne dans cette maison villageoise du 13ᵉ s. La particularité des chambres, plutôt sobres : un mobilier en bois peint conçu par un artisan local. La carte ravira les adeptes du terroir. Et pour les repas d'été, optez pour la terrasse au calme.

LABATUT – 40 Landes – 335 F13 – 1 102 h. – alt. 45 m – ⬚ 40300

3 **B3**

▶ Paris 759 – Anglet 58 – Bayonne 53 – Bordeaux 173

✗ Le Bousquet ⬚ P VISA ⬚⬚

37 bd de l'Océan – ℰ 05 58 98 11 01 – aubergedubousquet @ yahoo.fr
– Fax 05 58 98 11 63 – Fermé merc. et sam.
Rest – Menu 25/45 € – Carte 45/53 €

♦ Vieilles dalles lustrées par les ans, poutres et meubles rustiques : le cadre campagnard de cette maison du 18ᵉ s. a du caractère. Jardin aromatique. Cuisine au goût du jour.

LABÈGE – 31 Haute-Garonne – 343 H3 – rattaché à Toulouse

LABOURSE – 62 Pas-de-Calais – 301 J5 – rattaché à Béthune

LACABARÈDE – 81 Tarn – 338 H10 – 304 h. – alt. 325 m – ⌧ 81240
29 C2

▶ Paris 754 – Béziers 71 – Carcassonne 53 – Castres 36 – Mazamet 19 – Narbonne 62

Demeure de Flore ⌂   🚗 🏡 🏊 ও ch, % rest, 📞 **P** 🅿 ⓥₛₐ ⓦ
106 Grand'rue – 𝒞 05 63 98 32 32 – contact@demeuredeflore.com – Fax 05 63 98 47 56 – Fermé 2-30 janv. et lundi hors saison
11 ch – 🛏70/100 € 🛏🛏100/190 €, �⊇ 10 € – ½ P 93/98 € – **Rest** – Menu 27 € (déj. en sem.)/35 €

◆ La déesse romaine a doté cette maison de maître du 19ᵉ s. d'un bel écrin de verdure face à la Montagne Noire. Intérieur coquet, mobilier ancien, accueil attentif. Cuisine du marché aux accents provençaux ou italiens à déguster dans un cadre contemporain et raffiné.

LACAPELLE-MARIVAL – 46 Lot – 337 H3 – 1 247 h. – alt. 375 m – ⌧ 46120
Périgord
29 C1

▶ Paris 555 – Aurillac 66 – Cahors 64 – Figeac 21 – Gramat 22 – Rocamadour 32 – Tulle 75

🅱 Office de tourisme, place de la Halle 𝒞 05 65 40 81 11, Fax 05 65 40 81 11

La Terrasse avec ch   🚗 🅰🅲 rest, 🅪 ⓥₛₐ ⓦ
près château – 𝒞 05 65 40 80 07 – hotel-restaurant-la-terrasse@wanadoo.fr – Fax 05 65 40 99 45 – Fermé 1ᵉʳ janv.-5 mars et dim. soir hors saison
13 ch – 🛏45/47 € 🛏🛏50/70 €, ⊇ 7 € – ½ P 50/60 €
Rest – (fermé dim. soir, lundi soir et mardi midi d'oct. à juin et lundi midi) Menu 14 € (déj. en sem.), 25/55 € – Carte 42/73 €

◆ Appétissante cuisine au goût du jour à savourer dans une lumineuse salle à manger rajeunie. Hôtel voisin du massif donjon carré du château. Chambres fonctionnelles et bien tenues, parfois rénovées. Plaisant petit jardin bordé d'un ruisseau.

LACAPELLE-VIESCAMP – 15 Cantal – 330 B5 – 434 h. – alt. 550 m – ⌧ 15150
5 A3

▶ Paris 547 – Aurillac 19 – Figeac 57 – Laroquebrou 12 – St-Céré 48

Du Lac ⌂   ≤ 🚗 🏡 🏊 ও ch, % rest, 🅪 **P** ⓥₛₐ ⓦ 🅰🅴 ①
– 𝒞 04 71 46 31 57 – info@hoteldulac-cantal.com – Fax 04 71 46 31 64 – Fermé 20 déc.-10 janv., vend. soir et dim. soir de la Toussaint à Pâques
23 ch – 🛏45/55 € 🛏🛏50/60 €, ⊇ 12 € – ½ P 55/65 € – **Rest** – Menu 20 € (sem.)/35 € – Carte 24/43 €

◆ Cet établissement des années 1950 cumule les atouts : calme, proximité du lac poissonneux de St-Étienne-Cantalès, chambres parfaitement tenues et accueil familial chaleureux. Restaurant ouvert sur la nature environnante, plats traditionnels et vins régionaux.

LACAUNE – 81 Tarn – 338 I8 – 2 914 h. – alt. 793 m – Casino – ⌧ 81230
Midi-Pyrénées
29 D2

▶ Paris 708 – Albi 67 – Béziers 89 – Castres 48 – Lodève 73 – Millau 69 – Montpellier 131

🅱 Office de tourisme, place Général-de-Gaulle 𝒞 05 63 37 04 98, Fax 05 63 37 03 01

Calas avec ch   🚗 🏊 📞 ⓥₛₐ ⓦ 🅰🅴 ①
pl. Vierge – 𝒞 05 63 37 03 28 – hotelcalas@wanadoo.fr – Fax 05 63 37 09 19 – Fermé 15 déc.-15 janv.
16 ch – 🛏38/50 € 🛏🛏43/60 €, ⊇ 7 € – ½ P 43/45 €
Rest – (fermé dim. soir, vend. soir et sam. midi d'oct. à avril) Menu 15 € (sem.)/36 € – Carte 31/50 €

◆ Quatre générations se sont succédé à la tête de cette institution familiale servant une solide cuisine du terroir. Restaurant décoré par des artistes du pays et chambres colorées.

LACAVE – 46 Lot – 337 F2 – 293 h. – alt. 130 m – ⊠ 46200 ▯ Périgord 29 **C1**

▶ Paris 528 – Brive-La-Gaillarde 51 – Cahors 58 – Gourdon 26
– Sarlat-La-Canéda 41

◪ Grottes★★.

🏰 **Château de la Treyne** 🌿 ⋖ 🚿 🄰 🛜 🍽 🅱 🄰🄺 📞 🛁

✿ *Ouest : 3 km par D 23, D 43 et voie privée –* 🅿 **P** VISA MC AE ⓞ
 ℰ 05 65 27 60 60 – treyne@relaischateaux.com – Fax 05 65 27 60 70
 – *Ouvert 22 mars-15 nov. et 21 déc.-3 janv.*
14 ch – ♦180/380 € ♦♦180/380 €, ⌑ 22 € – 2 suites – ½ P 290/490 €
Rest – *(fermé le midi du mardi au vend.)* Menu 48 € (déj.), 88/128 €
– Carte 112/137 €
Spéc. Pot-au-feu de foie de canard aux cocos de Paimpol (fin août à fin oct.).
Potage meringué au lait de poule truffé, brioche gratinée, crème renversée aux
truffes. Côtelettes et noisettes d'agneau du Quercy à la moutarde de thym. **Vins**
Bergerac, Cahors.
♦ Château du 17e s. dominant la Dordogne, dans un parc avec jardin à la française et
chapelle romane (expositions, concerts). Cadre idyllique, chambres somptueuses. Au
restaurant, belles boiseries, plafond à caissons et cuisine classique actualisée.

🏰 **Pont de l'Ouysse** (Daniel Chambon) 🌿 ⋖ 🚿 🛜 🅰🅺 ch,

✿ – ℰ 05 65 37 87 04 – pont.ouysse@wanadoo.fr **P** VISA MC AE ⓞ
 – *Fax 05 65 32 77 41 – Ouvert de début mars au 11 nov. et fermé lundi sauf le soir
en saison et mardi midi*
14 ch – ♦140/150 € ♦♦140/185 €, ⌑ 16 € – ½ P 150/160 €
Rest – Menu 50/130 € – Carte 71/128 € ॐ
Spéc. Foie de canard "Bonne Maman". Queues de langoustines aux truffes. Daube
de pied de porc truffé, aligot au lard paysan. **Vins** Cahors, Vin de Pays du Lot.
♦ Adossée à la falaise, une séduisante maison du 19e s. : jolie salle à manger, terrasse
ombragée, promenade aménagée au bord de l'Ouysse. Plats inventifs s'inspirant du
Sud-Ouest.

LAC CHAMBON★★ – 63 Puy-de-Dôme – 326 E9 – alt. 877 m – Sports d'hiver :
1 150/1 760 m ⚶9 ⚘ – ⊠ 63790 Chambon-sur-Lac ▯ Auvergne 5 **B2**

▶ Paris 456 – Clermont-Ferrand 37 – Condat 39 – Issoire 32 – Le Mont-Dore 18

🏠 **Le Grillon** 🚗 🛜 🍽 rest, 📞 🛁 **P** 🛜 VISA MC

🐚 – ℰ 04 73 88 60 66 – info@hotel-grillon.com – Fax 04 73 88 65 55
🏔 – *Ouvert 7 fév.-11 nov.*
22 ch – ♦40 € ♦♦40/48 €, ⌑ 8 € – ½ P 44/52 € – **Rest** – *(fermé lundi midi sauf du
15 juin au 15 sept.)* Menu (15 €), 18 € (déj. sauf dimanche)/38 € – Carte 30/44 €
♦ Voici une affaire familiale bien menée ! Les chambres coquettes et colorées doivent tout
à la recherche décorative de la patronne. La cuisine mi-traditionnelle mi-régionale est
l'œuvre du chef-patron. Service en salle ou sur une terrasse regardant le lac.

🏠 **Beau Site** ⋖ 🛜 📞 🛁 **P** VISA MC AE

🐚 – ℰ 04 73 88 61 29 – info@beau-site.com – Fax 04 73 88 66 73 – Ouvert
1er fév.-30 oct.
17 ch – ♦40/45 € ♦♦45/52 €, ⌑ 8 € – ½ P 45/52 € – **Rest** – *(ouvert vacances
de fév. au 30 oct. et fermé le midi en mars et oct. sauf week-ends)* Menu 15 €
(sem.)/28 € – Carte 24/36 €
♦ Cet hôtel légèrement perché domine le lac. Chambres de tailles variables, tournées vers
le plan d'eau et la plage. Côté cuisine, plats du terroir ! À déguster sur la terrasse ou dans des
salles à manger actuelles, dont les baies vitrées lorgnent vers le rivage.

LAC DE GUÉRY – 63 Puy-de-Dôme – 326 D9 – rattaché au Mont-Dore

LAC DE LA LIEZ – 52 Haute-Marne – 313 M6 – rattaché à Langres

LAC DE PONT – 21 Côte-d'Or – 320 G5 – rattaché à Semur-en-Auxois

LAC DE VASSIVIÈRE – 23 Creuse – 325 I6 – rattaché à Peyrat-le-Château
(87 H.-Vienne)

LAC GÉNIN – 01 Ain – 328 H3 – **rattaché à Oyonnax**

LACHASSAGNE – 69 Rhône – 327 H4 – **769 h. – alt. 368 m** – ✉ **69480**   43 **E1**
🚗 Paris 445 – Lyon 30 – Villeurbanne 39 – Vénissieux 43 – Caluire-et-Cuire 34

✗✗ **Au Goutillon Beaujolais**   ⟨ 🈂 **P** *VISA* **◍◑** **AE**
850 rte de la colline – ✆ *04 74 67 14 99 – au-goutillon-beaujolais @ wanadoo.fr
– Fax 04 74 67 14 99 – Fermé le soir et sam. du 15 sept. au 30 juin, dim. soir du
1er juil. au 14 sept.*
Rest – Menu (13 €), 19/39 € – Carte environ 50 €
♦ Au cœur du vignoble, cette maison sert une cuisine actuelle parfois relevée de touches
exotiques. La terrasse face à la vallée de la Saône procure un charme supplémentaire.

LACROIX-FALGARDE – 31 Haute-Garonne – 343 G3 – **rattaché à Toulouse**

LADOIX-SERRIGNY – 21 Côte-d'Or – 320 J7 – **rattaché à Beaune**

LAFARE – 84 Vaucluse – 332 D9 – **97 h. – alt. 220 m** – ✉ **84190**   42 **E1**
🚗 Paris 670 – Avignon 37 – Carpentras 13 – Nyons 34 – Orange 26

🏠 **Le Grand Jardin** 🌿   ⟨ vignobles et Dentelles de Montmirail, 🈂 🈂
– ✆ *04 90 62 97 93 – bonnin-noel @*   🌊 🈂 ch, **P** *VISA* **◍◑** **AE** **◍**
*wanadoo.fr – Fax 04 90 65 03 74 – Ouvert 4 mars-2 nov. et fermé mardi midi et
lundi*
8 ch – 🛏70/75 € 🛏🛏80/95 €, � 12 € – ½ P 70/80 € – **Rest** – Menu 23 € (déj. en
sem.), 31/42 € – Carte 45/51 €
♦ Accueil chaleureux en cette construction récente cernée par les vignes des Côtes-du-
Rhône. Chambres décorées dans le style provençal. La terrasse fleurie, dressée à l'ombre
des canisses, offre un coup d'œil sur les Dentelles de Montmirail.

LAGARDE-ENVAL – 19 Corrèze – 329 L4 – **748 h. – alt. 480 m** –
✉ **19150**   25 **C3**
🚗 Paris 488 – Aurillac 71 – Brive-la-Gaillarde 35 – Mauriac 66 – St-Céré 48
– Tulle 14

✗ **Le Central** avec ch   🈂 rest, 📞 *VISA* **◍◑**
😊 – ✆ *05 55 27 16 12 – hotelmestre19 @ orange.fr – Fax 05 55 27 48 00 – Fermé sept.*
7 ch – 🛏45 € 🛏🛏45 €, � 5,50 € – **Rest** – *(fermé sam. et dim.)* Menu 13 € (déj.),
22/30 €
♦ Sympathique maison familiale qui abrite aussi le bar-tabac du village. Salle à manger
rustique où l'on sert une cuisine typiquement corrézienne. Chambres modestes.

LAGARRIGUE – 81 Tarn – 338 F9 – **rattaché à Castres**

LAGRASSE – 11 Aude – 344 G4 – **615 h. – alt. 108 m** – ✉ **11220**
▌ Languedoc Roussillon   22 **B3**
🚗 Paris 819 – Montpellier 133 – Carcassonne 51 – Perpignan 97 – Narbonne 43
🛈 Syndicat d'initiative, 6, boulevard de la Promenade ✆ 04 68 43 11 56,
Fax 04 68 43 16 34

🏠 **Hostellerie des Corbières**   🈂 🈂 🈂 ch, 📞 *VISA* **◍◑**
😊 *9 bd de la Promenade* – ✆ *04 68 43 15 22 – hostelleriecorbieres @ free.fr
– Fax 04 68 43 16 56 – Fermé 5 janv.-5 fév.*
6 ch – 🛏70 € 🛏🛏70/90 €, ➤ 11 € – ½ P 70 € – **Rest** – *(fermé jeudi)* Menu 15 € bc
(déj. en sem.), 20/35 € – Carte 40 €
♦ Aux portes du village, une maison de maître rénovée au cachet soigneusement préservé.
Mobilier de style Louis Philippe dans les chambres ; collection d'art asiatique au salon. La
terrasse du restaurant, bien ombragée, ouvre sur le vignoble de Corbières.

LAGUÉPIE – 82 Tarn-et-Garonne – 337 H7 – 720 h. – alt. 149 m
– ✉ 82250
29 **C2**

◘ Paris 649 – Albi 38 – Montauban 71 – Rodez 70
– Villefranche-de-Rouergue 34

☐ Office de tourisme, place de Foirail ℰ 05 63 30 20 34, Fax 05 63 30 20 34

Les Deux Rivières
🖺 ఢ ch, *VISA* **MO** **AE**
– ℰ 05 63 31 41 41 – les2rivieres.laguepie@wanadoo.fr – Fax 05 63 30 20 91
– Fermé vacances de fév., sam. midi, dim. soir et vend.
8 ch – †34 € ††38 €, ☐ 8 € – ½ P 38 € – **Rest** – Menu 20/33 € – Carte 21/33 €
♦ Ce petit hôtel constitue une étape conviviale au confluent de l'Aveyron et du Viaur. Vous serez logé dans des chambres simples mais bien tenues. La restauration du midi est assurée au bar ; celle du soir a pour cadre une salle à manger fonctionnelle.

Rouge = agréable. Repérez les symboles 𝄃 et 🖺 passés en rouge.

LAGUIOLE – 12 Aveyron – 338 J2 – 1 248 h. – alt. 1 004 m – Sports d'hiver :
1 100/1 400 m ⚐ 12 ⚐ – ✉ 12210 ▌ Midi-Pyrénées
29 **D1**

◘ Paris 571 – Aurillac 79 – Espalion 22 – Mende 83 – Rodez 52 – St-Flour 59

☐ Office de tourisme, place de la Mairie ℰ 05 65 44 35 94,
Fax 05 65 44 35 76

◙ de Mezeyrac Soulages, O : 12 km par D 541, ℰ 05 65 44 41 41.

Grand Hôtel Auguy (Isabelle Muylaert-Auguy)
2 allée de l'Amicale – ℰ 05 65 44 31 11
🖺 📞 ☁ *VISA* **MO**
– contact@hotel-auguy.fr – Fax 05 65 51 50 81
– Ouvert 2 avril-4 nov. et fermé lundi sauf juil.-août
20 ch – †75/105 € ††75/105 €, ☐ 12 € – ½ P 70/100 €
Rest – (fermé lundi sauf le soir en juil.-août, mardi midi et jeudi midi sauf juil.-août, vend. midi en juil.-août et merc. midi) (nombre de couverts limité, prévenir)
Menu 35 € (déj. en sem.)/54 € – Carte 64/68 € 🕸
Spéc. Tronçon de lotte rôti et capuccino de girolles de pays (juin-juil.). Côte de bœuf Aubrac grillée et os à moelle avec aligot de montagne. Transparent d'aubergine à la crème de fenouil, glace au thym-citron (mai à sept.). **Vins** Vin de table de l'Aveyron, Marcillac.
♦ Cette maison de tradition veille à préserver son âme hospitalière dans ses chambres soignées et colorées, qui profitent toutes de la quiétude du jardin. Restaurant confortable où l'on déguste les fines spécialités de l'Aubrac.

Le Relais de Laguiole
🖼 🖺 ⚏ ⚐ ☁ *VISA* **MO** **AE** ①
espace Les Cayres – ℰ 05 65 54 19 66 – relais.de.laguiole@wanadoo.fr
– Fax 05 65 54 19 49 – Ouvert 11 avril-1ᵉʳ nov.
33 ch – †74/168 € ††74/168 €, ☐ 11 € – ½ P 65/99 € – **Rest** – (dîner seult)
Menu 19/33 € – Carte 31/52 €
♦ Bâtiment moderne aux toits d'ardoise hébergeant de vastes chambres fonctionnelles et une grande piscine couverte. Copieux buffet de petits-déjeuners. Idéal pour les groupes. Lumineux restaurant avec lustres modernes, rideaux et mobilier blanc.

Régis sans rest
⚐ 🖺 **P** *VISA* **MO** **AE** ①
– ℰ 05 65 44 30 05 – hotel.regis@wanadoo.fr – Fax 05 65 48 46 44 – Ouvert
10 fév.-10 nov.
22 ch – †37/47 € ††42/99 €, ☐ 6,70 €
♦ Relais de diligences du 19ᵉ s. au cœur de la cité aveyronnaise. Les chambres du 2ᵉ étage offrent plus d'espace et de confort. Agréable piscine sur l'arrière.

La Ferme de Moulhac sans rest ⚐
⚏ **P**
2,5 km au Nord-Est par rte secondaire – ℰ 05 65 44 33 25 – Fax 05 65 44 33 25
– Fermé 26-29 mai et 14-17 sept.
6 ch ☐ – †52/55 € ††62/95 €
♦ Calme, air pur et repos garantis en cette ferme familiale. Jolies chambres mêlant l'ancien et le moderne en toute simplicité. Copieux petit-déjeuner maison et cuisinette à disposition.

à l'Est 6 km par rte de l'Aubrac (D 15) – ⊠ 12210 Laguiole

🏠🏠🏠 **Bras** (Michel et Sébastien Bras) ⤳   ≼ paysages de l'Aubrac, 🚗 🖘 ᕃ ch,
    – 𝒞 05 65 51 18 20 – info@michel-bras.fr   𝔸ℂ rest, ☏ 🅿 𝑉𝐼𝑆𝐴 ⓜⓞ 𝔸𝔼 ⓘ
❀❀❀ – Fax 05 65 48 47 02 – Ouvert de début avril à fin oct. et fermé lundi sauf juil.-août
    15 ch – 🛉230/550 € 🛉🛉230/550 €, ☲ 26 €
    Rest – (fermé mardi midi et merc. midi sauf juil.-août et lundi) (nombre de couverts
    limité, prévenir) Menu 110/175 € – Carte 118/165 € ❀
    Spéc. "Gargouillou" de jeunes légumes. Pièce de bœuf Aubrac rôtie à la braise.
    Biscuit tiède de chocolat coulant. **Vins** Gaillac, Marcillac.
    ♦ Cette abbaye de Thélème futuriste semble égarée parmi les rudes paysages de l'Aubrac.
    Face à la nature et au superbe jardin botanique, grandes chambres contemporaines épu-
    rées. Cuisine du terroir hautement inspirée servie dans une salle design et panoramique.

au Golf 12 km à l'Ouest par D541, D213 et rte secondaire

🏠🏠 **Domaine de Mezeyrac** ⤳   🕿 🏊 ⍟ 🖻 ᕃ ch,
    – 𝒞 05 65 44 41 41 – golfhotel-mezeyrac@   𝔸ℂ ch, ⍟ ch, 🅿 𝑉𝐼𝑆𝐴 ⓜⓞ
⤳ wanadoo.fr – Fax 05 65 44 46 90 – Ouvert 1ᵉʳ avril-5 nov.
    15 ch – 🛉59/140 € 🛉🛉59/140 €, ☲ 9 € – **Rest** – (dîner pour résidents seult)
    Menu 15/18 €
    ♦ Ancienne ferme reconvertie en hôtellerie et complexe dédié au golf. Grand calme assuré,
    chambres confortables et vue sur le green. L'ex-grange rustique abrite le restaurant.

LAILLY-EN-VAL – 45 Loiret – 318 H5 – 2 367 h. – alt. 86 m – ⊠ 45740   12 **C2**

    🚩 Paris 160 – Orléans 36 – Blois 31 – Chartres 104 – Évry 147

🏠 **Domaine de Montizeau** ⤳   🕭 ⍟ ☏ 🅿 𝑉𝐼𝑆𝐴 ⓜⓞ
    – 𝒞 02 38 45 34 74 – abeille@domaine-montizeau.com
    4 ch ☲ – 🛉70 € 🛉🛉70 € – **Table d'hôte** – Menu 28 € bc
    ♦ Dans un parc, longère très fleurie propice au farniente. La décoration cosy des chambres
    fait l'objet de toutes les attentions avec des clins d'œil à la chasse, à l'Italie... Cuisine au goût
    du jour.

LAJOUX – 39 Jura – 321 F8 – rattaché à Lamoura

LALACELLE – 61 Orne – 310 I4 – 268 h. – alt. 300 m – ⊠ 61320   32 **B3**

    🚩 Paris 208 – Alençon 20 – Argentan 34 – Domfront 42 – Falaise 57
    – Mayenne 41

    🖼 Château de Carrouges★★ N : 11 km, 📖 Normandie Cotentin

✗ **La Lentillère** avec ch   🚗 🕿 ☏ 🅿 𝑉𝐼𝑆𝐴 ⓜⓞ 𝔸𝔼
    rte d'Alençon : 1,5 km sur N 12 – 𝒞 02 33 27 38 48 – gentil.jeanmichel@
    wanadoo.fr – Fax 02 33 27 38 30 – Fermé 24-30 nov., 8 janv.-6 fév., vend. soir, dim.
    soir et lundi midi de sept. à mars
    8 ch – 🛉45/57 € 🛉🛉45/57 €, ☲ 7 € – ½ P 49/54 € – **Rest** – Menu 10,50 € bc/39 €
    – Carte 31/46 €
    ♦ Auberge bienvenue au bord de la route nationale : prenez l'apéritif dans le joli jardin, puis
    rejoignez la salle à manger campagnarde au charme un brin désuet.

LALINDE – 24 Dordogne – 329 F6 – 2 966 h. – alt. 46 m – ⊠ 24150   4 **C1**

    🚩 Paris 537 – Bergerac 23 – Brive-La-Gaillarde 103 – Périgueux 49
    – Villeneuve-sur-Lot 61

    🄯 Office de tourisme, Jardin Public 𝒞 05 53 61 08 55, Fax 05 53 61 00 64

à St-Capraise-de-Lalinde Ouest, rte de Bergerac : 7 km – 531 h. – alt. 42 m – ⊠ 24150

✗ **Relais St-Jacques** avec ch   𝔸ℂ rest, 𝑉𝐼𝑆𝐴 ⓜⓞ 𝔸𝔼
    pl. de l'Église – 𝒞 05 53 63 47 54 – patrick.rossignol12@wanadoo.fr
⤳ – Fax 05 53 73 33 52 – Fermé merc.
    7 ch – 🛉49 € 🛉🛉55/75 €, ☲ 9,50 € – ½ P 47/62 € – **Rest** – Menu 18 € (sem.)/45 €
    – Carte 30/49 €
    ♦ À côté de l'église, ancien relais sur la route de Compostelle, dont l'origine remonterait au
    13ᵉ s. Intérieur rustique, hospitalité toute périgourdine et plats du terroir.

LALLEYRIAT – 01 Ain – 328 E4 – rattaché à Bourg-en-Bresse

LAMAGDELAINE – 46 Lot – 337 E5 – rattaché à Cahors

LAMALOU-LES-BAINS – 34 Hérault – 339 D7 – 2 156 h. – alt. 200 m – Stat. therm. : mi fév.-mi déc. – Casino – ⊠ 34240 ▮ Languedoc Roussillon   22 **B2**

▪ Paris 732 – Béziers 39 – Lodève 38 – Montpellier 79
   – St-Pons-de-Thomières 38

▪ Office de tourisme, 1, avenue Capus ℰ 04 67 95 70 91, Fax 04 67 95 64 52

▪ de Lamalou-les-Bains Route de Saint-Pons, SE : 2 km par D 908,
   ℰ 04 67 95 08 47.

▪ Église de St-Pierre-de-Rhèdes★ SO : 1,5 km.

▪ St-Pierre-de-Rhèdes★ SO : 1,5 km.

🏠 **L'Arbousier** ॐ   ⇐ 🏠 📶 📞 🅿 🅿 🏧 🎫 🎫 🎫
18 r. Alphonse Daudet – ℰ 04 67 95 63 11 – arbousier.hotel@wanadoo.fr
– Fax 04 67 95 67 64 – Fermé du 21 janv.-1er fév.
31 ch – ⅋49/61 € ⅋⅋49/85 €, ⌷ 8 € – ½ P 54/62 € – **Rest** – Menu 23/36 €
– Carte 30/59 €
♦ Près des thermes, bâtisse de caractère datant du début du 20e s. et retrouvant peu à peu une seconde jeunesse sous l'impulsion des ses nouveaux propriétaires. Salle de restaurant aux tonalités méridionales et terrasse ombragée de platanes centenaires.

🏠 **Du Square** sans rest   👌 🎫 🎫 🎫
11 av. Mal.-Foch – ℰ 04 67 23 09 93 – contact@hoteldusquare.com
– Fax 04 67 23 04 27
14 ch – ⅋48/50 € ⅋⅋48/53 €, ⌷ 7 €
♦ Construction de type motel proposant des chambres de plain-pied sobrement décorées mais pratiques, plus au calme sur l'arrière. Certaines bénéficient d'une petite terrasse.

✕✕ **Les Marronniers**   🏠 🎫 🎫 🎫 🎫
☺   8 av. Capus, (D 22) – ℰ 04 67 95 76 00 – restolesmarronniers@free.fr
– Fax 04 67 95 29 75 – Fermé 26 janv.-8 fév., merc. soir hors saison, dim. soir et lundi
Rest – Menu 13/59 € bc – Carte environ 36 €
♦ Une halte revigorante après de saines excursions dans le Caroux ou sur le parcours du chemin de fer touristique Bédarieux-Mons. Cuisine classique aux accents du Sud, choix de vins régionaux.

LAMARCHE-SUR-SAÔNE – 21 Côte-d'Or – 320 M6 – rattaché à Auxonne

LAMASTRE – 07 Ardèche – 331 J4 – 2 467 h. – alt. 375 m – ⊠ 07270
▮ Lyon et la vallée du Rhône   44 **B2**

▪ Paris 577 – Privas 55 – Le Puy-en-Velay 72 – St-Étienne 90 – Valence 38
   – Vienne 92

▪ Office de tourisme, place Montgolfier ℰ 04 75 06 48 99, Fax 04 75 06 37 53

🏠 **Château d'Urbilhac** ॐ   ⇐ montagnes, 🌳 🎿 ✕ 📞 🅿 🏠 🎫 🎫
2 kmau Sud-Est par rte Vernoux-en-Vivarais – ℰ 04 75 06 42 11 – info@
chateaudurbilhac.fr – Fax 04 75 06 52 75
6 ch – ⅋130 € ⅋⅋130 €, ⌷ 15 € – ½ P 110 € – **Table d'hôte** – Menu 38 €
♦ Ce petit château de style néo-Renaissance (19e s.) est prisé pour son parc de 30 ha dominant la vallée du Doux et sa belle piscine panoramique. Chambres au charme ancien.

✕✕ **Midi** (Bernard Perrier)   🎫 🎫 🎫 🎫
❀   pl. Seignobos – ℰ 04 75 06 41 50 – Fax 04 75 06 49 75 – Fermé de fin déc. à
fin janv., 23-29 juin, vend. soir, dim. soir et lundi
Rest – Menu 38/84 €
Spéc. Salade tiède de foie gras de canard. Poularde de Bresse en vessie. Soufflé glacé aux marrons de l'Ardèche. **Vins** Saint-Péray, Saint-Joseph.
♦ Cette maison située au cœur du village a su conserver son charme d'autrefois. Confortable salle de restaurant où l'on propose une cuisine classique réalisée avec brio.

🖸 Paris 431 – Dinan 42 – Rennes 81 – St-Brieuc 21 – St-Malo 50 – Vannes 130

🖪 Office de tourisme, place du Champ de Foire 𝒞 02 96 31 05 38,
Fax 02 96 50 88 54

◉ Haras national ★.

LAMBALLE

Augustins (R. des) . . . . **A** 2	Dr-Lavergne (R. du) . . . . **A** 16	Mouëxigné (R.) . . . . **B** 31
Bario (R.) . . . . **A** 3	Foch (R. Mar.) . . . . **B** 19	Poincaré (R.) . . . . **B** 34
Blois (R. Ch. de) . . . . **B** 5	Gesle (Ch. de la) . . . . **A** 23	Préville (R.) . . . . **B** 35
Boucouets (R. des) . . . . **B** 7	Grand Bd (R. du) . . . . **A** 24	St-Jean (R.) . . . . **A** 37
Cartel (R. Ch.) . . . . **A** 8	Hurel (R. du Bg) . . . . **B** 25	St-Lazare (R.) . . . . **A** 38
Charpentier (R. Y.) . . . . **B** 14	Jeu-de-Paume (R. du) . . . . **A** 26	Tery (R. G.) . . . . **A** 39
Dr-A.-Calmette (R. du) . . . . **A** 15	Leclerc (R. Gén.) . . . . **B** 29	Tour-aux-Chouettes (R.) . . . . . . **B** 42
	Marché (Pl. du) . . . . **A** 30	Val (R. du) . . . . **AB**
	Martray (Pl. du) . . . . **A**	Villedeneu (R.) . . . . **A** 45

🏠 **Kyriad** sans rest   📶 🕭 🐾 **VISA** **◑◉**

29 bd Jobert – 𝒞 02 96 31 00 16 – kyriad.lamballe@wanadoo.fr – Fax 02 96 31 91 54
27 ch – ✝58/78 € ✝✝58/78 €, ⌸ 8,50 €   B **a**
◆ Établissement juste en face de la gare abritant un confortable salon-bibliothèque et des chambres bien insonorisées et refaites. Accueil sympathique.

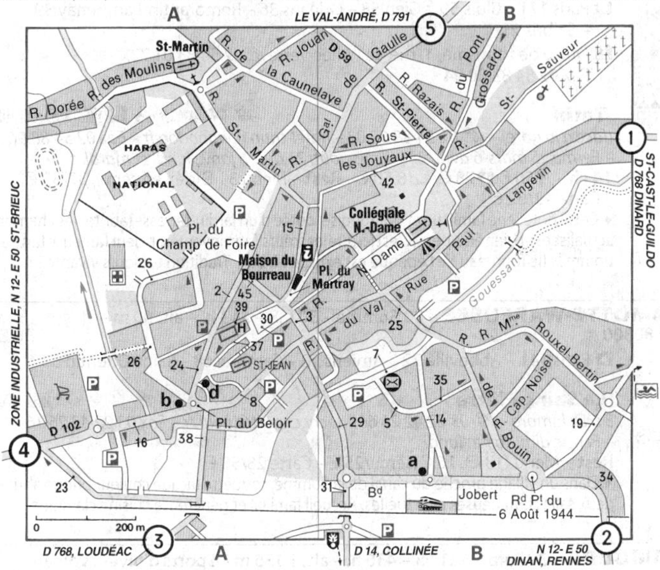

🏠 **Lion d'Or** sans rest   **VISA** **◑◉**

3 r. du Lion d'Or – 𝒞 02 96 31 20 36 – leliondorhotel@wanadoo.fr
– Fax 02 96 31 93 79 – Fermé 23 déc.-6 janv.   A **d**
17 ch – ✝48/51 € ✝✝50/53 €, ⌸ 8 €
◆ Cet hôtel familial entièrement rénové se trouve dans une rue calme du centre-ville. Chambres bien tenues, lumineuses et égayées de tissus fleuris. Formule buffet au petit-déjeuner.

🏠 **La Tour des Arc' hants**   𝔸�ℂ rest, 🐾 🛎 **VISA** **◑◉**

2 r. Dr Lavergne – 𝒞 02 96 31 01 37 – latourdesarchants@wanadoo.fr – Fax 02 96 31 37 59
☙ **16 ch** – ✝47/66 € ✝✝52/66 €, ⌸ 6 € – ½ P 47/58 € – **Rest** – Menu 18/34 €
– Carte 22/42 €   A **b**
◆ La façade à pans de bois de cette maison du centre-ville remonte au 14ᵉ s. Chambres néo-rustiques simples et bien tenues. Deux salles à manger agrémentées l'une d'œuvres d'artistes locaux, l'autre d'une grande cheminée. Choix traditionnel.

LAMBALLE
à la Poterie Est : 3,5 km – ⊠ 22400 Lamballe

🏨 **Manoir des Portes** ⬰   🚗 🛜 **P** **VISA** **⓪** **AE**
– 𝒞 02 96 31 13 62 – contact@manoirdesportes.com – Fax 02 96 31 20 53
– Fermé 22 déc.-2 janv., 16 fév.-3 mars
13 ch – ♦49/56 € ♦♦58/99 €, � 7,50 € – ½ P 51/74 € – **Rest** – (fermé sam. midi,
dim. midi et lundi midi) Menu 23 €
♦ Ce manoir du 16ᵉ s. proche d'un centre équestre bénéficie d'un environnement verdoyant : jardin fleuri, verger et potager. Chambres colorées et tranquilles. Plaisante salle à
manger (poutres et cheminée) où l'on sert une cuisine qui évolue au gré des saisons.

LAMOTTE-BEUVRON – 41 Loir-et-Cher – 318 J6 – 4 251 h. – alt. 114 m –
⊠ 41600   12 **C2**

🄳 Paris 171 – Blois 59 – Gien 58 – Orléans 36 – Romorantin-Lanthenay 39
– Salbris 21
🄸 Office de tourisme, 1, rue de l'Allée verte 𝒞 02 54 83 01 73,
Fax 02 54 83 00 94

🏨 **Tatin**   🚗 🛜 **AC** **📞** **🚿** **P** **VISA** **⓪** **AE** **①**
(face à la gare) – 𝒞 02 54 88 00 03 – hotel-tatin@wanadoo.fr – Fax 02 54 88 96 73
– Fermé 25 mars-6 avril, 27 juil.-13 août, 21 déc.-6 janv., lundi et mardi
14 ch – ♦56 € ♦♦78 €, ⊇ 8,50 € – **Rest** – Menu 31 € (déj. en sem.), 37/55 €
– Carte 43/62 €
♦ Cette hôtellerie familiale et bourgeoise, dotée d'un jardin-terrasse, abrite des chambres
actualisées et bien équipées. C'est ici que les sœurs Tatin inventèrent leur fameuse tarte aux
pommes (le fourneau de l'époque est exposé au bar). Tradition toujours vivante !

LAMOTTE-WARFUSEE – 80 Somme – 301 I8 – 513 h. – alt. 90 m –
⊠ 80800   36 **B2**

🄳 Paris 141 – Abbeville 72 – Amiens 22 – Cambrai 68 – Saint-Quentin 53

🍴 **Le Saint-Pierre**   **VISA** **⓪**
3 r. Delambre – 𝒞 03 22 42 26 66 – lacry.capart@neuf.fr – Fax 03 22 42 26 16
– Fermé dim. soir et lundi
Rest – Menu (13 €), 16 € (sem.)/25 € – Carte 28/55 €
♦ Dans un village proche du canal de la Somme, coquette façade couleur brique abritant
deux salles lumineuses et actuelles. Accueil familial et généreuse cuisine classique.

LAMOURA – 39 Jura – 321 F8 – 436 h. – alt. 1 156 m – **Sports d'hiver : voir aux
Rousses** – ⊠ 39310   16 **B3**

🄳 Paris 477 – Genève 47 – Gex 29 – Lons-le-Saunier 74 – St-Claude 16
🄸 Office de tourisme, Grande Rue 𝒞 03 84 41 27 01, Fax 03 84 41 25 59

🏨 **La Spatule**   ⬱ 🛜 🛏 **📞** **P** **VISA** **⓪** **AE**
Grande'rue – 𝒞 03 84 41 20 23 – laspatule.hotel.restaurant@wanadoo.fr
– Fax 03 84 41 24 16 – Fermé 19 avril-5 mai, 20 oct.-15 déc. et lundi hors saison
26 ch – ♦38/41 € ♦♦52/62 €, ⊇ 7,50 € – ½ P 49/56 € – **Rest** – Menu 18/30 €
– Carte 24/42 €
♦ Au pied des pistes de ski, un chalet entièrement non-fumeurs disposant de chambres
fonctionnelles, garnies d'un mobilier en sapin (choisir celles côté sommets). À table, cuisine
du terroir et spécialités fromagères. Plat du jour servi au café attenant.

à Lajoux 6 km au Sud par D 292 – ⊠ 39310 – 256 h. – alt. 1 180 m

🏨 **De la Haute Montagne**   🚗 🛜 🛏 ♿ ch, **P** **VISA** **⓪**
– 𝒞 03 84 41 20 47 – hotel-haute-montagne@wanadoo.fr – Fax 03 84 41 24 20
– Fermé 29 mars-21 avril et 4 oct.-15 déc.
20 ch – ♦36 € ♦♦52 €, ⊇ 7,50 € – ½ P 47/52 € – **Rest** – Menu 14,50 €
(sem.)/33 €
♦ Au cœur du Parc naturel du Haut-Jura, hôtel familial créé par un ancien champion de ski
de fond. Chambres modestes et bien tenues. Jardin. Au choix : cuisine régionale dans la
salle rustique ou plat du jour et carte de brasserie au café voisin.

LAMPAUL PLOUARZEL – 29 Finistère – 308 C4 – **1 766 h.** – alt. 34 m – ☒ 29810   **9 A1**

> ◘ Paris 615 – Rennes 263 – Quimper 98 – Brest 24 – Landerneau 46
> ◘ Office de tourisme, 7, rue de la Mairie ℰ 02 98 84 04 74

✗✗ **Auberge du Vieux Puits**   🚗 🛋 **VISA** **◐◯**
pl. de l'Église – ℰ *02 98 84 09 13* – *Fax 02 98 84 09 13* – *Fermé 4-20 mars,*
23 sept.-15 oct., dim. soir et lundi
Rest – Menu 22 € (déj. en sem.), 34/51 €
♦ Maison ancienne et typée bâtie en granit au centre du village. Repas traditionnel dans une salle rustique ou sur la terrasse plein Sud où subsiste le "vieux puits" éponyme.

LAMURE-SUR-AZERGUES – 69 Rhône – 327 F3 – **871 h.** – alt. 383 m – ☒ 69870   **44 B1**

> ◘ Paris 446 – Lyon 50 – Mâcon 51 – Roanne 49 – Tarare 36
> – Villefranche-sur-Saône 29
> ◘ Office de tourisme, rue du Vieux Pont ℰ 04 74 03 13 26, Fax 04 74 03 13 26

⌂ **Château de Pramenoux** ⌖   🌳 🛋 ⇆ ⌘ **P**
2 km à l'Ouest – ℰ *04 74 03 16 43* – *pramenoux @ aol.com*
4 ch ⌑ – †125 € ††125 € – **Table d'hôte** – Menu 33 € bc
♦ La vie de château comme vous en avez toujours rêvé ! Un magnifique escalier conduit aux chambres calmes et garnies de meubles anciens. La "Royale" possède un lit à baldaquin. Dîner à la lueur des chandelles, accompagné d'une douce musique.

LANARCE – 07 Ardèche – 331 G5 – **199 h.** – alt. 1 180 m – ☒ 07660   **44 A3**

> ◘ Paris 579 – Aubenas 44 – Langogne 18 – Privas 72 – Le Puy-en-Velay 48

⌂ **Le Provence**   🚗 🛋 📶 ⌘ ch, ⇆ ⌘ **P** 🚗 **VISA** **◐◯** **AE**
😊   *N 102* – ℰ *04 66 69 46 06* – *reservation @ hotel-le-provence.com*
   – Fax 04 66 69 41 56 – *Ouvert 15 mars-15 nov.*
⌂⌑   **19 ch** – †38/55 € ††42/55 €, ⌑ 8 € – ½ P 43/54 € – **Rest** – Menu (13,50 €),
18/34 € – Carte 21/32 €
♦ Les chambres de cette bâtisse récente longeant un axe fréquenté sont toutes insonorisées et ouvrent du côté opposé à la route ; préférez celles qui viennent d'être rénovées. Appétissante cuisine du terroir servie en salle ou sur la paisible terrasse.

LANCIEUX – 22 Côtes-d'Armor – 309 J3 – **rattaché à St-Briac-sur-Mer**

LANCRANS – 01 Ain – 328 I4 – **rattaché à Bellegarde-sur-Valserine**

LANDÉAN – 35 Ille-et-Vilaine – 309 P4 – **rattaché à Fougères**

LANDES-LE-GAULOIS – 41 Loir-et-Cher – 318 E6 – **582 h.** – alt. 105 m – ☒ 41190   **11 B2**

> ◘ Paris 195 – Blois 17 – Château-Renault 25 – Tours 54 – Vendôme 21

⌂⌂⌂ **Château de Moulins** sans rest ⌖   🌳 ⌘ ⌘ ⌘ **P** **VISA** **◐◯** **AE** **①**
Nord-Est : 2 km par D 26 – ℰ *02 54 20 17 93* – *Fax 02 54 20 17 99*
23 ch – †158 € ††183 €, ⌑ 11 € – 2 suites
♦ Au cœur d'un vaste domaine arboré (étang), élégant château bâti entre le 12ᵉ et le 17ᵉ s. Grandes chambres souvent garnies de meubles chinés chez les antiquaires. Héliport.

LANDONVILLERS – 57 Moselle – 307 J4 – ☒ 57530 Courcelles-Chaussy   **27 C1**

> ◘ Paris 348 – Metz 21 – Saarbrücken 55 – Völklingen 52

⌂ **Le Moulin** sans rest   🌳 ⇆ ⌘ ⌘ **P**
Allée du Moulin – ℰ *03 87 64 24 81* – *weber.c2 @ orange.fr* – *Fax 03 87 64 24 81*
– Fermé janv.
4 ch ⌑ – †60/72 € ††60/72 €
♦ Au bord d'une rivière, ex-moulin aux allures de manoir et son parc verdoyant colonisé par la gent ailée. Chambres personnalisées avec originalité, mêlant le moderne et l'ancien.

LANDSER – 68 Haut-Rhin – 315 I10 – rattaché à Mulhouse

LANDUDEC – 29 Finistère – 308 E6 – 1 154 h. – alt. 105 m – ⊠ 29710   9 **A2**

    ▶ Paris 584 – Rennes 232 – Quimper 20 – Brest 92 – Concarneau 45

⌂   **Château du Guilguiffin** sans rest ⌖   🕭 📞 P VISA ◉◉ AE

    rte de Quimper – 🕿 *02 98 91 52 11* – *chateau @ guilguiffin.com*
    – Fax 02 98 91 52 52 – Fermé 15 nov.-20 déc. et 5 janv.-1ᵉʳ fév.
    4 ch ⌑ – †135/160 € ††135/170 €
    ◆ Ce château chargé d'histoire, fondé en 1010 et remanié au 18ᵉ s., est habité par la même
    famille depuis 5 générations. Parc exquis, meubles de style et chambres "king size".

LANGEAC – 43 Haute-Loire – 331 C3 – 4 070 h. – alt. 505 m – ⊠ 43300
◼ Auvergne   6 **C3**

    ▶ Paris 508 – Brioude 31 – Mende 92 – Le Puy-en-Velay 45 – St-Flour 54

    🗊 Office de tourisme, place Aristide Briand 🕿 04 71 77 05 41,
    Fax 04 71 77 19 93

à Reilhac Nord : 3 km par D 585 – ⊠ 43300 Mazeyrat d'Allier

⌂   **Val d'Allier**   & rest, ⅍ rest, 𝗦𝗔 P VISA ◉◉
⊜   – 🕿 *04 71 77 02 11 – Fax 04 71 77 19 20 – Ouvert 1ᵉʳ avril-31 oct. et fermé dim. soir*
    et lundi hors saison
⊠🍽   **22 ch** – †45/50 € ††55/60 €, ⌑ 9 € – ½ P 50/56 €
    Rest – *(dîner seult) (prévenir)* Menu (20 €), 23/37 €
    ◆ Ce pied-à-terre confortable aménagé dans un village de caractère des gorges de l'Allier
    conviendra aux randonneurs et adeptes d'activités sportives. Salle à manger au cadre
    actuel rénové ; cuisine traditionnelle et recettes régionales.

LANGEAIS – 37 Indre-et-Loire – 317 L5 – 3 865 h. – alt. 41 m – ⊠ 37130
◼ Châteaux de la Loire   11 **A2**

    ▶ Paris 259 – Angers 101 – Château-la-Vallière 28 – Chinon 26 – Saumur 41
    – Tours 24

    🗊 Office de tourisme, place du 14 Juillet 🕿 02 47 96 58 22, Fax 02 47 96 83 41

    ◎ Château★★ : appartements★★★.

    ◎ Parc★ du château de Cinq-Mars-la-Pile NE : 5 km par N 152.

🍴🍴   **Errard**   🛋 AK VISA ◉◉ AE ◉

    2 r. Gambetta – 🕿 *02 47 96 82 12* – *info @ errard.com – Fax 02 47 96 56 72 – Fermé*
    7 déc.-13 fév., dim. soir et lundi du 1ᵉʳ oct. au 14 mai
    Rest – *(dîner seult du 15 mai au 30 sept.)* Menu 29/53 € bc – Carte 52/67 €
    ◆ Ex-relais de poste (1653) au cadre rustico-bourgeois, situé à proximité du château.
    Cuisine familiale d'inspiration classique, où le terroir tourangeau est bien représenté.

à St-Patrice Ouest : 10 km par rte de Bourgueil – 639 h. – alt. 39 m – ⊠ 37130

🏨🏨🏨   **Château de Rochecotte** ⌖   < 📞 ⍐ 🛋 ⅊ ⅍ rest, 📞
    43 r. Dorothée de Dino – 🕿 *02 47 96 16 16*   𝗦𝗔 P VISA ◉◉ AE
    – chateau.rochecotte @ wanadoo.fr – Fax 02 47 96 90 59 – Fermé 14 janv.-12 fév.
    32 ch – †126/230 € ††126/230 €, ⌑ 17 € – 3 suites – ½ P 115 €
    Rest – Menu 40 € – Carte 66/87 €
    ◆ Demeure aristocratique où la duchesse de Dino et le prince de Talleyrand aimaient
    séjourner. Chambres au mobilier de style et agréable terrasse-pergola dominant le parc.
    Les élégantes salles à manger optent pour le style du 18ᵉ s. Carte au goût du jour.

LANGON ◈ – 33 Gironde – 335 J7 – 6 168 h. – alt. 10 m – ⊠ 33210
◼ Aquitaine   3 **B2**

    ▶ Paris 624 – Bergerac 83 – Bordeaux 49 – Libourne 54 – Marmande 47
    – Mont-de-Marsan 86

    🗊 Office de tourisme, 11, allées Jean-Jaurès 🕿 05 56 63 68 00,
    Fax 05 56 63 68 09

    🕌 des Graves et Sauternais Lac de Seguin, E : 5 km par D 116, 🕿 05 56 62 25 43.

    ◎ Château de Roquetaillade★★ S : 7 km.

XXX ⬢ **Claude Darroze** avec ch   🈵 🔊 🅿 𝘝𝘐𝘚𝘈 ⓦ 🅐🅔 ①
95 cours Gén. Leclerc – 𝒞 05 56 63 00 48 – restaurant.darroze@wanadoo.fr
– Fax 05 56 63 41 15 – Fermé 14 oct.-7 nov., 5-22 janv., dim. soir et lundi midi
16 ch – †50/60 € ††65/110 €, � 12 € – ½ P 95/115 € – **Rest** – Menu 42/80 €
– Carte 70/101 € 🏵

Spéc. Lamproie à la bordelaise aux blancs de poireaux (janv. à avril). Noix de ris de
veau braisée au jus, saveur andalouse. Gibier (oct. à janv.). **Vins** Côtes de Bordeaux-
Saint Macaire, Graves.

♦ Savoureuse cuisine classique et belle carte de bordeaux (600 appellations) : cette
demeure qui perpétue les traditions invite à la gourmandise. Terrasse sous les platanes.

X **Chez Cyril**   🈵 𝘝𝘐𝘚𝘈 ⓦ 🅐🅔
62 cours Fossés – 𝒞 05 56 76 25 66 – sarlles3c@orange.fr – Fax 05 56 63 25 21
– Fermé lundi soir
Rest – Menu 21/28 € – Carte 27/55 €

♦ Accueil sympathique dans une chaleureuse salle à manger contemporaine (tables et
chaises en teck) ou dans l'agréable patio où bruisse une fontaine. Cuisine traditionnelle.

à St-Macaire Nord : 2 km – 1 541 h. – alt. 15 m – ⬛ 33490

◎ Verdelais : calvaire ⩽★ N : 3 km - Château de Malromé★ N : 6 km -
Ste-Croix-du-Mont : ⩽★, grottes★ NO : 5 km.

XXX ⬢ **Abricotier** avec ch   🛋 🈵 ⌇ 🍴 ch, 🅿 𝘝𝘐𝘚𝘈 ⓦ
RN 113 – 𝒞 05 56 76 83 63 – restaurant.abricotier@wanadoo.fr
– Fax 05 56 76 28 51 – Fermé 12 nov.-10 déc., 2-10 mars, mardi soir et lundi
3 ch – †55 € ††58 €, ⊇ 6,50 € – **Rest** – Menu 20 € (sem.)/45 € – Carte 34/52 €
♦ À deux pas de la cité médiévale, cette maison régionale sait se faire conviviale par son
décor actuel, son jardin-terrasse ombragé, et son appétissante cuisine traditionnelle.

LANGRES ◍ – 52 Haute-Marne – 313 L6 – 9 586 h. – alt. 466 m – ⬛ 52200   14 **C3**
▯ Champagne Ardenne

▶ Paris 285 – Chaumont 35 – Dijon 79 – Nancy 142 – Vesoul 76

◨ Office de tourisme, square Olivier Lahalle 𝒞 03 25 87 67 67, Fax 03 25 87 73 33

◎ Site★★ - Promenade des remparts★★ - Cathédrale St-Mammès★ Y - Section
gallo-romaine★ au musée d'art et d'histoire Y **M¹**.

Plan page suivante

🏨 **Le Cheval Blanc**   🈵 🔊 ch, ⸜⸝ 🐾 🥂 𝘝𝘐𝘚𝘈 ⓦ 🅐🅔
4 r. de l'Estres – 𝒞 03 25 87 07 00 – info@hotel-langres.com – Fax 03 25 87 23 13
– Fermé 2-30 nov.   Z **a**
22 ch – †68/95 € ††68/95 €, ⊇ 9 € – ½ P 78/115 € – **Rest** – *(fermé merc. midi)*
Menu 20 € (déj. en sem.), 34/52 € – Carte 52/81 €
♦ Lieu chargé d'histoire que cette église – Bossuet y reçut le sous-diaconat – devenue
auberge sous la Révolution. Chambres de caractère ou plus fonctionnelles (en annexe).
Salle à manger décorée d'œuvres d'artistes de la région ; terrasse au calme. Carte actuelle.

🏨 **Grand Hôtel de L'Europe**   ⸜⸝ 🐾 🅿 𝘝𝘐𝘚𝘈 ⓦ
23 r. Diderot – 𝒞 03 25 87 10 88 – hotel-europe.langres@wanadoo.fr
– Fax 03 25 87 60 65 – Fermé dim. soir du 1er nov. au 31 mai   Z **e**
26 ch – †55/75 € ††63/80 €, ⊇ 9 € – ½ P 55/64 € – **Rest** – Menu 17 €
(sem.)/46 € – Carte 21/58 €
♦ À l'intérieur des remparts, ancien relais de poste bordant la rue principale de la vieille
ville. Chambres spacieuses, plus calmes sur l'arrière. Boiseries claires, parquet et mobilier
campagnard plantent le décor du restaurant attenant au bar de l'hôtel.

au Lac de la Liez par ②, N 19 et D 284 : 6 km – ⬛ 52200 Langres

XX **Auberge des Voiliers** avec ch ◐   ⩽ 🈵 🄰🄲 🔊 🅿 𝘝𝘐𝘚𝘈 ⓦ
au bord du Lac – 𝒞 03 25 87 05 74 – auberge.voiliers@wanadoo.fr
– Fax 03 25 87 24 22 – Ouvert 10 mars-15 déc. et fermé dim. soir et lundi
soir sauf juil.-août
10 ch – †50/100 € ††50/120 €, ⊇ 8 € – ½ P 58/83 € – **Rest** – *(fermé dim. soir et
lundi)* Menu 20/45 € – Carte 22/46 €
♦ Une auberge idéalement placée au bord du lac. Salle de restaurant ornée d'une fresque ;
véranda pour profiter de la vue. Petites chambres climatisées sur le thème nautique.

LANGRES

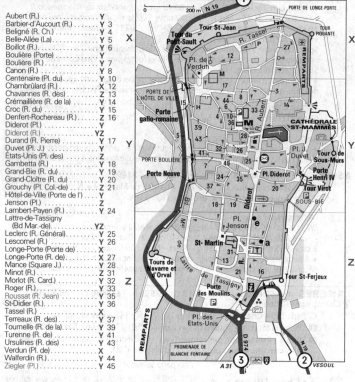

LANGUIMBERG – 57 Moselle – 307 M6 – 175 h. – alt. 290 m –
✉ 57810   27 **C2**

▯ Paris 411 – Lunéville 43 – Metz 79 – Nancy 65 – Sarrebourg 21 – Saverne 48

XX   **Chez Michèle**   🍴 *VISA* ◍◍ AE
⊞   – ℰ 03 87 03 92 25 – contact@chezmichele.fr – Fax 03 87 03 93 47
     – Fermé 23 déc.-10 janv., le mardi sauf le midi de mai à août et merc.
☺   **Rest** – Menu 17 € (déj. en sem.), 27/68 € – Carte 42/58 €
     ♦ Ce café de village devenu auberge gourmande vous convie à un savoureux repas au goût
     du jour dans l'ex-taverne ou la véranda aux abords verdoyants. Collection de cafetières.

LANNILIS – Finistère – 308 D3 – 4 473 h. – alt. 48 m – ✉ 29870   9 **A1**

▯ Paris 599 – Brest 23 – Landerneau 29 – Morlaix 63 – Quimper 89
𝟙 Office de tourisme, 1, place de l'Église ℰ 02 98 04 05 43

XX   **Auberge des Abers**   *VISA* ◍◍
5 pl. Gén. Leclerc, (près de l'église) – ℰ 02 98 04 00 29 – anne-laure.brouzet@wanadoo.fr
Rest – (ouvert le soir du merc. au sam. et dim. midi) (nombre de couverts limité,
prévenir) Menu 45/120 € bc
Rest Côté Bistrot – (ouvert le midi du mardi au sam.) Menu (17 €), 22 € – Carte
26/32 €
♦ Le chef signe une belle cuisine de la mer, légère et gourmande, à déguster dans un cadre
simple et raffiné (vitrines présentant les cartes des grandes tables qu'il a fréquentées).
Cours de cuisine le mardi soir. Plats familiaux servis au Côté Bistrot.

LANNION <small>◉</small> – 22 Côtes-d'Armor – **309** B2 – 18 368 h. – alt. 12 m – ✉ 22300

▮ Bretagne　　　　　　　　　　　　　　　　　　　　　　　　　　　　9 **B1**

▸ Paris 516 – Brest 96 – Morlaix 42 – St-Brieuc 65

▲ de Lannion : ℰ 02 96 05 82 00, N par ① : 2 km.

🆔 Office de tourisme, 2, quai d'Aiguillon ℰ 02 96 46 41 00,
Fax 02 96 37 19 64

◙ Maisons anciennes★ (pl.Général Leclerc Y17) - Église de Brélévenez★ : mise
au tombeau★ Y.

rte de Perros-Guirec par ① D 788 : 5 km – ✉ 22300 Lannion

🏠　**Arcadia** sans rest　　　　　　　　　📠 🖥 ♿ 📞 **P** <u>VISA</u> **CO** AE
　　– ℰ 02 96 48 45 65 – hotel-arcadia @ wanadoo.fr – Fax 02 96 48 15 68 – Fermé
　　19 déc.-11 janv.
　　23 ch – ♦47/62 € ♦♦50/62 €, � 7 €
　　◆ Pas loin du C.N.E.T., hôtel d'aspect récent disposant de chambres fraîches et nettes
　　(un peu plus calmes sur l'arrière) dont quelques duplex. Bar-billard ; piscine sous
　　véranda.

à La Ville-Blanche par ②, rte de Tréguier : 5 km sur D 786 – ✉ 22300 Rospez

ХХХ　**La Ville Blanche** (Jean-Yves Jaguin)　　　　　**P** <u>VISA</u> **CO** AE ①
ε3　　– ℰ 02 96 37 04 28 – jaguin@la-ville-blanche.com – Fax 02 96 46 57 82
　　– Fermé 30 juin -7 juil., 22 déc.-30 janv., dim. soir et merc.
　　sauf juil.-août et lundi
　　Rest – (prévenir le week-end) Menu (24 €), 32 € (sem.)/77 € – Carte 64/81 €
　　Spéc. Homard rôti au beurre salé, pinces en ragoût (avril à oct.). Saint-
　　Jacques des Côtes d'Armor (oct. à mars). Parfait glacé à la menthe et au
　　chocolat.
　　◆ Élégante salle à manger et son jardin potager où l'on cueille les fines herbes
　　relevant subtilement la cuisine très personnalisée de cette délicieuse maison de
　　famille.

LANS-EN-VERCORS – 38 Isère – **333** G7 – 2 026 h. – alt. 1 120 m – Sports
d'hiver : 1 020/1 980 m ⚡16 ⚡ – ✉ 38250　　　　　　　　　45 **C2**

▸ Paris 576 – Grenoble 27 – Villard-de-Lans 8 – Voiron 37

🆔 Office de tourisme, 246, avenue Léopold Fabre ℰ 08 11 46 00 38,
Fax 04 76 95 47 99

🏠　**Le Val Fleuri**　　　　≼ 📠 🍴 ♉ ⅗ rest, 📞 **P** 🚗 <u>VISA</u> **CO**
　　730 av. L. Fabre – ℰ 04 76 95 41 09 – hotel.levalfleuri @ orange.fr
　　– Fax 04 76 94 34 69 – Ouvert 3 mai-2 oct., 21 déc.-29 mars et fermé dim. soir et
　　lundi en sept. et oct.
　　14 ch – ♦38/67 € ♦♦38/67 €, ⊆ 9 € – ½ P 52/66 € – **Rest** – Menu 25 €
　　(sem.)/48 €
　　◆ Le temps semble s'être arrêté dans cette jolie demeure de 1928 au cachet
　　rétro pieusement conservé. Chambres très bien tenues, parfois dotées de meubles et
　　lampes Art déco. Belle salle à manger 1930, terrasse sous les tilleuls et recettes tradition-
　　nelles.

au col de la Croix-Perrin Sud-Ouest : 4 km par D 106 – ✉ 38250 Lans-en-Vercors

Х　**Auberge de la Croix Perrin** avec ch ⚲　　≼ 📠 🍴 🛅 **P** <u>VISA</u> **CO**
　　col de la Croix-Perrin – ℰ 04 76 95 40 02
　　– frederic.joly10@ wanadoo.fr – Fax 04 76 94 33 10 – Fermé d'avril à début mai et
　　3-20 nov.
　　8 ch – ♦41/45 € ♦♦48/55 €, ⊆ 7,50 € – ½ P 46/50 € – **Rest** – (fermé merc. et le
　　soir en sem. sauf vacances scolaires) Menu 16 € (déj. en sem.), 22/41 € – Carte
　　22/37 €
　　◆ Le restaurant de cette sympathique ex-maison forestière cernée par les sapins
　　profite d'une vue dégagée. Cuisine du terroir à midi, plus inventive le soir. Chambres
　　coquettes.

LANSLEBOURG-MONT-CENIS – 73 Savoie – 333 O6 – 640 h. – alt. 1 399 m
– Sports d'hiver : 1 400/2 800 m ⚡1 ⚡21 ⚡ – ⊠ 73480

▮ Alpes du Nord 45 **D2**

> ◳ Paris 685 – Albertville 112 – Chambéry 125 – St-Jean-de-Maurienne 53
> – Torino 94
>
> ◳ Office de tourisme, Grande Rue ☎ 04 79 05 23 66,
> Fax 04 79 05 82 17

La Vieille Poste
VISA *MC* *AE*

– ☎ 04 79 05 93 47 – info@lavieilleposte.com – Fax 04 79 05 86 85

19 ch – ♦43/59 € ♦♦49/70 €, ⊇ 7,50 € – ½ P 50/70 € – **Rest** – Menu 13,50 €
(déj. en sem.), 20/30 € – Carte 22/34 €

♦ Au centre de cette station de la Haute-Maurienne, accueillante pension de famille
récemment rajeunie. Petites chambres actuelles, à la tenue irréprochable. Salle de restaurant au décor rustico-savoyard.

Le Relais des Deux Cols
VISA *MC* *AE* *①*

66 r. Mont-Cenis – ☎ 04 79 05 92 83 – hotel@relais-des-2-cols.fr
– Fax 04 79 05 83 74 – Fermé 2 nov.-19 déc. et 21-30 avril

28 ch – ♦42/52 € ♦♦48/60 €, ⊇ 8 € – ½ P 48/65 € – **Rest** – Menu 18/35 €
– Carte 29/43 €

♦ Hôtel d'étape sur la route des cols du Mont-Cenis et de l'Iseran. Chambres rénovées,
toutes différentes. Les baies de la lumineuse salle de restaurant familiale s'ouvrent sur la
nature, tandis que la cuisine revendique son ancrage régional.

LANSLEVILLARD – 73 Savoie – 333 O6 – 431 h. – alt. 1 500 m – Sports d'hiver :
(voir à Lanslebourg-Mont-Cenis) – ⊠ 73480 ▮ Alpes du Nord 45 **D2**

> ◳ Paris 689 – Albertville 116 – Briançon 87 – Chambéry 129 – Val-d'Isère 51
>
> ◳ Office de tourisme, rue Sous Église ☎ 04 79 05 99 15
>
> ◎ Peintures murales★ dans la chapelle St-Sébastien.

Les Mélèzes
≤ ⇱ ⚘ **P** *VISA* *MC*

– ☎ 04 79 05 93 82 – Fax 04 79 05 93 82 – Ouvert 23 juin-5 sept. et 20 déc.-20 avril

11 ch – ♦51/60 € ♦♦66/70 €, ⊇ 8 € – 2 suites – ½ P 54/74 € – **Rest** – (fermé le
soir en hiver) Menu 16 € (sem.)/24 € – Carte 18/32 €

♦ Idéalement situé au pied des pistes, hôtel familial aux chambres lambrissées,
pour la plupart tournées vers la Dent Parrachée. Le propriétaire vous accompagne
en randonnée. Son fils officie aux fourneaux et propose, en hiver, crêpes et plats
savoyards.

LANTOSQUE – 06 Alpes-Maritimes – 341 E4 – 1 019 h. – alt. 550 m –
⊠ 06450 41 **D2**

> ◳ Paris 883 – Nice 51 – Puget-Théniers 53 – St-Martin-Vésubie 16 – Sospel 42
>
> ◳ Syndicat d'initiative, Mairie ☎ 04 93 03 00 02, Fax 04 93 03 03 12

Hostellerie de l'Ancienne Gendarmerie ⚘
⇱

– ☎ 04 93 03 00 65 – faivre.mireille@wanadoo.fr
⚑ ↩ ☎ *VISA* *MC*
– Fax 04 93 03 06 31 – Ouvert 1er mars-1er nov.

8 ch – ♦70/115 € ♦♦70/115 €, ⊇ 10 € – ½ P 65/95 € – **Rest** – (fermé le midi du
15 juil. au 20 août, dim. soir et lundi) Menu 30 € (sem.)/36 €

♦ Plus l'ombre d'un képi dans cette ancienne gendarmerie, mais d'accueillantes
chambres actualisées, pour une agréable vie de caserne ! Restaurant de style
rustique cosy tourné vers le jardin dégringolant jusqu'à la Vésubie. Choix traditionnel à
l'ardoise.

La Source
⚑ ⚐ ⇄ *VISA* *MC*

Montée des casernes, D 373 – ☎ 04 93 03 05 44 – lasource11@wanadoo.fr
– Fermé 1er-18 janv., dim. soir et lundi

Rest – (nombre de couverts limité, prévenir) Menu (18 €), 25 €

♦ Une grande convivialité anime cette petite auberge provençale au charme rustique.
Menu unique, simple et goûteux, annoncé tout sourire par la patronne, passionnée de
cuisine.

LANVOLLON – 22 Côtes-d'Armor – **309** E3 – **1 388 h.** – alt. 90 m –
✉ **22290**

▶ Paris 475 – Guingamp 17 – Lannion 51 – Paimpol 19 – St-Brieuc 27
🛈 Office de tourisme, 8, place du marché au blé ✆ 02 96 70 12 47,
   Fax 02 96 70 27 34

🏠 **Lucotel** ✕ ৬ ch, ಔ rest, ୯ ঋ 🅿 ☁ 𝒱𝒮𝒜 ⬤⬤ 𝔸𝔼
   rte de St-Quay-Portrieux par D 9 : 1 km – ✆ 02 96 70 01 17 – lucotel @ wanadoo.fr
   – Fax 02 96 70 08 84 – Fermé 13 oct.-2 nov. et 16-25 fév.
   30 ch – ♦51/65 € ♦♦59/65 €, ☲ 7,50 € – ½ P 61/66 €
   Rest – (fermé dim. soir et sam. d'oct. à mai) Menu 15 € (déj. en sem.), 21/35 €
   – Carte 29/51 €
   ♦ Les chambres de cet hôtel récent bâti à l'écart du village sont simples, mais fonctionnelles
   et bien tenues ; certaines viennent d'être rénovées. Sobre salle à manger, repeinte d'un
   jaune lumineux, et cuisine traditionnelle sans prétention.

Ce guide vit avec vous : vos découvertes nous intéressent.
Faites-nous part de vos satisfactions comme de vos déceptions.
Coup de colère ou coup de cœur : écrivez-nous !

LAON 🅿 – 02 Aisne – **306** D5 – **26 265 h.** – alt. 181 m – ✉ **02000**
▌ Nord Pas-de-Calais Picardie

▶ Paris 141 – Reims 62 – St-Quentin 48 – Soissons 38
🛈 Office de tourisme, place du Parvis Gautier de Mortagne ✆ 03 23 20 28 62,
   Fax 03 23 20 68 11
🏌 de l'Ailette à Cerny-en-LaonnoisS : 16 km par D 967, ✆ 03 23 24 83 99.
◉ Site★★ - Cathédrale Notre-Dame★★ : nef★★★ - Rempart du Midi et porte
   d'Ardon★ CZ - Abbaye St-Martin★ BZ - Porte de Soissons★ ABZ - Rue
   Thibesard ≼★ BZ - Musée★ et chapelle des Templiers★ CZ.

Plan page suivante

🏠 **La Bannière de France** ✕ ୯ ঋ ☁ 𝒱𝒮𝒜 ⬤⬤ 𝔸𝔼 ⓪
   11 r. F. Roosevelt – ✆ 03 23 23 21 44 – hotel.banniere.de.france @ wanadoo.fr
   – Fax 03 23 23 31 56 – Fermé 19 déc.-18 janv.   BCZ **t**
   18 ch – ♦50/65 € ♦♦63/75 €, ☲ 9 € – ½ P 59/65 € – **Rest** – (fermé le midi
   en juil.-août) Menu (18 €), 25/56 € – Carte 26/62 €
   ♦ Ce relais de poste de la ville haute édifié en 1685, accueillit le premier cinéma laonnois
   dans sa salle de banquets (années 1920). Chambres coquettes. Le restaurant tout en
   longueur, classiquement aménagé, possède un charme vieille France.

🏠 **Hostellerie St-Vincent** ☁ ৬ ch, ✕ ୯ ঋ 🅿 𝒱𝒮𝒜 ⬤⬤ 𝔸𝔼 ⓪
   av. Ch. de Gaulle, par ② – ✆ 03 23 23 42 43 – hotel.st.vincent @ wanadoo.fr
   – Fax 03 23 79 22 55 – Fermé vacances de Noël
   47 ch – ♦58 € ♦♦58 €, ☲ 7,50 € – ½ P 50 € – **Rest** – (fermé dim.) Menu (13 €),
   18 € – Carte 16/33 €
   ♦ Établissement moderne de type motel bâti au pied de l'ancienne capitale carolingienne
   perchée sur son rocher. Chambres fonctionnelles. Spacieuse salle de restaurant où la
   gastronomie alsacienne est à l'honneur.

✕✕✕ **La Petite Auberge** ⇔ 𝒱𝒮𝒜 ⬤⬤ 𝔸𝔼
   45 bd Brossolette – ✆ 03 23 23 02 38 – palaon @ orange.fr – Fax 03 23 23 31 01
   – Fermé vacances de Pâques, 5-20 août, vacances de fév., sam. midi, lundi soir et
   dim. sauf fériés   CY **a**
   Rest – Menu (18 €), 25/33 € – Carte 38/78 € ಔ
   Rest Bistrot St-Amour – ✆ 03 23 23 31 01 – Menu (11 €), 14/17 € – Carte
   29/33 €
   ♦ Dans la ville basse, salle à manger totalement revue dans un esprit contemporain : lignes
   épurées, tons sobres, luminaires modernes. Cuisine ad hoc dans l'air du temps et formule
   express servies dans le décor tout simple du Bistrot St-Amour.

à Samoussy par ② et D 977 : 13 km – 376 h. – alt. 84 m – ⊠ 02840

%%% **Le Relais Charlemagne** 🎐 🛜 & **VISA** **©**
*4 rte de Laon – ℰ 03 23 22 21 50 – relais.charlemagne@wanadoo.fr
– Fax 03 23 22 18 75 – Fermé 1ᵉʳ-16 août, vacances de fév., merc. soir, dim. soir et
lundi*
Rest – Menu 25 € (sem.)/58 € – Carte 50/64 €

♦ Berthe, la mère de Charlemagne, était originaire de ce village. La maison abrite deux
salles feutrées ; l'une d'elles s'ouvre sur le jardin. Cuisine classique.

à Chamouille par D 967 DZ : 13 km – 204 h. – alt. 112 m – ⊠ 02860

🏥🏥 **Mercure** 🞄 ≤ 🛜 🛋 🕸 & ch, 🍽 rest, ↩ 🛄 **P** **VISA** **©** **AE** **①**
*parc nautique de l'Ailette, 0,5 km au Sud par D 967 – ℰ 03 23 24 84 85
– hotel-mercure@ailette.fr – Fax 03 23 24 81 20*
58 ch – †92 € ††102 €, ⊇ 13 € – **Rest** – Menu (19 €), 24 € – Carte 21/37 €

♦ Bâtiment moderne isolé sur la rive d'un vaste plan d'eau équipé pour les sports nautiques.
Chambres spacieuses dotées de loggias ; golf. Salle à manger contemporaine et terrasse
dressée au bord de la piscine, sur les berges du parc nautique de l'Ailette.

LAPALISSE – 03 Allier – 326 I5 – 3 332 h. – alt. 280 m – ✉ 03120
🮒 Auvergne

6 **C1**

🮲 Paris 346 – Digoin 45 – Mâcon 122 – Moulins 50 – Roanne 49
– St-Pourçain-sur-Sioule 30

🮲 Office de tourisme, 26, rue Winston Churchill ℰ 04 70 99 08 39,
Fax 04 70 99 28 09

🮲 Château★★.

XX **Galland** avec ch

🮒 20 pl. de la République – ℰ 04 70 99 07 21 – Fax 04 70 99 34 64
– Fermé 24 nov.-9 déc., 19 janv.-10 fév., dim. soir hors saison,
mardi midi et lundi

8 ch – ♦50 € ♦♦50 €, ☲ 7,50 € – **Rest** – *(prévenir le week-end)* Menu 28 €
(sem.)/55 € – Carte 42/50 €

♦ Régalez-vous de plats au goût du jour dans cette élégante salle à manger contemporaine
égayée de tons pastel. Chambres confortables et bien tenues.

LAPOUTROIE – 68 Haut-Rhin – 315 H8 – 2 104 h. – alt. 420 m – ⊠ 68650
▊ Alsace Lorraine   1 **A2**

▶ Paris 430 – Colmar 21 – Munster 31 – Ribeauvillé 20 – St-Dié 33 – Sélestat 33

Du Faudé   🚗 🍴 📺 𝐼𝑑 📶 🚭 🏖 🅿 🗀 **VISA** **MC** **AE** ①
28 r. Gén. Dufieux – 𝒞 03 89 47 50 35 – info@faude.com – Fax 03 89 47 24 82
– Fermé 17 fév.-8 mars, 2-22 nov.
30 ch – †43/93 € ††43/93 €, ⊇ 13 € – 2 suites – ½ P 70/104 €
Rest *Faudé Gourmet* – *(fermé mardi et merc.)* Menu 32/75 € – Carte 54/60 € 🕸
Rest *Au Grenier Welche* – *(fermé mardi et merc.)* Menu 20/28 € – Carte 30/46 €
♦ Établissement non-fumeurs. Chambres confortables, plus grandes et rénovées à
l'annexe. Joli jardin bordé par une rivière. Au Faudé Gourmet, carte et décor dans l'air du
temps, riche carte des vins. Plats du terroir et service en tenue locale au Grenier Welche.

Les Alisiers avec ch   ≤ vallon, 🚗 🍴 ᕧ ch, ᗐ ⅍ ch, 🅿 **VISA** **MC**
3 km au Sud-Ouest par rte secondaire – 𝒞 03 89 47 52 82 – hotel@alisiers.com
– Fax 03 89 47 22 38 – Fermé 28 juin-4 juil., 21-25 déc., 5-31 janv., lundi, mardi et
merc. hors saison
16 ch – †50/180 € ††50/180 €, ⊇ 11 € – **Rest** – *(fermé merc. hors saison, lundi*
et mardi sauf résidents) (prévenir le week-end) Menu 25/55 € – Carte 33/49 €
♦ Cette ferme du pays welche (1819) est devenue une coquette auberge. Chambres
campagnardes et restaurant tourné vers le vallon. Plats régionaux.

LAQUEUILLE – 63 Puy-de-Dôme – 326 D9 – 384 h. – alt. 1 000 m –
⊠ 63820   5 **B2**

▶ Paris 455 – Aubusson 74 – Clermont-Ferrand 40 – Mauriac 73
– Le Mont-Dore 15 – Ussel 43

au Nord-Est : 2 km par D 922 et rte secondaire – ⊠ 63820 Laqueuille

Auberge de Fondain ⚘   ≤ 🚗 𝐼𝑑 🐾 🅿 **VISA** **MC**
Fondain – 𝒞 04 73 22 01 35 – auberge.de.fondain@wanadoo.fr
– Fax 04 73 22 06 13 – Fermé 9-19 mars et 6 nov.-11 déc.
6 ch – †45/50 € ††66/72 €, ⊇ 9 € – ½ P 53/56 € – **Rest** – *(prévenir)* Menu (12 €
bc), 15/23 € – Carte 22/26 €
♦ Une demeure bourgeoise ancienne perdue en pleine nature, des chambres personnalisées sur le thème des fleurs, des VTT, un fitness... Une vraie mise au vert ! Décor rustique
au restaurant pour une cuisine traditionnelle : plats auvergnats à l'ardoise.

LARAGNE-MONTÉGLIN – 05 Hautes-Alpes – 334 C7 – 3 296 h. – alt. 571 m –
⊠ 05300   40 **B2**

▶ Paris 687 – Digne-les-Bains 58 – Gap 40 – Sault 60 – Serres 17 – Sisteron 18
🛈 Office de tourisme, place des Aires 𝒞 04 92 65 09 38, Fax 04 92 65 28 41

Chrisma sans rest   🚗 🅿 🍴 🗀 **VISA** **MC**
rte de Grenoble – 𝒞 04 92 65 09 36 – Fax 04 92 65 08 12 – Fermé 29 sept.-6 oct. et
15 déc.-2 janv.
13 ch – †40/42 € ††42/50 €, ⊇ 6 €
♦ L'agréable jardin et sa terrasse sont les atouts de cet hôtel bâti au pied de la montagne
de Chabre, célèbre pour son site de vol libre. Chambres spacieuses, bien rénovées.

Les Terrasses   ≤ 🚗 🍴 ⅍ rest, 🅿 🗀 **VISA** **MC** **AE**
av. de Provence, (D 1075) – 𝒞 04 92 65 08 54 – hotellesterrasses@wanadoo.fr
– Fax 04 92 65 21 08 – Ouvert 1ᵉʳ avril-1ᵉʳ nov.
15 ch – †28/52 € ††52 €, ⊇ 7,50 € – ½ P 50 € – **Rest** – *(ouvert 1ᵉʳ mai-1ᵉʳ oct.)*
(dîner seult) Menu (17 €), 22/27 € – Carte 23/33 €
♦ Simple petit hôtel familial aux chambres rénovées ; côté jardin, elles possèdent une
terrasse d'où l'on aperçoit le village et le mont Chabre. Repas traditionnel dans une salle aux
tons ensoleillés ou sous la pergola panoramique tapissée de vigne vierge.

L'Araignée Gourmande   𝗔𝗖 **VISA** **MC**
8 r. de la Paix – 𝒞 04 92 65 13 39
Rest – *(Fermé 15-30 nov., 23-26 déc., vacances de fév., dim. soir d'oct. à avril, mardi*
soir et merc.) Menu 14 € *(déj. en sem.)*, 23/44 € – Carte 32/48 €
♦ Table familiale rondement menée qui, malgré un décor modeste, a toutes les quali-
tés : cuisine traditionnelle où goût et simplicité font bon ménage, service souriant, prix
doux.

LARÇAY – 37 Indre-et-Loire – 317 N4 – 2 037 h. – alt. 82 m – ⊠ 37270   11 **B2**
▶ Paris 243 – Angers 134 – Blois 55 – Poitiers 103 – Tours 10 – Vierzon 113

⌂   **Manoir de Clairbois** sans rest   🛄 ⏝ 🛏 📞 **P** **VISA** **◎**
2 imp. du Cher – 𝒞 02 47 50 59 75 – info@manoirdeclairbois.com
– *Fax 02 47 50 59 76* – **3 ch** ⌑ – †115 € ††115/140 €
♦ Le Cher longe le parc de ce manoir. Décor soigné composé de beaux meubles d'époque dans les parties communes et les chambres (vastes, claires, avec une bonne literie).

✗✗✗   **Les Chandelles Gourmandes**   **AC** **VISA** **◎** **AE**
44 r. Nationale – 𝒞 02 47 50 50 02 – charret@chandelles-gourmandes.fr
– *Fax 02 47 50 55 94* – Fermé 25 juil.-5 août, 25 août-5 sept., dim. soir et lundi
Rest – Menu 29/65 € – Carte 41/63 €
♦ Poutres, tuffeau et cheminée agrémentent la salle à manger de cet ancien relais de poste situé sur une rive du Cher. Cuisine du terroir, fritures et poissons de Loire.

LE LARDIN-ST-LAZARE – 24 Dordogne – 329 I5 – 1 846 h. – alt. 86 m – ⊠ 24570
▶ Paris 503 – Brive-la-Gaillarde 28 – Lanouaille 38 – Périgueux 47
– Sarlat-la-Canéda 31   4 **D1**

au Sud : 4 km par D 704, D 62 et rte secondaire – ⊠ 24570 Condat-sur-Vézère

🏨   **Château de la Fleunie** ⦾   ≤ 🛄 ☎ ⏚ 📺 ⚒ 🛏 ch, ⟍ ✔ ♨
– 𝒞 05 53 51 32 74 – lafleunie@free.fr   **P** **VISA** **◎** **AE** **①**
– *Fax 05 53 50 58 98* – Fermé 30 nov.-1ᵉʳ mars
33 ch – †70/110 € ††70/190 €, ⌑ 15 € – ½ P 75/135 € – **Rest** – Menu 30/60 €
♦ Château féodal entouré d'un parc avec enclos animalier et piscine. Les chambres de caractère (poutres, vieilles pierres) y sont moins grandes que dans la bâtisse attenante. Cuisine classique à déguster dans une salle à manger "châtelaine" dotée d'une belle cheminée.

à Coly Sud-Est : 6 km par D 74 et D 62 – 230 h. – alt. 113 m – ⊠ 24120
◉ Église ★★ de St-Amand-de-Coly SO : 3 km, ▌ Périgord Quercy.

🏨   **Manoir d'Hautegente** ⦾   🛄 ☎ ⏚ ⚒ 🛏 ⟍ ♨ **P** **VISA** **◎**
– 𝒞 05 53 51 68 03 – hotel@manoir-hautegente.com – Fax 05 53 50 38 52
– Ouvert 2 avril-31 oct.
17 ch – †100 € ††126/265 €, ⌑ 16 € – ½ P 100/195 € – **Rest** – Menu 50/100 € bc
– Carte environ 60 €
♦ Dans un parc traversé par une rivière, ancien moulin du 14ᵉ s. tapissé de vigne vierge. Intérieur cosy aux meubles anciens, beau salon-bar dans l'ex-forge. Coquettes salles à manger voûtées en enfilade et terrasse-pergola au bord de l'eau. Cuisine du marché.

LARDY – 91 Essonne – 312 C4 – 4 375 h. – alt. 70 m – ⊠ 91510   18 **B2**
▶ Paris 46 – Évry 29 – Boulogne-Billancourt 49 – Montreuil 47 – Argenteuil 63

✗✗   **Auberge de l'Espérance**   **VISA** **◎**
80 Grande-Rue – 𝒞 01 69 27 40 82 – Fax 01 60 82 71 01 – Fermé 7-31 août,
vacances de fév., merc. soir, dim. soir et lundi
Rest – Menu 29 € – Carte environ 40 €
♦ Tables coquettes, chaises à médaillon de style Louis XVI et large buffet central : on se régale d'une bonne cuisine actuelle dans cette salle campagnarde gaie et fleurie.

LARGENTIÈRE ⦾ – 07 Ardèche – 331 H6 – 1 942 h. – alt. 240 m – ⊠ 07110
▌ Lyon et la vallée du Rhône   44 **A3**
▶ Paris 645 – Alès 26 – Aubenas 18 – Privas 49
🛈 Office tourisme, 8, rue Camille Vielfaure 𝒞 04 75 39 14 28, Fax 04 75 39 23 66
◉ Le vieux Largentière ★.

à Rocher Nord : 4 km par D 5 – 227 h. – alt. 353 m – ⊠ 07110

🏨   **Le Chêne Vert** ⦾   ≤ ☎ ☲ 🛏 ⚒ ⏚ ch, **AC** ch, ⟍ **P** **VISA** **◎**
– 𝒞 04 75 88 34 02 – contact@hotellechenevert.com – Fax 04 75 88 33 85
– Ouvert 1ᵉʳ avril-31 oct. et fermé lundi midi et mardi midi
25 ch – †56/77 € ††56/77 €, ⌑ 9 € – ½ P 51/67 € – **Rest** – Menu 19/39 €
– Carte 31/47 €
♦ Aux confins du Vivarais et des Cévennes, adresse conviviale disposant de chambres pratiques ; certaines, dotées d'un balcon, offrent le coup d'œil sur la jolie piscine. À table, plats traditionnels et recettes régionales servis dans un sobre cadre actuel.

LARGENTIÈRE

à Sanilhac Sud : 7 km par D 312 – 346 h. – alt. 420 m – ⊠ 07110

🏠 **Auberge de la Tour de Brison** ⌖ ⌃les Alpes, les Monts Lozère
⊕ *à la Chapelette* et le Mont Ventoux, 🚗 ⌛ ⌕ 🍽 ⌂ ch, 🏧 ch, ⅓ ⌕ **P.** VISA ⚫⚫
🍴 – ℰ 04 75 39 29 00 – belin.c@wanadoo.fr – Fax 04 75 39 19 56 – Ouvert
1er avril-31 oct. et fermé merc. sauf de juin à août
14 ch – †56/66 € ††56/66 €, ⌑ 9,50 € – ½ P 57/66 € – **Rest** – (prévenir)
Menu 29 € – Carte 27/36 € ⌘
♦ De cette accueillante auberge bâtie à flanc de colline, la vue plonge sur la vallée et sur le
plateau du Coiron. Chambres actuelles, jardin et superbe piscine à débordement. Au
restaurant : ambiance chaleureuse, terrasse panoramique et bonne cuisine du terroir.

LARMOR-BADEN – 56 Morbihan – 308 N9 – 954 h. – alt. 10 m – ⊠ 56870
🚘 Paris 474 – Auray 15 – Lorient 59 – Pontivy 66 – Vannes 15   9 **A3**
🛈 Office de tourisme, 24, rue Pen Lannic ℰ 02 97 58 01 26
◉ Cairn ★★ de l'île Gavrinis : 15 mn en bateau.

🏠 **Aub. du Parc Fétan** ⌛ 🏧 rest, ⌕ rest, **P.** VISA ⚫⚫
17 r. Berder – ℰ *02 97 57 04 38 – contact@hotel-parcfetan.com*
– Fax 02 97 57 21 55 – Ouvert 8 fév.-12 nov.
20 ch – †45/120 € ††45/120 €, ⌑ 8 € – ½ P 53/90 € – **Rest** – (fermé dim. soir
sauf du 6 juil. au 31 août) (dîner seult) (résidents seult) Menu 22 €
♦ Cure de jouvence réussie pour cet hôtel situé à quelques pas d'une petite plage du
golfe du Morbihan. Chambres sans ampleur, mais claires et dotées d'équipements
récents.

LARMOR-PLAGE – 56 Morbihan – 308 K8 – 8 470 h. – alt. 4 m – ⊠ 56260
▐ Bretagne   9 **B2**
🚘 Paris 510 – Lorient 7 – Quimper 74 – Vannes 66
◉ ⌖★ du Pont St-Maurice.

🏨 **Les Rives du Ter** ⌛ ⌖ ⌕ ☐ ⌕ 🍽 ⌕ 🏧 ⅓ ⌕ ⌖ **P.** VISA ⚫⚫ AE
bd Jean-Monnet – ℰ *02 97 35 33 50 – info@lesrivesduter.com*
– Fax 02 97 35 39 02
58 ch – †91/108 € ††99/226 €, ⌑ 12,50 € – ½ P 83/88 € – **Rest** – Menu 23/41 €
– Carte 27/30 €
♦ Tout près du pont, grande construction moderne située au calme. Chambres au décor à
la fois épuré et chaleureux, dotées de loggias avec vue sur l'étang du Ter. Courte carte
actuelle, décor contemporain et vue sur le plan d'eau caractérisent le restaurant.

🏠 **Les Mouettes** ⌛ ⌖ ⌕ ⌕ ⌖ **P.** VISA ⚫⚫ AE ①
Anse de Kerguélen, 1,5 km à l'Ouest – ℰ *02 97 65 50 30 – info@lesmouettes.com*
– Fax 02 97 33 65 33
21 ch – †74 € ††81 €, ⌑ 10,50 € – ½ P 82 € – **Rest** – Menu 23 (sem.)/60 €
– Carte 45/75 €
♦ Une douce quiétude (hors saison !), à peine troublée par le cri des mouettes, règne dans
cet hôtel baigné par les flots de l'anse de Kerguelen. Chambres rajeunies par étapes. Vue
imprenable sur l'Atlantique et l'île de Groix depuis la terrasse et la salle.

LARNAC – 30 Gard – 339 K3 – rattaché à St-Ambroix

LAROQUE DES ALBÈRES – 66 Pyrénées-Orientales – 344 I7 – 1 909 h. – alt.
100 m – ⊠ 66740   22 **B3**
🚘 Paris 883 – Montpellier 187 – Perpignan 39 – Figueres 50 – Banyoles 90
🛈 Office de tourisme, 20, rue Carbonneil ℰ 04 68 95 49 97,
Fax 04 68 95 42 58

🍴🍴 **Les Palmiers** ⌕ VISA ⚫⚫
33 av. Louis et Michel Soler – ℰ *04 68 89 73 61 – contact@lespalmiers.eu*
*– Fax 04 68 81 08 76 – Fermé 7-18 mars, nov., dim. soir et mardi d'oct. à mai, sam.
midi et lundi*
Rest – Menu 22 € (déj. en sem.), 36/75 € – Carte 60/82 € ⌘
♦ Table estimée pour la gentillesse de l'accueil et du service, le soin apporté à la cuisine,
actuelle, où entre la marée méditerranéenne et le joli choix de vins du Roussillon.

LARRAU – 64 Pyrénées-Atlantiques – 342 G6 – 214 h. – alt. 636 m – ⊠ 64560   **3 B3**

> **D** Paris 832 – Oloron-Ste-Marie 42 – Pau 75 – St-Jean-Pied-de-Port 64

🏠   **Etchemaïté**   ⪜ 🚗 🛋 🍽 ch, **P**, _VISA_ **©**
   – 𝒞 05 59 28 61 45 – hotel.etchemaite@wanadoo.fr – Fax 05 59 28 72 71
🥢   – Fermé 6 janv.-12 fév., dim. soir et lundi sauf du 23 mars au 11 nov.
😊   **16 ch** – ♦42/48 € ♦♦42/64 €, ⊡ 8 € – ½ P 44/56 €
   Rest – (fermé dim. soir et lundi du 11 nov. au 31 mai) Menu 18 € (sem.)/34 €
🍽️   – Carte 43/56 €
    ♦ Simplicité et ambiance familiale d'une auberge de montagne, dans un hameau de la pittoresque haute Soule. Chambres douillettes. Accueillante salle à manger avec pierres et poutres apparentes, nappes basques, cheminée et vue sur la vallée. Plats du terroir.

LASCABANES – 46 Lot – 337 D5 – 167 h. – alt. 180 m – ⊠ 46800   **28 B1**

> **D** Paris 598 – Montauban 69 – Toulouse 120 – Villeneuve-sur-Lot 61

⌂   **Le Domaine de Saint-Géry** 🦢   🍸 🚗 🛋 🕊 🍽 rest, **P**, _VISA_ **©**
   – 𝒞 05 65 31 82 51 – info@saint-gery.com – Fax 05 65 22 92 89 – Ouvert
   16 mai-30 sept.
   5 ch – ♦186/364 € ♦♦186/515 €, ⊡ 25 € – **Table d'hôte** – Menu 96 €
    ♦ Ce domaine comprenant une truffière, une exploitation agricole et des sentiers de randonnée dispose de cinq chambres réparties dans divers bâtiments. Leur décor mêle l'ancien et le moderne. À la table d'hôte, plats régionaux et belles pièces de viande rôties.

LASCELLE – 15 Cantal – 330 D4 – 317 h. – alt. 760 m – ⊠ 15590   **5 B3**

> **D** Paris 555 – Aurillac 16 – Bort-les-Orgues 84 – Brioude 94 – Murat 36

🏠🏠   **Lac des Graves** 🦢   ⪜ 🍸 🚗 🛋 ⅃ & ch, 🕊 📞 🔐 **P**, _VISA_ **©** ①
🍽️   Jaulhac – 𝒞 04 71 47 94 06 – hotel.lac.graves@wanadoo.fr – Fax 04 71 47 96 55
   – Fermé nov.
   23 ch – ♦59/69 € ♦♦59/69 €, ⊡ 7 € – **Rest** – Menu 18/38 € – Carte 31/47 €
    ♦ Vaste parc aménagé au bord d'un lac de 10 ha fréquenté par les pêcheurs. Vous logerez dans d'originaux chalets en bois "les pieds dans l'eau" ; quelques chambres familiales. La salle à manger et sa terrasse panoramique s'ouvrent sur la belle nature environnante.

LASSEUBE – 64 Pyrénées-Atlantiques – 342 J3 – 1 526 h. – alt. 188 m – ⊠ 64290   **3 B3**

> **D** Paris 797 – Bordeaux 219 – Pau 19 – Tarbes 60

⌂   **La Ferme Dagué** sans rest 🦢   🚗 🕊 🍽 **P**
   chemin Croix de Dagué – 𝒞 05 59 04 27 11 – famille.maumus@wanadoo.fr
   – Fax 05 59 04 27 11 – Ouvert 28 avril-30 oct.
   5 ch ⊡ – ♦42/62 € ♦♦51/62 €
    ♦ Cette ferme béarnaise du 18e s. a conservé sa superbe cour fermée avec galerie extérieure. Chambres coquettes, aménagées dans l'ancien grenier. Copieux petit-déjeuner.

LASTOURS – 11 Aude – 344 F3 – ⊠ 11600   **22 B2**

> **D** Paris 782 – Toulouse 107 – Carcassonne 19 – Castres 52 – Narbonne 18

✕✕   **Le Puits du Trésor** (Jean-Marc Boyer)   & _VISA_ **©**
✿   21 rte Quatre Châteaux – 𝒞 04 68 77 50 24 – contact@lepuitsdutresor.com
   – Fax 04 68 77 50 24 – Fermé 5-18 janv., 15 fév.-7 mars, dim. soir et mardi
   Rest – (nombre de couverts limité, prévenir) Menu 39/75 €
   – Carte 52/77 € ⊛
   Spéc. Foie gras de canard et anguille fumée (printemps). Agneau de lait rôti à l'origan, navets confits (hiver). Timbale de macaroni et ris de veau financière à la truffe du Cabardès (déc. à fév.). **Vins** Limoux, Minervois.
    ♦ Village au pied du château en ruines de Lastours. Cadre moderne et recettes personnalisées au restaurant. Ardoise du jour et confort plus simple au bistrot (midi uniquement).

LATOUR-DE-CAROL – 66 Pyrénées-Orientales – 344 C8 – 367 h. – alt. 1 260 m – ⊠ 66760

22 **A3**

▶ Paris 839 – Ax-les-Thermes 37 – Font-Romeu-Odeillo-Via 21 – Perpignan 110

Auberge Catalane   ⌂ **P** *VISA* **©©** **AE**

10 av. Puymorens – 𝒞 *04 68 04 80 66 – auberge-catalane@club-internet.fr*
– Fax 04 68 04 95 25 – Fermé 6-14 avril, 11 nov.-20 déc., dim. soir et lundi sauf vacances scolaires
10 ch – †40/44 € ††48/52 €, ⊇ 6 € – ½ P 41/46 € – **Rest** – Menu 16 € (déj. en sem.), 22/34 € – Carte 25/38 €
♦ Au cœur de la Cerdagne, auberge "cent pour cent catalane" tenue par la même famille depuis sa création en 1929. Chambres coquettes, bien rénovées. Pimpante salle à manger rustique, véranda ou terrasse pour découvrir les recettes régionales.

LATTES – 34 Hérault – 339 I7 – rattaché à Montpellier

LAUTARET (COL DU) – 05 Hautes-Alpes – 334 G2 – voir à Col du Lautaret

---

LAUTERBOURG – 67 Bas-Rhin – 315 N3 – 2 269 h. – alt. 115 m – ⊠ 67630

1 **B1**

▶ Paris 519 – Haguenau 40 – Karlsruhe 22 – Strasbourg 63
– Wissembourg 20
🄸 Office de tourisme, 21, rue de la 1ère Armée 𝒞 03 88 94 66 10,
Fax 03 88 54 61 33

XXX   **La Poêle d'Or**   ⌂ **AC** *VISA* **©©** **AE** **①**

35 r. Gén. Mittelhauser – 𝒞 *03 88 94 84 16 – info@poeledor.com*
– Fax 03 88 54 62 30 – Fermé 25 juil.-10 août, 5-26 janv., merc. et jeudi
Rest – Menu 26 € (déj. en sem.), 40/74 € – Carte 37/66 €
♦ Maison à colombages abritant une élégante salle à manger (mobilier de style Louis XIII) ; véranda et terrasse. Plats classiques et joli chariot de desserts pour les gourmands.

LAUZERTE – 82 Tarn-et-Garonne – 337 C6 – 1 487 h. – alt. 224 m – ⊠ 82110

28 **B1**

▶ Paris 614 – Agen 53 – Auch 98 – Cahors 39 – Montauban 38
🄸 Office de tourisme, place des Cornières 𝒞 05 63 94 61 94,
Fax 05 63 94 61 93
🄶 des Roucous à SauveterreE : 16 km par D 34, 𝒞 05 63 95 83 70.

X   **Du Quercy** avec ch   ⌂ **P** *VISA* **©©**

fg d'Auriac – 𝒞 *05 63 94 66 36 – hotel.du.quercy@wanadoo.fr*
– Fax 05 63 39 06 56 – Fermé 27 oct.-3 nov., 9-16 fév., dim. soir, mardi soir sauf juil.-août et lundi
10 ch – †40 € ††42/50 €, ⊇ 7 € – ½ P 55 € – **Rest** – Menu 11 € (déj. en sem.), 27/36 € – Carte 30/59 €
♦ Au cœur de la "Tolède du Quercy", maison de pays de la fin du 19e s. coquettement restaurée. La lumineuse salle à manger de style bistrot offre le coup d'œil sur collines et vallons ; plats du terroir. Quelques chambres s'ouvrent sur la vallée.

LAVAL **P** – 53 Mayenne – 310 E6 – 50 947 h. – alt. 65 m – ⊠ 53000

Normandie Cotentin

35 **C1**

▶ Paris 280 – Angers 79 – Le Mans 86 – Rennes 76 – St-Nazaire 153
🄸 Office de tourisme, 1, allée du Vieux Saint-Louis 𝒞 02 43 49 46 46,
Fax 02 43 49 46 21
🄶 de Laval à Changé Le Jariel, N : 8 km par D 104, 𝒞 02 43 53 16 03.
◙ Vieux château★ Z : charpente★★ du donjon, musée d'Art naïf★, ≤★ des remparts - Vieille ville★ YZ : - Les quais★ ≤★ - Jardin de la Perrine★ Z - Chevet★ de la basilique N.-D. d'Avesnières X - Église N.-D. des Cordeliers★ : retables★★ X - Lactopôle★★.

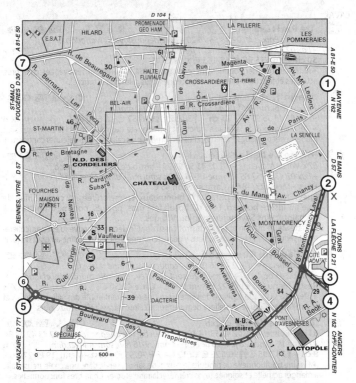

LAVAL

De Paris sans rest
22 r. de la Paix – 𝄞 *02 43 53 76 20 – hoteldeparislaval@wanadoo.fr*
– Fax 02 43 56 91 83 – Fermé 21 déc.-3 janv. Y a
50 ch – †63/155 € ††68/165 €, ⌷ 9 €
♦ En plein quartier commerçant, édifice de 1954 entièrement rénové. Les chambres, actuelles et fonctionnelles, sont bien tenues (plus calmes sur l'arrière).

Marin'Hôtel sans rest
102 av. R. Buron – 𝄞 *02 43 53 09 68 – contact@marin-hotel.fr*
– Fax 02 43 56 95 35 – **25 ch** – †38/52 € ††46/57 €, ⌷ 6,50 € X d
♦ Les mascarons de la façade indiquent l'ancienneté des murs, mais les chambres sont modernes et pratiques. Préférez celles sur l'arrière, plus calmes. Petit-déjeuner continental.

Bistro de Paris (Guy Lemercier)
67 r. Val de Mayenne – 𝄞 *02 43 56 98 29 – bistro.de.paris@wanadoo.fr*
– Fax 02 43 56 52 85 – Fermé 1er-25 août, sam. midi, dim. soir et lundi Y k
Rest – Menu 27/48 € – Carte environ 45 €
Spéc. Frivolité de bar, pistache et bigorneaux, crème brûlée aux cèpes. Sifflet de sole au jus de homard. Filet de bœuf, foie gras, poivres, pommes fondantes à l'échalote. **Vins** Savennières, Anjou-Villages.
♦ Cette vieille maison abrite un bistrot cossu dont le décor Art nouveau est particulièrement séduisant et chaleureux. Vous y dégusterez une délicieuse cuisine au goût du jour.

Le Capucin Gourmand
66 r. Vaufleury – 𝄞 *02 43 66 02 02 – capucingourmand@free.fr*
– Fax 02 43 66 13 50 – Fermé 4-26 août, 6-13 fév., dim. soir, mardi midi et lundi
Rest – Menu (18 € bc), 22 € (sem.)/47 € – Carte 40/50 € X s
♦ Derrière sa façade tapissée de vigne vierge, ce restaurant abrite des salles soignées et accueillantes. Cuisine actuelle, à déguster sur la calme terrasse aux beaux jours.

La Gerbe de Blé avec ch
83 r. V.-Boissel – 𝄞 *02 43 53 14 10 – gerbedeble@wanadoo.fr – Fax 02 43 49 02 84*
– Fermé 1er-5 mai, 28 juil.-20 août, 1er-4 nov., 9-15 fév., sam. midi et dim. X n
8 ch – †74/105 € ††90/125 €, ⌷ 12 € – ½ P 70/95 € – **Rest** – Menu (19 €), 27/36 €
♦ Cuisine traditionnelle de produits locaux et de saison, servie dans une chaleureuse salle à manger actuelle et soignée (tons crème, éclairage étudié). Chambres fonctionnelles.

Hostellerie à la Bonne Auberge avec ch
170 r. de Bretagne par ⑥ *–* 𝄞 *02 43 69 07 81*
– contact@alabonneauberge.com – Fax 02 43 91 15 02 – Fermé 2-30 août, 24 déc.-5 janv., vend. soir, dim. soir, sam. et soirs fériés
12 ch – †65/72 € ††75/82 €, ⌷ 9 € – **Rest** – Menu 18 € (sem.)/42 € – Carte 39/55 €
♦ À l'écart du centre-ville, maison régionale tapissée de vigne vierge. La salle à manger, agrandie d'une véranda, est claire et moderne. Goûteuse cuisine traditionnelle.

L'Antiquaire
5 r. Béliers – 𝄞 *02 43 53 66 76 – Fax 02 43 56 92 18 – Fermé 1er-22 juil., 6-27 janv., sam. midi, dim. soir et lundi* Y e
Rest – Menu (16 €), 22/47 € – Carte 30/48 €
♦ Cette maison située au cœur de la vieille ville abrite une plaisante salle à manger cosy où l'on sert une généreuse cuisine classique teintée d'un zeste de modernité.

Edelweiss
99 av. R. Buron – 𝄞 *02 43 53 11 00 – restau.edelweiss@wanadoo.fr – Fermé 15 juil.-12 août, 16-22 fév., dim. soir, soirs fériés et lundi* X v
Rest – Menu (12 €), 14 € (sem.)/25 € – Carte environ 28 €
♦ À côté de la gare, salle à manger redécorée dans un style actuel (tons pastel). On y apprécie des recettes traditionnelles sans esbroufe dans une ambiance conviviale.

LAVALADE – 24 Dordogne – **329** G7 – 97 h. – alt. 190 m – ⊠ 24540 4 **C2**
◩ Paris 580 – Bordeaux 144 – Périgueux 94 – Bergerac 46 – Villeneuve-sur-Lot 48

Le Grand Cèdre sans rest
– 𝄞 *05 53 22 57 70 – legrandcedre.j@wanadoo.fr – Ouvert Pâques-11 nov.*
5 ch ⌷ – †55 € ††65/75 €
♦ La rénovation de cette maison a su préserver son caractère d'origine. Bonnes tenue et insonorisation des chambres, grandes (sauf une) et personnalisées par un mobilier ancien.

LE LAVANDOU – 83 Var – **340** N7 – 5 449 h. – alt. 1 m – ⊠ 83980
▌ Côte d'Azur

41 **C3**

▶ Paris 873 – Cannes 102 – Draguignan 75 – Fréjus 61 – Toulon 41
🛈 Office de tourisme, quai Gabriel-Péri, ℰ 04 94 00 40 50,
Fax 04 94 00 40 59
🔲 Ile d'Hyères★★★.

LE LAVANDOU

Cazin (R. Charles) . . . . **A** 4	Patron Ravello (R.) . . . . **B** 10
Gaulle (Av. Gén.-de) . . . . . . **AB**	Péri (Quai Gabriel) . . . . **B** 12
Lattre-de-Tassigny (Bd de) . . . **A** 7	Port Cros (R.) . . . . **A** 15
Martyrs-de-la-Résistance	Port (R. du) . . . . **B** 13
(Av. des) . . . . **A** 8	Vincent-Auriol (Av. Prés.) . . . . **A** 16

Bois-Notre-Dame (R. du) . . . . **A** 2
Bouvet (Bd Gén.-G.) . . . . **A** 3

🏠 **La Petite Bohème** ♨   🚗 🌳 **AC** **VISA** **◑◉**
av. F.-Roosevelt – ℰ 04 94 71 10 30 – hotelpetiteboheme@wanadoo.fr
– Fax 04 94 64 73 92   B **f**
17 ch – †45/65 € ††55/95 €, ⊡ 8,50 € – ½ P 60/83 € – **Rest** – *(fermé
11 nov.-1er fév., le midi du lundi au jeudi du 15 juin au 15 sept., mardi et merc. hors
saison)* Menu 25/33 € – Carte 28/44 €
♦ Faire la grasse matinée dans une chambre sobrement provençale, puis une sieste en
chaise longue sous la treille entre deux apéritifs : une vraie vie de "bohème" ! Salle à manger
méridionale et terrasse ombragée dressée au bord du jardin.

🏠 **Le Rabelais** sans rest   ≼ **AC** 📞 **VISA** **◑◉**
face au vieux port – ℰ 04 94 71 00 56 – hotel.lerabelais@wanadoo.fr
– Fax 04 94 71 82 55 – Fermé 11 nov.-1er janv.   B **a**
21 ch – †52/105 € ††52/115 €, ⊡ 5,50 €
♦ Cet hôtel idéalement situé sur le front de mer héberge des petites chambres fraîches et
colorées. L'été, petits-déjeuners en terrasse face à l'animation portuaire.

LE LAVANDOU

à St-Clair par ① : 2 km – ⌧ 83980 Le Lavandou

Roc Hôtel sans rest ⌂ ≤ 🐾 🖘 AC ❄ ☎ P VISA ⬤⬤
r. des Dryades – 𝓒 04 94 01 33 66 – roc-hotel @ wanadoo.fr – Fax 04 94 01 33 67
– Ouvert de mi-mars à mi-oct.
29 ch – †72/154 € ††72/240 €, ⌗ 9 €
♦ Hôtel moderne bâti sur un roc léché par les flots. Chambres lumineuses, toutes dotées
d'une terrasse ; préférez celles donnant sur le large. Séjour assurément tonique.

Méditerranée ⌂ ≤ 🖘 AC ❄ rest, ☎ P VISA ⬤⬤ AE
– 𝓒 04 94 01 47 70 – hotel.med @ wanadoo.fr – Fax 04 94 01 47 71 – Ouvert
17 mars-20 oct.
20 ch – †76/84 € ††84/120 €, ⌗ 8,50 € – ½ P 68/90 € – **Rest** – (fermé merc.)
(dîner seult) (résidents seult) Menu 25 €
♦ Profitez des plaisirs de la Méditerranée au bord de cette plage de sable fin particulièrement ensoleillée. Petites chambres pratiques. Agréable terrasse ombragée. Cuisine traditionnelle.

Belle Vue ⌂ ≤ 🖘 AC ch, ❄ P 🖘 VISA ⬤⬤ ⬤
– 𝓒 04 94 00 45 00 – hotelbellevue @ wanadoo.fr – Fax 04 94 00 45 25
– Ouvert avril-oct.
19 ch – †80/90 € ††90/230 €, ⌗ 15 € – ½ P 90/150 € – **Rest** – (ouvert juin-sept.
et fermé dim.) Menu 34/36 € – Carte 41/54 €
♦ À l'écart de l'animation du bord de mer, plaisante villa aux abords fleuris surplombant la
baie de St-Clair. Chambres rustiques ; certaines jouissent de la "belle vue". Le restaurant
offre également un beau panorama (superbes couchers de soleil sur la côte).

La Bastide sans rest 🖘 & AC ☎ P VISA ⬤⬤ AE
pl. des Pins Penchés – 𝓒 04 94 01 57 00 – contact @ hotel-la-bastide.fr
– Fax 04 94 01 57 13 – Ouvert 1er avril-10 nov.
18 ch – †60/118 € ††60/153 €, ⌗ 9 €
♦ À 50 m du rivage, maison de 1920 au physique méridional : murs immaculés, volets
colorés et tuiles romaines. Chambres assez simples, mais dotées de terrasses ou de balcons.

à la Plage de La Fossette par ① : 3 km – ⌧ 83980 Le Lavandou

83 Hôtel ≤ côte et mer, 🖘 🖘 🏊 📺 ❄ 🖢 AC 🍴 P VISA ⬤⬤ AE ⬤
– 𝓒 04 94 71 20 15 – hotel83 @ wanadoo.fr – Fax 04 94 71 63 42 – Ouvert de
Pâques à fin sept.
30 ch – †100/120 € ††120/270 €, ⌗ 15 € – ½ P 110/364 €
Rest Jardin de la Fossette – (dîner seult) Menu 40/65 € – Carte 45/63 €
♦ Le littoral varois prend ici l'allure d'une île du Pacifique. Économisez des milliers de
kilomètres en séjournant dans cet hôtel conçu pour le farniente ! Chambres spacieuses.
Salle à manger-véranda ou plaisante terrasse : belle vue et cuisine traditionnelle.

à Aiguebelle par ① : 4,5 km – ⌧ 83980 Le Lavandou

Les Roches ⌂ ≤ mer et les îles, 🐾 🏊 📠 & AC ☎ 🍴
1 av. des Trois-Dauphins – 𝓒 04 94 71 05 07 P VISA ⬤⬤ AE ⬤
– resa @ hotellesroches.com – Fax 04 94 71 08 40 – Ouvert 18 mars-31 oct.
33 ch – †160/210 € ††190/320 €, ⌗ 28 € – 6 suites
Rest Mathias Dandine – voir ci-après
♦ Les chambres, spacieuses et cossues, et leurs terrasses étagées à flanc de crique font de
cet hôtel un petit paradis sur mer...

Les Alcyons sans rest AC ☎ P VISA ⬤⬤ AE ⬤
av. des Trois-Dauphins – 𝓒 04 94 05 84 18 – hotellesalcyons @ free.fr
– Fax 04 94 05 70 89 – Ouvert avril-mi-oct.
24 ch – ††60/106 €, ⌗ 7 €
♦ La rencontre des alcyons serait un présage de calme et de paix : l'accueil attentionné et
la bonne tenue de cet établissement tendraient à accréditer la légende.

Hydra sans rest AC ❄ ☎ P VISA ⬤⬤ AE ⬤
av. du Levant – 𝓒 04 94 71 65 46 – hydra.hotel @ wanadoo.fr – Fax 04 94 15 08 07
30 ch – †75/94 € ††88/230 €, ⌗ 13 €
♦ De l'île grecque qui lui a donné son nom, cet hôtel moderne a hérité la luminosité et le
dépouillement du décor intérieur. Passage souterrain menant directement à la mer.

🏠 **Beau Soleil**   🛜 & ch, AC 🖄 🅿 VISA ⓌⓄ AE

– ℰ 04 94 05 84 55 – beausoleil@hotel-lavandou.com – Fax 04 94 22 27 05
– *Ouvert début avril-début oct.*
15 ch – †54/119 € ††69/125 €, � 6,50 € – ½ P 57/94 € – **Rest** – snack
(ouvert début mai-début oct.) Menu 25/34 € – Carte 36/46 €
♦ Aiguebelle ("belle eau") et beau soleil : tout semble réuni pour des vacances réussies ! Chambres rénovées et dotées de balcons. Salle à manger relookée et terrasse ombragée d'un platane. Carte snack à midi ; menus au dîner.

XXX **Mathias Dandine** – Hôtel Les Roches   ≼ mer et les îles,

1 av. des Trois-Dauphins – ℰ 04 94 71 15 53   AC 🛋 VISA ⓌⓄ AE
£3
– restaurant@mathiasdandine.com – Fax 04 94 71 66 66
– *Fermé mardi du 1er nov. au 1er mars*
Rest – Menu 45 € (déj.), 70/115 € – Carte 86/130 €
Spéc. Bouillabaisse d'œuf de la ferme poché (oct. à mars). Oursins de pays aux aromates (oct. à fév.). Chapon de Méditerranée farci façon ménagère provençale (juil.-août). **Vins** Côtes de Provence.
♦ Belle cuisine créative servie dans une salle panoramique dominant les flots. Cadre modernisé : chaises en cuir noir, luminaires en inox, murs chocolat et potiron.

XX **Le Sud** (Christophe Pétra)   🛜 ⅋ VISA ⓌⓄ

av. des Trois-Dauphins – ℰ 04 94 05 76 98 – *Fermé le midi en juil.-août sauf dim.*
£3
Rest – Menu 65 € (menu unique)
Spéc. Capuccino de cèpes et truffes. Pigeon en croûte, foie gras, choux et truffes. Lapin confit de quatre heures, polenta aux pignons. **Vins** Côtes de Provence, Coteaux Varois.
♦ Cette élégante salle à manger totalement rénovée offre un cadre soigné pour déguster le savoureux – et copieux – menu du marché annoncé oralement par le chef.

LAVANNES – 51 Marne – 306 H7 – 446 h. – alt. 100 m – ⊠ 51110   13 **B2**
▷ Paris 161 – Châlons-en-Champagne 56 – Épernay 43 – Reims 14

⌂ **La Closerie des Sacres** sans rest ⌂   AC ⅏ ⅋ 🅿 VISA ⓌⓄ

7 r. Chefossez – ℰ 03 26 02 05 05 – closerie-des-sacres@wanadoo.fr
– Fax 03 26 08 06 73 – **3 ch** ⊃ – †74 € ††88/115 €
♦ Les écuries de cette ancienne ferme ont été reconverties avec beaucoup de goût en chambres d'hôte. Meubles anciens ou en fer forgé et tissus choisis personnalisent chacune d'elles. Petit-déjeuner servi devant une belle cheminée en pierre.

LAVARDIN – 41 Loir-et-Cher – 318 C5 – **rattaché à Montoire-sur-le-Loir**

LAVAUDIEU – 43 Haute-Loire – 331 C2 – 225 h. – alt. 465 m – ⊠ 43100 ▌ Auvergne
▷ Paris 488 – Brioude 11 – Clermont-Ferrand 78 – Le Puy-en-Velay 56
– St-Flour 63   6 **C3**
▣ Fresques★ de l'église abbatiale - Cloître★ - Carrefour du vitrail★.

⌂ **Le Colombier** sans rest ⌂   ≼ ⅃ ⅏ ⅋ 🅿

rte des Fontannes – ℰ 04 71 76 09 86 – colombier.chambredhote@wanadoo.fr
– *Ouvert de mi-oct. à mi-avril* – **4 ch** ⊃ – †60 € ††70 €
♦ Chambres à thèmes – Velay, Afrique (lit à baldaquin en bambou), Maroc (lit en fer forgé) – aménagées dans une maison moderne en pierre et son vieux pigeonnier. Belle vue rurale.

X **Auberge de l'Abbaye**   🛜 AC VISA ⓌⓄ

– ℰ 04 71 76 44 44 – Fax 04 71 76 41 08 – *Fermé 15 déc.-15 janv., dim. soir et jeudi sauf juil.-août*
Rest – Menu (16 €), 21/29 € – Carte 28/37 €
♦ Cette auberge, voisine de l'abbaye, décline le style rustique dans un esprit actuel. Ici, la convivialité s'impose autour d'une cuisine régionale à base de produits du marché.

X **Court La Vigne**   🛜 VISA ⓌⓄ

– ℰ 04 71 76 45 79 – Fax 04 71 76 45 79 – *Fermé déc., janv., mardi et merc.*
𝄐
Rest – *(nombre de couverts limité, prévenir)* Menu 18 € (sem.)/28 €
♦ Charmante bergerie (15e s.) voisinant avec un cloître médiéval. Ameublement plaisant, bar au coin de la cheminée, galerie d'art et cour agréable. Table du marché axée terroir.

LES LAVAULTS – 89 Yonne – **319** H8 – rattaché à Quarré-les-Tombes

---

LAVAUR – 24 Dordogne – **329** H8 – **88 h.** – **alt. 250 m** – ⊠ 24550   4 **D2**
> ◘ Paris 622 – Bordeaux 213 – Périgueux 87 – Villeneuve-sur-Lot 45 – Cahors 49

✗ **Auberge de Bayle Viel** avec ch ॐ   🏠 ⤴ ↔ ॐ rest, **P.** **VISA** **⓪**
> – ℰ 05 53 28 16 89 – aubergebayle@wanadoo.fr – Fax 05 53 28 16 89
> **3 ch** – †69 € ††75 €, ⌂ 8,50 € – ½ P 70 € – **Rest** – (nombre de couverts limité,
> prévenir) Menu 24/42 € – Carte 31/40 €
> ♦ Le cadre de cette ancienne grange (charpente, pierres apparentes, tomettes, mobilier en
> chêne et châtaignier) se marie bien à une cuisine régionale de produits du potager. Deux
> chambres claires et accueillantes, dont une très spacieuse avec salon et terrasse.

LAVAUR – 81 Tarn – **338** C8 – **8 537 h.** – **alt. 140 m** – ⊠ 81500 ▌Midi-Pyrénées
> ◘ Paris 682 – Albi 51 – Castelnaudary 56 – Castres 40 – Montauban 58
> – Toulouse 44   29 **C2**
> 🛈 Office de tourisme, Tour des Rondes ℰ 05 63 58 02 00, Fax 05 63 41 42 89
> 🖥 des Étangs de Fiac à Fiac Brazis, E : 11 km par D 112, ℰ 05 63 70 64 70.
> ◙ Cathédrale St-Alain★.

🏠 **Ibis** sans rest   🚗 ㅎ **AC** ↔ 📞 **P.** **VISA** **⓪** **AE** **①**
> 1 av. G. Pompidou – ℰ 05 63 83 08 08 – loic.borie@accor.com – Fax 05 63 83 01 05
> **58 ch** – †52/69 € ††52/69 €, ⌂ 7,50 €
> ♦ Dans un quartier résidentiel, hôtel entièrement rénové proposant des chambres claires
> et fonctionnelles, toutes climatisées. Petit jardin et terrasse fleurie avec fontaine.

LAVELANET – 09 Ariège – **343** J7 – **6 872 h.** – **alt. 512 m** – ⊠ 09300   29 **C3**
> ◘ Paris 784 – Carcassonne 71 – Castelnaudary 53 – Foix 28 – Limoux 47 – Pamiers 42
> 🛈 Office de tourisme, place Henri-Dunant ℰ 05 61 01 22 20, Fax 05 61 03 06 39

à Nalzen Ouest : 6 km sur D 117 – **141 h.** – **alt. 632 m** – ⊠ 09300

✗ **Les Sapins**   🏠 **P.** **VISA** **⓪**
> ℰ 05 61 03 03 85 – Fax 05 61 65 58 45 – Fermé merc. soir, dim. soir et lundi sauf fériés
> **Rest** – Menu 14 € bc (déj. en sem.), 22/46 € – Carte 31/57 €
> ♦ Maison aux allures de chalet posée au pied d'une forêt de sapins. Dans un sobre intérieur
> rustique, vous apprécierez la simplicité d'une bonne cuisine traditionnelle.

à Montségur Sud : 13 km par D 109 et D 9 – **117 h.** – **alt. 900 m** – ⊠ 09300
> 🛈 Syndicat d'initiative, Village ℰ 05 61 03 03 03

✗ **Costes** avec ch ॐ   🏠 ↔ **VISA** **⓪**
> – ℰ 05 61 01 10 24 – info@chez-costes.com – Fax 05 61 03 06 28
> **13 ch** – †37/115 € ††37/115 €, ⌂ 8 € – ½ P 49/90 € – **Rest** – Menu 15 € (déj.
> en sem.), 21/31 € – Carte 21/39 €
> ♦ Une auberge sympathique où dominent la pierre et le bois. Cuisine régionale miton-
> née avec les produits bio des fermes des montagnes ; civets, confits, magrets selon les
> saisons. Chambres simples.

LAVENTIE – 62 Pas-de-Calais – **301** J4 – **4 383 h.** – **alt. 18 m** – ⊠ 62840   30 **B2**
> ◘ Paris 229 – Armentières 13 – Arras 45 – Béthune 18 – Lille 29 – Dunkerque 63
> – Ieper 30

✗✗ **Le Cerisier** (Eric Delerue)   ⇔ **VISA** **⓪** **AE**
> 3 r. de la Gare – ℰ 03 21 27 60 59 – contact@lecerisier.com – Fax 03 21 27 60 87
> – Fermé 5-13 avril, août, dim. soir, sam. midi et lundi
> **Rest** – Menu 29 € (déj.)/68 € (dîner) – Carte 71/86 €
> **Spéc.** Ravioles d'huîtres de Marennes juste pochées. Saint-Pierre rôti au thym, poê-
> lée de girolles. Cœur de ris de veau, galettes de pomme de terre fumée et truffe d'été.
> ♦ Cette maison bourgeoise en briques rouges vient de s'offrir une cure de jouvence. Fine et
> savoureuse cuisine au goût du jour servie dans deux salles au décor contemporain.

LAVERGNE – 46 Lot – **337** G3 – **rattaché à Gramat**

LAVOUX – 86 Vienne – **322** J5 – **rattaché à Poitiers**

LAYE – 05 Hautes-Alpes – 334 E5 – rattaché à Col Bayard

LEBOUCHET – 74 Haute-Savoie – 328 L5 – rattaché au Grand-Bornand

LA LÉCHÈRE – 73 Savoie – 333 L4 – 1 936 h. – alt. 461 m – Stat. therm. : début avril-fin oct. – ⊠ 73260 ▮ Alpes du Nord 46 **F2**

 ◘ Paris 602 – Albertville 21 – Celliers 16 – Chambéry 70 – Moûtiers 6
 🛈 Office de tourisme, les Eaux-Claires ℘ 04 79 22 51 60, Fax 04 79 22 57 10

🏠 **Radiana** ♨ ⪡ 🎱 🐾 ▮ 🍴 ch, Ⓜ rest, ⅓ ⅔ rest, 🍴 🅿 𝚟𝚒𝚜𝚊 ⓪ ⒶⒺ
– ℘ 04 79 22 61 61 – hotels-residences@lalechere.com – Fax 04 79 22 65 25
– Fermé 26 oct.-26 déc.
86 ch – ♦67/113 € ♦♦83/129 €, ⊇ 9,50 € – ½ P 66/90 € – **Rest** – rest. diététique
(fermé 26 oct.-7 fév.) Menu 20/39 € – Carte 26/35 €
 ♦ Belle bâtisse des années 1930 avec accès direct aux thermes. Les chambres, fonction-nelles, donnent en partie sur le parc thermal. Salon rénové dans le style Art déco. Longue salle des repas où s'attablent curistes et pensionnaires. Menus diététiques en saison.

LES LECQUES – 83 Var – 340 J6 – rattaché à St-Cyr-sur-Mer

LECTOURE – 32 Gers – 336 F6 – 3 933 h. – alt. 155 m – ⊠ 32700 ▮ Midi-Pyrénées

 ◘ Paris 708 – Agen 39 – Auch 35 – Condom 26 – Montauban 84 – Toulouse 114
 🛈 Syndicat d'initiative, place du Général-de-Gaulle ℘ 05 62 68 76 98,
 Fax 05 62 68 79 30 28 **B2**
 🖼 Site★ - Promenade du bastion ⪡★ - Musée municipal★.

🏠 **De Bastard** ♨ 🚗 🏠 🍴 🍴 🍴 𝚟𝚒𝚜𝚊 ⓪
 r. Lagrange – ℘ 05 62 68 82 44 – hoteldebastard@wanadoo.fr
 – Fax 05 62 68 76 81 – Fermé 21 déc.-1er fév.
28 ch – ♦46/78 € ♦♦46/78 €, ⊇ 11 € – 2 suites – ½ P 55/75 € – **Rest** – (fermé dim. soir, mardi midi et lundi) Menu 18 € (déj. en sem.), 27/50 €
 – Carte 53/68 € 🕮
 ♦ En plein centre de la cité gersoise, bel hôtel particulier du 18e s. abritant des cham-bres coquettement rénovées ; celles du 2e étage sont mansardées. Bar-fumoir très cosy. Trois salons cossus (meubles de style Louis XVI), agréable terrasse d'été et goûteuse cuisine du terroir.

LEMBACH – 67 Bas-Rhin – 315 K2 – 1 689 h. – alt. 190 m – ⊠ 67510
▮ Alsace Lorraine 1 **B1**

 ◘ Paris 470 – Bitche 32 – Haguenau 25 – Strasbourg 58 – Wissembourg 15
 🛈 Syndicat d'initiative, 23, route de Bitche ℘ 03 88 94 43 16, Fax 03 88 94 20 04
 🖼 Château de Fleckenstein★NO : 7 km.

🏠 **Heimbach** sans rest ▯ 🅿 𝚟𝚒𝚜𝚊 ⓪
 15 rte de Wissembourg – ℘ 03 88 94 43 46 – contact@hotel-au-heimbach.fr
 – Fax 03 88 94 20 85
18 ch – ♦45/55 € ♦♦55/107 €, ⊇ 9 €
 ♦ Au cœur d'un village ancré dans les traditions de l'Alsace, maison à colombages abritant des chambres simples, douillettes, et rustiques. Copieux petits-déjeuners.

🍴🍴🍴🍴 **Auberge du Cheval Blanc** (Fernand Mischler) avec ch 🚗 🍴 ch,
 ❀ 4 rte de Wissembourg – ℘ 03 88 94 41 86 Ⓜ ch, 🍴 🅿 𝚟𝚒𝚜𝚊 ⓪
 – info@au-cheval-blanc.fr – Fax 03 88 94 20 74 – Fermé 6-25 juil. et 12 janv.-6 fév.
1 ch – ♦107 € ♦♦107 €, ⊇ 12 € – 5 suites – ♦♦138/199 €
Rest – (fermé vend. midi, lundi et mardi) Menu 45/92 € – Carte 72/81 € 🕮
Rest D'Rössel Stub – Menu 26 € – Carte 27/46 €
 Spéc. Langoustines, Saint-Jacques et huîtres pressées à l'eau de mer, cappuccino de homard. Bar en croûte de sel, jus iodé, fondue et salade de fenouil, petite soupe d'huîtres. Noisettes de dos de chevreuil aux girolles "Fleckenstein" (sauf avril). **Vins** Riesling, Pinot gris.
 ♦ Une jolie cour pavée précède la salle à manger, décorée avec goût, de cet élégant relais de poste (18e s.). Goûteuse cuisine classique aux influences régionales. Le D'Rössel Stub, à l'ambiance winstub-bistrot, occupe une ferme bien restaurée. Chambres chaleureuses.

LEMBACH
à Gimbelhof Nord : 10 km par D 3, D 925 et rte forestière – ⊠ 67510 Lembach

✗ Gimbelhof avec ch 🐾   ≼ 🏠 **P** ⓥⓘⓢⓐ ⓞⓞ
😊 – 𝒞 03 88 94 43 58 – info@gimbelhof.com – Fax 03 88 94 23 30 – Fermé
    17 nov.-26 déc.
    8 ch – †39 € ††44/61 €, ⌂ 7 € – ½ P 46/53 € – **Rest** – *(fermé lundi et mardi)*
    Menu 11,50 € (sem.)/30 € bc – Carte 11,50/37 €
    ♦ Cette auberge forestière du "pays des trois frontières", au cœur du massif vosgien,
    séduira les amoureux de la nature. Ambiance familiale et cadre rustique. Carte régionale.

LEMPDES – 63 Puy-de-Dôme – 326 G8 – 8 401 h. – alt. 330 m – ⊠ 63370   5 **B2**
    ◗ Paris 420 – Clermont-Ferrand 11 – Issoire 36 – Thiers 36 – Vichy 51

✗✗ Sébastien Perrier   🅰🅲 ⓥⓘⓢⓐ ⓞⓞ
😊 6 r. Caire – 𝒞 04 73 61 74 71 – Fax 04 73 61 74 71 – Fermé août, 2-7 janv., dim. soir
    et lundi
    Rest – Menu 17 € (déj. en sem.), 26/45 € – Carte 39/50 €
    ♦ La balance communale se trouvait sur la place du village, face à ce chaleureux restau-
    rant dont la cuisine s'inspire de la Méditerranée. Cadre classique, mezzanine contempo-
    raine.

LENCLOITRE – 86 Vienne – 322 H4 – 2 253 h. – alt. 71 m – ⊠ 86140
▊ Poitou Vendée Charentes   39 **C1**
    ◗ Paris 319 – Châtellerault 18 – Mirebeau 12 – Poitiers 30 – Richelieu 24
    🛈 Office de tourisme, place du Champ de Foire 𝒞 05 49 19 70 75,
       Fax 05 49 19 70 76

à Savigny-sous-Faye 10 km au Nord par D 757, D 14 et D 72 – 298 h. – alt. 120 m – ⊠ 86140

🏯 Château Hôtel de Savigny 🐾   🐾 🏠 ▤ 🛏 ⅍ ⓥⓘⓢⓐ ⓞⓞ 🅰🅴
    – 𝒞 05 49 20 41 14 – chateau-hotel-savigny@chsfrance.com – Fax 05 49 86 76 38
    – Fermé 1er nov.-29 fév.
    10 ch – †180/290 € ††180/290 €, ⌂ 20 € – **Rest** – *(fermé le midi sauf week-ends
    et fériés)* Menu 39/85 € – Carte 48/133 €
    ♦ Ce gracieux château inspiré du style Renaissance semble tout droit sorti d'un conte de
    fées. Chambres raffinées et personnalisées, jouissant de la vue sur le parc. Cuisine au goût
    du jour à déguster dans deux élégantes salles à manger dont une agrémentée d'une
    superbe cheminée.

LENS ⊛ – 62 Pas-de-Calais – 301 J5 – 36 206 h. – Agglo. 323 174 h. – alt. 38 m –
⊠ 62300 ▊ Nord Pas-de-Calais Picardie   30 **B2**
    ◗ Paris 199 – Arras 18 – Béthune 19 – Douai 24 – Lille 37 – St-Omer 69
    🛈 Office de tourisme, 26, rue de la Paix 𝒞 03 21 67 66 66, Fax 03 21 67 65 66

                            Plan page ci-contre

🏨 Lensotel   🏊 ⌱ 📞 🕭 **P** ⓥⓘⓢⓐ ⓞⓞ 🅰🅴 ⓞ
    centre commercial Lens 2, 4 km par ⑤ ⊠ 62880 – 𝒞 03 21 79 36 36 – lensotel@
    wanadoo.fr – Fax 03 21 79 36 00
    70 ch – †70 € ††77 €, ⌂ 10,50 € – ½ P 67 € – **Rest** – Menu 20/35 € – Carte
    28/52 €
    ♦ Îlot hôtelier de style provençal au cœur d'une zone commerciale. Plaisantes chambres
    actuelles, toutes de plain-pied : réservez de préférence côté jardin. Salle à manger aux murs
    de briques dotée d'une cheminée et d'une véranda tournée vers la piscine.

✗✗ L'Arcadie II   ⟳ ⓥⓘⓢⓐ ⓞⓞ 🅰🅴
😊 13 r. Decrombecque – 𝒞 03 21 70 32 22 – arcadie.2@wanadoo.fr
    – Fax 03 21 70 32 22 – Fermé 15-24 août, sam. midi et le soir
    de dim. à merc.   BY **r**
    Rest – Menu 17 € (déj. en sem.), 26/45 € – Carte environ 52 €
    ♦ En plein centre-ville, ce restaurant élégant (tableaux colorés, grands chandeliers en
    argent) accueille les gourmets amateurs d'une cuisine au goût du jour soignée.

916

LENS

Rouge = agréable. Repérez les symboles ⚓ et 🏠 passés en rouge.

LÉON – 40 Landes – 335 D11 – 1 453 h. – alt. 9 m – ⊠ 40550   3 **B2**

🄳 Paris 724 – Castets 14 – Dax 30 – Mont-de-Marsan 75

🄸 Syndicat d'initiative, 65, place Jean Baptiste Courtiau ℰ 05 58 48 76 03, Fax 05 58 48 70 38

de Moliets à Moliets-et-Maa Côte d'Argent - Club House, SO : 8 km par D 652 puis D 117, ℰ 05 58 48 54 65.

Courant d'Huchet★ en barque NO : 1,5 km, ▌ Aquitaine.

🏠 **Hôtel du Lac** sans rest ⬥   ⊰ & 𝘝𝘐𝘚𝘈 ⓪
*2 r. des Berges du Lac – ℰ 05 58 48 73 11 – contact @ hoteldulac-leon.com
– Fax 05 58 49 27 79 – Ouvert 1ᵉʳ avril-15 oct.*
14 ch – ♦47/60 € ♦♦47/60 €, ⊊ 6,50 €
♦ Les chambres, simples mais soignées, donnent pour la plupart sur le lac. Petits-déjeuners servis dans une salle-véranda ou sur la terrasse d'été dressée au bord de l'eau.

LÉRAN – 09 Ariège – 343 J7 – 539 h. – alt. 395 m – ⊠ 09600   29 **C3**

🄳 Paris 781 – Carcassonne 67 – Pamiers 38 – Toulouse 104

🄸 Office de tourisme, rue de la Mairie ℰ 05 61 01 34 93, Fax 05 61 01 11 73

⌂ **L'Impasse du Temple** 🖼 🖼 🏊 ⅃⅃ 🗲 📞 **VISA** **MC**

1 imp. du Temple – 𝒞 *05 61 01 50 02 – john.furness@wanadoo.fr – Fax 05 61 01 50 02*
5 ch ⌷ – †53/58 € ††65/70 € – **Table d'hôte** – Menu 22 €

◆ Cette maison ancienne abrite des chambres spacieuses, peintes dans des tons blanc ou beige, dotées de meubles anciens et d'une literie haut de gamme. La table d'hôte met à l'honneur la cuisine australienne, pays d'origine des patrons.

LÉRÉ – 18 Cher – **323** N2 – 1 296 h. – alt. 145 m – ⊠ 18240 ▯ Limousin Berry

▶ Paris 185 – Auxerre 78 – Bourges 65 – Cosne-sur-Loire 10 – Nevers 68 – Vierzon 74   12 **D2**

🛈 Syndicat d'initiative, rue Achille Laforge 𝒞 02 48 72 54 32

XX **Lion d'Or** 🦽 **AK** ⇔ **VISA** **MC**

10 r. de la Judelle – 𝒞 *02 48 72 60 12 – hoteliondor@aol.com – Fax 02 48 72 56 18 – Fermé lundi*
Rest – Menu 24/33 € – Carte 39/80 €

◆ Ce relais de poste du 18ᵉ s. possède un cadre agréable (murs jaunes, tables joliment dressées, mobilier coloré). Appétissante cuisine traditionnelle actualisée et vins choisis.

LESCAR – 64 Pyrénées-Atlantiques – **342** J5 – rattaché à Pau

---

LÉSIGNY – 77 Seine-et-Marne – **312** E3 – **101** 29 – voir à Paris, Environs

---

LESPARRE-MÉDOC 👁 – 33 Gironde – **335** F3 – 4 855 h. – alt. 12 m – ⊠ 33340

▶ Paris 541 – Bordeaux 68 – Soulac-sur-Mer 31   3 **B1**

🛈 Office de tourisme, 37, cours du Maréchal de Tassigny 𝒞 05 56 41 21 96, Fax 05 56 41 21 96

à Gaillan-en-Médoc Nord-Ouest : 2 km par D 1215 – 1 915 h. – alt. 9 m – ⊠ 33340

XXX **Château Beau Jardin** avec ch 🖼 🖼 **AK** **P** **VISA** **MC** **AE**

rte Verdon : 3 km – 𝒞 *05 56 41 26 83 – book@chateaubeaujardin.com – Fax 05 56 41 19 52*
7 ch – †80/120 € ††100/140 €, ⌷ 12 € – ½ P 100/110 € – **Rest** – *(fermé janv.)* Menu 20/55 € – Carte 24/59 €

◆ Au cœur du vignoble du Médoc, élégant château du 19ᵉ s. avec jardin où l'on sert une cuisine classique et les vins de la propriété (visite des chais). Chambres confortables.

XX **La Table d'Olivier** 🖼 🦽 **P** **VISA** **MC** **AE** **①**

La Mare aux Grenouilles, 53 rte Lesparre – 𝒞 *05 56 41 13 32 – Fax 05 56 41 17 57 – Fermé 16-23 fév., sam. midi, dim. soir et lundi sauf juil.-août*
Rest – Menu (17 € bc), 26 € bc (déj. en sem.), 38/69 € – Carte 61/70 €

◆ Une adresse sympathique bordant une mare aux grenouilles. Intérieur contemporain sobre et plaisant (tables en bois, chaises en fer forgé, tableaux) et cuisine saisonnière.

LESPIGNAN – 34 Hérault – **339** E9 – 2 568 h. – alt. 61 m – ⊠ 34710   22 **B2**

▶ Paris 769 – Béziers 11 – Capestang 20 – Montpellier 78 – Narbonne 20

XX **Hostellerie du Château** 🖼 **AK** **VISA** **MC**

4 r. Figuiers – 𝒞 *04 67 37 67 71 – hostellerie-du-chateau-lespignan@wanadoo.fr – Fax 04 67 76 46 23 – Fermé dim. soir et merc. de sept. à mai*
Rest – Menu (15 €), 19 € (sem.), 27/46 € – Carte 35/47 €

◆ Cet ancien château juché au sommet du village héberge une salle à manger ornée de tableaux figurant les Fables de La Fontaine. De la terrasse, on ne se lasse pas de contempler la région.

LESPONNE – 65 Hautes-Pyrénées – **342** M4 – rattaché à Bagnères-de-Bigorre

---

LESTELLE-BÉTHARRAM – 64 Pyrénées-Atlantiques – **342** K6 – 786 h. – alt. 299 m – ⊠ 64800 ▯ Aquitaine   3 **B3**

▶ Paris 801 – Laruns 35 – Lourdes 17 – Nay 8 – Oloron-Ste-Marie 42 – Pau 28

🛈 Office de tourisme, Mairie 𝒞 05 59 71 96 35

◎ Grottes ★ de Bétharram S : 5 km.

🏨 **Le Vieux Logis** ❀ ≼ 🐕 🏡 🏊 ▦ ⅙ ch,↯ ☞ ⚜ **P** **VISA** **CO** **AE** **①**
2 km rte des Grottes de Bétharram – ℰ 05 59 71 94 87 – contact@
hotel-levieuxlogis.com – Fax 05 59 71 96 75 – Fermé 31 oct.-6 nov.,
22 déc.-4 janv., 16 fév.-1er mars, dim. soir et lundi hors saison
35 ch – †55/58 € ††70/75 €, ⌷ 10,50 € – ½ P 70/72 € – **Rest** – Menu 25/40 €
– Carte 35/56 €
♦ Au milieu d'un parc proche des grottes de Bétharram et accueillant cinq bungalows et
une piscine. L'ex-ferme abrite le restaurant ; son aile récente des chambres fonctionnelles.
Chaleureuses salles à manger rustiques, cuisine régionale et accueil aux petits soins.

LESTIAC-SUR-GARONNE – 33 Gironde – 335 I6 – 586 h. – alt. 80 m – ⌧ 33550
◻ Paris 604 – Bordeaux 28 – Mérignac 40 – Pessac 34 **3 B2**

⌂ **Les Logis de Lestiac** ▦ 🏡 🏊 ↯ ⚘ ☞ **P** **P**
71 rte de Bordeaux – ℰ 05 56 72 17 90 – philippe@logisdelestiac.com
5 ch ⌷ – †80/95 € ††80/95 € – **Table d'hôte** – Menu 25 € bc/30 € bc
♦ Le patron, passionné de décoration, a superbement restauré cette ancienne maison de
maître du 18e s. : chambres, à l'étage, représentant chacune une saison et duplex, au
rez-de-chaussée. La table d'hôte sert de goûteux mets sucrés-salés.

LEUCATE – 11 Aude – 344 J5 – 2 732 h. – alt. 21 m – ⌧ 11370
▯ Languedoc Roussillon **22 B3**

◻ Paris 821 – Carcassonne 88 – Narbonne 38 – Perpignan 35
– Port-la-Nouvelle 18
▯ Office de tourisme, Espace Culturel ℰ 04 68 40 91 31, Fax 04 68 40 24 76
◉ ≼★ du sémaphore du Cap E : 2 km.

✕✕ **Jardin des Filoche** 🏡 ⚘ **VISA** **CO**
64 av. J.-Jaurès – ℰ 04 68 40 01 12 – Fax 04 68 40 74 80 – Fermé janv., fév., le midi
sauf dim., mardi du 1er oct. au 31 mars et lundi
Rest – Menu 27 € (sem.)/31 €
♦ Le jardin clos et la terrasse ombragée par de multiples essences protègent du bruit ce
plaisant restaurant. Carte traditionnelle et vue sur les cuisines pour les curieux.

✕ **Le Village** **AC** ⚘ **VISA** **CO** **①**
⌾ *129 av. J.-Jaurès – ℰ 04 68 40 06 91 – Fax 04 68 40 06 91 – Fermé dim. soir, mardi*
et merc.
Rest – Menu 17/22 € – Carte 25/32 €
♦ Les murs couverts d'affiches, photos, objets nautiques, et les tables nappées de bleu
affirment le cachet marin de ce restaurant sis dans une ex-bergerie. Carte traditionnelle.

à Port-Leucate Sud : 7 km par D 627 – ⌧ 11370 Leucate
▯ Syndicat d'initiative, rue Dour ℰ 04 68 40 91 31

🏠 **Des Deux Golfs** sans rest ▤ **P** **VISA** **CO** **AE** **①**
sur le port – ℰ 04 68 40 99 42 – contact@hoteldes2golfs.com – Fax 04 68 40 79 79
– Ouvert 15 mars-15 nov.
30 ch – †35/47 € ††47/63 €, ⌷ 5 €
♦ Dans la marina bâtie entre lac et mer, construction moderne aux chambres simples et
fonctionnelles, pourvues de petites loggias donnant majoritairement sur le port de plaisance.

LEUTENHEIM – 67 Bas-Rhin – 315 M3 – 788 h. – alt. 119 m – ⌧ 67480 **1 B1**
◻ Paris 501 – Haguenau 22 – Karlsruhe 46 – Strasbourg 45

✕✕ **Auberge Au Vieux Couvent** 🏡 **P** **VISA** **CO**
⌾ *à Koenigsbruck – ℰ 03 88 86 39 86 – hirschel.vieux-couvent@wanadoo.fr*
⌾ *– Fax 03 88 05 28 78 – Fermé 25 août-7 sept., 27 déc.-7 janv., 23 fév.-8 mars, lundi et*
⌾ *mardi*
Rest – Menu 11,50 € (déj. en sem.), 27/36 € – Carte 27/46 €
♦ Maximes en lettres gothiques sur les murs, boiseries, grenouilles en faïence : cette maison
à colombages (fin du 17e s.) mixe charme rustique et raffinement. Cuisine actuelle.

LEVALLOIS-PERRET – 92 Hauts-de-Seine – 311 J2 – 101 15 – voir à Paris, Environs

LEVENS – 06 Alpes-Maritimes – 341 E4 – 3 700 h. – alt. 600 m – ⊠ 06670
▌ Côte d'Azur   41 **D2**

> ◘ Paris 946 – Antibes 43 – Cannes 53 – Nice 25 – Puget-Théniers 50
> – St-Martin-Vésubie 39
> ◪ Office de tourisme, 3, placette Paul Olivier ℰ 04 93 79 71 00,
> Fax 04 93 79 75 64
> ☑ ≤ ★ - Saut des Français ★★ N : 8 km.

🏠 **La Vigneraie**   🚗 ⏨ **P** **VISA** **MO**
1,5 km rte St-Blaise – ℰ *04 93 79 77 60 – Fax 04 93 79 82 35 – Ouvert 17 fév.-5 oct.*
18 ch – ♦38 € ♦♦45/51 €, ⊊ 6 € – ½ P 46/54 € – **Rest** – *(dîner pour résidents
seult)* Menu 18/25 €
♦ Ambiance familiale et table généreuse caractérisent cette maison aux abords verdoyants.
Chambres campagnardes ; certaines ont un balcon. Larges baies dans la salle à manger.

LEVERNOIS – 21 Côte-d'Or – 320 J8 – **rattaché à Beaune**

LEVIE – 2A Corse-du-Sud – 345 D9 – **voir à Corse**

LEYNES – 71 Saône-et-Loire – 320 I12 – 503 h. – alt. 340 m – ⊠ 71570   8 **C3**

> ◘ Paris 402 – Mâcon 15 – Bourg-en-Bresse 51 – Charolles 58
> – Villefranche-sur-Saône 36

✗ **Le Fin Bec**   **VISA** **MO**
pl. de la Mairie – ℰ *03 85 35 11 77 – Fax 03 85 35 13 71 – Fermé 21 juil.-6 août,*
🍂 *17-26 nov., 1er-7 janv., jeudi soir sauf juil.-août, dim. soir et lundi sauf fériés*
Rest – Menu 16 € (sem.)/41 € – Carte 25/37 €
♦ Cette maison vous réserve un bon accueil dans sa chaleureuse salle rustique ornée de
tableaux en céramique sur le thème des crus du Beaujolais. Copieuse cuisine du terroir.

LÉZIGNAN-CORBIÈRES – 11 Aude – 344 H3 – 8 266 h. – alt. 51 m – ⊠ 11200

> ◘ Paris 804 – Carcassonne 39 – Narbonne 22 – Perpignan 85 – Prades 129
> ◪ Office de tourisme, 9, cours de la République ℰ 04 68 27 05 42,
> Fax 04 68 27 05 42   22 **B3**

🏢 **Le Mas de Gaujac**   ⏨ & 🆊 ⅍ ℘ ⅍ **P** **VISA** **MO** **AE**
r. Gustave Eiffel, Z. I. Gaujac vers accès A61 – ℰ *04 68 58 16 90 – masdegaujac @*
🍂 *free.fr – Fax 04 68 58 16 91 – Fermé 19 déc.-4 janv., sam. et dim. d'oct. à mai*
21 ch – ♦75/98 € ♦♦75/98 €, ⊊ 10 € – **Rest** – Menu 16 € – Carte 25/60 €
♦ Bâtisse récente de couleur ocre située en lisière d'une zone commerciale. Les chambres
simples, fraîches et avant tout pratiques, conviennent pour l'étape. Salle à manger contemporaine aux tons chaleureux et cuisine traditionnelle sans prétention.

✗ **Rest. Le Tournedos et H. Le Tassigny** avec ch   🆊 **P** **VISA** **MO** **AE**
rd-pt de Lattre-de-Tassigny – ℰ *04 68 27 11 51 – tournedos @ wanadoo.fr*
🍂 *– Fax 04 68 27 67 31 – Fermé dim. soir*
19 ch – ♦40 € ♦♦45/47 €, ⊊ 7,50 € – ½ P 45/49 € – **Rest** – **Rest** *(fermé 30 juin-3 juil.,
dim. soir et lundi)* Menu (12 € bc), 14,50 € bc (déj. en sem.)/44 € bc – Carte 25/59 €
♦ Grillades et tournedos – spécialités du chef – sont servis dans une lumineuse salle à
manger tout de jaune clair vêtue. Chambres dans le même ton, en partie refaites.

LEZOUX – 63 Puy-de-Dôme – 326 H8 – 4 957 h. – alt. 340 m – ⊠ 63190
▌ Auvergne   6 **C2**

> ◘ Paris 434 – Clermont-Ferrand 33 – Issoire 43 – Riom 38 – Thiers 16 – Vichy 43
> ◪ Syndicat d'initiative, rue Pasteur ℰ 04 73 73 01 00, Fax 04 73 73 04 48

✗✗ **Les Voyageurs** avec ch   **VISA** **MO**
pl. de la Mairie – ℰ *04 73 73 10 49 – Fax 04 73 73 92 60*
– Fermé 16 août-7 sept., 3-15 janv., vend. soir, dim. soir et sam.
10 ch – ♦36/38 € ♦♦46/48 €, ⊊ 6,50 € – ½ P 42/44 € – **Rest** – Menu (12 €), 14 €
(déj. en sem.), 22/38 € – Carte 27/48 €
♦ Dans une bâtisse des années 1960 située face à la mairie, cuisine traditionnelle proposée
par la patronne dans une spacieuse salle à manger. Chambres bien tenues.

à Bort-l'Étang 8 km au Sud-Est par D 223 et D 309 – 445 h. – alt. 420 m – ⊠ 63190

◙ ❋ ★ de la terrasse du château ★ à Ravel O : 5 km.

Château de Codignat ⤢ ⬅ ☊ ☎ ⛱ ⚄ ✕ ☷ ch, ⚗
Ouest : 1 km – ✆ 04 73 68 43 03 – codignat @   **P** **VISA** **MC** **AE** **①**
relaischateaux.com – Fax 04 73 68 93 54 – Ouvert 20 mars-2 nov.
15 ch (½ P seult) – 4 suites – ½ P 185/350 € – **Rest** *(fermé le midi du lundi au vend.*
sauf fériés) (nombre de couverts limité, prévenir) Menu 55/100 € – Carte 90/101 €
Spéc. Emietté de chair de tourteau. Homard bleu rôti au melon caramélisé
(juil.-août). Grosse madeleine, mousseline vanille, fraises des bois et framboises
(saison). **Vins** Saint-Pourçain, Côtes d'Auvergne.
♦ Joli château du 15ᵉ s. et son superbe parc. Les chambres, raffinées, évoquent pour la plupart
un personnage historique : Louis XI, Jacques Cœur, Barbe-Bleue... Belle cuisine classique
personnalisée servie dans le donjon, auprès d'une imposante cheminée médiévale.

à l'Ouest 5 km par N 89 ⊠63190 Seychalles

Chante Bise ☊ ⚄ **P** **VISA** **MC**
à Courcourt – ✆ 04 73 62 91 41 – restaurant.chantebise @ wanadoo.fr
– Fax 04 73 68 29 53 – Fermé 16 août-6 sept., 15 fév.-6 mars, dim. soir, merc. soir et
lundi sauf fériés – **Rest** – Menu 11,50 € bc (déj. en sem.), 19/36 € – Carte 26/42 €
♦ Ambiance conviviale et familiale en ce restaurant agrémenté de pierres apparentes et de
boiseries. Les menus, traditionnels, évoluent avec les saisons. Terrasse ombragée.

LIBOURNE ⬤ – 33 Gironde – 335 J5 – 21 761 h. – alt. 7 m – ⊠ 33500 ▌ Aquitaine
▶ Paris 576 – Agen 129 – Bergerac 64 – Bordeaux 30 – Périgueux 100   3 **B1**
🛈 Office de tourisme, 45, allée Robert Boulin ✆ 05 57 51 15 04, Fax 05 57 25 00 58
🖼 de Teynac à Beychac-et-Caillau Domaine de Teynac, par rte de Bordeaux et
D 1089 : 15 km, ✆ 05 56 72 85 62 ;
🖼 de Bordeaux Cameyrac à Saint-Sulpice-et-Cameyrac par rte de Bordeaux et
D1089 : 16 km, ✆ 05 56 72 96 79.

Plan page suivante

Mercure ☊ ▤ & rest, ⚄ ↯ ☏ ⚗ **P** **VISA** **MC** **AE** **①**
3 quai Souchet – ✆ 05 57 25 64 18 – H6238 @ accor.com – Fax 05 57 25 64 19
81 ch – ♦92/112 € ♦♦102/122 €, ☲ 13 € – 3 suites – **Rest** – bar à vins *(dîner*
seult) Carte environ 20 €   AY
♦ Sur les quais de la Dordogne, bâtiment neuf décoré selon un esprit contemporain,
uniformisé dans les chambres. Trois suites. Salle de séminaire. Bar à vins où l'on sert le soir
une cuisine traditionnelle, proposée sur ardoise. Restaurant actuel, terrasse sur cour.

De France sans rest & ↯ ☏ ⚗ **P** ☁ **VISA** **MC** **AE** **①**
7 r. Chanzy – ✆ 05 57 51 01 66 – hoteldefrance33 @ tiscali.fr – Fax 05 57 25 34 04
19 ch – ♦50/145 € ♦♦55/145 €, ☲ 11 €   BY **a**
♦ Le décor de ce relais de poste entièrement rénové est un habile mélange de tradition et
de modernité : tons chauds, mobilier actuel, asiatique ou de style. Confortables chambres.

Chez Servais ☊ ⚄ **VISA** **MC** **AE**
14 pl. Decazes – ✆ 05 57 51 83 97 – Fax 05 57 51 83 97 – Fermé 1ᵉʳ-7 mai,
14-28 août, dim. soir et lundi – **Rest** – Menu (18 €), 25/46 €   BY **n**
♦ Accueil charmant, ambiance décontractée, cuisine dans l'air du temps et intérieur
lumineux sont les atouts de ce restaurant situé au cœur de la bastide.

Bord d'Eau ⬅ **P** **VISA** **MC**
par ⑤ : 1,5 km – ✆ 05 57 51 99 91 – Fax 05 57 25 11 56 – Fermé
15-22 sept., 17 nov.-1ᵉʳ déc., 16 fév.-2 mars, merc. soir, dim. soir et lundi
Rest – Menu 20 € (sem.)/46 € – Carte 37/45 €
♦ Le temps d'un repas, on profite de la vue sur la Dordogne, unique depuis cette construction sur pilotis. Exposition de photos. La carte change chaque semaine au gré du marché.

à La Rivière 6 km à l'Ouest par ⑤ – 321 h. – alt. 6 m – ⊠ 33126

Château de La Rivière sans rest ⤢ ⬅ Vallée de la Dordogne, ☊ ⛱
par D 670 – ✆ 05 57 55 56 51 – reception @   ↯ ✕ ☏ **P** **VISA** **MC** **AE**
chateau-de-la-riviere.com – Fax 05 57 55 56 54 – Fermé de déc. à mi fév.
5 ch ☲ – ♦110/170 € ♦♦130/190 €
♦ Dans l'aile Renaissance du château de la Rivière, au milieu des vignes, cinq chambres
spacieuses, mêlant l'ancien et le moderne. Les "plus" : le parc et la visite des caves.

LIBOURNE

LIÈPVRE – 68 Haut-Rhin – 315 H7 – 1 632 h. – alt. 272 m – ⊠ 68660   2 **C1**
   🖪 Paris 428 – Colmar 35 – Ribeauvillé 27 – St-Dié 31 – Sélestat 15

à La Vancelle (Bas-Rhin) Nord-Est : 2,5 km par D 167 – 373 h. – alt. 400 m – ⊠ 67730

❌❌   **Elisabeth** avec ch   🚗 🈸 ⅃ rest. ⅄ 🕻 🄿 𝘝𝘐𝘚𝘈 ⦿⦿ 🄰🄴
      5 r. Gén. de Gaulle – ℰ 03 88 57 90 61 – info@hotel-elisabeth.fr
😊   *– Fax 03 88 57 91 51 – Fermé 30 juin-7 juil., 17-24 nov., 1ᵉʳ-9 janv. et 23 fév.-10 mars*
      10 ch – ♥49 € ♥♥49 €, ⊇ 8 € – ½ P 56 €
      Rest – *(fermé sam. midi, dim. soir et lundi)* Menu 10 € (déj. en sem.), 28/62 €
      – Carte 40/59 €
      ◆ La passion du chef s'exprime dans sa cuisine soignée, respectueuse des classiques et
      férue de créativité. Décor à la fois régional et contemporain ; belle terrasse côté jardin.

922

XX   **Auberge Frankenbourg** (Sébastien Buecher) avec ch
☼
13 r. Gén.de Gaulle – ℰ *03 88 57 93 90*   📶 📞 **VISA** **⓪⓪** **AE**
– hr.frankenbourg@wanadoo.fr – Fax 03 88 57 91 31
– Fermé 30 juin-12 juil., 1er-9 nov. et 15 fév.-8 mars
11 ch – ✝48 € ✝✝54 €, ⊃ 10 € – ½ P 53 €
Rest *– (fermé mardi soir et merc.)* Menu 28/80 € bc – Carte 48/60 € ⅋
Spéc. Foie gras de canard. Réflexion autour du bœuf (hiver). Pêche melba fantaisie (été). **Vins** Riesling, Pinot gris.
♦ Accueil familial, jolie salle à manger rustique, bon choix de vins et délicieuse cuisine inventive à des prix imbattables : que demander de plus à cette sympathique auberge !

LIESSIES – 59 Nord – 302 M7 – 501 h. – alt. 165 m – ✉ 59740
▌Nord Pas-de-Calais Picardie   31 **D3**

🚗 Paris 223 – Avesnes-sur-Helpe 14 – Charleroi 48 – Hirson 24 – Maubeuge 23 – St-Quentin 74

🆔 Syndicat d'initiative, 20, rue du Maréchal Foch ℰ 03 27 57 91 11, Fax 03 27 57 91 11

◉ Parc départemental du Val Joly ★ E : 5 km.

🏨   **Château de la Motte**   🚗 🐾 🍽 ↩ 📞 🔊 **P** **VISA** **⓪⓪** **AE**
Sud : 1 km par rte secondaire – ℰ *03 27 61 81 94 – contact@chateaudelamotte.fr*
– Fax 03 27 61 83 57 – Fermé 19 déc.-9 fév., dim. soir et lundi midi hors saison
9 ch – ✝57 € ✝✝67 €, ⊃ 8,50 € – ½ P 66 € – **Rest** – Menu 22 € (sem.)/65 €
– Carte 35/61 €
♦ Cette belle construction de briques entourée d'un agréable parc fut la maison de retraite des moines de l'abbaye voisine. Chambres correctement équipées. Au restaurant, cadre de caractère, terrasse ouverte sur la verdure, plats traditionnels et régionaux.

↑   **La Forge de l'Abbaye** sans rest   ⅙ ↩ **P** **VISA** **⓪⓪**
13 r. de la Forge – ℰ *03 27 60 74 27 – Fax 03 27 60 74 27 – Fermé 2 janv.-9 fév.*
4 ch – ⊃ ✝52 € ✝✝59 €
♦ Délicieuse atmosphère champêtre dans cette ancienne forge au cachet préservé. Chambres agréables et cuisine à disposition des hôtes, avec la nature et un étang pour décor. Non-fumeurs.

X   **Le Carillon**   **VISA** **⓪⓪** **AE**
😊 *face à l'église –* ℰ *03 27 61 80 21 – contact@le-carillon.com – Fax 03 27 61 82 34*
– Fermé 20-27 août, 18 nov.-3 déc., 18 fév.-11 mars, lundi soir, mardi soir, jeudi soir, dim. soir et merc.
Rest *– (nombre de couverts limité, prévenir)* Menu 17 € (sem.)/42 €
♦ Une maison qui a du charme avec sa terrasse sous les platanes et sa salle parée de poutres et briques. Carte traditionnelle valorisant les produits du terroir. Boutique gourmande.

LA LIEZ (LAC DE) – 52 Haute-Marne – 313 M6 – rattaché à Langres

---

LIGNY-EN-CAMBRÉSIS – 59 Nord – 302 I7 – 1 658 h. – alt. 127 m –
✉ 59191   31 **C3**

🚗 Paris 193 – Arras 51 – Cambrai 17 – Valenciennes 42 – St-Quentin 35

🏨   **Château de Ligny**   🐾 🛰 🍴 ⅙ ch, ↩ 📺 📞 🔊 **P**
☼ *2 r. Curie –* ℰ *03 27 85 25 84*   🍽 **VISA** **⓪⓪** **AE** **①**
– contact@chateau-de-ligny.fr – Fax 03 27 85 79 79
– Fermé 3-17 août, fév., dim. soir, lundi et mardi
21 ch – ✝120 € ✝✝170 €, ⊃ 20 € – 5 suites – ½ P 128/317 €
Rest – Menu 48/82 € – Carte 69/95 € ⅋
Spéc. Tarte friande de rouget barbet au romarin. Sole et petits crustacés mijotés dans une bisque de crevettes grises. Soufflé à la chicorée.
♦ Beau manoir médiéval aux chambres personnalisées, plus spacieuses mais tout aussi raffinées dans la "Résidence", remarquablement aménagée. Espace wellness ultra-moderne. L'ancienne salle d'armes et le salon-bibliothèque font le charme aristocratique du restaurant.

LIGSDORF – 68 Haut-Rhin – 315 H12 – rattaché à Ferrette

Le beffroi de la Chambre de Commerce

LILLE

P Département : 59 Nord
Carte Michelin LOCAL : n° **302** G4
▶ Paris 223 – Bruxelles 114 – Gent 75
– Luxembourg 310 – Strasbourg 530

Population : 184 657 h   31 **C2**
Pop. agglomération : 1 000 900 h
Altitude : 10 m – **Code Postal :** ⊠ 59000
▮ Nord Pas-de-Calais Picardie

RENSEIGNEMENTS PRATIQUES

Office de tourisme

Place Rihour 𝒞 08 91 56 20 04, Fax 03 59 57 94 14

Transports

Auto-train 𝒞 3635 et tapez 42 (0,34 €/mn)

Aéroport

🛪 Lille-Lesquin : 𝒞 0 891 67 32 10 (0,23 €/mn), par A1 : 8 km **HT**

LOISIRS

Golfs

▦ Lille Métropole à Ronchin Rond Point des Acacias, 𝒞 03 20 47 42 42
▦ du Sart à Villeneuve-d'Ascq 5 rue Jean Jaurès, par D656 : 7 km, 𝒞 03 20 72 02 51
▦ des Flandres à Marcq-en-Barœul 159 boulevard Clémenceau, par D670 : 4,5 km,
       𝒞 03 20 72 20 74
▦ de Brigode à Villeneuve-d'Ascq 36 avenue du Golf, par D146 : 9 km,
       𝒞 03 20 91 17 86

👁 À VOIR

AUTOUR DU BEFFROI DE L'HÔTEL DE VILLE

Quartier St-Sauveur **FZ** : porte de Paris★, ⩽★ du beffroi - Palais des Beaux-Arts★★★ **EZ**

AUTOUR DU BEFFROI DE LA CHAMBRE DE COMMERCE

Le Vieux Lille★★ **EY** : Vieille Bourse★★, Demeure de Gilles de la Boé★ (29 place Louise-de-Bettignies) - rue de la Monnaie★ - Hospice Comtesse★ - Maison natale du Général de Gaulle **EY** - Église St-Maurice★ **EFY**, La Citadelle★ **BV**

LES QUARTIERS QUI BOUGENT

Place du Général de Gaulle (Grand'Place)★ **EY** - Place Rihour **EY** - Rue de Béthune (cinémas) **EYZ** - Euralille (tour du Crédit Lyonnais★) Et autour de la gare Lille-Flandres **FY**

... ET AUX ENVIRONS

Villeneuve d'Ascq : musée d'Art moderne★★ **HS M** Bondues : château du Vert-Bois★ **HR** Bouvines : vitraux de l'église et évocation de la bataille **JT**

L'Hermitage Gantois ⬚ ⬚ ⬚ ⬚ ⬚ ⬚ ⬚

224 r. de Paris – ℰ *03 20 85 30 30 – contact@hotelhermitagegantois.com*
– Fax 03 20 42 31 31   *p. 3* EZ **b**
67 ch – ♦205/260 € ♦♦205/260 €, ☲ 18 €
Rest – Menu (33 €), 43 €
Rest *L'Estaminet* – brasserie *(fermé sam. midi et dim.)* Menu (13 €), 19 €
♦ Ravissantes chambres personnalisées, très belles salles de bain modernes, salon de massage… : luxe, histoire, confort et design se marient pour le meilleur en cet hospice du 14ᵉ s. Cuisine de saison servie sous les voûtes rouge et or du restaurant. Esprit brasserie et généreuses recettes flamandes à l'Estaminet.

Crowne Plaza ⬚ ⬚ ⬚ ⬚ ⬚ ⬚ ⬚ ⬚ ⬚ ⬚

335 bd Leeds – ℰ *03 20 42 46 46 – contact@lille-crowneplaza.com*
– Fax 03 20 40 13 14   *p. 8* FY **n**
121 ch – ♦190/225 € ♦♦190/225 €, ☲ 21 € – 1 suite – **Rest** – Menu (19 €), 26 €
– Carte 37/55 €
♦ Face à la gare TGV, cette architecture moderne abrite de vastes chambres contemporaines, zen et très bien équipées ; certaines ménagent une vue superbe sur Lille et son beffroi. Décor design (mobilier signé Starck), carte actuelle et formules buffets au restaurant.

Alliance ⬚ ⬚ ⬚ ⬚ ⬚ ⬚ ⬚ ⬚ ⬚ ⬚ ⬚

17 quai du Wault ✉ *59800 –* ℰ *03 20 30 62 62 – alliancelille@*
alliance-hospitality.com – Fax 03 20 42 94 25   *p. 6* BV **d**
83 ch – ♦215/225 € ♦♦215/225 €, ☲ 18 € – 8 suites – **Rest** – *(fermé lundi du 15 juil. au 20 août)* Menu (29 €), 38 € bc
♦ Couvent du 17ᵉ s. en briques rouges posté entre le vieux Lille et la Citadelle. Décor actuel dans les chambres, disposées autour d'un jardin intérieur. Une vaste verrière pyramidale coiffe le cloître où se trouve la salle de restaurant. Piano-bar.

Novotel Centre Grand Place ⬚ ⬚ ⬚ ⬚ ⬚ ⬚ ⬚
⬚ ⬚ ⬚ ⬚

116 r. de L'Hôpital-Militaire – ℰ *03 28 38 53 53*
– h0918@accor.com – Fax 03 28 38 53 54   *p. 8* EY **k**
104 ch – ♦99/169 € ♦♦99/169 €, ☲ 13,50 € – **Rest** – Menu 24 € bc/30 € bc
– Carte 25/43 €
♦ Hôtel refait à neuf selon le nouveau concept Novotel : grandes chambres contemporaines, pensées pour la détente et le travail (mobilier modulable) et salles de bains modernes. Plats traditionnels à tendance diététique au restaurant. Service à toute heure au Novotel Café.

Grand Hôtel Bellevue sans rest ⬚ ⬚ ⬚ ⬚ ⬚ ⬚ ⬚ ⬚

5 r. J. Roisin – ℰ *03 20 57 45 64 – contact@grandhotelbellevue.com*
– Fax 03 20 40 07 93   *p. 8* EY **a**
60 ch – ♦95/135 € ♦♦95/135 €, ☲ 12 €
♦ Les chambres ne manquent pas d'allure avec leur mobilier de style Directoire et leurs salles de bains en marbre. Les plus prisées donnent sur la Grand'Place.

Novotel Lille Gares ⬚ ⬚ ⬚ ⬚ ⬚ ⬚ ⬚ ⬚ ⬚

49 r. Tournai ✉ *59800 –* ℰ *03 28 38 67 00 – h3165@accor.com*
– Fax 03 28 38 67 10   *p. 8* FZ **u**
86 ch – ♦99/175 € ♦♦109/185 €, ☲ 14,50 € – 5 suites – **Rest** – Carte 27/40 €
♦ L'hôtel, voisin de la gare Lille-Flandres, rénove peu à peu ses chambres selon les dernières normes de la chaîne : espace, confort, équipements modernes et décor épuré. Restauration au bar ou dans une salle très tendance (carte simple et suggestions du jour).

Mercure Opéra sans rest ⬚ ⬚ ⬚ ⬚ ⬚ ⬚ ⬚ ⬚

2 bd Carnot ✉ *59800 –* ℰ *03 20 14 71 47 – h0802@accor.com*
– Fax 03 20 14 71 48   *p. 8* EY **h**
101 ch – ♦80/160 € ♦♦90/265 €, ☲ 14 €
♦ Poutres et briques, tant à la réception que dans les salons, révèlent tout le charme de cet immeuble centenaire en pierres de taille. Chambres actuelles, décorées avec soin.

Art Déco Romarin sans rest ⬚ ⬚ ⬚ ⬚ ⬚ ⬚ ⬚ ⬚

110 r. République à la Madeleine – ℰ *03 20 14 81 81 – hotel-art-decoromarin@*
wanadoo.fr – Fax 03 20 14 81 80   *p. 8* FY **t**
56 ch – ♦89/130 € ♦♦110/150 €, ☲ 12 €
♦ Cet hôtel récent, situé sur une avenue passante, bénéficie d'une insonorisation efficace. Bel intérieur de style Art déco, chambres de bonne ampleur et salon-bar feutré.

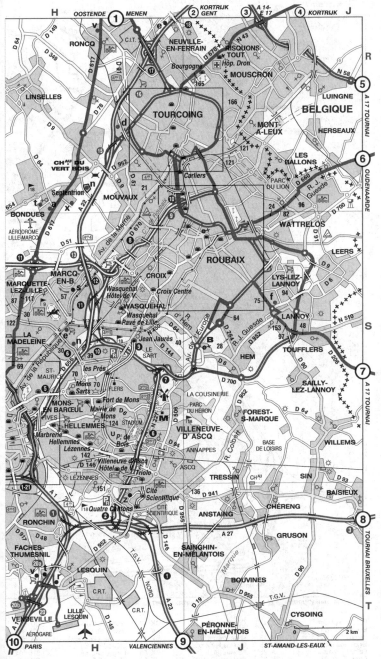

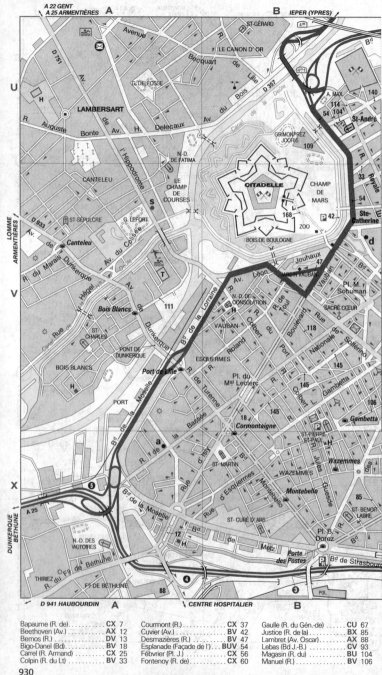

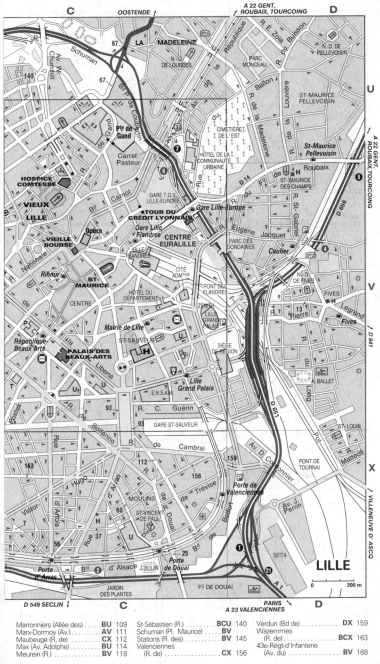

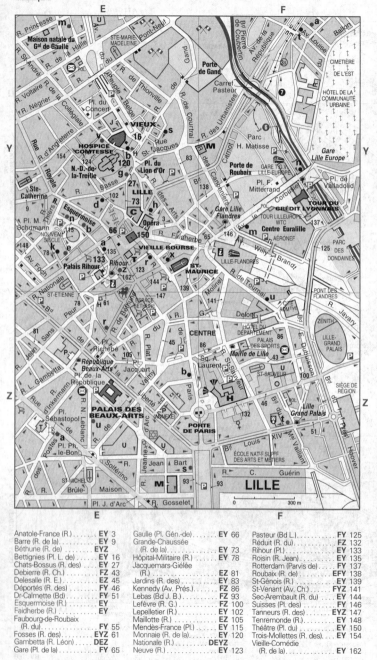

🏠🏠 **De la Paix** sans rest   🔊 📞 VISA ◉ AE ①
46 bis r. de Paris – ☏ 03 20 54 63 93 – hotelpaixlille @ aol.com
– Fax 03 20 63 98 97   p. 8 EY **r**
36 ch – 🛏80/88 € 🛏🛏88/110 €, ⊊ 9 €
♦ Artiste dans l'âme, la propriétaire de cet hôtel (1782) expose des reproductions de tableaux et a réalisé la fresque qui orne la salle des petits-déjeuners. Chambres douillettes.

🏠🏠 **Des Tours** sans rest   🔊 AC 📞 🕍 🛋 VISA ◉ AE
27 r. des Tours – ☏ 03 59 57 47 00 – contact @ hotel-des-tours.com
– Fax 03 59 57 47 99   p. 8 EY **s**
64 ch – 🛏110/120 € 🛏🛏115/130 €, ⊊ 14 €
♦ Cet établissement a de quoi séduire : emplacement au centre du Vieux Lille, garage surveillé, hall et salon égayés de tableaux contemporains, chambres modernes et pratiques.

🏠 **Brueghel** sans rest   🔊 📞 VISA ◉ AE ①
parvis St-Maurice – ☏ 03 20 06 06 69 – hotel.brueghel @ nordnet.fr
– Fax 03 20 63 25 27   p. 8 EY **x**
65 ch – 🛏76 € 🛏🛏88/95 €, ⊊ 8 €
♦ Façade typiquement flamande, charme rétro du hall et de l'ascenseur, jolies petites chambres personnalisées et situation centrale font de cet hôtel une adresse prisée.

🏠 **Lille Europe** sans rest   🔊 ↯ 🛋 VISA ◉ AE ①
av. Le Corbusier – ☏ 03 28 36 76 76 – infos @ hotel-lille-europe.com
– Fax 03 28 36 77 77   p. 8 FY **m**
97 ch – 🛏73/88 € 🛏🛏73/88 €, ⊊ 8,50 €
♦ Entre les deux gares, immeuble moderne intégré au centre Euralille (commerces, restaurants). Chambres fonctionnelles bien insonorisées et salle des petits-déjeuners panoramique.

🏠 **De La Treille** sans rest   🔊 📞 VISA ◉ AE ①
7/9 pl. Louise de Bettignies – ☏ 03 20 55 45 46 – hoteldelatreille @ free.fr
– Fax 03 20 51 51 69   p. 8 EY **b**
42 ch – 🛏70/130 € 🛏🛏70/130 €, ⊊ 12 €
♦ Idéalement situé pour arpenter la vieille ville, cet hôtel dispose de chambres un peu exiguës, mais fraîches et bien agencées. Copieux buffets à l'heure du petit-déjeuner.

🏠 **Ibis Opéra** sans rest   🔊 ⅾ AC ↯ 🚫 📞 VISA ◉ AE ①
21 r. Lepelletier – ☏ 03 20 06 21 95 – h0902 @ accor.com
– Fax 03 20 74 91 30   p. 8 EY **d**
59 ch – 🛏60/89 € 🛏🛏60/89 €, ⊊ 7 €
♦ Jolie façade traditionnelle et chambres neuves conformes aux normes de la chaîne (mobilier moderne, coin bureau) : un bon point de départ pour la visite du centre historique.

🏡 **La Maison Carrée**   🚗 ⌻ 🌿 rest, 📞 P VISA ◉
29 r. Bonte-Pollet – ☏ 03 20 93 60 42 – reservation @ lamaisoncarree.fr   p. 6 AX **a**
5 ch ⊊ – 🛏140/200 € 🛏🛏150/230 € – **Table d'hôte** – Menu 30/60 € bc
♦ Découvrez ce splendide hôtel particulier (début du 20ᵉ s.) tenu par des amoureux d'art et de décoration contemporaine. Calme, raffinement et grand confort sont au programme.

🍴🍴🍴🍴 **À L'Huîtrière**   AC ⇄ VISA ◉ AE ①
⊛   3 r. Chats Bossus ✉ 59800 – ☏ 03 20 55 43 41 – contact @ huitriere.fr
– Fax 03 20 55 23 10 – Fermé 27 juil.-25 août, dim. soir et soirs fériés   p. 8 EY **g**
Rest – Menu 45 € (déj. en sem.)/140 € – Carte 72/124 € 🍴
Spéc. Vinaigrette tiède d'anguille fumée et foie gras chaud (sept. à mai). Gros turbot rôti, toast à la moelle (mars à nov.). Fraises, tomates et olives confites, huile d'olive et basilic, granité rhubarbe (mai à sept.).
♦ Le décor de céramique de la poissonnerie vaut le coup d'œil et met en appétit. Suivent trois luxueuses salles à manger bourgeoises. Un haut lieu de la gastronomie lilloise.

🍴🍴🍴 **La Laiterie** (Benoît Bernard)   🌿 P VISA ◉ AE
⊛   138 r. de l'Hippodrome, à Lambersart ✉ 59130 – ☏ 03 20 92 79 73
– Fax 03 20 22 16 19 – Fermé 3-25 août, dim. et lundi   p. 6 AV **s**
Rest – Menu (38 € bc), 41/80 € – Carte 57/117 €
Spéc. Thon aux cinq épices chinoises. Turbot rôti en tronçon, os à la moelle aux petits gris. Déclinaison d'agneau de lait des Pyrénées (printemps).
♦ Dans cette maison de la périphérie, le joli cadre contemporain se fait discret comme pour mieux mettre en valeur la délicieuse cuisine du chef, créative et riche en saveurs.

XXX **Le Sébastopol** (Jean-Luc Germond)　　　　　AC ⇔ VISA ◉◉ AE

ε3 *1 pl. Sébastopol – ℰ 03 20 57 05 05 – n.germond@restaurant-sebastopol.fr*
– Fermé 3-25 août, dim. soir, sam. midi et lundi midi　　　p. 8 EZ **a**
Rest – Menu 52 € bc/68 € – Carte 66/79 € 🍷

Spéc. Saint-Jacques d'Étaples. Filets de sole aux jets de houblon (printemps).
Notre raison d'aimer la chicorée du Nord (dessert).

◆ Un rideau de verdure et une originale marquise habillent la façade de ce chaleureux
établissement. Cuisine classique préparée dans les règles de l'art et belle carte des vins.

XXX **Champlain**　　　　　　　　　　🍴 🎭 ⇔ VISA ◉◉ AE

13 r. N. Leblanc – ℰ 03 20 54 01 38 – le.champlain@wanadoo.fr
– Fax 03 20 40 07 28 – Fermé août, sam. midi, dim. soir et lundi soir　p. 8 EZ **u**
Rest – Menu 25 € bc (déj. en sem.), 30/45 €

◆ Attablez-vous dans la salle à manger cossue ou dans la paisible cour intérieure de cette
demeure du 19ᵉ s. pour déguster une cuisine soignée qui valorise les beaux produits.

XX **Baan Thaï**　　　　　　　　　　　AC VISA ◉◉ AE ◉

22 bd J.-B. Lebas – ℰ 03 20 86 06 01 – gtbi@wanadoo.fr – Fax 03 20 86 72 94
– Fermé dim. soir et sam. midi　　　　　　p. 8 EZ **s**
Rest – Menu 23 € (déj. en sem.), 41/51 € – Carte 27/53 €

◆ Ce restaurant installé à l'étage d'une maison bourgeoise est une véritable invite à un
voyage au royaume de Siam : élégant décor exotique et carte thaïlandaise traditionnelle.

XX **Clément Marot**　　　　　　　　　AC ⇔ VISA ◉◉ AE ◉

16 r. Pas ✉ 59800 – ℰ 03 20 57 01 10 – clmarot@nordnet.fr – Fax 03 20 57 39 69
– Fermé dim. soir　　　　　　　　　　p. 8 EY **n**
Rest – Menu (18 €), 34/43 € bc – Carte 41/83 €

◆ Petite maison de briques tenue par les descendants du poète cadurcien Clément Marot.
Cadre contemporain, murs ornés de tableaux et atmosphère conviviale.

XX **Le Colysée**　　　　　　　　　　🍴 AC VISA ◉◉ AE

201 av. Colisée ✉ 59130 Lambersart – ℰ 03 20 45 90 00 – contact@
le-colysee.com – Fax 03 20 45 90 70 – Fermé 11 août-2 sept., sam. midi, lundi soir et
dim.　　　　　　　　　　　　　　　p. 6 AV
Rest – Menu (18 €), 27/59 € bc – Carte 38/56 €

◆ Au rez-de-chaussée du Colysée, un restaurant feutré au décor très avant-gardiste (films
projetés au plafond) en osmose avec une table légère, innovante et pleine de caractère.

XX **L'Écume des Mers**　　　　　　　　AC VISA ◉◉ AE

10 r. Pas – ℰ 03 20 54 95 40 – aproye@nordnet.com – Fax 03 20 54 96 66 – Fermé
dim. soir　　　　　　　　　　　　　p. 8 EY **n**
Rest – brasserie Menu (15 €), 20 € – Carte 29/56 €

◆ Ambiance animée, carte journalière de poissons, joli banc d'écailler et quelques viandes
pour les "accros" : cette vaste brasserie a le vent en poupe.

XX **Brasserie de la Paix**　　　　　　　AC VISA ◉◉ AE

😊 *25 pl. Rihour – ℰ 03 20 54 70 41 – contactpaix@restaurantsdelille.com*
– Fax 03 20 40 15 52 – Fermé dim.　　　　　p. 8 EY **z**
Rest – brasserie Menu 18/26 € – Carte 26/55 €

◆ Céramiques, boiseries, banquettes et tables serrées composent le cadre Art déco de cette
sympathique brasserie située à deux pas du palais Rihour. Convivialité de mise.

XX **Le Bistrot Tourangeau**　　　　　　⇔ VISA ◉◉ AE

61 bd Louis XIV ✉ 59800 – ℰ 03 20 52 74 64 – hhochart@laposte.net
– Fax 03 20 85 06 39 – Fermé 3-24 août, 26 déc.-4 janv., lundi soir, mardi soir, merc.
soir, sam. midi et dim.　　　　　　　　p. 8 FZ **t**
Rest – Carte 31/56 € 🍷

◆ La mignonne façade peinte en rouge dissimule une longue salle à peine séparée des
cuisines par une vitre. Recettes traditionnelles revisitées, plats tourangeaux et vins de Loire.

XX **Le Why Not**　　　　　　　　　　🎭 VISA ◉◉ AE ◉

9 r. Maracci – ℰ 03 20 74 14 14 – lewhynot@nordnet.fr – Fax 03 20 74 14 15
– Fermé 28 juil.-17 août, 1ᵉʳ-6 janv., lundi soir, mardi soir, sam. midi et dim. p. 8 EY **m**
Rest – Menu (22 €), 26/31 €

◆ Dans le vieux Lille, ce restaurant convivial a pour cadre une cave tendance (décor design,
tableaux). Plats actuels savoureux signés par un chef globe-trotter de retour au pays.

X **L'Assiette du Marché** 🛱 🗚 *VISA* ⓜⓒ
61 r. Monnaie – ℰ *03 20 06 83 61 – contact@assiettedumarche.com*
– Fax 03 20 14 03 75 – Fermé 3-25 août et dim. p. 8 EY **v**
Rest – Menu (16 €), 20 € – Carte 25/40 €
♦ Le joli décor – mariage de moderne et d'ancien – et la verrière coiffant la cour intérieure magnifient l'hôtel des Monnaies (18ᵉ s.). L'assiette se garnit en fonction du marché.

X **La Coquille** 🛱 *VISA* ⓜⓒ
(😊) *60 r. St-Étienne* ⊠ *59800 –* ℰ *03 20 54 29 82 – dadeleval@nordet.fr*
– Fax 03 20 54 29 82 – Fermé 1ᵉʳ-15 août et dim. p. 8 EY **e**
Rest – *(prévenir)* Menu (18 €), 27/37 € bc – Carte 32/50 €
♦ Pierres, poutres, tables serrées et nappes à carreaux : on se sent tout de suite à son aise dans cette ambiance champêtre. L'ardoise des suggestions évolue au fil des arrivages.

X **Le Bistrot de Pierrot** 🛱 🗚 *VISA* ⓜⓒ 🗚 ⓞ
6 pl. Béthune – ℰ *03 20 57 14 09 – Fax 03 20 30 93 13 – Fermé 10-25 août,*
4-12 janv., dim. et lundi p. 8 EZ **r**
Rest – bistrot Carte 29/46 €
♦ Les nouveaux propriétaires des lieux ont su préserver l'âme et le décor de cet authentique bistrot. Au menu : bon choix de plats canailles et cuisine plus légère pour ces dames.

à Bondues – 10 680 h. – alt. 37 m – ⊠ 59910

🖪 Syndicat d'initiative, 266, domaine de la vigne ℰ 03 20 25 94 94

XXX **Auberge de l'Harmonie** 🛱 🗚 *VISA* ⓜⓒ 🗚
pl. Abbé Bonpain – ℰ *03 20 23 17 02 – contact@aubergeharmonie.fr*
– Fax 03 20 23 05 99 – Fermé 15 juil.-10 août, dim. soir, mardi soir,
jeudi soir et lundi p. 5 HR **t**
Rest – Menu (28 € bc), 37 € bc/88 € bc – Carte 45/67 €
♦ Couleurs gaies et chaleureuses, mobilier rustique, poutres apparentes, terrasse verdoyante et cuisine évoluant au gré des saisons : décor et mets vivent effectivement en harmonie.

XXX **Val d'Auge** (Christophe Hagnerelle) 🗚 🄿 *VISA* ⓜⓒ 🗚 ⓞ
❀ *805 av. Gén. de Gaulle –* ℰ *03 20 46 26 87 – valdauge@numericable.fr*
– Fax 03 20 37 43 78 – Fermé vacances de Pâques, 28 juil.-17 août, 24-30 déc., dim.
soir, lundi soir, merc. et fériés p. 5 HR **a**
Rest – Menu (44 € bc), 55 € bc – Carte 64/84 €
Spéc. Œuf cocotte aux champignons de saison. Pièce de veau cuite à basse température. Soufflé au chocolat grand cru.
♦ Cette maison qui borde la route vous reçoit dans une salle à manger assez moderne, mais surtout agréablement lumineuse. Dans l'assiette, mariage subtil des saveurs.

à La Madeleine – 22 399 h. – alt. 48 m – ⊠ 59110

🖪 Syndicat d'initiative, 177, rue du Général-de-Gaulle ℰ 03 20 74 32 35,
    Fax 03 20 74 32 35

XX **L'Atelier "La Cour des Grands"** *VISA* ⓜⓒ
15 r. François de Badts à la Madeleine – ℰ *03 20 74 26 33 – Fax 03 20 55 89 66*
– Fermé 1ᵉʳ-21 août, vacances de fév., dim., lundi et fériés p. 8 FY **a**
Rest – Menu 22 € (déj.), 37/51 € – Carte 37/51 €
♦ Décor de loft industriel, toiles et photos d'artistes, cuisine épurée un brin inventive et nombreux vins au verre : cet ancien garage est devenu l'adresse tendance de Lille.

à Marcq-en-Barœul – 37 177 h. – alt. 15 m – ⊠ 59700

🖪 Office de tourisme, 111, avenue Foch ℰ 03 20 72 60 87, Fax 03 20 72 56 65

🏠 **Mercure** 🖭 🗚 ⇄ 📶 ఉ 🄿 *VISA* ⓜⓒ 🗚 ⓞ
157 av. Marne, par D 670 : 5 km – ℰ *03 28 33 12 12 – h1099@accor.com*
– Fax 03 28 33 12 24 p. 5 HS **s**
125 ch – †55/160 € ††65/170 €, � 13,50 € – 1 suite
Rest *L'Europe* – ℰ *03 28 33 12 68* – Menu (18 €), 23 € – Carte 31/50 €
♦ Abords verdoyants, atmosphère chaleureuse et feutrée, chambres tout confort, installations conférencières et prestations haut de gamme pour cette unité de la chaîne Mercure. Au restaurant L'Europe, ambiance de brasserie de luxe et cuisine au diapason.

XXX Le Septentrion

🕭 🏡 **P** _VISA_ **◍◍** AE

parc du château Vert-Bois, par D 617 : 9 km – 𝒞 _03 20 46 26 98_
– contact-septentrion @ nordnet.fr – Fax 03 20 46 38 33 – Fermé 19 juil.-13 août,
19-26 fév., mardi soir, merc. soir, jeudi soir et lundi   _p. 5_ HR **n**
Rest – Menu 38/70 € – Carte 53/69 €

♦ Au sein de la fondation Prouvost-Septentrion, cette ancienne dépendance du château
du Vert-Bois ménage une vue bucolique sur le parc. Cuisine dans l'air du temps bien faite.

XX Auberge de la Garenne

🚗 🏡 ⇔ **P** _VISA_ **◍◍** AE ①

17 chemin de Ghesles – 𝒞 _03 20 46 20 20 – contact @ aubergegarenne.fr_
– Fax 03 20 46 32 33 – Fermé 1ᵉʳ-23 août, dim. soir, lundi et mardi   _p. 5_ HR **x**
Rest – Menu 32 € bc (déj. en sem.), 52 € bc/90 € bc – Carte 42/69 € 🕸

♦ Au cœur d'une nature préservée, sympathique auberge campagnarde profitant d'une
agréable terrasse et d'un jardin. Cuisine du terroir réalisée dans le respect de la tradition.

X La Table de Marcq

VISA **◍◍** AE

944 av. de la République – 𝒞 _03 20 72 43 55 – Fermé 29 juil.-28 août, dim. soir et_
lundi   _p. 4_ HS **e**
Rest – Menu (17 €), 22/32 € – Carte 32/42 €

♦ Cet ancien café converti en restaurant s'est doté d'une décoration actuelle, mais a
conservé son beau comptoir. Ambiance conviviale et menus élaborés au gré du marché.

à Villeneuve d'Ascq – 65 042 h. – alt. 26 m – ⊠ 59491

🖪 Office de tourisme, chemin du Chat Botté 𝒞 03 20 43 55 75,
Fax 03 20 91 28 28

🏠 Ascotel

🏡 🕮 ↳ ☇ 🕭 **P** _VISA_ **◍◍** AE ①

av. P. Langevin-Cité Scientifique – 𝒞 _03 20 67 34 34 – ascotel @ club.fr_
– Fax 03 20 91 39 28   _p. 5_ HT **z**
83 ch – ♦59/85 € ♦♦67/89 €, � 14 € – 2 suites – ½ P 85/114 € – **Rest** – _(fermé_
sam. et dim.) Menu 17/23 € – Carte 29/34 €

♦ Au cœur de la cité scientifique, complexe hôtelier adapté aux séjours d'affaires : vaste
salle de congrès, grand amphithéâtre et chambres fonctionnelles en cours de rénovation.
Salle de restaurant moderne et cuisine traditionnelle servie sous forme de buffets.

à l'aéroport de Lille-Lesquin – ⊠ 59810 Lesquin

🏨 Mercure Aéroport

🛠 🕮 & ch, 🅺 ↳ ☇ 🕭 **P** _VISA_ **◍◍** AE ①

_–_ 𝒞 _03 20 87 46 46 – h1098 @ accor.com – Fax 03 20 87 46 47_   _p. 5_ HT **r**
215 ch – ♦55/160 € ♦♦60/170 €, ⊔ 13,50 €
Rest _La Flamme_ – Menu 23 € bc (déj. en sem.), 29/45 € – Carte 25/49 €

♦ Architecture contemporaine aux chambres spacieuses et de bon confort (évitez de
réserver côté autoroute). Service de navettes entre l'hôtel et l'aéroport tout proche.
Convivialité, plats régionaux et rôtisserie visible de tous au restaurant La Flamme.

🏨 Novotel Aéroport

🚗 🏡 ⌑ & ch, 🅺 ↳ ☇ 🕭 **P** _VISA_ **◍◍** AE ①

55 rte de Douai – 𝒞 _03 20 62 53 53 – h0427 @ accor.com_
– Fax 03 20 97 36 12   _p. 5_ HT **t**
92 ch – ♦54/133 € ♦♦54/133 €, ⊔ 12,50 € – **Rest** – Carte 19/39 €

♦ Cette construction basse est la plus ancienne unité de la chaîne (1967). Les chambres,
fonctionnelles, adoptent progressivement le style "dernière génération". Restaurant entièrement redécoré, où l'on propose plats traditionnels et recettes allégées.

🏠 Agena sans rest

& 🕭 **P** _VISA_ **◍◍** AE

451 av du Gén.-Leclerc ⊠ 59155 – 𝒞 _03 20 60 13 14 – hotelagena @ nordnet.fr_
– Fax 03 20 97 31 79   _p. 5_ HT **v**
40 ch – ♦64 € ♦♦69 €, ⊔ 10,50 €

♦ Les chambres de ce bâtiment en arc de cercle, aménagées en rez-de-jardin, sont plus
calmes côté patio. Cadre sobre, murs crépis, mobilier simple et entretien sans reproche.

à Wattignies – 14 440 h. – alt. 39 m – ⊠ 59139

X Le Cheval Blanc

🅰🅲 _VISA_ **◍◍** AE

110 r. Gén-.de Gaulle – 𝒞 _03 20 97 34 62 – le-cheval-blanc3 @ wanadoo.fr_
– Fax 03 20 97 34 62 – Fermé dim. soir   _p. 4_ GT **x**
Rest – Menu 25 € bc (déj. en sem.)/43 € – Carte 48/69 €

♦ Accueil sympathique, décor chaleureux (tons clairs, tableaux modernes, beau bar en
bois) et appétissante cuisine respectueuse des saisons et des produits du terroir.

à Emmerin – 3 029 h. – alt. 24 m – ⊠ 59320

La Howarderie ⚜   ♿ ⇄ ⚜ ☎ **P** 𝘝𝘐𝘚𝘈 ⓜⓢ ⒶⒺ ⑩

1 r. Fusillés – ℰ 03 20 10 31 00 – contact@lahowarderie.com – Fax 03 20 10 31 09
– Fermé 4-25 août, 22 déc.-5 janv. et dim. soir   *p. 4* GT **e**
7 ch – †95/135 € ††135/220 €, ☲ 17 € – **Rest** – Menu 26/58 € – Carte 40/69 €
♦ Une aile de cette vieille cense (ferme) en briques située face à l'église abrite des chambres
personnalisées et élégantes, pourvues de beaux meubles de style ou anciens. Cuisine au
goût du jour servie dans deux salles à manger intimistes.

à Capinghem – 1 524 h. – alt. 50 m – ⊠ 59160

La Marmite de Pierrot   **P** 𝘝𝘐𝘚𝘈 ⓜⓢ ⒶⒺ

93 r. Poincaré – ℰ 03 20 92 12 41 – pierrot@marmite-de-pierrot.com
– Fax 03 20 92 72 51 – Fermé dim. soir, mardi soir, merc. soir,
jeudi soir et lundi   *p. 4* GS **v**
Rest – Menu 24/32 €
♦ Sympathique restaurant aux allures de bistrot rustique, orné de licous et d'outils paysans.
Généreuse cuisine proposant savoureuses cochonnailles et autres produits tripiers.

à St-André-Lez-Lille – 10 113 h. – alt. 20 m – ⊠ 59350

🛈 Office de tourisme, 89, rue du Général Leclerc ℰ 03 20 51 79 05,
Fax 03 20 63 07 60

La Quintinie   🌿 ♿ 🅰 **P** 𝘝𝘐𝘚𝘈 ⓜⓢ ⒶⒺ ⑩

501 av. Mal-de-Lattre-de-Tassigny, (D 57) – ℰ 03 20 40 78 88 – anita@
alaquintinie.com – Fax 03 20 40 62 77 – Fermé 15 juil.-15 août, dim. soir, mardi soir,
merc. soir et lundi   *p. 4* GS **t**
Rest – Menu (26 €), 32/40 € – Carte 47/80 €
♦ Maison en briques dans un joli jardin doté d'un potager. Élégant intérieur contemporain
orné de tableaux en faïence et cuisine à l'image de son créateur : simple et bonne.

Déjeunez dehors, il fait si beau !
Optez pour une terrasse : 🌿

LIMAY – 78 Yvelines – 311 G2 – 15 709 h. – alt. 16 m – ⊠ 78520   18 **A1**

◪ Paris 56 – Argenteuil 50 – Boulogne-Billancourt 52 – Saint-Denis 60

Au Vieux Pêcheur   𝘝𝘐𝘚𝘈 ⓜⓢ ⒶⒺ

5 quai Albert 1er – ℰ 01 30 92 77 78 – Fax 01 34 77 34 62 – Fermé
10-20 mai, 28 juil.-28 août, merc. soir, dim. soir et lundi
Rest – Menu 30 € – Carte 34/59 €
♦ Ce restaurant du bord de Seine vous propose une bonne cuisine traditionnelle servie dans des salons cossus et rustiques. Formule brasserie, à midi, dans une salle plus
simple.

LIMERAY – 37 Indre-et-Loire – 317 P4 – rattaché à Amboise

LIMOGES ℙ – 87 Haute-Vienne – 325 E6 – 133 968 h. – Agglo. 173 299 h. – alt.
300 m – ⊠ 87000 ▌ Limousin Berry   24 **B2**

◪ Paris 391 – Angoulême 105 – Brive-la-Gaillarde 92 – Châteauroux 126

✈ Limoges : ℰ 05 55 43 30 30, par ⑦ : 10 km.

🛈 Office de tourisme, 12, boulevard de Fleurus ℰ 05 55 34 46 87,
Fax 05 55 34 19 12

⛳ de la Porcelaine à Panazol Celicroux, par rte de Clermont-Ferrand : 9 km,
ℰ 05 55 31 10 69 ;

⛳ de Limoges Avenue du Golf, par rte de St-Yrieix : 3 km, ℰ 05 55 30 21 02.

◎ Cathédrale St-Etienne★ – Église St-Michel-des-Lions★ – Cour du temple★ CZ
115 - Jardins de l'évêché★ - Musée national de la porcelaine Adrien
Dubouché★★ (porcelaines) BY - Rue de Boucherie★ - Musée de l'évêché★ :
les émaux★ - Chapelle St-Aurélien★ - Gare des Bénédictins★.

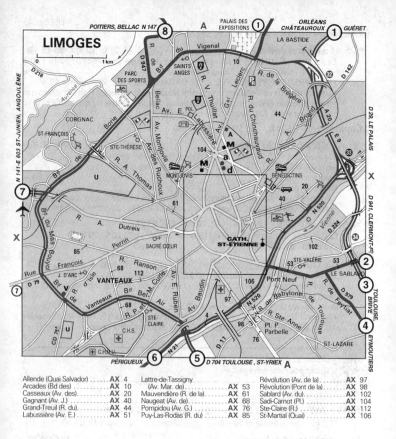

LIMOGES

 Mercure Royal Limousin sans rest 🖥 & 🅰🅒 ↩ 📞 🔥 **VISA** **MO** AE ①

1 pl. République – ☎ *05 55 34 65 30 – h5955@*
accor.com – Fax 05 55 34 55 21 CY **u**
78 ch – ♦88/115 € ♦♦98/125 €, � 12,50 €

♦ Une harmonie de bois clair et de tons pastel habille cet hôtel bordant une vaste place.
Trois catégories de chambres proposées, selon votre désir de simplicité ou de confort.

 Atrium sans rest 🖥 & ↩ 📞 🚗 **VISA** **MO** AE

22 allée de Seto - Parc du Ciel – ☎ *05 55 10 75 75 – ha8703@inter-hotel.com*
– Fax 05 55 10 75 76 DY **a**
70 ch – ♦85/140 € ♦♦90/145 €, ⊽ 10 €

♦ Cet ancien entrepôt des douanes converti en hôtel offre d'agréables chambres dont une
partie ouvre sur la magnifique gare de Limoges. Préférez celles côté cour, plus calmes.

 Domaine de Faugeras 🕊 🛐 🗱 ↩ & 🅰🅒 ↩ 📞 🅿 **VISA** **MO** AE

allée Faugeras, 3 km au Nord-Ouest par r. A-Briand et D 142 – ☎ *05 55 34 66 22*
– infos@domainedefaugeras.fr – Fax 05 55 34 18 05 AY **e**
9 ch – ♦95 € ♦♦200 €, ⊽ 14 € – 2 suites
Rest *White Owl – (fermé dim. soir et lundi)* Menu 24 € (déj. en sem.), 42/70 €
– Carte 30/63 €

♦ Dans un parc surplombant Limoges, château du 18e s. mariant patrimoine et modernité.
Chambres très bien équipées, salon au coin du feu, cave à dégustation, spa. Cadre brasserie
lounge et larges baies vitrées au White Owl.

LIMOGES

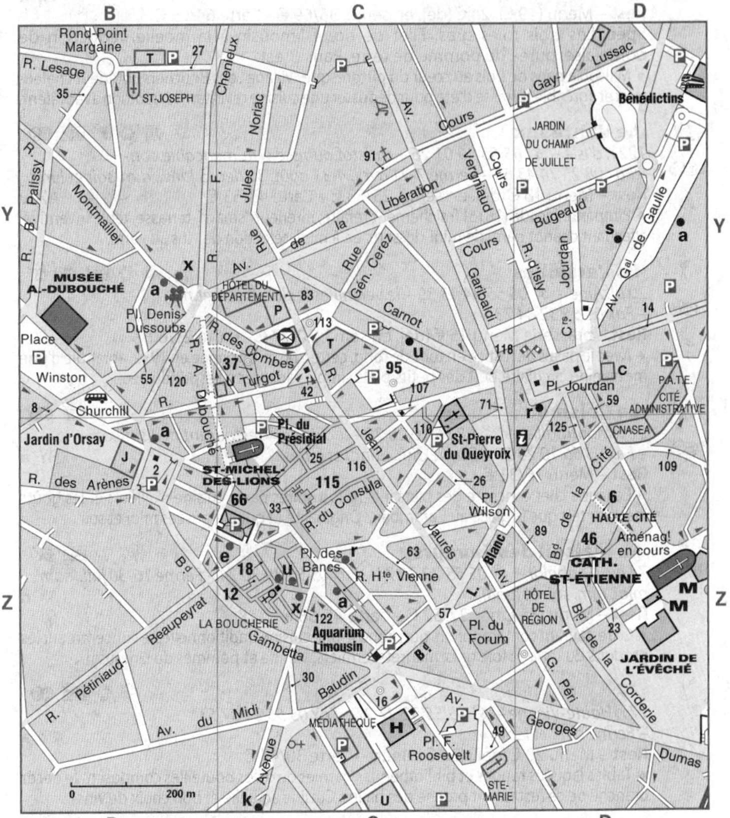

Richelieu sans rest

40 av. Baudin – ✆ 05 55 34 22 82 – info@hotel-richelieu.com – Fax 05 55 34 35 36

40 ch – 🛉81/99 € 🛉🛉91/109 €, ☕ 12 € – 2 suites — CZ **k**

♦ À deux pas de l'Hôtel de ville et de la Médiathèque, cet hôtel allie confort moderne et décor classique sagement inspiré des années 1930. Idéal pour la clientèle d'affaires.

Jeanne-d'Arc sans rest

17 av. Gén. de Gaulle – ✆ 05 55 77 67 77 – hoteljeannedarc.limoges@wanadoo.fr – Fax 05 55 79 86 75 – Fermé 21 déc.-8 janv. — DY **s**

50 ch – 🛉62/79 € 🛉🛉74/92 €, ☕ 7,50 €

♦ Dans le secteur de la gare, ancien relais de poste du 19e s. où règne une charmante atmosphère vieille France. Chambres bien tenues et plaisante salle des petits-déjeuners.

🏠 **De la Paix** sans rest — *VISA* **MO**
25 pl. Jourdan – ℰ 05 55 34 36 00 – Fax 05 55 32 37 06 DY **r**
31 ch – †41 €, ††56/68 €, 🖵 7 €
♦ Immeuble fin 19ᵉ s. dont les salons agrémentés d'une impressionnante collection de phonographes font office de véritable petit musée. Chambres simples (8 avec WC sur le palier).

✗✗ **Amphitryon** (Richard Lequet) 🌧 ⇔ *VISA* **MO** **AE**
☆
26 r. Boucherie – ℰ 05 55 33 36 39 – amphitryon87000@aol.com
– Fax 05 55 32 98 50 – Fermé 5-12 mai, 25 août-9 sept., 5-12 janv.,
dim. et lundi CZ **u**
Rest – Menu (19 €), 24 € (déj. en sem.), 36/69 € – Carte 64/95 €
Spéc. Les trois foies gras. Filet de bœuf limousin à la moelle, réduction de bordelaise, purée de pomme de terre. Paris-Brest.
♦ Maison à pans de bois au cœur du pittoresque "village" des Bouchers. Intérieur chaleureux et agréable terrasse d'été pour déguster une cuisine revisitant la tradition avec talent.

✗✗ **Le Vanteaux** 🌧 **AC** ⇔ **P** *VISA* **MO**
☜
122 r. d'Isle – ℰ 05 55 49 01 26 – christof.aubisse@numericable.com
☺
– Fax 08 25 74 43 69 – Fermé 7-21 avril, 4-31 août, 31 déc.-5 janv., dim. soir et lundi
Rest – Menu 18 € (déj. en sem.), 25/53 € – Carte 43/53 € AX **v**
♦ Pimpante façade (1815) fraîchement refaite, intérieur "smart", terrasse, table inventive, alléchant chariot garni de mini-desserts et, à midi, sélection de vins au verre.

✗ **Le Versailles** **AC** ⇔ *VISA* **MO** **AE**
☜
20 pl. Aine – ℰ 05 55 34 13 39 – le.versailles@club-internet.fr
– Fax 05 55 32 84 73 BZ **a**
Rest – brasserie Menu 15 € (déj. en sem.), 20/27 € – Carte 21/60 €
♦ Avec le palais de justice en toile de fond, cette brasserie fondée en 1932, agrandie d'une mezzanine circulaire, sert des petits plats simples adaptés à l'esprit du lieu.

✗ **La Cuisine** *VISA* **MO**
☜
21 r. Montmailler – ℰ 05 55 10 28 29 – lacuisine@restaurantlacuisine.com
– Fax 05 55 10 28 29 – Fermé dim., lundi et fériés BY **a**
Rest – Menu 16/31 €
♦ Le jeune chef concocte des plats inventifs inspirés par la cuisine d'ailleurs et les goûts insolites tels que la glace au Carambar... Originalité et qualité prisées midi et soir.

✗ **La Maison des Saveurs** **AC** ⇔ *VISA* **MO**
74 av. Garibaldi – ℰ 05 55 79 30 74 – Fax 05 55 79 30 74 – Fermé 16-30 juil., sam. midi, dim. soir et lundi AX **d**
Rest – Menu (15 € bc), 22/52 € – Carte 45/58 €
♦ Ce restaurant contemporain, qui propose une cuisine traditionnelle, se concentre sur les produits du terroir : foie gras, magrets fermiers, viande et pommes du Limousin...

✗ **27** 🍴 ⇔ *VISA* **MO**
27 r. Haute-Vienne – ℰ 05 55 32 27 27 – Fax 05 55 34 37 53
– Fermé dim. et fériés CZ **a**
Rest – Menu 20 € (déj.)/22 € (dîner) – Carte 30/47 €
♦ Tables laquées rouges et bibliothèques garnies de dives bouteilles composent le décor branché de ce restaurant proche des halles. Cuisine actuelle et bon choix de vins.

✗ **L'Épicurien** *VISA* **MO**
18 r. Montmailler – ℰ 05 55 77 71 95 – manson.laurent@wanadoo.fr
– Fax 05 55 77 71 95 – Fermé 3-25 août, 1ᵉʳ-8 janv., dim. et lundi BY **x**
Rest – Menu (15 € bc), 30/34 €
♦ Cette petite adresse offre une alternative intéressante aux nombreux restaurants japonais du quartier avec sa cuisine de bistrot plutôt moderne. Cadre contemporain.

✗ **Les Petits Ventres** 🌧 ⇔ *VISA* **MO** **AE**
20 r. Boucherie – ℰ 05 55 34 22 90 – emavic-sarl@wanadoo.fr
– Fax 05 55 32 41 04 – Fermé 6-20 avril, 6-23 sept., 17 fév.-2 mars, dim. et lundi CZ **u**
Rest – Menu (14,50 €), 22/36 € – Carte 27/54 €
♦ Plats canailles (spécialité de tripes) et large éventail de menus régalent les petits ventres et les autres ! Cadre rustique à colombages rehaussé de tableaux colorés.

X **Le Bouche à Oreille** 🔠 🆅🅸🆂🅰 🆖🅾 🅰🅴

72 bis av. Garibaldi – ℰ 05 55 10 09 57 – david.daudon @ wanadoo.fr
– Fax 05 55 10 09 57 – Fermé 11-25 août, 1er-12 janv., 22-28 fév., mardi soir du
15 sept. au 15 juin, dim. sauf le midi du 15 sept. au 15 juin et lundi   AX **a**
Rest – bistrot Menu 23 € (sem.)/40 € – Carte environ 46 €
♦ Petit bistrot sympathique qui a ses fidèles. On y propose une cuisine du marché dans une
salle à manger au décor réchauffé par des tonalités jaune et rouge.

X **Chez Alphonse** 🔠 ⇔ 🆅🅸🆂🅰 🆖🅾

😵 5 pl. Motte – ℰ 05 55 34 34 14 – bistrot.alphonse @ wanadoo.fr
– Fax 05 55 34 34 14 – Fermé dim. et fériés   CZ **e**
Rest – bistrot Menu 12,50 € bc (déj. en sem.) – Carte 20/46 €
♦ Comme il veut la tradition qui a donné son nom à ce bistrot animé, le chef "fonce aux
halles" voisines faire son marché quotidien pour concocter une cuisine authentique.

X **La Table de Jean** 🔠 ⇔ 🆅🅸🆂🅰 🆖🅾

5 r. Boucherie – ℰ 05 55 32 77 91 – Fermé 1er-15 août, 24 déc.-5 janv., 23-28 fév.,
dim., lundi et fériés   CZ **x**
Rest – (nombre de couverts limité, prévenir) Menu (17 €) – Carte 29/52 €
♦ Voici une bonne table du quartier historique. Service sympathique dans un décor
minimaliste. Goûteuse cuisine du marché accompagnée de crus choisis chez des vignerons
indépendants.

par ① et A 20 – ⊠ 87280 Limoges

🏨 **Novotel** 🚗 🏡 ⏚ 🍽 📶 ♿ ch, 🔠 ↯ ⇙ 🏊 🅿 🆅🅸🆂🅰 🆖🅾 🅰🅴 ⓪

2 av. d'Uzurat, sortie ZI Nord, Lac d'Uzurat : 5 km – ℰ 05 44 20 20 00 – h0431 @
accor.com – Fax 05 44 20 20 10
90 ch – †104/114 € ††115/125 €, ⊃ 13 € – **Rest** – Carte 23/41 €
♦ En zone industrielle, hôtel des années 1970 surplombant le lac d'Uzurat, au sein d'un parc
de 3 ha. Piscine et parcours de jogging pour se détendre ou se remettre en forme. Salle à
manger moderne, terrasse face aux plans d'eau, cuisine traditionnelle.

à St-Martin-du-Fault par ⑦, N 141, D 941 et D 20 : 13 km – ⊠ 87510 Nieul

🏨 **Chapelle St-Martin** (Gilles Dudognon) 🌿   ⇙ 🕭 🏡 ⏚ 🍽

🏵 – ℰ 05 55 75 80 17 – chapelle @ relaischateaux.fr   📞 🏊 🅿 🆅🅸🆂🅰 🆖🅾
– Fax 05 55 75 89 50 – Fermé 1er janv.-8 fév.
10 ch – †80/220 € ††80/220 €, ⊃ 16 € – 3 suites – ½ P 116/214 €
Rest – (fermé dim. soir de nov. à mars, mardi midi, merc. midi et lundi) (nombre de
couverts limité, prévenir) Menu 30 € (déj.), 58/90 € – Carte 60/95 €
Spéc. Duo de foie gras de canard. Carré de veau fermier du Limousin, cèpes et ris
de veau. Le monde autour des pommes.
♦ Au cœur d'un parc en lisière d'un bois, cette gentilhommière cultive la sérénité et
l'élégance bourgeoise : chambres parées d'étoffes colorées, mobilier raffiné et tentures
murales. Côté cuisine, les produits régionaux sont travaillés avec finesse.

LIMONEST – 69 Rhône – 327 H4 – rattaché à Lyon

LIMOUX ◉ – 11 Aude – 344 E4 – 9 411 h. – alt. 172 m – ⊠ 11300
▮ Languedoc Roussillon   22 **B3**

🚩 Paris 769 – Carcassonne 25 – Foix 70 – Perpignan 104 – Toulouse 94
🖂 Syndicat d'initiative, promenade du Tivoli ℰ 04 68 31 11 82,
   Fax 04 68 31 87 14

🏨 **Grand Hôtel Moderne et Pigeon** 🏡 🔠 ch, ↯ 📞 🅿 🆅🅸🆂🅰 🆖🅾 🅰🅴

1 pl. Gén.-Leclerc, (près de la poste) – ℰ 04 68 31 00 25 – hotelmodernepigeon @
wanadoo.fr – Fax 04 68 31 12 43 – Fermé 15 déc.-26 janv. et dim. soir du 15 oct. au
30 avril
11 ch – †82/86 € ††98/102 €, ⊃ 14,50 € – 3 suites – ½ P 92/94 €
Rest – (fermé dim. soir sauf juil.-août, mardi midi, sam. midi et lundi)
Menu 27 € (déj. en sem.), 43/88 € – Carte 49/84 €
♦ Cet ancien hôtel particulier (17e s.) a été refait de fond en comble. Grandes chambres
personnalisées avec goût et superbe escalier décoré de fresques et de vitraux. Bar-fumoir.
Belles salles à manger 1900, patio-terrasse verdoyant et savoureuse cuisine bourgeoise.

LIMOUX

※ **La Maison de la Blanquette** 🛖 AC VISA ⓜ ⓘ

46 bis promenade du Tivoli – ℰ *04 68 31 01 63 – Fax 04 68 31 28 37 – Fermé merc.*

🕭 **Rest** – Menu 18 € bc (déj. en sem.), 27 € bc/55 € bc

♦ Ce restaurant propose une copieuse cuisine du terroir autour de menus "boissons comprises" pour escorter la fameuse blanquette de Limoux et autres crus locaux. Boutique de vins.

LINGOLSHEIM – 67 Bas-Rhin – 315 K5 – rattaché à Strasbourg

LINIÈRES-BOUTON – 49 Maine-et-Loire – 317 J4 – 96 h. – alt. 53 m – ✉ 49490   35 **C2**

🞂 Paris 293 – Nantes 155 – Angers 67 – Tours 58 – Joué-lès-Tours 85

🏠 **Château de Boissimon** sans rest ⍒   🐾 ℐ ↭ ⅍ ⌨ P VISA ⓜ

– ℰ *02 41 82 30 86 – contact @ chateaudeboissimon.com – Ouvert d'avril à oct.*

5 ch ⌂ – ♦130/150 € ♦♦150/190 €

♦ Au calme dans un parc boisé, ce château vous ouvre grand ses portes. Chambres rénovées dans le souci détail ; décoration très raffinée. Un lieu idéal pour une halte romantique.

LE LIOUQUET – 13 Bouches-du-Rhône – 340 I6 – rattaché à La Ciotat

---

LIPSHEIM – 67 Bas-Rhin – 315 J6 – rattaché à Strasbourg

LISIEUX ⏝ – 14 Calvados – 303 N5 – 23 166 h. – alt. 51 m – Pèlerinage (fin septembre) – ✉ 14100 ▌ Normandie Vallée de la Seine   33 **C2**

🞂 Paris 179 – Alençon 94 – Caen 64 – Évreux 73 – Le Havre 60 – Rouen 93

🛈 Office de tourisme, 11, rue d'Alençon ℰ 02 31 48 18 10, Fax 02 31 48 18 11

◉ Cathédrale St-Pierre★ BY.

◔ Château★ de St-Germain-de-Livet 7 km par ④.

Plan page ci-contre

🏨 **Mercure**   🛖 ℐ ⎙ & ch, ↭ ⌨ ⅍ P VISA ⓜ AE ⓘ

par ② : 2,5 km (rte de Paris) – ℰ *02 31 61 17 17 – h1725 @ accor.com*

– Fax 02 31 32 33 43

69 ch – ♦76/97 € ♦♦87/100 €, ⌂ 12 € – **Rest** – Menu (17 €), 21/23 € – Carte 22/40 €

♦ Périphérique, hôtel à l'architecture contemporaine. Chambres bien agencées et insonorisées ; celles du dernier étage sont mansardées. Restaurant au cadre moderne s'ouvrant côté piscine, auprès de laquelle on dresse la terrasse en été.

🏨 **Azur** sans rest   ⎙ ⌨ VISA ⓜ AE

15 r. au Char – ℰ *02 31 62 09 14 – resa @ azur-hotel.com*

– Fax 02 31 62 16 06   BYZ **b**

15 ch – ♦60/70 € ♦♦80/90 €, ⌂ 9 €

♦ Hôtel rénové occupant un immeuble d'une cinquantaine d'années. Chambres printanières et confortables. Petit-déjeuner soigné servi dans une salle façon jardin d'hiver.

🏨 **De la Place** sans rest   ⎙ ↭ ⌨ VISA ⓜ AE ⓘ

67 r. H. Chéron – ℰ *02 31 48 27 27 – hoteldelaplacebw @ wanadoo.fr*

– Fax 02 31 48 27 20 – Fermé 1ᵉʳ déc.-3 janv.   ABY **a**

33 ch – ♦46/69 € ♦♦59/79 €, ⌂ 9,50 €

♦ La taille des chambres est très variable, mais toutes ont bénéficié d'un programme de rénovation qui les a rendues gaies et actuelles. Copieux buffet de petits-déjeuners.

🏨 **L'Espérance**   ⎙ ⅍ VISA ⓜ AE

16 bd Ste-Anne – ℰ *02 31 62 17 53 – booking @ lisieux-hotel.com*

– Fax 02 31 62 34 00 – Ouvert de mi-avril à mi-oct.   BZ **e**

100 ch – ♦69/99 € ♦♦79/107 €, ⌂ 9 € – ½ P 66/91 € – **Rest** – *(ouvert de début mai à mi-oct.)* Menu 19/32 € – Carte 37/53 €

♦ Sur le boulevard principal, vaste bâtisse normande des années 1930 abritant des chambres spacieuses et lumineuses dotées d'une nouvelle literie. Une grande fresque campagnarde orne les murs de l'immense salle à manger. Recettes classiques actualisées.

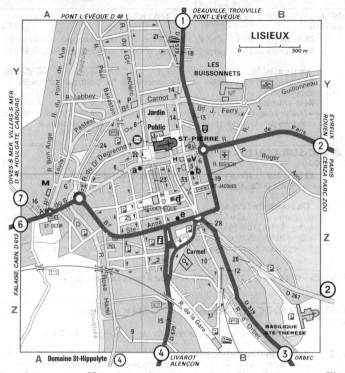

LISIEUX

XX **Aux Acacias**   VISA **MC**
13 r. Résistance – ℰ 02 31 62 10 95 – Fax 02 31 32 59 06 – Fermé dim. soir et lundi
😋 sauf fériés   BZ **d**
Rest – Menu 17 € (sem.)/45 € – Carte 37/54 €
♦ Nappes et tentures pastel, mobilier en bois peint : un cadre au goût du jour et une cuisine
traditionnelle – aux accents du terroir – bénéficiant de la même attention.

XX **Le France**   VISA **MC** AE
5 r. au Char – ℰ 02 31 62 03 37 – lefrancerestaurant @ wanadoo.fr
😋 – Fax 02 31 62 03 37 – Fermé 17-23 nov., 5-26 janv., dim. soir sauf juil.-août et lundi
Rest – Menu 18/32 € – Carte 30/51 €   BY **v**
♦ Près de la cathédrale, table traditionnelle actualisée, proposée dans un cadre rustique au
rien hétéroclite : vieux pressoir, cheminée, poutres, chaises paillées, cuivres et phonographes.

à Ouilly-du-Houley par ②, D 510 et D 262 : 10 km – 193 h. – alt. 55 m – ⌧ 14590

X **De la Paquine**   🏠 **P** VISA **MC**
rte de Moyaux – ℰ 02 31 63 63 80 – championlapaquine @ orange.fr
– Fax 02 31 63 63 80 – Fermé 10-19 mars, 2-10 sept., 11-28 nov., dim. soir, mardi
soir et merc.
Rest – (prévenir) Menu 33 € – Carte 49/69 €
♦ À l'entrée du village, petite auberge fleurie où une carte traditionnelle recomposée de
saison en saison est présentée dans un cadre rustique chaleureux, parsemé de références
au rugby.

943

LISLE-SUR-TARN – 81 Tarn – 338 C7 – 3 683 h. – alt. 127 m –
✉ 81310

29 **C2**

■ Paris 668 – Albi 32 – Cahors 105 – Castres 58 – Montauban 46 – Toulouse 51
🛈 Office de tourisme, place Paul Saissac ℰ 05 63 40 31 85, Fax 05 63 40 31 85

🍴 **Le Romuald**   🛜 _VISA_ 🆗
 6 r. Port – ℰ 05 63 33 38 85 – Fermé vacances de la Toussaint, dim. soir, mardi
🕸 soir et lundi
Rest – Menu 18/30 € – Carte 23/36 €
♦ Maison à pans de bois du 16ᵉ s. au cœur de la bastide. Cuisine traditionnelle et grillades
préparées dans la grande cheminée qui agrémente la salle à manger rustique.

LISSAC-SUR-COUZE – 19 Corrèze – 329 J5 – 527 h. – alt. 170 m –
✉ 19600

24 **B3**

■ Paris 489 – Limoges 101 – Tulle 45 – Brive-la-Gaillarde 14
  – Sarlat-la-Canéda 57

🏠 **Château de Lissac** sans rest 🛇   🖐 🍸
 au bourg – ℰ 05 55 85 14 19 – chateaudelissac @ wanadoo.fr – Fax 05 75 24 06 31
6 ch – ♦110/150 € ♦♦110/150 €, � 10 €
♦ Ce château (13ᵉ, 15ᵉ et 18ᵉ s.), au calme dans un village, profite d'un très beau jardin et
d'une position dominante sur le lac. Confort et décoration délicatement actuelle.

LISSES – 91 Essonne – 312 D4 – 106 32 – voir à Paris, Environs (Évry)

LISTRAC MEDOC – 33 Gironde – 335 G4 – 1 854 h. – alt. 40 m –
✉ 33480

3 **B1**

■ Paris 609 – Bordeaux 38 – Lacanau-Océan 39 – Lesparre-Médoc 31

🍴 **Auberge des Vignerons** avec ch   🛜 _AC_ rest, **P** _VISA_ 🆗
 28 av. Soulac – ℰ 05 56 58 08 68 – Fax 05 56 58 08 99 – Fermé vacances de fév.,
🕸 sam. midi, dim. soir et lundi
7 ch – ♦40 € ♦♦40 €, ⊇ 7 € – ½ P 60 € – **Rest** – Menu (11 €), 14 € (déj. en sem.),
26/47 € – Carte 36/41 €
♦ Auberge attenante à la Maison des vins. Carte traditionnelle, cave axée sur les
crus de Listrac et, visible en salle, chai où le fameux breuvage vient à maturité. Terrasse côté
vignoble.

LIVRY-GARGAN – 93 Seine-Saint-Denis – 305 G7 – 101 18 – voir à Paris, Environs

LA LLAGONNE – 66 Pyrénées-Orientales – 344 D7 – rattaché à Mont-Louis

LLO – 66 Pyrénées-Orientales – 344 D8 – rattaché à Saillagouse

LOCHES 🚐 – 37 Indre-et-Loire – 317 O6 – 6 328 h. – alt. 80 m – ✉ 37600
🏛 Châteaux de la Loire

11 **B3**

■ Paris 261 – Blois 68 – Châteauroux 72 – Châtellerault 56 – Tours 42
🛈 Office de tourisme, place de la Marne ℰ 02 47 91 82 82,
  Fax 02 47 91 61 50
🏌 de Loches-Verneuil à Verneuil-sur-Indre La Capitainerie, par D 943 : 10 km,
  ℰ 02 47 94 79 48.
◉ Cité médiévale★★ : donjon★★, église St-Ours★, Porte Royale★, porte des
  cordeliers★, hôtel de ville★ Y **H** - Chateaux★★ : gisant d'Agnès Sorel★,
  triptyque★ - Carrières troglodytiques de Vignemont★.
◐ Portail★ de la Chartreuse du Liget E : 10 km par ②.

LOCHES

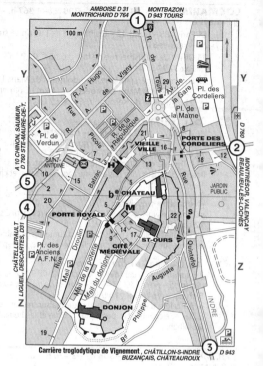

Carrière troglodytique de Vignemont, *CHÂTILLON-S-INDRE BUZANÇAIS, CHÂTEAUROUX*

Le George Sand 🛏 VISA ◍ AE
39 r. Quintefol – ℰ 02 47 59 39 74 – contactgs@hotelrestaurant-georgesand.com – Fax 02 47 91 55 75 Z **s**
19 ch – †40/125 € ††40/125 €, ⌂ 9 € – ½ P 62 € – **Rest** – *(fermé 1 sem. en fév., 1 sem. en oct., dim. soir et lundi midi d'oct. à mai)* Menu 21 € (sem.)/47 €
◆ Cette demeure du 15ᵉ s. sur les berges de l'Indre possède un esprit d'auberge familiale. Bel escalier à vis en pierre, chambres rustiques dont la moitié donne sur le fleuve. Plaisant restaurant (poutres, cheminée) et délicieuse terrasse couverte avec vue bucolique.

Luccotel ⌂ ⟨ 🖼 🛏 🗕 ℀ ⅙ ch, 🖼 ☎ ☆ P VISA ◍ AE
12 r. Lézards, 1 km par ⑤ – ℰ 02 47 91 30 30 – luccotel@wanadoo.fr – Fax 02 47 91 30 35 – Fermé 8 déc.-5 janv.
69 ch – †46/74 € ††46/74 €, ⌂ 8 € – ½ P 43/54 € – **Rest** – *(fermé sam. midi)* Menu 18 € (déj. en sem.), 25/42 € – Carte 33/45 €
◆ Construction récente flanquée de deux annexes dominant la cité médiévale et son château, visibles depuis certaines chambres, avant tout fonctionnelles. La salle à manger moderne et la terrasse offrent une agréable perspective sur la ville.

L'Entracte 🛏 VISA ◍ AE
4 r. Château – ℰ 02 47 94 05 70 – Fax 02 47 91 55 75 – Fermé dim. soir et lundi soir du 15 oct. au 15 avril Y **b**
Rest – Menu 18/24 €
◆ Atmosphère de bouchon lyonnais en ce restaurant situé dans une pittoresque ruelle proche du château ; les plats, inscrits sur de grandes ardoises, sont néanmoins bien d'ici.

945

LOCMARIAQUER – 56 Morbihan – 308 N9 – 1 367 h. – alt. 5 m – ✉ 56740

Bretagne — 9 **A3**

Paris 488 – Auray 13 – Quiberon 31 – La Trinité-sur-Mer 10 – Vannes 31

Office de tourisme, rue de la Victoire ✆ 02 97 57 33 05, Fax 02 97 57 44 30

Ensemble mégalithique ★★ - dolmens de Mané Lud★ et de Mané Rethual★ - Tumulus de Mané-er-Hroech★ S : 1 km - Dolmen des Pierres Plates★ SO : 2 km - Pointe de Kerpenhir ≤★ SE : 2 km.

Des Trois Fontaines sans rest

rte d'Auray – ✆ 02 97 57 42 70 – contact@hotel-troisfontaines.com – Fax 02 97 57 30 59 – Fermé 6 nov.-26 déc. et 6 janv.-7 fév.

18 ch – 🚹72/130 € 🚹🚹72/130 €, ☕ 11 €

◆ À l'entrée du village, un hôtel engageant avec sa façade galbée et ses abords fleuris. L'intérieur n'est pas en reste : agréable salon et chambres dotées de meubles en acajou.

Neptune sans rest

port du Guilvin – ✆ 02 97 57 30 56 – Ouvert d'avril à sept.

12 ch – 🚹52/73 € 🚹🚹52/73 €, ☕ 7 €

◆ Cet hôtel familial les pieds dans l'eau abrite des chambres simples et colorées (certaines avec vue sur le golfe). Préférez celles de l'annexe, plus spacieuses et avec terrasse.

La Troque Toupie sans rest

2,5 km au Nord-Ouest de Kerouarch – ✆ 02 97 57 45 02 – chambredhotetroque@orange.fr – Fax 02 97 57 45 02 – Ouvert de mi-mars à mi-nov.

5 ch ☕ – 🚹61/63 € 🚹🚹64/69 €

◆ Au calme d'un grand jardin, cette maison récente propose des chambres confortables et élégantes. Les petits plus : la vue et le chemin côtier vers les îles du golfe du Morbihan.

LOCMINÉ – 56 Morbihan – 308 N7 – 3 430 h. – alt. 108 m – ✉ 56500

Bretagne — 10 **C2**

Paris 453 – Lorient 52 – Pontivy 24 – Quimper 114 – Rennes 104 – Vannes 29

Syndicat d'initiative, place Anne de Bretagne ✆ 02 97 60 00 37, Fax 02 97 44 24 64

à Bignan Est : 5 km par D 1 – 2 546 h. – alt. 148 m – ✉ 56500

Auberge La Chouannière

– ✆ 02 97 60 00 96 – Fax 02 97 44 24 58 – Fermé 3-19 mars, 1er-11 juil., 1er-16 oct., dim. soir, mardi soir, merc. soir et lundi

Rest – Menu 22/72 € bc

◆ L'enseigne rappelle à notre bon souvenir Pierre Guillemot, farouche lieutenant de Cadoudal, natif du village. Sobre décor, chaises de style Louis XVI et cuisine classique.

LOCQUIREC – 29 Finistère – 308 J2 – 1 293 h. – alt. 15 m – ✉ 29241

Bretagne — 9 **B1**

Paris 534 – Brest 81 – Guingamp 52 – Lannion 22 – Morlaix 26

Office de tourisme, place du Port ✆ 02 98 67 40 83, Fax 02 98 79 32 50

Église★ - Pointe de Locquirec★ 30 mn - Table d'orientation de Marc'h Sammet ≤★ O : 3 km.

Le Grand Hôtel des Bains — ≤ la baie

15 bis r. de l'Église – ✆ 02 98 67 41 02 – reception@grand-hotel-des-bains.com – Fax 02 98 67 44 60

36 ch – 🚹203 € 🚹🚹227 €, ☕ 14 € – **Rest** – *(dîner seult)* Menu 27 € (sem.)/36 € – Carte 42/68 €

◆ Piscine d'eau salée, beau jardin à fleur d'eau, salles de massages et chambres de style "balnéaire" contemporain : autant d'atouts pour ce lieu où fut tourné l'Hôtel de la plage. Restaurant chic (lambris pastel) et cuisine iodée face à la baie.

LOCRONAN – 29 Finistère – **308** F6 – **799 h.** – alt. 105 m – ⊠ 29180

▍Bretagne

9 **A2**

> ▶ Paris 576 – Brest 66 – Briec 22 – Châteaulin 18 – Crozon 33 – Douarnenez 11
> – Quimper 16

> 🚹 Office de tourisme, place de la Mairie ☏ 02 98 91 70 14, Fax 02 98 51 83 64

> ◎ Place★★ - Église St-Ronan et chapelle du Pénity★★ - Montagne de Locronan
> ※★ E : 2 km.

🏠 **Le Prieuré**　　　　　　🚲 🛳 🍽 ch, 🐾 **P** **VISA** **©©** **AE**

11 r. Prieuré – ☏ 02 98 91 70 89 – leprieure1@aol.com
– Hôtel : ouvert 16 mars-10 nov. ; rest : fermé 11 nov.-3 déc., 10 fév.-3 mars et dim.
soir de nov. à mars
15 ch – †51/56 € ††60/70 €, ⊑ 8 € – ½ P 56/62 € – **Rest** – Menu (13 €), 18/47 €
– Carte 20/55 €

◆ Petit hôtel familial situé à l'entrée du pittoresque et célèbre village breton. Davantage de
calme dans les chambres côté jardin ou à l'annexe (plus anciennes). Repas traditionnel dans
un cadre chaleureux : poutres, moellons, cheminée et mobilier régional.

au Nord-Ouest : 3 km par rte secondaire – ⊠ 29550 Plonévez-Porzay

🏰 **Manoir de Moëllien** 🌿　　　⩽ 🚲 🐾 🍽 ch, 🐾 **P** **VISA** **©©** **AE** **①**

– ☏ 02 98 92 50 40 – manmoel@aol.com – Fax 02 98 92 55 21
– Fermé début janv.-20 mars
18 ch – †72 € ††72/145 €, ⊑ 12 € – ½ P 74/107 € – **Rest** – (fermé merc.
de mi-sept. à mi-juin) (dîner seult) (résidents seult) Menu 30 €

◆ Joli manoir du 17e s. isolé dans un vaste parc en pleine campagne. Les chambres,
aménagées dans les dépendances, profitent du grand calme. Imposantes cheminées au
restaurant.

LOCTUDY – 29 Finistère – **308** F8 – **3 659 h.** – alt. 8 m – ⊠ 29750

▍Bretagne

9 **A2**

> ▶ Paris 587 – Rennes 236 – Quimper 26 – Concarneau 40 – Douarnenez 40

> 🚹 Office de tourisme, place des Anciens Combattants ☏ 02 98 87 53 78,
> Fax 02 98 87 57 07

🍴🍴 **Auberge Pen Ar Vir**　　　　　🚲 🕭 **P** **VISA** **©©**

r. Cdt. Carfort – ☏ 02 98 87 57 09 – auberge.pen.arvir@wanadoo.fr
– Fax 02 98 87 57 62 – Fermé vacances de la Toussaint et 5-25 janv., mardi, merc.
de mi-sept. à mi-avril, dim. soir sauf 14 juil.-15 août et lundi
Rest – Menu 29 € (sem.)/70 €

◆ Villa récente dans un joli jardin (apéritifs) au bord d'un bras de mer. Intérieur
contemporain tendance ; courte carte privilégiant produits du marché et de la pêche
locale.

LOCUNOLE – 29 Finistère – **308** K7 – **869 h.** – alt. 109 m – ⊠ 29310

9 **B2**

> ▶ Paris 530 – Rennes 179 – Quimper 61 – Lorient 34 – Lanester 34

🏠 **Ster Wen** sans rest 🌿　　　　　🚲 🛏 🍽

Le Pouldu – ☏ 02 98 71 31 63 – ster.wen@free.fr
4 ch ⊑ – †47 € ††52 €

◆ Au calme, entourée de verdure, maison ancienne (1790) et typée vous logeant dans
des chambres aux tons apaisants. Petit-déjeuner breton près de la cheminée et du vieux
vaisselier.

LODÈVE 👁 – 34 Hérault – **339** E6 – **6 900 h.** – alt. 165 m – ⊠ 34700

▍Languedoc Roussillon

23 **C2**

> ▶ Paris 695 – Alès 98 – Béziers 63 – Millau 60 – Montpellier 55 – Pézenas 39

> 🚹 Office de tourisme, 7, place de la République ☏ 04 67 88 86 44,
> Fax 04 67 44 07 56

> ◎ Anc. cathédrale St-Fulcran★ - Musée de Lodève★ - Cirque du Bout du
> Monde★.

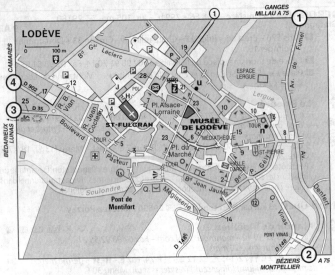

LODÈVE

Paix 🛝 ⤶ 🛜 VISA 🅐🅞 AE

11 bd Montalangue – ℰ 04 67 44 07 46 – hotel-de-la-paix@wanadoo.fr
– Fax 04 67 44 30 47 – Fermé 11-27 nov., 4 fév.-6 mars, dim. soir et lundi d' oct.
à avril sauf vacances scolaires

23 ch – ♦45 € ♦♦60 €, ☲ 7,50 € – 1 suite – ½ P 57 € – **Rest** – Menu 18/37 €
– Carte 28/37 €   n

♦ Ancien relais de poste converti en hôtel familial, aux portes des Grands Causses.
Chambres rénovées dans un style franchement provençal, coloré et gai. Charmant patio-
terrasse d'esprit andalou : murs ocre, mosaïques, tomettes, palmiers et piscine. Belle carte
de vins.

Du Nord sans rest 🖥️ AC ⤶ VISA 🅐🅞

18 bd Liberté – ℰ 04 67 44 10 08 – hoteldunord.lodeve@wanadoo.fr
– Fax 04 67 44 92 78 – Ouvert de juin à oct.

24 ch – ♦39/45 € ♦♦44/51 €, ☲ 6 € – 1 suite   u

♦ Le compositeur Georges Auric est né en 1899 dans ce vieil hôtel du centre. Aujourd'hui
entièrement refait, il abrite des chambres sobres et insonorisées.

Domaine du Canalet sans rest ⤳ 🔄 🎇 🎾 ⤶ 🅟 VISA 🅐🅞 AE

av. Joseph Vallot, par ③ – ℰ 04 67 44 29 33 – domaineducanalet@wanadoo.fr
– Fax 04 67 44 29 33

4 ch – ♦185/250 € ♦♦185/250 €, ☲ 15 €

♦ Plus qu'une maison d'hôte, une vraie galerie d'art... Les œuvres (en vente) investissent les
lieux, les chambres personnalisées sont design. Cours d'eau et séquoias dans le parc.

à Poujols Nord : 6,5 km par D 609 et D 149 – 125 h. – alt. 250 m – ⊠ 34700

Le Temps de Vivre ⬚ ☌ 🅟 VISA 🅐🅞 AE

rte de Pegairolles – ℰ 04 67 44 03 78 – Fax 04 67 44 03 78 – Fermé déc., janv.,
merc. hors saison, dim. soir et lundi

Rest – Menu (19 €), 29/48 € – Carte 42/68 € ⅏

♦ Agrippé à une colline dominant la vallée de l'Escalette, ce restaurant abrite deux salles
dont une véranda ouverte sur la nature. Recettes personnalisées et vins régionaux.

LODS – 25 Doubs – 321 H4 – 271 h. – alt. 361 m – ⊠ 25930
▋Franche-Comté Jura 　　　　　　　　　　　　　　　　　　　　　　17 **C2**

🅳 Paris 440 – Baume-les-Dames 50 – Besançon 37 – Levier 22 – Pontarlier 25
　　– Vuillafans 5

🏠　　**Truite d'Or**　　　　　　　　　🚗 🚲 **P** **VISA** **©©** **AE**
　　　– 𝒞 03 81 60 95 48 – la-truite-dor@wanadoo.fr – Fax 03 81 60 95 73 – Fermé
⊜　15 déc.-1ᵉʳ fév., dim. soir et lundi d'oct. à juin
　　11 ch – ♦47 € ♦♦47 €, ⊇ 6,50 € – ½ P 51 € – **Rest** – Menu (12,50 €), 18/44 €
　　– Carte 27/48 €
　　◆ À l'entrée de ce pittoresque village des berges de la Loue, une ancienne maison de tailleur
　　de pierres qui comblera tout particulièrement les amateurs de pêche. Chambres simples.
　　À table, la truite est le point d'orgue d'un répertoire dans la note régionale.

LOGELHEIM – 68 Haut-Rhin – 315 I8 – rattaché à Colmar

LES LOGES-EN-JOSAS – 78 Yvelines – 311 I3 – 101 23 – voir à Paris, Environs

---

LOGNES – 77 Seine-et-Marne – 312 E2 – 101 J29 – voir à Paris, Environs
(Marne-la-Vallée)

LOGONNA-DAOULAS – 29 Finistère – 308 F5 – 1 579 h. – alt. 45 m –
⊠ 29460 　　　　　　　　　　　　　　　　　　　　　　　　　　9 **A2**

🅳 Paris 579 – Rennes 227 – Quimper 59 – Brest 26 – Morlaix 75

🏠　　**Le Domaine de Moulin Mer** ⍦　　　🚗 ↯ 🎿 📞 **P** **VISA** **©©**
　　　34 rte de Moulin Mer, 1 km par D 333 – 𝒞 02 98 07 24 45 – info@
　　　domaine-moulin-mer.com
　　5 ch ⊇ – ♦65/80 € ♦♦80/110 € – **Table d'hôte** – Menu 40 € bc
　　◆ Sur la route du littoral, dans un jardin planté de palmiers, vieille demeure (début 20ᵉ s.)
　　qui cache un intérieur bien rénové : chambres au charme d'antan, salon-bibliothèque.
　　Menu du jour préparé par le patron, selon son inspiration et le marché.

LOIRÉ – 49 Maine-et-Loire – 317 D3 – 754 h. – alt. 39 m – ⊠ 49440 　　34 **B2**

🅳 Paris 322 – Ancenis 35 – Angers 45 – Châteaubriant 34 – Laval 66
　　– Nantes 69 – Rennes 84

🍴🍴　**Auberge de la Diligence** (Michel Cudraz)　　　⇔ **VISA** **©©** **AE**
⊛　4 r. de la Libération – 𝒞 02 41 94 10 04 – info@diligence.fr – Fax 02 41 94 10 04
　　– Fermé 12-19 avril, 2-24 août, 1ᵉʳ-8 janv., sam. midi, dim. soir et lundi
　　Rest – (nombre de couverts limité, prévenir) Menu 23/69 € – Carte 38/62 € ❀
　　Spéc. Salade de légumes croquants, poularde saisie à la plancha. Émincé de
　　magret d'oie rôti, semoule de blé aux fruits secs. Nage de pamplemousse au
　　granité de gin.
　　◆ Auberge du 18ᵉ s. ayant plus d'un atout pour séduire : salle rustique agrémentée
　　d'une grande cheminée, généreuse cuisine classique personnalisée et bonne sélec-
　　tion de vins régionaux.

LOMENER – 56 Morbihan – 308 K8 – rattaché à Ploemeur

LA LONDE-LES-MAURES – 83 Var – 340 M7 – 10 034 h. – alt. 24 m –
⊠ 83250 　　　　　　　　　　　　　　　　　　　　　　　　　41 **C3**

🅳 Paris 868 – Marseille 93 – Toulon 29 – La Seyne-sur-Mer 35 – Hyères 10
🄴 Office de tourisme, avenue Albert Roux 𝒞 04 94 01 53 10, Fax 04 94 01 53 19

🍴🍴　**Cédric Gola "Le Bistrot à l'Ail"**　　　　　　**AC** **VISA** **©©**
　　　22 av. Georges-Clemenceau – 𝒞 04 94 66 97 93 – cedric.gola@wanadoo.fr
　　　– Fermé 23 nov.-23 déc., merc. midi, lundi et mardi
　　Rest – (dîner seult en juil.-août) (nombre de couverts limité, prévenir) Menu 32 €
　　◆ On déguste une cuisine classique bien parfumée dans ce Bistrot à l'Ail : intéressant
　　menu-carte évoluant chaque mois complété par un menu-truffes. Cadre chaleureux ;
　　terrasse.

LONDINIÈRES – 76 Seine-Maritime – 304 I3 – 1 158 h. – alt. 78 m –
✉ 76660
33 **D1**

    🚗 Paris 147 – Amiens 78 – Dieppe 27 – Neufchâtel-en-Bray 14 – Le Tréport 31
    🛈 Syndicat d'initiative, Mairie ✆ 02 35 94 90 69, Fax 02 35 94 90 69

✗   **Auberge du Pont**   𝐕𝐈𝐒𝐀 ⓄⓄ 𝐀𝐄
    14 r. du Pont de Pierre – ✆ 02 35 93 80 47 – Fax 02 32 97 00 57 – Fermé
🥜 *1er-15 fév. et lundi*
    Rest – Menu 14/36 € – Carte 16/38 €
    ♦ Petite auberge normande située sur les bords de l'Eaulne. On y propose une cuisine
régionale dans une salle à manger champêtre aux tables un peu serrées.

LA LONGEVILLE – 25 Doubs – 321 I4 – **rattaché à Montbenoît**

LONGJUMEAU – 91 Essonne – 312 C3 – 101 35 – **voir à Paris, Environs**

LONGUES – 63 Puy-de-Dôme – 326 G9 – **rattaché à Vic-le-Comte**

LONGUEVILLE-SUR-SCIE – 76 Seine-Maritime – 304 G3 – 936 h. – alt. 61 m –
✉ 76590
33 **D1**

    🚗 Paris 183 – Dieppe 20 – Le Havre 97 – Rouen 52

✗✗   **Le Cheval Blanc**   🍴 𝐕𝐈𝐒𝐀 ⓄⓄ
    3 r. Guynemer – ✆ 02 35 83 30 03 – Fax 02 35 83 30 03 – Fermé 10-31 août,
😊 *15-24 fév., dim. soir, lundi soir et merc.*
    Rest – Menu (13 €), 24 € (sem.)/50 € – Carte 47/56 €
    ♦ Aimable auberge située au centre du bourg. Une cuisine au goût du jour vous sera servie
sous les poutres d'une petite salle à manger rustique aux tons frais et lumineux.

LONGUYON – 54 Meurthe-et-Moselle – 307 E2 – 5 876 h. – alt. 213 m –
✉ 54260
26 **B1**

    🚗 Paris 314 – Metz 79 – Nancy 133 – Sedan 69 – Thionville 56 – Verdun 48
    🛈 Office de tourisme, place S. Allende ✆ 03 82 39 21 21, Fax 03 82 26 44 37

à Rouvrois-sur-Othain (Meuse) Sud : 7,5 km par D 618 – 190 h. – alt. 223 m –
✉ 55230

✗✗   **La Marmite**   𝐀𝐂 𝐕𝐈𝐒𝐀 ⓄⓄ 𝐀𝐄
    11 rte Nationale – ✆ 03 29 85 90 79 – gerardsilvestre55@orange.fr
🥜 *– Fax 03 29 85 99 23 – Fermé 2 sem. en août, vacances de fév., dim. soir, lundi et*
mardi sauf fériés
    Rest – Menu 15 € (sem.)/55 € – Carte 32/62 €
    ♦ Retrouvez dans cet ancien café de village l'authenticité de petits plats mijotés, inspirés
par le terroir et généreusement servis. En saison, la façade est largement fleurie.

LONGVILLERS – 14 Calvados – 303 I5 – **rattaché à Villers-Bocage**

LONGWY – 54 Meurthe-et-Moselle – 307 F1 – 14 521 h. – alt. 262 m – ✉ 54400
26 **B1**
📗 Alsace Lorraine

    🚗 Paris 328 – Luxembourg 38 – Metz 64 – Thionville 41
    🛈 Office de tourisme, place Darche ✆ 03 82 24 94 54, Fax 03 82 24 77 75
    👁 Musée municipal : collection de fers à repasser★ M.

à Méxy Sud : 3 km par ② (N 52) – 1 997 h. – alt. 369 m – ✉ 54135

🏨   **Ibis**   🍴 📶 & ch, 𝐀𝐂 ch, ⇄ 📞 🅿 𝐕𝐈𝐒𝐀 ⓄⓄ 𝐀𝐄 ①
    r. Château d'Eau – ✆ 03 82 23 14 19 – h2051@accor.com – Fax 03 82 25 61 06
🥜 **62 ch** – †57/62 € ††57/62 €, ⊑ 7,50 € – **Rest** – Menu 10/25 € – Carte 19/33 €
    ♦ Établissement situé à proximité d'un axe passant. Les installations sont spacieuses,
l'équipement complet et le mobilier contemporain. Chambres de style actuel. Assiettes
gourmandes et formule buffets à découvrir dans un sobre décor ou en terrasse.

LONS-LE-SAUNIER 🅿 – 39 Jura – **321** D6 – **18 483 h.** – **alt. 255 m** – **Stat. therm. : début avril-fin oct.** – **Casino** – ✉ **39000** ▮ Franche-Comté Jura 16 **B3**

▶ Paris 408 – Besançon 84 – Bourg-en-Bresse 73 – Chalon-sur-Saône 61

ℹ Office de tourisme, place du 11 Novembre ✆ 03 84 24 65 01, Fax 03 84 43 22 59

18 du Val de Sorne Vernantois, S : 6 km par D 117 et D 41, ✆ 03 84 43 04 80.

◉ Rue du Commerce★ - Théâtre★ - Pharmacie★ de l'Hôtel-Dieu.

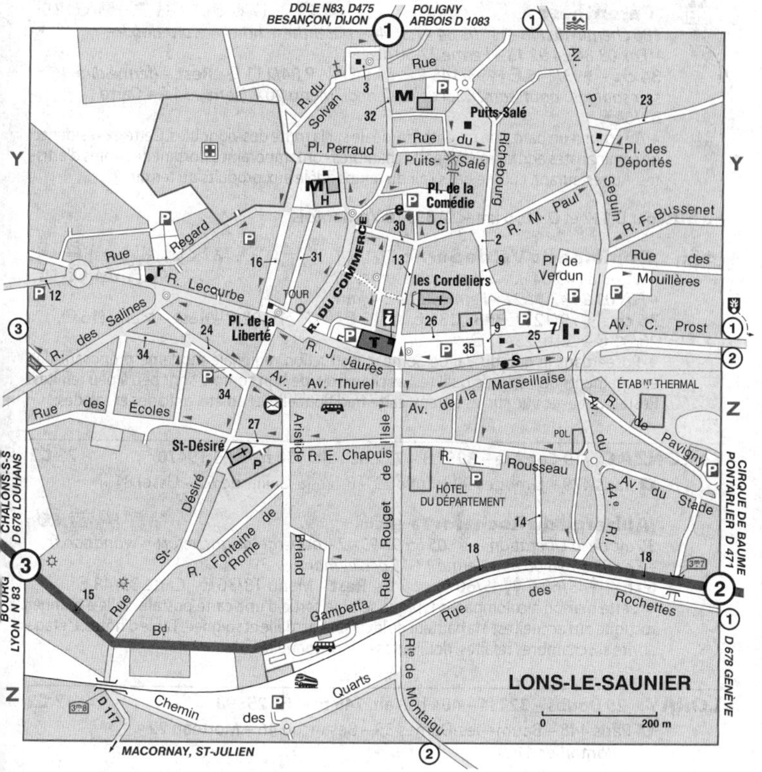

Anc.-Collège (Pl. de l')	Y	2	Ferry (Bd J.)	Z	15	Moulin (Av. J.)	Y	25
Bichat (Pl.)	Y	3	Jean-Jaurès (R.)	YZ		Pasteur (R.)	Y	26
Chevalerie (Prom. de la)	V	7	Lafayette (R.)	Y	16	Préfecture (R. de la)	Z	27
Chevalerie (R. de la)	Y	9	Lattre-de-T. (Bd Mar. De)	Z	18	Sébile (R.)	Y	30
Colbert (Cours)	Y	12	Lecourbe (R.)	Y		Tamisier (R.)	Y	31
Commerce (R. du)	Y		Liberté (Pl. de la)	Y		Trouillot (R. G.)	Y	32
Cordeliers (R. des)	Y	13	Mendès-France (Av. P.)	Y	23	Vallière (R. de)	YZ	34
Curé-Marion (R. du)	Z	14	Monot (R. E.)	Y	24	11-Novembre (Pl. du)	Y	35

Parc rest, VISA AE

9 av. J. Moulin – ✆ *03 84 86 10 20* – *Fax 03 84 24 97 28* Y **s**

16 ch – 51 € 55 €, 7 € – ½ P 65 € – **Rest** – *(fermé dim. soir)* Menu 11 € (déj. en sem.), 17/26 € – Carte 22/35 €

◆ À deux pas du parc des bains, cet hôtel (un Centre d'aide par le travail) dispose de chambres fonctionnelles, dotées de meubles en bois cérusé et sans détails superflus. Sobre salle à manger et cuisine simple utilisant les produits régionaux.

Nouvel Hôtel sans rest 🖼 ✆ **P** **VISA** **MO** **AE** **O**

50 r. Lecourbe – ✆ 03 84 47 20 67 – nouvel.hotel39@wanadoo.fr
– Fax 03 84 43 27 49 – Fermé 20 déc.-4 janv. et dim. de fin sept. à fin fév.
26 ch – †39 € ††45/54 €, ⌑ 7,50 € Y r

♦ Des maquettes de bateaux réalisées par le maître des lieux décorent le hall de cet hôtel central. Chambres fonctionnelles bien tenues, accueil chaleureux et prix attractifs.

à Chille par ① rte de Besançon et D 157 : 3 km – 254 h. – alt. 330 m – ⊠ 39570

Parenthèse 🏠 ⓐ 🍴 ⬛ ⅃ 🔥 & ch, ✆ 🍴 **P** **VISA** **MO** **AE**

186 chemin du Pin – ✆ 03 84 47 55 44 – parenthese.hotel@wanadoo.fr
– Fax 03 84 24 92 13 – Fermé 22-30 déc.
34 ch – †93/145 € ††93/145 €, ⌑ 11 € – ½ P 84/111 € – **Rest** – *(fermé dim. soir sauf juil.-août, sam. midi et lundi midi)* Menu 20 € (sem.)/54 € – Carte 33/64 €

♦ Au cœur d'un parc, une parenthèse idéale sur la route des vignobles. Cette ex-résidence de séminaristes abrite trois types de chambres contemporaines portant des noms d'artistes. Au restaurant, cuisine dans l'air du temps fidèle aux produits du terroir.

au Sud par D 117 et D 41 : 6 km – ⊠ 39570 Vernantois

Domaine du Val de Sorne 🏠 ≤ ⓐ ⅃ 🔥 ✗ 🖼 🕮 **AC** rest, ⅙ ✆
🕮 **P** **VISA** **MO** **AE**

– ✆ 03 84 43 04 80 – info@valdesorne.com
– Fax 03 84 47 31 21 – Fermé 22 déc.-4 janv.
36 ch – †79/121 € ††85/131 €, ⌑ 12 € – ½ P 71/102 € – **Rest** – Menu (16 €), 26/31 € – Carte 25/41 €

♦ Posée dans le golf du Val de Sorne, construction régionale moderne proposant des équipements de loisirs de qualité. Les chambres, de bon confort, sont peu à peu refaites. Restaurant avec vue sur les greens, carte traditionnelle, et en été, grillades et salades.

Le LONZAC – 19 Corrèze – 329 L3 – 772 h. – alt. 450 m – ⊠ 19470 25 **C2**
🗗 Paris 479 – Limoges 90 – Tulle 29 – Brive-la-Gaillarde 62 – Ussel 81

Auberge du Rochefort avec ch ⓐ ⅙ **VISA** **MO**

35 av. de la Libération – ✆ 05 55 97 93 42 – auberge-du-rochefort@wanadoo.fr
🕮 *– Fax 05 55 98 06 63 – Fermé 1ᵉʳ-15 oct. et mardi*
6 ch – †45/60 € ††45/60 €, ⌑ 7 € – **Rest** – Menu 18/36 € – Carte 33/48 €

♦ Cette maison à colombages typique semble sortie d'une carte postale. Salle à manger rustique où l'accueil est à la hauteur de la cuisine, actuelle et soignée. Table d'hôtes. L'étage abrite six chambres refaites, douillettes et fonctionnelles.

LORAY – 25 Doubs – 321 I4 – 404 h. – alt. 745 m – ⊠ 25390 17 **C2**
🗗 Paris 448 – Baume-les-Dames 35 – Besançon 46 – Morteau 22
– Pontarlier 41

Robichon avec ch 🏠 ⓐ ⓐ ✆ **P** **VISA** **MO**

22 Grande Rue – ✆ 03 81 43 21 67 – accueil@hotel-robichon.com
🕮 *– Fax 03 81 43 26 10 – Fermé 1ᵉʳ-8 oct., 25 nov.-2 déc., 15-30 janv., dim. soir et lundi*
11 ch – †44 € ††57 €, ⌑ 8,50 € – ½ P 57 €
Rest – Menu 13 € (déj. en sem.), 26/48 € – Carte 27/61 €
Rest P'tit Bichon – *(fermé sam. midi, dim. soir et lundi)* Carte 22/38 €

♦ Robuste maison régionale située au centre du bourg. Salle à manger moderne agrémentée de plantes vertes et de claustras ; cuisine traditionnelle. Chambres pratiques pour l'étape. Au P'tit Bichon, décor façon chalet franc-comtois, plats régionaux, grillades et menu du jour.

Comment choisir entre deux adresses équivalentes ?
Dans chaque catégorie, les établissements sont classés
par ordre de préférence : nos coups de cœur d'abord.

LORGUES – 83 Var – 340 N5 – 7 319 h. – alt. 200 m – ⊠ 83510
📱 Côte d'Azur

🔁 Paris 841 – Brignoles 34 – Draguignan 12 – Fréjus 37 – St-Raphaël 41 – Toulon 72

🔁 Office de tourisme, place Trussy ℰ 04 94 73 92 37, Fax 04 94 84 34 09

⌂ **La Bastide du Pin** ⤸ ≤ 🖧 🛁 ☕ ch, 📞 **P** VISA ☎️
1017 rte de Salernes, 1 km par D 10 – ℰ 04 94 73 90 38 – bastidedupin @ wanadoo.fr – Fax 04 94 73 63 01
5 ch ☲ – †80/115 € ††90/120 € – **Table d'hôte** – (ouvert de mars à oct.)
Menu 28 €
♦ Ancienne bastide oléicole et vinicole du 18e s. proposant de calmes chambres provençales. Piscine. Petit-déjeuner servi en plein air à la belle saison ; plats ensoleillés.

ХХХ **Bruno** avec ch ⤸ ≤ 🖧 🛁 AC ch, **P** VISA ☎️ AE ⓪
✿ Campagne Mariette, 3 km au Sud-Est par rte des Arcs – ℰ 04 94 85 93 93
– chezbruno @ wanadoo.fr – Fax 04 94 85 93 99 – Fermé dim. soir et lundi du 15 sept. au 15 juin
6 ch – †100/306 € ††200/306 €, ☲ 15 €
Rest – (prévenir) Menu 60/130 €
Spéc. Pomme de terre cuite en robe des champs, crème de truffe. Truffe tuber aestivum bardée de lard et foie gras en feuilleté. Épaule d'agneau de lait confite et garniture de légumes. **Vins** Côtes de Provence.
♦ Un chef truculent, vouant une passion au précieux tubercule, tient ce mas entouré de vignes. Décor rustico-provençal charmant, choix limité à un menu où entrent truffes d'hiver et d'été, jolies chambres en rez-de-jardin.

ХХ **Le Chrissandier** 🛁 AC VISA ☎️ ⓪
18 cours de la République – ℰ 04 94 67 67 15 – christophe.chabredier @ wanadoo.fr – Fax 04 94 67 67 15 – Fermé 24-30 juin, janv., mardi et merc. d'oct. à juin
Rest – Menu 29 € (déj. en sem.)/58 € – Carte 54/72 €
♦ Salle à manger rustico-bourgeoise (poutres, cheminée) et sa jolie terrasse d'été installée dans une petite cour intérieure. Cuisine traditionnelle rythmée par les saisons.

au Nord-Ouest par rte de Salernes, D 10 et rte secondaire : 8 km – ⊠ 83510

🏰 **Château de Berne** ⤸ ≤ 🕊 🛁 🛁 🏊 🍽 🖥 ☕ ch, AC 🔄 ☕ 📞 🛁
– ℰ 04 94 60 48 88 – auberge @ **P** VISA ☎️ AE ⓪
chateauberne.com – Fax 04 94 60 48 89 – Ouvert 14 fév.-1er nov.
18 ch ☲ – †195/360 € ††250/440 € – 1 suite – **Rest** – Menu 19 € (déj.), 49 € (dîner)/69 € – Carte 49/75 €
♦ Jolies chambres provençales, expositions, concerts, espace forme, école du vin, de cuisine et d'aquarelle réunis au cœur d'un domaine viticole. Élégants restaurants et terrasse sous tonnelle. Produits du marché, potager bio, formule légère le midi (grillades).

LORIENT ☜ – 56 Morbihan – 308 K8 – 59 189 h. – Agglo. 116 174 h. – alt. 4 m –
⊠ 56100 📱 Bretagne

🔁 Paris 503 – Quimper 69 – St-Brieuc 116 – St-Nazaire 146 – Vannes 60

🛫 de Lorient-Bretagne Sud : ℰ 02 97 87 21 50, par D 162 : 8 km AZ.

🔁 Office de tourisme, quai de Rohan ℰ 02 97 21 07 84, Fax 02 97 21 99 44

⛳ de Valqueven à Quéven Lieu dit Kerruisseau, N : 8 km par D 765, ℰ 02 97 05 17 96.

📷 Base des sous-marins★ AZ - Intérieur★ de l'église N.-D.-de-Victoire BY **E**.

Plan page suivante

🏰 **Mercure** sans rest 🖥 ☕ AC 🔄 📞 🛁 VISA ☎️ AE ⓪
31 pl. J. Ferry – ℰ 02 97 21 35 73 – h0873 @ accor.com – Fax 02 97 64 48 62
58 ch – †90/92 € ††98/100 €, ☲ 12,50 € BZ **m**
♦ Situation très pratique : commerces, palais des congrès et bassin à flot sont à proximité. Le décor du salon-bar et des chambres évoque discrètement la Compagnie des Indes.

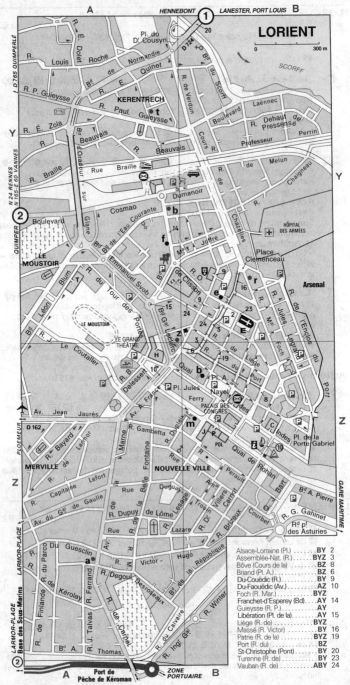

LORIENT

Cléria sans rest 🏨 ⇔ 📞 🔊 🅿 VISA ⑩ 🆎 ①
27 bd Mar. Franchet d'Esperey – ℰ 02 97 21 04 59 – info @ hotel-cleria.com
– Fax 02 97 64 19 10   AY **f**
33 ch – †54/62 € ††60/89 €, ⊊ 9,50 €
♦ Les chambres de cet hôtel central sont peu à peu rénovées dans un style moderne ; celles qui donnent sur la courette fleurie (où l'on petit-déjeune en été) sont plus au calme.

Astoria sans rest 🏨 ⇔ 📞 🔊 VISA ⑩ 🆎
3 r. Clisson – ℰ 02 97 21 10 23 – hotelastoria.lorient @ wanadoo.fr
– Fax 02 97 21 03 55 – Fermé 20 déc.-9 janv.   BY **e**
35 ch – †60/80 € ††60/90 €, ⊊ 8 €
♦ Un établissement sympathique à plus d'un égard : accueil familial chaleureux, chambres simples mais personnalisées, expositions de peintures dans la salle des petits-déjeuners.

Central Hôtel sans rest 📞 VISA ⑩ 🆎
1 r. Cambry – ℰ 02 97 21 16 52 – centralhotel.lorient @ orange.fr
– Fax 02 97 84 88 94 – Fermé vacances de Noël   BZ **b**
21 ch – †50/75 € ††62/82 €, ⊊ 7,50 €
♦ Enseigne méritée pour cet hôtel du centre-ville dont les chambres profitent d'une rénovation réussie : matériaux neufs, couleurs gaies et bonne isolation phonique.

XX **Le Jardin Gourmand** 🆎 ⇔ VISA ⑩ 🆎
46 r. J. Simon – ℰ 02 97 64 17 24 – jardingourmandlorient @ yahoo.fr
– Fax 02 97 64 15 75 – Fermé 5-14 mai, 25 août-10 sept., vacances scolaires
de fév., dim. soir, lundi et mardi   AY **t**
Rest – Menu (22 €), 28 € (déj. en sem.), 40/54 € – Carte 28/38 € 🍸
♦ La chef-patronne met à l'honneur les produits bretons au travers de recettes inventives escortées d'un beau choix de vins, whiskies et eaux-de-vie. Décor actuel et plaisant.

XX **Le Quai des Arômes** 🔊 🆎 VISA ⑩ 🆎
1 r. Maître Esvelin – ℰ 02 97 21 60 40 – Fax 02 97 35 29 04 – Fermé
17 août-1er sept., 8-16 fév. et dim.   BZ
Rest – Menu 17/23 € – Carte 24/33 €
♦ Nouveau cap pour ce restaurant traditionnel, face au Palais de Justice : cadre contemporain (tons gris-blanc, vieilles photos, tableaux, mobilier moderne), terrasse couverte.

X **Henri et Joseph** (Philippe Le Lay) VISA ⑩ 🆎 ①
4 r. Léo Le Bourgo – ℰ 02 97 84 72 12 – Fermé sam. midi en juil.-août, dim., lundi et
le soir du mardi au jeudi   AY **z**
Rest – (prévenir) Menu (32 €), 48 €
Spéc. Menu du marché
♦ L'originalité du concept de ce bistrot tendance ? Choisir entre suggestions du jour "masculine" ou "féminine", commentées par le chef. Menu unique le soir. Accueil adorable.

X **Le Pécharmant** VISA ⑩
5 r. Carnel – ℰ 02 97 21 33 86 – Fax 02 97 35 11 01
– Fermé 20 avril-28 avril, 6-21 juil., 26 oct.-3 nov., 1er-7 janv., dim. et lundi
Rest – Menu 17 € (sem.)/69 € – Carte 42/62 €   AZ **a**
♦ La façade orange ornée de casseroles en cuivre ne passe pas inaperçue, mais c'est bien grâce à sa cuisine – généreuse et délicate – que ce petit restaurant ne désemplit pas.

X **Le Pic** 🛉 ⇔ VISA ⑩ 🆎
2 bd Mar. Franchet d'Esperey – ℰ 02 97 21 18 29 – restaurant.lepic @ wanadoo.fr
– Fax 02 97 21 92 64 – Fermé merc. soir, sam. midi et dim.   AY **b**
Rest – Menu (15 €), 19/38 € – Carte 29/48 €
♦ Façade rouge, décor rétro rutilant (vitraux, miroirs, comptoir), ambiance bistrot, cuisine traditionnelle et arrivage de poissons frais... Une adresse qui tombe à pic !

X **L'Ocre Marine** 🔊 🆎 VISA ⑩ 🆎
8 r. Mar.-Foch – ℰ 02 97 84 05 77 – contact @ creperie-locremarine.com – Fermé
1er-15 janv., sam. midi sauf vacances scolaires, merc. soir et dim.   BY **r**
Rest – crêperie Menu (13 €) – Carte environ 21 €
♦ Des photos de famille ornent ce chaleureux restaurant tout de bois vêtu. Le "plus" des galettes et crêpes de la patronne : rien que des produits bio et du fait maison.

LORIENT
au Nord-Ouest : 3,5 km par D 765 AY – ⊠ **56100 Lorient**

XXX   **L'Amphitryon** (Jean-Paul Abadie)   & ℿ ⅏ 𝗩𝗜𝗦𝗔 ⓜ AE
♧♧♧   127 r. Col. Müller – ℰ 02 97 83 34 04 – amphitryon-abadie@wanadoo.fr
       – Fax 02 97 37 25 02 – Fermé 18 mai-9 juin, dim. et lundi
       Rest – Menu 60 € (sem.)/122 € – Carte 87/139 € ⅜
       Spéc. Jeunes ormeaux laqués et palourdes en sabayon de muscat de Rivesaltes.
       Barbue saisie, croustillant aux morilles. Chouquettes au chocolat et cerise, gelée
       à l'eucalyptus, glace aux éclats de nougat (été).
       ♦ Cuisine d'auteur ludique, fine et inspirée, superbe sélection de crus confidentiels, service
       aussi professionnel que charmant et beau cadre contemporain : une vraie réussite.

LORMONT – 33 Gironde – 335 H5 – **rattaché à Bordeaux**

LORRIS – 45 Loiret – 318 M4 – **2 674 h.** – **alt. 126 m** – ⊠ **45260**   12 **C2**
▌Châteaux de la Loire
       ◨ Paris 132 – Gien 27 – Montargis 23 – Orléans 55 – Pithiviers 45
       – Sully-sur-Loire 19
       ⓘ Office de tourisme, 2, rue des Halles ℰ 02 38 94 81 42, Fax 02 38 94 88 00
       ◎ Église N.-Dame★.

XX   **Guillaume de Lorris**   𝗩𝗜𝗦𝗔 ⓜ AE
       8 Grande Rue – ℰ 02 38 94 83 55 – vanoverberghe.christophe@aliceadsl.fr
 ⊛   – Fax 02 38 94 83 55 – Fermé 7-20 avril, 21 déc.-4 janv., 23 fév.-1er mars, dim. soir,
       lundi et mardi
       Rest – (nombre de couverts limité, prévenir) Menu 28/34 € – Carte 32/40 €
       ♦ L'enseigne évoque l'auteur du Roman de la Rose, natif de Lorris. Cheminée, poutres et
       pierres : un plaisant intérieur rustique où l'on régale d'une cuisine au goût du jour.

LOUBRESSAC – 46 Lot – 337 G2 – **432 h.** – **alt. 320 m** – ⊠ **46130**   29 **C1**
▌Périgord
       ◨ Paris 531 – Brive-la-Gaillarde 47 – Cahors 73 – Figeac 44 – Gramat 16
       – St-Céré 10
       ⓘ Office de tourisme, le bourg ℰ 05 65 10 82 18
       ◎ Site★ du château.

⌂⌂   **Le Relais de Castelnau** ⌂   ≤ vallée de la Dordogne, 🚗 ⌂ ⊒ ⅏
       rte de Padirac – ℰ 05 65 10 80 90   & ch, ⅏ rest, ⅍ P 𝗩𝗜𝗦𝗔 ⓜ
 ⊛   – rdc46@wanadoo.fr – Fax 05 65 38 22 02 – Ouvert d'avril à fin oct. et fermé dim.
       soir en avril et oct.
       40 ch – †55/105 € ††55/150 €, ⊒ 9 € – ½ P 65/85 € – **Rest** – (fermé le midi sauf
       dim. et fériés) Menu 18/45 € – Carte 35/51 €
       ♦ Cette construction moderne est tournée vers l'imposant château de Castelnau-Brete-
       noux, qui domine la campagne. Chambres colorées et pratiques. La salle de restaurant et
       la terrasse offrent une vue panoramique sur les vallées de la Bave et de la Dordogne.

LOUDÉAC – 22 Côtes-d'Armor – 309 F5 – **9 371 h.** – **alt. 155 m** – ⊠ **22600**   10 **C2**
▌Bretagne
       ◨ Paris 438 – Carhaix-Plouguer 69 – Dinan 76 – Pontivy 24 – Rennes 88
       – St-Brieuc 41
       ⓘ Syndicat d'initiative, 1, rue Saint-Joseph ℰ 02 96 28 25 17,
       Fax 02 96 28 25 33

⌂⌂   **Voyageurs**   ▣ ℿ rest, ↬ ⌞ ⅍ 𝗩𝗜𝗦𝗔 ⓜ AE ⓞ
       10 r. Cadélac – ℰ 02 96 28 00 47 – hoteldesvoyageurs@wanadoo.fr
 ⊛   – Fax 02 96 28 22 30
       30 ch – †45/65 € ††49/75 €, ⊒ 9 € – ½ P 49/59 € – **Rest** – (fermé
       22 déc.-3 janv., dim. soir et sam.) Menu 15 € (sem.)/40 € – Carte 23/41 €
       ♦ Hôtel aux chambres actuelles dotées d'un mobilier cérusé et cédées à prix souriant. Un
       double vitrage efficace atténue la rumeur de la rue commerçante. Ambiance brasserie
       chic dans une ample salle à manger au cadre classico-moderne ; choix traditionnel.

LOUDUN – 86 Vienne – 322 G2 – 7 704 h. – alt. 120 m – ⌧ 86200
📱 Poitou Vendée Charentes

- ▣ Paris 311 – Angers 79 – Châtellerault 47 – Poitiers 55 – Tours 72
- ▣ Syndicat d'initiative, 2, rue des Marchands 𝒞 05 49 98 15 96, Fax 05 49 98 69 49
- ▦ de Loudun à Roiffé Domaine de Saint Hilaire, N : 18 km par D 147, 𝒞 05 49 98 78 06.
- ◉ Tour carrée ✾ ★ AY.

⌂   **L'Aumônerie** sans rest   ⌘ 🅿
3 bd Mar. Leclerc – 𝒞 05 49 22 63 86 – chris.lharidon @ wanadoo.fr   AY   t
4 ch ⌷ – †40 € ††46/50 €
♦ La propriétaire de ce beau logis du 13ᵉ s. réserve un accueil charmant. Chambres personnalisées (mobilier ancien, couleurs vives) et véranda face au jardin pour le petit-déjeuner.

LOUÉ – 72 Sarthe – 310 I7 – 2 042 h. – alt. 112 m – ⌧ 72540

- ▣ Paris 230 – Laval 59 – Le Mans 30 – Rennes 127 – Sillé-le-Guillaume 26

XXX   **Ricordeau** avec ch   ⌚ 🏠 ⌁ 🕮 ⌗ 🛴 🅿 VISA ⓦ AE ①
⌘   13 r. de la Libération – 𝒞 02 43 88 40 03 – hotel-ricordeau @ wanadoo.fr
     – Fax 02 43 88 62 08 – Fermé dim. soir d' oct. à avril
     10 ch – †85/170 € ††85/300 €, ⌷ 15 € – 3 suites
     Rest – (fermé dim. soir et mardi de sept. à mai et lundi) Menu 27 € (sem.)/88 €
     – Carte 65/90 €
     Rest Le Coq Hardi – (fermé merc. soir, jeudi soir et dim.) Menu 13 € bc (déj. en
     sem.)/20 €
     ♦ Aux beaux jours, optez pour la jolie terrasse de cet ancien relais de poste dressée dans le
     parc, au bord de la Vègre. Cuisine au goût du jour. Ambiance d'auberge et recettes du
     terroir au Coq Hardi.

LOUHANS ◐ – 71 Saône-et-Loire – 320 L10 – 6 237 h. – alt. 179 m – ⌧ 71500
📱 Bourgogne

- ▣ Paris 373 – Bourg-en-Bresse 61 – Chalon-sur-Saône 38 – Dijon 85 – Dole 76 – Tournus 31
- ▣ Office de tourisme, 1, Arcade Saint-Jean 𝒞 03 85 75 05 02, Fax 03 85 75 48 70
- ◉ Grande-Rue ★.

🏠   **Le Moulin de Bourgchâteau** ◈   ◁ ⌚ 🛴 🅿 VISA ⓦ
r. Guidon, rte de Chalon – 𝒞 03 85 75 37 12 – bourgchateau @ netcourrier.com
– Fax 03 85 75 45 11
19 ch – †46 € ††57/105 €, ⌷ 9 € – ½ P 65/85 € – **Rest** – (fermé 2-26 nov.,
lundi sauf le soir de juin à sept. et mardi midi de juin à sept.) (nombre de couverts
limité, prévenir) Menu 29 € (sem.)/75 € – Carte 40/53 €
♦ Ancien moulin sur la Seille (1778) converti en hôtel-restaurant. Chambres rustiques et
salon parmi les engrenages. Rouages, caisson de meule, poutres et vieilles pierres ornent
le restaurant ; choix traditionnel et plats rappelant l'Italie natale des patrons.

🏠   **Host. du Cheval Rouge et La Buge**   🏠 ⌗ ch, 🕮 rest, ↩
5 r. d'Alsace – 𝒞 03 85 75 21 42   ⌂ 🛴 ⌂ VISA ⓦ
– hotel-chevalrouge @ wanadoo.fr – Fax 03 85 75 44 48
– Fermé 16-26 juin, 22 déc.-19 janv., dim. soir de déc. à mars et lundi
20 ch – †32/42 € ††39/61 €, ⌷ 8 € – ½ P 57 € – **Rest** – (fermé mardi midi et
lundi d'avril à nov.) Menu 19/42 € – Carte 26/48 €
♦ Cet ancien relais postal bordant une rue passante abrite des chambres proprettes cédées
à prix souriants ; plus récentes, celles de la Buge voisine offrent davantage de confort et de
calme. Plats traditionnels et régionaux servis dans une ambiance provinciale.

🏠   **Barbier des Bois**   ⌗ 🕮 ch, ⌀ ch, 🕮 🅿 VISA ⓦ AE ①
⌘   rte de Cuiseaux, 3,5 km au Sud-Est par D 996 – 𝒞 03 85 75 55 65
    – Fax 03 85 75 70 56
    10 ch – †56/61 € ††67/72 €, ⌷ 10 € – ½ P 85/105 € – **Rest** – (fermé dim. soir
    hors saison) Menu 14 € (déj. en sem.), 18/56 € – Carte 38/55 €
    ♦ Fringant motel de campagne dont les chambres, pratiques, toutes dotées d'une terrasse
    tournée vers la nature, déclinent chacune une couleur différente. Joli bar sous charpente.
    Cuisine actuelle servie dans un décor moderne ; véranda ouverte meublée en teck.

LOURDES – 65 Hautes-Pyrénées – 342 L6 – 15 203 h. – alt. 420 m – Grand centre de pèlerinage – ⊠ 65100 ▐ Midi-Pyrénées

28 **A3**

▶ Paris 850 – Bayonne 147 – Pau 45 – St-Gaudens 86 – Tarbes 19

✈ de Tarbes-Lourdes-Pyrénées : ℰ 05 62 32 92 22, par ① : 12 km.

🛈 Office de tourisme, place Peyramale ℰ 05 62 42 77 40, Fax 05 62 94 60 95

▨ Lourdes Golf Club Chemin du Lac, par rte de Pau : 3 km, ℰ 05 62 42 02 06.

◎ Château fort★ DZ - Musée de Cire de Lourdes★ DZ **M¹** - Basilique souterraine St-Pie X CZ - Pic du Jer★.

Plans pages suivantes

🏨 **Éliseo**   📶 & ch, 🆔 ⅏ ch, ℂ ⅏ 🅿 *VISA* ⓪ 🅰🅴

4 r. Reine-Astrid – ℰ 05 62 41 41 41 – eliseo@cometolourdes.com
– Fax 05 62 41 41 50 – Fermé 16-31 déc.   CZ **p**
197 ch – ♦86/108 € ♦♦114/178 €, ⊇ 15 € – 7 suites – ½ P 94/116 €
Rest – Menu 28/43 € – Carte 36/70 €

◆ À proximité de la grotte, établissement neuf abritant de grandes chambres modernes, très bien équipées. Boutique de souvenirs ; terrasses panoramiques sur le toit. Plusieurs salles à manger, spacieuses et décorées dans un élégant style contemporain.

🏨 **Padoue**   📶 & 🆔 ⇔ ⅏ *VISA* ⓪ 🅰🅴 ⓪

1 r. Reine-Astrid – ℰ 05 62 53 07 00 – reservation @ hotelpadoue.fr
🍂 – Fax 05 62 53 07 01 – Ouvert 14 mars-27 oct.   CZ **a**
155 ch – ♦70/82 € ♦♦80/92 €, ⊇ 12 € – ½ P 70/76 €
Rest – Menu (12 €), 16/18 € – Carte 19/39 €

◆ À 150 m de la grotte, cet hôtel flambant neuf a prévu tous les équipements d'un confort moderne. Grandes chambres, salle de séminaire, boutique d'objets pieux, salon de thé. Cuisine traditionnelle et simple servie dans un immense restaurant contemporain.

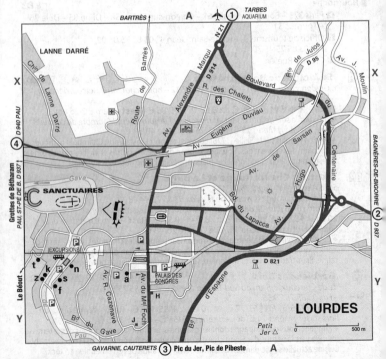

🏨🏨 Grand Hôtel de la Grotte ⟨ 🛎 🅿 🅰🅲 📞 🛗 🅿 🚗 VISA ⓂⓄ ⒶⒺ Ⓞ

66 r. de la Grotte – ℰ *05 62 94 58 87 – booking @ hoteldelagrotte.com*
– Fax 05 62 94 20 50 – Ouvert 12 fév.-25 oct.
DZ **y**
82 ch – ♦71/139 € ♦♦80/165 €, ⌂ 14 € – 6 suites – ½ P 70/113 €
Rest – Menu 24/28 € – Carte 42/62 €
Rest *Brasserie* – ℰ *05 62 42 39 34 (ouvert 26 avril-25 oct.)* Menu (16 €), 20/26 €
– Carte 32/54 €

♦ Cet hôtel de tradition est situé au pied du château fort. Chambres de style Louis XVI ;
certaines donnent sur la basilique. "Master suite". Salles à manger feutrées ; formule
buffet l'été. La Brasserie offre un décor actuel et une grande terrasse sous les
marronniers.

🏨🏨 Gallia et Londres ⟨ 🚗 🛗 ♿ ch, 🅰🅲 🌣 🅿 🅿 VISA ⓂⓄ ⒶⒺ Ⓞ

26 av. B. Soubirous – ℰ *05 62 94 35 44 – contact @ hotelgallialondres.com*
– Fax 05 62 42 24 64 – Ouvert 23 mars-18 oct.
CZ **c**
87 ch – ♦93/118 € ♦♦120/170 €, ⌂ 20 € – 3 suites – ½ P 80/140 €
Rest – Menu 22/28 € – Carte 38/57 €

♦ Séduisante atmosphère vieille France dans ce bel hôtel situé à proximité des
sanctuaires. Chambres confortables, meublées dans le style Louis XVI. Salle à manger
agrémentée de jolies boiseries, de lustres en cristal et d'une fresque représentant
Venise.

🏨🏨 Alba 🚗 🛗 ♿ ch, 🅰🅲 🅿 VISA ⓂⓄ ⒶⒺ Ⓞ
🍽️
27 av. Paradis – ℰ *05 62 42 70 70 – hotelalba @ aol.com – Fax 05 62 94 54 52*
– Ouvert 15 mars-30 oct.
AY **f**
237 ch – ♦74 € ♦♦93 €, ⌂ 8 € – ½ P 66/71 € – **Rest** – Menu 16 €
– Carte 21/37 €

♦ Vaste immeuble récent sur les bords du gave de Pau. Chambres pratiques, spacieux
salons et petite chapelle à disposition des résidents. Grandes salles à manger modernes
accueillant des pèlerins du monde entier. Bar confortable et boutique.

🏨 Paradis ⟨ 🛗 ♿ ch, 🅰🅲 rest, 🌣 🅿 VISA ⓂⓄ ⒶⒺ

15 av. Paradis – ℰ *05 62 42 14 14 – info @ hotelparadislourdes.com*
– Fax 05 62 94 64 04 – Ouvert 15 mars-1er nov.
AY **n**
300 ch – ♦110 € ♦♦120 €, ⌂ 15 € – ½ P 85 € – **Rest** – *(résidents seult)*
Menu 28 €

♦ Cet établissement ouvert en 1992 est situé sur la rive du gave. Chambres fonctionnelles,
mobilier pratique et insonorisation efficace. Immense et sobre salle des repas ; salons et bar
cossus dotés de confortables fauteuils en cuir.

🏨 Mercure Impérial 🛗 ♿ ch, 🅰🅲 ⇜ 🌣 rest, VISA ⓂⓄ ⒶⒺ Ⓞ

3 av. Paradis – ℰ *05 62 94 06 30 – hotel.mercure.imperial @ wanadoo.fr*
– Fax 05 62 94 48 04 – Fermé 15 déc.-5 fév.
CZ **u**
93 ch – ♦63/132 € ♦♦69/145 €, ⌂ 12 € – **Rest** – Carte 31/45 €

♦ Établi au pied du château et dominant le gave, hôtel des années 1930 proposant des
chambres rénovées dans un esprit rétro. Toit-terrasse panoramique. Un bel escalier dessert
la jolie salle à manger classique et le salon orné d'un vitrail.

🏨 Méditerranée 🛗 ♿ ch, 🅰🅲 🌣 VISA ⓂⓄ ⒶⒺ
🍽️
23 av. Paradis – ℰ *05 62 94 72 15 – hotelmed @ aol.com – Fax 05 62 94 10 54*
– Ouvert 13 mars-5 nov.
AY **s**
171 ch – ♦63/74 € ♦♦79/93 €, ⌂ 8 € – ½ P 59/69 € – **Rest** – Menu 17/26 €
– Carte 19/32 €

♦ L'établissement bénéficie d'une cure de rajeunissement : chambres bien pensées, petit
solarium et chapelle pour se recueillir. Immense salle à manger moderne et fonctionnelle
ouvrant sur le gave de Pau. Bar plus intime.

🏨 Christ-Roi 🛗 ♿ ch, 🅰🅲 rest, 🌣 rest, 🌣 VISA ⓂⓄ ⒶⒺ

9 r. Mgr Rodhain – ℰ *05 62 94 24 98 – hotelchristroi @ wanadoo.fr*
– Fax 05 62 94 17 65 – Ouvert Pâques-15 oct.
AY **t**
180 ch – ♦56/59 € ♦♦69/73 €, ⌂ 6,50 € – ½ P 58/60 €
Rest – Menu 19 €

♦ Les pèlerins peuvent prendre un ascenseur situé à deux pas de l'hôtel pour rejoindre la
cité religieuse. Chambres actuelles dans un édifice récent. Bar anglais. Vaste salle à manger
contemporaine fréquentée principalement par les résidents de l'hôtel.

LOURDES

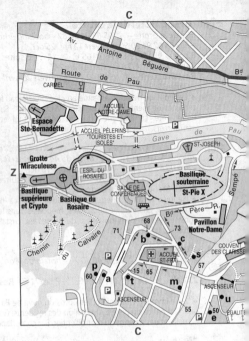

🛏🛏 **Beauséjour** 🚗 🍴 🛗 Ⓐ🄲 rest, ↜ ✍ rest, 📞 🅿 VISA ⓂⓄ 🄰🄴 ①
📧 16 av. de la Gare – ✆ 05 62 94 38 18 – beausejour.p.martin@wanadoo.fr
– Fax 05 62 94 96 20
EZ s
45 ch – 🛏68/92 € 🛏🛏78/165 €, ☲ 10 € – ½ P 64/108 €
Rest Le Parc – ✆ 05 62 94 73 48 – Menu (14 €), 17 € – Carte 26/40 €
♦ Abords rafraîchis, façade 1900 ravivée, jardin de ville, intérieur cossu, chambres avenantes et boutique de souvenirs pour ce petit hôtel de caractère jouxtant la gare. Restaurant-véranda et terrasse tournés sur la verdure ; registre culinaire traditionnel.

🛏🛏 **Solitude** ≤ 🛗 ⅙ ch, Ⓐ🄲 rest, ✍ rest, 🕍 🕭 VISA ⓂⓄ 🄰🄴 ①
📧 3 passage St-Louis – ✆ 05 62 42 71 71 – contact@hotelsolitude.com
– Fax 05 62 94 40 65 – Ouvert 10 avril-6 nov.
CZ s
293 ch – 🛏61/78 € 🛏🛏72/102 €, ☲ 15 € – 4 suites – ½ P 60/70 €
Rest – Menu (12 €), 16/25 €
♦ Ce bâtiment bordant le gave de Pau abrite de plaisantes chambres à la page. Vue panoramique depuis la petite piscine aménagée sur le toit. Salle à manger en rotonde avec terrasse surplombant la rivière.

🛏🛏 **Espagne** ≤ 🛗 Ⓐ🄲 rest, ✍ 📞 🕍 VISA ⓂⓄ 🄰🄴
📧 9 av. Paradis – ✆ 05 62 94 50 02 – hoteldespagne@wanadoo.fr
– Fax 05 62 94 58 15 – Ouvert 15 mars- 25oct.
CZ e
129 ch – 🛏62/71 € 🛏🛏76/87 €, ☲ 8 € – ½ P 54/59 € – **Rest** – Menu 18/19 €
– Carte 24/45 €
♦ L'enseigne et la discrète décoration hispano-mauresque du salon rappellent la proximité de l'Espagne. Sobres petites chambres fonctionnelles ; préférez celles avec terrasse. Salle à manger voûtée, agrémentée d'arcades, de poutres apparentes et d'une cheminée.

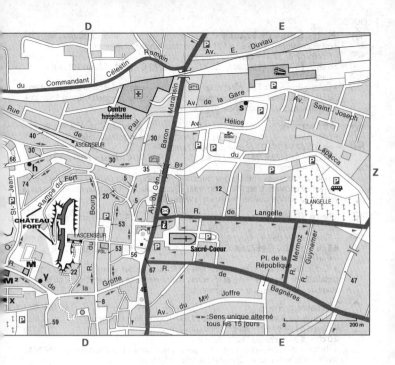

Christina   🖂 ✆ 👍 🏊 VISA ⓂⓄ AE ①

42 av. Peyramale – ℰ 05 62 94 26 11 – hotel.christina@orange.fr
– Fax 05 62 94 97 09 – Ouvert 20 mars-1er nov.   AY **z**
199 ch – ♦60/81 € ♦♦78/114 €, ⌷ 7 € – ½ P 57/62 € – **Rest** – Menu 13/20 € bc
– Carte 20/34 €

♦ Cette grande bâtisse blanche offre des chambres nettes et pratiques ; les plus agréables
s'ouvrent côté gave et Pyrénées. Toit-terrasse et jardin de rocaille. Vaste salle à manger
décorée sur le thème nautique. Cuisine traditionnelle.

Excelsior   🖂 AC rest, ✆ VISA ⓂⓄ AE

83 bd de la Grotte – ℰ 05 62 94 02 05 – hotel.excelsior@wanadoo.fr
– Fax 05 62 94 82 88 – Ouvert 20 mars-31 oct.   DZ **h**
67 ch – ♦59/62 € ♦♦80/107 €, ⌷ 7,50 € – ½ P 58/62 € – **Rest** – Menu 19/31 €
– Carte 21/48 €

♦ Les pèlerins ont ici le choix entre plusieurs types de chambres, mais toutes sont rénovées ;
certaines ont vue sur la basilique, d'autres sur le château fort. Salon et bar bourgeois au
rez-de-chaussée et, à l'étage, salle à manger panoramique.

Florida   🖂 ⚿ ch, AC ch, ⚘ rest, Ⓟ VISA ⓂⓄ AE ①

3 r. Carrières Peyramale – ℰ 05 62 94 51 15
– flo_aca_mira_hotels@hotmail.com – Fax 05 62 94 69 49
– Ouvert 14 mars-30 oct.   CZ **t**
115 ch – ♦48/52 € ♦♦65/70 €, ⌷ 6 € – 2 suites – ½ P 48/52 €
Rest – Menu 13 €

♦ Chambres confortables et bien insonorisées ; quelques-unes sont destinées aux
familles. Aménagements bien conçus pour l'accueil des personnes handicapées.
Sobre décor dans la salle à manger. Vue imprenable sur la ville et les Pyrénées du
toit-terrasse.

⌂ **Notre Dame de France** |翻| & ch, 🅰 rest, 𝘝𝘐𝘚𝘈 ⓜ⓪
8 av. Peyramale – ℰ 05 62 94 91 45 – contact@hotelnd-france.fr
– Fax 05 62 94 57 21 – Ouvert 21 mars-31 oct.   CZ **m**
76 ch – ♦50/60 € ♦♦64/80 €, ☐ 7 € – ½ P 55/79 € – **Rest** – Menu 10/18 €
– Carte 17/26 €
♦ Le long du gave de Pau, hôtel dirigé par la même famille depuis plusieurs générations.
Les chambres bénéficient d'une cure de jouvence (mobilier, moquette, tissus). Le restau-
rant, rafraîchi, offre l'atmosphère d'une aimable pension.

⌂ **St-Sauveur** |翻| & ch, 🅰 🎽 ch, 𝘝𝘐𝘚𝘈 ⓜ⓪ 🄰🄴 ⓞ
9 r. Ste-Marie – ℰ 05 62 94 25 03 – contact@hotelsaintsauveur.com
– Fax 05 62 94 36 52 – Fermé 10 déc.-31 janv.   CZ **b**
174 ch – ♦61/78 € ♦♦72/102 €, ☐ 15 € – ½ P 60/70 € – **Rest** – Menu (12 €),
16/25 € – Carte 16/28 €
♦ Hôtel contemporain proche des sanctuaires. Chambres insonorisées, desservies par un
hall animé et coloré. C'est l'heure du repas ? Pizzas, salades et petits en-cas servis sous la
verrière ou cuisine traditionnelle dans la vaste salle à manger.

⌂ **Beau Site** |翻| & ch, 🅰 rest, 𝘝𝘐𝘚𝘈 ⓜ⓪ 🄰🄴
36 av. Peyramale – ℰ 05 62 94 04 08 – hotelbeausite@aol.com
– Fax 05 62 94 06 59 – Ouvert 13 mars-5 nov.   AY **k**
63 ch – ♦59/70 € ♦♦72/86 €, ☐ 8 € – ½ P 56/66 € – **Rest** – Menu 17/26 €
– Carte 19/32 €
♦ Cet immeuble moderne entièrement refait propose des chambres fonctionnelles ;
certaines ont vue sur le gave et les reliefs environnants. Le restaurant, situé au premier
étage de l'hôtel, ouvre sur les Pyrénées.

⌂ **Cazaux** sans rest 🎽 𝘝𝘐𝘚𝘈 ⓜ⓪
2 chemin des Rochers – ℰ 05 62 94 22 65 – hotelcazaux@yahoo.fr
– Fax 05 62 94 48 32 – Ouvert de Pâques à mi-oct.   AY **a**
20 ch – ♦34 € ♦♦39/54 €, ☐ 5,50 €
♦ Tenue rigoureuse, accueil sympathique et prix doux sont les atouts de ce petit hôtel
familial proche des halles. Chambres simples et fraîches.

⌂ **Atrium Mondial** 🕭 |翻| 🎽 rest, 🕭 𝘝𝘐𝘚𝘈 ⓜ⓪
9 r. des Pélerins – ℰ 05 62 94 27 28 – atriummondialhotel@wanadoo.fr
– Fax 05 62 94 70 92 – Ouvert 15 mars-20 oct.   DZ **x**
48 ch – ♦38/43 € ♦♦45/50 €, ☐ 6 € – ½ P 42/45 € – **Rest** – Menu 12,50 €
♦ Façade pimpante pour cette pension de famille rénovée qui profite de la quiétude d'un
quartier calme. Chambres sobrement meublées et décorées d'un simple crucifix. Ample
salle à manger coiffée d'une verrière.

✗ **Le Chalet de Biscaye** 🕭 𝘝𝘐𝘚𝘈 ⓜ⓪ 🄰🄴 ⓞ
26 rte du Lac, 2 km par ④ – ℰ 05 62 94 12 26 – Fax 05 62 94 26 29 – Fermé
5-21 janv., lundi soir et mardi
Rest – Menu 19/22 € – Carte 24/47 €
♦ Dans un quartier résidentiel sur la route du lac, restaurant familial proposant une
goûteuse cuisine traditionnelle. Terrasse ombragée et chaleureuses salles à manger.

LOURMARIN – 84 Vaucluse – 332 F11 – **1 119 h.** – alt. 224 m – ⊠ 84160
▮ Provence   42 **E1**
   ▪ Paris 732 – Apt 19 – Aix-en-Provence 37 – Cavaillon 32 – Digne-les-Bains 114
   ▪ Syndicat d'initiative, 9, avenue Philippe de Girard ℰ 04 90 68 10 77,
     Fax 04 90 68 11 01
   ◙ Château★.

⌂⌂ **Le Moulin de Lourmarin** 🕭 🕭 |翻| 🅰 🕭 𝘝𝘐𝘚𝘈 ⓜ⓪ 🄰🄴 ⓞ
r. du Temple – ℰ 04 90 68 06 69 – reservation@moulindelourmarin.com
– Fax 04 90 68 31 76
19 ch – ♦160 € ♦♦160 €, ☐ 15 € – 2 suites – ½ P 112/220 €
Rest – Menu 35/80 € – Carte 54/68 €
♦ Près du château, moulin à huile du 18e s. pétri de charme et abritant de délicieuses
chambres. Restaurant voûté occupant l'ancien pressoir et ravissante terrasse ombragée. Cuisine régionale.

Mas de Guilles ⌂ ≼ 🚗 🏠 ☕ ❄ ✗ rest, ⚑ **P** 𝘝𝘐𝘚𝘈 ⓜⓞ 🄰🄴
rte Vaugines : 2 km – ☏ 04 90 68 30 55 – hotel @ guilles.com – Fax 04 90 68 37 41
– Ouvert de début avril à début nov.
28 ch – ♦68/85 € ♦♦90/200 €, � 14 € – ½ P 93/159 € – **Rest** – (dîner seult)
Menu 50 € – Carte environ 56 €
♦ Un chemin cahoteux mène à ce joli mas provençal niché au milieu des vignes et des vergers. Plaisantes chambres personnalisées, agrémentées de belles armoires anciennes. Salle à manger voûtée aménagée dans une maisonnette et terrasse meublée en fer forgé.

La Bastide de Lourmarin 🏠 ☕ 🛗 ⚐ 🄰🄲 ↔ 📞 **P** 𝘝𝘐𝘚𝘈 ⓜⓞ 🄰🄴
rte de Cucuron – ☏ 04 90 07 00 70 – info @ hotel-bastide.com – Fax 04 90 68 89 48
– Fermé 3 janv.-3 fév.
19 ch – ♦90/125 € ♦♦90/125 €, ⊠ 12 € – **Rest** – (fermé 2 janv.-15 fév. et lundi)
Carte 29/54 €
♦ Cette bastide récente d'allure régionale dissimule de très belles suites et chambres thématiques. Mobilier contemporain, objets chinés, touches ethniques, équipements de pointe... Cuisine dans la note provençale servie en terrasse l'été, au bord de la piscine.

Auberge La Fenière (Reine Sammut) avec ch ⌂
≼ plaine de la Durance, 🔥 ☕ ❄ ⚐ ch, 🄰🄲 📞 **P** 🚗 𝘝𝘐𝘚𝘈 ⓜⓞ 🄰🄴 ⓞ
2 km par rte de Cadenet – ☏ 04 90 68 11 79 – reine @ wanadoo.fr
– Fax 04 90 68 18 60 – Fermé 17 nov.-4 déc. et janv.
18 ch – ♦140/190 € ♦♦180/210 €, ⊠ 25 € – 6 suites – ½ P 185/210 €
Rest – (fermé mardi midi et lundi) Menu 48 € (déj. en sem.), 80/120 €
– Carte 91/111 €
Spéc. Saint-Pierre rôti, croquette de patate douce et jus de veau corsé. Poitrine de pigeonneau en cocotte, chou farci des cuisses, rôtie de foie. Calissons glacés, coulis d'abricot à l'amande amère. **Vins** Côtes du Lubéron, Coteaux d'Aix.
♦ Havre de grâce... culinaire, face au Grand Lubéron. Jolie salle à manger, élégantes chambres décorées sur le thème des métiers d'arts et deux roulottes pour vivre en bohème !

L'Antiquaire 🄰🄲 𝘝𝘐𝘚𝘈 ⓜⓞ 🄰🄴
9 r. Grand Pré – ☏ 04 90 68 17 29 – Fax 04 90 68 17 29
– Fermé 17-30 nov., 5-25 janv., dim. soir d'oct. à avril, mardi midi et lundi
Rest – Menu 20 € (déj. en sem.), 30/42 € – Carte environ 40 €
♦ L'enseigne de cette jolie maison en pierre évoque une œuvre d'Henri Bosco, l'un des chantres de Lourmarin. À l'étage, salles aux couleurs de la Provence.

Ce symbole en rouge ⌂ ?
La tranquillité même, juste le chant des oiseaux au petit matin…

LOURVIERS – 27 Eure – 304 H6 – 18 328 h. – alt. 15 m – ✉ 27400
🏳 Normandie Vallée de la Seine   33 **D2**

🄳 Paris 104 – Les Andelys 22 – Lisieux 75 – Mantes-la-Jolie 51 – Rouen 33
🄱 Syndicat d'initiative, 10, rue du Maréchal Foch ☏ 02 32 40 04 41,
Fax 02 32 61 28 85
🄸 du Vaudreuil à Le Vaudreuilpar rte de Rouen : 6 km, ☏ 02 32 59 02 60.
🄾 Église N.-Dame★ : œuvres d'art★, porche★ BY.
🄶 Vironvay ≼★.

Plan page suivante

Le Pré-St-Germain ⌂ ☕ 🛗 ⚐ ch, 📞 ⚑ **P** 𝘝𝘐𝘚𝘈 ⓜⓞ 🄰🄴
7 r. St-Germain – ☏ 02 32 40 48 48 – le.pre.saint.germain @ wanadoo.fr
– Fax 02 32 50 75 60   BY **s**
30 ch – ♦73 € ♦♦89 €, ⊠ 10 € – ½ P 75 € – **Rest** – (fermé vend. soir, sam. et dim.)
Menu 15/28 € – Carte 22/49 €
♦ Centrale et néanmoins au calme, demeure imposante proposant des chambres au décor actuel et aux aménagements fonctionnels. Cuisine au goût du jour à découvrir dans un cadre contemporain ou, selon le climat, sur la terrasse. Formule rapide servie au bar.

LOUVIERS

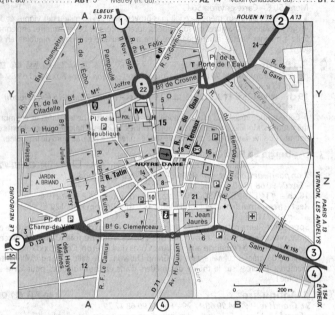

à Vironvay par ③ : 5 km – 275 h. – alt. 119 m – ⊠ 27400

◉ Église★.

✗ **La Suite et Hôtel Les Saisons** avec ch 🕭   🚗 🚗 ♿ rest, ⚒ 🖄 **P**
492 rte des Saisons – ℰ 02 32 40 02 56   **P** **VISA** **⓪** **AE** **①**
– les-saisons@wanadoo.fr – Fax 02 32 25 05 26 – Fermé 4-31 août, 24-31 déc., dim.
soir, lundi soir, mardi soir et sam. midi
4 ch – ❖130/150 € ❖❖130/150 €, �*≥* 15 € – 1 suite – **Rest** – Menu (28 €), 40 € bc
– Carte 25/62 €
◆ Cette brasserie à la décoration raffinée vous propose des plats traditionnels et
des suggestions à l'ardoise. Agréable terrasse dressée côté jardin. Chambres cosy à disposition.

LE LUC – 83 Var – 340 M5 – 7 282 h. – alt. 160 m – ⊠ 83340
▊ Côte d'Azur   41 **C3**

▯ Paris 836 – Cannes 75 – Draguignan 29 – Fréjus 41 – St-Raphaël 45
   – Toulon 52

🔲 Office de tourisme, 3, place de la Liberté ℰ 04 94 60 74 51

✗✗ **Le Gourmandin**   **AC** **VISA** **⓪** **AE** **①**
pl. L. Brunet – ℰ 04 94 60 85 92 – gourmandin@wanadoo.fr – Fax 04 94 47 91 10
😊 – Fermé 25 août-21 sept., 25 fév.-10 mars, dim. soir, jeudi soir et lundi
Rest – (prévenir le week-end) Menu 25/45 €
◆ Au cœur du village, auberge à l'atmosphère chaleureuse vous conviant aux plaisirs d'un
repas traditionnel aux accents méridionaux dans un cadre rustico-provençal.

à l'Ouest : 4 km par D N7 – ⊠ 83340 Le Luc

   La Grillade au Feu de Bois ⊗   🎵 ☕ ⤶ 🅘 ch, 🅟 VISA ⓂⓄ ΛΞ
– 𝒞 04 94 69 71 20 – contact@lagrillade.com – Fax 04 94 59 66 11
16 ch – †80/125 € ††80/125 €, ⊡ 10 € – **Rest** – Menu 20 € (déj. en sem.)/50 €
– Carte 35/60 €
♦ En retrait de la route, ex-ferme viticole agrémentée d'un parc. Les chambres, spacieuses, se répartissent dans plusieurs bâtiments. Cuisine méditerranénne et grillades au feu de bois à apprécier dans un décor provençal soigné ou sur la terrasse ombragée.

LUCELLE – 68 Haut-Rhin – 315 H12 – 47 h. – alt. 640 m – ⊠ 68480
◀ Alsace Lorraine   **1 A3**
▶ Paris 472 – Altkirch 29 – Basel 41 – Belfort 56 – Colmar 98 – Delémont 17
– Montbéliard 46

au Nord-Est : 4,5 km par D 41 et rte secondaire – ⊠ 68480 Lucelle

   Le Petit Kohlberg ⊗   ⟨ 🚗 ☕ 🅸 🅹 ch, 📞 🅢🅰 🅟 ⌣ VISA ⓂⓄ
– 𝒞 03 89 40 85 30 – petitkohlberg@wanadoo.fr – Fax 03 89 40 89 40
⊗ **30 ch** – †42/50 € ††54/60 €, ⊡ 11 € – ½ P 60/65 € – **Rest** – (fermé lundi et
mardi) Menu 16/57 € – Carte 22/52 €
♦ Dans un environnement champêtre propice au repos. Chambres de bon confort, en cours de rénovation. Des maillots d'équipes cyclistes décorent la salle de petit-déjeuner. Restaurant d'esprit montagnard, terrasse face au jardin et cuisine traditionnelle.

LUCENAY – 69 Rhône – 327 H4 – 1 368 h. – alt. 230 m –   **43 E1**
▶ Paris 446 – Lyon 25 – Vénissieux 38 – Villeurbanne 29

⌂   **Les Tilleuls**   🚗 ⥮ 📞
31 rte de Lachassagne – 𝒞 04 74 60 28 58 – vermare@hotmail.com
– Fax 04 74 60 28 58 – Fermé 3-18 janv.
3 ch ⊡ – †90/105 € ††90/110 € – ½ P 68/70 € – **Table d'hôte** – Menu 32 € bc
♦ Face à l'église, belle maison de vigneron dont certains éléments datent du 17ᵉ s. Ses chambres, lumineuses, sont décorées des souvenirs de voyage de la propriétaire. Succulents plats du terroir servis dans une très jolie salle à manger.

LUCEY – 54 Meurthe-et-Moselle – 307 G6 – **rattaché à Toul**

LUCHÉ-PRINGÉ – 72 Sarthe – 310 J8 – 1 531 h. – alt. 34 m – ⊠ 72800
◀ Châteaux de la Loire   **35 C2**
▶ Paris 242 – Angers 68 – La Flèche 14 – Le Lude 10 – Le Mans 39
🔢 Syndicat d'initiative, 4, rue Paul Doumer 𝒞 02 43 45 44 50,
Fax 02 43 45 75 71

※※   **Auberge du Port des Roches** avec ch ⊗   🚗 ☕ 🅟 VISA ⓂⓄ
au Port des Roches, 2,5 km à l'Est par D 13 et D 214 – 𝒞 02 43 45 44 48
– Fax 02 43 45 39 61 – Fermé 26 janv.-15 mars, 26 oct.-5 nov., dim. soir, mardi midi
et lundi
12 ch – †48/58 € ††48/58 €, ⊡ 7 € – ½ P 52/58 € – **Rest** – Menu 24/48 €
– Carte 38/48 €
♦ Jardin-terrasse au fil de l'eau, plaisante salle à manger bourgeoise, chambres fraîches et colorées : faites fi de la morosité dans cette auberge cosy des bords du Loir !

LUCHON – 31 H.-Gar. – 343 B8 – **voir Bagnères-de-Luchon**

Première distinction : l'étoile ✿.
Elle couronne les tables pour lesquelles on ferait des kilomètres !

LUCINGES – 74 Haute-Savoie – 328 k3 – 1 211 h. – alt. 700 m –
✉ 74380
46 **F1**

- ▶ Paris 559 – Annecy 49 – Thonon-les-Bains 33 – Bonneville 18
  – Dingy-en-Vuache 39

🏠 **Le Bonheur dans Le Pré** ⚜   ≼ 🍽 🕮 ఉ rest, 🔢 rest, ⇄ 🍽 ch,
2011 rte Bellevue – ℰ 04 50 43 37 77   📞 🔖 **P** 🆅🆂🅰 🆎
– lebonheurdanslepre.lucinges @ wanadoo.fr – Fax 04 50 43 38 57 – Fermé
vacances de la Toussaint et 1er-15 janv.
8 ch – ♦60 € ♦♦70/100 €, ⌧ 7,50 € – ½ P 55 € – **Rest** – (fermé dim. et lundi)
(dîner seult) (prévenir) Menu 26 € ♨
   ◆ Enseigne-vérité pour cette ancienne ferme perchée au-dessus du village, en pleine
nature : jardin, tranquillité assurée et chambres agréablement personnalisées. Salle à
manger rustique et cave à vins. Un seul menu, axé terroir et composé selon le marché.

LUÇON – 85 Vendée – 316 I9 – 9 311 h. – alt. 8 m – ✉ 85400
▌ Poitou Vendée Charentes
34 **B3**

- ▶ Paris 438 – Cholet 89 – Fontenay-le-Comte 30 – La Rochelle 43 – La
  Roche-sur-Yon 33
- 🄸 Office de tourisme, square Édouard Herriot ℰ 02 51 56 36 52,
  Fax 02 51 56 03 56
- ◙ Cathédrale Notre-Dame★ - Jardin Dumaine★.

XXX **La Mirabelle** 🕮 ఉ 🔢 🍽 ⇔ **P** 🆅🆂🅰 🆎 🆎
😊 89 bis r. de Gaulle, rte des Sables d'Olonne – ℰ 02 51 56 93 02 – b.hermouet @
wanadoo.fr – Fax 02 51 56 35 92 – Fermé mardi sauf le soir du 15 juil. au 26 août,
dim. soir et lundi soir
Rest – Menu (18 €), 25/65 € – Carte 46/70 €
   ◆ Avenante maison située à 800 m de la cathédrale où Richelieu fut nommé évêque en
1608. Salle à manger actuelle, terrasse fleurie et goûteuse cuisine régionale.

X **Au Fil des Saisons** avec ch 🍽 🕮 **P** 🆅🆂🅰 🆎
55 rte de la Roche-sur-Yon – ℰ 02 51 56 11 32
– hotel-restaurant-aufildessaisons @ orange.fr – Fax 02 51 56 98 25
– Fermé 18-31 août, 21 fév.-6 mars, sam. midi, dim. soir et lundi
4 ch – ♦44 € ♦♦50 €, ⌧ 6 € – **Rest** – Menu (18 €), 24/39 €
   ◆ Cette auberge régionale vous laisse le choix entre une salle agrémentée d'expositions de tableaux et une véranda côté jardin. Cuisine actuelle. Chambres simples et fraîches.

LUC-SUR-MER – 14 Calvados – 303 J4 – 3 036 h. – Casino – ✉ 14530
▌ Normandie Cotentin
32 **B2**

- ▶ Paris 249 – Arromanches-les-Bains 23 – Bayeux 29 – Cabourg 28 – Caen 18
- 🄸 Office de tourisme, rue du Docteur Charcot ℰ 02 31 97 33 25,
  Fax 02 31 96 65 09
- ◙ Parc municipal★.

🏠 **Des Thermes et du Casino** ≼ 🍽 🕮 🖼 🎧 🛗 ఉ ch, 🍽 rest, **P**
– ℰ 02 31 97 32 37 – hotelresto@   ◎ 🆅🆂🅰 🆎 🆎 🅾
hotelresto-lesthermes.com – Fax 02 31 96 72 57 – Ouvert 15 mars-2 nov.
48 ch – ♦78/114 € ♦♦78/114 €, ⌧ 10 € – ½ P 69/87 € – **Rest** – Menu 26/56 €
– Carte 42/92 €
   ◆ Adresse tonique postée sur la digue-promenade, à proximité des thermes et du casino.
Les chambres avec balcon offrent la vue sur la mer. Le restaurant est tourné vers la Manche
d'un côté et sur le jardin fleuri et planté de pommiers de l'autre.

LE LUDE – 72 Sarthe – 310 J9 – 4 201 h. – alt. 48 m – ✉ 72800
▌ Châteaux de la Loire
35 **D2**

- ▶ Paris 244 – Angers 63 – Chinon 63 – La Flèche 20 – Le Mans 45 – Saumur 51
  – Tours 51
- 🄸 Office de tourisme, place François de Nicolay ℰ 02 43 94 62 20,
  Fax 02 43 94 62 20
- ◙ Château★★.

XX **La Renaissance** avec ch 🛋 ᴔ ch, Ⓜ rest, ⇆ ☏ Ⓟ VISA ⓌⓄ ⒶⒺ ⓄＤ
     2 av. Libération – ℰ 02 43 94 63 10 – lelude.renaissance@wanadoo.fr
☎   – Fax 02 43 94 21 05 – Fermé 5-10 août, 27 oct.-10 nov. et dim. soir
     8 ch – ✝47/57 € ✝✝47/57 €, ⌓ 8,50 € – ½ P 60 € – **Rest** – (fermé lundi)
     Menu 15 € (sem.)/37 € – Carte environ 44 €
     ♦ Faites une halte à deux pas du château, dans ce restaurant servant une cuisine
     au goût du jour. Salle à manger moderne et terrasse dressée dans la cour intérieure en
     été.

LUDES – 51 Marne – 306 G8 – 628 h. – alt. 140 m – ⊠ 51500   13 **B2**
     ◗ Paris 157 – Châlons-en-Champagne 52 – Reims 15 – Épernay 22
        – Tinqueux 20

⌂ **Domaine Ployez-Jacquemart** ⌾   🕭 ⇆ ⚒ VISA ⓌⓄ ⒶⒺ
     8 r. Astoin – ℰ 03 26 61 11 87 – contact@ployez-jacquemart.fr
     – Fax 03 26 61 12 20 – Fermé 23 déc.-14 janv.
     5 ch ⌓ – ✝84/103 € ✝✝96/115 € – **Table d'hôte** – (fermé 12-28 avril, août, sept.
     et 25 oct.-6 nov.) Menu 136 € bc
     ♦ Au cœur d'un domaine champenois, cette demeure cultive l'art de vivre à la française.
     Chambres confortables et raffinées déclinées sur différents thèmes : baroque, savane...
     La table d'hôte sert (sur réservation) un repas au champagne de la maison.

LUMBRES – 62 Pas-de-Calais – 301 F3 – 3 873 h. – alt. 45 m – ⊠ 62380   30 **A2**
     ◗ Paris 261 – Arras 81 – Boulogne-sur-Mer 43 – Calais 44 – Dunkerque 51
        – St-Omer 11
     ◨ Office de tourisme, rue François Cousin ℰ 03 21 93 45 46, Fax 03 21 12 15 87

🏠 **Moulin de Mombreux** ⌾   🚗 ⅅ 🛋 ᴔ ch, ⚒ rest,
     2 km à l'Ouest par rte de Boulogne, D 225   ☏ ⓢ Ⓟ VISA ⓌⓄ
     et rte secondaire – ℰ 03 21 39 13 13 – contact@
     moulindemombreux.com – Fax 03 21 93 61 34 – Fermé janv., lundi midi et sam.
     midi du 1ᵉʳ oct. au 21 mars
     24 ch – ✝113/129 € ✝✝113/129 €, ⌓ 18 € – **Rest** – Menu (29 €), 37/45 € – Carte
     43/54 €
     ♦ Ce moulin du 18ᵉ s. bordant le Bléquin vous invite à une halte douillette avec une
     cascade pour berceuse. Son cadre récemment rénové honore le raffinement à l'ancienne.
     Poutres apparentes et mobilier rustique agrémentent la salle à manger située à
     l'étage.

LUNEL – 34 Hérault – 339 J6 – 22 352 h. – alt. 6 m – ⊠ 34400
▌ Languedoc Roussillon   23 **C2**
     ◗ Paris 733 – Aigues-Mortes 16 – Alès 58 – Arles 56 – Montpellier 30
        – Nîmes 31
     ◨ Office de tourisme, 16, cours Gabriel Péri ℰ 04 67 71 01 37,
        Fax 04 67 71 26 67

XX **Chodoreille**   🛋 Ⓜ VISA ⓌⓄ ⒶⒺ
     140 r. Lakanal – ℰ 04 67 71 55 77 – chodoreille@wanadoo.fr – Fax 04 67 83 19 97
     – Fermé 15 août-1ᵉʳ sept., 2-19 janv., dim. et lundi
     Rest – Menu 22 € (sem.)/53 € – Carte 44/64 €
     ♦ Cette maison vous concocte une cuisine au goût du jour et met à l'honneur le
     taureau camarguais. Salle contemporaine ou terrasse ombragée... selon les humeurs du
     ciel !

LUNÉVILLE ◉ – 54 Meurthe-et-Moselle – 307 J7 – 20 200 h. – alt. 224 m –
⊠ 54300 ▌ Alsace Lorraine   27 **C2**
     ◗ Paris 347 – Épinal 69 – Metz 95 – Nancy 36 – St-Dié 56 – Strasbourg 132
     ◨ Office de tourisme, aile sud du Château ℰ 03 83 74 06 55,
        Fax 03 83 73 57 95
     ◙ Château★ A - Parc des Bosquets★ AB - Boiseries★ de l'église St-Jacques A.

LUNÉVILLE

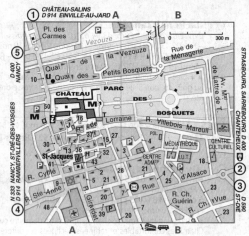

🏠 **Les Pages** 🛜 ⛵ AC ch. ↔ 🐾 ☠ **P. VISA** ⑩ AE
5 quai des Petits-Bosquets – 𝒞 *03 83 74 11 42 – hotel-les-pages@9business.fr*
🐾 *– Fax 03 83 73 46 63* A **u**
37 ch – 🛏55/65 € 🛏🛏65/95 €, ☂ 8,50 € – ½ P 54 €
Rest *Le Petit Comptoir –* 𝒞 *03 83 73 14 55 (fermé 1er-12 août, 21-24 déc., sam.
midi et dim. soir)* Menu 17 € (sem.)/28 € – Carte 28/41 €
♦ Importants corps de bâtiments faisant face au château. Les chambres rénovées adoptent
un style moderne assez original compensant un certain manque d'ampleur. Le restaurant
est aménagé dans un esprit bistrot ; cuisine simple et appétissante.

à Moncel-lès-Lunéville rte de St-Dié par ③ : 3 km – 391 h. – alt. 234 m – ⌧ 54300

🍴🍴 **Relais St-Jean** 🛜 AC **P. VISA** ⑩ AE
22 av. de l'Europe, sur N 59 – 𝒞 *03 83 74 08 65 – Fax 03 83 75 33 16*
🐾 *– Fermé 1er-21 août, dim soir, merc. soir et lundi*
Rest – Menu 12,50 € (sem.)/35 € – Carte 23/47 €
♦ La salle à manger principale de ce restaurant de la vallée de la Meurthe est chaleureuse
et équipée d'un mobilier en fer forgé. Cuisine classique.

au Sud par ④ puis av. G. Pompidou et cités Ste-Anne : 5 km – ⌧ 54300 Lunéville

🏠🏠 **Château d'Adoménil** 🌿 🕭 🛜 ☲ AC ☠ **P. VISA** ⑩ AE ⓞ
𝒞 *03 83 74 04 81 – adomenil@relaischateaux.com – Fax 03 83 74 21 78*
❄️ *– Fermé 5-29 janv., 16-27 fév., dim. soir du 1er nov. au 15 avril et lundi*
9 ch – 🛏170/210 € 🛏🛏170/210 €, ☂ 20 € – 5 suites – ½ P 185/225 €
Rest – *(fermé dim. soir du 1er nov. au 15 avril, mardi midi, vend. midi et lundi)*
Menu 47 € (sem.)/90 € – Carte 81/111 € 🅱
Rest *Version A* – *(ouvert merc. midi, jeudi midi et vend. midi)* Menu 29 € – Carte
32/49 €
Spéc. Saint-Jacques émincées crues, cristalline de beurre demi-sel, mascarpone,
anis vert (nov. à mars). Cabillaud de petite pêche et œuf poché dans bouillon de
crevettes grises. Cornets craquants de pavot bleu et mirabelles de Lorraine
(20 août au 20 sept.). **Vins** Côtes de Toul blanc et rouge.
♦ Belle demeure du 18e s. au cœur d'un parc. Chambres bourgeoises dans le château ou
d'inspiration provençale dans les dépendances. Cuisine actuelle au restaurant : quatre
pièces baroques et contemporaines, mariant avec goût tons sombres et touches vives. Le
midi, bistrot dans une salle vitrée donnant sur un jardin à l'anglaise.

 Le rouge est la couleur de la distinction : nos valeurs sûres !

LURBE-ST-CHRISTAU – 64 Pyrénées-Atlantiques – 342 |6 – 235 h. – alt. 260 m
– Stat. therm. : fermée, pas de date de réouverture connue – ⊠ 64660   3 **B3**

> ◗ Paris 820 – Laruns 32 – Lourdes 61 – Oloron-Ste-Marie 10 – Pau 44
> – Tardets-Sorholus 29

Au Bon Coin ❧   ◻ ⴵ ↳ ዥ **P** **VISA** **⑩** **AE**
rte des Thermes – 𝒞 *05 59 34 40 12 – thierrylassala@wanadoo.fr
– Fax 05 59 34 46 40 – Fermé 1 sem. en fév. et dim. soir du 20 sept. au 20 juin*
18 ch – ♦56/88 € ♦♦56/88 €, ⥥ 10 € – ½ P 58/70 € – **Rest** – *(fermé lundi
sauf le soir du 21 juin au 19 sept., dim. soir du 20 sept. au 20 juin et mardi midi)*
Menu 22 € bc (déj. en sem.), 42/60 € – Carte 42/53 € ❀
 ◆ Sympathique hôtellerie familiale postée en lisière de forêt. Chambres confortables et
pratiques, plus calmes sur l'arrière. Cuisine au goût du jour servie dans la salle à manger parée de poutres et de pierres apparentes, ou dans la véranda.

LURE ◉ – 70 Haute-Saône – 314 G6 – 8 727 h. – alt. 290 m – ⊠ 70200
▮ Franche-Comté Jura   17 **C1**

> ◗ Paris 387 – Belfort 37 – Besançon 77 – Épinal 77 – Montbéliard 35
> – Vesoul 30
> ▯ Office de tourisme, 35, avenue Carnot 𝒞 03 84 62 80 52, Fax 03 84 62 74 61

à Roye Est : 2 km par rte de Belfort – 1 127 h. – alt. 301 m – ⊠ 70200

Le Saisonnier   ⵣ **P** **VISA** **⑩**
La Verrerie, N 19 – 𝒞 *03 84 30 46 00 – Fax 03 84 30 46 00 – Fermé 1er-15 août,
vacances de fév., dim. soir, lundi soir et merc.*
Rest – *(nombre de couverts limité, prévenir)* Menu 22/56 € – Carte 37/50 €
 ◆ Les épais murs de cette ancienne ferme hébergent trois salles à manger campagnardes
où l'on propose une cuisine au goût du jour. L'été, service sur la terrasse-jardin.

à Froideterre Nord-Est : 3 km par D 486 et D 99 – 311 h. – alt. 306 m – ⊠ 70200

Hostellerie des Sources avec ch   ⵣ ሌ ch, **M** ↳ ℂ **P** **VISA** **⑩**
4 r. du Grand Bois – 𝒞 *03 84 30 34 72 – hostelleriedessources@wanadoo.fr
– Fax 03 84 30 29 87*
5 ch – ♦70/119 € ♦♦70/119 €, ⥥ 10 € – **Rest** – *(Fermé 3 sem. en janv., dim. soir,
lundi et mardi) (nombre de couverts limité, prévenir)* Menu 25/80 € – Carte
40/55 €
 ◆ Coquette ferme en pierre située à la lisière du plateau des Mille Étangs. Élégant intérieur
rustique. Cuisine au goût du jour et bon choix de vins (caveau de dégustation). Hôtel
composé de 5 pavillons neufs (3 avec spa) : "exotique", "classique", etc.

> Les bonnes adresses à petit prix ?
> Suivez les Bibs : Bib Gourmand rouge ⑱ pour les tables
> et Bib Hôtel bleu ⍐ pour les chambres.

LURS – 04 Alpes-de-Haute-Provence – 334 D9 – 347 h. – alt. 600 m – ⊠ 04700
▮ Alpes du Sud   40 **B2**

> ◗ Paris 737 – Digne-les-Bains 40 – Forcalquier 11 – Manosque 22 – Sisteron 33
> ▯ Office de tourisme, place de la Fontaine 𝒞 04 92 79 10 20,
> Fax 04 92 79 10 20
> ◉ Site★.

Le Séminaire ❧   ≼ ◻ ᾗ ⴵ ⑯ ᴵ₆ **M** ch, ↳ ℂ ዥ **P** **VISA** **⑩**
– 𝒞 *04 92 79 94 19 – info@hotel-leseminaire.com – Fax 04 92 79 11 18
– Fermé 1er déc.-1er fév.*
16 ch – ♦89 € ♦♦119 €, ⥥ 13 € – ½ P 85 € – **Rest** – Menu 20 € (déj. en sem.),
26/59 €
 ◆ Établissement non-fumeurs aménagé dans l'ex-séminaire de la résidence d'été des
évêques de Sisteron. Chambres sobres et pratiques ; jardin panoramique. Salle à manger
voûtée et belle vue sur la vallée depuis la jolie terrasse ombragée. Cuisine régionale.

969

LUSSAC-LES-CHÂTEAUX – 86 Vienne – 322 K6 – 2 532 h. – alt. 104 m –
✉ 86320 ▌ Poitou Vendée Charentes   39 **D2**

■ Paris 355 – Bellac 42 – Châtellerault 52 – Montmorillon 12 – Poitiers 39
   – Ruffec 51

🛈 Office de tourisme, place du 11 novembre 1918 ℰ 05 49 84 57 73,
   Fax 05 49 84 57 73

◙ Nécropole mérovingienne ★ de Civaux NO : 6 km sur D 749.

Les Orangeries   ⇗ ⵣ ⌘ ⛷ ⛳ **P** **VISA** **◑◐** **AE**
12 av. du Dr Dupont – ℰ 05 49 84 07 07 – contact @ lesorangeries.fr
– Fax 05 49 84 98 82 – Fermé 15-30 nov.
7 ch – †75/115 € ††75/115 €, ⵦ 13 € – 4 suites – ½ P 80/103 € – **Rest** – (fermé
dim. et lundi sauf résidents) Menu 30 €

♦ Intérieur de caractère, chambres très cosy, piscine, délicieux jardin, parc paysager, verger,
etc. : tout incite à venir dans cette maison du 18ᵉ s. La table, orientée terroir, est à l'image
des lieux, familiale, généreuse et "verte" (menu de saison, produits bio).

LUTTER – 68 Haut-Rhin – 315 I12 – rattaché à Ferrette

LUTZELBOURG – 57 Moselle – 307 O6 – 695 h. – alt. 212 m – ✉ 57820
▌ Alsace Lorraine   27 **D2**

■ Paris 438 – Metz 113 – Obernai 49 – Sarrebourg 20 – Sarreguemines 53
   – Strasbourg 62

🛈 Syndicat d'initiative, 147, rue A.J. Konzett ℰ 03 87 25 30 19,
   Fax 03 87 25 33 76

◙ Plan-incliné ★ de St-Louis-Arzviller SO : 3,5 km.

Des Vosges avec ch   ⛩ ⛷ **P** **VISA** **◑◐** **AE**
2 r. Ackermann – ℰ 03 87 25 30 09 – info @ hotelvosges.com – Fax 03 87 25 42 22
10 ch – †55 € ††55 €, ⵦ 7,50 € – ½ P 65 € – **Rest** – (fermé dim. soir et merc.)
Menu 20/32 € – Carte 27/45 €

♦ Auberge dont la terrasse domine le canal Rhin-Marne. La salle à manger a conservé des
boiseries et un beau parquet anciens. Spécialités régionales et truite au bleu.

LUX – 71 Saône-et-Loire – 320 J9 – rattaché à Chalon-sur-Saône

---

LUXÉ – 16 Charente – 324 K4 – rattaché à Mansle

LUYNES – 37 Indre-et-Loire – 317 M4 – 4 501 h. – alt. 60 m – ✉ 37230
▌ Châteaux de la Loire   11 **B2**

■ Paris 247 – Angers 115 – Chinon 41 – Langeais 15 – Saumur 56 – Tours 11

🛈 Office de tourisme, 9, rue Alfred Baugé ℰ 02 47 55 77 14, Fax 02 47 55 77 14

◙ Église ★ au Vieux-Bourg de St-Etienne de Chigny O : 3 km.

Domaine de Beauvois ⌕   ⇐ ⵣ ⴷ ⵣ ⌘ ⛷ ⵘ **AC** rest, ⌘ rest, ⛷ ⛳
4 km au Nord-Ouest par D 49 – ℰ 02 47 55 50 11   **P** ⌂ **VISA** **◑◐** **AE** **①**
– beauvois @ grandesetapes.fr – Fax 02 47 55 59 62
36 ch – †190/300 € ††190/300 €, ⵦ 22 € – **Rest** – Menu 32 € (déj.), 48/66 €
– Carte 51/87 €

♦ Vaste manoir des 16ᵉ-17ᵉ s. au cœur d'un parc arboré doté d'un étang. Superbes
chambres personnalisées dans un esprit maison bourgeoise. Élégante salle et salons
intimes pour une cuisine actuelle (dîner et dimanche) ou des plats du terroir servis en
cocottes (le midi).

LUZ-ST-SAUVEUR – 65 Hautes-Pyrénées – 342 L7 – 1 098 h. – alt. 710 m
– **Sports d'hiver :** 1 800/2 450 m ⛷ 14 ⵢ – **Stat. therm. :** mi avril-fin oct. – ✉ 65120
▌ Midi-Pyrénées   28 **A3**

■ Paris 882 – Argelès-Gazost 19 – Cauterets 24 – Lourdes 32 – Pau 77
   – Tarbes 51

🛈 Office de tourisme, 20, place du 8 mai ℰ 05 62 92 30 30, Fax 05 62 92 87 19

◙ Église fortifiée ★.

à Esquièze-Sère au Nord – 464 h. – alt. 710 m – ⊠ 65120

Le Montaigu ⍟   ⟨ 🚗 📶 🍴 rest, 🐾 🔥 **P** _VISA_ **MC** **AE** **①**
rte de Vizos – 🕾 05 62 92 81 71 – hotel.montaigu @ wanadoo.fr
– Fax 05 62 92 94 11 – Fermé oct. et nov.
42 ch – †60/80 € ††60/80 €, ⌂ 8 € – ½ P 53/63 € – **Rest** – (dîner seult)
Menu 15/25 € – Carte 27/40 €
♦ Bâtiment récent situé au pied d'un château en ruine. Grandes chambres fonctionnelles, dont sept flambant neuves ; certaines possèdent un balcon avec vue sur les montagnes. Recettes traditionnelles au restaurant et lumineux salon-bar tourné vers le jardin.

Terminus sans rest   🚗 🍴 **P** _VISA_ **MC** **AE** **①**
– 🕾 05 62 92 80 17 – Fax 05 62 92 32 89 – Fermé nov.
16 ch – †42 € ††48 €, ⌂ 6,50 €
♦ Cet hôtel qui occupe une grande maison de village dispose de chambres toutes rénovées et colorées. Si le temps le permet, vous prendrez votre petit-déjeuner dans le jardin.

LUZY   7 **B3**

▶ Paris 319 – Dijon 122 – Nevers 81 – Le Creusot 47 – Montceau-les-Mines 40
🆔 Syndicat d'initiative, place Chanzy 🕾 03 86 30 02 65

✗✗   **Le Morvan**   _VISA_ **MC** **AE**
73 av. Dr-Dollet – 🕾 03 86 30 00 66 – hotel.morvan @ wanadoo.fr
– Fax 03 86 30 04 92 – Fermé 27 août-4 sept., 4-10 janv., 23 fév.-7 mars, dim. soir
de nov. à mars, sam. midi et merc.
Rest – Menu 13 € (déj. en sem.), 20/68 € – Carte 40/63 €
♦ L'environnement de cette ancienne auberge manque de charme, mais la goûteuse cuisine inventive du chef-patron et la jolie salle champêtre méritent qu'on fasse fi de ce détail !

LYAS – 07 Ardèche – 331 J5 – rattaché à Privas

Le quai de Saône et Notre-Dame de Fourvière

LYON

🅿 Département : 69 Rhône
Carte Michelin LOCAL : n° 327 |5
▶ Paris 458 – Genève 151 – Grenoble 106
– Marseille 314 – St-Étienne 61

Population : 445 452 h   43 **E1**
Pop. agglomération : 1 348 832 h
Altitude 175 m – **Code Postal** ✉ 69000
🏛 Lyon et la vallée du Rhône

RENSEIGNEMENTS PRATIQUES

Office de tourisme

🛈 Place Bellecour ✆ 04 72 77 69 69, Fax 04 78 42 04 32

Transports

🚃 Auto-train ✆ 3635 et tapez 42 (0,34 €/mn)

Aéroport

🛫 Lyon Saint-Exupéry ✆ 0 826 800 826 (0,15 €/mn), par ④ : 27 km

LOISIRS

Casino

à la Tour de Salvagny
le Pharaon (quai Charles-de-Gaulle à Lyon) **GV**

Quelques golfs

- de Lyon Chassieu à Chassieu Route de Lyon, ✆ 04 78 90 84 77 ;
- de Salvagny à La Tour-de-Salvagny 100 rue des Granges, par rte de Roanne : 20 km, ✆ 04 78 48 88 48 ;
- public de Miribel Jonage à Vaulx-en-Velin Chemin de la Bletta, NE : 9 km, ✆ 04 78 80 56 20 ;
- de Mionnay-la-Dombes à Mionnay Domaine de Beau Logis, N : 23 km par D 1083, ✆ 04 78 91 84 84 ;
- de Lyon à Villette-d'Anthon E : 25 km par D 517, D6 et D 55, ✆ 04 78 31 11 33.

◉ A VOIR

LE SITE

⤢ ★★★ de la basilique Notre-Dame de Fourvière **EX**
Montée du Garillan ★ **EX**
⤢ ★ sur la Saône et la presqu'île depuis la place Rouville **EV**

LYON ROMAIN ET GALLO-ROMAIN

Théâtres romains et l'Odéon **EY** - Aqueducs romains **EY** - Musée de la civilisation gallo-romaine ★★ : table claudienne ★★★ **EY** M¹⁰

LE VIEUX LYON

Quartiers St-Jean, St-Paul et St-Georges ★★★ **EFXY** - Rue St-Jean : Cour ★★ au n⁰ 28 et cour ★ de l'hôtel du Gouvernement au n⁰ 2 - Couloir voûté ★ au n⁰ 18 rue Lainerie - Galerie ★★ de l'hôtel Bullioud au n⁰ 8 rue Juiverie - Hôtel Gadagne ★ **FX** M⁴ : musée historique de Lyon ★, musée lapidaire ★, musée international de la Marionnette ★ - Primitiale St-Jean ★ (Chœur ★★) **EFY** - Maison du Crible ★ au n⁰ 16 rue du Bœuf - Théâtre « le Guignol de Lyon » **FX** T

LA PRESQU'ÎLE

Place Bellecour **FY** - Fontaine ★ de la place des Terreaux **FX** - Palais St-Pierre ★ **FX** M⁹ - Musée des Beaux-Arts ★★★ **FX** M⁹ - Musée historique des tissus ★★★ **FY** M¹⁷ - Musée de l'imprimerie ★★ **FX** M¹⁶ - Musée des Arts décoratifs ★★ **FY** M⁷

LA CROIX ROUSSE

Aux origines de la soierie lyonnaise Mur des Canuts **FV** R - Maison des Canuts **FV** M⁵ - Ateliers de Soierie vivante ★ **FV** E

RIVE GAUCHE DU RHÔNE

Quartiers : les Brotteaux, la Cité Internationale, la Guillotière, Gerland, la Part-Dieu
Parc de la Tête d'Or ★ : Roseraie ★ **GHV** - Musée d'Histoire naturelle ★★ **GV** M²⁰ - Centre d'Histoire de la Résistance et de la Déportation ★ **FZ** M¹
Musée d'Art contemporain ★ **GU** - Musée urbain Tony-Garnier **CQ** - Halle Tony-Garnier **BQR** - Château Lumière **CQ** M²

ENVIRONS

Musée de l'automobile Henri-Malartre ★★ à Rochetaillée-sur-Saône : 12 km par ⑪

Centre-ville (Bellecour-Terreaux)

Sofitel ⟨ 🛗 ㏑ ch. AC ⇄ ☎ 🛁 ☕ VISA ⓜ AE ⓞ
20 quai Gailleton ⊠ 69002 Ⓜ *Bellecour* – ℰ 04 72 41 20 20 – h0553 @ accor.com
– Fax 04 72 40 05 50   p. 8 FY **p**
164 ch – ♦205/350 € ♦♦230/375 €, � 26 € – 29 suites
Rest *Les Trois Dômes* – voir ci-après
Rest *Sofishop* – ℰ 04 72 41 20 80 – Menu 28 € (sem.)/40 € – Carte 31/52 €
♦ L'architecture cubique contraste avec l'intérieur luxueusement agencé : chambres contemporaines de bon goût, salles de réunion modernes, boutiques chic, salon de coiffure... Ambiance et carte brasserie au Sofishop (banc d'écailler).

Le Royal Lyon sans rest 🛗 AC ⇄ ☎ VISA ⓜ AE ⓞ
20 pl. Bellecour ⊠ 69002 Ⓜ *Bellecour* – ℰ 04 78 37 57 31 – h2952 @ accor.com
– Fax 04 78 37 01 36   p. 8 FY **g**
77 ch – ♦210/450 € ♦♦290/450 €, ⊒ 22 € – 3 suites
♦ Après rénovation, cet hôtel du 19e s. géré par l'Institut Paul Bocuse a retrouvé son faste d'antan. Très belles chambres et salle des petits-déjeuners décorée comme une cuisine.

Carlton sans rest 🛗 AC ⇄ ☎ VISA ⓜ AE ⓞ
4 r. Jussieu ⊠ 69002 Ⓜ *Cordeliers* – ℰ 04 78 42 56 51 – h2950 @ accor.com
– Fax 04 78 42 10 71   p. 8 FX **b**
83 ch – ♦89/199 € ♦♦99/209 €, ⊒ 14 €
♦ Pourpre et or : deux couleurs qui habillent cet hôtel de tradition aménagé à la façon d'un petit palace rétro. La cage d'ascenseur d'époque a de l'allure. Chambres confortables.

Globe et Cécil sans rest 🛗 AC ☎ 🛁 VISA ⓜ AE ⓞ
21 r. Gasparin ⊠ 69002 Ⓜ *Bellecour* – ℰ 04 78 42 58 95 – accueil @
globeetcecilhotel.com – Fax 04 72 41 99 06   p. 8 FY **b**
60 ch – ♦130/135 € ♦♦160/165 €
♦ Un des derniers soyeux de la ville a décoré la salle de réunions de cet hôtel de caractère. Chambres mariant avec goût meubles chinés et modernes. Accueil des plus charmants.

Mercure Lyon Beaux-Arts sans rest 🛗 AC ⇄ ☎ 🛁 VISA ⓜ AE ⓞ
75 r. Prés. E. Herriot ⊠ 69002 Ⓜ *Cordeliers* – ℰ 04 78 38 09 50 – h2949 @
accor.com – Fax 04 78 42 19 19   p. 8 FX **t**
75 ch – ♦109/179 € ♦♦119/189 €, ⊒ 14 € – 4 suites
♦ Bel immeuble 1900 où les chambres sont aménagées dans un sobre style Art déco. Quatre d'entre elles, plus insolites, sont décorées par des artistes contemporains.

Mercure Plaza République sans rest 🛗 ㏑ AC ⇄ ☎
5 r. Stella ⊠ 69002 Ⓜ *Cordeliers* – ℰ 04 78 37 50 50   🛁 VISA ⓜ AE ⓞ
– h2951 @ accor.com – Fax 04 78 42 33 34   p. 8 FY **k**
78 ch – ♦109/169 € ♦♦119/179 €, ⊒ 14 €
♦ Architecture du 19e s., situation centrale, intérieur moderne, confort complet et salles de réunion : un hôtel apprécié, entre autres, par la clientèle d'affaires.

Grand Hôtel des Terreaux sans rest 🏊 🛗 ⇄ 🞅 ☎ VISA ⓜ AE ⓞ
16 r. Lanterne ⊠ 69001 Ⓜ *Hôtel de ville* – ℰ 04 78 27 04 10 – ght @ hotel-lyon.fr
– Fax 04 78 27 97 75   p. 6 FX **u**
53 ch – ♦85/105 € ♦♦115/164 €, ⊒ 12 €
♦ Chambres personnalisées et décorées avec goût, jolie piscine intérieure et service attentif font de cet ancien relais de poste (19e s.) un établissement propice à la détente.

Des Artistes sans rest 🛗 AC ☎ VISA ⓜ AE ⓞ
8 r. G. André ⊠ 69002 Ⓜ *Cordeliers* – ℰ 04 78 42 04 88 – hartiste @
club-internet.fr – Fax 04 78 42 93 76   p. 8 FY **r**
45 ch – ♦78/130 € ♦♦90/140 €, ⊒ 10 €
♦ Impossible de manquer les trois coups depuis cet hôtel voisin du théâtre des Célestins ! Chambres coquettes et salle des petits-déjeuners ornée d'une fresque à la Cocteau.

La Résidence sans rest 🛗 AC ☎ VISA ⓜ AE ⓞ
18 r. V. Hugo ⊠ 69002 Ⓜ *Bellecour* – ℰ 04 78 42 63 28 – hotel-la-residence @
wanadoo.fr – Fax 04 78 42 85 76   p. 8 FY **s**
67 ch – ♦78 € ♦♦78 €, ⊒ 7 €
♦ Décor sobrement "seventies" pour cet hôtel bordant une rue piétonne proche de la place Bellecour. Quelques chambres plus élégantes, agrémentées de boiseries.

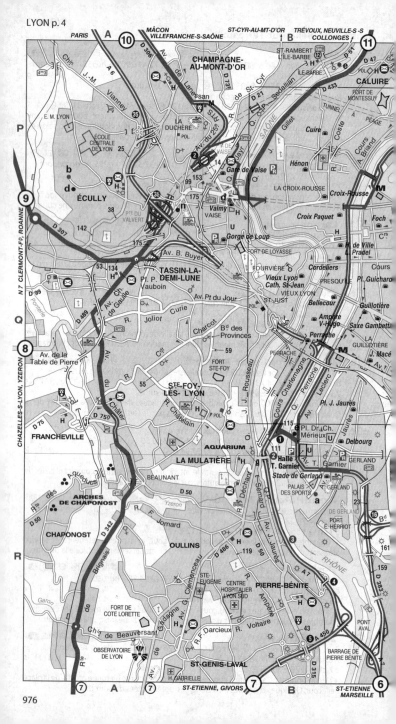

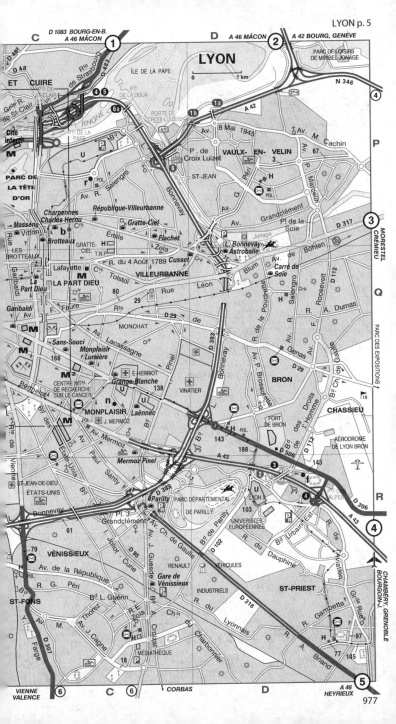

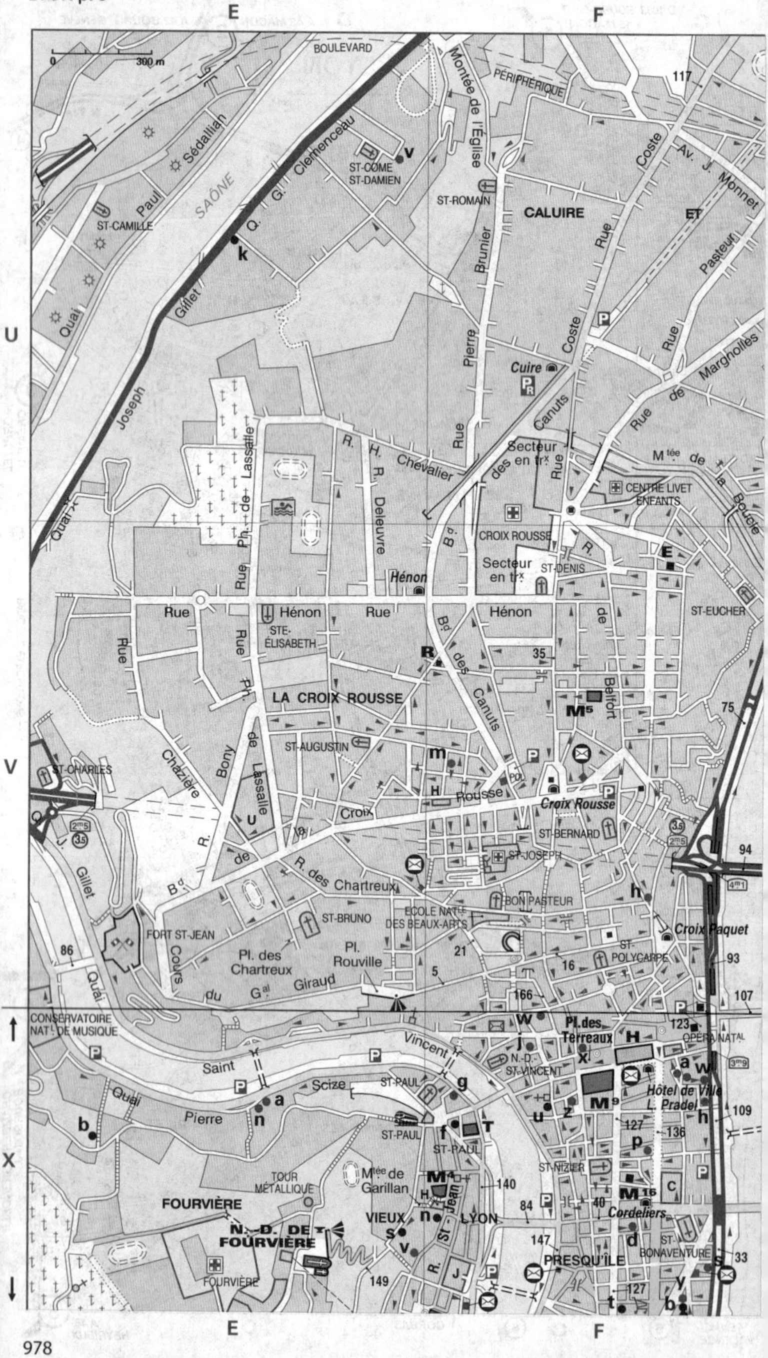
E
F
U
V
X
0
300 m
BOULEVARD
PÉRIPHÉRIQUE
Montée de l'Église
117
Quai Paul Sédallian
SAÔNE
Q. G. Clemenceau
ST-CÔME ST-DAMIEN
v
ST-ROMAIN
CALUIRE
Coste
Av. J. Monnet
ET
ST-CAMILLE
k
Quai Joseph Gillet
Rue Pierre Brunier
Rue Coste
Pasteur
Rue de Margnolles
Cuire
Canuts
Rue Chevalier
Secteur en tr^x
M^tée de la Boucle
R. H. Deleuvre
Rue Ph. de Lassalle
Rue des Canuts
CENTRE LIVET ENFANTS
CROIX ROUSSE
Hénon
Secteur en tr^x
ST-DENIS
E
Rue Hénon
ST-EUCHER
STE-ÉLISABETH
Bd des Canuts
35
Rue de Belfort
LA CROIX ROUSSE
M5
75
ST-AUGUSTIN
m
ST-CHARLES
Rue Chazière
Bony
R. Ph. de Lassalle
H
Croix Rousse
Croix Rousse
ST-BERNARD
Q. J. Gillet
2m5
3.5
u
la
Bd de la Croix Rousse
R. des Chartreux
ST-JOSEPH
94
4m1
BON PASTEUR
h
Croix Paquet
ST-BRUNO
ÉCOLE NAT^LE DES BEAUX-ARTS
FORT ST-JEAN
86
Pl. des Chartreux
Pl. Rouville
21
16
ST-POLYCARPE
93
Quai
Cours du Gal Giraud
5
166
107
CONSERVATOIRE NAT^L DE MUSIQUE
w
Pl. des Terreaux
H
123
OPÉRA NAT^AL
Vincent
j
x
N.-D.-ST-VINCENT
a
w
3m9
Saint
Scize
ST-PAUL
g
M9
Hôtel de Ville L. Pradel
Quai Pierre
a
n
u
z
h
109
b
127
136
ST-PAUL
f
T
ST-PAUL
p
ST-NIZIER
TOUR MÉTALLIQUE
M^tée de Garillan
M4
140
C
FOURVIÈRE
M16
84
40
Cordeliers
N.-D. DE FOURVIÈRE
VIEUX LYON
n
R. St-Jean
s
v
147
d
ST-BONAVENTURE
33
PRESQU'ÎLE
s
FOURVIÈRE
149
J
127
t
y
b
E
F

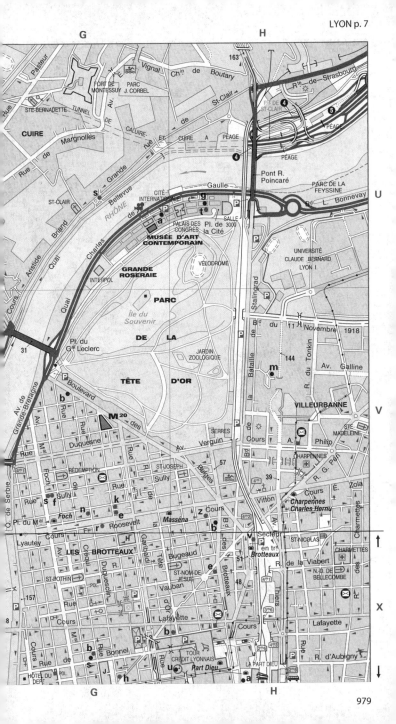

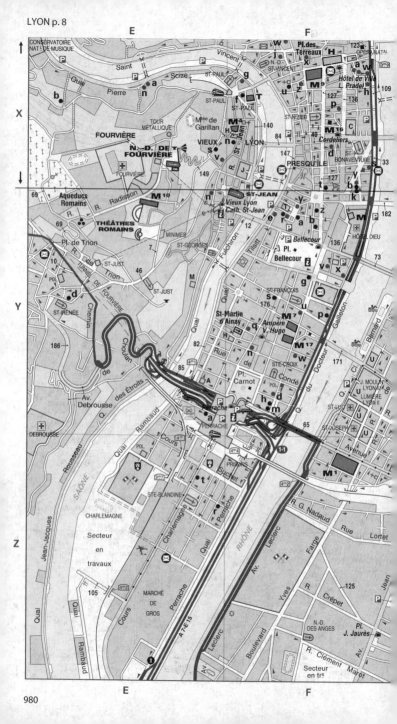

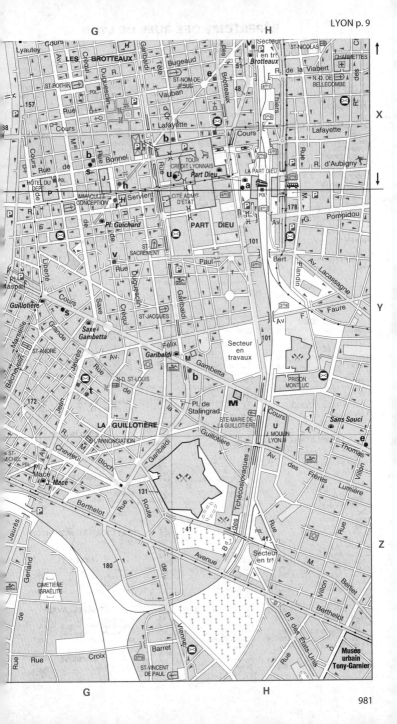

RÉPERTOIRE DES RUES DE LYON

LISTE ALPHABÉTIQUE DES HÔTELS ET RESTAURANTS

⌂ **Célestins** sans rest 🖼 Ⓐ ☎ 𝘝𝘐𝘚𝘈 ⓜ◑
⟨◎⟩ 4 r. Archers ✉ 69002 Ⓜ Guillotière – ℰ 04 72 56 08 98 – info@hotelcelestins.com
– Fax 04 72 56 08 65 p. 8 FY **a**
25 ch – †62/90 € ††68/100 €, ☲ 8 €
♦ Hôtel occupant plusieurs étages d'un immeuble d'habitation. Chambres claires et
plaisantes ; celles de la façade offrent une échappée sur la colline de Fourvière.

⌂ **Élysée Hôtel** sans rest 🖼 ↳ ☎ 𝘝𝘐𝘚𝘈 ⓜ◑ Ⓐ🄴 ◑
92 r. Prés. E. Herriot ✉ 69002 Ⓜ Cordeliers – ℰ 04 78 42 03 15 – accueil@
hotel-elysee.fr – Fax 04 78 37 76 49 p. 8 FY **z**
29 ch – †50/69 € ††69/82 €, ☲ 8 €
♦ Chambres fonctionnelles récemment rafraîchies, situation centrale, petit-déjeuner
continental et prix sages : une adresse familiale appréciée par la clientèle d'affaires.

Perrache

🏠🏠🏠 **Grand Hôtel Mercure Château Perrache** 🖼 Ⓐ ↳ ☎ 🄰 🄿
12 cours Verdun ✉ 69002 Ⓜ Perrache – ☞ 𝘝𝘐𝘚𝘈 ⓜ◑ Ⓐ🄴 ◑
ℰ 04 72 77 15 00 – h1292@accor.com – Fax 04 78 37 06 56 p. 8 EY **a**
111 ch – †145/195 € ††145/195 €, ☲ 14 € – 2 suites
Rest Les Belles Saisons – (fermé 25 juil.-25 août, week-ends et fériés) Menu (16 €
bc) – Carte 25/35 €
♦ L'hôtel bâti en 1900 a conservé une partie de son cadre Art nouveau : délicates boiseries
sculptées du hall, mobilier authentique dans certaines chambres et les suites. Le "style
Majorelle" prend toute sa dimension dans la superbe salle des Belles Saisons.

🏠🏠🏠 **Charlemagne** 🍴 🖼 Ⓐ ↳ ☀ ☎ 🄰 🄿 𝘝𝘐𝘚𝘈 ⓜ◑ Ⓐ🄴 ◑
23 cours Charlemagne ✉ 69002 Ⓜ Perrache – ℰ 04 72 77 70 00
– charlemagne@hotel-lyon.fr – Fax 04 78 42 94 84 p. 8 EZ **t**
116 ch – †80/155 € ††85/170 €, ☲ 10 € – ½ P 100/128 € – **Rest** – (fermé sam.
et dim.) Menu 22 € – Carte 24/31 €
♦ Deux immeubles abritant des chambres rénovées, confortables et de bon goût, un
"business center" et une salle des petits-déjeuners façon jardin d'hiver. Au restaurant :
décor moderne, plaisante terrasse d'été et cuisine traditionnelle sans prétention.

🏠🏠 **Axotel** 🍴 🖼 Ⓐ ↳ ☀ ☎ 🄰 𝘝𝘐𝘚𝘈 ⓜ◑ Ⓐ🄴 ◑
12 r. Marc-Antoine Petit ✉ 69002 Ⓜ Perrache – ℰ 04 72 77 70 70
– axotel.perrache@hotel-lyon.fr – Fax 04 72 40 00 65 p. 8 EZ **r**
126 ch – †71/75 € ††76/90 €, ☲ 9 € – ½ P 90/98 €
Rest Le Chalut – (fermé 28 juil.-24 août, 22 déc.-1er janv., vend. soir, sam. midi et
dim.) Menu 25 € – Carte 33/46 €
♦ La clientèle d'affaires appréciera cet établissement doté de salles et équipements utiles
à l'organisation de séminaires. Chambres diverses en tailles et en styles. Dans les filets du
Chalut, du poisson bien sûr, mais aussi des plats de viande.

🏠🏠 **Verdun** sans rest 🖼 ↳ ☎ 𝘝𝘐𝘚𝘈 ⓜ◑ Ⓐ🄴 ◑
82 r. de la Charité ✉ 69002 Ⓜ Perrache – ℰ 04 78 37 34 71 – reservation@
hoteldeverdun.com – Fax 04 78 37 45 35 p. 8 FY**m**
28 ch – †75/130 € ††95/140 €, ☲ 11 €
♦ Gare à proximité, chambres bien tenues, égayées de couleurs vives, et copieux petit-
déjeuner servi sous forme de buffet caractérisent cet hôtel entièrement non-fumeurs.

⌂ **Des Savoies** sans rest 🖼 Ⓐ ☎ ☞ 𝘝𝘐𝘚𝘈 ⓜ◑ Ⓐ🄴 ◑
80 r. de la Charité ✉ 69002 Ⓜ Perrache – ℰ 04 78 37 66 94 – hotel.des.savoies@
wanadoo.fr – Fax 04 72 40 27 84 p. 8 FY **h**
46 ch – †52/72 € ††58/76 €, ☲ 6 €
♦ Façade rehaussée de blasons savoyards, petites chambres simples, fonctionnelles et
récemment rafraîchies, prix sages et garage très apprécié de la clientèle.

Vieux-Lyon

🏠🏠🏠 **Villa Florentine** ⌂ ≤ Lyon, ☞ 🍴 🖼 ⅃ ↳ 🄰 🄿
25 montée St-Barthélémy ✉ 69005 Ⓜ Fourvière ☞ 𝘝𝘐𝘚𝘈 ⓜ◑ Ⓐ🄴 ◑
– ℰ 04 72 56 56 56 – florentine@relaischateaux.com – Fax 04 72 40 90 56
20 ch – †160/410 € ††160/410 €, ☲ 24 € – 8 suites p. 6 EX **s**
Rest Les Terrasses de Lyon – voir ci-après
♦ Sur la colline de Fourvière, cette demeure d'inspiration Renaissance jouit d'une vue
incomparable sur la ville. L'intérieur marie avec une rare élégance l'ancien et le moderne.

Cour des Loges ⌂   🏡 ⅙ ⊞ ⒶⒸ ↯ ⚡ rest, ⚲ ⅍ 🚗 🚗 ₪ₐ 🖭 ㊎ ①
6 r. Bœuf ⊠ 69005 Ⓜ Vieux Lyon Cathédrale St-Jean – ℰ 04 72 77 44 44
– contact@courdesloges.com – Fax 04 72 40 93 61   p. 6 FX **n**
58 ch – †240/290 € ††240/290 €, ⌸ 27 € – 4 suites
Rest Les Loges – (fermé juil., août, dim. et lundi) (dîner seult) Menu 55/80 €
– Carte 69/82 €
Rest Café-Épicerie – (fermé mardi et merc. sauf juil.-août) Menu (17 €) – Carte
37/47 €
♦ Designers et artistes contemporains ont signé le décor étonnant de cet ensemble de
maisons du 14e au 18e s. groupées autour d'une splendide cour à galeries. Cuisine inventive
et cadre personnalisé aux Loges. Attrayante formule déjeuner au Café-Épicerie.

Collège sans rest   ⒾⒸ ⅙ ⊞ ↯ ⚲ 🚗 ₪ₐ 🖭 ㊎ ①
5 pl. St Paul ⊠ 69005 Ⓜ Vieux Lyon Cathédrale St-Jean – ℰ 04 72 10 05 05
– contact@college-hotel.com – Fax 04 78 27 98 84   p.6 FX **f**
39 ch – †105/125 € ††125/140 €, ⌸ 12 €
♦ Bureaux d'écoliers, cheval d'arçon, cartes de géographie... : tout évoque l'univers scolaire
d'autrefois. Chambres toutes blanches, résolument modernes, avec balcon ou terrasse.

Du Greillon sans rest ⌂   ⇐ ⌘ 🚗 ⚲ ₪ₐ 🖭
12 montée du Greillon ⊠ 69009 – ℰ 06 08 22 26 33 – contact@legreillon.com
– Fax 04 72 29 10 97 – Fermé 1er-12 août et 18-24 fév.   p.8 EX **b**
5 ch ⌸ – †78/92 € ††85/100 €
♦ L'ex-propriété du sculpteur J. Chinard convertie en maison d'hôte. Jolies chambres,
meubles et objets chinés, délicieux jardin et vue plongeante sur la Saône et la Croix-Rousse.

La Grange de Fourvière sans rest   ↯ ⅙ ⚲ Ⓟ ₪ₐ 🖭
86 r. des Macchabées ⊠ 69005 Ⓜ St-Just – ℰ 04 72 33 74 45 – catherine@
grangedefourviere.com – Fax 04 72 33 74 45   p.8 EY **d**
4 ch ⌸ – †55/70 € ††65/80 €
♦ Une grange et une écurie du 19e s. entièrement réhabilitées, dans le "quartier village"
St-Irénée. Chambres agréables, salon-bibliothèque et cuisinette à disposition des hôtes.

La Croix-Rousse (bord de Saône)

Lyon Métropole   🏡 ⊼ ▣ ⊛ ⚡ Ⓘ ⅙ ch, ⒶⒸ ⅍ Ⓟ
85 quai J. Gillet ⊠ 69004 – ℰ 04 72 10 44 44   🚗 ₪ₐ 🖭 ㊎ ①
– metropole@lyonmetropole.com – Fax 04 72 10 44 42   p.6 EU **k**
118 ch – †170/250 € ††170/250 €, ⌸ 18 €
Rest Brasserie Lyon Plage – ℰ 04 72 10 44 30 – Menu (22 €), 27 € – Carte
34/53 €
♦ Cet hôtel de style "années 1980" qui se mire dans la piscine olympique est très sportif :
superbe spa, fitness, courts de tennis et de squash, practices, etc. Chambres modernes. La
carte de la Brasserie Lyon Plage met l'accent sur les produits de la mer.

Cité Internationale

Hilton   🏡 ⅙ Ⓘ ⅙ ch, ⒶⒸ ↯ ⚲ ⅍ 🚗 ₪ₐ 🖭 ㊎ ①
70 quai Ch.-de-Gaulle ⊠ 69006 – ℰ 04 78 17 50 50 – reservations.lyon@
hilton.com – Fax 04 78 17 52 52   p.7 GU **a**
200 ch – †148/365 € ††148/530 €, ⌸ 24 €
Rest Blue Elephant – ℰ 04 78 17 50 00 (fermé 21 juil.-18 août, sam. midi et dim.)
Menu 28 € (déj. en sem.), 43/55 € – Carte 30/51 €
Rest Brasserie – ℰ 04 78 17 51 00 – Menu (19 €), 23 € (déj.) – Carte 31/56 €
♦ Imposant hôtel moderne en brique et verre, doté d'un véritable "business center".
Chambres et suites parfaitement équipées, donnant sur le parc de la Tête d'Or et le Rhône.
Spécialités et cadre thaïlandais au Blue Elephant. Cuisine traditionnelle à la Brasserie.

De la Cité   🏡 Ⓘ ⅙ ⒶⒸ ↯ ⅙ rest, ⚲ ⅍ 🚗 ₪ₐ 🖭 ㊎ ①
22 quai Ch.-de-Gaulle ⊠ 69006 – ℰ 04 78 17 86 86 – hoteldelacite@
concorde-hotel.com – Fax 04 78 17 86 99   p.7 HU **g**
159 ch – †95/320 € ††95/320 €, ⌸ 22 € – 5 suites – **Rest** – Menu (20 €),
23/36 € – Carte 42/67 €
♦ Architecture moderne signée Renzo Piano, située entre le parc de la Tête d'Or et le Rhône.
Chambres claires affichant une décoration actuelle. Repas traditionnels (buffet au déjeuner). Terrasse ouverte sur le patio de la Cité Internationale. Nombreux cocktails au bar.

Les Brotteaux

🏨 **Du Parc** sans rest   📶 ♿ 🅰🅲 ☎ 🆅🅸🆂🅰 🆆🅾 🅰🅴

16 bd des Brotteaux ⊠ *69006* Ⓜ *Brotteaux –* ℰ *04 72 83 12 20 – accueil @*
hotelduparc-lyon.com – Fax 04 78 52 14 32 – Fermé 1ᵉʳ-15 août   *p. 7* HV **b**
23 ch – ♦86/116 € ♦♦96/126 €, � 10,50 €

• Hôtel situé entre la gare des Brotteaux et le parc de la Tête d'Or. Les chambres, plus
tranquilles sur l'arrière, bénéficient d'un décor chaleureux et d'aménagements modernes.

La Part-Dieu

🏨 **Radisson SAS** 🍃   ⬿ Lyon et vallée du Rhône, 📶 ♿ 🅰🅲 ↯ 🍽 rest, ☎
129 r. Servient (32ᵉ étage) ⊠ *69003* Ⓜ *Part Dieu*   🛗 🚗 🆅🅸🆂🅰 🆆🅾 🅰🅴 ⓪
– ℰ *04 78 63 55 00 – info.lyon @ radissonsas.com – Fax 04 78 63 55 20*   *p. 7* GX **u**
245 ch – ♦120/300 € ♦♦120/300 €, ⊡ 20 €
Rest *L'Arc-en-Ciel* *– (fermé 15 juil.-25 août, sam. midi et dim.)* Menu 42/90 €
– Carte 62/96 € 🍷
Rest *Bistrot de la Tour* *– (fermé sam. et dim.) (déj. seult)* Menu (16 €), 19 €
– Carte 24/43 €

• Au sommet du "crayon" (altitude : 100 m), agencement inspiré des maisons du Vieux
Lyon : cour intérieure et galeries superposées. Panorama exceptionnel depuis certaines
chambres. L'Arc-en-Ciel est perché au 32ᵉ étage de la tour. Bistrot très prisé à midi.

🏨 **Novotel La Part-Dieu**   📶 ♿ ch, 🅰🅲 ↯ ☎ 🛗 🆅🅸🆂🅰 🆆🅾 🅰🅴 ⓪

47 bd Vivier-Merle ⊠ *69003* Ⓜ *Part Dieu –* ℰ *04 72 13 51 51 – h0735 @ accor.com*
– Fax 04 72 13 51 99   *p. 9* HX **a**
124 ch – ♦118/153 € ♦♦126/161 €, ⊡ 13,50 € – **Rest –** Menu (19 €), 24 €
– Carte 24/43 €

• À deux pas de la gare. Chambres progressivement refaites selon les nouvelles normes de
la chaîne et espace Internet au salon-bar. En attendant le train ou entre deux rendez-vous,
la clientèle d'affaires contente son appétit au restaurant Novotel.

🏨 **Créqui Part-Dieu**   📶 ♿ ch, 🅰🅲 ↯ 🛗 🆅🅸🆂🅰 🆆🅾 🅰🅴 ⓪

 37 r. Bonnel ⊠ *69003* Ⓜ *Place Guichard –* ℰ *04 78 60 20 47 – inforesa @*
hotel-crequi.com – Fax 04 78 62 21 12 – Fermé août, sam. et dim.   *p. 7* GX **s**
46 ch – ♦71/150 € ♦♦71/160 €, ⊡ 12 € – 3 suites
Rest *Le Magistère* – Menu (15 €), 18/30 € – Carte 26/41 €

• L'établissement s'élève face à la cité judiciaire. Les chambres, rénovées, s'égayent de tons
chaleureux. Celles de l'aile neuve offrent un cadre résolument moderne.

La Guillotière

🏨 **De Noailles** sans rest   🅰🅲 🚗 🆅🅸🆂🅰 🆆🅾 🅰🅴 ⓪

30 cours Gambetta ⊠ *69007* Ⓜ *Guillotière –* ℰ *04 78 72 40 72 – hotel-de-noailles @*
wanadoo.fr – Fax 04 72 71 09 10 – Fermé 1ᵉʳ-25 août   *p. 9* GY **s**
24 ch – ♦79/99 € ♦♦86/115 €, ⊡ 14 €

• Les chambres, bien tenues, ouvrent sur la cour intérieure ou sur un jardin. Son garage et
la proximité du métro font du Noailles une adresse pratique.

Gerland

🏨 **Novotel Gerland**   🦋 🏊 🛁 📶 ♿ ch, 🅰🅲 ↯ ☎ 🛗 🚗 🆅🅸🆂🅰 🆆🅾 🅰🅴 ⓪

70 av. Leclerc ⊠ *69007 –* ℰ *04 72 71 11 11 – h0736 @ accor.com*
– Fax 04 72 71 11 00   *p. 4* BQ **e**
186 ch – ♦85/168 € ♦♦95/178 €, ⊡ 14 € – **Rest –** Menu (20 €), 24 € – Carte 26/42 €

• Près de la halle Tony-Garnier et du stade de Gerland, un Novotel relooké de pied en cap :
jolies chambres contemporaines, bar-salon design et vastes salles de séminaire. À table,
plaisant cadre "dernière génération" et carte traditionnelle.

Montchat-Monplaisir

🏨 **Mercure Lumière**   📶 ♿ ch, 🅰🅲 ↯ ☎ 🛗 🚗 🆅🅸🆂🅰 🆆🅾 🅰🅴 ⓪

69 cours A. Thomas ⊠ *69003* Ⓜ *Sans Souci –* ℰ *04 78 53 76 76 – h1535 @*
accor.com – Fax 04 72 36 97 65   *p. 9* HZ **e**
78 ch – ♦68/190 € ♦♦69/190 €, ⊡ 13,50 € – **Rest –** *(fermé 8-16 août, sam., dim.*
et fériés) Menu 25 € – Carte 24/40 €

• Proximité des studios Lumière oblige, la décoration intérieure de ce Mercure rend
hommage à l'univers du cinéma. Chambres fonctionnelles toutes identiques. Des photos
évoquant l'histoire du 7ᵉ art habillent la salle à manger contemporaine.

à Villeurbanne – 124 215 h. – alt. 168 m – ⊠ **69100**

🏨🏨🏨 **Congrès** 📶 AC ✗ rest, 🕻 🛁 ☁ VISA ◑◐ AE ◑
pl. Cdt Rivière – ℰ *04 72 69 16 16 – reservation @ hoteldescongres.com*
– Fax 04 78 94 64 86 – Fermé 1ᵉʳ-24 août et 24 déc.-4 janv.　　*p. 7* HV **m**
134 ch – ♦113/134 € ♦♦124/145 €, ☲ 15 € – ½ P 102/113 €
Rest – *(fermé vend. soir, sam. et dim.)* Menu (19 €), 26/29 € bc – Carte 27/35 €
♦ Architecture de béton proche du parc de la Tête d'Or. Décor conforme au standard des années 1980. Préférez les chambres "prestige", plus spacieuses et soignées. Cuisine traditionnelle au restaurant.

🏨🏨 **Holiday Inn Garden Court** 📶 & ch, AC ↔ ✗ rest, 🕻 🛁
130 bd du 11 Nov. 1918 – ℰ *04 78 89 95 95*　　☁ VISA ◑◐ AE ◑
– higcvilleurbanne @ alliance-hospitality.com – Fax 04 72 43 91 55　　*p. 5* CP **r**
79 ch – ♦64/200 € ♦♦64/200 €, ☲ 13 € – **Rest** – *(fermé sam. midi et dim. midi)*
Menu 20/27 € – Carte 23/37 €
♦ Une adresse particulièrement appréciée par la clientèle d'affaires : chambres confortables et bien tenues, espaces de réunions modulables et emplacement pratique. À table, couleurs ensoleillées et carte traditionnelle.

à Bron – 37 369 h. – alt. 204 m – ⊠ **69500**

🏨🏨🏨 **Novotel Bron** 🚗 🏫 ⬛ 📶 & ch, AC ↔ 🕻 🛁 P VISA ◑◐ AE ◑
260 av. J. Monnet – ℰ *04 72 15 65 65 – h0436 @ accor.com*
– Fax 04 72 15 09 09　　*p. 5* DR **f**
190 ch – ♦87/180 € ♦♦94/187 €, ☲ 14 € – **Rest** – Menu 23 € – Carte 25/44 €
♦ Bien équipé pour accueillir des séminaires, cet hôtel pratique d'accès arbore désormais une décoration et un confort en adéquation avec les nouvelles normes Novotel. Restaurant contemporain et carte traditionnelle pour une pause-repas aux portes de Lyon.

Restaurants

ⅩⅩⅩⅩⅩ **Paul Bocuse** AC ⇌♛ P VISA ◑◐ AE ◑
𝄞𝄞𝄞 *au pont de Collonges, 12 km au nord par bords Saône (D 433, D 51)* ⊠ 69660 –
ℰ *04 72 42 90 90 – paul.bocuse @ bocuse.fr – Fax 04 72 27 85 87*　　*p. 4* BP
Rest – Menu 125/200 € – Carte 102/183 € 🕸
Spéc. Soupe aux truffes noires VGE. Loup en croûte feuilletée. Volaille de Bresse en vessie "Mère Fillioux". **Vins** Pouilly-Fuissé, Moulin-à-Vent.
♦ Le monde entier défile dans le palais-auberge coloré et cossu de "Monsieur Paul", le primat des "gueules". Plats historiques et "fresque des grands chefs" dans la cour.

ⅩⅩⅩⅩ **Pierre Orsi** 🏫 & AC ⇌♛ VISA ◑◐ AE
𝄞 *3 pl. Kléber* ⊠ 69006 Ⓜ *Masséna –* ℰ *04 78 89 57 68 – orsi @ relaischateaux.com*
– Fax 04 72 44 93 34 – Fermé dim. et lundi sauf fériés　　*p. 7* GV **e**
Rest – Menu 60 € (déj. en sem.), 85/115 € – Carte 70/155 € 🕸
Spéc. Ravioles de foie gras de canard au jus de porto et truffes. Homard acadien en carapace. Pigeonneau en cocotte aux gousses d'ail confites. **Vins** Mâcon-Villages, Saint-Joseph.
♦ Une maison ancienne, des salons élégants et feutrés, et une jolie terrasse-roseraie : le tout pour une cuisine dans l'air du temps réalisée avec finesse. Belle carte des vins.

ⅩⅩⅩ **Les Terrasses de Lyon** – Hôtel Villa Florentine ≤ Lyon, 🚗 🏫 AC
𝄞 *25 montée St-Barthélémy* ⊠ 69005　　⇌♛ P VISA ◑◐ AE ◑
Ⓜ *Fourvière –* ℰ *04 72 56 56 56 – lesterrassesdelyon @ villaflorentine.com*
– Fax 04 72 40 90 56 – Fermé dim. et lundi　　*p. 6* EX **s**
Rest – Menu 48 € (déj. en sem. sauf juillet-août)/104 € – Carte 84/127 €
Spéc. Homard en fine gelée, tartine de guacamole et barigoule de légumes. Darne de turbot rôti à la fève de cacao, pommes soufflées. Filet de bœuf de Salers cuit au sautoir, jus corsé au vieux vinaigre de vin. **Vins** Condrieu, Saint-Joseph.
♦ En terrasse, la vue sur Lyon est à couper le souffle. La salle intérieure et la verrière ont beaucoup de cachet et la cuisine, actuelle, valorise subtilement les produits.

XXX **Nicolas Le Bec**   & AC VISA MC AE ①
සිසි   *14 r. Grolée* ⊠ *69002* Ⓜ *Cordeliers –* ☏ *04 78 42 15 00*
       – restaurant@nicolaslebec.com – Fax 04 72 40 98 97 – Fermé 3-24 août,
       1ᵉʳ-11 janv., dim., lundi et fériés   *p. 6* FX **y**
       Rest – Menu 58 € (déj. en sem.), 98/148 € – Carte 75/100 € ⅏
       Spéc. Foie gras, anguille fumée et asperges vertes au bouillon de poule. Homard
       breton poché minute. Tartelette au caramel mou. **Vins** Moulin-à-Vent, Viognier.
       ♦ Le décor contemporain, élégant et chaleureux, sied à la dégustation d'une cuisine
       de produits inventive, subtile et délicate. Livre de cave glorifiant l'Hexagone ; comptoir-
       bar.

XXX **Christian Têtedoie**   AC VISA MC AE
සි   *54 quai Pierre Scize* ⊠ *69005 –* ☏ *04 78 29 40 10 – restaurant@tetedoie.com*
      – Fax 04 72 07 05 65 – Fermé 4-24 août, 16-22 fév.,
      sam. midi, lundi midi et dim.   *p. 6* EX **n**
      Rest – Menu 48 € (sem.)/80 € – Carte 64/76 € ⅏
      Spéc. Fraîcheur de concombre aux agrumes, coquillages et homard (printemps-
      été). Pastilla de pigeonneau rôti aux agrumes et fleur d'oranger. Carpaccio de
      figues au vinaigre de Banyuls. **Vins** Brouilly, Coteaux du Tricastin.
      ♦ Sur les quais de Saône, une table élégante qui soigne sa décoration (fleurs,
      objets, tableaux). Cuisine au goût du jour sublimée par une cave riche de plus de 700
      appellations.

XXX **Les Trois Dômes** – Hôtel Sofitel   ≼ Lyon, AC ⌁ P VISA MC AE ①
සි   *20 quai Gailleton (8ᵉ étage)* ⊠ *69002* Ⓜ *Bellecour –* ☏ *04 72 41 20 97*
      – reservation@les-3-domes.com – Fax 04 72 40 05 50
      – Fermé 27 juil.-28 août, 24 fév.-4 mars, dim. et lundi   *p. 8* FY **p**
      Rest – Menu 53 € (déj. en sem.), 75/143 € bc – Carte 92/121 € ⅏
      Spéc. Quenelle de brochet soufflé, écrevisses, coques et palourdes. Saint-Jac-
      ques au thé vert et parfum de truffe (fin déc. à mi-fév.). Agneau de lait au pistou,
      poupeton d'aubergine et fèves (fin janv. à mi-mai). **Vins** Condrieu, Côte Rôtie.
      ♦ L'incomparable vue panoramique offerte par ce restaurant perché au dernier étage du
      Sofitel et sa savoureuse cuisine jouant sur les accords mets et vins rivalisent de séduction.

XXX **Auberge de Fond Rose** (Gérard Vignat)   ⌁ ⌂ AC P VISA MC AE ①
සි   *23 quai G. Clemenceau* ⊠ *69300 Caluire-et-Cuire –* ☏ *04 78 29 34 61 – contact@*
      aubergedefondrose.com – Fax 04 72 00 28 67 – Fermé 18 fév.-5 mars, mardi midi
      d'oct. à avril, dim. soir et lundi sauf fériés   *p. 6* EU **v**
      Rest – Menu 38 € bc (déj. en sem.), 51/78 € – Carte 75/80 € ⅏
      Spéc. Mesclun de langoustines aux céréales et citron confit. Féra du lac Léman au
      caviar d'aubergine. Pigeonneau cuit dans la rôtissoire, jus aux olives. **Vins** Côte-
      Rôtie, Cornas.
      ♦ Cette maison bourgeoise des années 1920 dispose d'une idyllique terrasse s'ouvrant sur
      les arbres centenaires du jardin. Belle cuisine actuelle et intéressante carte des vins.

XXX **Mathieu Viannay**   AC VISA MC AE
සි   *47 av. Foch* ⊠ *69006* Ⓜ *Foch –* ☏ *04 78 89 55 19 – Fax 04 78 89 08 39*
      – Fermé 2-31 août, 14-22 fév., sam. et dim.   *p. 7* GV **s**
      Rest – Menu (30 €), 35 € (déj.), 53/90 € – Carte 66/91 € ⅏
      Spéc. Pâté en croûte de volaille de Bresse et foie gras. Tombée d'ormeaux et
      pignons de pin aux champignons des bois (oct. à juin). Fricassée de homard et ris
      de veau de lait à l'émulsion de carapace (hiver et printemps). **Vins** Beaujolais blanc,
      Côte-Rôtie.
      ♦ Salle à manger résolument moderne – parquet, sièges colorés et lustre créé par
      le designer lyonnais Alain Vavro – et délicieuse cuisine au goût du jour.

XX   **Auberge de l'Île** (Jean-Christophe Ansanay-Alex)   ⌘ ⌁(soir)
සිසි *sur l'Île Barbe* ⊠ *69009 –* ☏ *04 78 83 99 49*   P VISA MC AE ①
      – info@aubergedelile.com – Fax 04 78 47 80 46 – Fermé dim. et lundi   *p. 4* BP **e**
      Rest – Menu 60 € (déj. en sem.), 90/120 € ⅏
      Spéc. Salade tiède exotique de homard breton. Saint-Jacques à la feuille d'or,
      beurre de truffe noire (hiver). Crème glacée à la réglisse, cornet de pain d'épice.
      Vins Condrieu, Côte-Rôtie.
      ♦ Une auberge de caractère (17ᵉ s.) au cœur de l'île Barbe. Le chef crée une cuisine fine et
      attentive au marché, avec un fameux "menu du jour" qu'il annonce oralement.

L'Alexandrin (Laurent Rigal)   AC VISA ◍ AE

83 r. Moncey ⊠ 69003 Ⓜ Place Guichard – ℰ 04 72 61 15 69 – lalexandrin @ lalexandrin.com – Fax 04 78 62 75 57 – Fermé 3-25 août, 21 déc.-5 janv., dim. et lundi   p. 7 GX **h**

Rest – Menu 38 € (déj. en sem.), 60/115 € – Carte 62/80 € ❀

Spéc. Mousseline de brochet au crémeux d'écrevisse. Filet de bar rôti en croûte d'épices (juin à août). Cocotte de légumes aux châtaignes (oct. à déc.). **Vins** Saint-Péray, Crozes-Hermitage.

◆ Changement de cap pour ce restaurant qui attire le "Tout-Lyon" : décor contemporain et terrasse revus, belle carte de côtes-du-rhône et cuisine revisitant le terroir avec originalité.

Le Gourmet de Sèze (Bernard Mariller)   AC ⅏ VISA ◍ AE

129 r. Sèze ⊠ 69006 Ⓜ Masséna – ℰ 04 78 24 23 42 – legourmetdeseze @ wanadoo.fr – Fax 04 78 24 66 81 – Fermé 8-12 mai, 18 juil.-19 août, 15-23 fév., dim., lundi et fériés   p. 7 HV **z**

Rest – (nombre de couverts limité, prévenir) Menu (30 €), 38 € (déj.), 47/72 €

Spéc. Croustillants de pieds de cochon. Ravioles de langoustines de Loctudy (avril à sept.). Grand dessert. **Vins** Pouilly-Fuissé, Saint-Joseph.

◆ Salle en blanc et chocolat, dotée de chaises à médaillon et de tables rondes espacées. L'assiette, classique, actualisée avec doigté, séduit bien au-delà de la rue de Sèze.

Cazenove   AC ⌒ VISA ◍ AE

75 r. Boileau ⊠ 69006 Ⓜ Masséna – ℰ 04 78 89 82 92 – orsi @ relaischateaux.com – Fax 04 72 44 93 34 – Fermé août, sam. et dim.   p. 7 GV **k**

Rest – Menu 35/45 € – Carte 42/107 €

◆ Ambiance feutrée et intérieur évoquant la Belle Époque : banquettes capitonnées, glaces murales, appliques rétro et bronzes d'art. Recettes traditionnelles, parfois inventives.

Le Passage   ㆑ AC VISA ◍ AE ◉

8 r. Plâtre ⊠ 69001 Ⓜ Hôtel de ville – ℰ 04 78 28 11 16 – restaurant @ le-passage.com – Fax 04 72 00 84 34 – Fermé août, dim., lundi et fériés   p. 8 FX **r**

Rest – Menu 40/90 € – Carte 47/80 €

◆ Sièges de théâtre et trompe-l'œil façon rideau de scène au Bistrot, décor feutré au Restaurant et cour-terrasse aux murs couverts de fresques. Cuisine classique revisitée.

Fleur de Sel   VISA ◍

3 r. Remparts d'Ainay ⊠ 69002 Ⓜ Ampère Victor Hugo – ℰ 04 78 37 40 37 – Fax 04 78 37 26 37 – Fermé août, dim. et lundi   p. 8 FY **q**

Rest – Menu (15 €), 19/29 € – Carte 22/43 €

◆ Des voilages vert et jaune tamisent la lumière de cette vaste salle à manger bourgeoise. La cuisine, dans l'air du temps, joue avec les épices d'ici ou d'ailleurs.

J.-C. Pequet   AC VISA ◍ AE ◉

59 pl. Voltaire ⊠ 69003 Ⓜ Saxe Lafayette – ℰ 04 78 95 49 70 – Fax 04 78 62 85 26 – Fermé août, 24 déc.-2 janv., sam. et dim.   p. 9 GY **v**

Rest – Menu 34/50 €

◆ Décor sans excentricité et sage registre traditionnel évoluant au gré du marché : un établissement fiable fréquenté par une clientèle d'habitués.

Alex   AC VISA ◍ AE

44 bd des Brotteaux ⊠ 69006 Ⓜ Brotteaux – ℰ 04 78 52 30 11 – chez.alex @ club-internet.fr – Fax 04 78 52 34 16 – Fermé août, dim. et lundi   p. 8 HX **e**

Rest – Menu 20 € (déj. en sem.), 44/59 €

◆ Restaurant au cadre chic et épuré – mariage audacieux de coloris, meubles design et tableaux contemporains – valorisant la carte concoctée au gré du marché par le chef-patron.

La Brunoise   AC VISA ◍ AE

4 r. A. Boutin ⊠ 69100 Villeurbanne Ⓜ Charpennes – ℰ 04 78 52 07 77 – info @ labrunoise.fr – Fax 04 72 83 54 96 – Fermé 29 juil.-28 août, dim. soir, lundi soir, mardi et merc.   p. 5 CP **b**

Rest – Menu 20 € (déj. en sem.), 25/43 € – Carte 24/47 €

◆ Les spécialités de la maison peintes sur la façade invitent à s'attabler dans cette lumineuse salle de restaurant. Carte actuelle élaborée sur des bases classiques.

XX **La Tassée**   AC VISA MO AE

20 r. Charité ⊠ 69002 Ⓜ Bellecour – ℰ 04 72 77 79 00 – jpborgeot@latassee.fr
– Fax 04 72 40 05 91 – Fermé dim.   *p. 8* FY **u**
Rest – Menu (23 €), 26 € (déj.), 29/70 € – Carte 34/57 € ₰

♦ Les célébrités épinglent leur portrait sur les murs de cette institution locale également ornés de fresques bachiques des années 1950. Ambiance bistrot et cuisine lyonnaise.

XX **Brasserie Georges**   ⇧ ⇧ VISA MO AE ①

30 cours Verdun ⊠ 69002 Ⓜ Perrache – ℰ 04 72 56 54 54 – brasserie.georges@
wanadoo.fr – Fax 04 78 42 51 65   *p. 8* FZ **b**
Rest – Menu 20/22 € – Carte 24/45 €

♦ "Bonne bière et bonne chère depuis 1836", cadre Art déco jalousement entretenu et ambiance ad hoc : cette brasserie classée est un incontournable de la ville.

XX **La Voûte - Chez Léa**   AC VISA MO AE

11 pl. A. Gourju ⊠ 69002 Ⓜ Bellecour – ℰ 04 78 42 01 33 – Fax 04 78 37 36 41
– Fermé dim.   *p. 8* FY **e**
Rest – Menu 19 € (déj. en sem.), 28/40 € – Carte 29/48 €

♦ L'un des plus vieux restaurants de Lyon qui perpétue avec brio la tradition gastronomique de la région. Ambiance et décor chaleureux. Belle carte de gibier en automne.

XX **Olivier Degand**   AC VISA MO AE ①

90 r. Duguesclin ⊠ 69006 Ⓜ Foch – ℰ 04 78 89 12 21 – contact@olivier-
degand.com – Fax 04 78 89 12 21 – Fermé août, dim., lundi et fériés   *p. 7* GV **n**
Rest – Menu 18 € (déj. en sem.), 31/42 € – Carte 46/56 €

♦ Décor contemporain aux tons safran, expositions de tableaux fréquemment renouvelées et tables joliment dressées. Le chef réalise une cuisine créative respectueuse des saisons.

XX **Le Potiquet**   AC VISA MO

27 r. de l'Arbre Sec ⊠ 69001 Ⓜ Hôtel de ville – ℰ 04 78 30 65 44 – lepotiquet@
free.fr – Fermé août, sam. midi, dim. et lundi   *p. 6* FX **w**
Rest – Menu 28/34 € – Carte 32/46 €

♦ Élégance et sobriété caractérisent cet agréable restaurant familial où l'on déguste une cuisine dans l'air du temps, parfois originale, souvent ensoleillée et toujours soignée.

X **Argenson Gerland**   ⇧ AC P VISA MO AE

40 allée P.-de-Coubertin, à Gerland ⊠ 69007 Ⓜ Stade de Gerland –
ℰ 04 72 73 72 73 – argenson2@wanadoo.fr – Fax 04 72 73 72 74   *p. 4* BR **a**
Rest – Menu 23 € (sem.)/28 € – Carte 32/57 €

♦ L'une des brasseries de Paul Bocuse, voisine du stade de Gerland. Intérieur chaleureux et agréable terrasse ombragée pour une carte traditionnelle où pointe l'accent du Sud

X **Le Nord**   AC VISA MO AE ①

18 r. Neuve ⊠ 69002 Ⓜ Hôtel de ville – ℰ 04 72 10 69 69 – commercial@
brasseries-bocuse.com – Fax 04 72 10 69 68   *p. 8* FX **p**
Rest – Menu (21 €), 23 € (sem.)/28 € (week-end) – Carte 26/55 €

♦ Banquettes, sol en mosaïque, boiseries, lampes boule : un vrai décor 1900 dans cette brasserie – la première ouverte par Bocuse – proposant des plats ancrés dans la tradition.

X **L'Est**   ⇧ AC VISA MO AE ①

14 pl. J. Ferry, (gare des Brotteaux) ⊠ 69006 Ⓜ Brotteaux – ℰ 04 37 24 25 26
– Fax 04 37 24 25 25   *p. 7* HX **v**
Rest – Menu (21 €), 23 € (sem.)/28 € (week-end) – Carte 31/57 €

♦ Une brasserie tendance très prisée des Lyonnais. Cuisine ouverte sur la salle, rondes de trains miniatures au-dessus des têtes et saveurs des cinq continents dans l'assiette.

X **L'Ouest**   ⇧ AC VISA MO AE ①

1 quai Commerce, Nord par bords de Saône (D 51) ⊠ 69009 – ℰ 04 37 64 64 64
– commercial@brasseries-bocuse.com – Fax 04 37 64 64 65
Rest – Menu (21 €), 23 € (sem.)/28 € (week-end) – Carte 31/56 €

♦ Immense restaurant au décor design (bois, béton, métal, écrans géants, cuisine visible de tous), jolie terrasse côté Saône et recettes des îles : Bocuse met le cap à l'Ouest !

☓ **33 Cité** ⛩ ✝ AC VISA ⬤⬤ AE

☺ *33 quai Charles de Gaulle ⊠ 69006 – ℰ 04 37 45 45 45 – 33cite.restaurant@free.fr*
– Fax 04 37 45 45 46 p. 7 HU **t**
Rest – Menu (19 €), 23 € (sem.)/27 € – Carte 29/52 €
♦ À la Cité internationale, face à la Salle 3000, cadre contemporain design pour déguster des plats classiques ou actuels. Grandes baies donnant sur le parc de la Tête d'Or.

☓ **Le Sud** ⛩ AC VISA ⬤⬤ AE ⓞ

11 pl. Antonin-Poncet ⊠ 69002 ⓜ Bellecour – ℰ 04 72 77 80 00
– Fax 04 72 77 80 01 p. 8 FY **x**
Rest – Menu (21 €), 23 € (sem.)/28 € (week-end) – Carte 30/48 €
♦ Point cardinal de la géographie bocusienne, cette brasserie évoque le bassin méditerranéen par son décor et par sa "cuisine du soleil". Jolie terrasse d'été face à la place.

☓ **Le Contretête** VISA ⬤⬤ AE

55 quai Pierre Scize ⊠ 69005 – ℰ 04 78 29 41 29 – restaurant@tetedoie.com
– Fax 04 72 07 05 65 – Fermé 4-24 août, sam. midi et dim. p. 6 EX **a**
Rest – Menu (17 €) – Carte 27/32 €
♦ Couvé par Christian Têtedoie, ce bistrot cultive l'authenticité et propose des recettes de grand-mère mitonnées comme autrefois. Décor à l'ancienne envahi de vieux objets.

☓ **Le Gabion** AC VISA ⬤⬤ AE

13 bd E. Deruelle ⊠ 69003 ⓜ Part Dieu – ℰ 04 72 60 81 57 – legabion@
wanadoo.fr – Fax 04 78 60 83 18 – Fermé 2-24 août, lundi soir, dim. et fériés
Rest – Menu (16 €), 19 € (déj.)/25 € – Carte 26/45 € p. 7 HX **b**
♦ Cadre contemporain, sobre et original (murs de galets pris dans un treillis d'acier), imaginé par l'architecte Chaduc. Produits de la mer, parfois relevés d'épices orientales.

☓ **Les Comédiens** AC VISA ⬤⬤ AE ⓞ

2 pl. Célestins ⊠ 69002 ⓜ Bellecour – ℰ 04 78 42 08 26 – lescomedienslyon@
aol.com – Fax 04 72 40 04 51 – Fermé 1ᵉʳ-21 août, dim. et lundi p. 8 FY **y**
Rest – Menu 22 € (déj. en sem.), 28/58 € – Carte 22/55 €
♦ L'enseigne est un clin d'œil au théâtre des Célestins tout proche. Intérieur dans l'air du temps, aux tons crème et chocolat. Carte traditionnelle et quelques plats lyonnais.

☓ **Francotte** AC VISA ⬤⬤ AE

8 pl. Célestins ⊠ 69002 ⓜ Bellecour – ℰ 04 78 37 38 64 – infos@francotte.fr
– Fax 04 78 38 20 35 – Fermé 1ᵉʳ-20 août, dim. et lundi p. 8 FY **r**
Rest – Menu 23/33 € – Carte 28/43 €
♦ Cuisine de brasserie servie dans un cadre mi-bistrot, mi-bouchon, orné de photos de "Mères" et de grands chefs des environs. Dîner après-spectacle et petit-déjeuner possibles.

☓ **La Machonnerie** AC VISA ⬤⬤ AE ⓞ

36 r. Tramassac ⊠ 69005 ⓜ Ampère Victor Hugo – ℰ 04 78 42 24 62
– felix@lamachonnerie.com – Fax 04 72 40 23 32 – Fermé 15-30 juil.,
2 sem. en janv., dim. le midi sauf sam. p. 8 EY **n**
Rest – (prévenir) Menu 20/43 € bc – Carte 25/47 €
♦ Cette institution du quartier perpétue la tradition du mâchon lyonnais : "bonne franquette", convivialité et authentiques recettes régionales. Beau salon dédié au jazz.

☓ **La Terrasse St-Clair** ⛩ VISA ⬤⬤ AE

2 Grande Rue St-Clair ⊠ 69300 Caluire-et-Cuire – ℰ 04 72 27 37 37
– Fax 04 72 27 37 38 – Fermé 5-22 août, 23 déc.-15 janv., dim. et lundi p. 7 GU **s**
Rest – Menu 24 €
♦ Hommage à la Fanny – tant redoutée des boulistes ! – dans ce restaurant aux allures de guinguette et sur sa terrasse ombragée de platanes, aménagée pour parfaire son carreau.

☓ **Les Adrets** VISA ⬤⬤

☺ *30 r. Bœuf ⊠ 69005 ⓜ Vieux Lyon Cathédrale St Jean*
– ℰ 04 78 38 24 30 – Fax 04 78 42 79 52 – Fermé 1ᵉʳ-10 mai, août,
vacances de Noël, sam. et dim. p. 6 EX **v**
Rest – Menu 14 € bc (déj.), 22/42 € – Carte 32/51 €
♦ Une vraie bonne adresse du Vieux Lyon. Intérieur avec poutres apparentes, sol en tomettes et cuisines en partie visibles depuis la salle. Généreuses recettes traditionnelles.

✗ **L'Étage**   AC VISA MO
4 pl. Terreaux, (2ᵉ étage) ⊠ 69001 Ⓜ Hôtel de ville – ℰ 04 78 28 19 59
– Fax 04 78 28 19 59 – Fermé 21 juil.-21 août, dim. et lundi   p. 8 FX x
Rest – (prévenir) Menu 22 € (déj.)/55 € – Carte 38/64 €
♦ Les Lyonnais ne se lassent pas de monter l'humble escalier conduisant à cet ancien atelier
de canut perché au 2ᵉ étage d'un immeuble. Cadre charmant et séduisante carte créative.

✗ **Les Oliviers**   AC VISA MO AE
20 r. Sully ⊠ 69006 Ⓜ Foch – ℰ 04 78 89 07 09 – Fax 04 78 89 08 39 – Fermé
2-24 août, 9-15 fév., sam. et dim.   p. 7 GV f
Rest – Menu (16 €), 23/31 € – Carte 26/39 €
♦ Un petit coin de Provence caché dans le 6ᵉ arrondissement : salle à manger sobre et
intime, aux couleurs du Sud, et appétissante cuisine du soleil dont la fameuse bouillabaisse.

✗ **Le Comptoir des Marronniers**   🍽 AC VISA MO AE
8 r. Marronniers ⊠ 69002 Ⓜ Bellecour – ℰ 04 72 77 10 00 – reservation@
leondelyon.com – Fax 04 72 77 10 01 – Fermé 2-25 août, lundi midi et dim. p. 8 FY v
Rest – Menu 24 €
♦ Dans une ruelle piétonne près de la place Bellecour, un "bistrot de chef" avec décor ad
hoc (profusion d'objets et affiches liés à la gastronomie) et cuisine actuelle à prix doux.

✗ **Cuisine & Dépendances**   AC VISA MO AE ⓪
46 r. Ferrandière ⊠ 69002 Ⓜ Cordeliers – ℰ 04 78 37 44 84 – restaurant@
cuisineetdependances.com – Fax 04 78 38 33 28 – Fermé 1ᵉʳ-20 août et dim. et
lundi   p. 8 FX s
Rest – Menu (15 €), 20 € (déj.), 25/49 € – Carte 37/54 €
♦ Petite salle tout en longueur, design et très chaleureuse, ambiance lounge et cuisine
inventive célébrant le poisson : les Lyonnais sont déjà dépendants de ce restaurant.

✗ **Cuisine & Dépendances Acte II**   ㅊ AC ⇔ VISA MO AE ⓪
68 r. de la Charité ⊠ 69002 Ⓜ Perrache – ℰ 04 78 37 45 02
– cuisineetdependancesacte2@hotmail.fr – Fax 04 78 37 52 46 – Fermé 3-18 août,
dim. et lundi   p. 8 FY d
Rest – Menu (15 €), 25/49 € – Carte 38/54 €
♦ Face au succès de la première enseigne, l'acte II de cette cuisine très addictive (produits
de la mer) se déroule dans un bistrot modernisé.

✗ **Maison Villemanzy**   ≼ Lyon, 🍽 VISA MO AE
25 montée St-Sébastien ⊠ 69001 Ⓜ Croix Paquet – ℰ 04 72 98 21 21
– reservation@leondelyon.com – Fax 04 72 98 21 22 – Fermé 22 déc.-16 janv.,
lundi midi et dim.   p. 6 FV h
Rest – (prévenir) Menu 24 €
♦ Perchée sur les pentes de la Croix-Rousse, cette maison offre en terrasse une vue
splendide sur la ville. Intérieur façon bistrot rétro, recettes familiales et plats canailles.

✗ **Le Bistrot du Palais**   🍽 VISA MO AE
220 r. Duguesclin ⊠ 69003 Ⓜ Place Guichard – ℰ 04 78 14 21 21 – reservation@
leondelyon.com – Fax 04 78 14 21 22 – Fermé 2-25 août, lundi soir et dim.
Rest – Menu 24 €   p. 9 GY r
♦ Salle chaleureuse, agréable terrasse fermée et cuisine traditionnelle revisitée au gré du
marché : ce "bistrot de chef" situé face au palais de justice a bien des arguments.

✗ **Bernachon Passion**   AC VISA MO AE
42 cours Franklin-Roosevelt ⊠ 69006 Ⓜ Foch – ℰ 04 78 52 23 65
– bernachon.chocolats@free.fr – Fax 04 78 52 67 77 – Fermé 27 juil.-26 août, dim.,
lundi et fériés   p. 7 GV r
Rest – (déj. seult) (nombre de couverts limité, prévenir) Menu 26 € – Carte 31/44 €
♦ Un restaurant tenu par la fille de Paul Bocuse et son mari, patron de la célèbre chocola-
terie attenante. Recettes traditionnelles ou plat du jour à midi ; salon de thé.

✗ **Magali et Martin**   AC VISA MO
☺ 11 r. des Augustins ⊠ 69001 Ⓜ Place des Terreaux – ℰ 04 72 00 88 01 – Fermé
4-24 août, 24 déc.-14 janv., sam. et dim.   p. 6 FX j
Rest – Menu 19 € (déj.), 28/50 € – Carte 27/36 €
♦ Magali assure un accueil charmant et dispense de précieux conseils pour le choix des vins.
Martin réalise une savoureuse cuisine directement inspirée du marché... Un duo gagnant !

✗ Le Saint Florent   AC VISA ⦿

106 cours Gambetta ⊠ 69007 Ⓜ Garibaldi – ℰ 04 78 72 32 68 – Fax 04 78 72 32 68
– Fermé 5-10 mai, 28 juil.-16 août, sam. midi, lundi midi et dim.   p. 9 HY **b**
Rest – Menu 15 € (déj. en sem.), 21/35 € – Carte 25/50 €
♦ À Lyon, l'Ambassade de Bresse se trouve au 106 cours Gambetta : du sol au plafond et de l'entrée au dessert, ce sympathique restaurant honore la volaille sous toutes ses formes.

✗ Thomas   AC VISA ⦿ AE

6 r. Laurencin ⊠ 69002 Ⓜ Bellecour – ℰ 04 72 56 04 76 – info@restaurant-thomas.com
– Fax 04 72 56 04 76 – Fermé 1er-15 mai, 7-21 août, 24 déc.-2 janv., sam. et dim.
Rest – Menu 18 € (déj.)/39 € – Carte environ 37 €   p. 8 FY **w**
♦ "Niçois", "Autour du cochon", "Marocain" : chaque mois, le jeune chef passionné propose un dîner à thème dans son joli bistrot. Vente à emporter de plats mijotés en cocottes.

✗ Le Verre et l'Assiette   AC VISA ⦿

20 Grande Rue de Vaise ⊠ 69009 – ℰ 04 78 83 32 25 – leverreetlassiette@free.fr
– Fermé 26 juil.-19 août, 7-16 fév., le soir sauf jeudi et vend., sam., dim. et fériés
Rest – Menu (18 € bc), 28/39 €   p. 4 BP **d**
♦ Le chef revisite, avec talent et originalité, les "lyonnaiseries" et quelques classiques de la cuisine française. Agréable décor moderne (pierre et bois) et service souriant.

✗ Le Bistrot de St-Paul   AC VISA ⦿ AE ⓞ

2 quai de Bondy ⊠ 69005 Ⓜ Vieux Lyon Cathédrale St Jean – ℰ 04 78 28 63 19
– jplabaste@orange.fr – Fax 04 78 28 63 19 – Fermé 1er-7 mai, 1er-23 août, sam.
midi du 15 mai au 15 sept. et dim.   p. 6 FX **g**
Rest – Menu 13,50 € (déj. en sem.), 20/31 € – Carte 32/57 €
♦ Cassoulet, magrets de canard, vins de Bordeaux et de Cahors, etc. : retrouvez toutes les saveurs du Sud-Ouest dans ce sympathique bistrot situé sur un quai de la Saône.

✗ La Famille   ⌂ VISA ⦿

18 r. Duviard ⊠ 69004 Ⓜ Croix Rousse – ℰ 04 72 98 83 90
– lafamille.croixrousse@yahoo.fr – Fermé 12-26 août, 1er-14 janv., dim. et lundi
Rest – Menu 18 € (déj.), 21/25 € – Carte 21/32 €   p. 6 FV **m**
♦ De vieilles photos de famille ornent les murs de ce restaurant à l'ambiance conviviale. Sur l'ardoise du jour : des plats traditionnels composés selon les arrivages du marché.

LES BOUCHONS : *dégustation de vins régionaux et cuisine locale dans une ambiance typiquement lyonnaise*

✗ Daniel et Denise   AC VISA ⦿ AE

156 r. Créqui ⊠ 69003 Ⓜ Place Guichard – ℰ 04 78 60 66 53 – Fax 04 78 60 66 53
– Fermé août, 23 déc.-3 janv., sam., dim. et fériés   p. 7 GX **b**
Rest – bistrot Carte 28/41 €
♦ Joli cadre patiné et ambiance décontractée : on se sent parfaitement bien dans ce bistrot "pur jus" proposant des petits plats typiques, préparés dans les règles de l'art.

✗ Le Garet   AC VISA ⦿ AE

7 r. Garet ⊠ 69001 Ⓜ Hôtel de ville – ℰ 04 78 28 16 94 – legaret@wanadoo.fr
– Fax 04 72 00 06 84 – Fermé 25 juil.-25 août, 14-22 fév., sam. et dim.   p. 6 FX **a**
Rest – (prévenir) Menu 18 € (déj.)/23 € – Carte 20/35 €
♦ Une véritable institution bien connue des amateurs de cuisine lyonnaise : tête de veau, tripes, quenelles ou andouillettes se dégustent en toute convivialité dans un cadre typique.

✗ Café des Fédérations   AC VISA ⦿

8 r. Major Martin ⊠ 69001 Ⓜ Hôtel de ville – ℰ 04 78 28 26 00
– yr@lesfedeslyon.com – Fax 04 72 07 74 52 – Fermé 22 déc.-2 janv. et dim.
Rest – (prévenir) Menu 20 € (déj.)/24 € (dîner)   p. 6 FX **z**
♦ Cadre immuable (tables accolées, nappes à carreaux, saucissons suspendus) et ambiance bon enfant dans ce vrai bouchon, incontestable conservatoire de la cuisine lyonnaise.

✗ Le Jura   ⌂ AC VISA ⦿

25 r. Tupin ⊠ 69002 Ⓜ Cordeliers – ℰ 04 78 42 20 57 – Fermé août, lundi de sept.
à avril, sam. de mai à sept. et dim.   p. 8 FX **d**
Rest – (prévenir) Menu 20 € – Carte 25/38 €
♦ Cet authentique bouchon existe depuis 1864. Le décor, qui n'a pas changé depuis les années 1930, ne manque pas de cachet, et les traditionnelles "lyonnaiseries" sont goûteuses.

Environs

à Rillieux-la-Pape 7 km par ① D 483 et D 484 – 28 367 h. – alt. 269 m – ⊠ 69140

XXX   **Larivoire** (Bernard Constantin)   🏠 **P** **VISA** **◎◎** **AE**
❀   *chemin des Iles –* 𝒞 *04 78 88 50 92 – bernard.constantin@larivoire.com*
  – Fax 04 78 88 35 22 – Fermé 16-30 août, dim. soir, lundi soir et mardi
Rest – Menu 35 € (déj. en sem.), 49/87 € – Carte 72/90 €
Spéc. Savarin de saumon d'Ecosse et poêlée de crevettes. Royale de foies blonds aux écrevisses. Ris de veau braisé à la réduction de béarnaise. **Vins** Côte Roannaise, Beaujolais.
♦ Trois générations se sont succédé à la tête de cette jolie maison bourgeoise datant du début du 20ᵉ s. Intérieur feutré, terrasse d'été prisée et cuisine classique.

à Meyzieu 14 km par ③ et D 517 – 28 009 h. – alt. 201 m – ⊠ 69330

🚎 de Lyon à Villette-d'AnthoNE : 12 km par D 6, 𝒞 04 78 31 11 33.

XX   **La Petite Auberge du Pont d'Herbens**   🏠 **P** **VISA** **◎◎** **AE** **①**
  32 r. V. Hugo – 𝒞 *04 78 31 41 09 – direction@petite-auberge-pont-dherbens.com*
  – Fax 04 78 04 34 93 – Fermé mars, dim. soir et lundi sauf midi fériés
Rest – Menu (22 €), 26 € (déj. en sem.)/56 € – Carte 32/56 € ❀
♦ Près du lac du Grand Large, cette sympathique auberge comprend une salle à manger cossue et un espace VIP (terrasse et salon). Cuisine traditionnelle et belle carte des vins.

à Genas 12 km à l'Est par rte de Genas (D 29) - DQ – 11 140 h. – alt. 218 m – ⊠ 69740

🄵 Syndicat d'initiative, 55, rue de la République 𝒞 04 72 79 05 31, Fax 04 72 79 05 31

🏠🏠🏠   **Ambassadeur**   🏠 📶 🛗 ₭ ⅍ ⅏ ⧖ 🅿 🚗 **VISA** **◎◎** **AE** **①**
  36 r. Antoine-Pinay – 𝒞 *04 78 40 02 02 – contact@ambassadeur-hotel.fr*
  – Fax 04 78 90 23 53 – Fermé 25 déc.-1ᵉʳ janv.
84 ch – ♦110/130 € ♦♦110/130 €, � 12 € – 6 suites
Rest – *(fermé 25 juil.-24 août, sam. et dim.)* Menu 24 € – Carte 32/45 €
♦ Ce nouvel hôtel, pratique pour la clientèle d'affaires, dispose de chambres d'ampleur correcte. Équipement fonctionnel complet et style contemporain reposant (mobilier en wengé). Restaurant au cadre minimaliste – jardin japonais – servant une cuisine actuelle.

à Tassin-la-Demi-Lune 5 km à l'Ouest (A6, sortie n° 36) - APQ – 15 977 h. – alt. 220 m – ⊠ 69160

🏠🏠   **Novotel Tassin**   🏠 🏊 📶 🛗 ch, ₭ ⅍ ⧖ 🅿 🚗 **VISA** **◎◎** **AE** **①**
  13D av. V. Hugo – 𝒞 *04 78 64 68 69 – h1201@accor.com*
  – Fax 04 78 64 61 11   *p. 4* AP **n**
103 ch – ♦101/138 € ♦♦111/148 €, ⊇ 13,50 € – **Rest** – Menu 27/50 € – Carte 19/39 €
♦ Architecture contemporaine jouxtant un important nœud routier, à proximité du tunnel de Fourvière. Chambres mises aux dernières normes Novotel. Restaurant ouvert sur la piscine enchâssée au cœur de l'hôtel. Service jusqu'à minuit au Novotel Café.

à Ecully 7 km à l'Ouest (A6, sortie n° 36) - AP – 18 011 h. – alt. 240 m – ⊠ 69130

🏠   **Les Hautes Bruyères** sans rest   🚗 ⅍ ⧖ 🅿
  5 chemin des Hautes Bruyères – 𝒞 *04 78 35 52 38 – htesbruyeres@wanadoo.fr*
  – Fax 04 78 35 52 38   *p. 4* AP **d**
5 ch ⊇ – ♦120/140 € ♦♦130/180 €
♦ Dans un parc, cette ancienne maison de jardinier (19ᵉ s.) autrefois rattachée au château voisin offre une heureuse combinaison d'authenticité et de raffinement.

XXX   **Saisons**   🏠 ⅏ **VISA** **◎◎** **AE**
  Château du Vivier, 8 chemin Trouillat – 𝒞 *04 72 18 02 20 – Fax 04 78 43 33 51*
  – Fermé 4-25 août, 19 déc.-5 janv., merc. soir, sam. et dim.   *p. 4* AP **b**
Rest – Menu 26 € (déj.)/48 €
♦ Dans un parc, château du 19ᵉ s. abritant une école hôtelière internationale fondée en 1990 sous la houlette de Paul Bocuse. Les étudiants assurent cuisine et service.

à Charbonnières-les-Bains 8 km par ⑨ et N 7 – 4 377 h. – alt. 233 m – ✉ 69260

◙ Parc Lacroix Laval : château de la Poupée★.

🏨🏨🏨 **Le Pavillon de la Rotonde** ⌚   🔊 ⬚ ⊛ 🏊 ⚄ 🗚 ⅍ 📞 🎿 **P**

3 av. du Casino – 𝒞 *04 78 87 79 79 – contact@*   🕮 **VISA** **◍◍** **AE** **①**
pavillon-rotonde.com – Fax 04 78 87 79 78 – Fermé 20 juil.- 20 août
16 ch – †295 € ††325/525 €, � 24 €
Rest *La Rotonde* – voir ci-après
♦ À deux pas du casino, luxueux pavillon offrant un décor contemporain aux discrètes touches Art déco. Chambres spacieuses avec terrasse donnant sur le parc. Piscine couverte chauffée et spa.

🏨🏨🏨 **Mercure Charbonnières**   🈺 ⚄ rest, ⚄ 🗚 📞 🎿 **P** **VISA** **◍◍** **AE** **①**

78 bis rte de Paris, (D 307) – 𝒞 *04 78 34 72 79 – h0345@accor.com*
– Fax 04 78 34 88 94
60 ch – †58/130 € ††63/140 €, ⊔ 12,50 € – **Rest** – *(fermé 9-24 août,*
24 déc.-4 janv., sam., dim. et fériés) Menu (20 €), 26 €
♦ L'établissement occupe une position stratégique à portée de voix du conseil régional. Les chambres ont bénéficié d'un lifting (couleurs chatoyantes). Salle à manger design éclairée par une grande baie vitrée façon paquebot ; carte au goût du jour.

🏨 **Le Beaulieu** sans rest   🈺 📞 🎿 **P** **VISA** **◍◍** **AE** **①**

19 av. Gén. de Gaulle – 𝒞 *04 78 87 12 04 – Fax 04 78 87 00 62*
44 ch – †62/68 € ††65/110 €, ⊔ 8 €
♦ Voilà plus de trente ans que la même famille tient cet hôtel installé au centre de la petite cité prisée des Lyonnais. Chambres pratiques, récemment refaites.

🍴🍴🍴🍴 **La Rotonde**   ⚄ **VISA** **◍◍** **AE** **①**

❀❀ *au casino Le Lyon Vert* ✉ *69890 La Tour de Salvagny –* 𝒞 *04 78 87 00 97*
– restaurant-rotonde@g-partouche.fr – Fax 04 78 87 81 39 – Fermé 1er-12 mai,
20 juil.-22 août, dim. et lundi
Rest – Menu 43 € (déj. en sem.), 95/150 € – Carte 98/169 € ❧
Spéc. Grosse morille "jumbo" farcie de cuisses de grenouilles et queues d'écrevisses. Canard étouffé de Challans cuit à la broche rosé. Cannelloni de chocolat amer à la glace crème brûlée. **Vins** Condrieu, Côte-Rôtie.
♦ Étape gastronomique renommée au premier étage du casino. Élégante salle de style Art déco s'ouvrant sur la cascade et le parc, cuisine pleine de subtilité et beau livre de cave.

🍴🍴 **L'Orangerie de Sébastien**   🈺 **VISA** **◍◍** **AE**

Domaine de Lacroix Laval ✉ *69280 Marcy l'Etoile –* 𝒞 *04 78 87 45 95 – info@*
orangeriedesebastien.fr – Fax 04 78 87 45 96 – Fermé 9-22 fév., lundi et mardi
Rest – Menu 25 € (sem.)/40 € – Carte 34/51 €
♦ L'orangerie du château (17e s.) accueille cette salle de restaurant. Cuisine au goût du jour, belle terrasse côté jardins et nombreuses activités proposées sur le domaine.

Porte de Lyon 10 km par ⑩ (échangeur A 6-N 6) – ✉ 69570 Dardilly

🏨🏨🏨 **Novotel Lyon Nord**   🚗 🈺 ⬚ 🈺 ⚄ ch, ⚄ 🗚 📞 🎿

– 𝒞 *04 72 17 29 29 – h0437@accor.com*   **P** **VISA** **◍◍** **AE** **①**
– Fax 04 78 35 08 45
107 ch – †88/115 € ††95/147 €, ⊔ 13,50 € – **Rest** – Menu 22 € – Carte 22/36 €
♦ Dans le parc d'affaires de Dardilly. Novotel des années 1970 progressivement relooké selon les derniers standards de la chaîne : décor et confort contemporains. Prestation culinaire traditionnelle dans une salle tournée vers le jardin paysagé.

à Limonest 13 km par ⑩, A 6 et D 42 – 2 733 h. – alt. 390 m – ✉ 69760

🍴🍴 **Laurent Bouvier**   🈺 ⚄ ⚄ **P** **VISA** **◍◍** **AE**

25 rte du Puy d'Or, carrefour D 306 et D 42 – 𝒞 *04 78 35 12 20 – contact@*
restaurant-puydor.com – Fax 04 78 64 55 15 – Fermé 26 juil.-25 août, dim. et lundi
Rest – Menu (22 €), 28/76 € – Carte 53/73 €
♦ Cette auberge familiale entièrement relookée par Alain Vavro arbore un joli décor contemporain. La cuisine traditionnelle, relevée d'une pointe de créativité, suit les saisons.

à St-Cyr-au-Mont-d'Or 10 km au Nord par rte de St-Cyr - BP - 5 392 h. - alt. 320 m –
⊠ 69450

🏠 **L'Ermitage** ⌂ ⬖ Lyon et Monts d'Or, ⌗ ⅃ 🅗 🅘 ⌂ ⌂ 🅟 *VISA* 🅜🅞 🅐🅔
chemin de l'Ermitage, 2,5 km au sommet du Mont Cindre – ℰ 04 72 19 69 69
– contact@ermitage-college-hotel.com – Fax 04 72 19 69 71
28 ch – ♦135 € ♦♦135 €, ⊒ 12 € – 1 suite – **Rest** – Menu 30 €
♦ Le concept de ce nouvel hôtel : allier la vue extraordinaire sur Lyon et les Monts-d'Or à un
cadre contemporain – baies vitrées, objets de récupération – pour un maximum de
sérénité ! Spécialités lyonnaises servies dans une "cuisine à manger" (terrasse suspendue).

à Collonges-au-Mont-d'Or 12 km au Nord par bords de Saône (D 433, D 51) - BP
– 3 420 h. - alt. 176 m – ⊠ 69660

voir ✕✕✕✕✕ ✿✿✿ Paul Bocuse à Lyon

LYONS-LA-FORÊT – 27 Eure – 304 I5 – 795 h. – alt. 88 m – ⊠ 27480   33 **D2**
▌Normandie Vallée de la Seine
   ▣ Paris 104 – Beauvais 57 – Mantes-la-Jolie 66 – Rouen 35
   ▤ Office de tourisme, 20, rue de l'Hôtel de Ville ℰ 02 32 49 31 65, Fax 02 32 48 10 60

🏠 **Les Lions de Beauclerc**   ⅊ *VISA* 🅜🅞 🅐🅔 ⑩
   7 r. de l'Hôtel de Ville – ℰ 02 32 49 18 90 *– leslionsdebeauclerc@free.fr*
   – Fax 02 32 48 27 80
   6 ch – ♦59 € ♦♦62/67 €, ⊒ 9 € – ½ P 58/66 € – **Rest** *(fermé mardi)*
   Menu 15/28 € – Carte 17/33 €
   ♦ Au cœur d'un joli bourg normand, grande maison en briques abritant de ravissantes
   chambres, décorées de meubles et bibelots anciens. Petit-déjeuner en terrasse aux beaux
   jours. Cuisine traditionnelle.

🏠 **La Licorne**   🚗 🖧 🖧 ch, ⅊ ⌀ rest, 🖧 🅟 *VISA* 🅜🅞 🅐🅔 ⑩
   pl. de la Halle – ℰ 02 32 48 24 24 *– contact@hotel-licorne.com – Fax 02 32 49 80 09*
   15 ch – ♦70/175 € ♦♦70/175 €, ⊒ 10 € – 5 suites – ½ P 75/115 €
   Rest – *(fermé dim. soir, mardi midi et lundi)* Menu 19/25 € – Carte 32/46 €
   ♦ Relais de poste (1610) rajeuni situé dans un joli village cerné par une hêtraie. Un escalier
   d'époque grimpe aux chambres et des dépendances peuvent loger les familles. Petite salle
   à manger dotée d'une vieille cheminée en briques rouges. Terrasse au jardin.

LYS-LEZ-LANNOY – 59 Nord – 302 H3 – 13 018 h. – alt. 28 m – **rattaché à Roubaix**

LYS-ST-GEORGES – 36 Indre – 323 G7 – 213 h. – alt. 200 m – ⊠ 36230
   ▣ Paris 287 – Argenton-sur-Creuse 29 – Bourges 80 – Châteauroux 29
   – La Châtre 22   12 **C3**

✕✕ **Auberge la Forge**   🖧 *VISA* 🅜🅞 🅐🅔
   7 r. du Château – ℰ 02 54 30 81 68 *– contacts@restaurantlaforge.com*
   – Fax 02 54 30 81 68 – Fermé 1ᵉʳ juil.-6 juil., 24 sept.-10 oct., 2-23 janv., dim. soir,
   mardi de sept. à juin et lundi
   Rest – Menu 18/50 € – Carte 29/50 €
   ♦ Auberge villageoise recouverte d'ampélopsis. Poutres, tomettes, cheminée et tableaux :
   le décor rustique est en harmonie avec la cuisine du terroir. Jolie terrasse verdoyante.

MACÉ – 61 Orne – 310 J3 – **rattaché à Sées**

MACHILLY – 74 Haute-Savoie – 328 K3 – 862 h. – alt. 525 m – ⊠ 74140   46 **F1**
   ▣ Paris 548 – Annemasse 11 – Genève 21 – Thonon-les-Bains 20

✕✕✕ **Le Refuge des Gourmets**   🖧 🅗 🅘 ✿ 🅟 *VISA* 🅜🅞 🅐🅔
   90 rte des Framboises – ℰ 04 50 43 53 87 *– chanove@refugedesgourmets.com*
   – Fax 04 50 43 53 76 – Fermé 28 juil.-20 août, 16-25 fév., dim. soir et lundi
   Rest – Menu 30 € bc (déj. en sem.)/66 € – Carte 59/72 €
   ♦ Hall d'accueil égayé d'une vinothèque et élégante salle d'inspiration Belle Époque dans
   ce "refuge" où les gourmets apprécient la cuisine créative évoluant au gré des saisons.

LA MACHINE (COL DE) – 26 Drôme – 332 F4 – **rattaché à St-Jean-en-Royans**

MACINAGGIO – 2B Haute-Corse – 345 F2 – **voir à Corse**

MÂCON ℙ – 71 Saône-et-Loire – 320 I12 – 34 469 h. – alt. 175 m – ⊠ 71000
🅱 Bourgogne   8 **C3**

- 🇩 Paris 391 – Bourg-en-Bresse 38 – Chalon-sur-Saône 59 – Lyon 71 – Roanne 96
- 🇮 Office de tourisme, 1, place Saint-Pierre ℰ 03 85 21 07 07, Fax 03 85 40 96 00
- 🇹 de la Commanderie à Crottet L'Aumusse, par rte de Bourg-en-Bresse : 7 km, ℰ 03 85 30 44 12 ;
- 🇹 de Mâcon La Salle à La Sallepar rte de Tournus : 14 km, ℰ 03 85 36 09 71.
- ⊙ Musée des Ursulines★ BY **M**¹ - Musée Lamartine BZ **M**² - Apothicairerie★ de l'Hôtel-Dieu BY - ≼★ du Pont St-Laurent.
- 🇬 Roche de Solutré★★ O : 9 km - Clocher★ de l'église de St-André de Bagé E : 8,5 km.

🏨 **Bellevue** sans rest   ⬚ 𝔸𝕂 ⚐ ℙ 🅿 🄼 *VISA* 🄼🄾 𝔸𝔼
416 quai Lamartine – ℰ 03 85 21 04 04 – bellevue.macon @ wanadoo.fr
– Fax 03 85 21 04 02 – Fermé 30 avril-14 mai et de mi-déc. à début janv.
24 ch – ♦88/162 € ♦♦88/162 €, ⊇ 12 €   BZ **u**

◆ Hôtel de tradition sur les bords de Saône, le long de la route. Un bel escalier en colimaçon conduit à des chambres élégantes et feutrées.

🏨 **Park Inn**   ≼ 🚗 🦅 ⬚ 🄸 𝔸𝕂 ⚄ 📞 ⚐ ℙ 🅿 *VISA* 🄼🄾 𝔸𝔼 ⓞ
26 r. Pierre de Coubertin, 0,5 km par ① – ℰ 03 85 21 93 93 – info.macon @
rezidorparkinn.com – Fax 03 85 39 11 45
64 ch – ♦80/120 € ♦♦85/130 €, ⊇ 13 € – ½ P 65/95 € – **Rest** – *(fermé vend. midi, sam. midi et dim. midi)* Menu 20/30 € – Carte 32/48 €

◆ Au calme, dans la verdure, hôtel de type chaîne, profitant de deux avantages : la plupart de ses chambres ont vue sur Saône et toutes ont été rajeunies. Salle à manger contemporaine et bar rénovés ; aux beaux jours, on dresse la terrasse au bord de la piscine.

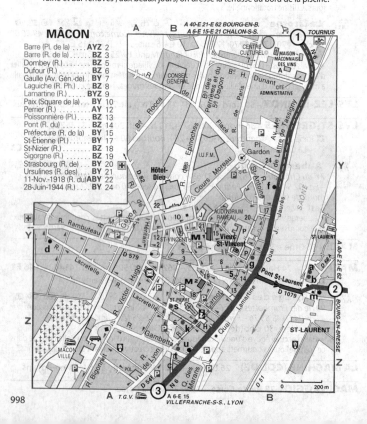

MÂCON

🏨 **D'Europe et d'Angleterre** sans rest 📶 ⇄ 🕻 ⚒ 🚗 VISA ⓜ AE

92 quai J. Jaurès – ℰ *03 85 38 27 94* – *info@hotel-europeangleterre-macon.com*
– Fax 03 85 39 22 54 – Fermé dim. de janv. à mars BY **f**
29 ch – †45/60 € ††50/70 €, ☲ 8 €

♦ Cet hôtel du début du 19ᵉ s. a connu son heure de gloire dans les années 1930. Une modernisation récente a su préserver son cachet. Vastes chambres garnies de meubles anciens.

🏠 **Concorde** sans rest 🚃 🕻 🚗 VISA ⓜ

73 r. Lacretelle – ℰ *03 85 34 21 47* – *hotel.concorde.71@wanadoo.fr*
– Fax 03 85 29 21 79 – Fermé 5 janv.-31fév., et dim. du 15 oct. au 15 avril
14 ch – †45/59 € ††52/59 €, ☲ 8 € AY **d**

♦ Chambres simples et bien tenues – choisir celles donnant sur le jardin fleuri – et petit-déjeuner servi dans une salle fraîche ou en terrasse : un sympathique hôtel familial.

🏵🏵🏵 **Pierre** (Christian Gaulin) AC VISA ⓜ AE ①
🕸
7 r. Dufour – ℰ *03 85 38 14 23* – *contact@restaurant-pierre.com*
– Fax 03 85 39 84 04 – Fermé 7-28 juil., vacances de fév., dim. soir, mardi midi et lundi BZ **k**
Rest – Menu (22 €), 29 € (sem.)/74 € – Carte 51/69 €
Spéc. Foie gras de canard poêlé, sauce au cassis de Bourgogne. Tournedos charolais et foie gras poêlé sauce bourguignonne. Soufflé chaud aux griottines et kirsch. **Vins** Viré-Clessé, Mâcon blanc.

♦ Pierres, poutres apparentes et cheminée : à l'agrément d'un cadre néo-rustique chaleureux et soigné s'ajoute une cuisine mariant habilement classicisme, terroir et modernité.

🏵🏵 **L'Amandier** 🚃 VISA ⓜ AE ①

74 r. Dufour – ℰ *03 85 39 82 00* – *Fax 03 85 38 92 21 – Fermé 11-24 août, vacances de fév., sam. midi, dim. soir et lundi* BZ **s**
Rest – Menu 26/55 € – Carte 32/67 €

♦ Cette maison mâconnaise du centre-ville abrite un restaurant au décor élégant (miroirs, tableaux, drapés) où l'on sert des plats au goût du jour. Terrasse ombragée sur rue piétonne.

🏵🏵 **Le Poisson d'Or** ≼ 🚃 ♿ P VISA ⓜ AE

port de plaisance, par ① et bords de Saône – ℰ *03 85 38 00 88* – *contact@lepoissondor.com – Fax 03 85 38 82 55 – Fermé 24 mars-2 avril, 19 oct.-12 nov., dim. soir, mardi soir et merc.*
Rest – Menu 24 € (sem.)/65 € – Carte 54/68 €

♦ La Saône coule le long du jardin de ce restaurant proche du port de plaisance. Pimpantes salles à manger surplombant la rivière ou terrasse au bord de l'eau. Fricassées de grenouilles toute l'année et fritures de poissons en été.

🏵 **Au P'tit Pierre** ♿ AC VISA ⓜ ①
🥜
10 r. Gambetta – ℰ *03 85 39 48 84* – *laurechant@hotmail.fr – Fax 03 85 22 73 78*
– Fermé 27 juil.-18 août, 1ᵉʳ-4 janv., dim. soir, mardi soir et merc. de sept. à juin, dim. et lundi en juil.-août BZ **t**
Rest – Menu (14,50 €), 17 € (sem.)/32 € – Carte 26/34 €

♦ Les Mâconnais fréquentent avec assiduité ce bistrot : décor gai et convivial, tables joliment dressées et petits plats traditionnels assurent son succès.

🏵 **Le Matisco** AC VISA ⓜ

45 r. Franche – ℰ *03 85 38 79 84* – *Fax 03 85 38 79 84 – Fermé août, lundi soir, mardi soir et dim.* BZ **g**
Rest – Menu (11,50 €), 21 € – Carte 24/36 €

♦ Dans ce petit bistrot du vieux Mâcon, on se croirait presque en Italie. Banquettes rouges, fresques évoquant la Sérénissime, antipasti et risotto au programme... la dolce vita !

à St-Laurent-sur-Saône (01Ain) – 1 655 h. – alt. 176 m – ✉ 01750

🏠 **Du Beaujolais** sans rest VISA ⓜ AE ①

88 pl. de la République – ℰ *03 85 38 42 06* – *hotel.beaujolais@wanadoo.fr*
– Fax 03 85 38 78 02 – Fermé 31 déc.-15 janv. BZ**m**
17 ch – †40 € ††45/57 €, ☲ 6 €

♦ Sur la rive gauche de la Saône, face au pont St-Laurent, hôtel au confort simple dont la plupart des chambres, rafraîchies, offrent une jolie vue sur la ville.

✕✕ L'Autre Rive

≤ _VISA_ **OO** AE

143 quai Bouchacourt – ℰ *03 85 39 01 02 – lechef@lautrerive.fr*
– Fax 03 85 38 16 92 – Fermé 24-30 déc., dim. soir et lundi   BZ **a**
Rest – Menu 21 € (sem.)/39 € – Carte 34/50 €

♦ Rien ne manque dans ce restaurant situé sur "l'autre rive" : jolie salle à manger-véranda, sympathique terrasse au bord de la Saône et carte associant plats régionaux et saveurs iodées.

✕ Le Saint-Laurent

≤ 🕅 _VISA_ **OO** AE **O**

1 quai Bouchacourt – ℰ *03 85 39 29 19 – saintlaurent@georgesblanc.com*
– Fax 03 85 38 29 77   BZ **b**
Rest – Menu 20 € (déj. en sem.), 24/45 € – Carte 34/48 €

♦ Terrasse avec vue sur Mâcon et plats mijotés : franchissez le pont St-Laurent pour rejoindre ce bistrot rétro rendu célèbre par la visite de Mitterrand et Gorbatchev.

à l'échangeur A6-N6 de Mâcon-Nord 7 km par ① – ⌷ 71000 Mâcon

🏨 Novotel

🚗 🕅 🛋 & ch, 🕅 ⚓ ✗ 🐾 🕭 🅿 _VISA_ **OO** AE **O**

Autoroute A6 Péage Mâcon Nord Sortie 28 – ℰ *03 85 20 40 00 – h0438@*
accor.com – Fax 03 85 20 40 33
114 ch – †102/152 € ††102/152 €, ⌷ 12,50 € – **Rest** – Carte 23/38 €

♦ Architecture passe-partout dans la zone hôtelière de l'échangeur de Mâcon-Nord. Préférez les chambres dernière génération. Coin jeu pour les enfants. Salle à manger fonctionnelle avec cuisine-grill visible de tous ; terrasse dressée au bord de la piscine.

au Nord 3 km par ① sur N 6 – ⌷ 71000 Mâcon

🏠 La Vieille Ferme

≤ 🕭 🕅 🛋 & ch, 🐾 🕭 🅿 _VISA_ **OO**

🕭

– ℰ *03 85 21 95 15 – vieil.ferme@wanadoo.fr – Fax 03 85 21 95 16*
– Fermé 20 déc. -10 janv.
24 ch – †50 € ††50 €, ⌷ 7 € – **Rest** – Menu 12/29 € – Carte 18/34 €

♦ Halte champêtre dans un parc au bord de la Saône. Les chambres sont aménagées dans une construction récente de type motel. La "vieille ferme" abrite le restaurant rustique (pierres et poutres apparentes, cheminée) ouvert sur une jolie terrasse.

à Sennecé-lès-Mâcon 7,5 km par ① – ⌷ 71000 Mâcon

🏠 Auberge de la Tour

🕅 🖖 🕭 🅿 _VISA_ **OO**

604 r. Vrémontoise – ℰ *03 85 36 02 70 – aubergedelatour@wanadoo.fr*
– Fax 03 85 36 03 47 – Fermé 22 oct.-10 nov., 9-25 fév., dim. soir, mardi midi et lundi
24 ch – †46/52 € ††55/77 €, ⌷ 9 € – ½ P 58/65 € – **Rest** – Menu (13,50 €), 19 € (déj. en sem.), 24/48 € – Carte 23/46 € ❀

♦ La tour de guet, curiosité du village, voisine avec cette auberge familiale où vous logerez dans des chambres diversement agencées. Repas traditionnel dans une salle rustique décorée de toiles à thématique vigneronne. Beau choix de vins du Mâconnais.

par ② rte de Bourg-en-Bresse – ⌷ 01750 Replonges

🏨 La Huchette

🕅 🕭 🛋 🕅 ch, 🐾 🅿 _VISA_ **OO** AE

à 4,5 km près sortie n°3 de l'A40 – ℰ *03 85 31 03 55 – lahuchette@wanadoo.fr*
– Fax 03 85 31 10 24 – Fermé 1ᵉʳ-10 nov.
14 ch – †85/105 € ††100/230 €, ⌷ 13 € – ½ P 90/100 €
Rest – *(Fermé 1ᵉʳ-17 nov. mardi midi et lundi)* Menu 32/55 € – Carte 35/69 €

♦ Cette maison nichée dans son joli parc est une étape plaisante. Ses chambres, rajeunies, ouvrent sur le jardin avec piscine. Repas classique sous les poutres d'une salle rustique (âtre en pierre, chandeliers, peintures murales agrestes) ou l'été en plein air.

à Crèches-sur-Saône 8 km au Sud par ③ et N 6 – 2 753 h. – alt. 180 m – ⌷ 71680

🕮 Syndicat d'initiative, 466, rte nationale 6 ℰ 03 85 37 48 32, Fax 03 85 36 57 91

🏰 Hostellerie du Château de la Barge 🌾

🕅 🕭 🛋 🏠 & ch, 🐾 🕭 🅿

rte des Bergers, 1 km au Nord-Ouest par D89 – ℰ *03 85 23 93 23* 🅿 _VISA_ **OO** AE **O**
– hotelchateaudelabarge@wanadoo.fr – Fax 03 85 23 93 39 – Fermé 20 déc.-5 janv.
21 ch – †90 € ††95 €, ⌷ 12 € – 4 suites – **Rest** – Menu 19 € bc (déj. en sem.), 25/67 € bc – Carte 36/67 €

♦ Belle demeure (17ᵉ s.) nichée dans un parc au pied des vignes et rajeunie intérieurement. Chambres "châtelaines" ou plus modernes dans l'aile récente. Piscine chauffée. Au restaurant, âtre en pierre, poutres, boiseries et déco actualisée.

à Charnay-lès-Mâcon 2,5 km à l'Ouest – 6 739 h. – alt. 217 m – ⊠ 71850

🔎 Syndicat d'initiative, 27, rte de Davayé ℰ 03 85 20 53 90, Fax 03 85 20 53 91

XXX **Moulin du Gastronome** avec ch ⎙ ⎙ ⎚ ⎚ 🅺🅲 rest, ☏
D 17, rte de Cluny – ℰ 03 85 34 16 68 🄰 🄿 𝘝𝘐𝘚𝘈 ⓿❾ 🄰🄴
– moulindugastronome@wanadoo.fr – Fax 03 85 34 37 25
– Fermé 21 juil.-4 août, 16 fév.-2 mars, dim. soir et lundi
7 ch – 🛏60 € 🛏🛏72/76 €, ⊇ 10 € – 1 suite – ½ P 70 € – **Rest** – Menu 24 €
(sem.)/58 € – Carte 36/64 € ⅋
♦ La façade aux volets bleu lavande donne un petit air méridional à cette maison. Salle à
manger néo-classique et jardin-terrasse ; bon choix de vins (régionaux et bordeaux).

à Hurigny 5,5 km au Nord-Est par D 82 AY et rte secondaire – 1 474 h. – alt. 275 m – ⊠ 71870

⋔ **Château des Poccards** sans rest ⅋ ◔ ⎚ ⅍ 🅿
120 rte des Poccards – ℰ 03 85 32 08 27 – chateau.des.poccards@wanadoo.fr
– Fax 03 85 32 08 19 – Ouvert mi-mars à mi-déc.
6 ch ⊇ – 🛏75/125 € 🛏🛏100/140 €
♦ Château de 1805 au cœur d'un parc à l'anglaise. Meubles et objets chinés donnent aux
superbes chambres leur personnalité. Salons avec décor d'origine, dont un de style Art déco.

LA MADELAINE-SOUS-MONTREUIL – 62 Pas-de-Calais – 301 D5 – rattaché à Montreuil

MADIÈRES – 34 Hérault – 339 G5 – ⊠ 34190 St-Maurice-Navacelles   23 **C2**
🄳 Paris 705 – Lodève 30 – Montpellier 62 – Nîmes 79 – Le Vigan 20

🏠 **Château de Madières** ⅋ ◁ ◔ ⎙ ⎚ ⅍ rest, 🅿 𝘝𝘐𝘚𝘈 ⓿❾ 🄰🄴
Hameau de Madières sur D 25 – ℰ 04 67 73 84 03 – madieres@wanadoo.fr
– Fax 04 67 73 55 71 – Ouvert 7 avril-oct.
12 ch – 🛏150/233 € 🛏🛏150/233 €, ⊇ 17 € – **Rest** – (fermé jeudi) Menu 49/55 €
– Carte 46/62 €
♦ Au cœur d'un parc escaladant le causse, château fort du 12e s. – agrandi à la Renaissance –
surplombant les gorges de la Vis. Un cadre grandiose, authentique... et cosy. Salle à manger
aux belles voûtes de pierre et agréable terrasse ; cuisine ensoleillée.

MADIRAN – 65 Hautes-Pyrénées – 342 L1 – 536 h. – alt. 125 m – ⊠ 65700   28 **A2**
🄳 Paris 753 – Pau 51 – Tarbes 41 – Toulouse 154

X **Le Prieuré** ⎙ 𝘝𝘐𝘚𝘈 ⓿❾ 🄰🄴
4 r. de l'Eglise – ℰ 05 62 31 44 52 – restaurantleprieure@cegetel.net
⊜ – Fermé 5-11 janv., 8-15 fév., dim. soir, lundi et mardi
Rest – Menu 13 € (déj. en sem.), 18/25 € – Carte 35/44 € ⅋
♦ Le restaurant est installé dans un ancien monastère qui abrite également la maison des
Vins de Madiran. Décor mi-rustique, mi-contemporain, cuisine au goût du jour et beau
choix de crus locaux.

MAFFLIERS – 95 Val-d'Oise – 305 E6 – 1 370 h. – alt. 145 m – ⊠ 95560   18 **B1**
🄳 Paris 29 – Beaumont-sur-Oise 10 – Beauvais 53 – Compiègne 73 – Senlis 45

🏨 **Novotel** ⅋ ◔ ⎙ ⎚ ⅍ 🖵 ⅁ ch, 🅺🅲 rest, ⇝ ☏ 🄰 🅿 𝘝𝘐𝘚𝘈 ⓿❾ 🄰🄴 ⓪
allée des Marronniers – ℰ 01 34 08 35 35 – h0383@accor.com – Fax 01 34 08 35 00
99 ch – 🛏90/250 € 🛏🛏90/250 €, ⊇ 13 € – **Rest** – Carte 24/41 €
♦ Un ensemble au grand calme. À l'entrée du parc, une annexe moderne abrite les
chambres refaites selon le dernier concept de la chaîne. Le restaurant occupe une demeure
fin 18e s. et propose une cuisine classique. Terrasse d'été sur le parc et la forêt.

MAGALAS – 34 Hérault – 339 E8 – 2 489 h. – alt. 115 m – ⊠ 34480   22 **B2**
🄳 Paris 755 – Montpellier 82 – Béziers 17 – Narbonne 54 – Sète 71
🔎 Office de tourisme, Z.A.E l'Audacieuse ℰ 04 67 36 67 13, Fax 04 67 36 07 54

⚮ Ô. Bontemps   ⌂ AK ⇔ VISA ◯◯

pl. de l'Église – ℰ 04 67 36 20 82 – contact@o-bontemps.com – Fermé 9-17 mars, 11-26 mai, 7-15 sept., 21 déc.-5 janv., dim. et lundi
Rest – Menu (18 €), 23 € (déj.), 28/55 € – Carte 32/44 €

♦ Face à l'église, cette table contemporaine aux tons clairs (mauve, vert anis) porte bien son nom, justifié par le patronyme du chef et surtout par sa belle cuisine inventive.

MAGESCQ – 40 Landes – 335 D12 – 1 378 h. – alt. 28 m – ⊠ 40140   3 **B2**

🚪 Paris 722 – Bayonne 45 – Biarritz 52 – Castets 13 – Dax 16
– Mont-de-Marsan 71

🛈 Office de tourisme, 1, place de l'Église ℰ 05 58 47 76 24, Fax 05 58 47 75 81

🏠 Relais de la Poste (Jean Coussau) ♨   ◐ ⌘ ⚮ ₰ ch, AK 📞 P
💱💱   *24 av. de Maremne – ℰ 05 58 47 70 25*   ⌘ VISA ◯◯ AE ◯
         – poste@relaischateaux.com – Fax 05 58 47 76 17 – Fermé 12 nov.-20 déc., mardi sauf le soir de mai à sept., jeudi midi de mai à sept. et lundi
16 ch – ♦135/365 € ♦♦150/380 €, � 17 € – 1 suite – ½ P 160/260 €
Rest – *(prévenir le week-end)* Menu 57 € (déj. en sem.), 77/105 €
– Carte 80/126 € ◈◈

Spéc. Foie gras de canard en trois cuissons. Saumon de l'Adour simplement grillé, sauce béarnaise (15 mars au 30 juin). Gibier (saison). **Vins** Jurançon, Tursan.

♦ Ce castel landais entouré d'un grand parc arboré réserve un excellent accueil à ses hôtes. Jolies chambres personnalisées dotées de balcons. Sauna, hammam, jacuzzi... L'élégant restaurant et la terrasse sont tournés vers la pinède ; superbe cuisine de pays et riche carte des vins.

MAGLAND – 74 Haute-Savoie – 328 M4 – 2 801 h. – alt. 513 m – ⊠ 74300
🚪 Paris 583 – Annecy 68 – Genève 49 – Lyon 192   46 **F1**

🏠 Le Relais du Mont Blanc   ⌨ ⇔ ⚮ 📞 P VISA ◯◯ AE
💱💱   *1 km au Sud sur D 1205 – ℰ 04 50 21 00 85 – lerelaisdumontblanc@wanadoo.fr – Fax 04 50 34 31 83 – Fermé 1er-11 mai, 1er-24 août, 24 oct.-2 nov., 27 déc.-2 janv.*
16 ch – ♦65 € ♦♦75 €, ⊴ 9 € – **Rest** – *(fermé vend. soir, sam. midi et dim. soir)*
Menu 18 € (sem.)/40 € – Carte 35/51 €

♦ Cet engageant chalet de montagne, posté à seulement 20 minutes du Mont-Blanc, vous accueille dans des chambres rénovées où prédomine le bois. Autour de tables rustiques, vous goûterez une appétissante cuisine du terroir revue au goût du jour.

MAGNAC-BOURG – 87 Haute-Vienne – 325 F7 – 795 h. – alt. 444 m – ⊠ 87380
🚪 Paris 419 – Limoges 31 – St-Yrieix-la-Perche 28 – Uzerche 28   24 **B2**
🛈 Office de tourisme, 2, place de la Bascule ℰ 05 55 00 89 91,
Fax 05 55 00 78 38

🏠 Auberge de l'Étang   ⌂ ⌘ 📞 ⚿ P VISA ◯◯
💱💱   *– ℰ 05 55 00 81 37 – ml.hermann@wanadoo.fr – Fax 05 55 48 70 74 – Fermé 9 nov.-8 déc., 22 fév.-9 mars, dim. soir et lundi sauf juil.-août*
14 ch – ♦45/48 € ♦♦42/53 €, ⊴ 8 € – **Rest** – *(fermé dim. soir, lundi de sept. à juin et merc. midi en juil.-août)* Menu 14 € (sem.)/42 € – Carte 30/55 €

♦ À l'entrée du bourg, dominant un étang, auberge familiale vous réservant un bon accueil. Chambres fonctionnelles récentes ; certaines ont vue sur la piscine et le plan d'eau. Au restaurant, cuisine traditionnelle généreuse et agréable terrasse d'été.

MAGNY-COURS – 58 Nièvre – 319 B10 – rattaché à Nevers

MAGNY-LE-HONGRE – 77 Seine-et-Marne – 312 F2 – 106 22 – voir à Paris, Environs (Marne-la-Vallée)

MAÎCHE – 25 Doubs – 321 K3 – 3 978 h. – alt. 777 m – ⊠ 25120
▌ Franche-Comté Jura   17 **C2**
🚪 Paris 498 – Besançon 75 – Belfort 60 – Montbéliard 42 – Pontarlier 61
🛈 Syndicat d'initiative, place de la Mairie ℰ 03 81 64 11 88, Fax 03 81 64 02 30

à Mancenans Lizerne 2,5 km à l'Est par D 464 et D 272 – 152 h. – alt. 720 m – ⊠ 25120

✗   **Au Coin du Bois**   🚗 🏠 **P** **VISA** 🐷
    r. Sous le Rang, La Lizerne – ℰ 03 81 64 00 55 – Fax 03 81 64 21 98
☜   – Fermé 30 juil.-5 août, 4-11 fév., dim. soir, lundi soir et merc. soir
    Rest – Menu 14 € (déj. en sem.), 22/52 € – Carte 27/63 €
    ◆ Joli chalet entouré de sapins. L'agréable terrasse et la sobre salle à manger d'esprit rustique servent de cadre à une cuisine traditionnelle étoffée de plats du terroir.

MAILLANE – 13 Bouches-du-Rhône – 340 D3 – rattaché à St-Rémy-de-Provence

---

MAILLEZAIS – 85 Vendée – 316 L9 – 934 h. – alt. 6 m – ⊠ 85420
▮ Poitou Vendée Charentes   35 **C3**

    ◘ Paris 443 – Nantes 129 – La Roche-sur-Yon 76 – La Rochelle 50 – Niort 33
    ◘ Office de tourisme, rue du Dr Daroux ℰ 02 51 87 23 01, Fax 02 51 00 72 51

⌂   **Madame Bonnet** sans rest   ◑ ✼ ✤ 🐾 **P**
    69 r. Abbaye – ℰ 02 51 87 23 00 – liliane.bonnet@wanadoo.fr
    – Fax 02 51 00 72 44 – **5 ch** ⊡ – †55/58 € ††65/68 €
    ◆ L'esprit maison d'hôte prend ici tout son sens : coquettes chambres, décor chargé d'histoire, petit-déjeuner au coin du feu, jardin-potager et accueil des plus chaleureux.

MAISONNEUVE – 15 Cantal – 330 F6 – rattaché à Chaudes-Aigues

MAISONS-ALFORT – 94 Val-de-Marne – 312 D3 – 101 27 – voir à Paris, Environs

---

MAISONS-DU-BOIS – 25 Doubs – 321 I5 – rattaché à Montbenoit

MAISONS-LAFFITTE – 78 Yvelines – 311 I2 – 101 13 – voir à Paris, Environs

---

MAISONS-LÈS-CHAOURCE – 10 Aube – 313 F5 – rattaché à Chaource

---

MALAUCÈNE – 84 Vaucluse – 332 D8 – 2 538 h. – alt. 333 m – ⊠ 84340
▮ Provence   40 **B2**

    ◘ Paris 673 – Avignon 45 – Carpentras 18 – Vaison-la-Romaine 10
    ◘ Office de tourisme, place de la Mairie ℰ 04 90 65 22 59, Fax 04 90 65 22 59

🏠   **Le Domaine des Tilleuls** sans rest   ◑ ⊼ **P** **VISA** 🐷
    rte du Mont-Ventoux – ℰ 04 90 65 22 31 – info@hotel-domainedestilleuls.com
    – Fax 04 90 65 16 77 – Ouvert de mars à oct. – **20 ch** – †79 € ††89 €, ⊡ 10 €
    ◆ Cette magnanerie du 18ᵉ s. accueille un charmant hôtel rénové dans le style provençal. Préférez les chambres tournées vers l'agréable parc planté de tilleuls et platanes.

MALAY-LE-PETIT – 89 Yonne – 319 D2 – rattaché à Sens

MALBUISSON – 25 Doubs – 321 H6 – 400 h. – alt. 900 m – ⊠ 25160
▮ Franche-Comté Jura   17 **C3**

    ◘ Paris 456 – Besançon 74 – Champagnole 42 – Pontarlier 16 – St-Claude 72
    ◘ Office de tourisme, 69, Grande Rue ℰ 03 81 69 31 21, Fax 03 81 69 71 94
    ◎ Lac de St-Point★.

🏠🏠🏠   **Le Lac**   ≤ 🚗 ⊼ 🏢 ₺ rest, **P** 🚏 **VISA** 🐷 ①
    – ℰ 03 81 69 34 80 – hotellelac@wanadoo.fr – Fax 03 81 69 35 44 – Fermé
☜   12 nov.-18 déc.
    51 ch – †39/57 € ††43/87 €, ⊡ 9 € – 3 suites – ½ P 47/69 €
    Rest – Menu 18 € (sem.)/45 € – Carte 31/64 €
    Rest *du Fromage* – Menu 18/21 € – Carte 15/33 €
    ◆ Maison ancienne sur la rue principale, orientée vers le lac côté jardin. Intérieur cossu et rétro; quelques chambres modernisées. Copieux petits-déjeuners, pâtisseries maison au salon de thé. Plats du terroir à la table du Lac. Tartes, fondues et raclettes au Restaurant du Fromage.

    Beau Site ⌂   🐾 ₺ **P** **VISA** 🐷 ①
    – ℰ 03 81 69 70 70 – Fax 03 81 69 35 44 – Fermé 12 nov.-18 déc.
    17 ch – †29 € ††35 €, ⊡ 9 € – ½ P 43 €
    ◆ Cet édifice du début du 19ᵉ s. dont l'entrée est rehaussée de colonnes abrite des chambres d'esprit fonctionnel. Accueil à l'hôtel du Lac.

🏠 **De la Poste** 🌐 VISA ⬤

☎ – *℘ 03 81 69 79 34 – hotellelac @ wanadoo.fr – Fax 03 81 69 35 44*
– Fermé 12 nov.-18 déc.
10 ch – ♦35 € ♦♦47 €, ☐ 9 € – ½ P 44 € – **Rest** – *(fermé mardi soir et lundi sauf juil.-août)* Menu (7,50 €), 10 € (déj. en sem.), 12/19 € – Carte 14/40 €
◆ Ce petit hôtel rénové propose des chambres garnies de meubles colorés ; préférez celles tournées vers le lac, plus tranquilles. Assiettes traditionnelles et spécialités de pierrades vous attendent dans un cadre joliment campagnard.

🍴🍴🍴 **Le Bon Accueil** (Marc Faivre) avec ch 🌐 **P** VISA ⬤ AE ①

❀ *Grande Rue – ℘ 03 81 69 30 58 – marcfaivre @ le-bon-accueil.fr*
– Fax 03 81 69 37 60 – Fermé 14-23 avril, 27 oct.-5 nov., 15 déc.-14 janv., dim. soir du 1er sept. au 14 juil., mardi midi et lundi
12 ch – ♦68 € ♦♦68/98 €, ☐ 10 € – ½ P 67/86 €
Rest – Menu (22 € bc), 30/55 € – Carte 47/75 € 🍷
Spéc. Gaudes façon gnocchi au vieux comté (20 sept. au 31 mars). Poissons à l'absinthe de Pontarlier (15 juin au 15 sept.). Croustillant glacé au pain d'épice de Mouthe, banane flambée (20 sept. au 15 déc.). **Vins** Arbois-Chardonnay, Côtes du Jura.
◆ Coup de cœur pour cette maison qui a une âme et qui cultive l'art de recevoir : patrons aux petits soins, brillante cuisine actuelle, chambres confortables et spacieuses.

🍴🍴🍴 **Jean-Michel Tannières** avec ch 🌐 **P** VISA ⬤

17 Grande Rue – ℘ 03 81 69 30 89 – contact @ restaurant-tannieres.com
– Fax 03 81 69 39 16 – Fermé 18-25 avril, 7-16 nov., 2-18 janv., dim. soir, merc. midi, jeudi midi, vend. midi, lundi et mardi
4 ch – ♦50/100 € ♦♦50/100 €, ☐ 8 € – ½ P 50/100 € – **Rest** – Menu 38/45 €
Rest *Le Bistrot d'Angèle* – *(fermé lundi, mardi et dim. soir hors vacances scolaires)* Menu (15 €), 22 € bc
◆ Avec son jardin donnant sur un ruisseau, voici une maison sérieuse qui vous reçoit chaleureusement, dans un intérieur bourgeois. Repas classique escorté d'un bon choix de vins. Au Bistrot d'Angèle, décor campagnard et ardoise du jour ancrée dans la tradition.

aux Granges-Ste-Marie 2 km au Sud-Ouest – ✉25160 Labergement-Ste-Marie

🏠 **Auberge du Coude** 🌐 🏡 ⬤ **P** VISA ⬤

☎ – *℘ 03 81 69 31 57 – Fax 03 81 69 33 90 – Fermé 8 nov.-16 déc.*
11 ch – ♦52 € ♦♦52 €, ☐ 8 € – ½ P 52 € – **Rest** – *(fermé dim. soir)* Menu 18/46 € 🍷
◆ Ambiance chaleureuse dans cette maison de 1826 située entre les lacs de Saint-Point et de Remoray-Boujeons. Chambres au charme rustique. Jardin agrémenté d'un étang. Salle à manger champêtre parée de boiseries et de mobilier Louis XIII ; cuisine régionale.

LA MALÈNE – 48 Lozère – 330 H9 – 171 h. – alt. 450 m – ✉ 48210   23 **C1**

▷ Paris 609 – Florac 41 – Mende 41 – Millau 44 – Sévérac-le-Château 33
🛈 Office de tourisme, ℘ 04 66 48 50 77
◎ O : les Détroits★★ et cirque des Baumes★★ (en barque).

🏠 **Manoir de Montesquiou** 🌐 🏡 **P** VISA ⬤ ①

– ℘ 04 66 48 51 12 – montesquiou @ demeures-de-lozere.com
– Fax 04 66 48 50 47 – Ouvert fin mars à fin oct.
10 ch – ♦70/142 € ♦♦70/142 €, ☐ 14 € – 2 suites – ½ P 110/114 €
Rest – Menu 25/45 € – Carte 31/64 €
◆ Accueil familial, chambres personnalisées (lits à baldaquin, mobilier de style), beau jardin où fleurissent de magnifiques rosiers : cette demeure du 15e s. a bien des atouts. Repas à base de produits locaux servis sur la jolie terrasse, si le soleil apparaît.

au Nord-Est 5,5 km sur D 907bis – ✉ 48210 Ste-Énimie

🏠 **Château de la Caze** 🌿 ≤ 🦆 🏡 🏊 ⬤ ch, **P** VISA ⬤ AE ①

– ℘ 04 66 48 51 01 – chateau.de.la.caze @ wanadoo.fr – Fax 04 66 48 55 75
– Ouvert 30 mars-11 nov. et fermé jeudi en oct. – **7 ch** – ♦112/166 € ♦♦112/166 €, ☐ 14 € – 9 suites – ♦♦166/276 € – ½ P 104/131 € – **Rest** – *(fermé jeudi sauf le soir de nov. à sept. et merc. sauf juil.-août)* Menu 34/82 € – Carte environ 38 € 🍷
◆ Majestueux château du 15e s. lové dans un parc au bord du Tarn. Exquises chambres personnalisées (moins de cachet mais grand confort à l'annexe), accueil d'une rare gentillesse. L'ex-chapelle sert de cadre à une cuisine pleine de saveurs, actuelle et respectueuse du terroir.

MALESHERBES – 45 Loiret – 318 L2 – 5 989 h. – alt. 108 m – ✉ 45330
Châteaux de la Loire 12 **C1**

Paris 75 – Étampes 26 – Fontainebleau 27 – Montargis 62 – Orléans 62 – Pithiviers 19

Office de tourisme, 19-21, place du Martroi ✆ 02 38 34 81 94, Fax 02 38 34 81 94

du Château d'Augerville à Augerville-la-Rivière Place du Château, S : 8 km par D 410, ✆ 02 38 32 12 07.

Écu de France
10 pl. Martroi – ✆ 02 38 34 87 25 – ecudefrance@wanadoo.fr – Fax 02 38 34 68 99
16 ch – †54/68 € ††54/68 €, ☕ 6,50 € – ½ P 58/65 €
Rest – *(fermé 1er-17 août, jeudi soir et dim. soir)* Menu 24 € (sem.)/50 € – Carte 24/56 €
Rest *Brasserie de l'Écu* – *(fermé 1er-17 août, jeudi soir et dim. soir)* Menu (13 €) – Carte 18/43 €
◆ Cet ancien relais de poste situé à deux pas du château de Malesherbes dispose de chambres coquettes et très bien tenues. Le restaurant a du cachet avec ses poutres et sa cheminée ; terrasse dressée dans la cour. Repas express à l'espace brasserie.

La Lilandière sans rest
7 chemin de la Messe, (hameau de Trézan) – ✆ 02 38 34 84 51 – la-lilandiere@wanadoo.fr – **5 ch** ☕ – †56 € ††60 €
◆ Pierres, poutres et mobilier moderne se marient joliment dans cette ex-ferme restaurée avec goût. Les amateurs de pêche et de canoë apprécient la rivière qui longe le jardin.

MALICORNE-SUR-SARTHE – 72 Sarthe – 310 I8 – 1 686 h. – alt. 39 m – ✉ 72270 Châteaux de la Loire 35 **C2**

Paris 236 – Château-Gontier 52 – La Flèche 16 – Le Mans 32

Office de tourisme, 5, place Du Guesclin ✆ 02 43 94 74 45, Fax 02 43 94 59 61

La Petite Auberge
5 pl. Duguesclin – ✆ 02 43 94 80 52 – contact@petite-auberge-malicorne.fr – Fax 02 43 94 31 37 – Fermé 22 déc.-28 fév., le soir sauf sam. de sept. à avril, dim. soir et mardi soir de mai à août et lundi
Rest – Menu 17 € (déj. en sem.), 24/50 € – Carte 33/40 €
◆ L'été, on s'attable en terrasse, au ras de l'eau, et en hiver, on se réfugie auprès de la belle cheminée du 13e s. pour déguster les plats traditionnels mitonnés par le chef.

MALLING – 57 Moselle – 307 I2 – 512 h. – alt. 158 m – ✉ 57480 26 **B1**

Paris 352 – Luxembourg 35 – Metz 43 – Trier 63

à Petite Hettange 1 km à l'Est sur D 654 – ✉ 57480

Olmi
11 rte Nationale – ✆ 03 82 50 10 65 – relais3frontieres@wanadoo.fr – Fax 03 82 83 61 01 – Fermé 28 juil.-11 août, 9-16 janv., mardi soir, merc. soir et lundi
Rest – Menu 32/70 € – Carte 52/63 €
◆ Dans une région transfrontalière, cet ancien relais routier s'est doté d'un nouveau décor aux teintes douces. Cuisine traditionnelle méritant votre coup de fourchette.

MALO-LES-BAINS – 59 Nord – 302 C1 – rattaché à Dunkerque

LE MALZIEU-VILLE – 48 Lozère – 330 I5 – 970 h. – alt. 860 m – ✉ 48140 23 **C1**

Paris 541 – Mende 51 – Millau 107 – Le Puy-en-Velay 74 – Rodez 125 – St-Flour 38

Office de tourisme, tour de Bodon ✆ 04 66 31 82 73

Voyageurs ch, ch,
rte Saugues – ✆ 04 66 31 70 08 – pagesc@wanadoo.fr – Fax 04 66 31 80 36 – Fermé 15 déc.-28 fév.
19 ch – †55 € ††55 €, ☕ 9 € – ½ P 52/70 € – **Rest** – *(fermé dim. soir et sam. sauf juil.-août)* Menu (9 €), 15/25 € – Carte 23/43 €
◆ Dans un joli village de la Margeride, bâtisse des années 1970 aux chambres fonctionnelles : une étape pratique si vous avez entrepris la découverte de la région. Plats traditionnels et lozériens servis dans une salle à manger d'inspiration rustique.

MAMERS 👁 – **72** Sarthe – **310** L4 – **6 084 h.** – alt. **128 m** – ✉ **72600**

📗 Normandie Vallée de la Seine

➡ Paris 185 – Alençon 25 – Le Mans 51 – Mortagne-au-Perche 25
– Nogent-le-Rotrou 40

🅸 Office de tourisme, 29, place Carnot ℰ 02 43 97 60 63, Fax 02 43 97 42 87

au Pérou (61 Orne) 7 km à l'Est par rte de Bellême – ✉ 61360 Chemilly

✗ **La Petite Auberge** 🖼 🏠 **P** **VISA** **◍** **AE** **①**

🍴 – ℰ 02 33 73 11 34 – la.petite.auberge.@free.fr – Fermé lundi soir et mardi
Rest – Menu 12,50 € (déj. en sem.), 17/35 € – Carte 20/46 €
♦ Une "petite auberge" isolée en bord de route. Attablez-vous dans la salle à manger
campagnarde, réchauffée par une cheminée, ou sur la terrasse donnant sur un jardin fleuri.

MANCENANS LIZERNE – **25** Doubs – **321** K3 – rattaché à Maîche

MANCEY – **71** Saône-et-Loire – **320** I10 – **355 h.** – alt. **280 m** – ✉ **71240**   8 **C3**

➡ Paris 373 – Dijon 102 – Mâcon 43 – Chalon-sur-Saône 34 – Le Creusot 68

✗ **Auberge du Col des Chèvres** 🏠 **P** **VISA** **◍**

🍴 – ℰ 03 85 51 06 38 – aub.coldeschevres.para@wanadoo.fr – Fermé 25 août-3 sept.,
vacances de fév., dim. soir de nov. à mars, mardi sauf juil.-août et merc.
🛏 **Rest** – Menu 18 € (sem.)/28 € – Carte 21/27 €
♦ Cette petite auberge familiale située aux avant-postes du village plaît pour son aimable
accueil, sa cuisine traditionnelle actualisée et son cadre rustico-champêtre sans façon.

MANCIET – **32** Gers – **336** C7 – rattaché à Nogaro

MANDELIEU – **06** Alpes-Maritimes – **341** C6 – **17 870 h.** – alt. **4 m** – Casino : Royal
Hôtel Z – ✉ **06210** 📗 Côte d'Azur

➡ Paris 890 – Brignoles 86 – Cannes 9 – Draguignan 53 – Fréjus 30 – Nice 37

🅸 Office de tourisme, avenue de Cannes ℰ 04 92 97 99 27, Fax 04 93 93 64 66

🏌 de Mandelieu Route du Golf, SO : 2 km, ℰ 04 92 97 32 00 ;

🏌 Riviera Golf Club Avenue des Amazones, SO : 2 km, ℰ 04 92 97 49 49.

◉ ≤★ de la colline de San Peyré – Site★ du château-musée.

Plan page suivante

🏠 **Hostellerie du Golf** 🍃 🖼 🏠 🏊 🍴 🛗 🕍 ch, 🐾 🎿
780 av. Mer – ℰ 04 93 49 11 66 – hoteldugolf@ **P** **VISA** **◍** **AE** **①**
aol.com – Fax 04 92 97 04 01 – Fermé 20-30 déc.   Y **n**
55 ch – †72/124 € ††95/153 €, ⊇ 9 € – 16 suites – ½ P 65/85 € – **Rest** – (fermé
sam. et dim. en hiver) Menu 19/24 €
♦ L'établissement est construit au bord de la rivière face au célèbre "Old Course" fondé par
le grand duc de Russie en 1891. Chambres pratiques, avec terrasse ou balcon. Salle à
manger claire tournée vers le jardin ; cuisine sans prétention.

🏠 **Les Bruyères** sans rest 🏊 ⅃ 🕍 **P** **VISA** **◍**
1400 av. Fréjus – ℰ 04 93 49 92 01 – hotel.les.bruyeres@wanadoo.fr
– Fax 04 93 49 21 55   Y **h**
14 ch – †63/90 € ††63/90 €, ⊇ 8,50 €
♦ Non loin de la plage et du golf, des chambres fonctionnelles, bien insonorisées et propres, s'abritent derrière une longue façade moderne rehaussée d'une rotonde.

🏠 **Acadia** sans rest 🖼 ⅃ 🍴 🛗 🕍 🐾 **P** **VISA** **◍** **AE** **①**
681 av. de la Mer – ℰ 04 93 49 28 23 – acadia.revotel@wanadoo.fr
– Fax 04 92 97 55 54   Y **v**
29 ch – †61/90 € ††71/90 €, ⊇ 12 € – 6 suites
♦ Les pontons privés de cet hôtel au bord d'un méandre de la Siagne, face à l'île de Robinson,
vous convient à des balades nautiques. Chambres simples, refaites progressivement.

🏠 **Azur hôtel** sans rest ⅃ 🕍 🛗 🕍 ⅘ 🐾 **P** **VISA** **◍** **AE**
192 av. Maréchal Juin – ℰ 04 93 49 24 24 – reception@azurhotel06.com
– Fax 04 92 97 68 36 – Fermé 16 nov.-16 déc.   Y **k**
48 ch – †52/86 € ††65/106 €, ⊇ 12 €
♦ Cure de jouvence bénéfique pour cet hôtel : les chambres sont fonctionnelles, colorées
et dotées d'agréables salles de bains neuves. Wi-fi, salon-véranda, piscine avec petit bar.

LA NAPOULE – ⊠ 06210

🄳 Paris 893 – Cannes 9 – Mandelieu-la-Napoule 3 – Nice 40 – St-Raphaël 34
◎ Site ★ du château-musée.

🏨🏨🏨 **Sofitel Royal Casino** ≤ 🐾 🏤 🎇 🏊 ☒ ♨ ㄑ ㄑ 💺 ₺ ㅎ ch, 🕸 ㅎ
🕸 *605 av. Gén.-de-Gaulle, (D 6098)* – ⌀ *04 92 97 70 00*   🅿 **VISA 🐵 🎿 ①**
– *h1168@accor.com – Fax 04 93 49 51 50*   Z **a**
213 ch – ♥119/655 € ♥♥139/685 €, � 23 € – 2 suites – ½ P 125/400 €
Rest *Le Féréol* – ⌀ *04 92 97 70 20* – Menu 35/200 €
Rest *Terrasse du Casino* – ⌀ *04 92 97 70 21* – Menu 18/42 € – Carte 20/45 €
♦ Complexe moderne édifié en bord de mer et voué aux loisirs (casino, discothèque, piscine). Chambres confortables, presque toutes avec loggia. Au Féréol, cuisine méridionale et décoration marine. Bistrot d'esprit provençal à la Terrasse du Casino.

🏨🏨 **L'Ermitage du Riou** ≤ 🏤 🏊 💺 ₺ ㅎ 🅿 **VISA 🐵 🎿 ①**
av. H. Clews – ⌀ *04 93 49 95 56 – hotel@ermitage-du-riou.fr – Fax 04 92 97 69 05*
41 ch – ♥126/192 € ♥♥126/301 €, � 16 € – 4 suites – ½ P 97/185 €   Z **e**
Rest – Menu 25/80 € – Carte 63/132 €
♦ Cette demeure provençale ancienne à la façade ocre et brique offre des chambres de bon confort ouvertes sur le large ou sur le golf. Plats traditionnels, produits de la mer et vins de la propriété à déguster dans une salle à manger-véranda tournée vers le port.

🏠 **Villa Parisiana** sans rest ↯↯ 📞 **VISA 🐵 🎿**
🍴 *5 r. Argentière* – ⌀ *04 93 49 93 02 – villa.parisiana@wanadoo.fr*
– *Fax 04 93 49 62 32 – Fermé 24 nov.-28 déc.*   Z **d**
13 ch – ♥40/67 € ♥♥40/67 €, � 7 €
♦ Cette villa 1900 ne manque pas de charme : chambres bien rénovées et accueillantes, quelques balcons ensoleillés et jolie terrasse d'été sous une treille. Adresse non-fumeurs.

🏠 **La Corniche d'Or** sans rest ↯↯ 📞 **VISA 🐵 🎿**
pl. de la Fontaine – ⌀ *04 93 49 92 51 – info@cornichedor.com*
– *Fax 04 93 49 71 95 – Fermé 29 nov.-8 déc.*   Z **s**
12 ch – ♥43/59 € ♥♥43/79 €, � 8 €
♦ Cet hôtel dispose de chambres simples et pimpantes comprenant balcon, mobilier en pin, literie neuve et climatisation (sur demande). Jolie terrasse et accueil très aimable.

🍴🍴🍴🍴 **L'Oasis** (Stéphane, Antoine et François Raimbault) 🏤 🕸 ⇔
£3£3£3 *r. J. H. Carle* – ⌀ *04 93 49 95 52*   ⊐🍴(soir) **VISA 🐵 🎿 ①**
– *oasis@relaischateaux.com – Fax 04 93 49 64 13*
– *Fermé de mi-déc. à mi-janv. dim. et lundi*   Z **r**
Rest – Menu 56 € (déj.), 155/195 € – Carte 116/196 € 🍷
Spéc. Soleil levant de poisson cru retour du marché Forville. Poissons de pêche locale ou de Méditerranée rôtis entiers en tian de petits légumes. Caravane de tartes, gâteaux et entremets. **Vins** Bellet, Les Baux-de-Provence.
♦ Luxuriant patio, cadre élégant, délicieuse cuisine méridionale aux "zestes" orientaux, caravane... des desserts : ce caravansérail pour nomades-gourmands n'est pas un mirage !

🍴🍴 **La Pomme d'Amour** 🏤 🕸 **VISA 🐵 🎿**
209 av. 23 Août – ⌀ *04 93 49 95 19 – Fax 04 93 49 95 24 – Fermé*
17 nov.-8 déc., mardi midi et lundi   Z **u**
Rest – Menu 32/55 € – Carte 44/74 €
♦ Escale culinaire discrète au centre de La Napoule, tout près de la gare. Plaisante salle à manger cosy avec mise en place soignée. Cuisine traditionnelle et régionale.

🍴🍴 **Les Bartavelles** 🏤 **VISA 🐵 🎿**
1 pl. Château – ⌀ *04 93 49 95 15 – Fermé 5-28 janv.,*
dim. soir et merc. d'oct. à avril   Z **f**
Rest – Menu (20 € bc), 28/39 € – Carte 35/53 €
♦ Cette maison simple et conviviale se consacre à une généreuse cuisine traditionnelle. Salle à manger-véranda débordant l'été sur une terrasse dressée sous les platanes.

🍴🍴 **La Palméa** 🕸 **VISA 🐵 🎿**
198 av. Henri Clews – ⌀ *04 92 19 22 50 – info@lapalmea.com*
– *Fax 04 92 19 22 51 – Fermé dim. soir et lundi sauf juil.-août*   Z **c**
Rest – Menu 33 € – Carte 35/69 €
♦ La carte méridionale privilégie les produits de la pêche dans ce restaurant longeant le port. Véranda face à la forêt de mâts et salle intérieure décorée d'objets ethniques.

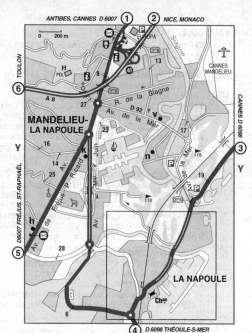

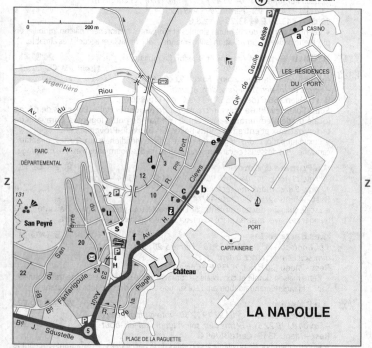

✗✗　**Le Bistrot du Port**　⇐ 🏠 AK VISA 🞛
au port –　🖉 *04 93 49 80 60 – bistrotduport@wanadoo.fr – Fax 04 93 49 69 76*
– Fermé 25 nov.-15 déc. et merc. hors saison et vacances scolaires　**Z b**
Rest – Menu 26/32 € – Carte 37/64 €

◆ Pour avoir une vue unique sur les bateaux, jetez l'ancre au Bistrot du Port. Ambiance marine chaleureuse, véranda s'ouvrant en terrasse aux beaux jours et bonne cuisine iodée.

MANDEREN – 57 Moselle – 307 J2 – rattaché à Sierck-les-Bains

MANE – 04 Alpes-de-Haute-Provence – 334 C9 – rattaché à Forcalquier

---

MANIGOD – 74 Haute-Savoie – 328 L5 – 789 h. – alt. 950 m – ⊠ 74230　46 **F1**
　　🖸 Paris 558 – Albertville 39 – Annecy 25 – Chamonix-Mont-Blanc 67
　　– Thônes 6
　　🄕 Office de tourisme, Chef-lieu 🖉 04 50 44 92 44, Fax 04 50 44 94 68
　　◉ Vallée de Manigod★★, ▮ Alpes du Nord.

rte du col de la Croix-Fry à 5,5 km - ⊠ 74230 Manigod

🏠　**Chalet Hôtel Croix-Fry** 🦌　　⇐ montagnes, 🛋 🏠 🎿
　　– 🖉 *04 50 44 90 16 – hotelcroixfry@wanadoo.fr*　　📞 **P** VISA 🞛 AE
　　– Fax 04 50 44 94 87 – Ouvert de mi-juin à mi-sept. et mi-déc. à mi-avril
　　10 ch – 🛏145/165 € 🛏🛏260/420 €, ⊇ 18 € – ½ P 130/205 €
　　Rest – *(fermé mardi midi, merc. midi et lundi)* Menu 26 € (déj. en sem.), 46/76 €
　　– Carte 57/82 €

◆ Dans un cadre idyllique, au milieu des alpages, un beau chalet tenu par la même famille depuis des décennies. Intérieur montagnard très cosy et ravissantes chambres-"cocons". Ambiance table d'hôte au restaurant et terrasse panoramique face aux Aravis.

MANOSQUE – 04 Alpes-de-Haute-Provence – 334 C10 – 19 603 h. – alt. 387 m –
⊠ 04100 ▮ Alpes du Sud　　　　　　　　　　　　　　　　　40 **B2**
　　🖸 Paris 758 – Aix-en-Provence 57 – Avignon 91 – Digne-les-Bains 61
　　🄕 Office de tourisme, place du Docteur Joubert 🖉 04 92 72 16 00,
　　Fax 04 92 72 58 98
　　🗺 du Lubéron à Pierrevert La Grande Gardette, par rte de la
　　Bastide-des-Jourdans : 7 km, 🖉 04 92 72 17 19.
　　◉ Le vieux Manosque★ : Porte Saunerie★, façade★ de l'hôtel de ville -
　　Sarcophage★ et Vierge noire★ dans l'église N.-D. de Romigier - Fondation
　　Carzou★ M - ⇐★ du Mont d'Or NE : 1,5 km.

Plan page suivante

🏠　**Pré St-Michel** sans rest 🦌　　🛋 🎿 🕭 📞 🎿 **P** VISA 🞛 AE ⓞ
　　1,5 km au Nord par bd M. Bret et rte Dauphin – 🖉 *04 92 72 14 27 – pre.st.michel@*
　　wanadoo.fr – Fax 04 92 72 53 04
　　24 ch – 🛏56/100 € 🛏🛏56/100 €, ⊇ 9 €

◆ Récente bâtisse régionale aux chambres spacieuses, décorées avec goût dans le style provençal ; quelques-unes profitent d'une terrasse privative. Vue sur les toits de Manosque.

🏠　**Le Sud**　　🏠 📶 🕭 AK ch, 🖧 📞 **P P** VISA 🞛 AE
　　bd Charles de Gaulle – 🖉 *04 92 87 78 58 – hotelbestwesternlesud@orange.fr*
　　– Fax 04 92 72 66 60
　　36 ch – 🛏80/96 € 🛏🛏85/102 €, ⊇ 10 € – ½ P 60/65 € – **Rest** – Menu (16 €),
　　19/35 € – Carte 25/47 €

◆ Hôtel fonctionnel et pratique aux portes du vieux Manosque. Les chambres et les salons arborent un chaleureux décor aux accents provençaux. L'esprit du Sud souffle sur le joli cadre du restaurant (bois peint et couleurs ensoleillées).

MANOSQUE

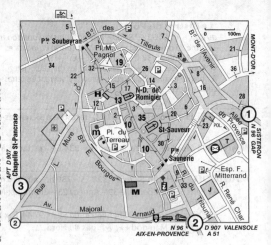

Le Luberon 🛏 VISA ⓜⓞ

21 bis pl. Terreau – ℰ 04 92 72 03 09 – Fax 04 92 72 03 09 – Fermé 13-27 oct., dim. soir et lundi **m**

Rest – Menu (14 €), 19/55 € – Carte 34/59 €

♦ Petite adresse du centre-ville et sa salle rustique rehaussée de tons ensoleillés. Terrasses verdoyantes (brumisateurs bienvenus en cas de chaleur). Carte aux accents du Sud.

à La Fuste 6,5 km au Sud-Est par rte de Valensole – ⊠ 04210 Valensole

Hostellerie de la Fuste ⌂ ≤ ◑ 🛏 ⍰ & Ⓜ rest, ﹩
lieu dit la Fuste – ℰ 04 92 72 05 95 – lafuste@ Ⓟ VISA ⓜⓞ ⒶⒺ ①
aol.com – Fax 04 92 72 92 93 – Ouvert 20 mars-30 sept. et 20 déc.-3 janv.
14 ch – ♯100/190 € ♯♯100/190 €, ⊇ 15 € – ½ P 160/250 €

Rest – *(fermé mardi midi, dim. soir et lundi) (nombre de couverts limité, prévenir)*
Menu 47/58 € – Carte 80/118 €

♦ Élégante hostellerie campagnarde dans un parc fleuri incluant un beau potager. Chambres douillettes, et un calme à peine troublé par le chant des cigales. Salle à manger avec vue sur le jardin et ravissante terrasse ombragée par de majestueux platanes.

à l' Échangeur A51 4 km par ② - ⊠04100 Manosque

Ibis 🏢 & Ⓜ ↫ ℒ VISA ⓜⓞ ⒶⒺ ①
– ℰ 04 92 71 18 00 – h5611@accor.com – Fax 04 92 72 00 45
47 ch – ♯55/72 € ♯♯55/72 €, ⊇ 8 € – **Rest** – Menu 17 €

♦ Vous repérerez ce bâtiment contemporain rutilant à sa façade jaune. Chambres fonctionnelles conçues selon les dernières normes de la chaîne. Lumineuse salle à manger où l'on propose une restauration traditionnelle.

LE MANS Ⓟ – 72 Sarthe – 310 K6 – 146 105 h. – Agglo. 194 825 h. – alt. 80 m – ⊠ 72000 ▌ Châteaux de la Loire
35 **D1**

▣ Paris 206 – Angers 97 – Le Havre 213 – Nantes 184 – Rennes 154 – Tours 85

▣ Office de tourisme, rue de l'Étoile ℰ 02 43 28 17 22, Fax 02 43 28 12 14

▣ de Sargé-lès-le-Mans à Sargé-lès-le-Mans Rue du Golf, par rte de Bonnétable : 6 km, ℰ 02 43 76 25 07 ;

▣ des 24 Heures-Le Mans à Mulsanne Route de Tours, par rte de Tours : 11 km, ℰ 02 43 42 00 36.

Circuit des 24 heures et circuit Bugatti ℰ 02 43 40 24 24 : 5 km par ④.

◙ Cathédrale St-Julien★★ : chevet★★★ - Le Vieux Mans★★ : maison de la Reine Bérengère★, enceinte gallo-romaine★ DV M² - Église de la Couture★ : Vierge★★ - Église Ste-Jeanne-d'Arc★ - Musée de Tessé★ - Abbaye de l'Épau★ BZ , 4 km par D 152 - Musée de l'Automobile★★ : 5 km par ④.

LE MANS

Ambroise Paré (R.) . . . . **AZ** 4
Ballon (R. de) . . . . **AZ** 6
Bertinière (R. de la) . . . . . . **BZ** 10
Brosselette (Bd P.) . . . . . . **AZ** 15
Carnot (Bd) . . . . **AZ** 16
Churchill (Bd W.) . . . . **BZ** 17
Clemenceau (Bd G.) . . . . . **BZ** 18
Douce-Amie (R. de) . . . . . . **BZ** 22
Durand (Av. G.) . . . . **BZ** 26
Esterel (R. de l') . . . . **BZ** 30

Flore (R. de) . . . . **BZ** 31
Gaulle (R. du Gén.-de) . . . **ABZ** 36
Géneslay (Av. F.) . . . . **ABZ** 37
Grande-Maison
(R. de la) . . . . **AZ** 39
Heuzé (Av. O.) . . . . **AZ** 42
Jean-Jaurès (Av.) . . . . **AZ** 43
Lefeuvre (Av. H.) . . . . **AZ** 44
Maillets (R. des) . . . . **BZ** 46
Mare (CH. de la) . . . . **BZ** 49
Mariette (R. de la) . . . . . . **BZ** 51
Monthéard (Av. de) . . . . . **BZ** 55
Moulin (Av. J.) . . . . **BZ** 57

Négrier (Bd du Gén.) . . . . . **BZ** 58
Néruda (R. Pablo) . . . . **BZ** 60
Pied-Sec (R. de) . . . . **AZ** 63
Pointe (R. de la) . . . . **AZ** 64
Prémartine (Rte de) . . . . . **BZ** 67
Riffaudières (Bd des) . . . . **AZ** 73
Rondeau (R. J.) . . . . **AZ** 74
Rubillard (Av.) . . . . **AZ** 78
Schuman (Bd R.) . . . . **BZ** 80
Victimes du Nazisme
(R. des) . . . . **BZ** 82
Yvré-Levêque
(Ch. d') . . . . **BZ** 87

Mercure Centre sans rest
19 r. Chanzy – ℰ 02 43 40 22 40 – h5641@accor.com
– Fax 02 43 40 22 31
DX p
73 ch – ♦105 € ♦♦115 €, ⌒ 14 € – 5 suites
♦ Cet hôtel est logé dans un bâtiment classé qui abrita le siège des Mutuelles du Mans. Chambres au mobilier contemporain, fonctionnelles et bien insonorisées.

Novotel
bd R. Schuman, (Z.A.C. Sablons) – ℰ 02 43 85 26 80 – h0440@accor.com
– Fax 02 43 75 31 76
BZ a
94 ch – ♦106/150 € ♦♦106/150 €, ⌒ 13 € – **Rest** – Carte 25/38 €
♦ Établissement venant de s'offrir une rénovation intégrale dans le nouveau style de la chaîne. Chambres fonctionnelles, plus tranquilles sur l'arrière, côté jardin et rivière. Table au cadre actuel, terrasse tournée vers la verdure et Novotel Café.

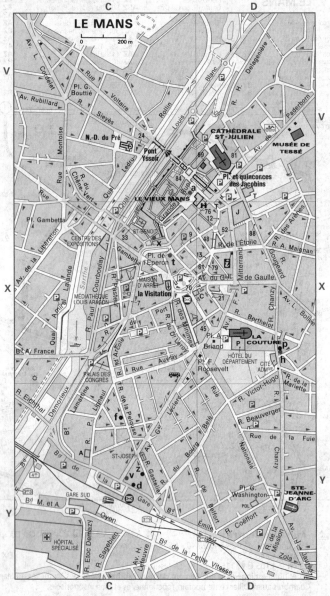

LE MANS

0   200 m

Chantecler sans rest — 🖼 ⅋ ☎ 🚿 P. 🆅🅸🆂🅰 ⑩ 🅰🅴 ①

50 r. Pelouse – ℰ 02 43 14 40 00 – hotel.chantecler @ wanadoo.fr
– Fax 02 43 77 16 28 – Fermé 3-17 août   CY **f**
32 ch – †69 € ††69/86 €, � 8,50 € – 3 suites
♦ Mobilier en rotin et plantes vertes agrémentent la salle des petits-déjeuners, véritable jardin d'hiver sous véranda. Tons pastel reposants dans les chambres.

Mercure Batignolles — 🚗 🏡 🖼 ⅋ ch, ⅋ ☎ 🚿 P. 🆅🅸🆂🅰 ⑩ 🅰🅴 ①

17 r. Pointe – ℰ 02 43 72 27 20 – h0344 @ accor.com – Fax 02 43 85 96 06   AZ **b**
68 ch – †45/90 € ††55/100 €, � 9 € – **Rest** – (fermé 21 déc.-2 janv., sam. et dim. de sept. à mai et lundi midi) Menu 20 € – Carte environ 25 €
♦ Bâtisse des années 1970 abritant des chambres pratiques et bien tenues, plus calmes sur l'arrière. Hébergement actuel et spacieux dans l'annexe récente. Jardin avec minigolf. Restaurant décoré de photographies évoquant la mythique course des 24 Heures du Mans.

Émeraude sans rest — 🖼 ☎ 🏡 🆅🅸🆂🅰 ⑩ 🅰🅴 ①

18 r. Gastelier – ℰ 02 43 24 87 46 – emeraudehotel @ wanadoo.fr
– Fax 02 43 24 60 64   CY **z**
33 ch – †52/68 € ††68/75 €, � 12 €
♦ Accueil chaleureux en cet hôtel proche de la gare. Chambres décorées dans des tons pastel. Aux beaux jours, les petits-déjeuners sont servis dans la cour intérieure fleurie.

Du Commerce sans rest — ⅋ 🛇 ☎ 🆅🅸🆂🅰 ⑩ 🅰🅴 ①

41 bd de la Gare – ℰ 02 43 83 20 20 – commerce.hotel @ wanadoo.fr
– Fax 02 43 83 20 21   CY **d**
31 ch – †52/62 € ††56/62 €, � 10 €
♦ Cet hôtel qui se trouve à proximité de la gare bénéficie d'une isolation phonique très efficace. Chambres fonctionnelles rénovées à la tenue irréprochable.

XXX 🌸🌸🌸
❀ **Beaulieu** (Olivier Boussard) — 🏡 🅰🅲 🛇 ↺ 🆅🅸🆂🅰 ⑩ 🅰🅴

pl. des Ifs – ℰ 02 43 87 78 37 – Fax 02 43 87 78 27
– Fermé août, 16-22 fév., sam. et dim.   DX **h**
Rest – Menu 29 € (déj.), 40/101 € – Carte 69/117 €
Spéc. Déclinaison "terre et mer" (printemps-été). Cuisse de poularde en pot-au-feu et blanc rôti à la truffe (automne). Lièvre à la royale (hiver). **Vins** Jasnières, Bourgueil.
♦ Divers styles (contemporain, design, baroque, etc.) se marient avec subtilité et composent le cadre convivial de ce restaurant proposant une appétissante cuisine au goût du jour.

XX ❀ **Le Fontainebleau** — 🏡 🆅🅸🆂🅰 ⑩

12 pl. St-Pierre – ℰ 02 43 14 25 74 – Fax 02 43 14 25 74 – Fermé
15 sept.-7 oct., 16-24 fév., lundi soir et mardi   CV **a**
Rest – Menu 18/40 € – Carte 39/46 €
♦ Ce restaurant du vieux Mans occupe des murs datant de 1720. Intérieur rustique agrémenté d'objets à la gloire de Napoléon, agréable terrasse d'été et cuisine traditionnelle.

XX **Le Grenier à Sel** — 🛇 🆅🅸🆂🅰 ⑩ 🅰🅴 ①

26 pl. de l'Eperon – ℰ 02 43 23 26 30 – grenasel @ wanadoo.fr – Fax 02 43 77 00 80
– Fermé 2-12 mars, 24 août-16 sept., dim. et lundi   CX **t**
Rest – Menu (20 €), 24 € (sem.)/34 € – Carte 44/51 €
♦ En plein centre-ville, à l'entrée de la Cité Plantagenêt, cet ancien grenier à sel propose aujourd'hui une cuisine actuelle. Cadre rétro mais mise en place soignée, bon accueil.

XX ❀ **St-Lô** — 🅰🅲 🆅🅸🆂🅰 ⑩ 🅰🅴

97 av. Gén. Leclerc – ℰ 02 43 24 71 85 – Fax 02 43 23 32 52 – Fermé
11-20 avril, 1er-24 août, dim. soir et sam.   CY **v**
Rest – Menu 15 € (sem.)/30 € – Carte 26/44 €
♦ Lumineuse salle à manger aménagée derrière la devanture vitrée de ce restaurant du quartier de la gare. À l'étage, salons feutrés pour repas commandés. Cuisine traditionnelle.

X ❀ **La Ciboulette** — 🅰🅲 🆅🅸🆂🅰 ⑩ ①

14 r. Vieille Porte – ℰ 02 43 24 65 67 – Fax 02 43 87 51 18 – Fermé 1er-9 mai,
25 août-7 sept., 25 janv.-8 fév., lundi midi, sam. midi et dim. soir   CX **x**
Rest – Menu (12,50 €), 17 € (déj. en sem.), 22/31 € – Carte environ 51 €
♦ Couleur rouge dominante et mobilier d'esprit bistrot composent le cadre feutré de ce restaurant installé dans une maison médiévale du vieux Mans. Cuisine au goût du jour.

LE MANS

à Arnage 10 km par ④ – 5 565 h. – alt. 42 m – ⊠ 72230

XXX **Auberge des Matfeux**   ఢ **P** VISA ◐◐ AE ①
289 av. Nationale, Sud sur D 147 – ℰ 02 43 21 10 71 – matfeux@wanadoo.fr
– Fax 02 43 21 25 23 – Fermé 28 avril-8 mai, 28 juil.-26 août, 2-14 janv., dim. soir,
mardi soir, merc. soir et lundi – **Rest** – Menu 38/73 € – Carte 41/78 € ❀
 ◆ Originale architecture en pierre de roussard, verre et bois au milieu d'un parc proche du
fameux circuit des 24 Heures. Agréables salles à manger et salons. Cuisine au goût du jour.

par ⑤ 4 km sur D 357 – ⊠ 72000 Le Mans

ᐁᐁᐁ **Auberge de la Foresterie**   ⟋ ⟋ 🖥 & ch, 🗚 ↳ ⟍ ᠅
   rte de Laval – ℰ 02 43 51 25 12   **P** VISA ◐◐ AE ①
  – aubergedelaforesterie@wanadoo.fr – Fax 02 43 28 54 58
41 ch – †59/95 € ††69/110 €, ⌷ 10,50 € – **Rest** – *(fermé sam. midi et dim. soir)*
Menu 14,50 € (sem.)/30 € – Carte 16/36 €
 ◆ Un hôtel à la page : spacieuses chambres bien équipées, room-service, salons de
réception, salles de séminaires et grand jardin pour la détente. Salle à manger agrémentée
de belles boiseries où l'on sert une cuisine classique.

à St-Saturnin 8 km par ⑥ – 1 995 h. – alt. 80 m – ⊠ 72650

ᐁ **Domaine de Chatenay** sans rest ⌖   ⟰ & ⟍ ⿻ **P** VISA ◐◐ AE ①
  – ℰ 02 43 25 44 60 – benoit.desbans@wanadoo.fr – Fax 02 43 25 21 00
8 ch ⌷ – †99/115 € ††138/165 €
 ◆ Superbe maison de maître du 18ᵉ s. entourée d'un domaine de 40 ha. Les chambres font
montre d'un grand raffinement avec leurs meubles anciens et leurs tissus choisis. Petit-
déjeuner dans la salle Empire.

MANSLE – 16 Charente – 324 L4 – 1 597 h. – alt. 65 m – ⊠ 16230   39 **C2**
  ▯ Paris 421 – Angoulême 26 – Cognac 53 – Limoges 93 – Poitiers 88
   – St-Jean-d'Angély 62
  🄴 Office de tourisme, place du Gardoire ℰ 05 45 20 39 91, Fax 05 45 20 39 91

ᐁ **Beau Rivage**   ⟋ ⟥ **P** VISA ◐◐ AE
   pl. Gardoire – ℰ 05 45 20 31 26 – hotel.beau.rivage.16@orange.fr – Fax 05 45 22
  24 24 – Fermé 16 fév.-10 mars, 24 nov.-15 déc., dim. soir et lundi midi d'oct. à avril
30 ch – †53/55 € ††53/55 €, ⌷ 8,50 € – ½ P 49 € – **Rest** – Menu 13,50 € (déj.
en sem.), 18/32 € – Carte 28/50 €
 ◆ Cet établissement à la silhouette un peu austère abrite des chambres bien tenues ;
certaines ont été rénovées avec soin. Jardin au bord de la Charente (location de canoës).
Vaste salle à manger et terrasse avec vue sur la la rivière ; carte traditionnelle.

à Luxé 6 km à l'Ouest par D 739 – 756 h. – alt. 70 m – ⊠ 16230

XX **Auberge du Cheval Blanc**   VISA ◐◐ AE
   à la gare – ℰ 05 45 22 23 62 – restaurantlechevalblanc@wanadoo.fr
  – Fax 05 45 39 94 75 – Fermé 1ᵉʳ-10 sept., fév., dim. soir, mardi soir et lundi
  Rest – Menu 16 € bc (déj. en sem.), 28/38 € – Carte 34/40 €
 ◆ À l'avenante façade de cette maison centenaire répond une salle tout aussi plaisante avec
son décor rustique et ses tables fleuries. Cuisine régionale soignée.

MANTES-LA-JOLIE ⬤ – 78 Yvelines – 311 G2 – 43 672 h. – alt. 34 m –
⊠ 78200 ▯ Île de France   18 **A1**
  ▯ Paris 56 – Beauvais 69 – Chartres 78 – Évreux 46 – Rouen 80 – Versailles 47
  🄴 Office de tourisme, 8 bis, rue Marie et Robert Dubois ℰ 01 34 77 10 30,
   Fax 01 30 98 61 49
  🄵 de Guerville La Plagne, par rte de Houdan : 6 km,
   ℰ 01 30 92 45 45 ;
  🄵 de Moisson-Mousseaux à Moisson Base de Loisir de Moisson, par rte de
   Vernon et rte secondaire : 14 km, ℰ 01 34 79 39 00 ;
  🄵 de Villarceaux à Chaussy Château du Couvent, N : 20 km par D 147,
   ℰ 01 34 67 73 83.
  ◻ Collégiale Notre-Dame★★ BB.

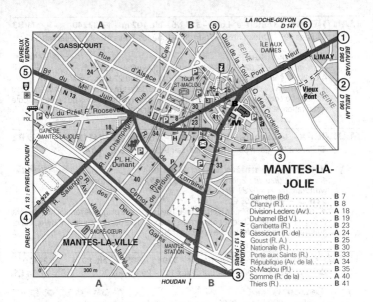

MANTES-LA-JOLIE

✗ **Rive Gauche**   VISA ⓜⓒ

1 r. du Fort – ℰ 01 30 92 30 16 – rivegauche.mantes @ wanadoo.fr
– Fax 01 30 92 30 16 – Fermé 3 août-1ᵉʳ sept., sam. midi, dim. et lundi   B **a**
Rest – Carte 42/51 €

◆ À deux pas de la collégiale Notre-Dame, sympathique petit restaurant proposant une cuisine au goût du jour. Joli décor mêlant l'ancien (pierres, poutres) et le contemporain.

à Mantes-la-Ville 2 km par ③ – 19 231 h. – alt. 36 m – ⊠ 78711

✗✗✗ **Le Moulin de la Reillère**   🚗 🏠 **P** VISA ⓜⓒ

171 rte Houdan – ℰ 01 30 92 22 00 – le-moulin.reillere @ wanadoo.fr
– Fax 01 34 97 82 85 – Fermé 10 août-1ᵉʳ sept., sam. midi, dim. soir et lundi
Rest – Menu 25 € (sem.), 32/48 € – Carte 39/60 €

◆ Agréable salle bourgeoise aménagée dans un ancien moulin (poutres apparentes). La terrasse s'ouvre sur un ravissant jardin fleuri. Cuisine classique et belle sélection de fromages.

à Rosay 10 km par ③ – 364 h. – alt. 98 m – ⊠ 78790

✗✗ **Auberge de la Truite**   🏠 **P** VISA ⓜⓒ

1 r. Boinvilliers – ℰ 01 34 76 30 52 – aubergedelatruite @ wanadoo.fr
– Fax 01 34 76 30 65 – Fermé 25 août-9 sept.,1ᵉʳ-13 janv., mardi midi, dim. soir et lundi
Rest – Menu 30 € (sem.)/53 € 🍷

◆ Intérieur coquet et terrasse ouverte sur la campagne mantoise : cette pimpante auberge en pierre constitue une charmante étape champêtre. Plats classiques et vins choisis.

MANTES-LA-VILLE – 78 Yvelines – 311 G2 – rattaché à Mantes-la-Jolie

Retrouvez tous les "Bibs Gourmands" ⓖ dans notre guide
des "Bonnes Petites Tables du guide Michelin".
Pour bien manger à prix modérés, partout en France !

MANTHELAN – 37 Indre-et-Loire – 317 N6 – alt. 102 m – ⊠ 37240   11 **B3**
    D Paris 291 – Orléans 166 – Tours 55 – Joué-lès-Tours 49 – Châtellerault 53

⩑   **Le Vieux Tilleul**   🖨 ⅙ ℁ ℄
    8 r. Nationale – ℰ 02 47 92 24 32 – le-vieux-tilleul@wanadoo.fr
    4 ch ⊊ – ♥60 € ♥♥70/85 € – **Table d'hôte** – Menu 22 € bc
    ♦ Une maison de charme tenue par un couple de Belges et décorée avec passion : beau mariage du contemporain et du classique. Détente au jardin ; stages de peintures. Côté restauration, la propriétaire concocte une cuisine traditionnelle familiale.

MANVIEUX – 14 Calvados – 303 I3 – 107 h. – alt. 53 m – ⊠ 14117   32 **B2**
    D Paris 273 – Caen 39 – Hérouville-Saint-Clair 41 – Saint-Lô 47

⩑   **La Gentilhommière** sans rest ॐ   🖨 ℁ **P**
    4 r. du Port, (lieu dit L'Église) – ℰ 02 31 51 97 91 – lagentilhommiere4@ wanadoo.fr – Fax 02 31 10 03 17
    5 ch ⊊ – ♥65 € ♥♥65 €
    ♦ Cette demeure du 18ᵉ s. en pierre, située à deux pas de la plage d'Arromanches, garantit des nuits tranquilles. Chaque chambre est personnalisée par une couleur. Petit-déjeuner gourmand composé de brioche et yaourt maison.

MANZAC-SUR-VERN – 24 Dordogne – 329 E5 – 505 h. – alt. 80 m – ⊠ 24110
    D Paris 502 – Bergerac 34 – Bordeaux 112 – Périgueux 20   4 **C1**

⅔⅔   **Le Lion d'Or** avec ch   🖨 🏠 ⅃ ℄ ⅍ 🆅🆂🅰 🆇🅾 🅰🅴 ⓪
😊   *pl. Église – ℰ 05 53 54 28 09 – lion-dor@lion-dor-manzac.com – Fax 05 53 54 25 50 – Fermé 17 nov.-2 déc., 1ᵉʳ-22 fév., dim. soir sauf juil.-août et lundi*
    8 ch – ♥47 € ♥♥52 €, ⊊ 7,50 € – ½ P 52 € – **Rest** – Menu (15 € bc), 19/44 € – Carte 28/45 €
    ♦ Lumineuse salle à manger agrémentée de bibelots où l'on savoure une copieuse cuisine au goût du jour prenant souvent l'accent du terroir. Chambres rénovées en 2004.

MARAIS-VERNIER – 27 Eure – 304 C5 – **rattaché à Conteville**

MARANS – 17 Charente-Maritime – 324 E2 – 4 375 h. – alt. 1 m – ⊠ 17230
▌ Poitou Vendée Charentes   38 **B2**
    D Paris 461 – Fontenay-le-Comte 28 – Niort 56 – La Rochelle 24
    – La Roche-sur-Yon 60
    🛈 Office de tourisme, 62, rue d'Aligre ℰ 05 46 01 12 87, Fax 05 46 35 97 36

⅔   **La Porte Verte** avec ch   🏠 🆅🆂🅰 🆇🅾
😊   *20 quai Foch – ℰ 05 46 01 09 45 – laporteverte@aol.com*
    5 ch ⊊ – ♥52 € ♥♥52 € – **Rest** – *(Ouvert mars-oct. et fermé merc.) (nombre de couverts limité, prévenir)* Menu 16/32 € – Carte 25/46 €
    ♦ Cette coquette maison du 19ᵉ s. borde le canal reliant l'ancien port à l'océan. Salle à manger rustique et cuisine dans la note régionale. Chambres d'hôte bien aménagées.

MARAUSSAN – 34 Hérault – 339 D8 – **rattaché à Béziers**

MARÇAY – 37 Indre-et-Loire – 317 K6 – **rattaché à Chinon**

    Ne confondez pas les couverts ⅔ et les étoiles ✿ !
    Les couverts définissent une catégorie de standing, tandis que l'étoile
    couronne les meilleures tables, dans chacune de ces catégories.

MARCILLAC-LA-CROISILLE – 19 Corrèze – 329 N4 – 778 h. – alt. 550 m –
✉ 19320 ▯ Limousin Berry 25 **C3**

▶ Paris 498 – Argentat 26 – Aurillac 80 – Égletons 17 – Mauriac 40 – Tulle 27

au Pont du Chambon 15 km au Sud-Est, par D 978 (dir. Mauriac), D 60 et D 13
✉ 19320 St-Merd-de-Lapleau

✗✗ **Fabry (Au Rendez-vous des Pêcheurs)** avec ch ⌂ ≤ 🚲
⊜ – ✆ 05 55 27 88 39 – contact@rest-fabry.com ↳ P VISA ⓜ AE
– Fax 05 55 27 83 19 – Ouvert 13 fév.-12 nov. et fermé dim. soir et lundi hors saison
8 ch – †44 € ††44/49 €, ⊃ 7 € – ½ P 44/46 € – **Rest** – Menu 16/37 € – Carte
29/46 €
♦ Étape "verte" garantie dans cette maison isolée sur une rive de la Dordogne. Depuis trois
générations, la même recette : cuisine du terroir, chambres claires, accueil aimable.

MARCILLY-EN-VILLETTE – 45 Loiret – 318 J5 – 1 900 h. – alt. 124 m –
✉ 45240 12 **C2**

▶ Paris 153 – Blois 83 – Orléans 23 – Romorantin-Lanthenay 55 – Salbris 40

⌂ **La Ferme des Foucault** sans rest ⌂ � ↳ ♿ P
6 km au Sud-Est par D 64 (rte de Sennely) – ✆ 02 38 76 94 41
– rbeau@wanadoo.fr
4 ch ⊃ – †70/80 € ††75/85 €
♦ Ancienne ferme à colombages nichée au cœur de la forêt. Ses chambres, coquettes
et très spacieuses, s'agrémentent de meubles rustiques ; l'une d'elles dispose d'une
terrasse.

MARCQ-EN-BARŒUL – 59 Nord – 302 G3 – rattaché à Lille

MAREUIL-CAUBERT – 80 Somme – 301 D7 – rattaché à Abbeville

MARGAUX – 33 Gironde – 335 G4 – 1 338 h. – alt. 16 m – ✉ 33460 3 **B1**
▶ Paris 599 – Bordeaux 29 – Lesparre-Médoc 42
🏧 de Margaux 5 route de l'Île Vincent, N : 1 km, ✆ 05 57 88 87 40.

🏨🏨🏨 **Relais de Margaux** ⌂ ≤ 🍷 🚲 ⌘ ⑤ ♨ ✗ 🏧 ♿ 🛏 ⴵ ↳ ♿
5 route de l'Île Vincent, 2,5 km au Nord-Est – P VISA ⓜ AE ①
✆ 05 57 88 38 30 – relais-margaux@relais-margaux.fr – Fax 05 57 88 31 73
92 ch – †159/319 € ††159/319 €, ⊃ 25 € – 8 suites
Rest *L'Île Vincent* – chemin de l'Île Vincent *(fermé 1er déc.-30 mars, le midi sauf
dim. de sept. à juin, lundi et mardi)* Menu 46/84 € – Carte 57/106 €
Rest *Brasserie du Lac* – chemin de l'Île Vincent – Menu 21 € (déj.) – Carte
37/55 €
♦ Ancien domaine viticole entre estuaire et vignoble. Parc avec golf, spa complet et chambres spacieuses. Cadre chic, carte actuelle et vins régionaux à l'Île Vincent. Brasserie décontractée ouverte sur le green, recettes revisitant le terroir et grillades.

🏨🏨 **Le Pavillon de Margaux** ≤ 🚲 🏧 ↳ ♿ P P VISA ⓜ AE ①
3 r. G. Mandel – ✆ 05 57 88 77 54 – le-pavillon-margaux@wanadoo.fr
⊜ – Fax 05 57 88 77 73 – Fermé 22 déc.-3 janv.
14 ch – †70/120 € ††70/120 €, ⊃ 12 € – ½ P 153/205 €. – **Rest** – *(fermé mardi
et merc. du 1er nov. au 1er avril)* Menu 14 € (déj. en sem.), 28/51 € – Carte 33/36 €
♦ Belle demeure du 19e s. bordée par les vignes. Plaisant salon bourgeois et jolies chambres
décorées selon le thème des châteaux du Médoc. Coquette salle à manger et véranda
tournées vers le prestigieux vignoble margalais ; cuisine traditionnelle.

✗✗ **Le Savoie** 🍷 VISA ⓜ ①
1 pl. Trémoille – ✆ 05 57 88 31 76 – Fax 05 57 88 31 76 – Fermé 22-28 déc., lundi
soir sauf de juin à sept. et dim. soir
Rest – Menu (15 €), 27/88 € – Carte 36/59 € ♨
♦ Goûteuse cuisine classique mitonnée sur un vieux fourneau à charbon et bon choix de
bordeaux dans cette maison villageoise du 19e s. Salles avenantes ; patio sous verrière.

MARGAUX

à Arcins 6 km au Nord-Ouest sur D 2 – 304 h. – alt. 10 m – ⊠ 33460

X **Le Lion d'Or** 🕱 🌾 VISA ◑ AE
— 🕿 05 56 58 96 79 – Fermé juil., 24 déc.-2 janv., dim., lundi et fériés
😊 **Rest** – (nombre de couverts limité, prévenir) Menu 14 € bc (sem.) – Carte 22/52 €
(🕱) ◆ Sympathique bistrot campagnard avec boiseries claires et décor de casiers à bouteilles.
Plats du terroir mitonnés et copieux. Convivialité de rigueur !

MARGÈS – 26 Drôme – 332 D3 – 723 h. – alt. 282 m – ⊠ 26260   43 **E2**
🖸 Paris 551 – Grenoble 92 – Hauterives 14 – Romans-sur-Isère 13 – Valence 36

🏠 **Auberge Le Pont du Chalon** 🕱 🌜 P VISA ◑ AE
2 km au Sud par D 538 – 🕿 04 75 45 62 13 – pontduchalon @ wanadoo.fr
😊 – Fax 04 75 45 60 19 – Fermé 18 août-4 sept., 22-30 déc., 16 fév.-4 mars, dim. soir et
🍴 lundi
9 ch – ♦39/44 € ♦♦39/54 €, � 6 € – ½ P 44/46 € – **Rest** – (fermé merc. soir
de sept. à mai, dim. soir, lundi et mardi) Menu 18/32 € – Carte 23/33 €
◆ Cette auberge 1900 nichée derrière un rideau de platanes dispense une ambiance
chaleureuse et raffinée. Décoration actuelle et colorée partout. Salle à manger de style "rustique chic", terrasse et terrain de pétanque pour l'avant ou l'après-repas.

MARGUERITTES – 30 Gard – 339 L5 – rattaché à Nîmes

MARIENTHAL – 67 Bas-Rhin – 315 K4 – ⊠ 67500   1 **B1**
🖸 Paris 479 – Haguenau 5 – Saverne 42 – Strasbourg 30

XX **Le Relais Princesse Maria Leczinska** 🕱 🕭 VISA ◑
1 r. Rothbach – 🕿 03 88 93 43 48 – Fermé sam. midi, dim. soir et merc.
😊 **Rest** – (nombre de couverts limité, prévenir) Menu 16 € (déj. en sem.), 34/48 €
– Carte 36/41 €
◆ Traditionnelle dans l'âme (poutres, vitrail, poêle en faïence) mais contemporaine
dans l'esprit (couleurs sobres), cette maison propose une courte carte actuelle, riche
en saveurs.

MARIGNANE – 13 Bouches-du-Rhône – 340 G5 – 34 006 h. – alt. 10 m – ⊠ 13700
▌ Provence   40 **B3**
🖸 Paris 753 – Aix-en-Provence 24 – Marseille 26 – Martigues 16
– Salon-de-Provence 33
🛪 de Marseille-Provence : 🕿 04 42 14 14 14.
🖪 Office de tourisme, 4, boulevard Frédéric Mistral 🕿 04 42 77 04 90,
Fax 04 42 31 49 39
◎ Canal souterrain du Rove ★ SE : 3 km.

à l'aéroport de Marseille-Provence au Nord – ⊠ 13700

🏨 **Pullman** 🚗 🕱 ⌇ 🕭 ❤ 🎮 🕭 🕭 🌜 🖇 P VISA ◑ AE ◐
– 🕿 04 42 78 42 78 – h0541 @ accor.com – Fax 04 42 78 42 70
177 ch – ♦185/295 € ♦♦185/315 €, � 23 € – 1 suite
Rest – 🕿 04 42 78 42 83 – Menu 45/65 €
◆ Ce complexe des années 1970 poursuit son embellissement : chambres rénovées
dans un style provençal chargé ou contemporain beaucoup plus sobre. Espace fitness.
Restaurant tendance caractérisé par un décor zen et une cuisine qui va avec, actuelle et
fusion.

🏨 **Best Western** 🕱 ⌇ ❤ 🎮 🕭 🕭 🕭 ch, 🕭 🌜 🖇 P VISA ◑ AE ◐
⊠ 13127 Vitrolles – 🕿 04 42 15 54 00 – info @ bwmrs.com – Fax 04 42 89 69 18
120 ch – ♦104/145 € ♦♦104/145 €, � 11,50 € – **Rest** – Menu 29 € bc – Carte
30/43 €
◆ Cette construction récente dissimule un intérieur classique assez inattendu : mobilier
Louis XVI dans les chambres et lustre de cristal dans le hall. Salle à manger moderne
agrémentée de boiseries ; terrasse meublée en teck dressée au bord de la piscine.

Z.I. Les Estroublans 4 km au Nord-Est par D 9 (rte Vitrolles) – ✉ **13127 Vitrolles**

🏨 **Novotel** 🚗 🛁 ⌸ 📶 ♿ 🆎 ↩ 🗣 🐾 **P** 🅿 **VISA** **⫌** **AE** **①**

24 r. de Madrid – ☎ *04 42 89 90 44* – *h0442@accor.com* – *Fax 04 42 79 07 04*
117 ch – ⚊100/150 € ⚌⚌100/150 €, ⚏ 14 € – **Rest** – Menu (21 €), 24 € – Carte
24/41 €

♦ Les chambres, spacieuses et bien insonorisées, sont régulièrement refaites selon le dernier concept de la chaîne. Belle roseraie dans le jardin. Piscine. Restaurant servant une cuisine traditionnelle et Novotel Café (petits plats rapides et décor à la mode).

MARIGNY-ST-MARCEL – 74 Haute-Savoie – 328 I6 – 629 h. – alt. 404 m –
✉ **74150**   46 **F1**

❱ Paris 536 – Aix-les-Bains 22 – Annecy 19 – Bellegarde-sur-Valserine 43
– Rumilly 6

🍴🍴 **Blanc** avec ch 🚗 🛁 ⌸ ♿ ch, ↩ 🗣 **P** **VISA** **⫌** **AE**

– ☎ *04 50 01 09 50* – *hotelblanc@wanadoo.fr* – *Fax 04 50 64 58 05*
– *Fermé 26 déc.-2 janv.*
16 ch – ⚊55/120 € ⚌⚌55/120 €, ⚏ 11 € – 1 suite – ½ P 65/85 € – **Rest** – *(fermé dim. soir et sam. sauf juil.-août)* Menu (16 €), 24/86 € – Carte 41/66 €

♦ Auberge familiale avec deux salles à manger pimpantes (une pour l'été, une pour l'hiver) ; carte classique. Terrasse ombragée face au jardin et la piscine. Chambres agréables.

MARINGUES – 63 Puy-de-Dôme – 326 G7 – 2 504 h. – alt. 315 m – ✉ 63350
🏛 Auvergne   6 **C2**

❱ Paris 409 – Clermont-Ferrand 32 – Lezoux 16 – Riom 22 – Thiers 23
– Vichy 29

🍴🍴 **Le Clos Fleuri** avec ch 🚗 🛁 ♿ ch, ⅍ ch, **P** **VISA** **⫌** **AE**

rte de Clermont – ☎ *04 73 68 70 46* – *closfleuri63@wanadoo.fr*
– *Fax 04 73 68 75 58* – *Fermé 16 fév.-14 mars, lundi sauf le soir en juil.-août, vend. soir et dim. soir de sept. à juin*
14 ch – ⚊44/48 € ⚌⚌49/54 €, ⚏ 7 € – ½ P 52 € – **Rest** – Menu (17 €), 23/40 €
– Carte 27/47 €

♦ À la sortie du village, cette maison de famille (depuis trois générations) jouit d'un beau jardin visible de la salle à manger, rustique. Classicisme régional dans l'assiette.

MARLENHEIM – 67 Bas-Rhin – 315 I5 – 3 365 h. – alt. 195 m – ✉ 67520
🏛 Alsace Lorraine   1 **A1**

❱ Paris 468 – Haguenau 50 – Molsheim 13 – Saverne 18 – Strasbourg 21
🛈 Office de tourisme, place du Kaufhus ☎ 03 88 87 75 80, Fax 03 88 87 75 80

🏨 **Le Cerf** (Michel Husser) 🛁 🆎 🗣 🎣 **P** **P** **VISA** **⫌** **AE** **①**

30 r. Gén. de Gaulle – ☎ *03 88 87 73 73* – *info@lecerf.com* – *Fax 03 88 87 68 08*
– *Fermé 2-8 janv.*
13 ch – ⚊90 € ⚌⚌140/200 €, ⚏ 15 € – ½ P 98/147 €
Rest *(fermé mardi et merc.)* Menu 39 € (déj. en sem.), 85/125 € – Carte 56/104 € 🕮
Spéc. Tartare de daurade sauvage, garniture aigre-douce. Chevreuil des chasses du Geissweg poêlé aux griottes (mai à janv.). Baba à l'alsacienne. **Vins** Riesling, Pinot noir.

♦ Ancien relais de poste, cette élégante hostellerie abrite des chambres soignées et possède une jolie cour fleurie. L'Alsace est à l'honneur dans le restaurant habillé de boiseries et de tableaux. Cuisine personnalisée axée sur le produit et teintée terroir.

🏨 **Hostellerie Reeb** 🛁 🆎 rest, ⅍ rest, 🗣 🎣 **P** **VISA** **⫌** **AE** **①**

– ☎ *03 88 87 52 70* – *hostellerie-reeb@wanadoo.fr* – *Fax 03 88 87 69 73*
– *Fermé 7-21 janv., dim. soir et lundi*
26 ch – ⚊50 € ⚌⚌50 €, ⚏ 8 € – ½ P 50 €
Rest – *(déj. seult)* Menu 35/46 €
Rest *La Crémaillère* – Menu 11,50 € (déj. en sem.), 35/38 € – Carte 25/47 €

♦ Aux portes du village où débute la route des Vins, une maison à colombages dotée de chambres bien tenues, claires et d'esprit champêtre (meubles de famille, tissus locaux). Carte classique bien adaptée au style bourgeois du restaurant. À La Crémaillère, décor "tout bois" pour une cuisine régionale.

MARLY-LE-ROI – 78 Yvelines – **312** B2 – **101** 12 – voir à Paris, Environs

MARMANDE – 47 Lot-et-Garonne – **336** C2 – **17 199 h.** – **alt. 30 m** – ✉ **47200**
Aquitaine 4 **C2**

Paris 666 – Agen 67 – Bergerac 57 – Bordeaux 90 – Libourne 65

Office de tourisme, boulevard Gambetta ✆ 05 53 64 44 44, Fax 05 53 20 17 19

Le Capricorne ch, VISA AE
rte d'Agen, 2 km par D 813 – ✆ 05 53 64 16 14 – contact@lecapricorne-hotel.com – Fax 05 53 20 80 18 – Fermé 19 déc.-4 janv.
34 ch – †62 € ††72 €, ☕ 8 € – ½ P 64/90 €
Rest ***Le Trianon*** – *✆ 05 53 20 80 94 (fermé dim. sauf le soir de juin à oct. et sam.)*
Menu (16 €), 20 € (sem.)/45 € – Carte 23/48 €
◆ L'hôtel date des années 1970 mais l'entretien est suivi : chambres fonctionnelles bien tenues et insonorisées, salles de bains refaites... Un bon rapport qualité-prix. Cuisine traditionnelle et vins du Marmandais vous attendent au Trianon. Petite terrasse d'été.

à l'échangeur A 62 9 km au Sud par D 933 – ✉ 47430 Ste-Marthe

Les Rives de l'Avance sans rest VISA
Moulin de Trivail – ✆ 05 53 20 60 22 – Fax 05 53 20 98 76
16 ch – †38/48 € ††43/52 €, ☕ 6 €
◆ Calme et verdure font de cet hôtel jouxtant un moulin à eau une halte inespérée à proximité de l'autoroute. Chambres fonctionnelles et colorées. Piano au salon.

à Pont-des-Sables 5 km au Sud par D 933 – ✉ 47200

Syndicat d'initiative, Val de Garonne-Pont des Sables ✆ 05 53 89 25 59, Fax 05 53 93 28 03

Auberge de l'Escale VISA
– ✆ 05 53 93 60 11 – restaurant.escale@wanadoo.fr – Fax 05 53 83 09 15 – Fermé 1er-15 sept., 2-12 janv., dim. soir et lundi
Rest – Menu 19 € (déj. en sem.), 23/63 € bc – Carte 30/62 €
◆ Cette maison landaise est le rendez-vous des plaisanciers qui naviguent sur le canal. Intérieur coquet avec cheminée (grillades) et terrasse d'été. Plats traditionnels et de saison.

MARMANHAC – 15 Cantal – **330** C4 – **706 h.** – **alt. 650 m** – ✉ **15250** 5 **B3**

Paris 566 – Clermont-Ferrand 154 – Aurillac 17 – Saint-Flour 69 – Arpajon-sur-Cère 19

Château de Sédaiges sans rest VISA
– ✆ 04 71 47 30 01 – bdvarax@netcourrier.com – Ouvert 1er mai-30 sept.
5 ch ☕ – †110/120 € ††110/120 €
◆ Château de famille, d'architecture Troubadour (12e-19e s.), dans un parc. Chambres au charme ancien. Tapisseries et objets exposés. Belle cuisine rustique (petit-déjeuner).

MARNE-LA-VALLÉE – Île-de-France – **312** E2 – **101** 19 – voir à Paris, Environs

MARQUAY – 24 Dordogne – **329** H6 – **477 h.** – **alt. 175 m** – ✉ **24620**
Périgord 4 **D3**

Paris 530 – Brive-la-Gaillarde 55 – Périgueux 60 – Sarlat-la-Canéda 12

La Condamine ch, VISA AE
1 km par rte Meyrals – ✆ 05 53 29 64 08 – hotel.lacondamine@wanadoo.fr – Fax 05 53 28 81 59 – Ouvert de Pâques à Toussaint
22 ch – †40/58 € ††40/58 €, ☕ 8 € – ½ P 47/57 € – **Rest** – *(dîner seult)*
Menu 16/35 € – Carte 16/36 €
◆ Bâtisse d'allure traditionnelle dominant la campagne périgourdine. Quelques chambres avec balcon et vue sur la nature. Sage décor d'esprit agreste. Minigolf, boulodrome. Restaurant de style "pension de famille" ; la terrasse ouvre sur le jardin et la piscine.

MARQUISE – 62 Pas-de-Calais – 301 D3 – 4 580 h. – alt. 57 m – ⊠ 62250
Nord Pas-de-Calais Picardie

30 **A1**

▶ Paris 264 – Calais 24 – Arras 113 – Boulogne-sur-Mer 13 – Saint-Omer 355

🛈 Office de tourisme, 13, place Louis le Sénéchal ℰ 08 20 20 76 00,
Fax 03 21 85 39 64

XX **Le Grand Cerf**   🛜 ⇔ **P** **VISA** **©©** **AE**
34 av. Ferber – ℰ 03 21 87 55 05 – s.pruvot@legrandcerf.com – Fax 03 21 33 61 09
– Fermé dim. soir, jeudi soir et lundi
Rest – Menu (24 €), 28/59 € – Carte 45/65 €
♦ Cet ancien relais de poste datant de 1795 a fait peau neuve : c'est dans une pimpante salle à manger qu'il vous convie à découvrir son appétissante cuisine actuelle.

MARSAC-SUR-DON – 44 Loire-Atlantique – 316 F2 – 1 327 h. – alt. 50 m – ⊠ 44170

34 **B2**

▶ Paris 408 – Nantes 50 – Saint-Herblain 53 – Rezé 59
– Saint-Sébastien-sur-Loire 59

⌂ **La Mérais** sans rest 🌸   🕪 ⇜ 🕏 **P**
1,3 km au Sud par D44 – ℰ 02 40 79 50 78 – lamerais@wanadoo.fr
3 ch ⊊ – †42 € ††55 €
♦ Cette longère en schiste bleu dans un parc aux abords du village a le charme d'une maison de campagne. Chambres aux couleurs chaudes. Petit-déjeuner en terrasse aux beaux jours.

MARSANNAY-LA-CÔTE – 21 Côte-d'Or – 320 J6 – rattaché à Dijon

MARSANNE – 26 Drôme – 332 C6 – 998 h. – alt. 250 m – ⊠ 26740
Lyon et la Vallée du Rhône

44 **B3**

▶ Paris 611 – Lyon 149 – Romans-sur-Isère 69 – Valence 48

🛈 Office de tourisme, Place Emile Loubet ℰ 04 75 90 31 59, Fax 04 75 90 31 40

⌂ **Le Mas du Chatelas** 🌸   🕭 🛜 🛱 **AC** ch, ⇜ 🕪 **P** **VISA** **©©**
La Plaine – ℰ 04 75 52 97 31 – philippe@lemasduchatelas.com – Fax 04 75 53 14 48
5 ch ⊊ – †75/90 € ††85/135 € – ½ P 255/300 €
Table d'hôte – Menu 20/35 € bc
♦ Les propriétaires de ce mas provençal du 18ᵉ s. l'ont placé sous le signe du romantisme : chambres à la décoration campagnarde raffinée, dîner aux chandelles, terrasse.

MARSEILLAN – 34 Hérault – 339 G8 – 6 199 h. – alt. 3 m – ⊠ 34340
Languedoc Roussillon

23 **C2**

▶ Paris 754 – Agde 7 – Béziers 31 – Montpellier 49 – Pézenas 20 – Sète 24

🛈 Office de tourisme, avenue de la Méditerranée ℰ 04 67 21 82 43,
Fax 04 67 21 82 58

XX **La Table d'Émilie**   🛜 **AC** **VISA** **©©** **AE**
8 pl. Couverte – ℰ 04 67 77 63 59 – Fax 04 67 01 72 02 – Fermé 5-30 nov.,
15-28 fév., lundi midi et jeudi midi du 1ᵉʳ juil.-30 sept., dim. soir,
lundi et merc. du 1ᵉʳ oct.-1ᵉʳ juil.
Rest – Menu 19 € (déj. en sem.), 28/50 € – Carte 45/55 €
♦ Une table d'Émilie... jolie ! : maisonnette du 12ᵉ s. avec salle à manger à pierres apparentes, voûtée d'ogives, et verdoyant patio. Cuisine au goût du jour.

XX **Le Château du Port**   🛜 **VISA** **©©** **AE**
9 quai de la Résistance – ℰ 04 67 77 31 67 – lechateauduport@wanadoo.fr
– Fax 04 67 77 11 30 – Ouvert mars-oct.
Rest – Menu 26/32 € – Carte 35/65 €
♦ Ce bistrot contemporain occupe une belle maison bourgeoise du 19ᵉ s. Produits de la mer, cuisine régionale actualisée et agréable terrasse au bord du canal.

X **Chez Philippe**   🛜 **AC** **VISA** **©©**
😊 20 r. Suffren – ℰ 04 67 01 70 62 – chezphilippe@club-internet.fr – Fax 04 67 01 70 62
– Fermé 18 nov.-16 fév., mardi sauf du 15 juin au 15 sept. et lundi
Rest – (prévenir) Menu 28 €
♦ Sympathique ambiance méridionale à proximité du bassin de Thau : cuisine gorgée de soleil, servie dans la salle aux couleurs méditerranéennes ou sur la jolie terrasse d'été.

Le vieux port et Notre-Dame de la Garde

MARSEILLE

Ⓟ Département : 13 Bouches-du-Rhône
Carte Michelin LOCAL : n° 340 H6 114 28
▶ Paris 769 – Lyon 314 – Nice 189
– Torino 373 – Toulon 64 – Toulouse 405

Population : 798 430 h.   40 **B2**
Pop. agglomération : 1 349 772 h.
– Code Postal : ✉ 13000
▌ Provence

RENSEIGNEMENTS PRATIQUES

Offices de tourisme

🛈 Annexe Gare Saint-Charles ✆ 04 91 50 59 18
Office de tourisme, 4, la Canebière ✆ 04 91 13 89 00, Fax 04 91 13 89 20

Transports

🚆 Auto-train ✆ 3635 et tapez 42 (0,34 €/mn)
Tunnel Prado-Carénage : péage 2007, tarif normal : 2,50 €

Transports maritimes

⛴ Pour le Château d'If : Navettes Frioul If Express ✆ 04 91 46 54 65
⛴ Pour la Corse : SNCM 61 bd des Dames (2ᵉ) ✆ 0 825 888 088 (0,15 €/mn),
Fax 04 91 56 35 86 - CMN 4 quai d'Arenc (2ᵉ) ✆ 0 810 201 320, Fax 04 91 99 45 95

Aéroport

✈ Marseille-Provence ✆ 04 42 14 14 14, par ① : 28 km

LOISIRS

Quelques golfs

⛳ de Marseille-La Salette 65, impasse des Vaudrans, E : 10 km à la Valentine,
✆ 04 91 27 12 16 ;
⛳ d'Allauch à Allauch Domaine de Fontvieille, NE : 14 km par rte d'Allauch,
✆ 04 91 07 28 22.

👁 A VOIR

AUTOUR DU VIEUX PORT

Le vieux port★★ - Quai des Belges (marché aux poissons) ET 5 - Musée d'Histoire de Marseille★ ET M³ - Musée du Vieux Marseille DET M⁷ - Musée des Docks romains★ DT M⁶ - ⩽★ depuis le belvédère St-Laurent DT D - Musée Cantini★ FU M²

QUARTIER DU PANIER

Centre de la Vieille Charité★★ : Musée d'archéologie méditerranéenne, Musée d'Arts africains, océaniens, amérindiens MAAOA★★ DS E - Ancienne cathédrale de la Major★ DS B

NOTRE-DAME-DE-LA-GARDE

⩽★★★ du parvis de la basilique de N.-D.-de -la-Garde EV
Basilique St-Victor★ (crypte★★) DU

LA CANEBIÈRE

De la rue Longue-des-Capucins au cours Julien : place du Marché-des-Capucins, rue du Musée, rue Rodolph-Pollack, rue d'Aubagne, rue St-Ferréol.

QUARTIER LONGCHAMP

Musée Grobet-Labadié★★ GS M⁸ - Palais Longchamp★ GS : musée des Beaux-Arts★ et musée d'Histoire naturelle★

QUARTIERS SUD

Corniche Président-J.-F.-Kennedy★★ AYZ - Parc du Pharo DU

AUTOUR DE MARSEILLE

Visite du port★ - Château d'If★★ : ☀★★★ sur le site de Marseille - Massif des Calanques★★ - Musée de la faïence★

Sofitel Vieux Port ⟨ vieux port, ⌱ ⑂ ⊞ & ch, 🄰 ⇆ ⌣ 🕭

36 bd Ch.-Livon ⊠ 13007 – ☏ 04 91 15 59 00 🚗 _VISA_ 🆖 🄰🄴 ⓪
– h0542@accor.com – Fax 04 91 15 59 50 *p. 6* DU **n**

131 ch – ♦149/410 € ♦♦159/425 €, ⊑ 22 € – 3 suites

Rest *Les Trois Forts* – ☏ 04 91 15 59 56 – Menu (44 €), 57/87 € – Carte 88/110 €

♦ Ce confortable hôtel dominant la passe du Vieux Port vous convie à faire escale dans ses belles chambres de style provençal ou contemporain, certaines avec terrasse et vue sur mer. Au restaurant, cuisine actuelle et panorama exceptionnel.

Radisson SAS ⌂ ⌱ ⑂ ⊞ & 🄰 ⇆ ⌣ % rest, ⌣ 🕭 _VISA_ 🆖 🄰🄴 ⓪

38 quai Rive-Neuve ⊠ 13007 – ☏ 04 88 92 19 50 – info.marseille@
radissonsas.com – Fax 04 88 92 19 51 *p. 6* DU **d**

189 ch – ♦165/495 € ♦♦175/495 €, ⊑ 22 € – 12 suites – **Rest** – *(fermé sam. midi et dim.)* Menu 35 € (sem.)/105 € bc – Carte 39/78 €

♦ Imposant, moderne et design : voici le Radisson, ancré sur le Vieux port. Touches provençales ou africaines dans les chambres, équipements dernier cri, vue de carte postale (pour certaines). Salle de restaurant tendance et tamisée ; plats aux accents méditerranéens.

Villa Massalia ⟨ ⌂ ⌱ ⑂ ⑂ ⊞ & 🄰 ⇆ ⌣ 🕭 🚗 _VISA_ 🆖 🄰🄴 ⓪

17 pl. Louis-Bonnefon, au Sud du Parc Borély ⊠ 13007 – ☏ 04 91 72 90 00
– villamassalia@concorde-hotels.com – Fax 04 91 72 90 01 *p. 4* BZ

136 ch – ♦325 € ♦♦325 €, ⊑ 18 € – 4 suites

Rest *Yin Yang* – Menu (22 €), 38 € – Carte 44/51 €

♦ Idéal pour une clientèle d'affaires, cet hôtel récent en bordure du parc Borély dispose de chambres d'esprit contemporain, confortables et bien équipées. Au Ying Yang, le décor aux touches asiatiques va de pair avec une cuisine fusion. Terrasse face à l'hippodrome.

Pullman Palm Beach ⟨ baie du Prado, ⌂ ⌱ ⑂ ⊞ & 🄰 ⇆ ⌣ 🕭

200 Corniche J.-F.-Kennedy ⊠ 13007 – ☏ 04 91 16 19 00 🚗 _VISA_ 🆖 🄰🄴 ⓪
– h3485@accor.com – Fax 04 91 16 19 39 *p. 4* AZ **b**

150 ch – ♦160/325 € ♦♦180/350 €, ⊑ 23 € – 10 suites

Rest *La Réserve* – ☏ 04 91 16 19 21 – Menu (38 € bc), 45 € bc – Carte 49/63 €

♦ Face à l'Île du Château d'If, ce vaisseau moderne arbore un style à la fois design et marin. Chambres tout confort, espace détente et équipement complet pour séminaires. À La Réserve, cadre très contemporain et saveurs ensoleillées revisitées.

Le Petit Nice (Gérald Passédat) ⌂ ⟨ mer, ⌂ ⌱ ⊞ & rest, 🄰 ⌣

✿✿✿ anse de Maldormé, 160 Corniche J.-F.-Kennedy
⊠ 13007 – ☏ 04 91 59 25 92 – passedat@relaischateaux.com
– Fax 04 91 59 28 08 – Fermé 1ᵉʳ-15 janv. *p. 4* AZ **d**

13 ch – ♦230/700 € ♦♦230/700 €, ⊑ 30 € – 3 suites

Rest – *(fermé dim. sauf le soir de mi-juin à août et lundi sauf le soir de mai à sept.)* Menu 65 € (déj. en sem.), 110/200 € – Carte 119/200 € ⅜

Spéc. Menu "Découverte de la mer". Anémones de mer en onctueux iodé puis en beignets légers, lait mousseux au caviar. "Bouille-Abaisse" comme un menu. **Vins** Vins de pays des Bouches-du-Rhône, Bandol.

♦ La remarquable cuisine de la mer, inventive et raffinée, justifie de s'attabler dans ce cabanon féérique. Ambiance familiale, vue magique sur la grande bleue, décor dans l'air du temps et chambres personnalisées au luxe sans ostentation dans ces deux villas des années 1910.

New Hôtel of Marseille ⌂ ⌱ ⊞ & 🄰 ⇆ % ch, ⌣ 🕭

71 bd Ch.-Livon ⊠ 13007 – ☏ 04 91 31 53 15 🚗 _VISA_ 🆖 🄰🄴 ⓪
– info@newhotelofmarseille – Fax 04 91 31 20 00 *p. 6* DU **v**

92 ch – ♦195/235 € ♦♦215/260 €, ⊑ 16 € – 8 suites – **Rest** – Menu 25 € bc (déj.)/40 € – Carte 38/53 €

♦ Hôtel tout neuf incluant un bâtiment du 19ᵉ s. Style sobre et moderne, équipements très complets dans les chambres qui profitent, pour certaines, d'un panorama sur le vieux port. La carte du restaurant (lieu tendance) s'inspire du Sud et d'ailleurs.

New Hôtel Bompard ⌐ ⌂ ⌱ ⊞ & 🄰 ⇆ % ⌣ 🕭

2 r. Flots-Bleus ⊠ 13007 – ☏ 04 91 99 22 22 ⊞ _VISA_ 🆖 🄰🄴 ⓪
– marseillebompard@new-hotel.com – Fax 04 91 31 02 14 *p. 4* AZ **e**

49 ch – ♦85/145 € ♦♦85/145 €, ⊑ 12 € – **Rest** – *(résidents seult)* Carte 27/36 €

♦ Les chambres, toutes rénovées sauf les 12 proches de la piscine, ont adopté un style contemporain de bon ton. Suites d'esprit provençal dans un mas séparé, joli jardin intérieur. Le restaurant propose un menu attractif aux résidents de l'hôtel.

MARSEILLE

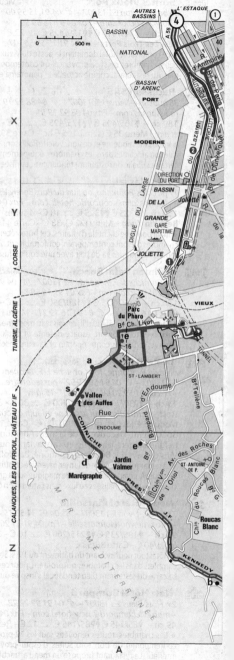

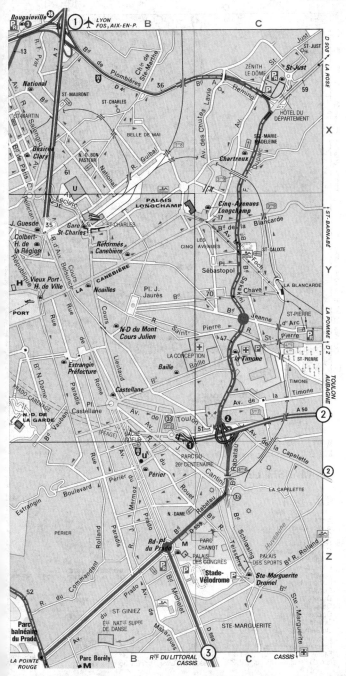

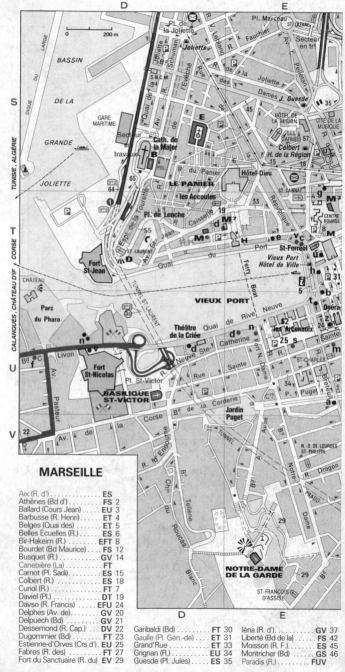

MARSEILLE

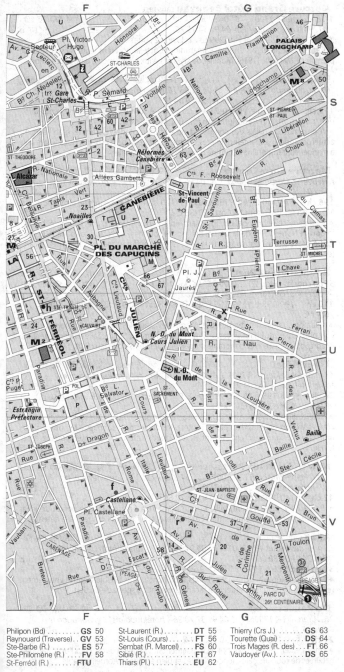

Mercure Grand Hôtel Beauvau sans rest
4 r. Beauvau ✉ 13001 – ☎ 04 91 54 91 00 – h1293@accor.com – Fax 04 91 54 15 76 VISA MC AE p. 6 ET **h**
73 ch – 149/289 € 159/299 €, 17 € – 2 suites
◆ Cet élégant hôtel, où Chopin, Lamartine et Cocteau posèrent leurs valises, serait le premier de Marseille (1816). Mobilier de style et beaux équipements dans les chambres.

Holiday Inn AC VISA MC AE
103 av. du Prado ✉ 13008 – ☎ 04 91 83 10 10 – himarseille@alliance-hospitality.com – Fax 04 91 79 84 12 p. 5 BZ **u**
115 ch – 170/210 € 170/210 €, 17 € – 4 suites – **Rest** – *(fermé vend. soir, dim. midi, sam. et fériés)* Menu (16 €), 20/26 € – Carte 25/34 €
◆ À proximité du palais des congrès et du mythique Stade-Vélodrome, établissement actuel pensé pour la clientèle d'affaires. Chambres bien équipées et bien tenues. Sobre salle à manger contemporaine et cuisine d'inspiration méridionale.

Mercure Euro-Centre AC VISA MC AE
r. Neuve-St-Martin ✉ 13001 – ☎ 04 96 17 22 22 – h1148@accor.com – Fax 04 96 17 22 33 p. 6 EST **g**
198 ch – 70/150 € 80/160 €, 13 € – 1 suite – **Rest** – *(fermé dim. midi)* Menu (15 €), 17 € (sem.) – Carte 23/38 €
◆ Certaines chambres de cet imposant édifice bénéficient d'une vue agréable sur le port et Notre-Dame de la Garde. Bel espace "business" relié au World Trade Center. Cadre provençal au restaurant, de style brasserie ; buffet et menus à midi, petite carte le soir.

Novotel Vieux Port ch, AC ch,
36 bd charles-Livon ✉ 13007 – ☎ 04 96 11 42 11 – h0911@accor.com – Fax 04 96 11 42 20 VISA MC AE p. 6 DU **n**
110 ch – 99/195 € 99/195 €, 15 € – **Rest** – Menu (21 €), 24 € – Carte 26/41 €
◆ Chambres rafraîchies (nombreuses "familiales"), amples et de bon confort, à choisir côté port ou parc du Pharo. Accès au fitness et à la piscine du Sofitel. Salle à manger-véranda et agréable terrasse avec panorama inégalable sur la passe du Vieux Port.

Tonic Hôtel AC rest, VISA MC AE
43 quai des Belges ✉ 13001 – ☎ 04 91 55 67 46 – reservation-marseille@tonichotel.com – Fax 04 91 55 67 56 p. 6 EU **t**
56 ch – 155/195 € 255/295 €, 13 € – **Rest** – Menu 19 € (déj. en sem.), 28/38 € – Carte 30/46 €
◆ Hôtel totalement rénové dans un genre actuel, en plein cœur de Marseille. Les chambres côté Vieux Port ont plus d'ampleur. Toutes sont dotées de baignoires à remous. À table, ambiance design sagement "seventies" et appétissante cuisine contemporaine ensoleillée.

New Hôtel Vieux Port sans rest AC VISA MC AE
3 bis r. Reine-Élisabeth ✉ 13001 – ☎ 04 91 99 23 23 – marseillevieux-port@new-hotel.com – Fax 04 91 90 76 24 p. 6 ET **u**
42 ch – 140/170 € 160/240 €, 12,50 €
◆ Pondichéry, Soleil Levant, Mille et une nuits, Vera Cruz ou Afrique noire : de jolies chambres thématiques empreintes d'exotisme, qui invitent au voyage et à la détente.

Alizé sans rest AC VISA MC AE
35 quai des Belges ✉ 13001 – ☎ 04 91 33 66 97 – alize-hotel@wanadoo.fr – Fax 04 91 54 80 06 p. 6 ETU **b**
39 ch – 68/86 € 73/91 €, 9,50 €
◆ Devant le célèbre marché aux poissons, hôtel fonctionnel très bien tenu et entièrement rénové. Les 16 chambres situées en façade profitent du spectacle du port.

Du Palais sans rest AC VISA MC AE
26 r. Breteuil ✉ 13006 – ☎ 04 91 37 78 86 – hoteldupalais13@wanadoo.fr – Fax 04 91 37 91 19 p. 7 EU **a**
21 ch – 89/120 € 89/120 €, 8 €
◆ Emplacement de choix pour cet établissement situé à deux pas du Vieux Port. Chambres habillées de couleurs gaies, fonctionnelles et bien équipées. Accueil aimable.

⌂ **Hermès** sans rest   🛗 🗚 ⇄ 𝘝𝘐𝘚𝘈 ⓶ 🗚🗉 ①
2 r. Bonneterie ✉ 13002 – ✆ 04 96 11 63 63 – hermes @ hotelmarseille.com
– Fax 04 96 11 63 64   p. 6   ET **e**
28 ch – †50/98 €, ††68/98 €, � 9 €
♦ Un hôtel central tout simple, ses petites chambres bien tenues (vue sur les quais depuis les terrasses du 5ᵉ étage) et son toit-solarium offrant un joli panorama.

🕸🕸🕸 **Une Table au Sud** (Lionel Lévy)   ⩽ 🗚 ⇔ 𝘝𝘐𝘚𝘈 ⓶ 🗚🗉
❀ 2 quai du Port, (1ᵉʳ étage) ✉ 13002 – ✆ 04 91 90 63 53 – unetableausud @
wanadoo.fr – Fax 04 91 90 63 86 – Fermé 1ᵉʳ-28 août, 3-11 janv., dim. et lundi
Rest – Menu 37 € (déj. en sem.), 52/105 € bc   p. 6   ET **c**
Spéc. Milkshake de "Bouille-Abaisse". Crumble de loup au gingembre et agrumes. Calisson de foie gras au coing et cardamome. **Vins** Coteaux d'Aix-en-Provence, Vin de pays des Bouches-du-Rhône.
♦ Ce restaurant joliment coloré vous invite au mariage de l'œil et du goût : cuisine inventive où pointent les délicieux parfums du Sud et vue sur les forts et la "Bonne Mère".

🕸🕸🕸 **Miramar**   🍴 🗚 𝘝𝘐𝘚𝘈 ⓶ 🗚🗉 ①
12 quai du Port ✉ 13002 – ✆ 04 91 91 10 40 – contact @ bouillabaisse.com
– Fax 04 91 56 64 31 – Fermé dim. et lundi   p. 6   ET **v**
Rest – Carte 56/95 €
♦ Bois vernis et fauteuils rouges très "années 1960" plantent le décor de ce restaurant proposant bouillabaisse et autres spécialités de poissons face au Vieux Port.

🕸🕸 **L'Épuisette**   ⩽ îles du Frioul et Château d'If, 🗚 𝘝𝘐𝘚𝘈 ⓶
❀ Vallon des Auffes ✉ 13007 – ✆ 04 91 52 17 82 – contact @ l-epuisette.com
– Fax 04 91 59 18 80 – Fermé 5 août-5 sept., dim. et lundi   p. 4   AY **s**
Rest – Menu 50/110 € – Carte 85/100 €
Spéc. Dôme de cabillaud en carpaccio, paccheri d'œufs brouillés à la truffe. Filets de rouget, sanguins au vinaigre balsamique (automne). Morue "Lomos", artichauts barigoule. **Vins** Coteaux d'Aix-en-Provence.
♦ Sur les rochers de l'enchanteur vallon des Auffes, cette nef vitrée vous convie à un agréable voyage culinaire dans un espace lumineux et raffiné. Service attentionné.

🕸🕸 **Péron**   ⩽ archipel du Frioul et château d'If, 🍴 ⅋ 𝘝𝘐𝘚𝘈 ⓶ 🗚🗉 ①
❀ 56 Corniche J.-F.-Kennedy ✉ 13007 – ✆ 04 91 52 15 22 – info @ restaurant-peron.com – Fax 04 91 52 17 29 – Fermé dim. soir et lundi du 1ᵉʳ nov. au 15 avril
Rest – Menu 56/68 €   p. 4   AY **a**
Spéc. Gambas poêlées au tandoori, guacamole, chips de radis noir. Chipirons farcis aux petits légumes, crumble de fenouil. Noisettes d'agneau en croûte de tapenade, poêlée d'artichauts poivrades.
♦ Décor de paquebot ici (murs rouges, bois exotique, tableaux) et surtout vue plongeante sur les îles du Frioul. Ambiance lounge pour une cuisine actuelle inspirée du grand Sud.

🕸🕸 **Chez Fonfon**   ⩽ 🗚 ⇔ 𝘝𝘐𝘚𝘈 ⓶ 🗚🗉
140 Vallon des Auffes ✉ 13007 – ✆ 04 91 52 14 38 – chezfonfon @ aol.com
– Fax 04 91 52 14 16 – Fermé 2-17 janv., lundi midi et dim.   p. 4   AY **t**
Rest – Menu 42/55 € – Carte 46/55 €
♦ Une maison familiale (1952) aussi agréable pour son cadre que pour ses beaux produits de la mer, tout droit sortis des "pointus" en bois que l'on aperçoit dans le petit port.

🕸🕸 **Charles Livon**   🗚 𝘝𝘐𝘚𝘈 ⓶ 🗚🗉 ①
89 bd Charles-Livon ✉ 13007 – ✆ 04 91 52 22 41 – info @ charleslivon.fr
– Fax 04 91 31 41 63 – Fermé août, vacances de Noël,
sam. midi, lundi midi et dim.   p. 6   DU **f**
Rest – (nombre de couverts limité, prévenir) Menu (19 €), 33/68 € – Carte 49/61 € 🏵
♦ Face au Palais du Pharo, restaurant au cadre contemporain minimaliste et coloré. Carte régionale revisitée, nombreux vins de Provence et de la vallée du Rhône.

🕸🕸 **Des Mets de Provence "Chez Maurice Brun"**   🗚 𝘝𝘐𝘚𝘈 ⓶
18 quai de Rive-Neuve, (2ᵉᵐᵉ étage) ✉ 13007 – ✆ 04 91 33 35 38
– lesmets.deprovence @ orange.fr – Fax 04 91 33 05 69 – Fermé 9-25 août, lundi midi, sam. midi et dim.   p. 6   EU **d**
Rest – Menu 40 € bc (déjeuner seulement)/60 €
♦ Cette adresse du Vieux Port fleure bon la Provence de Pagnol. Sous les combles d'un ancien couvent, on sert une cuisine locale dans un décor chiné (un vrai petit musée !).

XX **Michel-Brasserie des Catalans** 🅰🅲 *VISA* 🐦 🅰🅴

6 r. des Catalans ✉ 13007 – ℰ 04 91 52 30 63 – Fax 04 91 59 23 05
– Fermé 15 fév.-1ᵉʳ mars *p. 4 AY* **e**
Rest – Carte 58/89 €

♦ Ambiance 100 % marseillaise dans cette institution située face à la plage des Catalans, et où la bouillabaisse est... une religion ! Pêche du jour exposée dans un "pointu".

XX **Les Arcenaulx** 🈚 🅰🅲 ⟷ *VISA* 🐦 🅰🅴 ⓞ

25 cours d'Estienne-d'Orves ✉ 13001 – ℰ 04 91 59 80 30 – restaurant @
les-arcenaulx.com – Fax 04 91 54 76 33 – Fermé 11-17 août et dim. *p. 6 EU* **s**
Rest – Menu 34/54 € – Carte 40/71 €

♦ Dans les entrepôts des galères (17ᵉ s.), lieu original associant une librairie, une maison d'édition, un salon de thé et un restaurant. Cuisine gorgée de soleil.

XX **Cyprien** 🅰🅲 ⟷ *VISA* 🐦

56 av. de Toulon ✉ 13006 – ℰ 04 91 25 50 00 – faure.lequien @ hotmail.fr
– Fax 04 91 25 50 00 – Fermé 31 juil.-2 sept., 24 déc.-2 janv., lundi soir, sam. midi,
dim. et fériés *p. 7 GV* **r**
Rest – Menu 25/60 € – Carte 30/65 €

♦ Non loin de la place Castellane, table au classicisme affirmé tant au niveau des goûteux plats que du décor ponctué de notes florales et égayé de tableaux.

X **La Table du Fort** 🅰🅲 ⟷ *VISA* 🐦 🅰🅴

8 r. Fort-Notre-Dame ✉ 13007 – ℰ 04 91 33 97 65 – mathieulajoinie13 @
hotmail.fr – Fermé 10-25 août, le midi et dim. *p. 6 EU* **n**
Rest – Menu 29 € – Carte 30/55 €

♦ Cette enseigne des quais a conquis les Marseillais. Normal, son décor a beaucoup d'allure : lampes design, tableaux modernes, touches colorées. Sans oublier l'inventive cuisine.

X **Le Café des Épices** 🈚 *VISA* 🐦

4 r. Lacydon ✉ 13002 – ℰ 04 91 91 22 69
– cafedesepices @ yahoo.fr *p. 6 DT* **d**
Rest – *(nombre de couverts limité, prévenir)* Menu 25 € bc (déj. en sem.), 30 € bc (déj.)/40 € bc

♦ Certes le restaurant est minuscule (20 couverts), mais la terrasse sur l'esplanade, avec sa "forêt" d'oliviers en toile de fond, est irrésistible. Cuisine inventive bien faite.

X **Axis** 🅰🅲 ⟷ *VISA* 🐦 🅰🅴

🐦 *8 r. Ste-Victoire ✉ 13006 – ℰ 04 91 57 14 70 – axis_restaurant @ yahoo.fr*
– Fax 04 91 57 14 70 – Fermé 3-31 août, 24-30 déc., sam. midi,
lundi soir et dim. *p. 7 FV* **f**
Rest – Menu (14 €), 17 € (déj. en sem.), 28/35 € – Carte 32/43 €

♦ Une adresse qui mérite le détour pour sa cuisine dans l'air du temps, réalisée au gré des saisons. Décor contemporain, vue sur la brigade en action et accueil charmant.

X **Ca Blanca** 🈚 *VISA* 🐦

53 r. St-Pierre ✉ 13005 – ℰ 04 91 48 68 23 – contact @ restaurant-cablanca.com
– Fermé dim. et lundi *p. 7 GU* **x**
Rest – *(dîner seult) (nombre de couverts limité, prévenir)* Menu 30 €

♦ Bonne humeur et convivialité : terrasse-patio, bougies, photophores, croquis sur les murs blancs, musique jazz et cuisine du Sud à tendance ibérique qui ne manque pas d'audace !

X **Le Ventre de l'Architecte - Le Corbusier** 🅰🅲 🅿 *VISA* 🐦

280 bd Michelet, (Cité Radieuse, 3ᵉᵐᵉ étage), par ③ ✉ 13008 – ℰ 04 91 16 78 00
– alban.gerardin @ club-internet.fr – Fax 04 91 16 78 28 – Fermé 5-20 août,
5-15 janv., dim. et lundi
Rest – Carte 46/56 €

♦ La "maison du fada" cache un restaurant insolite et stylé, ouvert sur un balcon (idéal pour l'apéritif) avec vue sur Marseille et la mer au loin. Savoureuse cuisine inventive.

à Plan-de-Cuques 10 km au Nord-Est par La Rose et D 908 – 10 503 h. – alt. 70 m – ⊠ 13380

🏨 **Caesar** ♨   🛏 🛎 ⅃ ₺ 🎐 ₺ ch, Ⓜ ₺ ⁄ ₷ 🅿 Ⅶ𝖘𝖆 ⑩ ⒜ ⑩
    av. G. Pompidou – 𝒞 *04 91 07 25 25 – contact@lecesar.fr – Fax 04 91 05 37 16*
🔗 **30 ch** – ♦98 € ♦♦110/160 €, ⊊ 10 € – ½ P 95 € – **Rest** – Menu 18 € (déj. en
    sem.), 26/45 € – Carte 32/54 €
    ◆ La sérénité méditerranéenne du lieu, les tons ocre des murs, les chambres aux coloris
méridionaux, l'espace remise en forme et la piscine à péristyle incitent au farniente. Carte
régionale, lumineuse salle à manger et agréable terrasse.

MARSOLAN – 32 Gers – 336 F6 – 388 h. – alt. 171 m – ⊠ 32700   28 **B2**
   ◘ Paris 721 – Toulouse 115 – Auch 43 – Agen 49 – Moissac 67

🏨 **Lous Grits** ♨   🛎 🛏 ₺ ch, Ⓜ ⅌ rest, ₺ 🚗 Ⅶ𝖘𝖆 ⑩ ⒜
    au village – 𝒞 *05 62 28 37 10 – contact@hotel-lousgrits.com*
    – Fax 05 62 28 37 59
    4 ch – ♦200/240 € ♦♦200/280 €, ⊊ 20 € – **Rest** – (dîner seult) (résidents seult)
    Menu 30 €
    ◆ On se sent comme chez soi dans cette accueillante maison qui recrée avec goût
un art de vivre gascon (meubles de famille, bibelots, faïences et mosaïques locales,
peintures). Menu du terroir unique, servi le soir aux résidents autour d'une chaleureuse
cheminée.

MARTAINVILLE-EPREVILLE – 76 Seine-Maritime – 304 H5 – 611 h.
– alt. 152 m – ⊠ 76116   33 **D2**
   ◘ Paris 115 – Rouen 18 – Saint-Étienne-du-Rouvray 23
     – Sotteville-lès-Rouen 19

🏠 **Sweet Home** ♨   🛏 ⅊ ⅌ ₺ 🅿
    534 r. des Marronniers, accès par imp. Coquetier – 𝒞 *02 35 23 76 05*
🔗 *– jean-yves.aucreterre@libertysurf.fr – Fax 02 35 23 76 05*
    4 ch ⊊ – ♦46/86 € ♦♦50/90 € – **Table d'hôte** – Menu 15 € bc
    ◆ Petite villa nichée au fond d'une impasse. Chambres douillettes et romantiques, per-
sonnalisées chacune par une couleur. Superbe petit-déjeuner et accueil chaleureux.

MARTEL – 46 Lot – 337 F2 – 1 467 h. – alt. 225 m – ⊠ 46600 ▯ Périgord   29 **C1**
   ◘ Paris 510 – Brive-la-Gaillarde 33 – Cahors 79 – Figeac 59 – St-Céré 30
   🖪 Office de tourisme, place des Consuls 𝒞 05 65 37 43 44,
     Fax 05 65 37 37 27
   ◙ Place des Consuls★ - Façade★ de l'Hôtel de la Raymondie★.

🏨 **Relais Ste-Anne** ♨   🛏 ⅃ ₺ ch, ₷ 🅿 Ⅶ𝖘𝖆 ⑩ ⒜ ⑩
    r. Pourtanel – 𝒞 *05 65 37 40 56 – relais.sainteanne@wanadoo.fr*
    – Fax 05 65 37 42 82 – Hôtel : ouvert du 1er mars au 15 nov.
    16 ch – ♦40/45 € ♦♦70/135 €, ⊊ 15 € – 5 suites
    Rest *Le Patio Ste-Anne –* 𝒞 *05 65 37 19 10 (Ouvert mi-mars à mi-nov. et fermé
mardi sauf le soir de mi-juin à mi-sept. et vend. midi)* Menu (22 €), 35/54 € – Carte
57/65 €
    ◆ Ancien pensionnat de jeunes filles entouré d'un jardin. Vieille chapelle, élégant
salon et chambres personnalisées. Juste en face de l'hôtel, on sert une cuisine actuelle
dans une salle de style contemporain (petit patio-terrasse). Une adresse pétrie de
charme.

🍴 **Auberge des Sept Tours** avec ch ♨   🛎 ₺ 🅿 Ⅶ𝖘𝖆 ⑩
    – 𝒞 *05 65 37 30 16 – auberge7tours@wanadoo.fr – Fax 05 65 37 41 69 – Fermé*
🔗 *vacances de fév.*
    8 ch – ♦40/49 € ♦♦40/49 €, ⊊ 7,50 € – ½ P 57 € – **Rest** – (fermé dim. soir et lundi
soir du 28 août au 12 juil., lundi midi et sam. midi) Menu 13,50 € bc (déj. en sem.),
25/32 € – Carte 30/52 €
    ◆ Belle salle à manger-véranda tournée vers la campagne. Carte traditionnelle, spécialités
de canard et sélection de vins axés sur la région. Chambres rustiques.

MARTIEL – 12 Aveyron – 338 D4 – 823 h. – alt. 400 m – ⊠ 12200   29 **C1**

◘ Paris 613 – Toulouse 134 – Rodez 63 – Cahors 49
– Villefranche-de-Rouergue 11

介 **Les Fontaines** sans rest ♨   ⚿ ⏚ ⅍ ⛾ **P**
Pleyjean, par rte de Villeneuve, D 76 – ☎ *05 65 29 46 70* – *andreacam@*
wanadoo.fr – *Fax 05 65 29 46 70*
3 ch ⌘ – ♟50/70 € ♟♟60/80 €
◆ Vieille maison rénovée par couple anglais dans ce hameau agreste proche de la
vallée de l'Aveyron. Joli salon, chambres avenantes et salle à manger rustique. Solide
breakfast.

MARTIGNÉ-BRIAND – 49 Maine-et-Loire – 317 G5 – 1 847 h. – alt. 75 m –
⊠ 49540   35 **C2**

◘ Paris 324 – Nantes 113 – Angers 33 – Cholet 46 – Saumur 33

介 **Château des Noyers** ♨   ⩽ ⏧ ⏚ ⛾ ⅍ ⛛ **P** **VISA** **OO** **AE** **O**
5 km à l'Ouest par D 208 – ☎ *02 41 54 09 60* – *webmaster@*
chateaudesnoyers.com – *Fax 02 41 44 32 63* – *Ouvert 1er avril-15 nov.*
5 ch ⌘ – ♟130/190 € ♟♟130/190 € – 2 suites – ½ P 175/235 €
Table d'hôte – Menu 45 € bc (dîner en sem.), 50 € bc/100 € bc
◆ Classé monument historique, château des 16e-17e s. entouré d'un domaine viticole :
mobilier d'époque (Louis XV et XVI, Empire), cadre précieux... Piscine, tennis. Cheminée et
armoiries de Richelieu dans la salle à manger. Prison reconvertie en chai et dégustations
au caveau.

> Un week end de charme à la mer, à la campagne ou à la montagne ?
> Découvrez le nouveau guide des "Chambres d'hôtes", une sélection
> de nos plus belles adresses en France : confort, calme et volupté garantis !

MARTIGUES – 13 Bouches-du-Rhône – 340 F5 – 43 493 h. – alt. 1 m – ⊠ 13500
▌Provence   40 **B3**

◘ Paris 769 – Aix-en-Provence 45 – Arles 53 – Marseille 40
☑ Syndicat d'initiative, rond point de l'Hôtel de Ville ☎ 04 42 42 31 10,
Fax 04 42 42 31 11
◉ Miroir aux oiseaux★ - Étang de Berre★ Z.
◙ ⩽★ de la chapelle N.D.-des-Marins, 3,5 km par ④.

Plan page ci-contre

命 **St-Roch**   ⚿ ⏠ ⏚ 🅰 ch, ⛏ ⅍ **P** **VISA** **OO** **AE** **O**
av. G. Braque – ☎ *04 42 42 36 36* – *hotel-st-roch@wanadoo.fr*
– Fax 04 42 80 01 80   Y **x**
63 ch ⌘ – ♟97 € ♟♟114 € – ½ P 70 € – **Rest** – *(fermé 25 déc.-1er janv.)* Menu 21 €
– Carte 28/51 €
◆ Cet hôtel situé sur les hauteurs de la "Venise provençale" fait progressivement
peau neuve : hall-salon moderne et chaleureux (tons rouges) et chambres actualisées.
La belle terrasse a vue sur une tour de 1516 (vestige d'un ancien moulin) ; plats traditionnels.

ХХ **Le Bouchon à la Mer**   ⏠ 🅰 **VISA** **OO** **AE** **O**
19 quai L. Toulmond – ☎ *04 42 49 41 41* – *lebouchonalamer@wanadoo.fr*
– Fax 04 42 42 14 40 – *Fermé vacances de Pâques, de la Toussaint, de fév., mardi*
midi, dim. soir et lundi   Y **v**
Rest – Menu (22 €), 30/40 €
◆ À deux pas du Miroir aux Oiseaux chéri des peintres, venez savourer une cuisine
classique dans une jolie salle à manger aux tons crème et chocolat. Terrasse au bord du
canal.

MARTIGUES

MARTILLAC – 33 Gironde – 335 H6 – rattaché à Bordeaux

MARTIN-ÉGLISE – 76 Seine-Maritime – 304 G2 – 1 331 h. – alt. 11 m –
⊠ 76370   33 **D1**

🖪 Paris 199 – Dieppe 6 – Mont-Saint-Aignan 60 – Rouen 67

🍴🍴 **Auberge du Clos Normand** avec ch ॐ   🚗 👪 **P** VISA ◍◍
*22 r. Henri IV – ℰ 02 35 40 40 40 – leclosnormand2@wanadoo.fr
– Fax 02 35 40 40 42 – Fermé 19 nov.-10 déc. et 19 fév.-5 mars*
7 ch – †65 € ††65 €, ☑ 7 € – **Rest** – *(Fermé lundi, mardi et merc. sauf les soirs
en juil.-août)* Menu 20/30 € – Carte 32/46 €
◆ Une propriété verdoyante rafraîchie par une rivière sert d'écrin à cette auberge normande (17ᵉ s.) au cachet fort où l'on vient faire des repas traditionnels dans un cadre rustique et typé. Chambres calmes récemment aménagées dans une annexe côté jardin.

LA MARTRE – 83 Var – 340 O3 – 133 h. – alt. 984 m – ✉ 83840 41 **C2**
▶ Paris 808 – Castellane 19 – Digne-les-Bains 73 – Draguignan 50 – Grasse 50

Château de Taulane ⊗ ⟨ 🏠 🎍 ▦ ♨ ※ 📷 🖼 👬 ♿ ch, ✆ ⚓
(Le Logis du Pin), au golf, Nord-Est : 4 km sur D 6085 **P** **VISA** 🟡 **AE** ⓪
– ☎ 04 93 40 60 80 – resahotel@chateau-taulane.com
– Fax 04 93 60 37 48 – Ouvert 1ᵉʳ avril-5 nov.
45 ch – ♦129/199 € ♦♦149/319 €, ⊊ 18 € – ½ P 140/225 €
Rest – Menu (28 €), 35 € (déj.) – Carte 51/65 € le soir
♦ Château du 18ᵉ s. entouré de quatre pigeonniers, sur un golf, dans un immense parc de...
340 ha ! Les chambres, bien équipées et sans luxe ostentatoire, sont plus sobres à l'annexe.
Coquette salle à manger au club-house avec espace snack. Terrasse tournée vers les greens.

MARVEJOLS – 48 Lozère – 330 H7 – 5 501 h. – alt. 650 m – ✉ 48100
▌Languedoc Roussillon 23 **C1**
▶ Paris 580 – Montpellier 178 – Mende 28 – Espalion 83
– Saint-Chély-d'Apcher 34
🖪 Office de tourisme, place Henri IV ☎ 04 66 32 02 14, Fax 04 66 32 02 14

※※ **L'Auberge Domaine de Carrière** 🎍 ♿ ⟲ **P** **VISA** 🟡
2 km à l'Est par D1 – ☎ 04 66 32 47 05 – ramon.carmona@wanadoo.fr
⊛ – Fermé janv., vacances de la Toussaint, merc. soir et dim. soir sauf juil.-août et lundi
Rest – Menu 18/32 €
♦ Ex-écuries domaniales converties en table au goût du jour et au cadre bourgeois. Poutres
blanchies, sièges modernes en cuir noir et cheminée en salle. Jolis vins du Languedoc.

MARVILLE – 55 Meuse – 307 D2 – 532 h. – alt. 216 m – ✉ 55600 26 **A1**
▶ Paris 302 – Bar-le-Duc 96 – Longuyon 13 – Metz 92 – Verdun 40

🏠 **Auberge de Marville** 🎍 ♿ ch, ✆ **VISA** 🟡
(près de l'église) – ☎ 03 29 88 10 10 – jcctm55@gmail.com – Fax 03 29 88 14 60
– Fermé 28 déc. et 2-13 janv.
11 ch – ♦38 € ♦♦43/57 €, ⊊ 5,50 € – ½ P 57/64 € – **Rest** – Menu 25 € (sem.)/60 €
♦ Vieille grange entièrement réhabilitée, située au pied de l'église Saint-Nicolas (balus-
trade de la tribune d'orgue datant du 16ᵉ s.). Chambres fonctionnelles. Au restaurant, décor
plaisant pour déguster cuisine traditionnelle et plats lorrains.

MASEVAUX – 68 Haut-Rhin – 315 F10 – 3 329 h. – alt. 425 m – ✉ 68290
▌Alsace Lorraine 1 **A3**
▶ Paris 440 – Altkirch 32 – Belfort 24 – Colmar 57 – Mulhouse 30 – Thann 15
– Le Thillot 38
🖪 Office de tourisme, 1, place Gayardon ☎ 03 89 82 41 99, Fax 03 89 82 49 44
🖾 Descente du col du Hundsrück ⟨★★ NE : 13 km.

※ **L'Hostellerie Alsacienne** avec ch 🎍 🔀 ※ ch, ✆
r. Mar. Foch – ☎ 03 89 82 45 25 ⚓ **P** **VISA** 🟡 **AE**
⊛ – philippe.battman@wanadoo.fr – Fax 03 89 82 45 25 – Fermé 20 oct.-10 nov. et
24 déc.-2 janv.
8 ch – ♦45 € ♦♦55 €, ⊊ 8 € – ½ P 45 € – **Rest** – (fermé dim. soir et lundi)
Menu (10 €), 12,50 € (déj. en sem.), 24/43 € – Carte 37/56 €
♦ Le chef privilégie les petits exploitants locaux et les produits bio pour réaliser des recettes
inspirées de la tradition locale. Décor alsacien et chambres en partie rénovées.

MASSERET – 19 Corrèze – 329 K2 – 608 h. – alt. 380 m – ✉ 19510 24 **B2**
▶ Paris 432 – Limoges 45 – Guéret 132 – Tulle 48 – Ussel 101
🖪 Syndicat d'initiative, le Bourg ☎ 05 55 98 24 79, Fax 05 55 73 49 69

🏠 **De la Tour** ⊗ 🎍 🅰🅲 rest, ✆ ⚓ **VISA** 🟡
7 pl. Marcel Champeix – ☎ 05 55 73 40 12 – hoteldelatour19@aol.com
🏢 – Fax 05 55 73 49 41 – Fermé dim. soir sauf juil.-août
15 ch – ♦43 € ♦♦43 €, ⊊ 6,50 € – ½ P 55 € – **Rest** – Menu 19/50 €
♦ Sur les hauteurs de ce bourg limousin (gage de tranquillité), hôtellerie familiale abritant
des chambres refaites, simples et bien tenues. Spacieux restaurant et terrasse d'où l'on
admirera la "tour", un château d'eau qui n'a de moyenâgeux que l'aspect.

MASSIAC – 15 Cantal – 330 H3 – 1 857 h. – alt. 534 m – ⊠ **15500**
▌Auvergne   5 **B3**

▶ Paris 484 – Aurillac 84 – Brioude 23 – Issoire 38 – Murat 37 – St-Flour 30
🛈 Office de tourisme, 24, rue du Dr Mallet ℰ 04 71 23 07 76,
Fax 04 71 23 08 50

◎ N : Gorges de l'Alagnon★ - Site de la chapelle Ste-Madeleine★ N : 2 km.

🏨 **Grand Hôtel de la Poste**   ⌼ ⌻ ♨ ⫯ 🅰 rest, ⬳ ♨ 🅿 𝘝𝘐𝘚𝘈 ⓿⓪

26 av. Ch. de Gaulle – ℰ 04 71 23 02 01 – hotel.massiac@wanadoo.fr
– Fax 04 71 23 09 23 – Fermé 15 nov.-22 déc., mardi soir et merc. de janv. à Pâques
33 ch – †44/56 € ††44/56 €, ⌑ 7 € – ½ P 47/54 € – **Rest** – Menu 15 € (sem.),
35/40 € – Carte 23/39 €

♦ Maison imposante au seuil du bourg, à proximité de la sortie de l'A 75. Chambres d'assez bon confort et nombreux équipements de loisirs (fitness, jacuzzi, squash, etc.). Salle à manger agrémentée d'une cheminée et cuisine à tendance auvergnate.

🏠 **La Colombière** sans rest   ⌼ ⬳ ⌵ 🅿 𝘝𝘐𝘚𝘈 ⓿⓪ 🅰🅴

rte de Grenier Montgon, 1 km au Nord par D 909 – ℰ 04 71 23 18 50 – contact@hotel-lacolombiere.com – Fax 04 71 23 18 58 – Fermé 15 janv.-15 fév.
30 ch – †37 € ††45 €, ⌑ 6 €

♦ Les grandes chambres fonctionnelles (mobilier neuf, sanitaires bien équipés, tenue exemplaire) font de cet hôtel récent une étape pratique sur la route des gorges de l'Alagnon.

MASSY – 91 Essonne – 312 C3 – 101 25 – **voir à Paris, Environs**

MATOUR – 71 Saône-et-Loire – 320 G12 – 998 h. – alt. 500 m – ⊠ **71520**
▌Bourgogne   8 **C3**

▶ Paris 405 – Charolles 28 – Cluny 24 – Lapalisse 82 – Lyon 102 – Mâcon 36
– Roanne 57
🛈 Office de tourisme, ℰ 03 85 59 72 24, Fax 03 85 59 72 24

🍴🍴 **Christophe Clément**   🅰🄲 𝘝𝘐𝘚𝘈 ⓿⓪

pl. de l'Église – ℰ 03 85 59 74 80 – Fax 03 85 59 75 77 – Fermé 22 déc.-15 janv., le soir sauf sam. d'oct. à mai, dim. soir et lundi
Rest – Menu 12 € (déj. en sem.), 18/36 € – Carte 26/40 €

♦ Sur la place de l'église, façade peinte repérable à sa tête de coq. Mets traditionnels copieux et curieuse spécialité familiale d'andouillère aux grenouilles à apprécier dans un cadre rustique très "cocorico".

MAUBEUGE – 59 Nord – 302 L6 – 33 546 h. – Agglo. 117 470 h. – alt. 134 m –
⊠ **59600** ▌Nord Pas-de-Calais Picardie   31 **D2**

▶ Paris 242 – Mons 21 – St-Quentin 114 – Valenciennes 39
🛈 Office de tourisme, place Vauban ℰ 03 27 62 11 93, Fax 03 27 64 10 23

au Sud par rte d'Avesnes-sur-Helpe – ⊠ 59330 Beaufort

🍴🍴🍴 **Auberge de l'Hermitage**   ⬥ 🅿 𝘝𝘐𝘚𝘈 ⓿⓪ 🅰🅴

à 6 km sur N 2 – ℰ 03 27 67 89 59 – Fax 03 27 39 84 52 – Fermé 28 juil.-2 août, 1er-14 sept., 26-31 déc., dim. soir, mardi soir, jeudi soir et lundi
Rest – Menu (20 €), 25 € (sem.)/70 € – Carte 41/76 €

♦ Avenant pavillon en briques proche de la nationale, à l'orée du Parc naturel régional de l'Avesnois. Intérieur soigné et cuisine de tradition au pays des fameux maroilles.

🍴🍴 **Le Relais de Beaufort**   ⌂ 🅿 𝘝𝘐𝘚𝘈 ⓿⓪ 🅰🅴

à 8 km sur N 2 – ℰ 03 27 63 50 36 – relaisdebeaufort@worldonline.fr
– Fax 03 27 67 85 11 – Fermé 18 août-8 sept., vacances de fév., dim. soir et lundi
Rest – Menu 33/41 € – Carte 28/54 €

♦ Deux belles salles : l'une d'inspiration marine et agrémentée d'un superbe olivier, l'autre rustique et baignée de lumière. Terrasse face à un joli jardin et carte traditionnelle.

MAULÉON – 79 Deux-Sèvres – **322** B3 – 7 327 h. – alt. 180 m – ⊠ 79700
▮ Poitou Vendée Charentes   38 **B1**

> ◘ Paris 376 – Cholet 22 – Nantes 80 – Niort 82 – Parthenay 56
>   – La Roche-sur-Yon 65
>
> ◪ Office de tourisme, 27, Grand' Rue ℘ 05 49 65 10 27, Fax 05 49 80 41 49

⌂   **Terrasse** ⌘   ⬚ ⬚ ⬚ **P** ⬚ **VISA** ⬚
     7 pl. Terrasse – ℘ *05 49 81 47 24* – *laterrasse.mauleon @ wanadoo.fr*
⬚   – *Fax 05 49 81 65 04* – *Fermé 10-18 août et 21-29 déc.*
     14 ch – ♦45/49 € ♦♦50/54 €, ⬚ 6,50 € – ½ P 66/71 € – **Rest** – *(fermé dim. et
     lundi)* Menu 13,50/31 € – Carte 19/32 €
     ♦ Étape bien située pour une visite au Puy-du-Fou que cet ancien relais de diligences établi
     en contrebas de la petite cité. Chambres fonctionnelles, partiellement lambrissées.
     Accueillante salle à manger récemment redécorée et agréable terrasse ombragée.

MAULÉVRIER – 49 Maine-et-Loire – **317** E6 – rattaché à Cholet

---

MAUREILLAS-LAS-ILLAS – 66 Pyrénées-Orientales – **344** H8 – 2 281 h.
– alt. 130 m – ⊠ 66480 ▮ Languedoc Roussillon   22 **B3**

> ◘ Paris 873 – Gerona 71 – Perpignan 31 – Port-Vendres 31 – Prades 69
> ◪ Syndicat d'initiative, avenue Mal Joffre ℘ 04 68 83 48 00

à Las Illas 11 km au Sud-Ouest par D 13 – ⊠ 66480

✗   **Hostal dels Trabucayres** avec ch ⌘   ⬚ ⬚ ⬚ ch, **P** **VISA** ⬚
     – ℘ *04 68 83 07 56* – *Fax 04 68 83 07 56* – *Fermé 25-30 oct., 6 janv.-15 mars, mardi
⬚   et merc. hors saison*
     5 ch – ♦31/35 € ♦♦31/35 €, ⬚ 5,50 € – ½ P 36 € – **Rest** – Menu 12,50 € bc
     (sem.)/50 € bc – Carte 21/32 €
     ♦ Vénérable et modeste auberge postée sur le GR 10 au cœur d'une suberaie. Cadre
     rustique originel, plats du terroir catalan et calme absolu. Chambres très simples et deux
     gîtes récents.

MAUREPAS – 78 Yvelines – **311** H3 – **101** 21 – voir à Paris, Environs

---

MAURIAC ⬚ – 15 Cantal – **330** B3 – 4 019 h. – alt. 722 m – ⊠ 15200
▮ Auvergne   5 **A3**

> ◘ Paris 490 – Aurillac 53 – Le Mont-Dore 77 – Clermont-Ferrand 113 – Tulle 73
> ◪ Office de tourisme, 1, rue Chappe d'Auteroche ℘ 04 71 67 30 26,
>   Fax 04 71 68 25 08
> ◪ Val-Saint-JeanO : 2 km, ℘ 06 07 74 22 29.
> ◉ Basilique Notre-Dame-des-Miracles★ - Le Vigean : châsse★ dans l'église NE :
>   2 km.
> ◔ Barrage de l'Aigle★★ : 11 km par D 678 et D105, ▮ Berry Limousin.

⌂   **Des Voyageurs**   ⬚ **VISA** ⬚ ⬚ ⬚
     pl. de la Poste – ℘ *04 71 68 01 01* – *auberge.des.voyageurs @ wanadoo.fr*
⬚   – *Fax 04 71 68 01 56* – *Fermé 14 déc.-5 janv., dim. soir et sam. hors saison*
     19 ch – ♦35 € ♦♦40/58 €, ⬚ 8 €
     Rest *La Bonne Auberge* – Menu 12/35 € – Carte 21/39 €
     ♦ Le confort simple de cet établissement du centre-ville peut dépanner les "voyageurs".
     Chambres bien tenues, avant tout pratiques. Le restaurant La Bonne Auberge a conservé
     son look des années 1980. Cuisine régionale et familiale.

⌂   **Serre** sans rest   ⬚ ⬚ ⬚ ⬚ ⬚ **P** ⬚ **VISA** ⬚
     4 r. du 11 Novembre – ℘ *04 71 68 19 10* – *Fax 04 71 68 17 77* – *Fermé 1ᵉʳ-8 mars
     et 2-15 janv.*
     13 ch – ♦36/38 € ♦♦43/52 €, ⬚ 6,50 €
     ♦ À côté de la basilique romane N.-D.-des-Miracles. Climatisation, aménagements fonc-
     tionnels et mobilier rustique de qualité. Une chambre non-fumeurs. Accueil sympathique.

MAUROUX – 46 Lot – 337 C5 – rattaché à Puy-l'Évêque

MAURY – 66 Pyrénées-Orientales – 344 G6 – 901 h. – alt. 200 m – ⊠ 66460

    D Paris 876 – Montpellier 179 – Perpignan 35 – Carcassonne 142
    – Canet-en-Roussillon 45   22 **B3**

    🛈 Syndicat d'initiative, Mairie ℰ 04 68 59 15 24, Fax 04 68 59 08 74

XX   **Pascal Borrell**   🕭 & 🏧 **P** 𝐕𝐈𝐒𝐀 ⓴ 🆎
ॐ   *la Maison du Terroir av. Jean Jaurès* – ℰ 04 68 86 28 28 – *pascalborrell@*
    wanadoo.fr – Fermé dim. soir et lundi de nov. à mars
    Rest – Menu (19 € bc), 25 € bc (sem.)/58 € – Carte 49/65 € ॐ
    Spéc. Grosses crevettes cuites en tempura, cappuccino de petits pois à la menthe
    sauvage. Civet de lotte au vieux maury, risotto au parmesan. Chocolat Cao Grande
    Bio et crémeux sur sablé à la fève tonka.
    ♦ Ce restaurant, contemporain et coloré à la catalane, propose une belle cuisine du terroir
    revisitée. À l'entrée, la boutique de vins et produits régionaux met d'emblée en appétit.

MAUSSAC – 19 Corrèze – 329 N3 – rattaché à Meymac

MAUSSANE-LES-ALPILLES – 13 Bouches-du-Rhône – 340 D3 – 1 968 h.
– alt. 32 m – ⊠ 13520   42 **E1**

    D Paris 712 – Arles 20 – Avignon 30 – Marseille 81 – Martigues 44
    – St-Rémy-de-Provence 10

    🛈 Office de tourisme, place Laugier de Monblan ℰ 04 90 54 52 04,
    Fax 04 90 54 39 44

🏠   **Le Pré des Baux** sans rest ॐ   🛋 ᗐ 🏧 ⅋ 🅿 𝐕𝐈𝐒𝐀 ⓴ 🆎
    r. Vieux Moulin – ℰ 04 90 54 40 40 – *info@lepredesbaux.com – Fax 04 90 54 53 07*
    – Ouvert 14 mars-27 oct.
    10 ch – †90/120 € ††90/120 €, ☲ 12 €
    ♦ Les chambres, réparties autour d'un jardin méridional à l'abri des regards et du bruit,
    ouvrent de plain-pied sur des terrasses privatives où l'on sert le petit-déjeuner.

🏠   **Castillon des Baux** sans rest ॐ   🛋 ᗐ 🏧 ⅋ 📞 🅿 𝐕𝐈𝐒𝐀 ⓴
    10 bis av. de la Vallée des Baux – ℰ 04 90 54 31 93 – *castillondesbaux@orange.fr*
    – Fax 04 90 54 51 31 – Fermé janv. et fév.
    15 ch – †81/123 € ††81/125 €, ☲ 11,50 €
    ♦ Bâtisse ocre rouge façon mas, entourée d'un jardin d'oliviers (belle piscine). Les chambres
    aux tons pastel, spacieuses et sobres, ont en majorité un balcon ou une terrasse.

🏠   **Aurelia** sans rest   🛋 🛋 & 🏧 ⅋ 📞 🅿 𝐕𝐈𝐒𝐀 ⓴ 🆎 ⓞ
    124 av. de la Vallée des Baux – ℰ 04 90 54 22 54 – *resa-maussane@*
    monalisahotels.com – Fax 04 90 54 20 75
    39 ch – †90/125 € ††90/125 €, ☲ 11 €
    ♦ Pimpante décoration ensoleillée pour cet établissement d'allure régionale. Les cham-
    bres, sobres et bien tenues, sont plus agréables côté piscine, face à la campagne.

🏠   **Val Baussenc** ॐ   🛋 🕭 🛋 & ch, 🏧 ch, ⅍ rest, 📞 ᔕ 🅿 𝐕𝐈𝐒𝐀 ⓴ 🆎
    122 av. de la Vallée des Baux – ℰ 04 90 54 38 90 – *information@valbaussenc.com*
    – Fax 04 90 54 33 36 – Ouvert 1ᵉʳ mars-31 oct.
    21 ch – †69/96 € ††81/118 €, ☲ 11 € – 1 suite – ½ P 70/89 € – **Rest** – *(fermé*
    merc.) (dîner seult) Menu 27/35 € – Carte environ 48 €
    ♦ Cette maison au décor provençal, qui utilise avec originalité la pierre calcaire des Baux,
    dispose de chambres, presque toutes avec terrasse ou balcon, ouvrant sur la nature. Repas
    pris dans une petite salle à manger aux couleurs du Sud ou sous une treille en été.

XX   **Ou Ravi Provençau**   🕭 𝐕𝐈𝐒𝐀 ⓴ ⓞ
    34 av. de la Vallée des Baux – ℰ 04 90 54 31 11 – *infos@ouravi.net*
    – Fax 04 90 54 41 03 – Fermé 15 nov.-15 déc., mardi et merc.
    Rest – Menu 34 € – Carte 40/67 €
    ♦ Authentique, goûteuse et généreuse : la cuisine servie dans cette jolie maison méridio-
    nale semble tout droit sortie du "Reboul", la bible de la gastronomie provençale.

※ **La Place** 🛜 🗚 𝗩𝗜𝗦𝗔 ⓂⓈ 🗛🗉
65 av. de la Vallée des Baux – ℰ 04 90 54 23 31 – Fermé janv. et mardi
Rest – Menu (21 €), 32 € – Carte 36/44 €

♦ Appréciez l'atmosphère intime et branchée de cette "Place". On se régale d'une cuisine aux accents du Sud actualisés, dans deux salles cosy ou sur une terrasse ombragée.

au Paradou 2 km à l'Ouest par D 17, rte d'Arles – 1 167 h. – alt. 21 m – ⊠ 13520

🏠🏠🏠 **Le Hameau des Baux** ⊗ ⇐ 🍽 ⅃ ⅗ ⅗ ch, 🗚 ⅗
chemin de Bourgeac – ℰ 04 90 54 10 30 🄿 𝗩𝗜𝗦𝗔 ⓂⓈ 🗛🗉 🅞
– reservation@hameaudesbaux.com – Fax 04 90 54 45 30 – Fermé de janv. à mi-fév.
10 ch – †190/265 € ††190/300 €, ⇌ 18 € – 5 suites – **Rest** – *(fermé merc.) (nombre de couverts limité, prévenir)* Menu 40 € (déj.)/48 €

♦ Superbe reconstitution d'un hameau provençal entouré de cyprès et d'oliviers, raffinement extrême et grand calme dans des chambres personnalisées : une adresse pour esthètes. À table, une cuisine actuelle mâtinée d'influence sudiste parachève la magie du lieu.

🏠🏠 **Du Côté des Olivades** ⊗ ⇐ 🍽 🛜 ⅃ ⅗ ch, 🗚 ch, ⅙
lieu dit de Bourgeac – ℰ 04 90 54 56 78 📞 🄿 𝗩𝗜𝗦𝗔 ⓂⓈ 🗛🗉
– ducotedesolivades@wanadoo.fr – Fax 04 90 54 56 79
10 ch – †90/147 € ††120/186 €, ⇌ 16 € – ½ P 130/156 € – **Rest** – *(nombre de couverts limité, prévenir)* Menu 32/52 € – Carte 44/67 €

♦ Cette reposante bastide contemporaine isolée au milieu des oliviers vous ouvre grand ses portes : décor méditerranéen soigné, ambiance guesthouse et agréable piscine. Savourez face à la nature des recettes d'inspiration régionale évoluant au gré des saisons.

🏠 **La Maison du Paradou** 🛜 🗚 ⅙ 📞 🄿 𝗩𝗜𝗦𝗔 ⓂⓈ 🗛🗉
2 rte de St-Roch – ℰ 04 90 54 65 46 – reservations@maisonduparadou.com – Fax 04 90 54 85 83
5 ch – †270/285 € ††270/285 €, ⇌ 20 € – **Table d'hôte** – ℰ 04 90 54 65 46 – Menu 35 € bc (déj.)/75 € bc

♦ Relais de poste (1699), tenu par un couple britannique et doté de superbes chambres personnalisées. Confort, technologie, salon-bibliothèque, jardin provençal et piscine... Table d'hôte (sur réservation) sous la pergola, avec en toile de fond, les Alpilles.

※ **Bistrot de la Petite France** 🛜 🗚 🄿 𝗩𝗜𝗦𝗔 ⓂⓈ
☺ *av. de la Vallée des Baux – ℰ 04 90 54 41 91 – Fax 04 90 54 52 50*
– Fermé 1ᵉʳ-30 nov., une sem. en fév., jeudi sauf le soir en juil.-août et merc.
Rest – Menu 28 € ⅙

♦ Savoureuse cuisine du marché annoncée sur ardoise et riche carte des vins servies dans un joli décor : pierres, poutres, toiles contemporaines, collection de Guides Michelin.

※ **Le Bistrot du Paradou "Chez Jean-Louis"** ⅗ 🗚 𝗩𝗜𝗦𝗔 ⓂⓈ
– ℰ 04 90 54 32 70 – Fax 04 90 54 32 70 – Fermé vacances de la Toussaint, 20 janv.-15 fév., dim., lundi et le soir du 1ᵉʳ oct. au 15 juin sauf vend.
Rest – *(prévenir)* Menu 42 € bc (déj.)/49 € bc

♦ Cette maison provençale aux volets bleus est une institution locale. On y mange une goûteuse cuisine provençale dans un cadre convivial (collection de 2 400 bières du monde).

MAYENNE ◈ – 53 Mayenne – 310 F5 – 13 724 h. – alt. 124 m – ⊠ 53100
▮ Normandie Cotentin 35 **C1**

▯ Paris 283 – Alençon 61 – Flers 56 – Fougères 47 – Laval 30 – Le Mans 89
🄴 Office de tourisme, quai de Waiblingen ℰ 02 43 04 19 37, Fax 02 43 00 01 99
◉ Ancien château ⇐★.

🏠🏠 **Le Grand Hôtel** 🛜 📞 🄿 𝗩𝗜𝗦𝗔 ⓂⓈ 🗛🗉
2 r. Ambroise de Loré – ℰ 02 43 00 96 00 – grandhotelmayenne@wanadoo.fr – Fax 02 43 00 69 20 – Fermé 3-17 août, 19 déc.-4 janv., sam. soir de nov. à avril
22 ch – †67/91 € ††80/116 €, ⇌ 10 € – ½ P 76/93 € – **Rest** – *(fermé dim. de nov. à avril et sam. sauf le soir de mai à oct.)* Menu (17 €), 20 €, 31/36 € – Carte 37/80 €

♦ La même famille tient cet hôtel central – créé en 1850 – depuis une quarantaine d'années. Chambres actuelles progressivement refaites, salon confortable et bar à whiskies. Deux salles de restaurant dont une en véranda, avec vue sur la Mayenne. Carte classique.

XX **La Croix Couverte** avec ch — rest, P VISA MC AE

rte d'Alençon : 2 km sur N 12 – ✆ 02 43 04 32 48 – la-croixcouverte@wanadoo.fr – Fax 02 43 04 43 69 – Fermé 4-18 août, 24 déc.-7 janv., dim. soir et soirs fériés
11 ch – †48 € ††54 €, ☕ 8,50 € – ½ P 54 € – **Rest** – Menu (15 €), 19 € (sem.)/38 € – Carte 41/55 €
◆ Maison centenaire au bord de la route nationale. Salle à manger de style rétro, ouverte sur l'agréable terrasse et le jardin. Chambres simples, plus calmes sur l'arrière.

à Fontaine-Daniel 6 km au Sud-Ouest par D 104 – ✉ 53100

XX **La Forge** VISA MC

au bourg – ✆ 02 43 00 34 85 – restaurant-laforge@wanadoo.fr – Fax 02 43 00 38 57 – Fermé 1er-15 janv., mardi sauf le soir de juin à sept., dim. soir et lundi
Rest – Menu 32/44 € – Carte 32/41 €
◆ Sur la place du village, découvrez cette forge réhabilitée en restaurant contemporain. Préparations inventives, soignées visuellement et gustativement. Carte de vins originale.

rte de Laval au Sud par N 162 – ✉ 53100 Mayenne

XXX **La Marjolaine** avec ch — ch, P VISA MC AE

à 6,5 km, au domaine du Bas-Mont – ✆ 02 43 00 48 42 – lamarjolaine@wanadoo.fr – Fax 02 43 08 10 58 – Fermé 4-10 août, 9-21 fév. et dim. soir du 1er oct. au 30 avril
23 ch – †51/120 € ††51/120 €, ☕ 10 € – ½ P 68/80 €
Rest – *(fermé vend. soir de janv. à avril et sam. midi du 15 oct. au 30 avril)*
Menu 19 € (sem.)/42 € – Carte 48/55 €
Rest *Le Bistrot de La Marjolaine* – *(fermé sam., dim. et fériés) (déj. seult)*
Menu (16 €), 17 € – Carte 33/36 €
◆ Vieille ferme restaurée dans un domaine boisé près d'une rivière. Plaisante salle à manger, terrasse face au parc, cuisine actuelle et bon choix de vins. Chambres agréables. Au Bistrot, tapisseries figurant des paons, service rapide et petits plats fignolés.

XX **Beau Rivage** avec ch — P VISA MC AE

à 4 km – ✆ 02 43 00 49 13 – fbeaurivage@9online.fr – Fax 02 43 00 49 26 – Fermé dim. soir, soir fériés et lundi
8 ch – †52 € ††66 €, ☕ 8 € – ½ P 55/66 € – **Rest** – rôtisserie Menu (14 €), 17 € (sem.)/36 € – Carte 26/48 €
◆ Délicieux air de guinguette chic pour cette maison disposant d'une belle terrasse ombragée dressée au bord de la Mayenne. Mets cuits à la rôtissoire. Chambres gaies.

MAYET – 72 Sarthe – 310 K8 – 2 915 h. – alt. 74 m – ✉ 72360 — 35 **D2**

Paris 226 – Château-la-Vallière 26 – La Flèche 32 – Le Mans 31 – Tours 58 – Vendôme 70

Office de tourisme, espace Lichtenau ✆ 02 43 46 33 72

Forêt de Bercé★ E : 6 km, **Châteaux de la Loire.**

X **Auberge des Tilleuls** VISA MC

pl. H. de Ville – ✆ 02 43 46 60 12 – Fax 02 43 46 60 12 – Fermé 1er-15 fév., dim. soir, lundi soir, mardi soir et merc.
Rest – Menu 9,50/25 € – Carte 14/23 €
◆ Vénérable établissement ? Certes, mais c'est ce qui lui confère tout son charme. Agréable salle campagnarde, dans le prolongement du café de village, et plats traditionnels.

LE MAYET-DE-MONTAGNE – 03 Allier – 326 J6 – 1 598 h. – alt. 535 m – ✉ 03250 **Auvergne** — 6 **C2**

Paris 369 – Clermont-Ferrand 81 – Lapalisse 23 – Moulins 73 – Thiers 44 – Vichy 27

Office de tourisme, rue Roger Degoulange ✆ 04 70 59 38 40, Fax 04 70 59 37 24

X **Le Relais du Lac** avec ch — ch, P VISA MC

rte de Laprugne, 0,5 km au Sud par D 7 – ✆ 04 70 59 70 23 – renécazals@orange.fr – Fermé lundi et mardi
6 ch – †46 € ††46/55 €, ☕ 8 € – ½ P 53 € – **Rest** – Menu 12,50 € (déj. en sem.), 22/40 € – Carte 21/49 €
◆ Au cœur de la Montagne bourbonnaise et tout près d'un lac, une adresse qui honore le terroir : décor champêtre et spécialités de fritures. Terrasse d'été. Chambres proprettes.

MAZAMET – 81 Tarn – 338 G10 – 10 544 h. – alt. 241 m – ⊠ 81200

29 **C2**

Midi-Pyrénées

▶ Paris 739 – Albi 64 – Carcassonne 50 – Castres 21 – Toulouse 92

☒ de Castres-Mazamet : ℰ 05 63 70 34 77, O : 14 km.

☒ Office de tourisme, rue des Casernes ℰ 05 63 61 27 07, Fax 05 63 61 31 35

☒ de Mazamet-la-Barouge Pont de l'Arn, N : 3 km, ℰ 05 63 61 06 72.

☒ ≤ ★ des gorges de l'Arnette S : 4 km.

Mets et Plaisirs

7 av. A. Rouvière – ℰ 05 63 61 56 93 – contact@metsetplaisir.com
– Fax 05 63 61 83 38 – Fermé 4-24 août, 2-13 janv. et dim. soir

AC rest, ⅍ ℂ VISA ◑◉

11 ch – ♥44 € ♥♥50 €, ⊇ 7 € – ½ P 56 € – **Rest** – *(fermé lundi)* Menu 16 € (déj.
en sem.)/25 € – Carte 25/70 €

♦ Maison de maître du début du 20ᵉ s. située en plein centre-ville, face à la poste. On
rafraîchit peu à peu les chambres correctement équipées. La salle de restaurant a conservé
de son passé de demeure patricienne une distinction certaine ; cuisine au goût du jour.

à Bout-du-Pont-de-Larn 2 km à l'Est par D 612 et D 54 – 1 070 h. – alt. 280 m –
⊠ 81660

La Métairie Neuve ⊗

🚗 🏠 ⊃ 🔏 P VISA ◑◉ AE

Bout du Pont de Larn – ℰ 05 63 97 73 50 – metairieneuve@wanadoo.fr
– Fax 05 63 61 94 75 – Fermé 15 déc.-20 janv.

14 ch – ♥62/80 € ♥♥71/89 €, ⊇ 10 € – ½ P 64/73 € – **Rest** – *(fermé merc. du
1ᵉʳ juin au 30 sept., sam. et dim. du 1ᵉʳ oct. au 31 mai) (dîner seult) (résidents seult)*
Menu 23 €

♦ Métairie du 18ᵉ s. rénovée avec goût. Cour pavée, joli salon au coin du feu et chambres
portant les noms de grands crus bordelais. Coquette salle à manger rustique et terrasse
aménagée sous une ancienne grange, face au beau jardin fleuri et à sa piscine.

MAZAN – 84 Vaucluse – 332 D9 – rattaché à Carpentras

MAZAYE – 63 Puy-de-Dôme – 326 E8 – 560 h. – alt. 760 m – ⊠ 63230

5 **B2**

▶ Paris 441 – Clermont-Fd 23 – Le Mont-Dore 32 – Pontaumur 27
– Pontgibaud 7

Auberge de Mazayes ⊗

🏠 & ch, ↤ 🔏 P VISA ◑◉

à Mazayes-Basses – ℰ 04 73 88 93 30 – Fax 04 73 88 93 80
– Fermé 15 déc.-22 janv., lundi d'oct. à mars et mardi midi

15 ch – ♥51 € ♥♥62/74 €, ⊇ 8,50 € – ½ P 62 €
Rest – Menu 17 € (sem.), 26/36 € – Carte 25/40 € ⅊

♦ Cette ancienne ferme constitue un pied-à-terre idéal pour découvrir la campagne
auvergnate : la beauté rustique du site n'a d'égal que celle des aménagements. Joli
restaurant champêtre. Goûteux plats régionaux ; belle sélection de bordeaux et de vins
locaux.

MÉAUDRE – 38 Isère – 333 G7 – rattaché à Autrans

MEAULNE – 03 Allier – 326 C3 – 759 h. – alt. 185 m – ⊠ 03360

5 **B1**

Auvergne

▶ Paris 307 – Clermont-Ferrand 126 – Moulins 96 – Montluçon 31
– Saint-Amand-Montrond 19

Au Cœur de Meaulne

🚗 🏠 & rest, ↤ ⅍ ℂ 🔏 VISA ◑◉

20 pl. de l'Eglise – ℰ 04 70 06 20 30 – info@aucoeurdemeaulne.com
– Fax 04 70 06 92 58 – Fermé 13-19 oct. et janv.

8 ch – ♥51/70 € ♥♥51/70 €, ⊇ 8 € – ½ P 53/62 € – **Rest** – *(fermé mardi sauf le
soir en juil.-août et merc.)* Menu 15 € bc (déj. en sem.), 21/35 € – Carte 34/47 €

♦ Cette auberge rajeunie vous héberge dans des chambres fraîches et nettes, où des
tronçons de bois de la forêt du Tronçais tiennent lieu de tables de nuits ! Cuisine actuelle
servie dans une salle fringante ou, en été, sous la frondaison d'un vieux marronnier.

▶ Paris 54 – Compiègne 68 – Melun 56 – Reims 98

🖹 Office de tourisme, 1, place Doumer ℰ 01 64 33 02 26,
Fax 01 64 33 24 86

🏌 de Meaux Boutigny à Boutignypar A 140 et D 228 : 11km, ℰ 01 60 25 63 98 ;

🏌 de la Brie à Crécy-la-Chapelle Ferme de Montpichet, par A 140 et rte de
Melun : 16 km, ℰ 01 64 75 34 44 ;

🏌 Disneyland Paris à Magny-le-Hongre Allée de la Mare Houleuse, S : 16 km
par D5, ℰ 01 60 45 68 90.

◎ Centre épiscopal★ ABY : cathédrale★ **B**, ≤★ de la terrasse des remparts.

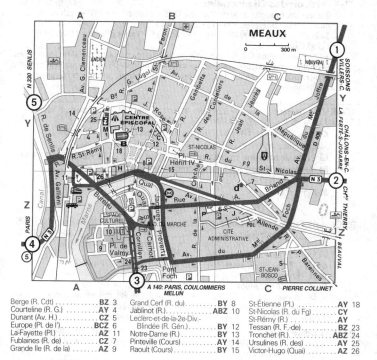

Berge (R. Cdt) . . . . **BZ** 3	Grand Cerf (R. du) . . . . **BY** 8	St-Étienne (Pl.) . . . . **AY** 18
Courteline (R. G.) . . . . **AY** 4	Jablinot (R.) . . . . **ABZ** 10	St-Nicolas (R. du Fg) . . . . **CY**
Dunant (Av. H.) . . . . **CZ** 5	Leclerc-et-de-la-2e-Div.-	St-Rémy (R.) . . . . **AY**
Europe (Pl. de l') . . . . **BCZ** 6	Blindée (R. Gén.) . . . . **BY** 12	Tessan (R. F.-de) . . . . **BZ** 23
La-Fayette (Pl.) . . . . **AZ** 11	Notre-Dame (R.) . . . . **BY** 13	Tronchet (R.) . . . . **ABZ** 24
Fublaines (R. de) . . . . **CZ** 7	Pinteville (Cours) . . . . **AY** 14	Ursulines (R. des) . . . . **AY** 25
Grande Ile (R. de la) . . . . . . **AZ** 9	Raoult (Cours) . . . . **BY** 15	Victor-Hugo (Quai) . . . . **AZ** 26

🍴🍴 **La Grignotière**   🅰️🅲 🆅🅸🆂🅰️ � ⓞ

*36 r. Sablonnière – ℰ 01 64 34 21 48 – Fax 01 64 33 93 93 – Fermé août, sam. midi,
mardi et merc.*   CZ **d**
Rest – Menu 29 € (déj. en sem.)/42 € – Carte 49/66 €

♦ La Grignotière se repère facilement grâce à sa belle enseigne en fer forgé.
Agréable intérieur d'esprit rustique, ambiance conviviale et sympathique cuisine traditionnelle.

à Poincy 5 km par ② et D 17ᴬ – 694 h. – alt. 53 m – ⌧ 77470

🍴🍴 **Le Moulin de Poincy**   🚗 **P** 🆅🅸🆂🅰️ ⓜⓒ

*r. du Moulin – ℰ 01 60 23 06 80 – Fax 01 60 23 12 56 – Fermé 1ᵉʳ-25 sept.,
2-24 janv., lundi soir, mardi et merc.*
Rest – Menu 30/60 € – Carte 48/71 € 🍷

♦ Joli moulin du 17ᵉ s. et son jardin en bord de Marne. L'intérieur a du cachet : boiseries,
poutres apparentes, meubles patinés, objets chinés et collection de cafetières.

MEAUX
à Trilbardou 7 km par ④ et D 27 – 517 h. – alt. 47 m – ⊠ 77450

⌂ **M. et Mme Cantin** sans rest ◎   ⌘ **P**
2 r. de l'Église – ℰ 01 60 61 08 75 – cantin.evelyne @ voila.fr
3 ch ⌑ – ♥50 € ♥♥58 €
◆ Le canal de l'Ourcq longe le jardin de cette demeure du 19ᵉ s. Certains clients y viennent même en vélo depuis Paris par la piste cyclable ! Chambres à la décoration raffinée.

MEAUZAC – 82 Tarn-et-Garonne – 337 D7 – 890 h. – alt. 76 m –
⊠ 82290   28 **B2**

▶ Paris 628 – Cahors 57 – Montauban 16 – Toulouse 67

⌂ **Manoir des Chanterelles**   𝄐 ⍨ ℀ ☏ **P**
Bernon-Boutounelle, 2 km au Nord par D 45 – ℰ 05 63 24 60 70 – nathalie @
manoirdeschanterelles.com – Fax 05 63 24 60 71
5 ch ⌑ – ♥60/70 € ♥♥70/120 € – ½ P 65/85 € – **Table d'hôte** – Menu 25 €
bc/35 € bc
◆ Un verger de pommiers et un agréable parc bordent ce manoir flanqué de jolies tourelles. Les étages accueillent des chambres aux styles très contrastés : Savane, Louis XVI, Orientale, Romantique et Zen. Au rez-de-chaussée, salle à manger où vous sera servie une cuisine traditionnelle.

MEGÈVE – 74 Haute-Savoie – 328 M5 – 4 509 h. – alt. 1 113 m – **Sports d'hiver :**
1 113/2 350 m ⌖ 9 ⌖ 70 ⌖ – Casino AY – ⊠ 74120 ▯ Alpes du Nord   46 **F1**

▶ Paris 598 – Albertville 32 – Annecy 60 – Chamonix-Mont-Blanc 33
Altiport de Megève ℰ 04 50 21 33 67, SE : 7 km BZ

🛈 Office de tourisme, maison des Frères ℰ 04 50 21 27 28, Fax 04 50 93 03 09
🏌 du Mont-d'Arbois 3001 route Edmond de Rotschild, E : 2 km,
    ℰ 04 50 21 29 79.

◉ Mont d'Arbois★★.

Plan page ci-contre

🏨 **Les Fermes de Marie** ◎   ≤ 🚗 ⌂ ▦ ⊕ ⌂ ⌂ & ch, ☏ ⌂ **P**
chemin de Riante Colline par ② –   🚗 **VISA** **CO** **AE** ①
ℰ 04 50 93 03 10 – contact @ fermesdemarie.com – Fax 04 50 93 09 84
– Ouvert 28 juin-2 sept. et 20 déc.-14 avril
64 ch – ♥260/945 € ♥♥260/945 €, ⌑ 27 € – 7 suites – ½ P 198/710 €
Rest – Carte 62/73 €
Rest *Restaurant Alpin* – (dîner seult) Carte 48/82 €
◆ Ce hameau d'authentiques fermes savoyardes a été merveilleusement reconstitué. Chambres-cocons, superbe spa... Luxueux et unique. Belle table montagnarde et carte au goût du jour. Recettes régionales au restaurant à fromages.

🏨 **Lodge Park**   ⌂ ▣ & rest, ⌖ ☏ ⌂ **P** 🚗 **VISA** **CO** **AE** ①
100 r. Arly – ℰ 04 50 93 05 03 – contact @ lodgepark.com – Fax 04 50 93 09 52
– Ouvert 21 déc.-31 mars   AY **s**
39 ch – ♥220/390 € ♥♥220/390 €, ⌑ 25 € – 11 suites – ½ P 190/563 €
Rest – Carte 55/75 €
◆ Décoration très réussie des chambres sur le thème des lacs canadiens et des chercheurs d'or : bois brut, rondins, trophées de chasse, cheminée en pierre, tissus choisis, etc. Au restaurant, les Adirondacks revus et corrigés... à la mode megévanne ! Carte au goût du jour.

🏨 **Le Fer à Cheval**   ⌂ ⍨ ⌂ ▣ & ▥ rest, ℀ rest, ☏ ⌂
36 rte Crêt d'Arbois – ℰ 04 50 21 30 39   **P** 🚗 **VISA** **CO** **AE**
– fer-a-cheval @ wanadoo.fr – Fax 04 50 93 07 60 – Fermé début sept.-mi déc. et
lundi soir en basse saison   BY **a**
42 ch (½ P seult) – 14 suites – ½ P 281/581 €
Rest – (Fermé lundi hors saison et le midi en hiver) Menu 60 € – Carte 57/65 €
Rest *L'Alpage* – (Ouvert de mi-déc. à début avril) Carte 50/60 €
◆ Le chalet bâti en 1938 par le forgeron du village renferme un superbe intérieur montagnard. Salons et chambres très cosy (mobilier régional), salles de bains luxueuses. Dîner aux chandelles, près de la cheminée, dans une intime salle à manger. Plats du terroir à L'Alpage.

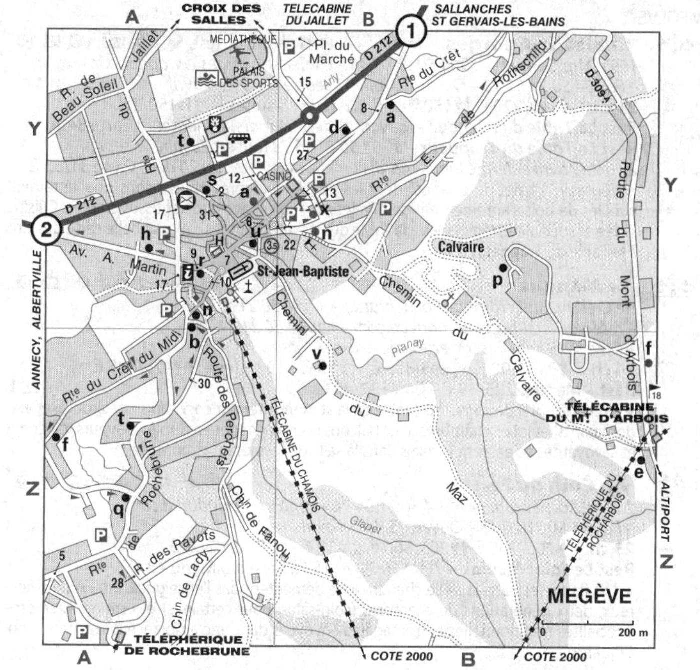

Arly (R. d') AY 2	Muffat-de-St-Amour (R. du Gén.) AY 12	Résistance (Pl. de la) AY 22
Bouchet (Rte du) AZ 5	Oberstdorf (R.) BY 13	St-François (R.) ABY 27
Église (Pl. de l') AY 7	Palais des Sports (Rte du) ABY 15	Téléphérique (Rte du) AZ 28
Feige (R. Ch.) ABY 8	Poste (R. de la) AY 17	Verte (Allée) AZ 30
Martin (R. A.) AY 9		5-Rues (Passage des) AY 31
Monseigneur-Conseil (R.) AY 10		

Mont-Blanc

pl. de l'Église – 04 50 21 20 02 – contact@hotelmontblanc.com
– Fax 04 50 21 45 28 – Fermé 20 avril-7 juin AY **r**

40 ch – 250/370 € 420/570 €, 25 €

Rest ***Les Enfants Terribles*** – Carte 43/107 €

◆ Mythique doyen des hôtels megévans : "21e arrondissement de Paris" selon Cocteau, théâtre des Liaisons dangereuses version Vadim... Très jolies chambres personnalisées. Bar à champagne. Les Enfants Terribles, le restaurant-brasserie, vous ouvre ses portes.

Chalet du Mont d'Arbois

ch,

447 chemin de la Rocaille,
par rte Edmond de Rothschild – 04 50 21 25 03
– montarbois@relaischateaux.fr – Fax 04 50 21 24 79
– Ouvert de mi-juin à mi- oct. et de mi-déc. à mi-avril BY **p**

23 ch – 307/794 € 329/994 €, 28 € – 1 suite – **Rest** – *(fermé le midi en sem. et lundi sauf vacances scolaires)* Menu 60/230 € – Carte 88/149 €

◆ Vue sublime sur les sommets depuis ces chalets isolés sur le plateau du mont d'Arbois. Trophées de chasse, boiseries et beau mobilier y créent un cadre chaleureux et raffiné. Spa zen. Élégant restaurant, terrasse d'été prisée, cuisine soignée et superbe carte des vins.

Chalet de Noémie

5 suites – 959/4000 €, 28 €

◆ Les cinq luxueux appartements du Chalet de Noémie constituent une délicieuse annexe merveilleusement équipée.

Chalet d'Alice

7 ch – 484/1500 € 484/1500 €, 28 € – 1 suite

◆ Des chambres ravissantes, un salon cosy et une rare collection de cannes et pipes appartenant aux Rothschild vous attendent en ce joli chalet à l'ancienne.

Chalet St-Georges ⛃ Ⓕ |⅌| ⅋ ch, ⅏ rest, ☏ ⌾ 𝗩𝗜𝗦𝗔 ⬤ ⒶⒺ ⓪

159 r. Mgr Conseil – ⌀ *04 50 93 07 15 – chalet-st-georges@wanadoo.fr*
– Fax 04 50 21 51 18 – Ouvert 28 juin-13 sept. et 21 déc.-9 avril AY **n**
21 ch – ⅋140/220 € ⅋⅋150/380 €, ⌷ 18 € – 3 suites – ½ P 150/280 €
Rest *La Table du Pêcheur – (ouvert 21 déc.-31 mars) (dîner seult)* Carte 34/60 €
Rest *La Table du Trappeur –* ⌀ *04 50 21 15 73 (ouvert 28 juin-13 sept.,
25 oct.-9 avril et fermé lundi, mardi et merc. du 12 nov. au 20 déc.)* Carte 31/55 €
♦ Véritable "chalet de poupée" dont les petites chambres et les salons douillettement
habillés de bois s'agrémentent de bibelots, meubles savoyards et tissus colorés. Cuisine
iodée et spécialités régionales à la Table du Pêcheur. Viandes rôties et belle carte des vins
à la Table du Trappeur.

Le Manège ⛃ Ⓕ |⅌| ⅏ rest, ☏ ⌾ 𝗩𝗜𝗦𝗔 ⬤ ⒶⒺ ⓪

rte Crêt du Midi, (rd-pt de Rochebrune) – ⌀ *04 50 21 41 09*
– reservation@hotel-le-manege.com – Fax 04 50 21 44 76
– Ouvert 25 juin-1er sept. et 15 déc.-5 avril
14 ch – ⅋215/290 € ⅋⅋295/395 €, ⌷ 15 € – 19 suites – ⅋⅋475/605 €
Rest – Menu (22 €), 39 € – Carte 32/40 € AYZ **b**
♦ Hôtel récent à deux pas du centre de la station. Intérieur cosy (bois, tons rouge et vert
dominants) et jolies chambres avec balcons ; certaines sont en duplex. Saveurs italiennes
et savoyardes se passent le relais dans la salle de restaurant lambrissée.

Au Coin du Feu ⪉ Ⓕ |⅌| 𝗩𝗜𝗦𝗔 ⬤ ⒶⒺ ⓪

252 rte Rochebrune – ⌀ *04 50 21 04 94 – contact@coindufeu.com*
– Fax 04 50 21 20 15 – Ouvert 15 déc.-4 avril AZ **t**
23 ch – ⅋205/265 € ⅋⅋205/360 €, ⌷ 17 € – ½ P 150/229 €
Rest *Le Saint Nicolas –* ⌀ *04 50 21 20 15 (dîner seult)* Menu 48 €
♦ Les flambées dans la belle cheminée ne démentent pas l'enseigne... Intérieur chaleu-
reux, deux générations de chambres (coin-salon pour certaines) et espaces bien-être.
Spécialités traditionnelles et fromagères envoyées dans une ambiance de taverne mon-
tagnarde.

La Grange d'Arly ⌂ ⛃ |⅌| ⅋ ch, ⅏ ☏ Ⓟ ⌾ 𝗩𝗜𝗦𝗔 ⬤ ⒶⒺ ⓪

10 r. Allobroges – ⌀ *04 50 58 77 88 – contact@grange-darly.com*
– Fax 04 50 93 07 13 – Ouvert de fin juin à mi-sept. et de mi-déc. à fin mars AY **t**
25 ch – ⅋135/179 € ⅋⅋155/215 €, ⌷ 7 € – ½ P 111/141 € – **Rest** – *(dîner seult)*
Menu 18/33 €
♦ Chalet entouré de verdure, non loin d'un cours d'eau. Charmant décor mêlant le bois
blond et les tissus colorés. Les chambres mansardées sont les plus agréables. Coquet
restaurant – lambris clairs et étoffes aux couleurs du Midi – et recettes régionales.

Ferme Duvillard sans rest ⌷ ⌣ ☏ Ⓟ 𝗩𝗜𝗦𝗔 ⬤ ⒶⒺ ⓪

3048 rte Edmond-de-Rothschild – ⌀ *04 50 21 14 62*
– ferme.duvillard@wanadoo.fr – Fax 04 50 21 42 82
– Ouvert mi-juin-mi-oct. et mi-déc.-mi-avril
19 ch – ⅋137/232 € ⅋⅋184/339 €, ⌷ 13 € BZ **e**
♦ Au pied de la télécabine du mont d'Arbois, ancienne ferme de montagne aux chambres
joliment rénovées, plus calmes côté vallée. Accueillant salon (cheminée, billard) ; sauna.

La Chaumine sans rest ⌂ ⪉ ⌷ ☏ Ⓟ ⌾ 𝗩𝗜𝗦𝗔 ⬤

36 chemin des Bouleaux, par chemin du Maz – ⌀ *04 50 21 37 05*
*– lachauminemegeve@orange.fr – Fax 04 50 21 37 21 – Ouvert 29 juin-30 août
et 20 déc.-30 mars* BZ **v**
11 ch – ⅋66/81 € ⅋⅋84/110 €, ⌷ 8,50 €
♦ À 300 m du village et de la télécabine du Chamois, une ferme du 19e s. joliment restaurée
à la mode montagnarde. Chambres coquettes et service snack le soir (plats locaux).

Au Cœur de Megève ⛃ |⅌| ⅋ rest, 𝗩𝗜𝗦𝗔 ⬤ ⒶⒺ

44 av. Ch. Feige – ⌀ *04 50 21 25 30 – info@hotel-megeve.com*
– Fax 04 50 91 91 27 AY **u**
36 ch – ⅋90/200 € ⅋⅋140/380 €, ⌷ 12 € – 7 suites
Rest – *(fermé merc. et jeudi hors saison)* Menu 22/25 € – Carte 26/58 €
Rest *St-Jean – (ouvert déc.-avril) (dîner seult)* Carte 30/50 €
♦ Élégantes chambres rénovées dans le style savoyard ; certaines ont vue sur les sommets,
d'autres sur un torrent. Au restaurant, recettes traditionnelles et régionales, salon de thé et
terrasse estivale. Spécialités fromagères au Saint-Jean.

Au Vieux Moulin sans rest ❄   🎿 🎱 ⅙ 🛁 ⚓ 🅿 VISA ⑩ AE

188 r. A. Martin – ℰ 04 50 21 22 29 – vieuxmoulin @ compuserve.com
– Fax 04 50 93 07 91 – Ouvert de début juin à mi-sept. et mi-déc. à mi-avril
38 ch – ♦145/240 € ♦♦145/390 €, ☑ 15 €   AY **h**
♦ Ces deux chalets abritent des chambres rénovées dans un esprit montagnard, à la fois sobre et plaisant. Sauna, piscine et espace beauté agrémenteront votre séjour.

La Prairie sans rest   🚗 🎱 ⅙ ↩ ⚓ 🅿 ⌬ VISA ⑩ ①

407 r. Ch. Feige – ℰ 04 50 21 48 55 – contact @ hotellaprairie.com
– Fax 04 50 21 42 13 – Ouvert juin-sept. et déc.-avril   BY **d**
39 ch – ♦80/320 € ♦♦80/320 €, ☑ 10 €
♦ Aux portes de la station, chambres pratiques souvent dotées de balcons, plus actuelles et chaleureuses à l'annexe. Carte de type snack (avec plats montagnards) disponible 24h sur 24.

Le Gai Soleil   ⬅ 🎿 ⅙ ↩ 🅿 ⌬ VISA ⑩ ①

rte Crêt du Midi – ℰ 04 50 21 00 70 – info @ le-gai-soleil.fr – Fax 04 50 21 57 63
– Ouvert 11 juin-14 sept. et 16 déc.-14 avril   AZ **f**
21 ch – ♦70/94 € ♦♦78/127 €, ☑ 10 € – ½ P 77/98 € – **Rest** – Menu 20 € (déj.), 25/35 €
♦ Ce chalet des années 1920 est fréquenté par une clientèle de fidèles conquise par son cachet et les bienfaits de son minifitness. Chambres plus tranquilles sur l'arrière. Sympathique restaurant rustique, plats régionaux et menus montagnards les lundis et jeudis.

Alp'Hôtel   🚗 ℀ rest, 🅿 VISA ⑩

434 rte de Rochebrune – ℰ 04 50 21 07 58 – alp.hotel @ wanadoo.fr
– Fax 04 50 21 13 82 – Ouvert 1er juil.-20 sept. et 20 déc.-15 avril   AZ **q**
18 ch – ♦45/87 € ♦♦57/87 €, ☑ 8 € – ½ P 57/73 € – **Rest** – (fermé le midi en hiver) Menu 21/30 €
♦ À mi-chemin du centre du village et du périphérique de Rochebrune, ce chalet traditionnel mise sur la simplicité d'un cadre rustique et chaleureux. Tenue irréprochable. Cuisine familiale soignée et spécialités du pays.

Le Chalet de l'Ancolie   🚗 ↩ VISA ⑩ AE

1295 rte de Sallanches, (à Demi-Quartier), 2,5 km par ① – ℰ 04 50 21 21 37
– contact @ chalet-ancolie.com – Fax 04 50 58 95 06 – Fermé 14-29 avril,
13-23 mai, 23-26 juin et 22 oct.-5 déc.
10 ch – ♦62/110 € ♦♦69/118 €, ☑ 9 € – ½ P 60/90 €
Rest – (fermé merc. midi sauf vacances de noël et fév.) Menu (25 €), 33 € – Carte 34/39 €
♦ Avenant petit hôtel bordant la route menant à la station. Intérieur entièrement rénové dans un esprit alpin, sobre et frais ; chambres lambrissées plus calmes sur l'arrière. À table, carte traditionnelle assortie de quelques spécialités montagnardes.

Les Oyats sans rest ❄   ⅙ ↩ ℀ 🅿

771 chemin de Lady, au Sud – ℰ 04 50 21 11 56 – lesoyats3 @ wanadoo.fr – Fermé de mi-avril à mi-mai
4 ch ☑ – ♦74 € ♦♦84 €
♦ Cette ferme familiale atypique cumule les atouts : décor "tout bois" et solide mobilier faits maison, chambres dotées de terrasses avec vue sur le hameau, cuisine ouverte sur l'écurie où logent deux ânesses, etc.

Flocons de Sel (Emmanuel Renaut)   VISA ⑩

75 r. St-François – ℰ 04 50 21 49 99 – flocons.de.sels @ wanadoo.fr
– Fax 04 50 21 68 22 – Fermé mai, juin, nov., mardi et merc. hors saison, mardi midi et merc. midi en saison et lundi midi   AY **a**
Rest – Menu 35 € (déj. en sem.)/115 € – Carte 65/110 € ⅏
Spéc. Millefeuille de légumes, herbes du jardin et champignons sauvages (printemps-été). Omble chevalier avec un beurre fermier, pomme de terre en poterie et sabayon thé vert. Tarte chartreuse. **Vins** Roussette de Savoie, Mondeuse d'Arbin.
♦ Joli nom pour un joli cadre : dans une ferme du 19e s. au cœur de la station, deux salles rustiques plaisamment décorées d'une myriade d'objets. Délicieuse cuisine créative.

XX **Taverne du Mont d'Arbois**   🈲 VISA ⓜ⦿ AE
2811 rte Edmond de Rothschild – ℰ 04 50 21 03 53 – taverne-sehtma@sfhm.fr
– Fax 04 50 58 93 02 – Fermé mai, nov., mardi et merc.
sauf vacances scolaires   BZ **f**
Rest – *(dîner seult)* Menu 38/55 € bc – Carte 48/88 €
Rest *L'Atelier* – *(Fermé mai, oct., nov., lundi et mardi sauf vacances scolaires)*
(dîner seult) Menu 40/55 €
♦ Il règne une sympathique atmosphère montagnarde dans ce chalet : chaleureux cadre "paysan", recettes traditionnelles actualisées et plats rôtis sous vos yeux dans la cheminée. À l'Atelier, cadre tendance, rustique et contemporain, et cuisine inventive présentée sur ardoise.

X **Le Puck**   🈲 ⅙ VISA ⓜ⦿
31 r. Oberstdorf – ℰ 04 50 21 06 61 – Fax 04 50 21 68 22 – Fermé mai et lundi sauf vacances scolaires   BY **x**
Rest – Menu 29 € – Carte 30/52 €
♦ Un nom qui désigne le palet des hockeyeurs pour ce restaurant installé à la patinoire centrale. Décor moderne aux tons gris, terrasse bien exposée et cuisine de brasserie.

X **Le Vieux Megève**   VISA ⓜ⦿
58 pl. de la Résistance – ℰ 04 50 21 16 44 – vieux-megeve@py-internet.com
– Fax 04 50 93 06 69 – Ouvert 11 juil.-30 sept. et 16 déc.-31 mars   BY **n**
Rest – Menu 23 € (déj.)/25 € (déj.) – Carte 22/54 €
♦ Ce chalet (1880) cultive la nostalgie du Megève des origines : qualité de l'accueil, boiseries patinées, grande cheminée, linge à l'ancienne et spécialités régionales.

X **Le Crystobald**   🈲 VISA ⓜ⦿
489 rte Nationale, par ① – ℰ 04 50 21 26 82 – lecrystobald@orange.fr – Fermé 16 juin-4 juil., 24 nov.-18 déc., lundi soir, mardi et merc. hors saison
Rest – Menu (16 €), 20 € (déj. en sem.), 32/45 € – Carte 25/54 €
♦ Une agréable ambiance rustique règne sur ce chalet familial, qui propose une cuisine actuelle bien maîtrisée. Salle à manger en bois clair, terrasse, et service charmant.

au sommet du Mont d'Arbois par télécabine du Mt d'Arbois ou télécabine de la Princesse – ✉ 74170 St-Gervais

🏠 **L'Igloo** ⊱   ≤ chaîne du Mont Blanc, 🈲 ⤳ 🌢⦁ ⚿ VISA ⓜ⦿ AE
3120 rte des Crêtes – ℰ 04 50 93 05 84 – igloo2@wanadoo.fr – Fax 04 50 21 02 74
– Ouvert 25 juin-10 sept. et 17 déc.-20 avril
12 ch (½ P seult) – ½ P 130/210 € – **Rest** – Menu 40/60 € – Carte 47/72 €
♦ Au point de rencontre de trois téléphériques, une vue exceptionnelle sur le massif du Mont-Blanc. Mobilier choisi, jacuzzi et sauna ajoutent à l'agrément du lieu. Panorama époustouflant depuis la terrasse du restaurant. Également, self-service pour skieurs.

X **L'idéal**   ≤ de la chaine des Aravis au Mont-Blanc, 🈲 VISA ⓜ⦿ AE
– ℰ 04 50 21 31 26 – ideal-sehtma@fhm.fr – Fax 04 50 93 02 63 – Ouvert mi déc.-mi avril
Rest – *(déj. seult)* Carte 37/70 €
♦ Une ancienne ferme d'alpage devenue le restaurant d'altitude le plus chic de la station. Paysage remarquable, vaste terrasse et plats montagnards sont au rendez-vous.

à la Côte 2000 8 km au Sud-Est par rte Edmond de Rothschild - BZ – ✉ 74120 Megève

X **Côte 2000**   ≤ 🈲 ⌂🍴(soir) VISA ⓜ⦿ AE
3461 rte de la Cote 2000 – ℰ 04 50 21 31 84 – c2000-sehtma@sfhm.fr
– Fax 04 50 21 59 25 – Ouvert 2 juil.-9 sept. et 16 déc.-30 avril
Rest – Menu 47 € (déj.), 62/70 € – Carte 47/72 €
♦ Ce superbe chalet autrichien (propriété des Rothschild) fut démonté puis reconstruit ici, pièce par pièce, dans les années 1960. Vaste terrasse panoramique et carte régionale.

à Leutaz 4 km au Sud-Ouest par rte du Bouchet AZ – ✉ 74120 Megève

XX **La Sauvageonne**   ≤ 🈲 ✿ ⌂🍴(soir) VISA ⓜ⦿ AE
– ℰ 04 50 91 90 81 – Fax 04 50 58 75 44 – Ouvert 12 juil.-14 sept. et 4 déc.-16 avril
Rest – Menu (23 €) – Carte 58/77 €
♦ Cette ferme de 1907 abrite une coquette salle à manger (tableaux de bois sculptés représentant des paysages alpins) et un superbe salon avec cave à cigares. Clientèle tendance "showbiz".

✗ Le Refuge ⟵ 🚷 P VISA 🅜🅞

– ☏ 04 50 21 23 04 – franck@refuge-megeve.com – Fax 04 50 91 99 76 – Fermé
10 juin-10 juil., 15 oct.-15 nov. et merc. sauf vacances scolaires
Rest – Menu (22 €), 27 € (déj.) – Carte 41/57 €

♦ Un bien charmant "refuge" perché sur les hauteurs de la station. Influences montagnardes tant pour le décor que dans l'assiette, simple et goûteuse. Grande terrasse panoramique.

MEILLARD – 03 Allier – 326 G4 – 280 h. – alt. 340 m – ⊠ 03500   5 **B1**
▶ Paris 319 – Clermont-Fd 86 – Mâcon 149 – Montluçon 68 – Moulins 27
– Nevers 82

✗ L'Auberge Gourmande 🚷 VISA 🅜🅞

au bourg – ☏ 04 70 42 06 09 – auberge.gourmande@wanadoo.fr – Fermé
1er-15 juil., vacances de Noël, de fév., dim. soir, lundi, mardi et merc.
Rest – (prévenir) Menu 30/54 € – Carte 44/59 €

♦ Cette vieille maison de pays abrite un sobre intérieur champêtre. La terrasse offre la vue sur l'insolite église du village. Petite carte au goût du jour. Aire de jeux.

MEILLONNAS – 01 Ain – 328 F3 – 1 204 h. – alt. 271 m – ⊠ 01370   44 **B1**
▶ Paris 432 – Bourg-en-Bresse 12 – Mâcon 47 – Nantua 37 – Oyonnax 46

✗ Auberge Au Vieux Meillonnas 🚲 🚷 P VISA 🅜🅞 AE

– ☏ 04 74 51 34 46 – auvieuxmeillonnas@orange.fr – Fax 04 74 51 34 46 – Fermé
23 août-3 sept., 30 oct.-5 nov., 11-18 fév., mardi soir, dim. soir et merc.
Rest – Menu 16 € (sem.)/34 € – Carte 24/54 €

♦ Cette ferme bressane plutôt simple offre un chaleureux accueil. Cuisine régionale et salle à manger rustique ouverte sur une terrasse ombragée et un jardin.

MEISENTHAL – 57 Moselle – 307 P5 – 766 h. – alt. 380 m – ⊠ 57960   27 **D2**
▶ Paris 440 – Haguenau 47 – Sarreguemines 38 – Saverne 40 – Strasbourg 62

🏠 Auberge des Mésanges ⊗ 🚷 ☎ 🛁 P VISA 🅜🅞 AE

r. des Vergers – ☏ 03 87 96 92 28 – hotel-restaurant.auberge-mesanges@
wanadoo.fr – Fax 03 87 96 99 14 – Fermé 22 déc.-1er janv., 8-23 fév.
20 ch – †35/41 € ††41/48 €, ☐ 7 € – ½ P 46/48 €
Rest – (fermé dim. soir et lundi) Menu 11 € (déj. en sem.), 18/25 € – Carte 26/38 €

♦ Auberge familiale logée dans une maison centenaire située à l'orée d'une forêt, au sein du Parc naturel des Vosges du Nord. Chambres bien tenues. Table traditionnelle. Le soir goutez la "tarte flambée" (Flammekueche) : fine pâte à pain avec oignons et lardons.

MÉJANNES-LÈS-ALÈS – 30 Gard – 339 J4 – rattaché à Alès

MÉLISEY – 70 Haute-Saône – 314 H6 – 1 794 h. – alt. 330 m – ⊠ 70270
▌ Franche-Comté Jura   17 **C1**
▶ Paris 397 – Belfort 33 – Besançon 92 – Épinal 63 – Lure 13
– Luxeuil-les-Bains 22
🛈 Office de tourisme, place de la Gare ☏ 03 84 63 22 80,
Fax 03 84 63 26 94

✗✗ La Bergeraine 🚲 🚷 AC P VISA 🅜🅞

27 rte des Vosges – ☏ 03 84 20 82 52 – Fax 03 84 20 04 47 – Fermé dim. soir, mardi
soir et merc. sauf fériés
Rest – Menu 15 € (déj. en sem.), 24/85 € – Carte 38/70 €

♦ En bord de route, à la sortie d'un bourg du plateau des Mille Étangs, engageante petite maison aux abords fleuris. Terrasse ombragée par des tilleuls. Plats au goût du jour soignés.

MELLE – 79 Deux-Sèvres – 322 F7 – 3 851 h. – alt. 138 m – ⊠ 79500   39 **C2**
▶ Paris 394 – Niort 30 – Poitiers 60 – St-Jean-d'Angély 45
🛈 Office de tourisme, 3, rue Émilien Traver ☏ 05 49 29 15 10, Fax 05 49 29 19 83

⌂ L'Argentière
🚗 🏠 ⅏ ch, 𝔸𝔠 rest, 📞 📱 𝐏. 𝑉𝐼𝑆𝐴 ⓪⓪ 𝔸𝔼

😊 *à St-Martin, sur rte Niort : 2 km –* ℰ *05 49 29 13 22 – hotel-restaurant.largentiere@ wanadoo.fr – Fax 05 49 29 06 63 – Fermé du 15 nov. au 15 mars*

25 ch – ▪45/49 €, ▪▪47/53 €, � 7 € – ½ P 58/62 € – **Rest** – *(fermé vend. soir de nov. à avril, dim. soir et lundi midi)* Menu 16 € (sem.)/48 € – Carte 42/53 €

♦ L'enseigne évoque les anciennes mines d'argent. Les pavillons de plain-pied, égayés de colonnes antiquisantes, abritent de petites chambres colorées (plus calmes sur l'arrière). Salles à manger actuelles et terrasses dressées sous des tonnelles.

✕✕ Les Glycines avec ch
𝔸𝔠 📞 ♨ 𝑉𝐼𝑆𝐴 ⓪⓪ 𝔸𝔼

5 pl. R. Groussard – ℰ *05 49 27 01 11 – contact@hotel-lesglycines.com – Fax 05 49 27 93 45 – Fermé 3-8 nov. et 5-18 janv., dim. soir 15 sept. au 30 juin et lundi du 15 sept. au 31 mars*

7 ch – ▪42/55 € ▪▪49/63 €, � 7,50 € – ½ P 53/62 € – **Rest** – Menu 25/43 € – Carte 38/56 €

♦ La jolie véranda en fer forgé de ce restaurant abrite une salle à manger cossue, parée d'un décor printanier, et un coin brasserie. Cuisine traditionnelle. Chambres coquettes.

MELUN 𝐏 – 77 Seine-et-Marne – 312 E4 – 35 695 h. – Agglo. 107 705 h. – alt. 43 m – ✉ 77000 ▮ Île de France
19 **C2**

- ▸ Paris 47 – Fontainebleau 18 – Orléans 104 – Troyes 128
- ▮ Office de tourisme, 18, rue Paul Doumer ℰ 01 64 52 64 52, Fax 01 60 56 54 31
- ▮ U.C.P.A. Bois-le-Roi à Bois-le-Roi Base de loisirs, par rte de Fontainebleau : 8 km, ℰ 01 64 81 33 31 ;
- ▮ de Greenparc à Saint-Pierre-du-Perray Route de Villepècle, par rte de Cesson : 15 km, ℰ 01 60 75 40 60 ;
- ▮ Blue Green Golf de Villeray à Saint-Pierre-du-Perraypar rte de Corbeil : 21 km, ℰ 01 60 75 17 47.
- ◉ Portail ⋆ de l'église St-Aspais.
- ▮ Vaux-le-Vicomte : château ⋆⋆ et jardins ⋆⋆⋆ 6 km par ②.

Plan page ci-contre

✕✕ Le Mariette
⅏ 𝔸𝔠 ♨ 𝑉𝐼𝑆𝐴 ⓪⓪

31 r. St-Ambroise – ℰ *01 64 37 06 06 – restaurant@lemariette.fr – Fax 01 64 37 00 47 – Fermé août, lundi soir, sam. midi et dim.*
AZ **a**

Rest – Menu 28 € bc (déj. en sem.), 36/60 € – Carte 55/75 €

♦ Façade, murs intérieurs et vivier à homards : le bleu domine dans l'élégant décor de ce restaurant où la cuisine actuelle fait la part belle aux produits de la mer et à la truffe.

✕✕ La Melunoise
𝔸𝔠 𝑉𝐼𝑆𝐴 ⓪⓪ 𝔸𝔼

5 r. Gâtinais – ℰ *01 64 39 68 27 – Fax 01 64 39 81 81– Fermé août, vacances de fév., dim. soir, lundi et mardi*
X **b**

Rest – Menu 28 € (déj. en sem.), 32/50 € – Carte 39/54 €

♦ Discrète maison en retrait de la circulation. Deux salles à manger sobrement rustiques, séparées par un petit hall rehaussé de vieilles pierres. Registre culinaire classique.

à Crisenoy 10 km par ② – 604 h. – alt. 89 m – ✉ 77390

✕✕✕ Auberge de Crisenoy
🚗 🏠 𝑉𝐼𝑆𝐴 ⓪⓪

r. Grande – ℰ *01 64 38 83 06 – Fax 01 64 38 89 06 – Fermé 28 juil.-18 août, 22-31 déc., 23 fév.-2 mars, dim. soir, merc. soir et lundi*

Rest – Menu 24 € (déj. en sem.), 32/49 € – Carte 42/52 €

♦ Plaisant cadre d'auberge au cœur d'un petit village : pierre brute, poutres, cheminée et mobilier campagnard. On y sert une cuisine actuelle.

à Vaux-le-Pénil 3 km au Sud-Est – 10 688 h. – alt. 60 m – ✉ 77000

✕✕✕ La Table St-Just (Fabrice Vitu)
𝐏. 𝑉𝐼𝑆𝐴 ⓪⓪ 𝔸𝔼

😊 *r. de la Libération, (près du château) –* ℰ *01 64 52 09 09 – latablesaintjust@free.fr – Fax 01 64 52 09 09 – Fermé 27 avril-6 mai, 10 août-2 sept., 24 déc.-7 janv., dim., lundi et fériés*
X **s**

Rest – Menu 43/95 € – Carte 62/94 €

Spéc. Salade de homard à l'orange. Terrine de cèpes aux gambas (automne). Soufflé au Grand Marnier, glace aux zestes d'orange.

♦ Ancienne ferme dépendant du château de Vaux-le-Pénil. C'est aujourd'hui un restaurant aménagé avec goût sous une haute charpente en chêne. Belle cuisine actualisée.

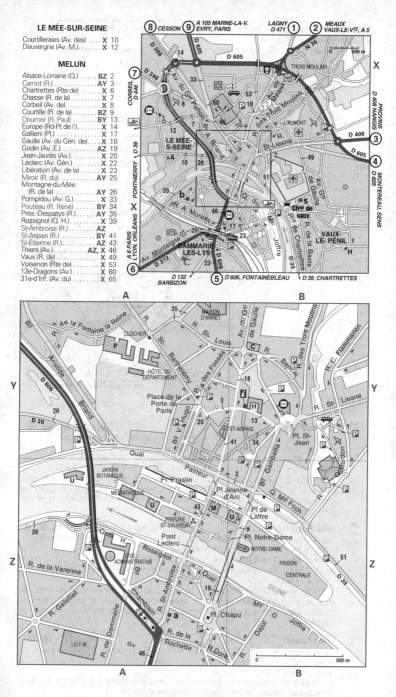

MENDE Ⓟ – **48 Lozère** – **330** J7 – **11 804 h.** – alt. **731 m** – ⊠ **48000**
▌ **Languedoc Roussillon**

23 **C1**

> ▶ Paris 584 – Alès 102 – Aurillac 150 – Gap 305 – Issoire 139 – Millau 96
> 🛈 Office de tourisme, Place du Foirail ℰ 04 66 94 00 23,
>   Fax 04 66 94 21 10
> ◙ Cathédrale★ – Pont N.-Dame★.

MENDE

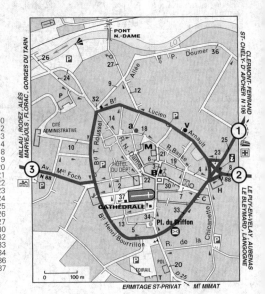

🏨 **De France**   🛜 🍽 🖃 Ⓟ 🛝 𝗩𝗜𝗦𝗔 ⑩

9 bd L. Arnault – ℰ 04 66 65 00 04 – contact@hoteldefrance-mende.com
– Fax 04 66 49 30 47 – Fermé 27 déc.-14 janv.   **v**
24 ch – †58/100 € ††58/100 €, �ⴹ 8,50 € – 3 suites – ½ P 60/80 €
Rest – (fermé sam. midi et lundi midi) Menu (22 €), 26/34 € – Carte 30/37 €
♦ Un beau portail en fer forgé dessert cet ex-relais de poste rénové avec soin pour perpétuer sa longue tradition d'hospitalité (1856). Salon moderne et chambres charmantes. Repas traditionnel dans une lumineuse salle joliment relookée ou, en été, dans la cour.

🏠 **Du Pont Roupt**   🖥 🖾 🖃 🕭 rest, 🖔 🤙 🛝 Ⓟ 𝗩𝗜𝗦𝗔 ⑩ 𝖠𝖤 ⑪

av. 11-Novembre par ③ – ℰ 04 66 65 01 43 – hotel-pont-roupt@wanadoo.fr
– Fax 04 66 65 22 96 – Fermé 22-30 déc.
26 ch – †68/120 € ††68/120 €, ⊃⊂ 11 € – ½ P 78/98 €
Rest – (fermé dim. sauf le soir du 1er nov. au 1er avril et sam.) Menu 26/55 € bc
– Carte 34/48 €
♦ Établissement familial officiant au bord du Lot. Cheminée moderne et sièges de style au salon, chambres pimpantes, belle piscine intérieure et puits illuminé au sous-sol. Plats régionaux mitonnés depuis quatre générations par la même famille de cuisiniers.

✕ **Le Mazel**   𝗩𝗜𝗦𝗔 ⑩

🍴 25 r. Collège – ℰ 04 66 65 05 33 – Fax 04 66 65 05 33 – Ouvert 1er avril-5 nov. et
fermé lundi soir et mardi   **a**
😊 **Rest** – Menu 16/28 € – Carte 22/36 €
♦ Une fresque en mousse d'argile de Loul Combes, artiste reconnu, orne le mur de la salle de restaurant : œuvre de terre célébrant la cuisine du terroir.

à Chabrits 5 km au Nord-Ouest par ③ et D 42 – ⊠ 48000 Mende

XX　　**La Safranière**　　　　　　　　　　　ᕼ ⇧ *VISA* ⓌⓄ

⊙　– ℰ 04 66 49 31 54 – Fax 04 66 49 31 54 – Fermé 1ᵉʳ-17 mars, 15-22 sept.,
　16-28 fév., merc. midi sauf juil.-août, dim. soir et lundi
　Rest – *(prévenir)* Menu 23 € (sem.)/47 €
　♦ Sur les premières marches du Gévaudan, anciennes étables où l'on goûte de la cui-
　sine actuelle dans un joli décor contemporain. Bon petit choix de vins et fromages
　régionaux.

MÉNERBES – 84 Vaucluse – **332** E11 – 995 h. – alt. 224 m – ⊠ 84560
▌Provence
　　　　　　　　　　　　　　　　　　　　　　　　　　　42 **E1**

　　　🚹 Paris 713 – Aix-en-Provence 59 – Apt 23 – Avignon 40 – Carpentras 34
　　　　– Cavaillon 16
　　　◙ ⩽★ de la terrasse de l'église.

🏠　**La Bastide de Marie** ॐ　　⩽ 🚗 🏠 ⛱ ⓀⒸ ch, Ⓛ 🄿 *VISA* ⓌⓄ ⒶⒺ Ⓘ
　rte de Bonnieux – ℰ 04 90 72 30 20 – *bastidemarie @ c-h-m.com*
　– Fax 04 90 72 54 20 – Ouvert 17 avril-3 nov.
　14 ch (½ P seult) – ½ P 238/380 € – **Rest** – Menu 78 € bc – Carte 35/60 €
　♦ Superbe bastide d'où le regard s'évade vers les vignes alentour. Mélange subtil de
　meubles anciens, de bois peints et de nobles tissus dans les jolies chambres. Cuisine au
　goût du jour, d'inspiration provençale, servie dans une élégante salle à manger.

🏠　**La Bastide de Soubeyras** ॐ　　⩽ 🚗 🄿 🏠 ⛱ ↩ ⚘ Ⓛ
　rte des Beaumettes – ℰ 04 90 72 94 14 – *soubeyras @ wanadoo.fr*
　– Fax 04 90 72 94 14 – Fermé fév.
　6 ch ⌷ – †85/155 € ††95/165 € – **Table d'hôte** – Menu 35 € bc
　♦ Cette coquette demeure en pierres sèches, perchée sur une colline, domine le village.
　Ravissantes chambres d'esprit provençal, jardin et piscine pour la détente. Trois soirs par
　semaine, la maîtresse de maison vous invite à découvrir les saveurs du Lubéron.

XX　**Hostellerie Le Roy Soleil** avec ch ॐ　　🏠 ⛱ ⓀⒸ ch, ⚘ rest,
　rte des Beaumettes – ℰ 04 90 72 25 61　　　　　　　Ⓛ 🄿 *VISA* ⓌⓄ ⒶⒺ
　– *reservation @ roy-soleil.com* – Fax 04 90 72 36 55
　– *Rest : ouvert 1ᵉʳ avril-15 oct., hôtel : fermé 5 janv.-1ᵉʳ mars*
　18 ch – †90/170 € ††130/250 €, ⌷ 19 € – 3 suites – ½ P 139/199 €
　Rest – Menu (28 € bc), 55/85 € – Carte environ 70 €
　♦ Les belles voûtes en pierre de ce mas du 17ᵉ s. amoureusement restauré apportent leur
　fraîcheur à la salle à manger cossue. Chambres provençales tournées vers un patio-jardin.

MÉNESQUEVILLE – 27 Eure – **304** I5 – 349 h. – alt. 65 m – ⊠ 27850
▌Normandie Vallée de la Seine
　　　　　　　　　　　　　　　　　　　　　　　　　　　33 **D2**

　　　🚹 Paris 100 – Les Andelys 16 – Évreux 53 – Gournay-en-Bray 33
　　　　– Lyons-la-Forêt 8 – Rouen 29

🏠　**Le Relais de la Lieure** ॐ　　　🏠 ⛱ ᕼ ch, ↩ 🄿 *VISA* ⓌⓄ ⒶⒺ
　1 r. Gén. de Gaulle – ℰ 02 32 49 06 21 – *relais.lieure @ orange.fr*
⊝　– Fax 02 32 49 53 87 – Fermé 19-31 mars et 22-31 oct.
　14 ch – †54/66 € ††54/66 €, ⌷ 7,50 € – ½ P 56/65 € – **Rest** – *(fermé dim. soir,
　lundi midi et vend.)* Menu 16 € (sem.)/42 € – Carte 28/47 €
　♦ Halte familiale dans un hameau situé à l'orée de la magnifique forêt de Lyons. Chambres
　assez grandes, meublées simplement et bien tenues. Plats traditionnels servis dans la salle
　à manger campagnarde.

MENESTEROL – 24 Dordogne – **329** B5 – rattaché à Montpon-Ménestérol

---

MENESTREAU-EN-VILLETTE – 45 Loiret – **318** J5 – rattaché à
La Ferté-St-Aubin

LE MÉNIL – 88 Vosges – **314** I5 – rattaché au Thillot

LA MÉNITRÉ – 49 Maine-et-Loire – **317** H4 – **1 899 h.** – alt. 21 m – ⊠ 49250

🚩 Paris 301 – Angers 27 – Baugé 23 – Saumur 26   35 **C2**
🛈 Syndicat d'initiative, place Léon Faye 𝒫 02 41 45 67 51

XX   **Auberge de l'Abbaye**   ≼ P̄ 𝖵𝖨𝖲𝖠 ⍟ 🅐🅔 ⍟
port St-Maur – 𝒫 02 41 45 64 67 – *aubergedelabbaye@hotmail.com*
– Fax 02 41 57 69 75 – Fermé 18 août-3 sept., 22-31 déc., 17 fév.-4 mars, dim. soir, lundi et mardi
Rest – Menu (15 €), 19 € (sem.)/64 € – Carte 40/55 €
♦ Plaisant cadre actuel "avec vue" dans cette maison établie sur une levée de la Loire. Cuisine privilégiant les produits régionaux (poissons du fleuve et légumes frais).

LA MÉNOUNIÈRE – 17 Charente-Maritime – **324** B4 – **voir à île d'Oléron**

MENTHON-ST-BERNARD – 74 Haute-Savoie – **328** K5 – **1 659 h.** – alt. 482 m –
⊠ 74290 ▮ Alpes du Nord   46 **F1**

🚩 Paris 548 – Albertville 37 – Annecy 10 – Bonneville 50 – Megève 52
– Talloires 4 – Thônes 14
🛈 Office de tourisme, Chef-lieu 𝒫 04 50 60 14 30, Fax 04 50 60 22 19
◉ Château de Menthon★ : ≼★ E : 2 km.

🏠   **Palace de Menthon** 🛬   ≼ lac et chateau, 🌿 ⚛ 🍴 🖻 ▮🖩 🕭 ch,
665 rte des Bains –   🝙 rest, 🛬 ⁄ % rest, 🛬 🖄 P̄ 🖙 𝖵𝖨𝖲𝖠 ⍟ 🅐🅔
𝒫 04 50 64 83 00 – *reception@palacedementhon.com* – Fax 04 54 64 83 81
– Ouvert 15 avril-15 oct. – **63 ch** – ♦85/99 € ♦♦180/255 €, ⊑ 15 € – 2 suites
Rest – *(ouvert 15 oct.-15 mai)* Menu (30 €), 38 €
Rest *Palace Beach* – *(fermé 15 oct.-15 mai)* Menu (30 €), 38 €
♦ Hôtel (1911) fraîchement rénové, à la vue imprenable sur le lac et le château. On profite d'un grand parc et de chambres confortables garnies de mobilier de style ou Art déco. Le restaurant sert une carte actuelle dans des salons feutrés et élégants. Au Palace Beach, décor mauresque et terrasse donnant sur l'eau.

🏠   **Beau Séjour** sans rest 🛬   🖃 P̄
161 allée Tennis – 𝒫 04 50 60 12 04 – *h.beau-sejour@laposte.net*
– Fax 04 50 60 05 56 – Ouvert 15 avril-fin sept.
18 ch – ♦67 € ♦♦75 €, ⊑ 8 €
♦ À 100 m du lac, cette paisible villa entourée d'un jardin fleuri possède un charme rétro. Chambres campagnardes, rajeunies par étapes, mobilier varié et quelques balcons.

🏠   **La Vallombreuse** sans rest 🛬   🖃 % 🛬 P̄ 𝖵𝖨𝖲𝖠 ⍟
534 rte Moulins, 700 m. à l'Est par rte du Col de Bluffy – 𝒫 04 50 60 16 33
– contact@la-vallombreuse.com – Fax 04 50 64 88 87
5 ch ⊑ – ♦60/114 € ♦♦75/130 €
♦ Au calme d'un jardin, belle maison forte du 15ᵉ s. abritant de vastes chambres garnies de meubles d'antiquaires, savoyards ou de style. Expositions de tableaux dans les salons.

MENTON – 06 Alpes-Maritimes – **341** F5 – **28 812 h.** – Casino : du Soleil AZ –
⊠ 06500 ▮ Côte d'Azur   42 **E2**

🚩 Paris 956 – Cannes 63 – Cuneo 102 – Monaco 11 – Nice 30
🛈 Office de tourisme, 8, avenue Boyer 𝒫 04 92 41 76 76, Fax 04 92 41 76 78
◉ Site★★ - Vieille ville★★ : Parvis St-Michel★★, Façade★ de la Chapelle de la Conception BY **B** - ≼★ du cimetière Anglais BX **D** - Promenade du Soleil★★, ≼★ de la jetée Impératrice-Eugénie BV - Jardin de Menton★ : le Val Rameh★ BV **E** - Salle des mariages★ de l'hôtel de Ville BY **H** - Musée des Beaux-Arts★ (palais Carnolès) AX **M¹**.
◙ Jardin Hanbury★★ à Vintimille, O : 2 km.

Plans pages suivantes

🏠   **Grand Hôtel des Ambassadeurs** sans rest   🖩 🕭 🝙 ⁄ 🛬 🖄
3 r. Partouneaux – 𝒫 04 93 28 75 75 – *info@*   🖙 𝖵𝖨𝖲𝖠 ⍟ 🅐🅔 ⍟
ambassadeurs-menton.com – Fax 04 93 35 62 32 – Fermé 9 nov.-7 déc.
31 ch ⊑ – ♦150/230 € ♦♦170/350 € – 1 suite   CY **k**
♦ Chaque étage de cet hôtel décline un thème différent : poésie, musique, cinéma et peinture. Chambres agrémentées de pièces uniques (manuscrits, lithographies...). Très bel espace détente et soins.

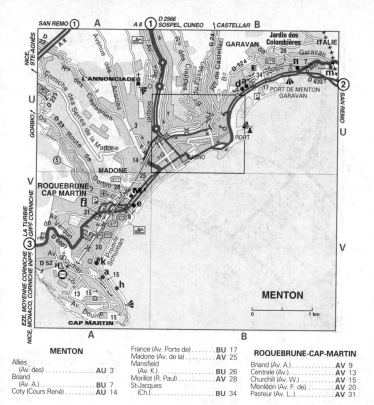

MENTON		France (Av. Porte de) . . . . . . **BU** 17	ROQUEBRUNE-CAP-MARTIN

MENTON

Alliés
(Av. des) . . . . **AU** 3
Briand
(Av. A.) . . . . **BU** 7
Coty (Cours René) . . . . . . **AU** 14

France (Av. Porte de) . . . . . . **BU** 17
Madone (Av. de la) . . . . **AV** 25
Mansfield
(Av. K.) . . . . **BU** 26
Morillot (R. Paul) . . . . **AV** 28
St-Jacques
(Ch.) . . . . **BU** 34

ROQUEBRUNE-CAP-MARTIN

Briand (Av. A.) . . . . **AV** 9
Centrale (Av.) . . . . **AV** 13
Churchill (Av. W.) . . . . **AV** 15
Monléon (Av. F. de) . . . . **AV** 20
Pasteur (Av. L.) . . . . **AV** 31

 Riva sans rest   ← 🖥 & 🏧 ⇆ 🛇 📞 ☎ 𝘃𝘪𝘴𝘢 🅜🄾 🄰🄴 🄾

600 promenade du Soleil – ℰ 04 92 10 92 10 – contact@rivahotel.com
– Fax 04 93 28 87 87   CZ **n**
40 ch – †88/119 €, ††88/119 €, ☲ 11 €

♦ Sur le front de mer, hôtel balnéaire récent avec solarium, jacuzzi et restaurant d'été sur
le toit. Chambres toutes refaites ; balcons face à la grande bleue ou la montagne.

 Napoléon   ← 🛦 🍴 🏊 ℔ 🖥 & ch, 🏧 ⇆ 📞 🏋 🅿 𝘃𝘪𝘴𝘢 🅜🄾 🄰🄴 🄾

29 Porte de France – ℰ 04 93 35 89 50 – info@napoleon-menton.com
– Fax 04 93 35 49 22   BU **a**
43 ch – †84/139 € ††94/139 €, ☲ 11 € – 1 suite – **Rest** – (fermé 15 nov.-15 déc.,
dim. soir et lundi hors saison) Menu 29 € – Carte 40/59 €

♦ L'élégant décor contemporain des chambres rend hommage à des artistes ayant
séjourné à Menton (Cocteau, Sutherland...). Celles qui ont vue sur mer possèdent une belle
terrasse en teck. Le restaurant de plage propose poissons grillés, barbecues et une riche
carte de glaces.

Princess et Richmond   ← ℔ 🖥 🏧 ⇆ 📞 🅿 ☎ 𝘃𝘪𝘴𝘢 🅜🄾 🄰🄴 🄾

617 promenade du Soleil – ℰ 04 93 35 80 20 – princess.hotel@wanadoo.fr
– Fax 04 93 57 40 20 – Fermé 2 nov.-12 déc.   CZ **s**
46 ch – †82/129 € ††82/215 €, ☲ 10 € – **Rest** – (ouverture prévue en mars)

♦ Plage de galets au pied de l'hôtel, salon façon paquebot, toit-solarium et jacuzzi
panoramiques, confortables chambres dont certaines avec vue : la grande bleue à l'honneur !

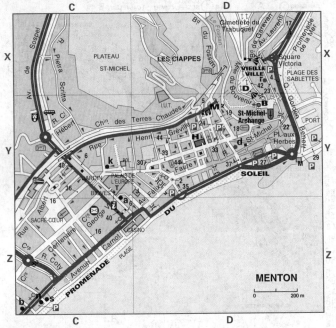

MENTON

0   200 m

L'Aiglon 🏠   🌳 🏡 🍴 ⌂ 🆔 ch, ☎ 🅿 VISA ⊙⊙ Æ ①
7 av. Madone – ✆ 04 93 57 55 55 – aiglon.hotel@wanadoo.fr – Fax 04 93 35 92 39
– Fermé 23 nov.-19 déc.   CZ **b**
29 ch – †69/115 € ††69/190 €, ⌂ 9,50 € – ½ P 69/131 €
Rest *Riaumont* – (fermé 17 nov.-19 déc.) Menu (19 €), 25/65 € – Carte 33/66 €
♦ Le salon de cette villa fin 19ᵉ s. a conservé son décor d'origine (peintures, mosaïque, miroirs). Les chambres sont quant à elles toutes différentes, en style et en taille. Quelques palmiers constituent la toile de fond du restaurant et de son agréable terrasse.

Prince de Galles ← 🏡 🏠 🆔 🆔 ch, ↔ ☎ ☎ 🅿 🅿 VISA ⊙⊙ Æ ①
4 av. Gén. de Gaulle – ✆ 04 93 28 21 21 – hotel@princedegalles.com
– Fax 04 93 35 92 91   AV **e**
64 ch – †66/86 € ††78/128 €, ⌂ 11 € – ½ P 68/95 €
Rest *Petit Prince* – ✆ 04 93 41 66 05 (fermé 17 nov.-12 déc.) Menu (16 €), 22/34 €
– Carte 32/51 €
♦ Claude Monet aurait séjourné en cet hôtel occupant les murs d'une caserne de carabiniers des princes de Monaco (1860). Chambres fonctionnelles, à choisir face à la mer. L'été, deux majestueux palmiers veillent sur les tables dressées dans le jardin.

Chambord sans rest 🌐 🆔 ☎ 🛏 VISA ⊙⊙ Æ
6 av. Boyer – ✆ 04 93 35 94 19 – hotel.chambord@wanadoo.fr
– Fax 04 93 41 30 55   CYZ **a**
40 ch – †80/95 € ††95/120 €, ⌂ 8 €
♦ Hôtel fonctionnel situé près du palais de l'Europe. Petits-déjeuners exclusivement servis dans les chambres. Elles sont insonorisées et presque toutes dotées d'un balcon.

⌂ **Paris Rome**   🍴 🔲 AK ℘ ch, ℡ VISA MO AE ①
❀ *79 Porte de France – ☏ 04 93 35 70 35 – info@paris-rome.com*
  – Fax 04 93 35 29 30 – Fermé 10 nov.-30 déc. et 5-12 janv.   BU **n**
22 ch – 🛏47/57 € 🛏🛏60/115 €, ☲ 11 € – 1 suite
Rest – *(fermé mardi midi et lundi) (nombre de couverts limité, prévenir)*
Menu (30 €), 44/90 € (dîner)
Spéc. Foie gras de canard rôti et confit. Poissons sauvages du pays cuits dans
l'argile de Vallauris, barigoule de légumes au citron de Menton (15 juin au
15 sept.). Moelleux pur chocolat. **Vins** Bellet.
◆ Sympathique petit "home" familial posté à l'entrée du port de Garavan. Coquettes
chambres de style provençal. Séjours à thème (culturel, pêche, etc.). Nouveau
décor méditerranéen raffiné (pierre, fer forgé, poutres peintes) honorant une belle table
créative.

✗✗ **Mirazur** (Mauro Colagreco)   ≤ mer et vieux Menton, 🌳 ৬ AK
❀ *30 av. Aristide Briand – ☏ 04 92 41 86 86*   ✿ 🄿 VISA MO AE
  – info@mirazur.fr – Fax 04 92 41 86 87 – Fermé 17 nov.-9 déc., le midi du 15 juil.
  au 31 août sauf week-ends, mardi du 1ᵉʳ sept. au 14 juil. et lundi   BU **m**
Rest – *(nombre de couverts limité, prévenir)* Menu 35 € (déj. en sem.), 55/90 €
  – Carte 65/81 €
Spéc. Gamberoni de San Remo, mousseline de pignons de pin. Poissons sauvages
de Méditerranée, sauce fumée. Pigeon cuit à basse température. **Vins** Bellet, Côtes
de Provence.
◆ L'architecture contemporaine et le décor épuré subliment la vue à 360° sur la
grande bleue et la fine cuisine bien dans l'air du temps que prepare le chef d'origine
argentine.

✗ **A Braijade Méridiounale**   AK ✿ VISA MO AE
66 r. Longue – ☏ 04 93 35 65 65 – contact@abraijade.com – Fax 04 93 35 65 65
– Fermé 15 nov.-7 déc. et merc.   DX **r**
Rest – Menu 29 € bc/34 € bc – Carte 28/45 €
◆ Une adresse chaleureuse un peu perdue dans la vieille ville mais qui mérite le détour pour
sa généreuse cuisine provençale et méridionale (grillades). Terrasse réaménagée.

✗ **La Cantinella**   AK VISA MO
8 r. Trenca – ☏ 04 93 41 34 20 – puccio.francesco@free.fr – Fermé janv., le midi
en août et mardi   DY **d**
Rest – *(nombre de couverts limité, prévenir)* Menu 20 € – Carte 25/44 €
◆ Le patron, sicilien, aime faire plaisir à ses clients et leur mitonne de savoureux plats du
Sud (entre Nice et Italie) valorisant les produits du marché. Convivialité garantie.

à Monti 5 km au Nord par rte de Sospel – ✉ 06500 Menton

✗✗ **Pierrot-Pierrette** avec ch   ≤ 🌳 ☓ AK rest, 🄿 VISA MO
pl. de l'Église – ☏ 04 93 35 79 76 – pierrotpierrette@hotmail.fr
– Fax 04 93 35 79 76 – Fermé 3 déc.-12 janv. et lundi sauf fériés
7 ch – 🛏68/77 € 🛏🛏68/77 €, ☲ 8 € – ½ P 70/86 € – **Rest** – Menu 28 €
(sem.)/40 € – Carte 32/70 €
◆ Auberge familiale perchée sur les hauteurs, généreuse par son accueil et sa cuisine
régionale. La fidélité de la clientèle en témoigne. Coquet intérieur et chambres rénovées.

LES MENUIRES – 73 Savoie – 333 M6 – alt. 1 400 m – Sports d'hiver : 1 400/
3 200 m ⛷ 8 ⛷36 ⛷ – ✉ 73440 St-Martin-de-Belleville 🔲 Alpes du Nord   46 **F2**
  ◻ Paris 632 – Albertville 51 – Chambéry 101 – Moûtiers 27
  ▤ Office de tourisme, immeuble Belledonne ☏ 04 79 00 73 00,
    Fax 04 79 00 75 06

🏢 **Kaya** ◈   ≤ montagnes, 🍴 🔲 £ᵇ 🖼 ৬ ℡ ☕ 🄿 🚿 VISA MO AE
à Reberty – ☏ 04 79 41 42 00 – info@hotel-kaya.com – Fax 04 79 41 42 01
– Ouvert 15 déc.-19 avril
40 ch ☲ – 🛏183 € 🛏🛏183 € – 4 suites
Rest *Le K* – Menu 36 € (déj.)/60 € – Carte 36/44 €
◆ Des paisibles salons (billard, cheminée) aux confortables chambres, partout un style
épuré et contemporain joliment rehaussé par la chaleur du vieux bois. Sauna, hammam.
Carte simplifiée pour la pause-déjeuner ; cuisine moderne aux accents savoyards le soir.

L'Ours Blanc ⌂ ≼ montagnes, 🍽 ℱ 🛋 & ch, ⇄ 📞
à Reberty 2000 – 𝒞 04 79 00 61 66 – info @ 🛆 P̲ VISA ⓂⓄ AE
hotel-ours-blanc.com – Fax 04 79 00 63 67 – Ouvert 5 déc.-16 avril
49 ch – ♦85/117 € ♦♦115/255 €, ⌕ 15 € – ½ P 75/99 € – **Rest** – Menu 23/80 €
– Carte 37/64 €

♦ Dominant la station, grand chalet au décor montagnard contemporain. Chambres claires, équipées de balcons ; salon douillet agencé autour d'une cheminée et beau fitness. Chaleureux restaurant "tout bois" tourné vers le massif de la Masse ; recettes régionales.

MERCATEL – 62 Pas-de-Calais – 301 J6 – **rattaché à Arras**

MERCUÈS – 46 Lot – 337 E5 – **rattaché à Cahors**

MERCUREY – 71 Saône-et-Loire – 320 I8 – 1 269 h. – alt. 269 m –
✉ 71640   8 **C3**

🚗 Paris 344 – Autun 39 – Beaune 26 – Chagny 11 – Chalon-sur-Saône 13
– Mâcon 73

Hôtellerie du Val d'Or 🔲 🆔 📞 P̲ ⌂ VISA ⓂⓄ AE
Grande-Rue – 𝒞 03 85 45 13 70 – contact @ le-valdor.com – Fax 03 85 45 18 45
– Fermé 15 déc.-17 janv., mardi midi et lundi
12 ch – ♦77/98 € ♦♦77/98 €, ⌕ 11 € – ½ P 87 €
Rest – Menu (21 €), 24 € bc (déj.), 39/71 € (dîner) – Carte 58/102 €
Spéc. Étuvée de morilles, pois frais et asperges vertes (avril à juin). Canard chalandais au jus d'olive (juil. à sept.). Soufflé glacé au marc de Bourgogne et coulis de cassis. **Vins** Mercurey, Givry.

♦ Ancien relais de poste dans un village vigneron de la Côte chalonnaise. Vous y serez hébergé dans des chambres coquettes. Jolie salle rustique avec cheminée ornée de colonnes torses et poutres apparentes. Savoureuse cuisine traditionnelle.

MÉRÉVILLE – 54 Meurthe-et-Moselle – 307 H7 – **rattaché à Nancy**

MÉRIBEL – 73 Savoie – 333 M5 – **Sports d'hiver : 1 450/2 950 m** ⛷ 16 ⛷45 ⛷ –
✉ 73550 ▌ Alpes du Nord   46 **F2**

🚗 Paris 621 – Albertville 41 – Annecy 85 – Chambéry 90 – Moûtiers 15
ℹ Office de tourisme, 𝒞 04 79 08 60 01, Fax 04 79 00 59 61
⛳ Méribel B.P. 54, NE : 4 km, 𝒞 04 79 00 52 67.
◉ ❄★★★ la Saulire, ❄★★ Mont du Vallon, ❄★★ Roc des Trois marches, ❄★★ Tougnète.

Plan page ci-contre

Le Grand Cœur & Spa ⌂ ≼ 🍽 ⊙ ℱ 🛋 📞 P̲ ⌂ VISA ⓂⓄ AE ①
– 𝒞 04 79 08 60 03 – grandcoeur @ relaischateaux.com – Fax 04 79 08 58 38
– Ouvert 13 déc.-6 avril   **a**
35 ch – ♦210/430 € ♦♦205/440 €, ⌕ 20 € – 5 suites – ½ P 180/348 €
Rest – Menu 45 € (déj.), 60/85 € – Carte 80/141 €

♦ L'omniprésence du bois blond, les chambres coquettes et le piano-bar cosy donnent à cet hôtel – l'un des plus anciens de la station – un cachet romantique. Nouveau spa. Arcades et boiseries claires agrémentent le chaleureux restaurant ; cuisine au goût du jour.

Allodis ⌂ ≼ montagnes, 🍽 📺 ℱ 🛋 & ch, ⇄ ⚹ 📞
au Belvédère – 𝒞 04 79 00 56 00 – allodis @ 🛆 P̲ ⌂ VISA ⓂⓄ
wanadoo.fr – Fax 04 79 00 59 28 – Ouvert juil.- août et mi-déc. à mi-avril   **d**
44 ch – ♦87/319 € ♦♦156/488 €, ⌕ 17 € – ½ P 102/334 € – **Rest** – Menu (33 €),
47/73 € – Carte 60/85 €

♦ Dominant la station, ce chalet donne sur les pistes des Trois Vallées. Chambres spacieuses et douillettes avec balcons. Agréables piscine, suana, hammam. Le soir, cuisine traditionnelle servie dans un cadre cossu.

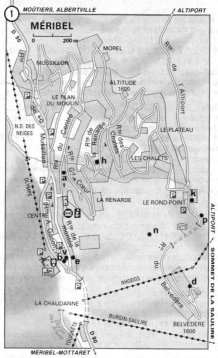

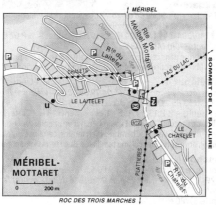

 Le Yéti ⚜   ⟨ ⌂ ⌰ ▯ & ch, ↩ ⌸ 🛁 🚗 *VISA* **⓪❸**

rd-pt des Pistes – ℰ *04 79 00 51 15* – *welcome@hotel-yeti.com*
– *Fax 04 79 00 51 73* – *Ouvert 5 juil.-31 août et 15 déc.-20 avril*   **p**
28 ch – ✝118 € ✝✝252 €, ⌷ 18 € – ½ P 103/205 € – **Rest** – Menu (28 €), 30/45 €
(dîner) – Carte 40/51 €

♦ Mobilier cosy, boiseries cirées, tapis kilims, lits à l'autrichienne, sauna, salon avec
cheminée... Abordez sans crainte ce chaleureux "home" des neiges. Terrasse face aux pistes
à l'heure du déjeuner ; tables joliment dressées en salle pour le dîner.

🏠 **Marie-Blanche** 🐾 ⟨ 🍴 ⌂ ᕼ ch, 🍴 rest, 🛎 **P** **VISA** **©©**

rte Renarde – ℰ 04 79 08 65 55 – info@marie-blanche.com – Fax 04 79 08 57 07
– Ouvert 7 juil.-26 août et 13 déc.-20 avril **h**
21 ch – ●77/218 € ●●90/302 €, ⊠ 16 € – ½ P 65/204 € – **Rest** – Menu 42 €
(dîner) – Carte 50/65 €
♦ Ce sympathique chalet vous héberge dans de coquettes chambres savoyardes, toutes
nanties d'un balcon. Chaleureux salon-bar avec cheminée centrale et vue sur la montagne.
Petite salle à manger cosy éclairée de baies vitrées. Clientèle familiale.

🏠 **L'Éterlou** 🍴 ⌂ ᕼ ch, 🍴 rest, 🛎 �* ⌂ 🐾 **VISA** **©©** ①

rte de la Montée – ℰ 04 79 08 89 00 – infos@chaudanne.com – Fax 04 79 08 57 75
– Ouvert fin nov.-fin avril et juin-sept. **b**
42 ch – ●140/294 € ●●140/294 €, ⊠ 19 € – 1 suite – ½ P 132/209 €
Rest *La Grange* – ℰ 04 79 08 53 19 – Carte 50/70 €
Rest *Kouisena* – ℰ 04 79 08 89 23 (dîner seult) Carte 50/70 €
♦ Situation centrale, cadre chaleureux, équipements de remise en forme (wellness, pisci-
nes) et piano-bar convivial pour la détente sont les atouts de cette maison. Carte régionale
à La Grange. Répertoire uniquement savoyard au Kouisena.

🏠 **L'Orée du Bois** 🐾 ⟨ 🍴 ⌂ �* ⌂ 🍴 🛎 **VISA** **©©** ①

rd-pt des Pistes – ℰ 04 79 00 50 30 – contact@meribel-oree.com
– Fax 04 79 08 57 52 – Ouvert juil.-août et déc.-Pâques **k**
35 ch – ●113/200 € ●●123/200 €, ⊠ 17 € – ½ P 88/165 € – **Rest** – Menu 35 €
(déj.), 44/48 €
♦ Les chambres de ce chalet familial et cossu sont lambrissées et dotées de balcons. De
belles flambées crépitent dans la cheminée du salon agrémenté de tables-échiquiers. Salle
à manger lumineuse, terrasse panoramique et plats traditionnels et régionaux.

🏠 **Le Tremplin** sans rest ⌂ 🔲 🛞 🔙 ⌂ 🛎 🔙 🐾 **VISA** **©©**

– ℰ 04 79 08 89 17 – infos@chaudanne.com – Fax 04 79 08 57 75 – Ouvert de
mi-juin à sept. et de début déc. à avril **v**
41 ch – ●140/294 € ●●140/294 €, ⊠ 19 €
♦ Cette façade en bois et pierre dissimule de plaisantes chambres de style montagnard,
à choisir côté patinoire ou rue. Un bon "tremplin" pour un séjour dans les Trois-Vallées.

🏠 **La Chaudanne** ⌂ 🔲 🛞 🔙 🍴 rest, 🛎 🔙 🐾 **VISA** **©©** ①

rte de la Montée – ℰ 04 79 08 61 76 – infos@chaudanne.com – Fax 04 79 08 57 75
– Ouvert juin-sept. et 1ᵉʳ déc.-30 avril **e**
73 ch – ●140/294 € ●●140/294 €, ⊠ 19 € – 7 suites – ½ P 62 € – **Rest** – (dîner
seult) (résidents seult) Menu 43 €
♦ Détente et forme dans ce complexe hôtelier situé au pied des pistes : chambres confortables, accès libre à l'espace bien-être (sauna, hammam...), piscine extérieure chauffée.

🏠 **Adray Télébar** 🐾 ⟨ montagnes et pistes, 🍴 🛎 **VISA** **©©** **AE**

sur les pistes (accès piétonnier) – ℰ 04 79 08 60 26 – welcome@telebar-hotel.com
– Fax 04 79 08 53 85 – Ouvert 15 déc.-15 avril **n**
24 ch (½ P seult) – ½ P 130/170 € – **Rest** – Menu 33 € – Carte 35/45 €
♦ L'amabilité de l'accueil – on vient vous chercher en chenillette – et le site font oublier un
décor intérieur un brin désuet. Chambres bien tenues, certaines avec baignoires "balnéo".
Au restaurant, atmosphère et cuisine familiales. Belle terrasse panoramique.

✕✕ **Le Blanchot** ⟨ 🍴 **P** **VISA** **©©** **AE**

3,5 km par rte de l'Altiport – ℰ 04 79 00 55 78 – le-blanchot@wanadoo.fr
– Fax 04 79 00 53 20 – Ouvert 26 juin-9 sept., 16 déc.-19 avril et fermé dim. soir
et lundi soir
Rest – Carte 37/80 €
♦ Golf l'été, pistes de ski de fond l'hiver : ce chalet bien entouré offre un cadre cosy et une
terrasse tournée vers la forêt de sapins. Plats actuels et savoyards.

à l'altiport Nord-Est : 4,5 km – ✉ 73550 Méribel-les-Allues

🏠 **Altiport Hôtel** 🐾 ⟨ montagnes, 🍴 🔙 🛎 🍴 rest, 🔙 🐾 **VISA** **©©** **AE**

– ℰ 04 79 00 52 32 – message@altiporhotel.com – Fax 04 79 08 57 54 – Ouvert de
mi-déc. à mi-avril
33 ch (½ P seult) – 8 suites – ½ P 175/215 € – **Rest** – Menu 55 € (dîner) – Carte 55/90 €
♦ Chalet jouxtant l'altiport (survol du Mont-Blanc) et le golf d'été. Chambres lambrissées
bien insonorisées, plaisant salon-cheminée et galerie marchande au rez-de-chaussée. Belle
salle montagnarde et terrasse ensoleillée ; table traditionnelle soignée.

à Méribel-Mottaret 6 km – ⊠ 73550 Méribel-les-Allues

🏨🏨🏨 **Alpen Ruitor** ⇐ 🕥 |🕭| 🕷 rest, 🛎 🖛 *VISA* 🐠 *AE*
– 𝒞 04 79 00 48 48 – info@alpenruitor.com – Fax 04 79 00 48 31 – Ouvert
12 déc.-6 avril   t
44 ch – †220/335 € ††310/430 €, � 15 € – 1 suite – **Rest** – Menu 35 € – Carte
41/49 €
♦ Les chambres, aménagées avec soin, disposent toutes d'un balcon avec vue sur les pistes
(Sud) ou la vallée (Nord). Chaleureux salon-bar d'esprit tyrolien. Accueil attentionné. Vous
dînerez dans une salle joliment décorée de fresques.

🏨🏨🏨 **Mont Vallon** ⇐ 🕥 🔲 ℔ |🕭| 🕷 rest, 📞 🛎 🅿 *VISA* 🐠 *AE*
– 𝒞 04 79 00 44 00 – info@hotel-montvallon.com – Fax 04 79 00 46 93 – Ouvert
de mi-déc. à mi-avril   s
90 ch (½ P seult) – 2 suites – ½ P 225/490 €
Rest *Le Chalet* – (dîner seult) Menu 68 €
Rest *Brasserie Le Schuss* – Menu 30 € (déj.)/55 €
♦ Chaleur du bois et couettes de lit créent une douillette atmosphère dans les chambres
de ce grand chalet situé au pied des pistes. Sauna, hammam, squash. Décor tout bois au
restaurant le Chalet. À la Brasserie, repas rapides à midi et plats savoyards le soir.

🏨🏨 **Les Arolles** 🍃 ⇐ 🕥 🔲 ℔ |🕭| 🖐 🕷 rest, *VISA* 🐠
– 𝒞 04 79 00 40 40 – info@arolles.com – Fax 04 79 00 45 50
– Ouvert 21 déc.-30 avril   u
56 ch – †150/200 € ††180/260 €, ⊷ 16 € – ½ P 125/195 €
Rest – Menu (23 €), 30/45 € (dîner) – Carte 24/32 €
♦ Accès direct aux pistes – et aux arolles (l'autre nom des pins cembro) – depuis ce grand
chalet. Chambres fonctionnelles (non-fumeurs) avec balcon ; bon espace de jeux et loisirs.
Sobre restaurant et grande terrasse ; carte régionale.

aux Allues Nord : 7 km par D 915ᴬ – 1 869 h. – alt. 1 125 m – ⊠ 73550

🏠 **La Croix Jean-Claude** 🍃 🕥 📞 *VISA* 🐠 ①
– 𝒞 04 79 08 61 05 – lacroixjeanclaude@wanadoo.fr – Fax 04 79 00 32 72
– Fermé 1er mai-1er juin
16 ch – †74/87 € ††74/87 €, ⊷ 8,50 € – ½ P 67/98 € – **Rest** – (fermé
1er mai-1er juin, 25 sept.-25 oct., mardi soir et lundi hors saison) Carte 34/69 €
♦ Cette maison de la fin des années 1940 compte parmi les vétérantes de l'hôtellerie dans
la région des Trois Vallées. Douillettes chambres montagnardes ; salon et bar sympas. Au
restaurant, cadre savoyard et cuisine traditionnelle inspirée du terroir.

MÉRIGNAC – 33 Gironde – 335 H5 – rattaché à Bordeaux

MERKWILLER-PECHELBRONN – 67 Bas-Rhin – 315 K3 – 828 h. – alt. 160 m –
⊠ 67250 ▯ Alsace Lorraine   1 **B1**
▯ Paris 496 – Haguenau 17 – Strasbourg 51 – Wissembourg 18
▯ Syndicat d'initiative, 1, route de Lobsann 𝒞 03 88 80 72 36,
Fax 03 88 80 63 33

🍴🍴 **Auberge Baechel-Brunn** avec ch 🔲 🕷 🅿 *VISA* 🐠
3 rte de Soultz – 𝒞 03 88 80 78 61 – baechel-brunn@wanadoo.fr
– Fax 03 88 80 75 20 – Fermé 11 août-4 sept., 19-31 janv., dim. soir, lundi soir et
mardi
5 ch ⊷ – †40 € ††50/65 € – **Rest** – Menu (15 €), 26 € (déj. en sem.), 38/50 €
– Carte 40/57 €
♦ Cette ancienne grange offre un intérieur feutré, actuel et soigné. Cuisine classique et
contemporaine, mariant les talents culinaires du maître de maison et de son fils. Chambres
coquettes dans une résidence située à quelques pas du restaurant. Jardin arboré.

🍴 **Auberge du Puits VI** 🗟 🕊 🕥 🅿 *VISA* 🐠 *AE* ①
– 𝒞 03 88 80 76 58 – Fax 03 88 80 75 91 – Fermé janv., merc. midi, lundi et mardi
Rest – Menu 34/60 € – Carte 39/53 €
♦ La cantine du puits de pétrole VI est devenue un ravissant restaurant agrémenté de
lampes de mineurs et de toiles du patron. Cuisine actuelle, vins du domaine familial.

MERLETTE – 05 Hautes-Alpes – 334 F4 – **rattaché à Orcières**

MERRY-SUR-YONNE – 89 Yonne – 319 E6 – 216 h. – alt. 150 m –
⊠ 89660

7 **B2**

◨ Paris 203 – Dijon 139 – Auxerre 44 – Avallon 32 – Migennes 56

⚲ **Le Charme Merry** 🌿   🚗 🛋 ⵣ 🗚 ch, ↩ ₝ **P** **VISA** **◍**
30 rte de Compostelle – ℰ *03 86 81 08 46 – olivia.peron @ wanadoo.fr*
– Fax 03 86 81 08 46 – Fermé 1ᵉʳ janv.-15 mars
4 ch ⌑ – **♦**120 € **♦♦**120 € – **Table d'hôte** – Menu 35 € bc
♦ Cette maison recèle de superbes chambres aux lignes contemporaines (photos réalisées par la propriétaire, salles d'eau design, matériaux nobles, pierre du pays). Jardin, piscine. Plats actuels servis dans la salle à manger sous des poutres (cuisines ouvertes).

MÉRU – 60 Oise – 305 D5 – 12 712 h. – alt. 110 m – ⊠ 60110
▯ Nord Pas-de-Calais Picardie

36 **B3**

◨ Paris 60 – Beauvais 27 – Compiègne 74 – Mantes-la-Jolie 62
– Pontoise 22
▧ des Templiers à Ivry-le-TempleO : 9 km par D 121 et D 105,
ℰ 03 44 08 73 72.

⚳ **Les Trois Toques**   **VISA** **◍**
21 r. P. Curie – ℰ *03 44 52 01 15 – Fax 03 44 52 01 15 – Fermé dim. soir et merc.*
⊗ **Rest** – Menu 18 € (sem.)/48 € – Carte 38/53 €
♦ Cuisine au goût du jour concoctée par le chef-patron et servie dans une salle à manger au cadre rajeuni, rehaussé d'une touche rustique. Un agréable moment en perspective.

MERVILLE FRANCEVILLE-PLAGE – 14 Calvados – 303 K4 – 1 521 h.
– alt. 2 m – ⊠ 14810

32 **B2**

◨ Paris 225 – Caen 20 – Beuvron-en-Auge 20 – Cabourg 7 – Lisieux 41
🛈 Office de tourisme, place de la Plage ℰ 02 31 24 23 57, Fax 02 31 24 17 49

⌂ **Le Vauban** sans rest   ₝ **P** **VISA** **◍** **AE**
8 rte de Cabourg – ℰ *02 31 24 23 37 – res-hot-le-vauban @ wanadoo.fr*
– Fax 02 31 24 54 40 – Fermé 28 sept.-8 oct., 1ᵉʳ-17 déc., merc. sauf juil.-août
15 ch – **♦**57 € **♦♦**57 €, ⌑ 9 €
♦ Établissement familial proche de la plage et du musée des Batteries, aménagé dans un blockhaus. Chambres sobrement décorées, plus calmes sur l'arrière.

MÉRY-SUR-OISE – 95 Val-d'Oise – 305 E6 – 101 4 – **voir à Paris, Environs**
(Cergy-Pontoise)

MESCHERS-SUR-GIRONDE – 17 Charente-Maritime – 324 E6 – 2 234 h.
– alt. 5 m – ⊠ 17132 ▯ Poitou Vendée Charentes

38 **B3**

◨ Paris 511 – Blaye 78 – La Rochelle 87 – Royan 12 – Saintes 45
🛈 Office de tourisme, 3, place de Verdun ℰ 05 46 02 70 39, Fax 05 46 02 51 65

⚳ **La Forêt**   **P** **VISA** **◍** **AE**
1 bd Marais – ℰ *05 46 02 79 87 – laforet-resto @ wanadoo.fr – Fax 05 46 02 61 45*
– Fermé 22 sept.-3 oct., 21 déc.-9 janv., 2-13 mars, mardi sauf le soir en juil.-août et lundi
Rest – Menu 26/35 € – Carte 30/64 €
♦ Entre forêt et plages de la Gironde, vaste restaurant honorant la marée, dont la moule, qui entre dans la mouclade (spécialité maison). Décor agreste ; poêle à bois en salle.

MESNIÈRES-EN-BRAY – 76 Seine-Maritime – 304 I3 – **rattaché à**
Neufchâtel-en-Bray

LE MESNIL-AMELOT – 77 Seine-et-Marne – 312 E1 – **voir à Paris, Environs**

MESNIL-ST-PÈRE – 10 Aube – 313 G4 – 331 h. – alt. 131 m – ✉ 10140

⬛ Champagne Ardenne

13 **B3**

▶ Paris 200 – Bar-sur-Aube 32 – Châtillon-sur-Seine 55 – St-Dizier 74
– Troyes 22

◉ Parc naturel régional de la forêt d'Orient★★.

XXX **Auberge du Lac - Au Vieux Pressoir** avec ch 🛏 ch, 🗚 rest,
– ℰ 03 25 41 27 16 ⅙ ✆ 🔏 🅿 VISA ◍ AE
– auberge.lac.p.gublin @ wanadoo.fr – Fax 03 25 41 57 59 – Fermé 16 déc.-18 janv.,
dim. soir du 15 oct. au 15 mars, lundi midi et mardi midi
21 ch – ♦66 € ♦♦70/120 €, ⷵ 11 € – ½ P 81/110 € – **Rest** – Menu 28 € (déj. en
sem.), 37/77 €
♦ Cette jolie maison à colombages typique de la Champagne humide abrite un lumineux
intérieur néo-rustique (terrasse d'été). Cuisine au goût du jour.

LE MESNIL-SUR-OGER – 51 Marne – 306 G9 – 1 077 h. – alt. 119 m – ✉ 51190

⬛ Champagne Ardenne

13 **B2**

▶ Paris 158 – Châlons-en-Champagne 31 – Épernay 16 – Reims 43 – Vertus 6

◉ Musée de la vigne et du vin (maison Launois).

XXX **Le Mesnil** 🗚 🅿 VISA ◍
2 r. Pasteur – ℰ 03 26 57 95 57 – contact @ restaurantlemesnil.com
– Fax 03 26 57 78 57 – Fermé 20 août-10 sept., 20 fév.-5 mars, lundi soir, mardi soir
et merc.
Rest – Menu 34/45 € – Carte 41/59 € ஐ
♦ Vieille maison de caractère située au centre d'un bourg viticole. Cuisine classique servie
dans une salle à manger sobrement décorée. Belle et éclectique carte des vins.

MESNIL-VAL – 76 Seine-Maritime – 304 H1 – ✉ 76910

33 **D1**

▶ Paris 184 – Amiens 96 – Dieppe 28 – Le Tréport 6

🏠 **Royal Albion** sans rest 🦢 🌙 ঙ ⅙ ⅌ 🅿 VISA ◍
1 r. de la Mer – ℰ 02 35 86 21 42 – evergreen2 @ wanadoo.fr – Fax 02 35 86 78 51
– Fermé 21-27 déc.
20 ch – ♦64/72 € ♦♦69/133 €, ⷵ 9 €
♦ "That's right !" : l'architecture et le décor intérieur soigné de cet établissement perché sur
une falaise évoquent bien la Blanche Albion... presque voisine. Parc arboré.

MESQUER – 44 Loire-Atlantique – 316 B3 – 1 467 h. – alt. 6 m –
✉ 44420

34 **A2**

▶ Paris 460 – La Baule 16 – Nantes 86 – St-Nazaire 29 – Vannes 58

🖪 Office de tourisme, place du Marché - Quimiac ℰ 02 40 42 64 37,
Fax 02 40 42 50 89

XX **La Vieille Forge** 🛏 ঙ 🗚 VISA ◍ AE
– ℰ 02 40 42 62 68 – keumsun @ orange.fr – Fax 02 51 73 91 52
– Fermé 16-25 juin, 21 sept.-3 oct., fév., lundi, mardi et merc. hors saison
Rest – (dîner seult en juil.-août sauf sam.-dim.) Menu 25/48 € – Carte 43/64 €
♦ Cette ex-forge (1711) abrite deux salles : l'une avec four et soufflet, l'autre
moderne et ouverte sur le jardin-terrasse. Carte au goût du jour teintée de saveurs
asiatiques.

à St-Molf 3,5 km au Sud-Est par D 33, D 52 et D 252 – 1 501 h. – alt. 10 m – ✉ 44350

🖪 Office de tourisme, 10, rue Duchesse Anne ℰ 02 40 62 58 99,
Fax 02 40 62 58 74

🏠 **Kervenel** sans rest 🚗 ⅙ ⅌ 🅿
– ℰ 02 40 42 50 38 – ybrasselet @ aol.com – Fax 02 40 42 50 38 – Ouvert de mars
à sept.
3 ch ⷵ – ♦50 € ♦♦60 €
♦ Longère bretonne typique, rénovée, au calme. L'ex-grenier à blé abrite trois chambres
(sur jardin) de styles variés : la "Louis Philippe", la "Louis XV" et la "contemporaine".

MESSANGES – 40 Landes – 335 C12 – 647 h. - alt. 8 m – ⊠ 40660   3 **A2**

- ◘ Paris 717 – Bordeaux 157 – Mont-de-Marsan 92 – Bayonne 46 – Anglet 49
- **⚑** Office de tourisme, route des Lacs ℰ 05 58 48 93 10

La Maison de la Prade sans rest 🦢   ⌨ 🕹 ⚗ ⚘ 🐾 ⚙ **P** **VISA** **ⓂⓄ**
rte de la Plage – ℰ 05 58 48 38 96 – lamaisondelaprade @ orange.fr
– Fax 05 58 49 26 75 – Ouvert de mars à nov.
16 ch – †87/112 € ††118/210 €, ☑ 10 € – 2 suites
♦ Près d'une plage sauvage, cerné par une forêt de pins, un bâtiment Art déco réaménagé en hôtel contemporain. Chambres spacieuses et claires. Terrasse bordant une piscine.

MESSERY – 74 Haute-Savoie – 328 K2 – 1 434 h. - alt. 428 m – ⊠ 74140   46 **F1**

- ◘ Paris 560 – Annecy 68 – Thonon-les-Bains 17 – Annemasse 23 – Cluses 52
- **⚑** Office de tourisme, 5, rue des Écoles ℰ 04 50 94 75 55, Fax 04 50 94 75 55

Ⓧ   **Atelier des Saveurs**   ⚙ **P** **VISA** **ⓂⓄ**
7 chemin sous les Près – ℰ 04 50 94 73 40 – daillouxfamille @ aol.com – Fermé
3-13 mars, 4-15 juil., 1er-13 nov., dim. et lundi
Rest – Menu 24/60 € – Carte 44/54 € 🍷
♦ Sympathique adresse associant un restaurant (décor contemporain, "terrassette") et une vinothèque. Une belle carte des vins escorte la goûteuse cuisine traditionnelle du chef.

MÉTABIEF – 25 Doubs – 321 I6 – 691 h. - alt. 960 m – Sports d'hiver : 1000/
1423 m ⚡ 20 ⚡ – ⊠ 25370 ▌ Franche-Comté Jura   17 **C3**

- ◘ Paris 466 – Besançon 78 – Champagnole 45 – Morez 49 – Pontarlier 18

⌂   **Étoile des Neiges**   ⧄ ⚙ ch, **P** ⚘ **VISA** **ⓂⓄ**
4 r. Village – ℰ 03 81 49 11 21 – contact @ hoteletoiledesneiges.fr – Fax 03 81 49 26 91
23 ch – †54 € ††54 €, ☑ 6 € – ½ P 48/50 € – **Rest** – (fermé jeudi soir et dim. soir
hors saison) Menu 16/25 € – Carte 18/36 €
♦ Hôtel familial totalement rénové dans une station prisée, été comme hiver, des "vété-tistes", randonneurs et skieurs. Jolies chambres lambrissées disposant de balcons fleuris. Cuisine régionale à déguster dans une chaleureuse salle à manger habillée de bois.

METZ **Ⓟ** – 57 Moselle – 307 I4 – 123 776 h. – Agglo. 322 526 h. – alt. 173 m –
⊠ 57000 ▌ Alsace Lorraine   26 **B1**

- ◘ Paris 330 – Luxembourg 62 – Nancy 57 – Saarbrücken 69 – Strasbourg 163
- **✈** de Metz-Nancy-Lorraine : ℰ 03 87 56 70 00, par ③ : 23 km.
- ▣ ℰ 3635 (0,34 €/mn)
- **⚑** Office de tourisme, place d'Armes ℰ 03 87 55 53 76, Fax 03 87 36 59 43
- 🏌 de la Grange-aux-Ormes à Marly Rue de la Grange aux Ormes, S : 3 km par D 5, ℰ 03 87 63 10 62 ;
- 🏌 du Technopôle Metz 1 rue Félix Savart, par D 955 : 5 km, ℰ 03 87 39 95 95 ;
- 🏌 de Metz Chérisey à Verny Château de Cherisey, par D 913 et D 67 : 14 km, ℰ 03 87 52 70 18.
- ◎ Cathédrale St-Etienne★★★ CDV - Porte des Allemands★ DV - Esplanade★ CV : église St-Pierre-aux-Nonnains★ CX **V** - Place St-Louis★ DVX - Église St-Maximin★ DVX - Narthex★ de l'église St-Martin DX - ≼★ du Moyen Pont CV - Musée de la Cour d'Or★★ (section archéologique★★★) M¹ - Place du Général de Gaulle★.

Plans pages suivantes

La Citadelle (Christophe Dufossé)   🏱 ⚙ ch, 🅰 ⚘ ⚘ ⚙
5 av. Ney – ℰ 03 87 17 17 17 – contact @   **P** **VISA** **ⓂⓄ** **AE** **Ⓞ**
citadelle-metz.com – Fax 03 87 17 17 18   CX **y**
79 ch – †185/245 € ††205/375 €, ☑ 20 €
Rest *Le Magasin aux Vivres* – (fermé 1er-18 août, 9-22 fév., dim. soir et lundi)
Menu 40 € (déj. en sem.), 60/110 € – Carte 85/93 € 🍷
Spéc. Les cassolettes gourmandes. Bar en croûte de sel, algues iodées. Déclinai-son autour de la mirabelle de Lorraine (août-sept.). **Vins** Vins de Moselle.
♦ Cet ancien bâtiment militaire (16e s.) situé au centre-ville a pris un nouveau départ en se convertissant en hôtel. Il abrite désormais de spacieuses chambres contemporaines. Au restaurant, sobre mise en place actuelle contrastant avec les murs vénérables. Cuisine inventive de qualité.

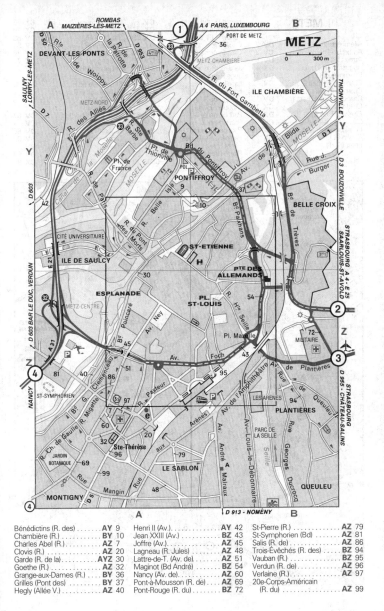

Mercure Centre   🛗 🗚 ↳ ℅ rest, ⌂ 🏠 **P** *VISA* ⓥⓞ ⒜ⓔ ⓞ

29 pl. St-Thiébault – ℰ *03 87 38 50 50 – h1233@accor.com – Fax 03 87 75 48 18*

112 ch – 🛏134 € 🛏🛏139 €, ⌹ 14 € – 5 suites – **Rest** – Menu 22 € (sem.)/34 €
– Carte 28/39 €   DX **d**

♦ Bâtiment moderne proche du centre historique et de ses rues piétonnes. Les chambres sont régulièrement rénovées et bénéficient d'une bonne isolation phonique. Salle à manger décorée d'après les "saisons" du peintre Giuseppe Arcimboldo.

METZ

🏨🏨🏨 **Novotel Centre** 🏠 🔣 🗗 🛗 🕭 ch. 🆔 ⇆ 🕻 🈳 **P** **VISA** **MO** **AE** ①

pl. Paraiges – 🕾 *03 87 37 38 39 – h0589@accor.com – Fax 03 87 36 10 00*   DV **t**
120 ch – 🛏69/165 € 🛏🛏69/165 €, 🖵 13,50 € – **Rest** – Carte 21/43 €
♦ Voisin d'un centre commercial situé au cœur de la ville, ce Novotel des années 1970
dispose de chambres fonctionnelles adoptant le tout dernier look de la chaîne. Restaurant
modernisé en conformité avec le nouveau concept maison, appelé "Novotelcafé".

De la Cathédrale sans rest   🕿 VISA ⓜ AE ①
25 pl. Chambre – 𝒞 *03 87 75 00 02 – hotelcathedrale-metz@wanadoo.fr*
– Fax 03 87 75 40 75   CV **v**
30 ch – ♦68/95 € ♦♦68/105 €, ⏛ 11 €

◆ Au pied de la cathédrale St-Étienne, maison du 17ᵉ s. où séjournèrent, entre autres, Madame de Staël et Chateaubriand. Chambres élégantes (mobilier chiné, tissus chatoyants).

Du Théâtre   🕼 ⚒ 🛏 🎴 ₺ ₡ 🛎 P VISA ⓜ ①
3 r. du Pont St-Marcel – 𝒞 *03 87 31 10 10 – reception@hoteldutheatre-metz.com*
– Fax 03 87 30 04 66   CV **b**
65 ch – ♦85/150 € ♦♦95/180 €, ⏛ 12 € – ½ P 79/130 € – **Rest** – Menu 15/29 €
– Carte 25/43 € 🈺

◆ Un emplacement de choix pour cet hôtel blotti dans le quartier historique. Chambres fraîchement rénovées, plus tranquilles côté Moselle. Beau mobilier lorrain dans le hall. Au restaurant, fresques à thème régional et cuisine traditionnelle servie en costume folklorique.

Métropole sans rest   🛗 🕿 VISA ⓜ AE ①
5 pl. Gén. de Gaulle – 𝒞 *03 87 66 26 22 – contact@hotelmetropole.com*
– Fax 03 87 66 29 91   DX **q**
72 ch – ♦45/59 € ♦♦54/63 €, ⏛ 8 €

◆ Cet hôtel, installé dans un bel immeuble en pierres de taille face à la gare, a fait peau neuve. Couleurs chaudes et mobilier actuel rendent les chambres très accueillantes.

Escurial sans rest   🛗 ⅘ 🕿 VISA ⓜ AE
18 r. Pasteur – 𝒞 *03 87 66 40 96 – hotelescurial.metz@wanadoo.fr*
– Fax 03 87 63 43 61 – Fermé 29 déc.-1ᵉʳ janv.   CX **d**
36 ch – ♦50/72 € ♦♦68/80 €, ⏛ 11 €

◆ Cure de rajeunissement bienvenue pour cet établissement du quartier impérial. Chambres actuelles et pratiques. Espace petit-déjeuner et grand salon colorés et chaleureux.

Cécil' sans rest   🛗 ⅘ ⅘ 🕿 🚬 VISA ⓜ AE ①
14 r. Pasteur – 𝒞 *03 87 66 66 13 – info@cecilhotel-metz.com – Fax 03 87 56 96 02*
– Fermé 27 déc.-7 janv.   CX **x**
39 ch – ♦56 € ♦♦62 €, ⏛ 7,50 €

◆ L'immeuble fut construit en 1920 par des Anglais. Il abrite des chambres sagement colorées, pourvues d'un sobre mobilier et impeccablement tenues. Billard.

XXX **Au Pampre d'Or** (Jean-Claude Lamaze)   AC VISA ⓜ ①
❀ *31 pl. Chambre –* 𝒞 *03 87 74 12 46 – Fax 03 87 36 96 92 – Fermé 5-11 janv., dim.*
soir, lundi midi et mardi midi   CV **a**
Rest – Menu (28 €), 38 € bc (sem.)/65 € – Carte 55/90 €
Spéc. Cassolette de cuisses de grenouilles. Truffes melanosporum (nov. à mars). Escalope de foie gras d'oie poêlé aux pommes caramélisées. **Vins** Gris de Toul, Rouge de Toul.

◆ L'enseigne de cet hôtel particulier du 17ᵉ s. évoque la vigne qui occupait, jadis, l'emplacement. Intérieur original égayé de couleur jaune. Goûteuse cuisine classique.

XXX **Maire**   ≼ 🍽 AC VISA ⓜ AE
1 r. Pont des Morts – 𝒞 *03 87 32 43 12 – restaurant.maire@wanadoo.fr*
– Fax 03 87 31 16 75 – Fermé merc. midi et mardi   CV **f**
Rest – Menu 40/61 € – Carte 45/64 €

◆ Atouts majeurs de ce restaurant : sa salle à manger surplombant la Moselle et sa terrasse au bord de l'eau offrant, toutes deux, un joli panorama sur la ville. Carte classique.

XX **L'Écluse** (Eric Maire)   ≼ AC VISA ⓜ AE
❀ *45 pl. Chambre –* 𝒞 *03 87 75 42 38 – Fax 03 87 37 30 11 – Fermé 1ᵉʳ-15 août, sam.*
midi, dim. soir et lundi   CV **r**
Rest – Menu (24 €), 35/65 € – Carte 60/79 €
Spéc. Carpaccio de Saint-Jacques aux truffes (15 nov. au 15 fév.). Agape de poissons crus marinés à l'huile d'argan. Ravioles de foie gras de canard au bouillon truffé (15 nov. au 15 fév.).

◆ Laissez-vous tenter par ce restaurant relooké : décor contemporain très épuré, murs égayés de tableaux modernes et tables sans nappage. Cuisine au goût du jour soignée.

XX **Georges - À la Ville de Lyon** `AC` `P` `VISA` `CO` `AE`

7 r. Piques – `C` *03 87 36 07 01 – george-ville-de-lyon @ wanadoo.fr*
– Fax 03 87 74 47 17 – Fermé 1er-10 janv., lundi sauf midi fériés et dim. soir
Rest – Menu (19 €), 25 € (sem.)/65 € – Carte 50/57 €   DV **e**
♦ Salles de restaurant partagées entre dépendances de la cathédrale – une salle est aménagée dans une chapelle du 14e s. – et vieux murs d'un relais de diligences.

XX **Le Chat Noir** `☆` `VISA` `CO` `AE`

30 r. Pasteur – `C` *03 87 56 99 19 – rest-le-chat @ wanadoo.fr – Fax 03 87 66 67 64*
– Fermé 24 déc.-5 janv., dim. et lundi   AZ **e**
Rest – Menu (20 € bc), 26/45 € – Carte 34/59 €
♦ Chaises léopard, masques africains et tons chocolat créent l'atmosphère ethnique de cette table d'orientation culinaire traditionnelle. Banc d'écailler. Jardin d'hiver.

X **Thierry "Saveurs et Cuisine"** `☆` `AC` `%` `VISA` `CO`

5 r. Piques, "Maison de la Fleure de Ly" – `C` *03 87 74 01 23 – lechef @*
restaurant-thierry.fr – Fax 03 87 77 81 03
– Fermé 21 juil.-10 août, 27 oct.-2 nov., 9-22 fév., merc. et dim.   DV **a**
Rest – Menu (17 €), 23 € (sem.)/34 € – Carte 30/48 €
♦ Cuisine inventive volontiers rehaussée d'herbes et d'épices, joli cadre mêlant la brique et le bois, terrasse d'été : trois atouts assurant le succès de ce bistrot chic.

X **Le Bistrot des Sommeliers** `AC` `VISA` `CO`

10 r. Pasteur – `C` *03 87 63 40 20 – lebistrotdessommeliers @ wanadoo.fr*
– Fax 03 87 54 54 46 – Fermé 23 déc.-4 janv., sam. midi, dim. et fériés   CX **a**
Rest – Menu (15 €) – Carte 24/42 € ⅜
♦ Façade colorée et décor célébrant la dive bouteille pour ce bistrot proche de la gare. Belle sélection de vins au verre et suggestions du marché à découvrir sur l'ardoise.

par ① et A 31 sortie Maizières-lès-Metz : 10 km - ⊠ 57280 Maizières-lès-Metz

🏨 **Novotel-Hauconcourt** `☄` `☆` `⃛` `AC` `↳` `📞` `🔧` `P` `VISA` `CO` `AE` `①`

– `C` *03 87 80 18 18 – h0446 @ accor.com – Fax 03 87 80 36 00*
132 ch – ♦89/150 € ♦♦89/150 €, ⊑ 13 € – **Rest** – Carte 24/43 €
♦ Trois décennies après sa construction, ce Novotel a bénéficié d'une rénovation totale, constituant ainsi une halte commode à proximité des autoroutes. Spacieuse salle à manger prolongée d'une terrasse au bord de la piscine. Petite restauration non-stop au bar.

rte de Saarlouis 13 km par ②, N 233 et D 954 - ⊠ 57640 Ste-Barbe

XX **Mazagran** `☄` `☆` `P` `VISA` `CO`

lieu-dit Mazagran – `C` *03 87 76 62 47 – mele-cass @ orange.fr – Fax 03 87 76 79 50*
– Fermé 25 août-9 sept., 3-11 janv., dim. soir, lundi et mardi
Rest – Menu (21 €), 26 € (sem.)/51 € – Carte 44/68 €
♦ Ferme bâtie pour l'un des soldats qui défendit en 1840 le fortin de Mazagran (Algérie). Salles à manger égayées d'expositions de tableaux ; terrasse sur jardin. Carte actuelle.

à Borny par ③ et rte Strasbourg : 3 km - ⊠ 57070 Metz

XXX **Le Jardin de Bellevue** `☄` `☆` `AC` `P` `VISA` `CO`

58 r. Claude Bernard, (près du Technopole Metz 2000) – `C` *03 87 37 10 27*
– lejardindebellevue @ wanadoo.fr – Fax 03 87 37 15 45
– Fermé 15 juil.-13 août, 16-28 fév., sam. midi, dim. soir, mardi soir et lundi
Rest – Menu 22 € (déj. en sem.), 37/61 € – Carte 52/67 €
♦ Façade chic pour cette maison centenaire d'un quartier résidentiel. Tables joliment dressées dans une plaisante salle à manger jaune. Cuisine au goût du jour.

à Technopole 2000 par ③ et rte de Strasbourg : 5 km - ⊠ 57070 Metz

🏨 **Holiday Inn** `☞` `☆` `⃛` `▯` `&` `ch,` `AC` `↳` `🔧` `P` `VISA` `CO` `AE` `①`

1 r. F. Savart – `C` *03 87 39 94 50 – reception @ holidayinn-metz.com*
– Fax 03 87 39 94 55
90 ch – ♦80/107 € ♦♦80/128 €, ⊑ 12 € – ½ P 97 €
Rest *Les Alizés* – Menu (14,50 €), 20 € (déj. en sem.) – Carte 19/38 €
♦ Cette architecture design se situe loin de l'agitation de la ville, en bordure d'un parcours de golf 18 trous. Chambres pratiques équipées de meubles contemporains. Cadre élégant et cuisine traditionnelle aux Alizés.

à Ancy-sur-Moselle Sud-Est: 13 km par ④ A 31, D 657, D 11 et D 6 – 1 475 h.
– alt. 172 m – ⊠ 57130

⌂ **Haumalet** sans rest ⊗   🚗 ↳ ⅙ **P**
    2 r. des Quarrés – ℰ 03 87 30 91 54 – haumalet @ wanadoo.fr – Fax 03 87 30 91 54
    – Fermé 1er-20 mars
    3 ch ⊡ – †45 € ††65 €
    ♦ Dans un village de vignerons, maison ancienne (jadis propriété du prince-évêque de
    Metz) rénovée : chambres personnalisées de meubles anciens, petit jardin et terrasse.

à Plappeville par av. Henri II - AY : 7 km – 2 341 h. – alt. 280 m – ⊠ 57050

XX **Jardin d'Adam**   🍽 **VISA** 🟦
    50 r. Gén. de Gaulle – ℰ 03 87 30 36 68 – le-jardin-d-adam @ numericable.fr
    – Fax 03 87 30 79 01 – Fermé 15-31 août, vacances de Noël, mardi soir et merc.
    Rest – Menu 25 € (sem.)/60 € – Carte 45/65 €
    ♦ Au cœur du village, vieille maison de vigneron abritant une plaisante salle à manger
    contemporaine ouverte sur la terrasse d'été. Cuisine au goût du jour et belle carte des vins.

METZERAL – 68 Haut-Rhin – 315 G8 – 1 065 h. – alt. 480 m – ⊠ 68380   1 **A2**
    🄳 Paris 464 – Colmar 25 – Gérardmer 39 – Guebwiller 41 – Thann 43

🏠 **Aux Deux Clefs** ⊗   ≤ 🍽 **P** **VISA** 🟦 **AE** ⓞ
    12 r. Altenhof – ℰ 03 89 77 61 48 – auxdeuxclefs @ free.fr – Fax 03 89 77 63 88
⊛   – Fermé 1er-15 mars et 1er-7 nov.
    14 ch – †38/40 € ††46/65 €, ⊡ 9 € – ½ P 46/55 € – **Rest** – (fermé merc.)
    Menu 12 € (sem.)/46 € – Carte 19/60 €
    ♦ Perché sur les hauteurs du village, cet hôtel bénéficie d'une tranquillité appréciable.
    Chambres sobrement montagnardes où règne une ambiance de maison d'hôte. Élégante
    salle à manger (cuisine classique).

MEUCON – 56 Morbihan – 308 O8 – 1 268 h. – alt. 80 m – ⊠ 56890   9 **A3**
    🄳 Paris 464 – Vannes 8 – Lorient 62 – Ploërmel 49 – Pontivy 45

XX **Le Tournesol**   🍽 ὅ **P** **VISA** 🟦
    20 rte de Vannes – ℰ 02 97 44 50 50 – le.tournesol @ wanadoo.fr
⊛   – Fax 02 97 44 65 42 – Fermé 30 juin-8 juil., 15-30 sept., 5-13 janv., dim. soir, merc.
    soir et lundi
    Rest – Menu 16 € (déj. en sem.), 21/55 € – Carte 32/48 €
    ♦ Les deux salles aménagées dans cette longère arborent une jolie couleur jaune tourne-
    sol ; l'une d'elles offre le coup d'œil sur la cave. Appétissante cuisine traditionnelle.

MEUDON – 92 Hauts-de-Seine – 311 J3 – 101 24 – **voir à Paris, Environs**

MEURSAULT – 21 Côte-d'Or – 320 I8 – **rattaché à Beaune**

LE MEUX – 60 Oise – 305 H4 – **rattaché à Compiègne**

MEXIMIEUX – 01 Ain – 328 E5 – 6 840 h. – alt. 245 m – ⊠ 01800   44 **B1**
    🄳 Paris 458 – Bourg-en-Bresse 37 – Chambéry 120 – Genève 118
       – Grenoble 125 – Lyon 38
    🄴 Office de tourisme, 1, rue de Genève ℰ 04 74 61 11 11, Fax 04 74 61 00 50

XXX **La Cour des Lys**   🍽 **AC** **P** **VISA** 🟦
    17 r. de Lyon – ℰ 01 74 61 06 78 – la.cour.des.lys @ orange.fr – Fax 01 74 34 75 23
    – Fermé 31 mars-7 avril, 15-23 juil., merc. midi et lundi
    Rest – Menu 20 € (sem.)/58 € – Carte 44/68 €
    ♦ Un nouveau chef a repris en main cette institution locale. Alléchante carte axée sur la
    tradition locale avec des touches actuelles à déguster dans un décor de style dombiste.

au Pont de Chazey-Villieu 3 km à l'Est par D 1084 – ⊠ 01800 Villieu-Loyes-Mollon

XX　　**La Mère Jacquet** avec ch　　🚗 🏡 🏊 🛁 ch, 🏃 ⚭ ch, 🐕 **P** *VISA* **MO**
　　　　Pont de Chazey – ☏ 04 74 61 94 80 – contact @ lamerejacquet.com
　　　　– Fax 04 74 61 92 07 – Fermé 21-27 avril, 28 juil.-10 août, vacances de Toussaint,
　　　　22 déc.-4 janv.
　　　　19 ch – ♦54/64 € ♦♦63/73 €, ⊇ 8 € – **Rest** – *(fermé sam. midi, dim. soir et lundi)*
　　　　Menu 24 € (sem.)/55 € – Carte 44/67 €
　　　　♦ Mignonne salle à manger-véranda ouverte sur le jardin et carte classique ancrée dans le
　　　　terroir : la tradition initiée par la Mère Jacquet se perpétue au fil des générations.

MÉXY – 54 Meurthe-et-Moselle – 307 F2 – **rattaché à Longwy**

MEYLAN – 38 Isère – 333 H6 – **rattaché à Grenoble**

MEYMAC – 19 Corrèze – 329 N2 – 2 627 h. – alt. 702 m – ⊠ 19250
▌Limousin Berry　　　　　　　　　　　　　　　　　　　　　　　　25 **C2**
　　　▶ Paris 443 – Aubusson 57 – Limoges 96 – Neuvic 30 – Tulle 49 – Ussel 17
　　　🗊 Office de tourisme, 1, place de l'Hôtel de Ville ☏ 05 55 95 18 43,
　　　　Fax 05 55 95 66 12
　　　◙ Vierge noire★ dans l'église abbatiale.

X　　**Chez Françoise** avec ch　　　　　　　　　　　　*VISA* **MO** **AE**
　　　24 r. Fontaine du Rat – ☏ 05 55 95 10 63 – Fax 05 55 95 40 22 – Fermé janv., dim.
⊂⊃　　soir et lundi
　　　4 ch – ♦60 € ♦♦60 €, ⊇ 8 € – **Rest** – Menu 15/50 € – Carte 22/48 € ⊛
　　　♦ Goûtez une vraie cuisine de grand-mère et de bons bordeaux dans cette maison rustique
　　　du 16ᵉ s. flanquée d'une tour, puis repartez avec un produit régional de la boutique
　　　attenante.

à Maussac 9 km au Sud par D 36 et D 1089 – 385 h. – alt. 615 m – ⊠ 19250

🏠　　**Europa**　　　　　　🛁 ch, 🅺 rest, ⚭ ch, 🐕 🕿 ✤ **P** *VISA* **MO**
　　　sur D 1089 – ☏ 05 55 94 25 21 – hoteleuropa1 @ orange.fr – Fax 05 55 94 26 08
⊂⊃　　– Fermé 23 déc.-2 janv.
　　　22 ch – ♦42 € ♦♦44 €, ⊇ 8 € – ½ P 55 € – **Rest** – *(fermé dim. hors saison)*
　　　Menu 12 € (sem.)/24 € – Carte 12/24 €
　　　♦ Cet établissement proche de la route abrite des chambres toutes semblables, fonction-
　　　nelles et pourvues de lits "king size" ; celles sur l'arrière sont plus calmes. Cuisine tradition-
　　　nelle sans prétention ; clientèle de V.R.P. essentiellement.

MEYRONNE – 46 Lot – 337 F2 – 269 h. – alt. 130 m – ⊠ 46200　　　29 **C1**
　　　▶ Paris 524 – Brive-la-Gaillarde 47 – Cahors 76 – Figeac 54
　　　　– Sarlat-la-Canéda 40

🏠🏠　**La Terrasse** ⌖　　　　≤ 🚗 🏡 🏊 🅺 ch, 🐕 ✤ *VISA* **MO** **AE** **①**
　　　– ☏ 05 65 32 21 60 – terrasse.liebus @ wanadoo.fr – Fax 05 65 32 26 93 – Ouvert
⊙⊙　　9 mars-11 nov.
　　　15 ch – ♦70/80 € ♦♦70/125 €, ⊇ 12 € – 5 suites – ½ P 80/122 €
　　　Rest – *(fermé mardi midi)* Menu 20 € (déj. en sem.), 28/50 € – Carte 50/74 €
　　　♦ Ce château, édifié au 11ᵉ s. et complété par de vieilles maisons en pierres de pays, domine
　　　la Dordogne. Chambres dotées de meubles anciens. Belle salle à manger d'hiver voûtée,
　　　espace plus contemporain ou agréable terrasse ombragée d'une treille.

MEYRUEIS – 48 Lozère – 330 I9 – 851 h. – alt. 698 m – ⊠ 48150
▌Languedoc Roussillon　　　　　　　　　　　　　　　　　　　　23 **C1**
　　　▶ Paris 643 – Florac 36 – Mende 57 – Millau 43 – Rodez 99 – Le Vigan 56
　　　🗊 Office de tourisme, Tour de l'Horloge ☏ 04 66 45 60 33, Fax 04 66 45 65 27
　　　◙ NO : Gorges de la Jonte★★.
　　　◪ Aven Armand★★★ NO : 11 km - Grotte de Dargilan★★ NO : 8,5 km.

Château d'Ayres ⌾ ⮜ ⌂ ☆ ⅄ ⅏ ⅏ rest, ⅃ **P** **VISA** **⑳** **Æ** **①**

1,5 km à l'Est par D 57 – ✆ *04 66 45 60 10 – chateau-d-ayres@wanadoo.fr*
– Fax 04 66 45 62 26 – Fermé 3 janv.-15 fév.
22 ch – ♦96/124 € ♦♦96/160 €, ⌿ 14 € – 7 suites – ½ P 83/132 €
Rest – Menu 23 € (déj.), 31/47 € – Carte 40/52 €
♦ L'accord du raffinement ancien et de la sérénité d'un parc de 6 ha font le charme de ce château du 12ᵉ s., ancien prieuré marqué par l'histoire cévenole. Salle à manger voûtée et agrémentée d'une cheminée, terrasse ombragée et recettes régionales.

Du Mont Aigoual ⅏ ⅄ ⅃ ⅏ **P** **VISA** **⑳** **Æ**

34 quai Barrière – ✆ *04 66 45 65 61 – hotelmontaigoual@free.fr*
– Fax 04 66 45 64 25 – Ouvert 23 mars-2 nov.
30 ch – ♦55/75 € ♦♦55/75 €, ⌿ 8 € – ½ P 55/62 €
Rest – *(fermé mardi midi sauf juil.-août)* Menu 20/40 €
♦ Le village, base idéale de découverte des Grands Causses et des Cévennes, est au pied du pittoresque massif de l'Aigoual. Chambres bien tenues et belle piscine au jardin. Goûteuse cuisine traditionnelle à déguster dans une coquette salle de style provençal.

De l'Europe sans rest ⅃ ⅃ **P** **VISA** **⑳**

2 quai Barrière – ✆ *04 66 45 60 05 – frederic-robert-48@wanadoo.fr*
– Fax 04 66 45 65 31 – Ouvert 21 mars-5 nov.
29 ch – ♦32/36 € ♦♦37/41 €, ⌿ 7 €
♦ Établissement familial dont les chambres offrent un confort simple mais bénéficient d'une tenue sans reproche. Accès à la piscine du jardin d'un hôtel voisin (Mont Aigoual).

Family Hôtel ⅏ ⅄ ⅃ **AC** rest, ⅃ **P** **VISA** **⑳**

4 r. Barrière – ✆ *04 66 45 60 02 – hotel.family@wanadoo.fr – Fax 04 66 45 66 54*
– Ouvert 1ᵉʳ avril-5 nov.
48 ch – ♦38/39 € ♦♦38/49 €, ⌿ 7,50 € – ½ P 48/49 € – **Rest** – Menu 12,50 € bc (déj. en sem.), 18/32 € – Carte 15/36 €
♦ Hôtel familial bordant le Bétuzon, un affluent de la Jonte. Chambres pratiques bien tenues. Jardin et belle piscine avec jacuzzi de l'autre côté de la rive. Solide cuisine lozérienne dont on se repaît dans plusieurs salles rénovées et climatisées.

Grand Hôtel de France ⅄ ⅃ ⅏ ⅄ ⅏ rest, ⅃ **P** **VISA** **⑳** **Æ**

pl. J. Séquier – ✆ *04 66 45 60 07 – grandhoteldefrance@wanadoo.fr*
– Fax 04 66 45 67 62 – Ouvert 12 avril-30 sept.
45 ch – ♦40/45 € ♦♦45/49 €, ⌿ 6,50 € – ½ P 46/48 €
Rest – *(ouvert 30 avril-30 sept.)* Menu 16/30 € – Carte 23/38 €
♦ Bâtisse en pierres du pays, où vous serez hébergés dans de petites chambres colorées. Sur l'arrière de l'hôtel, jardin et piscine à flanc de colline. Restaurant campagnard doté d'une cheminée et de meubles rustiques. Mise en place simple, menus traditionnels.

MEYZIEU – 69 Rhône – 327 J5 – **rattaché à Lyon**

MÈZE – 34 Hérault – 339 G8 – **7 630 h.** – **alt. 20 m** – ✉ 34140
▌ Languedoc Roussillon   23 **C2**
▶ Paris 746 – Agde 21 – Béziers 43 – Lodève 52 – Montpellier 36 – Pézenas 19
– Sète 20
🛈 Office de tourisme, 8, rue Massaloup ✆ 04 67 43 93 08, Fax 04 67 43 55 61
◉ Villa gallo-romaine★ de Loupian N : 1,5 km.

à Bouzigues 4 km au Nord-Est par D 613 et rte secondaire – **1 208 h.** – **alt. 3 m** –
✉ 34140

La Côte Bleue ⌾ ⮜ ⅏ ☆ ⅃ ⅊ ch, ⅏ ch, ⌣ ⅃ **P** **VISA** **⑳** **Æ**

– ✆ *04 67 78 31 42 – lacotebleue0572@orange.fr – Fax 04 67 78 35 49*
31 ch – ♦65/90 € ♦♦65/90 €, ⌿ 9 € – **Rest** – ✆ 04 67 78 30 87 *(fermé vacances de fév. et merc. hors saison)* Menu 29/43 € – Carte 39/70 €
♦ L'étang de Thau, Mecque de la conchyliculture, baigne cette construction moderne aux chambres fonctionnelles dotées de balcons. Cuisine de la mer mettant à l'honneur les fameuses huîtres de Bouzigues, à déguster l'été sur la terrasse ombragée de pins.

MÈZE

⌂ **À La Voile Blanche** ← 斎 AC ch, ৠ ch, ℒ VISA ◍ AE
1 av. Louis Tudesq – ℰ 04 67 78 35 77 – alavoileblanche@wanadoo.fr
– Fax 04 67 74 44 06 – Fermé 17-30 nov., 12-31 janv., lundi et mardi d'oct. à fév.
8 ch – †65/190 € ††65/190 €, ⊡ 8 € – ½ P 95/220 € – **Rest** – Menu 20 € (déj. en sem.) – Carte 32/60 €
♦ Au bord de l'étang, ses parcs à huîtres et le petit port, une maison bien en vue au décor ultra-contemporain, étudié et raffiné. Certaines chambres ont une terrasse. Dans une ambiance décontractée, goûtez à une cuisine méridionale privilégiant poissons et coquillages à la plancha.

MÉZIÈRES-EN-BRENNE – 36 Indre – 323 D6 – 1 160 h. – alt. 88 m – ✉ 36290
▌Limousin Berry   11 **B3**
🚗 Paris 303 – Le Blanc 28 – Châteauroux 40 – Châtellerault 59 – Poitiers 96 – Tours 87
🛈 Office de tourisme, 1, rue du Nord ℰ 02 54 38 12 24, Fax 02 54 38 13 76

✗ **Bœuf Couronné** avec ch ৠ ch, VISA ◍
9 pl. du général de Gaulle – ℰ 02 54 38 04 39 – au.boeuf.couronne@hotmail.fr
– Fax 02 54 38 02 84 – Fermé 23-30 juin, 10 déc.-31 janv., dim. soir et lundi
8 ch – †42 € ††54 €, ⊡ 6,50 € – ½ P 40 € – **Rest** – Menu 11 € (déj. en sem.), 21/43 € – Carte 44/54 €
♦ Ex-relais de poste (1640) incitant à faire étape au cœur du Parc naturel régional de la Brenne : salles agrestes, ambiance familiale et repas traditionnel où entrent des produits du cru.

MÉZOS – 40 Landes – 335 E10 – 817 h. – alt. 23 m – ✉ 40170   3 **B2**
🚗 Paris 684 – Bordeaux 124 – Mont-de-Marsan 107 – Dax 58 – Biscarrosse 44
🛈 Office de tourisme, avenue du Born ℰ 05 58 42 64 37, Fax 05 58 42 64 60

⌂ **La Maison de Mézos** sans rest 斎 ℐ ↵ ৠ ℒ VISA ◍
av. de l'Océan – ℰ 05 58 42 61 38 – maisondemezos@orange.fr
– Fax 05 58 42 61 38
10 ch – †60/78 € ††60/78 €, ⊡ 8 €
♦ Dans un petit village landais, coquette maison distillant une ambiance familiale (cadre rustique, mobilier chiné). Le vaste jardin abrite un pavillon plus récent et une piscine.

MEZY-MOULINS – 02 Aisne – 306 D8 – 461 h. – alt. 81 m – ✉ 02650   37 **C3**
🚗 Paris 103 – Amiens 221 – Laon 92 – Reims 55 – Meaux 56

✗✗ **Le Moulin Babet** avec ch ॐ 斎 ৠ ch, ⚎ P VISA ◍
8 r. du Moulin Babet – ℰ 03 23 71 44 72 – lemoulinbabet@orange.fr
– Fax 03 23 71 48 11 – Fermé 24 déc.-11 janv., dim. soir (sauf hôtel), mardi et merc.
7 ch – †70 € ††70 €, ⊡ 9 € – **Rest** – Menu 31/65 € – Carte 48/58 €
♦ En pleine campagne, un moulin qui a conservé son ancienne roue visible depuis le hall. Jolie salle à manger mi-rustique, mi-actuelle, et belles chambres contemporaines.

MIEUSSY – 74 Haute-Savoie – 328 M4 – 1 739 h. – alt. 636 m – ✉ 74440
▌Alpes du Nord   46 **F1**
🚗 Paris 563 – Annecy 62 – Bonneville 21 – Chamonix-Mont-Blanc 59 – Thonon-les-Bains 49
🛈 Office de tourisme, Le Pont du Diable ℰ 04 50 43 02 72, Fax 04 50 43 01 87

⌂ **Accueil Savoyard** 斎 ℐ ↵ P VISA ◍
– ℰ 04 50 43 01 90 – accueil-savoyard@wanadoo.fr – Fax 04 50 43 09 59
– Fermé 5-18 mai
8 ch – †45 € ††52 €, ⊡ 7 € – ½ P 50 € – **Rest** – (fermé dim.) Menu 12 € (déj. en sem.), 19/25 € – Carte 29/39 €
♦ Hôtel de type "pension de famille" établi dans la verdoyante vallée du Giffre. Chambres bien tenues, parfois dotées d'un balcon ; demandez-en une avec vue sur les montagnes. Carte traditionnelle et plats savoyards servis dans une salle à manger rustique.

⚭ 🕾 🖐 🕱 🗘 **P**

⌂ Maison des Sœurs ⌂

pl. de l'Église – 𝒞 *04 50 43 15 74 – mlm@mieussy.net – Fax 04 50 43 15 74*
3 ch 🖙 – ♦53/62 € ♦♦64/95 €
Table d'hôte *– (fermé lundi)* Menu 22 € bc

♦ Cette maison massive (1841) repérable à ses volets turquoises accueillit longtemps nonnes et colonies de vacances. Belles grandes chambres personnalisées ; âtre au salon. Cuisine-salle à manger avec cheminée où cuisent parfois ragoûts ou volailles à la broche.

MILLAU ◉ **– 12 Aveyron – 338** K6 **– 21 339 h. – alt. 372 m –** ⊠ **12100**
▯ **Languedoc Roussillon**   29 **D2**

▯ Paris 636 – Albi 106 – Mende 95 – Montpellier 114 – Rodez 67

▯ Office de tourisme, 1, place du Beffroi 𝒞 05 65 60 02 42,
Fax 05 65 60 95 08

▣ Musée de Millau★ : poteries★, maison de la Peau et du Gant ★ (1ᵉʳ étage) **M**
- Viaduc ★★★.

▣ Canyon de la Dourbie★★ 8 km par ②.

Aigoual (Av. de l')	**BY** 2
Alsace-Lorraine (R. d')	**AY** 4
Ayrolle (Bd de l')	**AZ**
Belfort (R. de)	**AY** 5
Bion-Marlavagne (Pl.)	**AY** 7
Bonald (Bd de)	**BY** 8
Calvé (Pl. Emma)	**BZ** 9
Capelle (R. de la)	**BY** 12
Chalies (Quai Sully)	**ABZ** 14
Clausel-de-Coussergues (R.)	**BZ** 15
Droite (R.)	**BZ** 19
Foch (Pl. du Mar.)	**BZ** 20
Jacobins (R. des)	**BZ** 23
Jean-Jaurès (Av.)	**BY**
Jean-Moulin (R.)	**AY** 24
Mandarous (Pl. du)	**BY** 26
Mandarous (R. du)	**BY** 27
Pasteur (R.)	**BZ** 28
Pépinière (R. de la)	**AY** 29
Pont-de-Fer (R. du)	**BZ** 30
Sadi-Carnot (Bd)	**BY** 32
St-Martin (R.)	**ABZ** 34
Semard (Av. Pierre)	**AY** 35
Voultre (R. du)	**AZ** 36

🏨 **Mercure** ≤ 🕾 🖧 🕭 **AK** 🖐 🗘 🖢 **P** **VISA** **MC** **AE** ①

1 pl. de la Tine – 𝒞 *05 65 59 29 00 – h5614@accor.com*
🕾 *– Fax 05 65 59 29 01*   YB **m**
57 ch – ♦89/120 € ♦♦101/135 €, 🖙 15 € – **Rest** *– (Fermé sam. et dim. du 1ᵉʳ janv.*
au 15 mars) Menu 16/25 € – Carte 24/38 €

♦ En plein centre-ville, hôtel refait à neuf dans un chaleureux esprit contemporain. De nombreuses chambres offrent une vue sur le viaduc. Le restaurant aux airs de bouchon aveyronnais sert une cuisine régionale.

🏠 Cévenol Hôtel 　🛋 ⅀ 🚣 📞 🅿 𝗩𝗜𝗦𝗔 ⬤◐

115 r. Rajol – ℰ 05 65 60 74 44 – contact @ cevenol-hotel.fr
– Fax 05 65 60 85 99

BY **k**

42 ch – ♦48/58 € ♦♦48/58 €, � 7,50 € – ½ P 50/57 € – **Rest** – Menu 16/35 €
– Carte 25/44 €

♦ Ce bâtiment construit dans les années 1980 et séparé du Tarn par la route nationale abrite des chambres fonctionnelles assez spacieuses. La salle à manger néo-rustique s'ouvre en grand sur la terrasse d'été dotée d'un petit gril. Cuisine à tendance régionale.

🏠 Millau Hôtel Club 　🛋 ⅀ 𝖿ó ❅ & ch, 𝖠𝖢 ch, ↔ 📞 ⚒

par ④ et rte Montpellier – ℰ 05 65 59 71 33 　🅿 𝗩𝗜𝗦𝗔 ⬤◐ 𝗔𝗘 ⬤
– millauhotelclub @ wanadoo.fr – Fax 05 65 59 71 67 – Ouvert 1ᵉʳ mars-30 nov.

37 ch – ♦66 € ♦♦66 €, ⊙ 9,50 € – ½ P 58/78 € – **Rest** – grill Menu 21 € – Carte 26/32 €

♦ Chambres au confort fonctionnel, fitness, sauna, piscine, boulodrome et tennis dans cet ensemble moderne situé près de la rocade. Coup d'œil sur Millau, le Tarn et le viaduc. Salle de restaurant en rotonde ; grillades, salades et assortiment de vins régionaux.

🏠 Ibis sans rest 　🎛 & 𝖠𝖢 ↔ 📞 🅿 𝗩𝗜𝗦𝗔 ⬤◐ 𝗔𝗘 ⬤

r. du Sacré Cœur – ℰ 05 65 59 29 09 – h5613 @ accor.com
– Fax 05 65 59 29 01

YB **b**

46 ch – ♦71/89 € ♦♦77/97 €, ⊙ 9 €

♦ Hôtel du centre-ville, bien situé pour aller admirer le fameux viaduc. Vastes chambres, lumineuses et fonctionnelles, offrant un bon niveau de confort.

✗ Capion 　& 𝖠𝖢 𝗩𝗜𝗦𝗔 ⬤◐

3 r. J.-F. Alméras – ℰ 05 65 60 00 91 – Fax 05 65 60 42 13 – Fermé 1ᵉʳ-16 Juillet, jeudi en août, mardi soir et merc.

AY **f**

Rest – Menu 13,50 € bc (déj. en sem.), 18/36 € – Carte 27/43 €

♦ Cet établissement du centre-ville affiche souvent complet. Vous y dégusterez une copieuse cuisine traditionnelle valorisant le terroir ainsi qu'un menu des îles, plus exotique.

✗ La Braconne 　🎛 𝗩𝗜𝗦𝗔 ⬤◐ ⬤

7 pl. Mar. Foch – ℰ 05 65 60 30 93 – Fermé 23-30 juin, dim. soir et lundi

BZ **r**

Rest – Menu 19/39 € – Carte 31/49 €

♦ Le restaurant est situé sous le "couvert" à colonnes de cette place pittoresque du vieux Millau, dans une jolie salle voûtée du 13ᵉ s. Cuisine familiale, service itou.

par ④ 2 km rte St-Affrique – ✉ 12100 Millau

🏠 Château de Creissels ⌖ 　✦ 🚲 🎛 🅿 𝗩𝗜𝗦𝗔 ⬤◐ 𝗔𝗘 ⬤

– ℰ 05 65 60 16 59 – chateau-de-creissels @ wanadoo.fr – Fax 05 65 61 24 63
– Fermé janv., fév. et dim. soir du 1ᵉʳ nov. au 30 mars

30 ch – ♦49 € ♦♦63/96 €, ⊙ 9 € – ½ P 59/77 € – **Rest** – (fermé dim. soir et lundi midi sauf de juin à sept.) Menu 23/50 € – Carte 35/54 €

♦ Château du 12ᵉ s. et son extension bâtie en 1971 : selon le cas, les chambres offrent le charme de l'ancien ou plus de sobriété. Salon stylé et billard. Repas traditionnel à composantes régionales, sous de belles voûtes de pierre ou en terrasse, panoramique.

MILLY-LA-FORÊT – 91 Essonne – 312 D5 – 4 601 h. – alt. 68 m – ✉ 91490
▌ Île de France

18 **B3**

🚘 Paris 58 – Étampes 25 – Évry 31 – Fontainebleau 19 – Melun 25
– Nemours 27

🏢 Office de tourisme, 8 bis, rue Farnault ℰ 01 64 98 83 17, Fax 01 64 98 94 80

◉ Parc★★ du chateau de Courances★★ N : 5 km.

à Auvers (S.-et-M.) 4 km au Sud par D 948 – ✉ 77123 Noisy-sur-Ecole

✗✗ Auberge d'Auvers Galant 　🎛 𝗩𝗜𝗦𝗔 ⬤◐ 𝗔𝗘

7 r. d'Auvers – ℰ 01 64 24 51 02 – Fax 01 64 24 56 40 – Fermé 25 août-9 sept., 19 janv.-10 fév., dim. soir, lundi et mardi

Rest – Menu 24 € (sem.)/49 € – Carte 47/69 €

♦ Rien à redouter de ce Galant-là : posté à l'orée de la forêt de Fontainebleau, c'est en tout bien tout honneur qu'il vous propose une halte dans un intérieur rustique coloré.

MILLY-SUR-THÉRAIN – 60 Oise – 305 C3 – 1 520 h. – alt. 82 m –
✉ 60112

36 **A2**

> ▶ Paris 91 – Compiègne 69 – Amiens 74 – Beauvais 11

✗✗ **Hostellerie du Lac "La Gourmandine"** avec ch 📶 🖼 🖼
1 r. Étangs – ✆ *03 44 81 07 52* ⚿ rest, ❄ ⅍ 📞 🦮 **P** **VISA** **◉◉** **AE**
– hostellerie-la-gourmandine@wanadoo.fr – Fax 03 44 81 36 60 – Fermé
27 oct.-3 nov., 16 fév.-9 mars
8 ch – ✦65 € ✦✦80 €, ☕ 12,50 € – ½ P 65/85 € – **Rest** – *(fermé sam. midi, dim.*
soir et lundi) Menu 20 € (sem.)/55 € – Carte 34/60 €

◆ Pavillon 1900 en bordure d'un petit lac aux abords boisés. Repas classique dans une salle
confortable. Espace "pub" pour la demi-pension et la formule "étape". Deux terrasses.
Chambres dotées de meubles en bois plaqué ou plus rustiques.

MIMIZAN – 40 Landes – 335 D9 – 6 864 h. – alt. 13 m – Casino – ✉ 40200
📗 Aquitaine

3 **B2**

> ▶ Paris 692 – Arcachon 67 – Bayonne 109 – Bordeaux 109 – Dax 72
> – Mont-de-Marsan 77
> 🅱 Office de tourisme, 38, avenue Maurice Martin ✆ 05 58 09 11 20,
> Fax 05 58 09 40 31

Plage Sud

🏠 **L'Émeraude des Bois** 🖼 ❄ ⅍ rest, 📞 **P** **VISA** **◉◉** **①**
☜☞ *66-68 av. Courant –* ✆ *05 58 09 05 28 – emeraudedesbois@wanadoo.fr*
– Fax 05 58 09 35 73 – Ouvert 1ᵉʳ avril-29 sept.
15 ch – ✦45/55 € ✦✦50/62 €, ☕ 7 € – ½ P 49/53 €
Rest – *(ouvert 16 avril-14 sept.) (dîner seult)* Menu 17/39 € – Carte 20/58 €

◆ Sympathique hôtellerie à 3 mn des plages de la Côte d'Argent et de la vaste
forêt de Mimizan. Chambres toutes non-fumeurs, sobrement décorées et dotées de
petites salles de bains. Salle à manger prolongée d'une véranda et agréable terrasse
ombragée.

🏠 **L'Airial** sans rest 📶 📞 **P** **VISA** **◉◉** **AE**
6 r. Papeterie – ✆ *05 58 09 46 54 – hotel.airial@tiscali.fr – Fax 05 58 09 32 10*
– Fermé dim. soir hors saison
16 ch – ✦43/50 € ✦✦45/60 €, ☕ 7,50 €

◆ Accueil chaleureux, chambres de bonne tenue meublées en pin, salons de détente,
petit-déjeuner dans le jardin : voici un séjour océanique qui s'annonce bien !

🏠 **De France** sans rest 📞 **P** 🖼 **VISA** **◉◉** **AE**
18 av. de la Côte d'Argent – ✆ *05 58 09 09 01 – hoteldefrancemimizan@orange.fr*
– Fax 05 58 09 47 16 – Ouvert 1ᵉʳ mars-20 oct.
21 ch – ✦50/80 € ✦✦50/150 €, ☕ 6 €

◆ Non loin de la plage, petite adresse pratique offrant des chambres rénovées, sobrement
meublées et décorées dans les tons pastel. Snack d'appoint en haute saison.

MINERVE – 34 Hérault – 339 B8 – 111 h. – alt. 227 m – ✉ 34210
📗 Languedoc Roussillon

22 **B2**

> ▶ Paris 812 – Béziers 45 – Carcassonne 44 – Narbonne 33 – St-Pons 30
> 🅱 Syndicat d'initiative, 9, rue des Martyrs ✆ 04 68 91 81 43, Fax 04 68 91 81 43
> ◎ Site ★★.

✗ **Relais Chantovent** avec ch ◿ 🖼 **VISA** **◉◉**
😊 *17 Grand'Rue –* ✆ *04 68 91 14 18 – relais.chantovent@orange.fr*
– Fax 04 68 91 81 99 – Ouvert 1ᵉʳ avril-11 nov. et fermé dim. soir et lundi
5 ch – ✦35 € ✦✦45 €, ☕ 6 € – ½ P 55 €
Rest – *(ouvert 15 mars-15 déc. et fermé dim. soir et lundi)* Menu 20/38 € – Carte
32/52 €

◆ Au cœur du village cathare, sympathique auberge familiale proposant son appétissante
cuisine régionale. La terrasse offre la vue sur les gorges du Brian. Chambres simples.

MIOMO – 2B Haute-Corse – 345 F3 – **voir à Corse (Bastia)**

MIONNAY – 01 Ain – 328 C5 – 2 109 h. – alt. 276 m – ✉ 01390

▶ Paris 457 – Bourg-en-Bresse 44 – Lyon 23 – Meximieux 26
  – Villefranche-sur-Saône 33

🏧 de Mionnay-la-Dombes Domaine de Beau Logis, E : 3 km, ✆ 04 78 91 84 84.

XXXX **Alain Chapel** avec ch   🚗 🏠 **P** *VISA* **MO** **AE** **①**
🕸🕸 – ✆ 04 78 91 82 02 – chapel@relaischateaux.com – Fax 04 78 91 82 37
  – Fermé janv., vend. midi, lundi et mardi sauf fériés
  12 ch – †125/145 € ††125/145 €, ⌳ 20 €
  Rest – Menu 75 € (déj. en sem.), 115/157 € – Carte 117/175 €
  Spéc. Foie gras de canard poêlé à l'amande fraîche, pêche et rhubarbe (été).
  Langoustines et tomates groseille sur coulis de fenouil, sauce d'encre aux olives
  noires (été). "Comme une tartelette" d'abricots rôtis aux arômes de sauge-ananas
  sur parfait au caramel. **Vins** Mâcon-Villages, Cerdon.
  ♦ Décoration réussie dans les trois salles à manger en enfilade : ambiance bressane
  chaleureuse et romantique. Belle cuisine fine et classique. Chambres coquettes et jardin
  fleuri.

MIRABEL-AUX-BARONNIES – 26 Drôme – 332 D8 – rattaché à Nyons

MIRAMAR – 06 Alpes-Maritimes – 341 C7 – rattaché à Théoule-sur-Mer

---

MIRAMBEAU – 17 Charente-Maritime – 324 G7 – 1 461 h. – alt. 59 m – ✉ 17150

▶ Paris 515 – Bordeaux 72 – Angoulême 73 – Cognac 48 – Royan 52

🛈 Office de tourisme, 90, avenue de la République ✆ 05 46 49 62 85,
  Fax 05 46 49 62 85

🏯 **Château de Mirambeau** ⚜   ⮜ 🕭 🏠 ⫘ 🏊 🟥 🏌 ✕ 🛗 **ᴷᴷ** ⇆ 🛁
  – ✆ 05 46 04 91 20 – mirambeau@   **P** *VISA* **MO** **AE** **①**
  relaischateaux.com – Fax 05 46 04 26 72 – Ouvert 5 avril-1er nov.
  20 ch – †230/525 € ††230/525 €, ⌳ 28 € – 3 suites – **Rest** – Menu 40 €
  (déj.)/65 € – Carte 67/88 €
  ♦ Fastueux salons, meubles chinés, chambres raffinées, luxueuses salles de bains, vaste
  parc et belle piscine couverte : ce superbe château du 19e s. n'est que charme et élégance.
  Trois petites salles de restaurant intimes et une terrasse ouverte sur le domaine.

MIRANDE – 71 Saône-et-Loire – 320 J11 – rattaché à Fleurville

---

MIRANDOL-BOURGNOUNAC – 81 Tarn – 338 E6 – 1 081 h. – alt. 393 m – ✉ 81190

▶ Paris 653 – Albi 29 – Rodez 51 – St-Affrique 79
  – Villefranche-de-Rouergue 39

🛈 Office de tourisme, 2, place de la Liberté ✆ 05 63 76 97 65,
  Fax 05 63 76 90 11

X **Hostellerie des Voyageurs** avec ch   🏠 & rest, *VISA* **MO**
🕸 pl. du Foirail – ✆ 05 63 76 90 10 – Fax 05 63 76 96 01 – Fermé le soir du 1er oct. au
  15 avril
  8 ch – †33 € ††42/50 €, ⌳ 6,50 € – ½ P 47/53 € – **Rest** – Menu 13 € (sem.)/25 €
  – Carte 24/47 €
  ♦ Cette maison d'aspect traditionnel héberge également le café du village. Sobre salle à
  manger campagnarde avec poutres apparentes et terrasse fleurie. Accueil familial.

MIREBEAU-SUR-BÈZE – 21 Côte-d'Or – 320 L5 – 1 573 h. – alt. 202 m – ✉ 21310

▶ Paris 338 – Châtillon-sur-Seine 107 – Dijon 26 – Dole 49 – Gray 24
  – Langres 67

🛈 Syndicat d'initiative, 1 bis, rue du Moulin ✆ 03 80 36 76 17,
  Fax 03 80 36 76 17

à Bèze 9 km au Nord par D 959 – 632 h. – alt. 217 m – ⊠ 21310 ▮ Bourgogne

🏠 **Le Bourguignon** 🛜 🛗 ch, Ⓜ️ rest, 🛎️ 🅿️ 🚗 𝘝𝘐𝘚𝘈 🆘 🆎 ⓪
8 r. Porte de Bessey – 𝒞 *03 80 75 34 51 – hotel-le-bourguignon @ wanadoo.fr*
– Fax 03 80 75 37 06 – Fermé 20 oct.-10 nov.
25 ch – 🛏43/60 € 🛏🛏57/65 €, ⊑ 8 € – ½ P 58/65 € – **Rest** – Menu 20/40 €
– Carte 26/56 €
♦ Chambres d'esprit contemporain aménagées dans une construction récente à pans de
bois. La salle à manger rustique (poutres apparentes et cheminée) occupe un bâtiment à
façade Renaissance. À l'heure de l'apéritif, n'oubliez pas de demander un kir !

MIREBEL – 39 Jura – 321 E6 – 202 h. – alt. 580 m – ⊠ 39570   16 **B3**
▶ Paris 419 – Champagnole 17 – Lons-le-Saunier 17

🍴🍴 **Mirabilis** 🚗 🛜 🅿️ 𝘝𝘐𝘚𝘈 🆘
41 Grande Rue – 𝒞 *03 84 48 24 36 – lemirabilis @ wanadoo.fr – Fax 03 84 48 22 25*
🥜 *– Fermé 2-12 janv., mardi et merc. de sept. à mai et lundi*
Rest – Menu 13 €, 20/50 € – Carte 27/45 €
♦ Demeure familiale (1760) équipée – tant dehors que dedans – de jeux pour les
enfants. Salle à manger soignée ouverte sur la terrasse et le jardin. Cuisine régionale
actualisée.

MIREPOIX – 09 Ariège – 343 J6 – 3 061 h. – alt. 308 m – ⊠ 09500
▮ Midi-Pyrénées   29 **C3**
▶ Paris 753 – Carcassonne 52 – Castelnaudary 34 – Foix 37 – Limoux 33
– Pamiers 25
🄸 Office de tourisme, place Maréchal Leclerc 𝒞 05 61 68 83 76,
Fax 05 61 68 89 48
🄾 Place principale ★★.

🏘 **Relais Royal** 🛜 📶 🛗 ♨ 🛎️ 🧖 🚗 𝘝𝘐𝘚𝘈 🆘 🆎 ⓪
8 r. Mar. Clauzel – 𝒞 *05 61 60 19 19 – relaisroyal @ relaischateaux.com*
– Fax 05 61 60 14 15 – Fermé 9-15 nov. et 5 janv.-10 fév.
5 ch – 🛏160/240 € 🛏🛏160/240 €, ⊑ 20 € – 3 suites – ½ P 135/175 €
Rest – *(fermé le midi de nov. à Paques sauf dim., sam. midi, lundi et mardi)*
Menu 35/55 € – Carte 70/78 €
♦ Cette belle demeure (1742) était jadis la résidence du maire. Un grand escalier dessert
des chambres spacieuses, garnies de meubles de style et dotées d'équipements
modernes. Petite salle à manger bourgeoise où l'on déguste d'appétissantes recettes
actuelles.

🏠 **La Maison des Consuls** *sans rest* ♨ 🛎️ 🚗 𝘝𝘐𝘚𝘈 🆘 🆎
6 pl. du Mar. Leclerc – 𝒞 *05 61 68 81 81 – hotel @ maisondesconsuls.com*
– Fax 05 61 68 81 15
8 ch – 🛏80/95 € 🛏🛏80/150 €, ⊑ 15 €
♦ Maison de justice du 14ᵉ s. dotée de chambres personnalisées (une suite avec
terrasse), garnies de meubles de style médiéval ou plus actuel. Vue sur la place ou sur un
patio.

🏠 **Les Minotiers** 🛜 📶 🛗 Ⓜ️ 🛎️ 🅿️ 𝘝𝘐𝘚𝘈 🆘
av. Mar. Foch – 𝒞 *05 61 69 37 36 – Fax 05 61 69 48 55*
🥜 **27 ch** – 🛏45/47 € 🛏🛏49/55 €, ⊑ 7 € – ½ P 57 € – **Rest** – *(fermé sam. midi
sauf juil.-août)* Menu 16/35 € – Carte 29/51 €
♦ Hôtel flambant neuf installé dans les murs d'une ancienne minoterie (fabrique de farine).
Teintes douces et équipements modernes dans les chambres, simples et confortables.
Cuisine traditionnelle sans prétention proposée à prix tout doux.

🍴 **Le Comptoir Gourmand** 🛜 𝘝𝘐𝘚𝘈 🆘
cours Mar. de Mirepoix – 𝒞 *05 61 68 19 19 – comptoir.gourmand @ wanadoo.fr*
– Fax 05 61 68 19 19 – Fermé dim. soir, mardi soir et merc. sauf juil.-août
Rest – Menu (22 €), 28/48 € 🍷
♦ L'alléchante cuisine, traditionnelle et soignée, met avant les produits et les vins des petits
exploitants régionaux. Espace boutique à l'entrée du restaurant. Terrasse d'été.

MIRMANDE – 26 Drôme – 332 C5 – 503 h. – alt. 204 m ■ Lyon et la Vallée du Rhône

▶ Paris 603 – Lyon 141 – Valence 42 – Romans-sur-Isère 61 – Montélimar 21
🛈 Syndicat d'initiative, place du Champ de Mars ℰ 04 75 63 10 88

⌂ **La Capitelle** ◈   ≤ 佥 *VISA* **MC** **AE**
Le Rempart – ℰ 04 75 63 02 72 – capitelle @ wanadoo.fr – Fax 04 75 63 02 50
– Fermé 15 déc.-15 fév. et mardi sauf juil.-août
11 ch – †82/140 € ††82/140 €, � 12 € – ½ P 82/130 € – **Rest** – (fermé merc.
midi sauf juil.-août) Menu 25 € (déj. en sem.)/38 € – Carte 52/60 €
♦ Cette ancienne magnanerie éclairée de fenêtres à meneaux fut la résidence du cubiste
André Lhote. Beaux meubles d'antiquaire dans les chambres. La cheminée monumentale
en pierre est l'âme de la salle à manger voûtée. Terrasse avec vue sur vergers et collines.

MISSILLAC – 44 Loire-Atlantique – 316 D3 – 3813 h. – alt. 44 m – ⊠ 44780 ■ Bretagne

▶ Paris 436 – Nantes 62 – Redon 24 – St-Nazaire 37 – Vannes 55   34 **A2**
🛈 Office de tourisme, la Chinoise ℰ 02 40 88 35 14
▣ Retable ★ dans l'église - Site ★ du château de la Bretesche O : 1 km.

⌂⌂⌂   **La Bretesche** ◈   ≤ ⟡ 佥 ⅃ ▦ ☺ ﬔ ℀ ◲ ♿ **AC** ch, ☏ ⚶
 ❀   **P** *VISA* **MC** **AE** **①**
Domaine de la Bretesche, rte de la Baule –
ℰ 02 51 76 86 96 – bretesche @ relaischateaux.com – Fax 02 40 66 99 47
32 ch – †250/430 € ††250/430 €, ⊾ 19 € – ½ P 196/286 €
Rest – (fermé le midi du lundi au vend.) Menu 52/95 € – Carte 83/101 € 斧
Rest Le Club – brasserie (fermé le soir du 15 oct. au 31 mars) Menu (18 €), 23 €
– Carte 26/49 €
Spéc. Langoustines du Guilvinec aux girolles (saison). Bar de pays rôti, camus de
Bretagne et cébettes. Pigeonneau de Mesquer à l'émulsion d'ail de Lautrec. **Vins**
Savennières, Saint-Nicolas de Bourgueil.
♦ Un univers de conte de fée au cœur de la Brière... Face au château crénelé entouré de ses
douves, les anciennes dépendances réaménagées s'ouvrent à vous. Restaurant raffiné
avec cour-terrasse et délicieuses recettes au goût du jour. Le Club, brasserie contempo-
raine, s'adapte à la clientèle pressée.

MITTELBERGHEIM – 67 Bas-Rhin – 315 I6 – 617 h. – alt. 220 m – ⊠ 67140
■ Alsace Lorraine   2 **C1**

▶ Paris 499 – Barr 2 – Erstein 24 – Molsheim 23 – Sélestat 21 – Strasbourg 41
🛈 Syndicat d'initiative, 2, rue Principale ℰ 03 88 08 01 66, Fax 03 88 08 01 66

XX   **Am Lindeplatzel**   佥 **AC** **P** *VISA* **MC**
 ☺ Z 71 r. Principale – ℰ 03 88 08 10 69 – Fax 03 88 08 45 08 – Fermé 25 août-3 sept.,
20-30 nov., 9-28 fév., lundi midi, merc. soir et jeudi
Rest – Menu 25 € bc/35 € – Carte 39/56 €
♦ Cette maison située dans un superbe village est appréciée pour sa carte aux propositions
traditionnelles, contemporaines, ou de produits régionaux travaillés de façon actuelle.

XX   **Gilg** avec ch   **P** *VISA* **MC** **AE**
 ☺ Z 1 r. Rotland – ℰ 03 88 08 91 37 – info @ hotel-gilg.com – Fax 03 88 08 45 17
– Fermé 23 juin-10 juil., 5-28 janv., mardi et merc.
19 ch – †52/62 € ††57/87 €, ⊾ 7,50 € – **Rest** – Menu 26 €(sem.)/75 € – Carte 31/60 €
♦ Belle maison de style bas-rhénan (1614) au cœur du bourg. La winstub d'origine, où fut
créé, dit-on, le pâté vigneron, a été transformée en restaurant au cadre alsacien.

MITTELHAUSBERGEN – 67 Bas-Rhin – 315 K5 – rattaché à Strasbourg

---

MITTELHAUSEN – 67 Bas-Rhin – 315 J4 – 509 h. – alt. 185 m – ⊠ 67170

▶ Paris 478 – Haguenau 21 – Saverne 22 – Strasbourg 24   1 **B1**

⌂   **À l'Étoile**   ⟡ ﬔ ⑂ **AC** rest, ☏ ⚶ **P** **P** *VISA* **MC** **AE**
 ⏁ 🕿 12 r. La Hey – ℰ 03 88 51 28 44 – hotelrestaurant.etoile @ wanadoo.fr
🔲 – Fax 03 88 51 24 79 – Fermé 1ᵉʳ-14 janv.
24 ch – †46 € ††52/58 €, ⊾ 7 € – ½ P 58 € – **Rest** – (fermé 13 juil.-7 août,
1ᵉʳ-14 janv., dim. soir et lundi) Menu (8,50 €), 11 € (sem.)/32 € – Carte 22/46 €
♦ Éloignée des axes fréquentés, construction récente d'aspect régional à la façade fleurie.
Chambres fonctionnelles et fraîches, rénovées par étapes. Chaleureuses salles à manger
décorées de boiseries anciennes.

MITTELWIHR – 68 Haut-Rhin – 315 H8 – 823 h. – alt. 210 m – ✉ 68630 2 **C2**

Paris 445 – Colmar 10 – Kaysersberg 6 – Ribeauvillé 403 – Sélestat 20

Le Mandelberg sans rest

chemin du Mandelberg – ☎ 03 89 49 09 49 – hotelmandelberg@wanadoo.fr – Fax 03 89 49 09 48 – Fermé 5 janv.-1er fév.

18 ch – †70/97 € ††80/110 €, ☕ 10 €

♦ Savourez le microclimat du "Midi de l'Alsace" depuis cette grande bâtisse de style néo-alsacien dont les chambres, modernes et confortables, donnent parfois sur le vignoble.

Le Mittelwihr sans rest

19 rte du Vin – ☎ 03 89 49 09 90 – hotelmittelwihr@wanadoo.fr – Fax 03 89 86 02 29 – Fermé 1er fév. -20 mars

15 ch – †70/97 € ††80/110 €, ☕ 10 €

♦ Sur la route des Vins, maison régionale flambant neuve et haute en couleurs, où un copieux petit-déjeuner typiquement local vous attend après une nuit douillette.

La Table de Mittelwihr

rte du Vin – ☎ 03 89 78 61 40 – latabledemittelwihr@wanaddo.fr – Fax 03 89 86 01 66 – Fermé 3-16 nov., 23 fév.-8 mars, mardi midi et lundi

Rest – Menu 17 € (déj. en sem.), 31/45 € – Carte 36/48 €

♦ Architecture intérieure contemporaine assez originale (poutres en bois courbées) et agréable terrasse d'été pour déguster une cuisine actuelle assortie de recettes du terroir.

MIZOËN – 38 Isère – 333 J7 – rattaché au Freney-d'Oisans

MOËLAN-SUR-MER – 29 Finistère – 308 J8 – 6 592 h. – alt. 58 m – ✉ 29350

Bretagne 9 **B2**

Paris 523 – Carhaix-Plouguer 66 – Concarneau 27 – Lorient 27 – Quimper 50 – Quimperlé 10

Office de tourisme, 20, place de l'Église ☎ 02 98 39 67 28, Fax 02 98 39 63 93

Manoir de Kertalg sans rest

rte de Riec-sur-Belon, 3 km à l'Ouest par D 24 et chemin privé – ☎ 02 98 39 77 77 – kertalg@free.fr – Fax 02 98 39 72 07 – Ouvert 12 avril-12 nov.

9 ch – †105/198 € ††105/250 €, ☕ 14 €

♦ Dans un domaine forestier, cette demeure historique attire une clientèle éprise d'art (expositions de peintures). Chambres bourgeoises très soignées, moins grandes dans la tour.

Les Moulins du Duc

ch,

2 km au Nord-Ouest – ☎ 02 98 96 52 52 – moulin.duc@wanadoo.fr – Fax 02 98 96 52 53 – Ouvert 1er mars-30 nov.

26 ch – †78/189 € ††78/189 €, ☕ 13 € – ½ P 79/131 € – **Rest** – *(fermé dim. soir et lundi en mars, lundi midi et mardi midi)* Menu 37/68 € – Carte 41/68 €

♦ Parc verdoyant où paressent un étang, un moulin du 16e s. et de jolies maisonnettes (abritant les chambres) longées par la rivière. L'ex-meunerie, dont le mécanisme s'expose au salon, abrite une table traditionnelle complétée par une véranda au bord de l'eau.

MOERNACH – 68 Haut-Rhin – 315 H11 – rattaché à Ferrette

MOIRAX – 47 Lot-et-Garonne – 336 F5 – rattaché à Agen

MOISSAC – 82 Tarn-et-Garonne – 337 C7 – 12 321 h. – alt. 76 m – ✉ 82200

Midi-Pyrénées 28 **B2**

Paris 632 – Agen 57 – Auch 87 – Cahors 63 – Montauban 31 – Toulouse 71

Office de tourisme, 6, place Durand de Bredon ☎ 05 63 04 01 85, Fax 05 63 04 27 10

d'Espalais à Valence-d'Agen L'Ilôt, par rte d'Agen : 20 km, ☎ 05 63 29 04 56.

Église St-Pierre★ : portail méridional★★★, cloître★★★, christ★.

Boudou ✳★ 7 km par ③.

MOISSAC

Alsace-Lorraine (Bd d') . . . 2
Cayrou (Av. H.) 3
Gascogne (Av. de) 4
Guilerand (R.) 5
Lakanal (Bd) 6
Récollets (Pl. des) 8
République (R. de la) . . 9

au Nord 9 km par D 7 - ⊠ 82400 St-Paul-Espis

🏠🏠 Le Moulin de Moissac ⬅️ 🛰 🖼 ♿ ch, 🗚 ↯ ✆ 🚲 🅿 VISA MC AE ①
Esplanade du Moulin – ✆ 05 63 32 88 88 – hotel @ lemoulindemoissac.com
– *Fax 05 63 32 02 08* **b**
36 ch – †68/93 € ††68/140 €, ⌒ 10 € – **Rest** – *(fermé sam. midi et dim.)*
Menu 22 € (déj. en sem.), 28/45 € – Carte 32/59 €

♦ Souvent remanié, ce moulin fondé au 15e s. dispose désormais d'un bel aménagement
intérieur, de jolies chambres à thèmes (mer, campagne et montagne) et d'un spa complet.
Restaurant au décor de bistrot, simple et élégant, tourné vers le Tarn. Choix traditionnel.

🏠 Le Chapon Fin sans rest ✆ 🚲 🐕 VISA MC AE
3 pl. des Récollets – ✆ 05 63 04 04 22 – info @ lechaponfin-moissac.com
– *Fax 05 63 04 58 44* **a**
22 ch – †45/80 € ††45/80 €, ⌒ 9 €

♦ Sur la place du marché et à deux pas de l'abbaye romane, vous serez traité ici comme des
"coqs en pâte" et logé dans des chambres classiques et fonctionnelles.

XX Le Pont Napoléon-La Table de Nos Fils avec ch 🗚 ✆
2 allées Montebello – ✆ 05 63 04 01 55 🚲 VISA MC AE ①
– *lepontnapoleon @ orange.fr* – *Fax 05 63 04 34 44* – *Fermé vacances de la
Toussaint, 10 janv.-10 fév., lundi midi d'oct. à avril, merc. midi et mardi* **n**
14 ch – †48/52 € ††52/66 €, ⌒ 12 € – ½ P 70/80 € – **Rest** – Menu (28 €), 37 €
(sem.)/45 € ❀

♦ Nouveau départ pour ce restaurant bâti face au pont Napoléon, en bordure du Tarn. Tons
pastel, parquet et tableaux côté décor ; plats dans l'air du temps côté cuisine.

🏠🏠🏠 Le Manoir St-Jean 🍽 🎏 🏊 🗚 ↯ 🎔 rest, ✆ 🅿 VISA MC AE
à St-Jean-de-Cornac – ✆ 05 63 05 02 34 – info @ manoirsaint.com
– *Fax 05 63 05 07 50* – *Fermé 2-20 nov. et 2-20 janv.*
1 ch – †100/120 € ††100/120 €, ⌒ 13 € – 9 suites – ††140/170 €
– ½ P 93/105 € – **Rest** – *(fermé dim. soir et lundi du 1er oct. au 15 mai)* (prévenir)
Menu 38/70 €

♦ Maison de maître (19e s.) personnalisée par de nombreux objets chinés. Chambres-suites
décorées selon différents thèmes : Art déco, marine, etc. Agréable jardin avec piscine.
Confortable salle de restaurant pour une cuisine faisant la part belle au terroir.

MOISSAC-BELLEVUE – 83 Var – 340 M4 – **rattaché à Aups**

MOISSIEU-SUR-DOLON – 38 Isère – 333 C5 – 500 h. – alt. 350 m
– ✉ 38270   44 **B2**

> ▣ Paris 511 – Grenoble 78 – Lyon 55 – La Tour-du-Pin 53 – Vienne 25

🏠 **Domaine de la Colombière** 🦢   ◎ 🕏 ⊐ ▯ 占 ᴀᴄ ⇄ 🔊
– ☎ 04 74 79 50 23 – colombieremoissieu@   **P** **VISA** 🐵 🅐🅔 ⓞ
hotmail.com – Fax 04 74 79 50 25 – Fermé 17-28 août, 26-30 déc., 8-24 fév., mardi
soir et merc. midi en août, dim. soir, mardi midi et lundi
20 ch – ♦72/80 € ♦♦84/129 €, ⊐ 19 € – 1 suite – ½ P 82/95 €
Rest – Menu (26 €), 31/69 € – Carte 39/58 €
♦ Demeure bourgeoise de 1820 entourée d'un parc de 4,5 ha. Vastes chambres
bien équipées, décorées sur le thème des peintres célèbres (copies réalisées par la
patronne-artiste). Gande salle à manger, salon privé, terrasse face à la nature et carte
actuelle.

MOLINES-EN-QUEYRAS – 05 Hautes-Alpes – 334 J4 – 322 h. – alt. 1 750 m
– **Sports d'hiver : 1 750/2 900 m** ⟟15 ⟟ – ✉ 05350 ▮ **Alpes du Sud**   41 **C1**

> ▣ Paris 724 – Briançon 44 – Gap 87 – Guillestre 27 – St-Véran 6
> ⬛ Office de tourisme, Clot la Chalpe ☎ 04 92 45 83 22,
>   Fax 04 92 45 80 79
> ◉ Château-Queyras : site ★★, fort Queyras★, espace géologique★,
>   NO : 8 km.

🏠 **Le Chamois**   ⟟ 🕏 ⇄ **P** **VISA** 🐵 🅐🅔
– ☎ 04 92 45 83 71 – contact @ hotel-lechamois.com – Fax 04 92 45 80 58 – Ouvert
1er-11 mai, 1er juin-30 sept., 25 oct.-2 nov. et 25 déc.-31 mars
17 ch – ♦54/61 € ♦♦54/61 €, ⊐ 9 € – ½ P 55/59 €
Rest – (fermé le midi du 25 déc. au 30 avril et lundi) Menu 21/25 €
– Carte 26/45 €
♦ Tout évoque ici la montagne environnante : la construction, le style rustique des
chambres (six avec balcon) et la chaleureuse simplicité de l'accueil. Plats traditionnels à
déguster dans une salle à manger offrant une jolie vue sur les sommets.

MOLINEUF – 41 Loir-et-Cher – 318 E6 – **rattaché à Blois**

MOLITG-LES-BAINS – 66 Pyrénées-Orientales – 344 F7 – 207 h. – alt. 607 m
– **Stat. therm. : début avril-fin nov.** – ✉ 66500 ▮ **Languedoc Roussillon**   22 **B3**

> ▣ Paris 896 – Perpignan 50 – Prades 7 – Quillan 56
> ⬛ Syndicat d'initiative, route des Bains ☎ 04 68 05 03 28

🏠 **Château de Riell** 🦢   ⟟ ◎ 🕏 ⊐ ※ ▯ ᴀᴄ ch, ※ rest, ☏ 🔊 **P**
– ☎ 04 68 05 04 40 – riell @ relaischateaux.fr   🚗 **VISA** 🐵 🅐🅔 ⓞ
– Fax 04 68 05 04 37 – Ouvert 30 mars-3 nov.
16 ch – ♦144/304 € ♦♦144/304 €, ⊐ 18 € – 3 suites – ½ P 137/261 €
Rest – (fermé le midi sauf week-ends) Menu 46 € – Carte 70/76 €
♦ D'esprit baroque, cette "folie" catalane du 19e s. érigée au sein d'un parc arboré
abrite de douillettes chambres personnalisées ; sept autres occupent des maisonnettes. Petit air de bodega chic au restaurant ; terrasse entourée d'une végétation
exubérante.

🏠 **Grand Hôtel Thermal** 🦢   ⟟ ◎ 🕏 ⊐ ⟟ ※ ▯ ☏ 🔊 **P**
– ☎ 04 68 05 00 50 – molitglesbains@   🚗 **VISA** 🐵 🅐🅔 ⓞ
chainethermale.fr – Fax 04 68 05 02 91 – Ouvert 30 mars-23 nov.
60 ch – ♦95/122 € ♦♦95/122 €, ⊐ 13 € – 4 suites – ½ P 97/136 €
Rest – (fermé sam. midi et dim. midi) Menu 27 €
♦ Dans un parc bordant un lac. Chambres aux tons méridionaux, réaménagées avec
beaucoup de goût dans un esprit catalan. Quelques suites spacieuses et agréables. L'une
des salles à manger occupe un ancien atelier de chocolat. Carte traditionnelle.

MOLLANS-SUR-OUVÈZE – 26 Drôme – 332 E8 – 840 h. – alt. 280 m –
⊠ 26170 ▮ Alpes du Sud

▶ Paris 676 – Carpentras 30 – Nyons 21 – Vaison-la-Romaine 13

44 **B3**

Le St-Marc ⚘   🖨 🛋 ⌂ ※ ⅋ rest, 𝖵𝖨𝖲𝖠 ⦿ 🅐🅔
av. de l'Ancienne Gare – ℰ 04 75 28 70 01 – le-saint-marc@club-internet.fr
– Fax 04 75 28 78 63 – Ouvert 20 mars-2 nov.
31 ch – †60/82 € ††60/82 €, ⚏ 9 € – ½ P 62/73 € – **Rest** – Menu 25/31 €
♦ Au pied du mont Ventoux, maison provençale précédée d'un jardin. Des tissus colorés
égayent les chambres. Salle à manger rustique agrémentée d'une cheminée ouverte.
Cuisine du Sud servie, le soir, sur l'agréable terrasse ombragée et fleurie.

MOLLÉGÈS – 13 Bouches-du-Rhône – 340 E3 – 2 171 h. – alt. 55 m –
⊠ 13940

42 **E1**

▶ Paris 704 – Avignon 24 – Cavaillon 9 – Marseille 80
– Saint-Rémy-de-Provence 12

※※   **Mas du Capoun** avec ch ⚘   🖨 ⌂ ⅋ 🅰🅒 ch, ※ ch, 🄿 𝖵𝖨𝖲𝖠 ⦿ ⓪
⊛   27 av. des Paluds – ℰ 04 90 26 07 12 – lemasducapoun@wanadoo.fr
– Fax 04 90 26 08 17 – Rest: fermé 1er 14 nov. et mi-fév. à mi-mars hôtel: ouvert
mi-mars à mi-oct.
6 ch – †75/85 € ††85/95 €, ⚏ 7 € – **Rest** – (fermé mardi soir, sam. midi et merc.)
Menu 16 € (déj. en sem.)/33 €
♦ Mas raffiné où l'on sert une cuisine actuelle dans une lumineuse salle épurée. L'été, rendez-vous sous la charpente de la grange rustique et chic. Jolies chambres avec terrasse
privative.

MOLLKIRCH – 67 Bas-Rhin – 315 I5 – 765 h. – alt. 320 m – ⊠ 67190

1 **A2**

▶ Paris 485 – Molsheim 11 – Saverne 35 – Strasbourg 40

Fischhutte ⚘   ⇐ 🖨 🖨 ⅋ ℓ ⚲ 🄿 𝖵𝖨𝖲𝖠 ⦿ 🅐🅔
30 rte de la Fischhutte, rte Grendelbruch : 3,5 km – ℰ 03 88 97 42 03
– fischhutte@wanadoo.fr – Fax 03 88 97 51 85
– Fermé 25 mars-25 avril et 28 juil.-6 août
16 ch – †60/65 € ††70/115 €, ⚏ 10 € – ½ P 68/95 € – **Rest** – (fermé lundi et
mardi) Menu (13,50 €), 32 € (déj. en sem.), 46 € bc/52 € – Carte 31/47 €
♦ Adresse champêtre de la vallée de la Magel. Confortables chambres au décor contemporain ; certaines offrent une vue sur la forêt vosgienne. Espace brasserie flanqué d'une
coquette salle à manger. Carte régionale ; gibier en saison.

MOLSHEIM – ⊛ – 67 Bas-Rhin – 315 I5 – 9 335 h. – alt. 180 m – ⊠ 67120
▮ Alsace Lorraine

1 **A1**

▶ Paris 477 – Lunéville 94 – St-Dié 79 – Saverne 28 – Sélestat 37
– Strasbourg 32

🄳 Office de tourisme, 19, place de l'Hôtel Ville ℰ 03 88 38 11 61,
Fax 03 88 49 80 40

◎ La Metzig★ – Église des Jésuites★.

◔ Fresques★ de la chapelle St-Ulrich N : 3,5 km.

🏠   **Diana**   🖨 🖨 ⌂ ℱ⚥ ⅋ ch, 🅰🅒 ch, ℓ ⚲ 🄿 ⇔ 𝖵𝖨𝖲𝖠 ⦿ 🅐🅔 ⓪
pont de la Bruche – ℰ 03 88 38 51 59 – info@hotel-diana.com
– Fax 03 88 38 87 11
61 ch – †95 € ††95/185 €, ⚏ 10,50 € – 1 suite – ½ P 73 €
Rest – (fermé 22-31 déc. et dim. soir) Menu (25 €), 31/62 € bc – Carte 48/54 € ⅋
♦ Construction des années 1970 agrémentée de nombreuses œuvres d'art. Chambres
plaisantes et spacieuses. Pour le bien-être : piscine couverte, fitness et jardin. Carte actuelle
et belle cave au restaurant.

🏠   **Le Bugatti** sans rest   🖨 ⅋ ⅋ ℓ ⚲ 🄿 𝖵𝖨𝖲𝖠 ⦿ 🅐🅔
📺   r. Commanderie – ℰ 03 88 49 89 00 – info@hotel-le-bugatti.com
– Fax 03 88 38 36 00 – Fermé 24 déc.-1er janv.
48 ch – †55/70 € ††55/70 €, ⚏ 7 € – 3 suites
♦ L'architecture contemporaine du Bugatti, proche des usines de la marque légendaire,
abrite des chambres fonctionnelles, rénovées dans l'esprit d'aujourd'hui.

LES MOLUNES – 39 Jura – 321 F8 – 124 h. – alt. 1 274 m – ✉ 39310   16 **B3**
 ❏ Paris 485 – Genève 49 – Gex 30 – Lons-le-Saunier 74 – St-Claude 16

🏠 **Le Pré Fillet**   ≼ ❦ 🖩 & ch, ↵ ⅃ 🅿 ⌂ 𝗩𝗜𝗦𝗔 ⓶
 rte Moussières – ℰ *03 84 41 62 89 – leprefillet@wanadoo.fr – Fax 03 84 41 64 75*
 – Fermé 28 avril-6 mai, 20 oct.-9 déc., dim. soir et lundi
15 ch – ♦49 € ♦♦49 €, ⌖ 6,50 € – ½ P 50 €
 Rest – Menu 13 € bc (déj. en sem.), 20/36 € – Carte 15/48 € ❀
 ♦ Pour un séjour très "nature", une hôtellerie de moyenne montagne (non-fumeurs),
 simple et sympathique. Chambres bien tenues. Sauna et jacuzzi avec vue sur la campagne.
 Copieuse cuisine du terroir accompagnée d'une belle carte de vins locaux et bourgui-
 gnons.

MONACO (PRINCIPAUTÉ DE) – 341 F5 – 115 27 – **voir en fin de guide**

MONCÉ-EN-BELIN – 72 Sarthe – 310 K7 – 2 463 h. – alt. 60 m –
✉ 72230   35 **D1**
 ❏ Paris 214 – La Flèche 33 – Le Grand-Lucé 23 – Le Mans 14

❳❳ **Le Belinois**   & ❦ 🅿 𝗩𝗜𝗦𝗔 ⓶
 bd Avocats – ℰ *02 43 42 01 18 – Fax 02 43 42 22 16 – Fermé lundi et le soir sauf*
 sam.
 Rest – Menu 14 € (déj. en sem.), 20/45 €
 ♦ Sympathique restaurant de campagne niché au centre du village. Le chef prépare une
 cuisine traditionnelle qui vous sera servie dans une salle à manger assez feutrée.

MONCEL-LÈS-LUNÉVILLE – 54 Meurthe-et-Moselle – 307 K7 – **rattaché à**
Lunéville

MONCOUTANT – 79 Deux-Sèvres – 322 C4 – 2 985 h. – alt. 180 m –
✉ 79320   38 **B1**
 ❏ Paris 403 – Bressuire 16 – Cholet 49 – Niort 54 – La Roche-sur-Yon 79
 🛈 Syndicat d'initiative, 18, avenue du Maréchal Juin ℰ 05 49 72 78 83

🏠 **St-Pierre**   ⇥ 🏠 & ch, 🄺 📞 🅿 𝗩𝗜𝗦𝗔 ⓶ 𝗔𝗘
 rte de Niort – ℰ *05 49 72 88 88 – contact@le-saintpierre.fr*
 – Fax 05 49 72 88 89
30 ch ⌖ – ♦57 € ♦♦72 € – **Rest** – *(fermé sam. midi et dim. soir)* Menu 10,50 € bc
 (déj. en sem.), 20/33 € – Carte 30/51 €
 ♦ La salle à manger de cette maison récente à façade de bois offre orientation plein Sud,
 charpente apparente et vue sur le jardin (petit plan d'eau). Chambres fonctionnelles.

MONDEMENT-MONTGIVROUX – 51 Marne – 306 E10 – **rattaché à Sézanne**

MONDOUBLEAU – 41 Loir-et-Cher – 318 C4 – 1 608 h. – alt. 170 m – ✉ 41170
 ▌Châteaux de la Loire   11 **B2**
 ❏ Paris 170 – Blois 62 – Chartres 74 – Châteaudun 40 – Le Mans 64
  – Orléans 92
 🛈 Office de tourisme, 2, rue Bizieux ℰ 02 54 80 77 08, Fax 02 54 80 77 08

🏠 **Le Grand Monarque**   ⇥ 🏠 🅿 ⌂ 𝗩𝗜𝗦𝗔 ⓶ 𝗔𝗘
 pl. du Marché – ℰ *02 54 80 92 10 – legrandmonarque@wanadoo.fr*
 – Fax 02 54 80 77 40 – Fermé 15-21 sept., 16-28 fév., dim. sauf le midi du 1ᵉʳ mars au
 30 nov. et lundi
13 ch – ♦52 € ♦♦52 €, ⌖ 8 € – ½ P 58 € – **Rest** – Menu 19 € (sem.)/41 € – Carte
 35/48 €
 ♦ À l'orée d'une région chère aux rois de France, ancien relais de poste à l'accueil familial
 et charmant. De fraîches chambres vous y attendent. Restaurant actuel aux tables soigneusement dressées, agréable terrasse sous les glycines et cuisine traditionnelle.

MONDRAGON – 84 Vaucluse – 332 B8 – 3 363 h. – alt. 40 m –
✉ 84430
40 **A2**

❏ Paris 640 – Avignon 45 – Montélimar 40 – Nyons 41 – Orange 17

XX   **La Beaugravière** avec ch   🛎 AC **P** *VISA* 🌮

N 7 – 𝒞 04 90 40 82 54 – labeaugraviere84@wanadoo.fr – Fax 04 90 40 91 01
– Fermé 15-30 sept., dim. soir et lundi
3 ch – ♦65/100 € ♦♦65/100 €, ☲ 8 € – **Rest** – Menu 27/100 € – Carte 40/125 €
🕸

♦ Cette maison provençale vous reçoit dans une salle agrémentée d'une monumentale
cheminée ou sur la terrasse ombragée. Cuisine classique, spécialités de truffes en saison et
superbe carte des vins.

MONEIN – 64 Pyrénées-Atlantiques – 342 I3 – 4 183 h. – alt. 154 m –
✉ 64360
3 **B3**

❏ Paris 799 – Pau 23 – Navarrenx 20 – Oloron-Sainte-Marie 21 – Orthez 29

X   **L'Auberge des Roses**   🍽 🛎 AC **P** *VISA* 🌮

quartier Loupien – 𝒞 05 59 21 45 63 – auberge.des.roses@clubinternet.fr
– Fax 05 59 21 32 85 – Fermé 7-30 juil., 25 fév.-5 mars, lundi et merc.
Rest – Menu 22/34 € – Carte 28/46 €
♦ Cette table d'un quartier résidentiel bordé de vignes (Jurançon) vous régalera par son
appétissante cuisine actuelle. Cadre néo-rustique, salon-cheminée et terrasses.

Rouge = agréable. Repérez les symboles X et 🏠 passés en rouge.

MONESTIER-DE-CLERMONT – 38 Isère – 333 G8 – 921 h. – alt. 825 m –
✉ 38650 ▮ Alpes du Nord
45 **C2**

❏ Paris 598 – Grenoble 36 – La Mure 29 – Serres 72 – Sisteron 107
🄸 Office de tourisme, 103 bis, Grand Rue 𝒞 04 76 34 15 99, Fax 04 76 34 15 99

  Au Sans Souci ⌛   🍽 🛎 🏊 ✗ 😊 **P** *VISA* 🌮 AE

à St-Paul-lès-Monestier, 2 km au Nord-Ouest sur D 8 - alt. 800 - 𝒞 04 76 34 03 60
– au.sans.souci@club-internet.fr – Fax 04 76 34 17 38 – Fermé 15 déc. à fin janv.,
dim. soir et lundi sauf juil.-août
12 ch – ♦42 € ♦♦64 €, ☲ 8 € – ½ P 67 €
Rest – Menu 19 € (sem.)/48 € – Carte 30/52 €
♦ Contrairement à "La passante", vous aimerez vous attarder dans cette ancienne scierie
tapissée de vigne vierge. Chambres campagnardes. Les patrons, restaurateurs de père en
fils depuis 1934, régalent les convives d'une goûteuse cuisine du marché.

🏠   **Piot**   🔔 🛎 **P** *VISA* 🌮 AE

7 chemin des Chambons – 𝒞 04 76 34 07 35 – hotepiot@club-internet.fr
– Fax 04 76 34 12 74 – Ouvert 15 mars-15 nov. et fermé lundi et mardi sauf
juil.-août
16 ch – ♦38/55 € ♦♦43/55 €, ☲ 8 € – ½ P 55/58 € – **Rest** – Menu (15 €), 19 €
(sem.)/32 € – Carte 24/39 €
♦ Imposante villa bourgeoise de 1912 dans un petit parc planté de sapins centenaires.
Chambres simples et bien tenues, atmosphère conviviale. Spacieuse salle à manger fraîchement rénovée, agréable terrasse ombragée de conifères et cuisine traditionnelle.

LE MONÊTIER-LES-BAINS – 05 Hautes-Alpes – 334 H3 – rattaché à
Serre-Chevalier

LA MONGIE – 65 Hautes-Pyrénées – 342 N5 – Sports d'hiver : 1 800/2 500 m ⚡3
⚡41 ⚡ – ✉ 65200 Bagnères-de-Bigorre ▮ Midi-Pyrénées
28 **A3**

❏ Paris 853 – Bagnères-de-Bigorre 25 – Bagnères-de-Luchon 72 – Tarbes 48
🄸 Office de tourisme, place de la Grenouillere 𝒞 05 62 91 94 15,
Fax 05 62 95 33 13
◉ Le Taoulet ≤★★ N par téléphérique - Col du Tourmalet★★ O : 4 km.
◉ Pic du Midi de Bigorre★★★.

🏠 Le Pourteilh ≤ 🎿 ✗ rest, 🚗 VISA ⓵ AE

av. Tourmalet – ℰ 05 62 91 93 33 – contact @ hotel-pourteilh.com
– Fax 05 62 91 90 88 – Ouvert déc.-mars
40 ch – †72/110 € ††72/110 €, �) 9 € – ½ P 60/79 € – **Rest** – Menu 24/32 €
– Carte 35/55 €
◆ Hôtel des années 1970 installé au pied des pistes de cette station courue des surfeurs des neiges. Taverne chaleureuse et chambres de mise simple rafraîchies par étapes. Repas traditionnel dans une salle campagnarde rappelant le style "pension de famille".

au Nord-Est 8 km par D 918 – ⊠ 65710 Campan

🏠 La Maison d'Hoursentut 🕏 🚗 ♨ ✦ ✆ P VISA ⓵ AE

– ℰ 05 62 91 89 42 – contact @ maison-hoursentut.com – Fax 05 62 91 88 13
13 ch – †60/85 € ††60/85 €, �) 8 € – ½ P 58/61 € – **Rest** – (nombre de couverts limité, prévenir) Menu (15 €), 20 €
◆ Décor contemporain d'inspiration montagnarde et ambiance chaleureuse caractérisent ce petit hôtel. Chambres douillettes, salon-cheminée et joli jardin avec bain norvégien. À table, le menu (cuisine familiale) est annoncé oralement. Terrasse dressée au bord de l'Adour.

MONHOUDOU – 72 Sarthe – 310 K5 – 192 h. - alt. 130 m – ⊠ 72260   35 **D1**
▷ Paris 199 – Alençon 30 – Le Mans 42 – Nantes 223

au Sud 2 km par D 117 et rte secondaire - ⊠72260 Monhoudou

⌂ Château de Monhoudou 🕏 🎿 ☐ ✗ rest, ✆ VISA ⓵ AE ⓪

– ℰ 02 43 97 40 05 – info @ monhoudou.com – Fax 02 43 33 11 58
5 ch – †100/160 € ††100/160 €, �) 9 € – ½ P 92/122 €
Table d'hôte – Menu 42 € bc/69 € bc
◆ Au milieu d'un parc à l'anglaise (animaux en liberté), beau château Renaissance (16e-18e s.) habité par la même famille depuis 19 générations. Vastes et élégantes chambres aux meubles anciens. Salon avec cheminée, bibliothèque. Repas préparés par la châtelaine en personne.

MONNAIE – 37 Indre-et-Loire – 317 N4 – 3 302 h. - alt. 113 m – ⊠ 37380
▷ Paris 227 – Château-Renault 15 – Tours 16 – Vouvray 10   11 **B2**

✗✗ Au Soleil Levant AC VISA ⓵ AE

53 r. Nationale – ℰ 02 47 56 10 34 – Fax 02 47 56 19 97
– Fermé 2 sem. en sept., 3 sem. en janv., dim. soir et lundi
Rest – Menu 23/39 € – Carte 37/50 €
◆ Dans la traversée du bourg, auberge au cadre frais, estimée pour ses préparations au goût du jour : une halte gourmande au "levant" de la Gâtine tourangelle.

MONPAZIER – 24 Dordogne – 329 G7 – 516 h. - alt. 180 m – ⊠ 24540 ▮ Périgord
▷ Paris 575 – Bergerac 47 – Périgueux 75 – Sarlat-la-Canéda 50
– Villeneuve-sur-Lot 46   4 **C2**
🄸 Office de tourisme, place des Cornières ℰ 05 53 22 68 59, Fax 05 53 74 30 08
◎ Place des Cornières ★.

🏠 Edward 1er 🕏 ≤ 🚗 ♨ ✦ ✆ P VISA ⓵ AE

5 r. St-Pierre – ℰ 05 53 22 44 00 – info @ hoteledward1er.com – Fax 05 53 22 57 99
– Ouvert 7 mars-16 nov.
12 ch – †50/78 € ††64/178 €, ☐ 12 € – 2 suites – ½ P 68/113 € – **Rest** – (ouvert 21 mars-2 nov. et fermé merc. sauf juil.-août) (dîner seult) (prévenir) Menu 28/36 €
◆ Dans cette gentilhommière du 19e s., on profite de la vie de château : belle hauteur sous plafond, moulures, meubles de style, tissu mural. Chambres spacieuses avec vue. La chef mitonne un menu à base de produits du Périgord (le soir et sur réservation).

✗ Bistrot 2 🚗 ✦ VISA ⓵

Foirail Nord – ℰ 05 53 22 60 64 – info @ bistrot2.fr – Fax 05 53 58 36 27 – Fermé
🚗 17-30 nov., 1er-13 fév., mardi soir, vend. soir de déc. à mars, dim. soir et lundi
Rest – Menu (14,50 €), 18 € (déj.)/29 € – Carte 27/34 €
◆ Une partie de l'équipe de l'Edward 1er a investi ce nouveau bistrot contemporain et revisite des plats régionaux de manière très séduisante. Terrasse ombragée de glycines.

MONTAGNAT – 01 Ain – **328** E3 – 1 421 h. – alt. 262 m – ⊠ 01250   44 **B1**
> ◘ Paris 447 – Lyon 84 – Bourg-en-Bresse 8 – Mâcon 55 – Oyonnax 56

✗   **Au Pot de Grès**   ⌂ **P** ⱽⁱˢᵃ ⓶⓪ ⓪

ⓢ   2013 rte du Village – ℰ 04 74 51 67 05 – franck.provillard@free.fr
    – Fax 04 74 51 67 05 – Fermé vacances de Pâques, de Toussaint, dim. soir, lundi et
    mardi
    Rest – Menu 13 € (déj. en sem.), 23/39 € – Carte 33/48 €
    ♦ Cette jolie maison de campagne vous accueille dans une salle à manger réchauffée par
    une cheminée. Côté carte, le chef revisite habilement les plats du terroir (produits frais).

MONTAGNE – 33 Gironde – **335** K5 – 1 585 h. – alt. 80 m – ⊠ 33570   4 **C1**
> ◘ Paris 541 – Agen 129 – Bordeaux 41 – Bergerac 61 – Libourne 11

⌂   **Castel Saint Joseph** ॐ   ⛩ ⌂ 𝔸ℂ ch, ⫟ ⛌ **P** ⱽⁱˢᵃ ⓶⓪

ⓢ   – ℰ 05 57 24 71 08 – patricia.de-cathelineau@wanadoo.fr
    4 ch – †110/140 € ††120/140 €, ⌷ 15 €
    Table d'hôte – Menu 35 € bc/55 € bc
    ♦ Dans un village vinicole, grande maison devancée par une allée et une cour pavée (pour
    les repas l'été). Intérieur mêlant meubles de famille, tableaux, ciel de lit ou baldaquin. À la
    table d'hôte, cuisine au goût du jour accompagnée par des vins de la région.

✗✗ **Le Vieux Presbytère**   ⌂ ⱽⁱˢᵃ ⓶⓪

    pl. de l'Église – ℰ 05 57 74 65 33 – Fermé 5-25 janv., mardi et merc.
    Rest – Menu (16 € bc), 20 € bc (sem.)/50 € bc
    ♦ Table sympathique occupant un ancien presbytère, au pied d'une chapelle romane.
    Salle cosy rustiquement meublée, belle terrasse sur cour, cuisine du moment et vins du
    cru.

LA MONTAGNE – 21 Côte-d'Or – **320** I7 – rattaché à Beaune

MONTAGNE-DU-SEMNOZ – 74 Haute-Savoie – **328** J6 – ⊠ 74000
▊ Alpes du Nord   46 **F1**
> ◘ Paris 552 – Aix-les-Bains 43 – Albertville 60 – Annecy 17 – Chambéry 59
> ◎ Crêt de Châtillon ❋★★★ (**accès** par D 41 : d'Annecy 20 km ou du col de
>   Leschaux 14 km, puis 15 mn).

par D 41 – ⊠ 74000 Annecy

⌂   **Les Rochers Blancs** ॐ   ≤ montagnes, ⌂ ⫟ **P** ⱽⁱˢᵃ ⓶⓪

ⓢ   près du sommet, alt. 1 650 – ℰ 04 50 01 23 60 – lesrochersblancs@wanadoo.fr
    – Fax 04 50 01 40 68 – Fermé 15 sept.-15 déc. et 15 avril-10 juin
    15 ch – †48 € ††60 €, ⌷ 12 € – ½ P 58/62 € – **Rest** – (fermé nov.)
    Menu 18/25 € – Carte 26/40 €
    ♦ Culminant à 1 650 m, ce chalet bénéficie d'un panorama exceptionnel et d'une tranquil-
    lité absolue. Chambres au confort minimaliste, peu à peu refaites dans le style local.
    Restaurant décoré dans la pure tradition montagnarde et cuisine dans la même veine.
    Terrasse.

MONTAGNY – 42 Loire – **327** E3 – 1 111 h. – alt. 530 m – ⊠ 42840   44 **A1**
> ◘ Paris 408 – Lyon 70 – Montbrison 78 – Roanne 15 – St-Étienne 96
>   – Thizy 7

✗✗ **L'Air du Temps**   𝔸ℂ ⟷ ⱽⁱˢᵃ ⓶⓪ ⓪

ⓢ   1 r. de la République – ℰ 04 77 66 11 31 – restaurant.lairdutemps@orange.fr
    – Fax 04 77 66 15 63 – Fermé dim. soir et lundi
    Rest – Menu 16 € (déj. en sem.), 32/56 € – Carte 34/52 €
    ♦ Tons pastel, décor contemporain et tables rondes espacées dans la salle à manger de ce
    restaurant aménagé à l'étage d'un ancien café. Cuisine au goût du jour.

MONTAGNY-LÈS-BEAUNE – 21 Côte-d'Or – **320** J8 – rattaché à Beaune

MONTAIGU – 85 Vendée – 316 I6 – 4 708 h. – alt. 40 m – ⊠ 85600   34 **B3**

> ◩ Paris 389 – Cholet 36 – Fontenay-le-Comte 88 – Nantes 37 – La
> Roche-sur-Yon 39
> ◩ Office de tourisme, 6, rue Georges Clemenceau ℰ 02 51 06 39 17,
> Fax 02 51 06 39 17
> ◩ Mémorial de vendée ★★ : le logis de la Chabotterie★ (salles historiques★★)
> SO : 14 km, le chemin de la Mémoire des Lucs★ SO : 24 km
> ▌ Poitou Vendée Charentes.

au Pont de Sénard 7 km au Nord par N 137 et D 77 – ⊠ 85600
St-Hilaire-de-Loulay

⌂   **Le Pont de Sénard** ⅏   ⚲ 🕭 & ch, ⅏ rest, 🗤 ⅍ 🅿 𝘝𝘐𝘚𝘈 ⓶ 🄰🄴
– ℰ 02 51 46 49 50 – hotel.pont.senard@wanadoo.fr – Fax 02 51 94 11 11
– Fermé 4-21 août, 27 oct.-2 nov., 26-31 déc., vend. soir d'oct. à avril
et dim. soir
25 ch – ♦48 € ♦♦66 €, ⌑ 8 € – ½ P 72 € – **Rest** – (fermé vend. soir d'oct. à mai)
Menu 19 € (sem.)/50 € – Carte 44/56 €
♦ Une clientèle fidèle apprécie cet hôtel bordant la Maine pour son environnement
délicieusement bucolique, son bel équipement de séminaires et ses chambres
peu à peu rénovées. Salle à manger-véranda et plaisante terrasse champêtre dominant la
rivière.

MONTAIGUT-LE-BLANC – 63 Puy-de-Dôme – 326 F9 – **rattaché à Champeix**

MONTAREN-ET-ST-MÉDIERS – 30 Gard – 339 L4 – 1 328 h. – alt. 115 m
– **rattaché à Uzès**

MONTARGIS ⊚ – 45 Loiret – 318 N4 – 15 030 h. – alt. 95 m – ⊠ 45200
▌ Bourgogne   12 **D2**

> ◩ Paris 109 – Auxerre 81 – Bourges 117 – Orléans 73 – Sens 50
> ◩ Office de tourisme, rue du Port ℰ 02 38 98 00 87,
> Fax 02 38 98 82 01
> ◩ de Vaugouard à Fontenay-sur-Loing Chemin des Bois, par rte de
> Fontainebleau : 9 km, ℰ 02 38 89 79 09.
> ◩ Collection Girodet★ du musée M¹.

Plan page suivante

⌂   **Ibis**   🕭 📶 🄰 ch, ⅍ 🗤 ⅍ 🚗 𝘝𝘐𝘚𝘈 ⓶ 🄰🄴 ⓪
2 pl. V. Hugo – ℰ 02 38 98 00 68 – h0861@accor.com
– Fax 02 38 89 14 37   Z **b**
59 ch – ♦49/65 € ♦♦49/65 €, ⌑ 7,50 €
Rest *Brasserie de la Poste* – Menu (12 €), 20/27 € – Carte 20/44 €
♦ Les chambres de cet hôtel, modernes et pratiques, offrent les prestations habituelles de
la chaîne. Celles du 3ᵉ étage conviendront parfaitement aux familles. Plaisant restaurant rétro : verrière, appliques et banquettes. Plats de brasserie.

⌂   **Central** sans rest   ⅏ 🗤 𝘝𝘐𝘚𝘈 ⓶ 🄰🄴
2 r. Gudin – ℰ 02 38 85 03 07 – info@hotel-montargis.com – Fax 02 38 98 33 39
– Fermé 25 déc.-1ᵉʳ janv.   Z **a**
12 ch – ♦48 € ♦♦55 €, ⌑ 6,50 €
♦ En centre-ville, demeure bourgeoise de 1750 convertie en hôtel à la fin du 20ᵉ s. et
rénovée (2004). Un escalier en chêne sculpté mène aux chambres personnalisées, bien
tenues.

⌂   **Dorèle** sans rest   📶 & 🄰 ⅍ 🗤 ⅍ 🅿 𝘝𝘐𝘚𝘈 ⓶ 🄰🄴 ⓪
222 r. Émile Mengin – ℰ 02 38 07 18 18 – les-hotels-dorele@wanadoo.fr
– Fax 02 38 07 18 19   Y **t**
50 ch – ♦43/50 € ♦♦49/57 €, ⌑ 7 €
♦ Construction cubique récente dans le quartier de la gare. Les chambres, pas très
spacieuses, sont très bien insonorisées et agencées. Confortable salon.

MONTARGIS

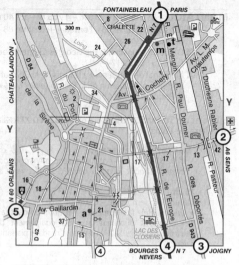

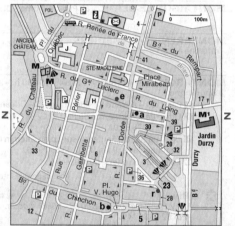

XXX   **La Gloire** (Jean-Claude Martin) avec ch   🅰🅒 rest, ⇗ 𝘝𝘐𝘚𝘈 ⓪ 🅐🅔

£3   *74 av. Gén. de Gaulle – ℰ 02 38 85 04 69 – contact@lagloire-montargis.com*
– Fax 02 38 98 52 32 – Fermé 18 août-3 sept., 16 fév.-12 mars, mardi et merc.   Y **m**
11 ch – ♥50 € ♥♥64 €, ⌑ 8,50 €
Rest – Menu 30 € (sem.)/52 € – Carte 58/95 € ⅍
Spéc. Salade de homard. Blanc de turbot moutardé en écailles de tomate. Grenadin de queue de bœuf et escalope de foie gras de canard poêlé. **Vins** Sancerre, Menetou-Salon.
◆ Accueil formidable et service impeccable dans cette "gloire" montargoise qui sert une cuisine de tradition revisitée, subtile, goûteuse et généreuse. Chambres confortables.

XX   **L'Agrappe Cœur**   🈸 🅰🅒 🅿 𝘝𝘐𝘚𝘈 ⓪ 🅐🅔
22 r. J. Jaurès – ℰ 02 38 85 22 65 – Fermé août, dim. soir, mardi soir et lundi
Rest – Menu 19 € (sem.)/37 € – Carte 39/54 €   Y **a**
◆ Nouveau décor en ce sympathique restaurant : contemporain dans la première salle (sauf le comptoir en bois des années 1930) et ensoleillé dans les autres. Cuisine traditionnelle.

Ⅹ **Les Dominicaines**　　　　　　　　　　🛱 VISA ⓂⓄ AE

r. du Dévidet – 𝒞 02 38 98 10 22 – odile.freddy@wanadoo.fr – Fax 02 38 98 41 41
– Fermé 16-31 août, dim. et fériés　　　　　　　　　　　　　　　　Z **e**
Rest – (prévenir) Menu (13,50 €), 29 €

◆ Affichant à l'entrée les vitraux des Dominicaines, ce restaurant renoue avec l'histoire de la ville. Cuisine axée sur la mer et la Provence, spécialités de poissons.

à Amilly 5 km par ③ – 11 497 h. – alt. 110 m – ⊠ 45200

🏠 **Le Belvédère** sans rest ॐ　　　　　　　　🚗 ↔ 📞 **P** VISA ⓂⓄ

🍽 – 𝒞 02 38 85 41 09 – h.belvedere@wanadoo.fr – Fax 02 38 98 75 63 – Fermé
15-28 août et 20 déc.-4 janv.
24 ch – †52 € ††58 €, ⊆ 10 €

◆ Cet hôtel familial devancé par un jardin fleuri fait face à l'école du village. Calme et bon confort caractérisent les petites chambres personnalisées.

à Conflans-sur-Loing 7 km par ③ – 359 h. – alt. 100 m – ⊠ 45700

Ⅹ **Auberge de Conflans**　　　　　　　　　　⇩ VISA ⓂⓄ ①

– 𝒞 02 38 94 75 46 – Fax 02 38 94 75 46 – Fermé jeudi soir sauf en oct., mardi soir,
merc. soir et lundi
Rest – Menu (13 € bc), 21 € (sem.)/32 € – Carte 38/50 €

◆ Sympathique et élégante auberge de village à l'ambiance champêtre. La chaleureuse propriétaire y maintient la convivialité autour de plats traditionnels soignés.

rte de Ferrières par ①, N 7 et rte secondaire – ⊠ 45210 Fontenay-sur-Loing

🏨 **Domaine de Vaugouard** ॐ　　　　　🚗 🍴 🛱 ⤢ 🏌 ℀ 🌾 rest, 📞 🏋

– 𝒞 02 38 89 79 00 – info@vaugouard.com　　　　　　**P** VISA ⓂⓄ AE ①
– Fax 02 38 89 79 01 – Fermé 20-30 déc.
45 ch – †140/240 € ††140/240 €, ⊆ 15 € – ½ P 130/180 € – **Rest** – Menu 22 €
(déj.), 30/42 € – Carte environ 46 €

◆ Joli château du 18ᵉ s. situé au cœur d'un parcours de golf. Confortables chambres bourgeoises (rénovées) ; celles de l'annexe sont plus grandes. Petites salles à manger cossues, terrasse tournée vers les greens et cuisine classique.

MONTAUBAN ℙ – 82 Tarn-et-Garonne – 337 E7 – 51 855 h. – alt. 98 m –
⊠ 82000 ▮ Midi-Pyrénées　　　　　　　　　　　　　　　　　　　28 **B2**

🚗 Paris 627 – Agen 86 – Albi 73 – Auch 86 – Cahors 64 – Toulouse 53

🛈 Office de tourisme, place Prax Paris 𝒞 05 63 63 60 60, Fax 05 63 63 65 12

🏌 des Aiguillons Route de Loubejac, N : 8 km par D 959, 𝒞 05 63 31 35 40.

👁 Le vieux Montauban★ : portail★ de l'hôtel Lefranc-de-Pompignan Z **E** -
Musée Ingres★ - Place Nationale★ - Dernier Centaure mourant★ (bronze de Bourdelle) **B**.

👁 Pente d'eau de Montech★ : 15 km par ③ et D 928.

Plan page suivante

🏨 **Crowne Plaza**　　　　　🛱 🌐 🎬 🛗 ♿ 🖥 ↔ 📞 🏋 **P** 🚗 VISA ⓂⓄ AE ①

✿ 6-8 quai de Verdun – 𝒞 05 63 22 00 00 – contact@cp-montauban.com
– Fax 05 63 22 00 01　　　　　　　　　　　　　　　　　　　　Z **e**
62 ch – †99/200 € ††99/200 €, ⊆ 18 € – 4 suites
Rest La Table des Capucins – (fermé dim.) Menu 25 € (déj.), 38/70 € – Carte 55/87 €
Spéc. Foie gras de canard en chapelure de brioche, marmelade de piments.
Magret d'oie rôti, aubergines au miel de poivre. Nage cardamome, sorbet pamplemousse, cristalline d'orange et biscuit au Grand-Marnier.

◆ Malgré un décor et un confort très contemporains, "l'aura" monastique de ce couvent classé (1630) a été superbement préservée. Spa complet, pour ressourcer corps et esprit. Cuisine créative misant sur les saveurs et l'authenticité à la Table des Capucins.

🏨 **Mercure**　　　　　　　　　　　　🖥 ♿ rest, 🖥 ↔ 🏋 VISA ⓂⓄ AE ①

😊 12 r. Notre-Dame – 𝒞 05 63 63 17 23 – h2183@accor.com
– Fax 05 63 66 43 66　　　　　　　　　　　　　　　　　　　Z **s**
44 ch – †92 € ††102 €, ⊆ 12 € – **Rest** – Menu 15/35 € – Carte 25/41 €

◆ Cet hôtel particulier du 18ᵉ s. a bénéficié en 1999 d'une complète cure de jouvence. Les chambres, spacieuses et contemporaines, profitent d'une bonne isolation phonique. La salle à manger, meublée en style Louis XVI, est coiffée d'une vaste verrière.

MONTAUBAN

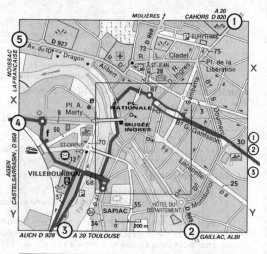

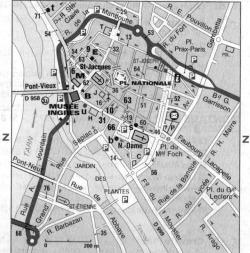

Du Commerce sans rest

⌂ 🎍 ♿ 🛏 📶 VISA 🄼🄲 AE

🍴 9 pl. Roosevelt – ℰ 05 63 66 31 32 – info@hotel-commerce-montauban.com
– Fax 05 63 66 31 28 – Fermé 22-31 déc.   Z b
27 ch – †53/56 € ††55/78 €, ⊊ 8,50 €

◆ Vaste bâtisse du 18e s. à deux pas de la cathédrale. Hall et salon garnis de beaux meubles anciens, chambres sobres, bien entretenues, et salles de bains colorées.

𝖷𝖷𝖷 Les Saveurs d'Ingres

🄰🄲 VISA 🄼🄾

13 r. Hôtel de Ville, (transfert prévu au printemps) – ℰ 05 63 91 26 42
– Fax 05 63 66 28 92 – Fermé 27 avril-5 mai, 17 août-1er sept.,dim. et lundi
Rest – Menu 25 € (déj. en sem.), 39/75 € – Carte 56/64 €   Z u

◆ L'enseigne rend hommage au peintre-dessinateur montalbanais (musée Ingres à deux pas). Plaisante salle voûtée au mobilier moderne. Cuisine personnalisée, inspirée du terroir.

XX **La Cuisine d'Alain** 🛜 AC 🕏 ✿ VISA ⚫ AE

(face à la gare) – 𝒞 05 63 66 06 66 – cuisinedalain@wanadoo.fr
– Fax 05 63 66 19 39 – Fermé 1er-20 août, 20 déc.-5 janv., lundi midi, sam. midi
et dim. Y f

Rest – Menu 23 € bc/60 € – Carte 47/64 €

♦ Natures mortes, faïences et compositions florales ornent la salle à manger et le salon.
Belle terrasse fleurie. Cuisine traditionnelle et grand choix de desserts.

XX **Au Fil de l'Eau** ๕ AC VISA ⚫

☜ 14 quai Dr Lafforgue – 𝒞 05 63 66 11 85 – aufildeleau82@wanadoo.fr
– Fax 05 63 91 97 56 – Fermé 10-20 juil., merc. soir sauf juil.-août, dim. sauf le midi
de sept. à juin et lundi X e

Rest – Menu 18 € (déj. en sem.), 35/55 € – Carte 44/72 €

♦ Cette maison ancienne située dans une rue tranquille abrite une spacieuse salle à
manger, contemporaine et chaleureuse. Préparations traditionnelles, bon choix de vins
régionaux.

MONTAUBAN-SUR-L'OUVÈZE – 26 Drôme – 332 G8 – 85 h. – alt. 719 m –
✉ 26170 45 **C3**

🖪 Paris 705 – Apt 68 – Carpentras 64 – Lyon 243

🏠 **La Badiane** ⌇ ⪡ 🚗 🛜 ☐ ๕ ⅍ ⅍ 🖓 🔊 VISA ⚫ AE ①

Hameau de Ruissas, 3 km au Nord-Est – 𝒞 04 75 27 17 74 – la-badiane@
club-internet.fr – Fax 04 75 27 17 74 – Fermé nov. et déc.

7 ch – †75/95 € ††75/155 €, ⇌ 11 € – ½ P 76/86 € – **Rest** – table d'hôte *(fermé
merc. sauf juil.-août) (dîner seult) (résidents seult)*

♦ Cette ancienne bergerie, restaurée avec originalité, se blottit dans la montagne drômoise. Chaque chambre cultive sa différence. Piscine, sauna et soins de relaxation. Cuisine
familiale servie dans une jolie salle aux notes méditerranéennes ou en terrasse.

MONTAUROUX – 83 Var – 340 P4 – 4 017 h. – alt. 364 m – ✉ 83440
▯ Côte d'Azur 41 **C3**

🖪 Paris 890 – Cannes 36 – Draguignan 37 – Fréjus 30 – Grasse 21
🖪 Office de tourisme, place du Clos 𝒞 04 94 47 75 90, Fax 04 94 47 61 97

rte de Grasse 3 km au Sud-Est – ✉ 83340 Montauroux

XX **Auberge des Fontaines d'Aragon** (Eric Maio) 🛜 🅿 VISA ⚫

✿ D 37 – 𝒞 04 94 47 71 65 – ericmaio@club-internet.fr – Fax 04 94 47 71 65
– Fermé 10-21 nov., 5 janv.-4 fév., lundi et mardi

Rest – Menu 37 € (déj. en sem.), 50/90 €

Spéc. "Chupa-chupa" de brandade à la truffe d'été (juin à août). Pigeon en croûte,
truffe et foie gras. Dos d'agneau farci à la potagère (mai à sept.). **Vins** Côtes de
Provence.

♦ Délicieuse cuisine au goût du jour servie dans une élégante salle provençale ou sur la jolie
terrasse verdoyante : une belle halte gourmande sur la route du lac de St-Cassien.

MONTBARD ⬡ – 21 Côte-d'Or – 320 G4 – 6 300 h. – alt. 221 m – ✉ 21500
▯ Bourgogne 8 **C2**

🖪 Paris 240 – Autun 87 – Auxerre 81 – Dijon 81 – Troyes 100
🖪 Office de tourisme, place Henri Vincenot 𝒞 03 80 92 53 81,
Fax 03 80 89 17 38
◉ Parc Buffon★.
◧ Abbaye de Fontenay★★★ E : 6 km par D 905.

🏠 **L'Écu** 🛜 ⅍ VISA ⚫ AE

7 r. A. Carré – 𝒞 03 80 92 11 66 – snc.coupat@wanadoo.fr – Fax 03 80 92 14 13
– Fermé 23 fév.-8 mars, vend. soir, dim. soir et sam. du 11 nov. au 30 mars

23 ch – †60/66 € ††74/86 €, ⇌ 10,50 € – ½ P 72/85 € – **Rest** – Menu 20/52 €
– Carte 44/62 €

♦ Ancien relais de poste (16e s.) dont on apprécie l'accueil, l'ambiance provinciale et les
chambres, classiquement aménagées, à l'image des espaces communs. Repas traditionnel
sous les voûtes des ex-écuries ou dans une salle au mobilier de style. Terrasse sur cour.

MONTBAZON – 37 Indre-et-Loire – 317 N5 – 3 434 h. – alt. 59 m – ⌧ 37250

📗 Châteaux de la Loire   11 **B2**

- ◨ Paris 247 – Châtellerault 59 – Chinon 41 – Loches 33 – Saumur 73 – Tours 15
- 🛈 Office de tourisme, esplanade du Val de l'Indre ℰ 02 47 26 97 87,
  Fax 02 47 26 22 42

Château d'Artigny ⌂   ≤ vallée de l'Indre, 🗘 🏊 🕉 ❀ 📶 🔟 📞 ♨

2 km au Sud-Ouest par D 17 – ℰ *02 47 34 30 30*   **P** **VISA** **⬤** **AE** **①**
– artigny@grandesetapes.fr – Fax 02 47 34 30 39
58 ch – ♦160/450 € ♦♦160/450 €, ⌕ 22 € – 2 suites – **Rest** – Menu 55/85 €
– Carte 64/84 € ॐ

♦ Ce château dont le parc boisé et les jardins à la française surplombent l'Indre
fut conçu dans les années 1920 par le parfumeur Coty. Pur style classique et faste
omniprésent. Cuisine classique, somptueuse carte des vins et collection de vieux armagnacs.

Moulin d'Artigny 🏠🏠   🚗 **P** **VISA** **⬤** **AE** **①**
7 ch – ♦90 € ♦♦90 €, ⌕ 22 €

♦ À 800 m, l'annexe du château occupe un joli pavillon, rustique et moins luxueux, au bord
de la rivière. Très bucolique.

Domaine de la Tortinière ⌂   ≤ vallée de l'Indre, 🗘 🏡 🏊 🕉
2 km au Nord par D 910 et D 287 –   ♨ ch, 📶 🕉 📞 ♨ **P** **VISA** **⬤**
ℰ *02 47 34 35 00 – domaine.tortiniere@wanadoo.fr – Fax 02 47 65 95 70 – Fermé
20 déc.-28 fév.*
25 ch – ♦150/340 € ♦♦150/340 €, ⌕ 16 € – 5 suites – ½ P 140/235 €
Rest – *(fermé dim. soir de nov. à mars) (prévenir)* Menu (32 € bc), 39 € bc (déj. en
sem.), 42/72 € – Carte 54/61 €

♦ Ce château du Second Empire se dresse au cœur d'un parc dominant l'Indre. Chambres
soignées remplies de charme. Agréable piscine. Salle à manger aux larges baies ouvrant sur
une plaisante terrasse. Plats au goût du jour.

Chancelière "Jeu de Cartes"   📶 **VISA** **⬤**
1 pl. Marronniers – ℰ *02 47 26 00 67 – lachanceliere@lachanceliere.fr*
🕸 *– Fax 02 47 73 14 82 – Fermé 10-27 août, 14 fév.-11 mars, dim. et lundi
sauf fériés*
Rest – Menu 38/43 €
Spéc. Ravioles d'huîtres au champagne (oct. à mai). Tajine de lotte aux fruits secs
et aux fèves. Soufflé au Grand-Marnier. **Vins** Montlouis, Chinon.

♦ Cette élégante maison tourangelle superpose les styles avec audace : salle à manger
cosy aux tonalités colorées et cuisine à la fois classique et inventive. Ici, on joue cartes sur
table !

Ouest 5 km par D 910, D 287 et D 87 – ⌧ 37250 Montbazon

Le Moulin Fleuri avec ch ⌂   ≤ 🚗 ♨ **P** **VISA** **⬤** **AE**
– ℰ *02 47 26 01 12 – lemoulinfleuri@wanadoo.fr – Fax 02 47 34 04 71*
*– Fermé 17-25 déc., 21 janv.-28 fév., dim. soir du 12 nov. au 30 mars, jeudi midi et
lundi*
9 ch – ♦75 € ♦♦75 €, ⌕ 13 € – 1 suite – ½ P 79 € – **Rest** – Menu (22 €), 30/50 €
– Carte environ 40 € ॐ

♦ Un bras de l'Indre actionnait la roue de cet ex-moulin à grains (16ᵉ s.). Recettes traditionnelles avec une touche terroir, magnifique cave (plus de 800 références). Terrasse près de
l'eau. Sobres chambres classiquement aménagées, côté rivière ou jardin.

MONTBÉLIARD ⌦ – 25 Doubs – 321 K1 – 27 570 h. – Agglo. 113 059 h.
– alt. 325 m – ⌧ 25200 📗 Franche-Comté Jura   17 **C1**

- ◨ Paris 477 – Belfort 22 – Besançon 76 – Mulhouse 60 – Vesoul 60
- 🛈 Office de tourisme, 1, rue Henri-Mouhot ℰ 03 81 94 45 60,
  Fax 03 81 94 14 04
- 🏌 de Prunevelle à Dampierre-sur-le-Doubs Ferme des Petits Bans, par rte de
  Besançon : 8 km, ℰ 03 81 98 11 77.
- ◉ Le Vieux Montbéliard★ : hôtel Beurnier-Rossel★ – Sochaux : Musée de
  l'aventure Peugeot★★.

MONTBÉLIARD

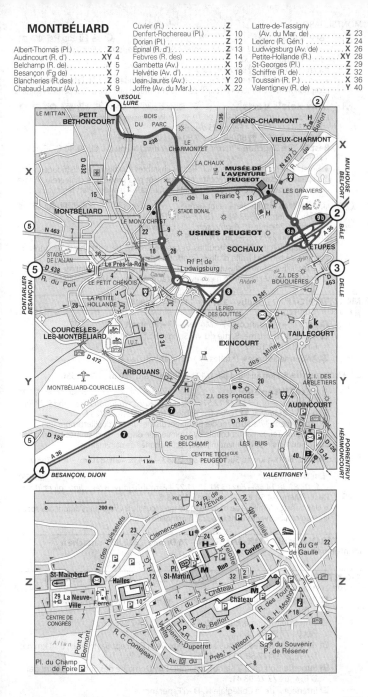

🏠 **Bristol** sans rest   📞 🔊 🅿 📶 *VISA* ⓜⓞ 🄰🄴

2 r. Velotte – 𝒞 03 81 94 43 17 – hotel.bristol@wanadoo.fr – Fax 03 81 94 15 29
– Fermé 26 juil.- 18 août   Z **b**
43 ch – †57/65 € ††60/70 €, ⌑ 7 €

♦ Les nouveaux propriétaires ont entrepris de moderniser cet hôtel des années 1930 : réception neuve, chambres en partie refaites et véritable salon de thé (superbes variétés).

🏠 **Aux Relais Verts**   🔊 📶 ⓖ ch, 🕎 ↬ 📞 🔊 🅿 📶 *VISA* ⓜⓞ 🄰🄴 ⓞ

le Pied des Gouttes – 𝒞 03 81 90 10 69 – hotelrelaisvert@wanadoo.fr
– Fax 03 81 90 15 18 – Fermé 23 déc.-1er janv.   X **v**
64 ch – †68/88 € ††68/88 €, ⌑ 7,50 € – ½ P 89/109 €
Rest *Le Tire Bouchon* – (fermé sam. midi et dim.) Menu (16 €), 29/40 € – Carte 44/69 €

♦ Hôtel actuel au cœur d'une Z.A.C. Petites chambres fonctionnelles distribuées autour d'un patio ou, dans une aile récente, hébergement plus spacieux et chaleureux. Plantes vertes et expositions de tableaux égayent la sobre salle à manger. Plats régionaux.

XXX **Le St-Martin** (Olivier Prevot-Carme)   ⟳ *VISA* ⓜⓞ 🄰🄴 ⓞ
🌼
1 r. Gén. Leclerc – 𝒞 03 81 91 18 37 – Fax 03 81 91 18 37
– Fermé 1er-24 août, 1er-6 janv., sam., dim. et fériés   Z **u**
Rest – Menu 29/55 € – Carte 42/56 €
Spéc. Cappuccino de grenouilles et cresson. Côte de veau braisée, purée de pomme de terre à l'huile d'olive. Chariot de desserts.
♦ Cette vieille maison cache un chaleureux restaurant-bonbonnière, intime et cossu. Cuisine régionale assez inventive, menu évoluant au gré du marché et spécialités de poissons.

MONTBENOÎT – 25 Doubs – 321 I5 – 219 h. – alt. 804 m – ⌧ 25650
▌Franche-Comté Jura   17 **C2**

  ▣ Paris 464 – Besançon 61 – Morteau 17 – Pontarlier 15

  🄸 Office de tourisme, 8, rue du Val Saugeais 𝒞 03 81 38 10 32,
     Fax 03 81 38 10 32

  ◎ Ancienne abbaye★ : stalles★★, niche abbatiale★★.

à La Longeville 5,5 km au Nord par D 131 – 488 h. – alt. 900 m – ⌧ 25650

⌂ **Le Crêt l'Agneau** 🦢   ≤ 🚗 🔊 ↬ 💱 🅿

Les Auberges – 𝒞 03 81 38 12 51 – lecret.lagneau@wanadoo.fr – Fermé 5-28 juil.
5 ch ⌑ – †69/75 € ††78/98 € – **Table d'hôte** – Menu 25/28 €
♦ Cette ferme du 17e s. au milieu des pâturages distille l'univers douillet propre aux maisons de la région. Tenue par un couple dynamique, elle dispose de chambres très soignées. Cuisine du terroir longuement mijotée, accompagnée de pain maison.

à Maisons-du-Bois 4 km au Sud-Ouest sur D 437 – 494 h. – alt. 810 m – ⌧ 25650

X **Du Saugeais**   🔊 🔊 💱 ch, 🅿 *VISA* ⓜⓞ
ⓔⓔ
– 𝒞 03 81 38 14 65 – Fax 03 81 38 11 27 – Fermé 20 janv.-8 fév., dim. soir et lundi
Rest – Menu 14,50 € (déj. en sem.), 17/35 €
♦ Une auberge familiale de bord de route qui accueille les voyageurs autour des spécialités régionales, servies dans une salle à manger champêtre.

MONTBOUCHER-SUR-JABRON – 26 Drôme – 332 B6 – rattaché à
Montélimar

MONTBRISON ◉ – 42 Loire – 327 D6 – 14 589 h. – alt. 391 m – ⌧ 42600
▌Lyon et la vallée du Rhône   44 **A2**

  ▣ Paris 444 – Lyon 103 – Le Puy-en-Velay 99 – Roanne 68 – St-Étienne 45
     – Thiers 68

  🄸 Office de tourisme, cloître de Cordeliers 𝒞 04 77 96 08 69,
     Fax 04 77 96 20 88

  🏁 de Savigneux-les-Étangs à Savigneux GAIA Concept Savigneux, E : 4 km par
     D 496, 𝒞 04 77 58 70 74 ;

  🏁 Superflu Golf Club à St-Romain-le-Puy Domaine des Sucs, SE : 8 km par
     D 8, 𝒞 04 77 76 93 41.

  ◎ Intérieur★ de la Collégiale N.-D.-d'Espérance.

XX **La Roseraie**   🔥 AC VISA ●●

😊 *61 av. Alsace-Lorraine, (face à la gare)* – ✆ *04 77 58 15 33 – Fax 04 77 58 93 88*
– *Fermé 14-25 avril, 18 août-6 sept., dim. soir, mardi soir et merc.*
Rest – Menu 18 € (sem.)/56 € – Carte 19/51 €
♦ Dans l'ex-Terminus (1896). Cuisine actuelle inspirée du terroir à déguster au choix dans
la salle à manger colorée, sous la véranda ou en terrasse, à l'ombre d'un tilleul.

à Savigneux 2 km à l'Est par D 496 – 2 565 h. – alt. 382 m – ✉ 42600

🏠 **Marytel** sans rest   🖥 ❤ ↯ 🍸 🏊 P VISA ●● AE ①
95 rte de Lyon – ✆ *04 77 58 72 00 – hm4203@inter-hotel.com*
– *Fax 04 77 58 42 81*
45 ch – ♦48/85 € ♦♦53/95 €, � 8 €
♦ Hôtel fonctionnel en bord de route. Une nouvelle aile, le Relais Alice, possède des
chambres très modernes aux équipements dernier cri. Double vitrage partout.

XX **Yves Thollot**   🔥 ✧ P VISA ●● AE
🌀 *93 rte de Lyon* – ✆ *04 77 96 10 40 – mail@yves-thollot.com*
– *Fax 04 77 58 31 92 – Fermé 4-25 août, 5-12 janv., 9-23 fév., dim. soir, mardi*
soir et lundi
Rest – Menu 23/56 € – Carte 35/54 €
♦ Maison récente au milieu d'un agéable cadre végétal. À table, essayez donc la salade de
lotte à la tomate, les noix de Saint-Jacques et le parfait glacé aux fruits confits.

à St-Romain-le-Puy 8 km au Sud-Est par D8 et D107 – 2 803 h. – alt. 405 m –
✉ 42610

↑ **Sous le Pic-La Pérolière** sans rest 🌿   🚪 ↯ ↯ ✵ 🍸 P
20 r. Jean-Moulin – ✆ *04 77 76 97 10 – laperoliere@wanadoo.fr*
– *Fax 04 77 76 97 10 – Fermé 25 mars-5 avril, 5-17 sept., et 28 déc.-28 fév.*
4 ch ⊒ – ♦47/62 € ♦♦55/70 €
♦ Un havre de paix au pied d'un prieuré du 11ᵉ s. Ferme forézienne (fin 19ᵉ s.) au mobilier
chiné et en fer forgé. L'été, petit-déjeuner dans l'orangeraie qui donne sur le jardin.

MONTCEAU-LES-MINES – 71 Saône-et-Loire – 320 G9 – 20 634 h. – alt. 285 m
– ✉ 71300 ▌ Bourgogne   8 **C3**

▶ Paris 333 – Autun 47 – Chalon-sur-Saône 46 – Mâcon 69 – Moulins 100
🖼 Office de tourisme, 16, rue Carnot ✆ 03 85 69 00 00,
Fax 03 85 69 00 01
🖼 du Château d'Avoise à Montchanin 9 rue de Mâcon, par rte de
Chalon-sur-Saône : 14 km, ✆ 03 85 78 19 19.
🖼 Mont-St-Vincent : tour ✳ ★★ 12 km par ②.

Plan page suivante

🏠 **Nota Bene**   🖥 ⬇ AC 🍸 🏊 VISA ●● AE ①
😊 *70 quai Jules Chagot* – ✆ *03 85 69 10 15 – nota.bene.hotel@wanadoo.fr*
– *Fax 03 85 69 10 20*   AZ **b**
46 ch – ♦39 € ♦♦62/72 €, ⊒ 7 € – **Rest** – (fermé 5-20 août et dim.) Menu 9 €
(déj. en sem.), 17/27 € – Carte 19/36 €
♦ Face au pont levant du canal, cet hôtel rénové se signale par sa devanture habillée de bois
blond. Chambres simples et fonctionnelles. Salle à manger ornée d'une fresque évoquant
l'Italie ; la spécialité maison est la tavola (tartine garnie et passée au four).

XXX **Le France** (Jérôme Brochot) avec ch   AC rest, ✵ ch, 🍸 VISA ●●
✿ *7 pl. Beaubernard* – ✆ *03 85 67 95 30*
– *hotel-restaurant.lefrance@wanadoo.fr – Fax 03 85 67 95 44*
– *Fermé 3-17 mars, 28 juil.-18 août, 2-12 janv., sam. midi, dim. soir et lundi*   AZ **k**
9 ch – ♦48 € ♦♦58 €, ⊒ 8 € – ½ P 70 €
Rest – Menu (20 €), 38/80 € – Carte 44/88 € 🕸
Spéc. Filet de bœuf confit au parmesan, rond de gîte en carpaccio. Sandre de
Saône en croustillant de chèvre sec du Charolais (sept. à déc.). Filet rosé de pigeon,
cuisse confite aux baies de genièvre, fricassée de fèves et girolles au foie gras (mars
à sept.). **Vins** Rully, Givry.
♦ Ce restaurant de la partie haute de la ville cache une élégante salle à manger contemporaine tout en beige et blanc. Cuisine inventive sur des bases classiques.

MONTCEAU-LES-MINES

à **St-Vallier** 5 km au Sud – 9 541 h. – alt. 335 m – ⊠ 71230

ⅩⅩ L'Usine
    15 r. Robespierre – ℰ *03 85 57 67 62*
☞ *– l.usine@montceau-les-mines.com – Fermé 19 fév.- 10 mars, 28 juil.-3 août, dim.
soir, lundi et mardi*
Rest – Menu 17/41 € – Carte 27/46 €
♦ Usine reconvertie en restaurant : un lieu insolite au décor hétéroclite fait de fauteuils de
PDG, de tables rondes, d'expositions de peintures. Cuisine actuelle. Terrasse.

à Galuzot 5 km au Sud-Ouest par ③ et D 974 – ⊠ 71230 St-Vallier

✗ **Le Moulin**   ℙ 𝖵𝖨𝖲𝖠 ⓜⓒ ⓞ
– ✆ 03 85 57 18 85 – thierry.et.emilie @ wanadoo.fr – Fermé 20 août-11 sept.,
20 fév.-5 mars, dim. soir, mardi soir et merc.
Rest – Menu (16 €), 19/28 € – Carte environ 41 €
◆ Restauration au fil de l'eau dans cette auberge fleurie bordant l'attrayant canal du Centre.
Une salle à manger campagnarde et une autre plus cossue et récente. Carte traditionnelle.

MONTCENIS – 71 Saône-et-Loire – 320 G9 – **rattaché au Creusot**

MONTCHAUVET – 78 Yvelines – 311 F2 – 254 h. – **alt. 100 m** –
⊠ 78790   18 **A2**

🛈 Paris 67 – Dreux 33 – Évreux 47 – Mantes-la-Jolie 16 – Rambouillet 39
– Versailles 49

✗✗ **La Jument Verte**   🍽 𝖵𝖨𝖲𝖠 ⓜⓒ ⓞ
pl. de l'Église – ✆ 01 30 93 43 60 – Fax 01 30 93 49 20 – Fermé 2-15 sept. et
9 fév.-1ᵉʳ mars
Rest – Menu 28/39 € – Carte 36/51 €
◆ Un cadre digne du célèbre roman de Marcel Aymé : maison à pans de bois, terrasse
dressée sur la place du village et intérieur campagnard (pierres, poutres et cheminée).

MONTCHENOT – 51 Marne – 306 G8 – **rattaché à Reims**

MONTCLUS – 30 Gard – 339 L3 – 134 h. – **alt. 94 m** – ⊠ 30630   23 **D1**

🛈 Paris 657 – Alès 46 – Avignon 58 – Bagnols-sur-Cèze 24 – Pont-St-Esprit 25

🏠 **La Magnanerie de Bernas** ⌘   ⇐ 🚗 🍽 ℑ ఉ ch, ℙ 𝖵𝖨𝖲𝖠 ⓜⓒ 𝖠𝖤
à Bernas, 2 km à l'Est – ✆ 04 66 82 37 36 – lamagnanerie @ wanadoo.fr
– Fax 04 66 82 37 41 – Ouvert 11 avril-19 oct.
15 ch – ♦45/60 € ♦♦50/125 €, ⇆ 12 € – 2 suites – ½ P 54/92 €
Rest – (fermé mardi et merc. en avril, oct. et le midi sauf dim.) Menu 20/42 €
– Carte 29/47 €
◆ Superbe situation pour cette magnanerie des 12ᵉ et 13ᵉ s. surplombant la vallée de la
Cèze. Bel intérieur champêtre, rénové, où domine la pierre. Grande piscine et solarium.
Salle à manger voûtée et terrasse d'été dressée dans la jolie cour intérieure.

MONT-DAUPHIN-GARE – 05 Hautes-Alpes – 334 H4 – **rattaché à Guillestre**

MONT-DE-MARSAN ℙ – 40 Landes – 335 H11 – 29 489 h. – **alt. 43 m** –
⊠ 40000 ▮ Aquitaine   3 **B2**

🛈 Paris 706 – Agen 120 – Bayonne 106 – Bordeaux 131 – Pau 83 – Tarbes 103
🛈 Office de tourisme, 6, place du Général Leclerc ✆ 05 58 05 87 37,
Fax 05 58 05 87 36
🛈 Stade Montois à Saint-Avit Pessourdat, par rte de Langon : 10 km,
✆ 05 58 75 63 05.
◻ Musée Despiau-Wlérick★.

Plan page suivante

🏨 **Le Renaissance**   🚗 🍽 ℑ ఉ ch, 🅼 ch, 🆚 🕸 ℙ 𝖵𝖨𝖲𝖠 ⓜⓒ 𝖠𝖤
⊜ rte Villeneuve, 2 km par ② – ✆ 05 58 51 51 51 – lerenaissance @ wanadoo.fr
– Fax 05 58 75 29 07
28 ch – ♦56/78 € ♦♦62/91 €, ⇆ 8 € – 1 suite – ½ P 57/79 €
Rest – (fermé sam. sauf le soir de juin à oct. et dim. sauf le midi de juin à oct.)
Menu (20 €), 18 € (dîner en sem.), 28/51 € – Carte 34/45 €
◆ Légèrement excentré, hôtel contemporain apprécié de la clientèle d'affaires. Les cham-
bres, fonctionnelles, sont plus calmes côté jardin ; la plupart offrent un décor rajeuni.
Agréable salle à manger avec vue sur un étang et cuisine traditionnelle actualisée.

MONT-DE-MARSAN

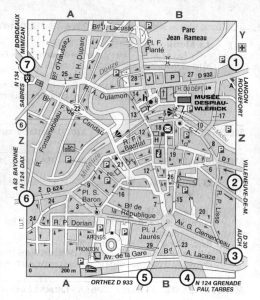

🏠 **Abor** ♨ ⊼ 📶 ⅋ ch, 🚗 ⅋ 🐾 ⅍ **P** **VISA** **⑩⑤**

112 chemin de Lubet, rte Grenade, 3 km par ④ ⊠ 40280 – ℰ 05 58 51 58 00
– contact@aborhotel.com – Fax 05 58 75 78 78
68 ch – ♦61/72 € ♦♦68/150 €, ⊑ 12 € – ½ P 57/74 € – **Rest** – *(fermé*
22 déc.-2 janv., sam. midi et dim. midi) Menu (13 €), 22/35 € – Carte 26/47 €
♦ Immeuble moderne à la périphérie de la "capitale" du pays de Marsan, abritant de petites
chambres pratiques et insonorisées. Décor sans fioriture, mais entretien suivi. Salle à
manger colorée. Recettes traditionnelles et formules buffets.

🏠 **Richelieu** 📶 🚗 rest, 🐾 ⅍ 🍴 **VISA** **⑩⑤** **AE** **①**

3 r. Wlérick – ℰ 05 58 06 10 20 – le.richelieu@wanadoo.fr
– Fax 05 58 06 00 68   BY
33 ch – ♦47/60 € ♦♦58/90 €, ⊑ 8,50 € – ½ P 50/64 € – **Rest** – *(fermé 1ᵉʳ-11 janv.,*
vend. soir du 25 juil. au 12 sept., dim. soir et sam.) Menu (17 €), 19 € (sem.),
27/40 € – Carte environ 40 €
♦ Hôtel central, voisin du musée Despiau-Wlérick (sculptures). Les chambres, bien
tenues, ont été progressivement refaites et affichent une sobriété contemporaine. Salle de
restaurant modulable dont l'aménagement ressemble à celui d'une brasserie.

✗✗ **Les Clefs d'Argent** 📶 **VISA** **⑩⑤**

333 av. des Martyrs de la Résistance, par ⑥ – ℰ 05 58 06 16 45 – lesclefsdargent@
orange.fr – Fermé vacances de noël et en août, dim. soir et lundi
Rest – Menu 20 € bc (déj. en sem.), 40/90 € bc – Carte 50/65 €
♦ Cette maison d'allure modeste dissimule plusieurs petites salles cosy, dont une avec
cheminée très prisée en hiver. Cuisine régionale personnalisée aux parfums d'ailleurs.

à Uchacq-et-Parentis par ⑦ : 7 km – 495 h. – alt. 50 m – ⊠ 40090

✗✗ **Didier Garbage** 📶 📶 **P** **VISA** **⑩⑤**

N 134 – ℰ 05 58 75 33 66 – restau.didier.garbage@wanadoo.fr
– Fax 05 58 75 22 77 – Fermé 2-20 janv., mardi soir, dim. soir et lundi
Rest – Menu 25/75 € – Carte 47/74 €
Rest *Bistrot* – Carte 22/41 €
♦ Intérieur rustique, tables en bois et bibelots anciens. Une maison dont la réputation et la
convivialité font courir les Montois : cuisine régionale et vieux millésimes en cave. Égale-
ment rustique, le bistrot régale de plats du terroir.

MONTDIDIER – 80 Somme – 301 I10 – 6 328 h. – alt. 82 m – ⊠ 80500
▌ Nord Pas-de-Calais Picardie   36 **B2**

◘ Paris 108 – Compiègne 36 – Amiens 39 – Beauvais 49 – Péronne 48
– St-Quentin 65

🛈 Office de tourisme, 5, place du Général-de-Gaulle ℰ 03 22 78 92 00,
Fax 03 22 78 00 88

🏠 **Dijon**   ⛩ ☎ 🚗 *VISA* ⫸
🕸   *1 pl. 10 Août 1918, (rte de Breteuil) – ℰ 03 22 78 01 35 – Fax 03 22 78 27 24
– Fermé 11-31 août et dim. soir*
19 ch – ♦40 € ♦♦60 €, ⴑ 7 € – ½ P 56 € – **Rest** – *(fermé dim. soir et sam.)*
Menu (13,50 €), 17/27 € – Carte 25/43 €
◆ Cet hôtel proche de la gare offre un cadre rustique soigné. Toutes les chambres ont été
refaites ; celles en façade sont équipées de double-vitrage. Accueil charmant. Table
traditionnelle dans la ville natale de Parmentier, promoteur de la pomme de terre.

LE MONT-DORE – 63 Puy-de-Dôme – 326 D9 – 1 682 h. – alt. 1 050 m – **Sports
d'hiver : 1 050/1 850 m** ≰2 ≴18 ≴ – **Stat. therm. : fin avril-mi oct.** – Casino Z –
⊠ 63240 ▌ Auvergne   5 **B2**

◘ Paris 462 – Aubusson 87 – Clermont-Ferrand 43 – Issoire 49 – Ussel 56

🛈 Office de tourisme, avenue du Maréchal Leclerc ℰ 04 73 65 20 21,
Fax 04 73 65 05 71

🏌 du Mont-Dorepar rte de la Tour d'Auvergne : 2 km, ℰ 04 73 65 00 79.

🔲 Etablissement thermal : galerie César★, salle des pas perdus ★ - Puy de
Sancy ☀★★★ 5 km par ② puis 1 h. AR de téléphérique et de marche -
Funiculaire du capucin★.

🔲 Col de la Croix-St-Robert ☀★★ 6,5 km par ②.

LE MONT-DORE

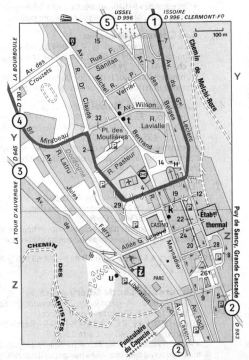

🏨 **Panorama** ⌂   ⇐ 🛋 🖼 ⅄ 🅛 ♨ ℅ rest, 🅟 VISA ⓜⓞ AE

av. de la Libération – ℰ 04 73 65 11 12 – *contact@hotel-le-panorama.com*
– *Fax 04 73 65 20 80 – Ouvert 1ᵉʳ mai-6 oct. et 22 déc.-10 mars*   Z u
39 ch – ♦70/85 € ♦♦70/85 €, ⌷ 14 € – ½ P 64/74 € – **Rest** – *(dîner seult en hiver)*
Menu (16 €), 29/58 € – Carte 39/48 €

♦ Construction des années 1960 surplombant la station, au voisinage du "chemin des Artistes". Chambres lambrissées, bien tenues. Belle piscine panoramique. De l'une des salles à manger, on embrasse d'un coup d'œil toute la vallée. Cuisine traditionnelle.

🏨 **Le Castelet**   🛋 🏠 🖼 🅛 ℅ rest, 🕻 🅟 VISA ⓜⓞ AE

av. M. Bertrand – ℰ 04 73 65 05 29 – *info@hotel-castelet.com*
– *Fax 04 73 65 27 95 – Ouvert 11 mai-27 sept., 22 déc.-30 mars*   Y t
35 ch – ♦55/65 € ♦♦59/76 €, ⌷ 9 € – ½ P 51/65 € – **Rest** – Menu 20/24 €

♦ Cette maison des années 1920 vous accueille dans un hall-salon d'esprit actuel. Chambres sobrement décorées ; celles tournées sur l'agréable jardin sont plus gaies. Deux salles à manger dont une agrémentée de touches asiatiques. Carte régionale.

🏠 **Parc**   🅛 ℅ rest, VISA ⓜⓞ AE

r. Meynadier – ℰ 04 73 65 02 92 – *hotelduparc.md@wanadoo.fr*
– *Fax 04 73 65 28 36 – Ouvert 2 mai-5 oct. et 26 déc.-25 mars*   Z k
37 ch – ♦47/51 € ♦♦51/56 €, ⌷ 6,50 € – ½ P 47/50 € – **Rest** – *(résidents seult)*
Menu 15/17 € – Carte 12,50/28 €

♦ Immeuble centenaire au centre de la célèbre station thermale où, déjà, les Gaulois venaient "prendre les eaux". Chambres pratiques et bien rénovées. Jolies moulures, haut plafond, parquet restauré et belle cheminée caractérisent la plaisante salle à manger.

🏠 **Le Wilson** sans rest   🛋 🅛 & ℅ 🅟 VISA ⓜⓞ

1 av. Wilson – ℰ 04 73 65 00 06 – *residencewilson@free.fr* – Fax 04 73 65 27 95
– *Fermé 1ᵉʳ avril-15 mai et 7 oct.-20 déc.*   Y r
16 ch – ♦49/60 € ♦♦49/60 €, ⌷ 7 €

♦ Cette grande villa bâtie au début du 20ᵉ s. héberge des studios fonctionnels et très bien équipés, loués pour la nuit ou pour un séjour prolongé.

🏠 **Les Charmettes** sans rest   ⇜ ℅ 🕻 🅟 VISA ⓜⓞ AE

30 av. G. Clemenceau, par ② – ℰ 04 73 65 05 49 – *charmettes-lemontdore@
wanadoo.fr* – Fax 04 73 65 20 28 – Fermé 14 mai-2 juin et 3 nov.-12 déc.
21 ch – ♦41/43 € ♦♦44/48 €, ⌷ 8 €

♦ L'hôtel est situé dans la direction du majestueux puy de Sancy. Une clientèle fidèle de randonneurs retrouve ici des petites chambres simples.

🏠 **La Closerie de Manou** sans rest ⌂   🛋 ⇜ ℅ 🅟

Le Genestoux, 3 km par ⑤ et D 996 – ℰ 04 73 65 26 81 – *lacloseriedemanou@
club-internet.fr* – Fax 04 73 65 58 34 – Ouvert d'avril à mi-oct.
5 ch ⌷ – ♦55/65 € ♦♦80/85 €

♦ Cette maison auvergnate du 18ᵉ s. entourée de verdure est une petite merveille. Ses chambres cosy, assez vastes, possèdent une touche personnelle et l'accueil s'avère charmant.

✕ **Le Pitsounet**   🅟 VISA ⓜⓞ AE

3 km par ⑤ sur D 996 – ℰ 04 73 65 00 67 – *aubergelepitsounet@wanadoo.fr*
– Fax 04 73 65 06 22 – Fermé mi-oct.-mi-déc., dim. soir et lundi sauf juil.-août et fév.
Rest – Menu 18/34 € – Carte 20/38 €

♦ Atmosphère agreste dans ce chalet posté en bordure d'une route départementale. Deux salles à manger rustiques, copieuse cuisine régionale et prix doux.

au Lac de Guéry 8,5 km par ① sur D 983 – ⊠ 63240 ▯ Auvergne

◲ Lac★.

✕ **Auberge du Lac de Guéry** avec ch ⌂   ⇐ 🏠 🕻 🅟 VISA ⓜⓞ

– ℰ 04 73 65 02 76 – *jean.leclerc2@wanadoo.fr* – Fax 04 73 65 08 78
– *Ouvert 15 janv.-30 mars et 7 avril-15 oct.*
10 ch – ♦48 € ♦♦57 €, ⌷ 8 € – ½ P 59 € – **Rest** – *(fermé merc. midi sauf vacances scolaires)* Menu 18/40 € – Carte 23/37 €

♦ Auberge au bord d'un lac de l'enchanteur Parc régional des volcans d'Auvergne. Cuisine régionale servie dans une salle à manger au décor rustique récemment rafraîchi.

au pied du Puy de Sancy 3 km par ② – ✉ **63240 Le Mont-Dore**

Puy Ferrand rest, VISA

– *✆ 04 73 65 18 99 – info@hotel-puy-ferrand.com – Fax 04 73 65 28 38*
– Fermé 31 mars-5 avril et 3 nov.-20 déc.
36 ch – 62/82 € 64/84 €, 8,50 € – ½ P 55/71 € – **Rest** – Menu 15 € (déj. en sem.)/35 € – Carte 25/43 €

◆ Grande bouffée d'air pur en cet imposant chalet érigé au pied des pistes de ski. Bar panoramique, salon cosy, belle piscine et chambres agréablement rajeunies. Au restaurant, lambris et cheminée créent une sympathique atmosphère montagnarde.

MONTEAUX – **41 Loir-et-Cher** – **318** D7 – **691 h.** – **alt. 62 m** – ✉ **41150** 11 **A1**

Paris 210 – Orléans 85 – Blois 25 – Tours 40 – Joué-lès-Tours 51

Le Château du Portail sans rest VISA

à Besnerie, 1 km par rte de Mesland – ✆ 02 54 70 22 88 – chateauduportail@orange.fr – Fax 02 54 70 22 32 – Fermé 15 déc.-15 janv.
6 ch – 150 € 160/250 €

◆ Situation idéale, entre Blois et Amboise, pour visiter les châteaux de la Loire. Luxueuse demeure (17e-18e s.) : jardin à la française, chambres aux meubles anciens et chinés.

MONTECH – **82 Tarn-et-Garonne** – **337** D8 – **3 491 h.** – **alt. 100 m** – ✉ **82700** 28 **B2**

Paris 643 – Toulouse 50 – Montauban 14 – Colomiers 56 – Tournefeuille 57

La Maison de l'Éclusier VISA

Le Port – ✆ 05 63 65 37 61 – Fax 05 63 67 56 67 – Fermé 29 juin-8 juil., 30 août-6 sept., 1er-16 janv., mardi midi en juil.-août, dim. soir de sept. à juin, sam. midi et lundi
Rest – Menu (19 €), 23 € (déj. en sem.), 26/37 € – Carte 26/40 €

◆ Une ancienne maison d'éclusier et sa jolie terrasse au bord du canal. Goûteux plats traditionnels proposés à l'ardoise ; petite cave bien composée et bon choix de vins au verre.

MONTEILS – **82 Tarn-et-Garonne** – **337** F6 – **rattaché à Caussade**

MONTÉLIER – **26 Drôme** – **332** D4 – **3 120 h.** – **alt. 219 m** – ✉ **26120** 43 **E2**

Paris 567 – Crest 27 – Romans-sur-Isère 13 – Valence 12

La Martinière VISA AE

ZA La Pimpie, rte de Chabeuil – ✆ 04 75 59 60 65 – Fax 04 75 59 69 20
30 ch – 47 € 57 €, 7,50 € – ½ P 50 € – **Rest** – Menu 16 € (sem.)/61 € – Carte 21/64 €

◆ La belle piscine figure parmi les "plus" de cette architecture contemporaine abritant de petites chambres rafraîchies. Salle à manger au décor néo-provençal coloré, complétée d'une terrasse couverte ; cuisine traditionnelle et très beau choix de bordeaux.

MONTÉLIMAR – **26 Drôme** – **332** B6 – **31 344 h.** – **alt. 90 m** – ✉ **26200** 44 **B3**
Lyon et la vallée du Rhône

Paris 602 – Avignon 83 – Nîmes 108 – Le Puy-en-Velay 132 – Valence 47

Office de tourisme, allées Provençales ✆ 04 75 01 00 20, Fax 04 75 52 33 69

18 de La Valdaine à Montboucher-sur-Jabron Château du Monard, E : 4 km par D 540, ✆ 04 75 00 71 33 ;

9 de la Drôme provencale à Clansayespar N 7 et rte de Nyons : 21 km, ✆ 04 75 98 57 03.

Allées provençales★ - Musée de la Miniature★ **M.**

Site★★ du Château de Rochemaure★, 7 km par ④.

Plan page suivante

Sphinx sans rest VISA

19 bd Desmarais – ✆ 04 75 01 86 64 – reception@sphinx-hotel.fr – Fax 04 75 52 34 21 – Fermé 21 déc.-12 janv. Y **b**
24 ch – 49/51 € 54/75 €, 6,50 €

◆ La jolie cour, la chaleur des parquets et boiseries confèrent un charme indéniable à cet hôtel particulier du 17e s. situé face aux allées provençales. Chambres assez calmes.

MONTÉLIMAR

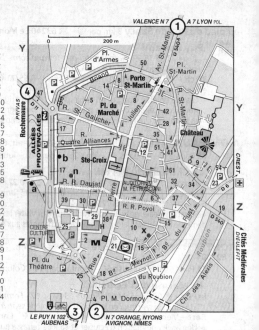

🏠 **Du Parc** sans rest   📞 P. VISA 𝗠◎ AE ①

27 av. Ch. de Gaulle – 📞 *04 75 01 00 73 – hotelduparc26@wanadoo.fr*
– Fax 04 75 51 27 93 – Fermé 21-28 déc. et 8-22 fév.   Y **a**
16 ch – ♦40/55 € ♦♦46/60 €, � 6,50 €

♦ Accueillant petit hôtel, bien situé près du parc et du centre-ville. Chambres rafraîchies. Petit-déjeuner dans la salle à manger chaleureuse et colorée ou sur la terrasse.

✗ **Les Senteurs de Provence**   🍴 AC P. VISA 𝗠◎

202 rte de Marseille, par ② *–* 📞 *04 75 01 43 82 – lsdp.restaurant@wanadoo.fr*
– Fax 04 75 01 21 81 – Fermé dim. soir, mardi soir et merc.
Rest – Menu 16/34 € – Carte 28/54 €

♦ Nouvelle décoration provençale (tons ocre et orangé, mobilier en fer forgé) pour ce restaurant proposant une cuisine au goût du jour mâtinée de saveurs méridionales.

✗ **Petite France**   AC VISA 𝗠◎

34 imp. Raymond Daujat – 📞 *04 75 46 07 94 – Fermé 13 juil.-4 août, 21-25 déc.,*
dim. et lundi   Y **n**
Rest – Menu (12,50 €), 20/28 € – Carte 30/45 €

♦ L'enseigne évoque un quartier du vieux Strasbourg et la fresque de la salle voûtée représente une place de village alsacien. Petits plats traditionnels.

✗ **Le Grillon**   🍴 AC VISA 𝗠◎ AE

40 r. Cuiraterie – 📞 *04 75 01 79 02 – Fax 04 75 01 79 02 – Fermé 4-28 juil.,*
22-29 déc., jeudi soir, dim. soir et lundi   Z **x**
Rest – Menu 13 € (déj. en sem.), 15/30 € – Carte 25/45 €

♦ Vous n'entendrez pas forcément les grillons, mais vous goûterez aux saveurs de la cuisine du terroir ("menu truffe" en hiver) dans la salle à manger rustique ou en terrasse.

à St-Marcel-lès-Sauzet 7 km au Nord-Est par D 6 – 1 104 h. – alt. 110 m – ✉ 26740

※※   **Le Prieuré**   🛏 *VISA* 🟠
- ℰ 04 75 46 78 68 – restaurant-leprieure@wanadoo.fr – Fax 04 75 46 10 96
- Fermé 1er-15 oct., 19-26 fév., dim. soir, merc. soir et lundi de sept. à mi-juil., lundi midi et sam. midi de mi-juil. à fin août
Rest – Menu (16 €), 29/39 € – Carte 33/63 €
♦ Grande terrasse ombragée et salle à manger colorée, cette belle maison en pierres de pays vous offre une pause chaleureuse. Cuisine de tradition influencée par la Provence.

à Montboucher-sur-Jabron 4 km au Sud-Est par D 940 – 1 424 h. – alt. 124 m – ✉ 26740

🏨   **Château du Monard** ⬙   ⬳ 🕭 🛏 ⚏ 🟠 ಟ ※ 🔊 ᦥ ch, 🅰 📞 ᦥ
au golf de la Valdaine, sortie Montélimar-Sud –   🄿 *VISA* 🟠 🅰🄴 ①
 ℰ 04 75 00 71 30 – hotel@domainedelavaldaine.com – Fax 04 75 00 71 31
33 ch – ♦75/126 € ♦♦86/150 €, ⌷ 15 € – 2 suites – ½ P 76/106 €
Rest – *(fermé dim. soir de nov. à Pâques)* Menu (20 €), 25 € bc/45 € – Carte 36/45 € 🕭
♦ Au sein du parc de la Valdaine, ensemble architectural hérité d'un château Renaissance avec deux cours fermées. Intérieur modernisé (dix chambres refaites). Spacieux bar et restaurant réaménagés dans un style contemporain. Cuisine actuelle et "menu truffe".

sur N 7 7,5 km par ② – ✉ 26780 Châteauneuf-du-Rhône

※※※   **Pavillon de l'Étang**   🛋 🛏 🅰 🄿 *VISA* 🟠 🅰🄴
N 7 – ℰ 04 75 90 76 82 – pavillondeletang@orange.fr – Fax 04 75 90 72 39
- Fermé 28 oct.-5 nov., 2-16 janv., merc. soir, dim. soir et lundi
Rest – *(nombre de couverts limité, prévenir)* Menu 26/70 € bc – Carte 35/65 €
♦ Le cadre bucolique et l'amabilité de l'accueil sont les atouts majeurs de cette maison isolée en pleine campagne. Cadre raffiné et chaleureux. Menu "truffe" en saison.

par ② 9 km par N 7 et D 844, rte Donzère – ✉ 26780 **Malataverne**

🏨   **Domaine du Colombier** ⬙   ⬳ 🛋 🛏 🅰 ※ rest, 📞 ᦥ 🄿
- ℰ 04 75 90 86 86 – reservation@   🛌 *VISA* 🟠 🅰🄴 ①
domainecolombier.com – Fax 04 75 90 79 40
24 ch – ♦80/110 € ♦♦110/180 €, ⌷ 15 € – 2 suites – **Rest** – Menu 30 € (déj. en sem.), 50/83 € – Carte 78/85 €
♦ Grande demeure entièrement refaite dont les chambres, pimpantes ou plus luxueuses avec mobilier de style, se caractérisent par leur raffinement. Belle piscine et jardin fleuri. Salles à manger contemporaines (une voûtée) et cour-terrasse entourée de verdure.

MONTENACH – 57 Moselle – **307** J2 – **rattaché à Sierck-les-Bains**

MONTESQUIOU – 32 Gers – **336** D8 – 586 h. – alt. 214 m – ✉ 32320   28 **A2**
   ◨ Paris 783 – Toulouse 112 – Auch 33 – Tarbes 60 – Aureilhan 57
   ◨ Office de tourisme, Mairie ℰ 05 62 70 91 18

⌂   **Maison de la Porte Fortifiée** ⬙   🛋 🛏 ※
au Village – ℰ 05 62 70 97 06 – maison@porte-fortifiee.eu – Fax 05 62 70 97 06
- Fermé 6 janv.-28 fév.
4 ch ⌷ – ♦65/80 € ♦♦80/110 € – ½ P 69/84 € – **Table d'hôte** – Menu 29/39 €
♦ Maison située près de la porte fortifiée (13e s.) d'un paisible village dominant la vallée. Cheminée et mobilier de style personnalisent les grandes chambres. Jardin-terrasse. Au dîner (sur réservation), plats du terroir gascon ou exotiques.

MONTEUX – 84 Vaucluse – **332** C9 – **rattaché à Carpentras**

MONTFAUCON – 25 Doubs – **321** G3 – **rattaché à Besançon**

MONTFAVET – 84 Vaucluse – **332** C10 – **rattaché à Avignon**

MONTFORT-EN-CHALOSSE – 40 Landes – 335 F12 – 1 210 h. – alt. 110 m – ⊠ 40380 ▊ Aquitaine

3 **B3**

▶ Paris 744 – Aire-sur-l'Adour 57 – Dax 19 – Hagetmau 27 – Mont-de-Marsan 43 – Orthez 29

🛈 Office de tourisme, 25, place Foch ℰ 05 58 98 58 50, Fax 05 58 98 58 01

◎ Musée de la Chalosse★.

Aux Tauzins ⌛ ≼ 🖻 🖙 🏊 🕹 rest, 🖾 ↳ ☏ 🐴 🅿 VISA ◑

rte d'Hagetmau – ℰ 05 58 98 60 22 – auxtauzins @ wanadoo.com
– Fax 05 58 98 45 79 – Fermé 1er-15 oct., fév., dim. soir et lundi sauf juil.-août
16 ch – ♦57 € ♦♦76 €, � 7,50 € – ½ P 74 € – **Rest** – (fermé lundi midi en juil.-août) Menu 22 € (sem.)/40 € – Carte 27/62 €

♦ Grande bâtisse aux chambres simples et bien tenues ; la plupart disposent d'un balcon braqué vers les vallons de la Chalosse. Beau jardin avec minigolf. Restaurant panoramique de style champêtre, plaisante terrasse sous la glycine et spécialités régionales.

MONTFORT-L'AMAURY – 78 Yvelines – 311 G3 – 3 137 h. – alt. 185 m – ⊠ 78490 ▊ Île de France

18 **A2**

▶ Paris 46 – Dreux 36 – Houdan 18 – Mantes-la-Jolie 31 – Rambouillet 19 – Versailles 29

🛈 Syndicat d'initiative, 3, rue Amaury ℰ 01 34 86 87 96, Fax 01 34 86 87 96

▥ du Domaine du Tremblay à Le Tremblay-sur-Mauldre Place de l'Eglise, E : 8 km, ℰ 01 34 94 25 70.

◎ Église★ - Ancien cimetière★ - Ruines du château ≼★.

Saint-Laurent sans rest ⌛ 🖾 🕹 ☏ 🐴 🅿 VISA ◑ AE

2 pl. Lebreton – ℰ 01 34 57 06 66 – reception @ hotelsaint-laurent.com
– Fax 01 34 86 12 27 – Fermé 3-25 août
15 ch – ♦88/148 € ♦♦98/158 €, ⊘ 11 €

♦ Superbe hôtel particulier du 17e s., rénové avec goût. Certaines chambres disposent d'une terrasse privative ; d'autres, sous les combles, ont conservé leurs poutres d'origine.

MONTGIBAUD – 19 Corrèze – 329 J2 – 241 h. – alt. 460 m – ⊠ 19210

24 **B2**

▶ Paris 434 – Arnac-Pompadour 15 – Limoges 47 – St-Yrieix-la-Perche 23 – Tulle 21 – Uzerche 25

Le Tilleul de Sully 🖙 VISA ◑

– ℰ 05 55 98 01 96 – Fax 05 55 98 01 96 – Fermé 15 déc.-5 janv., mardi soir de mi-nov. à mi-mars, dim. soir et lundi sauf fériés
Rest – (nombre de couverts limité, prévenir) Menu 17/34 € – Carte 30/40 €

♦ Auberge de campagne située près d'un vieux tilleul, point de repère des pèlerins en route pour St-Jacques. Salle rustique agrémentée d'un cantou. Cuisine traditionnelle.

MONTGRÉSIN – 60 Oise – 305 G6 – rattaché à Chantilly

LES MONTHAIRONS – 55 Meuse – 307 D4 – rattaché à Verdun

MONTHERMÉ – 08 Ardennes – 306 K3 – 2 791 h. – alt. 180 m – ⊠ 08800 ▊ Champagne Ardenne

14 **C1**

▶ Paris 247 – Charleville-Mézières 18 – Fumay 21

🛈 Office de tourisme, place Jean-Baptiste Clément ℰ 03 24 54 46 73, Fax 03 24 54 87 88

◎ Roche aux Sept Villages ≼★★ S : 3 km - Roc de la Tour ≼★★ E : 3,5 km puis 20 mn - Longue Roche ≼★★ NO : 2,5 km puis 30 mn - Roche à Sept Heures ≼★ N : 2 km - Roche de Roma ≼★ S : 4 km - Vallée de la Semoy★ : Croix d'enfer ≼★ E.

▥ Roches de Laifour★ NO : 6 km.

🏠 Franco-Belge · 🍴 Ⓜ️ rest, ♨️ 🅿️ VISA ⚫ AE

2 r. Pasteur – 𝒞 *03 24 53 01 20 – le.franco.belge@wanadoo.fr – Fermé déc.*
15 ch – 🛏️44 €🛏️🛏️49/61 €, � 6,50 € – **Rest** – *(fermé vend. hors saison et dim. soir)*
Menu 13 € (déj. en sem.), 22/33 € – Carte 21/37 €
♦ Aimable hôtel familial situé face à la vieille ville, sur la rive droite du célèbre méandre de
la Meuse. Les modestes chambres, d'une tenue méticuleuse, sont peu à peu rénovées.
Restaurant rétro prolongé d'une terrasse fleurie dressée sous une treille.

MONTHIEUX – 01 Ain – 328 C5 – 578 h. – alt. 295 m – ✉️ 01390   43 **E1**
🚩 Paris 443 – Lyon 31 – Bourg-en-Bresse 38 – Meximieux 26
– Villefranche-sur-Saône 19

🏨 Le Gouverneur ৯ · 🎱 🍴 ⚖️ 🍽️ 🎐 🛗 ch, Ⓜ️ ↔️ 🐾 ♨️

(D 6) – 𝒞 *04 72 26 42 00* · 🅿️ VISA ⚫ AE ①
– info@golfgouverneur.fr – Fax 04 72 26 42 20 – Fermé 21 déc.-7 janv.
53 ch – 🛏️95/115 €🛏️🛏️105/160 €, ⊔ 11 € – ½ P 89/94 € – **Rest** – *(fermé dim. soir
hors saison) (dîner seult)* Menu 25/55 € – Carte 43/74 €
♦ En pleine campagne, ancien domaine du gouverneur de la Dombes (14ᵉ s.). D'élégantes
chambres contemporaines occupent une extension récente. Golfs (9 et 18 trous), étangs
pour la pêche. Menus traditionnels dans des salles au décor moderne (l'une des deux donne
sur les greens).

MONTHION – 73 Savoie – 333 L4 – **rattaché à Albertville**

MONTI – 06 Alpes-Maritimes – 341 F5 – **rattaché à Menton**

MONTIGNAC – 24 Dordogne – 329 H5 – 3 023 h. – alt. 77 m – ✉️ 24290
 Périgord   4 **D1**
🚩 Paris 513 – Brive-la-Gaillarde 39 – Limoges 126 – Périgueux 54
– Sarlat-la-Canéda 25
🛈 Office de tourisme, place Bertran-de-Born 𝒞 05 53 51 82 60,
Fax 05 53 50 49 72
◻️ Grottes de Lascaux★★ SE : 2 km.
◻️ Le Thot, espace cro-magnon★ S : 7 km - Église★★ de St-Amand de Coly
E : 7 km.

🏨 Relais du Soleil d'Or ৯ · 🎱 🍴 ⚖️ 🛗 ch, ↔️ ♨️ 🅿️ VISA ⚫ AE

16 r. 4 Septembre – 𝒞 *05 53 51 80 22 – soleil-or@wanadoo.fr – Fax 05 53 50 27 54*
– Fermé 18 fév.-3 mars
32 ch – 🛏️66/75 €🛏️🛏️66/150 €, ⊔ 12 € – ½ P 70/90 €
Rest – *(fermé dim. soir et lundi du 4 nov. au 16 mars)* Menu 25/54 € – Carte
44/55 €
Rest *Le Bistrot* – *(fermé dim. soir et lundi du 4 nov. au 16 mars)* Menu 12,50 €
(déj. en sem.) – Carte 16/34 €
♦ Ex-relais de poste au centre de la petite cité périgourdine. Les chambres, confortables,
sont sobrement contemporaines à l'annexe ; la plupart donnent sur un paisible parc.
Restaurant-véranda proposant une carte traditionnelle. Au Bistrot, repas simple.

🏨 Hostellerie la Roseraie ৯ · 🍴 🍽️ ⚖️ VISA ⚫ AE ①

11 pl. d'Armes – 𝒞 *05 53 50 53 92 – hotelroseraie@wanadoo.fr*
– Fax 05 53 51 02 23 – Ouvert 23 mars-1ᵉʳ nov.
14 ch – 🛏️75/110 €🛏️🛏️80/240 €, ⊔ 12 € – ½ P 78/140 € – **Rest** – *(fermé le midi en
sem. hors saison)* Menu (19 € bc), 22/48 € – Carte environ 38 €
♦ Au cœur du village médiéval, demeure du 19ᵉ s. sur les bords de la Vézère. Les chambres,
personnalisées, sont douillettes. Ravissant jardin-roseraie. Coquette salle à manger bourgeoise, agréable terrasse ombragée et cuisine classique.

MONTIGNAT – 23 Creuse – 325 J3 – **rattaché à Chénérailles**

MONTIGNY – 76 Seine-Maritime – 304 F5 – **rattaché à Rouen**

MONTIGNY-LA-RESLE – 89 Yonne – 319 F4 – 548 h. – alt. 155 m –
✉ 89230

7 **B1**

▶ Paris 170 – Auxerre 14 – St-Florentin 19 – Tonnerre 32

🏠 **Le Soleil d'Or**   👪 AC 📞 🖨 🅿 VISA 🐱 AE ①

🍴 *N77 –* 📞 *03 86 41 81 21 – le-soleil-dor @ wanadoo.fr – Fax 03 86 41 86 88*
16 ch – ♦54 € ♦♦57 €, 🖵 9,50 € – ½ P 54 € – **Rest** – Menu (12 €), 22/48 €
– Carte 40/62 €
♦ Ancien relais de poste situé en bordure de route nationale. Chambres pratiques aménagées sur l'arrière, dans les ex-granges, un peu à la façon d'un motel. Cuisine traditionnelle
servie dans un cadre coloré ; beau petit salon orné de boiseries.

MONTIGNY-LE-BRETONNEUX – 78 Yvelines – 311 I3 – 101 22 – voir à Paris, Environs (St-Quentin-en-Yvelines)

MONTIGNY-LE-ROI – 52 Haute-Marne – 313 M6 – 2 211 h. – alt. 404 m –
✉ 52140

14 **C3**

▶ Paris 296 – Bourbonne-les-Bains 21 – Chaumont 35 – Langres 23
– Neufchâteau 50

🏠 **Moderne**   🛏 👪 AC rest, ⅃ 📞 🅿 🚗 VISA 🐱 AE ①

🍴 *–* 📞 *03 25 90 30 18 – hotel.moderne52 @ wanadoo.fr – Fax 03 25 90 71 80 – Fermé*
vend. et sam. en janv., dim. d'oct. à mars
24 ch – ♦59 € ♦♦80 €, 🖵 8,50 € – ½ P 75/78 € – **Rest** – *(fermé dim. soir d' oct.*
à mars et vend. soir) Menu 20/42 € – Carte 39/49 €
♦ Situé sur un carrefour, bâtiment abritant des chambres bien tenues (pour certaines
rénovées), insonorisées et dotées d'un mobilier moderne. Ambiance familiale. Salle à
manger décorée dans le style des années 1980. Choix étoffé de menus et petite carte
traditionnelle.

MONTIGNY-SUR-AVRE – 28 Eure-et-Loir – 311 C3 – 275 h. – alt. 140 m –
✉ 28270

11 **B1**

▶ Paris 111 – Alençon 85 – Argentan 86 – Chartres 52 – Dreux 35
– Verneuil-sur-Avre 9

🏠 **Moulin des Planches** 🌿   ⩽ 🛆 🎋 🍽 ch, 📞 🅿 VISA 🐱

🍴 *Nord-Est : 1,5 km par D 102 –* 📞 *02 37 48 25 97 – moulin.des.planches @*
wanadoo.fr – Fermé 29 juil.-10 août, 25 fév.-18 mars, dim. soir et lundi
18 ch – ♦56/97 € ♦♦62/113 €, 🖵 9 € – ½ P 73 € – **Rest** – Menu 30/68 € – Carte
30/48 €
♦ Autour de ce moulin posé sur l'Avre, tout n'est que campagne. Chambres garnies de
meubles de style, avec vue sur la rivière ou – plus rarement – sur le parc. Restaurant au cadre
champêtre : tomettes, poutres patinées et murs en brique. Recettes au goût du jour.

MONTIPOURET – 36 Indre – 323 H7 – 507 h. – alt. 200 m – ✉ 36230

12 **C3**

▶ Paris 295 – Châteauroux 28 – Issoudun 37 – Orléans 169

à La Brande 5 km au Nord-Est par D49 et rte secondaire - ✉36230 Montipouret

🏠 **Maison Voilà** 🌿   🚗 🎋 🏊 🍽 ⅃ 🅿

– 📞 *02 54 31 17 91 – maisonvoila @ yahoo.com – Fax 02 54 31 17 91*
4 ch 🖵 – ♦40/60 € ♦♦70/100 € – **Table d'hôte** – Menu 25 €
♦ Cette ferme du 19ᵉ s. retirée en pleine campagne dispose d'un ravissant jardin planté
d'arbres fruitiers. L'intérieur est chaleureux, à l'image des chambres cosy souvent meublées d'ancien. Repas (cuisine internationale) servis en compagnie des propriétaires,
auprès de la cheminée ou sur la terrasse d'été.

MONTJEAN-SUR-LOIRE – 49 Maine-et-Loire – 317 D4 – 2 652 h. – alt. 44 m –
✉ 49570 ▊ Châteaux de la Loire

34 **B2**

▶ Paris 324 – Angers 28 – Ancenis 30 – Châteaubriant 64 – Château-Gontier 56
– Cholet 43

🇮 Office de tourisme, rue d'Anjou 📞 02 41 39 07 10, Fax 02 41 39 03 38

X X **Auberge de la Loire** avec ch ⟨ AC rest, ⫪ P VISA CO

😊 *2 quai des Mariniers – ℰ 02 41 39 80 20 – contacts @ aubergedelaloire.com
– Fax 02 41 39 80 20 – Fermé 25 août-5 sept., vacances de la Toussaint, de Noël,
dim. soir de sept. à mars et merc.*
8 ch – ♦47 € ♦♦54 €, ⊑ 11 € – ½ P 58/82 € – **Rest** – Menu 13,50 € (déj. en
sem.), 19/54 € – Carte 35/64 €

♦ Accueillante auberge familiale des bords de Loire. On y déguste une délicieuse cuisine
traditionnelle à base de produits frais, provenant notamment de la pêche locale. Chambres
simples et bien tenues, dont la moitié regardent le fleuve.

MONTLIARD – 45 Loiret – 318 L3 – **rattaché à Bellegarde**

MONTLIOT – 21 Côte-d'Or – 320 H2 – **rattaché à Châtillon-sur-Seine**

MONTLIVAULT – 41 Loir-et-Cher – 318 F6 – 1 192 h. – alt. 77 m –
✉ 41350   11 **B2**

▶ Paris 180 – Blois 13 – Olivet 58 – Orléans 56

🏠 **La Maison d'à Côté** AC ⫪ ⅍ ch, ℆ VISA CO

😊 *25 rte de Chambord – ℰ 02 54 20 62 30 – contact @ lamaisondacote.fr
– Fermé déc.*
8 ch – ♦67 € ♦♦67 €, ⊑ 8 € – **Rest** – Menu 15 € (déj. en sem.), 29/36 € – Carte
39/55 €

♦ Cette auberge de village judicieusement rénovée arbore tous les éléments de la contemporanéité : mobilier aux lignes épurés, équipement high-tech, climatisation. Agréable
patio à l'étage. La salle à manger associe le rustique et le moderne. Cuisine traditionnelle.

MONT-LOUIS – 66 Pyrénées-Orientales – 344 D7 – 270 h. – alt. 1 565 m –
✉ 66210 ▐ Languedoc Roussillon   22 **A3**

▶ Paris 867 – Andorra-la-Vella 90 – Font-Romeu-Odeillo-Via 10 – Perpignan 81

🛈 Syndicat d'initiative, 3, rue Lieutenant Pruneta ℰ 04 68 04 21 97

◎ Remparts★ - Lacs des Bouillouses★.

à la Llagonne 3 km au Nord par D 118 – 263 h. – alt. 1 600 m – ✉ 66210

🏠 **Corrieu** ☜ ⟨ ⅍ ⅍ rest, ℆ P VISA CO

– *ℰ 04 68 04 22 04 – hotel.corrieu @ wanadoo.fr – Fax 04 68 04 16 63 – Ouvert
11 juin-19 sept., 22 déc.-5 janv. et 12 janv.-15 mars*
24 ch – ♦32/74 € ♦♦36/80 €, ⊑ 9 € – ½ P 56/67 € – **Rest** – *(fermé jeudi midi sauf
vacances scolaires)* Menu (16 €), 23 € (sem.)/36 € – Carte 23/40 €

♦ La même famille vous accueille depuis 1882 dans cet ancien relais de diligences. Chambres calmes et sobrement meublées, avec les Pyrénées en toile de fond. Tennis flambant
neuf. Dans la salle à manger rénovée, on sert une cuisine traditionnelle simple.

MONTLOUIS – 18 Cher – 323 K4 – 115 h. – alt. 180 m – ✉ 18160

▶ Paris 277 – Orléans 151 – Bourges 38 – Châteauroux 53 – Moulins 109

⌂ **Domaine de Varennes** ☜ 🕭 ⌕ 🖼 ⅍ P

– *ℰ 02 48 60 11 86 – lumet.varennes @ wanadoo.fr*
5 ch ⊑ – ♦65/70 € ♦♦65/70 € – **Table d'hôte** – Menu 25 € bc

♦ Les atouts ne manquent pas dans cette adresse de charme : qualité de l'accueil,
grand confort, décoration romantique, superbe domaine (parc au calme, piscine, practice
de golf).

Retrouvez tous les "Bibs Gourmands" 🕮 dans notre guide
des "Bonnes Petites Tables du guide Michelin".
Pour bien manger à prix modérés, partout en France !

MONTLOUIS-SUR-LOIRE – 37 Indre-et-Loire – 317 N4 – 9 657 h. – alt. 60 m –

⊠ 37270 ▯ Châteaux de la Loire   11 **B2**

▶ Paris 235 – Amboise 14 – Blois 49 – Château-Renault 32 – Loches 39
  – Tours 11

🖪 Office de tourisme, place François Mitterrand 𝒞 02 47 45 00 16,
  Fax 02 47 45 87 10

🏠 **Château de la Bourdaisière** sans rest ॐ   ⇐ 🏵 ⏃ ※ 🈲
  – 𝒞 02 47 45 16 31 – contact @   ⇆ ፉ P̲ VISA ◍
  chateaulabourdaisiere.com – Fax 02 47 45 09 11 – Ouvert 19 mars-2 nov.
  20 ch – ♦125/225 € ♦♦125/225 €, ☲ 12 €
  ◆ Bâti par François 1er pour sa maîtresse, ce château accueillit plus tard Gabrielle d'Estrées,
  la favorite de Henri IV. Chambres personnalisées ; parc et magnifique potager.

🍴🍴 **La Tourangelle**   🍹 ॐ VISA ◍ AE
  47 quai Albert Baillet – 𝒞 02 47 50 97 35 – Fax 02 47 50 88 57
  – Fermé 30 juin-7 juil., 17-24 nov., 2-8 mars, dim. soir et lundi sauf fériés
  Rest – Menu 22/60 € – Carte 40/61 € ₪
  ◆ Adossée à la roche, maison en tuffeau abritant deux salles lumineuses. Jolie terrasse
  arborée. Cuisine au goût du jour et bon choix de vins de Montlouis.

MONTLUÇON ⬤ – 03 Allier – 326 C4 – 41 362 h. – alt. 220 m – ⊠ 03100

▯ Auvergne

▶ Paris 327 – Bourges 97 – Clermont-Ferrand 112 – Limoges 155 – Moulins 82

🖪 Office de tourisme, 67 ter, boulevard de Courtais 𝒞 04 70 05 11 44,
  Fax 04 70 03 89 91

🖪 du Val de Cher à Nassigny 1 route du Vallon, N : 20 km par D 2144,
  𝒞 04 70 06 71 15.

◉ Intérieur★ de l'église St-Pierre (Sainte Madeleine★★) CYZ - Esplanade du
  château ⇐★.   5 **B1**

Plan page ci-contre

🏨 **Des Bourbons**   ▥ 🗚 rest, ⇆ 🕻 ፉ VISA ◍ AE ◑
      47 av. Marx Dormoy – 𝒞 04 70 05 28 93 – hoteldesbourbons @ wanadoo.fr
⬯   – Fax 04 70 05 16 92   BZ **a**
      44 ch – ♦52 € ♦♦55 €, ☲ 6,50 € – ½ P 50/59 €
      Rest – (fermé 21 juil.-19 août, dim. soir et lundi) Menu 23/40 € – Carte 24/46 €
      Rest *Brasserie Pub 47* – 𝒞 04 70 05 22 79 (fermé 21 juil.-19 août, dim. soir et
      lundi) Menu 15/18 € – Carte 18/42 €
      ◆ Face à la gare, bel immeuble de la fin 19e s. abritant des chambres rénovées : mobilier
      fonctionnel aux lignes sagement rétro, salles de bains nettes et colorées. Carte tradition-
      nelle servie dans un cadre moderne. Plats simples à la Brasserie-Pub 47.

🍴🍴🍴 **Grenier à Sel** avec ch   📠 ⇆ 🗚 🕻 P̲ P̲ VISA ◍ AE
      pl. des Toiles – 𝒞 04 70 05 53 79 – info @ legrenierasel.com – Fax 04 70 05 87 91
      – Fermé vacances de la Toussaint, de fév., sam. midi en hiver, dim. soir de sept.
      à juin et lundi sauf le soir en juil.-août   CZ **n**
      8 ch – ♦75/95 € ♦♦95/125 €, ☲ 9 € – ½ P 76/93 € – **Rest** – Menu 22/66 €
      – Carte 47/71 €
      ◆ Restaurant installé dans un hôtel particulier du vieux Montluçon. Salle à manger décorée
      de nombreux bibelots, raffinée dans ses moindres détails. Cuisine au goût du jour.

🍴 **Safran d'Or**   🍹 VISA ◍ AE
      12 pl. des Toiles – 𝒞 04 70 05 09 18 – Fax 04 70 05 55 60 – Fermé 25 août-17 sept.,
      dim. soir, mardi soir et lundi   CZ **u**
      Rest – Menu (17 €), 22/32 € – Carte 39/46 €
      ◆ Derrière une riante devanture imitant le marbre, petit restaurant comprenant deux salles
      au mobilier d'esprit bistrot, dont une voûtée (en sous-sol). Cuisine traditionnelle.

🍴 **Le Plaisir des Marais**   VISA ◍
      152 av. Albert Thomas, 1,5 km par ⑥ – 𝒞 04 70 03 49 74 – Fax 04 70 03 49 74
      – Fermé 4-24 août, 2-8 janv., 5-20 fév., mardi soir, dim. soir et lundi
      Rest – Menu (15 €), 19/37 €
      ◆ Ce restaurant à la pimpante façade rose égaye le quartier des Marais situé à la périphérie
      de la ville. Cuisine de tradition à prix doux, décor campagnard et accueil familial.

MONTLUÇON

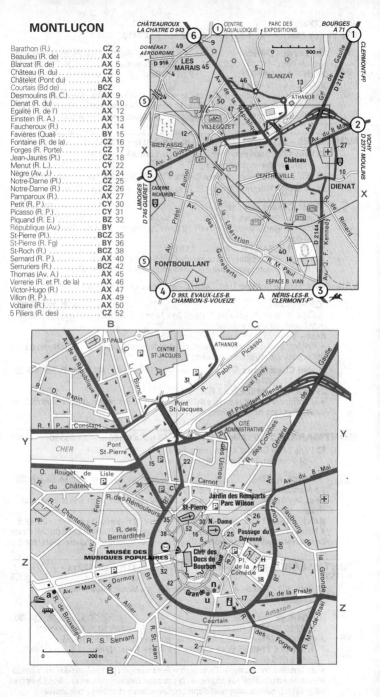

MONTLUÇON

à St-Victor 7 km par ① – 1 957 h. – alt. 212 m – ✉ 03410

🏠 **Le Jardin Délice** 🚗 🛏 & 🔊 📞 🔊 P. VISA 🔊 AE ①
😊 *6 rte de Paris* – ✆ *04 70 28 80 64 – lejardindelice@orange.fr – Fax 04 70 02 00 73*
25 ch – ❗50 € ❗❗50 €, ⚌ 7 € – ½ P 65 € – **Rest** – *(fermé merc.)* Menu 17 € (déj.),
35/47 € – Carte 48/62 €
◆ Cet hôtel qui a bénéficié d'une cure de jouvence dispose de chambres au cadre actuel,
donnant toutes de plain-pied sur un jardin intérieur. Au restaurant, cuisine traditionnelle
actualisée servie dans un décor agréablement moderne. Belle terrasse d'été.

MONTLUEL – 01 Ain – 328 D5 – 6 454 h. – alt. 190 m – ✉ 01120   43 **E1**
❱ Paris 472 – Bourg-en-Bresse 59 – Chalamont 20 – Lyon 26
– Villefranche-sur-Saône 43
🔹 Office de tourisme, 28 place Carnot ✆ 08 75 28 27 72, Fax 04 78 06 09 53
🔹 de Lyon à Villette-d'AnthonS : 12 km par D 61, ✆ 04 78 31 11 33.

🏠 **Petit Casset** sans rest ॐ 🚗 🎴 ↯ 📞 P. VISA 🔊 AE
😊 *96 imp. du Petit Casset, à La Boisse, 2 km au Sud-Ouest* – ✆ *04 78 06 21 33*
– *accueil@lepetitcasset.fr* – *Fax 04 78 06 55 20* – *Fermé 29 mars- 6 avril,*
10-24 août
16 ch – ❗57/64 € ❗❗60/70 €, ⚌ 7,50 €
◆ Hôtel rénové, au calme dans un quartier résidentiel. L'atmosphère y est accueillante et
les chambres, toutes personnalisées, donnent sur le jardin fleuri et arboré.

à Ste-Croix 5 km au Nord par D 61 – 468 h. – alt. 263 m – ✉ 01120

🍴🍴 **Chez Nous** 🚗 🛏 & P. VISA 🔊 AE
– ✆ *04 78 06 61 20* – *Fax 04 78 06 63 26* – *Fermé 18-26 août, 3-10 nov., 2-23 janv.,*
mardi midi, dim. soir et lundi
Rest – Menu 23 € (sem.)/48 € – Carte 39/51 €
◆ Plaisantes salles à manger coquettes et grande terrasse ombragée de platanes où l'on
sert une cuisine régionale de produits frais.

Hôtel Chez Nous 🏠 🚗 & 🔊 P. VISA 🔊 AE
– ✆ *04 78 06 60 60*
29 ch – ❗48 € ❗❗52 €, ⚌ 7 € – ½ P 43 €
◆ Un édifice récent situé en face du restaurant abrite des petites chambres au mobilier
Louis XVI et cinq autres rénovées en annexe.

MONTMARAULT – 03 Allier – 326 E5 – 1 663 h. – alt. 480 m – ✉ 03390   5 **B1**
❱ Paris 346 – Gannat 41 – Montluçon 31 – Moulins 47
– St-Pourçain-sur-Sioule 28

🍴🍴 **France** avec ch 🔊 rest, 🔊 P. VISA 🔊
1 r. Marx Dormoy – ✆ *04 70 07 60 26 – hoteldefrance3@wanadoo.fr*
– *Fax 04 70 07 68 45* – *Fermé 2 mars-3 avril, 12 nov.-3 déc., dim. soir et lundi sauf*
fériés
8 ch – ❗45 € ❗❗45 €, ⚌ 8,50 € – **Rest** – Menu 19 € (sem.)/44 € – Carte 29/49 €
◆ Hôtel convivial doté de chambres meublées en style Louis-Philippe. Le fils du chef donne
un nouveau souffle à la cuisine traditionnelle. Menus spéciaux (dimanche, jours fériés).

MONTMÉLARD – 71 Saône-et-Loire – 320 G12 – 333 h. – alt. 522 m –
✉ 71520   8 **C3**
❱ Paris 393 – Mâcon 43 – Paray-le-Monial 34 – Montceau-les-Mines 56
– Roanne 53

🍴 **Le St-Cyr** avec ch ॐ ⬅ 🛏 🔊 rest, P. VISA 🔊
😊 – ✆ *03 85 50 20 76 – lesaintcyr@cegetel.net* – *Fax 03 85 50 36 98* – *Fermé*
🔹 *2-9 janv., 16-28 fév., merc. midi et vend. soir d'oct. à mai et mardi midi*
7 ch – ❗44 € ❗❗49/65 €, ⚌ 6,50 € – ½ P 48 € – **Rest** – Menu 15 € (sem.)/40 €
– Carte 21/35 €
◆ Sur la montagne éponyme. Carte saisonnière annonçant parfois l'une ou l'autre spécialité créole, en clin d'œil aux origines de la patronne. Dîners exotiques en hiver. Chambres
sobres et reposantes, nommées d'après certaines fleurs et cédées à prix souriants.

MONTMÉLIAN – 73 Savoie – 333 J4 – 3 926 h. – alt. 307 m – ⊠ 73800
🛇 Alpes du Nord   46 **F2**

> ◨ Paris 574 – Albertville 35 – Allevard 22 – Chambéry 14 – Grenoble 49
> ◨ Syndicat d'initiative, 46, rue du Docteur Veyrat ℰ 04 79 84 42 23,
>   Fax 04 79 84 42 23
> ◨ du Granier Apremont à Apremont Chemin de Fontaine Rouge, O : 8 km par
>   D 201, ℰ 04 79 28 21 26.
> ◉ ⁂ ★★ du rocher.

🏠 **George**   📞 🛁 🅿 🚗 𝘝𝘐𝘚𝘈 ⓪⓪ 🅰🅴
   11 quai de l'Isère, (D 1006) – ℰ 04 79 84 05 87 – infos @ hotelgeorge.fr
☕ *– Fax 04 79 84 40 14*
   11 ch – ♦32 € ♦♦38 €, ☲ 5,50 € – ½ P 49 € – **Rest** – snack *(fermé 1ᵉʳ-15 juil. et*
   vacances de la Toussaint) (dîner seult) (résidents seult) Menu 15 €
   ◆ Ancien grenier à sel du 18ᵉ s. situé en bordure de route. Les couloirs décorés de vieux
   outils mènent à des chambres bien insonorisées ; certaines sont rénovées. Petite restauration sans prétention qui rend principalement service aux résidents.

✗ **L'Arlequin**   🅿 𝘝𝘐𝘚𝘈 ⓪⓪ 🅰🅴
   D 1006 – ℰ 04 79 84 33 14 – arlequin.abe @ wanadoo.fr – Fax 04 79 84 25 77
☕ *– Fermé 7 juil.-31 août et sam.*
   Rest – *(déj. seult)* Menu 14 € (sem.)/16 € – Carte environ 31 €
   ◆ En léger retrait d'une route passante, ce restaurant d'application d'un centre de forma-
   tion vous fera partager son intérêt pour la cuisine traditionnelle.

MONTMERLE-SUR-SAÔNE – 01 Ain – 328 B4 – 2 830 h. – alt. 170 m – ⊠ 01090

> ◨ Paris 419 – Bourg-en-Bresse 44 – Lyon 48 – Mâcon 34
>   – Villefranche-sur-Saône 13   43 **E1**

🏢 **Émile Job**   🚗 🅿 𝘝𝘐𝘚𝘈 ⓪⓪ 🅰🅴
   12 r. du Pont – ℰ 04 74 69 33 92 – contact @ hotelemilejob.com
   – Fax 04 74 69 49 21 – Fermé 25 fév.-9 mars, 25 oct.-16 nov., dim. soir d'oct. à mai,
   mardi midi de juin à sept. et lundi
   22 ch – ♦68 € ♦♦70 €, ☲ 8 € – ½ P 90 € – **Rest** – Menu 21 € (sem.)/55 € – Carte
   38/66 €
   ◆ Sur les bords de Saône, cette maison régionale a su préserver son atmosphère familiale
   et propose des chambres traditionnelles ou plus actuelles (rénovées et colorées). La carte
   alterne entre grands classiques et spécialités locales. Cadre bourgeois ; terrasse ombragée.

MONTMIRAIL – 84 Vaucluse – 332 D9 – **rattaché à Vacqueyras**

MONTMORENCY – 95 Val-d'Oise – 305 E7 – 101 5 – **voir Paris, Environs**

MONTMORILLON ⏞ – 86 Vienne – 322 L6 – 6 898 h. – alt. 100 m – ⊠ 86500
🛇 Poitou Vendée Charentes   39 **D2**

> ◨ Paris 354 – Bellac 43 – Châtellerault 56 – Limoges 88 – Niort 123 – Poitiers 51
> ◨ Office de tourisme, 2, place du Maréchal Leclerc ℰ 05 49 91 11 96,
>   Fax 05 49 91 11 96
> ◉ Église Notre-Dame : fresques ★ dans la crypte Ste-Catherine.

🏢 **Hôtel de France et Lucullus**   🛗 ♿ ch, 🅰🅲 📞 🛁 𝘝𝘐𝘚𝘈 ⓪⓪ 🅰🅴
   4 bd de Strasbourg – ℰ 05 49 84 09 09 – lucullus.hoteldefrance @ wanadoo.fr
☺ *– Fax 05 49 84 58 68*
   35 ch – ♦42/62 € ♦♦45/68 €, ☲ 8,50 € – ½ P 46 €
   Rest – *(fermé 12 nov.-6 déc., dim. soir, lundi et mardi)* Menu 20/50 € – Carte
   29/43 €
   Rest Bistrot de Lucullus – *(fermé dim. sauf le soir en saison et sam. soir)*
   Menu (14,50 € bc) – Carte 19/36 €
   ◆ Près du pont sur la Gartempe, construction de pays aux chambres spacieuses, fonctionnelles et vivement colorées. Au restaurant, décor ensoleillé et cuisine soignée en osmose
   avec les saisons. Au Bistrot de Lucullus, repas adaptés pour une clientèle pressée.

MONTNER – 66 Pyrénées-Orientales – **344** H6 – **244 h.** – alt. 127 m – ⊠ **66720**

➲ Paris 860 – Perpignan 28 – Amélie-les-Bains-Palalda 60
 – Font-Romeu-Odeillo-Via 82 – Prades 37
22 **B3**

❊❊ **Auberge du Cellier** avec ch Ⓐ rest, ⇆ ℃ ⓋⒾⓈⒶ ⓎⓄ ⒶⒺ ⓪
1 r. Ste Eugénie – ℰ *04 68 29 09 78 – marinplb @ cegetel.net – Fax 04 68 29 10 61
– Fermé 17-25 juin, 12 nov.-11 déc., lundi de nov. à mars, mardi et merc.*
6 ch – ♦54 € ♦♦61 €, ⊇ 9 € – ½ P 64 € – **Rest** – Menu 29 € (déj. en sem.),
39/85 € – Carte 55/64 € ᴁ
♦ Salle à manger aménagée dans un ancien cellier et belle carte de côtes du Roussillon : ce restaurant s'inspire du monde de la vigne. Cuisine régionale revisitée.

MONTOIRE-SUR-LE-LOIR – 41 Loir-et-Cher – **318** C5 – **4 275 h.** – alt. 65 m –
⊠ 41800 ▯ Châteaux de la Loire
11 **B2**

➲ Paris 186 – Blois 52 – La Flèche 81 – Le Mans 70 – Vendôme 19
🛈 Syndicat d'initiative, 16, place Clemenceau ℰ 02 54 85 23 30,
 Fax 02 54 85 23 87
◙ Chapelle St-Gilles★ : fresques★★ - Pont ≼★.

❊❊ **Du Cheval Rouge** avec ch ⌂ Ⓟ ⓋⒾⓈⒶ ⓎⓄ ⒶⒺ
1 pl. Foch – ℰ *02 54 85 07 05 – hotel-restaurant-le-cheval-rouge @ wanadoo.fr
– Fax 02 54 85 17 42 – Fermé 16-23 mars, 23 nov.-7 déc., 25 janv.-8 fév.*
13 ch – ♦50 € ♦♦55 €, ⊇ 7 € – ½ P 55/80 €
Rest – (fermé vend. soir, mardi soir et midi) Menu 25/36 € – Carte environ 55 €
♦ Le temps semble s'être arrêté dans ce relais de poste de 1850 (rendu célèbre par la rencontre historique de Pétain et Hitler). Restaurant au cadre patiné. Sobre chambre rustique.

à Lavardin 2 km au Sud-Est par D 108 – **262 h.** – alt. 78 m – ⊠ 41800

❊❊ **Relais d'Antan** ⌂ ⓋⒾⓈⒶ ⓎⓄ ⓪
*– ℰ 02 54 86 61 33 – Fax 02 54 85 06 46 – Fermé 29 sept.-21 oct., 16 fév.-10 mars,
dim. soir du 1ᵉʳ oct. au 15 mai, lundi et mardi*
Rest – Menu 28/38 €
♦ Dans un pittoresque village, auberge rustique dont l'une des salles à manger est ornée de fresques d'inspiration médiévale. Agréable terrasse bordant la rive du Loir.

MONTPELLIER Ⓟ – 34 Hérault – **339** I7 – **225 392 h.** – Agglo. 287 981 h. – alt.
27 m – ⊠ 34000 ▯ Languedoc Roussillon
23 **C2**

➲ Paris 758 – Marseille 173 – Nice 330 – Nîmes 55 – Toulouse 242
✈ de Montpellier-Méditerranée ℰ 04 67 20 85 00 SE par ③ : 7 km.
🛈 Office de tourisme, 30, allée Jean de Latrre de Tassigny ℰ 04 67 60 60 60,
 Fax 04 67 60 60 61
▨ de Fontcaude à Juvignac Route de Lodève, par rte de Lodève : 8 km,
 ℰ 04 67 45 90 10 ;
▨ de Coulondres à Saint-Gély-du-Fesc 72 rue des Erables, par rte de Ganges :
 12 km, ℰ 04 67 84 13 75 ;
▨ Montpellier Massane à Baillargues Domaine de Massane, par rte de Nîmes :
 13 km, ℰ 04 67 87 87 89.
◙ Vieux Montpellier★★ : hôtel de Varennes★ FY **M²**, hôtel des Trésoriers de la
 Bourse★ FY **Q**, rue de l'Ancien Courrier★ EFY **4** - Promenade du Peyrou★★ :
 ≼★ de la terrasse supérieure - Quartier Antigone★ - Musée Fabre★★ FY -
 Musée Atger★ (dans la faculté de médecine) EX - Musée languedocien★
 (dans l'hôtel des trésoriers de France) FY **M¹**.
◙ Château de Flaugergues★ E : 3 km - Château de la Mogère★ E : 5 km par
 D 24 DU.

Plans pages suivantes

🏨 **Sofitel Antigone** ⌂ ∑ ⅃◱ 🛋 ⅋ Ⓐ ⇆ ※ rest, ℃ 🛁 ⓋⒾⓈⒶ ⓎⓄ ⒶⒺ ⓪
1 r. Pertuisanes – ℰ *04 67 99 72 72 – h1294 @ accor.com – Fax 04 67 65 17 50*
89 ch – ♦210/250 € ♦♦210/250 €, ⊇ 22 € – 1 suite – **Rest** – Menu (31 €), CU **v**
40 € – Carte 44/58 €
♦ Cet hôtel situé dans le quartier dessiné par Ricardo Bofill abrite des chambres contemporaines et cosy. Toit-terrasse avec piscine, bar et fitness. Le restaurant, perché au 8ᵉ étage, propose un choix traditionnel enrichi de saveurs du Sud. Cadre rénové.

Holiday Inn Métropole 🚗 🍴 ㄹ |📱| ㅎ ch, 🆆 ⇄ 🛎 🏌 🅿

3 r. Clos René – ℰ 04 67 12 32 32 🚬 𝗩𝗜𝗦𝗔 ⓜⓞ ⒶⒺ ⓞ

– himontpellier@alliance-hospitality.com – Fax 04 67 92 13 02 FZ **a**

84 ch – 🛏180 € 🛏🛏180/210 €, � 17 € – **Rest** – (fermé sam. et dim.) Menu 25 €
– Carte 26/38 €

♦ Cet établissement datant de 1898 aurait été la résidence de la reine Hélène d'Italie.
Chambres fonctionnelles. Bar anglais. Jardin-terrasse ombragé par des palmiers. Le décor
du restaurant, sobre et contemporain, met en valeur les superbes moulures du plafond.

Mercure Antigone ㅎ ch, 🆆 ⇄ 🛎 🏌 🚬 𝗩𝗜𝗦𝗔 ⓜⓞ ⒶⒺ ⓞ

285 bd aéroport international – ℰ 04 67 20 63 63 – h1544-gm@accor.com
– Fax 04 67 20 63 64 DU **f**

114 ch – 🛏130 € 🛏🛏150 €, ⊯ 13 € – 9 suites – **Rest** – (fermé 14 juil.-30 août,
24 déc.-1er janv., sam. midi et dim.) Menu 30/36 € – Carte 43/49 €

♦ L'hôtel longe le quartier néo-classique Antigone. Chambres spacieuses et modernes,
joliment refaites ; la plupart sont pourvues de lits "king size". Agencé en rotonde, le
restaurant offre un plaisant décor colonial. Soirées gastronomiques thématiques.

Suitehotel sans rest |📱| ㅎ 🆆 ⇄ 🅿 🚬 𝗩𝗜𝗦𝗔 ⓜⓞ ⒶⒺ ⓞ

45 av. Pirée – ℰ 04 67 20 57 57 – h6017@accor.com – Fax 04 67 20 58 58 DU **t**

139 ch – 🛏105/115 € 🛏🛏105/115 €, ⊯ 15 €

♦ Convenant particulièrement à la clientèle d'affaires, cet hôtel récent propose en majorité
des "suites" avec coin travail et salon séparés de la chambre. Pratique et spacieux.

Mercure Centre 🍴 |📱| 🆆 ⇄ 🍽 rest, 🛎 🏌 🚬 𝗩𝗜𝗦𝗔 ⓜⓞ ⒶⒺ ⓞ

218 r. Bastion Ventadour – ℰ 04 67 99 89 89 – h3043@accor.com
– Fax 04 67 99 89 88 CU **q**

120 ch – 🛏85/120 € 🛏🛏85/130 €, ⊯ 13 € – **Rest** – (fermé sam. et dim.) Carte
environ 30 €

♦ Bel intérieur résolument design, expositions de tableaux et bibliothèque mise à disposition de la clientèle. Les chambres manquent un peu d'ampleur. Cadre contemporain
épuré au restaurant, cuisine méridionale et ardoise de suggestions. Petite sélection de vins
du Languedoc.

New Hôtel du Midi sans rest ㅎ 🆆 ⇄ 🍽 🛎 𝗩𝗜𝗦𝗔 ⓜⓞ ⒶⒺ ⓞ

22 bd Victor Hugo – ℰ 04 67 92 69 61 – montpelliermidi@new-hotel.com
– Fax 04 67 92 73 63 FZ **b**

44 ch – 🛏135 € 🛏🛏155 €, ⊯ 12 €

♦ Belle bâtisse du début du 20e s. située en plein centre-ville. Les chambres, confortables,
ont toutes été rénovées dans un esprit contemporain se mariant bien avec les murs anciens.

D'Aragon sans rest ㅎ 🆆 ⇄ 🍽 🛎 𝗩𝗜𝗦𝗔 ⓜⓞ ⒶⒺ

10 r. Baudin – ℰ 04 67 10 70 00 – info@hotel-aragon.fr – Fax 04 67 10 70 01
– Fermé du 1er-19 janv. FY **a**

12 ch – 🛏69/72 € 🛏🛏99/129 €, ⊯ 9,50 €

♦ Cet immeuble de caractère abrite un hôtel entièrement neuf. Les chambres, bien insonorisées, sont aménagées avec goût et bénéficient des derniers équipements modernes.

Le Guilhem sans rest 🌿 |📱| 🆆 🛎 𝗩𝗜𝗦𝗔 ⓜⓞ ⒶⒺ ⓞ

18 r. J.-J. Rousseau – ℰ 04 67 52 90 90 – hotel-le-guilhem@mnet.fr
– Fax 04 67 60 67 67 EY **a**

35 ch – 🛏81/150 € 🛏🛏91/150 €, ⊯ 12 €

♦ Maisons des 16e et 17e s. abritant des chambres cosy ; le dernier étage offre une vue sur la
cathédrale. Balcon-terrasse pour les petits-déjeuners. Adresse entièrement non-fumeurs.

Du Parc sans rest 🆆 🍽 🛎 🅿 𝗩𝗜𝗦𝗔 ⓜⓞ ⒶⒺ

8 r. A. Bège – ℰ 04 67 41 16 49 – hotelduparcmtp@wanadoo.fr
– Fax 04 67 54 10 05 BT **k**

19 ch – 🛏45/72 € 🛏🛏50/83 €, ⊯ 10 €

♦ Ancienne demeure seigneuriale (18e s.) voisine du centre historique. Plaisantes chambres
personnalisées ; cour-terrasse où l'on petit-déjeune l'été. Accueil aimable.

Du Palais sans rest |📱| 🆆 🛎 𝗩𝗜𝗦𝗔 ⓜⓞ ⒶⒺ

3 r. Palais – ℰ 04 67 60 47 38 – hoteldupalais2@wanadoo.fr – Fax 04 67 60 40 23

26 ch – 🛏64 € 🛏🛏69/81 €, ⊯ 11 € EY **m**

♦ Bel immeuble centenaire proche du palais de justice. Les petites chambres bénéficient
de délicates attentions (fleurs fraîches, chocolats, etc.). Insonorisation efficace.

MONTPELLIER

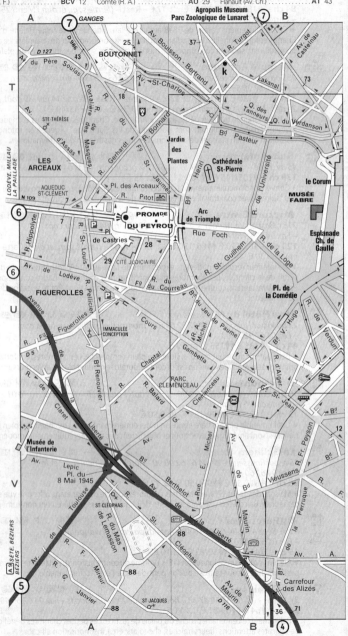

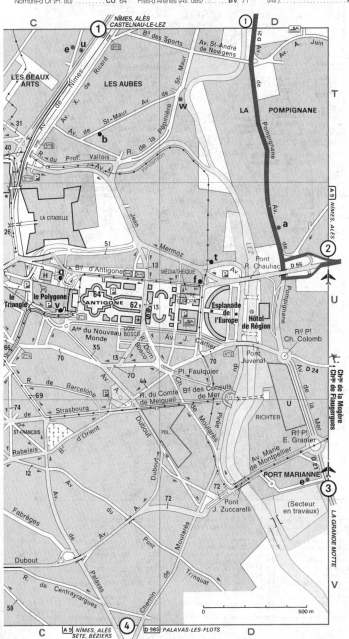

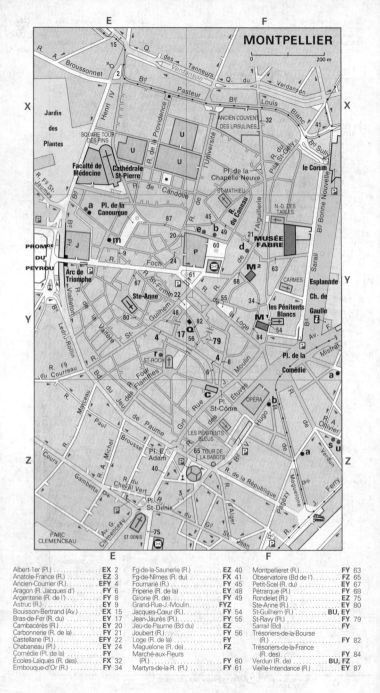

MONTPELLIER

0   200 m

🏠 **Ulysse** sans rest 📞 ☁ VISA ◉◉ AE ◉
338 av. St-Maur – 𝒞 04 67 02 02 30 – hotelulysse@free.fr – Fax 04 67 02 16 50
– Fermé 28 déc.-4 janv. CT **b**
23 ch – ♦48/58 € ♦♦58/69 €, ☑ 9 €
◆ De coquettes chambres meublées en fer forgé vous attendent dans cet hôtel prisé des habitués pour son atmosphère sympathique. Quartier résidentiel calme. Tenue rigoureuse.

🏠 **Les Troënes** sans rest ↳ 📞 VISA ◉◉
17 av. É. Bertin-Sans, par av. Charles Flahaut et rte de Ganges, dir. Hôpitaux-Faculté
✉ 34090 – 𝒞 04 67 04 07 76 – hotel-les-troenes@wanadoo.fr
– Fax 04 67 61 04 43
14 ch – ♦49/51 € ♦♦56/58 €, ☑ 8 €
◆ Reliée au centre-ville par le tramway, modeste maison des années 1960 rénovée, où l'on se sent comme chez soi. Chambres agréables, sans équipement superflu. Hôtel non-fumeurs.

💥💥💥💥 **Le Jardin des Sens** (Jacques et Laurent Pourcel) avec ch ⫘ ⌱ 🎴 ৬
🕄🕄 11 av. St-Lazare – 𝒞 04 99 58 38 38 AC 📞 ⅏ ⇱ P VISA ◉◉ AE ◉
– contact@jardindessens.com – Fax 04 99 58 38 39 CT **e**
13 ch – ♦160/270 € ♦♦160/270 €, ☑ 22 € – 2 suites
Rest – (fermé 2-15 janv., lundi midi, merc. midi et dim.) (nombre de couverts limité, prévenir) Menu 50 € (déj. en sem.), 80/190 € – Carte 102/164 €
Spéc. Pressé de homard et légumes au jambon de canard, mangue et melon. Queue de petite baudroie de Méditerranée rôtie à la pointe d'ail et olives. Filets de pigeon rôtis, pastilla des abats au curry, jus de cacao. **Vins** Vin de pays du Gard, Vin de pays des Côtes de Thongue.
◆ La surprenante et design salle à manger-loft en gradins a vue sur le jardin en spirales : les cinq sens s'émerveillent, tant dans l'assiette que dans le cadre. Chambres contemporaines, très luxueuses, décorées de tableaux de la collection des Frères Pourcel. Suite avec piscine privative.

💥💥 **Cellier Morel** 🎴 AC VISA ◉◉ AE ◉
27 r. Aiguillerie, (Maison de la Lozère) – 𝒞 04 67 66 46 36 – contact@
celliermorel.com – Fax 04 67 66 23 61 – Fermé 1er-15 août, lundi midi, merc. midi, sam. midi, dim. et fériés FY **d**
Rest – Menu 36 € (déj.)/62 € – Carte 70/88 € ⅌
◆ Joli décor design dans une salle voûtée du 13e st. et délicieuse cour-terrasse d'un hôtel particulier du 18e s. Cuisine inventive à l'accent lozérien et belle cave régionale.

💥💥 **La Réserve Rimbaud** ⇐ le Lez, 🎴 ⅏ VISA ◉◉ AE ◉
820 av. St-Maur – 𝒞 04 67 72 52 53 – contact@reserve-rimbaud.com
– Fax 04 67 02 02 77 – Fermé 5-21 août, sam. midi, dim. soir et lundi DT **w**
Rest – Menu 27 € (déj. en sem.)/45 € – Carte 31/49 €
◆ Attrayante cuisine dans la tradition du grand Sud et jolis vins régionaux, à déguster face au Lez (salle et terrasse) : nouveau départ réussi pour ce restaurant créé en 1835.

💥💥 **Castel Ronceray** 🎴 P VISA ◉◉ AE
130 r. Castel Ronceray, par ⑤ – 𝒞 04 67 42 46 30 – lecastelronceray@free.fr
– Fax 04 67 27 41 96 – Fermé 4-26 août, dim. et lundi
Rest – Menu (27 € bc), 41/62 € – Carte 46/54 €
◆ Maison de maître du 19e s., inattendue derrière ce rideau d'immeubles modernes. Intérieur bourgeois avec cheminée en marbre et statues à l'antique. Recettes traditionnelles.

💥💥 **Les Vignes** AC ⅏ VISA ◉◉ AE
2 r. Bonnier d'Alco – 𝒞 04 67 60 48 42 – cdmogicato@free.fr – Fax 04 67 60 48 42
– Fermé 2-27 avril, 3-24 août, sam. midi et dim. FY **e**
Rest – Menu (24 €), 39/55 € – Carte 48/64 €
◆ Il vous faudra descendre quelques marches pour rejoindre l'élégante salle voûtée de ce discret petit restaurant installé derrière la préfecture. Cuisine régionale.

💥💥 **Le Petit Jardin** 🎴 VISA ◉◉ AE
20 r. J.-J. Rousseau – 𝒞 04 67 60 78 78 – contact@petit-jardin.com
– Fax 04 67 66 16 79 – Fermé janv. et lundi EY **a**
Rest – Menu (14 €), 22/45 € – Carte 38/69 €
◆ Au cœur du vieux Montpellier, sympathique restaurant dont les baies vitrées s'ouvrent largement sur un joyau caché : un jardin-terrasse aux essences rares. Cuisine régionale.

✗✗ L'Olivier   AC ⚡ VISA ⓪ AE ⓪

12 r. A. Olivier – ℰ 04 67 92 86 28 – Fax 04 67 92 10 65 – Fermé 24 juil.-29 août,
dim. et lundi   FZ **u**
Rest – *(prévenir)* Menu 36/58 € – Carte 49/62 €

♦ Étroite salle agrandie par un jeu de miroirs, tables serrées pour la convivialité, cadre modernisé et cuisine classique pour ce restaurant proche de la gare.

✗✗ Le Séquoïa   ⇐ 🖼 & AC VISA ⓪ AE ⓪

148 r. de Galata, à Port Marianne – ℰ 04 67 65 07 07 – Fax 04 67 64 50 23 – Fermé
22 déc.-1er janv., sam. midi, merc. et dim.   DV **e**
Rest – Menu 24 € (déj. en sem.)/39 € – Carte 44/62 €

♦ Cadre contemporain, terrasse bordant le port de plaisance, cuisine "d'ici et d'ailleurs" : une adresse branchée du nouveau quartier qui se dessine sur la rive gauche du Lez.

✗✗ Prouhèze Saveurs   🌣 AC VISA ⓪

728 av. de la Pompignane – ℰ 04 67 79 43 34 – prouhezesaveurs@wanadoo.fr
– Fax 04 67 79 71 94 – Fermé 21 juil.-25 août, merc. soir, sam. midi, dim., lundi et
mardi   DU **a**
Rest – Menu (23 €), 27/31 € 🍴

♦ La famille Prouhèze a quitté l'Aubrac pour s'installer dans ce joli restaurant aux couleurs du Sud. On y savoure de bons petits plats régionaux au coin du feu l'hiver ou sur la terrasse d'été.

✗ La Compagnie des Comptoirs   🌣 & AC VISA ⓪ AE ⓪

51 av. Frédéric Delmas – ℰ 04 99 58 39 29 – contact@jardindessens.com
– Fax 04 99 58 39 28 – Fermé mardi midi, sam. midi et lundi   CT **u**
Rest – Menu 22 € (déj. en sem.), 31/50 € – Carte environ 52 €

♦ Décor tendance s'inspirant des comptoirs français des Indes et jolie terrasse en partie dressée sous une tente bédouine. La carte dévoile les saveurs du Sud et de l'Orient.

✗ Kinoa   🌣 AC VISA ⓪ AE ⓪

6 r. des Sœurs Noires – ℰ 04 67 15 34 38 – restaurantkinoa@yahoo.fr
– Fax 04 67 15 34 33 – Fermé 10-23 nov., dim. et lundi   EY **r**
Rest – Menu (17 € bc), 27/38 € – Carte 43/51 €

♦ Élégant cadre contemporain et jolie terrasse à l'ombre d'une placette, au pied d'une vieille église. Carte au goût du jour avec un menu allégé (sans crème, ni alcool, ni sucre).

✗ Tamarillos   🌣 AC ⚡ VISA ⓪ AE

2 pl. Marché aux Fleurs – ℰ 04 67 60 06 00 – Fax 04 67 60 06 01
– Fermé 21-27 avril, 25-31 août, 29 oct.-4 nov., 25 fév.-3 mars, lundi midi, merc.
midi et dim.   FY **b**
Rest – Menu 22 € (déj. en sem.), 50/90 € – Carte 52/68 €

♦ Les fruits et les fleurs inspirent la cuisine et le nouveau décor haut en couleurs de cette originale tenue par un jeune chef, double champion de France des desserts.

✗ Verdi   AC VISA ⓪ AE ⓪

10 r. A. Olivier – ℰ 04 67 58 68 55 – gunara1952@libero.it – Fax 04 67 58 28 47
– Fermé août et dim.   FZ **s**
Rest – Menu 19/28 € – Carte 36/50 €

♦ Proche de la gare, petit restaurant italien, simple et décontracté, agrémenté d'affiches sur Verdi et l'opéra. Spécialités transalpines et poissons. Boutique de vins.

à Castelnau-le-Lez 7 km par ① et N 113 – 14 214 h. – alt. 60 m – ✉ 34170

🏨 Domaine de Verchant ⊗   🎖 🌣 ⊐ AC ch, 🐾 ᚶ P VISA ⓪ AE ⓪

1 bd Philippe-Lamour – ℰ 04 67 07 26 00 – reservation@verchant.com
– Fax 04 67 07 26 01 – Fermé 6 janv.-3 fév.
12 ch – †160/450 € ††160/450 €, ⊒ 25 € – 1 suite – **Rest** – *(nombre de couverts*
limité, prévenir) (résidents seult) Menu 60 € – Carte 48/68 €

♦ Belle propriété viticole dans un parc. Le cadre intérieur, revu par l'architecte du Murano et du Kube à Paris, panache design italien et équipement high-tech. Chambres superbes. Au restaurant, plats au goût du jour accompagnés de vins du domaine.

à Baillargues – 5 842 h. – alt. 23 m – ⊠ 34670

🏨 Golf Hôtel de Massane ⚶   🀫 ⌫ 🕙 ⭥ ⚿ 🅟 ⌧ 💆 AC ⇄ 📞 🛁
au golf de Massane – 𝒞 *04 67 87 87 87*   🅿 VISA ⚫ AE ①
– contact@massane.com – Fax 04 67 87 87 90
32 ch – ♦99/111 € ♦♦117/133 €, ⌷ 11 € – **Rest** – Menu (19 €), 25/37 € – Carte 27/46 €
♦ Vaste complexe hôtelier doté de nombreux équipements pour les loisirs et la détente. Les chambres, spacieuses et rénovées, affichent un décor d'inspiration camarguaise. Salle à manger contemporaine ouverte sur le golf. Cuisine au goût du jour et belle sélection de vins régionaux.

par ② 5 km : A9 sortie n° 29 et D172ᴱ – ⊠ 34000 Montpellier

XX Le Mas des Brousses   🍽 🀫 ⌫ 🅟 VISA ⚫ AE
540 r. Mas des Brousses – 𝒞 *04 67 64 18 91 – lemasdesbrousses@free.fr*
– Fax 04 67 64 18 89 – Fermé le midi du 1ᵉʳ-20 août, sam. midi, dim. soir et lundi
Rest – Menu (19 € bc), 24 € bc, 45/65 € – Carte 55/72 € 🍷
♦ Murs ocrés, tomettes et vieille cuve à grain donnent du cachet à la salle à manger de ce restaurant aménagé dans d'anciennes écuries du 18ᵉ s. Cuisine traditionnelle actualisée.

près échangeur A9-Montpellier-Sud 2 km par ④ – ⊠ 34000 Montpellier

🏨 Novotel   🍽 🀫 ⌫ 🕙 ⭥ ch, AC ⇄ 🅟 VISA ⚫ AE ①
125 bis av. Palavas – 𝒞 *04 99 52 34 34 – h0450@accor.com – Fax 04 99 52 34 33*
163 ch – ♦99/142 € ♦♦99/142 €, ⌷ 13 € – **Rest** – Menu (16 €), 20 € – Carte 23/43 €
♦ Située à proximité d'un échangeur, cette halte autoroutière type abrite des chambres conformes aux standards de la chaîne. Cyberespace. Salle de restaurant sobre et actuelle. À la belle saison, service en terrasse autour de la piscine.

à Lattes 5 km par ④ – 13 768 h. – alt. 3 m – ⊠ 34970

🚺 Office de tourisme, 679, avenue de Montpellier 𝒞 04 67 22 52 91

XXX Domaine de Soriech   🕙 🀫 AC 🅟 VISA ⚫
face Z.A.C. Soriech, près rd-pt D 189 et D 21 – 𝒞 *04 67 15 19 15 – michel.loustau@ domaine-de-soriech.fr – Fax 04 67 15 58 21 – Fermé 2-15 fév., dim. soir et lundi*
Rest – Menu (22 €), 30 € (déj. en sem.), 42/75 € – Carte 58/70 €
♦ Belle villa des années 1970 inspirée des modèles californiens de l'époque. Décor design et œuvres contemporaines, palmiers et pins géants dans un ravissant parc. Carte régionale.

XXX Le Mazerand   🕙 🀫 AC 🅟 VISA ⚫ AE
Mas De Causse CD 172 – 𝒞 *04 67 64 82 10 – Fax 04 67 20 10 73 – Fermé sam. midi, dim. soir et lundi*
Rest – Menu (21 €), 29/59 € – Carte 41/75 €
♦ Dominant la plaine de Lattes, cette ex-propriété viticole réunit un mas du 19ᵉ s. restauré, une chapelle du 16ᵉ s. et de jolies terrasses étagées ombragées par des platanes.

X Le Bistrot d'Ariane   🀫 AC 🍷 VISA ⚫ AE
à Port Ariane – 𝒞 *04 67 20 01 27 – lebistrotdariane@free.fr – Fax 04 67 15 03 25*
– Fermé 20 déc.-4 janv. et dim. sauf fériés
Rest – Menu 19 € (déj. en sem.), 28/38 € – Carte 31/54 € 🍷
♦ Le cadre discrètement Art déco et l'ambiance brasserie séduisent la clientèle du quartier. Terrasse au bord du port de plaisance. Très belle carte de vins régionaux.

à Juvignac 6 km par ⑥, rte de Millau – 5 592 h. – alt. 32 m – ⊠ 34990

🏨 Golf Hôtel ⚶   🀫 ⌫ 🕙 ⭥ ch, AC 📞 💆 🅟 VISA ⚫ AE ①
rte de Lodève, au golf international – 𝒞 *04 67 45 90 00 – info@ golfhotelmontpellier.com – Fax 04 67 45 90 20*
46 ch – ♦70 € ♦♦85 €, ⌷ 10 € – **Rest** – Menu (18 €), 30 € – Carte 31/44 €
♦ Hôtel agrandi et estimé des golfeurs qui testent leur swing à Juvignac. La majorité des chambres (certaines avec terrasse) profite de la vue sur les greens. Piscine à débordement. Nouvelle salle de restaurant. Formule rapide au club-house.

MONTPEZAT-DE-QUERCY – 82 Tarn-et-Garonne – 337 E6 – 1 378 h. – alt.
275 m – ⊠ 82270 ▮ Périgord   28 **B1**

> ◘ Paris 600 – Cahors 29 – Montauban 39 – Toulouse 91
> ◨ Office de tourisme, boulevard des Fossés ℰ 05 63 02 05 55,
> Fax 05 63 02 05 55

⌂   **Les Trois Terrasses** ⌘   ⩽ campagne, 🚗 🏡 💅 📞 **P.**
r. de la Libération – ℰ 05 63 02 66 21 – info @ trois-terrasses.com
– Fax 05 63 64 01 62 – Ouvert 1er avril-26 oct.
4 ch ⌂ – †90 € ††150 € – **Table d'hôte** – Menu 28 €
♦ Agréable séjour dans cette bastide du 18e s. qui panache mobiliers ancien et actuel. Des chambres et du jardin en terrasses, la vue plonge sur la campagne. Cuisine du terroir à déguster en terrasse l'été, ou dans la salle à manger classique.

⌂   **Domaine de Lafon** ⌘   ⩽ 🚗 ↩ **P.**
4 km au Sud par rte de Mirabel, D 20 et D 69 – ℰ 05 63 02 05 09
– micheline.perrone @ domainedelafon.com – Fermé 15 fév.-15 mars et 15-30 nov.
3 ch ⌂ – †60/63 € ††73/81 € – **Table d'hôte** – Menu 25 € bc
♦ Cette maison du 19e s. jouit d'une perspective à 360° sur la campagne vallonnée. Ses chambres, agrémentées d'œuvres du propriétaire et de tissus choisis, promettent un sommeil paisible. Belle bibliothèque aménagée dans le pigeonnier. Cuisine traditionnelle.

MONTPON-MÉNESTÉROL – 24 Dordogne – 329 B5 – 5 385 h. – alt. 93 m –
⊠ 24700   4 **C1**

> ◘ Paris 532 – Bergerac 40 – Libourne 43 – Périgueux 56 – Ste-Foy-la-Grande 23
> ◨ Office de tourisme, place Clemenceau ℰ 05 53 82 23 77, Fax 05 53 81 86 74

à Ménestérol 1 km au Nord – ⊠ 24700 Montpon-Ménestérol

※※   **Auberge de l'Éclade**   🏡 ᶜ **AK** **VISA** **◍◎** **AE**
🕾   rte de Coutras – ℰ 05 53 80 28 64 – auberge-de-leclade @ wanadoo.fr
🕾   – Fax 05 53 80 28 64
☺   **Rest** – Menu 15 € (déj. en sem.), 27/55 € – Carte 40/61 €
♦ Fine cuisine personnalisée, carte des vins étoffée, beau choix de whiskies, agréable décor actuel et terrasse pour l'été : la clientèle locale apprécie beaucoup cette table.

MONT-PRÈS-CHAMBORD – 41 Loir-et-Cher – 318 F6 – 3 025 h. – alt. 108 m –
⊠ 41250   11 **B1**

> ◘ Paris 184 – Blois 12 – Bracieux 8 – Orléans 63 – Romorantin-Lanthenay 35

🏠   **Le St-Florent** sans rest   💅 rest, 📞 **P.** **VISA** **◍◎**
14 r. Chabardière – ℰ 02 54 70 81 00 – info @ hotel-saint-florent.com
– Fax 02 54 70 78 53 – Fermé 15 nov.-1er déc.
19 ch – †56 € ††56 €, ⌂ 7,50 €
♦ Dans ce village jouxtant la forêt de Boulogne et le parc de Chambord, cette grande maison à l'ambiance familiale propose des chambres claires, mansardées au dernier étage.

※※   **Les Délices du St-Florent**   **AK** ⇔ **P.** **VISA** **◍◎** **AE**
14 r. Chabardière – ℰ 02 54 70 73 17 – lesdelicesdusaintflorent @ wanadoo.fr
– Fax 02 54 70 88 50 – Fermé 15-30 nov.,15-31 janv., mardi d'oct. à mars et lundi
Rest – Menu 25/48 € – Carte 41/51 €
♦ Table classique et créative, tenue par un jeune couple motivé : elle en salle, et lui aux fourneaux. Cadre clair à touches agrestes ; pressoir recyclé en comptoir d'accueil.

MONTRÉAL – 32 Gers – 336 D6 – 1 238 h. – alt. 131 m – ⊠ 32250
▮ Midi-Pyrénées   28 **A2**

> ◘ Paris 725 – Agen 57 – Auch 59 – Condom 16 – Mont-de-Marsan 65
> – Nérac 27
> ◨ Office de tourisme, place de l'hôtel de ville ℰ 05 62 29 42 85,
> Fax 05 62 29 42 46
> 🖥 de Guinlet à Eauze, S : 12 km par D 29, ℰ 05 62 09 80 84.

X **Daubin** 🛜 VISA ⓪

(face à l'église) – ℰ *05 62 29 44 40 – daubin.bernard@wanadoo.fr*
😊 *– Fax 05 62 29 49 94 – Fermé dim. soir, lundi et mardi*
Rest – Menu 16 € (déj. en sem.), 26/56 € – Carte 37/55 €
♦ Terrasse sous les platanes, goûteuse cuisine du terroir, dégustations de vins régionaux...
Il règne une rare convivialité dans ce restaurant de village tenu en famille depuis trois
générations.

MONTREDON – 11 Aude – 344 F3 – rattaché à Carcassonne

MONTREUIL 👁 – 62 Pas-de-Calais – 301 D5 – 2 428 h. – alt. 54 m – ✉ 62170
⃞ Nord Pas-de-Calais Picardie   30 **A2**

🖸 Paris 232 – Abbeville 49 – Arras 86 – Boulogne-sur-Mer 38 – Calais 73
– Lille 116

🖪 Office de tourisme, 21, rue Carnot ℰ 03 21 06 04 27, Fax 03 21 06 57 85

◙ Site★ – Citadelle★ : ≼★★ – Remparts★ – Église St-Saulve★.

🏯 **Château de Montreuil** (Christian Germain) ॐ   🗡 🛜 🍽 📞 P
4 chaussée des Capucins – ℰ *03 21 81 53 04*   😊 VISA ⓪ AE ⓪
❀ *– reservations@chateaudemontreuil.com – Fax 03 21 81 36 43*
– Fermé 14 déc.-5 fév., mardi midi et lundi sauf juil.-août et jeudi midi
12 ch – †195/240 € ††220/260 €, ⌂ 20 € – 4 suites – ½ P 205 €
Rest – Menu 38 € (déj. en sem.), 70/90 € ❀
Spéc. Poissons de petits bateaux. Grouse d'Écosse rôtie (fin août à fin oct.).
Pigeonneau de Licques et foie gras de canard dans l'esprit hochepot.
♦ Élégante demeure à l'intérieur des remparts. Chambres raffinées, garnies de meubles de
style et donnant sur un jardin à l'anglaise. La cuisine au goût du jour, mâtinée de touches
exotiques et méditerranéennes, est rehaussée par une belle carte des vins.

🏨 **Hermitage** 🖥 🕭 🛒 📞 🍽 P VISA ⓪ AE ⓪
pl. Gambetta – ℰ *03 21 06 74 74 – contact@hermitage-montreuil.com*
😊 *– Fax 03 21 06 74 75*
57 ch – †85/160 € ††85/260 €, ⌂ 17 €
Rest *Le Jéroboam* – ℰ *03 21 86 65 80 (fermé janv., lundi sauf le soir en juil.-août
et dim.)* Menu 16 € (déj. en sem.), 25/31 € – Carte 34/57 €
♦ Cette belle bâtisse, construite sous Napoléon III, a été restaurée. Bar feutré et
amples chambres au sobre mobilier contemporain. Carte dans le vent escortée de
vins de petits producteurs pour le restaurant très design et conçu dans un esprit
"wine bar".

🏨 **Coq Hôtel** 🗡 🛜 🖥 🕭 ch, VISA ⓪ AE
2 pl. de la Poissonnerie – ℰ *03 21 81 05 61 – arsene.pousset@wanadoo.fr*
– Fax 03 21 86 46 73 – Fermé 21 déc.-6 fév.
19 ch – †115 € ††115 €, ⌂ 20 € – ½ P 99 € – **Rest** – *(fermé dim.) (dîner seult)*
Menu 33/47 € – Carte 45/75 €
♦ Cette maison bourgeoise dresse sa belle façade en brique rouge sur une petite
place du centre. Chambres douillettes d'esprit actuel. Parquet, cheminée, meubles de
famille et objets à l'effigie du coq agrémentent les deux salles à manger. Cuisine de
tradition.

X **Darnétal** avec ch 🕭 ch, VISA ⓪ AE ⓪
pl. de la Poissonnerie – ℰ *03 21 06 04 87 – Fax 03 21 86 64 67 – Fermé
23 juin-12 juil., 22-31 déc., lundi et mardi*
4 ch – †35 € ††50 €, ⌂ 5 € – **Rest** – Menu 20 € (sem.)/36 € – Carte 23/37 €
♦ Sur l'une des places de la ville haute, auberge rustique décorée d'une profusion de
tableaux, bibelots anciens et cuivres. Ambiance conviviale et cuisine traditionnelle.

X **Froggy's Tavern** 🛜 🕭 VISA ⓪ AE ⓪
51 bis pl. du Gén. de Gaulle – ℰ *03 21 86 72 32 – Fermé 18 déc.-3 fév.*
Rest – rôtisserie Menu (18 €), 24 €
♦ On apprécie l'authenticité de cet ancien grenier à grain mariant le bois et la pierre, où
andouillettes et longes de porc tournent sur la rôtissoire. Convivialité assurée !

à La Madelaine-sous-Montreuil 3 km à l'Ouest par D 139 et rte secondaire – 156 h. – alt. 7 m – ⊠ 62170

XX ❀ **Auberge de la Grenouillère** (Alexandre Gauthier) avec ch ⬙   🗗
– 𝒞 03 21 06 07 22   **P** **VISA** **@O** **AE** **①**
– auberge.de.la.grenouillere@wanadoo.fr – Fax 03 21 86 36 36
– Fermé 18 déc.-5 fév., mardi et merc. sauf juil.-août
4 ch – ♥120/140 € ♥♥120/140 €, � 10 €
Rest – Menu 33/90 € – Carte 67/82 € ⅋⅋

Spéc. Gnocchi de pomme de terre à la truffe d'été (saison). Pavé de bar et polenta crémeuse. Panacotta, gelée de fraise et sorbet menthe.
♦ Ferme picarde bordant la Canche et décorée de vieux buffets, cuivres, fresques (grenouilles à table). Aux fourneaux, père et fils concoctent une cuisine actuelle. Vins judicieux.

à Inxent 9 km au Nord sur D 127 – 158 h. – alt. 28 m – ⊠ 62170

X ☜ 🐾 **Auberge d'Inxent** avec ch   🗗 ℅ ch, **P** **VISA** **@O**
318 r. de la Vallée de la Course – 𝒞 03 21 90 71 19 – auberge.inxent@wanadoo.fr
– Fax 03 21 86 31 67 – Fermé 23 juin-5 juil., 20 nov.-5 fév., merc. sauf juil.-août et mardi
6 ch – ♥66 € ♥♥66 €, ⊒ 9 € – ½ P 58/66 € – **Rest** – Menu 16/39 € – Carte 19/45 € ⅋⅋

♦ Beaux meubles et chaleureuse atmosphère familiale en ce restaurant aménagé dans un ancien presbytère. Cuisine régionale assortie d'un grand choix de vins bien choisis.

MONTREUIL – 93 Seine-Saint-Denis – 311 k2 – 101 17 – voir à Paris, Environs

---

MONTREUIL-BELLAY – 49 Maine-et-Loire – 317 I6 – 4 112 h. – alt. 50 m – ⊠ 49260 ▮ Châteaux de la Loire   35 **C2**

🄳 Paris 335 – Angers 54 – Châtellerault 70 – Chinon 39 – Cholet 61 – Poitiers 80 – Saumur 16

🄴 Office de tourisme, place du Concorde 𝒞 02 41 52 32 39, Fax 02 41 52 32 35
◎ Château★★ - Site★.

X ☜ **Hostellerie St-Jean**   🖙 ⬙ **P** **VISA** **@O**
432 r. Nationale – 𝒞 02 41 52 30 41 – Fax 02 41 52 89 02 – Fermé 25 fév.-10 mars, merc. soir du 15 oct. au 15 mars, dim. soir et lundi
Rest – Menu (14 €), 18/33 € – Carte 27/40 €

♦ Au centre de la cité médiévale, grande salle rustique avec poutres et cheminée et salon accueillant pour les repas de famille. Terrasse dressée dans la cour à la belle saison.

MONTREUIL-L'ARGILLÉ – 27 Eure – 304 C8 – 740 h. – alt. 170 m – ⊠ 27390

🄳 Paris 178 – L'Aigle 26 – Argentan 50 – Bernay 22 – Évreux 56 – Lisieux 33 – Vimoutiers 27   33 **C2**

🏠 **De Courteilles** sans rest   ℅ **P** **VISA** **@O**
D 438, rte d'Orbec – 𝒞 02 32 47 41 41 – b.borde@hoteldecourteilles.com
– Fax 02 32 47 41 51
20 ch – ♥49 € ♥♥49 €, ⊒ 6 €

♦ Séjour sans cérémonie dans cet hôtel récent bâti en retrait de la route. Chambres fonctionnelles équipées d'un mobilier en bois verni.

MONTREVEL-EN-BRESSE – 01 Ain – 328 D2 – 1 994 h. – alt. 215 m – ⊠ 01340

🄳 Paris 395 – Bourg-en-Bresse 18 – Mâcon 25 – Pont-de-Vaux 22 – St-Amour 24 – Tournus 36   44 **B1**

🄴 Office de tourisme, place de la Grenette 𝒞 04 74 25 48 74

XX ❀ **Léa** (Louis Monnier)   🄰🄲 ⬙ **VISA** **@O** **AE** **①**
10 rte d'Etrez – 𝒞 04 74 30 80 84 – lea.montrevel@free.fr – Fax 04 74 30 85 66
– Fermé 26 juin-11 juil., 22 déc.-15 janv., lundi sauf juil.-août, dim. soir et merc.
Rest – (nombre de couverts limité, prévenir) Menu 25 € (déj. en sem.), 35/64 € – Carte 71/101 €

Spéc. Gâteau de foie blonds. Gratin de homard "façon Eugénie Brazier". Poularde de Bresse à la crème et aux morilles. **Vins** Mâcon-Uchizy, Mâcon-Viré-Clessé.
♦ Fine cuisine classique dans cette très accueillante auberge. Plantes, tableaux, bibelots (sur le thème de la volaille de Bresse) donnent des airs de bonbonnière à la salle à manger.

Le Comptoir ✁ 🕍 ⅙ AK VISA ①
– 𝒞 04 74 25 45 53 – lea.montrevel@free.fr – Fax 04 74 30 85 66 – Fermé
26 juin-10 juil., 18 déc.-8 janv., dim. soir, mardi soir et merc.
Rest – Menu 18/31 € – Carte 21/35 €
♦ Si vous recherchez l'authenticité d'un café traditionnel, rendez-vous au Comptoir :
banquettes, affiches, miroirs et cuisine de bistrot alléchante. Quelques plats régionaux.

rte de Bourg-en-Bresse 2 km au Sud sur D 975 – ⊠ 01340 Montrevel-en-Bresse

Pillebois 🚗 🕍 ⅄ ⅙ ⌲ 🛦 P VISA ①
– 𝒞 04 74 25 48 44 – lepillebois@wanadoo.fr – Fax 04 74 25 48 79 – Fermé dim.
d'oct. à avril
30 ch – †75 € ††80 €, ⌵ 8 € – 1 suite – ½ P 65 €
Rest L'Aventure – (fermé sam. midi et dim. soir) Menu 17 € (sem.)/45 € – Carte 38/47 €
♦ Une façade moderne de style bressan (briques rouges et bois) cache des chambres
fonctionnelles bien tenues. Le restaurant suscite des envies de voyages avec son décor
ethnique et propose d'intéressants plats du terroir revisité. Terrasse face à la piscine.

MONTRICHARD – 41 Loir-et-Cher – 318 E7 – 3 624 h. – alt. 62 m – ⊠ 41400
🃏 Châteaux de la Loire 11 **A1**

🛣 Paris 220 – Blois 37 – Châteauroux 85 – Châtellerault 95 – Loches 33
– Tours 43 – Vierzon 80
🛈 Syndicat d'initiative, 1, rue du Pont 𝒞 02 54 32 05 10, Fax 02 54 32 28 80
◉ Donjon★ : ※★★.

Le Bellevue ⇐ 🛗 AK ⌲ 🚲 VISA ① AE ①
24 quai de la République – 𝒞 02 54 32 06 17 – contact@hotel-le-bellevue41.com
– Fax 02 54 32 48 06 – Fermé vend., sam. et dim. du 16 nov. au 14 déc.
35 ch – †78/88 € ††78/106 €, ⌵ 11 € – 3 suites – ½ P 68/78 € – **Rest** – (fermé dim.
soir, lundi midi et vend. d'oct. à avril) Menu 18 € (sem.)/54 € – Carte 34/49 €
♦ Enseigne-vérité : la plupart des chambres, meublées en wengé et poirier, offrent en effet
une vue panoramique sur le Cher. Trois suites dans une villa juste à côté. Au restaurant,
belles boiseries, baies vitrées braquées vers la vallée et choix traditionnel.

à Chissay-en-Touraine 4 km à l'Ouest par D 176 – 916 h. – alt. 63 m – ⊠ 41400

Château de Chissay 🌿 ⇐ 🜏 🕍 🍳 🛗 rest, 🛦 P VISA ① AE ①
– 𝒞 02 54 32 32 01 – chissay@leshotelsparticuliers.com – Fax 02 54 32 43 80
– Ouvert mars-nov.
25 ch – †130 € ††220 €, ⌵ 15 € – 5 suites – ½ P 121/166 € – **Rest** – Menu 28 €
(déj. en sem.)/62 € – Carte 45/77 €
♦ Ce château du 15ᵉ s. accueillit des hôtes illustres : Charles VII, Louis XI, de Gaulle. Spacieuses
chambres de caractère, notamment la troglodytique et le duplex du donjon. Élégant restaurant (voûtes en ogives, boiseries et mobilier de style Louis XIII) et cuisine actuelle.

MONTROND-LES-BAINS – 42 Loire – 327 E6 – 4 031 h. – alt. 356 m – Stat.
therm. : fin mars-fin nov. – Casino – ⊠ 42210 🃏 Lyon et la vallée du Rhône

🛣 Paris 447 – Lyon 69 – Montbrison 15 – Roanne 58 – St-Étienne 31 – Thiers 80
🛈 Office de tourisme, avenue des Sources 𝒞 04 77 94 64 74, Fax 04 77 94 59 59
🃏 du Forez Domaine de Presles, S : 12 km par D 1082 et D 16,
𝒞 04 77 30 86 85. 44 **A2**

Hostellerie La Poularde (Gilles Etéocle) 🍳 ⅙ ch, AK ⅘ 🛦
❀ 2 r. de St-Étienne – 𝒞 04 77 54 40 06 🚲 VISA ① AE ①
– la-poularde@wanadoo.fr – Fax 04 77 54 53 14
– Fermé 3-19 août, 1ᵉʳ-22 janv., mardi midi, dim. soir et lundi
7 ch – †80 € ††125 €, ⌵ 20 € – 9 suites
Rest – (prévenir le week-end) Menu 62 € (sem.)/122 € – Carte 74/142 € 🏵
Spéc. Déclinaison de foie gras de canard. Grosse langoustine croustillante aux
herbes, rouget contisé d'amandes grillées, huître noisettine (avril à sept.). Venai-
son (oct. à déc.). **Vins** Condrieu, Saint-Joseph.
♦ Ce relais de poste (1732) de la station thermale du Forez propose des chambres
personnalisées et, côté piscine, des appartements et des duplex. Boutique de vins. Alléchant programme au restaurant : carte classique rehaussée de notes actuelles et cave
exceptionnelle.

Motel du Forez sans rest   ⚑ ⇆ ⌧ 🐾 **P** **P** VISA ⓪ AE

37 rte de Roanne – ℰ 04 77 54 42 28 – motelduforez@wanadoo.fr
– Fax 04 77 94 66 58 – Fermé 10-17 août et 28 déc.-4 janv.
18 ch – †41 € ††51 €, ⌑ 7,50 €

♦ Bâtiment des années 1950 abritant des chambres de bon confort, garnies de meubles en pin et protégées des bruits de la route. Tenue méticuleuse. Accueil familial.

✗✗ Carré Sud   🏠 ⇔ VISA ⓪

4 rte de Lyon – ℰ 04 77 54 42 71 – carresudfs@orange.fr – Fax 04 77 54 52 85
– Fermé dim. sauf le midi de sept. à mai, mardi soir sauf de juin à août et merc. midi
Rest – Menu 17 € bc (déj. en sem.), 30/55 € – Carte 40/64 €

♦ Suggestions sur ardoise à midi et carte plus étoffée le soir, le tout pour une cuisine du marché associant épices et saveurs du Sud. Terrasse d'été dressée dans le patio arboré.

MONTROUGE – 92 Hauts-de-Seine – 311 J3 – 101 25 – **voir à Paris, Environs**

LE MONT-ST-MICHEL – 50 Manche – 303 C8 – 46 h. – alt. 10 m – ⌧ 50170
▌ Normandie Cotentin, Bretagne   32 **A3**

◗ Paris 359 – Alençon 135 – Avranches 23 – Dinan 58 – Fougères 45
   – Rennes 68 – St-Malo 55

◗ Office de tourisme, boulevard de l'Avancée ℰ 02 33 60 14 30,
   Fax 02 33 60 06 75

◙ Abbaye★★★ : La Merveille★★★, Cloître★★★ - Remparts★★ - Grande-Rue★ -
   Jardins de l'abbaye★ - Baie du Mont-St-Michel★★.

Auberge St-Pierre   🏠 ⌧ ch, 🐾 VISA ⓪ AE

– ℰ 02 33 60 14 03 – aubergesaintpierre@wanadoo.fr – Fax 02 33 48 59 82
21 ch – †98/140 € ††112/160 €, ⌑ 13 € – ½ P 90/162 € – **Rest** – Menu 22/48 €
– Carte 35/61 €

♦ La demeure à pans de bois du 15e s. abrite le restaurant et de petites chambres correctement tenues. À l'annexe, elles sont plus grandes et ménagent des échappées sur la mer. Brasserie côté rue, salle à manger à l'étage ou terrasse adossée aux remparts.

✗✗ La Mère Poulard avec ch   🐾 VISA ⓪ AE ⓪

Gde Rue – ℰ 02 33 89 68 68 – hotel@merepoulard.com – Fax 02 33 89 68 69
27 ch – †100/280 € ††100/280 €, ⌑ 15 € – ½ P 125/215 €
Rest – Menu 45/65 € – Carte 68/90 €

♦ La Mère Poulard ne met pas tous ses œufs dans le même panier : sur la carte, d'appétissantes recettes régionales côtoient la célébrissime omelette. Chaleureuses chambres bénéficiant, pour certaines, d'une vue panoramique.

à la Digue 2 km au Sud sur D 976 – ⌧ 50170 Le Mont-St-Michel

Relais St-Michel   ≤ Mont-St-Michel, 🍴 🏠 📶 ⚑ ch, ⇆ ⚑

– ℰ 02 33 89 32 00 – hotel@
relais-saint-michel.com – Fax 02 33 89 32 01   **P** VISA ⓪ AE ⓪
32 ch – †120/250 € ††120/250 €, ⌑ 14 € – 7 suites – ½ P 115/195 €
Rest – Menu (25 €), 35 € (déj.), 45/65 € – Carte 49/70 €

♦ L'abbaye en toile de fond et l'élégant mobilier de style anglais contribuent au charme de ce relais. Les chambres sont grandes et dotées d'un balcon ou d'une terrasse. Salle de restaurant actuelle offrant la vue sur le Mont. Cuisine traditionnelle.

Mercure   🍴 ⚑ ch, ⇆ ⚑ **P** VISA ⓪ AE

– ℰ 02 33 60 14 18 – contact@hotelmercure-montsaintmichel.com
– Fax 02 33 60 39 28 – Ouvert 11 fév.-10 nov.
100 ch – †68/111 € ††74/117 €, ⌑ 10 €
Rest Le Pré Salé – Menu 19/48 € – Carte 27/61 €

♦ Bordant le Couesnon à l'amorce de la digue, complexe hôtelier dont la plupart des chambres, identiques et pratiques, ont adopté le dernier look de la chaîne. Lumineuse et grande salle à manger où vous dégusterez le fameux agneau des prés-salés.

🏠 **De la Digue** ⟨ 𝔸�ℂ rest, ⇵ ⁒ ch, **P**, _VISA_ ⓜⓞ 𝔸𝔼 ⓞ
– ℰ 02 33 60 14 02 – hotel-de-la-digue@wanadoo.fr – Fax 02 33 60 37 59
– _Ouvert de fin mars à début nov._
35 ch – ⧫60/65 € ⧫⧫65/88 €, � 9,50 € – ½ P 70/85 € – **Rest** – Menu 20/33 €
– Carte 32/50 €
♦ La digue relie depuis 1877 le Mont-St-Michel à la terre ferme. Hôtel littoral tout en longueur, proposant des chambres fonctionnelles de tailles variées. Sobre salle à manger ménageant une perspective sur le Mont. Cuisine traditionnelle, spécialités de la mer.

MONTSALVY – 15 Cantal – 330 C6 – 896 h. – alt. 800 m – ✉ 15120
▌Auvergne   5 **B3**
🔹 Paris 586 – Aurillac 31 – Entraygues-sur-Truyère 14 – Figeac 57 – Rodez 56
🔹 Office de tourisme, rue du Tour-de-Ville ℰ 04 71 49 21 43, Fax 04 71 49 65 56
🔹 Puy-de-l'Arbre ✳ ★ NE : 1,5 km.

✕✕ **L'Auberge Fleurie** avec ch   ⇵ ⁒ ℓ _VISA_ ⓜⓞ
– ℰ 04 71 49 20 02 – info@auberge-fleurie.com – Fax 04 71 49 29 65 – _Fermé 29 sept.-6 oct., 6 janv.-13 fév., dim. soir et lundi sauf juil.-août_
7 ch – ⧫46/62 € ⧫⧫46/62 €, � 7,50 € – ½ P 50/61 €
Rest – Menu 16 € (déj. en sem.), 24/43 € – Carte 30/46 € ⌘
♦ Le charme de l'ancien rencontre avec bonheur l'élégance du contemporain en cette coquette auberge où le chef mitonne une goûteuse cuisine du terroir actualisée. Superbe cave. Jolies chambres de style colonial, très calmes, et bon petit-déjeuner.

MONT-SAXONNEX – 74 Haute-Savoie – 328 L4 – 1 477 h. – alt. 1 000 m –
✉ 74130   46 **F1**
🔹 Paris 572 – Lyon 189 – Annecy 57 – Genève 38 – Vernier 55
🔹 Office de tourisme, 294 route de l'Eglise ℰ 04 50 96 97 27,
   Fax 04 50 96 97 63

🏠 **Jalouvre** ⌂   ⟨ 🎄 📱 ⇵ ⁒ ℓ **P** _VISA_ ⓜⓞ 𝔸𝔼
45 rte Gorge du Cé – ℰ 04 50 96 90 67 – lejalouvre@iletait3fois.com
– Fax 04 50 96 91 41
15 ch – ⧫60 € ⧫⧫75 €, ⊇ 8 € – ½ P 55 € – **Rest** – Menu 13,50 € bc (déj. en sem.), 20/50 € – Carte 28/42 €
♦ Cet hôtel entièrement rénové, bien au calme dans un village de montagne, propose des chambres confortables, décorées dans un esprit chalet contemporain. Cuisine au goût du jour à déguster dans un cadre tout bois. Vue panoramique et terrasse à l'ombre d'un tilleul.

LES MONTS-DE-VAUX – 39 Jura – 321 E6 – rattaché à Poligny

MONTSÉGUR – 09 Ariège – 343 I7 – rattaché à Lavelanet

MONTSOREAU – 49 Maine-et-Loire – 317 J5 – 544 h. – alt. 77 m – ✉ 49730
▌Châteaux de la Loire   35 **C2**
🔹 Paris 292 – Angers 75 – Châtellerault 65 – Chinon 18 – Poitiers 82
   – Saumur 11 – Tours 56
🔹 Office de tourisme, avenue de la Loire ℰ 02 41 51 70 22
🔹 ✳ ★★ du belvédère.
🔹 Candes St-Martin ★ : Collégiales ★.

🏠 **La Marine de Loire** sans rest   🚗 ⅙ 𝔸ℂ ℓ **P** _VISA_ ⓜⓞ 𝔸𝔼
9 quai de la Loire – ℰ 02 41 50 18 21 – resa@hotel-lamarinedeloire.com
– Fax 02 41 50 19 26 – _Fermé 4-9 janv._
8 ch – ⧫130 € ⧫⧫130/170 €, ⊇ 15 € – 3 suites
♦ Cet hôtel des bords de Loire abrite un jardin intérieur fleuri et des chambres de charme personnalisées. Grand jacuzzi avec nage et massage sur demande. Brunch le dimanche.

Le Bussy sans rest
4 r. Jehanne d'Arc – ☎ 02 41 38 11 11 – hotel.lebussy@wanadoo.fr – Fax 02 41 38 18 10 – Ouvert de mi-fév. à mi-nov.
12 ch – 🚹59/78 € 🚹🚹59/78 €, ☕ 9 €
◆ La plupart des chambres de cette maison du 18e s. regardent le joli château de la Dame de Monsoreau, dont Bussy était l'amant. Salle des petits-déjeuners "troglodytique".

Diane de Méridor
12 quai Ph. de Commines – ☎ 02 41 51 71 76 – dianedemeridor@wanadoo.fr – Fax 02 41 51 17 17 – Fermé 17-30 nov., 8 janv.-8 fév., mardi et merc.
Rest – Menu (15 €), 28/70 € bc – Carte 57/71 €
◆ L'ancienne façade en tuffeau de ce restaurant cache une salle avec vue sur la Loire (murs couleur brique ornés d'expositions de tableaux). Cuisine traditionnelle soignée.

MOOSCH – 68 Haut-Rhin – 315 G9 – 1 912 h. – alt. 390 m – ✉ 68690 — 1 A3

Paris 469 – Strasbourg 128 – Colmar 53 – Mulhouse 29 – Belfort 48

Aux Trois Rois
35 r. du Gén. de Gaulle – ☎ 03 89 82 34 66 – contact@aux-trois-rois.com – Fax 03 89 82 39 27 – Fermé 2-10 mars, 22 juin-9 juil., 24 déc.-7 janv., lundi et mardi
Rest – Menu 32/48 € – Carte 35/50 €
◆ Ce restaurant se distingue par son ardoise de produits de la mer. Salle typiquement alsacienne (boiseries, vitraux) ou plus récente à l'étage. Terrasse ombragée.

MORANGIS – 91 Essonne – 312 D3 – 101 35 – voir à Paris, Environs

MOREILLES – 85 Vendée – 316 J9 – 219 h. – alt. 5 m – ✉ 85450 — 34 B3

Paris 443 – Nantes 103 – La Roche-sur-Yon 50 – La Rochelle 42 – Fontenay-le-Comte 43

Le Château de l'Abbaye
– ☎ 02 51 56 17 56 – daniellerenard@hotmail.com – Fax 02 51 56 30 30
5 ch – 🚹69/109 € 🚹🚹69/159 €, ☕ 12 € – ½ P 79/125 €
Table d'hôte – Menu 36 €
◆ Un château romantique bâti sur les vestiges d'une abbaye où Richelieu officia. Chambres élégantes (mobilier ancien, objets de famille), beaux salons et accueil aux petits soins. Ambiance table d'hôte et généreuse cuisine familiale dans la salle à manger.

MORESTEL – 38 Isère – 333 F3 – 3 034 h. – alt. 220 m – ✉ 38510 — 45 C2

Paris 506 – Lyon 65 – Vénissieux 63 – Villeurbanne 64
Office de tourisme, 100, place des Halles ☎ 04 74 80 19 59, Fax 04 74 80 56 71

Ferme de Montin sans rest
1 km au Sud-Ouest par D 244 et D 19C – ☎ 04 74 80 52 15 – vchomard@aol.com – Fax 04 74 80 52 15
3 ch ☕ – 🚹129/139 € 🚹🚹149/159 €
◆ Cette authentique ferme du 14e s. dissimule un intérieur très raffiné et des chambres luxueuses et romantiques à souhait. Jardin, belle piscine et le silence de la campagne tout autour...

MORET-SUR-LOING – 77 Seine-et-Marne – 312 F5 – 4 402 h. – alt. 50 m – ✉ 77250 Île de France — 19 C3

Paris 74 – Fontainebleau 11 – Melun 28 – Nemours 17 – Sens 44
Office de tourisme, 4 bis, place de Samois ☎ 01 60 70 41 66, Fax 01 60 70 82 52
de la Forteresse à Thoury-Férottes Domaine de la Forteresse, SO : 15 km par D 218 et D 22, ☎ 01 60 96 95 10.
Site★.

Auberge de la Terrasse ⪦ ↳↲ ☎ VISA ⓜ AE

40 r. Pêcherie – ℰ 01 60 70 51 03 – aubergedelaterrasse@wanadoo.fr
– Fax 01 60 70 51 69 – Fermé 15 oct.-4 nov., vend. soir, dim. soir et lundi
17 ch – ♦39/61 € ♦♦53/75 €, ⌂ 10 € – ½ P 48/59 € – **Rest** – Menu 22 € – Carte 24/39 €

◆ Bâtisse ancienne longeant le Loing. Les petites chambres, insonorisées, sont simples mais très bien tenues. Salle à manger rustique et terrasse regardent la rivière plusieurs fois peinte par Alfred Sisley. Cuisine traditionnelle.

※※ Le Relais de Pont-Loup 🚗 🏠 P VISA ⓜ AE

14 r. Peintre Sisley – ℰ 01 60 70 43 05 – relaispontloup@wanadoo.fr
– Fax 01 60 70 22 54 – Fermé dim. soir et lundi
Rest – *(prévenir le week-end)* Menu 28 € (sem.)/55 € – Carte 38/63 €

◆ Briques, poutres, cheminée et rôtissoire composent le décor de cette salle à laquelle on accède par la cuisine. Terrasse tournée vers le jardin dégringolant jusqu'au Loing.

※※ Hostellerie du Cheval Noir avec ch 🏠 ↳↲ ☎ VISA ⓜ AE

47 av. J. Jaurès – ℰ 01 60 70 80 20 – infos@chevalnoir.fr – Fax 01 60 70 80 21
– Fermé 21 juil.-11 août, 19 janv.-3 fév., lundi midi et mardi midi
10 ch – ♦55/110 € ♦♦65/125 €, ⌂ 12 € – 1 suite – ½ P 73/102 €
Rest – Menu 30 € (sem.)/90 € – Carte 70/104 €

◆ Des tableaux décorent la salle à manger de ce relais de poste du 18ᵉ s. bâti face à une des portes de l'ancienne place forte. Cuisine inventive jouant du sucre et des épices.

MOREY-ST-DENIS – 21 Côte-d'Or – 320 J6 – 673 h. – alt. 275 m – ⊠ 21220
▶ Paris 318 – Beaune 30 – Dijon 16   8 **D1**

Castel de Très Girard 🏠 ⌿ 🖲 ch, ⏇ P VISA ⓜ AE ⓞ

7 r. de Très Girard – ℰ 03 80 34 33 09 – info@castel-tres-girard.com
– Fax 03 80 51 81 92 – Fermé 16-26 nov. et 17 fév.-5 mars
9 ch – ♦79/129 € ♦♦79/186 €, ⌂ 14,50 € – ½ P 105/143 €
Rest – Menu 23/80 € – Carte 51/63 € ⅋

◆ Chambres confortables et agrément d'une piscine au jardin en cette belle maison de maître (18ᵉ s.) au passé de pressoir, cernée par "l'or" de la Côte. Au restaurant, bon assortiment de bourgognes, cuisine du moment, cadre classico-rustique et terrasse.

MORGAT – 29 Finistère – 308 E5 – ⊠ 29160 Crozon ▮ Bretagne   9 **A2**
▶ Paris 590 – Brest 62 – Châteaulin 38 – Douarnenez 42 – Morlaix 84 – Quimper 52
◉ Grandes Grottes ★.

Le Grand Hôtel de la Mer ⑤ ⪦ ⟁ ※ ▤ & ⌿ ⏇ P VISA ⓜ AE

av. de la Plage – ℰ 02 98 27 02 09 – thierry.regnier@vvf-vacances.fr
– Fax 02 98 27 02 39 – Ouvert 6 avril-5 oct.
78 ch – ♦48/91 € ♦♦56/125 €, ⌂ 9 € – **Rest** – *(fermé mardi midi, sam. midi et lundi sauf le soir en juil.-août)* Menu 21/39 €

◆ Le souvenir de la Belle Époque habite cet hôtel géré par le groupe VVF. Grandes chambres assez sobres, regardant le parc planté de palmiers ou l'océan. Grande salle pour les demi-pensionnaires, décor plus intime au restaurant; tous deux donnent sur la baie de Douarnenez.

Julia ⑤ ▤ & ⌿ rest, ☎ ⏇ P VISA ⓜ AE

43 r. de Tréflez – ℰ 02 98 27 05 89 – contact@hoteljulia.fr – Fax 02 98 27 23 10
– Fermé 3 janv.-28 fév.
18 ch – ♦51/140 € ♦♦51/140 €, ⌂ 9 € – 1 suite – ½ P 58/102 € – **Rest** – *(ouvert 1ᵉʳ avril-6 nov., 20 déc.-2 janv. et fermé le midi du mardi au vend. sauf juil.-août et lundi)* Menu 13 € (déj.), 19/58 € – Carte 27/53 €

◆ Dans un quartier résidentiel calme, hôtel évoluant peu à peu vers un confort plus actuel (déjà 4 grandes chambres contemporaines et une salle de séminaires flambant neuves). Ambiance "pension de famille" dans la salle à manger en rotonde. Recettes régionales.

De la Baie sans rest ☎ VISA ⓜ ⓞ

46 bd Plage – ℰ 02 98 27 07 51 – hotel.de.la.baie@presquile-crozon.com
– Fax 02 98 26 29 65
26 ch – ♦35/65 € ♦♦35/65 €, ⌂ 7 €

◆ Petit hôtel tout simple dont les chambres, un brin vieillissantes, restent pratiques et bien tenues. Certaines regardent la mer, à l'instar de la plaisante salle des petits-déjeuners.

MORILLON – 74 Haute-Savoie – 328 N4 – rattaché à Samoëns

MORLAÀS – 64 Pyrénées-Atlantiques – 342 K2 – 3 658 h. – alt. 287 m – ⌧ 64160
▯ Aquitaine   3 **B3**

    ▯ Paris 767 – Pau 15 – Tarbes 37
    ▯ Office de tourisme, place Sainte-Foy ℰ 05 59 33 62 25, Fax 05 59 33 62 25
    ◉ Portail★ de l'église Sainte-Foy.

✗   **Le Bourgneuf** avec ch ⌂   🏠 AC ☎ P VISA ◎◎
    3 r. Bourg Neuf – ℰ 05 59 33 44 02 – courbet.daniel @ wanadoo.fr
⌀⌀   – Fax 05 59 33 07 74 – Fermé 15 oct.-8 nov., dim. soir et sam.
    12 ch – ♦43 € ♦♦47/52 €, ⊇ 5 € – ½ P 42/52 € – **Rest** – Menu 14 € bc
    (sem.)/40 € – Carte 21/39 €
    ♦ Immuable carte régionale servie dans un décor simple d'esprit rustique ; on propose
    également le plat du jour au bar. Un bâtiment récent abrite de petites chambres
    pratiques.

MORLAIX ⊛ – 29 Finistère – 308 H3 – 15 990 h. – alt. 7 m – ⌧ 29600
▯ Bretagne   9 **B1**

    ▯ Paris 538 – Brest 61 – Quimper 78 – St-Brieuc 86
    ▯ Office de tourisme, place des Otages ℰ 02 98 62 14 94,
    Fax 02 98 63 84 87
    ▮ de Carantec à Carantec Rue de Kergrist, N : 13 km par D73, ℰ 02 98 67 09 14.
    ◉ Vieux Morlaix★ : Viaduc★ – Grand'Rue★ – Intérieur★ de la maison de "la
    Reine Anne" – Vierge★ dans l'église St-Mathieu - Rosace★ dans le musée des
    Jacobins★.
    ◰ Calvaire★★ de Plougonven★ 12 km par D 9.

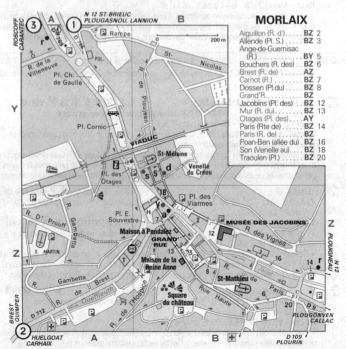

MORLAIX

De l'Europe sans rest   📧 🏓 📠 🏧 VISA ⓜ AE ⓪

1 r. Aiguillon – ℰ 02 98 62 11 99 – reservations@hotel-europe-com.fr
– Fax 02 98 88 83 38 – Fermé 18 déc.-6 janv.   BZ **a**
60 ch – ♦76/120 € ♦♦80/250 €, � 8 €

◆ De belles boiseries sculptées du 17e s. ornent le hall et l'imposant escalier de cet édifice bicentenaire. Préférez les chambres refaites, plus joliment décorées. Accueil aimable.

Du Port sans rest   📠 🏧 📧 VISA ⓜ AE

3 quai de Léon – ℰ 02 98 88 07 54 – info@lhotelduport.com – Fax 02 98 88 43 80
– Fermé 20 déc.-10 janv.   AY **r**
25 ch – ♦58/72 € ♦♦65/80 €, � 8,50 €

◆ Maison bretonne du 19e s. face au port de plaisance. Chambres pratiques, toutes rénovées et bien insonorisées ; certaines ont vue sur les quais et sur le viaduc.

Les Bruyères sans rest   📠 📧 **P** VISA ⓜ AE ⓪

3 km par rte de Plouigneau Est sur D 712 – ℰ 02 98 88 08 68 – hotellesbruyeres@
wanadoo.fr – Fax 02 98 88 66 54
32 ch – ♦47/72 € ♦♦47/75 €, � 7,50 €

◆ Construction basse au style caractéristique des années 1970. Chambres entièrement revues (mobilier pratique et couleurs gaies) et acueillante salle des petits-déjeuners.

Manoir de Coat Amour ⌂   📧 🍴 📠 🏧 **P** VISA ⓜ

rte de Paris – ℰ 02 98 88 57 02 – coatamour@wanadoo.fr
– Fax 02 98 88 57 02   BZ **r**
6 ch � – ♦72/100 € ♦♦80/113 €
Table d'hôte – Menu 32 €bc/47 €bc

◆ Sur les hauteurs de la ville, manoir du 19e s. aux airs de malouinière entouré d'un parc arboré et fleuri. Des meubles d'antiquaires garnissent les chambres, spacieuses et cossues. La maîtresse des lieux propose une table d'hôte certains soirs de la semaine.

Brasserie de l'Europe   🏠 VISA ⓜ

pl. E. Souvestre – ℰ 02 98 88 81 15 – contact@brasseriedeleurope.com
– Fax 02 98 63 47 24 – Fermé 4-11 mai, 1er-7 janv. et dim.   BZ **y**
Rest – Menu 15 € – Carte 20/35 €

◆ À la bouteille, en pot ou au verre... Un large choix de vins accompagne l'appétissante cuisine traditionnelle servie dans cette grande brasserie au cadre contemporain soigné.

La Marée Bleue   VISA ⓜ

3 rampe St-Mélaine – ℰ 02 98 63 24 21 – la.marée.bleue@wanadoo.fr – Fermé
1er-20 oct., dim. soir et lundi sauf juil.-août   BY **s**
Rest – Menu 25 € – Carte 20/45 €

◆ Cette maison compte parmi les plus vieilles du secteur de l'église St-Mélaine. Intérieur rustique, mobilier régional, œuvres d'artistes locaux et plats traditionnels.

L'Hermine   VISA ⓜ

35 r. Ange de Guernisac – ℰ 02 98 88 10 91 – Fermé 13-22 juin, 24 nov.-7 déc.,
30 déc.-14 janv., dim. et merc.   BY **d**
Rest – crêperie Carte 11/21 €

◆ Poutres, tables en bois ciré et objets campagnards composent le décor de cette sympathique crêperie bordant une rue piétonne. Spécialités de galettes aux algues fraîches.

par ① 4 km par D 76 (rive droite) et rte secondaire - ⊠ 29600 Morlaix

Manoir de Roch ar Brini sans rest ⌂   ≤ 📧 📠 🏧 📧 **P**

Ploujean – ℰ 02 98 72 01 44 – contact@brittanyguesthouse.com
– Fax 02 98 88 04 49
3 ch ☐ – ♦70/85 € ♦♦70/85 €

◆ Ce manoir de 1870 entouré d'un parc arboré dispose de chambres personnalisées (dont deux grandes) auxquelles on accède par un bel escalier en pierre. Élégante salle à manger bourgeoise d'origine.

MORNAC-SUR-SEUDRE – 17 Charente-Maritime – 324 D5 – 652 h. – alt. 5 m –
✉ 17113 ▯ Poitou Charentes Vendée   38 **A3**

▶ Paris 508 – Poitiers 175 – La Rochelle 66 – Rochefort 36 – Saintes 38

⌂ **Le Mornac** sans rest   🛋 ⏳ 📞
21 r. des Halles – ✆ *05 46 22 63 20 – le-mornac@orange.fr – Fax 05 46 22 63 20*
– Fermé 14 janv.-4 fév.
5 ch ⊑ – ♦55/70 € ♦♦60/75 €
◆ Belle demeure du 18e s. convertie en maison d'hôte par un couple charmant, d'origine
hollandaise. Chambres cosy où l'on se sent comme chez soi. Jardin, terrasse et piscine.

MORNAS – 84 Vaucluse – 332 B8 – 2 209 h. – alt. 37 m – ✉ 84550
▯ Provence   40 **A2**

▶ Paris 646 – Avignon 40 – Bollène 12 – Montélimar 47 – Nyons 46
– Orange 12

🏠 **Le Manoir**   🍴 🏧 rest, 📞 🔒 📖 🚗 *VISA* 🆗 🆔
16 av. Jean Moulin – ✆ *04 90 37 00 79 – info@lemanoir-mornas.fr*
– Fax 04 90 37 10 34 – Fermé 1er janv.-12 fév., dim., lundi et mardi d'oct. à mai
24 ch – ♦52/54 € ♦♦54/96 €, ⊑ 8 € – ½ P 62/83 €
Rest – *(fermé mardi sauf le soir de juin à sept., dim. soir d'oct. à mai et lundi)*
Menu 27/45 € – Carte 33/44 €
◆ Au pied d'une vertigineuse falaise portant la célèbre forteresse, belle demeure bourgeoise (18e s.) au charme et au cachet rétro. Chambres rénovées et de styles variés. Salle à
manger rustico-provençale et patio-terrasse délicieusement ombragé. Cuisine traditionnelle.

MORSBRONN-LES-BAINS – 67 Bas-Rhin – 315 K3 – 522 h. – alt. 200 m –
✉ 67360   1 **B1**

▶ Paris 489 – Haguenau 11 – Sarreguemines 68 – Strasbourg 44
– Wissembourg 28

🅸 Office de tourisme, 1, route de Haguenau ✆ 03 88 05 82 40,
Fax 03 88 94 20 04

🏠 **La Source des Sens**   🛋 🍴 🖥 🆓 *Fa* 📞 🔒 📖 *VISA* 🆗 🆔 🆔
🏵 *19 rte Haguenau* – ✆ *03 88 09 30 53 – info@lasourcedessens.com*
– Fax 03 88 09 35 65 – Fermé 15-31 juil., 10-16 nov. et 15 janv.-15 fév.
19 ch – ♦40/170 € ♦♦55/190 €, ⊑ 11 € – 7 suites – ½ P 60/125 €
Rest – *(fermé dim. soir et lundi)* Menu 15 € (déj. en sem.)/90 € bc – Carte 46/57 €
◆ Cet établissement propose des chambres tendance (lignes épurées, bois sombre,
lampes japonaises...) et un espace bien-être très complet. Au restaurant, carte créative et
atmosphère moderne (mobilier design, véranda, suivi en direct des cuisines via un écran
plasma).

MORTAGNE-AU-PERCHE ◉ – 61 Orne – 310 M3 – 4 513 h. – alt. 260 m –
✉ 61400 ▯ Normandie Vallée de la Seine   33 **C3**

▶ Paris 153 – Alençon 39 – Chartres 80 – Lisieux 89 – Le Mans 73
– Verneuil-sur-Avre 40

🅸 Office de tourisme, Halle aux Grains ✆ 02 33 85 11 18, Fax 02 33 83 34 37

🏌 De Bellême Saint-Martin à Bellême Les Sablons, S : 17 km par D 938,
✆ 02 33 73 12 79.

◎ Boiseries★ de l'église N.-Dame.

🏠 **Du Tribunal** ॐ   🍴 🍽 ch, 📞 *VISA* 🆗 🆔
4 pl. Palais – ✆ *02 33 25 04 77 – hotel.du.tribunal@wanadoo.fr*
– Fax 02 33 83 60 83
21 ch – ♦50/100 € ♦♦50/100 €, ⊑ 9 € – ½ P 60/75 € – **Rest** – Menu (13,50 €),
19/40 € – Carte 30/47 €
◆ Cette ravissante maison fleurie (13e et 18e s.) abrite des chambres décorées à l'ancienne,
aux harmonies de tons particulièrement soignées. Salle à manger élégante où
l'on sert, entre autres, le boudin noir, spécialité mortagnaise. Terrasse paisible, jardin
intérieur.

au Pin-la-Garenne 9 km au Sud par rte Bellême sur D 938 – 639 h. – alt. 158 m – ⊠ 61400

✗   **La Croix d'Or**   🛜 **P.** *VISA* **①** **①**

⊖   *6 r. de la Herse – ℰ 02 33 83 80 33 – Fax 02 33 83 06 03 – Fermé 4 fév.-2 mars, mardi soir et merc.*
Rest – Menu (9,50 €), 17/45 € – Carte 26/48 €
◆ Accueillante auberge bordant la traversée du village. En hiver, la cheminée réchauffe agréablement la salle à manger rustique, récemment rénovée. Cuisine classique.

MORTAGNE-SUR-GIRONDE – 17 Charente-Maritime – 324 F7 – 967 h.
– **alt. 51 m** – ⊠ 17120 ▮ **Poitou Vendée Charentes**   38 **B3**

   ▶ Paris 509 – Blaye 59 – Jonzac 30 – Pons 26 – La Rochelle 115 – Royan 34
      – Saintes 36

   ▮ Syndicat d'initiative, 1, place des Halles ℰ 05 46 90 52 90, Fax 05 46 90 52 90

   ◉ Chapelle★ de l'Ermitage St-Martial S : 1,5 km.

⌂   **La Maison du Meunier** sans rest   🕮 ⅘ ⌘ ✆
*36 quai de l'Estuaire, (au port) – ℰ 05 46 97 75 10 – info@maisondumeunier.com
– Fax 05 46 92 25 54*
5 ch ⌲ – †55/60 € ††55/90 €
◆ Tableaux modernes, photos anciennes et même une vieille moto décorent cette maison de maître ayant appartenu à un meunier. Jolies chambres personnalisées et accueil charmant.

MORTEAU – 25 Doubs – 321 J4 – 6 375 h. – alt. 780 m – ⊠ 25500
▮ Franche-Comté Jura   17 **C2**

   ▶ Paris 468 – Basel 121 – Belfort 88 – Besançon 65 – Neuchâtel 42
      – Pontarlier 31

   ▮ Office de tourisme, place de la Halle ℰ 03 81 67 18 53, Fax 03 81 67 62 34

🏨   **La Guimbarde** sans rest   **P.** *VISA* **①**
10 pl. Carnot – ℰ 03 81 67 14 12 – info@la-guimbarde.com – Fax 03 81 67 48 27
19 ch – †49/100 € ††54/100 €, ⌲ 7,50 €
◆ Cet imposant édifice du 19e s. vous reçoit dans ses chambres réactualisées ; seule la salle des petits-déjeuners a gardé son aspect rustique. Le week-end, piano-bar au salon.

✗✗   **Auberge de la Roche** (Philippe Feuvrier)   🕮 🛜 **P.** *VISA* **①**
🕸   *au Pont de la Roche, 3 km au Sud-Ouest par D 437 ⊠ 25570 – ℰ 03 81 68 80 05
– pfeuvrier@wanadoo.fr – Fax 03 81 68 87 64 – Fermé 24 juin-5 juil.,
12-31 janv., mardi soir, dim. soir et lundi*
Rest – Menu 27 € (sem.)/78 € – Carte 58/81 €
Spéc. Terrine de foie gras d'oie. Filet de sandre rôti, sabayon de trousseau.
Brochette de caille désossée. **Vins** Château-Chalon, Côtes du Jura-Trousseau.
◆ Accueil chaleureux et cuisine franc-comtoise revisitée ont fait la renommée de ce restaurant situé dans la verte campagne du Haut-Doubs. Apéritif et café servis en terrasse.

à Grand'Combe-Châteleu 5 km au Sud-Ouest par D 437 et D 47 – 1 266 h.
– **alt. 760 m** – ⊠ 25570

      ◉ Fermes anciennes★.

✗✗   **Faivre**   *VISA* **①**
⊖   *– ℰ 03 81 68 84 63 – Fax 03 81 68 87 80 – Fermé dim. soir et lundi*
Rest – Menu 18 € bc (déj. en sem.), 25/60 € – Carte 22/66 €
◆ Grande maison comtoise dans un hameau pittoresque aux belles fermes anciennes.
Cadre rustique où les habitués dégustent des plats régionaux, dont le célèbre "Jésus" de Morteau.

aux Combes 7 km à l'Ouest par D 48 et rte secondaire – 598 h. – alt. 935 m – ⊠ 25500

🏠   **L'Auberge de la Motte** ⤳   🕮 🛜 ⅘ *VISA* **①**
⊖   *la Motte – ℰ 03 81 67 23 35 – auberge.delamotte@orange.fr – Fax 03 81 67 63 45
– Fermé 15-30 nov.*
🍽   **7 ch** – †42/45 € ††45/48 €, ⌲ 6,50 € – ½ P 44/48 € – **Rest** – (fermé dim. soir et lundi midi) Menu 10 € (déj. en sem.), 20/29 €
◆ Ferme de pays (1808) restaurée et dotée de chambres agrémentées de boiseries et de meubles contemporains. La carte régionale tend à se simplifier, se concentrant davantage sur les produits du terroir. Terrasse d'été.

MORTEMART – 87 Haute-Vienne – 325 C4 – 126 h. – alt. 300 m – ⊠ 87330
▌ Limousin Berry   24 **A1**

> ◘ Paris 388 – Bellac 14 – Confolens 31 – Limoges 41 – St-Junien 20
> 🛈 Syndicat d'initiative, Château des Ducs ℰ 05 55 68 98 98

✗✗   **Le Relais** avec ch   ⌂ _VISA_ ⓂⓄ
1 pl. Royale – ℰ 05 55 68 12 09 – dominique.pradeau189@wanadoo.fr
– Fax 05 55 68 12 09 – Fermé fév., mardi sauf du 15 juil. au 31 août et lundi
5 ch – ♦45/52 € ♦♦45/68 €, ☲ 8 € – ½ P 62 € – **Rest** – Menu 19/45 € – Carte
43/54 €
♦ Sympathique restaurant campagnard (pierres apparentes, cheminée, poutres),
face aux jolies halles en bois. Goûteuse cuisine traditionnelle. Chambres simples mais
coquettes.

MORTHEMER – 86 Vienne – 322 J6 – ⊠ 86300
▌ Poitou Charentes Vendée   39 **C2**

> ◘ Paris 370 – Poitiers 33 – Châtellerault 70 – Buxerolles 35 – Chauvigny 17

✗   **La Passerelle**   ⌂ _VISA_ ⓂⓄ 🅰🄾 ⓪
⊗   – ℰ 05 49 01 13 33 – Fax 05 49 01 13 33 – Fermé 4-11 fév., dim. soir, lundi et merc.
Rest – Menu 11 € bc (déj. en sem.), 25/45 € – Carte 37/41 €
♦ Le majestueux château de Morthemer domine cette petite maison de pays accessible par
une passerelle (d'où l'enseigne). Intérieur rustique, plats traditionnels et produits frais.

MORZINE – 74 Haute-Savoie – 328 N3 – 2 948 h. – alt. 960 m – Sports d'hiver :
1 000/2 100 m ⊰ 6 ⊰ 61 ⊀ – ⊠ 74110 ▌ Alpes du Nord   46 **F1**

> ◘ Paris 586 – Annecy 84 – Cluses 26 – Genève 58 – Thonon-les-Bains 31
> 🛈 Office de tourisme, 23, Place du Baraty ℰ 04 50 74 72 72, Fax 04 50 79 03 48
> 🅰 Avoriaz à Avoriaz Office du Tourisme Avoriaz, E : 12 km par D 338,
>   ℰ 04 50 74 11 07.
> ◉ le Pléney★ par téléphérique, pointe du Nyon★ par téléphérique - Télésiège
>   de Chamoissière★★.

Plan page ci-contre

🏠🏠🏠   **Le Samoyède**   ⪡ 🚗 ⌂ 🕻 **P** _VISA_ ⓂⓄ 🅰🄾 ⓪
– ℰ 04 50 79 00 79 – info@hotel-lesamoyede.com – Fax 04 50 79 07 91 – Ouvert
mi-juin à mi-sept. et mi-déc. à mi-avril   B **g**
30 ch – ♦50/105 € ♦♦147/250 €, ☲ 13 € – 1 suite – ½ P 70/180 €
Rest L'Atelier – (fermé le midi sauf dim. et fériés) Menu 37/66 € – Carte 43/61 €
Rest La Taverne – Menu 21/30 € – Carte 26/43 €
♦ Grand chalet doté de vastes chambres personnalisées – dont 5 flambant neuves –,
souvent orientées plein Ouest, face aux pentes enneigées. Table inventive, cadre chic et
terrasse au toit exotique à L'Atelier. Plats régionaux et de brasserie à La Taverne.

🏠🏠🏠   **Le Dahu** ⊰   ⪡ 🚗 ⌂ 🏊 🔳 🛌 🕻 ⌘ rest, 🕻 **P** _VISA_ ⓂⓄ
293 chemin du Mas Métout – ℰ 04 50 75 92 92 – info@dahu.com
– Fax 04 50 75 92 50 – Ouvert 20 juin-10 sept. et 20 déc.-15 avril   B **z**
39 ch – ♦42/130 € ♦♦67/205 €, ☲ 13 € – 8 suites – ½ P 67/150 €
Rest – (fermé le midi en hiver sauf vacances scolaires et mardi soir du
20 déc.-15 avril) Menu 26/55 €
♦ Au calme sur la rive droite de la Dranse, hôtel familial dominant la vallée. Chambres
montagnardes et cosy, souvent dotées d'un balcon ; bel espace de remise en forme.
Restaurant panoramique proposant un menu unique.

🏠🏠🏠   **Champs Fleuris**   ⪡ 🚗 ⌂ 🔳 🛌 ⌘ 🕻 ⌘ rest, 🕻 🆂 ⌂ _VISA_ ⓂⓄ 🅰🄾
– ℰ 04 50 79 14 44 – info@hotel-champsfleuris.fr – Fax 04 50 79 27 75 – Ouvert
21 juin-14 sept. et 16 déc.-14 avril   A **f**
47 ch – ♦80/120 € ♦♦80/150 €, ☲ 12 € – 6 suites – ½ P 90/170 €
Rest – Menu 24 € bc (déj.), 28 € bc/35 € bc
♦ Idéalement situé au pied du téléphérique du Pléney, hôtel dont les chambres,
plutôt spacieuses, ont presque toutes été rénovées dans le style alpin. Salon-cheminée
tourné vers les pistes. Cuisine traditionnelle servie dans une salle à manger mi-actuelle mi-
chalet.

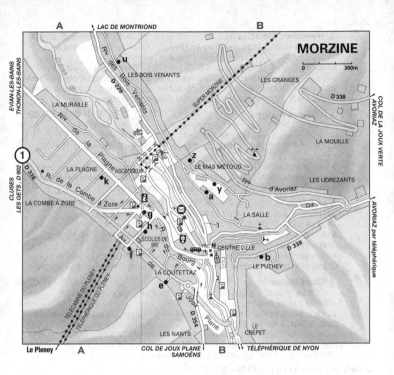

MORZINE

	La Bergerie sans rest	⟨ 🍴 ⚒ 🛗 ⚒ 📞 🚗 VISA ⓶⓪

– ✆ 04 50 79 13 69 – info@hotel-bergerie.com – Fax 04 50 75 95 71 – Ouvert
30 juin-15 sept. et 24 déc.-23 mars   **B h**
27 ch – ❦70/120 € ❦❦120/300 €, ⊊ 12 €

♦ Un chalet engageant où règne une ambiance jeune et familiale : on s'y sent "comme à la
maison" ! Décoration locale à l'ancienne. Piscine chauffée toute l'année.

	Chalet Philibert	⟨ 🍴 ⚒ 🛗 ⚒ ch, ⚒ rest, 📞 P VISA ⓶⓪ AE ⓪

– ✆ 04 50 79 25 18 – info@chalet-philibert.com – Fax 04 50 79 25 81 – Ouvert
1ᵉʳ juin-20 sept. et 1ᵉʳ déc.-20 avril   **B b**
29 ch – ❦69/98 € ❦❦90/240 €, ⊊ 12 €
Rest *Le Restaurant du Chalet* – *(ouvert 18 déc.-20 avril) (dîner seult)* Menu (35 €),
45/60 €

♦ Chalet rénové dans le respect de la tradition savoyarde à partir de matériaux
anciens glanés dans les fermes voisines. Chambres confortables, presque toutes pourvues
de balcons. Atmosphère chaleureuse dans la salle à manger voûtée. Cuisine au goût du
jour.

	La Clef des Champs	⟨ 🍴 🍴 ⚒ 🖥 🛗 ⚒ ch, ⚒ rest,

av. Joux-Plane – ✆ 04 50 79 10 13 – hotel@   📞 🅰 P VISA ⓶⓪
clefdeschamps.com – Fax 04 50 79 08 18 – Ouvert 30 juin-2 sept.
et 20 déc.-10 avril   **B e**
30 ch – ❦55/105 € ❦❦65/120 €, ⊊ 12 € – ½ P 67/86 €
Rest – Menu 25/30 €

♦ Au pied des pistes, joli chalet orné de balcons en bois découpé comme de la
dentelle. Trois catégories de chambres, refaites dans le style montagnard. Dans le
restaurant tout en sapin brossé, les spécialités régionales côtoient une carte internationale.

L'Hermine Blanche 🐾   ⬅ 📠 🖼 📶 ☕ rest, 🅿️ VISA ⓜⓒ

414 chemin du Mas Metout – ℰ 04 50 75 76 55 – info@hermineblanche.com
– Fax 04 50 74 72 47 – Ouvert 1ᵉʳ juil.-1ᵉʳ sept. et 20 déc.-12 avril   B y
25 ch – ♦46/61 € ♦♦56/81 €, � 8 € – ½ P 58/75 € – **Rest** – *(dîner seult)* Menu 20 €
♦ Près de la route d'Avoriaz, avenante adresse disposant de chambres simples, fraîches et accueillantes (toutes avec balcon). Agréable piscine semi-couverte et jacuzzi face au jardin. Le chef italien mitonne pour les résidents des plats de toutes origines.

Fleur des Neiges   📠 🍴 🖼 ☕ 📶 ☕ 🅿️ VISA ⓜⓒ
🈂️

– ℰ 04 50 79 01 23 – info@chaletfleurdesneiges.com – Fax 04 50 75 95 75
– Ouvert 1ᵉʳ juil.-5 sept. et 20 déc.-10 avril   A k
31 ch – ♦40/78 € ♦♦70/120 €, � 10 € – ½ P 50/95 € – **Rest** – Menu 15 € (déj. en sem.), 20/25 €
♦ Entièrement refait, l'hôtel dispose de chambres douillettes (meubles en pin, boiseries claires, couettes). Côté sport et détente : fitness, sauna, tennis et piscine. En hiver, salle à manger lambrissée. En été, service dans le jardin. Menu unique.

Les Côtes 🐾   ⬅ 📠 🖼 ⚕ 🍴 📶 🅿️ ☁ VISA ⓜⓒ

265 chemin de la Salle – ℰ 04 50 79 09 96 – info@hotel-lescotes.com
– Fax 04 50 75 97 38 – Ouvert 1ᵉʳ juil.-31 août et 20 déc.-4 avril   B a
4 ch – ♦55/65 € ♦♦55/65 €, � 8 € – 19 suites – ♦♦66/136 € – ½ P 55/81 € –
Rest – *(dîner seult)* Menu 20/23 €
♦ Ce double chalet aux balcons de bois ouvragé jouit d'une bonne exposition côté adret. Chambres et studios sobres et bien tenus. Nombreux loisirs ; belle piscine sous verrière.

L'Ours Blanc 🐾   ⬅ 📠 🍴 ☕ rest, 🅿️ VISA ⓜⓒ

– ℰ 04 50 79 04 02 – info@oursblanc-morzine.com – Fax 04 50 75 97 82
– Ouvert 5 juil.-7 sept. et 22 déc.-10 avril   A u
22 ch – ♦45 € ♦♦56/70 €, � 9 € – ½ P 55/68 € – **Rest** – *(dîner seult) (résidents seult)* Menu 22 € (sem.)/26 €
♦ L'accueil familial fait l'attrait de ce chalet standard situé à l'écart du centre et orienté au Sud. Les chambres sont simples mais agréables et propres ; quelques balcons. Menu unique au restaurant ; fondue et raclette deux fois par semaine.

à Avoriaz 14 km à l'Est par D 338 – ✉ 74110

🅸 Office de tourisme, place centrale ℰ 04 50 74 02 11, Fax 04 50 74 24 29

Les Dromonts 🐾   ⬅ 📶 ☕ VISA ⓜⓒ AE

accès piétonnier – ℰ 04 50 74 08 11 – info@christophe-leroy.com
– Fax 04 50 74 02 79 – Ouvert 15 déc.-28 avril
29 ch (½ P seult) – 6 suites – ½ P 115/350 €
Rest *Table du Marché* – Menu (18 €), 29/69 € – Carte 53/71 €
♦ Chambres contemporaines et cosy, salons intimes, bar et cheminée design : le mythique hôtel (1965) du "Brasilia des neiges" demeure une adresse originale ! Élégant cadre de bistrot chic et ardoise de suggestions actuelles à la Table du Marché.

MOSNAC – 17 Charente-Maritime – 324 G6 – rattaché à Pons

MOSNES – 37 Indre-et-Loire – 317 P4 – 757 h. – alt. 70 m – ✉ 37530   11 A1

🄳 Paris 211 – Orléans 86 – Tours 37 – Blois 26 – Châteauroux 155

Domaine des Thômeaux 🐾   🍸 🍴 🖼 🌐 ⚕ ☕ ch, 🄺 ✦ 🆂 🅿️

12 r. des Thômeaux – ℰ 02 47 30 40 14 – hotel@domainedesthomeaux.fr
– Fax 02 47 30 43 32
27 ch – ♦75/110 € ♦♦75/110 €, � 11 € – **Rest** – Menu (9 €), 17 € (déj.) – Carte environ 24 €
♦ Ce château tourangeau en briques et tuffeaux abrite des chambres personnalisées sur le thème de villes de tous pays. Détente et loisirs grâce aux spa et parc Fantasy Forest. Cuisine du monde servie dans un cadre intimiste ou sur une grande terrasse.

LA MOTHE-ACHARD – 85 Vendée – 316 G8 – 2 050 h. – alt. 20 m – ✉ 85150   34 B3

🄳 Paris 446 – Nantes 90 – La Roche-sur-Yon 25 – Challans 40
   – Les Sables-d'Olonne 19
🅸 Office de tourisme, 56, rue G. Clémenceau ℰ 02 51 05 90 49

Domaine de Brandois ⚜ 🕭 ⌂ 𝄞 & ↯ ☍ ♨ **P** 𝑽𝑰𝑺𝑨 **⓪** ⍯ **⓪**
La Forêt, proche du jardin extraordinaire – 𝒞 02 51 06 24 24 – contact @
domainedebrandois.com – Fax 02 51 06 37 87 – Fermé 1er-15 janv.
38 ch – ♦65/180 € ♦♦65/180 €, ⌷ 12 € – ½ P 80/140 € – **Rest** – *(fermé dim. soir
d'oct. à mars)* Menu (25 €), 35 €
   ◆ Ex-lycée agricole, ce petit chateau de 1868 s'est reconverti en hôtel résolument contemporain. Chambres très design ou plus sages. Vaste parc et piscine. Le cadre bourgeois du restaurant réussit le mélange de l'ancien et du moderne. Carte actuelle.

LA MOTTE – 83 Var – 340 O5 – **2 345 h.** – **alt. 79 m** – ✉ 83920   41 **C3**
   ▣ Paris 864 – Cannes 54 – Fréjus 25 – Marseille 118
   🄸 Office de tourisme, 25, boulevard André Bouis 𝒞 04 94 84 33 76

⌂ **Le Mas du Père** sans rest ⚜   🚙 ⌁ ⁒ ⌣ **P**
280 chemin du Péré – 𝒞 04 94 84 33 52 – le.mas.du.pere @ club-internet.fr
– Fax 04 94 84 33 52
6 ch ⌷ – ♦74 € ♦♦74/105 €
   ◆ Coquettes chambres provençales dotées d'une terrasse privative, cuisine commune à la disposition des hôtes et piscine dans le jardin fleuri... Une maison où l'on se sent bien.

LA MOTTE-AU-BOIS – 59 Nord – 302 D3 – **rattaché à Hazebrouck**

MOTTEVILLE – 76 Seine-Maritime – 304 F4 – **rattaché à Yvetot**

MOUCHARD – 39 Jura – 321 E5 – **1 018 h.** – **alt. 285 m** – ✉ 39330   16 **B2**
   ▣ Paris 397 – Arbois 10 – Besançon 38 – Dole 35 – Lons-le-Saunier 48
   – Salins-les-Bains 9

✕✕ **Chalet Bel'Air** avec ch   🚙 𝐀𝐂 rest, **P** 𝑽𝑰𝑺𝑨 **⓪** ⍯
7 pl. Bel Air – 𝒞 03 84 37 80 34 – brunogatto @ wanadoo.fr – Fax 03 84 73 81 18
– Fermé 22-29 juin, 21 nov.-12 déc., dim. soir et merc. sauf vacances scolaires
9 ch – ♦53 € ♦♦53 €, ⌷ 9 € – ½ P 86 €
Rest – Menu (18 €), 24 € (sem.)/74 € – Carte 28/67 €
Rest *Rôtisserie* – Menu 24/38 € (week-end) – Carte 25/38 €
   ◆ Accueil attentionné dans ce chalet à l'intérieur kitsch datant des années 1970. Carte classique et mention spéciale pour l'appétissant chariot de desserts. À la Rôtisserie, viandes rôties sous vos yeux dans l'imposante cheminée ; terrasse en surplomb de la route.

MOUDEYRES – 43 Haute-Loire – 331 G4 – **104 h.** – **alt. 1 177 m** –
✉ 43150   6 **C3**
   ▣ Paris 565 – Aubenas 64 – Langogne 58 – Le Puy-en-Velay 26

⌂ **Le Pré Bossu** ⚜   🚙 ↯ ⁒ **P** 𝑽𝑰𝑺𝑨 **⓪**
– 𝒞 04 71 05 10 70 – Fax 04 71 05 10 21 – Ouvert 2 mai-30 oct. et fermé lundi soir
en mai, juin et oct.
6 ch – ♦100 € ♦♦100/135 €, ⌷ 17 € – ½ P 100/120 € – **Rest** – Menu 40/65 €
   ◆ Ravissante chaumière en pierre postée à l'entrée d'un village montagnard. Salon dans la plupart des chambres ; petit-déjeuner près d'une belle cheminée. Au dîner, cadre campagnard intime et cuisine rustique où entrent produits du terroir et légumes du potager.

MOUGINS – 06 Alpes-Maritimes – 341 C6 – **16 051 h.** – **alt. 260 m** – ✉ 06250
▌Côte d'Azur   42 **E2**
   ▣ Paris 902 – Antibes 13 – Cannes 8 – Grasse 12 – Nice 31 – Vallauris 8
   🄸 Office de tourisme, 15, avenue Jean Charles Mallet 𝒞 04 93 75 87 67,
   Fax 04 92 92 04 03
   🄶 Royal Mougins Golf Club 424 avenue du Roi, par D 35 : 3,5 km,
   𝒞 04 92 92 49 69 ;
   🄶 de Cannes Mougins 175 avenue du Golf, SO : 8 km, 𝒞 04 93 75 79 13.
   ◨ Site★ – Ermitage N.-D. de Vie : site★, ≤★ SE : 3,5 km - Musée de
   l'Automobiliste★ NO : 5 km.

Le Mas Candille 🌿   ← 🕊 🏠 🔟 🌐 🖼 🍴 ₺ ch, 🅰🅺 🌿 📞 🐾
❀   *bd C. Rebuffel –* 🕿 *04 92 28 43 43*   🅿 **VISA** 🐾 AE ①
– *candille@relaischateaux.com – Fax 04 92 28 43 40*
39 ch – ♦345/635 € ♦♦345/635 €, ☷ 25 € – 1 suite
Rest *Le Candille – (fermé 2-31 janv., mardi midi et lundi)* Menu 58 € bc (déj.),
70/105 € – Carte 110/134 €
Rest *Pergola – (ouvert 1ᵉʳmai-30 sept. et fermé le soir sauf juil.-août)* Carte 74/83 €
Spéc. Tatin de foie gras à l'armagnac. Thon rouge de Méditerranée aux épices
tandoori (été). Aiguillette de Saint-Pierre piquée de tomates et citron (été). **Vins**
Vin de pays des Alpes Maritimes, Côtes de Provence.
♦ Superbe mas du 18ᵉ s. et sa bastide récente au cœur d'un ravissant parc (4 ha) aux
essences méridionales. Chambres raffinées, calme garanti. Spa "japonisant". Délicieuse
terrasse panoramique et belle cuisine au goût du jour à la table du Candille.

De Mougins 🌿   🖼 🏠 🔟 🍽 ₺ ch, 🅰🅺 🍴 📞 🐾 🅿 **VISA** 🐾 AE ①
205 av. Golf, 2,5 km par rte d'Antibes – 🕿 *04 92 92 17 07 – info@*
hotel-de-mougins.com – Fax 04 92 92 17 08
50 ch – ♦180/380 € ♦♦190/393 €, ☷ 20 € – 1 suite – **Rest** *– (fermé dim. et lundi
de nov. à mars)* Menu 43/92 € – Carte 83/123 €
♦ Les chambres, spacieuses, cossues et provençales, occupent des mas dispersés dans un
jardin fleurant bon l'oranger, la lavande et le romarin. Plaisante salle à manger complétée
aux beaux jours par une terrasse ombragée d'un vieux frêne. Cuisine régionale.

Le Manoir de l'Étang 🌿   ← 🖼 🏠 🔟 🅰🅺 ch, 🍽 ch, 🅿 **VISA**
66 allée du Manoir, 3 km par rte d'Antibes – 🕿 *04 92 28 36 00*   🐾 AE
– manoir.etang@wanadoo.fr – Fax 04 92 28 36 10 – Ouvert avril- oct.
19 ch – ♦160/275 € ♦♦160/275 €, ☷ 20 € – 2 suites – **Rest** – Menu (29 €), 39 €
(déj.) – Carte 53/64 €
♦ Cette demeure du 19ᵉ s. domine un étang couvert de nénuphars en été, visible depuis la
plupart des chambres. Bel intérieur mêlant l'ancien et le contemporain et parc de 4 ha.
Cuisine italienne au restaurant : antipasti, pâtes et poissons de Méditerranée.

Les Muscadins 🌿   ← 🏠 🅰🅺 ch, 📞 🐾 **VISA** 🐾 AE ①
18 bd Courteline – 🕿 *04 92 28 43 43 – info@lemascandille.com*
☎ *– Fax 04 92 28 43 40 – Ouvert mars-oct.*
11 ch – ♦130/340 € ♦♦130/460 €, ☷ 17 € – **Rest** *– (fermé merc. midi et mardi)*
Menu 18 € – Carte 23/52 €
♦ Cette charmante maison postée à l'entrée du village vous convie à séjourner dans des
chambres joliment personnalisées et à profiter du spa et de la piscine du Mas Candille. Au
restaurant, atmosphère cosy et carte actuelle à l'accent italien.

Arc Hôtel   🖼 🏠 🔟 🍽 📞 🐾 🅿 **VISA** 🐾 AE
1082 av. Gén. de Gaulle, 2 km rte Valbonne – 🕿 *04 93 75 77 33 – infos@*
archotelmougins.com – Fax 04 92 92 20 57 – Fermé déc. et janv.
46 ch – ♦60/130 € ♦♦90/160 €, ☷ 11,50 € – **Rest** *– (fermé 1ᵉʳ nov.-25 fév.) (dîner
seult)* Menu 24 €
♦ Hôtel des années 1980 à la tenue rigoureuse. Les chambres fonctionnelles, avec balcon
ou terrasse, sont plus calmes côté jardin ; on les rénove progressivement. Cuisine simple
servie dans une sobre salle ou en terrasse, au bord de la piscine.

✕✕✕✕ **Alain Llorca - Le Moulin de Mougins** avec ch   🖼 🏠 🅰🅺 🐾
❀❀   *à Notre-Dame-de-Vie, 2,5 km au Sud-Est par D 3 –*   🅿 **VISA** 🐾 AE
🕿 *04 93 75 78 24 – reservation@moulindemougins.com – Fax 04 93 90 18 55*
3 ch – ♦160/230 € ♦♦210/290 €, ☷ 15 € – 4 suites – ♦♦300/390 €
Rest *– (fermé lundi de nov. à avril)* Menu 56 € (déj.), 98/170 € – Carte 109/201 €
Spéc. Pizza en cubes, poulpe, chorizo, anchois. Rougets du pays piqués aux olives
taggiasches, fine ratatouille (été). Pigeon laqué au vinaigre balsamique, escalo-
pine de foie gras chaud. **Vins** Bellet, Côtes de Provence.
♦ Belle "cuisine du soleil" à savourer dans le cadre romantique et intime d'un moulin à huile
du 16ᵉ s. ouvert sur un jardin parfumé orné de sculptures d'artistes reconnus.

✕✕✕ **La Terrasse**   ← baie de Cannes, 🏠 🅰🅺 ↔ **VISA** 🐾 AE
31 bd Courteline – 🕿 *04 92 28 36 20 – laterrasseamougins@voila.fr – Fax 04 92 28 36 21*
Rest *– (fermé mardi midi et lundi)* Menu (19 €), 25 € (déj.), 45/65 € – Carte 67/94 €
♦ Sur la terrasse ou près des baies de l'élégante salle provençale, vous jouirez d'une vue
unique : campagne mouginoise, Cannes et Mercantour. Appétissante cuisine actuelle.

XX **Le Clos St-Basile** 🍴 **P** *VISA* **MO** **AE**
351 av. St-Basile – ℰ *04 92 92 93 03 – benoit.dargere @ orange.fr*
– Fax 04 92 92 19 34 – Fermé mardi et merc. de sept. à juin et le midi du lundi au jeudi en juil.-août
Rest – Menu (19 €), 24 € (déj. en sem.)/37 € – Carte 52/77 €
♦ Nouveau décor provençal mariant le contemporain à l'ancien et expo-vente d'art moderne ; ce plaisant "restaurant-galerie" possède aussi une belle terrasse ombragée de cyprès.

XX **L'Amandier de Mougins** 🍴 **AC** ♻ *VISA* **MO** **AE** **①**
au village – ℰ *04 93 90 00 91 – phoue @ ics.fr – Fax 04 92 92 89 95*
Rest – Menu 25 € (déj.), 34/44 € – Carte 42/74 €
♦ Pressoir du 14ᵉ s. établi aux portes du vieux village cher à Picasso et Man Ray. Intérieur méridional agrémenté de mosaïques et de tableaux contemporains. Plats régionaux.

X **Brasserie de la Méditerranée** 🍴 **AC** *VISA* **MO** **AE**
au village – ℰ *04 93 90 03 47 – lamediterranee2 @ wanadoo.fr*
– Fax 04 93 75 72 83 – Fermé 7 janv.-13 fév., dim. soir et mardi hors saison
Rest – bistrot *(prévenir)* Menu 24 € (déj.), 38/48 € – Carte 36/65 €
♦ Sur la pittoresque place centrale, sympathique restaurant au décor de style bistrot. Vous y dégusterez une cuisine au goût du jour d'inspiration méditerranéenne.

X **Le Bistrot de Mougins** **AC** *VISA* **MO**
pl. du village – ℰ *04 93 75 78 34 – Fax 04 93 75 25 52 – Fermé 26 nov.-27 déc., jeudi midi, sam. midi et merc.*
Rest – *(prévenir)* Menu 21 € (déj. en sem.), 34/47 € – Carte 49/61 €
♦ Fraîche alternative aux incontournables terrasses mouginoises que ce petit restaurant-bistrot aménagé dans une agréable cave voûtée. Décor "rustique chic" et cuisine provençale.

MOUILLERON-EN-PAREDS – 85 Vendée – 316 K7 – 1 177 h. – alt. 101 m –
✉ 85390 ▌ Poitou Vendée Charentes   34 **B3**
▶ Paris 426 – Nantes 95 – La Roche-sur-Yon 53 – Cholet 70 – Bressuire 40
🛈 Office de tourisme, 13, place de Lattre de Tassigny ℰ 02 51 00 32 32

⛌ **La Boisnière** sans rest ❦   ⟨ ☞ ⅃ ⅄ ⅋ ⅍ ⅌ **P**
– ℰ *02 51 51 36 39 – laboisniere @ wanadoo.fr*
5 ch ⊑ – ☗60/70 € ☗☗80/90 €
♦ Priorité au confort dans cette ferme restaurée dominant le Chemin de la colline des Moulins : chambres fraîches, récentes et bien équipées, tenue méticuleuse et belle piscine.

MOULICENT – 61 Orne – 310 N3 – 266 h. – alt. 335 m – ✉ 61290   33 **C3**
▶ Paris 148 – Caen 134 – La Ferté-Bernard 51 – Nogent-le-Rotrou 35

⛌ **Château de la Grande Noë** sans rest ❦   ⅊ ⅄ ⅍ **P**
500 m à l'Ouest par D 289 – ℰ *02 33 73 63 30 – contact @ chateaudelagrandenoe.com – Fax 02 33 83 62 92*
4 ch ⊑ – ☗70/110 € ☗☗80/120 €
♦ Cette demeure de famille blottie dans un grand parc vous réserve un accueil soigné : chambres personnalisées de meubles et objets anciens, belle salle à manger habillée de boiseries (18ᵉ s.).

MOULIHERNE – 49 Maine-et-Loire – 317 J4 – 874 h. – alt. 80 m –
✉ 49390   35 **C2**
▶ Paris 282 – Nantes 150 – Angers 63 – Saumur 31 – La Flèche 33

⛌ **Le Cèdre de Monnaie** ❦   ⅄ ⅍ **P**
La Verrie, 4,5 km au Sud par rte de Longué et rte Forestière – ℰ *02 41 67 09 27 – cedredemonnaie @ gmail.com – Fax 02 41 67 09 27*
5 ch ⊑ – ☗45 € ☗☗55 € – ½ P 59 € – **Table d'hôte** – Menu 19 €
♦ En lisière de la forêt de Monnaie, idéal pour les amoureux de la nature. Chambres authentiquement rustiques, logées dans un ancien grenier ; petit-déjeuner servi à l'étable. La table d'hôte est installée dans la belle cuisine (avec cheminée) ; recettes familiales.

MOULINS P – 03 Allier – **326** H3 – **21 892 h.** – alt. 240 m – ✉ **03000**
6 **C1**
▌Auvergne

- ▶ Paris 294 – Bourges 101 – Clermont-Ferrand 105 – Nevers 56 – Roanne 98
- ▌Office de tourisme, 11, rue François Péron ✆ 04 70 44 14 14, Fax 04 70 34 00 21
- ▌de Moulins-Les Avenelles à Toulon-sur-Allier Les Avenelles, par rte de Vichy : 7 km, ✆ 04 70 44 02 39.
- ◙ Cathédrale Notre-Dame ★ : triptyque ★★★, vitraux ★★ - Statue Jacquemart ★ - Mausolée du duc de Montmorency ★ (chapelle de la visitation) - Musée d'Art et d'Archéologie ★★.

Plan page ci-contre

🏠 **Le Parc**   🅰🅲 rest, 🐾 **P** 𝑉𝐼𝑆𝐴 ⓜⓞ
*31 av. Gén Leclerc – ✆ 04 70 44 12 25 – hotelrestaurant.leparc03@wanadoo.fr
– Fax 04 70 46 79 35 – Fermé 27 juil.-18 août et 21 déc.-6 janv.*   BX **a**
26 ch – ♦42/70 € ♦♦42/70 €, ⌑ 7,50 € – ½ P 48/52 € – **Rest** – *(fermé dim. soir et sam.)* Menu 21 € (sem.)/45 € – Carte 35/54 €
♦ À deux pas d'un parc verdoyant et de la gare, établissement où toute une famille se met en quatre pour rendre votre séjour agréable. Chambres simples et bien tenues. Salle à manger au décor soigné où l'on sert une cuisine traditionnelle "aux petits oignons".

𝕏𝕏𝕏 **Le Clos de Bourgogne** avec ch   🚗 🏠 🅰🅲 🐾 **P** 𝑉𝐼𝑆𝐴 ⓜⓞ
*83 r. de Bourgogne – ✆ 04 70 44 03 00 – contact@closdebourgogne.fr
– Fax 04 70 44 03 33 – Fermé 18 août-5 sept., 22-29 déc., 2-13 janv. et dim.*   DY **n**
11 ch – ♦70/150 € ♦♦80/160 €, ⌑ 12 € – **Rest** – *(fermé sam. midi, dim. soir et lundi)* Menu 22 € (déj. en sem.), 27/57 € – Carte 48/64 €
♦ Dans un havre de verdure, à l'écart du centre-ville, une gentilhommière du 18ᵉ s. alliant charme et raffinement. Savoureuse cuisine actuelle et agréables chambres personnalisées.

𝕏𝕏𝕏 **Des Cours**   🏠 🅰🅲 🕉 ↔ 𝑉𝐼𝑆𝐴 ⓜⓞ 🅰🅴
*36 cours J. Jaurès – ✆ 04 70 44 25 66 – patrick.bourhy@wanadoo.fr
– Fax 04 70 20 58 45 – Fermé 28 avril-11 mai, 25 août-7 sept., mardi soir sauf juil.-août et merc.*   DY **x**
Rest – Menu 20/50 € – Carte 44/59 €
♦ N'hésitez pas à pousser la porte de ce restaurant du quartier des administrations, il dissimule deux élégantes salles à manger bourgeoises. Cuisine au goût du jour. Terrasse.

𝕏𝕏 **Le Trait d'Union**   🅰🅲 𝑉𝐼𝑆𝐴 ⓜⓞ ⓞ
16 r. Gambetta – ✆ 04 70 34 24 61 – Fermé 1ᵉʳ-21 juil., 18-26 fév., merc. midi et lundi   DZ **t**
Rest – Menu 22 € (déj. en sem.), 26/50 € – Carte 48/68 €
♦ Chaises en osier, mobilier et tableaux modernes, compositions florales et jolie mise en place : un cadre contemporain en harmonie avec la cuisine actuelle du jeune chef-patron.

𝕏 **9/7 Olivier Mazuelle**   𝑉𝐼𝑆𝐴 ⓜⓞ 🅰🅴 ⓞ
97 r. d'Allier – ✆ 04 70 35 01 60 – Fermé 1 sem. en juil., 2 sem. en août, lundi soir, sam. soir et dim.   DY **a**
Rest – Menu (15 €), 22/40 € – Carte 43/49 €
♦ Atmosphère zen dans ce restaurant au décor sobre et contemporain (tons vert pastel, tables en bois espacées et plantes). Recettes au goût du jour à base de produits du terroir.

rte de Paris 8 km par ① – ✉ **03460 Trevol**

🏨 **Mercure**   🕉 🏠 ⚒ 📶 🛁 🅿 **P** 𝑉𝐼𝑆𝐴 ⓜⓞ 🅰🅴 ⓞ
⊂⊃ *– ✆ 04 70 46 84 84 – h0827@accor.com – Fax 04 70 46 84 80*
42 ch – ♦58/85 € ♦♦68/95 €, ⌑ 11 € – **Rest** – *(dîner seult)* Menu 15/25 € – Carte 25/31 €
♦ L'hôtel borde un axe passant, mais les chambres, rénovées et actuelles, tournent le dos à la route et sont toutes orientées vers le petit parc et la piscine. Le restaurant se prolonge d'une terrasse. Cuisine traditionnelle et carte de "grands vins à petits prix".

MOULINS

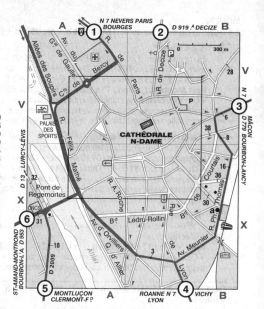

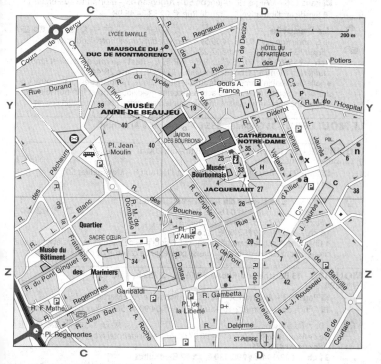

MOULINS

à Coulandon 8 km par ⑥ et D 945 – 594 h. – alt. 250 m – ⊠ 03000

🏨 **Le Chalet** 🐾 ⬧ 🛜 ⚓ ♿ 🛏 📞 🅿 𝘝𝘐𝘚𝘈 ⓂⒸ 🅰🅴
26 rte du Chalet, 2 km au Nord-Est – 𝒞 04 70 46 00 66 – chalet.montegut@
wanadoo.fr – Fax 04 70 44 07 09 – Fermé 21 déc.-7 janv.
28 ch – †49/55 € ††66/78 €, ⊡ 12 € – ½ P 57/63 €
Rest Montégut – Menu 18 € (sem.)/45 € – Carte 30/49 €
♦ En pleine campagne, établissement au cœur d'un parc avec étang. Les chambres, calmes et délicieusement provinciales, se répartissent entre le chalet et les anciennes écuries. Sobre salle à manger actuelle. En saison, paisible terrasse ouverte sur la nature.

🏠 **La Grande Poterie** 🐾 ⬗ 🛜 🏊 ♿ ch, ⇆ 🍽 🅿
9 r. de la Grande-Poterie, 3 km au Sud-Ouest – 𝒞 04 70 44 30 39 – jcpompon@
lagrandepoterie.com – Fax 04 70 44 30 39 – Ouvert 1er fév.-31 oct.
4 ch ⊡ – †55 € ††66 € – **Table d'hôte** – Menu 25 €
♦ Ancienne ferme restaurée, au sein d'un parc arboré et fleuri parfaitement entretenu. Les chambres, habillées de tons pastel, sont calmes et très agréables à vivre. La table d'hôte propose de goûteuses spécialités auvergnates.

🍴 **Auberge Saint-Martin** 🛜 ♿ 𝘝𝘐𝘚𝘈 ⓂⒸ
– 𝒞 04 70 46 06 10 – Fax 04 70 46 06 10 – Fermé 22 déc.-4 janv., dim. soir, lundi
soir et mardi soir
Rest – Menu 11 € bc (déj. en sem.), 16/28 € – Carte 22/29 €
♦ Cette auberge, également épicerie-bar-dépôt de pain, anime le village. Vous dégusterez des petits plats traditionnels à la bonne franquette, dans une salle campagnarde.

MOULINS-LA-MARCHE – 61 Orne – 310 L3 – 774 h. – alt. 257 m –
⊠ 61380   33 **C3**

🔼 Paris 156 – L'Aigle 19 – Alençon 50 – Argentan 45 – Mortagne-au-Perche 17
🈺 Syndicat d'initiative, 1, Grande Rue 𝒞 02 33 34 45 98

🏠 **Le Dauphin** 🛜 ⇆ 📞 🅿 𝘝𝘐𝘚𝘈 ⓂⒸ 🅰🅴
66 Grande Rue – 𝒞 02 33 34 50 55 – createur-dinstant@hotel-ledauphin.fr
– Fax 02 33 34 25 35 – Fermé 17-28 fév.
7 ch – †55/60 € ††60/75 €, ⊡ 8 € – ½ P 75 € – **Rest** – (fermé dim. soir et lundi
sauf fériés) Menu 16 € bc (déj. en sem.), 21/55 € – Carte 28/44 €
♦ Salle "Jean Gabin" campagnarde ou salle plus rustique : l'ambiance est chaleureuse. Cuisine variée : plats régionaux ou actuels (accents guadeloupéens) et indétrônable choucroute. Chambres refaites dans un style simple mais soigné pour un résultat coquet.

LE MOULLEAU – 33 Gironde – 335 D7 – **rattaché à Arcachon**

MOURÈZE – 34 Hérault – 339 F7 – 128 h. – alt. 200 m – ⊠ 34800
▌ Languedoc Roussillon   23 **C2**

🔼 Paris 717 – Bédarieux 22 – Clermont-l'Hérault 8 – Montpellier 50
◉ Cirque★★.

🏠 **Navas "Les Hauts de Mourèze"** sans rest 🐾 ⬧ 🏊 🅿 𝘝𝘐𝘚𝘈 ⓂⒸ
Cirque dolomitique – 𝒞 04 67 96 04 84
– Fax 04 67 96 25 85 – Ouvert 27 mars-31 oct.
16 ch – †42/45 € ††52/60 €, ⊡ 6 €
♦ Chambres rustiques, sans téléphone ni T.V. pour plus de tranquillité, parc, et le superbe cirque dolomitique à deux pas : adresse pour épris de calme et de nature.

MOURIÈS – 13 Bouches-du-Rhône – 340 E3 – 2 752 h. – alt. 13 m –
⊠ 13890   42 **E1**

🔼 Paris 713 – Avignon 36 – Arles 29 – Marseille 75 – Martigues 38
🈺 Office de tourisme, 2, rue du Temple 𝒞 04 90 47 56 58, Fax 04 90 47 67 33

🏨 **Terriciaë** sans rest 🏊 ♿ 🆎 ⇆ 📞 🕸 🅿 𝘝𝘐𝘚𝘈 ⓂⒸ 🅰🅴
rte de Maussane (D 17) – 𝒞 04 90 97 06 70 – terriciaehotel@byprovence.com
– Fax 04 90 47 63 85
31 ch – †82/114 € ††98/130 €, ⊡ 12 € – 4 suites
♦ Au calme, cet hôtel tout neuf propose des chambres provençales bien tenues, donnant parfois sur la piscine. 2 duplex et 2 junior suites (wi-fi) ; jardin d'oliviers et terrasse.

⌂ **Le Vallon du Gayet** ⌖   🚗 🍽 ♨ ⅙ ch, 🅰🅒 ⅙ 🐕 ch, 📞
rte Servannes – ✆ *04 90 47 50 63 – wcarre@*   🅿 🆅🅸🆂🅰 🅒🅒 🅰🅴 ⓪
aol.com – Fax 04 90 47 64 31
24 ch – 🛏84/100 € 🛏🛏95/110 €, ⊡ 11 € – **Rest** – *(fermé lundi)* Menu 26/30 €
– Carte 34/84 €

♦ Les chambres de ce mas niché au pied des Alpilles possèdent une petite loggia de plain-pied avec le jardin, à l'exception des plus récentes, spacieuses. Grillades au feu de bois servies dans un cadre rustique. Terrasse sous un pin séculaire.

MOUSSEY – 10 Aube – 313 E4 – **rattaché à Troyes**

MOUSTIERS-STE-MARIE – 04 Alpes-de-Haute-Provence – 334 F9 – **625 h.**
– alt. 631 m – ✉ 04360 ▯ Alpes du Sud   41 **C2**

▣ Paris 783 – Aix-en-Provence 90 – Digne-les-Bains 47 – Draguignan 61
– Manosque 50

🄸 Office de tourisme, place de l'Église ✆ 04 92 74 67 84, Fax 04 92 74 60 65

◉ Site ★★ - Église ★ - Musée de la Faïence ★.

🄶 Grand Canyon du Verdon ★★★ -Lac de Ste-Croix ★★.

⌂⌂⌂ **Bastide de Moustiers** ⌖   ⇐ 🕮 🚗 ♨ ⅙ ch, 🅰🅒 ch, ⅙ 🐕 📞
✿ *au Sud du village, par D 952 et rte secondaire –*   🅿 🆅🅸🆂🅰 🅒🅒 🅰🅴 ⓪
✆ *04 92 70 47 47 – contact@bastide-moustiers.com – Fax 04 92 70 47 48*
– Fermé 7-31 janv., mardi et merc. de nov. à mars et lundi de nov. à fév.
12 ch – 🛏160/320 € 🛏🛏160/335 €, ⊡ 20 €
Rest – *(nombre de couverts limité, prévenir)* Menu 48/68 €
– Carte 49/74 € le midi seulement
Spéc. Artichauts violets et fenouil cuisinés en barigoule. Agneau de pays au pèbre d'aï. Petits farcis de légumes tièdes au coulis de tomate (15 juil. au 30 sept.). **Vins** Coteaux Varois, Bandol.

♦ Bastide (17e s.) d'un maître-faïencier convertie en auberge. Belles chambres provençales, équipements high-tech et superbe parc (élevage de daims et joli potager). Atmosphère intime dans la salle à manger au mobilier savamment dépareillé, belle terrasse.

⌂ **Le Colombier** sans rest   ⇐ 🚗 🐕 ⅙ 🐕 🅿 🚐 🆅🅸🆂🅰 🅒🅒
à 500 m par rte de Castellane Moustiers-Ste-Marie – ✆ *04 92 74 66 02 – infos@*
le-colombier.com – Fax 04 92 74 66 70 – Ouvert de mars à mi-nov.
22 ch – 🛏62/85 € 🛏🛏62/85 €, ⊡ 9 €

♦ Hôtel idéalement situé à l'entrée du Grand Canyon du Verdon. Chambres au décor sobre, la plupart avec terrasse privative. Jacuzzi et petite piscine à contre-courant.

⌂ **Le Clos des Iris** sans rest ⌖   🚗 ⅙ 📞 🅿 🆅🅸🆂🅰 🅒🅒
au Sud du village, par D 952 et rte secondaire – ✆ *04 92 74 63 46 – closdesiris@*
wanadoo.fr – Fax 04 92 74 63 59 – Fermé déc., janv. et mardi du 1er fév. au 15 mars
9 ch – 🛏63/69 € 🛏🛏63/120 €, ⊡ 9,50 €

♦ Coquettes chambres provençales (sans TV), terrasses privatives, agréable jardin méridional, accueil charmant et convivialité : cette paisible maison ne manque pas d'atouts.

⌂ **La Bonne Auberge**   🚗 ♨ 🄸 🚐 🆅🅸🆂🅰 🅒🅒 🅰🅴 ⓪
rte de Castellane, (au village) – ✆ *04 92 74 66 18 – labonneauberge@*
club-internet.fr – Fax 04 92 74 65 11 – Ouvert 1er avril-31 oct.
19 ch – 🛏49/56 € 🛏🛏56/80 €, ⊡ 8 € – ½ P 60/65 € – **Rest** – *(fermé dim. soir et lundi hors saison, sam. midi, mardi midi et jeudi midi du 15 juin au 15 sept.)*
Menu 19/39 € – Carte 36/47 €

♦ À deux tours de roues des gorges du Verdon, hôtel disposant de chambres claires et pratiques, rénovées par étapes, et d'une piscine à débordement. Sobre salle à manger d'inspiration rustique ; cuisine traditionnelle et plats régionaux.

⌂ **La Ferme Rose** sans rest ⌖   ⇐ 🚗 📞 🅿 🆅🅸🆂🅰 🅒🅒 🅰🅴
au Sud du village, par rte Ste-Croix-du-Verdon – ✆ *04 92 75 75 75 – contact@*
lafermerose.com – Fax 04 92 73 73 73 – Ouvert 29 mars-14 nov. et 29 déc.-6 janv.
12 ch – 🛏78 € 🛏🛏98/148 €, ⊡ 9,50 €

♦ Sympathique ambiance guesthouse dans cette ancienne ferme bâtie au pied du village. Meubles chinés, bibelots et collections diverses en font un lieu attachant.

La Bouscatière   🚗 AC ch, ↳ ⚄ VISA ①⊙

chemin Marcel Provence – ℰ 04 92 74 67 67 – bonjour@labouscatiere.com
– Fax 04 92 74 65 72
5 ch – ♦115/190 € ♦♦115/190 €, � 15 € – **Table d'hôte** – Menu 30/120 €
♦ Superbe demeure du 18ᵉ s. accrochée à la falaise. Délicieuses chambres personnalisées, jardin clos, produits régionaux à la table d'hôte. Luxe, calme et sobriété...

Les Santons   🍽 VISA ①⊙ AE

pl. de l'Église – ℰ 04 92 74 66 48 – les-santons@orange.fr – Fax 04 92 74 63 67
– Ouvert 1ᵉʳ mars-5 nov. et fermé lundi sauf juil.-août et mardi
Rest – *(nombre de couverts limité, prévenir)* Menu 25/34 € – Carte 51/69 €
♦ Dominé par l'imposante falaise calcaire, ce restaurant propose une cuisine traditionnelle, une ravissante salle aux couleurs du Sud et une idyllique terrasse côté village.

La Ferme Ste-Cécile   🚗 🍽 ⅙ **P** VISA ①⊙

1,5 km sur rte de Castellane – ℰ 04 92 74 64 18 – patcrespin@aol.com
– Fax 04 92 74 63 51 – Fermé 15 nov.-28 fév., dim. soir sauf juil.-août et lundi
Rest – Menu 25 € (déj.)/35 € 𝄢
♦ Cette ancienne ferme a conservé son caractère rustique : vieilles pierres et cheminée agrémentent les salles à manger, prolongées d'une grande terrasse. Plats régionaux et bon choix de vins au verre.

Treille Muscate   🍽 VISA ①⊙ AE

pl. de l'Église – ℰ 04 92 74 64 31 – la.treille.muscate@wanadoo.fr
– Fax 04 92 74 63 75 – Ouvert 11 fév.-14 nov. et fermé merc. sauf le midi hors saison et jeudi sauf juil.-août
Rest – Menu 27/36 € – Carte 49/56 €
♦ Sympathique petit bistrot provençal. Une passerelle abritée par une "treille muscate" relie la salle à la jolie terrasse bordant la place de l'église, sous un platane centenaire.

MOUTHIER-HAUTE-PIERRE – 25 Doubs – 321 H4 – 343 h. – alt. 450 m –
✉ 25920 ▌Franche-Comté Jura   17 **C2**

🚗 Paris 442 – Baume-les-Dames 55 – Besançon 39 – Pontarlier 23
  – Salins-les-Bains 42

◎ Belvédère de Mouthier ≼★★ SE : 2,5 km - Gorges de Nouailles★ SE : 3,5 km -
  Belvédère du moine de la vallée★★.

La Cascade 📚   ≼ vallée, ⅙ ch, ⚄ **P** VISA ①⊙ AE

– ℰ 03 81 60 95 30 – hotellacascade@wanadoo.fr – Fax 03 81 60 94 55
– Ouvert 21 mars-2 nov.
16 ch – ♦52 € ♦♦67 €, ⊇ 9 € – ½ P 55/63 € – **Rest** – *(dîner pour résidents seult)*
Menu 20 € (sem.)/47 € – Carte 38/61 €
♦ Cet hôtel tourné vers la vallée de la Loue abrite des chambres actuelles et bien tenues ; la plupart avec balcon ou loggia. Au petit-déjeuner : pain, croissants et confiture, tous de fabrication maison. Cuisine régionale servie dans le restaurant panoramique.

MOÛTIERS – 73 Savoie – 333 M5 – 4 151 h. – alt. 480 m – ✉ 73600 ▌Alpes du Nord

🚗 Paris 607 – Albertville 26 – Chambéry 76
  – St-Jean-de-Maurienne 85   46 **F2**

🛈 Office de tourisme, place Saint-Pierre ℰ 04 79 24 04 23,
  Fax 04 79 24 56 05

Auberge de Savoie   🍽 VISA ①⊙ AE

45 square Liberté – ℰ 04 79 24 20 15 – aubergedesavoie@wanadoo.fr
– Fax 04 79 24 54 65 – Fermé mai
20 ch – ♦59/104 € ♦♦67/149 €, ⊇ 11 € – **Rest** – brasserie Menu (18 € bc), 20 €
bc – Carte 25/62 €
♦ Hôtel rénové où vous logerez dans de pimpantes chambres habillées de lambris et de moquette. Espaces communs d'esprit savoyard. Cuisine de brasserie, plats régionaux et fruits de mer (en saison) proposés dans une ambiance montagnarde ou sur la belle terrasse.

XX **Le Coq Rouge** 🛐 VISA ⓶ AE
115 pl. A. Briand – 𝒞 *04 79 24 11 33 – restaurant@lecoqrouge.com – Fermé*
29 juin-29 juil., dim. et lundi
Rest – Menu 29/45 € – Carte 37/59 €
♦ Maison de 1735 au décor plein de fantaisie : le roi de la basse-cour pare à foison la
coquette salle-mezzanine avec les tableaux du chef. Terrasse abritée. Cuisine actuelle.

X **La Voûte** 🛐 AC VISA ⓶ ⓸
172 Grande rue – 𝒞 *04 79 24 23 23 – vivet.falcoz.antoine@wanadoo.fr*
– Fax 04 79 06 04 75 – Fermé 21 avril-5 mai, 29 sept.-13 oct., 5-12 janv., dim. soir et
lundi
Rest – Menu 18 € (déj.), 25/46 € bc – Carte 29/54 €
♦ Dans une rue piétonne du centre, à 50 m de la cathédrale, devanture vitrée abritant une
salle à manger rustique actualisée par des sièges contemporains. Recettes au goût du jour.

MOUZON – 08 Ardennes – 306 M5 – 2 616 h. – alt. 160 m – ✉ 08210
🏛 Champagne Ardenne   14 **C1**
  ◪ Paris 261 – Carignan 8 – Charleville-Mézières 41 – Longwy 62 – Sedan 17
      – Verdun 64
  🔢 Syndicat d'initiative, place du Colombier 𝒞 03 24 26 56 11
  👁 Église Notre-Dame★.

XX **Les Échevins** VISA ⓶
33 r. Ch. de Gaulle – 𝒞 *03 24 26 10 90 – leséchevins@orange.fr*
– Fax 03 24 29 05 95 – Fermé dim. soir et lundi
Rest – Menu (19 €), 25/39 € – Carte environ 42 €
♦ Accueillante salle de restaurant au décor rustique, aménagée à l'étage d'une maison à
colombages du 17ᵉ s. Ambiance décontractée et cuisine au goût du jour.

MUHLBACH-SUR-MUNSTER – 68 Haut-Rhin – 315 G8 – 725 h. – alt. 460 m –
✉ 68380 🏛 Alsace Lorraine   1 **A2**
  ◪ Paris 462 – Colmar 24 – Gérardmer 37 – Guebwiller 45

🏨 **Perle des Vosges** 🈺   ⟵ 🛐 Ⅰ♨ ⏰ AC rest, % rest, 🎱 P VISA ⓶
22 rte Gaschney – 𝒞 *03 89 77 61 34 – perledesvoges@wanadoo.fr*
– Fax 03 89 77 74 40 – Fermé 2 janv.-2 fév.
45 ch – †40/73 € ††40/117 €, ⏠ 9 € – ½ P 45/62 € – **Rest** – Menu 19/65 €
– Carte 33/49 €
♦ Au pied du Hohneck, hôtel doté d'un fitness panoramique. Chambres actuelles ou de
style alsacien offrant, pour la plupart, une jolie vue sur les Vosges. Un petit air solennel flotte
dans la salle à manger agrandie d'une terrasse d'été ; cuisine classique.

MUIDES-SUR-LOIRE – 41 Loir-et-Cher – 318 G5 – 1 157 h. – alt. 82 m –
✉ 41500   11 **B2**
  ◪ Paris 169 – Orléans 48 – Blois 20 – Châteauroux 109
  🔢 Syndicat d'initiative, place de la Libération 𝒞 02 54 87 58 36,
      Fax 02 54 87 58 36

🏠 **Château de Colliers** sans rest 🈺   🔊 🔧 📞 P VISA ⓶
rte de Blois, RD 951 – 𝒞 *02 54 87 50 75 – contact@chateau-colliers.com*
– Fax 02 54 87 03 64
5 ch ⏠ – †118 € ††129/169 € – 1 suite
♦ Les bords de la Loire comptent les plus beaux châteaux de France. Celui-ci
(18ᵉ s.) vous séduira à coup sûr avec ses peintures classées et ses chambres au mobilier
de style.

XX **Auberge du Bon Terroir** 🛐 % P VISA ⓶
20 r. 8-Mai – 𝒞 *02 54 87 59 24 – Fax 02 54 87 59 19 – Fermé 20 nov.-5 déc.,*
1ᵉʳ-15 janv., dim. soir d'oct. à avril, merc. midi, lundi et mardi sauf le soir en saison
Rest – Menu 24 € (déj. en sem.), 34/58 € – Carte 47/62 €
♦ Répertoire traditionnel et spécialités du Val de Loire à savourer dans l'une des salles à
manger ou sur la terrasse à l'ombre d'un tilleul.

▶ Paris 465 – Basel 34 – Belfort 43 – Freiburg-im-Breisgau 59
– Strasbourg 122

⚐ de Basel Mulhouse Freiburg (Euro-Airport) par ③ : 27 km, ℰ 03 89 90 31 11,
ℰ 061 325 3111 de Suisse, ℰ 0761 1200 3111 d'Allemagne.

▦ ℰ 3635 (0,34 €/mn)

▯ Office de tourisme, 9, avenue du Maréchal Foch ℰ 03 89 35 48 48,
Fax 03 89 45 66 16

◉ Parc zoologique et botanique★★ - Hôtel de Ville★★ FY **H**[1], musée
historique★★ - Vitraux★ du temple St-Étienne - Musée de
l'automobile-collection Schlumpf★★★ BU - Musée français du chemin de
fer★★★ AV - Musée de l'Impression sur étoffes★ FZ **M**[6] - Electropolis : musée
de l'énergie électrique★ AV **M**[2].

◪ Musée du Papier peint★ : collection★★ à Rixheim E : 6 km DV **M**[7].

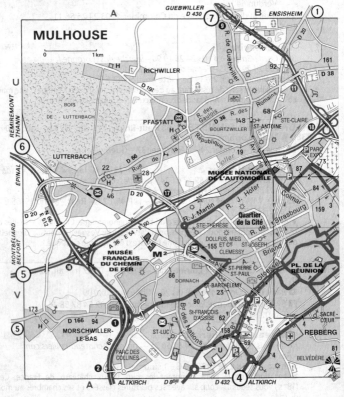

Bristol sans rest 🛗 🕭 🎧 ⇔ 📞 🖧 P ☝ 🚲 VISA ⦿ AE ⓪
18 av. de Colmar – ℰ *03 89 42 12 31 – hbristol@club-internet.fr*
– Fax 03 89 42 50 57
FY **e**
85 ch – 🛇60/120 € 🛇🛇70/160 €, ☞ 13,50 € – 5 suites
♦ À deux pas du centre historique, hôtel abritant de grandes chambres actuelles ; certaines sont rénovées, personnalisées et pourvues de salles de bains luxueuses (faïences signées Versace).

🖽 **Mercure Centre** 🚲 🛗 🎧 ⇔ 📞 🖧 🚲 VISA ⦿ AE ⓪
4 pl. Gén. de Gaulle – ℰ *03 89 36 29 39 – h1264@accor.com*
– Fax 03 89 36 29 49
FZ **b**
96 ch – 🛇109/165 € 🛇🛇119/175 €, ☞ 13,50 € – **Rest** – Carte 19/30 €
♦ Bâtiment des années 1970 proche du musée de l'Impression sur étoffes. Chambres fonctionnelles bien tenues, bar feutré et petit jardin-terrasse d'inspiration japonaise. Au restaurant, cuisine traditionnelle, suggestions du jour et spécialités alsaciennes.

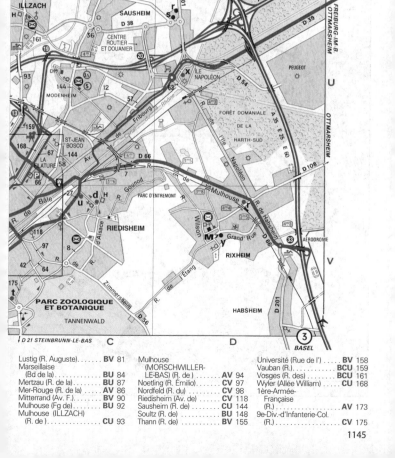

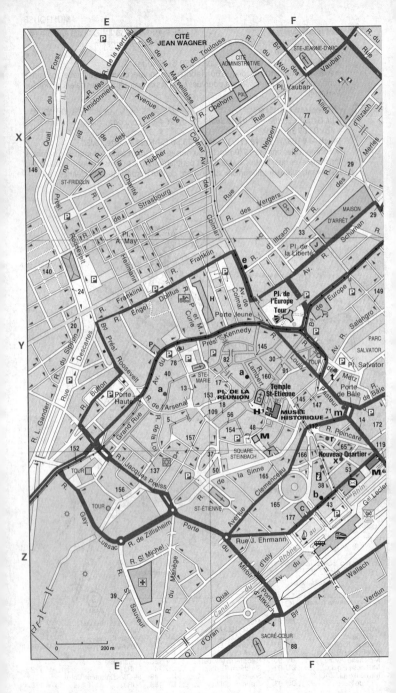

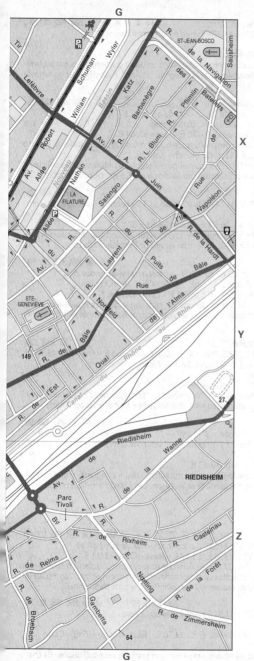

MULHOUSE

Kyriad Centre sans rest ⌖ ▥ ⚏ AC ⚋ ⚐ VISA 🅭🅞 AE ①

15 r. Lambert – ✆ *03 89 66 44 77 – kyriad @ hotel-mulhouse.com*
– Fax 03 89 46 30 66 FY **a**
60 ch – ♦55/90 €, ♦♦55/90 €, ⯐ 8,50 €

♦ Chambres nettes et fonctionnelles, revues dans un esprit contemporain, particulièrement spacieuses et confortables dans la catégorie "affaires". Petit-déjeuner en terrasse l'été.

Il Cortile (Stefano D'Onghia) ⌂ ⚏ AC VISA 🅭🅞 AE

11 r. Franciscains – ✆ *03 89 66 39 79 – Fax 03 89 36 07 97*
– Fermé 18 août-1ᵉʳ sept., 12-26 janv., dim. et lundi EY **a**
Rest – Menu 26 € (déj. en sem.), 39/70 € – Carte 52/64 € ⅋

Spéc. "Palette de l'artiste", composition de hors d'œuvre typiques italiens. Risotto à la truffe noire. Taglioni à la truffe blanche (saison).

♦ Tout ici respire l'Italie : l'intérieur contemporain (appliques Murano) et la délicieuse cuisine, épurée et créative, utilisant des produits de qualité. Superbe cour-terrasse.

Poincaré II AC ⇔ VISA 🅭🅞 AE

6 porte Bâle – ✆ *03 89 46 00 24 – Fax 03 89 56 33 15 – Fermé 27 juil.-10 août, sam. et dim.* FY **m**
Rest – bistrot Menu (19 €), 26/54 € – Carte 28/81 € ⅋

♦ Cette séduisante salle à manger offre une vue sur le spectacle des cuisiniers qui mitonnent des plats traditionnels. Cave riche en vins de Bordeaux et de Loire.

Oscar ⚏ AC VISA 🅭🅞 AE ①

1 av. Maréchal Joffre – ✆ *03 89 45 25 09 – bistrot.oscar @ wanadoo.fr*
– Fax 03 89 45 23 65 – Fermé 2-17 août, 20 déc.-4 janv., sam. et dim. FZ **x**
Rest – bistrot Menu (22 € bc), 26 € bc/35 € – Carte 33/58 € ⅋

♦ Appétissante cuisine de bistrot (ardoise du jour) servie dans une salle aux allures de brasserie cossue. Ambiance animée et service convivial. Belle carte de vins de producteurs.

La Table de Michèle ⌂ AC VISA 🅭🅞

16 r. Metz – ✆ *03 89 45 37 82 – michele.brouet @ wanadoo.fr – Fax 03 89 45 37 82*
– Fermé une sem. en avril, 1ᵉʳ-21 août, 22 déc.-4 janv., sam. midi, dim. et lundi FY **t**
Rest – bistrot Menu (17 €) – Carte 39/53 €

♦ Michèle joue du piano debout... en cuisine bien sûr ! Son répertoire ? Plutôt traditionnel, mais sensible aux quatre saisons. En salle, chaleur du bois brut et éclairage intime.

L'Estérel ⌂ P VISA 🅭🅞 AE

83 av. de la 1ʳᵉ Division Blindée – ✆ *03 89 44 23 24 – esterel.weber @ hotmail.fr*
– Fax 03 89 64 05 63 – Fermé 7-13 avril, 15-31 août, vacances de Toussaint, de fév., dim. soir, merc. soir et lundi CV **t**
Rest – Menu 23/48 € – Carte 40/63 €

♦ À proximité du parc zoologique, petit restaurant rajeuni et agrandi d'une véranda. Terrasse ombragée prise d'assaut à la belle saison. Carte traditionnelle aux accents du Sud.

à Sausheim

Mercure ⇆ ⌂ ⊠ ⚏ AC ⇋ ⚐ ⚋ P VISA 🅭🅞 AE ①

D 442 – ✆ *03 89 61 87 87 – h0556 @ accor.com – Fax 03 89 61 88 40* DU **r**
100 ch – ♦65/138 €, ♦♦68/350 €, ⯐ 14 € – **Rest** – Carte 23/41 €

♦ Construction des années 1970 située dans une zone commerciale, facile d'accès depuis les axes routiers. Grandes chambres fonctionnelles et bien tenues. Les "plus" du restaurant : la terrasse et les spécialités alsaciennes qui complètent la carte traditionnelle.

Novotel ⇆ ⌂ ⊠ AC ⇋ ⚋ ⚐ P VISA 🅭🅞 AE ①

r. Île Napoléon – ✆ *03 89 61 84 84 – h0452 @ accor.com*
– Fax 03 89 61 77 99 DU **s**
77 ch – ♦119/165 €, ♦♦126/165 €, ⯐ 12,50 € – **Rest** – Menu (16 €) – Carte 23/38 €

♦ Étape intéressante par sa situation et sa vocation pratique, cet hôtel dispose de chambres rénovées selon les derniers standards de la chaîne. Lounge-bar et piscine au vert. Restaurant adoptant le nouveau concept "Novotelcafé". Terrasse côté jardin et bassin.

à Baldersheim 8 km par ① – 2 206 h. – alt. 226 m – ⊠ 68390

🏨 **Au Cheval Blanc**　🗊 *ƒ₆* 🕮 📞 ch, 🅐🅒 ↩ 📞 🕭 **P** 🆅🅸🆂🅰 🐾 🅰🅴
 27 r. Principale – ℰ 03 89 45 45 44 – cheval-blanc @ wanadoo.fr
 – Fax 03 89 56 28 93 – Fermé 23 déc.-4 janv.
 82 ch – ♦58/77 € ♦♦67/106 €, � 10 € – ½ P 61/67 € – **Rest** – (fermé dim. soir)
 Menu (11,50 €), 17 € (sem.)/50 € – Carte 21/58 €
 ♦ Hôtel d'allure alsacienne exploité de père en fils depuis plus d'un siècle. Les chambres,
 garnies de meubles rustiques, offrent un confort homogène et de qualité. Salle à manger
 de type auberge accessible par le café du village. Nombreux menus, belle carte régionale
 et gibier en saison.

 Au Vieux Marronnier 🏨　🕭 🅐🅒 📞 **P** 🆅🅸🆂🅰 🐾 🅰🅴
 à 300 m – ℰ 03 89 36 87 60 – vieux-marronnier @ wanadoo.fr – Fax 03 89 56 28 93
 8 ch – ♦88 € ♦♦88 €, ⊡ 10 € – 6 suites – ♦♦96 €
 ♦ Construction récente abritant studios et appartements pratiques pour de longs séjours
 ou des familles de passage : espace, cuisinettes bien équipées et décor contemporain.

à Rixheim Sud-Est par D 66 – 12 608 h. – alt. 240 m – ⊠ 68170

⌂ **Le Clos du Mûrier** sans rest　🕼 ⅋ 📞 **P** 🆅🅸🆂🅰 🐾 ①
 42 Grand'Rue – ℰ 03 89 54 14 81 – rosa.volpatti @ orange.fr – Fax 03 89 64 47 08
 5 ch – ♦66 € ♦♦66 €, ⊡ 8 €　　　　　　　　　　　　　　D **y**
 ♦ Un haut mur protège cette maison à colombages du 16ᵉ s. bien rénovée et son jardin
 fleuri. Chambres assez spacieuses ayant conservé leurs poutres apparentes. Kitchenette, kit
 de repassage, machine à laver et vélos à disposition.

🍴🍴🍴 **Le Manoir** (Eric Runser)　🕼 🔥 🅐🅒 ⇔ **P** 🆅🅸🆂🅰 🐾 🅰🅴
🏵️ 65 av. Gén. de Gaulle – ℰ 03 89 31 88 88 – info @ runser.fr – Fax 03 89 31 88 89
 – Fermé dim. sauf fériés　　　　　　　　　　　　　　　DV **r**
 Rest – Menu (20 €), 25/75 € – Carte 32/76 € ♨
 Spéc. Ballotine de foie gras d'oie. Loup en croûte de sel de Guérande. Pigeon farci
 à l'ancienne en croûte de pain. **Vins** Riesling, Pinot noir.
 ♦ Belle demeure 1900 nichée dans un jardin clos. Intérieur contemporain (immenses toiles
 abstraites) et dans l'assiette, régionalisme, rythme des saisons et zestes de modernité.

🍴🍴 **Le Petit Prince**　🕼 🅐🅒 ⇔ **P** 🆅🅸🆂🅰 🐾
 100 r. de l'Aérodrome – ℰ 03 89 64 24 85 – Fax 03 89 64 05 21 – Fermé 20 août-
 4 sept.,23 déc.-7 janv., dim. et lundi – **Rest** – (prévenir) Menu 35 € – Carte 51/61 €
 ♦ Un séduisant tour du monde des saveurs vous attend dans cette modeste "cabane" bleue
 dont le décor intérieur rend hommage au Petit Prince. Terrasse avec vue sur le tarmac.

à Riedisheim 2 km au Sud-Est par D 56 et D 432

🍴🍴🍴 **La Poste** (Jean-Marc Kieny)　🅐🅒 ⇔ **P** 🆅🅸🆂🅰 🐾 🅰🅴
🏵️ 7 r. Gén. de Gaulle – ℰ 03 89 44 07 71 – contacts @ restaurant-kieny.com
 – Fax 03 89 64 32 79 – Fermé 1ᵉʳ-20 août, dim. soir, mardi midi et lundi
 Rest – Menu 26 € (sem.)/80 € – Carte 57/85 € ♨　　　　　CV **d**
 Spéc. Tapas alsaciens. Turbot en habit d'or. Évolution de la poire Belle Hélène. **Vins**
 Riesling, Pinot gris.
 ♦ Dans ce chaleureux relais de diligences (1850) se transmettent depuis six générations les
 secrets d'une cuisine classique mâtinée de tradition alsacienne et peu à peu modernisée.

🍴🍴 **Auberge de la Tonnelle**　🕼 **P** 🆅🅸🆂🅰 🐾
 61 r. Mar.-Joffre – ℰ 03 89 54 25 77 – auberge.latonnelle @ orange.fr
 – Fax 03 89 64 29 85 – Fermé merc. soir et dim. soir　　　　CV **u**
 Rest – Menu (25 €), 27 € (sem.)/53 € – Carte 47/66 €
 ♦ Grande bâtisse régionale située dans un quartier résidentiel. Des verrières éclairent la
 salle de restaurant où l'on propose une cuisine traditionnelle sensible aux saisons.

à Zimmersheim 5 km par D 56

🍴 **Jules**　🅐🅒 🆅🅸🆂🅰 🐾 🅰🅴
 5 r. de Mulhouse – ℰ 03 89 64 37 80 – info @ restojules.fr – Fax 03 89 64 03 86
 – Fermé 4-17 août, vacances de fév., sam. et dim.
 Rest – (réservation conseillée) Menu (15 €) – Carte 26/49 €
 ♦ Spécialités de viandes et de produits de la mer (poissonnerie attenante), belles pâtisse-
 ries maison et vins au verre : ce bistrot contemporain, très animé, fait souvent salle comble.

MULHOUSE

à Landser 11 km au Sud-Est par rte parc zoologique, Bruebach, D 21 et D 6 ^{BIS} – 1 687 h.
– alt. 230 m – ✉ 68440

XXX   **Hostellerie Paulus** (Hervé Paulus)   🈺 **P** **VISA** **①③** **AE**
❀   4 pl. Paix – ℰ 03 89 81 33 30 – hostellerie-paulus @ orange.fr – Fax 03 89 26 81 85
– Fermé 3-18 août, sam. midi, dim. soir et lundi
Rest – (nombre de couverts limité, prévenir) Menu 29 € (déj. en sem.), 59/79 €
– Carte 58/75 €
Spéc. Terrine de foie gras de canard à la compote de rhubarbe (printemps).
Homard, wok de légumes et caramel de crustacés (été). Noisettes de chevreuil aux
champignons des bois (automne). **Vins** Muscat, Riesling.
♦ Aménagée avec sobriété, cette maison à colombages ornée d'un oriel n'a rien perdu de
son charme en gagnant en modernité. Cuisine du terroir habilement actualisée.

à Froeningen 9 km au Sud-Ouest par D 8^{BIII} - BV – 606 h. - alt. 256 m – ✉ 68720

🏠   **Auberge de Froeningen**   🚗 🈺 ↔ ♨ ℰ **P** **VISA** **①③** **AE**
🍴   2 rte Illfurth – ℰ 03 89 25 48 48 – aubergedefroeningen @ orange.fr
– Fax 03 89 25 57 33 – Fermé 18-31 août, 12 -31 janv., mardi de nov. à avril, dim.
soir et lundi
7 ch – †58 € ††68 €, ☲ 8 € – ½ P 67 € – **Rest** – Menu (13 €), 24 € (sem.)/58 €
– Carte 29/58 €
♦ Séduisante auberge typiquement régionale. Mobilier ancien, bonne insonorisation et
tenue parfaite dans les chambres dépourvues de TV... Idéal pour se ressourcer ! Salles à
manger de caractère, cuisine locale et "journée alsacienne" le jeudi.

MUNSTER – 68 Haut-Rhin – 315 G8 – 4 884 h. – alt. 400 m – ✉ 68140   1 **A2**
▌ Alsace Lorraine

▶ Paris 458 – Colmar 19 – Guebwiller 40 – Mulhouse 60 – St-Dié 54
– Strasbourg 96
🛈 Office de tourisme, 1, rue du Couvent ℰ 03 89 77 31 80, Fax 03 89 77 07 17
◐ Soultzbach-les-Bains : autels ★★ dans l'église E : 7 km.

🏨   **Verte Vallée** ॐ   🚗 🈺 🖥 ⊛ 🛁 🎐 ₭ ↔ ♨ 👙 **P** **VISA** **①③** **AE** **①**
10 r. A. Hartmann, (parc de la Fecht) – ℰ 03 89 77 15 15 – contact @ vertevallee.fr
– Fax 03 89 77 17 40 – Fermé 4-29 janv.
100 ch – †80/105 € ††80/145 €, ☲ 14 € – 8 suites – ½ P 76/108 €
Rest – Menu 23/49 € – Carte 31/48 € ❀
♦ Grand hôtel moderne avec spa et équipements de loisirs. Confortables chambres de style
alsacien ou contemporain pour les plus récentes. Agréable jardin bordé par la Fecht. Le
restaurant propose une cuisine classique et une séduisante carte des vins.

🏠   **Deybach** sans rest   🚗 ₭ ↔ ♨ 👙 **P** **VISA** **①③** **AE** **①**
4 r. du Badischhof, 1 km par rte de Colmar (D 417) – ℰ 03 89 77 32 71
– accueil @ hotel-deybach.com – Fax 03 89 77 52 41
– Fermé lundi hors saison et dim. soir
16 ch – †35/41 € ††38/54 €, ☲ 7 €
♦ L'accueil souriant et l'ambiance chaleureuse distinguent cet hôtel familial qui borde la
route. Chambres fonctionnelles à la tenue scrupuleuse. Petit bar et jardin (transats).

XX   **Nouvelle Auberge**   ⇔ **P** **VISA** **①③** **AE**
🍴   rte Colmar (D 417) 6 km à l'Est – ℰ 03 89 71 07 70 – Fax 03 89 71 07 70 – Fermé
1er-15 juil., vacances de la Toussaint, de fév., dim. soir, lundi et mardi
Rest – Menu 10 € (déj. en sem.), 30/58 €
♦ Ce relais de poste vous propose, au choix, son menu du jour dans la winstub du
rez-de-chaussée ou sa formule gastronomique dans une jolie salle à manger située à
l'étage.

XX   **À l'Agneau d'Or**   **VISA** **①③**
2 r. St-Grégoire – ℰ 03 89 77 34 08 – info @ martinfache.com – Fax 03 89 77 34 08
– Fermé 1er-14 juil., lundi et mardi
Rest – (nombre de couverts limité, prévenir) Menu 35/45 € – Carte 42/48 €
♦ Dans cette maison régionale blottie au cœur du village, le chef revisite à sa façon une
cuisine oscillant entre tradition et terroir. Gibier en saison. Ambiance très chaleureuse.

MURAT – 15 Cantal – 330 F4 – 2 153 h. – alt. 930 m – ⊠ 15300 ▯ Auvergne

▶ Paris 520 – Aurillac 48 – Brioude 59 – Issoire 74 – Le Puy-en-Velay 121
– St-Flour 23

5 **B3**

⌼ Office de tourisme, 2, rue du faubourg Notre-Dame ☏ 04 71 20 09 47,
Fax 04 71 20 21 94

◙ Site★★ - Église★ d'Albepierre-Bredons S : 2 km.

⌂ **Hostellerie Les Breuils** sans rest   ◪ ◫ ॐ ☏ **P** VISA **MC**
34 av. Dr Mallet – ☏ *04 71 20 01 25 – info@hostellerie-les-breuils.com*
– Fax 04 71 20 33 20 – Ouvert fin mai-10 oct.
10 ch – †66 € ††69/87 €, ⊇ 8 €
♦ Dans cette demeure centenaire, vous trouverez des chambres spacieuses au 1ᵉʳ étage
(mobilier de style Louis XVI), plus récentes au deuxième et familiales au dernier niveau.

à l'Est 4 km par N 122, rte de Clermont-Ferrand – ⊠ 15300 Murat

ᕽᕽᕽ **Le Jarrousset**   ◪ ⌺ **P** VISA **MC**
– ☏ *04 71 20 10 69 – info@restaurant-le-jarrousset.com – Fax 04 71 20 15 26*
– Fermé déc.-janv., lundi et mardi sauf juil.-août
Rest – Menu (16 €), 22/45 € – Carte 43/52 €
♦ Cette coquette auberge propose une goûteuse cuisine actuelle privilégiant les produits
régionaux. Une salle agrémentée de toiles, une autre plus intime ouverte sur la campagne.

LA MURAZ – 74 Haute-Savoie – 328 K4 – 700 h. – alt. 630 m – ⊠ 74560

46 **F1**

▶ Paris 545 – Annecy 33 – Annemasse 11 – Thonon-les-Bains 41

ᕽᕽ **L'Angélick**   ⌺ ॐ VISA **MC**
– ☏ *04 50 94 51 97 – info@angelick.com – Fax 04 50 94 59 05 – Fermé 10-20 août,*
22 déc.-6 janv., dim. soir, lundi et mardi
Rest – Menu 33/80 € bc – Carte 51/61 € ⅏
♦ Salles intimes et chaleureuses, chaises en fer forgé ou en cuir, belle mise de table
moderne, fontaine en terrasse et mets inventifs. Nouvel espace brasserie au cadre actuel.

MURBACH – 68 Haut-Rhin – 315 G9 – rattaché à Guebwiller

MUR-DE-BARREZ – 12 Aveyron – 338 H1 – 880 h. – alt. 790 m – ⊠ 12600
▯ Midi-Pyrénées

29 **D1**

▶ Paris 567 – Aurillac 38 – Rodez 73 – St-Flour 56

⌼ Office de tourisme, 12, Grand' Rue ☏ 05 65 66 10 16, Fax 05 65 66 31 90

⌂⌂ **Auberge du Barrez**   ◪ ⌺ ॐ ch, ॐ rest, ☏ **P** VISA **MC** AE
ᏕᏕ *av. du Carladez –* ☏ *05 65 66 00 76 – auberge.du.barrez@wanadoo.fr*
– Fax 05 65 66 07 98 – Fermé 4 janv.-12 fév.
☾ **18 ch** – †40/56 € ††56/79 €, ⊇ 8 € – ½ P 55/71 € – **Rest** – (fermé lundi)
Menu 14 € (sem.)/39 € – Carte 26/43 €
♦ Dans un jardin fleuri, cette grande maison abrite des chambres diverses en tailles, mais
toutes contemporaines et fonctionnelles. Agréable salle à manger actuelle ; certaines
tables ont vue sur la campagne. Cuisine traditionnelle, copieuse et bien faite.

MÛR-DE-BRETAGNE – 22 Côtes-d'Armor – 309 E5 – 2 090 h. – alt. 225 m –
⊠ 22530 ▯ Bretagne

10 **C2**

▶ Paris 457 – Carhaix-Plouguer 50 – Guingamp 47 – Loudéac 20 – Pontivy 17
– St-Brieuc 44

⌼ Office de tourisme, place de l'Église ☏ 02 96 28 51 41, Fax 02 96 26 35 31

◙ Rond-Point du lac ≼★ - Lac de Guerlédan★★ O : 2 km.

ᕽᕽᕽ **Auberge Grand'Maison** avec ch   VISA **MC** AE
1 r. Léon le Cerf – ☏ *02 96 28 51 10 – auberge-grand-maison@wanadoo.fr*
– Fax 02 96 28 52 30 – Fermé 6-21 oct., 2-13 janv., 16-28 fév., dim. soir et mardi midi
hors saison et lundi
9 ch – †48/98 € ††48/98 €, ⊇ 11 € – ½ P 101/153 € – **Rest** – Menu 27 € (déj. en
sem.), 36/90 € – Carte 60/107 €
♦ "Grand'Maison" au cadre rustico-bourgeois vous réservant un accueil avenant. Cuisine
traditionnelle actualisée et service aux petits soins. Diverses générations de chambres.

LES MUREAUX – 78 Yvelines – 311 H2 – 31 739 h. – alt. 28 m –
✉ 78130

> ▶ Paris 41 – Mantes-la-Jolie 19 – Pontoise 24 – Rambouillet 57 – Versailles 32

La Chaumière 🏠 ⅋ ch, ↯ ✆ 🅿 VISA ⓶ AE ⓪
quartier Grand Ouest, (près de l'échangeur A 13), par rte de Bouafle –
    ℰ 01 34 74 72 50 – *lachaumiere.lesmureaux@tiscali.fr* – Fax 01 30 99 39 04
41 ch – ♦61/65 € ♦♦61/65 €, ⊆ 8 € – ½ P 50 € – **Rest** – *(fermé 1ᵉʳ-24 août,
23 déc.-2 janv., sam. et dim.)* Menu 14/22 € – Carte 21/29 €
♦ Construction des années 1980 située à proximité d'un centre commercial. Chambres
fonctionnelles, équipées de leur mobilier d'origine. Lumineuse salle de restaurant, service
en terrasse l'été et carte traditionnelle sans prétention.

MURON – 17 Charente-Maritime – 324 F3 – 996 h. – alt. 19 m – ✉ 17430
> ▶ Paris 455 – Poitiers 122 – La Rochelle 45 – Niort 47 – Rochefort 20

🍴 **Le Puits Fleuri** VISA ⓶
7 r. du Prieuré, près de l'église – ℰ 05 46 27 71 15 – Fax 05 46 27 71 15 – *Fermé
    1ᵉʳ-10 sept., dim. soir de nov. à avril et mardi*
Rest – Menu 17 € (déj. en sem.), 25/40 € – Carte 30/37 €
♦ Coquet intérieur rustique, cuisine personnalisée aux saveurs bien marquées, accueil
charmant et prix très sages : cette adresse blottie au cœur du village a le vent en poupe.

MUS – 30 Gard – 339 K6 – 1 049 h. – alt. 53 m – ✉ 30121 ▮ Provence
> ▶ Paris 737 – Arles 52 – Montpellier 37 – Nîmes 26

⌂ **La Paillère** ⌂ 🏠 ↯ ✆ 🅿
26 av. du Puits Vieux – ℰ 04 66 35 55 93 – *welcome@paillere.com*
5 ch ⊆ – ♦70/80 € ♦♦70/80 € – **Table d'hôte** – Menu 25 €
♦ Détente et art de vivre à l'honneur dans cette maison de charme (17ᵉ s.) discrète et patinée
par le temps. Mobilier provençal ou oriental, salons cossus, patio-terrasse très vert. Copieux
petit-déjeuner et recettes méditerranéennes à la table d'hôte (sur réservation).

MUSSIDAN – 24 Dordogne – 329 D5 – 2 843 h. – alt. 50 m – ✉ 24400
▮ Périgord

> ▶ Paris 526 – Angoulême 84 – Bergerac 26 – Libourne 59 – Périgueux 39
> ℹ Office de tourisme, place de la République ℰ 05 53 81 73 87,
>   Fax 05 53 81 73 87

🍴🍴 **Relais de Gabillou** 🏠 🅿 VISA ⓶
à 1,5 km sur rte de Périgueux – ℰ 05 53 81 01 42 – *relaisdegabillou@hotmail.com*
    – *Fax 05 53 81 01 42 – Fermé 23-30 juin, 17 nov.-16 déc., le soir du 4 janv. au 1ᵉʳ fév.,
dim. soir hors saison et lundi*
Rest – Menu (13 €), 15 € (sem.)/40 € – Carte 27/49 €
♦ Atmosphère rustique à souhait pour cette auberge de bord de route dont la salle
s'agrémente d'une vaste cheminée en pierre. Terrasse ombragée au calme. Plats régionaux.

🍴🍴 **Le Clos Joli** 🏠 🅿 VISA ⓶
7 km à l'Ouest par D 6089 et rte secondaire – ℰ 05 53 81 00 24 – *le-clos-joli@
    wanadoo.fr* – Fax 05 53 81 00 24 – *Fermé 30 juin-11 juil., 2-15 janv., 17-25 fév.,
mardi et merc.*
Rest – Menu 28/60 € – Carte 39/56 €
♦ Ex-presbytère au charme bucolique, avec ses jolies salles (l'une rustique, l'autre feutrée) et sa terrasse sous la tonnelle. Le menu-carte, inspiré du marché, met en appétit.

à Sourzac 4 km à l'Est par D 6089 – 1 032 h. – alt. 50 m – ✉ 24400

🏠🏠 **Le Chaufourg en Périgord** 🗁 🏠 ⌿ ↯ 🅿 VISA ⓶ AE
– ℰ 05 53 81 01 56 – *info@lechaufourg.com* – Fax 05 53 82 94 87 – *Fermé 7 janv.-
    10 fév.*
5 ch – ♦175/285 € ♦♦175/285 €, ⊆ 17 € – 4 suites – **Rest** – *(dîner seult)
(résidents seult)* Carte 41/61 €
♦ Le propriétaire préserve à merveille le charme romantique de la maison de campagne de
son enfance : ambiance guesthouse, grandes chambres au luxe discret, jardin hors du temps.

MUTIGNY – 51 Marne – 306 G8 – 188 h. – alt. 221 m – ⊠ 51160
▮ Champagne Ardenne   13 **B2**

> **D** Paris 150 – Châlons-en-Champagne 33 – Épernay 9 – Reims 32

Au Nord 2 km par D 271 – ⊠ 51160 Mutigny

⚑   **Manoir de Montflambert** sans rest ᔖ   🕭 ⠧ ⠦ 🛇 🔏 **P** 💳 ⓿
– 𝒞 03 26 52 33 21 – contact @ manoirdemontflambert.fr – Fax 03 26 59 71 08
5 ch ⊃ – †90/100 € ††95/105 €
♦ Bien placé pour découvrir le vignoble champenois, ce vaste manoir du 17ᵉ s. vous propose des chambres personnalisées et un beau parc à la française agrémenté d'une pièce d'eau.

MUTZIG – 67 Bas-Rhin – 315 I5 – 5 584 h. – alt. 190 m – ⊠ 67190
▮ Alsace Lorraine   1 **A1**

> **D** Paris 479 – Obernai 11 – Saverne 30 – Sélestat 38 – Strasbourg 32

⌂   **L'Ours de Mutzig**   😊 ⅀ 🛗 ⅋ ch, ⠧ 🔏 **P** 🕭 💳 ⓿ AE
⠿   pl. Fontaine – 𝒞 03 88 47 85 55 – hotel @ loursdemutzig.com – Fax 03 88 47 85 56
47 ch – †49/85 € ††49/85 €, ⊃ 9 € – ½ P 50/68 € – **Rest** – (fermé le jeudi)
Menu 16/28 € – Carte 27/42 €
♦ Cette maison à la jolie façade bleue (1900) appartenait à la brasserie de Mutzig. Choisir les chambres récemment créées, actuelles et plaisantes. Côté restaurant, carte traditionnelle et salle à manger lumineuse agrémentée, çà et là, d'ours en... peluche.

NACONNE – 42 Loire – 327 E5 – rattaché à Feurs

NAINVILLE-LES-ROCHES – 91 Essonne – 312 D4 – 457 h. – alt. 77 m – ⊠ 91750
> **D** Paris 49 – Boulogne-Billancourt 49 – Montreuil 50 – Saint-Denis 62   19 **C2**

⚑   **Le Clos des Fontaines** sans rest ᔖ   🖼 ⅀ 🕭 ⠧ ⠦ ⅋
3 r. de l'Église – 𝒞 01 64 98 40 56 – soton @   🛇 ⠧ **P** 💳 ⓿
closdesfontaines.com – Fax 01 64 98 40 56
5 ch ⊃ – †70/90 € ††88/105 €
♦ Dans un vaste parc, ancien presbytère dont les chambres, très calmes, possèdent toutes un décor personnalisé. Petit-déjeuner gourmand servi dans une salle à manger contemporaine.

NAJAC – 12 Aveyron – 338 D5 – 744 h. – alt. 315 m – ⊠ 12270
▮ Midi-Pyrénées   29 **C1**

> **D** Paris 629 – Albi 51 – Cahors 85 – Gaillac 51 – Rodez 71
> – Villefranche-de-Rouergue 20

> **🛈** Office de tourisme, place du Faubourg 𝒞 05 65 29 72 05, Fax 05 65 29 72 29
> ◎ La Forteresse ★ : ≤ ★.

▱▱▱   **Les Demeures de Longcol** ᔖ   🕭 😊 ⅀ ⅋ 🔏 **P** 💳 ⓿ AE
6 km au Nord-Est par D 39 et D 638 – 𝒞 05 65 29 63 36 – longcol @ wanadoo.fr
– Fax 05 65 29 64 28 – Fermé janv.
18 ch – †120/160 € ††120/160 €, ⊃ 15 € – ½ P 110/130 € – **Rest** – (dîner seult)
(nombre de couverts limité, prévenir) Menu 35 €
♦ Domaine au cachet médiéval inscrit dans un site bucolique rafraîchi par l'Aveyron. Chambres rustiques orientalisantes, jardin soigné et piscine-belvédère à débordement. Menu unique selon le marché, parfois teinté d'exotisme et privilégiant des produits bio.

⌂   **Le Belle Rive**   ≤ 🖼 😊 ⅀ ⅍ 🕸 rest, ⅋ **P** 💳 ⓿ ⓞ
⍥   3 km au Nord-Ouest par D 39 – 𝒞 05 65 29 73 90 – hotel.bellerive.najac @
wanadoo.fr – Fax 05 65 29 76 88 – Ouvert 1ᵉʳ avril-31 oct. et fermé dim. soir en oct.
22 ch – †54/58 € ††54/58 €, ⊃ 9 € – ½ P 58 €
Rest – (fermé dim. soir en oct. et lundi midi en avril et oct.) Menu (11 €), 20/39 €
– Carte 34/45 €
♦ La même famille dirige depuis cinq générations cet hôtel agréablement situé au bord de l'Aveyron. Les chambres sont régulièrement mises au goût du jour. Cuisine à l'accent régional servie au restaurant ou, aux beaux jours, sur la grande terrasse ombragée.

XXX **L' Oustal del Barry** avec ch ⟵ 🏠 🛋 📶 AK ch, ☎ VISA ⏰ AE ①

pl. du Bourg – ℰ 05 65 29 74 32 – oustaldelbarry@wanadoo.fr
– Fax 05 65 29 75 32 – Ouvert 15 mars-11 nov.
18 ch – ♦45/48 € ♦♦54/75 €, ⏩ 9 € – ½ P 58/70 €
Rest – (fermé mardi midi et lundi sauf de mi-juin à mi-sept.) Menu (17 €),
19 € (déj. en sem.), 23/49 € bc – Carte 41/63 € 🍴

♦ Accueillante auberge dans un beau village perché. Confortable salle à manger au cadre rustico-bourgeois. Savoureuse cuisine au goût du jour. Préférez les chambres rénovées.

NALZEN – 09 Ariège – 343 I7 – rattaché à Lavelanet

NANCY Ⓟ – 54 Meurthe-et-Moselle – 307 I6 – 103 605 h. – Agglo. 331 363 h.
– alt. 206 m – ⊠ 54000 ▌ Alsace Lorraine   26 **B2**

▣ Paris 314 – Dijon 216 – Metz 57 – Reims 209 – Strasbourg 154

✈ de Metz-Nancy-Lorraine : ℰ 03 87 56 70 00, par ⑥ : 43 km.

▦ ℰ 3635 (0,34 €/mn)

▣ Office de tourisme, place Stanislas ℰ 03 83 35 22 41, Fax 03 83 35 90 10

▨ de Nancy Pulnoy à Pulnoy 10 rue du Golf, par rte de Château-Salins et D 83 :
7 km, ℰ 03 83 18 10 18 ;

▨ de Nancy à Liverdun Aingeray, NO : 17 km par D 90, ℰ 03 83 24 53 87.

◉ Place Stanislas★★★, Arc de Triomphe★ BY **B** - Place de la Carrière★ et Palais
du Gouverneur★ BX **R** - Palais ducal★★ : musée historique lorrain★★★ –
Église et Couvent des Cordeliers★ : gisant de Philippe de Gueldre★★ - Porte
de la Craffe★ - Église N.-D.-de-Bon-Secours★ EX - Façade★ de l'église
St-Sébastien - Musées : Beaux-Arts★★ BY **M³**, Ecole de Nancy★★ DX **M⁴**,
aquarium tropical★ du muséum-aquarium CY **M⁸** - Jardin botanique du
Montet★ DY.

▣ Basilique★★ de St-Nicolas-de-Port par ② : 12 km.

Plans pages suivantes

🏠 **Grand Hôtel de la Reine** 🛋 📶 & ch, AK ⇄ ☎ 🛁 VISA ⏰

2 pl. Stanislas – ℰ 03 83 35 03 01 – nancy@concorde-hotels.com – Fax 03 83 32 86 04
42 ch – ♦145/295 € ♦♦145/295 €, ⏩ 19 € – 7 suites   BY **d**
Rest Stanislas – (fermé lundi sauf de mai à sept., dim. sauf le midi du 1er avril au
31 oct. et sam. midi) Menu (27 € bc), 34 € (sem.)/64 € – Carte 70/82 €

♦ Marie-Antoinette logea dans ce pavillon du 18e s. abritant de belles chambres meublées
en style Louis XV. Hauts plafonds, lustres en cristal de Baccarat, stucs dorés et boiseries
peintes ornent le fastueux restaurant ouvert sur la célèbre place Stanislas.

🏠 **Park Inn** 📶 AK ⇄ ☎ 🛁 VISA ⏰ AE ①

11 r. Raymond Poincaré – ℰ 03 83 39 75 75 – info.nancy@rezidorparkinn.com
– Fax 03 83 32 78 17   AY **r**
192 ch – ♦114/149 € ♦♦114/149 €, ⏩ 15 €
Rest Le Rendez Vous – (fermé 10-25 août, 15-31 déc., sam.,dim.et fériés) (déj.
seult) Menu 24/30 € – Carte 25/40 €

♦ Hôtel bénéficiant d'un emplacement privilégié, au cœur du quartier des affaires et à
proximité immédiate du centre historique. Chambres spacieuses et confortables, complètement équipées. Salle à manger sobre et actuelle, ceinte de larges baies diffusant une
douce lumière.

🏠 **D'Haussonville** sans rest ☎ VISA ⏰ AE ①

9 r. Mgr Trouillet – ℰ 03 83 35 85 84 – direction@hotel-haussonville.fr
– Fax 03 83 32 78 96 – Fermé 3-25 août et 1er-18 janv.   AX **g**
3 ch – ♦140 € ♦♦160 €, ⏩ 16 € – 4 suites – ♦♦190/230 €

♦ Ce splendide hôtel particulier du 16e s. est un véritable concentré de raffinement. Les
chambres cossues ont conservé cheminées et parquets d'époque. Magnifique salle de
petit-déjeuner.

🏠 **Mercure Centre Stanislas** sans rest 📶 AK ⇄ ☎ 🛁

5 r. Carmes – ℰ 03 83 30 92 60 – h1068@ 🚗 VISA ⏰ AE ①
accor.com – Fax 03 83 30 92 92   BY **m**
80 ch – ♦109/169 € ♦♦119/179 €, ⏩ 14,50 €

♦ Idéalement situé dans le centre-ville commerçant, cet hôtel offre des installations
complètes et très bien tenues. Chambres garnies d'un mobilier inspiré de l'Art nouveau.

Crystal sans rest
🎛 AC ⇄ ☎ VISA MC AE ①

5 r. Chanzy – ℰ 03 83 17 54 00 – hotelcrystal.nancy@wanadoo.fr
– Fax 03 83 17 54 30 – Fermé 24 déc.-2 janv.   AY **a**
58 ch – ♦85/110 € ♦♦85/125 €, � 11 €

♦ Bâtiment entièrement rénové proposant des chambres très soignées, spacieuses et colorées, garnies d'un mobilier actuel. Salon-bar feutré.

Des Prélats sans rest
🎛 ⅙ ⇄ ☎ 🅢 VISA MC AE

56 pl. Mgr Ruch – ℰ 03 83 30 20 20 – contact@hoteldesprelats.com
– Fax 03 83 30 20 21 – Fermé 24 déc.-4 janv.   CY **r**
42 ch – ♦78/86 € ♦♦98/106 €, ⊿ 12 €

♦ Cet hôtel du 17ᵉ s. adossé à la cathédrale a été superbement restauré : spacieuses chambres personnalisées garnies de meubles chinés et agréable véranda ouverte sur une cour intérieure. Établissement non-fumeurs.

Albert 1ᵉʳ-Astoria sans rest
🎛 ⇄ ☎ 🅢 🅿 VISA MC AE ①

3 r. Armée Patton – ℰ 03 83 40 31 24 – albert.astoria@wanadoo.fr
– Fax 03 83 28 47 78 – Fermé 27 déc.-2 janv.   AY **e**
83 ch – ♦55/71 € ♦♦55/71 €, ⊿ 8,50 €

♦ Cet immeuble voisin de la gare dispose de chambres simples et pratiques qui, comme la salle des petits-déjeuners, donnent sur une paisible cour ombragée d'un saule pleureur.

XXX Le Capucin Gourmand
⅙ VISA MC AE

31 r. Gambetta – ℰ 03 83 35 26 98 – info@lecapu.com – Fax 03 83 35 99 29
– Fermé dim. sauf le midi de sept. à juin, sam. midi et lundi   BY **m**
Rest – Menu 28 € (déj. en sem.), 38/48 € – Carte 73/81 €

♦ Nouveau décor pour cette institution locale : camaïeu de beige (boiseries, nappes et chaises de style Louis XV), joli parquet et moulures ouvragées. Cuisine au goût du jour.

XXX Le Grenier à Sel (Patrick Frechin)
VISA MC

28 r. Gustave Simon – ℰ 03 83 32 31 98 – patrick.frechin@free.fr
– Fax 03 83 35 32 88 – Fermé 21 juil.-13 août, dim. et lundi   BY **x**
Rest – Menu 32 € (déj. en sem.), 45/65 € – Carte 93/114 €
Spéc. Pigeonneau poché aux griottines de Fougerolles. Tartelette aux truffes (hiver). Sushi de riz au lait et fruits de saison. **Vins** Côtes de Toul.

♦ Le restaurant est installé à l'étage de l'une des plus vieilles maisons de la ville. Salle à manger rénovée dans un esprit contemporain sobre et chaleureux. Cuisine inventive.

XX La Mignardise
🍴 VISA MC AE

28 r. Stanislas – ℰ 03 83 32 20 22 – didier.metzelard@wanadoo.fr
– Fax 03 83 32 19 20 – Fermé 28 juil.-3 août et le dim. soir   BY **n**
Rest – Menu 25/45 € – Carte 51/62 €

♦ Murs couleur brique, sobre mobilier moderne, bel éclairage étudié : un décor contemporain épuré et élégant, réalisé par un designer nancéien. Cuisine créative à base d'épices.

XX Les Agaves
VISA MC

2 r. Carmes – ℰ 03 83 32 14 14 – les-agaves.durand-gilles@wanadoo.fr
– Fermé 17-25 août, 16-22 fév., lundi soir, merc. soir et dim.   BY **u**
Rest – Carte 35/51 € 🍴

♦ Deux salles, deux styles : cadre actuel ou décor provençal égayé de photos des années 1950. La cuisine associe inspirations italiennes et saveurs du Sud ; vins transalpins.

XX Les Petits Gobelins
🍴 AC VISA MC

18 r. Primatiale – ℰ 03 83 35 49 03 – Fax 03 83 37 41 49 – Fermé 1ᵉʳ-21 août, dim.
et lundi   CY **z**
Rest – Menu 23/60 € – Carte 41/50 € 🍴

♦ Chaleureux restaurant aménagé dans une maison du 18ᵉ s. bordant une rue piétonne. Le cadre est moderne et soigné, à l'image de l'agréable salon feutré. Belle carte des vins.

XX La Toque Blanche
VISA MC

1 r. Mgr Trouillet – ℰ 03 83 30 17 20 – restaurant@latoqueblanche.fr
– Fax 03 83 32 60 24 – Fermé vacances de Pâques, 28 juil.-18 août, vacances de fév.,
dim. soir, merc. midi et lundi   ABY **z**
Rest – Menu 25/65 € – Carte 60/79 €

♦ Au cœur de la vieille ville, table familiale au cadre intime et feutré, convenant aussi bien à un déjeuner d'affaires qu'à un dîner les yeux dans les yeux. Décor modernisé.

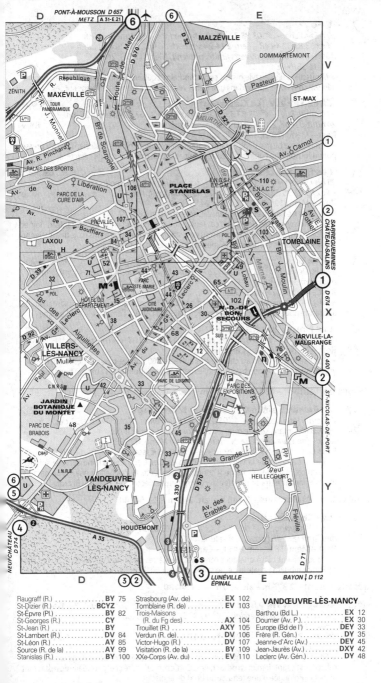

✗ V Four
😊

10 r. St-Michel – ✆ 03 83 32 49 48 – bruno.faonio @ numericable.fr
– Fax 03 83 32 49 48 – Fermé 14-24 sept., 1er-10 fév., dim. soir et lundi   BX r
Rest – (nombre de couverts limité, prévenir) Menu (17 €), 26/38 €
– Carte 58/69 €

♦ Minuscule salle de style bistrot contemporain et cuisine au goût du jour soignée : cette adresse conviviale, située dans une petite rue piétonne, connaît un franc succès.

✗ Chez Tanésy "Le Gastrolâtre"

23 Grande Rue – ✆ 03 83 35 51 94 – Fax 03 83 36 67 29 – Fermé 25 mai-3 juin,
24 août-8 sept., 28 déc.-6 janv., dim. et lundi   BY v
Rest – Menu (20 €), 35/40 € – Carte 44/61 €

♦ Atmosphère bistrot dans ce petit restaurant fréquenté par les Nancéiens. On s'y presse pour déguster une cuisine qui, comme le patron, ne manque pas de caractère.

✗ Les Pissenlits
🌿

25 bis r. Ponts – ✆ 03 83 37 43 97 – reservation @les-pissenlits.com
– Fax 03 83 35 72 49 – Fermé 1er-15 août, dim. et lundi   BY e
Rest – Menu 19/50 € bc – Carte 24/36 € 🕸
Rest Vins et Tartines – bar à vins Carte environ 18 € 🕸

♦ Salle de style École de Nancy, copieuse cuisine régionale énoncée sur tableau noir et service à guichets fermés caractérisent ce restaurant familial. Bar à vins dans une ancienne chapelle : tartines chaudes ou froides et vins choisis par la patronne.

✗ Chez Lize

52 r. H. Déglin – ✆ 03 83 30 36 26 – Fermé 13 juil.-11 août, 28 déc.-4 janv., sam.
midi, dim. soir et lundi   AX v
Rest – Menu (22 €), 26/29 €

♦ Restaurant aménagé dans un ancien bar. La salle à manger présente le cadre rustique approprié pour servir des spécialités régionales où l'Alsace l'emporte sur la Lorraine.

✗ Les Nouveaux Abattoirs
🌿

4 bd Austrasie – ✆ 03 83 35 46 25 – Fax 03 83 35 13 64 – Fermé dim.   EV s
Rest – Menu 17/29 € – Carte 18/54 €

♦ Adresse restée fidèle au charme des années 1960 dans le quartier des "anciens-nou-veaux" abattoirs. Cuisine traditionnelle mettant les viandes et les abats à l'honneur.

à Dommartemont – 630 h. – alt. 299 m – ✉ 54130

✗✗✗ La Ferme Sainte Geneviève - L'Ermitage
🌿

2 chemin Pain de Sucre – ✆ 03 83 29 99 81 – Fermé 27 oct.-11 nov., 21 déc.-5 janv.
et 9-23 fév., merc. sauf le midi d'avril à oct., dim. soir et lundi
Rest – (nombre de couverts limité, prévenir) Menu 40/55 €
Rest Le Bistrot – ✆ 03 83 29 13 49 – Menu 18 € (sem.)/29 € – Carte 30/38 €

♦ Sur les hauteurs de la ville, cette maison en pierre sert une cuisine actuelle soignée dans un cadre feutré, résolument contemporain. L'été, la fraîche terrasse est un paradis. Plats régionaux et traditionnels à découvrir dans le décor "tout bois" du Bistrot.

à Jarville-la-Malgrange – 9 746 h. – alt. 210 m – ✉ 54140

✗ Les Chanterelles
🌿

27 av. Malgrange – ✆ 03 83 51 43 17 – Fax 03 83 51 43 17 – Fermé 15-31 août,
dim. sauf le midi d'oct. à mai et lundi   EX n
Rest – Menu 18 € (sem.)/45 € – Carte 37/51 €

♦ Établissement bâti à quelques centaines de mètres du musée de l'Histoire du fer. Une sculpture moderne égaie la petite salle à manger où l'on sert une cuisine traditionnelle.

à Houdemont – 2 375 h. – alt. 270 m – ✉ 54180

🏠 Novotel Nancy Sud

(près du centre commercial) – ✆ 03 83 56 10 25 – h0408 @accor.com
– Fax 03 83 57 62 20   EY s
86 ch – ♦59/126 € ♦♦59/145 €, �), 12,50 € – **Rest** – Menu 21/41 € – Carte
20/43 €

♦ Situé en contrebas de l'autoroute, un Novotel de la première génération, entièrement refait dans l'esprit dernier cri de la chaîne. Confort, modernité et espace. Salle de restaurant actuelle prolongée d'une terrasse au bord de la piscine.

à Flavigny-sur-Moselle 16 km par ③ et A 330 – 1 636 h. – alt. 240 m – ⊠ 54630

XXX   **Le Prieuré** avec ch ॐ   🚗 🛰 🏖 **VISA** ⚫ AE
– 𝒞 03 83 26 70 45 – rjoelroy@aol.com – Fax 03 83 26 75 51 – Fermé
1er-8 mai, 25 août-7 sept., 30 déc.-6 janv., 16-28 fév., dim. soir, merc. soir et lundi
4 ch – ♦117 € ♦♦117 €, ⊊ 13 € – **Rest** – (nombre de couverts limité, prévenir)
Menu 61 € – Carte 73/89 €
♦ Façade modeste dissimulant trois salons où meubles lorrains, étains et cheminée créent
l'intimité. Cuisine au goût du jour. Chambres spacieuses.

à Vandœuvre-lès-Nancy – 32 048 h. – alt. 300 m – ⊠ 54500

🏠   **Cottage-Hôtel**   AC rest, ♯ 📞 🏖 P **VISA** ⚫
⬮   4 allée de Bourgogne – 𝒞 03 83 44 69 00 – reservation@cottagenancy.com
– Fax 03 83 44 06 14 – Fermé 1er-15 août, 24-31 déc.
55 ch – ♦47/55 € ♦♦47/55 €, ⊊ 7,50 € – ½ P 42/46 € – **Rest** – (fermé dim. soir)
Menu 14/23 € – Carte 24/35 €
♦ Chambres fonctionnelles réparties dans des bâtiments récents, près de l'hippodrome. Le
bar et le salon affichent un style colonial discret. Cuisine traditionnelle simple, goûteuse et
généreuse, à découvrir dans une jolie salle à manger-véranda.

à Méréville 16 km par ③, A 330, D 570 et D 115 – 1 349 h. – alt. 250 m – ⊠ 54850

🏠   **La Maison Carrée** ॐ   ≤ 🚗 🛰 ⌁ 📞 🏖 P 🐾 **VISA** ⚫
12 r. du Bac – 𝒞 03 83 47 09 23 – hotel@maisoncarree.com – Fax 03 83 47 50 75
– Fermé 22 déc.-5 janv. dim. soir de nov. à mars
22 ch – ♦65/70 € ♦♦78/86 €, ⊊ 9,50 € – ½ P 70/74 € – **Rest** – (fermé 26-30 déc.,
dim. soir et lundi) Menu 22 € (sem.)/60 € – Carte 28/56 €
♦ Hôtel dont les chambres, réaménagées en 2006, donnent côté piscine, jardin et Moselle ;
celles du 1er étage ont un balcon. Salle des petits-déjeuners dotée de beaux meubles
bretons. À 100 m, restaurant logé dans une ex-maison de passeur d'eau. Terrasse riveraine.

à Neuves-Maisons 14 km par ④ – 6 849 h. – alt. 230 m – ⊠ 54230

XX   **L'Union**   **VISA** ⚫ AE
1 imp. A. Briand – 𝒞 03 83 47 30 46 – Fax 03 83 47 33 42 – Fermé 1er-15 août, lundi
et le soir sauf vend. et sam.
Rest – Menu 26/36 € – Carte 33/45 €
♦ Restaurant installé dans une jolie petite maison colorée, autrefois café du village. Les
deux salles à manger, dont une terrasse couverte, sont d'une agréable simplicité.

NANS-LES-PINS – 83 Var – 340 J5 – 3 159 h. – alt. 380 m – ⊠ 83860   40 **B3**

🚘 Paris 794 – Aix-en-Provence 44 – Brignoles 26 – Marseille 42 – Toulon 71
🎫 Office de tourisme, 2, cours Général-de-Gaulle 𝒞 04 94 78 95 91,
   Fax 04 94 78 60 07
🏌 de la Sainte-Baume "La Mouchouane", N : 4 km par D 80, 𝒞 04 94 78 60 12.

🏠🏠🏠   **Domaine de Châteauneuf** ॐ   ≤ 🔔 🛰 ⌁ 🎿 🏌 ⅃ ch, AC ch,
                                               🎿 rest, 🏖 P P **VISA** ⚫ AE ⓘ
3 km au Nord par D 560 –
𝒞 04 94 78 90 06 – chateauneuf@relaischateaux.com – Fax 04 94 78 63 30
– Ouvert 4 avril-1er nov.
29 ch – ♦133/256 € ♦♦166/390 €, ⊊ 19 € – 1 suite – **Rest** – (fermé le midi en
sem.) Menu 49 € (déj.), 52/60 € – Carte 54/72 €
♦ Napoléon 1er aurait séjourné dans cette demeure du 18e s. entourée d'un parc situé au
cœur d'un golf. Chambres de style décorées avec goût. Fresques dans l'un des salons.
Élégant cadre classique dans la salle de restaurant et terrasse sous les frondaisons.

XX   **Château de Nans** avec ch   🚗 🛰 ⅃ P **VISA** ⚫ AE
3 km par D 560 (rte d'Auriol) – 𝒞 04 94 78 92 06 – info@chateau-de-nans.com
– Fax 04 94 78 60 46 – Hôtel : ouvert 1er avril-30 sept., Rest : fermé 24-30 nov.,
mi-fév.-mi-mars, mardi sauf juil.-août et lundi
5 ch ⊊ – ♦106 € ♦♦122/138 € – **Rest** – Menu 48/59 € – Carte environ 49 €
♦ Cuisine à l'accent chantant, potager aux senteurs méridionales et salle à manger-
véranda. Castel du 19e s. joliment restauré face au golf de la Ste-Baume. Agréables
chambres personnalisées ; celles de la tour sont originales. Terrain de pétanque.

NANTERRE – 92 Hauts-de-Seine – 311 J2 – 101 14 – voir Paris, Environs

Le château des Ducs
1160

NANTES

P **Département :** 44 Loire-Atlantique
Carte Michelin LOCAL : n° 316 G4
▶ Paris 381 – Angers 88 – Bordeaux 325
– Quimper 233 – Rennes 109

Population : 270 251 h.   34 **B2**
Pop. agglomération : 544 932 h.
Altitude : 8 m – **Code Postal :** ⊠ 44000
▐ Bretagne

RENSEIGNEMENTS PRATIQUES

Office de tourisme

🛈 7, rue de Valmy *𝒞* 08 92 46 40 44, Fax 02 40 89 11 99,

Transports

🚆 Auto-train *𝒞* 3635 et tapez 42 (0,34 €/mn)

Aéroport

✈ International Nantes-Atlantique *𝒞* 02 40 84 80 00, par D 85 : 8,5 km **BX**

LOISIRS

Quelques golfs

🏌 de Nantes Erdre, Chemin du Bout des Landes, N : 6 km par D 69, *𝒞* 02 40 59 21 21
🏌 de Carquefou à Carquefou, Boulevard de l'Epinay, N : 9 km par D 337, *𝒞* 02 40 52 73 74
🏌 de Nantes à Vigneux-de-Bretagne, RD 81, NO : par D965 et D 81 : 16 km, *𝒞* 02 40 63 25 82

◉ A VOIR

SOUVENIRS DES DUCS DE BRETAGNE

Château★★ : tour de la Couronne d'Or★★, puits★★ **HY** - Intérieur★★ de la Cathédrale St-Pierre-et-St-Paul : tombeau de François II★★ , cénotaphe de Lamoricière★ **HY**

NANTES DU 18ᵉ S.

Ancienne île Feydeau★ **GZ**

LA VILLE DU 19ᵉ S.

Passage Pommeraye★ **GZ** 150 - Quartier Graslin★ **FZ**- Cours Cambronne★ **FZ**- Jardin des Plantes★ **HY**

MUSÉES

Musée des Beaux-Arts★★ **HY** - Muséum d'histoire naturelle★★ **FZ** M⁴ - Musée Dobrée★ **FZ** - Musée archéologique★M³ - Musée Jules-Verne★ **BX** M¹

Grand Hôtel Mercure
🛗 AC ch, ♿ 📞 🛰 🚗 VISA ⓦⓞ AE ⓪

4 r. Couëdic – 🕾 *02 51 82 10 00 – H1985@accor.com – Fax 02 51 82 10 10*
152 ch – ♦100/200 € ♦♦110/210 €, ☞ 12 € – 10 suites   *p. 7* GZ **m**
Rest – *(fermé dim.)* Menu (13,50 € bc), 30 €

♦ Belle façade du 19ᵉ s., hall sous verrière, piano-bar cosy et chambres garnies de meubles de style Art déco et de photos évoquant les voyages. Restaurant façon bistrot contemporain, cuisine ad hoc et sélection de vins au verre.

Novotel Cité des Congrès
🍽 🛗 ♿ ch, AC ch, ♿ 📞
🛰 VISA ⓦⓞ AE ⓪

3 r. Valmy – 🕾 *02 51 82 00 00 – h1571@*
accor.com – Fax 02 51 82 07 40   *p. 7* HZ **t**
103 ch – ♦118/145 € ♦♦118/145 €, ☞ 13,50 € – 2 suites – **Rest** – Carte 22/38 €

♦ L'hôtel jouxte la Cité des Congrès. Grandes chambres rénovées ; certaines offrent un joli coup d'œil sur le canal St-Félix. Coin jeux pour enfants. Au Novotel Café, carte simple avec plats à la plancha et salades.

Mercure Île de Nantes
⇐ 🍽 ⤢ 🛗 AC ♿ 📞 🛰 P VISA ⓦⓞ AE ⓪

15 bd A. Millerand ✉ *44200 –* 🕾 *02 40 95 95 95 – H0555@accor.com*
– Fax 02 40 48 23 83   *p. 5* CX **a**
100 ch – ♦140/150 € ♦♦150/200 €, ☞ 14 € – **Rest** – *(fermé vacances de noël, vend. soir, sam. et dim.)* Menu (18 €) – Carte 24/27 €

♦ Hôtel des années 1970 dont le décor rend hommage à Jules Vernes. Chambres spacieuses dans l'esprit de la chaîne ; la moitié offre une vue sur la Loire. Cadre sobre et carte simplifiée (plats à la plancha) au restaurant ; bar à vins.

Holiday Inn Garden Court
🍽 🛗 ♿ ch, AC rest, ♿ 📞 🛰
🚗 VISA ⓦⓞ AE ⓪

1 bd Martyrs Nantais ✉ *44200 –* 🕾 *02 40 47 77 77*
– holiday.inn.nantes@wanadoo.fr – Fax 02 40 47 36 52   *p. 7* HZ **v**
108 ch – ♦65/160 € ♦♦65/200 €, ☞ 13 € – **Rest** – *(fermé 24 déc.-6 janv., sam. midi et dim. midi)* Menu (18 €), 21 € – Carte environ 29 €

♦ Sur l'île de Nantes, au pied du tramway. Certaines des chambres standardisées de cet hôtel donnent sur la Loire ; toutes sont spacieuses et disposent de grands lits. Confortable salle à manger contemporaine. En saison, service sous la pergola bien ombragée.

L'Hôtel sans rest
🛗 ♿ 📞 🚗 VISA ⓦⓞ AE

6 r. Henri IV – 🕾 *02 40 29 30 31 – lhotel@mageos.com – Fax 02 40 29 00 95*
– Fermé 24 déc.-2 janv.   *p. 7* HY **z**
31 ch – ♦72/140 € ♦♦79/140 €, ☞ 9 €

♦ On pénètre dans l'hôtel par un hall contemporain aux lignes graphiques. Les chambres se déclinent dans la même veine épurée et regardent soit le château soit le jardin.

Jules Verne sans rest
🛗 AC ♿ 🏸 📞 VISA ⓦⓞ AE ⓪

3 r. Couëdic – 🕾 *02 40 35 74 50 – hoteljulesverne@wanadoo.fr – Fax 02 40 20 09 35*
65 ch – ♦55/115 € ♦♦60/125 €, ☞ 11 €   *p. 7* GZ **h**

♦ À deux pas de la place Royale, hôtel récent qui sort d'une cure de jouvence : chambres contemporaines (écrans plats, Internet), vue sur les toits de la ville au dernier étage.

Graslin sans rest
🛗 ♿ 📞 VISA ⓦⓞ AE

1 r. Piron – 🕾 *02 40 69 72 91 – info@hotel-graslin.com – Fax 02 40 69 04 44*
47 ch – ♦59/102 € ♦♦59/102 €, ☞ 9 €   *p. 6* FZ **v**

♦ Cet hôtel en cours de transformation propose deux types de chambres. Préférez celles récemment refaites, Art déco et sans superflu ; les autres ont encore leur mobilier en pin.

Pommeraye sans rest
🛗 ♿ 📞 🛰 VISA ⓦⓞ AE ⓪

2 r. Boileau – 🕾 *02 40 48 78 79 – info@hotel-pommeraye.com*
– Fax 02 40 47 63 75   *p. 7* GZ **t**
50 ch – ♦54/89 € ♦♦59/114 €, ☞ 8,40 €

♦ À deux pas du célèbre passage Pommeraye et des boutiques de la rue Crébillon, les adeptes de décoration contemporaine raffinée vont aimer cet hôtel aux chambres bien tenues.

Des Colonies sans rest
🛗 ♿ 🏸 📞 VISA ⓦⓞ AE ⓪

5 r. Chapeau Rouge – 🕾 *02 40 48 79 76 – hoteldescolonies@free.fr*
– Fax 02 40 12 49 25   *p. 7* GZ **e**
38 ch – ♦54/66 € ♦♦61/73 €, ☞ 8 €

♦ Des expositions d'œuvres d'art égayent le petit hall d'accueil de cet hôtel situé dans une rue tranquille. Chambres au cadre actuel et aux coloris gais (bonne literie).

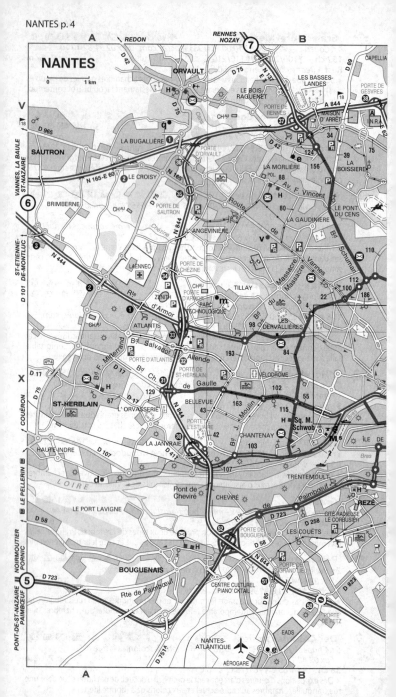

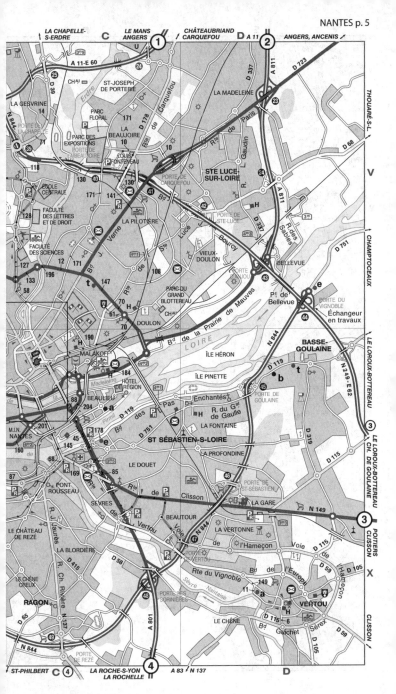

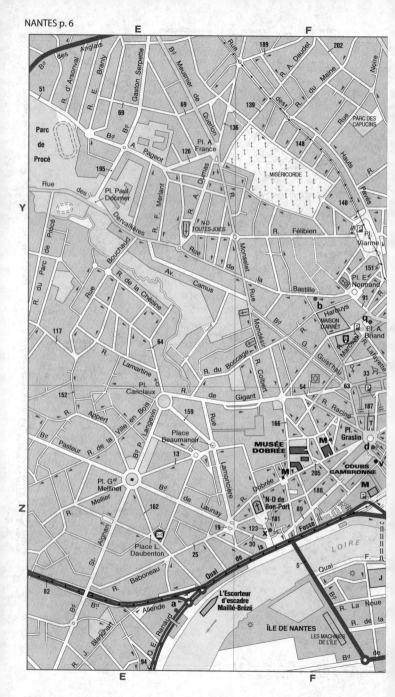

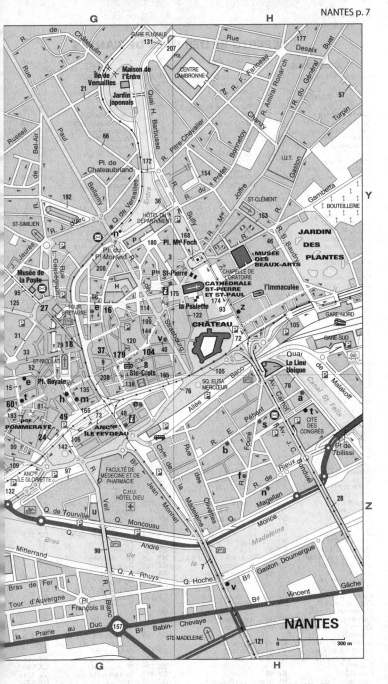

RÈPERTOIRE DES RUES DE NANTES

XXX **L'Atlantide** (Jean-Yves Guého)   ⩽ la Loire et Nantes, 🕰 VISA ⓜⓢ 📧
   ⌘ *16 quai E. Renaud* ⊠ *44100 –* 𝒞 *02 40 73 23 23*
– *jygueho@club-internet.fr – Fax 02 40 73 76 46*
– *Fermé 1er-4 mai, 26 juil.-25 août, 23 déc.-1er janv., sam. midi, dim. et fériés*
Rest – Menu 30 € (déj.), 40/95 € – Carte 68/80 € ⅋⅋   p. 6 EZ **a**
Spéc. "Mollets" de grenouilles meunière et brandade d'anguille fumée (mars à
sept.). Saint-Jacques poêlées et foie gras d'oie en paupiette de chou (déc. à mars).
Poitrine de pigeonneau rôtie à la broche, homard en tronçon (avril à sept.). **Vins**
Muscadet de Sèvre-et-Maine, Anjou blanc.
♦ Vue panoramique sur le fleuve et la ville depuis ce restaurant contemporain situé au
sommet d'un immeuble moderne. Cuisine inventive et attrayante carte de vins de Loire.

XX **L'Océanide**   🕰 ⅋ VISA ⓜⓢ
2 r. P. Bellamy – 𝒞 *02 40 20 32 28 – Fax 02 40 48 08 55 – Fermé 21 juil.-18 août,*
dim. et lundi – **Rest** – Menu 20/61 € – Carte 34/64 € ⅋⅋   p. 7 GY **n**
♦ Joli comptoir, boiseries, banquettes, plafond bleu-jaune et tableaux composent l'agréable décor de ce restaurant qui propose une cuisine de la mer et une belle carte des vins.

XX **La Poissonnerie**   🕰 VISA ⓜⓢ 📧
4 r. Léon Maître – 𝒞 *02 40 47 79 50 – lestroisas@orange.fr – Fermé 4-26 août,*
21 déc.-7 janv., sam. midi, dim. et lundi   p. 7 GZ **e**
Rest – Menu (14 €), 43 € – Carte 37/60 €
♦ L'enseigne annonce la couleur : ce restaurant honore l'océan tant dans le décor – tons
bleus, objets marins – que dans la cuisine, vouée aux poissons. Bon choix de muscadets.

XX **L'abélia**   🎢 ⅋ 🅿 VISA ⓜⓢ 📧
125 bd des Poilus – 𝒞 *02 40 35 40 00 – Fax 02 40 93 27 26 – Fermé août,*
22 déc.-5 janv., dim. et lundi – **Rest** – Menu (25 €), 30/49 €   p. 5 CV **t**
♦ Cette maison bourgeoise (1900) vous accueille en toute convivialité dans ses salons aux
couleurs chaudes (parquet, tomettes, pierres apparentes), autour d'une cuisine actuelle.

XX **Félix**   🎢 🕰 VISA ⓜⓢ
1 r. Lefèvre Utile – 𝒞 *02 40 34 15 93 – contact@felixbrasserie.com*
– *Fax 02 40 34 46 23 –* **Rest** – Menu (15 €) – Carte 31/46 €   p. 7 HZ **a**
♦ Restaurant prisé des Nantais qui apprécient son cadre résolument contemporain, la
terrasse tournée vers le canal St-Félix et sa séduisante cuisine de brasserie.

XX **La Cigale**   🎢 VISA ⓜⓢ
    4 pl. Graslin – 𝒞 *02 51 84 94 94 – lacigale@lacigale.com – Fax 02 51 84 94 95*
⊜ **Rest** – Menu 17/27 € – Carte 22/46 €   p. 6 FZ **d**
♦ Inaugurée en 1895, l'incontournable brasserie ne compte plus ses clients célèbres. Le
superbe cadre (mosaïques, boiseries) témoigne de l'ivresse ornementale du Modern Style.

XX Christophe Bonnet
                              VISA ⦿ AE

6 r. Mazagran – ℰ 02 40 69 03 39 – info@christophebonnet.com
– Fermé 27 juil.-1er sept., 1er-5 janv., dim. et lundi   p. 6 FZ **x**
Rest – Menu 30 € bc (déj. en sem.), 38/120 € bc
♦ Dans cet ancien restaurant ouvrier à la façade vert pomme, les salles ont été récemment relookées pour se mettre au diapason de la cuisine inventive du chef.

XX Le Rive Gauche
                          ⟺ VISA ⦿ AE ⓪

10 côte St-Sébastien ⊠ 44200 – ℰ 02 40 34 38 52 – rive.gauche@wanadoo.fr
– Fax 02 40 33 21 20 – Fermé 14-20 avril, 26 juil.-18 août, 24 déc.-4 janv., sam. midi, dim. soir et lundi   p. 5 CX **e**
Rest – Menu 22 € (déj. en sem.), 31/63 € – Carte 49/63 €
♦ Longue maison basse dont la véranda offre une vue sur les quais, la Loire et l'île Beaulieu. Décor actuel et mise en place soignée au service d'une cuisine au goût du jour.

XX La Courtine
                          🛆 AK VISA ⦿

15 r. Strasbourg – ℰ 02 40 48 13 30 – contact@la-courtine.com
– Fax 02 40 48 13 30 – Fermé merc. soir, dim. soir et lundi   p. 5 GY **v**
Rest – Menu 12 € (sem.)/40 € – Carte 26/51 €
♦ Beige, gris, noir et blanc sont les quatre couleurs de cette salle à manger contemporaine, voisine du château. Dans les assiettes, cuisine traditionnelle subtilement actualisée.

X Maison Baron Lefèvre
                       AK ⁂ ⟺ VISA ⦿ AE

33 r. de Rieux – ℰ 02 40 89 20 20 – baron.lefevre@wanadoo.fr
– Fax 02 40 89 20 22 – Fermé 1er-20 août, dim. et lundi   p. 7 HZ **n**
Rest – Menu (15 €), 18 € (déj. en sem.)/25 € – Carte 39/55 €
♦ Néo-brasserie et épicerie fine (jambons, vins et autres délices) installées dans un entrepôt (ancienne boutique de maraîchers) aux allures de loft : décor épuré, mezzanine.

X Les Temps Changent
                          🛆 VISA ⦿ AE

1 pl. A. Briand – ℰ 02 51 72 18 01 – les.temps.changent@wanadoo.fr
– Fax 02 51 88 91 82 – Fermé vacances de Pâques, 1er-20 août, 1er-7 janv., sam. et dim.   p. 6 FY **q**
Rest – Menu 19 € (déj. en sem.), 25/46 € – Carte environ 42 €
♦ Les suggestions saisonnières affichées sur l'un des menus confirment l'enseigne de ce bistrot chic dont l'ambiance change le soir, devenant plus cosy. 200 références de vins.

X L'Embellie
                          AK ⁂ VISA ⦿ AE ⓪

14 r. Armand Brossard – ℰ 02 40 48 20 02 – francoisproquin@yahoo.co.uk
– Fax 02 72 01 72 25 – Fermé août, dim. et lundi   p. 7 GY **e**
Rest – Menu 16 € (déj.)/52 € – Carte 35/51 €
♦ À deux pas de la tour Anne de Bretagne, des mets dans l'air du temps préparés avec soin et servis dans deux salles tout en jaune et bordeaux. L'Embellie... de la journée !

X Le Gressin
                          VISA ⦿

40 bis r. Fouré – ℰ 02 40 48 26 24 – legressin@wanadoo.fr – Fax 02 40 48 26 24
– Fermé 5-20 août, lundi soir et dim.   p. 7 HZ **f**
Rest – Menu 14 € (déj.)/25 €
♦ Petit restaurant de quartier : pierres apparentes, mobilier rustique, jonc de mer, expositions de tableaux, etc. Les menus, traditionnels, évoluent avec les saisons.

X À ma Table
                          VISA ⦿ AE

11 r. Fouré – ℰ 02 40 47 01 18 – amatable@aliceadsl.fr – Fax 02 51 83 86 74
– Fermé 1er au 20 août, vacances fév., sam. et dim.   p. 7 HZ **s**
Rest – bistrot Menu 15 € (sem.)/24 €
♦ Nostalgiques du petit-beurre Nantais, sachez que ce bistrot jouxte les anciennes usines Lu. Vieilles photos du quartier, affiches rétro et cuisine du marché simple et de qualité.

X Les Capucines
                          ⁂ VISA ⦿ ⓪

11 bis r. Bastille – ℰ 02 40 20 41 58 – Fax 02 51 72 02 96 – Fermé 3-25 août, sam. midi, lundi soir et dim.   p. 6 FY **b**
Rest – Menu 11,50 € (déj. en sem.), 16/32 € – Carte 30/40 €
♦ Cette table sans chichi comprend trois salles mi-rétro mi-bistrot (deux s'ouvrent sur un patio). Le chef concocte plats traditionnels selon le marché et recettes du Sud-Ouest.

Environs

au Bord de l'Erdre 11 km par D 178 ou sortie n° 24 autoroute A 11
et rte de la Chantrerie - CV

XXX **Manoir de la Régate**   🏮 ⚒ ⇔ **P** *VISA* ⓌⓄ 🄰🄴
155 rte Gachet ☒ 44300 Nantes – ℰ 02 40 18 02 97 – info@manoir-regate.com
– Fax 02 40 25 23 36 – Fermé 26-30 déc., dim. soir et lundi
Rest – Menu 19 € (déj. en sem.), 26/67 € – Carte 54/71 €
♦ Demeure du 19ᵉ s. à l'atmosphère mi-bourgeoise, mi-contemporaine. Repas dans l'une des salles à manger ou sur l'agréable terrasse tournée vers le parc. Carte au goût du jour.

XX **Auberge du Vieux Gachet**   ⇐ 🏮 **P** *VISA* ⓌⓄ 🄰🄴 ⓪
rte Gachet ☒ 44470 Carquefou – ℰ 02 40 25 10 92 – Fax 02 40 18 03 92
😁 *– Fermé dim. soir et lundi*
Rest – Menu 16 € (déj. en sem.), 35/65 € – Carte 58/87 €
♦ Une ancienne ferme qui rappelle la campagne d'autrefois, à deux pas de la ville. Vieilles poutres, ambiance rustique et terrasse d'été sous les tilleuls en bordure de l'Erdre.

rte d'Angers par N 23 ou sortie n° 23 autoroute A 11- DV - ☒ **44470 Carquefou**

🏨 **Novotel Carquefou** ⚘   🛏 🏮 ⚒ & ch, ⇙ ⚒ 🕭 rest, 📞 ⚒
4 allée des sapins, 11 km : Rond Point Belle Etoile   **P** *VISA* ⓌⓄ 🄰🄴 ⓪
– ℰ 02 28 09 44 44 – H0410@accor.com – Fax 02 28 09 44 54
79 ch – ♦62/99 € ♦♦62/99 €, ⇱ 13 € – **Rest** – Carte 17/39 €
♦ Proche des axes routiers, cet hôtel des années 1970 propose des chambres simples et fonctionnelles, pour moitié rénovées selon les dernières normes de la chaîne. La salle à manger moderne s'ouvre sur la terrasse et la piscine.

rte des Bords de Loire par D 751 DV, **sortie 44 Porte du Vignoble**

XXX **Villa Mon Rêve**   🛏 🏮 **P** *VISA* ⓌⓄ 🄰🄴 ⓪
à 9 km ☒ 44115 Basse-Goulaine – ℰ 02 40 03 55 50 – contact@
villa-mon-reve.com – Fax 02 40 06 05 41 – Fermé 17-30 nov., vacances de fév., dim.
soir et mardi   DV **e**
Rest – Menu (23 €), 27 € (sem.)/86 € – Carte 44/76 € ⅜
♦ Entre la Loire et les cultures maraîchères, maison 1900 devancée par une terrasse ombragée. Atmosphère intemporelle, cuisine du terroir et très beau choix de muscadets.

XX **Auberge Nantaise**   ⇐ 🄰🄲 *VISA* ⓌⓄ 🄰🄴
à 13 km, au Bout des Ponts ☒ 44450 St-Julien-de-Concelles – ℰ 02 40 54 10 73
😁 *– Fax 02 40 36 83 28 – Fermé 10-26 juil., dim. soir et lundi*
Rest – Menu (13 € bc), 17 € bc/50 € – Carte 46/56 €
♦ À l'étage, salle à manger actuelle dont les baies vitrées surplombent la Loire. Au rez-de-chaussée, cadre coloré. Carte régionale : grenouilles, poissons au beurre blanc, etc.

XX **La Divate**   **P** *VISA* ⓌⓄ 🄰🄴
à 11 km, à Boire-Courant ☒ 44450 St-Julien-de-Concelles – ℰ 02 40 54 19 66
😁 *– Fax 02 40 36 58 39 – Fermé 20 août-7 sept., vacances de fév., dim. soir, lundi soir,*
😀 *mardi soir et merc.*
Rest – Menu (12,50 €), 14,50 € (déj. en sem.), 18/46 € – Carte 45/53 €
♦ Spécialités des bords de Loire à déguster dans cette petite maison de pays postée sur la digue du fleuve. Pierre et bois créent un joli décor champêtre.

X **Clémence**   & *VISA* ⓌⓄ 🄰🄴
à 15 km, à la Chebuette ☒ 44450 St-Julien-de-Concelles – ℰ 02 40 36 03 18
– contact@restaurantclemence.fr – Fax 02 40 36 03 22 – Fermé 4-26 août, jeudi
soir, dim. soir et lundi – **Rest** – Menu 20 € (déj. en sem.), 26/45 € – Carte 40/56 €
♦ Maison refaite au cadre épuré. C'est ici que Clémence Lefeuvre créa le fameux beurre blanc, toujours présent dans la cuisine proposée par le chef, régionale et inventive.

à Basse-Goulaine 10 km par D 119 – 7 499 h. – alt. 22 m – ☒ **44115**

⌂ **L'Orangerie du Parc** sans rest   🛏 ⇙ ⚒ **P**
195 r. Grignon, (D 119) – ℰ 02 40 54 91 30 – lorangerieduparc@voila.fr
– Fax 02 40 54 91 30   p. 5 DX **b**
5 ch ⇱ – ♦60/65 € ♦♦72/78 €
♦ Dans un parc arboré, l'orangerie d'une demeure ayant appartenu à un ministre de Napoléon III abrite cinq chambres raffinées et de plain-pied (quatre avec couchage en duplex).

XX **Du Pont**　　　　　　　　　　　　　P VISA ◍◐ AE

147 r. Grignon – ℰ *02 40 03 58 62 – Fax 02 40 06 20 80 – Fermé 1ᵉʳ juil.-26 août,*
vacances de fév., mardi soir, merc. soir, dim. soir et lundi　　　　　p. 5　DX　**t**
Rest – Menu 17 € (déj. en sem.), 25/39 € – Carte 33/37 €
♦ Derrière une belle façade couverte de feuilles de vigne, une salle à manger vivement
colorée et une autre plus sobre. Appétissante cuisine mi-traditionnelle, mi-régionale.

à Haute-Goulaine 14 km par ③ et D 119 – 4 925 h. – alt. 41 m – ⊠ 44115

XXX **Manoir de la Boulaie** (Laurent Saudeau)　　◍ & ⌘ P VISA ◍◐ AE ◐

33 r. Chapelle St Martin – ℰ *02 40 06 15 91*
– reservation@manoir-de-la-boulaie.fr – Fax 02 40 54 56 83
– Fermé 28 juil.-22 août, 22 déc.-16 janv., dim. soir, lundi et merc.
Rest – Menu 35 € (déj. en sem.), 65 € (dîner)/120 € – Carte 90/102 € ⅜
Spéc. Yaourt aux champignons et foie gras (automne-hiver). Tronçon de rouget
aux huîtres, compotée de chorizo, écume noisette. Cataplana d'agneau cuisiné
dans un bouquet de thym et romarin. **Vins** Muscadet de Sèvre-et-Maine, Savennières.
♦ Cette jolie demeure bourgeoise des années 1920, entourée d'un parc et de vignes, est
très prisée des Nantais pour sa délicieuse cuisine inventive. Bon choix de muscadets.

à La Haie-Fouassière 15 km par ③, D 149 et D 74 – 3 337 h. – alt. 25 m – ⊠ 44690

⌂ **Château du Breil** sans rest ⌘　　　　≤ ◍ ⌁ ⇆ ⌘ ⌴ P

– ℰ *02 40 36 71 55 – lebreil@wanadoo.fr – Fax 02 40 36 71 58 – Fermé déc. et janv.*
4 ch ⌂ – †100/120 € ††120/140 €
♦ Folie nantaise édifiée en 1863 au cœur d'un domaine viticole, disposant de chambres
confortables au mobilier de style. Ses atouts : parc boisé, piscine et salon-bibliothèque.

XX **Le Cep de Vigne**　　　　　　　　⇆ ⌂ VISA ◍◐ AE

à la Gare Nord : 1 km par D 74 – ℰ *02 40 36 93 90 – Fax 02 51 71 60 69 – Fermé*
dim. soir, lundi soir, mardi soir et merc.
Rest – Menu (15 €), 23 € bc (sem.)/50 € – Carte 47/69 €
♦ Façade agrémentée de céramiques sur le thème de la vigne. Trois salles à manger : deux
rajeunies, dont une agrandie d'une véranda, et un salon rustique. Sélection de muscadets.

à Vertou 10 km par D 59 sortie porte de Vertou – 20 268 h. – alt. 32 m – ⊠ 44120
🛈 Office de tourisme, place du Beau Verger ℰ 02 40 34 12 22, Fax 02 40 34 06 86

XX **Monte-Cristo**　　　　　　　　≤ ⌂ ⇆ VISA ◍◐ AE

Chaussée des Moines – ℰ *02 40 34 40 36 – restel3@wanadoo.fr*
– Fax 02 40 03 26 20 – Fermé 26 déc.-9 janv., merc. soir, dim. soir et lundi　p. 5　DX　**a**
Rest – Menu 23/48 € – Carte 41/87 €
♦ Les premières lignes du Comte de Monte-Cristo ont été écrites ici par Dumas. Salle à
manger rustique, véranda sobre et terrasse grande ouverte sur la Sèvre. Cuisine actuelle.

à Château-Thébaud 18 km par ③, D 149, D74 et D63 – 2 484 h. – alt. 58 m – ⊠ 44690

X **Auberge la Gaillotière**　　　　　　⌂ & P VISA ◍◐

La Gaillotière – ℰ *02 28 21 31 16 – benoit.debailly@wanadoo.fr*
– Fax 02 28 21 31 17 – Fermé mi-fév. à mi-mars, 27 juil.-13 août, mardi soir et merc.
Rest – Menu 13 € (déj. en sem.), 18/25 €
♦ Ancien chai isolé au milieu du vignoble nantais. Plats du terroir mitonnés en fonction du
marché et vins locaux sont proposés dans un cadre rustique sans fioriture.

rte de La Roche-sur-Yon 12 km par ④ et D 178 – ⊠ 44840 Les Sorinières

🏨 **Abbaye de Villeneuve** ⌘　　　　◍ ⌂ ⌁ ⇆ ⌘ rest, ⌘
– ℰ *02 40 04 40 25 – villeneuve@*　　　　　　　　P VISA ◍◐ AE ◐
leshotelsparticuliers.com – Fax 02 40 31 28 45
21 ch – †87 € ††175 €, ⌂ 15 € – ½ P 94/138 € – **Rest** – Menu 38/72 € – Carte
41/74 €
♦ Demeure du 18ᵉ s. bâtie sur les vestiges d'une abbaye médiévale. Quelques pierres
tombales décorent le hall. Chambres très classiques, plus petites et rustiques au 2ᵉ étage.
Le chemin du restaurant passe par un cloître. Salle à manger "châtelaine" ouverte sur le
parc.

à Pont-St-Martin 12 km au Sud par D 65 – 4 754 h. – alt. 10 m – ⊠ 44860

⌂ Château du Plessis-Atlantique sans rest ॐ
– ℰ 02 40 26 81 72 – chateauduplessis@
wanadoo.fr – Fax 02 40 32 76 67 – **3 ch** ⌑ – †90/110 € ††120/175 €
◆ De beaux jardins fleuris entourent ce château classé, remanié aux 15ᵉ et 17ᵉ s. Chaque chambre a son histoire, son style et ses objets précieux. Petit-déjeuner "châtelain".

à l'aéroport international Nantes-Atlantique sortie 51 porte de Grandlieu-Bouguenais – ⊠ 44340 Bouguenais

⌂⌂⌂ Océania
– ℰ 02 40 05 05 66 – oceania.nantes@oceaniahotels.com
– Fax 02 40 05 12 03   p. 4 BX **e**
87 ch – †129 € ††129 €, ⌑ 13,50 € – 2 suites – **Rest** – (fermé sam. midi et dim. midi) Menu 20/28 € – Carte 30/46 €
◆ Imposante façade contemporaine rythmée par des pilastres. Chambres pratiques et refaites dans un style actuel épuré. Une navette relie l'hôtel à l'aéroport. Sympathique salon avec cheminée, grande salle à manger et terrasse au bord de la piscine.

à Bouaye 15 km par D 751A - AX – 5 251 h. – alt. 16 m – ⊠ 44830

🛈 Office de tourisme, 2, place du Bois Jacques ℰ 02 40 65 53 55

⌂ Kyriad
rte de Nantes – ℰ 02 40 65 43 50 – info@champsdavaux.com – Fax 02 40 32 64 83
– Fermé 24 déc.-4 janv. – **44 ch** – †68/70 € ††68/70 €, ⌑ 10,50 € – ½ P 63/65 €
Rest Les Champs d'Avaux – (fermé dim. soir) Menu (17 €), 20 € (sem.)/58 €
– Carte 32/64 €
◆ Toutes les chambres de ce bâtiment moderne sont actuelles, avec double vitrage ; certaines ouvrent de plain-pied sur le jardin. Aire de jeux pour enfants. Agréable restaurant orienté sur la verdure. Plats traditionnels et régionaux.

à Haute-Indre 10 km à l' Ouest par D 107, sortie porte de l'Estuaire – ⊠ 44610 Indre

⌘ Belle Rive
8 pl. Jean Saillant – ℰ 02 40 86 01 07 – Fax 02 40 86 01 07 – Fermé 21 juil.-24 août,
22-25 déc., sam. midi, dim. soir, lundi soir, mardi soir et merc.   p. 4 AX **d**
Rest – Menu 15 € (déj. en sem.), 23/31 €
◆ Restaurant proche du petit port de Haute-Indre aménagé sur la Loire. Salle en harmonie de tons chocolat (murs, nappes et chaises) où l'on déguste une cuisine inspirée du marché.

à Couëron 15 km par D 107, sortie porte de l'Estuaire – 17 808 h. – alt. 13 m – ⊠ 44220

⌘⌘ François II
5 pl. Aristide Briand – ℰ 02 40 38 32 32 – Fax 02 40 38 32 32 – Fermé 1ᵉʳ-8 mai,
29 juil.-22 août, 2-8 janv., 16-24 fév., dim. soir, mardi soir, jeudi soir et lundi
Rest – Menu (12 €), 14,50 € (déj. en sem.), 20/41 € – Carte 31/45 €
◆ L'enseigne rend hommage au duc de Bretagne, père d'Anne, mort à Couëron. Côté décor, un style rustique (pierres apparentes, tapis, tapisseries). Côté cuisine, générosité et tradition.

à St-Herblain 8 km à l'Ouest – 43 726 h. – alt. 8 m – ⊠ 44800

⌂ La Marine ॐ
esplanade de la Bégraisière – ℰ 02 40 95 26 66 – hotelmarine@wanadoo.fr
– Fax 02 40 46 85 70   p. 4 BV **m**
24 ch – †48/69 € ††54/75 €, ⌑ 9 € – ½ P 51/61 € – **Rest** – (fermé sam. midi et dim.) Menu 14 € (déj. en sem.), 18/32 € – Carte 26/36 €
◆ Accueil charmant en cette demeure nichée au cœur d'un grand et paisible jardin. Les chambres, vastes et toutes identiques, sont dotées de meubles de style très classique. Salle à manger-véranda ouverte sur des espaces verts ; cuisine traditionnelle.

⌘⌘ Les Caudalies
229 rte de Vannes – ℰ 02 40 94 35 35 – restaurant.les-caudalies@wanadoo.fr
– Fax 02 40 40 89 90 – Fermé 26 juil.-26 août, 7-17 fév., dim. soir, lundi et merc.
Rest – Menu 19 € (sem.)/40 € – Carte environ 31 €   p. 4 BV **v**
◆ Au bord de la route, villa des années 1980 accueillant deux petites salles à manger empreintes de sobriété. La cuisine du marché vagabonde à travers les régions françaises.

à Orvault 6 km par N 137 sortie porte de Rennes – 23 554 h. – alt. 45 m – ⊠ 44700

Le Domaine d'Orvault ⊛   🕭 🍴 🖾 ℔ 🏖 🏊 🔟 🖾 rest, ⇆ 🐾 🕸 🅿
24 chemin des Marais-du-Cens – 𝒞 02 40 76 84 02   *VISA* **CO** *AE* **①**
– contact@domaine-orvault.com – Fax 02 40 76 04 21   *p. 4* BV **e**
40 ch – †86/114 € ††98/114 €, ⊇ 20 € – ½ P 78 € – **Rest** – *(fermé sam. midi et dim.)* Menu (24 €), 28/48 €

♦ Noyée dans la verdure, une villa qui, malgré les apparences, ne date que des années 1970. Grandes chambres diversement meublées ; préférez les plus récentes. Restaurant contemporain et terrasse ombragée de tilleuls. Actuelle, la cuisine se veut destructurée.

Du Parc sans rest   ⇆ 🐾 🅿 *VISA* **CO**
92 r. de la Garenne – 𝒞 02 40 63 04 79 – *parc.hotel@wanadoo.fr*
– Fax 02 40 63 62 99 – Fermé 6-26 août et 23 déc.-1ᵉʳ janv.   *p. 4* AV **q**
30 ch – †50/64 € ††50/64 €, ⊇ 7 €

♦ Sobre décor actuel, bonne literie, insonorisation efficace et tenue irréprochable caractérisent les chambres de cette construction des années 1970 entourée d'un joli sous-bois.

NANTILLY – 70 Haute-Saône – 314 B8 – rattaché à Gray

NANTUA ⬙ – 01 Ain – 328 G4 – 3 902 h. – alt. 479 m – ⊠ 01130
📙 Franche-Comté Jura   45 **C1**

🖸 Paris 476 – Aix-les-Bains 79 – Annecy 67 – Bourg-en-Bresse 52 – Genève 67 – Lyon 93

🛈 Office tourisme, place de la Déportation 𝒞 04 74 75 00 05, Fax 04 74 75 06 83

◉ Église St-Michel★ : Martyre de St-Sébastien★★ par E. Delacroix - Lac★.

◖ La cuivrerie★ de Cerdon.

L'Embarcadère ⊛   ≼ 🔟 ch, 🐾 🕸 🅿 *VISA* **CO**
av. Lac – 𝒞 04 74 75 22 88 – *contact@hotelembarcadere.com*
– Fax 04 74 75 22 25 – Fermé 20 déc.-5 janv.
49 ch – †58/72 € ††58/72 €, ⊇ 9,50 € – ½ P 64/71 € – **Rest** – *(fermé 20 déc.-16 janv.)* Menu 25 € (sem.)/63 € – Carte 43/73 €

♦ La moitié des chambres offrent une échappée sur le lac, et toutes bénéficient d'un rajeunissement dans des tons chauds. La vue panoramique sur l'eau et la goûteuse cuisine régionale sont les atouts maîtres du restaurant, auquel on accède par une passerelle couverte.

à Brion 5 km au Nord-Ouest par D 1084 et D 979 – 559 h. – alt. 475 m – ⊠ 01460

✗✗ **Bernard Charpy**   🚗 🍴 🅿 *VISA* **CO**
1 r. Croix-Chalon – 𝒞 04 74 76 24 15 – Fax 04 74 76 22 36 – *Fermé 27 avril-5 mai, 3 août-1ᵉʳ sept., 16 déc.-5 janv., sam. midi, dim. et lundi*
Rest – Menu 20 € (déj. en sem.), 25/40 € – Carte 40/55 €

♦ Sous la charpente apparente de la salle à manger relookée version contemporaine, vous dégusterez une attrayante cuisine traditionnelle (très beau choix de poissons frais).

à La Cluse 3,5 km au Nord-Ouest par D 1084 – ⊠ 01460 Montréal-la-Cluse

Lac Hôtel sans rest   🖭 🍴 🐾 🅿 *VISA* **CO** *AE* **①**
22 av. Bresse – 𝒞 04 74 76 29 68 – *alblanc@club-internet.fr* – Fax 04 74 76 13 70
– Fermé 1ᵉʳ nov.-31 déc. – **28 ch** – †35/41 € ††36/42 €, ⊇ 6 €

♦ Chambres pratiques, tenue rigoureuse, prix "mini" et bonne insonorisation rendent attractif cet hôtel voisin d'un nœud routier. Accès Internet à disposition.

LA NAPOULE – 06 Alpes-Maritimes – 341 C6 – rattaché à Mandelieu

---

NARBONNE ⬙ – 11 Aude – 344 J3 – 46 510 h. – alt. 13 m – ⊠ 11100
📙 Languedoc Roussillon   22 **B3**

🖸 Paris 787 – Béziers 28 – Carcassonne 61 – Montpellier 96 – Perpignan 64

☎ 𝒞 3635 (0,34 €/mn)

🛈 Office de tourisme, place Roger Salengro 𝒞 04 68 65 15 60, Fax 04 68 65 59 12

◉ Cathédrale St-Just-et-St-Pasteur★★ (Trésor : tapisserie représentant la Création★★) - Donjon Gilles Aycelin★ ☀︎∗ **H** - Chœur★ de la basilique St-Paul - Palais des Archevêques★ BY : musée d'Art et d'Histoire★ - Musée archéologique★ - Musée lapidaire★ BZ - Pont des marchands★.

NARBONNE

Anatole-France (Av.) . . . . . **AYZ** 2
Ancienne Porte de Béziers
(R. de l') . . . . **BY** 4
Ancien Courrier (R. de l') . . **BY** 3
Blum (Sq. Th.-Léon) . . . . . . **BY** 6
Cabirol (R.) . . . . **AZ** 7
Chennebier (R.) . . . . **BY** 9
Concorde (Pont de la) . . . . **AY** 10
Condorcet (Bd) . . . . **BY** 12
Courier (R. P.-L.) . . . . **BZ** 13
Crémieux (R. B.) . . . . **BZ** 15
Deymes (R. du Lt.-Col.) . . . **BY** 16

Droite (R.) . . . . **BY**
Escoute (Pont de l') . . . . . **AY** 17
Fabre (R. Gustave) . . . . . . **AY** 18
Foch (Av. Mar.) . . . . **BY** 19
Garibaldi (R.) . . . . **BY** 20
Gaulle (Bd Gén.-de) . . . . . **BY** 21
Gauthier (R. Armand) . . . . **BY** 22
Hôtel de Ville
(Pl. de l') . . . . **BYZ**
Jacobins (R. des) . . . . **BZ** 23
Jean-Jaurès (R.) . . . . **AY** 24
Joffre (Bd Mar.) . . . . **AYZ** 25
Liberté (Pont de la) . . . . . . **BZ** 27
Lion d'Or (R. du) . . . . **AY** 28
Louis-Blanc (R.) . . . . **BY** 29

Luxembourg
(R. du) . . . . **AZ** 30
Major (R. de la) . . . . **BZ** 31
Maraussan (R.) . . . . **AZ** 32
Marchands (Pont des) . . . . **BZ** 36
Michelet (R.) . . . . **BY** 33
Mirabeau (Cours) . . . . **BZ** 35
Pyrénées (Av. des) . . . . **AY** 37
Pyrénées (Pl. des). . . . . **AZ** 39
Rabelais (R.) . . . . **AZ** 40
République (Crs de la) . . . . **BZ** 41
Salengro (Pl. R.) . . . . **BY** 43
Sernet (Av. E.) . . . . **BY** 44
Toulouse (Av. de) . . . . **AZ** 45
Voltaire (Pont) . . . . **AY** 47

Novotel

Z. I. Plaisance 3 km par ③, rte Perpignan – ℰ 04 68 42 72 00 – H0412@accor.com
– Fax 04 68 42 72 10
96 ch – ♦69/140 €, ♦♦69/140 €, ☱ 13 € – **Rest** – Carte 20/37 €
♦ Cet hôtel de chaîne, prodigue de rénovations, offre une halte pratique sur la route de
l'Espagne. Chambres de bon confort. Restaurant actuel, agréable terrasse sous pergola et
jardin planté d'ifs et de pins. Vins régionaux.

La Résidence sans rest ⬜ ⬜ ☎ ᵛᶦˢᵃ ⬜ ⬜

6 r. du 1ᵉʳ Mai – ℰ 04 68 32 19 41 – hotellaresidence@free.fr – Fax 04 68 65 51 82
– Fermé 20 janv.-15 fév.   AY **r**
26 ch – ⬩56/90 € ⬩⬩62/97 €, ☑ 8,50 €

♦ Jean Marais, Louis de Funès, Georges Brassens, Michel Serrault : prestigieux livre d'or,
gage de qualité pour cet hôtel de tradition aménagé dans une demeure du 19ᵉ s.

De France sans rest ⬜ ☎ ᵛᶦˢᵃ ⬜ ⬜

6 r. Rossini – ℰ 04 68 32 09 75 – accueil@hotelnarbonne.com
– Fax 04 68 65 50 30 – Fermé 15 fév.-15 mars   BZ **s**
15 ch – ⬩32/66 € ⬩⬩34/69 €, ☑ 7 €

♦ Chambres sobres et bien entretenues, réparties de chaque côté d'une petite cour
intérieure. À 500 m, visitez le musée archéologique (collection de peintures romaines).

La Table St-Crescent (Lionel Giraud) ⬜ **P** ᵛᶦˢᵃ ⬜ ⬜ ⬜
£³

68 av. Gén. Leclerc, au Palais du Vin par ③ – ℰ 04 68 41 37 37
– saint-crescent@wanadoo.fr – Fax 04 68 41 01 22
– Fermé sam. midi, dim. soir et lundi
Rest – Menu (20 € bc), 40/79 € bc – Carte 53/83 € ※

Spéc. Foie gras de canard des Landes mi-cuit. Œuf mollet en kadaïf. Pigeon rôti en
cocotte, jus relevé à l'anchois de Collioure. **Vins** Vin de pays de l'Aude, Vin de pays
de l'Hérault.

♦ Élégant décor design à l'intérieur de ce vieil oratoire du Moyen Âge. Terrasse entourée
de vignes. Séduisante cuisine inventive et vins honorant le Languedoc-Roussillon.

Le Petit Comptoir ⬜ ᵛᶦˢᵃ ⬜ ⬜

4 bd Mar. Joffre – ℰ 04 68 42 30 35 – lepetitcomptoir@aol.com
– Fax 04 68 41 52 71 – Fermé 27 juil.-11 août, 1ᵉʳ-7 janv., dim. et lundi   AY **b**
Rest – Menu 18 € (déj. en sem.), 25/35 € – Carte 33/60 €

♦ Bonnes recettes traditionnelles aux accents du Sud, service efficace et attentionné :
ce sympathique restaurant aux allures de bistrot des années 1930 affiche souvent
complet.

L'Estagnol ⬜ ⬜ ᵛᶦˢᵃ ⬜ ⬜

5 bis cours Mirabeau – ℰ 04 68 65 09 27 – fabricemeynadier@wanadoo.fr
– Fax 04 68 32 23 38 – Fermé lundi soir et dim.   BZ **t**
Rest – Menu (12 €), 18/30 € – Carte 19/42 €

♦ Jolie vue sur le canal depuis le 1ᵉʳ étage de cette brasserie actuelle. Cuisine d'inspiration
régionale préparée avec les produits provenant du marché couvert voisin.

Le 26 ⬜ ᵛᶦˢᵃ ⬜

8 bd Dr-Lacroix – ℰ 04 68 41 46 69 – restole26@free.fr
– Fermé dim. soir et lundi   AZ **a**
Rest – Menu 20/30 € – Carte 40/47 €

♦ Le patron mitonne de bons plats traditionnels qui embaument la salle du restaurant,
sobre et tout en longueur (parquet, murs en pierre), et mettent en appétit ! Accueil aimable.

à Coursan 7 km par ① – 5 241 h. – alt. 6 m – ✉ 11110

🛈 Syndicat d'initiative, 10 bis, avenue Jean Jaurès ℰ 04 68 33 60 86

L'Os à Table ⬜ ⬜ ⬜ **P** ᵛᶦˢᵃ ⬜

88 av. Jean Jaurès, rte Salles d'Aude – ℰ 04 68 33 55 72 – losatable-coursan@
wanadoo.fr – Fax 04 68 33 35 39 – Fermé 15-29 sept., merc. soir sauf juil.-août, dim.
soir et lundi
Rest – Menu 25/46 € – Carte 29/50 € ※

♦ Dans une maison particulière bâtie à l'entrée d'un village traversé par l'Aude, lumineuses
salles à manger aux tons pastel. Cuisine traditionnelle et beau choix de vins locaux.

à l'Hospitalet 10 km par ② rte de Narbonne-Plage (D 168) – ✉ 11100

Château l'Hospitalet 🌄 ⬜ ⬜ ⬜ ⬜ ⬜ rest, ☎ ⬜ **P** ᵛᶦˢᵃ ⬜ ⬜

– ℰ 04 68 45 28 50 – hotel@gerard-bertrand.com – Fax 04 68 45 28 78
38 ch – ⬩125 € ⬩⬩125/250 €, ☑ 12 €
Rest – (fermé dim. soir et lundi) Menu 26 € bc – Carte 23/41 €

♦ Cette hôtellerie liée à un domaine vinicole comprend des ateliers de métiers d'art. Belle
décoration intérieure et création de nouvelles chambres. Carte régionale et vins de la
propriété au restaurant (refait), aménagé dans l'ancienne bergerie.

à Bages 8 km par ③, D 6009 et D 105 – 755 h. – alt. 30 m – ⊠ 11100

🖪 Syndicat d'initiative, 8, rue des Remparts ℰ 04 68 42 81 76,
Fax 04 68 42 81 76

⌂ **Les Palombières d'Estarac** ⌖ 🚗 🕭 🏠 ※ ⅍ 🎖 **P** VISA ⚫❸

Estarac, au Sud-Ouest – ℰ 04 68 42 45 56 – estarac@wanadoo.fr
– Fax 04 68 42 45 56
4 ch ☲ – ✝58/120 € ✝✝68/130 € – **Table d'hôte** – Menu 25 € bc
♦ "Océane", "Soleillad", "Olivine": des chambres fraîches et gaies, joliment personnalisées, habitent ce mas restauré entouré de garrigue. Plats méridionaux servis dans une salle à manger ouverte sur le parc et réchauffée l'hiver par de belles flambées.

%% **Le Portanel** ⩻ étang de Bages, 𝔸𝕔 ⇔ VISA ⚫❸

la Placette – ℰ 04 68 42 81 66 – jean-christophe.rousseau4@wanadoo.fr
(☺) *– Fax 04 68 41 75 93 – Fermé dim. soir de sept. à juin et lundi*
Rest – Menu (20 € bc), 25/35 € – Carte 32/63 €
♦ Produits locaux ultra-frais et saveurs franches: la Méditerranée s'invite à table dans cette ancienne maison de pêcheur. Expo-vente de tableaux et véranda surplombant le port.

à Ornaisons 14 km par ④, D 6113 et D 24 – 951 h. – alt. 34 m – ⊠ 11200

🔠 **Le Relais du Val d'Orbieu** ⌖ 🚗 🏠 ⌧ ※ ⅍ 🎖 **P** VISA ⚫❸ AE ①

sur D 24 – ℰ 04 68 27 10 27 – contact@relaisdurvaldorbieu.com
– Fax 04 68 27 52 44 – Fermé 15 nov.-1er fév. et dim. et fév.
18 ch – ✝85/105 € ✝✝110/170 €, ☲ 20 € – 2 suites – ½ P 135/165 €
Rest – *(ouvert mars-oct.) (dîner seult)* Menu (32 €), 40/65 €
– Carte environ 70 € ❀
♦ Au milieu du vignoble des Corbières, gage de calme absolu, ex-moulin à plâtre dont les plaisantes chambres s'ordonnent autour d'un beau patio. Équipements de loisirs. Cuisine traditionnelle et sélection de vins régionaux servis sous une jolie pergola en été.

LA NARTELLE – 83 Var – 340 O6 – rattaché à Ste-Maxime

NASBINALS – 48 Lozère – 330 G7 – 504 h. – alt. 1 180 m – Sports d'hiver: 1 240/
1 320 m ⅍1 ⅍ – ⊠ 48260 ▮ Languedoc Roussillon   22 **B1**

▯ Paris 573 – Aurillac 105 – Aumont-Aubrac 24 – Mende 57 – Rodez 64
– St-Flour 53

🖪 Office de tourisme, Village ℰ 04 66 32 55 73, Fax 04 66 32 55 73

⌂ **Relais de l'Aubrac** ⌖ 🏠 🕭 ⅍ 🎖 **P** VISA ⚫❸

au Pont de Gournier, (carrefour D 12 - D 112), 4 km au Nord par D 12
㏿ *– ℰ 04 66 32 52 06 – relais-aubrac@wanadoo.fr – Fax 04 66 32 56 58 – Ouvert*
début mars à mi-nov.
27 ch – ✝49/61 € ✝✝49/61 €, ☲ 8 € – ½ P 49/59 € – **Rest** – *(fermé dim. soir et jeudi sauf vacances scolaires)* Menu 18/36 € – Carte 18/37 €
♦ Cette grande maison estimée des randonneurs et des pêcheurs jouxte un pont franchissant le Bès. Ambiance familiale, chambres fonctionnelles, petit-déjeuner sous véranda. Repas régional (spécialité d'aligot) dans un cadre rustique ou en terrasse. Service aimable.

NATZWILLER – 67 Bas-Rhin – 315 H6 – 624 h. – alt. 500 m – ⊠ 67130   2 **C1**

▯ Paris 422 – Barr 25 – Molsheim 31 – St-Dié 43 – Strasbourg 59

%% **Auberge Metzger** avec ch 🚗 🏠 ⅍ ch, 🕭 ⅍ 🎖 **P** VISA ⚫❸ AE

55 r. Principale – ℰ 03 88 97 02 42 – auberge.metzger@wanadoo.fr
(☺) *– Fax 03 88 97 93 59 – Fermé 24 juin-8 juil., 22-25 déc., 6-26 janv., dim. soir et lundi*
〖◻〗 *sauf juil.-août*
16 ch – ✝55 € ✝✝65/76 €, ☲ 10 € – ½ P 73/83 €
Rest – Menu 13,50 € (déj. en sem.), 19/56 € – Carte 28/47 €
♦ Cette façade fleurie abrite une sympathique auberge familiale plébiscitée pour sa goûteuse cuisine régionale. Une cour pavée accueille la terrasse. Confortables chambres.

NAVARRENX – 64 Pyrénées-Atlantiques – 342 H5 – 1 133 h. – alt. 125 m – ⊠ 64190

🖪 Paris 787 – Pau 43 – Mourenx 15 – Oloron-Ste-Marie 23 – Orthez 22
– Peyrehorade 44   3 **B3**

🖪 Office de tourisme, place des Casernes ℰ 05 59 66 54 80, Fax 05 59 66 54 80

🏠 **Du Commerce**   🕾 📞 🕸 **VISA** **MC** **AE**

😎 *pl. des Casernes* – ℰ *05 59 66 50 16 – hotel.du.commerce@wanadoo.fr*
– Fax 05 59 66 52 67
24 ch – ♦48/57 € ♦♦56/65 €, � 8 € – ½ P 45/51 € – **Rest** – Menu 11 € (déj. en
sem.), 18/32 € – Carte 30/48 €
♦ Demeures béarnaises situées dans une bastide fondée en 1316. Préférez le bâtiment
récent pour ses chambres rustiques et confortables (les autres doivent être refaites). La salle
à manger offre un cachet campagnard rehaussé de couleurs vives. Cuisine régionale.

NAZELLES-NÉGRON – 37 Indre-et-Loire – 317 O4 – **rattaché à Amboise**

NEAUPHLE-LE-CHÂTEAU – 78 Yvelines – 311 H3 – 2 771 h. – alt. 185 m –
⊠ 78640 ▌ Île de France   18 **A2**

🖪 Paris 38 – Dreux 42 – Mantes-la-Jolie 32 – Rambouillet 24 – Versailles 21

🖪 Syndicat d'initiative, 14, place du Marché ℰ 01 34 89 78 00,
Fax 01 34 89 78 00

🏠🏠 **Domaine du Verbois** 🕸   ⪕ 🕭 🕾 🕸 🕸 rest, 📞 🕸

38 av. de la République – ℰ *01 34 89 11 78*   **P** **VISA** **MC** **AE** ⓪
– verbois@hotelverbois.com – Fax 01 34 89 57 33 – Fermé 10-22 août et 21-28 déc.
22 ch – ♦98 € ♦♦110/180 €, ⊏ 12 € – ½ P 144 € – **Rest** – *(fermé dim. soir)*
Menu 36/49 €
♦ Cette demeure bourgeoise de la fin du 19e s. isolée dans un parc vous propose de
ravissantes chambres personnalisées, meublées en différents styles du 18e s. Élégante salle
à manger avec cheminée en marbre et miroirs dorés, et délicieuse terrasse ombragée.

🏠 **Le Clos St-Nicolas** sans rest 🕸   🕸 📞 **P** **VISA** **MC**

33 r. St-Nicolas – ℰ *01 34 89 76 10 – mariefrance.drouelle@wanadoo.fr*
– Fax 01 34 89 76 10
3 ch ⊏ – ♦90 € ♦♦90 €
♦ Ambiance paisible dans cette belle maison du 19e s. avec jardin. Grandes chambres au
décor bourgeois, délicieux petit-déjeuner servi en véranda parmi citronniers et orangers.

🍴🍴 **La Griotte**   🕸 🕾 **VISA** **MC** **AE**

58 av. de la République – ℰ *01 34 89 19 98 – restaurantlagriotte@free.fr*
– Fax 01 34 89 68 86 – Fermé 1er-21 août, dim. et lundi
Rest – Menu (23 €), 28 € – Carte 28/52 €
♦ Maison ancienne dont la salle à manger aux tons pastel et la terrasse moderne (pour la
belle saison) donnent sur un joli jardin fleuri. Cuisine traditionnelle personnalisée.

NÉGREVILLE – 50 Manche – 303 C3 – 734 h. – alt. 70 m – ⊠ 50260   32 **A1**

🖪 Paris 342 – Caen 108 – Saint-Lô 72 – Cherbourg 22
– Équeurdreville-Hainneville 28

au Nord-Est, à 5 km par D 146 et D 62 - ⊠ 50260 Négreville

🏠 **Château de Pont Rilly** sans rest 🕸   🕭 🕅 🕸 **P** **VISA** **MC**

– ℰ *02 33 40 47 50 – chateau-pont-rilly@wanadoo.fr*
5 ch ⊏ – ♦150 € ♦♦150 €
♦ Château du 18e s. en parfait état, mis en valeur par son vaste parc à la française. Mobilier
ancien et cadre rustique font le charme du lieu. Belles chambres avec cheminée.

NÉRIS-LES-BAINS – 03 Allier – 326 C5 – 2 708 h. – alt. 364 m – Stat. therm. :
début avril-fin oct. – Casino – ⊠ 03310 ▌ Auvergne   5 **B1**

🖪 Paris 336 – Clermont-Ferrand 86 – Montluçon 9 – Moulins 73

🖪 Office de tourisme, carrefour des Arènes ℰ 04 70 03 11 03,
Fax 04 70 09 05 29

🖪 de Sainte-Agathe Villebret, par rte de Montluçon : 4 km, ℰ 04 70 03 21 77.

NÉRIS-LES-BAINS

🏨 **Mona Lisa**   🛗 ⚐ ch, 🗖 📞 ☁ ℙ 𝗩𝗜𝗦𝗔 ⓪ 🅰 ⓪
40 r. Boisrot-Desserviers – ℰ 04 70 08 79 80 – resa-neris @ monalisahotels.com
– Fax 04 70 08 79 81 – Fermé le midi en sem. sauf fériés   **m**
59 ch – †69/85 € ††69/116 €, ☁ 11 € – **Rest** – Menu 22/35 € – Carte
environ 38 €

♦ La façade Belle Époque de cet établissement posté face au casino cache des chambres
d'esprit actuel bien équipées – wi-fi partout – et climatisées. Au restaurant, sobre mise en
place et mobilier design en accord avec la cuisine du chef, au goût du jour.

🏨 **Le Garden**   ⚐ 🛱 ℅ ch, 🗖 ℙ 𝗩𝗜𝗦𝗔 ⓪ 🅰 ⓪
😌   12 av. Marx Dormoy – ℰ 04 70 03 21 16 – hotel.le.garden @ wanadoo.fr
– Fax 04 70 03 10 67 – Fermé 26-31 déc., 28 janv.-8 mars   **d**
19 ch – †46/62 € ††46/62 €, ☁ 6,50 € – ½ P 48/53 €
Rest – (fermé dim. soir et lundi de nov. à mars) Menu 16 € (sem.)/39 € – Carte
24/66 €

♦ Près du centre de la station, grande villa dans un jardin fleuri, transformée en hôtel.
Chambres contemporaines régulièrement rénovées. Cuisine simple servie dans une
coquette salle à manger appréciée pour sa luminosité et sa gaieté.

NÉRONDES – 18 Cher – 323 M5 – 1 618 h. – alt. 200 m – ⊠ 18350   12 **D3**
   🄿 Paris 240 – Bourges 37 – Montluçon 84 – Nevers 33
     – St-Amand-Montrond 44
   🄸 la Vallée de Germigny à Saint-Hilaire-de-Gondilly Domaine de Villefranche,
     NE: 9 km par D 6, ℰ 02 48 80 23 43.

✗✗ **Le Lion d'Or** avec ch   🗖 rest, ℙ 𝗩𝗜𝗦𝗔 ⓪
pl. de la Mairie – ℰ 02 48 74 87 81 – Fax 02 48 74 92 63 – Fermé 1er-9 mars,
27 août-3 sept., 22-29 oct., dim. soir et merc.
10 ch – †42/50 € ††46/54 €, ☁ 8 € – ½ P 50/54 € – **Rest** – Menu 20/40 €
– Carte 47/62 €

♦ Au centre du bourg, cette auberge familiale vous accueille dans sa coquette salle à
manger rustique ; cuisine tradtionnelle. Chambres rénovées, plus calmes sur l'arrière.

NESTIER – 65 Hautes-Pyrénées – 342 O6 – 165 h. – alt. 500 m –
⊠ 65150   28 **A3**
   🄿 Paris 789 – Auch 74 – Bagnères-de-Luchon 45 – Lannemezan 14
     – St-Gaudens 24

XX **Relais du Castéra** avec ch   🛜 🕊 ch, 🦳 🕭 𝖵𝖨𝖲𝖠 ⓪ ①
     – ℰ 05 62 39 77 37 – Fax 05 62 39 77 29 – Fermé 2-10 juin, 13-20 oct., 2-31 janv.,
☎   dim. soir, mardi soir et lundi
     6 ch – †50/70 € ††50/70 €, ⌑ 8 € – ½ P 52/70 € – **Rest** – Menu 18 € (déj. en
     sem.), 25/48 € – Carte 45/57 €
     ♦ Auberge de style campagnard où l'aménagement soigné rend l'atmosphère des plus
     agréables. La cuisine puise son inspiration dans le terroir. Chambres coquettes et calmes.

NEUF-BRISACH – 68 Haut-Rhin – 315 J8 – 2 197 h. – alt. 197 m – ⊠ 68600
▌Alsace Lorraine   2 **C2**

     ◘ Paris 475 – Basel 63 – Belfort 80 – Colmar 17 – Freiburg-im-Breisgau 35
       – Mulhouse 40
     🖪 Office de tourisme, 6, place d'Armes ℰ 03 89 72 56 66, Fax 03 89 72 91 73

à Biesheim 3 km au Nord par D 468 – 2 315 h. – alt. 189 m – ⊠ 68600

🏠 **Aux Deux Clefs**   🛋 🛜 ⅁ rest, 🔟 rest, ↔ 🦳 🕭 🅿 𝖵𝖨𝖲𝖠 ⓪ 🔝 ①
     – ℰ 03 89 30 30 60 – info@deux-clefs.com – Fax 03 89 72 92 94
     28 ch – †58 € ††85 €, ⌑ 10 € – ½ P 75 € – **Rest** – Menu 21/32 € bc – Carte 29/44 €
     ♦ Belle maison régionale donnant sur un accueillant jardin. Les chambres, assez spacieu-
     ses, sont fonctionnelles et bien tenues. Deux cadres pour vos repas : restaurant cossu
     (plafond en marqueterie), ou brasserie proposant une carte traditionnelle simplifiée.

NEUFCHÂTEAU ◉ – 88 Vosges – 314 C2 – 7 533 h. – alt. 300 m – ⊠ 88300
▌Alsace Lorraine   26 **B3**

     ◘ Paris 321 – Belfort 158 – Chaumont 57 – Épinal 75 – Langres 78 – Verdun 106
     🖪 Office de tourisme, 3, Parking des Grandes Ecuries ℰ 03 29 94 10 95,
       Fax 03 29 94 10 89

     ◙ Escalier★ de l'hôtel de ville H - Groupe en pierre★ dans l'église St-Nicolas **K**.

🏠 **L'Eden**   ▐ ⅁ ch, 🔟 ch, 🦳 🕭 🅿 🛋 𝖵𝖨𝖲𝖠 ⓪ 🔝
     r. 1ʳᵉ Armée Française – ℰ 03 29 95 61 30 – hotel-eden@wanadoo.fr
     – Fax 03 29 94 03 42
     27 ch – †55/80 € ††60/85 €, ⌑ 10 € – ½ P 35/45 €
     Rest – (fermé 2-15 janv., dim. soir et lundi midi) Menu 25/46 € – Carte 31/51 €
     ♦ Ce grand bâtiment propose des chambres confortables de différentes tailles, aux
     couleurs chaleureuses. Celles du dernier étage sont équipées de baignoires à remous. Salle
     à manger d'esprit bourgeois à dominantes de bleu et ocre ; cuisine au goût du jour.

XX **Romain**   🛜 🔟 🅿 𝖵𝖨𝖲𝖠 ⓪ 🔝 ①
     rte de Chaumont – ℰ 03 29 06 18 80 – Fax 03 29 06 18 80 – Fermé 18 fév.-3 mars
☎   et lundi
     Rest – Menu 12,50 € (déj. en sem.), 17/34 € – Carte 22/42 €
     ♦ Simple mais sérieux, un restaurant doté d'un intérieur spacieux, clair et actuel. À la carte :
     cuisine traditionnelle rustique, parfois régionale, et fruits de mer.

NEUFCHÂTEL-EN-BRAY – 76 Seine-Maritime – 304 I3 – 5 103 h. – alt. 99 m –
⊠ 76270 ▌Normandie Vallée de la Seine   33 **D1**

     ◘ Paris 133 – Rouen 50 – Abbeville 57 – Amiens 72 – Dieppe 40
       – Gournay-en-Bray 37
     🖪 Office de tourisme, 6, place Notre-Dame ℰ 02 35 93 22 96,
       Fax 02 32 97 00 62
     🅖 de Saint-Saëns à Saint-Saëns Domaine du Vaudichon, SO : 17 km par D 6028
       et D 929, ℰ 02 35 34 25 24.
     ◙ Forêt d'Eawy★★ 10 km au SO.

XX **Les Airelles** avec ch   🛜 ↔ 🦳 𝖵𝖨𝖲𝖠 ⓪ 🔝
     2 passage Michu, (près de l'église) – ℰ 02 35 93 14 60 – les-airelles-sarl@
     wanadoo.fr – Fax 02 35 93 89 03 – Fermé vacances de la Toussaint, de fév., dim.
     soir de sept. à juin, mardi midi et lundi sauf juil.-août et sauf hôtel
     14 ch – †45/67 € ††45/67 €, ⌑ 7 € – ½ P 51/62 € – **Rest** – Menu 16 €
     (sem.)/35 € – Carte 32/53 €
     ♦ Avenante demeure traditionnelle du centre-ville. Au choix : deux salles de restaurant
     sobrement contemporaines ou terrasse d'été dressée dans l'agréable petit jardin.

à Mesnières-en-Bray Nord-Ouest : 5,5 km par D 1 – 706 h. – alt. 65 m – ⊠ 76270

◎ Château★.

XX **Auberge du Bec Fin** 　🛜 *VISA* 🐿 AE

1 r. du Château – ℰ *02 35 94 15 15* – *Fax 02 35 94 42 14* – *Fermé dim. soir, mardi soir et merc.*
Rest – Menu (13 €), 24/43 € – Carte 37/54 €

♦ Maison typée vous convie à satisfaire votre gourmandise sur le mode traditionnel dans une chaleureuse salle rustique basse sous plafond. Dîner aux chandelles.

NEUFCHÂTEL-SUR-AISNE – 02 Aisne – 306 G6 – 492 h. – alt. 59 m –
⊠ 02190　　　　　　　　　　　　　　　　　　　　　　　　　　　37 **D2**

▣ Paris 163 – Laon 46 – Reims 22 – Rethel 33 – Soissons 60
🔋 de Menneville à Menneville La Haie Migaut, SO : 3 km, ℰ 03 23 79 79 88.

XX **Le Jardin** 　🚗 🛜 AC *VISA* 🐿 AE ①

22 r. Principale – ℰ *03 23 23 82 00* – *lejardin@wanadoo.fr* – *Fax 03 23 23 84 05*
– *Fermé 3-17 sept., 13 janv.-5 fév., dim. soir, lundi et mardi*
Rest – Menu (16 €), 25/53 € – Carte 44/59 €

♦ Sol "gazon", murs fleuris, plantes vertes, véranda tournée vers les massifs de fleurs : tout ici n'est que jardin ! Menus composés selon le marché.

NEUILLÉ-LE-LIERRE – 37 Indre-et-Loire – 317 O3 – 582 h. – alt. 92 m –
⊠ 37380　　　　　　　　　　　　　　　　　　　　　　　　　　　11 **B2**

▣ Paris 217 – Amboise 16 – Château-Renault 10 – Montrichard 34 – Reugny 5
– Tours 27

XX **Auberge de la Brenne** avec ch 　🛜 **P** *VISA* 🐿 AE

19 r. de la République – ℰ *02 47 52 95 05* – *hotel.brenne@wanadoo.fr*
– *Fax 02 47 52 29 43* – *Fermé 24 nov.-3déc., 22 janv.-4 fév. et 16 fév.-15 mars*
5 ch – †59 € ††77/85 €, ⊡ 13 € – ½ P 77 € – **Rest** – *(fermé dim. soir du 15 sept. au 15 juin, mardi et merc.) (prévenir le week-end)* Menu (21 €), 25/46 € – Carte 38/67 €

♦ Les charmants propriétaires de cette engageante auberge vous accueillent dans une jolie salle à manger. Plats traditionnels. À 50 m, maison de 1900 aux confortables chambres.

NEUILLY-LE-RÉAL – 03 Allier – 326 H4 – 1 303 h. – alt. 260 m – ⊠ 03340　　6 **C1**

▣ Paris 313 – Mâcon 128 – Moulins 16 – Roanne 82 – Vichy 48

XX **Logis Henri IV** 　*VISA* 🐿

13 r. du 14 Juillet – ℰ *04 70 43 87 64* – *Fermé dim. soir et lundi sauf fériés*
Rest – Menu 21 € (déj. en sem.), 31/50 €

♦ Tomettes et colombages donnent du caractère à la salle à manger de cet ancien relais de chasse du 16ᵉ s. Cuisine traditionnelle.

NEUILLY-SUR-SEINE – 92 Hauts-de-Seine – 311 J2 – 101 15 – **voir à Paris, Environs**

NEUVÉGLISE – 15 Cantal – 330 F5 – 1 022 h. – alt. 938 m – ⊠ 15260　　　5 **B3**

▣ Paris 528 – Aurillac 78 – Espalion 66 – St-Chély-d'Apcher 42 – St-Flour 17
🅑 Office de tourisme, le Bourg ℰ 04 71 23 85 43, Fax 04 71 23 86 40
◎ Château d'Alleuze★★ : site★★ NE : 14 km, ▌ Auvergne.

à Cordesse 1,5 km à l'Est sur D 921 – ⊠ 15260 Neuvéglise

X **Relais de la Poste** avec ch 　🚗 🛜 ⅄ 📞 **P** *VISA* 🐿

– ℰ *04 71 23 82 32* – *relais.poste@wanadoo.fr* – *Fax 04 71 23 86 23*
– *Ouvert 1ᵉʳ avril-5 nov.*
9 ch – †50/65 € ††55/70 €, ⊡ 10 € – ½ P 56/65 € – **Rest** – Menu (12 €), 16 € (déj. en sem.), 25/45 € – Carte 22/51 €

♦ Maison récente au décor rustique agrémenté d'une cheminée et d'un pan de mur habillé de belles boiseries. Aire de jeux pour enfants. Cuisine régionale simple mais copieuse.

NEUVES-MAISONS – 54 Meurthe-et-Moselle – **307** H7 – **rattaché à Nancy**

NEUVILLE-DE-POITOU – 86 Vienne – **322** H4 – **4 058 h.** – alt. 116 m – ⊠ 86170   39 **C1**

> ▶ Paris 335 – Châtellerault 36 – Parthenay 41 – Poitiers 16 – Saumur 82 – Thouars 51
>
> **⌷** Office de tourisme, 28, place Joffre ℘ 05 49 54 47 80

⌂ **La Roseraie** 🐾   🛏 🛋 ⨯ ⇞ 🐾 🅿 *VISA* **⓿❾**
78 r. A. Caillard – ℘ 05 49 54 16 72 – info@laroseraiefrance.fr
6 ch ⌷ – †53/70 € ††58/135 € – **Table d'hôte** – Menu 23 € bc/28 € bc
◆ Maison de maître (milieu 19ᵉ s.) avec son jardin… de roses et un vignoble (petite production de Pineau des Charentes). Chambres personnalisées. Cuisine internationale (les patrons viennent du Zimbabwe et d'Angleterre) servie en terrasse ou dans une salle élégante.

✕✕ **St-Fortunat**   🛋 *VISA* **⓿❾**
4 r. Bangoura-Moridé – ℘ 05 49 54 56 74 – fabien.dupont@voila.fr
– Fax 05 49 53 18 02 – Fermé 13-26 août, dim. soir et lundi
Rest – Menu 19/33 €
◆ Salle rustico-contemporaine (pierres apparentes, murs saumon, poutres bleu-gris) devancée par une cour-terrasse et une véranda. Cuisine actuelle. Mise de table design.

NEUVILLE-ST-AMAND – 02 Aisne – **306** B4 – **rattaché à St-Quentin**

NEUZY – 71 Saône-et-Loire – **320** E11 – **rattaché à Digoin**

NÉVACHE – 05 Hautes-Alpes – **334** H2 – **290 h.** – alt. 1 640 m – ⊠ 05100   41 **C1**

> ▶ Paris 693 – Briançon 21 – Le Monêtier-les-Bains 35 – Montgenèvre 25
>
> **⌷** Office de tourisme, Ville Haute ℘ 04 92 20 02 20

🏠 **Le Chalet d'en Hô** 🐾   ⇜ 🛋 ⅙ ch, ⇞ ⅗ rest, 🅿 *VISA* **⓿❾**
hameau des Chazals – ℘ 04 92 20 12 29 – chaletdenho@orange.fr
– Fax 04 92 20 59 70 – Ouvert 1ᵉʳ juin-13 sept., 25 oct.-1ᵉʳ nov. et 20 déc.-12 avril
14 ch – †63 € ††99/127 €, ⌷ 13 € – ½ P 82 € – **Rest** – (dîner seult) Menu 26 €
◆ Un chalet situé au cœur d'une paisible et séduisante nature. Murs habillés de bois, boutis, coussins et photos créent une atmosphère chaleureuse et très douillette. La coquette salle à manger évoque les activités montagnardes d'antan. Cuisine de tradition.

NEVERS 🅿 – 58 Nièvre – **319** B10 – **40 932 h.** – **Agglo. 100 556 h.** – alt. 194 m
– **Pèlerinage de Ste-Bernadette d'Avril à Octobre : couvent St-Gildard** – ⊠ 58000
▌Bourgogne   7 **A2**

> ▶ Paris 236 – Bourges 70 – Clermont-Ferrand 161 – Orléans 167
>
> **⌷** Office de tourisme, rue Sabatier, Palais Ducal ℘ 03 86 68 46 00, Fax 03 86 68 45 98
>
> 🖼 du Nivernais à Magny-Cours Le Bardonnay, E : 2 km par D 200, ℘ 03 86 58 18 30.
>
> **Circuit automobile permanent à Magny-Cours** ℘ 03 86 21 80 00, par ④ : 12 km.
>
> ◙ Cathédrale St-Cyr-et-Ste-Julitte★★ - Palais ducal★ - Église St-Étienne★ - Façade★ de la Chapelle Ste-Marie - Porte du Croux★ - Faïences de Nevers★ du musée municipal Frédéric Blandin **M¹**.
>
> 🖸 Circuit de Nevers-Magny-Cours : musée Ligier F1★.

Plan page ci-contre

🏨 **Mercure Pont de Loire**   ⇜ 🛗 ⅙ 🅺 ch, ⇞ 🐾 ⚱ 🅿 *VISA* **⓿❾** **⒜⒠** **⓪**
quai Médine – ℘ 03 86 93 93 86 – h3480@accor.com
– Fax 03 86 59 43 29   Z **a**
59 ch – †87 € ††98 €, ⌷ 11 € – **Rest** – Menu 22/31 € – Carte 28/40 €
◆ Hôtel plaisamment situé au bord de la Loire. Chambres agréables, certaines offrant une belle perspective sur le fleuve ; confortable bar doté d'un piano. Salle à manger panoramique et vaste terrasse se prêtent à un repas et une carte des vins inspirées par la région.

NEVERS

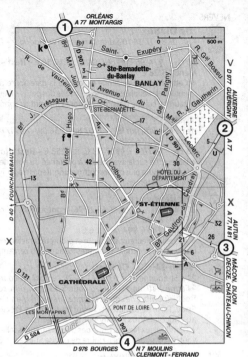

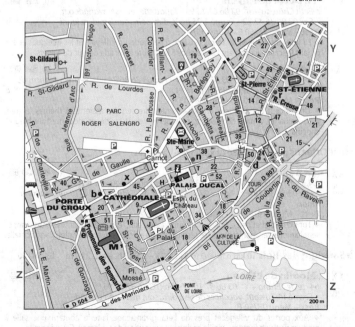

🏨 **De Diane** ⬜ ↳ ⅏ ☎ ⚙ VISA ⚫ AE ⓪

— ☎ 03 86 57 28 10 – diane.nevers@wanadoo.fr – Fax 03 86 59 45 08 – Fermé
20 déc.-4 janv.   Z **b**

30 ch – ✦74/96 € ✦✦86/104 €, ⌖ 10,50 € – **Rest** – (fermé vend. midi et dim.)
Menu 18/28 €

♦ Cette demeure ancienne proche de la gare abrite des chambres de bonne ampleur,
rajeunies et meublées avec soin. La salle des petits-déjeuners occupe une tour du 14ᵉ s. Au
restaurant, cuisine classique et cadre empreint de sobriété.

🏠 **Ibis** ⬜ ⅃ ch, Ⓐ ch, ↳ ⚙ P VISA ⚫ AE ⓪

rte de Moulins, par ④ – ☎ 03 86 37 56 00 – h0947@accor.com
– Fax 03 86 37 64 48

56 ch – ✦57/68 € ✦✦57/73 €, ⌖ 7,50 € – **Rest** – (dîner seult) Menu 17 €

♦ Hôtel situé sur la rive gauche à proximité du pont de Loire. Les chambres, récemment
rafraîchies, sont plus calmes côté parking. Repas traditionnel proposé dans une salle remise
à neuf ou en terrasse.

🏠 **Molière** sans rest ⌖   ↳ ☎ P VISA ⚫

25 r. Molière – ☎ 03 86 57 29 96 – contact@hotel-moliere-nevers.com
– Fax 03 86 36 00 13   V **k**

18 ch – ✦45 € ✦✦49 €, ⌖ 6 €

♦ Accueil chaleureux, simplicité et propreté caractérisent cet hôtel fonctionnel situé dans
un quartier résidentiel. Chambres rustiques ou contemporaines.

XX **Jean-Michel Couron**   VISA ⚫

21 r. St-Étienne – ☎ 03 86 61 19 28 – info@jm-couron.com – Fax 03 86 36 02 96
❀ – Fermé 2-10 mars, 14 juil.-5 août, 5-13 janv., dim. soir, mardi midi et lundi   Y **r**

Rest – (nombre de couverts limité, prévenir) Menu 20 € (sem.)/49 € – Carte 52/65 €

Spéc. Tarte de tomate et chèvre frais fermier. Pièce de bœuf charolais rôtie. Soupe
au chocolat. **Vins** Pouilly-Fumé, Sancerre.

♦ Dans le vieux Nevers. L'une des trois minuscules salles à manger est aménagée sous les
voûtes (14ᵉ s.) de l'ancien cloître de l'église St-Étienne. Belle cuisine inventive.

XX **La Botte de Nevers**   VISA ⚫

r. Petit Château – ☎ 03 86 61 16 93 – labottedenevers@wanadoo.fr
– Fax 03 86 36 42 22 – Fermé 4-25 août, dim. soir, mardi midi et lundi   Y **n**

Rest – Menu 21/50 € – Carte 45/67 €

♦ La jolie enseigne en fer forgé, le cadre d'inspiration médiévale et les quelques épées
ornant l'escalier accentuent la référence à la célèbre estocade du duc de Nevers.

X **L'Assiette**   Ⓐ VISA ⚫

7 bis r. F. Gambon – ☎ 03 86 36 24 99 – Fax 03 86 36 24 99 – Fermé vacances de
Pâques, 18 août-7 sept., 1ᵉʳ-10 janv. et dim.   Y **d**

Rest – Menu (13,50 €) – Carte 24/35 €

♦ Un concept original pour une charmante adresse : des assiettes à thèmes (entrée,
plat, fromage), à base de produits frais, servies dans un décor moderne tout bleu et
chocolat.

rte d'Orléans par ① – ✉ 58640 Varennes-Vauzelles

XX **Le Bengy**   ⬜ Ⓐ ⟷ VISA ⚫ AE

à 4,5 km par D 907 – ☎ 03 86 38 02 84 – lebengyrestaurant@wanadoo.fr
☺ – Fax 03 86 38 29 00 – Fermé 27 juil.-19 août, 1ᵉʳ-5 janv., 22 fév.-10 mars, dim. et
lundi

Rest – Menu 19/32 € – Carte 27/45 €

♦ Tons chocolat et beige, lignes contemporaines, cuir, fer forgé et plantes vertes composent l'ambiance japonisante de ce restaurant, qui affiche souvent complet. Carte actuelle.

à Sauvigny-les-Bois 10 km par ③ D 978 et D 18 – 1 527 h. – alt. 210 m – ✉ 58160

XX **Moulin de l'Étang**   ⬜ P VISA ⚫

64 rte de l'Étang – ☎ 03 86 37 10 17 – Fax 03 86 37 12 06
☺ – Fermé 1ᵉʳ-20 août, vacances de fév., dim. soir, merc. soir et lundi

Rest – Menu 23/50 €

♦ Aux portes du village et près de l'étang, ancienne laiterie abritant une salle à
manger rustique (poutres, vieille horloge et exposition de tableaux). Carte actuelle.

rte de Moulins 3 km par ④, sur N 7 – ⊠ 58000 Challuy

XX **La Gabare** 🖼 **P** *VISA* **MO** **AE**
171 rte de Lyon – 𝒞 03 86 37 54 23 – la-gabare58000@yahoo.fr
– Fax 03 86 37 64 49 – Fermé 14 juil.-12 août, dim. soir et lundi
Rest – Menu 19/27 € – Carte 28/50 €
♦ Cette vieille ferme joliment restaurée abrite deux salles rustiques : poutres apparentes, murs colorés et grande cheminée. Terrasse agréablement fleurie aux beaux jours.

à Magny-Cours 12 km par ④, rte Moulins – 1 486 h. – alt. 205 m – ⊠ 58470

🏨 **Holiday Inn** 🖼 🛋 🏋 ❄ 🍽 📶 🚹 🔟 🖼 ⚙ **P** *VISA* **MO** **AE** ①
Ferme du domaine de Bardonnay – 𝒞 03 86 21 22 33 – himagnycours@
☎ alliance-hospitality.com – Fax 03 86 21 22 03
70 ch – †96/215 € ††96/215 €, ⊊ 17 € – **Rest** Menu (12 €), 17/28 € – Carte 24/53 €
♦ À côté du circuit automobile et du golf. La ferme d'origine a été agrandie d'une aile moderne où se répartissent les chambres ; certaines ont vue sur la piscine ou les greens. Lumineuse salle à manger ouvrant sur une vaste terrasse. Cuisine traditionnelle.

NEVEZ – 29 Finistère – 308 I8 – 2 466 h. – alt. 40 m – ⊠ 29920 9 **B2**
🄳 Paris 547 – Rennes 196 – Quimper 40 – Lorient 51 – Lanester 51
🄸 Office de tourisme, place de l' Église 𝒞 02 98 06 87 90, Fax 02 98 06 73 09

🏨 **Ar Men Du** ⌂ ≤ océan, 🖼 🖼 ❄ 📞 **P** *VISA* **MO** **AE**
à Raguenès-Plage, 4 km au Sud par rte secondaire – 𝒞 02 98 06 84 22 – contact@
men-du.com – Fax 02 98 06 76 69 – Fermé 1ᵉʳ-14 mars, 12 nov.-21 déc. et
2 janv.-1ᵉʳmars
15 ch – †80/110 € ††100/125 €, ⊊ 13 € – 1 suite – **Rest** – (fermé merc. midi et
mardi) (prévenir) Menu 35/72 € – Carte 37/74 € 🕸
♦ Dans un site classé, grand ouvert sur l'océan, cette maison néo-bretonne (années 1970) vibre au rythme marin : décor des chambres façon clipper, vue sur les flots, calme. Restaurant et cuisine axés sur la mer ; bon choix de vins au verre. Île Raguénéz à l'horizon.

X **Le Bistrot de l'Écailler** 🖼 *VISA* **MO**
au port de Kerdruc, 3 km à l'Est par D 77 et rte secondaire – 𝒞 02 98 06 78 60
– Ouvert avril-fin sept. et fermé mardi et merc. sauf le soir en juil.-août
Rest – Menu 45 € – Carte 33/53 €
♦ Un joli bistrot marin et sa petite terrasse sur le port, au bord de l'Aven. Superbes plateaux de fruits de mer, ardoise du jour, homard-frites et carte des vins judicieuse.

NEXON – 87 Haute-Vienne – 325 E6 – 2 325 h. – alt. 359 m – ⊠ 87800 24 **B2**
🄳 Paris 416 – Limoges 27 – Saint-Junien 56 – Panazol 27 – Isle 27
🄸 Office de tourisme, Conciergerie du Château 𝒞 05 55 58 28 44

XX **Les Chaumières** avec ch ⌂ 🖼 🍽 📞 **P** *VISA* **MO**
Domaine des Landes, à 2 km par D 11 – 𝒞 05 55 58 25 26 – jfcane@
les-chaumieres.com – Fax 05 55 58 25 25
3 ch – †65 € ††65 €, ⊊ 8 € – **Rest** – (fermé dim. soir, lundi et mardi) (prévenir)
Menu 32/39 €
♦ Joli cottage à toit de chaume dans un parc peuplé d'arbres centenaires. Chaleureux intérieur bourgeois, accueil avenant et carte dans l'air du temps, inspirée par les saisons. Chambres d'hôte dans une dépendance, pour prolonger tranquillement l'étape.

NEYRAC-LES-BAINS – 07 Ardèche – 331 H5 – ⊠ 07380 44 **A3**
🄳 Paris 606 – Alès 92 – Aubenas 16 – Montélimar 56 – Privas 45 – Le
Puy-en-Velay 75

XX **Du Levant** 🖼 ⚙ **P** *VISA* **MO** **AE**
– 𝒞 04 75 36 41 07 – info@hotel-levant.com – Fax 04 75 36 48 09 – Ouvert
🙂 30 avril-20 nov. et fermé merc. de déc. à mars, lundi, mardi et dim. soir
Rest – Menu (18 € bc), 24/55 € 🕸
♦ Dans la même famille depuis 1885, cette auberge vous réserve de bons plats du terroir revisités et une belle carte de vins. Salle panoramique mi-rustique mi-design, terrasse.

NÉZIGNAN-L'ÉVÊQUE – 34 Hérault – 339 F8 – **rattaché à Pézenas**

Le vieux Nice

NICE

**Département :** 06 Alpes-Maritimes
Carte Michelin LOCAL : n° 341 E5 115 26 27
▶ Paris 927 – Cannes 33 – Genova 192
– Lyon 471 – Marseille 189 – Torino 210

Population : 342 738 h.   42 **B2**
Pop. agglomération : 888 784 h.
Altitude : 6 m – **Code Postal :** ✉ 06000
📗 Côte d'Azur

RENSEIGNEMENTS PRATIQUES

Offices de tourisme

5, promenade des Anglais ☏ 08 92 70 74 07
Office de tourisme avenue Thiers ☏ 08 92 70 74 07
Office de tourisme Aéroport (T.1) ☏ 08 92 70 74 07

Transports

🚂 Auto-train ☏ 3635 et tapez 42 (0,34 €/mn)

Transports maritimes

Pour la Corse : SNCM - Ferryterranée quai du Commerce ☏ 0 825 888 088
(0,15 €/mn) **JZ**
CORSICA FERRIES Port de Commerce ☏ 04 92 00 42 93, Fax 04 92 00 42 94

Aéroport

🛫 Nice-Côte-d'Azur ☏ 0820 423 333 (0,12 €/mn), 7 km **AU**

LOISIRS

Casino

Ruhl, 1 promenade des Anglais **FZ**
Le Palais de la Méditerannée, 15 promenade des Anglais **FZ**

◉ A VOIR

LE FRONT DE MER ET LE VIEUX NICE

Site ★★ - Promenade des Anglais ★★ -
≤ ★★ du château - Intérieur ★ de l'église
St-Martin - St-Augustin **HY** - Église
St-Jacques ★ **HZ** - Escalier monumental ★
du palais Lascaris **HZ** V - Intérieur ★ de la
cathédrale Ste-Réparate **HZ** - Décors ★ de
la chapelle de l'Annonciation **HZ** B -
Retables ★ de la chapelle de la
Miséricorde ★ **HZ** D

CIMIEZ

Musée Marc-Chagall ★★ **GX** - Musée
Matisse ★★ **HV** M⁴ - Monastère
franciscain ★ : primitifs niçois ★★ dans
l'église **HV** K - Site archéologique
gallo-romain ★

LES QUARTIERS OUEST

Musée des beaux-Arts (Jules
Chéret) ★★ **DZ** - Musée d'Art naïf
A.Jakovsky ★ **AU** M¹⁰ - Serre géante ★
du Parc Phoenix ★ **AU** - Musée des
Arts asiatiques ★★

PROMENADE DU PAILLON

Musée d'Art moderne et d'Art
contemporain ★★ **HY** M² - Palais des
Arts, du Tourisme et des Congrès
(Acropolis) ★ **HJX**

AUTRES CURIOSITÉS

Cathédrale orthodoxe russe
St-Nicolas ★ **EXY** - Mosaïque ★ de
Chagall dans la faculté de droit **DZ** U -
Musée Masséna ★ **FZ** M³

Negresco ⟨ 斎 ⒃ 🖨 🅰️🄺 📞 🅰️ 🚗 𝗩𝗜𝗦𝗔 🅾️🄴🄾 🅰️🄴 ①

37 promenade des Anglais – 𝒞 *04 93 16 64 00 – direction @ hotel-negresco.com*
– Fax 04 93 88 35 68 p. 6 FZ **k**
128 ch – ♦285/570 € ♦♦285/570 €, ⌑ 28 € – 9 suites
Rest *Chantecler* – voir ci-après
Rest *La Rotonde* – Menu (29 €), 34 € – Carte 29/58 €

♦ Bâti en 1913 par Henri Negresco, fils d'aubergiste roumain, ce palace, ou plutôt cet "hôtel-musée" mythique et majestueux, regorge d'œuvres d'art exceptionnelles et cultive la démesure. Le bistrot La Rotonde est installé dans un rare décor de carrousel, chevaux de bois et automates.

Palais de la Méditerranée ⟨ 斎 ⒌ 🄽 ⒃ 🖨 ⅄ ch, 🅰️ ⅃ 𝒮 rest,

13 promenade des Anglais – 📞 🅰️ 🚗 𝗩𝗜𝗦𝗔 🅾️🄴🄾 🅰️🄴 ①
𝒞 *04 92 14 77 00 – reservation @ lepalaisdelamediterranee.com – Fax 04 92 14 77 14*
181 ch – ♦295/830 € ♦♦280/830 €, ⌑ 26 € – 7 suites p. 6 FZ **g**
Rest *Le Padouk* – *(fermé 15-31 janv., dim. et lundi sauf juil.-août)* Menu 35 € (déj.), 49/75 € – Carte 58/80 €
Rest *Pingala Bar* – *(déj. seult)* Carte environ 35 €

♦ Ce légendaire bâtiment doté d'une façade Art déco classée abrite un hôtel-casino aux chambres spacieuses, sobrement contemporaines et luxueuses. Carte d'inspiration méridionale et asiatique au Padouk. Cuisine niçoise toute simple dans le cadre trendy du Pingala Bar.

Radisson SAS ⟨ 斎 ⅃ 🄽 ⒃ 🖨 ⅄ ch, 🅰️🄺 ⅃ 📞 🅰️ 🚗 𝗩𝗜𝗦𝗔 🅾️🄴🄾 🅰️🄴 ①

223 promenade des Anglais – 𝒞 *04 97 17 71 77 – info.nice @ radissonsas.com*
– Fax 04 93 71 21 71 p. 4 AU **n**
318 ch – ♦140/220 € ♦♦140/220 €, ⌑ 25 € – 13 suites – **Rest** – Carte 49/70 €

♦ Architecture moderne abritant un hôtel dans l'air du temps : grandes chambres thématiques soignées (Urban, Chili, Océan), bar design, beau fitness et terrasse-piscine sur le toit. Confortable restaurant égayé de tons azur et citron ; cuisine à l'accent local.

Méridien ⟨ 斎 ⅃ 🄽 🅰️ ⅃ 𝒮 rest, 📞 🅰️ 𝗩𝗜𝗦𝗔 🅾️🄴🄾 🅰️🄴 ①

1 promenade des Anglais – 𝒞 *04 97 03 44 44 – reservation.nice @ lemeridien.com*
– Fax 04 97 03 44 45 p. 6 FZ **d**
318 ch – ♦265/325 € ♦♦265/325 €, ⌑ 23 € – 2 suites
Rest *Le Colonial Café* – 𝒞 *04 97 03 40 36* – Carte 42/61 €
Rest *La Terrasse du Colonial* – 𝒞 *04 97 03 40 37* – Carte 42/61 €

♦ Au programme de ce palace : piscine chauffée sur le toit, face à la baie des Anges, belles chambres aux couleurs du Sud, institut de beauté, salles de réunions high-tech. Décor ethnique et plats du monde au Colonial Café. Superbe vue sur mer à La Terrasse.

Élysée Palace ⅃ 🄽 ⒃ 🖨 ⅄ ch, 🅰️ ⅃ 𝒮 rest, 📞 🅰️ 🚗 𝗩𝗜𝗦𝗔 🅾️🄴🄾 🅰️🄴 ①

59 promenade des Anglais – 𝒞 *04 93 97 90 90 – restauration @ elyseepalace.com*
– Fax 04 93 44 50 40 p. 6 EZ **d**
141 ch – ♦123/480 € ♦♦135/480 €, ⌑ 19 € – 2 suites
Rest *Le Caprice* – Menu (22 €), 29 € (déj. en sem.), 49/180 € – Carte 30/68 €

♦ Point d'orgue de cette architecture futuriste : une immense Vénus de bronze. Cadre d'inspiration Art déco, grand confort, insonorisation exemplaire, piscine sur le toit. En été, l'attrayante carte régionale du Caprice s'allège et se déguste en terrasse.

Boscolo Hôtel Plaza 斎 🖨 🅰️ 𝒮 rest, 📞 🅰️ 𝗩𝗜𝗦𝗔 🅾️🄴🄾 🅰️🄴 ①

12 av. de Verdun – 𝒞 *04 93 16 75 75 – reservation @ nice.boscolo.com*
– Fax 04 93 88 61 11 p. 7 GZ **u**
171 ch – ♦255/470 € ♦♦285/525 €, ⌑ 22 € – 5 suites – **Rest** – *(fermé dim. et lundi de nov. à mars)* Menu (17 €), 34 € – Carte 45/57 €

♦ Imposant hôtel jouxtant le jardin Albert-1ᵉʳ. Chambres spacieuses, équipements complets pour séminaires et belle perspective sur la grande bleue depuis le toit. Salle à manger aux tons chaleureux et large terrasse panoramique embrassant la ville.

La Pérouse 🍃 ⟨ Nice et la Baie des Anges, 🛏️ 斎 ⅃ 🄽 🖨 🅰️ ⅃ 𝒮

11 quai Rauba-Capéu ✉ *06300 –* 📞 🅰️ 🚗 𝗩𝗜𝗦𝗔 🅾️🄴🄾 🅰️🄴 ①
𝒞 *04 93 62 34 63 – lp @ hotel-la-perouse.com – Fax 04 93 62 59 41* p. 7 HZ **k**
58 ch – ♦170/475 € ♦♦170/475 €, ⌑ 25 € – 4 suites – **Rest** – grill *(fermé d'oct. à avril)* Carte 36/52 €

♦ Dans cet hôtel de caractère, arrimé au rocher du château, des chambres provençales très raffinées côtoient un coquet jardin méditerranéen. Le point de vue inspira Raoul Dufy. Au restaurant (grill), tables dressées à l'ombre des citronniers et quiétude absolue.

RÉPERTOIRE DES RUES DE NICE

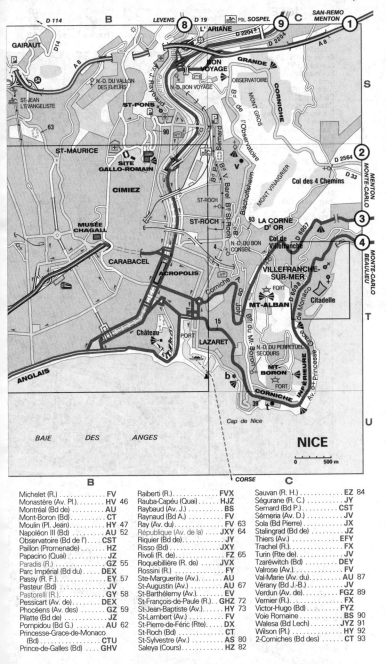

NICE

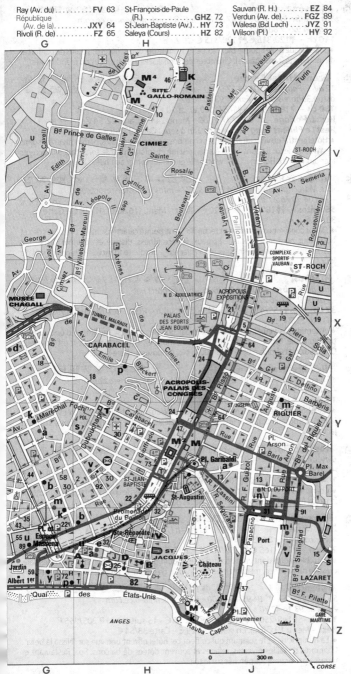

Masséna sans rest 🏠 ♿ Ⓐ ↯ ☏ 🛁 🚗 🅅🅸🅂🅰 🆇 🅰🅴 ⓘ

58 r. Gioffredo – ℰ 04 92 47 88 88 – info@hotel-massena-nice.com
– Fax 04 92 47 88 89 *p. 7* GZ **k**
110 ch – ♦120/315 € ♦♦120/315 €, ⌥ 22 €
♦ Jolie façade Belle Époque bien située. Rajeuni, le décor de l'hôtel offre plus de confort et de modernité (tons chauds). Chambres personnalisées, romantiques ou méridionales.

Grand Hôtel Aston ⩽ 🏠 🛗 ♿ ch, Ⓐ ↯ ☏ 🛁

12 av. F. Faure – ℰ 04 92 17 53 00 – reservation@
aston.3ahotels.com – Fax 04 93 80 40 02 🚗 🅅🅸🅂🅰 🆇 🅰🅴
p. 7 HZ **b**
150 ch – ♦185/295 € ♦♦185/1000 €, ⌥ 20 €
Rest *L'Horloge* – ℰ 04 92 17 53 09 – Menu 24 € – Carte 22/54 €
Rest *Le Phileas Fogg* – (ouvert de juin à sept.) Carte 32/55 €
♦ Hôtel central où vous attendent des chambres aux couleurs gaies, parfois meublées dans le style Art déco. Balcons au 6ᵉ étage ; piscine et solarium sur le toit. Plats aux accents méridionaux à L'Horloge. Cuisine actuelle et vue sur la mer au Phileas Fogg.

Goldstar Resort 🏠 🛗 🛁 ♿ Ⓐ ↯ ☏ 🛁 🚗 🅅🅸🅂🅰 🆇 🅰🅴

♨ 45 r. Maréchal Joffre – ℰ 04 93 16 92 77 – info@goldstar-resort.com
– Fax 04 93 76 23 30 *p. 6* FZ **e**
56 suites – ♦♦180/550 €, ⌥ 20 € – **Rest** – Menu (16,50 €), 18/38 € – Carte 33/53 €
♦ Décor contemporain raffiné et technologie de pointe caractérisent les chambres de cet hôtel tout neuf et sobrement luxueux. Espace fitness, piscine et solarium sur le toit. Restaurant panoramique installé au dernier étage ; cadre tendance et cuisine au goût du jour.

Hi Hôtel 🏠 🛁 🌐 🛗 ♿ ch, Ⓐ ↯ ☏ 🅅🅸🅂🅰 🆇 🅰🅴 ⓘ

3 av. des Fleurs – ℰ 04 97 07 26 26 – hi@hi-hotel.net
– Fax 04 97 07 26 27 *p. 6* EZ **a**
37 ch ⌥ – ♦159/415 € ♦♦159/435 € – 1 suite – **Rest** – self Menu 25/99 €
– Carte 23/31 €
♦ Attention les yeux ! Cet hôtel conçu par une designer est l'antithèse d'une adresse traditionnelle. Espaces, matériaux, couleurs, mobilier, équipements : tout est novateur. Originaux plats froids à base de produits bio, proposés en libre-service.

Nice Riviera sans rest 🛁 🛗 ♿ Ⓐ ↯ ☏ 🅿 🅅🅸🅂🅰 🆇 🅰🅴

45 r. Pastorelli – ℰ 04 93 92 69 60 – info@hotel-nice-riviera.com
– Fax 04 93 92 69 22 *p. 7* GY **b**
122 ch – ♦129/169 € ♦♦159/209 €, ⌥ 15 €
♦ Cet hôtel entièrement restauré propose d'élégantes chambres colorées (rouge et jaune), disposant parfois d'une terrasse ensoleillée. Petite piscine intérieure, sauna et jacuzzi.

Boscolo Park Hôtel sans rest ⩽ 🛗 Ⓐ ☏ 🛁 🚗 🅅🅸🅂🅰 🆇 🅰🅴 ⓘ

6 av. de Suède – ℰ 04 97 03 19 00 – manager@park.boscolo.com
– Fax 04 93 82 29 27 *p. 6* FZ **a**
104 ch – ♦108/510 € ♦♦108/760 €, ⌥ 25 €
♦ Chambres de style Art déco, classiques ou méridionales ; les plus agréables donnent sur le jardin Albert-1ᵉʳ et la grande bleue. Salles de séminaires bien équipées.

Mercure Centre Notre Dame sans rest 🚗 🛁 🛗 Ⓐ ↯ ☏

28 av. Notre-Dame – ℰ 04 93 13 36 36 – h1291@ 🛁 🅅🅸🅂🅰 🆇 🅰🅴 ⓘ
accor.com – Fax 04 93 62 61 69 *p. 6* FXY **q**
201 ch – ♦120/165 € ♦♦135/180 €, ⌥ 15 €
♦ Deux bâtiments dont un, au cœur d'un joli jardin, qui abrite des chambres rénovées dans un style mi-Art déco, mi-contemporain. Institut de beauté et piscine sur le toit-terrasse.

Splendid 🏠 🛁 🌐 🛗 🛗 ♿ ↯ ⌘ rest, ☏ 🛁 🚗 🅅🅸🅂🅰 🆇 🅰🅴 ⓘ

50 bd V. Hugo – ℰ 04 93 16 41 00 – info@splendid-nice.com
– Fax 04 93 16 42 70 *p. 6* FZ **u**
127 ch – ♦145/250 € ♦♦145/250 €, ⌥ 16 € – 15 suites – ½ P 205/255 €
Rest – Menu 19 € (déj. en sem.), 22/29 € – Carte 38/54 €
♦ La minipiscine et le solarium qui coiffent cet hôtel offrent une vue sur "Nissa la bella". Chambres de tailles diverses, refaites et souvent dotées de balcons. Spa. Restaurant et terrasse panoramiques perchés sur le toit.

Le Grimaldi sans rest   🛗 🄰🄲 ☏ 𝗩𝗜𝗦𝗔 ◍◎ 🄰🄴 ⓪

15 r. Grimaldi – ℰ *04 93 16 00 24 – zedde@le-grimaldi.com – Fax 04 93 87 00 24*
46 ch – 🛏85/160 € 🛏🛏95/205 €, ⇌ 20 €   *p. 6* FY **s**
♦ Mobilier provençal, fer forgé et beaux tissus Pierre Frey personnalisent joliment les chambres ; petites terrasses au dernier étage. Espace hall-bar-salon très cosy.

Villa Victoria sans rest   🚗 🛗 🄰🄲 ☏ 🄿 𝗩𝗜𝗦𝗔 ◍◎ 🄰🄴

33 bd V. Hugo – ℰ *04 93 88 39 60 – contact@villa-victoria.com*
– Fax 04 93 88 07 98 – Fermé 20-28 déc.   *p. 6* FZ **s**
38 ch – 🛏75/160 € 🛏🛏90/160 €, ⇌ 15 €
♦ Bel immeuble ancien aménagé dans un esprit méridional. Préférez les chambres avec balcon donnant sur le joli jardin méditerranéen ; celles côté rue sont bien insonorisées.

Windsor   🚗 🛋 🏊 ⅃🛁 🛗 🄰🄲 ↬ 🍽 rest, ☏ 𝗩𝗜𝗦𝗔 ◍◎ 🄰🄴

11 r. Dalpozzo – ℰ *04 93 88 59 35 – contact@hotelwindsornice.com*
– Fax 04 93 88 94 57   *p. 6* FZ **f**
57 ch – 🛏90/175 € 🛏🛏90/175 €, ⇌ 12 € – **Rest** – *(fermé dim.) (dîner seult)*
Menu 29 € – Carte 31/42 €
♦ Cet hôtel séduit par ses 25 "chambres d'artistes", hymne à l'art contemporain, dont une signée du peintre niçois Ben. Jardin exotique, espace de relaxation (hammam, massages, sauna). Petite restauration servie au bar et, en été, parmi les palmiers et bougainvillées.

Mercure Promenade des Anglais sans rest   🛗 🄰🄲 ↬

2 r. Halévy – ℰ *04 93 82 30 88 – H0360@*   ☏ 𝗩𝗜𝗦𝗔 ◍◎ 🄰🄴 ⓪
accor.com – Fax 04 93 82 18 20   *p. 6* FZ **q**
122 ch – 🛏81/205 € 🛏🛏91/325 €, ⇌ 15 €
♦ Hôtel installé dans l'immeuble du casino Ruhl. Chambres confortables et refaites, décorées sur le thème du jeu. Salle des petit-déjeuner avec vue sur la Promenade des Anglais.

Petit Palais sans rest ᗐ   ≼ Nice et la mer, 🛗 ↬ ☏

17 av. E. Bieckert – ℰ *04 93 62 19 11*   🄿 𝗩𝗜𝗦𝗔 ◍◎ 🄰🄴
– reservation@petitpalaisnice.com – Fax 04 93 62 53 60   *p. 7* HX **p**
25 ch – 🛏80/140 € 🛏🛏90/170 €, ⇌ 13 €
♦ Ce "Petit Palais" où vécut Sacha Guitry se dresse sur la verdoyante colline de Cimiez. Charme bourgeois et vue plongeante sur la Baie des Anges depuis la plupart des chambres.

Brice   🚗 🏠 🛗 🄰🄲 ch, 🍽 rest, ☏ 🏊 𝗩𝗜𝗦𝗔 ◍◎ 🄰🄴

44 r. Mar. Joffre – ℰ *04 93 88 14 44 – info@nice-hotel-brice.com*
– Fax 04 93 87 38 54   *p. 6* FZ **x**
58 ch – 🛏80/118 € 🛏🛏100/139 €, ⇌ 12 € – ½ P 75/100 € – **Rest** – *(ouvert de juin à sept. et fermé lundi) (dîner seult)* Menu 25/30 € – Carte 30/45 €
♦ Les chambres, protégées des bruits de la circulation par un jardin-terrasse fleuri, sont fonctionnelles et bien tenues. Décor asiatique au bar et borne Internet à disposition. Cuisine familiale sans chichis servie à l'extérieur lorsque le soleil le permet.

Alba sans rest   🛗 ♿ 🄰🄲 ↬ ☏ 𝗩𝗜𝗦𝗔 ◍◎ 🄰🄴

41 av. Jean Médecin – ℰ *04 93 88 02 88 – reservation@hotellalba.com*
– Fax 04 93 88 55 03   *p.6* FXY **x**
35 ch – 🛏95/120 € 🛏🛏110/270 €, ⇌ 13 €
♦ Rénovation réussie pour cet établissement du centre-ville dont les chambres, très bien équipées et insonorisées, affichent un décor plutôt tendance (tons gris et marron).

Aria sans rest   🛗 ♿ 🄰🄲 ↬ ☏ 𝗩𝗜𝗦𝗔 ◍◎ 🄰🄴 ⓪

15 av. Auber – ℰ *04 93 88 30 69 – reservation@aria-nice.com*
– Fax 04 93 88 11 35   *p. 6* FY **u**
30 ch – 🛏84/94 € 🛏🛏94/124 €, ⇌ 13 € – 4 suites
♦ Au cœur du "quartier des musiciens", chambres de bonne ampleur, insonorisées et dotées d'un mobilier classique ou de style provençal ; certaines donnent sur un petit square.

De Flore sans rest   🛗 🄰🄲 ↬ ☏ 𝗩𝗜𝗦𝗔 ◍◎ 🄰🄴

2 r. Maccarani – ℰ *04 92 14 40 20 – info@hoteldeflore-nice.fr*
– Fax 04 92 14 40 21   *p. 6* FZ **z**
61 ch – 🛏80/145 € 🛏🛏90/160 €, ⇌ 12 € – 3 suites
♦ Meubles en fer forgé, sièges en osier et couleurs du Midi dans des chambres gaies et fonctionnelles. Patio pour prendre le petit-déjeuner dans un cadre azuréen.

Anis Hôtel 🏠🏠 ⛲ 🏊 🛗 ♿ 🆒 📞 🧖 🅿 🚗 *VISA* ⓜ ⓞ
50 av. Lanterne ✉ *06200 –* ☎ *04 93 18 29 00 – info@hotel-anis.com*
☜ *– Fax 04 93 83 11 16* p. 5 AU **a**
42 ch – ♦79/99 € ♦♦90/110 €, ⊊ 9 € – **Rest** – *(fermé dim. soir et lundi)*
Menu 17 € (déj. en sem.), 27/35 € – Carte 26/53 €
♦ Cette adresse nichée dans un secteur résidentiel cumule les atouts : chambres rénovées et bien insonorisées, agréable piscine, tranquillité et prix plus que corrects. La cuisine régionale s'apprécie en terrasse ou dans une salle aux teintes méridionales.

Durante sans rest 🏠🏠 🚗 🏨 🆒 ↵ 📞 🧖 🅿 *VISA* ⓜ ⒶⒺ
16 av. Durante – ☎ *04 93 88 84 40 – info@hotel-durante.com*
– Fax 04 93 87 77 76 – Fermé janv. p. 6 FY **b**
28 ch – ♦70/150 € ♦♦70/150 €, ⊊ 10 €
♦ L'hôtel, entièrement non-fumeurs, profite du calme de l'impasse : dormez fenêtres ouvertes dans de coquettes chambres tournées vers un jardin embaumant l'oranger.

Nautica sans rest 🏠🏠 🛗 ♿ 🆒 ↵ 📞 🧖 🚗 *VISA* ⓜ ⒶⒺ ⓞ
38 r. Barbéris – ☎ *04 92 00 21 21 – reservation@hotelnautica.com*
– Fax 04 92 00 21 22 p. 7 JXY **m**
87 ch – ♦75/115 € ♦♦90/130 €, ⊊ 10 €
♦ Cet établissement ancré à quelques encablures du port a opté pour un décor maritime. Chambres pratiques et bien insonorisées ; tenue sans reproche.

Les Cigales sans rest 🏠 🛗 ♿ 🆒 📞 *VISA* ⓜ ⒶⒺ ⓞ
16 r. Dalpozzo – ☎ *04 97 03 10 70 – infos@hotel-lescigales.com*
– Fax 04 97 03 10 71 p. 6 FZ **b**
19 ch – ♦75/110 € ♦♦80/129 €, ⊊ 12 €
♦ Cet ancien hôtel particulier à la jolie façade ouvragée dispose d'une agréable petite cour-terrasse. Chambres fonctionnelles et colorées, mansardées au dernier étage.

Mercure Marché aux Fleurs sans rest 🏠 🆒 ↵ 📞 *VISA* ⓜ ⒶⒺ ⓞ
91 quai des Etats-Unis – ☎ *04 93 85 74 19 – H0962@accor.com*
– Fax 04 93 13 90 04 p. 6 GZ **p**
49 ch – ♦92/267 € ♦♦102/277 €, ⊊ 13,50 €
♦ Mobilier patiné, tons beige et chocolat habillent avec chaleur les chambres dotées de bons équipements ; six profitent de la vue sur mer. Accueil souriant et efficace.

Armenonville sans rest 🏠 🚗 🍴 📞 🅿 *VISA* ⓜ ⒶⒺ ⓞ
20 av. Fleurs – ☎ *04 93 96 86 00 – nice@hotel-armenonville.com*
– Fax 04 93 44 66 53 p. 6 EZ **b**
12 ch – ♦62/98 € ♦♦62/98 €, ⊊ 10 €
♦ Dans l'ex-quartier des émigrés russes, charmante villa 1900 et son jardin méridional. Quelques meubles provenant du Negresco personnalisent les chambres peu à peu rajeunies.

De la Fontaine sans rest 🏠 🛗 🏨 📞 *VISA* ⓜ ⒶⒺ ⓞ
49 r. France – ☎ *04 93 88 30 38 – hotel-fontaine@webstore.fr*
– Fax 04 93 88 98 11 p. 6 FZ **t**
29 ch – ♦87/105 € ♦♦97/125 €, ⊊ 9,50 €
♦ Hôtel bordant une rue commerçante et animée. Pour plus de calme, préférez les chambres donnant sur le minipatio (petit-déjeuner en saison) où murmure une fontaine.

Star Hôtel sans rest 🏠 🏨 📞 *VISA* ⓜ
14 r. Biscarra – ☎ *04 93 85 19 03 – info@hotel-star.com – Fax 04 93 13 04 23*
– Fermé 12 nov.-25 déc. p. 7 GY **k**
24 ch – ♦45/60 € ♦♦55/80 €, ⊊ 6 €
♦ Petites chambres sobres et propres, parfois dotées d'un balcon. L'adresse est assez simple, mais elle bénéficie d'un emplacement central et de prix plutôt doux.

Villa la Lézardière 🏠 🍴 ≤ Nice et Alpes, 🚗 🏡 🏊 ↵ 🍴
87 bd de l'Observatoire ✉ *06300 –* 📞 🅿 *VISA* ⓜ ⒶⒺ
☎ *04 93 56 22 86 – rpaauw@free.fr – Fax 04 93 56 22 86* p. 5 CT **v**
5 ch ⊊ – ♦80 € ♦♦90/170 € – **Table d'hôte** – Menu 39 € bc
♦ Perchée sur la Grande Corniche, cette villa de style provençal offre une vue magnifique sur la ville et les Alpes. Chambres personnalisées, piscine et grand jardin clos. Cuisine traditionnelle ou thaïlandaise.

XXXX **Chantecler** – Hôtel Negresco　　　　🏧 ⬅️ VISA ⓦ AE ①

ᣡ 37 promenade des Anglais – ✆ 04 93 16 64 00 – chantecler@hotel-negresco.com
– Fax 04 93 88 35 68 – Fermé 4 janv.-4 fév., lundi et mardi sauf fériés　　p. 6　FZ **k**
Rest – Menu 55 € bc (déj.), 90/130 € – Carte 83/166 € ❀

Spéc. Langoustines rôties au piment d'Espelette, croustillant de tête de veau. Dos de loup sauvage en croûte d'herbes, émulsion de coquillages. Carré d'agneau rôti en spirale d'herbes, fleur de courgette en tempura. **Vins** Vins de pays des Alpes Maritimes.
♦ Somptueuses boiseries, tapisserie d'Aubusson, tableaux de maîtres et rideaux en damas ou en lampas de soie magnifient ce décor Régence. Cuisine au goût du jour personnalisée.

XXX **L'Âne Rouge**　　　　🏧 VISA ⓦ AE ①

7 quai Deux-Emmanuel ✉ 06300 – ✆ 04 93 89 49 63 – anerouge@free.fr
– Fax 04 93 26 51 42 – Fermé vacances de fév., jeudi midi et merc.　　p. 7　JZ **m**
Rest – Menu (26 €), 35 € (déj. en sem.), 55/85 € – Carte 63/81 €
♦ Ce restaurant situé face au port de plaisance et au château propose une savoureuse cuisine "terre et mer" dans une chaleureuse salle à manger récemment rajeunie.

XXX **Les Viviers**　　　　🏧 🏧 VISA ⓦ AE

22 r. A. Karr – ✆ 04 93 16 00 48 – viviers.bretons@wanadoo.fr
– Fax 04 93 16 04 06 – Fermé 21 juil.-18 août, sam. midi et dim.　　p. 6　FY **k**
Rest – Menu 38 € (déj. en sem.)/85 € – Carte 39/90 €
♦ Élégante salle aux boiseries blondes ou bistrot d'esprit 1900 : deux décors, mais une seule cuisine classique, proposant poissons, crustacés et suggestions du jour.

XX **L'Univers-Christian Plumail**　　　　🏧 VISA ⓦ AE

ᣡ 54 bd J. Jaurès ✉ 06300 – ✆ 04 93 62 32 22 – plumailunivers@aol.com
– Fax 04 93 62 55 69 – Fermé sam. midi, lundi midi et dim.　　p. 7　HZ **u**
Rest – (prévenir) Menu (22 €), 44/70 € – Carte 46/95 €
Spéc. Langoustines rôties à la pancetta. Daurade royale rôtie aux herbes de la garrigue. Soufflé aux citrons du pays. **Vins** Vin de pays des Alpes-Maritimes, Bellet.
♦ Tableaux et sculptures modernes agrémentent l'intérieur de ce restaurant prisé des Niçois : on y savoure – souvent à guichets fermés – une cuisine régionale personnalisée.

XX **Jouni "Atelier du Goût"** (Jouni Tormanen)　　　⬅️ La Baie des Anges,

ᣡ 60 bd. F.Pilatte, (1er étage) – ✆ 04 97 08 14 80 – contact@　🏧 ♿ 🏧 VISA ⓦ AE
jouni.fr – Fermé 9 nov.-1er déc., dim. et lundi sauf de mai à sept.　　p. 5　CT **b**
Rest – Menu 65 € (déj. en sem.)/100 € – Carte 88/128 € ❀
Rest Bistrot de la Réserve – Menu (35 €) – Carte 61/73 €
Spéc. Velouté de crabes verts, gnocchi à la ricotta. Pêche du jour, barigoule d'artichaut aux olives vertes du Maroc. Duo pistache et figue, sorbet framboise.
♦ Ici, vous êtes aux premières loges pour admirer le port et la mer. En lieu et place de l'historique "Réserve", joli cadre Art déco, terrasse sur le toit, et belle cuisine épurée d'esprit méditerranéen. Au rez-de-chaussée, bistrot au cadre contemporain lounge.

XX **Keisuke Matsushima**　　　　🏧 ✄ ↔ VISA ⓦ AE

ᣡ 22 ter r. de France – ✆ 04 93 82 26 06 – info@keisukematsushima.com
– Fax 04 92 00 08 49 – Fermé 10-31 janv., sam. midi, lundi midi et dim.　　p. 6　FZ **e**
Rest – Menu 35 € (déj. en sem.), 65/130 € – Carte 85/117 € ❀
Spéc. Langoustines à la plancha, jus de têtes. Filet de Saint-Pierre aux haricots cocos et vongole. Millefeuille de bœuf simmental au wasabi. **Vins** Côtes de Provence, Bellet.
♦ L'ancien Kei's Passion est devenu grand et sage (cadre minimaliste et tendance, service sérieux), mais sa cuisine reste inventive. Également table d'hôte sur réservation.

XX **Aphrodite**　　　　🏧 🏧 VISA ⓦ AE

10 bd Dubouchage – ✆ 04 93 85 63 53 – reception@restaurant-aphrodite.com
– Fax 04 93 80 10 41 – Fermé 2-20 janv., dim. et lundi　　p. 7　HY **s**
Rest – Menu 23 € (déj.), 35/85 € – Carte 52/73 €
♦ Mobilier design épuré, bois, cuir rouge, tables blotties dans des alcôves : un décor contemporain, chic et cosy, en totale adéquation avec la cuisine personnalisée du chef.

XX **Les Épicuriens**　　　　🏧 🏧 VISA ⓦ AE

6 pl. Wilson – ✆ 04 93 80 85 00 – Fax 04 93 85 65 00 – Fermé août, sam. midi et dim.
Rest – Carte 30/51 €　　　　p. 7　HY **v**
♦ La carte régionale et l'appétissante ardoise de suggestions du jour attirent une clientèle fidèle dans ce chaleureux restaurant habillé de boiseries. Terrasse sur la place.

XX **L'Allegro**　　　　　　　　　　　　AK VISA ◑◐ ◍

6 pl. Guynemer ⊠ 06300 – ℰ 04 93 56 62 06 – sarl.divin@orange.fr
– Fax 04 93 56 38 28 – Fermé 1ᵉʳ-6 janv., le midi en août, sam. midi et dim.
Rest – Menu 19 € (déj. en sem.), 45/54 € – Carte 29/56 €　　　　p. 7　JZ **u**

♦ Pâtes et raviolis préparés à la minute, sous vos yeux, dans un étonnant décor de trompe-l'œil et de fresques évoquant la "commedia dell'arte" : cette adresse respire l'Italie !

XX **Brasserie Flo**　　　　　AK ⇔ ⊡♟(soir) VISA ◑◐ AE ◍

4 r. S. Guitry – ℰ 04 93 13 38 38 – Fax 04 93 13 38 39　　　　p. 7GYZ **m**
Rest – brasserie Menu (23 €), 30 € bc (déj.)/55 € – Carte 32/67 €

♦ Parterre de tables et troupe de serveurs fin prêts : les trois coups frappés, le rideau grenat se lève sur les cuisines de cette brasserie aménagée dans un théâtre 1930.

XX **Stéphane Viano**　　　　　　　　AK VISA ◑◐ AE

26 bd. Victor Hugo – ℰ 04 93 82 48 63 – vianostephane@wanadoo.fr
– Fermé dim.　　　　p. 6　FY **t**
Rest – Menu 32/58 € – Carte 42/58 €

♦ Table branchée repérable à sa longue véranda dotée de chaises provençales bleues. Une 2ᵉ salle, voûtée, joue sur le contraste du noir et du blanc. Cuisine niçoise revisitée.

XX **Les Pêcheurs**　　　　　　　🎍 AK VISA ◑◐ AE ◍

18 quai des Docks – ℰ 04 93 89 59 61 – lespecheurs@aliceadsl.fr
– Fax 04 93 55 47 50 – Fermé 15 janv.-15 fév., lundi et mardi en hiver, jeudi midi et merc. en été　　　　p. 7　JZ **v**
Rest – Menu 26/36 € – Carte 32/71 €

♦ Spécialités littorales d'ici et d'ailleurs, servies au choix sur la terrasse d'été braquée vers le port ou dans une salle rajeunie sous l'impulsion des nouveaux propriétaires.

X **Luc Salsedo**　　　　　　　　　AK VISA ◑◐

14 r. Maccarani – ℰ 04 93 82 24 12 – contact@restaurant-salsedo.com
– Fax 04 93 82 93 68 – Fermé 1ᵉʳ-20 janv., jeudi midi, sam. midi et merc.　p. 6　FY **h**
Rest – Menu 42 € – Carte 42/62 €

♦ Tons méditerranéens, fresque abstraite colorée et mobilier asiatique font le cachet de cette petite salle à manger. Recettes actuelles mâtinées d'influences provençales.

X **Bông-Laï**　　　　　　　　　　AK VISA ◑◐ AE ◍

14 r. Alsace-Lorraine – ℰ 04 93 88 75 36　　　　p. 6　FX **n**
Rest – Menu 29/39 € – Carte 26/44 €

♦ Le décor asiatique est sans surprise, mais il règne une atmosphère intime dans ce restaurant tout en longueur. Cuisine vietnamienne familiale complétée par quelques plats chinois.

X **Mireille**　　　　　　　　　　　AK VISA ◑◐ AE

19 bd Raimbaldi – ℰ 04 93 85 27 23 – Fermé 2-10 juin, 28 juil.-20 août,
31 déc.-8 janv., lundi et mardi　　　　p. 7　GX **d**
Rest – Carte environ 32 €

♦ En plein cœur de "Nissa" la ligure, restaurant au décor hispanique et au prénom provençal. Paella (plat unique) présentée dans une rutilante vaisselle en cuivre.

X **Lou Pistou**　　　　　　　　　　　AK VISA ◑◐

4 r. Raoul Bosio ⊠ 06300 – ℰ 04 93 62 21 82 – Fermé sam. et dim.　p. 7　HZ **a**
Rest – taverne Carte 23/37 €

♦ Officiant à côté du palais de Justice, cette "cantine" des hommes de loi sert une cuisine niçoise simple dans une salle à manger plutôt modeste. Accueil tout sourire.

X **La Casbah**　　　　　　　　　　　AK VISA ◑◐
⊜

3 r. Dr Balestre – ℰ 04 93 85 58 81 – Fermé juil., août, dim. soir et lundi　p. 7　GY **a**
Rest – Carte 18/31 €

♦ Ce petit restaurant familial propose un choix de couscous à base de légumes frais, semoule faite maison et viande d'agneau principalement. Pâtisseries orientales au dessert.

X **La Merenda**　　　　　　　　　　　　AK

4 r. Raoul Bosio – Fermé 4-17 août, sam. et dim.　　　　p. 7　HZ **a**
Rest – (nombre de couverts limité) Carte 27/33 €

♦ Tabourets inconfortables, pas de téléphone et cartes de crédit bannies... Que dire de plus ? Que l'on fait salle comble tous les jours avec une authentique cuisine niçoise !

à l'Aire St-Michel 9 km au Nord par bd. de Cimiez – ⊠ 06100 Nice

✗   **Au Rendez-vous des Amis**   🕿 **VISA** 🐵

⊕   176 av. Rimiez ⊠ 06100 – ℰ 04 93 84 49 66 – contact@rdvdesamis.fr – Fax 04 93
52 62 09 – Fermé 27 oct.-27 nov., 23 fév.-12 mars, mardi sauf juil.-août et merc.
Rest – Menu (18 €), 24/30 € – Carte 28/38 €

♦ La chaleur de l'accueil et de l'ambiance ne font pas mentir l'enseigne ! Savoureux
plats typiquement locaux (menu au choix volontairement restreint) et agréable terrasse
ombragée.

à l'aéroport de Nice-Côte-d'Azur 7 km – ⊠ 06200 Nice

🏨   **Park Inn Nice**   🕿 ⅃ ⅙ 🛎 ⅙ ch, 🞄 ⅙ 🕿 ⅗ 🚗 **VISA** 🐵 **AE** ⓪

179 bd René Cassin – ℰ 04 93 18 34 00 – reservations.nice@rezidorparkinn.com
– Fax 04 93 71 40 63   p.4 AU **d**
151 ch – †110/155 € ††120/200 €, ⊡ 16 € – ½ P 106/146 € – **Rest** – Menu 25 €
– Carte 28/32 €

♦ Vous logerez à deux pas de l'aéroport, dans des chambres agréables, bien contemporaines et personnalisées par une couleur dominante différente selon les étages. Restaurant
moderne (carte traditionnelle) et service snack en été au bord de la piscine.

🏨   **Novotel Arenas**   🛎 ⅙ ch, 🞄 ⅙ 🕿 ⅗ 🚗 **VISA** 🐵 **AE** ⓪

455 promenade des Anglais – ℰ 04 93 21 22 50 – h0478@accor.com
– Fax 04 93 21 63 50   p. 4 AU **e**
131 ch – †90/140 € ††90/140 €, ⊡ 13 € – **Rest** – Carte 20/41 €

♦ Les chambres adoptent progressivement un style tendance : mobilier moderne assorti
de teintes gris et chocolat. Bonne insonorisation et multiples salles de conférences. Salle de
restaurant plus intime qu'à l'ordinaire et cuisine traditionnelle.

à St-Isidore 13 km par ⑦ – ⊠ 06200

🏨   **Servotel**   🕿 ⅃ 🛎 ⅙ 🞄 ⅙ ⅗ ⅙ 🅿 🚗 **VISA** 🐵 **AE**

30 av. A. Verola – ℰ 04 93 29 99 00 – info@servotel-nice.fr – Fax 04 93 29 99 01
84 ch – †68/145 € ††78/175 €, ⊡ 12 € – **Rest** – (fermé dim. midi, fériés le midi et
sam.) Menu 22/33 € – Carte 40/64 €

♦ Un établissement neuf proche d'un centre commercial. Chambres fonctionnelles bien
pensées pour la clientèle d'affaires. Salon-cheminée et équipements pour séminaires. Salle
à manger contemporaine aux couleurs du Sud et cuisine traditionnelle simple.

NIEDERBRONN-LES-BAINS – 67 Bas-Rhin – 315 J3 – 4 319 h. – alt. 190 m
– Stat. therm. : début avril-fin nov. – Casino – ⊠ 67110 ▮ Alsace Lorraine   1 **B1**

▣ Paris 460 – Haguenau 23 – Sarreguemines 55 – Saverne 40 – Strasbourg 52

🄸 Office de tourisme, 6, place de l'Hôtel de Ville ℰ 03 88 80 89 70,
Fax 03 88 80 37 01

🏨   **Mercure** sans rest ⧠   🝔 🛎 ⅙ 🕿 ⅗ 🅿 **VISA** 🐵 **AE** ⓪

av. Foch – ℰ 03 88 80 84 48 – h5548@accor.com – Fax 03 88 80 84 40
59 ch – †62/88 € ††68/96 €, ⊡ 11 € – 5 suites

♦ Cet établissement abrite de grandes chambres standardisées et des suites. Décoration
épurée (tons pastel, esprit Belle Époque). Bar-salon design. Agréable jardin arboré.

🏨   **Muller**   🝔 🕿 🖾 ⅙ 🛎 ⅙ ch, 🞄 rest, ⅙ rest, ⅗ 🅿

⊕   av. de la Libération – ℰ 03 88 63 38 38   🚗 **VISA** 🐵 **AE** ⓪
– hotel.muller@wanadoo.fr – Fax 03 88 63 38 39
43 ch – †50/63 € ††60/74 €, ⊡ 9 € – ½ P 48/58 € – **Rest** – (fermé dim. soir et
lundi soir) (prévenir le week-end) Menu 9,50 € (sem.)/37 € – Carte 18/40 €

♦ Hôtel entouré d'un beau jardin. Chambres fonctionnelles ; celles du bâtiment à l'arrière
sont plus claires. Fitness, sauna, piscine couverte, nature... tout pour tenir la forme ! Cuisine
variée, allant des spécialités locales aux plats de type bistrot.

🏨   **Le Bristol**   🛎 🞄 rest, ⅙ ⅗ 🅿 **VISA** 🐵 **AE** ⓪

⊕   pl. de l'Hôtel-de-Ville – ℰ 03 88 09 61 44 – hotel.lebristol@wanadoo.fr
– Fax 03 88 09 01 20 – Fermé 15 janv.-15 fév.
29 ch – †45/53 € ††53/90 €, ⊡ 8 € – ½ P 55/62 € – **Rest** – Menu 9 € (déj. en
sem.), 15/39 € – Carte 25/48 €

♦ Hôtel familial situé au centre de la station thermale. Les chambres refaites se révèlent
chaleureuses et coquettes avec leur mobilier artisanal et leurs couleurs gaies. Salle cossue,
agrandie d'une véranda utilisée les jours d'affluence. Carte traditionnelle.

Cully   🐦 ⇔ ℅ ch, 🛏 **P** 🕿 _VISA_ 🐵 AE ①

r. de la République – ☎ 03 88 09 01 42 – hotel-cully@wanadoo.fr
– Fax 03 88 09 05 80 – Fermé 26 déc.-7 janv., 6-28 fév.
34 ch – ♥46 € ♥♥60/65 €, ⊏ 8,50 € – ½ P 49/51 €
Rest – _(fermé dim. soir et lundi)_ Menu 11 € (déj. en sem.), 20/35 € – Carte 23/48 €
♦ Dans une rue passante, hôtel familial composé de deux bâtiments. Chambres simples et coquettes, très bien tenues et progressivement rafraîchies. Cuisine traditionnelle servie dans une salle de style alsacien ou sous la tonnelle en été.

L'Atelier du Sommelier   ⇐ 🐦 ⇔ _VISA_ 🐵 AE

35 r. des Acacias, à 2 km vers complexe sportif – ☎ 03 88 09 06 25
– stephane.knecht@wanadoo.fr – Fermé 11-26 août, 23 fév.-10 mars, lundi et mardi
Rest – Menu 21 € (déj. en sem.), 27/50 € – Carte 32/51 € ⅌
♦ Ce lumineux restaurant recèle un charme rustique à la gloire de Bacchus : mobilier en bois blond, vitraux, caisses de vins et crus exposés (en vente). Plats épurés et riche cave.

NIEDERSCHAEFFOLSHEIM – 67 Bas-Rhin – 315 K4 – 1 268 h. – alt. 185 m – ⊠ 67500
1 **B1**

🚹 Paris 473 – Haguenau 7 – Saverne 35 – Strasbourg 28

Au Bœuf Rouge avec ch   🚗 AK rest, 🛏 🛁 **P** _VISA_ 🐵 AE ①

39 r. du Gén. de Gaulle – ☎ 03 88 73 81 00 – auboeufrouge@wanadoo.fr
– Fax 03 88 73 89 71 – Fermé 15 juil.-4 août et 23 fév.-9 mars
13 ch – ♥66 € ♥♥70 €, ⊏ 9 € – ½ P 66/70 € – **Rest** – _(fermé dim. soir, mardi midi et lundi)_ Menu 28 € (sem.)/69 € – Carte 56/65 €
♦ Depuis 1880, la même famille vous reçoit chaleureusement dans cette institution alsacienne. Salle élégante et classique (panneaux en bois) ; cuisine bourgeoise revisitée.

NIEDERSTEINBACH – 67 Bas-Rhin – 315 K2 – 155 h. – alt. 225 m – ⊠ 67510
▌Alsace Lorraine
1 **B1**

🚹 Paris 460 – Bitche 24 – Haguenau 33 – Lembach 8 – Strasbourg 66 – Wissembourg 23

Cheval Blanc 🌭   🚗 🐦 ⋌ ℅ AK rest, ⇔ ℅ rest, 🛏 🛁 **P** _VISA_ 🐵

11 r. Principale – ☎ 03 88 09 55 31 – contact@hotel-cheval-blanc.fr
– Fax 03 88 09 50 24 – Fermé 18 juin-3 juil., 24 nov.-4 déc. et 28 janv.-6 mars
25 ch – ♥47 € ♥♥64 €, ⊏ 9,50 € – 1 suite – ½ P 55 €
Rest – _(fermé jeudi)_ Menu 18 € (sem.)/55 € – Carte 29/64 €
♦ Auberge traditionnelle et familiale à l'intérieur cossu : chambres coquettes d'une tenue impeccable et salons chaleureux. Copieux petit-déjeuner. À table, vous dégusterez une généreuse cuisine régionale dans un décor rustique alsacien agrémenté de "stubes" boisées.

à Wengelsbach Nord-Ouest : 5 km par D 190 – ⊠ 67510

Au Wasigenstein   🐦 _VISA_ 🐵

32 r. Principale – ☎ 03 88 09 50 54 – wasigenstein@wanadoo.fr
– Fax 03 88 09 50 54 – Fermé de mi-janv. à fin-fév., lundi et mardi sauf fériés
Rest – Menu 12 € (déj. en sem.), 21/30 € – Carte 16/35 €
♦ Adresse familiale dans un paisible village. Salle à manger sur deux niveaux, cadre rustique (poêle en faïence, poutres). Terrasse prisée des randonneurs. Spécialités de gibiers.

NIEUIL – 16 Charente – 324 N4 – 907 h. – alt. 150 m – ⊠ 16270
39 **C2**

🚹 Paris 434 – Angoulême 42 – Confolens 24 – Limoges 66 – Nontron 58 – Ruffec 34

à l'Est 2 km par D 739 et rte secondaire – ⊠ 16270 Nieuil

Château de Nieuil sans rest 🌭   ⇐ 🕭 ⋌ ℅ AK 🛁 **P** _VISA_ 🐵 AE ①

– ☎ 05 45 71 36 38 – chateaunieuilhotel@wanadoo.fr – Fax 05 45 71 46 45
– Ouvert mars-nov. – **12 ch** – ♥113/238 € ♥♥125/265 €, ⊏ 16 € – 3 suites
♦ Ce château Renaissance, ancien rendez-vous de chasse de François Ier, se dresse fièrement dans un vaste parc arboré. Belles chambres de style Empire, Art déco, classique, etc.

La Grange aux Oies   🐦 AK **P** _VISA_ 🐵 AE

dans le parc du château – ☎ 05 45 71 81 24 – info@grange-aux-oies.com
– Fax 05 45 71 81 25 – Fermé 25 mars-4 avril et 2 nov.-12 déc.
Rest – Menu (26 € bc), 45 € bc/60 € bc – Carte 38/53 €
♦ Installé dans les écuries du château de Nieuil, ce restaurant associe avec bonheur décoration tendance et vieilles pierres. Cuisine dans l'air du temps, à l'image des lieux.

NIEUL – 87 Haute-Vienne – 325 E5 – 1 350 h. – alt. 396 m – ⊠ 87510   24 **B2**

> **D** Paris 391 – Limoges 16 – Bellac 27 – Guéret 86

※※   **Les Justices** avec ch 🕭   🚗 **P** _VISA_ **◍◌**
3 km au Sud-Est sur rte de Limoges – 𝒞 *05 55 75 84 54 – Fermé dim. soir, lundi et soirs fériés*
3 ch – †45 € ††45 €, � 7,50 € – **Rest** – *(nombre de couverts limité, prévenir)*
Menu 26/32 € – Carte 26/41 €
♦ Repas traditionnel servi dans un décor kitsch plutôt attachant : collections de porcelaines et de poupées vêtues dans des tons vifs, verres gravés, plantes exotiques, etc. Chambres proprettes et rétro, avec couvre-lits en fausse fourrure.

NIEULLE-SUR-SEUDRE – 17 Charente-Maritime – 324 D5 – 643 h. – alt. 3 m – ⊠ 17600   38 **A2**

> **D** Paris 503 – Poitiers 170 – La Rochelle 60 – Rochefort 30 – Saintes 32

⌂   **Le Logis de Port Paradis**   🚗 🔲 🕉 **P**
12 r. de Port Paradis – 𝒞 *05 46 85 37 38 – logis.portparadis @ wanadoo.fr*
5 ch ⊻ – †56/66 € ††60/90 € – **Table d'hôte** – Menu 28 € bc
♦ À voir dans les jolies chambres de cette demeure typiquement charentaise : les têtes de lit fabriquées à partir de bois ou d'ardoise récupérés dans des cabanes ostréicoles. Dîner avec les propriétaires, plats du terroir et copieux petit-déjeuner 100 % maison.

NÎMES **P** – 30 Gard – 339 L5 – 133 424 h. – Agglo. 148 889 h. – alt. 39 m – ⊠ 30000 ▌ Provence   23 **C3**

> **D** Paris 706 – Lyon 251 – Marseille 123 – Montpellier 58

> 🛩 de Nîmes-Arles-Camargue : 𝒞 04 66 70 49 49, par ⑤ : 8 km.

> 🛈 Office de tourisme, 6, rue Auguste 𝒞 04 66 58 38 00, Fax 04 66 58 38 01

> 🏌 de Nimes Vacquerolles 1075 chemin du Golf, par D 999 : 6 km, 𝒞 04 66 23 33 33 ;

> 🏌 de Nimes Campagne Route de Saint Gilles, par rte de l'Aéroport : 11 km, 𝒞 04 66 70 17 37.

> 🖵 Arènes★★★ - Maison Carrée★★★ - Jardin de la Fontaine★★ : Tour Magne★, ≼★ - Intérieur★ de la chapelle des Jésuites DU **B** - Carré d'Art★ - Musée d'Archéologie★ M¹ - Musée du Vieux Nîmes M³ - Musée des Beaux-Arts★ M².

Plans pages suivantes

🏠   **Jardins Secrets** sans rest   🚗 🟥 🕉 🕭 ₭ ⅏ 🕭 🔾 🚗 _VISA_ **◍◌** ℄ **①**
3 r. Gaston-Maruejols – 𝒞 *04 66 84 82 64 – contact @ jardinssecrets.net*
– Fax 04 66 84 27 47   BY **m**
12 ch – †195/220 € ††195/350 €, ⊻ 20 € – 3 suites
♦ Décoration soignée à l'extrême – façon 18e s. revu à la mode d'aujourd'hui –, sublime jardin-piscine planté de mille essences, très beau spa... La perle rare, en plein centre-ville.

🏠   **Imperator Concorde**   🚗 🖼 🕭 ₭ 🕉 🔾 🕭 🚗 _VISA_ **◍◌** ℄ **①**
quai de la Fontaine – 𝒞 *04 66 21 90 30 – hotel.imperator @ wanadoo.fr*
– Fax 04 66 67 70 25   AX **g**
60 ch ⊻ – †145/230 € ††160/250 € – 3 suites – ½ P 103/155 €
Rest – Menu 30 € bc/65 € – Carte 49/62 €
♦ Demeure 1929 organisée autour d'un agrable patio florentin animé d'un jet d'eau. À l'intérieur, on rénove par étapes : chambres rafraîchies, salon façon palace d'antan, etc. Plaisant restaurant disposé en galerie autour d'une jolie cour. Cuisine classique.

🏠   **Vatel**   ≼ 🕭 🟥 🕭 ₭ 🕭 🕭 🖼 ⅏ 🕉 rest, 🔾 🕭 **P** _VISA_ **◍◌** ℄ **①**
140 r. Vatel par av. Kennedy AY – 𝒞 *04 66 62 57 57 – hotel @ vatel.fr*
– Fax 04 66 62 57 50
46 ch – †120/130 € ††130/140 €, ⊻ 12 €
Rest *Les Palmiers* – *(fermé août, dim. soir, lundi et le midi sauf dim.)* Menu 30 € (sem.)/110 € – Carte 52/75 €
Rest *Le Provençal* – Menu (20 €), 25/58 €
♦ Les élèves de l'École hôtelière "planchent" pour votre bien-être. Les chambres, spacieuses et confortables, sont dotées de salles de bains en marbre. Cuisine classique aux accents du Sud et belle vue sur la ville aux Palmiers. Buffets à volonté au Provençal.

NÎMES

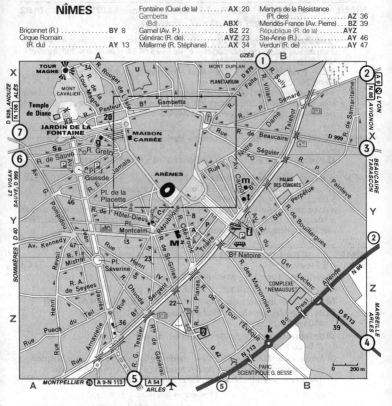

Novotel Atria Nîmes Centre   📶 ᵭ 🅰🅲 ⊬ ℃ 🏊 ➿ VISA ⑩ 🅰🅴 ⑪
5 bd de Prague – ℰ *04 66 76 56 56* – *h0985 @ accor.com* – *Fax 04 66 76 56 59*
119 ch – ♦100/185 € ♦♦100/185 €, ⌣ 13 € – 7 suites   DV **f**
Rest – Menu 22/24 € – Carte 19/38 €
♦ Lifting complet pour les chambres de cet hôtel, déjà très apprécié de la clientèle d'affaires pour son centre de congrès. Décor actuel, jolie vue sur Nîmes au dernier étage. Petit-déjeuner dans le patio. Restaurant souscrivant à la philosophie de la chaîne.

La Maison de Sophie sans rest   🚗 🏊 🅰🅲 ⊬ ℃ ➿ VISA ⑩
31 av. Carnot – ℰ *04 66 70 96 10* – *lamaisondesophie @ orange.fr*
– *Fax 04 66 36 00 47* – **8 ch** – ♦130/232 € ♦♦130/290 €, ⌣ 15 €   BY **t**
♦ Hall en marbre, bel escalier, vitraux d'époque, salons cosy, bibliothèques, etc. : Sophie vous accueille dans sa Maison, une demeure bourgeoise imprégnée de l'esprit 1900.

New Hôtel la Baume sans rest   📶 ᵭ 🅰🅲 ℀ ℃ 🏊 VISA ⑩ 🅰🅴 ⑪
21 r. Nationale – ℰ *04 66 76 28 42* – *nimeslabaume @ new-hotel.com*
– *Fax 04 66 76 28 45* – **34 ch** – ♦105 € ♦♦135 €, ⌣ 10 €   DU **b**
♦ Délicieuse cour carrée à ciel ouvert, salle des petits-déjeuners voûtée, magnifique escalier et chaleureuses chambres refaites avec goût : un ancien hôtel particulier bien agréable.

L'Orangerie   🚗 🏡 🏊 ᵭ ᵭ ch, 🅰🅲 ⊬ ℃ 🅿 VISA ⑩ 🅰🅴 ⑪
755 r. Tour-de-l'Évêque – ℰ *04 66 84 50 57* – *hr-orang @ wanadoo.fr* – *Fax 04 66 29 44 55*
37 ch – ♦75/99 € ♦♦79/129 €, ⌣ 10 € – ½ P 65/69 €   BZ **k**
Rest – Menu (17 €), 23 € – Carte 31/39 €
♦ De mignonnes chambres provençales (certaines avec terrasse, d'autres avec bain bouillonnant), dont six flambant neuves, caractérisent cette maison aux allures de vieux mas. Au restaurant, carte traditionnelle riche en produits régionaux.

NÎMES

🏠 **Kyriad** sans rest   🛗 AC ↔ 🌙 🚗 VISA 🐢 AE ⓪

10 r. Roussy – ℰ 04 66 76 16 20 – contact@hotel-kyriad-nimes.com
– Fax 04 66 67 65 99
28 ch – ♦60/71 € ♦♦69/71 €, ☌ 9,50 €   DU **n**
♦ Sympathique hôtel de centre-ville : garage bien pratique, petites chambres colorées et parfaitement isolées (deux avec terrasse et vue sur les toits nîmois), accueil charmant.

🍴🍴🍴 **Le Lisita** (Olivier Douet)   🌿 ⴵ AC ⇔ VISA 🐢 AE
❀ 2 bd des Arènes – ℰ 04 66 67 29 15 – restaurant@lelisita.com – Fax 04 66 67 25 32
– Fermé dim. et lundi   CV **h**
Rest – Menu 35 € (déj.), 54/78 € – Carte 84/117 € 🏵
Spéc. Fleurs de courgette farcies à la brandade. Pigeon aux pois gourmands et girolles. Abricots rôtis, amandes fraîches, sorbet verveine. **Vins** Costières de Nîmes, Vin de pays du Duché d'Uzès.
♦ Grandiose lever de rideau sur les arènes, salle en pierres ou terrasse sous les platanes : un décor moderne et soigné, à l'image de l'assiette, finement relevée d'accents du Sud.

🍴🍴 **Aux Plaisirs des Halles**   🌿 AC VISA 🐢 AE
❀ 4 r. Littré – ℰ 04 66 36 01 02 – Fax 04 66 36 08 00 – Fermé vacances de la
Toussaint et de fév., dim. et lundi   CU **r**
Rest – Menu 20 € (déj. en sem.), 25/55 € – Carte 46/64 € 🏵
♦ Belle salle à manger contemporaine épurée (boiseries, mobilier design) et joli patio fleuri pour les repas d'été. Cuisine généreuse et goûteuse ; bon choix de vins régionaux.

XX **Le Bouchon et L'Assiette** 🏧 𝖵𝖨𝖲𝖠 ⓜ 🄰🄴 ⓘ

5 bis r. de Sauve – ℰ 04 66 62 02 93 – Fax 04 66 62 03 57 – Fermé 14 juil.-15 août,
2-17 janv., mardi et merc. AX s

Rest – Menu 17 € (déj. en sem.), 27/45 € – Carte 34/41 €

♦ Un décor particulièrement soigné agrémenté de tableaux et d'objets d'antiquité, un
accueil des plus sympathiques et dans l'assiette, une savoureuse cuisine de saison.

XX **Le Magister** 🏧 ⟺ 𝖵𝖨𝖲𝖠 ⓜ 🄰🄴

5 r. Nationale – ℰ 04 66 76 11 00 – le.magister@wanadoo.fr – Fax 04 66 67 21 05
– Fermé sam. midi et dim. DU q

Rest – Menu 21 € (déj.), 26/35 € – Carte 33/49 €

♦ Des expositions de peintures égaient les murs en bois patiné – façon chalet suisse – de
ce restaurant chaleureux à tous points de vue. Appétissants petits plats régionaux.

XX **Shogun** 🏧 𝖵𝖨𝖲𝖠 𝖵𝖨𝖲𝖠 ⓜ

38 bd Victor-Hugo – ℰ 04 66 27 59 88 – restaurant.shogun@wanadoo.fr
– Fax 04 66 64 23 92 – Fermé 4-12 mai, 3-21 août, 12-15 sept., 12-19 janv., dim. et lundi

Rest – Menu 14 € (déj. en sem.), 38/48 € – Carte 44/65 € CV v

♦ On vient de loin pour découvrir les talentueuses créations du chef et du "maître sushis",
l'inimitable art de recevoir et l'atmosphère "feng shui" de ce restaurant japonais.

XX **Le Darling** 🏧 𝖵𝖨𝖲𝖠 ⓜ

40 r. Madeleine – ℰ 04 66 67 04 99 – restaurantledarling@wanadoo.fr
– Fax 04 66 67 04 99 – Fermé 1er-23 juil., 31 déc.-10 janv., le midi sauf dim. d'oct.
à mai et merc.

Rest – (nombre de couverts limité, prévenir) Menu 42/45 € – Carte 50/70 € CU d

♦ Ambiance chic et contemporaine pour cette adresse en vue : voûtes en pierre, fresque
incrustée de feuilles d'or et cuisine créative osant avec succès des mélanges inédits.

X **L'Exaequo** 🏠 🏧 ⟺ 𝖵𝖨𝖲𝖠 ⓜ 🄰🄴 ⓘ

11 r. Bigot – ℰ 04 66 21 71 96 – l.exaequo@wanadoo.fr – Fax 04 66 21 77 96
– Fermé 15-25 août, 24 déc.-2 janv., sam. midi et dim.

Rest – Menu (15 €), 19 € (déj. en sem.), 37/75 € bc – Carte environ 45 € CV a

♦ Non loin des arènes : cadre résolument lounge dans les tons rouge-orangé (musique
d'ambiance, mobilier design), adorable patio avec brumisateurs et assiettes actuelles.

X **Le Marché sur la Table** 🏠 𝖵𝖨𝖲𝖠 ⓜ

10 r. Littré – ℰ 04 66 67 22 50 – Fax 04 66 76 19 78 – Fermé lundi et mardi

Rest – Menu 33 € – Carte environ 40 € CU d

♦ Nouvelle petite adresse sympathique où l'on propose une cuisine de bistrot qui respire
la fraîcheur : chaque matin, le patron fait son marché aux halles voisines.

à Marguerittes par ② et D 981 : 8 km – 8 181 h. – alt. 60 m – ⊠ 30320

🏠 **L'Hacienda** 🌣 🚗 🏠 ⍞ 🏧 ch, ⇜ ⌘ rest, ⌕ 🅿 𝖵𝖨𝖲𝖠 ⓜ

Le Mas de Brignon, Sud-Est : 2 km par rte secondaire – ℰ 04 66 75 02 25
– contact@hotel-hacienda-nimes.fr – Fax 04 66 75 45 58 – Ouvert de mi-mars à
fin nov.

12 ch – †72/142 € ††82/162 €, ⊑ 15 € – ½ P 92/132 € – Rest – (dîner seult)
Menu 33 € (sem.)/44 € – Carte 50/63 €

♦ Perdu en pleine campagne, ce mas isolé offre le calme et de spacieuses chambres
meublées dans un coquet esprit provençal. Les deux salles à manger (d'hiver et d'été)
donnent directement sur les cuisines et sur la piscine. Goûteux plats traditionnels revisités.

à Garons par ⑤, D 42 et D 442 : 9 km – 3 692 h. – alt. 90 m – ⊠ 30128

XXX **Alexandre** (Michel Kayser) 🚗 🏠 🏧 ⟺ 🅿 𝖵𝖨𝖲𝖠 ⓜ 🄰🄴 ⓘ

☆☆ 2 r. X.-Tronc – ℰ 04 66 70 08 99 – restaurant.alexandre@wanadoo.fr
– Fax 04 66 70 01 75 – Fermé 24 août-9 sept., 16 fév.-3 mars,
mardi de sept. à juin, dim. sauf le midi de sept. à juin et lundi

Rest – Menu 44 € bc (déj. en sem.), 62/107 € – Carte 89/142 € ⽠

Spéc. Île flottante aux truffes sur velouté de cèpes (sept. à avril). Filet de rouget de
petit bateau, raviole de pichoulin. Calisson de pied, langue et ris d'agneau, aligot.
Vins Costières de Nîmes blanc et rouge.

♦ Délicieuse cuisine provençale actualisée, à déguster dans d'élégantes salles résolument
contemporaines ouvrant sur un superbe jardin. Bon choix de vins du Languedoc-Roussillon.

▣ Paris 408 – Bordeaux 184 – Nantes 142 – Poitiers 76 – La Rochelle 65

🛈 Office de tourisme, 16, rue du Petit Saint-Jean ℰ 05 49 24 18 79, Fax 05 49 24 98 90

▦ de Niort Chemin du Grand Ormeau, S : 3 km près de l'hippodrome,
℘ 05 49 09 01 41.

◙ Donjon★ : salle de la chamoiserie et de la ganterie★ - Le Pilori★.

◪ Le Marais Poitevin★★.

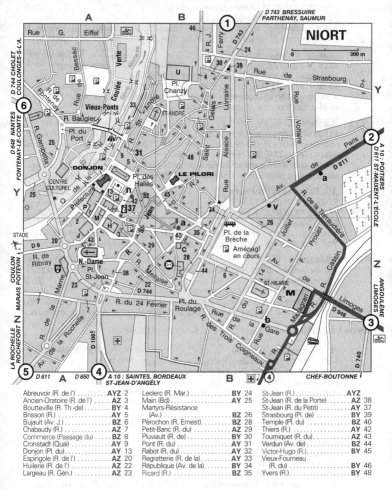

Abreuvoir (R. de l')	**AYZ** 2	Leclerc (R. Mar.)	**BY** 24	St-Jean (R.)	**AYZ**
Ancien-Oratoire (R. de l')	**AZ** 3	Main (Bd)	**AY** 25	St-Jean (R. de la Porte)	**AZ** 38
Boutteville (R. Th.-de)	**BY** 4	Martyrs-Résistance		St-Jean (R. du Petit)	**AY** 37
Brisson (R.)	**AY** 5	(Av.)	**BZ** 26	Strasbourg (Pl. de)	**BY** 39
Bujault (Av. J.)	**BZ** 6	Pérochon (R. Ernest)	**BZ** 28	Temple (Pl. du)	**BZ** 40
Chabaudy (R.)	**AY** 7	Petit-Banc (R. du)	**AZ** 29	Thiers (R.)	**AY** 42
Commerce (Passage du)	**BZ** 8	Pluviault (R. de)	**BY** 30	Tourniquet (R. du)	**AZ** 43
Cronstadt (Quai)	**AY** 9	Pont (R. du)	**AY** 31	Verdun (Av. de)	**BZ** 44
Donjon (Pl. du)	**AY** 13	Rabot (R. du)	**AY** 32	Victor-Hugo (R.)	**BY** 45
Espingole (R. de l')	**AZ** 20	Regratterie (R. de la)	**AY** 33	Vieux-Fourneau	
Huilerie (R. de l')	**AZ** 22	République (Av. de la)	**BY** 34	(R. du)	**BY** 46
Largeau (R. Gén.)	**AZ** 23	Ricard (R.)	**BZ** 35	Yvers (R.)	**BY** 48

 Mercure ⌖ 🍴 🛋 🎐 🛗 ♿ ch, 🆎 ch, ↔ 🐾 🕭 🈲 ℗ **VISA** 🌑 🅰🅴 ⓘ
80 bis av. de Paris – ℰ *05 49 24 29 29 – hotel.mercure @ mercure-niort.fr
– Fax 05 49 28 00 90*
BY **a**
79 ch – †85/153 € ††99/175 €, ⌧ 12,50 € – ½ P 88/110 € – **Rest** – Menu (20 €),
26/29 € – Carte 30/42 €

♦ De grandes chambres apaisantes et toutes rajeunies vous accueillent dans cette architecture hôtelière contemporaine bénéficiant d'un cadre verdoyant. Salle à manger-
véranda chaleureuse et moderne, restaurant d'été sous les arbres, carte-menu et suggestions.

Grand Hôtel sans rest ☐ ❘❙ 🅰🅒 ↔ ℅ ፤❙ ⇋ 🆅🆂🅰 ⓶ 🅰🅴
32 av. de Paris – ℰ 05 49 24 22 21 – grandhotel-niort @ wanadoo.fr
– Fax 05 49 24 42 41 – Fermé 24 déc.-1er janv. BY **v**
39 ch – ♦56/68 € ♦♦58/75 €, ⊇ 9 €
◆ Bâtiment des années 1960 aux chambres fonctionnelles peu à peu rénovées. Agréable salon; petit-déjeuner servi dans une salle façon jardin d'hiver ou sur une terrasse verdoyante.

Ambassadeur sans rest ❘❙ ↔ ℅ ℅ ↩ 🆅🆂🅰 ⓶ 🅰🅴
82 r. de la Gare – ℰ 05 49 24 00 38 – info @ ambassadeur-hotel.com
– Fax 05 49 24 94 38 – Fermé 21 déc.-2 janv. BZ **b**
32 ch – ♦52/62 € ♦♦52/62 €, ⊇ 7 €
◆ Mobilier contemporain, tons chaleureux et bonne isolation phonique : les chambres de cet hôtel proche de la gare ont été rénovées. Salle des petits-déjeuners de style bistrot.

Sandrina sans rest ❘❙ 🅰🅒 ℅ 🅿 🆅🆂🅰 ⓶ ①
43 av. St-Jean d'Angély, par ④ 200 m – ℰ 05 49 79 28 42 – hotelsandrina @
wanadoo.fr – Fax 05 49 73 10 85 – Fermé 24 déc.-4 janv.
18 ch – ♦49 € ♦♦51 €, ⊇ 6,50 €
◆ Entre gare et hôpital, hôtel refait de pied en cap dans des tons clairs et actuels. Chambres simples mais coquettes, d'une tenue irréprochable. Parking fermé.

XXX **La Belle Étoile** ☐ ╤ 🅿 🆅🆂🅰 ⓶ 🅰🅴
115 quai M. Métayer, près périph. Ouest-AY-Ouest : 2,5 km – ℰ 05 49 73 31 29 – info @
la-belle-etoile.fr – Fax 05 49 09 05 59 – Fermé 4-25 août, dim. soir, merc. soir et lundi
Rest – Menu (22 €), 29/79 € bc – Carte 48/72 €
◆ Au bord de la Sèvre, maison isolée du périphérique par un rideau de verdure. Élégante salle à manger décorée dans le style Directoire. En vitrine, vieilles bouteilles de vin.

X **La Table des Saveurs** 🅰🅒 🆅🆂🅰 ⓶ 🅰🅴
9 r. Thiers – ℰ 05 49 77 44 35 – tablesaveurniort @ wanadoo.fr
⊛ – Fax 05 49 16 06 29 – Fermé dim. sauf fériés AY **n**
Rest – Menu 17 € (sem.)/40 € – Carte 34/87 €
◆ Les beaux volumes de ce restaurant, jadis magasin de tissus, apparaissent sous un jour neuf, moderne et épuré (tons blancs et bruns). Vive la carte des desserts... au chocolat !

X **Mélane** ╤ 🅰🅒 🆅🆂🅰 ⓶ 🅰🅴 ①
1 pl. du Temple – ℰ 05 49 04 00 40 – contact @ lemelane.com – Fax 05 49 79 25 61
– Fermé dim. et lundi BZ **a**
Rest – Menu (15 €), 23/49 € – Carte 30/48 €
◆ Cette adresse bien connue des Niortais propose une carte panachant recettes de tradition et au goût du jour. Décor contemporain agrémenté de photos et maquettes de bateaux.

rte de La Rochelle 4,5 km par ⑤ sur D 611 – ⊠ 79000 Niort

X **Tuilerie (Coq'corico)** ☐ ╤ ⅃ 🍴 🅰🅒 🅿 🆅🆂🅰 ⓶ 🅰🅴
– ℰ 05 49 09 12 45 – tuilerie @ tuilerie.com – Fax 05 49 09 16 22
– Fermé 23 fév.-7 mars, dim. soir et lundi
Rest – Menu (14 €), 19/34 € – Carte 22/44 €
◆ Restaurant aménagé dans une ancienne ferme où assiette et décor réservent une place de choix à la volaille. Qui a fait la poule, qui a fait l'œuf ? Le chef, voyons !

à St-Liguaire 4,5 km à l'Ouest par D9 et rte secondaire – ⊠ 79000 Niort

↑ **La Magnolière** sans rest ᎒ ☐ ⅃ ℅ ℅ 🅿
16 imp. de l'Abbaye, (proche de l'église) – ℰ 05 49 35 36 06 – a.marchadier @
lamagnoliere.fr – Fax 05 49 79 14 28 – Fermé 22 déc.-1er janv.
3 ch ⊇ – ♦76 € ♦♦80 €
◆ Un superbe magnolia embaume le jardin de cette élégante maison bourgeoise surplombant la Sèvre niortaise. Chambres bonbonnières et salon douillet orné de tableaux.

NISSAN-LEZ-ENSERUNE – 34 Hérault – 339 D9 – 2 907 h. – alt. 21 m –
⊠ 34440 ▮ Languedoc Roussillon 22 **B2**
▯ Paris 774 – Béziers 12 – Capestang 9 – Montpellier 82 – Narbonne 17
▯ Office de tourisme, square Rene Dez ℰ 04 67 37 14 12
◉ Oppidum d'Ensérune★ : musée★, ≼★ NO : 5 km.

Résidence 🛏 📶 ❄ 🅰 ch, ☏ 🛁 🚗 VISA ⊕⊙

35 av. de la Cave – ℰ 04 67 37 00 63 – contact@hotel-residence.com
– Fax 04 67 37 68 63 – Fermé 21 déc.-27 janv.
18 ch – ✝62/72 € ✝✝65/75 €, � 10 € – ½ P 69/79 € – **Rest** – Menu (16 €), 21 €
(déj. en sem.), 26/48 € – Carte 34/49 €
◆ Demeure bourgeoise située au cœur d'un petit village. Chambres souvent garnies
de meubles anciens, plus spacieuses à l'annexe aménagée dans une maison de vigneron
du 19ᵉ s. Aux beaux jours, les repas sont servis sur la jolie terrasse ombragée, face à la
piscine.

Le Plô sans rest 🛏 ♿ 🅿

7 av. de la Cave – ℰ 04 67 37 38 21 – patry.c@wanadoo.fr – Fax 04 67 37 38 21
– Ouvert d'avril à déc.
4 ch – ✝45/60 € ✝✝45/80 €, � 9,50 €
◆ Au centre du bourg, imposante maison de maître dont les chambres se caractérisent par
de beaux volumes, un décor zen et une grande luminosité. Accueil très courtois.

NITRY – 89 Yonne – 319 G5 – 371 h. – alt. 240 m – ⊠ 89310   7 **B1**
🚊 Paris 195 – Auxerre 36 – Avallon 23 – Vézelay 31

Auberge la Beursaudière 🌿 🛏 ♿ ch, 🛁 🅿 VISA ⊕⊙ 🅰 ⊙

9 chemin de Ronde – ℰ 03 86 33 69 69 – message@beursaudiere.com
– Fax 03 86 33 69 60 – Fermé 5-23 janv.
11 ch – ✝75/115 € ✝✝75/115 €, � 10 € – **Rest** – Menu (19 €), 25/38 € – Carte
26/61 € ❀
◆ Chambres de caractère, salles des petits-déjeuners voûtées et pigeonnier médiéval :
reconversion réussie pour cette ancienne dépendance de prieuré. Côté table,
décor campagnard soigné et service en costume régional. Cuisine du terroir et cave
fournie.

NOAILHAC – 81 Tarn – 338 G9 – 712 h. – alt. 222 m – ⊠ 81490   29 **C2**
🚊 Paris 730 – Toulouse 90 – Albi 55 – Béziers 99 – Carcassonne 61 – Castres 12

Hostellerie d'Oc 🛏 VISA ⊕⊙

av. Charles Tailhades – ℰ 05 63 50 50 37 – Fax 05 63 50 50 37
– Fermé 1ᵉʳ-15 sept., janv., merc. soir et lundi
Rest – Menu 11 € (sem.)/32 € – Carte 23/43 €
◆ Ancien relais de poste aménagé en restaurant, abritant deux salles à manger rustiques.
Cuisine régionale réservant une place de choix aux produits du terroir.

NOAILLY – 42 Loire – 327 D3 – 719 h. – alt. 240 m – ⊠ 42640   44 **A1**
🚊 Paris 395 – Lyon 98 – Roanne 13 – Vichy 68

Château de la Motte 🌿 🅿 ❄ ♿ 🌿 rest, ☏ 🅿 VISA ⊕⊙

La Motte Nord, à 1,5 km – ℰ 04 77 66 64 60 – chateaudelamotte@wanadoo.fr
– Fax 04 77 66 68 10 – Fermé 12-19 mars et 1ᵉʳ-7 oct.
6 ch – ✝68/100 € ✝✝77/108 €, � 8 € – ½ P 65/81 €
Table d'hôte – *(fermé dim. soir)* Menu 27 € bc
◆ Niché dans un magnifique parc, ce château (18ᵉ-19ᵉ s.) abrite des chambres dédiées
à des écrivains (mobilier d'époque). La "Lamartine", très originale, a une baignoire
ronde dans la tour. La table, traditionnelle, privilégie les légumes du potager. Séjours à
thèmes.

NOCÉ – 61 Orne – 310 N4 – rattaché à Bellême

NŒUX-LES-MINES – 62 Pas-de-Calais – 301 I5 – 11 966 h. – alt. 29 m –
⊠ 62290 ▌ Nord Pas-de-Calais Picardie   30 **B2**
🚊 Paris 208 – Arras 28 – Béthune 5 – Bully-les-Mines 8 – Doullens 49 – Lens 17
– Lille 38
▣ d'Olhain à Houdain Parc départemental de Nature, S : 11 km par D 65 et
D 301, ℰ 03 21 02 17 03.

✕✕ Carrefour des Saveurs 🅿 VISA ⚫ AE

94 rte Nationale – ℰ 03 21 26 74 74 – david.wojtkowiak@wanadoo.fr
– Fax 03 21 27 12 14 – Fermé 1er-21 août, 1er-10 janv., merc. soir, dim. soir et lundi
Rest – Menu (17 €), 21 € (sem.)/58 € – Carte 44/65 €

◆ Ce restaurant abrite une salle à manger conviviale, aux murs en pierres et briques, où il fait bon s'attabler pour déguster une appétissante cuisine au goût du jour.

NOGARO – 32 Gers – 336 B7 – 1 881 h. – alt. 98 m – ⊠ 32110 28 **A2**

🚹 Paris 729 – Agen 88 – Auch 63 – Mont-de-Marsan 45 – Pau 72 – Tarbes 69
🚹 Office de tourisme, 81, rue Nationale ℰ 05 62 09 13 30, Fax 05 62 08 88 21

🏠 Solenca 🚗 🛖 🏊 ᛁᚼ ❄ ❖ rest, ❖ rest, 🕻 🔊 🅿 VISA ⚫ AE

– ℰ 05 62 09 09 08 – info@solenca.com – Fax 05 62 09 09 07
47 ch – †57/62 € ††62/67 €, ⊡ 8 € – ½ P 54/80 € – **Rest** – Menu 11,50 € (déj. en sem.), 14,50/32 € – Carte 30/51 €

◆ Une étape conviviale au cœur du pays gersois : chambres bien tenues et pratiques, équipées de systèmes wi-fi, et agréable piscine entourée d'un jardin arboré. Restaurant sous charpente apparente, terrasse face à la verdure et cuisine orientée terroir.

à Manciet Nord-Est : 9 km par N 124 – 764 h. – alt. 131 m – ⊠ 32370

✕✕ La Bonne Auberge avec ch 🛖 ❖ 🔊 VISA ⚫ AE

– ℰ 05 62 08 50 04 – labonneauberge32@orange.fr – Fax 05 62 08 58 84 – Fermé 2-16 janv., dim. soir et lundi
14 ch – †42 € ††52 €, ⊡ 8 € – ½ P 58 € – **Rest** Menu 15 € bc/50 € – Carte 35/58 €

◆ Maison centenaire abritant deux chaleureuses salles à manger : l'une, en véranda, ouverte sur la terrasse ; l'autre avec cheminée, boiseries et une belle collection d'armagnacs.

NOGENT – 52 Haute-Marne – 313 M5 – 4 343 h. – alt. 410 m – ⊠ 52800
📙 Champagne Ardenne 14 **C3**

🚹 Paris 289 – Bourbonne-les-Bains 35 – Chaumont 24 – Langres 25 – Neufchâteau 53
🚹 Syndicat d'initiative, place du Général de Gaulle ℰ 03 25 03 69 18, Fax 03 25 03 69 18

🖼 Musée de la coutellerie de l'espace Pelletier - Musée du patrimoine coutelier.

🏠 Le Commerce ↳ 🕻 VISA ⚫

pl. Gén. de Gaulle – ℰ 03 25 31 81 14 – hotelcommerce.nogent@wanadoo.fr
– Fax 03 25 31 74 00 – Fermé 22 déc.-4 janv. et dim.
19 ch – †38 € ††68 €, ⊡ 8,50 € – ½ P 55 € – **Rest** – Menu 10,50 € (déj.)/30 € – Carte 27/46 €

◆ Bonne étape face à la mairie et près du musée de la Coutellerie. Chambres récemment rénovées et meublées en style Louis Philippe. La cuisine régionale se déguste dans deux ambiances : un brin bourgeoise au restaurant, plus décontractée à la brasserie.

NOGENT-LE-ROI – 28 Eure-et-Loir – 311 F4 – 4 142 h. – alt. 93 m – ⊠ 28210
📙 Île de France 11 **B1**

🚹 Paris 77 – Ablis 35 – Chartres 28 – Dreux 19 – Maintenon 10 – Rambouillet 26
🚹 Syndicat d'initiative, Mairie ℰ 02 37 51 23 20
🏞 du Château de Maintenon à Maintenon 1 route de Gallardon, SE : 8 km par D 983, ℰ 02 37 27 18 09.

✕✕ Relais des Remparts 🛖 VISA ⚫ AE ⓞ

2 pl. Marché aux Légumes – ℰ 02 37 51 40 47 – Fax 02 37 51 40 47
–Fermé 7-28 août, 18 fév.-4 mars, lundi soir de nov. à fév., dim. soir, mardi soir et merc.
Rest – Menu 19 € (sem.)/38 € – Carte 26/48 €

◆ Les clés du succès de ce restaurant ? Une cuisine traditionnelle et goûteuse, un service aimable et efficace, et une confortable salle à manger harmonieusement décorée.

✕ Capucin Gourmand 🅰🅲 VISA ⚫

1 r. Volaille – ℰ 02 37 51 96 00 – capucin-gourmand@wanadoo.fr
– Fax 02 37 51 90 31 – Fermé 24 août-2 sept., dim. soir, jeudi soir et lundi
Rest – Menu (15 €), 21 € (déj. en sem.), 27/35 € – Carte 33/48 €

◆ Coquette salle de restaurant logée dans une étroite maison à colombages du 15e s. Décor en bleu et jaune agrémenté de tableaux de peintres régionaux. Cuisine traditionnelle.

Paris 146 – Alençon 65 – Chartres 54 – Châteaudun 55 – Le Mans 76

Office de tourisme, 44, rue Villette-Gaté ✆ 02 37 29 68 86, Fax 02 37 29 68 86

NOGENT-LE-ROTROU

Bouchers (R. des) . . . . Z 2
Bourg-le-Comte (R.) . . . . Z 3
Bretonnerie (R.) . . . . Z
Château-St-Jean (R.) . . . . Z
Croix-la-Comtesse (R.) . . . . . . Y
Deschanel (R.). . . . . YZ
Dr-Desplantes (R.) . . . . Z 8
Foch (Av. Mar.). . . . . Y 9
Fuye (R. de la) . . . . YZ 10
Giroust (R.) . . . . Y 12
Gouverneur (R.) . . . . YZ 13
Marches-St-Jean (R. des) . . . . Z 14
Paty (R. du). . . . . Z 15
Poupardières (R. des) . . . . Z 16
Prés (Av. des). . . . . Y
République (Pl. de la). . . . . Z 17
Rhône (R. de) . . . . Z 18
St-Hilaire (R.) . . . . Y
St-Laurent (R.) . . . . Z 20
St-Martin (R.) . . . . Y
Sully (R. de) . . . . YZ 23
Villette-Gaté (R.). . . . . Y 25

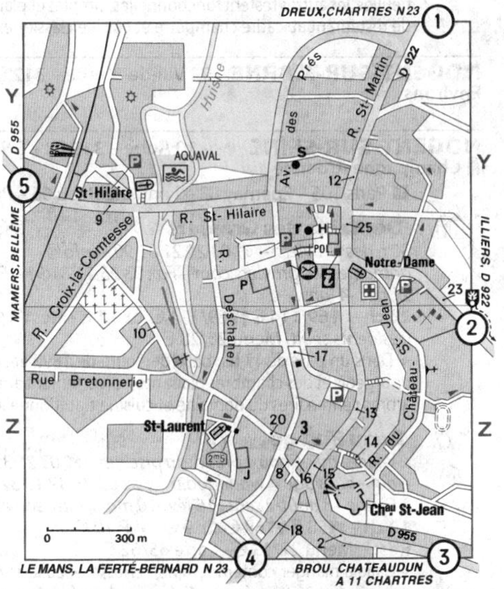

Brit Hôtel du Perche sans rest
r. de la Bruyère par ⑤ – ✆ 02 37 53 43 60 – hotelduperche@brithotel.fr – Fax 02 37 53 43 69
40 ch – 🛉48/55 € 🛉🛉55/66 €, ☕ 6,50 €
◆ Aux avant-postes de la ville, bâtisse moderne colorée abritant des chambres claires et douillettes, dont le mobilier patiné rappelle la Provence. Espace petit-déjeuner avenant.

Sully sans rest
51 r. Viennes – ✆ 02 37 52 15 14 – hotel.sully@wanadoo.fr – Fax 02 37 52 15 20 – Fermé 22 déc.-2 janv. Y **s**
40 ch – 🛉55/59 € 🛉🛉59/68 €, ☕ 7 €
◆ Douces nuitées à prix sages, à cette adresse située dans un paisible quartier nogentais. L'enseigne se réfère au duc éponyme, dont le cénotaphe est visible dans l'hôtel-Dieu.

Au Lion d'Or sans rest
28 pl. St-Pol – ✆ 02 37 52 01 60 – hotelauliondor@wanadoo.fr – Fax 02 37 52 23 82 – Fermé 3-28 août, 31 oct.-5 nov. et 26 déc.-4 janv.
18 ch – 🛉46/56 € 🛉🛉55/56 €, ☕ 6,50 € Y **r**
◆ Des chambres totalement rénovées (mobilier cérusé, tissus colorés) et dotées de salles de bains toutes neuves vous attendent dans ce petit hôtel, pratique et central.

L' Alambic
20 av. de Paris, à Margon 1,5 km par ① – ✆ 02 37 52 19 03 – joel.tremeaux@wanadoo.fr – Fermé 4-25 août, 22-30 sept., 18-28 fév., merc. soir, dim. soir et lundi
Rest – Menu 15 € (sem.)/39 € – Carte 38/55 €
◆ Cet ancien routier est devenu un restaurant soigné abritant des salles aux tons acidulés (rouge, vert, jaune). Cuisine traditionnelle et une spécialité : la tête de veau.

NOGENT-LE-ROTROU

à L'Ambition 10 km par ③ et D 955 – ⊠ 28480 **Vichères**

⌂ 　　**Les Vallées du Perche** 　　　　　 ⅍ ch, **P** 𝐕𝐈𝐒𝐀 **①** AE
　　– 🖉 02 37 29 47 58 – lesvalleesduperche@tiscali.fr – Fax 02 37 29 91 55 – Fermé
⊜ 　2-23 janv.
　　14 ch – ✝38 € ✝✝45/50 €, � 6 € – ½ P 42 € – **Rest** – (fermé dim. soir, lundi midi
　　et mardi midi) Menu 11,50/30 € – Carte 20/48 €
　　♦ Les chambres se trouvent dans l'annexe de cette petite auberge de pays. Certaines sont
　　neuves, les autres restent fonctionnelles, simples et plaisantes. Bonne insonorisation. Salle
　　de restaurant au cadre champêtre et cuisine classique.

NOGENT-SUR-MARNE – 94 Val-de-Marne – 312 D2 – 101 27 – **voir Paris,
Environs**

NOGENT-SUR-SEINE ◉ – 10 Aube – 313 B3 – 5 963 h. – alt. 67 m – ⊠ 10400
▌Champagne Ardenne 　　　　　　　　　　　　　　　　　　　　　　　13 **A2**
　🗗 Paris 105 – Épernay 83 – Fontainebleau 66 – Provins 19 – Sens 47 – Troyes 56

🏠 　　**Domaine des Graviers** ⌂ 　　 ⋞ 🛆 🎇 ℀ ⅍ ch, ↵ ℀ rest, ☏
　　30 r. des Graviers – 🖉 03 25 21 81 90 – info@
　　domaine-des-graviers.com – Fax 03 25 21 81 91 – Fermé 27 juil.-17 août et
　　21 déc.-4 janv.
　　26 ch – ✝69/114 € ✝✝69/114 €, ⊝ 11 € – **Rest** – (fermé sam. et dim.) (dîner seult)
　　(résidents seult) Menu 25/28 €
　　♦ Dans un parc de 17 ha, belle demeure de 1899 et ses dépendances abritant un salon
　　bourgeois et des chambres plaisantes, diversement aménagées. Minigolf. Jolie vue sur les
　　arbres centenaires du domaine et cuisine traditionnelle au restaurant.

℀℀℀ 　**Beau Rivage** avec ch 　　　　　 ⋞ 🎇 ℀ ch, ⅍ 𝐕𝐈𝐒𝐀 **①** AE
　　r. Villiers-aux-Choux, près de la piscine – 🖉 03 25 39 84 22
⊜ 　– aubeaurivage@wanadoo.fr – Fax 03 25 39 18 32
🍽 　– Fermé 18 août-2 sept., 16 fév.-10 mars, dim. soir et lundi
　　10 ch – ✝58 € ✝✝68 €, ⊝ 9 € – ½ P 70 €
　　Rest – Menu 22/43 € – Carte 45/62 €
　　♦ Salle à manger contemporaine, terrasse bucolique dressée sur une berge de la Seine,
　　cuisine soignée (terroir actualisé), chambres fraîches : tels sont les atouts du Beau Rivage.

℀℀ 　**Auberge du Cygne de la Croix** 　　　　　　 🎇 𝐕𝐈𝐒𝐀 **①**
　　22 r. Ponts – 🖉 03 25 39 91 26 – cygnedelacroix@wanadoo.fr – Fax 03 25 39 81 79
　　– Fermé 24 déc.-5 janv., 23 fév.-2 mars, dim. soir, mardi soir et lundi sauf le midi
　　d'avril à sept. et merc. d'oct. à mars
　　Rest – Menu 20 € (déj. en sem.), 25/50 € – Carte 32/63 €
　　♦ Deux salles à manger rustiques (celle du fond est plus lumineuse), une paisible cour-
　　terrasse et des recettes traditionnelles vous attendent dans ce relais de poste du 16ᵉ s.

NOIRLAC – 18 Cher – 323 K6 – **rattaché à St-Amand-Montrond**

NOIRMOUTIER (ÎLE DE) – 85 Vendée – 316 C6 – **voir à Île de Noirmoutier**

NOISY-LE-GRAND – 93 Seine-Saint-Denis – 305 G7 – 101 18 – **voir à Paris,
Environs**

NOIZAY – 37 Indre-et-Loire – 317 O4 – 1 155 h. – alt. 56 m – ⊠ 37210 　　11 **B2**
　🗗 Paris 230 – Amboise 11 – Blois 44 – Tours 21 – Vendôme 49

🏠🏠🏠 　**Château de Noizay** ⌂ 　　 🛆 🎇 ⅏ ℀ ☏ ⅍ **P** 𝐕𝐈𝐒𝐀 **①** AE ⓪
　　rte de Chançay – 🖉 02 47 52 11 01 – noizay@relaischateaux.com
　　– Fax 02 47 52 04 64 – Fermé 16 janv.-14 mars
　　19 ch – ✝145/285 € ✝✝145/285 €, ⊝ 20 € – ½ P 158/228 €
　　Rest – (fermé merc. midi, jeudi midi et mardi) Menu 38 € (déj. en sem.), 51/76 €
　　– Carte 62/70 €
　　♦ Ce château du 16ᵉ s., niché dans un parc, domine le village et son vignoble. Grandes
　　chambres personnalisées et joliment meublées ; celles de la dépendance sont d'esprit
　　actuel. Au restaurant, charmants salons bourgeois, cuisine d'aujourd'hui et vins de Loire.

NOLAY – 21 Côte-d'Or – **320** H8 – 1 547 h. – alt. 299 m – ⊠ 21340 ▮ Bourgogne

▶ Paris 316 – Autun 30 – Beaune 20 – Chalon-sur-Saône 34 – Dijon 64   7 **A3**

🖪 Office de tourisme, 24, rue de la République ℰ 03 80 21 80 73,
Fax 03 80 21 80 73

◎ site ★ du Château de la Rochepot E : 5 km - Site ★ du Cirque du
Bout-du-Monde NE : 5 km.

🏠 **Du Parc**   🚗 🛏 ℅ rest, **P** 🅅🅸🅂🄰 ⓦⓔ

😊 *3 pl. Hôtel-de-Ville – ℰ 03 80 21 78 88 – Fax 03 80 21 86 39 – Ouvert 15 mars-30 nov.*
14 ch – †61/64 € ††64/96 €, ☷ 10 € – ½ P 59/72 €
Rest – *(ouvert 1ᵉʳ avril-30 nov.)* Menu 14 € (déj. en sem.), 18/39 € – Carte 24/45 €
♦ Relais de poste du 16ᵉ s. aux petites chambres simplement meublées, fraîches et bien
insonorisées ; au deuxième étage, elles sont dotées de charpentes apparentes. Petite salle
à manger rustique agrémentée de poutres et d'une cheminée. Plaisante cour-terrasse.

🏠 **De la Halle** sans rest   🅅🅸🅂🄰 ⓦⓔ

pl. des Halles – ℰ 03 80 21 76 37 – noelle.pocheron @ wanadoo.fr – Fax 03 80 21 76 37
14 ch – †46/54 € ††46/54 €, ☷ 8 €
♦ Face aux halles du 14ᵉ s., deux corps de bâtiments de part et d'autre d'une cour intérieure
fleurie. Chambres assez modestes mais bien tenues, plus spacieuses sur l'arrière.

LES NONIÈRES – 26 Drôme – **332** G5 – alt. 282 m – ⊠ 26410   45 **C3**

▶ Paris 648 – Die 25 – Gap 84 – Grenoble 73 – Valence 91

🏠 **Le Mont-Barral** ⌗   🚗 🛏 ▢ ℀ **P** 🅅🅸🅂🄰 ⓦⓔ

😊 *– ℰ 04 75 21 12 21 – mtbarral @ aol.com – Fax 04 75 21 12 70 – Fermé*
15 nov.-20 fév., mardi soir et merc. sauf vacances scolaires
21 ch – †50/52 € ††50/56 €, ☷ 10 € – ½ P 51/57 € – **Rest** – Menu 15 €
(sem.)/40 € – Carte 23/34 €
♦ Halte montagnarde fréquentée par les randonneurs de la haute Drôme. Les chambres
aménagées dans l'extension récente sont plus spacieuses. Modeste salle à manger de style
rustique. Carte traditionnelle escortée d'un menu consacré au terroir.

NONTRON ◉ – 24 Dordogne – **329** E2 – 3 500 h. – alt. 260 m – ⊠ 24300
▮ Limousin Berry   4 **C1**

▶ Paris 454 – Angoulême 45 – Libourne 135 – Limoges 68 – Périgueux 50
– Rochechouart 42

🖪 Office de tourisme, 3, avenue du Général Leclerc ℰ 05 53 56 25 50,
Fax 05 53 60 34 13

🏢 **Grand Hôtel**   🚗 🛏 ▨ ▮ **P** 🅅🅸🅂🄰 ⓦⓔ

😐 *3 pl. A. Agard – ℰ 05 53 56 11 22 – grand-hotel-pelisson @ wanadoo.fr*
– Fax 05 53 56 59 94 – Fermé dim. soir d'oct. à juin
23 ch – †50 € ††61 €, ☷ 7 € – ½ P 60 € – **Rest** – Menu 22 € (sem.)/52 €
– Carte 29/55 €
♦ On cultive l'art de recevoir à l'ancienne dans cet ex-relais de poste à l'atmosphère vieille
France. Entretien suivi et tenue sans reproche. Plats régionaux servis dans un cadre rustique
(poutres, cuivres, cheminée) ou sur une terrasse face à la piscine.

NONZA – 2B Haute-Corse – **345** F3 – **voir à Corse**

NOTRE-DAME-DE-BELLECOMBE – 73 Savoie – **333** M3 – 510 h. – alt. 1 150 m
– Sports d'hiver : 1 150/2 070 m ⚡19 ⚐ – ⊠ 73590 ▮ Alpes du Nord   46 **F1**

▶ Paris 585 – Albertville 25 – Annecy 54 – Chambéry 76
– Chamonix-Mont-Blanc 43

🖪 Office de tourisme, Chef Lieu ℰ 04 79 31 61 40, Fax 04 79 31 67 09

✗ **Ferme de Victorine**   🛏 **P** 🅅🅸🅂🄰 ⓦⓔ 🄰🄴 ⓞ

😊 *Le Planay, 3 km à l'Est par rte des Saisies – ℰ 04 79 31 63 46 – Fax 04 79 31 79 91*
– Fermé 20 juin-3 juil., 11 nov.-16 déc., dim. soir et lundi d'avril à juin et de sept. à nov.
Rest – Menu 21 € (déj. en sem.), 26/48 € – Carte 31/60 €
♦ Conversion réussie pour la ferme de Victorine, la grand-mère : beau bar avec vue sur
l'étable et ses laitières et attachante ambiance paysanne dans la salle à manger. Goûteuse
cuisine traditionnelle et du terroir.

NOTRE-DAME-DE-BONDEVILLE – 76 Seine-Maritime – 304 G5 – rattaché à Rouen

---

NOTRE-DAME-DE-GRAVENCHON – 76 Seine-Maritime – 304 D5 – 8 618 h.
– alt. 35 m – ⊠ 76330 ▮ Normandie Vallée de la Seine   33 **C2**

�· Paris 176 – Bolbec 14 – Le Havre 40 – Rouen 51 – Yvetot 25

🏤 **Pascal Saunier**   🚗 📶 ⇄ ℅ rest, 🐾 👟 **P**, *VISA* **©©** *AE*
1 r. Amiral Grasset – 𝒞 02 35 38 60 67 – info@hotelpascalsaunier.com
– Fax 02 35 38 30 64 – Fermé 29 juil.-9 août et 21 déc.-3 janv.
29 ch – ♦68 € ♦♦74 €, ⊇ 10 € – ½ P 80 € – **Rest** – *(fermé août, 21 déc.-3 janv., vend. soir, sam. et dim.)* Carte 37/57 €
♦ Entourée d'un jardin, grande demeure à colombages (1930) abritant des chambres vastes, lumineuses et simplement meublées. Petit-déjeuner sous forme de buffet. Les baies vitrées du restaurant offrent une perspective sur le complexe de Port-Jérôme.

NOTRE-DAME-DE-LIVAYE – 14 Calvados – 303 M5 – 130 h. – alt. 27 m –
⊠ 14340   33 **C2**

🚗 Paris 185 – Caen 36 – Le Havre 86 – Lisieux 16 – Hérouville-Saint-Clair 39

⌂ **Aux Pommiers de Livaye**   🚗 🛏 ⇄ ℅ **P**
– 𝒞 02 31 63 01 28 – bandb-normandy@wanadoo.fr – Fax 02 31 63 73 63
– Fermé de mi-nov. à début fév.
5 ch ⊇ – ♦75 € ♦♦89 € – **Table d'hôte** – Menu 25/35 €
♦ Ferme normande à colombages (1720) et ses granges, aux chambres personnalisées (décor floral, lit à baldaquin, mobilier ancien ou de style). Allée de pommiers, jardin fleuri. Cuisine régionale servie dans une salle rustique authentique ; petite production de cidre.

NOTRE-DAME-DE-MONTS – 85 Vendée – 316 D6 – 1 528 h. – alt. 6 m – ⊠ 85690

🚗 Paris 457 – Challans 22 – Nantes 72 – Noirmoutier-en-l'Île 26
– La Roche-sur-Yon 66   34 **A3**

🛈 Office de tourisme, 6, rue de la Barre 𝒞 02 51 58 84 97, Fax 02 51 58 15 56

◎ La Barre-de-Monts : Centre de découverte du Marais breton-vendéen N : 6 km

🏠 **L'Orée du Bois** 🐾   ⊼ 🛏 ch, **P** *VISA* **©©**
14 r. Frisot – 𝒞 02 51 58 84 04 – hoteloreedubois@aol.com – Fax 02 51 58 81 78
– Ouvert 1ᵉʳ avril-30 sept.
30 ch – ♦50/65 € ♦♦50/70 €, ⊇ 7,50 € – ½ P 49/55 € – **Rest** – Menu 19/29 €
♦ Les chambres, claires et pratiques, sont logées dans trois bâtiments d'un quartier résidentiel, ordonnés autour d'une piscine. Celles du rez-de-chaussée possèdent une terrasse.

NOTRE-DAME D'ORSAN – 18 Cher – 323 J6 – rattaché au Châtelet

NOTRE-DAME-DU-GUILDO – 22 Côtes-d'Armor – 309 I3 – 3 187 h. – alt. 52 m
– ⊠ 22380   10 **C1**

🚗 Paris 427 – Rennes 94 – Saint-Brieuc 49 – Saint-Malo 32

⌂ **Château du Val d'Arguenon** sans rest 🐾   🌙 ℅ ⇄ 🐾 *VISA* **©©**
1 km à l'Est par D 786 ⊠ 22380 St-Cast – 𝒞 02 96 41 07 03 – chateau@chateauduval.com – Fax 02 96 41 02 67 – Ouvert Pâques-Toussaint
5 ch ⊇ – ♦90/140 € ♦♦90/150 €
♦ Cette belle demeure de famille (16ᵉ-18ᵉ s.) se niche dans un parc qui descend jusqu'à la mer. Intérieur plein de cachet avec meubles de style dans les chambres et le salon.

NOTRE-DAME-DU-HAMEL – 27 Eure – 304 D8 – 194 h. – alt. 200 m – ⊠ 27390

🚗 Paris 158 – L'Aigle 21 – Argentan 48 – Bernay 28 – Évreux 55 – Lisieux 40
– Vimoutiers 28   33 **C2**

🍴🍴🍴 **Le Moulin de la Marigotière**   🌙 ⊼ **P** *VISA* **©©**
D 45 – 𝒞 02 32 44 58 11 – contact@moulin-marigotiere.com – Fax 02 32 44 40 12
– Fermé 17 fév.-2 mars, lundi soir sauf juil.-août, dim. soir, mardi soir et merc.
Rest – Menu 30 € (déj. en sem.), 39/68 € – Carte 48/85 €
♦ Ex-moulin converti en restaurant où l'on vient faire des repas traditionnels dans une atmosphère bourgeoise avec, pour toile de fond, un joli parc où se glisse la Charentonne.

NOTRE-DAME-DU-PÉ – 72 Sarthe – 310 H8 – 313 h. – alt. 73 m – ✉ 72300

▶ Paris 262 – Angers 51 – La Flèche 28 – Nantes 140   35 **C2**

⌂ **La Reboursière** ⌖   ◊ 🍴 ☒ & ch, 🛏 ⚹ 🕻 **P**
1 km au Sud par D 134 et rte secondaire – ✆ *02 43 92 92 41 – gilles-chappuy@*
wanadoo.fr – Fax 02 43 92 92 41
4 ch ⌂ – ♦55 € ♦♦65 € – ½ P 56 € – **Table d'hôte** – Menu 23 € bc
◆ Ancienne ferme (milieu 19e s.) restaurée entourée d'un parc, gage de calme pour les hôtes
séjournant dans l'une de ses grandes chambres garnies de meubles anciens. Cuisine
traditionnelle servie avec le sourire dans un cadre rustique de bon aloi.

NOUAN-LE-FUZELIER – 41 Loir-et-Cher – 318 J6 – 2 319 h. – alt. 113 m – ✉ 41600   12 **C2**

▶ Paris 177 – Blois 59 – Cosne-sur-Loire 74 – Gien 56 – Lamotte-Beuvron 8
– Orléans 44

🖪 Syndicat d'initiative, place de la Gare ✆ 02 54 88 76 75

⌂ **Les Charmilles** sans rest ⌖   ◊ ⚹ **P** **VISA** **◍**
D 122-rte Pierrefitte-sur-Sauldre – ✆ *02 54 88 73 55 – hotel.lescharmilles@tele2.fr*
– Fax 02 54 88 74 55 – Fermé fév.
12 ch – ♦41/44 € ♦♦48/54 €, ⌂ 7 € – 1 suite
◆ Dans son parc avec étang, cette maison bourgeoise du début du 20e s. vous reçoit dans
des chambres de style rustique, assez spacieuses et bien tenues. Viennoiseries maison.

✗✗ **Le Dahu**   🍴 🍴 **P** **VISA** **◍**
14 r. H. Chapron – ✆ *02 54 88 72 88 – ledahu.restaurant@wanadoo.fr*
– Fax 02 54 88 21 28 – Fermé 26 mars-18 avril, 13 nov.-4 déc., 2 janv.-9 fév., mardi
soir du 15 nov.-15 avril, merc. et jeudi
Rest – Menu 29/41 € – Carte 47/56 €
◆ Au milieu d'un exubérant jardin (terrasse en été), ancienne bergerie transformée en
restaurant. On se sent vraiment à la campagne dans la salle rustique à charpente apparente.

NOUILHAN – 65 Hautes-Pyrénées – 342 M4 – 175 h. – alt. 196 m – ✉ 65500

▶ Paris 771 – Pau 47 – Tarbes 24 – Toulouse 144   28 **A2**

✗ **Les 3 B** avec ch   🍴 & ☒ 🕻 ⚹ **P** **VISA** **◍** **AE**
⊜ *8 rte des Pyrénées, D 935 –* ✆ *05 62 96 79 78 – restaurantdes3b@wanadoo.fr*
7 ch – ♦40/45 € ♦♦40/45 €, ⌂ 5 € – ½ P 45 € – **Rest** – *(fermé merc.)*
Menu 18/37 € – Carte environ 45 €
◆ Ancienne ferme familiale convertie en restaurant. On y propose, dans un cadre simple et
chaleureux, une généreuse cuisine traditionnelle réalisée avec des produits frais. Les
chambres, toutes neuves, sont agréables et pratiques.

LE NOUVION-EN-THIÉRACHE – 02 Aisne – 306 E2 – 2 917 h. – alt. 185 m – ✉ 02170   37 **D1**

▶ Paris 198 – Avesnes-sur-Helpe 20 – Guise 21 – Hirson 25 – St-Quentin 49
– Vervins 27

🖪 Syndicat d'initiative, Hôtel de Ville ✆ 03 23 97 98 06, Fax 03 23 97 98 04

⌂ **Paix**   🍴 **P** **VISA** **◍** **AE**
⨂ *37 r. J. Vimont-Vicary –* ✆ *03 23 97 04 55 – la.paix.pierrart@wanadoo.fr*
Fax 03 23 98 98 39 – Fermé 18 août-5 sept., 26 déc.-2 janv., 13 fév.-9 mars et dim. soir
15 ch – ♦55 € ♦♦55/71 €, ⌂ 10 € – ½ P 53/62 € – **Rest** – *(fermé sam. midi, dim.*
soir et lundi) Menu (15 €), 20 € (sem.)/50 € – Carte 27/52 €
◆ Hôtel parfaitement tenu dont les chambres sont diversement aménagées ; quelques-
unes arborent un style plus moderne. Autre "plus" : l'accueil familial. Briques, miroirs, tons
pastel et bibelots composent le plaisant décor du restaurant. Carte traditionnelle.

NOUZERINES – 23 Creuse – 325 J2 – rattaché à Boussac

NOVALAISE – 73 Savoie – 333 H4 – rattaché à Aiguebelette-le-Lac

NOVES – 13 Bouches-du-Rhône – 340 E2 – 4 440 h. – alt. 42 m – ⊠ 13550
▌ Provence

◘ Paris 688 – Arles 38 – Avignon 14 – Carpentras 33 – Cavaillon 17
  – Marseille 86 – Orange 36

🛈 Office de Tourisme, place Jean Jaurès ℰ 04 90 92 90 43, Fax 04 90 92 90 43

🏠🏠🏠   **Auberge de Noves** (Robert Lalleman) ⌂   ≤ 🅐 🛋 ⛶ ✕ 🖳 🎿 📞
         rte de Châteaurenard, 2 km par D 28 –   🔥 🅿 *VISA* ⓪ 🅐🅔 🅞
🏵   ℰ *04 90 24 28 28 – resa@aubergedenoves.com – Fax 04 90 24 28 00*
         – Fermé de fin oct. à mi-déc.
         19 ch – ⸙150/325 € ⸙⸙150/325 €, � 22 € – 2 suites – ½ P 172/257 €
         Rest – *(fermé dim. soir, lundi hors saison et sam. midi)* Menu 45 € (déj. en sem.),
         80/115 € – Carte 82/122 €
         Spéc. Marbré de foie de canard au sanqué d'échalote. Baron d'agneau fourré
         ail et romarin. Tarte au citron meringuée. **Vins** Lirac blanc, Coteaux d'Aix-en-
         Provence.
         ♦ Cette noble demeure du 19ᵉ s. entourée d'un vaste parc abrite des chambres spacieuses
         et diversement décorées (dont une dans l'ancienne chapelle). Élégante salle à manger et
         charmante terrasse. Recettes au goût du jour enrichies de saveurs provençales ; à midi,
         carte moins étoffée.

NOYAL-MUZILLAC – 56 Morbihan – 308 Q9 – 1 920 h. – alt. 52 m – ⊠ 56190
◘ Paris 456 – La Baule 44 – St-Nazaire 52 – Vannes 30

🏠   **Manoir de Bodrevan** ⌂   🚗 🕭 � rest, 🅿 *VISA* ⓪ 🅐🅔
     au Nord-Est : 2 km par D 153 et rte secondaire – ℰ *02 97 45 62 26 – contact@*
     manoir-bodrevan.com
     6 ch – ⸙107/149 € ⸙⸙107/149 €, ⊑ 14 € – **Rest** – *(fermé mardi) (dîner seult)*
     (prévenir) Menu 35 €
     ♦ Ex-pavillon de chasse, charmant hôtel entouré de verdure. Accueil cordial, atmosphère
     décontractée et chambres personnalisées offrant confort et raffinement.

NOYALO – 56 Morbihan – 308 O9 – 666 h. – ⊠ 56450
◘ Paris 468 – Rennes 116 – Vannes 15 – La Baule 75

✕✕   **L'Hortensia** avec ch   🕭 rest, ↮ ✕no ch, *VISA* ⓪
     18 r. Ste-Brigitte – ℰ *02 97 43 02 00 – lhortensia@orange.fr – Fax 02 97 43 67 25*
😊   *– Fermé lundi sauf juil.-août*
🖀   **5 ch** – ⸙62/76 € ⸙⸙62/76 €, ⊑ 8 € – ½ P 63/70 €
     Rest – Menu 23 € (déj. en sem.), 29/100 € bc – Carte 50/90 € ⽥
     ♦ Ancienne ferme en pierre du 19ᵉ s. reconvertie en restaurant. Plats actuels servis dans un
     cadre agrémenté de toiles contemporaines, avec vue sur la cave à vins, très fournie.
     Chambres spacieuses, décorées sur le thème de l'hortensia.

NOYAL-SUR-VILAINE – 35 Ille-et-Vilaine – 309 M6 – rattaché à Rennes

---

NOYANT-DE-TOURAINE – 37 Indre-et-Loire – 317 M6 – rattaché à
Ste-Maure-de-Touraine

NOYANT-LA-GRAVOYÈRE – 49 Maine-et-Loire – 317 D2 – 1 761 h. – alt. 95 m
– ⊠ 49520

◘ Paris 321 – Angers 51 – Laval 52 – Nantes 81

✕✕   **Le Petit Manoir**   🛋 ⇄ 🅿 *VISA* ⓪
     Le Prieuré de St-Blaise – ℰ *02 41 61 20 70 – lepetitmanoir49@hotmail.com*
     – Fermé 15-30 juil., 15-28 fév., lundi et merc. sauf le midi d'oct. à mai, sam. midi,
     dim. soir et mardi
     Rest – *(nombre de couverts limité, prévenir)* Menu (18 €), 23/65 € – Carte 37/53 €
     ♦ Un tandem familial anglo-français tient cette table occupant une bâtisse tour à tour
     prieuré (13ᵉ s.), manoir (17ᵉ s.) et ferme. Cuisine actuelle servie dans un cadre rustique.

NOYELLES-SUR-MER – 80 Somme – 301 D6 – rattaché à St- Valéry-sur-Somme

NOYON – 60 Oise – 305 J3 – 14 471 h. – alt. 52 m – ⌧ 60400
Nord Pas-de-Calais Picardie

▶ Paris 108 – Amiens 67 – Compiègne 29 – Laon 53 – St-Quentin 47
– Soissons 40

🚹 Office de tourisme, place Bertrand Labarre ℰ 03 44 44 21 88,
Fax 03 44 93 08 53

◎ Cathédrale Notre-Dame★★ - Abbaye d'Ourscamps★ 5 km par N 32.

🏨 Le Cèdre sans rest   🕭 ↳ ⟲ ᾅ **P** 🆅🅸🆂🅰 🅼🅾 🅰🅴 ⓪
8 r. de l'Évêché – ℰ 03 44 44 23 24 – reservation @ hotel-lecedre.com
– Fax 03 44 09 53 79
35 ch – ♦66 € ♦♦77 €, ⛌ 8 €
♦ Construction récente en briques rouges en parfaite harmonie avec la cité. Les chambres sont chaleureuses et bien rénovées ; la plupart offrent une vue sur la cathédrale.

🍽🍽🍽 Saint Eloi avec ch   ↳ ℅ rest, ⟲ ᾅ 🆅🅸🆂🅰 🅼🅾 🅰🅴 ⓪
81 bd Carnot – ℰ 03 44 44 01 49 – reception @ hotelsainteloi.fr
– Fax 03 44 09 20 90 – Fermé 1ᵉʳ-15 août, sam. midi et dim. soir
23 ch – ♦55 € ♦♦70 €, ⛌ 8 € – ½ P 72 €
Rest – Menu 34/100 € – Carte 55/67 €
♦ Restaurant aménagé avec élégance dans une belle demeure du 19ᵉ s. En salle : moulures, luminosité et confortables sièges de style Louis XV. Chambres logées dans une annexe.

🍽🍽 Dame Journe   🅰🅲 🆅🅸🆂🅰 🅼🅾
2 bd Mony – ℰ 03 44 44 01 33 – Fax 03 44 09 59 68 – Fermé 1ᵉʳ-14 juil., 4-12 janv., dim. soir, mardi soir, merc. soir, jeudi soir et lundi
Rest – Menu 22 € (sem.)/45 € – Carte 29/67 €
♦ Fréquenté par des habitués, ce restaurant dispose d'un cadre chaleureux et soigné : fauteuils de style Louis XVI et boiseries. Bon choix de menus ; cuisine traditionnelle.

NUAILLÉ – 49 Maine-et-Loire – 317 E6 – rattaché à Cholet

NUEIL-LES-AUBIERS – 79 Deux-Sèvres – 316 M6 – 2 116 h. – alt. 120 m – ⌧ 79250

▶ Paris 364 – Bressuire 15 – Cholet 29 – Poitiers 100

🏠 Le Moulin de la Sorinière 🌦   🌾 🍴 🕭 ↳ **P** 🆅🅸🆂🅰 🅼🅾 🅰🅴
au Sud-Ouest : 2 km par D 33, rte de Cerizay et C 3 – ℰ 05 49 72 39 20
🐾 – moulin-soriniere @ wanadoo.fr – Fax 05 49 72 90 78 – Fermé 7-21 avril
8 ch – ♦45/48 € ♦♦50/53 €, ⛌ 7,50 € – ½ P 49 € – **Rest** – (fermé dim. soir et lundi) Menu (12 €), 15/32 € – Carte 28/37 €
♦ Vieux moulin remanié en préservant son charme bucolique. Chambres à thème floral. Jardin-potager traversé par une rivière. Cuisine au goût du jour proposée dans l'ex-grange modernisée, ou en terrasse, près de l'eau.

NUITS-ST-GEORGES – 21 Côte-d'Or – 320 J7 – 5 573 h. – alt. 243 m – ⌧ 21700
Bourgogne

▶ Paris 320 – Beaune 22 – Chalon-sur-Saône 45 – Dijon 22 – Dole 67

🚹 Office de tourisme, 3, rue Sonoys ℰ 03 80 62 11 17,
Fax 03 80 61 30 98

🏨 La Gentilhommière 🌦   🏊 🌾 ⌇ 🍽 🕭 ch, ᾅ **P** 🆅🅸🆂🅰 🅼🅾 🅰🅴 ⓪
rte Meuilley, Ouest : 1,5 km – ℰ 03 80 61 12 06 – contact @ lagentilhommiere.fr
– Fax 03 80 61 30 33 – Fermé de mi-déc. à fin janv.
41 ch – ♦90 € ♦♦90/200 €, ⛌ 13,50 €
Rest Le Chef Coq – (fermé merc. midi, sam. midi et mardi) Menu 23 € (déj. en sem.), 47/60 € – Carte 54/65 € ⌁
♦ Pavillon de chasse du 16ᵉ s. aux chambres rustiques ou personnalisées ("Afrique", "nature","orient", etc.) ; certaines donnent sur le parc traversé par une rivière. À table, nouveau décor rustico-design, cuisine actuelle et beaux bourgognes (vieux millésimes).

🏠🏠 **Hostellerie St-Vincent** 🛎 ᵹ ch, ⅍ P̄ VISA ⓐⓞ AE ①

r. Gén. de Gaulle – ℰ 03 80 61 14 91 – hostellerie.st.vincent @ club-internet.fr
– Fax 03 80 61 24 65 – Fermé vacances de Noël et dim. de déc. à mars
23 ch – †74 € ††76 €, ⌑ 11 €
Rest L'Alambic – ℰ 03 80 61 35 00 (fermé dim. soir hors saison et lundi midi)
Menu 22/45 € – Carte 27/57 € ❀

♦ Maison récente abritant des chambres pratiques et bien insonorisées. Le restaurant, où trône un superbe alambic, occupe un caveau bâti avec des pierres de l'ancienne prison de Beaune ! Très belle sélection de vins locaux.

✗ **La Cabotte** ⇌ VISA ⓐⓞ

(✿) 24 Grand Rue – ℰ 03 80 61 20 77 – Fermé lundi midi, sam. midi et dim.
Rest – (nombre de couverts limité, prévenir) Menu 27/47 € – Carte 39/45 €
♦ La salle à manger – poutres et pierres apparentes, éclairage moderne et mobilier rustique – donne sur le spectacle des cuisines. Plats au goût du jour et belle cave.

à Curtil-Vergy Nord-Ouest : 7 km par D 25, D 35 et rte secondaire – 85 h. – alt. 350 m – ✉ 21220

🏠🏠 **Manassès** sans rest ⌇ 🚗 AK P̄ VISA ⓐⓞ AE ①

r. Guillaume de Tavanes – ℰ 03 80 61 43 81 – hotel.manasses @ freesurf.fr
– Fax 03 80 61 42 79 – Ouvert de mars à nov.
12 ch – †75/100 € ††75/100 €, ⌑ 12 €
♦ Cette belle maison régionale renfermant une collection de meubles rustiques abrite aussi un musée de la vigne. Le prince de Galles en personne y a séjourné !

NYONS ☜ – 26 Drôme – 332 D7 – 6 723 h. – alt. 271 m – ✉ 26110
🏳 Provence   44 **B3**

🚹 Paris 653 – Alès 109 – Gap 106 – Orange 43 – Sisteron 99 – Valence 98
🅹 Office de tourisme, place de la Libération ℰ 04 75 26 10 35,
Fax 04 75 26 01 57
👁 Vieux Nyons★ : Rue des Grands Forts★ - Pont Roman (vieux Pont)★.

Plan page suivante

🏠🏠 **La Caravelle** sans rest ⌇ 🚗 ⅙ ✄ P̄ VISA ⓐⓞ

8 r. Antignans, par prom. Digue – ℰ 04 75 26 07 44 – Fax 04 75 26 07 40
– Ouvert 1ᵉʳ avril-31 oct.
11 ch – †79/99 € ††79/99 €, ⌑ 8,50 €
♦ Villa 1900 d'une surprenante architecture et jardin planté de catalpas. Chambres soignées (non-fumeurs), parfois décorées de hublots provenant d'un ancien navire de guerre.

🏠 **La Picholine** ⌇ ← 🚗 🍴 ⌿ ⌿ 🛏 AK rest, ✄ ch, ✆ ⅍ P̄ VISA ⓐⓞ

promenade de la Perrière – ℰ 04 75 26 06 21 – picholine26 @ wanadoo.fr
– Fax 04 75 26 40 72 – Fermé 13 oct.-4 nov. et 4-26 fév.
16 ch – †58/74 € ††58/74 €, ⌑ 10 € – ½ P 60/70 € – **Rest** – (fermé lundi d'oct.
à avril et mardi) Menu 26/40 € – Carte 32/49 €
♦ Halte paisible sur les hauteurs de Nyons parmi les oliviers et les pavillons résidentiels. Chambres tout en couleurs, parfois dotées d'un balcon. Les larges baies vitrées du restaurant ouvrent sur le jardin et la terrasse.

✗✗ **Le Petit Caveau** AK VISA ⓐⓞ

(✿) 9 r. V. Hugo – ℰ 04 75 26 20 21 – Fax 04 75 26 07 28
– Fermé 23 déc.-23 janv., merc. soir hors saison, dim. soir et lundi   u
Rest – (nombre de couverts limité, prévenir) Menu 25/50 € – Carte 49/65 € ❀
♦ À deux pas de la place principale, charmante salle voûtée où règne une ambiance intimiste et raffinée. Cuisine actuelle aux accents méridionaux. Bon choix de vins au verre.

aux Pilles par ① : 6 km sur D94 – 226 h. – alt. 303 m – ✉ 26110

✗✗ **La Fleur de Thym** 🚗 VISA ⓐⓞ

Le village – ℰ 04 75 27 77 91 – fleur.thym @ orange.fr – Fermé jeudi midi, dim. soir
et lundi
Rest – Menu 38/75 € bc – Carte 63/70 €
♦ Deux coquettes salles aux couleurs de la Provence et une miniterrasse composent le cadre chaleureux de ce restaurant. Cuisine actuelle et beau choix de côtes-du-rhône.

NYONS

Autiero (Pl.) 2
Chapelle (R. de la) 3
Digue (Promenade de la) 4
Liberté (R. de la) 6
Maupas (R.) 8
Petits Forts (R. des) 10
Randonne (R.) 12
Résistance (R.de la) 14

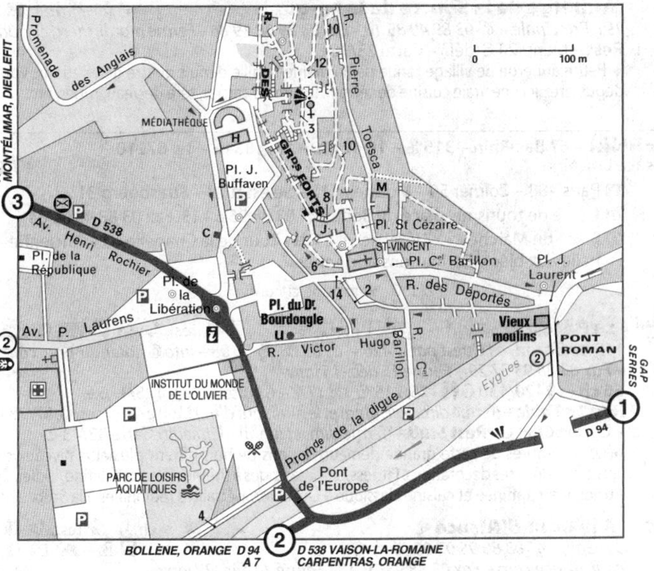

rte de Gap par ① : 7 km sur D 94 – ✉ 26110 Nyons

La Charrette Bleue

– ✆ *04 75 27 72 33 – Fax 04 75 27 76 14 – Fermé 15 déc.-31 janv., dim. soir d'oct. à mars, mardi de sept. à juin et merc.*
Rest – Menu 19 € (déj. en sem.), 25/39 € – Carte 30/57 €
◆ L'enseigne de cette ancienne ferme en pierre calcaire évoque l'autobiographie de René Barjavel, l'enfant du pays. Joli cadre rustique, cuisine régionale et vins choisis.

rte d'Orange par ③ sur D 94 – ✉ 26110 Nyons

La Bastide des Monges sans rest

à 4 km – ✆ 04 75 26 99 69 – lesmonges@wanadoo.fr – Fax 04 75 26 99 70
9 ch – †72/115 € ††72/115 €, ☕ 10 €
◆ Une importante restauration a métamorphosé cette ancienne ferme en un hôtel pétri de charme. Accueil délicieux, chambres raffinées ouvertes sur les vignes et coquet jardin.

OBERHASLACH – 67 Bas-Rhin – 315 H5 – 1 505 h. – alt. 270 m – ✉ 67280

Alsace Lorraine 1 **A1**

Paris 482 – Molsheim 16 – Saverne 32 – St-Dié 57 – Strasbourg 45
Syndicat d'initiative, 22, rue du Nideck ✆ 03 88 50 90 15, Fax 03 88 48 75 24

Hostellerie St-Florent

ch, ch,
– ✆ *03 88 50 94 10 – hotel.stflorent@wanadoo.fr – Fax 03 88 50 99 61 – Fermé janv., dim. soir et lundi*
20 ch – †44 € ††50 €, ☕ 7 € – ½ P 52 € – **Rest** – Menu (12 €), 18 € (sem.)/45 € – Carte 26/68 €
◆ Maison alsacienne proposant des chambres lumineuses au mobilier d'inspiration Louis-Philippe, mansardées au 3e étage. Élégante salle à manger de style rhénan agrémentée d'un plafond à caissons et de boiseries.

OBERLARG – 68 Haut-Rhin – 315 H12 – 143 h. – alt. 525 m – ⊠ 68480   1 **A3**

▶ Paris 462 – Mulhouse 44 – Belfort 46 – Montbéliard 42

✗ **Auberge de la Source de la Largue**　　　　　🍴 🛋 **P.** **VISA** **⑩**
19 r. Principale – ℰ *03 89 40 85 10 – Fax 03 89 08 19 86 – Fermé mardi, merc. et jeudi*
Rest – Menu 20 € (déj.) – Carte 23/36 €
♦ Petite auberge de village tenue par la même famille depuis quatre générations. Vous
dégusterez ici une vraie cuisine de terroir : friture de carpes, tête de veau, tripes, etc.

OBERNAI – 67 Bas-Rhin – 315 I6 – 10 471 h. – alt. 185 m – ⊠ 67210   1 **A2**
▌ Alsace Lorraine

▶ Paris 488 – Colmar 50 – Molsheim 12 – Sélestat 27 – Strasbourg 31
🄵 Office de tourisme, place du Beffroi ℰ 03 88 95 64 13, Fax 03 88 49 90 84
◉ Place du Marché★★ - Hôtel de ville★ H - Tour de la Chapelle★ L - Ancienne
halle aux blés★ D - Maisons anciennes★.

Plan page ci-contre

🏠🏠 **Le Parc** ⌂　　　🍴 ☒ 🖼 ⑩ 🖼 ❙ ⬟ ch, 🔟 ℅ rest, 📞 ⚐ **P.** **VISA** **⑩** **AE**
169 rte Ottrott, à l'Ouest par D 426 – ℰ *03 88 95 50 08 – info@hotel-du-parc.com*
– Fax 03 88 95 37 29 – Fermé 15 déc.-15 janv.
56 ch – ♦120/130 € ♦♦145/215 €, ⊆ 17 € – 6 suites – ½ P 125/170 €
Rest *La Table – (fermé dim. soir, lundi et le midi sauf dim.)* Menu 48 € (sem.), 57/78 €
– Carte 66/84 € – **Rest** **Stub** – *(fermé dim. et lundi)* Carte 33/43 €
♦ Les chambres de cette grande demeure à pans de bois offrent plusieurs niveaux de
confort et diverses décorations. Fitness, spa, massages à thèmes (alsacien, latino, indien...).
Atmosphère raffinée et cuisine classique à La Table. Spécialités régionales à la Stub.

🏠🏠 **A la Cour d'Alsace** ⌂　　　🍴 🛋 ❙ ⬟ ch, ⥮ ℅ rest, 📞 ⚐
3 r. Gail – ℰ *03 88 95 07 00 – info@*　　　　　　　**P.** **VISA** **⑩** **AE** **①**
cour-alsace.com – Fax 03 88 95 19 21 – Fermé 24 déc.-27 janv.   A **a**
43 ch – ♦99/138 € ♦♦122/289 €, ⊆ 16 € – ½ P 110/130 €
Rest *Jardin des Remparts – (fermé 28 juil.-1er sept. et 24 déc.-4 mars, jeudi midi,*
sam. midi, dim. soir, lundi, mardi et merc.) Menu 48/68 € bc – Carte 52/83 €
Rest *Caveau de Gail – (fermé jeudi soir)* Menu 31/44 € bc – Carte 35/54 €
♦ Cette ancienne propriété des barons de Gail, avec une cour centrale, propose des chambres
de tailles variées, toutes confortables et dans des tons beiges apaisants. Au Jardin des Remparts, ambiance feutrée et carte classique revisitée. Cuisine régionale au Caveau de Gail.

🏠🏠 **Le Colombier** sans rest　　　🖼 ⬟ 🔟 📞 **P.** 🛋 **VISA** **⑩** **AE** **①**
6 r. Dietrich – ℰ *03 88 47 63 33 – info@hotel-colombier.com*
– Fax 03 88 47 63 39   A **n**
36 ch – ♦84/110 € ♦♦84/110 €, ⊆ 11 € – 8 suites
♦ Au cœur de la vieille ville, maison régionale dont le décor contraste par son côté
résolument contemporain. Certaines chambres sont dotées de balcons.

🏠 **Les Jardins d'Adalric** sans rest　　　🍴 ☒ ℅ ❙ ⬟ ⥮ 📞
19 r. Mar. Koenig, par ① *–* ℰ *03 88 47 64 47*　　　　⚐ **P.** **VISA** **⑩** **AE**
– jardins.adalric@wanadoo.fr – Fax 03 88 49 91 80
46 ch – ♦75/90 € ♦♦85/170 €, ⊆ 12 €
♦ Un bâtiment récent légèrement excentré abritant des chambres soignées. Salle des
petits-déjeuners cossue avec baie vitrée, prolongée par une terrasse. Piscine, jardin.

✗✗✗ **La Fourchette des Ducs** (Nicolas Stamm) avec ch　　　　　🔟
❀❀ *6 r. de la Gare –* ℰ *03 88 48 33 38*　　　　⥮ ℅ ch, **VISA** **⑩** **AE**
– Fax 03 88 95 44 39 – Fermé 28 juil.-12 août, 1er-8 janv., 23 fév.-8 mars, dim. soir,
lundi et le midi sauf dim.   B **e**
4 ch ⊆ – ♦100 € ♦♦160 €
Rest – *(nombre de couverts limité, prévenir)* Menu 85/115 € – Carte 99/137 €
Spéc. Duo de langoustines en tartare et gelée, mousse de chou-fleur au caviar.
Raviole de purée de potimarron, truffe et beurre noisette (sept. à mars). Pigeonneau d'Alsace, suprêmes et cuisses, réduction au chocolat. **Vins** Riesling, Pinot
gris.
♦ Dans cette confortable maison, deux salles à manger aux marqueteries de Charles
Spindler et luminaires de René Lalique servent de cadre à une cuisine bourgeoise revue
avec créativité.

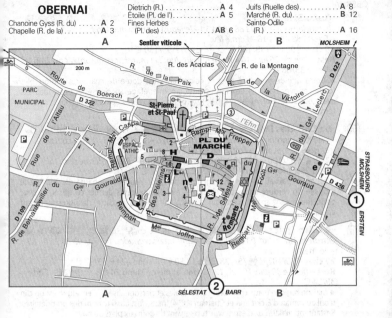

XX **Le Bistro des Saveurs** (Thierry Schwartz)   ⟷ VISA ⓜⓞ

☆ *35 r. de Sélestat – ℰ 03 88 49 90 41 – Fax 03 88 49 90 51 – Fermé 15 juil.-7 août,
   21 oct.-8 nov., 11-28 fév., lundi et mardi*   **B t**
   Rest – Menu 32 € (déj. en sem.), 46/84 € bc – Carte 49/84 € ⅏
   Spéc. Carotte fondante au caillé de munster-cumin (sept. à mars). Saumon sauvage de l'Adour mi-cuit (mai à août). Casse-croûte pomme de terre, yaourt,
   cannelle. **Vins** Alsace, Pinot noir.
   ♦ Beau cadre rustique et raffiné : poutres apparentes, tables rondes, cave en vitrine,
   cheminée... La cuisine, légèrement inventive, allie produits bruts et finesse d'exécution.

XX **La Cour des Tanneurs**   AC VISA ⓜⓞ

   *ruelle du canal de l'Ehn – ℰ 03 88 95 15 70 – Fax 03 88 95 43 84 – Fermé 3-14 juil.,
   24 déc.-2 janv., mardi et merc.*   **B r**
   Rest – Menu 20 € (déj. en sem.), 25/35 € – Carte 22/50 €
   ♦ Une adresse simple et soignée, sobrement décorée. Accueil à la bonne franquette
   pour une cuisine du marché au goût du jour fine et bien faite. Belle carte de vins
   d'Alsace.

à Ottrott Ouest : 4 km par D 426 – 1 513 h. – alt. 268 m – ⌧ 67530

   🖪 Office de tourisme, 46, rue Principale ℰ 03 88 95 83 84
   ◎ Couvent de Ste-Odile : ⁂ ★★ de la terrasse, chapelle de la Croix★ SO : 11 km
     - pèlerinage 13 décembre.

🏠 **Hostellerie des Châteaux** ⌂   ⟷ ⌨ ⊠ ⊕ ℱ₆ ⊠ ⅙ ch, AC ⌣ ⅏
                                         P VISA ⓜⓞ AE ⓞ
   *Ottrott-le-Haut – ℰ 03 88 48 14 14
   – leschateaux@wanadoo.fr – Fax 03 88 48 14 18 – Fermé fév.*
   61 ch – †120 € ††120/214 €, ⌧ 20 € – ½ P 129/206 € – **Rest** – *(fermé
   21 juil.-4 août, dim. soir, mardi midi et lundi hors saison)* Menu 38 € (sem.)/85 €
   – Carte 63/103 €
   ♦ On vient dans cette hostellerie pour un grand moment de détente : spa et soins
   très complets, superbe piscine intérieure. Chambres à la décoration alsacienne tout en
   boiseries. Cuisine classique servie dans un restaurant divisé en trois salles feutrées et
   intimes.

Beau Site 🔊 🎕 P ⟨ᴥ⟩ VISA ⑩ AE ⓪

Ottrott-le-Haut – ℰ *03 88 48 14 30* – *lebeausiteott@wanadoo.fr*
– *Fax 03 88 48 14 18* – *Fermé fév.*
18 ch – ♦98 € ♦♦98/168 €, ⫴ 16 € – ½ P 95/130 €
Rest – *(Fermé 26 juin-10 juil., merc. midi, lundi et mardi hors saison)* Menu 23/54 €
– Carte 35/68 €

◆ Cette grande maison à oriel et colombages est dotée de chambres confortables (certaines avec balcons). Le must : celles du dernier étage, spacieuses et personnalisées avec goût. Le restaurant – winstub de luxe, ornée d'œuvres de Spindler – propose une carte terroir.

Le Clos des Délices 🔊 🎕 ▣ ⊛ 🎕 ⅋ ch, 🍴 ⅋ ⟨ᴥ⟩ ⅍ P VISA ⑩

17 rte Klingenthal, Nord-Ouest : 1 km par D 426 – ℰ *03 88 95 81 00* – *contact@ leclosdesdelices.com* – *Fax 03 88 95 97 71*
21 ch – ♦93/100 € ♦♦100/180 €, ⫴ 16 € – 1 suite – **Rest** – *(fermé dim. soir)*
Menu 26 € (déj. en sem.), 39/59 € – Carte 45/72 €

◆ Havre de paix au cœur d'un magnifique parc, cette superbe auberge-spa à la façade tapissée de verdure abrite des chambres aux équipements dernier cri décorées avec goût. Restaurant spacieux et clair ouvrant sur les bois et carte classique sagement créative.

À l'Ami Fritz 🔊 🎕 🎕 ⅋ ch, 🍴 ch, ⟨ᴥ⟩ ⅍ P ⟨ᴥ⟩ VISA ⑩ AE ⓪
🙂
Ottrott-le-Haut – ℰ *03 88 95 80 81* – *ami-fritz@wanadoo.fr* – *Fax 03 88 95 84 85*
– *Fermé 12-31 janv.*
21 ch – ♦75/107 € ♦♦75/128 €, ⫴ 12,50 € – 1 suite – ½ P 75/97 €
Rest – *(fermé 30 juin-10 juil., 12-31 janv. et merc.)* Menu 24 € (sem.)/62 € – Carte 35/54 €

◆ Maison régionale aux chambres confortables et personnalisées. L'enseigne est un clin d'œil au roman d'Erckmann et Chatrian (1854), mais c'est aussi le nom des propriétaires. Restaurant chaleureux d'esprit winstub servant de goûteux plats du pays.

Aux Chants des Oiseaux sans rest 🍃 🔊 🍴 P VISA ⑩ AE ⓪

Ottrott-le-Haut – ℰ *03 88 95 87 39* – *ami-fritz@wanadoo.fr* – *Fax 03 88 95 84 85*
– *Fermé 30 juin-10 juil. et 7 janv.-6 fév.*
16 ch – ♦74/95 € ♦♦74/106 €, ⫴ 12,50 €

◆ En pleine nature, maison typique du coin qui abrite de plaisantes chambres colorées. Salle des petits-déjeuners aux boiseries et poutres apparentes, terrasse côté piscine.

Domaine Le Moulin 🔊 🎕 ✗ 🎕 ⅋ ch, 🍴 rest, ⟨ᴥ⟩ ⅍
🙂⊜
rte Klingenthal, Nord-Ouest : 1 km par D 426 – P P VISA ⑩ AE
ℰ *03 88 95 87 33* – *domaine.le.moulin@wanadoo.fr* – *Fax 03 88 95 98 03*
– *Fermé 23 déc.-20 janv.*
23 ch – ♦58 € ♦♦70 €, ⫴ 13 € – 3 suites – ½ P 67/76 €
Rest – *(fermé sam. midi, dim. soir et lundi midi)* Menu 16 € (déj. en sem.), 23/55 €
– Carte 25/55 €

◆ Ce vaste hôtel entouré d'un parc (rivière, étang) impose sa présence sur la route des vins. Chambres douillettes et, dans l'annexe, grands appartements (duplex) plus modernes. Carte régionale au restaurant et terrasse face à la forêt.

OBERSTEIGEN – 67 Bas-Rhin – 315 H5 – ✉ 67710 🏛 Alsace Lorraine   1 **A1**

🔃 Paris 466 – Molsheim 27 – Sarrebourg 32 – Saverne 16 – Strasbourg 39
– Wasselonne 13

◉ Vallée de la Mossig ★ E : 2 km.

Hostellerie Belle Vue 🍃 ⩽ 🔊 🎕 ✗ 🛗 🎕 🍴 rest, ✗ rest, ⟨ᴥ⟩

16 rte de Dabo – ℰ *03 88 87 32 39* ⅍ P VISA ⑩ AE
– *hostellerie.belle-vue@wanadoo.fr* – *Fax 03 88 87 37 77* – *Ouvert 13 avril-1ᵉʳ janv. et fermé dim. soir et lundi hors saison sauf fériés*
25 ch – ♦70/80 € ♦♦70/80 €, ⫴ 10 € – 2 suites – ½ P 70/75 €
Rest – Menu 25/40 € – Carte 30/54 €

◆ Au cœur de la forêt de Saverne, cette auberge offre une vue magnifique sur la vallée. Chambres confortables au mobilier de style, espace bien-être, jardin, belle piscine. Grande salle à manger de style régional et terrasse d'été fleurie ; cuisine de terroir revisitée.

OBERSTEINBACH – 67 Bas-Rhin – 315 K2 – 184 h. – alt. 239 m – ⊠ 67510

▌ Alsace Lorraine   **1 B1**

    ▶ Paris 458 – Bitche 22 – Haguenau 35 – Strasbourg 68 – Wissembourg 25

XXX   **Anthon** avec ch ♨   ☕ ⌂ **P** **VISA** **CO**

⊡   *40 r. Principale – ℰ 03 88 09 55 01 – info@restaurant-anthon.fr*
    – Fax 03 88 09 50 52 – Fermé janv., mardi et merc. sauf juil.-août
    8 ch – †48/62 € †† 62/98 €, ⊑ 10 € – ½ P 75 € – **Rest** – Menu 25/65 € – Carte
    42/59 €

    ♦ Maison à colombages (1860) abritant une élégante salle à manger en rotonde tournée
    vers le jardin. Cuisine du terroir. Chambres rafraîchies, dont deux conservent une boiserie
    d'alcôve intégrant les lits.

OBJAT – 19 Corrèze – 329 J4 – 3 372 h. – alt. 131 m – ⊠ 19130   **24 B3**

    ▶ Paris 467 – Brive-la-Gaillarde 21 – Limoges 79 – Tulle 45 – Uzerche 30
    🛈 Office de tourisme, place Charles de Gaulle ℰ 05 55 25 96 73,
    Fax 05 55 25 97 45

⌂   **De France**   **AC** rest, ⌂ **P** **VISA** **CO**

🥜   *av. G. Clemenceau, (vers la gare) – ℰ 05 55 25 80 38 – hoteldefrance.objat@*
    wanadoo.fr – Fax 05 55 25 91 87 – Fermé 15 sept.-5 oct., 23 déc.-2 janv. et sam.
    27 ch – †35 € ††45 €, ⊑ 9 € – ½ P 42/52 € – **Rest** – (fermé dim. soir et sam.)
    Menu 14 € (sem.)/42 € – Carte 32/52 €

    ♦ Accueil charmant assuré dans cet hôtel familial proche de la gare. Les chambres, simples
    et fonctionnelles, sont progressivement pourvues de la climatisation. Salle de restaurant
    rénovée ouverte sur une cour intérieure ; spécialités régionales au menu.

X   **La Tête de L'Art**   ⌂ **AC** **P** **VISA** **CO** **AE**

🥜   *53 av. J. Lascaux – ℰ 05 55 25 50 42 – latetedelart@wanadoo.fr – Fermé*
    26 juin-10 juil., 30 oct.-5 nov., 2-7 janv., mardi sauf le midi en juil.-août et merc.
    Rest – Menu 10 € (déj. en sem.), 28/40 €

    ♦ Histoire de marier l'art et le goût, ce restaurant familial, plutôt sobre, organise des
    expositions de peintures et sculptures d'artistes locaux. Plats ancrés dans la tradition.

ODENAS – 69 Rhône – 327 G3 – 735 h. – alt. 300 m – ⊠ 69460   **43 E1**

    ▶ Paris 427 – Bourg-en-Bresse 54 – Lyon 47 – Mâcon 33
    – Villefranche-sur-Saône 15

X   **Christian Mabeau**   ⌂ **VISA** **CO**

    261 r. du Beaujolais – ℰ 04 74 03 41 79 – chrisvie@hotmail.fr – Fax 04 74 03 49 40
    – Fermé 27 août-16 sept., dim. soir et lundi sauf midi férié
    Rest – Menu 32/63 € – Carte 54/58 €

    ♦ Cette façade discrète dissimule un charmant restaurant où se confrontent styles rustique
    et contemporain. En été, installez-vous sur la terrasse en bordure des vignes.

OFFRANVILLE – 76 Seine-Maritime – 304 G2 – **rattaché à Dieppe**

OGNES – 02 Aisne – 306 B5 – **rattaché à Chauny**

L'OIE – 85 Vendée – 316 J7 – 835 h. – alt. 102 m – ⊠ 85140   **34 B3**

    ▶ Paris 394 – Cholet 40 – Nantes 62 – Niort 94 – La Roche-sur-Yon 29

⌂   **Le Grand Turc**   ⊒ |✦| **AC** rest, ↔ ✧ rest, ⌂ 🛁 **P** **VISA** **CO** **AE** **①**

    33 r. Nationale – ℰ 02 51 66 08 74 – legrandturc@wanadoo.fr
    – Fax 02 51 66 14 13 – Fermé 24 déc.-6 janv.
    19 ch – †53 € ††66 €, ⊑ 7,50 € – ½ P 58 € – **Rest** – (fermé sam. soir hors saison
    et dim.) Menu 19/48 € – Carte 25/38 €

    ♦ L'enseigne évoque le mamelouk Amakuc, chef de la garde de Napoléon Ier lors du passage
    de l'Empereur à l'auberge. À l'arrière, chambres fonctionnelles et bien tenues. Une salle
    dédiée à la cuisine traditionnelle, une autre à la formule buffet et au plat du jour.

OINVILLE-SOUS-AUNEAU – 28 Eure-et-Loir – 311 G5 – 279 h. – alt. 150 m –
⌧ 28700   12 **C1**

▪ Paris 77 – Chartres 20 – Montigny-le-Bretonneux 50 – Orléans 88

⌂ **Caroline Lethuillier** sans rest ॐ   ⇄ ⅏ **P.**
2 r. Prunus, à Cherville, 2km à l'Ouest – * 02 37 31 72 80 – info@cherville.com*
– Fax 02 37 31 38 56
4 ch ⌚ – ♦47/53 € ♦♦56/60 €
♦ Tomettes, poutres, décoration à thème et pièces de mobilier familial : les chambres, logées dans les anciens greniers de la ferme, ont du cachet. Délicieux petit-déjeuner maison.

OISLY – 41 Loir-et-Cher – 318 F7 – 310 h. – alt. 120 m – ⌧ 41700   11 **A1**

▪ Paris 208 – Tours 61 – Blois 27 – Châteauroux 80 – Romorantin-Lanthenay 32

XX **St-Vincent**   ⇔ *VISA* ⓿⓿
😊 – * 02 54 79 50 04 – Fax 02 54 79 50 04 – Fermé 15 déc.-15 janv., lundi soir, mardi et merc.*
Rest – Menu 25/54 € – Carte 44/60 €
♦ La cuisine au goût du jour, subtilement épicée, attire les gourmets en ce restaurant rustique dont l'enseigne célèbre le patron des vignerons. Dégustations de vins du pays.

OIZON – 18 Cher – 323 L2 – 752 h. – alt. 230 m – ⌧ 18700   12 **C2**

▪ Paris 179 – Bourges 54 – Cosne-sur-Loire 35 – Gien 29 – Orléans 66
– Salbris 38 – Vierzon 50

X **Les Rives de l'Oizenotte**   ⇐ ⇔ **P.** *VISA* ⓿⓿
à l'étang de Nohant, Est : 1 km – * 02 48 58 06 20 – oizenotte.g@infonie.fr*
– Fax 02 48 58 28 97 – Fermé 21 déc.-17 janv., lundi et mardi
Rest – (nombre de couverts limité, prévenir) Menu 19 € (sem.)/28 €
♦ Au bord d'un étang, table régionale relookée et pourvue d'une jolie terrasse près de l'eau. Salles modernes dotées de panneaux en bois blond ; décor sur le thème de la pêche.

OLEMPS – 12 Aveyron – 338 H4 – rattaché à Rodez

OLÉRON (ÎLE D') – 17 Charente-Maritime – 324 C4 – voir à Île d'Oléron

---

OLIVET – 45 Loiret – 318 I4 – rattaché à Orléans

LES OLLIÈRES-SUR-EYRIEUX – 07 Ardèche – 331 J5 – 797 h. – alt. 200 m –
⌧ 07360   44 **B3**

▪ Paris 593 – Le Cheylard 28 – Lamastre 33 – Montélimar 53 – Privas 19
– Valence 34

🛈 Office de tourisme, le pont * 04 75 66 30 21, Fax 04 75 66 20 31

X **Le Truffolier**   **AC** ⅏ *VISA* ⓿⓿
😊 D 120 – * 04 75 66 20 32 – letruffolier@wanadoo.fr – Fax 04 75 66 20 63*
– Fermé 2-10 juin, 29 sept.-14 oct., 10 nov.-16 mars, lundi sauf le midi en juil.-août et dim. soir sauf fériés
Rest – Menu 15/36 € – Carte 24/47 €
♦ Salle à manger d'esprit rustique, cuisine traditionnelle sans prétention : cette auberge familiale de la vallée de l'Eyrieux vous accueille en toute simplicité.

OLLIOULES – 83 Var – 340 K7 – 12 198 h. – alt. 52 m – ⌧ 83190
▮ Côte d'Azur   40 **B3**

▪ Paris 829 – Aix-en-Provence 80 – Marseille 59 – Toulon 8

🛈 Office de tourisme, 116, avenue Philippe de Hauteclocque * 04 94 63 11 74, Fax 04 94 63 33 72

◎ Gorges d'Ollioules★.

✗ **L'Assiette Gourmande**   ㅠ ✗ *VISA* ⓪ⓞ

2 pl. Victor Clément, (parvis de l'église) – ☎ *04 94 63 04 61 – Fermé mardi et merc. de sept. à juin et le midi en juil.-août*

Rest – *(nombre de couverts limité, prévenir)* Menu 24/34 € – Carte 30/56 €

◆ Vous apprécierez la cuisine de caractère de cette maison, sur la terrasse s'il fait beau, ou bien à l'intérieur : petite salle colorée de style provençal et mezzanine.

OLMETO – 2A Corse-du-Sud – 345 C9 – **voir à Corse**

OLMETO-PLAGE – 2A Corse-du-Sud – 345 C9 – **rattaché à Olmeto**

OLORON-STE-MARIE ⊚ – 64 Pyrénées-Atlantiques – 342 I5 – **10 992 h.** – alt. 224 m – ✉ **64400** ▮ **Aquitaine**   3 **B3**

◗ Paris 809 – Bayonne 105 – Mont-de-Marsan 101 – Pau 34

🛈 Office de tourisme, allée du Comte de Tréville ☎ 05 59 39 98 00, Fax 05 59 39 43 97

◉ Portail★★ de l'église Ste-Marie.

OLORON-STE-MARIE

Barthou (R. Louis) . . . . **B**
Bellevue (Promenade) . . . . **B** 2
Biscondau (R. du) . . . . **B** 3
Bordelongue (R. A.) . . . . **B** 4
Camou (R.) . . . . **B**
Casamayor-Dufaur (R.) . . . . **A** 5
Cathédrale (R. de la) . . . . . . **A** 6
Dalmais (R.) . . . . **B** 7
Derème (Av. Tristan) . . . . . . **A** 8
Despourrins (R.) . . . . **A** 9
Gabe (Pl. Amédée) . . . . **B** 10
Gambetta (Pl.) . . . . **B** 12
Jaca (Pl.) . . . . **A** 13
Jeliote (R.) . . . . **B** 14
Lattre-de-Tassigny
  (Av. du Mar.de) . . . . **A** 23
Mendiondou (Pl. Léon) . . . . **B** 15
Moureu
  (Av. Charles et Henri) . . . **A** 16
Oustalots (Pl. des) . . . . **A** 18
Pyrénées (Bd des) . . . . **A** 19
Résistance (Pl. de la) . . . . . . **B** 20
St-Grat (R.) . . . . **A** 22
Toulet (R. Paul-Jean) . . . . . . **A** 24
Vigny (Av. Alfred de) . . . . . . **A** 26
4-Septembre (Av. du) . . . . . . **A** 28
14-Juillet (Av. du) . . . . **A** 30

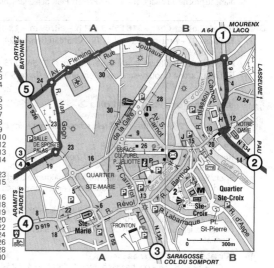

🏨 **Alysson**   🚗 ㅠ 🏊 🛴 🖥 ☕ 🅰 ↔ 📞 ☝ **P** *VISA* ⓪ⓞ Æ ①

bd des Pyrénées – ☎ *05 59 39 70 70 – alysson.hotel @ wanadoo.fr – Fax 05 59 39 24 47*   A **r**

47 ch – ♦72/90 € ♦♦80/110 €, ☑ 10,50 € – 1 suite – ½ P 65/80 €

Rest – *(fermé 19 déc.-3 janv., 14-28 fév., vend. soir d'oct. à avril, sam. sauf le soir de mai à sept.)* Menu 22 € *(déj. en sem.)*, 27/42 € – Carte 47/66 €

◆ Hôtel moderne abritant des chambres spacieuses et fonctionnelles (certaines avec baignoire "balnéo") et des salles de réunions bien équipées. Boiseries blondes et mobilier contemporain caractérisent la vaste salle à manger ouverte sur le jardin.

🏠 **La Paix** sans rest   ✗ ☝ **P** *VISA* ⓪ⓞ

24 av. Sadi-Carnot – ☎ *05 59 39 02 63 – hoteloloron @ aliceadsl.fr – Fax 05 59 39 98 20*   A **n**

24 ch – ♦44/49 € ♦♦44/53 €, ☑ 7 €

◆ Cette adresse familiale située dans le quartier de la gare a bénéficié d'une cure de jouvence : chambres gaies, colorées et fort bien tenues.

OMIÉCOURT – 80 Somme – 301 K9 – 235 h. – alt. 85 m – ⊠ 80320   37 **B2**

🖪 Paris 128 – Amiens 64 – Saint-Quentin 39 – Compiègne 53 – Tergnier 63

⛫ **Château d'Omiécourt** sans rest ⌂   🕭 🌫 🔄 WSA 🐵
   4 r. du Bosquet – ℰ 03 22 83 01 75 – thezy@terre-net.fr – Fax 03 22 83 09 56
   5 ch ⚄ – †65/80 € ††80/95 €
   ♦ Château de famille où l'on est accueilli par la 6ᵉ génération. Chambres personnalisées
   avec du mobilier chiné. Practice de golf dans le parc ; piscine de nage à contre-courant.

OMONVILLE-LA-PETITE – 50 Manche – 303 A1 – 132 h. – alt. 33 m –
⊠ 50440   32 **A1**

🖪 Paris 380 – Barneville-Carteret 45 – Cherbourg 25 – Nez de Jobourg 7
   – St-Lô 101

🏠 **La Fossardière** sans rest ⌂   **P.** WSA 🐵
   au hameau de la fosse – ℰ 02 33 52 19 83 – Fax 02 33 52 73 49 – Ouvert
   15 mars-15 nov.
   10 ch – †41 € ††65 €, ⚄ 9 €
   ♦ Chambres de tailles variées, réparties dans plusieurs maisons constituant un paisible
   hameau proche du village où repose J. Prévert. Petit-déjeuner servi dans l'ex-boulangerie.

ONZAIN – 41 Loir-et-Cher – 318 E6 – 3 141 h. – alt. 69 m – ⊠ 41150   11 **A1**

🖪 Paris 201 – Amboise 21 – Blois 19 – Château-Renault 24 – Montrichard 23
   – Tours 44

🛈 Syndicat d'initiative, 3, rue Gustave Marc ℰ 02 54 20 78 52

🛐 de la Carte à Chouzy-sur-Cisse Domaine de la Carte, SO : 6 km par D 952,
   ℰ 02 54 20 49 00.

⛫⛫ **Domaine des Hauts de Loire** ⌂   🕭 🛋 🌫 🍴 ♿ ch, 🔟 🌫 📞 🐾
🏵🏵 Nord-Ouest : 3 km par D 1 et voie privée –   **P.** WSA 🐵 AE ⓞ
   ℰ 02 54 20 72 57 – hauts-loire@relaischateaux.com – Fax 02 54 20 77 32
   – Fermé 1ᵉʳdéc.-20 fév.
   19 ch – †130/290 € ††130/290 €, ⚄ 22 € – 12 suites – ½ P 200/245 €
   Rest – (fermé lundi et mardi sauf fériés) (nombre de couverts limité, prévenir)
   Menu 75/160 € – Carte 88/137 € 🕸
   Spéc. Salade d'anguille croustillante à la vinaigrette d'échalote. Pigeonneau du
   Vendômois au jus de presse. Filet de bœuf et foie gras pochés au montlouis. **Vins**
   Touraine, Touraine Mesland.
   ♦ Castel et ravissant pavillon de chasse du 19ᵉ s. dans un vaste parc arboré (étang).
   Chambres personnalisées de grand caractère, vol en montgolfière, pêche, etc. Séduisante
   cuisine actuelle servie dans un cadre de charme : tentures, meubles de style, poutres et
   cheminée.

🏠 **Château des Tertres** sans rest ⌂   🕭 🛋 🌫 📞 **P.** WSA 🐵 AE
   – ℰ 02 54 20 83 88 – contact@chateau-tertres.fr – Fax 02 54 20 89 21 – Ouvert
   20 mars-26 oct.
   18 ch – †68 € ††122 €, ⚄ 10 €
   ♦ Gentilhommière du Second Empire entourée d'un magnifique parc de 5 ha. Chambres
   de style Napoléon III ou Louis-Philippe, originales et contemporaines dans un cottage
   attenant.

OPIO – 06 Alpes-Maritimes – 341 C5 – 1 922 h. – alt. 300 m – ⊠ 06650   42 **E2**

🖪 Paris 911 – Cannes 17 – Digne-les-Bains 125 – Draguignan 74 – Grasse 9
   – Nice 31

🛈 Syndicat d'initiative, route Village ℰ 04 93 77 23 18

🍴🍴 **Le Mas des Géraniums**   🍽 🌫 **P.** WSA 🐵 AE
   1 km à San Peyre, Est sur D 7 – ℰ 04 93 77 23 23 – info@
🐾 le-mas-des-geraniums.com – Fax 04 93 77 76 05 – Fermé 15 nov.-20 déc., mardi et
   merc.
   Rest – Menu 18 € (déj. en sem.), 35/40 € – Carte 39/67 €
   ♦ Repas traditionnel dans un cadre "rusti-cosy" ou sur la terrasse ombragée et fleurie,
   avec le vieux village pour toile de fond. Tonnelle, haut palmier et oliviers au jardin.

ORADOUR-SUR-GLANE – 87 Haute-Vienne – 325 D5 – 2 025 h. – alt. 275 m –
⊠ 87520 ▮ Limousin Berry   24 **B2**

▶ Paris 408 – Angoulême 85 – Bellac 26 – Confolens 33 – Limoges 25
– Nontron 66

🄸 Office de tourisme, place du Champ de Foire 🕾 05 55 03 13 73,
Fax 05 55 03 13 73

◉ "Village martyr" dont la population a été massacrée en juin 1944.

🏠 **La Glane**   P, VISA 🟢
⊛ 8 pl. Gén. de Gaulle – 🕾 05 55 03 10 43 – Fax 05 55 03 15 42
10 ch – ♦44 €, ♦♦46 €, � 8 € – ½ P 46 € – **Rest** – (fermé 15 déc.-28 fév. et sam.)
Menu 14,50/25 € – Carte 20/34 €
♦ Sur la place centrale animée du village reconstruit, hôtel abritant des petites chambres
modestes mais bien tenues. Restaurant rustique où l'on mange au coude à coude. Buffets
de hors-d'œuvre et de desserts et plats principaux simples à base de grillades.

✗ **Le Milord**   VISA 🟢
⊛ 10 av. du 10-Juin – 🕾 05 55 03 10 35 – Fax 05 55 03 21 76 – Fermé dim. soir et
merc. soir
Rest – Menu 13/39 € – Carte 18/38 €
♦ Salle à manger de type brasserie avec banquettes en velours beige, tables simplement
dressées et assez serrées. Cuisine traditionnelle sans fioriture mais généreuse.

ORADOUR-SUR-VAYRES – 87 Haute-Vienne – 325 C6 – 1 636 h. – alt. 322 m –
⊠ 87150   24 **A2**

▶ Paris 433 – Limoges 40 – Saint-Junien 23 – Panazol 45 – Isle 36

🄸 Office de tourisme, 3, avenue du 8 Mai 1945 🕾 05 55 78 22 21

🏠 **La Bergerie des Chapelles** ⊗   🔔 🛜 ⊐ ✗ & ⇄ 𝄐
⊛ – 🕾 05 55 78 29 91 – info@   P, VISA 🟢 AE ⓪
domainedeschapelles.com – Fax 05 55 71 70 19 – Fermé en nov. et en janv.
7 ch – ♦50/55 € ♦♦65/90 €, ⊐ 9 € – ½ P 65/70 € – **Rest** – (fermé dim. soir et
lundi hors saison) Menu 18 € (déj. en sem.), 26/38 € bc
♦ En pleine campagne, bergerie vénérable rénovée pour vous loger au calme dans un
cadre cosy. Belles salles de bains et terrasses ouvrant sur le parc. Repas au goût du jour dans
un décor rustique modernisé : murs sombres égayés de grandes peintures.

ORANGE – 84 Vaucluse – 332 B9 – 27 989 h. – alt. 97 m – ⊠ 84100
▮ Provence   42 **E1**

▶ Paris 655 – Alès 84 – Avignon 31 – Carpentras 24 – Nîmes 56

🄸 Office de tourisme, 5, cours Aristide Briand 🕾 04 90 34 70 88,
Fax 04 90 34 99 62

🄶 d'Orange Route de Camaret, par rte du Mt-Ventoux : 4 km, 🕾 04 90 34 34 04.

◉ Théâtre antique★★★ – Arc de Triomphe★★ – Colline St-Eutrope ⩽★.

Plan page suivante

🏠 **Park Inn**   🛜 ⊐ & ch, 🄰 𝄐 🕊 🄰 P VISA 🟢 AE ⓪
rte Caderousse, par ⑤ – 🕾 04 90 34 24 10 – info.orange@rezidorparkinn.com
– Fax 04 90 34 85 48
99 ch – ♦75/125 € ♦♦85/135 €, ⊐ 12 € – ½ P 62/75 € – **Rest** – (fermé sam. midi
et dim. midi de nov. à fév.) Menu 21/26 € – Carte 26/41 €
♦ Établissement proposant des chambres au décor provençal soigné. Joyeux salon et
service très attentionné séduiront aussi bien la clientèle de touristes. Le
restaurant s'ouvre sur la piscine de l'hôtel, au bord de laquelle on déjeune en été.

🏠 **Arène**   🄰 ch, ⇄ ✗ rest, 🕊 ⊛ VISA 🟢 AE ⓪
pl. Langes – 🕾 04 90 11 40 40 – reservation@hotel-arene.fr
– Fax 04 90 11 40 45   AY **a**
35 ch – ♦56/120 € ♦♦74/170 €, ⊐ 8 € – ½ P 65/98 € – **Rest** – (fermé le soir sauf
merc. et dim.) Menu 12,50 € (déj.)/28 €
♦ Situées sur une place piétonne, à l'ombre des platanes, grandes maisons de
1800 dont celle entièrement rénovée abrite des chambres provençales ou "executive".
Cuisine italienne ou régionale ? À vous de choisir dans l'un des deux restaurants.

ORANGE

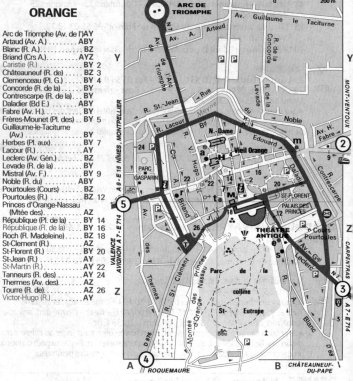

🏠 **Le Glacier** sans rest   🏡 📞 🅿 VISA ⑩ AE

46 cours A. Briand – ℰ 04 90 34 02 01 – info@le-glacier.com – Fax 04 90 51 13 80
– Fermé 20 déc.-5 janv., vend., sam. et dim. de nov. à fév.   AY r
28 ch – ♦49/68 € ♦♦49/80 €, ⚌ 7,50 €

♦ Ambiance familiale dans cet hôtel géré de père en fils depuis trois générations. Petites chambres en partie rénovées dans le style provençal et toutes climatisées (sauf trois).

🏠 **St-Jean** sans rest   🚗 🐾 🅿 VISA ⑩ AE

1 cours Pourtoules – ℰ 04 90 51 15 16 – hotel.saint-jean@wanadoo.fr
– Fax 04 90 11 05 45 – Fermé 20-27 déc.   BZ s
22 ch – ♦45/90 € ♦♦45/90 €, ⚌ 7 €

♦ Ancien relais de poste adossé à la colline St-Eutrope et voisin du théâtre antique. Original salon taillé dans la roche et chambres d'ampleur variée, meublées diversement.

✗✗ **Le Parvis**   🍴 AK VISA ⑩ AE

55 cours Pourtoules – ℰ 04 90 34 82 00 – le-parvis2@wanadoo.fr
– Fax 04 90 51 18 19 – Fermé 9 nov.-1ᵉʳ déc., 11 janv.-2 fév., dim. et lundi
Rest – Menu (14 €), 19/45 €   BZ e

♦ Parquet ciré, cadre sans fausse note et tableaux contemporains confèrent une atmosphère élégante à ce restaurant. Cuisine provençale assaisonnée d'une pincée de modernité.

✗ **Le Monteverdi**   🍴 ♿ AK VISA ⑩ AE ⓞ

443 bd E. Daladier – ℰ 04 90 29 53 77 – Fax 04 90 29 53 77   BY m
Rest – Menu 25 € – Carte 30/45 €

♦ Dans un décor tendance et cosy (tons orange, aubergine et marron, plusieurs tables d'hôte et espace lounge), le chef propose une goûteuse cuisine bien ancrée dans son époque.

✗ **Le Forum** ⇔ 𝗩𝗜𝗦𝗔 ⓂⓈ

⊖ *3 r. de Mazeau – 𝒞 04 90 34 01 09 – Fax 04 90 34 01 09 – Fermé*
25 août-10 sept., 23 fév.-10 mars, sam. midi, dim. soir et lundi BY **t**
Rest – Menu 18 € (déj. en sem.), 21/38 € – Carte 29/52 €

♦ Petit établissement dissimulé dans une étroite ruelle, à deux pas du théâtre antique. Élégant décor d'inspiration provençale pour une cuisine traditionnelle composée de produits frais.

par ① N 7 et rte secondaire : 4 km – ☒ 84100 Orange

✗✗ **Le Mas des Aigras** avec ch ⌂ ♨ ⌂ ⌄ 🄰🄲 ch, **P** 𝗩𝗜𝗦𝗔 ⓂⓈ 🄰🄴
chemin des Aigras – 𝒞 04 90 34 81 01 – masdesaigras @ free.fr
– Fax 04 90 34 05 66 – Fermé 23 oct.-9 nov., 18 déc.-11 janv., lundi soir, mardi et merc. midi d'oct. à mars
12 ch – ♦70/75 € ♦♦70/75 €, ⌑ 12 € – ½ P 75/95 € – **Rest** – *(fermé lundi midi, merc. midi et sam. midi de mai à sept. sauf fériés) (nombre de couverts limité, prévenir)* Menu 20 € (déj. en sem.), 28/52 € – Carte 39/58 €

♦ Dans ce joli mas en pierre au milieu des vignes et des champs, le chef réalise, en partie sous vos yeux, une goûteuse cuisine à base de produits bio. Cadre revu et soigné. Terrasse. Chambres égayées de couleurs provençales qui doivent être refaites prochainement.

à Sérignan-du-Comtat par ①, N 7 et D 976 : 8 km – 2 254 h. – alt. 80 m – ☒ 84830

✗✗✗ **Le Pré du Moulin** (Pascal Alonso) avec ch ⌂ ♨ ⌂ ⌄ **P** 𝗩𝗜𝗦𝗔 ⓂⓈ
ⵣ *rte Ste-Cécile les Vignes – 𝒞 04 90 70 14 55 – info @ predumoulin.com*
– Fax 04 90 70 05 62 – Fermé dim. soir et lundi de mi-sept. à mai et lundi midi de mai à mi-sept.
11 ch ⌑ – ♦100/150 € ♦♦110/230 € – ½ P 99/153 €
Rest – Menu 35/100 € bc – Carte 69/94 €
Spéc. Raviole ouverte de truffes du Tricastin et artichauts sautés (déc. à mars). Pigeon farci au chou et foie gras. Soufflé au Grand Marnier. **Vins** Gigondas, Côtes du Rhône.

♦ L'ex-école du village réunit premiers de la classe et bonnets d'âne autour d'une délicieuse cuisine du marché. Élégante salle à manger et terrasse ombragée. Chambres d'ampleur et de décoration variées ; certaines disposent d'un balcon ou d'une terrasse.

ORBEC – 14 Calvados – 303 O5 – 2 564 h. – alt. 110 m – ☒ 14290
▌Normandie Vallée de la Seine 33 **C2**

🅳 Paris 173 – L'Aigle 38 – Alençon 80 – Argentan 53 – Bernay 18 – Caen 85 – Lisieux 21

🅴 Office de tourisme, 6, rue Grande 𝒞 02 31 32 56 68, Fax 02 31 32 04 37

◉ Vieux manoir★.

✗✗✗ **Au Caneton** 𝗩𝗜𝗦𝗔 ⓂⓈ 🄰🄴
32 r. Grande – 𝒞 02 31 32 73 32 – Fax 02 31 62 48 91 – Fermé 1ᵉʳ-16 sept., 5-19 janv., mardi soir sauf juil.-août, dim. soir et lundi
Rest – *(nombre de couverts limité, prévenir)* Menu 20 € (sem.)/75 € – Carte 54/114 €

♦ Au centre du village, maison du 17ᵉ s. abritant deux salles à manger feutrées, décorées de cuivres et d'une collection d'assiettes anciennes. Cuisine classique.

✗ **L'Orbecquoise** 𝒮 𝗩𝗜𝗦𝗔 ⓂⓈ
⊖ *60 r. Grande – 𝒞 02 31 62 44 99 – herve.doual @ wanadoo.fr – Fax 02 31 62 44 99*
– Fermé 25 juin-12 juil., merc. sauf midi du 15 juil. au 15 sept. et jeudi
Rest – Menu 17/30 € – Carte 34/40 €

♦ Auberge rustique aménagée dans une demeure du 17ᵉ s. Une exposition de photos anciennes de la ville égaie les murs de la salle à manger. Cuisine régionale.

ORBEY – 68 Haut-Rhin – 315 G8 – 3 548 h. – alt. 550 m – Sports d'hiver : voir "Le Bonhomme" – ☒ 68370 ▌Alsace Lorraine 1 **A2**

🅳 Paris 434 – Colmar 23 – Gérardmer 42 – Munster 21 – St-Dié 37 – Sélestat 35

🅴 Office de tourisme, 48, rue du Général-de-Gaulle 𝒞 03 89 71 30 11, Fax 03 89 71 34 11

Bois Le Sire et son Motel 🖾 🖔 ↔ 🕻 ⚙ 🄿 VISA ⑩ 🄰🄴 ①

20 r. Ch. de Gaulle – 𝒸 03 89 71 25 25 – boislesire @ bois-le-sire.fr
– Fax 03 89 71 30 75 – Fermé 4 janv.-6 fév.
35 ch – ♦52/80 € ♦♦52/80 €, ⌑ 10 € – 1 suite – ½ P 58/72 € – **Rest** –
(fermé lundi sauf juil.-août) Menu 9,50 € (déj. en sem.), 16/48 € – Carte 20/51 €
◆ Deux bâtiments abritant des chambres fonctionnelles ; choisissez de préférence celles du motel, plus grandes et plus calmes. Espace forme, sauna et jacuzzi. Boiseries et mobilier de style au restaurant, où l'on sert une cuisine traditionnelle toute simple.

Aux Bruyères 🚗 🏠 🎐 🕭 ch, 🕻 🄿 VISA ⑩ 🄰🄴 ①

35 r. Ch. de Gaulle – 𝒸 03 89 71 20 36 – info @ auxbruyeres.com
– Fax 03 89 71 35 30 – Ouvert 20 mars-26 oct. et 15-31 déc.
29 ch – ♦42 € ♦♦42/65 €, ⌑ 8 € – ½ P 41/55 € – **Rest** – *(fermé merc. midi et jeudi midi en saison)* Menu (11 €), 13,50/28 € – Carte 21/38 €
◆ Cette maison familiale, qui fait aussi salon de thé, propose des chambres pratiques (trois appartements familiaux). Celles du pavillon sont tournées sur le jardin. Sobre salle à manger, terrasse d'été et cuisine aux accents régionaux.

à Basses-Huttes Sud : 4 km par D 48 – ⌧ 68370 Orbey

Wetterer ⑳ 🎐 🕭 ch, 🕻 🄿 VISA ⑩ 🄰🄴

– 𝒸 03 89 71 20 28 – info @ hotel-wetterer.com – Fax 03 89 71 36 50
– Fermé 10-14 mars, 31 mars-13 avril, 5-28 nov. et merc. du 28 nov. au 24 déc. et du 5 janv. au 8 fév.
15 ch – ♦36/46 € ♦♦45/62 €, ⌑ 7,50 € – ½ P 44/47 € – **Rest** – *(fermé lundi, mardi et merc. du 28 nov. au 24 déc. et du 5 janv. au 8 fév.)* Menu (14 €), 16/30 €
– Carte 18/36 €
◆ Au cœur d'un superbe paysage de montagnes et de forêts – quiétude garantie ! –, cet hôtel des années 1960 dispose de chambres fonctionnelles et bien tenues. Restaurant au cadre rustico-bourgeois (poutres, cheminée et argenterie) et carte traditionnelle.

à Pairis 3 km au Sud-Ouest par D 48[II] – ⌧ 68370 Orbey

◙ Lac Noir★ : ≼★ 30 mn O : 5 km.

Le Domaine de Pairis ⑳ 🕭 🏠 ↔ 🕻 ⚙ 🄿 VISA ⑩

233 Pairis – 𝒸 03 89 71 20 15 – info @ pairis.fr – Fax 03 89 71 39 90 – Fermé 5-15 nov., 10-25 janv. et mardi soir
14 ch – ♦55 € ♦♦65/95 €, ⌑ 9,50 € – ½ P 64/71 € – **Rest** – *(fermé le midi sauf dim.)* Menu 19/33 € – Carte 26/55 €
◆ Chambres décorées avec goût et simplicité : mobilier aux lignes épurées dans les tons écru ; tableaux et plaids pour les notes colorées. Produits bio et fermiers, confitures maison. Carte régionale accompagnée d'un choix restreint de vins.

Bon Repos ⑳ 🚗 🄿 VISA ⑩

– 𝒸 03 89 71 21 92 – au-bon-repos @ wanadoo.fr – Fax 03 89 71 24 51 – Ouvert 8 fév.-19 oct., 19 déc.-3 janv. et fermé merc.
17 ch – ♦43/48 € ♦♦43/48 €, ⌑ 8 € – ½ P 47/52 € – **Rest** – *(dîner seult sauf dim.)* Menu 16/34 € – Carte 19/41 €
◆ Petite auberge familiale avec jardin sur la route des lacs. Chambres simples et pratiques ; celles de l'annexe, plus paisibles, sont orientées vers une forêt de sapins. Salle à manger de style rustique pour une cuisine régionale.

ORCHIES – 59 Nord – 302 H5 – 7 472 h. – alt. 40 m – ⌧ 59310   31 **C2**

🄳 Paris 219 – Denain 28 – Douai 20 – Lille 29 – Tournai 20 – Valenciennes 30
🄳 Syndicat d'initiative, 42, rue Jules Roch 𝒸 03 20 64 86 32, Fax 03 20 64 86 32

Le Manoir 🏠 🎐 🕭 ch, 🄰🄲 🕻 ⚙ 🄿 🄿 🚗 VISA ⑩ 🄰🄴 ①

Hameau de Manneville, D 549 : Ouest par route Seclin – 𝒸 03 20 64 68 68
– contact @ manoir.net – Fax 03 20 64 68 69 – Fermé 2-29 août
34 ch – ♦70/115 € ♦♦70/115 €, ⌑ 12 € – ½ P 66/86 € – **Rest** – *(fermé 22-31 déc., vend. soir, sam. midi, dim. soir et soirs fériés)* Menu (18 €), 24/48 € – Carte 27/60 €
◆ Cet établissement pris entre l'A 23 et une route passante propose des chambres actuelles bénéficiant d'une bonne insonorisation. Relié à l'hôtel par un passage couvert, le restaurant du Manoir abrite un bar feutré et trois intimes salles à manger rustiques.

XX **La Chaumière** 🚗 🏠 **P̄** **VISA** **◯◯**
au Sud 3 km par D 957, rte Marchiennes – 📞 *03 20 71 86 38 – Fax 03 20 61 65 91*
– Fermé 1ᵉʳ-15 sept., fév., dim. soir et lundi
Rest – Menu (14 €), 30/79 € bc – Carte 40/59 € ⅋

◆ Des bibelots animaliers (nombreux chevaux) agrémentent le cadre agreste de ce restaurant. Cuisine traditionnelle, beau plateau de fromages et joli choix de bordeaux.

ORCIÈRES – 05 Hautes-Alpes – 334 F4 – 810 h. – alt. 1 446 m – **Sports d'hiver : à Orcières-Merlette 1 850/2 650 m** 🚡 2 🚠 26 🎿 – ⊠ 05170 ▐ Alpes du Sud   41 **C1**
▶ Paris 676 – Briançon 109 – Gap 32 – Grenoble 113 – La Mure 73
🅱 Office de tourisme, maison du Tourisme 📞 04 92 55 89 89,
     Fax 04 92 55 89 64
◙ Vallée du Drac Blanc★★ NO : 14 km.

à Merlette Nord : 5 km par D 76 – ⊠ 05170 Orcières

X   **Les Gardettes** avec ch ♨   ≤ 🍽 ch, 📞 **P̄** 🛏 **VISA** **◯◯**
– 📞 04 92 55 71 11 – info@gardettes.com – Fax 04 92 55 77 26
– Ouvert 1ᵉʳ déc.-24 avril et 15 juin-10 sept.
15 ch – ♦48/95 €, ♦♦48/95 €, � 7,50 € – ½ P 42/70 € – **Rest** – Menu 23/33 €
– Carte 23/41 €

◆ Restaurant familial abrité dans une ancienne étable : joli décor typiquement montagnard et plats régionaux relevés d'une touche personnelle. Chambres modestes.

ORCINES – 63 Puy-de-Dôme – 326 F8 – **rattaché à Clermont-Ferrand**

ORCIVAL – 63 Puy-de-Dôme – 326 E8 – 244 h. – alt. 840 m – ⊠ 63210
▐ Auvergne   5 **B2**
▶ Paris 441 – Aubusson 82 – Clermont-Ferrand 27 – Le Mont-Dore 17
     – Ussel 55
🅱 Office de tourisme, le bourg 📞 04 73 65 89 77, Fax 04 73 65 89 78
◙ Basilique Notre-Dame★★.

🏠   **Roche** sans rest ♨   🚗 **VISA** **◯◯**
– 📞 04 73 65 82 31 – Fax 04 73 65 94 15 – Fermé 11 nov.-25 déc. et lundi hors saison
8 ch – ♦35 € ♦♦45 €, � 9 €

◆ Cet établissement situé face à la basilique abrite des chambres petites et bien tenues, assez simples mais progressivement rafraîchies. Jardinet sur l'arrière.

ORGELET – 39 Jura – 321 D7 – 1 686 h. – alt. 500 m – ⊠ 39270   16 **B3**
▶ Paris 434 – Besançon 104 – Lons-le-Saunier 20 – Bourg-en-Bresse 68
     – Oyonnax 42

🏠   **La Valouse** 🏠 📶 �\& 🛁 📞 **P̄** **VISA** **◯◯** **AE**
⊝ (face à l'église) – 📞 03 84 25 54 80 – lavalouse@wanadoo.fr – Fax 03 84 25 54 70
– Fermé 24 déc.-20 janv. et dim. soir
14 ch – ♦53 € ♦♦73 €, � 7,50 € – ½ P 68 € – **Rest** – Menu 16 € bc/48 € bc
– Carte 28/46 €

◆ Cet hôtel familial, entièrement non-fumeurs, sort d'une rénovation complète. Les chambres, simples et bien insonorisées, sont modernes et colorées. Cuisine du terroir actualisée ou plat du jour proposé au café attenant.

ORGEVAL – 78 Yvelines – 311 H2 – 101 11 – **voir à Paris, Environs**

ORGON – 13 Bouches-du-Rhône – 340 F3 – 2 642 h. – alt. 90 m – ⊠ 13660
▐ Provence   42 **E1**
▶ Paris 712 – Aix-en-Provence 58 – Avignon 29 – Marseille 72
🅱 Office de tourisme, place de la Liberté 📞 04 90 73 09 54,
     Fax 04 90 73 09 54

ORGON

🏠 Le Mas de la Rose 🔸   🕭 🛱 🌄 ℀ 🎞 ch, ⇆ 📶 🐾 ᇫ 🅿 𝘷𝘪𝘴𝘢 🐵
4 km au Sud-Ouest par D24b – ℰ 04 90 73 08 91 – contact@mas-rose.com
– Fax 04 90 73 31 03 – Fermé 5 janv.-1er mars
8 ch – †150/320 € ††150/320 €, ☲ 15 € – 1 suite – ½ P 135/220 €
Rest – *(fermé 5 janv.-13 avril, 6 nov.-20 déc., mardi, merc. et jeudi du 14 avril au 31 mai et du 1er oct. au 5 nov., dim. et lundi) (dîner seult) (prévenir) (résidents seult)* Menu 45 € (menu unique)
♦ Dans un site bucolique, anciennes bergeries (17e s.) joliment réaménagées en maison de charme. Chambres provençales personnalisées. Superbe jardin paysager avec piscine. Menu du marché proposé dans un cadre rustique-contemporain raffiné.

🏠 Domaine de Saint-Véran sans rest   🕭 🌄 ℀ 🐾 🅿
1,5 km au Nord par D 26 – ℰ 04 90 73 32 86 – d1jour@wanadoo.fr
– Fax 04 90 73 39 57 – Fermé janv. et fév. – **5 ch** ☲ – †70 € ††80/100 €
♦ Belle maison nichée dans un vaste parc planté de pins parasols et de cyprès. Intérieur décoré avec goût par la propriétaire, chambres soignées, salon cosy, piscine...

℀℀ Auberge du Parc   🛱 🎞 🅿 𝘷𝘪𝘴𝘢 🐵 🄰🄴
rte de la Gare – ℰ 04 90 73 35 85 – info@aubergeduparc.net – Fax 04 90 73 39 60
– Fermé 1er-31 nov., dim. soir et lundi
Rest – *(nombre de couverts limité, prévenir)* Menu (20 €), 38/48 €
♦ Au pied de falaises rocheuses, premier contrefort des Alpilles, grande demeure chaleureuse entourée de verdure : salle à manger colorée et petite terrasse. Cuisine actuelle.

ORLÉANS 🅿 – 45 Loiret – 318 I4 – 113 126 h. – Agglo. 263 292 h. – alt. 100 m –
✉ 45000 ▌ Châteaux de la Loire   12 **C2**

🇩 Paris 132 – Caen 311 – Clermont-Ferrand 295 – Le Mans 143 – Tours 118
🇪 Office de tourisme, 2, place de l'Étape ℰ 02 38 24 05 05,
Fax 02 38 54 49 84
🄸 de Limère à Ardon 1411 allée de la Pomme de Pin, S : 9 km par D 326,
ℰ 02 38 63 89 40 ;
🄸 d'Orléans Donnery à Donnery Domaine de la Touche, E : 17 km par N 460,
ℰ 02 38 59 25 15 ;
🄸 de Sologne à La Ferté-Saint-Aubin Route de Jouy-le-Potier, S : 24 km par N 20 et D 18, ℰ 02 38 76 57 33 ;
🄸 de Marcilly à Marcilly-en-Villette Domaine de la Plaine, SE par D 14 et D 108 : 18 km, ℰ 02 38 76 11 73.
◙ Cathédrale Ste-Croix★★ : boiseries★★ - Maison de Jeanne d'Arc★ **V** - Quai Fort-des-Tourelles ≤★ EZ **60** - Musée des Beaux-Arts★★ **M¹** - Musée Historique et Archéologique★ **M²** - Muséum★.
◙ Olivet : parc floral de la Source★★ SE : 8 km CZ.

Plans pages suivantes

🏠 Mercure   ≤ 🛱 🌄 🕭 & ch, 🎞 ch, ⇆ 🐾 ᇫ 🅿 𝘷𝘪𝘴𝘢 🐵 🄰🄴 🄾
44 quai Barentin – ℰ 02 38 62 17 39 – h0581@accor.com – Fax 02 38 53 95 34
112 ch – †80/130 € ††95/195 €, ☲ 14,50 €   DZ **t**
Rest – *(fermé sam. midi et dim. midi)* Menu 16/21 € – Carte 23/38 €
♦ Les vastes chambres de cet hôtel bénéficient désormais des dernières normes Mercure (mobilier moderne, bonne insonorisation, etc.) ; vue sur la Loire aux étages supérieurs. Restaurant au cadre marin et collection d'assiettes sur le thème de la batellerie.

🏠 D'Arc sans rest   📇 ⇆ 🐾 𝘷𝘪𝘴𝘢 🐵 🄰🄴 🄾
– ℰ 02 38 53 10 94 – hotel.darc@wanadoo.fr – Fax 02 38 81 77 47   EY **g**
35 ch – †82/120 € ††96/155 €, ☲ 11 €
♦ Originale façade (arche inspirée de l'Art nouveau) pour cet hôtel aux chambres rafraîchies, meublées dans le style Louis-Philippe. L'ascenseur, d'époque, est digne d'un musée.

🏠 Des Cèdres sans rest   🛋 📇 ⇆ 🐾 𝘷𝘪𝘴𝘢 🐵 🄰🄴
17 r. Mar. Foch – ℰ 02 38 62 22 92 – contact@hoteldescedres.com
– Fax 02 38 81 76 46   DY **b**
32 ch – †55/80 € ††60/90 €, ☲ 8 €
♦ À l'écart du centre ville, cet hôtel calme dispose de chambres assez spacieuses dotées de mobilier en rotin. Salon-véranda ouvert sur un jardin planté de cèdres.

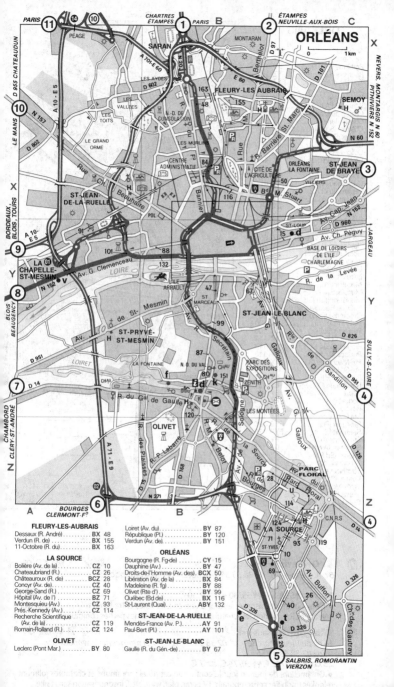

ORLÉANS

ORLÉANS

Antigna (R.) . . . . DY 4
Bannier (R.) . . . . DY
Bothereau (R. R.). . . . . FY 14
Bourgogne (Fg de) . . . . . . FZ 15
Bourgogne (R. de). . . . . . EFZ
Brésil (R. du) . . . . FY 16
Bretonnerie (R. de la) . . . DEY 17
Briand (Bd A.) . . . . FY 19
Champ-de-Mars (Av.) . . . . DZ 25
Charpenterie (R. de la) . . . EZ 34
Châtelet (Square du) . . . . . EZ 32
Chollet (R. Théophile) . . . . EY 36
Claye (R. de la). . . . . FY 38
Coligny (R.). . . . . FZ 39
Croix-de-la-Pucelle (R.) . . . EZ 43
Dauphine (Av.). . . . . EZ 47
Dolet (R. Étienne) . . . . EZ 49
Ducerceau (R.). . . . . EZ 51
Dupanloup (R.) . . . . EFY 53
Escures (R. d'). . . . . EY 55
Étape (Pl. de l') . . . . EY 56
Ételon (R. de l') . . . . FY 57
Folie (R. de la) . . . . FZ 58
Fort-des-Tourelles (Q.). . . . EZ 60
Gaulle (Pl. du Gén.-de) . . . DZ 65
Hallebarde (R. de la) . . . . . DY 70
Hôtelleries (R. des) . . . . . . EZ 71
Jeanne d'Arc (R.) . . . . EY
Lin (R. au). . . . . EZ 81
Loire (Pl. de la). . . . . EZ 85
Madeleine (R. Fg) . . . . DZ 88
Manufacture (R. de la) . . . FY 89
Motte-Sanguin (Bd de la) . FZ 95
N.-D.-de-Recouvrance (R.) DZ 97
Oriflamme (R. de l') . . . . . . FZ 98
Parisie (R.) . . . . EZ 100
Poirier (R. du). . . . . EZ 106
Pothier (R.). . . . . EZ 112
Prague (Quai) . . . . DZ 113
Pressoir (R. du) . . . . FY 115
Pte-Madeleine (R.) . . . . . . DY 108
Pte-St-Jean (R.). . . . . DY 109
Rabier (R. F.) . . . . EY 117
République (Pl.) . . . . EZ 121
République (R. de la). . . . . EY
Roquet (R.) . . . . EZ 124
Royale (R.) . . . . EZ 125
Ste-Catherine (R.) . . . . EZ 135
Ste-Croix (Pl.) . . . . EYZ 139
St-Euverte (Bd) . . . . FYZ 126
St-Euverte (R.). . . . . FY 127
Secrétain (Av. R.) . . . . DZ 140
Segellé (Bd P.). . . . . FY 141
Tabour (R. du) . . . . EZ 145
Tour Neuve (R. de la). . . . . FZ 147
Verdun (Bd de). . . . . DY 152
Vieux-Marché (Pl.). . . . . . . DZ 159
Weiss (R. L.) . . . . FY 160
6-Juin 1944 (Pl. du) . . . . . . FY 162

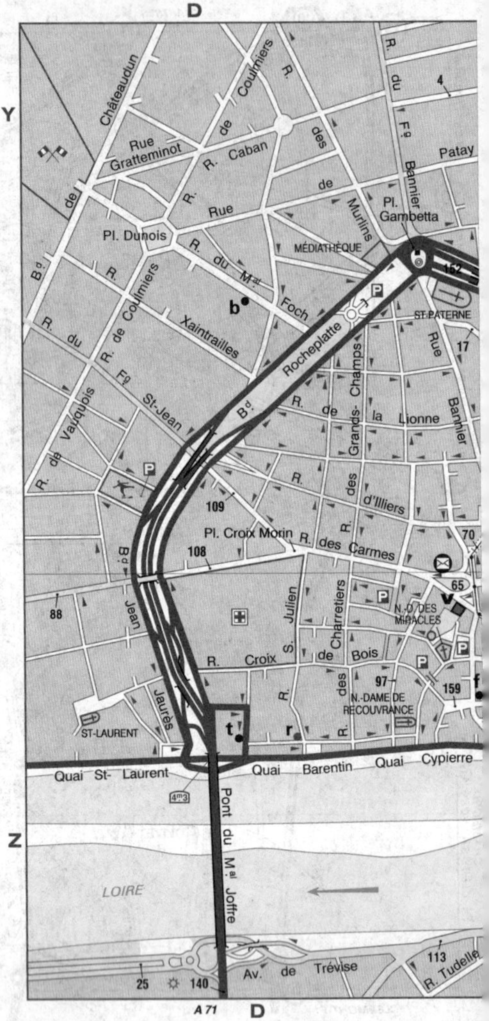

D'Orléans sans rest
6 r. A. Crespin – ✆ 02 38 53 35 34 – hotel.orleans@wanadoo.fr
– Fax 02 38 53 68 20
18 ch – 🚹55/68 € 🚹🚹65/80 €, ☕ 7,50 € EY **t**
◆ Deux bâtiments disposés autour d'une cour et reliés entre eux par la salle des petits-déjeuners. Rénovation des chambres (literie neuve) et des parties communes.

Marguerite sans rest
14 pl. du Vieux Marché – ✆ 02 38 53 74 32 – hotel.marguerite@wanadoo.fr
– Fax 02 38 53 31 56 DZ **f**
25 ch – 🚹51/62 € 🚹🚹60/74 €, ☕ 7 €
◆ On améliore de jour en jour le confort de cet hôtel : communs et chambres joliment relookés (mobilier contemporain, TV écran plat, wi-fi, etc.), insonorisation sans faille.

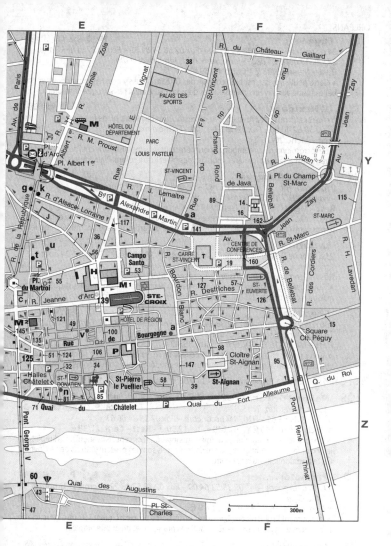

🏠 **De l'Abeille** sans rest　　　　　　　　　　⏦ ℰ *VISA* 🆖 AE ⓪

64 r. d'Alsace-Lorraine – ℰ 02 38 53 54 87 – hoteldelabeille@wanadoo.fr
– Fax 02 38 62 65 84　　　　　　　　　　　　　　　　　　EY **k**
31 ch – †47/79 € ††62/89 €, � 11 €

◆ Cet hôtel du centre-ville propose de coquettes petites chambres, pour la plupart rajeunies. Décoration personnalisée grâce au choix des couleurs et aux meubles anciens chinés.

🍴🍴 **L'Épicurien**　　　　　　　　　　　　　AC *VISA* 🆖 AE

54 r. Turcies – ℰ 02 38 68 01 10 – Fax 02 38 68 19 02 – Fermé vacances de Pâques,
4-25 août, 24 déc.-5 janv., sam. midi, dim. et lundi　　　　　　DZ **r**
Rest – Menu 25 € (sem.)/58 € – Carte 49/66 €

◆ Les épicuriens se retrouvent dans cette maison ancienne où tons jaunes, poutres apparentes et dessins à thème fruitier égaient les salles à manger rustiques. Cuisine actuelle.

XX **Eugène**   AC ⇆ VISA ⓜ AE ⓪

😊 *24 r. Ste-Anne – ☎ 02 38 53 82 64 – Fax 02 38 54 31 89 – Fermé 27 avril-12 mai,*
27 juil.-18 août, 21 déc.-5 janv., sam. midi, lundi midi et dim.   EY **u**
Rest – Menu 23/45 € – Carte 41/59 €
♦ Cette petite adresse est bien connue des Orléanais qui s'y pressent pour déguster une belle cuisine aux saveurs méridionales dans un cadre aussi plaisant que chaleureux.

XX **Le Nextdoor**   AC VISA ⓜ

6 r. au Lin, (transfert prévu en juin au restaurant Le Nexxt, pl. de la Loire) –
☎ *02 38 62 40 00 – Fax 02 38 53 41 00 – Fermé dim.*   EZ **n**
Rest – Menu 20/29 €
♦ Décor résolument contemporain pour ce restaurant supervisé par le chef des Antiquaires : écran plasma, jeux de lumières, mobilier design et lustre coloré. Plats actuels.

XX **La Vieille Auberge**   🌳 ⇆ VISA ⓜ AE

2 fg St-Vincent – ☎ 02 38 53 55 81 – lavieilleauberge45 @ orange.fr
– Fax 02 38 77 16 63 – Fermé dim. soir   FY **a**
Rest – Menu (18 €), 25 € (sem.)/49 € – Carte 34/58 €
♦ Nouvelle équipe pour cette adresse où l'on déguste désormais une cuisine dans l'air du temps centrée sur le produit... toujours au calme du jardin ou dans un intérieur coquet.

X **La Dariole**   🌳 VISA ⓜ

😊 *25 r. Etienne Dolet – ☎ 02 38 77 26 67 – Fax 02 38 77 26 67 – Fermé 2-24 août,*
sam., dim. et le soir sauf vend.   EZ **v**
Rest – (nombre de couverts limité, prévenir) Menu (18 €), 22/35 €
♦ Goûteuse cuisine personnalisée servie dans la pimpante salle à manger rustique de cette maison à colombages (15ᵉ s.) et sur la petite terrasse d'été, ouverte sur une placette.

X **Chez Jules**   🌳 VISA ⓜ AE

136 r. de Bourgogne – ☎ 02 38 54 30 80 – Fax 02 38 54 08 47 – Fermé 7-20 juil.,
23 fév.-1ᵉʳ mars, sam. midi et dim.   FZ **a**
Rest – Menu (15 €), 20/29 € – Carte 35/47 €
♦ Cette petite enseigne, rustique et économique, se distingue des nombreuses tables voisines par son accueil très chaleureux et ses généreux plats traditionnels revisités.

à St-Jean-de-Braye Est : 4 km – CXY – 17 758 h. – alt. 108 m – ✉ 45800

🏨 **Novotel Orléans St-Jean-de-Braye**   🚲 🌳 ⅀ 🛏 ᕫ ch. AC ↔

145 av. de Verdun, (N 152) –   🐾 🍴 P P VISA ⓜ AE ⓪
☎ *02 38 84 65 65 – H1075 @ accor.com – Fax 02 38 84 66 61*
107 ch – ♦70/140 € ♦♦70/140 €, � 12,50 € – **Rest** – Carte 21/38 €
♦ Chambres contemporaines dernière génération (concept "Novation"), jardin-piscine, jeux d'enfants et situation en lisière de forêt : tels sont les plaisants atouts de ce Novotel. Carte traditionnelle au restaurant.

🏨 **Promotel** sans rest   🚲 🛏 ⅍ P VISA ⓜ ⓪

117 fg Bourgogne – ☎ 02 38 53 64 09 – Fax 02 38 53 13 22 – Fermé 2-31 août et
27 déc.-5 janv.   CY **d**
83 ch – ♦54/58 € ♦♦58/72 €, ⊻arrow 8 €
♦ Le bâtiment le plus récent, bien insonorisé, borde un axe fréquenté ; l'autre bénéficie de l'agrément d'un jardin ombragé. Chambres pratiques et de bonne ampleur.

XX **Les Toqués**   🌳 VISA ⓜ

71 chemin du Halage – ☎ 02 38 86 50 20 – lestoques @ noos.fr
– Fax 02 38 84 30 96 – Fermé août, dim. et lundi
Rest – Menu 19 € (déj. en sem.)/29 €
♦ Au bord de la Loire, ex-auberge très joliment reconvertie : intérieur moderne et convivial, délicieuse terrasse d'été, appétissante carte actuelle... Chapeau Les Toqués !

à La Source Sud-Est : 11 km – BCZ – ✉ 45100 Orléans

🏨 **Novotel Orléans La Source**   🚲 🌳 ⅀ 🍴 🛏 ᕫ ch. AC ch. ↔ 🐾 🍴

2 r. H. de Balzac, (carrefour N20-D326, rte de Concyr)   P VISA ⓜ AE ⓪
– ☎ 02 38 63 04 28 – h0419 @ accor.com – Fax 02 38 69 24 04   CZ **t**
119 ch – ♦85/129 € ♦♦85/129 €, ⊻arrow 12,50 € – **Rest** – Carte 22/39 €
♦ Un Novotel aux vastes chambres actuelles (mobilier modulable), rénovées selon le dernier concept de la chaîne. Aire de jeux pour enfants. Le restaurant, habillé d'un décor tendance, profite d'une vue sur la piscine et la verdure. Cuisine épurée et diététique.

au parc de Limère Sud-Est : 13 km par N 20 et D 326 – ⊠ 45160 Ardon

Domaine des Portes de Sologne ♨ ⛉ 🛏 ⚒ ⚿ 🖼 ⚑ ♿

200 allée des 4 vents – 　　　　　　　　 AC ch, ✆ ⅍ **P** *VISA* **⓪** AE ⓪
　℘ 02 38 49 99 99 – resa@portes-de-sologne.com
　– Fax 02 38 49 99 00　　　　　　　　　　　　　　　 BZ **e**
117 ch – †106 € ††118 €, ⏛ 11 € – 14 suites – ½ P 95 € – **Rest** – Menu (18 €),
25/42 € – Carte 46/64 €

◆ En pleine campagne, complexe hôtelier proche d'un golf et d'un centre de balnéothérapie. Chambres sobres, charmants cottages (duplex familiaux) et équipements pour séminaires. Restaurant moderne et cossu où l'on sert une cuisine dans l'air du temps. Terrasse d'été.

à Olivet Sud : 5 km par av. Loiret et bords du Loiret – 19 195 h. – alt. 100 m – ⊠ 45160
📗 Châteaux de la Loire

　🛈 Office de tourisme, 236, rue Paul Genain ℘ 02 38 63 49 68,
　　Fax 02 38 63 50 45

※※※　**Le Rivage** avec ch ♨　　　　　　 ⬅ ⛱ ⛉ ⚒ **P** *VISA* **⓪** AE

635 r. Reine Blanche – ℘ 02 38 66 02 93 – hotel-le-rivage.jpb@wanadoo.fr
– Fax 02 38 56 31 11 – Fermé 25 déc.-20 janv.　　　　　　　　　 BY **f**
17 ch – †80/95 € ††80/95 €, ⏛ 13 € – ½ P 87/102 €
Rest – *(fermé sam. midi et dim. soir de nov. à Pâques)* Menu 28 € (sem.)/58 €
– Carte 47/93 €

◆ Belles villas, vieux moulins... Profitez pleinement du spectacle bucolique des berges du Loiret depuis la lumineuse salle à manger-véranda ou bien la terrasse à fleur d'eau.

※※※　**Laurendière**　　　　　　　　 AC ⬌ *VISA* **⓪** AE
😊
68 av. Loiret – ℘ 02 38 51 06 78 – lalaurendiere@wanadoo.fr – Fax 02 38 56 36 20
– Fermé 7-17 juil., 23 fév.-4 mars, lundi soir, mardi soir et merc.　　　 BY **k**
Rest – Menu 23/49 € – Carte 36/57 € ⅏

◆ Cuisine traditionnelle et belle carte des vins (nombreux crus de Loire) vous attendent dans la salle à manger colorée et au cachet ancien de cette maison régionale.

※※　**L'Eldorado**　　　　　　　　　 ⛱ ⛉ **P** *VISA* **⓪**

10 r. M.-Belot – ℘ 02 38 64 29 74 – eldorado45@wanadoo.fr – Fax 02 38 69 14 33
– Fermé 1er-16 août, vacances de fév., lundi et mardi　　　　　　　 BY **d**
Rest – Menu 24 € (déj. en sem.), 36/50 € – Carte 46/58 €

◆ Le décor de cette ex-guinguette s'est mis au diapason de la cuisine – tendance et épurée – et la terrasse au bord du Loiret a toujours autant de charme... Délicieux de A à Z.

à la Chapelle-St-Mesmin Ouest : 4 km - AY – 8 967 h. – alt. 101 m – ⊠ 45380

🏠　**Orléans Parc Hôtel** sans rest ♨　 ⬅ ⚟ ♿ ✆ ⅍ **P** *VISA* **⓪** AE

55 rte d'Orléans – ℘ 02 38 43 26 26 – lucmar@aol.com – Fax 02 38 72 00 99
– Fermé 20 déc.-5 janv.　　　　　　　　　　　　　　　　 AY **v**
33 ch – †59 € ††75/92 €, ⏛ 10 €

◆ Chambres sobres et de bon confort (à choisir côté Loire), salon et salle des petits-déjeuners accueillants. Le beau parc ombragé qui longe le fleuve invite à la flânerie.

※※　**Ciel de Loire**　　　　　　　　 ⚟ ⛱ ⬌ **P** *VISA* **⓪**

55 rte Orléans – ℘ 02 38 72 29 51 – Fax 02 38 72 29 67 – Fermé dim. soir, sam. midi et lundi　　　　　　　　　　　　　　　　　　　 AY **v**
Rest – Menu 26/45 € – Carte 39/56 €

◆ Entourée d'un parc, demeure bourgeoise du 19e s. dotée de salles et salons cossus (meubles de style et superbe vaisselle en faïence de Gien exposée). Cuisine au goût du jour.

ORLY (Aéroports de Paris) – 91 Essonne – 312 D3 – 101 26 – **voir à Paris, Environs**

ORMOY-LA-RIVIÈRE – 91 Essonne – 312 B5 – **rattaché à Étampes**

ORNAISONS – 11 Aude – 344 I3 – **rattaché à Narbonne**

ORNANS – 25 Doubs – 321 G4 – **4 037 h.** – alt. 355 m – ✉ 25290

Franche-Comté Jura

16 **B2**

▶ Paris 428 – Baume-les-Dames 42 – Besançon 26 – Morteau 48 – Pontarlier 37

🖪 Office de tourisme, 7, rue Pierre Vernier ✆ 03 81 62 21 50,
Fax 03 81 62 02 63

◉ Grand Pont ⩽★ - O : Vallée de la Loue★★ - Le Château ⩽★ N : 2,5 km.

De France   🚗 ↳ P VISA ⬤ AE ①

r. P. Vernier – ✆ 03 81 62 24 44 – contact@hoteldefrance-ornans.com
– Fax 03 81 62 12 03 – Fermé 10-23 nov., 21 déc.-26 janv., vend. soir et dim. soir
de nov. à avril
26 ch – †60/65 € ††85/90 €, ⊡ 9 € – 1 suite – ½ P 80/85 € – **Rest** – (fermé vend.
soir, sam. midi, dim. soir de nov. à avril et lundi midi) Menu (14 €), 19 € (sem.)/43 €
– Carte 41/59 €
♦ Hôtel traditionnel au cœur de la "perle de la Loue". Chambres de tailles variées, peu à peu
rénovées, et très belle suite. Parcours privé de pêche à la mouche mondialement réputé.
Face à la rivière et son Grand Pont, agréable restaurant au cadre rustico-bourgeois.

Le Jardin de Gustave   🚗 🅿 ↳ ☎

28 r. Édouard Bastide – ✆ 03 81 62 21 47 – info@lejardindegustave.fr
– Fax 03 81 62 21 47
3 ch ⊡ – †60/78 € ††60/78 € – **Table d'hôte** – Menu 25 € bc
♦ Accueil des plus sympathiques dans cette authentique maison de charme en bordure de
la Loue. Chambres cosy dont les noms (Champêtre, Gustavienne, Jungle) présagent du
décor. Confiture maison au petit-déjeuner ; cuisine aux accents régionaux servie au jardin
en été.

Courbet   🍴 VISA ⬤ AE

34 r. P. Vernier – ✆ 03 81 62 10 15 – restaurantlecourbet@wanadoo.fr
– Fax 03 81 62 13 34 – Fermé vacances de Noël, 16 fév.-15 mars, dim. soir et mardi
sauf juil.-août et lundi
Rest – Menu 18/38 € – Carte 32/40 €
♦ À deux pas de la maison natale de Courbet, hommage au peintre dans la salle (repro-
ductions de tableaux) et honneur à une délicieuse cuisine actuelle. Terrasse bordant la
Loue.

à Saules 6 km au Nord-Est par D 492 – 191 h. – alt. 585 m – ✉ 25580

La Griotte   🚗 ♿ ⇄ P VISA ⬤

27 b Grande Rue – ✆ 03 81 57 17 71 – Fermé 1ᵉʳ-10 sept., 16 fév.-11 mars, mardi
de sept. à avril, dim. soir et merc.
Rest – (nombre de couverts limité, prévenir) Menu 14/29 € – Carte 24/40 €
♦ Pari réussi pour ce récent restaurant installé dans un ancien relais de diligence. Il réserve
un accueil tout sourire, un cadre simple et une cuisine régionale à prix doux.

OROUET – 85 Vendée – 316 E7 – **rattaché à St-Jean-de-Monts** – ✉ 85160

ORPIERRE – 05 Hautes-Alpes – 334 C7 – **256 h.** – alt. 682 m – ✉ 05700

Alpes du Sud

40 **B2**

▶ Paris 689 – Château-Arnoux 47 – Digne-les-Bains 72 – Gap 55 – Serres 20
– Sisteron 33

🖪 Office de tourisme, le Village ✆ 04 92 66 30 45, Fax 04 92 66 32 52

---

aux Bégües Sud-Ouest : 4,5 km – ✉ 05700 Orpierre

Le Céans ✦   ⩽ 🄰 🏊 ⅏ rest, ☎ 🅿 P VISA ⬤ AE ①

rte des Princes d'Orange – ✆ 04 92 66 24 22 – le.ceans@gmail.com
– Fax 04 92 66 28 29 – Ouvert 15 mars-1ᵉʳ nov. et fermé merc. d'oct. au 15 avril
23 ch – †42/48 € ††42/88 €, ⊡ 8 € – ½ P 41/55 € – **Rest** – Menu 16/37 €
– Carte 22/39 €
♦ Au sein d'un hameau du massif des Baronnies, petites chambres rénovées et pavillons
familiaux dispersés dans un parc agreste descendant jusqu'à la rivière. À table, ambiance
"pension de famille" et cuisine ménagère d'orientation régionale. Terrasse côté rue.

ORSCHWILLER – 67 Bas-Rhin – 315 I7 – 535 h. – alt. 240 m – ⊠ 67600   2 **C1**
▷ Paris 441 – Colmar 22 – St-Dié 44 – Sélestat 7 – Strasbourg 61

🏠 **Le Fief du Château**   ⌂ ℹ ch, ♨ **P** *VISA* **⑳ AE**
– ℰ 03 88 82 56 25 – fiefduchateau@evc.net – Fax 03 88 82 26 24 – Fermé
3-10 mars, 30 juin-7 juil., 27 oct.-3 nov.
8 ch – †45 € ††47 €, ☷ 7,50 € – ½ P 47 € – **Rest** – (fermé merc.) Menu 19/30 €
– Carte 33/40 €
◆ Jolie façade fleurie pour cette maison régionale (fin 19e s.) d'un village typique de la route
des Vins d'Alsace. Chambres simples et rafraîchies. Restaurant d'esprit rustique, accueil
sympathique et cuisine alsacienne.

ORTHEZ – 64 Pyrénées-Atlantiques – 342 H4 – 10 121 h. – alt. 55 m – ⊠ 64300
▌Aquitaine   3 **B3**
▷ Paris 765 – Bayonne 74 – Dax 39 – Mont-de-Marsan 57 – Pau 47
🛈 Office de tourisme, rue Bourg-Vieux ℰ 05 59 38 32 84,
Fax 05 59 69 12 00
🏌 de Salies-de-Béarn à Salies-de-Béarn Quartier Hélios, par rte de Bayonne :
17 km, ℰ 05 59 38 37 59.
◉ Pont Vieux★.

🏠 **Au Temps de la Reine Jeanne** ⌂   ♨ ℹ ch, Ⓜ rest, ⇔
44 r. Bourg-Vieux – ℰ 05 59 67 00 76   ☏ ♨ *VISA* **⑳ AE**
– reine.jeanne.orthez@wanadoo.fr – Fax 05 59 69 09 63
30 ch – †57/78 € ††63/98 €, ☷ 8,50 € – ½ P 60/71 €
Rest – (fermé 23-29 déc., 17 fév.-9 mars, dim. soir et lundi du 15 oct. au 15 mars)
Menu 23/39 € – Carte 41/52 €
◆ Demeures des 18e et 19e s. abritant de modestes chambres disposées autour d'un patio.
Préférez celles du bâtiment voisin, plus modernes, amples et confortables. Petit fitness.
Plaisant restaurant rustique. Recettes traditionnelles. Dîners jazz en saison.

ORVAULT – 44 Loire-Atlantique – 316 G4 – **rattaché à Nantes**

OSNY – 95 Val-d'Oise – 305 D6 – 106 5 – 101 2 – **voir à Paris, Environs**
(Cergy-Pontoise)

OSTHOUSE – 67 Bas-Rhin – 315 J6 – 946 h. – alt. 155 m – ⊠ 67150   1 **B2**
▷ Paris 502 – Obernai 17 – Offenburg 35 – Sélestat 23 – Strasbourg 32

🏠 **À la Ferme** sans rest   ⌂ ℹ ⇔ **P** *VISA* **⑳**
10 r. du Château – ℰ 03 90 29 92 50 – hotelalaferme@wanadoo.fr
– Fax 03 90 29 92 51
7 ch – †83/86 € ††86/135 €, ☷ 14 €
◆ Calme garanti dans les spacieuses chambres rustiques et épurées (dont une décorée à la
japonaise), aménagées dans une ferme (18e s.) et les étables attenantes. Service soigné.

🍴 **À l'Aigle d'Or**   **P**, *VISA* **⑳ AE**
– ℰ 03 88 98 06 82 – hotelalaferme@wanadoo.fr – Fax 03 88 98 81 75
– Fermé 3 sem. en août, vacances de Noël, vacances de Février, lundi et mardi
Rest – Menu 33 € (sem.)/70 € – Carte 52/64 € ⌘
Rest *Winstub* – Menu (10 €) – Carte 20/40 €
◆ Cette maison de village abrite le restaurant de l'hôtel À la Ferme, tout proche.
Cadre bourgeois et chaleureux (boiseries, beau plafond à caissons peints) ; table
classique. Ambiance détendue et décor assez cossu à la Winstub où l'on propose des plats
alsaciens.

OSTWALD – 67 Bas-Rhin – 315 K5 – **rattaché à Strasbourg**

OTTROTT – 67 Bas-Rhin – 315 I6 – **rattaché à Obernai**

OUCHAMPS – 41 Loir-et-Cher – 318 E7 – 803 h. – alt. 92 m – ⊠ 41120   11 **A1**
- ◘ Paris 199 – Blois 18 – Montrichard 19 – Romorantin-Lanthenay 40 – Tours 57
- ◙ Château de Fougères-sur-Bièvre★ NO : 5 km, ▌ Châteaux de la Loire.

🏠 **Relais des Landes** ⌘   ⟨icons⟩ P VISA ⓪ AE ⓪
*1,5 km au Nord sur D 7 – 𝒞 02 54 44 40 40 – info@relaisdeslandes.com
– Fax 02 54 44 03 89 – Ouvert 7 mars-30 nov.*
28 ch – ❶103/124 € ❶❶103/154 €, ☑ 14,50 € – ½ P 113/139 €
– **Rest** – Menu 40/47 € – Carte 46/57 €
♦ Belle gentilhommière du 17ᵉ s. et son vaste parc (plan d'eau). Chambres assez amples, de style rustico-bourgeois ; duplex avec terrasse privative. Salon-bar campagnard et cosy. Belle salle à manger agreste (cheminée, fresque) et véranda tournée sur le jardin.

OUCQUES – 41 Loir-et-Cher – 318 E5 – 1 313 h. – alt. 127 m – ⊠ 41290   11 **B2**
- ◘ Paris 160 – Beaugency 30 – Blois 27 – Châteaudun 30 – Orléans 62 – Vendôme 21
- 🛈 Syndicat d'initiative, Mairie 𝒞 02 54 23 11 00, Fax 02 54 23 11 04

✗✗ **Du Commerce** avec ch   AK rest, VISA ⓪ AE
😊 *9 r. de Beaugency – 𝒞 02 54 23 20 41 – hotelrestaurantcommerce@wanadoo.fr
– Fax 02 54 23 02 88 – Fermé 20 déc.-5 janv., 5-13 mars, dim. soir et lundi sauf juil.-août*
11 ch – ❶61 € ❶❶66 €, ☑ 9 € – ½ P 64 € – **Rest** – (prévenir le week-end)
Menu 21/60 € – Carte 45/68 €
♦ Accueil attentionné dans cette salle à manger tendance "seventies" où l'on déguste une cuisine au goût du jour bien tournée. Chambres très colorées et bien tenues.

OUESSANT (ÎLE D') – 29 Finistère – 308 A4 – **voir à Île d' Ouessant**

OUHANS – 25 Doubs – 321 H5 – 334 h. – alt. 600 m – ⊠ 25520   17 **C2**
- ◘ Paris 450 – Besançon 48 – Pontarlier 18 – Salins-les-Bains 40
- ◙ Source de la Loue★★★ N : 2,5 km puis 30 mn - Belvédère du Moine de la Vallée ❋★★ NO : 5 km - Belvédère de Renédale ≤★ NO : 4 km puis 15 mn, ▌ Jura.

🏠 **Les Sources de la Loue** ⌘   ⟨icons⟩ VISA ⓪ AE
😊 *au village – 𝒞 03 81 69 90 06 – hotel.des.sources@free.fr – Fax 03 81 69 93 17
– Fermé 15 nov.-31 mars, vend. soir et dim. hors saison*
14 ch – ❶45 € ❶❶47/54 €, ☑ 7,50 € – ½ P 50/54 € – **Rest** – (fermé 22 déc.-1ᵉʳ fév., 20-30 mars, 20-30 sept., vend. soir et sam. midi hors saison) Menu 13 € (déj. en sem.), 24/32 € – Carte 20/45 €
♦ Dans le centre du village, grande bâtisse carrée abritant des chambres plutôt grandes, meublées simplement, bien tenues et bénéficiant d'un double vitrage. Au restaurant, décor campagnard, terrasse d'été et cuisine franc-comtoise.

OUILLY-DU-HOULEY – 14 Calvados – 303 N4 – **rattaché à Lisieux**

OUISTREHAM – 14 Calvados – 303 K4 – 8 679 h. – **Casino : Riva Bella** – ⊠ 14150   32 **B2**
▌ Normandie Cotentin
- ◘ Paris 234 – Arromanches-les-Bains 33 – Bayeux 44 – Cabourg 20 – Caen 16
- 🛈 Office de tourisme, esplanade Lofi 𝒞 02 31 97 18 63, Fax 02 31 96 87 33
- ◙ Église St-Samson★.

🏠 **Du Phare**   ⟨icons⟩ P VISA ⓪
📷 *10 pl. Gén. de Gaulle – 𝒞 02 31 97 13 13 – hotelduphare@wanadoo.fr
– Fax 02 31 97 14 57 – Fermé 24 déc.-3 janv.*
19 ch – ❶52/61 € ❶❶52/61 €, ☑ 6 € – **Rest** – (fermé le soir d'oct. à mai et le merc. de sept. à mai) Menu 21 € – Carte 12/25 €
♦ Situation stratégique près des écluses et face au terminal du ferry pour cette adresse proposant à prix modique des chambres toutes identiques, rénovées dans un style actuel. Restauration simple de type brasserie servie dans une véranda qui devient terrasse en été.

XXX **Le Normandie** avec ch 🛠 ⇆ 📞 **P** VISA 🌐 AE

71 av. M. Cabieu, au port d'Ouistreham – ℰ *02 31 97 19 57 – hotel @ lenormandie.*
com – Fax 02 31 97 20 07 – Fermé 23 déc.-31 janv., dim. soir et lundi de nov. à mars
22 ch – ♦65/75 € ♦♦65/75 €, ⌸ 10 € – ½ P 70 € – **Rest** – Menu 19 € (déj. en
sem.), 22/73 € – Carte 36/99 €

♦ Maison régionale proche du port. Choisissez votre table dans la salle à manger colorée
et lumineuse ou dans l'élégante véranda.

XX **La Mare Ô Poissons** 🛠 **P** VISA 🌐 AE ⓞ

68 r. E.-Herbline – ℰ *02 31 37 53 05 – info @ lamareopoissons.fr – Fax 02 31 37 49 61*
Rest – *(fermé sam. midi et lundi)* Menu 38 € – Carte 41/61 €

♦ Au fond d'une cour, restaurant contemporain (entrée par l'épicerie fine) aux deux salles,
dépouillée ou feutrée. Terrasse. Cuisine actuelle et personnelle, produits de la mer.

à Riva-Bella – ⌧ **14150 Ouistreham**

🏨 **Riva Bella** ⇐ 🖾 🌐 🛁 🖼 ㅕ ⇆ 🎾 rest, **P** VISA 🌐 AE ⓞ

av. Cdt Kieffer – ℰ *02 31 96 40 40 – ouistreham @ thalazur.fr – Fax 02 31 96 45 45*
– Fermé 7-26 déc.
89 ch – ♦110 € ♦♦145/160 €, ⌸ 12,50 € – ½ P 87/112 € – **Rest** – Menu (16 €),
29/49 € – Carte 26/52 €

♦ En bord de plage, vaste complexe hôtelier abritant également un centre de thalassothérapie. Chambres spacieuses et sobres, certaines avec vue sur les flots. Piscine gratuite
après 17h. Au restaurant panoramique : forfaits buffets, menus curistes ou allégés.

🏠 **Mercure** 🖼 ㅕ ch, ㅕ ⇆ 🚣 VISA 🌐 AE

🇨🇴 **49 ch** – ♦75/80 € ♦♦85/90 €, ⌸ 10 € – ½ P 60/65 € – **Rest** – Menu (12 €),
37 r. des Dunes – ℰ *02 31 96 20 20 – h1967 @ accor.com – Fax 02 31 97 10 10*
16/22 € – Carte 18/49 €

♦ Le décor des chambres de ce bâtiment moderne situé à quelque pas du port s'inspire des
cabines de croisière. Au restaurant, murs colorés agrémentés de photos de bateaux et
cuisine traditionnelle.

🏠 **De la Plage** sans rest 🚗 ㅕ 🎾 📞 **P** VISA 🌐 AE ⓞ

39 av. Pasteur – ℰ *02 31 96 85 16 – info-hoteldelaplage @ wanadoo.fr*
– Fax 02 31 97 37 46 – Fermé 2-31 janv.
16 ch – ♦55/59 € ♦♦59/72 €, ⌸ 9 €

♦ Villa anglo-normande fin 19ᵉ s. dans une rue calme proche de la plage. Chambres coquettes (quelques-unes plus spacieuses et familiales). Salon refait et joli jardin.

à Hermanville-sur-Mer 5 km à l'Ouest par D35ᴬ et D 35 – 2 661 h. – alt. 13 m –
⌧ **14880**

🆔 Syndicat d'initiative, place du Cuirassé Courbet ℰ 02 31 36 18 00

🏠 **Le Canada** sans rest **P** VISA 🌐 AE

183 r. Amiral Wietzel – ℰ *02 31 97 23 48 – contact @ hotellecanada.com*
– Fax 02 31 08 00 19 – Fermé janv.
20 ch – ♦40/75 € ♦♦45/80 €, ⌸ 7,50 €

♦ Derrière la façade à colombages, vous trouverez des chambres au confort simple,
rénovées dans des tons vifs et bien tenues. Préférez celles situées sur l'arrière, sachant
qu'aucune n'offre de vue sur la mer.

LES OURSINIÈRES – 83 Var – 340 L7 – **rattaché au Pradet**

OUSSON-SUR-LOIRE – 45 Loiret – 318 N6 – 758 h. – alt. 158 m –
⌧ **45250** 12 **D2**

🚩 Paris 165 – Orléans 96 – Gien 19 – Montargis 51 – Châtelle-sur-Loing 52

🏠 **Le Clos du Vigneron** ㅕ ch, 🖾 ch, ㅕ 📞 **P** VISA 🌐

18 rte Nationale 7 – ℰ *02 38 31 43 11 – leclosduvigneron @ orange.fr*
🇨🇴 *– Fax 02 38 31 14 84 – Fermé 23 déc.-4 fév., dim. soir, mardi soir et merc.*
8 ch – ♦56 € ♦♦56 €, ⌸ 7,50 € – ½ P 55 € – **Rest** – Menu 17 € (déj. en sem.),
28/47 € – Carte 37/48 €

♦ Cette maison régionale, qui a subi une rénovation complète, propose des chambres au
confort actuel. Celles de l'annexe sont toutes de plain-pied avec l'agréable jardin. Cuisine
au goût du jour servie dans une salle à manger sobrement décorée.

OUZOUER-SUR-LOIRE – 45 Loiret – 318 L5 – 2 524 h. – alt. 140 m – ✉ 45570

12 **C2**

🚩 Paris 151 – Gien 16 – Montargis 45 – Orléans 54 – Pithiviers 55
– Sully-sur-Loire 9

XX **L'Abricotier** 🛋 𝐕𝐈𝐒𝐀 ⓶ⓞ 𝖠𝖤 ⓞ
*106 r. Gien – 𝒞 02 38 35 07 11 – Fax 02 38 35 07 11 – Fermé 27 juil.-12 août,
4-12 janv., dim. soir, merc. soir et lundi*
Rest – *(nombre de couverts limité, prévenir)* Menu (19 €), 24/38 € – Carte 43/49 €
♦ Accueil courtois, atmosphère provinciale feutrée et goûteuse cuisine traditionnelle
inspirée par le marché sont les atouts de cette auberge située au centre du village.

OYONNAX – 01 Ain – 328 G3 – 24 162 h. – alt. 540 m – ✉ 01100
▐ Franche-Comté Jura

45 **C1**

🚩 Paris 484 – Bourg-en-Bresse 60 – Nantua 19

🛈 Syndicat d'initiative, 1, rue Bichat 𝒞 04 74 77 94 46,
Fax 04 74 77 68 27

XX **La Toque Blanche** 𝖠𝖢 ✛ 𝐕𝐈𝐒𝐀 ⓶ⓞ 𝖠𝖤 ⓞ
*11 pl. Émile Zola – 𝒞 04 74 73 42 63 – la.toqueblanche@club-internet.fr
– Fax 04 74 73 76 48 – Fermé 27 juil.-20 août, 2-10 janv., sam. midi, dim. soir et
lundi*
Rest – Menu 19 € (sem.)/70 € – Carte 40/59 €
♦ Salle de restaurant au décor soigné, égayé de chaudes tonalités. Confluences géogra-
phiques obligent, la table marie la Bresse, le Jura et le Lyonnais.

au Lac Genin 10 km au Sud-Est par D 13 – ✉ 01130 Charix

◻ Site ★ du lac.

X **Auberge du Lac Genin** avec ch 🌿 ⟨ 🛋 𝒮 ch, ⟨⟩ **P** 𝐕𝐈𝐒𝐀 ⓶ⓞ 𝖠𝖤
∞ – 𝒞 04 74 75 52 50 – lacgenin@wanadoo.fr – Fax 04 74 75 51 15 – Fermé
13 oct.-27 nov., dim. soir et lundi
3 ch – ♦48 € ♦♦58 €, ⌑ 5,50 € – **Rest** – Menu 12/20 € – Carte 19/34 €
♦ Auberge au grand calme, au bord d'un lac : salle à manger coquette avec cheminée
et terrasse prisée. Chambres refaites dans un style actuel qui ne renie pas l'esprit montagnard.

OZOIR-LA-FERRIÈRE – 77 Seine-et-Marne – 312 F3 – 106 33 – 101 30 – **voir à**
Paris, Environs

PACY-SUR-EURE – 27 Eure – 304 I7 – 4 751 h. – alt. 40 m – ✉ 27120
▐ Normandie Vallée de la Seine

33 **D2**

🚩 Paris 81 – Dreux 38 – Évreux 20 – Louviers 33 – Mantes-la-Jolie 28
– Rouen 62 – Vernon 14

🛈 Office de tourisme, place Dufay 𝒞 02 32 26 18 21, Fax 02 32 36 96 67

🏠 **Altina** 🛋 ⅋ ch, ⟨⟩ 🛁 **P** 𝐕𝐈𝐒𝐀 ⓶ⓞ 𝖠𝖤 ⓞ
∞ *rte de Paris – 𝒞 02 32 36 13 18 – altinasa@aol.com – Fax 02 32 26 05 11*
29 ch – ♦55/63 € ♦♦58/66 €, ⌑ 8 € – **Rest** – Menu 13 € (déj. en sem.), 21/32 €
– Carte 26/45 €
♦ Construit dans une zone commerciale, cet établissement propose de grandes chambres
sobrement actuelles. Bar-salon fleuri et orné de cactus. Menus simples à prix doux et accueil
charmant vous attendent au restaurant, récemment revu.

🏠 **L'Étape de la Vallée** 🛋 ⅋ ⟨⟩ **P** 𝐕𝐈𝐒𝐀 ⓶ⓞ 𝖠𝖤 ⓞ
*1 r. Edouard Isambard – 𝒞 02 32 36 12 77 – etapedelavallee@wanadoo.fr
– Fax 02 32 36 22 74*
15 ch – ♦52/74 € ♦♦62/82 €, ⌑ 10 € – ½ P 62/71 € – **Rest** – *(fermé dim. soir et
lundi)* Menu 19 € (déj. en sem.), 28/49 € – Carte 30/66 €
♦ Grande villa bourgeoise à fière allure bâtie au bord de la rivière. Deux types de chambres :
douillettes et personnalisées à l'avant ; plus fonctionnelles et toutes identiques à l'arrière.
Table traditionnelle au cadre chaleureux ; vue sur l'Eure par les baies vitrées.

à Cocherel 6,5 km au Nord-Ouest par D 836 – ✉ 27120 Houlbec-Cocherel

XXX **La Ferme de Cocherel** avec ch 🌿   🚗 **P** VISA 🅜🅞 🅐🅔 🅞
8 r. Aristide Briand – 𝒞 02 32 36 68 27 – info@lafermedecocherel.fr
– Fax 02 32 26 28 18 – Fermé 2-24 sept., 5-22 janv., mardi et merc. sauf fériés
3 ch – †119 € ††119/143 €, ⌑ 12 € – ½ P 112/124 € – **Rest** – *(nombre de couverts limité, prévenir)* Menu 40/58 € – Carte 84/121 €
◆ Profitez de l'intimité de l'âtre ou de la plaisante salle en rotonde de cette maison de pays au jardin fleuri. Carte classique de saison, beau choix de fromages.

PADIRAC – 46 Lot – 337 G2 – 168 h. – alt. 360 m – ✉ 46500   29 **C1**
🚹 Paris 531 – Brive-la-Gaillarde 50 – Cahors 68 – Figeac 41 – Gramat 10 – St-Céré 17
🯀 Syndicat d'initiative, village 𝒞 05 65 33 47 17, Fax 05 65 33 47 17
◎ Gouffre de Padirac★★ N : 2,5 km, ▮ Périgord Quercy.

🏠 **L'Auberge de Mathieu**   🚗 🏠 🌿 ch, **P** VISA 🅜🅞
rte du gouffre, à 2 km – 𝒞 05 65 33 64 68 – cathy.pinquie@wanadoo.fr
– Fax 05 65 33 64 68 – Ouvert 1ᵉʳ avril-15 nov.
6 ch – †52 € ††52/64 €, ⌑ 7 € – ½ P 55 € – **Rest** – Menu (17 €), 26/37 € – Carte 37/55 €
◆ À quelques centaines de mètres de l'entrée du gouffre, une auberge familiale qui "ne se met pas Martel en tête" : service sans manières et chambres simples et fonctionnelles. Salle à manger couleur pastel et terrasse ombragée ; restauration rapide et repas régionaux.

PAILHEROLS – 15 Cantal – 330 E5 – 153 h. – alt. 1 000 m – ✉ 15800   5 **B3**
🚹 Paris 558 – Aurillac 32 – Entraygues-sur-Truyère 45 – Murat 39 – Vic-sur-Cère 14

🏠 **Auberge des Montagnes**   🚗 ⛲ 🯀 ✂ ch, ↯ **P** **P** VISA 🅜🅞
😊 – 𝒞 04 71 47 57 01 – aubdesmont@aol.com – Fax 04 71 49 63 83 – Fermé 11 nov.-20 déc.
🍴 **23 ch** – †55/68 € ††55/68 €, ⌑ 7,50 € – ½ P 47/55 €
Rest – *(fermé 7 oct.-20 déc. et mardi)* Menu 20/35 € – Carte 22/33 €
◆ De nombreux loisirs (hammam, mur d'escalade, etc.) ponctueront vos journées dans cette coquette ferme restaurée. Jolies chambres "tout bois", plus spacieuses à l'annexe. Chaleureuses salles à manger dont une en véranda ; cuisine du terroir copieuse et soignée.

PAIMPOL – 22 Côtes-d'Armor – 309 D2 – 7 932 h. – alt. 15 m – ✉ 22500
▮ Bretagne   10 **C1**
🚹 Paris 494 – Guingamp 29 – Lannion 33 – St-Brieuc 46
🯀 Office de tourisme, 19, rue du Général Leclerc 𝒞 02 96 20 83 16, Fax 02 96 55 11 12
◎ Abbaye de Beauport★ 2 km par D 786 – Tour de Kerroc'h ≼★ 3 km par D 789 puis 15 mn.
◎ Pointe de Minard★★ 11 km par D 786.

🏠 **K'Loys** sans rest   📶 & 📞 VISA 🅜🅞 🅐🅔 🅞
21 quai Morand – 𝒞 02 96 20 40 01 – hotelkloys@orange.fr – Fax 02 96 20 72 68
17 ch – †85 € ††85/200 €, ⌑ 8 €
◆ Ancienne demeure d'armateur tournée vers le port. Communs dotés de meubles de style ou bretons, salon cosy, chambres au décor classique et petit-déjeuner sous véranda.

🏠 **Goëlo** sans rest   📶 📞 VISA 🅜🅞 🅐🅔
quai Duguay-Trouin – 𝒞 02 96 20 82 74 – contact@legoelo.com
– Fax 02 96 20 58 93 – Fermé 23 mai-1ᵉʳ juin et 30 nov.-2 déc.
32 ch – †45/50 € ††51/75 €, ⌑ 7 €
◆ Bâtiment récent ancré sur les quais du port de plaisance. Presque toutes les chambres, petites mais confortables, profitent d'une rénovation (tons chauds, mobilier neuf).

XX **De la Marne** avec ch   🅰️ rest, ℅ ch, ℅ 🅿️ 𝘝𝘐𝘚𝘈 ⑩ 🆎 ①

😊 *30 r. de la Marne – ℰ 02 96 20 82 16 – hotel.marne22.restaurant @ wanadoo.fr*
– Fax 02 96 20 92 07 – Fermé 5-21 oct., 9-23 fév., mardi d'à mars, dim. soir et lundi
10 ch – ♦58 € ♦♦58/78 €, � 9 € – ½ P 68 € – **Rest** – Menu 29/60 € ✿

♦ Pas loin de la gare, maison en pierres vous réservant un accueil avenant. Salle aux tons
ensoleillés, cuisine actuelle non dénuée de personnalité et chambres néo-rustiques.

XX **La Vieille Tour**   ℅ 𝘝𝘐𝘚𝘈 ⑩

13 r. de l'Église – ℰ 02 96 20 83 18 – restaurant.lavieilletour.paimpol @ orange.fr
– Fax 02 96 20 90 41 – Fermé 23-30 juin, dim. soir et merc. sauf juil.-août et lundi
Rest – Menu (16 €), 29/70 € – Carte 40/68 €

♦ Accueillante auberge rustique (16ᵉ s.) installée au cœur de la vieille ville. Salles à manger
superposées, mise de table personnalisée et cuisine traditionnelle de saison.

X **La Cotriade**   ← 🛜 𝘝𝘐𝘚𝘈 ⑩

16 quai Armand Dayot – ℰ 02 96 20 81 08 – natalietvincent @ yahoo.fr – Fermé
1ᵉʳ-4 juil., 17 nov.-1ᵉʳ déc., 2-16 fév., merc. soir hors saison, lundi sauf le soir en
saison, merc. midi en saison et sam. midi
Rest – Menu 25 € – Carte 41/64 €

♦ Lumineuse salle à manger agrémentée de marines, terrasse dressée à même le port,
accueil charmant et goûteuse cuisine de la mer mitonnée en fonction des arrivages.

à Ploubazlanec 3,5 km au Nord par D 789 – **309** D2 – 3 321 h. – alt. 60 m – ⊠ 22620

🏠 **Les Agapanthes** sans rest   ← 🚗 ♿ ℅ ℅ 𝘝𝘐𝘚𝘈 ⑩

🍽️ *1 r. Adrien Rebours – ℰ 02 96 55 89 06 – contact @ hotel-les-agapanthes.com*
– Fax 02 96 55 79 79 – Fermé 1ᵉʳ-14 janv.
9 ch – ♦40/68 € ♦♦40/68 €, ⊊ 7 €

♦ Ce petit hôtel remis à neuf, situé au cœur du village, occupe une maison typée donnant
sur un jardin et sa terrasse tournés vers la baie. Chambres avenantes ; accueil gentil.

à la Pointe de l'Arcouest 6 km au Nord – ⊠ 22620 Ploubazlanec

◉ ←★★.

🏨 **Le Barbu** ⌘   ← Ile de Bréhat, 🚗 🏊 ♿ ch, ℅ 🅿️ 𝘝𝘐𝘚𝘈 ⑩ 🆎

– ℰ 02 96 55 86 98 – hotel.lebarbu @ wanadoo.fr – Fax 02 96 55 73 87
21 ch – ♦62/112 € ♦♦62/112 €, ⊊ 12 € – **Rest** – Menu 19 € (déj.), 29/55 €
– Carte 33/74 €

♦ Cette imposante maison jouxte l'embarcadère pour "l'île des fleurs et des corsaires".
Chambres tournées vers la mer ou en rez-de jardin. Coquillages et crustacés à déguster en
admirant la vue magnifique sur la baie et Bréhat.

PAIMPONT – 35 Ille-et-Vilaine – **309** I6 – 1 395 h. – alt. 159 m – ⊠ 35380
▌Bretagne   10 **C2**

🚘 Paris 393 – Bruz 37 – Cesson-Sévigné 54 – Rennes 42
🚺 Syndicat d'initiative, 5, esplanade de Brocéliande ℰ 02 99 07 84 23,
Fax 02 99 07 84 24

↑ **La Corne de Cerf** sans rest ⌘   🚗 ℅ ℅ 🅿️

Le Cannée, 2 km au Sud – ℰ 02 99 07 84 19 – Fax 02 99 07 84 19 – Fermé janv.
3 ch ⊊ – ♦47 € ♦♦55 €

♦ Longère décorée dans l'esprit maison d'artistes à deux pas de la forêt de Brocéliande.
Chambres lumineuses et printanières. Pains, brioches et confitures maison, le tout bio...

PAIRIS – 68 Haut-Rhin – **315** G8 – **rattaché à Orbey**

LE PALAIS – 56 Morbihan – **308** M10 – **voir à Belle-Ile-en-Mer**

PALAVAS-LES-FLOTS – 34 Hérault – **339** I7 – 5 421 h. – alt. 1 m – Casino –
⊠ 34250 ▌Languedoc Roussillon   23 **C2**

🚘 Paris 763 – Aigues-Mortes 26 – Montpellier 17 – Nîmes 60 – Sète 33
🚺 Office de tourisme, Phare de la Méditerranée ℰ 04 67 07 73 34,
Fax 04 67 07 73 58
◉ Ancienne cathédrale★ de Maguelone SO : 4 km.

⌂ **Amérique Hôtel** sans rest   🎯 ⌷ ੬ 🅐🅚 ⅏ 🧼 🄿 VISA ◍ 🄰🄴
av. F. Fabrège – ℰ 04 67 68 04 39 – hotel.amerique@wanadoo.fr – Fax 04 67 68 07 83
49 ch – †51/80 € ††51/80 €, ⊆ 9 €
♦ Hôtel des années 1970 composé de deux bâtiments séparés par une avenue qui conduit
à la mer. Chambres fonctionnelles conservant le style d'origine. Piscine et jacuzzi.

⌂ **Brasilia** sans rest   ≼ 🅐🅚 VISA ◍ 🄰🄴 🄾
9 bd Joffre – ℰ 04 67 68 00 68 – hotel@brasilia-palavas.com – Fax 04 67 68 40 41
– Fermé 1er déc.-2 janv.
22 ch – †49/101 € ††49/101 €, ⊆ 7 €
♦ Cet hôtel situé sur le front de mer abrite des chambres simples que vous choisirez de
préférence avec balcon donnant sur la grande bleue ou sur le phare.

XXX **L'Escale**   ≼ 🅐🅚 VISA ◍ 🄰🄴
5 bd Sarrail, (rive gauche) – ℰ 04 67 68 24 17 – rizzotti@club-internet.fr
*– Fax 04 67 68 24 17 – Fermé merc. de sept. à juin sauf fériés, merc. midi et jeudi
midi en juil.-août*
Rest – Menu 19 € (déj. en sem.), 28/65 € – Carte 42/80 €
♦ L'élégante salle à manger et la véranda offrent une belle perspective sur la plage et les
flots. La cuisine au goût du jour est largement inspirée par la proximité de la mer.

PALEYRAC – 24 Dordogne – 329 G7 – **rattaché au Buisson-de-Cadouin**

LE PALLET – 44 Loire-Atlantique – 316 H5 – **rattaché à Clisson**

LA PALMYRE – 17 Charente-Maritime – 324 C5 – ✉ 17570   38 **A3**
🄳 Paris 519 – La Rochelle 80 – Royan 16
🄱 Office de tourisme, 2, avenue de Royan ℰ 05 46 22 41 07, Fax 05 46 22 52 69

🄷🄰 **Palmyr'hotel**   🏠 ⌷ 🄿 VISA ◍ 🄰🄴 🄾
– ℰ 05 46 23 65 65 – resa-palmyre@monalisahotels.com – Fax 05 46 22 44 13
– Ouvert 22 mars-10 nov.
46 ch – †65/115 € ††65/115 €, ⊆ 11 € – **Rest** Menu (23 €), 29/44 € – Carte 35/43 €
♦ À proximité du zoo, de la forêt et des plages, ensemble hôtelier proposant des chambres
fonctionnelles, presque toutes dotées d'un balcon. Quelques duplex. Décor sobre et actuel
dans la salle à manger et terrasse prise d'assaut aux beaux jours.

LA PALUD-SUR-VERDON – 04 Alpes-de-Haute-Provence – 334 G10 – 297 h.
– alt. 930 m – ✉ 04120 ▌ Alpes du Sud   41 **C2**
🄳 Paris 796 – Castellane 25 – Digne-les-Bains 65 – Draguignan 60 – Manosque 68
🄱 Syndicat d'initiative, le Château ℰ 04 92 77 32 02, Fax 04 92 77 32 02
🄶 Belvédères : Trescaïre★★, 5 km, l'Escalès★★★, 7 km par D952 puis D 23 -
Point Sublime★★★, ≼ sur le Grand Canyon du Verdon NE : 7,5 km puis 15 mn.

🄷🄰 **Des Gorges du Verdon** ⌕   ≼ 🚗 🏠 🖾 ⅗ ⅏ 🏊 🄿 VISA ◍
1 km par rte de la Maline Sud – ℰ 04 92 77 38 26 – bog@worldonline.fr
– Fax 04 92 77 35 00 – Ouvert 11 avril-20 oct.
27 ch – ⊆ – †105/190 € ††110/190 € – 3 suites – ½ P 80/170 € – **Rest** Menu 33 €
♦ Hôtel perché sur une colline à proximité d'un village prisé des randonneurs. Les paisibles
chambres s'égayent de tissus colorés ; duplex familiaux et belles suites. Menu unique
inspiré par la région et servi dans un cadre en harmonie avec la cuisine.

⌂ **Auberge des Crêtes**   🚗 ⅗ rest, 🄿 VISA ◍
1 km à l'Est sur D 952 – ℰ 04 92 77 38 47 – aubergedescretes@orange.fr
– Fax 04 92 77 30 40 – Ouvert 1er avril-15 oct.
12 ch – †55/74 € ††64/86 €, ⊆ 9 € – ½ P 54/63 € – **Rest** – Menu 27 €
♦ Les varappeurs apprécieront cette étape où ils se remettront de leurs émotions dans des
chambres simples et bien tenues, mansardées à l'étage.

PAMIERS ◉ – 09 Ariège – 343 H6 – 13 417 h. – alt. 280 m – ✉ 09100
▌ Midi-Pyrénées   29 **C3**
🄳 Paris 745 – Auch 147 – Carcassonne 76 – Castres 106 – Foix 20 – Toulouse 70
🄱 Office de tourisme, boulevard Delcassé ℰ 05 61 67 52 52, Fax 05 34 01 00 39

🏠 **De France** ch, rest, P VISA AE

5 cours J Rambaud – 05 61 60 20 88 – contact@hoteldefrancepamiers.com
– Fax 05 61 67 29 48

31 ch – 45/55 € 50/60 €, ⌑ 8 € – ½ P 45/50 € – **Rest** – (fermé 21 déc.-5 janv.,
lundi midi, sam. midi et dim.) Menu 18 € (sem.)/70 € – Carte 46/66 €

♦ Cure de jouvence bénéfique pour cet hôtel proche du centre-ville : les chambres ont
été revues dans un esprit contemporain, arborant un mobilier en bois. Au restaurant,
poutres apparentes, murs blanchis et goûteuse cuisine personnalisée.

🏠 **De la Paix** rest, P VISA AE

4 pl. A. Tournier – 05 61 67 12 71 – Fax 05 61 60 61 02 – Fermé 24 déc.-8 janv.
14 ch – 50/55 € 53/60 €, ⌑ 7 € – ½ P 60 € – **Rest** – (fermé dim. soir)
Menu 20/32 € – Carte 37/55 €

♦ Cet ancien relais de poste dispose de chambres colorées, équipées de meubles rustiques
ou fonctionnels. Chaleureuse atmosphère d'antan dans la salle à manger ornée de remarquables plafonds moulurés d'origine (1760).

PANAZOL – 87 Haute-Vienne – 325 E5 – 9 731 h. – alt. 302 m – ⌧ 87350

🖪 Paris 395 – Limoges 5 – Saint-Junien 39 – Isle 9 – Saint-Yrieix-la-Perche 43   24 **B2**

🏡 **Domaine du Forest** sans rest ⌖ P

5 km au Nord-Est par N 141 et rte du Golf de la Porcelaine – 05 55 31 33 68
– domainedeforest@wanadoo.fr – Fax 05 55 31 85 08
5 ch ⌑ – 95 € 105 €

♦ Une belle allée chemine jusqu'à l'entrée de ce manoir du 18ᵉ s. très tranquille. Salon feutré
et confortables chambres à la décoration soignée. Tennis, fitness, sauna, jacuzzi.

PANISSIÈRES – 42 Loire – 327 F5 – 2 860 h. – alt. 641 m – ⌧ 42360   44 **A1**

🖪 Paris 448 – Lyon 62 – Saint-Étienne 65 – Villeurbanne 66

🖪 Office de tourisme, 1, rue de la République 04 77 28 67 70, Fax 04 77 28 82 18

🏡 **La Ferme des Roses** ⌖ P

Le Clair – 04 77 28 63 63 – jednostka.arabians@free.fr – Fax 04 77 28 63 63
5 ch ⌑ – 42 € 52/57 € – **Table d'hôte** – Menu 16 € bc

♦ Cette ancienne ferme (1813) est connue pour sa grande convivialité et pour les deux
passions du patron : les chevaux arabes qu'il entraîne pour la compétition et les roses.
Chambres contemporaines très bien équipées. Cuisine du terroir arrosée de vins du Forez.

LE PARADOU – 13 Bouches-du-Rhône – 340 D3 – rattaché à Maussane-les-Alpilles

---

PARAMÉ – 35 Ille-et-Vilaine – 309 J3 – rattaché à St-Malo

PARAY-LE-MONIAL – 71 Saône-et-Loire – 320 E11 – 9 191 h. – alt. 245 m –
⌧ 71600 ▌Bourgogne   7 **B3**

🖪 Paris 360 – Mâcon 67 – Montceau-les-Mines 37 – Moulins 67 – Roanne 55

🖪 Office de tourisme, 25, avenue Jean-Paul II 03 85 81 10 92, Fax 03 85 81 36 61

◎ Basilique du Sacré-Cœur★★ - Hôtel de ville★ **H.**

Plan page ci-contre

🏨 **Le Parada** sans rest   P VISA

Z.A.C. Champ Bossu, par ①, rte de Montceau – 03 85 81 91 71 – leparada@
wanadoo.fr – Fax 03 85 81 91 70
30 ch – 45/53 € 54/68 €, ⌑ 7 €

♦ Aux portes de la ville, entouré d'un terrain clos, hôtel récent dont les amples chambres
bien insonorisées sont dotées de TV grand écran. On petit-déjeune dans une véranda en
verre fumé. Borne de paiement et de délivrance des clés mise en service le soir.

🏨 **Terminus**   P VISA AE

27 av. de la Gare – 03 85 81 59 31 – hotel.terminus@club-internet.fr
– Fax 03 85 81 38 31 – Fermé vacances de la Toussaint et dim.   s
16 ch – 48 € 62 €, ⌑ 7,50 € – ½ P 49 € – **Rest** – (dîner seult) Menu 17/21 €
– Carte 27/42 €

♦ Typique hôtel de gare 1900, bien rénové et facilement repérable à sa façade rose bonbon
et turquoise. Hall d'époque et bonnes chambres aux futuristes salles de bains "monobloc".
Cuisine traditionnelle servie en salle ou l'été sous les tilleuls de la terrasse.

PARAY-LE-MONIAL

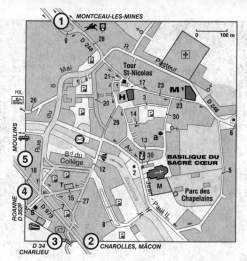

Grand Hôtel de la Basilique
rest, VISA MC AE ①

18 r. de la Visitation – ℰ 03 85 81 11 13 – resa@hotelbasilique.com
– Fax 03 85 88 83 70 – Ouvert 15 avril-30 oct.

a

54 ch – ♦34/48 € ♦♦40/55 €, �) 7 € – ½ P 38/45 € – **Rest** – Menu (13,50 €),
15/40 € – Carte 17/35 €

◆ Cinq générations de la même famille se sont succédé à la tête de cet établissement
présentant des chambres refaites par étapes, souvent tournées vers la basilique. Repas
servis dans une salle à manger fleurie sentant bon la campagne et la tradition.

à Sermaize-du-Bas 12,5 km par ③ par D 34 puis D 458 à Poisson dir. St -Julien-de-Civry
– ⊠ 71600 Poisson

M. Mathieu sans rest

– ℰ 03 85 81 06 10 – mp.mathieu@laposte.net – Fax 03 85 81 06 10 – Ouvert
15 mars-11 nov. – **5 ch** �) – ♦45 € ♦♦60 €

◆ Ancien et agreste relais de chasse en pierres dorées proposant des chambres nettes, personnalisées par des meubles chinés et desservies par une tour ronde dotée d'un escalier à vis.

à Poisson 8 km par ③ sur D 34 – 590 h. – alt. 300 m – ⊠ 71600

La Poste et Hôtel La Reconce avec ch
rest, P VISA MC ch,

– ℰ 03 85 81 10 72 – la.reconce@
wanadoo.fr – Fax 03 85 81 64 34 – Fermé 28 sept.-15 oct., 1ᵉʳ fév.-6 mars, lundi et
mardi sauf le soir en juil.-août

7 ch – ♦58 € ♦♦68 €, �) 11 € – 1 suite – **Rest** – Menu 28 € (sem.)/84 € bc
– Carte 29/59 €

◆ Bâtisse charolaise ancienne où vous goûterez une cuisine traditionnelle actualisée,
valorisant le terroir. Menu tout poisson le vendredi. Terrasse sous les platanes et, dans une
maison indépendante séparée par un bar-tabac, calmes chambres joliment aménagées.

par ⑤ 4 km sur N 79 – ⊠ 71600 Paray-le-Monial

Le Charollais
P VISA MC

– ℰ 03 85 81 03 35 – candussol@aol.com – Fax 03 85 81 50 31

20 ch ♦45/49 € ♦♦51/55 €, �) 7 € – **Rest** grill Menu (16 €), 20 € – Carte 16/46 €
◆ En bord de route, grill-restaurant devançant une bâtisse dotée de chambres fraîches et
nettes, diversement aménagées et tournées vers un parc avec jeux d'enfants. Bœuf charolais et pizzas au feu de bois servis sous une grande charpente. Véranda et terrasse.

PARC du FUTUROSCOPE – 86 Vienne – 322 I4 – **rattaché à Poitiers**

PARCEY – 39 Jura – 321 C4 – **rattaché à Dole**

La place de la Concorde

PARIS
et ENVIRONS

Département : 75 Ville-de-Paris
Population : 2 125 246 h.

Pop. agglomération : 9 644 507 h.
Altitude : 30 m – **Code Postal :** ⊠ 75000

RENSEIGNEMENTS PRATIQUES

🛈 Offices de tourisme

25 rue des Pyramides (1er) ℰ 08 92 68 30 00 (0,34 €/mn) commun à tous les bureaux
20 bd Diderot Gare de Lyon (12e)
18 rue de Dunkerque Gare du Nord (10e)
place du Tertre Montmartre (18e)
Carroussel du Louvre (1er)
Anvers sur le terre-plein face au 72 bd de Rochechouard (18e)
Clemenceau angle av. des Champs-Elysées/av. de Marigny (8e)

Bureaux de change

Banques ouvertes (la plupart) de 9 h à 16 h 30 sauf sam., dim. et fêtes
à l'aéroport d'Orly-Sud : de 6 h 30 à 23 h
à l'aéroport Paris-Charles-de-Gaulle : de 6 h à 23 h 30

Transports

Liaisons Paris Aéroports : Info cars Air France ℰ 0 892 350 820 (0,34 €/mn) (Roissy-C-d-G1 et C-d-G2/Orly) départ Terminal Étoile, Invalides et Montparnasse.
Info Bus R.A.T.P. ℰ 3246 (0,34 €/mn).
Roissy-Bus, départ Opéra 9e Orly-Bus, départ pl. Denfert-Rochereau 14e : par rail (RER) 3246 (0,34 €/mn).
Bus-Métro : se reporter au plan de Paris Michelin n° 56. Le bus permet une bonne vision de la ville, surtout pour de courtes distances.
Taxi : faire signe aux véhicules libres (lumière jaune allumée)
Aires de stationnements - de jour et de nuit : appels téléphonés.
🚃 **Auto-train :** renseignements ℰ 3635 et tapez 42 (0,34 €/mn)

Postes-téléphone

Chaque quartier a un bureau de Poste ouvert jusqu'à 19 h, le samedi de 8 h à 12 h - fermé le dimanche.
Bureau ouvert 24h/24 : 52 r. du Louvre 1er ℰ 01 40 28 76 00

Compagnie aérienne

✈ Air France : 49 av. de l'Opéra 2e ℰ 3654 (0,34€/mn)

Dépannage automobile

Il existe, à Paris et dans la Région Parisienne, des ateliers et des services permanents de dépannage.
Les postes de Police vous indiqueront le dépanneur le plus proche de l'endroit où vous vous trouvez.

MICHELIN à Paris

Services de Tourisme
46 av. de Breteuil - 75324 PARIS CEDEX 07 - ℰ 01 45 66 12 34, Fax 01 45 66 11 63.
Ouverts du lundi au vendredi de 8 h 45 à 16 h 30 (16 h le vendredi).
Boutique Michelin en ligne : www.michelin.fr onglet : voyage et déplacements, rubrique : Cartes et Guides et Espace Michelin au 1er étage du BHV Rivoli, r. de Rivoli 75004 PARIS (métro Hôtel de Ville).

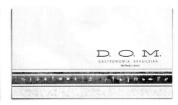

PRACTICAL INFORMATION

🛈 Tourist information

Paris "Welcome" Office (Office de Tourisme de Paris) : 📞 0 892 683 000 (0,34 €/mn) Pyramides (Main Office) 25 r. des Pyramides 1st, Gare de Lyon 20 bd Diderot, Gare du Nord 18 r. de Dunkerque, Montmartre place du Tertre 18th, Carroussel du Louvre 1st, Anvers 72 bd de Rochechouard 18th, Clemenceau corner of av. des Champs-Elysées and av. Marigny 8th.

Foreign exchange office

Banks : close at 4.30 pm and at week-end
Orly Sud Airport : daily 6.30 am to 11 pm
Charles-de-Gaulle Airport : daily 6 am to 11.30 pm

Transport

✈ Airports : Roissy-Charles-de-Gaulle 📞 3950 (0,34 €/mn) – Orly Aérogare 📞 3950 (0,34 €/mn)
Bus-Underground : for full details see the Michelin Plan de Paris n°56. The Underground is quicker but the bus is better for sightseeing and more pratical for the short distances
Taxis : may be hailed in the street when showing the illuminated sign-available, day and night all taxi ranks or called by telephon

Postal service

Local post offices : open Mondays to Fridays 8 am to 7 pm ; Saturdays 8 am to noon
General Post Office, 52 r. du Louvre 1st : open 24 hours 📞 01 40 28 76 00

Airlines

AMERICAN AIRLINES : Roissy-Charles-de-Gaulle airport T2a 📞 01 55 17 43 41
DELTA AIRLINES : 2 r. Robert Esnault-Pelterie 7th 📞 0 811 640 005
UNITED AIRLINES : Roissy-Charles- de-Gaulle airport, T1 gate 36 📞 0 810 72 72 72
BRITISH AIRWAYS : Roissy-Charles- de-Gaulle airport, T2b 📞 0 825 825 400
AIR FRANCE : 49 av. de l'Opéra 2nd 📞 3654 (0,34 €/mn)

Breakdown service

Some garages in central and outer Paris operate a 24-hour breakdown service. If you break down, the police are usually able to help by indicating the nearest one.

Tipping

In France, in addition to the usual people who are tipped (the barber or ladies' hairdresser, hat-check girl, taxi-driver, doorman, porter, et al.), the ushers in Paris theaters ans cinemas, as well as the custodians of the "men's" and "ladies" in all kinds of establishments, expect a small gratuity
In restaurants, the tip ("service") is always included in the bill to the tune of 15%. However you may choose to leave in addition the small change in your plate, especially if it is a place you would like to come back to, but there is no obligation to do so.

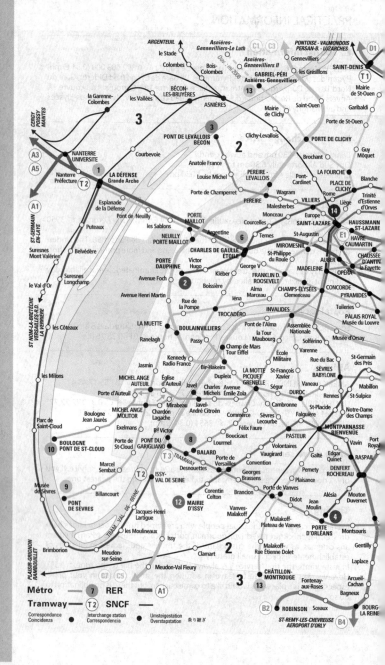

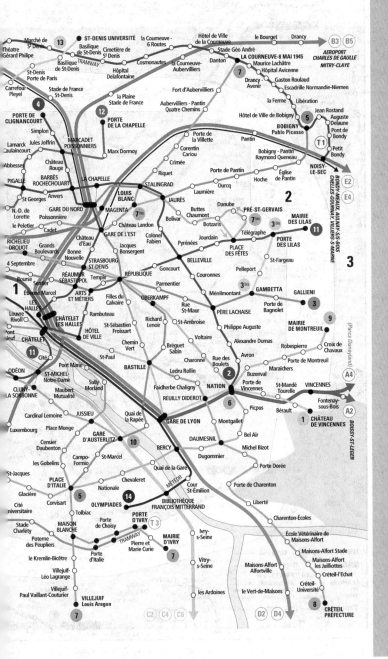

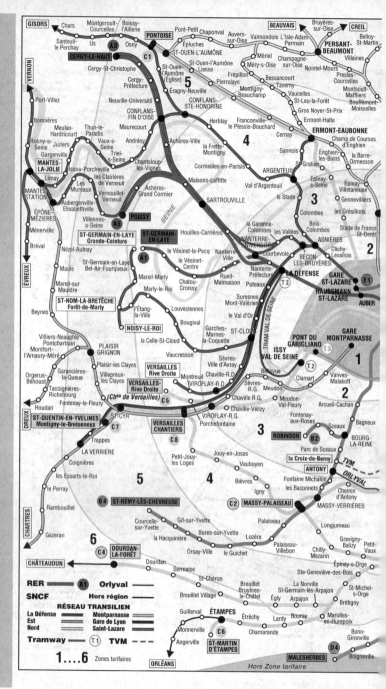

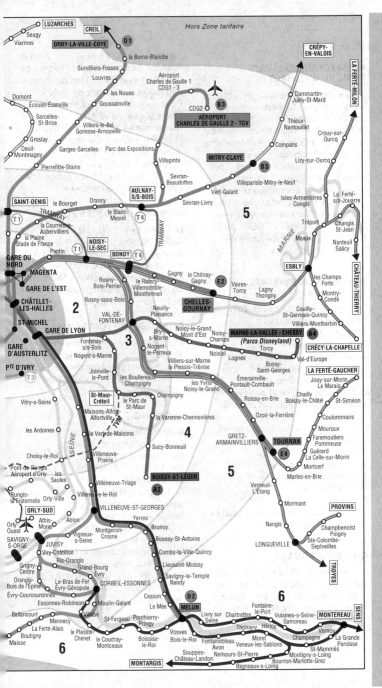

👁 A VOIR

PERSPECTIVES CÉLÈBRES, PARIS VU D'EN HAUT

≼★★★ depuis l'Obélisque de la place de la Concorde : Champs-Élysées, Arc-de-Triomphe, Grande Arche de la Défense. - ≼★★ depuis l'Obélisque de la place de la Concorde : La Madeleine, Assemblée Nationale. - ≼★★★ depuis la terrasse du Palais de Chaillot : Tour Eiffel, École Militaire, Trocadéro. - ≼★★ depuis le pont Alexandre III : Invalides, Grand et Petit Palais - Tour Eiffel★★★ - Tour Montparnasse★★★ - Tour Notre-Dame★★★ - Dôme du Sacré-Cœur★★★ - Plate-forme de l'Arc-de-Triomphe★★★

QUELQUES MONUMENTS HISTORIQUES

Le Louvre★★★ (cour carrée, colonnade de Perrault, la pyramide) - Tour Eiffel★★★ - Notre-Dame★★★ - Sainte-Chapelle★★★ - Arc de Triomphe★★★ - Invalides★★★ (Tombeau de Napoléon) - Palais-Royal★★ - Opéra★★ - Conciergerie★★ - Panthéon★★ - Luxembourg★★ (Palais et Jardins)
Églises :
Notre-Dame★★★ - La Madeleine★★ - Sacré-Cœur★★ - St-Germain-des-Prés★★ - St-Étienne-du-Mont★★ - St-Germain-l'Auxerrois★★
Dans le Marais :
Places des Vosges★★★ - Hôtel Lamoignon★★ - Hôtel Guénégaud★★ - Palais Soubise★★

QUELQUES MUSÉES

Le Louvre★★★ - Orsay★★★ (milieu du 19e s. jusqu'au début du 20e s.) - Art moderne★★★ (au Centre Pompidou) - Armée★★★ (aux Invalides) - Arts décoratifs★★ (107 r. de Rivoli) - Musée National du Moyen Âge et Thermes de Cluny★★ - Rodin★★ (Hôtel de Biron) - Carnavalet★★ (Histoire de Paris) - Picasso★★ - Cité des Sciences et de l'Industrie★★ (La Vilette) - Marmottan★★ (collection de peintres impressionnistes) - Orangerie★★ (des impressionnistes à 1930) - Jacquemart-André★★ - Musée des Arts et Métiers★★ - Musée national des Arts asiatiques - Guimet★★★

MONUMENTS CONTEMPORAINS

La Défense★★ (C.N.I.T., la Grande Arche) - Centre Georges-Pompidou★★★ - Institut du Monde Arabe★ - Opéra Bastille - Bercy★ (palais Omnisports, Ministère des Finances) - Bibliothèque Nationale de France - Site François Mitterrand★

QUARTIERS PITTORESQUES

Montmartre★★ - Le Marais★★★ - Île St-Louis★★ - Les Quais★★ (entre le Pont des Arts et le Pont de Sully) - St-Germain-des-Prés★★ - Quartier St-Séverin★★

SHOPPING

Grands magasins :
Printemps, Galeries Lafayette (bd Haussmann), B.H.V. (r. de Rivoli), Bon Marché (r. de Sèvres).
Commerces de luxe :
Au Faubourg St-Honoré (mode), Rue de la Paix et place Vendôme (joaillerie), Rue Royale (faïencerie et cristallerie), Avenue Montaigne (mode).
Occasions et antiquités :
Marché aux Puces★ (Porte de Clignancourt), Village Suisse (av. de la Motte-Picquet), Louvre des Antiquaires.

LISTE ALPHABÉTIQUE
DES HÔTELS ET RESTAURANTS

TABLES ÉTOILÉES

❀❀❀ 2008

			Page
Alain Ducasse au Plaza Athénée - 8ᵉ		XXXXX	79
Ledoyen - 8ᵉ		XXXXX	79
Le Meurice (Rest.) - 1ᵉʳ		XXXXX	39
L'Ambroisie *(Bernard Pacaud)* - 4ᵉ		XXXX	48
Guy Savoy - 17ᵉ		XXXX	119
Pierre Gagnaire - 8ᵉ		XXXX	80
Pré Catelan - 16ᵉ		XXXX	116
Arpège *(Alain Passard)* - 7ᵉ		XXX	65
Astrance *(Pascal Barbot)* - 16ᵉ		XXX	113

❀❀ 2008

En rouge : les espoirs pour ❀❀❀

Les Ambassadeurs - 8ᵉ		XXXXX	78
Apicius - 8ᵉ		XXXXX	79
Le Bristol - 8ᵉ		XXXXX	79
Le "Cinq" - 8ᵉ		XXXXX	78
Lasserre - 8ᵉ		XXXX	79
Taillevent - 8ᵉ		XXXX	79
Carré des Feuillants - 1ᵉʳ		XXXX	39
Le Grand Véfour - 1ᵉʳ		XXXX	39
Michel Rostang - 17ᵉ		XXXX	119
Les Élysées - 8ᵉ		XXX	80
Hélène Darroze-La Salle à Manger - 6ᵉ		XXX	59
Relais Louis XIII - 6ᵉ		XXX	59
Senderens - 8ᵉ		XXX	80
La Table de Joël Robuchon - 16ᵉ		XXX	113
N	L'Atelier de Joël Robuchon - 7ᵉ	X	68

❀ 2008

En rouge : les espoirs pour ❀❀

L'Espadon - 1ᵉʳ	XXXXX	39	La Bretèche St-Maur-des-Fossés		XXX	159
La Tour d'Argent - 5ᵉ	XXXXX	52	Le Camélia Bougival		XXX	129
Goumard - 1ᵉʳ	XXXX	39	Le Céladon - 2ᵉ		XXX	44
La Grande Cascade - 16ᵉ	XXXX	117	Le Chiberta - 8ᵉ		XXX	81
Hiramatsu - 16ᵉ	XXXX	113	Au Comte de Gascogne Boulogne-Billancourt		XXX	130
Laurent - 8ᵉ	XXXX	80	Copenhague - 8ᵉ		XXX	40
Montparnasse'25 - 14ᵉ	XXXX	102	Gérard Besson - 1ᵉʳ		XXX	59
Auberge des Saints Pères Aulnay-sous-Bois	XXX	127	Jacques Cagna - 6ᵉ		XXX	59
Auberge du Château "Table des Blot" Dampierre-en-Yvelines	XXX	138	Le Divellec - 7ᵉ		XXX	65
La Belle Époque Châteaufort	XXX	135	Les Magnolias Le Perreux-sur-Marne		XXX	152

BIBS GOURMANDS

Environs

Auberge Ravoux
– Auvers-sur-Oise ※ 128
Le Chefson – Bois-Colombes ※ 128
Ophélie la Cigale Gourmande
– Thiais ※ 163

La Petite Auberge
– Asnières-sur-Seine ※※ 127
Le Potager du Roy – Versailles ※※ 165
St-Martin – Triel-sur-Seine ※ 163
La Table d'Alexandre – Puteaux ※※ 154
Le Vilgacy – Gagny ※※ 141

HÔTELS PARTICULIÈREMENT AGRÉABLES

Environs

RESTAURANTS
PARTICULIÈREMENT AGRÉABLES

CUISINE D'ICI...

Choucroute

Ballon des Ternes - 17ᵉ	✗✗	120
Bofinger - 4ᵉ	✗✗	48
La Coupole - 14ᵉ	✗✗	103
Terminus Nord - 10ᵉ	✗✗	93
Mon Vieil Ami - 4ᵉ	✗	49

Confit

Cazaudehore St-Germain-en-Laye	✗✗✗	157
Au Clair de la Lune - 18ᵉ	✗✗	124
La Bastide Villeparisis	✗✗	169
Canal Evry	✗✗	140
Chez Jacky - 13ᵉ	✗✗	100
D'Chez Eux - 7ᵉ	✗✗	67
La Petite Marmite Livry-Gargan	✗✗	144
Le Sarladais - 8ᵉ	✗✗	82
St-Pierre Longjumeau	✗✗	144
La Table d'Antan Ste-Geneviève-des-Bois	✗✗	161
L' A.O.C. - 5ᵉ	✗	54
Au Bascou - 3ᵉ	✗	46
Auberge Etchegorry - 13ᵉ	✗	100
Chez René - 5ᵉ	✗	53
Fontaine de Mars - 7ᵉ	✗	69
Joséphine "Chez Dumonet" - 6ᵉ	✗	61
Lescure - 1ᵉʳ	✗	42
Louis Vins - 5ᵉ	✗	54
Pierrot - 2ᵉ	✗	45

Coq au vin

Bourgogne Maisons-Alfort	✗✗	144
Le Coq de la Maison Blanche St-Ouen	✗✗	160
Allard - 6ᵉ	✗	61
Au Moulin à Vent - 5ᵉ	✗	53
La Biche au Bois - 12ᵉ	✗	98
Chez René - 5ᵉ	✗	53
Moissonnier - 5ᵉ	✗	53
Quincy - 12ᵉ	✗	98

Coquillages, crustacés, poissons

Goumard - 1ᵉʳ	✗✗✗✗	39
Le Divellec - 7ᵉ	✗✗✗	65
Le Dôme - 14ᵉ	✗✗✗	102
Le Duc - 14ᵉ	✗✗✗	102
Pétrus - 17ᵉ	✗✗✗	119
Port Alma - 16ᵉ	✗✗✗	114
Prunier - 16ᵉ	✗✗✗	114
Au Pied de Cochon - 1ᵉʳ	✗✗	40
Ballon des Ternes - 17ᵉ	✗✗	120
Bofinger - 4ᵉ	✗✗	48
La Coupole - 14ᵉ	✗✗	103
Dessirier - 17ᵉ	✗✗	120

Gallopin - 2ᵉ	✗✗	44
Jarrasse L'Ecailler de Paris Neuilly-sur-Seine	✗✗	150
La Luna - 8ᵉ	✗✗	82
La Marée de Versailles Versailles	✗✗	165
Marius et Janette - 8ᵉ	✗✗	83
Marty - 5ᵉ	✗✗	53
Méditerranée - 6ᵉ	✗✗	60
Terminus Nord - 10ᵉ	✗✗	93
Vin et Marée - 7ᵉ	✗✗	67
Vin et Marée - 11ᵉ	✗✗	95
Vin et Marée - 14ᵉ	✗✗	103
Le Bistrot de Marius - 8ᵉ	✗	86
Bistrot du Dôme - 4ᵉ	✗	49
Bistrot du Dôme - 14ᵉ	✗	104
L'Ecaille de la Fontaine - 2ᵉ	✗	45
L'Espadon Bleu - 6ᵉ	✗	61
Les Fables de La Fontaine - 7ᵉ	✗	68
L'Huîtrier - 17ᵉ	✗	122
La Rotonde - 6ᵉ	✗	60
35 ° Ouest - 7ᵉ	✗	69

Escargots

Au Petit Riche - 9ᵉ	✗✗	90
Ballon des Ternes - 17ᵉ	✗✗	120
Benoit - 4ᵉ	✗✗	48
Bourgogne Maisons-Alfort	✗✗	144
Gallopin - 2ᵉ	✗✗	44
Les Lauriers Le Perreux-sur-Marne	✗✗	152
La Petite Marmite Livry-Gargan	✗✗	144
Vaudeville - 2ᵉ	✗✗	44
Allard - 6ᵉ	✗	61
Au Moulin à Vent - 5ᵉ	✗	53
Bistrot St-Honoré - 1ᵉʳ	✗	41
Au Pouilly Reuilly Le Pré-St-Gervais	✗	152

Fromages

Montparnasse'25 - 14ᵉ	✗✗✗✗	102

Grillade

Au Pied de Cochon - 1ᵉʳ	✗✗	40
Bofinger - 4ᵉ	✗✗	48
Le Coq de la Maison Blanche St-Ouen	✗✗	160
La Coupole - 14ᵉ	✗✗	103
Fermette Marbeuf 1900 - 8ᵉ	✗✗	83
Gallopin - 2ᵉ	✗✗	44
Terminus Nord - 10ᵉ	✗✗	93
L' A.O.C. - 5ᵉ	✗	54
Bistrot St-Honoré - 1ᵉʳ	✗	41
Joséphine "Chez Dumonet" - 6ᵉ	✗	61
La Maison de L'Aubrac - 8ᵉ	✗	85
Rôtisserie d'en Face - 6ᵉ	✗	61

Soufflés

Cigale Récamier - 7ᵉ	XX	66
Le Soufflé - 1ᵉʳ	XX	40
L'Amuse Bouche - 14ᵉ	X	104

Tête de veau

Stella Maris - 8ᵉ	XXX	81
Au Petit Riche - 9ᵉ	XX	90
Au Poulbot Gourmet - 18ᵉ	XX	124
Benoit - 4ᵉ	XX	48
Chez Jacky - 13ᵉ	XX	100

Manufacture

Issy-les-Moulineaux	XX	142
Marty - 5ᵉ	XX	53
Vaudeville - 2ᵉ	XX	44
Le Violon d'Ingres - 7ᵉ	XX	66
Dominique Bouchet - 8ᵉ	X	84
Le Mesturet - 2ᵉ	X	44
Au Pouilly Reuilly		
Le Pré-St-Gervais	X	152

Tripes

L'Auberge Aveyronnaise - 12ᵉ	X	98
Quincy - 12ᵉ	X	98

...ET D'AILLEURS

Antilles, Réunion, Seychelles

		Page
La Table de Babette - 16ᵉ	XX	114
Coco de Mer - 5ᵉ	X	54
La Table d'Erica - 6ᵉ	X	62

Belge

Graindorge - 17ᵉ	XX	120

Chinoise, Thaïlandaise et Vietnamienne

L'Ambassade de Pékin		
St-Mandé	XX	159
Le Bonheur de Chine		
Rueil-Malmaison	XX	156
Erawan - 15ᵉ	XX	107
Foc Ly Neuilly-sur-Seine	XX	149
Le Panoramic de Chine		
Carrières-sur-Seine	XX	131
Tang - 16ᵉ	XX	115
Thiou - 7ᵉ	XX	67
Tsé Yang - 16ᵉ	XX	114
Village d'Ung et Li Lam - 8ᵉ	XX	84
Baan Boran - 1ᵉʳ	X	41
Banyan - 15ᵉ	X	108

1270

Kim Anh - 15ᵉ	X	107
Le Lys d'Or - 12ᵉ	X	98
Mme Shawn - 10ᵉ	X	93
Sukhothaï - 13ᵉ	X	100

Coréenne

Sa Mi In - 7ᵉ	X	70
Shin Jung - 8ᵉ	X	86

Espagnole

Rosimar - 16ᵉ	X	116

Grecque

Mavrommatis - 5ᵉ	XX	52
Cristina's Tapas		
by Mavrommatis - 1ᵉʳ	X	42
Les Délices d'Aphrodite - 5ᵉ	X	53

Indienne

Indra - 8ᵉ	XXX	81
New Jawad - 7ᵉ	XX	67
Ratn - 8ᵉ	XX	83
Yugaraj - 6ᵉ	XX	60
Jodhpur Palace - 12ᵉ	X	98

Italienne

La Romantica - Clichy	XXX	136
Sormani - 17ᵉ	XXX	119
Conti - 16ᵉ	XX	114
Delizie d'Uggiano - 1ᵉʳ	XX	40
Fontanarosa - 15ᵉ	XX	106
Giulio Rebellato - 16ᵉ	XX	115
Romain - 9ᵉ	XX	90
Le Stresa - 8ᵉ	XX	83
Le Vinci - 16ᵉ	XX	115
Al Dente - 7ᵉ	X	70
Bocconi - 8ᵉ	X	85
Dell Orto - 9ᵉ	X	90
L'Enoteca - 4ᵉ	X	49
I Golosi - 9ᵉ	X	91
Il Punto Neuilly-sur-Seine	X	150
Montefiori - 17ᵉ	X	121
L'Osteria - 4ᵉ	X	49
Le Perron - 7ᵉ	X	69

Japonaise

Benkay - 15ᵉ	XXX	106
Hanawa - 8ᵉ	XX	83
Kinugawa - 1ᵉʳ	XX	41
Aida - 7ᵉ	X	69
Azabu - 6ᵉ	X	61
Isami - 4ᵉ	X	49
Kaï - 1ᵉʳ	X	41
Miyako - 7ᵉ	X	71
Momoka - 9ᵉ	X	92
Yanasé - 15ᵉ	X	107
Yen - 6ᵉ	X	60

Libanaise

Al Ajami - 8ᵉ	XX	84
Pavillon Noura - 16ᵉ	XX	114

Nord-Africaine

El Mansour - 8ᵉ	XXX	81
Caroubier - 15ᵉ	XX	106
La Maison de Charly - 17ᵉ	XX	121
Mansouria - 11ᵉ	XX	95
Timgad - 17ᵉ	XX	120
Essaouira - 16ᵉ	X	116
Les Oudayas - 5ᵉ	X	54
404 - 3ᵉ	X	47
La Table de Fès - 6ᵉ	X	62
La Tour de Marrakech Antony	X	126

Portugaise

Saudade - 1ᵉʳ	XX	40

Russe

Daru - 8ᵉ	X	86

Scandinave

Copenhague - 8ᵉ	XXX	81
La Petite Sirène de Copenhague - 9ᵉ	X	91

Tibétaine

Lhassa - 5ᵉ	X	54

Turque

Le Janissaire - 12ᵉ	XX	97
Sizin - 9ᵉ	X	91

BISTROTS

Environs

BRASSERIES

Environs

TABLES EN EXTÉRIEUR

OUVERT TARD LE SOIR

RESTAURANTS OUVERTS
SAMEDI & DIMANCHE

		Page
Al Ajami – 8ᵉ	✗✗	84
Alcazar – 6ᵉ	✗✗	60
Allard – 6ᵉ	✗	61
Ambassade d'Auvergne – 3ᵉ	✗✗	46
L'Appart' – 8ᵉ	✗	85
Astier – 11ᵉ	✗	96
L'Atelier de Joël Robuchon – 7ᵉ	✗	68
L'Auberge Aveyronnaise – 12ᵉ	✗	98
Au Pied de Cochon – 1ᵉʳ	✗	40
Ballon des Ternes – 17ᵉ	✗✗	120
Banyan – 15ᵉ	✗	108
Benkay – 15ᵉ	✗✗✗	106
Benoit – 4ᵉ	✗✗	48
Le Bistrot de Marius – 8ᵉ	✗	86
Bistrot du Dôme – 4ᵉ	✗	49
Bofinger – 4ᵉ	✗✗	48
Le Bristol – 8ᵉ	✗✗✗✗✗	79
Café de l'Alma – 7ᵉ	✗	69
Café de la Paix – 9ᵉ	✗✗✗	89
Caroubier – 15ᵉ	✗✗	106
Chez Georges – 17ᵉ	✗✗	120
Le "Cinq" – 8ᵉ	✗✗✗✗✗	78
Le Comptoir – 6ᵉ	✗	61
La Coupole – 14ᵉ	✗✗	103
Devez – 8ᵉ	✗	85
Drouant – 2ᵉ	✗✗✗	44
Les Délices d'Aphrodite – 5ᵉ	✗	53
L'Enoteca – 4ᵉ	✗	49
L'Équitable – 5ᵉ	✗✗	53
L'Espadon – 1ᵉʳ	✗✗✗✗✗	39
L'Esplanade – 7ᵉ	✗✗	67
Les Fables de La Fontaine – 7ᵉ	✗	68
Fermette Marbeuf 1900 – 8ᵉ	✗✗	83
Le Fin Gourmet – 4ᵉ	✗	49
Fontaine de Mars – 7ᵉ	✗	69
Fontanarosa – 15ᵉ	✗✗	106
Fouquet's – 8ᵉ	✗✗✗	80
Gallopin – 2ᵉ	✗✗	44
La Gauloise – 15ᵉ	✗✗	106
Giulio Rebellato – 16ᵉ	✗✗	115
Goumard – 1ᵉʳ	✗✗✗✗	39
La Grande Cascade – 16ᵉ	✗✗✗✗	117
Il Vino d'Enrico Bernardo – 7ᵉ	✗✗	66
Jodhpur Palace – 12ᵉ	✗	98
Le Jules Verne – 7ᵉ	✗✗✗	65
Kim Anh – 15ᵉ	✗	107
Lhassa – 5ᵉ	✗	54
Louis Vins – 5ᵉ	✗	54
Le Lys d'Or – 12ᵉ	✗	98
Maison de Charly (La) – 17ᵉ	✗✗	121

		Page
La Maison de L'Aubrac – 8ᵉ	✗	85
Marius et Janette – 8ᵉ	✗✗	83
Market – 8ᵉ	✗✗	84
Marty – 5ᵉ	✗✗	53
Le Mesturet – 2ᵉ	✗	44
Mme Shawn – 10ᵉ	✗	93
Mon Vieil Ami – 4ᵉ	✗	49
Le Moulin de la Galette – 18ᵉ	✗✗	123
Méditerranée – 6ᵉ	✗✗	60
New Jawad – 7ᵉ	✗✗	67
Les Ombres – 7ᵉ	✗✗	66
L'Orangerie – 4ᵉ	✗✗	48
Les Oudayas – 5ᵉ	✗	54
Pasco – 7ᵉ	✗	69
Pavillon Noura – 16ᵉ	✗✗	114
Petit Pontoise – 5ᵉ	✗	54
Pinxo – 1ᵉʳ	✗✗	41
Pétrus – 17ᵉ	✗✗✗	119
Le Pur' Grill – 2ᵉ	✗✗✗	43
404 – 3ᵉ	✗	47
Ratn – 8ᵉ	✗✗	83
Relais Plaza (Le) – 8ᵉ	✗✗	81
La Rotonde – 6ᵉ	✗	60
Senderens – 8ᵉ	✗✗✗	80
La Table de Joël Robuchon – 16ᵉ	✗✗✗	113
Terminus Nord – 10ᵉ	✗✗	93
Timgad – 17ᵉ	✗✗	120
Toi – 8ᵉ	✗	85
La Tour d'Argent – 5ᵉ	✗✗✗✗✗	52
Tsé Yang – 16ᵉ	✗✗	114
Vaudeville – 2ᵉ	✗✗	44
Vin et Marée – 11ᵉ	✗✗	95
Vin et Marée – 14ᵉ	✗✗	103
Vin et Marée – 7ᵉ	✗✗	67
Yugaraj – 6ᵉ	✗✗	60

Environs

L'Ambassade de Pékin – St-Mandé	✗✗	159
L'Auberge de l'Élan – Cernay-la-Ville	✗	134
Au Bord de l'Eau – Conflans-Ste-Honorine	✗	137
Foc Ly – Neuilly-sur-Seine	✗✗	149
Ile –Issy-les-Moulineaux	✗✗	142
Jarrasse L'Ecailler de Paris – Neuilly-sur-Seine	✗✗	150
Les Écuries du Château – Dampierre-en-Yvelines	✗✗	138
River Café – Issy-les-Moulineaux	✗✗	142
Tastevin – Maisons-Laffitte	✗✗✗	145
La Tour de Marrakech – Antony	✗	126

RESTAURANTS AVEC SALONS PARTICULIERS

RESTAURANTS PROPOSANT
DES MENUS À MOINS DE 33 €

HÔTELS PROPOSANT
DES CHAMBRES DOUBLES À MOINS DE 88 €

ARRONDISSEMENTS ET QUARTIERS

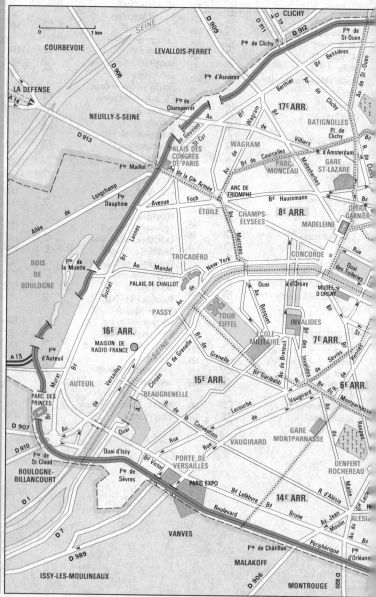

G12 : Ces lettres et chiffres correspondent au carroyage du **plan Michelin Paris** n° **54, Paris avec répertoire** n° **55, Paris du Nord au Sud** n° **56,** et **Paris par Arrondissement** n° **57**
En consultant ces quatre publications vous trouverez également les parkings les plus proches des établissements cités.

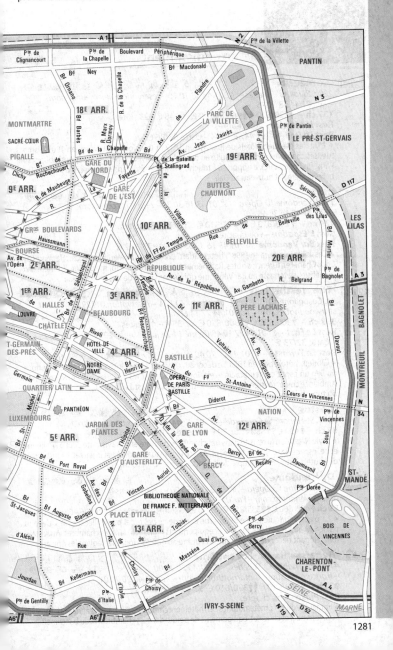

Palais-Royal, Louvre-Tuileries, Châtelet

S. Sauvignier/MICHELIN

1er arrondissement ✉ 75001

🏨🏨🏨 Le Meurice 🕙 ⅃⅄ 📶 ₺ ch, 🗚 ↔ ❄ rest, 🐾 ⚷ VISA ⓜ⑩ AE ①
228 r. Rivoli Ⓜ Tuileries – ℰ 01 44 58 10 10 – reservations @ lemeurice.com
– Fax 01 44 58 10 15
137 ch – ♦520/620 € ♦♦680/2100 €, ☍ 48 € – 23 suites   G 12
Rest le Meurice – voir ci-après
Rest Le Dali – ℰ 01 44 58 10 44 – Carte 65/86 €
♦ L'un des premiers hôtels de luxe, né en 1817 et transformé en palace en 1907. Somptueuses chambres et superbe suite au dernier étage avec un panorama époustouflant sur Paris. Philippe Starck a apporté sa touche de modernité dans les espaces d'accueil. Très belle verrière Art nouveau au Dali.

🏨🏨🏨 Ritz 🕋 🔲 🕙 ⅃⅄ 📶 ₺ 🗚 ❄ 🐾 ⚷ VISA ⓜ⑩ AE ①
15 pl. Vendôme Ⓜ Opéra – ℰ 01 43 16 30 30 – resa @ ritzparis.com
– Fax 01 43 16 36 68
124 ch – ♦710/810 € ♦♦710/810 €, ☍ 36 € – 37 suites   G 12
Rest L'Espadon – voir ci-après
Rest Bar Vendôme – ℰ 01 43 16 33 63 – Carte 75/142 €
♦ César Ritz inaugura en 1898 "l'hôtel parfait" dont il rêvait. Valentino, Proust, Hemingway, Coco Chanel en furent les hôtes. Raffinement incomparable. Sublime piscine. Intérieur chic ou délicieuse terrasse au Bar Vendôme qui devient salon de thé l'après-midi.

🏨🏨🏨 The Westin Paris 🕋 ⅃⅄ 🕙 ₺ ch, 🗚 ↔ ❄ rest, 🐾 ⚷ VISA ⓜ⑩ AE ①
3 r. Castiglione Ⓜ Tuileries – ℰ 01 44 77 11 11 – reservation.01729 @
starwoodhotels.com – Fax 01 44 77 14 60   G 12
397 ch – ♦300/850 € ♦♦300/850 €, ☍ 35 € – 41 suites
Rest Le First – ℰ 01 44 77 10 40 (fermé 14-28 juil.) Menu (29 €), 32 € (déj.)/75 €
– Carte 32/73 €
Rest La Terrasse – ℰ 01 44 77 10 40 (ouvert 1er avril-30 sept.) Carte 31/69 €
♦ Glorieux hôtel édifié en 1878. Le décor des chambres, revu, intègre au charme historique du lieu un esprit contemporain ; certaines ont vue sur les Tuileries. Salons Napoléon III. Ambiance chic et feutrée, façon boudoir moderne, au First. La Terrasse, côté cour, est isolée du tumulte parisien.

🏨🏨 Costes 🕋 🔲 ⅃⅄ 🕙 ₺ ch, 🗚 ❄ 🐾 VISA ⓜ⑩ AE ①
239 r. St-Honoré Ⓜ Concorde – ℰ 01 42 44 50 00 – Fax 01 42 44 50 01
82 ch – ♦400 € ♦♦550 €, ☍ 30 € – 3 suites – **Rest** – Carte 44/92 €   G 12
♦ Style Napoléon III revisité dans des chambres pourpre et or, ravissante cour à l'italienne et bel espace de remise en forme : un palace extravagant, adulé par la jet-set. Le restaurant de l'hôtel Costes est le temple de la tendance branchée lounge.

🏨🏨 De Vendôme 🕙 🗚 ch, 🐾 VISA ⓜ⑩ AE ①
1 pl. Vendôme Ⓜ Opéra – ℰ 01 55 04 55 00 – reservations @
hoteldevendome.com – Fax 01 49 27 97 89   G 12
29 ch ♦450/660 € ♦♦535/855 €, ☍ 30 €, 10 suites – **Rest** Menu 40/45 € – Carte 61/83 €
♦ La place Vendôme forme le superbe écrin de ce bel hôtel particulier du 18e s. devenu palace. Meubles anciens, marbre et équipements high tech dans les chambres. Au restaurant, élégant décor de style anglais et cuisine au goût du jour privilégiant les épices.

🏨🏨 Renaissance Paris Vendôme 🔲 ⅃⅄ 🕙 ₺ 🗚 ↔ ❄
4 r. Mont-Thabor Ⓜ Tuileries – ℰ 01 40 20 20 00   🐾 VISA ⓜ⑩ AE ①
– francereservations @ marriotthotels.com – Fax 01 40 20 20 01   G 12
97 ch – ♦330/610 € ♦♦330/610 €, ☍ 29 € – 8 suites
Rest Pinxo – voir ci-après
♦ Immeuble du 19e s. métamorphosé en hôtel contemporain revisitant les années 1930-1950. Bois, tons miel et chocolat, équipements de pointe dans les chambres. Beau bar chinois.

Castille Paris 🛎 ♨ 🏨 ⚕ ☎ 🛗 VISA ⓜ AE ①

33 r. Cambon Ⓜ Madeleine – ℰ 01 44 58 44 58 – reservations @ castille.com
– Fax 01 44 58 44 00   G 12
86 ch – †380/780 € ††380/780 €, ☕ 28 € – 21 suites
Rest Il Cortile – 37 r. Cambon, ℰ 01 44 58 45 67 (fermé août, 24-30 déc., sam. et
dim.) Menu (38 €), 48 € (déj.)/95 € – Carte 53/80 € ✿
♦ Côté "Opéra", précieux décor d'inspiration vénitienne ; côté "Rivoli", cadre chic tantôt
épuré, tantôt noir et blanc graphique en écho à la maison Chanel voisine. Il Cortile sert une
cuisine italienne dans une salle façon "villa d'Este". Beau patio-terrasse.

Louvre 🛎 ♨ 🏨 ⚕ ch, 🏨 ⚕ ⅛ ch, ☎ 🛗 VISA ⓜ AE ①

pl. A. Malraux Ⓜ Palais Royal Musée du Louvre – ℰ 01 44 58 38 38
– hoteldulouvre @ hoteldulouvre.com – Fax 01 44 58 38 01   H 13
132 ch – †220/600 € ††220/600 €, ☕ 27 € – 45 suites
Rest Brasserie Le Louvre – ℰ 01 42 96 27 98 – Menu 40 € (déj.)
– Carte 45/73 €
♦ Un des premiers grands hôtels parisiens, où logea le peintre Pissarro. Certaines chambres
jouissent d'une perspective unique sur l'avenue de l'Opéra et le palais Garnier. La brasserie
Le Louvre joue la tradition tant dans le décor 1900 que dans l'assiette.

Regina 🛎 🏨 🏨 ⚕ ⅛ ☎ 🛗 VISA ⓜ AE ①

2 pl. des Pyramides Ⓜ Tuileries – ℰ 01 42 60 31 10 – reservation @
regina-hotel.com – Fax 01 40 15 95 16   H 13
120 ch – †360/430 € ††430/495 €, ☕ 31 € – 8 suites – **Rest** – Menu (28 €)
– Carte 32/53 €
♦ De sa création en 1900, cet hôtel a conservé son superbe hall Art nouveau. Chambres
riches en mobilier ancien, plus calmes côté patio ; certaines ont vue sur la tour Eiffel. Salle
à manger avec jolie cheminée Majorelle et cour-terrasse très prisée en été.

Cambon sans rest 🏨 🏨 ☎ VISA ⓜ AE ①

3 r. Cambon Ⓜ Concorde – ℰ 01 44 58 93 93 – info @ hotelcambon.com
– Fax 01 42 60 30 59   G 12
40 ch – †250/280 € ††320/360 €, ☕ 18 € – 2 suites
♦ Entre jardin des Tuileries et rue St-Honoré, plaisantes chambres où cohabitent mobilier
contemporain, jolies gravures et tableaux anciens. Clientèle fidèle.

Royal St-Honoré sans rest 🏨 🏨 ⚕ ☎ VISA ⓜ AE ①

221 r. St-Honoré Ⓜ Tuileries – ℰ 01 42 60 32 79 – rsh @ hroy.com
– Fax 01 42 60 47 44   G 12
72 ch – †330/380 € ††380/590 €, ☕ 22 €
♦ Sur le site de l'ancien hôtel de Noailles, immeuble cossu du 19e s. aux chambres raffinées
et soignées. Décor Louis XVI rafraîchi dans la salle des petits-déjeuners, bar cosy.

Meliá Vendôme sans rest 🏨 🏨 ⚕ ⅛ ☎ 🛗 VISA ⓜ AE ①

8 r. Cambon Ⓜ Concorde – ℰ 01 44 77 54 00 – melia.vendome @ solmelia.com
– Fax 01 44 77 54 01   G 12
83 ch – †347/407 € ††347/407 €, ☕ 27 € – 4 suites
♦ Élégante adresse à l'atmosphère feutrée tout de rouge et d'or. Chambres au
mobilier de style, salon coiffé d'une verrière Belle Époque, bar chic et bel espace petit-
déjeuner.

Washington Opéra sans rest 🏨 ⚕ ⅛ ☎ VISA ⓜ AE ①

50 r. Richelieu Ⓜ Palais Royal – ℰ 01 42 96 68 06 – hotel @ washingtonopera.com
– Fax 01 40 15 01 12   G 13
36 ch – †195/245 € ††215/275 €, ☕ 15 €
♦ Ancien hôtel particulier de la marquise de Pompadour. Chambres de style Directoire ou
gustavien. La terrasse du 6e étage offre une belle vue sur le jardin du Palais-Royal.

Mansart sans rest 🏨 🏨 ⅛ ☎ VISA ⓜ AE ①

5 r. des Capucines Ⓜ Opéra – ℰ 01 42 61 50 28 – mansart @ espritfrance.com
– Fax 01 49 27 97 44   G 12
57 ch – †155/335 € ††155/335 €, ☕ 12 €
♦ Jouxtant la place Vendôme, cet hôtel rend hommage à Mansart, architecte de
Louis XIV. Chambres classiques meublées en style Empire ou Directoire. Hall-salon plus
actuel.

Opéra Richepanse sans rest
🛗 AC ⇔ 🕿 VISA 🚻 AE ①
14 r. Chevalier de St-George Ⓜ *Madeleine –* ℰ *01 42 60 36 00 – hotel@*
richepanse.com – Fax 01 42 60 13 03
G 12
35 ch – ✝240/432 € ✝✝240/432 €, ⚏ 17 € – 3 suites
◆ Bel établissement au cadre résolument Art déco. Chambres harmonieuses et bien équipées ; certaines donnent sur la Madeleine. Salle voûtée au sous-sol pour le petit-déjeuner.

Novotel Les Halles
🏠 🛗 & AC ⇔ 🕿 🕉 🚗 VISA 🚻 AE ①
8 pl. M.-de-Navarre Ⓜ *Châtelet –* ℰ *01 42 21 31 31 – h0785@accor.com*
– Fax 01 40 26 05 79
H 14
280 ch – ✝190/300 € ✝✝210/320 €, ⚏ 17 € – 5 suites – **Rest** – *(fermé dim. midi et sam.)* Carte 22/46 €
◆ Situation centrale, face au Forum des Halles avec l'église St-Eustache à l'horizon, équipements pour séminaires, chambres rénovées et zen : les bons points de cet hôtel moderne. Courte carte actuelle au restaurant et bar ouvert non-stop.

Britannique sans rest
🛗 AC ⁒ 🕿 VISA 🚻 AE ①
20 av. Victoria Ⓜ *Châtelet –* ℰ *01 42 33 74 59 – mailbox@hotel-britannique.fr*
– Fax 01 42 33 82 65
J 14
39 ch – ✝124/155 € ✝✝172/215 €, ⚏ 16 €
◆ Créé sous le règne de Victoria par une famille anglaise, cet hôtel superpose les influences impériales. Chambres cossues à l'exotisme raffiné et charmant salon. "So british !"

Thérèse sans rest
🛗 AC ⁒ 🕿 VISA 🚻 AE ①
5 r. Thérèse Ⓜ *Pyramides –* ℰ *01 42 96 10 01 – info@hoteltherese.com*
– Fax 01 42 96 15 22
G 13
43 ch – ✝150/298 € ✝✝150/311 €, ⚏ 13 €
◆ Le charme de cette adresse tient à son décor contemporain soigné : tableaux, objets chinés, boiseries et tons pastel. Salle des petits-déjeuners voûtée (anciennes caves).

Relais St-Honoré sans rest
🛗 AC ⁒ 🕿 VISA 🚻 AE ①
308 r. St Honoré Ⓜ *Tuileries –* ℰ *01 42 96 06 06 – relaissainthonore@wanadoo.fr*
– Fax 01 42 96 17 50
G 12
15 ch – ✝203 € ✝✝203/340 €, ⚏ 13 €
◆ Dans cet immeuble du 17e s., le petit-déjeuner est servi uniquement dans les chambres ; elles sont calmes, meublées d'ancien et ornées de poutres peintes (sauf au 1er étage).

Molière sans rest
🛗 AC ⁒ 🕿 VISA 🚻 AE ①
21 r. Molière Ⓜ *Palais Royal Musée du Louvre –* ℰ *01 42 96 22 01 – info@*
hotel-moliere.fr – Fax 01 42 60 48 68
G 13
32 ch – ✝140/165 € ✝✝165/300 €, ⚏ 14 €
◆ L'enseigne célèbre Molière qui serait né dans cette rue en 1622. Statues à son effigie dans le salon ; mobilier de style et ambiance cosy dans les chambres assez spacieuses.

Relais du Louvre sans rest
🛗 AC 🕿 VISA 🚻 AE ①
19 r. Prêtres-St-Germain-l'Auxerrois Ⓜ *Louvre Rivoli –* ℰ *01 40 41 96 42*
– contact@relaisdulouvre.com – Fax 01 40 41 96 44
H 14
18 ch – ✝108/135 € ✝✝165/220 €, ⚏ 13 € – 1 suite
◆ Étroite façade du 18e s. abritant un hôtel de caractère, paisible et bien tenu. Chambres colorées, conciliant raffinement et confort moderne. Belle suite au dernier étage.

Place du Louvre sans rest
🛗 AC 🕿 VISA 🚻 AE ①
21 r. Prêtres-St-Germain-L'Auxerrois Ⓜ *Louvre Rivoli –* ℰ *01 42 33 78 68 – hpl@*
espritdefrance.com – Fax 01 42 33 09 95
H 14
20 ch – ✝118 € ✝✝156/177 €, ⚏ 13 €
◆ À l'ombre de l'église St-Germain-l'Auxerrois, chambres coquettes portant le nom d'un peintre. Petit-déjeuner servi dans une cave voûtée (14e s.) jadis reliée au Louvre.

Aux Ducs de Bourgogne sans rest
🛗 AC ⇔ 🕿 🕉 VISA 🚻 AE ①
19 r. Pont-Neuf Ⓜ *Châtelet –* ℰ *01 42 33 95 64 – bourgogne@*
paris-hotel-capital.com – Fax 01 40 39 01 25
H 14
50 ch – ✝195 € ✝✝230 €, ⚏ 13 €
◆ Cet immeuble du 19e s. dispose de petites chambres bien insonorisées et garnies de meubles de style. Salles de bains récentes et fonctionnelles. Agréable salon bourgeois.

Louvre Ste-Anne sans rest 🏠   📶 ♿ 🅰🅲 🐾 📞 📶 🆚🅸🆂🅰 🆅🅾 🆔

32 r. Ste-Anne Ⓜ *Pyramides –* ℰ *01 40 20 02 35 – contact@louvre-ste-anne.fr*
– Fax 01 40 15 91 13   G 13
20 ch – ♦116/130 € ♦♦135/190 €, ☞ 12 €

♦ Dans la rue des restaurants japonais, un hôtel qui propose des chambres aux tons pastel, un peu exiguës mais bien agencées. Salle voûtée pour les petits-déjeuners.

ⅩⅩⅩⅩⅩ **le Meurice** – Hôtel Le Meurice   🅰🅲 ⇔ ☞♀ 🆚🅸🆂🅰 🆅🅾 🅰🅴 🆔

ⅩⅩⅩ *228 r. Rivoli* Ⓜ *Tuileries –* ℰ *01 44 58 10 55*
🕸🕸🕸 *– restaurant@lemeurice.com – Fax 01 44 58 10 76*
– Fermé 26 juil.-24 août, 14 fév.-1er mars, sam. et dim.   G 12
Rest – Menu 90 € (déj.)/220 € – Carte 164/292 € ❀

Spéc. Jaunes d'œuf de poule au caviar "golden osciètre". Selle d'agneau parfumée à la fleur d'oranger en cours de cuisson (juin à oct.). Palet fondant au chocolat.

♦ Salle à manger de style Grand Siècle, inspirée des Grands Appartements du château de Versailles, et talentueuse cuisine au goût du jour signée Yannick Alleno : un palace pour gourmets !

ⅩⅩⅩⅩⅩ **L'Espadon** – Hôtel Ritz   🏠 🅰🅲 ⇔ ☞♀ 🆚🅸🆂🅰 🆅🅾 🅰🅴 🆔

🕸 *15 pl. Vendôme* Ⓜ *Opéra –* ℰ *01 43 16 30 80 – espadon@ritzparis.com*
– Fax 01 43 16 33 75   G 12
Rest – Menu 75 € (déj.), 170/305 € bc – Carte 134/217 €

Spéc. Belons au sabayon gratiné et mousseline d'épinards. Tronçon de turbot rôti à la fleur de sel, gnocchi au parmesan. Noix de ris de veau doré, jus perlé et pommes soufflées.

♦ Salle submergée d'ors et de drapés, décor éblouissant conservant le souvenir de ses célèbres convives, plaisante terrasse dans un jardin fleuri et belle cuisine inventive. Tellement "ritzy" !

ⅩⅩⅩⅩ **Le Grand Véfour**   🅰🅲 ⇔ ☞♀ 🆚🅸🆂🅰 🆅🅾 🅰🅴 🆔

🕸🕸 *17 r. Beaujolais* Ⓜ *Palais Royal –* ℰ *01 42 96 56 27 – grand.vefour@wanadoo.fr*
– Fax 01 42 86 80 71 – Fermé 28 avril-4 mai, 28 juil.-25 août, 24 déc.-1er janv., vend. soir, sam. et dim.   G 13
Rest – Menu 88 € (déj.)/268 € – Carte 194/235 € ❀

Spéc. Ravioles de foie gras, crème foisonnée truffée. Pigeon Prince Rainier III. Palet noisette et chocolat au lait, glace caramel brun.

♦ Dans les jardins du Palais-Royal, somptueux salons Directoire dans cette luxueuse maison chargée d'histoire(s). Nombre de personnalités se sont un jour attablées ici ! Cuisine inventive réalisée par un chef inspiré.

ⅩⅩⅩⅩ **Carré des Feuillants** (Alain Dutournier)   🅰🅲 ⇔ ☞♀ 🆚🅸🆂🅰 🆅🅾 🅰🅴 🆔

🕸🕸🕸 *14 r. Castiglione* Ⓜ *Tuileries –* ℰ *01 42 86 82 82*
– carrédesfeuillants@orange.fr – Fax 01 42 86 07 71
– Fermé août, sam. et dim.   G 12
Rest – Menu 65 € (déj.)/165 € (dîner) – Carte 127/159 € ❀

Spéc. Cuisses de grenouilles épicées, blé cassé, écume de roquette et cresson, girolles en tempura (été-automne). Tronçons de Saint-Pierre ficelés de pommes de terre et caviar (hiver). "Envie de vacherin", grosses framboises, meringue légère au yuzu, crème fermière mascavo (été).

♦ Sur le site du couvent des Feuillants, restaurant moderne rehaussé d'œuvres d'art contemporaines. Carte dans l'air du temps au bel accent gascon, superbes vins et armagnacs.

ⅩⅩⅩⅩ **Goumard**   🅰🅲 ⇔ ☞♀ 🆚🅸🆂🅰 🆅🅾 🅰🅴 🆔

🕸 *9 r. Duphot* Ⓜ *Madeleine –* ℰ *01 42 60 36 07 – goumard.philippe@wanadoo.fr*
– Fax 01 42 60 04 54   G 12
Rest – Menu 46 € (déj.)/60 € bc (déj.) – Carte 75/127 € ❀

Spéc. Fleur de courgette farcie de chair de tourteau, jus à l'orange sanguine (mai à oct.). Bar de ligne rôti, poêlée d'artichaut poivrade et crevettes grises (mai à oct.). Homard bleu rôti, cocotte de blettes et tronçons de macaroni.

♦ Cette vénérable maison parisienne, plus que centenaire, a conservé son cadre Art déco signé par de grands artistes : Majorelle, Lalique et Labouret. Belle cuisine de la mer.

XXX Gérard Besson

🕸 AC 🏠 VISA MO AE ①

5 r. Coq Héron Ⓜ Louvre Rivoli – ℰ 01 42 33 14 74 – gerard.besson4@libertysurf.fr
– Fax 01 42 33 85 71 – Fermé 26 juil.-18 août, lundi midi, sam. midi et dim.
Rest – Menu (48 €), 120/125 € – Carte 113/157 € 🕸   H 14
Spéc. Homard bleu en fricassée "Georges Garin", macaroni à la duxelles. Gibier
(saison). Fenouil confit aux épices, glace vanille de Tahiti.
♦ Camaïeu de beiges, natures mortes et toile de Jouy dans cet élégant restaurant proche
des Halles. Cuisine classique revisitée, spécialités de gibiers et très beau livre de cave.

XXX Macéo

🍸 ⇔ VISA MO

15 r. Petits-Champs Ⓜ Bourse – ℰ 01 42 97 53 85 – info@maceorestaurant.com
– Fax 01 47 03 36 93 – Fermé 2-17 août, sam. midi et dim.   G 13
Rest – Menu (27 €), 30/49 € – Carte 52/76 € 🕸
♦ Cadre Second Empire vivifié, associant miroirs d'époque et mobilier contemporain.
Cuisine au goût du jour, menu végétarien et carte de vins du monde. Salon-bar convivial.

XX Palais Royal

🎐 AC VISA MO AE ①

110 Galerie de Valois - Jardin du Palais Royal Ⓜ Bourse
– ℰ 01 40 20 00 27 – palaisrest@aol.com – Fax 01 40 20 00 82
– Fermé 21 déc.-1er janv. et dim.   G 13
Rest – Carte 45/76 €
♦ Sous les fenêtres de l'appartement de Colette, salle de restaurant inspirée du style Art
déco et son idyllique terrasse "grande ouverte" sur le jardin du Palais-Royal.

XX Pierre au Palais Royal

AC VISA MO AE

10 r. Richelieu Ⓜ Palais Royal – ℰ 01 42 96 09 17 – pierreaupalaisroyal@
wanadoo.fr – Fax 01 42 96 26 40 – Fermé août, sam. midi et dim.   H 13
Rest – Menu (33 €), 39 €
♦ Changement de cap pour cette institution : une salle relookée en noir et blanc, d'un effet
chic et sobre, et des plats inspirés par le Sud-Ouest que le patron présente avec passion.

XX Au Pied de Cochon

🎐 AC 🏠 VISA MO AE ①

6 r. Coquillière Ⓜ Châtelet-Les Halles – ℰ 01 40 13 77 00 – pieddecochon@
blanc.net – Fax 01 40 13 77 09   H 14
Rest – Menu (20 €), 24 € – Carte 28/75 €
♦ Mythique brasserie parisienne qui, depuis son ouverture en 1946, régale aussi les
noctambules. Longue carte ad hoc une formule et un menu servis le soir à partir de minuit.

XX Le Soufflé

AC VISA MO AE

36 r. Mont-Thabor Ⓜ Tuileries – ℰ 01 42 60 27 19 – c_rigaud@club-internet.fr
– Fax 01 42 60 54 98 – Fermé 3-24 août, 15 fév.-1er mars,
dim. et fériés   G 12
Rest – Menu (24 € bc), 30/40 € – Carte 36/58 €
♦ Cela fait plus de 40 ans que cette maison bourgeoise, proche des Tuileries, se consacre
à son péché mignon : le soufflé. Salé ou sucré, un menu lui est totalement dédié !

XX Delizie d'Uggiano

⇔ VISA MO AE ①

18 r. Duphot Ⓜ Madeleine – ℰ 01 40 15 06 69 – losapiog@wanadoo.fr
– Fax 01 40 15 03 90 – Fermé 5-20 août, sam. midi et dim.   G 12
Rest – Menu 89 € bc – Carte 49/102 €
♦ À l'étage, salle à manger principale et son joli décor inspiré de la Toscane. Au rez-de-
chaussée, bar à vins et épicerie fine. Le tout voué à une cuisine "italianissime".

XX Au Gourmand

AC VISA MO AE

☺ 17 r. Molière Ⓜ Pyramides – ℰ 01 42 96 22 19 – Fax 01 42 96 05 72 – Fermé août,
sam. midi, lundi midi, dim. et fériés   G 13
Rest – Menu 30 € (déj. en sem.)/36 € 🕸
♦ Un cadre convivial pour une cuisine traditionnelle actualisée (dont un menu "tout
légume de Joël Thiébault") concoctée par un chef autodidacte ; conseils avisés d'un pro sur
les vins.

XX Saudade

AC 🍸 VISA MO AE

34 r. Bourdonnais Ⓜ Pont Neuf – ℰ 01 42 36 30 71 – Fax 01 42 36 30 71
– Fermé dim.   H 14
Rest – Menu 22 € (déj. en sem.) – Carte 28/49 €
♦ Pour un repas au Portugal... en plein Paris, rendez-vous dans cette salle de restaurant
décorée d'azulejos. Plats typiques et vins lusitaniens à déguster au son du fado.

XX **Pinxo** – Hôtel Renaissance Paris Vendôme AC ⌂ⁱ VISA ⓪ AE
9 r. d'Alger Ⓜ *Tuileries* – ℰ *01 40 20 72 00 – Fax 01 40 20 72 02*
– Fermé 5-25 août G 12
Rest – Menu (32 € bc) – Carte 38/57 €
♦ Mobilier épuré, tons noir et blanc, cuisine à la vue de tous : un décor sobre et chic pour
"pinxer" (prendre avec les doigts) d'excellents petits plats à la mode Dutournier !

XX **Kinugawa** AC ⇔ ⌂ⁱ(soir) VISA ⓪ AE ①
9 r. Mont Thabor Ⓜ *Tuileries* – ℰ *01 42 60 65 07 – higashiuchi.kinugawa @free.fr*
– Fax 01 42 60 45 21 – Fermé 24 déc.-6 janv. et dim. G 12
Rest – Menu 30 € (déj. en sem.), 75/125 € – Carte 31/83 €
♦ À l'étage, cuisine japonaise servie dans une salle à manger contemporaine très
"nippone" : tableaux, lignes épurées et sobres tonalités. Bar à sushis au rez-de-chaussée.

X **L'Atelier Berger** ⇔ VISA ⓪ AE ①
49 r. Berger Ⓜ *Louvre Rivoli* – ℰ *01 40 28 00 00 – atelierberger @ wanadoo.fr*
– Fax 01 40 28 10 65 – Fermé sam. midi et dim. H 14
Rest – Menu 36/65 € – Carte 36/47 € ⅛
♦ Face au jardin des Halles, sobre salle à manger moderne (à l'étage) où la clientèle du
quartier apprécie un menu-carte au goût du jour. Bar au rez-de-chaussée.

X **Willi's Wine Bar** ⅜ VISA ⓪
13 r. Petits-Champs Ⓜ *Bourse* – ℰ *01 42 61 05 09 – info @ williswinebar.com*
– Fax 01 47 03 36 93 – Fermé 9-24 août et dim. G 13
Rest – Menu (20 €), 25 € (déj.)/34 € – Carte environ 35 € ⅛
♦ Une collection d'affiches créées pour le lieu par des artistes contemporains décore ce bar
à vins très convivial. Cuisine bistrot et nombreux crus attentivement sélectionnés.

X **Pharamond** ⌂ ⇔ VISA ⓪ AE
1 r. de la Grande-Truanderie Ⓜ *Châtelet-Les Halles* – ℰ *01 40 28 45 18*
– Fermé vacances de printemps, 5-25 août, vacances de Noël,
dim. et lundi H 15
Rest – Carte 42/87 €
♦ Ancienne institution des Halles de la grande époque, ce restaurant fut étoilé
pendant longtemps. Plats traditionnels (spécialités de tripes et abats) et authentique décor
1900.

X **Bistrot St-Honoré** VISA ⓪ AE
10 r. Gomboust Ⓜ *Pyramides* – ℰ *01 42 61 77 78 – bistrotsthonore @ orange.fr*
– Fax 01 42 61 74 10 – Fermé 24 déc.-2 janv. et dim. G 13
Rest – Menu 28 € – Carte 30/70 € ⅛
♦ D'allure typiquement parisienne, ce petit bistrot rustique célèbre la Bourgogne à
travers une cuisine généreuse et des vins de terroir. Cadre chaleureux et ambiance
décontractée.

X **Kaï** AC ⅜ ⇔ VISA ⓪ AE
18 r. du Louvre Ⓜ *Louvre Rivoli* – ℰ *01 40 15 01 99 – Fermé 31 mars-7 avril,*
4-25 août, dim. midi et lundi H 14
Rest – Menu 38 € (déj.), 65/110 € – Carte 45/73 €
♦ Décor zen épuré, respect de la tradition japonaise oblige, pour déguster des spécialités
de Tokyo : poissons et grillades sur charbon. Desserts de chez Pierre Hermé.

X **Baan Boran** AC VISA ⓪ AE
⊜ *43 r. Montpensier* Ⓜ *Palais Royal* – ℰ *01 40 15 90 45 – baan.boran @ orange.fr*
– Fax 01 40 15 90 45 – Fermé sam. midi et dim. G 13
Rest – Menu 14,50 € (déj.)/45 € (dîner) – Carte 26/40 €
♦ Escale asiatique face au théâtre du Palais-Royal : spécialités thaïlandaises préparées au
wok et servies dans un cadre actuel égayé par de nombreuses orchidées.

X **Chez La Vieille "Adrienne"** VISA ⓪ AE
1 r. Bailleul Ⓜ *Louvre Rivoli* – ℰ *01 42 60 15 78 – Fax 01 42 33 85 71 – Fermé*
1er-21 août, sam. et dim. H 14
Rest – (prévenir) Menu 25 € (déj.) – Carte 37/52 €
♦ La maison vient de changer de direction. Elle conserve les plats traditionnels qui ont
fait sa réputation – pot-au-feu, rognons, etc. –, son cadre patiné et son ambiance bon
enfant.

Cristina's Tapas by Mavrommatis ⚀ VISA ◍

18 r. Duphot Ⓜ *Madeleine –* ✆ *01 42 97 53 04 – Fax 01 42 97 52 37 – Fermé lundi soir, mardi soir, merc. soir et dim.* G 12
Rest – Bar à tapas Menu 21/29 € – Carte 33/47 €

♦ Grèce, Italie, Espagne, Maghreb, Provence : toutes les saveurs de la Méditerranée pour ce bar à tapas. Restaurant à l'étage, traiteur, cave (dégustation de charcuterie ibérique).

Lescure 🍴 AK VISA ◍

7 r. Mondovi Ⓜ *Concorde –* ✆ *01 42 60 18 91 – Fermé août, vacances de Noël, sam. et dim.* G 11
Rest – Menu 23 € – Carte 21/29 €

♦ Auberge rustique voisine de la place de la Concorde. On y déguste au coude à coude, à la table commune, de copieuses spécialités du Sud-Ouest.

Bourse

2e arrondissement ✉ 75002

S. Sauvignier/MICHELIN

🏨 Park Hyatt 🍴 🅿 Ⓕ 🔆 ⬛ 👤 AK ↝ ⚀ 📞 ♨ 🛋 VISA ◍ AE ①

5 r. de la Paix Ⓜ *Opéra –* ✆ *01 58 71 12 34 – vendome@hyattintl.com – Fax 01 58 71 12 35* G 12
167 ch – ♦600/810 € ♦♦600/810 €, ⳨ 40 € – 22 suites
Rest Le Pur' Grill – voir ci-après
Rest Les Orchidées – ✆ *01 58 71 10 61 (déj. seult)* Carte 61/123 €

♦ Ensemble de cinq immeubles haussmanniens transformés en palace design : décor contemporain signé Ed Tuttle, collection d'art moderne, spa et équipements high-tech. Carte au goût du jour à déguster sous la verrière des Orchidées.

🏨 Westminster 🔆 ⬛ AK ↝ 👤 🛋 VISA ◍ AE ①

13 r. de la Paix Ⓜ *Opéra –* ✆ *01 42 61 57 46 – resa.westminster@warwickhotels.com – Fax 01 42 60 30 66* G 12
101 ch – ♦280/630 € ♦♦280/630 €, ⳨ 28 € – 21 suites
Rest Le Céladon – voir ci-après
Rest Le Petit Céladon – ✆ *01 47 03 40 42 (fermé août, lundi, mardi, merc., jeudi et vend.)* Menu 51 € bc

♦ Cet hôtel adopta le nom de son plus fidèle client, le duc de Westminster, en 1846. Chambres et appartements luxueux. La décoration du hall change avec les saisons. Le Céladon devient Petit Céladon le week-end : menu-carte simplifié et service décontracté.

🏨 Édouard VII ⬛ AK ↝ 🛋 VISA ◍ AE ①

39 av. Opéra Ⓜ *Opéra –* ✆ *01 42 61 56 90 – info@edouard7hotel.com – Fax 01 42 61 47 73* G 13
71 ch – ♦345/445 € ♦♦405/595 €, ⳨ 23 € – 5 suites
Rest Angl' Opéra – voir ci-après

♦ Le prince de Galles Édouard VII aimait séjourner ici lors de ses passages à Paris. Chambres spacieuses et feutrées. Boiseries sombres et vitraux décorent le bar.

🏨 Mercure Stendhal sans rest ⬛ AK ↝ 📞 VISA ◍ AE ①

22 r. D. Casanova Ⓜ *Opéra –* ✆ *01 44 58 52 52 – h1610@accor.com – Fax 01 44 58 52 00* G 12
20 ch – ♦225/330 € ♦♦235/340 €, ⳨ 17 €

♦ Sur les traces du célèbre écrivain, séjournez dans la suite "Rouge et Noir" de cette demeure de caractère. Chambres coquettes et personnalisées. Bar-salon douillet avec cheminée.

L'Horset Opéra sans rest
🛗 AC ↳ 🅦 VISA MC AE ①

18 r. d'Antin Ⓜ *Opéra –* 𝒞 *01 44 71 87 00 – reservation@hotelhorsetopera.com*
– Fax 01 42 66 55 54   G 13
54 ch ☲ – †180/255 € ††195/285 €

♦ Tentures colorées, boiseries chaleureuses et mobilier choisi font le cachet des chambres de cet hôtel de tradition situé à deux pas du palais Garnier. Atmosphère cosy au salon.

Noailles sans rest
↳ 🛗 AC ↳ 🅦 🆂 VISA MC AE ①

9 r. Michodière Ⓜ *Quatre Septembre –* 𝒞 *01 47 42 92 90*
– goldentulip.denoailles@wanadoo.fr – Fax 01 49 24 92 71   G 13
59 ch – †180/255 € ††200/345 €, ☲ 15 € – 2 suites

♦ Élégance très contemporaine derrière une jolie façade ancienne. Chambres zen et épurées, ouvertes pour la plupart sur le patio-terrasse. Salon trendy (apéritifs jazz le jeudi).

États-Unis Opéra sans rest
🛗 AC 🕉 🅦 🆂 VISA MC AE ①

16 r. d'Antin Ⓜ *Opéra –* 𝒞 *01 42 65 05 05 – us-opera@wanadoo.fr*
– Fax 01 42 65 93 70   G 13
45 ch – †100/215 € ††130/330 €, ☲ 12 €

♦ Cet immeuble des années 1930 propose des chambres rénovées, confortables et actuelles. Accueillant bar de style anglais où l'on sert le petit-déjeuner.

Victoires Opéra sans rest
🛗 ♿ AC 🕉 🅦 VISA MC AE ①

56 r. Montorgueil Ⓜ *Etienne Marcel –* 𝒞 *01 42 36 41 08 – hotel@*
victoiresopera.com – Fax 01 45 08 08 79   G 14
24 ch – †180/244 € ††192/335 €, ☲ 12 €

♦ Dans une rue piétonne très à la mode et souvent animée. L'établissement abrite des chambres contemporaines sobres et élégantes (salles de bains en marbre). Accueil charmant.

Malte Opéra sans rest
🛗 AC ↳ 🕉 🅦 VISA MC AE ①

63 r. Richelieu Ⓜ *Quatre Septembre –* 𝒞 *01 44 58 94 94*
– hotel.malte@astotel.com – Fax 01 42 86 88 19   G 13
64 ch – †176/240 € ††176/240 €, ☲ 14 €

♦ Face à la Bibliothèque nationale, chambres de tailles variées, meublées dans le style Louis XV, grands duplex (avec vélo d'appartement) et salon cossu ouvert sur un patio fleuri.

Favart sans rest
🛗 AC 🅦 VISA MC AE ①

5 r. Marivaux Ⓜ *Richelieu Drouot –* 𝒞 *01 42 97 59 83 – favart.hotel@wanadoo.fr*
– Fax 01 40 15 95 58   F 13
37 ch ☲ – †95/114 € ††120/145 €

♦ Le peintre Goya séjourna dans ce charmant hôtel où règne une atmosphère intemporelle. Les chambres de la façade principale, tournées vers l'Opéra-Comique, sont les plus agréables.

Baudelaire Opéra sans rest
🛗 🕉 🅦 VISA MC AE ①

61 r. Ste-Anne Ⓜ *Quatre Septembre –* 𝒞 *01 42 97 50 62*
– resa@hotel-baudelaire.com – Fax 01 42 86 85 85   G 13
29 ch – †141 € ††172/203 €, ☲ 10 €

♦ Dans la "rue japonaise" de Paris, cet établissement dispose de chambres coquettes (petits balcons aux derniers étages), de bons équipements et d'une insonorisation efficace.

Vivienne sans rest
🛗 🕉 🅦 VISA MC

40 r. Vivienne Ⓜ *Grands Boulevards –* 𝒞 *01 42 33 13 26 – paris@*
hotel-vivienne.com – Fax 01 40 41 98 19   F 14
45 ch – †60/115 € ††75/115 €, ☲ 12 €

♦ Chambres de bonne ampleur, dotées de meubles de style ou simplement pratiques. Certaines ont un balcon, d'autres une terrasse (une seule avec vue sur les toits de Paris).

🕱🕱🕱 Le Pur' Grill – Hôtel Park Hyatt
🕉 🚗 VISA MC AE ①

🕸

5 r. de la Paix Ⓜ *Opéra –* 𝒞 *01 58 71 10 60 – Fermé août*   G 12
Rest – (dîner seult) Menu 125/300 € bc – Carte 92/225 €
Spéc. Vapeur d'escargots petits gris, radis rouge et raifort. Déclinaison d'agneau allaiton, haricots coco cuisinés au chorizo. "Choco Tag", chutney banane/galanga et épine vinette.

♦ Simplicité et raffinement pour cette carte au goût du jour servie au dîner dans une salle en rotonde contemporaine et chic (cuisines théâtralement ouvertes). Jolie terrasse d'été.

XXX La Fontaine Gaillon

🔲 AC ⇔ 🔲 VISA 💷 AE

pl. Gaillon Ⓜ *Quatre Septembre* – ☎ *01 47 42 63 22 – Fax 01 47 42 82 84 – Fermé 9 août-1ᵉʳ sept., sam. et dim.* G 13

Rest – Menu 41 € (déj.) – Carte 48/64 €

♦ Superbe hôtel particulier du 17ᵉ s., terrasse dressée autour de la fontaine, cuisine de la mer et sélection de vins supervisée par Gérard Depardieu... Tout le monde en parle !

XXX Le Céladon – Hôtel Westminster

AC ⇔ 🔲 VISA 💷 AE ⓪

☼ *15 r. Daunou* Ⓜ *Opéra* – ☎ *01 47 03 40 42 – christophemoisand @ leceladon.com – Fax 01 42 61 33 78 – Fermé août, sam. et dim.* G 12

Rest – Menu 48 € (déj.), 72 € bc/110 € – Carte 82/111 €

Spéc. Langoustines bretonnes en carpaccio. Lapin du Poitou farci de ses abats. Chocolat de Tanzanie sur sablé breton.

♦ Le décor, très raffiné, associe style Régence, tableaux anciens et notes orientales (vases en céladon : porcelaine chinoise vert pâle). Belle cuisine dans l'air du temps.

XXX Drouant

AC ⇔ 🔲 VISA 💷 AE

16 pl. Gaillon Ⓜ *Quatre Septembre* – ☎ *01 42 65 15 16 – reservations @ drouant.com – Fax 01 49 24 02 15* G 13

Rest – Menu 42 € (déj. en sem.)/67 € – Carte 40/87 € ᠅

♦ Sous la houlette d'Antoine Westermann, le mythique restaurant du prix Goncourt s'est modernisé : élégant décor, cossu et épuré, intégrant des éléments anciens, carte actuelle.

XX Gallopin

AC ⇔ VISA 💷 AE ⓪

40 r. N.-D.-des-Victoires Ⓜ *Bourse* – ☎ *01 42 36 45 38 – administration @ brasseriegallopin.com – Fax 01 42 36 10 32* G 14

Rest – Menu (20 €), 28/34 € bc – Carte 28/76 €

♦ Arletty, Raimu et le précieux décor victorien ont fait la renommée de cette adresse située face au palais Brongniart. Ambiance décontractée plats de brasserie simples et bons.

XX Vaudeville

VISA 💷 AE ⓪

29 r. Vivienne Ⓜ *Bourse* – ☎ *01 40 20 04 62 – Fax 01 40 20 14 35* G 14

Rest – Menu (21 €), 24 € (sem.)/31 € – Carte 33/69 €

♦ Cette grande brasserie est devenue la "cantine" de nombreux journalistes et s'anime à la sortie des théâtres. Cadre Art déco rutilant et carte proposant les classiques du genre.

XX Le Versance

AC VISA 💷 AE

16 r. Feydeau Ⓜ *Bourse* – ☎ *01 45 08 00 08 – contact @ leversance.fr – Fax 01 45 08 47 99 – Fermé août, 24 déc.-2 janv., sam. midi, dim. et lundi* F 14

Rest – Menu (32 € bc), 38 € bc – Carte 46/68 €

♦ Dans un écrin gris-blanc épuré, où l'ancien (poutres, vitraux) rencontre le moderne (mobilier design), savourez la cuisine au goût du jour d'un chef globe-trotter.

X Chez Georges

AC VISA 💷 AE

1 r. du Mail Ⓜ *Bourse* – ☎ *01 42 60 07 11 – Fermé août, 24 déc.-2 janv., sam., dim. et fériés* G 14

Rest – Carte 42/66 €

♦ Cet authentique bistrot parisien a conservé son décor 1900 : zinc, banquettes, stucs et miroirs. Table ancrée dans la tradition, vins bien choisis et accueil aux petits soins.

X Aux Lyonnais

AC VISA 💷 AE

☺ *32 r. St-Marc* Ⓜ *Richelieu Drouot* – ☎ *01 42 96 65 04 – auxlyonnais @ online.fr – Fax 01 42 97 42 95 – Fermé 20 juil.-18 août, sam. midi, dim. et lundi* F 13

Rest – (prévenir) Menu 30 € – Carte 38/55 €

♦ Ce bistrot fondé en 1890 propose de savoureuses recettes lyonnaises intelligemment réactualisées. Cadre délicieusement rétro : zinc, banquettes, miroirs biseautés, moulures.

X Le Mesturet

AC VISA 💷 AE ⓪

77 r. de Richelieu Ⓜ *Bourse* – ☎ *01 42 97 40 68 – lemesturet @ wanadoo.fr – Fax 01 42 97 40 68* G 13

Rest – Menu (20 €), 26 € – Carte 27/38 €

♦ Vrais produits du terroir, généreuses recettes de tradition, judicieuse carte des vins et accueil charmant : ce bistrot décoré à l'ancienne fait très souvent salle comble.

Pierrot
ﾒ 🌳 AC VISA MO AE

18 r. Étienne Marcel ⓂEtienne Marcel – ☎ 01 45 08 00 10 – Fax 01 42 77 35 92
– Fermé 30 juil.-22 août et dim.
H 15
Rest – Menu (28 €), 50 € bc – Carte 34/50 €

♦ Ce bistrot du Sentier vous fera découvrir les saveurs et les produits de l'Aveyron : viande fermière de l'Aubrac, confit de canard, foie gras maison, etc. Terrasse-trottoir.

Angl' Opéra – Hôtel Edouard VII
ﾒ VISA MO AE ①

39 av. Opéra Ⓜ Opéra – ☎ 01 42 61 86 25 – resto@anglopera.com
– Fax 01 42 61 47 73 – Fermé 11-24 août, sam. et dim.
G 13
Rest – Menu 29 € (déj.) – Carte 48/58 €

♦ Le restaurant Angl' Opéra surprend les papilles avec sa "fusion food" qui joue avec les produits d'ici ou d'ailleurs et les épices. Décor contemporain élégant et chaleureux.

L'Écaille de la Fontaine
ﾒ VISA MO AE

15 r. Gaillon Ⓜ Quatre Septembre – ☎ 01 47 42 02 99 – Fax 01 47 42 82 84
– Fermé 9 août-1ᵉʳ sept., sam. et dim.
G 13
Rest – (nombre de couverts limité, prévenir) Carte environ 35 €

♦ Huîtres et coquillages à emporter ou à déguster sur place, dans une jolie petite salle intimiste, décorée de photos souvenirs de Gérard Depardieu, propriétaire des lieux.

Le Saint Amour
ﾒ VISA MO ①

8 r. Port Mahon Ⓜ Quatre Septembre – ☎ 01 47 42 63 82 – hervbrun@hotmail.fr
– Fax 01 47 42 63 82 – Fermé 1ᵉʳ-15 août, sam. et dim.
G 13
Rest – Menu (25 €), 34/46 €

♦ Banquettes et tables en bois exotique ou chaleureux décor provincial : deux ambiances pour une généreuse cuisine traditionnelle (poissons en provenance directe de Bretagne).

H. Le Gac/MICHELIN

Le Marais, Beaubourg

3ᵉ arrondissement
✉ 75003

Pavillon de la Reine sans rest ⬧
🅿 AC ☎ ⇘ 🚗 VISA MO AE ①

28 pl. des Vosges Ⓜ Bastille – ☎ 01 40 29 19 19 – contact@
pavillon-de-la-reine.com – Fax 01 40 29 19 20
J 17
41 ch – †370/460 € ††430/460 €, ⍩ 25 € – 15 suites

♦ Derrière l'un des 36 pavillons en brique de la place des Vosges, deux bâtisses, dont une du 17ᵉ s., abritant des chambres raffinées côté cour ou jardin (privé).

Murano
🛗 🕯 🚿 🖧 🏋 ⇘ ☎ VISA MO AE ①

13 bd du Temple Ⓜ Filles du Calvaire – ☎ 01 42 71 20 00 – paris@
muranoresort.com – Fax 01 42 71 21 01
H 17
49 ch – †360/650 € ††440/1850 €, ⍩ 32 € – 2 suites – **Rest** – Menu (21 €), 55 €
bc (déj. en sem.), 85 € bc/130 € bc – Carte 41/145 €

♦ Hôtel tendance, le Murano affiche sa singularité : décor design immaculé ou jeu de couleurs, équipements high-tech, bar pop art (150 références de vodka), etc. Côté restaurant, cadre contemporain coloré, cuisine du monde et un D.J. aux platines.

Villa Beaumarchais sans rest ⬧
🛗 ⚴ AC 🏋 ⇘ 🏋 VISA MO AE ①

5 r. Arquebusiers Ⓜ Chemin Vert – ☎ 01 40 29 14 00 – beaumarchais@
leshotelsdeparis.com – Fax 01 40 29 14 01
H 17
50 ch – †380/480 € ††380/680 €, ⍩ 19 € – 4 suites

♦ En retrait de l'animation du boulevard Beaumarchais. Chambres raffinées, garnies de meubles travaillés à la feuille d'or ; toutes donnent sur un joli jardin d'hiver.

🏨 Du Petit Moulin sans rest   📶 AC 📞 VISA MC AE ①

29 r. du Poitou Ⓜ St-Sébastien Froissart – ℰ 01 42 74 10 10 – contact @
hoteldupetitmoulin.com – Fax 01 42 74 10 97

17 ch – †190/350 € ††190/350 €, ⬚ 15 €   H 16

♦ Christian Lacroix a imaginé pour cet hôtel du Marais un décor inédit et raffiné jouant des contrastes entre tradition et modernité. Chaque chambre est "mise en scène" d'une façon différente. Bar cosy.

🏨 Little Palace   📶 ♿ ch, AC ↵ ✂ 📞 VISA MC AE ①

4 r. Salomon de Caus Ⓜ Réaumur Sébastopol – ℰ 01 42 72 08 15 – info @
littlepalacehotel.com – Fax 01 42 72 45 81

49 ch – †155/220 € ††175/255 €, ⬚ 13 € – 4 suites   G 15

Rest – (fermé 2 août-1ᵉʳ sept., vend. soir, sam. et dim.) Carte 28/44 €

♦ Adresse de charme au décor mêlant habilement les styles Belle Époque et contemporain. Jolies chambres, à choisir de préférence aux 5ᵉ et 6ᵉ étages, avec balcon et vue sur Paris. Belles boiseries brunes et ouvragées, tons clairs et mobilier épuré au restaurant.

🏨 Meslay République sans rest   📶 ↵ ✂ 📞 VISA MC AE ①

3 r. Meslay Ⓜ République – ℰ 01 42 72 79 79 – hotel.meslay @ wanadoo.fr
– Fax 01 42 72 76 94

39 ch – †91/120 € ††96/145 €, ⬚ 9,50 €   G 16

♦ À deux pas de la place de la République, belle façade ouvragée et classée (1840) abritant des chambres actuelles et bien insonorisées. Cave voûtée pour les petits-déjeuners.

🏨 Des Archives sans rest   AC ✂ 📞 VISA MC AE

87 r. des Archives Ⓜ Temple – ℰ 01 44 78 08 00 – contact @ hoteldesarchives.com
– Fax 01 44 78 08 10

19 ch – †150/180 € ††150/180 €, ⬚ 12 € – 4 suites   H 16

♦ De petites chambres contemporaines joliment décorées caractérisent ce charmant hôtel proche des Archives nationales. Hall-salon moderne agrémenté d'un mobilier rouge.

🏨 Austin's sans rest   📶 ✂ 📞 VISA MC AE ①

6 r. Montgolfier Ⓜ Arts et Métiers – ℰ 01 42 77 17 61 – austins.amhotel @
wanadoo.fr – Fax 01 42 77 55 43

29 ch – †104/110 € ††140/145 €, ⬚ 8 €   G 16

♦ Dans une rue calme, face au musée des Arts et Métiers. Les chambres, toutes rénovées, sont chaleureuses et gaies ; certaines ont conservé leurs poutres apparentes d'origine.

🍴🍴 Ambassade d'Auvergne   AC ⇔ VISA MC AE

22 r. Grenier St-Lazare Ⓜ Rambuteau – ℰ 01 42 72 31 22 – info @
ambassade-auvergne.com – Fax 01 42 78 85 47

Rest – Menu (20 € bc), 28 € – Carte 30/46 €   H 15

♦ De vrais ambassadeurs d'une province riche de traditions et de saveurs : cadre et meubles auvergnats, produits, recettes et vins du pays.

🍴 Au Bascou   VISA MC AE

38 r. Réaumur Ⓜ Arts et Métiers – ℰ 01 42 72 69 25 – Fax 01 55 90 99 77
– Fermé août, 24 déc. au 2 janv., sam. et dim.

Rest – Menu (18 €) – Carte 33/42 €   G 16

♦ Venez découvrir dans ce bistrot aux murs joliment patinés les chauds accents de la cuisine basque. Produits du terroir reçus en direct du pays, accueil enthousiaste.

🍴 Le Carré des Vosges   AC VISA MC

15 r. St-Gilles Ⓜ Chemin Vert – ℰ 01 42 71 22 21 – lecarredesvosges @ yahoo.fr
– Fax 01 41 17 09 33 – Fermé 5-25 août, 23-30 déc.,
lundi midi et dim.

Rest – Menu (21 €), 27 € (déj.) – Carte 34/60 €   G 17

♦ À deux pas de la rue des Franc-Bourgeois et de ses boutiques branchées, sympathique bistrot de quartier aux allures contemporaines et à l'ambiance conviviale. Plats actuels.

🍴 Auberge Chez Rosito   ✂ VISA MC

4 r. Pas de la Mule Ⓜ Bastille – ℰ 01 42 76 04 44 – Fax 01 42 76 98 52
– Fermé 8-23 août, sam. midi et dim.

Rest – Menu (15 €) – Carte 32/54 €   J 17

♦ Cette discrète façade abrite un restaurant aux allures d'auberge campagnarde simple et chaleureuse. Vins corses, à l'instar de la cuisine axée sur le gibier, le poisson et le cochon.

404   🍴   📶 AC 🚫 VISA 🆗 AE ⑩

69 r. des Gravilliers Ⓜ Arts et Métiers – ℰ 01 42 74 57 81 – 404resto@wanadoo.fr
– Fax 01 42 74 03 41   H 16
Rest – Menu (17 €), 30 € (déj.), 50/80 € – Carte 30/50 €

♦ Réputé pour ses tajines et ses couscous, ce restaurant branché s'avère dépaysant à souhait grâce à ses tables basses, divans, lanternes et sa terrasse-patio inspirés du Maroc.

S. Sauvignier/MICHELIN

Île de la Cité, Île St-Louis, Hôtel de Ville, St-Paul

4e arrondissement   ✉ 75004

🏨 **Jeu de Paume** sans rest 🈂   📶 📞 🎰 VISA 🆗 AE ⑩

54 r. St-Louis-en-l'Île Ⓜ Pont Marie – ℰ 01 43 26 14 18 – info@
jeudepaumehotel.com – Fax 01 40 46 02 76 – Fermé 4-18 août   K 16
30 ch – †165/255 € ††275/900 €, ⏥ 18 €

♦ Au cœur de l'île St-Louis, cette halle du 17e s., jadis vouée au jeu de paume, est devenue un hôtel de caractère utilisant malicieusement les volumes. Un lieu original.

🏨 **Bourg Tibourg** sans rest   📶 ⟨ AC 🚫 📞 VISA 🆗 AE ⑩

19 r. Bourg Tibourg Ⓜ Hôtel de Ville – ℰ 01 42 78 47 39 – hotel@
bourgtibourg.com – Fax 01 40 29 07 00   J 16
30 ch – †180 € ††230/360 €, ⏥ 16 €

♦ Chambres personnalisées (néogothique, baroque ou orientaliste) et excellent petit-déjeuner caractérisent cette charmante adresse. Une petite perle en plein Marais.

🏨 **Villa Mazarin** sans rest   📶 AC 🛗 🚫 📞 VISA 🆗 AE ⑩

6 r. des Archives Ⓜ Hôtel de Ville – ℰ 01 53 01 90 90 – paris@villamazarin.com
– Fax 01 53 01 90 91   J 15
29 ch – †130/400 € ††130/400 €, ⏥ 12 €

♦ Équipements high-tech (wi-fi, écrans plats), meubles modernes et de style : cette confortable adresse proche de l'hôtel de ville allie subtilement tradition et contemporanéité.

🏨 **Caron de Beaumarchais** sans rest   📶 AC 📞 VISA 🆗 AE

12 r. Vieille-du-Temple Ⓜ Hôtel de Ville – ℰ 01 42 72 34 12 – hotel@
carondebeaumarchais.com – Fax 01 42 72 34 63   J 16
19 ch – †125/162 € ††125/162 €, ⏥ 12 €

♦ Le père de Figaro vécut dans cette rue du Marais historique ; la décoration bourgeoise de ce bel établissement lui rend un hommage fidèle. Petites chambres douillettes.

🏨 **Duo** sans rest   🛗 📶 ⟨ AC 🚫 📞 VISA 🆗 AE ⑩

11 r. Temple Ⓜ Hôtel de Ville – ℰ 01 42 72 72 22 – contact@duoparis.com
– Fax 01 42 72 03 53   J 15
56 ch – †130/340 € ††200/340 €, ⏥ 15 € – 2 suites

♦ La seconde aile, aménagée de façon tendance (tons chauds ou acidulés), donne un nouvel élan à cet hôtel de caractère tenu par la même famille depuis trois générations. Fitness.

🏨 **Bretonnerie** sans rest   📶 🚫 📞 VISA 🆗

22 r. Ste-Croix-de-la-Bretonnerie Ⓜ Hôtel de Ville – ℰ 01 48 87 77 63 – hotel@
bretonnerie.com – Fax 01 42 77 26 78   J 16
29 ch – †120/180 € ††120/180 €, ⏥ 9,50 €

♦ Quelques chambres de cet hôtel particulier du Marais (17e s.) sont dotées de lits à baldaquin et de poutres apparentes. Bon petit-déjeuner servi dans une salle voûtée.

Beaubourg sans rest
🏢🏢   ⓔ ᴀᴄ ☎ 𝗩𝗜𝗦𝗔 ⓜⓒ ᴀᴇ ⓞ

11 r. S. Le Franc Ⓜ Rambuteau – ℰ 01 42 74 34 24 – htlbeaubourg @ hotellerie.net
– Fax 01 42 78 68 11   H 15

28 ch – ♦120/140 € ♦♦125/140 €, ☑ 9 €

♦ Dans une ruelle nichée derrière le Centre Georges-Pompidou. Les chambres, accueillantes et bien insonorisées, sont parfois assorties de poutres et de pierres apparentes.

Lutèce sans rest
🏢🏢   ⓔ ᴀᴄ ℅ ☎ 𝗩𝗜𝗦𝗔 ⓜⓒ ᴀᴇ

65 r. St-Louis-en-l'Île Ⓜ Pont Marie – ℰ 01 43 26 23 52 – hotel.lutece @ free.fr
– Fax 01 43 29 60 25   K 16

23 ch – ♦160 € ♦♦195 €, ☑ 12 €

♦ La clientèle américaine apprécie le charme de cette hostellerie ancrée sur l'île St-Louis. Intérieur campagnard actualisé, chambres revues, belles boiseries anciennes au salon.

Deux Îles sans rest
🏢🏢   ⓔ ᴀᴄ ☎ 𝗩𝗜𝗦𝗔 ⓜⓒ ᴀᴇ

59 r. St-Louis-en-l'Île Ⓜ Pont Marie – ℰ 01 43 26 13 35 – hotel.2iles @ free.fr
– Fax 01 43 29 60 25   K 16

17 ch – ♦159 € ♦♦189 €, ☑ 12 €

♦ À quelques pas du glacier le plus couru de la capitale, chambres meublées en rotin, confortables et plutôt paisibles ; salons cosy (dont un voûté et doté d'une cheminée).

Castex sans rest
🏠   ⓔ ᴋ ᴀᴄ ℅ ☎ 𝗩𝗜𝗦𝗔 ⓜⓒ ᴀᴇ ⓞ

5 r. Castex Ⓜ Bastille – ℰ 01 42 72 31 52 – info @ castexhotel.com – Fax 01 42 72 57 91

30 ch – ♦120 € ♦♦120/220 €, ☑ 10 €   K 17

♦ Mise en scène très Grand Siècle en cette demeure rénovée de pied en cap : toile de Jouy, tomettes et mobilier Louis XIII font oublier la faible ampleur des chambres.

Nice sans rest
🏠   ⓔ ᴀᴄ 𝗩𝗜𝗦𝗔 ⓜⓒ

42 bis r. de Rivoli Ⓜ Hôtel de Ville – ℰ 01 42 78 55 29 – contact @ hoteldenice.com
– Fax 01 42 78 36 07   J 16

23 ch – ♦60/80 € ♦♦90/110 €, ☑ 8 €

♦ Bibelots, gravures, tapis kilims et meubles anciens tant dans les chambres que dans les salons : une atmosphère particulière complétée par une bonne insonorisation.

L'Ambroisie (Bernard Pacaud)
✗✗✗✗   ᴀᴄ ℅ ⇔ 🛋 𝗩𝗜𝗦𝗔 ⓜⓒ ᴀᴇ
❀❀❀❀

9 pl. des Vosges Ⓜ St-Paul – ℰ 01 42 78 51 45 – Fermé août, 23 fév.-11 mars, dim.
et lundi   J 17

Rest – Carte 196/252 €

Spéc. Feuillantine de langoustines aux graines de sésame. Escalopines de bar à l'éminé d'artichaut, caviar "osciètre gold". Tarte fine sablée au chocolat, glace vanille.

♦ Sous les arcades de la place des Vosges, un décor royal et une cuisine subtile touchant à la perfection : l'ambroisie n'est-elle pas la nourriture des dieux de l'Olympe ?

Benoit
✗✗   ᴀᴄ ⇔ 𝗩𝗜𝗦𝗔 ⓜⓒ ᴀᴇ
❀

20 r. St-Martin Ⓜ Châtelet-Les Halles – ℰ 01 42 72 25 76
– restaurant.benoit @ wanadoo.fr – Fax 01 42 72 45 68
– Fermé 26 juil.-25 août et 25 fév.-2 mars   J 15

Rest – Menu 38 € (déj.) – Carte 55/88 €

Spéc. Escargots en coquille, beurre d'ail, fines herbes. Filet de sole nantua, épinards à peine crémés. Tête de veau traditionnelle sauce ravigote.

♦ Alain Ducasse surpervise ce bistrot chic et animé, l'un des plus anciens de Paris. Cuisine de tradition, respectueuse de l'âme de cette authentique et belle maison.

L'Orangerie
✗✗   ᴀᴄ 𝗩𝗜𝗦𝗔 ⓜⓒ ᴀᴇ ⓞ

28 r. St-Louis-en-l'Île Ⓜ Pont Marie – ℰ 01 46 33 93 98 – lorangerie75 @ orange.fr
– Fax 01 43 29 25 52 – Fermé 3-24 août, merc. midi et mardi   K 16

Rest – Menu 35 € (déj. en sem.), 75/130 € – Carte 80/102 €

♦ Une équipe aguerrie est aux commandes de cette nouvelle adresse de l'île Saint-Louis. Salle tout en longueur, tables bien dressées, cuisine tonique et inventive. À suivre...

Bofinger
✗✗   ᴀᴄ ⇔ 🛋(soir) 𝗩𝗜𝗦𝗔 ⓜⓒ ᴀᴇ ⓞ

5 r. Bastille Ⓜ Bastille – ℰ 01 42 72 87 82 – ebern @ groupeflo.fr
– Fax 01 42 72 97 68   J 17

Rest – Menu (24 €), 32 € – Carte 32/79 €

♦ Illustres clients et remarquable décor font de cette brasserie créée en 1864 un lieu de mémoire consacré. Coupole délicatement ouvragée et, à l'étage, salle décorée par Hansi.

Le Dôme du Marais   VISA 🟠🟢 AE

53 bis r. Francs-Bourgeois Ⓜ Rambuteau – ☎ 01 42 74 54 17 – ledomedumarais @
hotmail.com – Fax 01 42 77 78 17 – Fermé 10 août-4 sept.,
dim. et lundi   H 16-J 16

Rest – Menu 36/48 € – Carte 50/70 €

♦ On dresse les tables sous le joli dôme de l'ancienne salle des ventes du Crédit municipal
et dans une seconde salle d'esprit jardin d'hiver. Cuisine au goût du jour.

Mon Vieil Ami   VISA 🟠🟢 AE 🟠

69 r. St-Louis-en-l'Île Ⓜ Pont Marie – ☎ 01 40 46 01 35 – mon.vieil.ami @
wanadoo.fr – Fax 01 40 46 01 35 – Fermé 1er-20 août, 1er-20 janv., lundi et
mardi   K 16

Rest – Menu 41 €

♦ Vieilles poutres et décor actuel donnent des allures d'auberge tendance à cette
adresse. Goûteuses recettes traditionnelles mâtinées de modernité et de clins d'œil à
l'Alsace.

Le Fin Gourmet   VISA 🟠🟢 AE 🟠

42 r. St-Louis en l'Île Ⓜ Pont Marie – ☎ 01 43 26 79 27 – contact @
lefingourmet.fr – Fax 01 43 26 96 08 – Fermé 1er-15 août, 5-20 janv., mardi midi
et lundi   K 16

Rest – Menu 20 € (déj. en sem.), 27/35 € – Carte 45/49 €

♦ On se laisse prendre par le charme de ce restaurant mi-historique mi-contemporain, dirigé par une équipe jeune et passionnée. Présentation soignée et cuisine modernisée.

Bistrot du Dôme   AC VISA 🟠🟢 AE

2 r. Bastille Ⓜ Bastille – ☎ 01 48 04 88 44 – Fax 01 48 04 00 59 – Fermé
1er -21 août   J 17

Rest – Carte 30/45 €

♦ Décor de Slavik et rez-de-chaussée éclairé par les grappes de raisin d'une simili-treille
pour ce bistrot marin mettant à l'honneur les produits de la pêche.

L'Enoteca   VISA 🟠🟢 AE

25 r. Charles V Ⓜ St-Paul – ☎ 01 42 78 91 44 – enoteca @ enoteca.fr
– Fax 01 44 59 31 72 – Fermé 9-18 août et le midi en août   J 16

Rest – (prévenir) Menu (14 € bc), 30/45 € bc – Carte 30/45 € ✿

♦ L'atout de ce restaurant logé dans des murs du 16e s. est sa superbe carte des vins : environ
500 références uniquement transalpines. Plats italiens et ambiance très animée.

L'Osteria   AC VISA 🟠🟢

10 r. Sévigné Ⓜ St-Paul – ☎ 01 42 71 37 08 – osteria @ noos.fr – Fermé août, lundi
midi, sam. midi et dim.   J 16

Rest – (prévenir) Carte 33/102 €

♦ Ni enseigne ni menu sur la façade de cette trattoria appréciée par une clientèle fidèle et
quelques vedettes (autographes et dessins aux murs). Goûteuse cuisine italienne de
saison.

Isami   AC ✂ VISA

4 quai d'Orléans Ⓜ Pont Marie – ☎ 01 40 46 06 97 – Fermé 5-25 août,
22 déc.-6 janv., dim. et lundi   K 16

Rest – (nombre de couverts limité, prévenir) Menu (30 €) – Carte 42/75 €

♦ Une adresse nippone confidentielle où l'on sert probablement l'un des meilleurs
poissons crus de Paris (spécialités de sushi et chirashi). Quelques calligraphies en
décor.

Panthéon, Jardin des plantes, Mouffetard

5e arrondissement ⊠ 75005

Ph. Gajic/MICHELIN

Villa Panthéon sans rest   ᴊ ᴀᴄ ⧾ ⌀ ☎ **VISA** ⓪ ₳ⳍ ①
41 r. des Écoles Ⓜ *Maubert Mutualité –* ℰ *01 53 10 95 95 – pantheon@*
leshotelsdeparis.com – Fax 01 53 10 95 96   K 14
59 ch – †160/350 € ††160/350 €, ☷ 18 €
♦ Parquet, tentures colorées, mobilier en bois exotique et lampes d'inspiration Liberty : réception, chambres et bar (bon choix de whiskys) sont décorés dans l'esprit british.

Les Rives de Notre-Dame sans rest   ≪ ⧠ ᴀᴄ ᴌ **VISA** ⓪ ₳ⳍ ①
15 quai St-Michel Ⓜ *St-Michel –* ℰ *01 43 54 81 16 – hotel@*
rivesdenotredame.com – Fax 01 43 26 27 09   J 14
10 ch – †195/255 € ††195/550 €, ☷ 14 €
♦ Maison du 16e s. superbement conservée, dont les spacieuses chambres de style provençal s'ouvrent toutes sur la Seine et Notre-Dame. Penthouse au dernier étage.

Royal St-Michel sans rest   ⧠ ᴀᴄ ⧾ ☎ **VISA** ⓪ ₳ⳍ ①
3 bd St-Michel Ⓜ *St-Michel –* ℰ *01 44 07 06 06 – hotelroyalsaintmichel@*
wanadoo.fr – Fax 01 44 07 36 25   K 14
39 ch – †180/240 € ††195/290 €, ☷ 18 €
♦ Sur le "Boul' Mich", face à la fontaine Saint-Michel : toute l'ambiance du Quartier latin est aux portes de cet hôtel abritant des chambres modernes et agréables.

Panthéon sans rest   ≪ ⧠ ᴀᴄ **VISA** ⓪ ₳ⳍ ①
19 pl. Panthéon Ⓜ *Luxembourg –* ℰ *01 43 54 32 95 – reservation@*
hoteldupantheon.com – Fax 01 43 26 64 65   L 14
36 ch – †130/250 € ††160/270 €, ☷ 12 €
♦ Chambres de style cosy ou d'inspiration Louis XVI avec vue sur le dôme du "temple de la Renommée". Plaisant salon et salle de petits-déjeuners voûtée.

Grands Hommes sans rest   ≪ ⧠ ᴀᴄ ⌀ ☎ ᴌ **VISA** ⓪ ₳ⳍ ①
17 pl. Panthéon Ⓜ *Luxembourg –* ℰ *01 46 34 19 60 – reservation@*
hoteldesgrandshommes.com – Fax 01 43 26 67 32   L 14
31 ch – †80/310 € ††90/430 €, ☷ 12 €
♦ Face au Panthéon, plaisant hôtel aménagé dans le style Directoire (meubles chinés). Plus de la moitié des chambres a vue sur la dernière demeure des "grands hommes".

Tour Notre-Dame sans rest   ⧠ ᴀᴄ ☎ **VISA** ⓪ ₳ⳍ ①
20 r. Sommerard Ⓜ *Cluny la Sorbonne –* ℰ *01 43 54 47 60 – tour-notre-dame@*
magic.fr – Fax 01 43 26 42 34   K 14
48 ch – †129/176 € ††139/190 €, ☷ 12 €
♦ Très bel emplacement pour cet hôtel quasiment accolé au musée de Cluny. Chambres de bon confort, récemment rénovées ; celles sur l'arrière sont plus calmes.

Grand Hôtel St-Michel sans rest   ⧠ ᴊ ᴀᴄ ⌀ ☎ **VISA** ⓪ ₳ⳍ ①
19 r. Cujas Ⓜ *Luxembourg –* ℰ *01 46 33 33 02 – grand.hotel.st.michel@*
wanadoo.fr – Fax 01 40 46 96 33   K 14
40 ch – †140/170 € ††170/220 €, ☷ 14 € – 5 suites
♦ Cet immeuble haussmannien abrite des chambres feutrées, garnies de meubles peints. Salon de style Napoléon III ; salle voûtée pour les petits-déjeuners.

Notre Dame sans rest   ≪ ⧠ ᴀᴄ ⧾ ☎ **VISA** ⓪ ₳ⳍ ①
1 quai St-Michel Ⓜ *St-Michel –* ℰ *01 43 54 20 43 – hotel.denotredame@*
libertysurf.fr – Fax 01 43 26 61 75   K 14
26 ch – †150 € ††199 €, ☷ 7 €
♦ Les douillettes petites chambres de cet hôtel sont toutes refaites, climatisées et bien équipées ; la majorité bénéficie d'une vue sur la cathédrale Notre-Dame.

🏠 **Relais St-Jacques** sans rest   🖹 🕭 🔲 📞 🗼 **VISA** 🌐 AE ①
3 r. Abbé de l'Épée ⓜ Luxembourg – ℰ 01 53 73 26 00 – hotel-relais@wanadoo.fr
– Fax 01 43 26 17 81   L 14
22 ch – ♦179/320 € ♦♦179/499 €, ⌑ 17 €
♦ Chambres de styles variés (Directoire, Louis-Philippe, etc.), salle des petits-déjeuners sous verrière, salon Louis XV et bar 1925... Un inventaire (chic) à la Prévert !

🏠 **St-Christophe** sans rest   🖹 ℀ 📞 **VISA** 🌐 AE ①
17 r. Lacépède ⓜ Place Monge – ℰ 01 43 31 81 54 – saintchristophe@wanadoo.fr
– Fax 01 43 31 12 54   L 15
31 ch – ♦97/120 € ♦♦107/132 €, ⌑ 8 €
♦ Le naturaliste Lacépède a donné son nom à la rue, rappelant la proximité du Jardin des Plantes. Petites chambres d'esprit rustique ; toutes sont non-fumeurs.

🏠 **Sully St-Germain** sans rest   🕭 🖹 ℀ 📞 **VISA** 🌐 AE ①
31 r. des Écoles ⓜ Maubert Mutualité – ℰ 01 43 26 56 02 – sully@
sequanahotels.com – Fax 01 43 29 74 42   K 15
61 ch – ♦100/155 € ♦♦110/165 €, ⌑ 12 €
♦ Est-ce le voisinage du musée du Moyen Âge ? Toujours est-il que l'établissement présente un décor d'inspiration médiévale. Salon sous verrière.

🏠 **Jardin de Cluny** sans rest   🖹 AC ℀ 📞 **VISA** 🌐 AE ①
9 r. Sommerard ⓜ Maubert Mutualité – ℰ 01 43 54 22 66 – reservation@
hoteljardindecluny.com – Fax 01 40 51 03 36   K 14
40 ch – ♦139/169 € ♦♦169/239 €, ⌑ 14 €
♦ Chambres fonctionnelles, garnies de meubles en rotin. Salle des petits-déjeuners voûtée, agrémentée d'une "Dame à la Licorne" (l'originale est à deux pas, au musée de Cluny).

🏠 **Select** sans rest   🖹 AC ℀ 📞 **VISA** 🌐 AE ①
1 pl. Sorbonne ⓜ Cluny la Sorbonne – ℰ 01 46 34 14 80 – info@selecthotel.fr
– Fax 01 46 34 51 79   K 14
67 ch ⌑ – ♦169/225 € ♦♦179/225 €
♦ Hôtel résolument contemporain au cœur du Paris estudiantin. Bar et salons répartis autour d'un patio abritant un jardin de cactus. Certaines chambres ont vue sur les toits.

🏠 **Du Levant** sans rest   🖹 AC ↯ ℀ 📞 **VISA** 🌐 AE ①
18 r. Harpe ⓜ St-Michel – ℰ 01 46 34 11 00 – hlevant@club-internet.fr
– Fax 01 46 34 25 87   K 14
47 ch – ♦73/100 € ♦♦118/160 €, ⌑ 8 €
♦ Les chambres de cet hôtel bâti en 1875 en plein Quartier latin sont agréables. Photos des années 1920 dans les couloirs, fresque dans la salle des petits-déjeuners.

🏠 **Albe** sans rest   🖹 AC ↯ ℀ 📞 **VISA** 🌐 AE ①
1 r. Harpe ⓜ St-Michel – ℰ 01 46 34 09 70 – albehotel@wanadoo.fr
– Fax 01 40 46 85 70   K 14
45 ch – ♦140/160 € ♦♦165/250 €, ⌑ 13 €
♦ Plaisante décoration moderne dans cet hôtel proposant des chambres un peu petites, mais bien agencées et gaies. Quartier latin, île de la Cité... Paris est à vos pieds !

🏠 **Agora St-Germain** sans rest   🖹 AC ℀ 📞 **VISA** 🌐 AE ①
42 r. Bernardins ⓜ Maubert Mutualité – ℰ 01 46 34 13 00 – resa@
agora-paris-hotel.com – Fax 01 46 34 75 05   K 15
39 ch – ♦99/189 € ♦♦120/195 €, ⌑ 11 €
♦ Voisin de l'église St-Nicolas-du-Chardonnet, cet hôtel s'est refait une jeunesse. Chambres cosy, plus calmes côté cour. Charmante salle des petits-déjeuners (murs en pierre).

🏠 **Dacia-Luxembourg** sans rest   🖹 AC ℀ 📞 **VISA** 🌐 AE ①
41 bd St-Michel ⓜ Cluny la Sorbonne – ℰ 01 53 10 27 77 – info@hoteldacia.com
– Fax 01 44 07 10 33   K 14
38 ch – ♦96/135 € ♦♦111/156 €, ⌑ 10 €
♦ Au cœur du Quartier latin, établissement chaleureux et bien tenu. Beaux jetés de lit en piqué blanc dans les chambres (deux avec baldaquin). Petit-déjeuner dans une salle voûtée.

Henri IV sans rest 🛗 ⅙ AC ⌂ ✆ VISA ⚫ AE ①
9 r. St-Jacques Ⓜ St-Michel – ✆ 01 46 33 20 20 – info@hotel-henri4.com
– Fax 01 46 33 90 90 K14
23 ch – ♦167 € ♦♦185 €, ⊇ 12 €
♦ Les jolies chambres de cet hôtel donnent presque toutes sur le chevet de l'église
St-Séverin. Tomettes, meubles anciens et cheminée font le charme du salon.

Minerve sans rest 🛗 AC ⅗ ✆ ⅍ P ⌂ VISA ⚫ AE ①
13 r. des Écoles Ⓜ Maubert Mutualité – ✆ 01 43 26 26 04 – resa@
parishotelminerve.com – Fax 01 44 07 01 96 L 15
54 ch – ♦90/156 € ♦♦104/156 €, ⊇ 8 €
♦ Cet immeuble bâti en 1864 propose son plaisant salon d'accueil (pierres apparentes et
mobilier de style) et ses petites chambres de caractère fort bien tenues.

Pierre Nicole sans rest 🛗 ⅗ ✆ VISA ⚫ AE ①
39 r. Pierre Nicole Ⓜ Port Royal – ✆ 01 43 54 76 86 – hotelpierre-nicole@voila.fr
– Fax 01 43 54 22 45 – Fermé 28 juil.-27 août M 13
33 ch – ♦80 € ♦♦90/100 €, ⊇ 7 €
♦ L'enseigne rend hommage au moraliste de Port-Royal. Chambres pratiques, sans
ampleur, mais fort bien tenues et à prix sages. Le jardin du Luxembourg est tout proche.

St-Jacques sans rest 🛗 ⅗ ✆ VISA ⚫ AE ①
35 r. des Écoles Ⓜ Maubert Mutualité – ✆ 01 44 07 45 45 – hotelsaintjacques@
wanadoo.fr – Fax 01 43 25 65 50 K 15
38 ch – ♦61/92 € ♦♦105/137 €, ⊇ 9,50 €
♦ Confort moderne et charme d'antan caractérisent les chambres de cet hôtel dont la
bibliothèque recèle des ouvrages des 18e et 19e s. Salle des petits-déjeuners décorée façon
cabaret des années folles.

Familia sans rest 🛗 ⅗ ✆ VISA ⚫ AE ①
11 r. des Écoles Ⓜ Cardinal Lemoine – ✆ 01 43 54 55 27 – hotelfamilia@
wanadoo.fr – Fax 01 43 29 61 77 L 15-K 15
30 ch – ♦78/81 € ♦♦89/121 €, ⊇ 6,50 €
♦ En toile de fond, Notre-Dame et le Collège des Bernardins. Chambres rustiques ornées de
fresques sépias figurant les monuments de Paris. Salle des petits-déjeuners familiale.

Devillas sans rest 🛗 AC ⅘ ✆ VISA ⚫ AE ①
4 bd St-Marcel Ⓜ St-Marcel – ✆ 01 43 31 37 50 – info@hoteldevillas.com
– Fax 01 43 31 96 03 M 16
39 ch – ♦79/89 € ♦♦83/170 €, ⊇ 10 €
♦ Chambres rénovées et bien agencées dans cet hôtel situé sur un boulevard voisin de
l'hôpital de La Pitié-Salpêtrière. Pour plus de calme, réservez sur l'arrière.

XXXXX **La Tour d'Argent** ⪕ Notre-Dame, AC ⟡ ⌂ VISA ⚫ AE ①
⅗ 15 quai Tournelle Ⓜ Maubert Mutualité – ✆ 01 43 54 23 31 – resa@
latourdargent.com – Fax 01 44 07 12 04 – Fermé août et lundi K 16
Rest – Menu 70 € (déj.) – Carte 140/487 € ⅗
Spéc. Quenelles de brochet "André Terrail". Noisette d'agneau des Tournelles.
Gâteau au chocolat "Vasco de Gama".
♦ La salle à manger "en plein ciel" offre une vue somptueuse sur Notre-Dame. Cave
exceptionnelle, fameux canards de Challans et clients célèbres depuis le 16e s.

XXX **La Truffière** AC VISA ⚫ AE ①
4 r. Blainville Ⓜ Place Monge – ✆ 01 46 33 29 82 – restaurant.latruffiere@
wanadoo.fr – Fax 01 46 33 64 74 – Fermé 20-26 déc., dim. et lundi L 15
Rest – Menu 24 € (déj. en sem.), 105/180 € – Carte 71/164 € ⅗
♦ Cette maison du 17e s. abrite trois salles à manger : l'une rustique (poutres) et les deux
autres voûtées. Cuisine traditionnelle inspirée par le Sud-Ouest belle carte des vins.

XX **Mavrommatis** AC ⅗ ⟡ VISA ⚫ AE
42 r. Daubenton Ⓜ Censier Daubenton – ✆ 01 43 31 17 17
– info@mavrommatis.fr – Fax 01 43 36 13 08
– Fermé 15 août-15 sept., dim. et lundi M 15
Rest – Menu (28 €), 37/60 € – Carte 49/70 €
♦ L'ambassade de la cuisine grecque à Paris. Pas de folklore mais un cadre sobre, élégant
et confortable où l'accueil se montre attentionné. Terrasse d'été bordée d'oliviers.

XX **Marty**　　　　　　　　　　　　AC ⇔ ⊂⊐ VISA ◍◉ ◉
20 av. Gobelins Ⓜ *Les Gobelins* – ℰ *01 43 31 39 51* – *restaurant.marty@*
wanadoo.fr – *Fax 01 43 37 63 70*　　　　　　　　　　M 15
Rest – Menu 34 € – Carte 36/54 €
♦ Boiseries en acajou, lustres, vitraux, meubles chinés et tableaux composent le plaisant décor années trente de ce restaurant. Carte traditionnelle et produits de la mer.

XX **Atelier Maître Albert**　　　　　　AC ⅀ ⊂⊐ VISA ◍◉ AE ◉
1 r. Maître Albert Ⓜ *Maubert Mutualité* – ℰ *01 56 81 30 01* – *ateliermaitrealbert@*
guysavoy.com – *Fax 01 53 10 83 23* – *Fermé 5-25 août, vacances de Noël, sam.*
midi et dim. midi　　　　　　　　　　　　K 15
Rest – Menu 24 € (déj. en sem.), 40/50 € – Carte environ 44 €
♦ Une monumentale cheminée médiévale et les rôtissoires (viandes à la broche) trônent dans ce bel intérieur design signé J.-M. Wilmotte. Alléchante carte pensée par Guy Savoy.

XX **L' Équitable**　　　　　　　　　　　VISA ◍◉ AE
47bis r. Poliveau Ⓜ *St-Marcel* – ℰ *01 43 31 69 20* – *equitable.restaurant@*
wanadoo.fr – *Fax 01 43 37 85 52* – *Fermé vacances de Pâques, 5-25 août, mardi*
midi et lundi　　　　　　　　　　　　　M 16
Rest – Menu 21 € (déj. en sem.)/32 €
♦ Avec son décor rustique (pierres et poutres apparentes) et sa généreuse cuisine de tradition, ce restaurant entretient une plaisante ambiance d'auberge provinciale.

X **Toustem**　　　　　　　　　　AC ⇔ ⊂⊐(soir) VISA ◍◉ AE ◉
12 r. de l'Hôtel Colbert Ⓜ *Maubert Mutualité* – ℰ *01 40 51 99 87* – *toustem@*
helenedarroze.com – *Fermé lundi midi, sam. midi et dim.*　　　K 15
Rest – Menu (24 €), 32 € (déj.) – Carte 45/49 €
♦ Avec Toustem ("toujours" en patois landais), Hélène Darroze lance son bistrot terroir (Sud-Ouest). Cadre ancien d'une maison du 13e s., touches contemporaines, caveaux intimes.

X **Les Délices d'Aphrodite**　　　　　AC ⅀ VISA ◍◉ AE
4 r. Candolle Ⓜ *Censier Daubenton* – ℰ *01 43 31 40 39* – *info@mavrommatis.fr*
– *Fax 01 43 36 13 08*　　　　　　　　　　　M 15
Rest – Menu (20 €) – Carte 31/44 €
♦ Cette taverne conviviale régale de spécialités gréco-chypriotes aux parfums ensoleillés. Photos de paysages locaux, lierre dégringolant du plafond... Un avant-goût de vacances !

X **La Table de Fabrice**　　　　　　　　AC VISA ◍◉
13 quai de la Tournelle Ⓜ *Pont-Marie* – ℰ *01 44 07 17 57* – *latabledefabrice@*
orange.fr – *Fax 01 43 25 37 55* – *Fermé 5-25 août, sam. midi et dim.*　K 16
Rest – Menu 40 € – Carte 51/79 €
♦ Petite table sympathique dans un édifice du 17e s. À l'étage, atmosphère provinciale et vue sur les quais de Seine. Menu unique et suggestions à l'ardoise au fil des saisons.

X **Chez René**　　　　　　　　　⊞ ⊂⊐(soir) VISA ◍◉
14 bd St-Germain Ⓜ *Maubert Mutualité* – ℰ *01 43 54 30 23* – *Fax 01 43 54 33 57*
– *Fermé août, 24 déc.-2 janv., dim. et lundi*　　　　　K 15
Rest – Carte 24/36 €
♦ Ambiance conviviale assurée par une équipe fidèle dans cette institution du quartier. Décor de bistrot authentique : banquettes, miroirs et barres en cuivre. Terrasse en été.

X **Moissonnier**　　　　　　　　　　　　　　VISA ◍◉
28 r. Fossés-St-Bernard Ⓜ *Jussieu* – ℰ *01 43 29 87 65* – *Fax 01 43 29 87 65*
– *Fermé août, dim. et lundi*　　　　　　　　　　K 15
Rest – Menu 24 € (déj. en sem.) – Carte 29/51 €
♦ Le décor typique de ce bistrot n'a pas changé depuis des lustres : zinc rutilant, murs patinés, banquettes... Cuisine d'ascendance lyonnaise et "pots" de beaujolais.

X **Au Moulin à Vent**　　　　　　　　　⅀ ⊂⊐ VISA ◍◉
20 r. Fossés-St-Bernard Ⓜ *Jussieu* – ℰ *01 43 54 99 37* – *alexandra.damas@*
au-moulinavent.fr – *Fax 01 40 46 92 23* – *Fermé 2-26 août, 31 déc.-8 janv., sam.*
midi, dim. et lundi　　　　　　　　　　　　K 15
Rest – Carte 46/61 €
♦ Depuis 1948, rien n'a changé dans ce bistrot parisien ; le joli décor rétro s'est patiné avec les ans et la cuisine traditionnelle s'est enrichie de spécialités de viandes.

X **Buisson Ardent** AC VISA MO
😊 *25 r. Jussieu* Ⓜ *Jussieu –* ℰ *01 43 54 93 02 – jtlopez@noos.fr – Fermé août, sam. midi et dim.* L 15
Rest – Menu 31/45 €
♦ Ambiance bon enfant en ce petit restaurant de quartier fréquenté à midi par les universitaires de Jussieu. Fresques originales datant de 1923. Plats bistrotiers, bien mitonnés.

X **Louis Vins** AC
9 r. Montagne-Ste-Geneviève Ⓜ *Maubert Mutualité –* ℰ *01 43 29 12 12*
Rest – Menu (24 €), 27 € 🍷
♦ Chaleureux décor d'esprit 1900 (comptoir en noyer, miroirs, fresques) où l'on s'attable autour d'une généreuse cuisine de bistrot et d'une belle sélection de vins. K 15

X **L'A.O.C.** VISA MO
14 r. des Fossés St-Bernard Ⓜ *Maubert Mutualité –* ℰ *01 43 54 22 52*
– aocrestaurant@wanadoo.fr – Fermé août, dim. et lundi K 16
Rest – Carte 28/57 €
♦ Une adresse pour les amateurs de viandes, toutes d'origine contrôlée et portées à maturation par le propriétaire lui-même. Rôtissoire à l'entrée et ambiance bistrot sans chichi.

X **Ribouldingue** VISA MO
😊 *10 r. St-Julien le Pauvre* Ⓜ *Maubert Mutualité –* ℰ *01 46 33 98 80*
– Fax 01 43 54 09 34 – Fermé 1er-24 août, dim. et lundi K 14
Rest – Menu 27 €
♦ Osé, ce sympathique bistrot d'abats ravit les amateurs de "canailleries" (groins, tétines, cervelles, langues...) et pense aussi aux autres (plats classiques). Service charmant.

X **Petit Pontoise** AC VISA MO AE
9 r. Pontoise Ⓜ *Maubert Mutualité –* ℰ *01 43 29 25 20* K 15
Rest – Carte 31/52 €
♦ À deux pas des quais de la Seine et de Notre-Dame, bistrot de quartier décoré dans le style des années 1950. Plats présentés sur ardoise. Clientèle d'habitués.

X **Les Oudayas** AC 🍴 ↔ VISA MO
34 bd St-Germain Ⓜ *Maubert Mutualité –* ℰ *01 43 29 97 38 – oudayas@oudayas.com*
Rest – Menu (15 €), 23/29 € – Carte 31/44 € K 15
♦ À deux pas de l'Institut du monde arabe, restaurant du nom de la Kasbah de Rabat, restituant l'atmosphère marocaine. Spécialités raffinées ; ambiance lounge et salon de thé.

X **Papilles** 🍴 ↔ VISA MO
😊 *30 r. Gay Lussac* Ⓜ *Luxembourg –* ℰ *01 43 25 20 79 – lespapilles@hotmail.fr*
– Fax 01 43 25 24 35 – Fermé vacances de Pâques, 1er-21 août, 1er-8 janv., dim. et lundi L 14
Rest – Menu 31 € – Carte 36/43 € 🍷
♦ Bistrot, cave et épicerie : d'un côté des casiers à vins, de l'autre des étagères garnies de bocaux de plats du Sud-Ouest et au milieu... on déguste une cuisine du marché !

X **Christophe** VISA MO
8 r. Descartes Ⓜ *Maubert Mutualité –* ℰ *01 43 26 72 49 – Fermé 5 août-5 sept., dim. et lundi* L 15
Rest – Menu (12 €), 19 € (déj. en sem.) – Carte 37/56 €
♦ Ce modeste bistrot très simplement aménagé cache bien son jeu : on y goûte une cuisine personnalisée où poisson et porc figurent au panthéon des produits, tous excellents.

X **Coco de Mer** 🍴 VISA MO AE ①
34 bd St-Marcel Ⓜ *St-Marcel –* ℰ *01 47 07 06 64 – contact@cocodemer.fr*
– Fax 01 43 31 45 75 – Fermé sam. midi et dim. midi M 16
Rest – Menu (23 €), 28 €
♦ Marre de la grisaille ? Direction les Seychelles : ti-punch pieds nus dans le sable fin de la véranda et recettes des îles d'où l'on fait arriver le poisson chaque semaine.

X **Lhassa** VISA MO
😊 *13 r. Montagne Ste-Geneviève* Ⓜ *Maubert Mutualité –* ℰ *01 43 26 22 19*
– Fax 01 42 17 00 08 – Fermé lundi K 15
Rest – Menu 11 € (déj. en sem.), 15/21 € – Carte 17/25 €
♦ Comme son nom le laisse deviner, ce petit restaurant est entièrement dédié au Tibet : tissus colorés, objets artisanaux, photos du dalaï-lama et plats typiques du pays.

St-Germain-des-Près, Quartier Latin, Luxembourg

6e arrondissement ⊠ 75006

S. Sauvignier/MICHELIN

 Lutetia   𝑓𝑎 🕽 AC 4⁄ 𝒮 ch, 🕽 𝓼𝓪 VISA ⓬ AE ⓪

45 bd Raspail Ⓜ *Sèvres Babylone* – ℰ *01 49 54 46 46* – *lutetia-paris@
lutetia-paris.com* – *Fax 01 49 54 46 00*   K 12

231 ch – ♦250/950 € ♦♦250/950 €, ☲ 27 € – 11 suites

Rest *Paris* – voir ci-après

Rest *Brasserie Lutetia* – ℰ *01 49 54 46 76* – Menu (38 €), 45 € – Carte 59/72 €

♦ Témoin de l'histoire et des arts, ce palace de la rive gauche édifié en 1910 conjugue style Art déco et éléments contemporains (sculptures de César, Arman...). Chambres rénovées. Rendez-vous du Tout-Paris, la brasserie du Lutétia sert une belle carte de fruits de mer.

 Victoria Palace sans rest   🕽 🕹 AC 4⁄ 🕽 𝓼𝓪 ⌂ VISA ⓬ AE ⓪

6 r. Blaise-Desgoffe Ⓜ *St-Placide* – ℰ *01 45 49 70 00* – *info@victoriapalace.com*
– *Fax 01 45 49 23 75*   L 11

62 ch – ♦332/390 € ♦♦332/620 €, ☲ 18 €

♦ Petit palace au charme indéniable : toiles de Jouy, mobilier Louis XVI et salles de bains en marbre dans les chambres, tableaux, velours rouge et porcelaines dans les salons.

D'Aubusson sans rest   🕽 🕹 AC 4⁄ 𝒮 🕽 𝓼𝓪 P ⌂ VISA ⓬ AE ⓪

33 r. Dauphine Ⓜ *Odéon* – ℰ *01 43 29 43 43* – *reservations@
hoteldaubusson.com* – *Fax 01 43 29 12 62*   J 13

49 ch – ♦310/470 € ♦♦310/470 €, ☲ 23 €

♦ Hôtel particulier (17ᵉ s.) de caractère : chambres élégantes, parquets Versailles, tapisseries d'Aubusson... et, en fin de semaine, soirées jazz au Café Laurent.

Relais Christine sans rest 🕸   𝑓𝑎 🕽 AC 🕽 𝓼𝓪 ⌂ VISA ⓬ AE ⓪

3 r. Christine Ⓜ *St-Michel* – ℰ *01 40 51 60 80* – *contact@relais-christine.com*
– *Fax 01 40 51 60 81*   J 14

51 ch – ♦370/540 € ♦♦415/780 €, ☲ 25 €

♦ On prend son petit-déjeuner sous des voûtes du 13ᵉ s. dans cet hôtel particulier bâti sur des vestiges médiévaux. Belle cour pavée, petit jardin et chambres personnalisées.

Relais St-Germain   🕽 AC 4⁄ 🕽 VISA ⓬ AE ⓪

9 carr. de l'Odéon Ⓜ *Odéon* – ℰ *01 43 29 12 05* – *hotelrsg@wanadoo.fr*
– *Fax 01 46 33 45 30*   K 13

22 ch ☲ – ♦165/220 € ♦♦205/440 €

Rest *Le Comptoir* – voir ci-après

♦ Trois immeubles du 17ᵉ s. abritent cet hôtel raffiné où poutres patinées, étoffes chatoyantes et meubles anciens participent au plaisant cachet des chambres.

Bel Ami St-Germain des Prés sans rest   𝑓𝑎 🕽 🕹 AC 4⁄ 🕽
   𝓼𝓪 VISA ⓬ AE ⓪

7 r. St-Benoit Ⓜ *St-Germain des Prés* –
ℰ *01 42 61 53 53* – *contact@hotel-bel-ami.com* – *Fax 01 49 27 09 33*

115 ch – ♦270/540 € ♦♦270/600 €, ☲ 25 €   J 13

♦ Rien à voir avec le roman de Maupassant. On est bien dans un immeuble 19ᵉ s., mais résolument ancré dans notre temps : luxe minimaliste contemporain, high-tech et décontracté.

Buci sans rest   🕽 🕹 AC 🕽 VISA ⓬ AE ⓪

22 r. Buci Ⓜ *Mabillon* – ℰ *01 55 42 74 74* – *hotelbuci@wanadoo.fr*
– *Fax 01 55 42 74 44*   J 13

21 ch – ♦185/215 € ♦♦215/400 €, ☲ 18 € – 3 suites

♦ Une élégante façade bleu nuit donne le ton de cet hôtel intimiste. Chambres stylées (ciels de lit, meubles anglais), quelques-unes rénovées de façon plus contemporaine.

L'Abbaye sans rest ⚑ ⬛ 🅰🅲 🕸 📞 VISA 🆇 AE

10 r. Cassette Ⓜ St-Sulpice – ℰ 01 45 44 38 11 – hotel.abbaye@wanadoo.fr
– Fax 01 45 48 07 86   K 12
40 ch ⚏ – ♦215/251 € ♦♦215/251 € – 4 suites
◆ Charme d'hier et confort d'aujourd'hui dans un ancien couvent (18e s.) : agréable véranda, duplex avec terrasse et coquettes chambres parfois tournées sur le ravissant patio.

Littré sans rest ⬛ 🅰🅲 ↔ 📞 🏋 � VISA 🆇 AE ①

9 r. Littré Ⓜ Montparnasse Bienvenüe – ℰ 01 53 63 07 07 – hotellittre@
hotellittreparis.com – Fax 01 45 44 88 13   L 11
79 ch – ♦275/315 € ♦♦315/350 €, ⚏ 20 € – 11 suites
◆ À mi-chemin de Saint-Germain-des-Prés et de Montparnasse, cet immeuble classique abrite des chambres de style, toutes d'un excellent confort. Vue superbe du dernier étage.

L'Hôtel ⬛ 🅰🅲 ↔ 📞 VISA 🆇 AE ①

13 r. des Beaux-Arts Ⓜ St-Germain-des-Prés – ℰ 01 44 41 99 00 – stay@
l-hotel.com – Fax 01 43 25 64 81   J 13
16 ch – ♦255/640 € ♦♦280/640 €, ⚏ 18 € – 4 suites
Rest Le Restaurant – voir ci-après
◆ "L'Hôtel", où s'éteignit Oscar Wilde laissant une facture impayée, arbore un vertigineux puits de lumière et un décor exubérant signé Garcia (baroque, Empire, Orient).

Esprit Saint-Germain sans rest 🛁 ⬛ 🅰🅲 ↔ VISA 🆇 AE ①

22 r. St-Sulpice Ⓜ Mabillon – ℰ 01 53 10 55 55 – contact@
espritsaintgermain.com – Fax 01 53 10 55 56   K 13
28 ch – ♦310/550 € ♦♦310/550 €, ⚏ 26 € – 5 suites
◆ Chambres élégantes et contemporaines mariant avec bonheur coloris rouge, chocolat et beige, tableaux et meubles modernes ; salles de bains agrémentées de murs en ardoise.

Pas de Calais sans rest ⬛ 🅰🅲 📞 VISA 🆇 AE ①

59 r. des Sts-Pères Ⓜ St-Germain-des-Prés – ℰ 01 45 48 78 74 – infos@
hotelpasdecalais.com – Fax 01 45 44 94 57   J 12
38 ch – ♦145/300 € ♦♦160/300 €, ⚏ 15 €
◆ Le hall de l'hôtel, illuminé par une verrière, créé une belle surprise avec son mur végétal (orchidées). Jolies chambres personnalisées ; poutres apparentes au dernier étage.

Madison sans rest ⪡ ⬛ 🅰🅲 📞 VISA 🆇 AE ①

143 bd St-Germain Ⓜ St-Germain des Prés – ℰ 01 40 51 60 00 – resa@
hotel-madison.com – Fax 01 40 51 60 01   J 13
54 ch – ♦150/345 € ♦♦157/385 €, ⚏ 15 € – 1 suite
◆ Camus aimait fréquenter cet établissement aux chambres élégantes ; certaines offrent une perspective sur l'église St-Germain-des-Prés. Joli salon Louis-Philippe.

Left Bank St-Germain sans rest ⬛ 🅰🅲 ↔ 📞 VISA 🆇 AE ①

9 r. de l'Ancienne Comédie Ⓜ Odéon – ℰ 01 43 54 01 70 – reservation@
hotelleftbank.com – Fax 01 43 26 17 14   K 13
31 ch ⚏ – ♦140/250 € ♦♦150/370 €
◆ Boiseries, tapisseries d'Aubusson, damas, meubles de style Louis XIII et colombages président au décor de cet hôtel. Quelques chambres offrent une échappée sur Notre-Dame.

La Villa d'Estrées et Résidence des Arts sans rest ⬛ 🅰🅲 ↔ 🕸

17 r. Gît le Coeur Ⓜ St-Michel – ℰ 01 55 42 71 11   📞 VISA 🆇 AE ①
– resa@villadestrees.com – Fax 01 55 42 71 00   J 14
21 ch – ♦175/295 € ♦♦175/355 €, ⚏ 10 €
◆ Le style Napoléon III, revisité par un disciple de Garcia, imprègne chaque détail de la décoration de ces deux bâtiments. Chambres ou appartements, cosy et bien équipés.

La Villa sans rest ⬛ 🅰🅲 📞 🏋 VISA 🆇 AE ①

29 r. Jacob Ⓜ St-Germain des Prés – ℰ 01 43 26 60 00 – hotel@
villa-saintgermain.com – Fax 01 46 34 63 63   J 13
31 ch – ♦225/285 € ♦♦225/445 €, ⚏ 25 €
◆ Derrière une façade 19e s., un décor épuré ravit les amateurs de chic contemporain en demi-teinte. Mobilier en wengé, étoffes précieuses et lumière douce sont au programme.

Sénat sans rest 🛗   AC   ☎   *VISA*   **◎**   AE   ◎

10 r. Vaugirard ⓜ Luxembourg – 🕿 *01 43 54 54 54 – reservations@*
hotelsenat.com – Fax 01 43 54 54 55   K 14
47 ch – 🛏190/265 € 🛏🛏285/315 €, 🍽 16 € – 6 suites

◆ L'élégante façade noire et les grands vases gris surmontés de boules de guis affichent d'emblée le style chic de cet hôtel dans l'air du temps. Chambres très agréables.

Ste-Beuve sans rest 🛗   AC   🕸   ☎   *VISA*   **◎**   AE   ◎

9 r. Ste-Beuve ⓜ Notre-Dame des Champs – 🕿 *01 45 48 20 07 – saintebeuve@*
wanadoo.fr – Fax 01 45 48 67 52   L 12
22 ch – 🛏145/345 € 🛏🛏145/345 €, 🍽 15 €

◆ L'endroit, par son atmosphère intime, ressemble à une maison particulière. Chambres
harmonieusement rénovées, ponctuées de touches raffinées ; salles de bain en noir et
blanc.

Millésime sans rest 🛖 🛗   AC   ☎   *VISA*   **◎**   AE   ◎

15 r. Jacob ⓜ St-Germain des Prés – 🕿 *01 44 07 97 97 – reservation@*
millesimehotel.com – Fax 01 46 34 55 97   J 13
22 ch – 🛏190/220 € 🛏🛏190/380 €, 🍽 16 €

◆ Tons ensoleillés, mobilier et tissus choisis apportent une note chaleureuse aux ravissantes chambres proposées ici. Bel escalier du 17ᵉ s., patio et jolie salle voûtée.

Des Académies et des Arts sans rest 🛗   AC   ✂   ☎   *VISA*   **◎**   AE

15 r. de la Grande-Chaumière ⓜ Vavin – 🕿 *01 43 26 66 44 – reservation@*
hoteldesacademies.com – Fax 01 40 46 86 85   L 12
20 ch – 🛏220/285 € 🛏🛏220/285 €, 🍽 16 €

◆ "Corps blancs" peints de Jérôme Mesnager et sculptures de Sophie de Watrigant
investissent les murs de cet hôtel dédié à la création. Chambres dans l'air du temps très
soignées.

Relais Médicis sans rest 🛗   AC   *VISA*   **◎**   AE   ◎

23 r. Racine ⓜ Odéon – 🕿 *01 43 26 00 60 – reservation@relaismedicis.com*
– Fax 01 40 46 83 39   K 13
16 ch 🍽 – 🛏142/172 € 🛏🛏172/258 €

◆ Une touche provençale égaye les chambres de cet hôtel proche du théâtre de l'Odéon ;
celles situées côté patio offrent plus de calme. Meubles chinés chez les antiquaires.

Au Manoir St-Germain-des-Prés sans rest 🛗   AC   ✂

153 bd St-Germain ⓜ St-Germain des Prés –   ☎   *VISA*   **◎**   AE   ◎
🕿 *01 42 22 21 65 – reservation@hotelaumanoir.com*
– Fax 01 45 48 22 25   J 12
32 ch 🍽 – 🛏150/330 € 🛏🛏150/330 €

◆ Mobilier de style, toile de Jouy, fresques et boiseries créent l'atmosphère bourgeoise de
cet hôtel installé en face du Flore et des Deux Magots, fameux cafés germanopratins.

St-Grégoire sans rest 🛗   AC   ☎   *VISA*   **◎**   AE   ◎

43 r. Abbé-Grégoire ⓜ St-Placide – 🕿 *01 45 48 23 23 – hotel@saintgregoire.com*
– Fax 01 45 48 33 95   L 12
20 ch – 🛏195/250 € 🛏🛏250/300 €, 🍽 14 €

◆ L'établissement vaut pour son accueillant décor bourgeois. Deux chambres bénéficient
d'une petite terrasse verdoyante. Sympathique salle des petits-déjeuners voûtée.

Villa des Artistes sans rest 🛖 🛗   AC   ✂   🕸   ☎   *VISA*   **◎**   AE   ◎

9 r. Grande-Chaumière ⓜ Vavin – 🕿 *01 43 26 60 86 – hotel@villa-artistes.com*
– Fax 01 43 54 73 70   L 12
55 ch – 🛏158/190 € 🛏🛏158/190 €, 🍽 15 €

◆ L'enseigne rend hommage aux artistes qui ont fait l'histoire du quartier Montparnasse.
Chambres agréables, donnant souvent sur la cour. Verrière pour les petits-déjeuners.

Artus sans rest 🛗   AC   ☎   *VISA*   **◎**   AE   ◎

34 r. de Buci ⓜ Mabillon – 🕿 *01 43 29 07 20 – info@artushotel.com*
– Fax 01 43 29 67 44   J 13
27 ch – 🛏240/285 € 🛏🛏250/285 €, 🍽 15 €

◆ Captant l'air du temps, cet hôtel apporte sa touche intimiste : chambres modernes
ornées d'antiquités, jolie cave voûtée, bar design, peintures des galeries voisines
exposées.

🏠 **Relais St-Sulpice** sans rest 🕭   🛗 & 🗚 ↩ 🛇 📞 🌊 *VISA* 🐵 AE ⓪
3 r. Garancière ⓜ St-Sulpice – ☏ 01 46 33 99 00 – relaisstsulpice @ wanadoo.fr
– Fax 01 46 33 00 10   **K 13**
26 ch – ♦176/215 € ♦♦177/216 €, ⌑ 12 €
♦ À deux pas du Sénat et du jardin du Luxembourg, ce séduisant hôtel propose des chambres de bonne ampleur, décorées avec soin ; celles sur l'arrière sont particulièrement calmes.

🏠 **De Fleurie** sans rest   🛗 🗚 ⅏ 📞 *VISA* 🐵 AE ⓪
32 r. Grégoire de Tours ⓜ Odéon – ☏ 01 53 73 70 00 – bonjour @
hotel-de-fleurie.fr – Fax 01 53 73 70 20   **K 13**
29 ch – ♦160/180 € ♦♦210/240 €, ⌑ 14 €
♦ Pimpante façade du 18ᵉ s. agrémentée de "statues nichées". Chambres bourgeoises aux tonalités douces et boiseries chaleureuses ; préférez celles côté cour, plus tranquilles.

🏠 **Prince de Conti** sans rest   🛗 & 🗚 ↩ 🛇 📞 *VISA* 🐵 AE ⓪
8 r. Guénégaud ⓜ Odéon – ☏ 01 44 07 30 40 – princedeconti @ wanadoo.fr
– Fax 01 44 07 36 34   **J 13**
26 ch – ♦166/281 € ♦♦167/282 €, ⌑ 13 €
♦ Immeuble du 18ᵉ s. jouxtant l'hôtel de la Monnaie : charmant salon transformé en cabinet de curiosités, chambres raffinées et duplex lumineux décorés d'objets précieux.

🏠 **Clos Médicis** sans rest   🛗 & 🗚 ⅏ 🛇 📞 *VISA* 🐵 AE ⓪
56 r. Monsieur Le Prince ⓜ Odéon – ☏ 01 43 29 10 80 – message @
closmedicis.com – Fax 01 43 54 26 90   **K 14**
38 ch – ♦141/300 € ♦♦175/300 €, ⌑ 13 € – 1 suite
♦ À quelques pas du jardin de Marie de Médicis, cet hôtel de 1773 invite à la détente dans un intérieur très contemporain mêlant tons chauds, lumière douce et détails soignés.

🏠 **Odéon** sans rest   🛗 🗚 🛇 📞 *VISA* 🐵 AE ⓪
3 r. Odéon ⓜ Odéon – ☏ 01 43 25 90 67 – odeon @ odeonhotel.fr
– Fax 01 43 25 55 98   **K 13**
33 ch – ♦130/180 € ♦♦180/270 €, ⌑ 12 €
♦ Façade, poutres et murs en pierres apparentes témoignent de l'ancienneté de la maison (17ᵉ s.). Les chambres sont toutes personnalisées et certaines ont vue sur la Tour Eiffel.

🏠 **Odéon St-Germain** sans rest   🛗 🗚 🛇 📞 *VISA* 🐵 AE ⓪
13 r. St-Sulpice ⓜ Odéon – ☏ 01 43 25 70 11 – reservation @
paris-hotel-odeon.com – Fax 01 43 29 97 34   **K 13**
32 ch – ♦150/250 € ♦♦175/360 €, ⌑ 14 €
♦ L'intérieur de cette maison du 16ᵉ s., pour le moins éclectique, est pétri de charme : lits anciens en cuivre ou à baldaquin, bibelots chinés dans les brocantes, etc. Minijardin luxuriant.

🏠 **Prince de Condé** sans rest   🛗 🗚 🛇 📞 *VISA* 🐵 AE ⓪
39 r. de Seine ⓜ Mabillon – ☏ 01 43 26 71 56 – princedeconde @ wanadoo.fr
– Fax 01 46 34 27 95   **J 13**
11 ch – ♦196/281 € ♦♦197/282 €, ⌑ 13 €
♦ Dans le périmètre des galeries de peintures, un hôtel intime : chambres cosy au cachet renforcé par la présence de murs en pierre, belle cave voûtée, salon-bibliothèque.

🏠 **Régent** sans rest   🛗 🗚 🛇 📞 *VISA* 🐵 AE ⓪
61 r. Dauphine ⓜ Odéon – ☏ 01 46 34 59 80 – hotel.leregent @ wanadoo.fr
– Fax 01 40 51 05 07   **J 13**
24 ch – ♦170 € ♦♦250 €, ⌑ 14 €
♦ Façade longiligne datant de 1769. Les chambres sont feutrées et bien équipées. La salle des petits-déjeuners, en sous-sol, ne manque pas de charme avec ses pierres apparentes.

🏠 **Bréa** sans rest   🛗 🗚 🛇 📞 *VISA* 🐵 AE ⓪
14 r. Bréa ⓜ Vavin – ☏ 01 43 25 44 41 – brea.hotel @ wanadoo.fr
– Fax 01 44 07 19 25   **L 12**
23 ch – ♦120/185 € ♦♦130/210 €, ⌑ 14 €
♦ Deux bâtiments reliés par une verrière aménagée en un plaisant salon-jardin d'hiver. Ambiance méditerranéenne dans les chambres, plutôt spacieuses et bien équipées.

⌂ **Le Clément** sans rest   🛗 AC ⇷ ⚥ 📶 VISA ◑ AE ①
6 r. Clément Ⓜ Mabillon – ℰ 01 43 26 53 60 – info@hotel-clement.fr
– Fax 01 44 07 06 83   K 13
28 ch – ♦120/155 € ♦♦120/155 €, � 10 €
♦ Face au marché St-Germain, une élégante façade grise marque l'entrée de cet hôtel, dans la même famille depuis trois générations. Chambres bien tenues, à prix raisonnables.

⌂ **De Sèvres** sans rest   🛗 ⚥ 📶 VISA ◑ AE ①
22 r. Abbé-Grégoire Ⓜ St-Placide – ℰ 01 45 48 84 07 – info@hoteldesevres.com
– Fax 01 42 84 01 55   K 11-12
31 ch – ♦95/150 € ♦♦110/150 €, ⊃ 10 €
♦ Voisin du Bon Marché, ce paisible hôtel entièrement rénové propose des chambres de style contemporain. La salle des petits-déjeuners donne sur une courette fleurie.

ⵗⵗⵗ **Paris** – Hôtel Lutetia   ⏳ AC ⇔ ⌂ VISA ◑ AE ①
£ɜ 45 bd Raspail Ⓜ Sèvres Babylone – ℰ 01 49 54 46 90 – lutetia-paris@
lutetia-paris.com – Fax 01 49 54 46 00 – Fermé août, sam., dim. et fériés
Rest – Menu 60 € bc (déj.), 80/130 € – Carte 98/130 €   K 12
Spéc. Araignée de mer au pamplemousse, jus parfumé de colombo au pollen grillé. Homard à la vanille, avocat à la tomate au citron vert. Saint-Honoré aux fruits rouges.
♦ Fidèle au style de l'hôtel, la salle de restaurant Art déco, signée Sonia Rykiel, reproduit l'un des salons du paquebot Normandie. Talentueuse cuisine traditionnelle.

ⵗⵗⵗ **Jacques Cagna**   AC ⌂♦(soir) VISA ◑ AE ①
£ɜ 14 r. Grands Augustins ⓂSt-Michel – ℰ 01 43 26 49 39 – jacquescagna@hotmail.
com – Fax 01 43 54 54 48 – Fermé 27 juil.-24 août, lundi midi, sam. midi et dim.
Rest – Menu 48 € (déj.)/100 € – Carte 87/153 €   J 14
Spéc. Foie gras de canard poêlé aux fruits de saison caramélisés. Noix de ris de veau en croûte de sel au romarin. Gibier (saison).
♦ Voici l'une des plus anciennes maisons de Paris. Confortable salle à manger (poutres massives, boiseries du 16ᵉ s., tableaux flamands) propice à la dégustation de plats raffinés.

ⵗⵗⵗ **Relais Louis XIII** (Manuel Martinez)   AC ⚥ ⇔ ⌂ VISA ◑ AE ①
£ɜ£ɜ 8 r. Grands Augustins ⓂOdéon – ℰ 01 43 26 75 96 – contact@relaislouis13.com
– Fax 01 44 07 07 80 – Fermé août, 22 déc.-3 janv., dim. et lundi   J 14
Rest – Menu 50 € (déj.), 80/110 € – Carte 115/133 €
Spéc. Ravioli de homard, foie gras et crème de cèpes. Caneton challandais rôti entier aux épices, cuisse confite en parmentier. Millefeuille, crème légère à la vanille bourbon.
♦ Dans une maison du 16ᵉ s., trois intimes salles à manger de style Louis XIII où règnent balustres, tissus à rayures et pierres apparentes. Subtile cuisine au goût du jour.

ⵗⵗⵗ **Hélène Darroze-La Salle à Manger**   AC ⌂ VISA ◑ AE ①
£ɜ£ɜ 4 r. d'Assas ⓂSèvres Babylone – ℰ 01 42 22 00 11
– reservation@helenedarroze.com – Fax 01 42 22 25 40   K 12
Rest – (1ᵉʳ étage) (fermé le midi du 19 juil. au 30 août, lundi sauf le soir du 19 juil. au 30 août et dim.) Menu 72 € (déj.), 175/280 € – Carte 111/189 € ⅋
Rest Le Salon – (fermé 19 juil. au 30 août, dim. et lundi) Menu (35 €), 45 € (déj.)/88 € – Carte 64/141 € ⅋
Rest Le Boudoir – (fermé 19 juil. au 30 août, dim. et lundi) Menu 45 € (déj.)/88 € – Carte 70/141 €
Spéc. Riz carnaroli acquarello noir et crémeux, chipirons au chorizo et tomates confites, jus au persil, émulsion de parmesan. Grosses langoustines bretonnes rôties aux épices tandoori, mousseline de carottes aux agrumes. Pigeonneau fermier de Racan flambé au capucin et foie gras de canard des Landes grillé au feu de bois.
♦ Décor contemporain, feutré et tamisé (tons aubergine-orange) où l'on savoure une délicieuse cuisine et des vins du Sud-Ouest. Au rez-de-chaussée, Hélène Darroze tient Salon, proposant tapas et petits plats au rustique accent des Landes. Intimité au Boudoir et toujours, au rendez-vous, des mets "d'émotions".

ⵗⵗ **Le Restaurant** – Hôtel L'Hôtel   AC VISA ◑ AE ①
£ɜ 13 r. des Beaux-Arts ⓂSt-Germain-des-Prés – ℰ 01 44 41 99 01   J 13
Rest (fermé août, 21-29 déc., dim. et lundi) Menu (38 €), 75/125 € bc – Carte 74/83 €
Spéc. Le Saint Pierre. Le Cochon de Lait. Le Chocolat.
♦ À l'intérieur de "L'Hôtel", table tout simplement baptisée "Le Restaurant": décor orchestré par Jacques Garcia et petite cour intérieure. Cuisine soignée dans l'air du temps.

XX Sensing   & AC VISA ⓦⓞ AE

19 r. Bréa Ⓜ *Vavin –* ℰ *01 43 27 08 80 – sensing @ orange.fr – Fax 01 43 26 99 27
– Fermé août, lundi midi et dim.*   L 12
Rest – Menu (25 €), 55 € (déj. en sem.), 95/140 € – Carte 60/73 €
♦ Une courte carte, contemporaine et épurée, valorisant d'excellents produits ; un
cadre dépouillé ultra-design : ce restaurant piloté par Guy Martin ne manque pas de
personnalité.

XX Bastide Odéon   AC ⇔ ⊶(soir) VISA ⓦⓞ AE

7 r. Corneille Ⓜ *Odéon –* ℰ *01 43 26 03 65 – reservation @ bastide-odeon.com
– Fax 01 44 07 28 93 – Fermé 3-25 août, dim. et lundi*   K 13
Rest – Menu 26 € (déj.)/40 €
♦ Proche du Luxembourg, agréable et confortable salle à manger rappelant l'intérieur
d'une bastide provençale. Salon particulier à l'étage. Spécialités méditerranéennes.

XX Méditerranée   AC ⇔ ⊶ VISA ⓦⓞ AE

2 pl. Odéon Ⓜ *Odéon –* ℰ *01 43 26 02 30 – la.mediterranee @ wanadoo.fr
– Fax 01 43 26 18 44 – Fermé 22-28 déc.*   K 13
Rest – Menu (27 €), 32 € – Carte 38/64 €
♦ Deux salles à manger agrémentées de fresques évoquant la grande bleue et une véranda
tournée sur le théâtre de l'Europe servent de cadre à une cuisine méditerranéenne.

XX Yugaraj   AC VISA ⓦⓞ AE ①

14 r. Dauphine Ⓜ *Odéon –* ℰ *01 43 26 44 91 – contact @ yugaraj.com
– Fax 01 46 33 50 77 – Fermé 1ᵉʳ-4 mai, 5-27 août, 1ᵉʳ-4 janv., jeudi midi et
lundi*   J 14
Rest – Menu 31/46 € – Carte 36/60 €
♦ Nouveau décor mais même raffinement dans ce haut lieu de la gastronomie indienne qui
a des airs de musée (boiseries, soieries, objets anciens). Carte très fournie.

XX Alcazar   & AC ⇔ VISA ⓦⓞ AE ①

62 r. Mazarine Ⓜ *Odéon –* ℰ *01 53 10 19 99 – contact @ alcazar.fr
– Fax 01 53 10 23 23*   J 13
Rest – Menu 20 € bc (déj. en sem.)/40 € – Carte 37/60 €
♦ L'adresse de Sir Conran attire les adeptes d'ambiance électro-chic et de goûts dans l'air
du temps. Verrière, mezzanine et vue sur les cuisines créent la personnalité du lieu.

XX Les Bouquinistes   AC ⅙ ⊶ VISA ⓦⓞ AE ①

53 quai Grands Augustins Ⓜ *St-Michel –* ℰ *01 43 25 45 94 – bouquinistes @
guysavoy.com – Fax 01 43 25 23 07 – Fermé 5-23 août, 23 déc.-5 janv., sam. midi et
dim.*   J 14
Rest – Menu 25 € (déj. en sem.)/75 € – Carte 50/62 €
♦ Face aux bouquinistes des quais, une cuisine originale dans un cadre moderniste conçu
par le jazzman D. Humair : mobilier design, lampes colorées et peintures abstraites.

X Yen   AC VISA ⓦⓞ AE ①

22 r. St-Benoît Ⓜ *St-Germain des Prés –* ℰ *01 45 44 11 18 – restau.yen @
wanadoo.fr – Fax 01 45 44 19 48 – Fermé dim.*   J 13
Rest – Menu (31 €), 55 € (dîner) – Carte 31/64 €
♦ Deux salles à manger au décor japonais très épuré, un peu plus chaleureux à l'étage. La
carte fait la part belle à la spécialité du chef : le soba (nouilles de sarrasin).

X La Rotonde   AC ⅙ VISA ⓦⓞ AE

⊛
105 bd Montparnasse Ⓜ *Vavin –* ℰ *01 43 26 68 84
– Fax 01 46 34 52 40*   L 12
Rest – Menu (17 € bc), 35 € – Carte 36/69 €
♦ Lisez au verso de la carte l'histoire de cette typique brasserie parisienne qui,
depuis 1903, a reçu de nombreux hôtes célèbres. Adresse idéale pour souper après le
théâtre.

X La Marlotte   AC VISA ⓦⓞ AE

55 r. du Cherche-Midi Ⓜ *St-Placide –* ℰ *01 45 48 86 79 – Fax 01 44 07 28 93
– Fermé 3-24 août, dim. et fériés*   K 12
Rest – Menu (23 €), 40/50 € – Carte 32/64 €
♦ Près du Bon Marché, sympathique bistrot de quartier où l'on croise éditeurs et politiciens.
Salle des repas tout en longueur, décor rustique et cuisine traditionnelle.

X L'Épi Dupin 🍃 VISA ⦿⦿

*11 r. Dupin Ⓜ Sèvres Babylone – ℰ 01 42 22 64 56 – lepidupin@wanadoo.fr
– Fax 01 42 22 30 42 – Fermé 1er-24 août, lundi midi, sam. et dim.* K 12
Rest – *(nombre de couverts limité, prévenir)* Menu (25 € bc), 34 €

♦ Poutres et pierres pour le caractère, tables serrées pour la convivialité et délicieuse cuisine pour se régaler : ce restaurant de poche a conquis le quartier du Bon Marché.

X L'Espadon Bleu 🖂(soir) VISA ⦿⦿ AE ⓞ

*25 r. Grands Augustins Ⓜ St-Michel – ℰ 01 46 33 00 85 – jacquescagna@
hotmail.com – Fax 01 43 54 54 48 – Fermé août, lundi midi, sam. midi et
dim.* J 14
Rest – Menu (25 €), 33 € – Carte 39/74 €

♦ Sympathique maison spécialisée dans les produits de la mer. Les espadons, bien sûr de la fête, ornent les murs peints aux couleurs du Sud ainsi que les tables en mosaïque.

X Joséphine ''Chez Dumonet'' VISA ⦿⦿ AE

*117 r. du Cherche-Midi Ⓜ Duroc – ℰ 01 45 48 52 40 – Fax 01 42 84 06 83
– Fermé sam. et dim.* L 11
Rest – Carte 40/80 €

♦ Authentique représentant des années folles avec zinc, banquettes et décor de bistrot patiné. On y propose une belle carte des vins et une cuisine traditionnelle.

X Ze Kitchen Galerie (William Ledeuil) AE VISA ⦿⦿ AE ⓞ

*4 r. Grands Augustins Ⓜ St-Michel – ℰ 01 44 32 00 32 – zekitchen.galerie@
wanadoo.fr – Fax 01 44 32 00 33 – Fermé sam. midi et dim.* J 14
Rest – Menu 36 € – Carte 55/59 €

Spéc. Légumes marinés et grillés, tomates, girolles, émulsion parmesan. Joue de veau, jus thaï, marmelade de tomate, gingembre. Chocolat gianduja, sésame, cacahuète, glace coco.

♦ Séduisante carte fusion influencée par l'Asie, cadre épuré aux airs de loft, tableaux contemporains, vue sur les cuisines : Ze Kitchen est "Ze" adresse trendy de la rive gauche.

X Allard AE VISA ⦿⦿ AE ⓞ

*1 r. l'Eperon Ⓜ St-Michel – ℰ 01 43 26 48 23 – Fax 01 46 33 04 02
– Fermé 3-25 août* J 14
Rest – Menu (25 €), 34 € – Carte 35/66 €

♦ Recettes façon grand-mère, atmosphère conviviale, zinc d'époque, gravures et tableaux illustrant des scènes de la vie bourguignonne font le charme de ce bistrot 1900.

X Le Comptoir – Hôtel Relais-St-Germain 🏠 AE VISA ⦿⦿ AE ⓞ

*9 carr. de l'Odéon Ⓜ Odéon – ℰ 01 44 27 07 97 – hotelrsg@wanadoo.fr
– Fax 01 46 33 45 30* K 13
Rest – *(nombre de couverts limité, prévenir)* Menu 45 € (dîner) – carte 35/55 € le midi.

♦ Dans ce sympathique bistrot de poche, Yves Camdeborde régale ses clients d'une généreuse cuisine traditionnelle ménageant une place aux produits du Sud-Ouest. Authentique décor des années 1930.

X Rôtisserie d'en Face AE VISA ⦿⦿ AE ⓞ

*2 r. Christine Ⓜ Odéon – ℰ 01 43 26 40 98 – la-rotisserie@orange.fr – Fermé sam.
midi et dim.* J 14
Rest – Menu (25 €), 29 € (déj. en sem.) – Carte 39/63 €

♦ En face de quoi ? Du restaurant de Jacques Cagna qui a créé ici un sympathique bistrot de chef. Cadre aux tons ocre, sobrement élégant. Atmosphère décontractée.

X Fish La Boissonnerie AE VISA ⦿⦿

*69 r. de Seine Ⓜ Odéon – ℰ 01 43 54 34 69 – Fermé une sem. en août, une sem.
en déc. et lundi* C 1
Rest – Menu 22/34 € (dîner)

♦ Derrière sa façade en mosaïque, cette ancienne poissonnerie a tout d'un authentique gastropub. Cuisine de bistrot revue tous les mois (propositions du marché) ; belle cave.

X Azabu AE 🍴 VISA ⦿⦿ AE

*3 r. A. Mazet Ⓜ Odéon – ℰ 01 46 33 72 05 – Fermé 20 avril-5 mai, 27-30 juil.,
26-29 oct., dim. midi et lundi* J 13
Rest – Menu 19 € (déj. en sem.), 33/59 € – Carte 36/50 €

♦ Bonne cuisine japonaise actuelle servie dans une petite salle à manger sobre et contemporaine, à table ou au bar, face au teppan-yaki (table de cuisson).

✗ **La Table de Fès** `AC` `VISA` `MC`
5 r. Ste-Beuve Ⓜ Notre Dame des Champs – ℰ 01 45 48 07 22 – digitalmedia @
orange.fr – Fax 01 45 49 47 88 – Fermé 24 juil.-30 août et dim. **L 12**
Rest – (dîner seult) Carte 44/61 €
♦ Salle de restaurant décorée de fresques (oasis, désert, jardin) et agrémentée d'objets
provenant du Maroc. Authentique cuisine du pays axée sur le couscous.

✗ **Le Bistrot de L'Alycastre** `☆` `✦` `VISA` `MC` `AE` `①`
2 r. Clément Ⓜ Mabillon – ℰ 01 43 25 77 66 – jmlemmery @ hotmail.com
– Fax 01 43 25 77 66 – Fermé 12-27 août et lundi midi **K 13**
Rest – Menu 50/65 € – Carte 41/62 €
♦ Face au marché St-Germain, un bistrot chic repris par un chef passionné. Pour preuve, sa
cuisine actuelle, simple et savoureuse, et la qualité du service. Terrasse prisée.

✗ **La Table d'Erica** `％` `VISA` `MC` `AE` `①`
⊜ 6 r. Mabillon Ⓜ Mabillon – ℰ 01 43 54 87 61 – table-erica @ proximedia.fr
– Fermé août, dim. et lundi **K 13**
Rest – Menu 13 € (déj.)/29 € – Carte 25/49 €
♦ Franchissez la passerelle pour rejoindre La Table d'Erica. Dépaysement garanti autour
d'une courte carte typiquement créole : poisson des îles, poulet boucané, colombo, etc.

Tour Eiffel, École Militaire, Invalides

7ᵉ arrondissement ✉ 75007

S. Sauvignier/MICHELIN

🏨 **Pont Royal** sans rest `🛁` `🖥` `🛗` `AC` `↮` `🛜` `🕸` `VISA` `MC` `AE` `①`
7 r. Montalembert Ⓜ Rue du Bac – ℰ 01 42 84 70 00 – hpr@hotel-pont-royal.com
– Fax 01 42 84 71 00 **J 12**
65 ch – ✝395/455 € ✝✝395/455 €, ⊇ 27 € – 10 suites
♦ Tons audacieux et boiseries en acajou dans les chambres : on peut vouloir vivre la
bohème germanopratine tout en appréciant le confort d'un "hôtel littéraire" raffiné !

🏨 **Duc de St-Simon** sans rest `☙` `🖥` `🕸` `VISA` `MC` `AE` `①`
14 r. St-Simon Ⓜ Rue du Bac – ℰ 01 44 39 20 20 – duc.de.saint.simon @
wanadoo.fr – Fax 01 45 48 68 25 **J 11**
34 ch – ✝225/290 € ✝✝225/395 €, ⊇ 15 €
♦ Couleurs gaies, boiseries, objets et meubles anciens : l'atmosphère est celle d'une belle
demeure d'autrefois. Accueil courtois et quiétude ajoutent à la qualité du lieu.

🏨 **Montalembert** `☆` `🖥` `AC` `↮` `🕸` `🕸` `🍽` `VISA` `MC` `AE` `①`
3 r. Montalembert Ⓜ Rue du Bac – ℰ 01 45 49 68 68 – welcome @
montalembert.com – Fax 01 45 49 69 49 **J 12**
56 ch – ✝380/500 € ✝✝380/500 €, ⊇ 24 € – 7 suites – **Rest** – Carte 39/85 €
♦ Bois sombres, cuirs, verre, acier, coloris tabac, prune, lilas, etc. : les chambres réunissent
tous les ingrédients de la contemporanéité. Salle à manger au cadre design, terrasse
protégée par un rideau de buis et cuisine "en deux tailles"... selon l'appétit !

🏨 **K+K Hotel Cayré** sans rest `🛁` `🖥` `🛗` `AC` `↮` `🕸` `VISA` `MC` `AE` `①`
4 bd Raspail Ⓜ Rue du Bac – ℰ 01 45 44 38 88 – reservations @ kkhotels.fr
– Fax 01 45 44 98 13 **J 12**
125 ch – ✝320/412 € ✝✝348/680 €, ⊇ 25 €
♦ La discrète façade haussmannienne contraste avec les élégantes chambres
design. Espace remise en forme (sauna), salon cossu et bar proposant une petite restauration de style bistrot.

Saint Vincent sans rest 🅱️ & AC ↳ ⌁ VISA ⑯ AE ⓞ
5 r. Pré aux Clercs Ⓜ Rue du Bac – 𝒞 01 42 61 01 51 – reservation @
hotel-st-vincent.com – Fax 01 42 61 01 54   J12
22 ch – 🕴190/210 € 🕴🕴220/240 €, ⌑ 12 €
2 suites
♦ Établissement de luxe et de charme au cœur du carré rive gauche. Cet hôtel particulier (18ᵉ s.) abrite des chambres spacieuses et chaleureuses, revisitant l'esprit
Napoléon III.

Le Bellechasse sans rest 🅱️ AC ↳ ⌁ VISA ⑯ AE ⓞ
8 r. de Bellechasse Ⓜ Musée d'Orsay – 𝒞 01 45 50 22 31 – info @
lebellechasse.com – Fax 01 45 51 52 36   H11
34 ch – 🕴290/440 € 🕴🕴320/490 €, ⌑ 25 €
♦ Hôtel griffé Christian Lacroix. Le créateur a signé des chambres design aux touches
colorées, anciennes ou contemporaines, souvent oniriques : un "voyage dans le voyage"...
très mode !

Bourgogne et Montana sans rest 🅱️ AC ↳ VISA ⑯ AE ⓞ
3 r. de Bourgogne Ⓜ Assemblée Nationale – 𝒞 01 45 51 20 22
– bmontana @ bourgogne-montana.com
– Fax 01 45 56 11 98   H 11
28 ch ⌑ – 🕴160/180 € 🕴🕴180/340 €
4 suites
♦ Raffinement et esthétisme imprègnent chaque pièce de ce discret hôtel daté du 18ᵉ s.
Les chambres du dernier étage ménagent une superbe perspective sur le Palais-
Bourbon.

Le Walt sans rest 🅱️ & AC ↳ ⌁ VISA ⑯ AE ⓞ
37 av. de La Motte Picquet Ⓜ Ecole Militaire – 𝒞 01 45 51 55 83 – lewalt @
inwoodhotel.com – Fax 01 47 05 77 59   J 9
25 ch – 🕴275/325 € 🕴🕴295/345 €, ⌑ 19 €
♦ L'originalité de ces chambres confortables et contemporaines ? De grandes reproductions de chefs-d'œuvre de l'art classique associées à des couvre-lits "panthère" ou
"zèbre".

Le Tourville sans rest 🅱️ AC ↳ ⌁ ⌁ VISA ⑯ AE
16 av. Tourville Ⓜ Ecole Militaire – 𝒞 01 47 05 62 62 – hotel @ tourville.com
– Fax 01 47 05 43 90   J 9
30 ch – 🕴150/180 € 🕴🕴195/450 €, ⌑ 15 €
♦ Les mélanges de tons doux et vifs, de mobilier ancien et moderne insufflent un
air british à cet hôtel cosy. Quatre chambres avec terrasse ; petit-déjeuner dans une salle
voûtée.

Verneuil sans rest 🅱️ ⌁ ⌁ VISA ⑯ AE ⓞ
8 r. Verneuil Ⓜ Rue du Bac – 𝒞 01 42 60 82 14 – info @ hotelverneuil.com
– Fax 01 42 61 40 38   J 12
26 ch – 🕴140 € 🕴🕴170/215 €, ⌑ 13 €
♦ Vieil immeuble aménagé dans l'esprit d'une demeure particulière. Belles gravures du
18ᵉ s. dans les petites chambres cosy. Au n° 5 bis, se trouve la maison de Gainsbourg.

Lenox St-Germain sans rest 🅱️ AC ↳ VISA ⑯ AE ⓞ
9 r. de l'Université Ⓜ St-Germain des Prés – 𝒞 01 42 96 10 95 – hotel @
lenoxsaintgermain.com – Fax 01 42 61 52 83   J 12
32 ch – 🕴130/175 € 🕴🕴130/200 €, ⌑ 14 €
2 suites
♦ Un luxe discret de style Art déco imprègne cet hôtel. Chambres pas très grandes mais
aménagées avec goût. Fresques "égyptiennes" dans la salle des petits-déjeuners. Agréable
bar.

D'Orsay sans rest 🅱️ & AC ⌁ ⌁ ⌁ VISA ⑯ AE ⓞ
93 r. Lille Ⓜ Solférino – 𝒞 01 47 05 85 54 – orsay @ espritfrance.com
– Fax 01 45 55 51 16   H 11
41 ch – 🕴150/210 € 🕴🕴170/360 €, ⌑ 13 €
♦ L'hôtel occupe deux immeubles de la fin du 18ᵉ s. aux élégantes façades. Jolies chambres
plutôt classiques et chaleureux salon avec vue sur un petit patio verdoyant.

De Suède Saint Germain sans rest   🖹 AC ⅍ ☎ VISA MC AE ①
31 r. Vaneau ⓂRue du Bac – ℰ 01 47 05 00 08 – hoteldesuede@aol.com
– Fax 01 47 05 69 27   J11
39 ch – †129/230 € ††129/300 €, ⬓ 12 €
◆ Au cœur du quartier des ministères, cet hôtel (18ᵉ s.) à la gestion familiale vous loge dans des chambres de style Louis XVI. Vue sur les jardins de Matignon pour certaines.

Muguet sans rest   🖹 AC ↳ ⅍ ☎ VISA MC
11 r. Chevert ⓂEcole Militaire – ℰ 01 47 05 05 93 – muguet@wanadoo.fr
– Fax 01 45 50 25 37   J 9
43 ch – †103 € ††135/190 €, ⬓ 9,50 €
◆ Hôtel rafraîchi dans un esprit classique. Salon au mobilier de style Louis-Philippe, chambres soignées (7 ont vue sur la tour Eiffel ou les Invalides), véranda et jardinet.

Eiffel Park Hôtel sans rest   🖹 AC ↳ ⅍ ☎ VISA MC AE ①
17bis r. Amélie ⓂLa Tour Maubourg – ℰ 01 45 55 10 01 – reservation@
eiffelpark.com – Fax 01 47 05 28 68   J 9
36 ch – †160/215 € ††160/240 €, ⬓ 12 €
◆ Hôtel élégant à l'ambiance exotique : objets chinois et indiens, tissus ethniques. Son originalité ? Perchées sur le toit, une terrasse d'été et des ruches, dont on vend le miel.

Relais Bosquet sans rest   🖹 AC ☎ VISA MC AE ①
19 r. Champ-de-Mars ⓂEcole Militaire – ℰ 01 47 05 25 45 – hotel@
relaisbosquet.com – Fax 01 45 55 08 24   J 9
40 ch – †135/180 € ††135/195 €, ⬓ 15 €
◆ Cet hôtel discret dissimule un intérieur joliment meublé dans le style Directoire. Chambres classiques décorées avec le même souci du détail, et délicates attentions.

Splendid Tour Eiffel sans rest   ⪕ 🖹 ₺ ↳ ☎ VISA MC AE ①
29 av. Tourville ⓂEcole Militaire – ℰ 01 45 51 29 29 – reservation@
hotel-splendid-paris.com – Fax 01 44 18 94 60   J 9
45 ch – †145/195 € ††165/235 €, ⬓ 13 €
◆ Immeuble haussmannien d'angle abritant d'élégantes chambres sobrement contemporaines. La plupart offrent une belle vue, certaines sur la tour Eiffel. Petit salon-bar cosy.

Londres Eiffel sans rest   🖹 AC ☎ VISA MC AE ①
1 r. Augereau ⓂEcole Militaire – ℰ 01 45 51 63 02 – info@londres-eiffel.com
– Fax 01 47 05 28 96   J 8
30 ch – †130/150 € ††135/205 €, ⬓ 12 €
◆ Près des allées du Champ-de-Mars, hôtel aux couleurs ensoleillées et à l'ambiance intime. Le second bâtiment, accessible par une cour intérieure, offre plus de calme.

Du Cadran sans rest   🖹 AC ↳ ⅍ ☎ VISA MC AE ①
10 r. du Champ-de-Mars ⓂEcole Militaire – ℰ 01 40 62 67 00 – info@
cadranhotel.com – Fax 01 40 62 67 13   J 9
42 ch – †129/165 € ††142/178 €, ⬓ 13 €
◆ Rajeunissement programmé pour cet hôtel proche du marché animé de la rue Cler. En perspective, un décor actuel qui préservera la cheminée (17ᵉ s.) du salon et la salle voûtée.

St-Germain sans rest   🖹 AC ⅍ ☎ VISA MC AE
88 r. du Bac ⓂRue du Bac – ℰ 01 49 54 70 00 – info@hotel-saint-germain.fr
– Fax 01 45 48 26 89   J 11
29 ch – †150/220 € ††150/240 €, ⬓ 12 €
◆ Empire, Louis-Philippe, design, objets anciens, peintures contemporaines : le charme de la diversité. Confortable bibliothèque, patio agréable en été.

De Varenne sans rest ⌧   🖹 AC ⅍ ☎ VISA MC AE
44 r. Bourgogne ⓂVarenne – ℰ 01 45 51 45 55 – info@hoteldevarenne.com
– Fax 01 45 51 86 63   J 10
25 ch – †115/167 € ††115/197 €, ⬓ 10 €
◆ Situation plutôt calme pour cet hôtel garni de meubles de style Empire ou Louis XVI. En été, petits-déjeuners servis dans une courette verdoyante.

⌂ **Champ-de-Mars** sans rest 🅸 🕼 📞 VISA ◑◐

7 r. du Champ-de-Mars Ⓜ *Ecole Militaire* – ℰ *01 45 51 52 30* – *reservation@*
hotelduchampdemars.com – *Fax 01 45 51 64 36* J 9
25 ch – ✦84/90 € ✦✦90/94 €, � 8 €

♦ Entre Champ-de-Mars et Invalides, hôtel intimiste à l'atmosphère anglaise :
façade vert sapin, chambres cosy (projet de rénovation) et décoration soignée d'esprit
"Liberty".

⌂ **Bersoly's** sans rest 🅸 🅰🅺 📞 VISA ◑◐ 🅰🅴

28 r. de Lille Ⓜ *Musée d'Orsay* – ℰ *01 42 60 73 79* – *hotelbersolys@wanadoo.fr*
– *Fax 01 49 27 05 55* J 13
16 ch – ✦100/106 € ✦✦120/150 €, ⊆ 10 €

♦ Nuits impressionnistes dans un immeuble du 17e s. : chaque chambre rend hommage
à un peintre dont les œuvres sont exposées au musée d'Orsay voisin (Renoir,
Gauguin...).

⌂ **Grand Hôtel Lévêque** sans rest 🅸 🅰🅺 ↳ 🕼 📞 VISA ◑◐ 🅰🅴

29 r. Cler Ⓜ *Ecole Militaire* – ℰ *01 47 05 49 15* – *info@hotel-leveque.com*
– *Fax 01 45 50 49 36* J 9
50 ch – ✦60 € ✦✦90/115 €, ⊆ 9 €

♦ Dans une voie piétonne animée, petite adresse idéale pour découvrir le Paris traditionnel.
Nouvelle direction et décor modernisé par étapes. Chambres sur rue plus lumineuses.

⌂ **France** sans rest 🅸 ↳ 🕼 📞 VISA ◑◐ 🅰🅴 ◐

102 bd de la Tour Maubourg Ⓜ *Ecole Militaire* – ℰ *01 47 05 40 49*
– *hoteldefrance@wanadoo.fr* – *Fax 01 45 56 96 78* J 9
60 ch – ✦88/140 € ✦✦110/140 €, ⊆ 10 €

♦ Deux bâtiments à l'ambiance familiale. Les chambres ont un petit air provençal
avec leurs tons pastel. Côté rue, vue sur l'Hôtel des Invalides ; côté cour, tranquillité
assurée.

🍴🍴🍴 **Arpège** (Alain Passard) 🅰🅲 ⇔ VISA ◑◐ 🅰🅴 ◐
❀❀❀ *84 r. de Varenne* Ⓜ *Varenne* – ℰ *01 45 51 47 33* – *arpege.passard@wanadoo.fr*
– *Fax 01 44 18 98 39* – *Fermé sam. et dim.* J 10
Rest – Menu 130 € (déj.)/340 € (dîner) – Carte 188/247 €
Spéc. Couleur, saveur, parfum et dessin du jardin cueillette éphémère. Aiguillettes
de homard des îles Chausey au savagnin. Avocat soufflé au chocolat noir, pointe
de pistache.

♦ Bois précieux, décor de verre signé Lalique : préférez l'élégante salle contemporaine au
caveau, et dégustez l'éblouissante cuisine "légumière" d'un chef-poète du terroir.

🍴🍴🍴 **Le Jules Verne** ≤ Paris, 🅰🅲 📞 🖎 VISA ◑◐ 🅰🅴 ◐

2e étage Tour Eiffel, ascenseur privé pilier sud Ⓜ *Bir-Hakeim* – ℰ *01 45 55 61 44*
– *Fax 01 47 05 29 41* J 7
Rest – Menu 75 € (déj.), 155/450 € – Carte 132/195 €

♦ Si le spectacle de la Ville lumière reste intemporel, le décor du fameux restaurant de la
tour Eiffel, lui, s'est modernisé. Pour encore plus de magie, réservez une table près des
baies.

🍴🍴🍴 **Le Divellec** (Jacques Le Divellec) 🅰🅲 📞 🖎 VISA ◑◐ 🅰🅴 ◐
❀ *107 r. Université* Ⓜ *Invalides* – ℰ *01 45 51 91 96* – *ledivellec@noos.fr*
– *Fax 01 45 51 31 75* – *Fermé 25 juil.-25 août, 25 déc.-2 janv., sam. et dim.*
Rest – Menu 55 € (déj.)/70 € (déj.) – Carte 105/205 € H 10
Spéc. Carpaccio de turbot et truffe, citronnelle et huile d'olive. Homard bleu à la
presse avec son corail. Harmonie d'huîtres chaudes et froides.

♦ L'océan (ou presque) à deux pas des Invalides. La clientèle aisée apprécie cette institution
du quartier des ministères. Un restaurant au décor un brun suranné, voué aux beaux
produits de la mer.

🍴🍴🍴 **Pétrossian** 🅰🅲 ⇔ 🖎 VISA ◑◐ 🅰🅴 ◐

144 r. de l'Université Ⓜ *Invalides* – ℰ *01 44 11 32 32* – *Fax 01 44 11 32 35*
– *Fermé août, dim. et lundi* H 10
Rest – Menu 35 € (déj. en sem.), 45/100 € – Carte 56/98 €

♦ Les Pétrossian régalent les Parisiens du caviar de la Caspienne depuis 1920. À l'étage de
la boutique, élégante salle de restaurant, sobre et confortable, et cuisine inventive.

XXX **La Maison des Polytechniciens**　　　🌿 ⇄ 𝘝𝘐𝘚𝘈 ⓜⓒ 𝖠𝖤 ⓞ
*12 r. Poitiers Ⓜ Solférino – 𝒞 01 49 54 74 54 – le.club@maisondesx.com
– Fax 01 49 54 74 84 – Fermé 27 juil.-27 août, 23 déc.-3 janv., sam., dim. et
fériés*　　　　　　　　　　　　　　　　　　　　　　　　H 12
Rest – *(nombre de couverts limité, prévenir)* Menu 36 € – Carte 39/59 €
◆ Même si les "corpsards" l'apprécient, nul besoin de sortir de la botte pour fréquenter la
salle à manger du bel hôtel de Poulpry (1703), à deux pas du musée d'Orsay.

XX **Le Violon d'Ingres** (Christian Constant et Stéphane Schmidt)
135 r. St-Dominique Ⓜ Ecole Militaire –　　　　　𝖠𝖢 𝘝𝘐𝘚𝘈 ⓜⓒ 𝖠𝖤 ⓞ
😳 *𝒞 01 45 55 15 05 – violondingres@wanadoo.fr – Fax 01 45 55 48 42
– Fermé en août, dim. et lundi*　　　　　　　　　　　　J 8
Rest – Menu 48/65 € – Carte 50/67 €
Spéc. Millefeuille de langue et foie gras façon Lucullus. Cassoulet montalbanais.
Soufflé vanille, sauce caramel au beurre salé.
◆ Cette salle élégante, d'un style bistrot contemporain, réunit les gourmets, comblés par
une cuisine de qualité qui valorise les produits et les saisons sans renier la tradition.

XX **Il Vino d'Enrico Bernardo**　　　　　　𝖠𝖢 ⌨ 𝘝𝘐𝘚𝘈 ⓜⓒ 𝖠𝖤 ⓞ
*13 bd La Tour-Maubourg Ⓜ Invalides – 𝒞 01 44 11 72 00 – info@
ilvinobyenricobernardo.com – Fax 01 44 11 72 02*　　　　　H 10
😳 **Rest** – Menu 50 € bc (déj.), 100 €/1000 € bc – Carte 70/120 € ⅋
Spéc. Risotto aux cèpes. Agneau de sept heures. Dacquoise à la poire.
◆ Choisissez le vin et laissez-vous faire côté cuisine ! Dans son restaurant chic et
design, le Meilleur Sommelier du monde 2005 inverse la tendance en associant les mets aux
vins.

XX **Les Ombres**　　　　　⇐ Paris, 🍴 ⅍ 𝖠𝖢 🌿 𝘝𝘐𝘚𝘈 ⓜⓒ 𝖠𝖤 ⓞ
*27 quai Branly Ⓜ Alma Marceau – 𝒞 01 47 53 68 00 – ombres.restaurant@
elior.com – Fax 01 47 53 68 18*　　　　　　　　　　　H 8
Rest – Menu 37 € (déj.)/95 € – Carte 61/98 €
◆ Aérien, design et tout vitré : sur le toit-terrasse du musée du Quai Branly, ce restaurant fait
un clin d'œil à la tour Eiffel et à ses jeux d'ombres et lumières. Carte actuelle.

XX **Cigale Récamier**　　　　　　　　🍴 𝖠𝖢 𝘝𝘐𝘚𝘈 ⓜⓒ
4 r. Récamier Ⓜ Sèvres Babylone – 𝒞 01 45 48 86 58 – Fermé dim.　　K 12
Rest – Carte environ 55 €
◆ Cuisine classique et spécialités de soufflés salés et sucrés (changées chaque mois) en
cette adresse accueillante, rendez-vous des auteurs et éditeurs. Terrasse au calme.

XX **Vin sur Vin**　　　　　　　　　　　𝖠𝖢 𝘝𝘐𝘚𝘈 ⓜⓒ
*20 r. de Monttessuy Ⓜ Pont de l'Alma – 𝒞 01 47 05 14 20
– Fermé 1ᵉʳ-11 mai, 27 juil.-25 août, 22 déc.-6 janv., lundi sauf le soir de mi-sept.
à fin-mars, sam. midi et dim.*　　　　　　　　　　　　H 8
😳 **Rest** – *(nombre de couverts limité, prévenir)* Carte 68/118 € ⅋
Spéc. Ravioles de jaune d'œuf aux truffes. Gros turbot sauvage. Ris de veau de lait
français.
◆ Accueil aimable, élégant décor, délicieuse cuisine traditionnelle et carte des vins étoffée
(600 appellations) : vingt sur vingt pour ce restaurant proche de la tour Eiffel !

XX **Tante Marguerite**　　　　　　　　𝖠𝖢 ⇄ 𝘝𝘐𝘚𝘈 ⓜⓒ 𝖠𝖤 ⓞ
*5 r. Bourgogne Ⓜ Assemblée Nationale – 𝒞 01 45 51 79 42
– tante.marguerite@bernard-loiseau.com – Fax 01 47 53 79 56
– Fermé août, sam. et dim.*　　　　　　　　　　　　　H 11
Rest – Menu 47 €
◆ Cette Tante-là fait l'unanimité à la Chambre ! À deux pas du Palais Bourbon, elle propose
dans un décor cossu et feutré une goûteuse cuisine traditionnelle.

XX **Chez les Anges**　　　　　　　　　𝖠𝖢 ⇄ 𝘝𝘐𝘚𝘈 ⓜⓒ 𝖠𝖤
*54 bd de la Tour Maubourg Ⓜ La Tour Maubourg – 𝒞 01 47 05 89 86 – mail@
chezlesanges.com – Fax 01 47 05 45 56 – Fermé sam. et dim.*　　J 10
Rest – Menu (25 €), 34 € – Carte 44/73 € ⅋
◆ Ambiance chic, décor contemporain épuré et long comptoir où l'on peut s'attabler
forment le cadre de ce restaurant à la cuisine entre tradition et modernité, goûteuse et
sincère.

XX **New Jawad**　AC ⌁ VISA MO AE ①
⊜
12 av. Rapp Ⓜ *Ecole Militaire* – ✆ *01 47 05 91 37*
– Fax 01 45 50 31 27　H 8
Rest – Menu 16/40 € – Carte 21/42 €
♦ Spécialités culinaires pakistanaises et indiennes, service soigné et cadre cossu, cosy et feutré font le charme de ce restaurant situé à proximité du pont de l'Alma.

XX **Thiou**　AC VISA MO AE
49 quai d'Orsay Ⓜ *Invalides* – ✆ *01 40 62 96 50 – Fax 01 40 62 97 30*
– Fermé août, sam. midi et dim.　H 9
Rest – Carte 46/91 €
♦ Thiou est le surnom de la médiatique cuisinière de ce restaurant fréquenté par des célébrités. Recettes thaïlandaises servies dans une confortable salle sagement exotique.

XX **La Cuisine**　AC VISA MO AE ①
14 bd La Tour-Maubourg Ⓜ *Invalides* – ✆ *01 44 18 36 32 – lacuisine@*
lesrestos.com – Fax 01 44 18 30 42 – Fermé sam. midi　H 10
Rest – Menu (28 €), 35 € (déj. en sem.)/42 € – Carte 53/75 €
♦ Une Cuisine qui soigne son décor : murs ensoleillés, tableaux, miroirs, banquettes et chaises capitonnées accompagnent chaleureusement les bons petits plats du chef.

XX **Auguste** (Gaël Orieux)　AC MO AE ①
❀
54 r. Bourgogne Ⓜ *Varenne* – ✆ *01 45 51 61 09 – Fax 01 45 51 27 34*
– Fermé 3-24 août, sam. et dim.　J 10
Rest – Menu 35 € (déj.) – Carte 58/76 €
Spéc. Foie gras de canard poêlé, supions et enokis. Noix de ris de veau croustillante aux cacahuètes caramelisées. Soufflé au chocolat pur Caraïbe.
♦ Ce restaurant dans l'air du temps, design, coloré et agréable, vous réserve une cuisine qui ne manque ni de saveurs ni d'inventivité. Un bel hommage à Auguste Escoffier !

XX **Le Clarisse**　AC VISA MO
29 r. Surcouf Ⓜ *La Tour Maubourg* – ✆ *01 45 50 11 10 – contact@leclarisse.fr*
– Fax 01 45 50 11 14 – Fermé août, sam. midi et dim.　H 9
Rest – Menu (32 €), 39 € (déj.)/56 €
♦ Proche des Invalides, restaurant contemporain au cadre épuré et sobre, où dominent le noir et le blanc. Salon intime à l'étage. Cuisine actuelle rythmée par les saisons.

XX **Le Bamboche**　AC VISA MO AE
15 r. Babylone Ⓜ *Sèvres Babylone* – ✆ *01 45 49 14 40 – lebamboche@aol.com*
– Fax 01 45 49 14 44 – Fermé 27 juil.-10 août et dim. midi　K 11
Rest – Menu (28 €), 35 € – Carte 60/71 €
♦ Discrète et séduisante adresse, à côté du Bon Marché. Dans le sobre décor contemporain de la salle à manger, vous attend une cuisine au goût du jour. Service attentif.

XX **D'Chez Eux**　AC VISA MO ①
2 av. Lowendal Ⓜ *Ecole Militaire* – ✆ *01 47 05 52 55 – contact@chezeux.com*
– Fax 01 45 55 60 74 – Fermé 1er-18 août et dim.　J 9
Rest – Menu (35 €), 40 € (déj.) – Carte 46/77 €
♦ Copieuses assiettes inspirées de l'Auvergne et du Sud-Ouest, ambiance "auberge provinciale" et serveurs en blouse : la recette séduit depuis plus de 40 ans sans prendre une ride !

XX **L'Esplanade**　AC ⌁ VISA MO AE
52 r. Fabert Ⓜ *La Tour Maubourg* – ✆ *01 47 05 38 80*
– Fax 01 47 05 23 75　J 9
Rest – Carte 39/83 €
♦ Belle situation face aux Invalides pour l'une des adresses des frères Costes. Étonnant décor de boulets et canons, très Napoléon III, et carte de brasserie fusion et tendance.

XX **Vin et Marée**　AC VISA MO AE
71 av. Suffren Ⓜ *La Motte Picquet Grenelle* – ✆ *01 47 83 27 12 – vmsuffren@*
vin-et-maree.com – Fax 01 53 86 98 26　K 8
Rest – Menu (21 €) – Carte 32/58 €
♦ Cadre actuel façon brasserie, aux couleurs de l'océan. La carte, présentée sur ardoise, privilégie sans surprise les produits de la mer (deux viandes au choix néanmoins).

L'Atelier de Joël Robuchon   AC 🍴 VISA 🅟

5 r. Montalembert Ⓜ Rue du Bac – ℰ 01 42 22 56 56 – latelierdejoelrobuchon@
wanadoo.fr – Fax 01 42 22 97 91 – Accueil de 11h30 à 15h30 et de 18h30 à minuit.
Réservations uniquement pour certains services : se renseigner   J 12
Rest – Menu 110 € – Carte 53/100 € 🔱

Spéc. La langoustine en ravioli à l'étuvée de chou vert. Le ris de veau clouté de
laurier frais à la feuille de romaine farcie. La Chartreuse en soufflé chaud et sa
crème glacée à la pistache.

♦ Concept original avec un décor chic signé Rochon : pas de tables, mais des hauts tabourets
alignés face au comptoir où l'on savoure une belle cuisine actuelle, déclinable en assiettes
de dégustation façon tapas.

Gaya Rive Gauche par Pierre Gagnaire   AC VISA 🅟 AE

44 r. Bac Ⓜ Rue du Bac – ℰ 01 45 44 73 73 – p.gagnaire@wanadoo.fr
– Fax 01 45 44 73 73 – Fermé 3-24 août, 23 déc.-4 janv., dim. et fériés   J 12
Rest – Menu (35 €) – Carte 63/102 €

Spéc. Croque-monsieur noir. Langoustines. Gâteau au chocolat.

♦ Dans ce beau bistrot contemporain et décontracté, au décor gris-bleu conçu par
Christian Ghion, on se régale de recettes plus créatives les unes que les autres, sublimant
les produits de la mer.

Au Bon Accueil   AC VISA 🅟 AE

14 r. Monttessuy Ⓜ Pont de l'Alma – ℰ 01 47 05 46 11 – Fax 01 45 56 15 80
– Fermé 7-20 août, sam. et dim.   H 8
Rest – Menu 27/31 € – Carte 50/75 €

♦ À l'ombre de la tour Eiffel, salle à manger de style actuel et petit salon attenant où l'on sert
une appétissante cuisine au goût du jour, sensible au rythme des saisons.

Les Fables de La Fontaine (Sébastien Gravé)   🌿 AC VISA 🅟 AE

131 r. St-Dominique Ⓜ Ecole Militaire – ℰ 01 44 18 37 55 – Fax 01 44 18 37 57
– Fermé 23-28 déc.   J 8
Rest – Menu (35 €), 49 € (déj.)

Spéc. Saint-Jacques à la plancha, velouté de topinambour à la truffe noire (déc. à
mars). Merlu de Saint-Jean de Luz rôti au lard, caviar d'aubergine fumé, velouté de
cèpes (sept.à déc.). Gateau Basque.

♦ Savoureux hommage à la mer dans ce bistrot de poche (tons bruns, banquettes,
carrelage, ardoises) et sur sa terrasse d'été. Courte carte bien pensée et belle sélection de
vins au verre.

L'Agassin   🍴 VISA 🅟 AE

8 r. Malard Ⓜ La Tour Maubourg – ℰ 01 47 05 18 18 – Fax 01 45 55 64 41
– Fermé août, dim. et lundi   H 9
Rest – Menu 23 € (déj.)/34 €

♦ L'Agassin, ce bourgeon le plus bas d'une branche de vigne, donne le la de ce nouveau
lieu bistrot épuré et contemporain (bois sombre, tons clairs) ; cuisine actuelle.

Nabuchodonosor   AC VISA 🅟

6 av. Bosquet Ⓜ Alma Marceau – ℰ 01 45 56 97 26 – rousseau.e@wanadoo.fr
– Fax 01 45 56 98 44 – Fermé 2-25 août, sam. midi et dim.   H 9
Rest – Menu 28 € (déj.), 32/50 € bc (dîner) – Carte 37/66 €

♦ L'enseigne célèbre la plus grosse bouteille de champagne existante. Murs terre de
Sienne, panneaux de chêne et nabuchodonosors à titre de décor. Cuisine du marché.

Bistrot de Paris   ⇔ 🍴(soir) VISA 🅟 AE

33 r. Lille Ⓜ Musée d'Orsay – ℰ 01 42 61 16 83 – Fax 01 49 27 06 09 – Fermé août,
24 déc.-1ᵉʳ janv., dim. et lundi   J 12
Rest – Carte 22/68 €

♦ Cet ancien "bouillon" eut André Gide pour pensionnaire. Le décor 1900 revu par Slavik
scintille de cuivres et miroirs. Tables serrées, carte bistrotière.

Les Olivades   AC VISA 🅟 AE

41 av. Ségur Ⓜ Ségur – ℰ 01 47 83 70 09 – Fax 01 42 73 04 75 – Fermé août, sam.
midi, lundi midi, dim. et fériés   K 9
Rest – Menu (20 €), 25 € (déj.) – Carte 40/53 €

♦ Ce lieu fleure bon l'huile d'olive avec son appétissante cuisine au goût du jour, à base de
produits frais et les belles photos thématiques qui ornent le décor contemporain.

X · ⊙ **Clos des Gourmets** VISA ⓶
16 av. Rapp ⓜ *Alma Marceau* – ☎ 01 45 51 75 61 – closdesgourmets@
wanadoo.fr – Fax 01 47 05 74 20 – Fermé 10-25 août, dim. et lundi H 8
Rest – Menu (25 €), 29 € (déj. en sem.)/35 €

♦ Nombre d'habitués apprécient cette adresse discrète, décorée dans des tons ensoleillés.
La carte, appétissante, varie en fonction du marché.

X **Le Perron** AE VISA ⓶ AE
6 r. Perronet ⓜ *St-Germain des Prés* – ☎ 01 45 44 71 51 – Fax 01 45 44 71 51
– Fermé en août et dim. J 12
Rest – Carte 36/46 €

♦ Discrète trattoria au cœur de Saint-Germain-des-Prés. Cadre rustique affichant pierres et
poutres (mezzanine). Cuisine italienne à dominante sarde et vénitienne. Bon accueil.

X **Florimond** VISA ⓶
19 av. La Motte-Picquet ⓜ *Ecole Militaire* – ☎ 01 45 55 40 38
*– Fax 01 45 55 40 38 – Fermé 28 avril-4 mai, 28 juil.-17 août, 22 déc.-4 janv., sam.
midi et dim.* J 9
Rest – Menu 21 € (déj. en sem.)/36 € – Carte 38/54 €

♦ Restaurant de poche qui emprunte son nom au jardinier de Monet à Giverny.
Cadre de bistrot rafraîchi où la clientèle du quartier se presse pour goûter des plats
traditionnels.

X **Pasco** 🛱 ⇔ ⌂ VISA ⓶ AE
74 bd La Tour Maubourg ⓜ *La Tour Maubourg* – ☎ 01 44 18 33 26
– restaurant.pasco@wanadoo.fr – Fax 01 44 18 34 06 – Fermé lundi J 9
Rest – Menu (21 €), 26 € – Carte environ 38 €

♦ Murs de briques, tons ocres et atmosphère décontractée au service d'une cuisine du
marché qui puise ses fondamentaux dans les recettes du répertoire méditerranéen.

X **Fontaine de Mars** 🛱 ⇔ VISA ⓶ AE ①
129 r. St-Dominique ⓜ *Ecole Militaire* – ☎ 01 47 05 46 44 – lafontainedemars@
orange.fr – Fax 01 47 05 11 13 J 9
Rest – Carte 35/68 €

♦ L'enseigne de ce bistrot des années 1930, restauré à l'identique, évoque la fontaine
voisine dédiée au dieu guerrier. Terrasse sous arcades ; plats traditionnels et du Sud-Ouest.

X **Café de l'Alma** 🛱 AE ⌂ VISA ⓶ AE ①
5 av. Rapp ⓜ *Alma Marceau* – ☎ 01 45 51 56 74 – cafedelalma@wanadoo.fr
– Fax 01 45 51 10 08 H 8
Rest – Carte 35/70 €

♦ Salle à manger chic et résolument contemporaine signée François Champsaur, coque-
luche de la décoration intérieure. Recettes au goût du jour et cuisine bourgeoise.

X **35 ° Ouest** AE ⇔ VISA ⓶ AE
35 r. Verneuil ⓜ *Rue du Bac* – ☎ 01 42 86 98 88 – 35degresouest@orange.fr
– Fax 01 42 86 00 65 – Fermé 3-25 août, dim. et lundi J 12
Rest – Menu (30 € bc) – Carte 31/94 €

♦ Très "fish and chic", ce restaurant contemporain sans faute de goût (tons gris et vert, beau
comptoir en bois blond). Le chef y concocte une inventive cuisine de la mer.

X **Le Soleil** AE VISA ⓶ AE
153 r. Grenelle ⓜ *La Tour Maubourg* – ☎ 01 45 51 54 12
– Fermé août, lundi midi et dim. J 9
Rest – Menu 28/66 € bc

♦ Le soleil et la mer s'invitent sur les tables de cette adresse dont le décor joue à fond sur
la thématique des pays de la Méditerranée. Plats traditionnels à l'accent du Sud.

X · ⊛ **Aida** (Koji Aida) AE ⇔ VISA ⓶ AE
1 r. Pierre Leroux ⓜ *Vaneau* – ☎ 01 43 06 14 18
– Fax 01 43 06 14 18 – Fermé 5-25 août, vacances de fév. et lundi K 11
Rest – (dîner seult) (nombre de couverts limité, prévenir) Menu 90/160 € – Carte
87/200 € ❀

Spéc. Huîtres sautées au beurre d'algues sur lit de cresson. Chateaubriant cuit
au teppanyaki. Menu omakase.

♦ Ambiance zen dans ce discret restaurant japonais avec comptoir et salon privé. Cuisine
nipponne et menus teppanyaki ; cave riche en bourgognes composée par un chef passionné.

X   P'tit Troquet   %⅜ VISA ●●

☺ *28 r. Exposition* Ⓜ *Ecole Militaire –* ℰ *01 47 05 80 39 – Fax 01 47 05 80 39*
– Fermé 1ᵉʳ-24 août, sam. midi, lundi midi et dim.   J 9
Rest – *(nombre de couverts limité, prévenir)* Menu (20 €), 28 € (déj. en sem.)/32 €
– Carte environ 40 €
♦ Pour sûr, il est p'tit, ce bistrot ! Mais que d'atouts à son actif : charme nostalgique (vieilles
réclames, siphons et zinc d'époque), convivialité, goûteuse cuisine du marché.

X   L'Affriolé   AC %⅜ VISA ●●

☺ *17 r. Malar* Ⓜ *Invalides –* ℰ *01 44 18 31 33*
– Fermé 3 sem. en août, dim. et lundi   H 9
Rest – Menu (23 €), 29 € (déj.)/34 €
♦ Des suggestions annoncées sur l'ardoise du jour et un menu-carte qui change tous les
mois : le chef de ce bistrot suit de près les arrivages du marché... et les saisons !

X   Chez l'Ami Jean   AC VISA ●●

☺ *27 r. Malar* Ⓜ *La Tour Maubourg –* ℰ *01 47 05 86 89 – Fax 01 45 55 41 82*
– Fermé août, 23 déc.-2 janv., dim. et lundi   H 9
Rest – Menu 32 €
♦ L'Ami Jean vous régale d'une généreuse cuisine du marché et du Sud-Ouest (spécialités
de gibier en saison) dans un chaleureux décor évoquant le pays Basque.

X   Oudino   AC VISA ●● ①

☺ *17 r. Oudinot* Ⓜ *Vaneau –* ℰ *01 45 66 05 09 – Fax 01 45 66 53 35 – Fermé*
9-19 août, 25 déc.-2 janv., sam. midi et dim.   K 11
Rest – Menu 16 € (déj. en sem.) – Carte 26/43 €
♦ Agréable pause gourmande au voisinage des ministères : salle à manger aux
discrètes touches Art déco et propositions culinaires dans le registre bistrot à découvrir sur
l'ardoise.

X   Al Dente   VISA ●● ①

38 r. Varenne Ⓜ *Rue du Bac –* ℰ *01 45 48 79 64 – Fermé 20 juil.-20 août,*
25 déc.-1ᵉʳ janv., dim. et lundi   J 11
Rest – Carte 29/48 €
♦ Cette trattoria au décor moderne (banquettes rouges et mobilier en bois sombre)
propose une cuisine italienne qui balaie la Botte du Nord au Sud. Simple, léger, al dente.

X   Léo Le Lion   %⅜ VISA ●●

23 r. Duvivier Ⓜ *Ecole Militaire –* ℰ *01 45 51 41 77 – restaurantleolelion @*
hotmail.com – Fax 01 45 51 41 77 – Fermé août, 25 déc.-1ᵉʳ janv., dim. et
lundi   J 9
Rest – Carte 40/50 €
♦ Bistrot des années 1930 et son gril à feu de bois. Dans l'assiette, le poisson se taille la part
du lion toute l'année et, en saison, le gibier invite à rugir de plaisir !

X   Maupertu   VISA ●●

94 bd de la Tour-Maubourg Ⓜ *École Militaire –* ℰ *01 45 51 37 96*
– info@restaurant-maupertu-paris.com – Fax 01 53 59 94 83
– Fermé 5-25 août et dim.   J 10
Rest – Menu (23 €), 32 €
♦ Face à l'esplanade des Invalides, cette table d'inspiration provençale vous reçoit dans un
cadre de bistrot revisité (tons bordeaux, tableaux). Profitez de la vue en terrasse.

X   Sa Mi In   VISA ●●

☺ *74 av. Breteuil* Ⓜ *Sèvres-Lecourbe –* ℰ *01 47 34 58 96 – han@samiin.com*
– Fax 01 47 34 58 96 – Fermé sam. midi et dim. midi   K 10
Rest – Menu 15 € (déj. en sem.), 30/50 € – Carte 32/91 €
♦ Ambiance zen en ce petit restaurant authentiquement coréen : décor raffiné et intimiste,
cuisine goûteuse aux notes parfumées. Menu végétarien.

X   Café Constant   VISA ●● ①

☺ *139 r. Saint-Dominique* Ⓜ *Ecole Militaire –* ℰ *01 47 53 73 34 – Fax 01 45 55 48 42*
– Fermé 2 sem. en août, dim. et lundi   J 8
Rest – Menu (16 €), 31/35 €
♦ Cette annexe de Christian Constant, dans les murs d'un ancien café, affiche une simplicité
toute conviviale. Pour profiter à petit prix d'une cuisine de bistrot gourmande.

✗ **Les Cocottes** 🟥 *VISA* 🟠 AE
135 r. St Dominique Ⓜ Ecole Militaire – violondingres@wanadoo.fr
– Fax 01 45 55 00 91 – Fermé dim. J 8
Rest – Carte 24/34 €

♦ Le concept de ce lieu convivial, sans réservation, qui tient plus du comptoir (tables hautes) que du restaurant : une cuisine bistrotière revisitée et servie dans des cocottes.

✗ **Miyako** AC ✾ *VISA* 🟠 AE
⊜ 121 r. Université Ⓜ Invalides – ℰ 01 47 05 41 83 – Fax 01 45 55 13 18 – Fermé
1ᵉʳ août-1ᵉʳ sept., sam. midi et dim. H 9
Rest – Menu 14 € (déj. en sem.), 18/30 € – Carte 26/43 €

♦ Dans le quartier du Gros-Caillou, un petit voyage culinaire au pays du Soleil Levant, avec des brochettes au charbon de bois et les inévitables – et très prisés – sushis.

Champ-Elysées, Concorde, Madeleine

8ᵉ arrondissement ✉ 75008

S. Sauvignier/MICHELIN

🏨🏨🏨🏨 **Plaza Athénée** 🍸 ⅃ᵳ 🖥 AC ↳ ☎ 🕸 *VISA* 🟠 AE ⓪
25 av. Montaigne Ⓜ Alma Marceau – ℰ 01 53 67 66 65 – reservations@
plaza-athenee-paris.com – Fax 01 53 67 66 66 G 9
146 ch – ♦720/740 € ♦♦820/840 €, ⊡ 48 € – 45 suites
Rest *Alain Ducasse au Plaza Athénée* et *Le Relais Plaza* – voir ci-après
Rest *La Cour Jardin* – rest.-terrasse – ℰ 01 53 67 66 02 (ouvert de mi-mai à mi-sept.) Carte 82/118 €

♦ Styles classique ou Art déco dans les chambres luxueuses, thés musicaux à la galerie des Gobelins, étonnant bar design : le palace parisien par excellence ! À la belle saison, on ouvre la charmante et verdoyante terrasse de la Cour Jardin.

🏨🏨🏨🏨 **Four Seasons George V** 🔲 🕸 ⅃ᵳ 🖥 ♿ ch, AC ↳ ✾ rest, ☎
31 av. George-V Ⓜ George V – ℰ 01 49 52 70 00 🕸 *VISA* 🟠 AE ⓪
– par.lecing@fourseasons.com – Fax 01 49 52 70 10 F 8
197 ch – ♦700/1350 € ♦♦730/1350 €, ⊡ 38 € – 48 suites
Rest *Le Cinq* – voir ci-après
Rest *La Galerie* – Carte 72/130 €

♦ Entièrement refait dans le style du 18ᵉ s., le V dispose de chambres luxueuses et immenses (pour Paris s'entend), de belles collections d'œuvres d'art et d'un spa superbe. Les tables de la Galerie sont dressées dans la ravissante cour intérieure en été.

🏨🏨🏨🏨 **Le Bristol** 🍽 🔲 🕸 ⅃ᵳ 🖥 AC ✾ ☎ ⅍ 🌳 *VISA* 🟠 AE ⓪
112 r. Fg St-Honoré Ⓜ Miromesnil – ℰ 01 53 43 43 00 – resa@lebristolparis.com
– Fax 01 53 43 43 01 F 10
124 ch – ♦610/630 € ♦♦710/1160 €, ⊡ 53 € – 38 suites
Rest *Le Bristol* – voir ci-après

♦ Palace de 1925 agencé autour d'un magnifique jardin. Luxueuses chambres, principalement de style Louis XV ou Louis XVI, et exceptionnelle piscine "bateau" au dernier étage.

🏨🏨🏨🏨 **Crillon** ⅃ᵳ 🖥 AC ↳ ☎ ⅍ *VISA* 🟠 AE
10 pl. de la Concorde Ⓜ Concorde – ℰ 01 44 71 15 00 – crillon@crillon.com
– Fax 01 44 71 15 02 G 11
119 ch – ♦695/750 € ♦♦765/830 €, ⊡ 47 € – 28 suites
Rest *Les Ambassadeurs* – voir ci-après
Rest *L'Obélisque* – , ℰ 01 44 71 15 15 – Menu 54/94 € bc – Carte 59/114 €

♦ Les salons de cet hôtel particulier du 18ᵉ s. ont conservé leur fastueuse ornementation. Les chambres, habillées de boiseries, sont magnifiques. Le palace à la française !

Prince de Galles
🏨 🖭 🔟 ✂ 🛋 ♨ VISA 🟠 AE ①

33 av. George-V Ⓜ *George V –* ✆ *01 53 23 77 77 – hotel.prince.de.galles@*
luxurycollection.com – Fax 01 53 23 78 78   G 8
138 ch – †350/650 € ††480/770 €, ⌷ 42 € – 30 suites
Rest *Jardin des Cygnes* – ✆ *01 53 23 78 50 –* Menu 51 € (déj.), 59/95 €
♦ C'est à l'intérieur que ce luxueux hôtel de l'entre-deux-guerres dévoile son style
Art déco, à l'image du patio en mosaïque. Chambres décorées avec un goût sûr. Au
Jardin des Cygnes, salle (jolie fontaine) à l'atmosphère aristocratique et belle cour-
terrasse.

Fouquet's Barrière
🏨 🔟 🕥 🖭 🖭 & 🔟 ✂ 🛋 🍽 VISA 🟠 AE ①

46 av. George-V Ⓜ *George V –* ✆ *01 40 69 60 00 – hotelfouquets@*
lucienbarriere.com – Fax 01 40 69 60 05   F 8
67 ch – †690/910 € ††690/910 €, ⌷ 35 € – 40 suites
Rest *Fouquet's* – voir ci-après
Rest *Le Diane* – *(fermé 19 juil.-18 août, 3-12 janv., dim. et lundi)* Menu 60 € (déj.
en sem.), 90/135 € – Carte 96/188 €
♦ Le dernier-né des hôtels du groupe Barrière offre 16 000 m² de luxe : décor portant la griffe
Garcia, confort moderne, haute technologie, spa, jardin. Au Diane, la sobriété feutrée est
rehaussée de niches lumineuses garnies de fleurs ; cuisine actuelle.

Hilton Arc de Triomphe
🏨 🖭 🖭 & ch, 🔟 ✂ ♨ 🛋 🍽

51 r. de Courcelles Ⓜ *Courcelles –* ✆ *01 58 36 67 00*   🍽 VISA 🟠 AE ①
– reservation.adt@hilton.com – Fax 01 58 36 67 84   E 9
438 ch – †290/680 € ††290/730 €, ⌷ 30 € – 25 suites
Rest *Safran* – ✆ *01 58 36 67 96 –* Menu 49 € (dîner) – Carte 46/69 €
♦ Inspiré des paquebots des années 1930, cet hôtel en restitue avec succès l'esprit
luxueux et raffiné : élégantes chambres Art déco signées J. Garcia, patio-fontaine,
fitness, etc. Au Safran, cuisine au goût du jour influencée par les saveurs et les parfums
d'Asie.

Lancaster
🖭 🖭 🔟 🛋 VISA 🟠 AE ①

7 r. Berri Ⓜ *George V –* ✆ *01 40 76 40 76 – reservations@hotel-lancaster.fr*
– Fax 01 40 76 40 00   F 9
46 ch – †320 € ††490 €, ⌷ 37 € – 11 suites
Rest *La Table du Lancaster* – voir ci-après
♦ Boris Pastoukhoff payait ses séjours en peignant des tableaux, contribuant à enrichir
l'élégant décor de cet ex-hôtel particulier dont Marlène Dietrich appréciait aussi le luxe
discret.

Vernet
🖭 🔟 ✂ ♨ 🛋 VISA 🟠 AE ①

25 r. Vernet Ⓜ *Charles de Gaulle-Etoile –* ✆ *01 44 31 98 00 – reservations@*
hotelvernet.com – Fax 01 44 31 85 69   F 8
42 ch – †320/340 € ††370/450 €, ⌷ 35 € – 9 suites
Rest *Les Elysées* – voir ci-après
♦ Bel immeuble des années folles dont la façade en pierres de taille est agrémentée de
balcons en fer forgé. Chambres de style Empire ou Louis XVI. Grill-bar branché.

Napoléon
🖭 🔟 ✂ 🛋 🍽 VISA 🟠 AE ①

40 av. Friedland Ⓜ *Charles de Gaulle-Etoile –* ✆ *01 56 68 43 21 – napoleon@*
hotelnapoleon.com – Fax 01 47 66 82 33   F 8
101 ch – †440/630 € ††440/690 €, ⌷ 26 € – **Rest** – *(fermé le soir, sam. et dim.)*
Menu 45 € bc (déj. en sem.), 85/120 €
♦ À deux pas de l'Étoile chère à l'Empereur, autographes, figurines et tableaux
évoquent sans fausse note l'épopée napoléonienne. Chambres de style Directoire
ou Empire. Carte traditionnelle servie dans le cadre feutré et cosy (belles boiseries) du
restaurant.

Balzac sans rest
🖭 & 🔟 🛋 VISA 🟠 AE ①

6 r. Balzac Ⓜ *George V –* ✆ *01 44 35 18 00 – reservation-balzac@jjwhotels.com*
– Fax 01 44 35 18 05   F 8
69 ch – †420/470 € ††470/550 €, ⌷ 38 € – 13 suites
♦ Hôtel entièrement refait version grand luxe. Décor néo-classique, tonalités chatoyantes,
références à l'écrivain. Les chambres marient mobilier de style et équipements high-
tech.

Astor Saint Honoré ⓘ 🎦 📠 ⇄ ⚠ rest, 📞 🛁 VISA 🅜🅞 🅐🅔 🅞

11 r. d'Astorg Ⓜ St-Augustin – ⏰ 01 53 05 05 05 – reservation @
astor.3ahotels.fr – Fax 01 53 05 05 30 — F 11
128 ch – †290/520 € ††290/520 €, �)⊇ 25 € – 4 suites
Rest *L'Astor* – ⏰ 01 53 05 05 20 (fermé août, sam. midi, dim. et lundi)
Menu (38 €), 48/76 € – Carte 53/71 €
◆ Styles Regency et Art déco revisités : un mariage pour le meilleur seulement, qui a donné
naissance à un hôtel cosy. Quelques petites terrasses. Élégant restaurant coiffé d'une
verrière diffusant une douce lumière. Carte classique personnalisée.

San Régis 🎦 📠 ⚠ 📞 VISA 🅜🅞 🅐🅔 🅞

12 r. J. Goujon Ⓜ Champs-Elysées Clemenceau – ⏰ 01 44 95 16 16 – message @
hotel-sanregis.fr – Fax 01 45 61 05 48 — G 9
41 ch – †340 € ††450/725 €, ⊇ 34 € – 3 suites – **Rest** – (fermé août et dim.)
Menu 35 € (déj.) – Carte 46/61 €
◆ Hôtel particulier de 1857 remanié avec goût : un bel escalier (vitraux et statues)
conduit aux ravissantes chambres garnies de meubles chinés ici et là. Le restaurant du San
Régis – une vraie bonbonnière – occupe un luxueux salon-bibliothèque feutré et
confidentiel.

Sofitel Arc de Triomphe 🎦 ⅖ ch, 📠 ⇄ ⚠ rest, 📞 🛁 ⇆

14 r. Beaujon Ⓜ Charles de Gaulle-Etoile 🚗 VISA 🅜🅞 🅐🅔 🅞
– ⏰ 01 53 89 50 50 – h1296 @ accor.com – Fax 01 53 89 50 51 — F 8
134 ch – †510/590 € ††580/620 €, ⊇ 29 € – 1 suite
Rest *Le Clovis* – ⏰ 01 53 89 50 53 (fermé 26 juil.-24 août, 20-30 déc., sam., dim. et
fériés) Menu 35 € (déj.) – Carte 48/90 €
◆ L'immeuble est haussmannien, la décoration s'inspire du 18e s. et les aménagements sont
du 21e s. Chambres élégantes ; tentez de réserver l'étonnant "concept room". Au Clovis :
service attentif, cadre et recettes ancrés dans l'air du temps.

Hyatt Regency 🎦 🎦 ⅖ ch, 📠 ⇄ 📞 🛁 🚗 VISA 🅜🅞 🅐🅔 🅞

24 bd Malesherbes Ⓜ Madeleine – ⏰ 01 55 27 12 34 – madeleine @
hyattintl.com – Fax 01 55 27 12 35 — F 11
86 ch – †330/520 € ††330/1005 €, ⊇ 28 €
Rest *Café M* – (fermé dim. soir) Menu 54 € – Carte 46/75 €
◆ Un cadre très contemporain, à la fois sobre et chaleureux, habille cet hôtel :
hall-salon sous verrière (réalisée par Eiffel), belles chambres personnalisées. Sauna, hammam. La savoureuse cuisine au goût du jour donne envie de prendre ses quartiers au
Café M.

De Vigny 🎦 📠 ch, ⇄ 📞 🚗 VISA 🅜🅞 🅐🅔 🅞

9 r. Balzac Ⓜ George V – ⏰ 01 42 99 80 80 – reservation @ hoteldevigny.com
– Fax 01 42 99 80 40 — F 8
26 ch – †305/395 € ††320/440 €, ⊇ 29 € – 11 suites
Rest *Baretto* – (fermé 15-24 août) Menu 60 € bc/95 € bc – Carte 54/84 €
◆ Près des Champs-Élysées, hôtel discret et raffiné aux chambres cosy personnalisées
(quelques lits à baldaquins). Salon cossu où crépitent de belles flambées. Ambiance chic et
feutrée, cadre d'esprit Art déco et cuisine traditionnelle au Baretto.

Champs-Élysées Plaza sans rest 🎦 🎦 ⅖ 📠 ⇄ ⚠

35 r. de Berri Ⓜ George V – ⏰ 01 53 53 20 20 📞 VISA 🅜🅞 🅐🅔 🅞
– info @ champselyseesplaza.com – Fax 01 53 53 20 21 — F 9
35 ch – †490/690 € ††490/690 €, ⊇ 24 € – 10 suites
◆ Les chambres spacieuses et élégantes de cet hôtel rénové marient avec bonheur
des meubles de style et d'autres plus contemporains. Agréable salon avec cheminée.
Fitness.

Marriott 🍴 🎦 🎦 ⅖ ch, 📠 ⇄ ⚠ 📞 🛁 🚗 VISA 🅜🅞 🅐🅔 🅞

70 av. des Champs-Élysées Ⓜ Franklin D. Roosevelt – ⏰ 01 53 93 55 00
– mhrs.pardt.ays @ marriotthotels.com – Fax 01 53 93 55 01 — F 9
174 ch – †365/650 € ††365/650 €, ⊇ 29 € – 18 suites
Rest *Sur les Champs* – ⏰ 01 53 93 55 44 – Menu (42 €) – Carte 39/71 €
◆ Un Américain à Paris : efficacité d'outre-Atlantique et confort ouaté dans les chambres
donnant pour partie sur la plus belle avenue du monde. Le décor du restaurant Sur les
Champs (réverbères, fresques) évoque le Paris d'autrefois façon Oncle Sam !

California
🐦 📶 AC 🛇 ⚡ 🍸 ⚙ VISA ⬤⊙ AE ①
16 r. Berri ⓜ George V – ℰ 01 43 59 93 00 – cal@hroy.com
– Fax 01 45 61 03 62   F 9
158 ch – ♦415/440 € ♦♦415/495 €, ☐ 30 € – 16 suites – **Rest** – *(fermé août,
sam. et dim.) (déj. seult)* Menu 35/45 €
◆ Les esthètes seront comblés : plusieurs milliers de tableaux ornent les murs de cet ancien
palace des années 1920. Autre collection : les 200 whiskies du piano-bar ! Un ravissant
patio-terrasse (fontaine, mosaïques, verdure) prolonge la salle de restaurant.

La Trémoille
🛁 📶 ⚙ ch, AC ⚡ 🍸 ⚙ VISA ⬤⊙ AE ①
14 r. Trémoille ⓜ Alma Marceau – ℰ 01 56 52 14 00 – reservation@
hotel-tremoille.com – Fax 01 40 70 01 08   G 9
90 ch – ♦350/475 € ♦♦400/560 €, ☐ 28 € – 3 suites
Rest *Louis²* – *(fermé sam. midi, dim. et fériés)* Menu (35 €) – Carte 48/72 €
◆ L'hôtel a fait peau neuve : décor contemporain associant avec bonheur ancien et design,
équipements de pointe et salles de bains en marbre et céramiques du Portugal. Salle à
manger moderne (exposition-vente de tableaux) et cuisine dans l'air du temps.

Claridge Bellman sans rest
📶 AC ⚡ 🍸 ⚙ VISA ⬤⊙ AE ①
37 r. François 1er ⓜ Franklin Roosevelt – ℰ 01 47 23 54 42 – resa@
claridgebellman.com – Fax 01 47 23 08 84   G 9
42 ch – ♦235/620 € ♦♦255/620 €, ☐ 22 € – 1 suite
◆ Mélange de raffinement cossu et de luxe moderne dans cet hôtel au charme classique.
Grandes chambres personnalisées (tapisseries, boiseries, meubles chinés, lits à baldaquin).

Bedford
📶 ⚙ ch, AC ⚡ rest, 🍸 ⚙ VISA ⬤⊙ AE
17 r. de l'Arcade ⓜ Madeleine – ℰ 01 44 94 77 77 – reservation@
hotel-bedford.com – Fax 01 44 94 77 97   F 11
135 ch – ♦168 € ♦♦222 €, ☐ 18 € – 10 suites – **Rest** – *(Fermé 28 juil.-24 août,
sam. et dim.) (déj. seult)* Menu (33 €), 42 € – Carte 58/74 €
◆ L'hôtel, construit en 1860 dans l'élégant quartier de la Madeleine, dispose de chambres
de tailles variées aménagées avec goût. Cadre 1900 avec profusion de motifs décoratifs en
stuc et belle coupole : la salle de restaurant est le vrai joyau du Bedford.

De Sers
🐦 🛁 📶 ⚙ ch, AC ⚡ 🍸 ⚙ VISA ⬤⊙ AE ①
41 av. Pierre 1er de Serbie ⓜ George V – ℰ 01 53 23 75 75 – contact@
hoteldesers.com – Fax 01 53 23 75 76   G 8
49 ch – ♦480/550 € ♦♦550/900 €, ☐ 29 € – 3 suites – **Rest** – *(fermé août et
dim.)* Menu (29 €) – Carte 34/180 €
◆ Renaissance réussie pour cet hôtel particulier de la fin du 19e s. : si le hall a gardé son
caractère d'origine, les chambres sont résolument contemporaines. Cuisine au goût du
jour servie dans une salle à manger design ou, en été, sur l'agréable terrasse.

François 1er sans rest
📶 AC ⚡ 🍸 ⚙ VISA ⬤⊙ AE ①
7 r. Magellan ⓜ George V – ℰ 01 47 23 44 04 – hotel@hotel-francois1er.fr
– Fax 01 47 23 93 43   F 8
40 ch – ♦300/780 € ♦♦350/1000 €, ☐ 22 € – 2 suites
◆ Marbre de Carrare, moulures, bibelots chinés, meubles anciens et tableaux à foison : un
décor luxueux très réussi, signé Pierre-Yves Rochon. Copieux petit-déjeuner (buffet).

Sofitel le Faubourg
🛁 📶 ⚙ AC ⚡ 🍸 ⚙ VISA ⬤⊙ AE ①
15 r. Boissy d'Anglas ⓜ Concorde – ℰ 01 44 94 14 14 – h1295@accor.com
– Fax 01 44 94 14 28   G 11
163 ch – ♦460/560 € ♦♦560/850 €, ☐ 30 € – 10 suites
Rest *Café Faubourg* – *(fermé août, sam. midi et dim. midi)* Carte 53/73 €
◆ Ce Sofitel est aménagé dans deux demeures des 18e et 19e s. Chambres équipées
high-tech, bar dans l'esprit des années 1930 et salon sous verrière. Décoration tendance,
reposant jardin intérieur et cuisine au goût du jour au Café Faubourg.

Montaigne sans rest
📶 ⚙ AC 🍸 ⚙ VISA ⬤⊙ AE ①
6 av. Montaigne ⓜ Alma Marceau – ℰ 01 47 20 30 50 – contact@
hotel-montaigne.com – Fax 01 47 20 94 12   G 9
29 ch – ♦200/300 € ♦♦300/450 €, ☐ 20 €
◆ Grilles en fer forgé, belle façade fleurie et gracieux décor cosy font le caractère de cet
hôtel. L'avenue est conquise par les boutiques des grands couturiers.

Daniel 🗇 ⅄ ch, 🅰 ⅄ ⅋ ☏ 🚗 𝖵𝖨𝖲𝖠 ⑩ 🅰🅴 ⓞ

8 r. Frédéric Bastiat Ⓜ *St-Philippe du Roule –* ☏ *01 42 56 17 00 – danielparis@
relaischateaux.com – Fax 01 42 56 17 01* F 9

22 ch – 🛉350/490 € 🛉🛉410/490 €, ☲ 32 € – 4 suites – **Rest** – *(fermé
26 juil.-25 août, sam. et dim.)* Menu (40 €), 80 € – Carte 59/86 €

♦ Cet hôtel a le goût des voyages ! Meubles et objets du monde entier, associés
à divers tissus à motifs, campent un décor raffiné et chaleureux pour globe-trotters
parisiens.

 Bradford Élysées sans rest 🗇 ⅄ 🅰 ⅄ ⅋ ☏ 𝖵𝖨𝖲𝖠 ⑩ 🅰🅴 ⓞ

10 r. St-Philippe-du-Roule Ⓜ *St-Philippe du Roule –* ☏ *01 45 63 20 20
– hotel.bradford@astotel.com – Fax 01 45 63 20 07* F 9

50 ch – 🛉257/350 € 🛉🛉257/350 €, ☲ 22 €

♦ Cheminées en marbre, moulures, lits en laiton, décor rétro et ascenseur centenaire : un
conservatoire de l'irrésistible charme parisien... la modernité en plus (écrans LCD).

 Royal sans rest 🗇 🅰 ⅄ ☏ 𝖵𝖨𝖲𝖠 ⑩ 🅰🅴 ⓞ

33 av. Friedland Ⓜ *Charles de Gaulle-Etoile –* ☏ *01 43 59 08 14
– rh@royal-hotel.com – Fax 01 45 63 69 92* F 8

58 ch – 🛉250 € 🛉🛉330/360 €, ☲ 22 €

♦ Les chambres – en partie refaites – offrent une atmosphère feutrée (décor classique actualisé, excellente insonorisation) ; certaines ménagent une vue sur l'Arc de
Triomphe.

 Sofitel Champs-Élysées 🎝 🗇 ⅄ ch, 🅰 ⅄ ⅋ ☏ 🎝

8 r. J. Goujon Ⓜ *Champs-Elysées Clemenceau* 🚗 𝖵𝖨𝖲𝖠 ⑩ 🅰🅴 ⓞ
– ☏ *01 40 74 64 64 – h1184-re@accor.com – Fax 01 40 74 79 66* G 9

40 ch – 🛉395/560 € 🛉🛉395/560 €, ☲ 27 € – 2 suites

Rest *Les Signatures* – , ☏ *01 40 74 64 94 (fermé 27 juil.-17 août, 25 déc.-4 janv.,
sam., dim. et fériés) (déj. seult)* Menu (35 €), 48 € – Carte 52/64 €

♦ Hôtel particulier Second Empire partagé avec le Press Club de France. Confortables
chambres de style contemporain ; équipements dernier cri. Centre d'affaires. Cadre épuré
et jolie terrasse au restaurant Les Signatures, fréquenté par le monde de la presse.

 Radisson SAS Champs-Élysées 🎝 🗇 ⅄ ch, 🅰 ⅄ ☏

78 av. Marceau Ⓜ *Charles de Gaulle-Etoile* 🚗 𝖵𝖨𝖲𝖠 ⑩ 🅰🅴 ⓞ
– ☏ *01 53 23 43 43 – reservations.paris@radissonsas.com
– Fax 01 53 23 43 44* F 8

46 ch – 🛉250/550 € 🛉🛉250/650 €, ☲ 26 €

Rest *La Place* – *(fermé août, vacances de Noël, sam. et dim.)* Carte 57/79 €

♦ Hôtel récent occupant l'ancien siège social de Louis Vuitton. Chambres contemporaines
et reposantes, équipements high-tech (TV à écran plasma) et insonorisation performante.
Carte dans l'air du temps et petite terrasse côté cour au restaurant La Place.

 Powers sans rest 🗇 🅰 ☏ 𝖵𝖨𝖲𝖠 ⑩ 🅰🅴 ⓞ

52 r. François 1ᵉʳ Ⓜ *Franklin D. Roosevelt –* ☏ *01 47 23 91 05 – contact@
hotel-powers.com – Fax 01 49 52 04 63* G 9

50 ch – 🛉260/520 € 🛉🛉260/600 €, ☲ 25 €

♦ Les chambres, bien aménagées, ont l'âme bourgeoise : moulures, cheminées, horloges
en bronze, lustres à pendeloques, etc. Salons cosy et bar façon club anglais.

 Franklin Roosevelt sans rest 🗇 ⅄ 🅰 ☏ 🎝 𝖵𝖨𝖲𝖠 ⑩ 🅰🅴

18 r. Clément-Marot Ⓜ *Franklin D. Roosevelt –* ☏ *01 53 57 49 50 – hotel@
hroosevelt.com – Fax 01 53 57 49 59* G 9

47 ch – 🛉295 € 🛉🛉295/440 €, ☲ 23 € – 1 suite

♦ Cet hôtel au charme victorien a fière allure : bois précieux, chintz, cuir et marbre – utilisés
à profusion – contribuent à créer un décor raffiné. Agréable bar.

Chateaubriand sans rest 🗇 ⅄ 🅰 ⅄ ☏ 𝖵𝖨𝖲𝖠 ⑩ 🅰🅴 ⓞ

6 r. Chateaubriand Ⓜ *George V –* ☏ *01 40 76 00 50 – welcome@
hotelchateaubriand.com – Fax 01 40 76 09 22* F 9

28 ch – 🛉210/410 € 🛉🛉210/450 €, ☲ 22 €

♦ Peintures originales, mobilier chiné aux quatre coins du monde, salles de bains en
marbre : chaque chambre a son charme bien à elle. Petits-déjeuners face à la cour
intérieure.

Relais Monceau sans rest 🏢 ⚙ 🅰🅺 ⚡ 📞 VISA 🆚 ΑΕ ⓪
85 r. Rocher Ⓜ Villiers – ℰ *01 45 22 75 11 – relaismonceau@wanadoo.fr
– Fax 01 45 22 30 88*   E 11
51 ch – 🛆171 € 🛆🛆172/197 €, ⛺ 11 €
♦ Entre parc Monceau et gare St-Lazare, établissement moderne aux chambres contemporaines dotées d'un cachet rustique. Salon-bibliothèque, bar ouvert sur un agréable petit patio.

Marignan 🏢 🅰🅺 ↔ 📞 🆚 VISA 🆚 ΑΕ ⓪
12 r. Marignan Ⓜ Franklin D. Roosevelt – ℰ *01 40 76 34 56 – contact@
hotelmarignan.fr – Fax 01 40 76 34 34*   G 9
73 ch – 🛆420/470 € 🛆🛆470/850 €, ⛺ 25 € – **Rest** – *(déj. seult)* Carte 30/50 €
♦ À deux pas des Champs-Élysées, belles chambres personnalisées (mobilier de style Directoire) et confortables duplex pensés pour la clientèle d'affaires (espace de travail).

Pershing Hall 🏢 ⚙ ch, 🅰🅺 📞 🆚 VISA 🆚 ⓪
49 r. P. Charon Ⓜ George V – ℰ *01 58 36 58 00 – info@pershinghall.com
– Fax 01 58 36 58 01*   G 9
26 ch – 🛆312/420 € 🛆🛆420/500 €, ⛺ 26 € – 6 suites – **Rest** – Carte 57/91 €
♦ Demeure du général Pershing, club de vétérans et enfin hôtel de charme imaginé par Andrée Putman. Intérieur chic, insolite et ravissant jardin vertical. Derrière le rideau de perles de verre, cadre tendance et carte très au goût du jour ; soirées lounge.

Chambiges Élysées sans rest 🏢 ⚙ 🅰🅺 ↔ 📞 VISA 🆚 ΑΕ ⓪
8 r. Chambiges Ⓜ Alma Marceau – ℰ *01 44 31 83 83 – reservation@
hotelchambiges.com – Fax 01 40 70 95 51*   G 9
32 ch ⛺ – 🛆270/310 € 🛆🛆270/390 € – 2 suites
♦ Boiseries, tentures et tissus choisis, meubles de style : atmosphère romantique et cosy dans cet hôtel entièrement rénové. Chambres douillettes et joli jardinet intérieur.

Le A sans rest 🏢 ⚙ 🅰🅺 ↔ 🕱 📞 VISA 🆚 ΑΕ ⓪
4 r. d' Artois Ⓜ St-Philippe du Roule – ℰ *01 42 56 99 99 – hotel-le-a@wanadoo.fr
– Fax 01 42 56 99 90*   F 9
16 ch – 🛆355/485 € 🛆🛆355/485 €, ⛺ 23 € – 10 suites
♦ F. Hybert, plasticien, et F. Méchiche, architecte d'intérieur, ont imaginé cet hôtel design en noir et blanc. Salon-bibliothèque et lounge-bar incitent au cocooning.

De l'Arcade sans rest 🏢 ⚙ 🅰🅺 ↔ 📞 🆚 VISA 🆚 ΑΕ
9 r. Arcade Ⓜ Madeleine – ℰ *01 53 30 60 00 – reservation@hotel-arcade.com
– Fax 01 40 07 03 07*   F 11
41 ch – 🛆160/194 € 🛆🛆194/240 €, ⛺ 12 €
♦ Marbre et boiseries dans le hall et les salons, coloris tendres et mobilier choisi dans les chambres font le charme de cet hôtel élégant et discret, proche de la Madeleine.

Monna Lisa 🏢 🅰🅺 📞 VISA 🆚 ΑΕ ⓪
97 r. La Boétie Ⓜ St-Philippe du Roule – ℰ *01 56 43 38 38 – contact@
hotelmonnalisa.com – Fax 01 45 62 39 90*   F 9
22 ch – 🛆220/235 € 🛆🛆245/265 €, ⛺ 17 €
Rest *Caffe Ristretto* – *(fermé 3-24 août, 20-28 déc., sam. et dim.)* Menu (26 €)
– Carte 48/66 €
♦ Ce bel hôtel (immeuble de 1860) constitue une véritable vitrine de l'audacieux design transalpin. Chambres plus vastes côté rue. Voyage gourmand à travers les spécialités de la péninsule italienne dans le cadre délicieusement contemporain du Caffe Ristretto.

Le 123 sans rest 🏢 ⚙ 🅰🅺 ↔ 🕱 📞 VISA 🆚 ΑΕ ⓪
123 r. du Fg St Honoré Ⓜ St-Philippe du Roule – ℰ *01 53 89 01 23 – hotel.le123@
astotel.com – Fax 01 45 61 09 07*   F 9
41 ch – 🛆269/420 € 🛆🛆309/450 €, ⛺ 24 €
♦ Décor dans l'air du temps, mélanges des styles, des matières et des couleurs : chambres ornées de croquis de mode, personnalisées, souvent originales et vraiment séduisantes.

Le Lavoisier sans rest 🏢 ⚙ 🅰🅺 ↔ 🕱 📞 VISA 🆚 ΑΕ ⓪
21 r. Lavoisier Ⓜ St-Augustin – ℰ *01 53 30 06 06 – info@hotellavoisier.com
– Fax 01 53 30 23 00*   F 11
27 ch – 🛆179/270 € 🛆🛆179/270 €, ⛺ 14 € – 3 suites
♦ Chambres contemporaines, petit salon-bibliothèque intime faisant office de bar et salle voûtée pour les petits-déjeuners caractérisent cet hôtel du quartier St-Augustin.

Élysées Mermoz sans rest   🔲 🔲 🔲 🔲 🔲 🔲 VISA 🔲 AE ⑩
30 r. J. Mermoz ⓂFranklin D. Roosevelt – ℰ 01 42 25 75 30 – hotel@emhotel.com
– Fax 01 45 62 87 10   F 10
22 ch – ▮107/195 € ▮▮119/221 €, ⚊ 12 € – 5 suites
♦ Couleurs ensoleillées ou camaïeu de gris dans les chambres, boiseries vernies et pierre
de lave dans les salles de bains, salon en rotin sous verrière : un hôtel cosy.

Queen Mary sans rest   🔲 🔲 🔲 🔲 🔲 VISA 🔲 AE ⑩
9 r. Greffulhe Ⓜ Madeleine – ℰ 01 42 66 40 50 – reservations@
hotelqueenmary.com – Fax 01 42 66 94 92   F 12
36 ch – ▮175/230 € ▮▮199/254 €, ⚊ 19 €
♦ Agréable patio, coquette salle des petits-déjeuners, chambres feutrées et carafe de Xérès
en cadeau de bienvenue vous attendent dans cet hôtel raffiné à l'esprit british.

Le Vignon "8" sans rest   🔲 🔲 🔲 🔲 VISA 🔲 AE ⑩
23 r. Vignon Ⓜ Madeleine – ℰ 01 47 42 93 00 – reservation@hotelvignon.com
– Fax 01 47 42 04 60   F 12
28 ch – ▮195/390 € ▮▮195/390 €, ⚊ 20 €
♦ Hôtel chaleureux et feutré à deux pas de la place de la Madeleine. Chambres cosy ; celles
du dernier étage ont été refaites dans un style résolument contemporain.

Mercure Opéra Garnier sans rest   🔲 🔲 🔲 🔲 VISA 🔲 AE ⑩
4 r. de l'Isly Ⓜ St Lazare – ℰ 01 43 87 35 50 – h1913@accor.com
– Fax 01 43 87 03 29   F 12
140 ch – ▮170/300 € ▮▮170/300 €, ⚊ 15 €
♦ Hôtel de chaîne pratique situé entre la gare St-Lazare et les grands magasins.
Chambres fonctionnelles et buffet de petits-déjeuners servi dans un jardinet intérieur en
été.

Champs-Élysées Friedland sans rest   🔲 🔲 🔲 🔲
177 r. Fg-St-Honoré Ⓜ Charles de Gaulle-Etoile   🔲 VISA 🔲 AE ⑩
– ℰ 01 45 63 64 65 – friedland@my-paris-hotel.com
– Fax 01 45 63 88 96   F 9
40 ch – ▮149/279 € ▮▮159/319 €, ⚊ 20 €
♦ Un établissement proche de la salle Pleyel qui se rénove peu à peu : petites chambres
bourgeoises correctement insonorisées et dotées d'équipements actuels (écrans
LCD).

St-Augustin sans rest   🔲 🔲 🔲 🔲 🔲 VISA 🔲 AE ⑩
9 r. Roy Ⓜ George V – ℰ 01 42 93 32 17 – hotel.staugustin@astotel.com
– Fax 01 42 93 19 34   F 11
63 ch – ▮210/290 € ▮▮210/290 €, ⚊ 14 €
♦ Hôtel rénové, situé dans un quartier calme offrant des intérieurs joliment décorés,
résolument modernes. Chambres agréables à vivre, contemporaines (bois sombre et
couleurs gaies).

Élysées Céramic sans rest   🔲 🔲 🔲 🔲 🔲 VISA 🔲 AE ⑩
34 av. Wagram Ⓜ Ternes – ℰ 01 42 27 20 30 – info@elysees-ceramic.com
– Fax 01 46 22 95 83   E 8
57 ch – ▮175/195 € ▮▮210/230 €, ⚊ 12 €
♦ La façade Art nouveau en grès cérame (1904) est une merveille d'architecture. L'intérieur
n'est pas en reste (meubles et décor de même inspiration) ; quelques balcons.

Atlantic sans rest   🔲 🔲 🔲 🔲 VISA 🔲 AE ⑩
44 r. de Londres Ⓜ St-Lazare – ℰ 01 43 87 45 40 – contact@atlanticparis.fr
– Fax 01 42 93 06 26   E 12
82 ch – ▮105/200 € ▮▮155/200 €, ⚊ 16 €
♦ Ondulations, tableaux et maquettes de bateaux... Quelques discrètes touches marines
animent le décor contemporain de cet hôtel. Salon et bar sous une vaste verrière.

Astoria Opéra sans rest   🔲 🔲 🔲 🔲 🔲 VISA 🔲 AE ⑩
42 r. de Moscou Ⓜ Rome – ℰ 01 42 93 63 53 – hotel.astoria@astotel.com
– Fax 01 42 93 30 30   D 11
86 ch – ▮124/220 € ▮▮165/220 €, ⚊ 14 €
♦ La clientèle d'affaires, entre autres, plébiscite ces coquettes chambres du quartier de
l'Europe. Salon agrémenté de toiles modernes. Petits-déjeuners servis sous verrière.

La Flèche d'Or sans rest
⊟ 🗖 ⇄ ⤳ ☎ *VISA* ⓪ 🖭 ①

29 r. d'Amsterdam Ⓜ St-Lazare – 𝒞 01 48 74 06 86 – info@hotelflechedor.com
– Fax 01 48 74 06 04   E 12
61 ch – ♦95/545 € ♦♦99/559 €, ⬭ 10 €

♦ L'enseigne de cet hôtel proche de la gare St-Lazare évoque un célèbre train de luxe. Chambres bien tenues, récemment rafraîchies. Salon aussi confortable qu'une voiture Pullman de la Flèche d'Or !

Mayflower sans rest
⊟ 🗖 ⇄ ☎ *VISA* ⓪ 🖭

3 r. Chateaubriand Ⓜ George V – 𝒞 01 45 62 57 46 – mayflower@
escapade-paris.com – Fax 01 42 56 32 38   F 9
24 ch – ♦140/150 € ♦♦175/210 €, ⬭ 12 €

♦ Chambres simples, mais confortables (quelques salles de bains en marbre). Petits-déjeuners proposés dans un espace égayé d'une fresque évoquant la destinée des Pilgrim Fathers.

West-End sans rest
⊟ 🗖 ☎ *VISA* ⓪ 🖭 ①

7 r. Clément-Marot Ⓜ Alma Marceau – 𝒞 01 47 20 30 78 – contact@
hotel-west-end.com – Fax 01 47 20 34 42   G 9
49 ch ⬭ – ♦285/460 € ♦♦285/460 €

♦ Vieilles lithographies, tableaux originaux et équipements actuels vous attendent dans les chambres sobres et chic (certaines voient la tour Eiffel) de ce paisible hôtel.

Cordélia sans rest
⊟ 🗖 ☎ *VISA* ⓪ 🖭 ①

11 r. Greffulhe Ⓜ Madeleine – 𝒞 01 42 65 42 40 – hotelcordelia@wanadoo.fr
– Fax 01 42 65 11 81   F 12
30 ch – ♦135/165 € ♦♦150/185 €, ⬭ 14 €

♦ Établissement abritant de chaleureuses chambres de taille variable, une sympathique salle voûtée pour les petits-déjeuners et un salon intime avec cheminée et boiseries.

Alison sans rest
⊟ ☎ *VISA* ⓪ 🖭 ①

21 r. de Surène Ⓜ Madeleine – 𝒞 01 42 65 54 00 – hotel.alison@orange.fr
– Fax 01 42 65 08 17   F 11
34 ch – ♦82/165 € ♦♦115/165 €, ⬭ 9 €

♦ Hôtel familial dans une rue calme proche du théâtre de la Madeleine. Hall agrémenté de tableaux contemporains et chambres propres et fonctionnelles, mansardées au 6e étage.

Newton Opéra sans rest
⊟ 🗖 ☎ *VISA* ⓪ 🖭 ①

11 bis r. de l'Arcade Ⓜ Madeleine – 𝒞 01 42 65 32 13 – newtonopera@easynet.fr
– Fax 01 42 65 30 90   F 11
31 ch – ♦165 € ♦♦170/205 €, ⬭ 15 €

♦ Plaisantes petites chambres égayées de tons vifs, coquet salon de lecture et accueil personnalisé (une carafe de Mandarine impériale vous attend en cadeau de bienvenue).

Le "Cinq" – Hôtel Four Seasons George V
XXXXX   🗖 ☎ ⇄ ⌂ *VISA* ⓪ 🖭 ①
❀❀

31 av. George V Ⓜ George V – 𝒞 01 49 52 71 54 – par.lecinq@fourseasons.com
– Fax 01 49 52 71 81   F 8
Rest – Menu 75 € (déj.), 135/210 € – Carte 136/360 € ❀
Spéc. Tarialini à la fonduta et à la truffe d'Alba (début oct.-mi-déc.). Poireau cuit à la ficelle aux saveurs d'hiver et à la truffe noire (début déc.-mi-mars). Poularde de Bresse et homard Georges V en cocotte lutée.

♦ Superbe salle de restaurant – majestueuse évocation du Grand Trianon – ouverte sur un ravissant jardin intérieur. Atmosphère élégante, belle cave et cuisine classique.

Les Ambassadeurs – Hôtel Crillon
XXXXX   🗖 ☎ ⇄ ⌂ *VISA* ⓪ 🖭 ①
❀❀

10 pl. Concorde Ⓜ Concorde – 𝒞 01 44 71 16 16
– restaurants@crillon.com – Fax 01 44 71 15 02
– Fermé août, 1er-8 janv., dim. et lundi   G 11
Rest – Menu 75 € (déj. en sem.)/200 € – Carte 156/275 € ❀
Spéc. Blanc à manger d'œuf, truffe noire (janv.à mars). Pigeonneau désossé, foie gras, jus à l'olive. "Paquet gâteau" à manger, chocolat, banane.

♦ Cette splendide salle à manger – l'ancienne salle de bal d'un hôtel particulier du 18e s. – sert d'écrin à une cuisine inventive raffinée et à une magnifique carte des vins.

XXXXX **Alain Ducasse au Plaza Athénée** – Hôtel Plaza Athénée   AC
ξξξ *25 av. Montaigne* Ⓜ *Alma Marceau –*   VISA ⓒⓄ AE ①
   𝓒 *01 53 67 65 00 – adpa@alain-ducasse.com – Fax 01 53 67 65 12*
   – Fermé 18 juil.-25 août, 19-30 déc., lundi midi, mardi midi, merc. midi, sam. et
   dim.   G 9
   Rest – Menu 240/340 € – Carte 180/330 € 🍷
   Spéc. Caviar osciètre d'Iran, langoustines rafraîchies, nage réduite, bouillon parfumé. Volaille de Bresse, sauce albuféra aux truffes d'Alba (15 oct. au 31 déc.). Fraises des bois en coupe glacée, sablé coco.
   ◆ Somptueux décor Régence relooké dans un esprit "design et organza", plats inventifs d'une équipe talentueuse "coachée" par Ducasse et 1001 vins choisis : la vie de palace !

XXXXX **Le Bristol** – Hôtel Bristol   🌳 AC 🛏 VISA ⓒⓄ AE ①
ξξξ *112 r. Fg St-Honoré* Ⓜ *Miromesnil –* 𝓒 *01 53 43 43 00 – resa@lebristolparis.com*
   – Fax 01 53 43 43 01   F 10
   Rest – Menu 95 € (déj.)/210 € – Carte 118/222 € 🍷
   Spéc. Macaroni farcis, truffe noire, artichaut et foie gras de canard, gratinés au parmesan. Merlan de ligne en croûte de pain aux amandes, tétragone mi-cuite, huile de péquillos. Poularde de Bresse cuite en vessie aux écrevisses, royale d'abats et morilles.
   ◆ Avec ses boiseries anciennes, la salle à manger d'hiver ressemble à un petit théâtre. Celle d'été regarde le délicieux jardin de l'hôtel. Brillante cuisine personnalisée.

XXXXX **Ledoyen**   AC 🍷 ✧ 🛏 P VISA ⓒⓄ AE
ξξξ *carré Champs-Élysées* Ⓜ *Champs Elysées Clemenceau –* 𝓒 *01 53 05 10 01*
   – pavillon.ledoyen@ledoyen.com – Fax 01 47 42 55 01
   – Fermé 2-24 août, lundi midi, sam. et dim.   G 10
   Rest – Menu 88 € (déj.), 198/284 € bc – Carte 149/227 € 🍷
   Spéc. Grosses langoustines bretonnes croustillantes, émulsion d'agrumes à l'huile d'olive. Blanc de turbot de ligne braisé, pommes rattes truffées. Noix de ris de veau en brochette de bois de citronnelle, jus d'herbes.
   ◆ Délicieuse cuisine "terre et mer", superbe décor Napoléon III et vue sur les jardins dessinés par Hittorff en ce pavillon néo-classique édifié en 1792 sur les Champs-Élysées.

XXXXX **Taillevent**   AC 🍷 ✧ VISA ⓒⓄ AE ①
ξξξ *15 r. Lamennais* Ⓜ *Charles de Gaulle-Etoile –* 𝓒 *01 44 95 15 01*
   – mail@taillevent.com – Fax 01 42 25 95 18
   – Fermé 26 juil.-25 août, sam., dim. et fériés   F 9
   Rest – *(nombre de couverts limité, prévenir)* Menu 70 € (déj.), 140/190 € – Carte 116/204 € 🍷
   Spéc. Rémoulade de tourteau à l'aneth, sauce fleurette citronnée. Foie gras de canard au banyuls, fruits et légumes caramélisés. Trilogie gourmande.
   ◆ Boiseries, œuvres d'art... L'ex-hôtel particulier (19e s.) du duc de Morny est devenu un lieu de mémoire de la haute gastronomie française. Belle cuisine et cave somptueuse.

XXXXX **Apicius** (Jean-Pierre Vigato)   🚅 AC ✧ 🛏 P VISA ⓒⓄ AE ①
ξξξ *20 r. d'Artois* Ⓜ *St-Philippe du Roule –* 𝓒 *01 43 80 19 66 – restaurant-apicius@*
   wanadoo.fr – Fax 01 44 40 09 57 – Fermé août, sam., dim. et fériés   F 9
   Rest – Menu 150 € (déj.), 160/180 € – Carte 89/166 € 🍷
   Spéc. Déclinaison sur le thème de la langoustine. Saint-Pierre grillé sur la peau, pâtes en risotto d'anchois. Grand dessert "tout caramel".
   ◆ Tableaux flamands du 19e s. et sculptures indiennes du 17e s. ornent cet élégant restaurant installé dans un hôtel particulier. Carte au goût du jour et superbe livre de cave.

XXXXX **Lasserre**   AC 🍷 ✧ 🛏 VISA ⓒⓄ AE ①
ξξξ *17 av. F.-D.-Roosevelt* Ⓜ *Franklin D. Roosevelt –* 𝓒 *01 43 59 53 43*
   – lasserre@lasserre.fr – Fax 01 45 63 72 23
   – Fermé août, sam. midi, lundi midi, mardi midi, merc. midi et dim.   G 10
   Rest – Menu 75 € (déj.)/185 € – Carte 125/233 € 🍷
   Spéc. Macaroni fourrés aux truffes et foie gras. Turbot aux cèpes et échalotes, palourdes gratinées (sept.-oct.). Pigeon André Malraux.
   ◆ Une institution du Paris gourmand. Salle à manger néo-classique, draperies, objets luxueux à foison et étonnant toit ouvrant. Répertoire classique et riche carte des vins.

XXXX **Laurent**   🛋 🌠 ⇄ 🅿 *VISA* 🏧 AE ①
£3
41 av. Gabriel Ⓜ Champs Elysées Clemenceau – ℰ 01 42 25 00 39
– info@le-laurent.com – Fax 01 45 62 45 21
– Fermé 25 déc.-2 janv., sam. midi, dim. et fériés   G 10
Rest – Menu 80/160 € – Carte 130/216 € ♨

Spéc. Araignée de mer dans ses sucs en gelée, crème de fenouil. Foie gras de
canard grillé, posé sur une "cracotte". Flanchet de veau de lait braisé, blettes à la
moelle et au jus.
♦ À deux pas des "Champs", cet ancien pavillon de chasse de Louis XIV, avec ses élégantes
terrasses ombragées, compte de nombreux fidèles. Cuisine de tradition et belle carte des
vins.

XXXX **Pierre Gagnaire**   AC 🅿 *VISA* 🏧 AE ①
£3£3£3
6 r. Balzac Ⓜ George V – ℰ 01 58 36 12 50 – p.gagnaire@wanadoo.fr
– Fax 01 58 36 12 51 – Fermé 2-22 août, 22 déc.-4 janv., dim. midi et sam.
Rest – Menu 95 € (déj. en sem.), 250/350 € – Carte 230/449 €   F 8
Spéc. Langoustines de trois façons. Bar de ligne. Agneau de Lozère.
♦ Le sobre et chic décor contemporain (boiseries blondes, œuvres d'art moderne) s'efface
devant la partition débridée jouée par un chef-jazzman envoûtant. Musique, maestro !

XXX **Les Élysées** – Hôtel Vernet   AC 🌠 🅿 *VISA* 🏧 AE ①
£3£3
25 r. Vernet Ⓜ Charles de Gaulle-Etoile – ℰ 01 44 31 98 98 – elysees@
hotelvernet.com – Fax 01 44 31 85 69 – Fermé 26 juil.-25 août, lundi midi, sam. et dim.
Rest – Menu 64 € (déj.), 105/140 € – Carte 102/159 €   F 8
Spéc. Langoustines bretonnes dorées au curry, galettes de pois chiches aux
légumes croquants. Pithiviers de perdreau, grouse et poule faisane au miel de
châtaignier (saison). Vrai baba au vieux rhum agricole, sorbet ananas.
♦ Cuisine inventive et maîtrisée, aux saveurs subtiles, à déguster sous la splendide verrière
Belle Époque signée Eiffel. Salle à manger modernisée, baignée d'une douce lumière.

XXX **La Table du Lancaster** – Hôtel Lancaster   🛋 AC ⇄
£3
7 r. Berri Ⓜ George V – ℰ 01 40 76 40 18   🅿 *VISA* 🏧 AE ①
– restaurant@hotel-lancaster.fr – Fax 01 40 76 40 00   F 9
Rest – (fermé sam. midi) Menu 52 € (déj. en sem.)/120 € – Carte 73/132 €
Spéc. Cuisses de grenouilles au tamarin, chou-fleur en copeaux. Pièce de thon au
ponzu, sur un riz "koshi hikari". Soufflé au citron vert et sirop au miel d'acacia.
♦ Astucieuse et inventive cuisine supervisée par Michel Troisgros et plaisant cadre contemporain (estampes chinoises) ouvrant sur le jardin : une vraie Table pour le Lancaster.

XXX **Maison Blanche**   ⇐ 🛋 AC 🅿 *VISA* 🏧 AE ①
15 av. Montaigne Ⓜ Alma Marceau – ℰ 01 47 23 55 99 – info@
maison-blanche.fr – Fax 01 47 20 09 56 – Fermé sam. midi et dim. midi
Rest – Menu (30 €), 55 € bc (déj.)/65 € bc (déj.) – Carte 77/139 €   G 9
♦ Sur le toit du théâtre des Champs-Élysées, loft-duplex design dont l'immense verrière
regarde le dôme doré des Invalides. Le Languedoc influence la cuisine des Frères Pourcel.

XXX **Fouquet's**   🛋 ⇄ *VISA* 🏧 AE ①
99 av. Champs Élysées Ⓜ George V – ℰ 01 40 69 60 50 – fouquets@
lucienbarriere.com – Fax 01 40 69 60 35   F 8
Rest – Menu 78 € – Carte 60/142 €
♦ Depuis sa création (1899), cette mythique adresse qui borde "la plus belle avenue du
monde" a vu passer le Tout-Paris. Bel intérieur classé, terrasse prisée et carte de brasserie.

XXX **Senderens**   AC 🌠 ⇄ 🅿 *VISA* 🏧 AE ①
£3£3
9 pl. de la Madeleine Ⓜ Madeleine – ℰ 01 42 65 22 90 – restaurant@senderens.fr
– Fax 01 42 65 06 23 – Fermé 3-25 août   G 11
Rest – Carte 72/91 € ♨
Rest Bar le Passage – ℰ 01 42 65 56 66 – Carte environ 35 €
Spéc. Langoustines croustillantes, chou pak-choï, coriandre et livèche. Agneau de
lait de Castille, péquillos et cocos. Tarte tatin aux coings, glace séchouan et orange
(automne-hiver).
♦ Mariage réussi du mobilier design et des boiseries Art nouveau signées Majorelle dans
cette luxueuse adresse, toujours très animée. Cuisine créative ; belles associations mets et
vins. Au Bar Le Passage : ambiance salon et carte éclectique proposant alcools, tapas et
sushis.

XXX **Copenhague** 🏦 AK ⌂ VISA ⦾ AE ⓪

£3 *142 av. des Champs-Élysées* Ⓜ *George V* – ℰ *01 44 13 86 26*
– reservation.copenhague@blanc.net – Fax 01 58 05 44 98
– Fermé 2-24 août, sam., dim. et fériés F 8
Rest *– (1er étage)* Menu 50 € (déj.), 69/109 € – Carte 74/115 €
Rest *Flora Danica* – Menu 43 € – Carte 40/78 €
Spéc. Foie gras poché à la bière. Cabillaud rôti et braisé au fumet de palourdes,
émulsion aux coquillages. Renne légèrement fumé et rôti, champignons, légumes
et fruits de saison.
♦ Cuisine scandinave, élégant design nordique, vue sur les Champs-Élysées et
terrasse tournée vers un ravissant jardin pour ce restaurant installé dans la Maison du
Danemark. Au Flora Danica, les produits de la boutique et la carte mettent le saumon à
l'honneur.

XXX **Le Chiberta** AK ⟷ VISA ⦾ AE ⓪

£3 *3 r. Arsène-Houssaye* Ⓜ *Charles de Gaulle-Etoile* – ℰ *01 53 53 42 00*
– chiberta@guysavoy.com – Fax 01 45 62 85 08
– Fermé 2-24 août, sam. midi et dim. F 8
Rest – Menu 60/100 € – Carte 73/120 €
Spéc. Crème de langoustines et carottes, citronnelle-gingembre. Côte de bœuf
Hereford rôtie, sabayon ciboulette. Moelleux guanaja au pralin feuilleté.
♦ Atmosphère sereine, lumière tamisée et décor dépouillé signé J.-M. Wilmotte (tons
sombres, insolites "murs à bouteilles") pour une cuisine inventive supervisée par Guy
Savoy.

XXX **El Mansour** AK ⅍ VISA ⦾ AE ⓪

7 r. Trémoille Ⓜ *Alma Marceau* – ℰ *01 47 23 88 18 – Fax 01 40 70 13 53*
– Fermé lundi midi et dim. G 9
Rest – Carte 43/69 €
♦ Salle à manger revêtue de chaleureuses boiseries et égayée de petites notes orien-
tales : un restaurant marocain feutré au cœur du Triangle d'Or. Généreux plats nord-
africains.

XXX **Le Marcande** 🏦 VISA ⦾ AE

52 r. Miromesnil Ⓜ *Miromesnil* – ℰ *01 42 65 19 14 – info@marcande.com*
– Fax 01 42 65 76 85 – Fermé 11-25 août, 24 déc.-5 janv., vend. soir d'oct.
à avril, sam. sauf le soir de mai à sept. et dim. F 10
Rest – Menu 35/41 € – Carte 54/83 €
♦ Le point fort de ce discret restaurant fréquenté par une clientèle d'affaires ? Son agréable
patio-terrasse donnant sur deux salles mi-bourgeoises, mi-contemporaines.

XXX **Stella Maris** (Tateru Yoshino) AK ⅍ VISA ⦾ AE ⓪

£3 *4 r. Arsène Houssaye* Ⓜ *Charles de Gaulle-Etoile* – ℰ *01 42 89 16 22*
– stella.maris.paris@wanadoo.fr – Fax 01 42 89 16 01
– Fermé 10-24 août, sam. midi, dim. et fériés le midi F 8
Rest – Menu 49 € (déj.), 99/130 € – Carte 112/156 €
Spéc. Terrine au foie gras et truffes (hiver). Lièvre à la royale (automne).
Saumon mi-cuit à l'émulsion de citron confit.
♦ Un plaisant restaurant près de l'Arc de Triomphe : cuisine française au goût du jour
joliment troussée par un habile chef japonais, décor épuré et accueil charmant.

XXX **Indra** AK VISA ⦾ AE ⓪

10 r. Cdt-Rivière Ⓜ *St-Philippe du Roule* – ℰ *01 43 59 46 40 – toutounat@*
wanadoo.fr – Fax 01 42 25 70 32 – Fermé sam. midi et dim. F 9
Rest – Menu 40 € (déj.), 44/65 € – Carte 40/59 €
♦ L'un des premiers restaurants indiens de France (1976) dont le cadre ravissant – murs en
patchwork, boiseries ouvragées – invite à un voyage culinaire au pays des Maharadjas.

XX **Le Relais Plaza** – Hôtel Plaza Athénée AK VISA ⦾ AE ⓪

25 av. Montaigne Ⓜ *Alma Marceau* – ℰ *01 53 67 64 00 – reservation@*
plaza-athenee-paris.com – Fax 01 53 67 66 66 – Fermé août G 9
Rest – Menu 50 € – Carte 76/148 €
♦ La cantine chic et intime des maisons de couture voisines. Atmosphère intemporelle et
très beau décor des années 1930 inspiré du paquebot Normandie. Cuisine classique
épurée.

XX **Spoon**　　　　　　　　　　　　　　🅰🅲 ⌖ 🍴 𝗩𝗜𝗦𝗔 ⓒⓞ 🅐🅔 ⓞ

12 r. Marignan Ⓜ *Franklin D. Roosevelt –* ☎ *01 40 76 34 44 – spoonfood@ hotelmarignan.fr – Fax 01 40 76 34 37 – Fermé 2 août-1ᵉʳ sept., 25 déc.-5 janv., sam. et dim.*　　　　　　　　　　　　　　　　　　　　　　　G 9

Rest – Menu 47 € (déj.)/89 € – Carte 57/84 € ⌘

◆ Cette table au concept ludique signé Alain Ducasse étoffe sa carte fusion de saveurs plus traditionnelles. Cadre chic et design, cuisines ouvertes. Superbe cave internationale.

XX **La Luna**　　　　　　　　　　　　　　　🅰🅲 ⌖ 𝗩𝗜𝗦𝗔 ⓒⓞ 🅐🅔

69 r. Rocher Ⓜ *Villiers –* ☎ *01 42 93 77 61 – laluna75008@yahoo.fr – Fax 01 40 08 02 44 – Fermé 30 juil.-26 août et dim.*　　　　　　E 11

Rest – Carte 68/105 €

◆ Du poisson à la carte ! Dans un cadre Art déco et une atmosphère paisible, recettes aux parfums et saveurs iodées, au rythme des arrivages de l'Atlantique.

XX **Tante Louise**　　　　　　　　　　　　　🅰🅲 ⇆ 𝗩𝗜𝗦𝗔 ⓒⓞ 🅐🅔 ⓞ

41 r. Boissy-d'Anglas Ⓜ *Madeleine –* ☎ *01 42 65 06 85 – tantelouise@ bernard-loiseau.com – Fax 01 42 65 28 19 – Fermé août, sam., dim. et fériés*　　　　　　　　　　　　　　　　　　　　　　　F 11

Rest – Menu 36 € (déj.)/40 € – Carte 47/67 €

◆ L'enseigne évoque la "Mère" parisienne qui tenait naguère ce restaurant au discret cadre Art déco. Carte traditionnelle agrémentée de quelques recettes bourguignonnes.

XX **Citrus Étoile**　　　　　　　　　　　　&. 🅰🅲 ⌖ 𝗩𝗜𝗦𝗔 ⓒⓞ 🅐🅔 ⓞ

6 r. Arsène-Houssaye Ⓜ *Charles de Gaulle-Étoile –* ☎ *01 42 89 15 51 – info@ citrusetoile.fr – Fax 01 42 89 28 67 – Fermé 8-19 août, 21 déc.-3 janv., sam., dim. et fériés*　　　　　　　　　　　　　　　　　　　　　　F 8

Rest – Menu 39/90 € – Carte 77/91 €

◆ Le chef Gilles Épié vous invite à découvrir une cuisine riche en nouvelles saveurs inspirée de ses séjours en Californie et au Japon. Déco élégante et épurée. Accueil délicieux.

XX **Les Saveurs de Flora**　　　　　　　　　　　🅰🅲 𝗩𝗜𝗦𝗔 ⓒⓞ 🅐🅔

36 av. George V Ⓜ *George V –* ☎ *01 40 70 10 49 – Fax 01 47 20 52 87 – Fermé août, vacances de fév., sam. midi et dim.*　　　　　　G 8

Rest – Menu (28 €), 38/68 €

◆ Flora, la maîtresse de maison, vous reçoit dans un cadre tendance et feutré où le contemporain côtoie le rétro. Cuisine inventive métissant tradition et saveurs d'ailleurs.

XX **Chez Catherine**　　　　　　　　　　　　　🅰🅲 𝗩𝗜𝗦𝗔 ⓒⓞ 🅐🅔 ⓞ

3 r. Berryer Ⓜ *George V –* ☎ *01 40 76 01 40 – Fax 01 40 76 03 96 – Fermé sam., dim. et fériés*　　　　　　　　　　　　　　　　　　F 9

Rest – Menu (43 €), 49 €

◆ Élégante salle à manger contemporaine ouverte sur les cuisines et en partie coiffée d'une verrière : une adresse chic et cosy où déguster des recettes actuelles.

XX **1728**　　　　　　　　　　　　　　　　　🅰🅲 𝗩𝗜𝗦𝗔 ⓒⓞ 🅐🅔

8 r. d'Anjou Ⓜ *Madeleine –* ☎ *01 40 17 04 77 – restaurant1728@wanadoo.fr – Fax 01 42 65 53 87 – Fermé 5-25 août, dim. et fériés*　　　　　G 11

Rest – Menu (35 €) – Carte 55/110 €

◆ Hôtel particulier (18ᵉ s.) où La Fayette vécut de 1827 à sa mort. Cuisine actuelle aux influences internationales servie dans d'élégants salons : boiseries, mobilier de style.

XXX **La Table d'Hédiard**　　　　　　　　　　　🅰🅲 🍴 𝗩𝗜𝗦𝗔 ⓒⓞ 🅐🅔 ⓞ

21 pl. Madeleine Ⓜ *Madeleine –* ☎ *01 43 12 88 99 – latablehediard@hediard.fr – Fax 01 43 12 88 98 – Fermé août et dim.*　　　　　　　　F 11

Rest – Carte 47/71 €

◆ Décor un brin exotique et cuisine aux mille épices : vous êtes conviés à un "safari" culinaire... après avoir parcouru les appétissants rayons de la célèbre épicerie de luxe.

XXX **Le Sarladais**　　　　　　　　　　　　　　🅰🅲 𝗩𝗜𝗦𝗔 ⓒⓞ 🅐🅔 ⓞ

2 r. Vienne Ⓜ *St-Augustin –* ☎ *01 45 22 23 62 – Fax 01 45 22 23 62 – Fermé 30 avril-12 mai, août, 24-31 déc., sam. sauf le soir du 20 sept. au 30 avril, dim. et fériés*　　　　　　　　　　　　　　　　　　　E 11

Rest – Menu 38/64 € – Carte 48/124 €

◆ Lambris, tons chaleureux, compositions florales et expo-vente de tableaux : un cadre qui se prête à la dégustation des solides recettes périgourdines mitonnées par le chef.

XX **Fermette Marbeuf 1900**   AC VISA MC AE ①

5 r. Marbeuf Ⓜ *Alma Marceau –* ☏ *01 53 23 08 00 – fermettemarbeuf@blanc.net*
– Fax 01 53 23 08 09   G 9
Rest – Menu (24 €), 32 € – Carte 35/63 €
♦ Le décor Art nouveau de la salle à manger-verrière, où vous réserverez votre table, date
de 1898 et a été retrouvé par hasard lors de travaux de rénovation. Plats classiques.

XX **Marius et Janette**   🔥 AC 🛋 VISA MC AE ①

4 av. George V Ⓜ *Alma Marceau –* ☏ *01 47 23 41 88 – Fax 01 47 23 07 19 – Fermé*
27 juil.-5 août   G 8
Rest – Menu 46 € (déj.)/100 € bc – Carte 88/168 €
♦ Une adresse vouée aux produits de la mer dont le nom évoque l'Estaque. Élégant décor
façon yacht et, pour les beaux jours, agréable terrasse sur l'avenue.

XX **Sens par la Compagnie des Comptoirs**   AC

23 r. de Ponthieu Ⓜ *Franklin D. Roosevelt –*   🛋(soir) VISA MC AE ①
☏ *01 42 25 95 00 – resacdcparis@wanadoo.fr – Fax 01 42 25 95 02 – Fermé*
1er-21 août, sam. midi, dim. et lundi   F 9
Rest – Menu 45 € (déj. en sem.), 75 € bc/90 € bc – Carte 36/72 €
♦ Adresse parisienne des Frères Pourcel occupant une vaste salle sous verrière doublée
d'une mezzanine (bar et billard). Décor contemporain aux tons gris et cuisine ensoleillée.

XX **Hanawa**   占 AC ⅗ VISA MC AE ①

26 r. Bayard Ⓜ *Franklin D. Roosevelt –* ☏ *01 56 62 70 70 – hanawa2007@free.fr*
– Fax 01 56 62 70 71 – Fermé dim.   G 9
Rest – Menu 34 € (déj.)/125 € – Carte 34/89 €
♦ Sur 1100 m², ce restaurant d'une sobriété raffinée (bois, fleurs) décline les cuisines
japonaise (à l'étage) et française (au sous-sol) autour des teppanyaki et sushi bar.

XX **Ratn**   VISA MC AE

9 r. de la Trémoille Ⓜ *Alma Marceau –* ☏ *01 40 70 01 09 – contact@*
restaurantratn.com – Fax 01 40 70 01 22   G 9
Rest – Menu (21 €), 39 € – Carte 39/50 €
♦ Une authentique adresse indienne : décor traditionnel sobrement chic (tissus dorés,
panneaux de bois sculptés) et cuisine utilisant les épices avec justesse. Service aimable.

XX **Le Stresa**   AC ⅗ VISA MC ①

7 r. Chambiges Ⓜ *Alma Marceau –* ☏ *01 47 23 51 62 – Fermé 1er-8 mai, août,*
21 déc.-3 janv., sam. et dim.   G 9
Rest – (prévenir) Carte 57/105 €
♦ Trattoria du Triangle d'Or fréquentée par une clientèle très "jet-set". Tableaux de Buffet,
compressions de César... Les artistes aussi apprécient cette cuisine italienne.

XX **Bistrot du Sommelier**   AC ⇔ VISA MC AE

97 bd Haussmann Ⓜ *St-Augustin –* ☏ *01 42 65 24 85 – bistrot-du-sommelier@*
noos.fr – Fax 01 53 75 23 23 – Fermé 25 juil.-24 août, 24 déc.-5 janv., sam. et
dim.   F 11
Rest – Menu (32 €), 39 € (déj.), 60 € bc/100 € bc – Carte 47/56 € 🍴
♦ Le bistrot de Philippe Faure-Brac, honoré du titre de meilleur sommelier du monde en
1992, compose un hymne à Bacchus, nourri du feu roulant de dives bouteilles.

XX **Rue Balzac**   AC ⇔ 🛋 VISA MC AE ①

8 r. Lord Byron Ⓜ *George V –* ☏ *01 53 89 90 91 – ruebalzac@wanadoo.fr*
– Fax 01 53 89 90 94 – Fermé 1er-20 août, sam. midi et dim. midi   F 8
Rest – Carte 32/80 €
♦ Le décor de cette immense salle de style appartement bourgeois s'inspirerait du Cirque
2000 de New-York. L'adresse est tendance puisque promue par Johnny "himself".

XX **L'Angle du Faubourg**   AC VISA MC AE ①
☼
195 r. Fg St-Honoré Ⓜ *Ternes –* ☏ *01 40 74 20 20*
– angledufaubourg@cavestaillevent.com – Fax 01 40 74 20 21
– Fermé 26 juil.-25 août, sam., dim. et fériés   E 9
Rest – Menu 35/70 € (dîner) – Carte 45/71 € 🍴
Spéc. Sablé de thon aux épices. Râble de lapin rôti à la marjolaine. Cannelloni au
citron, sorbet basilic.
♦ À l'angle des rues du Faubourg-St-Honoré et Balzac. Ce bistrot moderne, qui n'a pas l'âme
faubourienne, propose une cuisine classique habilement actualisée. Cadre épuré.

XX **Market**   ᴀ/ᴄ ◻◻ VISA ◕◕ ᴀᴇ

15 av. Matignon Ⓜ *Franklin D. Roosevelt –* ℰ *01 56 43 40 90 – prmarketsa@*
aol.com – Fax 01 43 59 10 87   F 10

Rest – Menu 34 € (déj.) – Carte 49/87 €

♦ Emplacement prestigieux, décor de bois et de marbre, masques africains logés dans des niches et cuisine métissée (française, italienne et asiatique) : une adresse trendy.

XX **Maxan**   ᴀ/ᴄ ⇔ VISA ◕◕ ᴀᴇ

37 r. Miromesnil Ⓜ *Miromesnil –* ℰ *01 42 65 78 60 – rest.maxan@wanadoo.fr*
– Fax 01 49 24 96 17 – Fermé 5-28 août, 24 déc.-2 janv., lundi soir, sam. midi et
dim.   F 10

Rest – Menu (30 €), 38 € (déj.)/45 € (dîner) – Carte 48/75 €

♦ Le décor contemporain réalisé par Pierre Pozzi est d'une grande sobriété (murs blancs ou ornés de rayures multicolores, mobilier de type bistrot). Plats classiques actualisés.

XX **Village d'Ung et Li Lam**   ᴀ/ᴄ VISA ◕◕ ᴀᴇ ①

10 r. J. Mermoz Ⓜ *Franklin D. Roosevelt –* ℰ *01 42 25 99 79 – Fax 01 42 25 12 06*
– Fermé sam. midi et dim. midi   F 10

Rest – Menu 19/35 € – Carte 25/40 €

♦ Ung et Li vous accueillent dans un cadre asiatique original : aquariums suspendus et sol en pâte de verre avec inclusions de sable. Cuisine sino-thaïlandaise.

XX **Al Ajami**   ᴀ/ᴄ VISA ◕◕ ①

58 r. François 1ᵉʳ Ⓜ *George V –* ℰ *01 42 25 38 44 – ajami@free.fr*
– Fax 01 42 25 38 39   G 9

Rest – Menu (19 €), 25 € (sem.)/46 € – Carte 36/61 €

♦ Cette ambassade de la cuisine libanaise est la déclinaison parisienne d'une enseigne créée à Beyrouth en1920. Décor orientalisant, ambiance familiale et clientèle d'habitués.

X **Dominique Bouchet**   ᴀ/ᴄ ⇔ ◻◻ ◕◕ ᴀᴇ

⃝ *11 r. Treilhard* Ⓜ *Miromesnil –* ℰ *01 45 61 09 46 – dominiquebouchet@yahoo.fr*
– Fax 01 42 89 11 14 – Fermé en août, sam. et dim.   E 10

Rest – *(prévenir)* Menu (46 €), 55/87 € – Carte 55/75 € ⅋

Spéc. Charlotte de crabe et tomate, chiffonnade de laitue, mangue fraiche et basilic (avril à sept.). Gros macaroni de homard sur purée de champignons, noyé de sa bisque. Gigot d'agneau de sept heures, sauce parfumée au cacao torréfié, pomme purée.

♦ Décor contemporain de bon goût, ambiance conviviale et savoureuse cuisine du marché reposant sur des bases traditionnelles : succès mérité pour ce petit bistrot tendance.

X **L'Arôme**   ᴀ/ᴄ VISA ◕◕ ᴀᴇ

3 r. St-Philippe-du-Roule Ⓜ *St-Philippe-du-Roule –* ℰ *01 42 25 55 98*
– contact@larome.fr – Fax 01 42 25 55 97
– Fermé août, 22-29 déc., sam. et dim.   F 9

Rest – Menu (27 €), 34 € (déj.), 45/60 € – Carte 45/59 €

♦ Un "néo-bistrot" chic mené de main de maître par Eric Martins (en salle) et Thomas Boullault en cuisine. Décor chic et sobre aux tons corail et taupe. Carte traditionnelle revisitée.

X **Bistro de l'Olivier**   ᴀ/ᴄ VISA ◕◕ ᴀᴇ ①

13 r. Quentin Bauchart Ⓜ *George V –* ℰ *01 47 20 78 63 – Fax 01 47 20 74 58*
– Fermé août, sam. midi et dim.   G 8

Rest – *(nombre de couverts limité, prévenir)* Menu (28 €), 35 €
– Carte 68/82 €

♦ Carrés provençaux et tableaux évoquant le Sud égayent la salle à manger très chaleureuse de ce restaurant situé près de l'avenue George V. Cuisine méditerranéenne.

X **Chez Cécile la Ferme des Mathurins**   ᴀ/ᴄ VISA ◕◕ ᴀᴇ

17 r. Vignon Ⓜ *Madeleine –* ℰ *01 42 66 46 39 – cecile@chezcecile.com*
– Fermé sam. midi et dim.   F 12

Rest – bistrot Menu 34 € (déj.)/37 €

♦ Plats traditionnels aussi copieux que soignés, délicieuse ambiance bon enfant et clientèle d'habitués : on joue souvent à guichets fermés dans cet authentique bistrot d'antan.

✗ Le Cou de la Girafe 　　　　　　AC 🍴 VISA ⦿ AE ⦿

7 r. Paul Baudry Ⓜ *St-Philippe du Roule –* ✆ *01 56 88 29 55*
– nicolas-richard@wanadoo.fr – Fax 01 42 25 28 82
– Fermé 1er-20 août, sam. midi et dim. 　　　　　　　　　　　F 9
Rest – Menu (24 €), 30/50 € – Carte 34/55 €

♦ Décor feutré et contemporain (bois, tons jaune et chocolat) signé Pierre-Yves Rochon et savoureuse cuisine dans l'air du temps caractérisent ce bistrot très en vue.

✗ Café Lenôtre - Pavillon Elysée 　🎍 AC ⇔ 🍴 P VISA ⦿ AE ⦿

10 av. Champs-Elysées Ⓜ *Champs Elysées Clemenceau –* ✆ *01 42 65 85 10*
– Fax 01 42 65 76 23 – Fermé 3 sem. en août, 1 sem. en fév., lundi soir de nov. à fév. et dim. soir 　　　　　　　　　　　　　　　　　　G 10
Rest – Carte 44/64 €

♦ Cet élégant pavillon bâti pour l'Exposition universelle de 1900 a fait peau neuve et abrite, outre une boutique et une école de cuisine, un restaurant résolument contemporain.

✗ L'Appart' 　　　　　　　　　　　AC VISA ⦿ AE

9 r. Colisée Ⓜ *Franklin D. Roosevelt –* ✆ *01 53 75 42 00 – boris.terdjman@ blanc.net – Fax 01 53 75 42 09* 　　　　　　　　　　　F 9
Rest – Menu 23 € (déj.), 30/55 € (dîner) – Carte 29/58 €

♦ Salon, bibliothèque ou cuisine ? Choisissez une des pièces de cet "appartement" reconstitué qui sert de cadre cosy à la dégustation d'une cuisine au goût du jour.

✗ Toi 　　　　　　　　　AC 🍴(soir) VISA ⦿ AE ⦿

27 r. Colisée Ⓜ *Franklin D. Roosevelt –* ✆ *01 42 56 56 58 – restaurant.toi@ wanadoo.fr – Fax 01 42 56 09 60* 　　　　　　　　　F 9
Rest – Menu (17 €), 24/69 € bc – Carte 35/79 €

♦ Couleurs vives (rouge, orange) et mobilier design : décor d'esprit "seventies" pour ce restaurant-bar tendance et chaleureux, proposant une cuisine actuelle et créative.

✗ Devez 　　　　　　　　　🎍 AC VISA ⦿ AE

5 pl. de l'Alma Ⓜ *Alma Marceau –* ✆ *01 53 67 97 53 – contact@devezparis.com – Fax 01 47 23 09 48* 　　　　　　　　　　G 8
Rest – Carte 33/67 €

♦ Amoureux de sa terre d'origine, le patron – également éleveur – mitonne une cuisine au goût du jour axée sur la viande d'Aubrac. Bel intérieur contemporain et table d'hôte.

✗ L'Atelier des Compères 　　　　　　VISA ⦿ AE

56 r. Galilée Ⓜ *George V –* ✆ *01 47 20 75 56 – contact@atelierdescomperes.com – Fermé août, vacances de Noël, sam., dim. et fériés* 　　　F 8
Rest – *(nombre de couverts limité, prévenir)* Menu (40 €), 50/65 €

♦ Insolite "guinguette" chic installée dans une cour pavée dont on ouvre le toit en été. Sur l'ardoise : d'appétissantes recettes renouvelées chaque jour, au gré des arrivages.

✗ La Maison de L'Aubrac 　　　　　　VISA ⦿ AE

37 r. Marbeuf Ⓜ *Franklin D. Roosevelt –* ✆ *01 43 59 05 14 – ldurot.aubrac@ wanadoo.fr – Fax 01 42 25 29 87* 　　　　　　　　G 9
Rest – Menu (30 €), 55 € – Carte 34/54 €

♦ Décor de ferme aveyronnaise, copieux plats rustiques honorant la race bovine et très belle cave : un vrai petit coin d'Aubrac... L'animation des Champs-Élysées voisins en plus.

✗ SYDR 　　　　　　　　　&. AC VISA ⦿ AE

6 r. de Tilsitt Ⓜ *Charles de Gaulle-Etoile –* ✆ *01 45 72 41 32 – sydrerie@orange.fr – Fax 01 45 72 41 79 – Fermé août, dim. et lundi* 　　　F 8
Rest – Menu 27 € (déj.)/39 € bc – Carte 33/53 €

♦ Une "sydrerie" façon post-moderne créée par Alain Dutournier et Philippe Sella. Cadre ultra dépouillé, cuisine du terroir revisitée et bar (tapas et dégustations de cidres).

✗ Bocconi 　　　　　　　🎍 AC VISA ⦿ AE

10 bis r. Artois Ⓜ *St-Philippe du Roule –* ✆ *01 53 76 44 44 – bocconi@wanadoo.fr – Fax 01 45 61 10 08 – Fermé sam. midi et dim.* 　　　F 9
Rest – Carte 41/55 €

♦ Sobre salle à manger de style contemporain et agréable terrasse d'été pour cette trattoria dont la carte propose une sélection de recettes typiquement italiennes.

Le Boucoléon
`VISA` `MC`

10 r. Constantinople ⓜ Europe – ℰ 01 42 93 73 33 – Fax 01 42 93 95 44
– Fermé 10-25 août, sam. midi, dim. et fériés
E 11
Rest – *(nombre de couverts limité, prévenir)* Menu (24 €) – Carte 34/44 €

◆ Affiches et souvenirs de rugby – la passion du patron – ornent ce petit bistrot de quartier où l'on déguste de solides plats préparés avec des produits basques et du Sud-Ouest.

Le Bistrot de Marius
`VISA` `MC` `AE` `①`

6 av. George V ⓜ Alma Marceau – ℰ 01 40 70 11 76
– Fax 01 40 70 17 08
G 8
Rest – Menu (28 €), 32 € (déj. en sem.) – Carte 32/63 €

◆ Petites tables serrées et simplement dressées, décoration provençale vivement colorée et cuisine de la mer : on se croirait dans un restaurant du vieux port, peuchère !

Daru
`AC` (soir) `VISA` `MC` `AE`

19 r. Daru ⓜ Courcelles – ℰ 01 42 27 23 60 – restaurant.daru@orange.fr
– Fax 01 47 54 08 14 – Fermé août et dim.
E 9
Rest – Menu (29 €) – Carte 40/70 €

◆ Fondée en 1918, la maison Daru fut la première épicerie russe de Paris. Elle continue de régaler ses hôtes de zakouskis, blinis et caviars, dans une salle rouge et noire.

Shin Jung
`AC` `VISA` `MC`

7 r. Clapeyron ⓜ Rome – ℰ 01 45 22 21 06 – printemp0706@aol.fr
– Fax 01 42 94 10 96 – Fermé dim. midi et midi fériés
D 11
Rest – Menu 9 € (déj.), 15/36 € (dîner) – Carte 19/37 €

◆ Salle de restaurant un rien zen, dont les murs sont agrémentés de calligraphies. Cuisine sud-coréenne et spécialités de poissons crus. Accueil sympathique.

Opéra, Grands Boulevards

9ᵉ arrondissement ✉ 75009

Intercontinental Le Grand
`💷` `🅿` `🔆` `AC` `↯` `✗` `☎` `🅿` `🚗` `VISA` `MC` `AE` `①`

2 r. Scribe ⓜ Opéra – ℰ 01 40 07 32 32
– legrand@ihg.com – Fax 01 42 66 12 51
F 12
442 ch – †650/830 € ††650/830 €, ☐ 38 € – 28 suites
Rest *Café de la Paix* – voir ci-après

◆ Le célèbre palace, inauguré en 1862, a rouvert ses portes en 2003 après une rénovation complète. Esprit Second Empire judicieusement préservé et confort d'aujourd'hui.

Scribe
`🅿` `🔆` `AC` `↯` `✗` `☎` `🅿` `VISA` `MC` `AE` `①`

1 r. Scribe ⓜ Opéra – ℰ 01 44 71 24 24 – h0663@accor.com
– Fax 01 42 65 39 97
F 12
213 ch – †555/1150 € ††555/1150 €, ☐ 28 € – 5 suites
Rest *Café Lumière* – ℰ 01 44 71 24 19 – Carte 41/67 €

◆ Dans un bel immeuble haussmannien, hôtel entièrement rénové et apprécié pour son luxe discret. En 1895, le public y découvrait en première mondiale le cinématographe des Frères Lumière. Carte contemporaine au Café Lumière, éclairé par une verrière. Ambiance cosy, un peu british.

Millennium Opéra
🛎 🕴 ⅙ ch, 🆔 ↭ 🛁 VISA ⑩ 🅰🅴 ①
12 bd Haussmann Ⓜ *Richelieu Drouot –* ☏ *01 49 49 16 00 – opera@mill-cop.com*
– Fax 01 49 49 17 00
F 13
157 ch – ♦400/450 € ♦♦500/550 €, ⊆ 25 € – 6 suites
Rest *Brasserie Haussmann* – ☏ *01 49 49 16 64* – Menu (19 € bc)
– Carte 28/61 €

♦ Cet hôtel de 1927 n'a rien perdu de son lustre des années folles. Chambres garnies de meubles Art déco et aménagées avec un goût sûr. Équipements modernes. Cadre judicieusement revisité et actualisé, et plats typiques du genre à la Brasserie Haussmann.

Ambassador
🛎 🕭 🕴 🆔 ↭ 🛁 ᗤ VISA ⑩ 🅰🅴 ①
16 bd Haussmann Ⓜ *Richelieu Drouot –* ☏ *01 44 83 40 40 – ambass@*
concorde-hotels.com – Fax 01 44 83 40 57
F 13
274 ch – ♦500 € ♦♦500 €, ⊆ 26 € – 20 suites
Rest *16 Haussmann* – ☏ *01 48 00 06 38* – Menu (32 €), 44 € (déj.), 37 €
(dîner)/52 € – Carte 48/59 €

♦ Panneaux de bois peint, lustres en cristal, meubles et objets anciens ornent cet élégant hôtel des années 1920. Les chambres rénovées offrent un sobre décor contemporain, les autres sont plus classiques. Au 16 Haussmann, tons bleu "parisien" et doré, bois blond, sièges rouges signés Starck et larges baies vitrées donnant sur le boulevard animé.

Pavillon de Paris sans rest
🕴 🕭 🆔 ↭ ℅ 🕻 ℗ VISA ⑩ 🅰🅴 ①
7 r. Parme Ⓜ *Liège –* ☏ *01 55 31 60 00 – mail@pavillondeparis.com*
– Fax 01 55 31 60 01
D 12
30 ch – ♦215/240 € ♦♦270/296 €, ⊆ 16 €

♦ Dans une rue tranquille, hôtel contemporain aux chambres peu spacieuses, d'un luxe sobre mais dégageant une atmosphère plaisamment intimiste. Jardin japonais dans la minicour.

Villa Opéra Drouot sans rest
🕴 🕭 🆔 ↭ 🕻 VISA ⑩ 🅰🅴 ①
2 r. Geoffroy Marie Ⓜ *Grands Boulevards –* ☏ *01 48 00 08 08 – drouot@*
leshotelsdeparis.com – Fax 01 48 00 80 60
F 14
29 ch – ♦139/370 € ♦♦149/380 €, ⊆ 20 €

♦ Laissez-vous surprendre par le subtil mélange d'un décor baroque et du confort très cossu en ces chambres agrémentées de tentures, velours, soieries et boiseries.

Jules sans rest
🕭 🕴 🕭 🆔 ↭ 🕻 VISA ⑩ 🅰🅴 ①
49 r. La Fayette Ⓜ *Le Peletier –* ☏ *01 42 85 05 44 – info@hoteljules.com*
– Fax 01 49 95 06 60
F 14
101 ch – ♦128/260 € ♦♦128/260 €, ⊆ 14 €

♦ Cet hôtel a pris le tournant de la modernité sans rien perdre de son élégance. Au sous-sol, salle des petits-déjeuners lumineuse et vitaminée (tons orange, motif floral). Fitness.

Astra Opéra sans rest
🕴 🆔 ↭ ℅ 🕻 VISA ⑩ 🅰🅴 ①
29 r. Caumartin Ⓜ *Havre Caumartin –* ☏ *01 42 66 15 15 – hotel.astra@*
astotel.com – Fax 01 42 66 98 05
F 12
82 ch – ♦225/270 € ♦♦255/320 €, ⊆ 22 €

♦ Immeuble haussmannien abritant des chambres assez amples et confortables. Lumineux salon sous verrière, décoré de tableaux contemporains. Chaleureuse salle des petits-déjeuners.

St-Pétersbourg sans rest
🕴 🆔 🕻 🛁 VISA ⑩ 🅰🅴 ①
33 r. Caumartin Ⓜ *Havre Caumartin –* ☏ *01 42 66 60 38 – info@hotelpeters.com*
– Fax 01 42 66 53 54
F 12
100 ch ⊆ – ♦151/189 € ♦♦193/250 €

♦ Grand hôtel traditionnel au fonctionnement familial. Élégante entrée – sol en marbre et lustres – nombreux salons et salles de réunion. Chambres spacieuses.

Lorette Opéra sans rest
🕴 🕭 🆔 ↭ ℅ 🕻 VISA ⑩ 🅰🅴 ①
36 r. Notre-Dame de Lorette Ⓜ *St-Georges –* ☏ *01 42 85 18 81 – hotel.lorette@*
astotel.com – Fax 01 42 81 32 19
E 13
84 ch – ♦136/240 € ♦♦136/240 €, ⊆ 14 €

♦ Dans cet hôtel entièrement rénové, style contemporain et pierres de taille se mêlent harmonieusement. Agréables chambres actuelles, petit-déjeuner servi dans une salle voûtée.

Villathéna sans rest   🕭 AC 4/ 📞 *VISA* 🐵 AE

23 r. d'Athènes Ⓜ St-Lazare – ℰ 01 44 63 07 07 – reservation @ villathena.com
– Fax 01 44 63 07 60   E 12
43 ch – 🛏185/215 € 🛏🛏185/215 €, ☱ 17 €

♦ Dans les ex-bureaux de la Sécurité sociale, hôtel tout neuf au cadre contemporain : hall noir, blanc et rouge laqué, chambres au mobilier de bois clair (bons équipements).

Richmond Opéra sans rest   🕭 AC ⅔ 📞 *VISA* 🐵 AE ⓞ

11 r. Helder Ⓜ Chaussée d'Antin – ℰ 01 47 70 53 20 – paris @ richmond-hotel.com
– Fax 01 48 00 02 10   F 13
59 ch – 🛏134/149 € 🛏🛏154/225 €, ☱ 10 €

♦ Les chambres, spacieuses et élégantes, donnent presque toutes sur la cour. Le salon est bourgeoisement décoré dans le style Empire.

Opéra Franklin sans rest   🕭 AC 4/ ⅔ 📞 *VISA* 🐵 AE ⓞ

19 r. Buffault Ⓜ Cadet – ℰ 01 42 80 27 27 – info @ operafranklin.com
– Fax 01 48 78 13 04   E 14
67 ch – 🛏139/163 € 🛏🛏152/216 €, ☱ 13 €

♦ Dans une rue paisible, cet hôtel d'affaires est bâti autour d'une cour. Grand hall d'entrée sous verrière avec bar. Chambres pratiques et sobres.

ATN sans rest   🕭 AC 4/ ⅔ 📞 *VISA* 🐵 AE ⓞ

21 r. d'Athènes Ⓜ St-Lazare – ℰ 01 48 74 00 55 – atn @ atnhotel.fr
– Fax 01 42 81 04 75   E 12
36 ch – 🛏139/350 € 🛏🛏139/399 €, ☱ 11 €

♦ À deux pas de la gare St-Lazare, hôtel complètement rénové et repensé. Design contemporain tendance, matériaux de qualité et aménagements réfléchis en résument l'esprit.

9HOTEL sans rest   AC 4/ ⅔ 📞 *VISA* 🐵 AE ⓞ

14 r. Papillon Ⓜ Cadet – ℰ 01 47 70 78 34 – info @ le9hotel.com
– Fax 01 40 22 91 00   E 14
35 ch – 🛏140/220 € 🛏🛏150/230 €, ☱ 15 €

♦ Établissement rénové dans un style épuré. Agréable salon avec livres à disposition. Chambres peu spacieuses mais fonctionnelles (mobilier contemporain, éclairage modulable).

Caumartin Opéra sans rest   🕭 4/ 📞 *VISA* 🐵 AE ⓞ

27 r. Caumartin Ⓜ Havre Caumartin – ℰ 01 47 42 95 95 – hotel.caumartin @ astotel.com – Fax 01 47 42 88 19   F 12
40 ch – 🛏155/240 € 🛏🛏165/240 €, ☱ 14 €

♦ Cure de jouvence complète pour ce petit hôtel du quartier des grands magasins. Chambres au décor dans l'air du temps et salles de bain d'une blancheur immaculée.

Grand Hôtel Haussmann sans rest   🕭 AC ⅔ 📞 *VISA* 🐵 AE ⓞ

6 r. Helder Ⓜ Opéra – ℰ 01 48 24 76 10 – ghh @ club-internet.fr
– Fax 01 48 00 97 18   F 13
59 ch – 🛏135/185 € 🛏🛏150/225 €, ☱ 14 €

♦ Cette discrète façade dissimule des chambres de tailles variées, douillettes, personnalisées et rénovées par étapes. Presque toutes donnent sur l'arrière.

Anjou Lafayette sans rest   🕭 AC 4/ 📞 *VISA* 🐵 AE ⓞ

4 r. Riboutté Ⓜ Cadet – ℰ 01 42 46 83 44 – hotel.anjou.lafayette @ wanadoo.fr
– Fax 01 48 00 08 97   E 14
39 ch – 🛏98/170 € 🛏🛏118/190 €, ☱ 12 €

♦ Près du verdoyant square Montholon orné de grilles du Second Empire, chambres de bon confort, insonorisées et décorées dans des tons chaleureux.

Trois Poussins sans rest   🕭 🕭 AC 4/ 📞 *VISA* 🐵 AE ⓞ

15 r. Clauzel Ⓜ St-Georges – ℰ 01 53 32 81 81 – h3p @ les3poussins.com
– Fax 01 53 32 81 82   E 13
40 ch – 🛏110/140 € 🛏🛏119/156 €, ☱ 10 €

♦ Élégantes chambres offrant plusieurs niveaux de confort. Vue sur Paris depuis les derniers étages. Salle des petits-déjeuners joliment voûtée. Petite cour-terrasse.

Opéra d'Antin sans rest 🏨 🄰🄲 🕪 📶 𝑽𝑰𝑺𝑨 🆆🅾 🄰🄴 🅾

75 r. de Provence Ⓜ *Chaussée d'Antin –* ✆ *01 48 74 12 99 – operadantin@*
paris-hotel-capital.com – Fax 01 48 74 16 14   F 12
29 ch – ♦195 € **♦♦**195 €, ⌂ 13 €

♦ Hôtel restauré proche des célèbres Galeries Lafayette. Salle des petits-déjeuners aménagée sous une verrière et plaisantes chambres optant pour le style Art déco.

Langlois sans rest 🏨 📶 𝑽𝑰𝑺𝑨 🆆🅾 🄰🄴 🅾

63 r. St-Lazare Ⓜ *Trinité –* ✆ *01 48 74 78 24 – info@hotel-langlois.com*
– Fax 01 49 95 04 43   E 12
24 ch – ♦105/120 € **♦♦**120/140 €, ⌂ 12 € – 3 suites

♦ Bâti en 1870, l'immeuble abrita d'abord une banque puis un hôtel à partir de 1896. Art nouveau, Art déco ou années 1950, toutes les chambres ont un caractère bien marqué.

Mercure Monty sans rest 🏨 🄰🄲 🕪 📶 🛗 𝑽𝑰𝑺𝑨 🆆🅾 🄰🄴 🅾

5 r. Montyon Ⓜ *Grands Boulevards –* ✆ *01 47 70 26 10 – hotel@*
mercuremonty.com – Fax 01 42 46 55 10   F 14
69 ch – ♦75/215 € **♦♦**90/230 €, ⌂ 15 €

♦ Belle façade des années 1930, cadre Art déco à l'accueil et équipements standard de la chaîne caractérisent ce Mercure situé dans la perspective des Folies Bergère.

Acadia sans rest 🏨 ♿ 🄰🄲 ⌀ 📶 𝑽𝑰𝑺𝑨 🆆🅾 🄰🄴 🅾

4 r. Geoffroy Marie Ⓜ *Grands Boulevards –* ✆ *01 40 22 99 99 – hotel.acadia@*
astotel.com – Fax 01 40 22 01 82   F 14
36 ch – ♦124/220 € **♦♦**165/220 €, ⌂ 14 €

♦ Dans un quartier animé – de nuit comme de jour – ce petit hôtel abrite des chambres bien équipées et bénéficiant d'un double vitrage. Tenue sans reproche.

Peyris sans rest 🏨 🄰🄲 🕪 📶 𝑽𝑰𝑺𝑨 🆆🅾 🄰🄴 🅾

10 r. Conservatoire Ⓜ *Poissonnière –* ✆ *01 47 70 50 83 – info@hotel-peyris.com*
– Fax 01 40 22 95 91   F 14
50 ch – ♦110 € **♦♦**145 €, ⌂ 13 €

♦ Les chambres sont dotées d'aménagements fonctionnels et de décors aux tons jaune et bleu. Salon garni d'un mobilier Napoléon III. Accueil aimable.

Villa Opéra Lamartine sans rest 🏨 🄰🄲 ⌀ 📶 𝑽𝑰𝑺𝑨 🆆🅾 🄰🄴 🅾

39 r. Lamartine Ⓜ *Notre-Dame-de-Lorette –* ✆ *01 48 78 78 58 – lamartineopera@*
wanadoo.fr – Fax 01 48 74 65 15   E 14
28 ch – ♦90/110 € **♦♦**140/180 €, ⌂ 12 €

♦ À deux pas de Notre-Dame-de-Lorette, cet hôtel revisite avec élégance le Paris des Romantiques. Chambres cossues, petit-déjeuner servi sous une belle voûte en pierre.

Du Pré sans rest 🏨 ⌀ 🕪 𝑽𝑰𝑺𝑨 🆆🅾 🄰🄴 🅾

10 r. P. Sémard Ⓜ *Poissonnière –* ✆ *01 42 81 37 11 – hotel@duprehotels.com*
– Fax 01 40 23 98 28   E 15
40 ch ⌂ **– ♦**98/100 € **♦♦**118/130 €

♦ Chambres fonctionnelles et joliment colorées, salon garni de canapés Chesterfield, salle des petits-déjeuners et bar de style bistrot.

Monterosa sans rest 🏨 🄰🄲 𝑽𝑰𝑺𝑨 🆆🅾

30 r. La Bruyère Ⓜ *St-Georges –* ✆ *01 48 74 87 90 – hotel.monterosa@*
wanadoo.fr – Fax 01 42 81 01 12 – Fermé 19-26 déc.   E 13
36 ch – ♦115 € **♦♦**140 €, ⌂ 8 €

♦ Chaleureux décor en tons jaune-rouge et boiseries pour cet hôtel qui offre une atmosphère très intime en plein quartier de la Nouvelle Athènes. Agréable bar-salon.

Café de la Paix – Intercontinental Le Grand ♿ 🄰🄲 ⌀ ⇄

12 bd Capucines Ⓜ *Opéra –* ✆ *01 40 07 36 36* ⇱ 𝑽𝑰𝑺𝑨 🆆🅾 🄰🄴 🅾
– reservation@cafedelapaix.fr – Fax 01 40 07 36 13   F 12
Rest – Menu (35 €), 45 € (déj.)/85 € – Carte 51/118 €

♦ Belles fresques, lambris dorés et mobilier inspiré du style Second Empire : cette luxueuse et célèbre brasserie, ouverte de 7 h à minuit, reste le rendez-vous du Tout-Paris.

XX ⁂ Jean $\qquad$ AC ↔ VISA MC AE ①

8 r. St-Lazare Ⓜ Notre-Dame-de-Lorette
– ℰ 01 48 78 62 73
– chezjean@wanadoo.fr – Fax 01 48 78 66 04
– Fermé 28 juil.-25 août, 25 fév.-3 mars, sam. et dim.   E 12
Rest – Menu (38 €), 46 € (déj.), 60/75 € – Carte 63/71 €

Spéc. Jus tremblotant de crevettes grises, herbes parfumées. Noix de veau, yaourt à l'anchois et jus de prune à l'orchidée. Dacquoise à la fleur d'oranger, chasselas, sorbet bière blanche.

♦ Séduisante cuisine actuelle dans ce restaurant redécoré. L'esprit bistrot a fait place à une ambiance cosy (tissus à rayures, motifs fleuris, mosaïque au sol). Salon à l'étage.

XX Romain $\qquad$ ⅍ VISA MC AE ①

40 r. St-Georges Ⓜ St-Georges – ℰ 01 48 24 58 94
– restaurant_romain@yahoo.fr
– Fax 01 42 47 09 75   E 13
Rest – (Fermé août, dim. et lundi) Menu 33 € – Carte 36/67 €

♦ Ce restaurant niché derrière Notre-Dame-de-Lorette propose une courte carte italienne (excellente charcuterie, pâtes maison) assortie à un livre de cave également transalpin.

XX Bistrot Papillon $\qquad$ AC VISA MC AE ①

6 r. Papillon Ⓜ Cadet
– ℰ 01 47 70 90 03 – Fax 01 48 24 05 59
– Fermé 1ᵉʳ-12 mai, 6-31 août, sam. sauf le soir d'oct. à avril et dim.   E 15
Rest – Menu 29 € – Carte 36/48 €

♦ Il règne une atmosphère provinciale dans ce restaurant aux murs habillés de boiseries ou tendus de tissu. Carte classique complétée de plats choisis selon le marché.

XX Au Petit Riche $\qquad$ AC ↔ VISA MC AE ①

25 r. Le Peletier Ⓜ Richelieu Drouot
– ℰ 01 47 70 68 68
– aupetitriche@wanadoo.fr – Fax 01 48 24 10 79
– Fermé sam. du 14 juil. au 20 août et dim.   F 13
Rest – Menu (24 €), 27/36 € – Carte 30/62 €

♦ Banquettes en velours rouge, miroirs gravés, tables élégantes : voici intact le charme de salons "à la mode du 19ᵉ s.". Cuisine d'inspiration tourangelle et beau choix de vins de Loire.

XX Carte Blanche $\qquad$ AC VISA MC AE

6 r. Lamartine Ⓜ Cadet – ℰ 01 48 78 12 20
– rest.carteblanche@free.fr – Fax 01 48 78 12 21
– Fermé 1ᵉʳ-20 août, sam. midi et dim.   E 14
Rest – Menu 26/40 € – Carte environ 43 €

♦ Les patrons ont voyagé et cela se voit : objets et photos ramenés des quatre coins du globe, vaisselle exotique et bonne cuisine métissant influences françaises et étrangères.

X Casa Olympe $\qquad$ AC VISA MC

48 r. St Georges Ⓜ St-Georges
– ℰ 01 42 85 26 01 – Fax 01 45 26 49 33
– Fermé 1ᵉʳ-12 mai, 1ᵉʳ-25 août, 23 déc.-3 janv., sam. et dim.   E 13
Rest – (nombre de couverts limité, prévenir) Menu (29 €), 38/60 €

♦ Deux petites salles ocre où l'on déguste à touche-touche les plats traditionnels qu'Olympe – Dominique Versini, égérie culinaire des années 1980 – interprète à sa façon.

X Dell Orto $\qquad$ VISA MC AE

45 r. St-Georges Ⓜ St-Georges
– ℰ 01 48 78 40 30
– Fermé août, vacances de Noël, dim. et lundi   E 13
Rest – (dîner seult) Carte 32/64 €

♦ Agréable décor façon trattoria chic, ambiance chaleureuse, et aux fourneaux, un chef italien qui rehausse délicatement la cuisine de son pays de saveurs venues d'ailleurs.

La Petite Sirène de Copenhague
VISA *MC* *AE*

*47 r. N.-D. de Lorette Ⓜ St-Georges – ℰ 01 45 26 66 66 – Fermé 2-25 août,
23 déc.-5 janv., sam. midi, dim. et lundi*   E 13
Rest – *(prévenir)* Menu 29 € (déj.)/34 € – Carte 43/71 €

♦ Une sobre salle à manger – murs chaulés, éclairage tamisé à la mode danoise – pour des recettes originaires de la patrie d'Andersen. Accueil aux petits soins.

L'Œnothèque
AK *VISA* *MC* *AE* *①*

*20 r. St-Lazare Ⓜ Notre-Dame-de-Lorette – ℰ 01 48 78 08 76 – Fax 01 40 16 10 27
– Fermé 1er-8 mai, 2 sem. en août, 24 déc.-1er janv., sam. et dim.*   E 13
Rest – Carte 25/53 € ℬ

♦ Adresse de quartier associant un restaurant simple et une boutique de vins. Bon choix de bouteilles pour accompagner la cuisine du marché que l'on découvre sur l'ardoise.

Villa Victoria
AK *VISA* *MC* *AE*

*52 r. Lamartine Ⓜ Notre-Dame-de-Lorette – ℰ 01 48 78 60 05 – victoria52@
orange.fr – Fax 01 48 78 60 05 – Fermé août et dim.*   E 13
Rest – Menu (24 €), 32 € – Carte environ 40 €

♦ Ce néo-bistrot au cadre chaleureux (pierres apparentes, petites tables serrées, menus et vins sur ardoise) propose une cuisine traditionnelle révisitée. Délicieux pain maison.

I Golosi
AK *VISA* *MC*

*6 r. Grange Batelière Ⓜ Richelieu Drouot – ℰ 01 48 24 18 63
– i.golosi@wanadoo.fr – Fax 01 45 23 18 96 – Fermé 5-20 août,
sam. soir et dim.*   F 14
Rest – Carte 25/41 € ℬ

♦ Au 1er étage, design italien dont le "minimalisme" est compensé par la jovialité du service. Au rez-de-chaussée, café, boutique et coin dégustation. Cuisine transalpine.

Le Pré Cadet
AK *VISA* *MC* *AE* *①*

*10 r. Saulnier Ⓜ Cadet – ℰ 01 48 24 99 64 – Fax 01 47 70 55 96
– Fermé 1er-8 mai, 3-21 août, 24 déc.-1er janv., sam. midi et dim.*   F 14
Rest – *(nombre de couverts limité, prévenir)* Menu 30/45 € – Carte 39/52 €

♦ Sympathie, convivialité et plats canailles dont la tête de veau, orgueil de la maison, font le succès de cette petite adresse voisine des "Folies". Belle carte de cafés.

Sizin
VISA *MC*

*47 r. St-Georges Ⓜ St-Georges – ℰ 01 44 63 02 28 – ekilic@free.fr
– Fermé août et dim.*   E 13
Rest – Carte 20/30 €

♦ Gravures anciennes et faïences d'Iznik donnent le ton : c'est du côté de la Turquie et de ses richesses gastronomiques que vous emmène cet accueillant restaurant.

Georgette
VISA *MC* *AE*

*29 r. St-Georges Ⓜ Notre-Dame-de-Lorette – ℰ 01 42 80 39 13 – Fermé vacances
de Pâques, août, vacances de la Toussaint, sam., dim. et lundi*   E 13
Rest – Carte 27/44 €

♦ Avec ses tables multicolores en formica et ses chaises en skaï, ce restaurant cultive un petit cachet rétro des plus sympathiques. Cuisine de bistrot valorisant les légumes.

Spring
AK *VISA* *MC*

*28 r. Tour d'Auvergne Ⓜ Cadet – ℰ 01 45 96 05 72 – freshsnail@free.fr
– Fermé deux sem. en août, vacances de Noël, mardi midi, merc. midi, sam.,
dim. et lundi*   E 14
Rest – *(nombre de couverts limité, prévenir)* Menu 32 € (déj.), 35/39 €

♦ Ambiance de quartier, menu unique composé selon le marché et l'inspiration du chef, vins sélectionnés chez les petits producteurs : une table d'hôte pleine de personnalité.

L'Office
VISA *MC*

*3 r. Richer Ⓜ Poissonnière – ℰ 01 47 70 67 31 – Fax 01 47 70 67 31 – Fermé
3-25 août, sam. midi, dim. et lundi*   F 15
Rest – *(nombre de couverts limité, prévenir)* Menu (13,50 €), 16 € (déj. en
sem.)/26 €

♦ Nouvelle adresse au cadre sobre, qui s'inscrit dans la lignée des tables tendance. Le chef, autodidacte passionné, propose une cuisine du marché bien pensée, à prix serrés.

Radis Roses
{AC} {VISA} {MC}

68 r. Rodier Ⓜ *Anvers –* ℰ *01 48 78 03 20 – radisroses@tele2.fr – Fermé 5-20 août, dim. et lundi*
E 14

Rest – *(prévenir)* Menu (27 €), 34 €

♦ Cette sympathique petite adresse, un rien tendance, propose une cuisine qui revisite habilement les spécialités de la Drôme. Accueil charmant ; décor sobre et de bon goût.

Momoka
{✗} {VISA} {MC} {O}

5 r. Jean-Baptiste Pigalle Ⓜ *Trinité d'Estienne d'Orves –* ℰ *01 40 16 19 09 – masayohashimoto@aol.com – Fax 01 40 16 19 09 – Fermé août, sam. midi, dim., lundi et fériés*
E 13

Rest – Menu (25 €), 35 € (déj.), 48/68 €

♦ Pensez à réserver dans ce minirestaurant tenu par un couple franco-japonais. Masayo y cuisine de délicieuses recettes nippones, changées chaque jour. Authentique et familial.

Gare de l'Est, Gare du Nord, Canal St-Martin

10e arrondissement
✉ 75010

Ph. Gagic/MICHELIN

Mercure Terminus Nord sans rest
{≋} {&} {AC} {↔} {↺} {♨} {VISA} {MC} {AE} {O}

12 bd Denain Ⓜ *Gare du Nord –* ℰ *01 42 80 20 00 – h2761@accor.com – Fax 01 42 80 63 89*
E 16

236 ch – †148/288 € ††168/368 €, ⌷ 16 €

♦ Une habile rénovation a redonné à cet hôtel de 1865 son éclat d'antan. Vitraux Art nouveau, décor british et atmosphère cosy lui donnent un air de belle demeure victorienne.

Holiday Inn Paris Opéra
{≋} {&} {ch} {AC} {↔} {↺} {♨} {VISA} {MC} {AE} {O}

38 r. Échiquier Ⓜ *Bonne Nouvelle –* ℰ *01 42 46 92 75 – information@hi-parisopera.com – Fax 01 42 47 03 97*
F 15

92 ch – †159/219 € ††259/319 €, ⌷ 20 € – **Rest** – *(fermé sam. midi et dim.)* Menu (25 €), 35/39 € bc – Carte environ 40 €

♦ À deux pas des Grands Boulevards et de sa kyrielle de théâtres et brasseries, hôtel abritant de vastes chambres décorées dans l'esprit de la Belle Époque. La salle à manger est un petit joyau 1900 : mosaïques, verrière, boiseries et beau mobilier Art nouveau.

Paris-Est sans rest
{≋} {AC} {↔} {↺} {♨} {VISA} {MC} {AE} {O}

4 r. du 8 Mai 1945 Ⓜ *Gare de l'Est –* ℰ *01 44 89 27 00 – hotelparisest.bestwestern@autogrill.net – Fax 01 44 89 27 49*
E 16

45 ch – †114/150 € ††114/150 €, ⌷ 13 €

♦ Bien que jouxtant la gare, cet établissement propose des chambres calmes, car tournées vers une arrière-cour ; elles sont refaites et insonorisées.

Albert 1er sans rest
{≋} {AC} {↔} {✗} {↺} {VISA} {MC} {AE} {O}

162 r. Lafayette Ⓜ *Gare du Nord –* ℰ *01 40 36 82 40 – paris@albert1erhotel.com – Fax 01 40 35 72 52*
E 16

55 ch – †105/120 € ††125/140 €, ⌷ 15 €

♦ Hôtel dont les chambres, modernes et bien aménagées, sont équipées d'un double vitrage et bénéficient d'efforts constants de rénovation. Atmosphère conviviale.

Du Nord sans rest
{≋} {✗} {VISA} {MC}

47 r. Albert Thomas Ⓜ *Jacques Bonsergent –* ℰ *01 42 01 66 00 – contact@hoteldunord-leparivelo.com – Fax 01 42 01 92 10*
F 16

24 ch – †68/79 € ††68/79 €, ⌷ 7,50 €

♦ Dans une rue tranquille, le lieu se distingue par son cachet rustique et le charme de ses petites chambres personnalisées. Salle voûtée pour le petit-déjeuner. Vélo à disposition.

Alane sans rest · 🏠 📶 ⚡ 📶 VISA 🟠 AE ①

72 bd Magenta Ⓜ *Gare de l'Est* – ☎ *01 40 35 83 30* – *alanehotel@ wanadoo.fr*
– Fax 01 46 07 44 03   F 16
32 ch – ♦65/119 € ♦♦70/125 €, ☲ 7,50 €

♦ Hôtel pratique situé face à la gare de l'Est. Petites chambres bien tenues, sobrement décorées ; celles du dernier étage sont mansardées. Agréable salon habillé de rotin.

Ibis sans rest · 🏠 ⚡ 📶 📶 📶 ☎ 📶 VISA 🟠 AE ①

197 r. Lafayette Ⓜ *Château Landon* – ☎ *01 44 65 70 00* – *h1823@accor.com*
– Fax 01 44 65 70 07   E 17
165 ch – ♦85/91 € ♦♦85/91 €, ☲ 8 €

♦ Espace et équipements modernes sont les atouts de cet hôtel de chaîne. Les chambres du dernier étage, côté rue, offrent une vue sur le Sacré-Cœur.

Café Panique · VISA 🟠

12 r. des Messageries Ⓜ *Poissonnière* – ☎ *01 47 70 06 84* – *Fermé août, vacances de fév., sam. et dim.*   E 15
Rest – Menu (20 € bc), 27 € bc (déj.)/32 €

♦ Discret, cet atelier textile reconverti en agréable table actuelle a l'allure d'un loft contemporain : verrière, mezzanine, expositions temporaires et cuisines ouvertes.

Terminus Nord · 📶 ⚡ 🔄 VISA 🟠

23 r. Dunkerque Ⓜ *Gare du Nord* – ☎ *01 42 85 05 15*
– Fax 01 40 16 13 98   E 16
Rest – Menu (24 €), 31 € – Carte 32/80 €

♦ Haut plafond, fresques, affiches et sculptures se reflètent dans les miroirs de cette brasserie où Art déco et Art nouveau s'unissent pour le meilleur. Clientèle cosmopolite.

Chez Michel · VISA 🟠

10 r. Belzunce Ⓜ *Gare du Nord* – ☎ *01 44 53 06 20* – *Fermé 29 juil.-20 août, lundi midi, sam. et dim.*   E 15
Rest – Menu 30 € – Carte 45/65 €

♦ Ce bistrot au look rétro (quelques clins d'œil aux origines bretonnes du chef dans la cave voûtée) est couru pour ses nombreuses et bonnes spécialités de gibier, en saison.

Chez Casimir · 🔄 VISA 🟠

6 r. Belzunce Ⓜ *Gare du Nord* – ☎ *01 48 78 28 80* – *Fermé sam. et dim.*
     E 15
Rest – Menu (22 €), 29 €

♦ Esprit cent pour cent bistrot dans la cuisine – simple mais franche – et dans le décor (boiseries, cuivres, serviettes à carreaux, etc.) de cette sympathique adresse.

Urbane · VISA 🟠

12 r. Arthur-Groussier Ⓜ *Goncourt* – ☎ *01 42 40 74 75* – *urbane.resto@gmail.com*
– Fermé 3 sem. en août, sam. midi, dim. et lundi   F 18
Rest – Menu (15 €), 19 € (déj. en sem.)/29 €

♦ Une table branchée mais toute simple (murs blancs, mobilier bistrot, banquettes en moleskine, lampes au design industriel) qui régale de plats actuels valorisant les produits.

Et dans mon cœur il y a... · 📶 VISA 🟠 AE ①

56 r. Lancry Ⓜ *Jacques Bonsergent* – ☎ *01 42 38 07 37* – *reservation @ etdansmoncoeur.com* – *Fax 01 42 02 52 60* – *Fermé 25 déc.-1ᵉʳ janv., sam. midi et dim.*   F 17
Rest – Menu (16 € bc), 20 € bc (déj.) – Carte 37/49 €

♦ Avec ses bibliothèques, ce restaurant feutré a de l'allure. Lovez-vous dans ses fauteuils ou installez-vous dans l'espace bar Belle Époque pour déguster une cuisine d'aujourd'hui.

Mme Shawn · 📶 VISA 🟠 AE ①

34 r. Y. Toudic Ⓜ *Jacques Bonsergent* – ☎ *01 42 08 05 07* – *reservation @ mmeshawn.com* – *Fax 01 42 02 25 60* – *Fermé 24 déc.-2 janv.*   F 17
Rest – Menu (12 € bc), 17 € bc (déj.) – Carte 25/33 €

♦ Panneaux de pierre muraux représentant Bouddha, paravents en bambou, éclairage tamisé et décor actuel soigné : dépaysement assuré dans cette authentique adresse thaïlandaise.

Nation, Voltaire, République

11e arrondissement

✉ 75011

H. Le Gac/MICHELIN

Les Jardins du Marais 🏛 📶 ✆ ch, 🅰🄲 ⇄ ⚡ 🐾 🦯 **VISA** **MO** **AE**

74 r. Amelot ⓜ St-Sébastien Froissart – 𝒞 01 40 21 20 00 – resabastille@
homeplazza.com – Fax 01 47 00 82 40   H 17

201 ch – ♦350 € ♦♦370 €, ⇆ 32 € – 64 suites – **Rest** – (fermé dim.) Menu (20 €)
– Carte 27/47 €

• Bâtiments en partie classés, tournés vers un grand jardin intérieur, gage de tranquillité. Hall et bar très design ; confortables chambres de style Art déco.

Le Général sans rest   🛗 📶 🅰🄲 ⇄ 🐾 **VISA** **MO** **AE** ①

5 r. Rampon ⓜ République – 𝒞 01 47 00 41 57 – info@legeneralhotel.com
– Fax 01 47 00 21 56   G 17

46 ch – ♦145/165 € ♦♦175/235 €, ⇆ 16 € – 3 suites

• Décoration et mobilier contemporains soignés caractérisent ce séduisant hôtel
(non-fumeurs) voisin de la République. Connexion wi-fi, petit business center et agréable
fitness.

Marais Bastille sans rest   🛗 🅰🄲 ⇄ 🐾 **VISA** **MO** **AE** ①

36 bd Richard Lenoir ⓜ Bréguet Sabin – 𝒞 01 48 05 75 00 – maraisbastille@
wanadoo.fr – Fax 01 43 57 42 85   J 18

36 ch – ♦145 € ♦♦145 €, ⇆ 10 €

• L'hôtel longe le boulevard qui couvre une partie du canal St-Martin depuis 1860.
Meubles en chêne ou en merisier dans les chambres, confortables et de bonne
ampleur.

Le Patio St-Antoine sans rest   🛗 🅰🄲 ⇄ 🐾 🦯 **VISA** **MO** **AE** ①

289bis r. Fg St-Antoine ⓜ Nation – 𝒞 01 40 09 40 00 – resanation@
homeplazza.com – Fax 01 40 09 11 55   K 20

89 ch – ♦150/250 € ♦♦150/250 €, ⇆ 18 €

• Les chambres, contemporaines et refaites, bénéficient du calme et de la verdure
de deux patios-jardins. Beau buffet de petit-déjeuner dans une salle aux tons
chaleureux.

Le Standard Design sans rest   🛗 ⇄ ⚡ 🐾 **VISA** **MO** **AE**

29 r. des Taillandiers ⓜ Bastille – 𝒞 01 48 05 30 97 – reservation@
standard-hotel.com – Fax 01 47 00 29 26   J 18

34 ch – ♦95/140 € ♦♦130/195 €, ⇆ 12 €

• Intérieur résolument contemporain tout en noir et blanc, rehaussé de touches
colorées dans les chambres. Nombreux objets créés par des designers... Un lieu original et
trendy.

Croix de Malte sans rest   🛗 🐾 **VISA** **MO** **AE** ①

5 r. Malte ⓜ Oberkampf – 𝒞 01 48 05 09 36 – hotelcroixdemalte@orange.fr
– Fax 01 43 57 02 54   H 17

29 ch – ♦75/95 € ♦♦80/100 €, ⇆ 10 €

• Mobilier coloré, (faux) perroquet et petits-déjeuners dans un jardin d'hiver : il règne ici
une ambiance tropicale ! Salles de bains en mezzanine au dernier étage.

Grand Hôtel Français sans rest   🛗 ⚡ 🐾 **VISA** **MO** **AE** ①

223 bd Voltaire ⓜ Nation – 𝒞 01 43 71 27 57 – grand-hotel-francais@
wanadoo.fr – Fax 01 43 48 40 05   K 20

36 ch – ♦115/130 € ♦♦115/145 €, ⇆ 10 €

• Accueil souriant dans cet hôtel installé dans un immeuble d'angle de style haussmannien. Les chambres, bien rénovées, sont confortables et assez feutrées.

🏠 **Lyon Mulhouse** sans rest   🏢 AC 📞 VISA MO AE ①
8 bd Beaumarchais Ⓜ *Bastille* – 🕿 *01 47 00 91 50 – hotelyonmulhouse @*
wanadoo.fr – Fax 01 47 00 06 31   J 17
40 ch – ♦65/140 € ♦♦78/140 €, � 7 €
♦ Rénovation réussie pour cet ex-relais de diligence, hôtel depuis 1920. Chambres douillettes et bien tenues (trois ont une vue imprenable sur Paris), tableaux de peintres locaux.

🏠 **Prince Eugène** sans rest   🏢 AC 📞 VISA MO AE ①
247 bd Voltaire Ⓜ *Nation* – 🕿 *01 43 71 22 81 – hotelprinceeugene @ wanadoo.fr*
– Fax 01 43 71 24 71   K 21
35 ch – ♦66/71 € ♦♦73/84 €, ⊂ 8 €
♦ L'enseigne rend honneur au fils adoptif de Napoléon Ier. Chambres actuelles, munies d'un double vitrage efficace ; celles du 6e étage, mansardées, sont plus grandes.

🏠 **Nord et Est** sans rest   🏢 ❄ 📞 VISA MO AE ①
49 r. Malte Ⓜ *Oberkampf* – 🕿 *01 47 00 71 70 – info @ hotel-nord-est.com*
– Fax 01 43 57 51 16   G 17
45 ch – ♦80 € ♦♦95 €, ⊂ 8 € – 1 suite
♦ La chaleureuse ambiance familiale a su fidéliser les clients de cet hôtel proche de la République. Les chambres déjà rénovées sont plaisantes ; les autres restent bien tenues.

🏠 **Grand Prieuré** sans rest   🏢 ❄ 📞 VISA MO
20 r. Grand Prieuré Ⓜ *Oberkampf* – 🕿 *01 47 00 74 14 – gprieure @ yahoo.fr*
– Fax 01 49 23 06 64   G 17
32 ch – ♦68/80 € ♦♦75/95 €, ⊂ 5,50 €
♦ Vous passerez des nuits sans histoire dans cette rue tranquille voisine du canal St-Martin. Accueil aimable et chambres un brin démodées, mais assez spacieuses et très propres.

XX **Vin et Marée**   AC VISA MO AE
276 bd Voltaire Ⓜ *Nation* – 🕿 *01 43 72 31 23 – vmvoltaire @ vin-et-maree.com*
– Fax 01 40 24 00 23   K 21
Rest – Menu (21 €) – Carte 32/58 €
♦ Les plats inscrits sur l'ardoise de cette brasserie sont renouvelés en fonction de la marée du jour. Échappée sur les cuisines depuis l'arrière-salle au décor nautique.

XX **Mansouria**   AC ❄ VISA MO
😊 *11 r. Faidherbe* Ⓜ *Faidherbe Chaligny* – 🕿 *01 43 71 00 16*
– lollisoraya @ yahoo.fr – Fax 01 40 24 21 97 – Fermé 10-18 août, lundi midi, mardi midi et dim.   K 19
Rest – Menu 30/46 € bc – Carte 30/49 €
♦ Tenu par une ancienne ethnologue, figure parisienne de la cuisine marocaine. Fins et parfumés, les plats sont préparés par des femmes et servis dans un décor mauresque.

X **Le Chateaubriand**   VISA MO AE
129 av. Parmentier Ⓜ *Goncourt* – 🕿 *01 43 57 45 95 – Fermé sam. midi, dim. et lundi*   J19/F17
Rest – Menu (14 €), 19 € (déj.)/40 € (dîner) – Carte 28/36 €
♦ Assez simple à midi, plus élaborée mais tout aussi réussie le soir : la cuisine va à l'essentiel tout en sublimant les produits... À découvrir dans ce bistrot aux allures rétro.

X **Au Petit Monsieur**   VISA MO AE
50 r. Amelot Ⓜ *Chemin Vert* – 🕿 *01 43 55 54 04 – aupetitmonsieur @ wanadoo.fr*
– Fax 01 43 14 77 03 – Fermé août, sam. midi, dim. et lundi   H 17
Rest – Menu (19 €), 26/35 € – Carte 36/57 €
♦ Parmi les plats inscrits sur la carte de ce charmant bistrot : d'originales "bouchées fines" (tapas) et des assiettes de charcuterie (Corse, Italie...). Service très aimable.

X **Le Temps au Temps**   ❄ VISA MO AE
😊 *13 r. Paul Bert* Ⓜ *Faidherbe Chaligny* – 🕿 *01 43 79 63 40 – Fax 01 43 79 63 40*
– Fermé août, 24 déc.-1er janv., dim. et lundi   K19/K20
Rest – Menu (18 €), 30/38 € ℬ
♦ Un décor entièrement relooké pour ce bistrot qui ne désemplit pas. La cuisine, gourmande et créative, met en valeur les produits et la carte des vins se révèle fine et judicieuse.

Repaire de Cartouche VISA MC

99 r. Amelot Ⓜ St-Sébastien Froissart – ✆ *01 47 00 25 86 – Fax 01 43 38 85 91 – Fermé 1er-8 mai, août, dim. et lundi* H 17

Rest – Menu (14 €), 26 € (déj. en sem.) – Carte 35/48 €

◆ Cartouche, l'impétueux bandit d'honneur, se serait réfugié ici en 1713, après avoir déserté l'armée : les fresques du restaurant retracent son épopée. Séduisante carte des vins.

Auberge Pyrénées Cévennes AC VISA MC AE

106 r. Folie-Méricourt Ⓜ République – ✆ *01 43 57 33 78 – Fermé 30 juil.-20 août, sam. midi, dim. et fériés* G 17

Rest – Menu 29 € – Carte 28/69 €

◆ Files de jambons et saucissons suspendus, nappes à petits carreaux, tables accolées, cuisine canaille et "lyonnaiseries", ambiance chaleureuse : pisse-vinaigre s'abstenir !

Astier VISA MC

44 r. J.-P. Timbaud Ⓜ Parmentier – ✆ *01 43 57 16 35 – restaurant.astier@wanadoo.fr* G 18

Rest – *(prévenir)* Menu (20 €), 26 € (déj.)/30 €

◆ Une ambiance décontractée règne dans ce typique bistrot où le service est parfois gentiment débordé et l'atmosphère bruyante. Ardoise de suggestions et richissime carte des vins.

Villaret VISA MC AE

13 r. Ternaux Ⓜ Parmentier – ✆ *01 43 57 75 56 – Fermé août, 24 déc.-2 janv., sam. midi et dim.* H 18

Rest – Menu (22 €), 27/50 € (dîner) – Carte 33/49 €

◆ Convivialité, cuisine du marché, plats canailles, beau choix de bourgognes et de côtes-du-rhône : ce bistrot au cadre simple mais caractéristique a tout pour séduire !

S. Sauvignier/MICHELIN

Bastille, Bercy, Gare de Lyon

12e arrondissement ✉ 75012

Paris Bercy Pullman ch, AC VISA MC

1 r. Libourne Ⓜ Cour St-Emilion – ✆ *01 44 67 34 00 – h2192@accor.com – Fax 01 44 67 34 01* NP 20

386 ch – †230/460 € ††230/460 €, ☕ 26 € – 10 suites

Rest *Café Ké* – *(fermé 4-25 août, 22-29 déc., sam. et dim.)* Menu (29 €), 36 € – Carte 49/81 €

◆ Imposante façade en verre, cadre contemporain (tons brun, beige et bleu) et équipements modernes. Quelques chambres ménagent une vue sur Paris. L'élégant Café Ké constitue une halte sympathique au cœur du "village" de Bercy ; carte au goût du jour et brunch le dimanche.

Novotel Gare de Lyon ch, AC VISA MC AE

2 r. Hector Malot Ⓜ Gare de Lyon – ✆ *01 44 67 60 00 – h1735@accor.com – Fax 01 44 67 60 60* L 18

253 ch – †140/250 € ††150/260 €, ☕ 16 € – **Rest** – Carte 20/43 €

◆ Bâtiment récent donnant sur une place calme. Chambres conformes aux dernières normes Novotel (terrasses au 6e étage). Piscine ouverte 24 h sur 24 et espace enfant bien aménagé. Décor dans l'air du temps au restaurant Côté Jardin (cuisine traditionnelle).

Novotel Bercy 🎐 🛗 ⛔ ch, Ⓐ ⇄ 🐾 ♨ VISA ⓒ AE ⓘ
85 r. Bercy Ⓜ Bercy – ℰ 01 43 42 30 00 – h0935@accor.com
– Fax 01 43 45 30 60
M 19
151 ch – ♦135/250 € ♦♦135/270 €, ☐ 15 € – **Rest** – Carte 24/45 €
◆ Les chambres lumineuses de ce Novotel déclinent le dernier style de la chaîne (gamme "Novation"). À vos pieds : le parc de Bercy qui a remplacé la "petite ville pinardière". Salle à manger-véranda et terrasse prisée à la belle saison. Carte traditionnelle.

Mercure Gare de Lyon sans rest 🛗 ⛔ Ⓐ ⇄ 🐾 ♨ VISA ⓒ AE ⓘ
2 pl. Louis Armand Ⓜ Gare de Lyon – ℰ 01 43 44 84 84 – h2217@accor.com
– Fax 01 43 47 41 94
L 18
315 ch – ♦89/250 € ♦♦99/265 €, ☐ 15 €
◆ L'architecture récente de cet hôtel contraste avec le beffroi de la gare de Lyon auquel elle s'adosse. Chambres meublées en bois cérusé et bien insonorisées. Bar à vins.

Paris Bastille sans rest 🛗 Ⓐ 🐾 ♨ VISA ⓒ AE ⓘ
67 r. Lyon Ⓜ Bastille – ℰ 01 40 01 07 17 – infosbastille@wanadoo.fr
– Fax 01 40 01 07 27
K 18
37 ch – ♦165/240 € ♦♦175/240 €, ☐ 12 €
◆ Confort moderne, mobilier actuel et teintes choisies caractérisent les chambres de cet hôtel rajeuni, situé face à l'Opéra.

Claret 🎐 🛗 ⇄ 🍽 rest, 🐾 ♨ VISA ⓒ AE ⓘ
44 bd Bercy Ⓜ Bercy – ℰ 01 46 28 41 31 – reservation@hotel-claret.com
– Fax 01 49 28 09 29
M 19
52 ch – ♦95/115 € ♦♦105/149 €, ☐ 10 € – ½ P 93/115 € – **Rest** – Menu (12 €), 19/26 € – Carte 22/38 €
◆ Cet ex-relais de poste est l'un des derniers vestiges du Bercy d'antan. Les chambres cosy ont conservé leurs poutres apparentes. Plats de bistrot et recettes lyonnaises servis dans une salle à manger égayée de jolies couleurs ocre et terre, prolongée d'une terrasse.

Terminus Lyon sans rest 🛗 Ⓐ 🍽 🐾 VISA ⓒ AE ⓘ
19 bd Diderot Ⓜ Gare de Lyon – ℰ 01 56 95 00 00 – info@hotelterminuslyon.com
– Fax 01 43 44 09 00
L 18
60 ch – ♦82/124 € ♦♦114/124 €, ☐ 10 €
◆ Face à la gare de Lyon, adresse familiale bien tenue. Les chambres, sobres, sont plus grandes côté boulevard, mais plus calmes côté cour. Commande possible de plateau-repas.

Pavillon Bercy Gare de Lyon sans rest 🛗 ⛔ ⇄ 🍽 🐾
209 r. Charenton Ⓜ Dugommier –
♨ VISA ⓒ AE ⓘ
ℰ 01 43 40 80 30 – bercy@leshotelsdeparis.com – Fax 01 43 40 81 30
48 ch – ♦220 € ♦♦230 €, ☐ 9 €
M 20
◆ Ce récent immeuble d'angle se trouve au pied du métro et à deux pas de la mairie du 12e arrondissement. Petites chambres fonctionnelles et gaies, mobilier en bois blond.

L'Oulette 🎐 Ⓐ VISA ⓒ AE ⓘ
15 pl. Lachambeaudie Ⓜ Cour St-Emilion – ℰ 01 40 02 02 12 – info@
l-oulette.com – Fax 01 40 02 04 77 – Fermé sam. et dim.
N 20
Rest – Menu 45/90 € bc – Carte 52/79 €
◆ Dans le quartier moderne de Bercy, ce restaurant résolument contemporain propose une cuisine actuelle aux accents du Sud-Ouest. Terrasse abritée derrière des thuyas.

Au Trou Gascon Ⓐ VISA ⓒ AE ⓘ
❀
40 r. Taine Ⓜ Daumesnil – ℰ 01 43 44 34 26 – trougascon@orange.fr
– Fax 01 43 07 80 55 – Fermé août, sam. et dim.
M 21
Rest – Menu 36 € (déj.)/50 € (dîner) – Carte 52/60 € ❀
Spéc. Chipirons cuits à la plaque (été). Lièvre à la mode d'Aquitaine (automne). Poire pochée au miel d'arbousier, baba punché.
◆ Le décor de cet ancien bistrot 1900 marie moulures d'époque, mobilier design et tons gris. À la carte, produits des Landes, de la Chalosse et de l'océan ; vins du Sud-Ouest.

Le Janissaire 🎐 VISA ⓒ AE ⓘ
22 allée Vivaldi Ⓜ Daumesnil – ℰ 01 43 40 37 37 – karamanmus@hotmail.com
– Fax 01 43 40 38 39 – Fermé sam. midi et dim.
M 20
Rest – Menu (13 €), 23/42 € – Carte 21/40 €
◆ Ambiance et cuisine placées sous le signe de la Turquie, comme l'indique l'enseigne désignant un soldat d'élite de l'infanterie ottomane. Franchissez la Sublime Porte !

Ô **Ô Rebelle**　　　　　　　　　　　　　　　　　　　🍴 VISA ⓂⒸ
24 r. Traversière Ⓜ *Gare de Lyon –* ✆ *01 43 40 88 98 – info @ o-rebelle.fr*
– Fax 01 43 40 88 99 – Fermé 4-26 août, 24 déc.-1ᵉʳ janv., sam. midi et
dim.　　　　　　　　　　　　　　　　　　　　　　　　　　　L 18
Rest – Menu 24 € (déj.)/57 € – Carte 42/62 €
♦ Cuisine inventive proposant d'originales associations de saveurs, vins du Nouveau
Monde et d'ailleurs, cadre contemporain cosy : plus globe-trotter que rebelle !

Ô **Jean-Pierre Frelet**　　　　　　　　　　　　　　Ⓐ VISA ⓂⒸ
25 r. Montgallet Ⓜ *Montgallet –* ✆ *01 43 43 76 65 – marie_rene. frelet @*
club-internet.fr – Fermé 28-26 août, sam. midi et dim.　　　　L 20
Rest – Menu (19 €), 27 € (dîner) – Carte 39/46 €
♦ Un décor volontairement dépouillé, des tables serrées invitant à la convivialité et une
généreuse cuisine du marché font le charme de ce restaurant de quartier.

Ô **Pataquès**　　　　　　　　　　　　　　Ⓐ VISA ⓂⒸ ⒶⒺ
40 bd Bercy Ⓜ *Bercy –* ✆ *01 43 07 37 75 – pataquesbercy @ aol.com*
– Fax 01 43 07 36 64　　　　　　　　　　　　　　　　　M 19
Rest – Menu 30 € – Carte 33/47 €
♦ Abrité derrière ses arbustes, ce bistrot est l'une des "cantines" du ministère de l'Économie
et des Finances. Plats méridionaux, cadre coloré et terrasse aux beaux jours.

Ô **Quincy**　　　　　　　　　　　　　　　　　　　　　Ⓐ
28 av. Ledru-Rollin Ⓜ *Gare de Lyon –* ✆ *01 46 28 46 76 – Fax 01 46 28 46 76*
– Fermé 15 août-15 sept., sam., dim. et lundi　　　　　L 17
Rest – Carte 44/76 €
♦ Une ambiance chaleureuse règne dans ce bistrot rustique où vous est servie une cuisine
roborative qui, comme "Bobosse", le jovial patron, ne manque pas de caractère.

Ô **La Biche au Bois**　　　　　　　　　　　　　　VISA ⓂⒸ Ⓞ
45 av. Ledru-Rollin Ⓜ *Gare de Lyon –* ✆ *01 43 43 34 38 – Fermé 20 juil.-20 août,*
23 déc.-2 janv., lundi midi, sam. et dim.　　　　　　　K 18
Rest – Menu 25 € – Carte environ 30 €
♦ On mange au coude à coude dans ce discret restaurant, mais l'atmosphère animée
et le service attentionné font son charme. Copieuse cuisine traditionnelle et gibier en
saison.

Ô **Le Lys d'Or**　　　　　　　　　　　　Ⓐ 🍴 VISA ⓂⒸ ⒶⒺ
5 pl. Col-Bourgoin Ⓜ *Reuilly Diderot –* ✆ *01 44 68 98 88*
– Fax 01 44 68 98 80　　　　　　　　　　　　　　　　L 19
Rest – Menu (12 € bc), 22/26 € – Carte 21/40 €
♦ Dans ce cadre luxuriant (vrai jardin intérieur avec rivières et fontaines), vous découvrirez
l'art culinaire chinois à travers quatre régions : Sichuan, Shanghai, Canton, Pékin.

Ô **La Gazzetta**　　　　　　　　　　　　　　　VISA ⓂⒸ ⒶⒺ
29 r. de Cotte Ⓜ *Ledru Rollin –* ✆ *01 43 47 47 05 – team @ lagazzetta.fr*
– Fax 01 43 47 47 17 – Fermé août, dim. et lundi　　　　K 19
Rest – Menu (14 €), 19 € (déj.), 34/45 € – Carte 37/58 € 🏵
♦ Adresse dédiée à la Méditerranée. Son concept "tout en un" – restaurant, bar à
vins, café (presse étrangère à disposition) – en fait un repaire branché. Belle cuisine du
Sud.

Ô **L'Auberge Aveyronnaise**　　　　　　🌳 Ⓐ VISA ⓂⒸ ⒶⒺ
40 r. Lamé Ⓜ *Cour St-Emilion –* ✆ *01 43 40 12 24 – lesaubergistes @ hotmail.fr*
– Fax 01 43 40 12 15 – Fermé 1ᵉʳ-15 août　　　　　　N 20
Rest – Menu (19 €), 25 € – Carte 29/39 €
♦ Sans surprise, ce bistrot-brasserie moderne, solidement ancré dans le terroir
rouergat, vous régale de spécialités aveyronnaises. Grandes salles néo-rustiques et belle
terrasse.

Ô **Jodhpur Palace**　　　　　　　　　　　🌳 🍴 VISA ⓂⒸ
42 allée Vivaldi Ⓜ *Daumesnil –* ✆ *01 43 40 72 46 – jodhpur-palace @ yahoo.fr*
– Fax 01 43 40 17 02　　　　　　　　　　　　　　　　M 20
Rest – Menu 16 € bc (déj. en sem.), 25 € bc/36 € bc – Carte 23/45 €
♦ L'Inde et ses saveurs parfumées s'invitent à la table de ce "palace" oriental au décor
exotique, sobre et très rafraîchissant. Calme terrasse. Accueil aimable, prix sages.

Nespresso. What else ?

www.nespresso.com

NESPRESSO
Le café corps et âme

Question :
Mais que fait donc Mathilde ?

a) Elle cherche un nouveau lecteur MP3 au meilleur prix pour son mari

b) Elle choisit un jeu vidéo pour l'anniversaire de Léo, son fils aîné

c) Elle achète une poussette pour Sarah, la petite dernière

d) Avec sa carte de fidélité VIPix, elle profite de ses nombreux avantages pour aménager et décorer sa maison

Réponse : a, b, c et d

…et oui, PIXmania.com c'est le Contrat Achat Tranquille : les meilleurs prix, de nouveaux univers et des services de qualité.

13 magasins • 45 000 références • 6 000 000 de clients • 26 pays en Europe

PIXmania.com
Le Contrat Achat Tranquille

Place d'Italie, Gare d'Austerlitz, Bibliothèque Nationale de France

13e arrondissement   ✉ 75013

S. Sauvignier/MICHELIN

Holiday Inn Bibliothèque de France sans rest   🛗 🚪 🎧 ⇝ 📞
21 r. Tolbiac Ⓜ Bibliothèque F. Mitterrand –   🕍 🚗 VISA 🎴 AE ①
   𝒞 01 45 84 61 61 – hibdf@wanadoo.fr – Fax 01 45 84 43 38   P 18
71 ch – ✝97/187 € ✝✝97/187 €, ⌿ 14 €
♦ Dans une rue passante, à 20 m de la station de métro, immeuble abritant des chambres confortables, équipées d'un double vitrage et bien tenues. Restauration d'appoint le soir.

Mercure Place d'Italie sans rest   🛗 🚪 🎧 ⇝ 📞 🕍 VISA 🎴 AE ①
25 bd Blanqui Ⓜ Place d'Italie – 𝒞 01 45 80 82 23 – h1191@accor.com
– Fax 01 45 81 45 84   P 15
50 ch – ✝155/215 € ✝✝160/240 €, ⌿ 14 €
♦ À proximité de la Manufacture des Gobelins, cet établissement dispose de chambres fonctionnelles, chaleureuses et bien insonorisées.

Demeure sans rest   🛗 🎧 ⇝ ✂ 📞 VISA 🎴 AE ①
51 bd St-Marcel Ⓜ Les Gobelins – 𝒞 01 43 37 81 25 – la_demeure@
netcourrier.com – Fax 01 45 87 05 03   M 16
37 ch – ✝165 € ✝✝203 €, ⌿ 13 € – 6 suites
♦ Accueil soigné dans cette maison familiale de caractère. Chambres contemporaines, salon cosy et bon petit-déjeuner buffet. Belle collection de vieilles photos de Paris.

Résidence Vert Galant sans rest 🌿   ✂ 📞 VISA 🎴 AE ①
43 r. Croulebarbe Ⓜ Les Gobelins – 𝒞 01 44 08 83 50 – hotel.vert.galant@
gmail.com – Fax 01 44 08 83 69   N 15
15 ch – ✝90/170 € ✝✝90/170 €, ⌿ 8 €
♦ La campagne au cœur de Paris : plaisante résidence aux chambres coquettes et calmes, donnant toutes sur un jardin privé bordé de ceps de vignes où l'on petit-déjeune en été.

La Manufacture sans rest   🛗 🎧 📞 VISA 🎴 AE ①
8 r. Philippe-de-Champagne Ⓜ Place d'Italie – 𝒞 01 45 35 45 25 – reservation@
hotel-la-manufacture.com – Fax 01 45 35 45 40   N 16
56 ch – ✝145/165 € ✝✝145/230 €, ⌿ 13 €
♦ Élégant décor, bonne tenue et accueil charmant sont les atouts de cet hôtel où les chambres manquent parfois d'ampleur. Ambiance provençale dans la salle des petits-déjeuners.

Touring Hôtel Magendie sans rest   🛗 🚪 ✂ 🕍 VISA 🎴
2 r. Magendie Ⓜ Corvisart – 𝒞 01 43 36 13 61 – magendie@vvf-vacances.fr
– Fax 01 43 36 47 48   N 14
112 ch – ✝68/77 € ✝✝80/88 €, ⌿ 7 €
♦ Dans un secteur résidentiel tranquille, une adresse pratique avec ses petites chambres fonctionnelles et bien insonorisées. Le décor actuel joue la carte du minimalisme.

Arts sans rest   🛗 ✂ 📞 VISA 🎴 AE ①
8 r. Coypel Ⓜ Place d'Italie – 𝒞 01 47 07 76 32 – arts@escapade-paris.com
– Fax 01 43 31 18 09   N 16
37 ch – ✝54/80 € ✝✝64/90 €, ⌿ 7 €
♦ Hôtel du quartier des Gobelins, bien situé entre la place d'Italie et la rue Mouffetard, fréquenté par une clientèle d'habitués. Chambres rénovées. Prix sages... pour Paris !

XX **Chez Jacky** 🕸 VISA 🐵

109 r. du Dessous-des-Berges Ⓜ *Bibliothèque F. Mitterrand –* 𝒞 *01 45 83 71 55
– contact@chezjacky.fr – Fax 01 45 86 57 73 – Fermé août, 24 déc.-5 janv., sam.,
dim. et fériés* **P 18**

Rest – Menu 43 € bc – Carte 47/79 €

◆ Cadre aux poutres apparentes et tableaux colorés dans ce restaurant cultivant son statut d'auberge provinciale française. Cuisine traditionnelle servie avec une grande gentillesse.

XX **Petit Marguery** 🕸 VISA 🐵 AE

9 bd Port-Royal Ⓜ *Les Gobelins –* 𝒞 *01 43 31 58 59 – marguery@wanadoo.fr
– Fax 01 43 36 73 34 – Fermé dim. et lundi* **M 15**

Rest – Menu 23 € (déj.), 30/35 €

◆ Sympathiques salles à manger rétro où règne une aimable convivialité. Les plats bistrotiers typiques et les gibiers (en saison) sont appréciés par de nombreux fidèles.

X **L'Avant Goût** 🕸 VISA 🐵

26 r. Bobillot Ⓜ *Place d'Italie –* 𝒞 *01 53 80 24 00 – Fax 01 53 80 00 77 – Fermé
3-26 août, dim. et lundi* **P 15**

Rest – *(nombre de couverts limité, prévenir)* Menu 31/41 € – Carte 36/48 € ⅏

◆ Ce bistrot moderne est souvent bondé. Les raisons du succès ? La cuisine du marché, le bon choix de vins au verre et l'ambiance décontractée vous en donnent un avant-goût.

X **Auberge Etchegorry** ⇔ VISA 🐵 AE ⓪

41 r. Croulebarbe Ⓜ *Les Gobelins –* 𝒞 *01 44 08 83 51 – Fax 01 44 08 83 69
– Fermé dim. et lundi* **N 15**

Rest – Menu 22 € bc (déj.)/55 € bc – Carte 36/58 €

◆ Une brochure vous contera l'histoire du quartier et de ce sympathique restaurant basque. Accrochés au plafond, saucissons, jambons, piments d'Espelette et ails donnent le la.

X **L'Ourcine** ⅔ VISA 🐵

92 r. Broca Ⓜ *Les Gobelins –* 𝒞 *01 47 07 13 65 – Fax 01 47 07 18 48 – Fermé dim.
et lundi* **N 14**

Rest – Menu (22 €), 30 €

◆ D'une moderne sobriété, ce bistrot très convivial sait rester simple tout en proposant une cuisine inspirée, évoluant avec les saisons et présentée à l'ardoise.

X **Sukhothaï** VISA 🐵

12 r. Père Guérin Ⓜ *Place d'Italie –* 𝒞 *01 45 81 55 88 – Fermé 4-24 août, lundi midi et dim.*

Rest – Menu (11,50 € bc), 21/25 € – Carte 20/30 € **P 15**

◆ L'enseigne évoque l'ancienne capitale d'un royaume thaïlandais (13e et 14e s.). Cuisine chinoise et thaï servie sous l'œil bienveillant de Bouddha (sculptures artisanales).

Montparnasse, Denfert-Rochereau

14e arrondissement ✉ 75014

J.-P. Clapham/MICEHLIN

🏨 **Méridien Montparnasse** ≤ 🕸 ₤₅ 🖻 ₺ ch, 🕸 ⅍ ⅔ rest, 🕸

19 r. Cdt Mouchotte Ⓜ *Montparnasse Bienvenüe –* 𝒞 *01 44 36 44 36* VISA 🐵 AE ⓪
– meridien.montparnasse@lemeridien.com – Fax 01 44 36 49 00 **M 11**

918 ch – †145/329 € ††145/329 €, ⊆ 26 € – 35 suites

Rest *Montparnasse'25* – voir ci-après

Rest *Justine –* 𝒞 *01 44 36 44 00* – Menu 42/46 € – Carte 38/49 €

◆ Revues dans un style contemporain avec une touche Art déco, les chambres de ce building en verre et béton sont spacieuses. Belle vue sur la capitale depuis les derniers étages. À la table de Justine, décor façon jardin d'hiver, terrasse verdoyante, formules buffets.

Concorde Montparnasse ⌂⌂⌂ 🛋 ⬚ 🎬 & 🚫 ch, 🔁 📞 ♨

40 r. Cdt Mouchotte Ⓜ Gaîté – 🖉 01 56 54 84 00 🚗 *VISA* 🌐 ⓐ ⓞ
– montparnasse@concorde-hotels.com – Fax 01 56 54 84 84 M 11
354 ch – ♦140/350 € ♦♦140/350 €, ☕ 20 € – **Rest** – buffet Menu 34 € – Carte
35/43 €

♦ Sur la place de Catalogne, cet hôtel, qui a fait peau neuve il y a peu, a mis toutes les chances de son côté : chambres calmes et raffinées, jardin intérieur, fitness, bar. Le restaurant – bois exotiques et tissus colorés – propose buffets et plats à la carte.

Aiglon sans rest ⌂⌂ 🎬 ⓐ 🔁 📞 🚗 *VISA* 🌐 ⓐ ⓞ

232 bd Raspail Ⓜ Raspail – 🖉 01 43 20 82 42 – aiglon@espritfrance.com
– Fax 01 43 20 98 72 M 12
36 ch – ♦124/189 € ♦♦124/189 €, ☕ 11 € – 10 suites
♦ L'Aiglon où vécurent Giacometti et Bunuel se modernise par étapes. Couleurs gaies et détails soignés (mosaïques dans les salles de bain, photos...) signent le nouveau décor.

Villa Royale Montsouris sans rest ⌂⌂ 🎬 & ⓐ ⓐ 🔁 📞 *VISA* 🌐 ⓐ ⓞ

144 r. Tombe-Issoire Ⓜ Porte d'Orléans – 🖉 01 56 53 89 89 – montsouris@
leshotelsdeparis.com – Fax 01 56 53 89 80 R 12
36 ch – ♦85/230 € ♦♦95/370 €, ☕ 18 €
♦ Dépaysement garanti à l'intérieur de ce bel hôtel qui recrée des ambiances andalouse et mauresque. Chambres un peu petites mais très cosy, aux noms de villes marocaines.

Lenox Montparnasse sans rest ⌂⌂ 🎬 ⓐ 🔁 📞 *VISA* 🌐 ⓐ ⓞ

15 r. Delambre Ⓜ Vavin – 🖉 01 43 35 34 50 – hotel@lenoxmontparnasse.com
– Fax 01 43 20 46 64 M 12
52 ch – ♦165/310 € ♦♦165/310 €, ☕ 16 €
♦ Établissement qui soigne son élégance : bar et des salons intimistes et feutrés, chambres de style personnalisées, agréables suites au 6e étage.

Nouvel Orléans sans rest ⌂⌂ 🎬 ⓐ 🚫 📞 *VISA* 🌐 ⓐ ⓞ

25 av. Gén. Leclerc Ⓜ Mouton Duvernet – 🖉 01 43 27 80 20 – nouvelorleans@
aol.com – Fax 01 43 35 36 57 P 12
46 ch – ♦90/155 € ♦♦90/190 €, ☕ 10 €
♦ Décryptage de l'enseigne : hôtel récemment embelli et situé tout près de la porte d'Orléans. Mobilier contemporain et chaleureux tissus colorés caractérisent les chambres.

Mercure Raspail Montparnasse sans rest ⌂⌂ 🎬 & 🎬 ⓐ

207 bd Raspail Ⓜ Vavin – 🖉 01 43 20 62 94 📞 *VISA* 🌐 ⓐ ⓞ
– h0351@accor.com – Fax 01 43 27 39 69 M 12
63 ch – ♦150/210 € ♦♦155/210 €, ☕ 14 €
♦ Faites étape dans cet immeuble haussmannien proche des célèbres brasseries du quartier Montparnasse. Chambres (quasi toutes refaites) sobres, actuelles, meublées en bois clair.

Delambre sans rest ⌂⌂ 🎬 🚫 📞 *VISA* 🌐 ⓐ

35 r. Delambre Ⓜ Edgar Quinet – 🖉 01 43 20 66 31 – delambre@club-internet.fr
– Fax 01 45 38 91 76 M 12
30 ch – ♦85/115 € ♦♦85/160 €, ☕ 9 €
♦ André Breton séjourna dans ces murs, à l'abri d'une rue tranquille proche de la gare Montparnasse. Cadre d'esprit contemporain ; chambres simples et gaies, souvent spacieuses.

Midi sans rest ⌂⌂ 🎬 ⓐ 📞 🚗 *VISA* 🌐 ⓐ

4 av. René Coty Ⓜ Denfert Rochereau – 🖉 01 43 27 23 25 – info@
midi-hotel-paris.com – Fax 01 43 21 24 58 N 13
45 ch – ♦80/98 € ♦♦98/158 €, ☕ 12 €
♦ Proximité de la place Denfert-Rochereau, chambres insonorisées, parfois dotées de baignoires balnéo, et petit-déjeuner biologique : ne cherchez plus Midi... à quatorze heures !

Châtillon sans rest ⌂ 🎬 ⓐ 🚫 📞 *VISA* 🌐

11 square Châtillon Ⓜ Porte d'Orléans – 🖉 01 45 42 31 17 – chatillon.hotel@
wanadoo.fr – Fax 01 45 42 72 09 P 11
31 ch – ♦75 € ♦♦85/130 €, ☕ 7 €
♦ Adresse fréquentée par des habitués, sensibles au calme du lieu : les chambres, assez spacieuses et bien tenues, donnent sur un square au bout d'une impasse. Accueil familial.

De la Paix sans rest 🛗 🕸 📞 𝗩𝗜𝗦𝗔 ⓜⓒ 𝖠𝖤

225 bd Raspail ⓜ Raspail – ℰ 01 43 20 35 82 – resa @ hoteldelapaix.com
– Fax 01 43 35 32 63 M 12
39 ch – †76/102 € ††81/114 €, � 8,50 €
♦ Le cadre de cet accueillant hôtel témoigne du goût des années 1970, mais les chambres fonctionnelles et bien tenues sont peu à peu redécorées dans un style plus actuel.

Apollon Montparnasse sans rest 🛗 𝖠𝖢 ↯ 📞 𝗩𝗜𝗦𝗔 ⓜⓒ 𝖠𝖤 ⓞ

91 r. Ouest ⓜ Pernety – ℰ 01 43 95 62 00 – apollonm @ wanadoo.fr
– Fax 01 43 95 62 10 N 10-11
33 ch – †75/89 € ††86/109 €, ⊆ 8,50 €
♦ Hôtel familial qui se rénove en douceur. Ses principaux atouts : chambres de bon goût, accueil courtois, situation dans une rue assez calme, à deux pas de la gare.

Cécil sans rest 🛗 ↯ 📞 𝗩𝗜𝗦𝗔 ⓜⓒ 𝖠𝖤 ⓞ

47 r. Beaunier ⓜ Porte d' Orléans – ℰ 01 45 40 93 53 – cecil-hotel @ wanadoo.fr
– Fax 01 45 40 43 26 R 12
25 ch – †76 € ††98 €, ⊆ 9 €
♦ Un lieu pétri de charme dans une rue paisible proche du parc Montsouris. Meubles et objets chinés confèrent à chaque chambre sa personnalité. Salon-bibliothèque, jardinet.

XXXX **Montparnasse'25** – Hôtel Méridien Montparnasse 𝖠𝖢
☸ 19 r. Cdt Mouchotte ⓜ Montparnasse Bienvenüe 🕸 𝗩𝗜𝗦𝗔 ⓜⓒ 𝖠𝖤 ⓞ
– ℰ 01 44 36 44 25 – meridien.montparnasse @ lemeridien.com
– Fax 01 44 36 49 03 – Fermé 28 avril-4 mai, 14 juil.-31 août, 22 déc.-6 janv., sam., dim. et fériés M 25
Rest – Menu 49 € (déj.)/110 € (dîner) – Carte 93/109 € ❧
Spéc. Saint-Jacques dorées à la plancha (saison). Saint-Pierre à l'huile de truffe aux blanc de poireaux. Canard laqué aux fruits tamarin.
♦ L'atmosphère contemporaine sur fond de laque noire peut surprendre, mais ce restaurant s'avère confortable et chaleureux. Cuisine au goût du jour, superbe chariot de fromages.

XXX **Le Dôme** 𝖠𝖢 ⇔ 𝗩𝗜𝗦𝗔 ⓜⓒ 𝖠𝖤 ⓞ

108 bd Montparnasse ⓜ Vavin – ℰ 01 43 35 25 81 – Fax 01 42 79 01 19 – Fermé dim. et lundi en juil.-août LM 12
Rest – Carte 52/123 €
♦ L'un des temples de la bohème littéraire et artistique des années folles, devenu une brasserie chic tendance "rive gauche", au cadre Art déco préservé. Produits de la mer.

XXX **Le Duc** 𝖠𝖢 ◿ 𝗩𝗜𝗦𝗔 ⓜⓒ 𝖠𝖤 ⓞ

243 bd Raspail ⓜ Raspail – ℰ 01 43 20 96 30 – Fax 01 43 20 46 73 – Fermé 1ᵉʳ-10 mars, 2-24 août, 24 déc.-2 janv., sam. midi, dim. et lundi M 12
Rest – Menu 46 € (déj.) – Carte 48/144 €
♦ Cuisine de la mer servie dans un décor de confortable cabine de yacht avec lambris d'acajou, appliques à thème marin et cuivres rutilants.

XX **Pavillon Montsouris** 🍽 🕸 ⇔ ◿ 𝗩𝗜𝗦𝗔 ⓜⓒ 𝖠𝖤

20 r. Gazan ⓜ Cité Universitaire – ℰ 01 43 13 29 00 – Fax 01 43 13 29 02 – Fermé vacances de fév. et dim. soir de mi-sept. à Pâques R 14
Rest – Menu 40 € – Carte 56/87 €
♦ Ce pavillon créé à la Belle Époque dans le parc Montsouris offre le calme de la campagne en plein Paris. Jolie verrière, décor d'esprit colonial et terrasse face à la verdure.

XX **Maison Courtine** (Yves Charles) 𝖠𝖢 🕸 𝗩𝗜𝗦𝗔 ⓜⓒ
☸ 157 av. du Maine ⓜ Mouton Duvernet – ℰ 01 45 43 08 04 – yves.charles @ wanadoo.fr – Fax 01 45 45 91 35
– Fermé 2 août-1ᵉʳ sept., 23 déc.-2 janv., lundi midi, sam. midi et dim. N 11
Rest – Menu 39/44 €
Spéc. Crémeux froid d'araignée de mer et croûtons au cumin. Petites escalopes de foie gras de canard poêlées aux raisins. Médaillon de veau de lait et lentilles blondes de la Planèze.
♦ Tour de France des terroirs côté cuisine, intérieur contemporain aux couleurs vives et mobilier de style Louis-Philippe côté décor : la maison compte nombre de fidèles.

XX **La Coupole**   AC ⇔ VISA ⬤ AE ⓘ
102 bd Montparnasse Ⓜ Vavin – ☏ 01 43 20 14 20 – jtosi @ groupeflo.fr
– Fax 01 43 35 46 14   L 12
Rest – Menu 31 € – Carte 32/130 €
♦ Le cœur de Montparnasse bat encore dans cette immense brasserie Art déco inaugurée
en 1927. Les 24 piliers sont ornés d'œuvres d'artistes de l'époque. Ambiance animée.

XX **Vin et Marée**   AC ⇔ ⊶ VISA ⬤ AE
108 av. Maine Ⓜ Gaîté – ☏ 01 43 20 29 50 – vmmaine @ vin-et-maree.com
– Fax 01 43 27 84 11   N 11
Rest – Menu (21 €) – Carte 32/58 €
♦ Les produits de la mer, spécialités de la maison, sont dévoilés chaque jour sur l'ardoise,
selon le bon plaisir de Neptune. Salles à manger décorées dans le style marin.

XX **Monsieur Lapin**   AC VISA ⬤ AE
11 r. R. Losserand Ⓜ Gaîté – ☏ 01 43 20 21 39
– franck.enee @ wanadoo.fr – Fax 01 43 21 84 86
– Fermé août, sam. midi, dim. midi et lundi   N 11
Rest – (nombre de couverts limité, prévenir) Menu 35/45 € – Carte 47/65 €
♦ Tel le personnage d'Alice au pays des merveilles, Monsieur Lapin est partout : dans la
décoration de la salle à manger comme sur la carte qui l'accommode à moult sauces.

XX **Les Vendanges**   VISA ⬤ AE ⓘ
40 r. Friant Ⓜ Porte d'Orléans – ☏ 01 45 39 59 98 – guy.tardif @ wanadoo.fr
– Fax 01 45 39 74 13 – Fermé 4-31 août, 23 déc.-1er janv., sam. sauf le soir de nov.
à janv. et dim.   R 11
Rest – Menu (25 €), 35 € ⅋
♦ La façade ornée de grappes de raisins annonce la couleur : un très beau livre de cave (bon
choix de bordeaux) accompagne la cuisine au goût du jour, orientée Sud-Ouest.

X **Millésimes 62**   ⌂ VISA ⬤ AE
13 pl. Catalogne Ⓜ Gaîté – ☏ 01 43 35 34 35 – millesime62 @ wanadoo.fr
– Fax 01 43 20 26 21 – Fermé 2-18 août, sam. midi et dim.   M 11
Rest – Menu (20 €), 25/28 €
♦ À proximité des grands hôtels et des théâtres de Montparnasse, avenant restaurant
au décor contemporain. Vous y apprécierez une goûteuse cuisine du marché à prix
serrés.

X **La Régalade**   AC VISA ⬤
(☺) 49 av. J. Moulin Ⓜ Porte d'Orléans – ☏ 01 45 45 68 58 – la_regalade @ yahoo.fr
– Fax 01 45 40 96 74 – Fermé 25 juil.-20 août, 1er-10 janv., lundi midi, sam. et
dim.   R 11
Rest – (prévenir) Menu 32 € ⅋
♦ Ici, on se régale d'une savoureuse cuisine du terroir dans un cadre informel. L'accueil tout
sourire rend encore plus sympathique ce bistrot jouxtant la porte de Châtillon.

X **La Cerisaie**   ⅋ VISA ⬤
(☺) 70 bd E. Quinet Ⓜ Edgar Quinet – ☏ 01 43 20 98 98 – Fax 01 43 20 98 98
– Fermé 1er-11 mai, 28 juil.-25 août, 20 déc.-4 janv., sam. et dim.   N 13
Rest – (prévenir) Menu (23 €), 32/39 € ⅋
♦ Restaurant de poche situé en plein quartier breton. Le patron écrit sur l'ardoise, chaque
jour et à la craie, les plats du Sud-Ouest qu'il a consciencieusement mitonnés.

X **Les Petites Sorcières**   VISA ⬤
12 r. Liancourt Ⓜ Denfert Rochereau – ☏ 01 43 21 95 68 – Fax 01 43 21 95 68
– Fermé 12 juil.-16 août et dim.   N 12
Rest – (dîner seult) Carte 32/39 €
♦ C'est, dit-on, le rendez-vous des sorcières parisiennes : elles s'y retrouvent lors de sabbats
gourmands, laissent de nombreux bibelots et repartent en enfourchant leur balai.

X **À La Bonne Table**   AC VISA ⬤ AE ⓘ
42 r. Friant Ⓜ Porte d'Orléans – ☏ 01 45 39 74 91 – Fax 01 45 43 66 92
– Fermé 13 juil.-3 août, 21 déc.-4 janv., sam. midi et dim.   R 11
Rest – Menu 26 € (déj.)/30 € – Carte 29/46 €
♦ Le chef, d'origine japonaise, prépare une cuisine française traditionnelle relevée de son
savoir-faire nippon. Confortable salle à manger en longueur, d'esprit rétro.

✗ L'Amuse Bouche

$\qquad$ VISA ⦿ ①

186 r. Château Ⓜ Mouton Duvernet – ☏ 01 43 35 31 61 – Fermé 1er-20 août, dim.
et lundi – **Rest** – Menu (21 € bc), 32 € N 11

♦ Tables serrées et murs oranges vifs ornés de casseroles... Un petit restaurant simple où
l'on découvre une goûteuse cuisine traditionnelle et des spécialités de soufflés.

✗ Bistrot du Dôme

$\qquad$ AE VISA ⦿ AE

1 r. Delambre Ⓜ Vavin – ☏ 01 43 35 32 00 – Fermé août, dim. et lundi
Rest – Carte 39/51 € M 12

♦ L'annexe du Dôme, spécialisée elle aussi dans les produits de la mer. Ambiance décontractée dans la grande salle à manger au plafond orné de feuilles de vignes.

✗ L'Ordonnance

$\qquad$ VISA ⦿

51 r. Hallé Ⓜ Mouton Duvernet – ☏ 01 43 27 55 85 – lestrapade2@wanadoo.fr
– Fax 01 43 20 64 72 – Fermé août, vacances de Noël, sam. sauf le soir en hiver et dim.
Rest – Menu (24 €), 30 € P 12

♦ À quelques pas de la place Michel Audiard, cette table chaleureuse et actuelle sert une
goûteuse cuisine traditionnelle qui met tout le monde de bonne humeur.

✗ L'Atelier d'Antan

$\qquad$ VISA ⦿ AE

9 r. L.-Robert Ⓜ Denfert-Rochereau – ☏ 01 43 21 36 19 – Fermé août, sam. midi et
dim. N 12
Rest – Menu (15 €), 18 € (déj. en sem.) – Carte 32/51 €

♦ Dans ce restaurant au cadre bistrot, le service souriant et l'ambiance conviviale vont de
pair avec une cuisine traditionnelle simple et bonne. Une adresse bien sympathique.

✗ Severo

$\qquad$ AE VISA ⦿

8 r. Plantes Ⓜ Mouton Duvernet – ☏ 01 45 40 40 91
– Fermé 27 avril-4 mai, 26 juil.-24 août, 20-28 déc., sam. et dim. N 11
Rest – Carte 27/54 € ⓑ

♦ Les produits d'Auvergne (viandes, charcuteries) jouent les vedettes sur l'ardoise du jour
de ce chaleureux bistrot. Quant à la carte des vins, elle fait preuve d'éclectisme.

H. Le Gac/MICHELIN

Porte de Versailles, Vaugirard, Beaugrenelle

15e arrondissement ✉ 75015

🏨 Pullman Rive Gauche

$\qquad$ ⬅ 🔲 ⅃₆ 🛗 ᵶ ch. AE ↫ ❄ rest. ✆ ⅃Ⅎ

8 r. L. Armand Ⓜ Balard – ☏ 01 40 60 30 30 $\qquad$ 🚗 VISA ⦿ AE ①
– h0572@accor.com – Fax 01 40 60 30 00 N 5
606 ch – ♦320/390 € ♦♦320/390 €, ⊇ 25 € – 12 suites
Rest *Brasserie* – ☏ 01 40 60 33 77 – Menu (22 €), 27 € (déj. en sem.) – Carte 37/69 €

♦ Face à l'héliport, hôtel repensé pour la clientèle d'affaires, aux chambres insonorisées,
contemporaines et homogènes. Jolie perspective sur l'Ouest parisien aux derniers étages.
Cuisine simple à la brasserie, bar de style anglais, salle des petits-déjeuners panoramique.

🏨 Novotel Tour Eiffel

$\qquad$ ⬅ 🔲 ⅃₆ 🛗 ᵶ ch. AE ↫ ✆ ⅃Ⅎ 🚗

61 quai de Grenelle Ⓜ Charles Michels – ☏ 01 40 58 20 00 $\qquad$ VISA ⦿ AE ①
– h3546@accor.com – Fax 01 40 58 24 44 K 6
752 ch – ♦260/450 € ♦♦290/450 €, ⊇ 20 € – 12 suites
Rest *Benkay* – voir ci-après
Rest *Tour Eiffel Café* – ☏ 01 40 58 20 75 – Menu (25 €), 33/42 € bc – Carte 29/46 €

♦ L'hôtel, situé face à la Seine, dispose de confortables chambres actuelles (bois, teintes
claires), majoritairement tournées vers le fleuve. Centre de conférences high-tech. Plaisant
décor épuré, carte au goût du jour et espace épicerie fine au Café Lenôtre.

Mercure Suffren Tour Eiffel   ☐ 🗖 🗖 ch, AK ⅍ ⅍ ch, ☎ 🗖
20 r. Jean Rey ⓜ Bir-Hakeim – ℰ 01 45 78 50 00   P VISA MO AE ①
– h2175@accor.com – Fax 01 45 78 91 42   J 7
405 ch – ♦150/310 € ♦♦160/310 €, � 19 € – **Rest** – Carte 27/43 €
♦ Cet édifice moderne du cœur de la capitale se distingue par ses abords et sa réception verdoyants. Lieu parfaitement insonorisé. Certaines chambres regardent la tour Eiffel. Salle à manger ouverte sur l'agréable terrasse entourée d'arbres et de végétation.

Novotel Vaugirard   ☐ 🗖 🗖 ch, AK ⅍ ☎ 🗖 🗖 VISA MO ①
257 r. Vaugirard ⓜ Vaugirard – ℰ 01 40 45 10 00 – h1978@accor.com
– Fax 01 40 45 10 10   M 9
187 ch – ♦145/220 € ♦♦145/220 €, ⊃ 15 € – **Rest** – Menu 20/25 € – Carte 24/46 €
♦ En plein 15e, un établissement bien pensé pour la clientèle d'affaires. Chambres sobres et fonctionnelles, conformes à l'esprit de la chaîne. Nombreux équipements pour séminaires. Au Novotel Café, on sert une cuisine traditionnelle et quelques spécialités à la plancha.

Océania sans rest   ☐ 🗖 🗖 🗖 AK ⅍ ☎ 🗖 🗖 VISA MO AE ①
52 r. Oradour sur Glane ⓜ Porte de Versailles – ℰ 01 56 09 09 00
– oceania.paris@oceaniahotels.com – Fax 01 56 09 09 19   P 6
232 ch – ♦160/270 € ♦♦175/285 €, ⊃ 15 € – 18 suites
♦ Ce récent hôtel a tout prévu pour offrir un confort moderne dans un cadre élégant et actuel. Chambres bien équipées, espace détente complet, terrasse-jardin exotique.

Mercure Porte de Versailles sans rest   🗖 AK ⅍ ☎ 🗖
69 bd Victor ⓜ Porte de Versailles –   VISA MO AE ①
ℰ 01 44 19 03 03 – h1131@accor.com – Fax 01 48 28 22 11   N 7
91 ch – ♦115/300 € ♦♦130/315 €, ⊃ 16 € – 7 suites
♦ Face au parc des Expositions, immeuble des années 1970 construit à l'emplacement de l'ancienne usine de voitures Gordini. Chambres sobrement fonctionnelles.

Novotel Gare Montparnasse   🗖 🗖 🗖 AK ⅍ ☎ 🗖
17 r. Cotentin ⓜ Montparnasse Bienvenüe –   🗖 VISA MO AE ①
ℰ 01 53 91 23 75 – h5060@accor.com – Fax 01 53 91 23 76   M 10
197 ch – ♦220/280 € ♦♦220/280 €, ⊃ 16 € – 2 suites – **Rest** – Menu (21 € bc) – Carte 25/45 €
♦ Cet hôtel tout neuf proche de la gare propose des chambres zen d'esprit contemporain (équipements dernier cri, bonne insonorisation). Copieux buffet au petit-déjeuner.

Holiday Inn Montparnasse sans rest   🗖 🗖 AK ⅍ ☎ 🗖
10 r. Gager Gabillot ⓜ Vaugirard –   🗖 VISA MO AE ①
ℰ 01 44 19 29 29 – reservations@hiparis-montparnasse.com
– Fax 01 44 19 29 39   M 9
60 ch – ♦72/350 € ♦♦72/370 €, ⊃ 13 €
♦ Bâtisse moderne située dans une rue calme. Hall spacieux et salon contemporain sous une pyramide de verre. Chambres identiques, avant tout fonctionnelles.

Eiffel Cambronne sans rest   🗖 AK ⅍ ☎ VISA MO AE ①
46 r. Croix-Nivert ⓜ Av. Emile Zola – ℰ 01 56 58 56 78 – hotel@
eiffelcambronne.com – Fax 01 56 58 56 79   L 8
31 ch – ♦119/189 € ♦♦119/189 €, ⊃ 13 €
♦ Hall-salon aux fauteuils moelleux (feu de cheminée en hiver) et chambres de taille moyenne, plus calmes sur l'arrière. Copieux petit-déjeuner servi dans une cour intérieure.

Mercure Paris XV sans rest   🗖 🗖 AK ⅍ ☎ 🗖 🗖 VISA MO AE ①
6 r. St-Lambert ⓜ Boucicaut – ℰ 01 45 58 61 00 – h0903@accor.com
– Fax 01 45 54 10 43   M 7
56 ch – ♦115/145 € ♦♦125/150 €, ⊃ 12 €
♦ Adresse située à 800 m de la porte de Versailles. Accueil et salons sont aménagés dans le style contemporain, de même que les chambres, confortables et bien tenues.

Alizé Grenelle sans rest   🗖 AK ☎ VISA MO AE ①
87 av. É. Zola ⓜ Charles Michels – ℰ 01 45 78 08 22 – info@alizeparis.com
– Fax 01 40 59 03 06   L 7
50 ch – ♦90/134 € ♦♦94/135 €, ⊃ 11,50 €
♦ Derrière une façade en briques des années 1930, des chambres pratiques, conçues sur le même modèle et pourvues d'une insonorisation efficace. Un endroit familial et soigné.

Beaugrenelle St-Charles sans rest   🕭 📞 VISA ⑩ AE ①
82 r. St-Charles ⓜ *Charles Michels* – ℰ *01 45 78 61 63 – info@*
beaugrenelleparis.com – Fax 01 45 79 04 38   K 7
49 ch – †82/125 € ††89/126 €, � 11,50 €
♦ Près du métro St-Charles et du centre Beaugrenelle, hôtel bien tenu et insonorisé. Quelques chambres aménagées dans une maison de style villa toscane sur la cour intérieure.

Aberotel sans rest   🕭 ሌ ⍓ 🔼 📞 VISA ⑩ AE ①
24 r. Blomet ⓜ *Volontaires* – ℰ *01 40 61 70 50 – aberotel@wanadoo.fr*
– Fax 01 40 61 08 31   L 9
28 ch – †60/113 € ††70/136 €, ⊡ 8 €
♦ Une adresse prisée : plaisant salon orné de peintures sur bois évoquant les cartes à jouer, coquettes chambres et cour intérieure où l'on petit-déjeune en été.

XXX **Benkay** – Novotel Paris Tour Eiffel   ≤ AE ⇔ ⍟ VISA ⑩ AE ①
61 quai de Grenelle ⓜ *Bir-Hakeim* – ℰ *01 40 58 21 26 – h3546@accor.com*
– Fax 01 40 58 21 30   K 6
Rest – Menu 30 € (déj.), 75/125 € – Carte 42/131 €
♦ Au dernier étage d'un petit immeuble, restaurant ménageant une belle vue sur la Seine. Décor d'une grande sobriété (marbre et bois), comptoir à sushis et teppanyakis.

XX **Le Quinzième Cuisine Attitude**   🏠 ⍟ VISA ⑩ AE
14 r. Cauchy ⓜ *Javel* – ℰ *01 45 54 43 43 – resa@lequinzieme.com*
– Fax 01 45 57 22 96 – Fermé 10-20 août, lundi midi, sam. midi et dim.
Rest – Menu 40 € (déj. en sem.), 105/150 € – Carte 46/100 €   L 5
♦ Cadre design, ambiance branchée, table d'hôte avec vue sur les fourneaux et goûteuse cuisine actuelle : la formule de Cyril Lignac suite à l'émission "Oui Chef !" s'avère séduisante.

XX **La Gauloise**   🏠 ⍟ VISA ⑩ AE
59 av. La Motte-Picquet ⓜ *La Motte Picquet Grenelle* – ℰ *01 47 34 11 64*
– Fax 01 40 61 09 70   K 8
Rest – brasserie Menu (25 €) – Carte 33/52 €
♦ Cette brasserie des années 1900 a dû voir passer bon nombre de personnalités, à en juger par les photos dédicacées tapissant les murs. Plaisante terrasse sur le trottoir.

XX **Thierry Burlot "Le Quinze"**   AE ⍟ VISA ⑩ AE
(☺) *8 r. Nicolas Charlet* ⓜ *Pasteur* – ℰ *01 42 19 08 59 – Fax 01 45 67 09 13 – Fermé*
15 juil.-15 août, 22-28 déc., sam. et dim.   L 10
Rest – Menu (29 €), 35/59 € – Carte 40/52 €
♦ Atmosphère paisible et feutrée dans un cadre assez sobre, ponctué par des photos en noir et blanc réalisées par le patron. Cuisine de saison, inventive et soignée.

XX **Caroubier**   AE VISA ⑩ AE
(☺) *82 bd Lefebvre* ⓜ *Porte de Vanves* – ℰ *01 40 43 16 12 – Fax 01 40 43 16 12*
– Fermé 19 juil.-25 août et lundi   P 8
Rest – Menu 19 € (déj. en sem.)/28 € – Carte 28/47 €
♦ Décor contemporain rehaussé de touches orientales, chaleureuse ambiance familiale et accueil prévenant au service d'une cuisine marocaine généreuse et gorgée de soleil.

XX **Fontanarosa**   🏠 AE VISA ⑩
28 bd Garibaldi ⓜ *Cambronne* – ℰ *01 45 66 97 84 – contact@*
fontanarosa-ristorante.eu – Fax 01 47 83 96 30   L 9
Rest – Menu (17 €), 21 € (déj. en sem.)/30 € – Carte 32/69 € ⌗
♦ Oubliés le métro aérien et l'agitation urbaine, cap sur l'Italie ! Ici, le soleil s'invite dans l'assiette : honneur aux plats transalpins et aux spécialités sardes. Terrasse d'été.

XX **La Dînée**   VISA ⑩ AE ①
85 r. Leblanc ⓜ *Balard* – ℰ *01 45 54 20 49 – contact@restaurant-ladinee.com*
– Fax 01 40 60 73 76 – Fermé sam. et dim.   M 5
Rest – Menu 36/39 €
♦ Cette salle de restaurant actuelle agrémentée de tableaux contemporains propose des recettes au goût du jour soignées. Cuisine à la plancha servie dans le bistrot attenant.

XX L'Épopée ⓐⓒ ⓥⓘⓢⓐ ⓜⓞ ⓐⓔ

89 av. É. Zola Ⓜ Charles Michels – ℰ 01 45 77 71 37 – Fax 01 45 77 71 37 – Fermé
26 juil.-20 août, 24 déc.-3 janv., sam. midi et dim.   L 7
Rest – Menu (29 €), 35 € ⊛

♦ Loin de prétendre à des développements épiques, ce petit restaurant favorise la convivialité. Les habitués reviennent pour sa belle carte des vins et ses plats traditionnels.

XX Erawan ⓐⓒ ⓥⓘⓢⓐ ⓜⓞ ⓐⓔ

76 r. Fédération Ⓜ La Motte Picquet Grenelle – ℰ 01 47 83 55 67
⊛ – Fax 01 47 34 85 98 – Fermé 5-25 août et dim.   K 8
Rest – Menu 13,50 € bc (déj. en sem.), 30/45 € – Carte 20/29 €

♦ Bois sculptés, tons pastel et objets asiatiques composent le cadre feutré de ce restaurant.
Goûteux plats thaïlandais, service assuré en costume du pays et accueil charmant.

X Stéphane Martin ⓐⓒ ⓢⓔ ⓥⓘⓢⓐ ⓜⓞ

67 r. Entrepreneurs Ⓜ Charles Michels – ℰ 01 45 79 03 31
(☺) – resto.stephanemartin @ free.fr – Fax 01 45 79 44 69 – Fermé 3 sem. en août,
vacances de Noël et de Pâques, dim. et lundi   L 7
Rest – Menu (17 €), 22 € (déj. en sem.)/35 € – Carte 38/49 €

♦ Chaleureux restaurant décoré dans l'esprit d'une bibliothèque (fresque figurant des
rayonnages de livres), où l'on propose une cuisine au goût du jour inspirée par le marché.

X Bistro d'Hubert ⓥⓘⓢⓐ ⓜⓞ ⓐⓔ ①

41 bd Pasteur Ⓜ Pasteur – ℰ 01 47 34 15 50 – message @ bistrodhubert.com
– Fax 01 45 67 03 09 – Fermé lundi midi, sam. midi, dim. et fériés   L 10
Rest – Menu 34 € – Carte 38/79 €

♦ Bocaux et bonnes bouteilles sur les étagères, nappes à carreaux, vue directe sur les
fourneaux et les cuivres rutilants : le cadre de ce bistrot évoque une ferme landaise.

X Yanasé ⓐⓒ ⟷ ⓥⓘⓢⓐ ⓜⓞ

75 r. Vasco-de-Gamma Ⓜ Lourmel – ℰ 01 42 50 07 20 – yanasé @ orange.fr
⊛ – Fax 01 42 50 07 90 – Fermé 5-25 août, 24 déc.-2 janv., sam. midi et dim.   N 6
Rest – Menu 19 € bc (déj. en sem.), 38/58 €

♦ Décor épuré au Yanasé (cèdre du Japon) qui propose des grillades typiquement nippones cuites, sous vos yeux autour du comptoir, au "robata", un barbecue au charbon de bois.

X Afaria ⓥⓘⓢⓐ ⓜⓞ

15 r. Desnouettes Ⓜ Convention – ℰ 01 48 56 15 36 – Fax 01 48 56 15 36 – Fermé
(☺) 24-30 déc., 3-24 août, dim. et lundi midi   N 7
Rest – Menu (21 €), 27 € (déj.) – Carte 30/49 €

♦ Une cuisine du Sud-Ouest goûteuse et soignée s'illustre dans ce restaurant à
l'ambiance bistrot (nappes basques rayées et grands miroirs). Apéritif et tapas servis
au bar.

X Beurre Noisette ⓢⓔ ⓥⓘⓢⓐ ⓜⓞ ⓐⓔ ①

68 r. Vasco de Gama Ⓜ Lourmel – ℰ 01 48 56 82 49 – Fax 01 48 28 59 38 – Fermé
(☺) 1er-24 août, 1er-7 janv., dim. et lundi   N 6
Rest – Menu (20 €), 24 € (déj. en sem.)/32 € – Carte 29/36 €

♦ Recettes au goût du jour mitonnées avec soin et suggestions, au gré du marché, à
découvrir sur ardoise. Bon choix de vins au verre. Deux salles contemporaines aux tons
chauds.

X Le Grand Pan ⓥⓘⓢⓐ ⓜⓞ

20 r. Rosenwald Ⓜ Plaisance – ℰ 01 42 50 02 50 – Fax 01 42 50 02 66 – Fermé
(☺) 1er-24 août, vacances de Noël, sam. et dim.   N 9
Rest – Menu (20 €), 28/32 €

♦ Bistrot parisien à l'ancienne (bar en cuivre, tables en bois, ardoises), chaleureusement
baigné dans des tons marron. Spécialités de viandes (gibier en saison), soupe en entrée.

X Kim Anh ⓐⓒ ⓥⓘⓢⓐ ⓜⓞ

51 av. Emile Zola Ⓜ Charles Michels – ℰ 01 45 79 40 96 – Fax 01 40 59 49 78
– Fermé vacances de Pâques, 11-25 août et lundi   L 7
Rest – (dîner seult) Menu 37 € – Carte 43/71 €

♦ Un rideau d'arbustes protège le restaurant des rumeurs de l'avenue. Son cadre ne
paie pas de mine, mais vous serez séduits par sa cuisine vietnamienne, alléchante et
parfumée.

Le Troquet
VISA **MC**

21 r. François Bonvin **M** *Cambronne –* ☏ *01 45 66 89 00 – Fax 01 45 66 89 83*
– Fermé 2-10 mai, 1er-24 août, 24 déc.-1er janv., dim. et lundi L 9
Rest – Menu (24 €), 28 € (déj. en sem.), 30/40 €
♦ Authentique troquet parisien : menu unique proposé sur ardoise, salle à manger de style rétro et goûteuse cuisine du marché. Pour les titis... et les autres !

Le Cristal de Sel
VISA **MC**

13 r. Mademoiselle **M** *Commerce –* ☏ *01 42 50 35 29 – Fax 01 42 50 35 29*
– Fermé août, vacances de Noël, dim. et lundi L 8
Rest – Carte 34/50 €
♦ Dans ce restaurant sobre et clair, de réjouissants plats au goût du jour s'affichent aux murs, sur des ardoises : pas de menu mais une carte soignée de produits frais.

Villa Corse
AC ⇨ *VISA* **MC** *AE*

164 bd Grenelle **M** *La Motte Picquet Grenelle –* ☏ *01 53 86 70 81 – lavillacorse@wanadoo.fr – Fax 01 53 86 90 73 – Fermé dim.* K 8
Rest – Menu 25 € (déj.)/60 € – Carte 44/58 €
♦ Chacune des trois charmantes salles de ce restaurant corse offre une atmosphère différente : bibliothèque, bar-salon et "terrasse". Savoureuse cuisine et vins insulaires.

Le Mûrier
VISA **MC**

42 r. Olivier de Serres **M** *Convention –* ☏ *01 45 32 81 88 – lepimpecmartin@yahoo.fr – Fermé 11-17 août, sam. et dim.* N 8
Rest – Menu 24/29 €
♦ Sympathique pause-repas dans ce restaurant proche des boutiques de la rue de la Convention. Salle à manger ornée de vieilles affiches et recettes traditionnelles.

Le Bélisaire
VISA **MC**

2 r. Marmontel **M** *Vaugirard –* ☏ *01 48 28 62 24 – Fax 01 48 28 62 24*
– Fermé 21-27 avril, 4-24 août, 22-28 déc., sam. midi et dim. M 8
Rest – Menu (17 €), 20 € (déj. en sem.), 30/37 €
♦ Ce bistrot au cadre soigné s'est bâti une solide réputation dans le quartier Convention grâce à la bonne tenue de sa cuisine au goût du jour et à la qualité de son accueil.

Le Dirigeable
VISA **MC** *AE*

37 r. d'Alleray **M** *Vaugirard –* ☏ *01 45 32 01 54 – Fermé 1er-24 août, 24-31 déc., dim. et lundi* M 9
Rest – Menu (19 €), 22 € (déj.) – Carte 30/52 €
♦ Ambiance décontractée, cadre sans prétention et petits plats de tradition à prix attractifs : embarquez sans tarder pour une croisière à bord du Dirigeable !

Gastroquet
VISA **MC** *AE*

10 r. Desnouettes **M** *Convention –* ☏ *01 48 28 60 91 – Fax 01 45 33 23 70*
– Fermé août, 1er-10 janv., sam. soir en été et dim. N 7
Rest – Menu 22/29 € – Carte 49/59 €
♦ La cuisine traditionnelle mijotée avec soin en ce "gastronomique troquet" familial séduit gourmands du quartier et visiteurs du parc des Expositions de la porte de Versailles.

Le Pétel
AC *VISA* **MC** *AE* ⓞ

4 r. Pétel **M** *Vaugirard –* ☏ *01 45 32 58 76 – Fax 01 45 32 58 76 – Fermé 25 juil.-15 août, dim. et lundi* L 8
Rest – Menu (18 €), 31 €
♦ Une adresse de quartier où l'on se presse le soir, dans une chaleureuse atmosphère de bistrot. Cuisine traditionnelle du marché proposée sous forme d'un menu-carte à l'ardoise.

Banyan
AC *VISA* **MC** *AE*

24 pl. E. Pernet **M** *Félix Faure –* ☏ *01 40 60 09 31 – lebanyan@noos.fr*
– Fax 01 40 60 09 20 – Fermé 11-24 août L 7
Rest – Menu (20 €), 25 € (déj. en sem.), 35/55 € – Carte 33/52 €
♦ Dépaysement des papilles assuré en ce petit restaurant thaïlandais qui concocte une cuisine subtilement parfumée. Plaisant cadre contemporain et accueil familial.

Étoile, Trocadéro, Passy, Bois de Boulogne, Auteuil

16e arrondissement ✉ 75016

G. Targat/MICHELIN

⚐⚐⚐⚐ Raphael 🖼 🖼 🖼 ⚐ ch, 🅰 ⚐ ⚐ 🚵 VISA ⚐ AE ⚐
17 av. Kléber ✉ 75116 Ⓜ Kléber – ℰ 01 53 64 32 00 – reservation @
raphael-hotel.com – Fax 01 53 64 32 01   F 7
48 ch – ♦345/490 € ♦♦345/570 €, ⚏ 38 € – 37 suites
Rest La Salle à Manger – (fermé août, sam. et dim.) Menu 50 € bc (déj.)/60 € bc
(dîner) – Carte 63/85 €
Rest Les Jardins Plein Ciel – rest.-terrasse – ℰ 01 53 64 32 30 (ouvert de mai
à sept. et fermé sam. midi et dim.) Menu 70 € (déj.)/90 € (dîner)
♦ Superbe galerie habillée de boiseries, chambres raffinées, toit-terrasse panoramique et
bar anglais "mondain" sont les trésors du Raphael (1925). Belle Salle à Manger d'esprit
"palace". Belle vue sur Paris et formule buffet aux Jardins Plein Ciel (7e étage).

⚐⚐⚐ St-James Paris 🖼 🖼 🖼 🅰 ⚐ ⚐ 🚵 P VISA ⚐ AE ⚐
43 av. Bugeaud ✉ 75116 Ⓜ Porte Dauphine – ℰ 01 44 05 81 81 – contact @
saint-james-paris.com – Fax 01 44 05 81 82   F 5
38 ch – ♦380/630 € ♦♦490/630 €, ⚏ 28 € – 10 suites – **Rest** – (fermé sam., dim.
et fériés) (résidents seult) Menu 50 € – Carte 67/190 €
♦ Bel hôtel particulier élevé en 1892 par Mme Thiers au sein d'un jardin arboré.
Escalier majestueux, chambres spacieuses et bar-bibliothèque à l'atmosphère de club
anglais.

⚐⚐⚐ Le Parc-Trocadéro 🖼 🖼 🅰 ⚐ ⚐ 🚵 ⚐ VISA ⚐ AE ⚐
55 av. R. Poincaré ✉ 75116 Ⓜ Victor Hugo – ℰ 01 44 05 66 66
– corinne.leponner @ renaissancehotels.com – Fax 01 44 05 66 00   G 6
112 ch – ♦195/450 € ♦♦245/950 €, ⚏ 27 € – 4 suites
Rest Le Parc – ℰ 01 44 05 66 10 (fermé 3 août-1er sept., 21 déc.-5 janv., sam. midi,
dim. et lundi) Menu (45 €) – Carte 60/77 € ❀
♦ Les chambres, élégantes et délicieusement british, sont bien équipées (système wi-fi) et
réparties autour d'une terrasse-jardin. Décor du bar en partie signé Arman. Au rez-de-
chaussée du séduisant hôtel particulier de la Belle Époque, touches design signées P. Jouin
et recettes classiques concoctées en fonction des produits de saison.

⚐⚐⚐ Sofitel Baltimore 🖼 🖼 🅰 ⚐ ⚐ 🚵 ⚐ VISA ⚐ AE ⚐
88 bis av. Kléber ✉ 75116 Ⓜ Boissière – ℰ 01 44 34 54 54 – h2789 @ accor.com
– Fax 01 44 34 54 44   G 7
103 ch – ♦420/820 € ♦♦420/820 €, ⚏ 25 € – 1 suite
Rest Table du Baltimore – voir ci-après
♦ Mobilier épuré, tissus tendance, photos anciennes de la ville de Baltimore : le décor
contemporain des chambres contraste avec l'architecture de cet immeuble du 19e s.

⚐⚐⚐ Costes K. sans rest 🖼 🖼 ⚐ 🅰 ⚐ ⚐ ⚐ VISA ⚐ AE ⚐
81 av. Kléber ✉ 75116 Ⓜ Trocadéro – ℰ 01 44 05 75 75 – resak @
hotelcostesk.com – Fax 01 44 05 74 74   G 7
83 ch – ♦300 € ♦♦350/500 €, ⚏ 20 €
♦ Signé Ricardo Bofill, cet hôtel ultra-moderne est une invite discrète à la sérénité avec ses
vastes chambres aux lignes épurées ordonnées autour d'un joli patio japonisant.

⚐⚐⚐ Keppler sans rest 🖼 ⚐ 🅰 ⚐ ⚐ VISA ⚐ AE ⚐
10 r. Keppler ✉ 75116 Ⓜ George V – ℰ 01 47 20 65 05 – hotel @ keppler.fr
– Fax 01 47 23 02 29   F 8
34 ch – ♦300/350 € ♦♦420/490 €, ⚏ 22 € – 5 suites
♦ Cet établissement offre un décor tout en luxe et raffinement signé Pierre-Yves Rochon.
Espaces d'accueil et chambres allient styles, matières et lumière : la magie opère...

Square
3 r. Boulainvilliers ✉ 75016 Ⓜ Mirabeau – ✆ 01 44 14 91 90 – reservation@hotelsquare.com – Fax 01 44 14 91 99 K 5
20 ch – †300/480 € ††300/480 €, ☕ 22 € – 2 suites
Rest *Zébra Square* – ✆ 01 44 14 91 91 – Menu (26 € bc), 34 € bc – Carte 35/57 €
◆ Fleuron de l'architecture contemporaine face à la Maison de la Radio. Courbes, couleurs, équipements high-tech et toiles abstraites : un hymne à l'art moderne ! Décor design zébré, cave-bibliothèque et carte dans l'air du temps côté restaurant.

Trocadero Dokhan's sans rest
117 r. Lauriston ✉ 75116 Ⓜ Trocadéro – ✆ 01 53 65 66 99 – reservation@dokhans.com – Fax 01 53 65 66 88 G 6
45 ch – †430/460 € ††430/460 €, ☕ 27 € – 4 suites
◆ Bel hôtel particulier (1910) à l'architecture palladienne et au décor intérieur néoclassique. Boiseries céladon (18e s.) dans les salons "cocooning". Bar à champagne très intimiste.

Sezz sans rest
6 av. Frémiet ✉ 75016 Ⓜ Passy – ✆ 01 56 75 26 26 – mail@hotelsezz.com – Fax 01 56 75 26 16 J 6
22 ch – †280/335 € ††330/460 €, ☕ 25 € – 5 suites
◆ Relooké, cet hôtel s'inscrit parfaitement dans la modernité : décor design épuré (tons gris, vases géants, grands espaces), technologie et service personnalisé. Hammam, jacuzzi.

La Villa Maillot sans rest
143 av. Malakoff ✉ 75116 Ⓜ Porte Maillot – ✆ 01 53 64 52 52 – resa@lavillamaillot.fr – Fax 01 45 00 60 61 F 6
39 ch – †270/350 € ††300/400 €, ☕ 27 € – 3 suites
◆ À proximité de la porte Maillot. Couleurs douces, grand confort et bonne isolation phonique pour les chambres. Verrière ouverte sur la verdure pour les petits-déjeuners.

Majestic sans rest
29 r. Dumont d'Urville ✉ 75116 Ⓜ Kléber – ✆ 01 45 00 83 70 – management@majestic-hotel.com – Fax 01 45 00 29 48 – Fermé pour travaux d'avril à sept. F 7
27 ch – †265 € ††370 €, ☕ 19 € – 3 suites
◆ À deux pas des Champs-Élysées, cette discrète façade des années 1960 abrite des chambres calmes, au confort bourgeois, bien dimensionnées et impeccablement tenues.

Pergolèse sans rest
3 r. Pergolèse ✉ 75116 Ⓜ Argentine – ✆ 01 53 64 04 04 – hotel@pergolese.com – Fax 01 53 64 04 40 E 6
40 ch – †220/380 € ††264/456 €, ☕ 18 €
◆ Derrière une sage façade du beau 16e, un intérieur design mariant avec bonheur acajou, briques de verre, chromes et couleurs vives. Petits-déjeuners face à un agréable patio.

Élysées Régencia sans rest
41 av. Marceau ✉ 75116 Ⓜ George V – ✆ 01 47 20 42 65 – info@regencia.com – Fax 01 49 52 03 42 G 8
43 ch – †195/370 € ††215/550 €, ☕ 18 €
◆ Hôtel rénové dans un style design : chambres modernes et raffinées (bleu, fuschia ou anis) ; deux juniors suites provençales dépaysantes. Élégants salon, bar et bibliothèque.

Waldorf Trocadero sans rest
97 r. Lauriston ✉ 75116 Ⓜ Boissière – ✆ 01 45 53 83 30 – trocadero@hotelswaldorfparis.com – Fax 01 47 55 92 52 G 7
44 ch – †320/350 € ††350/410 €, ☕ 20 €
◆ Cet ancien hôtel particulier situé entre l'Arc de Triomphe et le Trocadéro offre des aménagements récents et un joli décor contemporain. Chambres d'ampleurs variées.

Alexander sans rest
102 av. V. Hugo ✉ 75116 Ⓜ Victor Hugo – ✆ 01 56 90 61 00 – reservation@hotelalexanderparis.com – Fax 01 56 90 61 01 G 6
61 ch – †315/523 € ††343/523 €, ☕ 25 € – 2 suites
◆ Immeuble bourgeois sur une avenue chic. Salons feutrés (belles boiseries). Chambres de bonne ampleur, au cadre classique et cossu ; celles sur l'arrière sont plus calmes.

Garden Élysée sans rest
12 r. St-Didier ✉ 75116 Ⓜ Boissière – ✆ 01 47 55 01 11 – garden.elysee@wanadoo.fr – Fax 01 47 27 79 24 G 7
46 ch – 180/480 € 180/600 €, ☕ 21 €
◆ En retrait de la rue, au calme d'une cour intérieure (petit-déjeuner en été), chambres actuelles aux belles salles de bain en pierre ou marbre. Salon d'esprit jardin d'hiver.

Bassano sans rest
15 r. Bassano ✉ 75116 Ⓜ George V – ✆ 01 47 23 78 23 – info@hotel-bassano.com – Fax 01 47 20 41 22 G 8
28 ch – 175/290 € 195/310 €, ☕ 18 € – 3 suites
◆ Ambiance douillette, mobilier en fer forgé, tissus ensoleillés : cette "maison d'ami" évoque la Provence alors que les Champs-Élysées sont à quelques centaines de mètres.

Kléber sans rest
7 r. Belloy ✉ 75116 Ⓜ Boissière – ✆ 01 47 23 80 22 – kleberhotel@wanadoo.fr – Fax 01 49 52 07 20 G 7
23 ch – 99/299 € 99/299 €, ☕ 14 € – 1 suite
◆ Les salons de cet hôtel construit en 1853 abritent meubles de style Louis XV, fresques originales et toiles anciennes. Murs de pierres apparentes et parquet dans les chambres.

Montfleuri sans rest
21 av. Grande Armée ✉ 75116 Ⓜ Charles de Gaulle-Etoile – ✆ 01 45 00 33 65 – montfleuri@wanadoo – Fax 01 45 00 06 36 F 7
42 ch – 230/250 € 270/290 €, ☕ 13 € – 3 suites
◆ À deux pas de l'Arc de triomphe, hôtel entièrement repensé dans un esprit tendance. Chambres calmes et raffinées : tonalités douces, meubles élégants et tissus choisis délicats.

Étoile Résidence Impériale sans rest
155 av. de Malakoff ✉ 75116 Ⓜ Porte Maillot – ✆ 01 45 00 23 45 – reservation@residenceimperiale.com – Fax 01 45 01 88 82 E 6
37 ch – 170/250 € 170/250 €, ☕ 14 €
◆ Chambres à thème (Afrique, Asie, etc.) bien insonorisées ; certaines ont gardé leurs poutres apparentes, d'autres sont de plain-pied avec le patio.

Passy Eiffel sans rest
10 r. Passy ✉ 75016 Ⓜ Passy – ✆ 01 45 25 55 66 – contact@passyeiffel.com – Fax 01 42 88 89 88 J 6
49 ch – 90/145 € 110/155 €, ☕ 11 €
◆ Dans une rue animée, hôtel familial disposant de chambres pratiques et bien tenues donnant sur la rue (certaines regardent la tour Eiffel) ou sur un joli patio fleuri.

Chambellan Morgane sans rest
6 r. Keppler ✉ 75116 Ⓜ George V – ✆ 01 47 20 35 72 – chambellan-morgane@wanadoo.fr – Fax 01 47 20 95 69 GF 8
20 ch – 160/180 € 160/180 €, ☕ 13 €
◆ Petit hôtel de caractère dont les chambres portent les couleurs de la Provence et profitent toutes du calme ambiant. Agréable salon Louis XVI décoré de boiseries peintes.

Victor Hugo sans rest
19 r. Copernic ✉ 75116 Ⓜ Victor Hugo – ✆ 01 45 53 76 01 – paris@victorhugohotel.com – Fax 01 45 53 69 93 G 7
75 ch – 154/250 € 173/390 €, ☕ 18 €
◆ Hôtel situé dans un quartier calme, face aux réservoirs de Passy. Chambres décorées de mobilier traditionnel et aux derniers étages, balcons offrant une vue dégagée.

Floride Étoile sans rest
14 r. St-Didier ✉ 75116 Ⓜ Boissière – ✆ 01 47 27 23 36 – floride.etoile@wanadoo.fr – Fax 01 47 27 82 87 G 7
63 ch – 120/235 € 145/235 €, ☕ 15 €
◆ À quelques pas du Trocadéro. Chambres fonctionnelles rénovées ; celles côté cour sont plus petites mais aussi plus tranquilles. Salon fleuri, meublé avec goût.

🏠🏠 **Résidence Foch** sans rest 　　　　🖎 📶 📞 *VISA* 🐵 🅰🄴 ①

10 r. Marbeau ✉ 75116 Ⓜ Porte Maillot – ℰ 01 45 00 46 50 – residence @
foch.com – Fax 01 45 01 98 68　　　　　　　　　　　　　　　　　F 6

25 ch – ♦150/160 € ♦♦150/250 €, ☷ 12 €

♦ Voisin de l'aristocratique avenue Foch, ce petit hôtel familial héberge une agréable salle
de petits-déjeuners et des chambres fonctionnelles, joliment décorées.

🏠 **Du Bois** sans rest 　　　　　　　　　　　　　　📞 *VISA* 🐵 🅰🄴 ①

11 r. Dôme ✉ 75116 Ⓜ Kléber – ℰ 01 45 00 31 96 – reservations @
hoteldubois.com – Fax 01 45 00 90 05　　　　　　　　　　　　　　F 7

39 ch – ♦170/220 € ♦♦170/245 €, ☷ 15 €

♦ Cet hôtel cosy a élu domicile dans la rue la plus montmartroise du 16ᵉ où
Baudelaire rendit son dernier soupir. Chambres coquettes et claires, salon de style
géorgien.

🏠 **Windsor Home** sans rest 　　　　　　　　↳ 📞 *VISA* 🐵 🅰🄴

3 r. Vital ✉ 75016 Ⓜ La Muette – ℰ 01 45 04 49 49 – whparis @ wanadoo.fr
– Fax 01 45 04 59 50　　　　　　　　　　　　　　　　　　　　H 6

8 ch – ♦120/160 € ♦♦130/170 €, ☷ 11 €

♦ Cette charmante demeure centenaire devancée d'un jardinet est aménagée comme une
maison particulière : meubles anciens, moulures, coloris lumineux et touches contemporaines.

🏠 **Gavarni** sans rest 　　　　　🖎 🄰🄲 ↳ 📞 *VISA* 🐵 🅰🄴 ①

5 r. Gavarni ✉ 75116 Ⓜ Passy – ℰ 01 45 24 52 82 – reservation @ gavarni.com
– Fax 01 40 50 16 95　　　　　　　　　　　　　　　　　　　　J 6

25 ch – ♦110/200 € ♦♦160/550 €, ☷ 15 €

♦ Agréable hôtel (non-fumeurs) aux chambres certes petites, mais cossues ; cheminée et
moulures d'origine dans certaines. Produits du commerce équitable au petit-déjeuner.

🏠 **Queen's** sans rest 　　　　　🖎 🄰🄲 ↳ 📞 *VISA* 🐵 🅰🄴

4 r. Bastien Lepage ✉ 75016 Ⓜ Michel Ange Auteuil – ℰ 01 42 88 89 85 – info @
hotel-queens-hotel.com – Fax 01 40 50 67 52　　　　　　　　　　K 4

22 ch – ♦85/99 € ♦♦118/142 €, ☷ 9 €

♦ Des tableaux d'artistes contemporains égayent le joli hall ainsi que la plupart des
chambres ; leur coquet aménagement fait vite oublier la petitesse des surfaces.

🏠 **Nicolo** sans rest 🌡 　　　　　　🖎 ↳ 📞 *VISA* 🐵 🅰🄴 ①

3 r. Nicolo ✉ 75116 Ⓜ Passy – ℰ 01 42 88 83 40 – hotel.nicolo @ wanadoo.fr
– Fax 01 42 24 45 41　　　　　　　　　　　　　　　　　　　　J 6

28 ch – ♦122/146 € ♦♦130/209 €

♦ On accède à ce vénérable hôtel (non-fumeurs) par une arrière-cour. Meubles chinés
(indonésiens, africains...), et bibelots asiatiques décorent les chambres, presque toutes
rénovées.

🏠 **Marceau Champs Élysées** sans rest 　　🖎 🄰🄲 📞 *VISA* 🐵 🅰🄴 ①

37 av. Marceau ✉ 75016 Ⓜ George V – ℰ 01 47 20 43 37 – info @
hotelmarceau.com – Fax 01 47 20 14 76　　　　　　　　　　　　G 8

30 ch – ♦138/168 € ♦♦148/198 €, ☷ 12 €

♦ Sur une avenue passante, immeuble haussmannien abritant des chambres classiques,
équipées de salles de bains en marbre. Espace salon-petits-déjeuners au 1ᵉʳ étage.

🏠 **Boileau** sans rest 　　　　　　　ひ 📞 *VISA* 🐵 🅰🄴 ①

81 r. Boileau ✉ 75016 Ⓜ Exelmans – ℰ 01 42 88 83 74 – info @ hotel-boileau.com
– Fax 01 45 27 62 98　　　　　　　　　　　　　　　　　　　　M 3

31 ch – ♦55/75 € ♦♦65/95 €, ☷ 9 €

♦ Toiles et bibelots chinés contant Bretagne et Maghreb, minipatio fleuri et meubles
rustiques : une adresse sympathique aux chambres discrètement personnalisées.

🏠 **Le Hameau de Passy** sans rest 🌡 　　　　🖎 📞 *VISA* 🐵 🅰🄴 ①

48 r. Passy ✉ 75016 Ⓜ La Muette – ℰ 01 42 88 47 55 – hameau.passy @
wanadoo.fr – Fax 01 42 30 83 72　　　　　　　　　　　　　　　J 5-6

32 ch ☷ – ♦120/146 € ♦♦132/159 €

♦ Une impasse mène à ce discret hameau et à sa charmante cour intérieure envahie
de verdure. Nuits calmes assurées dans des chambres petites, mais actuelles et bien
tenues.

Au Palais de Chaillot sans rest
35 av. R. Poincaré ✉ 75116 Ⓜ Trocadéro – ✆ 01 53 70 09 09 – palaisdechaillot-hotel@magic.fr – Fax 01 53 70 09 08 G 6
28 ch – 114 € 129 €, ☕ 9 €
◆ Bel emplacement près du Trocadéro pour cet hôtel familial. Petites chambres fonctionnelles (plus calmes sur l'arrière). Accueil sympathique.

Hiramatsu (soir)
52 r. Longchamp ✉ 75116 Ⓜ Trocadéro – ✆ 01 56 81 08 80 – paris@hiramatsu.co.jp – Fax 01 56 81 08 81 – Fermé 2-31 août, 29 déc.-6 janv., sam. et dim. G 7
Rest – *(nombre de couverts limité, prévenir)* Menu 48 € (déj.), 95/130 € – Carte 104/140 €
Spéc. Foie gras de canard aux choux frisés, jus de truffe. Feuilleté de homard aux parfums de truffes, jus d'estragon. Gâteau au chocolat "Hiramatsu".
◆ Sous son enseigne japonaise, Hiramatsu honore la cuisine française avec inventivité et talent. La haute gastronomie dans un cadre très élégant orné de fleurs. Superbes vins.

Relais d'Auteuil (Patrick Pignol)
31 bd. Murat ✉ 75016 Ⓜ Michel Ange Molitor – ✆ 01 46 51 09 54 – pignol.p@wanadoo.fr – Fax 01 40 71 05 03 – Fermé août, vacances de Noël, lundi midi, sam. midi et dim. L 3
Rest – Menu 58 € (déj.), 119/149 € – Carte 116/171 €
Spéc. Amandine de foie gras de canard des Landes et son lobe poêlé. Grosse sole de ligne dorée entière sur l'arête. Gibier (saison).
◆ Cadre intimiste aux tons neutres mettant en valeur peintures et sculptures modernes. Cuisine classique soignée et beau livre de cave (superbe sélection de vins de Bourgogne).

Astrance (Pascal Barbot)
4 r. Beethoven ✉ 75016 Ⓜ Passy – ✆ 01 40 50 84 40 – Fermé 1er-9 mars, août, vacances de la Toussaint, sam., dim. et lundi J 7
Rest – *(nombre de couverts limité, prévenir)* Menu 70 € (déj.), 190/290 € bc
Spéc. Foie gras mariné au verjus, galette de champignons de Paris, citron confit. Selle d'agneau grillée, aubergine laquée au miso, curry noir. Croustillant chocolat blanc-gingembre, glace thé vert.
◆ Proposée dans un cadre intimiste à travers un "menu surprise", cuisine inventive signée par un chef au sommet de son art. Vins et service en harmonie. L'Astrance brille de mille feux.

La Table de Joël Robuchon
16 av. Bugeaud ✉ 75116 Ⓜ Victor Hugo – ✆ 01 56 28 16 16 – latabledejoelrobuchon@wanadoo.fr – Fax 01 56 28 16 78 F 6
Rest – Menu 55 € bc (déj.)/150 € – Carte 55/145 €
Spéc. La Langoustine en papillotes croustillantes au basilic. La caille au foie gras et caramélisée avec une pomme purée truffée. Le "chocolat sensation" crème onctueuse au chocolat araguani, glace chocolat au biscuit oréo
◆ Cuisine d'inspiration classique subtilement revisitée par Joël Robuchon, carte d'assiettes de dégustation façon tapas et cadre élégant : c'est un vrai plaisir de se mettre à Table !

La Table du Baltimore – Hôtel Sofitel Baltimore
1 r. Léo Delibes ✉ 75016 Ⓜ Boissière – ✆ 01 44 34 54 34 – h2789-fb@accor.com – Fax 01 44 34 54 44 – Fermé août, sam. et dim.
Rest – Menu 48 € bc (déj.)/50 € – Carte 54/71 € G 7
Spéc. Tourteau assaisonné à la badiane roulé dans une feuille d'algue. Selle d'agneau rôtie en croûte d'herbes, céleri rave mijoté aux sucs. Dos de cabillaud cuit au plat, confit de poireaux au curcuma et thym.
◆ Le cadre du restaurant associe boiseries anciennes, mobilier contemporain, couleurs chaleureuses et collection de dessins. Belle cuisine au goût du jour.

Le Pergolèse (Stéphane Gaborieau)
40 r. Pergolèse ✉ 75116 Ⓜ Porte Maillot – ✆ 01 45 00 21 40 – le-pergolese@wanadoo.fr – Fax 01 45 00 81 31 – Fermé août, sam. et dim. F 6
Rest – Menu 42 € (déj.)/90 € – Carte 73/107 €
Spéc. Ravioli de langoustines, duxelles de champignons, émulsion de crustacés au foie gras. Aiguillette de Saint-Pierre dorée, cannelloni farcis aux multi saveurs, émulsion de verveine. Pigeon fermier au soupçon de gingembre et cannelle.
◆ Tentures jaunes, boiseries claires et sculptures insolites jouent avec les miroirs et forment un décor élégant à deux pas de la sélecte avenue Foch. Belle cuisine classique revisitée.

XXX **Prunier**   🕭 🅰️ ⇔ 🆚🆂🅰 ⓂⓈ 🅰🅴 ⓸

16 av. Victor-Hugo Ⓜ *Charles de Gaulle-Etoile – 🖉 01 44 17 35 85 – prunier @*
maison-prunier.fr – Fax 01 44 17 90 10 – Fermé août et dim.   F 7

Rest – Menu 59/155 € – Carte 68/122 €

♦ Institution créée en 1925 par l'architecte Boileau, au superbe décor Art déco classé
(marbre noir, mosaïques, vitraux). Excellents produits de la mer (caviars, saumons).

XXX **Les Arts**   🕭 ⅋ 🆚🆂🅰 ⓂⓈ 🅰🅴 ⓸

9 bis av. d'Iéna ⊠ *75116* Ⓜ *Iéna – 🖉 01 40 69 27 53 – restaurant.am @*
sodexho-prestige.fr – Fax 01 40 69 27 08 – Fermé 28 juil.-28 août, 23 déc.-2 janv.,
sam., dim. et fériés   G 7

Rest – Menu 38 € – Carte 57/79 €

♦ Hôtel particulier bâti en 1892 devenu maison des "gadzarts" depuis 1925. Salle à manger
(colonnades, moulures, tableaux) and jardin-terrasse sont désormais ouverts au public.

XXX **Passiflore** (Roland Durand)   🅰️ ⇗ 🆚🆂🅰 ⓂⓈ 🅰🅴

    ✣

33 r. Longchamp ⊠ *75016* Ⓜ *Trocadéro – 🖉 01 47 04 96 81*
– passiflore @ club-internet.fr – Fax 01 47 04 32 27
– Fermé 20 juil.-20 août, sam. midi et dim.   G 7

Rest – Menu 35 € (déj.), 45/54 € (dîner) – Carte 64/100 €

Spéc. Ravioles de homard en mulligatowny. Riz noir et langoustines en saté au
citron vert. Quatre sorbets verts pimentés.

♦ Sobre et élégant décor d'inspiration ethnique (camaïeu de jaune et boiseries), cuisine
classique personnalisée : ce "comptoir" du beau Paris fait voyager les papilles.

XXX **Port Alma**   🅰️ 🆚🆂🅰 ⓂⓈ 🅰🅴 ⓸

10 av. New York ⊠ *75116* Ⓜ *Alma Marceau – 🖉 01 47 23 75 11*
– restaurantportalma @ wanadoo.fr – Fax 01 47 20 42 92
– Fermé dim. et lundi   H 8

Rest – Menu (25 €), 29/39 € (dîner) – Carte 28/90 €

♦ Sur les quais de Seine, salle à manger-véranda aux poutres bleues, faisant la part belle aux
saveurs de la mer. Fraîcheur des produits et accueil souriant.

XX **Cristal Room Baccarat**   🅰️ ⅋ 🆚🆂🅰 ⓂⓈ 🅰🅴

11 pl. des Etats-Unis ⊠ *75116* Ⓜ *Boissière – 🖉 01 40 22 11 10 – cristalroom @*
baccarat.fr – Fax 01 40 22 11 99 – Fermé dim.   G 7

Rest – *(prévenir)* Menu 59 € (déj.), 92/200 € bc – Carte 90/123 €

♦ M.-L. de Noailles tenait salon dans cet hôtel particulier investi par la maison Baccarat.
Décor "starckien", plats actuels et prix V.I.P. : la beauté n'est pas raisonnable !

XX **Tsé Yang**   🅰️ ⇔ 🆚🆂🅰 ⓂⓈ 🅰🅴

25 av. Pierre 1er de Serbie ⊠ *75116* Ⓜ *Iéna – 🖉 01 47 20 70 22*
– Fax 01 47 20 75 34   G 8

Rest – Menu 49/59 € – Carte 35/133 €

♦ Deux architectes-décorateurs ont relooké cette ambassade chic de la cuisine traditionnelle chinoise : noir dominant, plafond à caissons doré, jolie mise en place, etc.

XX **Pavillon Noura**   🅰️ ⇗ 🆚🆂🅰 ⓂⓈ 🅰🅴 ⓸

21 av. Marceau ⊠ *75116* Ⓜ *Alma Marceau – 🖉 01 47 20 33 33 – noura @ noura.fr*
– Fax 01 47 20 60 31   G 8

Rest – Menu 36 € (déj. en sem.), 56/64 € – Carte 37/54 €

♦ Jolie salle aux murs ornés de fresques levantines. Le Liban se laisse découvrir à travers ses
mezzés, ses petits plats chauds ou froids et ses traditionnels verres d'arack.

XX **La Table de Babette**   🅰️ ⅋ ⇔ 🆚🆂🅰 ⓂⓈ 🅰🅴

32 r. Longchamp ⊠ *75016* Ⓜ *Trocadéro – 🖉 01 45 53 00 07 – tabledebabette @*
wanadoo.fr – Fax 01 45 53 00 15 – Fermé sam. midi, dim. et fériés le midi

Rest – Menu (28 €), 38 € – Carte 45/77 €   G 7

♦ Babette vous invite à découvrir la cuisine antillaise qu'elle revisite à sa façon, avec finesse
et sensibilité. Salle à manger cosy et ambiance musicale en fin de semaine.

XX **Conti**   🅰️ 🆚🆂🅰 ⓂⓈ 🅰🅴 ⓸

72 r. Lauriston ⊠ *75116* Ⓜ *Boissière – 🖉 01 47 27 74 67 – Fax 01 47 27 37 66*
– Fermé 4-24 août, 25 déc.-1er janv., sam., dim. et fériés   G 7

Rest – Menu 33 € (déj.) – Carte 41/65 € ✾

♦ Les deux couleurs fétiches de Stendhal se retrouvent dans le décor de ce restaurant où
brillent miroirs et lustres de cristal. Cuisine italienne et belle carte des vins.

XX **Giulio Rebellato**　　　　　　　AC ℅ VISA ⓂⒸ AE

136 r. Pompe ⊠ *75116* Ⓜ *Victor Hugo* – ℰ *01 47 27 50 26 – Fermé août*

Rest – Carte 36/66 €　　　　　　　　　　　　　G 6

◆ Beaux tissus, gravures anciennes et scintillements des miroirs président à un chaleureux intérieur d'inspiration vénitienne signé Garcia. Recettes de l'Italie septentrionale.

XX **Tang**　　　　　　　　　　　AC ⌀(soir) VISA ⓂⒸ

125 r. de la Tour ⊠ *75116* Ⓜ *Rue de la Pompe* – ℰ *01 45 04 35 35*
– charlytang16@yahoo.fr – Fax 01 45 04 58 19 – Fermé août, 21-29 déc., lundi midi et dim.　　　　　　　　　　　　H 5

Rest – Menu 39 € (déj. en sem.), 85/108 € – Carte 65/149 €

◆ Derrière les larges baies vitrées, une salle haute sous plafond, dont le décor classique est rehaussé de touches asiatiques. Spécialités chinoises et thaïlandaises.

XX **Chez Géraud**　　　　　　　　　　VISA ⓂⒸ

(☺) *31 r. Vital* ⊠ *75016* Ⓜ *La Muette* – ℰ *01 45 20 33 00 – Fax 01 45 20 46 60*
– Fermé 1ᵉʳaoût-1ᵉʳsept., 23 déc.-5 janv., sam. et dim.　　　　H 5

Rest – Menu 32 € – Carte 48/71 €

◆ La façade, puis la fresque intérieure, toutes deux en faïence de Longwy, attirent l'œil. Cadre de bistrot chic pour une cuisine traditionnelle privilégiant le gibier en saison.

XX **Roland Garros**　　　　　　　⌂ ⌀(midi) VISA ⓂⒸ AE

2 bis av. Gordon Bennett ⊠ *75016* Ⓜ *Porte d'Auteuil* – ℰ *01 47 43 49 56*
*– Fax 01 40 71 83 24 – Fermé 31 juil.-25 août, 24 déc.-5 janv., sam. et dim. d'oct.
à mars et dim. soir d'avril à sept.*　　　　　　　　　L 2

Rest – Menu (42 €), 52 € – Carte 51/87 €

◆ Dans l'enceinte du stade, un havre de verdure et de bien-être qui – heureusement – n'est pas réservé qu'aux licenciés de la FFT ! Carte actuelle supervisée par Marc Veyrat.

XX **Marius**　　　　　　　　　　⌂ ⌀ VISA ⓂⒸ AE

82 bd Murat ⊠ *75016* Ⓜ *Porte de St-Cloud* – ℰ *01 46 51 67 80*
– restaurant.marius@orange.fr – Fax 01 40 71 83 75
– Fermé août, sam. midi et dim.　　　　　　　　　M 2

Rest – Carte 43/68 €

◆ Chaises en velours jaune, murs clairs, stores en bois et grands miroirs caractérisent la salle à manger-véranda de ce restaurant dédié aux produits de la mer. Vins choisis.

XX **Le Vinci**　　　　　　　　　AC ⌀(soir) VISA ⓂⒸ AE

23 r. P. Valéry ⊠ *75116* Ⓜ *Victor Hugo* – ℰ *01 45 01 68 18 – levinci@wanadoo.fr*
– Fax 01 45 01 60 37 – Fermé 2-24 août, sam. et dim.　　　F 7

Rest – Carte 39/68 €

◆ Goûteuse cuisine italienne, sympathique intérieur coloré et service aimable : un petit établissement très prisé à deux pas de la commerçante et huppée avenue Victor-Hugo.

XX **6 New-York**　　　　　　　　AC VISA ⓂⒸ AE ⓪

6 av. New-York ⊠ *75016* Ⓜ *Alma Marceau* – ℰ *01 40 70 03 30 – 6newyork@
wanadoo.fr – Fax 01 40 70 04 77 – Fermé août, sam. midi et dim.*　　H 8

Rest – Menu (28 €), 30 € (déj.) – Carte 48/62 €

◆ Si l'enseigne vous renseigne sur l'adresse, elle ne vous dit pas que ce bistrot chic concocte une cuisine en parfaite harmonie avec le cadre : résolument moderne et épurée.

XX **A et M Restaurant**　　　　　⌂ AC ⌀ VISA ⓂⒸ AE ⓪

(☺) *136 bd Murat* ⊠ *75016* Ⓜ *Porte de St-Cloud* – ℰ *01 45 27 39 60 – am-bistrot-16@
wanadoo.fr – Fax 01 45 27 69 71 – Fermé août, sam. midi et dim.*　　M 3

Rest – Menu (23 €), 30 € – Carte 35/48 €

◆ "Bistrot de chef" tendance, situé à deux pas de la Seine : sobriété du décor contemporain, aux tons crème et havane, éclairage design et cuisine au goût du jour soignée.

XX **L'Acajou**　　　　　　　　　AC VISA ⓂⒸ AE

35bis r. La Fontaine ⊠ *75016* Ⓜ *Jasmin* – ℰ *01 42 88 04 47 – Fax 01 42 88 95 12*
– Fermé août, sam. midi et dim.　　　　　　　　　K 5

Rest – Menu (28 €), 35/40 € bc – Carte 53/68 €

◆ Cuisine au goût du jour bien ficelée, décor moderne préservant d'anciennes boiseries et accueil convivial : l'ex-Fontaine d'Auteuil a bénéficié d'un sérieux coup de jeune.

XX La Butte Chaillot   AC ⟷ VISA Ⓜⓒ AE ⓞ

*110 bis av. Kléber ☒ 75116 Ⓜ Trocadéro – ℰ 01 47 27 88 88
– buttechaillot@guysavoy.com – Fax 01 47 27 41 46 – Fermé 3 sem. en août et
sam. midi*   G 7

Rest – Menu 33/50 € – Carte 37/56 €

♦ Près du palais de Chaillot, restaurant de type bistrot version 21e s. : décor contemporain couleur cuivre, mobilier moderne et cuisine au goût du jour.

X Essaouira   VISA Ⓜⓒ

*135 r. Ranelagh ☒ 75016 Ⓜ Ranelagh – ℰ 01 45 27 99 93 – Fax 01 45 27 56 36
– Fermé août, lundi midi et dim.*   J 4

Rest – Menu (16 €) – Carte 32/55 €

♦ L'ancienne Modagor a prêté son nom à ce restaurant marocain décoré d'une fontaine en mosaïque, de tapis et d'objets artisanaux. Couscous, tajines et méchoui comme là-bas !

X La Villa Corse   ⌂ AC ⅗ ⌂ VISA Ⓜⓒ AE

*141 av. Malakoff Ⓜ Porte Maillot – ℰ 01 40 67 18 44 – lavillacorserivedroite@
wanadoo.fr – Fax 01 40 67 18 19 – Fermé dim.*   E 6

Rest – Menu (25 € bc) – Carte 42/60 €

♦ Cette villa de la rive droite, petite sœur de celle du 15e, mixe terroir corse et esprit lounge dans une grande salle à manger surmontée d'une mezzanine. Décontracté et branché.

X Le Petit Pergolèse   AC ⅗ ⌂ VISA Ⓜⓒ

*38 r. Pergolèse ☒ 75016 Ⓜ Porte Maillot – ℰ 01 45 00 23 66 – Fax 01 45 00 44 03
– Fermé août, sam. et dim.*   F 6

Rest – Carte 31/59 €

♦ On mange un peu au coude à coude dans ce bistrot chic du 16e arrondissement. Décor contemporain, cuisine visible de tous et répertoire culinaire dans l'air du temps.

X La Table Lauriston   AC VISA Ⓜⓒ AE

*129 r. Lauriston ☒ 75016 Ⓜ Trocadéro – ℰ 01 47 27 00 07 – Fax 01 47 27 00 07
– Fermé 3-24 août, 24 déc.-2 janv., sam. midi et dim.*   G 6

Rest – Menu (25 €) – Carte 40/61 €

♦ Cette table des beaux quartiers mise sur la simplicité et la qualité : une belle cuisine traditionnelle à déguster avec bonne humeur dans un décor de bistrot actuel.

X Rosimar   AC VISA Ⓜⓒ AE

*26 r. Poussin ☒ 75016 Ⓜ Michel Ange Auteuil – ℰ 01 45 27 74 91
– Fax 01 45 20 75 05 – Fermé 2 août-2 sept., 24-31 déc., sam., dim. et
fériés*   K 3

Rest – (déj. seult sauf vend.) Menu 36 € bc – Carte 36/55 €

♦ Cette salle à manger agrandie de miroirs contient toutes les saveurs de l'Espagne traditionnelle. "Hombre" ! Une sympathique petite affaire familiale !

X Oscar   VISA Ⓜⓒ AE

*6 r. Chaillot Ⓜ Iéna – ℰ 01 47 20 26 92 – fredmartinod@orange.fr
– Fax 01 47 20 27 93 – Fermé 5-20 août, sam. midi et dim.*   G 8

Rest – Menu 22 € – Carte 32/47 €

♦ Discrète façade, tables serrées, ardoise de suggestions du jour : le degré zéro du marketing et pourtant le "cœur de cible" de ce bistrot s'étend bien au-delà du quartier !

au Bois de Boulogne – ☒ 75016

XXXX Pré Catelan   ⌂ ⌂ AC ⌂ Ⓟ VISA Ⓜⓒ AE ⓞ
ⓈⓈⓈ
*rte Suresnes ☒ 75016 – ℰ 01 44 14 41 14 – leprecatelan-restaurant@lenotre.fr
– Fax 01 45 24 43 25 – Fermé 3-25 août, 27 oct.-3 nov., vacances de fév., dim. et
lundi*   H 2

Rest – Menu 85 € (déj. en sem.), 180/230 € – Carte 180/224 € ⅗
Spéc. La Tomate (été). La langoustine. La Pomme.

♦ Sur des bases classiques magnifiant le produit, la cuisine inventive de Frédéric Anton est parfaitement accomplie. Élégant pavillon Napoléon III au nouveau décor signé Pierre-Yves Rochon.

XXXX ✿ **La Grande Cascade** ⛱ ⊕ ☏ 🅿 VISA MC AE Ⓓ

allée de Longchamp, (au Bois de Boulogne) ✉ 75016 – ✆ 01 45 27 33 51 – grandecascade@wanadoo.fr – Fax 01 42 88 99 06 – Fermé 20 fév.-10 mars

Rest – Menu 75/177 € – Carte 130/200 € 🍇

Spéc. Grosses langoustines snackées et huître en cromesqui, chou vert croquant et nage réduite au beurre iodé. Thon rouge croustillant poivre et sel, graines de sésame et coriandre en condiment. Pomme de ris de veau cuite lentement, olives, câpres et croutons frits, herbes à tortue comme au Moyen Âge.

◆ Un des paradis de la capitale, au pied de la Grande Cascade (10 m !) du bois de Boulogne. Cuisine raffinée, servie dans le beau pavillon 1850 ou sur l'exquise terrasse.

S. Sauvignier/MICHELIN

Palais des Congrès, Wagram, Ternes, Batignolles

17e arrondissement ✉ 75017

⌂⌂⌂⌂ **Méridien Étoile** ⇅ ♿ ch, ❄ ⊬ ☎ 🧳 VISA MC AE Ⓓ

81 bd Gouvion St-Cyr Ⓜ Neuilly-Porte Maillot – ✆ 01 40 68 34 34 – guest.etoile@lemeridien.com – Fax 01 40 68 31 31 E 6

1025 ch – 🚹185/504 € 🚹🚹185/504 €, ☕ 25 € – 17 suites

Rest *L'Orenoc* – *✆ 01 40 68 30 40 (fermé de fin juil. à fin août, 20-28 déc., sam. et dim.)* Menu (35 €), 44 € – Carte 54/73 €

◆ Gigantesque hôtel comprenant un club de jazz, un bar, des boutiques et un luxueux centre de conférences. Granit noir et camaïeu de beige dans les chambres contemporaines. Cuisine actuelle et chaleureux décor colonial à l'Orenoc.

⌂⌂⌂⌂ **Concorde La Fayette** ⋖ ⇅ ♿ ❄ ⊬ ✂ rest, ☎ 🧳 VISA MC AE Ⓓ

3 pl. Gén. Koenig Ⓜ Porte Maillot – ✆ 01 40 68 50 68 – booking@concorde-hotels.com – Fax 01 40 68 50 43 E 6

931 ch – 🚹165/450 € 🚹🚹165/540 €, ☕ 27 € – 19 suites

Rest *La Fayette* – *✆ 01 40 68 51 19* – Menu 38/70 € bc – Carte 46/72 €

◆ Intégrée au palais des congrès, cette tour de 33 étages offre une vue imprenable sur Paris depuis la plupart des chambres, spacieuses et confortables, et le bar panoramique. Repas servis sous forme de buffets à volonté au restaurant La Fayette.

⌂⌂⌂ **Splendid Étoile** ⇅ ❄ ch, ⊬ ✂ ch, ☎ 🧳 VISA MC AE Ⓓ

1bis av. Carnot Ⓜ Charles de Gaulle-Etoile – ✆ 01 45 72 72 00 – hotel@hsplendid.com – Fax 01 45 72 72 01 F 7

50 ch – 🚹295 € 🚹🚹295 €, ☕ 23 € – 7 suites

Rest *Le Pré Carré* – *✆ 01 46 22 57 35 (fermé 4-17 août, sam. midi et dim.)* Menu 34 € bc (dîner) – Carte 35/64 €

◆ Belle façade classique agrémentée de balcons ouvragés. Grandes chambres de caractère, meublées Louis XV ; certaines regardent l'Arc de Triomphe. Deux miroirs reflètent à l'infini l'élégant décor du restaurant : boiseries sombres, lumières tamisées et orchidées.

⌂⌂⌂ **Ampère** ⛱ ⇅ ♿ ch, ❄ ⊬ ✂ rest, ☎ 🧳 🚗 VISA MC AE Ⓓ

102 av. Villiers Ⓜ Pereire – ✆ 01 44 29 17 17 – resa@hotelampere.com – Fax 01 44 29 16 50 D 8

96 ch – 🚹260/400 € 🚹🚹260/400 €, ☕ 20 €

Rest *Le Jardin d'Ampère* – *✆ 01 44 29 16 54 (fermé 1er-21 août et dim. soir)* Menu (33 €), 36 € (déj. en sem.) – Carte 54/69 €

◆ Confortable piano-bar ouvert sur la verdure, connexion wi-fi et douillettes chambres contemporaines en partie tournées vers la cour intérieure composent un hôtel bien agréable. Cadre soigné et jolie terrasse au Jardin d'Ampère ; dîners-concerts aux beaux jours.

Balmoral sans rest
🖿 AC ↳ ✆ VISA ⓜ AE ①
6 r. Gén. Lanrezac Ⓜ Charles de Gaulle-Etoile – ✆ 01 43 80 30 50 – hotel@
hotelbalmoral.fr – Fax 01 43 80 51 56   E 7
57 ch – †128/140 € ††148/180 €, ⍁ 10 €
♦ Accueil personnalisé et calme ambiant caractérisent cet hôtel ancien (1911) situé à deux pas de l'Étoile. Chambres aux couleurs vives ; élégantes boiseries dans le salon.

Regent's Garden sans rest
🚃 🖿 AC ↳ ⌧ ✆ P VISA ⓜ AE ①
6 r. P. Demours Ⓜ Ternes – ✆ 01 45 74 07 30 – hotel.regents.garden@wanadoo.fr
– Fax 01 40 55 01 42   E 7
40 ch – †109/319 € ††109/319 €, ⍁ 16 €
♦ Hôtel particulier, commande de Napoléon III pour son médecin, séduisant par son raffinement. Vastes chambres de style, donnant parfois sur le jardin, très agréable l'été.

Novotel Porte d'Asnières
🖿 ৬ ch, AC ↳ ✆ 🕭
    ⌂ VISA ⓜ AE ①
34 av. Porte d'Asnières Ⓜ Pereire –
✆ 01 44 40 52 52 – h4987@accor.com – Fax 01 44 40 44 23   C 9
139 ch – †180/200 € ††180/200 €, ⍁ 15 € – **Rest** – Carte 22/40 €
♦ Architecture moderne proche du périphérique, mais très bien insonorisée. À partir du 7ᵉ étage, les chambres profitent de la vue sur les toits parisiens. Salle de restaurant au décor contemporain où l'on propose des recettes de type brasserie.

Banville sans rest
🖿 AC ↳ ⌧ ✆ VISA ⓜ AE ①
166 bd Berthier Ⓜ Porte de Champerret – ✆ 01 42 67 70 16 – info@
hotelbanville.fr – Fax 01 44 40 42 77   D 8
38 ch – †280/400 € ††280/400 €, ⍁ 18 €
♦ Immeuble de 1926 aménagé avec beaucoup de goût. Élégants salons, chambres personnalisées et particulièrement raffinées (influences provençales) ; le mardi, soirées jazz au piano-bar.

Villa Alessandra sans rest ॐ
🖿 AC ↳ ✆ 🕭 VISA ⓜ AE ①
9 pl. Boulnois Ⓜ Ternes – ✆ 01 56 33 24 24 – alessandra@leshotelsdeparis.com
– Fax 01 56 33 24 30   E 8
49 ch – †310 € ††320/385 €, ⍁ 20 €
♦ Cet hôtel des Ternes bordant une ravissante placette retirée est apprécié pour sa tranquillité. Chambres aux couleurs du Sud, avec lits en fer forgé et meubles en bois peint.

Waldorf Arc de Triomphe sans rest
🛵 🖿 AC ↳ ⌧
✆ VISA ⓜ AE ①
36 r. Pierre Demours Ⓜ Ternes – ✆ 01 47 64 67 67
– arc@hotelswaldorfparis.com – Fax 01 40 53 91 34   D 8
44 ch – †340/460 € ††370/460 €, ⍁ 20 €
♦ Chambres contemporaines et feutrées, joliment refaites, beau fitness, petite piscine avec sauna et hammam : détente assurée après une journée de visite ou de travail.

Amarante Arc de Triomphe sans rest
🖿 ৬ AC ↳ ✆
🕭 VISA ⓜ AE ①
25 r. Th.-de-Banville Ⓜ Pereire – ✆ 01 47 63 76 69
– amarante-arcdetriomphe@jjwhotels.com – Fax 01 43 80 63 96   D 8
50 ch – †170/250 € ††190/300 €, ⍁ 22 €
♦ Cet hôtel abrite des chambres de style Directoire plébiscitées par la clientèle d'affaires. Elles sont mansardées au dernier étage ; certaines s'ouvrent sur le patio.

Princesse Caroline sans rest
🖿 AC ✆ VISA ⓜ AE ①
1bis r. Troyon Ⓜ Charles de Gaulle-Etoile – ✆ 01 58 05 30 00 – contact@
hotelprincessecaroline.fr – Fax 01 42 27 49 53   E 8
53 ch – †158/215 € ††158/215 €, ⍁ 18 €
♦ Dans une ruelle voisine de l'Étoile, cet établissement rend hommage à Caroline Murat, sœur de Napoléon Iᵉʳ. Chambres bourgeoises, lumineuses et cosy, très calmes côté cour.

Champerret Élysées sans rest
🖿 AC ↳ ⌧ ✆ VISA ⓜ AE ①
129 av. Villiers Ⓜ Porte de Champerret – ✆ 01 47 64 44 00 – reservation@
champerret-elysees.fr – Fax 01 43 61 10 58   D 7
45 ch – †91 € ††140 €, ⍁ 15 €
♦ Cet hôtel de la porte de Champerret abrite des chambres colorées (plus tranquilles sur cour). Petit-déjeuner buffet pris devant un trompe-l'œil représentant Paris.

Magellan sans rest 🔊　🚗 📠 ✂ 📞 VISA ⑩ AE ①
17 r. J.-B. Dumas Ⓜ Porte de Champerret – ℰ 01 45 72 44 51 – paris @
hotelmagellan.com – Fax 01 40 68 90 36　　　　　　　　　　D 7
72 ch – ♦135/149 € ♦♦150/168 €, � 13 €
♦ Chambres fonctionnelles et spacieuses, aménagées dans un bel immeuble 1900
et son petit pavillon au fond du jardinet où l'on petit-déjeune en été. Salon de style Art
déco.

Mercure Wagram Arc de Triomphe sans rest　🖼 ✦ 📠 ↩ ✂
3 r. Brey Ⓜ Charles de Gaulle-Etoile –　　　　　　　📞 VISA ⑩ AE ①
ℰ 01 56 68 00 01 – h2053 @ accor.com – Fax 01 56 68 00 02　　E 8
43 ch – ♦215/260 € ♦♦225/270 €, ⊏ 14 €
♦ Entre l'Étoile et les Ternes, chaleureuse réception et petites chambres douillettes
habillées de tissus chatoyants et de boiseries claires évoquant l'univers marin.

Tilsitt Étoile sans rest　　　🖼 📠 ↩ ✂ 📞 🛁 VISA ⑩ AE ①
23 r. Brey Ⓜ Charles de Gaulle-Etoile – ℰ 01 43 80 39 71 – info @ tilsitt.com
– Fax 01 47 66 37 63　　　　　　　　　　　　　　　E 8
38 ch – ♦135/150 € ♦♦165 €, ⊏ 12 €
♦ Mignonnes chambres cosy (quelques terrassettes), plaisante salle des petits-déjeuners
et salon-bar design... Le tout dans une rue calme du quartier de l'Étoile.

Monceau Élysées sans rest　　🖼 ✦ 📠 ↩ ✂ 📞 VISA ⑩ AE ①
108 r. Courcelles Ⓜ Courcelles – ℰ 01 47 63 33 08 – monceau-elysees @
wanadoo.fr – Fax 01 46 22 87 39　　　　　　　　　　E 9
29 ch – ♦119/189 € ♦♦149/239 €, ⊏ 10 €
♦ Près du parc Monceau, cet hôtel propose des chambres personnalisées (couleur saumon
et tissus imprimés ou style plus actuel). Petits-déjeuners sous une voûte en pierres.

XXXX **Guy Savoy**　　　　　　　📠 ✦ ↩ VISA ⑩ AE ①
❀❀❀ 18 r. Troyon Ⓜ Charles de Gaulle-Etoile – ℰ 01 43 80 40 61
– reserv @ guysavoy.com – Fax 01 46 22 43 09
– Fermé août, 24 déc.-2 janv., sam. midi, dim. et lundi　　　　E 8
Rest – Menu 245/295 € – Carte 134/267 € 🏵
Spéc. Soupe d'artichaut à la truffe noire, brioche feuilletée aux champignons et
truffes. Bar en écaille grillées aux épices douces. Ris de veau rissolés, "petits
chaussons" de pommes de terre et truffes.
♦ Verre, cuir et wengé, œuvres signées des grands noms de l'art contemporain, sculptures
africaines, cuisine raffinée et inventive : "l'auberge du 21e s." par excellence.

XXXX **Michel Rostang**　　　　　📠 ✦ ↩ VISA ⑩ AE
❀❀ 20 r. Rennequin Ⓜ Ternes – ℰ 01 47 63 40 77
– rostang @ relaischateaux.com – Fax 01 47 63 82 75
– Fermé 3-25 août, lundi midi, sam. midi et dim.　　　　　　D 8
Rest – Menu 78 € (déj.), 185/285 € – Carte 125/210 € 🏵
Spéc. "Menu truffe" (15 déc. au 15 mars). Grosse sole de ligne "cuisson meunière",
marinière de coquillages au curry mauricien. Canette au sang servie saignante en
deux service.
♦ Boiseries, figurines de Robj, œuvres de Lalique et vitrail Art déco composent ce décor à
la fois luxueux et insolite. Belle cuisine maîtrisée et magnifique carte des vins.

XXX **Sormani**　　　　　　　📠 ✦ ↩ VISA ⑩ AE
4 r. Gén. Lanrezac Ⓜ Charles de Gaulle-Etoile – ℰ 01 43 80 13 91
– sasormani @ wanadoo.fr – Fax 01 40 55 07 37 – Fermé 1er-25 août, sam., dim. et
fériés　　　　　　　　　　　　　　　　　　　E 7
Rest – Carte 50/114 € 🏵
♦ Charme latin dans ce restaurant proche de la place de l'Étoile : couleurs rouges domi-
nantes, lustres de Murano, ambiance "dolce vita" et cuisine italienne.

XXX **Pétrus**　　　　　　　🎍 📠 ✦ ↩ VISA ⑩ AE
12 pl. Mar. Juin Ⓜ Pereire – ℰ 01 43 80 15 95 – Fax 01 47 66 49 86 – Fermé
5-23 août　　　　　　　　　　　　　　　　D 8
Rest – Carte 40/80 €
♦ Exit la pêche du jour, place à la modernité : nouveau cadre épuré toujours aussi soigné,
service particulièrement attentif et saveurs actuelles sur fond de répertoire classique.

XX **La Braisière** (Jacques Faussat) 🅰🅲 ⓋⒾⓈⒶ ⓂⒸ 🅰🅴 �

❀ 54 r. Cardinet Ⓜ Malesherbes – ℰ 01 47 63 40 37 – labraisiere @ free.fr
– Fax 01 47 63 04 76 – Fermé août, 1ᵉʳ-8 janv., sam. et dim.   D 9
Rest – Menu 38 € (déj.) – Carte 51/67 € ⊕

Spéc. Gâteau de pommes de terre au foie gras et aux girolles. Pavé de thon rouge
laqué au galanga. Gibier (oct. à janv.).

♦ Confortable salle à manger moderne, sobre et de bon goût. La carte a la jolie pointe
d'accent du Sud-Ouest, même si elle évolue au gré du marché et selon l'inspiration du chef.

XX **Dessirier**   🅰🅲 ⌐ ⓋⒾⓈⒶ ⓂⒸ 🅰🅴 Ⓘ
9 pl. Mar. Juin Ⓜ Pereire – ℰ 01 42 27 82 14 – dessirier @ michelrostang.com
– Fax 01 47 66 82 07 – Fermé 10-17 août, sam. et dim. en juil.-août   D 8
Rest – Menu 38 € – Carte 53/87 € ⊕

♦ L'un des six bistrots de Michel Rostang. Le beau banc d'écailler rappelle la vocation
marine de la carte. L'intérieur façon brasserie est élégant et l'ambiance pleine de vie.

XX **Rech**   🅰🅲 ⓋⒾⓈⒶ ⓂⒸ 🅰🅴
62 av. des Ternes Ⓜ Ternes – ℰ 01 45 72 29 47 – Fax 01 45 72 41 60 – Fermé août,
dim. et lundi   E 7
Rest – Menu 34/53 € – Carte 46/74 €

♦ Les salles feutrées de ce vénérable restaurant refait, d'esprit Art déco (miroirs,
vitraux), augurent d'un agréable moment. Beaux produits de la mer ; une viande en
alternative.

XX **Timgad**   🅰🅲 ℅ ⌐ ⓋⒾⓈⒶ ⓂⒸ 🅰🅴 Ⓘ
21 r. Brunel Ⓜ Argentine – ℰ 01 45 74 23 70 – contact @ timgad.fr
– Fax 01 40 68 76 46   E 7
Rest – Menu 45/60 € bc – Carte 38/71 €

♦ Retrouvez un peu de la splendeur passée de la cité de Timgad : le décor mauresque raffiné
des salles fut réalisé par des stucateurs marocains. Cuisine parfumée du Maghreb.

XX **Graindorge**   ⓋⒾⓈⒶ ⓂⒸ 🅰🅴
☺ 15 r. Arc de Triomphe Ⓜ Charles de Gaulle-Etoile – ℰ 01 47 54 00 28
– le.graindorge @ wanadoo.fr – Fermé 1ᵉʳ-15 août, sam. midi et dim.   E 7
Rest – Menu (24 €), 28 € (déj. en sem.)/34 € – Carte 42/56 €

♦ Sélection de bières ou carte des vins, généreuse cuisine flamande ou attrayants plats du
marché : à vous de choisir selon l'humeur du jour ! Joli cadre Art déco.

XX **Meating**   ⌐ ⓋⒾⓈⒶ ⓂⒸ 🅰🅴 Ⓘ
122 av. de Villiers Ⓜ Pereire – ℰ 01 43 80 10 10 – chezmichelpereire @ wanadoo.fr
– Fax 01 43 80 31 42 – Fermé dim. et lundi   B 2
Rest – Menu 28/37 € – Carte 48/72 €

♦ Dans le décor branché de ce steakhouse des quartiers chic, le chef sélectionne de belles
viandes et les cuit "au degré près". Plats classiques également.

XX **Ballon des Ternes**   ⇔ ⓋⒾⓈⒶ ⓂⒸ 🅰🅴
103 av. Ternes Ⓜ Porte Maillot – ℰ 01 45 74 17 98 – leballondesternes @
fr.oleane.com – Fax 01 45 72 18 84   E 6
Rest – Carte 35/60 €

♦ Non, vous n'avez pas bu trop de ballons ! La table dressée à l'envers au plafond fait partie
du plaisant décor 1900 de cette brasserie voisine du Palais des Congrès.

XX **Chez Georges**   🍴 ⇔ ⌐ ⓋⒾⓈⒶ ⓂⒸ 🅰🅴
273 bd Péreire Ⓜ Porte Maillot – ℰ 01 45 74 31 00 – chez-georges @ hotmail.fr
– Fax 01 45 72 18 84   E 6
Rest – bistrot Carte 40/67 €

♦ Dans cette institution parisienne depuis 1926, l'ambiance et le décor de brasserie
s'accordent totalement avec une appétissante cuisine de bistrot. Carte et plats du jour.

XX **Chez Léon**   ⇔ ⓋⒾⓈⒶ ⓂⒸ 🅰🅴
32 r. Legendre Ⓜ Villiers – ℰ 01 42 27 06 82 – chezleon32 @ wanadoo.fr
– Fax 01 46 22 63 67 – Fermé 26 juil.-24 août, 24 déc.-4 janv., sam., dim. et
fériés   D 10
Rest – Menu (24 €), 32 € (déj.)/34 € (dîner) – Carte 42/52 €

♦ Nouveau décor mariant esprit bistrot et touches contemporaines dans l'une des
trois salles à manger. La cuisine panache aussi modernité et tradition. Ambiance
conviviale.

La Maison de Charly 🟦 🟦 VISA 🟦 🟦 🟦

97 bd Gouvion-St-Cyr ⓜ *Porte Maillot –* ℰ *01 45 74 34 62 – Fax 01 55 37 90 21*
– Fermé août et lundi E 6
Rest – Menu 29 € (déj. en sem.)/33 €
♦ Façade ocre devancée d'oliviers, élégant décor mauresque, palmier sous verrière et trio couscous-tajines-pastillas sérieusement exécuté : une sympathique parenthèse orientale.

Bath's 🟦 VISA 🟦 🟦

25 r. Bayen ⓜ *Ternes –* ℰ *01 45 74 74 74 – contact @ baths.fr*
– Fax 01 45 74 71 15
– Fermé 2 août-1er sept., 22-28 déc., sam. midi, lundi midi, dim. et fériés E 7
Rest – Menu 25 € (déj.)/42 € – Carte 50/64 €
Spéc. Pétales de jambon ibérique "bellota". Encornets juste sautés, riz paëlla, sauce chorizo. Filet de boeuf de Salers aux épices douces.
♦ Sculptures du patron et tableaux contemporains ponctuent le cadre actuel de ce restaurant où dominent les tons orange et noir. Goûteuse cuisine du marché.

Caïus 🟦 🟦 VISA 🟦 🟦

6 r. d'Armaillé ⓜ *Charles de Gaulle-Etoile –* ℰ *01 42 27 19 20 – Fax 01 40 55 00 93*
– Fermé août, sam. et dim. E 7
Rest – Menu (23 €), 39 €
♦ Chaque jour, le chef de ce beau bistrot inscrit sur la monumentale ardoise de nouvelles recettes personnalisées à l'aide d'épices ou de produits "oubliés". Décor moderne épuré.

Montefiori 🟦 VISA 🟦 🟦

19 r. de l'Etoile ⓜ *Charles de Gaulle-Etoile –* ℰ *01 55 37 90 00 – montesiori @*
wanadoo.fr – Fermé 4-23 août, 24 déc.-2 janv., sam. midi, lundi soir et
dim. E 8
Rest – Menu (17 €), 22 € – Carte 31/65 €
♦ Rendez-vous dans cette ancienne boulangerie à la façade classée pour déguster, dans un décor contemporain rouge et vert, des spécialités italiennes de qualité.

La Soupière 🟦 VISA 🟦 🟦

154 av. de Wagram ⓜ *Wagram –* ℰ *01 42 27 00 73 – cthuillart @ yahoo.fr*
– Fax 01 46 22 27 09 – Fermé 1er-24 août, sam. midi et dim. D 9
Rest – Menu 35/58 €
♦ On soulèverait le couvercle de cette "Soupière" rien que pour son menu "champignons" (en saison) et son accueil attentionné. Carte classique sur fond de jardin en trompe-l'œil.

Table des Oliviers 🟦 🟦 VISA 🟦 🟦

38 r. Laugier ⓜ *Pereire –* ℰ *01 47 63 85 51 – latabledesoliviers @ wanadoo.fr*
– Fax 01 47 63 85 81 – Fermé en août, lundi midi, sam. midi et dim. D 7-8
Rest – Menu (22 €), 30 € – Carte 49/55 €
♦ Socca le jeudi, bouillabaisse le vendredi, etc. : la cuisine provençale a le goût de l'huile d'olive, du thym et du basilic... Peuchère, il ne manque plus que le chant des cigales !

Bistrot Niel 🟦 🟦 🟦 VISA 🟦 🟦

75 av. Niel ⓜ *Pereire –* ℰ *01 42 27 88 44 – gensdarmesb @ aol.com*
– Fax 01 42 27 32 12 – Fermé sam. midi et dim. D 8
Rest – Menu 32 € (déj.) – Carte 37/49 €
♦ Un bistrot moderne à la fois chic et chaleureux. La cuisine est orientée produits de la mer et panache influences bourgeoises, touches modernes et notes épicées.

Le Café d'Angel 🟦 VISA 🟦

16 r. Brey ⓜ *Charles de Gaulle-Etoile –* ℰ *01 47 54 03 33 – Fax 01 47 54 03 33*
– Fermé 28 juil.-18 août, 24 déc.-6 janv., sam., dim. et fériés E 8
Rest – Menu 25/45 € – Carte 38/45 €
♦ Cette petite adresse a la nostalgie des bistrots parisiens d'antan : intérieur rétro avec banquettes en skaï, faïences aux murs et plats traditionnels énoncés sur ardoise.

Le Clou VISA 🟦 🟦 🟦

132 r. Cardinet ⓜ *Malesherbes –* ℰ *01 42 27 36 78 – le.clou @ wanadoo.fr*
– Fax 01 42 27 89 96 – Fermé 11-24 août et dim. C 10
Rest – Menu 22/33 € – Carte 38/50 €
♦ Ce bistrot de quartier concilie convivialité et raffinement : tables à touche-touche, franches recettes du terroir (poitevin notamment), service voiturier et vins prestigieux.

✗ Chez Mathilde-Paris XVII *VISA* 🔴

41 r. Guersant ⓜ Porte Maillot – ☎ 01 45 74 75 27 – *Fermé 26 juil.-26 août,*
24 déc.-1ᵉʳ janv., sam. et dim. D 7
Rest – Carte 22/31 €

♦ La cuisine bistrotière du chef, mitonnée en fonction du marché, est suggérée sur ardoise.
Un modeste restaurant familial fort éloigné de la branchitude parisienne...

✗ L'Huîtrier *AK* *VISA* 🔴 *AE*

16 r. Saussier-Leroy ⓜ Ternes – ☎ 01 40 54 83 44 – Fax 01 40 54 83 86
– *Fermé août, dim. de mai à sept. et lundi* E 8
Rest – Carte 31/65 €

♦ À l'entrée, le banc d'écailler vous mettra l'eau à la bouche. Vous dégusterez là huîtres et
fruits de mer, au coude à coude, dans une salle à manger sagement contemporaine.

✗ L'Entredgeu *VISA* 🔴

83 r. Laugier ⓜ Porte de Champerret – ☎ 01 40 54 97 24 – Fax 01 40 54 96 62
– *Fermé 25 avril-5 mai, 5-25 août, 20-27 déc., dim. et lundi* D 7
Rest – Menu 22 € (déj. en sem.)/30 €

♦ Accueil souriant, décor aux accents du Sud-Ouest, ambiance animée, menu sur ardoise
et cuisine du marché : entraînez-vous à prononcer son nom, l'Entredgeu en vaut la
peine !

✗ Caves Petrissans 🖼 ☐ *VISA* 🔴 *AE*

30 bis av. Niel ⓜ Pereire – ☎ 01 42 27 52 03 – cavespetrissans @ noos.fr
– Fax 01 40 54 87 56 – *Fermé 1ᵉʳ-11 mai, 25 juil.-25 août, sam., dim. et*
fériés D 8
Rest – *(prévenir)* Menu (29 €), 35 € – Carte 38/55 € �︎

♦ Céline, Abel Gance, Roland Dorgelès aimaient fréquenter ces caves plus que centenaires,
à la fois boutique de vins et restaurant. Cuisine bistrotière bien ficelée.

Montmartre, Pigalle

18ᵉ arrondissement ✉ 75018

S. Sauvignier/MICHELIN

🏨 Terrass'Hôtel 🛜 ♿ *AK* 4️⃣ 🛎 ♨ *VISA* 🔴 *AE* ⓪

12 r. J. de Maistre ⓜ Place de Clichy – ☎ 01 46 06 72 85 – reservation @
terrass-hotel.com – Fax 01 42 92 34 30 C 13
85 ch – †270/290 € ††320/345 €, ☐ 18 € – 15 suites
Rest *Le Diapason* – ☎ 01 44 92 34 00 (fermé dim. soir du 16 sept. au 30 avril et
sam. midi) Menu (22 €), 29 € (déj.)/35 € bc (dîner) – Carte 45/63 €

♦ Au pied du Sacré-Cœur. Vue imprenable sur Paris des chambres des étages supérieurs et
de la terrasse au dernier niveau. Intérieur soigné (objets, boiseries). Décor contemporain
sobre (tons sable, gris et noir) au Diapason ; cuisine à l'image du cadre, actuelle et
épurée.

🏨 Kube 🖼 🛜 *AK* 4️⃣ 🛎 ♨ ☐ 🛎 *VISA* 🔴 *AE* ⓪

1 passage Ruelle ⓜ La Chapelle – ☎ 01 42 05 20 00 – paris @ kubehotel.com
– Fax 01 42 05 21 01 C 16
41 ch – †250 € ††300/750 €, ☐ 25 € – **Rest** – lounge Carte 34/50 €

♦ La façade du 19ᵉ s. dissimule un hôtel du 21ᵉ s. résolument design et high-tech. Le bar
entièrement construit en glace (-10°) constitue une expérience insolite, à ne surtout
pas rater ! Concept très mode aussi au restaurant lounge : carte actuelle et "finger
food".

Relais Montmartre sans rest 🛏 AC ⚘ 📞 VISA 🟢 AE ⦾
6 r. Constance Ⓜ Abbesses – 𝒞 01 70 64 25 25 – contact @ relaismontmartre.fr
– Fax 01 70 64 25 00   D 13
26 ch – ♦155/195 € ♦♦155/195 €, ⚌ 13 €
• À proximité de Pigalle, retrouvez le charme – inattendu dans ce quartier très vivant –
d'une demeure villageoise et paisible. Coquet décor classique et équipements
modernes.

Holiday Inn Garden Court Montmartre sans rest 🛏 ċ AC ⤾
23 r. Damrémont Ⓜ Lamarck Caulaincourt –   📞 🛁 VISA 🟢 AE ⦾
𝒞 01 44 92 33 40 – hiparmm@aol.com – Fax 01 44 92 09 30   C 13
54 ch – ♦90/170 € ♦♦110/190 €, ⚌ 13 €
• Dans une rue montmartroise pentue, bâtiment récent abritant des chambres rénovées
et fonctionnelles. Salle des petits-déjeuners ouverte sur une petite terrasse.

Mercure Montmartre sans rest 🛏 ċ AC ⤾ 📞 🛁 VISA 🟢 AE ⦾
3 r. Caulaincourt Ⓜ Place de Clichy – 𝒞 01 44 69 70 70 – h0373@accor.com
– Fax 01 44 69 70 71   D 12
305 ch – ♦143/192 € ♦♦161/202 €, ⚌ 14 €
• À deux pas du bal du Moulin-Rouge. Préférez les chambres des trois derniers étages
d'où la vue surplombe les toits. Hall décoré sur le thème de Montmartre et de ses
peintres.

Timhotel sans rest 🛏 AC ⤾ 📞 VISA 🟢 AE ⦾
11 r. Ravignan Ⓜ Abbesses – 𝒞 01 42 55 74 79 – montmartre.manager@
timhotel.fr – Fax 01 42 55 71 01   D 13
59 ch – ♦75/180 € ♦♦75/180 €, ⚌ 8,50 €
• Sur l'une des plus charmantes places du quartier, hôtel coquet et fonctionnel. Les
chambres des 4e et 5e étages, rénovées, offrent une vue imprenable sur la capitale.

Roma Sacré Cœur sans rest 🛏 📞 VISA 🟢 AE ⦾
101 r. Caulaincourt Ⓜ Lamarck Caulaincourt – 𝒞 01 42 62 02 02 – hotel.roma@
wanadoo.fr – Fax 01 42 54 34 92   C 14
57 ch – ♦75/115 € ♦♦85/140 €, ⚌ 8 €
• Tout le charme de Montmartre : un jardin sur le devant, des escaliers sur le côté et le
Sacré-Cœur au-dessus ! Des couleurs vives animent les chambres agréables et fraîches.

Damrémont sans rest 🛏 ⚘ VISA 🟢
110 r. Damrémont Ⓜ Jules Joffrin – 𝒞 01 42 64 25 75 – hotel.damremont@
wanadoo.fr – Fax 01 46 06 74 64   B 13
35 ch – ♦60/110 € ♦♦65/140 €, ⚌ 7 €
• Près de Montmartre, chambres fonctionnelles plus calmes côté cour, pas très spacieuses,
mais régulièrement entretenues et plutôt gaies. Petit salon.

A Beauvilliers XXX 🎍 ⟺ VISA 🟢 AE ⦾
52 r. Lamarck Ⓜ Lamarck Caulaincourt – 𝒞 01 42 55 05 42 – Fermé 10-20 août,
dim. soir et lundi   C 14
Rest – Menu (25 €), 35 € (déj.), 45/68 € – Carte 71/83 €
• Cette institution montmartroise offre un élégant décor cossu, complété d'une terrasse
pour les beaux jours. Goûteuses recettes bourgeoises actualisées.

Le Cottage Marcadet XX AC VISA 🟢 ⦾
151 bis r. Marcadet Ⓜ Lamarck Caulaincourt – 𝒞 01 42 57 71 22 – contact@
cottagemarcadet.com – Fax 01 42 57 71 24 – Fermé vacances de printemps, août,
dim. et lundi   C 13
Rest – Menu (28 €), 35 € – Carte 64/96 €
• Une ambiance intime vous attend dans cette salle à manger raffinée, dotée d'un
confortable mobilier Louis XVI. Fine cuisine contemporaine.

Le Moulin de la Galette XX 🎍 AC VISA 🟢 AE ⦾
83 r. Lepic Ⓜ Abbesses – 𝒞 01 46 06 84 77 – moulindelagalette@yahoo.fr
– Fax 01 46 06 84 78   C 13
Rest – Menu (17 €), 25 € (déj.)/42 € (dîner) – Carte 50/78 €
• Moulin dès 1622 puis bal populaire immortalisé par Renoir et Toulouse-Lautrec, ce
lieu, repris et réaménagé, repart sur de nouvelles bases. Carte bistrotière. Terrasse verdoyante.

XX Au Clair de la Lune `VISA` `MC` `AE` `O`

9 r. Poulbot **M** Abbesses – *C* 01 42 58 97 03 – Fax 01 42 55 64 74
– Fermé 18 août-15 sept., lundi midi et dim. D 14
Rest – Menu 32 € – Carte 37/69 €

♦ L'ami Pierrot vous ouvre la porte de son auberge, juste derrière la place du Tertre. Ambiance conviviale sur fond de fresques représentant le vieux Montmartre. Plats classiques.

XX Au Poulbot Gourmet `VISA` `MC`

39 r. Lamarck **M** Lamarck Caulaincourt – *C* 01 46 06 86 00 – renaud1973 @
hotmail.com – Fermé 3-24 août, dim. et lundi C 14
Rest – Menu (19 €), 38 € – Carte 41/55 €

♦ De l'époque des poulbots qui peuplaient la Butte demeure le style bistrot du lieu. Carte simple et courte, du marché, apte à réjouir les gourmets... quels qu'ils soient.

Ph. Gajic/MICHELIN

La Villette-Cité des Sciences, Buttes Chaumont

19e arrondissement ✉ 75019

⌂⌂⌂ Holiday Inn `🍴` `Fa` `|桥|` `&` ch, `AK` `4/` `🐾` `ŚA` `P` `VISA` `MC` `AE` `O`

216 av. J. Jaurès **M** Porte de Pantin – *C* 01 44 84 18 18 – hilavillette @
alliance-hospitality.com – Fax 01 44 84 18 20 C 21
182 ch – †230/600 € ††230/600 €, ⌷ 18 € – **Rest** – (fermé sam. et dim.)
Menu (21 €), 28 € (dîner) – Carte 26/51 €

♦ Construction moderne face à la Cité de la Musique. Les chambres, spacieuses et insonorisées, offrent un confort actuel (mobilier en acajou). Salons pour séminaire, auditorium, fitness. Décor de cafétéria design et carte de brasserie ; petite terrasse verdoyante.

⌂ Laumière sans rest `|桥|` `🏠` `VISA` `MC`

4 r. Petit **M** Laumière – *C* 01 42 06 10 77 – lelaumiere @ wanadoo.fr
– Fax 01 42 06 72 50 D 19
54 ch – †58/70 € ††59/78 €, ⌷ 8 €

♦ En manque d'espaces verts ? Cet hôtel, simple et bien tenu, vous invite à profiter de son agréable jardinet (petit-déjeuner) et du parc des Buttes-Chaumont tout proche.

⌂ Crimée sans rest `|桥|` `AK` `VISA` `MC` `AE` `O`

188 r. Crimée **M** Crimée – *C* 01 40 36 75 29 – hotelcrimee19 @ wanadoo.fr
– Fax 01 40 36 29 57 C 18
31 ch – †68/70 € ††73 €, ⌷ 7 €

♦ Adresse située à 300 m du canal de l'Ourcq. Les chambres, bien insonorisées, climatisées et équipées d'un mobilier fonctionnel, sont pour certaines tournées sur un jardinet.

⌂ Abricôtel sans rest `|桥|` `&` `VISA` `MC` `AE`

15 r. Lally Tollendal **M** Jaurès – *C* 01 42 08 34 49 – abricotel @ wanadoo.fr
– Fax 01 42 40 83 95 D 18
39 ch – †55/60 € ††60/70 €, ⌷ 7 €

♦ Cette petite affaire familiale donnant sur une rue animée abrite des chambres simples et de faible ampleur, mais fonctionnelles et à prix sages.

XX Relais des Buttes `🍴` `VISA` `MC`

86 r. Compans **M** Botzaris – *C* 01 42 08 24 70 – Fax 01 42 03 20 44
– Fermé août, 24 déc.-3 janv., sam. midi et dim. E 20
Rest – Menu 34 € – Carte 43/57 €

♦ À deux pas du parc des Buttes-Chaumont. L'hiver, on apprécie la cheminée de la salle à manger, l'été, la paisible cour-terrasse et, toute l'année, les plats classiques.

X **L'Hermès**   VISA MO

🍽 23 r. Mélingue Ⓜ Pyrénées – 𝒞 01 42 39 94 70 – lhermes@wanadoo.fr – Fermé
vacances de Pâques, août, vacances de fév., merc. midi, dim. et lundi   F 20
Rest – Menu 16 € (déj. en sem.)/30 € – Carte 33/82 €
◆ Délicieuse atmosphère provinciale (tons ocre, bois, nappage écossais) et généreuse
cuisine bistrotière proposée à l'ardoise : une bonne petite adresse aux allures de guinguette.

X **La Violette**   🏠 ⟷ VISA MO AE
11 av. Corentin Cariou Ⓜ Corentin Cariou – 𝒞 01 40 35 20 45 – restolaviolette@
free.fr – Fermé 9-24 août, 20 déc.-4 janv., sam. et dim.   B 19
Rest – (nombre de couverts limité, prévenir) Carte 35/47 €
◆ Accueil aimable, convivialité, décor tendance (teintes noir et blanc, banquette
violette, murs couverts de casiers à bouteilles) et goûteux petits plats dans l'air du
temps.

X **La Cave Gourmande**   AE VISA MO

😊 10 r. Gén. Brunet Ⓜ Botzaris – 𝒞 01 40 40 03 30 – lacavegourmande@
wanadoo.fr – Fax 01 40 40 03 30 – Fermé 1er-24 août, vacances de fév., sam. midi et
dim.   E 20
Rest – Menu 31/36 €
◆ Casiers à bouteilles, tables en bois et plats du marché font bon ménage dans ce
sympathique bistrot voisin du parc des Buttes-Chaumont. Bonne humeur assurée.

Père Lachaise, Belleville

20e arrondissement   ✉ 75020

S. Sauvignier/MICHELIN

🏠 **Palma** sans rest   ⬦ AC ☎ VISA MO AE ①
77 av. Gambetta Ⓜ Gambetta – 𝒞 01 46 36 13 65 – hotel.palma@wanadoo.fr
– Fax 01 46 36 03 27   G 21
32 ch – ♦64/69 € ♦♦73/79 €, ☲ 7 €
◆ Voisin de la place Gambetta et du célèbre cimetière du Père-Lachaise, hôtel dont
les chambres, petites et un brin désuètes, conservent leur style des années 1970.

XX **Les Allobroges**   VISA MO

😊 71 r. Grands-Champs Ⓜ Maraîchers – 𝒞 01 43 73 40 00 – Fax 01 40 09 23 22
– Fermé 3-27 août, dim. soir et lundi   K 22
Rest – Menu 20/34 €
◆ Sortez des "quartiers battus" pour découvrir ce lieu sympathique proche de la porte
de Montreuil. Décor sobre et coquet. Le nouveau chef y réalise une généreuse cuisine
actuelle.

X **Le Bistrot des Soupirs "Chez les On"**   VISA MO

🍽 49 r. Chine Ⓜ Gambetta – 𝒞 01 44 62 93 31 – Fax 01 44 62 77 83
– Fermé 1er-10 mai, 5-25 août, 25 déc.-1er janv., dim. et lundi   G 21
Rest – Menu 16 € (déj.). 35/50 € – Carte 28/43 € ⅋
◆ Ce sympathique bistrot où trône un comptoir en chêne propose des petits plats canailles
(gibier en saison) et une intéressante sélection de vins de propriétaires.

Ph. Gajic/MICHELIN

Environs de Paris
cartes 18-21

"40 km autour de Paris"

ALFORTVILLE – 94 Val-de-Marne – **312** D3 – **101** 27 – 36 232 h. – alt. 32 m –
✉ 94140   21 **C2**

▶ Paris 9 – Créteil 6 – Maisons-Alfort 2 – Melun 40

🏨 **Chinagora**   🚗 📶 ⛄ 🅰 ch, ⟲ 📞 🏠 🚐 VISA 🌐 AE
😊 1 pl. du Confluent France-Chine – ☏ 01 43 53 58 88 – hotel @ chinagora.fr
   – Fax 01 49 77 57 17
   187 ch – ♦85 € ♦♦94 €, ⊑ 10 € – 4 suites – **Rest** – Menu 14 € (déj. en sem.)
   – Carte 16/119 €
   ◆ À 5 mn de la porte de Bercy, dépaysant complexe d'architecture extrême-orientale.
   Chambres côté jardin exotique ou côté Marne. Galerie marchande. Restaurant vous
   conviant à découvrir une palette de saveurs asiatiques.

ANTONY 🔍 – 92 Hauts-de-Seine – **311** J3 – **101** 25 – 59 855 h. – alt. 80 m –
✉ 92160   20 **B3**

▶ Paris 13 – Bagneux 6 – Corbeil-Essonnes 28 – Nanterre 23 – Versailles 16

🏛 Syndicat d'initiative, place Auguste Mounié ☏ 01 42 37 57 77,
   Fax 01 46 66 30 80

👁 Sceaux : parc★★ et musée de l'Île-de-France★ N : 4 km - Châtenay-Malabry :
   église St-Germain-l'Auxerrois★, Maison de Chateaubriand★ NO : 4 km,
   🏳 Île de France.

🏨 **Alixia** sans rest   📶 ⛄ 📞 🏠 🅿 VISA 🌐 AE ①
   1 r. Providence – ☏ 01 46 74 92 92 – alixia-antony @ netgdi.com
   – Fax 01 46 74 50 55
   40 ch – ♦69/110 € ♦♦69/116 €, ⊑ 9 €
   ◆ Hôtel récent situé dans une rue tranquille. Les chambres sur l'arrière sont très calmes et
   bénéficient de la climatisation ; toutes sont aménagées avec soin.

🍴 **L'Amandier**   🅰 ⟷ VISA 🌐 AE
   8 r. de l'Église – ☏ 01 46 66 22 02 – colpart.eric @ neuf.fr – Fermé 5-25 août,
   25 déc.-1er janv., sam. midi, dim. soir et lundi
   Rest – Menu 32/60 €
   ◆ Ce restaurant du vieil Antony abrite une spacieuse et confortable salle à manger
   mi-classique, mi-contemporaine. La carte, au goût du jour, est renouvelée régulièrement.

🍴 **Les Philosophes**   🅰 VISA 🌐 AE
   53 av. Division Leclerc – ☏ 01 42 37 23 22 – Fermé 5-25 août, sam. midi, dim. soir
   et lundi
   Rest – Carte 25/34 €
   ◆ Une jeune équipe pleine d'allant vous accueille à cette table installée en bordure de la
   nationale. Cuisine réalisée selon le marché ; cadre actuel minimaliste et coloré.

🍴 **La Tour de Marrakech**   🅰 🍴 VISA 🌐 AE
   72 av. Division Leclerc – ☏ 01 46 66 00 54 – Fax 01 46 66 12 99 – Fermé août et
   lundi
   Rest – Menu 23 € (déj. en sem.) – Carte 24/46 €
   ◆ Toute la magie du Maroc concentrée ici : du décor éminemment mauresque aux plats du
   pays mitonnés avec doigté, sans oublier l'accueil et le service prévenants.

ARGENTEUIL 👁 – 95 Val-d'Oise – 305 E7 – 101 14 – 93 961 h. – alt. 33 m – ✉ 95100
🏢 Île de France   20 **B1**

▸ Paris 16 – Chantilly 38 – Pontoise 20 – St-Germain-en-Laye 19

XXX **La Ferme d'Argenteuil**   𝗩𝗜𝗦𝗔 ⓿ ⒶⒺ
2 bis r. Verte – 𝒞 *01 39 61 00 62* – *lafermedargenteuil@wanadoo.fr*
– Fax 01 30 76 32 31 – Fermé août, lundi soir, mardi soir, merc. soir et dim.
Rest – Menu 36/55 € bc – Carte 57/70 €
♦ Auberge légèrement excentrée tenue par deux sœurs : Amélia vous accueille dans une
salle à la mise en place soignée, tandis qu'en cuisine Marie mijote des mets au goût du jour.

ASNIÈRES-SUR-SEINE – 92 Hauts-de-Seine – 311 J2 – 101 15 – 75 837 h. – alt. 37 m
– ✉ 92600 🏢 Île de France   20 **B1**

▸ Paris 10 – Argenteuil 6 – Nanterre 8 – Pontoise 26 – St-Denis 8
– St-Germain-en-Laye 20

XXX **Van Gogh**   🀫 🄺 ⇔ 🄿 𝗩𝗜𝗦𝗔 ⓿ ⒶⒺ ⓪
2 quai Aulagnier, (accès par cimetière des chiens) – 𝒞 *01 47 91 05 10*
*– levangogh@wanadoo.fr – Fax 01 47 93 00 93 – Fermé 11-17 août, sam. midi et
dim. soir*
Rest – Menu 39 € – Carte 45/77 €
♦ Accueil personnalisé, service prévenant, poisson reçu en direct de l'Atlantique et jolie
terrasse face à la Seine, en ce lieu où Van Gogh immortalisa le restaurant de la Sirène.

XX **La Petite Auberge**   𝗩𝗜𝗦𝗔 ⓿
118 r. Colombes – 𝒞 *01 47 93 33 94* – *lapetite.auberge@orange.fr*
😊 *– Fax 01 47 93 33 94 – Fermé 6-21 août, dim. soir et lundi*
Rest – Menu 30/40 €
♦ Petite auberge de bord de route à l'ambiance sympathique. Objets anciens, tableaux et
collection d'assiettes décorent la salle à manger rustique. Cuisine traditionnelle.

AULNAY-SOUS-BOIS – 93 Seine-Saint-Denis – 305 F7 – 101 18 – 80 021 h.
– alt. 46 m – ✉ 93600   21 **D1**

▸ Paris 19 – Bobigny 9 – Lagny-sur-Marne 23 – Meaux 30 – St-Denis 16
– Senlis 38

🏨 **Novotel**   🚗 🀫 ⌶ 🛗 😊 ch, 🄺 ⇔ 🍴 rest, 📞 🆘 🄿 𝗩𝗜𝗦𝗔 ⓿ ⒶⒺ ⓪
carrefour de l'Europe, (N 370) – 𝒞 *01 58 03 90 90* – *h0387@accor.com*
– Fax 01 58 03 90 99
139 ch – †55/230 € ††55/230 €, � 13,50 € – **Rest** – *(fermé vend. soir, sam. et
dim.)* Menu (16 €), 20 € – Carte 23/38 €
♦ Hôtel classique de la chaîne composé d'un café (carte brasserie), d'un jardin avec piscine,
et d'une "cyberterrasse". Chambres en partie réaménagées. Salle de restaurant moderne ;
aux beaux jours, les tables sont dressées côté verdure.

XXX **Auberge des Saints Pères** *(Jean-Claude Cahagnet)*   🄺
212 av. Nonneville – 𝒞 *01 48 66 62 11*   ⇔ 𝗩𝗜𝗦𝗔 ⓿ ⒶⒺ ⓪
🌸 *– info@auberge-des-saints-peres.com – Fax 01 48 66 67 44*
– Fermé 3-9 mars, 4-24 août, 10-15 nov., merc. soir, sam. et dim.
Rest – Menu 38/60 € – Carte 54/73 € 🏵
Spéc. Petites brochettes de maquereau de pêche bretonne fumé au cédrat.
"Sandwich" de lotte au foie gras, pomme et andouille. Canard rouennais pressé
devant le client.
♦ Cette maison d'angle cache un intérieur feutré et bourgeois qui tranche avec la cuisine
inventive du chef, bien présentée et relevée par les herbes de son jardin aromatique.

AUVERS-SUR-OISE – 95 Val-d'Oise – 305 E6 – 106 6 – 101 3 – 6 820 h. – alt. 30 m –
✉ 95430 🏢 Île de France   18 **B1**

▸ Paris 36 – Beauvais 52 – Chantilly 35 – Compiègne 84 – L'Isle-Adam 7
– Pontoise 10

🄑 Office de tourisme, rue de la Sansonne 𝒞 01 30 36 10 06,
Fax 01 34 48 08 47

◎ Maison de Van Gogh★ - Parcours-spectacle "voyage au temps des
Impressionnistes"★ au château de Léry.

XXX **Hostellerie du Nord** avec ch 🛖 📠 ch, ⇘ ☏ ♨ **P.** *VISA* **MC**
6 r. Gén. de Gaulle – ☏ 01 30 36 70 74 – contact @ hostelleriedunord.fr
– Fax 01 30 36 72 75 – Fermé dim. soir
8 ch – 🛏98/128 € 🛏🛏128/188 €, ⌂ 14 € – **Rest** – *(fermé sam. midi et lundi)*
Menu 47 € bc (déj. en sem.), 57/77 € – Carte 68/75 €
♦ Cet ancien relais de poste reçut jadis des peintres de renom. Les œuvres d'art ornant la salle à manger et les chambres témoignent de ce riche passé. Cuisine traditionnelle.

X **Auberge Ravoux** 📠 ♨ *VISA* **MC** **AE**
face Mairie – ☏ 01 30 36 60 60 – info @ vangoghfrance.com – Fax 01 30 36 60 61
– Ouvert mars-fin oct. et fermé merc. soir, jeudi soir, dim. soir, lundi et mardi
Rest – *(nombre de couverts limité, prévenir)* Menu (28 €), 35 €
♦ Ambiance attachante et généreuse cuisine des cafés d'artistes du 19ᵉ s. dans l'auberge où Van Gogh logea au crépuscule de sa vie. La petite chambre du peintre se visite (5 €).

Un hôtel charmant pour un séjour très agréable ?
Réservez dans un hôtel avec pavillon rouge : 🏠 ... 🏛🏛🏛.

BAGNOLET – 93 Seine-Saint-Denis – 305 F7 – 101 17 – 32 511 h. – alt. 96 m –
✉ 93170 21 **C2**

  ◨ Paris 8 – Bobigny 6 – Lagny-sur-Marne 32 – Meaux 39

🏛🏛🏛 **Novotel Porte de Bagnolet** 🛠 📶 ♿ 📠 ⇘ ☏ ♨ 🏊
av. de la République, (échangeur porte de Bagnolet) *VISA* **MC** **AE** ①
– ☏ 01 49 93 63 00 – h0380 @ accor.com
– Fax 01 49 93 63 93
609 ch – 🛏220/275 € 🛏🛏220/275 €, ⌂ 14 € – 7 suites – **Rest** – Menu 23 €
bc/68 € bc – Carte 22/40 €
♦ En bordure du périphérique, l'un des premiers hôtels de la chaîne, entièrement rénové dans un style contemporain. Chambres fonctionnelles et modernes. Hommes d'affaires, groupes et touristes du monde entier se croisent au restaurant, ouvert assez tard le soir.

BOIS-COLOMBES – 92 Hauts-de-Seine – 311 J2 – 101 15 – 23 885 h. – alt. 37 m –
✉ 92270 20 **B1**

  ◨ Paris 12 – Nanterre 6 – Pontoise 25 – St-Denis 11 – St-Germain-en-Laye 19

X **Le Chefson** *VISA* **MC** **AE**
17 r. Ch. Chefson – ☏ 01 42 42 12 05 – Fax 01 47 80 51 68 – Fermé 1ᵉʳ-28 août,
vacances de fév., lundi soir, sam. et dim.
Rest – bistrot *(nombre de couverts limité, prévenir)* Menu (19 €), 25/35 €
♦ On se bouscule parfois dans ce restaurant dont la salle à manger, il est vrai, est de petite capacité. Ambiance bistrot et cuisine traditionnelle simple et copieuse.

BOUGIVAL – 78 Yvelines – 311 I2 – 101 13 – 8 432 h. – alt. 40 m – ✉ 78380
▌ Île de France 20 **A2**

  ◨ Paris 21 – Rueil-Malmaison 5 – St-Germain-en-Laye 6 – Versailles 8 – Le
    Vésinet 5

  🖽 Syndicat d'initiative, 7, rue du Général Leclerc ☏ 01 39 69 21 23,
    Fax 01 39 69 37 65

🏛🏛🏛 **Holiday Inn** 🛖 📶 ♿ ch, 📠 ⇘ ☏ ♨ 🏊 *VISA* **MC** **AE** ①
10-12 r. Y. Tourgueneff, (D 113) – ☏ 01 30 08 18 28 – holidayinn.parvb @
hotels-res.com – Fax 01 30 08 18 38
181 ch – 🛏110/250 € 🛏🛏110/250 €, ⌂ 17 € – **Rest** – Menu 25 € (déj.)/32 €
(dîner) – Carte 32/56 €
♦ Façade "années 1970", mais intérieur totalement rénové et restructuré autour d'un patio. Chambres spacieuses ; une dizaine, au mobilier de style, ont vue sur la Seine. Côté restaurant, décor ensoleillé et cuisine traditionnelle aux accents du Sud.

🏨 **Villa des Impressionnistes** sans rest   🕊 ᴅ 🕪 📞

15 quai Rennequin Sualem, (D 113) –   🔏 🌉 𝗩𝗜𝗦𝗔 🆖 𝖠𝖤

   𝒞 01 30 08 40 00 – villa.impression@wanadoo.fr – Fax 01 39 18 58 89

50 ch – 🛏100/145 € 🛏🛏125/320 €, 🍽 12 €

♦ Bibelots et mobilier choisis, couleurs vives et reproductions de toiles : le charmant décor de cet hôtel récent évoque le passé impressionniste des quais bougivalais.

🍴🍴🍴 **Le Camélia** (Thierry Conte)   🆊 🕉 ⇄ 𝗩𝗜𝗦𝗔 🆖 𝖠𝖤 ⓪

  🌸 7 quai G. Clemenceau – 𝒞 01 39 18 36 06 – info@lecamelia.com

   – Fax 01 39 18 00 25 – Fermé 20-28 avril, 29 juil.-25 août, 23-31 déc., dim. et lundi

Rest – Menu 42/68 € – Carte 91/109 € 🍷

Spéc. Sole française. Lièvre à la royale (saison). Millefeuille aux fruits.

♦ Pimpante façade proche de la datcha-musée d'Ivan Tourgueniev. Cuisine classique, servie dans un cadre contemporain, chaleureux et coloré. Belle sélection de vins français.

BOULOGNE-BILLANCOURT 👁 – **92 Hauts-de-Seine** – **311 J2 – 101 24 – 106 360 h.**
– **alt. 35 m** – ✉ **92100** 📱 Île de France   **20 B2**

  🔼 Paris 10 – Nanterre 9 – Versailles 11

  ◎ Musée départemental Albert-Kahn★ : jardins★ - Musée Paul Landowski★.

🏨🏨🏨 **Radisson SAS**   🚗 🛁 ⅃ᴅ 🛗 🆊 🕊 🕉 📞 🔏 🌉 𝗩𝗜𝗦𝗔 🆖 𝖠𝖤

33 av. E. Vaillant – 𝒞 01 46 08 85 00 – info.boulogne@radissonsas.com

   – Fax 01 46 08 85 01

170 ch – 🛏150/345 € 🛏🛏150/345 €, 🍽 22 €

Rest A.O.C – (fermé 4-25 août et sam.) Menu (27 €), 34 € – Carte 38/68 €

♦ Cet hôtel flambant neuf situé à deux pas du Parc des Princes dispose de belles chambres contemporaines et cossues, pourvues d'équipements technologiques de pointe. Le restaurant, design et trendy, ouvre sur un joli patio-terrasse planté de vignes ; appétissante cuisine au goût du jour.

🏨🏨🏨 **Mercure Porte de St-Cloud**   🚿 🛗 🆊 ch, 🆊 🕪 📞

37 pl. René Clair – 𝒞 01 49 10 49 10 – h6188@accor.com   🔏 𝗩𝗜𝗦𝗔 🆖 𝖠𝖤 ⓪

   – Fax 01 46 08 26 16

180 ch – 🛏145/215 € 🛏🛏155/230 €, 🍽 16 € – 4 suites

Rest *Croisette Café* – 𝒞 01 49 10 49 50 (fermé vend. soir, sam., dim. et fériés)

Menu (21 €), 27 € (déj. en sem.) – Carte 22/46 €

♦ Immeuble moderne en verre dont les chambres, toutes rénovées, offrent un bon confort. Business-center complet et lounge-bar orné de photos de stars par le studio Harcourt. Des fresques figurant quelque 400 personnalités du monde du spectacle égayent le Croisette Café.

🏨🏨🏨 **Acanthe** sans rest   🛗 🆊 🆊 🕪 📞 🔏 𝗩𝗜𝗦𝗔 🆖 𝖠𝖤 ⓪

9 rd-pt Rhin et Danube – 𝒞 01 46 99 10 40 – hotel-acanthe@akamail.com

   – Fax 01 46 99 00 05

69 ch – 🛏195/215 € 🛏🛏195/240 €, 🍽 15 €

♦ Voisin des studios de Boulogne et des insolites jardins du musée Albert-Kahn, hôtel insonorisé disposant de jolies chambres contemporaines. Agréable patio fleuri. Billard.

🏨 **Tryp**   🚿 🛗 🆊 ch, 🆊 🕪 🕉 rest, 📞 🔏 🌉 𝗩𝗜𝗦𝗔 🆖 𝖠𝖤 ⓪

20 r. Abondances – 𝒞 01 48 25 80 80 – tryp.paris.boulogne@solmelia.com

   – Fax 01 48 25 33 13

75 ch – 🛏207/247 € 🛏🛏207/247 €, 🍽 17 € – **Rest** – (fermé 1ᵉʳ-25 août,

22 déc.-2 janv., sam., dim. et fériés) Menu (23 €), 28 €

♦ Dans un quartier calme de la ville qui faillit devenir le 21ᵉ arrondissement de Paris, hôtel proposant des chambres actuelles, souvent dotées de balcons. Coin salon-bar. Restaurant lumineux et contemporain agrémenté de tableaux ; cuisine traditionnelle.

🏨 **Sélect Hôtel** sans rest   🛗 🆊 📞 🔏 🅿 𝗩𝗜𝗦𝗔 🆖 𝖠𝖤 ⓪

66 av. Gén.-Leclerc – 𝒞 01 46 04 70 47 – reception@select-hotel.fr

   – Fax 01 46 04 07 77

62 ch – 🛏120 € 🛏🛏140 €, 🍽 10 €

♦ Sur la nationale conduisant de Paris à Versailles, établissement bien insonorisé dont les sobres chambres adoptent un mobilier et un décor d'inspiration Art nouveau.

Paris sans rest ⌂ 🅰🅲 ☎ VISA ⓪ 🅐🅔 ⓪
104 bis r. Paris – ☎ 01 46 05 13 82 – contact@hotel-paris-boulogne.com
– Fax 01 48 25 10 43
31 ch – †76 € ††84 €, ⌑ 8,50 €
♦ Situé à un angle de rue, immeuble ancien en briques abritant de petites chambres avant tout pratiques et bien insonorisées. Accueil familial aimable et tenue méticuleuse.

Bijou Hôtel sans rest ⌂ ☎ VISA ⓪ 🅐🅔
15 r. V. Griffuelhes, pl. Marché – ☎ 01 46 21 24 98 – Fax 01 46 21 12 98
50 ch – †64 € ††79/84 €, ⌑ 9 €
♦ Une attachante atmosphère provinciale flotte dans cet immeuble d'angle mettant à votre disposition des chambres proprettes bien équipées, d'esprit rustique ou plus actuelles.

Olympic Hôtel sans rest ⌂ ☎ VISA ⓪ 🅐🅔
69 av. V. Hugo – ☎ 01 46 05 20 69 – olympic.hotel@free.fr – Fax 01 46 04 04 07
– Fermé 11 juil.-11 août
36 ch – †65 € ††70/80 €, ⌑ 7 €
♦ Immeuble du début du 20ᵉ s. proche de l'intéressant musée des Années 30. Chambres peu spacieuses mais fonctionnelles. Petit-déjeuner servi dans une courette l'été.

XXX **Au Comte de Gascogne** (Henri Charvet) 🅰🅲 ⇵ VISA ⓪ 🅐🅔 ⓪
🕸 89 av. J.-B. Clément – ☎ 01 46 03 47 27 – aucomtedegasc@aol.com
– Fax 01 46 04 55 70 – Fermé 1ᵉʳ-15 août, lundi sam. midi et dim.
Rest – Menu 58 € (déj.)/120 € – Carte 89/139 €
Spéc. Grande assiette de tous nos foies gras. Ragoût de homard aux pommes de terre safranées. Suprêmes de pigeon, jus au guanaja.
♦ Décorée dans le style des jardins d'hiver, cette salle envahie de plantes exotiques luxuriantes est une oasis de fraîcheur qu'appréciait Lino Ventura. Cuisine au goût du jour.

XX **L'Auberge** 🅰🅲 VISA ⓪ 🅐🅔
86 av. J.-B. Clément – ☎ 01 46 05 67 19 – legoux.cyrille@9business.fr
– Fax 01 46 05 14 24 – Fermé 4-25 août, sam. midi, dim. soir et lundi
Rest – Menu (30 €), 36/59 €
♦ Décor illustrant le thème des fruits et légumes et ustensiles en cuivres composent le décor de cette coquette auberge où le chef mitonne une cuisine au goût du jour.

Un week end de charme à la mer, à la campagne ou à la montagne ?
Découvrez le nouveau guide des "Chambres d'hôtes", une sélection
de nos plus belles adresses en France : confort, calme et volupté garantis !

LE BOURGET – 93 Seine-Saint-Denis – 305 F7 – 101 17 – **12 110 h.** – alt. 47 m –
✉ 93350 ▪ Île de France   21 **C1**
🖪 Paris 13 – Bobigny 6 – Chantilly 38 – Meaux 41 – St-Denis 8 – Senlis 38
◎ Musée de l'Air et de l'Espace★★.

🏨🏨 **Novotel** ⌂ 🌣 ⌇ 🅲 & ch, 🅰🅲 ⇵ ☎ ⌘ 🅿 VISA ⓪ 🅐🅔 ⓪
2 r. Perrin, (ZA pont Yblon au Blanc-Mesnil) ✉ 93150 – ☎ 01 48 67 48 88
– h0388@accor-hotels.com – Fax 01 45 91 08 27
143 ch – †90/170 € ††90/170 €, ⌑ 13,50 € – **Rest** – Carte 21/42 €
♦ Hôtel en zone industrielle proche de l'aéroport, mais relativement préservé par son espace vert. Déclinaison du modèle "Novation" dans les chambres refaites. Des photos illustrant l'histoire de l'aviation décorent le restaurant. Terrasse et piscine.

BOURG-LA-REINE – 92 Hauts-de-Seine – 311 J3 – 101 25 – **18 251 h.** – alt. 56 m –
✉ 92340   20 **B2**
🖪 Paris 10 – Boulogne-Billancourt 12 – Évry 24 – Versailles 18
🚹 Office de tourisme, 1, boulevard Carnot ☎ 01 46 61 36 41, Fax 01 46 61 61 08
◎ L'Hay-les-Roses : roseraie★★ E : 1,5 km, ▪ Île de France.

Alixia sans rest   🛗 Ⓜ ↔ ☎ ♨ 🚗 𝗩𝗜𝗦𝗔 ◎ 🄰🄴 ⓘ

82 av. Gén. Leclerc – *📞 01 46 60 56 56* – *alixia-bourglareine@netgdi.com*
– *Fax 01 46 60 57 34*
41 ch – 🛏69/92 € 🛏🛏69/98 €, � 9 €
♦ Façade avenante sur la N 20, à deux pas du ravissant parc de Sceaux. Chambres contemporaines, bien équipées et insonorisées. Plateaux-repas sur demande.

BRIE-COMTE-ROBERT – **77 Seine-et-Marne** – **312** E3 – **101** 39 – **13 397 h.** – **alt. 90 m**
– ✉ **77170** ▯ Île de France   19 **C2**

▶ Paris 30 – Brunoy 10 – Évry 20 – Melun 18 – Provins 63

🛈 Syndicat d'initiative, place Jeanne d'Evreux *📞 01 64 05 30 09, Fax 01 64 05 68 18*

🔟 Clément Ader à Gretz-Armainvilliers Domaine du Château Péreire, NE :
   12 km par D 216, *📞 01 64 07 34 10* ;

🔟 de Marolles en Brie à Marolles-en-Brie Mail de la Justice, NO : 6 km,
   📞 01 45 95 18 18 ;

🔟 ASPTT Paris Golf des Corbuches à Lésigny Ferme des Hyverneaux, N : 6 km
   par N 104, *📞 01 60 02 07 26* ;

🔟 du Réveillon à Lésigny Ferme des Hyverneaux, N : 6 km par N 104,
   📞 01 60 02 17 33.

◻ Verrière★ du chevet de l'église.

À la Grâce de Dieu   ☎ 🄿 𝗩𝗜𝗦𝗔 ◎ ⓘ

79 r. Gén.-Leclerc, (D 619) – *📞 01 64 05 00 76* – *gracedie@wanadoo.fr*
– *Fax 01 64 05 60 57*
16 ch – 🛏45 € 🛏🛏55/70 €, � 8,50 € – ½ P 72 € – **Rest** – *(fermé dim. soir)*
Menu 22 € (sem.)/38 € – Carte 39/53 €
♦ Au 17ᵉ s., ce relais de poste était l'ultime halte avant de possibles rencontres avec les bandits de grands chemins. Enseigne restée certes fataliste, mais confort actuel. Restaurant aux allures d'auberge provinciale (mobilier de style Louis XIII, fresque).

BRY-SUR-MARNE – **94 Val-de-Marne** – **312** E2 – **101** 18 – **15 000 h.** – **alt. 40 m** –
✉ **94360**   21 **D2**

▶ Paris 16 – Créteil 12 – Joinville-le-Pont 5 – Nogent-sur-Marne 3 – Vincennes 9

🛈 Syndicat d'initiative, 2, grande rue *📞 01 48 82 30 30*

L'Auberge du Pont de Bry   𝗩𝗜𝗦𝗔 ◎

3 av. Gén. Leclerc – *📞 01 48 82 27 70* – *Fermé août, 1ᵉʳ-15 janv., merc. soir, dim.
soir et lundi*
Rest – Menu 34 € – Carte 32/52 €
♦ Cette discrète auberge qui abrite une confortable salle à manger aux tons pastel et une jolie véranda, propose une carte bien alléchante ! Cuisine actuelle de produits frais.

CARRIÈRES-SUR-SEINE – **78 Yvelines** – **311** J2 – **101** 14 – **12 050 h.** – **alt. 52 m** –
✉ **78420**   20 **A1**

▶ Paris 19 – Argenteuil 8 – Nanterre 7 – Pontoise 28 – St-Germain-en-Laye 7

🔟 de l'Île Fleurie Carrières sur Seine, *📞 01 39 52 61 61.*

Le Panoramic de Chine   ☂ Ⓜ ⅍ 🄿 𝗩𝗜𝗦𝗔 ◎ 🄰🄴

1 r. Fermettes – *📞 01 39 57 64 58* – *Fax 01 39 15 17 68* – *Fermé août, 24-30 déc.,
dim. soir et lundi*
Rest – Menu 12 € (déj. en sem.), 15/28 € – Carte 24/58 €
♦ L'entrée "en pagode" de cette maison des années 1920 invite à goûter sa copieuse cuisine asiatique. Terrasse agréable aux beaux jours.

CERGY-PONTOISE 🅿 – **95 Val-d'Oise** – **305** D6 – **106** 5 – **101** 2 – **178 656 h.** – ✉ **95**
▯ Île de France   18 **B1**

▶ Paris 35 – Mantes-la-Jolie 40 – Pontoise 3 – Rambouillet 60 – Versailles 33

🔟 de Cergy-Pontoise à Vauréal 2 allée de l'Obstacle d'Eau, O : 7 km par D 922,
   📞 01 34 21 03 48 ;

🔟 d'Ableiges à Ableiges Chaussée Jules César, NO : 14 km par rte d'Ableiges,
   📞 01 30 27 97 00 ;

🔟 de Gadancourt à Gadancourt par rte de Rouen : 20 km, *📞 01 34 66 12 97.*

CERGY-PRÉFECTURE

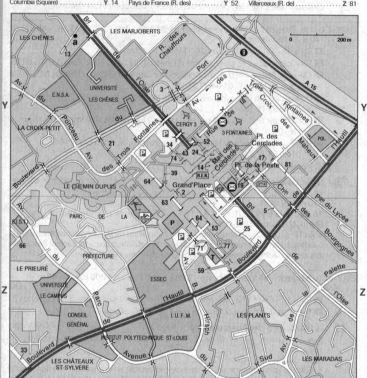

Cergy – 54 781 h. – alt. 30 m – ⊠ 95000

Mercure sans rest   📶 ᴋ 🅰🅲 ⅏ 🄻 🛁 🚗 **VISA** 🆖 🅰🄴 ⓪
3 r. Chênes Émeraude, par bd de l'Oise – 🕿 01 34 24 94 94 – h3452@accor.com
– Fax 01 34 24 95 15   Y **a**
56 ch – †85/112 € ††85/262 €, ⴑ 12,50 €
♦ Derrière sa façade refaite, construction récente aux vastes chambres très bien équipées
et dotées d'un mobilier de style. Celles sur l'arrière profitent d'un plus grand calme.

Cormeilles-en-Vexin par ① : 10 km – 863 h. – alt. 111 m – ⊠ 95830

XX   **Maison Cagna** (Thomas Cagna)   🚗 🈂 **P** **VISA** 🆖 🅰🄴 ⓪
☼   rte de Dieppe – 🕿 01 34 66 61 56 – contact@maison-cagna.fr – Fax 01 34 66 40 31
– Fermé 20 juil.-18 août, 23-27 déc., 4-11 janv., dim. et lundi sauf fériés.
Rest – Menu 32 € (déj. en sem.)/65 € bc – Carte environ 53 €
Spéc. Medley de légumes crus et cuits en tarte fine au parmesan. Saint-jacques en
habit de kadaïf (15 oct. au 15 mars). Panna cotta à la lavande et coulis d'ananas à
la badiane.
♦ Les enfants Cagna veillent aux destinées de cette jolie maison du Vexin. Chaleureux
cadre campagnard (pierres et poutres apparentes) rehaussé de touches actuelles. Cuisine
raffinée.

CERGY-PONTOISE

Hérouville au Nord-Est par D 927 : 8 km – 598 h. – alt. 120 m – ⊠ 95300

X   **Les Vignes Rouges**   AK VISA ⚫⚫ AE
pl. de l'Église – ℰ *01 34 66 54 73 – Fax 01 34 66 20 88*
– Fermé 1ᵉʳ-10 mai, 1ᵉʳ-21 août, 31 déc.-15 janv., dim. soir, lundi et mardi
Rest – Menu 38 € – Carte 45/65 €
♦ L'enseigne de cette maison francilienne évoque une œuvre de Van Gogh. Véranda
tournée vers l'église, exposition de tableaux d'un peintre local et plats traditionnels.

Méry-sur-Oise – 8 929 h. – alt. 29 m – ⊠ 95540
🖪 Syndicat d'initiative, 30, avenue Marcel Perrin ℰ 01 34 64 85 15

XXX   **Le Chiquito**   🚗 & AK P VISA ⚫⚫ AE ①
93 r. de l'Oise, (La Bonneville), rte Pontoise 1,5 km par D 922 ⊠ 95540 –
ℰ *01 30 36 40 23 – lechiquito@free.fr – Fax 01 30 36 42 22 – Fermé 2-9 janv., sam.*
midi, dim. soir et lundi
Rest – Menu 56 €
♦ Adresse à découvrir le temps d'une escapade champêtre. Trois salles à manger élégantes
et une agréable véranda vous accueillent pour déguster une cuisine classique. Beau jardin.

Osny – 14 309 h. – alt. 37 m – ⊠ 95520

XX   **Moulin de la Renardière**   🕭 🏡 P VISA ⚫⚫ AE
r. Gd Moulin – ℰ *01 30 30 21 13 – severine@e-leos.net – Fax 01 34 25 04 98*
– Fermé dim. soir et lundi   AV **f**
Rest – Menu (28 € bc), 35 € (sem.)/60 € – Carte 29/36 €
♦ Ancien moulin niché dans un parc. Attablez-vous dans la salle à grains égayée d'une belle
cheminée ou sur la terrasse ombragée, au bord de la rivière.

Pontoise – 27 494 h. – alt. 48 m – ⊠ 95000

🄸 Office de tourisme, 6, place du Petit Martroy ✆ 01 30 38 24 45, Fax 01 30 73 54 84
Syndicat d'initiative, 6, place du Petit Martroy ✆ 01 30 38 24 45, Fax 01 30 73 54 84

PONTOISE

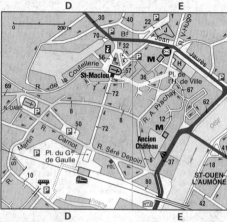

✕✕ Auberge du Cheval Blanc 🛜 VISA ⓜ AE

47 r. Gisors – ✆ 01 30 32 25 05 – aubergeduchevalblanc95@wanadoo.fr
– Fermé 20 juil.-21 août, sam. midi, dim. et lundi   BV **t**
Rest – Menu 39 € – Carte 42/70 € ❀

♦ Restaurant au cadre actuel où sont exposées des peintures d'artistes régionaux (petite terrasse d'été). Cuisine au goût du jour ; belle sélection de vins de petits viticulteurs.

CERNAY-LA-VILLE – 78 Yvelines – **311** H3 – **106** 29 – **101** 31 – **1 727** h. – alt. 170 m –
⊠ 78720   18 **B2**

🄳 Paris 45 – Chartres 52 – Longjumeau 31 – Rambouillet 12 – Versailles 25
◎ Abbaye ★ des Vaux-de-Cernay O : 2 km, ▮ Île de France.

🏨 Abbaye des Vaux de Cernay ⬙   ≤ ⧉ 🛜 ⴵ ✕ 🎍 ఉ ch, ✕ rest,

Ouest : 2,5 km par D 24 – ✆ 01 34 85 23 00   📞 🖾 P VISA ⓜ AE ⓪
– reception.cernay@leshotelsparticuliers.com – Fax 01 34 85 11 60
54 ch – ♦120 € ♦♦120 €, ☲ 18 € – 3 suites – ½ P 126/209 € – **Rest** – Menu 32 € (déj. en sem.), 50/88 € – Carte 54/83 €

♦ Abbaye cistercienne du 12ᵉ s. restaurée au 19ᵉ s. par la famille Rothschild. Vastes chambres, vestiges gothiques et promenades méditatives dans le parc. Ambiance feutrée dans la salle de restaurant coiffée de superbes voûtes.

🏨 La Ferme des Vallées sans rest ⬙   🚗 ఉ 🖾 P VISA ⓜ AE ⓪

Ouest : 3,5 km par D24 – ✆ 01 30 46 32 42 – vallees@leshotelsparticuliers.com
– Fax 01 30 46 32 23
30 ch – ♦87/157 € ♦♦87/247 €, ☲ 15 €

♦ Cette ancienne ferme nichée sur le domaine de l'abbaye des Vaux de Cernay abrite des chambres mansardées et diversement meublées ; elles sont plus simples à l'annexe (bergerie).

à La Celle-les-Bordes Sud : 4 km par D 72 – 842 h. – alt. 125 m – ⊠ 78720

✕ L'Auberge de l'Élan 🛜 ఉ VISA ⓜ

5 r. du Village – ✆ 01 34 85 15 55 – aubergelan@wanadoo.fr – Fax 01 34 85 15 55
– Fermé 15-31 août, 28 oct.-5 nov., 1ᵉʳ-7 janv., dim. soir du 15 oct. au 15 mars, mardi et merc.
Rest – Menu 28 € (sem.)/70 € bc

♦ Cette vieille maison de village a été rénovée mais a conservé son chaleureux cachet rustique. La cuisine, traditionnelle, valorise les produits régionaux. Épicerie attenante.

CHARENTON-LE-PONT – 94 Val-de-Marne – 312 D3 – 101 26 – 26 582 h. – alt. 45 m
– ⊠ 94220   21 **C2**

       ◘ Paris 8 – Alfortville 3 – Ivry-sur-Seine 4

🏨🏨🏨   **Novotel Atria**   🛜 🖥 ᗕ 🌐 ⇆ 🏊 🐾 VISA ⑳ ⑩
         5 pl. Marseillais – 𝒞 *01 46 76 60 60 – h1549@accor.com*
🛜   *– Fax 01 49 77 68 00*
        132 ch – 🛉173/188 € 🛉🛉173/188 €, ⌕ 14 € – 1 suite – **Rest** – Menu 18/24 €
        – Carte 24/36 €
        ♦ Cet hôtel propose des chambres conformes au style de la chaîne et des équipements
complets pour réunions et séminaires (du bureau individuel à la grande salle de conférences). Salle de restaurant contemporaine et cuisine traditionnelle.

CHÂTEAUFORT – 78 Yvelines – 311 I3 – 101 22 – 1 453 h. – alt. 153 m –
⊠ 78117   20 **A3**

       ◘ Paris 28 – Arpajon 28 – Chartres 75 – Versailles 15
       ⛳ National à Guyancourt 2 avenue du Golf, NO : 7 km par D 36,
         𝒞 01 30 43 36 00.

XXX   **La Belle Époque** (Philippe Delaune)   🛜 VISA ⑳ AE
        10 pl. Mairie – 𝒞 *01 39 56 95 48 – Fax 01 39 56 99 93*
🏵   *– Fermé 3-25 août, 21 déc.-4 janv., dim. et lundi*
        Rest – Menu 36/56 € – Carte 56/68 €
        Spéc. Langoustines rôties au beurre demi-sel. Suprême de pintade fermière farcie,
morilles et asperges vertes. Gâteau coulant au chocolat noir.
        ♦ Accueil charmant, élégant décor de style Belle Époque, terrasse ombragée avec vue sur
la vallée de Chevreuse et délicieuse cuisine au goût du jour : que du plaisir !

CHATOU – 78 Yvelines – 311 I2 – 101 13 – 28 588 h. – alt. 30 m – ⊠ 78400
📗 Île de France   20 **A1**

       ◘ Paris 17 – Maisons-Laffitte 8 – Pontoise 31 – St-Germain-en-Laye 6
        – Versailles 13
       🖸 Office de tourisme, place de la Gare 𝒞 01 30 71 30 89
       ⛳ de l'Île Fleurie à Carrières sur Seine Carrières sur Seine, 𝒞 01 39 52 61 61.

XX   **Les Canotiers**   🌐 VISA ⑳ AE ⑩
        16 av. Mar. Foch – 𝒞 *01 30 71 58 69 – didier.focus@wanadoo.fr*
        – Fax 01 47 51 70 09 – Fermé août, vacances de Noël, sam. midi, dim. soir et lundi
        Rest – Menu (18 €), 25 € – Carte 29/43 €
        ♦ Près de l'île où Renoir peignit le Déjeuner des canotiers, venez goûter une cuisine au
goût du jour dans une salle comtemporaine ornée de toiles abstraites peintes par la
patronne.

CHENNEVIÈRES-SUR-MARNE – 94 Val-de-Marne – 312 E3 – 101 28 – 17 837 h.
– alt. 108 m – ⊠ 94430   21 **D2**

       ◘ Paris 18 – Créteil 14 – Melun 35 – Nogent-sur-Marne 8

XXX   **L'Écu de France**   🚗 🛜 🎭 ⇆ P VISA ⑳
        31 r. Champigny – 𝒞 *01 45 76 00 03 – info@ecudefrance.com*
        – Fax 01 45 93 12 05 – Fermé dim. soir et lundi
        Rest – Menu 45/75 € – Carte 61/80 €
        ♦ Cette auberge, bâtie en 1717, abrite de charmantes salles à manger rustiques.
Agréables terrasses fleuries en bord de Marne. Carte de tradition renouvelée au fil des
saisons.

CLAMART – 92 Hauts-de-Seine – 311 J3 – 101 25 – 48 572 h. – alt. 102 m –
⊠ 92140   20 **B2**

       ◘ Paris 10 – Boulogne-Billancourt 7 – Issy-les-Moulineaux 4 – Nanterre 15
        – Versailles 13
       🖸 Syndicat d'initiative, 22, rue Paul Vaillant Couturier 𝒞 01 46 42 17 95

La Brèche du Bois sans rest   VISA ◑ AE

7 pl. J. Hunebelle – 𝒞 01 46 42 29 06 – brechebois@aol.com – Fax 01 46 42 00 05
30 ch – †55/59 € ††65/70 €, ⌑ 7 €

♦ Cette ancienne guinguette proche du centre-ville héberge des chambres pratiques, plus calmes sur l'arrière. Les sentiers du bois de Clamart sont aux portes de l'hôtel.

Trosy sans rest   ▤ ℂ P VISA ◑ AE

41 r. P. Vaillant-Couturier – 𝒞 01 47 36 37 37 – hoteltrosy@aol.com
– Fax 01 47 36 88 38
40 ch – †56 € ††62 €, ⌑ 7 €

♦ Cet immeuble moderne propose des chambres fonctionnelles bien tenues ; demandez-en une côté cour pour bénéficier du calme. Réception courtoise et ambiance familiale.

CLICHY – 92 Hauts-de-Seine – 311 J2 – 101 15 – 50 179 h. – alt. 30 m –
✉ 92110   20 **B1**

🄳 Paris 9 – Argenteuil 8 – Nanterre 9 – Pontoise 26 – St-Germain-en-Laye 21
🄸 Office de tourisme, 61, rue Martre 𝒞 01 47 15 31 61, Fax 01 47 15 30 45

Holiday Inn   ▤ ℥ AK ⇔ ⅏ ℂ ﹩ ⌂ VISA ◑ AE

2 r. 8 mai 1945 – 𝒞 01 76 68 77 00 – hipclichy@ihg.com – Fax 01 76 68 77 01
270 ch – †300 € ††300 €, ⌑ 18 € – **Rest** – *(fermé août, sam. midi, dim. et fériés le midi)* Menu (19 €), 25 € (déj.) – Carte 24/38 €

♦ Malgré la proximité du périphérique, l'excellente insonorisation préserve l'hôtel de tout bruit. L'architecture moderne abrite des espaces harmonieux aux équipements de pointe.

Europe sans rest   ▥ ₤₰ ▤ AK ℂ ﹩ P VISA ◑ AE ⓪

52 bd Gén. Leclerc – 𝒞 01 47 37 13 10 – europe.hotel@wanadoo.fr
– Fax 01 40 87 11 06
83 ch – †130 € ††130 €, ⌑ 10 €

♦ Cet immeuble en briques (1920) a bénéficié d'une cure de jouvence. Les chambres, confortables, arborent un décor reposant et tendance. Espace détente complet et de qualité.

Résidence Europe 🏠 sans rest   ▤ ℂ VISA ◑ AE ⓪

15 r. Pierre Curie – 𝒞 01 47 37 12 13 – europe.hotel@wanadoo.fr
– Fax 01 40 87 11 06
28 ch – †130 € ††130 €, ⌑ 10 €

♦ Dans une rue tranquille, établissement proposant des chambres rénovées et meublées en bois cérusé. Salles des petits-déjeuners au décor marin.

La Romantica   ⌖ ⇔ ⅋ VISA ◑ AE

73 bd J. Jaurès – 𝒞 01 47 37 29 71 – laromantica@wanadoo.fr
– Fax 01 47 37 76 32 – Fermé sam. midi et dim.
Rest – Menu 38 € (déj. en sem.), 45/80 € – Carte 37/112 € ✿

♦ Cuisine italienne et superbe carte des vins à déguster dans une salle à manger agréable et refaite, tout comme la terrasse, dressée aux beaux jours face au jardin.

La Barrière de Clichy   AK ⇔ VISA ◑ AE

1 r. Paris – 𝒞 01 47 37 05 18 – labarrieredeclichy@free.fr – Fax 01 47 37 77 05
– Fermé 4-31 août, sam., dim. et fériés
Rest – Menu 33/42 € – Carte 55/81 €

♦ La clientèle fidèle est séduite par le cadre élégant, soigné et épuré de ce restaurant. Plats saisonniers et dans l'air du temps ; le menu du marché change chaque jour.

COLOMBES – 92 Hauts-de-Seine – 312 C2 – 101 14 – 83 100 h. – alt. 38 m –
✉ 92700

🄳 Paris 19 – Nanterre 9 – Boulogne-Billancourt 19 – Montreuil 23
– Argenteuil 4

Courtyard by Marriott   ⌖ ₤₰ ▤ ℥ AK ⇔ ⅏ ℂ ﹩

91 bd Charles de Gaulle – 𝒞 01 47 69 59 49   ⌂ VISA ◑ AE ⓪
– cy.colombes@courtyard.com – Fax 01 47 69 59 20
150 ch – †89/229 € ††89/229 €, ⌑ 17 € – **Rest** – *(fermé dim. midi et sam.)* Carte 27/35 €

♦ Ce bâtiment neuf est doté de chambres fonctionnelles et d'un fitness. Son hall, réchauffé par une cheminée, accueille un "market" (pour une restauration self-service). Le chef prépare devant vous une cuisine actuelle rythmée par les saisons et le marché.

CONFLANS-STE-HONORINE – 78 Yvelines – 311 I2 – 101 3 – 33 327 h. – alt. 25 m –
✉ 78700 📗 Île de France 18 **B1**

   🚘 Paris 38 – Mantes-la-Jolie 39 – Poissy 10 – Pontoise 8 – Versailles 27

   🏢 Office de tourisme, 1, rue René Albert ✆ 01 34 90 99 09,
      Fax 01 39 19 80 77

   ◉ ≼★ de la terrasse du parc du château - Musée de la Batellerie.

✗   **Au Bord de l'Eau**   🅰🅲 VISA ⓿❸
    15 quai Martyrs-de-la-Résistance – ✆ 01 39 72 86 51 – *Fermé 8-22 août,*
    22 déc.-2 janv., le soir sauf sam. et lundi
    Rest – Menu 29 € (déj. en sem.), 40/54 €
    ♦ Plaques d'identité de bateaux et appareils de navigation : l'intérieur de ce restaurant
    familial posté sur les quais de Seine rend hommage à la batellerie conflanaise.

CORBEIL-ESSONNES – 91 Essonne – 312 D4 – 101 37 – 39 378 h. – alt. 37 m –
✉ 91100 18 **B2**

   🚘 Paris 36 – Fontainebleau 37 – Créteil 27 – Évry 6 – Melun 24

   🏢 Syndicat d'initiative, 36, rue Saint-Spire ✆ 01 64 96 23 97, Fax 01 60 88 05 37

   🏌 Blue Green Golf de Villeray à Saint-Pierre-du-Perray, E : 6 km,
      ✆ 01 60 75 17 47 ;

   🏌 de Greenparc à Saint-Pierre-du-Perray Route de Villepècle, NE : 6 km par
      D 947, ✆ 01 60 75 40 60.

au Coudray-Montceaux Sud-Est : 6 km par N 7 – 2 800 h. – alt. 81 m – ✉ 91830

🏨   **Mercure** ॐ   🌙 🎕 ☒ 🕭 ℀ 🕭 ⅙ ⚒ 🖃 VISA ⓿❸ 🅰🅴 ①
    rte de Milly-la-Forêt – ✆ 01 64 99 00 00 – *h0977@accor-hotels.com*
    – Fax 01 64 93 95 55
    125 ch – ♦127 € ♦♦137 €, ⥮ 13 € – **Rest** – Carte 22/32 €
    ♦ Tir à l'arc, golf, handball, etc. : en plus de belle salles de réunion, cet hôtel propose une
    multitude d'équipements sportifs appréciés des hommes d'affaires et des familles. Salle à
    manger-véranda moderne et sa terrasse ouvrant sur la forêt et la campagne.

COURBEVOIE – 92 Hauts-de-Seine – 311 J2 – 101 15 – 69 694 h. – alt. 28 m –
✉ 92400 📗 Île de France 20 **B1**

   🚘 Paris 10 – Asnières-sur-Seine 4 – Levallois-Perret 4 – Nanterre 5
   – St-Germain-en-Laye 17

🏨   **George Sand** sans rest   🕭 ⟨ VISA ⓿❸
    18 av. Marceau – ✆ 01 43 33 57 04 – *george-sand@wanadoo.fr*
    – Fax 01 47 88 59 38
    32 ch – ♦70/130 € ♦♦80/145 €, ⥮ 12 €
    ♦ Adoptez cet hôtel à jolie façade Art déco pour son intérieur raffiné évoquant l'univers
    de George Sand, son mobilier du 19e s. et son salon romantique où l'on écoute du
    Chopin.

🏠   **Central** sans rest   🕭 ⟨ 🖃 VISA ⓿❸ 🅰🅴 ①
    99 r. Cap. Guynemer – ✆ 01 47 89 25 25 – *central-ladefense@wanadoo.fr*
    – Fax 01 46 67 02 21
    55 ch – ♦84 € ♦♦84/94 €, ⥮ 7 €
    ♦ Près de la Défense, cet hôtel familial a repris des couleurs. Des espaces communs aux
    chambres (insonorisées), il a été relooké dans un esprit actuel agréable.

Quartier Charras

🏨   **Mercure La Défense 5**   ₤ 🕭 ⅙ ch, 🅜 ℀ ⟨ ⚒ ☒ VISA ⓿❸ 🅰🅴 ①
    18 r. Baudin – ✆ 01 49 04 75 00 – *h1546@accor.com* – *Fax 01 47 68 83 32*
    507 ch – ♦130/215 € ♦♦145/230 €, ⥮ 15 € – 5 suites
    Rest *Le Bistrot de l'Échanson* – ✆ 01 49 04 75 85 (*fermé vend. soir, dim. midi et*
    sam.) Carte 26/38 €
    ♦ Originale façade en arc de cercle dissimulant des chambres fonctionnelles récemment
    rajeunies ; vue sur Paris ou la Défense pour certaines, à partir du 8e étage. Fitness, hammam
    et solarium. Décor design et ambiance chaleureuse au Bistrot de l'Échanson.

X **Les Trois Marmites** `AK` `VISA` `MO` `AE`
*215 bd St-Denis – 𝒞 01 43 33 25 35 – Fax 01 43 33 25 35 – Fermé août, sam., dim.
et fériés*
Rest – *(déj. seult)* Menu (32 €), 37/65 €
♦ La clientèle d'affaires apprécie ce petit restaurant de quartier proche des quais,
face au parc de Bécon et au musée Roybet-Fould (œuvres de Carpeaux). Carte traditionnelle.

CRÉTEIL `P` – **94 Val-de-Marne** – **312** D3 – **101** 27 – **82 154 h.** – **alt. 48 m** – ⊠ **94000**
▮ Île de France   21 **C2**

▶ Paris 14 – Bobigny 22 – Évry 32 – Lagny-sur-Marne 29 – Melun 35

▦ de Marolles-en-Brie à Marolles-en-Brie Mail de la Justice, SE : 10 km,
𝒞 01 45 95 18 18 ;

▦ d'Ormesson à Ormesson-sur-Marne Chemin du Belvédère, E : 15 km,
𝒞 01 45 76 20 71.

◉ Hôtel de ville★ : parvis★.

▦▦▦ **Novotel** ॐ   `ᵔ` `ⵣ` `♨` `AK` `ᵰ` `ᵕ` `ᵯ` `P` `VISA` `MO` `AE` `①`
au lac – 𝒞 01 56 72 56 72 – h0382@accor.com – Fax 01 56 72 56 73
110 ch – ♥59/135 € ♥♥59/135 €, ☑ 13,50 € – **Rest** – Menu 22/30 €
♦ L'atout majeur de cet hôtel est son emplacement face au lac (base de loisirs et
parcours de jogging). Les chambres ont été rénovées selon le concept de la chaîne.
Restaurant au cadre résolument design, animé par des écrans plasma. Cuisine traditionnelle.

DAMPIERRE-EN-YVELINES – **78 Yvelines** – **311** H3 – **101** 31 – **1 051 h.** – **alt. 100 m** –
⊠ **78720**   18 **B2**

▶ Paris 38 – Chartres 57 – Longjumeau 32 – Rambouillet 16
– Versailles 21

▯ Office de tourisme, 9, Grande Rue 𝒞 01 30 52 57 30, Fax 01 30 52 52 43

▦ de Forges-les-Bains à Forges-les-Bains Route du Général Leclerc, SE : 14 km,
𝒞 01 64 91 48 18.

◉ Château de Dampierre★★, ▮ Île de France.

XXX **Auberge du Château "Table des Blot"** (Christophe Blot) avec ch
1 Grande rue – 𝒞 01 30 47 56 56 – Fax 01 30 47 51 75   `ᵕ` `VISA` `MO`
ॐ   *– Fermé 24-31 août, 24-30 déc., 22-28 fév., dim. soir, lundi et mardi*
11 ch – ♥90 € ♥♥120 €, ☑ 8 €
Rest – Menu 35 € (déj. en sem.), 52/60 € – Carte 52/55 €
Spéc. Lobe de foie gras poché au vin rouge (nov. à mars). Rognon de veau en
escalopines, pomme macaire, jus de viande dissocié. Savarin tiède au chocolat,
glace vanille.
♦ Auberge du 17ᵉ s. où meubles anciens, objets chinés et sièges de style recouverts
de tissus modernes s'harmonisent parfaitement. Cuisine traditionnelle personnalisée.

XX **Les Écuries du Château** `ᵔ` `P` `VISA` `MO` `AE` `①`
*au château – 𝒞 01 30 52 52 99 – contact@lesecuriesduchateau.com
– Fax 01 30 52 59 90 – Fermé 31 juil.-21 août, 16-28 fév., mardi et merc.*
Rest – Menu (28 €), 42/50 € – Carte environ 50 €
♦ Ces anciennes écuries transformées en restaurant bénéficient du voisinage du château
de Dampierre. Plaisante salle à manger ; cuisine traditionnelle et gibier du domaine en
saison.

XX **Auberge St-Pierre** `⋇` `VISA` `MO`
*1 r. Chevreuse – 𝒞 01 30 52 53 53 – Fax 01 30 52 58 57 – Fermé août, vacances
de fév., dim. soir, mardi soir et lundi*
Rest – Menu (25 €), 30 €
♦ Maison à colombages située presque en face du château. Salon agrémenté d'un
vieux piano mécanique et salle à manger gentiment campagnarde réchauffée par une
cheminée.

LA DÉFENSE – 92 Hauts-de-Seine – 311 J2 – 101 14 – ⊠ 92400 ▯ Paris   20 **B1**

▫ Paris 10 – Courbevoie 1 – Nanterre 4 – Puteaux 2

◙ Quartier★★ : perspective★ du parvis.

Pullman La Défense   ⌂ Ⅰ₆ 圖 & ch, 閥 ↳ ℅ rest, ℅ 弘 ⌂ VISA

11 av. Arche, sortie Défense 6 ⊠ 92081 – ℘ 01 47 17 50 00   ⓜ AE ⓞ
– h3013@accor.com – Fax 01 47 17 56 78
368 ch – ♦380 €, ♦♦380 €, ⌷ 25 € – 16 suites
Rest *Avant Seine* – rôtisserie – ℘ 01 47 17 50 99
(fermé 5-20 août, 20-27 déc., vend. soir, sam., dim. et fériés) Carte environ 51 €

♦ Belle architecture en proue de navire, toute de verre et de pierre ocre. Chambres spacieuses et élégantes, salons et auditorium très bien équipés (avec cabines de traduction). Décor design de qualité et cuisine à la broche au restaurant l'Avant Seine.

Renaissance   Ⅰ₆ 圖 & ch, 閥 ↳ ℅ ℅ 弘 ⌂ VISA ⓜ AE

60 Jardin de Valmy, par bd circulaire, sortie La Défense 7 ⊠ 92918 –
℘ 01 41 97 50 50 – rhi.parld.exec.sec@renaissancehotels.com
– Fax 01 41 97 51 51
324 ch – ♦210/450 €, ♦♦210/450 €, ⌷ 25 € – 3 suites
Rest – *(fermé sam. midi, dim. midi et fériés le midi)* Menu 31 € – Carte 32/59 €

♦ Au pied de la Grande Arche en marbre de Carrare, construction contemporaine abritant des chambres bien équipées et décorées avec raffinement. Fitness complet. Côté restaurant, cadre tout bois, atmosphère de brasserie rétro et vue sur les jardins de Valmy.

Hilton La Défense   ⌂ 圖 & ch, 閥 ↳ ℅ 弘 ℗ ⌂ VISA ⓜ AE ⓞ

2 pl. de la Défense ⊠ 92053 – ℘ 01 46 92 10 10 – parldhirm@hilton.com
– Fax 01 46 92 10 50
139 ch – ♦245/550 €, ♦♦245/550 €, ⌷ 26 € – 6 suites
Rest *Coté Parvis* – ℘ 01 46 92 10 30 – Menu 56 € bc – Carte 31/65 €

♦ Hôtel situé dans l'enceinte du CNIT. Certaines chambres, design et chaleureuses, ont été pensées pour le bien-être de la clientèle d'affaires. Côté Parvis, cuisine au goût du jour et jolie vue.

Sofitel Centre   ⌂ Ⅰ₆ 圖 & 閥 ↳ ℅ 弘 ⌂ VISA ⓜ AE ⓞ

34 cours Michelet, par bd circulaire sortie La Défense 4 ⊠ 92060 Puteaux –
℘ 01 47 76 44 43 – h0912@accor.com – Fax 01 47 76 72 10
150 ch – ♦115/540 €, ♦♦115/540 €, ⌷ 27 € – 1 suite
Rest *L'Italian Lounge* – ℘ 01 47 76 72 40 – Carte 40/63 € ⌂

♦ Architecture en arc de cercle intégrée au paysage des tours de la Défense. Chambres spacieuses et bien équipées, relookées dans un esprit tendance. Cadre actuel, table méditerranéenne et joli choix de vins à l'Italian Lounge.

Novotel La Défense   Ⅰ₆ 圖 & ch, 閥 ↳ ℅ 弘 ⌂ VISA ⓜ AE ⓞ

2 bd Neuilly, sortie Défense 1 – ℘ 01 41 45 23 23 – h0747@accor.com
– Fax 01 41 45 23 24
280 ch – ♦184/340 €, ♦♦184/420 €, ⌷ 16 € – **Rest** – buffet Carte 21/43 €

♦ Sculpture et architecture : la Défense, vrai musée de plein air, est aux pieds de cet hôtel. Chambres pratiques ; certaines regardent Paris. Bar relooké dans un esprit tendance. Décor contemporain dans la salle à manger dotée d'un espace buffet.

DRAVEIL – 91 Essonne – 312 D3 – 101 36 – 28 093 h. – alt. 55 m –
⊠ 91210   21 **C3**

▫ Paris 23 – Corbeil Essonnes 11 – Créteil 14 – Versailles 30

🛈 Syndicat d'initiative, place de la République ℘ 01 69 03 09 39

Gibraltar   ⌂ ⇌ ℗ VISA ⓜ

61 av. Libert – ℘ 01 69 42 32 05 – legibraltars@wanadoo.fr – Fax 01 69 52 06 82
– Fermé dim. soir
Rest – Menu 30 € (sem.)/60 € – Carte 44/69 €

♦ Cap sur Gibraltar... au bord de la Seine ! L'été, agréable terrasse face au fleuve, et l'hiver, salle agrémentée d'un vivier et d'une fresque évoquant une cabine de bateau.

ENGHIEN-LES-BAINS – 95 Val-d'Oise – 305 E7 – 101 5 – 10 368 h. – alt. 45 m – Stat. therm. : toute l'année – Casino – ⊠ 95880 ▮ Île de France   20 **B1**

🚗 Paris 17 – Argenteuil 7 – Chantilly 34 – Pontoise 22 – St-Denis 7 – St-Germain-en-Laye 25

🛈 Office de tourisme, 81, rue du Général-de-Gaulle ✆ 01 34 12 41 15, Fax 01 39 34 05 76

🏌 de Domont Montmorency à Domont Route de Montmorency, N : 8 km, ✆ 01 39 91 07 50.

◎ Lac★ - Deuil-la-Barre : chapiteaux historiés★ de l'église Notre-Dame NE : 2 km.

🏨 **Grand Hôtel Barrière** ⬦   ≼ 🚗 🛜 🖥 🌐 🖳 🖼 🖩 🔼 🥗 rest, 🌙
85 r. Gén. de Gaulle – ✆ 01 39 34 10 00   🅿 **VISA** ◍ 🆎 ①
– grandhotelenghien@lucienbarriere.com – Fax 01 39 34 10 01
37 ch – ♦224/250 € ♦♦224/250 €, � 18 € – 6 suites
Rest L'Aventurine – ✆ 01 39 34 10 34 (fermé 4-17 août, merc. midi, jeudi midi, vend. midi, dim. soir, lundi et mardi) Menu 45/95 €
– Carte 55/77 € ﬞ

♦ Décoration classique et esthétisante pour cet établissement doté d'un des plus grands spas et fitness de France. Chambres élégantes et personnalisées. Place à une cuisine actuelle au restaurant, très feutré (boiseries, tentures soyeuses). Terrasse verdoyante.

🏨 **Du Lac** ⬦   ≼ 🛜 🖥 🌐 🖳 🖩 🖦 ch, 🥗 🌙 🛁 🚗 **VISA** ◍ 🆎 ①
89 r. Gén. de Gaulle – ✆ 01 39 34 11 00 – hoteldulac@lucienbarriere.com – Fax 01 39 34 11 01
138 ch – ♦180/205 € ♦♦180/205 €, ⊔ 14 € – 3 suites – **Rest** – (fermé sam. midi) Menu (22 €), 29/60 € bc (week-end) – Carte 41/68 €
♦ Un hôtel moderne aux airs de villégiature. Chambres confortables, avec vue sur le lac (plus calmes côté jardin). Possibilité d'accès au spa et au fitness. La chaleureuse salle à manger nous replonge dans les années 1930. Belle terrasse d'été face au plan d'eau.

🍴 **Aux Saveurs d'Alice**   🖩 ⇄ **VISA** ◍ 🆎
32 bd d'Ormesson – ✆ 01 34 12 78 36 – auxsaveursdalice@orange.fr – Fax 01 34 12 22 78 – Fermé 5-25 août, dim. soir et lundi
Rest – Menu (22 €), 28 € – Carte 27/45 €
♦ On apprécie ce restaurant du centre-ville pour sa cuisine traditionnelle simple, aux produits frais. Décor sagement rustique pour les trois salles à manger.

ÉVRY 🅿 – 91 Essonne – 312 D4 – 101 37 – ⊠ 91000 ▮ Île de France   18 **B2**

🚗 Paris 32 – Chartres 80 – Créteil 30 – Étampes 36 – Fontainebleau 36 – Melun 23

◎ Cathédrale de la Résurrection ★ - 5 mai-janv. Epiphanies (Exposition).

🏨 **All Seasons**   🛜 🖥 🖦 ch, 🖩 🥗 🌙 🛁 🚗 **VISA** ◍ 🆎
52 bd Coquibus, (face à la cathédrale) – ✆ 01 69 47 30 00 – Fax 01 69 47 30 10 – Fermé 25 juil.-17 août et 24 déc.-1ᵉʳ janv.
110 ch ⊔ – ♦95/118 € ♦♦105/128 € – **Rest** – (fermé vend. soir, sam., dim. et fériés) Menu (17 €), 26 €
♦ Sur un boulevard passant, face à la cathédrale de la Résurrection, hôtel aux chambres assez grandes, bien insonorisées et réaménagées dans un esprit très contemporain. Carte traditionnelle au restaurant.

à Courcouronnes – 13 954 h. – alt. 80 m – ⊠ 91080

🏌 de Bondoufle à Bondoufle Départementale 31, O : 3 km, ✆ 01 60 86 41 71.

🍴🍴 **Canal**   🖦 🖩 ⇄ 🍴 **VISA** ◍ 🆎
31 r. Pont Amar, (près de l'hôpital) – ✆ 01 60 78 34 72 – Fax 01 60 79 22 70 – Fermé août, 25 déc.-1ᵉʳ janv., sam. et dim.
Rest – Menu 20/29 € – Carte 26/43 €
♦ Petite brasserie un brin rétro dont on apprécie la franche cuisine mettant à l'honneur les cochonnailles (dont un bon pied de porc). Produits frais uniquement.

à Lisses – 7 206 h. – alt. 86 m – ⊠ 91090

🏨	**Espace Léonard de Vinci**	🏠 ⚏ 🏊 🚲 Ⅰ⟆ ✗ ☰ ⅙ 👭 rest, ☎

av. Parcs – ℰ *01 64 97 66 77 – contact@*   ⊿ 🅿 VISA ⓜⓞ ⒜Ⓔ
leonard-de-vinci.com – Fax 01 64 97 59 21
74 ch – †100/110 € ††100/110 €, ⊊ 10 € – **Rest** – Menu 29 € (déj.)/35 €
– Carte 29/37 €
♦ Terrains de football, squash, piscines, sauna, hammam, jacuzzi, fitness, centre de balnéothérapie... Et des chambres pratiques pour vous remettre d'une journée bien remplie ! Espace brasserie ou restaurant classique plus cossu. Soirées jazz le samedi soir.

GAGNY – 93 Seine-Saint-Denis – 305 G7 – 101 18 – 36 715 h. – alt. 70 m –
⊠ 93220   21 **D1**

  ▶ Paris 17 – Bobigny 11 – Raincy 3 – St-Denis 18
  🄵 Syndicat d'initiative, 1, avenue Jean-Jaurès ℰ 01 43 81 49 09

✗✗	**Le Vilgacy**	🏠 VISA ⓜⓞ

45 av. H. Barbusse – ℰ *01 43 81 23 33 – Vilgacy@wanadoo.fr – Fax 01 43 81 23 33*
– Fermé 21-29 avril, 28 juil.-21 août, dim. soir, mardi soir et lundi sauf fériés
Rest – Menu (20 €), 25 € (sem.)/33 € – Carte 45/63 €
♦ Vous serez accueilli dans l'agréable décor contemporain des deux salles (tableaux en exposition-vente) ou dans le jardin-terrasse en été. Généreuse cuisine traditionnelle.

LA GARENNE-COLOMBES – 92 Hauts-de-Seine – 311 J2 – 101 14 – 24 067 h.
– alt. 40 m – ⊠ 92250   20 **B1**

  ▶ Paris 13 – Argenteuil 7 – Asnières-sur-Seine 5 – Courbevoie 2 – Nanterre 4
     – Pontoise 27
  🄵 Syndicat d'initiative, 24, rue d'Estienne-d'Orves ℰ 01 47 85 09 90

✗✗	**L'Instinct**	🏠 AC VISA ⓜⓞ

1 r. Voltaire – ℰ *01 56 83 82 82 – Fax 01 47 82 09 53 – Fermé 9-26 août, lundi soir,*
sam. midi et dim.
Rest – *(prévenir)* Menu 32 €
♦ Face au marché couvert, restaurant au cadre résolument moderne et coloré. Salle claire et lumineuse et très beau bar en bois pour l'apéritif. Cuisine au goût du jour.

GRESSY – 77 Seine-et-Marne – 312 F2 – 101 10 – 813 h. – alt. 98 m –
⊠ 77410   19 **C1**

  ▶ Paris 32 – Meaux 20 – Melun 56 – Senlis 35

🏨	**Le Manoir de Gressy** ⌂	⧉ 🏠 ⚏ 🛏 ⅙ ch, AC rest, ⅙ ☎ ⊿

   – ℰ *01 60 26 68 00 – information@*   🅿 VISA ⓜⓞ ⒜Ⓔ ⓞ
manoirdegressy.com – Fax 01 60 26 45 46
85 ch – †210/230 € ††210/230 €, ⊊ 19 € – **Rest** – Menu 46 € – Carte 47/57 €
♦ Sur le site d'une ferme fortifiée du 18ᵉ s., manoir mariant les styles avec bonheur. Chaque chambre possède son propre décor ; toutes s'ouvrent sur le jardin et la piscine. Murs patinés, parquets et mobilier d'inspiration provençale dans la salle à manger.

ISSY-LES-MOULINEAUX – 92 Hauts-de-Seine – 311 J3 – 101 25 – 52 647 h.
– alt. 37 m – ⊠ 92130 ▮ Île de France   20 **B2**

  ▶ Paris 8 – Boulogne-Billancourt 3 – Clamart 4 – Nanterre 11 – Versailles 14
  🄵 Office de tourisme, esplanade de l'Hôtel de Ville ℰ 01 41 23 87 00,
     Fax 01 40 95 67 33
  ◙ Musée de la Carte à jouer ★.

✗✗✗	**La Table des Montquartiers**	AC VISA ⓜⓞ

5 chemin Montquartiers – ℰ *01 46 44 05 45 – contact@*
crayeres-montquartiers.com – Fax 01 46 45 66 55 – Fermé août, 24 déc.-2 janv.,
sam., dim. et fériés
Rest – *(déj. seult)* Menu 35/45 € ⅙
♦ Outre son cadre inhabituel, les galeries d'une ancienne carrière de craie, et sa belle cuisine au goût du jour, ce restaurant propose un choix exceptionnel de vins.

River Café ☐ VISA ⑩ AE ①

Pont d'Issy, 146 quai Stalingrad – ℰ *01 40 93 50 20 – info@lerivercafe.net*
– Fax 01 41 46 19 45

Rest – Menu 34/44 € – Carte 42/53 €

♦ Insolite restaurant aménagé dans une ex-barge pétrolière amarrée face à l'île St-Germain. Intérieur colonial, terrasse sur la berge, voiturier... À l'abordage, mille sabords !

L'Île ☐ AK ☐ P. VISA ⑩ AE ①

Parc Île St-Germain, 170 quai Stalingrad – ℰ *01 41 09 99 99 – v.fresneau@*
restaurant-lile.com – Fax 01 41 09 99 19

Rest – Menu 41 € bc/55 € bc – Carte 33/59 €

♦ C'est la fleur au fusil que l'on rejoint cette caserne postée sur une île de la Seine : un restaurant tendance y a élu domicile, aussitôt investi par une armée de Robinson.

Manufacture ☐ AK VISA ⑩

20 espl. Manufacture, (face au 30 r. E. Renan) – ℰ *01 40 93 08 98*
– Fax 01 40 93 57 22 – Fermé 5-20 août, 25 déc.-1er janv., sam. midi et dim.

Rest – Menu 27/33 €

♦ Reconversion réussie pour l'ancienne manufacture de tabac (1904) qui abrite logements, boutiques et ce restaurant design complété d'une belle terrasse. Carte dans l'air du temps.

Coquibus VISA ⑩ AE

16 av. de la République – ℰ *01 46 38 75 80 – reservation@coquibus.com*
– Fax 01 41 08 95 80 – Fermé août et dim.

Rest – Carte 25/47 €

♦ Boiseries, tableaux colorés et coqs en terre cuite donnent des airs de brasserie des années 1930 à ce restaurant du centre-ville. Cuisine traditionnelle et fruits de mer.

JANVRY – **91 Essonne** – **312** B4 – **101** 33 – **530 h.** – **alt. 160 m** – ⊠ **91640**   18 **B2**

🚉 Paris 35 – Briis s/s Forges 4 – Dourdan 20 – Palaiseau 19

Bonne Franquette VISA ⑩

1 r. du Marchais – ℰ *01 64 90 72 06 – info@bonnefranquette.fr*
– Fax 01 64 90 53 63 – Fermé 28 avril-18 mai, 1er-28 sept., 22 déc.-12 janv., sam.
midi, dim. soir et lundi

Rest – Menu 35 €

♦ Ex-relais de poste situé face au château (17e s.) d'un joli village francilien. Deux grandes ardoises annoncent la cuisine du jour servie dans un chaleureux décor rustique.

JOINVILLE-LE-PONT – **94 Val-de-Marne** – **312** D3 – **101** 27 – **17 117 h.** – **alt. 49 m** –
⊠ **94340**   21 **D2**

🚉 Paris 12 – Créteil 7 – Lagny-sur-Marne 22 – Maisons-Alfort 5 – Vincennes 6

🛈 Office de tourisme, 23, rue de Paris ℰ 01 42 83 41 16, Fax 01 49 76 92 98

Kyriad Prestige 🔳 🔳 ㅊ ch, AK ⇆ ⸜⸝ ⸝ ⸜ ⸜ VISA ⑩ AE ①

16 av. Gén. Gallieni – ℰ *01 48 83 11 99 – joinvillelepont@kyriadprestige.fr*
– Fax 01 48 89 51 58

89 ch – ♦98/128 € ♦♦98/128 €, ⸝ 13 € – **Rest** – Menu 19/26 € – Carte 28/40 €

♦ Architecture contemporaine abritant des chambres spacieuses et insonorisées, agencées avec un coin salon pour la détente ou un bureau pour le travail. Agréable salle à manger moderne et repas proposés sous forme de buffets.

Cinépole sans rest 🔳 ㅊ ⸜⸝ ⸜ VISA ⑩ AE

8 av. Platanes – ℰ *01 48 89 99 77 – cinepole@wanadoo.fr – Fax 01 48 89 43 92*

34 ch – ♦59/61 € ♦♦59/61 €, ⸝ 7 €

♦ L'enseigne de l'hôtel évoque les anciens studios de cinéma de Joinville. Chambres pratiques et bien tenues. Minipatio où l'on sert les petits-déjeuners en été.

Grand luxe ou sans prétention ?
Les ✕ et les 🏠 notent le confort.

Le Kremlin-Bicêtre – 94 Val-de-Marne – 312 D3 – 101 26 – 23 724 h. – alt. 60 m – ⊠ 94270

21 **C2**

> ▶ Paris 5 – Boulogne-Billancourt 11 – Évry 28 – Versailles 23

Novotel Porte d' Italie 🔲 ᠔ 🖾 ⅙ 🕻 🖴 🖙 VISA ⚌ AE ①
22 r. Voltaire – ℰ 01 45 21 19 09 – h5586@accor.com – Fax 01 45 21 12 60
168 ch – ♦137/180 € ♦♦147/190 €, � 14 € – **Rest** – Carte 23/43 €
♦ Cette construction récente à la sobre façade de granit poli (à 5 minutes de la place d'Italie) abrite des chambres aménagées selon le dernier concept de la chaîne. Décor actuel pour le restaurant qui sert une cuisine traditionnelle.

Express by Holiday Inn *sans rest* 🔲 ᠔ ⅙ 🖴 VISA ⚌ AE ①
1-3 r. Elisée Reclus – ℰ 01 47 26 26 26 – reservation@porteditalie.hiexpress.com – Fax 01 47 26 16 66
89 ch – ♦115 € ♦♦125 €, � 9 €
♦ Discrète façade de briques rouges pour cet hôtel situé à proximité immédiate des quartiers sud de la capitale. Petites chambres habillées de bois clair et de tissus chamarrés.

Lésigny – 77 Seine-et-Marne – 312 E3 – 101 29 – 7 647 h. – alt. 95 m – ⊠ 77150

19 **C2**

> ▶ Paris 33 – Brie-Comte-Robert 9 – Évry 29 – Melun 27 – Provins 65
> 🖼 du Réveillon Ferme des Hyvernaux, S : 2 km, ℰ 01 60 02 17 33 ;
> 🖼 ASPTT Paris Golf des Corbuches Ferme des Hyvernaux, S : 2 km, ℰ 01 60 02 07 26.

au golf par rte secondaire, Sud : 2 km ou par Francilienne : sortie n° 19 – ⊠77150 Lésigny

Golf 🔲 ᠔ ch, 🖾 rest, ⅙ 🕻 🖴 🅿 VISA ⚌ AE ①
ferme des Hyverneaux – ℰ 01 60 02 25 26 – reservation@parisgolfhotel.com – Fax 01 60 02 03 84
48 ch – ♦75/125 € ♦♦75/125 €, � 10 € – **Rest** – *(fermé vend. soir et dim. soir)* Menu 20 € bc
♦ Cette abbaye du 12ᵉ s. agrandie d'une aile moderne dispose de chambres actuelles, gaiement colorées, donnant sur la cour intérieure ou sur le golf. Charpente massive, pierres apparentes et mobilier contemporain composent le cadre du restaurant.

Levallois-Perret – 92 Hauts-de-Seine – 311 J2 – 101 15 – 54 700 h. – alt. 30 m – ⊠ 92300

20 **B1**

> ▶ Paris 9 – Argenteuil 8 – Nanterre 8 – Pontoise 27 – St-Germain-en-Laye 20

Evergreen Laurel 🛁 🔲 ᠔ ch, 🖾 ⅙ 🛐 🕻 🖴 🖙 VISA ⚌ AE ①
8 pl. G. Pompidou – ℰ 01 47 58 88 99 – pardos@evergreen-hotels.com – Fax 01 47 58 88 99
337 ch – ♦330/480 € ♦♦330/480 €, � 19 € – 1 suite
Rest Sens – ℰ 01 46 39 00 72 *(fermé août, sam. midi et dim.)* Menu (29 €), 37 € (déj.) – Carte 49/88 €
Rest Café Galery – ℰ 01 46 39 00 71 – Menu (19 €), 26 € – Carte 28/55 €
♦ Luxe, élégance et luminosité : un hôtel pensé pour la clientèle d'affaires. Les chambres, dotées d'un plaisant mobilier en bois de rose, sont spacieuses. Plats au goût du jour servis dans une atmosphère lounge au Sens (projection de photos d'art). Au Café Galery, petite restauration proposée sous la verrière du lobby.

Espace Champerret *sans rest* 🔲 ᠔ 🕻 VISA ⚌ AE ①
26 r. Louise Michel – ℰ 01 47 57 20 71 – espace.champerret.hotel@wanadoo.fr – Fax 01 47 57 31 39
39 ch – ♦55/85 € ♦♦60/95 €, � 7,50 €
♦ Une cour, où l'on sert le petit-déjeuner en été, sépare les deux bâtiments de cet hôtel ; celui sur l'arrière est plus calme. Chambres rénovées, insonorisées et bien tenues.

Parc *sans rest* 🔲 🕻 VISA ⚌ AE ①
18 r. Baudin – ℰ 01 47 58 61 60 – hotelparclevallois@wanadoo.fr – Fermé 5-25 août et 20-31 déc.
52 ch – ♦62/95 € ♦♦75/105 €, � 8 € – 1 suite
♦ Établissement abritant des chambres au mobilier fonctionnel ou de style ; trois d'entre elles sont de plain-pied avec une cour intérieure. Entretien suivi et accueil charmant.

ABC Champerret sans rest 🏨   🛗 ♿ 🌐 ☎ 𝘝𝘐𝘚𝘈 🅬 🄰🄴 ⓪

63 r. Danton – 𝒞 *01 47 57 01 55 – reservation @ abcchamphotel.com*
– Fax 01 47 57 54 23
39 ch – ♦55/66 € ♦♦65/84 €, ☕ 8 €
◆ Pratique pour la clientèle d'affaires, hôtel disposant de chambres nettes, garnies de meubles façon "bambou". L'été, le petit-déjeuner est servi dans le patio fleuri.

🍴 Les Autodidactes   🌐 🍴 𝘝𝘐𝘚𝘈 🅬

9 pl, Jean Zay – 𝒞 *01 47 39 54 02 – autodidactes.restaurant @ wanadoo.fr*
– Fax 01 47 39 59 99 – Fermé août, 24 déc.-1ᵉʳ janv., lundi soir, merc. soir, sam., dim. et fériés
Rest – Menu 35 € – Carte 43/54 €
◆ Le patron, également artiste peintre, expose ses tableaux très colorés dans la salle de restaurant. Agréable terrasse ombragée et courte carte évoluant au gré du marché.

LIVRY-GARGAN – 93 Seine-Saint-Denis – 305 G7 – 101 18 – 37 288 h. – alt. 60 m –
✉ 93190   **21 D1**

◫ Paris 19 – Aubervilliers 14 – Aulnay-sous-Bois 4 – Bobigny 8 – Meaux 26
   – Senlis 42

🄸 Office de tourisme, 5, place François Mitterrand 𝒞 01 43 30 61 60,
   Fax 01 43 30 48 41

🍴🍴 La Petite Marmite   🌐 🄰🄲 𝘝𝘐𝘚𝘈 🅬

8 bd de la République – 𝒞 *01 43 81 29 15 – Fax 01 43 02 69 59 – Fermé août, dim. soir et merc.*
Rest – Menu 33 € – Carte 40/73 €
◆ Une clientèle d'habitués se régale d'une cuisine traditionnelle à la table bistrotière de ce restaurant imitant une chaumière. Terrasse avec fresques bucoliques dans la cour.

LONGJUMEAU – 91 Essonne – 312 C3 – 101 35 – 19 957 h. – alt. 78 m –
✉ 91160   **20 B3**

◫ Paris 20 – Chartres 70 – Dreux 84 – Évry 15 – Melun 41 – Orléans 113
   – Versailles 27

🍴🍴 St-Pierre   🄰🄲 𝘝𝘐𝘚𝘈 🅬 🄰🄴 ⓪

42 r. F. Mitterrand – 𝒞 *01 64 48 81 99 – saint-pierre @ wanadoo.fr*
– Fax 01 69 34 25 53 – Fermé 28 avril-4 mai, 27 juil.-21 août, lundi soir, merc. soir, sam. midi et dim.
Rest – Menu 32/46 € – Carte 41/57 €
◆ Les patrons aiment à faire partager leur amour des produits du Gers : canard et foie gras en tête, les plats du Sud-Ouest défilent dans un chaleureux cadre d'esprit rustique.

MAISONS-ALFORT – 94 Val-de-Marne – 312 D3 – 101 27 – 51 103 h. – alt. 37 m –
✉ 94700 ▌ Île de France   **21 C2**

◫ Paris 10 – Créteil 4 – Évry 34 – Melun 39

🍴🍴 La Bourgogne   🄰🄲 ⇔ 𝘝𝘐𝘚𝘈 🅬 🄰🄴

164 r. J. Jaurès – 𝒞 *01 43 75 12 75 – restaurant.labourgogne @ wanadoo.fr*
– Fax 01 43 68 05 86 – Fermé 8-20 août, 24 déc.-1ᵉʳ janv., sam. midi et dim.
Rest – Menu 32/49 € bc (dîner) – Carte 35/68 €
◆ Cette maison traditionnelle fleure bon la province. On y sert une cuisine actuelle de produits frais, avec des touches terroir pour les fidèles ! Chaleureux accueil.

MAISONS-LAFFITTE – 78 Yvelines – 311 I2 – 101 13 – 21 856 h. – alt. 38 m –
✉ 78600 ▌ Île de France   **20 A1**

◫ Paris 21 – Mantes-la-Jolie 38 – Poissy 9 – Pontoise 17 – St-Germain-en-Laye 8
   – Versailles 19

🄸 Office de tourisme, 41, avenue de Longueil 𝒞 01 39 62 63 64,
   Fax 01 39 12 02 89

◙ Château★.

XXX 　**Tastevin** (Michel Blanchet)　　　　　　P VISA ⓂⒸ AE

ⓈⓉ
9 av. Eglé – ℰ *01 39 62 11 67 – michel.blanchet5@wanadoo.fr*
– Fax 01 39 62 73 09 – Fermé 4-28 août, 25 fév.-10 mars, lundi et mardi
Rest – Menu 45 € (déj. en sem.)/85 € – Carte 78/108 € ♨
Spéc. Poissons. Canard sauvage aux pêches de vigne (sept. à mars). Assiette du
maître chocolatier.
♦ Accueillante maison de maître du "lotissement Laffitte". Service attentionné, cuisine
classique et belle carte des vins : "tastez" donc ce restaurant mansonnin.

MARLY-LE-ROI – 78 Yvelines – 312 B2 – 101 12 – 16 759 h. – alt. 90 m –
✉ 78160　　　　　　　　　　　　　　　　　　　　　　　　　　20 **A2**

　　　◘ Paris 24 – Bougival 5 – St-Germain-en-Laye 5 – Versailles 9
　　　◘ Office de tourisme, 2, avenue des Combattants ℰ 01 39 16 16 35

XX 　**Le Village**　　　　　　　　　　　　　　VISA ⓂⒸ AE ①
3 Grande Rue – ℰ *01 39 16 28 14 – tomohirouido@club-internet.fr*
– Fax 01 39 58 62 60 – Fermé 1ᵉʳ-24 août, sam. midi, dim. soir et lundi
Rest – *(nombre de couverts limité, prévenir)* Menu 38/72 € – Carte 90/146 €
♦ Cet avenant restaurant du vieux Marly abrite une salle à manger ornée d'une fresque. Le
chef, d'origine japonaise, propose une goûteuse cuisine française personnalisée.

MARNE-LA-VALLÉE – Île-de-France – 312 E2 – 101 19 – 246 607 h. – ✉ 77206
▯ Île de France　　　　　　　　　　　　　　　　　　　　　　19 **C2**

　　　◘ Paris 27 – Meaux 29 – Melun 40
　　　⛳ de Bussy-Saint-Georges à Bussy-Saint-Georges Promenade
　　　　des Golfeurs, ℰ 01 64 66 00 00 ;
　　　⛳ de Torcy à Torcy Base Régionale de loisirs, N : 5 km, ℰ 01 64 80 80 90 ;
　　　⛳ Disneyland Paris à Magny-le-Hongre Allée de la Mare Houleuse,
　　　　ℰ 01 60 45 68 90.

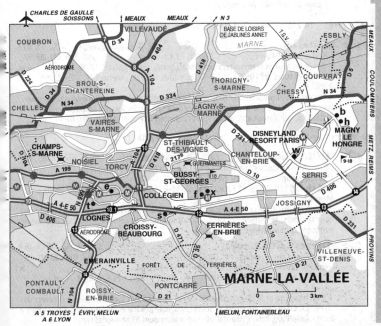

à Bussy-St-Georges – 9 194 h. – alt. 105 m – ✉ 77600

Marne La Vallée sans rest
39 bd Lagny – ☎ 01 64 66 35 65 – reception@cehbussy.com
– Fax 01 64 66 03 10 f
120 ch – †160 € ††175 €, ☕ 15 € – 4 suites
◆ En bordure d'une large avenue, chambres spacieuses à la tenue sans défaut, équipées d'un double vitrage. Agréable bar.

Tulip Inn Marne la Vallée ch,
44 bd A. Giroust – ☎ 01 64 66 11 11 – tulip.reservations@wanadoo.fr
– Fax 01 64 66 29 05 x
87 ch – †129 € ††129 €, ☕ 12 € – **Rest** – *(fermé sam. midi et dim.)* Carte 20/25 €
◆ Intégré à un grand ensemble immobilier, face à la station RER, hôtel aux chambres fonctionnelles et bien insonorisées. Bar décoré dans l'esprit "Louisiane". Salle à manger décorée de fresques évoquant l'Italie. Sur la carte, pâtes et pizzas.

à Collégien – 2 983 h. – alt. 105 m – ✉ 77090

Novotel ch,
– ☎ 01 64 80 53 53 – h0385@accor.com – Fax 01 64 80 48 37 s
195 ch – †98/115 € ††110/130 €, ☕ 13 € – **Rest** – Menu (21 €), 26/34 € – Carte 26/35 €
◆ Novotel bien adapté à la clientèle d'affaires et aux séminaires "corporate". Les chambres rénovées arborent un joli décor contemporain (mobilier en bois, belles teintes). Le restaurant ne déroge pas aux normes de la chaîne, mais son cadre design est réussi.

à Disneyland Resort Paris accès par autoroute A 4 et bretelle Disneyland – ✉ 77777

Disneyland Paris ★★★ (voir Guide Vert Île-de-France)-Centrale de réservations hôtels : ☎ (00 33) 08 25 30 60 30 (0,15 €/mn), Fax (00 33) 01 64 74 57 50 - Les hôtels du Parc Disneyland Resort Paris pratiquent des forfaits journaliers comprenant le prix de la chambre et l'entrée aux parcs à thèmes - Ces prix variant selon la saison, nous vous suggérons de prendre contact avec la centrale de réservation.

à Lognes – 14 215 h. – alt. 97 m – ✉ 77185

Suites Inn ch, rest,
57-61 r. Tour d'Auvergne – ☎ 01 60 06 12 12
– direction-lognes@mysuiteapparthotels.com – Fax 01 60 06 12 00 e
63 ch – †105 € ††105 €, ☕ 12 € – 26 suites – **Rest** – Menu 17/25 € – Carte 27/82 €
◆ Ce complexe hôtelier moderne propose des chambres contemporaines, assez originales, toutes tournées vers le lac ; certaines possèdent un balcon. Squash, sauna et hammam. Au restaurant, cuisine aux accents du Sud et belle terrasse dominant le plan d'eau.

à Magny-le-Hongre – 1 791 h. – alt. 117 m – ✉ 77700

Holiday Inn
20 av. de la Fosse des Pressoirs – ☎ 01 64 63 37 37 – valdefrance@ichotelsgroup.com – Fax 01 64 63 37 38 h
396 ch – †110/210 € ††120/220 €, ☕ 15 € – 3 suites – **Rest** – *(dîner seult)* Menu 32 €
◆ L'univers du cirque compose le thème du décor intérieur haut en couleurs de cet hôtel construit près de Disneyland Paris. Au restaurant, piste centrale, colonnes et fresques évoquent l'atmosphère d'un chapiteau.

Dream Castle hôtel
40 av. Fosse des Pressoirs – ☎ 01 64 17 90 00
– info@dreamcastle-hotel.com – Fax 01 64 17 90 01 b
400 ch ☕ – †104/238 € ††104/490 € – **Rest** – Menu 29 € (dîner) – Carte 24/44 €
◆ L'architecture et la déco intérieure de cet hôtel récent font référence à l'univers des châteaux. Chambres élégantes et spacieuses, jolie piscine et jardin soigné. Des buffets à thème (asiatique, italien, oriental, etc.) vous attendent à l'heure des repas.

à Serris – 2 320 h. – alt. 129 m – ⊠ 77700

🏨 L'Élysée Val d'Europe   🕿 🕼 & ch, 🗚 🖅 🛎 🐾 🛎

7 cours Danube, (face gare RER) –   **P** **VISA** **⦿⦿** **AE** **①**   **w**

⌚ 01 64 63 33 33 – info@hotelelysee.com – Fax 01 64 63 33 30

152 ch – ♦120/160 € ♦♦130/195 €, ⌚ 12 € – **Rest** – Menu (16 €), 21 € – Carte 22/34 €

♦ Belle architecture de style haussmannien dans un nouveau quartier. Élégant salon et jardin original coiffé d'une verrière façon Baltard. Chambres spacieuses et bien pensées. Brasserie au cadre actuel servant plats ad hoc et grillades ; formule rapide au bar.

MASSY – 91 Essonne – 312 C3 – 101 25 – 37 712 h. – alt. 78 m – ⊠ 91300   **20 B3**

🖸 Paris 19 – Arpajon 19 – Évry 20 – Palaiseau 4 – Rambouillet 45

🏨 Mercure   🕿 🕼 & 🗚 🖅 🐾 🛎 🖾 **VISA** **⦿⦿** **AE** **①**

21 av. Carnot, (gare T.G.V) – ⌚ 01 69 32 80 20 – h1176@accor-hotels.com
– Fax 01 69 32 80 25

116 ch – ♦140/155 € ♦♦150/165 €, ⌚ 13 € – **Rest** – *(fermé août, vacances de Noël, vend. soir, sam. et dim.)* Carte environ 29 €

♦ Situation idéale entre gares TGV et RER pour cet hôtel contemporain. Chambres fonctionnelles (30 ont été rajeunies) bien insonorisées et toutes dotées de salles d'eau neuves. Restaurant au cadre moderne ; cuisine traditionnelle de saison.

MAUREPAS – 78 Yvelines – 311 H3 – 101 21 – 19 586 h. – alt. 165 m –
⊠ 78310   **18 B2**

🖸 Paris 40 – Houdan 29 – Palaiseau 35 – Rambouillet 17 – Versailles 21

◉ France Miniature★ NE : 3km, 🛱 Île de France.

🏨 Mercure   🕿 🕼 🗚 🖅 🐾 🛎 **P** **VISA** **⦿⦿** **AE** **①**

1 Rocade de Camargue, (RN 10) – ⌚ 01 30 51 57 27 – h0378@accor.com
– Fax 01 30 66 70 14

91 ch – ♦71/155 € ♦♦76/170 €, ⌚ 13 € – **Rest** – *(fermé 9-24 août, vend. soir, sam. et dim.)* Carte 21/31 €

♦ La petite route qui part de la N 10 vous conduira jusqu'à cet hôtel dont les chambres, spacieuses et bien insonorisées, sont peu à peu rénovées. Le restaurant fonctionne sur le mode "bar à vins" : plats et tapas annoncés sur ardoise, vin au verre.

LE MESNIL-AMELOT – 77 Seine-et-Marne – 312 E1 – 101 9 – 565 h. – alt. 80 m –
⊠ 77990   **19 C1**

🖸 Paris 34 – Bobigny 25 – Goussainville 15 – Meaux 28 – Melun 67

🏨🏨 Radisson SAS   🕿 🕿 🔲 🎣 🛎 🕼 & ch, 🗚 🖅 🛎 🐾 🛎 **P**   🐾 **VISA** **⦿⦿** **AE** **①**

r. de la Chapelle – ⌚ 01 60 03 63 00
– radisson.sas@hotels-res.com – Fax 01 60 03 74 40

240 ch – ♦115/300 € ♦♦115/300 €, ⌚ 18 € – **Rest** – Menu 25 € (déj.)/59 €
– Carte 21/57 €

♦ Escale pratique à proximité de l'aéroport de Roissy : nombreux équipements de loisirs et de séminaires, vaste hall, salon-bar et chambres actuelles. Ambiance animée dans la grande brasserie au décor moderne ; les entrées y sont servies sous forme de buffets.

MEUDON – 92 Hauts-de-Seine – 311 J3 – 101 24 – 43 663 h. – alt. 100 m – ⊠ 92190
🛱 Île de France   **20 B2**

🖸 Paris 11 – Boulogne-Billancourt 4 – Clamart 4 – Nanterre 12 – Versailles 10

◉ Terrasse★ : ※※★ – Forêt de Meudon★.

🍴🍴 L'Escarbille (Régis Douysset)   🕿 ⇔ **VISA** **⦿⦿**
⌚ *8 r. Vélizy* – ⌚ 01 45 34 12 03 – contact@lescarbille.fr – Fax 01 46 89 04 75
– *Fermé 18 août-1ᵉʳ sept., 22 déc.-2 janv., 16-28 fév., sam. midi, dim. soir et lundi*
Rest – Menu 42/49 €

Spéc. Potage vichyssoise, truffes d'été en rémoulade (mai à août). Pigeon en crapaudine, jus lié au foie gras. Turbot rôti, crème légère à la citronnelle.

♦ Cette adresse jouxtant la gare mise sur une cuisine dans l'air du temps, respectueuse de la tradition et des produits. Nouveau décor épuré avec des touches colorées (tableaux).

⭐ **Mercure Ermitage de Villebon** ☎ 🏥 ⅄ ch, 🆎 ch, ⌧ 🏌

rte Col. Moraine – 𝒞 01 46 01 46 86 🅿 🅿 VISA ⓜ AE
– *mercure.meudon@wanadoo.fr* – Fax 01 46 01 46 99 – *Fermé 11-17 août*
65 ch – ♦125 € ♦♦133 €, ⌧ 12 € – **Rest** – Carte environ 39 €
♦ À l'orée de la forêt de Meudon et au bord de la voie rapide, hôtel bien insonorisé dont les chambres sont décorées dans un esprit Directoire. Salles à manger rajeunies dans une maison de la fin du 19ᵉ s. et plaisante terrasse entourée d'un rideau de verdure.

MONTMORENCY 👁 – **95** Val-d'Oise – **305** E7 – **101** 5 – **20 599 h.** – alt. 82 m –
✉ **95160** ⏸ Île de France   18 **B1**

🚗 Paris 19 – Enghien-les-Bains 4 – Pontoise 24 – St-Denis 9
🛈 Office de tourisme, 1, avenue Foch 𝒞 01 39 64 42 94
◉ Collégiale St-Martin★.
🏰 Château d'Écouen★★ : musée de la Renaissance★★ (tenture de David et de Bethsabée★★★).

✕✕ **Au Cœur de la Forêt**   ⌧ ☎ 🅿 VISA ⓜ ①

av. Repos de Diane, et accès par chemin forestier – 𝒞 01 39 64 99 19
– *Fax 01 34 28 17 52* – *Fermé août, 15-25 fév., jeudi soir, dim. soir et lundi*
Rest – Menu 43 €
♦ Intérieur chaleureux : deux salles rustiques, dont une grande avec poutres au plafond et cheminée. Terrasse d'été ombragée. Carte traditionnelle simple rythmée par les saisons.

MONTREUIL – **93** Seine-Saint-Denis – **311** K2 – **101** 17 – **90 674 h.** – alt. 70 m –
✉ **93100** ⏸ Île de France   21 **C2**

🚗 Paris 11 – Bobigny 10 – Boulogne-Billancourt 18 – Argenteuil 28
– Saint-Denis 15
🛈 Office de tourisme, 1, rue Kléber 𝒞 01 41 58 14 09, Fax 01 41 58 14 13

✕✕ **Villa9Trois**   ⌧ ☎ ⅄ ✿ 🅿 VISA ⓜ AE ①

28 r. Colbert – 𝒞 01 48 58 17 37 – *villa9trois@clubinternet.fr* – *Fermé dim. soir*
Rest – Menu 35/40 € – Carte 41/55 €
♦ Havre de verdure en pleine banlieue, cette villa à l'intérieur design vous reçoit pour un repas chic et décontracté, bien dans l'air du temps. Grande terrasse dans le jardin.

MONTROUGE – **92** Hauts-de-Seine – **311** J3 – **101** 25 – **37 733 h.** – alt. 75 m –
✉ **92120**   20 **B2**

🚗 Paris 5 – Boulogne-Billancourt 8 – Longjumeau 18 – Nanterre 16
– Versailles 16

⭐ **Mercure**   🏥 ⅄ ch, 🆎 ⅄ ⌧ 🏌 🅿 VISA ⓜ AE ①

13 r. F.-Ory – 𝒞 01 58 07 11 11 – *h0374@accor.com* – Fax 01 58 07 11 21
181 ch – ♦120/165 € ♦♦130/175 €, ⌧ 14 € – 7 suites – **Rest** – *(fermé sam. et dim.)* Menu (18 €), 25 € – Carte 26/35 €
♦ En léger retrait du périphérique, vaste construction abritant des chambres fonctionnelles rénovées, climatisées et bien insonorisées. Salle à manger actuelle égayée de lithographies sur le thème des légumes (clin d'œil au passé maraîcher de Montrouge).

MORANGIS – **91** Essonne – **312** D3 – **101** 35 – **10 611 h.** – alt. 85 m –
✉ **91420**   21 **C3**

🚗 Paris 21 – Évry 14 – Longjumeau 5 – Versailles 23

✕✕✕ **Sabayon**   🆎 ✿ VISA ⓜ AE

15 r. Lavoisier – 𝒞 01 69 09 43 80 – *von-moos.claude@wanadoo.fr*
– *Fax 01 64 48 27 28* – *Fermé 1ᵉʳ-29 août, lundi soir, mardi soir, merc. soir, sam. midi et dim.*
Rest – Menu 30 € (déj.), 43/80 €
♦ Ce restaurant est un rayon de soleil dans une ZI un peu grise : murs ocre, plafonds laqués jaune, toiles contemporaines et plantes vertes. Cuisine dans l'air du temps.

NANTERRE Ⓟ – 92 Hauts-de-Seine – 311 J2 – 101 14 – 84 281 h. – alt. 35 m –
✉ 92000   20 **B1**

> ▶ Paris 13 – Beauvais 81 – Rouen 124 – Versailles 15
>
> 🖪 Syndicat d'initiative, 4, rue du Marché ℘ 01 47 21 58 02, Fax 01 47 25 99 02

Mercure La Défense Parc 🕼 🕹 ch, Ⓐ 🏊 ✤ 🛎 ⇔ 🗺 𝚅𝙸𝚂𝙰 Ⓜ Ⓐ Ⓘ
r. des 3 Fontanot – ℘ 01 46 69 68 00 – h1982@accor.com – Fax 01 47 25 46 24
160 ch – 🛏190/235 € 🛏🛏205/250 €, ⊂ 20 € – **Rest** – (fermé 18 juil.-21 août,
25 déc.-2 janv., dim. midi, vend. soir et sam.) Menu 30/45 € bc – Carte 32/41 €
♦ Immeuble moderne et son annexe situés à côté du parc André Malraux. Meubles design,
équipement complet : demandez une chambre rénovée. Cuisine du monde à déguster
dans une chaleureuse et confortable salle à manger dotée d'une ligne de mobilier contemporain.

Quality Inn 🕼 🕹 ch, Ⓐ 🏊 ✤ 🛠 rest, 🛎 🕌 ⇔ 🗺 𝚅𝙸𝚂𝙰 Ⓜ Ⓐ Ⓘ
2 av. B. Frachon – ℘ 01 46 95 08 08 – shgl@wanadoo.fr – Fax 01 46 95 01 24
85 ch – 🛏138/250 € 🛏🛏158/250 €, ⊂ 15 € – **Rest** – (fermé 1er-24 août,
25 déc.-4 janv., vend. soir, sam. et dim.) Menu (22 €), 28 € – Carte 29/54 €
♦ Construction de 1992 dont les chambres, plus ou moins spacieuses, sont joliment
meublées et bénéficient d'un double vitrage. Chaleureuse et lumineuse salle de restaurant
d'esprit colonial. Chaises cannées, tables rondes et cuisine traditionnelle.

NEUILLY-SUR-SEINE – 92 Hauts-de-Seine – 311 J2 – 101 15 – 59 848 h. – alt. 34 m –
✉ 92200 ▌ Île de France   20 **B1**

> ▶ Paris 9 – Argenteuil 10 – Nanterre 6 – Pontoise 29 – St-Germain-en-Laye 18
> – Versailles 17

Courtyard by Marriott 🏡 🕼 🕹 ch, Ⓐ ✤ 🛎 ⇔ 🗺 𝚅𝙸𝚂𝙰 Ⓜ Ⓐ Ⓘ
58 bd V. Hugo – ℘ 01 55 63 64 65 – cy.parcy.dosm@courtyard.com
– Fax 01 55 63 64 66
175 ch – 🛏179/239 € 🛏🛏179/239 €, ⊂ 19 € – 69 suites – **Rest** – Menu 25 €
(sem.)/34 € – Carte 29/62 €
♦ Près de l'hôpital américain, cet immeuble des années 1970 répond aux exigences du
confort moderne dans un cadre verdoyant. Belles chambres, salons et bar cosy, terrasses.
Restaurant façon bistrot, luxueux et convivial ; cuisine de brasserie et repas à thèmes.

Paris Neuilly sans rest 🕼 🕹 Ⓐ ✤ 🛎 𝚅𝙸𝚂𝙰 Ⓜ Ⓐ Ⓘ
1 av. Madrid – ℘ 01 47 47 14 67 – h0883@accor.com – Fax 01 47 47 97 42
74 ch – 🛏230/245 € 🛏🛏240/255 €, ⊂ 16 € – 6 suites
♦ Hôtel aux chambres diversement décorées. Petits-déjeuners servis dans le patio couvert
orné d'une fresque représentant le château de Madrid bâti par François 1er en 1528.

Jardin de Neuilly sans rest ⊗ 🖨 🕼 Ⓐ 🛠 ✤ 🛎 𝚅𝙸𝚂𝙰
5 r. P. Déroulède – ℘ 01 46 24 22 77 – hotel.jardin.de.neuilly@wanadoo.fr
– Fax 01 46 37 14 60
29 ch – 🛏150/355 € 🛏🛏150/355 €, ⊂ 16 €
♦ Hôtel particulier du 19e s. à 300 m de la Porte Maillot. Chambres personnalisées et
rénovées. Certaines donnent côté jardin : la campagne aux portes de Paris !

De la Jatte sans rest 🕼 🕹 Ⓐ ✤ 🛎 𝚅𝙸𝚂𝙰 Ⓜ Ⓐ Ⓘ
4 bd Parc – ℘ 01 46 24 32 62 – hoteldelajatte@wanadoo.fr – Fax 01 46 40 77 31
69 ch – 🛏95/143 € 🛏🛏95/168 €, ⊂ 12 € – 2 suites
♦ Sur l'île de la Jatte, autrefois plébiscitée par les peintres, aujourd'hui lieu de résidence
branché. Décor design (couleurs tendance, bois sombre), plaisante véranda.

Neuilly Park Hôtel sans rest 🕼 🛎 𝚅𝙸𝚂𝙰 Ⓜ Ⓐ Ⓘ
23 r. M. Michelis – ℘ 01 46 40 11 15 – hotel@neuillypark.com – Fax 01 46 40 14 78
30 ch – 🛏145/165 € 🛏🛏155/175 €, ⊂ 11 €
♦ Cet hôtel du quartier des Sablons a achevé sa rénovation : meubles de style Art nouveau
et tissus tendus personnalisent les menues chambres. Accueil charmant.

Foc Ly Ⓐ 𝚅𝙸𝚂𝙰 Ⓜ Ⓐ
79 av. Ch. de Gaulle – ℘ 01 46 24 43 36 – Fax 01 46 24 70 58 – Fermé 3-24 août
Rest – Menu 18/21 € – Carte 31/67 €
♦ Deux lions encadrent l'entrée de ce restaurant qui déploie en façade sa "terrasse-
pagode". Intérieur repensé dans un esprit contemporain. Cuisines thaï et chinoise.

XX **La Truffe Noire** (Patrice Hardy)　　　　　　　　　　*VISA* 🅜🅞 🄰🄴

2 pl. Parmentier – ☏ *01 46 24 94 14* – *patchef.hardy@wanadoo.fr*
– *Fax 01 46 24 94 60* – *Fermé 1er-12 mai, 1er-24 août, sam. et dim.*
Rest – Menu 38/130 € – Carte 61/138 €
Spéc. Langoustines sous le grill, jus réduit, mousseux ananas-vanille. Dos de
Saint-Pierre cuit en coque d'argile, masqué de truffe (déc. à mai). Lièvre à la royale
(oct. à déc.).
◆ Cette jolie maison récemment rénovée célèbre le "diamant noir" mais aussi – en
hommage à Parmentier qui fit aux "Sablons" ses premiers essais de culture – la pomme de
terre.

XX **Jarrasse L'Écailler de Paris**　　　　　　🄰🄲 ⇔ *VISA* 🅜🅞 🄰🄴 🅞

4 av. de Madrid – ☏ *01 46 24 07 56* – *Fax 01 40 88 35 60*
Rest – *(prévenir)* Menu 38 € – Carte 43/87 €
◆ Salles entièrement refaites dans un style contemporain : matériaux modernes et tons
pastel procurent une atmosphère reposante. Cuisine de produits de la mer, banc d'écailler.

X **Les Feuilles Libres**　　　　　　🎄 🄰🄲 ⇔ 🛏 *VISA* 🅜🅞 🄰🄴

34 r. Perronet – ☏ *01 46 24 41 41* – *nathalie@laporterestaurants.com*
– *Fax 01 47 38 34 05* – *Fermé dim.*
Rest – Menu (28 €), 48 € – Carte 43/50 €
◆ Atmosphère de maison particulière dans ce restaurant au décor à la fois sobre et chic.
Salons cossus, caves à vin et à cigares. Cuisine au goût du jour.

X **Le Bistrot d'à Côté Neuilly**　　　　　　　🛏 *VISA* 🅜🅞 🄰🄴 🅞

4 r. Boutard – ☏ *01 47 45 34 55* – *bistrot@michelrostang.com*
– *Fax 01 47 45 15 08* – *Fermé 11-17 août, sam. midi et dim.*
Rest – Menu (30 €), 43 €
◆ Service décontracté, boiseries, collection de moulins à café, ardoises de suggestions du
jour et vin servi "à la ficelle" (on paie ce que l'on boit) : un "vrai-faux bistrot".

X **À la Coupole**　　　　　　　　　　*VISA* 🅜🅞 🄰🄴 🅞

3 r. Chartres – ☏ *01 46 24 82 90* – *pascalroudin@free.fr* – *Fermé août, sam.,*
dim. et fériés
Rest – Menu 35/45 € – Carte 30/52 €
◆ Des véhicules miniatures réalisés à Madagascar à partir de métal récupéré égayent la
sobre salle à manger de ce restaurant familial. Cuisine traditionnelle, huîtres en saison.

X **Aux Saveurs du Marché**　　　　　　🄰🄲 *VISA* 🅜🅞 🄰🄴 🅞

4 r. de l'Eglise – ☏ *01 47 45 72 11* – *auxsaveursdumarche@wanadoo.fr*
– *Fax 01 46 37 72 13* – *Fermé 2-25 août, 23-28 fév., sam. et dim.*
Rest – bistrot Carte 39/46 €
◆ Proche du marché, bistrot rétro avec banquettes en velours et original plafond fait de
bois et glaces. Plats canailles à lire sur ardoises. On est au coude à coude le midi.

X **Il Punto**　　　　　　　　　　　　　*VISA* 🅜🅞

2 r. Gén. H. Bertier – ☏ *01 46 24 21 06* – *Fax 01 47 47 46 71* – *Fermé 14 juil.-15 août,*
25 déc.-1er janv. et sam. midi
Rest – Carte 35/55 €
◆ Invitation au "giro" mais à celui de la cuisine italienne ! Décor soigné et confortable
pour une salle à manger partagée entre Venise et le sud de l'Italie.

NOGENT-SUR-MARNE 👁 – **94 Val-de-Marne** – **312** D2 – **101** 27 – **28 191 h.**
– **alt. 59 m** – ✉ **94130** ▌ Île de France　　　　　　　　　　　**21 D2**

　　🅳 Paris 14 – Créteil 10 – Montreuil 6 – Vincennes 6
　　🆔 Office de tourisme, 5, avenue de Joinville ☏ 01 48 73 73 97,
　　　Fax 01 48 73 75 90

🏨 **Mercure Nogentel**　🎄 🛗 🕭 ch, 🄰🄲 ch, 🗘 📞 🕭 🚳 *VISA* 🅜🅞 🄰🄴 🅞

8 r. du Port – ☏ *01 48 72 70 00* – *h1710@accor.com* – *Fax 01 48 72 86 19*
60 ch – †124/139 € ††140/155 €, ☑ 15 €
Rest *Le Canotier* – *(fermé 5-20 août et dim. soir)* Menu (34 €), 39 €
◆ Hôtel des bords de Marne proposant des chambres actuelles. L'esprit de Nogent flotte
encore sur la berge, le long de la promenade fleurie. La spacieuse salle à manger du
Canotier (décor marin) ouvre sur le port de plaisance ; table traditionnelle.

NOISY-LE-GRAND – 93 Seine-Saint-Denis – 305 G7 – 101 18 – 58 217 h. – alt. 82 m
– ⊠ 93160 ▌ Île de France   21 **D2**

▶ Paris 19 – Bobigny 17 – Lagny-sur-Marne 14 – Meaux 38

🖪 Syndicat d'initiative, 167, rue Pierre Brossolette 𝒞 01 43 04 51 55,
Fax 01 43 03 79 48

Mercure   🖪 |≋| & 🖾 ⇘ 🕻 🖄 🄿 ⌂ *VISA* ⓪ 🄐 ⓪
2 bd Levant – 𝒞 01 45 92 47 47 – h1984@accor.com – Fax 01 45 92 47 10
192 ch – ♦106/119 € ♦♦113/125 €, ⌁ 12 € – **Rest** – *(fermé vend. soir, sam., dim.
et fériés)* Carte 23/31 €
♦ Immeuble moderne dont la façade vitrée permet de suivre le ballet des ascenseurs
panoramiques. Chambres spacieuses et fonctionnelles. Restaurant-brasserie avec un pan
de mur constellé d'étoiles multicolores. Terrasse dans la cour intérieure.

Novotel Atria   📶 🗔 |≋| & 🖾 ⇘ ⨯ rest, 🕻 🖄 🄿 ⌂ *VISA* ⓪ 🄐 ⓪
2 allée Bienvenue-quartier Horizon – 𝒞 01 48 15 60 60 – h1536@accor.com
– Fax 01 43 04 78 83
144 ch – ♦91/159 € ♦♦101/169 €, ⌁ 13,50 € – **Rest** – Menu 20/25 € – Carte
22/39 €
♦ Bâtiment contemporain dans un quartier d'affaires. Si le bar est de la dernière génération,
les chambres, bien équipées, demeurent classiques. Spacieuse salle à manger où l'on sert
la carte "Lenôtre". Jardin avec aire de jeux pour enfants.

🍴🍴 **L'Amphitryon**   📶 & 🖾 *VISA* ⓪ 🄐
56 av. A. Briand – 𝒞 01 43 04 68 00 – Fax 01 43 04 68 10 – Fermé 5-26 août,
vacances de fév., sam. midi et dim. soir
Rest – Menu 26 € (sem.)/41 € – Carte 46/54 €
♦ Murs couleur melon et vaisselle chamarrée donnent le ton de cette élégante salle de
restaurant. La cuisine, traditionnelle, est servie rapidement et avec le sourire.

ORGEVAL – 78 Yvelines – 311 H2 – 101 11 – 4 801 h. – alt. 100 m –
⊠ 78630   18 **B1**

▶ Paris 32 – Mantes-la-Jolie 28 – Pontoise 22 – St-Germain-en-Laye 11
– Versailles 22

🖫 de Villennes à Villennes-sur-Seine Route d'Orgeval, N : 2 km,
𝒞 01 39 08 18 18.

Moulin d'Orgeval 🅢   ⟠ 📶 🗔 🖾 🕻 🖄 🄿 *VISA* ⓪ 🄐 ⓪
r. de l'Abbaye, Sud : 1,5 km – 𝒞 01 39 75 85 74 – contact@moulindorgeval.com
– Fax 01 39 75 48 52
14 ch – ♦130 € ♦♦150 €, ⌁ 15 € – **Rest** – *(fermé 20 déc.-4 janv. et dim. soir)*
Menu (36 €), 46/68 € – Carte 43/65 €
♦ Calme et détente dans ce vieux moulin entouré d'un parc arboré (5 ha) baigné
par un étang. Chambres personnalisées, parfois meublées d'ancien ; bar de style
anglais. Salle de restaurant rustique et agréable terrasse au bord de l'eau ; recettes
classiques.

ORLY (AÉROPORTS DE PARIS) – 91 Essonne – 312 D3 – 101 26 – 21 646 h.
– alt. 89 m – ⊠ 94390   21 **C3**

▶ Paris 16 – Corbeil-Essonnes 24 – Créteil 14 – Longjumeau 15
– Villeneuve-St-Georges 9

🖪 Aérogare Sud 𝒞 03 36 68 15 15

Hilton Orly   🖪 |≋| & 🖾 ⇘ 🕻 🖄 🄿 *VISA* ⓪ 🄐 ⓪
près de l'aérogare, Orly Sud ⊠ 94544 – 𝒞 01 45 12 45 12 – rm.orly@hilton.com
– Fax 01 45 12 45 00
351 ch – ♦130/215 € ♦♦130/230 €, ⌁ 19 € – **Rest** – brasserie Menu 35 € (sem.)
– Carte 22/56 €
♦ Dans cet hôtel des années 1960 : intérieur design, chambres sobres et élégantes, équipements de pointe pour les réunions et services liés au standing de la clientèle d'affaires. Cadre
actuel au restaurant (une salle totalement relookée), cuisine traditionnelle.

Mercure 🏨 ఈ 🗚 ⇔ ⅍ rest, ⌧ 🕸 P VISA ⓜ AE ⓞ

aérogare ⊠ 94547 – ℰ 01 49 75 15 50 – h1246@accor.com – *Fax 01 49 75 15 51*
192 ch – ♦79/215 € ♦♦89/225 €, ⊑ 13,50 € – **Rest** – Menu (20 €), 25 € – Carte
environ 32 €

◆ Ce Mercure s'avère être une adresse très pratique entre deux vols : accueil souriant, cadre
agréable (îlot de verdure), et surtout, chambres soignées, peu à peu rénovées. Restauration
de bar ou cuisine plus traditionnelle adaptées aux horaires des voyageurs en transit.

à Orly-ville – 20 470 h. – alt. 71 m – ⊠ 94310

Kyriad Air Plus 🕸 🏨 🗚 ⇔ ⅍ rest, ⌧ P VISA ⓜ AE

58 voie Nouvelle – ℰ 01 41 80 75 75 – airplus@club-internet.fr – *Fax 01 41 80 12 12*
72 ch – ♦68/78 € ♦♦68/78 €, ⊑ 8,50 € – **Rest** – *(fermé août)* Carte 22/32 €

◆ C'est ici que loge le personnel des compagnies aériennes. Ambiance aéronautique au
pub anglais ; les adeptes du jogging foulent les allées du parc Méliès. Une cuisine classique
vous attend dans un décor dédié à l'avion.

voir aussi à **Rungis**

OZOIR-LA-FERRIÈRE – 77 Seine-et-Marne – 312 F3 – 106 33 – 101 30 – 20 707 h.
– alt. 110 m – ⊠ 77330   19 **C2**

🄳 Paris 34 – Coulommiers 42 – Lagny-sur-Marne 22 – Melun 29 – Sézanne 84
🄸 Syndicat d'initiative, 43, avenue du Général-de-Gaulle ℰ 01 64 40 10 20

La Gueulardière 🕸 ఈ ⇔ P VISA ⓜ AE ⓞ

66 av. Gén. de Gaulle – ℰ 01 60 02 94 56 – auberge@la-gueulardiere.com
– *Fax 01 60 02 98 51* – *Fermé 18 août-3 sept. et dim. soir*
Rest – Menu (28 €), 38/48 € – Carte 48/94 €

◆ Cette auberge du centre-ville sert une cuisine classique dans deux élégantes salles à
manger ou sur la terrasse d'été, dressée sous une pergola.

LE PERREUX-SUR-MARNE – 94 Val-de-Marne – 312 E2 – 101 18 – 30 080 h.
– alt. 50 m – ⊠ 94170   21 **D2**

🄳 Paris 16 – Créteil 12 – Lagny-sur-Marne 23 – Villemomble 6 – Vincennes 7
🄸 Office de tourisme, 75, avenue Ledru Rollin ℰ 01 43 24 26 58

Les Magnolias (Jean Chauvel) 🗚 VISA ⓜ AE ⓞ
❀
48 av. de Bry – ℰ 01 48 72 47 43 – contact@lesmagnolias.com
– *Fax 01 48 72 22 28* – *Fermé août, 1ᵉʳ-7 janv., sam. midi, dim. et lundi*
Rest – Menu (39 €), 55/90 € ✥

Spéc. Sortie risquée d'escargots en croquettes. Lotte de nos côtes cuite entière sur
océan vert de petit pois. Volcan éteint d'une pêche au cassis.
◆ Une invitation à la découverte d'une cuisine inventive et ludique dans un cadre élégant
(boiseries blondes) et lumineux, égayé de tableaux contemporains et de fauteuils amusants.

Les Lauriers 🕸 VISA ⓜ AE ⓞ

5 av. Neuilly-Plaisance – ℰ 01 48 72 45 75 – garnierisabel@hotmail.com
– *Fax 01 48 72 45 75* – *Fermé août, 23 déc.-1ᵉʳ janv., merc. soir, sam. midi, dim. soir
et lundi*
Rest – Menu (26 €), 35 € bc – Carte 56/94 €

◆ Ce restaurant occupe un pavillon dans un quartier résidentiel. La salle regorge de
tableaux, gravures et dessins et les tables sont joliment dressées ; cuisine traditionnelle.

POISSY – 78 Yvelines – 311 I2 – 101 12 – 35 841 h. – alt. 27 m – ⊠ 78300 🛇 Île de France

🄳 Paris 32 – Mantes-la-Jolie 29 – Pontoise 16 – St-Germain-en-Laye 6   18 **B1**
🄸 Office de tourisme, 132, rue du Général-de-Gaulle ℰ 01 30 74 60 65,
Fax 01 39 65 07 00
🄼 Bethemont Chisan Country Club 12 rue du Parc de Béthemont, par rte
d'Orgeval : 5 km, ℰ 01 39 08 13 70 ;
🄼 de Villennes à Villennes-sur-Seine Route d'Orgeval, par rte de Vernouillet :
6 km, ℰ 01 39 08 18 18 ;
🄼 de Feucherolles à Feucherolles Sainte Gemme, par rte de Plaisir : 13 km,
ℰ 01 30 54 94 94.
◎ Collégiale Notre-Dame★ - Villa Savoye★.

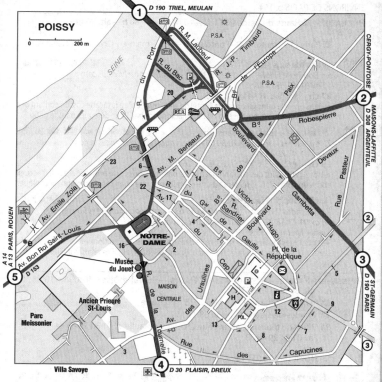

POISSY

0   200 m

SEINE

NOTRE-DAME

Musée du Jouet

Ancien Prieuré St-Louis

Parc Meissonier

MAISON CENTRALE

Pl. de la République

Villa Savoye

D 190 *TRIEL, MEULAN*
D 30 *PLAISIR, DREUX*
D 308 *ARGENTEUIL*
CERGY-PONTOISE
MAISONS-LAFFITTE
ST-GERMAIN D 190 *PARIS*
A 14 *PARIS, ROUEN*
A 13 *PARIS, ROUEN* D 153

XX   **Bon Vivant**   ≼ 🚗 **VISA** **◑◉** **AE**

30 av. É. Zola – ℰ 01 39 65 02 14 – Fax 01 39 65 28 05 – Fermé vacances de printemps, 1ᵉʳ-21 août, 25 déc.-1ᵉʳ janv., dim. soir et lundi   **e**

Rest – Menu 37/65 € bc – Carte 49/77 €

♦ De la guinguette 1900, ce restaurant a conservé l'ambiance conviviale et la terrasse en bord de Seine. Cadre rustique et carte traditionnelle privilégiant le poisson.

LE PRÉ ST-GERVAIS – 93 Seine-Saint-Denis – 305 F7 – 101 16 – **16 377 h.** – alt. 82 m – ⊠ 93310   21 **C1**

▶ Paris 8 – Bobigny 6 – Lagny-sur-Marne 33 – Meaux 38 – Senlis 47

X   **Au Pouilly Reuilly**   **AC** **VISA** **◑◉** **AE**

68 r. A. Joineau – ℰ 01 48 45 14 59 – Fermé sam. midi et dim.

Rest – Menu 29 € – Carte 35/70 €

♦ Décor de bistrot au charme rétro d'avant-guerre, joyeuse ambiance et cuisine roborative, où les abats sont à l'honneur. Le rendez-vous du Tout-Paris.

Rouge = agréable. Repérez les symboles X et 🏠 passés en rouge.

PUTEAUX – 92 Hauts-de-Seine – 311 J2 – 101 14 – 40 780 h. – alt. 36 m –
⊠ 92800
20 **B1**

> ▶ Paris 11 – Nanterre 4 – Pontoise 30 – St-Germain-en-Laye 17 – Versailles 15

AA   **Vivaldi** sans rest   📶 🅰️ 📞 VISA ⓌⓄ 🅰️🅴

5 r. Roque de Fillol – 🖉 *01 47 76 36 01* – *vivaldi@hotelvivaldi.com*
– Fax 01 47 76 11 45
27 ch – †129 € ††144 €, � 9 €
◆ Dans une rue tranquille près de l'hôtel de ville, immeuble à la façade cossue abritant des chambres rénovées, équipées d'un mobilier fonctionnel. Petit-déjeuner dans le patio.

AA   **Princesse Isabelle** sans rest   📶 🅰️ 🛁 📞 🚗 VISA ⓌⓄ 🅰️🅴 ⓪

72 r. J. Jaurès – 🖉 *01 47 78 80 06* – *reservation@hotelprincesse.com*
– Fax 01 47 75 25 20
29 ch – †65/125 € ††75/265 €, � 16 €
◆ Hôtel proposant des chambres actuelles, parfois habillées de boiseries. Le hall d'accueil abrite un coin salon agrémenté d'une cheminée et un bar animé d'un piano mécanique.

XX   **La Table d'Alexandre**   🅰️ VISA ⓌⓄ 🅰️🅴
😊   *7 bd Richard Wallace* – 🖉 *01 45 06 33 63* – *latabledalexandre@9business.fr*
– Fax 01 41 38 27 42 – *Fermé 2-24 août, sam., dim. et fériés*
Rest – Menu 26/35 €
◆ À quelques foulées de la sportive île de Puteaux, cuisine traditionnelle actualisée servie dans un cadre sympathique : tons ocre, éclairage étudié et jolies chaises paillées.

ROISSY-EN-FRANCE (AÉROPORTS DE PARIS) – 95 Val-d'Oise – 305 G6 – 101 8
– 2 367 h. – alt. 85 m – ⊠ 95700
19 **C1**

> ▶ Paris 26 – Chantilly 28 – Meaux 38 – Pontoise 39 – Senlis 28

> ✈ Charles-de-Gaulle 🖉 03 36 68 15 15.

> 🛈 Office de tourisme, 40, avenue Charles-de-Gaulle 🖉 01 34 29 43 14,
> Fax 01 34 29 43 33

Z. I. Paris Nord II – ⊠ 95912

AAAA   **Hyatt Regency**   🔲 🛁 ✳️ 📶 🚇 ch, 🅰️ 🛁 ✳️ ch, 📞 🎿

351 av. Bois de la Pie – 🖉 *01 48 17 12 34* – *cdg@*   **P** VISA ⓌⓄ 🅰️🅴 ⓪
hyattintl.com – *Fax 01 48 17 17 17*
376 ch – †550/725 € ††550/725 €, � 27 € – 12 suites – **Rest** – buffet le midi
Menu 46 € – Carte 52/72 €
◆ Architecture contemporaine idéalement située près de l'aéroport. Grandes chambres feutrées aux équipements ultramodernes à l'attention d'une clientèle d'affaires. Buffets ou carte classique au restaurant, coiffé d'une verrière.

à l'aérogare n° 2

AAAA   **Sheraton** 🐦   ≼ 🌳 🛁 📶 🚇 ch, 🅰️ 🛁 📞 🎿 **P** VISA ⓌⓄ ⓪

– 🖉 01 49 19 70 70 – Fax 01 49 19 70 71
254 ch – †199/599 € ††199/999 €, � 30 €
Rest *Les Étoiles* – 🖉 *01 41 84 64 54 (fermé 28 juil.-31 août, sam., dim. et fériés)*
Menu 57 € – Carte 67/86 €
Rest *Les Saisons* – Menu 43/49 €
◆ Descendez de l'avion ou du TGV et montez dans ce "paquebot" à l'architecture futuriste. Décor d'Andrée Putman, vue sur le tarmac, calme absolu et chambres raffinées. Carte au goût du jour et beau cadre contemporain aux Étoiles. Plats de brasserie aux Saisons.

à Roissypole

AAAA   **Hilton**   🔲 🛁 📶 🚇 🅰️ 🛁 📞 🎿 🚗 VISA ⓌⓄ 🅰️🅴 ⓪

– 🖉 01 49 19 77 77 – cdghitwsal@hilton.com – Fax 01 49 19 77 78
385 ch – †159/759 € ††159/1059 €, � 24 €
Rest *Les Aviateurs* – 🖉 *01 49 19 77 95* – Menu 37/47 € – Carte 31/65 €
◆ Architecture audacieuse, espace et lumière caractérisent cet hôtel. Ses équipements de pointe en font un lieu propice au travail comme à la détente. Carte de brasserie aux Aviateurs.

Pullman ⬛ 🛗 🍽 📶 & ch, 🅰 ↯ 🛎 🐾 📧 🅿 **VISA** **MO** **AE** ①
Zone centrale Ouest – ℰ *01 49 19 29 29 – h0577@accor.com – Fax 01 49 19 29 00*
342 ch – ♦290/345 € ♦♦320/375 €, ⊑ 25 € – 8 suites
Rest *L'Escale* – Menu 31/45 € – Carte 30/72 €
♦ Accueil personnalisé, atmosphère feutrée, salles de séminaires, bar élégant et chambres soignées sont les atouts de cet hôtel bâti entre les deux aérogares. Restaurant au cadre nautique et cuisine de la mer : une plaisante "escale" entièrement vouée à Neptune.

à Roissy-Ville

Courtyard by Marriott 🛗 📶 & 🅰 ↯ 🍽 🛎 🐾 🅿
allée du Verger – ℰ *01 34 38 53 53* 🚗 **VISA** **MO** **AE** ①
– alexander.krips@courtyard.com – Fax 01 34 38 53 54
300 ch – ♦169/259 € ♦♦169/259 €, ⊑ 22 € – 4 suites – **Rest** – Menu (27 €), 35 €
– Carte 33/58 €
♦ Derrière sa façade blanche à colonnades, cet établissement offre des équipements modernes parfaitement adaptés à une clientèle d'affaires transitant par Paris. Carte brasserie autour d'un thème, servie dans la vaste salle à manger au décor soigné.

Millennium 🛗 ⬛ 📶 📧 & ch, 🅰 ↯ 🐾 🍽 🚗 **VISA** **MO** **AE** ①
allée du Verger – ℰ *01 34 29 33 33 – sales.cdg@mill-cop.com – Fax 01 34 29 03 05*
239 ch – ♦380 € ♦♦380/500 €, ⊑ 20 € – **Rest** – Menu (16 € bc), 40 € – Carte 28/46 €
♦ Bar, pub irlandais, fitness, belle piscine, salles de séminaires, chambres spacieuses et un étage spécialement aménagé pour la clientèle d'affaires : un hôtel bien équipé. Cuisine internationale et buffets à la brasserie, ou plats rapides servis côté bar.

Novotel Convention et Wellness ⬛ 🌐 📶 📧 & 🅰 ↯ 🛎 🐾 🅿
allée du Verger – ℰ *01 30 18 20 00* 🚗 **VISA** **MO** **AE** ①
– h5418@accor.com – Fax 01 34 29 95 60
288 ch – ♦99/290 € ♦♦99/290 €, ⊑ 18 € – 1 suite – **Rest** – Menu (19 €), 24/27 €
– Carte 28/44 €
♦ Le dernier né du parc hôtelier de Roissy offre des services performants : vaste espace séminaires avec régie intégrée, coin enfants et wellness center très complet. Au Novotel Café, une grande salle actuelle, cuisine de brasserie traditionnelle et assez légère.

Mercure 🚗 🛗 📧 & 🅰 ↯ 🐾 🅿 🅿 **VISA** **MO** **AE** ①
allée du Verger – ℰ *01 34 29 40 00 – h1245@accor.com – Fax 01 34 29 00 18*
203 ch – ♦89/210 € ♦♦99/250 €, ⊑ 14 € – **Rest** – Menu (18,50 €) – Carte
27/44 €
♦ Cet hôtel offre un décor soigné : cadre provençal dans le hall, zinc à l'ancienne au bar et spacieuses chambres habillées de bois clair. Plats actualisés évoluant selon les saisons à goûter dans une agréable salle à manger ou sur une terrasse dressée côté jardin.

ROSNY-SOUS-BOIS – 93 Seine-Saint-Denis – 305 F7 – 101 17 – **39 105 h.** – **alt. 80 m**
– ✉ 93110   21 **D2**
◨ Paris 14 – Bobigny 8 – Le Perreux-sur-Marne 5 – St-Denis 16
🅰 AS Golf de Rosny-sous-Bois 12 rue Raspail, ℰ 01 48 94 01 81.

Quality Hôtel 🛗 🛗 & ch, 🅰 ↯ 🐾 🅿 🚗 **VISA** **MO** **AE** ①
4 r. Rome – ℰ *01 48 94 33 08 – qualityhotel.rosny@wanadoo.fr*
– Fax 01 48 94 30 05
97 ch – ♦90/160 € ♦♦90/350 €, ⊑ 11,50 € – ½ P 80/95 €
Rest *Le Vieux Carré* – *(fermé août, 25 déc.-1ᵉʳ janv., vend. soir, sam., dim. et fériés)*
Menu 27/30 € – Carte 28/46 €
♦ Adossé au golf, hôtel dont l'architecture et la décoration intérieure s'inspirent de la Louisiane. Chambres spacieuses et confortables. L'enseigne et le mobilier du restaurant le Vieux Carré sont des clins d'œil à la Nouvelle-Orléans ; terrasse côté greens.

RUEIL-MALMAISON – 92 Hauts-de-Seine – 311 J2 – 101 14 – **73 469 h.** – **alt. 40 m** –
✉ 92500 🏛 Île de France   20 **A1**
◨ Paris 16 – Argenteuil 12 – Nanterre 3 – St-Germain-en-Laye 9 – Versailles 12
🅱 Office de tourisme, 160, avenue Paul Doumer ℰ 01 47 32 35 75
🅰 de Rueil-Malmaison 25 Boulevard Marcel Pourtout, ℰ 01 47 49 64 67.
◎ Château de Bois-Préau★ - Buffet d'orgues★ de l'église - Malmaison :
musée★★ du château.

Novotel Atria
21 av. Ed. Belin – ℰ *01 47 16 60 60 – h1609@accorhotel.com – Fax 01 47 51 09 29*
118 ch – †150/270 € ††150/270 €, ⌑ 15 € – **Rest** – Menu 29 € – Carte 21/45 €
♦ Immeuble moderne du quartier d'affaires Rueil 2000, à deux pas de la gare RER. Les chambres contemporaines bénéficient d'un bon équipement. Centre de conférences. Fitness. Au restaurant, cadre actuel et cuisine de type brasserie, soucieuse de votre équilibre.

Cardinal sans rest
1 pl. Richelieu – ℰ *01 47 08 20 20 – quality-hotel.cardinal@wanadoo.fr*
– Fax 01 47 08 35 84
64 ch – †155/280 € ††155/450 €, ⌑ 15 €
♦ Construction récente située à proximité des châteaux et des parcs. Chambres actuelles ou de style rustique, certaines avec mezzanine pour les familles. Salon-bar confortable.

Le Bonheur de Chine
6 allée A. Maillol, (face 35 av. J. Jaurès à Suresnes) – ℰ *01 47 49 88 88*
– bonheurdechine@wanadoo.fr – Fax 01 47 49 48 68 – Fermé lundi
Rest – Menu 23 € (déj. en sem.), 38/59 € – Carte 30/70 €
♦ Mobilier et autres éléments de décor en provenance d'Extrême-Orient composent le cadre authentique de ce restaurant où confluent toutes les saveurs de la cuisine chinoise.

RUNGIS – 94 Val-de-Marne – 312 D3 – 101 26 – **5 424 h.** – alt. 80 m –
✉ 94150   21 **C3**
◗ Paris 14 – Antony 5 – Corbeil-Essonnes 30 – Créteil 13 – Longjumeau 12

à Pondorly accès : de Paris, A6 et bretelle d'Orly ; de province, A6 et sortie Rungis – ✉ 94150 Rungis

Holiday Inn
4 av. Ch. Lindbergh – ℰ *01 49 78 42 00 – hiorly@alliance-hospitality.com*
– Fax 01 45 60 91 25
169 ch – †90/270 € ††90/270 €, ⌑ 19 € – **Rest** – *(fermé vacances scolaires, vend. soir, sam., dim. et fériés)* Menu (24 €), 29 € – Carte 29/58 €
♦ Au bord de l'autoroute, établissement de grand confort. Ses spacieuses chambres, bien insonorisées, offrent un équipement moderne et des teintes harmonieuses. Salle à manger actuelle rehaussée de discrètes touches Art déco ; plats traditionnels.

Novotel
Zone du Delta, 1 r. Pont des Halles – ℰ *01 45 12 44 12 – h1628@accor.com*
– Fax 01 45 12 44 13
181 ch – †79/179 € ††79/179 €, ⌑ 14 € – 5 suites – **Rest** – *(fermé dim. midi et sam.)* Menu 19/25 € – Carte 24/46 €
♦ Les confortables chambres de ce vaste bâtiment de verre affichent un décor contemporain et sont dotées d'un double vitrage. Piscine bordée d'une terrasse. La salle de restaurant, tout comme le Novotel Café, a opté pour un style design et coloré.

SACLAY – 91 Essonne – 312 C3 – 101 24 – **2 883 h.** – alt. 147 m – ✉ 91400   20 **A3**
◗ Paris 27 – Antony 14 – Chevreuse 13 – Montlhéry 16 – Versailles 12

Novotel
r. Charles Thomassin – ℰ *01 69 35 66 00 – h0392@accor.com*
– Fax 01 69 41 01 77
136 ch – †101/145 € ††101/145 €, ⌑ 13 € – **Rest** – Menu 28 € – Carte 22/41 €
♦ Cour pavée, maison bourgeoise du 19ᵉ s. et ancien corps de ferme : vous êtes au Novotel Saclay ! Chambres conformes aux standards de la chaîne, équipements sportifs complets. Agréable restaurant ouvert sur la piscine et le bois planté d'arbres centenaires.

ST-CLOUD – 92 Hauts-de-Seine – 311 J2 – 101 14 – **28 157 h.** – alt. 63 m – ✉ 92210
▌ Île de France   20 **B2**
◗ Paris 12 – Nanterre 7 – Rueil-Malmaison 6 – St-Germain 16 – Versailles 10
◙ du Paris Country Club 1 rue du Camp Canadien, (Hippodrome),
ℰ 01 47 71 39 22.
◙ Parc★★ (Grandes Eaux★★) - Église Stella Matutina★.

Villa Henri IV
🛗 📞 ♿ 🅿️ VISA 🆗 AE ①

43 bd République – ℰ *01 46 02 59 30 – reception @ villa-henri4.com*
– Fax 01 49 11 11 02
36 ch – †85/92 € ††98/106 €, ⊇ 8 €
Rest *Le Bourbon* – *(fermé 27 juil.-28 août, lundi midi, dim. soir et sam.)* Menu 35 €
– Carte 45/75 €

◆ Le charme de l'ancien dans cette villa clodoaldienne aux chambres garnies de meubles de style ; toutes sont bien insonorisées. Une atmosphère d'auberge provinciale cossue émane de ce restaurant dont l'enseigne fait référence au riche passé de St-Cloud.

Quorum
🛗 ♿ ch, 🆒 rest, 🅿️ 🕭 VISA 🆗 AE ①

2 bd République – ℰ *01 47 71 22 33 – hotel-quorum @ club-internet.fr*
– Fax 01 46 02 75 64
58 ch – †90/120 € ††100/180 €, ⊇ 10 € – **Rest** – *(fermé août, sam. et dim.)*
Carte 32/35 €

◆ Le beau parc de Saint-Cloud (450 ha) est à deux pas de cette bâtisse hôtelière récente où vous logerez dans de pimpantes chambres modernisées en 2007. Repas traditionnel dans une ample salle à manger de style contemporain, dotée de sièges violets.

Le Garde-Manger
VISA 🆗 ①

6 r. Dailly – ℰ *01 46 02 03 66 – restaurant @ legardemanger.com*
– Fax 01 46 02 11 55 – Fermé dim., lundi et fériés
Rest – Carte 29/37 €

◆ Provisoirement installé à 400 m de l'ancienne adresse, ce bistrot offre un accueil souriant, un service décontracté et une cuisine généreuse. Cadre épuré, ardoises, piments...

ST-DENIS ⊛ – 93 Seine-Saint-Denis – 305 F7 – 101 16 – 85 832 h. – alt. 33 m –
⊠ 93200 ▮ Île de France   21 **C1**

■ Paris 11 – Argenteuil 12 – Beauvais 70 – Bobigny 11 – Chantilly 31
 – Pontoise 27 – Senlis 44
🖪 Office de tourisme, 1, rue de la République ℰ 01 55 87 08 70,
 Fax 01 48 20 24 11
◎ Basilique★★★ - Stade de France★.

ST-GERMAIN-EN-LAYE ⊛ – 78 Yvelines – 311 I2 – 101 13 – 38 423 h. – alt. 78 m –
⊠ 78100 ▮ Île de France   20 **A1**

■ Paris 25 – Beauvais 81 – Dreux 66 – Mantes-la-Jolie 36 – Versailles 13
🖪 Office de tourisme, Maison Claude Debussy, 38, rue au Pain
 ℰ 01 34 51 05 12, Fax 01 34 51 36 01
🖫 de Joyenval à Chambourcy Chemin de la Tuilerie, par rte de Mantes : 6 km
 par D 160, ℰ 01 39 22 27 50.
◎ Terrasse★★ - Jardin anglais★ - Château★ : musée des Antiquités
 nationales★★ - Musée Maurice Denis★.

Plan page suivante

Pavillon Henri IV ⌛
⪡ 🏠 🛗 ⁒ rest, 📞 ♿ 🅿️ VISA 🆗 AE

21 r. Thiers – ℰ *01 39 10 15 15 – reservation @ pavillonhenri4.fr*
– Fax 01 39 73 93 73   BYZ **t**
42 ch – †125/140 € ††150/350 €, ⊇ 16 € – **Rest** – *(fermé 3-22 août, 20-29 déc.,*
sam. midi et dim. soir) Carte 58/90 €

◆ Achevée en 1604 sous l'impulsion d'Henri IV, cette demeure vit naître le futur roi Louis XIV. Atmosphère bourgeoise dans les salons et les chambres, joliment rafraîchis. La confortable salle à manger offre un superbe panorama sur la vallée de la Seine et Paris.

Ermitage des Loges
🚲 🏠 🛗 ⁒ rest, 📞 ♿ 🅿️ VISA 🆗 AE ①

11 av. Loges – ℰ *01 39 21 50 90 – hotel @ ermitagedesloges.com*
– Fax 01 39 21 50 91   AY **x**
56 ch – †98/131 € ††115/148 €, ⊇ 13 € – ½ P 92/108 € – **Rest** – *(fermé août)*
Menu 22 € bc (déj. en sem.), 33/52 € – Carte 40/53 €

◆ Hôtel situé à proximité du château de Saint-Germain. Chambres assez classiques dans l'aile principale, plus contemporaines à l'annexe et bénéficiant du calme du jardin. Le décor actuel et élégant de la salle de restaurant évoque l'épopée de l'aéronautique.

ST-GERMAIN-EN-LAYE

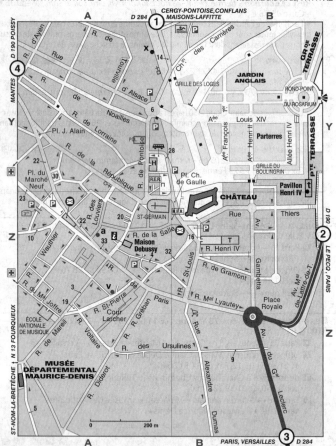

par ① et D 284 : 2,5 km – ✉ 78100 St-Germain-en-Laye

La Forestière
1 av. Prés. Kennedy – ℰ 01 39 10 38 38 – cazaudehore@relaischateaux.com
– Fax 01 39 73 73 88
25 ch – †160/175 € ††200/210 €, ☲ 20 € – 5 suites
Rest *Cazaudehore* – voir ci-après

♦ Séduisante maison entourée d'un jardin en lisière de forêt. Le choix des coloris et un mobilier de belle facture personnalisent les chambres, toutes cosy. Soirées jazz.

Cazaudehore – Hôtel La Forestière
1 av. Prés. Kennedy – ℰ 01 30 61 64 64 – cazaudehore@relaischateaux.com
– Fax 01 39 73 73 88 – Fermé dim. soir de nov. à avril et lundi
Rest – Menu 47 € (déj. en sem.)/59 € ♨

♦ Les Cazaudehore reçoivent en cette grande demeure depuis 1928. Élégante et chaleureuse salle à manger ; délicieuse terrasse ombragée par des acacias. Carte des vins étoffée.

St-Mandé – **94** Val-de-Marne – **312** D2 – **101** 27 – **19 697** h. – alt. 50 m – ✉ 94160   21 **C2**

❚ Paris 7 – Créteil 10 – Lagny-sur-Marne 29 – Maisons-Alfort 6 – Vincennes 2

XX   **L'Ambassade de Pékin**   ⓐⓒ ⓋⒾⓈⒶ ⓄⒸ ⒶⒺ
6 av. Joffre – ☏ 01 43 98 13 82 – Fax 01 43 28 31 93
Rest – Menu 13 € (déj. en sem.), 24/32 € – Carte 16/59 €
♦ Adresse appréciée pour l'originalité de sa cuisine vietnamienne et thaïlandaise, servie dans une salle revêtue de bois et ornée d'un aquarium à homards et poissons exotiques.

XX   **L'Ambre d'Or**   ⓐⓒ ⓋⒾⓈⒶ ⓄⒸ
44 av. du Gén. de Gaulle – ☏ 01 43 28 23 93 – Fax 01 43 28 23 93 – Fermé
27 avril-5 mai, 3 août-2 sept., 25 déc.-1er janv., dim. et lundi
Rest – Menu (25 €), 32 € – Carte 64/73 €
♦ Discret restaurant situé face à la mairie. La salle à manger associe avec goût poutres anciennes et mobilier contemporain. Carte au goût du jour sensible au rythme des saisons.

St-Maur-des-Fossés – **94** Val-de-Marne – **312** D3 – **101** 27 – **73 069** h. – alt. 38 m – ✉ 94100   21 **D2**

❚ Paris 12 – Créteil 6 – Nogent-sur-Marne 6

XX   **La Renaissance**   ⓖ ⓋⒾⓈⒶ ⓄⒸ ⒶⒺ
8 pl. des Marronniers – ☏ 01 48 85 91 74 – bernard.ederle@wanadoo.fr
– Fax 01 48 83 04 67 – Fermé mardi soir, dim. soir et lundi
Rest – Menu 18 € (déj. en sem.), 25/45 €
♦ Cette sympathique maison située un peu à l'écart du centre offre un cadre coloré. Carte traditionnelle étoffée de plats mijotés et oubliés (bœuf mode, tête de veau...).

à La Varenne-St-Hilaire – ✉ 94210

🏠   **Winston** sans rest   ♨ ➰ ⓢⓐ Ⓟ, ⓋⒾⓈⒶ ⓄⒸ ⒶⒺ
119 quai W. Churchill – ☏ 01 48 85 00 46 – winston.hotel@wanadoo.fr
– Fax 01 48 89 98 89
22 ch – †65 € ††70/80 €, � 8 €
♦ Dans un secteur résidentiel, une grande chaumière moderne face à la Marne qui propose des chambres meublées dans des styles variés, bien tenues et régulièrement rafraîchies.

XXX   **La Bretèche**   ⓖ ⓐⓒ ⓋⒾⓈⒶ ⓄⒸ
171 quai Bonneuil – ☏ 01 48 83 38 73 – contact@labreteche.fr
– Fax 01 42 83 63 19 – Fermé vacances de fév., 18 août-1er sept., dim. soir et lundi
Rest – Menu 35 € (sem.)/60 € – Carte 82/98 €
Spéc. Marbré de foie gras de canard aux figues et pruneaux. Saint-Jacques légèrement fumées aux cèpes (automne). Agneau de lait de Pauillac, cuit en cocotte (printemps-été).
♦ On vient dans cet établissement du bord de Marne pour sa goûteuse cuisine actuelle qu'on déguste dans un décor élégant. Aux beaux jours, réservez une table en terrasse.

X   **Gargamelle**   ⓖ ✧ ⓋⒾⓈⒶ ⓄⒸ ⒶⒺ ⒪
23 av. Ch. Péguy – ☏ 01 48 86 04 40 – sarl.la.deviniere@wanadoo.fr – Fermé
9-25 août, 14-23 fév., dim. soir et lundi
Rest – Menu (19 €), 29/40 € – Carte 40/44 €
♦ Cuisine simple et service tout sourire dans une atmosphère contemporaine (tons marron et jaune). Agréable terrasse ombragée à l'entrée de cette maison.

X   **Entre Terre et Mer**   ♿ ⓐⓒ ⓋⒾⓈⒶ ⓄⒸ
15 r. St-Hilaire – ☏ 01 55 97 04 98 – Fax 01 55 96 08 04 – Fermé 23 juil.-22 août,
dim. soir et lundi
Rest – Carte 36/56 €
♦ Restaurant de poche où il fait bon jeter l'ancre pour déguster une cuisine de la mer fraîche et bien exécutée. Coquet décor coloré, agrémenté de tableaux d'artistes locaux.

X   **Faim et Soif**   ⓐⓒ ⓋⒾⓈⒶ ⓄⒸ
28 r. St-Hilaire – ☏ 01 48 86 55 76 – Fermé 5-20 août, dim. et lundi
Rest – Carte 41/56 €
♦ Nouvelle adresse typiquement tendance : façade grise, tableaux contemporains, mobilier design, et écran plasma en guise d'ardoise du jour. Plats actuels et épurés.

St-Ouen – 93 Seine-Saint-Denis – 305 F7 – 101 16 – 39 722 h. – alt. 36 m –
⊠ 93400
21 **C1**

🚗 Paris 9 – Bobigny 12 – Chantilly 46 – Meaux 49 – Pontoise 26 – St-Denis 5

🖪 Office de tourisme, 30, avenue Gabriel Péri ✆ 01 40 11 77 36,
Fax 01 40 11 01 70

🏨 **Manhattan** 　🕮 ⅏ 🛏 & 🔟 ↩ 🛎 🍸 **P** 🚗 **VISA** **MC** **AE** ①
115 av. G. Péri – ✆ 01 41 66 40 00 – reservation@hotel-le-manhattan.com
– Fax 01 41 66 40 66
126 ch – ♦155/190 € ♦♦165/190 €, 🖵 14 € – **Rest** – *(fermé 1er-26 août, sam.,*
dim. et fériés) Menu (19 €) – Carte 30/54 €
♦ Cette architecture moderne en verre et pierre abrite des chambres claires et pratiques ;
elles sont plus calmes sur l'arrière. Salle à manger-véranda perchée au 8e étage de l'hôtel ;
carte traditionnelle.

🍴🍴 **Le Coq de la Maison Blanche** 　🕮 🔟 ⇔ **VISA** **MC** **AE**
37 bd J. Jaurès – ✆ 01 40 11 01 23 – coqmaisonblanche@orange.fr
– Fax 01 40 11 67 68 – Fermé sam. du 14 juil. au 15 août et dim.
Rest – Menu 32 € – Carte 41/85 €
♦ Cuisine bourgeoise digne des "Mères" d'antan, authentique décor de 1950, service
efficace et habitués de longue date : on se croirait dans un film de M. Audiard !

🍴 **Le Soleil** 　**VISA** **MC** **AE**
109 av. Michelet – ✆ 01 40 10 08 08 – lesoleil2@orange.fr – Fax 01 47 05 44 02
Rest – *(déj. seult)* Menu 27/34 €
♦ Sympathique bistrot dont l'amusant décor éclectique (meubles et bibelots chinés)
rappelle la proximité du Marché aux Puces. Table généreuse, répertoire traditionnel.

St-Prix – 95 Val-d'Oise – 305 E6 – 101 5 – 7 214 h. – alt. 70 m – ⊠ 95390
18 **B1**

🚗 Paris 26 – Cergy 22

🏠 **Hostellerie du Prieuré** sans rest ॐ 　& 🔟 ↩ 🛎 **P** **VISA** **MC** **AE**
74 r. A.-Rey – ✆ 01 34 27 51 51 – contact@hostelduprieure.com
– Fax 01 39 59 21 12
8 ch – ♦110/120 € ♦♦110/120 €, 🖵 15 € – 1 suite
♦ Un ancien bistrot de village du 17e s. Huit vastes chambres de charme invitent à la
rêverie, certaines dédiées à la romance, d'autres aux pays lointains... Petit-déjeuner
copieux.

🍴🍴 **À La Grâce de Dieu** 　🕮 🔟 ⇔ **VISA** **MC** **AE**
r. de l'Église – ✆ 01 39 59 08 00 – Fax 01 39 59 21 12 – Fermé dim. soir et lundi midi
Rest – Menu 28 € (sem.)/42 €
♦ Au pied de l'église, une grande maison abrite trois salles, une véranda et une terrasse.
Le chef propose une carte au goût du jour qui évolue souvent. Bonne sélection de vins.

St-Quentin-en-Yvelines – 78 Yvelines – 311 H3 – 101 21 – 116 082 h.
🏳 Île de France
18 **B2**

🚗 Paris 33 – Houdan 33 – Palaiseau 28 – Rambouillet 21 – Versailles 14

🖽 Blue Green Golf St-Quentin-en-Yvelines à Trappes Base de loisirs,
✆ 01 30 50 86 40 ;

🖽 National à Guyancourt 2 avenue du Golf, ✆ 01 30 43 36 00.

Montigny-le-Bretonneux – 35 216 h. – alt. 162 m – ⊠ 78180

🏨 **Auberge du Manet** ॐ 　🕮 & ch, 🛎 **P** **VISA** **MC** **AE** ①
61 av. Manet – ✆ 01 30 64 89 00 – mail@aubergedumanet.com
– Fax 01 30 64 55 10
53 ch – ♦115 € ♦♦130/160 €, 🖵 13 € – ½ P 75 € – **Rest** – *(fermé sam. midi et*
dim. soir) Carte 38/50 €
♦ Propriété de l'abbaye de Port-Royal-des-Champs au 17e s., domaine agricole
sous la Révolution, et aujourd'hui auberge à l'atmosphère chaleureuse. Chambres confortables. Salle à manger-véranda et plaisante terrasse champêtre au bord d'une mare aux
canards.

Holiday Inn Garden Court 🕭 🖾 🖩 ⅙ ↳ 👟 🕭 P VISA ⓜ AE ⓞ
r. J.-P. Timbaud, rte Bois d'Arcy sur D 127 – 𝒞 01 30 14 42 00 – higcsaintquentin @
alliance-hospitality.com – Fax 01 30 14 42 42
81 ch – ♦80/157 € ♦♦80/157 €, ⌸ 14 € – **Rest** – *(fermé vend. soir, dim. midi et
sam.)* Menu 28 € – Carte 30/38 €
♦ Dans le quartier du Pas-du-Lac, établissement moderne aux chambres fonctionnelles, assez petites. Agréable salle à manger-véranda, terrasse d'été et cuisine au goût du jour.

Mercure 🕭 🖩 ⅙ ch, 🖩 ⅙ ↳ 🕭 ⌂ VISA ⓜ AE ⓞ
9 pl. Choiseul – 𝒞 01 39 30 18 00 – h1983 @ accor.com – Fax 01 30 57 15 22
74 ch – ♦140/160 € ♦♦150/170 €, ⌸ 15 € – **Rest** – *(fermé 22 déc.-2 janv., vend.
soir, sam. et dim.)* Carte 27/40 €
♦ Intégré à un ensemble immobilier, hôtel dont la décoration des chambres a été revisitée
dans un style actuel épuré. Agréable salon-bar feutré avec écran plasma. Le restaurant,
refait, propose des plats traditionnels. Terrasse ombragée l'été.

Voisins-le-Bretonneux – 12 153 h. – alt. 163 m – ⊠ 78960
   ◙ Vestiges de l'abbaye Port-Royal des Champs ★ SO : 4 km.

Novotel St-Quentin Golf National ⦰ ⟨ 🗦 🕭 🏊 🖾 🕱 🖩
au Golf National, Est : 2 km par D 36 🖩 ⅙ ch, 🖩 ⅙ ↳ 🕭 P VISA ⓜ AE ⓞ
⊠ 78114 – 𝒞 01 30 57 65 65 – h1139 @ accor.com – Fax 01 30 57 65 00
131 ch – ♦129/179 € ♦♦129/179 €, ⌸ 13,50 € – **Rest** – Menu 20/43 €
♦ Environnement calme du golf, chambres modernes et nombreux équipements destinés
à la clientèle d'affaires caractérisent cet hôtel. Carte au goût du jour commune au restaurant, au Novotel Café et au bar. Décor contemporain, terrasse.

Port Royal sans rest ⦰ 🖾 ⅙ P VISA ⓜ
20 r. H. Boucher – 𝒞 01 30 44 16 27 – didiercadoret @ wanadoo.fr
– Fax 01 30 57 52 11 – Fermé 4-17 août et 23 déc.-3 janv.
40 ch – ♦72 € ♦♦78 €, ⌸ 7 €
♦ À l'orée de la vallée de Chevreuse, cette maison moderne abrite des chambres scrupuleusement entretenues et sobrement meublées. Agréable jardin fleuri et arboré.

Relais de Voisins ⦰ 🕭 ⅙ ch, 🕱 ↳ 🕭 P VISA ⓜ AE
av. Grand-Pré – 𝒞 01 30 44 11 55 – Fax 01 30 44 02 04 – Fermé 20 juil.-20 août,
24 déc.-7 janv.
54 ch – ♦70/79 € ♦♦70/79 €, ⌸ 6 € – **Rest** – *(fermé dim. soir et sam.)* Menu 15/28 €
♦ Construit sur l'emplacement d'une ancienne ferme, dont les murs d'enceinte (16e s.) ont
été conservés, hôtel récent proposant de petites chambres très simplement meublées.
Restaurant fonctionnel et coloré où l'on sert une cuisine traditionnelle.

STE-GENEVIÈVE-DES-BOIS – 91 Essonne – 312 C4 – 101 35 – 32 125 h. – alt. 78 m –
⊠ 91700 ▌Île de France   18 **B2**
   🚪 Paris 27 – Arpajon 10 – Corbeil-Essonnes 18 – Étampes 30 – Évry 10
   – Longjumeau 9

La Table d'Antan 🖩 VISA ⓜ AE
38 av. Grande Charmille du Parc, (près de l'Hôtel de Ville) – 𝒞 01 60 15 71 53 – table-
antan @ wanadoo.fr – Fermé 29 juil.-25 août, mardi soir, merc. soir, dim. soir et lundi
Rest – Menu 30/48 € – Carte 40/66 €
♦ Ambiance chaleureuse et extérieurs réaménagés pour cet aimable restaurant égaré dans
un ensemble résidentiel. Cuisine classique et spécialités du Sud-Ouest. Carte de whiskies.

SÉNART – 312 E4 – 101 39 – 93 069 h. ▌Île de France   19 **C2**
   🚪 Paris 38 – Boulogne-Billancourt 50 – Montreuil 39 – Argenteuil 67
   – Saint-Denis 50

le Plessis-Picard – ⊠ 77550

La Mare au Diable ⟁ 🕭 🏊 🕱 P VISA ⓜ AE ⓞ
– 𝒞 01 64 10 20 90 – mareaudiable @ wanadoo.fr – Fax 01 64 10 20 91 – Fermé
28 juil.-13 août, mardi soir, dim. soir et lundi
Rest – Menu 25 € bc (sem.)/55 € – Carte 41/73 €
♦ Cette demeure du 15e s. tapissée d'ampélopsis fut fréquentée par George Sand. L'inté-
rieur, agrémenté de solives patinées et d'une cheminée, ne manque pas de caractère.

Pouilly-le-Fort – ✉ 77240

✗✗✗ Le Pouilly   🚗 🛋 **P** VISA ⓷ AE ⓪
☸ *1 r. de la Fontaine –* ✆ *01 64 09 56 64 – contact@lepouilly.fr – Fax 01 64 09 56 64*
– Fermé 10 août-10 sept., 22-28 déc., dim. soir et lundi
Rest – Menu 30 € bc (déj. en sem.), 47/70 € – Carte 81/87 €
Spéc. Foie gras de canard. Filet de lièvre aux trompettes de la mort (automne). Velouté de chocolat chaud.
♦ En cette vieille ferme briarde, pierres apparentes, tapisseries et cheminée composent un décor plein de charme. Terrasse dressée dans le jardin. Savoureuse cuisine actuelle.

St-Pierre-du-Perray – 5 801 h. – alt. 88 m – ✉ 91280

🖭 de Greenparc route de Villepècle, ✆ 01 60 75 40 60.

㊂ Novotel   🚗 🛋 🖥 🛠 🖩 க் 🖩 4 📞 🖄 **P** VISA ⓷ AE ⓪
golf de Greenparc – ✆ *01 69 89 75 75 – h1783-gm@accor.com – Fax 01 69 89 75 50*
78 ch – †99/127 € ††99/127 €, � 13 € – 2 suites – **Rest** – Menu 20/25 €
– Carte 22/40 €
♦ Hôtel moderne assurant repos et détente : golf, piscine, fitness. Les chambres "Harmonie" donnent pour moitié sur la verdure. Certaines ont un balcon. Salle à manger et salon contemporains, largement ouverts sur le jardin. Carte "Novotel" traditionnelle.

SUCY-EN-BRIE – 94 Val-de-Marne – 312 E3 – 101 28 – 24 812 h. – alt. 96 m – ✉ 94370
◗ Paris 21 – Créteil 6 – Chennevières-sur-Marne 4   21 **D2**
◙ Château de Gros Bois★ : mobilier★★ S : 5 km, ▌ Île de France.

quartier les Bruyères Sud-Est : 3 km – ✉ 94370 Sucy-en-Brie

㊁ Le Tartarin ۞   ♨ VISA ⓷
carrefour de la Patte d'Oie – ✆ *01 45 90 42 61 – aubergetartarin@gmail.com*
– Fax 01 45 90 52 55 – Fermé août et dim. soir
12 ch – †52 € ††57/135 €, ⊆ 8 € – **Rest** – *(fermé jeudi soir, lundi, mardi et merc.)*
Menu 21/47 € – Carte 34/51 €
♦ Depuis trois générations, la même famille vous reçoit dans cet ancien rendez-vous de chasse posté à l'orée de la forêt. Il y règne une chaleureuse atmosphère campagnarde. Salle à manger très cynégétique (trophées, animaux naturalisés). Cuisine traditionnelle.

✗✗ Le Clos de Sucy   VISA ⓷
17 r. Porte – ✆ *01 45 90 29 29 – leclosdesucy@wanadoo.fr – Fax 01 45 90 29 29*
– Fermé 3-26 août, sam. midi, dim. soir et lundi
Rest – Menu (23 €), 33/43 € – Carte 46/63 €
♦ Cloisons à pans de bois, poutres apparentes et tonalités lie de vin : la salle à manger est à la fois cossue et campagnarde. Cuisine de tradition revisitée.

✗✗ Terrasse Fleurie   🛋 🔟 ❀ **P** VISA ⓷ AE
1 r. Marolles – ✆ *01 45 90 40 07 – terrasse.fleurie@wanadoo.fr – Fax 01 45 90 40 07*
– Fermé 27 juil.-21 août, dim. soir, lundi soir, mardi soir, jeudi soir et merc.
Rest – Menu (19 € bc), 26/39 €
♦ Aménagé dans un pavillon, restaurant dont la cuisine, simple et généreuse, se savoure dans la salle à manger rustique ou sur l'agréable terrasse fleurie.

SURESNES – 92 Hauts-de-Seine – 311 J2 – 101 14 – 39 706 h. – alt. 42 m – ✉ 92150
▌ Île de France   20 **B2**
◗ Paris 12 – Nanterre 4 – Pontoise 32 – St-Germain-en-Laye 13 – Versailles 14
🖪 Office de tourisme, 50, boulevard Henri Sellier ✆ 01 41 18 18 76,
Fax 01 41 18 18 78
◙ Fort du Mont Valérien (Mémorial National de la France combattante).

㊂ Novotel   🖙 க் ch, 🔟 4 📞 ♨ 🚗 VISA ⓷ AE ⓪
7 r. Port aux Vins – ✆ *01 40 99 00 00 – h1143@accor.com – Fax 01 45 06 60 06*
112 ch – †185/195 € ††185/195 €, ⊆ 15 € – 1 suite – **Rest** – buffet Carte 21/41 €
♦ Cet hôtel situé dans une rue calme proche des quais a entièrement fait peau neuve. Les chambres arborent un décor contemporain aux tons clairs, sobre et reposant. Cuisine traditionnelle au restaurant ou formule snack-bar au Novotel Café.

Astor sans rest ▣ 📞 𝘝𝘐𝘚𝘈 ⓜⓞ ⒶⒺ
19 bis r. Mt Valérien – ℰ 01 45 06 15 52 – info@hotelastor.fr – Fax 01 42 04 65 29
50 ch – †77 € ††79 €, ⏛ 6 €
♦ À 200 m du Mont Valérien – lieu de mémoire de la Résistance – établissement familial aux petites chambres sans luxe, propres et équipées d'un double vitrage efficace.

XX **Les Jardins de Camille** ⪡ 🏠 ⇔ 𝘝𝘐𝘚𝘈 ⓜⓞ ⒶⒺ
70 av. Franklin Roosevelt – ℰ 01 45 06 22 66 – lesjardinsdecamille@free.fr
– Fax 01 47 72 42 25 – Fermé dim. soir
Rest – Menu 40/78 € – Carte 59/78 € ∰
♦ Magnifique vue sur Paris et la Défense depuis la salle et l'une des terrasses de cette ancienne ferme transformée en restaurant. Belle carte de vins bourguignons.

THIAIS – 94 Val-de-Marne – 312 D3 – 101 26 – 28 232 h. – alt. 60 m –
✉ 94320   21 **C2**
> ◫ Paris 18 – Créteil 7 – Évry 27 – Melun 37

X **Ophélie la Cigale Gourmande** ⒶⒸ 𝘝𝘐𝘚𝘈 ⓜⓞ ⓞ
82 av. Versailles – ℰ 01 48 92 59 59 – luclamass@aol.com – Fax 01 48 53 91 53
😊 – Fermé 4-28 août, 22-31 déc., merc. soir, sam. midi, dim. soir et lundi
Rest – Menu (30 €), 35/50 €
♦ Un petit coin de Provence aux portes de Paris ! Décor tout simple mais pimpant et coloré, goûteuse cuisine actuelle aux produits frais, mâtinée de saveurs méditerranéennes.

TREMBLAY-EN-FRANCE – 93 Seine-Saint-Denis – 305 G7 – 101 18 – 33 885 h.
– alt. 60 m – ✉ 93290   21 **D1**
> ◫ Paris 24 – Aulnay-sous-Bois 7 – Bobigny 13 – Villepinte 4

au Tremblay-Vieux-Pays

XX **Le Cénacle** ⒶⒸ 🍽 ⇔ 𝘝𝘐𝘚𝘈 ⓜⓞ
1 r. de la Mairie – ℰ 01 48 61 32 91 – Fax 01 48 60 43 89 – Fermé août, sam., dim. et fériés
Rest – Menu 38/68 € – Carte 50/68 €
♦ Repas traditionnels dans deux belles salles meublées de style et égayées de toiles impressionnistes. La plus récente a ses murs tendus de tissu et de cuir. Vivier à crustacés.

TRIEL-SUR-SEINE – 78 Yvelines – 311 I2 – 101 10 – 11 097 h. – alt. 20 m – ✉ 78510
▮ Île de France   18 **B1**
> ◫ Paris 39 – Mantes-la-Jolie 27 – Pontoise 18 – Rambouillet 55
>   – St-Germain-en-Laye 12
> ◉ Église St-Martin ★.

X **St-Martin** 𝘝𝘐𝘚𝘈 ⓜⓞ
2 r. Galande, (face à la poste) – ℰ 01 39 70 32 00 – Fermé 3 sem. en août, vacances
😊 de Noël, merc. et dim.
Rest – (nombre de couverts limité, prévenir) Menu (16 €), 30/55 € – Carte 30/55 €
♦ À côté d'une jolie église gothique du 13ᵉ s., restaurant proposant une cuisine traditionnelle actualisée dans un coquet décor d'inspiration rustique.

VANVES – 92 Hauts-de-Seine – 311 J3 – 101 25 – 25 414 h. – alt. 61 m –
✉ 92170   20 **B2**
> ◫ Paris 7 – Boulogne-Billancourt 5 – Nanterre 13
> ◪ Syndicat d'initiative, 2, rue Louis Blanc ℰ 01 47 36 03 26

🏨 **Mercure Paris Porte de Versailles Expo** ▣ ᴕ ch, ⒶⒸ ↯ 📞 😊
36-38 r. Moulin – ℰ 01 46 48 55 55 – h0375@   🚗 𝘝𝘐𝘚𝘈 ⓜⓞ ⒶⒺ ⓞ
accor.com – Fax 01 46 48 56 56
388 ch – †147/225 € ††157/235 €, ⏛ 14,50 € – **Rest** – Carte 25/42 €
♦ Face au parc des expositions, bâtiment des années 1980 abritant des chambres bien insonorisées. Peu à peu rénovées, elles adoptent un décor actuel. Restaurant-atrium fonctionnel, idéal pour un repas rapide (carte "Mercure" traditionnelle et banc d'écailler).

XXX **Pavillon de la Tourelle**   🚗 🛜 ⇔ P VISA ⚫⚫ AE

10 r. Larmeroux – ℰ 01 46 42 15 59 – pavillontourelle@wanadoo.fr
– Fax 01 46 42 06 27 – Fermé 28 juil.-27 août, vacances de fév.,
dim. soir et lundi
Rest – Menu (33 €), 39 € (déj.), 49 € bc/92 € bc – Carte 60/71 €
♦ Bordant le parc, ce pavillon surmonté d'une tourelle abrite un élégant restaurant : tons pastel, lustres, fleurs, tableaux et tables joliment dressées. Cuisine traditionnelle.

VAUCRESSON – 92 Hauts-de-Seine – 311 I2 – 101 23 – 8 141 h. – alt. 160 m –
✉ 92420   20 **A2**

🔼 Paris 18 – Mantes-la-Jolie 44 – Nanterre 11 – St-Germain-en-Laye 11
    – Versailles 5

🏟 Stade Francais 129 av. de la Celle St Cloud, N : 2 km,
    ℰ 01 47 01 15 04.

◎ Etang de St-Cucufa★ NE : 2,5 km - Institut Pasteur -
    Musée des Applications de la Recherche★ à Marnes-la-Coquette SO : 4 km,
    📗 Île de France.

voir plan de Versailles

XXX **Auberge de la Poularde**   🛜 P VISA ⚫⚫ AE

36 bd Jardy, (près de l'autoroute), D 182 – ℰ 01 47 41 13 47
– auberge.lapoularde@free.fr – Fax 01 47 41 13 47 – Fermé août, vacances de fév.,
dim. soir, mardi soir et merc.   U **a**
Rest – Menu 30 € – Carte 35/74 €
♦ Accueil aimable et service impeccable distinguent cette auberge à la charmante atmosphère provinciale. La carte, classique, met la poularde de Bresse à l'honneur.

VÉLIZY-VILLACOUBLAY – 78 Yvelines – 311 J3 – 101 24 – 20 342 h. – alt. 164 m –
✉ 78140   20 **B2**

🔼 Paris 19 – Antony 12 – Chartres 81 – Meudon 8 – Versailles 6

🏨 **Holiday Inn**   🖥 ƒᵃ 🛁 ⅄ ch, 🅐 ⅏ ⅃ 📶 P VISA ⚫⚫ AE ⑩

av. de l'Europe, (près du centre commercial Vélizy II) – ℰ 01 39 46 96 98
– hivelizy@alliance-hospitality.com – Fax 01 34 65 95 21 – Fermé sam. midi et dim.
midi
182 ch – ✝230/490 € ✝✝230/490 €, ⊈ 19 € – **Rest** – Menu 27/36 € – Carte
30/53 €
♦ Les chambres de cet hôtel, spacieuses et confortables, sont bien insonorisées et régulièrement rajeunies. Préférez celles tournant le dos à l'autoroute. Des poutres apparentes coiffent la confortable salle à manger de l'Holiday Inn.

VERSAILLES P – 78 Yvelines – 311 I3 – 101 23 – 85 726 h. – alt. 130 m – ✉ 78000
📗 Île de France   20 **A2**

🔼 Paris 22 – Beauvais 94 – Dreux 59 – Évreux 90 – Melun 65 – Orléans 129

🛈 Office de tourisme, 2 bis, avenue de Paris ℰ 01 39 24 88 88,
    Fax 01 39 24 88 89

🏟 du Stade Français à Vaucresson 129 av. de la Celle St Cloud, par rte de Rueil :
    7 km, ℰ 01 47 01 15 04 ;

🏟 de Saint-Aubin à Saint-Aubin Route du Golf, par rte de Chevreuse : 17 km,
    ℰ 01 69 41 25 19 ;

🏟 de Feucherolles à Feucherolles Sainte Gemme, par rte de Mantes (D 307) :
    17 km, ℰ 01 30 54 94 94 ;

🏟 du haras de jardy à Marnes-la-Coquette Boulevard de Jardy, NE : 9 km,
    ℰ 01 47 01 35 80.

◎ Château★★★ - Jardins★★★ (Grandes Eaux★★★ et fêtes de nuit★★★ en été) -
    Ecuries Royales★ - Trianon★★ - Musée Lambinet★ Y **M**.

◎ Jouy-en-Josas : la "Diège"★ (statue) dans l'église, 7 km par ③.

Plans pages suivantes

Trianon Palace ⚜ ≤ 🕊 🛎 🗇 🐾 🎭 ✕ 🍴 📶 AC ch, ↵ 🛎 🚗 📶 **P**

1 bd de la Reine – ✆ 01 30 84 50 00 🚗 **VISA** 🚇 AE
– reservation.01104@westin.com – Fax 01 30 84 50 01   X **r**
182 ch – 🛏199/830 € 🛏🛏199/830 €, ☐ 30 € – 17 suites – **Rest** – (ouverture
prévue début 2008)

◆ En lisière du parc du château, luxueux hôtel d'architecture classique, totalement
rénové. Chambres très confortables, d'esprit contemporain élégant. Superbe espace
bien-être.

Pullman 🛎 🐾 ⛆ 🔧 ch, AC 🚗 🛎 📶 🚗 **VISA** 🚇 AE 🔘

2 bis av. de Paris – ✆ 01 39 07 46 46 – h1300@accor.com
– Fax 01 39 07 46 47   Y **a**
146 ch – 🛏150/475 € 🛏🛏150/475 €, ☐ 24 € – 6 suites
Rest – Carte 46/58 €

◆ Des anciens manèges d'artillerie, il n'a été conservé que le portail. Vastes chambres
agrémentées de meubles de style et de lithographies. Restaurant et bar rénovés ; cuisine
associant saveurs d'ici et d'ailleurs.

Le Versailles sans rest ⚜ 🛎 🔧 AC 🛎 📶 **P** **VISA** 🚇 AE 🔘

7 r. Ste-Anne – ✆ 01 39 50 64 65 – info@hotel-le-versailles.fr
– Fax 01 39 02 37 85   Y **p**
45 ch – 🛏115/148 € 🛏🛏125/158 €, ☐ 12 €

◆ Chambres spacieuses et fonctionnelles, quiétude et accueil attentif : toutes ces raisons
expliquent le succès de ce plaisant hôtel auprès de la clientèle d'affaires.

La Résidence du Berry sans rest 🛎 🔧 AC 🛎 **VISA** 🚇 AE 🔘

14 r. Anjou – ✆ 01 39 49 07 07 – resa@hotel-berry.com
– Fax 01 39 50 59 40   Z **s**
39 ch – 🛏125/150 € 🛏🛏135/270 €, ☐ 12 €

◆ Entre carrés St-Louis et potager du Roi, ce bel immeuble du 18ᵉ s. abrite des petites
chambres intimes et joliment personnalisées. Espace bar-billard élégant et cosy.

Mercure sans rest 🛎 🔧 AC 🛎 📶 🚗 **VISA** 🚇 AE 🔘

19 r. Ph. de Dangeau – ✆ 01 39 50 44 10 – hotel@mercure-versailles.com
– Fax 01 39 50 65 11   Y **n**
60 ch – 🛏72/118 € 🛏🛏72/128 €, ☐ 9,50 €

◆ Dans un quartier calme, établissement dont les chambres sont avant tout pratiques. Hall
d'accueil bien meublé, ouvrant sur une agréable salle des petits-déjeuners.

Ibis sans rest 🛎 🔧 AC ↵ 🛎 🚗 **VISA** 🚇 AE 🔘

4 av. Gén. de Gaulle – ✆ 01 39 53 03 30 – h1409@accor.com
– Fax 01 39 50 06 31   Y **b**
85 ch – 🛏65/99 € 🛏🛏65/99 €, ☐ 8 €

◆ Hôtel installé dans le même immeuble que le Sofitel, en plein centre-ville. Les chambres
bénéficient des toutes nouvelles normes de confort de la chaîne.

XX **Le Valmont** 🛎 AC **VISA** 🚇 AE 🔘

20 r. au Pain – ✆ 01 39 51 39 00 – levalmont@wanadoo.fr – Fax 01 39 51 39 00
– Fermé dim. soir et lundi   Y **v**
Rest – Menu 31 € – Carte 47/68 €

◆ Façade engageante, sièges de style Louis XVI, peintures de paysages franciliens : une
sympathique adresse où vous savourerez une cuisine personnalisée.

XX **La Marée de Versailles** 🛎 AC **VISA** 🚇 AE

22 r. au Pain – ✆ 01 30 21 73 73 – mareedeversailles@tiscali.fr
– Fax 01 39 49 98 29 – Fermé dim. et lundi   Y **t**
Rest – Menu 39 € – Carte 48/58 €

◆ On mange au coude à coude une cuisine orientée produits de la mer dans ce restaurant
décoré sur le thème nautique. En été, la terrasse est prise d'assaut.

XX **Le Potager du Roy** AC **VISA** 🚇 AE

😊 1 r. Mar.-Joffre – ✆ 01 39 50 35 34 – Fax 01 30 21 69 30
– Fermé dim. et lundi   Z **r**
Rest – Menu (26 €), 33/40 €

◆ Cadre gentiment rétro et cuisine traditionnelle fine et légère, mettant à l'honneur les
légumes : l'enseigne elle-même insiste sur la proximité du potager du Roi !

VERSAILLES

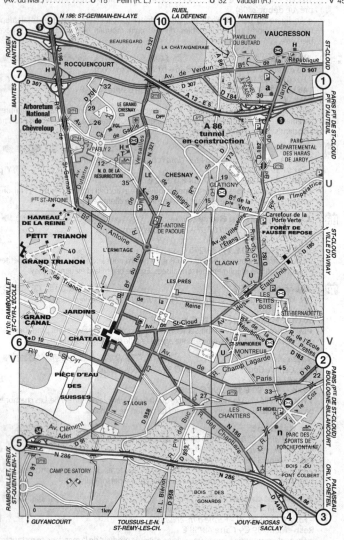

✗✗ L'Étape Gourmande

☎ **VISA** **MC** **AE**

125 r. Yves Le Coz – 📞 *01 30 21 01 63 – etapegourmande@hotmail.fr*
– Fax 01 39 50 22 65 – Fermé 5-25 août, sam. midi, dim. et lundi   **V n**
Rest *– (nombre de couverts limité, prévenir)* Menu 40/50 € *–* Carte environ 40 € ✗✗
♦ Dans le quartier de Porchefontaine vous attendent, près de l'âtre ou en terrasse dans le jardin clos, une cuisine personnalisée et un joli choix de savennières.

VERSAILLES

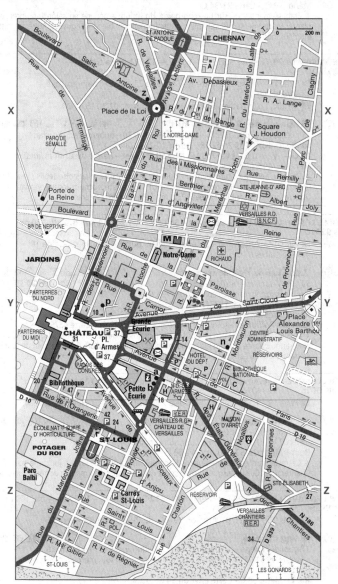

au Chesnay – 28 530 h. – alt. 120 m – ⌧ 78150

Novotel Château de Versailles

*4 bd St-Antoine – ℰ 01 39 54 96 96 – h1022@
accor.com – Fax 01 39 54 94 40*   X z
105 ch – ✝99/159 € ✝✝99/159 €, ⌑ 13 € – **Rest** – *(fermé sam. midi et dim. midi)*
Menu (19 €) – Carte 21/34 €
◆ Établissement situé sur un rond-point. Un atrium aménagé en salon (nombreuses
plantes vertes) dessert des chambres fonctionnelles et bien insonorisées. Au restaurant,
intérieur moderne de style bistrot et carte traditionnelle.

LE VÉSINET – 78 Yvelines – 311 I2 – 101 13 – 15 921 h. – alt. 44 m –
⌧ 78110   20 **A1**

🚗 Paris 19 – Maisons-Laffitte 9 – Pontoise 23 – St-Germain-en-Laye 4
– Versailles 12

🛈 Syndicat d'initiative, 60, boulevard Carnot, ℰ 01 30 15 47 00

Auberge des Trois Marches

*15 r. J. Laurent, (pl. de l'église) – ℰ 01 39 76 10 30 – aubergedes3marches@
yahoo.fr – Fax 01 39 76 62 58 – Fermé 10-27 août*
15 ch – ✝85/180 € ✝✝95/180 €, ⌑ 9,50 € – **Rest** – *(fermé dim. soir et lundi midi)*
Menu 34/49 € (dîner) – Carte 34/50 €
◆ Discrète auberge située dans un quartier à l'ambiance villageoise (église, marché).
Chambres fonctionnelles, refaites par étapes. Tenue sans reproche et accueil sympathique.
Une fresque évoquant les années 1930 décore la salle de restaurant.

VILLE D'AVRAY – 92 Hauts-de-Seine – 311 J3 – 101 24 – 11 415 h. – alt. 130 m –
⌧ 92410   20 **B2**

🚗 Paris 14 – Antony 16 – Boulogne-Billancourt 5 – Neuilly-sur-Seine 10
– Versailles 6

Les Étangs de Corot ⌂

*53 r. de Versailles – ℰ 01 41 15 37 00
– reservation@etangsdecorot.com – Fax 01 41 15 37 99*
49 ch – ✝215/320 € ✝✝235/320 €, ⌑ 20 €
Rest Cabassud – *(prévenir)* Carte 48/60 €
Rest Les Paillottes – *(ouvert d'avril à oct.)* Menu (28 €) – Carte 45/57 €
◆ Ce ravissant hameau bâti au bord d'un étang inspira le peintre Camille Corot. Restauré
et agrandi, il abrite aujourd'hui un bel hôtel et une galerie d'art. Carte au goût du jour et
élégant décor au Cabassud. Esprit guinguette et cuisine de bistrot aux Paillottes.

VILLENEUVE-LA-GARENNE – 92 Hauts-de-Seine – 311 J2 – 101 15 – 22 349 h.
– alt. 30 m – ⌧ 92390   21 **C1**

🚗 Paris 13 – Nanterre 14 – Pontoise 23 – St-Denis 3 – St-Germain-en-Laye 24

Les Chanteraines

*av. 8 Mai 1945 – ℰ 01 47 99 31 31 – leschanteraines@wanadoo.fr
– Fax 01 41 21 31 17 – Fermé août, sam. et dim.*
Rest – Menu 35/53 € – Carte 44/66 €
◆ Ce restaurant est aménagé dans le complexe contemporain qui jouxte le parc des
Chanteraines. Cuisine au goût du jour servie dans la vaste salle à manger donnant sur le lac.

VILLENEUVE-LE-ROI – 94 Val-de-Marne – 312 D3 – 101 26 – 18 292 h. – alt. 100 m –
⌧ 94290   21 **C3**

🚗 Paris 20 – Créteil 9 – Arpajon 29 – Corbeil-Essonnes 21 – Évry 16

Beau Rivage

*17 quai de Halage – ℰ 01 45 97 16 17 – beaurivage94290@orange.fr
– Fax 01 49 61 02 60 – Fermé 15 août-4 sept., mardi soir, merc. soir, dim. soir et
lundi*
Rest – Menu 38 € – Carte environ 54 €
◆ Comme son nom l'indique, le Beau Rivage borde la rivière ; attablez-vous près des baies
vitrées pour jouir de la vue sur la Seine. Cadre moderne et cuisine traditionnelle.

VILLEPARISIS – 77 Seine-et-Marne – 312 E2 – 101 19 – 21 296 h. – alt. 72 m – ⊠ 77270

◗ Paris 26 – Bobigny 15 – Chelles 10 – Tremblay-en-France 5   19 **C1**

🏠 **Relais du Parisis** sans rest   👌 ⚲ **P** *VISA* **◍◎** **AE**
2 av. Jean Monnet – *𝒞 01 64 27 83 83* – *relaisduparisis@wanadoo.fr* – *Fax 01 64 27 94 49*
44 ch – 🛆49/69 € 🛆🛆49/69 €, � 8 €
♦ Cet hôtel situé dans une zone industrielle proche d'une rocade héberge de petites chambres fonctionnelles, meublées simplement.

✗✗ **La Bastide**   *VISA* **◍◎**
15 av. J. Jaurès – *𝒞 01 60 21 08 99* – *la-bastide@cegetel.net* – *Fax 01 60 21 08 99*
– *Fermé 24 fév.-2 mars, lundi soir, sam. midi et dim.*
Rest – *(prévenir le week-end)* Menu 28/45 € – Carte 42/63 €
♦ Il règne en ce discret restaurant du centre-ville une sympathique ambiance d'auberge provinciale. Cadre rustique avec poutres et cheminée. Cuisine traditionnelle.

VINCENNES – 94 Val-de-Marne – 312 D2 – 101 17 – 43 595 h. – alt. 51 m
– ⊠ 94300   21 **C2**

◗ Paris 7 – Créteil 11 – Lagny-sur-Marne 26 – Meaux 47 – Melun 45 – Senlis 48
🅱 Office de tourisme, 11, avenue de Nogent 𝒞 01 48 08 13 00,
Fax 01 43 74 81 01
◙ Château★★ – Bois de Vincennes★★ : Zoo★★, Parc floral de Paris★★, Musée des Arts d'Afrique et d'Océanie★, ▌ Paris.

🏠 **St-Louis** sans rest   🅲 👌 **AC** ⇇ ⚲ 🏸 *VISA* **◍◎** **AE**
2 bis r. R. Giraudineau – *𝒞 01 43 74 16 78* – *saint-louis@paris-hotel-capital.com*
– *Fax 01 43 74 16 49*
25 ch – 🛆140/190 € 🛆🛆140/190 €, ⊇ 13 €
♦ Cet immeuble proche du château abrite des chambres élégantes au mobilier de style. Quelques-unes, de plain-pied avec le jardinet, ont leur salle de bains en sous-sol.

🏠 **Daumesnil Vincennes** sans rest   🅲 **AC** ⇇ ⚲ 🛌 *VISA* **◍◎** **AE** **①**
50 av. Paris – *𝒞 01 48 08 44 10* – *info@hotel-daumesnil.com* – *Fax 01 43 65 10 94*
50 ch – 🛆82/104 € 🛆🛆97/189 €, ⊇ 11 €
♦ Une jolie décoration d'inspiration provençale égaye cet hôtel situé sur une avenue passante. Salle des petits-déjeuners aménagée dans une véranda ouverte sur un minipatio.

🏠 **Donjon** sans rest   🅲 👌 ⇇ *VISA* **◍◎**
22 r. Donjon – *𝒞 01 43 28 19 17* – *info@hotel-donjon-vincennes.fr*
– *Fax 01 49 57 02 04* – *Fermé 20 juil.-25 août*
25 ch – 🛆62/65 € 🛆🛆65/85 €, ⊇ 7 €
♦ Établissement du centre-ville proposant des chambres un peu exiguës, toutes décorées différemment. Salle des petits-déjeuners et salon agréablement meublés.

✗ **La Rigadelle**   **AC** *VISA* **◍◎**
23 r. de Montreuil – *𝒞 01 43 28 04 23* – *Fax 01 43 28 04 23*
– *Fermé 15 juil.-18 août, 20-28 déc., dim. et lundi*
Rest – *(nombre de couverts limité, prévenir)* Menu (24 €) 33/51 € – Carte 42/73 €
♦ Dans une salle à manger actuelle, ensoleillée et aux notes marines, dégustez des plats au goût du jour privilégiant poissons et produits de la mer (arrivages de Bretagne).

VIRY-CHÂTILLON – 91 Essonne – 312 D3 – 101 36 – 30 257 h. – alt. 34 m – ⊠ 91170
◗ Paris 26 – Corbeil-Essonnes 15 – Évry 8 – Longjumeau 10 – Versailles 29   21 **C3**

✗✗ **Dariole de Viry**   **AC** *VISA* **◍◎** **AE**
21 r. Pasteur – *𝒞 01 69 44 22 40* – *la-dariole-de-viry@wanadoo.fr* – *Fermé sam. midi, dim. soir et lundi*
Rest – Menu 39/80 €
♦ Une cuisine sensible au rythme des saisons se conçoit derrière cette façade repeinte en couleur chocolat. Plaisante salle à manger également rafraîchie.

✗ **Marcigny**   **AC** *VISA* **◍◎**
27 r. D. Casanova – *𝒞 01 69 44 04 09* – *Fermé sam. midi, dim. soir et lundi*
Rest – Menu 24 € (déj. en sem.)/34 €
♦ Le Marcigny qui porte le nom d'un village bourguignon, affiche souvent complet. Ambiance conviviale, service attentionné, plats traditionnels et charolais, et pain maison.

PARVILLE – 27 Eure – 304 G7 – rattaché à Évreux

PASSENANS – 39 Jura – 321 D6 – rattaché à Poligny

PATRIMONIO – 2B Haute-Corse – 345 F3 – **voir à Corse**

Retrouvez tous les "Bibs Gourmands" ⑱ dans notre guide des "Bonnes Petites Tables du guide Michelin".
Pour bien manger à prix modérés, partout en France !

PAU ℗ – 64 Pyrénées-Atlantiques – 342 J5 – 78 732 h. – **Agglo. 181 413 h.**
– alt. 207 m – Casino – ⊠ 64000 ▮ Aquitaine   3 **B3**

   ◘ Paris 773 – Bayonne 112 – Bordeaux 198 – Toulouse 198 –
   Zaragoza 236

   ◪ de Pau-Pyrénées : ℰ 05 59 33 33 00, par ① : 12 km.

   🔃 Office de tourisme, place Royale ℰ 05 59 27 27 08,
   Fax 05 59 27 03 21

   ◪ Pau Golf Club à Billère Rue du Golf, ℰ 05 59 13 18 56 ;

   ◪ de Pau-Artiguelouve à Artiguelouve Domaine de Saint-Michel, par rte de
   Lourdes : 11 km, ℰ 05 59 83 09 29.

   Circuit automobile de Pau-Arnos ℰ 05 59 77 11 36, 20 km par ⑦.

   ◙ Boulevard des Pyrénées ❊★★★ DEZ - Château★★ : tapisseries★★★ - Musée
   des Beaux-Arts★ EZ **M**.

                    Plans pages suivantes

🏠🏠🏠 **Parc Beaumont**   ← 🏠 🔲 ⑩ 🖥 & 🔟 ⑭ ⓛ 🛁 **P** 🛆 ▨▨▨ ⑭ ⅁ ⓪
1 av. Edouard VII – ℰ 05 59 11 84 00 – manager@hotel-parc-beaumont.com
– Fax 05 59 11 85 00   FZ **b**
69 ch – ♦195/370 € ♦♦195/370 €, ⌸ 20 € – 11 suites
Rest Le Jeu de Paume – Menu (29 €), 38/80 € – Carte 56/91 €
♦ Côté Parc Beaumont, côté ville, ou version familiale, des chambres confortables,
élégantes et design. Équipements pour réunions ; piscine, jacuzzi et spa pour la
détente. Lumineuse salle à manger bénéficiant d'une jolie vue sur la verdure. Terrasse plein
Sud.

🏠🏠 **Villa Navarre** ⑤   ← ⑩ 🏠 ⌕ 🔲 🗃 🖥 & ⑭ 🛁 **P** ▨▨▨ ⑭ ⅁ ⓪
59 av. Trespoey – ℰ 05 59 14 65 65 – h5677@accor.com
– Fax 05 59 14 65 64   BX **a**
26 ch – ♦152/187 € ♦♦172/207 €, ⌸ 17 € – 4 suites – ½ P 133 €
Rest – (fermé dim. soir) Menu (23 €), 43/54 € bc – Carte 41/51 €
♦ Atmosphère délicieusement british dans cette belle maison de maître de 1865
et son aile récente nichées au cœur d'un parc de 2 ha. Chambres amples et soignées.
Salle à manger raffinée, largement ouverte sur la nature ; registre culinaire
actuel.

🏠🏠 **La Palmeraie**   🏠 & 🔟 ⑭ 🛁 **P** ▨▨▨ ⑭ ⅁ ⓪
1 passage Europe – ℰ 05 59 14 14 14 – h2103@accor.com
– Fax 05 59 14 14 10   BV **f**
36 ch – ♦83/129 € ♦♦91/151 €, ⌸ 15 €
Rest – (fermé 3-24 août, 22 déc.-6 janv., vend. soir, sam. et dim.) Carte 27/38 €
♦ Hôtel moderne dans un environnement verdoyant, à deux tours du roue du
Zénith. Chambres spacieuses et fonctionnelles, décorées dans des tons pastel. La
salle de restaurant, joliment refaite, donne sur une terrasse ombragée. Cuisine tradition-
nelle.

Continental　　　　🛗 ↳ ❦ rest, 📞 🛁 🚗 VISA 🆗 AE ⓪

2 r. Mar. Foch – ℰ 05 59 27 69 31 – hotel@bestwerstern-continental.com
– Fax 05 59 27 99 84　　　　　　　　　　　　　　　　　EZ **a**
74 ch – ♦60/92 € ♦♦70/115 €, ⌧ 9 € – ½ P 60/82 €
Rest – (fermé 28 juil.-17 août, 25-31 déc., sam. et dim.) Menu (12 €), 20/25 €
– Carte 18/38 €
♦ Hall et salons du "grand hôtel" palois (1912) cultivent une certaine nostalgie. Chambres rafraîchies (couleurs gaies), dont quatre en rotonde, aménagées dans la tourelle. Tonalités vives et jeux de miroirs égayent la salle à manger. Plats traditionnels.

Hôtel de Gramont sans rest　　　　🛗 ↳ 📞 VISA 🆗 AE ⓪

3 pl. Gramont – ℰ 05 59 27 84 04 – hotelgramont@wanadoo.fr
– Fax 05 59 27 62 23 – Fermé 22 déc.-5 janv.　　　　　　DZ **t**
34 ch – ♦60/68 € ♦♦76/104 €, ⌧ 9,50 €
♦ Cet ex-relais de poste (17ᵉ s.) serait le plus vieil hôtel de Pau. Chambres redécorées avec soin, côté rue ou vallée du Hédas. Copieux buffet de petit-déjeuner, salon-billard.

Le Bourbon sans rest　　　　🛗 ❦ 📞 VISA 🆗 AE

12 pl. Clemenceau – ℰ 05 59 27 53 12 – contact@hotel-lebourbon.com
– Fax 05 59 82 90 99　　　　　　　　　　　　　　　　EZ **d**
33 ch – ♦50/55 € ♦♦60/66 €, ⌧ 6,50 €
♦ Hôtel situé dans un quartier animé par de nombreux cafés. Les chambres, peu à peu refaites, donnent en majorité sur la place, tout comme la nouvelle salle des petits-déjeuners.

Central sans rest　　　　　　↳ 📞 VISA 🆗 AE ⓪

15 r. L. Daran – ℰ 05 59 27 72 75 – contact@hotelcentralpau.com
– Fax 05 59 27 33 28 – Fermé 29 déc.-5 janv.　　　　　EZ **t**
26 ch – ♦49/57 € ♦♦53/82 €, ⌧ 7 €
♦ Central, cet hôtel l'est en effet ! Ampleur et décor varient suivant les chambres (on rénove les plus anciennes), dont certaines offrent une connexion wi-fi. Tenue sans faille.

Au Fin Gourmet　　　　　　🌿 🆗 VISA 🆗 AE ⓪

24 av. G. Lacoste, (face à la gare) – ℰ 05 59 27 47 71
– au.fin.gourmet@wanadoo.fr – Fax 05 59 82 96 77
– Fermé 25 juil.-10 août, vacances de fév., dim. soir, merc. midi et lundi
Rest – Menu 20 € (déj. en sem.), 48/76 € – Carte 50/58 €　　EZ **v**
♦ Un lieu très agréable au pied du funiculaire : pavillon sous verrière évoquant un jardin d'hiver et salle plus ancienne revue dans le même esprit. Cuisine au goût du jour.

Chez Pierre　　　　　　🆗 ⇔ VISA 🆗 AE ⓪

16 r. L. Barthou – ℰ 05 59 27 76 86 – restaurant.pierre@wanadoo.fr
– Fax 05 59 27 08 14 – Fermé 1ᵉʳ-14 août, 1ᵉʳ-14 janv., sam. midi, lundi midi et dim. sauf fériés　　　　　　　　　　　　　　　　　　EZ **x**
Rest – Menu 35 € – Carte 46/73 €
♦ Les plus fidèles clients viennent ici pour déguster la poule au pot depuis des années ! Ambiance british au rez-de-chaussée, sobriété à l'étage ; cuisine classique bien faite.

La Michodière　　　　　　　　VISA 🆗 AE

34 r. Pasteur – ℰ 05 59 27 53 85 – lamichodiere@wanadoo.fr – Fax 05 59 33 60 09
– Fermé 28 juil.-24 août, dim. et fériés　　　　　　　　DY **b**
Rest – Menu 15 € (déj. en sem.)/27 € – Carte 36/59 €
♦ La façade en galets abrite deux salles à manger dont une, lambrissée, est animée par le spectacle des cuisiniers s'activant aux fourneaux. Cadre actuel et plats du marché.

Henri IV　　　　　　　　　🌿 VISA 🆗

18 r. Henri IV – ℰ 05 59 27 54 43 – Fermé 24 déc.-7 janv., 15 fév.-15 mars, merc. midi, sam. midi et dim.　　　　　　　　　　　　　　DZ **a**
Rest – Menu 15 € (déj. en sem.), 25/31 €
♦ Cuisine traditionnelle à l'ardoise, renouvelée selon le marché. Salle à manger rustique réchauffée par une belle cheminée ou agréable terrasse tournée vers la rue piétonne.

BILLÈRE

Baron Séguier (Av. du) . . . . **AX** 7
Château d'Este (Av. du) . . . **AX** 23
Claverie (R.) . . . . **AX** 24
Entrepreneurs (R. des) . . . . **AX** 57
Galas (R. de) . . . . **BV** 70
Golf (R. du) . . . . **AX** 81
J.J. Rousseau (R.) . . . . **AX** 145
Lalanne (Av.) . . . . **AVX** 91
Lavoir (R. du) . . . . **AX** 95
Lons (Av. de) . . . . **ABV** 100
Piedmont (R.) . . . . **AX** 129
Pilar (R.) . . . . **BV** 130
Plaine (R. de la) . . . . **AX** 132

BIZANOS

Albert 1er (Av.) . . . . **BCX** 2
Clemenceau (R. G.) . . . . . . **BX** 27
Foch (R. Maréchal) . . . . **BX** 64
Larribau (Chemin) . . . . **CX** 93
Pic du Midi (R. du) . . . . **CX** 127
République (Av. de la) . . . . . **CX** 138

GELOS

Barthou (R. L.) . . . . **BX** 9
Gélos (Av. de) . . . . **BX** 80
Leclerc (Av. du Maréchal) . **BX** 96
Vallée Heureuse (Av. de la) **BX** 162

JURANÇON

Cambot (Av. G.) . . . . **AX** 17
Corps Franc Pommiès (Av. du) . . . . **AX** 36
Espagne (Pont d') . . . . **AX** 58
Gaulle (R. Ch.-de) . . . . **AX** 77
Ollé-Laprune . . . . **AX** 115

LESCAR

Carrérot (Av.) . . . . **AV** 19
Coustettes (Chemin des) . . **AV** 42
Lacau (R.) . . . . **AV** 89
Santos-Dumont (Av.) . . . . . **AV** 147
Vigné (Côte du) . . . . **AV** 168

LONS

Ampère (Av. André-Marie) . **AV** 3
Ariste (R.) . . . . **AV** 6
Château (R. du) . . . . **AV** 22
Dassault (Av. Marcel) . . . . . **AX** 45
Écoles (R. des) . . . . **AV** 51
Église (R. de l') . . . . **AV** 53
Frères Farman (Bd des) . . . **AV** 67
Frères Mongolfier (Av. des) **AX** 68
Mairie (R. de la) . . . . **AV** 103
Moulin (Av. du) . . . . **AV** 110
Pau (Av. de) . . . . **AV** 125
Souvenir (R. du) . . . . **AV** 152

PAU

Bérard (Cours Léon) . . . . . . **BV** 12

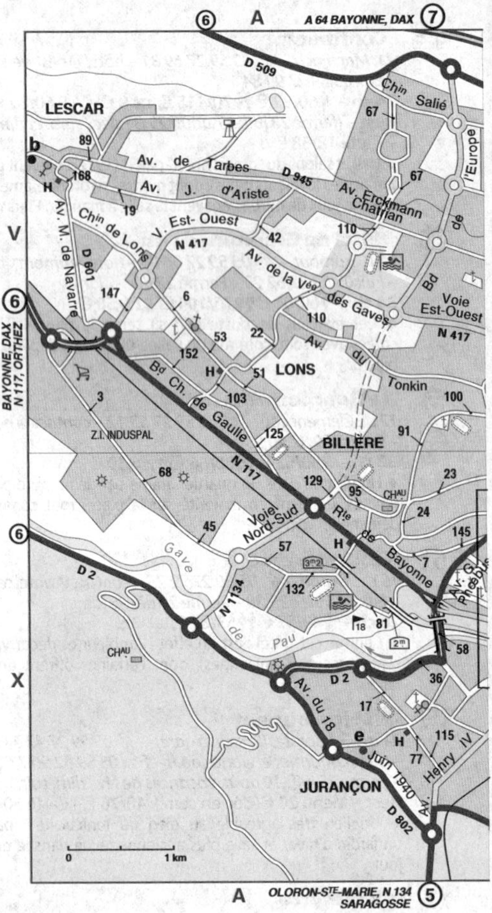

La Planche de Bœuf

30 r. Pasteur – ✆ 05 59 27 62 60 – Fax 05 59 27 62 60 – Fermé août, dim. soir, merc. soir et lundi EY **s**

Rest – Menu 13 € bc (déj. en sem.), 26/35 € – Carte 32/43 €

◆ Cette avenante maison ancienne donne envie de pousser la porte. Les tables près de la cheminée sont très demandées en hiver. Accueil aimable, cuisine traditionnelle.

La Table d'Hôte

1 r. du Hédas – ✆ 05 59 27 56 06 – la-table-dhote@wanadoo.fr – Fax 05 59 27 56 06 – Fermé vacances de Noël, lundi sauf le soir en juil.-août et dim. EZ **k**

Rest – Menu (19 €), 24/31 €

◆ Briques, poutres et galets donnent un petit air campagnard à cette ancienne tannerie du 17e s. nichée dans une ruelle médiévale. Ambiance sympathique, cuisine du terroir.

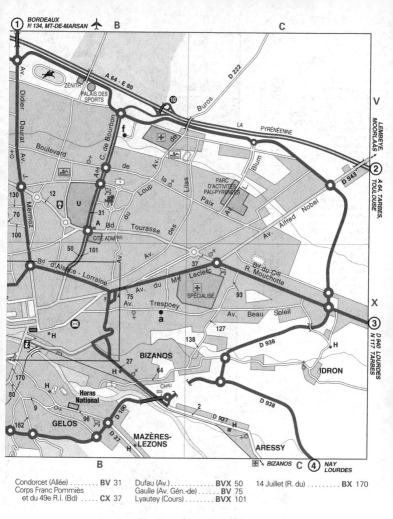

à Jurançon : 2 km – 7 378 h. – alt. 177 m – ⊠ 64110

※※※
⁂⁂⁂ **Chez Ruffet** (Stéphane Carrade)   ⌂ ✧ *VISA* **ⓂⒸ** **ⒶⒺ** **①**
3 av. Ch. Touzet – ℰ 05 59 06 25 13 – chez.ruffet@wanadoo.fr
– Fax 05 59 06 52 18 – Fermé dim. et lundi   AX **e**
Rest – *(prévenir)* Menu 27 € bc (déj. en sem.), 64/120 € bc
– Carte 98/109 €
Spéc. Foie frais de canard poché au jus de raisin (sept.). Coffre de jeune palombe
rôti au gras de jambon (nov.). Fleurs de courgette farcies au greuil de brebis en
tempura (juil.-août).
Vins Jurançon, Madiran.
♦ Délicieuse atmosphère en cette ex-ferme béarnaise, savant mélange d'authenticité
(poutres, bois ciré), d'élégance et de décontraction. Excellente cuisine régionale
actualisée.

PAU

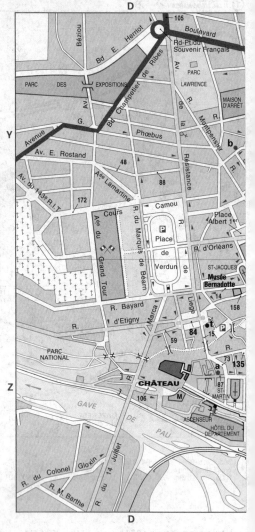

à **Lescar** au Nord-Ouest : 7,5 km par D 817 et D 601 – 8 191 h. – alt. 179 m – ✉ 64230

🛈 Office de tourisme, place Royale ℰ 05 59 81 15 98, Fax 05 59 81 12 54

🏠 **La Terrasse** 🕭 📞 **P.** *VISA* 🌐 🖭 ⓘ
😊 *1 r. Maubec* – ℰ *05 59 81 02 34* – *laterrasselescar @ orange.fr* – *Fax 05 59 81 08 77*
– *Fermé 1ᵉʳ-24 août et 20 déc.-4 janv.*
20 ch – †46 € ††50 €, ⌑ 7 € – **Rest** – *(fermé sam. midi et dim.)* Menu 28 €
– Carte 35/47 €

♦ Petite halte sympathique, autrefois étape de pèlerins, nichée dans une discrète ruelle. Les
chambres jouent la carte de la simplicité (solide mobilier en bois brut). Au restaurant,
expositions de tableaux régulièrement renouvelées et carte traditionnelle.

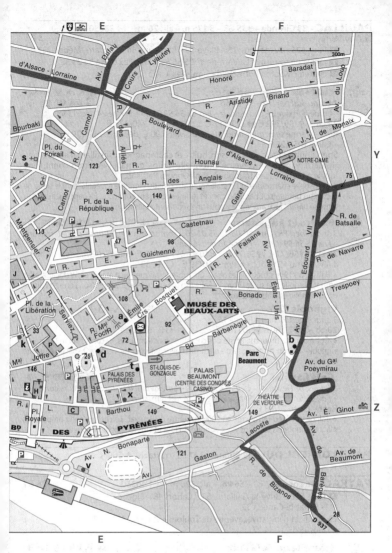

PAUILLAC – 33 Gironde – 335 G3 – 5 175 h. – alt. 20 m – ✉ 33250

3 **B1**

🪧 Aquitaine

- ▣ Paris 625 – Arcachon 113 – Blaye 16 – Bordeaux 54 – Lesparre-Médoc 23
- ▣ Office de tourisme, La Verrerie ℰ 05 56 59 03 08, Fax 05 56 59 23 38
- ▣ château Mouton Rothschild★ : musée★★ NO : 2 km.

Château Cordeillan Bages ॐ

1 km au Sud par D 2 – ℰ 05 56 59 24 24
– cordeillan@relaischateaux.fr – Fax 05 56 59 01 89 *– Fermé 24 déc.-13 fév.*
28 ch – ♦199/392 € ♦♦199/517 €, ⊆ 22 € – ½ P 240/423 €
Rest *– (fermé sam. midi, lundi et mardi)* Menu 90 € (déj. en sem.)/170 €
– Carte 105/125 € ॐ

Spéc. Soufflé chaud sans cuisson, huître et champagne, croustillant d'eau de mer. Homard, vapeur de verveine citronnelle, pulpe de navet et citron confit. Fine feuille à feuille cacao-framboise. **Vins** Graves, Pauillac.

♦ Cette belle chartreuse du 17ᵉ s. alanguie au cœur du vignoble est également le siège de l'école du bordeaux. Chambres cosy et raffinées ouvrant côté cour. Élégant restaurant et terrasse faisant face aux vignes, pour une séduisante cuisine inventive.

France et Angleterre

3 quai Albert Pichon – ℰ 05 56 59 01 20 *– contact@hoteldefrance-angleterre.com*
– Fax 05 56 59 02 31 – Fermé 15 déc.-6 janv.
29 ch – ♦56/72 € ♦♦56/72 €, ⊆ 10 € – ½ P 62/67 € – **Rest** *– (fermé dim. de nov. à fév.)* Menu 15 € (déj. en sem.), 20/39 € – Carte 33/53 €

♦ Bâtisse du 19ᵉ s. située sur les quais. Chambres pratiques bien rénovées ; en façade, elles offrent une jolie vue sur la Gironde. Salle à manger actuelle et véranda où l'on sert cuisine traditionnelle et plats du terroir.

Vignoble 🏠 ॐ

3 quai Albert Pichon – Fermé 15 déc.-6 janv.
20 ch – ♦87/100 € ♦♦87/103 €, ⊆ 10 € – ½ P 76/80 €

♦ Cette annexe moderne abrite des chambres fonctionnelles, décorées sur le thème du vignoble. Balcon ou terrasse de plain-pied avec un coin de verdure. Espace séminaire complet.

Café Lavinal

à Bages, pl. Desquet – ℰ 05 57 75 00 09 *– cafelavinal@bordeauxsaveurs.com*
– Fax 05 57 75 00 10 – Fermé 24 déc.-3 fév. et dim. soir
Rest *– Carte 27/43 €*

♦ Joli bistrot "néo-rétro" créé en 2006 au centre de Pauillac. Le chef argentin prépare ses plats traditionnels sous vos yeux. Ardoise du jour et vins locaux de propriété.

PAVILLON (COL DU) – 69 Rhône – 327 F3 – rattaché à Cours

PAYRAC – 46 Lot – 337 E3 – 564 h. – alt. 320 m – ✉ 46350

28 **B1**

- ▣ Paris 530 – Brive-la-Gaillarde 53 – Cahors 48 – Figeac 60
  – Sarlat-la-Canéda 32
- ▣ Syndicat d'initiative, avenue de Toulouse ℰ 05 65 37 94 27,
  Fax 05 65 37 94 27

Hostellerie de la Paix

– ℰ 05 65 37 95 15 *– host.la.paix@escalotel.com – Fax 05 65 37 90 37*
– Ouvert mars-oct.
50 ch – ♦45/86 € ♦♦51/86 €, ⊆ 8 € – ½ P 43/50 € – **Rest** – Menu 15 € (sem.)/30 €

♦ Attrayante façade de pierre pour cet ancien relais de poste dont les chambres, fonctionnelles et pratiques, tournent presque toutes le dos à la route. Salles à manger rustiques et véranda où l'on propose des recettes du Quercy (poulet au verjus, tourin, etc.).

PÉGOMAS – 06 Alpes-Maritimes – 341 C6 – 5 794 h. – alt. 18 m –
✉ 06580

42 **E2**

- ▣ Paris 896 – Cannes 12 – Draguignan 59 – Grasse 9 – Nice 41 – St-Raphaël 38
- ▣ Office de tourisme, 287, avenue de Grasse ℰ 04 92 60 20 70,
  Fax 04 92 60 20 66

Le Bosquet sans rest

chemin des Périssols, rte de Mouans-Sartoux – ℰ 04 92 60 21 20
– hotel.lebosquet@wanadoo.fr – Fax 04 92 60 21 49 – Fermé 15 janv.-1er fév.
23 ch – †45/48 € ††48/70 €, ⊏ 7 €
♦ Accueil empressé, atmosphère paisible du parc arboré, tenue méticuleuse et confitures maison : un petit hôtel où l'on se sent bien. Chambres ou studios.

L'Écluse

au bord de la Siagne – ℰ 04 93 42 22 55 – ecluse@wanadoo.fr – Fax 04 93 40 72 65
– Fermé nov., en sem. du 30 sept. au 15 avril du 16 avril au 30 sept.
Rest – Menu (17 €), 25/30 € – Carte 31/38 €
♦ Restaurant apprécié pour sa simplicité, son ambiance décontractée et sa grande terrasse au bord de l'eau qui lui donne un petit air de guinguette. Cuisine traditionnelle.

à St-Jean Sud-Est : 2 km par D 9 – ⊠ 06550 La Roquette-sur-Siagne

Les Chasseurs sans rest

1175 av. République – ℰ 04 92 19 18 00 – hoteldeschasseurs@wanadoo.fr
– Fax 04 92 19 19 61 – Fermé 25 oct.-16 nov.
17 ch – †30/40 € ††45/55 €, ⊏ 7 €
♦ Chambres simples, déjà anciennes, mais d'une tenue sans défaut ; celles sur l'arrière sont plus calmes. Une étape à prix doux... à deux tours de roue de Cannes !

PEILLON – 06 Alpes-Maritimes – 341 F5 – 1 227 h. – alt. 200 m – ⊠ 06440
Côte d'Azur   42 **E2**

🚗 Paris 947 – Contes 14 – L'Escarène 14 – Menton 38 – Monaco 29 – Nice 20
    – Sospel 34

🛈 Syndicat d'initiative, 620, avenue de l'Hôtel de Ville ℰ 04 93 91 98 34,
    Fax 04 93 79 87 65

◎ Village★ - Fresques★ dans la chapelle des Pénitents Blancs.

Auberge de la Madone (Christian et Thomas Millo) ঙ

– ℰ 04 93 79 91 17 – auberge.de.la.madone@
wanadoo.fr – Fax 04 93 79 99 36 – Fermé 6 nov.-22 déc. et merc.
14 ch – †90/180 € ††95/200 €, ⊏ 22 € – 3 suites – ½ P 155/165 €
Rest – Menu (32 €), 49 € (sem.)/90 € – Carte 67/109 €
Spéc. Filets de rougets juste saisis, haricots cocos confits à la tomate. Pavé de loup de mer cuit en infusion de lait d'amande et verveine (avril à oct.). Agneau des Alpilles en deux cuissons. **Vins** Bellet, Vin de pays des Alpes Maritimes.
♦ Cette auberge de caractère entourée d'un jardin fleuri abrite des chambres soignées et calmes. Belle cuisine régionale servie dans une coquette salle à manger provençale ou sur la jolie terrasse tournée vers le délicieux village perché sur son piton rocheux.

Lou Pourtail ঙ

accueil à l'Auberge de la Madone – ℰ 04 93 79 91 17 – Fax 04 93 79 99 36
– Fermé 6 nov.-22 déc., 7-31 janv. et merc.
6 ch – †40/68 € ††40/68 €, ⊏ 14 € – **Rest** – (ouvert mai-sept.) (déj. seult)
Menu 30/35 €
♦ Le charme d'une maison ancienne – murs chaulés, voûtes ou hauts plafonds, mobilier campagnard – à l'entrée du village-crèche. Chambres simples, sans TV. Petite salle à manger rustique et, à la belle saison, tables dressées dans le jardin. Produits du terroir.

PEISEY-NANCROIX – 73 Savoie – 333 N4 – 614 h. – alt. 1 320 m – ⊠ 73210
Alpes du Nord   45 **D2**

🚗 Paris 635 – Albertville 55 – Bourg-St-Maurice 13

🛈 Office de tourisme, place de Roscanvel ℰ 04 79 07 88 67

La Vanoise ঙ

à Plan Peisey – ℰ 04 79 07 92 19 – hotel-la-vanoise@wanadoo.fr
– Fax 04 79 07 97 48 – Ouvert 1er juil.-31 août et 18 déc.-28 avril
33 ch – †55/70 € ††70/110 €, ⊏ 11 € – ½ P 65/95 € – **Rest** – Menu 22 € – Carte 26/36 €
♦ Jolie vue sur le dôme de Bellecôte depuis ce bâtiment abritant d'agréables chambres régionales (bois, tissus colorés) ; celles orientées au Sud ont un balcon. Chaleureux lambris, recettes savoyardes et belle flambée : pas de doute, vous êtes à la montagne !

✗ L'Armoise   🛜 *VISA* **MO** AE ◑

à Plan-Peisey, Ouest : 4,5 km – 𝒞 *04 79 07 94 24 – cycomte @ wanadoo.fr*
– Fax 04 79 07 94 24 – Ouvert 7 juil.-31 août, 15 déc.-25 avril et fermé dim. midi,
lundi midi, mardi midi du 15 déc. au 25 avril et lundi soir en juil.-août
Rest – Menu 19 € (déj.), 29/50 € – Carte 15/56 €

♦ Adresse simple et sans prétention en plein cœur de la petite station. Un menu traditionnel et le plat du jour à midi ; beau choix de spécialités savoyardes le soir.

PELVOUX (Commune de) – 05 Hautes-Alpes – 334 G3 – 404 h. – alt. 1 260 m
– **Sports d'hiver : 1 250/2 300 m** 💺7 🎿 – ⊠ 05340 ▮ **Alpes du Sud**   41 **C1**
   🅓 Paris 702 – L'Argentière-la-Bessée 11 – Briançon 22 – Gap 84 – Guillestre 32
   ◎ Route des Choulières : ⩽★★ E.

Ailefroide – alt. 1 510 m – ⊠ 05340 Pelvoux
   ◎ Pré de Madame Carle : paysage★★ NO : 6 km.

🏠 Chalet Hôtel d'Ailefroide ॐ   ⩽ 🚗 🛜 **P** *VISA* **MO**

– 𝒞 *04 92 23 32 01 – contact @ chalethotel-ailefroide.com – Fax 04 92 23 49 97*
– Ouvert 14 juin-7 sept.
24 ch – ✚37/48 € ✚✚42/64 €, ⌸ 7,50 € – ½ P 38/48 € – **Rest** – Menu 20/23 €
– Carte 21/31 €

♦ Petite adresse bien connue des randonneurs. Vous serez hébergé dans des chambres simples et pas très grandes ; certaines sont relookées à la mode montagnarde. Sauna, jacuzzi. Près de la cheminée ou dans le jardin, table conviviale et roborative.

PÉNESTIN – 56 Morbihan – 308 Q10 – 1 527 h. – alt. 20 m – ⊠ 56760   10 **C3**
   🅓 Paris 458 – La Baule 29 – Nantes 84 – La Roche-Bernard 18 – St-Nazaire 43
     – Vannes 48
   🅘 Office de tourisme, allée du Grand Pré 𝒞 02 99 90 37 74, Fax 02 99 90 47 08
   ◎ Pointe du Bile ⩽★ S : 5 km, ▮ Bretagne.

🏠 Loscolo ॐ   ⩽ 🚗 🛜 **P** *VISA* **MO**

Pointe de Loscolo, Sud-Ouest : 4 km – 𝒞 *02 99 90 31 90 – hotelloscolo @ neuf.fr*
– Fax 02 99 90 32 14 – Ouvert 25 avril-2 nov.
14 ch – ✚49/101 € ✚✚57/109 €, ⌸ 14 € – ½ P 78/104 € – **Rest** – *(fermé merc.)*
(dîner seult) Menu 35 €

♦ Séjour calme et iodé à la pointe de Loscolo, chez l'inventeur de la machine à ouvrir les huîtres, dans des chambres sobrement aménagées, presque toutes tournées vers le large. Salle à manger aux douces tonalités et cuisine aux saveurs océanes.

PENHORS – 29 Finistère – 308 E7 – **rattaché à Pouldreuzic**

PENNEDEPIE – 14 Calvados – 303 N3 – **rattaché à Honfleur**

PENVÉNAN – 22 Côtes-d'Armor – 309 C2 – 2 434 h. – alt. 70 m –
⊠ 22710   9 **B1**
   🅓 Paris 521 – Guingamp 34 – Lannion 16 – St-Brieuc 70 – Tréguier 8
   🅘 Syndicat d'initiative, 12, place de l'Église 𝒞 02 96 92 81 09

✗ Le Crustacé   *VISA* **MO**

2, r de la poste – 𝒞 *02 96 92 67 46 – Fermé 1ᵉʳ-15 nov., 1ᵉʳ-15 janv., lundi*
😊 *en juil.-août, dim. soir, mardi soir et merc. de sept. à juin*
Rest – Menu 17/37 € – Carte 30/58 €

♦ En face de l'église, petit restaurant familial où l'on cultive le sens de l'accueil dans une salle rustique, simple et bien tenue. Cuisine traditionnelle et produits de la mer.

PENVINS – 56 Morbihan – 308 O9 – **rattaché à Sarzeau**

PERI – 2A Corse-du-Sud – 345 C7 – **voir à Corse**

PÉRIGNAC – 17 Char.-Mar. – 324 H6 – **rattaché à Pons**

PÉRIGNAC – 16 Charente – 324 K7 – **508 h.** – **alt. 164 m** – ⊠ 16250   39 **C3**

🄳 Paris 485 – Poitiers 147 – Angoulême 28 – Cognac 51 – Soyaux 32

⌂ **Château de Lerse** ⌇   🎜 ℙ

2 km au Sud par D 10 – 𝒞 05 45 60 32 81 – fl.lafargue@wanadoo.fr
– Ouvert mai-sept.
3 ch ⌣ – †80/100 € ††90/110 € – **Table d'hôte** – Menu 30 € bc
♦ Dans un vaste domaine champêtre, ce petit château fortifié (13ᵉ s.) vous promet un
moment convivial. Chambres spacieuses et classiques. Cuisine du terroir de produits
du potager servie dans une salle à manger d'époque (grande cheminée, portraits
d'ancêtres).

PÉRIGNAT-LÈS-SARLIÈVE – 63 Puy-de-Dôme – 326 F8 – **rattaché à
Clermont-Ferrand**

PÉRIGNY – 86 Vienne – 322 H5 – **rattaché à Poitiers**

PÉRIGUEUX ℙ – 24 Dordogne – 329 F4 – **30 193 h.** – **alt. 86 m** – ⊠ 24000
▍Périgord   4 **C1**

🄳 Paris 482 – Agen 138 – Bordeaux 128 – Limoges 96 – Poitiers 198
🄴 Office de tourisme, 26, place Francheville 𝒞 05 53 53 10 63,
Fax 05 53 09 02 50
🄶 de Périgueux à Marsac-sur-l'Isle Domaine de Saltgourde, par rte
d'Angoulême : 5 km, 𝒞 05 53 53 02 35.
◉ Cathédrale St-Front★★, église Saint-Étienne de la Cité★ – Quartier
St-Front★★★ : rue Limogeanne★ BY, escalier★ Renaissance de l'hôtel de
Lestrade (rue de la sagesse) BY - Galerie Daumesnil★ face au nº 3 de la rue
Limogeanne - Musée du Périgord★ CY **M²**.

Plans pages suivantes

🏨 **Mercure** sans rest   🕪 ᴋ ᴀᴋ ⇄ ☏ ᴎ 🆅🅸🆂🅰 ◍ ᴀᴇ ⓞ
7 pl. Francheville – 𝒞 05 53 06 65 00 – h6237@accor.com
– Fax 05 53 07 20 33   BZ **e**
66 ch – †80/100 € ††92/112 €, ⌣ 13 €
♦ Adossé à une façade en pierre de taille classée, cet hôtel flambant neuf jouit d'une bonne
situation, face à un jardin et à un multiplex. Agréables chambres contemporaines.

🏨 **Bristol** sans rest   🕪 ᴀᴋ ⇄ ☏ ℙ 🆅🅸🆂🅰 ◍ ᴀᴇ
37 r. A. Gadaud – 𝒞 05 53 08 75 90 – hotel@bristolfrance.com
– Fax 05 53 07 00 49 – Fermé 20 déc.-3 janv.   BY **u**
29 ch – †59/68 € ††66/76 €, ⌣ 8 €
♦ Cet hôtel proche du centre et des curiosités touristiques abrite des chambres
peu à peu refaites, assez bien insonorisées et de bonne dimension (sauf 6). Tenue exemplaire.

🍴🍴🍴 **Le Rocher de l'Arsault**   ᴋ ᴀᴋ ⅋ ⇄ ℙ 🆅🅸🆂🅰 ◍ ᴀᴇ ⓞ
15 r. L'Arsault – 𝒞 05 53 53 54 06 – rocher.arsault@wanadoo.fr
– Fax 05 53 08 32 32 – Fermé 14 juil.-10 août et dim. soir   CY **s**
Rest – Menu (20 €), 27/79 € – Carte 30/104 €
♦ Longue bâtisse adossée au rocher où l'un des murs des coquettes salles à manger
colorées laisse apparaître la pierre. Beaux salons particuliers. Cuisine du terroir.

🍴🍴 **Le Clos St-Front**   ᴛ ⇄ 🆅🅸🆂🅰 ◍ ᴀᴇ
5, 7 r. de la Vertu – 𝒞 05 53 46 78 58 – leclossaintfront@wanadoo.fr
– Fax 05 53 46 78 20 – Fermé 28 janv.-10 fév., dim. soir et lundi hors saison
Rest – Menu 26/60 € bc – Carte 36/48 €   CY **r**
♦ Deux monumentales cheminées et des œuvres d'art contemporaines ornent ce
restaurant plutôt agréable. Cuisine mêlant exotisme et saveurs du terroir, terrasse sous les
tilleuls.

PÉRIGUEUX

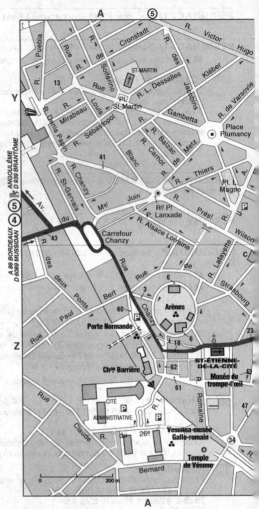

Hercule Poireau
XX

2 r. Nation – ☏ 05 53 08 90 76 – Fermé 5-18 janv., mardi soir
en hiver et merc.   CZ **r**

Rest – Menu 20/36 € – Carte 39/61 €

♦ On s'attable dans une salle rustique (poutres, pierres) ou dans un ancien caveau (voûtes
du 16e s.) pour déguster des plats régionaux revus et corrigés par le chef.

La Taula
XX

3 r. Denfert-Rochereau – ☏ 05 53 35 40 02 – lataula@laposte.net
– Fax 05 53 35 40 02 – Fermé 1er-7 juil. et lundi sauf du 15 juil.
au 30 sept.   BZ **k**

Rest – Menu (16 €), 27/32 € – Carte 37/43 €

♦ Accueillante salle de restaurant en longueur, appétissante cuisine régionale,
pâtés, terrines et cous farcis maison : cette "Taula" (table en patois local) a bien des
atouts.

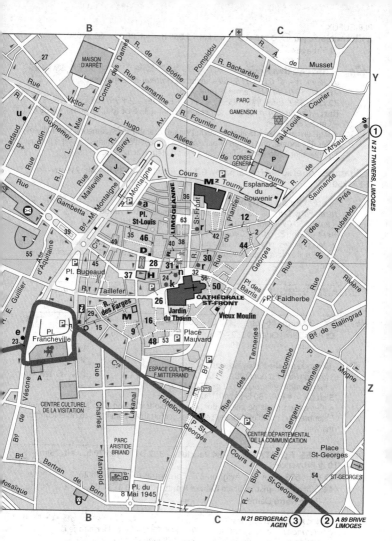

Le Fou du Roy

XX

2 r. Montaigne – ℰ *05 53 09 43 77 – Fermé lundi midi, sam. midi et dim.*

Rest *–(nombre de couverts limité, prévenir) Menu 23/35 €–Carte 43/53 €*   BY **a**

◆ Bon accueil dans ce restaurant à la décoration rustique qui propose une cuisine actuelle. Amour des produits de la mer. Menus à thèmes, dont un "tout Saint-Jacques" en saison.

L'Essentiel (Eric Vidal)

X
ε3

8 r. de la Clarté – ℰ *05 53 35 15 15 – Fax 05 53 35 15 15 – Fermé vacances de Pâques, vacances de la Toussaint, 1er-15 janv., dim. et lundi*   BZ **n**

Rest *– (nombre de couverts limité, prévenir) Menu 21 € (déj. en sem.), 31/48 € – Carte 49/56 €*

Spéc. Foie gras rôti, gnocchi au jus de viande. Pigeon cuit en cocotte rosé, polenta blanche crémeuse. Fine tartelette aux fruits du moment.

◆ Derrière cette discrète façade, deux petites salles et une excellente surprise : une cuisine actuelle tout en finesse et une cave recelant les meilleures signatures régionales.

1427

à Chancelade par ⑤, D 710 et D 1 : 5,5 km – 3 865 h. – alt. 88 m – ✉ 24650
◎ Abbaye★.

🏰 **Château des Reynats** 🎵 🍴 🗗 💥 🗗 💥 🍴 ⚓ ℙ 𝗩𝗜𝗦𝗔 ⓜⓒ ᴀᴇ ⓘ
*av. Reynats – ℰ 05 53 03 53 59 – reynats @ chateau-hotel-perigord.com
– Fax 05 53 03 44 84 – Fermé 1ᵉʳ janv.-7 fév.*
32 ch – ♦82/255 € ♦♦82/255 €, ⌂ 14 € – 5 suites – ½ P 79/166 €
Rest – *(fermé sam. midi, dim. soir et lundi)* Menu 35 € bc (déj. en sem.), 48/65 €
– Carte 78/99 € ❀
◆ Dans un parc arboré, beau château du 19ᵉ s. aux chambres très joliment personnalisées ;
celles de l'annexe, plus petites et plus sobres, viennent d'être refaites. La salle à manger,
typiquement "châtelaine", a fière allure. Plats du terroir actualisés.

à Champcevinel au Nord : 5 km par av. G. Pompidou CY – 2 335 h. – alt. 210 m –
✉ 24750

🍴🍴🍴 **La Table du Pouyaud** 🍴 ⇔ ℙ 𝗩𝗜𝗦𝗔 ⓜⓒ
*rte de Paris, D 8 – ℰ 05 53 09 53 32 – latablepouyaud @ yahoo.fr
– Fax 05 53 09 50 48 – Fermé dim. soir, lundi soir et mardi*
Rest – Menu 30/70 € – Carte 49/77 €
◆ Murs jaunes égayés de tableaux, jolies chaises en rotin et tables rondes bien
dressées : l'ex-ferme abrite désormais un confortable restaurant. Plats du terroir à l'honneur.

PERNAND-VERGELESSES – 21 Côte-d'Or – 320 J7 – rattaché à Beaune

---

PERNAY – 37 Indre-et-Loire – 317 L4 – 866 h. – alt. 76 m – ✉ 37230   11 **B2**
🅳 Paris 256 – Orléans 132 – Tours 21 – Joué-lès-Tours 26
– Saint-Cyr-sur-Loire 19

⌂ **Domaine de l'Hérissaudière** sans rest ⊗ 🎵 🗗 💥 ⚓ ᴀⓒ ⊬
3 km au Nord-Est par D 48 – ℰ 02 47 55 95 28   💥 ⚓ ℙ 𝗩𝗜𝗦𝗔 ⓜⓒ
– lherissaudiere @ aol.com – Fax 02 47 55 97 45
5 ch ⌂ – ♦130/150 € ♦♦140/160 €
◆ Cet ancien relais de chasse du 17ᵉ s. est blotti dans un parc aux essences rares.
Chambres aux meubles d'époque et salons confortables. Buffet très complet (confitures
maison).

PERNES-LES-FONTAINES – 84 Vaucluse – 332 D10 – 10 170 h. – alt. 75 m –
✉ 84210 ▮ Provence   42 **E1**
🅳 Paris 685 – Apt 43 – Avignon 23 – Carpentras 6 – Cavaillon 20
🅸 Office de tourisme, place Gabriel Moutte ℰ 04 90 61 31 04
◎ Porte Notre-Dame★.

🏨 **L'Hermitage** sans rest ⊗ 🎵 🗗 🕻 ⚓ ℙ 𝗩𝗜𝗦𝗔 ⓜⓒ ᴀᴇ ⓘ
*614 Grande Rte de Carpentras – ℰ 04 90 66 51 41 – hotel-lhermitage @
wanadoo.fr – Fax 04 90 61 36 41 – Ouvert 1ᵉʳ mars-15 nov.*
20 ch – ♦68/79 € ♦♦68/79 €, ⌂ 9,50 €
◆ Belle demeure datant de 1890 au milieu d'un parc. Ambiance méditerranéenne colorée
dans les chambres, confort bourgeois et meubles de style dans les salons.

🍴 **Au Fil du Temps** (Frédéric Robert) 🍴 ᴀⓒ 💥 𝗩𝗜𝗦𝗔 ⓜⓒ
❀ *pl. L. Giraud, (face au centre culturel) – ℰ 04 90 66 48 61
– fildutemp @ wanadoo.fr – Fax 04 90 66 48 61
– Fermé 27 oct.-5 nov., 23 déc.-7 janv., 24 fév.-4 mars, dim. midi et sam. midi de juil.
à sept., mardi d'oct. à juin et merc.*
Rest – *(nombre de couverts limité, prévenir)* Menu 35 € (déj. en sem.), 52/72 €
– Carte 46/62 €
Spéc. Saumon mariné à la badiane. Potage parmentier aux truffes (hiver). Crème
brûlée au thym (été). **Vins** Vacqueyras, Côtes du Ventoux.
◆ Cette auberge toute simple située au cœur de la "perle du Comtat" abrite une salle à
manger sagement provençale. Vous y savourerez une cuisine du Sud actualisée.

au Nord-Est 4 km par D 1 et rte secondaire – ⊠ 84210 Pernes-les-Fontaines

XX **Mas La Bonoty** avec ch ⟷   🚗 🏠 ⚒ 👌 **P** 🆅🅸🆂🅰 ⓂⓄ 🅰🅴 ⑩
chemin de la Bonoty – ℰ 04 90 61 61 09 – infos@bonoty.com – Fax 04 90 61 35 14
– Fermé 3 nov.-7 déc. et 7 janv.-10 fév.
8 ch ⊑ – †62/95 € ††62/95 € – ½ P 66/84 € – **Rest** – *(fermé mardi sauf le soir
d'avril à sept. et lundi)* Menu (22 €), 41/55 € – Carte 51/64 €
◆ Près du village aux 36 fontaines, bergerie du 17ᵉ s. au charme préservé : pierres et poutres
dans la salle à manger, sol en tomettes et mobilier campagnard dans les chambres.

PÉRON – 01 Ain – 328 I3 – 1 579 h. – alt. 524 m – ⊠ 01630   45 **C1**
🄳 Paris 521 – Annecy 53 – Bellegarde-sur-Valserine 19 – Bourg-en-Bresse 89
– Gex 21

XX **Auberge Communale La Fruitière** avec ch ⟷   🏠 🕮 👌 ⚘
⊘   *39 pl. St-Antoine* – ℰ 04 50 56 83 70   👌 **P** 🆅🅸🆂🅰 ⓂⓄ
– Fax 04 50 56 83 74 – Fermé 8-28 août
😊   **7 ch** – †44 € ††46 €, ⊑ 6 € – ½ P 66 € – **Rest** – *(fermé mardi et merc.)*
Menu 16 € (déj. en sem.), 26/46 € – Carte 31/49 €
🍽   ◆ Berthes à lait peintes et grosse baratte en bois témoignent du passé de cette ancienne
fruitière rénovée. Coquette salle à manger moderne et chambres neuves. Menus régionaux.

PÉRONNAS – 01 Ain – 328 E3 – **rattaché à Bourg-en-Bresse**

PÉRONNE 👁 – 80 Somme – 301 K8 – 8 380 h. – alt. 52 m – ⊠ 80200
▊ Nord Pas-de-Calais Picardie   37 **C1**
🄳 Paris 141 – Amiens 58 – Arras 48 – Doullens 54 – St-Quentin 30
🄵 Office de tourisme, 1, rue Louis XI ℰ 03 22 84 42 38, Fax 03 22 85 51 25
◎ Historial de la Grande Guerre ★★.

🏨 **St-Claude**   🏠 🕮 ⚘ 🕍 🆅🅸🆂🅰 ⓂⓄ 🅰🅴
42 pl. du Cdt-L.-Daudré – ℰ 03 22 79 49 49 – hotel.saintclaude@wanadoo.fr
⊘   – Fax 03 22 79 10 57
40 ch – †80 € ††105 €, ⊑ 12 € – 2 suites – ½ P 85 € – **Rest** – Menu 16 € (déj. en
sem.)/30 € – Carte 26/49 €
◆ Cet hôtel du centre-ville a été entièrement rénové et modernisé. Les chambres, simples
et confortables, sont de bonnes dimensions. Joli cadre aux notes actuelles, pour une
ambiance feutrée au restaurant. Carte au goût du jour.

à Rancourt par ① et ND 1017 : 10 km – 144 h. – alt. 143 m – ⊠ 80360

🏨 **Le Prieuré**   🍴 👌 👌 🕍 **P** 🆅🅸🆂🅰 ⓂⓄ 🅰🅴
24 rte nationale – ℰ 03 22 85 04 43 – contact@hotel-le-prieure.fr
⊘   – Fax 03 22 85 06 69
27 ch – †64/70 € ††67/72 €, ⊑ 8 € – ½ P 63/69 € – **Rest** – Menu 14 €
(sem.)/43 € – Carte 27/57 €
◆ Architecture d'inspiration mauresque abritant des chambres personnalisées,
plus spacieuses sur l'arrière. Au détour d'une arche, découvrez le bar écossais. Cuisine
traditionnelle et régionale, à apprécier dans une salle élégante habillée de pierres et de
briques.

Aire d'Assevillers sur A 1 par ②, rte d'Amiens (D 1029) et rte secondaire : 15 km
– ⊠ 80200 Péronne

🏨 **Mercure**   🏠 🕮 👌 🄰🄲 ⚘ 👌 🕍 **P** 🆅🅸🆂🅰 ⓂⓄ 🅰🅴 ⑩
– ℰ 03 22 85 78 30 – mercure-peronne@wanadoo.fr – Fax 03 22 85 78 31
⊘   **79 ch** – †70/98 € ††85/115 €, ⊑ 13 € – **Rest** – grill Menu 16/22 € – Carte
23/35 €
◆ Imposant bâtiment des années 1970. Grandes chambres fonctionnelles, progressivement rénovées et bien agencées. Bonne insonorisation. Au programme du restaurant :
grillades, buffet d'entrées et service continu de 11 à 23 heures.

PÉROUGES – 01 Ain – 328 E5 – 1 103 h. – alt. 290 m – ⊠ 01800

44 **B1**

Lyon et la vallée du Rhône

> ▶ Paris 460 – Bourg-en-Bresse 39 – Lyon 37 – Villefranche-sur-Saône 58
>
> ⓘ Syndicat d'initiative, entrée de la Cité ℰ 04 74 46 70 84,
> Fax 04 74 46 70 84
>
> ⛳ de la Sorelle à Villette-sur-Ain Domaine de Gravagneux, N : 12 km par D 984,
> ℰ 04 74 35 47 27.
>
> ◎ Cité★★ : place de la Halle★★★.

Ostellerie du Vieux Pérouges ⑤   🚗 🖻 🅿 📶 VISA 🐵 AE

– ℰ 04 74 61 00 88 – thibaut @ ostellerie.com – Fax 04 74 34 77 90
– Fermé 9-22 fév.
13 ch – 🛉125 € 🛉🛉220 €, � 15 € – 2 suites – ½ P 150/170 €
Rest – Menu 40/62 € – Carte 39/74 €

♦ Admirables bâtisses de style gothico-Renaissance réparties dans tout le village.
Chambres alliant mobilier ancien (quelques lits à baldaquin) et confort moderne.
Cadre médiéval ou ambiance bourgeoise au restaurant ; plats du terroir dont la fameuse galette.

Le Pavillon 🏠 ⑤   VISA 🐵 AE

13 ch – 🛉80 € 🛉🛉120 €, ⊊ 15 € – ½ P 110 €

♦ À quelques mètres de l'Ostellerie, chambres plus simplement meublées et avant tout pratiques ; celles de l'annexe offrent un meilleur niveau de confort.

> Retrouvez tous les "Bibs Gourmands" ⑱ dans notre guide
> des "Bonnes Petites Tables du guide Michelin".
> Pour bien manger à prix modérés, partout en France !

PERPIGNAN ℙ – 66 Pyrénées-Orientales – 344 I6 – 105 115 h.
– Agglo. 162 678 h. – alt. 60 m – Casino : à Port-Barcarès – ⊠ 66000

22 **B3**

Languedoc Roussillon

> ▶ Paris 848 – Andorra-la-Vella 170 – Béziers 94 – Montpellier 156
> – Toulouse 204
>
> ✈ de Perpignan-Rivesaltes : ℰ 04 68 52 60 70, par ① : 6 km.
>
> ⓘ Office de tourisme, place Armand Lanoux ℰ 04 68 66 30 30,
> Fax 04 68 66 30 26
>
> ◎ Le Castillet★ - Loge de mer★ BY K - Hôtel de ville★ BY H - Cathédrale
> St-Jean★ - Palais des rois de Majorque★ - Musée numismatique
> Joseph-Puig★ - Place Arago : maison Julia★.

Plans pages suivantes

Villa Duflot   🕭 🎨 ⍔ & ch, 📶 📞 🕯 🅿 VISA 🐵 AE ①

rd-pt Albert Donnezan, par ④, dir.autoroute : 3 km – ℰ 04 68 56 67 67
– contact @ villa-duflot.com – Fax 04 68 56 54 05
24 ch – 🛉120/160 € 🛉🛉120/160 €, ⊊ 13 € – ½ P 108/128 €
Rest – Menu (25 € bc), 31 € bc (déj. en sem.)/40 € – Carte 39/48 €

♦ Cadre lumineux et élégant (statues contemporaines), grandes chambres au mobilier Art déco côté patio ou côté parc : un petit havre de verdure... en pleine zone commerciale ! Charme méridional de la cuisine et du restaurant ouvert sur la piscine.

Park Hôtel   📳 & ch, 📶 ↳ 📞 🕯 ⟁ VISA 🐵 AE ①

18 bd J. Bourrat – ℰ 04 68 35 14 14 – contact @ parkhotel-fr.com
– Fax 04 68 35 48 18   CY **y**
69 ch – 🛉65/230 € 🛉🛉75/280 €, ⊊ 10 €
Rest Chapon Fin – (fermé 14-31 août, 1ᵉʳ-27 janv., lundi midi, vend. midi, sam.
midi et dim.) Menu (22 € bc), 35/70 € – Carte 54/85 €

♦ L'Espagne s'invite dans cet hôtel proche du square Bir Hakeim. Chambres colorées
– certaines dotées de pittoresques lits majorquins – et très bien tenues. Belles boiseries et
faïences assistent aux repas du Chapon Fin, préparés avec des produits du terroir.

Le Mas des Arcades ⏝ ☌ ⌷ & ch, ☒ ※ 🐾 ℙ ☁ 𝚅𝙸𝚂𝙰 ⓌⓈ

840 av. d'Espagne, par ④ : 2 km sur N 9 ✉ *66100 –* ☏ *04 68 85 11 11 – contact@ hotel-mas-des-arcades.fr – Fax 04 68 85 21 41*

60 ch – ♦85 € ♦♦85/125 €, ⌷ 12 € – 3 suites – **Rest** – *(fermé vend. midi et sam. midi)* Menu (20 €), 28/60 € – Carte 39/50 €

♦ Ensemble des années 1980 accueillant la clientèle internationale en toutes commodités. Pimpantes chambres rénovées, la moitié avec balcon côté piscine. Courts de tennis. Au restaurant, jardin d'hiver, choix classico-traditionnel et grillades d'été en plein air.

New Christina ☌ ⌷ & ch, ☒ ※ rest, 🐾 ☁ 𝚅𝙸𝚂𝙰 ⓌⓈ

51 cours Lassus – ☏ *04 68 35 12 21 – info@hotel-newchristina.com – Fax 04 68 35 67 01 – Fermé 20 déc.-5 janv.* CY **w**

25 ch – ♦70/76 € ♦♦72/92 €, ⌷ 10 € – ½ P 70 €

Rest – *(fermé 1ᵉʳ août-8 sept., sam., dim. et fériés) (dîner seult)* Menu 21/25 € – Carte 24/34 €

♦ Chambres fonctionnelles d'allure simple (murs crépis, mobilier en bois cérusé). Pour la détente : petite piscine sur le toit, jacuzzi, hammam et bar. Salle à manger façon "bistrot moderne" et recettes traditionnelles présentées sur ardoise.

Ibis ⌷ & ch, ☒ ⇝ 🐾 ⛾ ℙ 𝚅𝙸𝚂𝙰 ⓌⓈ 𝙰𝙴 ①

16 cours Lazare Escarguel – ☏ *04 68 35 62 62 – h1045-gm@accor.com – Fax 04 68 35 13 38* AY **a**

100 ch – ♦70/72 € ♦♦70/72 €, ⌷ 7,50 €

Rest – buffet *(fermé sam. midi et dim. midi)* Menu (13 €), 16 € – Carte 25/34 €

♦ Entre vieille ville et "centre du monde" (selon Salvador Dali), chambres rénovées selon les standards Ibis, bien tenues et insonorisées. Salon-bar assez cossu. Cuisine de buffets et plats simples servis dans un cadre frais et coloré.

Kyriad sans rest ⌷ & ☒ ⇝ 🐾 ⛾ 𝚅𝙸𝚂𝙰 ⓌⓈ 𝙰𝙴 ①

8 bd Wilson – ☏ *04 68 59 25 94 – kyriad.perpignan@wanadoo.fr – Fax 04 68 61 57 70*

38 ch – ♦69/140 € ♦♦75/160 €, ⌷ 9 € – 11 suites BY **t**

♦ Nouvelle enseigne pour l'ex-Windsor entièrement rénové. Mobilier fonctionnel en bois roux dans les chambres. Une suite décorée à la catalane. Cour intérieure ornée d'une fontaine.

La Passerelle ☒ ⇔ 𝚅𝙸𝚂𝙰 ⓌⓈ 𝙰𝙴

1 cours Palmarole – ☏ *04 68 51 30 65 – Fax 04 68 51 90 58 – Fermé 27 avril-4 mai, 10-17 août, 21 déc.-4 janv., lundi midi et dim.* BY **z**

Rest – Menu 30/40 € – Carte 37/49 €

♦ Accueillant restaurant familial posé au bord de la Basse. Ambiance marine raffinée, spécialités de poissons et de crustacés (quelques plats locaux) ; service aimable.

Les Antiquaires ☒ 𝚅𝙸𝚂𝙰 ⓌⓈ 𝙰𝙴 ①

pl. Després – ☏ *04 68 34 06 58 – Fax 04 68 35 04 47 – Fermé 24 juin-13 juil., dim. soir et lundi* BZ **u**

Rest – Menu 24/43 € – Carte 31/54 €

♦ Sympathique adresse du vieux Perpignan décorée d'objets anciens chinés chez les antiquaires voisins. Dans l'assiette, cuisine catalane.

La Galinette (Christophe Comes) ☒ 𝚅𝙸𝚂𝙰 ⓌⓈ

23 r. Jean Payra – ☏ *04 68 35 00 90 – Fax 04 68 35 15 20 – Fermé 15 juil.-15 août, 22 déc.-5 janv., dim. et lundi* BY **e**

Rest – Menu 17 € (déj. en sem.)/50 € – Carte 48/62 € ⸙

Spéc. Déclinaison de Saint-Jacques (nov. à mars). Thon rouge de méditerranée. Dorade royale sauvage aux artichauts violets (fév. à avril). **Vins** Vin de pays des Pyrénées Orientales, Collioure.

♦ Mobilier contemporain, moulures et tables joliment dressées : un décor soigné où l'on se régale de belles spécialités de poissons escortées d'un choix complet de vins régionaux.

par ① près échangeur Perpignan-Nord 10 km – ✉ **66600 Rivesaltes**

Novotel ⇝ ⏝ ☌ & ch, ☒ ⇝ 🐾 ⛾ ℙ ℙ 𝚅𝙸𝚂𝙰 ⓌⓈ 𝙰𝙴 ①

– ☏ *04 68 64 02 22 – h0424@accor.com – Fax 04 68 64 24 27*

56 ch – ♦95/138 € ♦♦95/138 €, ⌷ 11 € – **Rest** – Menu (15 €) – Carte 22/39 €

♦ À deux pas de l'autoroute, repos assuré dans cet hôtel entouré de verdure. Chambres pour moitié refaites dans un esprit contemporain zen et bar à la mode catalane. Restaurant face à la piscine, avec terrasse et grillades en été.

PERPIGNAN

à Cabestany 5 km par ③ et D22ᶜ – 8 259 h. – alt. 35 m – ⌧ 66330

🏠 **Les Deux Mas** 🖼 ఉ ch, 🔟 ⅗ rest, 🗄 ⅗A **P** 🖀 **VISA** 🟠🟢 ▵ ①
🔗 *1 r. Madeleine Brès, face Médipôle*
   – ✆ 04 68 50 08 08
   – contact@hotel-les-2-mas.com
   – Fax 04 68 62 32 54
   33 ch – †62/85 € ††82/106 €, ⌧ 12 € – 1 suite – ½ P 65/78 €
   Rest – Menu 18 € (déj. en sem.), 24/42 € – Carte 27/61 €
   ♦ Hôtel très dépaysant : peinture originale en façade (le visage stylisé d'une femme
   endormie), petites chambres colorées de touches mauresques entourant un patio andalou. Cuisine catalane simple dans un cadre ensoleillé.

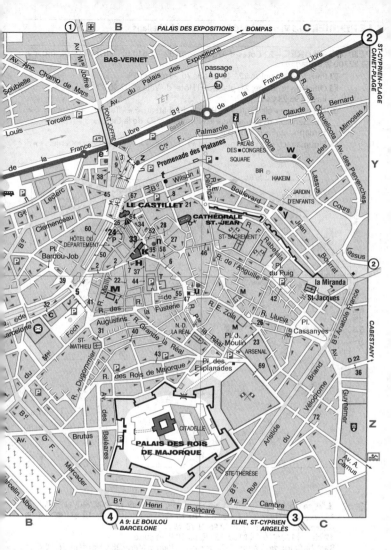

au Sud-Est 5 km par ③ et D 22ᶜ – ⊠66100 Perpignan

⌂ **Domaine du Mas Boluix** sans rest ♨
chemin du Pou de les Colobres –   ⩻ vignes et Canigou, 𝔸𝕂 ↯ ⚒ 𝐏
𝒞 04 68 08 17 70 – Fax 04 68 08 17 71
8 ch ⌓ – †73/82 € ††82/91 €
♦ Chaque chambre de cette maison porte le nom d'un artiste régional et expose une de ses
œuvres. À l'étage, vous jouirez d'une superbe vue sur les vignes et le Canigou.

LE PERREUX-SUR-MARNE – 94 Val-de-Marne – **312** E2 – **106** 20 – **101** 18
– voir à Paris, Environs

PERRIER – 63 Puy-de-Dôme – **326** G9 – **rattaché à Issoire**

PERROS-GUIREC – 22 Côtes-d'Armor – **309** B2 – **7 614 h.** – alt. 60 m – Casino A –
✉ 22700 ▯ Bretagne
9 **B1**

▶ Paris 527 – Lannion 12 – St-Brieuc 76 – Tréguier 19

🖪 Office de tourisme, 21, place de l'Hôtel de Ville ⌀ 02 96 23 21 15,
Fax 02 96 23 04 72

◉ Nef romane★ de l'église B - Pointe du château ≤★ - Table d'orientation ≤★
B E - Sentier des douaniers★★ - Chapelle N.-D. de la Clarté★ 3 km par ② -
Sémaphore ≤★ 3,5 km par ②.

◎ Ploumanach★★ : parc municipal★★, rochers★★ - Sentier des Douaniers★★.

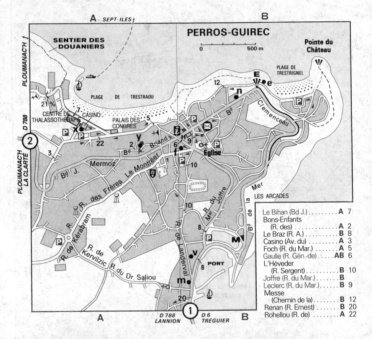

Le Bihan (Bd J.)	**A** 7
Bons-Enfants (R. des)	**A** 2
Le Braz (R. A.)	**B** 8
Casino (Av. du)	**A** 3
Foch (R. du Mar.)	**A** 5
Gaulle (R. Gén.-de)	**AB** 6
L'Héveder (R. Sergent)	**B** 10
Joffre (R. du Mar.)	**B**
Leclerc (R. du Mar.)	**B** 9
Messe (Chemin de la)	**B** 12
Renan (R. Ernest)	**B** 20
Rohellou (R. de)	**A** 22

🏨🏨 **L'Agapa** ⟡   ≤ mer et les îles, 🍴 🖥 🌐 £♨ ₺ 🅰🅲 rest, ↤ 🎾 🐾 🏋
12 r. des Bons Enfants – ⌀ 02 96 49 01 10   🅿 💳 🆎 🆎 ⓪
– hotel@lagapa.com – Fax 02 96 91 16 36   A **y**
47 ch – ♦160/420 € ♦♦160/420 €, ⯑ 18 € – 1 suite
Rest *Le Belouga* – (fermé 3-27 déc. et 7-31 janv.) Menu 28 € bc (déj.), 58/80 € bc
– Carte 51/111 €
♦ Cet hôtel tout de verre, granit et acier surplombant la mer propose des chambres au
design épuré. Un service aimable va de pair avec un confort à la fois zen et high-tech.
Superbe spa. Cuisine actuelle servie au restaurant profitant d'une vue magnifique.

🏨 **Le Manoir du Sphinx** ⟡   ≤ mer et les îles, ⅍ 🖥 🐾 🅿 💳 🆎 🆎
67 chemin de la Messe – ⌀ 02 96 23 25 42 – lemanoirdusphinx@wanadoo.fr
– Fax 02 96 91 26 13 – Fermé 20 nov.-4 déc. et 9-21 fév.   B **e**
20 ch – ♦109/113 € ♦♦117/128 €, ⯑ 10 € – ½ P 103/121 € – **Rest** – (fermé dim.
soir d'oct. à mars, lundi midi et vend. midi sauf fériés) Menu 31/51 € – Carte
44/65 €
♦ Ravissante villa 1900 surplombant la mer. Ses chambres, d'esprit british, contemplent à
loisir la baie et les îles, et son charmant jardin dégringole jusqu'aux rochers. Salle à
manger-véranda panoramique au cadre bourgeois ; carte actuelle à dominante océane.

Les Feux des Îles 🕭   ≼ 🖾 ₺ ch, ⅏ ⓵ 🅿 𝚅𝙸𝚂𝙰 ⑳ 𝙰𝙴 ⓵

53 bd Clemenceau – ℰ *02 96 23 22 94 – feuxdesiles2@wanadoo.fr*
– Fax 02 96 91 07 30 – Fermé 9-15 mars, 12-26 nov., 22 déc.-5 janv., dim. soir et
vend. soir (sauf hôtel) d'oct. à mai   B **n**
18 ch – ♦92/102 € ♦♦110/135 €, ⏗ 12 € – ½ P 90/110 € – **Rest** – *(dîner seult*
sauf dim.) Menu 24/64 € – Carte 36/56 €
♦ Hôtel familial composé d'une maison en pierres et d'une aile récente dont les chambres, plus amples et actuelles, ont vue sur mer et parfois accès direct au jardin. Salle à manger tournée vers les "feux" (phares) îliens ; repas traditionnel où entre la marée.

Au Bon Accueil   🕭 🅺 rest, ⅏ ch, ⓵ 🅿 𝚅𝙸𝚂𝙰 ⑳ 𝙰𝙴

11 r. Landerval – ℰ *02 96 23 25 77 – au-bon-accueil@wanadoo.fr*
– Fax 02 96 23 12 66 – Fermé 23 déc.-5 janv.   B **v**
21 ch – ♦57/65 € ♦♦57/65 €, ⏗ 8 € – ½ P 60/63 € – **Rest** – *(fermé dim. soir et*
lundi sauf juil.-août) Menu 16 € (déj. en sem.), 23/43 € – Carte 32/52 €
♦ Établissement dissocié vous réservant un "bon accueil". La partie hébergement, qui attend une rénovation, donne sur une rue calme. Le restaurant, au cadre contemporain, occupe quant à lui un pavillon moderne dominant le port de plaisance. Table traditionnelle.

Mercure sans rest   🖾 ₺ 🆂🅰 𝚅𝙸𝚂𝙰 ⑳ 𝙰𝙴 ⓵

100 av. du Casino – ℰ *02 96 91 22 11 – H0476@accor.com*
– Fax 02 96 91 24 78   A **x**
49 ch – ♦73/109 € ♦♦78/114 €, ⏗ 11,50 €
♦ Cet hôtel est situé à deux pas de la plage. Les chambres, aménagées selon les normes de la chaîne, changent de couleur à chaque étage ; quelques-unes sont dotées de balcon.

Hermitage 🕭   🖾 ⅏ rest, 🅿 𝚅𝙸𝚂𝙰 ⑳ 𝙰𝙴

20 r. Frères Le Montréer – ℰ *02 96 23 21 22 – hermitage.hotel@wanadoo.fr*
– Fax 02 96 91 16 56 – Ouvert 1ᵉʳ avril-30 sept.   B **f**
23 ch – ♦42/47 € ♦♦50/59 €, ⏗ 6,50 € – ½ P 51/58 € – **Rest** – *(ouvert*
8 mai-15 sept.) (dîner seult) (résidents seult) Menu 22 €
♦ Construction ancienne située dans le centre-ville, au milieu d'un jardin. Chambres petites, mais fraîches et propres. Accueil aimable et ambiance conviviale.

Le Levant   ≼ 🕮 ⅏ ch, ⓵ 𝚅𝙸𝚂𝙰 ⑳ 𝙰𝙴 ⓵

91 r. E. Renan, (sur le port) – ℰ *02 96 23 20 15 – le-levant@wanadoo.fr*
– Fax 02 96 23 36 31   B **m**
19 ch – ♦55/75 € ♦♦55/78 €, ⏗ 8 € – ½ P 61/71 € – **Rest** – *(fermé*
23 déc.-3 janv., sam. midi, dim. soir et vend.) Menu 18/57 € – Carte 28/58 €
♦ Hôtel récent dont les chambres, fonctionnelles et rajeunies, sont dotées de balcons tournés vers le port. Le décor marin de la salle à manger s'accorde bien avec la vue, au levant, sur une forêt de mâts.

La Clarté (Daniel Jaguin)   🅿 𝚅𝙸𝚂𝙰 ⑳ 𝙰𝙴 ⓵

24 r. Gabriel Vicaire, à La Clarté par ② *–* ℰ *02 96 49 05 96*
– laclarte22@aol.com – ℰ *02 96 91 41 36*
– Fermé 30 sept.-13 oct., 30 déc.-6 fév., dim. soir sauf juil.-août, merc. sauf le midi
d'avril à oct. et lundi
Rest – Menu 25 € (déj. en sem.), 39/70 € – Carte 51/63 €
Spéc. Saint-Jacques des Côtes-d'Armor (oct. à mars). Lotte au cidre et aux primeurs du pays (mai à oct.). Fraises de Plougastel et tomate, sorbet framboise et poivron rouge (juin à sept.).
♦ Un faubourg de Perros-Guirec situé en direction de Ploumanach sert de cadre à cette table offrant les plaisirs d'un repas au goût du jour dans un décor néo-rustique chaleureux.

à Ploumanach 6 km par ② – ✉ **22700 Perros-Guirec**
◙ Rochers ★★ - Parc municipal ★★.

Castel Beau Site   ≼ mer et plage, 🅿 𝚅𝙸𝚂𝙰 ⑳

plage St-Guirec – ℰ *02 96 91 40 87 – infos@castelbeausite.com*
– Fax 02 96 91 66 37 – Fermé janv.
40 ch – ♦60/125 € ♦♦60/125 €, ⏗ 11 € – ½ P 68/101 € – **Rest** – *(fermé dim. soir*
de sept. à juin) (dîner seult sauf juil.-août et dim.) Menu 32/48 € – Carte 37/56 €
♦ Rénovée dans l'esprit contemporain, cette bâtisse en granit des années 1930 où logeaient les armées domine l'estran et procure une vue "carte postale". Chambres modernes. Salle à manger ample et claire, cultivant un certain exotisme ; cuisine actuelle.

Parc
🚗 🛋 **P** **VISA** **MO**

174 pl. St-Guirec – ℰ 02 96 91 40 80 – hotel.du.parclacotriade@wanadoo.fr
– Fax 02 96 91 60 48 – Ouvert 10 fév.-11 nov., 22 déc.-6 janv. et fermé lundi, mardi et merc. en oct. et mars
10 ch – †46/52 € **††**46/52 €, � 7 € – ½ P 52/57 € – **Rest** – Menu 14,50/38 €
– Carte 27/54 €
◆ Au centre du village, avec la plage et les célèbres rochers tout proches, maison familiale en granit rose vous hébergeant dans ses petites chambres sobres et nettes. Cuisine de la mer servie en terrasse ou dans une salle à manger lumineuse.

PERTUIS – 84 Vaucluse – 332 G11 – 17 833 h. – alt. 246 m – ✉ 84120
40 **B2**
▌ Provence

🗗 Paris 747 – Aix-en-Provence 23 – Apt 36 – Avignon 76 – Digne-les-Bains 97
– Manosque 36

🔢 Office de tourisme, place Mirabeau ℰ 04 90 79 15 56, Fax 04 90 09 59 06

Sevan
≤ 🚗 🛋 ⅃ ✵ 📶 📞 ⚒ **P** **VISA** **MO** **AE** ①

rte de Manosque, Est : 1,5 km – ℰ 04 90 79 19 30 – hotel-sevan@orange.fr
– Fax 04 90 79 35 77
46 ch – †70/110 € **††**80/130 €, ⊆ 11 € – ½ P 70/95 €
Rest L'Olivier – ℰ 04 90 79 08 19 (fermé 1er janv.-7 fév., dim. soir, lundi soir et merc.) Menu (19 €), 29/50 € – Carte 41/56 €
Rest La Paillote – ℰ 04 90 09 63 67 (fermé de mi-déc. à mi-janv. et mardi) Carte 22/40 €
◆ Au pied du Luberon, cet hôtel profite d'un environnement calme et verdoyant, un parc fleuri. Chambres ensoleillées et d'inspiration provençale. Cuisine régionale à L'Olivier, dont la salle a été refaite. Grillades et tex-mex à La Paillote, dans une ambiance décontractée. Terrasse au bord de la piscine.

Le Boulevard
AC **VISA** **MO** **AE**

50 bd Pecout – ℰ 04 90 09 69 31 – Fax 04 90 09 09 48 – Fermé 30 juin-12 juil., vacances de fév., dim. soir, mardi soir et merc.
Rest – (nombre de couverts limité, prévenir) Menu 18/45 € – Carte 33/47 €
◆ Restaurant du centre-ville aménagé à l'étage d'une jolie maison ancienne aux volets bleus. Salle à manger discrètement rustique et tables soigneusement dressées.

PESMES – 70 Haute-Saône – 314 B9 – 1 057 h. – alt. 205 m – ✉ 70140
16 **B2**
▌ Franche-Comté Jura

🗗 Paris 362 – Besançon 40 – Dijon 51 – Dole 26 – Gray 20

🔢 Office de tourisme, 19, rue Jacques Prévost ℰ 06 87 73 13 05,
Fax 03 84 31 23 37

La Maison Royale sans rest
≤ Vallée de l'Ognon, 🚗 ✵ ⚒ **P**

– ℰ 03 84 31 23 23 – Fax 03 84 31 23 23 – Ouvert 1er avril-15 oct.
5 ch ⊆ – **†**70 € **††**80 €
◆ Maison forte du 15e s. admirablement restaurée. Les chambres, personnalisées, offrent une vue magnifique sur la vallée de l'Ognon. Salons, bibliothèque et billard.

PETIT-BERSAC – 24 Dordogne – 329 C4 – 177 h. – alt. 90 m –
✉ 24600
39 **C3**

🗗 Paris 501 – Bordeaux 121 – Périgueux 50 – Angoulême 49 – Soyaux 47

Château Le Mas de Montet ⌂
⏻ ⅃ ⅄ 📞 **P** **VISA** **MO** **AE**

– ℰ 05 53 90 08 71 – reception@lemasdemontet.com – Fax 05 53 90 66 92
14 ch – †145/425 € **††**145/425 €, ⊆ 25 € – ½ P 125/275 € – **Rest** – (dîner seult)
Menu 50/75 €
◆ Abords très soignés pour ce superbe château Renaissance : parc fleuri, piscine, potager, terrasse. L'intérieur séduit tout autant par son romantisme et son raffinement. Cuisine traditionnelle servie dans la salle à manger "chatelaine".

PETITE-HETTANGE – 57 Moselle – 307 I2 – rattaché à Malling

LA PETITE-PIERRE – 67 Bas-Rhin – 315 H3 – 612 h. – alt. 340 m – ⊠ 67290
▮ Alsace Lorraine

1 **A1**

▶ Paris 433 – Haguenau 41 – Sarreguemines 48 – Sarre-Union 24
– Strasbourg 57

🛈 Office de tourisme, 2a, rue du Château ☎ 03 88 70 42 30, Fax 03 88 70 41 08

La Clairière 🦢   🛋 ⌇ 🗆 ❀ ⅃₆ ⅋ ᵺ ch, 𝔸𝔠 rest, ↩ 🐾 🎿
63 rte d'Ingwiller, D 7 : 1,5 km – ☎ 03 88 71 75 00   **P** 𝘝𝘐𝘚𝘈 ⓿⓿ 🆎 ⓪
– info@laclairiere.com – Fax 03 88 70 41 05
50 ch – ♦93 € ♦♦120/182 €, ⊇ 15 € – **Rest** – *(fermé le midi sauf week-ends)*
(dîner seult) Menu 27/52 € – Carte 31/49 €
♦ Lové au cœur de la forêt, hôtel moderne dédié au bien-être. Spa de 950 m² et piscine
ouverte face à la terrasse en teck. "Parcours challenge" pour les clients en séminaires. Bar
british. Chambres spacieuses. Au restaurant, cadre actuel, cuisine saine et vins bio.

Lion d'Or   ≤ 🚗 🛋 🗆 ❀ ⅌ ⁃ 𝔸𝔠 rest, ↩ 🐾 **P** 𝘝𝘐𝘚𝘈 ⓿⓿ 🆎
– ☎ 03 88 01 47 57 – contact@liondor.com – Fax 03 88 01 47 50 – Fermé
30 juin-9 juil.
42 ch – ♦55/68 € ♦♦77/103 €, ⊇ 11,50 € – ½ P 73/86 € – **Rest** – Menu 19 €
(sem.)/65 € – Carte 27/63 €
♦ Parfaite adresse pour se ressourcer en pleine nature que cette structure qui a mis au point
un centre d'arbrothérapie. Les chambres de la maison ancienne sont très apaisantes. De la
salle à manger, on a une vue sur la cité et sur la forêt ; cuisine régionale.

Des Vosges   ≤ 🚗 🛋 ⅃₆ ⅋ ᵺ ch, 𝔸𝔠 rest, ⅋ ch, ↩ 🐾 **P** 𝘝𝘐𝘚𝘈 ⓿⓿ 🆎
30 r. Principale – ☎ 03 88 70 45 05 – hotel-des-vosges@wanadoo.fr
– Fax 03 88 70 41 13 – Fermé 21 juil.-1er août et 18 fév.-8 mars
30 ch – ♦55 € ♦♦66/80 €, ⊇ 9,50 € – ½ P 62/69 € – **Rest** – *(fermé mardi hors
saison)* Menu 24 € (sem.)/54 € – Carte 29/55 €
♦ Chambres douillettes, variées (certaines typiquement alsaciennes) et bien tenues,
complétées par un agréable espace bien-être. Salle à manger ouverte sur la vallée. On y
goûte des plats traditionnels et on pioche avec délice dans la carte des vins (vieux
millésimes).

à Graufthal 11 km au Sud-Ouest par D 178 et D 122 – ⊠ 67320 Eschbourg

Le Cheval Blanc   🛋 ⅋ **P** 𝘝𝘐𝘚𝘈 ⓿⓿
19 r. Principale – ☎ 03 88 70 17 11 – restaurant@auchevalblanc.net
– Fax 03 88 70 12 37 – Fermé 1er-15 sept., 1er-21 janv., lundi soir, merc. soir et mardi
Rest – Menu (22 €), 27/52 € – Carte 28/49 €
♦ Cette engageante auberge décorée dans un esprit rustique et hétéroclite (bibelots) sert
des recettes fidèles à la région. Joli poêle en faïence dans l'une des salles à manger.

Au Vieux Moulin avec ch 🦢   ≤ 🚗 🛋 ᵺ ⅋ **P** 𝘝𝘐𝘚𝘈 ⓿⓿ 🆎
– ☎ 03 88 70 17 28 – auvieux.moulin@orange.fr – Fax 03 88 70 11 25 – Fermé
vacances de fév.
14 ch – ♦40/70 € ♦♦40/70 €, ⊇ 7 € – ½ P 47/60 € – **Rest** – *(fermé mardi soir)*
Menu 10 € (déj. en sem.), 26/32 € – Carte 17/44 €
♦ Dans ce hameau dont Erckmann et Chatrian ont vanté la sérénité, maison réservant un
accueil chaleureux. Cuisine familiale à l'accent alsacien servie dans une salle lumineuse.
Chambres simples et confortables, progressivement refaites.

LE PETIT-PRESSIGNY – 37 Indre-et-Loire – 317 O7 – 366 h. – alt. 80 m –
⊠ 37350

11 **B3**

▶ Paris 290 – Le Blanc 38 – Châtellerault 36 – Châteauroux 68 – Poitiers 73
– Tours 61

La Promenade (Jacky Dallais)   𝔸𝔠 𝘝𝘐𝘚𝘈 ⓿⓿
– ☎ 02 47 94 93 52 – Fax 02 47 91 06 03
– Fermé 22 sept.-7 oct., 5 janv.-4 fév., dim. soir, lundi et mardi
Rest – Menu 38/80 € – Carte 48/106 € 🍷
Spéc. Tomate cornue des Andes confite, pistou (été). Géline de Touraine rôtie au
citron, beurre d'écrevisses et royale de foies blonds. Lièvre à la royale (oct. à déc.).
Vins Touraine, Touraine-Mesland.
♦ Une salle très contemporaine (aux airs de vieille halle), une autre plus classique dans cette
auberge. Savoureuse cuisine actuelle aux accents tourangeaux, belle carte des vins.

LE PETIT QUEVILLY – 76 Seine-Maritime – 304 G5 – rattaché à Rouen

PETRETO-BICCHISANO – 2A Corse-du-Sud – 345 C9 – voir à Corse

PEYRAT-LE-CHÂTEAU – 87 Haute-Vienne – 325 H6 – 1 081 h. – alt. 426 m –
✉ 87470 ▮ Limousin Berry 25 **C2**

▶ Paris 409 – Aubusson 45 – Guéret 52 – Limoges 53 – Tulle 81 – Ussel 79 – Uzerche 58

ℹ Office de tourisme, 1, rue du Lac ☎ 05 55 69 48 75, Fax 05 55 69 47 82

au Lac de Vassivière – ✉ **23460 Royère-de-Vassivière**

◙ Centre d'art contemporain de l'île de Vassivière★★ - Centre d'art contemporain de l'île de Vassivière★★.

🏠 **Au Golf du Limousin** 🕊 ⋖ 🪑 ⛱ 🚭 🐕 rest, 🅿 VISA MC

à Auphelle, (Lac de Vassivière) – ☎ 05 55 69 41 34 – hotel-golfdulimousin@wanadoo.fr – Fax 05 55 69 49 16 – Ouvert 16 fév.-14 nov.

18 ch – 🚹42/53 € 🚹🚹42/53 €, ☕ 10 € – ½ P 43/52 € – **Rest** – *(dîner seult)* Menu 22/30 €

◆ Cet hôtel perché à 650 m d'altitude ménage une vue sur le lac. Les chambres, simples et bien tenues, offrent suffisamment d'ampleur et sont mansardées au 2e étage. Cuisine traditionnelle servie dans une agréable salle à manger ou sur la terrasse d'été.

PÉZENAS – 34 Hérault – 339 F8 – 7 443 h. – alt. 15 m – ✉ 34120
▮ Languedoc Roussillon 23 **C2**

▶ Paris 734 – Agde 22 – Béziers 24 – Lodève 39 – Montpellier 55 – Sète 38

ℹ Office de tourisme, place Gambetta ☎ 04 67 98 36 40, Fax 04 67 98 96 80

◙ Vieux Pézenas★★ : Hôtels de Lacoste★, d'Alfonce★, de Malibran★.

✗✗ **L'Entre Pots** ⛱ AC ⇔ VISA MC

8 av. Louis-Montagne – ☎ 04 67 90 00 00 – entre-pots@orange.fr – Fax 04 67 90 17 42 – Fermé lundi midi, merc. midi et dim.

Rest – Menu (20 €), 25 € (déj.) – Carte 19/40 € le soir

◆ Fraîche cuisine de saison alliant tradition régionale et modernité, bel intérieur actuel et intime, paisible cour-terrasse et service souriant : laissez le charme agir...

✗ **Le Pré Saint Jean** ⛱ AC VISA MC AE ◐

18 av. Mar. Leclerc – ☎ 04 67 98 15 31 – leprest.jean@wanadoo.fr – Fax 04 67 98 89 23 – Fermé jeudi soir sauf juil. août, dim. soir et lundi

Rest – Menu 25/45 € – Carte 32/64 € 🍇

◆ Cette discrète façade bordant une route passante dissimule une accueillante salle de style jardin d'hiver. Cuisine régionale actualisée et belle sélection de vins du pays.

à Nézignan-l'Évêque **Sud : 5 km par D 609 et D 13 – 960 h. – alt. 40 m –** ✉ **34120**

🏘 **Hostellerie de St-Alban** 🕊 🪑 ⛱ 🏊 🎾 ♿ ch, 🐕 rest, 📞 🏋 🅿 VISA MC AE ◐

31 rte Agde – ☎ 04 67 98 11 38 – info@saintalban.com – Fax 04 67 98 91 63 – Ouvert 15 fév.-12 nov.

13 ch – 🚹80/123 € 🚹🚹95/195 €, ☕ 14 € – ½ P 93/143 € – **Rest** – *(fermé jeudi midi et merc. sauf d'avril à oct.)* Menu 22 € (déj. en sem.)/32 € – Carte 40/57 €

◆ Jolie maison de maître du 19e s. nichée dans un coquet jardin fleuri. Espace, couleur et mobilier en fer forgé caractérisent les chambres, parfois très originales. Au restaurant, murs immaculés, œuvres contemporaines et carte traditionnelle à l'accent du Sud.

PÉZILLA-LA-RIVIÈRE – 66 Pyrénées-Orientales – 344 H6 – 2 754 h. – alt. 75 m –
✉ 66370 22 **B3**

▶ Paris 857 – Argelès-sur-Mer 35 – Le Boulou 25 – Perpignan 12 – Prades 35

✗ **L'Aramon Gourmand** ⛱ AC 🅿 VISA MC

127 av. du Canigou, rte Baho, D 614 – ☎ 04 68 92 43 59 – philippe.coste66@wanadoo.fr – Fax 04 68 92 43 59 – Fermé 22-31 août, 2-8 janv., dim. soir, mardi soir et merc.

Rest – Menu (13,50 € bc), 27/37 €

◆ Mets traditionnels et saveurs du Roussillon à apprécier dans une avenante salle rouge et jaune dotée de chaises robustes en bois ou à l'ombre des mûriers-platanes. Cave visible.

PFAFFENHOFFEN – 67 Bas-Rhin – 315 J3 – 2 468 h. – alt. 170 m – ⊠ 67350

📗 Alsace Lorraine

🚗 Paris 457 – Haguenau 16 – Sarrebourg 55 – Sarre-Union 50 – Saverne 30 – Strasbourg 37

👁 Musée de l'Imagerie peinte et populaire alsacienne ★.

⊠⊠   **De l'Agneau** avec ch   🚗 🚗 🛁 ch, 🌙 🛁 **P** 🚭 **AC** rest **VISA** **MO** **AE**
– ℰ 03 88 07 72 38 – anne.ernwein@wanadoo.fr – Fax 03 88 72 20 24
– Fermé 3-10 mars, 16-23 juin, 7-28 sept., dim. soir, mardi sauf le midi de sept. à mai et lundi
12 ch – †53/59 € ††53/70 €, ⊆ 13 € – ½ P 56/86 € – **Rest** – Menu 27 €, 25/67 € bc – Carte 42/57 €
♦ Cette auberge de 1769 – tenue par la septième génération – nous replonge dans le passé! Alléchante cuisine classique revisitée et belle carte des vins. Chambres soignées.

PFULGRIESHEIM – 67 Bas-Rhin – 315 K5 – rattaché à Strasbourg

PHALSBOURG – 57 Moselle – 307 O6 – 4 499 h. – alt. 365 m – ⊠ 57370

📗 Alsace Lorraine

🚗 Paris 435 – Metz 110 – Sarrebourg 17 – Sarreguemines 50 – Strasbourg 59
🅱 Office de tourisme, 30, place d'Armes ℰ 03 87 24 42 42, Fax 03 87 24 42 87

🏠   **Erckmann-Chatrian**   🚗 |❚| & ch, **AC** rest, 🛁 **VISA** **MO**
pl. d'Armes – ℰ 03 87 24 31 33 – hotel.rest.e-chatrian@wanadoo.fr
– Fax 03 87 24 27 81
16 ch – †66 € ††70/89 €, ⊆ 14 € – **Rest** – (fermé mardi midi et lundi) Menu 15 € (sem.)/49 € – Carte 49/61 €
♦ Maison ancienne dont la façade fleurie ne manque pas de cachet. Les chambres, de bonnes dimensions, sont pourvues de meubles de style et parfois d'un coin-salon. Repas traditionnel à apprécier dans une salle aux boiseries sombres ou dans une ambiance brasserie.

⊠⊠⊠   **Au Soldat de l'An II** (Georges Schmitt) avec ch   🚗 **AC** ch, ↵
1 rte Saverne – ℰ 03 87 24 16 16   🌙 **P** **VISA** **MO** **AE**
– info@soldatan2.com – Fax 03 87 24 18 18
– Fermé 28 juil.-7 août, 27 oct.-6 nov., 2-12 mars, dim. soir, mardi midi et lundi
7 ch – †120 € ††120/150 €, ⊆ 18 € – ½ P 145 €
Rest – Menu 40 € bc (déj. en sem.), 82 € bc/115 € bc – Carte 71/84 € 🏵
Spéc. Grenouilles fraîches en tempura. Fruits de mer et crustacés. Gibier (juin à fév.). **Vins** Gewurztraminer, Alsace.
♦ Les bibelots et le "soldat" gardant l'entrée de cette ex-grange évoquent l'épopée des patriotes au pantalon tricolore. Plats au goût du jour et belle carte de vins d'Alsace. Chambres tout confort dans la maison voisine.

à Bonne-Fontaine Est : 4 km par D 604 et rte secondaire ⊠ 57370
Danne-et-Quatre-Vents

🏠   **Notre-Dame de Bonne Fontaine** 🌿   🚗 |◻| |❚| ↵ 🌙 🛁
212 rte Bonne Fontaine – ℰ 03 87 24 34 33   **P** **VISA** **MO** **AE** **①**
– ndbonnefontaine@aol.com – Fax 03 87 24 24 64 – Fermé 11-24 janv. et 15-22 fév.
34 ch – †51/61 € ††63/76 €, ⊆ 9 € – ½ P 60/66 € – **Rest** – (fermé dim. soir en janv., fév., mars et nov.) Menu 17/45 € bc – Carte 19/43 €
♦ La même famille tient depuis plusieurs générations cet hôtel niché dans un site forestier proche d'un centre de pèlerinage. Chambres sobres ; jolies balades sylvestres au programme. Restaurant-véranda et terrasse ombragée ; table traditionnelle régionale.

PHILIPPSBOURG – 57 Moselle – 307 Q5 – 531 h. – alt. 215 m – ⊠ 57230

🚗 Paris 450 – Haguenau 29 – Strasbourg 58 – Wissembourg 42
🅱 Office de tourisme, 186, rue de Baerenthal ℰ 03 87 06 56 12, Fax 03 87 06 51 48

Du Tilleul ☒ ☐ 🅿 VISA ⓜⓞ

117 rte de Niederbronn – ℰ *03 87 06 50 10 – au.tilleul.issler@wanadoo.fr*
– Fax 03 87 06 58 89 – Fermé janv., lundi soir, mardi soir et merc.
Rest – Menu 11,50 € (déj. en sem.)/50 € – Carte 27/51 €
♦ L'entrée de cette auberge familiale abrite un bar qui sert des plats du jour, tandis que l'agréable salle à manger de style rustique propose une cuisine traditionnelle.

à l'étang de Hanau Nord-Ouest : 5 km par D 662 et rte secondaire
– ✉ 57230 Philippsbourg

◎ Étang★, ▮ Alsace Lorraine.

Beau Rivage sans rest ℬ ← ☒ ☐ 🛁 🅿 VISA ⓜⓞ

– ℰ 03 87 06 50 32 – Fax 03 87 06 57 46 – Fermé nov. et fév.
22 ch – †40/49 € ††59/89 €, ☐ 7,50 €
♦ Les chambres de cet hôtel isolé dans la campagne ouvrent sur la forêt ou un étang. Mobilier alsacien dans certaines ; celles tournées vers le "beau rivage" ont souvent un balcon.

PIANA – 2A Corse-du-Sud – 345 A6 – **voir à Corse**

PIERRE-BUFFIÈRE – 87 Haute-Vienne – 325 F6 – **1 106 h. – alt. 330 m –**
✉ 87260   24 **B2**

🔼 Paris 415 – Limoges 22 – Brantôme 84 – Guéret 107 – Tulle 67
🅸 Office de tourisme, place du 8 Mai 1945 ℰ 05 55 00 94 33, Fax 05 55 00 94 33

La Providence 🛜 🔌 🐾 ☒ VISA ⓜⓞ

pl. Adeline – ℰ 05 55 00 60 16 – laprovidence@hotel-limoges.net
– Fax 05 55 00 98 69 – Fermé 5 janv.-2 fév., dim. soir et lundi midi du 16 nov.
au 15 déc.
14 ch – †54/80 € ††54/105 €, ☐ 9 € – ½ P 70/75 € – Rest – Menu 19/70 €
– Carte 36/70 € 🅱
♦ Cet établissement familial borde la place centrale d'un village limousin. Les chambres, confortables et actuelles, sont tenues avec soin. Le restaurant propose une cuisine traditionnelle sans prétention dans une salle à manger garnie de meubles rustiques.

PIERREFITTE-EN-AUGE – 14 Calvados – 303 N4 – **rattaché à Pont-L'Évêque**

PIERREFITTE-SUR-SAULDRE – 41 Loir-et-Cher – 318 J6 – **851 h. – alt. 125 m**
– ✉ 41300   12 **C2**

🔼 Paris 185 – Orléans 52 – Aubigny-sur-Nère 23 – Blois 73 – Bourges 55
– Salbris 13
🅸 Syndicat d'initiative, 10, place de l'Église ℰ 02 54 88 67 15,
Fax 02 54 88 67 15

Le Lion d'Or ☒ 🔲 VISA ⓜⓞ

1 pl. de l'Église – ℰ 02 54 88 62 14 – liondor41@orange.fr – Fax 02 54 88 62 14
– Fermé 1er-24 sept.,5-28 janv., merc. soir et jeudi soir hors saison, lundi et mardi
sauf fériés
Rest – Menu 32/40 € – Carte environ 52 €
♦ Solognote dans l'âme, cette maison ne badine pas avec la tradition : cadre rustique (murs à pans de bois, poutres, faïences anciennes) et cuisine régionale. Terrasse-jardin.

PIERREFONDS – 60 Oise – 305 I4 – **1 945 h. – alt. 81 m –** ✉ 60350
▮ Nord Pas-de-Calais Picardie   37 **C2**

🔼 Paris 82 – Beauvais 78 – Compiègne 15 – Soissons 31 – Villers-Cotterêts 18
🅸 Office de tourisme, place de l'Hôtel de Ville ℰ 03 44 42 81 44,
Fax 03 44 42 86 31

◎ Château★★ - St-Jean-aux-Bois : église★ O : 6 km.

à Chelles 4,5 km à l'Est par D 85 – 384 h. – alt. 75 m – ⊠ 60350

✗✗ **Relais Brunehaut** avec ch ⚓   🚗 🏠 ❄ rest, **P** 𝘝𝘐𝘚𝘈 ⑩⑥
     3 r. de l'Église – ℰ *03 44 42 85 05 – Fax 03 44 42 83 30*
     11 ch – ♦45/50 € ♦♦52/64 €, ⌷ 9 € – 1 suite – ½ P 67/70 € – **Rest** – *(fermé*
     15 janv.-13 fév., merc. midi et jeudi midi du 16 nov. au 30 avril, lundi midi et mardi
     midi) Menu 25 € (sem.)/45 € bc – Carte 47/63 €
     ♦ Le moulin, avec sa roue à aubes, et l'auberge s'ordonnent autour d'une belle cour fleurie.
     Le premier abrite d'agréables chambres, la seconde, une salle à manger rustique.

à St-Jean-aux-Bois : 6 km par D 85 – 349 h. – alt. 71 m – ⊠ 60350

✗✗✗ **Auberge A la Bonne Idée** avec ch ⚓   🏠 �&. ch, 📞 🛁 **P** 𝘝𝘐𝘚𝘈 ⑩⑥
     3 r. Meuniers – ℰ *03 44 42 84 09 – a-la-bonne-idee.auberge@wanadoo.fr*
     – Fax 03 44 42 80 45 – Fermé 5 janv.-2 fév., dim. soir et lundi d'oct. à avril
     23 ch – ♦75/105 € ♦♦75/150 €, ⌷ 10 € – ½ P 80/115 € – **Rest** – Menu 30 €
     (sem.)/75 € – Carte 70/76 € ⚘
     ♦ Restaurant situé dans un charmant village. Intérieur campagnard (poutres, vieilles
     pierres, cheminée), terrasse tournée vers le jardin fleuri et carte classique.

PIERREFORT – 15 Cantal – 330 F5 – 1 002 h. – alt. 950 m – ⊠ 15230   5 **B3**

▶ Paris 540 – Aurillac 64 – Entraygues-sur-Truyère 55 – Espalion 62
     – St-Flour 29

🛈 Office de tourisme, 29, avenue Georges Pompidou ℰ 04 71 23 38 04,
     Fax 04 71 23 94 55

🏠 **Du Midi**   🚗 𝘝𝘐𝘚𝘈 ⑩⑥ 𝘈𝘌
     5 av. G. Pompidou – ℰ *04 71 23 30 20 – info@hoteldumidi-pierrefort.com*
     – Fax 04 71 23 39 34 – Fermé 22 déc.-11 janv.
     13 ch – ♦45/48 € ♦♦47/52 €, ⌷ 7 € – ½ P 48/52 € – **Rest** – Menu (11 €), 14,50 €
     (sem.)/38 € – Carte 28/53 €
     ♦ Espace réunions, jeux pour enfants, salle à langer : cette adresse centrale convient à la
     clientèle d'affaires comme aux familles. Petites chambres printanières et ambiance sym-
     pathique. Plaisantes salles à manger voûtées et cuisine régionale bien faite.

PIERRELATTE – 26 Drôme – 332 B7 – 11 943 h. – alt. 50 m – ⊠ 26700
🗎 Lyon et la vallée du Rhône   44 **B3**

▶ Paris 624 – Bollène 17 – Montélimar 23 – Nyons 45 – Orange 33
     – Pont-St-Esprit 17

🛈 Office de tourisme, place du Champ de Mars ℰ 04 75 04 07 98,
     Fax 04 75 98 40 65

🎬 Ferme aux crocodiles ★, S : 4 km par N 7 jusqu'à l'échangeur avec la D 59.

🏠 **Du Tricastin** sans rest   📞 **P** 🚗 𝘝𝘐𝘚𝘈 ⑩⑥ 𝘈𝘌
     r. Caprais-Favier – ℰ *04 75 04 05 82 – hoteltriscastin@orange.fr*
     – Fax 04 75 04 19 36
     13 ch – ♦39/41 € ♦♦43/45 €, ⌷ 6,50 €
     ♦ Dans une rue calme proche du centre-ville, pimpante façade abritant des chambres
     correctement équipées. Tenue irréprochable et service attentionné.

🏠 **Du Centre** sans rest   🖳 𝘈𝘊 📞 **P** 𝘝𝘐𝘚𝘈 ⑩⑥ 𝘈𝘌
     6 pl. de l'Église – ℰ *04 75 04 28 59 – info@hotelducentre26.com*
     – Fax 04 75 96 97 97 – Fermé 22 déc.-4 janv.
     26 ch – ♦54/55 € ♦♦54/55 €, ⌷ 9 €
     ♦ Toutes simples mais de bonne taille, les chambres de cette ancienne abbaye sont
     progressivement rénovées. Agréable salle des petits-déjeuners. Accueil très aimable.

PIERRE-PERTHUIS – 89 Yonne – 319 F7 – **rattaché à Vézelay**

PIETRANERA – 2B Haute-Corse – 345 F3 – **voir à Corse (Bastia)**

LES PILLES – 26 Drôme – 332 E7 – **rattaché à Nyons**

PINEY – 10 Aube – 313 F3 – 1 226 h. – alt. 116 m – ⊠ 10220
13 B3

🚗 Paris 192 – Troyes 22 – St-Dizier 149 – Sézanne 80

🛈 Office de tourisme, Maison du Parc 𝒞 03 25 43 38 88

Le Tadorne　　　　🛋 ⴰ ᴦ & ch, 🕮 ⿰ ⥾ ⟲ ⛊ 🅿 VISA ⓿

1 pl. de la Halle – 𝒞 03 25 46 30 35 – le.tadorne@wanadoo.fr – Fax 03 25 46 36 49
– Fermé 15 déc.-10 janv.,vacances de fév. et dim. soir d' oct. à Pâques
26 ch – ♦45/52 € ♦♦57/62 €, ⥮ 8 € – ½ P 60 € – **Rest** – Menu 18/49 € – Carte
23/41 €

◆ Poutres et colombages habillent ces jolies maisons articulées autour d'une terrasse-
piscine. Les petites chambres, souvent dotées d'un coin-salon, sont parfois climatisées. Le
bois domine dans la salle à manger campagnarde dotée d'une mezzanine.

LE PIN-LA-GARENNE – 61 Orne – 310 M4 – rattaché à Mortagne-au-Perche

---

PINSOT – 38 Isère – 333 J5 – rattaché à Allevard

PIOGGIOLA – 2B Haute-Corse – 345 C4 – voir à Corse

PIOLENC – 84 Vaucluse – 332 B8 – 4 296 h. – alt. 40 m – ⊠ 84420
40 A2

🚗 Paris 659 – Avignon 36 – Marseille 123 – Montélimar 50

Auberge de l'Orangerie avec ch　　　🛋 🕮 rest, 🅿 VISA ⓿ AE

4 r. de l'Ormeau – 𝒞 04 90 29 59 88 – orangerie@orangerie.net
– Fax 04 90 29 67 74 – Fermé 3-12 nov., 15-27 déc., lundi et mardi
5 ch – ♦44/47 € ♦♦58/72 €, ⥮ 9 € – ½ P 61/72 € – **Rest** – Menu 19 € – Carte
32/50 €

◆ Cet ancien relais de poste abrité derrière de hauts murs possède une salle à manger dotée
d'un superbe plafond voûté. Carte au goût du jour, enrichie de spécialités régionales et
guadeloupéennes. Chambres simples mais décorées avec originalité.

PIRIAC-SUR-MER – 44 Loire-Atlantique – 316 A3 – 1 898 h. – alt. 7 m – ⊠ 44420
34 A2
🟦 Bretagne

🚗 Paris 462 – La Baule 17 – Nantes 88 – La Roche-Bernard 33 – St-Nazaire 31

🛈 Office de tourisme, 7, rue des Cap-Horniers 𝒞 02 40 23 51 42,
Fax 02 40 23 51 19

◎ Pointe du Castelli ⩽★ SO : 1 km.

De la Poste　　　　🛋 ⿰ ⥾ ⟲ VISA ⓿ AE ①

26 r. de la Plage – 𝒞 02 40 23 50 90 – hoteldelaposte.piriac@wanadoo.fr
– Fax 02 40 23 68 96 – Ouvert 13 fév. -2 nov.
14 ch – ♦49 € ♦♦69 €, ⥮ 8 € – ½ P 52/62 € – **Rest** – (ouvert 1er avril-2 nov.,
vend., sam. et dim. du 13 fév.-31 mars et fermé lundi midi hors saison) Menu 15 €
(sem.)/37 € – Carte 29/46 €

◆ Cette villa des années 1930 aux chambres récemment rafraîchies vous invite à faire
halte dans ce petit port de pêche pittoresque (bel ensemble de maisons du 17e s.).
Cuisine traditionnelle à déguster dans la chaleureuse salle à manger ou en terrasse.

PISCIATELLO – 2A Corse-du-Sud – 345 C8 – voir à Corse (Ajaccio)

PITHIVIERS ⬉ – 45 Loiret – 318 K2 – 9 242 h. – alt. 115 m – ⊠ 45300
12 C1
🟦 Châteaux de la Loire

🚗 Paris 82 – Chartres 74 – Fontainebleau 46 – Montargis 46 – Orléans 44

🛈 Office de tourisme, 1, mail Ouest 𝒞 02 38 30 50 02, Fax 02 38 30 55 00

Le Relais de la Poste　　　　⟲ VISA ⓿ AE ①

10 Mail Ouest – 𝒞 02 38 30 40 30 – le-relais-de-la-poste@wanadoo.fr – Fax 02 38 30 47 79
41 ch – ♦50 € ♦♦55 €, ⥮ 8 € – ½ P 49 € – **Rest** – (fermé dim. soir) Menu 18/32 €
– Carte 32/42 €

◆ Cette grande bâtisse du centre-ville, jadis relais de poste, abrite des chambres de bonne
ampleur, toutes lambrissées et garnies de meubles rustiques. Boiseries blondes et cheminée rendent la salle à manger très chaleureuse. Cuisine traditionnelle.

✗ **Aux Saveurs Lointaines**   &. *VISA* **MC**
😊 *1 pl. Martroi –* ℰ *02 38 30 18 18 – hsnguyen55@gmail.fr – Fermé
6 juil.-4 août, dim. soir et lundi
Rest – Menu 12 € (déj. en sem.) – Carte 13/22 €
♦ Rideaux en bambou, objets en paille tressée et mobilier en teck et fer forgé décorent ce restaurant familial dédié à la cuisine vietnamienne. Spécialités de fruits exotiques.

PIZAY – 69 Rhône – 327 H3 – **rattaché à Belleville**

PLAGE DE CALALONGA – 2A Corse-du-Sud – 345 E11 – **voir à Corse** (Bonifacio)

PLAILLY – 60 Oise – 305 G6 – 1 580 h. – alt. 100 m – ⊠ 60128   19 **C2**
🚗 Paris 40 – Beauvais 69 – Chantilly 16 – Compiègne 46 – Meaux 36 – Pontoise 48 – Senlis 16

✗✗ **La Gentilhommière**   *VISA* **MC** **AE**
25 r. G. Bouchard, (derrière l'église) – ℰ *03 44 54 30 20 – Fax 03 44 54 31 27
– Fermé 4-25 août, 23 fév.-9 mars, sam. midi, dim. soir, lundi et mardi*
Rest – Menu 24 € (déj. en sem.), 33/43 € – Carte 51/60 €
♦ Ex-relais de poste (17ᵉ s.) voisin du clocher. Cheminée, poutres et cuivres soulignent le caractère rustique de la salle à manger. Carte traditionnelle et suggestions du jour.

LA PLAINE-SUR-MER – 44 Loire-Atlantique – 316 C5 – 2 517 h. – alt. 26 m –
⊠ 44770   34 **A2**
🚗 Paris 438 – Nantes 58 – Pornic 9 – St-Michel-Chef-Chef 7 – St-Nazaire 28
🛈 Office de tourisme, square du Fort Gentil ℰ 02 40 21 52 52
◙ Pointe de St-Gildas★ O : 5 km, ▮ Poitou Vendée Charentes.

🏨 **Anne de Bretagne** (Philippe Vételé) 🦢   ⇐ 🚗 ⌿ ✗ 🛉 ♨ ⅍ 📞
😊 *au Port de Gravette, 3 km au Nord-Ouest –*   🔥 **P** *VISA* **MC** **AE**
ℰ *02 40 21 54 72 – bienvenue@annedebretagne.com – Fax 02 40 21 02 33
– Fermé de début janv. à mi-fév.*
20 ch – ♦125/320 € ♦♦135/320 €, ⌷ 17 € – ½ P 143/240 €
Rest – *(fermé mardi sauf le soir en saison, dim. soir de nov. à mars et lundi)*
Menu 35 € (déj. en sem.), 53/110 € 🈺
Spéc. Déclinaison d'huîtres en température. Pavé de bar basse température, sardines et huîtres en tartare (juin à sept.). Pigeon du pays de Retz désossé et cuit à l'unilatéral. **Vins** Muscadet de Sévre et Maine sur lie, Fiefs Vendéens.
♦ Cette maison blanche posée sur une dune abrite des chambres pour la plupart refaites au design épuré (très beaux meubles et tableaux contemporains). Modernisme dépouillé du restaurant dont les baies plongent sur l'océan. Cuisine iodée et riche carte des vins.

PLAISIANS – 26 Drôme – 332 E8 – 175 h. – alt. 612 m – ⊠ 26170   44 **B3**
🚗 Paris 690 – Carpentras 44 – Nyons 33 – Vaison-la-Romaine 27

✗ **Auberge de la Clue**   ⇐ 🏛 🏧 ✗ **P**
😊 *pl. de l'Église –* ℰ *04 75 28 01 17 – Fax 04 75 28 29 17 – Ouvert 1ᵉʳ avril-15 oct.,
week-end et fériés de nov. à mars sauf fév. et fermé dim. soir sauf juil.-août et lundi*
Rest – Menu 25/31 € – Carte 26/43 €
♦ Les adeptes de cette sympathique adresse viennent parfois de loin pour savourer sa goûteuse cuisine de terroir. Salle aux couleurs provençales, terrasse face au mont Ventoux.

PLANCOËT – 22 Côtes-d'Armor – 309 I3 – 2 589 h. – alt. 41 m –
⊠ 22130   10 **C2**
🚗 Paris 417 – Dinan 17 – Dinard 20 – St-Brieuc 46 – St-Malo 26
🛈 Syndicat d'initiative, 1, rue des Venelles ℰ 02 96 84 00 57

XXX **Crouzil et Hôtel L'Ecrin** (Maxime et Jean-Pierre Crouzil) avec ch
ᨀ   *20 les quais* – ℰ 02 96 84 10 24   🅐🅒 rest, 🅿 𝘝𝘐𝘚𝘈 ⬤⬤ 🅐🅔
       – jean-pierre.crouzil@wanadoo.fr – Fax 02 96 84 01 93
       *– Fermé 1ᵉʳ-15 oct., 10 janv.-1ᵉʳ fév., dim. soir sauf juil.-août, mardi sauf le soir
       en juil.-août et lundi*
       7 ch – ♦75 € ♦♦120/160 €, ⊡ 23 € – ½ P 130/145 €
       Rest – *(prévenir le week-end)* Menu 25 € (sem.)/120 € – Carte environ 80 €
       Spéc. Saint-Jacques dorées au sautoir, verjus. Homard breton rôti, brûlé au lambic.
       Turbot en tronçon, légumes primeurs, sucs de cuisson liés de truffe noire.
       ♦ Plancoët, son eau minérale et son hostellerie du siècle dernier abritant une élégante salle
       où l'on régale d'une talentueuse cuisine "terre-mer". Chambres personnalisées.

PLAN-D'AUPS – 83 Var – 340 J6 – 764 h. – alt. 670 m – ⊠ 83640
40 B3

▊ Provence

▶ Paris 795 – Aix-en-Provence 46 – Brignoles 37 – Marseille 44 – Toulon 72
🄸 Office de tourisme, place de la Mairie ℰ 04 42 62 57 57, Fax 04 42 62 57 57

XX   **Lou Pebre d'Aï** avec ch 🕭   🚲 🏠 🗂 🗲 ch, 🅿 𝘝𝘐𝘚𝘈 ⬤⬤ 🅐🅔 ⓞ
      *– ℰ 04 42 04 50 42 – lou.pebre.dai@wanadoo.fr – Fax 04 42 04 50 71 – Fermé
      7-17 janv., 11-29 fév., mardi soir et merc. de mi-sept. à mi-avril*
      11 ch – ♦50/65 € ♦♦52/72 €, ⊡ 7 € – ½ P 55/65 € – **Rest** – Menu (17 €), 26/46 €
      – Carte 31/54 €
      ♦ Dans un village dominé par l'escarpement de la Ste-Baume. Plaisant décor campagnard
      au restaurant et terrasse prolongée par un jardin. Cuisine aux parfums du terroir.

PLAN-DE-CUQUES – 13 Bouches-du-Rhône – 340 H5 – rattaché à Marseille

---

PLAN-DE-LA-TOUR – 83 Var – 340 O5 – 2 380 h. – alt. 69 m –
⊠ 83120
41 C3

▶ Paris 859 – Cannes 68 – Draguignan 36 – Fréjus 28 – St-Tropez 24
   – Ste-Maxime 10
🄸 Office de tourisme, 1, rue du 19 mars 1962 ℰ 04 94 43 01 50,
   Fax 04 94 43 75 08

🏠   **Mas des Brugassières** sans rest 🕭   🚲 🗂 ⇔ ☍ 🅿 𝘝𝘐𝘚𝘈 ⬤⬤
      *1,5 km au Sud par rte de Grimaud – ℰ 04 94 55 50 55 – mas.brugassieres@free.fr
      – Fax 04 94 55 50 51 – Ouvert de mars à oct.*
      14 ch – ♦75/90 € ♦♦80/98 €, ⊡ 9 € – 1 suite
      ♦ Joli mas au cœur des Maures. La plupart des chambres ont été rénovées avec goût, dans
      la note provençale. Certaines disposent d'une terrasse ; d'autres donnent sur le jardin.

à Courruero Sud : 3,5 km par rte Grimaud – ⊠ 83120 Plan-de-la-Tour

🏠   **Parasolis** sans rest 🕭   ⇔ 🚲 🗂 🕭 🅿
      *– ℰ 04 94 43 76 05 – hotelparasolis@wanadoo.fr – Fax 04 94 43 77 09 – Ouvert
      20 mars-30 sept.*
      12 ch – ♦65/85 € ♦♦75/110 €, ⊡ 10 €
      ♦ En pleine nature, petit ensemble de style régional. Bar-salon rustique et sobres chambres
      de plain-pied avec terrasses privatives ; beau jardin planté d'essences provençales.

PLAN-DU-VAR – 06 Alpes-Maritimes – 341 E4 – ⊠ 06670 Levens
41 D2

▶ Paris 941 – Antibes 38 – Cannes 48 – Nice 32 – Puget-Théniers 35 – Vence 26
◉ Gorges de la Vésubie★★★ NE - Défilé du Chaudan★★ N : 2 km.
◉ Bonson : site★, ≼★★ de la terrasse de l'église, G Côte d'Azur.

XX   **Cassini**   🏠 ⅙ 🅐🅒 ⇔ 𝘝𝘐𝘚𝘈 ⬤⬤
      *231 av. Porte des Alpes, D 6202 – ℰ 04 93 08 91 03 – restaurantcassini@
      wanadoo.fr – Fax 04 93 08 45 48 – Fermé 6-25 nov., 10-25 fév., mardi soir, merc.
      soir, jeudi soir du 15 sept. au 15 juin, dim. soir et lundi*
      Rest – Menu (19 €), 30/50 € – Carte 25/51 €
      ♦ Sur la traversée du village, auberge tenue en famille depuis 4 générations. Salon séparé,
      bar et terrasse ont été rénovés, pour passer le cap des 80 ans. Choix traditionnel.

PLANGUENOUAL – 22 Côtes-d'Armor – 309 G3 – 1 736 h. – alt. 76 m – ⊠ 22400

10 **C2**

🚗 Paris 449 – Rennes 96 – Saint-Brieuc 19 – Saint-Malo 89 – Plérin 21

⌂ **Manoir de la Hazaie** sans rest ॐ   🔌 🛏 🏊 🛁 ⚙️ 📞 🅿 VISA ⚫ AE
2,5 km au Sud-Est par D 59 – 𝒞 *02 96 32 73 71 – manoir.hazaie @ wanadoo.fr
– Fax 02 96 32 79 72*
5 ch – †130/145 € ††145/240 €, � 14 €
♦ Une bonne adresse pour se mettre au vert que ce manoir en granit du 16ᵉ s. dans son parc
arboré. Chambres au meubles de style où chaque détail est soigné (baignoires balnéo).

PLANPRAZ – 74 Haute-Savoie – 328 O5 – **rattaché à Chamonix-Mont-Blanc**

PLAPPEVILLE – 57 Moselle – 307 H4 – **rattaché à Metz**

PLASCASSIER – 06 Alpes-Maritimes – 341 C6 – **rattaché à Valbonne**

PLATEAU-D'ASSY – 74 Haute-Savoie – 328 N5 – ⊠ 74480
▊ Alpes du Nord

46 **F1**

🚗 Paris 597 – Annecy 83 – Bonneville 41 – Chamonix-Mont-Blanc 23
– Megève 20

🏛 Office de tourisme, 1133, av. Jacques Arnaud 𝒞 04 50 58 80 52,
Fax 04 50 93 83 74

👁 ✳★★★ - Église★ : décoration★★ - Pavillon de Charousse ✳★★ O : 2,5 km
puis 30 mn - Lac Vert★ NE : 5 km - Plaine-Joux ⇚★★ NE : 5,5 km.

⌂ **Tourisme** sans rest   ⇚ 🚘 ⚙️ 🅿 VISA ⚫
6 r. d'Anterne ⊠ 74190 – 𝒞 *04 50 58 80 54 – hotel.le.tourisme @ wanadoo.fr
– Fax 04 50 93 82 11 – Fermé 15 juin-5 juil., 20 oct.-8 nov. et merc.*
15 ch – †20 € ††28/39 €, ⊠ 5,50 €
♦ Cet hôtel-bar-P.M.U. propose des chambres simples et bien tenues, dont la moitié ouvre
sur le Mont-Blanc. Plaisante terrasse panoramique où l'on petit-déjeune l'été.

XX **Les Métiers d'Art**   ⇚ 🏡 VISA ⚫
310 chemin des Parchets, 4 km au Nord-Est par D 143 – 𝒞 *04 50 58 85 01 – Fermé
23 nov.-9 déc., dim. soir et lundi*
Rest – *(nombre de couverts limité, prévenir)* Menu 30/110 € – Carte 78/138 €
♦ Un chef créatif à l'âme d'artiste : il a réalisé tableaux et sculptures ornant la salle à
manger raffinée de son récent chalet familial, couru. Terrasse avec vue sur les monts.

PLAZAC – 24 Dordogne – 329 H5 – 686 h. – alt. 110 m – ⊠ 24580

4 **D1**

🚗 Paris 530 – Bordeaux 170 – Périgueux 38 – Brive-la-Gaillarde 60
– Sarlat-la-Canéda 35

⌂ **Béchanou** ॐ   ⇚ 🚘 🏡 🛏 🛁 ⚙️ 📞 🅿
Béchanou, 4 km au Nord par D 6 et rte secondaire – 𝒞 *05 53 50 39 52 – info @
bechanou.com*
5 ch – †70 € ††80 €, ⊠ – **Table d'hôte** – Menu 25 € bc
♦ Vieille demeure en pierre située au bout d'un chemin pentu, qui offre tranquillité
et panorama de choix sur la vallée. Chambres sobres, préservant le cadre du lieu. Piscine.
Alléchante cuisine familiale servie dans une salle à manger rustique ou en terrasse.

PLÉLO – 22 Côtes-d'Armor – 309 E3 – 2 631 h. – alt. 110 m – ⊠ 22170

10 **C1**

🚗 Paris 470 – Lannion 54 – Rennes 118 – Saint-Brieuc 22

X **Au Char à Bancs** avec ch ॐ   🚘 🏡 ⚙️ ch, 📞 VISA ⚫ ➀
1 km au Nord par D 84 – 𝒞 *02 96 74 13 63 – charabanc @ wanadoo.fr
– Fax 02 96 74 13 03 – Fermé janv.*
5 ch – †59 € ††66 € – **Rest** – *(fermé en sem. hors saison et le mardi
en juil.-août)* Carte 15/25 €
♦ L'auberge vous réserve un accueil familial autour de sa table en bois massif. On y sert une
cuisine concoctée avec les produits de la ferme (potée mijotée dans la cheminée...).
Chambres cosy, logées sous des poutres séculaires, et jolies salles de bain rétro.

PLÉNEUF-VAL-ANDRÉ – 22 Côtes-d'Armor – **309** G3 – 3 680 h. – alt. 52 m
– Casino : la Rotonde au Val-André – ⊠ 22370   10 **C1**

> **D** Paris 446 – Dinan 43 – Erquy 9 – Lamballe 16 – St-Brieuc 28 – St-Cast 30
> – St-Malo 51
>
> **i** Office de tourisme, 1, cours Winston Churchill ℰ 02 96 72 20 55,
> Fax 02 96 63 00 34
>
> **⌀** de Pleneuf-Val-André Rue de la plage des Vallées, E : 1 km par D 515,
> ℰ 02 96 63 01 12.

au Val-André 2 km à l'Ouest – ⊠ 22370 Pléneuf-Val-André ▮ Bretagne

> **◉** Pointe de Pléneuf★ N 15 mn - Le tour de la Pointe de Pléneuf ≤★★ N 30 mn.

⊞⊞   **Georges** sans rest   ⌸ & 📞 *VISA* **◍◐** *AE* **①**
131 r. Clemenceau – ℰ 02 96 72 23 70 – hotel-georges@g-partouche.fr
– Fax 02 96 72 23 72 – Ouvert de fév. à mi-nov.
24 ch – ♦60,50/71 € ♦♦77/102 €, ⊑ 9 €
♦ Cet hôtel situé au centre de la station balnéaire a été entièrement rénové dans un esprit contemporain chic : boiseries foncées, tons crème et mobilier design.

⊞⊞   **Grand Hôtel du Val André** ⌂   ≤ ⌸ & ch, ⅌ rest, 📞
80 r. Amiral Charner – ℰ 02 96 72 20 56   ⌸ **P** *VISA* **◍◐** *AE*
– accueil@grand-hotel-val-andre.fr – Fax 02 96 63 00 24 – Fermé 2 janv.-5 fév.
39 ch – ♦70/81 € ♦♦84/104 €, ⊑ 9,50 € – ½ P 89/101 €
Rest – (fermé mardi midi, dim. soir et lundi) Menu (23 €), 29 € (sem.)/50 € – Carte 40/63 €
♦ Hôtel bâti en 1895 en bord de plage. Les chambres, rénovées peu à peu, s'égayent de tissus chatoyants ; celles de la façade offrent une vue sur la mer. Cuisine au goût du jour soignée, privilégiant le poisson, à déguster dans la salle à manger panoramique.

XX   **Au Biniou**   *VISA* **◍◐**
☺ 121 r. Clemenceau – ℰ 02 96 72 24 35 – Fax 02 96 63 03 23 – Fermé fév., mardi
soir et merc. sauf juil.-août
Rest – Menu 25/32 € – Carte 40/49 €
♦ Façade contemporaine, bel intérieur d'esprit marin mariant boiseries et tissus bleu clair, cuisine créative d'inspiration régionale : ce Biniou-là sonne juste !

LE PLESSIS-PICARD – 77 Seine-et-Marne – **312** E4 – voir à Paris, Environs
(Sénart)

PLESTIN-LES-GRÈVES – 22 Côtes-d'Armor – **309** A3 – 3 415 h. – alt. 45 m –
⊠ 22310 ▮ Bretagne   9 **B1**

> **D** Paris 528 – Brest 79 – Guingamp 46 – Lannion 18 – Morlaix 24 – St-Brieuc 77
>
> **i** Syndicat d'initiative, place de la Mairie ℰ 02 96 35 61 93,
> Fax 02 96 54 12 54
>
> **◉** Lieue de Grève★ - Corniche de l'Armorique★ N : 2 km.

⌂   **Les Panoramas** sans rest ⌂   ≤ & **P** *VISA* **◍◐**
rte Corniche Nord : 5,5 km par D 42 – ℰ 02 96 35 63 76 – hotel.les.panoramas@
wanadoo.fr – Fax 02 96 35 09 10 – Fermé 2 janv.-15 mars
13 ch – ♦40/45 € ♦♦51/58 €, ⊑ 6 €
♦ Grand bâtiment rénové abritant des chambres fonctionnelles ; celles en façade ouvrent sur la baie. À proximité, plage de St-Efflam et sentiers de la côte des Bruyères.

PLEUDIHEN-SUR-RANCE – 22 Côtes-d'Armor – **309** K3 – 2 516 h. – alt. 62 m –
⊠ 22690   10 **D2**

> **D** Paris 395 – Rennes 59 – Saint-Brieuc 71 – Saint-Malo 22 – Granville 86

⌂   **Manoir de St-Meleuc** sans rest   ⌓ 📞 **P** *VISA* **◍◐**
St-Meleuc – ℰ 02 96 83 34 26 – manoir_de_saint_meleuc@yahoo.fr
4 ch ⊑ – ♦95/120 € ♦♦130/205 €
♦ Petit manoir du 15e s. bien rénové, au cœur d'un parc de 2,5 ha. Petit-déjeuner servi dans une grande salle avec pierres et poutres apparentes et chambres de style ancien.

PLÉVEN – 22 Côtes-d'Armor – **309** I4 – 565 h. – alt. 80 m – ⊠ 22130   10 **C2**
- ◨ Paris 431 – Dinan 24 – Dinard 28 – St-Brieuc 38 – St-Malo 34
- ◉ Ruines du château de la Hunaudaie★ SO : 4 km, ▮ Bretagne.

⊞⊞⊞   **Manoir de Vaumadeuc** sans rest ॐ   ◔ **P** ⱽⁱˢᵃ ◍◍ ᴬᴱ ◍
– ℰ 02 96 84 46 17 – manoir@vaumadeuc.com – Fax 02 96 84 40 16 – Ouvert de
Pâques à la Toussaint
13 ch – ♦80/175 € ♦♦180/225 €, ⇆ 12 €
◆ Manoir du 15ᵉ s. niché dans un parc. Boiseries, cheminée et meubles de style
composent un majestueux décor de caractère ; les chambres du 2ᵉ étage sont cosy et
mansardées.

PLEYBER-CHRIST – 29 Finistère – **308** H3 – 2 790 h. – alt. 131 m – ⊠ 29410
▮ Bretagne   9 **B1**
- ◨ Paris 548 – Brest 55 – Châteaulin 47 – Morlaix 12 – Quimper 67
  – St-Pol-de-Léon 26

⌂   **De la Gare**   ⬮ ⅏ ch, ⓦ **P** ⱽⁱˢᵃ ◍◍ ᴬᴱ
⊗⊗   2 r. Parmentier – ℰ 02 98 78 43 76 – hotelgare@wanadoo.fr – Fax 02 98 78 49 78
– Fermé 22 déc.-14 janv. et dim. sauf juil.-août
8 ch – ♦49/52 € ♦♦51/55 €, ⇆ 7 € – ½ P 49/51 € – **Rest** – (fermé sam. midi et
dim.) Menu 13,50 € (déj. en sem.), 21/37 € – Carte 20/39 €
◆ Étape familiale pratique située face à la gare. Chambres fonctionnelles, peu
spacieuses mais très bien tenues, et sympathique petit salon donnant sur un jardin. Le
restaurant est ultra simple, mais la cuisine traditionnelle se révèle généreuse et les prix tout
doux.

PLOBSHEIM – 67 Bas-Rhin – **315** K6 – **rattaché à Strasbourg**

PLOEMEUR – 56 Morbihan – **308** K8 – 18 304 h. – alt. 45 m – ⊠ 56270   9 **B2**
- ◨ Paris 509 – Concarneau 51 – Lorient 6 – Quimper 68 – Vannes 65
- ▯ Office de tourisme, 25, place de l'Église ℰ 02 97 85 27 88
- ▦ de Ploemeur-Océan Saint Jude Kerham, O : 8 km par D 162,
  ℰ 02 97 32 81 82.

à Lomener 4 km au Sud par D 163 – ⊠ 56270 Ploemeur

⌂⌂   **Le Vivier**   ⟵ île de Groix, ⓦ **P** ⌂ ⱽⁱˢᵃ ◍◍ ᴬᴱ
⊗   9 r. de Bergervir – ℰ 02 97 82 99 60 – e-mail.info@levivier-lomener.com
– Fax 02 97 82 88 89 – Fermé 19 déc.-5 janv., le dim. soir du 23 mars au 15 sept.
14 ch – ♦75 € ♦♦85 €, ⇆ 9 € – ½ P 90/98 €
Rest – (fermé dim. soir sauf juil.-août) Menu 26 € (sem.)/48 € – Carte 45/72 € ⅋
◆ Cette maison ancrée sur un rocher semble vouée à Neptune : superbe vue sur
l'océan et l'île de Groix depuis les chambres modernes et accueillantes (deux avec
terrasse). Le restaurant, qui a presque "les pieds dans l'eau", privilégie les produits de la
pêche.

PLOËRMEL – 56 Morbihan – **308** Q7 – 7 525 h. – alt. 93 m – ⊠ 56800   10 **C2**
- ◨ Paris 417 – Lorient 88 – Loudéac 47 – Rennes 68 – Vannes 46
- ▯ Office de tourisme, 5, rue du Val ℰ 02 97 74 02 70, Fax 02 97 73 31 82
- ▦ du Lac-au-Duc Le Clos Hazel, N : 2 km par D 8, ℰ 02 97 73 64 64.

⊞⊞⊞   **Le Roi Arthur** ॐ   ⟵ ◔ ▧ ◍◍ ▯▮ ᴧ ch, ◍ rest, ⅋ ⓦ ⚿
au lac au Duc : 1,5 km par D 8 – ℰ 02 97 73 64 64   **P** ⱽⁱˢᵃ ◍◍ ᴬᴱ ◍
– info@hotelroiarthur.com – Fax 02 97 73 64 50 – Fermé vacances de fév.
46 ch – ♦88/93 € ♦♦102/124 €, ⇆ 14 € – ½ P 93/138 € – **Rest** – Menu 21 € (déj.
en sem.), 32/51 € – Carte 45/57 €
◆ En quête du Graal ? Il se cache peut-être ici, entre le lac et le golf. Choisissez
une des chambres récemment rénovées, confortables et d'esprit actuel. Clin d'œil à la
légende : prenez place autour d'une table ronde pour déguster des plats bien de notre
temps.

PLOGOFF – 29 Finistère – 308 D6 – 1 563 h. – alt. 70 m – ⊠ 29770   9 **A2**
> ◘ Paris 610 – Audierne 11 – Douarnenez 32 – Pont-l'Abbé 43 – Quimper 48

⌂ **Ker-Moor**   ⩽ 🍴 **P** VISA ◑◐ AE
2,5 km rte Audierne – ℰ 02 98 70 62 06 – kermoor.h.rest@wanadoo.fr
– Fax 02 98 70 32 69 – Fermé 7 janv.-12 fév.
16 ch – ♦50 € ♦♦75/85 €, ☐ 8,50 € – ½ P 60/75 € – **Rest** – *(fermé dim. soir et lundi hors saison)* Menu 19 € (sem.)/40 € – Carte 22/43 €
♦ Seule la route sépare cette maison néo-bretonne de l'océan. Le mobilier et la vue varient selon les chambres ; certaines ont même une terrasse orientée vers les flots. Goûtez le ragoût de homard au cidre, spécialité maison, tout en admirant la baie d'Audierne.

PLOMBIÈRES-LES-BAINS – 88 Vosges – 314 G5 – 1 906 h. – alt. 429 m – Stat. therm. : mi mars-mi nov. – Casino – ⊠ 88370 ▮ Alsace Lorraine   27 **C3**
> ◘ Paris 378 – Belfort 79 – Épinal 38 – Gérardmer 43 – Vesoul 54 – Vittel 61
> ◪ Office de tourisme, 1, place Maurice Janot ℰ 03 29 66 01 30, Fax 03 29 66 01 94
> ◪ La Feuillée Nouvelle ⩽★ 5 km par ② – Vallée de la Semousse★.

🏨 **Le Prestige Impérial**   🛏 🍴 ✵ ⅙ ch, ⅞ ⅏ 🐾 ⅏ **P** VISA ◑◐ ◑
av. des Etats-Unis – ℰ 03 29 30 07 07 – residences.napoleon@
plombieres-les-bains.com – Fax 03 29 30 07 33
80 ch – ♦57/72 € ♦♦72/102 €, ☐ 14 € – 2 suites – ½ P 70/85 €
Rest – Menu 25/46 € – Carte 26/40 €
♦ On entre dans cet hôtel Napoléon III – bien rénové et relié aux thermes de la ville – par un hall lumineux sous une immense verrière. Chambres d'esprit Art déco. Le restaurant, qui a conservé son grandiose cadre d'époque, propose une cuisine au goût du jour.

PLOMEUR – 29 Finistère – 308 F7 – 3 203 h. – alt. 33 m – ⊠ 29120   9 **A2**
▮ Bretagne
> ◘ Paris 579 – Douarnenez 39 – Pont-l'Abbé 6 – Quimper 26
> ◪ Office de tourisme, 1, place de l'Église ℰ 02 98 82 09 05

⌂ **La Ferme du Relais Bigouden** sans rest ঌ   🛏 **P** VISA ◑◐
à Pendreff, rte Guilvinec : 2,5 km – ℰ 02 98 58 01 32 – Fax 02 98 82 09 62
16 ch – ♦52 € ♦♦52/55 €, ☐ 7,50 €
♦ Ancienne ferme du pays bigouden abritant des chambres sobres et confortables, toutes tournées vers le jardin. La salle des petits-déjeuners a conservé son cachet d'origine.

PLOMODIERN – 29 Finistère – 308 F5 – 2 076 h. – alt. 60 m – ⊠ 29550   9 **A2**
> ◘ Paris 559 – Brest 60 – Châteaulin 12 – Crozon 25 – Douarnenez 18
> – Quimper 28
> ◪ Syndicat d'initiative, place de l'Église ℰ 02 98 81 27 37, Fax 02 98 81 59 91
> ◙ Retables★ de la chapelle Ste-Marie-du-Ménez-Hom N : 3,5 km - Charpente★ de la chapelle St-Côme NO : 4,5 km.
> ◙ Ménez-Hom ✳★★★ N : 7 km par D 47, ▮ Bretagne.

⌂ **Pors-Morvan** ঌ   🛏 🍴 ⅞ **P** VISA ◑◐
⊘ *3 km à l'Est par rte secondaire* – ℰ 02 98 81 53 23 – hotel-porsmorvan@
wanadoo.fr – Fax 02 98 81 28 61 – Ouvert avril-sept., vacances de la Toussaint
et de Noël
12 ch – ♦50 € ♦♦50 €, ☐ 6 € – **Rest** – crêperie Carte environ 15 €
♦ Les amoureux de la nature apprécieront cette ancienne ferme (1830) dont les dépendances abritent de petites chambres profitant du calme de la campagne. Joli jardin avec étang. Grange convertie en crêperie rustique (belles cheminée et charpente en bois).

ⵝⵝⵝ **Auberge des Glazicks** (Olivier Bellin)   ⟺ VISA ◑◐
ⵐ *7 r. de la Plage* – ℰ 02 98 81 52 32 – olivier.bellin@hotmail.fr – Fax 02 98 81 57 18
– Fermé 17-31 mars, 15 oct.-30 nov., lundi et mardi
Rest – Menu 48/150 € – Carte 84/120 €
Spéc. Homard étuvé, frite XL, condiment tomate-chorizo. Râble de lapin rôti, scampi sauté, riz pilaf rouge minute. Oeuf végétal, vinaigrette citron vert.
♦ Cette ancienne maréchalerie offre une vue plongeante sur la baie de Douarnenez. On déguste une cuisine créative dans une coquette salle à manger où dominent le bleu et le blanc.

PLOUBALAY – 22 Côtes-d'Armor – 309 J3 – 2 385 h. – alt. 32 m – ⊠ 22650
🟦 Bretagne
10 **C1**

▶ Paris 412 – Dinan 18 – Dol-de-Bretagne 35 – Lamballe 36 – St-Brieuc 56
– St-Malo 15

◎ Château d'eau ✳ ★★ : 1 km NE.

✗✗ **De la Gare** ⋒ ✸ VISA ⦿
4 r. Ormelets – ℰ 02 96 27 25 16 – Fax 02 96 82 63 22 – Fermé
23-29 juin, 6-12 oct.,19-31 janv., lundi soir et mardi soir de sept. à juin, lundi midi et
mardi midi en juil.-août et merc.
Rest – Menu 24/52 € – Carte 36/51 €
♦ Cuisine actuelle "terre-mer", servie dans deux salles : esprit rustique pour l'une et vue sur
le jardinet pour l'autre. Accueil et service avenants.

PLOUBAZLANEC – 22 Côtes-d'Armor – 309 D2 – rattaché à Paimpol

---

PLOUER-SUR-RANCE – 22 Côtes-d'Armor – 309 J3 – 2 723 h. – alt. 62 m –
⊠ 22490 🟦 Bretagne
10 **D2**

▶ Paris 397 – Dinan 13 – Dol-de-Bretagne 20 – Lamballe 53 – St-Brieuc 70
– St-Malo 23

🏨 **Manoir de Rigourdaine** sans rest ⬙ ⟨ ⟩ & ✸ ⦿ **P** VISA ⦿ AE
3 km par rte de Langrolay puis rte secondaire – ℰ 02 96 86 89 96
– hotel.rigourdaine@wanadoo.fr – Fax 02 96 86 92 46 – Ouvert de mars à
début nov.
19 ch – †62/76 € ††62/82 €, ⊆ 7,50 €
♦ Dominant l'estuaire de la Rance, ancienne ferme joliment restaurée où poutres ances-
trales, cheminée et mobilier campagnard composent un décor de caractère. Calme
garanti !

PLOUGASTEL-DAOULAS – 29 Finistère – 308 E4 – 12 248 h. – alt. 113 m –
⊠ 29470 🟦 Bretagne
9 **A2**

▶ Paris 596 – Brest 12 – Morlaix 60 – Quimper 64

🛈 Office de tourisme, 4 bis, place du Calvaire ℰ 02 98 40 34 98,
Fax 02 98 40 68 85

◎ Calvaire★★ - Site★ de la chapelle St-Jean NE : 5 km - Kernisi ✳ ★ SO :
4,5 km.

◙ Pointe de Kerdéniel ✳ ★★ SO : 8,5 km puis 15 mn.

✗ **Le Chevalier de l'Auberlac'h** ⋒ **P.** VISA ⦿ AE ⓞ
5 r. Mathurin Thomas – ℰ 02 98 40 54 56 – chevalierauberlach@voila.fr
– Fax 02 98 40 65 16 – Fermé lundi sauf le midi en juil.-août
et dim. soir
Rest – Menu 16 € (déj. en sem.), 22 € bc/38 € – Carte 28/44 €
♦ Vitraux, poutres, cheminée, lustre en fer forgé et armure soulignent l'orientation
"médiévale" du décor du restaurant. Agréable petite terrasse d'été dans un jardin
de curé.

PLOUGONVEN – 29 Finistère – 308 I3 – 3 051 h. – alt. 176 m – ⊠ 29640
🟦 Bretagne
9 **B1**

▶ Paris 535 – Lannion 38 – Morlaix 12 – Rennes 183

⟰ **La Grange de Coatélan** ⬙ 🚋 ⋒ ✸ ch, **P.**
Coatélan, 4 km à l'Ouest par D 109 – ℰ 02 98 72 60 16 – la-grange-de-coatelan@
wanadoo.fr – Fax 02 98 72 60 16 – Fermé vacances de Noël
5 ch ⊆ – †42 € ††70 € – **Table d'hôte** – (prévenir) Menu 22 €
♦ Cette ferme bretonne du 16ᵉ s. située en pleine campagne est gage de calme
absolu. Les chambres, personnalisées, sont aménagées dans les dépendances.
À table, cuisine du terroir (menu unique) servie dans le cadre rustique d'une ancienne
grange.

PLOUGOUMELEN – 56 Morbihan – **308** N9 – 1 762 h. – alt. 27 m – ⊠ 56400

▸ Paris 475 – Vannes 14 – Auray 10 – Lorient 49   **9 A3**

Ⅹ **Crêperie de Keroyal**   🚗 🛰 P̄ VISA ⬤⬤

🐝 *3 imp. Keroyal, 1 km à l'Ouest par rte secondaire – ℰ 02 97 24 03 81*
– creperie-keroyal@wanadoo.fr – Fax 02 97 24 03 81 – Fermé
10 mars-3 avril, 12 nov.-18 déc., mardi midi et lundi hors saison
Rest – Menu 13 € bc/20 € bc – Carte environ 20 €

♦ Cette ex-chaumière au décor rustique surplombe le ria du Sal. On s'y régale de galettes
et de crêpes essentiellement préparées avec des produits bio. Jeux d'enfants.

PLOUGRESCANT – 22 Côtes-d'Armor – **309** C1 – 1 402 h. – alt. 53 m – ⊠ 22820
▌ Bretagne   **9 B1**

▸ Paris 514 – Guingamp 38 – Lannion 23 – Rennes 162

⌂ **Manoir de Kergrec'h** sans rest ⌘   🐧 VISA ⬤⬤ ⓘ

– ℰ 02 96 92 59 13 – kergrec.h@wanadoo.fr – Fax 02 96 92 51 27
8 ch ☲ – ♦100 € ♦♦110 €

♦ Ancien manoir épiscopal (17ᵉ s.) agrémenté d'un vaste parc descendant jusqu'à la mer. Salon
cossu, chambres dotées de meubles familiaux et petit-déjeuner soigné dans un cadre plaisant.

PLOUHARNEL – 56 Morbihan – **308** M9 – 1 700 h. – alt. 21 m – ⊠ 56340 ▌ Bretagne
▸ Paris 492 – Rennes 141 – Vannes 32 – Lorient 50 – Lanester 44   **9 B3**
🅱 Office de tourisme, rond-point de l'Océan ℰ 02 97 52 32 93

🏠 **Carnac Lodge** sans rest ⌘   🚗 ⅃ 🕭 ⌖ P̄ VISA ⬤⬤ AE

Kerhueno – ℰ 02 97 58 30 30 – contact@carnaclodge.com – Fax 02 97 58 31 33
– Fermé 3 janv.-10 fév.
20 ch – ♦65/110 € ♦♦65/145 €, ☲ 9 €

♦ Entre Carnac et Plouharnel, cet hôtel, situé dans un calme jardin, propose des chambres
dont la décoration mélange habilement mobilier des années 1980 et touches actuelles.

PLOUIDER – 29 Finistère – **308** F3 – 1 751 h. – alt. 74 m – ⊠ 29260   **9 A1**
▸ Paris 582 – Brest 36 – Landerneau 21 – Morlaix 46 – St Pol de Léon 28

🏠 **La Butte**   🚗 ▐ ⅖ ch, ⇎ ⌖ ⅍ P̄ VISA ⬤⬤ AE

10 r. de la Mer – ℰ 02 98 25 40 54 – info@labutte.fr – Fax 02 98 25 44 17 – Fermé
20 janv.-14 fév.
24 ch – ♦60/104 € ♦♦65/108 €, ☲ 10 € – ½ P 68/112 € – **Rest** – (fermé dim. soir
et lundi) Menu 23/65 € – Carte 29/97 €

♦ Cette construction récente abrite des chambres de bonne ampleur, fonctionnelles et
bien tenues. Celles qui donnent sur le jardin profitent de la vue sur la baie de Goulven. À
table, la cuisine traditionnelle valorise les produits de la mer et du terroir.

PLOUIGNEAU – 29 Finistère – **308** I3 – 4 138 h. – alt. 156 m – ⊠ 29610   **9 B1**
▸ Paris 530 – Rennes 177 – Quimper 96 – Lannion 32 – Morlaix 14

⌂ **Manoir de Lanleya** sans rest ⌘   🚗 ⇎ ℀ P̄

4 km au Nord par D 64 et rte secondaire – ℰ 02 98 79 94 15 – manoir.lanleya@
wanadoo.fr – Fax 02 98 79 94 15
5 ch ☲ – ♦66 € ♦♦71 €

♦ Ce manoir du 16ᵉ s. (non-fumeurs) a été remarquablement restauré : jolies chambres meublées d'ancien, courette fleurie et délicieux jardin longé par une rivière... Accueil charmant.

PLOUMANACH – 22 Côtes-d'Armor – **309** B2 – rattaché à Perros-Guirec

---

LE POËT-LAVAL – 26 Drôme – **332** D6 – rattaché à Dieulefit

LE POINÇONNET – 36 Indre – **323** G6 – rattaché à Châteauroux

---

POINCY – 77 Seine-et-Marne – **312** G2 – rattaché à Meaux

POINTE DE L'ARCOUEST – 22 Côtes-d'Armor – **309** D2 – rattaché à Paimpol

POINTE DE MOUSTERLIN – 29 Finistère – **308** G7 – rattaché à Fouesnant

POINTE DE ST-MATHIEU – 29 Finistère – **308** C5 – rattaché au Conquet

POINTE DU GROUIN – 35 Ille-et-Vilaine – **309** K2 – rattaché à Cancale

POINTE-DU-RAZ ★★★ – 29 Finistère – **308** C6 – ⊠ 29770 Plogoff ▐ Bretagne
  ◨ Paris 614 – Douarnenez 37 – Pont-l'Abbé 48 – Quimper 53   **9 A2**
  ◎ ✻✻★★.

à La Baie des Trépassés par D 784 et rte secondaire : 3,5 km – ⊠ Cleden Cap Sizun

🏠   **De La Baie des Trépassés** ॐ   ≼ 𝖠𝖢 rest, ↳ 📶 **P** 𝘝𝘐𝘚𝘈 ⓦⓒ
  – ☏ 02 98 70 61 34 – hoteldelabaie@aol.com – Fax 02 98 70 35 20 – Fermé
  15 nov.-15 fév.
  27 ch – †37/72 €, ††37/72 €, ⊐ 10 € – ½ P 58/75 € – **Rest** – (fermé lundi sauf
  vacances scolaires) Menu 23/58 €
  ♦ Site colonisé le jour par les touristes, mais tranquille le soir. Réservez de préférence une
  chambre tournée vers les flots. Celles du 2ᵉ étage sont mansardées. Les tables du restaurant contemplent la pointe du Raz. Cuisine traditionnelle inspirée par la mer.

POINT-SUBLIME – 04 Alpes-de-Haute-Provence – **334** G10 – ⊠ 04120 Rougon
▐ Alpes du Sud   **41 C2**
  ◨ Paris 803 – Castellane 18 – Digne-les-Bains 71 – Draguignan 53 – Manosque 76
  ◎ ≼★★★ sur Grand Canyon du Verdon 15 mn - Couloir Samson★★ S : 1,5 km -
  Rougon ≼★ N : 2,5 km - Clue de Carejuan★ E : 4 km.
  ◪ Belvédères SO : de l'Escalès★★★ 9 km, de Trescaïre★★ 8 km, du Tilleul★★
  10 km, des Glacières★★ 11 km, de l'Imbut★★ 13 km.

✗   **Auberge du Point Sublime** avec ch   ≼ 🏠 **P** 𝘝𝘐𝘚𝘈 ⓦⓒ
  – ☏ 04 92 83 60 35 – point.sublime@wanadoo.fr – Fax 04 92 83 74 31 – Ouvert de
  Pâques à mi-oct.
  13 ch – †54 €, ††58 €, ⊐ 8 € – ½ P 58 € – **Rest** – (fermé jeudi midi sauf
  14 juil.-15 août et merc.) Menu (16 €), 22/30 € – Carte 30/50 €
  ♦ À proximité du belvédère, sympathique auberge familiale où vous prendrez vos repas
  (cuisine régionale) dans un joli cadre rustique ou sur la terrasse ombragée. Chambres simples.

POISSON – 71 Saône-et-Loire – **320** E11 – rattaché à Paray-le-Monial

POISSY – 78 Yvelines – **311** I2 – **106** 17 – **101** 12 – voir à Paris, Environs

POITIERS ℙ – 86 Vienne – **322** H5 – 83 448 h. – **Agglo.** 119 371 h. – alt. 116 m –
⊠ 86000 ▐ Poitou Vendée Charentes   **39 C1**
  ◨ Paris 335 – Angers 134 – Limoges 126 – Nantes 215 – Niort 76 – Tours 102
  ✈ de Poitiers-Biard-Futuroscope : ☏ 05 49 30 04 40 AV.
  🖪 Office de tourisme, 45, place Charles-de-Gaulle ☏ 05 49 41 21 24,
  Fax 05 49 88 65 84
  🖫 de Poitiers à Mignaloux-Beauvoir 635 route de Beauvoir, par rte de Lussac-
  les-Châteaux : 8 km, ☏ 05 49 55 10 50 ;
  🖫 du Haut-Poitou à Saint-Cyr Parc des Loisirs de Saint Cyr, par rte de
  Châtellerault : 22 km, ☏ 05 49 62 53 62.
  ◎ Église N.-D.-la-Grande★★ : façade★★★ - Église St-Hilaire-le-Grand★★ -
  Cathédrale St-Pierre★ - Église Ste-Radegonde★ D - Baptistère St-Jean★ -
  Grande salle★ du Palais de Justice J - Boulevard Coligny ≼★ - Musée
  Ste-Croix★★ - Statue N-D-des-Dunes ≼★.
  ◪ Parc du Futuroscope★★★ : 12 km par ①.

Plans pages suivantes

🏠🏠   **Le Grand Hôtel** sans rest ॐ   🖥 ⓖ 𝖠𝖢 ☏ 🔧 🚗 𝘝𝘐𝘚𝘈 ⓦⓒ 𝖠𝖤 ①
  28 r. Carnot – ☏ 05 49 60 90 60 – grandhotelpoitiers@wanadoo.fr – Fax 05 49 62 81 89
  42 ch – †67/70 €, ††77/85 €, ⊐ 13 € – 5 suites   **CZ k**
  ♦ Central mais bénéficiant du calme d'une cour, l'hôtel présente un chaleureux cadre
  d'esprit Art déco. Chambres confortables et grande terrasse où l'on petit-déjeune en été.

POTIERS

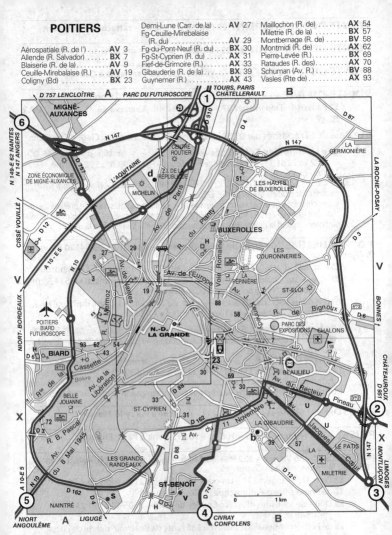

🏨 **De l'Europe** sans rest   🚗 🕼 🕭 🕿 🔐 🅿 🕀 **VISA** ⓂⒸ ⒶⒺ

39 r. Carnot – ℰ 05 49 88 12 00 – reservations @ hotel-europe-poitiers.com
– Fax 05 49 88 97 30 – Fermé 19 déc.-2 janv.   CZ **n**

88 ch – †52/83 € ††58/87 €, ☑ 7 €

♦ À deux pas des rues piétonnes, trois bâtiments répartis autour d'une cour intérieure (le plus vieux date de 1810). Chambres de divers styles : contemporain, Louis-Philippe, oriental, etc.

🏠 **Come Inn**   🕿 🕭 ఉ ch, 🍴 🕼 🕭 🅿 **VISA** ⓂⒸ

13 r. Albin Haller, (Z.I. République 2) – ℰ 05 49 88 42 42 – come-inn @ wanadoo.fr
∞ – Fax 05 49 88 42 44 – Fermé 25 juil.-14 août   AV **d**

44 ch – †44 € ††50 €, ☑ 6,50 € – **Rest** – (fermé 25 juil.-24 août, sam. et dim.)
Menu 15 €

♦ Avec ses chambres sobres et fonctionnelles, cet hôtel constitue une adresse pratique dans une zone d'activité proche de l'autoroute Aquitaine. Menu traditionnel servi dans une salle de restaurant au décor actuel.

POITIERS

🏠 **Gibautel** sans rest   &. ⅍ P. VISA ☾☉ AE ①
2 r. de la Providence – ℰ 05 49 46 16 16 – hotel.gibautel@wanadoo.fr – Fax 05 49 46 85 97
36 ch – ♦42/48 € ♦♦52/54 €, ☲ 7 €　　　　　　　　　　　　　　　BX **b**
♦ Chambres simples, formules buffets pour les petits-déjeuners et prix serrés : une étape
utile dans un quartier excentré comptant plusieurs établissements hospitaliers.

✗✗✗ **Maxime**   AC ⇄ VISA ☾☉ AE ①
4 r. St-Nicolas – ℰ 05 49 41 09 55 – maxime-86@tiscali.fr – Fax 05 49 41 09 55
– Fermé 13 juil.-20 août, sam. sauf le soir du 1ᵉʳ nov. au 28 janv. et dim.
Rest – Menu (16 €), 21 € (sem.)/76 € bc – Carte 48/57 €　　　　　DZ **u**
♦ À deux pas du musée de Chièvres, restaurant tout en couleurs mais dégageant une
ambiance feutrée. Accueil charmant. La carte oscille entre néo-classicisme et goût du jour.

1453

✗✗ Le Poitevin   AC VISA CB AE

76 r. Carnot – 📞 05 49 88 35 04 – lepoitevin@poitiers.in – Fax 05 49 52 88 05
– Fermé 7-20 avril, 7-28 juil., 22 déc.-5 janv. et dim. soir   CZ **r**
Rest – Menu (12 €), 24/38 € – Carte 39/60 €

♦ Dans une rue jalonnée par de nombreux commerces, restaurant composé de trois petites salles à manger, d'esprit rustique ou plus contemporain. Plats traditionnels et régionaux.

à Chasseneuil-du-Poitou 9 km par ① – ✉ 86360 Chasseneuil-du-Poitou – 3 845 h. – alt. 75 m

🛈 Office de tourisme, place du Centre 📞 05 49 52 83 64, Fax 05 49 52 59 31

🏠 Château Clos de la Ribaudière ⌀   🕭 ☆ ⊼ 🕭 & ch, AC rest, ⚒

10 r. du Champ de Foire, au village –   P VISA CB AE ①
📞 05 49 52 86 66 – ribaudiere@ribaudiere.com – Fax 05 49 52 86 32
41 ch – ♦82/125 € ♦♦102/147 €, ⊑ 14 € – ½ P 92/100 € – **Rest** – Menu 25 €
(déj. en sem.), 30/55 € – Carte 42/84 €

♦ Demeure du 19ᵉ s. et son parc au bord du Clain. Chambres spacieuses, bourgeoises côté "château", plus classiques dans les pavillons annexes. L'agréable salle à manger-véranda contemporaine et la terrasse donnent sur le jardin incluant un bassin. Cuisine au goût du jour.

🏠 Mercure Alisée ⌀   ☶ ☆ ⊼ 🕭 & ch, AC ↤ ↳ ⚒ P VISA CB AE ①

D 910, 14 r. du Commerce – 📞 05 49 52 90 41 – h0425@accor.com
– Fax 05 49 52 51 72 – Fermé 24 déc.-1ᵉʳ janv., sam. et dim. de nov. à janv.
80 ch – ♦54/85 € ♦♦58/99 €, ⊑ 12,50 €
Rest Les 3 Garçons – 📞 05 49 37 86 09 (fermé lundi soir, sam. midi et dim.) Carte 23/35 €

♦ Les couloirs, décorés à la façon d'une rue pavée, vous conduisent à de grandes chambres fonctionnelles, dont une partie bénéficie du calme du jardin. Aux 3 Garçons, menus à l'ardoise, sympathique cadre d'esprit brasserie, salon cosy et belle bibliothèque.

Parc du Futuroscope 12 km par ① – ✉ 86360 Chasseneuil-du-Poitou

🏠 Novotel Futuroscope   ☆ ⊼ 🕭 & ch, AC ↤ ↳ ⚒ P

Téléport 4 – 📞 05 49 49 91 91 – contact@   P VISA CB AE ①
novotel-futuroscope.fr – Fax 05 49 49 91 90
128 ch – ♦95/105 € ♦♦120/185 €, ⊑ 12,50 € – **Rest** – Menu (17 €), 30 € – Carte 25/47 €

♦ Cette élégante construction en verre est en parfaite symbiose avec l'environnement futuriste du parc. Chambres actuelles et fonctionnelles. La grande salle de restaurant ouverte sur la piscine et le piano-bar présentent un décor évoquant le cinéma.

🏠 Plaza Futuroscope   ☶ 🖪 🕭 & ch, AC ↤ ↳ ⚒ P VISA CB AE ①

av. du Futuroscope Téléport 1 – 📞 05 49 49 07 07 – reservation@
plaza-futuroscope.com – Fax 05 49 49 55 49
274 ch – ♦95/250 € ♦♦105/250 €, ⊑ 17 € – ½ P 90/120 €
Rest Relais Plaza – Menu (19 €), 26/32 € – Carte 33/49 €

♦ Une structure qui sied au séjour d'affaires autant qu'au tourisme. Hall imitant une gare, confortables chambres (accueil "VIP" possible) et espace de remise en forme. Cuisine traditionnelle et décor sobrement actuel au relais Plaza.

🏠 Mercure Aquatis Futuroscope   🕭 & ch, AC ↤ ⚒

av. Jean Monnet Téléport 3 ✉ 86962 –   P VISA CB AE ①
📞 05 49 49 55 00 – h2773@accor.com – Fax 05 49 49 55 01
140 ch – ♦64/81 € ♦♦69/87 €, ⊑ 12 € – **Rest** – Menu 16 € (déj.)/23 € – Carte 18/24 €

♦ Une silhouette épurée contrastant avec les singulières architectures du Futuroscope. Chambres pratiques, plus spacieuses dans l'aile récente. Vaste restaurant orné de colonnes, arcades et statues ; plats traditionnels et petite carte "assiettes et rôtisserie".

🏠 Ibis Futuroscope   ☆ ⊼ 🕭 & ch, AC ↤ ⚒ P VISA CB AE ①

av. Thomas Edison – 📞 05 49 49 90 00 – h1193@accor.com – Fax 05 49 49 90 09
140 ch – ♦50/64 € ♦♦50/64 €, ⊑ 8 € – **Rest** – Menu (13 €), 17 € – Carte 25/33 €

♦ Chambres fonctionnelles, bar-salon confortable, salles de conférences... Cet Ibis séduira autant la clientèle d'affaires que les amoureux de la quatrième dimension. Côté table, décor marin et repas sous forme de buffets privilégiant les produits de l'océan.

à Lavoux 15 km par ② et D 1 – 1 008 h. – alt. 126 m – ⊠ 86800

⌂ **Logis du Château du Bois Dousset** ⚜ 🔌 🖼
– 𝒞 05 49 44 20 26 – Fax 05 49 44 20 26
3 ch ⌑ – ♦70/80 € ♦♦70/80 € – **Table d'hôte** – Menu 30 € bc
♦ Domaine familial de 400 ha comprenant un château, un magnifique jardin à la française et un pavillon Louis XIII. Dans ce dernier : confortables chambres de plain-pied et somptueuse suite. À table, vous dégusterez légumes du potager et spécialités du Poitou.

rte de Limoges 10 km par ③, N 147 et rte secondaire – ⊠ 86550 **Mignaloux**

🏨 **Manoir de Beauvoir** ⚜ ≤ 🔌 🖼 ⛳ 🖼 🖼 よ ch, 🅰 ch, ➤ 🔐
635 rte de Beauvoir, au golf – 𝒞 05 49 55 47 47 🅿 𝑽𝑰𝑺𝑨 ⊕⊕ 🄰🄴 ⓪
– resa-poitiers @ monalisahotels.com – Fax 05 49 55 31 95
45 ch – ♦99 € ♦♦99 €, ⌑ 11 € – 4 suites – ½ P 83 € – **Rest** – Menu (17 €), 23/37 € – Carte 31/53 €
♦ Les chambres se trouvent dans la maison bourgeoise datant du 19ᵉ s., les appartements avec kitchenette dans la "résidence". Parc de 90 ha et golf de 18 trous. La table du Manoir vous donne le choix entre la salle habillée de boiseries et celle plus british du club-house.

à St-Benoît 4 km au Sud du plan par D 88 – 7 008 h. – alt. 77 m – ⊠ 86280
🄴 Office de tourisme, 18, rue Paul Gauvin 𝒞 05 49 88 42 12, Fax 05 49 56 08 82

🍴🍴🍴 **Passions et Gourmandises** (Richard Toix) ≤ 🔌 よ
6 r. du Square – 𝒞 05 49 61 03 99 – info @ 🍴 ⇔ 🅿 𝑽𝑰𝑺𝑨 ⊕⊕
passionsetgourmandises.com – Fermé 3-17 août, 22-26 déc., 2-18 janv., dim. soir et
merc. midi et lundi BX **v**
Rest – Menu (17 €), 24/67 € – Carte 82/109 €
Spéc. Gourmandise croustillante de langoustine, vinaigrette de bigorneaux. Tournedos de porc noir cuit en cocotte, légumes de saison. "Pour les fous du chocolat".
♦ Séduisante cuisine actuelle dans ce restaurant tout en longueur dont l'espace, la clarté et la blancheur résument l'esprit contemporain. Belle terrasse au bord du ruisseau.

rte de Ligugé 4 km au Sud du plan par D 4 – ⊠ 86280 St-Benoît

🍴🍴 **L'Orée des Bois** avec ch ➤ 𝑽𝑰𝑺𝑨 ⊕⊕ 🄰🄴
r. Naintré – 𝒞 05 49 57 11 44 – oreedesbois @ free.fr – Fax 05 49 43 21 40 – Fermé
dim. midi, dim. soir et lundi AX **s**
12 ch – ♦46 € ♦♦52 €, ⌑ 7,50 € – ½ P 57 € – **Rest** – Menu 17 € (sem.)/47 €
– Carte 44/57 €
♦ Une maison tapissée de vigne vierge au cœur de la vallée du Clain. Cuisine traditionnelle servie dans deux salles à manger d'esprit campagnard. Chambres refaites, sobres et propres, dotées de mobilier rustique.

rte d'Angoulême 6 km par ⑤, sortie Hauts-de-Croutelle – ⊠ 86240 **Croutelle**

🍴🍴🍴 **La Chênaie** 🖼 🖼 🅿 𝑽𝑰𝑺𝑨 ⊕⊕ 🄰🄴
Les Hauts de Croutelle, lieu dit La Berlanderie, r. du Lejat – 𝒞 05 49 57 11 52
– restaurantlachenaie @ wanadoo.fr – Fax 05 49 57 11 51 – Fermé 22 juil.-6 août,
vacances de fév., dim. soir et lundi
Rest – Menu 20/45 € – Carte 43/65 €
♦ Ancienne ferme joliment restaurée, située en léger retrait de la route. Salle à manger assez cossue ouvrant sur un jardin planté de chênes séculaires. Cuisine au goût du jour.

rte de Niort 7 km par ⑤ – ⊠ 86240 **Ligugé**

🏨 **Le Bois de la Marche** 🔌 🖼 🖼 🖼 🖼 よ ch, 🅰 rest, ↯ ➤ 🔐
intersection N 10-D 611 – 𝒞 05 49 53 10 10 🅿 𝑽𝑰𝑺𝑨 ⊕⊕ 🄰🄴 ⓪
– boisdelamarche @ wanadoo.fr – Fax 05 49 55 32 25
53 ch – ♦55/95 € ♦♦65/105 €, ⌑ 10 € – ½ P 63/78 € – **Rest** – Menu 19 €
(sem.)/42 € – Carte 25/45 €
♦ À quelques tours de roue du "plus ancien monastère d'Occident" (Ligugé), vaste bâtiment et son parc arboré. Chambres refaites par étapes, souvent meublées dans le style Louis XV. Plats traditionnels et périgourdins servis sur l'immense terrasse aux beaux jours.

à Périgny 17 km par ⑥, N 149 et rte secondaire – ✉ **86190 Vouillé**

🏨 **Château de Périgny** ⌘ ⟨ ⌂ 🛰 ⚒ ✕ ▣ 👤 **P** **VISA** **⬤** **AE** **①**
40 r. des Coteaux – ℰ *05 49 51 80 43* – *info@chateau-perigny.com*
– Fax 05 49 51 90 09
42 ch – †74/126 € ††84/160 €, ⌂ 16 € – 1 suite – ½ P 91 €
Rest – Menu (24 €), 30/58 € – Carte 44/81 €
♦ Château Renaissance s'élevant dans un vaste parc. Jolies chambres meublées d'ancien, plus actuelles dans les dépendances. Le restaurant donne sur un ravissant patio où l'on dresse des tables à la belle saison. Recettes au goût du jour.

POLIGNY – 05 Hautes-Alpes – 334 E4 – 230 h. – alt. 1 062 m – ✉ 05500   41 **C1**
▶ Paris 658 – Gap 19 – Marseille 199 – Vizille 71

🏠 **Le Chalet des Alpages** ⌘   🛋 ⇆ ✕ ⌣ 🚗
Les Forestons, 1,5 km à l'Ouest – ℰ *04 92 23 08 95* – *lechaletdesalpages@gmail.com*
5 ch ⌂ – †70/100 € ††90/120 € – ½ P 67/70 € – **Table d'hôte** – Menu 22 € bc
♦ Cette propriété de 6 000 m² réunit de nombreux atouts : chambres de style montagnard, parfois avec balcon, salle de fitness, bain norvégien à l'extérieur et vue dégagée sur le col du Noyer, la barrière de Féraud et le Vieux Chaillol. La cuisine mêle les saveurs locales à celles de la Provence.

POLIGNY – 39 Jura – 321 E5 – 4 511 h. – alt. 373 m – ✉ 39800
Franche-Comté Jura   16 **B3**
▶ Paris 397 – Besançon 57 – Dole 45 – Lons-le-Saunier 30 – Pontarlier 63
🛈 Office de tourisme, 20, place des Déportés ℰ 03 84 37 24 21,
    Fax 03 84 37 22 37
◉ Collégiale★ - Culée de Vaux★ S : 2 km - Cirque de Ladoye ⇐★★ S : 2 km.

aux Monts de Vaux Sud-Est : 4,5 km par rte de Genève – ✉ 39800 Poligny
◉ ⇐★.

🏨 **Hostellerie des Monts de Vaux** ⌘ ⟨ ⌂ 🛰 ✕ **AC** rest, ⌣ **P**
– ℰ 03 84 37 12 50 – mtsvaux@hostellerie.com   🚗 **VISA** **⬤** **AE** **①**
– Fax 03 84 37 09 07 – Fermé 27 oct.-28 déc., mardi sauf le soir en juil.-août et merc. midi
10 ch – †125 € ††165/235 €, ⌂ 14 € – ½ P 160/180 € – **Rest** – Menu 30 € (déj.)/74 € – Carte 50/74 € ♨
♦ Dans un parc juché au-dessus de la "reculée" de Vaux, ancienne ferme-relais perpétuant depuis le 18ᵉ s. sa tradition d'hospitalité. Décor bourgeois. Chambres de caractère. Cuisine classique et du terroir valorisée par une très belle sélection de vins régionaux.

à Passenans Sud-Ouest : 11 km par D 1083 et D 57 – 296 h. – alt. 320 m – ✉ 39230

🏨 **Revermont** ⌘ ⟨ 🚲 ⌂ 🛰 ✕ ⚒ ✕ ⌘ 👤 ch, ♨ **P** 🚗 **VISA** **⬤** **AE**
– ℰ 03 84 44 61 02 – schmit-revermont@wanadoo.fr – Fax 03 84 44 64 83
– Fermé 22 déc.-1ᵉʳ mars
28 ch – †64/70 € ††84/103 €, ⌂ 11,50 € – ½ P 73/85 € – **Rest** – Menu (16 €), 22/48 € – Carte 27/63 €
♦ Imposante construction des années 1970 bâtie à flanc de colline, face au vignoble. Chambres pratiques ; les plus agréables (avec balcon ou terrasse) donnent côté piscine. Salle à manger rustique (poutres, pierres, cheminée) et cuisine franc-comtoise actualisée.

POLLIAT – 01 Ain – 328 D3 – 2 019 h. – alt. 260 m – ✉ 01310   44 **B1**
▶ Paris 415 – Bourg-en-Bresse 12 – Lyon 74 – Mâcon 26
    – Villefranche-sur-Saône 53

✕✕ **De la Place** avec ch   🛰 **AC** rest, ⌣ **P** **VISA** **⬤**
51 pl. de la Mairie – ℰ *04 74 30 40 19* – *Fax 04 74 30 42 34* – *Fermé 25 juil.-14 août, 2-13 janv., dim. soir et lundi*
7 ch – †43/49 € ††46/52 €, ⌂ 7,50 € – ½ P 49/52 € – **Rest** – *(fermé jeudi soir, dim. soir et lundi)* Menu 18/55 € – Carte 28/46 €
♦ Un décor aux tons lumineux (mobilier rustique ou en fer forgé) où l'on sert, avec le sourire, une goûteuse et généreuse cuisine du terroir. Chambres simples et bien tenues.

POLMINHAC – 15 Cantal – 330 D5 – 1 156 h. – alt. 650 m – ⊠ 15800   5 **B3**

> ◘ Paris 553 – Aurillac 15 – Murat 34 – Vic-sur-Cère 5
>
> 🛈 Syndicat d'initiative, rue de la Gare ✆ 04 71 47 48 36, Fax 04 71 47 58 56

⌂ **Au Bon Accueil**   ⇔ 🚗 ⌾ 🖾 rest, 🛱 **P** **VISA** ◑◉

🕮 – ✆ 04 71 47 40 21 – info@hotel-bon-accueil.com – Fax 04 71 47 40 13 – Fermé
15 oct.-1er déc., dim. soir et lundi sauf vacances scolaires
23 ch – ♦37/47 € ♦♦42/54 €, � 6 € – ½ P 38/44 € – **Rest** – Menu 10,50/25 €
♦ L'architecture est certes banale, mais l'adresse mérite bien son nom : sourire et amabilité
sont au rendez-vous. Chambres nettes, avant tout pratiques. Le restaurant s'ouvre sur la
vallée de la Cère et son cadre montagneux ; cuisine régionale.

LA POMARÈDE – 11 Aude – 344 C2 – 158 h. – alt. 304 m – ⊠ 11400   22 **A2**

> ◘ Paris 728 – Auterive 49 – Carcassonne 49 – Castres 38 – Gaillac 72
> – Toulouse 57

✗✗✗ **Hostellerie du Château de la Pomarède** (Gérald Garcia) avec ch ⌾
⛶ – ✆ 04 68 60 49 69   🛱 🖾 rest, 🛱 **P** **VISA** ◑◉ Æ ◉
– hostellerie-lapomarede@wanadoo.fr – Fax 04 68 60 49 71
– Fermé 27 oct.-27 nov.
7 ch – ♦85/95 € ♦♦110/195 €, ⊿ 15 €
Rest – (fermé dim. soir de déc. à avril, lundi et mardi) Menu 19 € (déj. en sem.),
35/95 € – Carte 69/91 € ⅜
Spéc. Sole en carré de côtes aux passe-pierre, nage d'huître et caviar d'Aquitaine.
Pigeonneau en deux cuissons. "Cube et sphère", chocolat pralin anisé. **Vins**
Minervois, Corbières.
♦ Élégante salle à manger sous poutres, terrasse panoramique et grandes chambres
modernes dans la dépendance d'un château "cathare" du 11e s. Cuisine inventive et vins
régionaux.

POMMERIT-JAUDY – 22 Côtes-d'Armor – 309 C2 – 1 152 h. – alt. 74 m –
⊠ 22450   9 **B1**

> ◘ Paris 510 – Rennes 157 – Saint-Brieuc 62 – Lannion 20 – Morlaix 73

⌂ **Château de Kermezen** sans rest ⌾   ◑ ☎ **P** Æ
2 km à l'Ouest par rte secondaire – ✆ 02 96 91 35 75 – micheldekermel@
kermezen.com – Fax 02 96 91 35 75
5 ch ⊿ – ♦80/95 € ♦♦90/104 €
♦ Un authentique manoir de famille au calme dans un grand parc arboré. Chambres de bon
goût et salle des petits-déjeuners au superbe mobilier rustique breton des 15e et 16e s.

POMMEUSE – 77 Seine-et-Marne – 312 H3 – rattaché à Coulommiers

---

POMMIERS – 69 Rhône – 327 H4 – 1 804 h. – alt. 315 m – ⊠ 69480   43 **E1**

> ◘ Paris 442 – Lyon 32 – Villeurbanne 45 – Vénissieux 45 – Caluire-et-Cuire 36

✗ **Les Terrasses de Pommiers**   ⇔ Monts du Lyonnais, **P** **VISA** ◑◉
La Buisante – ✆ 04 74 65 05 27 – Fax 04 74 65 05 27 – Fermé 20 oct.-4 nov.,
25 fév.-11 mars, lundi sauf le midi de mars à août et mardi
Rest – Menu 19 € bc (déj. en sem.), 26/39 € – Carte 35/54 €
♦ Belle vue sur la vallée de la Saone et les monts du Lyonnais par les vitres de la serre
parquetée où l'on s'attable en été. Salle hivernale "en dur". Carte actuelle de saison.

PONS – 17 Charente-Maritime – 324 G6 – 4 427 h. – alt. 39 m – ⊠ 17800
▌ Poitou Vendée Charentes   38 **B3**

> ◘ Paris 493 – Blaye 64 – Bordeaux 97 – Cognac 24 – La Rochelle 99 – Royan 43
> – Saintes 22
>
> 🛈 Syndicat d'initiative, place de la République ✆ 05 46 96 13 31,
> Fax 05 46 96 34 52
>
> ◎ Donjon ★ de l'ancien château - Hospice des Pèlerins ★ SO par D 732 -
> Boiseries ★ du château d'Usson 1 km par D 249.

De Bordeaux
🏠 AC ch, ☎ VISA 🌐

1 av. Gambetta – 𝒞 *05 46 91 31 12 – info@hotel-de-bordeaux.com*
– Fax 05 46 91 22 25 – Fermé vacances de Noël, sam. midi et dim. soir d'oct. à mars
16 ch – †50 € ††60 €, ⌷ 10 € – ½ P 53 € – **Rest** – Menu 15/38 €
♦ Dans une rue du centre-ville, hôtel centenaire remis au goût du jour proposant de coquettes chambres contemporaines et un bar d'esprit anglais. Le décor du restaurant, ouvert sur un charmant patio-terrasse, s'accorde avec la créativité de la cuisine. Vaste choix de cognacs.

à Pérignac Nord-Est : 8 km par rte de Cognac – 966 h. – alt. 41 m – ⌧ 17800

La Gourmandière
🌿 🏠 VISA 🌐

42 av. de Cognac – 𝒞 *05 46 96 36 01 – lagourmandiere.perignac@wanadoo.fr*
– Fax 05 46 95 50 71 – Fermé 18 nov.-4 déc., 20 janv.-5 fév., mardi et merc. d'oct. à mi-juin sauf fériés et dim. soir de mi-juin à sept.
Rest – Menu 26/43 € – Carte 26/43 €
♦ Une charmante maison de village redécorée par ses jeunes propriétaires dans un style actuel et chaleureux. Agréable terrasse dressée côté jardin et cuisine au goût du jour.

à Mosnac Sud : 11 km par rte de Bordeaux et D 134 – 448 h. – alt. 23 m – ⌧ 17240

Moulin du Val de Seugne ⌂
🌿 🏠 ⌷ AC ch, ☎
🏠 VISA 🌐 AE ⓞ

– 𝒞 *05 46 70 46 16 – moulin@valdeseugne.com*
– Fax 05 46 70 48 14 – Fermé 2 janv.-9 fév.
14 ch – †99/159 € ††99/159 €, ⌷ 12 € – ½ P 80/110 € – **Rest** – Menu 19 € (déj. en sem.), 29/69 € – Carte 39/82 €
♦ Élégante hostellerie au bord de la Seugne. Chambres raffinées, garnies de meubles anciens et dotées de luxueuses salles de bains. Salon ouvert sur le mécanisme du moulin. Plaisant restaurant et terrasse tournés vers la rivière. Boutique de produits régionaux.

PONT (LAC DE) – 21 Côte-d'Or – 320 G5 – rattaché à Semur-en-Auxois

---

PONTAILLAC – 17 Charente-Maritime – 324 D6 – rattaché à Royan

---

PONT-A-MOUSSON – 54 Meurthe-et-Moselle – 307 H5 – 14 592 h. – alt. 180 m
– ⌧ 54700 ▮ Alsace Lorraine   26 **B2**

▶ Paris 325 – Metz 31 – Nancy 30 – Toul 48 – Verdun 66
🆔 Office de tourisme, 52, place Duroc 𝒞 03 83 81 06 90, Fax 03 83 82 45 84
◉ Place Duroc★ - Anc. abbaye des Prémontrés★.

Le Fourneau d'Alain
AC VISA 🌐

64 pl. Duroc, (1ᵉʳ étage) – 𝒞 *03 83 82 95 09 – Fax 03 83 82 95 09 – Fermé 1ᵉʳ-7 mai, 1ᵉʳ-15 août, merc. soir, dim. soir et lundi*
Rest – Menu 26/51 € – Carte 28/44 €
♦ Restaurant sagement contemporain installé sur la place principale, à l'étage d'une des maisons à arcades du 16ᵉ s. Tables bien dressées et service sans tralala.

PONTARLIER ⌖ – 25 Doubs – 321 I5 – 18 360 h. – alt. 838 m – ⌧ 25300
▮ Franche-Comté Jura   17 **C2**

▶ Paris 462 – Besançon 60 – Dole 88 – Lausanne 67 – Lons-le-Saunier 82
🆔 Office de tourisme, 14 bis, rue de la Gare 𝒞 03 81 46 48 33, Fax 03 81 46 83 32
🏌 Pontarlier Les Étraches La Grange des Pauvres, E : 8 km par D 47,
   𝒞 03 81 39 14 44.
◉ Portail★ de l'ancienne chapelle des Annonciades.
◖ Grand Taureau ✳★★ par ② : 11 km.

Plan page ci-contre

L'Alchimie
🌿 ⇔ VISA 🌐 AE

1 av. Armée de l'Est – 𝒞 *03 81 46 65 89 – restau-lalchimie@wanadoo.fr*
– Fax 03 81 39 08 75 – Fermé 7-17 avril, 14 juil.-4 août., 2-8 janv., dim. soir, mardi soir et merc.   B **e**
Rest – Menu 20 € (déj. en sem.), 37/50 € – Carte 49/55 €
♦ Le chef-alchimiste prépare ses petits plats inventifs en "transmutant" produits régionaux, épices et saveurs exotiques. Cadre relooké dans un esprit tendance.

PONTARLIER

à Doubs par ④ : 2 km – 2 266 h. – alt. 813 m – ⊠ 25300

✗ **Le Doubs Passage** 〚P〛 〖VISA〗 〖MO〗 〖AE〗
⌘ *11 Gde Rue, D 130 –* 🖉 *03 81 39 72 71 – ledoubspassage@wanadoo.fr*
– Fax 03 81 39 72 71 – Fermé 20 août-1ᵉʳ sept., dim. soir, merc. soir et lundi
Rest – Menu 17/30 € – Carte 23/37 €

♦ Table familiale rajeunie, au bord du Doubs. Parquet à bâtons rompus verni, sièges rouges modernes, mise de table actuelle et nombreuses touches végétales. Choix traditionnel.

PONTAUBAULT – 50 Manche – 303 D8 – 445 h. – alt. 25 m – ⊠ 50220   32 **A3**
  🚩 Paris 345 – Avranches 9 – Dol-de-Bretagne 35 – Fougères 38 – Rennes 78
   – St-Malo 60

🏠 **Les 13 Assiettes** 〖⛱〗 〖🛖〗 〖▣〗 〖↵〗 〖♿〗 〚P〛 〖VISA〗 〖MO〗
⌘ *Nord : 1 km sur D 43ᴱ (ancienne rte d'Avranches) –* 🖉 *02 33 89 03 03*
– 13assiettes@wanadoo.fr – Fax 02 33 89 03 06
39 ch – †50/70 € ††60/80 €, ⌷ 10 € – ½ P 60/65 € – **Rest** – Menu 18 €
(sem.)/64 € – Carte 24/46 €

♦ Chambres rafraîchies dans les bungalows, et un peu plus spacieuses dans l'unité principale (quelques familiales). Piscine extérieure couverte. Lumineuse salle à manger ouverte sur un jardin-terrasse agrémenté de palmiers. Plats traditionnels et fruits de mer.

PONTAUBERT – 89 Yonne – **319** G7 – rattaché à Avallon

PONT-AUDEMER – 27 Eure – **304** D5 – 8 981 h. – alt. 15 m – ✉ 27500

Normandie Vallée de la Seine 32 **B3**

Paris 164 – Caen 74 – Évreux 68 – Le Havre 44 – Lisieux 36 – Rouen 52

Office de tourisme, place Maubert ✆ 02 32 41 08 21, Fax 02 32 57 11 12

Vitraux★ de l'église St-Ouen.

PONT-AUDEMER

Canel (R. Alfred) 2
Carmélites (R. des) 3
Clemencin (R. Paul) 5
Cordeliers (R. des) 6
Delaquaize (R. S.) 7
Déportés (R. des) 8
Épée (R. de l') 9
Félix-Faure (Quai) . . . .
Ferry (R. Jules) . . . .
Gambetta (R.) 13
Gaulle (Pl. Général-de) 14
Gillain (Pl. Louis) 16
Goulley (Pl. J.) . . . .
Jean-Jaurès (R.) 18
Joffre (R. Mar.) 19
Kennedy (Pl.) . . . .
Leblanc (Quai R.) 20
Maquis-Surcouf (R.) 21
Maubert (Pl.) 22
Mitterrand (Quai François) 23
N.-D.-du-Pré (R.) . . . .
Pasteur (Bd) . . . .
Place-de-la-Ville (R.) 24
Pot-d'Étain (Pl. du) 25
Président-Coty (R. du) 26
Président-Pompidou (Av. du) . . . .
République (R. de la) 27
Sadi-Carnot (R.) . . . .
St-Ouen (Impasse) 29
Seule (R. de la) 30
Thiers (R.) 32
Verdun (Pl. de) 34
Victor-Hugo (Pl.) 35

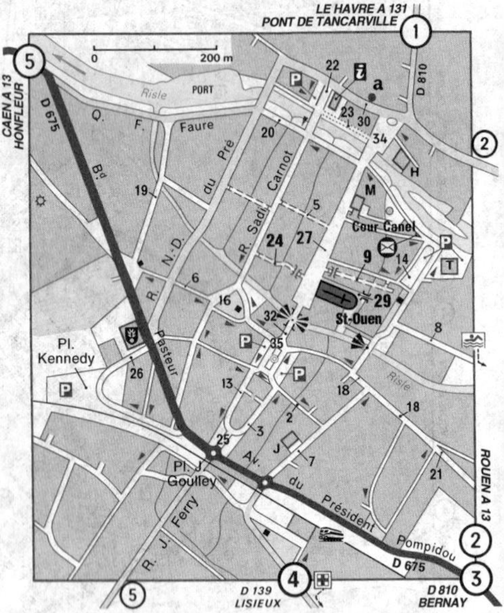

Belle Isle sur Risle

112 rte de Rouen, par ② – ✆ 02 32 56 96 22 – hotelbelle-isle@wanadoo.fr – Fax 02 32 42 88 96 – Ouvert 8 mars-11 nov.

20 ch – 105/125 € 110/247 €, 15 € – ½ P 127/197 €

Rest – *(fermé lundi midi, mardi midi et merc. midi)* Menu 29 € (déj. en sem.), 39/63 € – Carte 53/78 €

◆ Sur un îlot de la Risle, ce joli manoir (1856) couvert de verdure se fond dans le paysage d'un superbe parc (2 ha, pêche fluviale). Chambres d'ampleurs variées, bien personnalisées. Le restaurant profite d'une paisible terrasse réaménagée au milieu d'arbres bicentenaires.

Erawan VISA AE

4 r. Sëule – ✆ 02 32 41 12 03 – Fermé août et merc. **a**

Rest – Menu 20/37 € – Carte 25/44 €

◆ Carte cent pour cent thaïlandaise et cadre aux trois quarts normand : étonnant contraste, et mariage des cultures réussi en ce charmant restaurant des bords de la Risle.

au Sud-Est par ② et D 39 : 5 km – ✉ 27500 Pont-Audemer

Au Jardin d'Eden VISA AE

rte Condé-s-Risle – ✆ 02 32 57 01 52 – aujardindeden@wanadoo.fr – Fax 02 32 41 42 01 – Fermé 12-30 janv., mardi soir d'oct. à fév., lundi sauf juil.-août et dim. soir

Rest – Menu (23 € bc), 28 € (sem.)/62 € – Carte 52/78 €

◆ C'est sur une presqu'île artificielle posée au milieu d'un grand lac que se trouve cette belle maison normande convertie en restaurant. Décor contemporain et carte traditionnelle.

à Campigny par ③ et D 29 : 6 km – 803 h. – alt. 121 m – ✉ 27500

XXX   **Le Petit Coq aux Champs** avec ch ⌂   🔉 ⌂ ⅃ **P** *VISA* ⓦ AE ①
- 🕿 02 32 41 04 19 – le.petit.coq.aux.champs @ wanadoo.fr – Fax 02 32 56 06 25
- Fermé 17-24 nov., janv., dim. soir et lundi du 1ᵉʳ nov. au 31 mars

12 ch – 🛏137 €, 🛏🛏157 €, ⌨ 12 € – ½ P 124/132 € – **Rest** – Menu (29 € bc), 43 €
bc/68 € – Carte 39/86 € ⅜

◆ Accueil chaleureux et joli décor rustique actualisé en cette chaumière normande. Belle
terrasse face au parc fleuri. Cuisine classique et carte des vins étoffée. Chambres calmes
et confortables, quelquefois rajeunies par des tissus de lin coordonnés.

PONTAULT-COMBAULT – 77 Seine-et-Marne – 312 E3 – 101 29 – **voir à Paris,
Environs**

PONTAUMUR – 63 Puy-de-Dôme – 326 D7 – 769 h. – alt. 535 m – ✉ 63380

▶ Paris 398 – Aubusson 49 – Clermont-Ferrand 42 – Le Mont-Dore 49
– Montluçon 68   5 **B2**

🔢 Office de tourisme, avenue du Pont 🕿 04 73 79 73 42, Fax 04 73 73 73 36

🏠   **Poste**   AC rest, ⚙ ⇔ *VISA* ⓦ
     av. Marronnier – 🕿 04 73 79 90 15 – hotel-poste2 @ wanadoo.fr
⇔   – Fax 04 73 79 73 17 – Fermé 20 déc.-1ᵉʳ fév., dim. soir, lundi et mardi

15 ch – 🛏40 €, 🛏🛏42/52 €, ⌨ 7,50 € – ½ P 46/48 € – **Rest** – Menu (15 €), 17 €
(sem.)/46 € – Carte 29/41 € ⅜

◆ Une sympathique auberge des années 1970 dotée de chambres au confort standard.
Préférez celles de l'arrière, plus au calme. Restaurant rustique où dominent le bois et la
pierre. Cuisine traditionnelle à base de produits d'Auvergne.

PONT-AVEN – 29 Finistère – 308 I7 – 2 960 h. – alt. 18 m – ✉ 29930 ▯ Bretagne

▶ Paris 536 – Carhaix-Plouguer 65 – Concarneau 15 – Quimper 36
– Quimperlé 20   9 **B2**

🔢 Office de tourisme, 5, place de l'Hôtel de Ville 🕿 02 98 06 04 70,
Fax 02 98 06 17 25

◉ Promenade au Bois d'Amour ★.

🏠   **Les Ajoncs d'Or**   ⌂ ☏ *VISA* ⓦ
     1 pl. Hôtel de Ville – 🕿 02 98 06 02 06 – ajoncsdor @ aol.com – Fax 02 98 06 18 91
❂   – Fermé 19-28 oct., 4-27 janv., dim. soir et lundi d'oct. à mai

20 ch – 🛏55 €, 🛏🛏55 €, ⌨ 8 € – ½ P 57 € – **Rest** – (fermé lundi d'oct. à mai et dim.
soir) Menu (18 €), 25/45 € – Carte 27/50 €

◆ Gauguin aurait logé dans cette maison bretonne (1892) lors de son dernier séjour à Pont-
Aven. Coquettes chambres insonorisées portant des noms de peintres ; accueil charmant.
Repas traditionnel dans une salle claire égayée de tableaux (expo-vente) ou en terrasse.

XXX   **Moulin de Rosmadec** (Frédéric Sebilleau) avec ch ⌂   ≤ *VISA* ⓦ
     près du pont, centre ville – 🕿 02 98 06 00 22 – moulinderosmadec @ wanadoo.fr
✿   – Fax 02 98 06 18 00 – Fermé 8-26 oct. et vacances de fév.

4 ch – 🛏90 €, 🛏🛏90 €, ⌨ 10 € – 1 suite
Rest – (fermé lundi midi d'oct. à mai, dim. soir et jeudi) Menu 35/76 € – Carte 64/76 € ⅜
Spéc. Langoustines croquantes, risotto crémeux tiède. Homard grillé "Rosma-
dec". Crêpes soufflées au citron.

◆ Cuivres, faïences et mobilier bretons décorent l'une des salles de cet étonnant moulin du
15ᵉ s. ; l'autre, en véranda, ouvre sur le jardin et l'Aven. Séduisante cuisine "terre et mer".

rte de Concarneau Ouest : 4 km par D 783 – ✉ 29930 Pont-Aven

XXX   **La Taupinière** (Guy Guilloux)   🚗 AC **P** *VISA* ⓦ AE
     Croissant St André – 🕿 02 98 06 03 12 – la.taupiniere @ wanadoo.fr
✿   – Fax 02 98 06 16 46 – Fermé 20 sept.-15 oct., lundi et mardi

Rest – Menu 53/85 € – Carte 68/92 € ⅜
Spéc. Escalope de foie de canard poêlé, queues de langoustines panées au
sésame. Gratons de moules de bouchot, crème au curcuma (printemps-été).
Millefeuille de crêpes dentelles aux fraises (printemps-été).

◆ Cette chaumière abrite une salle à manger élégante, animée par le spectacle des
fourneaux. Cuisine classique faisant la part belle aux produits de la mer et joli livre de cave.

PONTCHARTRAIN – 78 Yvelines – **311** H3 – ✉ **78760** 18 **A2**

Paris 37 – Dreux 42 – Mantes-la-Jolie 32 – Montfort-l'Amaury 10 – Versailles 20

Isabella à Plaisir Sainte Appoline, E : 3 km, ✆ 01 30 54 10 62.

Domaine de Thoiry★★ NO : 12 km, Île de France.

L'Arpège P VISA MC AE D

41 rte de Paris – ✆ 01 34 89 02 45 – Fax 01 34 89 58 24 – Fermé 2-31 août

11 ch – †75 € ††90 €, ☕ 9 € – ½ P 120 € – **Rest** – *(fermé sam. midi, dim. et lundi)* Menu 32 € – Carte 48/53 €

◆ Cet ancien relais de poste propose deux types de chambres : modernes et pratiques ou un brin campagnardes. Salon cosy et piano-bar jazzy le week-end. Plaisante salle à manger où règne une atmosphère feutrée ; carte au goût du jour.

Bistro Gourmand VISA MC AE

7 rte Pontel, (N 12) – ✆ 01 34 89 25 36 – bistro.gourmand@free.fr – Fax 08 72 64 48 31 – Fermé 10-17 mars, 28 juil.-19 août, dim. soir, merc. soir et lundi

Rest – Menu 27/48 € – Carte 55/66 €

◆ Dans un nouveau décor associant sièges bleu électrique et tons rouges, la carte de ce restaurant fait la part belle aux produits de la mer et aux suggestions saisonnières.

à Ste-Apolline **Est : 3 km par N 12 et D 134 – ✉ 78370 Plaisir**

La Maison des Bois P VISA MC AE

av. d'Armorique – ✆ 01 30 54 23 17 – maison-des-bois@wanadoo.fr – Fax 01 30 68 92 26 – Fermé 4-25 août, dim. soir et jeudi

Rest – Menu 36 € (déj. en sem.) – Carte 47/71 €

◆ Aménagées dans une demeure rustique, deux salles à manger cossues ; la plus vaste, au caractère campagnard un peu moins affirmé, s'ouvre sur le jardin. Carte traditionnelle.

PONT-DE-BRIQUES – 62 Pas-de-Calais – **301** C3 – **rattaché à Boulogne-sur-Mer**

PONT-DE-CHAZEY-VILLIEU – 01 Ain – **328** E5 – **rattaché à Meximieux**

PONT-DE-CHERUY – 38 Isère – **333** E3 – **4 540 h.** – **alt. 220 m** – ✉ **38230** 44 **B1**

Paris 486 – Belley 57 – Bourgoin-Jallieu 22 – Grenoble 89 – Lyon 35 – Meximieux 22

Bergeron P VISA MC AE

3 r. Giffard, près de l'église – ✆ 04 78 32 10 08 – hotel.bergeron@wanadoo.fr – Fax 04 78 32 11 70 – Fermé 4-17 août

17 ch – †28/49 € ††42/63 €, ☕ 7 € – ½ P 40/50 € – **Rest** – *(fermé sam. et dim.) (dîner seult) (résidents seult)* Menu 11,50 €

◆ Adresse modeste mais bien tenue. Chambres rustiques, plus spacieuses dans la maison principale et plus calmes côté jardin. Annexe simplement aménagée. Le soir, menu unique réservé aux résidents dans une salle à manger campagnarde.

PONT-DE-DORE – 63 Puy-de-Dôme – **326** H7 – **rattaché à Thiers**

PONT-DE-FILLINGES – 74 Haute-Savoie – **328** L4 – **rattaché à Bonne**

PONT-DE-L'ARCHE – 27 Eure – **304** G6 – **3 499 h.** – **alt. 20 m** – ✉ **27340**
Normandie Vallée de la Seine 33 **D2**

Paris 114 – Les Andelys 30 – Elbeuf 15 – Évreux 36 – Louviers 12 – Rouen 19

De la Tour sans rest P VISA MC AE D

41 quai Foch – ✆ 02 35 23 00 99 – hotel-de-la-tour@wanadoo.fr – Fax 02 35 23 46 22 – Fermé 8-15 août

18 ch – †63 € ††63 €, ☕ 7 €

◆ Deux pimpantes maisons mitoyennes adossées aux remparts. Dans les chambres personnalisées, couleurs vives, mobilier de style et tenue sans reproche. Accueil familial.

XX **La Pomme** – 🛋 🍽 **P** VISA **©**
aux Damps 1,5 km au bord de l'Eure – 𝒞 02 35 23 00 46 – Fax 02 35 23 52 09
– Fermé 28 juil.-17 août, 29 déc.-4 janv., 1 sem. en mars, dim. soir, mardi soir et merc.
Rest – Menu 27 € (sem.)/60 € – Carte 35/62 €
♦ Aménagée dans une belle chaumière normande sur les bords de l'Eure, salle de restaurant au cadre douillet et gentiment champêtre. Cuisine au goût du jour.

PONT-DE-L'ISÈRE – 26 Drôme – 332 C3 – **rattaché à Valence**

LE PONT-DE-PACÉ – 35 Ille-et-Vilaine – 309 L6 – **rattaché à Rennes**

PONT-DE-POITTE – 39 Jura – 321 E7 – 582 h. – alt. 450 m – ✉ 39130
▯ Franche-Comté Jura   16 **B3**
> **D** Paris 423 – Champagnole 34 – Genève 92 – Lons-le-Saunier 17

X **Ain** avec ch   🛋 🄰🄺 rest, VISA **©** 🄰🄴
🖆 *18 pl. Fontaine* – 𝒞 03 84 48 30 16 – hoteldelain @ wanadoo.fr
– Fax 03 84 48 36 95 – Fermé 24 déc.-2 fév., dim. soir et vend.
9 ch – ♦38 € ♦♦40/45 €, ⌷ 7,50 € – ½ P 47 € – **Rest** – Menu 13 € (déj. en sem.),
18/44 € – Carte 31/49 €
♦ Maison en pierre jouissant d'un environnement verdoyant à proximité de l'Ain. Salle à manger rustico-bourgeoise et terrasse d'été pour une cuisine régionale sans prétention.

PONT-DE-ROIDE – 25 Doubs – 321 K2 – 4 781 h. – alt. 351 m – ✉ 25150
▯ Franche-Comté Jura   17 **C2**
> **D** Paris 478 – Belfort 36 – Besançon 77 – La Chaux-de-Fonds 55 – Porrentruy 29

X **La Tannerie** – 🛋 VISA **©** 🄸
🖆 *1 pl. Gén. de Gaulle* – 𝒞 03 81 92 48 21 – dominique.autran @ wanadoo.fr
*– Fax 03 81 92 47 79 – Fermé 25 juin-3 juil., 29 oct.-5 nov., 23 déc.-7 janv., dim. soir,
jeudi soir et merc.*
Rest – Menu 11 € (déj. en sem.), 18/24 € – Carte 24/50 €
♦ Ce restaurant familial vous reçoit dans une salle chaleureuse ou sur une terrasse surplombant la rivière. Plats traditionnels et truites du vivier ; suggestions à l'ardoise.

PONT-DE-SALARS – 12 Aveyron – 338 I5 – 1 414 h. – alt. 700 m – ✉ 12290
> **D** Paris 651 – Albi 86 – Millau 47 – Rodez 25 – St-Affrique 56   29 **D1**
> – Villefranche-de-Rouergue 71
🄸 Office de tourisme, place de la Mairie 𝒞 05 65 46 89 90, Fax 05 65 46 81 16

🏠 **Des Voyageurs** – 🛋 🄰🄺 rest, 📞 **P** ⌷ VISA **©**
🖆 *1 av. Rodez* – 𝒞 05 65 46 82 08 – hotel-des-voyageurs @ wanadoo.fr
– Fax 05 65 46 89 99 – Ouvert 2 mars-23 oct. et fermé dim. soir et lundi d'oct. à juin
27 ch – ♦41/55 € ♦♦42/60 €, ⌷ 7,50 € – ½ P 43/55 €
Rest – *(fermé 24 oct.-14 nov., 20 janv.-1er mars, le soir de nov. à janv., dim. soir et lundi d'oct. à juin)* Menu (11,50 € bc), 15 € bc (sem.)/35 € – Carte 21/56 €
♦ Accueil aimable garanti en cet établissement situé au cœur du village. Chambres claires et spacieuses, rénovées en façade ; les autres, de style années 1970, attendent leur tour. Deux salles à manger (rustique ou actuelle) où l'on sert une cuisine du terroir.

PONT-DES-SABLES – 47 Lot-et-Garonne – 336 C3 – **rattaché à Marmande**

PONT-DE-VAUX – 01 Ain – 328 C2 – 2 004 h. – alt. 177 m – ✉ 01190   44 **B1**
> **D** Paris 380 – Bourg-en-Bresse 40 – Lons-le-Saunier 69 – Mâcon 24
🄸 Office de tourisme, 2, rue Maréchal de Lattre de Tassigny 𝒞 03 85 30 30 02,
Fax 03 85 30 68 69

XXX **Le Raisin** avec ch – ♿ 🄰🄺 rest, 📞 **P** VISA **©** 🄰🄴 🄸
🖆 *2 pl. M.-Poisat* – 𝒞 03 85 30 30 97 – hotel.leraisin @ wanadoo.fr – Fax 03 85 30 67 89
– Fermé 5 janv.-5 fév., dim. soir sauf juil.-août, mardi midi et lundi
18 ch – ♦55/61 € ♦♦55/65 €, ⌷ 9 € – **Rest** – Menu 25/65 € – Carte 46/62 €
♦ Maison traditionnelle de la Bresse savoyarde abritant une élégante salle à manger rustique. Goûteuse cuisine régionale. Chambres spacieuses et calmes sur l'arrière.

X **Les Platanes** avec ch   🛋 🈳 AC ch, **P** *VISA* ⓜ AE

ꚝ   *aux Quatre-Vents* – 𝒞 03 85 30 32 84 – *hotel-des-platanes@wanadoo.fr*
   – *Fax 03 85 30 32 15 – Fermé 20 fév.-20 mars, vend. midi et jeudi*
   8 ch – ✝48/56 € ✝✝51/59 €, ⌑ 9 € – ½ P 65 € – **Rest** – Menu 17 € (sem.)/48 €
   – Carte 30/49 €
   ♦ Salle à manger au cadre champêtre, belle terrasse sous les platanes, cuisine bressane
   généreuse et chambres rénovées font de cette auberge une sympathique étape.

à St-Bénigne 2 km au Nord-Est sur D 2 – 817 h. – alt. 208 m – ✉ 01190

X **St-Bénigne**   🈳 AC **P** *VISA* ⓜ

ꚝ   – 𝒞 03 85 30 96 48 – *Fax 03 85 30 96 48 – Fermé 3-10 nov.,*
   15 déc.-5 janv., 9-23 fév., lundi et le soir sauf sam.
   Rest – Menu 12,50 € (sem.)/35 € – Carte 22/36 €
   ♦ On vient ici pour... les grenouilles, la spécialité maison. Le chef vous mitonne des plats
   régionaux servis dans une salle à manger rustique ou dans une autre plus coquette.

PONT-D'HÉRAULT – 30 Gard – 339 H5 – **rattaché au Vigan**

PONT-D'OUILLY – 14 Calvados – 303 J6 – 1 050 h. – alt. 65 m – ✉ 14690
📗 Normandie Cotentin   32 **B2**
   ◳ Paris 230 – Briouze 24 – Caen 41 – Falaise 20 – Flers 21 – Villers-Bocage 37
     – Vire 39
   🅳 Syndicat d'initiative, boulevard de la Noë 𝒞 02 31 69 29 86
   ◉ Roche d'Oëtre★★ S : 6,5 km.

à St-Christophe 2 km au Nord par D 23 – ✉ 14690 Pont-d'Ouilly

XX **Auberge St-Christophe** avec ch ⤳   🛋 🈳 **P** *VISA* ⓜ AE
   – 𝒞 02 31 69 81 23 – *aubergesaintchristophe@wanadoo.fr* – *Fax 02 31 69 26 58*
   – *Fermé 18 août-3 sept., 16 fév.-3 mars, mardi d'oct. à mars, dim. soir et lundi*
   7 ch – ✝53 € ✝✝53 €, ⌑ 10 € – ½ P 58 € – **Rest** – Menu 23 € (sem.)/51 € – Carte
   46/61 €
   ♦ Plaisante maison tapissée de vigne vierge, bénéficiant du calme de la campagne. La salle
   à manger se complète d'une terrasse sur jardin. Cuisine traditionnelle et accueil familial.

PONT-DU-BOUCHET – 63 Puy-de-Dôme – 326 D7 – ✉ 63770 Les Ancizes
Comps   5 **B2**
   ◳ Paris 390 – Clermont-Ferrand 39 – Pontaumur 13 – Riom 36
     – St-Gervais-d'Auvergne 18
   ◰ Méandre de Queuille★★ NE : 11,5 km puis 15 mn, 📗 Auvergne.

🏠 **La Crémaillère** ⤳   ⬳ 🛋 🈳 ⅍ **P** *VISA* ⓜ AE
ꚝ   *Pont du Bouchet* – 𝒞 04 73 86 80 07 – *la-cremaillere63@wanadoo.fr*
🍽   – *Fax 04 73 86 93 17 – Fermé 19 déc.-26 janv., vend. soir, dim. soir et sam. hors*
   saison
   16 ch – ✝44 € ✝✝47 €, ⌑ 8 € – ½ P 44/49 € – **Rest** – Menu 14,50 € (sem.)/40 €
   – Carte 22/44 €
   ♦ Respirez en pleine verdure ! Dans cette auberge familiale qui surplombe un lac, accueil
   aimable et écoute de la clientèle marquent le sérieux de la maison. Chambres impeccables.
   Côté restaurant, décor campagnard et plats régionaux.

PONT-DU-CASSE – 47 Lot-et-Garonne – 336 G4 – **rattaché à Agen**

PONT-DU-CHAMBON – 19 Corrèze – 329 N4 – **rattaché à Marcillac-la-Croisille**

PONT-DU-CHÂTEAU – 63 Puy-de-Dôme – 326 G8 – 8 874 h. – alt. 365 m –
✉ 63430 📗 Auvergne   5 **B2**
   ◳ Paris 418 – Billom 13 – Clermont-Ferrand 16 – Riom 21 – Thiers 37
   🅳 Syndicat d'initiative, rond-point de Montboissier 𝒞 04 73 83 37 42,
     Fax 04 73 83 37 42

L'Estredelle ≤ 🏠 ♿ ch, 📞 ⚒ 🅿 🅿 🐾 **VISA** **⬤**

24 r. Pont – ℰ 04 73 83 28 18 – estredelle @ wanadoo.fr
– Fax 04 73 83 55 23 – Fermé 28 juil.-10 août et 22 déc.-6 janv., dim. soir et soirs
fériés
44 ch – †43 €, ††45 €, ⚏ 6,50 € – ½ P 42 € – **Rest** – Menu (12,50 €), 18/30 €
– Carte 20/41 €

♦ Hôtel récent dans l'ancien quartier de la batellerie. Chambres fonctionnelles, réparties dans trois pavillons ; huit d'entre elles (à réserver en priorité) dominent l'Allier. Le restaurant et la terrasse offrent un joli coup d'œil sur un pont du 18ᵉ s.

✗✗ Auberge du Pont ≤ 🏠 ⇄ 🅿 **VISA** **⬤**

70 av. Dr Besserve – ℰ 04 73 83 00 36 – info @ auberge-du-pont.com
– Fax 04 73 83 36 71 – Fermé 15 août-3 sept., 1ᵉʳ-11 janv., dim. soir,
mardi soir et merc.
Rest – Menu 27/75 € bc – Carte 36/62 €

♦ Ex-relais de batellerie (1809) au bord de l'Allier. Murs couleur brique, boiseries vert pâle et parquet patiné décorent la salle à manger. Terrasse tournée sur le pont.

✗✗ Le Calliope 🄰🄲 ⚒ **VISA** **⬤**

6 r. de la Poste – ℰ 04 73 83 50 03 – lecalliope @ orange.fr – Fermé 14-20 avril,
27 juil.-18 août, 21-29 déc., 9-16 fév., dim. soir, mardi soir et merc.
Rest – Menu (20 €), 27/46 € – Carte 37/40 €

♦ Table dans l'air du temps située au centre du bourg, repérable à son élégante façade. Côté fourneaux, le chef propose une cuisine mariant tradition et saveurs actuelles.

PONT-DU-GARD – 30 Gard – 339 M5 – ✉ 30210 Vers Pont-du-Gard

▌Provence   23 **D2**

◘ Paris 688 – Alès 48 – Arles 40 – Avignon 26 – Nîmes 25 – Orange 38
    – Pont-St-Esprit 41

◙ Pont-aqueduc romain ★★★.

Colombier ⚘ 🚗 🏠 ♿ 📞 🅿 🐾 **VISA** **⬤** 🄰🄴 ⓘ

(rive droite), 1 km à l'Est par D 981 – ℰ 04 66 37 05 28 – hotelresto.colombier @
free.fr – Fax 04 66 37 35 75
18 ch – †41 €, ††51 €, ⚏ 8 € – ½ P 47 €
– **Rest** – Menu 18/27 € – Carte 23/37 €

♦ Cette maison centenaire cache une adresse simple mais bien pratique, peu chère et sans cesse améliorée (1ᵉʳ étage rafraîchi). Jolie galerie-terrasse pour les petits-déjeuners. Salle à manger au décor provençal et cuisine traditionnelle sans fioriture.

à Castillon-du-Gard 4 km au Nord-Est par D 19 et D 228 – 943 h. – alt. 90 m – ✉ 30210

🏯 Le Vieux Castillon ⚘ 🚗 🏠 ⚊ 🄰🄲 ⚒ 🅿 **VISA** **⬤** 🄰🄴 ⓘ

r. Turion Sabatier – ℰ 04 66 37 61 61 – vieuxcastillon @ relaischateaux.com
– Fax 04 66 37 28 17 – Fermé 2 janv.-14 fév.
29 ch – †211/330 € ††211/330 €, ⚏ 18 € – 3 suites – ½ P 187/287 €
Rest – (fermé lundi midi et mardi midi) Menu 51 € (déj. en sem.), 77/112 €
– Carte 73/100 €

Spéc. Foie gras de canard poêlé à la rhubarbe. Pavé de bar cuit sur la peau, ravioles de pistou. Selle d'agneau farcie, pomme croquette à l'ail. **Vins** Châteauneuf-du-Pape, Tavel.

♦ Patios et terrasses étagées font le charme de cet hôtel situé au cœur d'un village médiéval perché. Belles chambres personnalisées. Poutres apparentes et couleurs provençales président au décor du restaurant où l'on propose de goûteux plats gorgés de soleil.

✗✗ L'Amphitryon 🏠 ♿ **VISA** **⬤** ⓘ

pl. 8 Mai 1945 – ℰ 04 66 37 05 04 – mario.monterroso @ wanadoo.fr – Fermé
15-28 fév., mardi et merc. sauf du 15 mai au 30 sept.
Rest – Menu 40/55 € – Carte 59/70 €

♦ Voûtes et pierre brute ornent les salles à manger de ces demeures anciennes. Joli patio pour l'été. Cuisine régionale actualisée, ambiance à la fois chic et conviviale.

à Collias 7 km à l'Ouest par D 981, D 112 et D 3 – 829 h. – alt. 45 m – ⊠ 30210

Hostellerie Le Castellas ⌖ ⊁ ⌖ ⌦ ⌸ ☒ ch, ☎ **P** 🆅🅸🆂🅰 ⓿ 🄰🄴 ⓞ
❊
Grand'rue – ℰ 04 66 22 88 88 – info @ lecastellas.fr – Fax 04 66 22 84 28
– *Fermé 8-18 déc., 5-14 janv., 19 janv.-11 fév. et 16 fév.-4 mars*
16 ch – ♥80/130 € ♥♥90/239 €, ⊆ 17 € – 1 suite – ½ P 139/214 €
Rest – *(fermé merc. de nov. à avril sauf fériés)* Menu (22 €), 32 € (déj. en sem.),
57/104 € – Carte 89/116 €
Spéc. Contraste de foie gras en trois versions. Le bœuf race "Aubrac". Risotto de
jambonnettes de grenouilles au massalé (oct. à janv.). **Vins** Côtes du Rhône
Villages, Vin de pays d'Oc.
♦ Maisons gardoises en pierres de taille (17ᵉ s.) entourant un patio. Chambres d'ampleur et
de style variés (Art déco, rustique provençal, etc.), accueil aimable. Belles salles voûtées
ouvertes sur le jardin ; goûteuse cuisine inventive aux parfums de la garrigue.

Le Gardon ⌖ ⌦ ⌖ ⌸ ☒ ⌺ ☒ ☎ ⌷ **P** 🆅🅸🆂🅰 ⓿ 🄰🄴
Campchestève – ℰ 04 66 22 80 54 – auberge-le-gardon @ wanadoo.fr
– *Fax 04 66 22 88 98 – Ouvert 1ᵉʳ mars-1ᵉʳ nov.*
14 ch – ♥65/75 € ♥♥65/93 €, ⊆ 9,50 € – ½ P 60/75 €
Rest – *(fermé le midi du lundi au vendredi)* Menu (18 €), 21/31 € – Carte 24/40 €
♦ Agréable refuge dans la garrigue, ce récent hôtel en bordure d'une oliveraie assure un
séjour serein. Jardin, piscine et chambres confortables (mobilier en fer forgé). Cuisine du
Sud aux produits frais à déguster sous la véranda ou en terrasse. Tout est maison !

PONT-EN-ROYANS – 38 Isère – **333** F7 – 917 h. – alt. 197 m – ⊠ 38680
▌Alpes du Nord **43 E2**

▶ Paris 604 – Grenoble 63 – Lyon 143 – Valence 45

🄴 Office de tourisme, Grande rue ℰ 04 76 36 09 10, Fax 04 76 36 09 24

Du Musée de l'Eau ⌖ ▐ ⌺ ☒ ☎ ⌷ **P** 🆅🅸🆂🅰 ⓿
pl. Breuil – ℰ 04 76 36 15 53 – musee.eau @ wanadoo.fr – Fax 04 76 36 97 32
⊝ **31 ch** – ♥36 € ♥♥44/48 €, ⊆ 7 € – ½ P 42/47 € – **Rest** – Menu 16/34 € – Carte
21/36 €
♦ Grand bâtiment rénové surplombant la Bourne. Petites chambres dotées de mobilier
design ; certaines ouvrent sur la montagne et le village suspendu. Salle à manger aux lignes
épurées, prolongée d'une terrasse avec brumisateurs. Bar à eaux.

LE PONTET – 84 Vaucluse – **332** C10 – **rattaché à Avignon**

PONTGIBAUD – 63 Puy-de-Dôme – **326** E8 – 776 h. – alt. 735 m – ⊠ 63230
▌Auvergne **5 B2**

▶ Paris 432 – Aubusson 68 – Clermont-Ferrand 23 – Le Mont-Dore 37
– Riom 26 – Ussel 68

🄴 Office de tourisme, rue du Commerce ℰ 04 73 88 90 99,
Fax 04 73 88 90 09

Poste avec ch ☒ rest, ⅍ 🆅🅸🆂🅰 ⓿
pl. de la République – ℰ 04 73 88 70 02 – Fax 04 73 88 79 74 – *Fermé 2-23 janv.,
16-28 fév., dim. soir et lundi d'oct. à mai*
10 ch – ♥42/49 € ♥♥42/49 €, ⊆ 6 € – ½ P 45 € – **Rest** – Menu 19/37 € – Carte
25/37 €
♦ Maison régionale séculaire au cœur d'un bourg tranquille. Parquet peint de Hongrie bien
ciré, lustres et tables bourgeoises dans la salle à manger ornée de tableaux floraux.

à La Courteix Est : 4 km sur D 941ᴮ – ⊠ 63230 St-Ours

L'Ours des Roches **P** 🆅🅸🆂🅰 ⓿ 🄰🄴 ⓞ
– ℰ 04 73 88 92 80 – oursdesroches @ wanadoo.fr – Fax 04 73 88 75 07
– *Fermé 2-24 janv., mardi d'oct. à mars, dim. soir et lundi sauf fériés*
Rest – Menu 20 € (déj. en sem.), 26/64 € – Carte 34/82 € ⌘
♦ Restaurant aménagé sous les voûtes d'une ancienne bergerie. Décor original né de
l'insolite mélange du rustique et du contemporain.

PONTHIERRY – 77 Seine-et-Marne – **312** E4 – ✉ **77310 St-Fargeau-Ponthierry**

Paris 44 – Corbeil-Essonnes 12 – Étampes 35 – Fontainebleau 20 – Melun 12 **19C2**

XX **Auberge du Bas Pringy** *VISA*

à Pringy - D 607 – ☎ 01 60 65 57 75 – aubergedubaspringy@orange.fr
– Fax 01 60 65 48 57 – Fermé 28 juil.-28 août, 17-25 fév., dim. soir, mardi et merc.
Rest – Menu 38 € – Carte 55/77 €
◆ Auberge de bord de route abritant une salle à manger campagnarde. Aux beaux jours, la terrasse est dressée dans un cadre fleuri et verdoyant. Cuisine traditionnelle.

PONTIVY – **56 Morbihan** – **308** N6 – **13 508 h.** – **alt. 99 m** – ✉ **56300** Bretagne

Paris 460 – Lorient 59 – Rennes 110 – St-Brieuc 58 – Vannes 53 **10C2**

Syndicat d'initiative, 61, rue du Général de Gaulle ☎ 02 97 25 04 10, Fax 02 97 25 63 69 ;

de Rimaison à BieuzyS : 15 km par D 768, ☎ 02 97 27 74 03.

Maisons anciennes★.

PONTIVY

Anne-de-Bretagne (Pl.) . . . . . . **Y** 2
Caïnain (R.) . . . . **Z** 3
Couvent (Q. du) . . . . **Y** 4
Dr-Guépin (R. du) . . . . **Y** 5
Fil (R. du) . . . . **Y** 6
Friedland (R. de) . . . . **Y** 8
Gaulle (R. du Gén.-de) . . . . **Y** 9
Le Goff (R.) . . . . **Z** 16
Jean-Jaurès (R.) . . . . **Z** 10
Lamennais (R. J.-M. de) . . . . . **Z** 13
Lorois (R.) . . . . **Y** 17
Marengo (R.) . . . . **Z** 19
Martray (Pl. du) . . . . **Y** 20
Mitterrand (R. François) . . . . . **Z** 24
Nationale (R.) . . . . **YZ**
Niémen (Q.) . . . . **Y** 27
Plessis (Q. du) . . . . **YZ** 29
Pont (R. du) . . . . **Y** 28
Presbourg (Q.) . . . . **Y** 32
Récollets (Q. des) . . . . **Y** 33
Viollard (Bd) . . . . **Z** 38

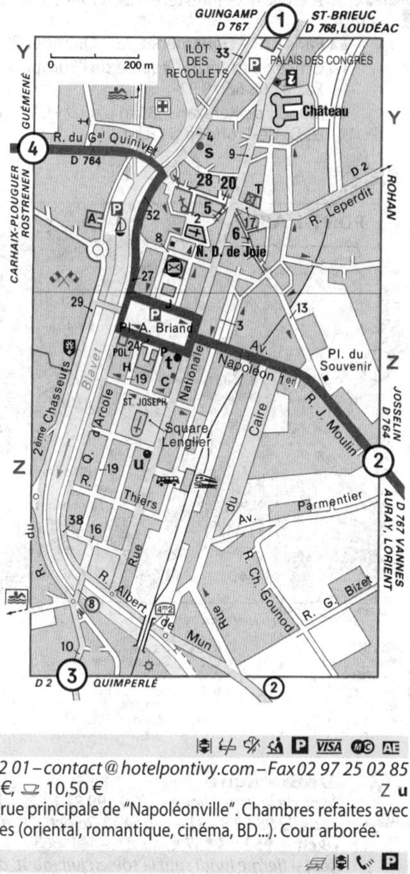

Rohan sans rest *VISA*

90 r. Nationale – ☎ 02 97 25 02 01 – contact@hotelpontivy.com – Fax 02 97 25 02 85
16 ch – 🛉58/80 € 🛉🛉71/145 €, ☕ 10,50 € Z **u**
◆ Belle demeure fin 19e s. sur la rue principale de "Napoléonville". Chambres refaites avec goût dans divers styles et thèmes (oriental, romantique, cinéma, BD...). Cour arborée.

L'Europe sans rest

12 r. F. Mitterrand – ☎ 02 97 25 11 14 – hoteleuropepontivy@wanadoo.fr
– Fax 02 97 25 48 04 – Fermé 25-31 déc. Z **t**
18 ch – 🛉62/82 € 🛉🛉65/140 €, ☕ 10 €
◆ Avenante maison d'époque Napoléon III. Petit-déjeuner servi dans une salle à manger bourgeoise (sous une verrière l'été). Préférez les chambres sur l'arrière, plus tranquilles.

XX **Pommeraie** VISA MC AE

17 quai Couvent – ✆ 02 97 25 60 09 – restaurant.lapommeraie@wanadoo.fr – Fax 02 97 25 75 93 – Fermé 20-28 avril, 22 août-1er sept., 28 déc.-5 janv., dim. et lundi Y s

Rest – Menu 19 € (déj. en sem.), 26/58 € – Carte environ 40 €

◆ Façade jaune, tons chaleureux dans la pimpante salle et courette fleurie : ce restaurant longeant le Blavet est une vraie symphonie de couleurs. Plats au goût du jour.

à Quelven 10 km par ③, D 2 et rte de Guern (D 2B) – ✉ **56310 Guern**

Auberge de Quelven P VISA MC

à la Chapelle – ✆ 02 97 27 77 50 – Fax 02 97 27 77 50 – Fermé merc.

8 ch – †50 € ††55 €, ☕ 6 € – **Rest** – Carte 8/16 €

◆ Dans un paisible hameau, face à une chapelle de la fin du 15e s., longue maison en granit hébergeant des petites chambres sobres et bien tenues. Accueil jovial. La carte du restaurant-crêperie de style rustique est dédiée aux galettes et crêpes bretonnes.

PONT-L'ABBÉ – 29 Finistère – 308 F7 – 7 849 h. – alt. 5 m – ✉ 29120

Bretagne 9 **A2**

- Paris 573 – Douarnenez 33 – Quimper 20
- Office de tourisme, square de l'Europe ✆ 02 98 82 37 99, Fax 02 98 66 10 82
- Manoir de Kerazan★ 3 km par ② - Calvaire★★ de la chapelle N.-D.-de-Tronoën O : 8 km.

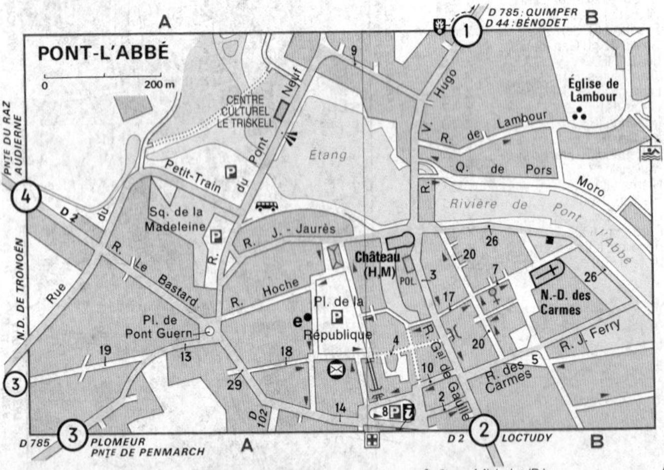

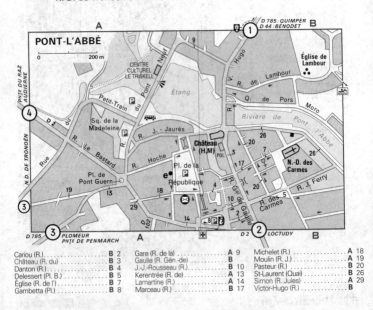

De Bretagne ch, VISA MC

24 pl. de la République – ✆ 02 98 87 17 22 – hoteldebretagne29@orange.fr – Fax 02 98 82 39 31 – Fermé 13-26 oct., 28 janv.-10 fév. A e

18 ch – †52 € ††57 €, ☕ 8 € – ½ P 66 €

Rest – *(fermé lundi sauf le soir en juil.-août, dim. soir)* Menu (13 €), 16 € (déj. en sem.), 23/48 € – Carte 25/87 €

◆ Sans prétention, les petites chambres de cet hôtel familial du centre-ville, sobrement meublées mais bien tenues, offrent une étape calme et pratique. Cuisine de la mer dans une salle à manger rustique régionale ou sur la terrasse dressée dans la cour intérieure.

PONT-L'ÉVÊQUE – 14 Calvados – 303 N4 – 4 133 h. – alt. 12 m – ✉ 14130

🛢 Normandie Vallée de la Seine

- ◘ Paris 190 – Caen 49 – Le Havre 43 – Rouen 78 – Trouville-sur-Mer 12
- 🆔 Office de tourisme, 16, rue Saint-Michel ℰ 02 31 64 12 77, Fax 02 31 64 76 96
- 🚉 de Saint-Julien, SE : 3 km par D 579, ℰ 02 31 64 30 30.
- ◎ La belle époque de l'automobile ★ au Sud par D 48.

🏠🏠🏠 **Le Lion d'Or** sans rest   & ఓ 🕻 ☆ **P** VISA **©©** AE ①

8 pl. Calvaire – ℰ 02 31 65 01 55 – info@leliondorhotel.com – Fax 02 31 64 90 10
25 ch – ♦60/120 € ♦♦80/160 €, ♀ 10 €

◆ Hôtel posté à l'entrée du centre-ville, abritant des chambres majoritairement aménagées en duplex et bien équipées. Billard et bar-salon où est servi le petit-déjeuner.

✕✕✕ **Auberge de l'Aigle d'Or**   **P** VISA **©©**

68 r. Vaucelles – ℰ 02 31 65 05 25 – thierry.duhamel@alicepro.fr
– Fax 02 31 65 12 03 – Fermé 17-30 nov., dim. soir de nov. à mars et merc.
Rest – Menu 27 € (sem.)/50 € – Carte 51/69 €

◆ Ancien relais de poste du 16ᵉ s. hébergeant trois petites salles à manger où poutres et cheminée créent une atmosphère cosy. La cuisine est sensible au rythme des saisons.

✕✕ **Auberge de la Touques**   🏠 VISA **©©** AE

pl. de l'Église – ℰ 02 31 64 01 69 – Fax 02 31 64 89 40 – Fermé mi-déc. à mi-janv.,
lundi et mardi sauf juil.-août
Rest – Menu 22/39 € – Carte 31/55 €

◆ Grande auberge à colombages située près de l'église St-Michel. Salle à manger rustique, cuisine de tradition et ambiance conviviale.

à St-Martin-aux-Chartrains 3 km par D 677, direction Deauville – 351 h. – alt. 13 m – ✉ 14130

🏠🏠🏠 **Mercure** 🌿   🌀 & 🏠 ⌘ ✕ 🍴 & ch, 🕻 ☆ **P** VISA **©©** AE ①

– ℰ 02 31 64 40 40 – mercurepontleveque@wanadoo.fr – Fax 02 31 64 40 41
53 ch – ♦63/117 € ♦♦74/135 €, ♀ 12 € – 14 suites – **Rest** – (fermé sam. midi
et dim. midi sauf en juil.-août) Menu (15 €), 20 € – Carte 29/40 €

◆ Hôtel récent situé au calme d'un parc avec pièce d'eau. Chambres, junior-suites et suites. Espaces de réunions, courts de tennis et piscine d'été visible au petit-déjeuner. Salle de restaurant pourvue de grandes baies vitrées. Prestation de type brasserie.

🏠 **Manoir le Mesnil** sans rest   🌀 ఓ ⌘ 🕻 **P**

rte Trouville – ℰ 02 31 64 71 01 – manoirlemesnil@hotmail.fr
– Fax 02 31 64 71 01 – Fermé 5-20 mars et 5-20 nov.
5 ch ♀ – ♦70 € ♦♦72/115 €

◆ Belle demeure de la fin du 19ᵉ s. s'ouvrant à l'arrière sur un petit domaine. Amples chambres au décor personnalisé, complétées par deux studios. Accueillante bibliothèque.

à Pierrefitte-en-Auge 5 km au Sud-Est par D 48 et D 280ᴬ – 114 h. – alt. 59 m – ✉ 14130

✕ **Auberge des Deux Tonneaux**   ≼ Vallée et site, 🏠 VISA **©©**

– ℰ 02 31 64 09 31 – brettetwells@wanadoo.fr – Fermé janv., dim. soir et lundi
sauf de juin à août
Rest – Menu 26 € – Carte 27/46 €

◆ Ravissante chaumière augeronne qui domine la campagne. Plaisant cadre rustique, service à la bonne franquette et carte-menu mettant à l'honneur les produits du terroir.

PONTLEVOY – 41 Loir-et-Cher – 318 E7 – 1 460 h. – alt. 99 m – ✉ 41400

🛢 Châteaux de la Loire

- ◘ Paris 211 – Amboise 25 – Blois 27 – Montrichard 9 – Tours 52
- 🆔 Syndicat d'initiative, 5, rue du Collège ℰ 02 54 32 60 80, Fax 02 54 71 60 71
- ◎ Ancienne abbaye ★.

✕✕ **De l'École** avec ch   🚗 🏠 ఓ ⌘ **P** **P** VISA **©©**

😊   12 rte Montrichard – ℰ 02 54 32 50 30 – Fax 02 54 32 33 58 – Fermé
17 nov.-17 déc., 16 fév.-12 mars, dim. soir et lundi
11 ch – ♦59 € ♦♦61 €, ♀ 12 € – ½ P 66 € – **Rest** – (prévenir le week-end)
Menu 23/54 € – Carte 28/59 €

◆ Jolie maison ligérienne abritant deux salles rustiques dont une avec cheminée. En été, jardin fleuri où murmure une fontaine. Savoureux plats du terroir. Chambres anciennes.

PONTMAIN – 53 Mayenne – 310 C4 – 893 h. – alt. 164 m – ⊠ 53220　　34 **B1**

> ◨ Paris 324 – Domfront 41 – Fougères 18 – Laval 51 – Mayenne 46
> ☷ Syndicat d'initiative, 5, rue de la Grange ℰ 02 43 05 07 74

🏠　**Auberge de l'Espérance**　　🛖 🖥 ᕈ ❀ ℙ 𝑉𝐼𝑆𝐴 ◍ 𝐀𝐄
　　9 r. Grange – ℰ 02 43 05 08 10 – pontmain@ladapt.net – Fax 02 43 05 03 19
☎　*– Fermé 21 déc.-2 janv. et 5-11 fév.*
　　11 ch – †33 € ††36 €, � 5 € – ½ P 39 € – **Rest** – Menu 10 € (sem.)/16 €
　　◆ Centre d'aide par le travail proposant des chambres fonctionnelles et bien tenues.
　　Attentions particulières en faveur des personnes handicapées. En vous restaurant sur
　　place, vous joindrez l'agrément d'une étape pratique à l'utilité d'un geste de solidarité.

PONTOISE – 95 Val-d'Oise – 305 D6 – 106 5 – 101 3 – **voir à Paris, Environs**
(Cergy-Pontoise)

PONT-RÉAN – 35 Ille-et-Vilaine – 309 L6 – ⊠ 35580 Guichen　　10 **D2**

> ◨ Paris 361 – Châteaubriant 57 – Fougères 67 – Nozay 60 – Rennes 16 – Vitré 56

✕✕　**Auberge de Réan**　　🛖 ᕈ 🅰 ❀ 𝑉𝐼𝑆𝐴 ◍ 𝐀𝐄
　　– ℰ 02 99 42 24 80 – auberge.de.rean@wanadoo.fr – Fax 02 99 42 28 66 – Fermé
　　dim. soir et lundi
　　Rest – Menu (15 € bc), 29/60 € – Carte 32/51 €
　　◆ Maison bretonne postée face au pont de pierre (18ᵉ s.) qui enjambe la Vilaine. Plaisante
　　salle à manger aux couleurs ensoleillées et jolie terrasse tournée vers la rivière.

PONT-ST-PIERRE – 27 Eure – 304 H5 – 935 h. – alt. 15 m – ⊠ 27360
▮ Normandie Vallée de la Seine　　　　　　　　　　　　　　　33 **D2**

> ◨ Paris 106 – Les Andelys 20 – Évreux 47 – Louviers 23 – Pont-de-l'Arche 12
> 　– Rouen 22
> ◎ Boiseries★ de l'église - Côte des Deux-Amants ≤★★ SO : 4,5 km puis 15 mn -
> 　Ruines de l'abbaye de Fontaine-Guérard★ NE : 3 km.

✕✕　**Auberge de l'Andelle**　　　　　𝑉𝐼𝑆𝐴 ◍ 𝐀𝐄
　　– ℰ 02 32 49 70 18 – Fax 02 32 49 59 43 – Fermé 23 déc.-2 janv. et mardi soir
　　Rest – Menu 21/59 € – Carte 34/70 €
　　◆ La pimpante façade, le cadre rustique égayé d'une cheminée en pierre et l'exiguïté des
　　lieux recélant de multiples recoins font le charme de cette auberge. Carte traditionnelle.

PONT-STE-MARIE – 10 Aube – 313 E4 – **rattaché à Troyes**

PONT-SCORFF – 56 Morbihan – 308 K8 – 2 623 h. – alt. 42 m – ⊠ 56620
▮ Bretagne　　　　　　　　　　　　　　　　　　　　　9 **B2**

> ◨ Paris 503 – Lanester 13 – Lorient 13 – Rennes 152
> ☷ Syndicat d'initiative, rue de Lorient ℰ 02 97 32 50 27, Fax 02 97 32 59 96

✕✕　**Laurent Le Berrigaud**　　🛖 ᕈ ❀ ℙ 𝑉𝐼𝑆𝐴 ◍ 𝐀𝐄 ◐
　　Le Moulin des Princes – ℰ 02 97 32 42 07 – laurent.le-berrigaud@wanadoo.fr
　　– Fax 02 97 32 50 02 – Fermé 20 oct.-3 nov., 1ᵉʳ-12 janv. et lundi
　　Rest – Menu 40/75 € – Carte 73/91 €
　　◆ Le décor associe joliment vieilles pierres, œuvres d'art et compositions florales. Terrasse
　　au fil de l'eau, appétissante cuisine très inventive et accueil charmant.

LES PONTS-NEUFS – 22 Côtes-d'Armor – 309 G3 – ⊠ 22400
Morieux　　　　　　　　　　　　　　　　　　　　　10 **C2**

> ◨ Paris 441 – Dinan 51 – Dinard 52 – Lamballe 9 – St-Brieuc 15 – St-Malo 58

✕✕　**La Cascade**　　　　　　　≤ ℙ 𝑉𝐼𝑆𝐴 ◍ 𝐀𝐄
😊　*sur D 786 – ℰ 02 96 32 82 20 – la.cascade.jamme@wanadoo.fr*
　　– Fax 02 96 32 70 74 – Fermé mardi soir, merc. soir et jeudi soir du 16 sept. au
　　14 juin, dim. soir et lundi
　　Rest – Menu 19 € (déj. en sem.), 29/42 €
　　◆ De la salle à manger de ce restaurant, vous profiterez de la vue sur l'étang. Cadre associant
　　joliment le rustique et le contemporain et séduisante cuisine traditionnelle.

🚗 Paris 429 – Nantes 49 – La Roche-s-Yon 89 – Les Sables-d'Olonne 93
    – St-Nazaire 30

🛈 Office de tourisme, place de la Gare ✆ 02 40 82 04 40,
    Fax 02 40 82 90 12

🏌 de Pornic Avenue Scalby Newby, O : 1km, ✆ 02 40 82 06 69.

🏨 **Alliance** ⍉   ⟨ 🕿 🖵 ◉ ♨ ✗ 🖨 ᕒ 🅰 rest, ⊬ 𝍉 🐾 🛁
plage de la Source, 1 km au Sud –   **P** **VISA** **◍◉** **AE** **①**
✆ 02 40 82 21 21 – info.resa @ thalassopornic.com – Fax 02 40 82 80 89
– Fermé 1er-15 déc.
118 ch – 🛏115/220 € 🛏🛏135/290 €, � 16 € – 2 suites
Rest *La Source* – Menu (23 €), 32 € – Carte 43/54 €
Rest *La Terrasse* – *(réservation conseillée)* Menu (23 €), 32 € – Carte 48/54 €
♦ Centre de thalassothérapie et complexe hôtelier récent, face à l'océan. Grandes chambres (30 nouvelles actuelles) dotées de terrasses et transats. Restaurant contemporain en
rotonde (ancien casino) avec vue unique sur le large ; cuisine classique et diététique.
À La Terrasse, carte "tout poisson" dans un cadre épuré intimiste.

🏨 **Auberge La Fontaine aux Bretons** ⍉   ⟨ 🌶 ⌇ ✗ ᕒ
chemin des Noëlles, 3 km au Sud-Est –   **🛁 P P VISA ◍◉**
par rte de la Bernerie – ✆ 02 51 74 07 07 – auberge @ auberge-la-fontaine.com
– Fax 02 51 74 15 15 – Fermé en janv.
11 ch – 🛏84/148 € 🛏🛏84/148 €, ⊯ 12 € – 12 suites – 🛏🛏118/184 €
Rest – *(fermé dim. soir et lundi hors saison sauf fériés)* Menu (15 €), 20 € (déj. en
sem.), 27/32 € – Carte 31/36 €
♦ La fontaine rafraîchissait les pélerins bretons de St-Jacques. Aujourd'hui, cette auberge
propose des chambres agréables avec balcon, aménagées dans une ancienne ferme
(1867). Vigne, jardin potager et restaurant de style rustique. Cuisine traditionnelle.

🏠 **Beau Soleil** sans rest   ⟨ ⊬ **VISA ◍◉**
70 quai Leray – ✆ 02 40 82 34 58 – beausoleil @ annedebretagne.com
– Fax 02 40 82 43 00
17 ch – 🛏53/110 € 🛏🛏53/110 €, ⊯ 8,50 €
♦ Bâtisse moderne face au port et au Château. Chambres peu spacieuses, mais fonctionnelles et bien tenues. Petits-déjeuners servis dans la vaisselle de la faïencerie de Pornic.

🏠 **Relais St-Gilles** sans rest ⍉   **VISA ◍◉**
7 r. F. de Mun – ✆ 02 40 82 02 25 – Ouvert 21 mars-30 sept.
25 ch – 🛏51/62 € 🛏🛏51/109 €, ⊯ 7,50 €
♦ Relais de poste (1850) proche du port et du château pornicais, jadis propriété du
sanguinaire Gilles de Rais. Chambres simples et tranquilles, aux meubles de style.

🏠 **Les Alizés** sans rest   🖨 ᕒ 🐾 **P VISA ◍◉ AE**
44 r. Général de Gaulle – ✆ 02 40 82 00 51 – alizes @ brithotel.fr
– Fax 02 40 82 87 32
29 ch – 🛏60/75 € 🛏🛏60/75 €, ⊯ 9,50 €
♦ Dans une rue passante, construction récente abritant des chambres avant tout pratiques.
Préférez celles donnant sur l'arrière, plus au calme.

✕✕ **Beau Rivage**   ⟨ 🅰 **VISA ◍◉ AE**
plage Birochère, 2,5 km au Sud-Est – ✆ 02 40 82 03 08 – info @
*restaurant-beaurivage.com – Fax 02 51 74 04 24 – Fermé 15 déc.-31 janv., mardi
sauf juil.-août et lundi*
Rest – Menu (26 €), 35/80 € – Carte 48/91 €
♦ Maquettes de bateaux, coquillages et autres bibelots marins décorent ce restaurant
ouvert sur l'océan. Produits de la pêche et belle sélection de muscadets. Boutique gourmande.

✕ **Le Bistrot**   ﹆ **VISA ◍◉ AE**
pl. Petit Nice – ✆ 02 40 82 51 25 – Fax 02 40 64 94 81 – Fermé de mi-nov. à mi-déc.,
merc. soir d'oct. à mars, dim. soir hors saison et hors vacances scolaires et jeudi
Rest – bistrot Menu (13,50 €), 27 € – Carte environ 31 €
♦ À l'intérieur, décor de bistrot contemporain et touches marines ; à l'extérieur, terrasse
dressée face au château. Dans l'assiette, recettes iodées et plats traditionnels.

à Ste-Marie 3 km à l'Ouest – ✉ 44210 Pornic

Les Sablons ॐ   🏠 🈳 ‰ ½ ⌂ ☎ **P** VISA ⓄⓄ

13 r. Sablons – ✆ 02 40 82 09 14 – contact @ hotelesablons.com
– Fax 02 40 82 04 26
28 ch – ♦55/70 € ♦♦55/90 €, � 9 € – ½ P 57/75 € – **Rest** – *(fermé*
15 déc.-15 janv., dim. soir, mardi midi et lundi sauf du 1ᵉʳ juin au 15 sept.)
Menu 20/43 € – Carte 30/50 €
♦ Cet hôtel des années 1970 à mi-chemin du village et de la plage propose des chambres
simples (certaines avec vue sur mer), dans un esprit pension de famille. Salle à manger
colorée et fleurie et, en été, tables agréablement dressées côté jardin.

PORNICHET – 44 Loire-Atlantique – 316 B4 – 9 668 h. – alt. 12 m – Casino

✉ 44380 ▮ Bretagne   34 **A2**

▶ Paris 444 – La Baule 6 – Nantes 70 – St-Nazaire 11

🛈 Office de tourisme, 3, boulevard de la République ✆ 02 40 61 33 33,
Fax 02 40 11 60 88

Sud Bretagne   🏠 🈳 🏊 ▮⌂ ☎ ½ **P** VISA ⓄⓄ AE

42 bd de la République – ✆ 02 40 11 65 00 – contact @ hotelsudbretagne.com
– Fax 02 40 61 73 70
25 ch – ♦100/150 € ♦♦120/180 €, ⊃ 13 € – 4 suites – **Rest** – *(fermé dim. hors*
saison) Menu 45/60 € – Carte 45/80 €
♦ Hôtel géré par la même famille depuis 1912. Chaque chambre est joliment décorée selon
un thème précis auquel se réfèrent tissus, meubles et objets. Jacuzzi de nage intérieur et
massages sur demande. Salle à manger soignée, coquette terrasse et cuisine iodée.

Villa Flornoy ॐ   🏠 ▮⌂ ⅙ ch, ½ 🈳 rest, ☎ ½ VISA ⓄⓄ AE

7 av. Flornoy, près Hôtel de Ville – ✆ 02 40 11 60 00 – hotflornoy @ aol.com
– Fax 02 40 61 86 47 – Fermé déc. et janv.
30 ch – ♦60/108 € ♦♦60/108 €, ⊃ 9 € – ½ P 54/78 € – **Rest** – *(ouvert*
1ᵉʳ avril-30 sept.) (dîner seult) Menu 22 € – Carte 22/30 €
♦ Dans un quartier résidentiel, grande villa aménagée dans un esprit cottage : tons pastel,
mobilier de style, porcelaine anglaise. Jolies chambres personnalisées. Salle à manger claire
et spacieuse ; menu unique limité à des propositions traditionnelles.

Ibis   🈳 ▮⌂ ⅙ ch, AC rest, ½ ☎ ½ ⌂ 🏊 VISA ⓄⓄ AE Ⓞ

66 bd Océanides – ✆ 02 51 73 13 13 – h1171 @ accor.com – Fax 02 40 61 74 74
88 ch – ♦74/119 € ♦♦82/165 €, ⊃ 9 € – ½ P 66/85 €
Rest *Entre Terre et Mer* – Menu (13 €), 15 € bc (déj. en sem.)/20 € – Carte 21/47 €
♦ Ibis aux chambres simples et propres. Son atout : un accès direct au centre de thalassothérapie attenant. Atmosphère de croisière au restaurant, grâce à ses cartes marines, stores
en bois et baies vitrées. Assiettes traditionnelles ou diététiques pour les curistes.

Le Régent   ⅙ ⅙ AC rest, ½ ☎ ½ **P** VISA ⓄⓄ AE Ⓞ

150 bd Océanides – ✆ 02 40 61 04 04 – hotel @ le-regent.fr – Fax 02 40 61 06 06
– Fermé 2-19 janv.
23 ch – ♦77/124 € ♦♦77/176 €, ⊃ 10 € – ½ P 74/97 €
Rest *Grain de Folie* – *(fermé dim. soir sauf juil.-août)* Menu 24/33 € – Carte
36/49 €
♦ Maison familiale du début du 20ᵉ s. donnant sur l'Atlantique. Agréables chambres bien
tenues. Un "Grain de Folie" a soufflé sur le décor du restaurant, tendance : dominante noire
rehaussée de touches vives, véranda en structure métallique face à la mer. Carte actuelle.

PORQUEROLLES (ÎLE DE) – 83 Var – 340 M7 – voir à Île de Porquerolles

---

PORT-CAMARGUE – 30 Gard – 339 J7 – rattaché au Grau-du-Roi

PORT-CROS (ÎLE DE) – 83 Var – 340 N7 – voir à Île de Port-Cros

---

PORT-DE-CARHAIX – 29 Finistère – 308 J5 – rattaché à Carhaix

PORT-DE-GAGNAC – 46 Lot – 337 H2 – rattaché à Bretenoux

PORT-DE-LA-MEULE – 85 Vendée – 316 B7 – voir à Île d'Yeu

PORT-DE-LANNE – 40 Landes – 335 D13 – 700 h. – alt. 28 m – ⌧ 40300
▶ Paris 747 – Bayonne 29 – Biarritz 37 – Dax 23 – Mont-de-Marsan 77
– Peyrehorade 7   3 **B3**

⌂ **La Vieille Auberge** sans rest ⌃   ⛟ ☶ ⅏ **P** *VISA* **CO** **AE**
– ℰ 05 58 89 16 29 – vieille.auberge@wanadoo.fr – Fax 05 58 89 12 89
– Ouvert début mai à fin sept.
8 ch – ♦49/69 € ♦♦69/78 €, ☲ 8 € – 2 suites
♦ Cette ravissante auberge rustique abrite un petit musée des traditions locales.
Les chambres occupent des cottages disséminés dans le jardin fleuri (piscine). Accueil
charmant.

PORT-DE-SALLES – 86 Vienne – 322 J7 – rattaché à l'Isle-Jourdain

PORT-DE-SECHEX – 74 Haute-Savoie – 328 L2 – rattaché à Thonon-les-Bains

PORTEL-DES-CORBIÈRES – 11 Aude – 344 I4 – 1 053 h. – alt. 32 m – ⌧ 11490
▶ Paris 810 – Perpignan 50 – Béziers 50 – Carcassonne 61 – Narbonne 18   22 **B3**

⌂ **Domaine de la Pierre Chaude** sans rest ⌃   ⛟ ⅏ ⅋ **P**
Les Campets, rte Durban – ℰ 04 68 48 89 79 – lapierrechaude@yahoo.fr
– Fax 04 68 48 89 79 – Fermé 4 janv.-28 fév.
4 ch – ♦78/90 € ♦♦78/90 €
♦ Ancien chai du 18ᵉ s. entouré de garrigue. Spacieuses chambres méridionales (fer forgé,
mosaïques, terres cuites, murs chaulés), grande terrasse fleurie et petit-déjeuner maison.

✗✗ **La Bergerie**   **AC** *VISA* **CO**
au Château de Lastours, 2 km au Sud par rte secondaire – ℰ 04 68 48 64 77
– pgspringer@yahoo.fr – Fermé 1ᵉʳ-15 janv., lundi et mardi hors saison
Rest – Menu 24/31 € – Carte environ 38 €
♦ Ex-bergerie nichée sur le domaine viticole du Château de Lastours, AOC Corbières. Vins
de la propriété et cuisine actuelle servis dans une belle salle à manger voûtée.

PORT-EN-BESSIN – 14 Calvados – 303 H3 – 2 139 h. – alt. 10 m
– ⌧ 14520 Port-en-Bessin-Huppain ▮ Normandie Cotentin   32 **B2**
▶ Paris 275 – Bayeux 10 – Caen 41 – Cherbourg 92 – St-Lô 43
🛈 Office de tourisme, quai Baron Gérard ℰ 02 31 22 45 80

⌂⌂⌂ **La Chenevière** ⌃   ♪ 🐴 ☶ ✗ ▮ ☶ ⅏ ⅍ **P** **P** *VISA* **CO** **AE** **①**
1,5 km au Sud par D 6 – ℰ 02 31 51 25 25 – cheneviere@lacheneviere.fr
– Fax 02 31 51 25 20 – Fermé 3 janv.-10 fév.
29 ch – ♦202/462 € ♦♦202/462 €, ☲ 19 € – **Rest** – (dîner seult) Menu 50/110 €
– Carte 71/107 €
♦ Cette noble demeure (19ᵉ s.) et sa dépendance entourées d'un beau parc abritent trois
types de chambres offrant confort et agrément décoratif. La salle à manger bourgeoise
possède l'âme de ces belles maisons qui savent recevoir. Menus "poisson" et "végétarien".

⌂⌂⌂ **Mercure** ⌃   ⛟ 🐴 ☶ ⅃♫ ✗ 📶 ▮ ⅍ ch, ⅏ ⓛ ⅍ **P** *VISA* **CO** **AE**
sur le Golf, 2 km à l'Ouest par D 514 – ℰ 02 31 22 44 44 – h1215@accor.com
– Fax 02 31 22 36 77 – Fermé 17 déc.-15 janv.
70 ch – ♦80/140 € ♦♦90/175 €, ☲ 12 € – ½ P 67/92 € – **Rest** – Menu 26/35 €
– Carte 32/46 €
♦ Complexe hôtelier idéalement situé à l'orée du golf. Nuits calmes dans des chambres
rénovées, pratiques et actuelles. Salle à manger-véranda proposant une cuisine traditionnelle et club-house où l'on sert une petite carte de type brasserie.

✗ **L'Écailler**   🐴 ⅍ *VISA* **CO**
2 r. Bayeux, (au port) – ℰ 02 31 22 92 16 – lecailler@msn.com – Fax 02 31 22 90 38
– Fermé 2 janv.-19 fév., mardi midi et dim. soir sauf juil.-août et lundi
Rest – Menu (27 €) – Carte 46/117 €
♦ Joli décor marin pour le plaisir des yeux, coquillages, crustacés et poissons frais pour celui
des papilles ! À noter : déménagement à Caen prévu courant 2008.

LES PORTES-EN-RÉ – 17 Charente-Maritime – **324** B2 – **voir à Île de Ré**

PORT-GOULPHAR – 56 Morbihan – **308** L11 – **voir à Belle-Ile-en-Mer**

PORT-GRIMAUD – 83 Var – **340** O6 – ⊠ **83310 Cogolin** ▯ Côte d'Azur 41 **C3**

> ◗ Paris 867 – Brignoles 63 – Fréjus 27 – Hyères 47 – St-Tropez 9 – Ste-Maxime 8 – Toulon 66

> ◙ ≼★ de la tour de l'Église oecuménique.

🏨 **Giraglia** ◈ ≼ golfe, ⚐ 🖼 ⊼ 🛏 🅐🅒 ﹪ rest, 🕻 ⅏ 🅿 🆅🅸🆂🅰 🅜🅞 🅰🅴

sur la plage – ✆ *04 94 56 31 33* – *message @ hotelgiraglia.com*
– Fax 04 94 56 33 77 – Ouvert début mai-fin sept.
48 ch – ✝275/410 € ✝✝275/410 €, ⊡ 20 € – 1 suite – **Rest** – Menu 55 € (dîner)
– Carte 47/87 €

◆ Côté golfe ou côté marina, chambres provençales rénovées, souvent dotées de balcons. En saison, coches d'eau pour se déplacer dans la station. Le restaurant et ses terrasses fleuries ouvrent plein cadre sur la grande bleue ; cuisine "mer et Sud".

🏨 **Suffren** sans rest 🖼 ⅃ 🅐🅒 🆅🅸🆂🅰 🅜🅞 🅰🅴 🅞

16 pl. du Marché – ✆ *04 94 55 15 05* – *lesuffren @ hotellerieousoleil.com*
– Fax 04 94 55 15 06 – Ouvert 21 mars-18 oct.
19 ch ⊡ – ✝95/160 € ✝✝95/250 €

◆ La majorité des chambres de cet hôtel entièrement refait donne sur le port de la cité lacustre. Plaisant intérieur aux meubles patinés, égayé de couleurs vives ; balcons.

PORTICCIO – 2A Corse-du-Sud – **345** B8 – **voir à Corse**

PORTIRAGNES – 34 Hérault – **339** F9 – **2 278 h.** – alt. 10 m – ⊠ 34420 23 **C2**

> ◗ Paris 762 – Montpellier 72 – Agde 13 – Béziers 13 – Narbonne 51

> ❱ Office de tourisme, place du Bicentenaire ✆ 04 67 90 92 51, Fax 04 67 90 92 51

🏠 **Mirador** 🅐🅒 🕻 🆅🅸🆂🅰 🅜🅞 🅰🅴

4 bd Front-de-Mer, à Portiragnes-Plage – ✆ *04 67 90 91 33* – *hotel_le_mirador @ hotmail.com* – *Fax 04 67 90 88 80 – Ouvert 1ᵉʳ fév.-31 oct.*
18 ch – ✝49/69 € ✝✝72/108 €, ⊡ 7 € – ½ P 51/65 €
Rest *Saveurs du Sud* – ✆ *04 67 90 97 67 (fermé le midi du lundi au jeudi)*
Menu 20/50 € – Carte 37/83 €

◆ Près du rivage, hôtel familial entièrement rénové proposant des chambres fonctionnelles. Préférez celles dotées de terrasses orientées vers les flots. Cuisine traditionnelle aux accents du Sud servie dans une salle à manger-véranda contemporaine.

PORTIVY – 56 Morbihan – **308** M9 – **rattaché à Quiberon**

PORT-JOINVILLE – 85 Vendée – **316** B7 – **voir à Île d'Yeu**

PORT LA NOUVELLE – 11 Aude – **344** J4 – **4 859 h.** – alt. 2 m – ⊠ 11210 22 **B3**
▯ Languedoc Roussillon

> ◗ Paris 813 – Montpellier 120 – Carcassonne 81 – Perpignan 49 – Béziers 60

> ❱ Syndicat d'initiative, place Paul Valéry ✆ 04 68 48 00 51

🏨 **Méditerranée** 🏝 🖼 🅐🅒 ch, 🛏 🆅🅸🆂🅰 🅜🅞 🅰🅴 🅞

bd Front-de-Mer – ✆ *04 68 48 03 08* – *hotel.mediterranee @ wanadoo.fr*
– Fax 04 68 48 53 81 – Fermé 27 oct.-13 nov. et 5-29 janv.
30 ch – ✝62/88 € ✝✝62/94 €, ⊡ 8 € – ½ P 46/74 € – **Rest** – Menu 13 € (sem.), 22/45 € – Carte 22/49 €

◆ Construction balnéaire bâtie le long de la promenade, face à la plage. Chambres de bonne ampleur et correctement équipées, à choisir avec balcon côté mer pour profiter de la vue. Cuisine axée sur les produits de la pêche au restaurant. Terrasse-trottoir.

PORT-LESNEY – 39 Jura – 321 E4 – 414 h. – alt. 251 m – ⊠ 39330

▮ Franche-Comté Jura

▣ Paris 401 – Arbois 12 – Besançon 36 – Dole 39 – Lons-le-Saunier 51
– Salins-les-Bains 10

🏚️ **Château de Germigney** ⊗ 🍷 🎣 ⬆️ AC ch, 🖫

☿ r. Edgar-Faure – ✆ 03 84 73 85 85   **P** **VISA** **◍** **AE** **①**
– germigney@relaischateaux.com – Fax 03 84 73 88 88 – Fermé 1er janv.-6 fév.
20 ch – ♦130 € ♦♦180/280 €, ⌂ 15 € – ½ P 130/225 €
Rest – (fermé lundi midi et mardi midi) Menu 39 € (déj. en sem.), 60/99 €
– Carte 60/94 €
Spéc. Foie gras cuit au torchon. Volaille de Bresse cuite en terrine lutée. Moelleux
au chocolat et praline. **Vins** Côtes du Jura, Arbois.
♦ Manoir blotti dans un superbe parc doté d'une piscine écologique (eau venant d'un
étang et filtrée naturellement). Grandes chambres personnalisées et salon feutré. Cuisine
unissant pour le meilleur la Provence au Jura, servie dans une salle voûtée, à l'orangerie ou
sur la terrasse.

✗ **Le Bistrot "Pontarlier"** 🍷 **P** **VISA** **◍**

pl. 8 Mai 1945 – ✆ 03 84 37 83 27 – reservation@chateaudegermigney.com
– Fax 03 84 73 88 88 – Fermé 1er janv.-7 fév. et du lundi au jeudi d'oct. à mai
Rest – bistrot Menu 22/25 € – Carte 29/37 €
♦ Au bord de la Loue, repas canaille dans une salle bistrotière foisonnante de bibelots
chinés, cannes à pêche et objets divers, ou dehors, à l'ombre d'un tulipier de Virginie.

PORT-LEUCATE – 11 Aude – 344 J5 – rattaché à Leucate

PORT-LOUIS – 56 Morbihan – 2 808 h. – alt. 5 m – ⊠ 56290

▣ Paris 505 – Vannes 50 – Lorient 19 – Pontivy 61 – Quimper 84
🅱 Office de tourisme, 1, rue de la Citadelle ✆ 02 97 82 52 93

✗✗✗ **Avel Vor** (Patrice Gahinet) ⬅ ♿ AC ⬌ **VISA** **◍** **AE**

☿ 25 r. Locmalo – ✆ 02 97 82 47 59 – Fax 02 97 82 47 59
– Fermé 30 juin-8 juil., 29 sept.-15 oct., 25 janv.-11 fév., dim. soir, lundi et mardi
Rest – Menu 26 € (sem.)/70 € – Carte 65/94 €
Spéc. Pressé d'araignée et topinambour, émulsion de lait de coco aux épices
douces (nov. à avril). Tarte croustillante de homard (juin à sept.). Canneloni de
légumes, rouget de petit bateau poêlé.
♦ Un "vent de mer" (avel vor en breton) souffle sur cette table : voisinage du port, cadre
contemporain d'esprit nautique, échappée sur les flots, poissons fraîchement pêchés.

PORT-MANECH – 29 Finistère – 308 I8 – ⊠ 29920 Nevez ▮ Bretagne

▣ Paris 545 – Carhaix-Plouguer 73 – Concarneau 18 – Quimper 44
– Quimperlé 29

🏠 **Du Port** 🍽 🍷 ↯ ⊗ ch, 📞 **VISA** **◍** **AE**

30 r. Aven – ✆ 02 98 06 82 17 – hotel.du.port@wanadoo.fr – Fax 02 98 06 62 70
– Ouvert 1er avril-1er nov.
31 ch – ♦43/65 € ♦♦45/66 €, ⌂ 7 € – ½ P 49/58 € – **Rest** – (fermé sam. midi et
merc. en juil.-août) (dîner seult sauf juil.-août) Menu 20/50 € – Carte 25/87 €
♦ Là où se rejoignent les estuaires de l'Aven et du Belon : plus breton que ça... Les chambres,
toutes meublées simplement, sont plus grandes à l'annexe. Cuisine familiale proposée
dans une véranda ou en terrasse, face au petit port. Fruits de mer en saison.

PORT-MORT – 27 Eure – 304 I6 – 820 h. – alt. 19 m – ⊠ 27940

▣ Paris 89 – Les Andelys 11 – Évreux 33 – Rouen 55 – Vernon-sur-Eure 12

✗✗ **Auberge des Pêcheurs** 🍽 🍷 ⊗ **P** **VISA** **◍** **①**

⊛ – ✆ 02 32 52 60 43 – auberge-des-pecheurs@wanadoo.fr – Fax 02 32 52 07 62
– Fermé 5-20 mars, 29 juil.-23 août, dim. soir, lundi soir et mardi
Rest – Menu 15 € bc (déj. en sem.), 22 € bc/30 € bc – Carte environ 34 €
♦ La Seine méandre à quelques encablures de cette auberge. Grande salle à manger
agréablement rénovée et prolongée par une véranda tournée sur le jardin. Registre
traditionnel.

PORT NAVALO – 56 Morbihan – **308** N9 – **rattaché à Arzon**

PORTO – 2A Corse-du-Sud – **345** B6 – **voir à Corse**

PORTO-POLLO – 2A Corse-du-Sud – **345** B9 – **voir à Corse**

PORTO-VECCHIO – 2A Corse-du-Sud – **345** E10 – **voir à Corse**

PORTSALL – 29 Finistère – **308** C3 – ⊠ **29830** ▌ Bretagne

▣ Paris 616 – Rennes 263 – Quimper 98 – Brest 29 – Landerneau 46

⌂ **La Demeure Océane** sans rest ⊗ ≼ ⌫ ↳ ⅋ ℃ **P** VISA ⓪
20 r. Bar Al Lan – ℰ 02 98 48 77 42 – la-demeure-oceane@wanadoo.fr
– Fax 02 98 48 04 15 – Ouvert de mars à oct.
7 ch ☲ – ♦55/65 € ♦♦60/70 €
◆ Maison bourgeoise (début 20ᵉ s.) située au-dessus du port, dans un quartier calme. Joli salon-véranda côté jardin, chambres avec vue océane et salle à manger d'esprit anglais.

PORT-SUR-SAÔNE – 70 Haute-Saône – **314** E6 – 2 773 h. – alt. 228 m –
⊠ **70170**   16 **B1**

▣ Paris 347 – Besançon 61 – Bourbonne-les-Bains 46 – Épinal 75 – Gray 51
  – Vesoul 13

🛈 Office de tourisme, rue de la Rézelle ℰ 03 84 78 10 66, Fax 03 84 78 18 09

à Vauchoux 3 km au Sud par D 6 – 115 h. – alt. 210 m – ⊠ **70170**

XXX **Château de Vauchoux** (Jean-Michel Turin)   ⌀ ⌂ **P** VISA ⓪
⌘   rte de la vallée de la Saône – ℰ 03 84 91 53 55 – Fax 03 84 91 65 38
    – Fermé 23-28 fév., lundi et mardi
    Rest – (prévenir) Menu 70/120 €
    Spéc. Foie gras d'oie au torchon. Râble de lapereau "Mère Jeanne". Gourmandise
    "Plaisir des Gâtines". **Vins** Charcenne, Arbois.
    ◆ Cet ex-pavillon de chasse abrite une belle salle de style Louis XV, dont une partie voûtée d'ogives. Joli parc agrémenté de massifs d'hortensias. Cuisine classique maîtrisée.

PORT-VENDRES – 66 Pyrénées-Orientales – **344** J7 – 5 881 h. – alt. 3 m –
⊠ **66660** ▌ Languedoc Roussillon   22 **B3**

▣ Paris 881 – Perpignan 32
🛈 Office de tourisme, 1, quai François Joly ℰ 04 68 82 07 54, Fax 04 68 82 62 95
◙ Tour Madeloc ✳✱★★ SO : 8 km puis 15 mn.

🏰 **Les Jardins du Cèdre** ≼ port et mer, ⌫ ⌂ ⅌ ₥ ⅏ ch, ℃
29 rte de Banyuls – ℰ 04 68 82 01 05 – contact@   **P P** VISA ⓪ Æ
les.jardinsducedre.com – Fax 04 68 82 22 13 – Fermé 9 nov.-15 déc. et 4 janv.-7 fév.
19 ch – ♦58/92 € ♦♦58/92 €, ☲ 9 € – 1 suite – ½ P 64/90 € – **Rest** – (fermé mardi soir) (dîner seult sauf dim. et fériés) Menu 34/48 € – Carte 34/48 €
◆ Vue étendue sur le port et la mer, palmiers et vieux cèdre du Liban, jolie piscine : le jardin de cet hôtel est très séduisant. Chambres modernes et agréablement colorées. Coquet restaurant et charmante terrasse ; carte et menus composés de plats du terroir.

XX **Côte Vermeille** ≼ ⅍ ↔ VISA ⓪
quai Fanal, direction la criée – ℰ 04 68 82 05 71 – Fax 04 68 82 05 71
– Fermé 1ᵉʳ-8 juil., 15 janv.-15 fév., dim. d'oct. à juin, mardi midi en juil.-août et lundi
Rest – Menu 25 € (déj. en sem.), 35/56 € – Carte 45/56 € ⅛
◆ Table ancrée sur le port de pêche : le chef n'a donc que deux pas à faire pour quérir à la criée le meilleur de la marée du jour. Saveurs méditerranéennes. Le frère en salle.

LA POTERIE – 22 Côtes-d'Armor – **309** H4 – **rattaché à Lamballe**

POUANÇAY – 86 Vienne – 322 F2 – 275 h. – alt. 73 m – ✉ 86120   39 **C1**

🚩 Paris 348 – Poitiers 75 – Saumur 29 – Bressuire 56 – Thouars 26

XX **Trésor Belge**   ⌂

1 allée du Jardin Secret – ☎ *05 49 98 72 25 – info@tresorbelge.com – Fermé 1er-7 juil., 1er-7 sept., janv., lundi et mardi*

Rest – *(nombre de couverts limité, prévenir)* Menu 23/39 € – Carte 36/49 €

♦ Une "ambassade" de la cuisine flamande où l'on déguste en toute convivialité de belles spécialités belges arrosées des incontournables bières (plus de 40 sortes différentes !).

POUGUES-LES-EAUX – 58 Nièvre – 319 B9 – 2 493 h. – alt. 198 m – Casino –
✉ 58320 ▓ Bourgogne   7 **A2**

🚩 Paris 225 – Auxerre 123 – Bourges 65 – Nevers 12

🅘 Syndicat d'initiative, 42, avenue de Paris ☎ 03 86 58 75 69, Fax 03 86 90 96 05

🏠 **Hôtel des Sources** sans rest ⑤   🎫 🕴 🗄 **P** **VISA** **CO** **AE**

r. de la Mignarderie – ☎ *03 86 90 11 90 – contact@hoteldessources.fr – Fax 03 86 90 11 91*

29 ch – ♦55 € ♦♦60 €, ☷ 10 €

♦ Environnement calme, accueil convivial, proximité du casino et bons petits-déjeuners : voilà pour les atouts de cet hôtel familial. Chambres de bonne ampleur et fonctionnelles.

POUILLON – 40 Landes – 335 F13 – 2 685 h. – alt. 28 m – ✉ 40350   3 **B3**

🚩 Paris 742 – Dax 16 – Mont-de-Marsan 69 – Orthez 28 – Peyrehorade 15

🅘 Syndicat d'initiative, chemin de Lahitte ☎ 05 58 98 38 93, Fax 05 58 98 30 67

X **L'Auberge du Pas de Vent**   🕴 **P** **VISA** **CO** ①

⊜ – ☎ *05 58 98 34 65 – sophiedubern@cegetel.net – Fax 05 58 98 34 65 – Fermé 26 oct.-9 nov., 23-26 déc., 15 fév.-2 mars, dim. soir, lundi soir, mardi soir et merc.*

🗚 **Rest** – Menu 12 € (déj. en sem.), 22/37 € – Carte 34/48 €

♦ Le chef de cette sympathique auberge champêtre réalise une cuisine régionale qui remet à l'honneur de vieilles recettes de grand-mère. Terrain de "quilles de Neuf" attenant.

POUILLY-EN-AUXOIS – 21 Côte-d'Or – 320 H6 – 1 502 h. – alt. 390 m –
✉ 21320 ▓ Bourgogne   8 **C2**

🚩 Paris 270 – Avallon 66 – Beaune 42 – Dijon 44 – Montbard 59

🅘 Office de tourisme, le Colombier ☎ 03 80 90 74 24, Fax 03 80 90 74 24

🎬 du Château de Chailly Chailly-s/Armançon, O : 6 km par D 977, ☎ 03 80 90 30 40.

X **Poste** avec ch   🕴 **VISA** **CO**

⊜ *pl. de la Libération* – ☎ *03 80 90 86 44 – hoteldelapostepouilly@orange.fr – Fax 03 80 90 75 99 – Fermé 11-25 nov., dim. soir et lundi*

6 ch – ♦49/61 € ♦♦49/61 €, ☷ 7 € – ½ P 60 € – **Rest** – Menu 18/43 € – Carte 23/43 €

♦ Auberge en pierre officiant sur la place centrale de cette petite localité bourguignonne. Salle à manger-véranda classico-campagnarde et choix traditionnel à composantes régionales. Chambres spacieuses rénovées dans l'esprit rustique.

à Créancey 4 km au Sud-Est par D 18 – 482 h. – alt. 405 m – ✉ 21320

🏠 **Château de Créancey** sans rest ⑤   🕴 🗄 ♿ 🐾 **P** 🚗 **VISA** **CO** **AE**

– ☎ *03 80 90 57 50 – chateau@creancey.com – Fax 03 80 90 57 51*

5 ch ☷ – ♦145/215 € ♦♦160/230 €

♦ La vie de château n'est pas un rêve inaccessible. Rénové dans l'esprit du 17e s., celui-ci vous accueille sous ses hauts plafonds à la française. Belles chambres de charme.

à Ste-Sabine 8 km au Sud-Est par D 981, D 977bis et D 970 – 172 h. – alt. 365 m – ✉ 21320

🏘 **Hostellerie du Château Ste-Sabine** ⑤   ⇐ 🕴 🏊 🗄

– ☎ *03 80 49 22 01 – chateau-ste-sabine@*   🏊 🎣 **P** **VISA** **CO**
wanadoo.fr – Fax 03 80 49 20 01 – Fermé 1er janv.-17 fév.

30 ch – ♦80 € ♦♦80/186 €, ☷ 10 € – ½ P 75/125 € – **Rest** – Menu 26 € (déj. en sem.), 36/66 € bc – Carte 52/68 €

♦ Élégant château du 17e s. bâti sur le site d'un monastère du 11e s. Chambres d'esprit rustique et duplex aménagés dans les tours. Parc (étang) où vivent des animaux en liberté. Cuisine de saison servie face au plan d'eau ou sous les voûtes de l'ancien cloître.

à Chailly-sur-Armançon 6,5 km à l'Ouest par D 977bis – 201 h. – alt. 387 m – ⊠ 21320

Château de Chailly ⌂   〄 ⌂ ⌱ ℐ₅ ⅋ 🖼 ⅏ ⅗ ch, 🄰🄲 ch, ☏
– ℰ 03 80 90 30 30 – reservation @ chailly.com   ⅍ 🄿 VISA ⓌⓈ ⓘ
– Fax 03 80 90 30 00 – Fermé 14 déc.-17 janv. et 22 fév.-7 mars
37 ch – ♦215/295 € ♦♦260/340 €, ⊿ 20 € – 8 suites
Rest L'Armançon – (fermé lundi) (dîner seult) Menu 60/100 €
Rest Le Rubillon – (fermé le soir sauf lundi) Menu 33 € (déj.), 45/50 €
♦ Une riche façade Renaissance, une autre rappelant son rôle défensif au Moyen Âge : ce château agrémenté d'un vaste parc et d'un superbe golf offre à ses hôtes un cadre fastueux. Table classique et décor de même à l'Armançon. Terrasse tournée vers la piscine, buffets et plats traditionnels au Rubillon.

POUILLY-LE-FORT – 77 Seine-et-Marne – 312 E4 – voir à Paris, Environs (Sénart)

POUILLY-SOUS-CHARLIEU – 42 Loire – 327 D3 – 2 720 h. – alt. 264 m – ⊠ 42720
                                           44 A1

    ▶ Paris 393 – Charlieu 5 – Digoin 43 – Roanne 15 – Vichy 75

Loire   ⅏ ⌂ ⇄ 🄿 VISA ⓌⓈ 🄰🄴
– ℰ 04 77 60 81 36 – restoloire @ yahoo.fr – Fax 04 77 60 76 06 – Fermé 1er-12 sept., 5-23 janv., 16-26 fév., dim. soir, mardi sauf le soir en juil.-août et lundi
Rest – Menu 22 € (sauf dim.)/68 € – Carte 31/66 €
♦ Cette auberge servait jadis fritures et grenouilles ; c'est aujourd'hui un élégant restaurant doté d'une terrasse dressée côté jardin où l'on propose une carte traditionnelle.

POUILLY-SUR-LOIRE – 58 Nièvre – 319 A8 – 1 718 h. – alt. 168 m – ⊠ 58150
▌Bourgogne   **7 A2**

    ▶ Paris 200 – Bourges 58 – Clamecy 54 – Cosne-sur-Loire 18 – Nevers 38 – Vierzon 80

    🄴 Syndicat d'initiative, 17, quai Jules Pabiot ℰ 03 86 39 54 54, Fax 03 86 39 54 55

Relais de Pouilly   ⅏ ⌂ ⅗ ch, 🄰🄲 ch, ☏ 🄿 VISA ⓌⓈ 🄰🄴 ⓘ
rte de Mesves-sur-Loire, 3 km au Sud par D 28A – ℰ 03 86 39 03 00
– sarl.relais-de-pouilly @ wanadoo.fr – Fax 03 86 39 07 47
24 ch – ♦50/66 € ♦♦68/75 €, ⊿ 9,50 € – ½ P 68/72 € – **Rest** – Menu (14,50 € bc), 18/34 € – Carte 22/43 €
♦ Hôtel voisin de la cité vigneronne et d'une aire d'autoroute (accès piétonnier). Chambres actuelles et insonorisées donnant sur la réserve naturelle de la Loire. Restaurant ouvert sur le jardin, carte régionale, buffets, grillades et sélection de pouillys.

POUJOLS – 34 Hérault – 339 E6 – rattaché à Lodève

POULDREUZIC – 29 Finistère – 308 E7 – 1 814 h. – alt. 51 m – ⊠ 29710   **9 A2**
    ▶ Paris 587 – Audierne 17 – Douarnenez 17 – Pont-l'Abbé 15 – Quimper 25

    🄴 Syndicat d'initiative, salle Per Jakez Hélias ℰ 02 98 54 49 90

Ker Ansquer ⌂   ⅏ ↳ ☏ 🄿 VISA ⓌⓈ 🄰🄴
à Lababan 2 km au Nord-Ouest par D 2 – ℰ 02 98 54 41 83 – francoise.ansquer @ wanadoo.fr – Fax 02 98 54 32 24 – Ouvert 2 juin-30 sept.
10 ch – ♦65/73 € ♦♦65/83 €, ⊿ 8,50 € – 2 suites – ½ P 63/77 € – **Rest** – (fermé sam. soir sauf du 7 juil. au 30 sept.) (dîner seult) (prévenir) Menu 23 €
♦ Cette maison en granit du pays du Cheval d'orgueil abrite sculptures régionales, mobilier breton et chambres campagnardes. Ambiance guesthouse. Le restaurant a beaucoup de cachet : cheminée, tables en bois brut et meubles peints de scènes religieuses naïves.

à Penhors 4 km à l'Ouest par D 40 – ⊠ **29710 Pouldreuzic**

Breiz Armor ⤳   ← 🚗 🚑 🎣 👶 📞 🦽 **P** VISA ⓪
à la plage – ℰ 02 98 51 52 53 – breiz-armor@wanadoo.fr – Fax 02 98 51 52 30
– *Ouvert de fin mars à début oct., vacances de la Toussaint et vacances de Noël*
36 ch – ♦71/80 € ♦♦71/128 €, � 9 € – ½ P 69/77 € – **Rest** – *(fermé lundi sauf le soir en juil.-août)* Menu 15 € (déj. en sem.), 20/51 € – Carte 26/60 €
♦ Ensemble moderne tourné vers l'océan. Chambres nettes et nombreux petits "plus" : joli musée (coquillages, oiseaux), billard, solarium, fitness, sauna, vélos, buanderie, etc. À table, belle vue sur le large, saveurs marines et spécialités du pays bigouden.

LE POULDU – 29 Finistère – 308 J8 – ⊠ 29360 Clohars-Carnoet
▐ Bretagne   9 **B2**
▶ Paris 521 – Concarneau 37 – Lorient 25 – Moëlan-sur-Mer 10 – Quimper 61 – Quimperlé 14

◎ St-Maurice : site★ et ←★ du pont NE : 7 km.

Le Panoramique   🚑 ፌ ch, ⅍ rest, **P** VISA ⓪
au Kérou-plage – ℰ 02 98 39 93 49 – pould`ramique@wanadoo.fr
– Fax 02 98 96 90 16 – *Ouvert 4 avril-5 nov.*
25 ch – ♦45/61 € ♦♦45/61 €, ⊃ 8,50 € – **Rest** – crêperie *(ouvert juil.-août) (dîner seult) (résidents seult)* Carte environ 12 €
♦ Hôtel proposant des chambres nettes et pratiques. Petit-déjeuner dans une salle lumineuse avec vue sur mer, salons de lecture et de détente, avec bar et TV. Au sous-sol, crêperie ornée de lambris et d'une peinture murale montrant le port.

POURVILLE-SUR-MER – 76 Seine-Maritime – 304 G2 – rattaché à Dieppe

POUZAY – 37 Indre-et-Loire – 317 M6 – rattaché à Ste-Maure-de-Touraine

LE POUZIN – 07 Ardèche – 331 K5 – 2 668 h. – alt. 90 m – ⊠ 07250
44 **B3**
▶ Paris 590 – Lyon 127 – Privas 16 – Valence 28 – Romans-sur-Isère 48

La Cardinale   🎵 🚑 ⊃ AC ⅍ **P** VISA ⓪
– ℰ 04 75 41 20 39 – lacardinale@orange.fr – Fax 04 75 41 20 39 – *Fermé 26 oct.-6 nov. et 22 déc.-2 janv.*
10 ch – ♦70/90 € ♦♦130/195 €, ⊃ 15 € – **Rest** – *(fermé lundi, mardi et merc. d'oct. à juin, sam. midi, dim. soir, lundi soir et mardi soir) (prévenir)* Menu 25/38 € – Carte 35/56 €
♦ Cette maison en pierre, avec piscine, est entourée d'un parc aux essences choisies. De plain-pied, les chambres raffinées (superbes salles de bain) donnent sur une terrasse. Cuisine traditionnelle servie dans une salle intime au décor tendance.

PRADES – ◉ – 66 Pyrénées-Orientales – 344 F7 – 5 800 h. – alt. 360 m – ⊠ 66500
▐ Languedoc Roussillon   22 **B3**
▶ Paris 892 – Mont-Louis 36 – Olette 16 – Perpignan 46 – Vernet-les-Bains 11
🛈 Office de tourisme, 4, rue des Marchands ℰ 04 68 05 41 02, Fax 04 68 05 21 79
◙ de Marcevol à Arboussols Le Hameau de Marcevol, NE : 10 km par D 35, ℰ 04 68 96 18 08.
◎ Abbaye St-Michel-de-Cuxa★★ S : 3 km - Village d'Eus★ NE : 7 km.

Pradotel *sans rest*   🚗 ⊃ ፌ ⅍ 📞 🦽 **P** VISA ⓪
av. Festival, sur la rocade – ℰ 04 68 05 22 66 – pradotel66@orange.fr
– Fax 04 68 05 23 22
39 ch – ♦48/60 € ♦♦52/70 €, ⊃ 8 €
♦ Bâtiment contemporain et fonctionnel. À l'arrière, belle perspective sur le Canigou depuis les balcons. Nouveauté : des terrasses pour les chambres de plain-pied côté piscine.

🏠 **Hexagone** ఉ ch, ⅍ rest, ☎ 🅿 *VISA* Ⓜⓒ

rd-pt de Molitg, sur la rocade – 𝒞 04 68 05 31 31 – *hotelhexagone @ cegetel.net*

🕮 – Fax 04 68 05 24 89

30 ch – ♦50/63 € ♦♦55/67 €, ☑ 7,50 € – ½ P 47/55 € – **Rest** – *(fermé sam. et dim.) (dîner seult)* Menu 17 €

♦ Une adresse pratique pour l'étape dans la petite cité courue pour son festival de musique. Chambres identiques, simples et correctement tenues.

🍴 **Le Jardin d'Aymeric** ⒶⒸ *VISA* Ⓜⓒ Ⓞ

3 av. Gén. de Gaulle – 𝒞 04 68 96 53 38 – *marta.jose @ yahoo.fr*

– Fermé 16 juin-1er juil., vacances de fév., merc. soir d'oct. à avril, dim. soir et lundi

Rest – Menu 21/35 € – Carte 29/55 €

♦ Décor actuel, exposition de tableaux et compositions florales font de ce restaurant une bonne adresse pour goûter une cuisine catalane revisitée. Bon choix de vins.

à Clara 5 km au Sud par D 35 – ✉ 66500

🏠 **Les Loges du Jardin d'Aymeric** ⑤ 🛋 🏡 ⌛ ⅃ ⍍ ⅍ 🅿 *VISA* Ⓜⓒ

– 𝒞 04 68 96 08 72 – *jardin.aymeric @ wanadoo.fr* – Fax 04 68 96 08 72

– Fermé janv.

3 ch ☑ – ♦55/75 € ♦♦65/85 € – ½ P 55/70 € – **Table d'hôte** – *(fermé mardi soir et merc. d'oct. à mai)* Menu 30 €

♦ Maison d'hôte nichée dans un paisible village, au pied du Canigou. Chambres spacieuses, à la fois sobres et colorées. Agréable piscine dans un petit jardin fleuri. Cuisine régionale et familiale dans une salle au charme mi-rustique, mi-local.

LE PRADET – 83 Var – 340 L7 – 10 975 h. – alt. 1 m – ✉ 83220

🮲 Côte d'Azur

41 **C3**

🯁 Paris 842 – Draguignan 76 – Hyères 11 – Toulon 10

🄸 Office de tourisme, place Général-de-Gaulle 𝒞 04 94 21 71 69, Fax 04 94 08 56 96

◎ Musée de la mine de Cap Garonne : grande salle★, 3 km au Sud par D 86.

aux Oursinières 3 km au Sud par D 86 – ✉ 83320 Le Pradet

🏨 **L'Escapade** sans rest ⑤ 🛋 ⅃ ⅍ 🛏 *VISA* Ⓜⓒ

– 𝒞 04 94 08 39 39 – *info @ hotel-escapade.com*

– Ouvert 7 mars-5 nov.

9 ch – ♦125/165 € ♦♦165/215 €, ☑ 13 € – 1 suite

♦ À 100 m de la mer, petites maisons nichées dans un beau jardin. La jolie salle des petits-déjeuners borde la piscine. Chambres décorées "à la tyrolienne". Bon accueil.

🍴🍴 **La Chanterelle** 🛋 🏡 *VISA* Ⓜⓒ

𝒞 04 94 08 52 60 – Fermé 3 nov.-5 déc., 5 janv.-6 mars, lundi et mardi de sept. à avril

Rest – Menu 39/49 € – Carte 48/57 €

♦ Un plafond en bois sculpté agrémente la salle à manger ; aux murs, vitraux colorés représentent des natures mortes. Plaisant jardin fleuri. Cuisine régionale actualisée.

PRALOGNAN-LA-VANOISE – 73 Savoie – 333 N5 – 756 h. – alt. 1 425 m – Sports d'hiver : 1 410/2 360 m ⍗ 1 ⅃ 13 ⅊ – ✉ 73710 🮲 Alpes du Nord

45 **D2**

🯁 Paris 634 – Albertville 53 – Chambéry 103 – Moûtiers 28

🄸 Office de tourisme, avenue de Chasseforêt 𝒞 04 79 08 79 08, Fax 04 79 08 76 74

◎ Site★ - Parc national de la Vanoise★★ - La Chollière★ SO : 1,5 km puis 30 mn - Mont Bochor ≤★ par téléphérique.

🏠 **Les Airelles** ≤ 🏡 ⅃ ⅍ rest, 🅿 🛏 *VISA* Ⓜⓒ ⒶⒺ

les Darbelays, 1 km au Nord – 𝒞 04 79 08 70 32 – *hotellesairelles @ free.fr*

– Fax 04 79 08 73 51 – Ouvert 8 juin-19 sept. et 21 déc.-18 avril

21 ch – ♦63/73 € ♦♦73/93 €, ☑ 8 € – ½ P 51/73 € – **Rest** – Menu 23/30 € – Carte 24/29 €

♦ Avenant chalet des années 1980 situé à l'orée de la forêt des Granges. Chambres lambrissées en partie refaites, dont les balcons offrent une belle vue sur les montagnes. Table régionale chaleureuse et spécialités fromagères (tartiflettes, fondues, gratins...).

Du Grand Bec ⇐ 🚗 🏠 🏊 🕭 🍴 🍽 rest, 🕻 🚭 VISA 🅒🅞

– ℰ 04 79 08 71 10 – grand_bec@wanadoo.fr – Fax 04 79 08 72 22 – Ouvert
2 juin-14 sept. et 21 déc.-13 avril
39 ch – 🛏55/80 € 🛏🛏60/120 €, � 10 € – ½ P 52/74 € – **Rest** – Menu 20/40 €
– Carte 21/46 €
♦ La crête du Grand Bec veille sur cette construction régionale postée à l'entrée de la
station. Chambres montagnardes avec balcon (12 ont un salon). Restaurant aux tons
chauds et terrasse tournée vers le village et les sommets. Table traditionnelle et savoyarde.

De la Vanoise 🦢 ⇐ 🏠 ⅙ ch, 🔊 P VISA 🅒🅞 AE 🅞

– ℰ 04 79 08 70 34 – hotel@la-vanoise.com – Fax 04 79 08 75 79 – Ouvert de
mi-juin à mi-sept. et 20 déc.-20 avril
32 ch – 🛏45/86 € 🛏🛏70/108 €, ⊒ 9 € – ½ P 55/93 € – **Rest** – Menu 18 €
(déj.)/22 € (dîner) – Carte 17/37 €
♦ Au centre de la station, près des remontées mécaniques, grande bâtisse typée dont
toutes les chambres, lambrissées, ont un balcon. Ambiance familiale. Repas traditionnel,
savoyard ou végétarien dans une salle habillée de bois blond et de tissus fleuris.

PRA-LOUP – 04 Alpes-de-Haute-Provence – **334** H6 – rattaché à Barcelonnette

---

LE PRARION – 74 Haute-Savoie – **328** N5 – rattaché aux Houches

---

PRATS-DE-MOLLO-LA-PRESTE – 66 Pyrénées-Orientales – **344** F8 – 1 080 h.
– alt. 740 m – ⌧ 66230 ▌ Languedoc Roussillon   22 **B3**

▶ Paris 905 – Céret 32 – Perpignan 64

🖽 Office de tourisme, place du Foiral ℰ 04 68 39 70 83, Fax 04 68 39 74 51

◉ Ville haute★.

Bellevue 🚗 🎘 rest, P VISA 🅒🅞 AE 🅞

pl. le Foiral – ℰ 04 68 39 72 48 – lebellevue@.fr.st – Fax 04 68 39 78 04
– Fermé 1er déc.-14 fév., mardi et merc. sauf du 1er avril au 30 nov.
17 ch – 🛏41/50 € 🛏🛏48/60 €, ⊒ 7,50 € – ½ P 41/52 € – **Rest** – Menu 21/50 €
– Carte 33/50 €
♦ Cette bâtisse régionale jouit d'une belle situation sur la place du foirail d'où l'on voit les
remparts de la cité médiévale et la montagne. Chambres simples, parfois rajeunies. La carte
aligne d'appétissantes recettes catalanes ; salle à manger aux tons pastel.

à La Preste, à 8 km – ⌧ 66230 Prats-de-Mollo-la-Preste – Stat. therm. : début
avril-mi nov.

Ribes 🦢 ⇐ vallée du Tech, 🎘 rest, P VISA 🅒🅞

– ℰ 04 68 39 71 04 – info@hotel-ribes.com – Fax 04 68 39 78 02 – Ouvert 1er avril-20 oct.
19 ch – 🛏30/52 € 🛏🛏45/59 €, ⊒ 6 € – ½ P 39/43 € – **Rest** – Menu (11 € bc), 16 €
(sem.)/28 € – Carte 27/37 €
♦ La ferme, isolée au milieu des prés, est devenue une sympathique hôtellerie familiale.
Chambres refaites par étapes, modestes mais bien tenues. Restaurant campagnard tourné
vers la vallée ; cuisine catalane en partie élaborée avec des produits d'élevage maison.

Le Val du Tech 🕻 VISA 🅒🅞

– ℰ 04 68 39 71 12 – val.du.tech@wanadoo.fr – Fax 04 68 39 78 07
– Ouvert fin avril-fin nov.
25 ch – 🛏33/36 € 🛏🛏48/54 €, ⊒ 7 € – ½ P 47/50 € – **Rest** – Menu (12 €), 16/25 €
♦ Curistes et randonneurs apprécient ce petit hôtel familial situé à flanc de colline, à deux
pas des thermes. Chambres proprettes dotées de toutes les commodités. Cuisine traditionnelle servie dans une grande salle à manger au cadre sagement rustique et catalan.

LE PRAZ – 73 Savoie – **333** M5 – rattaché à Courchevel

LES PRAZ-DE-CHAMONIX – 74 Haute-Savoie – **328** O5 – rattaché à
Chamonix-Mont-Blanc

PRAZ-SUR-ARLY – 74 Haute-Savoie – **328** M5 – 1 081 h. – alt. 1 036 m – Sports
d'hiver : 1 036/2 070 m ⪜12 ⪊ – ⌧ 74120   46 **F1**

▶ Paris 602 – Albertville 28 – Chambéry 79 – Chamonix-Mont-Blanc 37 – Megève 5

🖽 Office de tourisme, ℰ 04 50 21 90 57, Fax 04 50 21 98 08

La Griyotire ⌘   ⌂ ☂ 🕿 **P** *VISA* **MO**

rte La Tonnaz – ℰ 04 50 21 86 36 – hotel@griyotire.com – Fax 04 50 21 86 34
– Ouvert 7 juin-30 sept. et 21 déc.-6 avril
17 ch – ✝85/110 € ✝✝85/110 €, � 10 € – ½ P 88/93 € – **Rest** – (dîner seult)
Menu 28 € – Carte 32/47 €
◆ Cet élégant chalet savoyard, à la fois central et paisible, dispose de très belles chambres
cosy et d'un salon-cheminée cossu. Hammam, sauna et massages. Au restaurant : chaleureux cadre montagnard, spécialités savoyardes et plats classiques.

PRÉCY-SUR-OISE – 60 Oise – **305** F5 – **3 120 h.** – alt. 33 m – ⊠ **60460**   36 **B3**
▷ Paris 56 – Beauvais 36 – Chantilly 10 – Compiègne 47 – Creil 12 – Senlis 18
◎ Église★ de St-Leu-d'Esserent NE : 3,5 km.

Le Condor   **AC** ⇔ *VISA* **MO** **AE**

14 r. Wateau – ℰ 03 44 27 60 77 – Fax 03 44 27 62 18
– Fermé 1er-15 août, 23 fév.-2 mars, mardi et merc.
Rest – Menu (19 €), 24 € (sem.)/37 €
◆ Élégante auberge dont la salle à manger, agencée autour d'un petit patio, favorise
l'intimité. Décoration intérieure rajeunie et cuisine traditionnelle à prix doux.

PREIGNAC – 33 Gironde – **335** J7 – **rattaché à Langon**

PRENOIS – 21 Côte-d'Or – **320** J5 – **rattaché à Dijon**

LE PRÉ-ST-GERVAIS – 93 Seine-Saint-Denis – **305** F7 – **101** 16 – **voir à Paris, Environs**

LA PRESTE – 66 Pyrénées-Orientales – **344** F8 – **rattaché à Prats-de-Mollo**

PRINGY – 74 Haute-Savoie – **328** J5 – **rattaché à Annecy**

PRIVAS **P** – 07 Ardèche – **331** J5 – **9 170 h.** – alt. 300 m – ⊠ **07000**   44 **B3**
▯ Lyon et la vallée du Rhône
▷ Paris 596 – Montélimar 34 – Le Puy-en-Velay 91 – Valence 41 ;
🆔 Office de tourisme, 3, place du Général-de-Gaulle ℰ 04 75 64 33 35,
Fax 04 75 64 73 95
◎ Site★.   Plan page ci-contre

La Chaumette   ☂ 🛁 **AC** ↯ 🕿 **P P** *VISA* **MO** **AE** ①

av. Vanel – ℰ 04 75 64 30 66 – hotelchaumette@wanadoo.fr – Fax 04 75 64 88 25
– Fermé 28 oct.-11 nov. et 2-15 janv.   B **e**
36 ch – ✝52/74 € ✝✝57/91 €, ⊃ 11,50 € – ½ P 63/70 € – **Rest** – (fermé dim. sauf le soir
de juin à mi-oct. et sam. midi) Menu 19 € (déj. en sem.), 30/50 € – Carte 40/52 €
◆ Cet hôtel à l'ambiance "Sud", établi en face du conseil général, vous réserve un accueil
aimable. Espaces communs aux tons ocre et chambres refaites par étapes. Repas au goût
du jour dans un cadre méridional contemporain ou sur la terrasse dominant la piscine.

Les Châtaigniers   🏠 ☂ & **AC** ↯ 🕿 **P** *VISA* **MO** **AE** ①

Plaine du Lac – ℰ 04 75 66 39 60 – hotel.chataigniers@free.fr – Fax 04 75 64 68 76
82 ch – ✝46/51 € ✝✝49/54 €, ⊃ 7 € – ½ P 48/53 € – **Rest** – Menu 17 € (déj. en
sem.), 19/32 € – Carte 20/34 €
◆ Avec ses chambres fonctionnelles et climatisées, cet hôtel constitue une étape toute
trouvée sur la route du massif du Coiron. Petit-déjeuner servi au bar ou en terrasse. Une
carte de recettes traditionnelles est proposée dans la lumineuse salle à manger.

à Lyas 7 km par ① et D 2 – **517 h.** – alt. 350 m – ⊠ **07000**

Château de Liviers ⌘   ⌂ 🚲 ◑ 🏠 ↯ 🍽 🛁 **P**

rte Cheylard, D2 – ℰ 04 75 64 64 00 – chateau.liviers@wanadoo.fr
– Fax 04 75 64 38 00 – Fermé janv. sauf week-ends
5 ch ⊃ – ✝62/67 € ✝✝62/67 € – ½ P 52/55 € – **Table d'hôte** – Menu 21 € bc
◆ Cette ancienne place forte des chevaliers de Malte se dresse sur un éperon rocheux, au
cœur d'une forêt, face à Privas. Les chambres, sobres, profitent du calme du lieu, de même
que la bibliothèque riche de quelque 3 000 livres et bandes dessinées. La table d'hôte sert
de bons produits du terroir.

PRIVAS

Bacconnier (R. L.) .... B 2
Boeufs (Pl. aux) .... A 3
Champ de Mars (Pl. du) ..... B 5
Coux (Av. de) .... B 7
Durand (R. H.) .... B 10
Esplanade (Cours de l') ...... B 9
Faugier (Av. C.) .... A 12
Filliat (R. P.) .... B 14
Foiral (Pl. du) .... A 16
Gaulle (Pl. Ch.-de) .... B 17
Hôtel de Ville (Pl. de l') ..... B 18
Mobiles (Bd des) .... B 20
Ouvèze (Chemin de la) ...... B 22
Petit Tournon (Av. du) .... B 24
République (R. de la) .... B 26
St-Louis (Cours) .... A 28
Vanel (Av. du) .... B 30

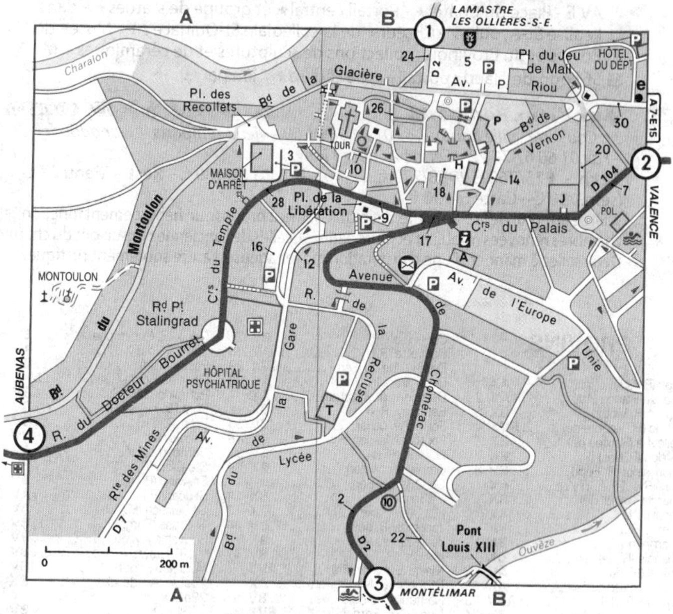

à Rochessauve 11 km par ③, D 2 et D 999 – 300 h. – alt. 300 m – ✉ 07210

Château de Rochessauve

– *✆ 04 75 65 07 06* ← Le Vercors et les Alpes,
– *vialley@wanadoo.fr – Fermé 1er janv. à Pâques*
5 ch – ♦90/100 € ♦♦110 €
Table d'hôte – *(fermé jeudi)* Menu 20 € bc/35 € bc
◆ Les montagnes ardéchoises servent d'écrin à ce château très tranquille dont les chambres dégagent une atmosphère raffinée. Les repas, composés de produits du terroir, sont servis dans la salle à manger décorée d'objets de collection ou dans le patio en été.

PROJAN – 32 Gers – 336 A8 – 142 h. – alt. 157 m – ✉ 32400 28 A2

Paris 742 – Pau 42 – Tarbes 60 – Toulouse 169

Le Château de Projan

– *✆ 05 62 09 46 21 – chateaudeprojan@libertysurf.fr – Fax 05 62 09 44 08*
– Fermé vacances de la Toussaint, 20-27 déc., fév. et dim. soir hors saison
7 ch – ♦95/110 € ♦♦100/150 €, 10 € – ½ P 85/99 €
Rest – *(dîner seult) (résidents seult)* Menu 30/70 €
◆ Ambiance guesthouse en ce château blotti dans un parc au sommet d'une colline. Beau mobilier ancien et tableaux contemporains décorent chambres et salons. Lumineuse salle à manger prolongée d'une terrasse où l'on sert des plats régionaux. Cours de cuisine.

PROPRIANO – 2A Corse-du-Sud – 345 C9 – voir à Corse

PROVINS ⓈⓅ – 77 Seine-et-Marne – 312 I4 – 11 667 h. – alt. 91 m – ✉ 77160
Champagne Ardenne 19 **D2**

- Paris 88 – Châlons-en-Champagne 98 – Fontainebleau 55 – Sens 47
- Office de tourisme, chemin de Villecran ✆ 01 64 60 26 26, Fax 01 64 60 11 97
- Ville Haute★★ AV : remparts★★ AY, Tour César★★ : ≤★, Grange aux Dîmes★ AV **E** - Place du Chatel★ - Portail central★ et groupe de statues★★ dans l'église St-Ayoul BV - Chœur★ de la collégiale St-Quiriace AV - Musée de Povins et du Provinois : collections de sculptures et de céramiques★ **M.**
- St-Loup-de-Naud : portail★★ de l'église★ 7 km par ④.

Aux Vieux Remparts

3 r. Couverte - ville haute – ✆ 01 64 08 94 00 – vieux-remparts@wanadoo.fr – Fax 01 60 67 77 22 – Fermé 21 déc.-3 janv. AV **b**

32 ch – 🚹75/260 € 🚹🚹88/270 €, ☕ 16 € – ½ P 112/189 € – **Rest** – Menu 27 € (sem.)/90 € – Carte 64/96 €

◆ Situé au cœur de la ville haute, cet établissement propose un hébergement fonctionnel ; chambres rénovées (mobilier et murs patinés), celles de l'ancienne maison ont du charme. Deux salles à manger : l'une d'inspiration moyenâgeuse, l'autre sobrement rustique.

PROVINS

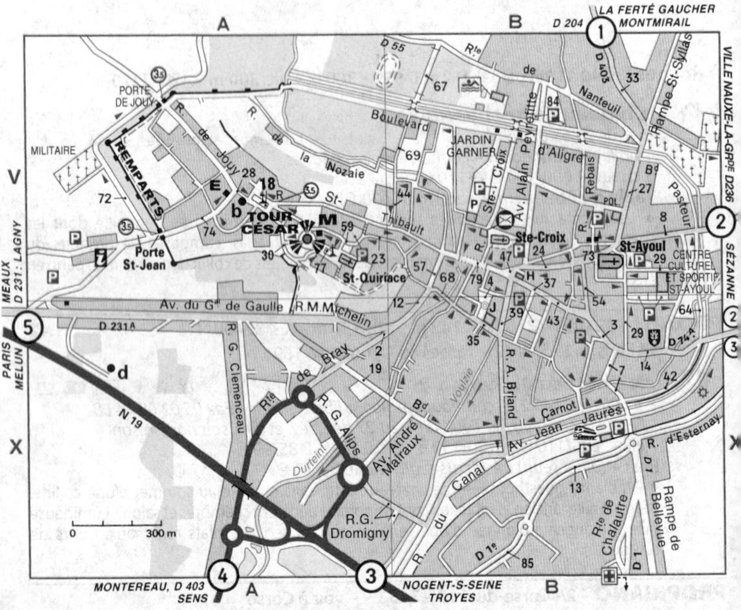

🏠 **Ibis** 　　🛏 🛋 ⚗ ch, 🦽 🕭 🛁 **P** **VISA** **MC** **AE** **①**

77 av. du Gén. de Gaulle – 🕾 *01 60 67 66 67 – h0856@accor.com*

😊 *– Fax 01 60 67 86 67* 　　　　　　　　　　　　　　　　 AX **d**

51 ch – ♦59/72 €, ♦♦59/72 €, � 7,50 € – **Rest** – Menu 18 €
– Carte environ 20 €

♦ Dans un quartier calme, architecture évoquant le style médiéval de la ville haute. Chambres rénovées peu à peu dans l'esprit "dernière tendance" Ibis. Au restaurant, décor néo-rustique et cuisine traditionnelle ne dérogent pas aux coutumes de la chaîne.

PRUNETE – 2B Haute-Corse – **345** F6 – **voir à Corse (Cervione)**

PUGIEU – 01 Ain – **328** G6 – **rattaché à Belley**

PUJAUDRAN – 32 Gers – **336** I8 – **rattaché à L'Isle-Jourdain**

PUJOLS – 47 Lot-et-Garonne – **336** G3 – **rattaché à Villeneuve-sur-Lot**

PUJOLS – 33 Gironde – **335** K6 – **604 h.** – **alt. 60 m** – ✉ 33350 　　**4 C2**

　🚹 Paris 560 – Bordeaux 51 – Mérignac 68 – Pessac 63

🏠 **Les Gués Rivières** 　　　　　🛏 🛋 **M** rest, 🦽 ⚗

5 pl. du Gén. de Gaulle – 🕾 *05 57 40 74 73 – margotte.olivier@wanadoo.fr*
– Fax 05 57 40 73 26

4 ch ⊃ – ♦65 €, ♦♦65 € – **Table d'hôte** – Menu (18 €), 23 €

♦ Cette maison, ouvrant ses portes sur la place centrale du village, offre des chambres colorées et meublées avec goût. Petits-déjeuners gargantuesques et cuisine régionale servis, si le temps le permet, sur la superbe terrasse face aux vignobles et à St-Émilion.

🍴 **La Poudette** 　　　　　　　　🛏 🛋 **P** **VISA** **MC**

La Rivière, (sur D17) – 🕾 *05 57 40 71 52 – la-poudette@wanadoo.fr*
– Fermé mars, dim. soir et mardi sauf juil.-août et lundi

Rest – Menu 27/34 €

♦ Malgré son accès difficile, sa devanture anodine et son intérieur sobre, cette maison entourée d'un jardin sauvage vous réserve une belle cuisine actuelle et de saison.

PULIGNY-MONTRACHET – 21 Côte-d'Or – **320** I8 – **rattaché à Beaune**

PULVERSHEIM – 68 Haut-Rhin – **315** H9 – **2 266 h.** – **alt. 235 m** –
✉ **68840** 　　　　　　　　　　　　　　　　　　　　　　 **1 A3**

　🚹 Paris 473 – Belfort 51 – Colmar 34 – Guebwiller 13 – Mulhouse 11
　– Thann 18

à l'Écomusée 2,5 km au Nord-Ouest – ✉ 68190 Ungersheim

🏠 **Les Loges de l'Écomusée** 　　🛏 🛋 ⚗ 🦽 🛁 **P** **VISA** **MC** **AE** **①**

– 🕾 *03 89 74 44 95 – hotel.loges@ecomusee-alsace.fr – Fax 03 89 74 44 68*
– Fermé 3-25 janv.

40 ch – ♦48 €, ♦♦60 €, ⊃ 7 €

Rest *La Taverne –* 🕾 *03 89 74 44 49 (fermé dim. soir et lundi)* Menu 20 €
(sem.)/35 € – Carte 25/30 €

♦ Reconstitution d'un village traditionnel aux portes de l'Écomusée. Chambres modernes, réparties dans des maisons à colombages décorées à l'alsacienne. Esprit mi-brasserie, mi-winstub et cuisine régionale (truites du vivier, vins locaux) à l'immense Taverne.

PUTEAUX – 92 Hauts-de-Seine – **311** J2 – **101** 14 – **voir à Paris, Environs**

> ▶ Paris 637 – Albi 44 – Gaillac 25 – Montauban 40 – Rodez 107 – Toulouse 62
> 🖪 Office de tourisme, chapelle Saint-Roch ℰ 05 63 33 19 25, Fax 05 63 33 19 25

🏠 **L'Ancienne Auberge** ॐ   ஂ 🕮 ch, ॐ **VISA** 🐵 🖭
  – ℰ 05 63 33 65 90 – caddack @ aol.com – Fax 05 63 33 21 12
9 ch – ♦70/150 € ♦♦70/150 €, ☲ 15 € – ½ P 63/85 € – **Rest** – (fermé dim. soir et lundi) Menu 23/30 € – Carte 28/51 €
  ♦ Auberge de caractère installée dans les murs d'une demeure du 13ᵉ s., au cœur d'un vieux village fortifié. Chambres personnalisées. Magnifique cheminée dans le salon. Des arcades en pierre divisent l'espace du restaurant, par ailleurs décoré de vitraux.

LE PUY-DE-DÔME – 63 Puy-de-Dôme – **326** E8 – **voir à Clermont-Ferrand**

LE PUY-EN-VELAY ℗ – 43 Haute-Loire – **331** F3 – **20 490 h.** – alt. 629 m –
✉ 43000 ▯ Lyon et la vallée du Rhône   6 **C3**

> ▶ Paris 539 – Clermont-Ferrand 129 – Mende 87 – St-Étienne 76
> 🖪 Office de tourisme, 2, place du Clauzel ℰ 04 71 09 38 41, Fax 04 71 05 22 62
> 🖬 du Puy-en-Velay à Ceyssac Sénilhac, O : 7 km par D 590, ℰ 04 71 09 17 77.
> 🖸 Polignac★ : ※★ 5 km par ③.

🏨 **Du Parc**   🖳 ஂ rest, 🕮 rest, ॐ 🛆 **VISA** 🐵 🖭
  4 av. C. Charbonnier – ℰ 04 71 02 40 40 – francoisgagnaire @ wanadoo.fr
  – Fax 04 71 02 18 72   AZ **s**
18 ch – ♦70/130 € ♦♦70/130 €, ☲ 10 €
Rest François Gagnaire – voir ci-après
  ♦ Tout près du beau jardin Vinay, cet hôtel qui a lancé des rénovations propose des chambres confortables et bien équipées. Salon cosy, espace bar et cave à cigares.

🏨 **Regina**   🖳 ஂ ch, 🕮 rest, 📞 ॐ 🛆 **VISA** 🐵 🖭 ⓞ
  34 bd Mar. Fayolle – ℰ 04 71 09 14 71 – contact @ hotelrestregina.com
  – Fax 04 71 09 18 57   BZ **d**
25 ch – ♦50/53 € ♦♦59/60 €, ☲ 10 € – 3 suites – ½ P 62 € – **Rest** – (fermé dim. soir du 15 nov. au 15 mars) Menu (17 €), 22 € (sem.)/40 € – Carte 36/54 €
  ♦ Ce bel immeuble datant de 1905 rénove peu à peu ses chambres : personnalisées, parfois originales, elles sont chaleureuses et très souvent spacieuses (certaines avec jacuzzi). Salle à manger feutrée, contemporaine et haute en couleurs. Cuisine traditionnelle.

🏠 **Le Brivas**   🚗 🖙 ╠ ॐ 🖳 ஂ ch, 🖐 📞 ॐ ℗ **VISA** 🐵 🖭
⏚ 2 av. Charles Massot, à Vals-près-le-Puy ✉ 43750 – ℰ 04 71 05 68 66 – brivas @
  wanadoo.fr – Fax 04 71 05 65 88 – Fermé 16 déc.-15 janv., vend. soir, dim. soir du 15 oct. au 15 avril et sam. midi
48 ch – ♦56/80 € ♦♦56/80 €, ☲ 8 € – ½ P 53/65 € – **Rest** – Menu 15 € (déj.), 19/40 € – Carte 25/42 €
  ♦ Cet hôtel moderne d'un quartier résidentiel au Sud du Puy propose des chambres fonctionnelles. Agréable jardin-terrasse au bord d'une rivière ; espace bien-être. Restaurant relooké dans un esprit actuel pour une cuisine traditionnelle de produits régionaux.

🏠 **Le Val Vert**   ஂ ch, 🖐 📞 ॐ ℗ **VISA** 🐵 🖭
⏚ 6 av. Baptiste Marcet, 1,5 km par N 88 et rte Mende par ② – ℰ 04 71 09 09 30
  – info @ hotelvalvert.com – Fax 04 71 09 36 49 – Fermé 25 déc.-9 janv.
23 ch – ♦53/58 € ♦♦53/58 €, ☲ 10 € – ½ P 55 € – **Rest** – (fermé sam. midi d'oct. à mai) Menu (15 € bc), 18/40 € – Carte 38/48 €
  ♦ La route qui conduit à Mende, très passante, est effectivement verdoyante. Chambres colorées en partie refaites ; certaines sont décorées à l'italienne. Bonne insonorisation. De larges baies vitrées tournées vers le village éclairent la coquette salle à manger.

🏠 **Dyke Hôtel** sans rest   📞 ॐ **VISA** 🐵
  37 bd Mar. Fayolle – ℰ 04 71 09 05 30 – dyke.hotel @ wanadoo.fr
  – Fax 04 71 02 58 66 – Fermé 25 déc.-1ᵉʳ janv.   BZ **r**
15 ch – ♦36/49 € ♦♦40/55 €, ☲ 6,50 €
  ♦ Dans la ville veillée par ses fameux dykes basaltiques, hôtel doté de petites chambres simples. Bien que toutes insonorisées, celles côté ruelle sont plus calmes. Accueil cordial.

LE PUY-EN-VELAY

XXX **François Gagnaire** – Hôtel Du Parc   ⅙ AC VISA ⓂⓄ AE

ಣ 4 av. C. Charbonnier – ℰ 04 71 02 75 55
– francoisgagnaire@wanadoo.fr – Fax 04 71 02 18 72
– Fermé 23 juin-10 juil., 3-14 nov., 2-19 janv., dim. sauf le midi de sept. à juin, mardi
midi et lundi   AZ **a**
Rest – Menu (27 €), 33 € (sem.)/90 € – Carte 63/83 €
Spéc. Gaspacho de lentilles vertes du Puy, coquillages et condiments (été). Souris
d'agneau confite aux écorces d'orange (automne-hiver). Marrons confits, crème
glacée au lait de topinambour. **Vins** Boudes.
♦ Ce restaurant au cadre contemporain et raffiné, égayé de lithographies de
Raoul Dufy, séduit par sa belle cuisine personnalisée, mariant le terroir et les saveurs
d'ailleurs.

XXX **Tournayre**   VISA ⓂⓄ AE

☺ 12 r. Chênebouterie – ℰ 04 71 09 58 94 – info@restaurant-tournayre.com
– Fax 04 71 02 68 38 – Fermé 1ᵉʳ-7 sept., 2-31 janv., merc. soir, dim. soir et
lundi   AY **f**
Rest – Menu 23/70 € – Carte 52/72 €
♦ Croisées d'ogives, pierres apparentes, boiseries et fresques composent le décor de
cette ancienne chapelle (16ᵉ s.) où l'on goûte une cuisine auvergnate généreuse et bien
faite.

XX **L'Olympe**   ⅙ VISA ⓂⓄ

8 r. Collège – ℰ 04 71 05 90 59 – Fax 04 71 05 90 59 – Fermé 16 fév.-31 mars, sam.
midi sauf juil.-août, dim. soir et lundi   BZ **x**
Rest – Menu (15 €), 19/55 € – Carte 44/66 €
♦ Coquet restaurant dans une ruelle pavée et pentue, typique de la pittoresque vieille ville.
Deux salles, dont une à l'étage, claires et confortables. Carte traditionnelle.

X **Le Poivrier**   ⅙ AC VISA ⓂⓄ

☜ 69 r. Pannessac – ℰ 04 71 02 41 30 – lepoivrier@orange.fr – Fax 04 71 02 59 25
– Fermé dim. sauf août   AY **v**
Rest – Menu 15 € (déj. en sem.), 20/35 € – Carte 31/40 €
♦ Restaurant relooké dans un style design épuré, assez tendance, sans perdre en convi-
vialité. Exposition de photographies. Spécialités de viandes (Salers, Charolais).

X **Lapierre**

6 r. Capucins – ℰ 04 71 09 08 44 – Ouvert mars-nov.   AZ **u**
Rest – (fermé dim. sauf le soir de juill. à sept.) (nombre de couverts limité, prévenir)
Menu 25/32 € – Carte 32/44 €.
♦ Mobilier bistrot, lambris peints et tissus tendus dans les tons gris côté décor, produits bio
et inévitables lentilles du Puy côté cuisine : une étape gourmande prisée.

X **Bambou et Basilic**   VISA ⓂⓄ AE

18 r. Grangevieille – ℰ 04 71 09 25 59 – delphineabrial@hotmail.com
– Fax 04 71 09 25 59 – Fermé 24 août-1ᵉʳ sept., dim. et lundi   AY **b**
Rest – Menu 23/45 €
♦ La jeune chef s'inspire des quatre coins du monde pour réaliser une cuisine personnelle
et inventive, parfois très originale mais toujours juste... Une adresse qui monte.

à Espaly-St-Marcel 3 km par ③ – 3 552 h. – alt. 650 m – ✉ 43000

🏠 **L'Ermitage** sans rest   ⅙ ℵ ⚿ P VISA ⓂⓄ

🍽 73 av. de l'Ermitage, rte de Clermont-Ferrand – ℰ 04 71 07 05 05
– hotelermitage@free.fr – Fax 04 71 07 05 00 – Fermé janv. et fév.
20 ch – †47/75 € ††47/75 €, ⌚ 9 €
♦ Un hôtel refait à neuf, dont la terrasse offre une vue panoramique sur le site du Puy.
Chambres fonctionnelles et calmes ; celles côté Sud regardent la campagne.

XX **L'Ermitage**   🍽 ⅙ P VISA ⓂⓄ AE

☺ 73 av. de l'Ermitage, rte de Clermont-Ferrand – ℰ 04 71 04 08 99
– bruno.chartier@wanadoo.fr – Fax 04 71 04 25 72
– Fermé 20-26 oct., 14 janv.-11 fév., dim. soir et lundi
Rest – Menu (17 €), 21 € (sem.)/47 € – Carte 34/56 €
♦ Cette ferme joliment restaurée a conservé son cachet rustique et dégage une atmos-
phère cosy. Repas servis au coin du feu l'hiver. Cuisine traditionnelle bien faite.

PUY-GUILLAUME – 63 Puy-de-Dôme – 326 H7 – 2 624 h. – alt. 285 m – ⊠ 63290

▶ Paris 374 – Clermont-Ferrand 53 – Lezoux 27 – Riom 35 – Thiers 15 – Vichy 21

🏠 **Relais Hôtel de Marie**　　　　　🛎 📶 ᴧ ch, ⇆ 🅿 VISA ᪲⊙

av. E. Vaillant – ℰ 04 73 94 18 88 – hotel.marie@wanadoo.fr – Fax 04 73 94 73 98 – Fermé 2-8 sept., vacances de la Toussaint, dim. soir et lundi

15 ch – †35/49 € ††35/49 €, ⊇ 6 € – ½ P 50/55 € – **Rest** – Menu 19 € (sem.)/35 € – Carte 22/39 €

♦ Pratique pour l'étape, immeuble récemment ravalé et modernisé, abritant des petites chambres actuelles et fonctionnelles, plus calmes côté parking. Salle de restaurant simple et fraîche où l'on sert des plats traditionnels et régionaux.

PUY-L'ÉVÊQUE – 46 Lot – 337 C4 – 2 159 h. – alt. 130 m – ⊠ 46700

🗐 Périgord

▶ Paris 601 – Agen 71 – Cahors 31 – Gourdon 41 – Sarlat-la-Canéda 52 – Villeneuve-sur-Lot 43

🖪 Syndicat d'initiative, place de la Truffière ℰ 05 65 21 37 63, Fax 05 65 21 37 63

🏠 **Bellevue**　　　　　⩽ vallée du Lot, 📶 ᴧ ch, 🏧 ⇆ 📞 VISA ᪲⊙

pl. Truffière – ℰ 05 65 36 06 60 – hotelbellevue.puyleveque@wanadoo.fr – Fax 05 65 36 06 61 – Fermé 18 nov.-3 déc. et 8 janv.-6 fév.

11 ch – †65/90 € ††65/90 €, ⊇ 10 € – ½ P 62/76 €

Rest Côté Lot – *(fermé mardi sauf d'oct. à juin, dim. sauf de juil. à sept. et lundi)* Menu 28 € (déj.)/65 € ❀

Rest L'Aganit – brasserie *(fermé mardi sauf d'oct. à juin, dim. sauf de juil. à sept. et lundi)* Menu 13,50 € (déj. en sem.), 20/30 € – Carte 23/35 €

♦ L'hôtel, bâti sur un éperon dominant le Lot, mérite bien son nom. Les chambres, spacieuses, sont contemporaines et personnalisées. Cuisine inventive et vue étendue sur la vallée au restaurant Côté Lot. Véranda, plats du terroir et esprit brasserie à L'Aganit.

à Touzac 8 km à l'Ouest par D 8 – 341 h. – alt. 75 m – ⊠ 46700

◎ Château de Bonaguil★★ N : 10,5 km.

🏠 **De la Source Bleue** ☙　　　🕭 🛖 🏊 ᴧ ch, 📞 ⚗ 🅿 VISA ᪲⊙ 🝙 ⓪

– ℰ 05 65 36 52 01 – sourcebleue@wanadoo.fr – Fax 05 65 24 65 69 – Ouvert 18 avril-11 nov.

12 ch – †79/89 € ††79/125 €, ⊇ 10 € – 1 suite – ½ P 75/85 € – **Rest** – *(fermé mardi midi, jeudi midi et merc.)* Menu (17 €), 29 € – Carte 32/45 €

♦ Dans une jolie bambouseraie au bord du Lot, ex-moulins du 14ᵉ s. convertis en hôtel où vous séjournerez dans d'élégantes chambres, claires, épurées, apaisantes. Une dépendance du 17ᵉ s. abrite le restaurant : belle charpente et murs en pierre, carte actuelle.

à Mauroux 12 km au Sud-Ouest par D 8 et D 5 – 417 h. – alt. 213 m – ⊠ 46700

🖪 Syndicat d'initiative, le Bourg ℰ 05 65 30 66 70, Fax 05 65 36 49 64

🏠 **Hostellerie le Vert** ☙　　　⩽ 🚗 🛖 🏊 🏧 ch, ⅌ ch, 🅿 VISA ᪲⊙

Lieu dit "Le Vert" – ℰ 05 65 36 51 36 – hotellevert@aol.com – Fax 05 65 36 56 84 – Ouvert 1ᵉʳ avril-30 oct.

7 ch – †85/130 € ††85/130 €, ⊇ 9 € – ½ P 83/105 € – **Rest** – *(fermé jeudi soir)* *(dîner seult)* Menu 38/45 € – Carte 34/49 €

♦ Ambiance chaleureuse dans cette ferme quercynoise du 14ᵉ s. perdue en pleine nature. Chambres personnalisées où cohabitent mobilier de style et meubles campagnards. Cuisine traditionnelle revisitée servie sous les poutres rustiques de la salle à manger.

à Anglars-Juillac 8 km à l'Est par D 811 et D 67 – 331 h. – alt. 98 m – ⊠ 46140

🍴🍴 **Clau del Loup** avec ch ☙　　　　🚗 🛖 🖪 🅿 VISA ᪲⊙

Métairie Haute, D 8 – ℰ 05 65 36 76 20 – Fax 05 65 36 76 29 – Fermé 27 oct.-21 nov.

5 ch – †90/105 € ††90/105 €, ⊇ 10 € – ½ P 90/110 € – **Rest** – *(fermé mardi soir et merc. soir)* Menu 16 € (déj. en sem.), 25/65 €

♦ Accueil familial dans cette belle demeure (1818) dans un jardin arboré. Cuisine actuelle servie dans une ravissante salle à manger ou en terrasse, sous de vieux platanes. Chambres plaisantes et soignées, panachant divers styles de mobilier.

PUYMIROL – 47 Lot-et-Garonne – **336** G4 – 864 h. – alt. 153 m – ⊠ 47270
🏛 Aquitaine   4 **C2**

> ◘ Paris 649 – Agen 17 – Moissac 35 – Villeneuve-sur-Lot 30
> 🛈 Syndicat d'initiative, 7, place Maréchal Leclerc 𝒞 05 53 67 80 40,
> Fax 05 53 95 32 38

🏯🏯🏯 **Michel Trama** ⤸   🕮 ⌷ 𝔸�ℂ 𝒮 rest, ⅍ ⇔ 𝗩𝗜𝗦𝗔 🆖 🅰🅴 ⓪
✿✿✿ *52 r. Royale – 𝒞 05 53 95 31 46 – trama@aubergade.com – Fax 05 53 95 33 80*
– Fermé 15-30 nov., dim. soir hors saison, lundi sauf le soir en saison et mardi midi
9 ch – †270/470 € ††270/470 €, � 30 € – 1 suite
Rest – Menu 76 € (sem.)/215 € – Carte 117/206 € ℬ
Spéc. Sucette de foie gras aux noisettes torréfiées. Hamburger de foie gras chaud
aux cèpes. Assiette des cinq sens (dessert). **Vins** Côtes de Duras, Buzet.
♦ Maisons des 13ᵉ (ex-résidence des comtes de Toulouse) et 17ᵉ s. luxueusement rénovées.
Superbes chambres signées Garcia. Insolite "mur des senteurs", exubérante salle baroque,
terrasse-cloître, richissime livre de cave et délicieuse carte où se côtoient plats mythiques
et recettes inventives.

PUYRAVAULT – 17 Charente-Maritime – **324** F3 – rattaché à Surgères

---

PUY-ST-PIERRE – 05 Hautes-Alpes – **334** H3 – rattaché à Briançon

---

PUY-ST-VINCENT – 05 Hautes-Alpes – **334** G4 – 267 h. – alt. 1 325 m – Sports
d'hiver : 1 400/2 700 m ⅍16 ⅃ – ⊠ 05290 🏛 Alpes du Sud   41 **C1**

> ◘ Paris 700 – L'Argentière-la-Bessée 10 – Briançon 21 – Gap 83 – Guillestre 30
> 🛈 Office de tourisme, les Alberts 𝒞 04 92 23 58 42
> ◎ Les Prés ≤★ SE : 2 km - Église★ de Vallouise N : 4 km.

🏠 **La Pendine** ⤸   ≤ ⌂ 🕮 ⅃ 👤 𝗣 𝗩𝗜𝗦𝗔 🆖 🅰🅴
aux Prés, 1 km à l'Est par D 404 – 𝒞 04 92 23 32 62 – contact@lapendine.com
– Fax 04 92 23 46 63 – Ouvert 20 juin-31 août et 15 déc.-10 avril
25 ch – †45/62 € ††52/91 €, ⊒ 8,50 € – ½ P 55/66 € – **Rest** – Menu 20 € (déj.
en sem.), 26/36 € – Carte 25/49 €
♦ Cet hôtel perché sur les hauteurs du village a été joliment rénové : façade habillée de bois
et chambres sobrement décorées dans le style montagnard (certaines avec balcon). Plats
traditionnels et alpins à déguster au restaurant ou en terrasse l'été.

🏠 **Saint-Roch** ⤸   ≤ vallée et montagnes, 🕮 ⌷ 📶 𝒮 👤 𝗩𝗜𝗦𝗔 🆖 🅰🅴
aux Prés, 1 km à l'Est par D 404 – 𝒞 04 92 23 32 79 – info@hotel-st-roch.com
– Fax 04 92 23 45 11 – Ouvert 20 juin-31 août et 20 déc.-5 avril
15 ch – †84/86 € ††84/86 €, ⊒ 10 € – ½ P 75/90 € – **Rest** – self le midi en hiver
Menu 26/45 € – Carte 37/64 €
♦ Construction des années 1970 située au pied des pistes de cette station de la Vallouise.
Amples chambres simplement meublées ; celles exposées au Sud possèdent un balcon.
Beau panorama depuis le restaurant et sa terrasse ; à midi en hiver, formule self-service.

PYLA-SUR-MER – 33 Gironde – **335** D7 – ⊠ 33115 🏛 Pays Basque   3 **B2**

> ◘ Paris 648 – Arcachon 8 – Biscarrosse 34 – Bordeaux 66
> 🛈 Syndicat d'initiative, 2, avenue Ermitage 𝒞 05 56 54 02 22, Fax 05 56 22 58 84
> ◎ Dune du Pilat★★.
>
> Voir plan d'Arcachon agglomération.

🏠 **Maminotte** sans rest ⤸   ⅍ 𝒮 👤 𝗩𝗜𝗦𝗔 🆖
av. Acacias – 𝒞 05 57 72 05 05 – hotel-maminotte@wanadoo.fr
– Fax 05 57 72 06 06 – Fermé 1ᵉʳ janv.-5 fév.   AY **n**
12 ch – †55/95 € ††80/105 €, ⊒ 9 €
♦ Dans un quartier pavillonnaire en retrait de la plage, villa offrant tout simplement des
chambres rustiques, souvent rafraîchies. Certaines possèdent un balcon côté pinède.

🍴🍴 **L'Authentic d'Éric Thore**   🕮 𝔸ℂ 𝗩𝗜𝗦𝗔 🆖 🅰🅴 ⓪
35 bd de l'Océan – 𝒞 05 56 54 07 94 – Fermé 15 nov.-15 déc., 2 janv.-10 fév.,
mardi et merc. sauf vacances scolaires   AY **e**
Rest – Menu 20 € (déj. en sem.)/30 € – Carte 50/85 €
♦ Une table rénovée dans un charmant esprit vacances, recréant l'atmosphère des cabanes
tchanquées. Pergola appréciable aux beaux jours. Cuisine créative du chef-patron.

QUARRÉ-LES-TOMBES – 89 Yonne – 319 G7 – 723 h. – alt. 457 m – ✉ 89630
🏛 Bourgogne   7 **B2**

▶ Paris 233 – Auxerre 73 – Avallon 18 – Château-Chinon 49 – Clamecy 49
   – Dijon 118

🎫 Syndicat d'initiative, rue des Ecoles ✆ 03 86 32 22 20

🏠 **Du Nord**   🔲 ⚙ Ⓚ rest, ♨ VISA ⦿ ⒶⒺ ⓪

25 pl. de l'Église – ✆ 03 86 32 29 30 – Fax 03 86 32 29 31 – Fermé 5 nov.-14 fév.,
merc. soir et jeudi

8 ch – ✝45/55 € ✝✝60/75 €, � 8,50 € – 2 suites – ½ P 55/68 €

Rest – Menu 22 € (sem.)/38 € – Carte 31/37 €

♦ Pour l'anecdote, cet hôtel ancien, posté face à la célèbre église, a été "sauvé" par une
association de 80 retraités du village. Petites chambres fonctionnelles rénovées. Atmosphère de bistrot rétro au restaurant et cuisine traditionnelle ad hoc.

🍴🍴 **Le Morvan** avec ch   🔲 🔲 ⚙ ch, ⇼ 👝 🅿 VISA ⦿ ⒶⒺ
😊
🍽   6 r. des Écoles – ✆ 03 86 32 29 29 – etiennelemorvan @ wanadoo.fr
         – Fax 03 86 32 29 28 – Fermé 6-16 oct., 22 déc.-27 fév., lundi et mardi

8 ch – ✝47 € ✝✝53/73 €, ⊂ 10 € – ½ P 58/65 €

Rest – (fermé le merc. de nov. à fév., lundi et mardi) Menu 22/49 €
– Carte 37/60 €

♦ Accueil chaleureux dans cette sympathique auberge et cuisine actuelle soignée, servie
dans le cadre plaisant d'une salle aux poutres apparentes. Chambres confortables.

---

aux Lavaults 5 km au Sud-Est par D 10 – ✉ 89630 Quarré-les-Tombes

🍴🍴🍴 **Auberge de l'Âtre** avec ch 🐌   🔲 🔲 👝 ♨ 🅿 VISA ⦿ ⒶⒺ ⓪

– ✆ 03 86 32 20 79 – laubergedelatr @ free.fr – Fax 03 86 32 28 25 – Fermé
15 juin-1er juil., 11 fév.-15 mars, mardi et merc.

7 ch – ✝60/72 € ✝✝75/95 €, ⊂ 9,50 € – **Rest** – (prévenir) Menu 32 € (déj. en
sem.), 49/59 € – Carte 45/72 € ❦

♦ En pleine campagne, ferme de pays rustique à souhait, aux grandes chambres classiques.
Cuisine de terroir (spécialité de champignons), escortée de bordeaux millésimés.

QUATRE-ROUTES-D'ALBUSSAC – 19 Corrèze – 329 L5 – alt. 600 m –
✉ 19380 Albussac   25 **C3**

▶ Paris 492 – Aurillac 72 – Brive-la-Gaillarde 27 – Mauriac 67 – St-Céré 36
   – Tulle 18

👁 Roche de Vic ✳ ★ S : 2 km puis 15 mn, 🏛 Berry Limousin.

🏠 **Roche de Vic**   🔲 🔲 🔲 👝 🅿 VISA ⦿

😎   – ✆ 05 55 28 15 87 – rochevic @ orange.fr – Fax 05 55 28 01 09 – Fermé 1er-8 oct.,
         1er janv.-15 mars et lundi sauf juil.-août

11 ch – ✝45 € ✝✝50/60 €, ⊂ 7 € – ½ P 50/52 € – **Rest** – (fermé dim. soir
d'oct. à mars et lundi sauf juil.-août) Menu (13 €), 17 € (déj. en sem.), 22/40 €
– Carte 28/54 €

♦ Maison de pays des années 1950. Chambres très bien tenues, sobrement meublées
dans le goût de l'époque ; l'orientation côté jardin (jeux pour enfants) est plus séduisante. Recettes régionales à déguster avant ou après la découverte du panorama à la Roche
de Vic.

LES QUATRE-ROUTES-DU-LOT – 46 Lot – 337 F2 – 580 h. – alt. 127 m –
✉ 46110   29 **C1**

▶ Paris 508 – Brive-la-Gaillarde 24 – Cahors 86 – Figeac 67
   – Sarlat-la-Canéda 52

🍴 **Au Vieux Four** avec ch   🔲 ⚙ ch, VISA ⦿

av. Agustin Farcia – ✆ 05 65 32 01 98 – stephanie.teillard @ wanadoo.fr
– Fermé une sem. en juin, une sem. en sept., dim. soir et lundi

5 ch – ✝49 € ✝✝49 €, ⊂ 6,50 € – **Rest** – Menu 25/34 € – Carte 31/44 €

♦ Le four en briques de l'ancienne boulangerie dans laquelle est aménagé ce restaurant
agrémente l'une des deux salles à manger rustiques et fleuries. Goûteuse cuisine
actuelle.

QUÉDILLAC – 35 Ille-et-Vilaine – 309 J5 – 966 h. – alt. 85 m – ✉ 35290   10 C2

◘ Paris 389 – Dinan 30 – Lamballe 45 – Loudéac 57 – Ploërmel 46 – Rennes 39

XXX **Le Relais de la Rance** avec ch   📞 **P** VISA ⓜ AE ①
ⓐ   *6 r. de Rennes – ℰ 02 99 06 20 20 – relaisdelarance @ 21s.fr – Fax 02 99 06 24 01*
    – Fermé 20 déc.-20 janv., vend. soir et dim. soir
🌠   **13 ch** – ✝53/70 € ✝✝53/70 €, ⛌ 9,50 €
    Rest – Menu (17 €), 21/70 € – Carte 42/59 €
    ♦ Maison villageoise en granit abritant deux élégantes salles à manger et des chambres
    agréablement rénovées. Goûteuse cuisine traditionnelle ; un menu est dédié au terroir.

LES QUELLES – 67 Bas-Rhin – 315 G6 – rattaché à Schirmeck

QUELVEN – 56 Morbihan – 308 M6 – rattaché à Pontivy

QUEND – 80 Somme – 301 C6 – 1 378 h. – alt. 5 m – ✉ 80120   36 A1

◘ Paris 209 – Amiens 91 – Boulogne-sur-Mer 58 – Abbeville 35 – Outreau 60
🄸 Office de tourisme, 8, avenue Vasseur ℰ 03 22 23 32 04, Fax 03 22 23 62 65

🏠 **Les Augustines** sans rest   ⅍ ↝ 📞 **P** VISA ⓜ
    – ℰ 03 22 23 54 26 – hoteldesaugustines @ wanadoo.fr – Fax 03 22 24 10 53
    15 ch – ✝65/75 € ✝✝65/75 €, ⛌ 9 €
    ♦ Hôtel aux petites chambres toutes identiques, de plain-pied, décorées dans des tons
    clairs. Une adresse bien sympathique, idéale pour séjourner dans ce beau coin de nature.

QUENZA – 2A Corse-du-Sud – 345 D9 – voir à Corse

QUESTEMBERT – 56 Morbihan – 308 Q9 – 5 727 h. – alt. 100 m – ✉ 56230
🗓 Bretagne   10 C3

◘ Paris 445 – Ploërmel 32 – Redon 34 – Rennes 96 – La Roche-Bernard 23
    – Vannes 29
🄸 Office de tourisme, 15, rue des Halles ℰ 02 97 26 56 00, Fax 02 97 26 54 55

XXX **Le Bretagne et sa Résidence** (Alain Orillac) avec ch   ⎙
❀   *r. St-Michel – ℰ 02 97 26 11 12 – lebretagne @*   ⅍ ch, **P** VISA ⓜ AE
    wanadoo.fr – Fax 02 97 26 12 37 – Fermé 12-31 janv.
    9 ch – ✝70/90 € ✝✝90/150 €, ⛌ 15 € – ½ P 125/145 €
    Rest – *(fermé dim. soir et mardi midi d'oct. à avril et lundi) (prévenir)* Menu (28 €),
    34 € (sem.), 50/100 € – Carte 59/179 € 🕮
    Spéc. Coffre d'araignée, infusion à la criste marine (juin-juil.). Filet de bar rôti,
    crème de riz soufflé. Selle d'agneau en crumble, millefeuille pomme et navet. **Vins**
    Muscadet.
    ♦ Ce restaurant vous reçoit dans son élégante salle habillée de boiseries ou dans son jardin
    d'hiver ; cuisine inventive. Chambres très confortables dans l'annexe.

QUETTEHOU – 50 Manche – 303 E2 – 1 475 h. – alt. 14 m – ✉ 50630
🗓 Normandie Cotentin   32 A1

◘ Paris 345 – Barfleur 10 – Cherbourg 29 – St-Lô 66 – Valognes 16
🄸 Office de tourisme, place de la Mairie ℰ 02 33 43 63 21, Fax 02 33 43 63 21

🏠 **Demeure du Perron** sans rest ⌂   ⎙ ⅍ ↝ 📞 **P** VISA ⓜ
    – ℰ 02 33 54 56 09 – hotel @ demeureduperron.com – Fax 02 33 43 69 28 – Fermé
    dim. du 15 nov. au 31 mars
    20 ch – ✝52/72 € ✝✝52/72 €, ⛌ 6 €
    ♦ Pavillons disséminés dans un agréable jardin où l'on petit-déjeune en été. Chambres
    parfaitement tenues, mais diverses en taille et en styles (récentes ou plus rustiques).

X **Auberge de Ket Hou**   VISA ⓜ AE ①
ⓐ   *17 r. de Gaulle – ℰ 02 33 54 40 23 – aubergedekethou @ wanadoo.fr*
    – Fax 02 33 54 02 11 – Fermé dim. soir sauf août et lundi
    Rest – Menu 15 € (déj. en sem.), 19/39 € – Carte 28/49 €
    ♦ Cette auberge de village située au bord de la route départementale propose une cuisine
    traditionnelle dans un cadre champêtre où dominent les vieilles pierres et le bois.

1492

QUÉVEN – 56 Morbihan – **308** K8 – 8 753 h. – alt. 50 m – ✉ 56530   9 **B2**
🚩 Paris 505 – Rennes 154 – Vannes 61 – Lorient 9 – Lanester 9

⌂ **Manoir de Kerlebert** ⊗   ⌖ ✿ ⌕ **P**
    r. de Kerlebert – ✆ 02 97 80 22 37 – manoirkerlebert@wanadoo.fr
    – Fax 02 97 80 20 83 – Fermé 20 déc.-5 janv.
    4 ch ⊏⊐ – ♦50 € ♦♦60/80 € – **Table d'hôte** – (fermé merc. et dim.) Menu 20 € bc
    ♦ Au milieu d'un parc, cette belle longère du 17ᵉ s., remaniée dans les années 1950, offre un
    cadre feutré de bon goût. Salon, billard, bibliothèque. Chambres romantiques ou marines.
    Produits de la mer au dîner (pour les résidents).

QUEYRIÈRES – 43 Haute-Loire – **331** G3 – 285 h. – alt. 1 110 m –
✉ 43260   6 **C3**
🚩 Paris 563 – Clermont-Ferrand 149 – Le Puy-en-Velay 22 – Saint-Étienne 67
    – Firminy 51

⌂ **La Boria delh Castel** ⊗   ⌗ ↩ ✿
    Le bourg – ✆ 04 71 57 70 81 – contact@laboria-queyrieres.com
⊜   – Fax 04 71 57 70 81 – Ouvert 2 avril-30 oct.
    4 ch ⊏⊐ – ♦45 € ♦♦52 € – ½ P 63 € – **Table d'hôte** – Menu 18 € bc
    ♦ Vieille ferme en pierre restaurée, au pied du rocher basaltique. Chambres avenantes,
    minimisée d'artisanat et table d'hôte axée sur des plats rustiques à base de produits bio.

QUIBERON – 56 Morbihan – **308** M10 – 5 073 h. – alt. 10 m – Casino – ✉ 56170
▌Bretagne   9 **B3**
🚩 Paris 505 – Auray 28 – Concarneau 98 – Lorient 47 – Vannes 47
🛈 Office de tourisme, 14, rue de Verdun ✆ 08 25 13 56 00, Fax 02 97 30 58 22
◉ Côte sauvage★★ NO : 2,5 km.

Plan page suivante

🏰 **Sofitel Thalassa** ⊗   ≼ ⌗ ⌂ ▧ ☺ ⑯ ✖ ▮ ⅙ ↩ ✿ ⌕ ♨ ⌑
    pointe de Goulvars – ✆ 02 97 50 20 00   **P** **VISA** ⑩ ⒶⒺ ⓪
    – h0557@accor.com – Fax 02 97 50 46 32 – Fermé 2-26 janv.   B **a**
    133 ch – ♦140/319 € ♦♦150/419 €, ⊏⊐ 22 € – 17 suites – ½ P 139/267 €
    Rest – Menu 50 € – Carte 57/95 €
    ♦ Séjour iodé dans ce complexe hôtelier agréablement situé face à la plage et directement
    relié à l'institut de thalassothérapie. Chambres plus spacieuses côté océan. Classique et
    diététique, la cuisine de cet établissement répond à l'appel du grand large.

🏰 **Sofitel Diététique** ⊗   ≼ mer et rochers, ⌗ ⌂ ▧ ☺ ⑯ ✖ **P** **VISA** ⑩ ⒶⒺ ⓪
    pointe de Goulvars – ✆ 02 97 50 20 00   ⅙ ch,
    – h0562@accor.com – Fax 02 97 30 47 63 – Fermé 5-26 janv.   B **v**
    74 ch (pension seulement en saison) ⊏⊐ – 2 suites – ½ P 259 €
    Rest – rest. diététique Menu 52 €
    ♦ Cet hôtel accueille les curistes de l'institut de thalassothérapie (accès direct). Les cham-
    bres sont toutes dotées de loggias et tournées vers la mer. Menus diététiques.

🏨 **Bellevue** ⊗   ⤢ ↩ ✿ rest, ⌕ **P** **VISA** ⑩ ⒶⒺ
    r. Tiviec – ✆ 02 97 50 16 28 – bienvenue@bellevuequiberon.com
    – Fax 02 97 30 44 34 – Ouvert avril-sept.   B **d**
    38 ch – ♦55/102 € ♦♦61/119 €, ⊏⊐ 9,50 € – ½ P 62/90 € – **Rest** – Menu 24/30 €
    – Carte 26/36 €
    ♦ Architecture passe-partout, mais intérieur printanier : gamme étendue de couleurs dans
    des chambres équipées de terrasses ; certaines offrent une échappée sur l'océan. Menu du
    jour et petite carte au registre traditionnel servis dans un cadre lumineux.

🏨 **La Petite Sirène** sans rest   ⌗ ⌂ ↩ ⌕ **P** **VISA** ⑩
    15 bd R. Cassin – ✆ 02 97 50 17 34 – info@hotel-lapetitesirene.fr
    – Fax 02 97 50 03 73 – Ouvert 21 mars-6 oct. et 24 oct.-6 nov.   B **b**
    14 ch – ♦62/80 € ♦♦62/80 €, ⊏⊐ 10,50 €
    ♦ Cet hôtel ancré à la pointe de Beg er Vil abrite des chambres équipées d'un mobilier
    pratique, de salles de bains rénovées et de loggias tournées vers le large.

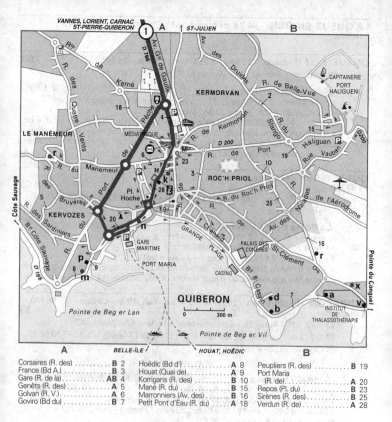

VANNES, LORIENT, CARNAC
ST-PIERRE-QUIBERON
ST-JULIEN

CAPITAINERIE
PORT
HALIGUEN

KERMORVAN

LE MANÉMEUR

MÉDIATHÈQUE

ROC'H PRIOL

Côte Sauvage

KERVOZES

Pl.
Hoche

GARE
MARITIME

PORT MARIA

PALAIS DES
CONGRÈS

CASINO

QUIBERON

Pointe de Beg er Lan

INSTITUT
DE
THALASSOTHÉRAPIE

Pointe du Conguel

300 m

BELLE-ÎLE

HOUAT, HOËDIC

Pointe de Beg er Vil

Ibis

🛏 ⚏ ⚏ 🖥 ㅌ 🛗 ⚋ 📞 🎿 **P** **VISA** **MO** **AE** **①**

av. Marronniers, (pointe de Goulvars) – ℰ 02 97 30 47 72 – h0909@
accor-hotels.com – Fax 02 97 30 55 78   B r

95 ch – ⚊68/118 € ⚊⚊68/149 €, ⌿ 10 € – ½ P 62/87 € – **Rest** – (fermé 5-24 janv.)
Menu (18 €), 23 € – Carte 32/37 €

♦ À quelques encablures de la côte sauvage, cet établissement vous accueille dans un
agréable salon-bar d'esprit actuel. Chambres simples, certaines en duplex. Carte traditionnelle et cuisine diététique (sur demande) proposées dans une salle habillée de boiseries.

Le Neptune

⇜ ㅠ ㅣ **VISA** **MO** **AE**

4 quai de Houat, à Port Maria – ℰ 02 97 50 09 62 – neptune.quiberon@
wanadoo.fr – Fax 02 97 50 41 44 – Fermé 8 janv.-15 fév.   A p

21 ch – ⚊51/63 € ⚊⚊60/80 €, ⌿ 8 € – ½ P 62/66 € – **Rest** – (ouvert 1er avril-5 nov.
et fermé merc.) Menu 19/32 € – Carte 24/45 €

♦ Hôtel familial situé face à la criée. Les chambres, meublées en style rustique, sont
régulièrement rajeunies. Balcon côté port, promesse de calme sur l'arrière. Coquette salle
à manger colorée et cuisine régionale rendant un hommage appuyé à Neptune.

Villa Margot

⇜ ㅠ ㅕ ⚜ **VISA** **MO** **AE**

7 r. Port-Maria – ℰ 02 97 50 33 89 – reservation@villamargot.fr
– Fax 02 97 50 34 79 – Fermé 4 janv.-12 fév., mardi et merc. sauf juil.-août et
vacances scolaires   A n

Rest – Menu 19 € (sem.)/42 € – Carte 33/67 €

♦ Totalement restaurée, cette villa en pierre blonde a retrouvé ses couleurs. Cuisine de la
mer qu'on déguste en terrasse face à la plage ou dans l'une des salles contemporaines.

✗✗ **Le Verger de la Mer** 〔VISA〕〔MO〕〔AE〕

bd Goulvars – 𝒞 *02 97 50 29 12 – vergerdelamer@wanadoo.fr*
– Fax 02 97 50 29 06 – Fermé janv., fév., dim. soir hors saison, mardi sauf le midi
hors saison et merc. **B x**

Rest – Menu 24/38 € – Carte 29/56 €

♦ Cette discrète façade voisine du centre de thalassothérapie cache une plaisante salle à manger lambrissée et colorée. Cuisine traditionnelle, produits d'une fraîcheur assurée.

✗ **La Chaumine** 〔VISA〕〔MO〕〔AE〕〔O〕

36 pl. Manémeur – 𝒞 *02 97 50 17 67 – Fax 02 97 50 17 67 – Ouvert 13 mars-9 nov.*
et fermé dim. soir sauf juil.-août et lundi **A r**

Rest – Menu 17 € (déj. en sem.), 27/49 € – Carte 27/50 €

♦ Bâtisse de style régional ancrée dans un ancien quartier de pêcheurs. On y savoure au coude à coude les plats du pays qui évoluent en fonction du marché et de la marée.

à St-Pierre-Quiberon 5 km au Nord par D 768 – 2 165 h. – alt. 12 m – ✉ 56510

📷 Pointe du Percho ≤ ★ au NO : 2,5 km.

🏠 **De la Plage** ≤ 🏡 🏦 ↳ ✗ rest, 🐾 🛁 P VISA 〔MO〕〔AE〕〔O〕

quai d'Orange – 𝒞 *02 97 30 92 10 – bienvenue@hotel-la-plage.com*
– Fax 02 97 30 99 61 – Ouvert début avril-fin sept.

39 ch – 🛏50/117 € 🛏🛏50/117 €, � 11 € – 2 suites – ½ P 56/89 € – **Rest** – *(fermé le midi sauf sam. et dim.)* Menu 24 € – Carte 35/50 €

♦ Enseigne-vérité pour ce sympathique hôtel familial : la plage est à vos pieds ! Chambres agréablement rénovées ; celles s'ouvrant côté baie disposent d'un balcon. Au restaurant, carte traditionnelle, saveurs iodées et beau panorama sur l'Atlantique.

à Portivy 6 km au Nord par D 768 et rte secondaire – ✉56150 St-Pierre-Quiberon

✗ **Le Petit Hôtel du Grand Large** avec ch ≤ 🛁 rest, ↳ VISA 〔MO〕

11 quai St-Ivy – 𝒞 *02 97 30 91 61 – rvbourdon@yahoo.fr – Fax 02 97 30 72 52*
– Fermé 15 nov.-8 fév.

6 ch – 🛏80/100 € 🛏🛏100/120 €, ⊂ 9 € – **Rest** – *(fermé mardi et merc. sauf le soir en saison)* Menu 37 €

♦ Les produits du terroir (poissons sauvages notamment) ont la faveur du chef-patron de ce bistrot marin. Toutes les chambres de cette charmante auberge familiale, joliment refaites par une décoratrice, donnent sur les flots ou le petit port de la Côte Sauvage.

QUIÉVRECHAIN – 59 Nord – 302 K5 – **rattaché à Valenciennes**

QUILINEN – 29 Finistère – 308 G6 – **rattaché à Quimper**

QUILLAN – 11 Aude – 344 E5 – 3 542 h. – alt. 291 m – ✉ 11500
🏳 Languedoc Roussillon 22 **A3**

▶ Paris 797 – Andorra la Vella 113 – Carcassonne 52 – Foix 64 – Limoux 28
  – Perpignan 76

🈂 Office de tourisme, square André Tricoire 𝒞 04 68 20 07 78, Fax 04 68 20 04 91
📷 Défilé de Pierre Lys ★ S : 5 km.

🏠 **Cartier** 📶 AC rest, 🐾 VISA 〔MO〕〔AE〕

31 bd Ch. de Gaulle – 𝒞 *04 68 20 05 14 – contact@hotelcartier.com*
– Fax 04 68 20 22 57 – Fermé 15 janv.-28 fév.

28 ch – 🛏36 € 🛏🛏47/65 €, ⊂ 8,50 € – ½ P 55 € – **Rest** – *(fermé 15 déc.-20 mars et sam. midi d'oct. à avril)* Menu 19/29 € – Carte 21/38 €

♦ Hôtel familial occupant un immeuble du début du 20e s. situé sur un boulevard passant. Chambres simples, mais bien tenues et insonorisées. Salle de restaurant rustique avec cheminée, où l'on sert des spécialités audoises : lapin à l'ail, cassoulet, rouzolle.

✗ **Canal** avec ch ✗ 🍽 VISA 〔MO〕

36 bd Ch. de Gaulle – 𝒞 *04 68 20 08 62 – hotel-canal@wanadoo.fr*
– Fax 04 68 20 27 96 – Fermé 2-31 janv., dim. soir et lundi sauf juil.-août

13 ch – 🛏32/35 € 🛏🛏38/42 €, ⊂ 7 € – ½ P 43/46 € – **Rest** – *(fermé dim. soir et lundi)* Menu 13 € (sem.)/32 € – Carte 22/41 €

♦ Sur l'artère principale de la ville, maison régionale où l'on déguste, en toute convivialité et dans un cadre sobre, une cuisine traditionnelle et locale. Chambres modestes.

▮ Paris 564 – Brest 73 – Lorient 67 – Rennes 215 – St-Brieuc 130
▮ de Quimper-Cornouaille : ℰ 02 98 94 30 30, par ⑥ : 8 km AX.
▮ Office de tourisme, place de la Résistance ℰ 02 98 53 04 05,
Fax 02 98 53 31 33
◉ Cathédrale St-Corentin★★ - Le vieux Quimper★ : Rue Kéréon★ ABY - Jardin
de l'Évêché ≤★ BZ **K** - Mont-Frugy ≤★ ABZ - Musée des Beaux-Arts★★ BY **M¹**
- Musée départemental breton★ BZ **M²** - Musée de la faïence★ AX **M³** -
Descente de l'Odet★★ en bateau 1 h 30 - Festival de Cornouaille★
(fin juillet).

Océania

🕾 🏊 📶 ⅙ 🆔 ↯ 🐾 ⌟ **P** 𝗩𝗜𝗦𝗔 🆆🅾 🅰🅴 ⓪

17 r. Poher, zone de Kerdrézec par rte de Bénodet
– ℰ 02 98 90 46 26 – oceania.quimper @ oceaniahotels.com
– Fax 02 98 53 01 96
92 ch – ♦95/125 € ♦♦95/165 €, ☲ 12 €
Rest – Menu (17 €), 20/25 € – Carte 19/32 €

◆ Hôtel de chaîne dans un secteur commercial, judicieusement entouré d'un îlot de verdure. Grandes chambres rénovées ; les "Océane" sont joliment design et très bien équipées.
Salle à manger contemporaine aux tables un peu serrées. Terrasse près de la piscine.

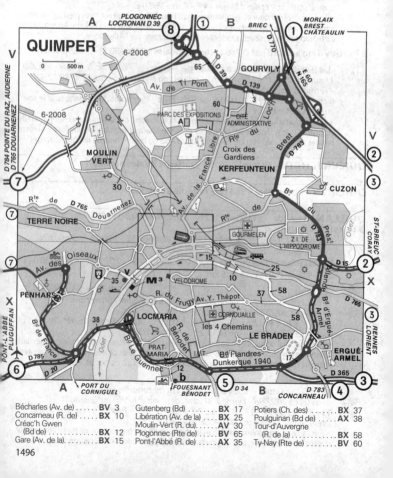

Bécharles (Av. de) . . . . . . **BV** 3
Concarneau (R. de) . . . . **BX** 10
Créac'h Gwen
  (Bd de) . . . . **BX** 12
Gare (Av. de la) . . . . **BX** 15

Gutenberg (Bd) . . . . **BX** 17
Libération (Av. de la) . . . **BX** 25
Moulin-Vert (R. du) . . . . **AV** 30
Plogonnec (Rte de) . . . . **BV** 65
Pont-l'Abbé (R. de) . . . . **AX** 35

Potiers (Ch. des) . . . . . . **BX** 37
Poulguinan (Bd de) . . . . **AX** 38
Tour-d'Auvergne
  (R. de la) . . . . **BX** 58
Ty-Nay (Rte de) . . . . **BV** 60

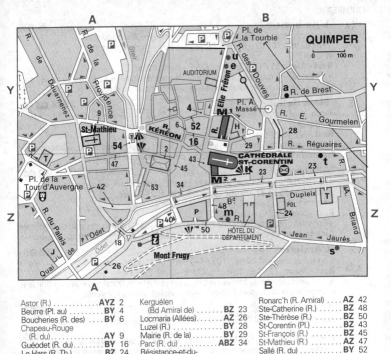

QUIMPER

0   100 m

🏨 Kregenn sans rest   🍴 � ♿ AC ↔ ℒ ⅌ P VISA ⑩ AE ①
13 r. des Réguaires – ℰ 02 98 95 08 70 – information @ kregenn.fr
– Fax 02 98 53 85 12   BZ **t**
30 ch – ♦65/200 € ♦♦80/200 €, ⬚ 13 € – 2 suites
♦ Cet hôtel fraîchement rénové d'une rue calme du centre vous réserve le meilleur accueil.
Chambres à la décoration sobre et actuelle, certaines disposant de baignoire balnéo.

🏨 Gradlon sans rest   ♿ ↔ ⅌ VISA ⑩ AE ①
30 r. Brest – ℰ 02 98 95 04 39 – contact @ hotel-gradlon.com – Fax 02 98 95 61 25
– Fermé 13 déc.-12 janv.   BY **a**
22 ch – ♦82/160 € ♦♦82/160 €, ⬚ 12 €
♦ Chambres personnalisées (styles Art déco, romantique...) donnant en majorité sur
une courette fleurie, tout comme la véranda qui sert au petit-déjeuner. Accueil familial.

🏠 Le Logis du Stang sans rest ⬙   🍽 ⅌ ⅌ P VISA ⑩
allée de Stang-Youen, par r. Ch. Le Goffic, à l'Est du plan – ℰ 02 98 52 00 55
– logis-du-stang @ wanadoo.fr – Fax 02 98 52 00 55 – Fermé 20 déc.-5 fév.
3 ch ⬚ – ♦49/60 € ♦♦65/80 €
♦ Ce manoir du 19e s. entouré d'un ravissant jardin clos a été rénové avec goût. Trois
chambres réellement délicieuses, dont deux dans l'ancienne grange, et accueil aux petits
soins.

✕✕✕ Les Acacias   🍽 P VISA ⑩
85 bd Creac'h Gwen – ℰ 02 98 52 15 20 – acacias-qper @ wanadoo.fr
– Fax 02 98 10 11 48 – Fermé 18 août-8 sept., dim. soir et sam.   BX **b**
Rest – Menu 19 € (sem.)/48 € – Carte 43/55 € ⅏
♦ Restaurant aménagé dans une engageante maison contemporaine agrémentée d'un
jardin bien fleuri. Cuisine classique servie dans une salle à manger moderne et lumineuse.

XX L'Ambroisie · ↻ VISA ⓂⒸ

49 r. Elie Fréron – ℰ *02 98 95 00 02 – gilbert.guyon@wanadoo.fr*
– Fax 02 98 95 00 02 – Fermé dim. soir sauf du 14 juil. au 25 août
et lundi BY **u**
Rest – Menu 25 € (déj. en sem.)/75 € – Carte 62/67 €
◆ Petite salle à manger contemporaine décorée d'originales peintures sur bois ; on y savoure une cuisine régionale actualisée privilégiant les produits locaux.

X Fleur de Sel ⌂ VISA ⓂⒸ ①

1 quai Neuf – ℰ *02 98 55 04 71 – Fax 02 98 55 04 71 – Fermé 24 déc.-2 janv., sam.*
midi et dim. AX **v**
Rest – Menu 22 € (sem.), 26/37 € – Carte 26/49 €
◆ Dans un quartier pittoresque, adresse proposant des plats traditionnels dans une salle largement ouverte sur le cours de l'Odet, ou en plein air, au bord de l'eau.

X Ailleurs VISA ⓂⒸ

43 r. Elie Fréron – ℰ *02 98 95 56 32 – contact@restaurant-ailleurs.com*
– Fax 02 98 95 56 32 – Fermé 26 août-3 sept. et 23-29 déc.,
sam. midi, dim. et lundi BY **e**
Rest – Menu (15 €) – Carte 39/51 €
◆ Épris de voyages, le chef réalise une cuisine du monde (à dominante asiatique) rythmée par les saisons. La carte des vins, tout aussi dépaysante, escorte cette escapade exotique.

X L'Assiette VISA ⓂⒸ

5 bis r. J. Jaurès – ℰ *02 98 53 03 65 – Fermé 11-31 août, et dim.* BZ **s**
⊜ **Rest** – Menu (13,50 €), 18 € (déj.)/23 € – Carte 27/33 €
◆ Sympathique adresse familiale entre gare et centre-ville. Décor mi-bistrot, mi-brasserie et tables joliment dressées. Recettes traditionnelles simples et fraîches.

X La VIIᵉ Vague ⌂ VISA ⓂⒸ

72 r. J. Jaurès – ℰ *02 98 53 33 10 – Fax 02 98 52 23 85 – Fermé 1ᵉʳ-15 août, sam. et*
dim. BZ **m**
Rest – Menu (15 €), 19 € (déj. en sem.), 25/30 € – Carte 26/47 €
◆ Décor tendance sobre et reposant, paisible terrasse et séduisante cuisine du terroir (le soir, carte thématique basée sur le chiffre 7) : cette table a le vent en poupe.

à Ty-Sanquer 7 km au Nord par D 770 – ⊠ 29000 Quimper

XX Auberge de Ti-Coz ↻ P. VISA ⓂⒸ ①

– ℰ *02 98 94 50 02 – restaurant-ty-coz@wanadoo.fr – Fax 02 98 94 56 37*
⊙ *– Fermé 15 sept.-5 oct., mardi soir et merc. soir de sept. à juin, dim. soir et lundi*
sauf fériés
Rest – Menu 20 € (déj. en sem.), 25/47 € – Carte 31/50 € ⨯
◆ Charmante petite auberge locale au cadre actuel où le chef concocte une cuisine traditionnelle actualisée (épices, produits du Sud, légumes d'antan, etc.). Vins de propriétaires.

à Quilinen 11 km par ① et D 770 – ⊠ 29510 Landrevarzec

X Auberge de Quilinen VISA ⓂⒸ

– ℰ *02 98 57 93 63 – aubergedequilinen@wanadoo.fr – Fax 02 98 57 94 49*
– Fermé 4-24 août, mardi soir, merc. soir, dim. soir et lundi
Rest – Menu 19 € (déj. en sem.), 26/40 € – Carte 29/42 €
◆ Coquette maison située dans un hameau connu pour sa chapelle du 15ᵉ s. Lumineuse salle rustique (pierres apparentes et mobilier campagnard) et appétissantes recettes du terroir.

au Sud-Ouest 5 km par bd Poulguinan - AX - et D 20 – ⊠ 29700 Pluguffan

XXX La Roseraie de Bel Air (Lionel Hénaff) ⌸ P. VISA ⓂⒸ AE

r. Boissière – ℰ *02 98 53 50 80 – roseraie-de-bel-air@wanadoo.fr*
⊱ *– Fax 02 98 53 50 80 – Fermé 4-14 mai, 6 sept.-2 oct., dim. et lundi*
Rest – Menu 25 € (déj. en sem.), 48/85 € – Carte 53/72 €
Spéc. Poissons de petits bateaux. Agneau de l'anse de Pouldon (avril à sept.). Petits ormeaux de l'île Vierge.
◆ Belle maison bretonne du 19ᵉ s. La longue salle à manger, avec ses deux hautes cheminées en granit, offre un cadre chaleureux. Cuisine régionale revisitée.

QUIMPERLÉ – 29 Finistère – **308** J7 – 10 850 h. – alt. 30 m – ⊠ 29300 ▯ Bretagne

> ◗ Paris 517 – Carhaix-Plouguer 57 – Concarneau 32 – Pontivy 76 – Quimper 49
> – Rennes 169
> **9 B2**
> ◘ Office de tourisme, 45, place Saint-Michel ℘ 02 98 96 04 32, Fax 02 98 96 16 12
> ◙ Église Ste-Croix★★ - Rue Dom-Morice★.

🏨 **Le Vintage** sans rest   🚗 ♿ 🛁 ☎ *VISA* ◍ 🖭
20 r. Bremond d'Ars – ℘ 02 98 35 09 10 – hotelvintage@wanadoo.fr
– *Fax 02 98 35 09 29*
10 ch – †60 € ††85 €, ⊂⊃ 11 €
 ◆ Cette belle façade du 19ᵉ s. dissimule un hôtel contemporain voué au culte du vin.
Chambres personnalisées par des fresques originales et un mobilier actuel.

🍴 **Le Bistro de la Tour**   *VISA* ◍ 🖭
2 r. Dom Morice – ℘ 02 98 39 29 58 – bistrodelatour@wanadoo.fr
– *Fax 02 98 39 21 77 – Fermé dim. midi en juil.-août, dim. soir hors saison, lundi
sauf le soir en juil.-août et sam. midi*
Rest – Menu (21 €), 30/56 € bc – Carte 38/53 € ♨♨
 ◆ Ce bistrot rétro et cossu (bibelots, tableaux, bouteilles) sert de généreux petits plats
oscillant entre tradition et terroir. Belle carte des vins. Épicerie fine attenante.

🍴 **La Cigale Egarée**   🚗 🌫 🎼 **P** *VISA* ◍
Villeneuve-Braouic par rte de Lorient – ℘ 02 98 39 15 53 – lacigale29@yahoo.fr
– *Fermé vacances de la Toussaint, dim. et lundi*
Rest – *(nombre de couverts limité, prévenir)* Menu 21 € (déj. en sem.), 32/65 €
– Carte 43/58 €
 ◆ Au fond d'une Z.I., table atypique occupant une maison ocre sur jardin. Cuisine d'avant-
garde servie dans un joli décor néo-provençal : cette cigale-là s'est vraiment égarée !

au Nord-Est 6 km par rte d'Arzano et D 22 – ⊠ 29300 Arzano

🏠 **Château de Kerlarec** ⏳   ♫ 🏊 🎼 🛁 🎼 rest, **P**
– ℘ 02 98 71 75 06 – chateau-de-kerlarec@wanadoo.fr – Fax 02 98 71 74 55
– *Fermé 23-27 déc.*
6 ch ⊂⊃ – †115 € ††125/150 € – ½ P 86/103 € – **Table d'hôte** – Menu 30/50 €
 ◆ Ce château du Second Empire offre un charme authentique par son décor soigné et par
les attentions de ses propriétaires (beau linge de maison, plateau de courtoisie). La table
d'hôte (uniquement sur demande) propose crêpes, fruits de mer et recettes du terroir.

QUINCIÉ-EN-BEAUJOLAIS – 69 Rhône – **327** G3 – 1 121 h. – alt. 325 m –
⊠ 69430
43 E1
> ◗ Paris 428 – Beaujeu 6 – Bourg-en-Bresse 55 – Lyon 57 – Mâcon 33 – Roanne 66

🏠 **Le Mont-Brouilly**   🚗 🏊 ♿ ch, 🅐🅒 rest, 🛁 🏋 **P** *VISA* ◍ 🖭
⏳ *Le Pont des Samsons, 2,5 km à l'Est par D 37* – ℘ 04 74 04 33 73 – contact@
hotelbrouilly.com – Fax 04 74 04 30 10 – *Fermé 22-29 déc., 27 janv.-24 fév., dim.
soir et lundi d'oct. à mai*
29 ch – †60/70 € ††65/70 €, ⊂⊃ 8,50 € – ½ P 60/70 € – **Rest** – *(fermé dim. soir
d'oct. à mai et lundi)* Menu 18 € (déj. en sem.), 23/48 € – Carte 34/54 €
 ◆ Au pied du mont Brouilly, entouré de vignes, hôtel des années 1980 où l'on s'endort dans
des chambres fonctionnelles toutes identiques. Vaste salle à manger offrant une vue
sympathique sur le jardin ; à table, recettes traditionnelles.

QUINÉVILLE – 50 Manche – **303** E2 – 292 h. – alt. 29 m – ⊠ 50310
▯ Normandie Cotentin
32 A1
> ◗ Paris 338 – Barfleur 21 – Carentan 31 – Cherbourg 37 – St-Lô 59
> ◘ Office de tourisme, 17, avenue de la Plage ℘ 02 33 21 40 29

🏠 **Château de Quinéville** ⏳   ♫ 🏊 ♿ ch, 🎼 rest, **P** *VISA* ◍ 🖭
– ℘ 02 33 21 42 67 – chateau.quineville@wanadoo.com – Fax 02 33 21 05 79
– *Fermé 1ᵉʳ janv.-31 mars*
30 ch – †65/125 € ††65/125 €, ⊂⊃ 11 € – ½ P 77/105 €
Rest – *(ouvert 23 mars-2 nov.) (dîner seult)* Menu 31 € – Carte 29/45 €
 ◆ Les chambres, en général assez sobres, sont plus grandes et récentes dans les ex-écuries
que dans le château (18ᵉ s.). Parc avec vestiges romains, tour du 14ᵉ s., serres et étang. Salle
à manger de caractère face à un bel écrin de verdure. Plats traditionnels.

QUINGEY – 25 Doubs – 321 F4 – 1 049 h. – alt. 275 m – ⊠ 25440   16 **B2**
▶ Paris 397 – Besançon 23 – Dijon 84 – Dole 36 – Gray 54

🏠 **La Truite de la Loue**   ↩ 𝚅𝙸𝚂𝙰 ⓜⓞ
2 rte de Lyon – ℰ 03 81 63 60 14 – latruitedelaloue@wanadoo.fr
☎ – Fax 03 81 63 84 77 – Fermé janv., 17-27 fév., mardi soir et merc. de nov. à mai
10 ch – ♦38/45 € ♦♦45/51 €, ☑ 7 € – ½ P 46 € – **Rest** – Menu 18 € (sem.)/39 €
– Carte 20/54 €
♦ Cette auberge familiale du bord de la Loue propose des chambres fonctionnelles de
tailles diverses. Petite salle de restaurant campagnarde dont les fenêtres ouvrent sur la
rivière. Cuisine régionale et spécialités de truites (visibles dans un vivier).

QUINSON – 04 Alpes-de-Haute-Provence – 334 E10 – 350 h. – alt. 370 m –
⊠ 04500 ▮ Alpes-du-Sud   41 **C2**
▶ Paris 804 – Aix-en-Provence 76 – Brignoles 44 – Castellane 72
    – Digne-les-Bains 62
🄸 Syndicat d'initiative, rue Saint-Esprit ℰ 04 92 74 01 12, Fax 04 92 74 01 12

🏠 **Relais Notre-Dame**   🚗 🏠 ☴ ⅍ ch, 🅿 𝚅𝙸𝚂𝙰 ⓜⓞ
– ℰ 04 92 74 40 01 – relaisnotredame@orange.fr – Fax 04 92 74 02 10
☎ – Hôtel : ouvert 16 mars-14 nov. et fermé lundi et mardi ; rest : fermé 15 déc.-15 fév.,
lundi soir et mardi
13 ch – ♦45/50 € ♦♦55/60 €, ☑ 9 € – ½ P 55/60 € – **Rest** – Menu 12 € (déj. en
sem.), 20/39 €
♦ Sur la route des gorges du Verdon, hôtel familial et son joli jardin, voisins du musée de la
Préhistoire. Chambres de style rustico-provençal (sans TV) dont deux refaites. Agréable
restaurant et verdoyante terrasse au calme ; plats régionaux, truffe en saison.

QUINTIN – 22 Côtes-d'Armor – 309 E4 – 2 611 h. – alt. 180 m – ⊠ 22800
▮ Bretagne   10 **C2**
▶ Paris 463 – Lamballe 35 – Loudéac 31 – St-Brieuc 18
🄸 Office de tourisme, 6, place 1830 ℰ 02 96 74 01 51, Fax 02 96 74 06 82

🏠 **Du Commerce**   ↩ 𝚅𝙸𝚂𝙰 ⓜⓞ
2 r. Rochonen – ℰ 02 96 74 94 67 – hotelducommerce@cegetel.net
☎ – Fax 02 96 74 00 94 – Fermé 14-27 avril, 23 août-1ᵉʳ sept. et 21 déc.-5 janv.
11 ch – ♦52/62 € ♦♦64/80 €, ☑ 9 € – ½ P 53/60 € – **Rest** – (fermé vend. midi du
14 juil. au 18 août, vend. soir du 19 août au 13 juil., dim. soir et lundi) Menu 15 €
(sem. sauf en saison)/45 € – Carte 42/58 €
♦ Cette imposante maison en granit qui daterait du 18ᵉ s. était autrefois un relais de
diligence. Les chambres, personnalisées, sont soigneusement entretenues. Salle à manger
rustique dotée d'une cheminée aux armes des ducs de Bretagne.

RABAT-LES-TROIS-SEIGNEURS – 09 Ariège – 343 H7 – rattaché à
Tarascon-sur-Ariège

RAISMES – 59 Nord – 302 I5 – rattaché à Valenciennes

RAMATUELLE – 83 Var – 340 O6 – 2 131 h. – alt. 136 m – ⊠ 83350
▮ Côte d'Azur   41 **C3**
▶ Paris 873 – Fréjus 35 – Le Lavandou 34 – St-Tropez 10 – Ste-Maxime 15
    – Toulon 70
🄸 Office de tourisme, place de l'Ormeau ℰ 04 98 12 64 00, Fax 04 94 79 12 66
◎ Col de Collebasse ≼ ★ S : 4 km.

🏠🏠 **Le Baou** ⚜   ≼ village, 🚗 🏠 ☴ 🗛 ch, ⅍ rest, 🕻 🅿 🕾 𝚅𝙸𝚂𝙰 ⓜⓞ ᴀᴇ
av. Gustave Etienne – ℰ 04 98 12 94 20 – hostellerie.lebaou@wanadoo.fr
– Fax 04 98 12 94 21 – Ouvert début mai-fin sept.
39 ch – ♦195/360 € ♦♦195/360 €, ☑ 20 € – 2 suites
Rest La Terrasse – (dîner seult) Menu 58/74 € – Carte 69/86 €
♦ Le Baou (sommet, en provençal) porte bien son nom : il domine l'anse de Pampelonne.
Chambres spacieuses et contemporaines ; toutes possèdent un balcon et profitent de la
vue. Élégante salle à manger et terrasse panoramique tournée vers le village et la mer.

🏠 La Vigne de Ramatuelle sans rest 🌿   🚗 ⬛ 🅰🅲 📞 🅿 VISA ⬤🄾 🄰🄴

rte de La Croix-Valmer, à 3 km – 𝒞 *04 94 79 12 50 – contact @*
hotel-vignederamatuelle.com – Fax 04 94 79 13 20 – Ouvert 1ᵉʳ avril-15 oct.
14 ch – ♦125/295 € ♦♦125/395 €, ⬜ 15 €

♦ Au milieu des vignes, villa aux murs ocre conciliant charme, tranquillité et atmosphère de maison privée. Meubles chinés, bibelots et vieux livres personnalisent les chambres.

🍴🍴 La Forge   🏠 🅰🅲 VISA ⬤🄾

r. Victor Léon – 𝒞 *04 94 79 25 56 – laforge-ramatuelle @ wanadoo.fr*
– Fax 04 94 79 29 54 – Ouvert 1ᵉʳ avril-15 oct. et fermé le midi en juil.-août et merc.
Rest – Menu 38 € – Carte 49/62 €

♦ L'ancienne forge (témoins : le soufflet et l'enclume) abrite désormais une salle de restaurant au cadre méridional soigné. Ambiance conviviale et terrasse en teck côté rue.

🍴 L'Ecurie du Castellas et H. Lou Castellas avec ch

rte Moulins de Paillas – ⬉ *campagne de Ramatuelle,* 🏠 🅿 VISA ⬤🄾
𝒞 *04 94 79 11 59 – lecurieducastellas @ wanadoo.fr – Fax 04 94 79 21 04*
16 ch – ♦76/95 € ♦♦120/160 €, ⬜ 8 € – **Rest** – Menu 36/48 € – Carte 52/76 €

♦ Votre regard se focalisera-t-il sur le décor provençal, sur le panorama de rêve dominant la campagne et la mer, ou sur l'appétissante cuisine régionale ? Les trois, pardi !

par rte de St-Tropez 4 km – ✉ 83350 Ramatuelle

🏨 Villa Marie 🌿   ⬉ 🚗 ⬛ ⬤ 🅰🅲 ch, 📞 🅿 VISA ⬤🄾 🄰🄴

chemin Val Rian – 𝒞 *04 94 97 40 22 – contact @ villamarie.fr – Fax 04 94 97 37 55*
– Ouvert 25 avril-5 oct.
43 ch – ♦280/480 € ♦♦450/680 €, ⬜ 29 € – **Rest** – Carte 68/147 €

♦ Raffinement, luxe et charme réunis sous le même toit en cette villa enchanteresse nichée dans une pinède dominant la baie de Pampelonne. Séduisant restaurant : camaïeu de beige, mobilier original, terrasse ombragée, vue sur le littoral et cuisine ensoleillée.

à la Bonne Terrasse 5 km à l'Est par D 93 et rte de Camarat – ✉ 83350 Ramatuelle

🍴 Chez Camille   ⬉ 🏠 🅿 VISA ⬤🄾

quartier de Bonne Terrasse – 𝒞 *04 98 12 68 98 – Ouvert 19 avril à mi-oct. et fermé vend. midi et mardi*
Rest – *(prévenir en saison et le week-end)* Menu 40/70 €

♦ Depuis 1913, pères et fils se succèdent en cuisine dans ce restaurant agréablement situé "les pieds dans l'eau". On y vient pour la bouillabaisse et les poissons grillés.

RAMBERVILLERS – 88 Vosges – **314** H2 – 5 999 h. – alt. 287 m –
✉ 88700   27 **C3**

🚃 Paris 407 – Epinal 27 – Lunéville 36 – Nancy 68 – St-Dié-des-Vosges 29

🚺 Syndicat d'initiative, 2, place du 30 Septembre 𝒞 03 29 65 49 10,
Fax 03 29 65 25 20

🍴🍴 Mirabelle   VISA ⬤🄾

6 r. de l'Église – 𝒞 *03 29 65 37 37 – Fermé 16 août-16 sept., 10 janv.-10 fév., merc. et le soir sauf vend. et sam.*
Rest – Menu 19 € bc (déj. en sem.), 38 € bc/56 € bc – Carte 28/61 €

♦ Chaleureux accueil familial dans ce restaurant intimiste aux couleurs de la Lorraine. Vous aurez droit aux grands classiques, comme la tête de veau qui fait la fierté du chef.

RAMBOUILLET ⬈ – 78 Yvelines – **311** G4 – 24 758 h. – alt. 160 m – ✉ 78120
📖 Île de France   18 **A2**

🚃 Paris 53 – Chartres 42 – Mantes-la-Jolie 50 – Orléans 93 – Versailles 35

🚺 Office de tourisme, place de la Libération 𝒞 01 34 83 21 21,
Fax 01 34 83 21 31

🏌 de Forges-les-Bains à Forges-les-Bains Route du Général Leclerc, E : 22 km
par D 906 et D 24, 𝒞 01 64 91 48 18.

◉ Boiseries★ du château - Parc★★ : laiterie de la Reine★ Z **B** - chaumière aux coquillages★ Z **E** - Bergerie nationale★ Z - Forêt de Rambouillet★.

RAMBOUILLET

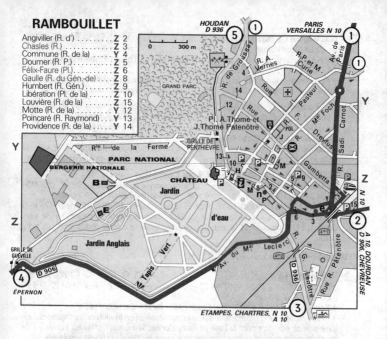

🏠🏠🏠 **Mercure Relays du Château** sans rest

📶 ⚡ AK 🦺 🕻 🛁
P VISA ◎◎ AE ①

1 pl. de la Libération – ✆ *01 34 57 30 00*
– *relays@mercure-rambouillet.com* – *Fax 01 30 46 23 91*
Z
83 ch – ♦120 € ♦♦130/165 €, � 13 €

◆ Face au château, ex-relais de poste (16e s.) superbement rénové : l'intérieur mêle avec goût les touches anciennes et modernes. Chambres bien équipées et d'un grand confort.

✗ **Cheval Rouge**

AK VISA ◎◎ AE ①

78 r. Gén. de Gaulle – ✆ *01 30 88 80 61* – *cpommier@aol.com*
– *Fax 01 34 83 91 60* – *Fermé mardi soir et merc.*
Z **n**
Rest – Menu 26 € (sem.)/32 € – Carte 33/62 €

◆ Adresse appréciée pour son cadre d'inspiration provençale et sa cuisine traditionnelle. À midi en semaine, la salle à manger-véranda propose une formule de type brasserie.

✗ **L'Huître sur le Zinc**

🌡 ⚡ VISA ◎◎ ①

15 r. Chasles – ✆ *01 30 46 22 58* – *lhuitresurlezinc@wanadoo.fr* – *Fermé*
2-11 mars, 3-27 août, 21 déc.-7 janv., dim. et lundi
Z **e**
Rest – Menu 37 € (déj. en sem.) – Carte 45/76 €

◆ Ce restaurant cuisine exclusivement des produits de la mer issus de la poissonnerie adjacente tenue par le frère du chef-patron. Agréable décor marin et beau jardin-terrasse.

à Gazeran 5 km par ④ – 1 156 h. – alt. 162 m – ✉ 78125

✗✗✗ **Villa Marinette**

🌳 🌡 VISA ◎◎ AE

20 av. Gén. de Gaulle – ✆ *01 34 83 19 01* – *villamarinette@wanadoo.fr*
– *Fax 01 30 88 83 65* – *Fermé dim. soir, mardi midi et lundi*
Rest – Menu 27 € (déj. en sem.)/60 € – Carte 49/58 €

◆ La salle à manger, chaleureuse et soignée, et la terrasse dressée dans le délicieux jardin clos invitent à découvrir les goûteuses recettes mitonnées par le chef.

RAMONVILLE-ST-AGNE – 31 Haute-Garonne – 343 G3 – rattaché à Toulouse

RANCÉ – 01 Ain – 328 C5 – 498 h. – alt. 282 m – ⊠ 01390   43 **E1**
■ Paris 437 – Bourg-en-Bresse 44 – Lyon 32 – Villefranche-sur-Saône 13

✗   **De Rancé**   ⋒ AC P. VISA OO
   – ℰ 04 74 00 81 83 – jeanmarc.martin3@wanadoo.fr – Fax 04 74 00 87 08
⊖ – Fermé 6-13 oct.,1er-13 janv., merc. soir, jeudi soir d'oct. à avril, dim. soir, mardi soir
   et lundi
   Rest – Menu 14,50/52 € – Carte 24/64 €
   ◆ Face à la petite église du village, maison colorée où l'on propose une généreuse cuisine
   dombiste (grenouilles...) dans une salle rustique insensible aux effets de mode.

RANCOURT – 80 Somme – 301 K7 – rattaché à Péronne

RANDAN – 63 Puy-de-Dôme – 326 H6 – 1 360 h. – alt. 407 m – ⊠ 63310
▌ Auvergne   6 **C2**
■ Paris 367 – Clermont-Ferrand 41 – Gannat 22 – Riom 26 – Thiers 32
  – Vichy 15
🛈 Syndicat d'initiative, 11, place de la Mairie ℰ 04 70 41 50 02,
  Fax 04 70 56 14 79
◉ Villeneuve-les-Cerfs : pigeonnier★ O : 2 km.

✗✗ **Du Centre** avec ch   VISA OO
   pl. de la Halle – ℰ 04 70 41 50 23 – jay-lefort@wanadoo.fr – Fax 04 70 56 14 78
⊖ – Fermé de mi-oct. à début déc., dim. soir, mardi soir et merc. sauf juil.-août
   8 ch – ♦40 € ♦♦40 €, ⊆ 7 € – ½ P 37 € – **Rest** – Menu 12 € (sem.)/39 € – Carte
   21/35 €
   ◆ À deux pas du domaine royal de Randan, belle façade en briques et décor agreste
   plus ou moins prononcé (poutres, cheminée) selon les salles à manger. Chambres
   actuelles.

RÂNES – 61 Orne – 310 H3 – 964 h. – alt. 237 m – ⊠ 61150
▌ Normandie Cotentin   32 **B3**
■ Paris 212 – Alençon 40 – Argentan 20 – Bagnoles-de-l'Orne 20
  – Falaise 34
🛈 Syndicat d'initiative, Mairie ℰ 02 33 39 73 87, Fax 02 33 39 79 77

🏠 **St-Pierre**   ⋒ ⌂ P. VISA OO AE ①
   6 r. de la Libération – ℰ 02 33 39 75 14 – info@hotelsaintpierreranes.com
   – Fax 02 33 35 49 23
   12 ch – ♦52 € ♦♦58 €, ⊆ 8,50 € – ½ P 62 € – **Rest** – (fermé vend. soir)
   Menu (16 € bc), 25/45 €
   ◆ Belle maison régionale dont les petites chambres rustiques soignées sont personnalisées
   et chaleureusement colorées. La cuisine, inspirée du terroir, met à l'honneur les tripes et les
   cuisses de grenouilles. Accueil chaleureux.

RAON-L'ÉTAPE – 88 Vosges – 314 J2 – 6 749 h. – alt. 284 m –
⊠ 88110   27 **C2**
■ Paris 380 – Épinal 45 – Nancy 70 – Neufchâteau 115 – St-Dié 19
  – Sarrebourg 59
🛈 Office de tourisme, rue Jules Ferry ℰ 03 29 41 28 65, Fax 03 29 41 28 66

🏠 **Relais Lorraine Alsace**   ⋒ ⌂ VISA OO AE
   31 r. J. Ferry – ℰ 03 29 41 61 93 – relaislorrainealsace@wanadoo.fr
⊖ – Fax 03 29 41 93 09 – Fermé 23 oct.-30 nov.
   10 ch – ♦58/64 € ♦♦58/64 €, ⊆ 6,50 € – ½ P 51 € – **Rest** – (fermé lundi)
   Menu 17 € (sem.)/32 € – Carte 18/51 €
   ◆ Une salle brasserie à la décoration marine et une salle plus soignée dans les tons ocre et
   orange proposent une carte traditionnelle. Chambres confortables, bien tenues.

RASTEAU – 84 Vaucluse – 332 C8 – rattaché à Vaison-la-Romaine

RAULHAC – 15 Cantal – **330** D5 – 348 h. – alt. 740 m – ⊠ **15800** 5 **B3**
> ◘ Paris 571 – Clermont-Ferrand 157 – Aurillac 31 – Saint-Flour 71
> – Arpajon-sur-Cère 26

个   **Château de Courbelimagne** ⚘   ⏸ 🏠 ⇗ ⌕ **P**
4 km au Sud par rte de Mur-de-Barrez (D 600) – ✆ *04 71 49 58 25*
– jean-louis.welsch@wanadoo.fr – Fax 04 71 49 58 25
5 ch ⌒ – **†**75 € **††**75/105 € – **Table d'hôte** – Menu 27 €
◆ Dans un parc romantique, un manoir (16e-19e s.) de caractère : mobilier d'époque, collection de fleurs séchées rares (1850), chambres personnalisées... Soins de naturothérapie. Une cuisine du terroir, créative et biologique, est proposée le soir aux résidents.

LE RAULY – 24 Dordogne – **329** D7 – **rattaché à Bergerac**

LE RAYOL-CANADEL-SUR-MER – 83 Var – **340** N7 – 700 h. – alt. 100 m –
⊠ **83820**   41 **C3**
> ◘ Paris 886 – Fréjus 49 – Hyères 35 – Le Lavandou 13 – St-Tropez 27
> 🛈 Office de tourisme, place Michel Goy ✆ 04 94 05 65 69, Fax 04 94 05 51 80
> ◉ Domaine du Rayol Jardin des Méditerranées ★ ★

🏠🏠🏠   **Le Bailli de Suffren** ⚘   ≤ Iles d'Hyères, ⛰ 🏠 ⊐ ℔ 🏊 ⅋ **AC** ⌕
Le Rayol – ✆ *04 98 04 47 00 – infos@*   ⅍ **P** *VISA* **◍◎** **AE**
lebaillidesuffren.com – Fax 04 98 04 47 99 – Ouvert 12 avril-12 oct.
54 ch – **†**189/443 € **††**189/443 €, ⌒ 22 €
Rest *Praya* – Menu 60/80 € – Carte 73/83 €
Rest *L'Escale* – *(ouvert 15 mai-30 sept.) (déj. seult sauf de mi-juin à fin août)* Carte 44/55 €
◆ Superbe vue sur les îles d'Hyères depuis ce bel hôtel dominant sa plage privée. Les chambres, spacieuses et raffinées, sont dotées de balcons ou de terrasses. Salle à manger feutrée et terrasse panoramique à La Praya. Déjeuner au bord de la mer à l'Escale.

RÉ (ÎLE DE) – 17 Charente-Maritime – **324** B2 – **voir à Île de Ré**

RÉALMONT – 81 Tarn – **338** F8 – 2 850 h. – alt. 212 m – ⊠ **81120**   29 **C2**
> ◘ Paris 704 – Albi 21 – Castres 24 – Graulhet 18 – Lacaune 57 – St-Affrique 84
> – Toulouse 78
> 🛈 Office de tourisme, 8, place de la République ✆ 05 63 79 05 45,
> Fax 05 63 79 05 36

✗✗   **Les Secrets Gourmands**   🏠 **P** *VISA* **◍◎** **AE**
🙂   *72 av. Gén. de Gaulle, (D 612) –* ✆ *05 63 79 07 67 – les-secrets-gourmands@*
wanadoo.fr – Fax 05 63 79 07 69 – Fermé 25-31 août, 5-25 janv., dim. soir et mardi
Rest – Menu 20 € (sem.)/50 € – Carte 35/49 €
◆ Trois petites salles à manger raffinées, rehaussées de tableaux contemporains, ouvertes sur une agréable terrasse d'été. Goûteuse cuisine actuelle et un menu consacré au terroir.

REDON ◈ – 35 Ille-et-Vilaine – **309** J9 – 9 499 h. – alt. 10 m – ⊠ **35600**
▌Bretagne   10 **C3**
> ◘ Paris 410 – Nantes 78 – Rennes 65 – St-Nazaire 53 – Vannes 59
> 🛈 Office de tourisme, place de la République ✆ 02 99 71 06 04,
> Fax 02 99 71 01 59
> ◉ Tour ★ de l'église St-Sauveur.

✗✗   **La Bogue**   *VISA* **◍◎**
3 r. Etats – ✆ *02 99 71 12 95 – labogue@wanadoo.fr – Fax 02 99 71 12 95 – Fermé 1er-10 juil., dim. soir et lundi*
Rest – Menu 21/60 € – Carte 34/42 €
◆ On oublie vite le décor un peu démodé de la salle à manger à boiseries moulurées et chaises Louis XIII : la cuisine traditionnelle proposée ici est simple et légère.

rte de La Gacilly 3 km par ① et D 873 – ⊠ 35600 Redon

XX **Moulin de Via**   🍴 🍴 ⇔ **P** 𝗩𝗜𝗦𝗔 ⓶
– 𝒞 02 99 71 05 16 – Fax 02 99 71 08 36 – Fermé 31 mars-4 avril, 1er-15 sept., jeudi
soir et merc. d'oct. à juin, dim. soir, mardi soir et lundi
Rest – Menu 21/65 € – Carte environ 40 €
♦ Mobilier champêtre, poutres et cheminée participent au charme campagnard
de cet ancien moulin à eau blotti dans la verdure. Terrasse ombragée grande ouverte sur
le jardin.

REICHSTETT – 67 Bas-Rhin – 315 K5 – rattaché à Strasbourg

REILHAC – 43 Haute-Loire – 331 C3 – rattaché à Langeac

Passée en rouge, la mention « Rest » repère l'établissement
auquel est attribué notre distinction, ✿ (étoile) ou ⓐ (Bib Gourmand).

REIMS ⊛ – 51 Marne – 306 G7 – 187 206 h. – Agglo. 215 581 h. – alt. 85 m –   13 **B2**
⊠ 51100 ▯ Champagne Ardenne
▶ Paris 144 – Bruxelles 218 – Châlons-en-Champagne 48 – Lille 208
▲ Reims-Champagne : 𝒞 03 26 07 15 15, D 74 : 6 km U.
🛈 Office de tourisme, 2, rue Guillaume de Machault 𝒞 03 26 77 45 00,
Fax 03 26 77 45 19
🔒 de Reims-Champagne à Gueux Château des Dames de France, par rte de
Paris : 9 km, 𝒞 03 26 05 46 10.
◉ Cathédrale Notre-Dame ★★★ - Basilique St-Rémi ★★ : intérieur ★★★ - Palais
du Tau ★★ BY **V** - Caves de Champagne ★★ BCX, CZ - Place Royale ★ - Porte
Mars ★ - Hôtel de la Salle ★ BY **R** - Chapelle Foujita ★ - Bibliothèque ★ de
l'ancien Collège des Jésuites BZ **C** - Musée St-Rémi ★★ CZ **M⁴** - Musée-hôtel
Le Vergeur ★ BX **M³** - Musée des Beaux-Arts ★ BY **M².**
⬚ Fort de la Pompelle (casques allemands ★) 9 km par ③.

Plans pages suivantes

🏯🏯🏯 **Château les Crayères** ⌖   ⇐ ⚑ 🔾 ⅋ 📱 𝗔𝗖 📞 **P** 𝗩𝗜𝗦𝗔 ⓶ 𝗔𝗘 ⓪
✿✿✿ 64 bd Henry Vasnier – 𝒞 03 26 82 80 80 – crayeres @ relaischateaux.com
– Fax 03 26 82 65 52 – Fermé 1er-29 janv.   CZ **a**
17 ch – ♦300/575 € ♦♦300/575 €, ⊡ 28 € – 3 suites
Rest – (nombre de couverts limité, prévenir) Menu 70 € (déj. en sem.), 155/225 €
– Carte 122/170 € ⅋
Spéc. Langoustines en chaud-froid, velouté de cresson. Menu "Autour du champagne". Tarte flambée et ris de veau de lait, coriandre, oignons au goût de lard
fumé. **Vins** Champagne, Coteaux Champenois.
♦ Ravissante demeure patricienne entourée d'un parc à l'anglaise et voisine des "crayères"
gallo-romaines des célèbres maisons de champagne. Chambres luxueuses. Somptueux
décor en salle, terrasse dressée dans la cour d'honneur et cuisine au goût du jour.

🏯🏯 **L'Assiette Champenoise** (Arnaud Lallement) ⌖   ⚑ 🍴 🖥 📱 ⅋ **ch,**
✿✿ à Tinqueux,   𝗔𝗖 rest, ⅋ rest, 📞 ⅋ **P** 𝗩𝗜𝗦𝗔 ⓶ 𝗔𝗘 ⓪
40 av. Paul Vaillant-Couturier ⊠ 51430
– 𝒞 03 26 84 64 64 – assiette.champenoise @ wanadoo.fr – Fax 03 26 04 15 69
40 ch – ♦144/194 € ♦♦144/194 €, ⊡ 14 € – 15 suites   V **e**
Rest – (fermé 22 fév.-11 mars, merc. midi et mardi) Menu 65 € (déj. en sem.),
130/150 € – Carte 116/136 € ⅋
Spéc. Déclinaison de goûts et textures sur langoustines. Turbot breton au vin
jaune. Cochon noir de Gascogne à la broche. **Vins** Champagne, Bouzy.
♦ Dans un parc fleuri, ravissante maison de maître prolongée d'une aile récente abritant de
plaisantes chambres rénovées ; certaines bénéficient d'un salon. Élégante salle à manger
(tons pastel), agréable terrasse et délicieuse cuisine au goût du jour.

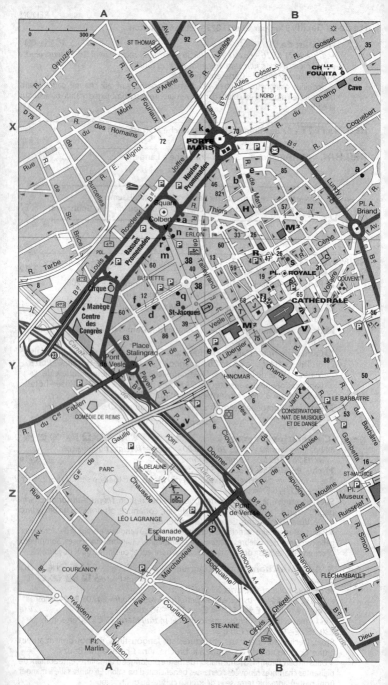

REIMS

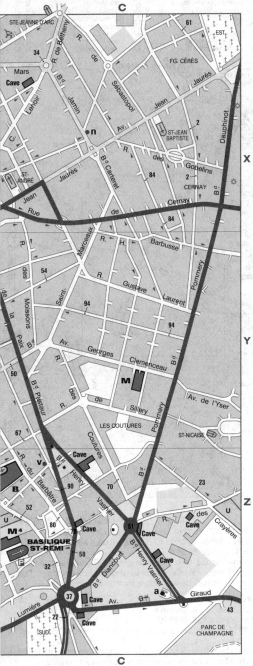

REIMS

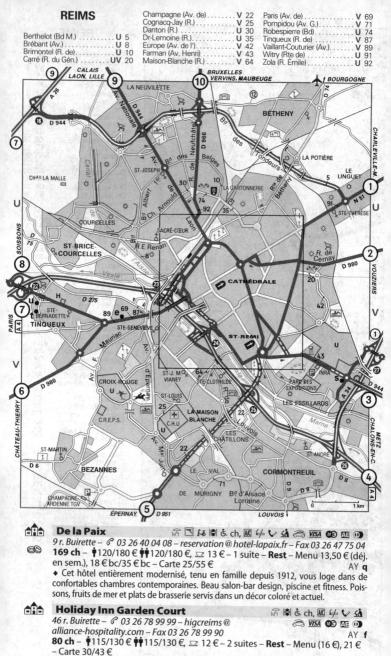

⌂⌂⌂ De la Paix 🛜 ▦ ⅃δ 🖳 ⅄ ch, ﷽ ⅄ 📞 ⅄ ⟷ VISA ⥀ AE ①

9 r. Buirette – ⌖ 03 26 40 04 08 – reservation @ hotel-lapaix.fr – Fax 03 26 47 75 04
169 ch – ♦120/180 € ♦♦120/180 €, ⌑ 13 € – 1 suite – **Rest** – Menu 13,50 € (déj.
en sem.), 18 € bc/35 € bc – Carte 25/55 €   AY **q**

♦ Cet hôtel entièrement modernisé, tenu en famille depuis 1912, vous loge dans de
confortables chambres contemporaines. Beau salon-bar design, piscine et fitness. Poissons, fruits de mer et plats de brasserie servis dans un décor coloré et actuel.

⌂⌂⌂ Holiday Inn Garden Court 🛜 🖳 ⅙ ch, ﷽ ⅄ 📞 ⅄

46 r. Buirette – ⌖ 03 26 78 99 99 – higcreims @   ⟷ VISA ⥀ AE ①
alliance-hospitality.com – Fax 03 26 78 99 90   AY **f**
80 ch – ♦115/130 € ♦♦115/130 €, ⌑ 12 € – 2 suites – **Rest** – Menu (16 €), 21 €
– Carte 30/43 €

♦ Situation pratique entre le centre des congrès et la pétillante place Drouet-d'Erlon (cafés,
restaurants, cinémas). Chambres actuelles. Un ascenseur vitré mène à la salle à manger
panoramique située au 7e étage de l'Holiday Inn. Cuisine traditionnelle.

Mercure-Cathédrale 🛗 Ⓐ ⅃ ⓛ ⅏ 🏧 ⓋⒾⓈⒶ ⓌⓄ Ⓘ

31 bd P. Doumer – ℰ *03 26 84 49 49* – *h1248@accor.com* – *Fax 03 26 84 49 84*
131 ch – ♦76/149 € ♦♦81/191 €, ⌁ 13,50 € – **Rest** – *(fermé sam. midi, dim. midi*
et le midi du 12 juil. au 24 août et du 20 déc. au 4 janv.) Menu 28 € (déj.), 31/38 €
– Carte 35/41 €   AY **v**

♦ Grand bâtiment posté au bord du boulevard longeant le canal. Hall décoré à la gloire du
champagne. Chambres spacieuses, bien équipées et insonorisées. Le restaurant, situé à
l'étage, profite de la vue sur les péniches amarrées.

Grand Hôtel des Templiers sans rest 🌫 ▢ Ⓐ 🛗 Ⓐ ⅃ ⓛ

22 r. des Templiers – ℰ *03 26 88 55 08*   Ⓟ ⓋⒾⓈⒶ ⓌⓄ ⒶⒺ Ⓘ
– *hotel.templiers@wanadoo.fr* – *Fax 03 26 47 80 60*   BX **a**
18 ch – ♦190/280 € ♦♦190/280 €, ⌁ 25 €

♦ Luxe et raffinement sont au rendez-vous dans cette belle demeure du 19e s. : mobilier de
style, opulence des tissus, salon-bar bourgeois et chambres feutrées.

Grand Hôtel de l'Univers 🛗 Ⓐ rest, ⓛ ⅏ ⓋⒾⓈⒶ ⓌⓄ ⒶⒺ Ⓘ

41 bd Foch – ℰ *03 26 88 68 08* – *contact@hotel-univers-reims.com*
– *Fax 03 26 40 95 61*   AX **a**
42 ch – ♦68/99 € ♦♦75/109 €, ⌁ 12,50 € – **Rest** – Menu 20/25 € – Carte
24/35 €

♦ Bordant un boulevard arboré, établissement au cadre d'inspiration Art déco. Chambres
confortables, équipées du double vitrage et d'un système wi-fi. Salon-bar cosy. Le restaurant est habillé d'élégantes boiseries sombres. Cuisine de tradition.

Grand Hôtel Continental sans rest 🛗 ⅃ ⓛ ⓋⒾⓈⒶ ⓌⓄ ⒶⒺ Ⓘ

93 pl. Drouet-d'Erlon – ℰ *03 26 40 39 35* – *grand-hotel-continental@wanadoo.fr*
– *Fax 03 26 47 51 12* – *Fermé 19 déc.-12 janv.*   AXY **r**
50 ch – ♦61/185 € ♦♦74/185 €, ⌁ 12,50 €

♦ Belle façade du fin du 19e s. abritant un plaisant salon bourgeois sous un haut plafond
mouluré et des chambres de divers styles, desservies par un magnifique escalier.

Grand Hôtel de L'Europe sans rest 🕪 🛗 Ⓐ ⅃ Ⓟ ⓋⒾⓈⒶ ⓌⓄ ⒶⒺ Ⓘ

29 r. Buirette – ℰ *03 26 47 39 39* – *contact@hotel-europe-reims.com*
– *Fax 03 26 40 14 37*   AY **d**
54 ch – ♦72/100 € ♦♦80/115 €, ⌁ 12,50 €

♦ Situé dans un quartier en pleine mutation, cet hôtel rénové abrite des chambres bien
agencées, au confort actuel. Spa dernier cri, très zen : soins, hammam, balnéothérapie, etc.

Crystal sans rest 🚄 🛗 ⓛ ⓋⒾⓈⒶ ⓌⓄ ⒶⒺ Ⓘ

86 pl. Drouet-d'Erlon – ℰ *03 26 88 44 44* – *reservation@hotel-crystal.fr*
– *Fax 03 26 47 49 28* – *Fermé 24 déc.-3 janv.*   AXY **n**
31 ch – ♦54/61 € ♦♦61/73 €, ⌁ 9,50 €

♦ Sympathique maison blottie dans un jardin fleuri où l'on sert le petit-déjeuner dès
l'arrivée des beaux jours. Petites chambres rajeunies et bien tenues.

Porte Mars sans rest 🛗 Ⓐ ⅃ ⓛ ⓋⒾⓈⒶ ⓌⓄ ⒶⒺ Ⓘ

2 pl. de la République – ℰ *03 26 40 28 35* – *hotel.porte-mars@wanadoo.fr*
– *Fax 03 26 88 92 12*   AX **k**
24 ch – ♦72/88 € ♦♦80/130 €, ⌁ 11 €

♦ Les chambres, habillées de boiseries, sont parfaitement insonorisées et climatisées.
Salon cosy où le feu crépite dans la cheminée. Petit-déjeuner gourmand servi sous une
verrière.

Grand Hôtel du Nord sans rest 🛗 ⅃ ⓋⒾⓈⒶ ⓌⓄ ⒶⒺ Ⓘ

75 pl. Drouet-d'Erlon – ℰ *03 26 47 39 03* – *grandhoteldunord-reims@wanadoo.fr*
– *Fax 03 26 40 92 26*   AY **m**
50 ch – ♦55/64 € ♦♦63/76 €, ⌁ 8,50 €

♦ Sur une place animée, fière façade ravalée. Chambres en majorité rénovées (mobilier
rustique). Le décor du hall et de l'espace petits-déjeuners a été revu dans un style actuel.

De la Cathédrale sans rest ⅋ ⓛ ⓋⒾⓈⒶ ⓌⓄ

20 r. Libergier – ℰ *03 26 47 28 46* – *hoteldelacathedrale@wanadoo.fr*
– *Fax 03 26 88 65 81*   BY **e**
17 ch – ♦54/62 € ♦♦62/68 €, ⌁ 7 €

♦ Immeuble d'angle abritant des chambres de dimensions modestes, mais confortables.
Tenue sans défaut. Au bout de la rue apparaît, majestueuse, la cathédrale Notre-Dame.

XXX **Foch** (Jacky Louazé)   AC VISA ⓂⒸ AE ①
£3
37 bd Foch – ℰ 03 26 47 48 22 – mjackylouaze @ aol.com – Fax 03 26 88 78 22
– Fermé 21 juil.-18 août, 11-25 fév., sam. midi, dim. soir et lundi   AX **a**
Rest – Menu 33 € (sem.)/75 € – Carte 65/93 €
Spéc. Huîtres Marennes-Oléron au caviar d'Aquitaine, granité de concombre (oct. à mars). Bocal "parfait" de homard bleu aux truffes et topinambours (déc. à fév.). Bar cuit entier en terre d'argile de Vallauris. **Vins** Champagne.
◆ Le restaurant borde les Promenades, ces cours ombragés dessinés au 18ᵉ s. Chaleureuse salle à manger habillée de boiseries et salon intime. Fine cuisine au goût du jour.

XXX **Le Millénaire** (Laurent Laplaige)   🛱 AC ⅍ VISA ⓂⒸ ①
£3
4 r. Bertin – ℰ 03 26 08 26 62 – contact @ lemillenaire.com – Fax 03 26 84 24 13
– Fermé sam. midi et dim.   BY **s**
Rest – Menu 31 € (sem.)/76 € – Carte 69/99 €
Spéc. Langoustines rôties, melon, menthe. Turbot grillé au Champagne. Côte de veau cuite au four, mousseline d'aghatta au beurre salé. **Vins** Champagne.
◆ Salle à manger contemporaine rehaussée d'expositions de tableaux en ce restaurant voisin de la place Royale ; l'on y propose une savoureuse cuisine dans l'air du temps.

XXX **Continental**   🛱 AC VISA ⓂⒸ AE ①
☜
95 pl. Drouet-d'Erlon – ℰ 03 26 47 01 47 – lecontinental-restaurant @ wanadoo.fr
– Fax 03 26 40 95 60   AXY **r**
Rest – Menu 14 € (sem.)/55 € – Carte 35/63 €
◆ Bordant une longue place piétonne, table au goût du jour relookée dans l'esprit champenois. Un monumental cep de vigne doré trône en salle. Bar à champagne et terrasse d'été.

XX **La Vigneraie**   AC VISA ⓂⒸ AE
14 r. Thillois – ℰ 03 26 88 67 27 – lavigneraie @ wanadoo.fr – Fax 03 26 40 26 67
– Fermé 29 juil.-18 août, 24 fév.-9 mars, dim. soir, merc. midi et lundi   AY **a**
Rest – (nombre de couverts limité, prévenir) Menu (17 €), 24 € (déj. en sem.), 32/64 € – Carte 55/75 € ஃ
◆ Restaurant dont la façade vitrée dissimule une coquette salle à manger de style contemporain aux murs ensoleillés. Cuisine au goût du jour et belle carte des vins.

XX **Flo**   🛱 AC VISA ⓂⒸ AE ①
96 pl. Drouet-d'Erlon – ℰ 03 26 91 40 50 – ljugand @ groupeflo.fr – Fax 03 26 91 40 54
Rest – brasserie Menu 30 € – Carte 30/60 €   AX **v**
◆ Joli cadre d'inspiration Art déco, nombreux espaces intimes et terrasse en rotonde prise d'assaut aux beaux jours caractérisent cette grande brasserie, ex-cercle militaire.

XX **Au Petit Comptoir**   🛱 AC VISA ⓂⒸ AE
☜
17 r. de Mars – ℰ 03 26 40 58 58 – au.petit.comptoir @ wanadoo.fr
– Fax 03 26 47 26 19 – Fermé en août, vacances de Noël, dim. et lundi
Rest – Menu 16 € (déj.), 29/37 € – Carte environ 46 € ஃ   BX **b**
◆ Sobre intérieur actuel pour ce restaurant décoré sur le thème du champagne. Généreuse cuisine de bistrot mise au goût du jour, vins d'ici et du monde.

X **Brasserie Le Boulingrin**   🛱 AC VISA ⓂⒸ AE
☜
48 r. de Mars – ℰ 03 26 40 96 22 – boulingrin @ wanadoo.fr – Fax 03 26 40 03 92
– Fermé dim.   BX **e**
Rest – Menu 18 € bc (sem.)/25 € – Carte 24/44 €
◆ Cette brasserie de 1925 a préservé son plaisant cadre Art déco, notamment ses jolies fresques bachiques. C'est l'un des lieux de rendez-vous des Rémois.

X **Le Jamin**   AC VISA ⓂⒸ AE
18 bd Jamin – ℰ 03 26 07 37 30 – eurl-jamin @ wanadoo.fr – Fax 03 26 02 09 64
– Fermé 11-26 août, 19 janv.-2 fév., dim. soir et lundi   CX **n**
Rest – Menu (13 € bc), 20 € bc/31 € – Carte 27/39 €
◆ Petit restaurant de quartier où vous prendrez vos repas dans un sage décor actuel. Les suggestions du jour sont indiquées sur l'ardoise ; cuisine traditionnelle.

X **Les Charmes**   VISA ⓂⒸ AE
☜
11 r. Brûlart – ℰ 03 26 85 37 63 – jgoyeux @ club-internet.fr – Fax 03 26 36 21 00
– Fermé 10-20 avril, 24 juil.-24 août, 1ᵉʳ-6 janv., lundi soir, sam. midi et dim.   CZ **v**
Rest – Menu 14,50 € (déj. en sem.), 30/37 €
◆ Proche des grandes caves de champagne et de la basilique St-Remi, sympathique salle de restaurant familiale agrémentée de peintures sur bois. Bon choix de whiskies.

❌ **La Table Anna**   🅐🅒 **VISA** 🐵 🅐🅔

6 r. Gambetta – ✆ *03 26 89 12 12 – latableanna@wanadoo.fr – Fax 03 26 89 12 12
– Fermé vacances de printemps, 20 juil.-15 août, 23 déc.-2 janv., dim. soir et lundi*
Rest – Menu (13 € bc), 20/38 € – Carte 31/37 €   BY **t**
♦ Le "chef-artiste-étalagiste" est l'auteur de certains tableaux accrochés aux murs et
compose lui-même ses vitrines. Confort simple et atmosphère familiale. Menus attrayants.

rte de Châlons-en-Champagne 3 km vers ③ – ⊠ 51100 Reims

🏨 **Mercure-Parc des Expositions**   🍴 🐟 🛗 ⏶ ch, 🅐🅒 ⇆ 📞
     🅿 **VISA** 🐵 🅐🅔 ⓪
   – ✆ *03 26 05 00 08 – h0363@accor.com*
   – Fax 03 26 85 64 72   V **s**
100 ch – ✝69/139 € ✝✝79/149 €, ⊇ 13,50 € – **Rest** – *(fermé sam. midi, dim. midi
et fériés le midi)* Menu 33/43 € – Carte 24/43 €
♦ Construction des années 1970 abritant des chambres rafraîchies, de style contemporain
ou au décor plus simple et fonctionnel. Le restaurant, agrandi d'une véranda, est égayé par
une fresque sur le vignoble champenois.

à Sillery 11 km par ③ et D 8ᴱ – 1 655 h. – alt. 90 m – ⊠ 51500

❌❌❌ **Le Relais de Sillery**   🚗 🍴 **VISA** 🐵 🅐🅔

   – ✆ *03 26 49 10 11 – Fax 03 26 49 12 07 – Fermé 12 août-2 sept., 1ᵉʳ -8 janv.,
9-22 fév., mardi soir, dim. soir et lundi*
Rest – Menu 21 € (sem.)/72 € – Carte 44/59 €
♦ La salle à manger dispose d'un cadre élégant tandis que la plaisante terrasse d'été offre
la vue sur la Vesle et un beau jardin à l'anglaise. Appétissants plats classiques.

à Montchenot 11 km par ⑤ – ⊠ 51500 Villers-Allerand

❌❌❌ **Grand Cerf** (Dominique Giraudeau et Pascal Champion)
50 rte Nationale   🚗 🍴 🌿 🅿 **VISA** 🐵 🅐🅔 ⓪
❀   – ✆ *03 26 97 60 07 – Fax 03 26 97 64 24*
   – Fermé 10-31 août, vacances de fév., dim. soir, mardi soir et merc.
Rest – Menu 35 € (déj. en sem.), 65/92 € – Carte 69/104 € 🏵
Spéc. Homard-melon (mai à sept.) ou homard-poire (oct. à avril). Saint-Pierre
sauce verjutée. Pied de cochon farci au ris de veau sauce truffe. **Vins** Champagne.
♦ L'auberge, située au pied de la Montagne de Reims, héberge deux élégantes salles
habillées de boiseries, dont une en véranda ouverte sur le jardin. Belle cuisine classique.

par ⑦ 6 km, autoroute A 4 sortie Tinqueux – ⊠ 51430 Tinqueux

🏨 **Novotel**   🚗 🍴 🐟 ⏶ ch, 🅐🅒 ⇆ 📞 🛁 🅿 **VISA** 🐵 🅐🅔 ⓪
   – ✆ *03 26 08 11 61 – h0428@accor.com – Fax 03 26 08 72 05*   V **u**
127 ch – ✝110/130 € ✝✝110/130 €, ⊇ 14 € – **Rest** – Carte 22/38 €
♦ À proximité de l'échangeur autoroutier, hôtel des années 1970 abritant des chambres
plaisamment refaites dans un esprit contemporain. L'agréable terrasse d'été du restaurant,
dressée face à la piscine, est fort prisée.

🏠 **Tip Top** sans rest   🛗 ⏶ 🌿 📞 🅿 **VISA** 🐵
1 av. d'A.F.N. – ✆ *03 26 83 84 85 – info@tiptop-hotel.com – Fax 03 26 49 58 25*
66 ch – ✝60 € ✝✝65/129 €, ⊇ 7,50 €   V **t**
♦ Hôtel flambant neuf proche de l'autoroute. Concept à la fois fonctionnel et chaleureux
utilisant des matériaux de qualité pour voyageurs à la recherche d'une étape "tip-top".

REIPERTSWILLER – 67 Bas-Rhin – 315 I3 – 933 h. – alt. 230 m – ⊠ 67340   1 **A1**
▌ Alsace Lorraine
   ◻ Paris 450 – Bitche 19 – Haguenau 33 – Sarreguemines 48 – Saverne 32
     – Strasbourg 54

🏨 **La Couronne**   🚗 ⏶ rest, 🌿 🛁 🅿 **VISA** 🐵
13 r. Wimmenau – ✆ *03 88 89 96 21 – sb.kuhm@wanadoo.fr – Fax 03 88 89 98 22*
🍴   *– Fermé 16-26 juin, 12-27 nov., 2-12 fév.*
16 ch – ✝48/52 € ✝✝51/60 €, ⊇ 10 € – ½ P 55/60 € – **Rest** – *(fermé merc. soir
sauf de juin à sept., dim. soir d'oct. à fév., merc., jeudi et le soir en janv.-fév., lundi et
mardi)* Menu 19 € (déj. en sem.), 25/49 € – Carte 32/61 €
♦ Cette maison de style régional joue l'originalité avec une sculpture en fer forgé sur sa
façade. À l'intérieur : chambres sobres, vue plongeante sur la verdure à l'arrière. Carte
classique au restaurant dont le décor s'inspire de l'Art nouveau (boiseries en noyer).

LA REMIGEASSE – 17 Charente-Maritime – **324** C4 – voir à Île d'Oléron

REMIREMONT – 88 Vosges – **314** H4 – 8 538 h. – alt. 400 m – ⊠ 88200
▌Alsace Lorraine   27 **C3**

■ Paris 413 – Belfort 70 – Colmar 80 – Épinal 28 – Mulhouse 81 – Vesoul 66

🛈 Office de tourisme, 2, rue Charles-de-Gaulle ℘ 03 29 62 23 70,
Fax 03 29 23 96 79

◉ Rue Ch.-de-Gaulle★ - Crypte★ de l'abbatiale St-Pierre.

REMIREMONT

Abbaye (Pl. de l') . . . . **A** 2	Courtine (R. de la) . . . . **A**
Calvaire (Av. du) . . . . **A** 3	Écoles (R. des) . . . . **A** 5
	États-Unis (R. des) . . . . **A** 6
	Franche-Pierre (R.) . . . . **A** 7
	Gaulle (R. Ch.-de) . . . . **AB**

Prêtres (R. des) . . . . **B** 14
Utard (Pl. H.) . . . . **A** 15
Xavée (R. de la) . . . . **A** 16
5e-et-15e-B.C.P.	
(R. des) . . . . **B** 18

🏠 **Du Cheval de Bronze** sans rest   🚗 🅿 **VISA** ◍◐ ℍ

59 r. Ch. de Gaulle – ℘ *03 29 62 52 24 – hotel-du-cheval-de-bronze@wanadoo.fr*
– Fax 03 29 62 34 90 – Fermé nov.   B **s**
35 ch – ♦24 € ♦♦44/56 €, ⊆ 7 €

◆ Hôtel aménagé dans un ancien relais de poste, sous les jolies arcades du centre-
ville. Chambres de style rustique, modestes mais bien tenues, et d'un bon rapport qualité-
prix.

❌❌ **Le Clos Heurtebise**   🚗 🏠 🍴 ⬦ 🅿 **VISA** ◍◐

13 chemin des Capucins, par r. Capit. Flayelle B – ℘ *03 29 62 08 04*
– Fax 03 29 62 38 80 – Fermé 31 août-16 sept., 4-20 janv., dim. soir et lundi
Rest – Menu 18 € (sem.)/60 € – Carte 43/52 €

◆ Sur les hauteurs de la ville, ce restaurant au décor ensoleillé propose une carte classique
épurée et nuancée de touches locales et méditerrannéennes. Belle terrasse.

à St-Étienne-lès-Remiremont 2 km par ① – 4 057 h. – alt. 400 m – ⊠ 88200

❌❌ **Le Chalet Blanc** avec ch   🏠 ⬦ 🍴 ch, ☏ ⬦ 🅿 **VISA** ◍◐

34 r. des Pêcheurs, (face au centre commercial) – ℘ *03 29 26 11 80*
– lechaletblanc@hotmail.com – Fax 03 29 26 11 81 – Fermé 10-25 août et dim. soir
7 ch – ♦54/68 € ♦♦66/75 €, ⊆ 8 € – ½ P 61/67 €
Rest – *(fermé sam. midi, dim. soir et lundi)* Menu (17 € bc), 29/51 € – Carte
54/59 €

◆ Accueil chaleureux, agréable salle lambrissée et cuisine au goût du jour : cette villa
située dans une zone commerciale mérite le détour. Chambres modernes d'esprit
chalet.

à Girmont-Val-d'Ajol 7 km au Sud-Est par D 23, D 57 et rte secondaire – 273 h.
– alt. 650 m – ⊠ 88340

🏠 **Auberge de la Vigotte** ⑤ ← 🚗 🌳 🛖 ℀ **P** **VISA** **©◎**
– ℰ 03 29 61 06 32 – courrier@lavigotte.com – Fax 03 29 61 07 88
– Fermé 15 oct.-20 déc.
16 ch – ♦55/60 € ♦♦55/100 €, 🍽 8 € – ½ P 55/58 €
Rest – (fermé mardi et merc.) (dîner seult sauf dim.) (prévenir) Menu (18 €), 25/38 €
♦ Forêt et étangs entourant cette ancienne ferme vosgienne invitent à la promenade.
Chambres harmonieuses : murs peints à l'éponge, jolis mobilier et tableaux. Ambiance
maison familiale de campagne (grande cheminée, tomettes) pour déguster des plats
actuels.

REMOULINS – 30 Gard – 339 M5 – 1 996 h. – alt. 27 m – ⊠ 30210   23 **D2**
▮ Provence
🚗 Paris 685 – Alès 50 – Arles 37 – Avignon 23 – Nîmes 23 – Orange 34
– Pont-St-Esprit 40
🛈 Office de tourisme, place des Grands Jours ℰ 04 66 37 22 34,
Fax 04 66 37 22 34

à St-Hilaire-d'Ozilhan 4,5 km au Nord-Est par D792 – 640 h. – alt. 55 m – ⊠ 30210

🏠 **L'Arceau** ⑤ 🛖 ⇘ ♿ **P** **VISA** **©◎** **AE**
1 r. Arceau – ℰ 04 66 37 34 45 – contact@hotel-arceau.com
– Fax 04 66 37 33 90 – Fermé 1er déc.-14 fév., dim. soir, mardi midi et lundi du 1er oct.
au 16 mars
23 ch 🍽 – ♦78/83 € ♦♦78/83 € – ½ P 60 € – **Rest** – Menu 25/60 € – Carte
38/65 €
♦ Demeure du 18e s. à la belle façade en pierre dans un village entouré par les
vignes et la garrigue. Chambres simples, assez grandes et bien tenues. Restaurant néo-
rustique égayé de tons provençaux, terrasse ombragée et cuisine mi-traditionnelle, mi-
régionale.

RENAISON – 42 Loire – 327 C3 – 2 653 h. – alt. 387 m – ⊠ 42370   44 **A1**
▮ Lyon et la Vallée du Rhône
🚗 Paris 385 – Chauffailles 43 – Lapalisse 39 – Roanne 11 – St-Étienne 90
– Thiers 74 – Vichy 56
🛈 Syndicat d'initiative, 50, route de Roanne ℰ 04 77 62 17 07
◉ Bourg★ de St-Haon-le-Châtel N : 2 km - Barrage de la Tache :
rocher-belvédère★ O : 5 km.

🏠 **Central** 🛖 ⇘ **VISA** **©◎**
8 r. du 10 Août 1944 – ℰ 04 77 64 25 39 – Fax 04 77 62 13 09 – Fermé fév.
9 ch – ♦40 € ♦♦40 €, 🍽 6 € – ½ P 52 € – **Rest** – (fermé merc.) Menu 11 € bc (déj.
en sem.), 18/32 € – Carte 22/33 €
♦ Cet hôtel familial situé sur la place du village abrite des petites chambres simples, dotées
d'une bonne literie et de salles de bains modernes. Sage cuisine du terroir servie en terrasse
aux beaux jours.

🏠 **La Ferme d'Irène** sans rest ⑤ 🚗 ⅃ ⇘ ♿ **P**
– ℰ 04 77 64 29 12 – contact@platelin.com – Fax 04 77 62 14 79
4 ch 🍽 – ♦65 € ♦♦70/85 €
♦ Calme assuré dans cette ferme du 19e s. perdue en rase campagne. Salon très cosy (piano
à queue, fourneau en faïence). Chambres raffinées aménagées dans les ex-étables et
poulailler.

❌❌ **Jacques Cœur** 🛖 **VISA** **©◎**
15 r. Roanne – ℰ 04 77 64 25 34 – restaurant.jacques.coeur@orange.fr
– Fax 04 77 64 43 88 – Fermé 25 mars-10 avril, mardi sauf juil.-août, dim. soir et
lundi
Rest – Menu 21 € bc (sem.), 39/52 € – Carte 37/46 €
♦ "À vaillans cœurs, riens impossible" : ce restaurant illustre la devise du célèbre argentier
de Charles VII avec ses fresques de 1946 et son décor design. Jolie terrasse.

St-Haon-le-Vieux 3 km au Nord par D 8 – 810 h. – alt. 424 m – ⊠ 42370

X   **Auberge du Bon Accueil**   🏤 VISA ⓒⓞ

– 𝒞 04 77 64 40 72 – auberge-bon-accueil2@wanadoo.fr – Fax 04 77 64 40 72
– Fermé 16-27 avril, 25 août-3 sept., vacances de la Toussaint, 5-11 janv. et merc.
Rest – Menu (14 €), 20/52 € – Carte 33/50 €

♦ Cette auberge postée en bordure de la route départementale est devancée par un petit
jardin. Sobre salle à manger rustique et cuisine traditionnelle bien faite.

RENNES 🅿 – 35 Ille-et-Vilaine – 309 L6 – 206 229 h. – Agglo. 272 263 h. – alt. 40 m
– ⊠ 35000 ▮ Bretagne   10 **D2**

🖸 Paris 349 – Angers 129 – Brest 246 – Caen 185 – Le Mans 155 – Nantes 108
✈ de Rennes-St-Jacques : 𝒞 02 99 29 60 00, par ① : 7 km.
🖪 Office de tourisme, 11, rue Saint-Yves 𝒞 02 99 67 11 11, Fax 02 99 67 11 00
🖿 de la Freslonnière à Le Rheupar rte de Ploërmel : 7 km, 𝒞 02 99 14 84 09 ;
🖿 de Cicé Blossac à Bruz Domaine de Cicé-Blossac, par rte de Redon : 10 km,
   𝒞 02 99 52 79 79 ;
🖻 de Cesson-Sévigné à Cesson-Sévigné Ile de Tizé, E : 11 km par D 96,
   𝒞 02 99 83 26 74 ;
🖾 de Rennes Saint-Jacques à Saint-Jacques-de-la-Lande
   Le Temple du Cerisier, par rte de Redon : 11 km, 𝒞 02 99 30 18 18.
◉ Le Vieux Rennes★★ - Jardin du Thabor★★ - Palais de justice★★ - Retable★★
à l'intérieur★ de la cathédrale St-Pierre AY - Musées : de Bretagne★, des
Beaux-Arts★ BY **M**.

Plans pages suivantes

🏛   **Mercure Colombier**   🕪 🕭 ch, 🕮 ⅍ 📞 🎱 VISA ⓒⓞ 🄰🄴 ⓘ
1 r. Cap. Maignan – 𝒞 02 99 29 73 73 – h1249@accor.com
– Fax 02 99 29 54 00   ABZ **m**
142 ch – ♥50/250 € ♥♥62/350 €, � 14,50 € – **Rest** – (dîner seult) Carte 18/24 €
♦ Cure de jouvence méritée et totale pour ce Mercure. Chambres en partie refaites. Le
décor des hall et bar à vins – restauration décontractée – évoque la forêt de Brocéliande.

🏨   **Le Coq-Gadby**   🚿 🏤 🕙 🕪 🕭 ch, ⅍ 📞 🎱 🅿 VISA ⓒⓞ 🄰🄴 ⓘ
✿   156 r. Antrain – 𝒞 02 99 38 05 55 – lecoq-gadby@wanadoo.fr – Fax 02 99 38 53 40
11 ch – ♥123/170 € ♥♥150/187 €, ⊐ 18 € – 1 suite   DU **x**
Rest *La Coquerie* – (fermé 1er-10 mars, 1 juil.-19 août, 30 déc.-6 janv., 17-24 fév.,
dim. et lundi) Menu (25 €), 33 € (déj. en sem.), 46/60 € – Carte 58/97 €
Spéc. Foie gras de canard cuit au sautoir, kumquats confits. Turbot sauvage au
four, assaisonnement doux et épicé au kari-gosse. Tartelette tiède au chocolat,
glace caramel-cannelle.
♦ Ensemble de charme dont la partie la plus ancienne date du 17e s. Chambres raffinées (mobilier chiné), spa moderne, cours de cuisine, d'art floral... Cuisine classique et
précieuse au restaurant, ouvert sur un jardin et décoré de toiles (crustacés) et de coqs.

🏨   **Anne de Bretagne** sans rest   🕪 🄰🄲 ⅍ 📞 🎱 🖙 VISA ⓒⓞ 🄰🄴 ⓘ
12 r. Tronjolly – 𝒞 02 99 31 49 49 – hotelannedebretagne@wanadoo.fr
– Fax 02 99 30 53 48 – Fermé 22 déc.-5 janv.   AZ **q**
42 ch – ♥85 € ♥♥96/98 €, ⊐ 11 €
♦ Un hôtel des années 1970 à deux pas du centre historique : hall moderne, bar agréable,
chambres spacieuses et bien équipées (six avec baignoire à remous).

🏨   **Mercure Place de Bretagne** sans rest   🕪 🕭 🄰🄲 ⅍
6 r. Lanjuinais – 𝒞 02 99 79 12 36 – h2027@   📞 🖙 VISA ⓒⓞ 🄰🄴
accor.com – Fax 02 99 79 65 76   AY **n**
48 ch – ♥55/128 € ♥♥72/148 €, ⊐ 13 €
♦ Derrière sa façade 19e, un hôtel contemporain du centre-ville. Bois blond et tissus chaleureux agrémentent les chambres fonctionnelles. Quelques-unes ont vue sur la Vilaine.

🏨   **Mercure Pré Botté** sans rest   🕪 🕭 🄰🄲 ⅍ 📞 🎱 🖙 VISA ⓒⓞ 🄰🄴 ⓘ
r. Paul Louis Courier – 𝒞 02 99 78 82 20 – h1056@accor.com – Fax 02 99 78 82 21
– Fermé 19 déc.-2 janv.   BZ **t**
104 ch – ♥80/210 € ♥♥92/222 €, ⊐ 14,50 €
♦ L'immeuble hébergeait autrefois l'imprimerie du journal Ouest-France. Il dispose
aujourd'hui de chambres rénovées et spacieuses. Le plus : un petit-déjeuner breton (crêpes...).

RENNES

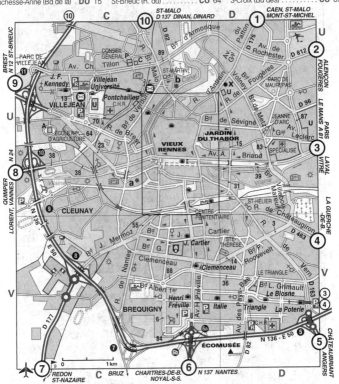

🏨 **Britannia** sans rest ⬧ ⬧ 🅰🅲 ↫ 🛋 🅿 *VISA* 🆚 🆎

📺 bd la Robiquette, Z. I. St Grégoire ⊠ 35760 St-Grégoire – ℰ 02 99 54 03 03
– hotel.britannia@wanadoo.fr – Fax 02 99 54 03 80 – Fermé 23 déc.-4 janv.
29 ch – ♦47/67 € ♦♦50/76 €, ⊊ 9 €
♦ Bâtiment moderne impersonnel, situé dans une zone commerciale sur la route de St-Malo. Les chambres s'y avèrent spacieuses, bien conçues et insonorisées. Clientèle d'affaires.

🏨 **Président** sans rest ⬧ ⬧ 🛋 *VISA* 🆚 🆎

27 av. Janvier – ℰ 02 99 65 42 22 – hotelpresident@wanadoo.fr
– Fax 02 99 65 49 77 – Fermé 25 juil.-11 août et 23 déc.-4 janv. BZ **n**
34 ch – ♦71 € ♦♦74 €, ⊊ 8 €
♦ Le Président ose le mélange des styles : hall d'inspiration Art déco, salle des petits-déjeuners moderne et confortables chambres bourgeoisement meublées et insonorisées.

🏨 **Des Lices** sans rest ⬧ ⬧ 🅰🅲 ↫ 🛋 *VISA* 🆚

📺 7 pl. des Lices – ℰ 02 99 79 14 81 – hotel.lices@wanadoo.fr – Fax 02 99 79 35 44
45 ch – ♦61 € ♦♦65 €, ⊊ 8,50 € AY
♦ La fameuse place des Lices, avec ses maisons à colombages et son marché, est à vos pieds. Chambres modernes dotées d'un petit balcon. Sur l'arrière, vue sur les vieux remparts.

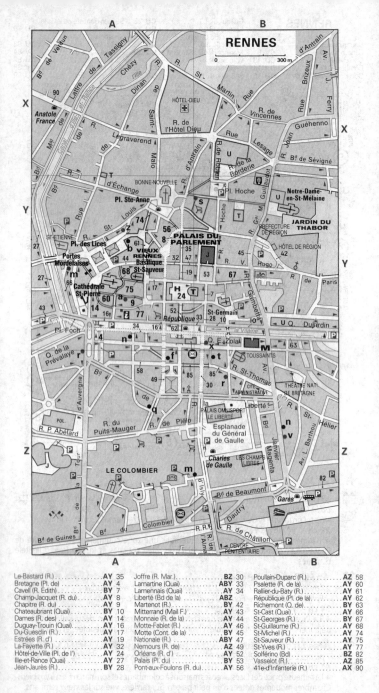

RENNES

0   300 m

⌂ **De Nemours** sans rest   ⬩ AC ↩ ☏ VISA ◍ AE

5 r. de Nemours – ☏ *02 99 78 26 26 – resa@hotelnemours.com – Fax 02 99 78 25 40*
29 ch – ♦54/90 €, ♦♦65/90 €, ⌷ 7,50 €   AZ **f**
♦ Hôtel central refait avec goût. Façade noire, camïeu de tons taupe, camel et ivoire à l'intérieur. Chambres confortables, sobres et actuelles.

XXX **La Fontaine aux Perles** (Rachel Gesbert)   🚗 🏠 & ✧

☼ *96 r. Poterie, (quartier de la Poterie), par* ④ –   **P.** VISA ◍ AE ◍
☏ *02 99 53 90 90 – restaurant@lafontaineauxperles.com – Fax 02 99 53 47 77*
– Fermé 10-18 août, 1ᵉʳ-12 janv., dim. sauf le midi de sept. à juil. et lundi
Rest – Menu 25 € (déj. en sem.), 35/75 € – Carte 75/95 €
Spéc. Coeur d'artichaut aux langoustines. Galette de blanc de barbue à l'andouille. Noix de ris de veau à la crème de morilles.
♦ Nouveau cadre moderne et raffiné pour ce manoir et ses originaux salons thématiques (champagne, vin, Stade Rennais). Cuisine personnalisée. Exquise terrasse dans un jardin arboré.

XXX **L'Escu de Runfao**   🏠 ✧ VISA ◍ AE

11 r. Chapître – ☏ *02 99 79 13 10 – ecuderunfao@wanadoo.fr*
– Fax 02 99 79 43 80 – Fermé 2-24 août, 15-24 fév., dim. du 1ᵉʳ juil. au 15 sept., sam.
midi et dim. soir d'oct. à juin   AY **a**
Rest – Menu 29 € (sem.)/56 € – Carte 65/82 € 𝟤
♦ Dans le pittoresque vieux Rennes, élégante maison à colombages du 17ᵉ s. qui a gardé son cachet feutré (poutres, cheminée). Plats actuels et attrayante sélection de vins.

XXX **L'Ouvrée**   VISA ◍ AE ◍

⊜ *18 pl. Lices –* ☏ *02 99 30 16 38 – restaurantlouvree@wanadoo.fr*
– Fax 02 99 30 16 38 – Fermé 21 avril-1ᵉʳ mai, 27 juil.-19 août, sam. midi, dim. soir et lundi   AY **z**
Rest – Menu 15/33 € – Carte 39/51 €
♦ Cette maison (1659) est une institution rennaise au classicisme affirmé, tant dans la salle confortable que dans la cuisine. Chaque mois, soupers autour d'une région viticole.

XXX **Le Four à Ban**   AC VISA ◍ AE

⊕ *4 r. St-Mélaine –* ☏ *02 99 38 72 85 – fouraban@wanadoo.fr – Fax 02 99 63 19 44*
– Fermé 26 juil.-17 août, lundi soir, sam. midi et dim.   BY **s**
Rest – Menu 19 € (déj. en sem.), 26/50 € – Carte 41/58 €
♦ L'enseigne rappelle que cette demeure (17ᵉ s.) abritait jadis un four public. Décor hétéroclite, mi-contemporain et mi-ancien (poutres et cheminée). Goûteuse cuisine actuelle.

XX **Le Florian**   ≼ 🏠 VISA ◍ AE

11 r. A. Rébillon – ☏ *02 99 14 25 14 – restaurant.le-florian@wanadoo.fr*
– Fax 02 99 14 43 90 – Fermé 10-24 août, 24 déc.-5 janv., sam. midi, lundi soir et dim.
Rest – Menu 20 € bc (déj. en sem.), 24/52 € – Carte 37/61 €   CU **b**
♦ Bâtisse contemporaine dont les baies s'ouvrent sur les berges du canal d'Ille et Rance. Agréable terrasse au bord de l'eau. Recettes au goût du jour tournées vers la Bretagne.

XX **Le Guehennec**   & AC ✽ ✧ VISA ◍

33 r. Nantaise – ☏ *02 99 65 51 30 – Fax 02 99 65 68 26 – Fermé 2 sem. en août,*
sam. midi, lundi soir et dim.   AY **m**
Rest – Menu 19 € (déj.), 30/60 €
♦ Boiseries blondes et mobilier contemporain couleur chocolat s'accordent à merveille pour rendre ce petit restaurant très accueillant. Carte actuelle inspirée du marché.

XX **Le Galopin**   AC ✧ VISA ◍ AE

⊜ *21 av. Janvier –* ☏ *02 99 31 55 96 – legalopin@club-internet.fr*
– Fax 02 99 31 08 95   BZ **v**
Rest – (fermé sam. midi et dim.) Menu (13 €), 17 € (sem.)/45 € – Carte 30/62 €
♦ Si la façade en bois a un petit air rétro, l'intérieur contraste par son dynamisme : décor actualisé et équipe jeune servant une cuisine de brasserie "terre-mer" (menu homard).

X **Le Quatre B**   AC VISA ◍ AE ◍

⊕ *4 pl. Bretagne –* ☏ *02 99 30 42 01 – quatreb@wanadoo.fr – Fax 02 99 30 42 01*
– Fermé lundi midi, sam. midi et dim.
Rest – Menu (13 € bc), 20/27 € – Carte 31/44 €   AYZ **r**
♦ Agréable véranda, salle épurée, banquettes rouge sombre, chaises design, grandes toiles à thème floral... Gourmand, le Quatre B impose son style moderne avec succès.

✕ Léon le Cochon   AK VISA ⓜ AE

1 r. Mar. Joffre – ℰ *02 99 79 37 54 – Fax 02 99 79 07 35 – Fermé dim.*
en juil.-août   BY **x**
Rest – Menu (12,50 € bc), 25 € (dimanche) – Carte 25/43 €
♦ Il fait un temps de cochon ? Entrez donc chez Léon : bistrot au nouveau décor décalé (arbre lumineux, colombages verts pomme) ; cochonnailles et poissons à la plancha.

✕ Le Petit Sabayon   VISA ⓜ AE

16 r. Trente – ℰ *02 99 35 02 04 – lepetitsabayon@free.fr*
– Fermé 25 août-7 sept., 23 fév.-8 mars, sam. midi, dim. soir et lundi   CU **a**
Rest – *(nombre de couverts limité, prévenir)* Menu 16 € (déj. en sem.), 24/32 €
– Carte 29/39 €
♦ Restaurant quasi confidentiel mais bien sympathique avec son élégante salle, à dénicher dans un quartier calme. Les habitués s'y régalent d'une appétissante cuisine du marché.

✕ Les Carmes   ☥ VISA ⓜ AE ⓞ

2 r Carmes – ℰ *02 99 79 28 95 – rome.michel@free.fr – Fax 02 99 79 28 95 – Fermé*
dim. soir et lundi   BZ **r**
Rest – Menu (14 €), 27/60 € – Carte 31/42 €
♦ Derrière sa devanture couleur cacao, voici une adresse plus que recommandable. Délicieuse cuisine d'aujourd'hui, élaborée par un jeune chef et servie dans un cadre contemporain.

à St-Grégoire 3 km au Nord par D82 – 7 644 h. – alt. 45 m – ✉ 35760

✕✕✕ Le Saison (David Etcheverry)   🚗 🏠 ☥ ⇔ P VISA ⓜ AE
❀
1 imp. Vieux Bourg, (près de l'église) – ℰ *02 99 68 79 35 – contact@le-saison.com*
– Fax 02 99 68 92 71 – Fermé 4-25 août, dim. soir et lundi
Rest – Menu 25 € (déj. en sem.), 36/65 € – Carte 60/80 € ℬ
Spéc. Bar de ligne et boudin de légumes au laurier. Pied de cochon croquant et bigorneaux, confiture de carotte jaune au cumin. Dacquoise à la rhubarbe.
♦ Cette longère reconstruite à l'identique est entourée d'un jardin. Belle cuisine dans l'air du temps, tout comme le cadre (tons beige et chocolat) ; agréable terrasse.

à Cesson-Sévigné 6 km par ③ – 14 344 h. – alt. 28 m – ✉ 35510

🏨 Germinal ◈   ≤ 🏠 📶 ↳ ✄ rest, 📞 ☪ VISA ⓜ AE ⓞ

9 cours Vilaine, au bourg – ℰ *02 99 83 11 01 – le-germinal@wanadoo.fr*
– Fax 02 99 83 45 16 – Fermé 23 déc.-3 janv.
20 ch – †75/100 € ††85/150 €, ⊇ 14 € – **Rest** – *(fermé dim.)* Menu (18 €), 21 € (déj. en sem.), 29/50 € – Carte 38/67 €
♦ Hôtel familial aménagé dans un ancien moulin posé sur un bras de la Vilaine ; on y accède par un pont. Chambres et espaces communs rénovés. Belle salle à manger-véranda contemporaine et superbe terrasse moderne, tournées vers la rivière. Table traditionnelle.

✕ L'Adresse   🏠 VISA ⓜ

32 cours Vilaine – ℰ *02 99 83 82 06 – Fermé 2-24 août, 9-15 fév., lundi soir, sam.*
midi et dim.
Rest – Menu (13 € bc), 16 € bc (déj. en sem.)/32 € – Carte 25/36 €
♦ Ce troquet bien dans son époque et sa terrasse au bord de l'eau, ombragée d'une glycine, donnent le ton de la carte : un répertoire bistrotier qui met la Bretagne en avant.

à Noyal-sur-Vilaine 12 km par ③ – 4 698 h. – alt. 75 m – ✉ 35530

✕✕✕ Auberge du Pont d'Acigné (Sylvain Guillemot)   🏠
❀
rte d'Acigné : 3 km – ℰ *02 99 62 52 55*   ☥ P VISA ⓜ AE
– pont.d.acigne@wanadoo.fr – Fax 02 99 62 21 70
– Fermé 28 juil.-20 août, 2-9 sept., sam. midi, dim. soir et lundi
Rest – Menu 26 € (déj. en sem.), 37/55 € – Carte 68/102 € ℬ
Spéc. Craquant tomates et télines, sorbet paella (été). Saint-Pierre à la rhubarbe (été). Feuille à feuille de fraises, sorbet endive (printemps).
♦ Belle cuisine régionale revisitée à déguster dans une jolie salle ou sur la terrasse, au bord de la Vilaine ; vue sur le village. Excellentes propositions de vin au verre.

✗✗ **Hostellerie Les Forges** avec ch ↮ ⁒ ch, 📞 🅿 🆅🅸🆂🅰 ⓂⓈ 🅰🅴

🍃 *22 av. du Gén. de Gaulle – ✆ 02 99 00 51 08 – sarl.lesforges@orange.fr*
– Fax 02 99 00 62 02 – Fermé 8 août-1er sept., 15-23 fév., vend. soir, dim. soir et soirs fériés
12 ch – †40/45 € ††45/75 €, ⊡ 6,50 € – ½ P 66/70 € – **Rest** – Menu 14,50 €
(déj. en sem.), 19/35 € – Carte 36/41 €
◆ Une engageante auberge de bord de route, dont l'une des deux salles à manger offre un décor rustique agrémenté d'une jolie cheminée. Chambres confortables, sobres et actuelles.

rte de St-Nazaire 8 km par ⑦ – ✉35170 Bruz

🏨 **Kerlann** 🍽 🖥 & ch, 🅼 rest, ↮ 📞 🆘 🅿 🆅🅸🆂🅰 ⓂⓈ 🅰🅴 ⓞ

🍃 *– ✆ 02 99 05 95 80 – contact@kerlann.fr – Fax 02 99 05 94 10 – Fermé 28 juil.-17 août et 29 déc.-4 janv.*
52 ch – †68/88 € ††78/110 €, ⊡ 10,50 € – 3 suites – ½ P 98/110 €
Rest – *(fermé sam. et dim.)* Menu (19 €), 26/32 € – Carte 27/36 €
◆ Bâtiment moderne situé entre l'aéroport et le golf de Cicé. Les chambres, réparties autour d'un patio, sont confortables et colorées. Juniors sur le thème de l'Asie. Petite restauration de brasserie servie dans un décor aux touches chinoises.

Le Rheu 8 km par ⑧ et D 224 – 5 733 h. – alt. 30 m – ✉ 35650

🏠 **Le Relais Fleuri** 🍽 ⁒ 📞 🅿 🆅🅸🆂🅰 ⓂⓈ

🍃 *Les Landes d'Apigné – ✆ 02 99 14 60 14 – hotel.lerelaisfleuri@wanadoo.fr*
– Fax 02 99 14 60 03 – Fermé 18-31 août
24 ch – †35/48 € ††40/56 €, ⊡ 7 € – ½ P 50/66 € – **Rest** – Menu (11 €), 17/24 €
– Carte 24/36 €
◆ Les nouveaux propriétaires de ce relais vous proposent de goûter une cuisine tradition-
nelle. Les chambres, modernisées, offrent un confort contemporain.

rte de Lorient 6 km par ⑧, N 24 – ✉ 35650 Le Rheu

✗✗✗ **Manoir du Plessis** avec ch 🍸 🍽 & ch, 📞 🆘 🅿 🆅🅸🆂🅰 ⓂⓈ 🅰🅴

🍃 *– ✆ 02 99 14 79 79 – info@manoirduplessis.fr – Fax 02 99 14 69 60 – Fermé 11-18 août, 29 déc.-5 janv. et 9-23 fév.*
5 ch – †90 € ††95 €, ⊡ 9 € – **Rest** – *(fermé sam. midi, dim. soir et lundi)*
Menu 17 € (déj. en sem.), 23/38 € – Carte 42/49 €
◆ Maison de maître entourée d'un parc. Parquets, boiseries, cheminées, sièges de style Louis XVI et belle terrasse créent les meilleures conditions pour apprécier votre repas.

LA RÉOLE – 33 Gironde – 335 K7 – 4 187 h. – alt. 44 m – ✉ 33190 **4 C2**

🟥 Paris 649 – Bordeaux 74 – Casteljaloux 42 – Duras 25 – Libourne 45
– Marmande 33
🗓 Office de tourisme, 18, rue Peysseguin ✆ 05 56 61 13 55, Fax 05 56 71 25 40

✗✗ **Aux Fontaines** 🚗 🍽 🆅🅸🆂🅰 ⓂⓈ 🅰🅴

🍃 *8 r. de Verdun La Réole – ✆ 05 56 61 15 25 – Fax 05 56 61 15 25 – Fermé 15 nov.-1er déc., 16-22 fév., dim. soir, merc. soir et lundi*
Rest – *(nombre de couverts limité, prévenir)* Menu 17/48 €
◆ Adossée à une colline, cette grande demeure du centre-ville abrite un restaurant où l'on déjeune l'été sur la terrasse, dressée dans un joli jardin. Cuisine traditionnelle.

LA RÉPARA-AURIPLES – 26 Drôme – 332 D6 – **rattaché à Crest**

RESTIGNÉ – 37 Indre-et-Loire – 317 K5 – **rattaché à Bourgueil**

RESTONICA (GORGES DE LA) – 2B Haute-Corse – 345 D6 – **voir à Corse**
(Corte)

RETHONDES – 60 Oise – 305 I4 – **rattaché à Compiègne**

REUGNY – 03 Allier – 326 C4 – 272 h. – alt. 204 m – ⌖ 03190　　　　　5 **B1**
>   ◘ Paris 312 – Bourbon-l'Archambault 43 – Montluçon 15 – Montmarault 45
>   – Moulins 64

XX　　**Table de Reugny**　　　　　　　🚗 🛏 🗷 AC VISA ⓂⓄ Ⓞ
　　　– ℰ 04 70 06 70 06 – info@restaurant-reugny.com – Fax 04 70 06 77 52
😊　　– Fermé 24 août-6 sept., 2-9 janv., dim. soir, lundi et mardi
　　　Rest – Menu (16 €), 21 € (sem.)/47 € – Carte environ 36 €
　　　♦ Derrière l'altière façade en bordure de route, une confortable salle à manger tout de
　　　rouge vêtue et sa terrasse donnant sur le jardin. Alléchante et généreuse cuisine actuelle.

REUILLY-SAUVIGNY – 02 Aisne – 306 D8 – 213 h. – alt. 78 m –
⌖ 02850　　　　　　　　　　　　　　　　　　　　　　　　　　37 **C3**
>   ◘ Paris 109 – Épernay 34 – Château-Thierry 16 – Reims 50 – Soissons 46
>   – Troyes 116

XXX　　**Auberge Le Relais** (Martial Berthuit) avec ch　⟨ 🛏 AC ch, ⅋ ch,
　　　2 r. de Paris – ℰ 03 23 70 35 36　　　　　　　　P VISA ⓂⓄ AE Ⓞ
✿　　– auberge.relais.de.reuilly@wanadoo.fr – Fax 03 23 70 27 76
　　　– Fermé 17 août-4 sept., 2 fév.-5 mars, mardi et merc.
　　　7 ch – †71 € ††94 €, ⌑ 13,50 €
　　　Rest – Menu 31 € (sem.)/79 € – Carte 78/98 €
　　　Spéc. Tartelette de légumes à la grecque. Coquille Saint-Jacques (oct. à mars).
　　　Noix de ris de veau, queue de gambas, risotto aux câpres et citron. **Vins** Coteaux
　　　champenois rouge, Champagne.
　　　♦ Nouvel intérieur actuel et élégant, belle véranda entourée de verdure, fine cuisine
　　　mariant habilement tradition et modernité : cette coquette auberge cumule de nombreux
　　　atouts.

REVEL – 31 Haute-Garonne – 343 K4 – 7 985 h. – alt. 210 m – ⌖ 31250
▮ Midi-Pyrénées　　　　　　　　　　　　　　　　　　　　　29 **C2**
>   ◘ Paris 727 – Carcassonne 46 – Castelnaudary 21 – Castres 28 – Gaillac 62
>   – Toulouse 54
>   ▤ Office de tourisme, place Philippe VI de Valois ℰ 05 34 66 67 68,
>   Fax 05 34 66 67 67

🏨　　**Du Midi**　　　　　　　　　　　　🛏 ⟨ VISA ⓂⓄ AE
　　　34 bd Gambetta – ℰ 05 61 83 50 50 – contact@hotelrestaurantdumidi.com
　　　– Fax 05 61 83 34 74 – Fermé 12-19 nov.
　　　17 ch – †49 € ††54/70 €, ⌑ 7 € – ½ P 50 € – **Rest** – (fermé 12 nov.-7 déc., dim.
　　　soir et lundi midi d'oct. à mai sauf fériés) Menu 23 € (sem.)/45 € – Carte 31/47 €
　　　♦ Situé sur un boulevard fréquenté, ce relais de poste du 19e s. propose des chambres
　　　diversement meublées, plus calmes sur l'arrière. Lumineuse salle à manger où l'on déploie
　　　une table alliant terroir et tradition.

à St-Ferréol 3 km au Sud-Est par D 629 – ⌖ 31250
　　　▣ Bassin de St-Ferréol★.

🏠　　**La Comtadine** ⌾　　　　　　　🚗 🗷 ⟨ ch, ⅋ ⅋ ⟨ P VISA ⓂⓄ
　　　– ℰ 05 61 81 73 03 – contact@lacomtadine.com – Fax 05 34 66 53 28
　　　9 ch – †72/84 € ††72/84 €, ⌑ 9 € – ½ P 67/73 € – **Rest** – (dîner seult) (résidents
　　　seult) Menu 25 € bc
　　　♦ À quelques pas du lac, tranquille petit hôtel restauré et entièrement non-fumeurs.
　　　Lumineuses chambres contemporaines agrémentées de meubles chinés. Au restaurant, la
　　　cuisine prend l'accent du terroir.

REVENTIN-VAUGRIS – 38 Isère – 333 C5 – **rattaché à Vienne**

RÉVILLE – 50 Manche – 303 E2 – 1 168 h. – alt. 12 m – ⌖ 50760　　　32 **A1**
>   ◘ Paris 351 – Carentan 44 – Cherbourg 30 – St-Lô 72 – Valognes 22
>   ▣ La Pernelle ✳ ★★ du blockhaus O : 3 km - Pointe de Saire : blockhaus ⟨ ★
>   SE : 2,5 km, ▮ Normandie Cotentin.

🏨 **La Villa Gervaiserie** sans rest ⟨ ≪ 🛋 ⅙ ⅌ 🅿 VISA ◍ AE
17 rte des Monts – ℰ 02 33 54 54 64 – la.gervaiserie @ wanadoo.fr
– Fax 02 33 54 73 00 – Ouvert de mars à mi-nov.
10 ch – 🛏85 € 🛏🛏85/112 €, ⬚ 8 €
◆ Toutes les chambres bénéficient d'un balcon ou d'une terrasse regardant la mer et l'île de Tatihou. Plaisant décor actuel et accueil aux petits soins. Beau jardin arboré.

※※ **Au Moyne de Saire** avec ch ⅙ ⅌ 🅿 VISA ◍ AE
⊕ 15 r. Général de Gaulle – ℰ 02 33 54 46 06 – au.moyne.de.saire @ wanadoo.fr
🍽 – Fax 02 33 54 14 99 – Fermé 26 oct.-9 nov. et merc. d'oct. à mars
12 ch – 🛏49 € 🛏🛏49/62 €, ⬚ 9 € – ½ P 47/55 € – **Rest** – Menu 17/41 € – Carte 24/53 €
◆ Convivialité assurée dans cette charmante auberge familiale arborant un cadre sobre et de bon goût. Cuisine traditionnelle et normande ; petites chambres proprettes.

REY – 30 Gard – 339 G4 – **rattaché au Vigan**

REZÉ – 44 Loire-Atlantique – 316 G4 – **rattaché à Nantes**

LE RHEU – 35 Ille-et-Vilaine – 309 L6 – **rattaché à Rennes**

LE RHIEN – 70 Haute-Saône – 314 H6 – **rattaché à Ronchamp**

RHINAU – 67 Bas-Rhin – 315 K7 – **2 348 h. – alt. 158 m** – ✉ 67860   1 **B2**
■ Paris 525 – Marckolsheim 26 – Molsheim 38 – Obernai 28 – Sélestat 28
  – Strasbourg 39
🛈 Office de tourisme, 35, rue du Rhin ℰ 03 88 74 68 96, Fax 03 88 74 83 28

※※※ **Au Vieux Couvent** (Alexis Albrecht) VISA ◍ AE ①
☆ – ℰ 03 88 74 61 15 – restaurant @ vieuxcouvent.fr – Fax 03 88 74 89 19
– Fermé 30 juin-18 juil., 20-24 oct., 16 fév.-6 mars, lundi soir, mardi et merc.
Rest – Menu 35 € (sem.)/88 € – Carte 71/90 €
Spéc. Anguille du Rhin, salade de quinoa au persil plat. Eclaté d'oie, purée de courge du jardin (nov. à janv.). Baba au kirsch et crèmes chantilly. **Vins** Riesling, Pinot noir.
◆ L'enseigne de ce restaurant invite au recueillement, le cadre y contribue. Accueil charmant. Cuisine inventive utilisant herbes et fleurs cultivées avec passion par le chef.

RIANS – 83 Var – 340 J4 – **3 628 h. – alt. 406 m** – ✉ 83560   40 **B3**
■ Paris 770 – Aix-en-Provence 40 – Avignon 100 – Manosque 33 – Marseille 69
  – Toulon 77
🛈 Office de tourisme, place du Posteuil ℰ 04 94 80 33 37, Fax 04 94 80 33 37

※※ **La Roquette** 🛋 🅿 VISA ◍
⊕ 1 km par rte de Manosque – ℰ 04 94 80 32 58 – Fax 04 94 80 32 58
– Fermé 25 juin-2 juil., 17-24 nov., 2-14 janv., dim. soir, merc. et le soir en hiver sauf vend. et sam.
Rest – Menu 26/47 € – Carte 29/47 €
◆ Demeure familiale convertie en restaurant. Trois salles à manger discrètement provençales disposées en enfilade. Répertoire traditionnel, variant au rythme des saisons.

RIANTEC – 56 Morbihan – 308 L8 – **4 910 h. – alt. 4 m** – ✉ 56670   9 **B2**
■ Paris 503 – Rennes 152 – Vannes 59 – Lorient 16 – Lanester 14

🏠 **La Chaumière de Kervassal** sans rest ⟨ 🛋 ⅙ ⅌ 🅿
3 km au Nord de Kervassal – ℰ 02 97 33 58 66 – gonzague.watine @ wanadoo.fr
– Fax 02 97 33 58 66 – Ouvert d'avril à mi-oct.
3 ch ⬚ – 🛏69 € 🛏🛏69/100 €
◆ Cette ancienne maison du vassal, qui a donné le nom de Kervassal, vous accueille dans son salon cosy et ses chambres classiques ou plus actuelles (au choix). Joli jardin.

RIBEAUVILLÉ ◉ – **68 Haut-Rhin** – **315** H7 – **4 929 h.** – **alt. 240 m** – **Casino** –
⊠ **68150** ▌ Alsace Lorraine

2 **C2**

▶ Paris 439 – Colmar 16 – Mulhouse 60 – St-Dié 42 – Sélestat 14

◉ Grand'Rue★★ : tour des Bouchers★.

◎ Riquewihr★★★ - Château du Haut-Ribeaupierre : ⚹★★ - Château de
St-Ullrich★ : ⚹★★.

RIBEAUVILLÉ

Abbé-Kemp (R. de l') . . . . **A** 2	Frères-Mertian (R. des) . . . . **A** 7	Hôtel de Ville (Pl. de l') . . . . **A** 13
Château (R. du) . . . . **A** 3	Gaulle (Av. du Gén.-de) . . . . . . **B** 9	Ortlieb (R.) . . . . **B** 14
Flesch (R.) . . . . **B** 5	Gouraud (Pl.) . . . . **B** 10	Ste-Marie-aux-Mines (Rte) . . . **A** 15
Fontaine (R. de la) . . . . **A** 6	Grand'Rue . . . . **AB**	Sinne (Pl. de la) . . . . **A** 16
	Grand'Rue de l' Eglise . . . . . . **A** 21	Synagogue (R. de la) . . . . . . **B** 17
	Halles-aux-Blés (R.) . . . . **B** 12	Tanneurs (R. des) . . . . **B** 18

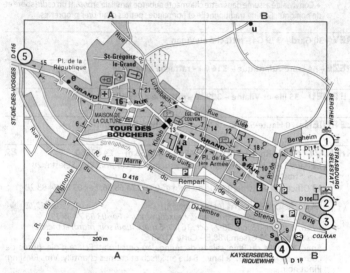

🏨🏨🏨 **Le Clos St-Vincent** ⊱ ← la plaine d'Alsace, 🚗 🌳 🗔 🖳 ᷾ 🏧 ch,
rte de Bergheim, 1,5 km au Nord-Est 🍴 **P** **VISA** **MC** **AE**
par rte secondaire – 🕾 *03 89 73 67 65 – reception.leclos@wanadoo.fr*
– *Fax 03 89 73 32 20 – Ouvert 15 mars-15 déc.* B **u**
20 ch – 🛈115/210 € 🛈🛈130/240 €, ☞ 15 € – **4 suites** – **Rest** – *(fermé mardi soir)*
(dîner seult) Menu 50 €

◆ Admirez en toute quiétude la superbe vue sur la plaine d'Alsace de cette maison (1960)
cernée par les vignes. Vastes chambres confortables, quatre récemment rénovées. Salle à
manger et terrasse offrent un splendide panorama. Cuisine traditionnelle.

🏨🏨 **Le Ménestrel** sans rest 🚗 ᷾ 🖳 ᷾ 🍴 **P** **VISA** **MC** **AE**
27 av. Gén. de Gaulle, par ④ – 🕾 *03 89 73 80 52 – menestrel2@wanadoo.fr*
– *Fax 03 89 73 32 39*
29 ch – 🛈65/73 € 🛈🛈73/99 €, ☞ 15 €

◆ Chambres agréablement refaites dans un style actuel (lits de 1,60m de large). Le
patron, chef-pâtissier, prépare lui-même les viennoiseries et confitures du petit-
déjeuner.

🏨🏨 **La Tour** sans rest ᷾ 🖳 ⇟ 🍴 **P** **VISA** **MC** **AE** **①**
1 r. de la Mairie – 🕾 *03 89 73 72 73 – info@hotel-la-tour.com – Fax 03 89 73 38 74*
– *Fermé 1ᵉʳ janv.-15 mars* A **a**
31 ch – 🛈65/89 € 🛈🛈71/97 €, ☞ 9 €

◆ Ex-propriété viticole aux chambres pratiques et gaies ; les plus récentes affichent
un décor vosgien au goût du jour. Certaines, très calmes, regardent une jolie cour intérieure.

Cheval Blanc   🛜 VISA ©©

122 Grand'Rue – 𝒞 03 89 73 61 38 – cheval-blanc-ribeauville@wanadoo.fr
– Fax 03 89 73 37 03 – Fermé 12-24 nov. et 19 janv.-5 mars   **A e**
23 ch – †49 € ††56 €, � 8 € – ½ P 55 € – **Rest** – *(fermé mardi midi et merc.)*
Menu 18 € (sem.)/43 € – Carte 26/47 €
♦ La façade de cette bâtisse régionale se couvre de fleurs en saison. Intérieur de style rustique. Petites chambres offrant un confort fonctionnel ; salon-cheminée. Au restaurant, cadre alsacien un brin original et cuisine ancrée dans la tradition.

Au Relais des Ménétriers   VISA ©©

10 av. Gén. de Gaulle – 𝒞 03 89 73 64 52 – Fax 03 89 73 69 94
– Fermé 14-29 juil., jeudi soir, dim. soir et lundi   **B s**
Rest – Menu 11,50 € (déj. en sem.), 23/35 € – Carte 38/47 €
♦ Vaisselle alsacienne (véritables plats à baeckoeffe) et légumes achetés chez le paysan : le chef concocte ici une vraie cuisine du pays. Plaisant décor rustique.

Wistub Zum Pfifferhüs   VISA ©©

14 Grand'Rue – 𝒞 03 89 73 62 28 – Fermé 30 juin-10 juil., 11 fév.-12 mars, jeudi
sauf de juil. à oct. et merc.   **B k**
Rest – *(prévenir)* Menu 25 € – Carte 29/49 €
♦ Un charmant wistub qui conjugue convivialité, en particulier lors du Pfifferdaj (jour des fifres), et authenticité : cadre rétro et appétissantes recettes locales.

rte de Ste-Marie-aux-Mines 4 km par ⑤ sur D 416 – ⊠ 68150

Au Valet de Cœur et Hostel de la Pépinière avec ch   ⅙ ch, ↯

– 𝒞 03 89 73 64 14 – reception@valetdecoeur.fr   🅿 VISA ©© AE ①
– Fax 03 89 73 88 78
16 ch – †55/99 € ††55/99 €, ⊐ 10 € – ½ P 85/105 €
Rest – *(fermé mardi midi, dim. soir et lundi)* Menu 34 € (sem.)/80 €
– Carte 62/85 € ❀
Spéc. Homard en trois façons. Foie gras d'oie poêlé et sa garniture de saison. Gibier (sept. à janvier). **Vins** Riesling, Pinot noir.
♦ Dégustez dans cette bâtisse régionale, située en lisière de forêt, une cuisine au goût du jour agrémentée de recettes du terroir. Salle à manger lumineuse redécorée avec élégance. Chambres rafraîchies et coquettes.

RIBÉRAC – 24 Dordogne – 329 D4 – 4 000 h. – alt. 68 m – ⊠ 24600 ▯ Périgord

🄓 Paris 505 – Angoulême 58 – Barbezieux 58 – Bergerac 52 – Libourne 65
– Périgueux 39   **4 C1**
🄘 Office de tourisme, place Charles-de-Gaulle 𝒞 05 53 90 03 10,
Fax 05 53 91 35 13

Rêv'Hôtel sans rest   ⅙ ↯ 🕻 🖾 🅿 VISA ©©

rte de Périgueux, à 1,5 km – 𝒞 05 53 91 62 62 – contact@rev-hotel.fr
– Fax 05 53 91 48 96
29 ch – †40/60 € ††45/65 €, ⊐ 6 €
♦ Construction récente implantée dans une petite Z.A.C. Les chambres, fonctionnelles et bien tenues, sont toutes en rez-de-chaussée.

LES RICEYS – 10 Aube – 313 G6 – 1 376 h. – alt. 180 m – ⊠ 10340
▯ Champagne Ardenne   **13 B3**

🄓 Paris 210 – Bar-sur-Aube 48 – St-Florentin 58 – Tonnerre 37 – Troyes 46
🄘 Office de tourisme, 14, place des Héros de la Résistance 𝒞 03 25 29 15 38,
Fax 03 25 29 15 38

Le Magny avec ch ⬭   🛜 ⌧ ⅙ ↯ 🅿 VISA ©©

rte de Tonnerre, (D 452) – 𝒞 03 25 29 38 39 – lemagny@wanadoo.fr
– Fax 03 25 29 11 72 – Fermé 24-29 août, 18 janv.-28 fév., mardi sauf de mai à sept.
et merc.
12 ch – †63/75 € ††63/75 €, ⊐ 9 € – ½ P 64/70 € – **Rest** – Menu 15/36 €
– Carte 28/43 €
♦ Dans le fief du célèbre vin rosé, restaurant campagnard aménagé dans une maison en pierre restaurée avec soin. Accueil aimable. Carte traditionnelle. Chambres confortables.

RICHELIEU – 37 Indre-et-Loire – **317** K6 – 2 165 h. – alt. 40 m – ⊠ 37120

▌ Châteaux de la Loire

11 **A3**

▶ Paris 299 – Joué-lès-Tours 60 – Orléans 175 – Poitiers 66

🛈 Office de tourisme, 7, Place Louis XIII ✆ 02 47 58 13 62, Fax 02 47 58 29 86

⌂ **La Maison** sans rest ⌂ 🚗 **P**
6 r. Henri Proust – ✆ 02 47 58 29 40 – lamaisondemichele@yahoo.com
– Fax 02 47 58 29 40 – Ouvert 15 avril-30 sept.
4 ch ⌧ – 🛏85 € 🛏🛏100 €
♦ Beaux volumes, mobilier ancien, papier peint à rayures et grands lits caractérisent les
chambres de cette belle maison bourgeoise. Joli jardin agrémenté d'une bambouseraie.

RIEC-SUR-BELON – 29 Finistère – **308** I7 – 4 008 h. – alt. 65 m –
⊠ 29340
9 **B2**

▶ Paris 529 – Carhaix-Plouguer 61 – Concarneau 20 – Quimper 43
– Quimperlé 13

🛈 Office de tourisme, 2, rue des Gentilshommes ✆ 02 98 06 97 65,
Fax 02 98 06 93 73

au Port de Belon 4 km au Sud par C 3 et C 5 – ⊠ 29340 Riec-sur-Belon

✗ **Chez Jacky** ⇐ 🏠 VISA 🐱 ①
– ✆ 02 98 06 90 32 – chez.jacky@wanadoo.fr – Fax 02 98 06 49 72
– Ouvert 22 mars-5 oct. et fermé dim. soir et lundi
Rest – (prévenir en saison) Menu 18/80 € – Carte 20/93 €
♦ Avenante maison d'ostréiculteur au bord du Belon. Salle à manger rustique où l'on ne sert
que des produits de la mer du cru. Terrasse avec vue. Bassin d'affinage d'huîtres.

RIEDISHEIM – 68 Haut-Rhin – **315** I10 – **rattaché à Mulhouse**

RIEUMES – 31 Haute-Garonne – **343** E4 – 2 601 h. – alt. 270 m – ⊠ 31370
28 **B2**

▶ Paris 712 – Toulouse 39 – Auch 56 – Foix 75

🛏🛏 **Auberge les Palmiers** ⌂ 🚗 🏠 ⌧ & ch, 📺 ↻ ℁ ch, VISA 🐱 AE
13 pl. du Foirail – ✆ 05 61 91 81 01 – auberge_lespalmiers@yahoo.fr
– Fax 05 61 91 56 36 – Fermé 17 août-1er sept., 27 oct.-2 nov. et 22 déc.-4 janv.
12 ch – 🛏58 € 🛏🛏62/78 €, ⌧ 8 € – ½ P 62/70 €
Rest – (fermé dim. soir et lundi) Menu (12 €), 15 € (déj. en sem.), 23/32 €
– Carte 27/51 €
♦ Mobilier rustique et touches contemporaines se marient avec bonheur dans cette
accueillante maison du 19e s. (non-fumeurs). Le "plus" : la junior suite et son sauna
particulier. Cuisine traditionnelle et plats régionaux proposés dans un cadre plutôt coquet.

RIEUPEYROUX – 12 Aveyron – **338** F5 – 2 157 h. – alt. 750 m –
⊠ 12240
29 **C1**

▶ Paris 632 – Albi 54 – Carmaux 38 – Millau 94 – Rodez 36
– Villefranche-de-Rouergue 24

🛈 Office de tourisme, 28, rue de l'Hom ✆ 05 65 65 60 00

🛏 **Du Commerce** 🚗 🏠 ⅀ 🛗 ↻ ⌧ **P** 🕾 VISA 🐱 AE
60 r. l'Hom – ✆ 05 65 65 53 06 – hotel.j.b.delmas@wanadoo.fr
– Fax 05 65 81 43 72 – Fermé 1er-10 oct., 30 déc.-1er fév., vend. soir (sauf hôtel), dim.
soir et lundi sauf du 15 juin au 15 sept.
22 ch – 🛏44 € 🛏🛏53 €, ⌧ 7 € – ½ P 50 € – **Rest** – Menu 13 € (déj. en sem.),
18/32 € – Carte 25/44 €
♦ Hôtel familial proposant des chambres peu à peu rénovées ; toutes sont bien tenues et
celles qui s'ouvrent sur le jardin et la piscine offrent plus de calme. À table, découvrez le
tripoux du Ségala, le veau de lait de l'Aveyron ou les brochettes suspendues.

RIGNY – 70 Haute-Saône – **314** B8 – **rattaché à Gray**

RILLIEUX-LA-PAPE – 69 Rhône – **327** I5 – **rattaché à Lyon**

RIMONT – 09 Ariège – 343 F7 – 501 h. – alt. 525 m – ⊠ 09420   28 **B3**

🖪 Paris 765 – Auch 136 – Foix 32 – St-Gaudens 56 – St-Girons 14 – Toulouse 92

Domaine de Terrac ⌂

4 km à l'Est par D 117 et rte secondaire – ℰ 05 61 96 39 60 – *domainedeterrac @ wanadoo.fr* – *Fermé 15 janv.-15 fév.*

5 ch ⌂ – †75 € ††80/90 € – **Table d'hôte** – Menu 20 € bc/28 € bc

♦ Cette ferme merveilleusement restaurée n'aura aucun mal à vous séduire. Ses chambres concilient charme et tranquillité ; deux d'entre elles ont une terrasse dominant la vallée. Côté restauration, la propriétaire propose des plats régionaux, végétariens et indiens.

De la Poste   🛏 VISA 🚳 AE ①

pl. 8-Mai – ℰ 05 61 96 33 23 – *restaurantdelaposte @ orange.fr*
– Fax 05 61 96 33 23 – Fermé 27 août-1ᵉʳ sept., 1ᵉʳ-22 fév., lundi soir, mardi soir et merc. soir sauf juil.-août

Rest – Menu 12 € (sem.)/32 € – Carte 32/47 €

♦ La façade un peu rétro dissimule une salle de restaurant rustique et colorée qui dégage une ambiance chaleureuse. Cuisine traditionnelle, simple et sans fausse note.

RIOM ⌖ – 63 Puy-de-Dôme – 326 F7 – 18 548 h. – alt. 363 m – ⊠ 63200
▌Auvergne   5 **B2**

🖪 Paris 407 – Clermont-Ferrand 15 – Montluçon 102 – Thiers 45 – Vichy 39

🖪 Office de tourisme, 27 place de la Fédération ℰ 04 73 38 59 45, Fax 04 73 38 25 15

◉ Église N.-D.-du-Marthuret★ : Vierge à l'Oiseau★★★ - Maison des Consuls★ **K** - Cour★ de l'hôtel Guimeneau **B** - Ste-Chapelle★ du palais de justice **N** - Cour★ de l'hôtel de ville **H** - Tour de l'Horloge★ **R** - Musées : Régional d'Auvergne★ **M¹**, Mandet★ **M²**.

🖪 Mozac : chapiteaux★★, trésor★★ de l'église★ 2 km par ④ - Marsat : Vierge noire★★ dans l'église SO : 3 km par D 83.

RIOM

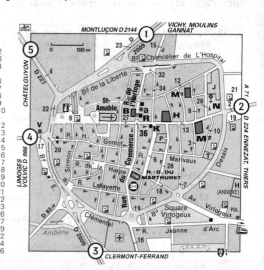

Le Moulin de Villeroze   🛏 **P** VISA 🚳

144 rte Marsat, Sud-Ouest du plan par D 83 – ℰ 04 73 38 62 23
– Fax 04 73 38 62 23 – Fermé 18 août-4 sept., merc. soir, dim. soir et lundi
Rest – Menu 21/48 € – Carte 43/65 €

♦ Ce moulin bâti à la fin du 19ᵉ s. abrite deux chaleureuses salles à manger contemporaines coiffées de poutres apparentes. Terrasse ombragée. Carte dans l'air du temps.

XX **Le Flamboyant** 🏠 VISA ⓂⓄ AE Ⓞ
😊 *21 bis r. Horloge –* 𝒞 *04 73 63 07 97 – restaurant.leflamboyant@wanadoo.fr*
– Fax 04 73 64 17 36 – Fermé 4-24 août, 26 déc.-7 janv., dim. soir et lundi **a**
Rest – Menu 22 € bc (sem.), 26/55 € bc – Carte environ 44 €
♦ Admirez les cours intérieures des hôtels particuliers qui bordent la rue avant de pénétrer dans ce restaurant au décor contemporain, sobre et coloré. Cuisine au goût du jour.

XX **Le Magnolia** AC VISA ⓂⓄ AE
11 av. Cdt Madeline – 𝒞 *04 73 38 08 25 – magnolia-gastronomie@wanadoo.fr*
– Fax 04 73 38 09 29 – Fermé 25 fév.-9 mars et 27 juil.-18 août, dim. soir, sam. midi et lundi **v**
Rest – Menu (18 € bc), 24 € (sem.)/42 € – Carte environ 40 €
♦ Ce restaurant affiche un style volontairement moderne : ciment brossé, boiseries exotiques, murs bordeaux et mise en place originale. Cuisine au goût du jour.

RIOM-ÈS-MONTAGNES – 15 Cantal – 330 D3 – 2 842 h. – alt. 840 m –
✉ 15400 **5 B3**

🟦 Paris 506 – Aurillac 80 – Clermont-Ferrand 91 – Ussel 46
🟦 Office de tourisme, 1, avenue Fernand Brun 𝒞 04 71 78 07 37, Fax 04 71 78 16 87

🏠 **St-Georges** 🏢 🖥 ᵴ ch, VISA ⓂⓄ
😊 *5 r. Cap. Chevalier –* 𝒞 *04 71 78 00 15 – hotel.saint-georges@wanadoo.fr*
– Fax 04 71 78 24 37 – Fermé 15-30 janv.
📺 **14 ch** – †30/33 € ††44/52 €, �� 8 € – ½ P 38/43 €
Rest – *(fermé dim. soir et lundi du 15 sept. au 30 juin)* Menu (10 €), 13,50 € (sem.)/25 € – Carte 23/32 €
♦ Au centre du village, maison en pierre de la fin du 19ᵉ s. disposant de petites chambres refaites, pourvues d'équipements complets et fort bien tenues. Accueil courtois. À table, décor rustico-bourgeois et carte mettant à l'honneur les spécialités cantaliennes.

RIORGES – 42 Loire – 327 D3 – rattaché à Roanne

RIOZ – 70 Haute-Saône – 314 E8 – 1 134 h. – alt. 267 m – ✉ 70190 **16 B2**

🟦 Paris 386 – Besançon 24 – Gray 48 – Vesoul 24
🟦 Syndicat d'initiative, place du Souvenir Français 𝒞 03 84 91 84 98, Fax 03 84 91 88 34

X **Le Logis Comtois** avec ch 🅿 VISA ⓂⓄ
111 r. Charles de Gaulle – 𝒞 *03 84 91 83 83 – Fax 03 84 91 83 83*
😊 *– Fermé 15 déc.-27 janv., dim. soir et lundi midi*
17 ch – †42 € ††45 €, � 8,50 € – ½ P 43 € – **Rest** – Menu 13 € (sem.)/29 € – Carte 19/36 €
♦ Auberge campagnarde toute simple abritant une salle à manger lambrissée ; plats traditionnels. Petites chambres simples mais bien tenues dans l'annexe située à 150 m.

RIQUEWIHR – 68 Haut-Rhin – 315 H8 – 1 212 h. – alt. 300 m – ✉ 68340
▌Alsace Lorraine **2 C2**

🟦 Paris 442 – Colmar 15 – Gérardmer 52 – Ribeauvillé 5 – St-Dié 46
– Sélestat 19
🟦 Office de tourisme, 𝒞 08 20 36 09 22, Fax 03 89 49 08 49
◎ Village ★★★.

Plan page ci-contre

🏢 **Le Schoenenbourg** sans rest ⌾ 🏊 🛗 ᵴ ⇄ 📞 🛜 🅿
r. Schoenenbourg – 𝒞 *03 89 49 01 11* ⌾ VISA ⓂⓄ AE Ⓞ
– schoenenbourg@calixo.net – Fax 03 89 47 95 88 – Fermé 5-30 janv. **B r**
58 ch – †77/123 € ††79/226 €, � 12 €
♦ Adossées au vignoble, constructions des années 1980 disposant de chambres confortables, sobrement décorées, et de bons équipements dont une grande piscine chauffée et au calme.

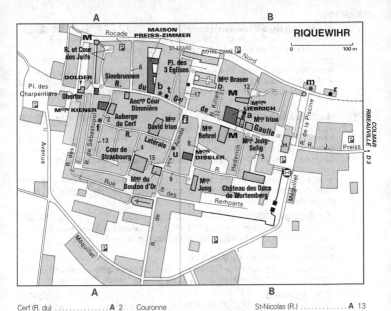

RIQUEWIHR

Riquewihr sans rest ⟨ ▣ 🛁 🛋 & AC 🛎 P 🚗 VISA 🅜 AE ①

rte Ribeauvillé – ℰ 03 89 86 03 00 – reservation @ hotel-riquewihr.fr
– Fax 03 89 47 99 76 – Fermé 1ᵉʳ janv. à mi-fév. **B**

50 ch – †60/105 € ††60/115 €, � 10 € – 6 suites

♦ Vaste maison de style néo-alsacien au bord d'une route traversant les vignes. Chambres fonctionnelles bien tenues, copieux buffet de petits-déjeuners et minifitness.

À l'Oriel sans rest ⊛ 🕭 VISA 🅜 AE ①

3 r. des Ecuries Seigneuriales – ℰ 00 33 3 89 49 03 13 – info @ hotel-oriel.com
– Fax 00 33 3 89 47 92 87 **B a**

22 ch – †69 € ††69/155 €, � 11,50 €

♦ Dans une ruelle tranquille, jolie façade du 16ᵉ s. ornée d'un oriel. Chambres rustiques personnalisées (quelques lits bateau), plus cossues à l'annexe. Caveau transformé en bar.

Le B. Espace Suites sans rest AC ⊛ 🕻 VISA 🅜

48 r. Gén. de Gaulle – ℰ 03 89 86 54 55 – suites @ jlbrendel.com
– Fax 03 89 47 87 30 – Fermé 12-25 janv. **A t**

4 ch – †115/150 € ††120/230 €, ⊆ 15 €

♦ Quatre chambres dans une ex-propriété de vigneron à la belle façade lie-de-vin. Leur décoration marie avec art charme des murs anciens, meubles design, luxe et raffinement.

XXX **Table du Gourmet** (Jean-Luc Brendel) AC ⊛ VISA 🅜 AE

ξ3 *5 r. 1ᵉʳᵉ Armée – ℰ 03 89 49 09 09 – table @ jlbrendel.com – Fax 03 89 49 04 56*
– Fermé 2 janv.-13 fév., merc. sauf le soir d'avril à mi-nov., jeudi midi
et mardi **A u**

Rest – Menu 48 € (sem.)/90 € – Carte 54/90 € 🍷

Spéc. Omble chevalier qui fume à table (automne, hiver). Saint-Pierre cuit en croûte de sel (printemps, été, automne). Pigeon à l'alsacienne (printemps). **Vins** Muscat, Riesling.

♦ L'original décor contemporain rouge et noir annonce la couleur d'une cuisine délicieusement ludique, réalisée avec de beaux produits parfois insolites (plantes aromatiques).

XXX Auberge du Schoenenbourg

r. de la Piscine – ℰ *03 89 47 92 28 – auberge-schoenenbourg@wanadoo.fr*
– Fax 03 89 47 89 84 – Fermé 4-30 janv., le midi sauf dim., lundi et
merc. soir B m
Rest – Menu 29 € (sem.)/81 € – Carte 40/70 € ⅋

♦ Maison familiale agrandie d'une terrasse largement ouverte sur le vignoble et les remparts. Herbes aromatiques et légumes du jardin parfument les plats que mitonne le chef.

XX Le Sarment d'Or avec ch

4 r. Cerf – ℰ *03 89 86 02 86 – info@riquewihr-sarment-dor.com*
– Fax 03 89 47 99 23 – Fermé 17-24 nov. et 12 janv.-10 fév. A f
9 ch – ♦70/80 € ♦♦70/80 €, ⮤ 8 € – ½ P 72/78 € – **Rest** – *(fermé 30 juin-8 juil.,*
17-24 nov., 12 janv.-10 fév., mardi midi, dim. soir et lundi) Menu (15 €), 20 €
(sem.)/48 € – Carte 33/56 €

♦ Dans cette demeure du 17ᵉ s., bois blond, poutres apparentes, cheminée et mobilier choisi composent le séduisant décor d'une cuisine traditionnelle soignée. Chambres douillettes.

X La Grappe d'Or

1 r. Ecuries Seigneuriales – ℰ *03 89 47 89 52 – rest.grappe.or@wanadoo.fr*
– Fax 03 89 47 85 91 – Fermé 25 juin-10 juil., janv., merc. de fév. à mars
et jeudi B a
Rest – Menu 20/35 € – Carte 24/43 €

♦ Cette accueillante maison de 1554 héberge deux salles à manger aux murs patinés, l'une agrémentée d'outils agrestes et l'autre d'un joli poêle en faïence. Plats du terroir.

X D'Brendelstub

48 r. Gén. de Gaulle – ℰ *03 89 86 54 54 – stub@jlbrendel.com – Fax 03 89 47 87 30*
– Fermé 12-29 janv. A b
Rest – Menu 16 € (déj. en sem.)/30 € – Carte 30/52 €

♦ Spécialités du terroir, cuissons au feu de bois ou à la rôtissoire, bel éventail de vins alsaciens au verre, joli cadre de winstub contemporaine et soirées musicales à thèmes.

à Zellenberg 1 km à l'Est par D 3 – 391 h. – alt. 300 m – ✉ 68340

XXX Maximilien (Jean-Michel Eblin)

19a rte Ostheim – ℰ *03 89 47 99 69 – Fax 03 89 47 99 85*
– Fermé 25 août-8 sept., 23 fév.-9 mars, vend. midi, dim. soir et lundi
Rest – Menu 31 € (déj. en sem.), 44/80 € – Carte 61/85 € ⅋

Spéc. Foie gras d'oie poêlé, mirabelles confites, fraises en aigre-doux (août-sept.).
Goujonnettes de grenouilles en tempura, fricassée de cèpes et escargots au pesto. Poitrine de pigeon rôtie et homard. **Vins** Riesling, Pinot noir.

♦ Parmi les atouts de cette demeure alsacienne ancrée à flanc de coteau : un élégant intérieur largement ouvert sur les vignes, de bons petits plats et un beau choix de vins.

X Auberge du Froehn

5 rte Ostheim – ℰ *03 89 47 81 57 – Fax 03 89 47 80 28 – Fermé 2-18 mars,*
23 juin-3 juil., 17-26 nov., mardi et merc.
Rest – Menu 11,50 € (déj. en sem.), 20/37 € – Carte 27/40 €

♦ Le nom de cette auberge typique évoque le vignoble (et le grand cru éponyme) que surplombe le village. Décor de caveau rustique, atmosphère conviviale et cuisine régionale.

RISCLE – 32 Gers – 336 B8 – 1 675 h. – alt. 105 m – ✉ 32400 28 A2

🚗 Paris 739 – Aire-sur-l'Adour 17 – Auch 71 – Mont-de-Marsan 49 – Pau 59
– Tarbes 55

🛈 Syndicat d'initiative, 6, place du foirail ℰ 05 62 69 74 01, Fax 05 62 69 86 07

XX Le Pigeonneau

36 av. Adour – ℰ *05 62 69 85 64 – Fax 05 62 69 85 64 – Fermé 1ᵉʳ-15 juil.,*
27 oct.-5 nov., 20-31 janv., dim. soir, lundi et mardi
Rest – Menu (15 €) – Carte 33/43 €

♦ Sol carrelé à l'ancienne et tons ocre renforcent le côté chaleureux de ce restaurant de la vallée de l'Adour. Cuisine au goût du jour et plats à base de pigeonneau.

RISOUL – 05 Hautes-Alpes – **334** H5 – **622 h.** – alt. 1 117 m – ⊠ 05600　　**41 C1**
- ◫ Paris 716 – Briançon 37 – Gap 61 – Guillestre 4 – St-Véran 35
- ◪ Office de tourisme, Risoul 1850 ✆ 04 92 46 02 60, Fax 04 92 46 01 23
- ◩ Belvédère de l'Homme de Pierre ✳✳✳ S : 15 km ▮ Alpes du sud.

⌂　　**La Bonne Auberge** ⌇　　 ⟨ 🚗 ⛄ 🅰🅲 rest, ⚴ rest, 🅿 🆅🅸🆂🅰 🆆🅾 ⓘ
　　au village – ✆ *04 92 45 02 40 – bonneauberge @ yahoo.fr – Fax 04 92 45 13 12*
☜　　*– Ouvert 1ᵉʳ juin-15 sept., 27 déc.-31 mars et fermé merc. du 1ᵉʳ juin-15 sept.*
　　25 ch – ♦55 € ♦♦55/60 €, ⌑ 7,50 € – ½ P 50/54 € – **Rest** – *(dîner seult en hiver)*
　　Menu 15 € (sem.)/25 €
　　♦ Grand chalet en léger retrait du village. Des chambres, jolie perspective sur la place forte
　　de Mont-Dauphin, créée par Vauban. Décor assez sobre et ambiance pension de famille
　　dans la salle de restaurant offrant un beau panorama sur le Guillestrois.

RIVA-BELLA – 14 Calvados – **303** K4 – **voir à Ouistreham-Riva-Bella**

RIVE-DE-GIER – 42 Loire – **327** G6 – **14 383 h.** – alt. 225 m – ⊠ 42800
▮ Lyon et la vallée du Rhône　　　　　　　　　　　　　　　　　　　　**44 B2**
- ◫ Paris 494 – Lyon 38 – Montbrison 65 – Roanne 105 – St-Étienne 23
　　– Thiers 128 – Vienne 27

✕✕✕　　**Hostellerie La Renaissance** avec ch　　　 🚗 ⛩ 🅿 🆅🅸🆂🅰 🆆🅾 🅰🅴
　　41 r. A. Marrel – ✆ *04 77 75 04 31 – restaurant.larenaissance @ wanadoo.fr*
　　– Fax 04 77 83 68 58 – Fermé 11-25 août, 2-7 janv., dim. soir, merc. soir et lundi
　　5 ch – ♦50 € ♦♦50/60 €, ⌑ 12 € – **Rest** – Menu 30/80 € – Carte 47/85 € ⅋
　　♦ Meubles rustiques, objets contemporains et tableaux colorés composent le décor de
　　cette salle à manger tournée vers le jardin-terrasse. Cuisine au goût du jour.

à Ste-Croix-en-Jarez 10 km au Sud-Est par D 30 – 351 h. – alt. 450 m – ⊠ 42800

✕　　**Le Prieuré** avec ch ⌇　　　　 ⛩ 🅰🅲 rest, ⚴ ⌕ 🆅🅸🆂🅰 🆆🅾 🅰🅴
　　– ✆ *04 77 20 20 09 – prieure.bl @ orange.fr – Fax 04 77 20 20 80 – Fermé*
☜　　*2 janv.-13 fév.*
　　4 ch – ♦54 € ♦♦62 €, ⌑ 9,50 € – ½ P 66 € – **Rest** – *(fermé lundi)* Menu 18 €
　　(sem.)/46 € – Carte 23/50 €
　　♦ Restaurant situé à l'entrée de cet insolite village qui occupe les bâtiments d'une ancienne
　　chartreuse. Salle à manger champêtre. Cuisine régionale et charcuteries maison.

RIVEDOUX-PLAGE – 17 Charente-Maritime – **324** C3 – **voir à Île de Ré**

LA RIVIÈRE – 33 Gironde – **335** J5 – **rattaché à Libourne**

LA RIVIÈRE-ST-SAUVEUR – 14 Calvados – **303** N3 – **rattaché à Honfleur**

LA RIVIÈRE-THIBOUVILLE – 27 Eure – **304** E7 – alt. 72 m
– ⊠ 27550 Nassandres　　　　　　　　　　　　　　　　　　　**33 C2**
- ◫ Paris 140 – Bernay 15 – Évreux 34 – Lisieux 39 – Pont-Audemer 34
　　– Rouen 51

🏠🄰　　**Le Soleil d'Or**　　　　　　　 🚗 ⌕ ♨ 🅿 🆅🅸🆂🅰 🆆🅾 🅰🅴
　　– ✆ *02 32 45 00 08 – domainedusoleildor @ hotmail.com – Fax 02 32 46 89 68*
　　– Fermé 5-22 déc., lundi midi et dim.
　　13 ch – ♦54 € ♦♦54 €, ⌑ 10 € – 1 suite – ½ P 52/78 € – **Rest** – Menu 19 €
　　– Carte 17/32 €
　　♦ Enlacée par les paisibles bras de la Risle, grande maison où grimpe la vigne vierge.
　　Spacieuses chambres contemporaines et superbe salon tendance. Bien accordée avec la
　　salle à manger résolument design, la cuisine a opté pour un style bistrot branché.

✕✕　　**Le Manoir du Soleil d'Or**　　　　 ⟨ ⛩ 🅿 🆅🅸🆂🅰 🆆🅾 🅰🅴 ⓘ
　　23 Côte de Paris – ✆ *02 32 44 90 31 – Fax 02 32 44 90 31 – Fermé dim. soir et lundi*
　　Rest – Menu (20 € bc), 24/51 € – Carte 36/48 €
　　♦ Ce petit castel normand offre une vue imprenable sur la vallée de la Risle depuis sa
　　terrasse et son élégante salle à manger. Cuisine actuelle.

✕ L'Auberge de la Vallée

☆☆ *7 rte Brionne-Nassandres – ℰ 02 32 44 21 73 – Fax 02 32 44 21 73 – Fermé août, 24 déc.-1er janv., vacances de fév., dim. soir, mardi soir, merc. soir et lundi*

Rest – Menu 13 € (sem.)/24 € – Carte environ 24 €

♦ Ce restaurant installé dans une belle maison à colombages abrite deux salles à manger champêtres, agrémentées d'une collection de paniers en osier. Cuisine au goût du jour.

RIXHEIM – 68 Haut-Rhin – 315 I10 – **rattaché à Mulhouse**

ROAIX – 84 Vaucluse – 332 D8 – **rattaché à Vaison-la-Romaine**

ROANNE ◈ – 42 Loire – 327 D3 – 38 896 h. – **Agglo. 104 892 h.** – alt. 265 m – ✉ 42300 ▌ Lyon et la Vallée du Rhône   44 **A1**

◘ Paris 395 – Clermont-Ferrand 115 – Lyon 84 – St-Étienne 85

◙ Roanne-Renaison : ℰ 04 77 66 83 55, par D 9 AV : 5 km.

◪ Office de tourisme, 8, place de Lattre de Tassigny ℰ 04 77 71 51 77, Fax 04 77 71 07 11

◩ du Roannais à Villerestpar rte de Thiers : 7 km, ℰ 04 77 69 70 60.

◉ Musée Joseph-Déchelette : Faïences révolutionnaires ★.

◙ Belvédère de Commelle-Vernay ≤ ★ : 7 km au S par quai Sémard BV.

Plan page ci-contre

⌂⌂⌂ Troisgros (Michel Troisgros)

✿✿✿ *pl. de la Gare – ℰ 04 77 71 66 97 – info @ troisgros.com – Fax 04 77 70 39 77 – Fermé 4-17 août, vacances de fév., lundi midi d'oct. à fév., mardi et merc.*

11 ch – ♦185/335 € ♦♦185/335 €, ☑ 28 € – 5 suites

Rest – (nombre de couverts limité, prévenir) Menu 95 € (déj. en sem.), 150/190 € – Carte 165/215 € ✿✿   CX **r**

Spéc. Dentelles de Saint-Pierre et de cèpe frais. Écrevisses "pattes rouges", concassé d'olives violettes et lard de parme. Tranches de foie de veau à la tomate ratatinée, perce-pierres. **Vins** Condrieu, Beaune.

♦ Un hôtel de gare... façon 21e s. : superbes chambres design, bibliothèque gourmande et collections de toiles contemporaines. Au restaurant Troisgros, trois étoiles depuis 1968, excellence d'une astucieuse cuisine au goût du jour et belle carte des vins.

⌂⌂ Le Grand Hôtel sans rest

18 cours de la République, (face à la gare) – ℰ 04 77 71 48 82 – granotel @ wanadoo.fr – Fax 04 77 70 42 40 – Fermé 30 juil.-20 août et 22 déc.-7 janv.

31 ch – ♦60/76 € ♦♦70/89 €, ☑ 11 €   CX **f**

♦ Ce bâtiment du début du 20e s. abrite des chambres correctement tenues, diversement décorées (mobilier actuel, fer forgé, rotin, couleurs ensoleillées). Salon-bar feutré.

✕✕✕ L'Astrée

17 bis cours République, (face à la gare) – ℰ 04 77 72 74 22 – simonfalcoz @ yahoo.fr – Fax 04 77 72 72 23 – Fermé 26 juil.-17 août, 7-22 fév., sam. et dim.

Rest – Menu 29 € (sem.)/70 € – Carte 42/76 €   CX **f**

♦ Confortable et plaisant décor contemporain avec boiseries et œuvres de peintres de la région, cuisine personnalisée : Astrées et Céladons adorent !

✕✕ Le Relais Fleuri

allée Claude Barge – ℰ 04 77 67 18 52 – relaisfleuri @ wanadoo.fr – Fermé dim. soir, mardi soir et merc.   BV **v**

Rest – Menu 20 € (sem.)/46 € – Carte 31/43 €

♦ L'une des salles à manger de cette ex-guinguette (1900) est dressée sous un dôme vitré, aménagé récemment. L'été, on profite du beau jardin ombragé. Recettes au goût du jour.

✕ Le Central

☺ *20 cours de la République, (face à la gare) – ℰ 04 77 67 72 72 – restaurant.lecentral @ wanadoo.fr – Fax 04 77 72 57 67 – Fermé 10-31 août, 23 déc.-1er janv., dim. et lundi*   CX **r**

Rest – bistrot (prévenir) Menu (20 €), 25 € (déj. en sem.)/28 € – Carte 37/45 €

♦ Des rayonnages de produits gourmands composent le cadre original de ce "bistrot-épicerie" où vous découvrirez une cuisine simple et goûteuse. Convivialité assurée !

ROANNE

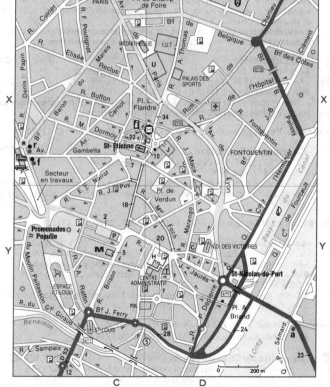

au Coteau (rive droite de la Loire) – 7 375 h. – alt. 350 m – ✉ 42120

Des Lys
133 av. de la Libération – ✆ 04 77 68 46 44 – hotel.deslys@orange.fr
– Fax 04 77 72 23 50 – Fermé 2-25 août, 20 déc.-5 janv. et dim. BV **e**
18 ch – †65 € ††95 €, ☕ 9 € – ½ P 80 € – **Rest** – Menu 12 € (déj. en sem.), 15/25 € – Carte 28/36 €
◆ Une nouvelle équipe a repris cet hôtel où s'étaient succédé trois générations de la même famille. Chambres dans le style des années 1980 ou plus actuelles. Au restaurant, cuisine traditionnelle faite par la patronne.

Ibis
53 bd Ch. de Gaulle, (ZI Le Coteau - BV) – ✆ 04 77 68 36 22 – h0708@accor.com
– Fax 04 77 71 24 99
74 ch – †54/69 € ††54/69 €, ☕ 8 € – **Rest** – Menu (10 €) – Carte 20/32 €
◆ Pratique pour l'étape, un hôtel mettant à votre disposition des chambres conformes au standard de la chaîne. Les dernières-nées sont plus spacieuses. Restaurant moderne égayé de couleurs vives, terrasse dressée face à la piscine.

L'Auberge Costelloise (Christophe Souchon)
2 av. de la Libération – ✆ 04 77 68 12 71 – auberge-costelloise@wanadoo.fr
– Fax 04 77 72 26 78 – Fermé 27 avril-5 mai, 9 août-2 sept., 26 déc.-8 janv., dim. et lundi DY **a**
Rest – Menu 25 € (sem.)/66 € – Carte 49/73 €
Spéc. Foie gras poêlé à la vinaigrette de pomme et fruits secs. Saint-Jacques rôties à la patate douce, jus de viande à l'huile d'argan. Carré et filet d'agneau aux herbes et vinaigre de vin vieux. **Vins** Côte Roannaise.
◆ Au bord de la Loire, élégant restaurant contemporain exposant des tableaux et complété d'une minivéranda. Généreuse carte classique, régulièrement renouvelée.

Ma Chaumière
3 r. St-Marc – ✆ 04 77 67 25 93 – ma-chaumiere@wanadoo.fr
– Fax 04 77 23 35 94 – Fermé 1er-19 août, dim. soir et lundi BV **s**
Rest – Menu (10 € bc), 17/46 € – Carte 26/47 €
◆ Adresse toute simple qui mérite le détour pour son atmosphère sympathique, son hospitalité et ses petits plats traditionnels adroitement mitonnés.

à Commelle-Vernay 6 km au Sud par D 43 – 2 792 h. – alt. 340 m – ✉ 42120

Château de Bachelard sans rest
– ✆ 04 77 71 93 67 – dhnoirard@chateaubachelard.com
5 ch ☕ – †91/98 € ††98 €
◆ Au sein d'une propriété de 18 ha avec étang de pêche, superbe manoir où les hôtes se sentent d'emblée comme chez eux. Chambres personnalisées et accueil d'une grande gentillesse.

à Riorges 3 km à l'Ouest par D 31 - AV – 10 074 h. – alt. 295 m – ✉ 42153

Le Marcassin avec ch
rte de St-Alban-les-Eaux – ✆ 04 77 71 30 18 – lemarcassin@wanadoo.fr
– Fax 04 77 23 11 22 – Fermé 17-31 août, vacances de fév., dim. soir et sam.
9 ch – †51 € ††51/59 €, ☕ 8 € – ½ P 69 € – **Rest** – Menu 23 € (sem.)/58 € – Carte 34/55 €
◆ Cuisine traditionnelle servie dans une vaste salle à manger : tables rondes nappées de blanc, meubles cérusés. Terrasse d'été bénéficiant d'un ombrage naturel.

à Villerest 6 km par ③ – 4 243 h. – alt. 363 m – ✉ 42300
Office de tourisme, plage du Plan d'Eau ✆ 04 77 69 67 21

Domaine de Champlong sans rest
– ✆ 04 77 69 78 78 – hotel.champlong@wanadoo.fr – Fax 04 77 69 35 45
– Fermé 22 déc.-5 janv., 1er-28 fév. et dim. d'oct. à déc.
23 ch – †67/87 € ††67/87 €, ☕ 9 €
◆ Bâtiment récent bénéficiant du calme de la campagne, à deux pas d'un golf. Les chambres, spacieuses et actuelles, disposent de balcons ou de terrasses privatives.

☆☆☆ Château de Champlong 🏵 🕿 ⇔ **P** *VISA* **◑**
100 chemin de la Chapelle, (près du golf) – 🖉 *04 77 69 69 69*
– chateauchamplong@wanadoo.fr – Fax 04 77 69 71 08 – Fermé 17-30 nov., fév.,
dim. soir, lundi et mardi
Rest – Menu 25 € (sem.)/62 € – Carte 52/68 € 🏵
♦ Belle demeure du 18ᵉ s. dans un parc. La "salle des peintures" vaut le coup d'œil : tableaux d'époque, joli parquet et grande cheminée. Élégants salons. Recettes originales.

ROBION – 84 Vaucluse – 332 D10 – 3 844 h. – alt. 140 m – ⊠ 84440   42 **E1**
▶ Paris 713 – Aix-en-Provence 69 – Avignon 31 – Marseille 82
🏢 Office de tourisme, Place Clément Gros 🖉 04 90 05 84 31, Fax 04 90 06 08 79

⤒ Mas la Fausseranne ⌇   🚗 🕿 🏊 ⅃⅄ ⅍ ✆ **P**
chemin des mulets, 4 km au Nord-Ouest par D 31 et voie secondaire –
🖉 *04 90 20 93 48 – fausseranne@wanadoo.fr – Fax 04 90 20 93 48 – Ouvert de*
fin fév. à mi-nov.
3 ch ⌂ – †75 € ††85/95 € – **Table d'hôte** – Menu 30 € bc
♦ Cette ancienne magnanerie se blottit à l'ombre des platanes. Un vieil escalier en pierre mène aux chambres spacieuses et confortables qui ont toutes vue sur le Lubéron. Repas servis sous la tonnelle fleurie ou dans la chaleureuse salle à manger rustique.

☆ L'Escanson   🕿 ⅍ *VISA* **◑**
⊜
450 av. Aristide Briand – 🖉 *04 90 76 59 61 – info@lescanson.fr – Fermé 2-28 janv.,*
le midi en juil., merc. midi et mardi
Rest – Menu 16 € (déj. en sem. sauf août), 24/35 € – Carte 32/41 €
♦ Tons pastel et fer forgé donnent un cachet provençal à la lumineuse salle de ce petit restaurant. Cuisine traditionnelle toute en simplicité. Plaisante terrasse ombragée.

ROCAMADOUR – 46 Lot – 337 F3 – 614 h. – alt. 279 m – ⊠ 46500   29 **C1**
📗 Périgord
▶ Paris 531 – Brive-la-Gaillarde 54 – Cahors 60 – Figeac 47 – St-Céré 31
🏢 Office de tourisme, L'Hospitalet 🖉 05 65 33 22 00, Fax 05 65 33 22 01
◉ Site★★★ – Remparts ❄★★★ – Tapisseries★ dans l'hôtel de ville – Vierge noire★ dans la chapelle Notre-Dame – Musée d'Art sacré★ **M¹** – Musée du Jouet ancien automobile : voitures à pédales – L'Hospitalet ❄★★ : Féerie du rail : maquette★ par ②.

Plan page suivante

au château

🏠 Château ⌇   ← 🚗 🕿 ⅃ ⅍ 🄰🄺 ch, ⅄ ⅍ **P** *VISA* **◑** 🄰🄴 ⓪
⊜
rte du château – 🖉 *05 65 33 62 22 – hotelchateaurocamadour@wanadoo.fr*
– Fax 05 65 33 69 00 – Ouvert 21 mars-11 nov.   AZ **r**
58 ch – †65/97 € ††65/97 €, ⌂ 9,50 € – ½ P 69/85 € – **Rest** – Menu 15 € (déj. en sem.), 32/44 € – Carte 23/63 €
♦ Loin de l'agitation touristique, hôtel contemporain aux chambres spacieuses et fonctionnelles. Calme ambiant, piscine, tennis et jardin sont fort appréciés. Le restaurant, à 50 m, sert des plats régionaux ; décor actuel et terrasse sous les chênes truffiers.

Relais Amadourien 🏠 ⌇   **P** *VISA* **◑** 🄰🄴
– Ouvert 1ᵉʳ avril-3 nov.   AZ **r**
19 ch – †45/48 € ††48/49 €, ⌂ 7,50 € – ½ P 56/58 €
♦ L'annexe de l'hôtel du Château, de style motel à la toiture pentue, accueille en saison principalement les groupes. Chambres simples, bien tenues.

dans la cité

🏠 Beau Site ⌇   ← 🕿 📶 🄰🄺 ch, ⅄ ✆ **P** 🚗 *VISA* **◑** 🄰🄴 ⓪
– 🖉 *05 65 33 63 08 – info@bestwestern-beausite.com – Fax 05 65 33 65 23*
– Ouvert 9 fév.-11 nov.   BZ **a**
38 ch – †42/95 € ††52/140 €, ⌂ 12 € – ½ P 69/80 €
Rest *Jehan de Valon* – Menu 19 € (déj.), 25/55 € – Carte 32/62 € 🏵
♦ Au cœur de la cité, maison du 15ᵉ s. hébergeant un joli hall d'inspiration médiévale et des chambres de caractère. À l'annexe, le décor est plus actuel. Au restaurant, plats traditionnels, vins du Sud-Ouest et du monde, et belle vue sur la vallée de l'Alzou.

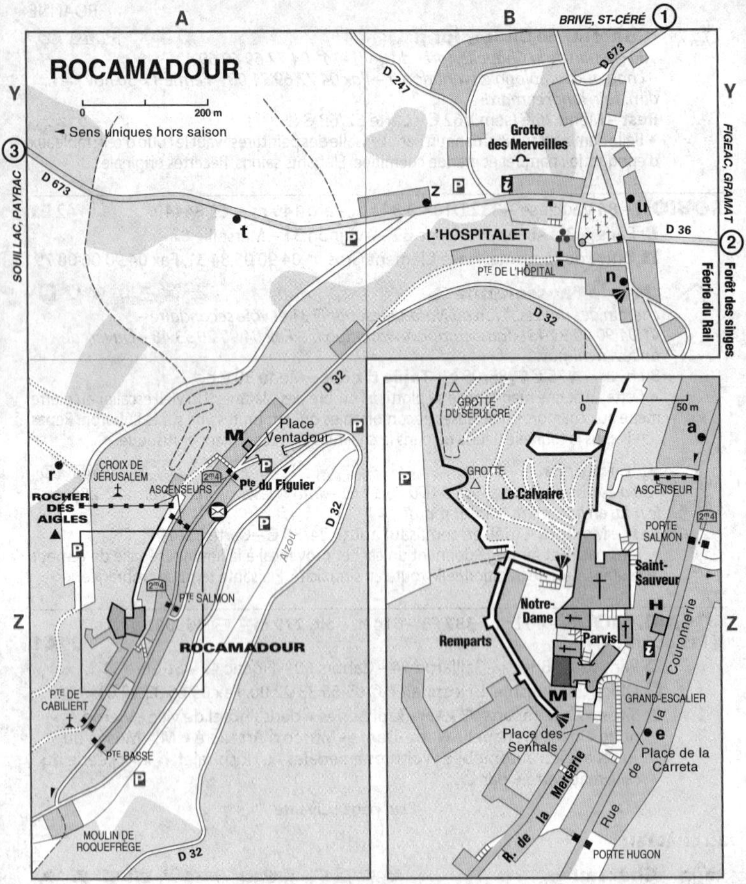
ROCAMADOUR
A
B
Y
Z
BRIVE, ST-CÉRÉ
1
2
3
0
200 m
◄ Sens uniques hors saison
SOUILLAC, PAYRAC
FIGEAC, GRAMAT
Forêt des singes
Féerie du Rail
D 673
D 247
D 36
D 32
Grotte des Merveilles
L'HOSPITALET
PTE DE L'HÔPITAL
Place Ventadour
Pte du Figuier
CROIX DE JÉRUSALEM
ASCENSEURS
ROCHER DES AIGLES
PTE SALMON
ROCAMADOUR
PTE DE CABILIERT
PTE BASSE
MOULIN DE ROQUEFRÈGE
Alzou
GROTTE DU SÉPULCRE
GROTTE
Le Calvaire
0
50 m
ASCENSEUR
PORTE SALMON
Saint-Sauveur
Notre-Dame
Remparts
Parvis
Couronnerie
GRAND-ESCALIER
Place des Senhals
Place de la Carreta
R. de la Mercerie
Rue de la
PORTE HUGON

Le Terminus des Pélerins

– ☎ 05 65 33 62 14 – hotelterm.pelerinsroc@wanadoo.fr – Fax 05 65 33 72 10

– *Ouvert 22 mars-5 nov.* BZ **e**

12 ch – 🚹44/55 € 🚹🚹49/67 €, ☕ 7 € – ½ P 61/69 €

Rest – *(fermé jeudi soir et vend. sauf de juil. à sept.)* Menu 16/30 €

– Carte 37/65 €

◆ Au pied de la falaise escarpée, petit hôtel familial à l'accueil chaleureux. Chambres nettes, bien équipées. De la terrasse, profitez du "spectacle" de la vallée. La salle à manger, aérée, invite à s'attabler autour de consistants plats du terroir.

à l'Hospitalet

Les Esclargies sans rest

rte de Payrac – ☎ 05 65 38 73 23 – infos@esclargies.com – Fax 05 65 39 71 07

– *Fermé 23 déc.-4 janv. et 7-23 fév.* AY **t**

16 ch – 🚹60/80 € 🚹🚹64/126 €, ☕ 11 €

◆ Bel édifice aux lignes modernes situé au calme et en retrait de l'animation, dans une "esclargie" (petite clairière en occitan). Chambres actuelles, soignées et chaleureuses.

⌂ **Le Belvédère** ← site de Rocamadour, 🍴 ☎ 📺 VISA ⭕
🍴 – ☎ 05 65 33 63 25 – le.belvere@wanadoo.fr – Fax 05 65 33 69 25
– Fermé 1er janv.-20 mars   BY **n**
17 ch – †41/72 € ††41/72 €, ☷ 7,50 € – ½ P 46/60 € – **Rest** – Menu 17/36 €
– Carte 26/36 €
♦ Une atmosphère familiale règne dans cet hôtel récemment rajeuni. Chambres aux touches décoratives actuelles ; splendide vue panoramique pour la plupart. Restaurant gastronomique ; brasserie et pizzeria en saison. Terrasse permettant de contempler le site.

⌂ **Panoramic** ← 🚗 🍴 ⊼ 📺 ch, ⇘ ☎ 📵 VISA ⭕ AE
🍴 – ☎ 05 65 33 63 06 – hotelpanoramic@wanadoo.fr – Fax 05 65 33 69 26 – Ouvert
1er mars-15 nov.   BY **z**
12 ch – †54/64 € ††54/64 €, ☷ 8,50 € – ½ P 60/65 € – **Rest** – (fermé vend.)
(dîner seult) (résidents seult) Menu 18/30 € – Carte 27/51 €
♦ Perché sur une falaise, cet hôtel jouit d'une jolie perspective sur Rocamadour. Chambres fonctionnelles, agréable espace jardin-piscine, bar réservé à la clientèle de passage.

⌂ **Comp'Hostel** sans rest ⊼ & ⚘ ☎ 📵 VISA ⭕
– ☎ 05 65 33 73 50 – contact@hotelcompostelle.fr – Fax 05 65 10 68 21
– Ouvert 1er mars-30 nov.   BY **u**
15 ch – †42/49 € ††42/49 €, ☷ 7 €
♦ Construction récente proche des ruines de l'hôpital qui soignait les pèlerins de Compostelle. Petites chambres pratiques. Piscine commune à l'hôtel et au camping attenant.

rte de Brive 2,5 km par ① et par D 673 – ✉ 46500 Rocamadour

⌂ **Troubadour** ⚘ ← 🚗 🍴 ⊼ 📺 rest, ☎ 📵 VISA ⭕ AE ①
– ☎ 05 65 33 70 27 – hoteltroubadour@wanadoo.fr – Fax 05 65 33 71 99 – Ouvert
15 fév.-15 nov.
10 ch – †60/98 € ††60/98 €, ☷ 11 € – 2 suites – ½ P 65/78 €
Rest – (fermé juil.-août) (dîner seult) (résidents seult) Menu 27/38 €
♦ Un grand jardin assure la tranquillité de cette ancienne ferme joliment rénovée. Chambres plaisantes et bien tenues. Belle salle de billard dans l'ancien fournil, piscine.

✗ **Le Roc du Berger** 🍴 📵 VISA ⭕
– ☎ 05 65 33 19 99 – rocduberger@wanadoo.fr – Fax 05 65 33 72 46 – Ouvert de
🍴 fin mars à fin sept. et le week-end en oct.
Rest – Menu 12/26 € – Carte 18/52 €
♦ Terrasse sous les chênes truffiers, ambiance animée, service à la bonne franquette et, sur la table, des produits fermiers exclusivement régionaux et préparés au feu de bois.

à la Rhue 6 km par ① rte de Brive par D 673, D 840 et rte secondaire – ✉ 46500
Rocamadour

⌂⌂ **Domaine de la Rhue** sans rest ⚘ ← 🚗 ⊼ ⚘ ☎ 📵 VISA ⭕
– ☎ 05 65 33 71 50 – domainedelarhue@wanadoo.fr – Fax 05 65 33 72 48
– Ouvert 20 mars-20 oct.
14 ch – †75/78 € ††75/145 €, ☷ 9 €
♦ Grandes chambres personnalisées aménagées dans d'élégantes écuries du 19e s. Superbe salon rustique doté d'une cheminée. L'été, petit-déjeuner en terrasse et piscine.

rte de Payrac 4 km par ③, D 673 et rte secondaire – ✉ 46500 Rocamadour

⌂⌂ **Les Vieilles Tours** ⚘ ← 🏨 🍴 ⊼ ☎ 🎱 📵 VISA ⭕ AE
– ☎ 05 65 33 68 01 – les.vieillestours@wanadoo.fr – Fax 05 65 33 68 59
– Ouvert 29 mars-11 nov.
17 ch – †68/73 € ††101/106 €, ☷ 12 € – **Rest** – (dîner seult) Menu 39 € – Carte
34/66 €
♦ Accueil avenant, quiétude et ambiance campagnarde raffinée en cet ex-relais de chasse dont le fauconnier (13e s.) abrite la plus belle chambre. Parc avec vue sur la vallée. Régalez-vous dans la salle "rustique-cosy" ou sur la jolie terrasse. Cuisine du moment.

LA ROCHE-BERNARD – 56 Morbihan – 308 R9 – 796 h. – alt. 38 m – ⊠ 56130
▮ Bretagne
10 **C3**

> ◨ Paris 444 – Nantes 70 – Ploërmel 55 – Redon 28 – St-Nazaire 37 – Vannes 42
> ◫ Office de tourisme, 14, rue du Docteur Cornudet ✆ 02 99 90 67 98,
> Fax 02 99 90 67 99
> ▦ de la Bretesche à Missillac Domaine de la Bretesche, SE : 11 km, ✆ 02 51 76 86 86.
> ◙ Pont du Morbihan★.

Le Manoir du Rodoir ⤸   ♨ 斎 ⅃ & ⇔ ℁ rest, ⤶ 歯 P. VISA ◍
rte de Nantes – ✆ 02 99 90 82 68 – lemanoirdurodoir @ wanadoo.fr
– Fax 02 99 90 76 22 – Fermé 15 déc.-1er fév.
24 ch – ♦75/120 € ♦♦75/120 €, � 12 € – ½ P 71/95 € – **Rest** – (fermé le
midi juil.-août, sam. midi, lundi midi et dim.) Menu (20 €) – Carte 22/39 €
◆ Un parc de 2 ha entoure cette ex-fonderie qui abrite des chambres spacieuses et
confortables, mansardées au 2e étage. La courte carte propose une cuisine fusionnant
produits et recettes de France, d'Asie, d'Europe méditerranéenne et d'Amérique du Sud.
Cadre rustique.

L'Auberge Bretonne (Jacques Thorel) avec ch   ▮ ⇔ VISA ◍ AE ①
⟨ ⟩ 2 pl. Duguesclin – ✆ 02 99 90 60 28 – aubbretonne @ relaischateaux.com
– Fax 02 99 90 85 00 – Fermé 15 nov.-15 janv. sauf fêtes
11 ch – ♦100/280 € ♦♦130/280 €, ⊇ 17 € – ½ P 190/275 €
Rest – (fermé lundi midi, mardi midi, vend. midi et jeudi) Menu 35 € (déj. en sem.),
105/137 € ஜ
Spéc. Solette de la baie aux noisettes et au romarin. Léger bouillon d'asperges et
truffes de Saint-Jacques en surprise (nov. à fév.). Homard rôti au citron et aux
pommes.
◆ Trois maisons bretonnes fleuries abritant un élégant restaurant aménagé dans une galerie
entourant un potager. Cuisine "terre et mer" ; carte de vins aux références étonnantes.

ROCHECHOUART – 87 Haute-Vienne – 325 B6 – 3 808 h. – alt. 260 m –
⊠ 87600 ▮ Limousin Berry
24 **A2**

> ◨ Paris 433 – Limoges 43 – Saint-Junien 12 – Panazol 50 – Isle 44
> ◫ Office de tourisme, 6, rue Victor Hugo ✆ 05 55 03 72 73

De France   & ch, ⤶ VISA ◍
⟨ ⟩ 7 pl. O-Marquet – ✆ 05 55 03 77 40 – Fax 05 55 03 03 87 – Fermé 1er-7 janv. et dim. soir
14 ch – ♦45 € ♦♦45 €, ⊇ 7 € – ½ P 55 € – **Rest** – Menu (11 €), 13/34 € – Carte 24/41 €
◆ Cette auberge familiale du centre-ville a bénéficié d'une cure de jouvence et propose
des chambres simples, propres et fonctionnelles, de style décoratif actuel. En cuisine, le
patron concocte des recettes aux accents de la région. Salle à manger néo-rustique.

ROCHECORBON – 37 Indre-et-Loire – 317 N4 – rattaché à Tours

ROCHEFORT ◉ – 17 Charente-Maritime – 324 E4 – 25 797 h. – alt. 12 m – Stat.
therm. : mi mars-début déc. – ⊠ 17300 ▮ Poitou Vendée Charentes
38 **B2**

> ◨ Paris 475 – Limoges 221 – Niort 62 – La Rochelle 38 – Royan 40 – Saintes 44
> **Accès Pont de Matrou : passage gratuit.**
> ◫ Office de tourisme, avenue Sadi-Carnot ✆ 05 46 99 08 60, Fax 05 46 99 52 64
> ▦ du pays Rochefortais à Saint-Laurent-de-la-Prée 1608 route Impériale,
> NO : 7 km par D 137, ✆ 05 46 84 56 36.
> ◙ Quartier de l'Arsenal★ - Corderie royale★★ - Maison de Pierre Loti★ AZ -
> Musée d'Art et d'Histoire★ AZ **M**² - Les Métiers de Mercure★ (musée) BZ **D**.
> Plan page ci-contre

La Corderie Royale ⤸   ≤ 斎 斎 ⅃ ⅃ 歯 AM ⤶ 歯
r. Audebert, (près de la Corderie Royale) – ✆ 05 46 99 35 35   P. VISA ◍ AE ①
– corderie.royale @ wanadoo.fr – Fax 05 46 99 78 72 – Fermé 22-29 janv.,
1er fév.-4 mars, sam. midi, dim. soir et lundi du 2 nov. au 31 mars   BY **h**
42 ch – ♦75/165 € ♦♦75/165 €, ⊇ 10 € – 3 suites – ½ P 74/152 €
Rest – Menu 36/96 € – Carte 47/75 €
◆ Une étape chargée d'histoire : dans les murs de l'ex-artillerie royale (17e s.), au bord de la
Charente et du port, profitez de grandes chambres actuelles, très tranquilles. La salle à
manger-véranda et la terrasse regardent la rivière ; cuisine au goût du jour.

ROCHEFORT

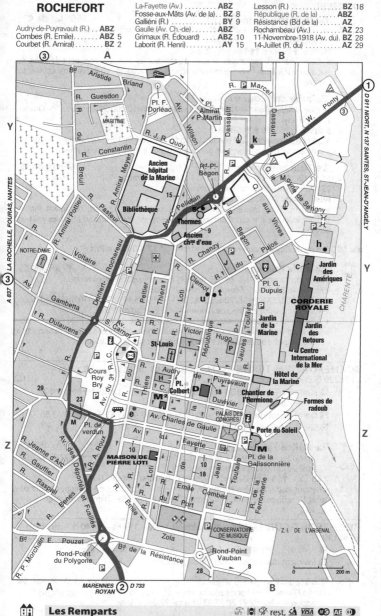

Les Remparts

*43 av. C. Pelletan, (aux Thermes) – ℰ 05 46 87 12 44 – hotel.remparts.rochefort @ eurothermes.com – Fax 05 46 83 92 62 – **73 ch** – †52/65 € ††54/67 €, ⊇ 8 € – ½ P 51/58 € – **Rest** – Menu (15 €), 21 € – Carte 22/39 €*

BY **s**

◆ Cette construction des années 1980 régulièrement rafraîchie bénéficie d'un accès direct aux thermes et à la source de l'Empereur. Les chambres sont grandes et fonctionnelles. Vaste salle de restaurant plutôt sobre et recettes traditionnelles.

Roca Fortis sans rest   🖼 🕸 📞 _VISA_ ⓪

14 r. de la République – 𝒸 _05 46 99 26 32 – hotel-rocafortis@wanadoo.fr_
– Fax 05 46 99 26 62 – Fermé janv.   BY **t**
16 ch – †49/65 € ††49/65 €, � 6 €
◆ Deux maisons régionales autour d'une cour-terrasse où l'on petit-déjeune en
été. Intérieur joliment rénové (mobilier chiné, tons actuels) ; chambres très calmes sur
l'arrière.

Palmier sur Cour sans rest   🕸 📞

55 r. de la République – 𝒸 _05 46 99 55 54 – palmiersurcour@wanadoo.fr – Ouvert_
10 fév.-8 nov.   BY **u**
3 ch ⊠ – †53/58 € ††58/64 €
◆ Les hôtes n'hésitent pas à revenir dans cette demeure du 19ᵉ s., emballés par le calme et
le raffinement des chambres, les goûteux petits-déjeuners et l'accueil attentif.

Le Tourne-Broche   🕸 _VISA_ ⓪ 🅐🅔

56 av. Ch. de Gaulle – 𝒸 _05 46 87 14 32 – letournebroche@free.fr – Fermé_
15 déc.-6 janv., dim. soir, lundi et mardi   AZ **e**
Rest – Menu 28/42 € – Carte 42/59 €
◆ Au sein d'une maison édifiée pour les officiers de Colbert, restaurant familial
sachant valoriser son cadre authentique : cheminée, tournebroche et tables joliment
dressées.

par ② **3 km rte de Royan avant pont de Martrou –** ✉ **17300 Rochefort**

La Belle Poule   🛋 📞 🅿 _VISA_ ⓪ 🅐🅔

102 av. du 11 nov. 1918 – 𝒸 _05 46 99 71 87 – belle-poule@wanadoo.fr_
– Fax 05 46 83 99 77 – Fermé 3-24 nov., 1ᵉʳ-7 janv.
20 ch – †54/67 € ††58/70 €, ⊠ 8,50 € – ½ P 51/58 € – **Rest** – _(fermé vend. sauf_
le soir en juil.-août et dim. soir) Menu 25/42 € – Carte 41/61 €
◆ À proximité du pont transbordeur de Martrou, bâtisse des années 1980 entourée d'un
jardin. Chambres confortables et bien tenues. De belles maquettes navales rehaussent le
décor champêtre du restaurant et s'accordent avec sa cuisine du large.

ROCHEFORT-EN-TERRE – 56 Morbihan – 308 Q8 – 693 h. – alt. 40 m –
✉ 56220 ▮ Bretagne   10 **C2**

▯ Paris 431 – Ploërmel 34 – Redon 26 – Rennes 82 – La Roche-Bernard 27
– Vannes 36
🄴 Office de tourisme, 7, place du Puits 𝒸 02 97 43 33 57, Fax 02 97 43 33 57
◙ Site ★ - Maisons anciennes ★.

Le Pélican avec ch   🕸 rest, _VISA_ ⓪

pl. des Halles – 𝒸 _02 97 43 38 48 – le.pelican@wanadoo.fr – Fax 02 97 43 42 01_
– Fermé 26 janv.-17 fév., dim. soir et lundi
7 ch – †58 € ††65/68 €, ⊠ – ½ P 46/55 € – **Rest** – Menu 18/47 €
◆ Restaurant de caractère (cheminée, boiseries, meubles rustiques) dans une demeure des
16ᵉ et 18ᵉ s. de ce ravissant bourg breton. Cuisine régionale. Chambres récentes.

ROCHEFORT-SUR-LOIRE – 49 Maine-et-Loire – 317 F4 – 2 140 h. – alt. 25 m –
✉ 49190   35 **C2**

▯ Paris 315 – Nantes 95 – Angers 24 – Cholet 48 – Saumur 86
🄴 Syndicat d'initiative, route de Savennières

Château Pieguë sans rest ⤳   ≼ 🖼 ⅃↲ 🕸 🅿 _VISA_ ⓪

2 km à l'Est par D 751 et rte secondaire – 𝒸 _02 41 78 71 26 – chateau-piegue@_
wanadoo.fr – Fax 02 41 78 75 03 – Fermé 22 déc.-4 janv.
5 ch ⊠ – †88 € ††98 €
◆ Ce château (1840) au cœur de 27 ha de vignes plaira aux amoureux du vin (dégustations de la production). Chambres contemporaines, épurées et sobres. Petit-déjeuner
maison.

ROCHEFORT-SUR-NENON – 39 Jura – 321 D4 – rattaché à Dôle

LA ROCHEFOUCAULD – 16 Charente – 324 M5 – 3 228 h. – alt. 75 m –
✉ 16110 ▯ Poitou Vendée Charentes   39 **C3**

▶ Paris 446 – Angoulême 23 – Confolens 44 – Limoges 83 – Nontron 38 – Ruffec 40
🄸 Office de tourisme, 1, rue des Tanneurs ☎ 05 45 63 07 45, Fax 05 45 63 08 54
◉ Château★★.

🏠 **La Vieille Auberge**   ⅍ ℗ VISA ◍
😊 *1 r. de Vitrac – ☎ 05 45 62 02 72 – balmorevieilleauberge@wanadoo.fr
– Fax 05 45 63 01 88 – Fermé 24-31 déc.*
25 ch – ♦40 € ♦♦52 €, � 6 € – ½ P 74 € – **Rest** – *(fermé vend. soir et dim. soir
de nov. à mars)* Menu 13,50 € (sem.)/37 € – Carte 20/53 €
♦ Au pays de la charentaise, déjà produite sous Louis XIV, relais de poste du 16ᵉ s. dont la
façade s'agrémente d'une tourelle. Ambiance auberge et chambres rustiques. Restaurant
résolument campagnard et carte traditionnelle émaillée de spécialités régionales.

ROCHEGUDE – 26 Drôme – 332 B8 – 1 236 h. – alt. 121 m – ✉ 26790   44 **B3**
▶ Paris 641 – Avignon 46 – Bollène 8 – Carpentras 34 – Nyons 31 – Orange 17

🏚 **Château de Rochegude** ❧   ⪡ ⏲ 🍴 ⚞ ✕ 🛁 🏊 ↻ ⅍
– ☎ 04 75 97 21 10 – chateauderochegude@   ℗ VISA ◍ AE ①
wanadoo.fr – Fax 04 75 04 89 87 – Fermé en nov.
24 ch – ♦136/430 € ♦♦136/430 €, ⊆ 20 € – 1 suite – ½ P 138/285 € – **Rest** –
(fermé lundi hors saison) Menu 31 € bc (déj. en sem.), 35/115 € – Carte 60/83 €
♦ Cette forteresse du 11ᵉ s., remaniée au 18ᵉ s., domine les vignobles des Côtes du Rhône.
Élégantes chambres personnalisées (meubles de style, tissus provençaux) et parc. Cuisine
régionale volontiers inventive, servie dans un décor rajeuni ou l'été en plein air.

LA ROCHE-L'ABEILLE – 87 Haute-Vienne – 325 E7 – 591 h. – alt. 400 m –
✉ 87800

▶ Paris 422 – Limoges 34 – Saint-Junien 63 – Panazol 33 – Isle 34

✕✕✕ **Le Moulin de la Gorce** (Pierre Bertranet) avec ch ❧   ⪡ ⏲
😊 – ☎ 05 55 00 70 66   ℗ VISA ◍ AE ①
– *moulingorce@relaischateaux.fr – Fax 05 55 00 76 57
– Ouvert 7 fév.-11 nov. et fermé lundi midi et mardi midi*
10 ch – ♦90/170 € ♦♦90/170 €, ⊆ 18 € – 1 suite
Rest – Menu 50/95 € ⅗
Spéc. Œufs brouillés aux truffes. Lièvre à la royale (oct.-nov.). Crêpes roulées,
beurre vanillé aux écorces de citron. **Vins** Bergerac, Pécharmant.
♦ Joli moulin du 16ᵉ s. et ses dépendances en bordure d'étang, dans un agréable parc
champêtre. Intérieur de caractère et belle cuisine classique. Chambres personnalisées.

ROCHE-LEZ-BEAUPRÉ – 25 Doubs – 321 G3 – rattaché à Besançon

LA ROCHELLE ℗ – 17 Charente-Maritime – 324 D3 – 76 584 h. – Agglo.
116 157 h. – alt. 1 m – Casino AX – ✉ 17000 ▯ Poitou Vendée Charentes   38 **A2**

▶ Paris 472 – Angoulême 150 – Bordeaux 183 – Nantes 141 – Niort 65
Accès à l'Île de Ré par le pont par ③. **Péage** en 2006 : auto (AR) 16,50 (saison)
9,00 (hors saison), auto et caravane 27,00 (saison), 15,00 (hors saison), camion
18,00 à 45,00, moto 2,00, gratuit pour piétons et vélos.
    Renseignements par Régie d'Exploitation des Ponts : ☎ 05 46 00 51 10,
    Fax 05 46 43 04 71.
🛧 de la Rochelle-Île-de-Ré : ☎ 05 46 42 30 26, NO : 4,5 km AV.
🄸 Office de tourisme, Le Gabut ☎ 05 46 41 14 68, Fax 05 46 41 99 85
⛳ de La Prée La Rochelle à MarsillyN : 11 km par D 105, ☎ 05 46 01 24 42.
◉ Vieux Port★★ : tour St-Nicolas★, ✳★★ de la tour de la Lanterne★ - Le
quartier ancien★★ : hôtel de ville★ Z **H**, Hôtel de la Bourse★ Z **C**, Porte de la
Grosse Horloge★ Z **N**, Grande-rue des Merciers★ - Maison Henry II★,
arcades★ de la rue du Minage, rue Chaudrier★, rue du Palais★, rue de
l'Escale★ - Aquarium★★ CDZ - Musées : Nouveau Monde★ CDY**M⁷**,
Beaux-Arts★ CDY **M²** - d'Orbigny-Bernon★ (histoire rochelaise et céramique)
Y **M⁸**, Automates★ (place de Montmartre★★) Z **M¹**, maritime★ :
Neptunéa C **M⁵** - Muséum d'Histoire naturelle★★ Y.

LA ROCHELLE

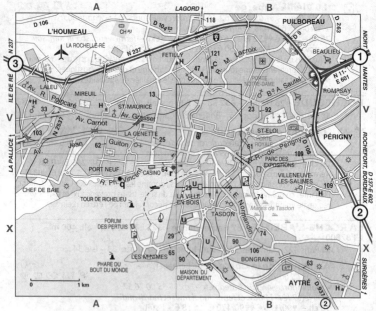

Champlain-France Angleterre sans rest

30 r. Rambaud – ℰ 05 46 41 23 99 – larochelle @ hotelchamplain.com – Fax 05 46 41 15 19

CY **b**

36 ch – †90/115 € ††110/140 €, ⊆ 12 € – 4 suites

◆ Cet ancien hôtel particulier est doté d'un bien agréable et romantique jardin. Bel escalier central menant à des chambres spacieuses et garnies de meubles de style.

Résidence de France

43 r. Minage – ℰ 05 46 28 06 00 – info @ hotel-larochelle.com – Fax 05 46 28 06 03

DY **x**

5 ch – †110/170 € ††110/170 €, ⊆ 15 € – 11 suites – ††150/400 € – ½ P 87/117 €

Rest – *(fermé dim. soir et lundi)* Menu (19 €), 25 € – Carte 28/32 €

◆ Un bel édifice du 16ᵉ s. abrite cet établissement (intégré à une résidence hôtelière). Décoration soignée, espace et sérénité. Expositions d'œuvres d'artistes locaux. Mobilier d'inspiration 18ᵉ s. dans la salle de restaurant ouverte sur un patio-terrasse.

Masqhôtel sans rest

17 r. Ouvrage, à Cornes – ℰ 05 46 41 83 83 – info @ masqhotel.com – Fax 05 46 07 04 43

DZ **t**

76 ch – †95/170 € ††95/270 €, ⊆ 12 €

◆ Des toiles contemporaines indonésiennes ponctuent les murs de ce nouvel hôtel situé dans une rue calme voisine de la gare. Mobilier design, ambiance minimaliste chic et high-tech.

Novotel

av. Porte Neuve – ℰ 05 46 34 24 24 – h0965 @ accor.com – Fax 05 46 34 58 32

CY **t**

94 ch – †110/145 € ††130/165 €, ⊆ 13,50 €

Rest – *(fermé sam. et dim. hors saison)* Menu (19 €) – Carte 28/43 €

◆ Rénovation complète et réussie pour cet imposant immeuble en verre entouré d'un parc : chambres contemporaines et zen, pourvues d'équipements dernier cri. Salle à manger largement ouverte sur la piscine (plats traditionnels) et petite restauration non-stop au bar.

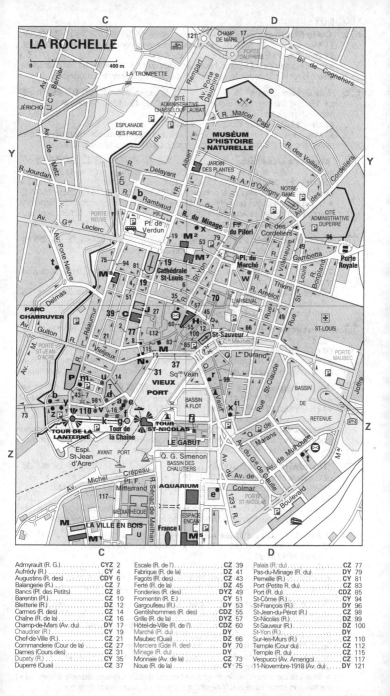

LA ROCHELLE

De la Monnaie sans rest 🌿   🎐 AC 🀫 📞 🔑 🅿 🚗 VISA ◑ AE ①

3 r. Monnaie – 𝒞 05 46 50 65 65 – info@hotel-monnaie.com – Fax 05 46 50 63 19

31 ch – ♦82/95 € ♦♦105/120 €, ☑ 13 € – 4 suites   CZ z

◆ Près de la tour de la Lanterne, hôtel particulier du 17ᵉ s. Chambres de bonne ampleur, tournées sur la jolie cour intérieure pavée où l'on petit-déjeune aux beaux jours.

Les Brises sans rest 🌿   ⩽ les îles, 🎐 📞 🅿 🚗 VISA ◑ AE ①

r. P. Vincent, (chemin de la digue Richelieu) – 𝒞 05 46 43 89 37 – infos @
hotellesbrises.com – Fax 05 46 43 27 97   AX q

48 ch – ♦122 € ♦♦122 €, ☑ 11 € – 2 suites

◆ La terrasse au bord de la mer – on y petit-déjeune l'été – et la vue sur le port valent, à elles seules, une visite. Chambres peu à peu rénovées, à réserver côté océan (balcons).

Mercure Océanide   🎐 & ch, AC 🀫 📞 🔑 🅿 VISA ◑ AE ①

quai L. Prunier – 𝒞 05 46 50 61 50 – h0569@accor.com – Fax 05 46 41 24 31

123 ch – ♦110/138 € ♦♦130/153 €, ☑ 13 € – ½ P 92/105 €   DZ e

Rest (fermé sam. et dim. du 8 nov. au 8 fév.) Menu (16 €), 20/26 € – Carte 25/45 €

◆ Lifting complet pour cet hôtel jouxtant l'Aquarium et le musée maritime Neptunéa. Chambres pratiques et actuelles, et belle structure pour séminaires. Entièrement non-fumeurs. Au restaurant, vue sur le port, décor d'esprit brasserie et carte traditionnelle.

Trianon et de la Plage   📞 🔑 🅿 VISA AE

6 r. Monnaie – 𝒞 05 46 41 21 35 – trianonlarochelle@wanadoo.fr
– Fax 05 46 41 95 78 – Fermé 18 déc.-1ᵉʳ fév.   CZ b

25 ch – ♦72/85 € ♦♦75/110 €, ☑ 8,50 € – ½ P 75/85 € – **Rest** – (fermé sam. midi et dim. du 15 oct. au 15 mars) Menu 19/35 € – Carte 19/59 €

◆ Cet hôtel particulier du 19ᵉ s. au confort bourgeois est dans la même famille depuis 1920. Salle des petits-déjeuners façon jardin d'hiver. Chambres plus calmes sur l'arrière. Atmosphère feutrée dans la salle de restaurant ; cuisine traditionnelle.

Saint Jean d'Acre sans rest   🎐 AC 🀫 📞 VISA ◑ AE ①

4 pl. Chaine – 𝒞 05 46 41 73 33 – info@hotel-la-rochelle.com – Fax 05 46 41 10 01

60 ch – ♦61/71 € ♦♦76/199 €, ☑ 12 €   CZ a

◆ Deux maisons du 18ᵉ s. idéalement situées pour profiter de l'animation rochelaise. Chambres bien insonorisées, peu à peu rénovées. Une suite avec terrasse dominant le vieux port.

Le Yachtman   🎐 🔲 🎐 AC ch, 📞 🔑 VISA ◑ AE ①

23 quai Valin – 𝒞 05 46 41 20 68 – leyachtman@wanadoo.fr – Fax 05 46 41 81 24

44 ch – ♦86/162 € ♦♦96/162 €, ☑ 12 € – ½ P 77/110 € – **Rest** – (fermé
1ᵉʳ-28 déc., sam. et dim. d'oct. à juin) Menu (14 €), 18 € (déj. en sem.)/30 €   DZ r

◆ Face aux tours du vieux port, cette adresse bénéficie d'un "plus" : sa sympathique piscine logée dans le patio. Chambres simples et pratiques. Le restaurant affirme clairement sa vocation océane : mobilier, bibelots et cuisine de la mer.

Terminus Vieux Port sans rest   🀫 📞 VISA ◑

pl. Cdt de la Motte Rouge – 𝒞 05 46 50 69 69 – contact @
hotelterminus-larochelle.com – Fax 05 46 41 73 12 – Fermé 21 déc.-6 janv.   DZ x

33 ch – ♦61/69 € ♦♦61/69 €, ☑ 6,50 €

◆ Point de départ idéal pour découvrir la ville, bâtiments anciens reliés par une verrière aménagée en salon. Ambiance familiale, chambres refaites dans un esprit sobre et frais.

La Maison du Palmier sans rest   🔑 📞 VISA ◑

23 pl. Mar. Foch – 𝒞 05 46 50 31 96 – lamaisondupalmier@free.fr
– Fax 05 46 50 31 96   CZ m

4 ch – ♦95/135 € ♦♦95/135 €, ☑ 10 €

◆ L'appel au voyage résonne dans les belles chambres thématiques de cette charmante demeure du 18ᵉ s. articulée autour d'une courette et de son grand palmier... Un lieu reposant.

XXXX   **Richard et Christopher Coutanceau**   ⩽ entrée du port,

😋😋😋   plage de la Concurrence – 𝒞 05 46 41 48 19   AC VISA ◑ AE ①
– coutanceau@relaischateaux.com – Fax 05 46 41 99 45 – Fermé 11-18 janv. et dim.

Rest – Menu 52/95 € – Carte 68/127 € 🕸   AX r

Spéc. Mouclade Rochelaise aux moules de bouchot (juin à sept.). Bonbons de Saint-Jacques en vinaigrette acidulée (oct. à avril). Civet de homard. **Vins** Fiefs Vendéens, Vin de pays Charentais.

◆ Salle à manger en rotonde, élégante et contemporaine, grande ouverte sur le port et l'océan : cet écrin feutré et raffiné sublime une savoureuse cuisine de la mer.

ХХ **Les Flots** ← 🛖 AC VISA ⓜⓒ AE ①
1 r. Chaîne – ℰ 05 46 41 32 51 – contact@les-flots.com – Fax 05 46 41 90 80
Rest – Menu 26 € (déj.), 36/79 € – Carte 47/82 € 🕸 CZ **g**
♦ Estaminet du 18ᵉ s. au pied de la tour de la Chaîne. Décor mêlant rustique, moderne et esprit marin. Cuisine de l'océan personnalisée et beau livre de cave (900 références).

ХХ **Le Comptoir du Sud** 🛖 AC VISA ⓜⓒ
4 pl. Chaîne – ℰ 05 46 41 06 08 – lcomptoirdusud@orange.fr – Fax 05 46 41 79 77
Rest – Menu 19/30 € – Carte 33/52 € 🕸 CZ **e**
♦ Petites notes méridionales dans le décor et sur la carte de ce restaurant dressant sa terrasse face à la tour de la Chaîne. Intéressante sélection de vins du bassin méditerranéen.

ХХ **Le Comptoir des Voyages** AC VISA ⓜⓒ AE ①
22 r. St-Jean-du-Pérot – ℰ 05 46 50 62 60 – contact@lecomptoirdesvoyages.com
– Fax 05 46 41 90 80 CZ **d**
Rest – Menu 30 € 🕸
♦ Voyage immobile mais gourmand dans le chaleureux cadre contemporain de ce "comptoir" : vins du monde et cuisine mijotée avec les épices rapportées de terres lointaines.

Х **Les Orchidées** AC VISA ⓜⓒ AE ①
24 r. Thiers – ℰ 05 46 41 07 63 – s.hottlet@wanadoo.fr – Fax 05 46 50 05 16
Rest – Menu (21 €), 25/39 € – Carte 55/87 € DY **w**
♦ Un bistrot familial du quartier des halles, en retrait de l'agitation touristique. Le chef réalise des plats traditionnels et expose ses orchidées (son autre passion) en salle.

Х **André** 🛖 VISA ⓜⓒ AE ①
pl. Chaîne – ℰ 05 46 41 28 24 – Fax 05 46 41 64 22 CZ **f**
Rest – Menu 31/37 € – Carte 25/42 €
♦ Cette institution locale a changé de mains mais reste fidèle à sa réputation de table dédiée à la mer. Dix salles au décor nautique très affirmé (objets insolites).

Х **Le Champêtre** AC VISA ⓜⓒ
22 r. Verdière – ℰ 05 46 41 12 17 – Fermé 2-10 nov., 10-25 fév., lundi hors saison et dim. CZ **u**
Rest – Menu 31/41 € – Carte 45/50 €
♦ Proche du port mais à l'écart des touristes, ce petit restaurant compte deux salles, l'une rustique, l'autre, à l'étage, actuelle et colorée. Cuisine au goût du jour soignée.

Х **L'Entracte** 🛖 � AC VISA ⓜⓒ AE ①
35 r. St-Jean-du-Pérot – ℰ 05 46 52 26 69 – contact@lentracte.net
– Fax 05 46 41 90 80 CZ **v**
Rest – Menu (21 € bc), 30 € – Carte 37/72 €
♦ Cette enseigne Coutanceau offre une ambiance de bistrot contemporain néanmoins empreint de nostalgie (boiseries, appliques en laiton, affiches anciennes). Plats d'aujourd'hui.

à Aytré 5 km par ② – 7 725 h. – ⊠ 17440

ХХХ **La Maison des Mouettes** ← 🛖 AC P VISA ⓜⓒ AE ①
1 r. Claires, (1ᵉʳ étage) – ℰ 05 46 44 29 12 – la-maison-des-mouettes@wanadoo.fr
– Fax 05 46 34 66 01
Rest – Menu 36/75 € – Carte 52/68 €
Rest *Version Original* – Menu 22 € – Carte 25/40 €
♦ Cette grande villa de bord de mer abrite au 1ᵉʳ étage une confortable salle à manger, moderne et soignée, qui ménage un superbe panorama. Cuisine au goût du jour. Ambiance lounge, décor tendance, carte simple et appétissante au Version Original.

LA ROCHE-POSAY – 86 Vienne – **322** K4 – 1 445 h. – alt. 112 m – Stat. therm. :
fin janv.-mi déc. – Casino – ⊠ 86270 ▮ Poitou Vendée Charentes **39 D1**
 ◨ Paris 325 – Le Blanc 29 – Châteauroux 76 – Loches 49 – Poitiers 61 – Tours 92
 ◨ Office de tourisme, 14, boulevard Victor Hugo ℰ 05 49 19 13 00,
  Fax 05 49 86 27 94
 ▦₁₈ du Connetable Parc Thermal, S : 2 km par D 3, ℰ 05 49 86 25 10.

Les Loges du Parc sans rest 🔊 🗓 ⑰ 劇 ⬧ 囚 P VISA ⓶ AE
10 pl. de la République – ℰ 05 49 19 40 50 – loges@la-roche-posay.info
– Fax 05 49 19 40 51 – Ouvert 31 mars-21 oct.
42 ch – ♦82/103 € ♦♦99/123 €, ⊆ 10,50 € – 2 suites
♦ Vaste ensemble Belle Époque proposant une prestation hôtelière classique ou des
séjours en résidence. Deux belles suites sur les thèmes du jazz et de l'Égypte ; nombreux
loisirs.

St-Roch 🚗 🏠 劇 ⬧ ch, 囚 ch, ⬧ ⬧ P VISA ⓶ AE
4 cours Pasteur – ℰ 05 49 19 49 00 – contact@la-roche-posay.info
– Fax 05 49 19 49 40 – Fermé 15 déc.-25 janv.
37 ch – ♦49/77 € ♦♦67/104 €, ⊆ 8 € – ½ P 60/74 € – **Rest** – Menu (20 €), 24 €
♦ Les curistes apprécient cet établissement central pour son accès direct aux thermes
Saint-Roch. Chambres fonctionnelles ; certaines regardent le jardin. Cuisine traditionnelle
servie dans une salle fraîche et lumineuse, disposant d'un coin jeux pour enfants.

LE ROCHER – 07 Ardèche – 331 H6 – rattaché à Largentière

ROCHESERVIÈRE – 85 Vendée – 316 G6 – 2 241 h. – alt. 58 m –
✉ 85620   34 **B3**
🚩 Paris 415 – La Roche-sur-Yon 34 – Nantes 34 – Saint-Herblain 42
🚩 Office de tourisme, 1, rue Malcoute ℰ 02 51 94 94 05, Fax 02 51 94 94 05

Le Château du Pavillon sans rest ⬧ ⬧ 🔊 🗓 ⬧ ⬧ P
r. Gué-Baron – ℰ 02 51 06 55 99 – ggilann@aol.com – Fax 02 51 06 55 99
– Ouvert 29 avril-13 oct.
4 ch – ♦80/120 € ♦♦110/190 €, ⊆ 8,50 €
♦ Charme, élégance et confort se conjuguent en ce château de 1885, dressé au sein d'un
parc avec étang. Chambres romantiques à souhait et nursery pour les enfants de moins de
10 ans.

ROCHESSAUVE – 07 Ardèche – 331 J5 – rattaché à Privas

LA ROCHE-SUR-FORON – 74 Haute-Savoie – 328 K4 – 8 538 h. – alt. 548 m –
✉ 74800 ▯ Alpes du Nord   46 **F1**
🚩 Paris 553 – Annecy 34 – Bonneville 8 – Genève 26 – Thonon-les-Bains 42
🚩 Office de tourisme, place Andrevetan ℰ 04 50 03 36 68, Fax 04 50 03 31 38
◉ Vieille ville ★★.

Le Foron sans rest 🗓 ⬧ 囚 ⬧ P 🚗 VISA ⓶ AE
imp. de l'Étang, (Z.I. du Dragiez), D 1203 – ℰ 04 50 25 82 76 – lf7405@
inter-hotel.com – Fax 04 50 25 81 54 – Fermé 22 déc.-4 janv. et dim.
26 ch – ♦55/57 € ♦♦63/65 €, ⊆ 7,50 €
♦ Petit hôtel situé dans la zone industrielle de la Roche-sur-Foron, pour une étape
avant tout pratique. Les chambres sont fonctionnelles, insonorisées et bien tenues.

Le Marie-Jean ⬧ P VISA ⓶ AE
590 r. Plaine, à 2 km par rte de Bonneville – ℰ 04 50 03 33 30 – contact@
restaurant-lemariejean.com – Fax 04 50 25 99 98 – Fermé 2-8 janv., dim. soir, lundi
et mardi
Rest – Menu (23 €), 36/56 € – Carte 65/75 €
♦ Cette maison bourgeoise de 1890 abrite une salle contemporaine soignée (joli plafond
à caissons, tableaux, élégant sol en pierre) complétée d'un petit salon. Cuisine actuelle.

LA ROCHE-SUR-YON ℙ – 85 Vendée – 316 H7 – 49 262 h. – alt. 75 m –
✉ 85000 ▯ Poitou Vendée Charentes   34 **B3**
🚩 Paris 418 – Cholet 69 – Nantes 68 – Niort 91 – La Rochelle 77
🚩 Office de tourisme, rue Clemenceau ℰ 02 51 36 00 85, Fax 02 51 36 90 27
▥ de La Domangère à Nesmy La Roche sur Yon, S : 8 km par D 746 et D 85,
ℰ 02 51 07 65 90.

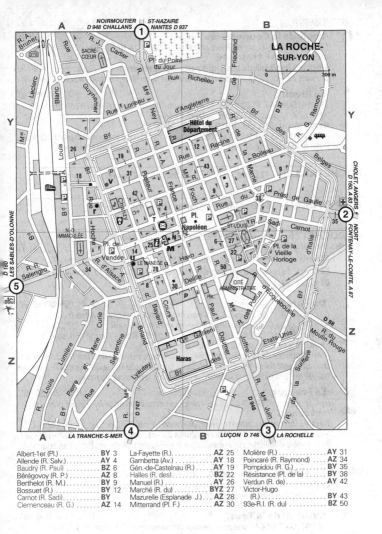

LA ROCHE-SUR-YON

300 m

Albert-1er (Pl.) . . . . **BY** 3	La-Fayette (R.) . . . . **AZ** 25	Molière (R.) . . . . **AY** 31
Allende (R. Salv.) . . . . **AY** 4	Gambetta (Av.) . . . . **AY** 18	Poincaré (R. Raymond) . . . . **AZ** 34
Baudry (R. Paul) . . . . **BZ** 6	Gén.-de-Castelnau (R.) . . . **AY** 19	Pompidou (R. G.) . . . . **BY** 35
Bérégovoy (R. P.) . . . . **AZ** 8	Halles (R. des) . . . . **BZ** 22	Résistance (Pl. de la) . . . . . **BY** 38
Berthelot (R. M.) . . . . **BY** 9	Manuel (R.) . . . . **AY** 26	Verdun (R. de) . . . . **AY** 42
Bossuet (R.) . . . . **BY** 12	Marché (R. du) . . . . **BYZ** 27	Victor-Hugo
Carnot (R. Sadi) . . . . **BY**	Mazurelle (Esplanade J.) . . **AZ** 28	(R.) . . . . **BY** 43
Clemenceau (R. G.) . . . . . . **AZ** 14	Mitterrand (Pl. F.) . . . . . . **AZ** 30	93e-R.I. (R. du) . . . . **BZ** 50

🏨 **Mercure** 🖼 ⛶ 🛏 ⚙ & ch, 🅰 ↔ 🛜 🅰 VISA 🅜 AE ⓪
117 bd A. Briand – 𝒞 *02 51 46 28 00 – h1552@accor.com*
– Fax 02 51 46 28 98 AZ **u**
67 ch – †92 € ††102/112 €, ⊊ 11 € – **Rest** – Menu 19/26 € bc – Carte 26/39 €
◆ À mi-chemin entre gare et place Napoléon, cet hôtel abrite des chambres spacieuses, fonctionnelles et bien insonorisées. Salle des petits-déjeuners sous verrière. Recettes traditionnelles simples au restaurant ou en terrasse, sous un toit en voiles de bateau.

🏨 **Napoléon** sans rest 🖥 📞 🛜 🍽 🛜 VISA 🅜 AE ⓪
50 bd A. Briand – 𝒞 *02 51 05 33 56 – hotel-nap@wanadoo.fr – Fax 02 51 62 01 69*
– Fermé 23 déc.-1er janv. AY **r**
29 ch – †61/72 € ††71/88 €, ⊊ 8,50 €
◆ La proximité d'un boulevard animé ne gêne en rien la tranquillité des chambres, amples et bien tenues. Copieux petits-déjeuners servis dans un cadre de style Empire.

1545

↑↑ **Logis de la Couperie** sans rest ⌂ 🏠 ⇛ **P.**
5 km à l' Est par ②, rte de Niort et D 80 – ☎ *02 51 24 10 18 – Fax 02 51 46 05 59*
4 ch ⌷ – †80 € ††84/110 €
♦ Beaux salons-bibliothèque, jardin potager, parc et étang : cette maison regorge de lieux propices au repos. Chambres personnalisées et garnies de meubles régionaux anciens.

✗ **Le Rivoli** 🏠 VISA ◍ AE
31 bd A. Briand – ☎ *02 51 37 43 41 – rivoli4 @ wanadoo.fr – Fax 02 51 46 20 92*
– Fermé 4-17 août, lundi soir, sam. midi et dim. AY **v**
Rest – Menu (21 € bc), 29/39 € – Carte 31/38 €
♦ Couleurs vives, banquette zébrée, chaises bistrot et nappes aux motifs psychédéliques : le décor joue la carte de l'originalité. La cuisine, traditionnelle, est plus sage.

ROCHETAILLÉE – 42 Loire – 327 F7 – rattaché à St-Étienne

ROCHETOIRIN – 38 Isère – 333 F4 – rattaché à La Tour-du-Pin

LA ROCHETTE – 73 Savoie – 333 J5 – 3 098 h. – alt. 360 m – ⊠ 73110
▓ Alpes du Nord   46 **F2**

▶ Paris 588 – Albertville 41 – Allevard 9 – Chambéry 28 – Grenoble 47
🅳 Office de tourisme, Maison des Carmes ☎ 04 79 25 53 12, Fax 04 79 25 53 12
◉ Vallée des Huiles★ NE.

🏠 **Du Parc** 🚗 🏠 ⅏ ☏ **P.** VISA ◍ AE ①
64 r. Neuve – ☎ *04 79 25 53 37 – hotelduparc.rochette @ wanadoo.fr*
🅰 *– Fax 04 79 65 07 60 – Fermé 24-30 mars et 25 août-2 sept.*
🅰 **10 ch** – †56/58 € ††65/74 €, ⌷ 9 € – ½ P 67 € – **Rest** – *(fermé dim. soir)*
Menu 18 € (déj. en sem.), 28/38 € – Carte 29/51 €
♦ Au débouché de la vallée des Huiles, accueillante petite affaire familiale disposant de chambres agréablement rénovées. Cuisine traditionnelle servie dans une salle à manger égayée de tons pastel et, à la belle saison, sur une terrasse verdoyante.

✗ **La Fresque** 🏠 & VISA ◍
6 pl. St-Jean – ☎ *04 79 65 78 05 – delphine.evans @ orange.fr – Fermé dim. soir,*
🅰 *lundi et mardi*
Rest – *(nombre de couverts limité, prévenir)* Menu 15 € (déj. en sem.), 28/55 € ⅗
♦ Des fresques inspirées d'Alphonse Mucha ornent les murs de cette ancienne pâtisserie. Atmosphère douillette, cuisine inventive et belle sélection de vins (Savoie et étranger).

ROCLES – 03 Allier – 326 F4 – 373 h. – alt. 420 m – ⊠ 03240   5 **B1**

▶ Paris 320 – Bourbon-l'Archambault 22 – Montluçon 41 – Moulins 35
– Saint-Amand-Montrond 64

✗✗ **Auberge de la Tour** 🏠 & AK **P.** VISA ◍
🅰 – ☎ *04 70 47 39 47 – auberge.delatour @ wanadoo.fr – Fax 04 70 47 39 47*
– Fermé 22 sept-8 oct., 18 fév.-6 mars et lundi sauf fériés
Rest – Menu 16 € (sauf dim)/40 € – Carte 30/44 €
♦ Cet ancien café (1893), reconnaissable à sa tour, fait face à une église du 12ᵉ s. Lumineuse salle-véranda et belle terrasse dressée côté jardin. Plats actuels.

RODEZ **P.** – 12 Aveyron – 338 H4 – 23 707 h. – alt. 635 m – ⊠ 12000
▓ Midi-Pyrénées   29 **C1**

▶ Paris 623 – Albi 76 – Aurillac 87 – Clermont-Ferrand 213
🛪 de Rodez-Marcillac : ☎ 05 65 76 02 00, par ③ : 12 km.
🅳 Office de tourisme, place Foch ☎ 05 65 75 76 77, Fax 05 65 68 78 15
🅱 du Grand Rodez à Onet-le-Château Route de Marcillac, N : 4 km par D 901,
☎ 05 65 78 38 00.
◉ Clocher★★★ de la cathédrale N.-Dame★★ - Musée Fenaille★★ BZ **M¹** -
Tribunes en bois★ de la chapelle des Jésuites.

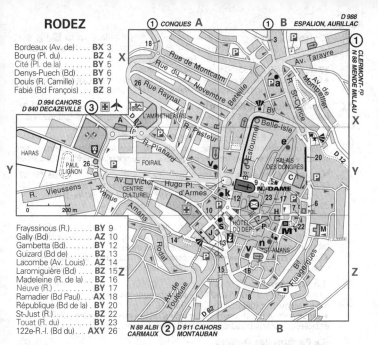

RODEZ

La Ferme de Bourran sans rest 🐕   🛗 ♿ 🎿 📞 🅿 VISA ⦿ AE

r. Berlin, à Bourran 1,5 km par ③ – ℰ 05 65 73 62 62 – contact @
fermedebourran.com – Fax 05 65 73 14 15
7 ch – †90/150 € ††120/180 €, ⌀ 15 €

♦ Sept chambres occupent cette ancienne ferme perchée sur une verte colline. Décoration contemporaine, confort, calme et équipements dernier cri. Petit-déjeuner en table d'hôte.

Biney sans rest   🛗 ↯ 📞 VISA ⦿ AE ⓞ

r. Victoire-Massol – ℰ 05 65 68 01 24 – hotel.biney @ wanadoo.fr
– Fax 05 65 75 22 98   BY **k**
26 ch – †71 € ††80/140 €, ⌀ 15 € – 2 suites

♦ Meubles en bois peint, jolis tissus colorés, literie confortable... : les chambres, certes parfois un peu petites, sont personnalisées et plutôt coquettes. Hammam et sauna.

La Tour Maje sans rest   🛗 ↯ 📞 VISA ⦿ AE

bd Gally – ℰ 05 65 68 34 68 – tourmaje @ orange.fr – Fax 05 65 68 27 56 – Fermé
15 déc.-15 janv.   BZ **s**
40 ch – †55/65 € ††60/72 €, ⌀ 9,50 € – 3 suites

♦ Hôtel des années 1970 adossé à une tour du 14ᵉ s. où sont aménagées des suites de style rustique (murs en pierres apparentes). Chambres sobres, sagement provençales au 5ᵉ étage.

Ibis sans rest   🛗 🎿 ↯ 📞 ♨ VISA ⦿ AE

46 r. St-Cyrice – ℰ 05 65 76 10 30 – h2748-gm @ accor.com – Fax 05 65 76 10 33
45 ch – †64/74 € ††64/74 €, ⌀ 7,50 €   BX **a**

♦ Au cœur d'un quartier totalement restauré, hôtel de chaîne disposant de petites chambres fonctionnelles, parfois dotées d'un balcon. Salle de réunions et salon-bar.

Du Midi   🛗 🎿 rest, 🍴 📞 🅿 VISA ⦿ AE

1 r. Béteille – ℰ 05 65 68 02 07 – hotel.du.midi @ wanadoo.fr – Fax 05 65 68 66 93
– Fermé vacances de Noël   ABY **v**
34 ch – †50 € ††56 €, ⌀ 7,50 € – ½ P 52 € – **Rest** – (fermé dim.) Menu (11 €),
16/27 € – Carte 23/40 €

♦ À deux pas de la cathédrale, adresse bien située pour découvrir la ville à pied. Chambres simples et pratiques, calmes côté cour et pourvues d'un bon double vitrage côté rue. Au restaurant, plats traditionnels, salades, grillades et l'incontournable aligot.

⌂ **Deltour** sans rest
🔆 ⅙ ⅙ ✆ 🅿 *VISA* 🐵

6 r. Bruxelles, à Bourran, 1,5 km par ③ – ℰ 05 65 73 03 03 – hoteldeltourrodezb@
wanadoo.fr – Fax 05 65 73 03 05 – Fermé 21 déc.-7 janv.
39 ch – ♦35/50 € ♦♦35/50 €, 🖙 5,50 € – 3 suites
♦ Ce tout nouvel hôtel répond aux attentes d'une clientèle d'affaires : chambres fonctionnelles et claires conciliant confort, insonorisation et décoration sobre.

✗✗ **Les Jardins de l'Acropolis**
🔆 AC *VISA* 🐵 AE

😊 *r. Athènes à Bourran, 1,5 km par ③ – ℰ 05 65 68 40 07 – dominique.panis234@*
orange.fr – Fax 05 65 68 40 67 – Fermé 1er-15 août, lundi soir et dim.

🐵 **Rest** – Menu 18 € (déj. en sem.), 23/46 € – Carte 43/55 €
♦ Dans un quartier d'affaires animé, cette adresse doit son succès à sa goûteuse cuisine
actuelle et au cachet de ses deux élégantes salles contemporaines revêtues de boiseries.

✗✗ **Goûts et Couleurs** (Jean-Luc Fau)
🔆 *VISA* 🐵 AE

✿ *38 r. Bonald – ℰ 05 65 42 75 10 – jean-luc.fau@wanadoo.fr – Fax 05 65 42 75 10*
– Fermé 4-14 mai, 1er-10 sept., 4-28 janv., merc. soir (sauf juin-juil.-août et déc.),
dim. et lundi   BY **e**
Rest – Menu 34/75 € – Carte 46/74 € 🕸
Spéc. Carpaccio de gambas à l'huile de fleurs de sureau (juin à sept.). Calamars
poêlés "Pierre Soulages". Compotée de lièvre à la royale en raviole de châtaigne
(oct. à déc.). **Vins** Marcillac, Vin d'Entraygues et du Fel.
♦ Les goûts et les couleurs se marient avec créativité dans l'assiette et dans la salle exposant
les tableaux du patron-artiste. Terrasse d'été prisée ; belle carte de vins du Sud.

✗✗ **Le St-Amans**
AC *VISA* 🐵

😊 *12 r. Madeleine – ℰ 05 65 68 03 18 – lesaintamans@orange.fr*   BZ **v**
Rest – Menu 18 € (déj.)/28 € – Carte 33/47 €
♦ Laque noire et grands miroirs sur les murs, chaises en cuir, lumière diffuse et tables
espacées composent le cadre japonisant de ce restaurant. Goûteuse cuisine actuelle.

✗ **Le Parfum des Délices**
↔ *VISA* 🐵

😊 *24 pl. du Bourg – ℰ 05 65 68 95 00 – Fax 05 65 68 08 25 – Fermé 10-31 août,*
8-22 fév., le soir du mardi au jeudi, dim. et lundi   BZ **n**
Rest – Menu (12,50 €), 16 € (déj. en sem.), 22/37 €
♦ Trois espaces (salle, cave voûtée, terrasse) au cadre contemporain – murs aubergine, bois
sombres – pour une cuisine actuelle jouant avec les épices et les aromates.

rte d'Espalion par ① et D 988

⌂ **Causse Comtal** ⬯
🚗 🔆 🖼 ⤵ 🔆 ⅙ ✆ ♨ 🅿 *VISA* 🐵 AE ①

😊 *à 12 km – ℰ 05 65 74 90 98 – contact@caussecomtal.com – Fax 05 65 46 92 69*
– Fermé sam. et dim. hors saison
120 ch – ♦72/82 € ♦♦86/96 €, 🖙 12 € – 2 suites – ½ P 75/85 €
Rest – Menu 18/36 € – Carte environ 32 €
♦ Isolée en plein causse, construction moderne agrémentée d'une grosse tour en pierre,
intéressante pour ses nombreux équipements de loisirs. Chambres pratiques et colorées.
Salle de restaurant fraîche et gaie, petite terrasse d'été et recettes traditionnelles.

à Olemps 3 km à l'Ouest par ② – 3 020 h. – alt. 580 m – ⊠ 12510

⌂ **Les Peyrières** ⬯
🔆 ⤵ ❀ ch, ✆ 🅿 *VISA* 🐵 AE

22 r. Peyrières – ℰ 05 65 68 20 52 – hotel-les-peyrieres@wanadoo.fr
– Fax 05 65 68 47 88 – Fermé 29 déc.-2 janv.
51 ch – ♦60 € ♦♦90 €, 🖙 10 € – ½ P 55/75 € – **Rest** – (fermé dim. soir et lundi
midi) Menu (15 €), 22 € (sem.)/45 € – Carte 39/49 €
♦ Grande villa contemporaine tout en longueur, située dans la banlieue résidentielle de
Rodez. Chambres simples et bien tenues ; accueil aimable. Trois salles à manger où l'on
déguste des plats traditionnels. Terrasse face à la piscine.

rte de Conques au Nord AX D 901

⌂ **Hostellerie de Fontanges** ⬯
🅿 🔆 ⤵ ✆ ♨ 🅿 *VISA* 🐵 AE ①

à 4 km – ℰ 05 65 77 76 00 – fontanges.hotel@wanadoo.fr – Fax 05 65 42 82 29
43 ch – ♦56/72 € ♦♦79/85 €, 🖙 9,50 € – 5 suites – ½ P 76/79 € – **Rest** – (fermé
sam. midi et dim. de nov. à Pâques) Menu (20 €), 24/45 € – Carte 44/53 € 🕸
♦ Belle et vaste demeure des 16e et 17e s. blottie dans un parc attenant à un golf. Chambres
rénovées, assez sobres, et suites personnalisées par un mobilier de style. Salle à manger
"châtelaine" agrandie d'une véranda ; cuisine régionale et carte des vins étoffée.

⌂ **Château de Labro** sans rest ⌖   📶 🛏 AC 📞 🅿 VISA 🆎

Onet Village, à 7 km par D 901 et D 586 – ℰ *05 65 67 90 62 – chateau.labro @
wanadoo.fr – Fax 05 65 67 45 79*
14 ch � – ✝80/130 € ✝✝150/200 €

◆ Chambres romantiques (beaux meubles chinés), salles de bains modernes, petit-déjeuner servi parmi les objets de brocante, piscine dans l'ancien verger... Ce château et son parc
sont tout simplement divins.

RŒUX – 59 Nord – 301 K6 – **rattaché à Arras**

ROISSY-EN-FRANCE – 95 Val-d'Oise – 305 G6 – 101 – **voir à Paris, Environs**

ROLLEBOISE – 78 Yvelines – 311 F1 – 401 h. – alt. 20 m – ⊠ 78270   18 **A1**

🚩 Paris 65 – Dreux 45 – Mantes-la-Jolie 9 – Rouen 72 – Vernon 15
– Versailles 56

🏨🏨 **La Corniche de Rolleboise** ⌖   ≤ vallée de la Seine, �️ 🛏 ✕ 📶

5 rte de la Corniche – ℰ *01 30 93 20 00*   ↯ 📞 🔊 🅿 VISA 🆎 🆎 ①
– corniche @ wanadoo.fr – Fax 01 30 42 27 44
34 ch – ✝85/280 € ✝✝85/280 €, � 14 € – 2 suites – ½ P 86/183 €
Rest – Menu 31/55 € – Carte 46/80 € 🏵

◆ Dominant la Seine, une "folie" de Léopold II de Belgique pour son dernier amour.
Chambres modernes dans le corps de logis et les extensions. Piscine d'été panoramique.
Restaurant contemporain et terrasse-belvédère orientés vers le fleuve. Cuisine du
moment.

ROMAGNIEU – 38 Isère – 333 G4 – 1 235 h. – alt. 298 m – ⊠ 38480   45 **C2**

🚩 Paris 539 – Grenoble 57 – Chambéry 35 – Lyon 109

⌂ **Auberge les Forges de la Massotte** ⌖   🚗 🌿 ✕ ch,

2 km à l'Ouest, sortie ⑩ sur l'A 43 –   📞 🅿 🔊 VISA 🆎
ℰ *04 76 31 53 00 – lesforgesdelamassotte @ wanadoo.fr – Fax 04 76 31 53 02
– Fermé vacances de la Toussaint*
5 ch – ✝55/60 € ✝✝65/70 €, � 9 € – ½ P 63 € – **Rest** – (dîner seult) (résidents
seult) Menu 29 €

◆ Dans les murs d'une ancienne forge, coquettes chambres ornées de mobilier savoyard
ou dauphinois en bois massif. Grand calme, accueil charmant, petit-déjeuner copieux.
Menu unique, mi-traditionnel, mi-régional, servi dans une salle à manger campagnarde.

ROMANÈCHE-THORINS – 71 Saône-et-Loire – 320 I12 – 1 717 h. – alt. 187 m –
⊠ 71570 ▮ Lyon et la vallée du Rhône   8 **C3**

🚩 Paris 406 – Chauffailles 46 – Lyon 55 – Mâcon 17 – Villefranche-sur-Saône 24
◉ "Le Hameau du vin" ★★ - Parc zoologique et d'attractions Touroparc★.

🏨🏨 **Les Maritonnes**   📶 🌿 🛏 ✕ AC ch, 📞 🔊 🅿 VISA 🆎 ①

rte Fleurie – ℰ *03 85 35 51 70 – contact @ maritonnes.com – Fax 03 85 35 58 14*
25 ch – ✝90/160 € ✝✝90/160 €, � 13 € – **Rest** – (fermé merc. soir et mardi hors
saison) (dîner seult sauf sam. et dim.) Menu 35/70 € – Carte 40/66 €

◆ Cet hôtel voisin d'un musée viticole occupe une corpulente maison tapissée de vigne
vierge et nichée dans un parc fleuri. Au restaurant, plats traditionnels se mariant bien
avec le célèbre cru local : le moulin-à-vent.

ROMANS-SUR-ISÈRE – 26 Drôme – 332 D3 – 32 667 h. – alt. 162 m – ⊠ 26100
▮ Lyon et la vallée du Rhône   43 **E2**

🚩 Paris 558 – Die 78 – Grenoble 81 – St-Étienne 121 – Valence 20 – Vienne 73
🅸 Office de tourisme, place Jean Jaurès ℰ 04 75 02 28 72, Fax 04 75 05 91 62
🆅 de Valence Saint-Didier à Saint-Didier-de-Charpeypar rte de Crest : 15 km,
ℰ 04 75 59 67 01.

◉ Tentures★★ de la collégiale St-Barnard - Collection de chaussures★ du
musée international de la chaussure - Musée diocésain d'Art sacré★ à
Mours-St-Eusèbe, 4 km par ①.

ROMANS-SUR-ISÈRE

Clercs (R. des) . . . . CY 4
Cordeliers (Côtes des) . . . . . CY
Écosserie (R. de l') . . . . BY 8
Faure (Pl. M.) . . . . BY
Fontaine des Cordeliers (R.) CY 10
Gailly (Pl. E.) . . . . BY
Guilhaume (R.) . . . . AZ 12
Herbes (Pl. aux) . . . . BY 14
Jacquemart (Côte) . . . . BY 15
Jacquemart (R.) . . . . AZ 16
Massenet (Pl.) . . . . CY 17
Mathieu-de-la-Drôme (R.) . . CY 18
Merlin (R.) . . . . CY 20
Mouton (R. du) . . . . BY 22
Palestro (R.) . . . . AZ 24
Perrot-de-Verdun (Pl.) . . . . . BY 26
Sabaton (R.) . . . . CY 28
Ste-Marie (R.) . . . . CY 29
Semard (Av. P.) . . . . AZ 30
Trois Carreaux (R.) . . . . CY 32
Victor-Hugo (Av.) . . . . AZ 34

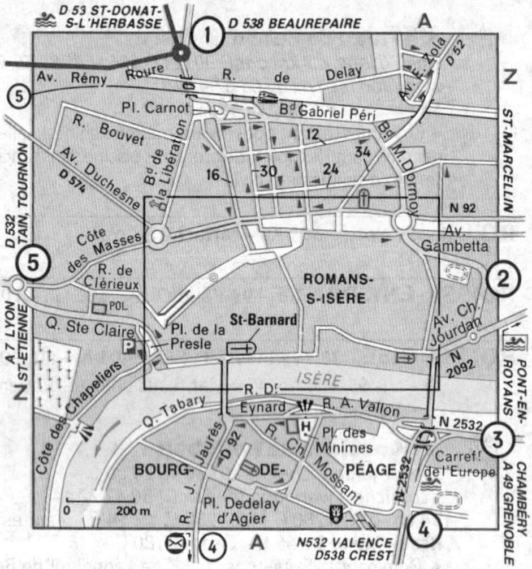

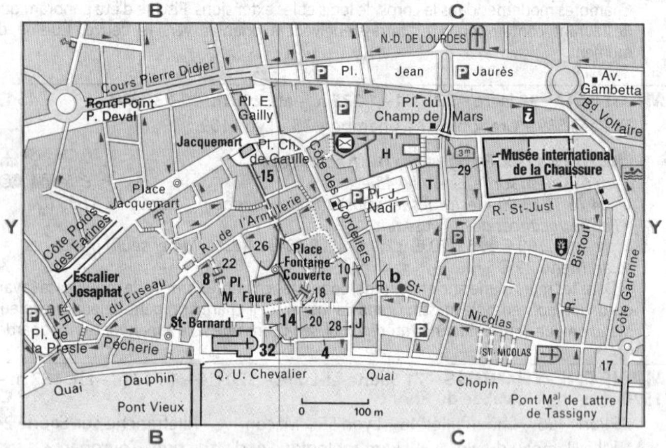

L'Orée du Parc sans rest

6 av. Gambetta, par ② – ✆ 04 75 70 26 12 – hotoree-parc@wanadoo.fr
– Fax 04 75 05 08 23 – Fermé 12-19 oct., 28 déc.-4 janv. et 6-22 fév.
10 ch – 80/111 € 83/115 €, 10 €

◆ Cette belle maison bourgeoise des années 1920 abrite de jolies chambres aux noms de fleurs, personnalisées dans l'esprit contemporain. Bons petits-déjeuners servis sous la véranda ou au jardin (piscine). Établissement entièrement non-fumeurs.

Mandrin

70 r. St-Nicolas – ✆ 04 75 02 93 55 – emmanuel.destrait@wanadoo.fr
– Fax 04 75 02 93 55 – Fermé 3-25 août, 15-23 fév., dim. et lundi CY **b**
Rest – Menu 19/36 € – Carte 24/32 €

◆ Mandrin, le célèbre contrebandier, aurait trouvé refuge dans cette maison datant de 1754. Sol en terre cuite, poutres, colombages et galets roulés donnent une atmosphère moyenâgeuse à la salle de restaurant. Carte traditionnelle ; paella sur commande.

à l'Est 4 km par ② et D 92N – ⊠ 26750 St-Paul-lès-Romans

🏠 **Karene**   🚗 ☃ ⇄ 🥂 🛁 **P** 𝗩𝗜𝗦𝗔 ⑩ 🅰🅴 ⓘ
🐾 – 𝒞 04 75 05 12 50 – contact@hotelkarene.com – Fax 04 75 05 25 17 – Fermé
22 déc.-1ᵉʳ janv.
23 ch – †58/60 € ††67/72 €, ⊂⊃ 9,50 € – ½ P 65 € – **Rest** – (fermé vend., sam.,
dim. et fériés) (dîner seult) (résidents seult) Menu 17/29 €
♦ En retrait de la route, ancien siège d'entreprise reconverti en hôtel et mettant à votre
disposition des chambres fonctionnelles ; quelques-unes sont climatisées. Accueil aimable
et repas traditionnel dans une salle ornée de reproductions de toiles de Van Gogh.

à Châtillon-St-Jean 11 km par ② – 888 h. – alt. 198 m – ⊠ 26750

⛰ **Maison Forte de Clérivaux** sans rest ⌂   🚗 ✆ 📞 **P**
– 𝒞 04 75 45 32 53 – contact@clerivaux.fr – Fax 04 75 71 45 43
– Fermé 3 janv.-3 mars
5 ch ⊂⊃ – †55 € ††60 €
♦ Dans un site agreste, ensemble des 16ᵉ et 17ᵉ s. harmonieusement rénové en préservant
son cachet ancien. Terrasses et beau jardin où l'on petit-déjeune sous la treille en été.

à Granges-lès-Beaumont 6 km par ⑤ – 948 h. – alt. 155 m – ⊠ 26600

XXXX **Les Cèdres** (Jacques Bertrand)   🚗 🍴 🅰🅲 **P** 𝗩𝗜𝗦𝗔 ⑩
ⵚⵚⵚ – 𝒞 04 75 71 50 67 – Fax 04 75 71 64 39
– Fermé 14-23 avril, 18 août-2 sept., 22 déc.-6 janv., dim. soir, lundi et mardi
Rest – (nombre de couverts limité, prévenir) Menu 40 € (déj. en sem.), 57/110 € 🕸
Spéc. Raviole de foie gras de canard, girolles et crème d'ail doux (printemps).
Fraîcheur de homard au vinaigre de Xérès et huile d'olive de Nyons (été). Trilogie
de chasse. **Vins** Crozes-Hermitage, Hermitage.
♦ Maison villageoise accueillante vous conviant aux plaisirs d'un délicieux repas au
goût du jour dans un cadre cossu. Belle cave rhodanienne. Salon-cheminée et jardin
bichonné.

à St-Paul-lès-Romans 8 km par ② – 1 502 h. – alt. 171 m – ⊠ 26750

XXX **La Malle Poste**   🅰🅲 𝗩𝗜𝗦𝗔 ⑩ 🅰🅴 ⓘ
– 𝒞 04 75 45 35 43 – lamalle.poste@wanadoo.fr – Fax 04 75 71 40 48
– Fermé 4-16 août, 1ᵉʳ-14 janv., dim. soir et lundi
Rest – Menu 30/56 € 🕸
♦ Ici, on fait régulièrement le marché-gare à Lyon. Résultat : une cuisine au goût du jour
originale, à arroser d'un vin choisi parmi plus de 350 références.

ROMILLY-SUR-SEINE – 10 Aube – 313 C2 – 14 616 h. – alt. 76 m –
⊠ 10100   **13 B2**

▶ Paris 124 – Châlons-en-Champagne 76 – Nogent-sur-Seine 18 – Sens 65
– Troyes 39
ℹ Office de tourisme, 27, rue Saint-Laurent 𝒞 03 25 24 87 80

🏨 **Auberge de Nicey**   🖺 🕮 ⇄ ✳ 📞 🛁 **P** 𝗩𝗜𝗦𝗔 ⑩ 🅰🅴 ⓘ
24 r. Carnot – 𝒞 03 25 24 10 07 – contact@denicey.com – Fax 03 25 24 47 01
– Fermé 22 déc.-4 janv.
23 ch – †79 € ††112 €, ⊂⊃ 12,50 € – ½ P 89 € – **Rest** – (fermé dim. sauf le soir
en août, lundi mid et sam. midi) Menu 22/45 € – Carte 39/54 €
♦ À deux pas de la gare, établissement de bon confort abritant des chambres fonctionnelles et bien insonorisées ; celles de l'annexe sont plus grandes. Deux élégantes salles à
manger en enfilade, ornées de tableaux colorés. Répertoire culinaire traditionnel.

ROMORANTIN-LANTHENAY 👁 – 41 Loir-et-Cher – 318 H7 – 18 350 h.
– alt. 93 m – ⊠ 41200 ▯ Châteaux de la Loire   **12 C2**

▶ Paris 202 – Blois 42 – Bourges 74 – Orléans 67 – Tours 95 – Vierzon 38
ℹ Office de tourisme, place de la Paix 𝒞 02 54 76 43 89,
Fax 02 54 76 96 24
◎ Maisons anciennes★ **B** - Vues des ponts★ - Musée de Sologne★ **M²**.

ROMORANTIN-LANTHENAY

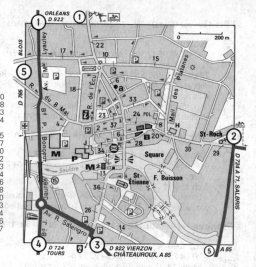

Grand Hôtel du Lion d'Or (Didier Clément)   ⬚ ▥ & ch, 🅰🄲 ch, 📞

69 r. Clemenceau – ℰ 02 54 94 15 15   🅿 VISA ⓜ⓪ AE ①

– liondor@relaischateaux.com – Fax 02 54 88 24 87

– Fermé 17-28 nov. et 16 fév.-27 mars

13 ch – ♦170 € ♦♦170/400 €, ⌿ 24 € – 3 suites

Rest – (fermé mardi midi) (nombre de couverts limité, prévenir) Menu 98/155 €
– Carte 110/166 € ❀

Spéc. Cuisses de grenouilles à la rocambole. Pigeon farci entre chair et peau, façon babylonienne. Brioche caramélisée, melon candi et sorbet d'angélique. **Vins** Cour-Cheverny, Bourgueil.

♦ Une façade Renaissance, une autre Napoléon III, pour cet établissement fondé en 1774. Éléments anciens (boiseries, balcons...) se mêlent au mobilier récent dans les chambres. Cuisine actuelle et bons vins de la Loire servis dans trois salles ou en terrasse l'été.

Pyramide   ⬚ ▥ & ch, ↩ ⚄ 🅿 VISA ⓜ⓪

r. Pyramide, par ① – ℰ 02 54 76 26 34 – lapyramide@wanadoo.fr

– Fax 02 54 76 22 28

66 ch – ♦47/72 € ♦♦56/72 €, ⌿ 10 € – **Rest** – (fermé 20 déc.-8 janv. et vend. midi) Menu 17 € (sem.)/29 € – Carte 28/31 €

♦ Construction moderne voisine d'un complexe culturel. Chambres fonctionnelles et homogènes, de style actuel. Les repas traditionnels sont pris dans la sobre salle à manger ou sur la terrasse dressée sur l'arrière du restaurant.

Auberge le Lanthenay avec ch ❀   ⬚ 🄰🄲 rest, ↩ VISA ⓜ⓪

9 r. Notre Dame du Lieu, 2,5 km par ① et D 922 – ℰ 02 54 76 09 19 – lelanthenay @wanadoo.fr – Fax 02 54 76 72 91 – Fermé 22 déc.-6 janv., dim. soir et lundi

10 ch – ♦50/55 € ♦♦50/55 €, ⌿ 8 € – ½ P 55/58 € – **Rest** – (nombre de couverts limité, prévenir) Menu 22 € (sem.)/52 € – Carte 48/57 €

♦ Dans un hameau pittoresque, étape sympathique où les plaisirs de la table rivalisent avec la quiétude des chambres rustiques. La salle à manger est plus intime que la véranda.

RONCE-LES-BAINS – 17 Charente-Maritime – 324 D5 – ✉ 17390 La Tremblade
| Poitou Vendée Charentes
38 **A2**

▶ Paris 505 – Marennes 9 – Rochefort 31 – La Rochelle 68 – Royan 27

🛈 Office de tourisme, place Brochard ℰ 05 46 36 06 02,
   Fax 05 46 36 38 17

⌂ **Le Grand Chalet** ← île d'Oléron, 🚗 🔼 **P** **VISA** **⑩** **AE** **①**
2 av. La Cèpe – ℰ *05 46 36 06 41 – frederic.moinardeau@wanadoo.fr*
– Fax 05 46 36 38 87 – Fermé 4 nov.-10 fév.
26 ch – ♦45/82 € ♦♦45/82 €, ☑ 10 € – ½ P 53/72 € – **Rest** – *(fermé dim. soir hors saison, lundi sauf le soir en saison et mardi)* Menu 26/46 €
♦ Hôtel de 1850 surplombant la mer ; accès direct à la plage. Chambres meublées simplement, à choisir avec vue panoramique sur l'île d'Oléron ou tournées sur le jardin. Au restaurant, quelques tables offrent une belle échappée sur le large. Carte traditionnelle.

RONCHAMP – 70 Haute-Saône – 314 H6 – **2 965 h.** – alt. 380 m – ⊠ 70250
▌Franche-Comté Jura   17 **C1**

  ◨ Paris 399 – Belfort 22 – Besançon 88 – Lure 12 – Luxeuil-les-Bains 31 – Vesoul 42

  ◨ Office de tourisme, 14, place du 14 Juillet ℰ 03 84 63 50 82, Fax 03 84 63 50 82

  ◉ Chapelle Notre-Dame-du-Haut★★.

au Rhien 3 km au Nord – ⊠ 70250 Ronchamp

⌂ **Rhien Carrer** ⤸ 🚗 🏠 🔲 🔳 ᵫ ch, ↩ ⌿ ch, ℃ ᴬ **P** **VISA** **⑩**
ℰ *14 r. d'Orière –* ℰ *03 84 20 62 32 – carrer@ronchamp.com – Fax 03 84 63 57 08*
19 ch – ♦40 € ♦♦48 €, ☑ 7,50 € – ½ P 42 € – **Rest** – *(fermé dim. soir d'oct. à mars)* Menu 12 € (sem.)/42 € – Carte 26/55 €
♦ Hostellerie familiale proche de la chapelle N.-D.-du-Haut (chef-d'œuvre de Le Corbusier). Chambres non-fumeurs, offrant calme et bon petit confort. Jardin de repos. Table valorisant le terroir à travers ses spécialités franc-comtoises. Terrasse d'été.

à Champagney 4,5 km à l'Est par D 4 – **3 310 h.** – alt. 370 m – ⊠ 70290

⌂⌂ **Le Pré Serroux** 🚗 🏠 🔲 🔳 🏊 ↩ ℃ ᴬ **P** **VISA** **⑩** **AE**
ℰ *4 av. Gén. Brosset –* ℰ *03 84 23 13 24 – lepreserroux@wanadoo.fr*
🍽 *– Fax 03 84 23 24 33 – Fermé 22 déc.-12 janv. et le midi en août*
25 ch – ♦65 € ♦♦70 €, ☑ 15 € – ½ P 54 €
Rest – Menu 15 € (déj. en sem.), 20/40 € – Carte 28/39 €
♦ L'hôtel, qui a subi une réfection totale, voisine avec la maison de la Négritude. Les chambres de bon confort, le jardin, le fitness et la piscine invitent à la détente. La salle à manger a conservé un petit air rétro. Terrasse d'été. Carte traditionnelle.

RONCQ – 59 Nord – 302 G3 – **rattaché à Lille**

LE ROND-D'ORLÉANS – 02 Aisne – 306 B5 – **rattaché à Chauny**

ROOST-WARENDIN – 59 Nord – 302 G5 – **rattaché à Douai**

ROPPENHEIM – 67 Bas-Rhin – 315 M3 – **942 h.** – alt. 117 m – ⊠ 67480   1 **B1**
  ◨ Paris 503 – Haguenau 25 – Karlsruhe 41 – Strasbourg 48 – Wissembourg 35

✗ **À l'Agneau** 🏠 **VISA** **⑩**
11 r. Principale – ℰ *03 88 86 40 08 – Fax 03 88 86 40 57 – Fermé 1ᵉʳ-5 mai,*
ℰ *20 juil.-18 août, 21 déc.-5 janv., dim., lundi et le midi sauf sam.*
Rest – Menu 14 € (déj.)/53 € – Carte 22/56 €
♦ Maison alsacienne typique où l'on vient pour la table généreuse (cuisine traditionnelle et grillades) et aussi pour l'ambiance très joviale. Vitrine de produits régionaux.

ROQUEBILLIÈRE – 06 Alpes-Maritimes – 341 E3 – **1 467 h.** – alt. 650 m –
⊠ 06450   41 **D2**
  ◨ Paris 889 – Marseille 245 – Nice 58 – Cuneo 132 – San Remo 106

✗ **Le Provençal** 🏠 **VISA** **⑩** **AE** **①**
5 r. des Héros-de-14-18, (face à l'église) – ℰ *04 93 05 13 13 – jeromecornillon@*
ℰ *hotmail.fr – Fermé 17 nov.-10 déc., lundi et mardi sauf juil.-août*
Rest – Menu 13 € (déj. en sem.)/20 € – Carte 27/37 €
♦ Ce restaurant joue la carte provençale côté décor et prône la tradition côté papilles. Le chef privilégie les produits du jardin et du marché, dans le respect des saisons.

ROQUEBRUNE-CAP-MARTIN – 06 Alpes-Maritimes – 341 F5 – 11 692 h. – alt. 70 m – ⊠ 06190 ▯ Côte d'Azur
42 **E2**

> ▶ Paris 953 – Menton 3 – Monaco 9 – Monte-Carlo 7 – Nice 26
>
> ▯ Office de tourisme, 218, avenue Aristide Briand ✆ 04 93 35 62 87, Fax 04 93 28 57 00
>
> ◉ Village perché★★ : rue Moncollet★, ※ ★★ du donjon★ - Cap Martin ≤★★ X - ≤★★ du belvédère du Vistaëro SO : 4 km.
>
> ◰ Site★ de Gorbio N : 8 km par D 50.

Plans : voir à Menton.

Vista Palace ≤ Monaco et la côte, ♨ 🛋 🍽 ☎ ⅙ 🛗 ₺ ch, ㎢ ❄ rest, *Grande Corniche, 4 km par* ③ 🅰 🅿 🅿 🚗 𝗩𝗜𝗦𝗔 ⑩ 🅰🅴 ⑩ rte La Turbie D 2564 – ✆ 04 92 10 40 00 – info@vistapalace.com – Fax 04 93 35 18 94

64 ch – ♦185/330 € ♦♦250/400 €, � 25 € – 4 suites
Rest *Le Vistaero* – ✆ 04 92 10 40 20 *(dîner seult)* Menu 55/75 € – Carte 62/84 €
Rest *La Corniche* – *(déj. seult)* Menu 32 € (sem.), 48 € (sem.) – Carte 52/60 €
♦ En surplomb de la Riviera, hôtel ultra-moderne à l'architecture audacieuse et au luxueux décor. Centre de beauté, piscine panoramique, parc botanique en terrasses. Au Vistaero, cuisine au goût du jour et vue à couper le souffle. Recettes du Sud à La Corniche.

Victoria sans rest ≤ ㎢ ❄ 𝗩𝗜𝗦𝗔 ⑩ 🅰🅴 ⑩
7 promenade Cap-Martin – ✆ 04 93 35 65 90 – Fax 04 93 28 27 02 – Fermé *8 janv.-8 fév.*
AV **k**
32 ch – ♦79/114 € ♦♦79/114 €, ⊒ 10 €
♦ Hôtel intégré à un immeuble résidentiel cossu. Chambres souvent meublées en rotin et bambou, avec balcon côté mer. Salon-bar décoré dans le style colonial. Accueil charmant.

Alexandra sans rest ≤ 🏢 ㎢ ✆ 🅿 𝗩𝗜𝗦𝗔 ⑩ 🅰🅴
93 av. W. Churchill – ✆ 04 93 35 65 45 – info@alexandrahotel.fr – Fax 04 93 57 96 51
AV **a**
40 ch – ♦49/92 € ♦♦60/136 €, ⊒ 10 €
♦ Dans cette construction balnéaire à balcons, typique des années 1960-70, demandez les chambres avec vue sur la grande bleue (derniers étages) ; on les rafraîchit par étapes.

Le Roquebrune sans rest ≤ ₺ ㎢ ✆ 🅿 𝗩𝗜𝗦𝗔 ⑩ 🅰🅴 ⑩
100 av. J. Jaurès, par ③ *et rte de Monaco (D 6098) par basse corniche* – ✆ 04 93 35 00 16 – info@le-roquebrune.com – Fax 04 93 28 98 36
5 ch – ♦100/125 € ♦♦155/195 €
♦ On vous reçoit comme des amis dans cette coquette maison surplombant les flots. Les chambres, toutes neuves, sont raffinées et reposantes (certaines avec terrasse-jardinet).

Les Deux Frères avec ch ≤ ㎢ ch, ✆ 𝗩𝗜𝗦𝗔 ⑩ 🅰🅴 ⑩
pl. des Deux Frères, au village, 3,5 km par ③ – ✆ 04 93 28 99 00 – info@ lesdeuxfreres.com – Fax 04 93 28 99 10
12 ch – ♦75 € ♦♦100/250 €, ⊒ 9 € – ½ P 98 € – **Rest** – *(fermé 15 nov.-15 déc., 24-30 mars, dim. soir, mardi midi et lundi)* Menu 28 € bc (déj.)/48 € – Carte 54/60 €
♦ Restaurant aménagé dans l'ex-école communale, sur une placette-belvédère dominant la mer ; plats au goût du jour. Jolies chambres thématiques ("Afrique", "mariage", etc.).

L'Hippocampe ≤ baie et littoral, ㎢ 𝗩𝗜𝗦𝗔 ⑩ 🅰🅴 ⑩
44 av. W. Churchill – ✆ 04 93 35 81 91 – contact@hippocampe-restaurant.com – Fax 04 93 35 81 91 – Fermé 3 nov.-27 déc., le soir de nov. à mai, dim. soir et lundi
Rest – *(prévenir)* Menu 34/50 € – Carte 32/70 €
AV **h**
♦ Cet établissement familial "les pieds dans l'eau" réserve, à midi, l'une de ses terrasses aux baigneurs. Spécialité de filet de sole en brioche (bouillabaisse et coq au vin sur commande).

LA ROQUEBRUSSANNE – 83 Var – 340 K5 – 1 672 h. – alt. 365 m – ⊠ 83136
41 **C3**

> ▶ Paris 810 – Aix-en-Provence 61 – Aubagne 48 – Brignoles 15 – Toulon 35
>
> ▯ Office de tourisme, 15, rue Georges Clemenceau ✆ 04 94 86 82 11

Auberge de la Loube 🍴 📞 VISA ⬤

pl. de l'Église – ℰ 04 94 86 81 36 – Fax 04 94 86 86 79
8 ch – ♦70/80 € ♦♦70/80 €, ⌷ 8 € – ½ P 75 € – **Rest** – Menu 26/53 € – Carte 58/67 €

◆ Devant l'église, bâtisse ancienne aux couleurs ensoleillées, aménagée dans le style provençal. Chambres progressivement rénovées. Sympathique salle à manger agrémentée de meubles en bois peint, de tableaux et d'objets chinés. Terrasse ombragée. Cuisine traditionnelle.

LA ROQUE-D'ANTHÉRON – 13 Bouches-du-Rhône – 340 G3 – 4 446 h.
– **alt. 183 m** – ⊠ 13640 ⬤ Provence 42 **E1**

▶ Paris 726 – Aix-en-Provence 29 – Cavaillon 34 – Manosque 60 – Marseille 58
🅸 Office de tourisme, 3, cours Foch ℰ 04 42 50 70 74, Fax 04 42 50 70 76
◉ Abbaye de Silvacane ★★ E : 2 km.

Mas de Jossyl 🛏 🍴 ☃ 🛁 ⅋ ⌷, 🅰🅲 ⅋ 📞 🛁 🅿 VISA ⬤ 🅰🅴 ⓞ

– ℰ 04 42 50 71 00 – jossyl.mas@wanadoo.fr – Fax 04 42 50 75 94 – Fermé 23 août-4 sept. et 16-23 fév.
28 ch – ♦65/117 € ♦♦67/131 €, ⌷ 12 € – ½ P 56/95 € – **Rest** – *(fermé dim. soir, lundi midi et mardi midi hors saison)* Menu 14 € (déj. en sem.), 20/36 € – Carte 29/40 €

◆ Face au parc du château de Florans (17ᵉ s.), hôtel actuel d'aspect régional, aux grandes chambres fonctionnelles, insonorisées. Nouvelle annexe contemporaine et espace loisirs. Plats traditionnels dans une salle claire (refaite) ou en terrasse, joliment arborée.

ROQUEFORT – 40 Landes – 335 J10 – 1 903 h. – alt. 69 m – ⊠ 40120
🗌 Aquitaine 3 **B2**

▶ Paris 667 – Bordeaux 107 – Mont-de-Marsan 23 – Saint-Pierre-du-Mont 31
– Aire-sur-l'Adour 40
🅸 Syndicat d'initiative, place du Soleil d'Or ℰ 05 58 45 50 46,
Fax 05 58 45 53 63

Le Logis de St-Vincent ⅋ ⅋ ⅗ rest, 📞 VISA ⬤

76 r. Laubaner – ℰ 05 58 45 75 36 – contact@logis-saint-vincent.com
– Fax 05 58 45 73 59 – Fermé 21-25 avril, 7-11 juil., 4-8 août, 27-31 oct., 9-13 fév. et dim.
7 ch – ♦65/95 € ♦♦65/110 €, ⌷ 17 € – 2 suites – ½ P 72/94 €
Rest – Menu 28/43 €

◆ Cette maison de maître du 19ᵉ s., restaurée avec amour, a retrouvé son éclat. Parquet d'origine, murs en pierres, tonalités douces et mobilier de style personnalisent le lieu. Coquette salle à manger, cour-jardin aux arbres exotiques et menu régional.

ROQUEFORT-LES-PINS – 06 Alpes-Maritimes – 341 D6 – 5 239 h. – alt. 184 m
– ⊠ 06330 42 **E2**

▶ Paris 912 – Cannes 18 – Grasse 14 – Nice 25
🅸 Syndicat d'initiative, Centre Culturel R D 2085 ℰ 04 93 09 67 54

Auberge du Colombier 🎋 🍴 ☃ 🍽 📞 🛁 🅿 VISA ⬤ 🅰🅴

au Colombier, rte de Nice, sur D 2085 – ℰ 04 92 60 33 00 – info@
auberge-du-colombier.com – Fax 04 93 77 07 03 – Fermé 10 janv.-15 fév.
20 ch – ♦60/90 € ♦♦110/130 €, ⌷ 8 € – 2 suites – **Rest** – *(fermé mardi)*
Menu 23/39 € – Carte 39/68 €

◆ Maison nichée dans un parc arboré dominant la vallée. Les chambres, progressivement refaites, sont garnies de meubles en bois patiné. La salle à manger rustique et l'agréable terrasse tournée vers la végétation servent de cadre à une cuisine traditionnelle.

Auberge du Clos des Pins 🍴 🅿 VISA ⬤ 🅰🅴

35 rte Notre Dame – ℰ 04 93 77 00 23 – Fax 04 93 77 00 23 – Fermé sam. midi, lundi midi et merc.
Rest – Menu (28 € bc), 34 € – Carte 38/61 €

◆ Auberge charmante tournée vers un rond-point à jets d'eau. Salon-cheminée, salle champêtre provençale, jolie terrasse et carte actuelle signée par un tandem australovosgien.

LA ROQUE-GAGEAC – 24 Dordogne – 329 I7 – 449 h. – alt. 85 m – ⊠ 24250
⬛ Périgord

4 **D3**

- ◆ Paris 535 – Brive-la-Gaillarde 71 – Cahors 53 – Périgueux 71 – Sarlat-la-Canéda 9
- ◆ Office de tourisme, le Bourg ℰ 05 53 29 17 01, Fax 05 53 31 24 48
- ◉ Site ★★.

XX La Belle Étoile avec ch   ⇔ ⛱ 🅰🅲 rest, ⇹ 🕾 *VISA* 🆗 🅰🅴 ①

- ℰ 05 53 29 51 44 – hotel.belle-etoile @ wanadoo.fr – Fax 05 53 29 45 63
- Ouvert 1er avril-1er nov.

15 ch – ♦50 € ♦♦50/80 €, ☲ 9 € – ½ P 78 € – **Rest** – *(fermé merc. midi et lundi)*
Menu 26/41 €

◆ Plats traditionnels et cuisine au goût du jour à savourer dans de belles salles à manger ou sous la treille de la terrasse dressée face à la Dordogne. Chambres confortables.

XX Auberge La Plume d'Oie avec ch   ⇔ ⇹ *VISA* 🆗

- ℰ 05 53 29 57 05 – walker.marc @ wanadoo.fr – Fax 05 53 31 04 81
- Fermé 15 nov.-20 déc., 10 janv. à début mars, mardi midi hors saison et lundi sauf le soir en juil.-août

4 ch – ♦80/90 € ♦♦80/90 €, ☲ 14 € – **Rest** – *(nombre de couverts limité, prévenir)* Menu 28 € (déj. en sem.), 45/65 € – Carte 64/75 €

◆ Cette demeure ancienne bien restaurée abrite un coquet restaurant rustique : pierres, poutres et vue sur le trafic des gabares ; cuisine au goût du jour. Petites chambres feutrées.

rte de Vitrac au Sud-Est par D 703 – ⊠ 24250 La-Roque-Gageac

⬠ Le Périgord   🚗 ⛱ 🏊 ⛳ 🅰🅲 ⇹ ⛳ rest, 🅿 *VISA* 🆗 🅰🅴

à 3 km – ℰ 05 53 28 36 55 – bienvenue @ hotelleperigord.eu – Fax 05 53 28 38 73
- Fermé 2 janv.-28 fév.

39 ch – ♦55/65 € ♦♦55/65 €, ☲ 8 € – ½ P 57/62 € – **Rest** – *(fermé lundi et mardi sauf de mai au 15 oct.)* Menu (18 €), 22/98 € – Carte 37/43 €

◆ Au pied de la bastide de Domme, maison d'allure régionale entourée d'un grand jardin. Chambres d'esprit rustique, simples et bien tenues. Recettes actuelles qui – enseigne oblige – reposent sur des bases périgourdines. Salle à manger-véranda et terrasse d'été.

XX Les Prés Gaillardou   🚗 ⛱ 🅿 *VISA* 🆗

- ℰ 05 53 59 67 89 – restau.presgaillardou @ wanadoo.fr – Fax 05 53 31 07 37
- Fermé merc.

Rest – Menu (16 €), 26/36 € – Carte 31/53 €

◆ Murs en pierres, belle cheminée et poutres agrémentent les trois petites salles à manger de cette ancienne ferme. Jardin clos, agréable terrasse et cuisine du terroir.

ROQUEMAURE – 30 Gard – 339 N4 – 4 848 h. – alt. 19 m – ⊠ 30150
⬛ Provence

23 **D2**

- ◆ Paris 665 – Alès 76 – Avignon 18 – Nîmes 47 – Orange 12 – Pont-St-Esprit 32
- ◆ Office de tourisme, 1, cours Bridaine ℰ 04 66 90 21 01, Fax 04 66 90 21 01

⬠ Le Clément V   ⛱ 🏊 ⇹ 🕾 🅿 🕾 *VISA* 🆗 🅰🅴

6 r. P. Semard, rte de Nîmes – ℰ 04 66 82 67 58 – hotel.clementv @ wanadoo.fr
- Fax 04 66 82 84 66 – Fermé 22 déc.-28 janv.

21 ch – ♦62/72 € ♦♦67/77 €, ☲ 8 € – ½ P 50/55 € – **Rest** – *(dîner seult)*
Menu 19/25 €

◆ Le château de Roquemaure fut la dernière demeure du pape Clément V. Hôtel peu à peu rénové, aux chambres simples et colorées, plus spacieuses – mais sans balcon – à l'arrière.

LA ROQUE-SUR-PERNES – 84 Vaucluse – 332 D10 – 447 h. – alt. 250 m – ⊠ 84210

42 **E1**

- ◆ Paris 697 – Avignon 34 – Marseille 99 – Salon-de-Provence 49

⬠⬠ Château la Roque ⟡   ⇔ village et vallée, 🚗 ⛱ 🏊

- ℰ 04 90 61 68 77 – chateaularoque @   ⛳ 🕾 *VISA* 🆗 🅰🅴
wanadoo.fr – Fax 04 90 61 68 78 – Fermé 12-20 nov.

5 ch – ♦100/240 € ♦♦100/240 €, ☲ 18 € – ½ P 100/170 € – **Rest** – *(fermé dim.) (dîner seult) (résidents seult)* Menu 40/60 €

◆ La restauration de ce château médiéval a magnifiquement préservé son authenticité. Chambres spacieuses. Terrasses en restanques et piscine chauffée dominent la vallée. Repas concoctés par le maître des lieux, servis dans la salle templière ou dans le jardin.

ROQUETTE-SUR-SIAGNE – 06 Alpes-Maritimes – 341 C6 – 4 445 h. – alt. 12 m
– ✉ 06550
42 **E2**

> ▷ Paris 912 – Marseille 165 – Nice 44 – Antibes 20 – Cannes 12

✗
La Terrasse   AC P VISA ◑◐ AE

(🏠)
484 av. de la République, (quartier Saint Jean) – 𝒞 04 92 19 04 88
– resterrasse.roq @ wanadoo.fr – Fermé 28 juil.-3 août, 24-31 déc., sam. midi et dim.
Rest – Menu (19 € bc), 24 € bc (déj. en sem.), 29/50 € – Carte 44/60 €
 ◆ Bois exotiques, plantes vertes et palmiers : dans une lumineuse salle à l'ambiance du Sud,
découvrez une cuisine actuelle et créative très soignée, à prix doux.

ROSAY – 78 Yvelines – 311 G2 – rattaché à Mantes-la-Jolie

ROSBRUCK – 57 Moselle – 307 M4 – rattaché à Forbach

ROSCOFF – 29 Finistère – 308 H2 – 3 550 h. – alt. 7 m – Casino – ✉ 29680
📗 Bretagne
9 **B1**

> ▷ Paris 563 – Brest 66 – Landivisiau 27 – Morlaix 27 – Quimper 100
> 🖽 Office de tourisme, 46, rue Gambetta 𝒞 02 98 61 12 13, Fax 02 98 69 75 75
> ◉ Église N.-D.-de-Croaz-Batz★ – Jardin exotique★.

Plan page suivante

🏠
Le Brittany ⌂   ≤ 🍃 ⌂ 🔲 |❀| ᕼ ch, ↩ ⌂ rest, 🗣 🔥 P VISA ◑◐ AE
bd Ste Barbe – 𝒞 02 98 69 70 78 – hotel.brittany @ wanadoo.fr
– Fax 02 98 61 13 29 – Ouvert 24 mars-11 nov.
Z **a**
24 ch – ♦115/145 € ♦♦135/255 €, ⊇ 19 € – 2 suites – ½ P 135/210 €
Rest *Le Yachtman* – (fermé lundi) (dîner seult) (nombre de couverts limité,
prévenir) Menu 59/106 € – Carte 73/98 €
Spéc. Fraîcheur de homard bleu (mai à oct.). Petite pêche du jour. Dessert autour
de l'artichaut "prince de Bretagne" (mai à sept.).
 ◆ Beau manoir du 17ᵉ s. entièrement démonté puis reconstruit à l'identique sur le port de
Roscoff. Très jolies chambres (mobilier ancien ou contemporain) et accueil aux petits soins.
Vue sur l'île de Batz et cuisine de la mer soignée dans l'élégante salle du Yachtman.

🏠
Talabardon   ≤ |❀| ↩ 🗣 🔥 P VISA ◑◐ AE
27 pl. Lacaze Duthiers, (près de l'église) – 𝒞 02 98 61 24 95 – hotel.talabardon @
wanadoo.fr – Fax 02 98 61 10 54 – Ouvert début mars à début nov.
Y **b**
37 ch – ♦65/143 € ♦♦77/163 €, ⊇ 13 € – ½ P 68/110 € – **Rest** – (fermé dim. soir
et jeudi) Menu (20 €), 26/47 € – Carte 33/55 €
 ◆ Les chambres les plus prisées de cet hôtel familial regardent le port. Elles ont été revues
dans un style contemporain : une décoration tout en sobriété. Au restaurant, poissons et
crustacés se dégustent avec la mer en toile de fond.

🏠
Thalasstonic   ≤ 🔲 ♨ |❀| ᕼ ch, ⌂ rest, P VISA ◑◐ AE
r. V. Hugo, (Y) – 𝒞 02 98 29 20 20 – thalasstonic.roscoff @ thalasso.com
– Fax 02 98 29 20 19 – Fermé 30 nov.-24 déc.
74 ch – ♦69/140 € ♦♦72/140 €, ⊇ 11 € – ½ P 72/106 € – **Rest** – Menu 25 €
– Carte 17/35 €
 ◆ Les curistes trouvent ici un accès direct au centre de thalassothérapie, les services ad hoc
et des chambres pratiques (les plus spacieuses ont un balcon côté Sud). Coucher de soleil
sur l'île de Batz, menu de type pension et formule diététique au restaurant.

🏠
La Résidence sans rest   🍃 |❀| ↩ VISA ◑◐
14 r. Johnnies – 𝒞 02 98 69 74 85 – hotel.laresidence.roscoff @ orange.fr
– Fax 02 98 69 78 63 – Ouvert 1ᵉʳ avril-15 nov.
Y **f**
31 ch – ♦38/58 € ♦♦45/78 €, ⊇ 7 €
 ◆ Entre le port et l'église, construction traditionnelle isolée de la rue par un jardin joliment
fleuri. Chambres soignées, pourvues de balcons au Sud. Adresse non-fumeurs.

🏠
Armen Le Triton sans rest ⌂   🍃 ✗ |❀| 🗣 P VISA ◑◐ ◉
r. du Dr. Bagot – 𝒞 02 98 61 24 44 – resa @ hotel-letriton.com – Fax 02 98 69 77 97
– Fermé 15 janv.-15 fév.
Z **u**
44 ch – ♦45/55 € ♦♦55/72 €, ⊇ 8 €
 ◆ Séjour au calme et à deux pas de la thalassothérapie dans cet établissement où les
chambres sont plus spacieuses côté tennis. Petits-déjeuners face à l'agréable jardin.

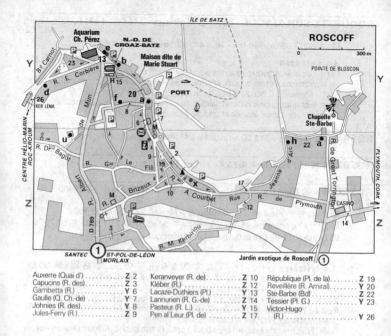

ROSCOFF

Aux Tamaris sans rest

≤ 🖫 ⚅ 🗤 *VISA* ⑳

49 r. É. Corbière – ℰ 02 98 61 22 99 – contact@hotel-aux-tamaris.com
– Fax 02 98 69 74 36 – Ouvert 15 fév.-15 nov.   **Y d**
26 ch – †49/77 € **††**54/77 €, ☒ 8 €

♦ Maison bretonne de 1935 abritant des chambres décorées sur les thèmes de la mer et de la campagne ; certaines ont vue sur les flots. Salle des petits-déjeuners panoramique.

Du Centre

🕅 *VISA* ⑳ 🖭

le Port – ℰ 02 98 61 24 25 – contact@chezjanie.com – Fax 02 98 61 15 43 – Fermé mi-nov. à mi-fév.   **Y a**
16 ch – †59/118 € **††**69/118 €, ☒ 8,50 € – **Rest** – *(fermé dim. soir et mardi sauf juil.-août)* Carte 26/37 €

♦ Cet hôtel voisin de la poste n'est qu'à une encablure du port. Chambres agencées avec goût : décor épuré, mobilier sobre et murs gris égayés d'extraits de poèmes. Fruits de mer, grillades et salades composent la carte de ce bar-restaurant tourné vers la Manche.

Ibis sans rest

🖫 ⚄ 🗤 *VISA* ⑳ 🖭 ⓪

17 pl. Lacaze Duthiers, (pl. de l'église) – ℰ 02 98 61 22 61 – h1109@accor.com
– Fax 02 98 61 11 94   **Y e**
40 ch – †58/82 € **††**58/82 €, ☒ 7,50 €

♦ Dans le centre de Roscoff, petites chambres conformes aux normes de la chaîne profitant, pour certaines, de la vue sur la Manche. Peu de charme, mais bonne tenue et prix doux.

Bellevue sans rest

≤ *VISA* ⑳

r. Jeanne d'Arc – ℰ 02 98 61 23 38 – hotelbellevue.roscoff@wanadoo.fr
– Fax 02 98 61 11 80 – Ouvert de mi-mars à mi-nov.   **Z h**
18 ch – †60/67 € **††**60/76 €, ☒ 8 €

♦ Échappée sur la mer depuis la salle du petit-déjeuner et la plupart des chambres, un peu exiguës, simples et bien tenues. Les autres regardent un patio fleuri. Bar-pub attenant.

Le Temps de Vivre (Jean-Yves Crenn) ⇐ & ch, VISA ⦿ AE

pl. de l'Église – ℰ *02 98 61 27 28 – contact @ letempsdevivre.net*
– Fax 02 98 61 19 46 – Fermé 24 mars-10 avril, 28 sept.-17 oct., 4-14 janv., dim. soir
sauf août, mardi sauf le soir d'avril à déc. et lundi Y e
Rest – Menu 39 € (sem.)/100 € – Carte 61/96 € ⸙

Spéc. Pinces de tourteau rôties. Langoustines poêlées, galette d'artichaut (mai à nov.). Pigeon rôti, chou vert, far noir au lard grillé.

♦ La Manche en toile de fond, un cadre élégant, la cuisine inventive axée sur la pêche locale et une belle carte des vins : quatre raisons de prendre le temps de vivre !

Le Temps de Vivre ⋒⋒ ⬧ VISA ⦿ AE

pl. de l'Église – ℰ *02 98 19 33 19 – contact @ letempsdevivre.net*
– Fax 02 98 19 33 00 – Fermé 1er-15 oct. et 4-14 janv.
15 ch – ♦80/140 € ♦♦80/268 €, � 14 €

♦ Grandes chambres très épurées et raffinées (pierre, wengé, chêne), logées dans des maisons de corsaires réparties autour d'un patio fleuri ; certaines regardent la mer.

L'Écume des Jours ⋒ VISA ⦿

quai d'Auxerre – ℰ *02 98 61 22 83 – michel.quere2 @ wanadoo.fr*
– Fax 02 98 61 22 83 – Fermé déc., janv., merc. soir et mardi sauf du 14 juil. au
20 août et merc. midi Z x
Rest – Menu (20 €), 29/49 € – Carte 37/55 €

♦ La salle principale de cette ex-maison d'armateur (16e s.) a conservé son caractère d'antan et ses deux cheminées anciennes. Terrasse face au port et cuisine régionale soignée.

ROSENAU – 68 Haut-Rhin – 315 J11 – 1 840 h. – alt. 230 m – ✉ 68128 1 **B3**
🚗 Paris 492 – Altkirch 25 – Basel 15 – Belfort 70 – Colmar 59 – Mulhouse 24

Au Lion d'Or ⋒ AC ⸙ P VISA ⦿

5 r. Village Neuf – ℰ *03 89 68 21 97 – baumlin @ auliondor-rosenau.com*
– Fax 03 89 70 68 05 – Fermé 16-28 juin, 13-30 oct., mardi sauf d'avril à mi-juin et
lundi
Rest – Menu 13 € (déj. en sem.), 23/35 € – Carte 24/37 € ⸙

♦ Salle à manger chaleureuse (boiseries blondes) et agréable terrasse dans cette sympathique auberge tenue par la même famille depuis 1928. Belle sélection de vins au verre.

ROSHEIM – 67 Bas-Rhin – 315 I6 – 4 548 h. – alt. 190 m – ✉ 67560
📗 Alsace Lorraine 1 **A2**
🚗 Paris 485 – Erstein 20 – Molsheim 9 – Obernai 6 – Sélestat 33
– Strasbourg 31
🛈 Office de tourisme, 94, rue du Général-de-Gaulle ℰ 03 88 50 75 38,
Fax 03 88 50 45 49
◉ Église St-Pierre et St-Paul ★.

Hostellerie du Rosenmeer (Hubert Maetz) ⋒ ⋒ ⬧ AC rest,
45 av. de la Gare, 2 km au Nord-Est sur D 35 – 🅰 P VISA ⦿ AE
ℰ 03 88 50 43 29 – info @ le-rosenmeer.com – Fax 03 88 49 20 57
– Fermé de fin juil. à début août et 15 fév.-11 mars
20 ch – ♦40/50 € ♦♦61/98 €, ⊇ 10 € – ½ P 76/85 €
Rest – *(fermé dim. soir, lundi et merc.)* Menu 34 € bc (déj. en sem.), 47/115 € bc
– Carte 38/67 € ⸙
Rest *Winstub d'Rosemer* – *(fermé dim. et lundi)* Menu 9,50 € (déj. en sem.),
25/36 € bc – Carte 21/42 €

Spéc. Pavé de thon rôti à la sauge-ananas. Omble chevalier des Vosges à la purée de persil (printemps-été). Colvert en salmis, champignons des bois (automne). **Vins** Sylvaner, Riesling.

♦ Au bord du ruisseau qui lui a donné son nom, hôtel d'inspiration alsacienne. Chambres fonctionnelles, certaines classiques, d'autres rustiques ou modernisées. Restaurant lumineux et relooké (bois blond, tons prune-anthracite) pour une cuisine inventive inspirée du terroir. La petite winstub voisine respire la tradition.

ROSHEIM

XX **Auberge du Cerf**   VISA ◎◎

120 r. Gén. de Gaulle – ℰ 03 88 50 40 14 – Fax 03 88 50 40 14
– Fermé 20 janv.-2 fév., dim. soir et lundi
Rest – Menu 12 € (déj. en sem.), 16/25 € – Carte 26/49 €
♦ Au centre de la cité vigneronne, cette auberge fleurie héberge deux petites salles à manger assez plaisantes. Cuisine classique et régionale.

X **La Petite Auberge** avec ch   🛋 🅰🅲 rest, ↔ 🅿 VISA ◎◎ 🅰🅴

41 r. Gén. de Gaulle – ℰ 03 88 50 40 60 – restaurant.petite.auberge@
wanadoo.fr – Fax 03 88 48 00 90 – Fermé 20 juin-10 juil., vacances de fév., merc. et
jeudi
7 ch – †45 € ††45 €, ⌿ 7 € – ½ P 68 € – **Rest** – Menu 20/46 €
– Carte 25/47 €
♦ Dans la rue principale, maisonnette alsacienne typique abritant un restaurant habillé de boiseries. Nombreux menus traditionnels et suggestions du jour. À 50 m, hôtel fonctionnel.

Nous essayons d'être le plus exact possible
dans les prix que nous indiquons.
Mais tout bouge !
Lors de votre réservation, pensez à vous faire préciser le prix du moment.

LA ROSIÈRE – 14 Calvados – 303 I4 – rattaché à Arromanches-les-Bains

LA ROSIÈRE 1850 – 73 Savoie – 333 O4 – alt. 1 850 m – Sports d'hiver : 1 100/
2 600 m ⛷20 ⛷ – ☒ 73700 Montvalezan ▮ Alpes du Nord   45 **D2**
🖸 Paris 657 – Albertville 76 – Bourg-St-Maurice 22 – Chambéry 125

🏠 **Relais du Petit St-Bernard** ⌂   ≼ montagnes, 🛋 VISA ◎◎

– ℰ 04 79 06 80 48 – info@petit-saint-bernard.com – Fax 04 79 06 83 40
– Ouvert 29 juin-5 sept. et 14 déc.-24 avril
20 ch – †37/41 € ††45/51 €, ⌿ 7 € – ½ P 49/65 € – **Rest** – Menu 16/20 €
– Carte 18/55 €
♦ Au ras des pistes, gros chalet cumulant les fonctions de pension de famille, de taverne-restaurant et de magasin de souvenirs. Chambres rustiques sobres, parfois dotées d'un balcon panoramique. Repas de type brasserie dans un décor lambrissé, avec les sommets enneigés pour toile de fond.

LES ROSIERS-SUR-LOIRE – 49 Maine-et-Loire – 317 H4 – 2 242 h. – alt. 22 m –
☒ 49350 ▮ Châteaux de la Loire   35 **C2**
🖸 Paris 304 – Angers 32 – Baugé 27 – Bressuire 66 – Cholet 80 – La Flèche 45
– Saumur 18
🖪 Syndicat d'initiative, place du Mail ℰ 02 41 51 90 22, Fax 02 41 51 90 22

XXX **La Toque Blanche**   🅰🅲 ⇔ 🅿 VISA ◎◎

rte d'Angers – ℰ 02 41 51 80 75 – Fax 02 41 38 06 38 – Fermé 15-30 nov.,
10-31 janv., mardi et merc.
Rest – Menu 25 € bc (sem.)/51 €
♦ Salle à manger tout en longueur au décor classique et aux larges fenêtres ouvrant sur le fleuve. Plats traditionnels, recettes régionales et vins de Loire au programme.

XX **Au Val de Loire**   🅰🅲 VISA ◎◎

pl. de l'Église – ℰ 02 41 51 80 30 – Fax 02 41 51 95 00 – Fermé 15 fév.-15 mars,
jeudi soir, dim. soir et lundi sauf juil.-août
Rest – Menu 13/40 € – Carte 41/48 €
♦ Plantes aromatiques et fleurs apportent un zeste d'originalité à la cuisine traditionnelle de cette hostellerie familiale. Salle à manger lumineuse et petit salon.

ROSNY-SOUS-BOIS – 93 Seine-Saint-Denis – **305** F7 – **101** 17 – **voir à Paris, Environs**

ROSPEZ – 22 Côtes-d'Armor – **309** B2 – **rattaché à Lannion**

ROSTRENEN – 22 Côtes-d'Armor – **309** C5 – **3 616 h.** – alt. 216 m –
⊠ 22110   9 **B2**

     ◧ Paris 485 – Quimper 71 – St-Brieuc 58 – Carhaix-Plouguer 22
       – Pontivy 38
     ◧ Office de tourisme, 6, rue Gilbert ✆ 02 96 29 02 72,
       Fax 02 96 29 02 72

         L'Éventail des Saveurs   🛱 **VISA** 🌐
         3 pl. Bourg Coz – ✆ *02 96 29 10 71 – leventail-des-saveurs@wanadoo.fr*
         – Fax 02 96 29 34 75 – Fermé mardi soir de sept. à mai, dim. soir, merc. soir
         et lundi
         Rest – Menu (14,50 €), 28/48 € – Carte 39/48 €
         ♦ Un bel éventail de savoureuses recettes régionales actualisées et, côté décor, une palette
         de couleurs vives assurent le succès de ce restaurant.

ROUBAIX – 59 Nord – **302** H3 – **96 984 h.** – alt. 27 m – ⊠ 59100
▌Nord Pas-de-Calais Picardie   31 **C2**

     ◧ Paris 232 – Kortrijk 23 – Lille 15 – Tournai 20
     ◧ Office de tourisme, 12, place de la Liberté ✆ 03 20 65 31 90,
       Fax 03 20 65 31 83
     ▥ du Sart à Villeneuve-d'Ascq 5 rue Jean Jaurès, S : 5 km, ✆ 03 20 72 02 51 ;
     ▥ de Brigode à Villeneuve-d'Ascq 36 avenue du Golf, S : 6 km,
       ✆ 03 20 91 17 86 ;
     ▥ de Bondues à Bondues Château de la Vigne, par D 9 : 8 km,
       ✆ 03 20 23 20 62.
     ◉ Centre des archives du monde du travail BX **M¹** - La Piscine★★, Musée d'Art
       et d'Industrie★ - Chapelle d'Hem★ (murs-vitraux★★ de Manessier) 5 km,
       voir plan de Lille JS **B.**

Accès et sorties : voir plan de Lille

Plans pages suivantes

         Le Grand Hôtel   📶 ⅏ ⅍ rest, 🕻 ⅍ **VISA** 🌐 **AE** ⓪
         22 av. J. Lebas – ✆ *03 20 73 40 00 – grand.hotel.roubaix@wanadoo.fr*
         – Fax 03 20 73 22 42   BX **r**
         93 ch – ♦75/100 € ♦♦75/110 €, ⌑ 14 € – **Rest** – *(fermé août, vend. soir et sam.*
         soir) (dîner seult) Menu 21 €
         ♦ Monumental hall de réception, décoration soignée (moulures, colonnes) : un bel inté-
         rieur répond à la superbe architecture du 19ᵉ s. de cet hôtel bordant une avenue passante.
         Une grande verrière éclaire le restaurant de style Belle Époque. Carte traditionnelle.

         Le Beau Jardin "saveurs"   🛱 **P** **VISA** 🌐 **AE**
         av. Le Nôtre, (Le Parc Barbieux) – ✆ *03 20 20 61 85 – restaurant@lebeaujardin.fr*
         – Fax 03 20 45 10 65   AY **e**
         Rest – Menu 20 € (déj. en sem.)/40 € bc – Carte 39/48 €
         ♦ Environnement unique pour ce restaurant niché au cœur du parc de Barbieux. Jolie
         salle contemporaine face à un plan d'eau et festival de saveurs dans l'assiette (herbes
         et épices).

à Lys-lez-Lannoy 5 km au Sud-Est par D 206 – alt. 28 m – ⊠ 59390

     ◧ Syndicat d'initiative, 130, rue Jules Guesde ✆ 03 20 82 30 90

         Auberge de la Marmotte   ⇔ **P** **VISA** 🌐 **AE**
         5 r. J.-B. Lebas – ✆ *03 20 75 30 95 – Fax 03 20 81 16 34*
         – Fermé 28 avril-4 mai, août, lundi et le soir sauf vend. et sam.   *plan de Lille* JS **f**
         Rest – Menu (14,50 € bc), 29/69 € bc – Carte 25/53 €
         ♦ Deux salles à manger – l'une de style rustique, l'autre plus actuelle – et un petit salon
         intime vous attendent dans cette maison régionale en briques. Plats traditionnels.

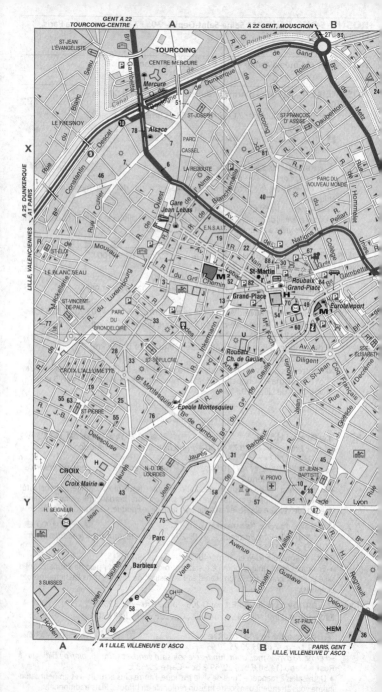

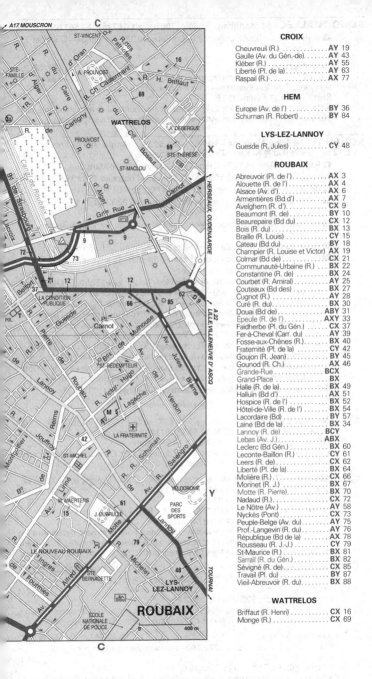

ROUDOUALLEC – 56 Morbihan – 308 I6 – 700 h. – alt. 167 m – ✉ 56110 9 B2

Paris 520 – Carhaix-Plouguer 29 – Concarneau 38 – Lorient 64 – Quimper 35 – Vannes 113

Bienvenue

– ✆ 02 97 34 50 01 – lebienvenue@wanadoo.fr – Fax 02 97 34 50 01 – Fermé 5-15 janv., 2-14 fév., mardi soir et merc. sauf juil.-août

Rest – Menu 17 € (sem.)/58 €

◆ Hortensias et rhododendrons s'épanouissent aux abords de ce restaurant situé sur la traversée d'un village des Montagnes Noires. Au menu : généreuses spécialités du terroir.

ROUEN P – 76 Seine-Maritime – 304 G5 – 106 592 h. – Agglo. 389 862 h. – alt. 12 m – ✉ 76000 Normandie Vallée de la Seine 33 D2

Paris 134 – Amiens 122 – Caen 124 – Le Havre 87 – Le Mans 204

Bac : de Dieppedalle ✆ 02 35 36 20 81 ; du Petit-Couronne ✆ 02 35 32 40 21.

de Rouen-Vallée de Seine : ✆ 02 35 79 41 00, par ③ : 10 km.

Office de tourisme, 25, place de la Cathédrale ✆ 02 32 08 32 40, Fax 02 32 08 32 44

de Rouen Mont-St-Aignan à Mont-Saint-Aignan Rue Francis Poulenc, ✆ 02 35 76 38 65 ;

De Léry Poses à Poses Base de Loisirs & de Plein Air, ✆ 02 32 59 47 42 ;

de la Forêt-Verte à Bosc-Guérard-Saint-Adrien, N : 15 km par D 121 et D 3, ✆ 02 35 33 62 94.

★★Cathédrale Notre-Dame★★★ - Le Vieux Rouen★★★ : Église St-Ouen★★, Église St-Maclou★★ Aître St-Maclou★★, palais de justice★★, rue du Gros-Horloge★★, rue St-Romain★★ BZ, place du Vieux-Marché★ AY, - Verrière★★ de l'église Ste-Jeanne-d'Arc AY **D**, rue Ganterie★, rue Damiette★ CZ - 35, rue Martainville★ CZ - Église St-Godard★ BY - Demeure★ (musée national de l'Éducation) CZ **M'5** - Vitraux★ de l'église St-Patrice - Musées : Beaux-Arts★★★, Le Secq des Tournelles★★ BY **M'3**, Céramique★★ BY **M**³, départemental des Antiquités de la Seine-Maritime★★ CY **M'** - Musée national de l'Éducation★ - Jardin des Plantes★ EX - Corniche★★★ de la Côte Ste-Catherine★★★ - Bonsecours★★ FX, 3 km - Centre Universitaire ✻★★ EV.

St-Martin de Boscherville : anc. abbatiale St-Georges★★, 11 km par ⑦.

Plans pages suivantes

Mercure Centre sans rest

7 r. de la Croix de Fer – ✆ 02 35 52 69 52 – h1301@accor.com – Fax 02 35 89 41 46

125 ch – 🛉99/170 € 🛉🛉109/180 €, ☕ 14 € – 4 suites BZ **f**

◆ Atout majeur de l'hôtel : sa situation au cœur du vieux Rouen. Chambres refaites, décorées sur le thème de la littérature ; certaines jouissent d'une échappée sur la cathédrale.

Mercure Champ de Mars

12 av. A. Briand – ✆ 02 35 52 42 32 – h1273@accor.com – Fax 02 35 08 15 06 CZ **j**

139 ch – 🛉110/150 € 🛉🛉135/175 €, ☕ 13 € – **Rest** – *(fermé le midi 14 juil.-25 août, dim. midi et sam.)* Menu 18/28 € – Carte 30/41 €

◆ En bord de Seine, sur un boulevard au trafic dense, hôtel proposant, notamment à la clientèle d'affaires, des chambres tout confort et régulièrement rénovées. Table rajeunie tournée vers le Champ-de-Mars. Choix traditionnel. Jazz-bar certains vendredis soirs.

Suitehotel sans rest

10 quai de Boisguibert – ✆ 02 32 10 58 68 – H6342@accor.com – Fax 02 32 10 58 69 EV **t**

80 ch – 🛉85/103 € 🛉🛉85/103 €, ☕ 12 €

◆ Cet hôtel récent abrite d'agréables chambres d'esprit contemporain, vastes et claires, conçues aussi bien pour les hommes d'affaires que pour les familles (cuisinettes).

Dandy sans rest

93 bis r. Cauchoise – ✆ 02 35 07 32 00 – contact@hotels-rouen.net – Fax 02 35 15 48 82 AY **p**

18 ch – 🛉68/95 € 🛉🛉80/125 €, ☕ 10 €

◆ Dans une rue piétonne menant à la place du Vieux-Marché, chambres cosy meublées en style Louis XV ; elles sont plus calmes sur l'arrière. Bar confortable décoré à la normande.

Du Vieux Marché sans rest 🖵 ⚙ ⚙ 🅿 🚗 🆅🅸🆂🅰 🆆🅾 🅰🅴 🅾

15 r. Pie – 𝒞 *02 35 71 00 88 – hotelduvieuxmarche@wanadoo.fr*
– Fax 02 35 70 75 94   AY **h**
48 ch – 🛏107/130 € 🛏🛏120/165 €, 🖵 14 €

♦ Joliment restauré en 2001, cet ensemble de maisons propose des équipements très complets et des chambres – aucune ne donne sur la rue – au décor d'esprit british.

De Dieppe 🖵 🅰🅲 rest, 🐾 🆅🅸🆂🅰 🆆🅾 🅰🅴 🅾

pl. B. Tissot, (face à la gare SNCF) – 𝒞 *02 35 71 96 00 – hotel.dieppe@*
hoteldedieppe.fr – Fax 02 35 89 65 21   BY **z**
41 ch – 🛏87/150 € 🛏🛏97/150 €, 🖵 11 € – ½ P 69/109 €
Rest *Le Quatre Saisons – (fermé 21 juil.-10 août et sam. midi)* Menu (15 €), 23/58 € – Carte 46/67 €

♦ Depuis 1880, c'est la même famille qui accueille le voyageur et lui propose ses chambres soignées au décor personnalisé. Salle de restaurant relookée dans un style contemporain aussi "smart" que chaleureux. Spécialité de canard rouennais.

De l'Europe 🖵 🐾 🆅🅸🆂🅰 🆆🅾 🅰🅴 🅾

87 r. aux Ours – 𝒞 *02 32 76 17 76 – europe-hotel@wanadoo.fr*
– Fax 02 32 76 17 77 – Fermé 22 déc.-4 janv.   AZ **e**
26 ch – 🛏70/95 € 🛏🛏70/95 €, 🖵 10 € – ½ P 55/65 €
Rest *– (fermé 18 juil.-23 août, sam. et dim.)* Menu (12 €), 25 € – Carte 19/28 €

♦ Belle situation dans le quartier historique pour ce bâtiment moderne. Chambres actuelles et fonctionnelles avec, pour certaines, vue sur les tours de la cathédrale. Ambiance conviviale et décor coloré au restaurant qui propose une cuisine traditionnelle.

De la Cathédrale sans rest 🖵 🐾 🆅🅸🆂🅰 🆆🅾 🅰🅴

12 r. St- Romain – 𝒞 *02 35 71 57 95 – contact@hotel-de-la-cathedrale.fr*
– Fax 02 35 70 15 54   BZ **m**
26 ch – 🛏56/76 € 🛏🛏66/95 €, 🖵 7,50 €

♦ Calme du patio fleuri, douceur des chambres, peut-être – comme Pierre Corneille ou Jean-Paul Sartre avant vous – trouverez-vous l'inspiration dans cette jolie maison du 17e s. ?

Le Vieux Carré sans rest 🆅🅸🆂🅰 🆆🅾 🅰🅴

34 r. Ganterie – 𝒞 *02 35 71 67 70 – vieux-carre@mcom.fr*
– Fax 02 35 71 19 17   BY **t**
13 ch – 🛏58 € 🛏🛏62 €, 🖵 7 €

♦ Délicieuse atmosphère de maison d'hôte dans cette demeure à colombages (1715) située au cœur de la vieille ville. Hall cosy, salon de thé et petites chambres coquettes.

Le Cardinal sans rest 🖵 🐾 🆅🅸🆂🅰 🆆🅾

1 pl. Cathédrale – 𝒞 *02 35 70 24 42 – hotelcardinal.rouen@wanadoo.fr*
– Fax 02 35 89 75 14 – Fermé 25 déc.-15 janv. et fériés   BZ **r**
18 ch – 🛏52/66 € 🛏🛏62/86 €, 🖵 7,50 €

♦ Voisin de la cathédrale Notre-Dame, chef d'œuvre de l'art gothique, hôtel familial proposant de petites chambres rénovées. L'été, petit-déjeuner en terrasse.

Le Clos Jouvenet sans rest 🌿 ⟨ 🛋 🐾 ⚙ 🐾 🅿

42 r. Hyacinthe Langlois – 𝒞 *02 35 89 80 66 – cdewitte@club-internet.fr*
– Fax 02 35 98 37 65 – Fermé 15 déc.-15 janv.   EV **a**
4 ch 🖵 – 🛏80/98 € 🛏🛏80/103 €

♦ Belle maison bourgeoise du 19e s. sur les hauteurs de la ville, au calme d'un grand jardin. Chambres cosy, impeccablement tenues, avec vue sur le verger ou les clochers.

Gill (Gilles Tournadre) 🅰🅲 🆅🅸🆂🅰 🆆🅾 🅰🅴 🅾

9 quai Bourse – 𝒞 *02 35 71 16 14 – gill@relaischateaux.com – Fax 02 35 71 96 91*
– Fermé 6-22 avril, 3-26 août, 2-6 janv., dim. et lundi   BZ **a**
Rest – Menu 37 € (déj. en sem.), 65/90 € – Carte 77/107 € 🕸

Spéc. Queues de langoustines poêlées, chutney de tomate et poivron rouge. Pigeon à la rouennaise. Millefeuille vanille. **Vins** Vin de pays du Calvados.

♦ Sur les quais de la Seine, élégante salle contemporaine et confortable, au décor épuré (toiles actuelles). La cuisine inventive met au goût du jour les produits du terroir normand.

ROUEN

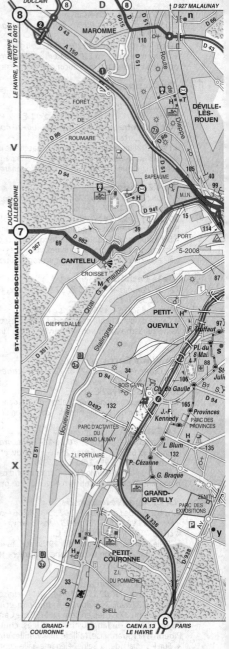

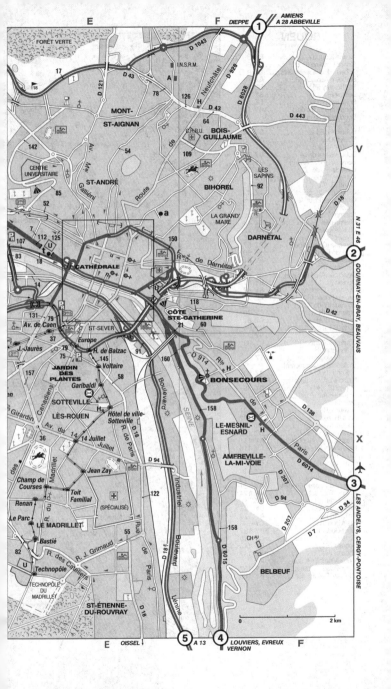

ROUEN

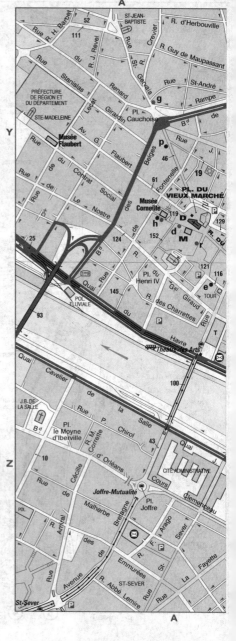

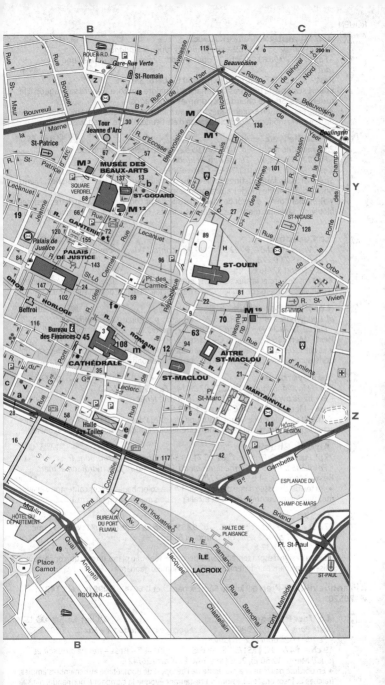

XXX **Les Nymphéas** (Patrice Kukurudz) 🛱 VISA ⚫ AE
❀
9 r. Pie – ℰ *02 35 89 26 69 – lesnympheas.rouen @ wanadoo.fr*
– Fax 02 35 70 98 81 – Fermé 17 août-8 sept., 22 fév.-9 mars, dim. et lundi
sauf fériés AY **h**
Rest – Menu 30 € (déj. en sem.), 40/50 € – Carte 55/91 €
Spéc. Escalope de foie gras de canard au vinaigre de cidre. Canard sauvageon à la rouennaise. Soufflé chaud aux pommes et calvados.
♦ Cette belle maison à colombages située au fond d'une courette pavée mêle avec soin le rustique et le moderne. Agréable terrasse d'été fleurie. À table, répertoire classique.

XXX **L'Écaille** (Marc Tellier) AC ⚙ VISA ⚫
❀
26 rampe Cauchoise – ℰ *02 35 70 95 52 – marc.Tellier3 @ wanadoo.fr*
– Fax 02 35 70 83 49 – Fermé dim. et lundi AY **g**
Rest – Menu 33 € (sem.)/78 € – Carte 69/98 €
Spéc. Grosses langoustines grillées au thym, beurre aux herbes fraîches. Menu homard. Tajine de rouget aux aromates et épices douces.
♦ Restaurant dédié au monde marin, dans le décor comme dans les assiettes ; teintes bleu-vert, tableaux modernes, fauteuils cannés, cuisine classique et produits de la mer.

XXX **La Couronne** VISA ⚫ AE ①
31 pl. Vieux Marché – ℰ *02 35 71 40 90 – contact @ lacouronne.com.fr*
– Fax 02 35 71 05 78 AY **d**
Rest – Menu 32/48 € – Carte 55/93 €
♦ 660 ans de bons et loyaux services ! Cette maison du 14ᵉ s., superbement préservée, est la plus vieille auberge de France. Cadre de caractère et livre d'or bien sûr fourni.

XXX **Les P'tits Parapluies** VISA ⚫ AE ①
pl. Rougemare – ℰ *02 35 88 55 26 – lespetits-parapluies @ hotmail.fr*
– Fax 02 35 70 24 31 – Fermé 3-19 août, 2-8 janv., sam. midi, dim. soir et lundi
Rest – Menu 26 € (sem.)/46 € – Carte 53/60 € CY **k**
♦ La bâtisse est du 16ᵉ s. et abrita naguère une fabrique de parapluies. Plaisant décor actuel (tons jaunes), jolies poutres d'époque et cuisine personnalisée, au goût du jour.

XX **Le Reverbère** AC VISA ⚫ AE
5 pl. de la République – ℰ *02 35 07 03 14 – Fax 02 35 89 77 93*
– Fermé 28 avril-4 mai, 28 juil.-17 août, dim. et fériés BZ **e**
Rest – Menu 37 € bc/51 € – Carte 36/62 €
♦ Discrète façade vitrée donnant sur une placette, à deux pas des quais. Salle à manger actuelle, prolongée par un petit salon feutré avec accès indépendant. Ambiance conviviale.

XX **Au Bois Chenu** 🛱 VISA ⚫
23 pl. Pucelle d'Orléans – ℰ *02 35 71 19 54 – auboischenu @ orange.fr*
– Fax 02 35 89 49 83 – Fermé dim. soir du 15 sept. au 1ᵉʳ juin, mardi soir et merc.
Rest – Menu 19/34 € – Carte 27/51 € AY **r**
♦ Au rez-de-chaussée d'une demeure du 17ᵉ s. à colombages. Décor contemporain avec murs lumineux, poutres peintes et escalier en bois menant à un salon rustique.

X **Le 37** AC VISA ⚫
37 r. St-Étienne-des-Tonneliers – ℰ *02 35 70 56 65 – Fax 02 35 71 96 91 – Fermé*
13-21 avril, 3 août-2 sept., dim., lundi et fériés BZ **v**
Rest – Carte 33/37 €
♦ Décor design d'esprit zen, ambiance décontractée et, au piano, un chef qui concocte une cuisine bien dans l'air du temps : le 37 ? Un numéro gagnant !

à Franqueville-St-Pierre 9 km au Sud-Est par ③ et D 6014 – 5 099 h. – alt. 140 m –
✉ 76520

🏠 **Le Vert Bocage** AC rest, 🅿 VISA ⚫ AE
rte de Paris – ℰ *02 35 80 14 74 – vert.bocage @ wanadoo.fr – Fax 02 35 80 55 73*
– Fermé 11-25 août et 2-16 janv.
19 ch – †47/50 € ††51/54 €, ⊇ 6 € – ½ P 50/54 € – **Rest** – *(fermé dim. soir et lundi)* Menu (12,50 €), 20 € (sem.)/40 € – Carte 26/42 €
♦ En bordure de route et à proximité de l'aéroport de Boos, étape aux chambres amples, fraîches et insonorisées. Le nom du restaurant évoque la campagne normande, mais la table est plutôt influencée par la mer. Deux formules : grill ou classique.

au Parc des Expositions 6 km au Sud par N 138 – ⊠ 76800 St-Étienne-du-Rouvray

🏨 **Novotel** 🔊 ⌂ ⅀ ✖ 📱 ⅄ 🔣 ⅄ 📞 🕍 **P** ᴠᴵˢᴀ ⠿ ᴀᴇ ⨀
r. Mare aux Sangsues – ☎ 02 32 91 76 76 – h0432@accor.com
– Fax 02 32 91 76 86   DX **y**
134 ch – ♦104/115 € ♦♦117/127 €, ⌱ 13 € – **Rest** – Carte 23/38 €
◆ Hôtel de bon confort, agréablement posté en lisière de forêt. Chambres peu à peu réactualisées ; double vitrage efficace. Salle à manger ample et lumineuse. L'été, terrasse dressée au bord de la piscine.

au Petit Quevilly 3 km au Sud-Ouest – 22 332 h. – alt. 5 m – ⊠ 76140

✗✗✗ **Les Capucines** ⌂ 🔣 **P** ᴠᴵˢᴀ ⠿ ᴀᴇ
16 r. J. Macé – ☎ 02 35 72 62 34 – capucines@cegetel.net – Fax 02 35 03 23 84
– Fermé 3 sem. en août, sam. midi, dim. soir et lundi   DX **s**
Rest – Menu 27/52 € – Carte 41/62 €
◆ Derrière la façade pimpante, grande salle de restaurant colorée et soignée, agrémentée de tableaux. Les quatre petits salons sont réservés aux repas d'affaires.

à Montigny 10 km par ⑦, D 94ᴱ et D 86 – 1 114 h. – alt. 110 m – ⊠ 76380

🏠 **Le Relais de Montigny** 🚗 ⌂ 🍃 ch, 📞 🕍 **P** 🚗 ᴠᴵˢᴀ ⠿ ᴀᴇ ⨀
r. Lieutenant Aubert – ☎ 02 35 36 05 97 – info@le-relais-de-montigny.com
– Fax 02 35 36 19 60 – Fermé 19 déc.-5 janv.
21 ch – ♦55 € ♦♦80/86 €, ⌱ 10 € – ½ P 69/73 € – **Rest** – (fermé vend. soir, dim. soir du 20 oct. au 15 mars et merc. midi) Menu 22 € (sem.)/37 € – Carte 31/40 €
◆ Sur les hauteurs, bâtiment des années 1960 dont les chambres donnant sur le jardin fleuri sont à réserver en priorité (grandes, calmes et dotées de balcon). Pause repas dans une lumineuse salle à manger complétée d'une terrasse verdoyante. Carte traditionnelle.

à Notre-Dame-de-Bondeville 8 km au Nord-Ouest – 7 652 h. – alt. 25 m – ⊠ 76960

✗ **Les Elfes** **P** ᴠᴵˢᴀ ⠿
303 r. Longs Vallons – ☎ 02 35 74 36 21 – elfes2@wanadoo.fr – Fax 02 35 75 27 09
– Fermé 22 juil.-18 août, dim. soir et merc.   DV **n**
Rest – Menu (16 €), 20 € (sem.)/40 € – Carte 29/61 €
◆ Des carreaux de couleur égayent le cadre néo-campagnard de cette auberge régionale située en contrebas d'une ligne de chemin de fer. Cuisine traditionnelle.

ROUFFACH – 68 Haut-Rhin – 315 H9 – 4 187 h. – alt. 204 m – ⊠ 68250
▌ Alsace Lorraine   1 **A3**
　　　　▣ Paris 479 – Basel 61 – Belfort 57 – Colmar 16 – Guebwiller 10 – Mulhouse 28
　　　　　 – Thann 26
　　　　🅾 Office de tourisme, place de la République ☎ 03 89 78 53 15,
　　　　　 Fax 03 89 49 75 30
　　　　📷 Alsace Golf Club Moulin de Biltzheim, E : 2 km par D 8, ☎ 03 89 78 52 12.

🏰 **Château d'Isenbourg** ⌘ 🔗 🚗 ⌂ ⅀ 🔲 ⠿ 🖴 ✖ 📱 🔣
– ☎ 03 89 78 58 50 🍃 rest, 📞 🕍 **P** ᴠᴵˢᴀ ⠿ ᴀᴇ ⨀
– isenbourg@grandesetapes.fr – Fax 03 89 78 53 70
40 ch – ♦125/440 € ♦♦125/440 €, ⌱ 23 € – 1 suite – ½ P 148/305 €
Rest – Menu 45 € bc (déj. en sem.)/86 € – Carte 49/86 €
◆ Ce château du 18ᵉ s., bordé de vignes, domine la vieille ville. Grandes chambres cossues un peu anciennes ; équipement sportif (tennis) complété par un spa (hammam, sauna...). Deux ambiances pour les repas : cave voûtée du 14ᵉ s. ou salle à manger classique.

🏠 **À la Ville de Lyon** sans rest 🔲 🖴 📱 ⅄ 📞 🕍 **P** ᴠᴵˢᴀ ⠿ ᴀᴇ ⨀
r. Poincaré – ☎ 03 89 49 65 51 – villedelyon@villes-et-vignoble.com
– Fax 03 89 49 76 67
48 ch – ♦48/59 € ♦♦55/135 €, ⌱ 8,50 €
◆ Façade d'inspiration Renaissance. Les chambres refaites dans un esprit campagnard actuel se révèlent coquettes, les anciennes restent fonctionnelles. Piscine en mosaïque.

ROUFFACH

XXX **Philippe Bohrer** 🖼 🅰🅲 ✚ 🅿 🆅🅸🆂🅰 ⓂⓄ 🅰🅴 Ⓞⓘ

r. Poincaré – ℰ 03 89 49 62 49 – villedelyon@villes-et-vignoble.com
– Fax 03 89 49 76 67 – Fermé 3-16 mars et 21 juil.-3 août
Rest – (fermé lundi midi, merc. midi et dim.) Menu 27 € (sem.)/80 €
– Carte 57/64 €
Rest *Brasserie Chez Julien* – ℰ 03 89 49 69 80 – Menu 10/30 € – Carte 23/51 €
Spéc. Escalope de foie de canard, streussel à l'amande. Aile et cuisse de pigeon sur
crème de petits pois. Déclinaison de rhubarbe à la fraise (saison). **Vins** Riesling,
Pinot noir.
♦ Dans un beau décor de bois blond, façon "rustique chic", vous dégusterez une cui-
sine inventive et personnalisée, associée à une cave bien composée (nombreux vins
d'Alsace). Ambiance élégante et conviviale à la Brasserie Chez Julien, aménagée dans un
cinéma.

à Bollenberg 6 km au Sud-Ouest par D 83 et rte secondaire – ✉ 68250 Westhalten

XX **Auberge au Vieux Pressoir** 🖼 🅿 🆅🅸🆂🅰 ⓂⓄ 🅰🅴 Ⓞⓘ

– ℰ 03 89 49 60 04 – info@bollenberg.com – Fax 03 89 49 76 16 – Fermé
24-27 déc.
Rest – Menu 26/73 € bc – Carte 28/89 €
♦ Belles armoires et collection d'armes anciennes président au décor alsacien de cette
maison de vignerons. Cuisine régionale soignée et dégustations de vins de la propriété.

ROUFFIAC-TOLOSAN – 31 Haute-Garonne – 343 H3 – **rattaché à Toulouse**

LE ROUGET – 15 Cantal – 330 B5 – **901 h.** – **alt. 614 m** – ✉ 15290　　　　5 **A3**
　　🅳 Paris 549 – Aurillac 25 – Figeac 41 – Laroquebrou 15 – St-Céré 37 – Tulle 74

🏠 **Des Voyageurs** 🖼 🍽 📞 🅿 🅿 🆅🅸🆂🅰 ⓂⓄ 🅰🅴

– ℰ 04 71 46 10 14 – info@hotel-des-voyageurs.com – Fax 04 71 46 93 89
– Fermé 23-27 fév.
24 ch – 🛏54/57 € 🛏🛏54/57 €, � 7,50 € – ½ P 54/57 € – **Rest** – (fermé dim. soir du
15 sept. au 1er mai) Menu 13 € (sem.)/31 € – Carte 23/42 €
♦ Maison rajeunie cultivant depuis un demi-siècle la tradition de l'hospitalité dans ce village
de la Châtaigneraie cantalienne. Pimpantes chambres côté piscine ou campagne. Restaurant classiquement agencé, terrasse agréable, repas mi-terroir, mi-traditionnel.

ROULLET – 16 Charente – 324 K6 – **rattaché à Angoulême**

LE ROURET – 06 Alpes-Maritimes – 341 D5 – **3 428 h.** – **alt. 350 m** –
✉ 06650　　　　　　　　　　　　　　　　　　　　　　　　　　　42 **E2**
　　🅳 Paris 913 – Cannes 19 – Grasse 10 – Nice 28 – Toulon, 136

🏠 **Du Clos** sans rest ॐ 🖼 🍽 ⟨ 🅰🅲 ⇪ 📞 🆅🅸🆂🅰 ⓂⓄ 🅰🅴

3 chemin des Ecoles – ℰ 04 93 77 39 18
11 ch – 🛏120/150 € 🛏🛏220/250 €, � 15 €
♦ Dans le haut du village, au grand calme (jardin), cette demeure bourgeoise complétée
d'une ancienne bergerie abrite des chambres personnalisées avec un esprit provençal.

XX **Le Clos St-Pierre** (Daniel Ettlinger) 🖼 🆅🅸🆂🅰 ⓂⓄ 🅰🅴

pl. de l'Église – ℰ 04 93 77 39 18 – ettlingercath@aol.com – Fax 04 93 77 39 90
– Fermé 23-31 déc., 23 fév.-9 mars, mardi et merc.
Rest – (nombre de couverts limité, prévenir) (menu unique) Menu 31 € (déj. en
sem.), 45/54 €
Spéc. Saint-Jacques en coquille, crumble aux aromates (mi-sept. à fin mars).
Risotto aux girolles, fines tranches de jambon Iberico. Soupe de châtaignes,
escalope de foie gras poêlé, rouelles d'oignon (oct. à fév.). **Vins** Côtes de
Provence.
♦ Sur la place de l'église, cette conviviale auberge sert une goûteuse cuisine médi-
terranéenne (menu unique, différent chaque jour). Bel intérieur provençal et jolie
terrasse.

LES ROUSSES – 39 Jura – 321 G8 – 2 927 h. – alt. 1 110 m – Sports d'hiver : 1 100/1 680 m ✦40 ♨ – ⊠ 39220 ▮ Franche-Comté Jura   16 **B3**

> ◪ Paris 461 – Genève 45 – Gex 29 – Lons-le-Saunier 64 – Nyon 25 – St-Claude 31
> ◨ Office de tourisme, Fort des Rousses ℰ 03 84 60 02 55, Fax 03 84 60 52 03
> ◪ des Rousses Route du Noirmont, E : 1 km par D 29, ℰ 03 84 60 06 25 ;
> ◪ du Mont Saint-Jean, E : 1 km par D 29, ℰ 03 84 60 09 71.
> ◎ Gorges de la Bienne★ O : 3 km.

⌂ **Chamois** ◇   ↳ ⅍ ⌕ ⅏ **P** **VISA** **◑◐** **①**
230 montée du Noirmont – ℰ *03 84 60 01 48* – *lechamois @ wanadoo.fr*
– Fax 03 84 60 39 38 – *Fermé 7-21 avril*
13 ch – ♦61 € ♦♦61/98 €, ⌷ 10 € – ½ P 55 € – **Rest** – Menu (15 €), 23 € (dîner), 36/49 € – Carte 33/47 €
♦ Isolé au-dessus de la station des Rousses, ce chalet (non-fumeurs) dissimule un aménagement contemporain et chaleureux où domine le bois. Chambres très calmes, avec lecteur DVD. À table, jolie vue sur la nature, mise en place soignée et cuisine créative.

⌂ **Redoute**   ↳ ⅍ **P** **VISA** **◑◐** **AE**
357 rte Blanche – ℰ *03 84 60 00 40* – *info @ hotellaredoute.com*
⊗ *– Fax 03 84 60 04 59* – *Fermé 7 avril-3 mai et 13 oct.-6 déc.*
25 ch – ♦49/68 € ♦♦49/68 €, ⌷ 8 € – ½ P 55/65 € – **Rest** – Menu 16/27 € – Carte 20/44 €
♦ Situation intéressante dans le village, malgré la proximité de la route, pour cet hôtel familial. Décor sans fioriture dans les chambres propres, lumineuses et insonorisées. Grande salle à manger rustique avec poutres et lustres en fer forgé (plats du terroir).

⌂ **Du Village** sans rest   ☁ **VISA** **◑◐**
344 r. Pasteur – ℰ *03 84 34 12 75* – *auloupblanc @ free.fr* – *Fax 03 84 34 12 76*
10 ch – ♦44/52 € ♦♦48/60 €, ⌷ 8 €
♦ Petit hôtel central et fonctionnel disposant de chambres fraîches et colorées. La salle des petits-déjeuners fait aussi office de salon. Réception fermée entre 12 h et 17 h.

à la Cure 2,5 km au Sud-Est par N 5, rte de Genève – ⊠ **39220 Les Rousses** – alt. 1 155 m

✗✗ **Arbez Franco-Suisse** avec ch   ⌖ **P** **VISA** **◑◐** **AE**
– ℰ 03 84 60 02 20 – *hotel.arbez @ netgdi.com* – *Fax 03 84 60 08 59*
10 ch – ♦49 € ♦♦59 €, ⌷ 7 €
Rest – *(fermé 1ᵉʳ-7 avril, nov., dim. soir et lundi soir hors saison)* Menu 28/36 € – Carte 37/51 €
Rest *Brasserie* – *(fermé 1ᵉʳ-7 avril, nov., dim. soir et lundi soir hors saison)* Menu (13 €) – Carte 16/33 €
♦ Cette auberge frontalière propose une cuisine régionale dans une salle où règne une ambiance un peu désuète, mais sympathique. Dans les chambres, simples et lambrissées, on dort en Suisse ou en France ! Spécialités fromagères à la Brasserie.

par D 25 5 km au Sud-Ouest – ⊠ **39200 Prémanon**

⌂ **Darbella** ◇   ⌖ **P** **VISA** **◑◐** **AE** **①**
551 rte Darbella – ℰ *03 84 60 78 30* – *hotelladarbella @ wanadoo.fr*
– Fax 03 84 60 76 01 – *Ouvert 1ᵉʳ juin-1ᵉʳ oct. et 1ᵉʳ déc.-30 avril*
16 ch – ♦39/65 € ♦♦52/75 €, ⌷ 6 € – ½ P 45/62 € – **Rest** – *(fermé lundi et mardi hors saison)* Menu (11,50 €), 20/30 € – Carte 20/44 €
♦ Skieurs et randonneurs apprécieront cet hôtel proche d'un téléski qui rejoint le domaine des Rousses. Chambres rajeunies et bien tenues, certaines conçues pour les familles. Petite salle à manger rustique où l'on sert une cuisine franc-comtoise et fromagère.

ROUSSILLON – 84 Vaucluse – 332 E10 – 1 161 h. – alt. 360 m – ⊠ **84220** ▮ Provence   42 **E1**

> ◪ Paris 720 – Apt 11 – Avignon 46 – Bonnieux 12 – Carpentras 41 – Cavaillon 25 – Sault 31
> ◨ Office de tourisme, place de la poste ℰ 04 90 05 60 25, Fax 04 90 05 63 31
> ◎ Site★★.

Les Sables d'Ocre sans rest ⌂ 🛏 ⌁ & AC P VISA ⦿ AE
rte d'Apt – ℰ 04 90 05 55 55 – sablesdocre@free.fr – Fax 04 90 05 55 50 – Ouvert d'avril à oct.
22 ch – †65/78 € ††65/125 €, ⊊ 10 €
♦ Au cœur du pays de l'ocre, ce mas récent à l'aspect engageant allie confort moderne et décoration provençale. Le mobilier en métal peint apporte une note gaie à l'ensemble.

David et Hôtel le Clos de la Glycine avec ch ≤ falaises et vallée,
pl. de la Poste – ℰ 04 90 05 60 13 🛏 & ch, AC ⇆ ⌁ VISA ⦿ AE
– le.clos.de.la.glycine@wanadoo.fr – Fax 04 90 05 75 80 – Fermé de mi-janv. à mi-fév., dim. soir et merc. sauf de mai au 15 oct.
9 ch – †100/150 € ††100/170 €, ⊊ 13 € – 1 suite – ½ P 108/143 €
Rest – (prévenir le week-end) Menu 32/47 € – Carte 57/62 €
♦ Dans le village perché, au-dessus de la Chaussée des géants. Salle à manger joliment redécorée et agréable terrasse ; cuisine ensoleillée. Chambres personnalisées.

Le Piquebaure-Côté Soleil 🛏 P VISA ⦿ AE
quartier les Estrayas, rte Gordes – ℰ 04 90 05 79 65 – Fermé 15 nov.-15 déc., janv., mardi hors saison et lundi
Rest – (dîner seult sauf dim.) Menu 32/59 € – Carte 40/58 €
♦ Ce restaurant emprunte son nom à l'un des rochers qui jalonnent le circuit de l'Ocre. Poutres apparentes, murs chaulés et agrémentés de tableaux. Cuisine du marché.

ROUSSILLON – 38 Isère – 333 B5 – 7 437 h. – alt. 200 m – ⊠ 38150   44 **B2**
▶ Paris 505 – Annonay 24 – Grenoble 92 – St-Étienne 68
– Tournon-sur-Rhône 44 – Vienne 19
🛈 Office de tourisme, place de l'Edit ℰ 04 74 86 72 07, Fax 04 74 29 74 76

Médicis sans rest & ⌁ ⌂ P 🛏 VISA ⦿ AE
r. Fernand Léger – ℰ 04 74 86 22 47 – info@hotelmedicis.fr – Fax 04 74 86 48 05
15 ch – †51 € ††60 €, ⊊ 9 €
♦ Dans un quartier pavillonnaire calme, hôtel récent aux chambres spacieuses et fonctionnelles ; sol carrelé, mais bonne isolation phonique. Salon équipé d'une TV grand écran.

ROUTOT – 27 Eure – 304 E5 – 1 115 h. – alt. 140 m – ⊠ 27350
▯ Normandie Vallée de la Seine   33 **C2**
▶ Paris 148 – Bernay 45 – Évreux 68 – Le Havre 57 – Pont-Audemer 19
– Rouen 36
◉ La Haye-de-Routot : ifs millénaires★ N : 4 km.

L'Écurie VISA ⦿
pl. Mairie – ℰ 02 32 57 30 30 – patrick.bourgeois1@club.fr – Fax 02 32 57 30 30
– Fermé 4-13 août, mardi soir du 15 oct. au 31 mars, merc. soir, dim. soir et lundi
Rest – Menu 15 € (déj. en sem.), 28/38 €
♦ Cet ancien relais de poste situé face aux halles abrite un salon réchauffé par une belle cheminée en pierre et une salle à manger rustique. Cuisine traditionnelle.

ROUVRES-EN-XAINTOIS – 88 Vosges – 314 E3 – 299 h. – alt. 330 m –
⊠ 88500   26 **B3**
▶ Paris 357 – Épinal 42 – Lunéville 58 – Mirecourt 9 – Nancy 51
– Neufchâteau 34 – Vittel 19

Burnel ⌂ 🛏 & ch, ⇆ ⌁ P VISA ⦿
– ℰ 03 29 65 64 10 – hotelburnel@burnel.fr – Fax 03 29 65 68 88
– Fermé 15-31 déc. et dim. soir hors saison
21 ch – †50 € ††62/79 €, ⊊ 11 € – 2 suites – ½ P 45/50 €
Rest – (fermé dim. soir sauf du 13 juil. au 21 sept., sam. midi et lundi midi)
Menu 15 € (sem.)/32 € – Carte 33/61 €
♦ Chambres spacieuses, très confortables et d'esprit champêtre. Certaines donnent sur le jardinet fleuri de l'établissement. La cuisine classique, variant selon le marché, est proposée dans une salle à manger refaite selon un style néo-rustique.

ROUVROIS-SUR-OTHAIN – 55 Meuse – 307 E2 – **rattaché à Longuyon** (M.-et-M.)

▶ Paris 504 – Bordeaux 121 – Périgueux 183 – Rochefort 40 – Saintes 38

🅱 Office de tourisme, rond-point de la Poste ℰ 05 46 05 04 71,
Fax 05 46 06 67 76

▦ de Royan à Saint-Palais-sur-Mer Maine Gaudin, par rte de St-Palais-sur-Mer :
7 km, ℰ 05 46 23 16 24.

◉ Front de mer★ - Église Notre-Dame★ **E** - Corniche★ et Conche★ de
Pontaillac.

Plans pages suivantes

🏣 **Novotel** ⌖   ⪉ mer, 🏡 🍴 🎄 ⅋ ch, ⎗ ⇕ ⅏ rest, ✆ 🕸 🅿
6 allée des Rochers, (Conche du Chay) –   🚗 ⅤⅠⅮⅯ ⓜⓖ ⒶⒺ
ℰ 05 46 39 46 39 – H1173@accor.com – Fax 05 46 39 46 46   **A b**
83 ch – ♦122/186 € ♦♦148/186 €, ⏢ 15 € – ½ P 118/137 € – **Rest** – Menu (21 €),
26/31 € – Carte 29/60 €
♦ Parmi les atouts de cet hôtel : une belle situation en surplomb de la plage, un centre de
thalassothérapie et d'agréables chambres (balcons) revues dans un style contemporain.
Carte traditionnelle de qualité et panorama iodé singularisent cette table Novotel.

🏨 **Family Golf Hôtel** sans rest   ⪉ 🕸 ✆ 🅿 ⅤⅠⅮⅯ ⓜⓖ ⒶⒺ ⓘ
28 bd Garnier – ℰ 05 46 05 14 66 – family-golf-hotel@wanadoo.fr
– Fax 05 46 06 52 56 – Ouvert 16 mars-29 nov.   **C m**
30 ch – ♦65/87 € ♦♦71/107 €, ⏢ 10 €
♦ Cette adresse du front de mer bénéficie de rénovations régulières. Chambres de bonne
ampleur pour moitié tournées vers l'océan ; terrasse pour les petits-déjeuners estivaux.

🏠 **Les Bleuets** sans rest   ⎗ ⇕ ✆ ⅤⅠⅮⅯ ⓜⓖ ⒶⒺ
21 façade de Foncillon – ℰ 05 46 38 51 79 – info@hotel-les-bleuets.com
– Fax 05 46 23 82 00 – Fermé 19 déc.-4 janv.   **B d**
16 ch – ♦50/88 € ♦♦50/88 €, ⏢ 7,50 €
♦ Discrète décoration marine, plaisantes chambres rénovées, vue sur les flots (balcons) ou
le jardin : un sympathique établissement à trouver entre port et centre-ville.

🏠 **Rêve de Sable** sans rest   🎄 ✆ ⅤⅠⅮⅯ ⓜⓖ ⒶⒺ
10 pl. Foch – ℰ 05 46 06 52 25 – revedesable@wanadoo.fr – Fax 05 46 06 49 87
11 ch – ♦50/80 € ♦♦50/120 €, ⏢ 7 €   **C z**
♦ Hôtel familial près de la plage et du centre-ville. Chambres claires, bien équipées,
donnant en partie sur la mer. Décor parfois marin (filets de pêche). Patio (petit-
déjeuner).

💥 **Les Filets Bleus**   ⎗ ⅤⅠⅮⅯ ⓜⓖ
14 r. Notre-Dame – ℰ 05 46 05 74 00 – Fermé 29 juin-6 juil., 27 oct.-4 nov.,
💥 2-10 janv., sam. midi et lundi en juil.-août, lundi midi et dim. de sept.
à juin   **B s**
Rest – Menu (14 €), 17 € (déj. en sem.), 24/58 € – Carte 39/60 €
♦ Restaurant dédié aux produits de la pêche et décoré à la façon d'un bateau : tons bleu et
blanc, bois, hublots, lampes tempête, etc. Menu spécial homard en saison.

💥 **Le Relais de la Mairie**   ⎗ ⅤⅠⅮⅯ ⓜⓖ ⒶⒺ
1 r. du Chay – ℰ 05 46 39 03 15 – Alain.gedoux@wanadoo.fr – Fax 05 46 39 03 15
💥 – Fermé 17 nov.-7 déc., jeudi soir, dim. soir et lundi   **A k**
Rest – Menu (13 €), 17 € (sem.)/34 € – Carte 30/51 €
♦ Intérieur sobre et lumineux, tables agréablement dressées, cuisine traditionnelle et
service familial : une adresse plutôt confidentielle appréciée par les gens de la région.

à Pontaillac – ⌧ 17640

🏨 **Pavillon Bleu et Résidence de Saintonge** ⌖
12 allée des Algues – ℰ 05 46 39 00 00   ⅏ rest, 🅿 ⅤⅠⅮⅯ ⓜⓖ ⓘ
– le.pavillon.bleu@wanadoo.fr – Fax 05 46 39 07 00 – Ouvert 12 avril-
20 sept.   **A q**
37 ch (½ P seult du 21 juin au 6 sept.) – ♦36/44 € ♦♦46/64 €, ⏢ 7 € – 5 suites
– ½ P 57 € – **Rest** – (ouvert 21 juin-6 sept.) (dîner seult) (résidents seult) ⽥
♦ Un important programme de rénovation redonne progressivement des couleurs à cet
établissement familial. Les chambres déjà refaites sont plus actuelles et agréables. Cuisine
traditionnelle iodée et belle sélection de vins de Bordeaux au restaurant.

ROYAN

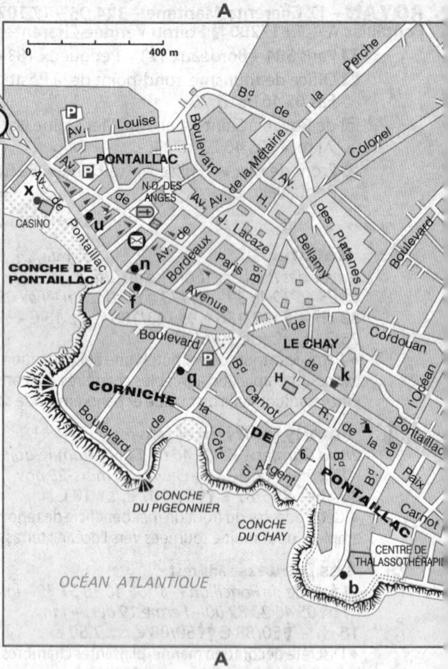

Miramar sans rest VISA MC

173 av. Pontaillac – ✆ 05 46 39 03 64 – miramaroyan@wanadoo.fr – Fax 05 46 39 23 75 A n

27 ch – 57/154 € 57/154 €, ☐ 10 €

◆ Bâtiment des années 1950 bien entretenu, que seule une route sépare de la plage la plus en vue de Royan. Chambres assez spacieuses, à choisir côté mer.

Grand Hôtel de Pontaillac sans rest VISA MC AE

195 av. Pontaillac – ✆ 05 46 39 00 44 – resa-royan@monalisahotels.com – Fax 05 46 39 04 05 – Ouvert 22 mars-31 déc. A u

40 ch – 85/150 € 85/150 €, ☐ 11 €

◆ Face à la plage de Pontaillac, hôtel rénové dont la salle des petits-déjeuners et environ la moitié des chambres ménagent une jolie vue sur l'Atlantique.

Belle-Vue sans rest P VISA MC AE

122 av. Pontaillac – ✆ 05 46 39 06 75 – belle-vueroyan@wanadoo.fr – Fax 05 46 39 44 92 – Ouvert de mars à oct. A f

22 ch – 48/78 € 48/78 €, ☐ 7 €

◆ Bordant l'avenue, vaste bâtisse des années 1950 modernisée. Chambres de taille moyenne, sagement rustiques et bien tenues, à choisir côté mer. Ambiance familiale.

La Jabotière < Conche de Pontaillac, VISA MC AE

espl. Pontaillac – ✆ 05 46 39 91 29 – Fax 05 46 38 39 93 – Fermé 12-18 oct., 20-27 déc., janv., merc. soir, dim. soir et lundi A x

Rest – Menu 16 € (déj.)/78 € – Carte 50/73 €

◆ À même la plage, restaurant rustico-bourgeois largement ouvert sur l'Atlantique. Carte traditionnelle et poissons ; formule bistrot proposée au déjeuner.

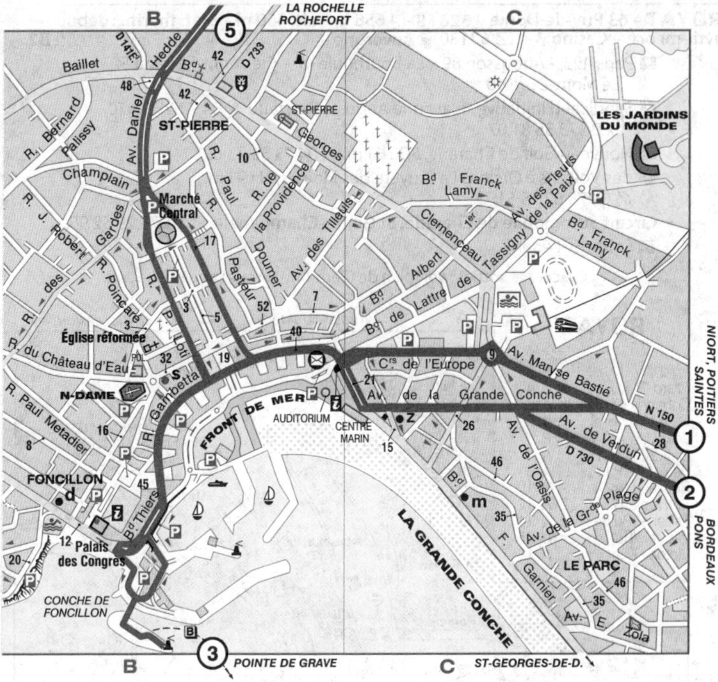

rte de St-Palais 3,5 km par ④ – ✉ **17640 Vaux-sur-Mer**

Résidence de Rohan sans rest

Conche de Nauzan – ✆ 05 46 39 00 75 – info@residence-rohan.com – Fax 05 46 38 29 99 – Ouvert 26 mars-10 nov.

44 ch – 🚹75/132 € 🚹🚹75/132 €, ☕ 11 €

◆ Jadis salon littéraire de la duchesse de Rohan, jolie demeure du 19e s. complétée d'une villa dans un parc dominant la plage. Chambres romantiques, beau mobilier de style.

à St-Georges-de-Didonne 2 km au Sud-Est du plan par Bd F. Garnier – **5 034 h. – alt. 7 m** – ✉ **17110**

Office de tourisme, 7, boulevard Michelet ✆ 05 46 05 09 73, Fax 05 46 06 36 99

Colinette et Costabela

16 av. de la Grande Plage – ✆ 05 46 05 15 75 – infos@colinette.fr – Fax 05 46 06 54 17 – Fermé 22 déc.-22 janv.

21 ch – 🚹49/110 € 🚹🚹49/110 €, ☕ 8 € – ½ P 55/75 € – **Rest** – *(fermé le midi hors saison) (dîner pour résidents seult d'oct. à avril)* Menu (19 €), 23 €

◆ Entre pinède et plage, maison des années 1930 aux allures de pension de famille. Chambres lumineuses et fonctionnelles, plus spacieuses à l'annexe.

Retrouvez tous les "Bibs Gourmands" dans notre guide des "Bonnes Petites Tables du guide Michelin". Pour bien manger à prix modérés, partout en France !

ROYAT – 63 Puy-de-Dôme – **326** F8 – 4 658 h. – alt. 450 m – Stat. therm. : début avril-mi oct. – Casino B – ⊠ **63130** ▯ Auvergne 5 **B2**

> ▶ Paris 423 – Aubusson 89 – La Bourboule 47 – Clermont-Ferrand 5 – Le Mont-Dore 40
>
> **🛈** Syndicat d'initiative, 1, avenue Auguste Rouzaud ℰ 04 73 29 74 70, Fax 04 73 35 81 07
>
> **🖪** Nouveau Golf de Charade, SO : 6 km, ℰ 04 73 35 73 09 ;
>
> **🖪** des Volcans à Orcines La Bruyère des Moines, N : 9 km, ℰ 04 73 62 15 51.
>
> **Circuit automobile de Charade, St Genès-Champanelle** ℰ 04 73 29 52 95.
>
> **◎** Église St-Léger⋆.

Accès et sorties : voir plan de Clermont-Ferrand agglomération.

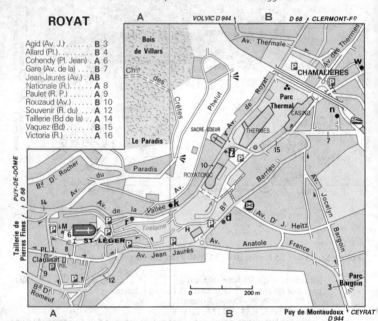

ROYAT

Agid (Av. J.) . . . . **B** 3
Allard (Pl.) . . . . **B** 4
Cohendy (Pl. Jean) . . . **A** 6
Gare (Av. de la) . . . . **B** 7
Jean-Jaurès (Av.) . . . **AB**
Nationale (R.) . . . . . . **A** 8
Paulet (R. P.) . . . . . . **A** 9
Rouzaud (Av.) . . . . . . **B** 10
Souvenir (R. du) . . . . **A** 12
Taillerie (Bd de la) . . . **B** 14
Vaquez (Bd) . . . . **B** 15
Victoria (R.) . . . . **A** 16

🏨 **Royal St-Mart** 🚗 🌳 🕃 🗣 ⚅ **P** *VISA* 🝔 **AE** ⓪
av. de la Gare – ℰ 04 73 35 80 01 – contact@hotel-auvergne.com
– Fax 04 73 35 75 92 – Fermé mi déc.-fin janv. **B n**
55 ch – ♦55/110 € ♦♦65/120 €, ⊇ 10 € – 4 suites – ½ P 50/100 €
Rest – *(ouvert début mai à fin oct.)* Menu 27 € (sem.)/31 € – Carte 24/52 €
◆ Depuis 1853, c'est la même famille qui vous accueille dans cette demeure ombragée de cèdres. Chambres diversement aménagées ; préférez celles côté jardin. Salon bourgeois. Salle à manger-véranda orientée vers la pelouse-terrasse. Registre culinaire classique.

🏨 **Le Chatel** 🌳 🕃 🎮 rest, ⅋ 🗣 **P** *VISA* 🝔 **AE** ⓪
20 av. Vallée – ℰ 04 73 29 53 00 – info@hotel-le-chatel.com – Fax 04 73 29 53 29
🕮 – Fermé 15 déc.-15 janv., vend., sam. et dim. de nov. à mars **B k**
26 ch – ♦55/58 € ♦♦61/64 €, ⊇ 8,50 € – 4 suites – ½ P 51/53 €
Rest – Menu (13 €), 16 € (sem.)/43 € – Carte 29/44 €
◆ Face à un parc où ruisselle la Tiretaine, bâtisse ancienne abritant des chambres bien tenues. Certaines, plus amples, occupent une maison voisine. Suites rénovées. Plaisante salle à manger. Cuisine traditionnelle et régionale escortée de formules diététiques.

⚐ **Château de Charade** sans rest ⌂   🐕 ✗ **P**

5 km au Sud-Ouest par D 941 et D 5 – ℰ 04 73 35 91 67 – chateau-de-charade @ orange.fr – Fax 04 73 29 92 09 – Ouvert 31 mars-7 nov.

5 ch – ♦68/76 € ♦♦68/76 €, ☷ 6 €

♦ Château du 17ᵉ s. revu au 19ᵉ s., en lisière du golf de Royat : chambres garnies de meubles anciens regardant toutes le parc. Pour la détente, un agréable salon et un billard.

XX **La Belle Meunière** avec ch   ↔ ⅍ **VISA** **CO** **AE**

⌘ *25 av. Vallée – ℰ 04 73 35 80 17 – info @ la-belle-meuniere.com*

– Fax 04 73 35 67 85 – Fermé 8-16 mars, 11-31 août, sam. midi, dim. soir et lundi

6 ch – ♦48/80 € ♦♦55/135 €, ☷ 10 € – ½ P 72/95 € – **Rest** – Menu 17 €   A r

(déj. en sem.), 28/70 € – Carte 42/75 € ⅋

♦ En bord de Tiretaine, table inventive fusionnant l'Auvergne et l'Asie, dans un cadre d'esprit Napoléon III, semé de notes Art nouveau (vitraux) et de chinoiseries. L'idylle entre la Belle Meunière et le général Boulanger inspire le décor (19ᵉ s.) des chambres.

XX **La Pépinière** avec ch   🏠 **AC** rest, ↔ **P** **VISA** **CO**

⌘ *11 av. Pasteur, (rte Puy-de-Dôme) – ℰ 04 73 35 81 19 – info @*

hotel-la-pepiniere.com – Fax 04 73 35 99 58 – Fermé 11-31 août, 2-6 janv., dim. soir et lundi

4 ch – ♦45 € ♦♦47 €, ☷ 6,50 € – **Rest** – Menu 14,50 € (déj. en sem.)/60 €

– Carte 53/61 €

♦ Sur les hauteurs de la station thermale. Salle à manger colorée et égayée de tableaux contemporains ; cuisine au goût du jour et menu du terroir. Chambres refaites.

X **L'Hostalet**   **VISA** **CO**

⌘ *47 bd Barrieu – ℰ 04 73 35 82 67 – Fermé 4 janv.-12 mars, dim. sauf fériés et lundi*

Rest – Menu 16 € (déj. en sem.), 23 € bc/34 € – Carte 23/36 € ⅋   B d

♦ Les immuables plats traditionnels et la riche carte des vins semblent rassurer les habitués qui fréquentent ce restaurant familial au décor un brin suranné.

ROYE – 80 Somme – 301 J9 – 6 529 h. – alt. 88 m – ⊠ 80700

▌Nord Pas-de-Calais Picardie   36 **B2**

▣ Paris 113 – Compiègne 42 – Amiens 44 – Arras 75 – St-Quentin 61

XXX **La Flamiche** (Marie-Christine Borck-Klopp)   **AC** **VISA** **CO**

✿ *20 pl. Hôtel de Ville – ℰ 03 22 87 00 56 – restaurantlaflamiche @ wanadoo.fr*

– Fax 03 22 78 46 77 – Fermé 4-26 août, 2-12 janv., dim. soir, mardi midi et lundi

Rest – Menu 32 € (sem.)/178 € bc – Carte 76/109 €

Spéc. Flamiche aux poireaux (oct. à fin avril). Turbot côtier à la plancha. Caneton croisé aux baies et vinaigre de sureau.

♦ Des expositions de tableaux et de sculptures ornent les plaisantes salles à manger meublées dans le style picard. Cuisine au goût du jour à l'accent régional.

XX **Le Florentin Hôtel Central** avec ch   **AC** rest, ✗ ch, **VISA** **CO** **AE**

⌘ *36 r. d'Amiens – ℰ 03 22 87 11 05 – Fax 03 22 87 42 74 – Fermé 11-25 août, dim. soir et lundi*

8 ch – ♦45 € ♦♦48 €, ☷ 6 € – **Rest** – Menu 16/42 € – Carte 31/52 €

♦ Une façade en briques rouges abritant un restaurant au décor d'inspiration italienne : colonnes, moulures, marbres et fresques. Cuisine traditionnelle. Chambres fonctionnelles.

XX **Le Roye Gourmet**   **VISA** **CO**

⌘ *1 pl. de la République – ℰ 03 22 87 10 87 – leroye.gourmet @ orange.fr – Fermé 11-23 août, 2-10 janv., dim. soir et lundi*

Rest – Menu 16 € (sem.)/45 € – Carte 33/64 €

♦ Sur une place sympathique, enseigne célébrant le terroir par une cuisine classique. Une salle au mobilier actuel, une autre, plus grande, aux murs égayés de tableaux.

X **Hostellerie La Croix d'Or**   🏠 **VISA** **CO**

⌘ *123 r. St-Gilles – ℰ 03 22 87 11 57 – Fax 03 22 87 09 81 – Fermé sam. midi et le soir sauf vend. et sam.*

Rest – Menu (12 €), 17 € (sem.)/35 € – Carte 39/70 €

♦ Une plaisante atmosphère campagnarde règne en les murs de cette auberge située à l'entrée de la ville. On y déguste une goûteuse cuisine classique.

ROYE – 70 Haute-Saône – 314 H6 – rattaché à Lure

LE ROZIER – 48 Lozère – 330 H9 – 153 h. – alt. 400 m – ⊠ 48150

Languedoc Roussillon

22 **B1**

- ◘ Paris 632 – Florac 57 – Mende 63 – Millau 23 – Sévérac-le-Château 23 – Le Vigan 72
- 🛈 Office de tourisme, route de Meyrueis 𝒞 05 65 62 60 89, Fax 05 65 62 60 27
- ◙ Terrasses du Truel ≼★ E : 3,5 km - Gorges du Tarn★★★.
- ◙ Chaos de Montpellier-le-Vieux★★★ S : 11,5 km - Corniche du Causse Noir ≼★★ SE : 13 km puis 15 mn.

Grand Hôtel de la Muse et du Rozier ⤵   ≼ 🚗 🛖 ⤢ 🗟 ➃
à La Muse (D 907) rive droite du Tarn – 🎿 rest, ⚿ **P** VISA ◍ AE ①
⊠ 12720 Peyreleau (Aveyron) – 𝒞 05 65 62 60 01 – info@hotel-delamuse.fr
– Fax 05 65 62 63 88 – Ouvert 21 mars-12 nov.
38 ch – †65/80 € ††85/160 €, ⚏ 13 € – **Rest** – (dîner seult) Menu 33/65 €
– Carte 55/70 €
◆ Une plage privée au bord du Tarn est aménagée dans le jardin de ce grand hôtel centenaire. Intérieur contemporain très zen, en harmonie avec les sublimes paysages environnants. Table créative respectueuse du terroir avec, en terrasse, la rivière pour décor.

Doussière sans rest   🚗 ⚿ **P** VISA ◍ AE
– 𝒞 05 65 62 60 25 – galtier.christine@libertysurf.fr – Fax 05 65 62 65 48 – Ouvert Pâques-10 nov.
20 ch – †37/60 € ††37/60 €, ⚏ 8 €
◆ Dans le village, deux bâtiments situés de part et d'autre de la Jonte. Les chambres de l'annexe sont plus anciennes. Vue plaisante au petit-déjeuner ; espace de remise en forme.

RUE – 80 Somme – 301 D6 – 3 075 h. – alt. 9 m – ⊠ 80120

Nord Pas-de-Calais Picardie

36 **A1**

- ◘ Paris 212 – Abbeville 28 – Amiens 77 – Berck-Plage 22 – Le Crotoy 8
- 🛈 Office de tourisme, 10, place Anatole Gosselin 𝒞 03 22 25 69 94, Fax 03 22 25 76 26
- ◙ Chapelle du St-Esprit★ : intérieur★★.

à St-Firmin 3 km à l'Ouest par D 4 – ⊠ 80550 Le Crotoy

Auberge de la Dune ⤵   🛖 ₺ ch, 🎿 ch, 📞 **P** VISA ◍ AE
1352 r. de la Dune – 𝒞 03 22 25 01 88 – contact@auberge-de-la-dune.com
– Fax 03 22 25 66 74 – Fermé déc.
11 ch – †62/72 € ††62/72 €, ⚏ 10 € – ½ P 57/63 € – **Rest** – Menu (13 €), 17 € (sem.)/33 € – Carte 21/41 €
◆ Cette petite auberge, isolée au milieu des champs, se trouve à deux tours de roue du parc ornithologique. Sobres chambres actuelles et pratiques ; tenue méticuleuse. Salle à manger campagnarde. Cuisine traditionnelle et quelques spécialités picardes.

RUEIL-MALMAISON – 92 Hauts-de-Seine – 311 J2 – 101 14 – **voir à Paris, Environs**

RUILLÉ-FROID-FONDS – 53 Mayenne – 310 F7 – **rattaché à Château-Gontier**

RULLY – 71 Saône-et-Loire – 320 I8 – 1 463 h. – alt. 220 m – ⊠ 71150

8 **C3**

- ◘ Paris 332 – Autun 43 – Beaune 20 – Chalon-sur-Saône 16 – Le Creusot 32

Le Vendangerot avec ch   🛖 **P** VISA ◍
6 pl. Ste-Marie – 𝒞 03 85 87 20 09 – Fax 03 85 91 27 18 – Fermé 1er fév.-15 mars, mardi et merc.
14 ch – †51 € ††51 €, ⚏ 7 € – **Rest** – Menu 18 € (sem.)/45 € – Carte 45/52 €
◆ Face à un jardin public, auberge de village à la façade fleurie. Salle à manger décorée de vieilles photos sur la viticulture. Spécialités régionales. Chambres au cachet ancien.

RUMILLY – 74 Haute-Savoie – 328 I5 – 11 230 h. – alt. 334 m – ⊠ 74150

🏔 Alpes du Nord

45 **C1**

🄳 Paris 530 – Aix-les-Bains 21 – Annecy 19 – Bellegarde-sur-Valserine 37 – Genève 64

🄴 Office de tourisme, 4, place de l'Hôtel de Ville ℰ 04 50 64 58 32, Fax 04 50 01 03 53

✗ **Boîte à Sel** 🆅🆂🅰 ⓄⒺ 🄰🄴

27 r. Pont-Neuf – ℰ *04 50 01 02 52 – Fax 04 50 01 42 11 – Fermé 1ᵉʳ-15 août, dim. soir et lundi soir*

Rest – Menu 22/29 € – Carte 25/37 €

♦ Modeste restaurant d'une rue commerçante proposant une cuisine traditionnelle façon bistrot. Trompe-l'œil paysager en toile de fond et aimable accueil.

RUNGIS – 94 Val-de-Marne – 312 D3 – 101 26 – **voir à Paris, Environs**

RUOMS – Ardèche – 331 I7 – 2 132 h. – alt. 121 m – ⊠ 07120

🏔 Lyon Drôme Ardèche

44 **A3**

🄳 Paris 651 – Alès 54 – Aubenas 24 – Pont-St-Esprit 49

🄴 Syndicat d'initiative, rue Alphonse Daudet ℰ 04 75 93 91 90

👁 Labeaume★ O : 4 km – Défilé de Ruoms★.

✗ **Le Savel** avec ch 🚗 🏠 ♿ 🗨 🅿 🆅🆂🅰 Ⓜ

rte des Brasseries – ℰ *04 75 39 60 02 – hotel-le-savel@wanadoo.fr – Fax 04 75 39 76 02 – Rest. : fermé 14-30 sept. lundi de mai à sept., sam. d'oct. à avril et dim.*

14 ch – †54/68 € ††54/68 €, ⊂⊃ 7 € – ½ P 53/60 € – **Rest** – *(dîner seult) (nombre de couverts limité, prévenir)* Menu 19/24 € – Carte 27/34 €

♦ Maison bourgeoise (1890) et son parc peu à peu rénovés par leurs nouveaux propriétaires, passionnés par les produits du terroir. Repas dans un cadre rétro et chambres proprettes.

RUPT-SUR-MOSELLE – 88 Vosges – 314 H5 – 3 637 h. – alt. 424 m – ⊠ 88360

27 **C3**

🄳 Paris 423 – Belfort 58 – Colmar 80 – Épinal 38 – Mulhouse 68 – St-Dié 63 – Vesoul 61

🏠 **Centre** 🄰🄺 rest, 🏠 🅿 🚗 🆅🆂🅰 Ⓜ 🄰🄴

🐌 *r. de l'Église –* ℰ *03 29 24 34 73 – hotelcentreperry@wanadoo.fr – Fax 03 29 24 45 26 – Fermé 1ᵉʳ-8 mai, 2-9 juin, 6-13 oct., vacances de Noël, sam. midi, dim. soir et lundi*

8 ch – †46 € ††56 €, ⊂⊃ 7,50 € – ½ P 50 € – **Rest** – Menu 13,50 € (déj. en sem.), 25/48 € – Carte 36/51 €

♦ Une atmosphère familiale vous attend ici. Cette maison mosellane proche de l'église abrite des chambres propres et confortables, récemment rénovées. Carte traditionnelle de saison à déguster dans une salle à manger toute simple où trône une rotissoire décorative.

🏠 **Relais Benelux-Bâle** 🚗 🏠 🅿 🆅🆂🅰 Ⓜ 🄰🄴

🐌 *69 r. de Lorraine –* ℰ *03 29 24 35 40 – contact@benelux-bale.com – Fax 03 29 24 40 47 – Fermé 27 juil.-5 août, 20 déc.-5 janv. et dim. soir*

10 ch – †40/52 € ††45/62 €, ⊂⊃ 8 € – ½ P 40/45 € – **Rest** – Menu (10 €), 12,50 € (sem.)/33 € – Carte 23/47 €

♦ En bordure de route, chalet assez avenant, correctement insonorisé. Chambres sobres, lumineuses et bien équipées. Le restaurant, tenu depuis 1921 par la même famille, propose une cuisine traditionnelle et régionale. Agréable terrasse.

RUSTREL – 84 Vaucluse – 332 F10 – 614 h. – alt. 400 m – ⊠ 84400

🏔 Provence

40 **B2**

🄳 Paris 747 – Aix-en-Provence 66 – Marseille 94 – Salon-de-Provence 70

🏠 **La Forge** sans rest 🌿 🚗 🗨 ♿ 🗨 🚗

Notre-Dame-des-Anges, 2 km par rte d'Apt et rte secondaire – ℰ *04 90 04 92 22 – laforge@laforge.com – Fax 04 88 10 05 76 – Ouvert 1ᵉʳ mars-15 nov.*

5 ch ⊂⊃ – †86/94 € ††91/99 €

♦ Aux confins du Colorado provençal, ancienne fonderie partiellement réaménagée en accueillante maison d'hôte. Grandes chambres décorées dans un style original et coloré. Jardin bien fleuri et belle piscine.

LES SABLES-D'OLONNE ⑨ – 85 Vendée – **316** F8 – 15 532 h. – alt. 4 m – Casinos : des Pins CY, des Atlantes AZ – ✉ 85100 ▌ Poitou Vendée Charentes

34 **A3**

▶ Paris 456 – Cholet 107 – Nantes 102 – Niort 115 – La Roche-sur-Yon 36

ℹ Office de tourisme, 1, promenade Joffre ℰ 02 51 96 85 85, Fax 02 51 96 85 71

🔟 des Olonnes à Olonne-sur-Mer par rte de la Roche-sur-Yon : 6 km, ℰ 02 51 33 16 16 ;

🔟 de Port-Bourgenay à Talmont-Saint-HilaireS : 17 km, ℰ 02 51 23 35 45.

👁 Le Remblai★.

LES SABLES D'OLONNE

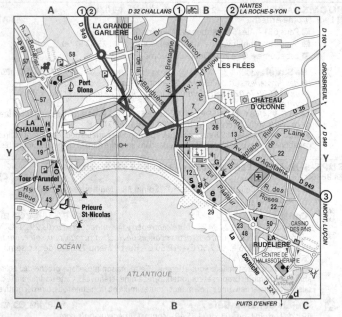

 Mercure ◈ ⟨ 🏖 🔲 ⑨ 🏃 🛗 ⅓ 🗚 ↔ ✗ rest, 🕻 🏄 **P** 𝗩𝗜𝗦𝗔 ⓪ 𝔸𝔼 ⓪

au Lac de Tanchet, 2,5 km par la corniche – ℰ 02 51 21 77 77 – H1078@accor.com

– Fax 02 51 21 77 80 – Fermé 6-27 janv. CY **f**

100 ch – ♦96/151 € ♦♦110/151 €, ⌷ 13 € – ½ P 89/110 € – **Rest** – Menu (26 €), 30 € – Carte 31/39 €

♦ Dans un bâtiment moderne intégré au centre de thalassothérapie, chambres rénovées et contemporaines, décorées aux couleurs du Vendée Globe (vue sur la pinède ou sur le lac). Restaurant et terrasse panoramiques ; plats traditionnels, diététiques ou allégés.

 Atlantic Hôtel ⟨ 🔲 🛗 🗚 🕻 🏄 𝗩𝗜𝗦𝗔 ⓪ 𝔸𝔼

5 prom. Godet – ℰ 02 51 95 37 71 – info@atlantichotel.fr – Fax 02 51 95 37 30

30 ch – ♦61/88 € ♦♦78/160 €, ⌷ 13 € – ½ P 65/106 € BY **e**

Rest *Le Sloop –* *(fermé 20 déc.-4 janv., vend. et dim. d'oct. à avril) (dîner seult)*

Menu (23 €), 33/36 € – Carte 31/67 €

♦ Hôtel des années 1970 aux chambres pratiques très bien tenues ; certaines donnent sur les flots. Salon aménagé autour de la piscine couverte d'un toit vitré en partie amovible. Au restaurant, belle échappée sur l'océan et décor inspiré d'une cabine de bateau.

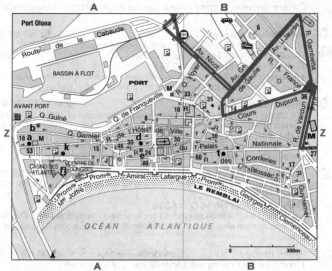

🏠🏠 **Arundel** sans rest   📶 📠 🛗 ⚡ 📞 **VISA** 🔴 AE ①

8 bd F. Roosevelt – ℰ 02 51 32 03 77 – arundelhotel @ wanadoo.fr
– Fax 02 51 32 86 28 – Fermé 20 déc. -4 janv.   AZ **k**
42 ch – ♦65/150 € ♦♦65/150 €, ☲ 12 €

• Belle situation face au casino pour cet établissement dont le nom évoque celui d'un donjon devenu phare. Chambres fonctionnelles et confortables, pourvues d'un balcon côté mer.

🏠🏠 **Les Roches Noires** sans rest   ≤ 📶 📠 📞 **VISA** 🔴 AE

12 promenade G. Clemenceau – ℰ 02 51 32 01 71 – info @
bw-lesrochesnoires.com – Fax 02 51 21 61 00   BY **s**
37 ch – ♦59/125 € ♦♦59/125 €, ☲ 10 €

• En bout de plage, près de la Corniche, chambres claires, pratiques, insonorisées et bien tenues (quelques balcons). La salle des petits-déjeuners offre un joli panorama iodé.

🏠🏠 **Admiral's** sans rest   📶 📠 🛗 ⚡ 🖗 **P** **VISA** 🔴 AE ①

pl. Jean-David Nau, à Port Olona – ℰ 02 51 21 41 41 – hotel.admiral @ wanadoo.fr
– Fax 02 51 32 71 23   AY **q**
33 ch – ♦61/90 € ♦♦61/90 €, ☲ 9 €

• Construction récente proche des salines. Chambres spacieuses et calmes, dotées de loggias ; certaines ont vue sur le port de plaisance d'où s'élance le Vendée Globe.

🏠 **Le Calme des Pins** sans rest   📶 🖗 📠 📞 **P** **VISA** 🔴

43 av. A. Briand – ℰ 02 51 21 03 18 – calmedespins @ wanadoo.fr
– Fax 02 51 21 59 85 – Fermé 10 nov.-5 fév.   CY **v**
45 ch – ♦58/68 € ♦♦62/88 €, ☲ 9 €

• Dans un secteur résidentiel, deux constructions récentes encadrent une jolie villa 1900 qui abrite des chambres rénovées (les autres, plus anciennes, restent parfaitement tenues).

Antoine   ⇄ ⅜ ☁ 𝑉𝐼𝑆𝐴 ⓄⓄ

60 r. Napoléon – ℰ *02 51 95 08 36 – antoinehotel@club-internet.fr*
– Fax 02 51 23 92 78 – Ouvert de mi-mars à mi-oct.   AZ **a**
20 ch – ✝52/65 € ✝✝52/65 €, ☐ 8 € – ½ P 50/55 € – **Rest** – *(dîner seult)*
(résidents seult) Menu 23 €

♦ Une ancienne propriété d'armateur (18ᵉ s.) située à mi-chemin du port et de la plage. Chambres simples et de bonne ampleur, tournées vers un petit patio. Atmosphère familiale.

Les Embruns sans rest   ⅜ ⌣ 𝐏 𝑉𝐼𝑆𝐴 ⓄⓄ ⒶⒺ

33 r. Lt Anger – ℰ *02 51 95 25 99 – info@hotel-lesembruns.com*
– Fax 02 51 95 84 48 – Fermé 11 nov.-18 janv.   AY **n**
21 ch – ✝44/54 € ✝✝44/60 €, ☐ 7,50 €

♦ Adresse confidentielle dans le quartier pittoresque de la Chaume, où l'on vous réserve un accueil tout sourire. Les chambres sont petites, mais coquettes et bien tenues.

Arc en Ciel sans rest   ⌷ ⇄ ⌣ 𝐏 𝑉𝐼𝑆𝐴 ⓄⓄ

13 r. Chanzy – ℰ *02 51 96 92 50 – info@arcencielhotel.com – Fax 02 51 96 94 87*
– Ouvert d'avril à oct.   BZ **t**
37 ch – ✝61/89 € ✝✝61/89 €, ☐ 9,50 €

♦ À deux pas de la plage, cet hôtel propose des chambres pratiques aux tons pastel et une salle de petit-déjeuner au cadre Belle Époque bien préservé. Salon (Internet).

Maison Richet sans rest   ⅞ ⅜ ⌣ 𝑉𝐼𝑆𝐴 ⓄⓄ

25 r. de la Patrie – ℰ *02 51 32 04 12 – infos@maison-richet.fr – Fax 02 51 23 72 63*
– Fermé 1ᵉʳ déc.-31 janv.   AZ **d**
17 ch – ✝58/68 € ✝✝58/68 €, ☐ 8,50 €

♦ Charmante adresse familiale où règne une atmosphère de maison d'hôte. Chambres coquettes et reposantes, joli patio et salon douillet avec collections de guides et de globes.

XXX   **Beau Rivage**   ≤ Océan et les Sables, & 𝐴𝐶 𝐏 𝑉𝐼𝑆𝐴 ⓄⓄ ⒶⒺ Ⓞ

1 bd de Lattre de Tassigny, près Lac de Tanchet (par la corniche) –
ℰ *02 51 32 03 01 – b.rivage@wanadoo.fr – Fax 02 51 32 46 48*
– Fermé 29 sept.-16 oct. et 5-29 janv., lundi midi en juil.-août, dim. soir et lundi de
de sept. à juin sauf fériés   CY **d**
Rest – Menu 43 € (déj. en sem.), 70/95 € – Carte 83/133 €
Rest *Bistrot "la Mytiliade"* – ℰ *02 51 95 47 47* – Menu 23 € (sem.)/38 € – Carte 34/45 €

♦ Grâce à ses larges baies vitrées, ce restaurant profite pleinement du spectacle de l'océan et propose une cuisine de la mer. Au Bistrot (rez-de-chaussée), décor contemporain chic et recettes aux saveurs iodées.

XX   **Loulou Côte Sauvage**   ≤ 𝑉𝐼𝑆𝐴 ⓄⓄ ⒶⒺ Ⓞ

19 rte Bleue, à La Chaume AY – ℰ *02 51 21 32 32 – loulou.cotesauvage@orange.fr*
– Fax 02 51 23 97 86 – Fermé 13 nov.-12 déc., vacances de fév., dim. soir, lundi et merc.
Rest – Menu 25 € (sem.)/76 € – Carte 37/77 €

♦ Ces anciens viviers accrochés au rocher abritent aujourd'hui un restaurant au décor modernisé, largement ouvert sur l'océan et la côte sauvage. Spécialités littorales.

XX   **Le Puits d'Enfer**   ≤ ⌂ 𝐴𝐶 ⅜ 𝑉𝐼𝑆𝐴 ⓄⓄ

56 bd de Lattre de Tassigny, par la corniche – ℰ *02 51 21 52 77 – puits.enfer@*
wanadoo.fr – Fax 02 51 21 52 77 – Fermé 1ᵉʳ-8 déc., 12-19 janv., 2-25 fév., dim. soir
et merc. soir sauf juil.-août et lundi
Rest – Menu (17 €), 20 € (déj. en sem.), 28/40 € – Carte 49/56 €

♦ Face à la mer, restaurant au décor contemporain zen (bois, ardoise, mobilier design). La cuisine, dans l'air du temps, utilise les épices et les produits du marché.

XX   **Le Clipper**   ⌂ 𝐴𝐶 ⇄ 𝑉𝐼𝑆𝐴 ⓄⓄ ⒶⒺ

19 bis quai Guiné – ℰ *02 51 32 03 61 – leclipper@alicepro.fr – Fax 02 51 95 21 28*
– Fermé 9-18 mars, 17 nov.-17 déc., 11-28 janv., merc. sauf en saison, jeudi midi du
15 juin au 15 sept. et mardi   AZ **b**
Rest – Menu 20/35 € – Carte 39/57 €

♦ Parmi les nombreux restaurants du port, cette maison se distingue par son décor : parquet couleur acajou et chaises Louis XVI. Plats traditionnels et produits de la mer.

❌ La Pilotine   VISA ⓜⓢ

7 et 8 promenade Clemenceau – 🕾 *02 51 22 25 25 – pvp.pilotine@tele2.fr*
– Fax 02 51 96 96 10 – Fermé dim. sauf juil.-août et lundi   BY **a**
Rest – Menu 16 € (sem. sauf juil.-août), 24/47 € – Carte 44/76 €

♦ Cuisine à prix doux, soignée et basée sur les produits de la pêche, dans ce restaurant du front de mer. Nouveau décor coloré et accueil charmant.

❌ La Flambée   VISA ⓜⓢ ⒶⒺ

81 r. des Halles – 🕾 *02 51 96 92 35 – thiburce@wanadoo.fr – Fax 02 51 96 92 35*
– Fermé sam. midi, dim. soir et lundi   AZ **e**
Rest – Menu 25/35 € – Carte 30/52 €

♦ Dans le quartier des halles un peu excentré, une adresse où l'on choie ses hôtes : bonne cuisine de saison valorisant le terroir, accueil attentionné et atmosphère chaleureuse.

à l'anse de Cayola 7 km au Sud-Est par la Corniche – ⌧ 85180 Château-d'Olonne

❌❌❌ Cayola   ≤ mer, 🏡 🏊 Ⓜ ⇔ P VISA ⓜⓢ

76 promenade Cayola – 🕾 *02 51 22 01 01 – Fax 02 51 22 08 28*
– Fermé 2-28 janv., dim. soir et lundi sauf fériés
Rest – Menu 35/89 € – Carte 60/99 €

Spéc. Foie de canard cuit au torchon, truffe d'été, tiramisu de cocos vendéens (juin à août). Homard bleu fumé minute (mai à oct.). Filet de bœuf "limousin", crème brûlée aux morilles (mars à août). **Vins** Fiefs Vendéens.

♦ Installé derrière les larges baies vitrées, en tête-à-tête avec l'océan, goûtez le plaisir d'une cuisine dans l'air du temps. Véranda face à la piscine à débordements.

SABLES-D'OR-LES-PINS – 22 Côtes-d'Armor – 309 H3 – ⌧ 22240 Fréhel
▐ Bretagne   10 **C1**

D Paris 437 – Dinan 42 – Dol-de-Bretagne 60 – Lamballe 26 – St-Brieuc 39 – St-Malo 40

🏌 des Sables-d'Or à Fréhel Sables d'Or les Pins, S : 1 km, 🕾 02 96 41 42 57.

🏨 La Voile d'Or - La Lagune (Maximin Hellio)   ≤ 🏡 ⅃ ch, 📞

– 🕾 *02 96 41 42 49 – la-voile-dor@wanadoo.fr*   P VISA ⓜⓢ ⒶⒺ Ⓞ
– Fax 02 96 41 55 45 – Fermé fin-nov.-mi-fév.
22 ch – ✝77/92 € ✝✝77/225 €, ⌂ 14 € – ½ P 105/115 €
Rest *– (fermé mardi midi, merc. midi et lundi)* Menu 36 € (déj. en sem.), 50/95 € – Carte 66/84 €

Spéc. Saint-Jacques d'Erquy au cerfeuil tubéreux (oct. à avril). Homard de nos côtes au parfum de vadouvan (juin à sept.). Sablé breton au caramel et beurre salé.

♦ Aux portes de la station, chambres sobrement décorées ou rénovées dans un plaisant style contemporain ; certaines regardent l'aber. Restaurant design, offrant le spectacle de la lagune ou des cuisines. Les recettes s'affirment plus créatives, faisant toujours la part belle aux produits locaux.

🏨 Le Manoir St-Michel sans rest ॐ   🏡 📞 P VISA ⓜⓢ

1,5 km à l'Est par D 34 – 🕾 *02 96 41 48 87 – manoir-st-michel@fournel.de*
– Fax 02 96 41 41 55 – Ouvert 30 mars-5 nov.
20 ch – ✝47/118 € ✝✝47/118 €, ⌂ 6 €

♦ Dominant la plage, beau manoir du 16ᵉ s. entouré d'un vaste parc avec plan d'eau (pêche autorisée). Les chambres, spacieuses et douillettes, gardent leur charme d'antan.

🏨 Diane   🏡 🏠 🏨 ⅃ ch, ⅏ 📞 P VISA ⓜⓢ ⒶⒺ

– 🕾 *02 96 41 42 07 – hoteldiane@wanadoo.fr – Fax 02 96 41 42 67 – Ouvert 19 mars-4 nov.*
47 ch – ✝76/98 € ✝✝76/170 €, ⌂ 10 € – ½ P 76/98 € – **Rest** – Menu (18 €), 23/45 € – Carte 32/58 €

♦ Sur l'axe principal de la localité et à deux pas de la mer, grande bâtisse dans le style du pays abritant des chambres fonctionnelles. Plats au goût du jour parfumés aux herbes du jardin, servis dans une salle à manger rustique et sous une véranda.

🏨 Manoir de la Salle sans rest ॐ   🏡 P VISA ⓜⓢ ⒶⒺ

r. du Lac, 1 km au Sud-Ouest par D 34 – 🕾 *02 96 72 38 29 – christianlabruyere@hotmail.com – Fax 02 96 72 00 57 – Ouvert mai-sept.*
14 ch – ✝38/60 € ✝✝70/120 €, ⌂ 8,50 €

♦ En léger retrait de la route, noble demeure du 16ᵉ s. et ses petites dépendances. Salle des petits-déjeuners au caractère préservé ; chambres modernes, sobrement décorées.

SABLÉ-SUR-SARTHE – **72 Sarthe** – **310** G7 – **12 716 h.** – **alt. 29 m** – ✉ **72300**
Châteaux de la Loire 35 **C1**

Paris 252 – Angers 64 – La Flèche 27 – Laval 44 – Le Mans 61 – Mayenne 60

Office de tourisme, place Raphaël-Elizé ✆ 02 43 95 00 60, Fax 02 43 92 60 77

de Sablé Solesmes Domaine de l'Outinière, S : 6 km par D 159, ✆ 02 43 95 28 78.

à Solesmes 3 km au Nord-Est par D 22 – 1 384 h. – alt. 28 m – ✉ **72300**

Statues des "Saints de Solesmes"★★ dans l'église abbatiale★ (chant grégorien) - Pont ≤★.

Le Grand Hôtel rest, VISA AE

16 pl. Dom Guéranger – ✆ *02 43 95 45 10 – solesmes@grandhotelsolesmes.com – Fax 02 43 95 22 26 – Fermé 26 déc.-2 janv.*

30 ch – †85/90 € ††106/135 €, ☕ 12 € – 2 suites – ½ P 93/105 €

Rest – *(fermé sam. midi et dim. soir de nov. à mars)* Menu (21 €), 26 € (sem.)/66 € – Carte 46/81 €

◆ Face à l'abbaye St-Pierre où vous pourrez entendre des chants grégoriens, confortable hôtel aux chambres spacieuses et colorées, parfois dotées d'un balcon. Décor actuel, cuisine classique modernisée et desserts gourmands vous attendent au restaurant.

SABLET – **84 Vaucluse** – **332** D8 – **1 282 h.** – **alt. 147 m** – ✉ **84110** 40 **A2**

Paris 670 – Avignon 41 – Marseille 127 – Montélimar 67

Syndicat d'initiative, 8, rue du Levant ✆ 04 90 46 82 46, Fax 04 90 46 82 46

Les Abeilles VISA AE

4 rte de Vaison – ✆ *04 90 12 38 96 – js@abeilles-sablet.com – Fax 04 90 12 12 70 – Fermé 15 nov.-27 déc., 15-25 fév., dim. sauf le midi d'avril à sept. et lundi*

Rest – Menu 30 € (déj. en sem.)/55 € – Carte environ 70 €

◆ Cet ancien café à cédé la place à un chaleureux restaurant où l'on prend plaisir à déguster une cuisine de tradition aux accents régionaux. Belle salle contemporaine et charmante terrasse.

SABRES – **40 Landes** – **335** G10 – **1 107 h.** – **alt. 78 m** – ✉ **40630**
Aquitaine 3 **B2**

Paris 676 – Arcachon 92 – Bayonne 111 – Bordeaux 94 – Mimizan 41 – Mont-de-Marsan 36

Ecomusée★ de la grande Lande NO : 4 km.

Auberge des Pins ch, VISA AE

– ✆ *05 58 08 30 00 – aubergedespins@wanadoo.fr – Fax 05 58 07 56 74 – Fermé 1er-7 déc., janv., lundi sauf le soir en juil.-août et dim. soir sauf juil.-août*

25 ch – †60/62 € ††62/140 €, ☕ 13 € – ½ P 68/100 € – **Rest** – Menu 18 € (déj. en sem.), 25/65 € – Carte 44/69 €

◆ Grande maison landaise à colombages dans un beau parc arboré. Jolies chambres rénovées et personnalisées ; celles de l'annexe sont plus simples. Salon cosy. Boiseries et mobilier régional ancien font le cachet du restaurant. Cuisine du pays.

SACHÉ – **37 Indre-et-Loire** – **317** M5 – **rattaché à Azay-le-Rideau**

SACLAY – **91 Essonne** – **312** C3 – **101** 24 – **Voir à Paris, Environs**

SAGELAT – **24 Dordogne** – **329** H7 – **rattaché à Belves**

SAIGNON – **84 Vaucluse** – **332** F10 – **rattaché à Apt**

SAILLAGOUSE – **66 Pyrénées-Orientales** – **344** D8 – **820 h.** – **alt. 1 309 m** – ✉ **66800** Languedoc Roussillon 22 **A3**

Paris 855 – Bourg-Madame 10 – Font-Romeu-Odeillo-Via 12 – Mont-Louis 12 – Perpignan 93

Office de tourisme, Mairie ✆ 04 68 04 15 47, Fax 04 68 04 19 58

Gorges du Sègre★ E : 2 km.

🏨 **Planes (La Vieille Maison Cerdane)** 🖥 📞 VISA ⓂⓄ AE ①

6 pl. Cerdagne – 𝒞 04 68 04 72 08 – hotelplanes @ wanadoo.fr
– Fax 04 68 04 75 93 – Fermé 5-20 mars et 5 nov.-20 déc.
19 ch – †46/52 € ††52/61 €, � 7 € – ½ P 55/62 € – **Rest** – (fermé dim. soir et
lundi hors saison) Menu 22/49 €
♦ Cet ancien relais de diligences situé au cœur du village est une véritable institution.
Chambres peu à peu refaites. Généreuse cuisine du pays servie dans l'agréable décor
régional du restaurant. Au bar-brasserie : plats de comptoir et spécialités maison.

Planotel 🏨 ⬙ ≼ 🛒 🖥 🛏 🅿 VISA ⓂⓄ AE ①

5 r. Torrent – Ouvert juin-sept. et vacances scolaires
20 ch – †50/60 € ††60/70 €, ⊇ 8 € – ½ P 58/68 €
♦ Bâtisse des années 1970, idéale pour se détendre au calme. Toutes les chambres
bénéficient d'une récente rénovation et de balcons (sauf deux). Piscine avec toit coulissant.

à Llo 3 km à l'Est par D 33 – 133 h. – alt. 1 424 m – ⊠ 66800

👁 Site ★.

🏨 **L'Atalaya** ⬙ ≼ 🛒 🛏 🕳 rest, 🅿 VISA ⓂⓄ

– 𝒞 04 68 04 70 04 – atalaya66 @ orange.fr – Fax 04 68 04 01 29 – Ouvert
Pâques-14 oct. et 21 déc.-14 janv.
13 ch – †98/118 € ††128/160 €, ⊇ 12,50 € – ½ P 120 € – **Rest** – (ouvert de
Pâques au 14 oct.) (dîner seult sauf sam. et dim.) Menu 35 € – Carte 59/67 €
♦ Perchée sur la montagne cerdane, jolie auberge restituant le charme raffiné et personnalisé des maisons d'hôte. Piscine panoramique. Carte classique et du terroir ; cadre
romantique (mobilier catalan, piano, jarres de fruits) et magnifique vue jusqu'à l'Espagne.

ST-ADJUTORY – 16 Charente – 324 M5 – 314 h. – alt. 192 m –
⊠ 16310   39 **C3**

🅳 Paris 472 – Poitiers 134 – Angoulême 33 – Saint-Junien 48 – Soyaux 36

🏠 **Château du Mesnieux** ⬙ 🕊 ≒ 🕉 🅿

Le Mesnieux – 𝒞 05 45 70 40 18 – contact @ chateaudumesnieux.com
4 ch ⊇ – †70/85 € ††80/95 € – **Table d'hôte** – Menu 25 € bc
♦ Ce petit château bénéficie d'un domaine vallonné propice à la promenade, d'un beau
salon rustique et de chambres spacieuses au mobilier ancien chiné. Repas servis en table
d'hôte dans une salle à manger familiale où trône une grande cheminée.

ST-AFFRIQUE – 12 Aveyron – 338 J7 – 7 507 h. – alt. 325 m – ⊠ 12400
🏴 Languedoc Roussillon   29 **D2**

🅳 Paris 662 – Albi 81 – Castres 92 – Lodève 66 – Millau 25 – Rodez 80
🄴 Office de tourisme, boulevard de Verdun 𝒞 05 65 98 12 40,
Fax 05 65 98 12 41
🄶 Roquefort-sur-Soulzon : caves de Roquefort ★, rocher St-Pierre ≼ ★.

🍴🍴 **Le Moderne** 🛒 VISA ⓂⓄ

54 av. A. Pezet – 𝒞 05 65 49 20 44 – hotel-restaurant-le-moderne @ wanadoo.fr
– Fax 05 65 49 36 55 – Fermé 13-19 oct. et 20 déc.-18 janv.
Rest – Menu 19/57 € – Carte 28/55 €
♦ Les amateurs de fromage aimeront cette maison qui propose un plateau composé d'au
moins 12 roqueforts issus de différentes caves. L'ensemble de la carte est régional.

ST-AFFRIQUE-LES-MONTAGNES – 81 Tarn – 338 F9 – 600 h. – alt. 244 m –
⊠ 81290   29 **C2**

🅳 Paris 741 – Albi 55 – Carcassonne 53 – Castres 12 – Toulouse 75

🏨 **Domaine de Rasigous** ⬙ 🕊 🛒 🛏 🕳 ch, 🕉 ⬙ 🅿 VISA ⓂⓄ AE ①

2 km au Sud par D 85 – 𝒞 05 63 73 30 50 – info @ domainederasigous.com
– Fax 05 63 73 30 51 – Ouvert 10 mars-20 nov.
6 ch – †70/90 € ††90/130 €, ⊇ 12 € – 2 suites – **Rest** – (fermé merc.) (dîner
seult) (résidents seult) Menu 30 €
♦ La situation isolée, le cadre verdoyant et le nombre restreint des chambres font de cette
demeure du 19ᵉ s. un havre de sérénité. Intérieur décoré avec recherche, ambiance
guesthouse.

ST-AGNAN – 58 Nièvre – 319 H8 – 163 h. – alt. 525 m – ⊠ 58230　　7 **B2**

> ▶ Paris 242 – Autun 53 – Avallon 33 – Clamecy 63 – Nevers 98 – Saulieu 15

🏠　**La Vieille Auberge** 🦢　　　　　　🕭 ch, ⇄ **P** **VISA** **◎◎** **AE**
🍴　– 𝒞 03 86 78 71 36 – lvasaintagnan@aol.com – Fax 03 86 78 71 57 – Ouvert
　　14 fév.-11 nov.
8 ch – ♦45 € ♦♦45/60 €, � 8,50 € – ½ P 50/60 € – **Rest** – (fermé lundi et mardi)
Menu 20 € (sem.)/40 € – Carte 22/39 €
♦ Dans un hameau, près d'un lac, ancien café-épicerie converti en auberge familiale. Les
chambres, mignonnes et colorées, possèdent des salles de bains récentes. Restaurant
rustique (cheminée en pierres), service aux petits soins et authentique cuisine régionale.

ST-AGRÈVE – 07 Ardèche – 331 I3 – 2 688 h. – alt. 1 050 m – ⊠ 07320
▌ Lyon et la vallée du Rhône　　　　　　　　　　　　　　　44 **A2**

> ▶ Paris 582 – Aubenas 68 – Lamastre 21 – Privas 64 – Le Puy-en-Velay 51
> – St-Étienne 69
>
> 🚺 Office de tourisme, Grand'Rue 𝒞 04 75 30 15 06, Fax 04 75 30 60 93
>
> ◎ Mont Chiniac ⇐★★.

✗✗　**Domaine de Rilhac** avec ch 🦢　　⇐ 🚗 ⇄ 📞 **P** **VISA** **◎◎** **AE** **①**
　　2 km au Sud-Est par D 120, D 21 et rte secondaire – 𝒞 04 75 30 20 20
　　– hotel_rilhac@yahoo.fr – Fax 04 75 30 20 00 – Fermé 20 déc.-mi-mars, mardi soir,
　　jeudi midi et merc.
7 ch – ♦84/114 € ♦♦84/114 €, ⊃ 14 € – ½ P 99/120 € – **Rest** – Menu 23 € (déj.
en sem.), 38/70 € – Carte 54/65 €
♦ Repos assuré dans cette ancienne ferme ardéchoise perdue dans la campagne.
Coquettes chambres provençales. Cuisine au goût du jour à savourer face au Gerbier-de-
Jonc.

✗　**Faurie** (Philippe Bouissou) avec ch　　　　　　🚗 **P** **VISA** **◎◎**
❀　36 av. des Cévennes – 𝒞 04 75 30 11 45 – philippebouissou@hotelfaurie.fr
　　– Fax 04 75 29 23 88
3 ch – ♦120/180 € ♦♦120/180 €, ⊃ 15 €
Rest – (nombre de couverts limité, prévenir) Menu 35/75 €
Spéc. Vol au vent revu au goût du jour. Pigeon de pays. Millefeuille vertical.
♦ Une adresse atypique au cadre rétro pimenté de touches décalées. Le chef s'inspire de
son potager pour élaborer ses menus quotidiens. Ne manquez pas de réserver !

✗　**Les Cévennes** avec ch　　　　　　　　　　⇲ rest, **VISA** **◎◎**
🅢　10 pl. de la République – 𝒞 04 75 30 10 22 – Fax 07 75 30 10 22 – Fermé
　　16-23 sept., 12-26 nov. et mardi sauf juil.-août
6 ch – ♦49 € ♦♦53 €, ⊃ 9 € – ½ P 56/64 € – **Rest** – Menu (12 €), 14 € (déj. en
sem.), 18/36 € – Carte 30/38 €
♦ Ambiance conviviale dans cet hôtel-restaurant familial modeste mais bien tenu. Plats du
terroir dans la salle "tout bois" ou repas rapides au café. Chambres neuves.

ST-AIGNAN – 41 Loir-et-Cher – 318 F8 – 3 542 h. – alt. 115 m – ⊠ 41110
▌ Châteaux de la Loire　　　　　　　　　　　　　　　11 **A2**

> ▶ Paris 221 – Blois 41 – Châteauroux 65 – Romorantin-Lanthenay 36 – Tours 62
> – Vierzon 70
>
> 🚺 Office de tourisme, 60, rue Constant Ragot 𝒞 02 54 75 22 85,
> Fax 02 54 75 50 26
>
> ◎ Crypte★★ de l'église★ - Zoo Parc de Beauval★ S : 4 km.

🏠　**Hostellerie Le Clos du Cher**　　　　🍸 🏡 **P** **VISA** **◎◎** **AE**
🅢　Nord : 1 km par D 675 – ⊠ 41140 Noyers sur Cher – 𝒞 02 54 75 00 03 – accueil@
　　closducher.com – Fax 02 54 75 03 79 – Fermé dim. soir d'oct. à mars
10 ch – ♦63 € ♦♦92 €, ⊃ 10 € – ½ P 64/78 € – **Rest** – (fermé 13-30 nov.,
1er-18 janv., vend. d'oct. à mars, dim. soir et lundi midi) Menu 16 € (déj. en sem.),
25/35 €
♦ Dans un parc arboré, cette maison de maître du 19e s. abrite des chambres d'esprit
classique et propose des week-ends à thèmes (découverte du vin, St-Valentin...). Ambiance
familiale et cuisine traditionnelle au restaurant, baigné dans des tons ensoleillés.

ST-ALBAN-DE-MONTBEL – 73 Savoie – 333 H4 – **rattaché à**
Aiguebelette-le-Lac

ST-ALBAN-LES-EAUX – 42 Loire – 327 C3 – **953 h. – alt. 410 m –**
⊠ 42370   44 **A1**

▶ Paris 390 – Lapalisse 45 – Montbrison 56 – Roanne 12 – St-Étienne 86
– Thiers 56 – Vichy 61

XX   **Le Petit Prince**   🏠 VISA ⓜ AE

😊   *Le bourg* – 𝒞 04 77 65 87 13 – lp-prince@orange.fr – Fax 04 77 65 96 88
– *Fermé 18 août-2 sept., 27 oct.-4 nov., 5-20 janv., dim. soir, lundi et mardi*
Rest – Menu 22 € (sem.)/54 € – Carte 29/53 €
♦ Ce charmant restaurant fut fondé en 1805 par les arrières-grands-tantes du patron
actuel ! On y accède par une terrasse ombragée de tilleuls. Cuisine inventive soignée.

ST-ALBAN-LEYSSE – 73 Savoie – 333 I4 – **rattaché à Chambéry**

ST-ALBAN-SUR-LIMAGNOLE – 48 Lozère – 330 I6 – **1 598 h. – alt. 950 m –**
⊠ 48120   23 **C1**

▶ Paris 552 – Espalion 72 – Mende 40 – Le Puy-en-Velay 75
– St-Chély-d'Apcher 12

🛈 Syndicat d'initiative, route de l'hôpital 𝒞 04 66 31 57 01, Fax 04 66 31 58 70

🏠   **Relais St-Roch** 🕭   🚿 🍴 📞 **P** VISA ⓜ AE ⓞ

chemin du Carreirou – 𝒞 04 66 31 55 48 – rsr@relais-saint-roch.fr
– *Fax 04 66 31 53 26 – Ouvert 14 avril-2 nov.*
9 ch – ♦98/198 € ♦♦98/198 €, ⌑ 14 € – ½ P 108/168 €
Rest *La Petite Maison* – voir ci-après
♦ Cette gentilhommière du 19ᵉ s. en granit rose vous accueille dans de coquettes chambres
personnalisées et bien équipées. Confortable salon ; belle piscine chauffée au jardin.

X   **La Petite Maison**   Ⓜ VISA ⓜ AE ⓞ

av. Mende – 𝒞 04 66 31 56 00 – rsr@relais-saint-roch.fr – Fax 04 66 31 53 26
– *Ouvert 14 avril-2 nov., lundi sauf le soir en juil.-août, mardi midi et merc. midi*
Rest – Menu (22 €), 28/69 € – Carte 44/79 € ❀
♦ Table régionale à l'ambiance chaleureuse et romantique. Spécialités de viande de bison
et de friture de truitelles ; superbe choix de whiskies, dont le patron fait collection.

ST-AMAND-MONTROND 👁 – 18 Cher – 323 L6 – **11 447 h. – alt. 160 m –**
⊠ 18200 ▮ Limousin Berry   12 **C3**

▶ Paris 282 – Bourges 52 – Châteauroux 65 – Montluçon 56 – Nevers 70

🛈 Office de tourisme, place de la République 𝒞 02 48 96 16 86,
Fax 02 48 96 46 64

◎ Abbaye de Noirlac★★ 4 km par ⑥.

ⓒ Château de Meillant★★ 8 km par ①.

Plan page suivante

🏨   **Mercure L'Amandois**   🛗 ⅃ ch, Ⓜ rest, 🖢 📞 🕭 **P** VISA ⓜ AE ⓞ

🍴   *7 r. H. Barbusse* – 𝒞 02 48 63 72 00 – h1890@accor.com – Fax 02 48 96 77 11
43 ch – ♦51/68 € ♦♦61/78 €, ⌑ 8 € – **Rest** – Menu (11,50 €),   B **r**
17 € (sem.)/30 € – Carte 21/38 €
♦ Relais de chaîne à l'esprit familial, disposant de seize chambres récentes, modernes et fort
bien équipées ; les autres, dans l'ancien bâtiment, ont bénéficié d'une rénovation. Salle à
manger actuelle. À table, prestations Mercure habituelles, sans prétention.

à Noirlac 4 km par ⑥ et D 35 – ⊠ 18200 Bruère-Allichamps

X   **Auberge de l'Abbaye de Noirlac**   🏠 Ⓜ VISA ⓜ

😊   – 𝒞 02 48 96 22 58 – aubergeabbayenoirlac@free.fr – Fax 02 48 96 86 63 – *Ouvert*
20 fév.-17 nov. et fermé mardi soir et merc. sauf juil.-août.
Rest – Menu 21 € (sem.)/33 € – Carte 36/53 €
♦ Petite auberge sise dans une chapelle des voyageurs du 12ᵉ s. Salle à manger avec poutres
et tomettes ; terrasse tournée vers l'abbaye cistercienne. Cuisine du terroir.

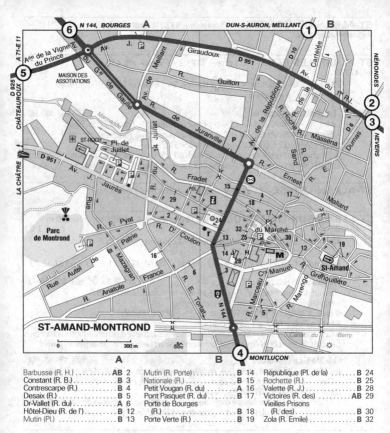

ST-AMAND-MONTROND

à Bruère-Allichamps 8,5 km par ⑥ – 573 h. – alt. 170 m – ⌧ 18200

🏠   **Les Tilleuls**   🛜 ↳ ॐ **P** **VISA** **◎◎**
   rte de Noirlac – ℰ *02 48 61 02 75 – eric.brendel18@orange.fr – Fax 02 48 61 08 41*
   – Fermé 18-25 sept., 19-27 oct., 21-29 déc., 23 fév.-2 mars, vend. soir et dim. soir de
   mi-sept. à mi-juin et lundi
   11 ch – ♥52/54 € ♥♥52/54 €, ⌑ 9 € – ½ P 53/55 € – **Rest** – Menu 20 € bc (déj.
   en sem.), 24/70 € bc – Carte 47/87 €
   ♦ Sur la route touristique longeant le Cher, bâtisse située au calme, face à la campagne.
   Chambres petites et sobres, mais bien entretenues. En vous attablant aux Tilleuls, vous
   vous offrirez une halte gourmande à un prix très digeste. Terrasse dans le jardin.

ST-AMARIN – 68 Haut-Rhin – 315 G9 – 2 440 h. – alt. 410 m – ⌧ 68550   1 **A3**
   ◰ Paris 461 – Belfort 52 – Colmar 53 – Épinal 76 – Gérardmer 40 – Mulhouse 30
   🛈 Office de tourisme, 81, rue Charles-de-Gaulle ℰ 03 89 82 13 90, Fax 03 89 82 76 44

🏠   **Auberge du Mehrbächel** ॐ   ≤ le massif du Rossberg, 🅰🅲 rest, ॐ
   4 km à l'Est par rte du Mehrbächel – ℰ *03 89 82 60 68*   🛜 🕍 **P** **VISA** **◎◎** 🅰🅴
   – kornacker@wanadoo.fr – Fax 03 89 82 66 05 – Fermé 25 oct.-6 nov.
   23 ch – ♥42 € ♥♥62 €, ⌑ 9 € – ½ P 55 € – **Rest** – *(fermé lundi soir, jeudi soir et*
   vend.) Menu 18 € (sem.), 22/40 € – Carte 18/43 €
   ♦ Ambiance "refuge" et confort actuel pour cette ancienne ferme tenue par la même
   famille depuis 1886 et bénéficiant d'une situation privilégiée sur le passage d'un GR. Le
   restaurant propose quelques spécialités alsaciennes à partager avec les randonneurs.

ST-AMBROIX – 30 Gard – **339** K3 – **3 365 h.** – alt. 142 m – ✉ 30500   23 **C1**

> ▶ Paris 686 – Alès 20 – Aubenas 56 – Mende 111
>
> 🚹 Office de tourisme, place de l'Ancien Temple ✆ 04 66 24 33 36,
> Fax 04 66 24 05 83

à St-Victor-de-Malcap 2 km au Sud-Est par D 51 – **538 h.** – alt. 140 m – ✉ 30500

🍴🍴   **La Bastide des Senteurs** avec ch ॐ   🖼 ⊐ ᜕ ch,
    – ✆ 04 66 60 24 45 – subileau@   🅰🅲 ch, 🅿 𝖵𝖨𝖲𝖠 🆇🅾 🅰🅴
bastide-senteurs.com – Fax 04 66 60 26 10 – Ouvert 1er mars-30 oct.
14 ch – ♦67/135 € ♦♦67/135 €, ⊇ 10 € – ½ P 70/90 € – **Rest** – *(fermé sam. midi)*
Menu 39/75 € – Carte 53/106 € ॐ
   ♦ Magnanerie au cadre méridional et sa terrasse dégagée, où l'on savoure une inventive
cuisine parfumée. Le vin y est à l'honneur : belle carte, boutique et cave (dégustations). Cinq
chambres aux noms de cépages, confortables et personnalisées. Piscine.

à Larnac 3,5 km au Sud-Ouest par rte d'Alès – ✉ 30960 Les Mages

🏨   **Le Clos des Arts** sans rest ॐ   ⊐ ᜕ 🅰🅲 ↳ ᜕ ᝚ 🅿 𝖵𝖨𝖲𝖠 🆇🅾 🅰🅴 🅾
   Domaine Villaret – ✆ 04 66 25 40 91 – contact@closdesarts.com
   – Fax 04 66 25 40 92
   13 ch – ♦52/58 € ♦♦52/58 €, ⊇ 7 €
   ♦ Cette ancienne filature du 17e s. accueille des chambres spacieuses, neuves et sobres, une
mignonne salle de petit-déjeuner voûtée et une galerie d'art (sculptures).

ST-AMOUR-BELLEVUE – 71 Saône-et-Loire – **320** I12 – **460 h.** – alt. 306 m –
✉ 71570   8 **C3**

> ▶ Paris 402 – Bourg-en-Bresse 48 – Lyon 63 – Mâcon 13
>   – Villefranche-sur-Saône 32

🏨   **Auberge du Paradis**   🖼 🅰🅲 ch, ↳ ᜕ 𝖵𝖨𝖲𝖠 🆇🅾 🅰🅴
Le Plâtre Durand – ✆ 03 85 37 10 26 – info@aubergeduparadis.fr – Fermé janv.
8 ch – ♦95 € ♦♦155 €, ⊇ 14 € – 2 suites – **Rest** – *(fermé vend. midi, dim. soir,
lundi et mardi)* Menu 25 € (déj. en sem.)/45 €
   ♦ Les chambres, originales et contemporaines, portent des noms d'épices et sont
décorées avec goût et caractère. Petit-déjeuner maison copieux et de qualité. Accueil
tout sourire. Au restaurant, la cuisine et le décor (meubles chinés) cultivent les
mélanges.

🍴🍴   **Chez Jean Pierre**   🖼 𝖵𝖨𝖲𝖠 🆇🅾 🅰🅴 🅾
Le Plâtre Durand – ✆ 03 85 37 41 26 – restaurant-jeanpierre@wanadoo.fr
   – Fax 03 85 37 18 40 – Fermé 22 déc.-11 janv., dim. soir, merc. et jeudi
Rest – Menu 20/48 € – Carte 45/55 €
   ♦ Sympathique auberge de campagne nichée dans un village viticole. Salle à manger avec
vivier à homard, cheminée en faïence bleue et gros billot de boucher. Terrasse fleurie et
ombragée.

ST-ANDIOL – 13 Bouches-du-Rhône – **340** E3 – **2 605 h.** – alt. 55 m –
✉ 13670   42 **E1**

> ▶ Paris 692 – Avignon 19 – Aix-en-Provence 63 – Arles 36 – Marseille 80
>
> 🚹 Syndicat d'initiative, avenue Alphonse Daudet ✆ 04 90 95 48 95,
> Fax 04 32 61 08 79

🏠   **Le Berger des Abeilles** ॐ   ⊠ 🖼 🅿 𝖵𝖨𝖲𝖠 🆇🅾 🅰🅴
   – ✆ 04 90 95 01 91 – abeilles13@aol.com – Fax 04 90 95 48 26 – Ouvert
15 mars-15 nov.
8 ch – ♦65/108 € ♦♦80/118 €, ⊇ 5 € – ½ P 70/88 € – **Rest** – *(fermé jeudi midi,
lundi, mardi et merc.)* Menu 29/59 € – Carte 48/59 €
   ♦ Isolé en pleine campagne, petit mas provençal abritant des chambres rustiques
bien tenues ; trois d'entre elles ouvrent de plain-pied sur le paisible jardin. Salle à
manger aux tons ensoleillés et terrasse ombragée par un majestueux platane. Cuisine
régionale.

ST-ANDRÉ-DE-ROQUELONGUE – 11 Aude – 344 I4 – 828 h. – alt. 72 m – ⊠ 11200

22 **B3**

> 🛣 Paris 821 – Béziers 53 – Montpellier 112 – Perpignan 71

⌂ **Demeure de Roquelongue** 🍃   ⛺ 🏊 ⅌ 🐾 🅿
53 av. de Narbonne – 𝒞 *04 68 45 63 57 – demeure-de-roquelongue@wanadoo.fr
– Fax 04 68 45 63 57 – Ouvert 1ᵉʳ avril-14 nov.*
5 ch ⊊ – †90/130 € ††90/130 € – **Table d'hôte** – Menu 30 € bc
◆ Cette belle maison de vignerons (1885) possède un ravissant patio verdoyant. Chambres décorées avec un goût sûr, mobilier chiné, salles de bains à l'ancienne et salon cosy.

ST-ANDRÉ-DE-VALBORGNE – Gard – 339 H4 – 368 h. – alt. 450 m – ⊠ 30940

23 **C1**

> 🛣 Paris 653 – Alès 53 – Mende 69 – Millau 81
> 🄸 Office de tourisme, les Quais 𝒞 04 66 60 32 11

✕✕ **Bourgade** avec ch 🍃   🛏 VISA ⓪⓪
🍽 *pl. de l'Église –* 𝒞 *04 66 55 69 32 – info@restaurant-bourgade.com
– Fax 04 66 25 81 92 – Fermé 2 janv.-1ᵉʳmars, mardi, merc., jeudi de mi-oct. à
fin déc., dim. soir de mars à juin et sept. à mi-oct. et lundi sauf juil.-août*
10 ch – †45/50 € ††50/55 €, ⊊ 8 € – ½ P 55/60 € – **Rest** – Menu 17/80 € bc
– Carte 29/57 €
◆ Une carte actuelle et des produits frais : voici la règle d'or de ce chaleureux relais de diligences du 17ᵉ s. Terrasse sous glycine. Quelques petites chambres fonctionnelles.

ST-ANDRÉ-LES-VERGERS – 10 Aube – 313 E4 – rattaché à Troyes

ST-ANDRÉ-LEZ-LILLE – 59 Nord – 302 G4 – rattaché à Lille

ST-ANTHÈME – 63 Puy-de-Dôme – 326 K9 – 809 h. – alt. 950 m – ⊠ 63660

6 **C2**

> 🛣 Paris 461 – Ambert 23 – Clermont-Ferrand 100 – Feurs 50 – Montbrison 24
> – St-Étienne 57
> 🄸 Office de tourisme, place de l'Aubépin 𝒞 04 73 95 47 06, Fax 04 73 95 41 06

à Raffiny 5 km au Sud par D 261 – ⊠ 63660 St-Romain

⌂ **Au Pont de Raffiny**   🏊 🖐 ⅍ 🅿 VISA ⓪⓪
🍽 *–* 𝒞 *04 73 95 49 10 – hotel.pont.raffiny@wanadoo.fr – Fax 04 73 95 80 21
– Fermé 1ᵉʳ janv. à fin mars, dim. soir et lundi sauf juil.-août*
11 ch – †33/34 € ††44/46 €, ⊊ 7 € – ½ P 45/47 € – **Rest** – Menu (12 €), 17 €
(sem.)/33 € – Carte 26/35 €
◆ Dans la traversée du hameau, auberge campagnarde en pierre hébergeant de douillettes chambres lambrissées. À 50 m, deux chalets avec jardinets privatifs. Piscine et espace forme. Spacieux restaurant rustique (poutres, cheminée, fontaine...), recettes régionales.

ST-ANTOINE-L'ABBAYE – 38 Isère – 333 E6 – 910 h. – alt. 339 m – ⊠ 38160
📖 Lyon et la vallée du Rhône

43 **E2**

> 🛣 Paris 553 – Grenoble 66 – Romans-sur-Isère 26 – St-Marcellin 12 – Valence 49
> 🄸 Office de tourisme, place Ferdinand Gilibert 𝒞 04 76 36 44 46,
> Fax 04 76 36 40 49
> ◎ Abbatiale★.

✕✕ **Auberge de l'Abbaye**   🖒 AC ⅍ VISA ⓪⓪
Mail de l'Abbaye – 𝒞 *04 76 36 42 83 – leydierl@wanadoo.fr – Fax 04 76 36 46 13
– Fermé 5 janv.-5 fév., lundi et mardi sauf le midi du 1ᵉʳ juil. au 19 sept. et dim. soir*
Rest – Menu 20/50 € – Carte 30/64 €
◆ Jolie maison (14ᵉ s.) au cœur du village médiéval. Chaleureux intérieur de style Louis XIII et terrasse donnant sur l'abbatiale. Cuisine utilisant les produits du terroir.

ST-ARCONS-D'ALLIER – 43 Haute-Loire – 331 D3 – 164 h. – alt. 560 m –
✉ 43300   6 **C3**

▶ Paris 515 – Brioude 37 – Mende 87 – Le Puy-en-Velay 34 – St-Flour 60

Les Deux Abbesses ⌂   ⟨ ▦ ⌇ ⅃ & ch, ⅋ **P** **VISA** **◍** **AE**
– ℰ 04 71 74 03 08 – abbesses@relaischateaux.com – Fax 04 71 74 05 30
– Ouvert 21 mars-2 nov.
6 ch (½ P seult) – 6 suites – ½ P 220/320 € – **Rest** – (dîner seult) (nombre de
couverts limité, prévenir) Menu 60 €
♦ Ravissantes chambres réparties dans plusieurs maisons d'un magnifique village médié-
val perché. Ambiance romantique, jardin soigné, salle de massage, piscine-belvédère.
Menu du marché servi le soir au château. Mets classiques revisités ou teintés d'exotisme.

ST-AUBIN-DE-LANQUAIS – 24 Dordogne – 329 E7 – 256 h. – alt. 110 m –
✉ 24560   4 **C1**

▶ Paris 548 – Bergerac 13 – Bordeaux 101 – Périgueux 56

L'Agrybella sans rest ⌂   ▦ ⅃ & ⅗ **P**
pl. de l'Église – ℰ 05 53 58 10 76 – legall.ma@wanadoo.fr – Ouvert 15 fév.-30 oct.
5 ch � – ♦85 € ♦♦85 €
♦ Accolée à l'église, cette demeure du 18ᵉ s. abrite d'originales chambres à thème baptisées
Coloniale, Rétro, Marine, Périgourdine et Surprise (suite dédiée au cirque). Une pleine
réussite.

ST-AUBIN-DE-MÉDOC – 33 Gironde – 335 G5 – 4 990 h. – alt. 29 m –
✉ 33160   3 **B1**

▶ Paris 592 – Angoulème 132 – Bayonne 193 – Bordeaux 19 – Toulouse 261

Le Pavillon de St-Aubin ⌂   ⌇ ⅗ **P** **VISA** **◍**
rte de Lacanau – ℰ 05 56 95 98 68 – pavillon.saintaubin@wanadoo.fr
– Fax 05 56 05 96 65 – Fermé dim. soir
12 ch – ♦70/80 € ♦♦70/80 €, ⊂ 9 € – **Rest** – (fermé 18-31 août, 2-7 janv., sam.
midi, dim. soir et lundi) Menu (24 €), 35/50 €
♦ Cet hôtel moderne d'inspiration coloniale constitue une sympathique étape avant un
périple en haut Médoc. Chambres fonctionnelles et joliment colorées. Plaisant restaurant :
tons ensoleillés, cheminée, bibelots et tables bien dressées. Cuisine traditionnelle.

ST-AUBIN-DE-SCELLON – 27 Eure – 304 C6 – 314 h. – alt. 172 m –
✉ 27230   33 **C2**

▶ Paris 152 – Le Havre 64 – Lisieux 21 – Rouen 70

Les Clématites sans rest   ▦ ⅋ **P**
1 km au Sud-Est par D 41 – ℰ 02 32 45 46 52 – la.charterie@wanadoo.fr
4 ch ⊂ – ♦55 € ♦♦60 €
♦ Chambres aux motifs décoratifs inspirés des toiles de Jouy, aménagées dans une
ancienne maison de notable entourée de dépendances et d'un jardin anglais.

ST-AUBIN-SUR-MER – 14 Calvados – 303 J4 – 1 810 h. – Casino – ✉ 14750
▌ Normandie Cotentin   32 **B2**

▶ Paris 252 – Arromanches-les-Bains 19 – Bayeux 29 – Cabourg 32 – Caen 20
🛈 Office de tourisme, digue Favreau ℰ 02 31 97 30 41, Fax 02 31 96 18 92

Le Clos Normand ⌂   ⟨ ▦ ⌇ ⅌ **P** **VISA** **◍** **AE**
Digue Guynemer – ℰ 02 31 97 30 47 – clos-normand@wanadoo.fr
– Fax 02 31 96 46 23 – Fermé 6 janv.-8 mars
31 ch – ♦60/90 € ♦♦60/159 €, ⊂ 10 € – ½ P 62/99 € – **Rest** – Menu 24/64 €
– Carte 36/59 €
♦ Grande bâtisse idéalement située face à la Manche. Les chambres, majoritairement
orientées côté mer, offrent un décor d'esprit nautique. Salle à manger au cadre rustique et
agréable terrasse, abritée et tournée vers la plage. Carte de poissons.

ST-AVÉ – 56 Morbihan – 308 O8 – rattaché à Vannes

ST-AVIT-DE-TARDES – 23 Creuse – 194 h. – alt. 560 m – ✉ 23200   25 **C2**
▶ Paris 415 – Limoges 151 – Guéret 55 – Ussel 67 – Aubusson 16

⌂ **Le Moulin de Teiteix** ⌖   🍽 🏠 ⇗ 🌸 **P**
– ✆ 05 55 67 34 18 – yvette.louisbrun@wanadoo.fr
5 ch ⚏ – †55 € ††75 € – 1 suite – **Table d'hôte** – Menu 22 € bc
♦ Au grand calme au pied d'une petite rivière poissonneuse, ce moulin du 19e s. vous accueille dans un cadre rustique. Chambres spacieuses, toutes décorées différemment. La table d'hôte propose une cuisine traditionnelle élaborée à base de produits de la région.

ST-AVOLD – 57 Moselle – 307 L4 – 16 922 h. – alt. 260 m – ✉ 57500
🏷 Alsace Lorraine   27 **C1**
▶ Paris 372 – Metz 46 – Saarbrücken 33 – Sarreguemines 29 – Strasbourg 127
🛈 Office de tourisme, 28, rue des Américains ✆ 03 87 91 30 19,
Fax 03 87 92 98 02
🏌 de Faulquemont à Faulquemont Avenue Jean Monnet, SO : 16 km par D 20,
✆ 03 87 81 30 52.
🔲 Groupe sculpté★ dans l'église St-Nabor.
🔲 Mine-image★ de Freyming-Merlebach NE : 10 km.

⌂ **Domaine du Moulin** sans rest ⌖   🍽 🌸 📞 **P** **VISA** **◉◎**
13 r. de la vallée, à Dourd'hal, 2 km à l'Ouest par D 633 et D 103p –
✆ 03 87 92 55 15 – domaine.du.moulin@free.fr – Fax 03 87 92 55 15
5 ch ⚏ – †60 € ††70 €
♦ Cet ancien moulin dépendait autrefois de l'abbaye de Longeville. Restauré avec soin et de beaux matériaux, il abrite des chambres coquettes et rustiques. Accueil convivial.

✕✕ **Europe**   🔠 **P** **VISA** **◉◎** **AE**
7 r. Altmayer – ✆ 03 87 92 00 33 – sodextel@wanadoo.fr – Fax 03 87 92 01 23
Rest – (fermé sam. midi, dim. soir et lundi) Menu 25 € (sem.)/60 € – Carte 40/71 € ⅜
♦ Chaleureuse et grande salle de restaurant (tons jaune et orangé) où l'on sert une cuisine traditionnelle concoctée selon le marché. Belle carte des vins.

au Nord : 2,5 km sur D 633 (près échangeur A 4) – ✉ 57500 St-Avold

🏨 **Novotel**   🍽 🏠 ☐ ⅚ ch, 🔠 ⇗ 🌸 🏊 **P** **VISA** **◉◎** **AE** **①**
– ✆ 03 87 92 25 93 – h0433@accor.com – Fax 03 87 92 02 47
61 ch – †58/115 € ††58/115 €, ⚏ 12,50 € – **Rest** – Menu (15 €), 19 € – Carte 22/38 €
♦ Rénovation intégrale en 2007 et grandes chambres à choisir de préférence devant la piscine, dans cet hôtel de chaîne établi à l'orée de la forêt. Côté restaurant, l'étape est sans surprise. Terrasse d'été face aux arbres.

ST-AY – 45 Loiret – 318 H4 – 2 966 h. – alt. 100 m – ✉ 45130   12 **C2**
▶ Paris 140 – Orléans 13 – Blois 48 – Châteaudun 52 – Pithiviers 55 – Vendôme 63
🛈 Syndicat d'initiative, Mairie ✆ 02 38 88 44 44, Fax 02 38 88 82 14

✕✕ **La Grande Tour**   🌸 ⅚ ⇆ **P** **VISA** **◉◎** **AE**
21 rte Nationale – ✆ 02 38 88 83 70 – contact@lagrandetour.com
– Fax 02 38 80 68 05 – Fermé 11-25 août, merc. soir, dim. soir et lundi
Rest – Menu 24/44 € – Carte 41/66 €
♦ "La Pompadour" séjourna dans cet ex-relais de poste au cachet jalousement préservé. Terrasse ouverte sur le jardin et sa fontaine. Cuisine revue dans un style plus traditionnel.

ST-AYGULF – 83 Var – 340 P5 – ✉ 83370 🏷 Côte d'Azur   41 **C3**
▶ Paris 872 – Brignoles 69 – Draguignan 35 – Fréjus 6 – St-Raphaël 9
– Ste-Maxime 14
🛈 Office de tourisme, place de la Poste ✆ 04 94 81 22 09, Fax 04 94 81 23 04

🏨 **Catalogne** sans rest   🌸 ☐ 📱 🔠 🌸 📞 **P** **VISA** **◉◎** **AE**
290 av. Corniche d'Azur – ✆ 04 94 81 01 44 – hotel.catalogne@wanadoo.fr
– Fax 04 94 81 32 42 – Ouvert 1er avril-20 oct.
32 ch – †86/118 € ††86/118 €, ⚏ 10 €
♦ Cet hôtel construit en 1969 à 100 m de la calanque des Corailleurs dispose de chambres assez spacieuses et confortables ; certaines ont une terrasse côté jardin.

ST-BARD – 23 Creuse – 325 L5 – 101 h. – alt. 640 m – ✉ 23260 25 **D2**
> ▷ Paris 423 – Limoges 158 – Guéret 63 – Ussel 54 – Aubusson 23

⛫ **Château de Chazelpaud** ⌖ ◴ ☒ ⅙ ↔ **P**
D 941 – ℰ 05 55 67 33 03 – albrightpatrick @ aol.com – Fax 05 55 67 30 25
– *Ouvert d'avril à sept.*
5 ch ⌂ – ♦65/70 € ♦♦70/85 € – **Table d'hôte** – Menu 25 € bc
♦ Mosaïque à l'italienne, hauteurs sous plafond hors normes, grandes chambres person-
nalisées (fresques dans les salles de bains) : une "folie" néo-Renaissance de toute beauté.
Salle à manger lambrissée, ornée d'une magnifique cheminée sculptée.

ST-BAZILE-DE-MEYSSAC – 19 Corrèze – 329 L5 – 152 h. – alt. 230 m –
✉ 19500 25 **C3**
> ▷ Paris 514 – Limoges 125 – Tulle 37 – Brive-la-Gaillarde 28
>   – Sarlat-la-Canéda 80

⛫ **Le Manoir de la Brunie** sans rest ⌖ ☷ ↔ ⅌ ℡ **P**
– ℰ 05 55 84 23 07 – appierre @ wanadoo.fr
3 ch ⌂ – ♦80/100 € ♦♦80/100 €
♦ Manoir du 18ᵉ s. au cœur d'un jardin propice à la détente. Hall-salon avec cheminée
et salle des petits-déjeuners agrémentés de mobilier de style. Chambres dans le même
esprit.

ST-BEAUZEIL – 82 Tarn-et-Garonne – 337 B5 – 132 h. – alt. 181 m –
✉ 82150 28 **B1**
> ▷ Paris 631 – Agen 32 – Cahors 55 – Montauban 64 – Villeneuve-sur-Lot 23

🏠 **Château de l'Hoste** ⌖ ◴ ⌢ ☒ & ch, ↔ ⅌ ch, ⅀ **P** **VISA** **◎◎** **AE**
rte d'Agen, (D 656) – ℰ 05 63 95 25 61 – mail @ chateaudelhoste.com
– Fax 05 63 95 25 50
26 ch – ♦75/140 € ♦♦75/140 €, ⌂ 14 € – ½ P 80/117 € – **Rest** – *(fermé dim. soir,
lundi midi et jeudi midi de mi-oct. à fin mars)* Menu (24 €), 30 € (déj. en sem.),
34/50 € – Carte 36/46 €
♦ Jolie gentilhommière du 17ᵉ s. au cœur d'un parc boisé perdu dans la campagne
quercynoise. Chambres non-fumeurs, plaisantes et confortables. La salle à manger mêle
ambiances champêtre et aristocratique ; terrasse dressée dans le parc.

ST-BÉNIGNE – 01 Ain – 328 C2 – rattaché à Pont-de-Vaux

ST-BENOÎT-SUR-LOIRE – 45 Loiret – 318 K5 – 1 876 h. – alt. 126 m – ✉ 45730
▌ Châteaux de la Loire 12 **C2**
> ▷ Paris 166 – Bourges 92 – Châteauneuf-sur-Loire 10 – Gien 32 – Montargis 43
>   – Orléans 42

🛈 Office de tourisme, 44, rue Orléanaise ℰ 02 38 35 79 00, Fax 02 38 35 10 45
◉ Basilique★★.
◎ Germigny-des-Prés : mosaïque★★ de l'église★ NO : 6 km.

🏠 **Labrador** sans rest ☷ & ⅀ **P** **VISA** **◎◎** **AE**
7 pl. de l'Abbaye – ℰ 02 38 35 74 38 – hoteldulabrador @ wanadoo.fr
– Fax 02 38 35 72 99 – *Fermé 26 déc.-8 janv.*
40 ch – ♦57 € ♦♦64 €, ⌂ 7,50 €
♦ Face à la basilique romane, hôtel composé de plusieurs bâtiments de style régional. Les
chambres de l'aile récente bénéficient de la tranquillité du jardin. Salon de thé.

🍴🍴 **Grand St-Benoît** ⌢ & **AC** ⅌ **VISA** **◎◎** **AE**
7 pl. St-André – ℰ 02 38 35 11 92 – hoteldulabrador @ wanadoo.fr
☺ – Fax 02 38 35 13 79 – *Fermé 19 août-2 sept., 21 déc.-6 janv., sam. midi, dim. soir et
lundi*
Rest – *(nombre de couverts limité, prévenir)* Menu (18 €), 25/47 € – Carte 46/59 €
♦ Poutres apparentes et meubles contemporains en salle et terrasse dressée sur une place
piétonne du village où repose le poète Max Jacob. Cuisine au goût du jour soignée.

1595

ST-BERNARD – 01 Ain – 328 B5 – 1 282 h. – alt. 250 m – ⊠ 01600   43 **E1**

▶ Paris 443 – Lyon 29 – Bourg-en-Bresse 57 – Villeurbanne 37 – Lyon 03 30

⚲   **Le Clos du Chêne** ⌂   🖾 ⌷ 🏌 ⅋ ch, Ⓜ ↔ ℀ ⌁ ⚱ **P** *VISA* ●●
370 chemin du Carré – ℰ *04 74 00 45 39 – leclosduchene @ orange.fr*
– Fax 04 74 08 03 51 – Fermé 15 fév.-1ᵉʳmars
5 ch ⌿ – ♦112/133 € ♦♦112/133 € – ½ P 86/97 € – **Table d'hôte** – *(fermé sam.
et mardi)* Menu 30 € bc
♦ En bordure de la Saône, superbes chambres romantiques et cosy dans une vaste
propriété refaite, alliant esprit de maison de famille, équipements modernes et thématique
équestre.

ST-BERTRAND-DE-COMMINGES – 31 Haute-Garonne – 343 B6 – 237 h.
– alt. 581 m – ⊠ 31510 ▮ Midi-Pyrénées   28 **B3**

▶ Paris 783 – Bagnères-de-Luchon 33 – Lannemezan 23 – St-Gaudens 17
– Tarbes 68

🖸 du Comminges à Montréjeau Capélé, N : 9 km par N125, ℰ 05 61 95 90 20.

◉ Site★★ - Cathédrale Ste-Marie-de-Comminges★ : cloître★★, boiseries★★ et
trésor★ - Basilique Saint-Just★ de Valcabrère (chevet★) NE : 2 km.

à Valcabrère 2 km à l'Est par D 26 – 139 h. – alt. 460 m – ⊠ 31510

%%   **Le Lugdunum**   ⪍ 🛱 ℀ **P** *VISA* ●●
1 km au Sud sur N 125 – ℰ *05 61 94 52 05 – Fax 05 61 94 52 06 – Fermé
15 déc.-31 janv.*
Rest – *(fermé du lundi au jeudi et dim. soir en période scolaire et fermé dim. soir et
lundi pendant les vacances scolaires) (prévenir)* Menu 39 € – Carte 62/77 €
♦ Le chef a reconstitué, en partenariat avec le CNRS, les recettes de la Rome antique telles
que les préparait Apicius. Décor ad hoc et explications à l'appui : dépaysement garanti !

ST-BOIL – 71 Saône-et-Loire – 320 I10 – 406 h. – alt. 240 m – ⊠ 71390   8 **C3**

▶ Paris 357 – Chalon-sur-Saône 23 – Cluny 27 – Montceau-les-Mines 37
– Mâcon 50

%%   **Auberge du Cheval Blanc** avec ch   🖾 🛱 ⌷ ⅋ ch, ℀ **P** *VISA* ●●
– ℰ *03 85 44 03 16 – Fax 03 85 44 07 25 – Fermé 2 fév.-15 mars et merc.*
11 ch – ♦71 € ♦♦74/120 €, ⌿ 12 € – ½ P 79 € – **Rest** – *(dîner seult)* Menu 40 €
♦ Deux bâtiments séparés par la route : d'un côté, maison bourgeoise (1870) aux chambres
fraîches et de l'autre, auberge familiale servant une solide cuisine régionale.

ST-BÔMER-LES-FORGES – 61 Orne – 310 F3 – 954 h. – alt. 250 m –
⊠ 61700   32 **B3**

▶ Paris 261 – Caen 88 – Alençon 73 – Flers 16 – Argentan 58

⚲   **Château de la Maigraire** sans rest ⌂   ↺ ↔ ℀ **P**
2 km à l'Est par D 260 – ℰ *02 33 38 09 52 – la.maigraire @ wanadoo.fr*
– Fax 02 33 38 09 52
3 ch ⌿ – ♦85 € ♦♦95/115 €
♦ Les propriétaires de ce château (1860) de campagne vous ouvrent leurs salons et leurs
chambres au décor ancien soigné ("Marie-Antoinette", "L'oiseau bleu" et "L'échauguette").

ST-BONNET-EN-CHAMPSAUR – 05 Hautes-Alpes – 334 E4 – 1 466 h. – alt.
1 025 m – ⊠ 05500 ▮ Alpes du Sud   41 **C1**

▶ Paris 652 – Gap 16 – Grenoble 90 – La Mure 50

🄴 Office de tourisme, place Grenette ℰ 04 92 50 02 57, Fax 04 92 50 02 57

🏠   **la Crémaillère** ⌂   ⪍ 🖾 🛱 ↔ ℀ ⌁ **P** 🅰 *VISA* ●●
🕾   *4 rte de la Motte –* ℰ *04 92 50 00 60 – alacremaillere @ wanadoo.fr*
🕮   *– Fax 04 92 50 01 57 – Ouvert 25 janv.-25 oct.*
21 ch – ♦58 € ♦♦63 €, ⌿ 9 € – ½ P 60 € – **Rest** – *(fermé lundi midi, mardi midi et
merc. midi)* Menu 18/30 € – Carte 26/42 €
♦ À l'orée du Parc national des Écrins, grand chalet (non-fumeurs) paisible entouré d'un beau
jardin. Chambres avenantes, souvent orientées au Sud, avec le massif du Champsaur et le pic
de l'Aiguille pour toile de fond. Repas axé terroir dans une salle claire et ample ou en terrasse.

ST-BONNET-LE-CHÂTEAU – 42 Loire – 327 D7 – 1 562 h. – alt. 870 m –
⌗ 42380 ▯ Lyon et la vallée du Rhône   44 **A2**

▶ Paris 484 – Ambert 48 – Montbrison 31 – Le Puy-en-Velay 66 – St-Étienne 34

🖪 Syndicat d'initiative, 7, place de la République ℰ 04 77 50 52 48, Fax 04 77 50 13 46

◉ Chevet de la collégiale ≼★ – Chemin des Murailles★.

🏠 **Le Béfranc** ⌂   ☖ ⇄ ☏ **P** **VISA** **MO**
7 rte d'Augel – ℰ 04 77 50 54 54 – info @ hotel-lebefranc.com – Fax 04 77 50 73 17
– Fermé 20-27 oct., 2 fév.-2 mars, dim. soir et lundi sauf juil.-août
17 ch – †40 € ††46 €, ⌗ 7 € – ½ P 45/53 € – **Rest** – Menu 13 € bc (déj. en
sem.), 18/36 € – Carte 20/33 €

♦ Aux portes d'une localité surnommée "la perle du Forez", hébergement des plus
"honnêtes", mettant à profit les anciens locaux de la gendarmerie ! Chambres proprettes.
À l'heure de passer à table, choix de préparations traditionnelles.

🍴🍴 **La Calèche**   **VISA** **MO**
2 pl. Cdt Marey – ℰ 04 77 50 15 58 – Fax 04 77 50 15 58 – Fermé
2-16 janv., 10-25 fév., lundi soir d'oct. à mars, dim. soir, mardi soir et merc.
Rest – Menu 21 € (sem.)/54 € – Carte 32/54 € ⅜

♦ Le restaurant, aménagé dans une maison classée (17ᵉ s.) dispose de trois salles à manger
joliment colorées. Le chef y concocte une cuisine dans l'air du temps personnalisée.

ST-BONNET-LE-FROID – 43 Haute-Loire – 331 I3 – 194 h. – alt. 1 126 m –
⌗ 43290   6 **D3**

▶ Paris 555 – Annonay 27 – Le Puy-en-Velay 58 – St-Étienne 51 – Valence 68
– Yssingeaux 31

🖪 Office de tourisme, place de la Mairie ℰ 04 71 65 64 41, Fax 04 71 65 64 41

🏠🏠 **Le Clos des Cimes**   ☞ ⅙ 🖾 ⇄ ☏ **P** **VISA** **MO** **AE** **①**
le village – ℰ 04 71 65 63 62 – contact @ regismarcon.fr – Fax 04 71 59 93 40
– Fermé janv., 1ᵉʳ-23 mars, dim. soir de juin à août, lundi et mardi
12 ch – †180/240 € ††180/240 €, ⌗ 20 €
Rest **Régis et Jacques Marcon** – voir ci-après
Rest **Bistrot la Coulemelle** – Menu 25/40 €

♦ Le Clos abrite des chambres personnalisées, aussi raffinées que cosy, tournées vers la
vallée. De goûteux plats du terroir (une formule avec dégustation d'entrées et trilogie de
desserts) vous attendent dans le décor rustique chic du bistrot la Coulemelle.

🏠 **Le Fort du Pré**   ☞ ☖ 🖾 🖪 ⅙ ch, 🍽 rest, **P** **VISA** **MO** **AE**
– ℰ 04 71 59 91 83 – info @ le-fort-du-pre.fr – Fax 04 71 59 91 84
– Fermé 31 août-4 sept., 20 déc.-5 mars, dim. soir et lundi sauf juil.-août
34 ch – †68/90 € ††68/90 €, ⌗ 9,50 € – ½ P 65/89 €
Rest – Menu 20 € (sem.)/68 € – Carte 37/55 €

♦ Ferme restaurée intéressante pour ses activités de loisirs (piscine couverte, fitness, salle
de jeux). Simples et colorées, les chambres restent avant tout pratiques. Salle à manger-
véranda ouverte sur la nature pour une table de qualité valorisant le terroir.

🍴🍴🍴 **Régis et Jacques Marcon**   ≼ paysages de l'Ardèche, 🖾 ⇄
✿✿✿ Larsiallas, sur les hauteurs du village :   ◻☏(soir) **P** **VISA** **MO** **AE** **①**
(chambres prévues) – ℰ 04 71 59 93 72 – contact @ regismarcon.fr
– Fax 04 71 59 93 40 – Ouvert 22 mars-21 déc. et fermé lundi soir de nov. à mai,
lundi midi en juin-juil., mardi et merc.
Rest – (prévenir) Menu 115/170 € – Carte 154/202 € ⅜
Spéc. Homard bleu aux lentilles vertes du Puy, façon cassoulet. Omble chevalier
poêlé "amandes artichauts". Le menu "champignons" (printemps et automne).
Vins Viognier, Vin de pays des Côtes de l'Ardèche.

♦ Le restaurant – associant merveilleusement la pierre, le bois et le verre – a vue sur
les massifs alentour, écrin idéal d'une cuisine envoûtante inspirée par les produits de
la terre auvergnate (champignons).

🍴🍴 **André Chatelard**   ☞ 🖾 ⇄ **VISA** **MO**
pl. aux Champignons – ℰ 04 71 59 96 09 – restaurant-chatelard @ wanadoo.fr
– Fax 04 71 59 98 75 – Fermé 4 janv.-5 mars, mardi sauf en août, dim. soir et lundi
Rest – Menu 19 € (sem.)/72 € – Carte 31/56 €

♦ Solide maison de pays estimée pour sa cuisine régionale goûteuse et soignée. Salles
néo-rustiques, salon-cheminée et jardinet avec terrasse. Chariot à desserts tentateur.

ST-BONNET-TRONÇAIS – 03 Allier – 326 D3 – 789 h. – alt. 224 m – ⊠ 03360
▌Auvergne   5 **B1**

> ◨ Paris 313 – Clermont-Ferrand 137 – Moulins 60 – Montluçon 44
> – Saint-Amand-Montrond 26

à Tronçais 2 km au Sud-Est par D 250 – ⊠ 03360

▐▜▐ **Le Tronçais** ⌖   ◐ ⇚ ⅊ rest, ⅍ 🅿 𝑉𝐼𝑆𝐴 ◍◉
par D 978 – ℰ 04 70 06 11 95 – contact@letroncais.com – Fax 04 70 06 16 15
– Ouvert 10 mars-16 nov. et fermé dim. soir, mardi midi et lundi en mars-avril
12 ch – †43/73 € ††48/73 €, ⌖ 8 € – ½ P 53/62 € – **Rest** – Menu (17 € bc),
24/37 € – Carte 28/53 €
♦ Un parc, un étang et la magnifique forêt de Tronçais à proximité. Cette demeure et
son annexe possèdent des chambres d'ampleur variée, au grand calme. Côté restaurant,
on s'installe dans une grande salle à manger pimpante pour déguster des plats traditionnels.

ST-BRANCHS – 37 Indre-et-Loire – 317 N5 – 2 211 h. – alt. 97 m – ⊠ 37320   11 **B2**

> ◨ Paris 259 – Orléans 135 – Tours 24 – Joué-lès-Tours 19
> – Saint-Cyr-sur-Loire 29

✕ **Le Diable des Plaisirs**   ⌂ 𝑉𝐼𝑆𝐴 ◍◉
2 av. des Marronniers – ℰ 02 47 26 33 44 – lediablesdesplaisirs@club-internet.fr
– Fermé dim. soir et merc.
Rest – Menu (16 €), 20/35 € – Carte 39/44 €
♦ Ce restaurant en retrait du centre du village vous reçoit dans le cadre très coloré,
ludique et nostalgique d'une ancienne salle de classe. Accueil souriant et cuisine
actuelle.

ST-BRÈS – 30 Gard – 339 K3 – rattaché à St-Ambroix

ST-BREVIN-LES-PINS – 44 Loire-Atlantique – 316 C4 – 9 594 h. – alt. 9 m
– Casino – ⊠ 44250 ▌Poitou Vendée Charentes   34 **A2**

> ◨ Paris 442 – Nantes 57 – Saint-Herblain 62 – Saint-Nazaire 15
> 🄴 Office de tourisme, 10, rue de l'Église ℰ 02 40 27 24 32, Fax 02 40 39 10 34

▐▜▐ **Du Beryl**   ⩤ 🕼 ⅙ 🅰🅲 ⇚ ⅊ rest, 🕻 ⅍ 🅿 ⌂ 𝑉𝐼𝑆𝐴 ◍◉ 🅰🅴 ◍
55 bd de l'Océan – ℰ 02 28 53 20 00 – resa.stbrevin@hotelduberyl.com
– Fax 02 28 53 20 20
34 ch – †89/120 € ††89/250 €, ⌖ 15 € – **Rest** – Menu 19 € (déj. en sem.),
25/39 € – Carte 27/37 €
♦ Face à la mer, l'hôtel occupe l'emplacement de l'ancien casino. Les chambres spacieuses
et bien isolées sont dotées de mobilier de bois clair et d'une bonne literie. Décoration épurée dans l'air du temps et vue sur l'océan au restaurant. Plats traditionnels.

ST-BRIAC-SUR-MER – 35 Ille-et-Vilaine – 309 J3 – 2 054 h. – alt. 30 m –
⊠ 35800   10 **C1**

> ◨ Paris 411 – Dinan 24 – Dol-de-Bretagne 34 – Lamballe 41 – St-Brieuc 62
> – St-Malo 13
> 🄴 Office de tourisme, 49, Grande Rue ℰ 02 99 88 32 47, Fax 02 99 88 32 47

à Lancieux (22 Côtes-d'Armor) 2 km au Sud-Ouest par D 786 – 1 220 h. – alt. 24 m –
⊠ 22770

> 🄴 Office de tourisme, square Jean Conan ℰ 02 96 86 25 37

▐▜ **Des Bains** sans rest   ⩤ ⅙ 🅿 𝑉𝐼𝑆𝐴 ◍◉ 🅰🅴
20 r. Poncel – ℰ 02 96 86 31 33 – bertrand.mehouas@wanadoo.fr
– Fax 02 96 86 22 85 – Fermé le dim. de déc. à mars
12 ch – †58/98 € ††65/98 €, ⌖ 8 €
♦ Cet hôtel familial proche du rivage a été fondé en 1894. Chambres fonctionnelles ;
certaines sont dotées d'une cuisinette. Petits-déjeuners servis sous une véranda.

ST-BRICE-EN-COGLÈS – 35 Ille-et-Vilaine – 309 N4 – 2 395 h. – alt. 105 m – ⊠ 35460
10 D2

> ◻ Paris 343 – Avranches 34 – Fougères 17 – Rennes 57 – St-Malo 65
> ◼ Office de tourisme, 7, place Charles-de-Gaulle ℰ 02 99 97 85 44

Le Lion d'Or   🛏 🍴 ⅀ ch, 🅰 rest, ⅍ ℭ ⅏ 🅿 🆅🆂🅰 🆆🅾 🆎 🅾
r. Chateaubriant – ℰ 02 99 98 61 44 – le-lion-dor3 @ wanadoo.fr
– Fax 02 99 97 85 66
36 ch – †59/68 € ††59/68 €, ⅀ 8,50 € – **Rest** – *(fermé dim. soir sauf du 15 juil. au 25 août)* Menu 16 € (sem.)/42 € – Carte 26/50 €
  ♦ Dans la rue principale du village, cet ex-relais de diligence à la façade de granit abrite des chambres de confort simple, régulièrement rénovées. Confortable restaurant et sa véranda servant des plats traditionnels et du terroir. À midi, espace brasserie.

ST-BRIEUC ℙ – 22 Côtes-d'Armor – 309 F3 – 46 087 h. – Agglo. 121 237 h. – alt. 78 m – ⊠ 22000 🏴 Bretagne
10 C2

> ◻ Paris 451 – Brest 144 – Quimper 127 – Rennes 101 – St-Malo 71
> ◭ de St-Brieuc-Armor : ℰ 02 96 94 95 00, 10 km par ①.
> ◼ Office de tourisme, 7, rue Saint-Gouéno ℰ 08 25 00 22 22, Fax 02 96 61 42 16
> ◳ Club la Crinière à Lamballe Manoir de la Ville Gourio, par rte de Lamballe et D 786 : 15 km, ℰ 02 96 32 72 60.
> ◙ Cathédrale St-Étienne★ - Tertre Aubé ≼★ BV.

Plan page suivante

De Clisson sans rest   🛏 📶 ℭ ⅏ 🅿 🆅🆂🅰 🆆🅾 🆎 🅾
36 r. Gouët – ℰ 02 96 62 19 29 – contact @ hoteldeclisson.com
– Fax 02 96 61 06 95   AY **e**
25 ch – †58/88 € ††72/120 €, ⅀ 9,50 €
  ♦ Cette bâtisse blanche, à l'écart du centre, vous réserve un accueil charmant. Chambres diversement meublées ; celles avec baignoire "balnéo" sont plus spacieuses. Joli jardin.

Ker Izel sans rest   🛏 ⅃ ℭ 🖐 🆅🆂🅰 🆆🅾 🆎
20 r. Gouët – ℰ 02 96 33 46 29 – bienvenue @ hotel-kerizel.com
– Fax 02 96 61 86 12 – Fermé 28 oct.-9 nov. et 28 déc.-4 janv.   AY **a**
22 ch – †44/46 € ††54/56 €, ⅀ 6,50 €
  ♦ Cette maison bretonne qui serait le plus vieil hôtel de St-Brieuc se met sans réticence au goût du jour : chambres rajeunies, piscine neuve et calme jardin. Accueil familial.

Champ de Mars sans rest   📶 ⅀ ℭ 🆅🆂🅰 🆆🅾 🆎
13 r. Gén. Leclerc – ℰ 02 96 33 60 99 – hoteldemars @ wanadoo.fr
– Fax 02 96 33 60 05 – Fermé 12 déc.-4 janv.   BZ **s**
21 ch – †44/50 € ††51/57 €, ⅀ 8 €
  ♦ Emplacement pratique pour cet hôtel du centre-ville, proche d'un grand parking public. Chambres sobres et fonctionnelles, toutes identiques.

Aux Pesked (Mathieu Aumont)   ≼ 🍴 🅰 ⇎ 🅿 🆅🆂🅰 🆆🅾 🆎
59 r. Légué – ℰ 02 96 33 34 65 – contact @ maisonphare.com
– Fax 02 96 33 65 38 – Fermé 28 avril-4 mai, 1ᵉʳ-15 sept., 2-13 janv., sam. midi, dim. soir et lundi   AV **a**
Rest – Menu (19 €), 23 € (déj. en sem.), 38/63 € 𝄞
Spéc. Saint-Jacques, velouté et chips de légumes oubliés (oct. à avril). Langoustines rôties au tandoori, émulsion de fenouil (mai à sept.). Filet de Saint-Pierre, émulsion curry, suc d'orange au vadouvan.
  ♦ Avec la vallée du Gouët pour paysage, ce chaleureux restaurant contemporain propose une fine carte actuelle, du marché, et mettant à l'honneur les Pesked (poissons en breton).

Amadeus   🆅🆂🅰 🆆🅾
22 r. Gouët – ℰ 02 96 33 92 44 – Fax 02 96 61 42 05 – Fermé 3-18 août, 9-23 fév., lundi midi, sam. midi et dim.   AY **b**
Rest – Menu 20 € (déj. en sem.), 33/65 € – Carte 41/54 €
  ♦ Bien située, adresse familiale dont la coquette salle est coiffée d'un beau plafond à solives. Cuisine au goût du jour à l'accent méridional et... Amadeus en fond musical !

ST-BRIEUC

XX **Ô Saveurs**   VISA ⓂⓈ AE ①

⊕ *10 r. J. Ferry – ℰ 02 96 94 05 34 – lavigne @ osaveurs-restaurant.com*
– Fax 02 96 75 23 69 – Fermé 5-20 août, vacances de fév., sam. midi et dim.
Rest – Menu (15 €), 27/49 € – Carte 33/45 €   AX **n**
♦ Derrière la gare, ce restaurant affiche un cadre sobre et épuré en parfait accord avec la cuisine proposée. Carte de saison aux saveurs prononcées. Accueil et service charmants.

X **Youpala Bistrot** (Jean-Marie Baudic)   ℅ VISA ⓂⓈ

ꝳ *5 r. Palasne de Champeaux, Sud-Ouest par bd Charner – ℰ 02 96 94 50 74*
– infos @ youpala-bistrot.com – Fax 02 96 75 46 50
– Fermé 2-17 juin, 1er-16 sept., 22-25 déc., 2-13 janv., lundi et mardi
Rest – *(nombre de couverts limité, prévenir)* Menu (18 €), 23 € (déj. en sem.), 47/57 € bc
Spéc. Produits de saison autour de la mer et des légumes.
♦ Bistrot convivial limitant son offre à un menu du marché, où la marée bretonne est mise à l'honneur par un chef créatif. Cadre rustique-moderne. Prestation simplifiée à midi.

à Sous-la-Tour 3 km au Nord-Est par Port Légué et D 24 BV – ✉ 22190 Plérin

⌂ **La Maison du Phare** sans rest   ⇔ & ch ℅ ↻

93 r. Tour – ℰ 06 84 81 54 41 – contact @ maisonphare.com – Fax 02 96 33 65 38
5 ch – ♥80/110 € ♥♥80/110 €, ⌟ 8 €
♦ Amarrée à quelques encablures du port, cette ancienne maison d'armateur (19e s.) dévoile un intérieur au raffinement actuel. Chambres douillettes, avec balcon.

XX **La Vieille Tour** (Nicolas Adam)   AC VISA ⓂⓈ

ꝳ *75 r. de la Tour – ℰ 02 96 33 10 30 – ugho777@ aol.com – Fax 02 96 33 38 76*
– Fermé 18 août-10 sept., 9-25 fév., sam. midi, dim. soir et lundi
Rest – *(nombre de couverts limité, prévenir)* Menu 26 € (sem.)/75 €
– Carte 56/104 € ☒
Spéc. "Mac'Adam" de foie gras chaud aux Saint-Jacques et cèpes (sept. à déc.). Turbot sauvage au thym et laurier. La fraise "Tout de Sweet" (juin à août)
♦ Face au chenal, maison de pays rajeunie pour vous convier aux plaisirs de la table dans un cadre design jouant sur la lumière et les matières (verre, wengé, cuir, fer, grès).

à Cesson 3 km à l'Est par r. Genève BV – ✉ 22000

XXX **La Croix Blanche**   ⊟ VISA ⓂⓈ

⊕ *61 r. de Genève – ℰ 02 96 33 16 97 – Fax 02 96 62 03 50*
– Fermé 1er-20 août, vacances de fév., dim. soir et lundi
Rest – Menu 22/85 € – Carte 47/51 €
♦ Ce restaurant situé dans un quartier résidentiel abrite plusieurs salles à manger confortables et personnalisées, ouvrant sur le jardin. Appétissante cuisine au goût du jour.

XX **Manoir le Quatre Saisons**   ⊟ VISA ⓂⓈ

⊖ *61 chemin Courses – ℰ 02 96 33 20 38 – manoirlequatresaisons @ hotmail.com*
– Fax 02 96 33 77 38 – Fermé 3-17 mars, 13-27oct., dim. soir et lundi
Rest – Menu 18 € (sem.), 29/73 €
♦ Auberge de pays tapie dans un vallon rejoignant la mer. Cuisine traditionnelle servie dans deux pimpantes salles à manger aux jolis détails Art nouveau.

ST-CALAIS – 72 Sarthe – 310 N7 – 3 785 h. – alt. 155 m – ✉ 72120
▯ Châteaux de la Loire   35 **D1**

◘ Paris 188 – La Ferté-Bernard 33 – Le Mans 47 – Tours 66 – Vendôme 32
🛈 Office de tourisme, place de l'Hôtel de ville ℰ 02 43 35 82 95, Fax 02 43 35 15 13
◙ Façade★ de l'église Notre-Dame.

X **À St-Antoine**   VISA ⓂⓈ AE ①

⊖ *pl. St-Antoine – ℰ 02 43 35 01 56 – asaintantoine @ club-internet.fr*
– Fax 02 43 35 01 56 – Fermé 1er-15 mars, 25 juil.-7 août, dim. soir et merc.
Rest – Menu (11,50 €), 13/32 € – Carte 20/39 €
♦ Installée dans l'ex-café du village, tout près de l'église, petite salle à manger rénovée simplement et meublée dans le style bistrot. Cuisine traditionnelle.

Rte de la Ferté-Bernard 3 km au Nord par D 1

Château de la Barre ⌂   🕭 ↳ 🛇 VISA 🚳
– ℰ 02 43 35 00 17 – info@chateaudelabarre.com – Fax 02 43 35 00 17 – Fermé
10 janv.-10 fév.
5 ch – ♦130 € ♦♦150/390 €, ⊊ 15 € – **Table d'hôte** – (fermé dim. soir, lundi soir,
merc. soir et vend. soir) Menu 65 € bc
♦ Ce beau château entouré d'un parc de 40 ha appartient à la même famille depuis le 15e s.
Les chambres, raffinées et personnalisées, possèdent d'authentiques meubles anciens.
Cuisine bourgeoise servie dans une salle à manger agrémentée d'un superbe vaisselier.

ST-CANNAT – 13 Bouches-du-Rhône – 340 G4 – **4 634 h.** – alt. 216 m – ⊠ 13760
 Provence   **40 B3**

▶ Paris 731 – Aix-en-Provence 17 – Cavaillon 39 – Manosque 65 – Marseille 46
🖪 Syndicat d'initiative, avenue Pasteur ℰ 04 42 57 34 65, Fax 04 42 50 82 01

au Sud 2 km par rte d'Éguilles et rte secondaire – ⊠ 13760 St-Cannat

Mas de Fauchon ⌂   🍽 🎬 ⅃ ⅊ ch, 🅐🅒 ch, 🍸 P VISA 🚳
1666 chemin de Berre – ℰ 04 42 50 61 77 – contact@masdefauchon.fr
– Fax 04 42 57 22 56
14 ch – ♦110/240 € ♦♦110/240 €, ⊊ 15 € – 2 suites – **Rest** – Menu 30 € (déj. en
sem.), 38/60 € – Carte 48/69 €
♦ Au cœur d'une forêt de pins, cette bergerie du 17e s. ne manque pas de charme avec ses
chambres provençales cossues et très confortables, dotées de terrasses. Calme à l'état pur.
Coquette salle à manger rustique où l'on savoure une cuisine de tradition.

Une bonne table sans se ruiner ?
Repérez les Bibs Gourmands 🍽.

ST-CAPRAISE-DE-LALINDE – 24 Dordogne – 329 E6 – **rattaché à Lalinde**

ST-CAST-LE-GUILDO – 22 Côtes-d'Armor – 309 I3 – **3 187 h.** – alt. 52 m –
⊠ 22380 Bretagne   **10 C1**

▶ Paris 427 – Avranches 91 – Dinan 32 – St-Brieuc 50 – St-Malo 31
🖪 Office de tourisme, place Charles-de-Gaulle ℰ 02 96 41 81 52,
Fax 02 96 41 76 19
🖼 de Saint-Cast Pen-Guen Chemin du Golf, S : 4 km, ℰ 02 96 41 91 20.
◉ Pointe de St-Cast ≤★★ - Pointe de la Garde ≤★★ - Pointe de Bay ≤★ S :
5 km.

X   **Ker Flore**   VISA 🚳
au bourg, près de l'église – ℰ 02 96 81 03 79 – ker.flore@wanadoo.fr
– Fermé 15 sept.-6 oct., 22 déc.-1er fév., dim. soir, mardi soir, merc. soir et lundi
Rest – Menu (13 €), 20/26 € – Carte 23/37 €
♦ Cadre champêtre égayé de murs ensoleillés et d'objets chinés pour ce restaurant où l'on
déguste des plats traditionnels, réalisés en fonction du marché.

ST-CÉRÉ – 46 Lot – 337 H2 – **3 515 h.** – alt. 152 m – ⊠ 46400 Périgord   **29 C1**
▶ Paris 531 – Aurillac 62 – Brive-la-Gaillarde 51 – Cahors 80 – Figeac 44
– Tulle 54
🖪 Office de tourisme, 13, avenue Francois de Maynard ℰ 05 65 38 11 85,
Fax 05 65 38 38 71
🖼 de Montal à Saint-Jean-LespinasseO : 3 km par D 807, ℰ 05 65 10 83 09.
◉ Site★ - Tapisseries de Jean Lurçat★ au casino - Atelier-musée Jean Lurçat★ -
Château de Montal★★ O : 3 km.
◉ Cirque d'Autoire★ : ≤★★ par Autoire (site★) O : 8 km.

Les Trois Soleils de Montal (Frédérik Bizat)
rte de Gramat, 2 km par D 673 – ch, 🔲 ℅ rest, 🚗 🏊 **P** 𝚅𝙸𝚂𝙰 ⓜⓞ
– ℘ 05 65 10 16 16 – lestroissoleils@wanadoo.fr
– Fax 05 65 38 30 66 – Fermé 1ᵉʳ déc.-31 janv.
26 ch – ♦65/95 € ♦♦80/119 €, ⊑ 14 € – 4 suites – ½ P 90/117 €
Rest – (fermé dim. soir, mardi midi et lundi d'oct. à mars, lundi midi d'avril à sept.)
Menu 29 € (déj. en sem.), 39/69 € – Carte 54/67 €
Spéc. Escargots de Bourgogne à la crème d'oseille. Pigeonneau de grain rôti.
Crumble glacé thym-chocolat. **Vins** Cahors, Côtes du Marmandais.
♦ Cette grande maison située à proximité du château de Montal profite du calme d'un parc
en pleine campagne. Chambres actuelles, de bonne ampleur. Savoureuse cuisine au goût
du jour servie dans une élégante salle à manger agrémentée de toiles du 19ᵉ s.

De France 🚗 🏡 🏊 ℅ 🚗 **P** 𝚅𝙸𝚂𝙰 ⓜⓞ 🄰🄴
rte d'Aurillac – ℘ 05 65 38 02 16 – lefrance-hotel@wanadoo.fr
– Fax 05 65 38 02 98 – Fermé 20 déc.-25 janv. et vend. soir du 15 oct. au 8 fév.
18 ch – ♦43/48 € ♦♦54 €, ⊑ 7 € – ½ P 51/54 € – **Rest** – (dîner seult sauf dim.)
Menu 23/38 € – Carte 33/54 €
♦ À deux pas du centre, hôtel aux chambres sobres et rustiques ; préférez celles donnant
sur le jardin. Restaurant aménagé dans un style rustico-bourgeois, complété par une
terrasse ombragée. Plats traditionnels et saveurs du Quercy.

Villa Ric 🍃 ≼ plateau du Quercy, 🚗 🏡 🏊 🔲 ch, ℅ 🚗 **P** 𝚅𝙸𝚂𝙰 ⓜⓞ
rte Leyme, 2,5 km par D 48 – ℘ 05 65 38 04 08 – hotel.jpric@libertysurf.fr
– Fax 05 65 38 00 14 – Ouvert 6 avril-11 nov.
5 ch – ♦75 € ♦♦75/105 €, ⊑ 10 € – ½ P 75/105 € – **Rest** – (dîner seult) (nombre
de couverts limité, prévenir) Menu 34/58 €
♦ Maison accrochée à flanc de colline proposant des chambres d'esprit cosy aux tons
pastel. On apprécie son cadre reposant et son ambiance guesthouse. Cuisine au goût du
jour servie dans une salle à manger lumineuse. Terrasse avec vue panoramique sur la vallée.

ST-CERGUES – 74 Haute-Savoie – 328 K3 – 2 513 h. – alt. 615 m –
✉ 74140   46 **F1**
◻ Paris 547 – Annecy 54 – Annemasse 9 – Bonneville 25 – Genève 19
– Thonon-les-Bains 21

De France avec ch 🚗 🏡 🚗 🏊 **P** 𝚅𝙸𝚂𝙰 ⓜⓞ
1044 r. Allobroges – ℘ 04 50 43 50 32 – hoteldefrance74@wanadoo.fr
– Fax 04 50 94 66 45 – Fermé 21 avril-9 mai, 18 août-4 sept., dim. soir, merc. midi et
lundi
18 ch – ♦52/62 € ♦♦55/65 €, ⊑ 9 € – ½ P 58/63 € – **Rest** – Menu (13 €), 16 €
(sem.)/50 € – Carte 39/66 €
♦ Cette maison tenue par la même famille depuis quatre générations soigne son décor, son
accueil et sa cuisine. Élégant restaurant, joli jardin-terrasse et chambres actuelles.

ST-CERNIN-DE-LARCHE – 19 Corrèze – 329 J5 – 456 h. – alt. 300 m –
✉ 19600   24 **B3**
◻ Paris 492 – Limoges 104 – Tulle 48 – Brive-la-Gaillarde 17
– Sarlat-la-Canéda 54

Le Moulin de Laroche 🍃 🍴 🏡 ℅ 🏊 ch, **P**
La Roche Ouest, 1,5 km par D 59 – ℘ 05 55 85 40 92 – Fax 05 55 85 34 66 – Ouvert
15 mars-15 nov.
6 ch ⊑ – ♦57/70 € ♦♦60/75 € – **Table d'hôte** – Menu 22 € bc
♦ Avec pour cadre un parc sur une petite colline, cette ferme (1693) et son moulin à eau
réunissent toutes les conditions d'un séjour tranquille. Mobilier ancien ou de style. Cuisine
régionale servie dans la salle à manger ou le jardin d'été sous la verrière du moulin.

ST-CHAMAS – 13 Bouches-du-Rhône – 340 F4 – 6 595 h. – alt. 15 m – ✉ 13250
◻ Provence   40 **A3**
◻ Paris 738 – Arles 43 – Marseille 50 – Martigues 26 – Salon-de-Provence 16
🄴 Office de tourisme, Place Saint Pierre ℘ 04 90 50 90 54, Fax 04 90 50 90 10

⛺ **Embarden** sans rest ⚘   🛁 ⅃ ⇔ ⚙ **P**
rte de Grans – ℰ 06 84 95 57 16 – claude.dunan@9online.fr
6 ch ☲ – 🛏50 € 🛏🛏100 €
♦ Dans un parc bucolique (pré à moutons, bassin), une maison de maître aux chambres de caractère, délicieusement rétro. Jardin potager et fruitier, piscine. Pour un séjour au vert !

🍴🍴 **Le Rabelais**   🍴 **AC** ⇔ **VISA** **CO** **AE**
8 r. A. Fabre, (centre ville) – ℰ 04 90 50 84 40 – le.rabelais@wanadoo.fr
– Fax 04 90 50 84 40 – Fermé 25-31 août, dim. soir sauf juil.-août et lundi
Rest – Menu 26 € (déj. en sem.), 37/60 € – Carte 28/45 €
♦ Près de l'ancienne fabrique de poudre, restaurant installé dans la jolie salle voûtée du 17ᵉ s. d'un vieux moulin à blé. Agréable terrasse fleurie. Cuisine inventive.

ST-CHAMOND – 42 Loire – 327 G7 – 37 378 h. – alt. 388 m – ⊠ 42400

📖 Lyon et la vallée du Rhône   44 **B2**

🄳 Paris 505 – Feurs 55 – Lyon 50 – Montbrison 53 – St-Étienne 11 – Vienne 38

🄸 Office de tourisme, 23, avenue de la Libération ℰ 04 77 31 04 41, Fax 04 77 22 04 34

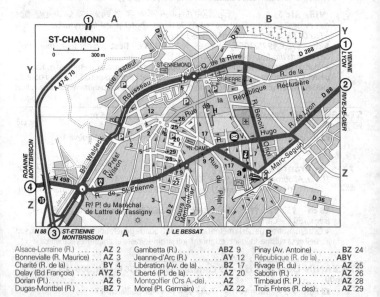

Alsace-Lorraine (R.) . . . . **AZ** 2	Gambetta (R.) . . . . **ABZ** 9	Pinay (Av. Antoine) . . . . . **BZ** 24
Bonneville (R. Maurice) . . . **AZ** 3	Jeanne-d'Arc (R.) . . . . **AY** 12	République (R. de la) . . . . . **ABY**
Charité (R. de la) . . . . **BY** 4	Libération (Av. de la) . . . . . **BZ** 17	Rivage (R. du) . . . . **AZ** 25
Delay (Bd François) . . . . . **AYZ** 5	Liberté (Pl. de la) . . . . **AZ** 20	Sabotin (R.) . . . . **AZ** 26
Dorian (Pl.) . . . . **AZ** 6	Montgolfier (Crs A.-de) . . . . **AZ**	Timbaud (R. P.) . . . . **AZ** 28
Dugas-Montbel (R.) . . . . . . **BZ** 7	Morel (Pl. Germain) . . . . . . **AZ** 22	Trois Frères (R. des) . . . . . **AZ** 29

🏨🏨 **Les Ambassadeurs**   **AC** rest, 📞 **VISA** **CO** **AE** ①
28 av. de la Libération – ℰ 04 77 22 85 80 – pierrelecroisey@aol.com
– Fax 04 77 31 96 95 – Fermé 1ᵉʳ-10 mai et 1ᵉʳ-13 août   BZ **a**
16 ch – 🛏54 € 🛏🛏68 €, ☲ 8,50 € – ½ P 54 € – **Rest** – (fermé 26 juil.-13 août, vend. soir, dim. soir et sam.) Menu (17 € bc), 21 € (sem.)/72 € – Carte 34/88 €
♦ A. Pinay et A. Prost figurent parmi les plus illustres "ambassadeurs" de la ville. L'hôtel, qui occupe un immeuble des années 1970, a rajeuni la plupart de ses chambres. Salle à manger décorée dans un esprit actuel sobre et plaisant ; cuisine classique.

ST-CHARTIER – 36 Indre – 323 H7 – rattaché à La Châtre

ST-CHÉLY-D'APCHER – 48 Lozère – 330 H6 – 4 316 h. – alt. 1 000 m – ⊠ 48200

🛣 Paris 540 – Aurillac 106 – Mende 45 – Le Puy-en-Velay 85 – Rodez 114 – St-Flour 36

🛈 Office de tourisme, place du 19 mars 1962 ℰ 04 66 31 03 67, Fax 04 66 31 30 30

Les Portes d'Apcher   ≼ 🐴 🛏 ㅎ 💖 ⣝ 🚘 🅿 🍴 VISA ⓪

rte de St Flour, 1,5 km au Nord sur D 809 – ℰ *04 66 31 00 46 – Fax 04 66 31 28 85 – Fermé 21 déc.-25 janv. et vend. soir d'oct. à avril*

16 ch – ♦54 € ♦♦54 €, ⌷ 7,50 € – ½ P 50 € – **Rest** – Menu 19/57 € – Carte 20/52 €

♦ Une halte pratique à deux pas de l'autoroute : cette construction à l'architecture assez récente associe fonctionnalité, accueil familial et vue dégagée sur la campagne. Salle à manger en rotonde, coiffée d'une charpente apparente ; cuisine régionale.

à La Garde 9 km au Nord par D 809 – ⊠ 48200 Albaret-Ste-Marie

Château d'Orfeuillette ⌂   ⍟ 🔄 🛏 💖 ch, ⣝ 🅿 VISA ⓪ AE ①

à l'échangeur A 75, sortie 32, sur D 809, suivre la Garde – ℰ *04 66 42 65 65 – orfeuillette48@aol.com – Fax 04 66 42 65 66 – Fermé 20-27 déc.*

23 ch – ♦85/180 € ♦♦85/180 €, ⌷ 16 € – ½ P 92/115 € – **Rest** – *(fermé jeudi midi, dim. hors saison, lundi midi et sam. midi)* Menu 29 € (déj. en sem.), 32/42 € – Carte 23/41 €

♦ Château achevé à la fin du 19ᵉ s. sur des fondations du 16ᵉ s. et agrémenté d'un vaste parc. Belles chambres de caractère au corps de logis ; plus sobres à l'orangerie. Au restaurant, vieux murs et grand âtre en pierre, mais décor actuel assorti à la cuisine.

Le Rocher Blanc   🐴 🔄 🖵 🛁 💖 AC rest, ⣝ 🅿 🍴 VISA ⓪

– ℰ *04 66 31 90 09 – hotel@lerocherblanc.com – Fax 04 66 31 93 67 – Ouvert Pâques-5 janv.*

19 ch – ♦51/55 € ♦♦51/79 €, ⌷ 8 € – ½ P 74/97 € – **Rest** – Menu 13 € (déj. en sem.), 21/60 € bc – Carte 18/41 €

♦ Étape de charme où tout incite à la détente : chambres relookées en s'inspirant de divers thèmes, jardin, terrasse, piscine... Décors très "nature" et ambiance cosy. À table, douces tonalités méridionales, saisonnalité, goût du terroir et zestes d'audace.

ST-CHÉLY-D'AUBRAC – 12 Aveyron – 338 J3 – 532 h. – alt. 700 m – Sports d'hiver : à Brameloup 1 200/1 390 m ⒻⒹ ↙ – ⊠ 12470

🛣 Paris 589 – Espalion 20 – Mende 74 – Rodez 50 – St-Flour 70 – Sévérac-le-Château 60

🛈 Office de tourisme, route d'Espalion ℰ 05 65 44 21 15, Fax 05 65 48 55 41

Voyageurs   💖 ch, VISA ⓪

av. Aubrac – ℰ *05 65 44 27 05 – contact@hotel-conserverie-aubrac.com – Fax 05 65 44 21 67 – Ouvert 12 avril-27 juin, 6 juil.-14 oct. et fermé merc. sauf juil.-août*

7 ch – ♦45/50 € ♦♦45/50 €, ⌷ 7 € – ½ P 47/50 €

Rest – *(ouvert 12 avril-27 juin, 6 juil.-30 sept. et fermé merc. sauf le soir en juil.-août)* Menu 17 € (sauf déj. dim.)/24 € – Carte 26/39 €

♦ Les villages perdus dans la campagne réservent de belles surprises ! Il en est ainsi de ce petit hôtel familial et de ses chambres impeccables, simples et coquettes. À table, cuisine familiale à l'accent aveyronnais (tripoux, aligot...). Conserverie artisanale.

ST-CHÉRON – 91 Essonne – 312 B4 – 4 444 h. – alt. 100 m – ⊠ 91530

🛣 Paris 42 – Chartres 54 – Dourdan 10 – Étampes 21 – Fontainebleau 58 – Orléans 91

à St-Évroult 1,5 km au Sud par V 6 – ⊠ 91530 St-Chéron

Auberge de la Cressonnière   🐴 🏡 ⇆ VISA ⓪ AE ①

– ℰ *01 64 56 60 55 – la.cressonniere@wanadoo.fr – Fax 01 64 56 56 37 – Fermé 20 août-10 sept., jeudi soir, dim. soir et lundi*

Rest – Menu 21 € (déj. en sem.), 27/45 € – Carte 37/53 €

♦ Au bord de l'Orge, auberge au cadre rustique, mitonnant des petits plats inspirés par la région aveyronnaise. Un superbe tracteur à vapeur trône dans le jardin fleuri.

ST-CHRISTOL – 84 Vaucluse – 332 F9 – alt. 856 m – ✉ 84390   40 **B2**
   D Paris 737 – Carpentras 53 – Cavaillon 63 – Marseille 113

🏠   **Le Lavandin**   🏖 🛋 🕍 **P** **VISA** **⑩** **AE**
rte d'Apt, 3 km au Sud-Ouest – ℰ 04 90 75 09 18 – le-lavandin2@wanadoo.fr
– Fax 04 90 75 09 17 – Fermé janv. et fév.
32 ch – †55 € ††60/140 €, �] 9 € – **Rest** – (fermé lundi et mardi) Menu (15 €),
20/32 €

♦ Sur le plateau d'Albion, entre champs de lavande et forêt de chênes, hôtel récent
aux chambres propres et fonctionnelles ; certaines s'agrémentent d'une terrasse privative,
d'autres peuvent accueillir les familles. Au restaurant, cuisine traditionnelle et régionale.

ST-CHRISTOPHE-LA-GROTTE – 73 Savoie – 333 H5 – rattaché aux Échelles

---

ST-CIERS-DE-CANESSE – 33 Gironde – 335 H4 – 718 h. – alt. 40 m –
✉ 33710   3 **B1**
   D Paris 548 – Blaye 10 – Bordeaux 45 – Jonzac 54 – Libourne 41
   ◉ Citadelle de Blaye★ NO : 8 km, ▮ Pyrénées Aquitaine.

🏠   **La Closerie des Vignes** 🦢   ≤ 🚗 🏖 🛋 ६ ch, ५/ 🕉 **P** **VISA** **⑩**
village Arnauds, 2 km au Nord par D 250 et D 135 – ℰ 05 57 64 81 90
– la-closerie-des-vignes@wanadoo.fr – Fax 05 57 64 94 44 – Ouvert 1ᵉʳ avril-31 oct.
9 ch – †78/94 € ††83/94 €, ☐ 10 € – ½ P 77/81 € – **Rest** – (fermé mardi) (dîner
seult) Menu (25,50 €), 33/36 € – Carte 33/40 €

♦ Pavillon récent cerné par les vignes de Blaye. Chambres calmes, de bonne ampleur,
dotées d'un mobilier contemporain épuré. Salle à manger lambrissée avec vue sur les ceps
et le jardin. La cuisine, traditionnelle, joue la carte de la simplicité.

ST-CIRQ-LAPOPIE – 46 Lot – 337 G5 – 207 h. – alt. 320 m – ✉ 46330
▮ Périgord   29 **C1**
   D Paris 574 – Cahors 26 – Figeac 44 – Villefranche-de-Rouergue 37
   🛈 Office de tourisme, place du Sombral ℰ 05 65 31 29 06, Fax 05 65 31 29 06
   ◉ Site★★ - Vestiges de l'ancien château ≤★★ - Le Bancourel ≤★ - Bouziès :
   chemin de halage du Lot★ NO : 6,5 km.

🏠   **Auberge du Sombral "Les Bonnes Choses"** 🦢   **VISA** **⑩** **AE**
– ℰ 05 65 31 26 08 – Fax 05 65 30 26 37 – Ouvert 2 avril-14 nov. et fermé jeudi
sauf juil.-août
8 ch – †50 € ††70/78 €, ☐ 8 € – **Rest** – (fermé jeudi sauf juil.-août et le soir sauf
vend. et sam.) Menu (15 €), 19 € (déj.)/27 € – Carte 25/36 €

♦ Au cœur de ce superbe village médiéval perché, auberge familiale abritant des petites
chambres simples. Décor rustique (tomettes, cheminée) pour les petits-déjeuners. Restaurant proposant de la cuisine du terroir.

✗   **Le Gourmet Quercynois**   🗐 **AC** **VISA** **⑩**
– ℰ 05 65 31 21 20 – Fax 05 65 31 36 78 – Fermé mi-nov. à mi-déc. et janv.
Rest – Menu (14,50 €), 20/36 € – Carte 31/47 €

♦ Ce restaurant convivial aménagé dans une maison du 17ᵉ s. propose une cuisine du
terroir mettant à l'honneur le canard. Petit musée du vin et boutique de produits régionaux.

à Tour-de-Faure 2 km à l'Est par D 8 – 350 h. – alt. 137 m – ✉ 46330

🏠   **Les Gabarres** sans rest   🚗 🛋 ६ 📞 **P** **VISA** **⑩**
– ℰ 05 65 30 24 57 – Fax 05 65 30 25 85 – Ouvert de Pâques au 15 oct.
28 ch – †54 € ††54 €, ☐ 8 €

♦ Cet édifice récent niché près du Lot, au pied du magnifique village perché, invite à une
halte tranquille. Chambres fonctionnelles et pratiques. Le "petit plus" : la piscine.

⌂   **Maison Redon** sans rest   🚗 🍃 🕉 📞 **P**
– ℰ 05 65 30 24 13 – patrice@maisonredon.com – Fax 05 65 30 24 13
5 ch ☐ – †59/69 € ††59/69 €

♦ Veillée par le superbe village classé, cette maison de maître (18ᵉ s.) tapissée de lierre reçoit
ses hôtes dans un cadre chaleureux. Chambres récentes au mobilier ancien. Piscine.

ST-CLAIR – 83 Var – 340 N7 – rattaché au Lavandou

ST-CLAR – 32 Gers – **336** G6 – 868 h. – alt. 150 m – ⊠ 32380   28 **B2**
▮ Midi-Pyrénées

▶ Paris 706 – Agen 49 – Auch 37 – Toulouse 79

🛈 Office de tourisme, 2, place de la Mairie ℰ 05 62 66 34 45, Fax 05 62 66 31 69

⚸   **La Garlande** sans rest
pl. de la Mairie – ℰ *05 62 66 47 31* – *nicole.cournot@wanadoo.fr*
– Fax 05 62 66 47 70 – Ouvert 21 mars-2 nov.

3 ch ⌂ – ♦49 € ♦♦68 €

◆ Cette demeure, qui se dresse face à la halle du 13ᵉ s., recèle de belles et paisibles chambres (meubles anciens, tapisseries, tomettes, parquets...). Salon de lecture et ravissant jardin de curé, très fleuri.

ST-CLAUDE ◉ – 39 Jura – **321** F8 – 12 303 h. – alt. 450 m – ⊠ 39200   16 **B3**
▮ Franche-Comté Jura

▶ Paris 465 – Annecy 88 – Genève 60 – Lons-le-Saunier 59

🛈 Office de tourisme, 1, avenue de Belfort ℰ 03 84 45 34 24, Fax 03 84 41 02 72

▣ de la Valserine à Mijoux La Pellagrue, par rte de Genève : 24 km, ℰ 04 50 41 31 56.

◉ Site ★★ - Cathédrale St-Pierre ★ : stalles ★★ Z - Exposition de pipes, de diamants et de pierres fines Z **E**.

◢ Georges du Flumen ★ par ② - Route de Morez ⩽ ★★ 7 km par ①.

ST-CLAUDE

Abbaye (Pl. de l') . . . . . . **Z** 2
Belfort (Av. de) . . . . **Y** 3
Christin (Pl.) . . . . **Y** 5
Gambetta (R.) . . . . **Z** 6
Janvier (R. A.) . . . . **Z** 7
Lamartine (R.) . . . . **Y** 9
Louis-XI (Pl.) . . . . **Z** 12
Marché (R. du) . . . . **Z** 20
Pré (R. du) . . . . **YZ**
République (Bd de la) . . **Y** 23
Rosset (R.) . . . . **Z** 24
Victor-Hugo (R.) . . . . . . **Y** 25
Voltaire (Pl.) . . . . **Y** 26
9-Avril-1944 (Pl. du) . . . **Y** 27

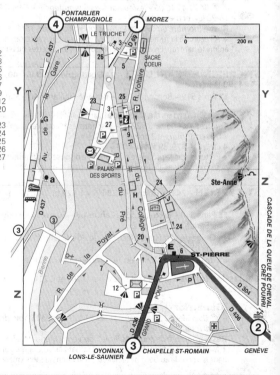

🏠   **Jura**   🅰🅲 rest, ⇆ 📶 🚗 **VISA** 🅼🅾 🅰🅴
⊕   *40 av. de la Gare* – ℰ *03 84 45 24 04* – *jura.hotel@wanadoo.fr* – *Fax 03 84 45 58 10*
35 ch – ♦47/57 € ♦♦50/60 €, ⌂ 7,50 € – ½ P 47/57 € – **Rest** – *(fermé*   Z **a**
24 déc.-5 janv. et dim. soir) Menu 14 € (déj. en sem.), 17/28 € – Carte 35/42 €

◆ Hôtel surplombant la rivière qui coule en face de la gare. Deux catégories de chambres. Les meilleures, plus calmes, ont vue sur la montagne. L'une d'entre elles a sa terrasse. Beau panorama sur la ville et la Bienne par les fenêtres du restaurant.

ST-CLÉMENT-DES-BALEINES – 17 Charente-Maritime – 324 A2 – voir à Île de Ré

ST-CLÉMENT-LES-PLACES – 69 Rhône – 327 F5 – 536 h. – alt. 625 m – ⊠ 69930

44 **A1**

> ▶ Paris 458 – Lyon 54 – Saint-Étienne 69 – Villeurbanne 63 – Lyon 03 56

⚔⚔   **L'Auberge de Saint-Clément**   ≮ 🕰 **P** _VISA_ **ⓒⓐ**

Le bourg – ☎ 04 74 26 03 83 – Fermé le soir sauf vend., sam. et merc.

∮   **Rest** – Menu 16 € (déj. en sem.)/20 €

⑊   ♦ Dans un village des Monts du Lyonnais, paisible auberge avec vue sur la campagne (belle terrasse). Goûteuse cuisine de bistrot réalisée avec la complicité des producteurs locaux.

ST-CLOUD – 92 Hauts-de-Seine – 311 J2 – 101 14 – voir à Paris, Environs

---

ST-CONSTANT – 15 Cantal – 330 B6 – 553 h. – alt. 260 m – ⊠ 15600

5 **A3**

> ▶ Paris 573 – Aurillac 48 – Decazeville 17 – Figeac 23 – Rodez 55 – Tulle 98
>
> ◉ Église de Maurs : statues★ et buste-reliquaire★ NO : 4,5 km, ▫ Auvergne.

⚔   **Auberge des Feuillardiers**   ⇍ _VISA_ **ⓒⓐ**

∮   *– ☎ 04 71 49 10 06 – lesfeuillardiers @ wanadoo.fr – Fermé 24 août-8 sept., 16-28 fév. et merc. sauf juil.-août*

Rest – *(nombre de couverts limité, prévenir)* Menu 15/42 € – Carte 18/38 €

♦ À l'écart de la rumeur de la route, restaurant au cadre campagnard, dont la présence anime le hameau. En cuisine, le chef rajeunit les recettes du terroir.

ST-CRÉPIN-ET-CARLUCET – 24 Dordogne – 329 I6 – 407 h. – alt. 262 m – ⊠ 24590 ▫ Périgord

4 **D3**

> ▶ Paris 519 – Bordeaux 196 – Brive-la-Gaillarde 40 – Sarlat-la-Canéda 12

⌂   **Les Charmes de Carlucet** sans rest ⍺   ≮ ⇍ ⤚ ℈ &#65533; **P** _VISA_ **ⓒⓐ**

Carlucet – ☎ 05 53 31 22 60 – lescharmes @ carlucet.com – Fax 05 53 31 22 60 – Ouvert 1ᵉʳ mars- 12 nov.

4 ch ⛲ – †79/89 € ††84/119 €

♦ Cette tranquille propriété périgourdine dispose de chambres sobres et spacieuses, dont deux mansardées. Belle véranda pour le petit-déjeuner. Accueil attentionné.

ST-CYPRIEN – 24 Dordogne – 329 H6 – 1 522 h. – alt. 80 m – ⊠ 24220 ▫ Périgord

4 **D3**

> ▶ Paris 540 – Bergerac 53 – Cahors 68 – Fumel 51 – Périgueux 57 – Sarlat-la-Canéda 22
>
> ☒ Office de tourisme, place Charles-de-Gaulle ☎ 05 53 30 36 09, Fax 05 53 28 55 05
>
> ▣ de Lolivarie à Siorac-en-PérigordO : 13 km par D 703, ☎ 05 53 30 22 69.

à Allas-les-Mines 5 km au Sud-Ouest par D 703 et C 204 – 224 h. – alt. 85 m – ⊠ 24220

⚔   **Gabarrier**   ⇍ 🕰 ☘ **P** _VISA_ **ⓒⓐ**

– ☎ 05 53 29 22 51 – Fax 05 53 29 47 12 – Fermé 15 nov.-début fév. et merc. sauf d'avril à sept.

Rest – *(nombre de couverts limité, prévenir)* Menu 24/55 € – Carte 46/65 €

♦ Maison de pays proche du pont enjambant la Dordogne. Cuisine du terroir servie l'été dans la véranda au bord de la rivière, l'hiver dans la salle à manger de style rustique.

ST-CYPRIEN – 66 Pyrénées-Orientales – 344 J7 – 8 573 h. – alt. 5 m – Casino – ⊠ 66750 ▫ Languedoc Roussillon

22 **B3**

> ▶ Paris 859 – Céret 31 – Perpignan 17 – Port-Vendres 20
>
> ☒ Office de tourisme, quai A. Rimbaud ☎ 04 68 21 01 33, Fax 04 68 21 98 33
>
> ▣ de Saint-Cyprien à Saint-Cyprien-Plage Mas d'Huston, N : 1 km, ☎ 04 68 37 63 63.

à St-Cyprien-Plage 3 km au Nord-Est par D 22 – ⊠ 66750 St-Cyprien

🏠🏠🏠 **Mas d'Huston** 🏖   ⟨ 🛏 🈵 🍸 🍴 📺 🛗 👌 ch, 🔇 ⅓ 🍴 rest, 🐾 🐕
au golf – 𝒞 04 68 37 63 63 – contact @   **P** **VISA** **@Ⓞ** **AE** **①**
golf-st-cyprien.com – Fax 04 68 37 64 64 – Fermé 8 nov.-13 déc. et
6 janv.-11 fév.
50 ch – ♦100/160 € ♦♦100/160 €, ☲ 14 € – ½ P 85/115 €
Rest *Le Mas* – *(dîner seult)* Menu 32 € bc/48 € bc – Carte 47/57 €
Rest *L'Eagle* – brasserie *(déj. seult)* Menu (15 € bc), 20 € bc
♦ La rénovation de l'hôtel a été confiée à Henri Quinta qui a habillé les chambres contemporaines (avec balcon ou terrasse) de ses fameuses Toiles du Soleil, rayées et très colorées. Carte classique et décor trendy au Mas. Cuisine simple et cadre moderne à l'Eagle.

à St-Cyprien-Sud 3 km – ⊠ 66750 St-Cyprien

🏠🏠🏠 **L'Île de la Lagune** 🏖   ⟨ 🛏 🈵 🍸 🛗 👌 ch, 🔇 🐾 🐕 **P**
❀   *bd de l'Almandin –* 𝒞 04 68 21 01 02   🚗 **VISA** **@ⓄⒸ** **AE** **①**
– contact @ hotel-ile-lagune.com – Fax 04 68 21 06 28
18 ch – ♦130/185 € ♦♦155/220 €, ☲ 18 € – 4 suites – ½ P 136/168 €
Rest *L'Almandin* – *(fermé lundi et mardi d'oct. à avril)* Menu 30 € bc (déj. en sem.), 49/105 € – Carte 72/87 €
Spéc. Escabèche de rouget, gambas et pistes aux artichauts violets. Pièce de filet de veau "Vedell Catlan" rôtie. Macaron pistache, crème chiboust et framboises tièdes. **Vins** Collioure blanc, Côtes du Roussillon.
♦ Architecture récente de style régional posée sur un îlot-marina. Chambres fonctionnelles avec balcon. En été, une petite navette vous emmène à la plage. Au restaurant, goûteuse cuisine de saison revisitant à sa manière le terroir ; terrasse-véranda.

🏠🏠 **La Lagune** 🏖   ⟨ 🛏 🈵 🍸 🛗 🎱 🍴 👌 ch, 🔇 ch, ⅓ 🐾 **P** **VISA** **@Ⓞ** **AE**
– 𝒞 04 68 21 24 24 – contact @ hotel-lalagune.com – Fax 04 68 37 00 00
– Ouvert 22 mars-11 nov.
49 ch – ♦85/140 € ♦♦85/168 €, ☲ 12 € – ½ P 77/105 € – **Rest** – Menu (14 €), 26/33 €
♦ Directement sur la plage, hôtel inséré dans un complexe résidentiel conçu pour une clientèle "club". Chambres avant tout pratiques avec vue sur la piscine ou la lagune. Billard. En saison, animations musicales et repas servis en terrasse. Cuisine simple.

ST-CYR-AU-MONT-D'OR – 69 Rhône – 327 I5 – rattaché à Lyon

ST-CYR-EN-TALMONDAIS – 85 Vendée – 316 H9 – 301 h. – alt. 31 m – ⊠ 85540
                                                    34 B3

▶ Paris 444 – La Rochelle 57 – Luçon 14 – La Roche-sur-Yon 30 – Les Sables-d'Olonne 38

🖼 Syndicat d'initiative, Mairie 𝒞 02 51 30 82 82, Fax 02 51 30 88 29

🍴 **Auberge de la Court d'Aron**   🈵 **P** **VISA** **@Ⓞ**
– 𝒞 02 51 30 81 80 – d.orizet @ wanadoo.fr – Fermé 24 nov.-7 déc., 26 janv.-8 fév., lundi midi en juil.-août, dim. soir et merc. hors saison
Rest – Menu (13,50 €), 23/46 € – Carte 26/43 €
♦ Auberge installée dans les anciennes écuries du château éponyme. Selon la saison, profitez de la chaleureuse salle rustique, de la terrasse dressée dans une grange ou du jardin.

ST-CYR-SUR-MER – 83 Var – 340 J6 – 8 898 h. – alt. 10 m – ⊠ 83270
📗 Côte d'Azur   **40 B3**

▶ Paris 810 – Bandol 8 – Le Beausset 10 – Brignoles 70 – Marseille 40 – Toulon 23

🖼 Office de tourisme, place de l'Appel du 18 Juin, les Lecques 𝒞 04 94 26 73 73, Fax 04 94 26 73 74

🔟 de Frégate Route de Bandol, S : 3 km par D 559, 𝒞 04 94 29 38 00.

Les Lecques – ✉ 83270 St-Cyr-sur-Mer

Grand Hôtel des Lecques ॐ   ≤ 🕭 🎿 ≤ 🌂 ✕ 🗐 ⽥ ⌯ ☘
24 av. du Port – ℰ *04 94 26 23 01 – info @*   🄿 VISA ⑩ AE ①
lecques-hotel.com – Fax 04 94 26 10 22 – Ouvert 1ᵉʳ mars-8 déc.
60 ch – ♦90/188 € ♦♦99/209 €, ⊡ 14 € – ½ P 92/147 € – **Rest** – Menu 19 € (déj.
en sem.), 33/51 € – Carte 34/54 €
♦ Élégante demeure Belle Époque au milieu d'un luxuriant parc fleuri. Les chambres aux
tons ensoleillés des derniers étages, côté façade, sont plus agréables. Dans un décor de
jardin d'hiver ou sur une belle terrasse, dégustez une cuisine traditionnelle.

rte de Bandol 4 km par D 559 – ✉ 83270 St-Cyr-sur-Mer

Dolce Frégate ॐ   ≤ littoral, 🕭 🎿 🎿 🖺 ⑭ 🗗 ✕ 🖼 🍴 ≤ ch, ⽥ ⌯
– ℰ *04 94 29 39 39*   ⌯ ⤢ 🄿 ⌲ VISA ⑩ AE ①
– reservation-fregate @ dolce.com – Fax 04 94 29 39 40
100 ch – ♦239/499 € ♦♦239/499 €, ⊡ 25 € – 33 suites
Rest *Le Mas des Vignes* – ℰ *04 94 29 39 47 (fermé mardi et merc. sauf juil.-août)*
(dîner seult) Menu 55/75 € – Carte 58/64 €
Rest *Restanque* – ℰ *04 94 29 38 18 (déj. seult sauf juil.-août)* Menu 31/35 €
♦ Au milieu des vignes, domaine abritant hôtel, golf 27 trous, complexe de loisirs et centre
de conférences. Calme, sobriété et décoration provençale partout. Couleurs ensoleillées et
terrasse panoramique au Mas des Vignes. Repas décontracté à la Restanque.

ST-DALMAS-DE-TENDE – 06 Alpes-Maritimes – 341 G3 – rattaché à Tende

---

ST-DALMAS-VALDEBLORE – 06 Alpes-Maritimes – 341 E3 – voir à Valdeblore

---

ST-DENIS-DE-L'HÔTEL – 45 Loiret – 318 J4 – 2 621 h. – alt. 115 m – ✉ 45550
12 C2

🄳 Paris 153 – Orléans 19 – Gien 48 – Montargis 52 – Pithiviers 37

Le Dauphin sans rest   🍴 ⌯ ⌲ VISA ⑩ AE ①
3 av. des Fontaines – ℰ *02 38 46 29 29 – hotel.le.dauphin @ wanadoo.fr*
– Fax 02 38 59 07 63 – Fermé 2 sem. en août et 26 déc.-3 janv.
21 ch – ♦47 € ♦♦54 €, ⊡ 7 €
♦ Sur la route des châteaux de la Loire, sympathique hôtel familial proposant des chambres
chaleureuses et bien tenues, équipées de meubles fonctionnels.

ST-DENIS-LE-FERMENT – 27 Eure – 304 K6 – rattaché à Gisors

ST-DENIS-LÈS-REBAIS – 77 Seine-et-Marne – 312 I2 – 780 h. – alt. 149 m – ✉ 77510
19 D2

🄳 Paris 72 – Chelles 58 – Meaux 35 – Noisy-le-Grand 57

Brie Champagne sans rest   🚗 ⽧ ⌯ 🄿
22 Chantareine – ℰ *01 64 65 46 45 – contact @ chambres-brie-champagne.com*
4 ch ⊡ – ♦55 € ♦♦65 €
♦ Une glycine et une vigne vierge habillent la façade de cette ancienne ferme de 1750.
Chambres typiquement briardes. Petit-déjeuner au coin du feu ou sous la tonnelle.

ST-DENIS-SUR-LOIRE – 41 Loir-et-Cher – 318 F6 – rattaché à Blois

---

ST-DÉSIRAT – 07 Ardèche – 331 K2 – 707 h. – alt. 130 m – ✉ 07340
43 E2
🄳 Paris 533 – Lyon 71 – Privas 83 – Saint-Étienne 53 – Valence 44

La Désirade   ≤ 🚗 🎿 ⌯ 🄿
– ℰ *04 75 34 21 88 – contact @ desirade-fr.com – Fermé déc. et janv.*
6 ch ⊡ – ♦40 € ♦♦53 € – ½ P 45 € – **Table d'hôte** – *(fermé dim. et merc.)*
(prévenir) Menu 18 €
♦ À deux pas du musée de l'alambic, maison de famille (1860) et son beau jardin-terrasse
ombragé. Coquettes chambres aux noms de fleurs évocateurs. Bonne tenue, accueil
charmant. La maîtresse des lieux propose une table d'hôte valorisant le terroir.

ST-DIDIER – 35 Ille-et-Vilaine – 309 N6 – **rattaché à Châteaubourg**

ST-DIDIER – 84 Vaucluse – 332 D9 – **rattaché à Carpentras**

ST-DIDIER-DE-LA-TOUR – 38 Isère – 333 F4 – **rattaché à La Tour-du-Pin**

ST-DIDIER-EN-VELAY – 43 Haute-Loire – 331 H2 – **2 891 h.** – alt. 830 m –
⊠ 43140   6 **D3**

    🖪 Paris 538 – Le Puy-en-Velay 55 – St-Étienne 25 – St-Agrève 45
    🛈 Office de tourisme, 11, rue de l'ancien Hôtel de Ville ℰ 04 71 66 25 72,
    Fax 04 71 61 25 83

XX   **Auberge du Velay**   🛜 ⇔ 𝘝𝘐𝘚𝘈 ⓜ⊙
    Grand'place – ℰ *04 71 61 01 54 – Fax 04 71 61 15 80 – Fermé 1ᵉʳ-5 sept., 5-9 janv.,*
🍽️ *dim. soir et lundi*
    Rest – Menu 18 € bc (déj. en sem.), 25/45 €
    ♦ Auberge avenante connue depuis 300 ans pour sa cuisine du terroir, désormais
    teintée de créativité par le nouveau chef-patron arrivé en 2005. Mise de table originale
    (étains).

ST-DIÉ-DES-VOSGES ⓢ – 88 Vosges – 314 J3 – **22 569 h.** – alt. 350 m –
⊠ 88100 ▮ Alsace Lorraine   27 **C3**

    🖪 Paris 397 – Colmar 53 – Épinal 53 – Mulhouse 108 – Strasbourg 97
    🛈 Office de tourisme, 8, quai du Mal de L. de Tassigny ℰ 03 29 42 22 22,
    Fax 03 29 42 22 23
    ◎ Cathédrale St-Dié★ - Cloître gothique★.

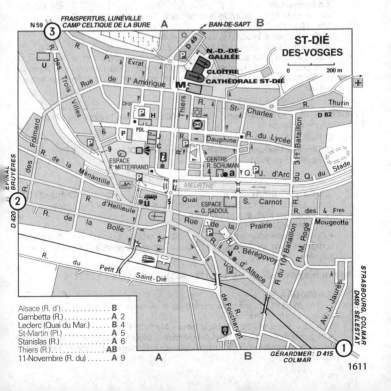

Alsace (R. d') . . . . **B**
Gambetta (R.) . . . . **A** 2
Leclerc (Quai du Mar.) . . . . . **B** 4
St-Martin (Pl.) . . . . **A** 5
Stanislas (R.) . . . . **A** 6
Thiers (R.) . . . . **AB**
11-Novembre (R. du) . . . . . . **A** 9

Ibis 🛗 ⅄ ch, 🅰️ ch, ⅄ ⅌ rest, 📞 🔧 🛜 𝗩𝗜𝗦𝗔 ⓿ 🅰️ ⓪
5 quai Jeanne d'Arc – ℰ 03 29 42 24 22 – h1102@accor.com – Fax 03 29 55 49 15
58 € – †54/68 € ††54/68 €, � 7,50 € – **Rest** – Menu (12,50 €), 16 € – Carte
environ 20 €   B **a**
♦ Sur les berges de la Meurthe, hôtel aux chambres petites mais optimisées, refaites
selon le style contemporain standard de la chaîne. Préférez celles côté rivière. Au
restaurant, atmosphère de bistrot (bois dominant, esprit bar à bières) et petite carte
ad hoc.

Voyageurs 🅰️ 𝗩𝗜𝗦𝗔 ⓿ 🅰️
22 r. Hellieule – ℰ 03 29 56 21 56 – lesvoyageurs88@wanadoo.fr – Fermé dim. soir
et lundi   A **u**
Rest – Menu (16 €), 19/30 € – Carte 31/41 €
♦ Dans un cadre égayé de jaune, on se régale de plats traditionnels (desserts
maison, produits frais scrupuleusement choisis). Courte carte de vins où l'Alsace figure en
tête.

La Table de Manaïs avec ch 🛋️ 🅿️ 𝗩𝗜𝗦𝗔 ⓿
64 r. d'Alsace – ℰ 03 29 56 11 71 – Fax 03 29 56 45 06 – Fermé dim.   B **v**
10 ch – †45 € ††47 €, ⊃ 8,50 € – ½ P 58 € – **Rest** – Menu (15 €), 21/28 €
– Carte 32/47 €
♦ Alléchante carte classique renouvelée au fil des saisons. Décor apaisant aux tonalités
claires pour cette table située dans une avenue commerçante. Petites chambres.

ST-DISDIER – 05 Hautes-Alpes – **334** D4 – 141 h. – alt. 1 024 m – ⊠ 05250
▐ Alpes du Nord   40 **B1**

▫ Paris 643 – Gap 46 – Grenoble 81 – La Mure 41
◉ Défilé de la Souloise★ N.

La Neyrette ⇐ 🛤️ 🛋️ 🅿️ 𝗩𝗜𝗦𝗔 ⓿ 🅰️
– ℰ 04 92 58 81 17 – info@la-neyrette.com – Fax 04 92 58 89 95 – Ouvert
2 fév.-14 avril et 1ᵉʳ mai-10 oct.
12 ch – †56/68 € ††68/80 €, ⊃ 8 € – ½ P 61/67 €
Rest – (dîner seult) Menu 22/34 € – Carte 27/41 €
♦ Sympathique petite auberge dans un jardin avec plan d'eau où l'on peut ferrer sa
truite pour le dîner ! Chambres décorées sur le thème des fleurs de montagne. La
salle à manger rustique occupe les murs d'un ancien moulin et la truite figure sur tous les
menus.

ST-DIZIER – ⊛ – 52 Haute-Marne – **313** J2 – 30 900 h. – alt. 147 m – ⊠ 52100
▐ Champagne Ardenne   14 **C2**

▫ Paris 212 – Bar-le-Duc 26 – Chaumont 74 – Nancy 99 – Troyes 86
🅸 Office de tourisme, 4, avenue de Belle-Forêt-sur-Marne ℰ 03 25 05 31 84,
Fax 03 25 06 95 51

Plan page ci-contre

La Gentilhommière ⇔ 𝗩𝗜𝗦𝗔 ⓿ 🅰️
29 r. J. Jaurès – ℰ 03 25 56 32 97 – Fax 03 25 06 32 66 – Fermé 1ᵉʳ-22 août,
17-25 fév., sam. midi, dim. soir et lundi   A **u**
Rest – Menu 24/30 € – Carte 39/49 €
♦ Derrière sa petite barrière de buis, cette maison cache une chaleureuse salle à manger
bourgeoise dans les tons beige et jaune ; lumineuse véranda. Cuisine du marché
soignée.

à Chamouilley 8 km par ②, D 8ᴬ et D 172 – 883 h. – alt. 161 m – ⊠ 52410

Le Moulin ⌂ 🔅 ☕ ⅄ 🅿️
– ℰ 03 25 55 81 93 – lemoulinchamouilley@wanadoo.fr – Fax 03 25 55 81 93
– Fermé 29 déc.-4 janv.
5 ch ⊃ – †49 € ††70 € – **Table d'hôte** – Menu 29 € bc
♦ La qualité de l'accueil, le confort des chambres – décorées avec goût – et la tranquillité
du parc voisin constituent les atouts principaux de cet ancien moulin restauré. Table d'hôte
sur réservation.

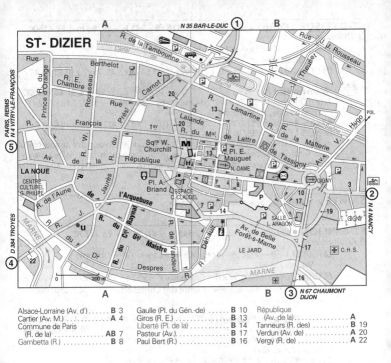

ST- DIZIER

 Le rouge est la couleur de la distinction : nos valeurs sûres !

ST-DONAT-SUR-L'HERBASSE – 26 Drôme – 332 C3 – 3 132 h. – alt. 202 m –
⊠ 26260 ▮ Lyon et la vallée du Rhône   43 **E2**

▣ Paris 545 – Grenoble 92 – Hauterives 20 – Romans-sur-Isère 13 – Valence 27

🛈 Office de tourisme, 32, avenue Georges Bert ℰ 04 75 45 15 32,
Fax 04 75 45 20 42

XXX   **Chartron** avec ch   🏠 🆊 🚗 VISA 🐵🄲
av. Gambetta – ℰ 04 75 45 11 82 – info@restaurant-chartron.com
– Fax 04 75 45 01 36 – Fermé 28 avril-8 mai, 1er-24 sept., 2-8 janv., merc. sauf le soir
en juil.-août et mardi
7 ch – ♦60 € ♦♦70 €, ⊇ 9,50 € – ½ P 75/90 € – **Rest** – Menu 26/80 €
◆ Grande bâtisse en pierre agrandie d'une rotonde vitrée. Vaste salle à manger
contemporaine ; cuisine au goût du jour et menus "truffes" en saison. Chambres au décor
moderne.

X   **La Mousse de Brochet**   🆊 VISA 🐵🄲 🄰🄴
pl. de la Marne – ℰ 04 75 45 10 47 – Fax 04 75 45 10 47 – Fermé 25 juin-16 juil.,
🔄 21 janv.-12 fév., le soir en sem. de sept. à mai, dim. soir et lundi
Rest – Menu 17 € (sem.)/56 €
◆ Après avoir admiré les orgues de la collégiale, faites halte dans cet ancien café au décor
un peu bonbonnière pour y déguster la mousse de brochet, spécialité de la maison.

ST-DOULCHARD – 18 Cher – 323 K4 – rattaché à Bourges

ST-DYÉ-SUR-LOIRE – 41 Loir-et-Cher – 318 F6 – 945 h. – alt. 96 m – ⊠ 41500
▌ Châteaux de la Loire 11 **B2**

▷ Paris 173 – Beaugency 21 – Blois 17 – Orléans 52
– Romorantin-Lanthenay 45

🖪 Office de tourisme, 73, rue Nationale ℰ 02 54 81 65 45, Fax 02 54 81 65 45

🏨 **Manoir Bel Air** ⬙ ≤ 🕭 🈂 & ch, 🍴 rest, 🕍 🅿 𝚅𝙸𝚂𝙰 ⓴
1 rte d'Orléans – ℰ 02 54 81 60 10 – manoirbelair@free.fr – Fax 02 54 81 65 34
– Fermé fin janv. à début mars
42 ch – †40/60 € ††75/200 €, ⊡ 7 € – ½ P 68/75 € – **Rest** – Menu 28 €
(sem.)/54 € – Carte 38/76 €
♦ Cette maison de maître (17ᵉ s.) fut la propriété d'un courtier en vins puis d'un gouverneur
de la Guadeloupe. Chambres spacieuses et jardin dominent la Loire. Salle à manger
panoramique d'inspiration bourgeoise, côté fleuve. Plats traditionnels et vieux millésimes
en cave.

SAINTE voir après la nomenclature des Saints

ST-ÉMILION – 33 Gironde – 335 K5 – 2 345 h. – alt. 30 m – ⊠ 33330
▌ Aquitaine 4 **C1**

▷ Paris 584 – Bergerac 58 – Bordeaux 40 – Langon 49 – Libourne 9
– Marmande 59

🖪 Office de tourisme, place des Créneaux ℰ 05 57 55 28 28, Fax 05 57 55 28 29

◉ Site★★ - Église monolithe★ - Cloître des Cordeliers★ - ≤★ de la tour du
château du Roi.

🏨 **Hostellerie de Plaisance** ⬙ ≤ 🚗 🈂 🈂 & 🗚 ↤ 🍸 🕍
🕸🕸 5 pl. du Clocher – ℰ 05 57 55 07 55 🅿 𝚅𝙸𝚂𝙰 ⓴ 🅰🅴 ⓪
– contact@hostelleriedeplaisance.com – Fax 05 57 74 41 11
– Fermé 14 déc.-10 fév.
21 ch – †330/620 € ††330/620 €, ⊡ 26 € – 4 suites
Rest – (fermé merc. midi, jeudi midi, dim. et lundi) Menu 55/120 €
– Carte 90/120 € 🕸
Spéc. Lasagne de foie gras de canard et champignons des bois à l'émulsion de
truffe. Enrubannée de langoustines au wok et feuille de blette. Viennoise de ris de
veau grenobloise. **Vins** Côtes de Castillon, Bordeaux blanc.
♦ Au cœur de la cité, luxe et calme en ces deux maisons en pierre blonde du 14ᵉ s.
(rénovées), reliées par des jardins, et qui abritent de confortables chambres personnalisées.
Le restaurant se distingue par sa belle cuisine offrant un festival de saveurs et par sa superbe
carte de saint-émilion.

🏨 **Palais Cardinal** 🚗 🍸 🈂 & 🗚 ↤ 🍸 ch, 🕭 🕍 🍃 𝚅𝙸𝚂𝙰 ⓴
pl. 11-novembre-1918 – ℰ 05 57 24 72 39 – hotel@palais-cardinal.com
– Fax 05 57 74 47 54 – Ouvert avril-nov.
27 ch – †67 € ††80/154 €, ⊡ 14 € – ½ P 76/140 € – **Rest** – (fermé mardi midi,
jeudi midi et merc.) Menu 25/40 €
♦ L'hôtel occupe une partie de la résidence d'un cardinal du 14ᵉ s. Les chambres de l'aile
récente sont grandes et raffinées. Joli jardinet et agréable piscine. Au restaurant, mobilier
de style, cuisine traditionnelle et saint-émilion de la propriété familiale.

🏨 **Au Logis des Remparts** sans rest 🚗 🍸 🗚 🍸 🕭 🕍 🅿 𝚅𝙸𝚂𝙰 ⓴ 🅰🅴
18 r. Guadet – ℰ 05 57 24 70 43 – contact@logisdesremparts.com
– Fax 05 57 74 47 44 – Fermé 15 déc.-31 janv.
16 ch – †78/165 € ††78/165 €, ⊡ 13 € – 1 suite
♦ Chambres contemporaines personnalisées, dans deux maisons des 14ᵉ et 17ᵉ s.
Véranda pour les petits-déjeuners, terrasse et jolie piscine au jardin, en lisière des vignes.

🏠 **Auberge de la Commanderie** sans rest 🈂 🕭 🕍 🅿 𝚅𝙸𝚂𝙰 ⓴
r. des Cordeliers – ℰ 05 57 24 70 19 – contact@aubergedelacommanderie.com
– Fax 05 57 74 44 53 – Fermé 20 déc.-20 fév.
17 ch – †70/100 € ††70/100 €, ⊡ 11 €
♦ Ancienne commanderie du 17ᵉ s. vous logeant dans de pimpantes petites chambres remises en phase avec l'époque ; celles de l'annexe, plus grandes, conviennent aux
familles.

※※ **Le Tertre**   🏤 AC VISA ⓄⓄ AE ①

r. Tertre de la Tente – ℰ *05 57 74 46 33 – Fax 05 57 74 49 87 – Fermé 11 nov.-7 fév.,
jeudi en fév.-mars et merc.*

Rest – Menu 20 € (déj. en sem.), 28/65 € – Carte 45/84 € ♨

♦ Accolé à l'église, restaurant champêtre agrémenté d'un vivier à crustacés et, au fond, d'un petit caveau creusé dans la roche. Table régionale et belle carte de saint-émilion.

※※ **Le Clos du Roy**   🏤 VISA ⓄⓄ ①

12 r. de la Petite Fontaine – ℰ *05 57 74 41 55 – Fax 05 57 74 41 55 – Fermé
20-30 août, janv., lundi et mardi*

Rest – Menu (20 €), 28/46 € – Carte 50/62 € ♨

♦ Maison en pierre blonde située à l'écart du circuit touristique. Plaisantes salles à manger où se marient le rustique et le contemporain. Appétissante cuisine au goût du jour.

rte de Libourne 4 km par D 243 – ✉ 33330 St-Émilion

🏤 **Château Grand Barrail** ❀   ⇐ 🕭 🏤 ⤳ ⑱ 🎰 🖢 ☙ ch, AC ⇄

– ℰ *05 57 55 37 00 – welcome@*   ℀ rest, 🏄 P, VISA ⓄⓄ AE ①
grand-barrail.com – Fax 05 57 55 37 49

37 ch – ♥185/480 € ♥♥185/480 €, ⌑ 23 € – 5 suites – ½ P 130/190 €

Rest *– (fermé dim. soir, mardi midi et lundi de nov. à mars)* Menu 52/65 € – Carte 52/64 € ♨

♦ Château (19ᵉ s.) restauré avec goût, au milieu d'un parc perdu parmi la vigne et doté d'un étang. Chambres raffinées, beau spa, fitness et piscine d'été. Décor mauresque dans l'une des 3 superbes salles à manger ; cuisine d'aujourd'hui et riche choix de vins.

ST-ESTÈPHE – 33 Gironde – 335 G3 – 1 683 h. – alt. 15 m – ✉ 33180   3 **B1**

❱ Paris 619 – Bordeaux 61 – Mérignac 57 – Saint-Médard-en-Jalles 55 – Le Bouscat 57

※※ **Château Pomys** avec ch ❀   🏤 ⇄ ℀ rest, P, VISA ⓄⓄ

rte de Poumeys, (à Leyssac) – ℰ *05 56 59 73 44*
*– chateau-pomys@orange.fr – Fax 05 56 59 30 25 – Ouvert 2 mars-9 nov. et fermé
dim. soir et lundi (sauf hôtel)*

10 ch – ♥77 € ♥♥87 €, ⌑ 8 € – **Rest** – Menu (18 €), 27 € (sem.), 35/75 € – Carte environ 42 €

♦ Ce château, entouré d'un parc arboré, profite d'un site agréable. Il fait bon s'attabler dans la salle classique et sobre ou en terrasse sur l'arrière, au calme. Plats actuels. Petites chambres bien tenues.

ST-ÉTIENNE ℙ – 42 Loire – 327 F7 – 180 210 h. – Agglo. 291 960 h. – alt. 520 m – ✉ 42000 ▯ Lyon et la vallée du Rhône   44 **A2**

❱ Paris 517 – Clermont-Ferrand 147 – Grenoble 154 – Lyon 61 – Valence 122

🛫 de St-Étienne-Bouthéon : ℰ 04 77 55 71 71, par ⑤ : 15 km.

🛈 Office de tourisme, 16, avenue de la Libération ℰ 08 92 70 05 42, Fax 04 77 49 39 03

🟦 de St-Étienne 62 rue Saint Simon, par rte d'Annonay et D 501 : 18 km, ℰ 04 77 32 14 63.

◉ Le Vieux St-Etienne★ - Musée d'Art moderne★★ T **M²** - Puits Couriot, musée de la mine★ AY - Musée d'Art et d'Industrie★★ - Site de la Manufacture des Armes et Cycles de St-Étienne : planétarium★.

Plans pages suivantes

🏤 **Mercure Parc de l'Europe**   🏤 🖢 AC ⇄ ℀ rest, ⮾ 🏄

r. Wuppertal, Sud-Est du plan, par cours Fauriel –   P VISA ⓄⓄ AE ①
ℰ *04 77 42 81 81 – h1252@accor.com – Fax 04 77 42 81 89*   V **a**

120 ch – ♥99/129 € ♥♥109/139 €, ⌑ 13,50 €

Rest *La Ribandière – (fermé 26 juil.-24 août, 20 déc.-4 janv., sam., dim. et fériés)*
Menu (22 €), 28 € – Carte 26/49 €

♦ Cure de jouvence réussie pour cet hôtel dont le décor s'inspire de l'art théâtral : chambres personnalisées, salles de bains neuves, joli salon et bar feutré. Le restaurant, contemporain, met en valeur les produits du Forez et les vins des côtes du Rhône.

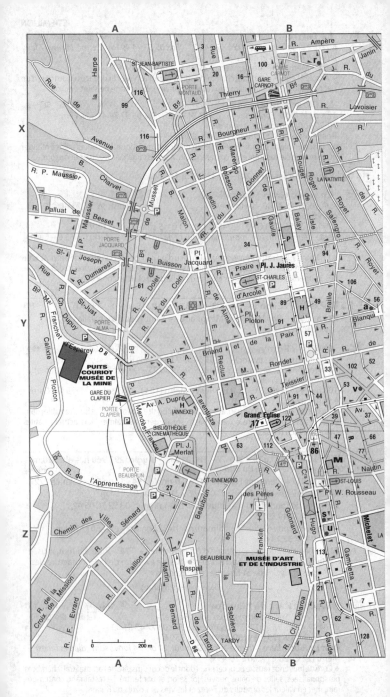

ST-ÉTIENNE

ST-ÉTIENNE

Du Golf ⬩   ⟨ 🛉 ⏚ 🛏 ㊥ ch, ⅍ 📞 ⚎ **P** 🚗 **VISA** **㏌** **AE**
face au golf par r. Revollier T – ℰ *04 77 41 41 00 – resa @ hoteldugolf42.com*
– Fax 04 77 38 28 16
48 ch – ❧115 € ❧❧135 €, ⌷ 13,50 € – 5 suites – **Rest** – Menu (16 €), 22/36 €
– Carte 31/53 €

♦ Hôtel récent, bien situé sur une colline face au golf municipal et à la plaine du Forez. Meubles en rotin et rideaux fleuris dans les chambres. Bar côté piscine. La salle à manger moderne en rotonde domine les greens. Cuisine traditionnelle.

Du Midi sans rest   📶 ⅍ 📞 🚗 **VISA** **㏌** **AE** **①**
19 bd. Pasteur – ℰ *04 77 57 32 55 – contact @ hotelmidi.fr – Fax 04 77 57 28 00*
– Fermé 26 juil.-27 août et 26 déc.-8 janv.   V **e**
33 ch – ❧58/79 € ❧❧68/100 €, ⌷ 9 €

♦ Deux bâtiments reliés entre eux par un plaisant salon doté d'une originale cheminée. Chambres un peu petites, mais pratiques et insonorisées. Tenue sans reproche.

Nouvelle (Stéphane Laurier)   **㏓** **VISA** **㏌** **AE**
30 r. St-Jean – ℰ *04 77 32 32 60 – Fax 04 77 41 77 00 – Fermé 11-25 août, dim. et lundi*
Rest – Menu 30 € (déj. en sem.), 54/90 € ⅏   BY **v**
Spéc. Endive et jambon, foie gras de canard et truffe noire. Thon rouge mi-cuit, nage réglissée à l'agastache et aubergine, crème brûlée à l'ail. Velouté de topinambour à la bière blanche, Saint-Jacques et huile de truffe noire. **Vins** Vin de Pays d'Urfé, Côtes du Forez.

♦ Meubles contemporains, tons gris et marron, verrière et tableaux anciens : un cadre à la fois zen et chaleureux, bien approprié pour découvrir la cuisine inventive du chef.

André Barcet   **㏓** ⇔ **VISA** **㏌** **AE**
19 bis cours V. Hugo – ℰ *04 77 32 43 63 – restaurantbarcet @ wanadoo.fr*
– Fax 04 77 32 23 93 – Fermé 14 juil.-3 août, dim. soir et merc.   BZ **u**
Rest – Menu 35 € (déj. en sem.)/67 € – Carte 57/75 €

♦ Élégante façade proche des halles. Un salon Chesterfield devance la grande salle, rajeunie en gardant son aspect classique (sièges de style, tables rondes). Carte au diapason.

Evohé   **VISA** **㏌** **AE** **①**
10 pl. Villeboeuf – ℰ *04 77 32 70 22 – Fax 04 77 32 91 52 – Fermé 31 juil.-25 août,*
lundi soir, sam. midi et dim.   CZ **n**
Rest – Menu (20 €), 35 € bc (sem.)/45 €

♦ Face à un carré de verdure, près de la maison de la Culture. Les murs colorés sont agrémentés de tableaux (exposition-vente) et la disposition des tables préserve l'intimité.

Le Chantecler   **㏓** ⇔ **VISA** **㏌** **AE**
5 cours Fauriel – ℰ *04 77 25 48 55 – lechantecler42 @ hotmail.fr*
– Fax 04 77 37 62 75 – Fermé 1er-13 août et dim. soir   CZ **q**
Rest – Menu 25/45 € – Carte 27/49 €

♦ Face au conservatoire Massenet, célèbre compositeur stéphanois, ce "coq" chante un répertoire classique au "piano" et offre un décor bourgeois avec fresque ou murs rouges.

Régency   **㏓** **VISA** **㏌** **AE**
17 bd J. Janin – ℰ *04 77 74 27 06 – alexis.bessette @ laposte.net*
– Fax 04 77 74 98 24 – Fermé août, 1er-9 janv., sam. et dim.   BX **r**
Rest – Menu 30/47 € – Carte 33/47 €

♦ Pimpante façade dissimulant une salle colorée : tons acidulés jaune et orangé, belles voûtes en briques rouges. Le marché et la saison influencent la composition de la carte.

Corne d'Aurochs   **VISA** **㏌**
18 r. Michel Servet – ℰ *04 77 32 27 27 – bruno.billamboz @ wanadoo.fr*
– Fax 04 77 32 72 56 – Fermé 1er mai, 27 juil.-31 août, lundi midi, sam. midi et dim.
Rest – Menu 18 € (déj. en sem.), 21/40 € – Carte 24/47 €   BY **a**

♦ Ce bistrot à la devanture en bois, offre un intérieur original avec collection de fouets à pâtisserie et lithographies de la fête du livre. "Lyonnaiseries" côté cuisine.

L'Escargot d'Or   🍴 **VISA** **㏌** **AE**
5 cours V. Hugo – ℰ *04 77 41 24 04 – Fax 04 77 37 27 79*
– Fermé 5-11 mai, 28 juil.-19 août, 23 fév.-4 mars, dim. soir et lundi   BZ **s**
Rest – Menu 16 € (sem.), 23/35 € – Carte 29/47 €

♦ Ce petit restaurant, aménagé au premier étage d'un bar, est décoré dans un esprit contemporain sobre et de bon goût. Cuisine traditionnelle bien présentée.

ST-ÉTIENNE
à l'Étrat 5 km au Nord par D 11 – alt. 460 m – ⊠ 42580

XX **Yves Pouchain**   🛱 ⅀ ⇔ **P** **VISA** **⬤**
    rte St-Héand – ℰ *04 77 93 46 31 – Fax 04 77 93 90 71 – Fermé 18-31 août,*
    19-31 janv., merc. soir, dim. soir et lundi
    Rest – Menu 21/53 € – Carte 39/51 €
    ♦ Dans cette ferme datant de 1879, collection de poupées anciennes, vieux fourneau,
    fresque, lustres en bois, pierres et poutres constituent un décor de caractère.

à Sorbiers 10 km au Nord par D 106, N 82 et D 3 – 7 399 h. – alt. 560 m – ⊠ 42290
    🖪 Office de tourisme, 2, avenue Charles-de-Gaulle ℰ 04 77 01 11 42,
    Fax 04 77 53 07 27

X   **Le Valjoly**   🛱 **P** **VISA** **⬤**
    9 r. de l'Onzon – ℰ *04 77 53 60 35 – levaljoly@free.fr*
🕾 *– Fermé 28 avril-2 mai, 28 juil.-25 août, dim. soir, merc. soir et lundi*
    Rest – Menu (13,50 €), 17 € (sem.)/48 € – Carte 21/50 €
    ♦ Accueil souriant, jolie décoration florale et touches colorées compensent les
    nuisances de la route et le cadre simple de cette auberge proposant une cuisine tradition-
    nelle.

à Rochetaillée 8 km au Sud-Est par D 8 – ⊠ 42100

XX **Yves Genaille**   ≼ ꘈ ⅀ **VISA** **⬤** ꘈ
    3 r. du Parc – ℰ *04 77 32 88 48 – restaurant.genaille@wanadoo.fr*
    – Fax 04 77 46 06 41 – Fermé 19-27 avril, août, le soir hors saison, sam. midi, dim.
    soir, mardi soir et lundi
    Rest – rôtisserie *(prévenir)* Menu 24 € (déj. en sem.), 30/60 € – Carte 47/58 €
    ♦ Restaurant au cœur d'un village situé sur la ligne de partage des eaux. Des
    citations sur la gastronomie ornent un mur de la salle panoramique. Cuisine actuelle et
    rôtissoire.

à St-Victor-sur-Loire 10 km à l'Ouest par ④ et D 25 (vers Firminy) – ⊠ 42230

XX **Auberge La Grange d'Ant'**   **P** **VISA** **⬤**
    lieu-dit Bécizieux – ℰ *04 77 90 45 36 – Fax 04 77 90 45 36 – Fermé 2 janv.-7 fév.*
🕾 **Rest** – *(nombre de couverts limité, prévenir)* Menu 18/55 € – Carte 40/78 €
    ♦ À 15 mn du centre-ville, cette ancienne grange restaurée conserve une agréable rusticité
    (pierres, poutres et cheminée). Cuisine personnalisée ; important choix de menus.

à St-Priest-en-Jarez 4 km au Nord-Ouest -T – 5 812 h. – alt. 605 m – ⊠ 42270

XXX **Clos Fleuri**   🛱 ⇔ **P** **VISA** **⬤** ꘈ
    76 av. A. Raimond – ℰ *04 77 74 63 24 – f.deville@closfleuri.fr – Fax 04 77 79 06 70*
    – Fermé 11-18 août, 2-7 janv., merc. soir, dim. soir et lundi   T **u**
    Rest – Menu 20 € (déj. en sem.), 27/70 € – Carte 52/62 €
    ♦ Cette grande villa fleurie vous accueille dans son élégante salle à manger meublée en
    rotin ou sur ses terrasses ombragées. Registre culinaire contemporain.

X   **Du Musée**   🛱 ⇔ **P** **VISA** **⬤** ꘈ
    musée d'Art moderne la Terrasse – ℰ *04 77 79 24 52 – Fax 04 77 79 92 07*
    – Fermé 10-25 août, merc. soir, dim. soir et lundi   T **s**
    Rest – Menu (19 €), 26/36 € – Carte 33/50 €
    ♦ Nourritures de l'esprit puis gastronomiques... ou vice-versa selon l'appétit : le bistrot
    du musée d'Art moderne sert son menu du marché dans un décor résolument contem-
    porain.

à La Fouillouse 8,5 km au Nord-Ouest par N 82 – 4 234 h. – alt. 438 m – ⊠ 42480

X   **La Route Bleue**   🛱 **P** **VISA** **⬤** ꘈ
    Le Vernay – ℰ *04 77 30 12 09 – Fax 04 77 30 27 16 – Fermé 14 juil.-20 août,*
🕾 *vacances de fév. et sam.*
    Rest – *(déj. seult)* Menu 17 € (sem.)/35 € – Carte 26/51 €
    ♦ La façade couverte de vigne vierge abrite un restaurant familial, surtout fréquenté par
    une clientèle d'habitués. Cuisine traditionnelle à déguster dans un cadre sans chichi.

ST-ÉTIENNE-DE-BAÏGORRY – 64 Pyrénées-Atlantiques – 342 D5 – 1 525 h.
– alt. 163 m – ⊠ 64430 ▯ Pays Basque   3 **A3**

▶ Paris 813 – Biarritz 51 – Cambo-les-Bains 31 – Pau 116 – St-Jean-Pied-de-Port 11
🛈 Office de tourisme, place de l'Église ℰ 05 59 37 47 28, Fax 05 59 37 49 58
◎ Église St-Etienne★.

Arcé ☜   ⇐ 🐟 🏠 ⚒ ✖ ⌣ **P** VISA ⓌⓄ AE ①
rte du col d'Ispéguy – ℰ 05 59 37 40 14 – reservations @ hotel-arce.com
– Fax 05 59 37 40 27 – Ouvert mi-mars- mi-nov.
20 ch – ♦70/75 € ♦♦125/145 €, � 10 € – 3 suites – ½ P 100/105 €
Rest – (fermé merc. midi et lundi midi du 15 sept. au 15 juil. sauf fériés)
(prévenir le week-end) Menu 27/40 € – Carte environ 42 €
♦ En bord de Nivelle, attachante auberge née d'un café de pèlerins où l'on jouait à la pelote.
Beau jardin et piscine sur l'autre rive. Grandes chambres bien tenues. Le restaurant occupe
un ex-trinquet. Terrasse sous les platanes, table régionale et vins d'Irrouléguy.

ST-ÉTIENNE-DE-FURSAC – 23 Creuse – 325 G4 – rattaché à La Souterraine

ST-ÉTIENNE-LA-THILLAYE – 14 Calvados – 303 M4 – 437 h. – alt. 20 m –
⊠ 14950   32 **A3**

▶ Paris 198 – Caen 45 – Le Havre 47 – Lisieux 28 – Hérouville-Saint-Clair 48

La Maison de Sophie ☜   ⚘ 🏠 ↳ ✖ ⌣ **P** VISA ⓌⓄ
– ℰ 02 31 65 69 97 – sophie @ lamaisondesophie.fr – Fax 02 31 65 69 98
– Fermé janv., dim. et lundi sauf vacances scolaires
5 ch ⊒ – ♦150/170 € ♦♦150/170 € – **Table d'hôte** – (ouvert vend. soir et sam.
soir) Menu 60 € bc
♦ Ancien presbytère (1789) en parfait état, parc et petit jardin à la française. Décor très étudié
: chambres dépaysantes conçues sur divers thèmes associés à des musiques et senteurs.
Recettes au goût du jour et cours de cuisine par Sophie, l'auteur des best-sellers culinaires !

ST-ÉTIENNE-LÈS-REMIREMONT – 88 Vosges – 314 H4 – rattaché à
Remiremont

ST-EUTROPE-DE-BORN – 47 Lot-et-Garonne – 336 G2 – rattaché à Cancon

ST-EVROULT-NOTRE-DAME-DU-BOIS – 61 Orne – 310 L2 – 430 h.
– alt. 355 m – ⊠ 61550 ▯ Normandie Vallée de la Seine   33 **C2**

▶ Paris 155 – Argentan 42 – Caen 91 – Lisieux 52

Le Relais de l'Abbaye ☜   ✖ ch, ⌣ 🏊 VISA ⓌⓄ AE
r. principale – ℰ 02 33 84 19 00 – le.relais.de.labbaye @ wanadoo.fr
– Fax 02 33 84 19 04
11 ch – ♦34/40 € ♦♦43/50 €, ⊒ 7 € – **Rest** – (fermé dim. soir et vend.)
Menu 10,50 € (déj. en sem.), 22/38 €
♦ Dans la rue principale d'un village connu pour son ancienne abbatiale normande, hôtel
entièrement rénové. Chambres fonctionnelles et bien insonorisées. Restaurant logé sous
une originale verrière pyramidale. Cuisine traditionnelle.

ST-FARGEAU – 89 Yonne – 319 B6 – 1 814 h. – alt. 175 m – ⊠ 89170
▯ Bourgogne   7 **A2**

▶ Paris 180 – Auxerre 45 – Clamecy 48 – Gien 41
🛈 Office de tourisme, 3, place de la République ℰ 03 86 74 10 07,
Fax 03 86 74 10 07
◎ Château★.

Les Grands Chênes sans rest ☜   ⚘ 🚫 ↳ VISA ⓌⓄ
Les Berthes-Bailly, 4,5 km au Sud par D 18 – ℰ 03 86 74 04 05 – contact @
hotel-de-puisaye.com – Fax 03 86 74 11 41 – Fermé 24 août-1ᵉʳ sept., 21 déc.-4 janv.
et 22 fév.-8 mars
12 ch – ♦69/72 € ♦♦69/72 €, ⊒ 7 €
♦ Entre maison d'hôte et demeure de charme, une bâtisse bourgeoise pleine de cachet aux
chambres colorées, près du "chantier médiéval" (édification d'un château fort) de Guédelon.

1621

ST-FÉLIX-LAURAGAIS – 31 Haute-Garonne – 343 J4 – 1 301 h. – alt. 332 m – ⌧ 31540 ▯ Midi-Pyrénées
29 **C2**

> ▯ Paris 716 – Auterive 46 – Carcassonne 58 – Castres 38 – Gaillac 71 – Toulouse 43
>
> ▯ Syndicat d'initiative, place Guillaume de Nogaret ✆ 05 62 18 96 99
>
> ▢ Site★.

XXX ⛉ **Auberge du Poids Public** (Claude Taffarello) avec ch   ⇐ 🏠
    – ✆ 05 62 18 85 00 – poidspublic @ wanadoo.fr   🗚 ♨ VISA ⓶⓪ 𝔸𝔼
– Fax 05 62 18 85 05 – Fermé janv. et vacances de la Toussaint
11 ch – ♦62/65 € ♦♦70/102 €, ⌸ 11,50 € – 1 suite – ½ P 70/89 €
Rest – (fermé dim. soir sauf juil.-août) Menu 30 € (sauf fêtes)/70 €
– Carte 55/90 €
Spéc. Thon blanc cuit à la plancha. Pigeonneau du Lauragais rôti. Macaron fruits rouges, crème chocolat-caramel. **Vins** Pic-Saint-Loup, Vin de pays des Côtes du Tarn.
♦ Joli décor mi-rustique, mi-contemporain, collection de vieux outils, vue panoramique sur la campagne et belle cuisine actuelle attentive au terroir : une bien charmante auberge ! Côté chambres, optez pour la perspective sur la plaine du Lauragais.

ST-FERRÉOL – 31 Haute-Garonne – 343 K4 – rattaché à Revel

ST-FIRMIN – 80 Somme – 301 C6 – rattaché à Rue

ST-FLORENT – 2B Haute-Corse – 345 E3 – voir à Corse

ST-FLORENTIN – 89 Yonne – 319 F3 – 5 748 h. – alt. 120 m – ⌧ 89600
▯ Bourgogne
7 **B1**

> ▯ Paris 169 – Auxerre 32 – Chaumont 145 – Dijon 172 – Sens 45 – Troyes 51
>
> ▯ Syndicat d'initiative, 8, rue de la Terrasse ✆ 03 86 35 11 86, Fax 03 86 35 11 86
>
> ▢ Vitraux★ de l'église **E.**

⬠ **Les Tilleuls** ⌂   🍽 🏠 ⅍ ch, VISA ⓶⓪ 𝔸𝔼
⊜ 3 r. Decourtive – ✆ 03 86 35 09 09 – lestilleuls.stflorentin @ wanadoo.fr
– Fax 03 86 35 36 90 – Fermé 17-24 nov., 24 déc.-6 janv., 16 fév.-16 mars, dim. soir de mi-sept. à mi-juin et lundi
9 ch – ♦44/48 € ♦♦51/62 €, ⌸ 9,50 € – **Rest** – Menu 16 € (déj. en sem.), 26/40 €
♦ Hôtel familial aménagé dans les murs d'un couvent des Capucins datant de 1635. Petites chambres proprettes donnant parfois sur le jardin ombragé de tilleuls. Agréable restaurant agrémenté de poutres colorées ; verdoyante terrasse. Cuisine traditionnelle.

XXX **La Grande Chaumière** avec ch ⌂   🍽 🏠 🅿 VISA ⓶⓪ 𝔸𝔼 ⓪
3 r. des Capucins – ✆ 03 86 35 15 12 – lagrandechaumiere @ wanadoo.fr
– Fax 03 86 35 33 14 – Fermé 31 août-15 sept. (sauf hôtel), 20 déc.-20 janv., merc. et jeudi
10 ch – ♦69/75 € ♦♦75/130 €, ⌸ 12 € – ½ P 90 € – **Rest** – Menu 29 € (déj. en sem.), 41/59 € – Carte 62/78 €
♦ Élégante demeure de pays dont la décoration mêle avec goût le moderne et les matériaux anciens (superbe sol dallé). Belle terrasse face au plaisant parc arboré et fleuri.

ST-FLOUR ⬳ – 15 Cantal – 330 G4 – 6 625 h. – alt. 783 m – ⌧ 15100
▯ Auvergne
5 **B3**

> ▯ Paris 513 – Aurillac 70 – Issoire 67 – Le Puy-en-Velay 94 – Rodez 111
>
> ▯ Office de tourisme, 17 bis, place d'Armes ✆ 04 71 60 22 50, Fax 04 71 60 05 14
>
> ▢ Site★★ - Cathédrale★ - Brassard★ dans le musée de la Haute Auvergne **H.**

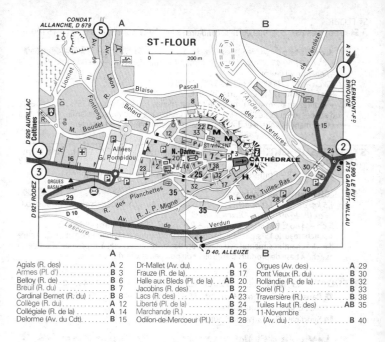

ST-FLOUR

Agials (R. des)	**A** 2	Dr-Mallet (Av. du)	**A** 16	Orgues (Av. des)	**A** 29

Ville basse

🏨 Grand Hôtel de l'Étape   📶 ⅘ 📞 🕭 🛌 VISA ⓜⓞ AE ⓘ
18 av. de la République, par ② – ℰ 04 71 60 13 03 – info@hotel-etape.com
– Fax 04 71 60 48 05 – Fermé dim. soir sauf juil.-août
23 ch – ♦56 € ♦♦77 €, ⴱ 9 € – ½ P 62/64 € – **Rest** – (fermé dim. soir et lundi
sauf juil.-août) Menu (15 € bc), 22/48 € – Carte 29/45 €
◆ Immeuble des années 1970 au fonctionnement familial. Chambres assez grandes et
pratiques ; préférez celles avec vue sur la montagne. L'allure "seventies" du restaurant
cache une authentique table régionale où la majorité des légumes viennent du potager
maison.

🏠 Auberge de La Providence   ♿ ch, 📞 🅿 VISA ⓜⓞ AE ⓘ
1 r. Château d'Alleuze, par D 40 (sud du plan) – ℰ 04 71 60 12 05 – info@
auberge-providence.com – Fax 04 71 60 33 94 – Fermé 15 nov.-5 janv.   B t
12 ch – ♦56/70 € ♦♦56/70 €, ⴱ 8,50 € – ½ P 48/50 € – **Rest** – (fermé dim. midi,
vend. et sam. en hiver et dim. soir) (dîner seult) Menu (20 €), 28/35 € – Carte
30/36 €
◆ Accueil sympathique en cette auberge familiale légèrement excentrée. Chambres
modestes mais très bien tenues et insonorisées (deux avec terrasse). L'imposant buffet en
bois patiné donne du cachet au restaurant campagnard ; recettes simples à l'accent
régional.

🏠 St-Jacques   🔏 📶 AC rest, 📞 🕭 VISA ⓜⓞ AE ⓘ
8 pl. de la Liberté – ℰ 04 71 60 09 20 – info@hotelsaintjacques.com
– Fax 04 71 60 33 81 – Fermé 9 nov.-3 janv. et vend. soir de janv. à Pâques   B s
28 ch – ♦45 € ♦♦53 €, ⴱ 7 €
Rest – (fermé sam. midi, dim. soir et lundi) Menu 14 € – Carte 21/36 €
Rest Grill – (fermé vend. soir et sam. midi) Carte 21/36 €
◆ Bordant une placette, ancien relais sur la route de Compostelle. Quelques chambres destinées aux familles ; jolie vue sur la ville haute depuis la piscine. Au restaurant, décor coloré et cuisine de l'océan Indien. Esprit bistrot et plats traditionnels côté Grill.

à St-Georges par ②, D 909 et rte secondaire : 5 km – 939 h. – alt. 860 m – ✉ 15100

🏨 **Le Château de Varillettes** ॐ ⟨ ⓘ ✗ ⚘ rest, **P** *VISA* **MO** **AE** **①**
– ℰ 04 71 60 45 05 – varillettes@leshotelsparticuliers.com – Fax 04 71 60 34 27
– Ouvert mai à sept.
12 ch – †117/147 € ††117/252 €, ☲ 15 € – ½ P 106/121 €
Rest – Menu 32/45 € – Carte 39/58 €
♦ Profitez du charme de l'ancien, le confort en plus, en ce château du 15ᵉ s., ex-résidence d'été des évêques de St-Flour. Le must : une chambre avec vue sur le jardin médiéval. La salle à manger, voûtée et dotée d'une vénérable cheminée, a du caractère.

ST-FORT-SUR-GIRONDE – 17 Charente-Maritime – 324 F7 – 904 h. – alt. 28 m – ✉ 17240   38 **B3**

🚩 Paris 518 – Poitiers 186 – La Rochelle 115 – Saintes 45 – Cognac 51

🏠 **Château des Salles** ॐ ⓘ ✗ ⓛ **P** *VISA* **MO**
1,5 km au Nord-Est par D 125 – ℰ 05 46 49 95 10 – chateaudessalles@wanadoo.fr
– Fax 05 46 49 02 81 – Ouvert 1ᵉʳ avril-1ᵉʳ nov.
5 ch – †80 € ††95/95 €, ☲ 10 € – ½ P 85/95 € – **Table d'hôte** – Menu 35 €
♦ Joli château du 15ᵉ s. plusieurs fois remanié. Il règne une atmosphère de maison de famille dans les chambres, meublées d'ancien, et au salon (piano et livres à disposition). Cuisine du marché à base de produits du terroir et du potager, et vins du domaine.

ST-FRONT – 43 Haute-Loire – 331 G4 – 509 h. – alt. 1 223 m – ✉ 43550   6 **C3**

🚩 Paris 570 – Clermont-Ferrand 156 – Le Puy-en-Velay 27 – Firminy 69
– Le Chambon-Feugerolles 73

ℹ Syndicat d'initiative, le bourg ℰ 04 71 59 54 93

🏠 **La Vidalle d'Eyglet** ॐ ⟨ Plateau du Mezenc, ⌂ ⇗ ✗
La Vidalle, 7 km au Sud par D 39, D 500 et rte secondaire – ℰ 04 71 59 55 58
🕮 – infos@vidalle.fr – Fax 04 71 59 55 58
5 ch ☲ – †75/90 € ††85/95 € – **Table d'hôte** – (fermé juil.-août) Menu 18/25 €
♦ Jolie ferme restaurée posée au milieu des champs. Chambres très coquettes, salon-bibliothèque, atelier de peinture (stages). L'hiver, on peut quitter la maison skis aux pieds ! Table d'hôte dans une délicieuse salle campagnarde (poêle en fonte, vaisselier...).

ST-GALMIER – 42 Loire – 327 E6 – 5 293 h. – alt. 400 m – Casino – ✉ 42330
📙 Lyon et la vallée du Rhône   44 **A2**

🚩 Paris 457 – Lyon 82 – Montbrison 25 – Montrond-les-Bains 11 – Roanne 68
– St-Étienne 24

ℹ Office de tourisme, Le Cloître, 3, boulevard Cousin ℰ 04 77 54 06 08,
Fax 04 77 54 06 07

◙ Vierge du Pilier★ et triptyque★ dans l'église.

🏨 **La Charpinière** ॐ ⓘ ⌂ ⅀ ⓕ ✗ ⓘ ⅄ ch, ⇗ ✗ rest, ⓛ ⅏
– ℰ 04 77 52 75 00 – charpiniere.hot.rest@   **P** *VISA* **MO** **AE** **①**
wanadoo.fr – Fax 04 77 54 18 79
49 ch – †77/117 € ††77/117 €, ☲ 12 € – ½ P 65/85 €
Rest La Closerie de la Tour – (fermé dim. soir de nov. à mars) Menu 24/49 €
– Carte 25/52 €
♦ Un grand parc clos offre un havre de paix à cette gentilhommière tapissée de vigne vierge. Nombreux équipements de loisirs à disposition. Chambres avant tout pratiques. Repas servis dans un agréable jardin d'hiver : cuisine au goût du jour et carte saisonnière.

🏠 **Hostellerie du Forez** ⌂ ⓛ ⅏ ⊜ *VISA* **MO** **AE**
6 r. Didier Guetton – ℰ 04 77 54 00 23 – contact@hostellerieduforez.com
🕮 – Fax 04 77 54 07 49
16 ch – †48/56 € ††56/65 €, ☲ 9,50 € – ½ P 67 € – **Rest** – (fermé 5-25 août,
26 déc.-5 janv., dim. soir et lundi midi) Menu (15 € bc), 17/33 € – Carte 24/39 €
♦ L'édifice en parfait état qui abrite cette auberge n'est autre qu'un ancien relais de poste du 19ᵉ s. Chambres fonctionnelles bien tenues. Un programme de rénovation suit son cours. Cuisine actuelle servie dans une salle à manger rustique.

XXX **Le Bougainvillier** 🍴 AC VISA MO AE
Pré Château – ℰ 04 77 54 03 31 *– bougain@wanadoo.fr – Fax 04 77 94 95 93*
– Fermé 28 juil.-25 août, 9-23 fév., merc. soir, dim. soir et lundi
Rest *– (prévenir)* Menu 29 € (sem.)/62 € – Carte 46/67 €
♦ Faites une halte gourmande dans cette imposante maison bourgeoise. Le restaurant se
distribue en trois salles, dont une ouverte sur un jardin. Bonne table dans l'air du temps.

ST-GATIEN-DES-BOIS – 14 Calvados – 303 N3 – 1 163 h. – alt. 149 m –
✉ 14130
32 **A3**

🚉 Paris 195 – Caen 58 – Le Havre 36 – Deauville 10 – Honfleur 13 – Lisieux 27

🏨 **Le Clos Deauville St-Gatien** 🍴 🛋 ⛲ 🐾 ℹ️ 🏊 ⚘ 🌳
4 r. Brioleurs – ℰ 02 31 65 16 08 *– hotel@* P VISA MO AE ①
clos-st-gatien.fr – Fax 02 31 65 10 27
58 ch – †78/185 € ††78/185 €, ⌑ 13 € – ½ P 81/134 €
Rest *Le Michels* – Menu (21 €), 31/75 € – Carte 37/82 €
♦ Chambres en grande partie rénovées et nombreux équipements de loisirs et de séminaires dans cette ancienne ferme et ses dépendances au cœur d'un jardin arboré. Poutres
et colombages préservés font le charme du restaurant.

ST-GAUDENS ◉ – 31 Haute-Garonne – 343 C6 – 10 845 h. – alt. 405 m –
✉ 31800 ▌ Midi-Pyrénées
28 **B3**

🚉 Paris 766 – Bagnères-de-Luchon 48 – Tarbes 68 – Toulouse 94
ℹ️ Office de tourisme, 2, rue Thiers ℰ 05 61 94 77 61, Fax 05 61 94 77 50
◉ Boulevards des Pyrénées ≤★ - Belvédères★.

🏨 **Du Commerce** 🛋 ♿ ch, AC 🍴 ch, ⚘ 🏊 ⛲ VISA MO AE ①
av. de Boulogne – ℰ 05 62 00 97 00 *– hotel.commerce@wanadoo.fr*
– Fax 05 62 00 97 01 – Fermé 19 déc.-12 janv.
48 ch – †55/70 € ††55/70 €, ⌑ 8,50 € – ½ P 51/61 € – **Rest** – Menu 20 €
(sem.)/36 € – Carte 26/52 €
♦ Construction moderne à deux pas du centre-ville. Les chambres, fonctionnelles, sont
diversement meublées et toutes climatisées. Au restaurant, couleurs ensoleillées, mélange
d'ancien et de contemporain et carte où le cassoulet figure en bonne place.

ST-GENIEZ-D'OLT – 12 Aveyron – 338 J4 – 1 841 h. – alt. 410 m – ✉ 12130
▌ Midi-Pyrénées
29 **D1**

🚉 Paris 612 – Espalion 28 – Florac 80 – Mende 68 – Rodez 46
– Sévérac-le-Château 25
ℹ️ Office de tourisme, Le Cloître ℰ 05 65 70 43 42, Fax 05 65 70 47 05

🏨 **Hostellerie de la Poste** 🌿 🍴 🏊 🍴 ℹ️ ⚘ P VISA MO AE
3 pl. Gén de Gaulle – ℰ 05 65 47 43 30 *– hotel@hoteldelaposte12.com*
– Fax 05 65 47 42 75 – Ouvert 16 mars-9 nov.
50 ch – †55/62 € ††55/62 €, ⌑ 8 € – ½ P 60 €
Rest *Le Rive Gauche* – Menu 28 € – Carte 36/81 €
♦ Diverses générations de chambres, d'ampleur et de confort disparates, dans cet
hôtel central réparti entre plusieurs bâtiments. Cadre de verdure ; clientèle de groupes. Au
Rive Gauche, carte régionale présentée en salles ou sur la terrasse côtoyant la piscine.

ST-GENIS-POUILLY – 01 Ain – 328 J3 – 6 383 h. – alt. 445 m –
✉ 01630
46 **F1**

🚉 Paris 524 – Bellegarde-sur-Valserine 28 – Bourg-en-Bresse 100 – Genève 12
– Gex 10
ℹ️ Office de tourisme, 11 rue de Gex ℰ 04 50 42 29 37, Fax 04 50 28 32 94
🏌 des Serves Route de Meyrin, E : 2 km par D 984, ℰ 04 50 42 16 48.

XX **L'Amphitryon** 🍴 P VISA MO
◉ *–* ℰ 04 50 20 64 64 *– lafay.claudie@hotmail.fr – Fax 04 50 42 06 98*
– Fermé 30 juil.-20 août, 30 déc.-20 janv., mardi soir, dim. soir et lundi
Rest – Menu 17 € (déj. en sem.), 34 € bc/50 € – Carte 39/59 €
♦ Derrière la sage façade de ce pavillon récent se cache une surprenante salle à manger :
fresques, voûtes et statuettes de style antique. Cuisine classique et cave fournie.

ST-GENIX-SUR-GUIERS – 73 Savoie – 333 G4 – 1 817 h. – alt. 235 m – ⊠ 73240

◼ Paris 513 – Belley 22 – Chambéry 34 – Grenoble 58 – Lyon 74   45 **C2**

🖪 Office de tourisme, rue du faubourg ✆ 04 76 31 63 16, Fax 04 76 31 71 30

à Champagneux 4 km au Nord-Ouest par D 1516 – 379 h. – alt. 214 m – ⊠ 73240

🏨   **Bergeronnettes** 🦢   ≪ 🛋 🛏 🖂 🔌 ⅙ ch, **P**, *VISA* **©©** 🖭 **①**

    près de l'église – ✆ 04 76 31 50 30 – gourjux@aol.com – Fax 04 76 31 61 29
😊 – *Fermé 26 déc.-1ᵉʳ janv.*
18 ch – †60 € ††60/125 €, ☷ 10 € – ½ P 62 € – **Rest** – *(fermé dim. soir)*
Menu 13,50/36 € – Carte 26/35 €
♦ Hôtel de campagne alangui dans un cadre verdoyant. Une aile récente regroupe les spacieuses chambres. Petits-déjeuners sous forme de buffet. Restaurant actuel, cuisine régionale simple et terrasse dressée sous un chapiteau.

ST-GEORGES – 15 Cantal – 330 G4 – rattaché à St-Flour

ST-GEORGES-DE-DIDONNE – 17 Charente-Maritime – 324 D6 – rattaché à Royan

---

ST-GEORGES-D'ESPÉRANCHE – 38 Isère – 333 D4 – 2 840 h. – alt. 400 m – ⊠ 38790   44 **B2**

◼ Paris 496 – Bourgoin-Jallieu 25 – Grenoble 92 – Lyon 40 – Vienne 22

✗✗   **Castel d'Espéranche**   🛏 ⅞ ch, **P**, *VISA* **©©** 🖭

    14 rte Lafayette – ✆ 04 74 59 18 45 – info@castel-esperanche.com
– Fax 04 74 59 04 40 – Fermé 27 oct.-8 nov., 9-27 fév., lundi, mardi et merc.
Rest – Menu (18 €), 25/55 € – Carte 45/58 €
♦ Restaurant installé en partie dans une tour de garde du 13ᵉ s. dont quelques vestiges agrémentent les salles à manger. Cuisine régionale et menu "du Moyen Âge".

ST-GEORGES-DES-SEPT-VOIES – 49 Maine-et-Loire – 317 H4 – 570 h. – alt. 83 m – ⊠ 49350   35 **C2**

◼ Paris 314 – Nantes 127 – Angers 30 – Saumur 27 – La Flèche 71

✗✗   **Auberge de la Sansonnière** avec ch 🦢   ⅙ **AC** rest,

    (près de la mairie) – ✆ 02 41 57 57 70   ⅙ ⅞ rest, *VISA* **©©** 🖭
😊 – contact@auberge-sansonniere.com – Fax 02 41 57 51 38 – Fermé 3-20 mars,
🅐 12 nov.-5 déc., dim. soir et lundi
7 ch – †55/70 € ††55/70 €, ☷ 8 € – ½ P 50/57 € – **Rest** – Menu (11,50 € bc),
17/35 € – Carte 34/46 €
♦ Un vrai petit bijou d'auberge que cet ex-prieuré joliment restauré : esprit bistrot moderne (pierres, poutres, couleurs gaies) et appétissante cuisine traditionnelle actualisée. Petites chambres aussi mignonnes qu'accueillantes.

ST-GEORGES-SUR-CHER – 41 Loir-et-Cher – 318 D8 – 2 155 h. – alt. 70 m – ⊠ 41400   11 **A1**

◼ Paris 225 – Blois 40 – Orléans 102 – Tours 40

🛖   **Prieuré de la Chaise** sans rest 🦢   ♨ 🔊 **AC** ⅙ ⅞ **P**,

    8 r. Prieuré – ✆ 02 54 32 59 77 – prieuredelachaise@yahoo.fr – Fax 02 54 32 69 49
5 ch ☷ – †60 € ††120 €
♦ Adresse pleine de charme – prieuré du 16ᵉ s. – au calme d'un parc. Tomettes et meubles anciens dans les chambres. Salle à manger où crépitent en hiver de belles flambées.

ST-GERMAIN-DE-JOUX – 01 Ain – 328 H3 – 476 h. – alt. 507 m – ⊠ 01130

◼ Paris 487 – Bellegarde-sur-Valserine 13 – Belley 61 – Bourg-en-Bresse 63
– Nantua 13   45 **C1**

✗✗   **Reygrobellet** avec ch   ⅞ **P**, *VISA* **©©** 🖭

    D 1084 – ✆ 04 50 59 81 13 – reygrobellet@orange.fr – Fax 04 50 59 83 74 – Fermé
17-25 fév., 29 juin-17 juil., 22 oct.-10 nov., merc. soir, dim. soir et lundi
10 ch – †50/55 € ††60/65 €, ☷ 8,50 € – ½ P 60/65 € – **Rest** – Menu 22 € (sem.)/55 €
♦ Outre son confortable intérieur campagnard, cette maison a pour elle une généreuse cuisine traditionnelle (beau chariot de desserts). Chambres simples en partie rénovées.

ST-GERMAIN-DES-VAUX – 50 Manche – 303 A1 – 457 h. – alt. 59 m – ⊠ 50440

> ◘ Paris 383 – Barneville-Carteret 48 – Cherbourg 28 – Nez de Jobourg 7
> – St-Lô 104   32 **A1**
>
> ◙ Baie d'Ecalgrain★★ S : 3 km - Port de Goury★ NO : 2 km.
> ◙ Nez de Jobourg★★ S : 7,5 km puis 30 mn - ≤★★ sur anse de Vauville SE :
> 9,5 km par Herqueville, ▯ Normandie Cotentin.

※ **Le Moulin à Vent** ≤ 🚇 **P** ▨ **₩**
(Hameau Danneville), 1,5 km à l'Est par D 45 – ℰ *02 33 52 75 20 – contact @*
le-moulin-a-vent.fr – Fax 02 33 52 22 57 – Fermé 3-27 déc. et merc. d'oct. à juin
Rest – *(prévenir)* Menu 26/37 € – Carte 28/42 €
♦ Bel emplacement pour cette auberge isolée au bout de la presqu'île du Cotentin. Cuisine
actuelle servie dans un cadre contemporain ouvert sur le panorama.

ST-GERMAIN-DU-BOIS – 71 Saône-et-Loire – 320 L9 – 1 765 h. – alt. 210 m –
⊠ 71330 ▯ Bourgogne   8 **D3**

> ◘ Paris 367 – Chalon-sur-Saône 33 – Dole 58 – Lons-le-Saunier 29 – Mâcon 75
> – Tournus 40

※ **Hostellerie Bressane** avec ch ↳ **P** ▨ **₩** **AE**
👁 *2 rte de Sens –* ℰ *03 85 72 04 69 – la.terrinee4 @ wanadoo.fr – Fax 03 85 72 07 75*
– Fermé 1ᵉʳ -8 sept., vacances de fév., dim. soir sauf juil.-août et lundi
👁 **9 ch** – ♦48 € ♦♦52 €, ☒ 5,50 € – ½ P 54 € – **Rest** – Menu 13 € (déj. en sem.),
20/37 € – Carte 32/42 €
♦ Intérieur régional pittoresque d'un hôtel particulier du 18ᵉ s. De belles fresques 1900
égaient l'une des salles. Cuisine régionale revisitée avec soin. Chambres rénovées.

ST-GERMAIN-EN-LAYE – 78 Yvelines – 311 I2 – 101 13 – voir à Paris, Environs

---

ST-GERMAIN-LÈS-ARLAY – 39 Jura – 321 D6 – 503 h. – alt. 255 m – ⊠ 39210

> ◘ Paris 398 – Besançon 74 – Chalon-sur-Saône 58 – Dole 46
> – Lons-le-Saunier 11   16 **B3**

※ **Hostellerie St-Germain** avec ch 🍴 ↳ **P** ▨ **₩**
👁 *–* ℰ *03 84 44 60 91 – hoststgermain @ wanadoo.fr – Fax 03 84 44 63 64 – Fermé*
10-30 nov., mardi sauf le soir en juil. août et lundi
7 ch – ♦52/72 € ♦♦52/72 €, ☒ 7 € – ½ P 61 € – **Rest** – Menu 17 € (déj. en sem.),
22/59 € – Carte 39/60 € ❀
♦ Cette adresse vaut le détour pour sa cuisine régionale valorisée par une belle carte de vins
du Jura. Cadre rustico-bourgeois. Chambres bien tenues, plus calmes côté terrasse.

ST-GERMER-DE-FLY – 60 Oise – 305 B4 – 1 761 h. – alt. 105 m – ⊠ 60850
▯ Nord Pas-de-Calais Picardie   36 **A2**

> ◘ Paris 92 – Les Andelys 40 – Beauvais 26 – Gisors 21 – Gournay-en-Bray 8
> – Rouen 58
>
> ◨ Syndicat d'initiative, 11, place de Verdun ℰ 03 44 82 62 74, Fax 03 44 82 23 56
> ◙ Église★ - ≤★ de la D 129 SE : 4 km.

※ **Auberge de l'Abbaye** ﷽ ﷽ ▨ **₩** **AE** ①
👁 *5 pl. de L'Abbaye –* ℰ *03 44 82 50 73 – Fax 03 44 82 64 54 – Fermé dim. soir, mardi*
soir et merc.
Rest – Menu 14,50 € bc (sem.)/31 €
♦ Face à l'abbaye, bâtisse tapissée de vigne vierge. Grande salle à manger avec poutres
apparentes. Cuisine traditionnelle et régionale. Salon de thé.

ST-GERVAIS – 33 Gironde – 335 I4 – 1 219 h. – alt. 39 m – ⊠ 33240   3 **B1**

> ◘ Paris 543 – Bordeaux 29 – Mérignac 38 – Pessac 44

※※ **Au Sarment** ﷽ ﷽ ▨ **₩**
50 r. la Lande – ℰ *05 57 43 44 73 – ausarment33 @ free.fr – Fax 05 57 43 90 28*
– Fermé 22 fév.-10 mars, 18 août-1ᵉʳ sept., sam. midi, dim. soir et lundi
Rest – Menu 39/59 € – Carte 51/68 €
♦ Le chef, d'origine antillaise, rehausse ses bons petits plats de saveurs créoles. L'intérieur
de cette belle maison de pays, clair et sobre, donne sur une terrasse ombragée.

ST-GERVAIS-D'AUVERGNE – 63 Puy-de-Dôme – 326 D6 – 1 272 h.
– alt. 725 m – ⌧ 63390 ▐ Auvergne   5 **B2**

> ◨ Paris 377 – Aubusson 72 – Clermont-Ferrand 55 – Gannat 41 – Montluçon 47 – Riom 39
>
> ◨ Office de tourisme, rue du Général Desaix ✆ 04 73 85 80 94

☖☖ **Castel Hôtel 1904** ⌂   ⌧ ⌧ ⌧ **P** VISA ⓞⓞ
  – ✆ 04 73 85 70 42 – castel.hotel.1904@orange.fr – Fax 04 73 85 84 39 – Ouvert
⌧ de Pâques au 11 nov.
  15 ch – ☗59 €☗☗65/79 €, ⌧ 9,50 € – ½ P 55 € – **Rest** – Menu 17/60 € – Carte 24/37 €
  ♦ Cette demeure de charme du 17ᵉ s. dispose de chambres fraîchement rénovées, dotées
de mobilier de style. Chaleureux accueil par la famille qui tient la maison depuis 1904. Mets
traditionnels à déguster dans une salle au décor délicieusement suranné.

☖ **Le Relais d'Auvergne**   ⌧ ⌧ ⌧ **P** VISA ⓞⓞ AE
  rte de Châteauneuf – ✆ 04 73 85 70 10 – relais.auvergne.hotel@wanadoo.fr
⌧ – Fax 04 73 85 85 66 – Ouvert de mars à nov. et fermé dim. soir et lundi en oct., nov.
⌧ et mars
  12 ch – ☗52 €☗☗52/62 €, ⌧ 7 € – ½ P 50 € – **Rest** – Menu 13 € (déj. en sem.),
18/35 € – Carte 24/41 €
  ♦ La présence de meubles et de bibelots chinés dans la région (vente à la boutique) évoque
une atmosphère d'antan. Chambres personnalisées au mobilier ancien ou de style. Belle
salle à manger rustique. Recettes traditionnelles et spécialités locales.

ST-GERVAIS-EN-VALLIÈRE – 71 Saône-et-Loire – 320 J8 – 305 h. – alt. 203 m
– ⌧ 71350   7 **A3**

> ◨ Paris 324 – Beaune 16 – Chalon-sur-Saône 24 – Dijon 57 – Mâcon 84 – Nevers 164

à Chaublanc 3 km au Nord-Est par D 94 et D 183 – ⌧ 71350 St-Gervais-en-Vallière

☖☖ **Le Moulin d'Hauterive** ⌂   ⌧ ⌧ ⌧ ⌧ ⌧ ⌧ ch, ⌧ rest, ⌧ rest,
  – ✆ 03 85 91 55 56 – info@moulinhauterive.com   ⌧ ⌧ **P** VISA ⓞⓞ AE ⓞ
  – Fax 03 85 91 89 65 – Fermé 1ᵉʳ déc.-12 fév., dim. soir sauf juil. et lundi
  10 ch – ☗70/119 €☗☗109/139 €, ⌧ 15 € – 10 suites – ½ P 107/142 €
  Rest – (fermé dim. soir de nov. à mai, lundi sauf le soir en juil.-août, mardi midi,
merc. midi et jeudi midi) Menu 25 € (déj. en sem.), 40/62 € – Carte 53/73 €
  ♦ Isolé en pleine nature, ce vieux moulin à farine bordant la Dheune fut bâti au 12ᵉ s. par les
moines de l'abbaye de Cîteaux. Chambres personnalisées ; beaux meubles anciens. Deux
salles à manger cossues et jolie terrasse au bord de l'eau ; boutique de vins.

ST-GERVAIS-LES-BAINS – 74 Haute-Savoie – 328 N5 – 5 276 h. – alt. 820 m
– Sports d'hiver : 1 400/2 000 m ⌧ 2 ⌧ 25 ⌧ – Stat. therm. : toute l'année – Casino
– ⌧ 74170 ▐ Alpes du Nord   46 **F1**

> ◨ Paris 597 – Annecy 84 – Bonneville 42 – Chamonix-Mont-Blanc 25 – Megève 12
>
> ▤ ✆ 3635 (0,34 €/mn)
>
> ◨ Office de tourisme, 43, rue du Mont-Blanc ✆ 04 50 47 76 08,
> Fax 04 50 47 75 69
>
> ◨ Route du Bettex ★★★ 8 km par ③ puis D 43.

Plan page ci-contre

☖ **Val d'Este**   ⌧ VISA ⓞⓞ AE
  pl. de l'Église – ✆ 04 50 93 65 91 – hotelvaldeste@voila.fr – Fax 04 50 47 76 29
  – Fermé 12 nov.-15 déc.   **b**
  14 ch – ☗52/88 €☗☗52/88 €, ⌧ 8 € – ½ P 56/88 €
  Rest Le Sérac – voir ci-après
  ♦ Au cœur de la station, bâtisse abritant des chambres bien insonorisées et peu à
peu rénovées. Celles qui donnent sur les montagnes sont équipées d'une baignoire.

✗✗ **Le Sérac**   ⌧ VISA ⓞⓞ
  – ✆ 04 50 93 80 50 – Fax 04 50 93 86 31 – Fermé 9 nov.-4 déc., jeudi midi et merc.
⌧ sauf le 16 juil. au 20 août et du 24 déc. au 18 mars   **b**
  Rest – Menu 18 € (déj. en sem.), 24/62 € – Carte 46/62 €
  ♦ Cuisine mariant habilement saveurs régionales et méditerranéennes, avec les sommets
en toile de fond. Les amateurs de chocolat seront séduits par la carte des desserts !

ST-GERVAIS-LES-BAINS LE FAYET

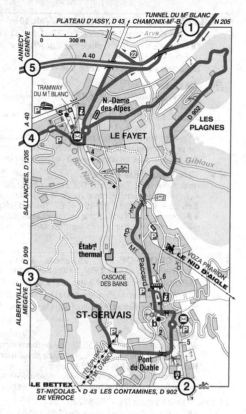

au Fayet 4 km au Nord-Ouest par D 902 – ⊠ 74190

🔃 Office de tourisme, 104, avenue de la gare ✆ 04 50 93 64 64

Deux Gares 🔲 ⬛ ⌘ **P** ⬛ 💳 🅜🅒 ⓪

(près de la gare) – ✆ 04 50 78 24 75 – hotel.2gares@wanadoo.fr – Fax 04 50 78 15 47
– Fermé 27 avril-4 mai, 28 sept.-5 oct. et 1er nov.-15 déc.   **s**
28 ch – ♦42/45 € ♦♦52/54 €, � 8 € – 2 suites – ½ P 42/44 €
Rest – *(dîner seult) (résidents seult)* Menu 14 €

◆ Face à la gare de départ du fameux tramway du Mont-Blanc. Petites chambres sobres en cours de rénovation : n'hésitez pas à demander les plus récentes. Belle piscine couverte.

au Bettex 8 km au Sud-Ouest par D 43 ou par télécabine, station intermédiaire
– ⊠ 74170 St-Gervais-les-Bains

Arbois-Bettex 🗨 ⟨ Massif Mont-Blanc, 🍽 ☃ 🎣 ⌘ rest, **P** 💳 🅜🅒
– ✆ 04 50 93 12 22 – arboisbettex@wanadoo.fr – Fax 04 50 93 14 42
– Ouvert 1er juil.-31 août et 22 déc.-20 avril
33 ch *(½ P seult en hiver)* – ♦85 € ♦♦105 €, � 12 € – ½ P 105/180 €
Rest – Menu 28/38 € – Carte 36/54 €

◆ Superbe vue sur le massif du Mont-Blanc depuis ce chalet voisin des télécabines. Chambres fonctionnelles. Vaste salon "à l'autrichienne" et salle de remise en forme. Salades, buffet, grillades et rôtis à midi ; plats savoyards au dîner. Terrasse exposée plein Sud.

Autres ressources hôtelières voir : **Les Houches** *(au Prarion) et* **Megève** *(sommet du Mont d'Arbois)*

ST-GILLES – 30 Gard – **339** L6 – 11 626 h. – alt. 10 m – ✉ 30800 🕮 Provence

- 🚩 Paris 724 – Arles 18 – Beaucaire 27 – Lunel 31 – Montpellier 64 – Nîmes 20
- 🅸 Office de tourisme, 1, place Frédéric Mistral ℰ 04 66 87 33 75, Fax 04 66 87 16 28
- ◎ Façade★★ et crypte★ de l'église - Vis de St-Gilles★. 23 **D2**

🏠 **Le Cours** 🈁 🈁 🔃 🍸 *VISA* 🆚 🆎 ⓪
10 av. F. Griffeuille – ℰ 04 66 87 31 93 – hotel-le-cours @ wanadoo.fr
🐘 – Fax 04 66 87 31 83 – Ouvert 12 mars- 10 déc.
33 ch – ♦44/60 € ♦♦54/74 €, ☲ 8 € – ½ P 47/59 € – **Rest** – Menu (11,50 €), 13 € (sem.)/34 € – Carte 21/40 €
♦ Cet hôtel familial voisin du port de plaisance, aménagé sur le canal du Rhône, propose des petites chambres pratiques, rénovées et bien tenues. Aux beaux jours, fi de la salle à manger-véranda, attablez-vous sur la terrasse à l'ombre des platanes ! Plats du terroir.

🏠 **Domaine de la Fosse** 🕭 🌆 🔃 🔟 ch, ↯ 🕃 rest, **P** *VISA* 🆚
rte de Sylvéréal, à 7 km par D 179, croisement D 202 – ℰ 04 66 87 05 05
– christine.abeccassis @ domaine-de-la-fosse.com – Fax 04 66 87 40 90
5 ch ☲ – ♦100/120 € ♦♦115/145 € – **Table d'hôte** – Menu 35 € bc
♦ Au cœur d'un domaine rizicole en pleine Camargue, cette commanderie des Templiers (17ᵉ s.) abrite des chambres souvent mansardées, au mobilier chiné. Sauna, hammam, jacuzzi.

ST-GILLES-CROIX-DE-VIE – 85 Vendée – **316** E7 – 6 797 h. – alt. 12 m – Casino : Le Royal Concorde – ✉ 85800 🕮 Poitou Vendée Charentes 34 **A3**

- 🚩 Paris 462 – Cholet 112 – Nantes 79 – La Roche-sur-Yon 44 – Les Sables-d'Olonne 29
- 🅸 Office de tourisme, boulevard de l'Égalité ℰ 02 51 55 03 66, Fax 02 51 55 69 60
- 🏌 des Fontenelles à L'Aiguillon-sur-Vie Route de Coëx, E : 11 km par D 6, ℰ 02 51 54 13 94.

🍴 **Le Casier** 🛋 *VISA* 🆚
pl. du Vieux Port – ℰ 02 51 55 01 08 – restaurantlecasier @ orange.fr – Fermé 20 déc.-6 mars, dim. soir, merc., mardi de nov. à mars et lundi
Rest – Menu (19 € bc) – Carte 19/39 €
♦ Décor de bistrot marin très convivial, cuisine iodée simple et bien faite : le patron de cette ex-charcuterie proche des quais a troqué le tablier pour la toque, avec succès !

à Coex 14 km à l' Est par D 6 – ✉ 85220

- 🅸 Syndicat d'initiative, place de l'Église ℰ 02 51 54 28 80, Fax 02 51 55 54 10

🍴🍴 **Carpe Diem** 🛋 ₺ 🔟 *VISA* 🆚
Golf des Fontenelles, 2 km à l' Ouest par D 6 – ℰ 02 51 49 13 98
– carpediemvendee @ aol.com – Fermé lundi et mardi
Rest – Menu 21/41 € – Carte 33/55 €
♦ Sur le parcours de golf, restaurant avec vue sur les greens (terrasse face au trou n° 9), décor contemporain et cuisine saisonnière jouant avec les épices.

à Sion-sur-l'Océan 5 km à l'Ouest par la Corniche Vendéenne – ✉ 85270

🏠 **Frédéric** sans rest ≤ ↯ 🍸 **P** 🕭 *VISA* 🆚 🆎
25 r. des Estivants – ℰ 02 51 54 30 20 – hotelfrederic @ wanadoo.fr – Fax 02 51 54 11 68
13 ch – ♦62 € ♦♦62/118 €, ☲ 12 €
♦ Cette jolie villa des années 1930 a été modernisée tout en conservant son cachet d'antan. Choisir une chambre avec vue sur l'océan. Bar à huîtres au délicieux cadre rétro.

ST-GINGOLPH – 74 Haute-Savoie – **328** N2 – 565 h. – alt. 385 m – ✉ 74500
🕮 Alpes du Nord 46 **F1**

- 🚩 Paris 560 – Annecy 102 – Évian-les-Bains 19 – Montreux 21 – Thonon-les-Bains 28

🍴🍴 **Aux Ducs de Savoie** ≤ 🛋 **P** *VISA* 🆚 🆎
r. 23 Juillet 44 – ℰ 04 50 76 73 09 – ducsdesavoie @ orange.fr – Fax 04 50 76 74 31
– Fermé 9-24 fév., lundi et mardi sauf fériés
Rest – Menu (17 €), 21 € (déj. en sem.), 40/65 € – Carte 35/64 €
♦ Les atouts de ce chalet situé en aplomb du village et entouré de platanes : une terrasse ombragée face au lac et une cuisine traditionnelle, préparée dans les règles de l'art.

ST-GIRONS – 09 Ariège – 343 E7 – 6 254 h. – alt. 398 m – ⊠ 09200
■ Midi-Pyrénées

> ▶ Paris 774 – Auch 123 – Foix 45 – St-Gaudens 43 – Toulouse 101
> ■ Office de tourisme, place Alphonse Sentein ℰ 05 61 96 26 69

🏤 Eychenne   🛋 🛋 ⌁ 🅼 rest, 🅿 𝘝𝘐𝘚𝘈 ⓴ AE
8 av. P. Laffont – ℰ 05 61 04 04 50 – hotel-eychenne @ wanadoo.fr
– Fax 05 61 96 07 20 – Fermé déc., janv., dim. soir et lundi sauf fériés, de nov. à fin mars
42 ch – ♦52/57 € ♦♦175/200 €, ⊇ 10,50 € – ½ P 70/135 €
Rest – Menu 28/57 € – Carte 35/66 €
♦ Ex-relais de poste où règne une plaisante atmosphère bourgeoise. Souci du détail et meubles anciens dans les chambres ; certaines ont vue sur les Pyrénées. Accueil person-nalisé. Cuisine traditionnelle et belle terrasse au cœur d'un ravissant jardin.

🏨 Château de Beauregard 🛋 🕭 ⌁ 𝟣𝟧 ᴕ rest, 🅼 rest, ✆
av. de la Résistance – ℰ 05 61 66 66 64   🅿 𝘝𝘐𝘚𝘈 ⓴ AE ⓪
– contact @ chateaubeauregard.net – Fax 05 34 14 07 93
10 ch – ♦60/80 € ♦♦60/80 €, ⊇ 10 € – 6 suites – ½ P 70/80 €
Rest *Auberge d'Antan* – (fermé 10 mars-2 avril, 10 nov.-4 déc. et le lundi sauf en été) (dîner seult sauf week-end) Menu 29/34 €
♦ Petit château et son pavillon de chasse (19ᵉ s.), au calme d'un parc avec roseraie. Chambres au charme rétro et cossu (mobilier chiné), suites de caractère et spa original. À l'Auberge d'Antan, décor rustique et plats de grand-mère préparés au feu de bois.

🏠 La Clairière   🛋 🕭 🕭 ⌁ ᴕ 🅼 ✆ 🝙 🅿 𝘝𝘐𝘚𝘈 ⓴ AE ⓪
av. de la Résistance – ℰ 05 61 66 66 66 – reservation @ hotel-clairiere.com
– Fax 05 34 14 30 30
19 ch – ♦58/68 € ♦♦58/68 €, ⊇ 10 € – ½ P 63/66 € – **Rest** – Menu (21 €), 28/64 € bc 🍷
♦ Dans un parc, insolite construction moderne dotée d'un toit de bardeaux tombant jusqu'au sol. Les petites chambres ont été confortablement refaites. Au restaurant, cuisine au goût du jour et cave riche en vins du Languedoc-Roussillon.

ST-GRÉGOIRE – 35 Ille-et-Vilaine – 309 L6 – rattaché à Rennes

---

ST-GUÉNOLÉ – 29 Finistère – 308 E8 – ⊠ 29760 Penmarch ■ Bretagne

> ▶ Paris 587 – Douarnenez 47 – Guilvinec 8 – Pont-l'Abbé 14 – Quimper 34
> ■ Office de tourisme, Pl. du Mar. Davout ℰ 02 98 58 81 44, Fax 02 98 58 86 62
> ◙ Musée préhistorique★ - ≤★★ du phare d'Eckmühl★ S : 2,5 km - Église★ de Penmarch SE : 3 km - Pointe de la Torche ≤★ NE : 4 km.   9 **A2**

🏨 Sterenn   ≤ pointe de Penmarch, 🕭 🅼 rest, 🕯 🅿 𝘝𝘐𝘚𝘈 ⓴
🐚 plage de la Joie – ℰ 02 98 58 60 36 – contactsterenn @ free.fr – Fax 02 98 58 71 28
– Ouvert 7 juin-28 sept.
16 ch – ♦50/98 € ♦♦50/98 €, ⊇ 11 € – ½ P 72/98 € – **Rest** – (dîner seult) (résidents seult) Menu 18/62 € – Carte 26/56 €
♦ Face à la plage, grand édifice (1978) coiffé d'un toit d'ardoise. Chambres sobres et nettes, et la nature préservée de la Côte sauvage pour écrin.

🏠 Les Ondines   🕭 🝙 ✆ 𝘝𝘐𝘚𝘈 ⓴ AE
🐚 r. Pasteur, rte du phare d'Eckmühl – ℰ 02 98 58 74 95 – hotel @ lesondines.com
– Fax 02 98 58 73 99 – Ouvert 8 avril-16 nov. et fermé mardi sauf juil.-août
14 ch – ♦50/65 € ♦♦50/65 €, ⊇ 8 € – ½ P 50/60 € – **Rest** – Menu 15/37 €
– Carte 24/59 €
♦ On accède par une impasse à cette construction bretonne ancrée à deux pas de la mer, à l'extrême pointe du pays bigouden. Plaisantes chambres au décor marin. Salle à manger-véranda où l'océan règne sur les repas : même la choucroute n'y échappe pas !

🍴🍴 La Mer avec ch   🝙 rest, 𝘝𝘐𝘚𝘈 ⓴
184 r. F. Péron – ℰ 02 98 58 62 22 – Fax 02 98 58 53 86 – Fermé 11-30 nov., 20 janv.-10 fév.
10 ch – ♦49/65 € ♦♦49/65 €, ⊇ 8,50 € – ½ P 70/78 € – **Rest** – (fermé dim. soir, mardi soir hors saison et lundi sauf le soir en saison) Menu 21/45 € – Carte 51/63 €
♦ Ce restaurant situé au 1ᵉʳ étage d'une maison de pays offre une jolie vue sur la baie. Les recettes régionales mettent à l'honneur la bonne pêche locale.

ST-GUILHEM-LE-DESERT – 34 Hérault – 339 G6 – 245 h. – alt. 89 m – ⌧ 34150

23 **C2**

> **▷** Paris 726 – Montpellier 41 – Lodève 31 – Millau 90
> **☑** Office de tourisme, 2, rue de la Font du Portal *℘* 04 67 57 44 33

🏠 **Le Guilhaume d'Orange** 🛎 & ch, ⓚ ch, ℂ *VISA* ⓦ
*2 av. Guillaume d'Orange – ℘ 04 67 57 24 53 – contact@guilhaumedorange.com
– Fax 04 67 60 38 56 – Fermé 22-28 déc. et merc. (sauf rest. le midi) d'oct. à avril*
10 ch – †66 € ††86 €, ⌧ 7 € – ½ P 56/71 € – **Rest** – Menu 19/27 €
♦ Les propriétaires ont restauré cette vieille bâtisse en respectant son cachet d'origine. Jolies chambres sobrement décorées à l'ancienne et dotées du confort moderne. La conviviale salle à manger se double en été d'une agréable terrasse panoramique. Cuisine simple et familiale.

ST-GUIRAUD – 34 Hérault – 339 F6 – rattaché à Clermont-l'Hérault

---

ST-HAON – 43 Haute-Loire – 331 E4 – 370 h. – alt. 1 000 m – ⌧ 43340
📗 Auvergne

6 **C3**

> **▷** Paris 559 – Langogne 25 – Mende 68 – Le Puy-en-Velay 29

✗ **Auberge de la Vallée** avec ch 🏡 ⪜ 🛎 *VISA* ⓦ
*– ℘ 04 71 08 20 73 – aubergevallee43@wanadoo.fr – Fax 04 71 08 29 21
– Fermé 1ᵉʳ janv.-20 mars, dim. soir et lundi d'oct. à avril*
10 ch – †36/39 € ††41/47 €, ⌧ 8 € – ½ P 45 € – **Rest** – Menu 17/37 € – Carte 22/44 €
♦ Auberge familiale modeste établie dans un village d'altitude. Grande salle aux tables simplement dressées pour des repas traditionnels connotés terroir. Chambres proprettes.

ST-HAON-LE-VIEUX – 42 Loire – 327 C3 – rattaché à Renaison

ST-HERBLAIN – 44 Loire-Atlantique – 316 G4 – rattaché à Nantes

---

ST-HILAIRE-DE-BRETHMAS – 30 Gard – 339 J4 – rattaché à Alès

ST-HILAIRE-DES-LOGES – 85 Vendée – 316 L9 – 1 840 h. – alt. 48 m – ⌧ 85240

35 **C3**

> **▷** Paris 444 – Nantes 130 – La Roche-sur-Yon 77 – Niort 34 – Bressuire 53

✗ **Le Pantagruelion** *VISA* ⓦ
*9 r. Octroi – ℘ 02 51 00 59 19 – lepantagruelion@wanadoo.fr
– Fax 02 51 51 29 55 – Fermé 2-9 janv., sam. midi, dim. soir et merc.*
Rest – Menu 21/35 € – Carte 34/49 €
♦ Plafond poutré, murs en pierre et sol en jonc tressé : un cadre rustique agréable pour déguster une appétissante cuisine traditionnelle valorisant les producteurs régionaux.

ST-HILAIRE-D'OZILHAN – 30 Gard – 339 M5 – rattaché à Remoulins

---

ST-HILAIRE-DU-HARCOUËT – 50 Manche – 303 F8 – 4 368 h. – alt. 70 m – ⌧ 50600 📗 Normandie Cotentin

32 **A3**

> **▷** Paris 339 – Alençon 100 – Avranches 27 – Caen 102 – Fougères 29 – Laval 66 – St-Lô 69
> **☑** Office de tourisme, place du Bassin *℘* 02 33 79 38 88, Fax 02 33 79 38 89
> 🖼 Centre d'Art Sacré★.

🏠 **Le Cygne et Résidence** 🚗 🛎 ⛶ ▐ & ch, ⇆ ⌾ rest, ℂ
rte de Fougères – ℘ 02 33 49 11 84 – contact@ ▐ ⌾ *VISA* ⓦ ⒶⒺ
hotel-le-cygne.fr – Fax 02 33 49 53 70 – Fermé vend. soir et dim. soir d'oct. à Pâques
30 ch – †46/53 € ††58/70 €, ⌧ 8 € – ½ P 59/78 € – **Rest** – Menu 17/75 € bc – Carte 35/58 €
♦ Hébergement familial partagé entre une plaisante résidence bourgeoise et une construction récente. Chambres sobrement agencées, plus calmes sur l'arrière. À table, produits de la mer, recettes normandes et belle carte des vins. Terrasse côté jardin.

> voyage

La télé comme point de départ

**Partagez les secrets
des plus beaux hôtels**

HÔTELS DE CHARME
Tous les mardis à 20h50

**Découvrez tous les petits
secrets du monde urbain**

GIRLS IN THE CITY
Tous les mercredis à 20h50

**Visitez les grandes villes
de l'intérieur**

BIG CITY LIFE
Tous les dimanches à 20h50

... ALLEZ JUSQU'AU BOUT DE VOS RÊVES

Allez plus loin sur www.voyage.fr   Sur le mobile, le câble et **CANALSAT** NOUVEAU

Un évenement à fêter ?
Un cadeau à faire ?

Offrez un repas gastronomique pour deux avec le coffret cadeau Bonnes Petites Tables 🐷 du Guide Michelin

Cuisine du terroir? Exotique? Traditionnelle ou branchée?

Le coffret cadeau Bonnes Petites Tables est idéal pour offrir un repas complet pour deux personnes dans l'un des 70 restaurants "Bib Gourmand" du Guide Michelin France.

Un cadeau pour toute commande de coffret cadeau avec le code GM00108 sur : www.cartesetguides.michelin.fr

ST-HILAIRE-LE-CHÂTEAU – 23 Creuse – 325 I5 – 276 h. – alt. 453 m – ⊠ 23250

▶ Paris 385 – Guéret 27 – Le Palais-sur-Vienne 56 – Limoges 64   25 **C1**

à l'Est 3 km par D 941 (rte Aubenas), D10 et rte secondaire ⊠ 23250
St-Hilaire-le-Château

⌂   **Château de la Chassagne** ⑤   🔔 📞 **P**
La Chassagne – ℰ *05 55 64 55 75 – m.fanton @ tiscali.fr – Fax 05 55 64 55 75*
4 ch ⌷ – ♦95/120 € ♦♦95/120 € – **Table d'hôte** – Menu 30 € bc
♦ Beau château des 15ᵉ et 17ᵉ s. dans un parc où paissent des chevaux. Un escalier à vis dessert des chambres raffinées, dont une offre à la vue une superbe charpente. Table d'hôte.

ST-HILAIRE-ST-FLORENT – 49 Maine-et-Loire – 317 I5 – rattaché à Saumur

---

ST-HIPPOLYTE – 25 Doubs – 321 K3 – 1 045 h. – alt. 380 m – ⊠ 25190
🔲 Franche-Comté Jura   17 **C2**

▶ Paris 490 – Basel 93 – Belfort 48 – Besançon 89 – Montbéliard 32
  – Pontarlier 71

🖪 Office de tourisme, place de l'Hôtel de Ville ℰ 03 81 96 58 00

◎ Site★ - Vallée du Dessoubre★ S.

⌂   **Le Bellevue**   🔔 ↔ 📞 🔥 **P** 🍴 **VISA** **MO**
rte de Maîche – ℰ *03 81 96 51 53 – hotel.bellevue @ free.fr – Fax 03 81 96 52 40*
– Fermé 2-16 janv., dim. soir et vend. soir de sept. à avril
16 ch – ♦53/55 € ♦♦55/62 €, ⌷ 10 € – ½ P 58/60 € – **Rest** – *(fermé lundi midi)*
Menu 25/42 € – Carte 35/65 €
♦ Hostellerie ancienne au bord du Dessoubre. Chambres rénovées par étapes, les plus récentes sont celles aménagées sous les toits. Selon la saison, poisson de rivière ou gibier à déguster dans une charmante salle à manger ou sur une terrasse panoramique.

ST-HIPPOLYTE – 68 Haut-Rhin – 315 I7 – 1 060 h. – alt. 234 m – ⊠ 68590
🔲 Alsace Lorraine   2 **C1**

▶ Paris 439 – Colmar 21 – Ribeauvillé 8 – St-Dié 42 – Sélestat 10 – Villé 18

🖫 Château du Haut-Koenigsbourg★★ : ❅★★ NO : 8 km.

⌂   **Le Parc** ⑤   🔔 🔲 🛏 🖩 & ch, **AC** rest, ↔ 📞 🔥 **P** **VISA** **MO** **AE** **①**
🙂   *6 r. du Parc* – ℰ *03 89 73 00 06 – hotel-le-parc @ wanadoo.fr – Fax 03 89 73 04 30*
– Fermé 30 juin-10 juil. et 11 janv.-5 fév.
26 ch – ♦75/85 € ♦♦85/145 €, ⌷ 12 € – 5 suites – ½ P 86/120 €
Rest – *(fermé dim. soir, lundi et mardi)* Menu (36 €), 45/70 €
Rest *Winstub Rabseppi-Stebel* – *(fermé lundi midi et mardi midi)* Menu 20/27 €
– Carte 29/43 €
♦ Profusion de couleurs, à l'intérieur comme à l'extérieur, dans cet hôtel situé face à un parc. Chambres raffinées, progressivement rénovées, et bons équipements de loisirs. Cuisine dans l'air du temps au restaurant. Spécialités et vins du cru à la Winstub.

⌂   **Hostellerie Munsch Aux Ducs de Lorraine**   ◁ 🔔 🖩 & ch,
        – ℰ *03 89 73 00 09 – hotel.munsch @*   **AC** rest, 📞 🔥 **P** **VISA** **MO**
😊   *wanadoo.fr – Fax 03 89 73 05 46 – Fermé 15-30 nov. et mi-janv. à mi-fév.*
40 ch – ♦52/70 € ♦♦79/180 €, ⌷ 11,50 € – ½ P 82/102 €
Rest – *(fermé 29 juin-10 juil., 15-30 nov., mi-janv. à mi-fév., mardi soir et merc.)*
Menu 16 € (déj. en sem.), 23/55 € – Carte 23/56 €
♦ Dans cette imposante auberge d'allure régionale, les chambres personnalisées (parfois avec balcon) donnent sur le château du Haut-Koenigsbourg ou sur les vignes. Boiseries sculptées, terrasse fleurie, plats traditionnels et carte de vins régionaux au restaurant.

ST-HUBERT – 57 Moselle – 307 I3 – 197 h. – alt. 220 m – ⊠ 57640   27 **C1**

▶ Paris 336 – Luxembourg 63 – Metz 21 – Saarbrücken 69

⌂   **La Ferme de Godchure** sans rest ⑤   🚗 ↔ 🍴 📞 **P**
r. Principale – ℰ *03 87 77 03 96 – godchure @ wanadoo.fr*
4 ch ⌷ – ♦70/90 € ♦♦70/90 €
♦ Aux portes d'un village agreste, ex-ferme cistercienne dont la grange a été convertie en maison d'hôte de charme. Chambres personnalisées, bon accueil et service aux petits soins.

1633

ST-ISIDORE – 06 Alpes-Maritimes – 341 E5 – **rattaché à Nice**

ST-JACQUES-DES-BLATS – 15 Cantal – 330 E4 – 325 h. – alt. 990 m –
⊠ 15800   5 **B3**

▶ Paris 536 – Aurillac 32 – Brioude 76 – Issoire 91 – St-Flour 39

🏠 **L'Escoundillou** ⊗   ⇐ 🐟 & ch, **P.** *VISA* **◑**
rte de la gare – 𝒞 04 71 47 06 42 – hotel.escoundillou @ cantal.com
– Fax 04 71 47 00 97 – Fermé 17 nov.-25 déc., vend. soir et sam. du 10 oct. au
17 nov.
12 ch – ♦41/44 € ♦♦41/58 €, ⊇ 7 € – ½ P 44/47 € – **Rest** – Menu 13,50/22 €
♦ Au bord d'une pittoresque route de campagne, petite cachette ("escoundillou" en
patois) idéale pour ceux qui aiment la verdure. Chambres fraîches et nettes. Cuisine
cantalienne servie dans une salle claire et sobre.

🏠 **Le Brunet** ⊗   ⇐ 🐟 🌣 ⅏ ⅍ rest, **P.** *VISA* **◑**
– 𝒞 04 71 47 05 86 – hotel.brunet @ wanadoo.fr – Fax 04 71 47 04 27
– Fermé 1ᵉʳ oct.-20 déc.
15 ch – ♦47 € ♦♦47 €, ⊇ 7 € – ½ P 44/48 € – **Rest** – Menu 16/28 € – Carte
20/25 €
♦ En contrebas du village, bâtiments récents construits dans le style du pays. Chambres
bien agencées, souvent dotées de balcons tournés vers la vallée de la Cère. Spécialités
auvergnates servies dans un cadre sobre ou sur la terrasse d'été dressée face au pré.

🏠 **Le Griou**   ⇐ 🐟 🌣 ⅏ 🛁 **P.** *VISA* **◑** **AE**
– 𝒞 04 71 47 06 25 – hotel.griou @ wanadoo.fr – Fax 04 71 47 00 16 – Fermé
15 oct.-20 déc.
16 ch – ♦43/53 € ♦♦43/53 €, ⊇ 7 € – ½ P 44/48 € – **Rest** – Menu 15/30 €
– Carte 23/29 €
♦ Entouré par les monts du Cantal, cette pension de famille dispose d'un agréable jardin
sur l'arrière, surplombant la rivière. Chambres sobres. Cuisine régionale (pountis, potées
auvergnates) servie dans un cadre d'esprit rustique avec vue sur la campagne.

ST-JAMES – 50 Manche – 303 E8 – 2 917 h. – alt. 100 m – ⊠ 50240
▌ Normandie Cotentin   32 **A3**

▶ Paris 357 – Avranches 21 – Fougères 29 – Rennes 69 – St-Lô 78 – St-Malo 61
🅘 Office de tourisme, 21, rue de la Libération 𝒞 02 33 89 62 12
◉ Cimetière américain.

🏠 **Normandie**   🐟 *VISA* **◑** **AE**
2 pl. Bagot – 𝒞 02 33 48 31 45 – Fax 02 33 48 31 37 – Fermé 20 déc.-5 janv. et dim.
soir sauf fériés
10 ch – ♦45/50 € ♦♦45/50 €, ⊇ 6,50 € – ½ P 49/53 € – **Rest** – Menu (9 €),
12,50 € (déj. en sem.), 16/24 € – Carte 20/38 €
♦ Auberge de village située aux confins de la Bretagne et de la Normandie. Les chambres,
sobrement meublées, sont plus grandes au 1ᵉʳ étage. Restaurant au cadre rustique dont la
carte privilégie les fruits de mer. À midi, plats du jour servis au bar animé.

ST-JEAN – 06 Alpes-Maritimes – 341 C6 – **rattaché à Pégomas**

ST-JEAN-AUX-AMOGNES – 58 Nièvre – 319 D9 – 466 h. – alt. 230 m –
⊠ 58270   7 **B2**

▶ Paris 252 – Bourges 81 – Château-Chinon 51 – Clamecy 61 – Nevers 16

❌❌ **Le Relais de Bourgogne**   🐟 🌣 ⇔ *VISA* **◑**
– 𝒞 03 86 58 61 44 – Fax 03 86 58 61 44 – Fermé 1ᵉʳ-15 janv., dim. soir et merc. sauf
fériés
Rest – Menu 22/40 € – Carte 33/46 €
♦ Derrière la façade rénovée de cette maison de village, chaleureux intérieur campagnard
et véranda ouverte sur un sympathique jardin-terrasse. Plats traditionnels.

ST-JEAN-AUX-BOIS – 60 Oise – 305 I4 – **rattaché à Pierrefonds**

▶ Paris 935 – Menton 25 – Nice 8 ;

🖪 Office de tourisme, 59, avenue Denis Semeria ℰ 04 93 76 08 90, Fax 04 93 76 16 67

◉ Site de la Villa Ephrussi-de-Rothschild★★ **M** : musée Île de France★★, jardins★★ - Phare ❅★★ - Pointe de St-Hospice : ≼★ de la chapelle, sentier★ - Promenade Maurice-Rouvier★.

ST-JEAN-CAP-FERRAT

Les flèches noires indiquent les sens uniques supplémentaires l'été

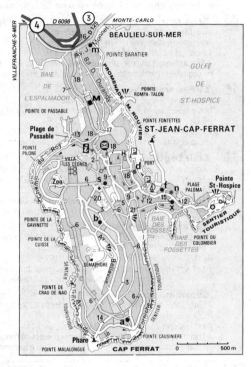

🏨🏨🏨🏨 **Grand Hôtel du Cap Ferrat** ⚲ ≼mer, 🌳 🍴 🗾 ✂ 🎐 ⛶ AC ↯ ✂ ch,
❄️ 71 bd Gén.de Gaulle, au Cap-Ferrat – ℰ 04 93 76 50 50 – 📞 ♨ **P** VISA 🅜🅞 AE ①
– reserv @ grand-hotel-cap-ferrat.com – Fax 04 93 76 04 52 – Ouvert 1er mai-30 sept.
44 ch – ⁜550/1550 € ⁜⁜550/1550 €, ⌑ 45 € – 9 suites   **a**
Rest – Menu 135 € – Carte 136/191 €
Rest Club Dauphin – rest. de piscine – ℰ 04 93 76 50 21 (déj. seult) Carte 80/116 €
Spéc. Risotto carnaroli de langoustines au parmesan reggiano. Saint-Pierre rôti à l'arête, artichaut et citron confit. Croustillant de fraises et rhubarbe à la réglisse.
♦ Vous traverserez le superbe parc en funiculaire privé – et climatisé ! – pour rejoindre le bassin à débordement de ce luxueux palace (1908) dominant la Méditerranée. Restaurant raffiné, sublime terrasse et cuisine classique. Repas face à la piscine au Club Dauphin.

🏨🏨🏨 **Royal Riviera** ≼ 🚲 🍴 🗾 🐠 ⌘ 🎐 ⛶ ch, AC ✂ 📞 ♨
3 av. J. Monnet – ℰ 04 93 76 31 00 – resa @   **P** VISA 🅜🅞 AE ①
royal-riviera.com – Fax 04 93 01 23 07 – Fermé 25 nov.-13 janv.   **m**
94 ch – ⁜240/1350 € ⁜⁜240/1350 €, ⌑ 35 € – 2 suites – ½ P 291/1401 €
Rest Le Panorama – (dîner seult en juil.-août) Menu 51 € – Carte 73/120 €
Rest La Pergola – rest. de piscine – (ouvert Pâques-15 oct.) (déj. seult) Carte 47/77 €
♦ Palace bâti en 1904 et son beau jardin au bord de l'eau. Chambres raffinées, tournées pour la plupart vers le large (décor provençal contemporain à l'Orangerie). Élégantes salles à manger feutrées au Panorama. Buffets et grillades à la Pergola (brunch le dimanche).

Voile d'Or ⟨ ≤ port et golfe,
au port – ℰ 04 93 01 13 13 – *reservation @*
lavoiledor.fr – *Fax 04 93 76 11 17 – Ouvert de début avril à début oct.* **f**
45 ch – †169/785 € ††236/889 €, ⌧ 32 € – **Rest** – *(dîner seult en juil.-août)*
Menu 48 € bc (déj. en sem.), 68/95 € – Carte 96/142 € 🕮
  ♦ Idéalement situé face au port de plaisance, avec piscines en bord de mer et décor soigné :
l'hôtel, ancré sur un rocher, est la promesse d'un agréable séjour. Salle à manger panoramique, belle terrasse d'été et table classique. Petite restauration sur la plage.

Brise Marine sans rest ⟨ ≤ Cap et golfe,
av. J. Mermoz – ℰ 04 93 76 04 36 – *info @*
hotel-brisemarine.com – *Fax 04 93 76 11 49 – Ouvert de fév. à oct.* **x**
16 ch – †145/172 € ††145/172 €, ⌧ 13 €
  ♦ En surplomb d'une rue calme, jolie villa de style italien (1878) recevant ses clients dans
de coquettes chambres. La terrasse des petits-déjeuners domine le jardin en espaliers.

Le Panoramic sans rest ⟨ ≤ Cap et golfe,
3 av. Albert 1ᵉʳ – ℰ 04 93 76 00 37 – *info @*
hotel-lepanoramic.com – *Fax 04 93 76 15 78 – Fermé 15 nov.-25 déc.* **s**
20 ch – †140/170 € ††140/170 €, ⌧ 12 €
  ♦ Enseigne-vérité pour cet hôtel familial des années 1950 : vue exceptionnelle sur le golfe,
le Cap et la ville. Chambres un peu désuètes, mais bien tenues et pourvues de balcons.

Clair Logis sans rest
12 av. Centrale – ℰ 04 93 76 51 81 – *hotelclairlogis @ orange.fr*
– *Fax 04 93 76 51 82 – Fermé 10 nov.-20 déc. et 10 janv.-6 mars* **b**
18 ch – †80 € ††170 €, ⌧ 12 €
  ♦ Le général de Gaulle fut l'un des célèbres hôtes de cette villa provençale nichée dans un
agréable parc. Chambres de caractère ou confort plus modeste à l'annexe.

La Table du Cap ≤ 🕮
2 av. Denis-Séméria – ℰ 04 93 76 03 97 – *latableducap @ laurentpoulet.com*
– *Fax 04 93 76 05 39 – fermé nov., lundi et mardi* **d**
Rest – Menu (37 €), 56/80 € – Carte 70/102 €
  ♦ Cet agréable restaurant profite d'une terrasse ombragée et d'expositions de sculptures
et tableaux contemporains. Cuisine provençale actualisée et inventive.

Capitaine Cook 🕮
11 av. J. Mermoz – ℰ 04 93 76 02 66 – *Fax 04 93 76 02 66 – Fermé 3 nov.-26 déc.,*
jeudi midi et merc. **n**
Rest – Menu 26/31 € – Carte 33/54 €
  ♦ Dans un recoin discret du Cap, restaurant proprret où l'on mange au coude à coude dans
une salle rustique ou sur une petite terrasse. Plats traditionnels aux saveurs iodées.

ST-JEAN D'ALCAS – 12 Aveyron – 338 K7 – ⊠ 12250 ▊ Languedoc Roussillon
  ▶ Paris 677 – Toulouse 170 – Rodez 118 – Millau 35 – Saint-Affrique 14   **29 D2**

Le Moulin de Gauty sans rest ⟨
– ℰ 05 65 97 51 90 – *contact @ moulindegauty.com*
3 ch ⌧ – †65/110 € ††75/120 €
  ♦ En pleine nature, ancien moulin propice au repos et à la détente. Chambres de style
contemporain épuré et beau jardin traversé par une rivière. VTT à disposition et piscine.

ST-JEAN-D'ANGÉLY – 17 Charente-Maritime – 324 G4 – 7 681 h. – alt. 25 m
– ⊠ 17400 ▊ Poitou Vendée Charentes   **38 B2**
  ▶ Paris 444 – La Rochelle 72 – Niort 48 – Royan 69 – Saintes 36
  🛈 Office de tourisme, 8, rue Grosse Horloge ℰ 05 46 32 04 72, Fax 05 46 32 20 80

De la Place ⟨ ch,
pl. Hôtel de Ville – ℰ 05 46 32 69 11 – *infobox @ hoteldelaplace.net*
– *Fax 05 46 32 08 44 – Fermé vacances de la Toussaint et 1ᵉʳ-21 janv.* B **a**
10 ch – †48/54 € ††55/64 €, ⌧ 6,50 € – ½ P 64/70 € – **Rest** – Menu 18/46 €
– Carte 32/49 €
  ♦ Au cœur de la ville et proche du centre historique, établissement familial disposant de
chambres simples et bien insonorisées. Un programme de rénovation est en cours. Cuisine
au goût du jour servie dans une agréable salle de type bistrot.

ST-JEAN-D'ANGÉLY

Abbaye (R. de l') . . . . **A** 2
Aguesseau (R. d') . . . . **A** 3
Bancs (R. des) . . . . **A** 4
Bourcy (R. Pascal) . . . . **B** 6
Cumont (Bd P.-de) . . . . **B** 8
Dubreuil (R. L. A.) . . . . **A** 10
Gambetta (R.) . . . . **A**

Grosse Horloge (R.) . . . . **B** 12
Gymnase (R. du) . . . . **B** 13
Hôtel de Ville (Pl. de l') . . . . . . **B** 14
Jacobins (R. des) . . . . **B** 16
Libération (Square de la) . . . . . **B** 17
Maréchal-Leclerc (Av. du) . . . **B** 19
Maréchaux (R. des) . . . . . . **AB** 20
Porte de Niort (R. de la) . . . . **B** 24
Port Mahon (Av. du) . . . . . . **AB** 25
Regnaud (R.) . . . . **A** 27

Remparts (R. des) . . . . **B** 28
Rose (R.) . . . . **B** 29
Taillebourg (Fg) . . . . **A**
Texier (R. Michel) . . . . **A** 31
Tourneur (R. L.) . . . . **B** 32
Tour Ronde (R.) . . . . **B** 33
Verdun (R. de) . . . . **A** 35
3-Frères-Gautreau (R. des) . . **A** 37
4-Septembre (R. du) . . . . **B** 39
11-Novembre (R. du) . . . . . **AB** 40

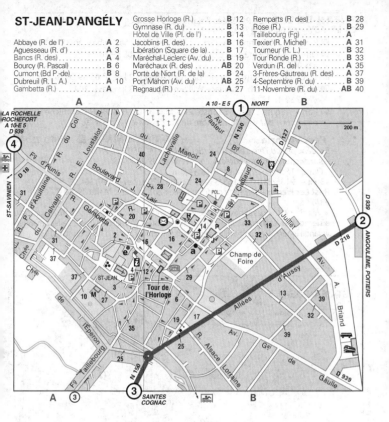

Le Scorlion

🛜 🄰🄲 VISA ⓒⓒ

5 r. Abbaye – ☎ 05 46 32 52 61 – robertcr@hotmail.com – Fax 05 46 59 99 90
– Fermé 14-20 avril, 28 oct.-12 nov., 23 fév.-8 mars, merc. soir d'oct. à mai, dim. soir
et lundi   A **e**
Rest – Menu 17/36 €

♦ Dans les murs de l'ex-abbaye royale, restaurant sympathique et confortable, mariant
avec bonheur l'ancien et le contemporain. Répertoire culinaire au goût du jour.

ST-JEAN-DE-BLAIGNAC – 33 Gironde – 335 K6 – 401 h. – alt. 50 m –
✉ 33420   4 **C1**

🄳 Paris 592 – Bergerac 56 – Bordeaux 40 – Libourne 17 – La Réole 29

Auberge St-Jean

🄰🄲 VISA ⓒⓒ 🄰🄴

– ☎ 05 57 74 95 50 – Fax 05 57 84 51 57 – Fermé 11-25 nov.,
merc. soir et jeudi
Rest – Menu 45/90 € – Carte 65/73 €

♦ Ex-relais de poste tourné vers la Dordogne. Un salon feutré orné de vieux cuivres
donne accès à deux salles de bon goût, dont une terrasse fermée. Repas classique
actualisé.

ST-JEAN-DE-BRAYE – 45 Loiret – 318 I4 – rattaché à Orléans

ST-JEAN-DE-LUZ – 64 Pyrénées-Atlantiques – 342 C4 – 13 247 h. – alt. 3 m
– Casino ABY – ⊠ 64500 ▮ Aquitaine   3 **A3**

▶ Paris 785 – Bayonne 24 – Biarritz 18 – Pau 129 – San Sebastián 31

🛈 Office de tourisme, place du Maréchal Foch ✆ 05 59 26 03 16,
Fax 05 59 26 21 47

🔳 de Chantaco Route d'Ascain, par rte d'Ascain : 2 km, ✆ 05 59 26 14 22 ;

🔳 de la Nivelle à Ciboure Place William Sharp, S : 3 km par D 704,
✆ 05 59 47 18 99.

👁 Port★ – Église St-Jean-Baptiste★★ – Maison Louis-XIV★ **N** – Corniche
basque★★ par ④ – Sémaphore de Socoa ≤★★ 5 km par ④.

🏠 Parc Victoria 🕭   🍸 🍴 ᠊ 🔖 🏧 📞 🛁 🅿 VISA 🆖 AE ①
5 r. Cépé par bd Thiers et rte Quartier du Lac – ✆ 05 59 26 78 78
– parcvictoria@relaischateaux.com – Fax 05 59 26 78 08
– Ouvert 15 mars-14 nov. et 19 déc.-4 janv.
13 ch – ♦135/310 € ♦♦165/350 €, ⊡ 20 € – 5 suites – ½ P 136/227 €
Rest *Les Lierres* – *(fermé le midi sauf week-end et fériés)* Menu 39/80 € – Carte
63/83 €
♦ Villa fin 19ᵉ s. et ses annexes au cœur d'un parc très fleuri (piscine, jacuzzi). Décor cossu
où le mobilier Art déco est omniprésent. Suites dotées d'un jardinet privé. Salles à manger-
véranda logées dans un pavillon verdoyant : ambiance jardin d'hiver ou style 1930.

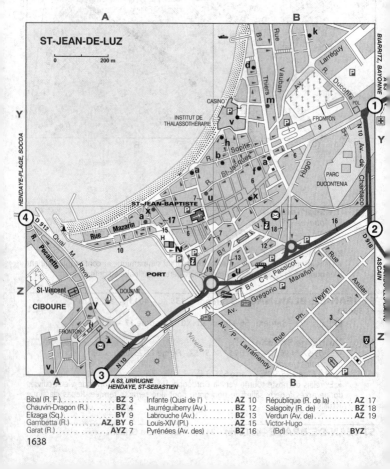

Grand Hôtel ← 🖙 🗋 🕲 ⅃₄ 🖃 ᰡ 📉 ५₄ 📩 🐾 VISA ☯ AE ①

43 bd Thiers – ℰ 05 59 26 35 36 – direction @ luzgrandhotel.fr – Fax 05 59 51 99 84
– Fermé 4-31 janv. BY **d**
45 ch – ♥165/490 € ♥♥165/490 €, ☲ 29 € – 4 suites

Rest *Le Rosewood* – *(fermé lundi, mardi et le midi)* Menu 70/95 € – Carte 78/107 €
Rest *La Rôtisserie* – *(fermé le soir du merc. au dim.)* Menu 50/70 €
Spéc. Gros chipiron au jambon pata negra, comme un rôti. Saveur de langoustines royales (juin à oct.). Découpe de cochon noir du Pays Basque. **Vins** Jurançon, Irouléguy.

♦ Ce "grand hôtel" balnéaire de la Belle Époque séduit par son élégant mobilier, ses équipements actuels et ses chambres raffinées. Spa haut de gamme. Savoureuses recettes tendance servies le soir au Rosewood, dans un décor classique distingué. Rôtisserie à l'heure du déjeuner.

Zazpi Hôtel sans rest 🖃 ᰡ 📉 ℄ 🐾 VISA ☯ AE

21 bd Thiers – ℰ 05 59 26 07 77 – info @ zazpihotel.com – Fax 05 59 26 27 77
6 ch – ♥160/280 € ♥♥160/280 €, ☲ 15 € – 1 suite BY **a**
♦ Hôtel particulier 1900 aux sept ("zazpi" en basque) chambres ultra modernes (équipement design et high-tech). Salon de thé en terrasse intérieure ; solarium sur le toit.

Hélianthal 🖙 🕲 ⅃₄ 🖃 ᰡ ch, 📉 ch, ५₄ ∜ rest, 📩 🐾 VISA ☯ AE ①

pl. M. Ravel – ℰ 05 59 51 51 08 – helianthal @ helianthal.fr – Fax 05 59 51 51 10
– Fermé 24 nov.-22 déc. BY **v**
100 ch – ♥94/178 € ♥♥104/188 €, ☲ 15 € – **Rest** – Menu 40/44 €
♦ Hôtel associé à un beau centre de thalassothérapie (réservé aux résidents). L'esprit des années 1930 imprègne les chambres, toutes conçues à l'identique et fonctionnelles. Restaurant coloré et lumineux, évoquant un paquebot (fresque) ; grande terrasse face au large.

La Devinière sans rest 🚗 ∜ ℄ VISA ☯

5 r. Loquin – ℰ 05 59 26 05 51 – la.deviniere.64 @ wanadoo.fr – Fax 05 59 51 26 38
10 ch – ♥120/165 € ♥♥120/165 €, ☲ 12 € BY **f**
♦ Tableaux, bibelots, photos et livres anciens participent au charme de cette maison basque. Chambres coquettes, avec balcons côté jardinet (très fleuri). Salon de thé rustique.

La Marisa sans rest ⌂ 🖃 ᰡ ५₄ ∜ ℄ 🐾 VISA ☯

16 r. Sopite – ℰ 05 59 26 95 46 – info @ hotel-lamarisa.com – Fax 05 59 51 17 06
– Fermé 4 janv.-6 fév. BY **b**
15 ch – ♥70/99 € ♥♥90/155 €, ☲ 10 €
♦ Accueil chaleureux dans cet hôtel soigné abritant des chambres personnalisées (meubles chinés ou rapportés d'Asie). Délicieux petit-déjeuner face à l'agréable patio fleuri.

De la Plage ← 🖃 ᰡ ch, 📉 ch, ∜ ch, ℄ 🐾 VISA ☯ AE

promenade J. Thibaud – ℰ 05 59 51 03 44 – reservation @ hoteldelaplage.com
– Fax 05 59 51 03 48 – Fermé 9-28 mars, 16 nov.-19 déc. et 31 déc.-12 fév.
22 ch ☲ – ♥98/148 € ♥♥98/148 € – ½ P 72/96 € AY **a**
Rest *Le Brouillarta* – , ℰ 05 59 51 29 51 *(fermé dim. soir et lundi sauf juil.-août)*
Menu 30/52 € – Carte 30/50 €
♦ Comme son nom l'indique, cette grande bâtisse de style régional borde la grande bleue. Cadre actuel et fonctionnel dans les chambres situées en majorité côté mer. Cuisine régionale simple servie dans une ambiance bistrot avec la baie de Saint-Jean-de-Luz pour paysage.

Les Almadies sans rest ५₄ ∜ ℄ VISA ☯ AE

58 r. Gambetta – ℰ 05 59 85 34 48 – hotel.lesalmadies @ wanadoo.fr
– Fax 05 59 26 12 42 – Fermé 12 nov.-5 déc. BY **x**
7 ch – ♥75/105 € ♥♥95/125 €, ☲ 10 €
♦ Décor soigné (mélange d'ancien et de moderne) dans ce charmant petit hôtel bien restauré. Chambres impeccables, salle des petits-déjeuners un peu ethnique, miniterrasse fleurie.

Colbert sans rest 🖃 📉 ५₄ ∜ ℄ VISA ☯ AE ①

3 bd du Cdt Passicot – ℰ 05 59 26 31 99 – contact @ hotelcolbertsaintjeandeluz.com
– Fax 05 59 51 05 61 – Fermé 30 nov.-5 janv. BZ **u**
34 ch – ♥69/125 € ♥♥73/140 €, ☲ 12 €
♦ Face à la gare. La nouvelle décoration de l'hôtel mise sur la sobriété contemporaine, le bois clair et les camaïeux de marrons. Chambres confortables. Petit-déjeuner-buffet.

Villa Bel Air
⇐ 🏥 AC rest, ⅍ rest, 🗘 P VISA ⚫⚫

promenade J. Thibaud – ℰ *05 59 26 04 86 – belairhotel@wanadoo.fr*
– Fax 05 59 26 62 34 – Ouvert 21 mars-16 nov.   BY **h**
21 ch – †75/102 € ††82/160 €, � 8,50 € – ½ P 75/114 €
Rest – *(ouvert 3 juin-27 sept. et fermé dim.)* Menu 23/26 € (dîner) – Carte 24/29 €
♦ Cette grande villa balnéaire basque (1850) cultive un esprit "pension de famille", à la mode d'antan. Petit salon cossu et chambres bien tenues, regardant en majorité la plage. Les baies vitrées de la salle à manger ouvrent sur la promenade maritime.

Les Goëlands ⊗
🖪 ↳ ⅍ rest, 🗘 P VISA ⚫⚫ AE ①

4 av. Etcheverry – ℰ *05 59 26 10 05 – reception@hotel-lesgoelands.com*
– Fax 05 59 51 04 02   BY **k**
35 ch – †50/80 € ††57/125 €, ⊂⊅ 8 € – ½ P 60/95 €
Rest – *(ouvert 20 mars-3 nov.) (résidents seult)* Menu 22 €
♦ L'atmosphère familiale et le calme propre au quartier résidentiel caractérisent ces deux maisons basques (1902) bien rénovées. Mobilier ancien et cadre coquet.

Villa Argi-Eder sans rest ⊗
🖪 P

av. Napoléon III, 3 km par ①, D 810 et rte secondaire – ℰ *05 59 54 81 65*
– villa-argi-eder.@wanadoo.fr – Fax 05 59 51 26 51
4 ch – †50/55 € ††50/55 €, ⊂⊅ 5,50 €
♦ Une adresse conviviale, à deux pas de la plage, loin de la foule. Vastes et paisibles, les chambres de plain-pied ouvrent sur des terrasses privées où il fait bon petit-déjeuner.

✕✕ Le Kaïku
🍴 VISA ⚫⚫

17 r. République – ℰ *05 59 26 13 20 – Fax 05 59 51 07 47 – Fermé 15-30 nov.,*
15-30 janv., mardi et merc. sauf juil. août   AZ **x**
Rest – Menu 20 € (déj. en sem.), 30/50 € – Carte 35/58 €
♦ Installé pour partie en sous-sol dans la plus vieille maison de Saint-Jean-de-Luz (16ᵉ s.), ce restaurant est une institution prisée. Cuisine actuelle et plateaux de fruits de mer.

✕✕ Zoko Moko
🍴 VISA ⚫⚫

6 r. Mazarin – ℰ *05 59 08 01 23 – zokomoko@hotmail.com*
– Fax 05 59 51 01 77 – Fermé 12 nov.-10 déc., le midi sauf week-ends du 10 juil. au
4 sept. et lundi   AZ **a**
Rest – Menu (18 €), 24 € (déj. en sem.), 40/48 € – Carte 44/46 €
♦ Élégant décor contemporain dans une maison du 18ᵉ s. et cuisine méridionale mâtinée d'épices pour ce "coin tranquille" (zoko moko en basque), qui n'en est pas moins très couru.

✕ Petit Grill Basque "Chez Maya"
VISA ⚫⚫ AE ①

2 r. St-Jacques – ℰ *05 59 26 80 76 – Fax 05 59 26 80 76 – Fermé 20 déc.-20 janv.,*
jeudi midi hors saison et merc.   AY **u**
Rest – Menu 20/40 € – Carte 22/43 €
♦ Incontournable, cette auberge authentiquement basque ! Fresques et assiettes de Louis Floutier, cuivres et amusant système de ventilation manuelle. Cuisine régionale immuable.

✕ Olatua
🍴 VISA ⚫⚫ AE

30 bd Thiers – ℰ *05 59 51 05 22 – olatua@wanadoo.fr*
– Fax 05 59 51 32 99   BY **m**
Rest – Menu (29 €), 33 €
♦ Institution locale revisitant le répertoire culinaire basque dans un cadre frais et coloré. Intérieur aux tons jaune et bleu ; terrasse d'été protégée et jardinet couvert.

à Urrugne 4 km par ③ – **7 043 h.** – alt. 34 m – ⊠ 64122
🛈 Office de tourisme, place René Soubelet ℰ 05 59 54 60 80,
Fax 05 59 54 63 49

Château d'Urtubie sans rest
🖪 🐕 ⅃ ⅍ AC ↳ ⅍ P VISA ⚫⚫ AE

– ℰ *05 59 54 31 15 – chateaudurtubie@wanadoo.fr – Fax 05 59 54 62 51 – Ouvert*
d'avril à oct.
10 ch – †75/150 € ††85/160 €, ⊂⊅ 11 €
♦ Sur la route de l'Espagne, château fort du 14ᵉ s. remanié au fil du temps. Aujourd'hui musée et hostellerie, il abrite des chambres de caractère garnies de meubles de style.

✗ **Auberge Chez Maïté** avec ch ⌂ AK rest, ✆ VISA ⬤⬤ AE ①
pl. de la Mairie – ℰ 05 59 26 14 62 – *aubergechezmaite @ orange.fr*
– *Fax 05 59 26 64 20* – *Fermé 10 nov.-14 déc. et 5 janv.-15 fév.*
6 ch – ♦80/110 € ♦♦110/145 €, ⌷ 12 € – 1 suite – ½ P 85/115 € – **Rest** – *(fermé dim. soir et lundi)* Menu 29 € – Carte 43/52 €

♦ Sur la place de la mairie, petite salle de restaurant décorée dans le style basque, où l'on mange au coude à coude une cuisine traditionnelle du Sud-Ouest. Chambres neuves assez spacieuses, aux tons rouge et blanc et d'un équipement complet.

à Ciboure 1 km par ④ – **6 282 h.** – **alt. 3 m** – ✉ 64500

🖪 Office de tourisme, 27, quai Maurice Ravel ℰ 05 59 47 64 56, Fax 05 59 47 64 55
◙ Chapelle N.-D. de Socorri : site★ 5 km par ③.

voir plan de St-Jean-de-Luz

✗✗ **Chez Dominique** ⌂ AK VISA ⬤⬤ AE ①
15 quai M. Ravel – ℰ 05 59 47 29 16 – *Fax 05 59 47 29 16* – *Fermé 15 fév.-15 mars, dim. soir, lundi en hiver et mardi sauf août*   AZ **y**
Rest – Menu 29 € – Carte 46/50 €

♦ Le quai abrite la maison natale de Maurice Ravel (n°27) et cet accueillant restaurant au joli cadre marin éclairé de lamparos. Produits de l'océan et vins régionaux.

✗ **Chez Mattin** AK VISA ⬤⬤ AE
63 r. E. Baignol – ℰ 05 59 47 19 52 – *Fax 05 59 47 05 57* – *Fermé 20 janv.-10 mars, dim. soir hors saison et lundi*   AZ **v**
Rest – Carte 30/41 €

♦ Ambiance très familiale pour ce restaurant rustique aménagé dans une vieille maison de pays. Le choix de poissons dépend de la marée ; plats typiquement locaux.

à Socoa 3 km par ④ – ✉ 64122

⌂ **Iguski-Begui** sans rest ⌂ ≤ 🖼 ↔ ✆
8 chemin d'Atalaya – ℰ 06 63 08 03 93 – *info @ iguski-begui.com*
– *Fax 05 59 47 21 19*
4 ch – ♦65 € ♦♦65 €, ⌷ 7,50 €

♦ Dans cette belle maison avec vue sur la Rhune et la baie de St-Jean-de-Luz, chaque chambre a sa personnalité. Si vous voulez voir le phare de Socoa, optez pour la Sémaphore.

✗✗ **Pantxua** ⌂ VISA ⬤⬤
au port de Socoa – ℰ 05 59 47 13 73 – *Fax 05 59 47 01 54* – *Fermé janv.*
Rest – Carte 25/48 €

♦ La grande salle à manger offre le spectacle de tableaux basques et les véranda et terrasse (très prisée) celui de la baie. Dans l'assiette, les poissons frais ont le beau rôle.

ST-JEAN-DE-MAURIENNE ◉ – **73 Savoie** – **333** L6 – **8 902 h.** – **alt. 556 m** –
✉ 73300 ▯ Alpes du Nord   46 **F2**

🖪 Paris 635 – Albertville 62 – Chambéry 75 – Grenoble 105
🖪 Office de tourisme, place de la Cathédrale ℰ 04 79 83 51 51,
    Fax 04 79 83 42 10
◙ Ciborium★ et stalles★★ de la cathédrale St-Jean-Baptiste.

⌂ **Nord** ▯ ❄ rest, ✆ 🅿 VISA ⬤⬤ AE ①
pl. Champ de Foire – ℰ 04 79 64 02 08 – *info @ hoteldunord.net*
– *Fax 04 79 59 91 31* – *Fermé 12-27 avril, 25 oct.-9 nov., dim. soir sauf juil.-août et lundi midi*
19 ch – ♦45 € ♦♦56 €, ⌷ 8,50 € – ½ P 48 € – **Rest** – Menu 17 € (sem.)/52 €
– Carte 33/56 € ⌂

♦ Ancien relais de poste situé à deux pas de la cathédrale et du musée Opinel. Les chambres, spacieuses, ont toutes été refaites. Repas traditionnels actualisés, servis sous les belles voûtes en pierre de l'ex-écurie. Produits savoyards à l'honneur ; bonne cave.

⌂ **St-Georges** sans rest ▯ ✆ 🅿 VISA ⬤⬤ AE ①
334 r. de la République – ℰ 04 79 64 01 06 – *info @ hotel-saintgeorges.com*
– *Fax 04 79 59 84 84*
22 ch – ♦46/50 € ♦♦60/64 €, ⌷ 9 €

♦ Ce vénérable hôtel (1866) proche du centre a profité d'une rénovation intégrale sous l'impulsion de ses propriétaires. Chambres pratiques, plus calmes à l'arrière.

⌂ **Dorhotel** sans rest   🖼 📞 🍴 **P** **VISA** **◎◎** **AE** **①**

r. L. Sibué – ℰ 04 79 83 23 83 – info@dorhotel.com – Fax 04 79 83 23 00

41 ch – ♦40/47 € ♦♦49 €, � 8 €

♦ À 500 m de la gare, hôtel pratique aux chambres fonctionnelles. Formule buffet pour le petit-déjeuner, servi dans une salle assez vaste et actuelle.

ST-JEAN-DE-MONTS – 85 Vendée – **316** D7 – **6 886 h.** – alt. 16 m – **Casino :**
La Pastourelle – ✉ 85160 ▌ Poitou Vendée Charentes   34 **A3**

▶ Paris 451 – Cholet 123 – Nantes 73 – La Roche-sur-Yon 61 – Les Sables-d'Olonne 47

🚆 Office de tourisme, 67, esplanade de la Mer ℰ 08 26 88 78 87, Fax 02 51 59 87 87

▦ de Saint-Jean-de-Monts Avenue des Pays de la Loire, O : 2 km, ℰ 02 51 58 82 73.

🏨🏨 **Mercure**   🚗 🍴 ⧖ ⚞ 🖼 🍴 ☕ ch, ⤴ 📞 🍴 **P** **VISA** **◎◎** **AE** **①**

16 av. des Pays de Monts – ℰ 02 51 59 15 15 – hotelmercurestjean@wanadoo.fr
– Fax 02 51 59 91 03 – Fermé 3 janv.-1ᵉʳ fév.

44 ch – ♦87/151 € ♦♦94/458 €, ⊃ 14 € – ½ P 85/117 € – **Rest** – (fermé dim. midi
du 5 oct. au 20 déc.) Menu (20 €), 25 € (sem.)/35 € – Carte 32/52 €

♦ Curistes et vacanciers apprécieront la proximité de la plage, du golf et du centre de thalassothérapie. Chambres de bon confort possédant toutes un balcon. Au choix, cuisine traditionnelle ou allégée. La vue sur les pins est comprise dans l'addition !

🏨🏨 **De la Forêt** sans rest   ⧖ 📞 **VISA** **◎◎** **AE**

13 r. Pouvreau – ℰ 02 51 58 00 36 – hotel.foret@gmail.com – Fermé de
début janv. à fin fév.

16 ch – ♦61/99 € ♦♦61/99 €, ⊃ 10 €

♦ Ce paisible hôtel en lisière de forêt sort d'une rénovation complète. Les chambres, réparties dans plusieurs maisons autour d'une minipiscine, sont plaisantes et insonorisées.

🏨🏨 **L'Espadon**   🖼 📞 🍴 **P** **VISA** **◎◎** **AE**

8 av. de la forêt – ℰ 02 51 58 03 18 – info@hotel-espadon.com – Fax 02 51 59 16 11

27 ch – ♦51/75 € ♦♦51/75 €, ⊃ 8 € – ½ P 52/63 € – **Rest** – (fermé mi-nov. à début fév.,
dim. soir, mardi midi et lundi sauf de juin à sept.) Menu 19/39 € – Carte 26/43 €

♦ Sur une large avenue menant à la plage, construction des années 1970 abritant des chambres assez petites mais bien tenues (la plupart avec balcon). Cuisine iodée proposée dans deux salles à manger agréablement lumineuses.

🏨🏨 **Le Robinson**   ⧄ 🖼 ☕ ch, 丞 ⤴ 📞 🍴 ⚞ **VISA** **◎◎** **AE** **①**

⚞   28 bd Gén. Leclerc – ℰ 02 51 59 20 20 – infos@hotel-lerobinson.com
– Fax 02 51 58 88 03 – Fermé déc. et janv.

74 ch – ♦45/69 € ♦♦45/74 €, ⊃ 9 € – ½ P 50/65 € – **Rest** – Menu (12 €), 16 €
(sem.)/44 € – Carte 25/46 €

♦ Les chambres, logées dans plusieurs bâtiments, autour du patio-terrasse, offrent différents niveaux de confort. Belle piscine intérieure et petite salle de musculation. Trois salles à manger accueillent les convives autour de produits de la mer.

⌂ **La Cloche d'Or**   🚗 ⧖ 🍽 rest, 📞 **VISA** **◎◎** **AE**

⚞   26 av. des Tilleuls – ℰ 02 51 58 00 58 – carole-meulle@voila.fr
– Fax 02 51 58 82 85 – Fermé 21 déc.-7 fév.

21 ch – ♦40/75 € ♦♦40/75 €, ⊃ 8 € – ½ P 43/64 € – **Rest** – Menu (9,50 €), 14 €
(sem.)/32 € – Carte 25/41 €

♦ À mi-chemin entre le centre-ville et la plage, cet établissement tranquille est idéalement situé pour partir en balade. Chambres un peu étroites, mais pratiques et bien tenues. Salle à manger sobrement rustique et cuisine traditionnelle.

✕✕ **Le Petit St-Jean**   丞 **P** **VISA** **◎◎**

128 rte Notre-Dame-de-Monts – ℰ 02 51 59 78 50 – Fermé dim. soir et lundi

Rest – Menu 25/29 € – Carte 30/37 €

♦ Pierres, poutres, bibelots, cuivres et meubles anciens composent le sympathique décor de cette auberge où l'on déguste une cuisine traditionnelle influencée par la marée.

✕ **La Quich'Notte**   **P** **VISA** **◎◎** **AE**

200 rte Notre-Dame-de-Monts – ℰ 02 51 58 62 64 – ferdi.quichnotte@hotmail.fr
– Ouvert 21 mars-15 sept. et fermé mardi midi, lundi sauf juil.-août et sam. midi

Rest – Menu 19/35 € – Carte 24/46 €

♦ Cuisine du terroir (spécialités de grenouilles et anguilles) servie dans une chaleureuse bourrine vendéenne datant du 19ᵉ s. La rotonde vitrée est utilisée les jours d'affluence.

à Orouët 7 km au Sud-Est sur D 38 – ⊠ 85160

ⓘ **La Chaumière**   🚗 🏠 🏊 ❄ Ⓚ rest, ☎ 🅿 ⱽᴵˢᴬ 🆎 ᴬᴱ
   103 av. Orouët – ℰ *02 51 58 67 44 – hotelchaumiere@wanadoo.fr*
☎ *– Fax 02 51 58 98 12 – Fermé 12 nov.-3 fév.*
32 ch – ♦47/82 € ♦♦47/82 €, ⌑ 9,50 € – ½ P 93/101 € – **Rest** – *(fermé dim. soir et lundi d'oct. à mars)* Menu (11,50 €), 14,50 € (déj. en sem.), 17/32 € – Carte 18/40 €

◆ Longue bâtisse aux auvents couverts de chaume, appréciable pour son grand jardin et sa piscine découvrable. Chambres assez petites, mais fraîches et bien tenues (quelques balcons). Salles à manger néo-rustiques sous charpente et cuisine traditionnelle.

ST-JEAN-DE-SIXT – 74 Haute-Savoie – **328** L5 – 1 005 h. – alt. 963 m – ⊠ **74450**
⏸ Alpes du Nord   46 **F1**

   ◼ Paris 561 – Annecy 28 – Bonneville 22 – Chamonix-Mont-Blanc 76 – La Clusaz 4 – Genève 48
   🅱 Office de tourisme, ℰ 04 50 02 70 14, Fax 04 50 02 78 78
   ◎ Défilé des Étroits★ NO : 3 km.

ⓘ **Beau Site** ⑧   ≼ 🚗 🏠 🏊 ⬛ ↩ ❄ rest, 🅿 🚗 ⱽᴵˢᴬ 🆎
   La Ruaz – ℰ *04 50 02 24 04 – hotelbeausite@hotmail.com – Fax 04 50 02 35 82*
☎ *– Ouvert 10 juin-10 sept. et 22 déc.-2 avril*
15 ch – ♦40/55 € ♦♦55/80 €, ⌑ 7 € – ½ P 43/60 € – **Rest** – Menu (14 €), 16 € (sem.), 18/22 € – Carte 21/26 €

◆ Cet hôtel-pension propose deux styles de chambres : savoyard avec lambris et tissus chaleureux, ou moderne et avant tout fonctionnel. Dans tous les cas, calme assuré. Les baies vitrées du restaurant dévoilent un joli panorama sur le village. Cuisine familiale.

ST-JEAN-DU-BRUEL – 12 Aveyron – **338** M6 – 642 h. – alt. 520 m – ⊠ **12230**
⏸ Languedoc Roussillon   29 **D2**

   ◼ Paris 676 – Lodève 43 – Millau 40 – Montpellier 97 – Rodez 108 – Le Vigan 36
   🅱 Office de tourisme, 32, Grand'Rue ℰ 05 65 62 23 64, Fax 05 65 62 12 82
   Ⓖ Gorges de la Dourbie★★ NE : 10 km.

ⓘ **Du Midi-Papillon**   🚗 🅿 🚗 ⱽᴵˢᴬ 🆎
   – ℰ *05 65 62 26 04 – Fax 05 65 62 12 97 – Ouvert 22 mars-11 nov.*
☎ **18 ch** – ♦35/62 € ♦♦35/62 €, ⌑ 5,50 € – ½ P 40/55 €
   Rest – Menu 14 € (sem.), 22/39 € – Carte 21/42 €

◆ Au bord de la Dourbie, maison ancienne romantique et douillette, alliant le charme du bien recevoir au confort de chambres joliment personnalisées. Pour les papilles, savoureuse cuisine du terroir ; pour l'œil, belle vue sur la rivière et le pont médiéval.

ST-JEAN-EN-ROYANS – 26 Drôme – **332** E3 – 2 895 h. – alt. 250 m – ⊠ **26190**
⏸ Alpes du Nord   43 **E2**

   ◼ Paris 584 – Die 62 – Romans-sur-Isère 28 – Grenoble 71 – St-Marcellin 20 – Valence 44
   🅱 Office de tourisme, 13, place de l'Église ℰ 04 75 48 61 39, Fax 04 75 47 54 44

au col de la Machine 11 km au Sud-Est par D 76 – alt. 1 011 m – ⊠ 26190
   ◎ Combe Laval★★★.

ⓘ **Du Col de la Machine** ⑧   ≼ 🚗 🏠 🏊 ⬛ rest, ↩ ❄ rest, 🔧
   – ℰ *04 75 48 26 36 – Jfaravello@aol.com*   🅿 🚗 ⱽᴵˢᴬ 🆎 ᴬᴱ
☎ *– Fax 04 75 48 29 12 – Fermé 9-21 mars, 23 nov.-26 déc., mardi soir et merc. sauf juil.-août et vacances scolaires*
12 ch – ♦49/53 € ♦♦55/58 €, ⌑ 9 € – ½ P 59/62 € – **Rest** – *(fermé merc. midi en juil.-août)* Menu 18/42 € – Carte 20/49 €

◆ Bâtisse tenue en famille depuis 1848 au début de l'héroïque parcours de Combe Laval. Chambres en majorité rénovées (décor montagnard). Jardin en lisière de forêt. Salle de restaurant d'esprit chalet. Accueil et service soignés.

ST-JEAN-LE-THOMAS – 50 Manche – 303 C7 – 395 h. – alt. 20 m – ⊠ 50530

🖪 Paris 350 – Avranches 16 – Granville 18 – St-Lô 71 – St-Malo 82
– Villedieu-les-Poêles 37

32 **A2**

🖪 Syndicat d'initiative, 21, place Pierre le Jaudet ℰ 02 33 70 90 71,
Fax 02 33 70 90 71

🏠

⊗

Des Bains   🚲 ♨ ↳ 🅿 VISA ⚫ AE ①

– ℰ 02 33 48 84 20 – hdbains@orange.fr – Fax 02 33 48 66 42 – Ouvert
21 mars-2 nov. et fermé merc. en oct.

30 ch – ♦47/75 € ♦♦54/75 €, ⌷ 7,50 € – ½ P 54/65 € – **Rest** – *(fermé lundi midi,
merc. midi et jeudi midi sauf en août et merc. en oct.)* Menu (12 €), 18/35 € – Carte
22/44 €

♦ Depuis 1912, la même famille vous accueille dans cet ensemble de maisons villageoises.
Chambres à la mode d'antan. Piscine entourée d'un jardin. Grande salle à manger rustique
et soignée, dotée d'un joli comptoir. Cuisine "mer et bocage".

ST-JEAN-PIED-DE-PORT – 64 Pyrénées-Atlantiques – 342 E6 – 1 417 h.
– alt. 159 m – ⊠ 64220 ▯ Pays Basque

3 **B3**

🖪 Paris 817 – Bayonne 54 – Biarritz 55 – Pau 106 – San Sebastián 96

🖪 Office de tourisme, 14, place Charles-de-Gaulle ℰ 05 59 37 03 57,
Fax 05 59 37 34 91

◉ Trajet des pèlerins ★ de St-Jacques.

🏠

❀❀❀

Les Pyrénées (Philippe et Firmin Arrambide)   🔟 🛗 AC 🕱 📞 🕏

pl. Ch. de Gaulle – ℰ 05 59 37 01 01   ☁ VISA ⚫ AE ①

– pyrenees@relaischateaux.com – Fax 05 59 37 18 97
– Fermé 20 nov.-22 déc., 5-28 janv., lundi soir de nov. à mars
et mardi du 20 sept. au 30 juin sauf fériés

16 ch – ♦100/110 € ♦♦170/200 €, ⌷ 16 € – 4 suites – ½ P 140/210 €   **a**

Rest – *(prévenir en saison et le week-end)* Menu 42/88 € – Carte 58/108 €

Spéc. Assiette de langoustines "en quatre façons". Saumon frais de l'Adour grillé
béarnaise (mars à juil.). Lasagne au foie gras et aux truffes. **Vins** Jurançon sec,
Irouléguy.

♦ Ancien relais de diligences abritant de vastes chambres raffinées (belles salles de bains)
et profitant d'une piscine entourée d'une végétation luxuriante. Séduisante cuisine basque réalisée à quatre mains (père et fils), servie dans la salle contemporaine ou la véranda.

ST-JEAN-PIED-DE-PORT

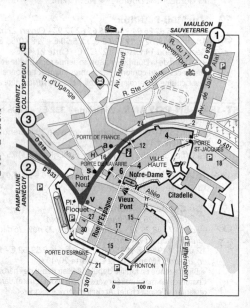

🏠 **Central** 🛜 ⅀ ch, VISA ⓶ AE ①
pl. Ch. de Gaulle – ℰ 05 59 37 00 22 – Fax 05 59 37 27 79 – Ouvert 11 mars-30 nov.
et fermé mardi de mars à juin   s
12 ch – †56/72 € ††60/75 €, ⅀ 8 € – ½ P 58/68 € – **Rest** – Menu 20/45 €
– Carte 30/58 €
♦ Enseigne-vérité pour cet hôtel situé à deux pas de la citadelle. Escalier bicentenaire en
bois ciré desservant de grandes chambres ancrées dans la tradition. Plats régionaux servis
dans la salle à manger-véranda ou sur la miniterrasse au bord de la Nive.

XX **Etche Ona** 🛜 VISA ⓶
15 pl. Floquet – ℰ 05 59 37 01 14 – Fax 05 59 37 35 69 – Fermé 14 nov.-4 déc.,
18 fév.-5 mars, merc. soir et jeudi   v
Rest – Menu 29 €
♦ À l'entrée de la vieille ville, restaurant familial repris en main par la nouvelle génération.
Décor rustique et tables soignées, petite terrasse, plats régionaux à l'ardoise.

à Estérençuby 8 km au Sud par D 301 – 382 h. – alt. 229 m – ⌧ 64220

🏠 **Artzain Etchea** ⌖ ⟨ 🛜 ⌰ ⇞ P VISA ⓶
rte d'Iraty, 1km – ℰ 05 59 37 11 55 – info@artzain-etchea.fr – Fax 05 59 37 20 16
– Ouvert 2 mars-19 nov. et fermé mardi et merc. sauf en saison
11 ch – †50 € ††50 €, ⅀ 6,50 € – ½ P 47 € – **Rest** – Menu 25/29 €
♦ Cette grande bâtisse blanche postée à flanc de montagne domine la Nive. Chambres
sobres et bien tenues, parfois dotées de balcons. Forfaits pêche et chasse. Salle à manger
agrémentée d'une charpente apparente et de photos pastorales. Cuisine du Pays basque.

🏠 **Les Sources de la Nive** ⌖ ⟨ ⌰ ⇞ P VISA ⓶
à Béherobie – ℰ 05 59 37 10 57 – source.nive@wanadoo.fr – Fax 05 59 37 39 06
⌾ – Fermé janv. et mardi hors saison
26 ch – †45 € ††45 €, ⅀ 8 € – ½ P 44 € – **Rest** – Menu 14/30 € – Carte 18/46 €
♦ Ce petit établissement isolé sur les bords de la Nive séduira les amoureux de nature et de
calme. Chambres progressivement rénovées, simples et bien tenues. Salle à manger au
décor basque et véranda tournée vers la rivière pour déguster des plats régionaux.

à Aincille 7 km par ① et D 18 – 103 h. – alt. 253 m – ⌧ 64220

X **Pecoïtz** avec ch ⌖ ⟨ ⌰ ⌱ rest, P VISA
rte d'Iraty – ℰ 05 59 37 11 88 – pecoitz@wanadoo.fr – Fax 05 59 37 35 42
– Ouvert 1er avril- 1er janv. et fermé merc. soir et jeudi sauf vacances scolaires
14 ch – †45/48 € ††45/48 €, ⅀ 5 € – ½ P 45 € – **Rest** – Menu 15 € (sem.),
23/35 € – Carte 26/35 €
♦ Dans ce restaurant coloré – une salle profite de la vue sur la campagne –, on mange au
coude à coude une cuisine familiale, copieuse et régionale. Chambres simples d'appoint.

ST-JEAN-ST-MAURICE-SUR-LOIRE – 42 Loire – 327 D4 – ⌧ 42155
▌ Lyon et la Vallée du Rhône   44 **A1**
🗗 Paris 406 – Lyon 95 – Roanne 15 – Vichy 79

⌂ **L'Échauguette** ⌖ 🛜 ⇞ ⅀
– ℰ 04 77 63 15 89 – contact@echauguette-alex.com
4 ch ⅀ – †57/67 € ††67/77 € – **Table d'hôte** – Menu 27 € bc
♦ Ces trois maisonnettes ouvrent sur les eaux paisibles du lac de Villerest. Les chambres,
décorées dans des styles différents et toujours avec goût, disposent d'une entrée indépendante. Repas servis en cuisine ou sur la terrasse si le temps le permet.

ST-JEAN-SAVERNE – 67 Bas-Rhin – 315 I4 – rattaché à Saverne

ST-JEAN-SUR-VEYLE – 01 Ain – 328 C3 – 958 h. – alt. 200 m – ⌧ 01290
🗗 Paris 402 – Bourg-en-Bresse 32 – Mâcon 12 – Villefranche-sur-Saône 45   44 **B1**

X **La Petite Auberge** 🛜 ⅃ VISA ⓶
Le bourg – ℰ 03 85 31 53 92 – lapetiteaubergeperonnet@wanadoo.fr – Fermé
1er-15 sept., 31 déc.-19 janv., mardi soir, dim. soir et lundi
Rest – Menu (12 € bc), 22/41 € – Carte 40/50 €
♦ La salle à manger coquette de cette maison à colombages (briquettes rouges, poutres,
tableaux d'artistes locaux) sert de décor à la dégustation de spécialités régionales.

ST-JOACHIM – 44 Loire-Atlantique – 316 C3 – 3 772 h. – alt. 5 m – ⊠ 44720
▐ Bretagne
34 **A2**

▶ Paris 435 – Nantes 61 – Redon 40 – St-Nazaire 14 – Vannes 64

◙ Tour de l'île de Fédrun ★ O : 4,5 km - Promenade en chaland ★★.

XXX **La Mare aux Oiseaux** avec ch ☜   🚗 🛜 ♿ ⇄ 🛏 🕭 **P** _VISA_ ⦿ AE
Ile de Fedrun – ℰ 02 40 88 53 01 – *courriel @ mareauxoiseaux.fr*
– Fax 02 40 91 67 44 – Fermé 6 janv.-13 fév. et lundi midi
10 ch – ♦120/185 € ♦♦120/185 €, ⊡ 16 € – ½ P 168/204 €
Rest – Menu 38/80 € – Carte 74 € ⊛
◆ Au cœur du parc de la Brière, cette chaumière invite à une halte aussi bien ornithologique que gastronomique. Cuisine inventive. Agréables chambres spacieuses et épurées.

ST-JOSSE – 62 Pas-de-Calais – 301 C5 – 1 052 h. – alt. 35 m – ⊠ 62170
▐ Nord Pas-de-Calais Picardie
30 **A2**

▶ Paris 223 – Lille 144 – Arras 94 – Boulogne-sur-Mer 39 – Abbeville 49

X **Le Relais de St Josse**   🛜 ♿ _VISA_ ⦿
17 pl. de l'Eglise – ℰ 03 21 94 61 75 – *pascalou.loumi @ orange.fr*
– Fax 03 21 84 88 72 – Fermé 7 janv.-8 fév., merc. soir et dim. soir hors saison et jeudi sauf fériés
Rest – Menu 28/36 € – Carte 29/45 €
◆ Façade colorée et ancien taxi anglais, cette pimpante auberge attire le regard. Cuisine actuelle soignée, servie dans une avenante salle parquetée et pourvue d'une bibliothèque.

au Moulinel 2 km au Nord-Est par D 145 – ⊠ 62170 St-Josse

XX **Auberge du Moulinel**   **P** _VISA_ ⦿ AE
116 chaussée de l'Avant Pays – ℰ 03 21 94 79 03 – Fax 03 21 09 37 14 – Fermé
5-25 janv., dim. soir, lundi et mardi sauf juil.-août
Rest – Menu 28 € (sem.)/48 € – Carte 62/69 €
◆ Cette auberge, située à l'écart des axes fréquentés, vous invite à découvrir dans l'une de ses trois plaisantes salles une cuisine au goût du jour élaborée selon le marché.

ST-JOUIN-BRUNEVAL – 76 Seine-Maritime – 304 A4 – 1 576 h. – alt. 110 m – ⊠ 76280
33 **C1**

▶ Paris 202 – Fécamp 25 – Le Havre 20 – Rouen 92

XX **Le Belvédère**   ≤ mer, ♿ **P** _VISA_ ⦿ AE ⓪
– ℰ 02 35 20 13 76 – Fermé 5 janv.-5 fév., dim. soir, merc. soir et jeudi
Rest – Menu 21 € (sem.)/40 € – Carte 39/58 €
◆ Tout en savourant plats traditionnels et spécialités de la mer, vous jouirez d'une vue panoramique impressionnante sur les falaises et le grand large. Décor contemporain soigné.

ST-JULIEN-AUX-BOIS – 19 Corrèze – 329 N5 – 501 h. – alt. 594 m – ⊠ 19220
25 **C3**

▶ Paris 524 – Aurillac 53 – Brive-la-Gaillarde 66 – Mauriac 29 – St-Céré 60
– Tulle 50 – Ussel 63

X **Auberge de St-Julien-aux-Bois** avec ch   🚗 🛜 📞 **P** _VISA_ ⦿ AE
⊛ – ℰ 05 55 28 41 94 – *auberge_st_julien @ hotmail.com* – Fax 05 55 28 37 85
– Fermé vacances de fév. et dim. de sept. à juin
6 ch – ♦41 € ♦♦48/55 €, ⊡ 7 € – ½ P 46/50 € – **Rest** – *(fermé dim. soir et merc.*
soir sauf juil.-août, merc. midi) Menu (13 €), 15/46 € – Carte 24/37 €
◆ Maison villageoise à l'âme "verte" : cuisine assez originale et saine, à base de produits bio, desserts à la mode allemande, cadre champêtre. Chambres coquettes et fleuries.

ST-JULIEN-CHAPTEUIL – 43 Haute-Loire – 331 G3 – 1 804 h. – alt. 815 m – ⊠ 43260 ▐ Lyon et la vallée du Rhône
6 **C3**

▶ Paris 559 – Lamastre 52 – Privas 88 – Le Puy-en-Velay 20 – St-Agrève 32
– Yssingeaux 17

🛈 Office de tourisme, place Saint-Robert ℰ 04 71 08 77 70, Fax 04 71 08 42 20

◙ Site ★ - Montagne du Meygal ★ : Grand Testavoyre �֍★★ NE : 14 km puis 30 mn.

XX **Vidal** ⊙   *VISA* **MO** AE
😊 *18 pl. du Marché – ℰ 04 71 08 70 50 – info @ restaurant-vidal.com*
– Fax 04 71 08 40 14 – Fermé 27-30 juin, 1er-4 sept. et 13 janv.-21 fév.
Rest *– (fermé mardi soir hors saison, dim. soir et lundi)* Menu 27/75 € – Carte 50/75 €
Rest *Bistrot de Justin* – bistrot *(fermé dim. et lundi)* *(déj. seult)* Menu (14 € bc),
19 € bc – Carte environ 21 €
♦ Fresques représentant la région, sets en dentelle, meubles en bois blond et portes
anciennes agrémentent le décor de ce restaurant rustique du terroir vellave.

ST-JULIEN-DE-CREMPSE – 24 Dordogne – 329 E6 – rattaché à Bergerac

---

ST-JULIEN-D'EMPARE – 12 Aveyron – 338 E3 – rattaché à Capdenac-Gare

---

SAINT JULIEN DU SAULT – 89 Yonne – 319 C3 – 2 380 h. – alt. 82 m –
✉ 89330
◗ Paris 137 – Dijon 189 – Auxerre 42 – Melun 98 – Troyes 93

XX **Les Bons Enfants**   *VISA* **MO**
4 pl. de la Mairie – ℰ 03 86 91 17 38 – bonsenfants @ orange.fr
– Fax 03 86 91 14 19 – Fermé 18-31 août, dim. soir et mardi
Rest – Menu (28 €), 32/60 €
♦ Au centre du village, une solide maison bourgeoise. Carte gastronomique avec une
cuisine inventive faisant la part belle aux légumes. Option plus traditionnelle au bistrot.

ST-JULIEN-EN-CHAMPSAUR – 05 Hautes-Alpes – 334 E5 – 275 h. – alt.
1 050 m – ✉ 05500   41 **C1**
◗ Paris 658 – Gap 17 – Grenoble 95 – La Mure 55 – Orcières 21

XX **Les Chenets** avec ch   *AK* rest, ⊱ *VISA* **MO** AE
*– ℰ 04 92 50 03 15 – les-chenets @ wanadoo.fr – Fax 04 92 50 73 06 – Fermé avril,
11 nov.-27 déc., dim. soir et merc. hors saison*
18 ch – †25/29 € ††38/43 €, ☲ 6,50 € – ½ P 42/45 € – **Rest** – Menu 20/36 €
– Carte 32/51 €
♦ Au cœur du verdoyant Champsaur, accueillant restaurant dont le décor soigné associe
harmonieusement bois, pierre et verre. Appétissante cuisine traditionnelle. Quelques chambres pour dépanner.

ST-JULIEN-EN-GENEVOIS ⊛ – 74 Haute-Savoie – 328 J4 – 9 140 h.
– alt. 460 m – Casino – ✉ 74160   46 **F1**
◗ Paris 525 – Annecy 35 – Bonneville 36 – Genève 11 – Nantua 56
– Thonon-les-Bains 47
🅸 Office de tourisme, 2, place du Crêt ℰ 04 50 04 71 63, Fax 04 50 04 89 76

à Archamps 5 km à l'Est par A40, sortie 13.1 – 1 235 h. – alt. 535 m – ✉ 74160

🏠 **Porte Sud de Genève**   ⛴ 🈴 🖥 🛁 📶 ⅏ 🔉 💈 🅿
parc d'affaires international, (Site d'Archamps) –   **P** *VISA* **MO** AE ①
ℰ 04 50 31 16 06 – hotel-portesudgva @ site-archamps.com – Fax 04 50 31 29 71
90 ch – †97/196 € ††89/216 €, ☲ 13 € – **Rest** – *(fermé le midi fériés, sam. et
dim.)* Menu (19 €), 24 € – Carte 31/49 €
♦ Hôtel moderne installé au cœur d'une technopole franco-suisse. Les chambres, contemporaines, sont à la fois reposantes et idéalement pensées pour la clientèle d'affaires. Salle
à manger lumineuse, terrasse dressée dans le jardin et recettes traditionnelles.

à Bossey 7 km à l'Est par D 1206 – 545 h. – alt. 438 m – ✉ 74160

XXX **La Ferme de l'Hospital** (Jean-Jacques Noguier)   🏡 *AK*
😊 *– ℰ 04 50 43 61 43 – jjnoguier @ wanadoo.fr*   **P** *VISA* **MO** AE ①
– Fax 04 50 95 31 53 – Fermé 30 juil.-18 août, vacances de fév., dim. et lundi
Rest – *(prévenir)* Menu 38 € *(déj. en sem.)*, 48/70 € – Carte 64/83 € ⅏
Spéc. Ravioli de caille, morilles et foie gras à l'émulsion des bois. Meunière de féra
du lac, girolles du pays, émulsion au parmesan. Râble de lapereau cuit à basse
température, jus à la sariette. **Vins** Chignin-Bergeron, Mondeuse d'Arbin.
♦ Cette ferme du 17e s. fut propriété de l'hôpital de Genève. Intérieur de caractère et
agréable terrasse. Belle cuisine au goût du jour et vins judicieusement sélectionnés.

rte d'Annecy 9,5 km au Sud par N 201 – ⊠ 74350 Cruseilles

🏨 **Rey** sans rest   🚗 ⌳ ✗ 📶 🛜 📞 **P** **VISA** **⦿** **AE**
au Col du Mont Sion – *𝒞 04 50 44 13 29 – resa@hotelrey.com*
– *Fax 04 50 44 05 48 – Fermé 21 déc.-6 janv.*
29 ch – †56/69 € ††59/76 €, ⧠ 7,50 € – 1 suite
◆ Séparé de la route par un cadre de verdure, l'hôtel abrite des chambres fonctionnelles et gaies, plus calmes sur l'arrière. Petit-déjeuner servi dans la véranda côté jardin.

ST-JULIEN-LE-FAUCON – 14 Calvados – 303 M5 – 582 h. – alt. 40 m –
⊠ 14140   33 **C2**
🄳 Paris 192 – Caen 41 – Falaise 32 – Lisieux 14

✗ **Auberge de la Levrette**   **VISA** **⦿** **AE**
48 r. Lisieux – *𝒞 02 31 63 81 20 – Fax 02 31 63 97 05 – Fermé 16-24 juin,*
22 déc.-13 janv., lundi et mardi sauf fériés
Rest – Menu 27/40 € – Carte 36/57 €
◆ Autrefois important relais de poste, maison à colombages de 1550, typique du Pays d'Auge. Salle à manger égayée d'une cheminée d'époque. Cuisine traditionnelle de saison.

ST-JULIEN-MOLIN-MOLETTE – 42 Loire – 327 G8 – **rattaché à Annonay**

ST-JULIEN-SUR-CHER – 41 Loir-et-Cher – 318 H8 – 663 h. – alt. 110 m –
⊠ 41320   12 **C2**
🄳 Paris 227 – Blois 51 – Bourges 66 – Châteauroux 62 – Vierzon 25

✗ **Les Deux Pierrots**   **VISA** **⦿**
9 r. Nationale – *𝒞 02 54 96 40 07 – Fermé août, lundi et mardi*
Rest – Menu 25/38 € – Carte environ 37 €
◆ Cette auberge villageoise vous reçoit l'hiver dans sa salle rustique (poutres apparentes) ; profitez l'été de celle côté jardin potager. Simplicité et tradition en cuisine.

ST-JULIEN-VOCANCE – 07 Ardèche – 241 h. – alt. 680 m – ⊠ 07690   44 **B2**
🄳 Paris 553 – Saint-Étienne 56 – Valence 68 – Annonay 18

✗✗ **Julliat**   🛜 🛜 **P** **VISA** **⦿**
Le Marthouret – *𝒞 04 75 34 71 61 – contact@restaurant-julliat.com*
😊 – *Fax 04 75 34 79 19 – Fermé 2-7 janv., 16-28 fév., merc. sauf juil.-août et mardi soir*
Rest – Menu 18 € (sem.)/75 € – Carte 38/55 €
◆ Heureux mariage d'une décoration contemporaine et des vieilles pierres dans cette maison ancienne joliment restaurée où l'on sert une appétissante cuisine au goût du jour.

ST-JUNIEN – 87 Haute-Vienne – 325 C5 – 10 666 h. – alt. 240 m – ⊠ 87200
▯ Limousin Berry   24 **A2**
🄳 Paris 416 – Angoulême 73 – Bellac 34 – Confolens 27 – Limoges 32
🄸 Office de tourisme, place du Champ de Foire *𝒞 05 55 02 17 93,*
Fax 05 55 02 94 31
🄳 de Saint-Junien Les Jouberties, O : 4 km, *𝒞 05 55 02 96 96.*
◎ Collégiale ★ B.

🏠 **Le Relais de Comodoliac**   🚗 🛜 📞 🛁 **P** **VISA** **⦿** **AE** **①**
22 av. Sadi-Carnot – *𝒞 05 55 02 27 26 – comodoliac@wanadoo.fr*
😊 – *Fax 05 55 02 68 79 – Fermé 21 fév.-1ᵉʳ mars*
29 ch – †54 € ††70 €, ⧠ 9 € – ½ P 60 € – **Rest** – *(fermé dim. soir d'oct. à Pâques)*
Menu 16 € (sem.)/38 € – Carte 30/48 €
◆ À l'entrée de la ville, construction horizontale des années 1970, séparée de la route par un joli jardin. Réservez une chambre relookée en style contemporain. Agréable salle à manger-véranda ouverte sur une petite terrasse verdoyante. Carte traditionnelle.

au Sud, 2 km par rte de Rochechouart, D 675 et rte secondaire – ⊠ 87200 St-Junien

XXX **Lauryvan** 🚗 🛱 ⅄ ✿ 🅿 𝘝𝘐𝘚𝘈 ⓪
– ☎ 05 55 02 26 04 – *lauryvan@nomade.fr* – Fax 05 55 02 25 29 – Fermé 2-7 janv.,
dim. soir, lundi et soirs fériés
Rest – Menu 33/74 € bc – Carte 25/49 €
♦ Pavillon en sous-bois, près d'un étang. Plats du terroir et mets classiques actualisés servis
dans deux salles – l'une bleue, l'autre rouge (tables plus serrées) – ou dehors.

ST-JUST-ET-VACQUIÈRES – 30 Gard – 339 K4 – 260 h. – alt. 190 m –
⊠ 30580　　　　　　　　　　　　　　　　　　　　　　　　　　　23 **C1**

　　　❱ Paris 699 – Montpellier 104 – Nîmes 54 – Alès 18 – Orange 75

⌂ **Mas Vacquières** sans rest 🚗 ⅃ 📞 🅿 𝘝𝘐𝘚𝘈 ⓪ 𝔸𝔼 ⓪
hameau de Vacquières – ☎ 04 66 83 70 75 – *info@masvac.com*
6 ch ⏛ – ✝65/110 € ✝✝75/125 €
♦ Dans une ruelle du hameau, maison typique blottie dans un jardin fleuri bien au
calme. Chambres fraîches et impeccablement tenues. Copieux petit-déjeuner (terrasse).

ST-JUSTIN – 40 Landes – 335 J11 – 888 h. – alt. 90 m – ⊠ 40240　　　3 **B2**

　　　❱ Paris 694 – Aire-sur-l'Adour 38 – Casteljaloux 49 – Dax 84
　　　　– Mont-de-Marsan 25 – Pau 89
　　　🚹 Office de tourisme, place des Tilleuls ☎ 05 58 44 86 06, Fax 05 58 44 86 06

X **France** avec ch 🛏 𝘝𝘐𝘚𝘈 ⓪
😊 *pl. des Tilleuls* – ☎ 05 58 44 83 61 – Fax 05 58 44 83 89 – Fermé 15 nov.-2 déc., dim.
et lundi
😊 **8 ch** – ✝39/48 € ✝✝39/48 €, ⏛ 6,50 €
Rest – Menu 27/33 € – Carte 38/48 €
Rest *Bistrot* – (fermé sam. soir, dim., lundi et fériés) Menu 13,50 €
♦ Bâtisse du pays s'ouvrant sous les arcades de la place médiévale où l'on dresse la terrasse
en saison. Copieuse cuisine traditionnelle. Confitures maison au petit-déjeuner. Au Bistrot,
ambiance de café villageois et menu inscrit sur l'ardoise du jour.

ST-JUST-ST-RAMBERT – 42 Loire – 327 E7 – 13 192 h. – alt. 380 m –
⊠ 42170　　　　　　　　　　　　　　　　　　　　　　　　　　　44 **A2**

　　　❱ Paris 542 – St Etienne 17 – Lyon 81 – Montbrison 18 – Roanne 74
　　　🚹 Office de tourisme, place de la Paix ☎ 04 77 52 05 14, Fax 04 77 52 15 91

XXX **Le Neuvième Art** (Christophe Roure) 🅰🄲 🅿 𝘝𝘐𝘚𝘈 ⓪ 𝔸𝔼
❀❀ *pl. 19 Mars 1962* – ☎ 04 77 55 87 15 – *le.neuvieme.art@wanadoo.fr*
– Fax 04 77 55 80 77 – Fermé 8-31 août, 21-26 déc., 8-22 fév., dim. et lundi
Rest – *(nombre de couverts limité, prévenir)* Menu 56/95 € – Carte 73/80 €
Spéc. Brochette de grosses langoustines en kadaïf. Barrette de foie gras (hiver).
Verrines superposées d'un chocolat intense, gelée passion (automne-hiver). **Vins**
Vin de pays d'Urfé, Côtes du Forez.
♦ Concentré de créativité pour une cuisine contemporaine pleine de saveurs. Un cadre
design et un service aux petits soins en prime, cette ancienne gare réserve de belles
surprises !

ST-LARY – 09 Ariège – 343 D7 – 136 h. – alt. 692 m – ⊠ 09800　　28 **B3**

　　　❱ Paris 786 – Bagnères-de-Luchon 48 – St-Gaudens 36 – St-Girons 24
　　　　– Salies-du-Salat 197

⌂ **Auberge de l'Isard** 🛱 ⅄ 𝘝𝘐𝘚𝘈 ⓪
😊 – ☎ 05 61 96 72 83 – *aubergeisard@aol.com* – Fax 05 61 96 73 71 – Fermé
7 janv.-3 fév. et lundi hors saison
🍽 **8 ch** – ✝38/40 € ✝✝40/42 €, ⏛ 6 € – ½ P 45 € – **Rest** – *(ouvert début mars à
début déc. et fermé lundi hors saison)* Menu 18/29 € – Carte 22/42 €
♦ Sympathique auberge bien tenue où l'on trouve aussi le bar du village et une boutique
de produits du terroir. Décor rustique dans les chambres correctement équipées. Le
restaurant, séparé de l'hôtel par un torrent, sert une carte traditionnelle assez étoffée.

ST-LARY-SOULAN – 65 Hautes-Pyrénées – 342 N8 – 1 024 h. – alt. 820 m
– Sports d'hiver : 1 680/2 450 m ⭧ 2 ⭤ 30 ⭧ – Stat. therm. : début avril-fin oct. –
⊠ 65170 ▯ Midi-Pyrénées 28 **A3**

> ▶ Paris 830 – Arreau 12 – Auch 103 – Bagnères-de-Luchon 44 – St-Gaudens 66
> – Tarbes 74

> ▯ Office de tourisme, 37, rue Vincent Mir ℰ 05 62 39 50 81, Fax 05 62 39 50 06

🏠🏠 **La Pergola** ⌂ ⇐ ⌗ ⌂ ⌷ ⌺ ch, ⌘ ch, ⌸ ▯ VISA ●● AE ①
25 r. Vincent Mir – ℰ *05 62 39 40 46 – jean-pierre.mir@wanadoo.fr*
☜ *– Fax 05 62 40 06 55 – Fermé nov.*
20 ch – ♦61/75 € ♦♦67/109 €, � 10 € – 2 suites – ½ P 62/89 €
Rest *L'Enclos des Saveurs* – *(fermé lundi midi et mardi midi en hiver)* Menu 18 €
(déj. en sem.), 29/50 € – Carte 46/54 €
◆ Paisible maison agrémentée d'un jardin bichonné. Grandes chambres personnalisées
avec raffinement ; sept sont dotées d'une terrasse ou d'un balcon tourné vers les cimes.
Accueil aux petits soins. Carte au goût du jour et menu du terroir à l'Enclos des Saveurs.

🏠 **Les Arches** sans rest ⌷ ⌗ ⌷ ⌺ ⌸ ▯ ⌂ VISA ●● AE
15 av. des Thermes – ℰ *05 62 49 10 10 – contact@hotel-les-arches.com*
– Fax 05 62 49 10 15 – Fermé 2-16 nov.
30 ch – ♦50/64 € ♦♦50/64 €, ⊑ 7,50 €
◆ Construction moderne vous logeant dans des chambres fonctionnelles et simples mais
bien tenues. Salle des petits-déjeuners conviviale et salon agréable avec une cheminée.

🏠 **Aurélia** ⌂ ⌗ ⌗ ⌷ ⌸ ⌘ ▯ ⌺ ⌸ ▯ VISA ●●
à Vielle-Aure – ℰ *05 62 39 56 90 – hotel-aurelia@wanadoo.fr – Fax 05 62 39 43 75*
– Fermé 27 sept.-14 déc.
20 ch – ♦40/44 € ♦♦48/55 €, ⊑ 7,50 € – ½ P 47/53 € – **Rest** – *(résidents seult)*
◆ Près des thermes, hôtel familial prisé pour ses activités de loisirs et sa demi-pension.
Chambres rénovées, mansardées au 3e étage. Deux duplex. Jolie piscine et fitness neuf.

🏠 **De la Neste** ⌷ AE rest, ⇘ ⌘ ⌺ VISA ●●
– ℰ *05 62 39 42 79 – hoteldelaneste@wanadoo.fr – Fax 05 62 39 58 77 – Fermé nov.*
17 ch – ♦48/57 € ♦♦48/57 €, ⊑ 7,80 € – 3 suites – ½ P 49/58 € – **Rest** – *(dîner
seult) (résidents seult)*
◆ Cet hôtel, rénové en 2004, jouit d'une belle situation en bordure de rivière, au calme, à
côté d'un centre thermo-ludique. Chambres fonctionnelles (certaines mansardées). Cuisine de terroir servie dans une atmosphère conviviale.

🏠 **Pons "Le Dahu"** ⌂ ⌗ ⌘ rest, ⌸ ▯ VISA ●●
4 r. Coudères – ℰ *05 62 39 43 66 – contact@hotelpons.com – Fax 05 62 40 00 86*
☜ *– Fermé 20 avril-8 mai*
39 ch – ♦60 € ♦♦70 €, ⊑ 8 € – ½ P 56 € – **Rest** – Menu (13 €), 16 € (sem.)/30 €
– Carte 17/34 €
◆ Constructions des années 1970 situées dans un quartier résidentiel proche du télépfé-
rique et du centre. Les plus grandes chambres, toutes dotées d'un balcon, sont à l'annexe.
Repas traditionnel servi dans une atmosphère de pension de famille.

✗✗ **La Grange** ⌗ ⌘ ▯ VISA ●● AE
– ℰ *05 62 40 07 14 – contact@angleterre-arreau.com – Fax 05 62 98 69 60*
– Fermé 21 avril-10 mai, 16 nov.-15 déc., mardi et merc. sauf le soir en saison
Rest – Menu (15 €), 19/42 € – Carte 36/52 €
◆ Cette ancienne grange s'est transformée en un confortable et coquet restaurant au
chaleureux décor de bois. En hiver, belles flambées dans la cheminée. Menus régionaux.

ST-LATTIER – 38 Isère – 333 E7 – 1 031 h. – alt. 170 m – ⊠ 38840 43 **E2**
> ▶ Paris 571 – Grenoble 67 – Romans-sur-Isère 13 – St-Marcellin 15 – Valence 34

⌂ **Le Lièvre Amoureux** ⌗ ⌗ ⌺ ▯ VISA ●● AE
La Gare – ℰ *04 76 64 50 67 – lelievreamoureux@wanadoo.fr – Fermé 10-24 août*
et 9-22 fév.
7 ch – ♦65 € ♦♦80/130 €, ⊑ 9,50 € – ½ P 115 € – **Table d'hôte** – *(fermé dim.)*
Menu 40/65 €
◆ Cet ancien relais de chasse a été habilement rénové pour faire place à trois belles
chambres, spacieuses et personnalisées, et deux duplex. Une grande cheminée veille sur
la table d'hôte où l'on déguste de savoureux produits du terroir dauphinois.

✗ **Auberge du Viaduc** avec ch   🚗 🕭 ⊐ **P** _VISA_ **MO**
D 1092 (hameau de la rivière) – ℰ *04 76 64 51 65 – auberge.du.viaduc@*
wanadoo.fr – Fax 04 76 64 30 93 – Fermé 28 nov.-15 janv., dim. soir de déc. à avril,
mardi (sauf hôtel), merc. midi de juin à sept. et lundi
6 ch – †82 € ††82 €, ⊒ 10 € – 1 suite – ½ P 85 € – **Rest** – *(nombre de couverts*
limité, prévenir) Menu 28/54 € – Carte 40/56 €
♦ Demeure familiale ancienne ouverte sur un agréable jardin. Salle à manger intime.
Mobilier régional dans les chambres. Piscine de plein air et pool house équipé d'un bar.

✗ **Brun** avec ch   🕭 🕻 **P** _VISA_ **MO**
⊗ *Les Fauries, D 1092 –* ℰ *04 76 64 54 08 – contact@hotel-brun.com*
– Fax 04 76 64 31 78 – Fermé 13-29 oct., 18 janv.-5 mars et dim. soir
10 ch – †45 € ††55 €, ⊒ 7 € – ½ P 46 € – **Rest** – Menu 13,50 € (déj. en sem.),
18/50 € – Carte 30/38 €
♦ Restaurant champêtre agrandi d'une belle terrasse sous les tilleuls, au bord de l'Isère. Les
chambres se trouvent dans un bâtiment distant de 400 m.

ST-LAURENT-DE-CERDANS – 66 Pyrénées-Orientales – 344 G8 – 1 218 h.
– alt. 675 m – ⊠ 66260 ▮ Languedoc Roussillon   **22 B3**

▪ Paris 901 – Céret 28 – Perpignan 60
▮ Syndicat d'initiative, 7, rue Joseph Nivet ℰ 04 68 39 55 75,
  Fax 04 68 39 59 59

au Sud-Ouest 6,5 km par D 3 et rte secondaire – ⊠ 66260 St-Laurent-de-Cerdans

🏨 **Domaine de Falgos** ॐ   ≤ 🐾 🕭 🖾 🌣 ❖ 🌡 🔅 ch, 🕻 🖳
     – ℰ *04 68 39 51 42 – contact@falgos.com*   **P** _VISA_ **MO** **AE** ①
– Fax 04 68 39 52 30 – Ouvert 15 mars-11 nov.
25 ch – †96/143 € ††140/233 €, ⊒ 18 € – 7 suites – **Rest** – Menu 27 € bc (déj.),
37/47 € (dîner) – Carte 29/45 €
♦ Isolée sur la frontière espagnole, ancienne ferme d'altitude devenue complexe hôtelier :
spacieuses chambres cosy bien équipées, parcours de golf et bel espace remise en forme.
Carte brasserie à midi et traditionnelle le soir. Terrasse d'été face aux greens.

ST-LAURENT-DE-LA-SALANQUE – 66 Pyrénées-Orientales – 344 I6
– 7 932 h. – alt. 2 m – ⊠ 66250   **22 B3**

▪ Paris 845 – Elne 26 – Narbonne 62 – Perpignan 19 – Quillan 80
  – Rivesaltes 12
▮ Syndicat d'initiative, place Gambetta ℰ 04 68 28 31 03
◙ Fort de Salses★★ NO : 9 km, ▮ Languedoc Roussillon

✗✗ **Le Commerce** avec ch   🆔 rest, 🌣 🕻 🖳 _VISA_ **MO**
2 bd de la Révolution – ℰ *04 68 28 02 21 – contact@lecommerce66.com*
– Fax 04 68 28 39 86 – Fermé 27 oct.-25 nov., dim. soir sauf juil.-août et lundi sauf le
soir en juil.-août
11 ch – †51 € ††55 €, ⊒ 8,50 € – ½ P 53 € – **Rest** – Menu 19/39 € – Carte
39/61 €
♦ Au centre de la localité, cuisine du terroir servie dans une salle à manger rustique aux tons
jaunes. Petites chambres garnies d'un mobilier catalan.

ST-LAURENT-DE-MURE – 69 Rhône – 327 J5 – 4 694 h. – alt. 252 m –
⊠ 69720   **43 E1**

▪ Paris 478 – Lyon 19 – Pont-de-Chéruy 16 – La Tour-du-Pin 38 – Vienne 38

🏨 **Hostellerie Le St-Laurent**   🐾 🕭 🌣 ch, 🕻 **P** 🖳 _VISA_ **MO** **AE**
8 r. Croix Blanche – ℰ *04 78 40 91 44 – le.st.laurent@wanadoo.fr*
– Fax 04 78 40 45 41 – Fermé 1er-4 mai, 8-11 mai, 2-24 août, 26 déc.-4 janv., vend.
soir, sam., dim. et soirs fériés
30 ch – †68/120 € ††68/120 €, ⊒ 9 € – **Rest** – Menu 25 € (sem.), 38/62 €
– Carte 45/61 €
♦ Belle demeure dauphinoise du 18ᵉ s. au cœur d'un parc arboré. Les chambres, simples
et d'ampleurs variées, sont plus petites à l'annexe. Lorsque le temps le permet, les repas se
prennent sur la terrasse, à l'ombre d'un tilleul tricentenaire.

ST-LAURENT-DES-ARBRES – 30 Gard – 339 N4 – 1 743 h. – alt. 60 m – ✉ 30126

23 **D2**

🖪 Paris 673 – Alès 70 – Avignon 20 – Nîmes 47 – Orange 22
🖪 Office de tourisme, Tour de Ribas 𝒞 04 66 50 10 10, Fax 04 66 50 10 10

🏢 Le Saint-Laurent sans rest 🏖 ⬜ 🕮 ↔ 🆕 🄿 *VISA* 🆂 🆎

pl. de l'Arbre – 𝒞 04 66 50 14 14 – info @ lesaintlaurent.biz – Fax 04 66 50 46 30
– Fermé 12 nov.-8 déc.
9 ch – ♦75/95 € ♦♦75/165 €, ⬜ 15 € – 1 suite

♦ Cette ex-maison de viticulteur, chaleureuse et douillette, a un vrai cachet. Décoration très soignée, meubles anciens et vieilles pierres, chambres cosy, piscine, solarium...

🏠 Felisa sans rest ⬜ 🄿 *VISA* 🆂

6 r. Barris – 𝒞 04 66 39 99 84 – information @ maison-felisa.com – Ouvert 3 avril-3 janv.
5 ch ⬜ – ♦100/130 € ♦♦120/150 €

♦ Un esprit zen règne sur cette demeure en pierre (1830) proposant massages variés, yoga, piscine. Chambres épurées (sur le thème de diverses senteurs), ambiance jeune et branchée.

ST-LAURENT-DU-PONT – 38 Isère – 333 H5 – 4 222 h. – alt. 410 m – ✉ 38380
▌ Alpes du Nord

45 **C2**

🖪 Paris 560 – Chambéry 29 – Grenoble 34 – La Tour-du-Pin 42 – Voiron 15
🖪 Office de tourisme, place de la Mairie 𝒞 04 76 06 22 55, Fax 04 76 06 21 21
◎ Gorges du Guiers Mort★★ SE : 2 km - Site★ de la Chartreuse de Curière SE : 4 km.

✗✗ La Blache ⬜ *VISA* 🆂

av. de la Gare – 𝒞 04 76 55 29 57 – Fermé 28 avril-13 mai, 1er-16 sept., 5-20 janv.,
dim. soir, lundi et mardi
Rest – Menu 30/58 € – Carte 33/63 €

♦ Sobre restaurant meublé de fauteuils en bois originaux dans cette ex-gare située à proximité des gorges du Guiers Mort. Cuisine du marché concoctée à base de produits frais.

ST-LAURENT-DU-VAR – 06 Alpes-Maritimes – 341 E5 – 27 141 h. – alt. 18 m –
✉ 06700 ▌ Côte d'Azur

42 **E2**

🖪 Paris 919 – Antibes 16 – Cagnes-sur-Mer 5 – Cannes 26 – Grasse 31 – Nice 10
– Vence 16
🖪 Syndicat d'initiative, 18-19, route du Bord de Mer 𝒞 04 93 31 31 21,
Fax 04 93 14 92 83
◎ Corniche du Var★ N.

Voir plan de NICE Agglomération

au Cap 3000

🏨 Novotel ⬜ 🏖 ⬜ ⬜ 🄯 ch, 🕮 ↔ 🆕 🅰 🄿 *VISA* 🆂 🆎 ⓵

40 av. de Verdun – 𝒞 04 93 19 55 55 – h0414 @ accor.com – Fax 04 93 19 55 59
103 ch – ♦90/145 € ♦♦90/145 €, ⬜ 14 € – ½ P 88 € – **Rest** – Carte 25/43 €

♦ Proche de l'aéroport de Nice-Côte-d'Azur, dans une zone commerciale satellite, établissement hôtelier moderne et récemment actualisé. À table : havre de verdure côté terrasse, ou fraîcheur de la salle à manger climatisée fort appréciée les jours de "cagnard".

au Port St-Laurent

🏨 Holiday Inn Resort ≤ 🐾 🏖 ⬜ 🎬 📶 🄯 ch, 🕮 ↔ 🆕

promenade Flots Bleus – 𝒞 04 93 14 80 00 🅰 *VISA* 🆂 🆎 ⓵
– resort @ wanadoo.fr – Fax 04 93 07 21 24
124 ch – ♦180/280 € ♦♦200/300 €, ⬜ 20 € – ½ P 130/180 €
Rest *Chez Panisse* – Menu (20 € bc), 24/29 € bc – Carte 28/51 €

♦ Hôtel joignant l'utile à l'agréable : au cœur de la marina, directement sur la plage, confortables chambres côté flots azurés ou arrière-pays. Jardin méditerranéen. Ambiance balnéaire, déco ensoleillée, saveurs provençales et viandes à la broche Chez Panisse.

✗ La Mousson ⬜ 🄯 🍴 *VISA* 🆂 🆎

promenade Flots Bleus – 𝒞 04 93 31 13 30 – barthelemi.eric @ wanadoo.fr – Fermé
1 sem. en nov., vacances de Noël, lundi d'oct. à mai et dim.
Rest – Menu (24 €), 29/41 € – Carte 34/50 €

♦ Saveurs thaïlandaises et épices exotiques vous transportent au royaume de Siam le temps d'un repas, agréablement installé dans ce restaurant situé sur le front de mer.

ST-LAURENT-DU-VERDON – 04 Alpes-de-Haute-Provence – 334 E10 – 74 h. – alt. 468 m – ⊠ 04500
41 **C2**

> ◘ Paris 806 – Brignoles 49 – Castellane 70 – Digne-les-Bains 59 – Manosque 37

⌂ **Le Moulin du Château** ⤸   🛋 🏡 ♿ ch, ↩ ✂ rest, 📞 VISA ⓜⓞ
– 𝒞 04 92 74 02 47 – info@moulin-du-chateau.com – Fax 04 92 74 02 97
– Ouvert 8 mars-3 nov.
10 ch – ♦76/99 € ♦♦79/105 €, ⌑ 9 € – 1 suite – **Rest** – (fermé lundi et jeudi)
(dîner seult) (résidents seult) Menu 30 € (dîner)
♦ Contournez le château pour dénicher ce charmant moulin (17ᵉ s.) transformé en hôtel.
Salon aménagé face à la meule. Chambres spacieuses et actuelles. Ambiance conviviale.

ST-LAURENT-LA-GÂTINE – 28 Eure-et-Loir – 311 F3 – 401 h. – alt. 134 m – ⊠ 28210
11 **B1**

> ◘ Paris 77 – Évreux 66 – Orléans 121 – Versailles 57

⋀ **Clos St-Laurent** sans rest   🛋 ↩ ✂ **P**
6 r. de l'Église – 𝒞 02 37 38 24 02 – james@clos-saint-laurent.com – Fermé
22 déc.-5 janv.
4 ch ⌑ – ♦65 € ♦♦70 €
♦ Cet ancien corps de ferme abrite trois grandes chambres décorées avec goût dans un
style rustique et chic à la fois. Charmante salle des petits-déjeuners et jardin-terrasse.

ST-LAURENT-NOUAN – 41 Loir-et-Cher – 318 G5 – 3 686 h. – alt. 84 m – ⊠ 41220
12 **C2**

> ◘ Paris 161 – Beaugency 9 – Blois 28 – Orléans 40 – Romorantin-Lanthenay 44
> 🛈 Office de tourisme, 58, route Nationale 𝒞 02 54 87 01 31, Fax 02 54 87 01 31

🏤 **Les Bordes** ⤸   ≼ 🕭 🏡 🄰🄲 ch, ✂ rest, 🔦 **P** VISA ⓜⓞ 🄰🄴
6 km au Nord-Est par D925 et rte secondaire – 𝒞 02 54 87 72 13
– golf.les.bordes@wanadoo.fr – Fax 02 54 87 78 61 – Fermé 23 déc.-18 janv.
41 ch – ♦150/190 € ♦♦170/210 €, ⌑ 15 € – **Rest** – Menu 25 € (déj.), 45/85 €
– Carte 50/87 €
♦ Ce domaine estimé des golfeurs jouit d'une situation idyllique au milieu de 600 ha de bois
et étangs. Jolies chambres, simples et rustiques, réparties dans neuf cottages. Repas servis
sous une belle charpente ou, l'été, sur la terrasse environnée par la verdure.

ST-LAURENT-SUR-SAÔNE – 01 Ain – 328 C3 – rattaché à Mâcon

ST-LÉON – 47 Lot-et-Garonne – 336 D4 – 258 h. – alt. 80 m – ⊠ 47160
4 **C2**

> ◘ Paris 667 – Bordeaux 107 – Agen 43 – Villeneuve-sur-Lot 44 – Marmande 35

⋀ **Le Hameau des Coquelicots** sans rest ⤸   🛋 ⅃ ✂ 📞 **P**
2 km au Sud par D 285 – 𝒞 05 53 84 06 13 – contact@
lehameaudescoquelicots.com – Fax 05 53 84 06 13
5 ch ⌑ – ♦85/100 € ♦♦90/105 €
♦ Trois maisons en pleine campagne. Au calme du lieu s'ajoutent un accueil charmant
et un décor épuré fait de matériaux naturels et d'œuvres d'art. Potager, piscine "naturelle".

ST-LÉONARD-DE-NOBLAT – 87 Haute-Vienne – 325 F5 – 4 764 h. – alt. 347 m – ⊠ 87400 📗 Limousin Berry
24 **B2**

> ◘ Paris 407 – Aubusson 68 – Brive-la-Gaillarde 99 – Guéret 62 – Limoges 21
> 🛈 Office de tourisme, place du Champ de Mars 𝒞 05 55 56 25 06,
> Fax 05 55 56 36 97

> ◙ Église★ : clocher★★.

⌂ **Relais St-Jacques**   📞 VISA ⓜⓞ
6 bd A. Pressemane – 𝒞 05 55 56 00 25 – le.relais.st.jacques@orange.fr
⊗ – Fax 05 55 56 19 87 – Fermé 16 fév.-8 mars, dim. soir et lundi midi d'oct. à mai
7 ch – ♦46/49 € ♦♦46/49 €, ⌑ 7 € – ½ P 48/51 € – **Rest** – Menu 15/35 €
♦ Bâtisse traditionnelle sur le boulevard contournant le centre. Petites chambres fraîches,
modestement meublées et bien entretenues. Salle à manger simple où l'on sert une cuisine
traditionnelle et des plats du terroir. Accueil charmant.

XXX **Le Grand St-Léonard** avec ch   🛆 🅰 VISA MO AE ①
23 av. Champs de Mars – ℰ 05 55 56 18 18 – grandsaintleonard@wanadoo.fr
– Fax 05 55 56 98 32 – Fermé 20 déc.-20 janv., lundi sauf le soir du 15 juin au
15 sept. et mardi midi
14 ch – ♦56 € ♦♦60 €, � 11 € – ½ P 78 € – **Rest** – Menu (15 € bc), 26 € (sauf
déj. dim.)/60 € – Carte 56/64 €

◆ Ex-relais de poste à l'ambiance vieille France. Repas classique dans un cadre rustique
soigné ; collections de moules à gâteaux et de vaisselle en Limoges. Chambres au charme
provincial, parfois désuètes.

ST-LIGUAIRE – 79 Deux-Sèvres – 322 C7 – rattaché à Niort

ST-LÔ 🅿 – 50 Manche – 303 F5 – 20 090 h. – alt. 20 m – ✉ 50000
▌Normandie Cotentin   32 **A2**

🄳 Paris 296 – Caen 62 – Cherbourg 80 – Laval 154 – Rennes 141

🄴 Office de tourisme, place Général-de-Gaulle ℰ 02 33 77 60 35,
Fax 02 33 77 60 36

🄶 Centre Manche à Saint-Martin-d'Aubigny Le Haut Boscq, par D900 : 20 km,
ℰ 02 33 45 24 52.

⊙ Haras national ★ - Tenture des Amours de Gombaut et Macée du musée des
Beaux-Arts.

ST-LÔ

Alsace-Lorraine (R.) .... **A** 2	Feuillet (R. Octave) .... **A** 12	Neufbourg (R. du) .... **B** 23
Baltimore (R. de) .... **A** 3	Gaulle (Pl. Gén.-de) .... **A** 13	Notre-Dame (Parvis) .... **A** 24
Beaucoudray (R. de) .... **A** 5	Gerhardt (R. Gén.) .... **B** 14	Noyers (R. des) .... **A** 27
Belle (R. du) .... **A** 7	Grimouville (R. de) .... **A** 16	Poterne (R. de la) .... **A** 28
Briovère (Av. de) .... **A** 8	Havin (R.) .... **A** 17	Ste-Croix (Pl.) .... **A** 30
Champ-de-Mars (Pl.) .... **B** 9	Houssin-Dumanoir (R.) .... **A** 18	St-Thomas (R.) .... **A**
	Lattre-de-T. (R. Mar.-de) .... **B** 19	Torteron (R.) .... **A**
	Leclerc (R. Mar.) .... **B**	Vieillard-de-Boismartin (R.) .... **B** 31
	Mesnilcroc (R. du) .... **B** 22	80e-et-136e-Territorial (R. des) **A** 33

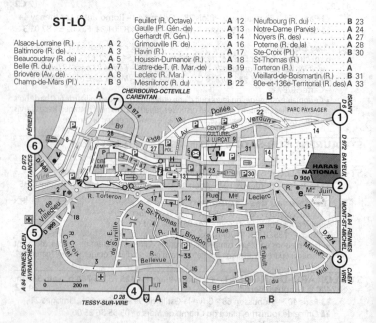

🏨 **Mercure**   🛜 ▐ 🛗 ఈ ⇆ ⚓ rest, ☎ 🛆 VISA MO AE ①
1 av. Briovère – ℰ 02 33 05 10 84 – H1072@accor.com
– Fax 02 33 56 46 92   A **v**
67 ch – ♦79/88 € ♦♦90/98 €, ⊿ 12 € – **Rest** – *(fermé sam. midi et dim. soir)*
Menu 21/45 € – Carte 39/55 €

◆ Face aux remparts, deux hôtels ont été réunis pour composer cet ensemble assez
contemporain. Les chambres, neuves ou récemment refaites, offrent un bon confort. Au
restaurant, la cuisine, traditionnelle, prend l'accent régional.

✕✕✕ Gonivière   VISA MC AE ①

rd-pt du 6 Juin, (1er étage) – ✆ 02 33 05 15 36 – Fax 02 33 05 01 72
– Fermé 29 déc.-2 janv., sam. midi et dim. soir   A r
Rest – Menu 20 € (déj. en sem.), 27/53 € – Carte 30/54 €
♦ Tons pastel, tableaux contemporains et meubles cérusés composent le cadre de cet accueillant restaurant situé au-dessus d'un bar-brasserie. Carte traditionnelle.

✕✕ Le Péché Mignon   VISA MC AE ①

84 r. Mar. Juin – ✆ 02 33 72 23 77 – restaurant-le-peche-mignon @ wanadoo.fr
– Fax 02 33 72 27 58 – Fermé 14 juil.-1er août, 16-22 fév. et lundi   B e
Rest – Menu (11 €), 17/50 € – Carte 30/56 €
♦ L'adresse se trouve à proximité du haras national. Deux petites salles à manger, simples mais confortables, où l'on sert une cuisine traditionnelle mâtinée de modernité.

au Calvaire 7 km par ② et D 972 – ⊠ 50810 St-Pierre-de-Semilly

✕✕✕ La Fleur de Thym   ⛲ P VISA MC AE

– ✆ 02 33 05 02 40 – lafleurdethym @ west-telecom.com – Fax 02 33 56 29 32
– Fermé 10-29 août, 1er-19 janv., sam. midi, dim. soir et lundi
Rest – Menu 21 € (sem.)/60 € – Carte 45/98 €
♦ Cette ancienne ferme possède une terrasse d'été ombragée bien préservée des bruits de la route voisine. Répertoire culinaire classique rehaussé de saveurs du Sud.

ST-LOUBÈS – 33 Gironde – 335 I5 – 7 090 h. – alt. 28 m – ⊠ 33450   3 **B1**
❱ Paris 568 – Bordeaux 18 – Créon 20 – Libourne 18 – St-André-de-Cubzac 15

✕ Le Coq Sauvage avec ch ⬧   ⛲ AC rest, 🛁 VISA MC AE

71 av. du Port-Cavernes, à Cavernes, Nord-Ouest : 4 km – ✆ 05 56 20 41 04 – coq.
sauvage @ wanadoo.fr – Fax 05 56 20 44 76 – Fermé 9-24 août et 24 déc.-11 janv.
6 ch – ♥55 € ♥♥55 €, ⊇ 6,50 € – ½ P 95 € – **Rest** – (fermé sam. et dim.)
Menu 17 € bc (semaine)/39 € bc (week end) – Carte 32/44 €
♦ Maison au charme rustique installée sur le port de plaisance, avec la Dordogne en toile de fond. Plats régionaux servis dans un agréable patio en été. Chambres au calme.

ST-LOUIS – 68 Haut-Rhin – 315 J11 – 19 961 h. – alt. 250 m – ⊠ 68300   1 **B3**
❱ Paris 498 – Altkirch 29 – Basel 5 – Belfort 76 – Colmar 65 – Ferrette 24
– Mulhouse 30

🏨 Hôtellerie La Cour du Roy   ⛲ 🖥 & AC ch, ⇄ ✆ 🛁
                                              P VISA MC AE ①
10 av. de Bâle – ✆ 03 89 70 33 33 – contact @
hotelfp-saintlouis.com – Fax 03 89 70 33 30 – Fermé 24-30 déc.
30 ch – ♥54/114 € ♥♥54/114 €, ⊇ 11 € – **Rest** – Menu 29/39 € – Carte 36/49 €
♦ Ancien dépôt de bière construit en 1906 dans un style néo-Renaissance, la charmante Maison Katz abrite aujourd'hui des chambres résolument contemporaines. Au restaurant, décor à la fois moderne et cossu, agréable bar sous charpente et cour-terrasse en été.

🏠 Ibis   🖥 & ch, AC ⇄ ✆ 🛁 🗆 VISA MC AE ①

17 r. Gén. de Gaulle – ✆ 03 89 69 06 58 – h5612 @ accor.com – Fax 03 89 69 45 03
65 ch – ♥60/68 € ♥♥60/68 €, ⊇ 7 € – **Rest** – (fermé dim.) Menu 13 € bc
♦ Cet hôtel récent à la façade en briques rouges vous mettra à quelques pas des cinémas et du théâtre de la Coupole. Chambres fonctionnelles, spacieuses et bien tenues. Repas simple et rapide au restaurant où vous sélectionnerez votre menu un écran tactile.

🏠 Berlioz sans rest   ⌗ ✆ P 🗆 VISA MC

r. Henner, (près de la gare) – ✆ 03 89 69 74 44 – info @ hotelberlioz.com
– Fax 03 89 70 19 17 – Fermé 22 déc.-3 janv.
20 ch – ♥55/65 € ♥♥65 €, ⊇ 7 €
♦ Petit immeuble des années 1930 aux chambres pratiques, bien équipées et parfaitement tenues. Copieux petits-déjeuners à déguster dans un agréable salon.

✕✕✕ Le Trianon   AC ⟷ VISA MC

46 r. du Mulhouse – ✆ 03 89 67 03 03 – raphael @ le-trianon.fr – Fermé
21 juil.-19 août, dim. soir, lundi soir et merc. soir
Rest – Menu 21 € (déj. en sem.), 28/62 € – Carte 38/53 € ⅌
♦ Face à une placette, un ancien centre des impôts devenu restaurant. Tables soigneusement dressées, cuisine classique et belle carte des vins.

ST-LOUIS

à **Huningue** 2 km à l'Est par D 469 – 6 097 h. – alt. 245 m – ⊠ 68330

 Tivoli 🏠 🕴 🖐 ch, 🏧 ↯ 🐕 🍴 **P** 🅿 **VISA** **①** **AE**
15 av. de Bâle – ℰ 03 89 69 73 05 – info@tivoli.fr – Fax 03 89 67 82 44
41 ch – 🛉58/80 € 🛉🛉63/95 €, ⊃ 10 € – ½ P 63/86 €
Rest *Philippe Schneider – (fermé 23 juil.-15 août, 22 déc.-7 janv., sam. et dim.)*
Menu 24/47 € – Carte 37/64 €
♦ L'hôtel est situé à deux pas des frontières suisse et allemande. Les chambres rénovées adoptent un look contemporain ; les autres restent actuelles et bien tenues. Restaurant assez cossu (carte au goût du jour) ou salle plus tendance (menu sur ardoise).

à **Village-Neuf** 3 km au Nord-Est par D 66 et D 21 – 3 108 h. – alt. 240 m – ⊠ 68128

🚹 Office de tourisme, 11, rue Vauban ℰ 03 89 70 04 49, Fax 03 89 67 30 80

✗ **Au Cerf** 🏠 **VISA** **①**
⊗ *72 r. Gén. de Gaulle – ℰ 03 89 67 12 89 – Lorpasc.martin@wanadoo.fr*
– Fax 03 89 69 85 57 – Fermé 14 juil.-10 août, 24 déc.-1er janv., jeudi soir,
dim. soir et lundi
Rest – Menu 9,50 € (déj. en sem.), 18/41 € – Carte 24/49 €
♦ Près de la Petite Camargue alsacienne, auberge familiale au cadre rustique ponctué de trophées de chasse. Plats traditionnels et, en saison, spécialités d'asperges et de gibier.

à **Hésingue** 4 km à l'Ouest par D 419 – 1 921 h. – alt. 290 m – ⊠ 68220

✗✗✗ **Au Bœuf Noir** 🏧 **P** **VISA** **①**
– ℰ 03 89 69 76 40 – j.giuggiola@tiscali.fr – Fax 03 89 67 77 29
– Fermé 18-25 mars, 18-31 août, sam. midi, dim. et lundi
Rest – Menu 36 € (déj. en sem.), 45/60 € – Carte 55/72 €
♦ À proximité d'un carrefour animé, accueillante salle de restaurant agrémentée de tableaux réalisés par le patron-artiste. Cuisine au goût du jour soignée.

ST-LOUP-DE-VARENNES – 71 Saône-et-Loire – 320 J9 – rattaché à Chalon-sur-Saône

---

ST-LUNAIRE – 35 Ille-et-Vilaine – 309 J3 – rattaché à Dinard

ST-LYPHARD – 44 Loire-Atlantique – 316 C3 – 3 178 h. – alt. 12 m – ⊠ 44410
📘 Bretagne 34 **A2**

🚹 Paris 447 – La Baule 17 – Nantes 73 – Redon 43 – St-Nazaire 22
🚹 Office de tourisme, place de l'Eglise ℰ 02 40 91 41 34, Fax 02 40 91 34 96
◎ Clocher de l'église ✳ ★★.

🏠 **Les Chaumières du Lac et Auberge Les Typhas** 🏠 🏠
rte Herbignac – ℰ 02 40 91 32 32 ⅋ rest, ↯ 🐕 🍴 **P** **VISA** **①**
– jclogodin@leschaumieresdulac.com – Fax 02 40 91 30 33 – Fermé 20 déc.-14 fév.,
merc. midi et mardi sauf le soir en saison
20 ch – 🛉64/74 € 🛉🛉64/110 €, ⊃ 10 € – ½ P 70/80 € – **Rest** – Menu (15 €), 20 € (déj. en sem.), 22/42 € – Carte 49/61 €
♦ Ce hameau de chaumières inscrit dans le Parc naturel régional de Brière dispose de vastes chambres (certaines refaites). Bons petits-déjeuners à base de produits fermiers. Plaisante salle à manger ouvrant sur une terrasse et plats dans l'air du temps.

rte de St-Nazaire 3 km au Sud par D 47 – ⊠ 44410 St-Lyphard

✗✗ **Auberge le Nézil** 🏠 🏠 ↯ **P** **VISA** **①** **AE**
– ℰ 02 40 91 41 41 – aubergelenezil@wanadoo.fr – Fax 02 40 91 45 39
– Fermé 29 sept.-7 oct., 12 nov.-10 déc., merc. soir d'oct. à mai, dim. soir et lundi
Rest – Menu (20 €), 27/50 € – Carte 36/61 €
♦ À la lisière des marais de Grande Brière, auberge rustique et bien tenue. Goûteuses recettes traditionnelles (produits locaux) servie, l'été, sur l'agréable terrasse-jardin.

à Bréca 6 km au Sud par D 47 et rte secondaire – ✉ 44410 St-Lyphard

XX   **Auberge de Bréca**   🕏 🕏 ᵬ VISA ⓪ AE
    – ℰ 02 40 91 41 42 – aubergedebreca @ wanadoo.fr – Fax 02 40 91 37 41 – Fermé
    janv., merc. soir de nov. à mars, dim. soir et jeudi sauf juil.-août
    Rest – Menu (19,50 €), 28/55 €
    ♦ Cette chaumière briéronne (1903) abrite un restaurant régional chaleureux, agrandi
    d'une véranda. Aux beaux jours, profitez du jardin et de la terrasse tournée vers les marais.

à Kerbourg 6 km au Sud-Ouest par D 51 (rte de Guérande) – ✉ 44410 St-Lyphard

XX   **Auberge de Kerbourg** (Bernard Jeanson)   🕏 🕏 P̄ VISA ⓪ AE
✿   – ℰ 02 40 61 95 15 – Fax 02 40 61 95 36
    – Fermé 17 déc.-14 fév., mardi midi, dim. soir et lundi
    Rest – (prévenir en saison) Menu 40/70 € – Carte 57/75 €
    Spéc. Alose de Loire (printemps). Lièvre à la royale (automne-hiver). Canard du
    marais breton au "cuir de Russie". **Vins** Muscadet de Sèvre et Maine sur lie, Chinon.
    ♦ Belle maison de 1753 coiffée d'un toit de chaume fleuri en saison. Charmant accueil,
    intérieur campagnard soigné et originale cuisine au goût du jour incitent à s'attarder.

ST-MACAIRE – 33 Gironde – 335 J7 – rattaché à Langon

ST-MACLOU – 27 Eure – 304 C5 – 463 h. – alt. 114 m – ✉ 27210   **32 A3**
    🖪 Paris 179 – Le Grand-Quevilly 67 – Le Havre 35 – Rouen 73

X   **La Crémaillère** avec ch   🕏 P̄ VISA ⓪ AE ⓪
    – ℰ 02 32 41 17 75 – Fax 02 32 42 50 90 – Fermé 2-11 juil., 12-21 nov.,
    24 fév.-6 mars, mardi soir et merc. ; hôtel ouvert 15 avril-15 nov.
    5 ch – ♦30 € ♦♦46 €, ⌑ 6,50 € – ½ P 41 € – **Rest** – Menu 12,50 € (déj. en sem.),
    20/37 € – Carte 30/51 €
    ♦ Charmante petite auberge fleurie située au cœur du village. Boiseries et couleurs gaies
    dans l'agréable salle à manger ouverte sur la terrasse d'été. Cuisine régionale créative.

ST-MAIXENT-L'ÉCOLE – 79 Deux-Sèvres – 322 E6 – 6 602 h. – alt. 85 m –
✉ 79400 ▮ Poitou Vendée Charentes   **38 B2**
    🖪 Paris 383 – Angoulême 106 – Niort 24 – Parthenay 30 – Poitiers 52
    🗿 Syndicat d'initiative, porte Châlon ℰ 05 49 05 54 05, Fax 05 49 05 76 25
    🖫 du Petit Chêne à Mazières-en-GâtineO : 20 km par D 6, ℰ 05 49 63 20 95.
    ◻ Église abbatiale★ - Musée du sous-officier (série d'uniformes★).

🏠🖪   **Le Logis St-Martin** ఏ   ≼ ⓪ 🕏 ⅃ ℓ̀ P̄ VISA ⓪ AE
    chemin Pissot – ℰ 05 49 05 58 68 – contact @ logis-saint-martin.com
    – Fax 05 49 76 19 93
    12 ch – ♦110/120 € ♦♦150/165 €, ⌑ 16 € – 1 suite – ½ P 115/135 €
    Rest – (fermé lundi sauf le soir pour résidents et en saison, sam. midi et mardi midi)
    Menu 48/78 € – Carte 61/109 € ⅋
    ♦ Cette noble gentilhommière du 17ᵉ s. restaurée avec goût est nichée dans un parc bordé
    par la Sèvre niortaise. Chambres personnalisées. Au restaurant, cadre raffiné et cosy, plats
    classiques préparés devant le client et bon choix de vins, même au verre.

ST-MAIXME-HAUTERIVE – 28 Eure-et-Loir – 311 D4 – 349 h. – alt. 194 m –
✉ 28170   **11 B1**
    🖪 Paris 105 – Chartres 31 – Évreux 61 – Orléans 112

🏠   **La Rondellière** ఏ   ↳ ⅍ ℓ̀ P̄
    11 r. de la Mairie – ℰ 02 37 51 68 26 – jeanpaul.langlois @ wanadoo.fr
☜   – Fax 02 37 51 08 53
    4 ch ⌑ – ♦33 € ♦♦42 € – **Table d'hôte** – Menu 15 € bc
    ♦ Les chambres, spacieuses et bien aménagées, sont logées dans les anciens greniers à foin
    de cette ferme pratiquant la culture de céréales. Calme garanti et accueil sympathique.
    Cuisine élaborée avec les produits du potager à la table d'hôte (sur réservation).

▸ Paris 404 – Avranches 68 – Dinan 32 – Rennes 70 – St-Brieuc 71

✈ de Dinard-Pleurtuit-St-Malo : ℰ 02 99 46 18 46, par ③ : 14 km.

🛈 Office de tourisme, esplanade Saint-Vincent ℰ 08 25 13 52 00, Fax 02 99 56 67 00

◎ Remparts★★★ - Château★★ : musée d'Histoire de la ville et d'Ethnographie du pays malouin★ **M²**, tour Quic-en-Groigne★ DZ **E** - Fort national★ : ≤★★ 15 mn - Vitraux★ de la cathédrale St-Vincent - Mystères de la mer★★ (aquarium) par ③ - Rothéneuf : musée-manoir Jacques-Cartier★, 3 km par ① - St Servan sur Mer : corniche d'Aleth ≤★, tour Solidor★, échappées du parc des Corbières★, belvédère du Rosais★.

Plans pages suivantes

Intra muros

🏠🏠 **Central**   📶 ⇄ 🕻 🖄 🌐 ̄VISĀ 🐵 AE ⑩
6 Gde Rue – ℰ 02 99 40 87 70 – centralbw @ wanadoo.fr
⊶ – Fax 02 99 40 47 57
50 ch – †60/108 € ††80/130 €, ☑ 11 € – 3 suites – **Rest** – Menu 18/30 €
– Carte 32/53 €   DZ **n**
♦ Afin de goûter pleinement le charme de St-Malo intra-muros, installez-vous au cœur de la cité corsaire, dans l'une des chambres fonctionnelles et bien entretenues du Central. Au restaurant, produits de la mer et murs décorés de matériel de pêche.

🏠🏠 **Ajoncs d'Or** sans rest   📶 ⇄ 🕉 🕻 ̄VISĀ 🐵 AE ⑩
10 r. Forgeurs – ℰ 02 99 40 85 03 – hotel-ajoncs-dor @ wanadoo.fr
– Fax 02 99 40 80 70 – Fermé déc. et janv.   DZ **a**
22 ch – †70/97 € ††89/107 €, ☑ 13 €
♦ Dans une rue tranquille de la vieille ville, chambres personnalisées (marines aux murs). Restaurant et salle des petits-déjeuners agrémentés de gravures et de boiseries.

🏠🏠 **Hôtel du Louvre** sans rest   📶 ⅙ ⇄ 🕉 🕻 🖄 ̄VISĀ 🐵 AE ⑩
2 r. Marins – ℰ 02 99 40 86 62 – contact @ hoteldulouvre-saintmalo.com
– Fax 02 99 40 86 93   DZ **b**
50 ch – †70/125 € ††70/139 €, ☑ 14 €
♦ Décor contemporain et sobre pour cet hôtel entièrement rénové. Bois sombre, tableaux, tons chauds et murs pastel habillent les chambres et la salle des petits-déjeuners.

🏠🏠 **La Cité** sans rest   📶 ⅙ AC 🕻 ⌂ ̄VISĀ 🐵 AE ⑩
26 r. Ste-Barbe – ℰ 02 99 40 55 40 – hotelcite-stmalo @ wanadoo.fr
– Fax 02 99 40 10 04   DZ **v**
41 ch – †51/83 € ††65/220 €, ☑ 13 €
♦ Cet immeuble de la vieille ville abrite des chambres fonctionnelles, de bonne ampleur. On prend son petit-déjeuner sous une charpente apparente, avec une vue sur les remparts.

🏠 **San Pedro** sans rest   📶 ⇄ 🕉 🕻 ̄VISĀ 🐵 AE
🍽 1 r. Ste-Anne – ℰ 02 99 40 88 57 – hotelsanpedro @ wanadoo.fr
– Fax 02 99 40 46 25 – Ouvert 1ᵉʳ mars-15 nov.   DZ **f**
12 ch – †46/50 € ††55/70 €, ☑ 7,50 €
♦ À deux pas de la plage de Bon Secours, un hôtel de poche dont l'accueil chaleureux est incomparable. Petites chambres impeccablement tenues et petit-déjeuner très soigné.

🏠 **Le Croiseur** sans rest   📶 ⇄ 🕉 🕻 ̄VISĀ 🐵 AE
2 pl. de la Poissonnerie – ℰ 02 99 40 80 40 – hotel.le.croiseur @ free.fr
– Fax 02 99 56 83 76 – Fermé 11 nov.-1ᵉʳ janv.   DZ **h**
14 ch – †55/69 € ††59/69 €, ☑ 6,50 €
♦ Cuir brun et mobilier en wengé donnent à cet établissement un style contemporain épuré. En été, on petit-déjeune sur la mignonne place pavée où officie parfois un poissonnier.

✕✕ **À la Duchesse Anne** (Serge Thirouard)   🕊 🕉 ̄VISĀ 🐵
✿ 5 pl. Guy La Chambre – ℰ 02 99 40 85 33 – Fax 02 99 40 00 28
– Fermé déc., janv., dim. soir hors saison, lundi midi et merc.   DZ **e**
Rest – Menu 74 € – Carte 33/70 €
Spéc. Filets de maquereaux frais au vin blanc. Homard à l'armoricaine. Tarte tatin.
♦ Découvrez cette institution malouine (1945) et son beau décor de mosaïque et de fresques. Un vrai conservatoire de la cuisine bourgeoise telle qu'on la faisait il y a cent ans.

XX **Le Chalut** (Jean-Philippe Foucat)　　　　　　　　　ⒶⒸ 𝑉𝐼𝑆𝐴 ⓂⓄ ⒶⒺ
🕸 8 r. Corne de Cerf – ☏ 02 99 56 71 58 – lechalutstmalo@aol.com
– Fax 02 99 56 71 58 – Fermé mardi sauf le soir en juil.-août et lundi　　　DZ **d**
Rest – (nombre de couverts limité, prévenir) Menu 25 € (déj. en sem.), 39/68 €
– Carte 40/55 €
Spéc. Filet de Saint-Pierre à la coriandre fraîche. Poisson de petite pêche à l'huile
d'orange et safran. Fruits de saison en gratin au sauternes.
◆ Belle façade évoquant la vie des marins, intérieur convivial et cuisine raffinée axée sur les
produits de la mer : trois bonnes raisons de ne pas prendre le large !

XX **Delaunay**　　　　　　　　　　　　　　　　　　　�&. 𝑉𝐼𝑆𝐴 ⓂⓄ
6 r. Ste-Barbe – ☏ 02 99 40 92 46 – bdelaunay@orange.fr
– Fermé mi-nov.-mi-déc., janv.-mi-fév., lundi hors saison et dim.　　　　DZ **x**
Rest – (dîner seult) Menu (26 €), 29 €, 48 € – Carte 36/62 €
◆ Entourée de nombreux restaurants, une devanture lie-de-vin abritant une petite salle
entièrement rafraîchie, agrémentée de nombreux tableaux. Carte dans l'air du temps.

X **Gilles**　　　　　　　　　　　　　　　　　　　　　　　　𝑉𝐼𝑆𝐴 ⓂⓄ
2 r. Pie qui boit – ☏ 02 99 40 97 25 – Fax 02 99 40 97 25 – Fermé 24 nov.-14 déc.,
jeudi du 15 oct. au 15 avril et merc.　　　　　　　　　　　　　　DZ **t**
Rest – (nombre de couverts limité, prévenir) Menu (21 €), 25/39 €
◆ La superbe promenade sur les remparts vous a ouvert l'appétit ? Ce discret restaurant aux
grandes baies vitrées vous régalera de sa cuisine actuelle soignée.

X **L'Ancrage**　　　　　　　　　　　　　　　　　　　　🏵 ✿ 𝑉𝐼𝑆𝐴 ⓂⓄ ⒶⒺ
7 r. J. Cartier – ☏ 02 99 40 15 97 – Fermé 5 janv.-8 fév., mardi et merc. sauf juil.-août
🍲 **Rest** – Menu 16/36 € – Carte 35/59 €　　　　　　　　　　　　　DZ **r**
◆ Adossé aux remparts, restaurant de poissons et fruits de mer où vous serez servis à la
bonne franquette ! Décor marin au rez-de-chaussée ; jolie salle voûtée à l'étage.

St-Malo Est et Paramé – ✉ 35400 St-Malo

🏨 **Grand Hôtel des Thermes** ॐ　　　≤ 🖾 ☻ 𝑓ₐ 🀫 &. ch, ⒶⒸ ℀ rest, ☏
100 bd Hébert – ☏ 02 99 40 75 75　　　　　　　🀫 ⌂ 𝑉𝐼𝑆𝐴 ⓂⓄ ⒶⒺ ⓪
– resa@thalassotherapie.com – Fax 02 99 40 76 00 – Fermé 6-19 déc.　　BX **n**
169 ch – †78/170 € ††136/410 €, ⊏ 19 € – 7 suites – ½ P 110/255 €
Rest Le Cap Horn – ☏ 02 99 40 75 40 – Menu 28/55 € – Carte 42/73 €
Rest La Verrière – Menu (23 €), 33/42 € – Carte 32/42 €
◆ Sur le front de mer, ancien palace du 19ᵉ s. et son centre de thalassothérapie (six piscines
à l'eau de mer et soins au top). L'ensemble des chambres est de bonne ampleur. Jolie vue sur
la mer et carte classique au Cap Horn. Décor Belle Époque et cuisine diététique à La Verrière.

🏨 **Alexandra**　　　　　≤ 🏵 🀫 &. ℀ ⇕ ℀ ☏ 🀫 🄿 🐦 𝑉𝐼𝑆𝐴 ⓂⓄ ⒶⒺ ⓪
138 bd Hébert – ☏ 02 99 56 11 12 – alexandra.hotel@wanadoo.fr
– Fax 02 99 56 30 03 – Fermé janv.　　　　　　　　　　　　　　BX **h**
31 ch – †70/130 € ††95/180 €, ⊏ 14 € – ½ P 86/130 € – **Rest** – Menu 28/72 €
– Carte 40/57 €
◆ Les chambres – avec terrasse ou bow-window – jouissent d'une belle vue sur la baie ou
sur les toits de la cité. Cadre ensoleillé et fonctionnel, maquettes de navires en déco.
Restaurant-brasserie proposant une carte traditionnelle inspirée par la mer.

🏨 **La Villefromoy** sans rest　　　　　　　　🀫 ⇕ ☏ 🄿 𝑉𝐼𝑆𝐴 ⓂⓄ ⒶⒺ ⓪
7 bd Hébert – ☏ 02 99 40 92 20 – villefromoy.hotel@wanadoo.fr
– Fax 02 99 56 79 49 – Fermé 17 nov.-18 déc. et 5 janv.-5 fév.　　　　CX **s**
21 ch – †85/165 € ††85/165 €, ⊏ 12 € – 2 suites
◆ Ces deux demeures d'un quartier résidentiel vous réservent un charmant accueil. Douce
atmosphère actuelle au salon (dans la villa Second Empire) ; chambres au mobilier acajou.

🏨 **Grand Hôtel Courtoisville** ॐ　　　🖾 🖾 🀫 &. ch, ⒶⒸ rest, ⇕
69 bd Hébert – ☏ 02 99 40 83 83　　　　　　℀ rest, ☏ 🄿, 🐦 𝑉𝐼𝑆𝐴 ⓂⓄ
– hotel@courtoisville.com – Fax 02 99 40 57 83
– Fermé 1ᵉʳ-19 déc. et 5 janv.-5 fév.　　　　　　　　　　　　　BX **a**
44 ch – †75/149 € ††75/149 €, ⊏ 13 € – ½ P 66/103 € – **Rest** – Menu 24/30 €
– Carte 26/50 €
◆ Près des thermes marins, pension familiale du début du 20ᵉ s. entourée d'un jardin.
Chambres spacieuses et tranquilles, équipées en majorité de lits à relaxation. Salle à
manger bourgeoise où l'on savoure plats traditionnels et produits de l'océan.

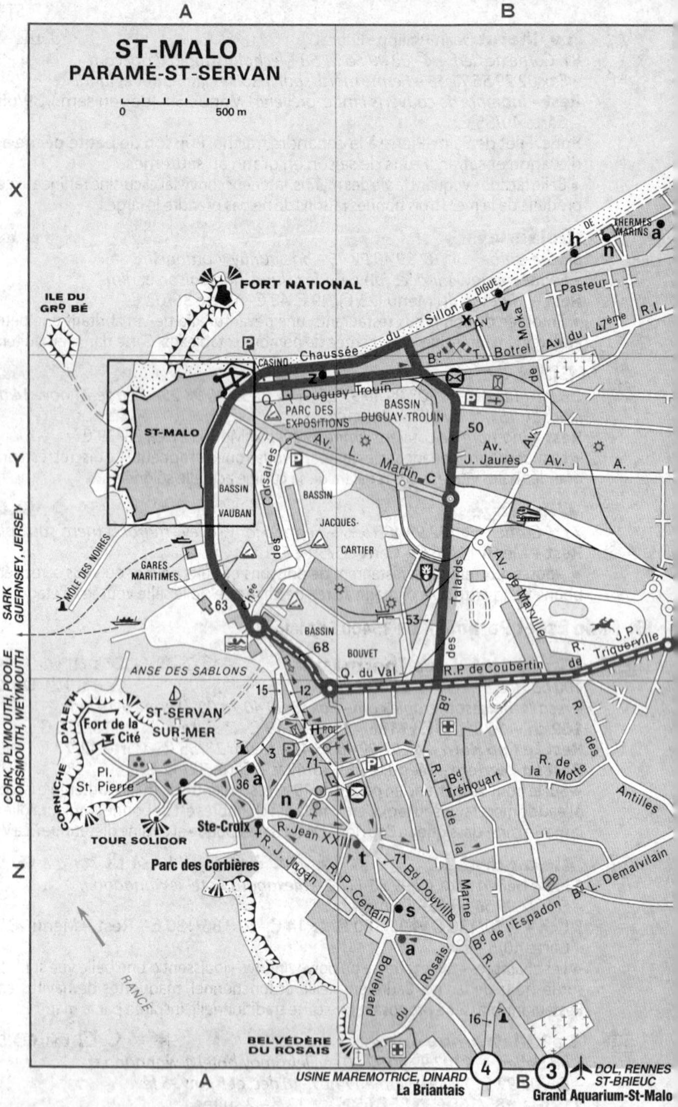
A
B
ST-MALO
PARAMÉ-ST-SERVAN
0
500 m
X
Y
Z
FORT NATIONAL
ILE DU GRD BÉ
ST-MALO
CASINO
Chaussée du Sillon
DIGUE
THERMES MARINS
Pasteur
Av. du 47ème R.I.
Moka
Bd T. Botrel
Q. Duguay-Trouin
PARC DES EXPOSITIONS
BASSIN DUGUAY-TROUIN
50
Av. J. Jaurès
Av. L. Martin
Av. A.
BASSIN VAUBAN
des Corsaires
BASSIN JACQUES-CARTIER
MÔLE DES NOIRES
GARES MARITIMES
63
Chée
53
Av. de Marville
des Talards
BASSIN BOUVET
68
Q. du Val
R.P. deCoubertin
R. de J.P. Triquerville
SARK GUERNSEY, JERSEY
CORK, PLYMOUTH, POOLE PORSMOUTH, WEYMOUTH
ANSE DES SABLONS
15
12
ST-SERVAN SUR-MER
Fort de la Cité
CORNICHE D'ALETH
Pl. St. Pierre
3
36
71
TOUR SOLIDOR
Ste-Croix
R. Jean XXIII
R. J. Jugan
R. P. Certain
Bd Douville
Bd Tréhouart
R. de la Marne
R. de la Motte
R. des Antilles
Bd L. Demalvilain
Bd de l'Espadon
Parc des Corbières
Boulevard du Rosais
RANCE
16
BELVÉDÈRE DU ROSAIS
USINE MAREMOTRICE, DINARD
La Briantais
4
3
DOL, RENNES ST-BRIEUC
Grand Aquarium-St-Malo

Mercure sans rest

36 chaussée Sillon – ✆ 02 23 18 47 47 – h3225@accor.com – Fax 02 23 18 47 48

51 ch – 71/140 € 79/145 €, ☕ 13 € AY **z**

◆ Un Mercure idéalement placé sur le Sillon, face à la mer. Aménagements fonctionnels et décoration actuelle. Formule buffet au petit-déjeuner (servi également en chambre).

Alba sans rest

17 r. des Dunes – ✆ 02 99 40 37 18 – info@hotelalba.com – Fax 02 99 40 96 40

22 ch – 60/125 € 75/171 €, ☕ 12 € BX **v**

◆ Cette villa du 19e s. bénéficie d'un bel emplacement face à la plage. Les chambres sont toutes rénovées et claires (tons crème, bois blond). La moitié donne sur le large.

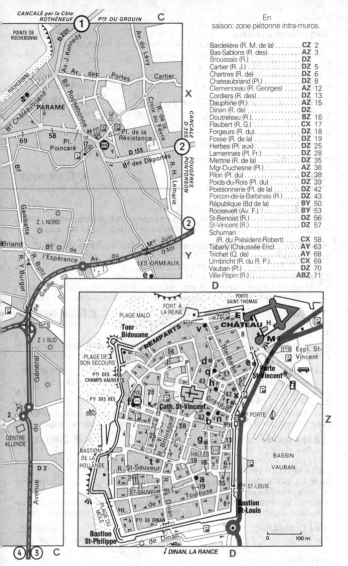

En saison: zone piétonne intra-muros.

Beaufort sans rest ← 🏼 🛜 📞 *VISA* 🌐 AE ①
25 chaussée Sillon – ℰ *02 99 40 99 99* – *contact@hotel-beaufort.com* – *Fax 02 99 40 99 62*
22 ch – †77/207 € ††77/207 €, ⟁ 12 €   BX **x**
♦ Chambres de style colonial pour cette fière demeure malouine reconnaissable à sa façade couleur moutarde. Celles situées côté rue du Sillon sont moins au calme.

Aubade sans rest 🏼 & ↝ ⅋ 📞 *VISA* 🌐 AE
8 pl. Duguesclin – ℰ *02 99 40 47 11* – *contact@aubade-hotel.com*
– Fax 02 99 56 10 49 – *Fermé 17 janv.-3 fév.* – **20 ch** – †74/110 € ††79/136 €, ⟁ 11 €
♦ Un hôtel pensé selon le concept du "décor comme à la maison" : accueil-bibliothèque, bar orange et chocolat, mobilier design et une couleur différente par étage (bonne literie).

Brocéliande sans rest ⇐ ✾ 🅿 VISA ①

43 chaussée Sillon – ℰ 02 99 20 62 62 – logis.broceliande @ wanadoo.fr
– Fax 02 99 40 42 47 – Ouvert de mars à mi-nov. BX **v**
9 ch – †90/142 € ††100/164 €, � 12 €

♦ Ancienne demeure bourgeoise tenue comme une maison d'hôte. Chaque chambre, décorée de tapisseries Laura Ashley, porte le nom d'un héros de Brocéliande. Accueil attentionné.

La Malouinière du Mont Fleury sans rest 🈯 ✾ 📞 🅿 VISA ①

2 r. Montfleury – ℰ 02 23 52 28 85 – bob.haby @ wanadoo.fr – Fax 02 23 52 28 85
4 ch ⊊ – †75/105 € ††75/105 € CY **e**

♦ Cette belle malouinière du 18ᵉ s., dans un jardin au calme, propose des chambres de charme (deux en duplex) conçues sur divers thèmes : la mer, l'Orient, la Chine, l'Amérique.

à St-Servan-sur-Mer – ⊠ 35400 St-Malo

Valmarin sans rest 🈯 ♪ 🅿 VISA ① ①

7 r. Jean XXIII – ℰ 02 99 81 94 76 – levalmarin @ wanadoo.fr – Fax 02 99 81 30 03
– Fermé janv. AZ **n**
12 ch – †95/135 € ††95/135 €, ⊊ 10 €

♦ Les chambres personnalisées de cette élégante demeure traditionnelle portent le nom de figures célèbres de la région. Les plus agréables s'ouvrent sur le paisible parc arboré.

Manoir du Cunningham sans rest ⇐ ♿ ✤ ✾ 📞 🅿 VISA ① AE ①

9 pl. Mgr Duchesne – ℰ 02 99 21 33 33 – cunningham @ wanadoo.fr
– Fax 02 99 21 33 34 – Ouvert de mi-mars à mi-nov. AZ **a**
13 ch – †90/190 € ††90/190 €, ⊊ 10 €

♦ Jolie maison aux allures de manoir anglo-normand, face à l'anse des Sablons. Grandes chambres baptisées de noms d'îles, plaisantes mais datées ; la plupart donnent sur la mer.

L'Ascott sans rest 🈯 🅿 VISA ① AE ①

35 r. Chapitre – informations @ ascothotel.com – ℰ 02 99 81 89 93 – Fax 02 99 81 77 40
10 ch – †85/95 € ††100/155 €, ⊊ 12 € BZ **s**

♦ Heureux mariage de meubles contemporains, parfois design, et de multiples objets chinés (lustres à pendeloques, tableaux) en cette demeure bourgeoise d'un quartier résidentiel.

La Rance sans rest 🈯 ✾ 📞 🚗 VISA ①

15 quai Sébastopol, (port Solidor) – ℰ 02 99 81 78 63 – hotel-la-rance @
wanadoo.fr – Fax 02 99 81 44 80 – Ouvert de début fév. à mi-nov. AZ **k**
11 ch – †55/85 € ††55/85 €, ⊊ 8 €

♦ Ici, vous serez reçu comme chez des amis. Hôtel situé dans une anse du quartier Solidor, aux petites chambres surannées (rafraîchissement prévu), mansardées au dernier étage.

Le St-Placide (Luc Mobihan) ♿ Ⱃ ✾ VISA ① AE

6 pl. Poncel – ℰ 02 99 81 70 73 – imobihan @ wanadoo.fr – Fermé 29 juin-11 juil.,
10-21 nov., 15-26 fév., merc. sauf le soir du 14 juil. au 15 août et mardi BZ **a**
Rest – Menu (20 €), 26 € (déj. en sem.), 45/75 € – Carte 56/82 €
Spéc. Croustillant langoustine, parmesan et basilic. Bar de ligne, émulsion pomme de terre et truffe (hiver). Panna et cotta framboises, balsamique (été).

♦ Maison traditionnelle (1907) flanquée d'une véranda moderne. Savoureuses préparations dans l'air du temps servies dans un décor contemporain tout en courbes.

Les Corbières VISA ① AE

6 pl. Mgr Juhel – ℰ 02 99 82 07 46 – jullianpekle @ yahoo.fr – Fermé 18-30 juin,
5-30 nov., 15-28 fév., mardi sauf le soir en juil.-août et lundi BZ **t**
Rest – Menu 23 € (sem.)/52 € – Carte 41/56 €

♦ Au cœur du quartier des Corbières, une discrète façade marron cache ce restaurant au cadre actuel (lustres et appliques de Murano). Esthétisme et inventivité dans l'assiette.

rte de Rennes 3 km par ③ et av. Gén. de Gaulle – ⊠ 35400 St-Malo

La Grassinais 🈯 ♿ ch, Ⱃ rest, ✤ ✾ ch, 🔊 🅿 VISA ① AE

12 allée Grassinais – ℰ 02 99 81 33 00 – manoirdelagrassinais @ wanadoo.fr
– Fax 02 99 81 60 90 – Fermé 20 déc.-31 janv.
29 ch – †52/80 € ††58/80 €, ⊊ 8 € – ½ P 61/72 € – **Rest** – *(fermé mardi midi en août, sam. midi, lundi et dim. soir de sept. à juil.)* Menu (19 €), 24/46 €

♦ En périphérie de St-Malo, ancienne ferme rattrapée par l'urbanisation et joliment restaurée. Elle abrite des chambres actuelles, confortables et rajeunies. Chaleureuse salle à manger lambrissée et recettes traditionnelles gourmandes mitonnées avec soin.

ST-MANDÉ – 94 Val-de-Marne – **312** D2 – **101** 27 – **voir à Paris, Environs**

ST-MARC-À-LOUBAUD – 23 Creuse – **325** I5 – 122 h. – alt. 705 m –
✉ 23460   25 **C2**

🚩 Paris 411 – Aubusson 24 – Guéret 54 – Limoges 78 – Tulle 87 – Ussel 57

✗ **Les Mille Sources**   🚿 🛏 ♻ **P** **VISA** **◍◍** **①**
– ✆ 05 55 66 03 69 – Fax 05 55 66 03 69 – *Ouvert 21 mars-6 nov. et fermé dim. soir
et lundi sauf vacances scolaires*
Rest – *(prévenir)* Menu 32/48 € – Carte 40/54 €
♦ Ex-ferme habilement réaménagée où vous serez accueilli comme chez des amis.
Canards de Challans et gigots rôtissent dans la cheminée d'époque de la très jolie salle
rustique.

ST-MARCEL – 36 Indre – **323** F7 – **rattaché à Argenton-sur-Creuse**

ST-MARCEL – 71 Saône-et-Loire – **320** J9 – **rattaché à Chalon-sur-Saône**

ST-MARCEL-DU-PÉRIGORD – 24 Dordogne – **329** F6 – 140 h. – alt. 160 m –
✉ 24510   4 **C1**

🚩 Paris 538 – Bordeaux 144 – Périgueux 58 – Bergerac 26 –
Sarlat-la-Canéda 55

✗ **Auberge Lou Peyrol**   🛏 **VISA** **◍◍**
au bourg – ✆ 05 53 24 09 71 – *fiona.wavrin @ wanadoo.fr*
– *Fermé 31 mars-9 avril, 24 nov.-10 déc., 12 janv.-13 fév., merc. du 7 oct. au 19 mars
et mardi*
Rest – Menu 26/33 € – Carte 29/50 €
♦ La propriétaire a quitté son Angleterre natale pour cette auberge périgourdine au
charme très rustique. Terrasse ombragée d'un vénérable tilleul. Cuisine régionale de
saison.

ST-MARCEL-EN-DOMBES – 01 Ain – **328** C5 – 1 059 h. – alt. 265 m –
✉ 01390   43 **E1**

🚩 Paris 440 – Bourg-en-Bresse 36 – Lyon 30 – Meximieux 21
– Villefranche-sur-Saône 26

✗ **La Colonne**   🛏 **VISA** **◍◍**
  – ✆ 04 72 26 11 06 – Fax 04 72 08 59 24 – *Fermé 23 déc.-16 janv.,
🍴 *lundi soir et mardi*
Rest – Menu 16 € (déj. en sem.), 20/38 € – Carte 22/39 €
♦ L'enseigne évoque la colonne en pierre du 16ᵉ s. qui trône au milieu de la salle à manger
(boiseries en chêne et plafond à la française). Cuisine régionale. Jardin-terrasse.

ST-MARCEL-LÈS-SAUZET – 26 Drôme – **332** B6 – **rattaché à Montélimar**

ST-MARCELLIN – 38 Isère – **333** E7 – 6 955 h. – alt. 282 m – ✉ 38160
▮ Lyon et la vallée du Rhône   43 **E2**

🚩 Paris 570 – Die 76 – Grenoble 55 – Valence 46 – Vienne 71 – Voiron 47
🄴 Office de tourisme, 2, avenue du Collège ✆ 04 76 38 53 85,
Fax 04 76 38 17 32

✗✗ **La Tivollière**   ⇐ 🛏 **P** **VISA** **◍◍** **AE**
Château du Mollard – ✆ 04 76 38 21 17 – Fax 04 76 38 94 51
– *Fermé 1ᵉʳ-7 août, 1ᵉʳ-21 janv., jeudi soir, dim. soir et lundi*
Rest – Menu 20 € (sem.)/43 €
♦ Restaurant au décor moderne assez inattendu, aménagé dans un château du 15ᵉ s.
dominant la ville. La terrasse ombragée offre une petite échappée sur le Vercors.

ST-MARTIAL-DE-NABIRAT – 24 Dordogne – 329 I7 – 513 h. – alt. 175 m –
⊠ 24250   4 **D2**

🖸 Paris 556 – Bordeaux 213 – Périgueux 82 – Cahors 43 – Sarlat-la-Canéda 20

✗ **Le Saint-Martial**   🏠 *AC* *VISA* **©**
au bourg – ℰ *05 53 29 18 34 – le-saint-martial@tiscali.fr – Fax 05 53 29 73 45*
– Fermé mardi et merc. sauf le soir du 15 juil. au 31 août
Rest – Menu (23 €), 32/44 € – Carte 42/63 €
♦ Avec son mobilier en fer forgé, la terrasse sur la place du village invite à s'attabler.
À l'intérieur, la petite salle rustique vous reçoit en toute convivialité. Plats actuels.

ST-MARTIN-AUX-CHARTRAINS – 14 Calvados – 303 N4 – rattaché à
Pont-L'Évêque

ST-MARTIN-DE-BELLEVILLE – 73 Savoie – 333 M5 – 2 532 h. – alt. 1 450 m
– Sports d'hiver : 1 450/2 850 m ⤋ 9 ⤋ 37 ⤋ – ⊠ 73440 ▐ Alpes du Nord   46 **F2**

🖸 Paris 624 – Albertville 44 – Chambéry 93 – Moûtiers 20
🛈 Office de tourisme, immeuble L'Épervière ℰ 04 79 00 20 00,
Fax 04 79 08 91 71

🏨 **St-Martin** ⌖   ≤ 🏠 *La* 📶 ⅙ ch, 📶 ch, ℅ rest, ℅ 🕸 🕭 *VISA* **©** *AE*
– ℰ *04 79 00 88 00 – hotelsaintmartin@wanadoo.fr – Fax 04 79 00 88 39 – Ouvert*
16 juil.-19 avril
27 ch – 🛆138/200 € 🛆🛆196/404 €, ⊑ 17 € – 5 suites – ½ P 98/202 €
Rest *Le Grenier* – Menu 30/50 € – Carte 35/82 €
♦ Ce coquet chalet à toiture de lauzes respire le bon goût. Chaleureux décor de bois et
équipements modernes dans les chambres, toutes dotées d'un balcon. Cuisine du terroir
et suggestions du jour annoncées sur de grandes ardoises du pays ; cadre savoyard.

🏠 **L'Edelweiss**   ℅ ℅ *VISA* **©**
r. St-François – ℰ *04 79 08 96 67 – hoteledelweiss@wanadoo.fr*
– Fax 04 79 08 90 40 – Ouvert 10 juil.-31 août et 20 déc.-26 avril
16 ch – 🛆85/105 € 🛆🛆115/145 €, ⊑ 12 € – ½ P 90/105 € – **Rest** – Menu 28/33 €
– Carte 37/57 €
♦ L'esprit montagnard fleurit à l'Edelweiss où vous préférerez les quelques chambres
rénovées, bien que toutes soient très bien tenues. Sauna apprécié des skieurs. Table
traditionnelle accessible en période estivale.

✗✗ **La Bouitte** (René et Maxime Meilleur) avec ch ⌖   ≤ 🏠 *☕* ℅
✿✿ *à St-Marcel, 2 km au Sud-Est –* ℰ *04 79 08 96 77*   **P** *VISA* **©** *AE* **①**
– info@la-bouitte.com – Fax 04 79 08 96 03
– Ouvert 1er juil.-3 sept. et 2 déc.-30 avril
6 ch ⊑ – 🛆165/200 € 🛆🛆245/258 € – 2 suites
Rest *– (fermé lundi en été)* Menu 48/165 € – Carte 85/135 € 🕸
Spéc. Demi-lobe de foie gras grillé à sec, rouleau de pomme, herbes fraîches.
Omble chevalier, tartare de légumes, coulis de tapenade (été). Langoustines
royales à l'unilatéral, perles d'agrumes (hiver). **Vins** Chignin-Bergeron, Vin de
Savoie passerillé.
♦ Joli décor de vieux chalet, cuisine "salée-sucrée" inventive (herbes alpestres) et tout en
finesse, accueil adorable : cette "bouitte" offre un délicieux concentré de Savoie ! Superbes
chambres montagnardes.

✗✗ **Étoile des Neiges**   🏠 ℅ *VISA* **©**
r. St-Martin – ℰ *04 79 08 92 80 – hoteledelweiss@wanadoo.fr*
– Fax 04 79 08 90 40 – Ouvert 10 juil.-30 août, et 20 déc.-25 avril
Rest – Menu 30 € (dîner)/45 € (dîner) – Carte 45/79 €
♦ Table traditionnelle se complétant d'une terrasse agréable lorsque perce le soleil. Salles
au cadre montagnard, réchauffées par une cheminée centrale ; mezzanine à l'étage.

✗ **Le Montagnard**   *VISA* **©**
– ℰ *04 79 01 08 40 – info@le-montagnard.com – Ouvert 1er juil.-31 août et*
15 déc.-1er mai
Rest – Carte 28/58 €
♦ Bois brut, murs chaulés, mobilier massif et vieux outils composent le chaleureux décor
montagnard de cette table sympathique et animée perchée sur les hauts du village.
Cuisine du terroir.

ST-MARTIN-DE-LONDRES – 34 Hérault – 339 H6 – 1 894 h. – alt. 194 m –
⊠ 34380 ▌ Languedoc Roussillon   23 **C2**

▶ Paris 744 – Montpellier 25 – Le Vigan 37

🖪 Office de tourisme, Maison de Pays ℰ 04 67 55 09 59,
Fax 04 67 55 70 91

XXX   **Les Muscardins**   🖪 ℗ 𝑉𝐼𝑆𝐴 ⬤◉ 🖪 ①
19 rte des Cévennes – ℰ *04 67 55 75 90 – trousset @ les-muscardins.fr*
– Fax 04 67 55 70 28 – Fermé 18 fév.-10 mars, lundi et mardi sauf fériés
Rest – Menu (29 €), 44/74 €
♦ La salle à manger et son petit salon d'attente ont été entièrement redécorés dans des tons
chaleureux ; tableaux colorés aux murs. Cuisine au goût du jour. Service traiteur.

au Sud 12 km par D 32, D 127 et D 127^{E6} – ⊠ 34380 Argelliers

XX   **Auberge de Saugras** avec ch ⅏   🖙 🛌 ℗ 𝑉𝐼𝑆𝐴 ⬤◉ 🖪 ①
😊   *–* ℰ *04 67 55 08 71 – auberge.saugras @ wanadoo.fr – Fax 04 67 55 04 65 – Fermé*
11-27 août, 22 déc.-14 janv., lundi midi en juil.-août, mardi sauf le soir en juil.-août
et merc.
7 ch – ✝42/83 € ✝✝42/83 €, � 8 € – ½ P 55/76 € – **Rest** – *(prévenir)* Menu (16 €),
19 € (sem.)/50 € – Carte 30/108 €
♦ Difficile d'accès car isolé dans la nature, ce mas du 12ᵉ s. aux murs de pierres brutes offre
une généreuse cuisine du terroir. Plaisante terrasse. Chambres rénovées.

ST-MARTIN-D'ENTRAUNES – 06 Alpes-Maritimes – 341 B3 – 88 h. – alt.
1 050 m – ⊠ 06470   41 **C2**

▶ Paris 778 – Barcelonnette 50 – Castellane 66 – Digne-les-Bains 104
– Nice 108

🏠   **Hostellerie de la Vallière**   ⩽ 🖙 ℗ 𝑉𝐼𝑆𝐴 ⬤◉
– ℰ *04 93 05 59 59 – info @ hotel-lavalliere.com – Fax 04 93 05 59 60*
– Ouvert 15 avril-15 oct.
10 ch – ✝44 € ✝✝44/55 €, � 7 € – ½ P 46 € – **Rest** – Menu 20 €
♦ Randonneurs et chasseurs de repos apprécieront cette auberge colorée tournée vers le
massif du Mercantour. Décor champêtre et confort sommaire dans les chambres (sans TV).
Repas traditionnel (on ne sert pas de poisson) dans une salle prolongée par une petite
terrasse.

ST-MARTIN-DE-LA-PLACE – 49 Maine-et-Loire – 317 I5 – 1 130 h. – alt. 80 m
– ⊠ 49160   35 **C2**

▶ Paris 314 – Nantes 147 – Angers 60 – Saumur 11 – La Flèche 70

🖪 Syndicat d'initiative, Mairie ℰ 02 41 38 43 06, Fax 02 41 38 09 93

🏠   **Domaine de la Blairie** ⅏   🖙 🛌 🖥 ₺ ch, 🖪 rest, ⅋
😊   *5 r. de la Mairie –* ℰ *02 41 38 42 98 – contact @*   ₰🛉 ℗ 𝑉𝐼𝑆𝐴 ⬤◉ 🖪
hotel-blairie.com – Fax 02 41 38 41 20 – Fermé 15 déc.-31 janv. et dim. soir du
15 nov. au 15 mars
44 ch – ✝56/65 € ✝✝66/75 €, � 8,50 € – ½ P 59/65 € – **Rest** – *(fermé dim. soir du*
15 nov. au 15 mars, merc. et jeudi) Menu (13 €), 17 € (déj. en sem.), 25/42 €
– Carte 32/45 €
♦ Cette demeure en tuffeau propose des chambres pratiques et bien tenues, réparties sur
trois bâtiments. On profite du calme d'un village du Saumurois et d'un grand jardin avec
piscine. Cuisine traditionnelle à prix attractifs servie dans un cadre chaleureux.

ST-MARTIN-DE-RÉ – 17 Charente-Maritime – 324 B2 – **voir à Île de Ré**

ST-MARTIN-DU-FAULT – 87 Haute-Vienne – 325 E5 – **rattaché à Limoges**

ST-MARTIN-DU-TOUCH – 31 Haute-Garonne – 343 G3 – **rattaché à Toulouse**

ST-MARTIN-DU-VAR – 06 Alpes-Maritimes – 341 E5 – 2 197 h. – alt. 110 m –
⊠ 06670   41 **D2**

🖸 Paris 938 – Antibes 34 – Cannes 44 – Nice 28 – Puget-Théniers 40 – Vence 22

XXX   **Jean-François Issautier**   🗚🗉 **P.** 🆅🆂🅰 🔞 🅰🄴 🄾
        3 km rte de Nice (D 6202) – ℰ 04 93 08 10 65 – jf.issautier@wanadoo.fr
🕸   – Fax 04 93 29 19 73
        – Fermé 27 oct.-5 nov., début janv. à début fév., dim. soir, lundi et mardi
        Rest – Menu 43/115 € – Carte 79/108 €
        Spéc. Pied de cochon cuit croustillant. "Cul" d'agneau rôti sur purée de pommes
        de terre aux olives noires de Nice. Soupe aux fraises de Carros, glace à l'huile d'olive
        (printemps-été). **Vins** Bellet, Côtes de Provence.
        ♦ Adresse discrète isolée de la route par une haie de conifères. Cuisine classique et
        régionale proposée dans une grande salle haute sous plafond et bourgeoisement décorée.

ST-MARTIN-EN-BRESSE – 71 Saône-et-Loire – 320 K9 – 1 639 h. – alt. 192 m –
⊠ 71620   8 **C3**

🖸 Paris 353 – Beaune 48 – Chalon-sur-Saône 18 – Dijon 86 – Dôle 56
    – Lons-le-Saunier 48

🏠   **Au Puits Enchanté**   🗚 **P.** 🆅🆂🅰 🔞
        1 pl. René Cassin – ℰ 03 85 47 71 96 – Chateau.Jacky@wanadoo.fr
😊   – Fax 03 85 47 74 58 – Fermé 10-16 mars, 29 sept.-5 oct., 1ᵉʳ-10 janv., lundi sauf
        de mars à oct., dim. soir et mardi
        13 ch – †47 € ††47 €, ⊇ 8,50 € – ½ P 50/55 € – **Rest** – (fermé dim. soir, lundi et
        mardi) Menu 20/45 € – Carte 28/46 €
        ♦ Cet hôtel familial situé au centre d'un bourg de la Bresse bourguignonne propose des
        chambres un peu exiguës, mais bien tenues. Petits-déjeuners servis sous la véranda. Au
        restaurant, la région inspire le chef tant au niveau de l'assiette que du verre.

ST-MARTIN-LA-MÉANNE – 19 Corrèze – 329 M4 – 365 h. – alt. 500 m – ⊠ 19320

🖸 Paris 510 – Aurillac 67 – Brive-la-Gaillarde 54 – Mauriac 48 – St-Céré 53
    – Tulle 32 – Ussel 65   25 **C3**

🖸 Barrage du Chastang★ SE : 5 km, ▊ Berry Limousin.

X   **Des Voyageurs** avec ch   🚗 🛏 🗣 **P.** 🆅🆂🅰 🔞 🅰🄴
        pl. Mairie – ℰ 05 55 29 11 53 – info@hotellesvoyageurs.com – Fax 05 55 29 27 70
        – Ouvert 14 mars-5 nov. et fermé dim. soir et lundi sauf de mai à sept.
        8 ch – †43/46 € ††43/54 €, ⊇ 7 € – ½ P 44/50 € – **Rest** – Menu (17 €), 23/37 €
        – Carte 37/47 €
        ♦ Charmante auberge en pierre où le temps s'arrête à la faveur d'une cuisine du terroir
        servie dans un cadre campagnard ou, en été, dans le jardin prolongé d'un étang (pêche).

ST-MARTIN-LE-BEAU – 37 Indre-et-Loire – 317 O4 – 2 481 h. – alt. 55 m –
⊠ 37270 ▊ Châteaux de la Loire   11 **B2**

🖸 Paris 231 – Amboise 9 – Blois 45 – Loches 34 – Tours 20

XX   **Auberge de la Treille** avec ch   🗚 🆅🆂🅰 🔞
        2 r. d'Amboise – ℰ 02 47 50 67 17 – auberge-de-la-treille@wanadoo.fr
😊   – Fax 02 47 50 20 14 – Fermé 7-13 avril, 17-23 nov., dim. soir et lundi
        8 ch – †50 € ††50/60 €, ⊇ 7,50 € – ½ P 52 € – **Rest** – Menu 13 € (déj. en sem.),
        20/39 €
        ♦ À quelques minutes de l'Aquarium de Touraine. Carte aux notes actuelles servie dans deux
        salles à manger rustiques avec colombages. Chambres simples, lumineuses et colorées.

ST-MARTIN-LE-GAILLARD – 76 Seine-Maritime – 304 I2 – 315 h. – alt. 60 m –
⊠ 76260 ▊ Normandie Vallée de la Seine   33 **D1**

🖸 Paris 168 – Amiens 99 – Dieppe 27 – Eu 12 – Neufchâtel-en-Bray 34 – Rouen 87

XX   **Moulin du Becquerel**   🚗 🛏 **P.** 🆅🆂🅰 🔞
        Nord-Ouest : 1,5 km sur D 16 – ℰ 02 35 86 74 94 – moulindubecquerel@free.fr
        – Fax 02 35 86 99 78 – Fermé 20 janv.-6 mars, dim. soir, lundi, mardi et merc.
        sauf juil.-août et fériés
        Rest – Menu 20/28 € – Carte 27/49 €
        ♦ Une rivière s'écoule au pied de cette avenante maison normande. Intérieur rustique et
        agréable terrasse ouverte sur la campagne. La cuisine, traditionnelle, évolue selon le marché.

ST-MARTIN-VÉSUBIE – 06 Alpes-Maritimes – 341 E3 – 1 098 h. – alt. 1 000 m – ⊠ 06450 ▯ Côte d'Azur
41 **D2**

▯ Paris 845 – Antibes 73 – Barcelonnette 111 – Cannes 83 – Menton 88 – Nice 66

▯ Office de tourisme, place Félix Faure ℰ 04 93 03 21 28, Fax 04 93 03 21 44

▣ Venanson : ≤★, fresques★ de la chapelle St-Sébastien S : 4,5 km.

▣ Le Boréon★★ (cascade★) N : 8 km - Cirque★★ du vallon de la Madone de Fenestre NE : 12 km.

🏠 **Gelas** sans rest   ⇄ ☏ P. 𝘝𝘐𝘚𝘈 ⦿ ⅅⅇ
27 r. Dr Cagnoli – ℰ 04 93 03 21 81 – contact@hotel-gelas.com – Fax 04 93 03 24 87 – Fermé nov.
10 ch – †66 € ††66 €, ⊊ 8 €
♦ Accueil charmant dans cette maison familiale rénovée par un passionné de ski ; chambres lambrissées et petit-déjeuner dans un décor célébrant la glisse ou en terrasse.

🍴 **La Trappa**   📶 𝘝𝘐𝘚𝘈 ⦿
7 pl. du Marché – ℰ 04 93 03 29 23 – Fermé 20 oct.-18 nov., merc. en juil.-août, dim. soir et lundi
Rest – Menu 20/26 € – Carte 24/39 €
♦ Table niçoise œuvrant dans la ruelle piétonne principale, où l'on dresse une terrasse en été. Salle rustico-champêtre. Compagnon du Tour de France aux fourneaux.

ST-MATHIEU-DE-TRÉVIERS – 34 Hérault – 339 I6 – 3 713 h. – alt. 81 m – ⊠ 34270
23 **C2**

▯ Paris 761 – Marseille 176 – Montpellier 22 – Nice 334 – Nîmes 53 – Toulouse 261

🍴🍴 **Lennys**   📶 𝗔𝗖 𝘝𝘐𝘚𝘈 ⦿
266 av. Louis Cancel, D 17 – ℰ 04 67 55 37 97 – restaurant.lennys@wanadoo.fr – Fax 04 67 54 71 82 – Fermé 6-30 sept., 10-19 janv., sam. midi, dim. soir et lundi
Rest – Menu (29 €), 42/82 € – Carte 66/74 € ⅋
♦ Sympathique auberge proche du pic St-Loup qui donne également son nom au vin local : le pic-saint-loup. Cadre méridional, terrasse ombragée et appétissante cuisine au goût du jour.

ST-MATHURIN – 85 Vendée – 316 F8 – 1 256 h. – alt. 30 m – ⊠ 85150
34 **A3**

▯ Paris 451 – Nantes 95 – La Roche-sur-Yon 29 – Challans 66 – Les Sables-d'Olonne 10

🏠 **Le Château de la Millière** sans rest ⌂   ♨ ☉ ⇄ ⅏ P.
La Millière – ℰ 02 51 22 73 29 – chateaudelamiliere@club-internet.fr – Fax 02 51 22 73 29 – Ouvert 1ᵉʳ mai-30 sept.
5 ch – †85 € ††85/100 €, ⊊ 7,50 €
♦ Un vaste parc – piscine, étangs, allées – renforce l'attrait de ce château (19ᵉ s.) qui a préservé son caractère (mobilier d'époque) tout en se dotant d'un confort actuel.

ST-MAUR-DES-FOSSÉS – 94 Val-de-Marne – 312 D3 – 101 27 – voir à Paris, Environs

ST-MAXIMIN – 30 Gard – 339 L5 – 613 h. – alt. 110 m – rattaché à Uzès

ST-MAXIMIN-LA-STE-BAUME – 83 Var – 340 K5 – 12 402 h. – alt. 289 m – ⊠ 83470 ▯ Provence
40 **B3**

▯ Paris 793 – Aix-en-Provence 44 – Marseille 51 – Toulon 55

▯ Office de tourisme, Hôtel de Ville ℰ 04 94 59 84 59, Fax 04 94 59 82 92

🏨 **Couvent Royal**   🚗 📶 ▤ & ⇄ ☏ 🛁 P. 𝘝𝘐𝘚𝘈 ⦿ ⅅⅇ ⓞ
pl. Jean Salusse – ℰ 04 94 86 55 66 – contact@hotelfp-saintmaximin.com – Fax 04 94 59 82 82
67 ch – †85/153 € ††85/153 €, ⊊ 12 € – ½ P 95/98 € – **Rest** – *(fermé lundi de nov. à avril)* Menu 35 €
♦ Hôtellerie originale, accolée à une basilique du 13ᵉ s. Chambres douillettes mettant à profit d'anciennes cellules de moines. Repas traditionnel servi dans la belle salle capitulaire. Aux beaux jours, on profite d'une terrasse donnant sur le cloître.

ST-MÉDARD – 46 Lot – 337 D4 – 153 h. – alt. 170 m – ⊠ 46150
28 **B1**

▶ Paris 571 – Cahors 17 – Gourdon 34 – Villeneuve-sur-Lot 59

XXX **Gindreau** (Alexis Pélissou)　　　　　　　　⩽ 🏡 AC VISA ⓄⓄ AE Ⓞ

❀ – ℰ 05 65 36 22 27 – le.gindreau@wanadoo.fr – Fax 05 65 36 24 54
– Fermé 3-20 mars, 20 oct.-14 nov., lundi et mardi
Rest – (prévenir le week-end) Menu 38 € (sem.)/105 € – Carte 55/81 € ⅋
Spéc. Truffes fraîches (déc. à mars). Agneau fermier du Quercy. Soufflé à la truffe
flambé au marasquin (nov. à juin). **Vins** Cahors, Vins de Pays du Lot.
♦ Goûteuse cuisine contemporaine qui met en valeur le terroir, à découvrir dans cette
ancienne école de village. Salles aux couleurs pastel et terrasse sous les marronniers.

ST-MÉDARD-EN-JALLES – 33 Gironde – 335 G5 – 25 566 h. – alt. 22 m – ⊠ 33160
3 **B1**

▶ Paris 591 – Blaye 62 – Bordeaux 18 – Jonzac 97 – Libourne 48 – Saintes 129

X **Tournebride**　　　　　　　　　　　　　AC P VISA ⓄⓄ AE

⊜ à Hastignan – ℰ 05 56 05 09 08 – Fax 05 56 05 09 08 – Fermé merc. soir, dim. soir
et lundi
Rest – Menu 13 € (déj. en sem.), 18/36 € – Carte 25/36 €
♦ Salle à manger rajeunie et joliment égayée d'une fresque représentant le bassin d'Arcachon. Le décor de la seconde décline une thématique sur la vigne. Spécialités régionales.

ST-MICHEL-EN-L'HERM – 85 Vendée – 316 I9 – 1 931 h. – alt. 9 m – ⊠ 85580
34 **B3**

▶ Paris 453 – La Rochelle 46 – Luçon 15 – La Roche sur Yon 47
– Les Sables-d'Olonne 54

🛈 Syndicat d'initiative, 5, place de l'Abbaye ℰ 02 51 30 21 89,
Fax 02 51 30 21 89

XX **La Rose Trémière**　　　　　　　　　　AC ⇔ VISA ⓄⓄ

⊜ 4 r. de l'Église – ℰ 02 51 30 25 69 – rose.tremiere@wanadoo.fr
⊛ – Fax 02 51 97 63 25 – Fermé 6-22 oct., 16 fév.-5 mars, lundi soir et mardi
sauf juil.-août, dim. soir et merc.
Rest – Menu 12 € (déj. en sem.), 17/45 € – Carte 30/47 €
♦ Maison ancienne abritant une agréable salle au décor rustique soigné. On s'attable
autour de la cheminée centrale pour savourer de bons petits plats traditionnels.

ST-MICHEL-ESCALUS – 40 Landes – 335 D11 – 231 h. – alt. 23 m – ⊠ 40550
3 **B2**

▶ Paris 721 – Bayonne 67 – Bordeaux 135 – Dax 30

⩘ **La Bergerie-St-Michel** sans rest　　　　　　🛏 AC ⅙ P

St-Michel, par D 142, rte de Castets – ℰ 05 58 48 74 04 – bergerie-saintmichel@
wanadoo.fr – Fax 05 58 48 74 04 – Ouvert 1ᵉʳjuin-30 sept.
3 ch ⌂ – †85/120 € ††95/130 €
♦ La forêt landaise entoure cette ancienne ferme magnifiquement restaurée. Chambres de
grand confort décorées de tableaux contemporains. Copieux petits-déjeuners.

ST-MICHEL-MONT-MERCURE – 85 Vendée – 316 K7 – 1 729 h. – alt. 284 m – ⊠ 85700 ▮ Poitou Vendée Charentes
34 **B3**

▶ Paris 383 – Bressuire 36 – Cholet 35 – Nantes 85 – Pouzauges 7 – La
Roche-sur-Yon 52

◉ ✳✳★★ du clocher de l'église.

⩘ **Château de la Flocellière** ⌂　　　　⩽ 🔟 🛀 ⅙ 🐾 P VISA ⓄⓄ AE

La Flocellière, 2 km à l'Est – ℰ 02 51 57 22 03 – flocelliere.chateau@wanadoo.fr
– Fax 02 51 57 75 21
5 ch – †125/205 € ††155/205 €, ⌂ 12 € – **Table d'hôte** – Menu 54 € bc/61 €
bc
♦ Ce lieu chargé d'histoire était au Moyen Âge une importante forteresse du bas Poitou. Il
abrite aujourd'hui des chambres vastes et tranquilles avec vue sur le parc ; celles du donjon
sont splendides. Dîners à thème médiéval ou Renaissance dans une époustouflante salle
à manger du 16ᵉ s.

Auberge du Mont Mercure ⇐ ⇔ P̄ VISA ⑩

8 r. l'Orbrie, (près de l'église) – ℰ *02 51 57 20 26 – contact@*
aubergemontmercure.com – Fax 02 51 57 78 67 – Fermé vacances de la Toussaint,
de Pâques, lundi soir de sept. à juin, mardi soir et merc.
Rest – Menu 14 € (sem.)/33 € – Carte 20/39 €
♦ Perchée au sommet de la colline, cette auberge bénéficie d'un large panorama sur le
bocage vendéen. Salle de jeux aménagée pour les enfants. Adresse familiale.

ST-MIHIEL – 55 Meuse – 307 E5 – 5 260 h. – alt. 228 m – ⊠ 55300   26 **B2**
█ Alsace Lorraine

> ▶ Paris 287 – Metz 63 – Nancy 66 – Bar-le-Duc 35 – Toul 52 – Verdun 36
>
> █ Office de tourisme, rue du Palais de Justice ℰ 03 29 89 06 47, Fax 03 29 89 06 47
>
> ▨ de Madine à Nonsard Base de Loisirs, NE : 25 km par D 901 et D 179,
> ℰ 03 29 89 56 00.
>
> ◉ Sépulcre★★ dans l'église St-Étienne - Pâmoison de la Vierge★ dans l'église
> St-Michel.

à Heudicourt-sous-les-Côtes 15 km au Nord-Est par D 901 et D 133 – 188 h.
– alt. 240 m – ⊠ 55210

> ◉ Butte de Montsec : ☀★★, monument★ S : 13 km.

🏠 Lac de Madine 🈀 ⅚ ch. ⅙ ℭ ⅙ P̄ VISA ⑩ AE

– ℰ 03 29 89 34 80 – hotel-lac-madine@wanadoo.fr – Fax 03 29 89 39 20 – Fermé
20-28 déc., 2 janv.-13 fév.
44 ch – ♦55/95 € ♦♦55/95 €, ⊋ 9,50 € – ½ P 60 € – **Rest** – *(fermé lundi midi)*
Menu 23/60 € – Carte 38/60 €
♦ Près d'un lac, maison ancienne rénovée vous logeant dans des chambres fraîches et
actuelles. Dix avec baignoire balnéo et celles de l'annexe, de plain-pied, ont un jardin.
Restaurant néo-rustique dont la jolie charpente ménage un puits de lumière. Terrasse
ombragée.

ST-NAZAIRE ◈ – 44 Loire-Atlantique – 316 C4 – 65 874 h. – Agglo. 136 886 h.
– alt. 4 m – ⊠ 44600 █ Bretagne   34 **A2**

> ▶ Paris 435 – La Baule 19 – Nantes 61 – Vannes 79
>
> **Accès Pont de Saint-Nazaire : passage gratuit.**
>
> █ Office de tourisme, boulevard de la Légion d'Honneur ℰ 02 40 22 40 65,
> Fax 02 40 22 19 80
>
> ▨ de Savenay à Savenay Le Chambeau, par rte de Nantes : 27km,
> ℰ 02 40 56 88 05 ;
>
> ▨ de Guérande à Guérande Ville Blanche, par rte de Guérande : 22 km,
> ℰ 02 40 60 24 97.
>
> ◉ Base de sous-marins★ - Forme-écluse "Louis-Joubert"★ - Terrasse
> panoramique★ B - Pont routier de St-Nazaire-St-Brévin★ par ①.

Plan page suivante

🏨 Le Berry 🛗 ⅙ ℭ VISA ⑩ AE ①

1 pl. Pierre Semard – ℰ *02 40 22 42 61 – berry.hotel@wanadoo.fr*
– Fax 02 40 22 45 34 – Fermé 23 déc.-4 janv.   AY **r**
27 ch – ♦75/130 € ♦♦82/140 €, ⊋ 10 €
Rest – *(fermé dim. midi et sam.)* Menu 20/30 € – Carte 31/73 €
Rest *Brasserie* – brasserie *(fermé sam. et dim. midi)* Menu 16 € – Carte 24/48 €
♦ Établissement construit après-guerre, face à la gare. Chambres colorées et bien insono-
risées. Choix de mets classiques au restaurant, clair et agréable, avec vivier à homards. À la
brasserie, vins de Loire (au pichet) et plats plus simples, proposés à l'ardoise.

🏨 Au Bon Accueil ℭ ⅙ VISA ⑩ AE ①

39 r. Marceau – ℰ *02 40 22 07 05 – au-bon-accueil44@wanadoo.fr*
– Fax 02 40 19 01 58 – Fermé 18-24 fév. et 14 juil.-3 août   AZ **n**
17 ch – ♦82 € ♦♦82/180 €, ⊋ 10 € – ½ P 73 € – **Rest** – *(fermé dim. soir)*
Menu (17 €), 21 € (sem.)/55 € – Carte 40/60 €
♦ Une bâtisse réchappée de la Seconde Guerre mondiale abrite des chambres simples et
bien tenues. Une construction plus récente propose également des chambres modernes et
des duplex. Jolie salle de restaurant aux tables bien dressées, pour une cuisine traditionnelle.

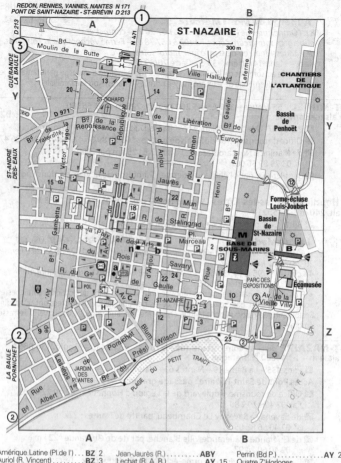

ST-NAZAIRE

🏠 **De Touraine** sans rest   🚿 🕊 📞 **VISA** 🟢 **AE** ①
4 av. de la République – ℰ 02 40 22 47 56 – hoteltouraine @ free.fr
– Fax 02 40 22 55 05 – Fermé 21 déc.-2 janv.   AZ **a**
18 ch – 🛏33/43 € 🛏🛏33/43 €, ⌑ 7,50 €
◆ En plein centre-ville, chambres nettes et meublées simplement, calmes sur l'arrière et disposant de double-vitrage côté rue. L'été, petits-déjeuners dans le jardin. Bon accueil.

🍴 **Le Sabayon**   **VISA** 🟢
😊 7 r. de la Paix – ℰ 02 40 01 88 21 – Fax 02 40 22 04 77 – Fermé 13-21 avril, août,
dim. et lundi   AZ **b**
Rest – Menu 17/49 € – Carte 36/50 €
◆ Derrière sa devanture aux airs marins, cette maison de 1880 vous régalera de poissons... mais aussi de viandes (gibiers en saison). Cuisine traditionnelle de produits frais.

ST-NAZAIRE-EN-ROYANS – 26 Drôme – 332 E3 – 498 h. – alt. 172 m –
⊠ 26190 ▮ Alpes du Nord   43 **E2**

D Paris 576 – Grenoble 69 – Pont-en-Royans 9 – Romans-sur-Isère 19
– Valence 35

⌂ **Rome**   ⟸ 🛋 🖼 🖾 rest, 📞 🕭 **P** 🖨 **VISA** ⓒⓞ 🖭
– ℰ 04 75 48 40 69 – hotel.rome@orange.fr – Fax 04 75 48 31 17
– Fermé 12-30 nov., dim. soir sauf juil.-août et lundi
10 ch – †47 € ††55 €, ⊡ 7 € – **Rest** – Menu 17 € (sem.)/39 € – Carte 26/43 €
◆ Imposante maison abritant des chambres fraîches et insonorisées, certaines avec vue sur
l'imposant aqueduc et la retenue d'eau. La raviole, bien connue des gourmets, compte
parmi les spécialités de cette sympathique table drômoise vouée à une cuisine régionale.

✗ **Muraz "du Royans"**   🖾 **VISA** ⓒⓞ
– ℰ 04 75 48 40 84 – restaurant@muraz.com – Fax 04 75 48 47 06
– Fermé 2-10 juin, 29 sept.-29 oct., lundi soir sauf juil.-août et mardi
Rest – Menu 18 € bc (sem.)/45 € – Carte 27/43 €
◆ Ce petit restaurant familial dispose d'une salle à manger colorée, agrémentée d'exposi-
sitions de tableaux. Cuisine traditionnelle et régionale à base de produits frais.

ST-NECTAIRE – 63 Puy-de-Dôme – 326 E9 – 675 h. – alt. 700 m – Stat. therm.
– Casino – ⊠ 63710 ▮ Auvergne   5 **B2**

D Paris 453 – Clermont-Ferrand 43 – Issoire 27 – Le Mont-Dore 24
🖸 Office de tourisme, les Grands Thermes ℰ 04 73 88 50 86,
Fax 04 73 88 40 48
◉ Église★★ : trésor★★ - Puy de Mazeyres ❊❊ ★ E : 3 km puis 30 mn.

⌂⌂ **Mercure**   🖾 🏊 🖾 🖾 ᎑ ch, 🖗 📞 🕭 **VISA** ⓒⓞ 🖭 ⓪
Les Bains Romains – ℰ 04 73 88 57 00 – h1814-gm@accor.com
– Fax 04 73 88 57 02
71 ch – †80/100 € ††80/100 €, ⊡ 12 € – ½ P 75/80 € – **Rest** – (fermé
12 nov.-20 déc.) Carte 25/39 €
◆ Ces anciens thermes et leur parc arboretum ont laissé tout leur charme nostalgique à cet
hôtel. Les chambres, refaites ou en cours de rénovation, sont confortables. Atmosphère
douce et raffinée dans la salle à manger aux tons pastel. Repas autour de la piscine en été.

ST-NEXANS – 24 Dordogne – 329 E7 – rattaché à Bergerac

ST-NICOLAS-LA-CHAPELLE – 73 Savoie – 333 L3 – rattaché à Flumet

ST-NIZIER-LE-BOUCHOUX – 01 Ain – 328 D2 – 713 h. – alt. 216 m – ⊠ 01560

D Paris 394 – Lyon 126 – Bourg-en-Bresse 43 – Chalon-sur-Saône 55
– Mâcon 40   44 **B1**

⌂ **La Closerie**   🖾 🖗 🕸 **P**
Jassans, (1,5 km au Sud par D 97 et rte secondaire) – ℰ 04 74 52 96 67
– francois-bongard@wanadoo.fr – Fax 04 74 52 96 67
5 ch ⊡ – †48 € ††54 € – **Table d'hôte** – Menu 18 € bc
◆ Au cœur du bocage bressan, une ferme de charme (1830) qui a su conserver ses
colombages et son délicieux cadre bucolique. Chambres fraîches et personnalisées, aux
noms de fleurs.

ST-OMER ◉ – 62 Pas-de-Calais – 301 G3 – 15 747 h. – alt. 23 m – ⊠ 62500
▮ Nord Pas-de-Calais Picardie   30 **B2**

D Paris 257 – Arras 77 – Boulogne-sur-Mer 52 – Calais 43 – Ieper 57 – Lille 65
🖸 Office de tourisme, 4, rue du Lion d'Or ℰ 03 21 98 08 51, Fax 03 21 98 08 07
🏌 Saint-Omer Golf Club à Acquin Chemin des Bois, par rte de
Boulogne-sur-Mer : 15 km, ℰ 03 21 38 59 90.
◉ Quartier de la cathédrale★★ : cathédrale Notre-Dame★★ - Hôtel Sandelin et
musée★ AZ - Anc. chapelle des Jésuites★ AZ **B** - Jardin public★ AZ.
◔ Ascenseur à bateaux des Fontinettes★ SE : 5,5 km - Coupole
d'Helfaut-Wizernes★★, S : 5 km.

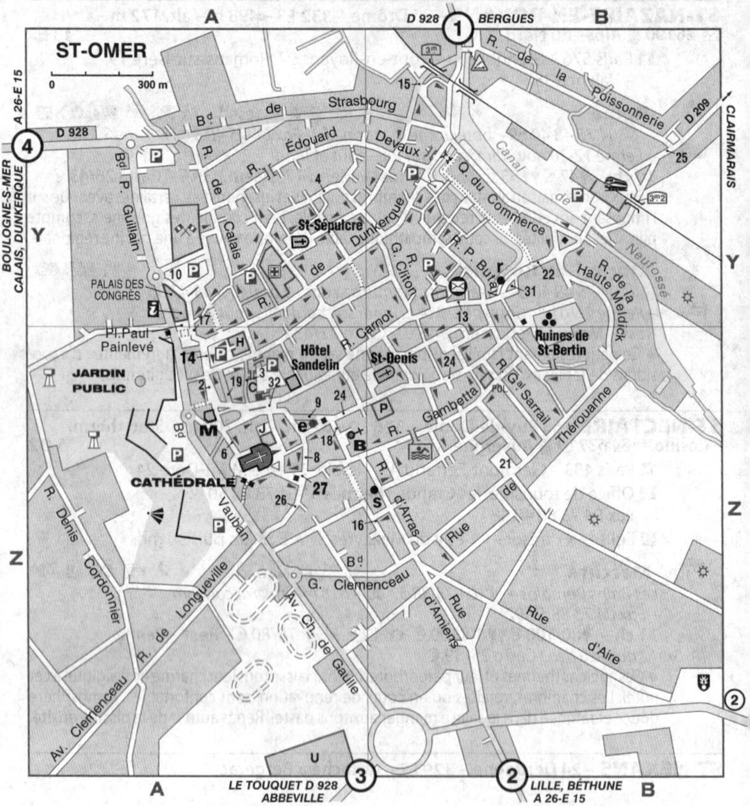

Arras (R. d')	BZ		Esplanade	AY	10	Perpignan (Pl. de)	BZ 21
Bonhomme (Pl. P.)	AZ	2	Faidherbe (R.)	BY	13	Ringot (R. François)	BY 22
Calais (R. de)	AY		Foch (Pl. Mar.)	AZ	14	Ste-Croix (R.)	AZ 26
Clouteries (R. des)	AZ	3	Gaîté (R. de la)	BY	15	St-Bertin (R.)	BZ 24
Courteville (R.)	AY	4	Griffon (R. du)	ABZ	16	St-Martin (R.)	BY 25
Dunkerque (R. de)	ABY		Lion-d'Or (R. du)	AYZ	17	Sithieu (Pl.)	AZ 27
Dupuis (R. Henri)	AZ	6	Lycée (R. du)	AZ	18	Vainquai (Pl. du)	BY 31
Écusserie (R. de l')	AZ	8	Martel (R. Louis)	AZ	19	Victor-Hugo (Pl.)	AZ 32
Epeers (R. des)	AZ	9					

St-Louis rest, rest, P VISA MC AE

25 r. d'Arras – 03 21 38 35 21 – contact@hotel-saintlouis.com – Fax 03 21 38 57 26 – Fermé 18 déc.-5 janv. BZ **s**

30 ch – 59 € 72 €, 8 € – ½ P 59 € – **Rest** – *(fermé le midi du 14 juil. au 19 août, sam. midi et dim. midi)* Menu 15 € (sem.)/26 € – Carte 21/33 €

◆ À proximité de la cathédrale, ce plaisant hôtel sous arcades a succédé à un relais de poste. Il abrite des chambres chaleureuses et fonctionnelles, plus récentes à l'annexe. Salle à manger agencée dans un esprit "brasserie moderne". Carte traditionnelle.

Le Bretagne P VISA MC AE

2 pl. Vainquai – 03 21 38 25 78 – accueil@hotellebretagne.com – Fax 03 21 93 51 22

75 ch – 60 € 70/85 €, 9 € – **Rest** – *(fermé 1er-15 janv., le midi du 4 au 17 août, sam. midi, dim. soir et les soirs fériés)* Menu 15 € (sem.)/30 € bc – Carte 22/54 € BY **r**

◆ Cette imposante bâtisse contemporaine agréablement située en centre-ville possède des chambres impeccablement tenues. Banquettes en velours rouge, miroirs et appliques donnent une allure de brasserie parisienne au restaurant ; cuisine traditionnelle.

�X�X�X Le Cygne ⌂ AK ☆ VISA ⦿ AE

8 r. Caventou – ✆ *03 21 98 20 52 – Fax 03 21 95 57 12 – Fermé 27 juil.-19 août,*
vacances de fév., dim. soir et lundi sauf fériés AZ **e**
Rest – Menu 14 € (sem.)/48 € – Carte 36/55 €
♦ Lumineuse salle à manger bourgeoise, précédée d'un salon d'accueil (avec cheminée) et
prolongée par une terrasse. Caveau pour les repas commandés. Plats traditionnels soignés.

à Blendecques 4 km par ② et D 211 – 5 186 h. – alt. 25 m – ⌂ 62575

X Le Saint Sébastien ⌂ VISA ⦿

2 Grand-Place – ✆ *03 21 38 13 05 – saint-sebastien @ wanadoo.fr*
– Fax 03 21 39 77 85 – Fermé 22-30 déc., dim. soir, lundi et soirs fériés
Rest – Menu (14,50 €), 17 € (sem.)/37 € – Carte 37/47 €
♦ Sympathique adresse à dénicher dans une petite commune de l'agglomération audo-
maroise : accueil familial, coquet décor rustique et bonnes recettes traditionnelles.

à Tilques 6 km par ④, D 943 et rte secondaire – 947 h. – alt. 27 m – ⌂ 62500

☆☆☆ Château Tilques ⌂ AK ⌂ ☆ ☆ rest, ☎ ☆ P

– ✆ *03 21 88 99 99 – chateau-tilques.hotel @* ⌂ VISA ⦿ AE ①
najeti.com – Fax 03 21 38 34 23
53 ch – ♦145/165 € ♦♦145/195 €, ⌂ 19 € – 1 suite – ½ P 121/136 €
Rest – Menu 28 € (déj.), 38/88 € – Carte 63/76 €
♦ Ce château en briques de 1891 jouit d'un parc arboré (plan d'eau) où évoluent cygnes et
paons en liberté. Chambres dotées de meubles de style, plus contemporaines à l'annexe.
Le restaurant, cossu, occupe les anciennes écuries ; on y sert une cuisine classique.

ST-OUEN – 41 Loir-et-Cher – 318 D5 – **rattaché à Vendôme**

ST-OUEN – 93 Seine-Saint-Denis – 305 F7 – 101 16 – **voir à Paris, Environs**

ST-OUEN-LES-VIGNES – 37 Indre-et-Loire – 317 O4 – **rattaché à Amboise**

ST-OUTRILLE – 18 Cher – 323 H4 – 203 h. – alt. 108 m – ⌂ 18310 12 **C3**

❒ Paris 233 – Blois 71 – Bourges 46 – Châteaudun 39
– Romorantin-Lanthenay 30

X La Grange aux Dîmes ⌂ ☆ VISA ⦿

2 pl. de l'Église – ✆ *02 48 51 12 13 – Fax 02 48 51 12 13 – Fermé 2-25 mars,*
1ᵉʳ-15 oct., dim. soir et lundi
Rest – Menu (15 €), 20/60 € bc – Carte 32/47 €
♦ Sur la place de la collégiale, ancienne grange transformée en un aimable restaurant
familial meublé dans le style rustique. Carte traditionnelle.

ST-PAIR-SUR-MER – 50 Manche – 303 C7 – **rattaché à Granville**

ST-PALAIS – 64 Pyrénées-Atlantiques – 342 F5 – 1 701 h. – alt. 50 m – ⌂ 64120
▌ Pays Basque 3 **B3**

❒ Paris 788 – Bayonne 52 – Biarritz 63 – Dax 60 – Pau 74
– St-Jean-Pied-de-Port 32

🄸 Office de tourisme, place Charles-de-Gaulle ✆ 05 59 65 71 78,
Fax 05 59 65 69 15

⌂ La Maison d'Arthezenea ⌂ ⌂ ☆ ☆ P

42 r. du Palais de Justice – ✆ *05 59 65 85 96 – francois.barthaburu @ wanadoo.fr*
– Fax 05 59 65 85 96 – Ouvert d'avril à déc.
4 ch ⌂ – ♦63/68 € ♦♦68/73 € – **Table d'hôte** – Menu 25 € bc
♦ Dans un joli jardin, demeure en pierre où l'on se sent comme chez soi. Les chambres, aux
meubles anciens ou de style, se distinguent par leur couleur et leur nom. À la table d'hôte,
belles spécialités (foie gras maison, ris d'agneau et palombe flambée en saison).

XX **Trinquet** avec ch 　　　　　　　　　🛋 AC rest, ⌨ VISA ⓒ
– ℰ 05 59 65 73 13 – hoteltrinquet.saintpalais @ wanadoo.fr – Fax 05 59 65 83 84
– Fermé 21 avril-12 mai, 22 sept.-13 oct., lundi sauf hôtel en saison et dim. soir
9 ch – ♦55 € ♦♦55/65 €, ⊇ 7 € – ½ P 55/65 € – **Rest** – Menu (12 €) – Carte
26/43 €

♦ Sur la place centrale, cette maison qui sort d'une cure de jouvence est dotée d'un authentique trinquet (salle de pelote basque) de 1891. Carte régionale servie dans un décor actuel. Chambres refaites au goût du jour.

ST-PALAIS-SUR-MER – 17 Charente-Maritime – 324 D6 – 3 343 h. – alt. 5 m –
✉ 17420 ▮ Poitou Vendée Charentes 　　　　　　　　　　　38 **A3**

　▯ Paris 512 – La Rochelle 82 – Royan 6

　🖪 Office de tourisme, 1, avenue de la République ℰ 05 46 23 22 58,
　　Fax 05 46 23 36 73

　◻ La Grande Côte★★ NO : 3 km - Zoo de la Palmyre★★ NO : 10 km.

🏠 **Primavera** ⌂ 　　　　　🔅 ⓐ 🖾 ※ 🖾 ※ ch, 🅿 VISA ⓒ AE
12 r. Brick, par av. Gde Côte – ℰ 05 46 23 20 35 – contact @ hotel-primavera.com
– Fax 05 46 23 28 78 – Fermé 15 nov.-15 déc.
40 ch – ♦75/135 € ♦♦75/135 €, ⊇ 14 € – 2 suites – **Rest** – (fermé mardi midi,
merc. midi et lundi) Menu 24/45 € – Carte 36/86 €

♦ Élégante "folie" 1900 dont l'architecture s'inspire du style roman et ses deux annexes superbement situées dans un paisible parc surplombant la mer. Chambres de bon confort. Restaurant bourgeois, terrasse panoramique, et cuisine traditionnelle iodée.

⌂ **Ma Maison de Mer** ⌂ 　　　　　　　🖾 ½ 🅿 VISA ⓒ
21 av. du Platin – ℰ 05 46 23 64 86 – reservations @ mamaisondemer.com
– Fax 05 46 23 64 86
5 ch ⊇ – ♦75/115 € ♦♦75/155 € – **Table d'hôte** – (fermé mardi, jeudi et le
week-end) Menu 29 € bc

♦ Au cœur d'un jardin et d'une pinède, et à 300 m de la plage. Une famille anglaise tient cette demeure bourgeoise dont le beau décor marin – entre autres – dégage un charme fou. Petits-déjeuners préparés avec des produits frais du marché.

XX **Les Agapes** 　　　　　　　　🛋 & AC VISA ⓒ
⊕　8 r. M. Vallet – ℰ 05 46 23 10 23 – patrick.morin25 @ wanadoo.fr
– Fax 05 46 23 09 23 – Fermé vacances de la Toussaint, janv., dim. soir d'avril à juin
et de sept. à oct., merc. midi et mardi de nov. à avril et lundi
Rest – Menu 25/48 € – Carte 52/57 €

♦ Intérieur actuel et agréable terrasse dans cette maison voisine du marché. En cuisine, le chef concocte de fines recettes traditionnelles qu'il revisite parfois à sa façon.

X **Le Flandre** 　　　　　　　　　🛋 🅿 VISA ⓒ
av. Tamaris, rte de la Palmyre – ℰ 05 46 23 36 16 – yves.minot @ wanadoo.fr
– Fax 05 46 23 48 95 – Fermé 19 nov.-31 janv., mardi d' oct. à mai et merc.
sauf juil.-août
Rest – Menu (17 €), 21/39 € – Carte 27/61 €

♦ Plafond façon coque de bateau renversée, vivier à homard et produits de la mer dans l'assiette : ce restaurant niché dans la forêt de la Palmyre affirme son ancrage maritime.

ST-PAL-DE-MONS – 43 Haute-Loire – 331 H2 – 1 748 h. – alt. 840 m
– ✉ 43620 　　　　　　　　　　　　　　　　　　　6 **D3**

　▯ Paris 516 – Clermont-Ferrand 177 – Le Puy-en-Velay 57 – Saint-Étienne 35
　　– Saint-Chamond 43

🏠 **Les Feuillantines** 　　　　🔅 🛋 & ½ ※ rest, ⌨ 🎱 VISA ⓒ AE
La Vialatte – ℰ 04 71 75 63 25 – contact @ lesfeuillantines.com
– Fax 04 71 75 63 24 – Fermé 28 avril-5 mai, 4-25 août, 26 déc.-5 janv. et dim.
12 ch – ♦58/63 € ♦♦58/63 €, ⊇ 8 € – ½ P 57/62 € – **Rest** – (fermé dim. soir et
vend.) Menu (16 €), 19 € (sem.)/46 € – Carte 29/47 €

♦ Cet hôtel inauguré en 2006 vous propose des chambres majoritairement tournées vers la vallée et les massifs. Elles offrent espace et confort fonctionnel (certaines avec balcon). Les grandes baies vitrées du restaurant ménagent un joli panorama agreste.

ST-PARDOUX-LA-CROISILLE – 19 Corrèze – 329 M4 – 157 h. – alt. 410 m – ✉ 19320

25 **C3**

> ◘ Paris 497 – Aurillac 79 – Brive-la-Gaillarde 49 – Mauriac 47 – St-Céré 65
> – Tulle 23 – Ussel 56

🏨 **Beau Site** ॐ ≤ 🏰 🏡 🌹 ※ rest, ♨ P VISA ⑩ ①
– 𝒞 05 55 27 79 44 – contact@hotel-lebeausite-correze.com – Fax 05 55 27 69 52
– Ouvert 1ᵉʳ mai-1ᵉʳ oct. et fermé lundi soir sauf juil.-août
28 ch – ♦60 € ♦♦70/75 €, � 8,50 € – ½ P 56/72 € – **Rest** – (fermé mardi midi
et merc. midi) Menu (15 €), 20 € (sem.), 29/41 € – Carte 31/47 €
♦ Face à la forêt, bâtisse régionale (1935) dotée de bons équipements de loisirs disséminés
dans un parc nanti d'un étang. Chambres au décor actuel coloré ou plus modestes. Salles
à manger tournées sur la nature. Goûteuse cuisine traditionnelle et du terroir.

ST-PATRICE – 37 Indre-et-Loire – 317 K5 – rattaché à Langeais

ST-PAUL – 06 Alpes-Maritimes – 341 D5 – 2 847 h. – alt. 125 m – ✉ 06570

▌ Côte d'Azur

42 **E2**

> ◘ Paris 922 – Antibes 18 – Cagnes-sur-Mer 7 – Cannes 28 – Grasse 22 – Nice 21
> – Vence 4
>
> ❔ Office de tourisme, 2, rue Grande 𝒞 04 93 32 86 95, Fax 04 93 32 60 27
>
> ◙ Site★ - Remparts★ - Fondation Maeght★★.

🏨 **Le Saint-Paul** ॐ ≤ 🏡 ▐ AC 🌹 rest, ♨ VISA ⑩ ⑭ ①
☼ 86 r. Grande, (au village) – 𝒞 04 93 32 65 25 – stpaul@relaischateaux.com
– Fax 04 93 32 52 94 – Fermé janv.
16 ch – ♦220/340 € ♦♦220/340 €, ⊱ 28 € – 2 suites
Rest – (fermé merc. midi et mardi de nov. à mars) Menu 48 € (déj.), 70/100 €
– Carte 92/107 €
Spéc. Paupiette d'aubergine et cabillaud à l'émietté d'araignée de mer. Lasagne
de homard et pousses de salade poêlées. Surprise chocolatée. **Vins** Bellet, Côtes
de Provence.
♦ Belles pierres, fresques champêtres, fontaine et meubles colorés : voici le décor raffiné de
cette demeure du 16ᵉ s. perchée dans le village médiéval. Élégante salle à manger voûtée
et terrasse verdoyante ; cuisine pleine de saveurs, rythmée par les saisons.

🏨 **La Colombe d'Or** 🖼 🏡 ⌂ AC ch, ♨ P VISA ⑩ ⑭ ①
pl. Ch. de Gaulle – 𝒞 04 93 32 80 02 – contact@la-colombe-dor.com
– Fax 04 93 32 77 78 – Fermé 22 oct.-20 déc. et 10-20 janv.
15 ch – ♦200/280 € ♦♦220/280 €, ⊱ 15 € – 11 suites – ½ P 155/245 €
Rest – Carte 32/90 €
♦ Prisé des artistes et des célébrités, cet hôtel-musée abrite une superbe collection
de peintures et sculptures modernes. Cadre "vieille Provence" et chambres personnalisées. Terrasse délicieusement ombragée et confortable restaurant décoré avec un goût
sûr.

🏨 **Le Mas de Pierre** ॐ 🖼 🏡 ⌁ ⑩ ♨ ▐ 🏨 ❤ AC ↩ 🌹 rest, ♨ ♨
2320 rte des Serres, 2 km au Sud – VISA ⑩ ⑭ ①
𝒞 04 93 59 00 10 – info@lemasdepierre.com – Fax 04 93 59 00 59
46 ch – ♦230/700 € ♦♦230/700 €, ⊱ 29 € – 2 suites – **Rest** – Menu (42 €), 50 €
(déj. en sem.) – Carte 79/102 €
♦ Chambres raffinées, réparties dans cinq bastides, autour d'une superbe piscine agrémentant un beau jardin méridional. Luxe, confort et ressourcement (spa). Repas servis dans
deux salles soignées ou en plein air. Choix traditionnel le soir ; rôtisserie à midi.

✗ **La Toile Blanche** avec ch ॐ 🏡 VISA ⑩
826 chemin Pounchounière – 𝒞 04 93 32 74 21 – info@toileblanche.com
– Fax 04 93 32 87 43
6 ch – ♦155/185 € ♦♦160/250 €, ⊱ 15 € – **Rest** – (ouvert 15 juin-15 sept.) (dîner
seult) (nombre de couverts limité, prévenir) Menu 50 €
♦ Ce restaurant propose, le soir seulement, un alléchant menu, unique mais inventif et
moderne. Service en terrasse à la belle saison. Agréable chambres d'hôtes : mobilier et
objets contemporains, tons gris et provençaux. Jardin et piscine tout en longueur.

par rte de La Colle-sur-Loup – ✉ 06570 St-Paul

Mas d'Artigny ch,
3 km rte des Hauts de St-Paul – ✆ 04 93 32 84 54 – mas@grandesetapes.fr – Fax 04 93 32 95 36
55 ch – †159/539 € ††159/539 €, ☕ 25 € – 30 suites – ½ P 169/359 €
Rest – Menu 35 € (déj. en sem.), 43/95 € – Carte 32/68 €
♦ Dans la pinède, dominant la baie des Anges, ce complexe hôtelier voit les choses en grand : appartements avec piscine privée, superbe et immense spa, parc orné de sculptures. Salle à manger et terrasse panoramiques ; registre culinaire à dominante littorale.

La Grande Bastide sans rest
1350 rte de la Colle – ✆ 04 93 32 50 30 – stpaullgb@wanadoo.fr – Fax 04 93 32 50 59 – Fermé 26 nov.-20 déc. et 15 janv.-15 fév.
14 ch – †130/190 € ††150/305 €, ☕ 17 €
♦ Ce mas du 18e s., joliment rénové, vous réserve un accueil tout sourire. Chambres de style provençal avec balcon, vue sur la piscine ou la verdure, copieux petits-déjeuners.

Les Vergers de St Paul sans rest
940 rte de la Colle – ✆ 04 93 32 94 24 – h.vergers@wanadoo.fr – Fax 04 93 32 91 07
17 ch – †125/150 € ††135/245 €, ☕ 16 €
♦ Hôtel niché dans un jardin à l'entrée du village de St-Paul. Autour de la piscine, chambres harmonieuses (murs blancs, tissus rayés, parquet) avec terrasse ou balcon.

Le Hameau sans rest
à 500 m – ✆ 04 93 32 80 24 – lehameau@wanadoo.fr – Fax 04 93 32 55 75 – Ouvert 20 fév.-16 nov.
15 ch – †105/190 € ††120/190 €, ☕ 15 € – 2 suites
♦ Cadre rustique, jardins en terrasses et petites chambres joliment meublées font le charme de cette ferme entourée de coquettes maisonnettes blanches. Hammam, jacuzzi.

Hostellerie des Messugues sans rest
500 m, quartier Gardettes par rte de la Fondation Maeght – ✆ 04 93 32 53 32 – info@messugues.com – Fax 04 93 32 94 15 – Ouvert 15 mars-31 oct.
15 ch – †85/140 € ††85/140 €, ☕ 10 €
♦ Au calme d'une pinède, villa provençale, bien rénovée, et son originale piscine. Petite curiosité dans les couloirs : les portes des chambres proviennent d'une prison du 19e s. !

au Sud **4 km par D 2 et rte secondaire - ✉ 06570 St-Paul**

Les Bastides de St-Paul sans rest
880 chemin Blaquières (D 336 - axe Cagnes-Vence) – ✆ 04 92 02 08 07 – bastides@tiscali.fr – Fax 04 93 20 50 41
20 ch – †80/140 € ††85/140 €, ☕ 11 €
♦ En léger retrait d'une route passante, ce discret mas aux couleurs du Sud propose des chambres spacieuses, fonctionnelles et bien insonorisées. Piscine en forme de trèfle.

ST-PAUL-DES-LANDES – 15 Cantal – 330 B5 – 1 100 h. – alt. 554 m – ✉ 15250

5 **A3**

Paris 544 – Aurillac 13 – Figeac 59 – St-Céré 49

Voyageurs
– ✆ 04 71 46 38 43 – lesvoyageurs15@ifrance.com – Fax 04 71 46 38 08 – Fermé 22 déc.-5 janv., sam. de sept. à mai et lundi soir
Rest – Menu 17/27 € – Carte 19/29 €
♦ Cette auberge située sur la traversée du bourg entretient une atmosphère conviviale. Préparations "cent pour cent maison" à goûter dans une salle rustique ou en terrasse, l'été.

ST-PAUL-D'OUEIL – 31 Haute-Garonne – 343 B8 – rattaché à Bagnères-de-Luchon

---

ST-PAUL-LÈS-DAX – 40 Landes – 335 E12 – rattaché à Dax

ST-PAUL-LÈS-ROMANS – 26 Drôme – 332 D3 – rattaché à Romans-sur-Isère

ST-PAUL-TROIS-CHÂTEAUX – 26 Drôme – 332 B7 – 7 277 h. – alt. 90 m –
⊠ 26130 ▌ Lyon et la vallée du Rhône   44 **B3**

　　　▣ Paris 628 – Montélimar 28 – Nyons 39 – Orange 33 – Vaison-la-Romaine 34
　　　　　– Valence 73

　　　🛈 Office de tourisme, place Chausy ℰ 04 75 96 59 60,
　　　　　Fax 04 75 96 90 20

　　　◉ Cathédrale St-Paul⋆ - Barry ≼⋆⋆ S : 8 km.

▞▚▞ **Villa Augusta** ⌂　　　　　　　　🛱 ⌫ & ch, ⊠ ↯ 🗞 🄿 *VISA* 🆖 🄰🄴
*14 r. Serre Blanc – ℰ 04 75 97 29 29 – contact @ villaaugusta.fr
– Fax 04 75 97 29 27 – Fermé janv.*
23 ch – ♦110/130 € ♦♦130/200 €, � 18 € – 1 suite – ½ P 128/163 €
Rest *David Mollicone* – *(fermé dim. soir et lundi sauf juil.-août)*
Menu 28 € (déj. en sem.), 45/75 € – Carte 60/75 €
◆ Belle maison de maître du 19e s. dans un jardin arboré. La décoration d'esprit
méridional mêle les couleurs vives et les styles ancien et contemporain. Accueil prévenant.
Élégante salle de restaurant rénovée (tons gris, blanc), délicieuse terrasse et cuisine
inventive.

▞▚ **L'Esplan**　　　　　　　　　🛱 🛗 ⊠ ⅍ rest, 🗞 ⅍ *VISA* 🆖 🄰🄴 ⓪
*pl. l'Esplan – ℰ 04 75 96 64 64 – saintpaul @ esplan-provence.com
– Fax 04 75 04 92 36 – Fermé 19 déc.-11 janv.*
36 ch – ♦67/96 € ♦♦67/114 €, � 10 € – ½ P 75/88 € – **Rest** – *(fermé dim. soir
d'oct. à avril) (dîner seult)* Menu 25/52 € – Carte 41/62 €
◆ Hôtel particulier du 16e s. à dénicher au cœur du bourg. Intérieur contemporain produisant son effet et chambres soignées aux couleurs ensoleillées. Restaurant égayé de tons
pastel. Recettes originales valorisant herbes, fleurs et plantes du potager maison.

╳╳ **Vieille France-Jardin des Saveurs**　　　　　　≼ 🛱 ⊠ 🄿 *VISA* 🆖
*1,2 km rte La Garde Adhémar – ℰ 04 75 96 70 47 – vieillefrance.jardindessaveurs @
wanadoo.fr – Fax 04 75 96 70 47 – Fermé 29 avril-13 mai, 12 nov.-3 déc., le midi sauf
dim. en juil.-août, mardi de sept. à juin et lundi*
Rest – *(nombre de couverts limité, prévenir)* Menu (25 €), 32 € (déj. en sem.),
47/55 € ℬ
◆ Mas provençal dans la campagne. Chaleureux décor contemporain, plaisante terrasse
ombragée, goûteuse cuisine méridionale et belle carte de côtes-du-rhône. Menu truffe en
saison.

╳ **L et Lui**　　　　　　　　　　　　　　🛱 *VISA* 🆖
*2 r. Charles-Chaussy – ℰ 04 75 46 61 14 – caputicik @ wanadoo.fr
– Fermé 25-31 août, 25 déc.-1er janv., le midi en juil.-août, mardi et dim. de sept.
à juin*
Rest – Menu 27 € (déj.), 32/49 € – Carte 27/47 €
◆ Ici, Cathy jardine, Cédric cuisine... Plats inventifs anti-routine, à base des produits
du potager maison. Chaque mois, la cave met à l'honneur un vigneron. Cadre
acidulé.

ST-PÉ-DE-BIGORRE – 65 Hautes-Pyrénées – 342 L4 – 1 257 h. – alt. 330 m –
⊠ 65270 ▌ Midi-Pyrénées   28 **A3**

　　　▣ Paris 859 – Pau 33 – Tarbes 32 – Toulouse 184

　　　🛈 Office de tourisme, place des Arcades ℰ 05 62 41 88 10, Fax 05 62 41 87 70

⌂ **Le Grand Cèdre**　　　　　　　　　　🛱 🛱 ↯ 🗞 🄿
6 r. du Barry – ℰ 05 62 41 82 04 – chp @ legrandcedre.fr
5 ch ⊊ – ♦65 € ♦♦72/80 € – **Table d'hôte** – Menu 27 € bc
◆ Cette maison du 17e s., veillée par un cèdre tricentenaire, renferme des chambres personnalisées par de beaux meubles anciens. Parc et tonnelle de rosiers. Petits plats faits
maison à déguster dans une salle à manger rustique (sur réservation).

Ce guide vit avec vous : vos découvertes nous intéressent.
Faites-nous part de vos satisfactions comme de vos déceptions.
Coup de colère ou coup de cœur : écrivez-nous !

ST-PÉE-SUR-NIVELLE – 64 Pyrénées-Atlantiques – 342 C4 – 4 331 h. – alt. 30 m – ⊠ 64310   3 **A3**

> ❚ Paris 785 – Bayonne 22 – Biarritz 17 – Cambo-les-Bains 17 – Pau 129
>   – St-Jean-de-Luz 14
>
> ❚ Office de tourisme, place du Fronton ℰ 05 59 54 11 69, Fax 05 59 85 86 38

XX   **L'Auberge Basque** avec ch   🍴 🏡 ఉ 🅐🅒 ⇄ 🛇 ⤷ ⅋ 🅿 *VISA* ◍◍ 🅐🅔
quartier Helbarron, D 307 *(ancienne rte de St-Pée à St-Jean-de-Luz)* –
ℰ 05 59 51 70 00 – contact@aubergebasque.com – Fax 05 59 51 70 17 – Fermé
10-23 nov., 19 janv.-18 fév.
9 ch – †90/160 € ††90/160 €, ⌸ 15 € – 2 suites – **Rest** – *(fermé mardi midi et
lundi)* Menu 43/48 € – Carte 57/69 €
♦ Oubliée la ferme typique d'autrefois, place à une auberge contemporaine dont la salle
lumineuse et la grande terrasse profitent pleinement du paysage. Cuisine régionale
revisitée. Chambres neuves, spacieuses et douillettes.

XX   **Le Fronton**   🏡 *VISA* ◍◍ 🅐🅔
rte de St-Jean-de-Luz – ℰ 05 59 54 10 12 – jeanbaptiste.daguerre@wanadoo.fr
– Fax 05 59 54 18 09 – Fermé 11 fév.-14 mars, mardi d'oct. à avril, dim. soir et lundi
Rest – Menu 37 € – Carte environ 45 €
♦ Ici, la cuisine rime avec tradition : produits du marché et nombreux poissons
frais vous mettront en appétit. Décor confortable et compassé, façon jardin d'hiver ;
terrasse.

ST-PÉRAY – 07 Ardèche – 331 L4 – 6 502 h. – alt. 124 m – ⊠ 07130   43 **E2**

> ❚ Paris 562 – Lamastre 35 – Privas 39 – Tournon-sur-Rhône 15 – Valence 4
>
> ❚ Office de tourisme, 45, rue de la République ℰ 04 75 40 46 75,
>   Fax 04 75 40 55 72
>
> ◎ Ruines du château de Crussol : site★★★ et ≤★★ SE : 2 km.
>
> ◎ Saint-Romain-de-Lerps ❄★★★ NO : 9,5 km par D 287, ▮ Vallée du Rhône.

à Soyons 7 km au Sud par D 86 – 1 721 h. – alt. 106 m – ⊠ 07130

🏠🏠🏠   **Domaine de Soyons**   ♨ 🏡 🏊 ⅃₅ ⅋ 🍴 |🕮| 🅐🅒 ch, ⇄ ⅋ rest, ఉ
D 86, 670 rte de Nîmes – ℰ 04 75 60 83 55   🅿 *VISA* ◍◍ 🅐🅔 ◉
– info@ledomainedesoyons.fr – Fax 04 75 60 85 21 – Fermé 1ᵉʳ-10 oct., 1ᵉʳ-10 janv.
28 ch – †89/149 € ††119/169 €, ⌸ 18 € – **Rest** – Menu (20 €), 25 € (déj.),
33/39 € – Carte 41/73 €
♦ Une chaleureuse atmosphère règne dans cette belle demeure du 19ᵉ s. entourée d'un
parc verdoyant (cèdre tricentenaire). Chambres garnies d'un mobilier de style Empire.
Goûteuses recettes actuelles servies dans une agréable salle à manger prolongée d'une
véranda.

ST-PÈRE – 89 Yonne – 319 F7 – rattaché à Vézelay

ST-PHILBERT-DE-GRAND-LIEU – 44 Loire-Atlantique – 316 G5 – 6 253 h.
– alt. 10 m – ⊠ 44310 ▮ Poitou Vendée Charentes   34 **B2**

> ❚ Paris 405 – Nantes 27 – Niort 150 – Rennes 138 – La Roche-sur-Yon 50
>   – Tours 218
>
> ❚ Office de tourisme, place de l'Abbatiale ℰ 02 40 78 73 88, Fax 02 40 78 83 42

🏠   **La Bosselle**   🏡 ఉ 🅐🅒 rest, ⇄ ⅋ ch, ⤷ ఉ 🅿 🅿 *VISA* ◍◍ 🅐🅔
         – ℰ 02 40 78 73 47 – Fax 02 40 78 01 85
⊜⊜   **14 ch** – †54/58 € ††54/58 €, ⌸ 8 € – ½ P 63 € – **Rest** – Menu 12 € (déj. en
sem.), 23/36 € – Carte 24/40 €
♦ Près de l'abbatiale, cet établissement familial récent propose des chambres simples et
bien conçues, plus calmes à l'arrière. Au restaurant tout rénové, grillades préparées dans la
cheminée, produits du terroir et spécialités de poissons du lac pêchés à la bosselle.

ST-PHILBERT-DES-CHAMPS – 14 Calvados – 303 N4 – rattaché au
Breuil-en-Auge

ST-PHILIBERT – 56 Morbihan – 308 N9 – 1 258 h. – alt. 15 m – ⊠ 56470   9 **A3**
> ◪ Paris 489 – Rennes 137 – Vannes 29 – Lorient 50 – Lanester 45

🏠   **Le Galet** ॐ   🗇 🖻 ℑ ℘ 🕭 ⇆ ℘ rest, ⸜ 🕭 **P** **VISA** 🕮
rte de la Trinité-sur-Mer, 1,2 km au Nord par D 28 et D 781 – ℰ *02 97 55 00 56*
– contact@legalet.fr – Fax 02 97 55 19 77
21 ch – †67/125 € ††67/125 €, ⊑ 12 € – 2 suites – ½ P 67/96 € – **Rest** – *(dîner seult)* Menu 21 €
♦ Pour une escale tranquille à deux minutes de La-Trinité-sur-Mer. Cet hôtel entouré d'un joli jardin a été harmonieusement réaménagé et propose des chambres au design actuel. Sobre salle à manger pour une restauration snack le midi et un menu unique le soir.

ST-PIERRE-D'ALBIGNY – 73 Savoie – 333 J4 – 3 583 h. – alt. 410 m – ⊠ 73250
> ◪ Paris 596 – Lyon 137 – Chambéry 29 – Annecy 77 – Aix-les-Bains 45   46 **F2**
> 🄸 Office de tourisme, place de l'Europe ℰ 04 79 71 44 07, Fax 04 79 71 44 55

🏡   **Château des Allues** ॐ   ⇆ 🕭 🖻 ⇆ ⸜ **P**
Les Allues – ℰ *06 75 38 61 56* – *info@chateaudesallues.com* – *Fermé de début nov. à mi-déc.*
5 ch ⊑ – †90/120 € ††100/130 € – ½ P 75/95 € – **Table d'hôte** – *(fermé lundi)* Menu 40 € bc
♦ On met tout en œuvre pour le bien-être des convives dans ce vieux manoir rénové avec beaucoup de goût. Vue sur les montagnes, grandes chambres d'esprit ancien ou contemporain. Les légumes du potager parfument les plats servis sur la grande table d'hôte.

ST-PIERRE-DE-CHARTREUSE – 38 Isère – 333 H5 – 770 h. – alt. 885 m
– Sports d'hiver : 900/1 800 m ⛷ 1 ⛷ 13 ⛷ – ⊠ 38380 ▮ Alpes du Nord   46 **F2**
> ◪ Paris 571 – Belley 62 – Chambéry 39 – Grenoble 28 – La Tour-du-Pin 52
> – Voiron 25
> 🄸 Office de tourisme, place de la Mairie ℰ 04 76 88 62 08, Fax 04 76 88 68 78
> ◉ Terrasse de la Mairie ⇆★ - Prairie de Valombré ⇆★ 0 : 4 km - Site★ de Perquelin E : 3 km - La Correrie : musée Cartusien★ du couvent de la Grande Chartreuse NO : 3,5 km - Décoration★ de l'église de St-Hugues-de-Chartreuse S : 4 km.

🏨   **Beau Site**   ⇆ 🖻 ℑ 📶 🕭 rest, ⸜ 🕭 **VISA** 🕮 🅰🅴 🕮
– ℰ *04 76 88 61 34 – hotel.beausite@libertysurf.fr – Fax 04 76 88 64 69 – Fermé 2 avril-2 mai et 15 oct.-26 déc.*
26 ch – †58/65 € ††61/75 €, ⊑ 10 € – ½ P 61/72 € – **Rest** –
(fermé 8 janv.-11 fév., mardi midi, dim. soir et lundi) Menu 16/36 € – Carte 21/43 €
♦ Cette grande maison centenaire recèle une collection d'œuvres du peintre local Peter Rahmsdorf. Chambres sobres et confortables et piscine avec vue sur la vallée. Spacieuse salle à manger, terrasse panoramique et plats traditionnels.

ST-PIERRE-DE-JARDS – 36 Indre – 323 H4 – 137 h. – alt. 148 m – ⊠ 36260
> ◪ Paris 232 – Bourges 35 – Issoudun 22 – Romorantin-Lanthenay 40
> – Vierzon 21   12 **C3**

🍴   **Les Saisons Gourmandes**   🖻 🕭 🅰🅲 **VISA** 🕮
pl. des Tilleuls – ℰ *02 54 49 37 67 – Fax 02 54 49 37 67 – Fermé 20 oct.-5 nov., 5-28 janv., mardi soir et merc. sauf juil.-août et lundi soir*
Rest – Menu 21/39 € – Carte 28/44 €
♦ Maison berrichonne du début du 20e s. reconvertie en restaurant. On y sert, en terrasse ou sous les poutres d'origine peintes en "bleu berrichon", des plats classiques.

ST-PIERRE-DE-MANNEVILLE – 76 Seine-Maritime – 304 F5 – 774 h. – alt. 6 m
– ⊠ 76113 ▮ Normandie Vallée de la Seine   33 **C2**
> ◪ Paris 150 – Évreux 72 – Rouen 18 – Sotteville-lès-Rouen 20

🏡   **Manoir de Villers** sans rest ॐ   ⇆ 🖻 ℘ **P**
30 rte de Sahurs – ℰ *02 35 32 07 02 – contact@manoirdevillers.com*
– Fax 02 35 32 07 02 – Fermé 15 déc.-15 janv.
3 ch – †130/140 € ††140/160 €, ⊑ 9 €
♦ Ce fabuleux manoir des 16e et 19e s. ressemble à un musée. Décor d'époque dans les pièces communes ouvertes à la visite. Chambres parquetées garnies de beaux meubles anciens.

ST-PIERRE-D'ENTREMONT – 73 Savoie – 333 I5 – 372 h. – alt. 640 m –
✉ 73670 ▮ Alpes du Nord   46 **F2**

> **D** Paris 564 – Belley 63 – Chambéry 26 – Les Echelles 12 – Grenoble 38
> – Lyon 104
>
> **E** Office de tourisme, Maison Intercommunale ℰ 04 79 65 81 90,
> Fax 04 79 65 88 78
>
> **◎** Cirque de St-Même★★ SE : 4,5 km - Gorges du Guiers Vif★★ et Pas du
> Frou★★ O : 5 km - Château du Gouvernement★ : ≤★ SO : 3 km.

⌂   **Château de Montbel**   🛋 % 🚗 VISA ⚫
– ℰ 04 79 65 81 65 – hotel-chateau-montbel@club-internet.com
– Fax 04 79 65 89 49 – Fermé 13-26 avril, 27 oct.-7 déc., dim. soir et lundi hors
saison
12 ch (½ P seult) – ♦36/40 € ♦♦43/48 € – ½ P 46/50 € – **Rest** – (dîner seult)
(résidents seult)
♦ Hôtel à l'atmosphère chaleureuse dans un petit village de montagne situé aux confins du
Dauphiné et de la Savoie. Chambres simples et bien entretenues. Meubles rustiques, cadre
lambrissé et cheminée font le cachet du restaurant. Cuisine traditionnelle.

ST-PIERRE-DES-CHAMPS – 11 Aude – 344 G4 – 127 h. – alt. 146 m – ✉ 11220
> **D** Paris 808 – Perpignan 84 – Carcassonne 41 – Narbonne 41   22 **B3**

⌂⌂   **La Fargo** ⌛   🚗 🛋 🕭 ch, ⇄ % ch, ⚘ **P** VISA ⚫
– ℰ 04 68 43 12 78 – contact@lafargo.fr – Fax 04 68 43 29 20
– Ouvert 16 mars-14 nov.
6 ch – ♦68/160 € ♦♦68/160 €, � 7 € – **Rest** – (fermé mardi midi et lundi) (dîner
seult sauf juil.-août) (prévenir) Carte 32/51 €
♦ Cette ancienne forge isolée dans les Corbières assure un séjour reposant et oxygénant
(lieu non-fumeurs). Chambres joliment meublées et épurées, avec des touches indonésiennes. Plaisante terrasse ombragée et salle à manger d'inspiration rustique.

ST-PIERRE-D'OLÉRON – 17 Charente-Maritime – 324 C4 – **voir à Île d'Oléron**

ST-PIERRE-DU-MONT – 14 Calvados – 303 G3 – 85 h. – alt. 25 m –
✉ 14450   32 **B2**

> **D** Paris 291 – Caen 58 – Saint-Lô 58 – Bayeux 29 – Valognes 58

⌂   **Le Château Saint Pierre** sans rest ⌛   🚗 ⇄ % **P**
1 km à l'Ouest sur D 514 – ℰ 02 31 22 63 79 – chateaustpierre@orange.fr
4 ch – ♦50 € ♦♦65 €, ⊥
♦ Adresse idéale pour se rendre sur les plages du débarquement. Entouré d'un jardin, ce
château de 1600, décoré dans un esprit rustique, propose des chambres de bon confort.

ST-PIERRE-DU-PERRAY – 91 Essonne – 312 D4 – 101 38 – **voir à Paris,
Environs (Sénart)**

ST-PIERRE-LA-NOAILLE – 42 Loire – 327 D2 – **rattaché à Charlieu**

ST-PIERRE-LÈS-AUBAGNE – 13 Bouches-du-Rhône – 340 I6 – **rattaché à
Aubagne**

ST-PIERREMONT – 88 Vosges – 314 H2 – 162 h. – alt. 251 m – ✉ 88700
> **D** Paris 366 – Lunéville 24 – Nancy 56 – St-Dié 43   27 **C2**

⌂⌂   **Le Relais Vosgien**   🚗 🛋 🕭 🕅 rest, ⇄ ⚘ 🖄 **P** 🚗 VISA ⚫ 𝔸𝔼
– ℰ 03 29 65 02 46 – relais.vosgien@wanadoo.fr – Fax 03 29 65 02 83 – Fermé
10-22 janv.
20 ch – ♦62/75 € ♦♦75/99 €, ⊥ 11 € – 6 suites – ½ P 68/100 € – **Rest** – (fermé
dim. soir) Menu 28/61 € – Carte 41/66 €
♦ Une ambiance familiale règne dans cette ancienne ferme qui fait station-service et
bar-tabac. Les chambres sont régulièrement rénovées – la plupart situées côté jardin.
Cuisine traditionnelle alléchante et belle carte des vins à déguster dans un cadre campagnard.

ST-PIERRE-QUIBERON – 56 Morbihan – 308 M9 – rattaché à Quiberon

ST-PIERRE-SUR-DIVES – 14 Calvados – 303 L5 – 3 977 h. – alt. 30 m –
✉ 14170 ▮ Normandie Cotentin   33 **C2**

> ◘ Paris 194 – Caen 35 – Hérouville-Saint-Clair 34 – Lisieux 27
> ℹ Syndicat d'initiative, 23, rue Saint-Benoist ℰ 02 31 20 97 90,
>   Fax 02 31 20 36 02

✗　**Auberge de la Dives** avec ch   🛱 ⅋ ch, **P** ⅤⅠ**SA** **◍◍**
　　27 bd Collas – ℰ *02 31 20 50 50* – *auberge-de-la-dives@wanadoo.fr*
(☺) *– Fax 02 31 20 50 50 – Fermé 17 nov.-7 déc., 26 janv.-8 fév., dim. soir du 17 nov. au*
　　31 mars, lundi soir et mardi
　　5 ch – ∦**35 €** ∦∦**39 €**, ⌷ 6 € – ½ P 54 € – **Rest** – Menu (14 €), 19/37 € – Carte
　　30/48 €
　　◆ Cette coquette auberge vaut le détour : plaisante salle à manger champêtre, petite
　　terrasse au bord de la rivière et cuisine traditionnelle soignée. Chambres propres et gaies.

ST-POL-DE-LÉON – 29 Finistère – 308 H2 – 7 121 h. – alt. 60 m – ✉ 29250
▮ Bretagne   9 **B1**

> ◘ Paris 557 – Brest 62 – Brignogan-Plages 31 – Morlaix 21 – Roscoff 6
> ℹ Office de tourisme, Pavillon du Tourisme ℰ 02 98 69 05 69,
>   Fax 02 98 69 01 20
> 🏌 de Carantec à Carantec Rue de Kergrist, S : 10 km par D 58, ℰ 02 98 67 09 14.
> ◎ Clocher★★ de la chapelle du Kreisker★ : ⁂★★ de la tour - Ancienne
>   cathédrale★ - Rocher Ste-Anne : ≤★ dans la descente.

🏠　**France** sans rest   🚗 ☏ ♨ **P** ⅤⅠ**SA** **◍◍** **Æ**
　　29 r. des Minimes – ℰ *02 98 29 14 14* – *hotel.de.france.finistere@wanadoo.fr*
　　– Fax 02 98 29 10 57
　　22 ch – ∦**35/55 €** ∦∦**50/65 €**, ⌷ 6,50 €
　　◆ Dans une rue assez tranquille, élégante demeure régionale datant des années 1930.
　　Chambres fonctionnelles et bien tenues ; optez pour celles donnant sur le jardin.

✗✗　**Auberge La Pomme d'Api**   ⅤⅠ**SA** **◍◍** **Æ**
　　49 r. Verderel – ℰ *02 98 69 04 36* – *yannick.lebeaudour@free.fr*
　　– Fax 02 98 29 06 53 – Fermé 12-30 nov., dim. soir et lundi sauf juil.-août
　　Rest – Menu (17 € bc), 23 € bc (déj. en sem.), 35/70 € bc – Carte 55/86 €
　　◆ Poutres, pierres et cheminée monumentale font le cachet rustique de cette maison
　　bretonne du 16ᵉ s. Cuisine "terre-mer" mêlant produits du terroir, épices et saveurs
　　exotiques.

ST-PONS – 04 Alpes-de-Haute-Provence – 334 H6 – rattaché à Barcelonnette

ST-PONS – 07 Ardèche – 331 J6 – 203 h. – alt. 350 m – ✉ 07580   44 **B3**
> ◘ Paris 621 – Aubenas 24 – Montélimar 21 – Privas 24 – Valence 66

🏠　**Hostellerie Gourmande "Mère Biquette"** ♨   ≤ 🚗 🛱 ⅀
　　4 km au Nord par rte secondaire –   ⅋ **P** ⅤⅠ**SA** **◍◍** **Æ**
　　ℰ *04 75 36 72 61* – *info@merebiquette.fr* – *Fax 04 75 36 76 25* – *Fermé*
　　12 nov.-10 fév., dim. soir d'oct. à mars, lundi midi et merc. midi
　　15 ch – ∦**61/108 €** ∦∦**61/108 €**, ⌷ 9,50 € – ½ P 57/86 € – **Rest** – Menu 21/45 €
　　– Carte 28/46 €
　　◆ Les amoureux de nature et de grand calme apprécieront cette ferme ardéchoise nichée
　　entre vignes et châtaigniers. Chambres pratiques, plus spacieuses dans l'aile récente. Au
　　restaurant, plats régionaux servis dans une salle à manger-véranda avec vue sur la vallée.

ST-PONS-DE-THOMIÈRES – 34 Hérault – 339 B8 – 2 287 h. – alt. 301 m –
✉ 34220 ▮ Languedoc Roussillon   22 **B2**

> ◘ Paris 750 – Béziers 54 – Carcassonne 64 – Castres 54 – Lodève 73
>   – Narbonne 53
> ℹ Office de tourisme, place du Foirail ℰ 04 67 97 06 65, Fax 04 67 97 95 07
> ◎ Grotte de la Devèze★ SO : 5 km.

⌂ **Les Bergeries de Pondérach** ॐ　　🚗 🚗 ⅃ P̄ *VISA* 🅫 AE ①
1 km par rte de Narbonne – 𝒞 04 67 97 02 57 – *bergeriesponderach@wanadoo.fr*
– Fax 04 67 97 29 75 – Ouvert 15 mars-5 nov.
7 ch – ♦75/89 € ♦♦75/105 €, ⌷ 12 € – ½ P 85/92 € – **Rest** – *(fermé le midi
sauf dim. et fériés)* Menu 29/42 € – Carte 35/44 €
◆ Bergerie du 17ᵉ s. – ex-dépendance d'une maison de maître – dont les chambres
s'ouvrent sur la campagne. Sympathique restaurant rustique. Terrasse dans la cour intérieure.

ST-PORCHAIRE – 17 Charente-Maritime – 324 E5 – 1 335 h. – alt. 16 m –
✉ 17250   38 **B2**

🯄 Paris 474 – La Rochelle 56 – Niort 77 – Rochefort 27 – Royan 36 – Saintes 16

✗✗ **Le Bruant** avec ch　　🚗 🚗 ⅃ rest, ↵ 🌣 ch, P̄ *VISA* 🅫
76 r. Nationale – 𝒞 05 46 94 65 36 – *lebruantotel@aol.com* – Fax 05 46 94 71 00
– Fermé 4-25 nov., dim. soir et lundi
4 ch – ♦45 € ♦♦55 €, ⌷ 8 € – **Rest** – Menu (14 €), 19/40 € – Carte 25/40 €
◆ Cette maison charentaise incarne peut-être l'auberge du 21ᵉ s. : décor campagnard chic
très tendance et soigné dans les moindres détails, belle terrasse fleurie. Les chambres (tons
clairs, sculptures d'animaux, fleurs) sont des nids modernes.

ST-PORQUIER – 82 Tarn-et-Garonne – 337 D7 – 1 023 h. – alt. 95 m –
✉ 82700   28 **B2**

🯄 Paris 651 – Colomiers 60 – Montauban 18 – Toulouse 55

⌂ **Les Hortensias** sans rest ॐ　　🚗 ⅃ ↵ 🌣 P̄
– 𝒞 05 63 31 85 57 – *bernard-barthe075@orange.fr*
3 ch ⌷ – ♦60 € ♦♦60 €
◆ Les chambres de cette maison en briques roses s'égayent de jolies couleurs. Vous apprécierez aussi l'ancien chai où est servi le petit-déjeuner et l'agréable jardin fleuri.

ST-PÔTAN – 22 Côtes-d'Armor – 309 I3 – 735 h. – alt. 55 m – ✉ 22550   10 **C1**

🯄 Paris 429 – Rennes 79 – Saint-Brieuc 46 – Saint-Malo 35

✗✗ **Auberge du Manoir**　　*VISA* 🅫 AE
🐌 *31 r. du 19 mars 1962 –* 𝒞 02 96 83 72 58 – *Fermé 10-30 nov., 14-26 fév., mardi et
merc.*
Rest – Menu 12 € (déj. en sem.), 31/50 € – Carte 34/69 €
◆ Agréable étape gourmande en cette accueillante maison située sur la traversée du
village : attrayants plats du jour le midi côté bar et carte traditionnelle plus élaborée à
découvrir dans la salle à manger néo-rustique.

ST-POURÇAIN-SUR-SIOULE – 03 Allier – 326 G5 – 5 266 h. – alt. 234 m –
✉ 03500 ▌ Auvergne   5 **B1**

🯄 Paris 325 – Montluçon 66 – Moulins 33 – Riom 61 – Roanne 79
– Vichy 28

🄴 Office de tourisme, 29, rue Marcellin Berthelot 𝒞 04 70 45 32 73,
Fax 04 70 45 60 27

🯅 de Briailles 15 rue de Metz, E : 3 km, 𝒞 04 70 45 49 49.

◉ Église Ste-Croix★ - Musée de la Vigne et du Vin★.

🄷🄷 **Le Chêne Vert**　　🚗 ↵ 📞 ⅍ P̄ *VISA* 🅫 AE ①
🐌 *bd Ledru-Rollin –* 𝒞 04 70 47 77 00 – *hotel.chenevert@wanadoo.fr*
– Fax 04 70 47 77 39 – Fermé 6-20 janv. et dim. hors saison
29 ch – ♦45/55 € ♦♦53/65 €, ⌷ 7,50 €
Rest – *(fermé 6-28 janv., dim. soir hors saison et lundi sauf le soir en saison)*
Menu 18/38 € – Carte 26/47 €
◆ Hôtel de tradition, formé de deux maisons séparées par la rue. Chambres anciennes
rajeunies, salles de réunion (dont une avec cheminée) et vitrine de produits régionaux.
Chaleureux restaurant et agréable terrasse. Cuisine classique et vins du pays.

ST-PRIEST-BRAMEFANT – 63 Puy-de-Dôme – 326 H6 – 647 h. – alt. 290 m – ⊠ 63310
6 **C2**

> ◨ Paris 365 – Clermont-Ferrand 49 – Riom 34 – Thiers 26 – Vichy 13

🏨 **Château de Maulmont** ॐ 🍷 ♨ ⊼ 🖥 ⇗ ⅍ rest. ⌕ 🏌
✿ 1,5 km au Sud sur D 59 – ℰ 04 70 59 03 45 **P** ⅧⅥ ⬤ ⒶⒺ ①
– info@chateau-maulmont.com – Fax 04 70 59 11 88 – Ouvert 16 mars-1ᵉʳ nov.
19 ch – ♂80/185 €, ♂♂80/185 €, ⊇ 16 € – 3 suites – ½ P 74/144 €
Rest – (fermé mardi midi, dim. soir et lundi) Menu 38/85 € bc – Carte 57/65 €
Rest Taverne des Templiers – (fermé dim. midi et fériés) Menu 25/30 €
– Carte 27/30 €
Spéc. Gigolettes de grenouilles, compotée de pomme. Ris de veau meunière,
poêlée de girolles (mi juin-fin oct.). Compotée de figues, sablé breton (mi juil.-fin
sept.). **Vins** Saint-Pourçain blanc et rouge.
♦ On goûte la tranquillité de ce château en faisant un saut dans le 19ᵉ s., époque où
Mme Adélaïde, sœur de Louis-Philippe, le redécora. Meubles de style, boiseries, jardin à la
française... Cuisine actuelle dans un salle lambrissée de chêne ou en terrasse panoramique.
Plats traditionnels à la Taverne des Templiers.

ST-PRIEST-EN-JAREZ – 42 Loire – 327 F7 – rattaché à St-Étienne

ST-PRIEST-TAURION – 87 Haute-Vienne – 325 F5 – 2 613 h. – alt. 255 m – ⊠ 87480 ▮ Limousin Berry
24 **B2**

> ◨ Paris 387 – Bellac 47 – Bourganeuf 33 – Limoges 15 – La Souterraine 53
> ◧ - ≼★ du parc de Montméry N : 9 km par D 44.

🍽 **Relais du Taurion** avec ch 🚗 🍷 ⇗ ⅍ **P** ⅧⅥ ⬤
– ℰ 05 55 39 70 14 – Fax 05 55 39 67 63
– Fermé 15 déc.-15 janv., dim. soir et lundi
8 ch – ♂52/58 € ♂♂52/58 €, ⊇ 9 € – ½ P 58/63 € – **Rest** – Menu 21 € (sem.)/40 €
– Carte 39/50 €
♦ Cette demeure bourgeoise entourée d'un grand jardin vous convie à un repas tradition-
nel dans une pimpante salle égayée de fleurs fraîches et de tableaux ou en terrasse. Petites
chambres rustiques (non-fumeurs).

ST-PRIVAT-DES-VIEUX – 30 Gard – 339 J4 – rattaché à Alès

ST-PRIX – 71 Saône-et-Loire – 320 E8 – 225 h. – alt. 464 m – ⊠ 71990
7 **B2**

> ◨ Paris 308 – Dijon 107 – Le Creusot 41 – Montceau-les-Mines 54

🍽🍽 **Chez Franck et Francine** ♿ **P** ⅧⅥ ⬤
Le bourg – ℰ 03 85 82 45 12 – chez-franck-et-francine@wanadoo.fr
– Fermé janv., dim. soir et lundi
Rest – (nombre de couverts limité, prévenir) Menu 36/55 €
♦ Restaurant de village à l'ambiance familiale. Salle à manger au décor sans prétention,
agencée autour d'une cheminée. Cuisine au goût du jour personnalisée.

ST-PRIX – 95 Val-d'Oise – 305 E6 – 101 5 – voir à Paris, Environs

ST-PUY – 32 Gers – 336 E6 – 603 h. – alt. 171 m – ⊠ 32310
28 **A2**

> ◨ Paris 731 – Agen 52 – Auch 32 – Toulouse 107

🏠 **La Lumiane** ॐ 🚗 🍷 ⊼ ⇗ ⅍ ⌕ ⅧⅥ ⬤ ①
Grande Rue – ℰ 05 62 28 95 95 – info@lalumiane.com – Fax 05 62 28 59 67
5 ch ⊇ – ♂41/57 € ♂♂49/65 € – **Table d'hôte** – Menu 21 € bc
♦ Cette maison de notable du 17ᵉ s., voisine de l'église du 12ᵉ s., abrite de belles chambres
"rustiques chic", un salon de lecture empreint de sérénité et un agréable jardin fleuri. La
cuisine servie à la table d'hôte fait la part belle aux produits du terroir.

ST-QUAY-PORTRIEUX – 22 Côtes-d'Armor – 309 F3 – 3 114 h. – alt. 25 m
– Casino – ⊠ 22410 ▯ Bretagne

10 **C1**

▶ Paris 470 – Étables-sur-Mer 3 – Guingamp 29 – Lannion 54 – Paimpol 26
– St-Brieuc 22

🚹 Office de tourisme, 17 bis, rue Jeanne d'Arc ℰ 02 96 70 40 64,
Fax 02 96 70 39 99

▪ des Ajoncs d'Or, O : 7 km, ℰ 02 96 71 90 74.

🏠 **Ker Moor** sans rest ⦿ ⩤ côte et mer, 🚗 ▮ ⦾ ⚿ 🅿 𝖵𝖨𝖲𝖠 ⓜⓞ 🅐🅔
13 r. Prés. Le Sénécal – ℰ 02 96 70 52 22 – hotelkermoor@orange.fr
– Fax 02 96 70 50 49 – Ouvert de mi-mars à mi-déc.
27 ch – ♦104/159 € ♦♦104/159 €, � 12 €
♦ Cette villa centenaire d'inspiration mauresque est perchée au sommet d'une petite
falaise. Les chambres disposent de balcons et d'une jolie vue sur le large.

🏠 **Gerbot d'Avoine** 🚗 🕅 rest, ⚿ 🅿 𝖵𝖨𝖲𝖠 ⓜⓞ 🅐🅔
bd Littoral – ℰ 02 96 70 40 09 – gerbotdavoine@wanadoo.fr – Fax 02 96 70 34 06
– Fermé 15 nov.-15 déc., 5 janv.-5 fév. et lundi de fév. à Pâques
20 ch – ♦46 € ♦♦50 €, ⊇ 9,50 € – ½ P 60/75 € – **Rest** – (fermé lundi et mardi
sauf juil.-août) Menu 22 € (sem.)/42 € – Carte 34/58 €
♦ Dans la station balnéaire, maison bretonne aux chambres donnant en partie sur la
Manche. Deux salles à manger dont une profitant d'une échappée sur la mer... Là où,
précisément, la cuisine du chef puise son inspiration.

🍴 **Le Saint-Quay** avec ch ⇄ 🎇 🅿 𝖵𝖨𝖲𝖠 ⓜⓞ
72 bd. Foch – ℰ 02 96 70 40 99 – lestquayhotel@orange.fr – Fax 02 96 70 34 04
– Fermé 10-14 mai, 17-27 nov., 12-20 janv. et mardi en saison
7 ch – ♦45 € ♦♦52 €, ⊇ 7,50 € – **Rest** – Menu 22/48 € – Carte 35/72 €
♦ Petit restaurant familial au sobre cadre néo-rustique où l'on goûte une cuisine traditionnelle présentée sur tableau noir. Chambres simples et rénovées.

ST-QUENTIN ⬤ – 02 Aisne – 306 B3 – 59 066 h. – Agglo. 103 781 h. – alt. 74 m –
⊠ 02100 ▯ Nord Pas-de-Calais Picardie

37 **C2**

▶ Paris 165 – Amiens 81 – Charleroi 161 – Lille 113 – Reims 99

🚹 Office de tourisme, espace Victor Basch ℰ 03 23 67 05 00, Fax 03 23 67 78 71

▪ de Saint-Quentin-Mesnil à Mesnil-Saint-Laurent Rue de Chêne de Cambrie,
SE : 10 km par D 12, ℰ 03 23 68 19 48.

👁 Basilique★ - Hôtel de ville★ - Collection de portraits de Maurice Quentin de
La Tour★★ au musée Antoine-Lécuyer.

Plan page ci-contre

🏠 **Le Grand Hôtel** sans rest ▮ 🅖 🕭 🅿 𝖵𝖨𝖲𝖠 ⓜⓞ 🅐🅔 ⓞ
6 r. Dachery – ℰ 03 23 62 69 77 – grand-hotel2@wanadoo.fr
– Fax 03 23 62 53 52
24 ch – ♦72 € ♦♦90 €, ⊇ 9 €   BZ **n**
♦ Cette grande bâtisse construite au pied de la colline propose des chambres spacieuses
et fonctionnelles desservies par un ascenseur panoramique.

🏠 **Des Canonniers** sans rest 🚗 ⚿ 🕭 🅿 𝖵𝖨𝖲𝖠 ⓜⓞ 🅐🅔 ⓞ
15 r. Canonniers – ℰ 03 23 62 87 87 – info@hotel-canonniers.com
– Fax 03 23 62 87 86 – Fermé 4-17 août et dim. soir   AZ **m**
7 ch – ♦52/91 € ♦♦60/119 €, ⊇ 12 €
♦ On pénètre dans cette demeure bourgeoise par une belle cour pavée. Chambres calmes
et personnalisées (avec cuisinette). Salons habillés de boiseries donnant sur un parc.

🏠 **Ibis** sans rest ▮ 🅖 🕅 ⇄ 🕭 𝖵𝖨𝖲𝖠 ⓜⓞ 🅐🅔 ⓞ
14 pl. Basilique – ℰ 03 23 67 40 40 – H1641@accor.com – Fax 03 23 67 84 90
76 ch – ♦51/68 € ♦♦51/68 €, ⊇ 7,50 €   ABZ **r**
♦ Idéalement situé pour une visite du centre ville, cet édifice à l'élégante façade en briques
rouges dispose de chambres bien spacieuses pour un Ibis.

🏠 **Mémorial** sans rest ⇄ 🅿 𝖵𝖨𝖲𝖠 ⓜⓞ 🅐🅔 ⓞ
8 r. Comédie – ℰ 03 23 67 90 09 – contact@hotel-memorial.com
– Fax 03 23 62 34 96 – **18 ch** – ♦55/86 € ♦♦55/94 €, ⊇ 8,50 €   AZ **b**
♦ Cet ancien hôtel particulier profite d'une grande cour intérieure arborée. Chaque
chambre possède sa personnalité (double vitrage côté rue). Rénovations en cours.

ST-QUENTIN

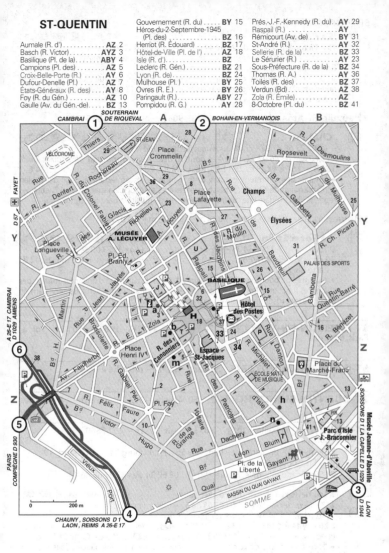

✕✕ Villa d'Isle

*111-113 r. d'Isle – ✆ 03 23 67 08 09 – contact@villadisle.fr – Fax 03 23 67 06 07
– Fermé 1ᵉʳ-15 août, sam. midi, dim. soir et lundi*   BZ **h**
Rest – Menu (16 € bc), 23 € bc (sem.)/30 € – Carte 28/49 €

♦ Belle verrière, objets d'époque et aménagement moderne : cette maison ancienne a l'art d'associer évocations du passé et touches actuelles. Cuisine bistrotière très alléchante.

✕✕ Auberge de l'Ermitage

*331 rte de Paris, 3 km par ⑤ – ✆ 03 23 62 42 80 – auberge.ermitage@wanadoo.fr
– Fax 03 23 64 29 28 – Fermé 4-21 août, 2-8 mars, sam. midi, dim. soir et merc.*
Rest – Menu 26/52 € – Carte 47/60 €

♦ Cette auberge a fière allure avec sa façade, sa terrasse et ses extérieurs fraîchement rénovés. Plaisante salle à manger mi-classique mi-champêtre, petits plats traditionnels.

XX **Le Rouget Noir** `AC` `VISA` `MO` `AE`

19 r. Victor-Basch – ☎ *03 23 62 44 44 – lerougenoir@wanadoo.fr*
– Fax 03 23 07 87 98 – Fermé 2-8 janv., sam. midi, dim. soir et merc. AYZ **a**
Rest – Menu (16 € bc), 35/45 € – Carte 37/59 €

♦ Un beau restaurant contemporain tout en "Roug(e) et Noir", orné de tableaux originaux réalisés par une artiste-peintre amie du chef. Cuisine "de produits" pleine de saveurs.

à Neuville-St-Amand 3 km par ③ et D 12 – 908 h. – alt. 82 m – ✉ 02100

🏠🏠 **Château** ♌ ♍ ☎ ch, ↬ ✒ ch, ♊ **P** `VISA` `MO` `AE`
– ☎ *03 23 68 41 82 – chateaudeneuville.st.amand@wanadoo.fr*
– Fax 03 23 68 46 02 – Fermé 4-25 août, 22 déc.-5 janv., sam. midi, dim. soir et lundi
15 ch – †67 € ††78 €, ☕ 11 € – **Rest** – Menu 28 € (sem.)/65 € – Carte 32/64 €

♦ Un parc bien entretenu entoure cette maison de maître restaurée, gage d'une bien agréable quiétude. Chambres personnalisées avec salles de bain spacieuses. À l'heure des repas, le chef prépare une cuisine traditionnelle de qualité, à base de produits frais.

à Holnon 6 km par ⑥ et D 1029 – 1 334 h. – alt. 102 m – ✉ 02760

🏠🏠 **Le Pot d'Étain** 🛏 ♍ ☎ ch, ☎ ♊ **P** `VISA` `MO` `AE` ①
D 1029 – ☎ *03 23 09 34 35 – info@lepotdetain.fr – Fax 03 23 09 34 39*
30 ch – †56 € ††62/88 €, ☕ 9,50 € – ½ P 68 € – **Rest** – Menu (18 € bc), 28/42 €
– Carte 38/79 €

♦ À l'entrée du bourg, pavillon aux allures d'hacienda complété d'un motel abritant des chambres fonctionnelles et bien insonorisées. Repas traditionnel actualisé servi dans un décor d'esprit rustique ou l'été en plein air.

ST-QUENTIN-EN-YVELINES – 78 Yvelines – 311 H3 – 106 29 – 101 21 – **voir à Paris, Environs**

ST-QUENTIN-LA-POTERIE – 30 Gard – 339 L4 – **rattaché à Uzès**

ST-QUENTIN-SUR-LE-HOMME – 50 Manche – 303 E8 – **rattaché à Avranches**

ST-QUIRIN – 57 Moselle – 307 N7 – 873 h. – alt. 305 m – ✉ 57560
‖ Alsace Lorraine 27 **D2**

📄 Paris 433 – Baccarat 40 – Lunéville 56 – Phalsbourg 34 – Sarrebourg 19
– Strasbourg 91
📅 Syndicat d'initiative, Mairie ☎ 03 87 08 60 34, Fax 03 87 08 66 44

XX **Hostellerie du Prieuré** avec ch ☎ ch, ↬ ♊ **P** `VISA` `MO`
☺ *163 r. Gén. de Gaulle –* ☎ *03 87 08 66 52 – tbllorraine@aol.com*
– Fax 03 87 08 66 49 – Fermé vacances de fév.
8 ch – †44 € ††48 €, ☕ 7 € – ½ P 46 € – **Rest** – *(fermé vacances de la Toussaint et de fév., sam. midi, mardi soir et merc.)* Menu (18 €), 24/60 € – Carte 28/67 €

♦ Face à la mairie, deux maisons de village entièrement réhabilitées. Jolis meubles d'ébénisterie dans les chambres. Salle à manger colorée et appétissants plats de tradition.

ST-RAPHAËL – 83 Var – 340 P5 – 30 671 h. – Casino Z – ✉ 83700
‖ Côte d'Azur 41 **C3**

📄 Paris 870 – Aix-en-Provence 121 – Cannes 42 – Fréjus 4 – Toulon 93
📅 Office de tourisme, rue Waldeck Rousseau ☎ 04 94 19 52 52,
Fax 04 94 83 85 40
🏌 Esterel Latitudes 745 Boulevard Darby, E : 5 km, ☎ 04 94 52 68 30 ;
🏌 de Cap Estérel BP 940 - Cap Esterel, E : 3 km, ☎ 04 94 82 55 00.
📷 Collection d'amphores★ dans le musée archéologique **M**.

Accès et sorties : voir plan de Fréjus.

ST-RAPHAËL

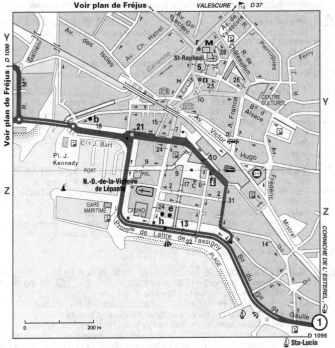

🏨 **Continental** sans rest ⟨ 📶 🅿 ⧉ 🅰 ⇆ 📞 🅿 🅿 **VISA** 🅌 AE
*100 promenade René Coty – ℰ 04 94 83 87 87 – info@hotels-continental.com
– Fax 04 94 19 20 24 – Ouvert de mars à début nov. et 17 déc.-2 janv.* **Z e**
44 ch – †75/118 € ††75/229 €, ⊋ 13 €
♦ Face à la plage, au cœur de l'animation, hôtel occupant le 1er étage d'une vaste bâtisse
néoclassique blanche. Chambres claires et confortables à choisir de préférence côté mer.

🏨 **La Marina** 🍴 🏊 🅛 🅿 ⧉ 🅰 ⇆ 📞 🅿 ⚑ **VISA** 🅌 AE ⓞ
*port Santa-Lucia, par ① – ℰ 04 94 95 31 31 – hotel@bestwestern-lamarina.com
– Fax 04 94 82 21 46*
100 ch – †96/178 € ††96/178 €, ⊋ 12 € – **Rest** – Menu 24 € – Carte 31/43 €
♦ Hôtel excentré, aménagé autour d'une piscine et procurant une vue sur le port de
plaisance. Chambres pratiques de tailles variables, à dominante de bleu ou rouge, souvent
pourvues d'un balcon. Restaurant doté d'une terrasse au bord du quai. Choix traditionnel.

🏨 **Excelsior** ⟨ 🍴 📶 🅰 ⇆ 🅿 **VISA** 🅌 AE ⓞ
*193 bd F. Martin, (prom. R. Coty) – ℰ 04 94 95 02 42 – info@excelsior-hotel.com
– Fax 04 94 95 33 82* **Z h**
36 ch ⊋ – †60/185 € ††135/185 € – **Rest** – Menu 27 € (déj. en sem.), 32/39 €
– Carte 35/57 €
♦ Sur le front de mer, près du grand casino, bel ensemble hôtelier du début du 20e s. vous
hébergeant dans des chambres, tournées vers la mer ou la basilique N.-D. Cuisine régionale
servie dans deux salles au cadre actuel ou en terrasse, face à la Méditerranée.

🏨 **Santa Lucia** sans rest   🕭 🗚 🛇 📞 VISA 🐵 🜇
418 Corniche D'Or, par ① – ℰ 04 94 95 23 00 – contact@hotelsantalucia.fr
– Fax 04 94 19 49 79 – Fermé 21 déc.-31 janv.
12 ch ⏎ – 🛉64/134 € 🛉🛉79/149 €
♦ Hôtel familial au décor de paquebot où chaque chambre évoque l'atmosphère d'un pays
différent (Maroc, Italie, Japon...). Préférez celles sur l'arrière avec vue sur la mer.

🏠 **Provençal** sans rest   🗐 🕭 🗚 🛇 📞 🚗 VISA 🐵 🜇
195 r. Garonne – ℰ 04 98 11 80 00 – reception@hotel-provencal.com
– Fax 04 98 11 80 13   Y **b**
24 ch – 🛉55/80 € 🛉🛉55/80 €, ⏎ 8 €
♦ En retrait du port et de son animation, établissement entièrement rénové abritant des
chambres actuelles et fonctionnelles, dotées d'une bonne isolation phonique.

XXX **L'Arbousier**   🕭 🗚 VISA 🐵 🜇 ①
6 av. Valescure – ℰ 04 94 95 25 00 – arbousier.restaurant@wanadoo.fr
– Fax 04 94 83 81 04 – Fermé 22 déc.-7 janv., mardi sauf le soir en saison et lundi
Rest – Menu 28 € (déj.), 36/59 € – Carte 65/78 €   Y **r**
♦ Maison de la vieille ville où l'on goûte une cuisine méridionale dans une salle
douillette aux tons ensoleillés ou sur la jolie terrasse de la cour ombragée, meublée en fer
forgé.

X **Le Sémillon**   🕭 🗚 🛇 VISA 🐵 🜇 ①
12 r. de la République – ℰ 04 94 40 56 77 – contact@le-semillon.com
🥜 – Fax 04 94 40 56 77 – Fermé 10-24 nov., 23 fév.-9 mars, sam. midi sauf juil.-août et
lundi   Y **n**
Rest – Menu 17 € bc (déj. en sem.), 27/50 € bc – Carte 38/57 €
♦ Une adresse sympathique devancée par une terrasse-trottoir. Ardoise de suggestions
et spécialités d'Alsace (région natale des patrons) d'octobre à mi-avril.

à Valescure 5 km au Nord-Est – ✉ 83700

🏨🏨 **Golf de Valescure** ॐ   🕭 🕭 ⍉ 🕱 🗚 🛇 ch, 🗚 ↔ 🛇 rest, 🛎
av. Paul L'Hermite, (au golf) – ℰ 04 94 52 85 00   P VISA 🐵 🜇 ①
– info@valescure.com – Fax 04 94 82 41 88
62 ch – 🛉165/205 € 🛉🛉165/205 €, ⏎ 18 € – 20 suites – ½ P 124/186 €
Rest Les Pins Parasols – (dîner seult) Menu 37/65 € – Carte 49/68 €
Rest Club House – club-house (déj. seult) Menu 26 € bc – Carte 26/36 €
♦ Construction récente dotées de confortables chambres rénovées, avec terrasses ouvrant
sur la pinède ou le golf. Cuisine à l'accent provençal aux Pins Parasols. Le Club House occupe
le Pavillon de la Norvège de l'Exposition universelle de 1900.

X **Le Sud**   🕭 🗚 P VISA 🐵 🜇
16 bd Darby, rte du golf – ℰ 04 94 44 67 86 – Fax 04 94 44 68 73 – Fermé 3-10 juin,
🥜 22 déc.-5 janv., mardi, merc. sauf juil.-août, sam. midi, dim. midi et lundi midi
Rest – Menu 17 € (déj. en sem.), 30/40 €
♦ Dans un centre commercial de plein air, restaurant ensoleillé, orné de peintures et de
photos anciennes. Terrasse entourée d'un jardin. Alléchante carte provençale actualisée.

au Dramont 6 km par ① – ✉ 83530 Agay

🏨🏨 **Sol e Mar** ← Ile d'Or et cap du Dramont, 🕭 ⍉ 🗐 🕭 🗚 ch, 🛇 rest,
rte de la Corniche d'Or – ℰ 04 94 95 25 60   P VISA 🐵 🜇 ①
– resa-agay@monalisahotels.com – Fax 04 94 83 83 61 – Ouvert 15 mars-11 nov.
45 ch – 🛉70/163 € 🛉🛉70/163 €, ⏎ 11 € – 5 suites – ½ P 74/117 € – **Rest** – Carte
35/46 €
♦ Un vrai hôtel balnéaire : chambres tournées pour la plupart vers les îles d'Or, plage-
solarium et bassin d'eau de mer à débordement creusé dans la roche du rivage. Restaurant
panoramique coiffé d'un toit ouvrant et complété par une belle terrasse surplombant la
grande bleue.

ST-RÉMY – 71 Saône-et-Loire – 320 J9 – rattaché à Chalon-sur-Saône

ST-RÉMY-DE-CHARGNAT – 63 Puy-de-Dôme – 326 G9 – rattaché à Issoire

▶ Paris 702 – Arles 25 – Avignon 20 – Marseille 89 – Nîmes 45

🛈 Office de tourisme, place Jean Jaurès ℰ 04 90 92 05 22, Fax 04 90 92 38 52

🖥 de Servanes à Mouriès Domaine de Servanes, SE : 17 km, ℰ 04 90 47 59 95.

◉ Le plateau des Antiques★★ : Mausolée★★, Arc municipal★, Glanum★ 1km
par ③ - Cloître★ de l'ancien monastère de St-Paul-de-Mausole par ③ - Hôtel
de Sade : dépôt lapidaire★ **L** - Donation Mario Prassinos★ **S**.

◐ ☀★★ de la Caume 7 km par ③.

ST-RÉMY-DE-PROVENCE

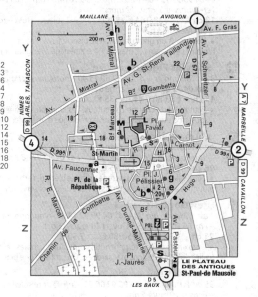

 Hostellerie du Vallon de Valrugues ⑤ ≤ 🚗 🎇 ⌇ 🔥 ⚒ 🏓 🅰🅲 ↭ 📞
chemin Canto Cigalo, 1 km par ② – ℰ 04 90 92 04 40   🔊 **P** **VISA** **MO** **AE** **①**
– resa@vallondevalrugues.com – Fax 04 90 92 44 01 – Ouvert 1ᵉʳ mars-3 nov.
53 ch – ♦190/310 € ♦♦190/310 €, ⊊ 23 € – 7 suites
Rest – *(nombre de couverts limité, prévenir)* Menu 55/98 € – Carte 79/90 €
♦ Dans un quartier résidentiel, grande villa entourée d'un jardin arboré. Luxueux décor,
chambres aux couleurs provençales et équipements de loisirs complets. Au restaurant,
"paquebot" relooké, ouvert sur une terrasse fleurie : plats à l'ardoise de tradition régionale.

🏠🏠 **Le Château des Alpilles** ⑤   🔔 🎇 ⌇ 🏓 🛗 🔥 ch, 🅰🅲 ch, 🏓 rest, 🔊
2 km à l'Ouest par D 31 – ℰ 04 90 92 03 33   **P** **VISA** **MO** **AE** **①**
– chateau.alpilles@wanadoo.fr – Fax 04 90 92 45 17 – Ouvert 13 mars-4 janv.
15 ch – ♦180/198 € ♦♦200/339 €, ⊊ 19 € – 3 suites
Rest – *(fermé jeudi midi et merc. hors saison)* Menu 19/40 € – Carte 40/61 €
♦ Superbe demeure du 19ᵉ s. dans un parc aux platanes tricentenaires. Chambres joliment
personnalisées : classiques (bâtiment principal) ou contemporaines (annexes). Entre chic
bourgeois et design seventies, le restaurant mélange les styles avec goût. Cuisine régionale.

🏠🏠 **Les Ateliers de l'Image** ⑤   🚗 🎇 ⌇ 🛗 🔥 🅰🅲 ↭ 📞 🔊
36 bd V. Hugo – ℰ 04 90 92 51 50 – info@   **P** **VISA** **MO** **AE** **①**
hotelphoto.com – Fax 04 90 92 43 52 – Fermé de mi-déc. à fin fév.   **Z** **x**
28 ch – ♦165/380 € ♦♦165/380 €, ⊊ 19 € – 4 suites
Rest – *(fermé le midi sauf fériés)* Menu 44 € (dîner)/59 € – Carte 47/65 €
♦ Un parc en plein centre-ville ! C'est le cadre de cet "hôtel-atelier" dédié à la photo (expo,
galerie, labo). Chambres zen et raffinées (la moitié avec terrasse). Originale suite-cabane
dans un arbre. À table, optez pour le sushi bar ou une carte fleurant bon la Provence.

Gounod sans rest 　　　　　　　 🔟 🎧 🌿 ⅍ 🐾 🏌 **P** **VISA** **©©** **AE**
18 pl. de la République – ℰ *04 90 92 06 14* – *contact @ hotel-gounod.com*
– *Fax 04 90 92 56 54* – *Fermé 22 déc.-5 janv. et 18 fév.-17 mars*　　　　Z **a**
30 ch ⊇ – 🛇99/130 € 🛇🛇110/220 €

♦ Charles Gounod séjourna ici en 1863 pour composer son opéra Mireille. Atmosphère feutrée, joli décor d'inspiration baroque bien rénové, jardin, piscine et salon de thé cosy.

Le Mas des Carassins ⌂　　　　　 ≼ 🚗 🎧 🔟 🎧 ch, 🌿
1 chemin Gaulois, 1 km par ③ –　　　　　　 ⅍ rest, 🐾 **P** **VISA** **©©**
ℰ *04 90 92 15 48* – *info @ masdescarassins.com* – *Fax 04 90 92 63 47* – *Fermé*
1er-7 mars et 5 janv.-12 mars
12 ch ⊇ – 🛇88/164 € 🛇🛇99/175 € – *2 suites* – **Rest** – *(dîner seult) (résidents seult)* Menu 28 €

♦ Noyé dans un grand jardin avec piscine (lavandes, thym, lauriers, citronniers, oliviers, fontaines et bassins...), mas du 19e s. aménagé avec goût. Jolies chambres provençales.

Sous les Figuiers sans rest ⌂　　　　 🔟 🎧 🌿 🐾 **P** **VISA** **©©** **AE**
3 av. Taillandier – ℰ *04 32 60 15 40* – *hotel.souslesfiguiers @ wanadoo.fr*
– *Fax 04 32 60 15 39* – *Fermé 6 janv.-17 mars*　　　　　　　　　Y **b**
13 ch – 🛇60/80 € 🛇🛇72/135 €, ⊇ 12 €

♦ Petit hôtel de charme chaleureux. Les chambres raffinées (boutis et meubles chinés) disposent d'une terrasse privative ombragée d'un figuier centenaire. Atelier de peinture.

L'Amandière sans rest ⌂　　　　　　 🚗 🔟 🐾 **P** **VISA** **©©** **①**
av. Plaisance du Touch, 1 km par ① *puis rte Noves* – ℰ *04 90 92 41 00*
– *hotel-amandiere @ wanadoo.fr* – *Fax 04 90 92 48 38*
26 ch – 🛇58/60 € 🛇🛇58/75 €, ⊇ 7,50 €

♦ Cette villa provençale possède un agréable jardin arboré et fleuri. Chambres paisibles et pratiques avec balcon ou terrasse. Petit-déjeuner servi dans un jardin d'hiver.

Van Gogh sans rest ⌂　　　　　　　 🚗 🔟 🌿 **P** **VISA** **©©**
1 av. J. Moulin par ② – ℰ *04 90 92 14 02* – *vangoghhot @ aol.com*
– *Fax 04 90 92 09 05* – *Ouvert 10 mars-15 oct.*
21 ch – 🛇50/80 € 🛇🛇50/80 €, ⊇ 7,50 €

♦ À proximité du centre, petit hôtel simple aux chambres décorées dans la note provençale (celles du 1er étage sont mansardées). On profite d'une belle terrasse devant la piscine.

Du Soleil sans rest ⌂　　　　　　 🔟 🌿 🌿 🐾 **P** **VISA** **©©** **AE** **①**
35 av. Pasteur – ℰ *04 90 92 00 63* – *info @ hotelsoleil.com* – *Fax 04 90 92 61 07*
– *Ouvert 10 mars-5 nov.*　　　　　　　　　　　　　　　Z **z**
21 ch – 🛇56/74 € 🛇🛇56/85 €, ⊇ 7 €

♦ Ces bâtiments plus que centenaires (ex-usine reconvertie) encadrent une vaste cour (terrasse, fontaine, jardin, piscine). Sobriété et tranquillité sont de mise dans les chambres.

Le Chalet Fleuri sans rest 　　　　 🚗 🔟 🎧 🌿 🐾 **P** **VISA** **©©**
15 av. Frédéric Mistral – ℰ *04 90 92 03 62* – *le.chalet.fleuri @ orange.fr*
– *Fax 04 90 92 60 28* – *Fermé janv.*　　　　　　　　　　　Y **h**
12 ch – 🛇64/74 € 🛇🛇64/74 €, ⊇ 7,50 €

♦ Une adresse sympathique à deux pas du centre-ville. Chambres pratiques et colorées. Aux beaux jours, petit-déjeuner servi au jardin (marronniers, pins, tilleuls et palmiers).

La Maison du Village sans rest 　　　　　 🎧 🐾 **VISA** **©©**
10 r. du 8 mai 1945 – ℰ *04 32 60 68 20* – *contact @ lamaisonduvillage.com*
– *Fax 04 32 60 68 21*　　　　　　　　　　　　　　　　Z **b**
5 ch – 🛇150/210 € 🛇🛇150/210 €, ⊇ 12 €

♦ Jolie maison du 18e s. située en plein centre historique. Harmonies de couleurs dans la décoration. Les chambres sont toutes superbes et la cour-terrasse délicieuse.

Mas de Figues ⌂　　　　 🚗 🎧 🔟 ⅋ ch, 🎧 ch, 🐾 **P** **VISA** **©©** **AE** **①**
Vieux chemin d'Arles, 3 km par chemin de la Combette – ℰ *04 32 60 00 98* – *info @ masdesfigues.com* – *Fax 04 32 60 00 95* – *Ouvert mars à nov.*
3 ch – 🛇100/140 € 🛇🛇120/200 €, ⊇ 20 € – *2 suites* – ½ P 95/140 €
Table d'hôte – *(prévenir)* Menu 28/33 €

♦ Au cœur des lavandes et des oliviers, vieille bastide provençale traditionnelle. Lits à baldaquin dans les chambres aux noms de personnages d'Alphonse Daudet. Cuisine du Sud à base des produits du potager de la ferme. Cadre raffiné (grande table, charpente apparente).

XX ❀ **La Maison Jaune** (François Perraud) 🕍 VISA ◎

15 r. Carnot – 𝒞 *04 90 92 56 14 – lamaisonjaune @ wanadoo.fr*
– Fax 04 90 92 56 32 – Fermé 2 janv.-2 mars, dim. soir en hiver, mardi midi de juin
à sept. et lundi Y **s**
Rest – *(nombre de couverts limité, prévenir)* Menu 36/66 € – Carte 48/81 €
Spéc. Asperges vertes de Provence, poutargue, herbes en vinaigrette (avril). Filets
d'anchois frais marinés, cocos et cébettes (juil.). Petits encornets de Méditerranée,
légumes crus au vinaigre (août). **Vins** Vin de pays des Bouches du Rhône, Coteaux
d'Aix-en-Provence-les-Baux.
♦ Belle demeure dotée à l'étage d'une grande terrasse ombragée dominant la vieille ville
(toit de tuiles du pays et meubles en teck). Goûteuse cuisine provençale actuelle.

XX **Alain Assaud** AC VISA ◎ AE

13 bd Marceau – 𝒞 *04 90 92 37 11 – Ouvert 15 mars-15 nov. et fermé jeudi midi,*
sam. midi et merc. Y **a**
Rest – Menu 28/44 € – Carte 48/69 €
♦ Plaisante salle de restaurant rustique (pierres et poutres apparentes, tableaux, vieille
horloge et buffet campagnard) où l'on sert une cuisine généreuse à l'accent du Sud.

X **Le Bistrot Découverte** 🕍 AC ✦ VISA ◎ AE

19 bd Victor Hugo – 𝒞 *04 90 92 34 49 – Fax 04 90 92 34 49 – Fermé 25-31 août,*
1ᵉʳ fév.-8 mars, dim. soir sauf juil.-août et lundi Z **e**
Rest – Menu (15 €), 30 € – Carte 29/43 € ❀
♦ Ce bistrot de caractère, avec véranda-terrasse, propose une cuisine de tradition provençale. Belle cave voûtée en pierre ; grands et petits crus à boire sur place ou à emporter.

X **L'Aile ou la Cuisse** 🕍 & AC VISA ◎

5 r. Commune – 𝒞 *04 32 62 00 25 – laileoulacuisse @ orange.fr – Fermé*
15 déc.-28 fév., dim. d'oct. à juin et lundi Z **g**
Rest – *(dîner seult)* Menu 35 € – Carte 42/51 €
♦ Bel intérieur feutré et chic, ravissant patio-terrasse et savoureuse cuisine bistrotière : ce
restaurant logé dans le réfectoire d'un ancien couvent cumule les atouts.

au Domaine de Bournissac 11 km par ②, D 30 et D 29 – ✉ 13550
Paluds-des-Noves

🏠 ❀ **La Maison de Bournissac** (Christian Peyre) ⌂ ← 🍴🕍 🏊 & AC

– 𝒞 *04 90 90 25 25 – bournissac @ wanadoo.fr* 🏋 P VISA ◎ AE
– Fax 04 90 90 25 26 – Fermé 3 janv.-10 fév.
13 ch – ❙130/230 € ❙❙130/230 €, ⬚ 15 € – 3 suites – ½ P 120/170 €
Rest – *(fermé lundi et mardi d'oct. à avril)* Menu 45/120 € – Carte 62/92 €
Spéc. Escargots "petits gris" en déclinaison. Langoustine en deux façons (prin-
temps-été). Pigeon fermier rôti sur cófire. **Vins** Cairanne, Côtes de Luberon.
♦ Un lieu assez magique entouré par les vignes et les oliviers. Ce vieux mas domine
Luberon, Alpilles et Ventoux. Ambiance cocooning dans les salons et les chambres romantiques. Fine cuisine régionale, salle chaleureuse et terrasses (une située dans un patio avec
figuiers).

à Verquières 11 km par ②, D 30 et D 29 – 801 h. – alt. 48 m – ✉ 13670

XX **Le Croque Chou** 🕍 VISA ◎ AE

pl. de l'Église – 𝒞 *04 90 95 18 55 – folzfamily @ le-croque-chou.fr*
– Fax 04 32 61 15 05 – Fermé 29 sept.-4 oct., 5-10 janv., 23 fév.-7 mars, mardi midi
de mi-juin à mi-sept., dim. soir et merc. soir de mi-sept. à mi-juin et lundi
Rest – *(prévenir)* Menu (22 €), 48/124 € bc – Carte 51/70 € ❀
♦ Une cuisine inventive et ensoleillée (beaux produits) vous attend derrière la façade
tapissée de lierre de cette bergerie. Intérieur campagnard et terrasse à l'ombre des arbres.

par ④ 4,5 km et rte des Baux D 27 – ✉ 13210 St-Rémy-de-Provence

🏠 **Domaine de Valmouriane** ⌂ ← 🍷🕍 🏊 ✕ 📶 AC

– 𝒞 *04 90 92 44 62 – info @ valmouriane.com* P VISA ◎ AE ①
– Fax 04 90 92 37 32 – Fermé 18 nov.-7 déc. et 15-26 janv.
12 ch – ❙130/305 € ❙❙130/335 €, ⬚ 16 € – 1 suite – ½ P 140/190 €
Rest – Menu 28/75 € – Carte 45/67 €
♦ Au pied des Alpilles, confortable mas niché entre les pins : bar avec piano et cheminée,
grandes chambres au mobilier de style. Espace détente (massages en plein air). Salle
voûtée et colorée pour une cuisine au goût du jour et à thème (tour du monde des saveurs).

ST-RÉMY-DE-PROVENCE
à Maillane 7 km au Nord-Ouest par D 5 – 1 880 h. – alt. 14 m – ✉ 13910

XX **L'Oustalet Maïanen** 🕭 🖾 _VISA_ **⓪** AE
– ✆ 04 90 95 74 60 – contact@oustaletmaianen.com – Fax 04 90 95 76 17
– Fermé 23 juin-2 juil., nov. à janv., mardi midi en juil.-août, sam. midi d'avril à oct.,
dim. soir sauf juil.-août, mardi et merc. de fév. à mars et lundi
Rest – Menu (18 €), 25/40 € – Carte 38/57 €
♦ Adresse sympathique que ce restaurant situé face à la maison du poète Mistral. Salle à
manger provençale, terrasse sous la treille et goûteuse cuisine régionale.

ST-RÉMY-DU-PLAIN – 35 Ille-et-Vilaine – 309 M4 – 698 h. – alt. 108 m –
✉ 35560   10 **D2**
　　🖪 Paris 383 – Rennes 38 – Saint-Malo 58 – Fougères 40 – Vitré 44

⌂ **La Haye d'Irée** 🕭 🍸 🛠 **P** _VISA_ **⓪**
1,5 km au Sud par D 90 puis D 12 – ✆ 02 99 73 62 07 – m.deprevoisin@orange.fr
– Ouvert d'avril à oct.
4 ch ⚏ – ✝65 € ✝✝85/115 € – **Table d'hôte** – Menu 25 €
♦ Dans un grand parc (étang, piscine, roseraie), ce manoir en granit vous plonge
dans une atmosphère typique : salon avec cheminée, pierres, poutres, chambres au mobilier ancien. Repas traditionnels (sur réservation) servis dans une salle à manger rustique.

ST-RIQUIER – 80 Somme – 301 E7 – **rattaché à Abbeville**

ST-ROMAIN-LE-PUY – 42 Loire – 327 D6 – **rattaché à Montbrison**

ST-ROME-DE-TARN – 12 Aveyron – 338 J6 – 715 h. – alt. 360 m   29 **D2**
　　🖪 Paris 660 – Millau 21 – Rodez 68 – Toulouse 170
　　🖬 Syndicat d'initiative, place du Terral ✆ 05 65 62 50 89, Fax 05 65 58 44 00

⌂ **Les Raspes** 🛏 🕭 🍸 📶 ↳ 🛠 ch, ↳ _VISA_ **⓪** AE
🕭 – ✆ 05 65 58 11 44 – lesraspes@wanadoo.fr – Fax 05 65 58 11 45 – Fermé
25 oct.-10 nov.
15 ch – ✝45/65 € ✝✝65/85 €, ⚏ 8,50 € – ½ P 70 € – **Rest** – (fermé 8-17 fév., dim.
soir, lundi midi, merc. midi et sam. midi du 24 oct. au 2 mai) Menu 18/60 € – Carte
28/63 €
♦ Cette maison traditionnelle en pierre, située dans le village perché, était à l'origine un
couvent. Les cellules sont aujourd'hui des chambres douillettes, sobres et soignées. Jolie
salle à manger et terrasse où l'on goûte une cuisine locale aux accents du Sud.

ST-SATUR – 18 Cher – 323 N2 – **rattaché à Sancerre**

ST-SATURNIN – 63 Puy-de-Dôme – 326 F9 – 1 115 h. – alt. 520 m – ✉ 63450
▌Auvergne   5 **B2**
　　🖪 Paris 438 – Clermont-Ferrand 24 – Cournon-d'Auvergne 18 – Riom 37
　　　– Chamalières 25

⌂ **Château de Saint-Saturnin** 🕭 🕭 ↳ ↳ **P** _VISA_ **⓪**
– ✆ 04 73 39 39 64 – chateaudesaintsaturnin@yahoo.fr – Fax 04 73 39 30 86
– Ouvert 20 mars-3 nov.
5 ch – ✝140/190 € ✝✝140/190 €, ⚏ 10 €
Table d'hôte – Menu 28 € bc/45 € bc
♦ L'originalité de l'endroit ? On replonge au temps du Moyen-Âge dans ce château du 13ᵉ s.,
dominant le village. Chambres et suites de bonne ampleur au mobilier ancien. Cuisine
familiale, bourgeoise et régionale, servie aux résidents le soir, dans une salle voûtée.

ST-SATURNIN – 72 Sarthe – 310 J6 – **rattaché à Le Mans**

ST-SATURNIN-DE-LUCIAN – 34 Hérault – 339 F6 – **rattaché à**
Clermont-l'Hérault
1692

ST-SATURNIN-LÈS-APT – 84 Vaucluse – 332 F10 – 2 341 h. – alt. 420 m –
⊠ 84490 ▌ Provence   42 **E1**
 ◪ Paris 728 – Apt 9 – Avignon 55 – Carpentras 44 – Manosque 50

XXX   **Domaine des Andéols** avec ch ॐ   ≤ ◪ ⋒ ⌁ ℅ **P** *VISA* **CD** **AE**
D2 – ℰ 04 90 75 50 63 – info@domaine-des-andeols.fr – Fax 04 90 75 43 22
– *Ouvert 28 fév.-30 nov.*
10 suites – ♥♥250/1140 €, ⌁ 22 €
Rest – *(fermé mardi midi, merc. midi et lundi sauf de juin à sept.)* Menu 42 € (déj.
en sem.), 68/90 € – Carte 64/97 €
♦ Un lieu magique au cœur du Lubéron : table inventive au cadre ultra design (vue sur les
cuisines), appartements-maisons soigneusement personnalisés, piscine intérieure et
hammam.

ST-SAUD-LACOUSSIÈRE – 24 Dordogne – 329 F2 – 868 h. – alt. 370 m –
⊠ 24470   4 **C1**
 ◪ Paris 443 – Brive-la-Gaillarde 105 – Châlus 23 – Limoges 57 – Nontron 16
    – Périgueux 62

▥▥   **Hostellerie St-Jacques** ॐ   ◪ ⋒ ⌁ ℀ ℅ **P** *VISA* **CD** **AE**
– ℰ 05 53 56 97 21 – hostellerie.st.jacques@wanadoo.fr – Fax 05 53 56 91 33
– *Ouvert 2 mars-30 nov. et fermé lundi midi, mardi midi, merc. midi du 16 juin au
14 sept., dim. soir, lundi et mardi du 15 sept. au 15 juin*
12 ch – ♥70/200 € ♥♥70/200 €, ⌁ 12 € – 2 suites – ½ P 82/147 €
Rest – Menu 25 € bc (déj. en sem.), 37/69 € – Carte 49/80 € ❀
♦ Ancienne halte des pèlerins de Compostelle, cette maison tapissée de verdure n'est
en rien austère : chambres personnalisées par un décor précieux, piscine et jardin fleuri.
Salle à manger prolongée d'une terrasse ombragée. Repas traditionnel et belle carte
des vins.

ST-SAUVANT – 17 Charente-Maritime – 324 G5 – **rattaché à Saintes**

ST-SAUVES-D'AUVERGNE – 63 Puy-de-Dôme – 326 D9 – **rattaché à
La Bourboule**

ST-SAUVEUR-D'AUNIS – 17 Charente-Maritime – 324 E2 – 1 069 h. – alt. 19 m
– ⊠ 17540   38 **B2**
 ◪ Paris 451 – La Rochelle 25 – Niort 43 – Poitiers 117

⌂   **Le Logis de l'Aunis** sans rest   ◪ ⌁ ↩ ℀ **P**
8 r. de Ligoure – ℰ 05 46 09 02 14 – jocelyne.ecarot@wanadoo.fr
3 ch ⌁ – ♥73/87 € ♥♥73/87 €
♦ La maîtresse des lieux a du goût. Les chambres sont toutes décorées avec originalité, de
même que la véranda aux tonalités de l'île de Ré. Jardin fleuri, potager et piscine.

ST-SAUVEUR-DE-MONTAGUT – 07 Ardèche – 331 J5 – 1 248 h. – alt. 218 m
– ⊠ 07190   44 **B3**
 ◪ Paris 597 – Le Cheylard 24 – Lamastre 29 – Privas 24 – Valence 38
 ◪ Syndicat d'initiative, quartier de la Tour ℰ 04 75 65 43 13, Fax 04 75 65 43 13

X   **Le Montagut** avec ch   ⋒ ↩ *VISA* **CD**
 ❀   *pl. de l'Église* – ℰ 04 75 65 40 31 – lemontagut@aol.com – *Fermé 16-30 juin,
      mardi soir et lundi sauf de juin à sept.*
4 ch – ♥40/45 € ♥♥40/45 €, ⌁ 6 €
Rest – *(fermé mardi soir, merc. soir et lundi sauf juil.-août)* Menu 16 € bc (déj. en
sem.), 20/40 € – Carte 32/40 €
♦ La carte de cette auberge familiale ardéchoise honore les saveurs régionales. En décor,
une salle sobre et une vaste terrasse sous auvent. Petites chambres fonctionnelles.

ST-SAVIN – 65 Hautes-Pyrénées – 342 L7 – **rattaché à Argelès-Gazost**

ST-SAVIN – 86 Vienne – 322 L5 – 1 009 h. – alt. 76 m – ⊠ 86310
🏳 Poitou Vendée Charentes 39 **D1**

▣ Paris 344 – Poitiers 44 – Belac 62 – Châtellerault 48 – Montmorillon 19
◉ Peintures murales ★★★ de l'Abbaye ★★.

🏠 **De France** ਠੇ ch, ↵ ୨% rest, ✆ **P** VISA ●● AE
38 pl. de la République – ℰ 05 49 48 19 03 – hotel-saint-savin @ wanadoo.fr
– Fax 05 49 48 97 07 – Fermé 22 déc.-6 janv.
11 ch – ♦48 € ♦♦48 €, ⊇ 6,50 € – **Rest** – (fermé lundi midi, sam. midi et dim.)
Menu 11/21 €
♦ L'hôtel occupe une maison de pays qui s'élève sur la place du village. Chambres
fonctionnelles, souvent spacieuses et sobrement décorées. Des tons ensoleillés égayent la
salle de restaurant où l'on goûte des recettes traditionnelles et régionales.

XX **Christophe Cadieu** AC ✧ VISA ●●
❀ 15 r. de l'Abbaye – ℰ 05 49 48 17 69 – Fax 05 49 48 17 69 – Fermé 23 juin-
2 juil., 22 sept.-8 oct., 5-21 janv., merc. sauf le midi d'avril à oct., dim. soir, lundi
Rest – Menu 40/70 €
Spéc. Timbale croustillante aux cèpes, mousseline de pommes de terre ratte
(automne). Lièvre à la royale du Sénateur Couteau (saison). Palet de chocolat noir
praliné. **Vins** Vin de pays de la Vienne, Montlouis.
♦ Non loin de l'abbaye, ancienne grange convertie en un confortable restaurant. Décor
rustique soigné, tables joliment dressées et appétissante cuisine dans l'air du temps.

ST-SEINE-L'ABBAYE – 21 Côte-d'Or – 320 I5 – 355 h. – alt. 451 m – ⊠ 21440
🏳 Bourgogne 8 **C2**

▣ Paris 289 – Autun 78 – Dijon 28 – Châtillon-sur-Seine 57 – Montbard 48
🛈 Office de tourisme, place de l'Église ℰ 03 80 35 07 63, Fax 03 80 35 07 63
🕼 Dolce Chantilly à Salives Larçon, N : 32 km par D 16, ℰ 03 80 75 68 54.

🏠 **La Poste** 🚗 ਠਿ ✆ **P** 🚲 VISA ●●
17 r. Carnot – ℰ 03 80 35 00 35 – contact @ postesoleildor.fr – Fax 03 80 35 07 64
– Fermé 23 déc.-6 janv., fév. et dim.
15 ch – ♦52/58 € ♦♦63/70 €, ⊇ 10 € – ½ P 63/67 € – **Rest** – (fermé sam. et dim.)
(dîner seult) Menu 25/35 € – Carte 27/53 €
♦ Louis XIV aurait séjourné dans cet ancien relais de poste apprécié pour le calme de son
jardin ombragé. Les chambres, bien tenues, sont assez spacieuses. Le restaurant doté d'une
belle cheminée a conservé toute sa rusticité. Cuisine traditionnelle et régionale.

ST-SERNIN-SUR-RANCE – 12 Aveyron – 338 H7 – 530 h. – alt. 300 m –
⊠ 12380 Languedoc Roussillon 29 **D2**

▣ Paris 694 – Albi 50 – Castres 69 – Lacaune 29 – Rodez 83 – St-Affrique 32
🛈 Syndicat d'initiative, avenue d'Albi ℰ 05 65 99 29 13, Fax 05 65 97 60 77

🏨 **Carayon** 🐾 ≼ 👔 🚗 ⚒ 🖻 🗗 ⅙ 🌾 ‖ ✆ 👍 **P** 🚲 VISA ●● AE ➀
❀ – ℰ 05 65 98 19 19 – contact @ hotel-carayon.fr – Fax 05 65 99 69 26 – Fermé
🍽 mardi midi, dim. soir, lundi sauf juil.-août et fériés
74 ch – ♦38/50 € ♦♦38/75 €, ⊇ 8 € – ½ P 47/77 € – **Rest** – Menu 15/54 €
– Carte 28/39 €
♦ Divers types de chambres dans cet hôtel centré sur les loisirs. 55 occupent l'unité
principale et 19, les annexes du parc (pigeonnier, maison de pêcheur, chalet et pavillon).
Copieux repas du terroir servis dans des salles claires et amples ou en terrasse.

ST-SERVAN-SUR-MER – 35 Ille-et-Vilaine – 309 K3 – rattaché à St-Malo

ST-SEURIN-D'UZET – 17 Charente-Maritime – 324 F6 – 572 h. – alt. 47 m – ⊠ 17120
▣ Paris 516 – Poitiers 183 – La Rochelle 113 – Rochefort 67 – Saintes 49 38 **B3**

🏠 **Blue Sturgeon** 🐾 🚗 ↵ ୨% ✆
3 r. de la Cave – ℰ 05 46 74 17 18 – reservations @ bluesturgeon.com – Ouvert
de mars à oct.
5 ch – ♦120 € ♦♦120 €, ⊇ 15 € – **Table d'hôte** – Menu 35/40 €
♦ Le propriétaire, anglais et décorateur, a joliment restauré cette grange viticole du 17ᵉ s.
Mélange d'ancien et de contemporain (dont les tableaux maison), jardin et plan d'eau. Belle
hauteur sous plafond et poutres peintes dans la salle à manger.

ST-SIFFRET – 30 Gard – 339 L4 – **rattaché à Uzès**

ST-SILVAIN-BELLEGARDE – 23 Creuse – 325 K5 – 216 h. – alt. 535 m –
⊠ 23190   25 **D1**
- ◘ Paris 413 – Limoges 148 – Guéret 53 – Montluçon 75 – Ussel 66

⌂   **Les Trois Ponts** ⊗   ⌨ 🐕 ⊃ ⅋ ch, ⅋ **P** *VISA* **◑◯**
– ℰ 05 55 67 12 14 – info@lestroisponts.nl – Fax 05 55 67 12 14 – *Ouvert de mars*
à nov.
5 ch � – **†**50 € **††**75 € – ½ P 188 € – **Table d'hôte** – Menu 25 € bc
♦ Deux Hollandais ont rénové cet ancien moulin au bord de la Tardes en préservant son
authenticité. Douillettes chambres d'esprit provençal. Aménagements pour la détente.
Ambiance conviviale garantie autour de la superbe table des propriétaires.

ST-SORLIN-D'ARVES – 73 Savoie – 333 K6 – 325 h. – alt. 1 550 m – ⊠ 73530
▌ Alpes du Nord   45 **C2**
- ◘ Paris 657 – Albertville 84 – Le Bourg-d'Oisans 50 – Chambéry 97
  – St-Jean-de-Maurienne 22
- 🛈 Office de tourisme, Champ Rond ℰ 04 79 59 71 77, Fax 04 79 59 75 50
- ◉ Site★ de l'église de St-Jean-d'Arves SE : 2,5 km.
- ◉ Col de la Croix de Fer ❄★★ O : 7,5 km puis 15 mn - Col du Glandon ≼★ puis
  Combe d'Olle★★ O : 10 km.

⌂   **Beausoleil** ⊗   ≼ ⌨ 🍴 ⅙ 🍽 rest, ☏ **P** *VISA* **◑◯** **⒜⒠**
Le Pré – ℰ 04 79 59 71 42 – info@hotel-beausoleil.com – Fax 04 79 59 75 25
– *Ouvert 1ᵉʳ juil.-31 août et 10 déc.-24 avril*
21 ch – **†**44/54 € **††**55/65 €, ⊐ 10 € – ½ P 55/77 € – **Rest** – Menu (13 €),
18/25 € – Carte 22/36 €
♦ Au pied des pistes, dans le centre de la station, ce chalet aux chambres fraîches et
fonctionnelles est un véritable havre de paix. Salle à manger au cadre moderne, terrasse
panoramique et cuisine savoyarde.

ST-SORNIN – 17 Charente-Maritime – 324 E5 – 328 h. – alt. 16 m – ⊠ 17600
▌ Poitou Vendée Charentes   38 **B2**
- ◘ Paris 500 – La Rochelle 56 – Poitiers 167 – Rochefort 26

⌂   **La Caussolière** ⊗   ⌨ ⊃ ⅋ 🍽 **P**
10 r. du Petit Moulin – ℰ 05 46 85 44 62 – reservations@caussoliere.com
– Fax 05 46 85 44 62 – *Ouvert de mars à oct.*
4 ch ⊐ – **†**57/73 € **††**68/88 € – **Table d'hôte** – *(ouvert de mai à sept.)*
Menu 24 € bc
♦ Cette ex-ferme du 19ᵉ s. s'ouvre sur un superbe jardin agrémenté d'un bassin. Les
chambres, cosy, disposent toutes d'une entrée indépendante. Accueil convivial. La table
valorise les produits du marché et du terroir (fruits de mer en saison).

ST-SULIAC – 35 Ille-et-Vilaine – 309 K3 – 853 h. – alt. 30 m – ⊠ 35430
▌ Bretagne   10 **D1**
- ◘ Paris 396 – Rennes 62 – Saint-Malo 14 – Granville 87 – Dinan 26

✗   **La Ferme du Boucanier**   🍴 ⅙ *VISA* **◑◯**
2 r. de l'Hôpital – ℰ 02 23 15 06 35 – simonpitou@wanadoo.fr
– Fax 02 99 19 51 32 – *Fermé 8-20 déc., merc. sauf le soir de mai à sept., jeudi midi*
hors saison et mardi
Rest – Menu (15 €), 19 € (déj. en sem.), 28/35 €
♦ Deux restaurants en un : l'été, salle rétro et plats actuels relevés d'épices ; l'hiver, cadre
régional avec cheminée où l'on rôtit les viandes et cuisine rustique. Un régal !

ST-SULPICE – 81 Tarn – 338 C8 – 4 801 h. – alt. 112 m – ⊠ 81370   29 **C2**
- ◘ Paris 666 – Albi 46 – Castres 54 – Montauban 44 – Toulouse 32
- 🛈 Office de tourisme, parc Georges Spenale ℰ 05 63 41 89 50,
  Fax 05 63 40 23 30
- ▣ de Palmola à Buzet-sur-Tarn Route d'Albi, O : 9 km par N 88,
  ℰ 05 61 84 20 50.

✗✗ Auberge de la Pointe 🛖 P VISA ⓂⓄ AE ⓪

D 988 – ℰ 05 63 41 80 14 – chabbert.patrick@wanadoo.fr – Fax 05 63 41 90 24
– Fermé 23 sept.-16 oct., 6-22 janv., jeudi sauf le soir en juil.-août, mardi
sauf juil.-août et merc.
Rest – Menu (12 €), 20/42 € – Carte 31/43 €
◆ Ancien relais de poste à la façade rosée et au bel intérieur rustique. La terrasse ombragée dominant le Tarn vaut qu'on s'y attarde ! Plats traditionnels.

ST-SULPICE-LE-VERDON – 85 Vendée – 316 H6 – 609 h. – alt. 65 m – ⊠ 85260 ▮ Poitou Vendée Charentes
34 **B3**

▶ Paris 430 – Nantes 45 – Angers 130 – Cholet 51 – La Roche-sur-Yon 31
🄸 Office de tourisme, Logis de la Chabotterie ℰ 02 51 43 48 18

✗✗✗ Thierry Drapeau Logis de la Chabotterie 🎐 🛖 ⅋ VISA ⓂⓄ
🏵
– ℰ 02 51 09 59 31 – contact@restaurant-thierrydrapeau.com
– Fax 02 51 09 59 27
– Fermé 30 juin-13 juil., 27 oct.-9 nov., 26-30 déc., dim. soir, mardi soir et lundi
Rest – Menu 35 € bc (déj. en sem.), 55/100 € bc – Carte 63/84 €
Spéc. L'artichaut macau en fine tartelette flammeküche. Lièvre à la royale (oct. à fév.). Pamplemousse rose, macaron de pamplemousse et de fraise parfumé à la rose. **Vins** Fiefs Vendéens.
◆ Dans l'enceinte d'une demeure-musée près de laquelle il fut mis fin à la guerre de Vendée, savoureuse cuisine actuelle et décor rustique sous une belle charpente.

ST-SULPICE-SUR-LÈZE – 31 Haute-Garonne – 343 F5 – 1 639 h. – alt. 200 m – ⊠ 31410
28 **B2**

▶ Paris 709 – Auterive 14 – Foix 53 – St-Gaudens 66 – Toulouse 36

✗✗ La Commanderie 🎐 🛖 VISA ⓂⓄ AE

pl. Hôtel de Ville – ℰ 05 61 97 33 61 – la-commanderie2@wanadoo.fr
– Fax 05 61 97 32 60 – Fermé 22 oct.-7 nov., 23-30 déc., vacances de fév., mardi et merc.
Rest – Menu 21 € (déj. en sem.), 35/60 €
◆ Beau décor fait d'ancien et de contemporain, service souriant et subtil mélange des saveurs dans l'assiette ; le tout dans une ex-commanderie de Templiers... Une réussite !

ST-SYLVESTRE-CAPPEL – 59 Nord – 302 C3 – rattaché à Cassel

ST-SYLVESTRE-SUR-LOT – 47 Lot-et-Garonne – 336 G3 – rattaché à Villeneuve-sur-Lot

ST-SYMPHORIEN – 72 Sarthe – 310 I6 – 500 h. – alt. 135 m – ⊠ 72240
35 **C1**

▶ Paris 231 – Laval 65 – Le Mans 28 – Nantes 201

✗ Relais de la Charnie avec ch 🛖 ⅃ P VISA ⓂⓄ
🕾
4 pl. Louis des Cars – ℰ 02 43 20 72 06 – relais.charnie@wanadoo.fr
– Fax 02 43 20 70 59 – Fermé 25 juil.-11 août, 8-23 fév., dim. soir et lundi
6 ch – ✝45 € ✝✝45/58 €, ☴ 6,50 € – ½ P 56 € – **Rest** – Menu 16 € (sem.)/53 €
– Carte 30/56 €
◆ Une ambiance un brin vieille France règne dans la salle à manger de cet ancien relais de poste agrémentée d'une grande cheminée. On y déguste une cuisine traditionnelle relevée d'une touche inventive. Chambres simples et d'une tenue irréprochable.

ST-THÉGONNEC – 29 Finistère – 308 H3 – 2 267 h. – alt. 83 m – ⊠ 29410 ▮ Bretagne
9 **B1**

▶ Paris 549 – Brest 50 – Châteaulin 50 – Morlaix 13 – Quimper 70
– St-Pol-de-Léon 28
◉ Enclos paroissial★★ - Guimiliau : Enclos paroissial★★, SO : 7,5 km.

🏠 Auberge St-Thégonnec   🖨 **P** **VISA** **MO** **AE**

6 pl. de la Mairie – ✆ *02 98 79 61 18 – auberge@wanadoo.fr – Fax 02 98 62 71 10*
– Fermé 20 déc.-15 janv. et dim.
19 ch – †75/90 € ††85/110 €, ⚏ 10 € – **Rest** – *(fermé 20 déc.-31 janv. et dim.)*
(dîner seult) Menu 24 € (sem.), 26/44 € – Carte 51/60 €
♦ Maison bretonne face à l'église et son célèbre enclos. Chambres contemporaines
ouvrant, pour la plupart, sur le jardin. Plats traditionnels soignés et décor d'esprit régional
(meubles et tableaux) caractérisent le restaurant.

🏠 Ar Presbital Koz ⌂   🖨 ↤ ℅ 🕻 **P**

18 r. Lividic – ✆ *02 98 79 45 62 – ar.presbital.koz@orange.fr – Fax 02 98 79 48 47*
5 ch – †44 € ††50 € – ½ P 44 € – **Table d'hôte** – *(fermé 10 juil.-20 août, dim.*
et fériés) Menu 20 € bc
♦ Une douce quiétude règne entre les murs de cet ancien presbytère (1750) décoré avec
goût par sa propriétaire. La demeure sent bon la cire et les chambres sont très douillettes.
Cuisine traditionnelle subtilement relevée d'épices à la table d'hôte (sur demande).

ST-THIBAULT – 18 Cher – 323 N2 – rattaché à Sancerre

ST-THIERRY – 51 Marne – 306 F7 – 572 h. – alt. 140 m – ⌂ 51220   13 **B2**

🚩 Paris 149 – Châlons-en-Champagne 64 – Reims 18 – Soissons 66 – Laon 43

🏠 Le Clos du Mont d'Hor sans rest ⌂   ≼ ◎ 🕻 ⅏ **P** **VISA** **MO**

8 r. du Mont-d'Hor – ✆ *03 26 03 12 42 – info@mhchampagne.com – Fax 03 26 03 02 80*
6 ch – †83 € ††83 €, ⚏ 7 €
♦ Partez à la découverte de la vignification du champagne dans cette belle ferme restaurée
au sein d'un vignoble clos. Confortables chambres (mezzanine) sur le thème du voyage.

ST-THOMÉ – 07 Ardèche – 331 J6 – 358 h. – alt. 140 m – ⌂ 07220   44 **B3**

🚩 Paris 628 – Lyon 165 – Privas 46 – Montélimar 19 – Orange 59

🏠 La Bastide Bernard sans rest ⌂   ≼ ⅀ ⅏ ↤ ℅ 🕻

à Chasser, 1,5 km au Sud-Est par D 107 – ✆ *04 75 96 39 72*
– bastide@bastidebernard.com – Fax 04 75 96 45 34
4 ch ⚏ – †49/70 € ††80 €
♦ Maison perchée sur une colline, avec une belle vue sur Saint-Thomé. Chambres claires,
nettes et spacieuses. Agréable terrasse pour les petits-déjeuners ; piscine avec transats.

ST-TROJAN-LES-BAINS – 17 Charente-Maritime – 324 C4 – voir à Île d'Oléron

---

ST-TROPEZ – 83 Var – 340 O6 – 5 444 h. – alt. 4 m – ⌂ 83990 ▯ Côte d'Azur

🚩 Paris 872 – Aix-en-Provence 123 – Cannes 73 – Draguignan 47 – Fréjus 34
 – Toulon 69   41 **C3**

🛈 Office de tourisme, 40, rue Gambetta ✆ 08 92 68 48 28, Fax 04 94 55 98 59

🔟 de Sainte-Maxime à Sainte-Maxime Route du Débarquement, par rte de
Ste-Maxime : 16 km, ✆ 04 94 55 02 02 ;

🔟 Gassin Golf Country Club à Gassin Route de Ramatuelle, S : 9 km par D 93,
 ✆ 04 94 55 13 44.

👁 Port★★ – Musée de l'Annonciade★★ – Môle Jean Réveille ≼★ - Citadelle★ :
 ≼★ des remparts, ✳★★ du musée de la Citadelle - Chapelle Ste-Anne ≼★
S : 1 km par av. P. Roussel.
Plan page suivante

🏠🏠🏠 Byblos ⌂   🖨 🍴 ⅀ ⅃♂ 🖥 🄼 ℅ rest, 🕻 ⅏ **P** 🕳 **VISA** **MO** **AE** ①

av. P. Signac – ✆ *04 94 56 68 00 – saint-tropez@byblos.com – Fax 04 94 56 68 01*
– Ouvert 17 avril-5 oct.   Z **d**
52 ch – †315/490 € ††410/850 €, ⚏ 35 € – 44 suites
Rest *Bayader* – ✆ *04 94 56 68 19 (fermé dim. et lundi sauf juil.-août) (dîner seult)*
Menu 52 € – Carte 53/82 €
Rest *Spoon Byblos* – ✆ *04 94 56 68 20 (fermé mardi et merc. hors saison) (dîner*
seult) Menu 69 € – Carte 56/104 € ⅋
♦ Un hameau de maisons colorées coupé de jardins et de patios : cette luxueuse crèche
provençale compte parmi les lieux exclusifs de St-Tropez. Cocktails de couleurs et saveurs
du Sud au Bayader. Cuisine créative, vins du monde et cadre design au Spoon Byblos.

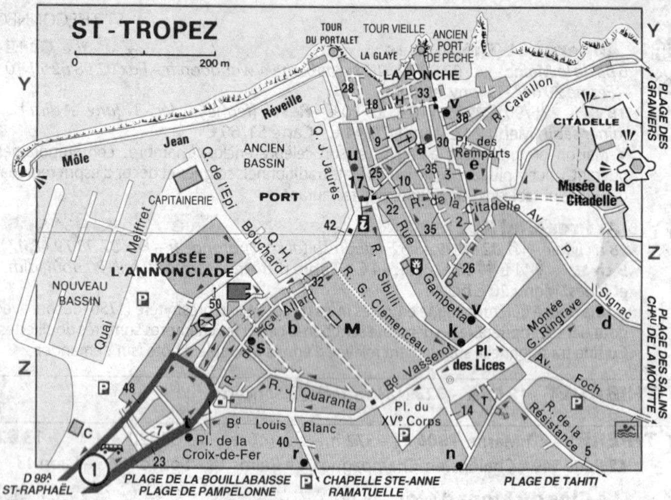

En saison: zone piétonne dans la vieille ville.

Aire du Chemin (R.)	Y	2
Aumale (Bd d')	Y	3
Belle Isnarde (Rte de la)	Z	5
Blanqui (Pl. Auguste)	Z	7
Clocher (R. du)	Y	9
Commerçants (R. des)	Y	10
Grangeon (Av.)	Z	14
Guichard (R. du Cdt)	Y	15
Herbes (Pl. aux)	Y	17
Hôtel de ville (Pl. de l')	Y	18
Laugier (R. V.)	Y	22
Leclerc (Av. Général)	Z	23
Marché (R. du)	Y	25
Miséricorde (R.)	Z	26
Mistral (Quai Frédéric)	Y	28
Ormeau (Pl. de l')	Y	30
Péri (Quai Gabriel)	Z	32
Ponche (R. de la)	Y	33
Portail Neuf (R. du)	YZ	35
Remparts (R. des)	Y	38
Roussel (Av. Paul)	Z	40
Suffren (Quai)	Y	42
8-Mai-1945 (Av. du)	Z	48
11-Novembre (Av. du)	Z	50

Résidence de la Pinède — golfe de St-Tropez,
1 km par ①, à la plage de la Bouillabaisse — ch, VISA
– 04 94 55 91 00 – reservation@residencepinede.com – Fax 04 94 97 73 64
– Ouvert 1er mai-7 oct.
35 ch – 380/395 € 465/945 €, 29 € – 4 suites
Rest – *(dîner seult)* Menu 95 € (sem.)/170 € – Carte 135/207 €
Spéc. Cannelloni de homard au curry. Suprême de volaillle de Bresse cuit en vessie, macaroni truffés. Millefeuille aux framboises, chiboust à la rose. **Vins** Cassis, Côtes de Provence.
◆ Cette élégante demeure tournée vers la mer allie luxe et bien-être. Chambres rénovées et personnalisées. Plage privée avec ponton. Fine cuisine du moment servie dans une salle rajeunie ou sur l'agréable terrasse ombragée de pins, face à la grande bleue.

La Bastide de St-Tropez — ch,
rte Carles : 1 km par av. P. Roussel - Z – 04 94 55 82 55 — VISA
– contact@bastidesaint-tropez.com – Fax 04 94 97 21 71 – Fermé 1er janv.-7 fév.
18 ch – 235/620 € 235/620 €, 25 € – 8 suites
Rest – Menu 65 € – Carte 52/88 €
◆ Belle décoration intérieure, grandes chambres pourvues de terrasses ou balcons et piscine entourée d'un luxuriant jardin contribuent au charme de ces cinq mas provençaux. Petite salle à manger et véranda coquettement décorées. Terrasse ouverte sur la verdure.

Domaine de l'Astragale — ch, ch, rest,
1,5 km par ①, chemin de la Gassine — VISA
83580 Gassin – *04 94 97 48 98 – message@lastragale.com*
– Fax 04 94 97 16 01 – Ouvert début mai-fin sept.
34 ch – 300/440 € 300/440 €, 20 € – 16 suites – **Rest** – Menu 55 €
– Carte 66/86 €
◆ Villa agrandie de bâtiments colorés agencés autour de la piscine. Amples chambres avec balcon ou terrasse. Suites neuves, dont 4 avec jacuzzi. Les repas sont servis l'hiver dans une petite salle à manger bourgeoise, et, l'été, sous un pavillon de plein air.

Pan Deï Palais 🚗 🛆 🗲 🛁 🕭 🖾 📞 **P** 🗺 🚳 🖭

52 r. Gambetta – 🕾 *04 94 17 71 71 – saint-tropez@pandei.com*
– Fax 04 94 17 71 72 Z v
11 ch – †195/480 € ††195/970 €, ⌾ 30 € – 1 suite – **Rest** – *(fermé lundi de janv.*
à mars) Carte 59/94 €

♦ Le maître mot de cette demeure de 1835 construite pour une princesse indienne est la sérénité : jardin et piscine abrités, intérieur distillant un doux parfum d'exotisme, hammam. Cuisine inventive proposée dans une salle intimiste ; petite restauration au déjeuner.

Le Yaca 🛱 🗲 🖾 📞 🗺 🚳 🖭 ⓪

1 bd Aumale – 🕾 *04 94 55 81 00 – hotel-le-yaca@wanadoo.fr*
– Fax 04 94 97 58 50 – Ouvert Pâques-30 oct. Y e
25 ch – †270/350 € ††320/600 €, ⌾ 25 € – 3 suites – **Rest** – *(fermé lundi*
sauf juil.-août) (dîner seult) Carte 55/83 €

♦ Trois belles maisons mitoyennes (18ᵉ s.) tapissées de lierre qu'appréciait De Funès, Tropézien de comédie... Luxueuses chambres dotées de meubles anciens. Autour de la piscine, terrasse intime où l'on sert une cuisine italienne inventive.

La Mandarine ⌾ 🚗 🛱 🗲 🖾 ch, 🍽 rest, 📞 🍸 **P** 🗺 🚳 🖭

rte de Tahiti, 0,5 km au Sud par av. P. Roussel – 🕾 *04 94 79 06 66 – message@*
hotellamandarine.com – Fax 04 94 97 33 67 – Ouvert début mai-mi-oct.
44 ch – †245/420 € ††245/620 €, ⌾ 20 € – **Rest** – *(dîner seult)* Menu 55 €
– Carte 48/84 €

♦ Conception originale pour cet hôtel composé de maisonnettes entourant un vénérable olivier. Demandez une chambre rénovée. Agréable piano-bar. Petite salle à manger-véranda égayée d'une fresque ; formule simplifiée le midi, menu-carte en soirée.

La Ponche 🛱 🖭 🖾 📞 🚐 🗺 🚳 🖭 ⓪

pl. Révelin – 🕾 *04 94 97 02 53 – hotel@laponche.com – Fax 04 94 97 78 61*
– Ouvert 15 fév.-1ᵉʳ nov. Y v
17 ch – †150/260 € ††190/305 €, ⌾ 19 € – 1 suite – **Rest** – Menu 25 €
(déj.)/38 € – Carte 41/86 €

♦ Romy Schneider et bien d'autres célébrités ont séjourné dans ce charmant hôtel composé d'anciennes maisons de pêcheurs colorées du pittoresque quartier de la Ponche. L'esprit provençal s'épanouit dans le décor et dans l'assiette du restaurant.

Y sans rest 🖾 📞 🗺 🚳 🖭 ⓪

av. Paul Signac – 🕾 *04 94 55 55 15 – hotel-le-y@wanadoo.fr – Fax 04 94 55 55 19*
– Fermé 26 mars-20 mai et 30 oct.-27 déc. Z d
11 ch – †295/525 € ††295/525 €, ⌾ 25 € – 2 suites

♦ Cette bâtisse provençale postée au pied de la citadelle abrite des chambres très confortables et dotées d'équipements modernes (écran plasma, isolation phonique parfaite).

La Mistralée ⌾ 🚗 🗲 🖾 📞 **P** 🗺 🚳 🖭

1 av. Gén. Leclerc – 🕾 *04 98 12 91 12 – contact@hotel-mistralee.fr*
– Fax 04 94 43 48 43 Z t
8 ch – †190/460 € ††190/460 €, ⌾ 20 € – 2 suites – **Rest** – *(fermé*
10 oct.-30 avril sauf week-end) Carte 50/80 €

♦ Ex-pied-à-terre d'Alexandre de Paris, cette villa (1870) entourée d'un jardin a gardé l'empreinte décorative, d'esprit baroque, du coiffeur des stars. Chambres personnalisées. Cuisine d'inspiration méditerranéenne et orientale au restaurant.

La Maison Blanche sans rest 🖾 📞 🚐 🗺 🚳 🖭 ⓪

pl. des Lices – 🕾 *04 94 97 52 66 – hotellamaisonblanche@wanadoo.fr*
– Fax 04 94 97 89 23 – Fermé fév. Z k
9 ch – †180/390 € ††180/780 €, ⌾ 30 €

♦ Ce bel hôtel particulier fut naguère la propriété d'un médecin tropézien. Décor design immaculé, bar à champagne et exquise terrasse : la maison entame sa seconde vie.

Pastis sans rest 🗲 🖾 🛁 🍽 📞 **P** 🗺 🚳 🖭

61 av. Gén. Leclerc, par ① – 🕾 *04 98 12 56 50 – reception@pastis-st-tropez.com*
– Fax 04 94 96 99 82
9 ch – †200/600 € ††200/600 €, ⌾ 30 €

♦ Mobilier ancien, provençal, oriental, contemporain, tableaux, objets d'art : chaque pièce de cet hôtel est superbe et unique. Chambres plus calmes côté piscine et joli jardin.

Des Lices sans rest · 🔲 🞔 📞 P VISA ⓜ AE ①
av. Augustin Grangeon – ℰ 04 94 97 28 28 – contact@hoteldeslices.com
– Fax 04 94 97 59 52 – Ouvert 21 mars-12 nov. et 26 déc.-7 janv.   Z n
42 ch – ♦85/190 € ♦♦130/300 €, � 15 €
♦ Proche de la célèbre place des Lices, établissement des années 1970 offrant un hall-salon spacieux et des chambres nettes au mobilier fonctionnel.

Villa les Chamerops sans rest · 🔲 🞔 🞔 📞 P VISA ⓜ AE
au Sud par rte Belle Isnarde, dir. plage de Tahiti – ℰ 04 94 97 57 18 – info@
villa-chamerops.com – Fax 04 94 97 58 30 – Ouvert de mi-mars à mi-oct.
10 ch – ♦150/305 € ♦♦150/458 €, � 13 €
♦ Hôtel récent nommé d'après une variété de palmier nain. Grandes chambres aux décors actuels sobres, majoritairement de plain-pied, et toutes tournées vers la piscine.

Mouillage sans rest · 🔲 🞔 📞 P VISA ⓜ AE ①
port du Pilon, par ① – ℰ 04 94 97 53 19 – contact@hotelmouillage.fr
– Fax 04 94 97 50 31 – Fermé de mi-nov. à mi-déc.
12 ch – ♦100/240 € ♦♦100/240 €, � 15 €
♦ Jetez l'ancre à une encablure du port du Pilon dans cet hôtel aux chatoyantes couleurs provençales. Chambres garnies d'un mobilier venu d'ailleurs : Maroc, Asie, etc.

Playa sans rest · 🞔 🞔 📞 VISA ⓜ AE
57 r. Allard – ℰ 04 98 12 94 44 – playahotel@aol.com – Fax 04 98 12 94 45
– Ouvert de mars à oct.   Z s
16 ch – ♦90/235 € ♦♦90/247 €, � 12 €
♦ Au pied de l'établissement, boutiques et restaurants à volonté ! Chambres décorées avec une sobriété de bon aloi. Vous petit-déjeunerez dans le patio coiffé d'une verrière.

Lou Cagnard sans rest · 🞔 🞔 📞 P VISA ⓜ
av. P. Roussel – ℰ 04 94 97 04 24 – Fax 04 94 97 09 44
– Fermé 1er nov.-27 déc.   Z r
19 ch – ♦52/64 € ♦♦62/122 €, � 9 €
♦ Cette vieille maison tropézienne refait progressivement ses chambres, simplement meublées. En été, les petits-déjeuners se prennent à l'ombre des mûriers. Accueil familial.

Le Banh Hoï · 🞔 🞔 VISA ⓜ AE
12 r. Petit St-Jean – ℰ 04 94 97 36 29 – banh-hoi@wanadoo.fr
– Fax 04 98 12 91 47 – Ouvert 4 avril-11 oct.   Y a
Rest – (dîner seult) Carte 50/58 €
♦ Lumière tamisée, murs et plafonds laqués de noir et objets décoratifs asiatiques composent le cadre de cette maison où l'on propose une cuisine vietnamienne et thaïlandaise.

Le Petit Charron · 🞔 VISA ⓜ AE
6 r. Charrons – ℰ 04 94 97 73 78 – c-benoit@wanadoo.fr – Fax 04 94 56 55 78
– Ouvert 16 mars-30 oct. et fermé 1er-15 août et dim.   Z b
Rest – (dîner seult) (nombre de couverts limité, prévenir) Menu 49/51 € – Carte 49/57 €
♦ La simplicité caractérise ce petit restaurant familial : décor bistrotier, fanions et affiches de la Nioulargue s'unissent à une goûteuse cuisine régionale (dîner seulement).

au Sud-Est par av. Foch - Z – ⊠ 83990 St-Tropez

Benkiraï · 🞔 🞔 🞔 🞔 🞔 ch, 📞 P VISA ⓜ AE
11 chemin du Pinet, à 3 km – ℰ 04 94 97 04 37 – info@hotel-benkirai.com
– Fax 04 94 97 04 98 – Ouvert de début avril à mi-oct.
39 ch – ♦240/1150 € ♦♦240/1150 €, ⊂ 24 € – **Rest** – Menu 70 € – Carte 52/66 €
♦ Les chambres épurées de cet hôtel flambant neuf sont l'œuvre du designer Patrick Jouin. Presque toutes possèdent un balcon ou une terrasse donnant sur la belle piscine et son bar. Salle à manger très contemporaine pour découvrir les subtilités de la cuisine thaïe.

La Bastide des Salins sans rest ⌂ · 🞔 🞔 🞔 🞔 📞 P VISA ⓜ AE
à 4 km – ℰ 04 94 97 24 57 – info@labastidedessalins.com – Fax 04 94 54 89 03
– Ouvert de mars à oct.
14 ch – ♦200/550 € ♦♦200/550 €, ⊂ 27 €
♦ Ancienne bastide isolée dans un grand jardin arboré et fleuri, impeccablement tenu. Chambres spacieuses, plaisantes dans leur sobriété. Salon de caractère. Belle piscine.

Le Levant sans rest ⟡   🚗 ☒ 🅿 VISA ◉ Æ ①
à 2,5 km – ℰ 04 94 97 33 33 – lelevant@hotellieriedusoleil.com
– Fax 04 94 97 76 13 – Ouvert 18 avril-18 oct.
28 ch – †85/150 € ††85/230 €, ☲ 15 €
♦ Les chambres, réparties dans des bungalows et redécorées harmonieusement, sont toutes de plain-pied avec le luxuriant jardin ou la piscine. Salon cossu.

au Sud-Est par av. Paul Roussel et rte de Tahiti

Château de la Messardière ⟡   🎭 🎐 ☒ ⅃6 🎐 Ġ ch, 🕅 ℀ rest,
à 2 km ⊠ 83990 – ℰ 04 94 56 76 00   ℀ 🔌 🅿 ⌂ VISA ◉ Æ ①
– hotel@messardiere.com – Fax 04 94 56 76 01 – Ouvert 21 mars-3 nov.
75 ch – †300/800 € ††300/800 €, ☲ 28 € – 40 suites
Rest – *(fermé lundi soir sauf de juin à août)* Menu 50 € (déj.), 68 € (dîner)/112 €
– Carte 85/104 € ⴼ
♦ Dans une pinède de 10 ha dominant la baie, château du 19ᵉ s. et luxueuses villas groupées autour d'un patio. Festival de couleurs ocre et de touches orientales. Élégante salle à manger provençale et terrasse fleurie offrant un magnifique panorama sur la mer.

Ferme d'Augustin sans rest ⟡   🚗 ☒ 📶 🕅 ℀ 🅿 VISA ◉ Æ
à 4 km ⊠ 83350 – ℰ 04 94 55 97 00 – info@fermeaugustin.com
– Fax 04 94 97 59 76 – Ouvert d'avril à oct.
46 ch – †110/625 € ††155/625 €, ☲ 14 €
♦ À 100 m de la plage de Tahiti, bâtiments entourés par la verdure et les fleurs. Préférez les jolies chambres rénovées. Salon décoré de bibelots. Accueil familial attentionné.

St-Vincent ⟡   🎭 ☒ Ġ ch, 🕅 ch, ℀ 🅿 VISA ◉ Æ ①
à 4 km ⊠ 83350 – ℰ 04 94 97 36 90 – hotelsaintvincent@wanadoo.fr
– Fax 04 94 54 80 37 – Ouvert 20 mars-12 oct.
20 ch – †110/250 € ††110/250 €, ☲ 15 € – **Rest** – rest. de piscine
(ouvert 1ᵉʳ mai-14 sept. et fermé lundi) Carte 32/40 €
♦ Dans la quiétude d'un vignoble, quatre maisons provençales égayées de lauriers-roses. Chambres spacieuses, pourvues parfois de terrasses. Beau jardin. Recettes aux saveurs ensoleillées, grillades et salades à déguster autour de la piscine.

Mas Bellevue ⟡   🎭 🎐 ☒ ℀ 🕅 ch, ℀ rest, ℀ 🅿 VISA ◉ Æ ①
à 2 km ⊠ 83990 – ℰ 04 94 97 07 21 – masbellevue@wanadoo.fr
– Fax 04 94 97 61 07 – Ouvert 23 avril-3 nov.
46 ch ☲ – †95/285 € ††95/285 € – ½ P 78/173 € – **Rest** – rest. de piscine Carte 39/69 €
♦ Accessible par un chemin, mas provençal escorté de bungalows nichés dans un joli parc. Grandes chambres avec balcon. Piscines panoramiques. Salle à manger rustique et terrasse où l'on sert une minicarte à midi et un choix plus étoffé au dîner.

La Figuière ⟡   🚗 🎐 ☒ ℀ Ġ ch, 🕅 ch, ℀ 🅿 VISA ◉ Æ
à 4 km ⊠ 83350 – ℰ 04 94 97 18 21 – la.figuiere@wanadoo.fr
– Fax 04 94 97 68 48 – Ouvert 20 mars-6 oct.
41 ch – †100/145 € ††125/250 €, ☲ 13 € – **Rest** – rest. de piscine Carte 33/57 €
♦ Au milieu des vignes, ferme restaurée aux chambres personnalisées sobrement décorées et dotées de meubles anciens ; celles en duplex sont plus récentes. Au bord de la piscine, terrasse dressée à l'ombre des mûriers avec cuisine-gril visible de tous.

rte de Ramatuelle par ① et D 93le – ⊠ 83350 Ramatuelle

La Romarine ⟡   ⩽ 🎭 🎐 ☒ ℀ Ġ ch, 🕅 ch, ℀ 🅿 VISA ◉ Æ
quartier des Marres, (rte des plages), à 3 km sur rte secondaire
– ℰ 04 94 97 32 26 – hromarine@aol.com – Fax 04 94 97 44 45
– Ouvert 4 avril-12 oct.
18 ch – †160/235 € ††160/235 €, ☲ 12 € – 9 suites
Rest *La Romarine* – rest. de piscine *(ouvert juil.-août)* Carte 25/38 €
♦ Dans un parc conçu pour la détente et les loisirs, hôtel-village composé de chambres spacieuses et de villas particulièrement bien équipées pour les familles. Repas simples servis sous les parasols de la terrasse, face à la piscine.

Les Bouis ⊗ ⩽ mer, 🏡 🍴 ⌘ 🛁 ch, 🅰 ch, ☎ 🅿 VISA ⓒⓞ 🄰🄴
sur rte secondaire – ℰ 04 94 79 87 61 – hotellesbouis @ aol.com
– Fax 04 94 79 85 20 – Ouvert 25 mars-15 oct.
23 ch – ♦170/218 € ♦♦218/240 €, ☕ 14 € – **Rest** – rest. de piscine *(ouvert 15 avril- 30 sept.) (résidents seult)* Menu 25 € bc/35 € bc

♦ Belle situation sur les hauteurs de l'arrière-pays tropézien pour cet hôtel entouré de pins parasols. Chambres nettes et fraîches. Sympathique patio. Plats familiaux et grillades sont proposés sur la terrasse bordant la piscine.

Deï Marres sans rest ⊗ 🏡 ⌘ 🍴 🛁 🅰 ☎ ☎ 🅿 VISA ⓒⓞ 🄰🄴
à 3 km sur rte secondaire – ℰ 04 94 97 26 68 – hoteldeimarres @ wanadoo.fr
– Fax 04 94 97 62 76 – Ouvert 15 mars-10 oct.
24 ch – ♦84/135 € ♦♦99/190 €, ☕ 10 €

♦ Avis aux amateurs : cet hôtel familial au cadre verdoyant dispose de quatre courts de tennis. Pour plus d'espace et de confort, réservez de préférence une chambre à l'annexe.

✗✗ **Auberge de l'Oumède** avec ch ⊗ 🍴 ⌘ 🅰 ch, 🍴 ch,
à 7 km sur rte secondaire – ℰ 04 94 44 11 11 ☎ 🅿 VISA ⓒⓞ 🄰🄴
– contact @ aubergedeloumede.com – Fax 04 94 79 93 63 – Ouvert Pâques-30 nov. et 25 déc.-5 janv.
7 ch – ♦150/370 € ♦♦150/370 €, ☕ 20 € – **Rest** – *(fermé merc. d'avril à juin) (dîner seult en juil.-août)* Carte 69/102 €

♦ Au bord d'un chemin entouré de vignes, accueillante salle à manger prolongée par un petit coin lounge, un bistrot et une terrasse sous les mûriers. Cuisine dans l'air du temps. Trois belles chambres provençales autour de la piscine chauffée.

par ① et rte secondaire – ✉ 83580 Gassin

Villa Belrose ⊗ ⩽ golfe de St-Tropez, 🏡 ⌘ 🍴 🎬 🛗 🛁 ch, 🅰
❀ *bd des Crêtes, à 3 km –* 🍴 rest, ☎ 🅿 ⊛ VISA ⓒⓞ 🄰🄴 ①
ℰ 04 94 55 97 97 – info @ villabelrose.com – Fax 04 94 55 97 98
– Ouvert 25 mars-26 oct.
40 ch – ♦220/500 € ♦♦280/830 €, ☕ 30 € – **3 suites**
Rest – *(fermé le midi en juil.-août)* Menu 55 € (déj.), 90/175 € bc – Carte 87/150 €
Spéc. Langoustines royales crues et cuites, citrons de Menton, légumes et herbes (juil.-août). Grosse pièce de bar confite à l'huile de Ligurie (juil.-août). Pigeon de Racan comme un coq au vin (été). **Vins** Côtes de Provence.

♦ Emplacement exceptionnel pour cet hôtel-villa formant trois terrasses face à la mer. Intérieur cossu et chambres de grand confort. Élégant restaurant décoré dans l'esprit florentin et plaisante terrasse offrant un joli point de vue sur le golfe.

ST-VAAST-LA-HOUGUE – 50 Manche – 303 E2 – 2 097 h. – alt. 4 m – ✉ 50550
🏴 Normandie Cotentin 32 **A1**

🅳 Paris 347 – Carentan 41 – Cherbourg 31 – St-Lô 68 – Valognes 19
🄱 Office de tourisme, 1, place Général de Gaulle ℰ 02 33 23 19 32,
Fax 02 33 54 41 37

La Granitière sans rest 🏡 🛁 ☎ 🅿 VISA ⓒⓞ 🄰🄴 ①
74 r. Mar. Foch – ℰ 02 33 54 58 99 – contact @ hotel-la-granitiere.com
– Fax 02 33 20 34 91
10 ch – ♦55/80 € ♦♦55/106 €, ☕ 9 €

♦ Station balnéaire et port de pêche, "St-Va" abrite cette belle demeure ancienne en granit gris, où l'on se sent comme chez des amis. Chambres personnalisées et salon cosy.

France et Fuchsias 🏡 🍴 🅰 rest, 🛗 VISA ⓒⓞ 🄰🄴 ①
20 r. Mar. Foch – ℰ 02 33 54 40 41 – reception @ france-fuchsias.com
– Fax 02 33 43 46 79 – Fermé 1er-10 déc., 4 janv.-20 fév., mardi midi et lundi sauf juil.-août et mardi soir de nov. à mars
35 ch – ♦48/132 € ♦♦48/132 €, ☕ 10,50 € – ½ P 59/99 € – **Rest** – Menu (21 €), 28/62 € – Carte 48/99 €

♦ Fuchsias, palmiers, mimosas et eucalyptus agrémentent le jardin de cet hôtel familial. Les chambres, au confort simple, sont plus spacieuses et récentes à l'annexe. Salle à manger-véranda, jolie terrasse et bonne cuisine traditionnelle orientée terroir.

✗ **Le Chasse Marée**   🖼 VISA ⓜ◎

☜ *8 pl. Gén. de Gaulle – ℰ 02 33 23 14 08 – Fermé de mi-déc. à janv., lundi et mardi sauf de juil. à sept.*
Rest – Menu 16 € (déj. en sem.), 21/30 € – Carte 24/66 €
♦ Photos de bateaux, fanions laissés par les clients navigateurs, terrasse sur le port, produits de la pêche locale : une charmante petite adresse où l'on se sent simplement bien.

ST-VALERY-EN-CAUX – 76 Seine-Maritime – 304 E2 – 4 782 h. – alt. 5 m
– Casino – ⊠ 76460 ▮ Normandie Vallée de la Seine   33 **C1**

▶ Paris 190 – Bolbec 46 – Dieppe 35 – Fécamp 33 – Le Havre 80 – Rouen 59 – Yvetot 31

🖪 Office de tourisme, Maison Henri IV ℰ 02 35 97 00 63, Fax 02 35 97 32 65

◉ Falaise d'Aval ≼ ★ O : 15 mn.

🏨 **Du Casino**   ⅙ 🖭 ⅚ 🅐🅒 📞 ⅗ VISA ⓜ◎ 🅐🅔 ⓘ

14 av. Clemenceau – ℰ 02 35 57 88 00 – contact@hotel-casino-saintvalery.com – Fax 02 35 57 88 88
76 ch – †75/94 € ††81/100 €, ⊡ 11 € – ½ P 71/78 € – **Rest** – Menu (18 €), 22/40 € – Carte 26/42 €
♦ Cet hôtel entièrement rénové abrite des chambres spacieuses, décorées dans un style contemporain sobre et reposant ; la moitié d'entre elles profite de la vue sur le port. Cadre actuel, tables simplement dressées et cuisine au goût du jour au restaurant.

🏠 **Les Remparts** sans rest   VISA ⓜ◎
🛏 *4 r. des Bains – ℰ 02 35 97 16 13 – Fax 02 35 97 19 89 – Fermé 1ᵉʳ-7 janv.*
15 ch – †40 € ††46/56 €, ⊡ 7 €
♦ Sympathique petit hôtel proche de la mer et des falaises. Chambres parfaitement tenues, garnies de meubles anciens (style années 1930). Accueil très aimable.

🏠 **La Maison des Galets** sans rest   ⅘ 📞 VISA ⓜ◎
22 cour Le Perrey – ℰ 02 35 97 11 22 – contact@lamaisondesgalets.fr – Fax 02 35 97 05 83 – Fermé 12-25 janv.
14 ch – †39/43 € ††60/79 €, ⊡ 9 €
♦ Hôtel rénové aux chambres d'esprit zen, plus agréables côté mer. Petit-déjeuner continental ou normand (produits du terroir) servi dans une salle offrant une vue panoramique.

✗✗ **Du Port**   ≼ VISA ⓜ◎
☺ *quai d'Amont – ℰ 02 35 97 08 93 – Fax 02 35 97 28 32 – Fermé dim. soir, jeudi soir et lundi*
Rest – Menu 23/41 € – Carte 40/77 €
♦ Derrière la façade engageante, deux petites salles à manger d'où l'on peut admirer le spectacle des bateaux franchissant le goulet du port. Produits de la mer.

au Sud-Est 7 km par D 20 et D 70 - ⊠ 76740 Ermenouville

🏠 **Château du Mesnil Geoffroy** sans rest ▨   ≼ 🕪 ⅘ 🕭 🅟 VISA ⓜ◎
– *ℰ 02 35 57 12 77 – contact@chateau-mesnil-geoffroy.com – Fax 02 35 57 10 24*
5 ch – †80/85 € ††80/140 €, ⊡ 10 €
♦ Château agrémenté d'un parc avec roseraie. Chambres Louis XV et décor d'époque (18ᵉ s.) au petit-déjeuner. Le samedi soir, table d'hôte revisitant des mets du siècle des lumières.

rte de Fécamp 3 km vers le Bourg-Ingouville par D 925 et D 68 - ⊠ 76460 Ingouville-sur-Mer

✗✗✗ **Les Hêtres** avec ch ▨   🛋 🖼 📞 🅟 VISA ⓜ◎
24 r. des Fleurs – ℰ 02 35 57 09 30 – leshetres@wanadoo.fr – Fax 02 35 57 09 31 – Fermé 12 janv.-12 fév., mardi midi de Pâques à sept., merc. midi et mardi d'oct. à mars et lundi
5 ch – †90/160 € ††90/160 €, ⊡ 17 € – **Rest** – Menu 40/85 € – Carte 80/108 €
♦ Longère de caractère (17ᵉ s.) entourée d'un jardin bichonné. Repas inventif dans un décor raffiné : mobilier ancien, poutres et superbe cheminée de pierre. Chambres avenantes.

ST-VALERY-SUR-SOMME – 80 Somme – 301 C6 – 2 686 h. – alt. 27 m –
⊠ 80230 ▊ Nord Pas-de-Calais Picardie
36 **A1**

▶ Paris 206 – Abbeville 18 – Amiens 71 – Blangy-sur-Bresle 45 – Le Tréport 25

🛈 Office de tourisme, 2, place Guillaume-Le-Conquérant ℰ 03 22 60 93 50,
Fax 03 22 60 80 34

◙ Digue-promenade★ - Chapelle des Marins ≤★ - Ecomusée Picarvie★
- La baie de Somme★★.

Du Port et des Bains
≤ 🗁 Ⓚ rest, � ch, 𝗩𝗜𝗦𝗔 ⓿ Ⓐ ①
1 quai Balvet – ℰ 03 22 60 80 09 – hotel.hpb @ wanadoo.fr – Fax 03 22 60 77 90
– Fermé 15 nov.-6 déc. et 2-25 janv.
16 ch – †55 € ††72 €, � 9 € – ½ P 61 € – **Rest** – Menu 16 € (sem.)/35 €
♦ Bien situé près du port, cet hôtel offre une jolie perspective sur la baie. Coloris vifs et
meubles en rotin dans les chambres. Des peintures évoquant St-Valery au début du 20e s.
ornent le restaurant. Plats traditionnels et de la mer.

Picardia sans rest
🛗 ⅏ 🕻 🛆 🅿 𝗩𝗜𝗦𝗔 ⓿ Ⓐ
41 quai Romerel – ℰ 03 22 60 32 30 – contact @ picardia.fr – Fax 03 22 60 76 69
– Fermé 7-26 janv.
26 ch – †80 € ††80/140 €, ⊃ 11 €
♦ Cette accueillante maison de pays jouxte le petit quartier médiéval. Chambres spacieuses et lumineuses. Certaines, dotées d'une mezzanine, accueillent volontiers les familles.

Le Relais Guillaume de Normandy ⅋
≤ 🗁 Ⓚ rest, � rest,
46 quai Romerel – ℰ 03 22 60 82 36
🕻 🅿 𝗩𝗜𝗦𝗔 ⓿ Ⓐ
– relaisguillaumedenormandy @ akeonet.com – Fax 03 22 60 81 82
– Fermé 21 déc.-11 janv. et mardi sauf du 15 juil. au 19 août
14 ch – †53 € ††62/80 €, ⊃ 9 € – ½ P 62/72 € – **Rest** – Menu 18/42 € – Carte
26/59 €
♦ Guillaume partit du port valéricain conquérir l'Angleterre. Ce joli manoir en briques face
à la baie de Somme abrite des chambres pratiques, parfois refaites. La salle à manger
panoramique offre une agréable vue sur la mer ; terrasse d'été et carte classique.

Le Nicol's
🗁 Ⓚ 𝗩𝗜𝗦𝗔 ⓿ Ⓐ
15 r. La Ferté – ℰ 03 22 26 82 96 – nicols @ wanadoo.fr – Fax 03 22 60 97 46
– Fermé merc. soir, lundi, jeudi d'oct. à mars, lundi soir et merc. en mai-juin
Rest – Menu 15/32 € – Carte 21/52 €
♦ Dans une rue commerçante du centre, derrière une belle façade régionale, salle rustique
et chaleureuse où l'on fait des repas traditionnels enrichis de saveurs iodées.

à Noyelles-sur-Mer – 742 h. – alt. 7 m – ⊠ 80860

Auberge du Château de Nolette ⅋
🍴 🅿 𝗩𝗜𝗦𝗔 ⓿ Ⓐ
4 rte Ponthoile – ℰ 03 22 23 24 15 – hotel.hpb @ wanadoo.fr – Fax 03 22 23 21 81
– Ouvert 16 mars-14 nov. et fermé le lundi du 15 mars au 30 avril
10 ch – †55 € ††72 €, ⊃ 9 € – ½ P 61 € – **Rest** – Menu 15 € (sem.)/35 €
♦ Idéalement située pour une découverte de la baie de Somme, cette ferme-château du
17e s. agrémentée d'un jardin vous reçoit dans des chambres rénovées et personnalisées.
Plaisante salle à manger-véranda ; cuisine traditionnelle.

ST-VALLIER – 26 Drôme – 332 B2 – 4 154 h. – alt. 135 m – ⊠ 26240
▊ Lyon et la vallée du Rhône
43 **E2**

▶ Paris 526 – Annonay 21 – St-Étienne 61 – Tournon-sur-Rhône 16
– Valence 35 – Vienne 41

🛈 Office de tourisme, avenue Désiré Valette ℰ 04 75 23 45 33,
Fax 04 75 23 44 19

🖸 d'Albon à Saint-Rambert-d'Albon Château de Senaud, N : 9 km par N 7 et
D 122, ℰ 04 75 03 03 90.

Le Bistrot d'Albert et Hôtel Terminus avec ch
🗁 🛗 Ⓚ
116 av. J. Jaurès, (rte de Lyon) – ℰ 04 75 23 01 12
🅿 𝗩𝗜𝗦𝗔 ⓿ Ⓐ ①
– bistrot.albert @ wanadoo.fr – Fax 04 75 23 38 82 – Fermé 17-28 août et vacances
de fév.
10 ch – †54 € ††58 €, ⊃ 7 € – **Rest** – Menu 15/29 € – Carte 24/34 €
♦ Belle hauteur sous plafond, lumineuse véranda et goûteuse cuisine du marché :
ambiance conviviale assurée dans ce bistrot voisin de la gare. Petites chambres pratiques.

au Nord-Est 8 km par N 7, D 122 et D 132 – ⊠ **26140 Albon**

    Domaine des Buis ⊗   ≤ ⏏ ☳ ⚘ **P** **P** ⌁ **VISA** **◑**
rte de St-Martin-des-Rosiers – ℰ *04 75 03 14 14 – info@domaine-des-buis.com
– Fax 04 75 03 14 14 – Ouvert début mars à fin nov.*
7 ch – ♥95/120 € ♥♥95/120 €, ⌑ 12 € – 1 suite – **Rest** – *(dîner seult) (résidents
seult)* Menu 30 €

♦ Dans un parc entouré de collines, demeure du 18ᵉ s. aux senteurs de cèdre et de magnolia.
Chambres spacieuses, garnies de mobilier anglais. Atmosphère guesthouse. Dîner
concocté par la maîtresse de maison et servi dans une salle à manger très raffinée.

ST-VALLIER – 71 Saône-et-Loire – **320** G10 – **rattaché à Montceau-les-Mines**

ST-VALLIER-DE-THIEY – 06 Alpes-Maritimes – **341** C5 – **2 261 h.** – **alt. 730 m** –
⊠ **06460** ▐ Côte d'Azur   42 **E2**

    ▣ Paris 907 – Cannes 29 – Castellane 52 – Draguignan 57 – Grasse 12 – Nice 47
    🛈 Syndicat d'initiative, 10, place du Tour ℰ 04 93 42 78 00, Fax 04 93 42 78 00
    ◎ Pas de la Faye ≼≺★★ NO : 5 km - Grotte de Beaume Obscure★ S : 2 km - Col
    de la Lèque ≼≺ SO : 5 km.

    Le Relais Impérial   � ▐ ☇ ↳ **⚑** **⚑** **VISA** **◑** **AE** **①**
(2 et 4 pl. Cavalier Fabre), rte Napoléon – ℰ *04 92 60 36 36 – info@
relaisimperial.com – Fax 04 92 60 36 39*
28 ch – ♥40/55 € ♥♥50/75 €, ⌑ 10 € – ½ P 50/63 €
Rest – Menu (14 €), 19 € (déj. en sem.), 26/41 € – Carte 28/44 €
Rest *Le Grill du Relais* – pizzeria – ℰ *04 92 60 36 30* – Menu (13 €), 19 € – Carte
25/40 €

♦ Petites chambres rustiques rénovées par étapes dans ce relais séculaire posté sur la route
Napoléon (l'Empereur s'est arrêté ici le 2 mars 1815). Repas traditionnel dans un décor de
style Louis XIII ou côté véranda. Pizzas et plats simples au Grill du Relais.

ST-VÉRAN – 05 Hautes-Alpes – **334** J4 – **267 h.** – **alt. 2 042 m** – **la plus haute
commune d'Europe** – **Sports d'hiver : 1 750/3 000 m** ⚡15 ⚒ – ⊠ **05350**
▐ Alpes du Sud   41 **C1**

    ▣ Paris 729 – Briançon 49 – Guillestre 32
    🛈 Office de tourisme, la ville ℰ 04 92 45 82 21, Fax 04 92 45 84 52
    ◎ Vieux village★★ - Musée du Soum★.

    L'Astragale ⊗   ≤ ▤ ⚘ ☇ ⚘ rest, ↳ **⚑** **⚑** **VISA** **◑**
– ℰ *04 92 45 87 00 – astragale@queyras.com – Fax 04 92 45 87 10 – Ouvert
13 juin-30 août et 19 déc.-30 mars*
21 ch – ♥86/165 € ♥♥100/244 €, ⌑ 14,50 € – ½ P 72/144 € – **Rest** – *(dîner seult)*
Menu 24/26 €

♦ Cadre d'esprit montagnard, grandes chambres confortables (toutes dotées d'un magnétoscope), vue sur les sommets : ce chalet récent régulièrement relooké ne manque pas de
charme. Chaleureuse salle à manger dotée d'une cheminée ; salon de thé.

ST-VÉRAND – 71 Saône-et-Loire – **320** I12 – **182 h.** – **alt. 300 m** –
⊠ **71570**   8 **C3**

    ▣ Paris 401 – Bourg-en-Bresse 49 – Lyon 66 – Mâcon 14
    – Villefranche-sur-Saône 35

    Auberge du St-Véran   ⚏ ☳ ☇ ⚘ rest, ↳ **⚑** **VISA** **◑** **AE** **①**
– ℰ *03 85 23 90 90 – direction@auberge-saint-veran.com – Fax 03 85 23 90 91
– Fermé 6-29 janv., lundi et mardi hors saison*
11 ch – ♥48 € ♥♥68 €, ⌑ 10 € – ½ P 70/73 € – **Rest** – Menu 20 € (déj. en
sem.)/52 € – Carte 31/49 € ⅊

♦ Au cœur des vignobles, ancien moulin à eau au charme campagnard et aux confortables chambres portant le nom de crus du terroir. Restaurant d'esprit rustique ouvert
sur une terrasse face à la piscine. Cuisine traditionnelle, bon choix de mâcons et de
beaujolais.

ST-VIANCE – 19 Corrèze – 329 J4 – 1 413 h. – alt. 119 m – ⊠ 19240 🗍 Périgord

🖸 Paris 479 – Limoges 90 – Tulle 45 – Brive-la-Gaillarde 12
– Sarlat-la-Canéda 67

24 **B3**

🏠 **Auberge sur Vézère** 🎘 ⅍ rest, 🕻 **P** 𝗩𝗜𝗦𝗔 ⓜⓞ
Le bourg – 𝒞 *05 55 84 28 23 – aubergesurvezere@wanadoo.fr*
– Fax 05 55 84 42 47 – Fermé 20 déc.-30 janv. et dim. sauf juil.-août
10 ch – ⚊57/60 € ⚊⚊62/65 €, ⊆ 8 € – ½ P 55/80 € – **Rest** – *(fermé sam. midi,*
dim. soir et lundi) (prévenir) Menu 20 € (déj. en sem.), 25/37 €
♦ À l'entrée du village, petite auberge de pays tenue par un sympathique couple franco-
britannique. Chambres fonctionnelles et bien équipées. Menu-carte actuel proposé
dans une salle à manger d'esprit provençal ou sous les arbres de la terrasse.

ST VIATRE – 41 Loir-et-Cher – 318 I6 – 1 188 h. – alt. 107 m – ⊠ 41210

12 **C2**

🖸 Paris 179 – Orléans 53 – Blois 106 – Vierzon 53 – Fleury-les-Aubrais 60

🏠 **Villepalay** sans rest ⌂ 🐾 ⅍ **P**
2 km par rte de Nouan le Fuzelier – 𝒞 *02 54 88 22 35 – navucet@wanadoo.fr*
– Fermé mars
3 ch ⊆ – ⚊53/65 € ⚊⚊58/70 €
♦ Cette ancienne ferme solognote au charme bucolique – étang pour la pêche et le cano-
tage – vous réserve le meilleur accueil. Chambres soignées et petit-déjeuner biologique.

ST-VICTOR – 03 Allier – 326 C4 – rattaché à Montluçon

ST-VICTOR-DE-MALCAP – 30 Gard – 339 K3 – rattaché à St-Ambroix

---

ST-VICTOR-DES-OULES – 30 Gard – 339 L4 – 219 h. – alt. 168 m – ⊠ 30700

🖸 Paris 686 – Montpellier 101 – Nîmes 56 – Avignon 45 – Arles 82

23 **D2**

🏠🏠🏠 **Villa Saint-Victor** 🎘 ⌂ 🕭 ₰ ⅍ rest, 🕻 🛋 **P** 𝗩𝗜𝗦𝗔 ⓜⓞ
☞ *pl. du Château –* 𝒞 *04 66 81 90 47 – info@villasaintvictor.com*
– Fax 04 66 81 93 30 – Fermé 24 nov.-15 déc. et 5 janv.-28 fév.
19 ch – ⚊70/140 € ⚊⚊90/230 €, ⊆ 15 € – ½ P 110/140 € – **Rest** – *(fermé dim.*
soir et lundi) Menu 18 € (déj. en sem.)/39 €
♦ Ambiance familiale dans ce petit château 19e s., entouré d'un parc arboré. Décor
personnalisé : mobilier chiné, style rétro ou boudoir, toile de Jouy... Deux pavillons indépendants. La table (le soir, sur réservation) propose une cuisine du marché, teintée terroir.

ST-VICTOR-SUR-LOIRE – 42 Loire – 327 E7 – rattaché à St-Étienne

---

ST-VINCENT – 43 Haute-Loire – 331 F3 – 831 h. – alt. 605 m – ⊠ 43800

🖸 Paris 543 – La Chaise-Dieu 37 – Le Puy-en-Velay 18 – St-Étienne 76

6 **C3**

✕✕ **La Renouée** 🚗 ₰ 𝗔𝗖 ⇄ 𝗩𝗜𝗦𝗔 ⓜⓞ
à Cheyrac, 2 km au Nord par D 103 – 𝒞 *04 71 08 55 94 – auberge.larenouee@*
laposte.net – Fax 04 71 08 15 89 – Fermé vacances de la Toussaint, 5 janv.-5 mars,
mardi soir, merc. soir et jeudi soir du 29 oct. au 31 mars, dim. soir et lundi
Rest – Menu 19/43 € – Carte 21/36 €
♦ Maison centenaire devancée par un jardinet. Grande cheminée en pierre et beau
vaisselier rustique en merisier dans la salle principale. Carte régionale teintée de créativité.

ST-VINCENT-DE-TYROSSE – 40 Landes – 335 D13 – 5 360 h. – alt. 24 m – ⊠ 40230

🖸 Paris 743 – Anglet 32 – Bayonne 29 – Bordeaux 157

3 **B3**

🖸 Office de tourisme, placette du Midi 𝒞 05 58 77 12 00, Fax 05 58 77 12 00

✕✕✕ **Le Hittau** 🚗 🎘 **P** 𝗩𝗜𝗦𝗔 ⓜⓞ 𝗔𝗘
1 r. du Nouaou – 𝒞 *05 58 77 11 85 – hittau@orange.fr – Fermé 1er-9 juil.,*
21 oct.-5 nov., 19 fév.-12 mars, mardi sauf du 14 juil. au 30 août et merc.
Rest – Menu 34/70 € – Carte environ 46 €
♦ Cette ancienne bergerie ne manque pas de cachet avec sa charpente apparente et sa
cheminée monumentale. Agréable terrasse-jardin. Cuisine au goût du jour utilisant les
produits régionaux.

ST-VINCENT-SUR-JARD – 85 Vendée – 316 G9 – 871 h. – alt. 10 m – ⊠ 85520
▌ Poitou Vendée Charentes 34 **B3**

> ◱ Paris 454 – Luçon 34 – La Rochelle 70 – La Roche-sur-Yon 35 – Les Sables-d'Olonne 23
>
> ◳ Syndicat d'initiative, place de l'Eglise ℰ 02 51 33 62 06, Fax 02 51 33 01 23

🏠 **L'Océan** ◈ 〜 🛏 ☐ ⅃ ᵹ ch, 🖭 rest, 🅿 VISA 🐠
1 km au Sud : (près maison de Clemenceau) – ℰ 02 51 33 40 45 – hotel.locean @ wanadoo.fr – Fax 02 51 33 98 15 – Fermé 18 nov.-23 fév. et merc. d'oct. à mars
37 ch – ♦51/85 € ♦♦51/85 €, ☐ 7 € – ½ P 52/72 € – **Rest** – Menu 21/60 €
– Carte 26/45 €
♦ Non loin de la plage, imposante villa balnéaire tenue par la même famille depuis trois générations. Chambres simples, jardin ombragé de pins et véranda pour le petit-déjeuner. Au restaurant, carte traditionnelle valorisant les produits de l'océan.

✗ **Le Chalet St-Hubert** 〜 🅿 VISA 🐠
⊖ *rte de Jard – ℰ 02 51 33 40 33 – lechaletsthubert @ orange.fr – Fax 02 51 33 41 94*
– Fermé 1ᵉʳ-15 oct., 23 fév.-8 mars, dim. soir et lundi hors saison
Rest – Menu 16/32 € – Carte 25/45 €
♦ Maison ancienne dotée d'une salle lambrissée où l'on sert une cuisine traditionnelle orientée produits de la mer.

ST-YBARD – 19 Corrèze – 329 K3 – rattaché à Uzerche

ST-YORRE – 03 Allier – 326 H6 – rattaché à Vichy

ST-ZACHARIE – 83 Var – 340 J5 – 4 184 h. – alt. 265 m – ⊠ 83640   40 **B3**

> ◱ Paris 786 – Aix-en-Provence 37 – Brignoles 31 – Marseille 34 – Rians 40 – Toulon 63
>
> ◳ Office de tourisme, square Reda Caire ℰ 04 42 32 63 28, Fax 04 42 32 63 28

✗✗ **Urbain Dubois** 🏠 🖭 🅿 VISA 🐠
rte St-Maximin, par D 560 : 1 km – ℰ 04 42 72 94 28 – urbain-dubois @ wanadoo.fr
– Fax 04 42 72 94 28 – Fermé dim. soir, mardi midi, merc. midi et lundi sauf fériés
Rest – Menu 22 € (déj. en sem.), 42/72 € – Carte 55/65 €
♦ Ancienne fabrique de céramique disposant d'une coquette salle de restaurant rustique et d'une jolie terrasse égayée d'une fresque villageoise. Recettes inventives.

STE-ANNE-D'AURAY – 56 Morbihan – 308 N8 – 1 844 h. – alt. 42 m – ⊠ 56400
▌ Bretagne 9 **A3**

> ◱ Paris 475 – Auray 7 – Hennebont 33 – Locminé 27 – Lorient 44 – Quimperlé 58 – Vannes 16
>
> ◳ Office de tourisme, 26, rue de Vannes ℰ 02 97 57 69 16, Fax 02 97 57 79 22
>
> ◎ Trésor★ de la basilique - Pardon (26 juil.).

🏠 **L'Auberge** 〜 🏠 🛗 ᵹ 🖭 ↯ ℒ 🅿 VISA 🐠 ⅋
56 r. de Vannes – ℰ 02 97 57 61 55 – auberge-jl-larvoir @ wanadoo.fr
– Fax 02 97 57 69 10 – Fermé janv., mardi midi et merc. midi du 1er nov. au 23 mars
16 ch – ♦50/80 € ♦♦60/90 €, ☐ 12 € – 2 suites – ½ P 65/80 €
Rest – Menu 25 € (sem.)/75 € – Carte 43/68 €
♦ Deux décors, deux ambiances différentes pour cet établissement. L'hôtel joue la carte Art déco : palissandre, loupe d'orme ; reproductions de Mucha et Lempicka ; appliques Lalique. Le restaurant adopte un style breton et sert une cuisine dans l'air du temps.

🏠 **Myriam** sans rest ◈ 🛗 ↯ 🅿 VISA 🐠
35 bis r. Parc – ℰ 02 97 57 70 44 – contact @ hotellemyriam.com
– Fax 02 97 57 67 49 – Ouvert 15 fév.-15 nov.
30 ch – ♦48/58 € ♦♦48/58 €, ☐ 7,50 €
♦ Construction des années 1970 dans un paisible quartier résidentiel. Chambres simples, sobrement rajeunies. Salle des petits-déjeuners égayée de bibelots marins.

STE-ANNE-DU-CASTELLET – 83 Var – 340 J6 – rattaché au Castellet

STE-ANNE-LA-PALUD (Chapelle de) – 29 Finistère – 308 F6 – alt. 65 m –
⊠ 29550 ▮ Bretagne
9 **A2**

❚ Paris 584 – Brest 68 – Châteaulin 20 – Crozon 27 – Douarnenez 12 – Quimper 24
◙ Pardon (fin août).

🏠🏠🏠 **De La Plage** ॐ ← ⚓ ⏋ ✗ |⊞| 🄰🄺 rest, ℂ 🄿 𝓥𝓘𝓢𝓐 ⓂⓈ 🄰🄴
à la plage – 𝒞 02 98 92 50 12 – laplage@relaischateaux.com – Fax 02 98 92 56 54
– Ouvert 22 mars-2 nov.
28 ch – †180/323 € ††180/323 €, � 19 € – 4 suites – ½ P 163/234 €
Rest – *(dîner seult sauf jeudi et week-end)* Menu 52/93 € – Carte 76/110 €
♦ Isolée à même la grève, cette demeure ouvre ses fenêtres sur la baie de Douarnenez. Chambres et suites meublées d'ancien ou contemporaines. Belles balades en perspective. Repas en tête-à-tête avec la mer, dans deux sobres salles à manger. Cuisine
littorale.

STE-CÉCILE – 71 Saône-et-Loire – 320 H11 – 251 h. – alt. 250 m –
⊠ 71250
8 **C3**

❚ Paris 391 – Charolles 35 – Cluny 8 – Mâcon 22 – Roanne 73

✗ **L'Embellie** 🈁 🄿 𝓥𝓘𝓢𝓐 ⓂⓈ ①
*– 𝒞 03 85 50 81 81 – sarl.delagrange@wanadoo.fr – Fax 03 85 50 81 81
– Fermé 23 juin-11 juil., 27 oct.-21 nov., dim. soir sauf juil.-août, mardi sauf le midi
de sept. à juin et merc.*
Rest – Carte 24/47 €
♦ Restaurant installé dans une ancienne étable en pierres conservant son cachet rustique :
poutres, meubles en frêne et cheminée où crépitent de bonnes flambées hivernales.
Agréable terrasse d'été ombragée d'où l'on aperçoit le Carmel (couvent). Repas classique.

STE-CÉCILE-LES-VIGNES – 84 Vaucluse – 332 C8 – 2 100 h. – alt. 108 m –
⊠ 84290
40 **A2**

❚ Paris 646 – Avignon 47 – Bollène 13 – Nyons 26 – Orange 17
– Vaison-la-Romaine 19

🏠 **La Farigoule** 🈁 🄺 𝓥𝓘𝓢𝓐 ⓂⓈ 🄰🄴
*26 cours M. Trintignant – 𝒞 04 90 30 89 89 – farigoule.raphael@wanadoo.fr
– Fax 04 90 30 78 00 – Fermé 24 nov.-8 déc. et 18 fév.-17 mars*
9 ch – †47 € ††59 €, ⊠ 7 € – ½ P 63 € – **Rest** – *(fermé dim. soir et lundi
sauf juil.-août)* Menu 18 € (sem.)/39 € – Carte 39/51 €
♦ Sympathique auberge fraîchement refaite et située au centre d'une bourgade nichée
dans le vignoble des Côtes du Rhône. Petites chambres pratiques. Salle à manger claire,
tonnelle en fer forgé et terrasse protégée par une dense végétation. Plats régionaux.

✗ **Campagne, Vignes et Gourmandises** 🈁 🄺 🄿 𝓥𝓘𝓢𝓐 ⓂⓈ
*rte de Suze-la-Rousse – 𝒞 04 90 63 40 11 – sylfernandes@wanadoo.fr
– Fax 04 90 63 40 25 – Fermé 30 déc.-20 janv., mardi hors saison et lundi*
Rest – *(nombre de couverts limité, prévenir)* Menu 21/51 € – Carte 48/58 €
♦ Au calme dans un quartier résidentiel, ce petit mas respire l'air des vignes. Salle à manger
champêtre complétée par une jolie terrasse ; cuisine actuelle aux accents du Sud.

STE-COLOMBE – 84 Vaucluse – 332 E9 – rattaché à Bédoin

STE-CROIX – 01 Ain – 328 D5 – rattaché à Montluel

STE-CROIX-DE-VERDON – 04 Alpes-de-Haute-Provence – 334 E10 – 102 h.
– alt. 530 m – ⊠ 04500 ▮ Alpes du Sud
41 **C2**

❚ Paris 780 – Brignoles 59 – Castellane 59 – Digne-les-Bains 51 – Manosque 44
– Salernes 35

✗ **L'Olivier** ← lac, 𝓥𝓘𝓢𝓐 ⓂⓈ
*– 𝒞 04 92 77 87 95 – Fax 04 92 77 87 95 – Ouvert de mi-fév. à mi-nov. et fermé
lundi et mardi sauf juil.-août*
Rest – Menu 28/38 €
♦ Dans un village adossé à la falaise, ce restaurant vous invite à découvrir une cuisine
actuelle soignée. Terrasse-véranda avec vue splendide sur le lac de Sainte-Croix.

STE-CROIX-EN-JAREZ – 42 Loire – 327 G7 – **rattaché à Rive-de-Gier**

STE-CROIX-EN-PLAINE – 68 Haut-Rhin – 315 I8 – **rattaché à Colmar**

STE-ÉNIMIE – 48 Lozère – 330 I8 – 509 h. – alt. 470 m – ⊠ 48210

▮ Languedoc Roussillon   23 **C1**

    ❏ Paris 612 – Florac 27 – Mende 28 – Meyrueis 30 – Millau 57
    – Sévérac-le-Château 49

    🚹 Office de tourisme, village ℰ 04 66 48 53 44, Fax 04 66 48 47 70

    🄶 ≤ ★★ sur le canyon du Tarn S : 6,5 km par D 986.

⌂   **Auberge du Moulin**   🛦 ℅ ch, **P** *VISA* **⑩**
    r. Combe – ℰ 04 66 48 53 08 – Fax 04 66 48 58 16 – *Ouvert de fin mars à mi-nov. et*
    fermé dim. soir sauf juil.-août et fériés
    10 ch – 🛏55/65 € 🛏🛏55/65 €, ⊡ 7,60 € – ½ P 55/60 € – **Rest** – *(fermé lundi*
    sauf juil.-août et fériés) Menu (13,50 €), 18/36 € – Carte 19/31 €
    ♦ Cette belle demeure en pierres se dresse au cœur d'un village très touristique inscrit dans
    un site extraordinaire. Chambres proprettes, pour moitié tournées vers le Tarn. À l'immense
    salle du restaurant, préférez la paisible terrasse qui domine la rivière.

STE-EULALIE – 07 Ardèche – 331 H5 – 253 h. – alt. 1 233 m – ⊠ 07510   44 **A3**

    ❏ Paris 587 – Aubenas 47 – Langogne 47 – Privas 51 – Le Puy-en-Velay 48
    – Thueyts 36

    🚹 Syndicat d'initiative, Mairie ℰ 04 75 38 89 78, Fax 04 75 38 87 37

⌂   **Du Nord** ॐ   🚗 ৬ rest, ↵ 🔊 **P** *VISA* **⑩** 🄰🄴
    – ℰ 04 75 38 80 09 – hotelnord.mouyon@wanadoo.fr – Fax 04 75 38 85 50
    – *Ouvert 8 mars-11 nov. et fermé mardi soir et merc. sauf 14 juil.-15 août*
    15 ch – 🛏50/53 € 🛏🛏50/53 €, ⊡ 7,50 € – ½ P 51/54 € – **Rest** – Menu 20/38 €
    – Carte 26/34 €
    ♦ Sympathique hostellerie appréciée des pêcheurs qui viennent ferrer le poisson dans la
    Loire toute proche. Chambres confortables, régulièrement rénovées. Cuisine du terroir,
    ambiance familiale et cadre néo-rustique caractérisent le restaurant.

STE-EULALIE-D'OLT – 12 Aveyron – 338 J4 – 327 h. – alt. 425 m –
⊠ 12130   29 **D1**

    ❏ Paris 615 – Espalion 25 – Rodez 45 – Sévérac-le-Château 28

    🚹 Office de tourisme, rue Fon Sainte-Anne ℰ 05 65 47 82 68

✕   **Au Moulin d'Alexandre** avec ch ॐ   🚗 🛦
    – ℰ 05 65 47 45 85 – Fax 05 65 52 73 78 – *Fermé le soir du 1er nov. à Pâques*
    9 ch – 🛏48/55 € 🛏🛏48/55 €, ⊡ 9 € – ½ P 51 € – **Rest** – Menu 13 € (déj. en sem.),
    24/29 € – Carte 37/44 €
    ♦ Ce moulin du 16ᵉ s. participe à l'animation de ce charmant village aveyronnais : bar-tabac,
    restaurant et hôtel. La salle des repas conserve une agréable rusticité (cheminée, poutres
    et pierres). Les chambres offrent un confort plutôt modeste.

STE-EUPHÉMIE – 01 Ain – 328 B5 – 1 118 h. – alt. 247 m – ⊠ 01600   43 **E1**

    ❏ Paris 435 – Bourg-en-Bresse 49 – Dijon 168 – Lyon 36

✕   **Au Petit Moulin**   🛦 *VISA* **⑩**
    – ℰ 04 74 00 60 10 – Fax 04 74 00 60 10 – *Fermé 1er fév.-6 mars, lundi, mardi et*
    merc.
    Rest – Menu 23 € (sem.)/30 € – Carte 29/39 €
    ♦ Sur la carte de cette modeste auberge de campagne voisine de la Dombes :
    grenouilles, poissons d'eau douce et volailles, soigneusement mitonnés et généreusement
    servis.

STE-FEYRE – 23 Creuse – 325 I4 – **rattaché à Guéret**

STE-FLORINE – 43 Haute-Loire – 331 B1 – 3 002 h. – alt. 440 m – ⊠ 43250

■ Paris 465 – Brioude 16 – Clermont-Fd 55 – Issoire 19 – Murat 60 – Le
Puy-en-Velay 77   6 **C2**

X **Le Florina** avec ch   🕥 🕭 ch, 🕻 *VISA* 🚷 ᴀᴇ

pl. Hôtel de Ville – 𝒞 04 73 54 04 45 – info @ hotel-leflorina.com
– Fax 04 73 54 02 62 – Fermé 21 déc.-14 janv.
14 ch – †35 € ††40/58 €, ⌾ 6,50 € – ½ P 40/50 € – **Rest** – *(fermé dim. soir)*
Menu (9,50 €), 15/25 € – Carte 19/38 €
◆ Ce bâtiment récent abrite un sobre restaurant proposant une cuisine régionale. Cham-
bres fonctionnelles ou, à réserver en priorité, plus colorées et personnalisées.

STE-FOY-LA-GRANDE – 33 Gironde – 335 M5 – 2 788 h. – alt. 10 m – ⊠ 33220
▮ Aquitaine   4 **C1**

■ Paris 555 – Bordeaux 71 – Langon 59 – Marmande 44 – Périgueux 67
🖪 Office de tourisme, 102, rue de la République 𝒞 05 57 46 03 00, Fax 05 57 46 16 62
🖫 Château des Vigiers Golf Club à Monestier SE : 9 km par D 18, 𝒞 05 53 61 50 33.

Broca (Av. P.) 2	J. J. Rousseau		Tricoche (R. E.) 10
Coreille (Allées de) 3	(R.) 7		Victor-Hugo . . . .
Frères-Reclus (R. des) 4	République (R. de la)		(R.) . . . .

XX **Au Fil de l'Eau**   🕥 *VISA* 🚷 ᴀᴇ

à Port-Ste-Foy – 𝒞 05 53 24 72 60 – Fax 05 53 24 94 97 – Fermé 5-18 mars,
27 oct.-5 nov., 4 janv.-3 fév., merc. soir en hiver, dim. soir sauf juil.-août et lundi
Rest – Menu 14 € (déj. en sem.), 21/53 € – Carte 40/72 €   s
◆ La maison est d'allure un peu banale, certes, mais il fait bon s'y attabler, notamment en
été, sur la sémillante terrasse dominant la Dordogne. Cuisine régionale actualisée.

au Sud-Est : 8 km sur D 18 – ⊠ 24240 Monestier

🏨 **Château des Vigiers** ⌾   ⪕ 𝛥 🕥 ⏚ 🕥 🍴 ⅙ 🕱 🖫 🔁 🕭 ch, ᴀᴄ ch,
au golf des Vigiers – 𝒞 05 53 61 50 00   ⅙ ⅗ 🕻 🛆 🅿 *VISA* 🚷 ᴀᴇ ⓪
– reception @ vigiers.fr – Fax 05 53 61 50 20 – Fermé 16 déc.-26 janv.
87 ch – †165/330 € ††165/330 €, ⌾ 26 € – ½ P 120/195 €
Rest Les Fresques – 𝒞 05 53 61 50 39 (Ouvert 1ᵉʳ mai-30 sept. et fermé mardi et
merc.) (dîner seult) Menu 45/70 € – Carte 53/65 €
Rest Brasserie Le Chai – 𝒞 05 53 61 50 39 – Menu (19 €), 20 € (déj. en sem.),
35/40 € – Carte 26/36 €
◆ Ce château du 16ᵉ s. et ses dépendances modernes s'inscrivent dans un parc aménagé
en golf (27 trous, dont 3 mémorables). Grandes chambres personnalisées et spa. Cadre chic,
carte actuelle et vins de la propriété aux Fresques. Brasserie occupant l'ancien chai.

par ⑤ et rte secondaire – ✉ 33220 Port-Ste-Foy

🏠 **L'Escapade** 🦢   🛋 ⅃ 💺 ⅍ **P** **VISA** **⦿** **AE**

La Grâce – *℘ 05 53 24 22 79* – *info@escapade-dordogne.com*
– *Fax 05 53 57 45 05* – *Ouvert 2 fév.-14 oct. et fermé vend. et dim. soir en fév.-mars*
12 ch – ♦48/52 € ♦♦52 €, ⬚ 7 € – ½ P 55 € – **Rest** – *(dîner seult) (prévenir)*
Menu 20/30 € – Carte 36/84 €
♦ Sur la route de Compostelle, ancienne ferme à tabac (17ᵉ s.) voisinant avec un centre
équestre. Chambres rustiques, sauna, piscine d'été et silence de la campagne. Spécialités
régionales servies dans une salle champêtre ou en terrasse.

STE-FOY-L'ARGENTIÈRE – 69 Rhône – 327 F5 – 1 167 h. – alt. 430 m –
✉ 69610   44 **A2**

🚹 Paris 487 – Lyon 49 – Saint-Étienne 52 – Villeurbanne 52

↰ **Manoir de Tourville** 🦢   🔔 ⅍ 📞 **P** **VISA** **⦿**

8 km au Nord par D 483 et rte secondaire – *℘ 04 74 26 66 57* – *tourville@
manoirdetourville.com* – *Fax 04 74 26 66 57*
6 ch ⬚ – ♦60/80 € ♦♦60/120 € – **Table d'hôte** – Menu 24 € bc/45 € bc
♦ Ce manoir du 15ᵉ s. jouit d'une belle situation au milieu de prés accueillant des chevaux
(élevage). Ravissantes chambres de caractère ; suite logée dans une tour. Petits étangs.
Belle salle à manger habillée de boiseries et cuisine classique.

STE-FOY-TARENTAISE – 73 Savoie – 333 O4 – 681 h. – alt. 1 050 m – ✉ 73640
▮ Alpes du Nord   45 **D2**

🚹 Paris 647 – Albertville 66 – Chambéry 116 – Moûtiers 40 – Val-d'Isère 20
🄸 Office de tourisme, station ℘ 04 79 06 95 19, Fax 04 79 06 95 09

🏠 **Le Monal**   ⪉ 🛏 ⅍ rest, 📞 🍴 **VISA** **⦿** **AE**
🦢 – *℘ 04 79 06 90 07* – *le.monal@wanadoo.fr* – *Fax 04 79 06 94 72* – *Fermé sam. et
dim. en mai, oct. et nov.*
20 ch – ♦60/75 € ♦♦70/90 €, ⬚ 10 € – ½ P 65/80 € – **Rest** – Menu 16 € (déj. en
sem.), 25/35 € – Carte 35/55 €
♦ Cet ancien relais de poste, dans la même famille depuis 1888, est aujourd'hui un hôtel
rénové, agrandi d'une extension. Cadre chaleureux, tout de pierre et de bois. Plats du jour,
régionaux ou de brasserie servis dans la salle à manger panoramique du 1ᵉʳ étage ; vue sur
le Mont Pourri.

rte de la Station 6 km au SE par rte secondaire – ✉ 73640 Ste-Foy-Tarentaise

↰ **La Ferme du Baptieu** 🦢   ⪉ 🛋 ⅍ 📞 **P**

Le Baptieu, (D 84) – *℘ 04 79 06 97 52* – *contact.baptieu@lafermedubaptieu.com*
– *Fax 04 79 06 97 52* – *Ouvert juil.-août et déc.-avril*
5 ch ⬚ – ♦150/170 € ♦♦150/170 € – **Table d'hôte** – Menu 37 €
♦ Ce chalet du 18ᵉ s. a un charme fou : meubles et objets chinés, boiseries chaleureuses, tissus colorés. Chaque chambre possède une superbe salle de bain et un balcon
ouvrant sur la montagne. Table gourmande autour des spécialités savoyardes et méditerranéennes.

STE-GEMME-MORONVAL – 28 Eure-et-Loir – 311 E3 – **rattaché à Dreux**

STE-GENEVIÈVE-DES-BOIS – 91 Essonne – 312 C4 – 101 35 – **voir à Paris,
Environs**

STE-GENEVIÈVE-SUR-ARGENCE – 12 Aveyron – 338 I2 – 1 027 h.
– alt. 800 m – ✉ 12420   29 **D1**

🚹 Paris 571 – Aurillac 56 – Chaudes-Aigues 34 – Espalion 40
🄸 Syndicat d'initiative, ℘ 05 65 66 19 75, Fax 05 65 66 29 28
🄶 Barrage de Sarrans ★ N : 8 km, ▮ Midi-Pyrénées

✗ **Des Voyageurs** avec ch   🚄 **VISA** ⓜⓞ
– ℰ 05 65 66 41 03 – Fax 05 65 66 10 94 – Fermé 20 sept.-10 oct., 20 déc.-5 janv.,
dim. soir et sam. de sept. à fin juin
14 ch – ❙42 € ❙❙42 €, ⌷ 6 € – ½ P 42/45 € – **Rest** – Menu 11 € (sem.)/31 €
– Carte 18/33 €
◆ Cet ex-relais de diligences accueille les voyageurs depuis 1872. Le décor rustique du
restaurant ouvert sur un jardin se prête bien aux plats régionaux préparés à l'ancienne.
Chambres simples et pratiques.

STE-HERMINE – 85 Vendée – 316 J8 – 2 256 h. – alt. 28 m – ⊠ 85210   34 **B3**
🚩 Paris 433 – Nantes 93 – La Roche-sur-Yon 35 – La Rochelle 59 – Les
Herbiers 44
🚺 Office de tourisme, la Gare ℰ 02 51 27 39 32, Fax 02 51 27 39 32

🏠 **Clem'otel**   🛰 📶 ⓖ 🗚 ⅍ 📞 🕍 **P** **VISA** ⓜⓞ
parc Atlantique Vendée, 2 km au Sud sur D 137 – ℰ 02 51 28 46 94 – clem.otel@
wanadoo.fr – Fax 02 51 28 46 81 – Fermé 24 déc.-5 janv.
49 ch – ❙52/54 € ❙❙62/64 €, ⌷ 7 € – ½ P 51 € – **Rest** – (fermé dim. de nov. à
fin mars) Menu (11,50 €), 16/24 € – Carte 18/24 €
◆ Nouvel hôtel doté de chambres claires et bien insonorisées. Palmiers et tournesols
donnent une allure exotique au patio central. À table, régalez-vous de grillades (préparées
sous vos yeux) ou de plats du terroir dans un décor mi-contemporain, mi-rustique.

STE-LUCIE-DE-PORTO-VECCHIO – 2A Corse-du-Sud – 345 F9 – **voir à Corse**

STE-LUCIE-DE-TALLANO – 2A Corse-du-Sud – 345 D9 – **voir à Corse**

STE-MAGNANCE – 89 Yonne – 319 H7 – 353 h. – alt. 310 m – ⊠ 89420
▌Bourgogne   7 **B2**
🚩 Paris 224 – Avallon 15 – Auxerre 65 – Dijon 68 – Saulieu 24
◎ Tombeau★ dans l'église.

✗✗ **Auberge des Cordois**   🛰 **P.** **VISA** ⓜⓞ
D 606 – ℰ 03 86 33 11 79 – Fermé 23 juin-2 juil., 12-19 nov., 2-25 janv., lundi soir,
mardi et merc.
Rest – Menu 27/38 € – Carte 34/48 €
◆ Maison bicentenaire en bord de route, repérable à sa façade jaune. Formule bistrot ou
cuisine régionale actualisée servie dans une salle aux tons ocre et violet.

STE-MARGUERITE (ÎLE) – 06 Alpes-Maritimes – 341 D6 – **voir à**
Île Ste-Marguerite

STE-MARIE – 44 Loire-Atlantique – 316 D5 – **rattaché à Pornic**

STE-MARIE-AUX-MINES – 68 Haut-Rhin – 315 H7 – 5 816 h. – alt. 350 m –
⊠ 68160 ▌Alsace Lorraine   1 **A2**
🚩 Paris 422 – Colmar 43 – St-Dié 25 – Sélestat 23
Tunnel de Ste-Marie-aux-Mines : fermé pour travaux jusqu'à fin 2008
Renseignements : www.bison-fute.equipement.gouv.fr.
🚺 Office de tourisme, 86, rue Wilson ℰ 03 89 58 80 50, Fax 03 89 58 67 92

✗ **Aux Mines d'Argent** avec ch   🛰 ⅍ 📞 **VISA** ⓜⓞ ᴀᴇ
8 r. Dr Weisgerber (près de l'hôtel de ville) – ℰ 03 89 58 55 75
– wistubwillmann@orange.fr – Fax 03 89 58 65 49
9 ch – ❙45 € ❙❙45/55 €, ⌷ 10 € – ½ P 45/55 € – **Rest** – Menu 10 € (déj. en
sem.), 14/32 € – Carte 18/40 €
◆ Lambris, mobilier alsacien, gravures sur bois (scènes de la vie minière) : une authentique
wistub dans une maison du 16ᵉ s. Terrasse au bord d'un ruisseau et carte régionale.

STE-MARIE-DE-RÉ – 17 Charente-Maritime – **324** C3 – **voir à Île de Ré**

STE-MARIE-DE-VARS – 05 Hautes-Alpes – **334** I5 – **rattaché à Vars**

STES-MARIES-DE-LA-MER – **voir après Saintes**

STE-MARIE-SICCHÉ – 2A Corse-du-Sud – **345** C8 – **voir à Corse**

STE-MARINE – 29 Finistère – **308** G7 – **rattaché à Bénodet**

STE-MAURE – 10 Aube – **313** E3 – **rattaché à Troyes**

STE-MAURE-DE-TOURAINE – 37 Indre-et-Loire – **317** M6 – **3 909 h.**
– **alt. 85 m** – ⊠ 37800 ▌ Châteaux de la Loire   **11 B3**

> ◘ Paris 273 – Le Blanc 71 – Châtellerault 39 – Chinon 32 – Loches 31
> – Thouars 73 – Tours 40

> ◼ Office de tourisme, rue du Château ℰ 02 47 65 66 20, Fax 02 47 34 04 28

Hostellerie des Hauts de Ste-Maure ⛫ ⛲ ⛄ 🕴 🔆 🅰 ch, ⇄ ⛛
av. Gén. de Gaulle – ℰ 02 47 65 50 65 – hauts-de-ste-maure@ **P** *VISA* **QO**
wanadoo.fr – Fax 02 47 65 60 24 – Fermé janv., lundi (sauf hôtel) et dim. d'oct. à mai
20 ch – ⊠ ♦119/135 € ♦♦119/240 €, ⊊ 14 € – 1 suite – ½ P 119/135 €
Rest *La Poste* –, ℰ 02 47 65 51 18 (fermé lundi midi et dim. d'oct. à mai)
Menu 48/86 € – Carte 57/70 € ⅌

♦ Ancien relais de poste dont la dépendance abrite des chambres personnalisées et acuelles (projet de rénovation pour celles du bâtiment principal). Piscine-balnéo, jardin, potager. Mets classiques, belle carte de chinons et élégant cadre rustique au restaurant.

Le Grand Menasson sans rest ⌂   🏵 ⇄ **P**
2 km par ancienne rte de Loches et rte secondaire – ℰ 06 11 08 51 80 – ghislaine@
augrandmenasson.fr – Fax 02 47 65 21 24
3 ch – ⊊ ♦62 € ♦♦70/75 €

♦ Au calme, cette ferme ancienne recouverte de vigne vierge vous réserve un accueil chaleureux. Grand parc avec étang, chambres rustiques ou agrémentées de mobilier chiné.

à Pouzay 8 km au Sud-Ouest – 755 h. – alt. 51 m – ⊠ 37800

Au Gardon Frit   ⛲ *VISA* **QO**
– ℰ 02 47 65 21 81 – Fax 02 47 65 21 81 – Fermé 15-23 avril, 16 sept.-2 oct.,
13-28 janv., mardi et merc. sauf fériés
Rest – Menu 13 € (déj. en sem.), 23/38 € – Carte 21/55 €

♦ Point de "gardon frit" sur la carte, mais des produits de la mer en direct de l'océan dans ce restaurant familial accolé à un café. Décor marin et jolie terrasse ombragée.

rte de Chinon 2,5 km à l'Ouest : par D 760 – ⊠ 37800 Noyant-de-Touraine

La Ciboulette   ⛲ **P** *VISA* **QO**
78 rte de Chinon, (face échangeur A 10, sortie n° 25) – ℰ 02 47 65 84 64
– laciboulette@wanadoo.fr – Fax 02 47 65 89 29 – Fermé dim. soir, lundi soir,
mardi soir et merc. soir d'oct. à mars sauf vacances scolaires et fériés
Rest – Menu (19 €), 23/41 € – Carte 30/54 €

♦ L'attrait de cette grande maison couverte de vigne vierge ? Son intéressante formule menu-carte de plats classiques. Salle à manger sobrement décorée et terrasse d'été.

à Noyant-de-Touraine 5 km à l'Ouest – 646 h. – alt. 92 m – ⊠ 37800

Château de Brou ⌂   ⩽ ⛱ ⛲ 🅰 ⅌ rest, 🍴 **P** *VISA* **QO** **AE** **①**
2 km au Nord par rte secondaire – ℰ 02 47 65 80 80 – info@chateau-de-brou.fr
– Fax 02 47 65 82 92 – Fermé 14-25 déc., 4 janv.-5 fév., dim. et lundi d'oct. à mars
10 ch – ⊠ ♦115/170 € ♦♦115/170 €, ⊊ 15 € – 2 suites – ½ P 123/235 €
Rest – Menu 35/65 € – Carte 46/70 €

♦ Beau château du 15ᵉ s. isolé dans un vaste parc. Remarquable décor historique au service d'un très grand confort. Ravissant pigeonnier aménagé en suite. Chapelle du 19ᵉ s. Élégante petite salle à manger agrémentée d'une jolie cheminée ; carte traditionnelle.

🖸 Paris 872 – Cannes 59 – Draguignan 34 – Fréjus 20 – Toulon 72

🖪 Office de tourisme, 1, promenade Simon-Loriere ℰ 04 94 55 75 55,
Fax 04 94 55 75 56

🖪 de Sainte-Maxime Route du Débarquement, N : 2 km, ℰ 04 94 55 02 02 ;

🖪 de Beauvallon Boulevard des Collines, par rte de Toulon : 4 km, ℰ 04 94 96 16 98.

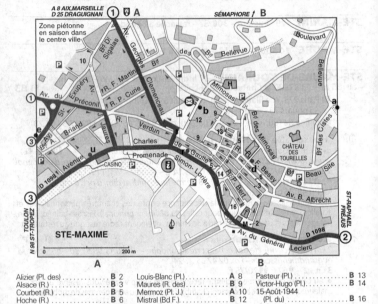

A		B	
Alizier (Pl. des)	**B** 2	Louis-Blanc (Pl.)	**A** 8
Alsace (R.)	**B** 3	Maures (R. des)	**B** 9
Courbet (R.)	**B** 5	Mermoz (Pl. J.)	**A** 10
Hoche (R.)	**B** 6	Mistral (Bd F.)	**B** 12

Pasteur (Pl.)	**B** 13
Victor-Hugo (Pl.)	**B** 14
15-Août-1944 (Pl. du)	**B** 16

🏠🏠🏠 **Le Beauvallon** ⅏ ≤ golfe de St-Tropez, ... 🕭 🕭 🚗 ⴵ 🖫 🖭 🎏 rest,
5 km par ③ *rte de St-Tropez* – ℰ 04 94 55 78 88 📞 🕭 🅿 🎟 ⓪ 🆎 ⑩
– reservation @ lebeauvallon.com – Fax 04 94 55 78 78 – Ouvert 18 avril-12 oct.
65 ch – †210/900 € ††210/900 €, ⴲ 27 € – 5 suites
Rest *Les Colonnades – (fermé lundi soir) (dîner seult)* Menu 80/95 €– Carte 74/115 €
Rest *Beauvallon Beach* – *(déj. seult sauf juil.-août)* Carte 56/87 €
◆ Luxueux hôtel de 1913 paressant au milieu d'un parc de 4 ha (pins parasols et palmiers)
face au rivage. Chambres élégantes et spacieuses. Salle de style Art déco, belle terrasse et
cuisine du moment aux Colonnades. Jolie vue littorale au Beauvallon Beach.

🏠🏠 **Hostellerie la Belle Aurore** ≤ golfe de St-Tropez, 🕭 🕭 ⴵ 🖭
5 bd Jean Moulin, par ③ – ℰ 04 94 96 02 45 🅿 🎟 ⓪ 🆎 ⑩
– info @ belleaurore.com – Fax 04 94 96 63 87 – Ouvert début avril à mi-oct.
16 ch – †145/325 € ††145/325 €, ⴲ 19 € – 1 suite – ½ P 131/221 €
Rest – *(fermé merc. sauf juil.-août)* Menu 39/85 € – Carte 80/95 €
◆ "Les pieds dans l'eau", construction en pierre à allure de bastide provençale, disposant
de chambres joliment rénovées, avec terrasse ou balcon. La salle à manger, construite en
rotonde au-dessus des flots, offre une vue imprenable sur le golfe de St-Tropez.

🏠🏠 **Villa les Rosiers** sans rest ≤ 🕭 ⴵ 🕭 🖭 🎏 📞 🅿 🎟 ⓪ 🆎
4 chemin de Guerrevieille Beauvallon-Grimaud, 5 km par ③ – ℰ 04 94 55 55 20 – info @
villa-les-rosiers.com – Fax 04 94 55 55 33 – Ouvert 16 mars-31 oct. et 23 déc.-9 janv.
12 ch – †140/440 € ††140/440 €, ⴲ 22 €
◆ Tableaux et sculptures contemporains personnalisent cette villa récente, ouverte sur la
mer. Chambres décorées avec élégance et sobriété ; certaines ont une terrasse.

Les Santolines sans rest 🚗 🌊 🅰🅲 📞 🅿 VISA ⁜ 🆎
la Croisette par ③ – ℰ *04 94 96 31 34 – hotel.les.santolines@wanadoo.fr*
– Fax 04 94 49 22 12
14 ch – †55/145 € ††75/330 €, ☐ 11 €

♦ Des effluves de santolines parfument ce sympathique hôtel entouré d'un jardin fleuri, face à la grande bleue. Ses coquettes chambres de style actuel sont bien insonorisées.

Montfleuri 🚗 🏠 🌊 🅴 🅰🅲 ch, 🡤 📞 🆑 🅿 VISA ⁜ 🆎
3 av. Montfleuri, par ② – ℰ *04 94 55 75 10 – hotelmontfleuri@wanadoo.fr*
– Fax 04 94 49 25 07 – Fermé 10 nov.-23 déc. et 2 janv.-1ᵉʳ mars
30 ch – †45/85 € ††45/195 €, ☐ 10 € – **Rest** – *(dîner seult)* Menu 28 € – Carte 27/50 €

♦ En secteur résidentiel, chambres avec terrasse-balcon à choisir côté mer, où toutes ont reçu un coup de neuf. Celles côté colline ont aussi rajeuni. Beau jardin méditerranéen. Repas traditionnel servi dans une salle au cadre actuel rafraîchi ou en plein air.

Le Mas des Oliviers sans rest ⌖ ⌖ 🚗 🌊 ⁑ 🅴 🅰🅲 📞
quartier de la Croisette, 1 km par ③ – 🅿 VISA ⁜ 🆎 ①
ℰ *04 94 96 13 31 – masdesoliviers@9business.fr – Fax 04 94 49 01 46*
– Fermé déc.-janv.
20 ch – †57/155 € ††57/155 €, ☐ 12 €

♦ À flanc de colline, dans une voie sans issue, ensemble récent aux couleurs méditerra-néennes. Chambres spacieuses, dotées de loggias tournées vers le golfe ou le jardin.

Le Petit Prince sans rest 🔲 🅴 🅰🅲 📞 🅿 VISA ⁜ 🆎 ①
11 av. St-Exupéry – ℰ *04 94 96 44 47 – lepetit.prince@wanadoo.fr*
– Fax 04 94 49 03 38 A e
31 ch – †55/75 € ††75/110 €, ☐ 10 €

♦ Chambres actuelles et bien insonorisées, parfois pourvues de balcons, sur une avenue passante proche des plages. Solariums et terrasse pour les petits-déjeuners.

Croisette sans rest ⌖ 🚗 🌊 🔲 🅴 📞 VISA ⁜ 🆎
2 bd Romarins, par ③ – ℰ *04 94 96 17 75 – hotel.la.croisette@wanadoo.fr*
– Fax 04 94 96 52 40 – Ouvert de mi-mars à mi-oct.
18 ch – †65/170 € ††65/170 €, ☐ 11 €

♦ Lauriers roses, palmiers et figuiers agrémentent le plaisant jardin entourant cette villa d'un quartier pavillonnaire. Certaines chambres offrent la vue sur le large.

Hôtellerie de la Poste sans rest 🌊 🔲 🅴 🅰🅲 🅶 VISA ⁜ 🆎 ①
11 bd F. Mistral – ℰ *04 94 96 18 33 – laposte@hotelleriedusoleil.com*
– Fax 04 94 55 58 63 – Fermé 6-26 déc. B b
28 ch ☐ – †70/130 € ††70/220 €

♦ Devant la poste, construction de 1932 disposant d'un vaste espace d'accueil avec salon, bar et salle des petits-déjeuners. Chambres rajeunies, plus calmes côté piscine.

La Gruppi VISA ⁜ 🆎
av. Ch. de Gaulle – ℰ *04 94 96 03 61 – lagruppi@lagruppi.com*
– Fax 04 94 49 16 86 – Fermé 15-27 déc., lundi midi et merc. midi B r
Rest – Menu 24/32 € – Carte 43/61 €

♦ Attablez-vous sur la terrasse couverte ou dans la pimpante salle à manger de l'étage pour y déguster des spécialités de la mer à la mode provençale.

Le Dauphin 🅰🅲 VISA ⁜ 🆎 ①
16 av. Ch. de Gaulle – ℰ *04 94 96 31 56 – Fax 04 94 96 81 31*
– Fermé 26 nov.-8 janv., mardi soir du 10 janv. au 24 mars et merc. A u
Rest – Menu 19 € (déj. en sem.), 30/39 € – Carte 39/64 €

♦ Un jeune couple a repris les rênes de ce petit restaurant situé face à la plage, derrière le casino. Décor simple et frais, tables bien alignées, cuisine traditionnelle.

au Nord-Est par av. Clemenceau et rte du Débarquement – ✉ 83120 Ste-Maxime

Jas Neuf sans rest 🚗 🌊 🅰🅲 📞 🅶 🅿 VISA ⁜ 🆎
112 av. du Débarquement – ℰ *04 94 55 07 30 – infos@hotel-jasneuf.com*
– Fax 04 94 49 09 71 – Fermé 1ᵉʳ-15 déc. et 3-18 janv.
24 ch – †67/157 € ††67/157 €, ☐ 10 €

♦ Maison de style régional proche de la belle plage de la Nartelle où les troupes alliées débarquèrent en 1944. Chambres coquettes, pour la plupart dotées de terrasses.

STE-MAXIME
à La Nartelle 4 km par ② – ⊠ 83120 Ste-Maxime

🏠 **Hostellerie de la Nartelle** sans rest   🚗 ⅀ AC ℓ P VISA ⊕⊚
48 av. Gén. Touzet du Vigier – ℰ 04 94 96 73 10 – hostel.nartelle@wanadoo.fr
– Fax 04 94 96 64 79 – Ouvert de fin mars à début nov.
18 ch – †65/137 € ††65/137 €, ⊇ 9,50 €
♦ Vous choisirez de préférence les chambres du 1er étage pour profiter au mieux de la vue sur la plage depuis votre grand balcon. Hôtel sobrement décoré.

à Val d'Esquières 6 km au Nord-Ouest par rte des Issambres
– ⊠ 83520 Roquebrune-sur-Argens

🏠 **La Villa**   🚗 AC ℓ P VISA ⊕⊚
122 av. Croiseur Léger Le Malin, (D 559), à la Garonnette – ℰ 04 94 49 40 90
– contact@hotellavilla.fr – Fax 04 94 49 40 85 – Fermé 1er déc.-6 fév.
8 ch – †65/130 € ††65/130 €, ⊇ 7 € – 4 suites – **Rest** – (dîner seult) Menu 19 €
♦ Près des plages, hôtel rénové abritant de petites chambres personnalisées, fraîches et bien tenues ; certaines disposent d'une vue sur mer. Tons chaleureux et fauteuils en rotin composent le plaisant cadre du restaurant. Cuisine provençale mitonnée avec soin.

STE-MÉNÉHOULD ⬡ – 51 Marne – 306 L8 – 4 979 h. – alt. 137 m – ⊠ 51800
▮ Champagne Ardenne   14 **C2**

▶ Paris 221 – Bar-le-Duc 50 – Châlons-en-Champagne 48 – Reims 80
– Verdun 48
🅸 Syndicat d'initiative, 5, place du Général Leclerc ℰ 03 26 60 85 83,
Fax 03 26 60 27 22
◉ ≤★ de la butte appelée "Le château" - Château de Braux-Ste-Cohière★ O :
5,5 km.

🏠 **Le Cheval Rouge**   ℓ ⅄ VISA ⊕⊚ AE ①
1 r. Chanzy – ℰ 03 26 60 81 04 – rouge.cheval@wanadoo.fr – Fax 03 26 60 93 11
– Fermé 22 déc.-11 janv.
24 ch – †45 € ††45 €, ⊇ 7,50 € – ½ P 50 €
Rest – (fermé dim. soir et lundi) Menu 18/60 € – Carte 50/69 €
Rest La Brasserie – Menu 12 € (sem.) – Carte 19/30 €
♦ Ce bâtiment de 1873, proche de l'hôtel de ville, vous assure des nuits tranquilles dans ses chambres impeccablement tenues. Salle de restaurant agrémentée d'une imposante cheminée où l'on sert une cuisine classique. Côté brasserie, décor d'esprit bistrot et petits plats de tradition.

à Futeau 13 km à l'Est par D 603 et D 2 – 154 h. – alt. 190 m – ⊠ 55120

🍴🍴🍴 **L'Orée du Bois** avec ch ॐ   ≤ 🚗 ढ ch, ℓ P VISA ⊕⊚
1 km au Sud – ℰ 03 29 88 28 41 – oreedubois@free.fr – Fax 03 29 88 24 52
– Fermé 24 nov.-24 janv., lundi et mardi sauf le soir de Pâques à fin sept. et dim. soir hors saison
14 ch – †70/80 € ††85/150 €, ⊇ 13 € – ½ P 95/135 € – **Rest** – Menu 26 €
(sem.)/67 € – Carte 52/71 €
♦ En lisière de la forêt d'Argonne, engageante auberge abritant deux salles à manger tournées vers la campagne. Chambres amples et confortables (réservez-en une récente).

STE-MÈRE-ÉGLISE – 50 Manche – 303 E3 – 1 585 h. – alt. 28 m – ⊠ 50480
▮ Normandie Cotentin   32 **A2**

▶ Paris 321 – Bayeux 57 – Cherbourg 39 – St-Lô 42
🅸 Office de tourisme, 6, rue Eisenhower ℰ 02 33 21 00 33, Fax 02 33 21 53 91

au Sud-Ouest 6 km par D 67 et D 70 – ⊠ 50360 Picauville

🏠 **Château de L'Isle Marie** sans rest ॐ   🕊 🛏 ℓ P
– ℰ 02 33 21 37 25 – info@islemarie.com – Fax 02 33 21 42 22 – Ouvert
2 mars-9 nov.
5 ch – †145/155 € ††145/155 €, ⊇ 10 € – 2 suites
♦ Ce somptueux château médiéval qui appartient à la même famille depuis des siècles se dresse au fond d'un immense domaine. Grand confort, romantisme et authenticité : un lieu unique.

STE-NATHALÈNE – 24 Dordogne – 329 I6 – 495 h. – alt. 145 m – ⊠ 24200

D Paris 538 – Bordeaux 205 – Périgueux 74 – Brive-la-Gaillarde 63
– Sarlat-la-Canéda 9
4 **D3**

⌂ **La Roche d'Esteil** ⬙   🛋 🏠 ⛲ ⅏ 🕸 VISA ⓜⓒ
La Croix d'Esteil – ℰ *05 53 29 14 42 – contact @larochedesteil.com – Ouvert
15 mars-15 nov.*
5 ch – †60/98 € ††60/98 €, � 6 € – **Table d'hôte** – Menu 24 € bc
♦ Domaine restauré avec goût et dans le respect de la tradition périgourdine par des
propriétaires passionnés. Chambres soignées et indépendantes, logées dans les ex-granges. Table d'hôte le soir dans un décor plus contemporain et convivial.

STE-PREUVE – 02 Aisne – 306 F5 – 85 h. – alt. 115 m – ⊠ 02350   37 **D2**

D Paris 188 – Saint-Quentin 69 – Laon 29 – Reims 49 – Soissons 62

🏠🏠🏠 **Domaine du Château de Barive** ⬙   🛋 🕭 🏠 🖸 🛠 🕸 🕸 rest,
3,2 km au Sud-Ouest – ℰ *03 23 22 15 15*   🔥 **P** VISA ⓜⓒ ᴀᴇ ①
– contact @lesepicuriens.com – Fax 03 23 22 08 39
18 ch – †120/230 € ††120/230 €, ⊡ 18 € – 4 suites
Rest *Les Epicuriens* – Menu 36/90 € – Carte 63/92 €
♦ Cette superbe bâtisse (19ᵉ s.) et son vaste parc profitent du calme de la campagne
picarde. Chambres cosy, mansardées au 2ᵉ étage. Nouvelles suites et accueil personnalisé.
Salle à manger-véranda rénovée et ouverte sur la verdure. Cuisine actuelle soignée.

SAINTES ⬙ – 17 Charente-Maritime – 324 G5 – 25 595 h. – alt. 15 m – ⊠ 17100
▯ Poitou Vendée Charentes   38 **B3**

D Paris 469 – Bordeaux 117 – Poitiers 138 – Rochefort 42 – Royan 38
🛈 Office de tourisme, 62, cours National ℰ 05 46 74 23 82, Fax 05 46 92 17 01
▦ de Saintonge Fontcouverte, par rte de Niort : 5 km, ℰ 05 46 74 27 61.
◉ Abbaye aux Dames : église abbatiale★ - Vieille ville★ - Arc de Germanicus★
B - Église St-Eutrope : église inférieure★ E - Amphithéâtre gallo-romain★ -
Musée des Beaux-Arts★ : Musée du Présidial M⁵ - Musée Archéologique :
char de parade★.

Plan page suivante

🏠🏠🏠 **Relais du Bois St-Georges** ⬙   ⬖ 🕭 🏠 🖸 ⅃ ch, ⅏ 📞
r. de Royan, (D 137) – ℰ *05 46 93 50 99 – info @*   🔥 **P** 🕭 VISA ⓜⓒ
relaisdubois.com – Fax 05 46 93 34 93   Y **d**
30 ch – †80/85 € ††230/345 €, ⊡ 21 €
Rest – Menu 40/140 € bc – Carte 55/83 € ⅜
Rest *La Table du Bois* – Menu (24 € bc), 29 € bc
♦ Bâti sur le site d'un ancien chai, cet hôtel propose des chambres personnalisées, parfois
très originales : capitaine Némo, Tombouctou, Monte Cristo... Parc avec étang. La salle à
manger rustique ouvre sur la nature. Ambiance cosy et formule bistrot à La Table du Bois.

🏠🏠 **Des Messageries** sans rest ⬙   ⅏ 📞 🕭 VISA ⓜⓒ ᴀᴇ
r. des Messageries – ℰ *05 46 93 64 99 – info @hotel-des-messageries.com*
– Fax 05 46 92 14 34   AZ **r**
34 ch – †57/78 € ††62/130 €, ⊡ 8 €
♦ Près du quartier historique, ex-relais de diligences datant de 1792. Chambres en partie refaites dans un style actuel. Produits du terroir au petit-déjeuner. Accueil charmant.

🏠🏠 **L'Avenue** sans rest   📞 **P** VISA ⓜⓒ
114 av. Gambetta – ℰ *05 46 74 05 91 – contact @hoteldelavenue.com*
🕮 *– Fax 05 46 74 32 16 – Fermé 24 déc.-4 janv.*   BZ **s**
15 ch – †39 € ††57/58 €, ⊡ 7,50 €
♦ Accueil souriant garanti dans cet immeuble des années 1970 bordant un axe passant. Les
chambres, personnalisées et chaleureuses, donnent sur l'arrière et sont calmes.

🕈🕈🕈 **Le Saintonge**   ᴀᴄ **P** VISA ⓜⓒ ᴀᴇ ①
complexe Saintes-Végas, (rte de Royan) – ℰ *05 46 97 00 00 – sasercol @*
wanadoo.fr – Fax 05 46 97 21 46 – Fermé dim. soir et lundi soir   Y **f**
Rest – Menu (20 €), 25/45 € – Carte 58/68 €
♦ Dans le complexe de "Saintes-Vegas" (amphithéâtre, salons et discothèques), lumineuse
salle de restaurant en rotonde au cadre plutôt élégant. Cuisine classique.

1717

SAINTES

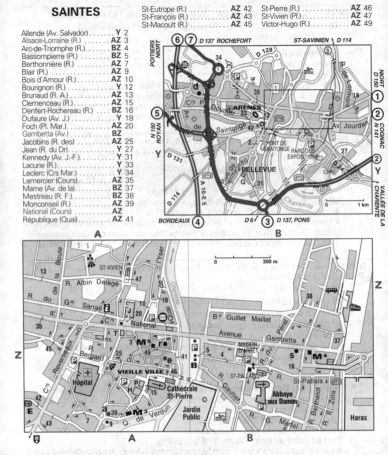

Le Bistrot Galant

VISA *MO* *AE*

28 r. St-Michel – ℰ 05 46 93 08 51 – bistrot.galant @ club-internet.fr
– Fax 05 46 90 95 58 – Fermé 17-23 mars, 6-19 oct., dim. et lundi   AZ **e**
Rest – Menu (13 €), 16/36 € – Carte 35/41 €

♦ Dans une rue calme, derrière une façade vitrée, deux petites salles à manger décorées
dans des tons assez gais, où l'on propose une carte dans l'air du temps.

La Table de Marion

AK *✿* *VISA* *MO*

10 pl. Blair – ℰ 05 46 74 16 38 – latabledemarion @ orange.fr – Fermé 1er-15 janv.,
dim. et lundi   AZ **a**
Rest – (nombre de couverts limité, prévenir) Menu 29 € (déj.)/47 €

♦ Sur une placette bordée par la Charente, restaurant contemporain où l'on prend place
entre des murs en pierres. Petits plats le midi et cuisine créative le soir ; vins bio.

Saveurs de l'Abbaye avec ch

⌂ *↳* *VISA* *MO*

1 pl. St Palais – ℰ 05 46 94 17 91 – info @ saveurs-abbaye.com
– Fax 05 46 94 47 54 – Fermé 22 sept.-5 oct., vacances de fév.   BZ **t**
8 ch – †45 € ††48 €, ☐ 6 € – ½ P 59/80 € – **Rest** – (fermé dim. et lundi)
Menu 21/31 € – Carte 27/37 €

♦ Une engageante maison familiale, à deux pas de l'Abbaye aux Dames. Salle d'esprit bistrot
contemporain et cuisine ad hoc associant produits régionaux, herbes et épices. Chambres
modernes avec une touche de personnalisation ("Couleurs d'Asie", "Côté Mer", etc.).

à St-Sauvant 13 km à l'Est par ② et N 141 – 508 h. – alt. 18 m – ⊠ 17610

🏠 **Design Hôtel des Francs Garçons** 🖫 ⅙ 🗚 ⅍ ⅍ 👓 👓 💵

1 r. des Francs-Garçons – ℰ 05 46 90 33 93 – contact@francsgarcons.com
5 ch – †80/95 € ††80/105 €, ⊆ 10 € – 2 suites – **Rest** – *(dîner seult) (résidents seult)* Menu 23/35 € – Carte 33/43 €
♦ Dans un village médiéval, maison rénovée par des architectes. Sur plusieurs niveaux : décor moderne, vieilles pierres, mobilier design, jeux de lumières. Piscine face à l'église.

à Thénac 10 km au Sud par ③ et D 6 – 1 214 h. – alt. 62 m – ⊠ 17460

✗✗ **L'Atelier Gourmand de Jean-Yves** 🖫 ⅍ 🅿 💵 👓

41 r. de la République – ℰ 05 46 97 84 26 – agjy@orange.fr – Fermé dim. soir et lundi
Rest – Menu (20 € bc), 24 € (déj. en sem.), 27/55 € – Carte 39/48 €
♦ Installé dans les anciennes écuries d'un chai, ce restaurant affiche une belle convivialité. Cuisines ouvertes sur la salle joliment rustique ; terrasse face au parc.

STE-SABINE – 21 Côte-d'Or – 320 H6 – **rattaché à Pouilly-en-Auxois**

STE-SABINE – 24 Dordogne – 329 F7 – 375 h. – alt. 133 m – ⊠ 24440   4 **C2**

▶ Paris 565 – Bordeaux 130 – Périgueux 79 – Bergerac 32
    – Villeneuve-sur-Lot 38

⌂ **La Gentilhommière** ⅍ 🖫 🖫 ⅍ ⅍ 🅿

– ℰ 05 53 74 08 79 – anvi.lucas@wanadoo.fr
4 ch ⊆ – †80/95 € ††80/95 € – **Table d'hôte** – Menu 30 €
♦ Cette vieille maison périgourdine très conviviale a pour cadre un grand jardin aux arbres majestueux. Chambres personnalisées par thèmes (romantique, oriental, montagnard...).

STE-SAVINE – 10 Aube – 313 E4 – **rattaché à Troyes**

STES-MARIES-DE-LA-MER – 13 Bouches-du-Rhône – 340 B5 – 2 478 h.
– alt. 1 m ▮ Provence   40 **A3**

▶ Paris 778 – Marseille 129 – Nîmes 67 – Arles 39 – Istres 84
🛈 Office de tourisme, 5, avenue Van Gogh ℰ 04 90 97 82 55,
    Fax 04 90 97 71 15

Plan page suivante

🏠 **Le Galoubet** sans rest 🖫 🗚 ⅍ 🅿 💵 👓 💵

rte de Cacharel – ℰ 04 90 97 82 17 – info@hotelgaloubet.com
– Fax 04 90 97 71 20 – Fermé 7-26 déc. et 4 janv.-13 fév.   B **s**
20 ch – †50/55 € ††65/72 €, ⊆ 6 €
♦ Ce sympathique hôtel familial abrite des chambres rustico-provençales ; au 1ᵉʳ étage, quatre ont un balcon avec vue dégagée sur la Réserve des Impériaux. Tenue méticuleuse.

🏠 **Pont Blanc** sans rest ⅍ 🖫 ⅚ 🅿 💵 👓

chemin du Pont Blanc, par rte d'Arles – ℰ 04 90 97 89 11 – hotel.du.pont.blanc@wanadoo.fr – Fax 04 90 97 87 00 – Fermé 25 nov.-27 déc.   A **z**
15 ch – †48/58 € ††48/66 €, ⊆ 6 €
♦ Les chambres de ce petit mas blanc et fleuri encadrent une piscine et disposent d'une terrasse donnant sur la nature. Belle cabane de gardian au fond du jardin (deux duplex).

🏠 **Le Mas des Salicornes** 🖫 🖫 🗚 🅿 💵 👓

rte d'Arles – ℰ 04 90 97 83 41 – info@hotel-salicornes.com – Fax 04 90 97 85 70
– Fermé janv.-fév.   A **y**
22 ch – †61/71 € ††69/79 €, ⊆ 8 € – ½ P 54/95 € – **Rest** – *(fermé 15 nov.-31 mars) (dîner seult)* Menu 25 €
♦ Constructions de plain-pied respectant le style local. Certaines chambres sont rénovées, six occupent une aile récente et toutes bénéficient de terrasses privatives. Restaurant au cadre rustico-provençal proposant un menu du jour d'inspiration régionale.

STES-MARIES -DE-
LA-MER

Aubanel (R. Théodore) . . . . . . **A** 2
Bizet (R. Georges) . . . . **A** 6
Carrière (R. Marcel) . . . . **B** 8

🏠 **Le Fangassier** sans rest   ⚓ 📞 **VISA** **MC** **AE**
rte de Cacharel – ℰ 04 90 97 85 02 – fangassier@camargue.fr
– Fax 04 90 97 76 05 – Fermé 15 nov.-21 déc. et 6 janv.-8 fév.   B **e**
23 ch – †40/56 € ††40/56 €, ⌑ 6 €
◆ Maison traditionnelle aux volets bleus et sobre cadre rustique. Au rez-de-chaussée, les
chambres sur l'arrière ont une petite terrasse ; au 2ᵉ étage, elles sont mansardées.

⌂ **Les Arcades** sans rest ⬜ *VISA* **CO**

r. P. Herman – ℰ 04 90 97 73 10 – contact@lesarcades.camargue.fr
– Fax 04 90 97 75 23 – Ouvert 1ᵉʳ mars-11 nov.   B n
17 ch – ♦40/57 € ♦♦43/57 €, ⌷ 6 €
♦ Ce bâtiment récent en angle de rue, tout près du centre-ville, propose des chambres
colorées très bien tenues (souvent refaites). Celles des étages sont plus amples. Prix doux.

rte du Bac du Sauvage 4 km au Nord-Ouest par D 38
– ✉ 13460 Les Stes-Maries-de-la-Mer

🏨🏨🏨 **Le Mas de la Fouque** ⬜ ≼ 🕭 🎍 🏊 🌐 🛁 ✗ ᵭ ch, 🅰 🎍

– ℰ 04 90 97 81 02 – info@masdelafouque.com   **P** *VISA* **CO** **AE** **①**
– Fax 04 90 97 96 84 – Ouvert 26 mars-14 nov.
17 ch – ♦220/340 € ♦♦270/420 €, ⌷ 20 € – 6 suites – **Rest** – Menu 60 € (dîner)
– Carte 49/57 €
♦ Cadre de rêve pour ce mas entouré d'étangs et isolé dans la Camargue. Spacieuses chambres raffinées. Héliport. Spa épuré. Restaurant au décor exotique et chic, ouvert
sur le parc. Plats régionaux à base de produits naturels ou bio. Terrasse sous un gazebo
balinais.

🏨🏨🏨 **L'Estelle** ⬜ ≼ 🎍 🎍 🏊 ✗ ᵭ ch, 🅰 ✗ rest, **P** *VISA* **CO** **AE** **①**

rte Petit-Rhône, (D 38) – ℰ 04 90 97 89 01 – reception@hotelestelle.com
– Fax 04 90 97 80 36 – Ouvert 15 mars-23 nov. et 20 déc.-4 janv.
19 ch ⌷ – ♦175/230 € ♦♦190/390 € – 1 suite – ½ P 135/235 € – **Rest** – (fermé
lundi midi et mardi midi) Menu 40/85 € – Carte 57/98 € ⅜
♦ Ravissant jardin et confortables chambres provençales avec vue sur la piscine à débordement ou les étangs : un hôtel plein de charme, au bord du Petit-Rhône. Cuisine actuelle
servie dans le cadre cossu du restaurant ou sur une charmante terrasse. Espace bistrot.

rte d'Arles Nord-Ouest par D 570 – ✉ 13460 Les Stes-Maries-de-la-Mer

🏨🏨🏨 **Le Pont des Bannes** 🎍 🏊 ✗ ᵭ ch, ✗ 🕭 🎍 **P** *VISA* **CO** **AE** **①**

à 1 km – ℰ 04 90 97 81 09 – contact@pontdesbannes.net – Fax 04 90 97 89 28
– Fermé 13 nov.-4 déc. et 9 fév.-8 mars
27 ch ⌷ – ♦130/166 € ♦♦130/166 € – **Rest** – Menu (32 €) – Carte environ 40 €
♦ Hôtel de caractère dont les chambres, d'esprit rustique ou contemporain, sont logées
dans des cabanes de gardians au milieu des marais. Centre équestre. Tomettes, poutres,
cheminée et baies vitrées ouvertes sur la piscine composent le cadre du restaurant.

Mas Ste-Hélène 🏨 ⬜ ≼ étang, ✗ **P** *VISA* **CO** **AE** **①**

à 800 m. – ℰ 04 90 97 83 29 – Fax 04 90 97 89 28
13 ch ⌷ – ♦130/166 € ♦♦130/166 €
♦ Le Mas Ste-Hélène, situé sur une presqu'île de l'étang des Launes, abrite des chambres
avec terrasse idéale pour observer la faune et la flore. Accueil au Pont des Bannes.

⌂ **Les Rizières** sans rest ⬜ 🏊 🅰 🎍 🕭 **P** *VISA* **CO** **AE**

à 2,5 km – ℰ 04 90 97 91 91 – contact@lesrizieres-camargue.com
– Fax 04 90 97 70 77 – Fermé déc. et janv.
27 ch – ♦66/105 € ♦♦66/105 €, ⌷ 8 €
♦ Les chambres se répartissent autour du patio. L'ensemble, à l'instar du hall et de la salle
des petits-déjeuners, est progressivement rénové. Décoration actuelle ou rustique.

✗✗ **Hostellerie du Pont de Gau** avec ch 🅰 ch, ✗ **P** *VISA* **CO** **AE**
☺
à 5 km – ℰ 04 90 97 81 53 – hotellerie-du-pont-de-gau@wanadoo.fr
– Fax 04 90 97 98 54 – Fermé merc. du 15 nov. à Pâques sauf vacances scolaires
9 ch – ♦53 € ♦♦53 €, ⌷ 8,50 € – ½ P 68 € – **Rest** – Menu 22/55 € – Carte
48/63 €
♦ À côté du Parc ornithologique, salle à manger avec poutres apparentes, cheminée et
trompe-l'œil, et agréable véranda aux tons bleu et blanc. Goûteux plats du terroir.

LES SAISIES – 73 Savoie – 333 M3 – **Sports d'hiver : 1 600/1 870 m 🎿24** –
✉ 73620   45 **D1**

▶ Paris 597 – Albertville 29 – Annecy 61 – Bourg-St-Maurice 53
– Chamonix-Mont-Blanc 55 – Megève 23
🛈 Office de tourisme, avenue des Jeux Olympiques ℰ 04 79 38 90 30,
Fax 04 79 38 96 29

Le Calgary 🏔️ ⟨ 🛏️ 🏠 🖼️ 📶 ♿ ch, ⚙️ rest, 📞 🚗 𝖵𝖨𝖲𝖠 ⓜ⓪ 🅰🅴
– ℰ 04 79 38 98 38 – contact@hotelcalgary.com – Fax 04 79 38 98 00
– Ouvert 21 juin-6 sept. et 13 déc.-26 avril
39 ch – ♦55/95 € ♦♦75/185 €, ⌷ 11 € – 1 suite – ½ P 67/127 € – **Rest** – (fermé le midi sauf en janv., mars et avril) Menu 26 € – Carte 26/47 €
◆ Chalet à la tyrolienne dont le nom rappelle les exploits de F. Piccard, l'enfant du pays, aux JO de 1988. Espace, confort et bois blond dans les chambres, parfois modernisées. Cuisine classique enrichie de spécialités savoyardes, servie dans un cadre sobre.

SALBRIS – 41 Loir-et-Cher – 318 J7 – 6 029 h. – alt. 104 m – ⌷ 41300
Châteaux de la Loire
12 **C2**

▶ Paris 187 – Blois 65 – Bourges 62 – Montargis 102 – Orléans 64 – Vierzon 24

🅱 Office de tourisme, 1, rue du Général Girault ℰ 02 54 97 22 27,
Fax 02 54 97 22 27

🔲 de Nançay à Nançay Domaine de Samord, SE : 15 km, ℰ 02 48 51 86 55.

Domaine de Valaudran 🏔️ 🎋 🎍 🏖️ ♿ ch, 🛏️ 🅿 𝖵𝖨𝖲𝖠 ⓜ⓪ 🅰🅴
Sud-Ouest : 1,5 km par rte Romorantin – ℰ 02 54 97 20 00 – info@
hotelvalaudran.com – Fax 02 54 97 12 22 – Fermé 20 déc.-7 janv., mi-janv. à
mi mars et dim. de sept. à mai
32 ch – ♦69/106 € ♦♦92/106 €, ⌷ 12 € – ½ P 50/80 € – **Rest** – (fermé lundi midi et dim. de sept. à mai et sam. midi) Menu (27 €), 32 € (sem.)/55 €
◆ Laissez-vous charmer par cette gentilhommière du 19e s., son vaste parc et sa piscine, propices au farniente. Chambres fraîches et actuelles (certaines mansardées). Au restaurant, les spécialités portent les couleurs de la Sologne et honorent les produits du potager.

Le Parc 🏔️ 🎋 🛏️ 🅿 🚗 𝖵𝖨𝖲𝖠 ⓜ⓪
8 av. d'Orléans – ℰ 02 54 97 18 53 – reservation@leparcsalbris.com
– Fax 02 54 97 24 34 – Fermé 19 déc.-4 janv.
23 ch – ♦44/71 € ♦♦55/97 €, ⌷ 9,50 € – ½ P 55/72 € – **Rest** – (fermé dim. soir, mardi midi et lundi de déc. à mars) (prévenir) Menu 24/50 € – Carte 29/54 €
◆ Grande demeure bourgeoise entourée d'un jardin arboré. La décoration des chambres reste sobre et profite de fréquentes rénovations. Salons agréables. Le chef mitonne une cuisine maison fleurant bon la tradition et potagère en saison. Cadre rustique ; terrasse.

SALERS – 15 Cantal – 330 C4 – 401 h. – alt. 950 m – ⌷ 15140
Auvergne
5 **B3**

▶ Paris 509 – Aurillac 43 – Brive-la-Gaillarde 100 – Mauriac 20 – Murat 43

🅱 Office de tourisme, place Tyssandier d'Escous ℰ 04 71 40 70 68,
Fax 04 71 40 70 94

🔲 Grande-Place★★ - Église★ - Esplanade de Barrouze ⟨★.

Le Bailliage 🎋 🎍 🏖️ 🌿 📞 🅿 🚗 𝖵𝖨𝖲𝖠 ⓜ⓪ 🅰🅴
r. Notre-Dame – ℰ 04 71 40 71 95 – info@salers-hotel-bailliage.com
– Fax 04 71 40 74 90 – Fermé 15 nov.-6 fév.
24 ch – ♦60/95 € ♦♦60/95 €, ⌷ 10 € – 3 suites – ½ P 61/110 € – **Rest** – (fermé lundi midi d'oct. à avril) Menu 15/45 €
◆ Cette demeure régionale propose de grandes chambres personnalisées et rénovées avec goût ; elles ont vue sur le jardin ou la campagne. Chaleureuse salle de restaurant et jolie terrasse pour venir déguster une appétissante cuisine auvergnate.

Demeure de Jarriges 🏠 🏔️ 🎋 ⚙️ 🅿 𝖵𝖨𝖲𝖠 ⓜ⓪ 🅰🅴 ⓞ
à 300 m – Fermé 30 nov.-13 fév.
5 ch – ♦78/100 € ♦♦78/100 €, ⌷ 10 €
◆ Chambres cosy, où règne une atmosphère de maison de famille et jardin verdoyant, idéal pour le farniente.

Le Gerfaut sans rest 🏔️ ⟨ 🎋 🎍 🖼️ ♿ 🛏️ 🅿 𝖵𝖨𝖲𝖠 ⓜ⓪ 🅰🅴 ⓞ
rte de Puy Mary, 1 km au Nord-Est par D 680 – ℰ 04 71 40 75 75 – info@
salers-hotel-gerfaut.com – Fax 04 71 40 73 45 – Ouvert de mars à oct.
25 ch – ♦48/77 € ♦♦48/77 €, ⌷ 8,50 €
◆ Sur les hauteurs du bourg, hôtel moderne et fonctionnel où vous dormirez paisiblement. Les chambres, refaites et dotées de balcons ou de terrasses, donnent sur la vallée.

⌂ **Saluces** sans rest ⌖ 　　　　　　　　　*VISA* **MC**
r. Martille – ☏ 04 71 40 70 82 – contact@hotel-salers.fr – Fax 04 71 40 71 70
– Fermé 11 nov.-11 déc.
8 ch – †50/60 € ††50/90 €, � 9 €
♦ Chambres simples et raffinées, mobilier chiné, petit-déjeuner sous le marronnier ou face
au beau cantou du salon, etc. : le tout dans l'ex-propriété du marquis de Lur Saluces.

à Fontanges 5 km au Sud par D 35 – 241 h. – alt. 692 m – ⊠ 15140

⌂ **Auberge de l'Aspre** ⌖ 　　　　⪕ 🕾 🏠 🍴 **P** *VISA* **MC** **AE** ①
– ☏ 04 71 40 75 76 – auberge-aspre@wanadoo.fr – Fax 04 71 40 75 27 – Fermé
15 nov.-15 mars, dim. soir, merc. soir, lundi d'oct. à mai et lundi midi, vend. midi
de juin à sept.
8 ch – †54 € ††54 €, �⚬ 9 € – ½ P 58 € – **Rest** – Menu 18/26 € – Carte 25/45 €
♦ En pleine nature, ancienne ferme dont les chambres, actuelles et colorées, possèdent
d'originales salles de bains en mezzanine. Carte régionale servie dans une salle à manger
rustique complétée d'une véranda ouverte sur le jardin et d'une terrasse abritée.

au Theil 6 km au Sud-Ouest par D 35 et D 37 – ⊠ 15140 St-Martin-Valmeroux

⌂⌂ **Hostellerie de la Maronne** ⌖　⪕ 🕾 🍴 🍽 🛗 **K** rest, 🍽 rest,
– ☏ 04 71 69 20 33 – maronne@maronne.com 　　　　　**P** *VISA* **MC** **AE** ①
– Fax 04 71 69 28 22 – Ouvert 12 avril-12 nov.
17 ch – †100/150 € ††100/160 €, �⚬ 12 € – 4 suites – **Rest** – (dîner seult)
Menu 30/45 €
♦ En pleine campagne, ensemble de caractère (19e s.) posé dans son écrin végétal.
Chambres et communs rajeunis, piscine-belvédère, tennis et jardin soigné. Table élégante,
avec la nature cantalienne en toile de fond. Cuisine actuelle faite par le fils du patron.

SALIES-DE-BÉARN – 64 Pyrénées-Atlantiques – 342 G4 – 4 759 h. – alt. 50 m
– Stat. therm. : début mars-mi déc. – Casino – ⊠ 64270 ▌Aquitaine　　3 **B3**
　▶ Paris 762 – Bayonne 60 – Dax 36 – Orthez 17 – Pau 64 – Peyrehorade 26
　🛈 Office de tourisme, rue des Bains ☏ 05 59 38 00 33, Fax 05 59 38 02 95
　◙ Sauveterre-de-Béarn : site★, ⪕★★ du vieux pont, S : 10 km.

⌃ **Maison Léchémia** ⌖ 　　　　　　　🕾 ⇼ 🍽 **P**
quartier du Bois, 3 km au Nord-Ouest par rte de Caresse et rte secondaire –
☏ 05 59 38 08 55 – Fax 05 59 38 08 55
3 ch �⚬ – †40 € ††53/55 € – **Table d'hôte** – Menu 23 € bc
♦ Cette ferme isolée dans la campagne conjugue accueil chaleureux et confort. Petites
chambres décorées avec goût ; celle qui possède une mezzanine est idéale pour les
familles. Au menu, produits du jardin servis sur la terrasse ou devant la cheminée.

⌃ **La Demeure de la Presqu'île** 　　　　🕾 🏠 🍽 rest, ⌂
22 av. des Docteurs-Foix – ☏ 05 59 38 06 22 – info@demeurepresquile.com
– Fax 05 59 38 06 22
5 ch �⚬ – †60 € ††70 € – ½ P 95 € – **Table d'hôte** – Menu 28 €
♦ Cette belle demeure entourée d'un parc, près du centre-ville, dispose de chambres
spacieuses, garnies de meubles anciens, et de suites familiales. À la table d'hôte, repas
concoctés par un ancien pâtissier et servis, si le temps le permet, sous un magnifique
magnolia.

à Castagnède 8 km au Sud-Ouest par D 17, D 27 et D 384 – 211 h. – alt. 38 m – ⊠ 64270

🍴 **La Belle Auberge** avec ch 　　　　　🕾 🏠 🍴 **P** *VISA* **MC**
– ☏ 05 59 38 15 28 – Fax 05 59 65 03 57 – Fermé 1er-15 juin et de mi-déc. à fin janv.
14 ch – †41/45 € ††45/48 €, ⊚ 7 € – ½ P 44 €
Rest – (fermé dim. soir et lundi soir sauf juil.-août) Menu 12/22 € – Carte 18/32 €
♦ Ce paisible hameau du Béarn abrite une sympathique auberge au cadre campagnard où
l'on sert une copieuse cuisine du terroir. Chambres sobres. Belle piscine et jardin fleuri.

SALIES-DU-SALAT – 31 Haute-Garonne – 343 D6 – 1 943 h. – alt. 300 m – Stat.
therm. : début avril-fin oct. – Casino – ⊠ 31260 ▌Midi-Pyrénées　　28 **B3**
　▶ Paris 751 – Bagnères-de-Luchon 73 – St-Gaudens 27 – Toulouse 79
　🛈 Office de tourisme, boulevard Jean Jaurès ☏ 05 61 90 53 93,
　Fax 05 61 90 49 39

Du Parc sans rest ☒ 🗄 ⭑ 🕭 **P** _VISA_ **⦿** **AE**
6 r. d'Austerlitz – ℰ 05 61 90 51 99 – philippe.robic1 @ orange.fr
– Fax 05 61 90 43 07
22 ch – ♦41 € ♦♦48 €, ⌑ 6,50 €
♦ Dans le parc du casino, construction bien entretenue datant des années 1920. Chambres pratiques et insonorisées. Formule buffet au petit-déjeuner, service en terrasse l'été.

SALIGNAC-EYVIGUES – 24 Dordogne – 329 I6 – 1 008 h. – alt. 297 m –
☒ 24590 ▯ Périgord   4 **D1**

▱ Paris 509 – Brive-la-Gaillarde 34 – Cahors 84 – Périgueux 70
– Sarlat-la-Canéda 18
▮ Syndicat d'initiative, place du 19 Mars 1962 ℰ 05 53 28 81 93,
Fax 05 53 28 85 26

au Nord-Ouest 3 km par D 62ᴮ et rte secondaire – ☒ 24590 Salignac-Eyvigues

✕✕ **La Meynardie**   🚿 🏠 **P** _VISA_ **⦿**
⊜   – ℰ 05 53 28 85 98 – lameynardie24 @ wanadoo.fr – Fax 05 53 28 82 79
⊛   – Ouvert avril-oct. et fermé mardi hors saison et merc.
Rest – Menu 13 € (déj. en sem.), 22/42 € – Carte 34/59 €
♦ Poutres, pierres, sol en galets et cheminée datée de 1603 composent le cadre rustique d'origine de cette ferme périgourdine isolée dans la campagne. Terrasse sous la treille.

SALINS-LES-BAINS – 39 Jura – 321 F5 – 3 333 h. – alt. 340 m – Stat. therm. : fin
fév.-début déc. – Casino – ☒ 39110 ▯ Franche-Comté Jura   16 **B2**

▱ Paris 419 – Besançon 41 – Dole 43 – Lons-le-Saunier 52 – Poligny 24
– Pontarlier 46
▮ Office de tourisme, place des Salines ℰ 03 84 73 01 34, Fax 03 84 37 92 85
◙ Site★ - Fort Belin★.

Grand Hôtel des Bains ☒ 🗄 🔲 ↔ ⭑ 🕭 **P** _VISA_ **⦿**
pl. des Alliés – ℰ 03 84 37 90 50 – hotel.bains @ wanadoo.fr – Fax 03 84 37 96 80
31 ch – ♦63/85 € ♦♦63/85 €, ⌑ 9,50 € – ½ P 57/68 € – **Rest** – Menu (13 €),
20/30 € – Carte 32/44 €
♦ Nouvelle décoration contemporaine pour cet hôtel de 1860 abritant un superbe salon classé. Chambres fonctionnelles, piscine thermale et fitness indépendant. Salle à manger moderne et cuisine à composantes régionales. Espace brasserie pour un repas plus simple.

Charles Sander sans rest 🗄 ⭑ 🕭 📶 _VISA_ **⦿**
26 r. de la République – ℰ 03 84 73 36 40 – residencesander @ wanadoo.fr
– Fax 03 84 73 36 46
14 ch – ♦59/89 € ♦♦59/95 €, ⌑ 8 €
♦ Belle maison ancienne dotée de chambres neuves et chaleureuses (une seule sans cuisinette). Les amateurs de vins régionaux feront une halte à l'épicerie fine du rez-de-chaussée.

rte de Champagnole 5 km au Sud par D 467 – ☒ 39110 Salins-les-Bains

✕✕ **Le Relais de Pont d'Héry**   🚿 🏠 _VISA_ **⦿**
– ℰ 03 84 73 06 54 – claude-troussard @ wanadoo.fr – Fax 03 84 73 19 00 – Fermé
29 oct.-9 nov., 23 fév.-8 mars, mardi de sept. à juin et lundi
Rest – Menu 19 € (déj. en sem.), 35/75 € bc – Carte 35/60 € ⅜
♦ Adresse réputée pour sa cuisine régionale modernisée et sa superbe carte de vins jurassiens et bourguignons, choisis par le fils de la maison, meilleur sommelier régional.

SALLANCHES – 74 Haute-Savoie – 328 M5 – 14 383 h. – alt. 550 m – ☒ 74700
▯ Alpes du Nord   46 **F1**

▱ Paris 585 – Annecy 72 – Bonneville 29 – Chamonix-Mont-Blanc 28
– Megève 14
▮ Office de tourisme, 32, quai de l'Hôtel de Ville ℰ 04 50 58 04 25,
Fax 04 50 58 38 47
◙ ❊★★ sur le Mt-Blanc - Chapelle de Médonnet : ❊★★ - Cascade d'Arpenaz★
N : 5 km.

Hostellerie des Prés du Rosay

285 rte de Rosay – ℰ 04 50 58 06 15 – contact@hotellerie-pres-du-rosay.com – Fax 04 50 58 48 70

15 ch – †66/73 € ††79/86 €, ⊡ 9 € – ½ P 74/77 €

Rest – *(fermé 5-15 mai, 5-30 juil., 1er-7 janv., sam. et dim.)* Menu 16 € (déj.), 25/34 € – Carte 33/41 €

♦ Chalet contemporain situé dans un quartier résidentiel. Les chambres, simples et fonctionnelles (literie récente, système wi-fi), ouvrent sur la campagne alpine. Au restaurant, décor coquet, vue bucolique sur les prés et cuisine traditionnelle.

Auberge de l'Orangerie

carrefour de la Charlotte, 2,5 km par rte Passy (D 13) – ℰ 04 50 58 49 16 – orangerie74@orange.fr – Fax 04 50 58 54 63 – Fermé juin

18 ch – †50/60 € ††56/68 €, ⊡ 9 € – **Rest** – *(fermé juin, janv., dim. soir, mardi midi, merc. midi, jeudi midi et lundi)* Carte 35/54 €

♦ Accueil charmant et chambres douillettes à choisir dans l'unité principale ou à la nouvelle annexe, dont les balcons sont braqués vers le Mont-Blanc. Espace bien-être. À table, convivialité, cuisine traditionnelle et spécialités locales.

Le St-Julien

53 r. Chenal – ℰ 04 50 58 02 24 – Fermé 23 juin-8 juil., 7-20 janv., dim. soir, lundi et merc.

Rest – Menu 22/38 € – Carte 31/38 €

♦ Avenante façade fleurie en été. Salle à manger entièrement lambrissée d'épicéa, où l'on sert une cuisine axée sur les produits de saison assortie de quelques plats régionaux.

Au Fil des Saisons

131 r. Pellissier – ℰ 04 50 90 59 80 – Fax 04 50 90 59 80 – Fermé 29 juin-17 juil., 16-26 nov., dim. soir, mardi soir et merc.

Rest – *(nombre de couverts limité, prévenir)* Menu 21/32 €

♦ Cuisine régionale personnalisée, à la fois simple et goûteuse, coquet décor montagnard et service sans fausse note : on comprend le succès de ce restaurant de poche.

SALLES-LA-SOURCE – 12 Aveyron – 338 H4 – 1 800 h. – alt. 450 m – ⊠ 12330
▮ Midi-Pyrénées   29 **C1**

> **🖪** Paris 670 – Toulouse 160 – Rodez 13 – Villefranche-de-Rouergue 71 – Onet-le-Château 11

Gîtes de Cougousse ⌖

à Cougousse 4 km au Nord Ouest par D 901 – ℰ 05 65 71 85 52 – gites.de.cougousse@wanadoo.fr – Ouvert 1er avril-15 oct.

4 ch ⊡ – †45 € ††52 € – **Table d'hôte** – *(fermé sam. soir en juil.-août et lundi)* Menu 20 € bc

♦ Belle et grande demeure du 15e s. agrémentée par ses jardin, rivière et potager. Chambres calmes et personnalisées, salon rustique aménagé dans l'ancienne cuisine. Table d'hôte.

LES SALLES-SUR-VERDON – 83 Var – 340 M3 – 186 h. – alt. 440 m –
⊠ 83630 **▮ Alpes du Sud**   41 **C2**

> **🖪** Paris 790 – Brignoles 57 – Draguignan 49 – Digne-les-Bains 60 – Manosque 62
>
> **🖪** Office de tourisme, place Font Freye ℰ 04 94 70 21 84, Fax 04 94 84 22 57
>
> **◎** Lac de Ste-Croix★★.

Auberge des Salles sans rest ⌖

18 r. Ste-Catherine – ℰ 04 94 70 20 04 – auberge.des.salles@wanadoo.fr – Fax 04 94 70 21 78 – Ouvert 16 avril-30 sept. et fermé mardi sauf du 15 juin au 15 sept.

30 ch – †55/75 € ††55/75 €, ⊡ 7 €

♦ Les amateurs de sports nautiques apprécient ce paisible hôtel situé sur les rives du lac de Ste-Croix. Mobilier rustique et carrelage dans les chambres. Jardin de repos.

🚗 Paris 720 – Aix-en-Provence 37 – Arles 46 – Avignon 50 – Marseille 54

🛈 Office de tourisme, 56, cours Gimon 𝒞 04 90 56 27 60,
Fax 04 90 56 77 09

🏌 de Miramas à Miramas Mas de Combe, SO : 10 km, 𝒞 04 90 58 56 55 ;

🏌 Pont Royal Country Club à Mallemort Domaine de Pont Royal, NE : 16 km par
D 538 et D 17, 𝒞 04 90 57 40 79.

◉ Musée de l'Empéri★★.

SALON-DE-PROVENCE

Ancienne Halle (Pl.) . . . . **BY** 2
Capucins (Bd des) . . . . **BZ** 3
Carnot (Cours) . . . . **AY** 4
Centuries (Pl. des) . . . . **BY** 6
Clemenceau (Bd Georges) . . **AY** 7
Coren (Bd Léopold) . . . . **AY** 8
Craponne (Allées de) . . . . . . **BZ** 10
Crousillat (Pl.) . . . . **BY** 12
Farreyroux (Pl.) . . . . **BZ**
Ferrage (Pl.) . . . . **BZ** 14
Fileuses de Soie (R. des) . . . **AY** 15
Frères J. et R.-Kennedy
(R. des) . . . . **AY**
Gambetta (Pl.) . . . . **BZ** 18
Gimon (Cours) . . . . **BZ**
Horloge (R. de l') . . . . **BY** 20
Ledru-Rollin (Bd) . . . . **AY** 22
Massenet (R.) . . . . **AY** 23
Médicis (Pl. C. de) . . . . **BZ** 24
Mistral (Bd Frédéric) . . . . **BY** 26
Moulin d'Isnard (R.) . . . . **AY** 27
Nostradamus (Bd) . . . . **AY** 28
Pasquet (Bd) . . . . **BZ** 30
Pelletan (Cours Camille) . . . . **BZ** 32
Raynaud-d'Ursule (R.) . . . . . . **BZ** 34
République (Bd de la) . . . . . . **AY** 33
St-Laurent (Square) . . . . **BY** 35
Victor-Hugo (Cours) . . . . **BY** 38

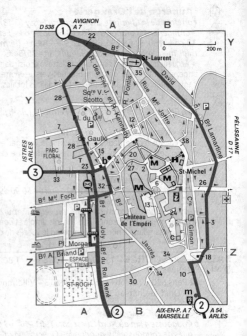

🏠 **Angleterre** sans rest   🅰🅲 📞 VISA 🆖 AE

98 cours Carnot – 𝒞 04 90 56 01 10 – hoteldangleterre@wanadoo.fr
– Fax 04 90 56 71 75 – Fermé 20 déc.-6 janv.   AY **b**
26 ch – ♦44/48 € ♦♦48/56 €, ⊇ 6,50 €
♦ La proximité des musées fait de cet hôtel une étape bien pratique. Chambres rafraîchies
(certaines sont climatisées), salle des petits-déjeuners sous coupole vitrée.

XXX **Le Mas du Soleil** avec ch ♨   🚗 🍴 ⌵ ⅗ ch, 🅰🅲 ↯ 📞

38 chemin St-Côme, (Est par D 17 - BY) –   🅿 VISA 🆖 AE ①
𝒞 04 90 56 06 53 – mas.du.soleil.@wanadoo.fr – Fax 04 90 56 21 52
10 ch – ♦110/120 € ♦♦140/285 €, ⊇ 13 € – ½ P 105/195 € – **Rest** – *(fermé dim.*
soir et lundi sauf fériés) Menu 43/87 € – Carte 55/90 €
♦ Villa méridionale où l'on goûte des plats aux saveurs du Sud dans un cadre moderne
et lumineux, face au jardin. Certaines des confortables chambres regardent aussi la verdure.

XX **Le Craponne**   🍴 VISA 🆖

146 allées Craponne – 𝒞 04 90 53 23 92 – Fax 04 90 53 23 86
– Fermé 12 août-3 sept., 23 déc.-3 janv., dim. soir, merc. soir et lundi   BZ **m**
Rest – Menu 24 € (sem.)/37 € – Carte 32/56 €
♦ L'enseigne évoque le bienfaiteur de la Crau. Boiseries sombres, murs jaune citron et
mobilier campagnard. À la belle saison, repas dans une courette fleurie. Accueil familial.

au Nord-Est 5 km par D 17 BY puis D 16 – ⊠ **13300 Salon-de-Provence**

🏨 **Abbaye de Sainte-Croix** ⌖ ⟨ ⌷ ☞ ⥱ & ch, ⏁ ch, ⇆ ⚲
 – 𝓒 04 90 56 24 55 – saintecroix@ [P] [VISA] [OO] [AE] [O]
 relaischateaux.com – Fax 04 90 56 31 12
 – Fermé de mi-déc. à mi-janv., mi-fév. à mi-mars et du dim. au vend. de nov. à mars
 21 ch – †138/262 € ††138/349 €, ⊑ 23 € – 4 suites – ½ P 173/323 €
 Rest – (fermé du lundi au vend. en oct. et avril et ouvert uniquement le sam. soir
 de nov. à mars) Menu 46 € (déj. en sem.), 71/109 € – Carte 74/129 €
 ♦ Au sein d'un parc isolé dans la garrigue, abbaye du 12ᵉ s. dominant Salon. Chambres
 actuelles ou ex-cellules d'esprit rustique. Salle à manger provençale et terrasse panoramique ombragée. Cuisine au goût du jour le soir, choix plus limité à midi.

à la Barben 8 km au Sud-Est par ②, D 572 et D 22ᴱ – 555 h. – alt. 105 m – ⊠ 13330

✗✗ **La Touloubre** avec ch ☞ ⏁ ch, ⇆ ⌂ ⚲ [P] [VISA] [OO] [AE]
 29 chemin Salatier – 𝓒 04 90 55 16 85 – latouloubre@wanadoo.fr
 – Fax 04 90 55 17 99
 12 ch – †55/85 € ††55/115 €, ⊑ 8 € – ½ P 56/71 € – **Rest** – Menu 19 €
 (sem.)/40 € – Carte 33/57 €
 ♦ Les nouveaux propriétaires ont paré la Touloubre des couleurs du Sud : coquet cadre
 provençal, délicieuse terrasse sous les platanes, généreuse cuisine régionale... Une
 réussite ! Chambres joliment refaites et personnalisées.

au Sud 5 km par ②, N 538, N 113 et D 19 (direction Grans)
 – ⊠ 13250 Cornillon-Confoux

🏨 **Devem de Mirapier** sans rest ⌖ ⟨ ⌷ ☞ ⽘ ⏁ ⇆ ⌂
 rte de Grans – 𝓒 04 90 55 99 22 – contact@ [P] [VISA] [OO] [AE] [O]
 mirapier.com – Fax 04 90 55 86 14 – Fermé 15 déc.-15 janv., sam. et dim. du 15 oct.
 au 15 mars
 15 ch – †80/95 € ††100/165 €, ⊑ 10 € – 2 suites
 ♦ Adresse au calme au milieu des pins et de la garrigue. On profite des chambres coquettes
 et rafraîchies. Les "plus" : une agréable terrasse devant la piscine et un salon-billard.

SALT-EN-DONZY – 42 Loire – 327 E5 – **rattaché à Feurs**

SALVAGNAC – 81 Tarn – 338 C7 – 927 h. – alt. 231 m   29 **C2**
 ❶ Paris 657 – Albi 44 – Montauban 33 – Toulouse 49
 🆔 Office de tourisme, les Sourigous 𝓒 05 63 33 57 84, Fax 05 63 33 58 78

🏠 **Le Relais des Deux Vallées** ☞ & ⏁ ⇆ [VISA] [OO] [AE]
⥱ Grand'rue – 𝓒 05 63 33 61 90 – relais-2-vallees@wanadoo.fr – Fax 05 63 33 61 91
 – Fermé 25-31 août, 2-7 janv.
 10 ch – †42 € ††46 €, ⊑ 7 € – ½ P 50 € – **Rest** – (fermé lundi) Menu 11 € bc
 (déj. en sem.), 18/35 € – Carte 21/57 €
 ♦ Petit hôtel familial situé sur la place du village. Chambres mignonnettes, garnies
 de meubles en bois ou en fer forgé ; certaines bénéficient d'une terrasse. La salle à manger
 ouvre ses baies vitrées sur la campagne. Cuisine traditionnelle simple et goûteuse.

SALVAGNY – 74 Haute-Savoie – 328 N4 – **rattaché à Samoëns**

SAMATAN – 32 Gers – 336 H9 – 1 832 h. – alt. 170 m – ⊠ 32130   28 **B2**
 ❶ Paris 703 – Auch 37 – Gimont 18 – L'Isle-Jourdain 21 – Rieumes 206
 🆔 Office de tourisme, 3, rue du chamoine Dieuzaide 𝓒 05 62 62 55 40,
 Fax 05 62 62 50 26
 🆔 du Château de Barbet à Lombez Route de Boulogne, SO : 5 km,
 𝓒 05 62 62 08 54.

⌂ **Les Logis du Canard** sans rest ⏁ ⇆ ⌂ [VISA] [OO] [AE]
 La Rente, D 632 – 𝓒 05 62 62 49 81 – contact@aucanardgourmand.com
 5 ch ⊑ – †65/85 € ††75/95 €
 ♦ Profusion de couleurs, bibelots et tableaux, mélange de l'ancien et du moderne... Qu'elles
 soient contemporaines ou de style ethnique, les chambres sont toutes raffinées et cosy.
 Accueil charmant.

✗ **Au Canard Gourmand**　　　　　　　　🕽 ⌖ P VISA ⅏ AE
😊 *La Rente, sur D 632* – ℰ 05 62 62 49 81 – *contact @ aucanardgourmand.com*
– *Fermé lundi soir et mardi*
Rest – *(nombre de couverts limité, prévenir)* Menu 12 € bc (déj. en sem.), 24/35 €
bc – Carte 33/43 €
♦ Appétissante enseigne et bibelots à la gloire du canard : ce restaurant original, décoré
façon jardin d'hiver, rend hommage à la gent palmée. Cuisine actuelle.

LE SAMBUC – 13 Bouches-du-Rhône – 340 D4 – ✉ 13200　　　　　　40 **A3**
▶ Paris 742 – Arles 25 – Marseille 117 – Stes-Marie-de-la-Mer 50
– Salon-de-Provence 68

🏠 **Le Mas de Peint** ⌖　　　　🕽 ⌖ 🛆 ⓜ ↲ ↳ P VISA ⅏ AE ⓪
2,5 km par rte Salins – ℰ 04 90 97 20 62 – *hotel @ masdepeint.net*
– *Fax 04 90 97 22 20* – *Ouvert 15 mars-12 nov. et 19 déc.-10 janv.*
11 ch – ♦205 € ♦♦205/395 €, ⌑ 22 €
Rest – *(fermé mardi midi, jeudi midi et merc.) (nombre de couverts limité, prévenir)*
Menu 57 € (dîner) – Carte 37/66 €
♦ Dans un vaste domaine, ce superbe mas du 17ᵉ s. cultive avec passion les traditions
camarguaises. Chambres douillettes ; jardin avec piscine ; centre équestre, arènes
privées. Cuisine "rétro-chic" où le chef réalise sous vos yeux d'appétissants petits plats du
terroir.

SAMER – 62 Pas-de-Calais – 301 D4 – 3 377 h. – alt. 70 m – ✉ 62830　　　30 **A2**
▶ Paris 244 – Lille 132 – Arras 112 – Calais 50 – Boulogne-sur-Mer 17
🛈 Office de tourisme, rue de Desvres ℰ 03 21 87 10 42

✗✗ **Le Clos des Trois Tonneaux**　　　　　　　⇔ VISA ⅏ AE
73 r. de Montreuil – ℰ 03 21 92 33 33 – *Fax 03 21 30 50 94* – *Fermé 4-26 janv., dim.
soir et lundi*
Rest – Menu 22 € (déj. en sem.), 29/55 € – Carte 39/64 €
♦ L'ancienne distellerie, sur trois niveaux, de n'a rien perdu de son caractère, elle
s'est juste modernisée avec succès. Salon feutré dans la cave voûtée. Cuisine actuelle, bons
vins.

SAMOËNS – 74 Haute-Savoie – 328 N4 – 2 323 h. – alt. 710 m – Sports d'hiver :
720/2 480 m ⅙ 8 ⅚ 70 ⅗ – ✉ 74340 📱 Alpes du Nord　　　　　46 **F1**
▶ Paris 581 – Annecy 75 – Chamonix-Mont-Blanc 60 – Genève 53
– Thonon-les-Bains 56
🛈 Office de tourisme, gare routière ℰ 04 50 34 40 28, Fax 04 50 34 95 82
◉ Place du Gros Tilleul★ - Jardin alpin Jaÿsinia★.
◩ La Rosière ≼★★ N : 6 km - Cascade du Rouget★★ S : 10 km - Cirque du Fer à
Cheval★★ E : 13 km.

🏠 **Neige et Roc**　　　≼ 🛆 ⌖ 🛆 🔲 ⅙ ⅍ ⅏ ↲ ⅏ rest, ↳ ⅍ P VISA ⅏ AE
– ℰ 04 50 34 40 72 – *resa @ neigeetroc.com* – *Fax 04 50 34 14 48*
– *Ouvert 8 juin-19 sept. et 21 déc.-11 avril*
50 ch – ♦80/160 € ♦♦80/160 €, ⌑ 12 € – ½ P 72/135 € – **Rest** – Menu 22 € (déj.
en sem.), 35/50 € – Carte 40/50 €
♦ Grand chalet abritant des chambres douillettes dotées de balcons. Un autre bâtiment
héberge de jolis studios avec cuisinette. Piscines d'été et d'hiver ; espace bien-être. Vaste
salle à manger-véranda rustique (poutres, bois blond, pierres). Carte régionale.

🏠 **Les Glaciers**　　　　🛆 ⌖ 🛆 🔲 ⅙ ⅍ ⅏ ↲ ↳ ⅍ P VISA ⅏ AE ⓪
– ℰ 04 50 34 40 06 – *contact @ hotel-les-glaciers.com* – *Fax 04 50 34 16 75*
– *Ouvert 16 juin-8 sept. et 21 déc.-14 avril*
42 ch – ♦70/105 € ♦♦100/130 €, ⌑ 15 € – ½ P 95/120 € – **Rest** – *(dîner seult en
hiver)* Menu 25 €
♦ Imposante bâtisse du centre de la station. Boiseries claires et meubles en pin dans les
chambres ; équipements de loisirs complets. Lac privé à 6 km : pêche et jet-ski. Ample
restaurant à l'ambiance "pension de famille". Cuisine d'inspiration régionale.

⌂ **Edelweiss** ⬧ < montagnes, 🍴 ☎ 🅿 VISA ⓜ AE
La Piaz, 1,5 km au Nord-Ouest par rte de Plampraz – ☎ 04 50 34 41 32
– hotel-edelweiss@wanadoo.fr – Fax 04 50 34 18 75
– Fermé 19 avril-7 mai et 25 oct.-10 nov.
20 ch – ✝58/70 € ✝✝68/80 €, ⊇ 8,50 € – ½ P 56/66 €
Rest – *(fermé 19 avril-31 mai et 21 sept.-21 déc.) (dîner seult)* Menu 20/38 €
– Carte 34/44 €
◆ L'edelweiss figure parmi les 5 000 espèces du jardin alpin créé par Mme Cognacq-Jay
et situé à proximité de ce chalet-hôtel simple et confortable. Vue panoramique sur le village et la vallée. Salle à manger orientée plein Sud et prolongée d'une terrasse. Cuisine
traditionnelle.

⌂ **Gai Soleil** < 🔲 🛁 🛏 🆔 rest, 🖐 ☎ 🅿 VISA ⓜ
– ☎ 04 50 34 40 74 *– hotel.gai-soleil@wanadoo.fr – Fax 04 50 34 10 78*
– Ouvert 2 juin-12 sept. et 21 déc.-18 avril
22 ch – ✝61/85 € ✝✝67/95 €, ⊇ 9,50 € – ½ P 63/81 € – **Rest –** *(dîner seult)*
(résidents seult) Menu 20/27 € – Carte 22/38 €
◆ À l'entrée du village, construction de type chalet abritant des chambres sobres, donnant
sur un grand balcon. Décor savoyard dans certaines d'entre elles. Au restaurant, recettes
régionales.

✗ **Le Monde à L'Envers** 🍴 VISA ⓜ
pl. Criou – ☎ 04 50 34 19 36 *– Fermé 1ᵉʳ juin-2 juil. et 28 oct.-12 déc., merc. midi et
mardi hors saison*
Rest – Menu (17 € bc) – Carte 37/44 €
◆ Clins d'œil au voyage dans le décor – objets du monde entier – et dans la cuisine, séduisante d'originalité (heureux mariages de produits classiques et exotiques) et de finesse.

à Morillon 4,5 km à l'Ouest *– 498 h. – alt. 687 m – Sports d'hiver : 700/2 200 m* 🎿 5
🎿74 🎿 *–* ⊠ 74440
🅸 Office de tourisme, Chef-lieu ☎ 04 50 90 15 76

⌂ **Morillon** < 🚡 🔲 🛁 🛏 ✗ rest, ☎ 🅿 VISA ⓜ
– ☎ 04 50 90 10 32 *– infos@hotellemorillon.com – Fax 04 50 90 70 08*
– Ouvert 2 juin-19 sept. et 16 déc.-14 avril
22 ch – ✝65/130 € ✝✝65/130 €, ⊇ 10 € – ½ P 60/105 € – **Rest –** *(dîner seult)*
Menu 25/35 € – Carte 33/43 €
◆ Boiseries sculptées, meubles régionaux et fauteuils au coin du feu illustrent l'esprit
"montagne" de ce plaisant chalet. Petites chambres souvent pourvues de larges
balcons. Spécialités des alpages à déguster dans une sympathique ambiance et un cadre
ad hoc.

> Hôtels et restaurants bougent chaque année.
> Chaque année, changez de guide Michelin !

SAMOUSSY *– 02 Aisne – 306* E5 *– rattaché à Laon*

SAMPANS *– 39 Jura – 321* C4 *– rattaché à Dole*

SANARY-SUR-MER *– 83 Var – 340* J7 *– 16 995 h. – alt. 1 m –* ⊠ 83110
🔲 Côte d'Azur   40 **B3**
🄳 Paris 824 *–* Aix-en-Provence 75 *–* La Ciotat 23 *–* Marseille 55 *–* Toulon 13
◎ Chapelle N.-D.-de-Pitié < ★.

Plan page suivante

🏨 **Soleil et Jardin Le Parc** sans rest 🔲 🛏 ⅄ 🆔 🖐 ☎ 🅳
445 av. Europe Unie, par ③ *–* ☎ 04 94 25 80 08   🅿 VISA ⓜ AE ①
– hotelsanarysoleiljardin@wanadoo.fr – Fax 04 94 26 63 90
27 ch – ✝130/190 € ✝✝165/230 €, ⊇ 15 €
◆ À deux pas de la plage, cette avenante bâtisse régionale abrite des chambres neuves, bien
équipées et coquettement aménagées. Excellente insonorisation. Accueil tout sourire.

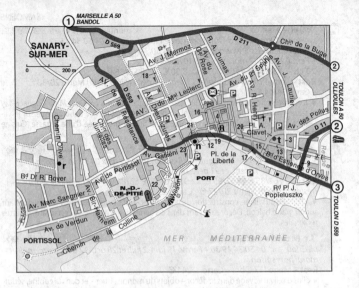

SANARY-SUR-MER

MARSEILLE A 50
BANDOL

Avenir (Bd de l')	3
Blanc (R. Louis)	4
Clemenceau (Av. G.)	7
Esménard (Quai M.)	8
Europe-Unie (Av. de l')	9
Gaulle (Quai Charles-de)	12
Giboin (R.)	13
Granet (R.)	15
Guéirard (R. L.)	16
Jean-Jaurès (Av.)	17
Lyautey (Av. Mar.)	18
Pacha (Pl. Michel)	19
Péri (R. Gabriel)	20
Prudhomie (R. de la)	21
Sœur-Vincent (Montée)	22
Tour (Pl. de la)	23

La Tour
≤ 斎 🔟 🕾 VISA ⑩ ᴁ ①

quai Gén. de Gaulle – 𝒞 *04 94 74 10 10 – la.tour.sanary@wanadoo.fr*
– Fax 04 94 74 69 49   **n**
24 ch – †58/84 € ††65/110 €, ⊇ 8 € – ½ P 70/94 € – **Rest** – *(Fermé*
1er déc.-15 janv., mardi sauf juil.-août et merc.) Menu 33/48 € – Carte 37/59 €
♦ Accolée à une tour de guet datant du 11e s., construction ancienne dont la plupart des
chambres jouissent de la vue sur le port. Salle à manger au cadre classique et terrasse d'où
l'on aperçoit l'arrivée des pêcheurs. Sur la table, fruits de mer et poissons.

Synaya *sans rest* Ⓢ
🗺 🧊 ℘ 🕻 VISA ⑩ ᴁ ①

92 chemin Olive – 𝒞 *04 94 74 10 50 – hotelsynaya@wanadoo.fr*
– Fax 04 94 34 70 30 – Ouvert 21 mars-6 nov.   **r**
11 ch – †65/140 € ††65/140 €, ⊇ 9,50 €
♦ Loin de l'agitation estivale du centre-ville, petit hôtel à l'ambiance familiale, agrémenté
d'un jardin planté de palmiers et citronniers. Chambres simples, entièrement rénovées.

San Lazzaro
斎 ⅁ 🔟 ℘ VISA ⑩ ᴁ

10 pl. Albert Cavet – 𝒞 *04 94 88 41 60 – Fax 04 94 74 07 84 – Fermé le midi*
sauf dim. de sept. à juin et lundi   **t**
Rest – Menu 29/55 € – Carte environ 49 €
♦ Sur une charmante place de village, petit restaurant familial bien sympathique avec son
cadre contemporain d'un rouge éclatant et ses menus fleurant bon l'Italie et la Provence.

SANCERRE – 18 Cher – 323 M3 – **1 799 h.** – alt. 342 m – ⊠ **18300**
📖 Limousin Berry   **12 D2**

▶ Paris 198 – Bourges 46 – La Charité-sur-Loire 30 – Salbris 69 – Vierzon 68
🖸 Office de tourisme, rue de la croix de bois 𝒞 02 48 54 08 21,
  Fax 02 48 78 03 58
🖫 du Sancerrois : 6 km par D 9 et D4, 𝒞 02 48 54 11 22.
◉ Esplanade de la porte César ≤★★ - Carrefour D 923 et D 7 ≤★★ O : 4 km par
  D955.

SANCERRE

🏠 **Panoramic**   ⬅ ⌂ 🏊 📶 AC ↯ 📞 🔧 VISA ⓜ AE

rempart des Augustins – ℰ 02 48 54 22 44 – panoramicotel @ wanadoo.fr
– Fax 02 48 54 39 55
a

57 ch – 🛏54/98 €, 🛏🛏54/98 €, ⊆ 12,50 € – 2 suites – ½ P 75 €

Rest *Les Augustins* – ℰ 02 48 54 01 44 *(fermé 5-20 janv. et lundi midi)*
Menu (18 €), 24/45 € – Carte 26/59 €

♦ Le Panoramic n'a pas volé son nom ! Il offre un superbe point de vue sur le vignoble. Autre atout, sa rénovation complète : confort cosy dans les chambres et salon, boutique de vins. Atmosphère feutrée et teintes douces au restaurant ; bonne cuisine traditionnelle.

✕✕✕ **La Tour**   AC VISA ⓜ AE

Nouvelle Place – ℰ 02 48 54 00 81 – info @ la-tour-sancerre.fr – Fax 02 48 78 01 54
e

Rest – Menu 27 € (sem.)/80 € bc – Carte 49/69 €

♦ Surmonté d'une tour du 14ᵉ s., le restaurant possède deux salles : l'une élégamment rustique, l'autre actuelle (à l'étage) avec vue sur les vignes. Bon choix de sancerres.

✕ **La Pomme d'Or**   VISA ⓜ

🙂   *pl. de la Mairie – ℰ 02 48 54 13 30 – Fax 02 48 54 19 22 – Fermé vacances de la*
Toussaint, dim. soir de nov. à mars, mardi soir et merc. d'avril à oct.
s
Rest – *(nombre de couverts limité, prévenir)* Menu 19 € (sem.)/46 €

♦ Cette table très prisée est située à deux pas de la mairie. Une jolie fresque évoquant les collines du Sancerrois égaie la petite salle. Goûteuse cuisine traditionnelle.

à St-Satur 3 km par ① et D 955 – 1 731 h. – alt. 155 m – ⊠ 18300
🇮 Office de tourisme, 25, rue du Commerce ℰ 02 48 54 01 30, Fax 02 48 54 01 30

🏠 **La Chancelière** sans rest   🛋 📶 ✂ 📞 P VISA ⓜ

5 r. Hilaire-Amagat – ℰ 02 48 54 01 57 – jaudibert @ wanadoo.fr
5 ch ⊆ – 🛏105 € 🛏🛏130 €

♦ La terrasse de cette maison de maître (18ᵉ s.) jouit du panorama sur Sancerre et son vignoble. Tomettes, poutres apparentes et meubles anciens donnent du caractère aux chambres.

1731

SANCERRE
à Chavignol 4 km par ① et D 183 – ⊠ 18300

XX **La Côte des Monts Damnés**　　　🈵 🅰🅲 ⱽⁱˢᵃ 🆖
– 𝒞 02 48 54 01 72 – restaurantcmd@wanadoo.fr – Fax 02 48 54 14 24
– Fermé avril, dim. soir et lundi de mars à juin, mardi soir et merc.
Rest – (prévenir) Menu 30/56 € ↂ
♦ Dans la montée du village vinicole, auberge campagnarde réputée pour sa belle cuisine
régionale et sa riche cave de sancerres. Dégustez-y le fameux crottin de Chavignol !

à St-Thibault 4 km par ① et D 4 – ⊠ 18300

🏠 **De la Loire** sans rest　　　　　≼ 🅰🅲 🕻 🅿 ⱽⁱˢᵃ 🆖
2 quai Loire – 𝒞 02 48 78 22 22 – hotel_de_la_loire@hotmail.com – Fax 02 48 78 22 29
11 ch – †65/88 € ††68/88 €, ⊡ 14 €
♦ En bord de Loire, cet hôtel, où le créateur de Maigret écrivit deux romans, dispose de
chambres personnalisées sur le thème du voyage. Grand choix de pains et confitures maison.

SANCOINS – 18 Cher – 323 N6 – 3 269 h. – alt. 210 m – ⊠ 18600　　　12 **D3**
　　🚹 Paris 284 – Orléans 172 – Bourges 51 – Nevers 46 – Moulins 49
　　🚺 Syndicat d'initiative, 23, rue Maurice-Lucas 𝒞 02 48 74 65 85

🏠 **Le Saint Joseph**　　　　　　🅰🅲 🅿 ⱽⁱˢᵃ 🆖
☕ pl. de la Libération – 𝒞 02 48 74 61 21 – Fax 02 48 76 88 06
8 ch – †44/54 € ††44/54 €, ⊡ 6,50 € – ½ P 38 € – **Rest** – crêperie (fermé jeudi)
Menu 10,50 € (sem.)/29 € – Carte 17/39 €
♦ Sur la place principale du village, cette grande maison propose des chambres confortables et rénovées. La décoration privilégie le style rustique ; beau bar. Au restaurant, choix
entre cuisine traditionnelle et crêperie.

SANCY – 77 Seine-et-Marne – 312 G2 – 306 h. – alt. 142 m – ⊠ 77580　　19 **C2**
　　🚹 Paris 55 – Château-Thierry 48 – Coulommiers 14 – Meaux 13 – Melun 50

🏰 **Château de Sancy** ⑤　　🕭 🈵 🖻 🍽 📶 ⑳ 🕻 🅰🅿 ⱽⁱˢᵃ 🆖 🅰🅴 ①
1 pl. de l'Église – 𝒞 01 60 25 77 77 – infos@chateaudesancy.com
– Fax 01 60 25 60 55
21 ch – †127/175 € ††127/244 €, ⊡ 14 € – ½ P 145/165 € – **Rest** – Menu 30 €
(sem.)/60 €
♦ Les nombreux équipements de loisirs proposés sur le domaine de cette gentilhommière
du 18e s. invitent à la détente. Chambres douillettes, plus fonctionnelles au pavillon. Salle
à manger bourgeoise à l'atmosphère intime pour une cuisine sensible aux saisons.

SAND – 67 Bas-Rhin – 315 J6 – 1 073 h. – alt. 159 m – ⊠ 67230　　　1 **B2**
　　🚹 Paris 501 – Barr 15 – Erstein 7 – Molsheim 26 – Obernai 16 – Sélestat 22
　　– Strasbourg 34

🏠 **Hostellerie la Charrue** ⑤　　　　🅰🅲 rest, 🍽 🅿 ⱽⁱˢᵃ 🆖
4 r. 1er décembre – 𝒞 03 88 74 42 66 – info@lacharrue.com – Fax 03 88 74 12 02
– Fermé 30 juin-7 juil., 29 déc.-12 janv.
23 ch – †50/55 € ††60/65 €, ⊡ 8 € – ½ P 50/55 € – **Rest** – (fermé lundi et le midi
sauf dim. et fériés) Menu 22/35 € – Carte 24/42 €
♦ Ancien relais de charretiers aux chambres fraîches et bien équipées. Si possible, réservez-en une refaite dans le style alsacien. Plaisant salon aménagé sous les combles. Boiseries
et couleurs chatoyantes président au chaleureux décor de la salle à manger.

SANDARVILLE – 28 Eure-et-Loir – 311 E5 – 342 h. – alt. 171 m – ⊠ 28120
　　🚹 Paris 105 – Brou 23 – Chartres 16 – Châteaudun 36 – Le Mans 109
　　– Nogent-le-Rotrou 47　　　　　　　　　　　　　　　　　11 **B1**

XX **Auberge de Sandarville**　　　　　🈐 🈵 ⱽⁱˢᵃ 🆖
14 r. Sente aux Prêtres, (près de l'église) – 𝒞 02 37 25 33 18 – Fax 02 37 25 40 34
– Fermé 18 août-1er sept., 8-22 janv., 22 fév.-2 mars, mardi soir en hiver, dim. soir et
lundi
Rest – Menu (25 €), 31/41 € – Carte 49/63 €
♦ Dans une ferme beauceronne de 1850, trois charmantes salles campagnardes avec
poutres, cheminée, tomettes, meubles et bibelots chinés. Jolie terrasse dans le jardin fleuri.

SANDILLON – 45 Loiret – 318 J4 – 3 405 h. – alt. 101 m – ✉ 45640   12 **C2**
> ◘ Paris 148 – Orléans 13 – Châteaudun 65 – Châteauneuf-sur-Loire 16
> – Montargis 60

XX   **Rest. Saisons d'Ailleurs et H. un Toit pour Toi** avec ch
@   *2 r. Villette – ℰ 02 38 41 00 22 – 1toitpourtoi@*   ☏ P̄ VISA ⓶⓪ AE
wanadoo.fr – Fax 02 38 41 07 74 – Fermé 24-30 déc.
12 ch – †48 € ††64 €, ⌷ 8 € – ½ P 52 € – **Rest** – *(fermé 4-19 août, dim. soir et
lundi)* Menu 26 € (déj. en sem.), 42/65 € – Carte 49/113 €
♦ Une étonnante cuisine inventive aux antipodes de la tradition régionale distingue cette
auberge familiale, à l'orée de la Sologne. Espace bistrot pour repas de type brasserie.
Chambres en partie mises au goût du jour.

SANILHAC – 07 Ardèche – 331 H6 – rattaché à Largentière

SAN-MARTINO-DI-LOTA – 2B – 345 F3 – Voir à Corse (Bastia)

SAN-PEIRE-SUR-MER – 83 Var – 340 P5 – rattaché aux Issambres

SANTA-GIULIA (GOLFE DE) – 2A Corse-du-Sud – 345 E10 – voir à Corse
(Porto-Vecchio)

SANT'ANTONINO – 2B Haute-Corse – 345 C4 – voir à Corse

SANTENAY – 21 Côte-d'Or – 320 I8 – 904 h. – alt. 225 m – Casino – ✉ 21590
▌ Bourgogne   7 **A3**
> ◘ Paris 330 – Autun 39 – Beaune 18 – Chalon-sur-Saône 25 – Le Creusot 29
> – Dijon 63
> ◘ Office de tourisme, gare SNCF ℰ 03 80 20 63 15, Fax 03 80 20 69 15

XX   **Le Terroir**   ⌂ AC VISA ⓶⓪
@   *pl. Jet d'Eau – ℰ 03 80 20 63 47 – Restaurant.le.Terroir@wanadoo.fr*
*– Fax 03 80 20 66 45 – Fermé 4 déc.-11 janv., merc. soir de nov. à mars, dim. soir et
jeudi*
Rest – Menu 21/48 € – Carte 32/49 € ⅋
♦ Cette table officiant au centre du village vous régale de ses plats du terroir dans un décor
rustico-moderne assez réussi. Caveau voûté (15ᵉ s.) foisonnant de crus régionaux.

LE SAPPEY-EN-CHARTREUSE – 38 Isère – 333 H6 – 942 h. – alt. 1 014 m
– Sports d'hiver : au Sappey et au Col de Porte 1 000/1 700 m ⛷ 11 ⟜ – ✉ 38700
▌ Alpes du Nord   45 **C2**
> ◘ Paris 577 – Chambéry 61 – Grenoble 14 – St-Pierre-de-Chartreuse 14
> – Voiron 37
> ◘ Syndicat d'initiative, Le Bourg ℰ 04 76 88 84 05
> ◙ Charmant Som ✳ ★★★ NO : 9 km puis 1 h.

XX   **Les Skieurs** avec ch ⌂   ≼ ⛁ ⌂ ⅃ ⅄ ⅋ ☏ ⅍ P̄ VISA ⓶⓪ AE
@   *– ℰ 04 76 88 82 76 – hotelskieurs@wanadoo.fr – Fax 04 76 88 85 76 – Fermé
vacances de Pâques, de Noël et dim.*
11 ch – †89 € ††89 €, ⌷ 12 € – ½ P 83 € – **Rest** – *(fermé mardi midi, dim. soir et
lundi)* Menu 28 € (sem.), 32/42 € – Carte 54/60 €
♦ Charmante salle à manger de chalet de montagne – murs lambrissés, cheminée et
mobilier rustique – pour déguster une cuisine régionale soignée et généreuse. Belle
terrasse. Petites chambres pratiques où le bois s'impose (quelques-unes avec balcon).

X   **Le Dagobert**   ⌂ VISA ⓶⓪
&&   *pl. de l'Église – ℰ 04 76 88 80 26 – Fax 04 76 88 80 26 – Fermé merc.*
Rest – Menu 16/29 € – Carte 29/46 €
♦ Précédée d'un petit bar à vin, salle à manger d'esprit rustique agrémentée d'une
cheminée. Agréable terrasse ombragée pour les beaux jours. Cuisine traditionnelle.

SARE – 64 Pyrénées-Atlantiques – 342 C5 – 2 184 h. – alt. 70 m – ⊠ 64310
▌Pays Basque   3 **A3**

▪ Paris 794 – Biarritz 26 – Cambo-les-Bains 19 – Pau 138 – St-Jean-de-Luz 14
▪ Office de tourisme, Herriko Etxea ℰ 05 59 54 20 14, Fax 05 59 54 29 15

▦▦ **Arraya**   🚗 ⏣ ⅏ ch, 📞 **P** 🏧 ⓦ ⒶⒺ
– ℰ 05 59 54 20 46 – hotel@arraya.com – Fax 05 59 54 27 04
– Ouvert 28 mars-5 nov.
20 ch – ♦84/130 € ♦♦84/130 €, � 10 € – ½ P 77/100 € – **Rest** – (fermé lundi
midi, jeudi midi et dim. soir sauf du 1ᵉʳ juil. au 14 sept.) Menu 22/32 € – Carte
40/49 €
◆ Ancien relais de Compostelle d'architecture traditionnelle. Cadre champêtre et coquettes
chambres basques (plus spacieuses et récentes au 2ᵉ étage). Jardin. Décor régional bien
marqué au restaurant, terrasse ombragée. Plats du terroir et boutique gourmande.

▦ **Pikassaria** ⊱   🚗 ⏣ ⅏ ch, 🖥 rest, **P** 🏧 ⓦ
– ℰ 05 59 54 21 51 – hotelpikassaria@orange.fr – Fax 05 59 54 27 40 – Ouvert
15 mars-11 nov.
18 ch – ♦55 € ♦♦58 €, ⊽ 7 € – ½ P 49/51 € – **Rest** – (ouvert 15 mars-11 nov.,
26 déc.-6 janv. et fermé mardi midi, merc. midi et lundi) Menu (16 €), 21/28 €
– Carte 25/39 €
◆ Bâtisse d'aspect régional située dans la campagne, sur la route de l'Espagne. Elle possède
des chambres plutôt petites, simples et nettes ; certaines regardent la montagne. La table
du Pikassaria défend hardiment les couleurs de la cuisine euzkadienne.

▦ **Baratxartea**   ⟨ ⅏ ch, ↔ ⅏ rest, **P** 🏧 ⓦ ⒶⒺ
⊜ quartier Ihalar, 2 km à l'Est – ℰ 05 59 54 20 48 – contact@hotel-baratxartea.com
– Fax 05 59 47 50 84 – Ouvert 15 mars-11 nov. et fermé lundi midi, mardi sauf du
1ᵉʳ juil. au 15 sept.
22 ch – ♦40/54 € ♦♦42/60 €, ⊽ 8 € – ½ P 41/53 € – **Rest** – Menu 17/23 €
– Carte 19/28 €
◆ À l'écart du bourg, sympathique maison familiale dont le nom signifie "entre les jardins".
Chambres rustiques dans le bâtiment principal, plus fonctionnelles dans l'annexe. Décor
100 % basque dans la salle du restaurant (1505), agrandie d'une véranda ; menus
régionaux.

✕ **Olhabidea** avec ch ⊱   ⏣ ⅏ rest, ↔ ⅏ 🏧 ⓦ
quartier Sainte-Catherine, Rte de St-Pée – ℰ 05 59 54 21 85 – Fermé déc., janv. et
lundi
3 ch ⊽ – ♦75 € ♦♦82 € – **Rest** – (fermé 15 nov.-13 fév., le midi sauf dim.,
mardi sauf juil.-août, dim. soir et lundi) (nombre de couverts limité, prévenir) (menu
unique) Menu 35 €
◆ Cette ancienne ferme en pleine verdure possède un charme fou qui la rend unique.
Chaque jour, un nouveau menu est composé selon les produits du marché et du potager.
Dans une atmosphère très personnelle, trois vastes chambres douillettes. Riz au lait au
petit-déjeuner.

SARLAT-LA-CANÉDA ⊛ – 24 Dordogne – 329 I6 – 9 707 h. – alt. 145 m –
⊠ 24200 ▌Périgord   4 **D3**

▪ Paris 526 – Bergerac 74 – Brive-la-Gaillarde 52 – Cahors 60 – Périgueux 77
▪ Office de tourisme, rue Tourny ℰ 05 53 31 45 45, Fax 05 53 59 19 44
▰ du Domaine de Rochebois Route de Montfort, S : 8 km par D 46,
  ℰ 05 53 31 52 52.
▣ Vieux Sarlat★★★ : place du marché aux trois Oies★ Y, hôtel Plamon★ Y,
  hôtel de Maleville★ Y - Maison de La Boétie★ Z - Quartier Ouest★.
▣ Décor★ et mobilier★ du château de Puymartin NO : 7 km par ④.

Plan page ci-contre

▦▦▦ **Clos La Boëtie** sans rest   📺 🖴 📶 ⅏ 🖥 ↔ ⅏ 📞 **P** 🏧 ⓦ ⒶⒺ ⓞ
97 av. Selves – ℰ 05 53 29 44 18 – hotel@closlaboetie-sarlat.com
– Fax 05 53 28 61 40 – Ouvert 15 mars-15 nov.   V **b**
11 ch – ♦190/320 € ♦♦190/320 €, ⊽ 20 € – 3 suites
◆ Cette maison bourgeoise refaite à neuf abrite un intérieur superbement pensé associant
l'ancien et le contemporain. Très confortables chambres à l'ambiance romantique et
raffinée.

SARLAT-LA-CANÉDA

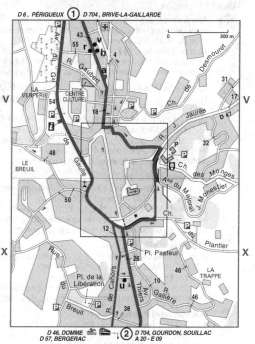

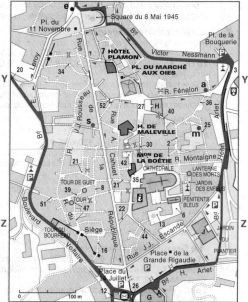

1735

De Selves sans rest ⬜ 🔲 🏠 ♿ 📺 ↝ 🧖 ☕ VISA ⑩ AE ①
93 av. de Selves – ℰ 05 53 31 50 00 – hotel@selves-sarlat.com
– Fax 05 53 31 23 52 – Fermé 4 janv.-12 fév. V **v**
40 ch – †65/100 € ††75/125 €, ☲ 12 €
♦ Construction moderne aux chambres actuelles et fonctionnelles ; certaines bénéficient de loggias en bow-windows ouvertes sur le jardin. La piscine se découvre l'été. Sauna.

La Madeleine 🏠 🔲 ♿ 📺 ↝ ☖ ☕ VISA ⑩ AE ①
1 pl. Petite Rigaudie – ℰ 05 53 59 10 41 – hotel.madeleine@wanadoo.fr
– Fax 05 53 31 03 62 – Fermé 1ᵉʳ janv.-15 fév. Y **e**
39 ch – †61/91 € ††68/105 €, ☲ 9,50 € – ½ P 67/91 € – **Rest** – *(ouvert 15 mars-15 nov. et fermé lundi midi et mardi midi sauf juil.-août)* Menu 28/47 € – Carte 39/140 €
♦ Cette belle demeure (19ᵉ s.) restaurée et située aux portes de la vieille ville compte parmi les doyennes de l'hôtellerie sarladaise. Fringantes chambres bien équipées. Restaurant confortable et aéré, récemment relooké. Cuisine régionale.

Le Renoir sans rest 📺 🔲 ↝ ☕ VISA ⑩ AE ①
2 r. Abbé-Surgier – ℰ 05 53 59 35 98 – info@hotel-renoir-sarlat.com
– Fax 05 53 31 22 32 – Fermé 10 déc.-15 janv. X **u**
35 ch – †65/95 € ††70/135 €, ☲ 12,50 € – 1 suite
♦ Établissement accueillant qui possède une piscine dans sa cour centrale. Les chambres sont d'ampleur moyenne mais soignées et joliment décorées de mobilier de style.

Compostelle sans rest 🔲 ♿ 📺 ↝ ☖ P VISA ⑩ AE
66 av. de Selves – ℰ 05 53 59 08 53 – info@hotel-compostelle-sarlat.com
– Fax 05 53 30 31 65 – Ouvert 1ᵉʳ fév.-15 nov. V **r**
23 ch – †65/84 € ††65/148 €, ☲ 8,50 €
♦ À 400 m du centre historique, établissement progressivement rénové vous réservant un accueil familial. Préférez les chambres récentes, d'esprit plus contemporain.

Le Mas del Pechs sans rest ॐ ⬜ 📺 ♿ 📺 ↝ ☖ ☕ P VISA ⑩ AE
1,5 km à l'Est, par chemin des Monges -VX – ℰ 05 53 31 12 11 – contact@ sarlat-hotel.com – Fax 05 53 31 16 99 – Ouvert 12 nov.-14 mars
18 ch – †48/61 € ††51/64 €, ☲ 7 €
♦ Demeure au grand calme à la campagne, sur les hauteurs de Sarlat. Optez pour les chambres récentes, plus coquettes ; toutes sont de plain-pied avec le jardin.

La Maison des Peyrat ॐ ⬜ 🏠 📺 ↝ ☖ P VISA ⑩
Le Lac de la Plane, à l'Est par chemin des Monges-VX – ℰ 05 53 59 00 32 – hotel decharme@maisondespeyrat.com – Fax 05 53 28 56 56 – Ouvert 1ᵉʳavril-15 nov.
10 ch – †53/95 € ††53/95 €, ☲ 8,50 € – ½ P 57/78 € – **Rest** – *(fermé merc. et dim.)* Menu 22 €
♦ Belle maison noyée sous la verdure dont le jardin et la piscine à eau salée incitent au repos. Chambres au décor campagnard (pierres, poutres, bois). Accueil très soigné. Le restaurant, qui mêle cadre rustique et mobilier bistrot, sert un menu du terroir. Terrasse.

Les Peyrouses sans rest ॐ ⬜ 📺 ♿ 📺 ↝ ☖ ☕ VISA ⑩
aux Peyrouses, Ouest : 2 km - V – ℰ 05 53 28 89 25 – lespeyrouses24@wanadoo.fr
– Fax 05 53 28 89 25 – **5 ch** – †50/69 € ††50/69 €, ☲ 7 €
♦ Étape au calme à deux pas du centre de Sarlat. Cette maison vous accueille dans un agréable salon moderne avec cheminée. Chambres de bonne ampleur, d'esprit joliment rustique.

XX **Le Présidial** 🌳 🏠 VISA ⑩
6 r. Landry – ℰ 05 53 28 92 47 – Fax 05 53 59 43 84 – Ouvert 1ᵉʳ avril- 11 nov. et fermé lundi midi et dim. Y **m**
Rest – Menu 26/42 € – Carte 43/64 €
♦ Un coquet jardin fleuri devance cette demeure du 17ᵉ s., ancien siège du tribunal d'appel des bailliages (présidial). Décor bourgeois, terrasse ombragée et cuisine régionale.

XX **Le Grand Bleu** (Maxime Lebrun) 🏠 📺 VISA ⑩
☼ *43 av. de la Gare, par ② – ℰ 05 53 31 08 48 – contact@legrandbleu.eu*
– Fax 05 53 31 08 48 – Fermé mardi midi, merc. midi, dim. soir et lundi
Rest – Menu 29/39 €
Spéc. Foie gras cuit au torchon, granité au vin de noix. Poisson façon rossini. Orange rôtie au romarin.
♦ Dans une salle à manger associant sobriété (murs en pierre, boiseries claires) et espace, dégustez une goûteuse cuisine au goût du jour, rythmée par le marché et les saisons.

🍴🍴 **Le Quatre Saisons**   🛋 ⇵ **VISA** **MC** **AE** **①**

2 Côte Toulouse – ℰ 05 53 29 48 59 – Fax 05 53 59 53 74 – Fermé 23-29 juin, mardi et merc. sauf juil.-août   Y s

Rest – Menu (19 €), 27/32 €

♦ Ancienne maison de pays proche de l'hôtel de Maleville (16ᵉ s.). Plats du terroir servis dans une salle à manger contemporaine. Bel escalier à vis et terrasse entre de vieux murs.

🍴 **Rossignol**   **VISA** **MC**

15 r. Fénelon – ℰ 05 53 31 02 30 – Fax 05 53 31 02 30 – Fermé lundi   Y a

🐌 **Rest** – Menu 17/60 € – Carte 33/53 €

♦ La salle à manger, bien que rénovée, conserve un petit air champêtre avec son mobilier en bois et ses cuivres accrochés aux murs. Cuisine familiale et régionale.

🍴 **Le Bistro de L' Octroi**   🛋 🕸 ⇵ **VISA** **MC**

111 av. de Selves – ℰ 05 53 30 83 40 – bistrodeloctroi @ orange.fr   V a

🐌 **Rest** – Menu 15 € bc (déj. en sem.), 18/26 € – Carte 18/26 €

♦ Dans les murs d'un ancien octroi, ce bistrot régale de bons plats régionaux. Deux salles, l'une rustique (pierres, briques), l'autre traditionnelle ; grande terrasse appréciée.

par ②, 5 km rte de Gourdon puis rte de la Canéda et rte secondaire – ✉ 24200 Sarlat-la-Canéda

🏠 **Le Mas de Castel** sans rest ⌂   🌊 ℐ ⇄ 🕸 **P.** **VISA** **MC**

Le Sudalissant – ℰ 05 53 59 02 59 – info @ hotel-lemasdecastel.com – Fax 05 53 28 25 62 – Ouvert 31 mars-11 nov.

13 ch – 🚹46/60 € 🚹🚹48/80 €, ⊆ 7,50 €

♦ À la campagne, ancien corps de ferme aménagé en sympathique hostellerie. Nuits paisibles dans des chambres confortables, rustiques et bien tenues ; six sont en rez-de-jardin.

par ②, 3 km rte de Bergerac et rte secondaire – ✉ 24200 Sarlat-la-Canéda

🏘 **Relais de Moussidière** sans rest ⌂   ⪡ 🌐 ℐ 🛗 🕸 ⇄ 📞 🔥 **P.** **VISA** **MC** **AE**

Moussidière Basse – ℰ 05 53 28 28 74 – contact @ moussidiere.com – Fax 05 53 28 25 11 – Ouvert d'avril à oct.

35 ch – 🚹85/100 € 🚹🚹90/140 €, ⊆ 10 €

♦ Calme absolu pour cette maison de caractère bâtie à flanc de rocher, dans un parc en terrasses descendant jusqu'à un étang. Chambres confortables et personnalisées.

par ②, rte de Souillac – ✉ 24200 Sarlat-la-Canéda

🏠 **Abbys** sans rest   🔥 🅰🅲 ⇄ 📞 **P.** **VISA** **MC**

ZA E. Vialard – ℰ 05 53 30 85 50 – contact @ abbys-hotel.com – Fax 05 53 30 85 51

30 ch – 🚹34/39 € 🚹🚹34/39 €, ⊆ 5 €

♦ Cet établissement récent conviendra à ceux qui cherchent un hôtel avant tout pratique et non ruineux. Chambres de plain-pied, modernes, bien équipées et sobrement décorées.

SARLIAC-SUR-L'ISLE – 24 Dordogne – 329 G4 – 885 h. – alt. 102 m – ✉ 24420
◘ Paris 473 – Brive-la-Gaillarde 65 – Limoges 86 – Périgueux 15   **4 C1**

🍴 **Chabrol** avec ch   🕸 🕸 **VISA** **MC**

3 r. de l'Église – ℰ 05 53 07 83 39 – Fax 05 53 07 86 53 – Fermé 1ᵉʳ sept.-7 oct., dim. soir et lundi

🐌 **10 ch** – 🚹38/40 € 🚹🚹38/80 €, ⊆ 5 € – **Rest** – Menu 15/50 € – Carte 25/48 €

♦ Modeste auberge familiale composée de deux bâtiments anciens. Plats régionaux mitonnés par la patronne et servis dans une salle rustique. Petites chambres simples (certaines sans sanitaires) d'une tenue méticuleuse, rajeunies à l'annexe.

SARPOIL – 63 Puy-de-Dôme – 326 H10 – rattaché à Issoire

SARRAS – 07 Ardèche – 331 K2 – 1 829 h. – alt. 133 m – ✉ 07370   **43 E2**
◘ Paris 527 – Annonay 20 – Lyon 72 – St-Étienne 60 – Tournon-sur-Rhône 18 – Valence 36

◎ De la D 506 coup d'œil★★ sur le défilé de St-Vallier★ S : 5 km,
🛈 Vallée du Rhône

SARRAS

× ×   **Le Vivarais** avec ch   🔠 rest, 🅿 🆅🅸🆂🅰 ◎ 🅰🅴
😊   – 𝄢 04 75 23 01 88 – levivarais@wanadoo.fr – Fax 04 75 23 49 73
– *Fermé 1ᵉʳ-23 août, 16 fév.-4 mars, dim. soir, lundi soir et mardi*
6 ch – ♦45 € ♦♦50 €, ⊑ 7 € – **Rest** – Menu 18 € (sem.)/54 € – Carte 36/54 €
♦ Auberge familiale où l'on déguste une cuisine classique dans une élégante salle à manger
égayée de couleurs vives. Chambres pratiques pour une étape sur la route du soleil.

SARREBOURG ◈ – **57 Moselle** – **307** N6 – **13 330 h.** – **alt. 282 m** – ✉ **57400**
🏛 Alsace Lorraine   27 **D2**

🖪 Paris 426 – Épinal 86 – Lunéville 59 – Metz 95 – St-Dié 72 – Strasbourg 73
🛈 Office de tourisme, place des Cordeliers 𝄢 03 87 03 11 82, Fax 03 87 07 13 93
🏌 du Pays de Sarrebourg Route de Winkelhof, O : 2 km, 𝄢 03 87 23 01 02.
◎ Vitrail★ dans la chapelle des Cordeliers **B**.

SARREBOURG

Berrichons et Nivernais (R. des)	2
Bossuet (R.)	3
Cordeliers (Pl. des)	5
Erckmann-Chatrian (R.)	7
Fayolle (Av. Gén.)	8
Foch (R. Mar.)	10
France (Av. de)	12
Gare (R. de la)	13
Grand'Rue	
Jardins (R. des)	15
Jean-XXIII (Quai)	16
Lebrun (Quai)	18
Marché (Pl. du)	19
Napoléon (R.)	20
Poincaré (Av.)	21
Président-Schuman (R.)	22
St-Pierre (R.)	24

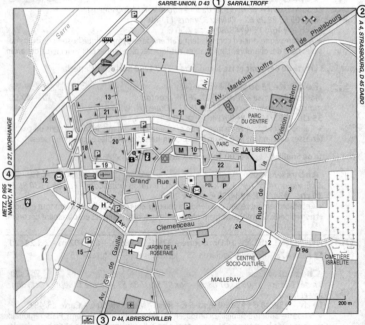

🏨   **Les Cèdres** ⌂   🔠 🛗 ⇄ 🐾 🗗 🅿 🆅🅸🆂🅰 ◎ 🅰🅴
😊   *3 km, zone de loisirs par ③ et chemin d'Imling – 𝄢 03 87 03 55 55 – info@*
hotel-lescedres.fr – Fax 03 87 03 66 33 – Fermé 21 déc.-2 janv.
🍴   **44 ch** – ♦57/64 € ♦♦63/70 €, ⊑ 8 € – ½ P 74 € – **Rest** – (*fermé sam. midi et dim.*
soir) Menu 14 € (déj. en sem.), 22/50 € – Carte 30/57 €
♦ Étape tranquille au cœur d'une zone de loisirs, près d'une forêt et d'un étang, dans cet
hôtel récent aux chambres claires et fonctionnelles. Salle à manger moderne et spacieuse,
largement ouverte sur la nature environnante ; table régionale.

✕✕ 🔲 **Mathis** (Ernest Mathis)   AC ✕ VISA MC AE
❄️
7 r. Gambetta – ✆ *03 87 03 21 67 – Fax 03 87 23 00 64*
– Fermé 27 juil.-8 août, 8-15 sept., 3-8 nov., 2-12 janv., dim. soir, mardi soir et
lundi   s
Rest – Menu 30/75 € – Carte 48/71 €
Spéc. Poêlée de grosses langoustines "meunière aux épices" (mai à sept.). Grillade
de foie de canard mulard "fleur de sel et poivre" (sept. à fév.). Pigeon fermier
légèrement fumé rôti aux copeaux de truffe de Bourgogne (sept.-oct.). **Vins** Pinot
blanc, Muscat.
♦ Décor de table soigné, comme il se doit au pays du cristal et de la faïence, accueil
chaleureux et plaisirs d'une assiette inventive : un restaurant aux multiples atouts.

SARREGUEMINES ☜ – **57 Moselle – 307** N4 – **23 202 h. – alt. 210 m –** ⊠ **57200**
▌ Alsace Lorraine   **27 D1**

🗗 Paris 396 – Metz 70 – Nancy 96 – Saarbrücken 18 – Strasbourg 106

🗗 Office de tourisme, 11, rue rue du Maire Massing ✆ 03 87 98 80 81,
Fax 03 87 98 25 77

🗗 de Sarreguemines Chemin Départemental n 81 A, O : 3 km par D 81,
✆ 03 87 27 22 60.

◉ Musée : jardin d'hiver★★, collection de céramiques★ BZ **M.**

🗗 Parc archéologique européen de Bliesbruck-Reinheim : thermes★, 9,5 km
par ①.

Plan page suivante

🏠🏠 🔲 **Auberge St-Walfrid** (Stéphan Schneider)   🚗 🏠 📶 🕭 ch, AC rest,
❄️   *2 km par ③ et rte de Grosbliederstroff –*   ✕ ch, 🕭 🕯 📶 P VISA MC AE
✆ *03 87 98 43 75 – stwalfrid@free.fr – Fax 03 87 95 76 75*
– Fermé 27 juil.-11 août et 8-23 fév.
11 ch – 🛏95/158 € 🛏🛏95/158 €, ⊇ 15 €
Rest – *(fermé sam. midi, lundi midi et dim.)* Menu 25 € (sem.)/72 € – Carte 51/78 €
Spéc. Escalope de foie gras de canard poêlée (printemps-été). Sole de petit bâteau
meunière. Escalope de chevreuil poêlée, blettes au massalé (mai à janv.). **Vins** Vin
de Moselle.
♦ Belle maison en pierre où, depuis cinq générations, la même famille cultive l'art de
recevoir. Le décor associe plaisamment rustique et contemporain. Chambres soignées.
Salle à manger ornée de tableaux colorés et d'objets en faïence. Goûteuse cuisine régionale.

🏠 🔲 **Amadeus** sans rest   🏠 🕭 VISA MC AE ①
🏠   *7 av. de la Gare –* ✆ *03 87 98 55 46 – amadeushotel@aol.com*
– Fax 03 87 98 66 92   BZ **r**
39 ch – 🛏52/56 € 🛏🛏59/60 €, ⊇ 7,50 €
♦ Cure de jouvence réussie pour cet immeuble des années 1930 situé à côté de la gare.
Chambres de tailles diverses, repensées dans un esprit contemporain coloré.

🏠 🔲 **Union**   🏠 AC rest, 📶 🕭 P 🍴 VISA MC AE ①
🚗   *28 r. Geiger –* ✆ *03 87 95 28 42 – union.hotel@wanadoo.fr*
– Fax 03 87 98 25 21   BY **a**
27 ch – 🛏47/59 € 🛏🛏54/64 €, ⊇ 6,50 € – ½ P 40/44 € – **Rest** – *(fermé*
23 déc.-1er janv., sam. et dim.) Menu 16/20 € – Carte 24/42 €
♦ Union : un nom précurseur dans cette ville frontalière. Chambres fonctionnelles ;
certaines sont équipées de meubles conçus par un ébéniste alsacien. Boiseries et faïences
– de Sarreguemines – décorent la salle de restaurant. Cuisine régionale.

✕✕✕ 🔲 **Thierry Breininger - Le Vieux Moulin**   P VISA MC
❄️   *135 r. France, 1,5 km par ③ –* ✆ *03 87 98 22 59 – Fax 03 87 28 12 63*
– Fermé 15-30 août, 1er-10 janv. et jeudi
Rest – Menu 45 € bc/70 € – Carte 59/67 € ⊛
Spéc. Effeuillé de foie gras et artichauts aux kumquats. Saint-Jacques au bouillon
de céleri-branche (oct. à mars). Pastilla de pigeonneau, jus à la cannelle.
♦ Discrète auberge abritant une salle de restaurant spacieuse et cossue, habillée
de boiseries et de poutres. Cuisine inventive variant avec les saisons et belle sélection de
vins.

SARREGUEMINES

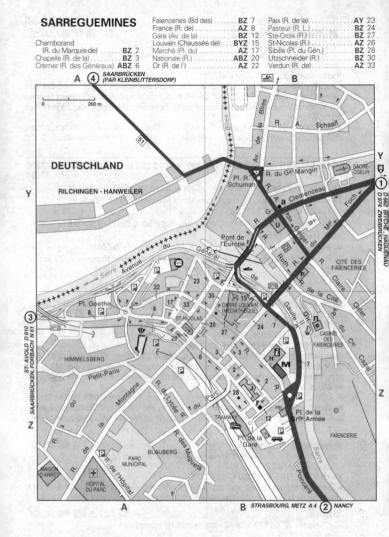

rte de Bitche 11 km par ① sur D 662 – ☒ 57200 Sarreguemines

✗✗   Pascal Dimofski   🚗 🛋 **P** _VISA_ **MC** **AE**

– ☎ 03 87 02 38 21 – pascal.dimofski@gmail.com – Fax 03 87 02 21 36 – Fermé
18 août-9 sept., 16 fév.-3 mars, lundi et mardi
Rest – Menu 25/72 € – Carte 48/84 € ❀

♦ À l'orée d'un bois, auberge campagnarde où poutres, cheminée et fauteuils design
en cuir composent un décor original. Cuisine personnalisée et carte des vins bien
balancée.

Rouge = agréable. Repérez les symboles ✗ et 🏠 passés en rouge.

SARRE-UNION – 67 Bas-Rhin – 315 G3 – 3 356 h. – alt. 240 m – ⊠ 67260

1 **A1**

▶ Paris 407 – Metz 81 – Nancy 84 – St-Avold 37 – Sarreguemines 24 – Strasbourg 83

rte de Strasbourg 10 km au Sud-Est par N 61 – ⊠ 67260 Burbach

XXX **Windhof**   🛞 AC P VISA ©©
(lieu dit Windhof) – ℰ 03 88 01 72 35 – bernard.kehne@wanadoo.fr
☞ – Fax 03 88 01 72 71 – Fermé 4-21 août, 1er-16 janv., dim. soir, mardi soir et lundi
Rest – Menu 12 € (déj. en sem.), 28/65 € – Carte 35/57 €

♦ Quittez l'autoroute pour une halte gourmande dans cette maison cossue. Une salle agrémentée de boiseries et des plats mi-classiques, mi-traditionnels vous y attendent.

SARS-POTERIES – 59 Nord – 302 M6 – 1 541 h. – alt. 181 m – ⊠ 59216
Nord Pas-de-Calais Picardie   31 **D3**

▶ Paris 258 – Avesnes-sur-Helpe 12 – Charleroi 46 – Lille 107 – Maubeuge 15 – St-Quentin 77

🖪 Office de tourisme, 20, rue du Gal-de-Gaulle ℰ 03 27 59 35 49, Fax 03 27 59 36 23

◉ Musée du Verre★.

🏠 **Marquais** sans rest ॐ   🛞 ※ ↳ P VISA ©©
– ℰ 03 27 61 62 72 – hoteldumarquais@aol.com – Fax 03 27 57 47 35 – Fermé
1er-15 janv.
11 ch – ♦50 € ♦♦60 €, � 8 €

♦ Deux pétillantes sœurs jumelles – d'environ 70 ans ! – tiennent à la perfection ce petit hôtel. Mobilier ancien et couleurs "bonbon" dans les chambres. Pas de TV : repos garanti.

XXX **L'Auberge Fleurie** avec ch ॐ   🛞 🛞 & ch, P VISA ©©
67 r. Gén. de Gaulle, (D 962) – ℰ 03 27 61 62 48 – fauberge@wanadoo.fr
– Fax 03 27 61 56 66 – Fermé 18 août-2 sept., 2-16 janv., dim. soir et lundi midi
8 ch – ♦65 € ♦♦85/95 €, ⊇ 12 € – ½ P 70/125 € – **Rest** – Menu 28 € (sem.)/62 €
– Carte 39/60 €

♦ Accueil attentionné dans cette salle à manger rustique et soignée où l'on sert une cuisine traditionnelle. Chambres aux tons chatoyants, spacieuses et personnalisées.

SARTÈNE – 2A Corse-du-Sud – 345 C10 – **voir à Corse**

SARZEAU – 56 Morbihan – 308 O9 – 6 143 h. – alt. 30 m – ⊠ 56370 Bretagne

▶ Paris 478 – Nantes 111 – Redon 62 – Vannes 23   9 **A3**

🖪 Office de tourisme, rue du Père Coudrin ℰ 02 97 41 82 37, Fax 02 97 41 74 95

🔃 de Rhuys à Saint-Gildas-de-RhuysO par D 780 : 7 km, ℰ 02 97 45 30 09.

◉ Ruines★ du château de Suscinio SE : 3,5 km - Presqu'île de Rhuys★.

à Penvins 7 km au Sud-Est par D 198 – ⊠ 56370 Sarzeau

XX **Mur du Roy** avec ch ॐ   ≤ 🛞 🛞 & rest, P VISA ©©
– ℰ 02 97 67 34 08 – contact@lemurduroy.com – Fax 02 97 67 36 23 – Fermé
15 déc.-15 janv., lundi et mardi de sept. à juin sauf hôtel
10 ch – ♦52/86 € ♦♦52/86 €, ⊇ 10 € – ½ P 66/83 € – **Rest** – Menu 19 € (déj. en
sem.), 32/48 € – Carte 37/60 €

♦ Cuisine iodée servie dans deux vérandas égayées par un décor marin et agréablement tournées vers la terrasse, le jardin et l'océan. Petites chambres très calmes.

SASSENAY – 71 Saône-et-Loire – 320 J9 – **rattaché à Chalon-sur-Saône**

SASSETOT-LE-MAUCONDUIT – 76 Seine-Maritime – 304 D3 – 957 h. –
alt. 89 m – ⊠ 76540   33 **C1**

▶ Paris 198 – Bolbec 29 – Fécamp 16 – Le Havre 55 – Rouen 65 – Yvetot 30

🖪 Office de tourisme, 4, rue des Fusillés ℰ 02 35 29 79 88

XX   **Le Relais des Dalles** avec ch   🚗 🛋 📞 **VISA** **©©** **AE**

😊   6 r. Elizabeth d'Autriche, près du château – 𝒞 02 35 27 41 83
– le-relais-des-dalles @ wanadoo.fr – Fax 02 35 27 13 91 – Fermé 22 déc.-8 janv.,
vacances de fév., lundi et mardi sauf le soir du 14 juil. au 24 août
4 ch – ✝72/140 € ✝✝72/140 €, ☕ 12 € – ½ P 72/105 € – **Rest** – (prévenir le
week-end) Menu 24/55 € – Carte 32/59 €
◆ Accueillante auberge voisinant avec le château. Repas traditionnel soigné servi, selon la
saison, dans un décor rustique normand ou sur la terrasse au vert. Chambres cosy.

SAUBUSSE – 40 Landes – **335** D13 – **742 h.** – **alt. 10 m** – **Stat. therm. : début
mars-fin nov.** – ✉ 40180   3 **B3**

  🔼 Paris 736 – Bayonne 43 – Biarritz 50 – Dax 19 – Mont-de-Marsan 72
  🅸 Syndicat d'initiative, rue Vieille 𝒞 05 58 57 76 68, Fax 05 58 57 37 37

XX   **Villa Stings** (Francis Gabarrus)   ≼ 🕭 **AC** **VISA** **©©** **AE**

✿   – 𝒞 05 58 57 70 18 – villa-stings @ wanadoo.fr – Fax 05 58 57 71 86
– Fermé 9-16 juin, 10-17 nov., fév., dim. soir du 21 sept. au 13 juil., merc. soir du
17 sept. au 30 avril, mardi midi du 15 juil. au 9 sept., sam. midi et lundi.
Rest – Menu 35/80 €
Spéc. Escalope de foie gras au gingembre. Pigeonneau poêlé au parfum de cacao
(été). Crème chiboust aux olives noires et citron vert (été). **Vins** Jurançon, Madiran.
◆ Grande demeure en pierre du 19ᵉ s. posée au bord de l'Adour. Élégante salle à manger où
l'on sert une cuisine au goût du jour privilégiant les produits de qualité.

SAUGUES – 43 Haute-Loire – **331** D4 – **2 013 h.** – **alt. 960 m** – ✉ 43170
▊ Auvergne   6 **C3**

  🔼 Paris 529 – Brioude 51 – Mende 72 – Le Puy-en-Velay 43 – St-Flour 52
  🅸 Office de tourisme, cours Dr Gervais 𝒞 04 71 77 71 38, Fax 04 71 77 71 38

🏠   **La Terrasse**   **AC** rest, 🦺 **VISA** **©©** **AE**

😊   cours Dr Gervais – 𝒞 04 71 77 83 10 – laterrasse-saugues @ wanadoo.fr
– Fax 04 71 77 63 79 – Fermé déc., janv., dim. soir et lundi sauf de mai à sept.
😊   **10 ch** – ✝55 € ✝✝65/85 €, ☕ 9 € – ½ P 55 €
Rest – (fermé dim. soir, mardi midi et lundi sauf juil.-août) Menu 18 € (sem.)/49 €
🍽   ◆ Au centre du village dominé par la tour des Anglais, ancienne maison de notaire tenue
par la même famille depuis 1795. Fraîches chambres rénovées. Restaurant au cadre
rustique agrémenté d'une cheminée et d'une mise en place soignée. Cuisine traditionnelle.

SAUJON – 17 Charente-Maritime – **324** E5 – **5 392 h.** – **alt. 7 m** – ✉ 17600   38 **B3**

  🔼 Paris 499 – Poitiers 165 – La Rochelle 71 – Saintes 28 – Rochefort 34
  🅸 Syndicat d'initiative, 22, place du Général-de-Gaulle 𝒞 05 46 02 83 77

🏠   **Le Richelieu**   🕭 ch, **AC** ch, ⇄ 📞 **VISA** **©©**

pl. Richelieu – 𝒞 05 46 02 82 43 – richelieu.saujon @ wanadoo.fr
– Fax 05 46 02 82 43
20 ch – ✝52/72 € ✝✝52/77 €, ☕ 8,50 € – 2 suites – ½ P 51/64 €
Rest Le Ménestrel – 𝒞 05 46 06 92 35 (fermé dim. et lundi) Menu 23/46 €
◆ Un vent de renouveau a soufflé sur cet hôtel de Saintonge. Un édifice ancien (18ᵉ s.) et une
extension récente abritent des chambres fonctionnelles d'esprit contemporain. Au restaurant le cadre s'accorde bien avec la cuisine au goût du jour du chef-patron.

SAULES – 25 Doubs – **321** G4 – **rattaché à Ornans**

SAULGES – 53 Mayenne – **310** G7 – **334 h.** – **alt. 97 m** – ✉ 53340
▊ Normandie Cotentin   35 **C1**

  🔼 Paris 249 – Château-Gontier 37 – La Flèche 48 – Laval 33 – Le Mans 55
    – Mayenne 41
  🅸 Syndicat d'initiative, 4, place Jacques Favrot 𝒞 02 43 90 49 81,
    Fax 02 43 90 55 44

L'Ermitage 🐎 ch, VISA

3 pl. St-Pierre – ✆ 02 43 64 66 00 – info@hotel-ermitage.fr – Fax 02 43 64 66 20 – Fermé 21 déc.-25 janv.

35 ch – †72/122 € ††72/122 €, ☕ 9,50 € – ½ P 76/101 € – **Rest** – *(fermé vend. soir et dim. soir d'oct. à mars)* Menu 23/59 € – Carte 38/48 €

◆ Cette maison ancienne abrite de coquettes chambres tournées vers la campagne ou le village. Celles du "Relais", bien rénovées, sont plus modernes. Piscine, minigolf, jardin. Cuisine au goût du jour, servie dans une salle au décor actuel qui donne sur la terrasse.

SAULIEU – 21 Côte-d'Or – 320 F6 – 2 837 h. – alt. 535 m – ✉ 21210

Bourgogne — 8 **C2**

Paris 248 – Autun 40 – Avallon 39 – Beaune 65 – Clamecy 78 – Dijon 73

Syndicat d'initiative, 24, rue d'Argentine ✆ 03 80 64 00 21, Fax 03 80 64 00 21

Basilique St-Andoche★ : chapiteaux★★ - Le Taureau★ (sculpture) par Pompon.

SAULIEU

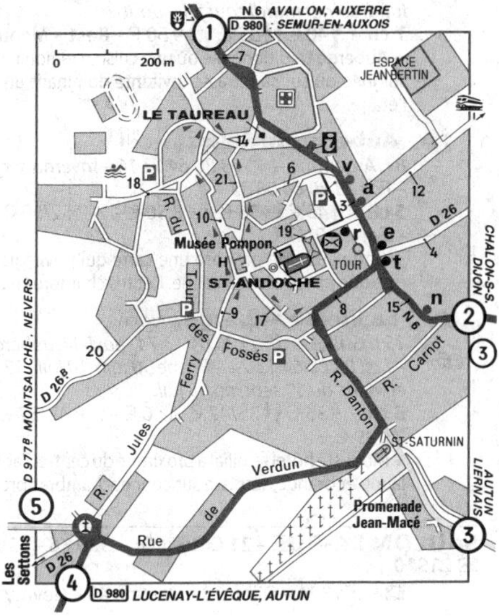

Le Relais Bernard Loiseau 🐎 ch, VISA

⚘⚘⚘ *2 r. Argentine – ✆ 03 80 90 53 53 – loiseau@relaischateaux.com – Fax 03 80 64 08 92 – Fermé 5 janv.-5 fév., et mardi du 6 fév. au 14 avril et du 18 nov. au 20 déc.* **e**

23 ch – †145/195 € ††145/345 €, ☕ 30 € – 9 suites

Rest – *(fermé mardi midi et merc. midi du 14 oct. au 18 nov. et 6 fév. au 15 mai, mardi soir du 18 nov. au 20 déc. et 6 fév. au 31 mars)* Menu 98 € bc (déj. en sem.), 120/185 € – Carte 132/179 €

Spéc. Turbot rôti en croûte de pomme de terre à l'andouille de Guéméné, jus au chablis. Filet de charolais cuit au foin en croûte d'argile, toast de moelle glacé au vin. Les "Grands Classiques" de Bernard Loiseau. **Vins** Puligny-Montrachet, Chambolle-Musigny.

◆ Le luxueux Relais (18e s.) compose le fer de lance de cette ville-étape qui depuis des siècles fait honneur à l'hospitalité bourguignonne. Élégantes salles ouvertes sur le jardin à l'anglaise. Patrick Bertron signe de talentueuses recettes rendant hommage au maître de Saulieu.

Hostellerie la Tour d'Auxois
sq. Alexandre Dumaine – ℰ 03 80 64 36 19 – info@tourdauxois.com
– Fax 03 80 64 93 10 – Fermé fév.   **r**
29 ch – †107/127 € ††107/127 €, � 13 € – 6 suites – **Rest** – (fermé mardi midi
d'oct. à mai, dim. soir et lundi) Menu 29/62 € – Carte 58/64 €
♦ Nouveau départ pour cet hôtel charmant mettant à profit un ancien couvent. Jardin
paysager, chambres cosy et copieux petits-déjeuners. Gastronomie contemporaine dans
un cadre traditionnel chaleureux et soigné.

De la Poste
1 r. Grillot – ℰ 03 80 64 05 67 – lestlaurent@orange.fr
– Fax 03 80 64 10 82   **t**
40 ch – †60 € ††75 €, ⊆ 8 € – ½ P 70 € – **Rest** – (fermé merc.) Menu 24/49 €
♦ Sur le "grand chemin" de Paris à Lyon, ex-relais de diligences (17ᵉ s.) dont les quatre ailes
typées s'ordonnent autour d'une cour carrée. Chambres classiquement aménagées. Table
traditionnelle mariant les styles rustique et Belle Époque. Attachante atmosphère vieille
France.

XX La Borne Impériale avec ch
16 r. Argentine – ℰ 03 80 64 19 76 – Fax 03 80 64 30 63 – Fermé 10 janv.- 10 fév.,
lundi soir et mardi sauf juil.- août   **v**
7 ch – †40 € ††55 €, ⊆ 9,50 € – **Rest** – Menu 23/56 € – Carte 46/74 €
♦ Auberge traditionnelle où une cuisine régionale comblera votre appétit dans une salle
soignée ou sur sa terrasse invitante dominant un beau jardin. Hébergement pratique à
l'étage.

X Auberge du Relais avec ch
8 r. Argentine – ℰ 03 80 64 13 16 – taverna.serge@wanadoo.fr
– Fax 03 80 64 08 33   **a**
5 ch – †49 € ††56 €, ⊆ 8,50 € – ½ P 52/59 € – **Rest** – Menu (17 €), 20/38 €
– Carte 29/47 €
♦ Cette auberge propose une carte qui privilégie le terroir. Décor intérieur légèrement
rustique et terrasse au calme. Petites chambres rénovées à l'étage.

X La Vieille Auberge avec ch
15 r. Grillot – ℰ 03 80 64 13 74 – lavieilleauberge3@wanadoo.fr
– Fax 03 80 64 13 74 – Fermé 30 juin-10 juil., 12-30 janv., 27 fév.-11 mars, mardi soir
et merc. du 1ᵉʳ sept. au 13 juil.   **n**
5 ch – †35 € ††35/42 €, ⊆ 6 € – ½ P 47/57 € – **Rest** – Menu 13/35 € – Carte
23/39 €
♦ Modeste hôtel familial à proximité du centre. Table régionale, salle rajeunie dans les tons
jaune et orange, terrasse sur cour et chambres proprettes à l'étage.

SAULON-LA-RUE – 21 Côte-d'Or – 320 K6 – 526 h. – alt. 215 m –
⊠ 21910   8 **D1**
🚇 Paris 324 – Dijon 12 – Beaune 43 – Gevrey-Chambertin 9 – Seurre 30

Château de Saulon 🏖
rte de Seurre – ℰ 03 80 79 25 25 – info@chateau-saulon.com – Fax 03 80 79 25 26
– Fermé 8-29 fév.
30 ch – †70/123 € ††87/135 €, ⊆ 13 € – ½ P 78/102 € – **Rest** – (fermé dim. soir
d'oct. à mai et lundi midi) Menu 20 € (déj. en sem.), 31/57 € – Carte 40/60 €
♦ Joli petit château du 17ᵉ s. entouré d'un parc arboré agrémenté d'une belle piscine et d'un
étang privé. Les chambres sont toutes rénovées. Dans une dépendance, plaisante salle à
manger où l'on sert une cuisine au goût du jour. Boutique de vins ; dégustation.

SAULT – 84 Vaucluse – 332 F9 – 1 171 h. – alt. 765 m – ⊠ 84390
📘 Alpes du Sud   42 **E1**
🚇 Paris 718 – Aix-en-Provence 86 – Apt 31 – Avignon 69 – Carpentras 42
– Digne-les-Bains 96
🅸 Office de tourisme, avenue de la Promenade ℰ 04 90 64 01 21,
Fax 04 90 64 15 03
🔲 Gorges de la Nesque★★ : belvédère★★ SO : 11 km par D 942 - Mont Ventoux
❄★★★ NO : 26 km.

Hostellerie du Val de Sault ⌂ ≤ mont-Ventoux, 🍴 🌳 ☕ 🔲
2 km, rte St-Trinit et rte secondaire – ♿ ❌ P VISA ⑳ ⌺
℘ 04 90 64 01 41 – valdesault@aol.com – Fax 04 90 64 12 74
– Ouvert de début avril au 3 nov.
15 ch – †124/169 € ††124/169 €, ☲ 12 € – 5 suites – ½ P 120/139 €
Rest – (fermé le midi d'avril à juin et du 15 sept. au 3 nov., sauf week-ends)
Menu 39 €, 45/92 €
♦ Parfum de lavande, vue enchanteresse, chambres avec salon et miniterrasse ou duplex "Provence-Asie": un capital-séduction auquel on ne reste pas insensible ! Apaisante salle à manger mariant les styles, terrasse bien exposée, menu régional où pavane la truffe.

SAULXURES – 67 Bas-Rhin – 315 G6 – 457 h. – alt. 535 m – ⌖ 67420 1 **A2**
    D Paris 407 – Épinal 71 – Strasbourg 67 – Lunéville 65 – Saint-Dié 30

La Belle Vue ⌂ 🌳 🍴 ☕ 🔲 & ch, ☏ 🛁 P VISA ⑳ ⌺
36 r. Principale – ℘ 03 88 97 60 23 – labellevue@wanadoo.fr – Fax 03 88 47 23 71
– Fermé 12-26 nov.
11 ch – †86/115 € ††86/126 €, ☲ 11 € – ½ P 74/94 € – **Rest** – (fermé mardi et merc.) Menu 20 € (sem.)/58 €
♦ La même famille tient cette auberge depuis quatre générations. Suites, duplex et chambres au décor soigné (charpente apparente, tableaux contemporains). Salle à manger vitrée ouverte sur un jardin et mezzanine servent de joli cadre à des repas dans l'air du temps.

SAUMUR 👁 – 49 Maine-et-Loire – 317 I5 – 29 857 h. – alt. 30 m – ⌖ 49400
Châteaux de la Loire 35 **C2**
    D Paris 300 – Angers 67 – Le Mans 124 – Poitiers 97 – Tours 64
    E Office de tourisme, place de la Bilange ℘ 02 41 40 20 60,
    Fax 02 41 40 20 69
    🏌 de Saumur Saint-Hilaire, O : 5 km par D 751 et D 161, ℘ 02 41 50 87 00.
    👁 Château★★ : musée d'Arts décoratifs★★, musée du Cheval★, tour du Guet
    ☀★ - Église N.-D.-de-Nantilly★ : tapisseries★★ - Vieux quartier★ BY : Hôtel
    de ville★ H ,tapisseries★ de l'église St-Pierre - Musée de l'école de
    Cavalerie★ M¹ - Musée des Blindés★★ au Sud.

Plan page suivante

Château de Verrières sans rest ⌂ ◐ 🔲 🗄 & ↯ 🍴 🛁
53 r. d'Alsace – ℘ 02 41 38 05 15 – contact@ P VISA ⑳ ⌺ ⓪
chateau-verrieres.com – Fax 02 41 38 18 18 AY **v**
9 ch – †120/245 € ††120/245 €, ☲ 16 €
♦ Les châtelains vous reçoivent en amis dans cette séduisante demeure du 19ᵉ s. nichée au cœur d'un parc de 2 ha. Luxe et raffinement (salons Napoléon III, mobilier d'époque).

St-Pierre sans rest ⌂ 🗄 AC ☏ P P VISA ⑳ ⌺ ⓪
8 r. Haute-St-Pierre – ℘ 02 41 50 33 00 – contact@saintpierresaumur.com
– Fax 02 41 50 38 68 BY **b**
16 ch – †85/150 € ††100/190 €, ☲ 14 €
♦ Poutres massives, colombages, hautes cheminées en tuffeau, escalier à vis et meubles de style : un bien charmant hôtel installé dans des maisons du 17ᵉ s. joliment restaurées.

Anne d'Anjou sans rest ≤ 🗄 & ↯ ☏ 🛁 P VISA ⑳ ⌺ ⓪
32 quai Mayaud – ℘ 02 41 67 30 30 – contact@hotel-anneanjou.com
– Fax 02 41 67 51 00 BY **k**
45 ch – †79/125 € ††97/195 €, ☲ 13 €
♦ Bel hôtel particulier du 18ᵉ s. dont les chambres – Empire ou actuelles – sont tournées vers le fleuve ou le château. L'été, petit-déjeuner servi dans une ravissante cour.

Adagio sans rest 🗄 & AC ↯ ☏ 🛁 P VISA ⑳ ⌺ ⓪
94 av. du Gén. de Gaulle – ℘ 02 41 67 45 30 – contact@hoteladagio.com
– Fax 02 41 67 74 59 – Fermé 23 déc.-26 déc. BX **t**
36 ch – †67/75 € ††81/99 €, ☲ 12 € – 2 suites
♦ À 500 m de la gare, un bien plaisant hôtel proposant cinq catégories de chambres, toutes joliment décorées dans un style contemporain et coloré ; certaines regardent la Loire.

SAUMUR

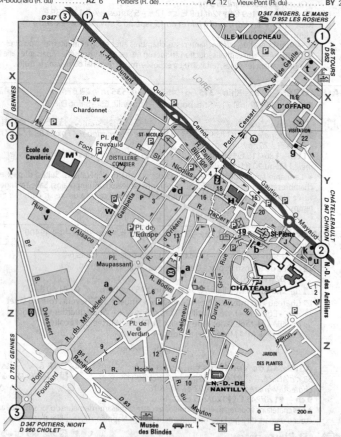

Mercure bord de Loire 🐕 ⇐ ♨ AC 🛁 📞 🐾 P. 🐕 VISA CO AE ①

r. du vieux Pont – ℰ 02 41 67 22 42 – loire-hotel@saumur.net
– Fax 02 41 67 88 80   BY **g**
45 ch – †49/140 € ††72/155 €, � 12 € – 1 suite – **Rest** – Menu (14,50 €), 19 €
(sem.)/40 € – Carte 23/45 €

♦ Bâtiment moderne situé sur l'île d'Offard. Chambres fonctionnelles rénovées ; certaines
offrent une agréable perspective sur le château et la Loire. Le restaurant arbore un nouveau
look, mais sa vue sur le fleuve et Saumur demeure intemporelle.

Kyriad sans rest   ⅃ 📞 🐾 VISA CO AE ①

23 r. Daillé – ℰ 02 41 51 05 78 – kyriad.saumur@multi-micro.com
– Fax 02 41 67 82 35   BY **d**
29 ch – †60/79 € ††65/120 €, ⊃ 8 €

♦ Situation centrale mais calme assuré, accueil particulièrement soigné, chambres décorées avec goût – dont deux très spacieuses et flambant neuves : agréable en tous points.

Le Volney sans rest ⇥ ☏ 📺 VISA ⦿ AE
1 r. Volney – ℰ *02 41 51 25 41 – contact@levolney.com – Fax 02 41 38 11 04*
14 ch – †35 € ††35/55 €, ⊑ 7 € BZ **a**
♦ Face à la Poste, chambres simples mais bien tenues et régulièrement rafraîchies : un bon point de départ pour les petits budgets souhaitant découvrir la "perle de l'Anjou".

Les Ménestrels 🍴 VISA ⦿ AE ①
11 r. Raspail – ℰ *02 41 67 71 10 – menestrel@wanadoo.fr – Fax 02 41 50 89 64*
– Fermé 21-28 déc., lundi sauf le soir d'avril à oct. et dim. BZ **u**
Rest – Menu 31/68 € – Carte 55/74 € ❀
♦ Un beau choix de vins de Loire escorte la cuisine actuelle de ce restaurant, dont une salle est aménagée dans une chapelle qui daterait du 14ᵉ s. Original : le menu marocain.

Gambetta 🍴 ⅏ VISA ⦿ AE
12 r. Gambetta – ℰ *02 41 67 66 66 – legambetta@neuf.fr – Fax 02 41 50 83 23*
– Fermé 28 juil.-21 août, 2-17 janv., merc. soir, dim. soir et lundi AY **w**
Rest – Menu 19 € (déj. en sem.), 26/74 € bc – Carte 50/72 €
♦ Cette maison de pays sise à proximité de l'École de cavalerie abrite deux sobres salles à manger. Terrasse d'été dressée dans la cour. Goûteuse cuisine de saison.

à St-Hilaire-St-Florent 3 km par av. Foch AXY et D 751 – ⊠ 49400 Saumur

◉ École nationale d'Équitation ★.

Les Terrasses de Saumur ⦆ ≼ Saumur, ☵ 🍴 ☒
chemin de l'Alat – ℰ *02 41 67 28 48 – contact@* 🕏 ℙ VISA ⦿ AE
lesterrassesdesaumur.fr – Fax 02 41 67 13 71 – Fermé 21 déc.-19 janv.
22 ch – †45/170 € ††65/170 €, ⊑ 12 € – ½ P 73/125 € – **Rest** – *(fermé lundi midi et mardi midi)* Menu 31/65 € – Carte 37/70 €
♦ Nouveau départ pour cet hôtel dominant Saumur et son château : on rajeunit joliment les chambres (couleurs gaies, beaux équipements), parfois dotées d'une terrasse. Repas traditionnels dans une salle en rotonde donnant sur la ville ou autour de la piscine.

à Chênehutte-les-Tuffeaux 8 km par av. Foch AXY et D 751 – 1 102 h. – alt. 29 m – ⊠ 49350

Le Prieuré ⦆ ≼ la Loire, ♨ ☒ ☒ ※ 🅺 rest, ☏ 🕏 ℙ VISA ⦿ AE ①
– ℰ *02 41 67 90 14 – prieure@grandesetapes.fr – Fax 02 41 67 92 24*
21 ch – †143/328 € ††143/328 €, ⊑ 22 € – 1 suite – **Rest** – Menu (23 €), 29 € (déj. en sem.), 32/100 € bc – Carte 32/76 € ❀
♦ Ce prieuré des 12ᵉ et 16ᵉ s. domine la Loire. Chambres soignées (meubles de style), profitant toutes de la vue. Restaurant au cadre bourgeois offrant un panorama inoubliable. Légumes, poissons et beau choix de vins du cru.

Les Résidences du Prieuré 🏠 ⦆ ♨ ☒ ※ ☏ VISA ⦿ AE ①
– prieure@grandesetapes.fr
15 ch – †128 € ††128 €, ⊑ 22 €
♦ Chambres avec terrasse et jardinet privé, réparties dans six bungalows disséminés dans un immense parc boisé.

SAUSHEIM – 68 Haut-Rhin – 315 I10 – rattaché à Mulhouse

LA SAUSSAYE – 27 Eure – 304 F6 – 1 954 h. – alt. 137 m – ⊠ 27370   33 **D2**

▣ Paris 130 – Évreux 40 – Louviers 20 – Pont-Audemer 49 – Rouen 25

Manoir des Saules (Jean-Paul Monnaie) ⦆ ☵ 🍴 ⅙ ch, ⇥
2 pl. St Martin – ℰ *02 35 87 25 65* 🕏 ℙ VISA ⦿ AE
– manoirdessaules@wanadoo.fr – Fax 02 35 87 49 39 – Fermé 10 nov.-3 déc.,
23 fév.-6 mars, dim. soir de sept. à avril, lundi et mardi
9 ch – †165 € ††195/265 €, ⊑ 20 €
Rest – *(nombre de couverts limité, prévenir)* Menu 60 € (sem.)/120 €
– Carte 65/107 € ❀
Spéc. Foie gras de canard au torchon. Poissons sauvages (selon pêche). Soufflé chaud au Grand Marnier.
♦ Colombages et tourelles ornent la façade de ce charmant manoir normand doté d'un jardin. Dans les chambres, beau mobilier de style et décoration originale. Élégantes salles à manger où l'on savoure une cuisine au goût du jour soignée. Riche carte des vins.

SAUSSET-LES-PINS – 13 Bouches-du-Rhône – 340 F6 – 7 233 h. – alt. 15 m –
⊠ 13960 ▮ Provence   40 **B3**

> ◩ Paris 768 – Aix-en-Provence 41 – Marseille 37 – Martigues 13
> – Salon-de-Provence 48
>
> ◪ Syndicat d'initiative, 16, avenue du Port ℰ 04 42 45 60 65, Fax 04 42 45 60 68

🏥 **Paradou-Méditerranée** ⪡ 🏡 ⌣ 🏦 ⅋ ⅌ rest, 🛏 🛁 **P** 𝘝𝘐𝘚𝘈 ◍ 🅰🅴
– ℰ 04 42 44 76 76 – hotel.paradou@wanadoo.fr – Fax 04 42 44 78 48
41 ch – ♥87/112 € ♥♥97/119 €, ⌷ 10 € – ½ P 67/78 € – **Rest** – (fermé
20 déc.-4 janv.) Menu 34/50 € – Carte 24/47 €
♦ Cet hôtel, idéalement situé face à la mer, offre aussi les joies d'une piscine et d'un jardin.
Chambres refaites et colorées, pourvues de balcons. Accueil charmant. Salle à manger
d'esprit provençal où l'on sert une cuisine aux saveurs méditerranéennes.

☓☓☓ **Les Girelles**   ⪡ 🏡 🏦 𝘝𝘐𝘚𝘈 ◍ 🅰🅴 ⓘ
r. Frédéric Mistral – ℰ 04 42 45 26 16 – restaurant-les-girelles@wanadoo.fr
– Fax 04 42 45 49 65 – Fermé 2-31 janv., mardi midi, merc. midi en juil.-août, dim.
soir de sept. à juin et lundi
Rest – Menu 29/40 € – Carte 42/84 €
♦ Véranda confortable et terrasse tournées vers la grande bleue, salle provençale soignée.
Actuelle, la carte privilégie tout naturellement produits de la mer et accents du Sud.

SAUTERNES – 33 Gironde – 335 I7 – 586 h. – alt. 50 m – ⊠ 33210
▮ Aquitaine   3 **B2**

> ◩ Paris 624 – Bazas 24 – Bordeaux 49 – Langon 11
>
> ◪ Office de tourisme, 11, rue Principale ℰ 05 56 76 69 13, Fax 05 57 31 00 67

🏥 **Relais du Château d'Arche** sans rest 🌿   ⪡ vignoble,
0,5 km au Nord, rte de Bommes –   🏡 🛏 **P** 𝘝𝘐𝘚𝘈 ◍
ℰ 05 56 76 67 67 – chateaudarche@wanadoo.fr – Fax 05 56 76 69 76
9 ch – ♥120/160 € ♥♥120/160 €, ⌷ 10 €
♦ Chartreuse du 17ᵉ s. au cœur du domaine viticole du Château d'Arche, dont on peut
déguster les grands crus après une visite. Chambres cosy et personnalisées. Salle de
réception.

☓☓ **Saprien**   🏡 🏡 **P** 𝘝𝘐𝘚𝘈 ◍ 🅰🅴
⊕ 14 r. Principale – ℰ 05 56 76 60 87 – saprien@tiscali.fr – Fax 05 56 76 68 92
– Fermé 1ᵉʳ-8 mars, 22 déc.-12 janv., 16-22 fév., dim. soir, merc. soir, lundi et le soir
en hiver sauf vend. et sam.
Rest – Menu (17 €), 25/37 € – Carte 42/58 €
♦ Maison typique de vigneron et son coquet intérieur rustique (cheminée). Terrasse au
pied des vignes. Bonne sélection de sauternes au verre et goûteuse cuisine régionale.

SAUVE – 30 Gard – 339 I5 – 1 690 h. – alt. 103 m – ⊠ 30610   23 **C2**

> ◩ Paris 747 – Montpellier 48 – Alès 28 – Nîmes 40 – Le Vigan 38
>
> ◪ Office de tourisme, place René Isouard ℰ 04 66 77 57 51, Fax 04 66 77 05 99

☓☓ **La Magnanerie** avec ch 🌿   🏡 🏡 ⌣ 🛏 **P** 𝘝𝘐𝘚𝘈 ◍ 🅰🅴 ⓘ
rte de Nîmes – ℰ 04 66 77 57 44 – la.magnanerie@wanadoo.fr – Fax 04 66 77 02 31
8 ch – ♥49/57 € ♥♥56/115 €, ⌷ 7 € – ½ P 53/61 € – **Rest** – (fermé
15-30 nov., merc. soir sauf juil.-août, mardi midi et lundi) Menu (14 € bc), 26/36 €
– Carte 46/50 €
♦ En bordure de rivière, cette paisible bastide du 17ᵉ s., entourée d'un jardin (avec les
vestiges d'un aqueduc), propose des chambres fonctionnelles. Goûteuse cuisine actuelle.

SAUVETERRE – 30 Gard – 339 N4 – 1 696 h. – alt. 23 m – ⊠ 30150   23 **D2**

> ◩ Paris 669 – Alès 77 – Avignon 15 – Nîmes 49 – Orange 15 – Pont-St-Esprit 36

🏥 **Château de Varenne** sans rest 🌿   ◔ ⌣ 🏦 ⅋ 🛏 🛁 **P** 𝘝𝘐𝘚𝘈 ◍ 🅰🅴
pl. St-Jean – ℰ 04 66 82 59 45 – info@chateaudevarenne.com
– Fax 04 66 82 84 83 – Fermé 6 janv.-18 fév.
13 ch – ♥98/148 € ♥♥98/380 €, ⌷ 18 €
♦ Le parc à la française ajoute au charme de cette élégante demeure du 18ᵉ s. Chambres
raffinées, personnalisées et agrémentées de riches tissus et objets anciens.

SAUVETERRE-DE-BÉARN – 64 Pyrénées-Atlantiques – 342 G2 – 1 304 h. – alt. 69 m – ✉ 64390 Aquitaine 3 B3

Paris 777 – Pau 64 – Bayonne 60 – Orthez 22 – Peyrehorade 25 – Saint-Jean-Pied-de-Port 44

Office de tourisme, place Royale ✆ 05 59 38 32 86

La Maison de Navarre
ch, rest, P VISA MC

– *✆ 05 59 38 55 28 – infos@lamaisondenavarre.com – Fax 05 59 38 55 71 – Fermé 27 août-3 sept., nov., 16 fév.-1er mars*

7 ch – †53/63 € ††58/74 €, ☕ 7,50 € – ½ P 79/89 € – **Rest** – *(fermé dim. soir sauf juil.-août et merc.)* Menu 19 € bc (sem.) – Carte 30/44 €

◆ Charmante maison de maître (fin 18e) dans un jardin profitant de la vue sur les Pyrénées. Mobilier chiné, parquet et couleurs gaies rendent les chambres coquettes. Au restaurant, cadre cosy, belle terrasse et cuisine mi-béarnaise, mi-provençale.

Domaine de Betouzet
P

Andrein, 3 km à l'Est par D 27 – ✆ 05 59 38 91 40 – book@betouzet.com – Fax 05 59 38 91 51 – Ouvert 20 mars-30 nov.

5 ch – †150/200 € ††150/200 €, ☕ 12 €

Table d'hôte – Menu 24 € bc (déj. en sem.), 30 € bc/45 € bc

◆ Des arbres centenaires et des haies de buis bien taillées agrémentent le parc de cette jolie gentilhommière. Chambres calmes et confortables, boudoir et espace bien-être. Repas traditionnels à la table d'hôte, près de la cheminée ; cours de cuisine.

SAUVETERRE-DE-COMMINGES – 31 Haute-Garonne – 343 C6 – 720 h. – alt. 480 m – ✉ 31510 28 B3

Paris 777 – Bagnères-de-Luchon 36 – Lannemezan 31 – Tarbes 71 – Toulouse 104

Les 7 Molles
P VISA MC AE

à Gesset – ✆ 05 61 88 30 87 – contact@hotel7molles.com – Fax 05 61 88 36 42 – Fermé 15 fév.-15 mars, mardi et merc. hors saison

18 ch – †79/83 € ††83/195 €, ☕ 12 € – ½ P 92/127 € – **Rest** – *(fermé le midi en sem.)* Menu 30/47 € – Carte 43/60 €

◆ Les chambres avec balcon regardent le joli jardin fleuri orné de "sept molles" (meules) récupérées sur des moulins en ruines. Style parfois désuet, mais confort appréciable. Belle salle à manger bourgeoise (faïence du pays sur les tables) et cuisine classique.

SAUVETERRE-DE-ROUERGUE – 12 Aveyron – 338 F5 – 832 h. – alt. 460 m – ✉ 12800 Midi-Pyrénées 29 C1

Paris 652 – Albi 52 – Millau 88 – Rodez 30 – St-Affrique 78 – Villefranche-de-Rouergue 44

Office de tourisme, place des Arcades ✆ 05 65 72 02 52, Fax 05 65 72 02 85

Place centrale★.

Le Sénéchal (Michel Truchon)
VISA MC AE

– *✆ 05 65 71 29 00 – info@hotel-senechal.fr – Fax 05 65 71 29 09 – Fermé 1er janv.-15 mars, mardi midi et jeudi midi sauf juil.-août et lundi*

8 ch – †105 € ††105 €, ☕ 16 € – 3 suites – ½ P 120/150 €

Rest *(nombre de couverts limité, prévenir)* Menu 26 € (sem.)/125 € – Carte 45/85 €

Spéc. Foies gras de canard chauds et froids. Viandes et volailles de pays. Desserts aux fruits de saison. **Vins** Marcillac, Vin de pays de l'Aveyron.

◆ Une bastide royale du 13e s. sert de cadre à cette auberge reconstruite dans le style du pays. Intérieur mariant le moderne à l'ancien. Cuisine actuelle et décor original : poisson rouge en bocal à chaque table, œuvre d'art contemporain en fer, salon design.

SAUVIAT-SUR-VIGE – 87 Haute-Vienne – 325 G5 – 1 044 h. – alt. 450 m – ✉ 87400

Paris 404 – Limoges 34 – Guéret 49 – Panazol 30 – Isle 38 24 B2

Auberge de la Poste
P VISA MC

141 r. Emile Dourdet – ✆ 05 55 75 30 12 – aubergedelaposte@wanadoo.fr – Fax 05 55 75 33 60 – Fermé 23 déc.-3 janv.

10 ch – †40 € ††50 €, ☕ 6,50 € – ½ P 48 € – **Rest** – *(fermé dim. soir et lundi)* Menu 17 € (sem.)/38 € – Carte 24/47 €

◆ Auberge familiale sur l'axe principal du village. Les chambres, fonctionnelles et de style rustique, sont logées dans un bâtiment à l'abri des nuisances de la route. Cuisine classique servie dans un agréable cadre campagnard (pierres apparentes, poutres, parquet).

SAUVIGNY-LES-BOIS – 58 Nièvre – 319 C10 – rattaché à Nevers

SAUXILLANGES – 63 Puy-de-Dôme – 326 H9 – 1 082 h. – alt. 460 m – ✉ 63490
Auvergne 6 **C2**

Paris 455 – Ambert 46 – Clermont-Ferrand 45 – Issoire 14 – Thiers 45 – Vic-le-Comte 20

Syndicat d'initiative, place de l'Ancienne Poste ✆ 04 73 96 37 63, Fax 04 73 96 87 24

Pic d'Usson ⁂★ SO : 4 km.

XX **Restaurant de la Mairie** AC VISA MC

11-17 pl. St-Martin – ✆ 04 73 96 80 32 – contact@fontbonne.fr – Fax 04 73 96 89 92 – Fermé 26 juin-4 juil., 22 sept.-3 oct., 5-23 janv., mardi soir et merc. soir de la Toussaint à Pâques, dim. soir et lundi

Rest – Menu 20 € (sem.)/50 € – Carte 29/52 €

◆ Face à la mairie, maison de village datant de 1811. Salles à manger plaisantes (poutres, vitraux) et petit salon intime pour une fine cuisine mi-traditionnelle mi-régionale.

LE SAUZE – 04 Alpes-de-Haute-Provence – 334 I6 – rattaché à Barcelonnette

SAUZON – 56 Morbihan – 308 L10 – voir à Belle-Ile-en-Mer

SAVERNE SP – 67 Bas-Rhin – 315 I4 – 11 201 h. – alt. 200 m – ✉ 67700
Alsace Lorraine 1 **A1**

Paris 450 – Lunéville 88 – St-Avold 89 – Sarreguemines 65 – Strasbourg 39

Office de tourisme, 37, Grand'Rue ✆ 03 88 91 80 47, Fax 03 88 71 02 90

Château★ : façade★★ - Maisons anciennes à colombage★ **N.**

Plan page ci-contre

Europe sans rest VISA MC AE

7 r. de la Gare – ✆ 03 88 71 12 07 – info@hotel-europe-fr.com – Fax 03 88 71 11 43 – Fermé 21 déc.-6 janv. A **e**

28 ch – †63/68 € ††67/125 €, ☕ 9,50 €

◆ Cet hôtel sur le thème de l'Europe propose des chambres sobres, très spacieuses et fonctionnelles, à la tenue irréprochable. Salon et bar anglais élégants côté rue.

Chez Jean VISA MC

3 r. de la Gare – ✆ 03 88 91 10 19 – chez.jean@wanadoo.fr – Fax 03 88 91 27 45 – Fermé 2-11 janv. A **v**

25 ch – †63/66 € ††79/84 €, ☕ 9,50 € – ½ P 68/74 €

Rest – *(fermé 22 déc.-12 janv., dim. soir et lundi)* Menu 15 € (déj. en sem.), 29/42 € – Carte 32/55 €

Rest *Winstub s'Rosestiebel* – *(fermé 22 déc.-12 janv., dim. soir et lundi)* Menu 15 € (déj. en sem.), 29/42 € – Carte 32/55 €

◆ À deux pas du centre piétonnier, un établissement aux chambres claires et bien agencées, d'esprit alsacien : bois patiné, couettes et linge de qualité. Cuisine régionale servie dans une salle à manger habillée de boiseries. Repas conviviaux à la Winstub s'Rosestiebel.

XX **Zum Staeffele** AC VISA MC AE

1 r. Poincaré – ✆ 03 88 91 63 94 – michel.jaeckel@wanadoo.fr – Fax 03 88 91 63 94 – Fermé 21 juil.-8 août, 22 déc.-5 janv., dim. soir, merc. et jeudi B **a**

Rest – Menu 22 € (déj. en sem.), 38/55 € – Carte 46/52 €

◆ Cette maison en pierre des 18e et 19e s. située face au château des Rohan possède un intérieur soigné et orné de tableaux. Plats au goût du jour à base de beaux produits.

XX **Le Clos de la Garenne** avec ch ch, P VISA MC AE

(1,5 km par rte de Haut Barr) – ✆ 03 88 71 20 41 – clos-garenne@wanadoo.fr – Fax 03 88 02 08 86

15 ch – †35/50 € ††50/95 €, ☕ 10 € – ½ P 62/80 € – **Rest** – *(fermé sam. midi, mardi soir et merc.)* Menu 18 € (déj. en sem.), 40/80 € – Carte 56/75 €

◆ Côté cuisine, des saveurs fraîches et actuelles. Côté décor, une belle atmosphère rustique et lumineuse. Chambres d'esprit cocooning (boiseries anciennes et tissus à carreaux).

SAVERNE

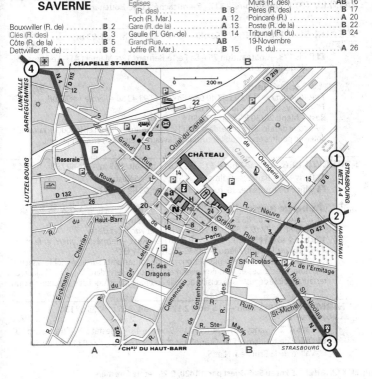

par ② 3 km sur D 421 – ⊠ 67700 Monswiller

XX   **Kasbür**   🕭 🥢 **P** **VISA** **ⓜⓞ** **AE**
    – 𝒞 03 88 02 14 20 – restaurant.kasbur@wanadoo.fr – Fax 03 88 02 14 21
    – Fermé 28 juil.-11 août, 26 janv.-9 fév., dim. soir, merc. soir et lundi
    Rest – Menu 19 € (déj. en sem.), 40/78 € bc
    ♦ Cette table de tradition familiale (1932) vous accueille dans une salle à manger contemporaine éclairée par une véranda. Un cadre séduisant pour une carte actuelle bien conçue.

SAVIGNEUX – 42 Loire – 327 D6 – **rattaché à Montbrison**

SAVIGNY-LÈS-BEAUNE – 21 Côte-d'Or – 320 I7 – **rattaché à Beaune**

SAVIGNY-SOUS-FAYE – 86 Vienne – 322 H3 – **rattaché à Lencloitre**

SAVONNIÈRE – 37 Indre-et-Loire – 317 M4 – **2 558 h. – alt. 47 m** – ⊠ 37510
🎖 Châteaux de la Loire

    D Paris 205 – Orléans 81 – Blois 17 – Tours 57 – Romorantin-Lanthenay 43

XX   **La Maison Tourangelle**   🥢 ⇄ **VISA** **ⓜⓞ**
😊   9 rte Grottes Pétrifiantes – 𝒞 02 47 50 30 05 – lamaisontourangelle@wanadoo.fr
    – Fax 02 47 50 30 94 – Fermé 18-31 août, 17-24 nov., 23 fév.-9 mars, sam. midi, dim.
    soir et merc.
    Rest – Menu 25/55 € bc
    ♦ Joli décor panachant l'actuel et le rustique, délicieuse terrasse sur le Cher et cuisine au goût du jour soignée résument les attraits de cette maison tourangelle du 18ᵉ s.

SAZILLY – 37 Indre-et-Loire – 317 L6 – **rattaché à L'Île-Bouchard**

SCEAUX-SUR-HUISNE – 72 Sarthe – 310 M6 – 547 h. – alt. 93 m –
⊠ 72160   35 **D1**

D Paris 173 – Châteaudun 75 – La Ferté-Bernard 12 – Mamers 41 – Le Mans 35
– Nogent-le-Rotrou 34

XX   **Le Panier Fleuri**   _VISA_ **CO**
1 av. Bretagne – ☎ 02 43 93 40 08 – Fax 02 43 93 43 86 – Fermé 14-30 juil.,
1er-14 janv., dim. soir, mardi soir et merc.
Rest – Menu 20/30 € – Carte 22/50 €
♦ Au cœur de la localité, cette maison du 19e s. abrite une salle tout en longueur, rafraîchie,
dotée de poutres et de mobilier rustique. Caveau et petit salon en complément.

SCHERWILLER – 67 Bas-Rhin – 315 I7 – 2 614 h. – alt. 185 m – ⊠ 67750   2 **C1**

D Paris 439 – Barr 21 – Colmar 27 – St-Dié 42 – Sélestat 5
E Office de tourisme, 30, rue de la Mairie ☎ 03 88 92 25 62

🏠   **Auberge Ramstein**   ⇐ 🖀 ⅏ ch, ⅍ ✆ 🖫 **P** _VISA_ **CO**
1 r. Riesling – ☎ 03 88 82 17 00 – hotel.ramstein @ wanadoo.fr
– Fax 03 88 82 17 02 – Fermé 23 déc.-10 janv. et vacances de fév.
15 ch – ♦48 € ♦♦60 €, ⊇ 8 € – ½ P 58/61 € – **Rest** – (fermé dim., merc. et le midi
du 15 juil. au 15 août) Menu 24/43 € – Carte 30/41 € ⅍
♦ Sympathique demeure régionale ouverte de toutes parts sur le vignoble alsacien.
Chambres spacieuses et bien équipées. Petit-déjeuner servi dans le salon. Chaleureux
restaurant où se déguste une cuisine actuelle accompagnée d'une belle sélection de vins.

SCHIRMECK – 67 Bas-Rhin – 315 H6 – 2 177 h. – alt. 315 m – ⊠ 67130   1 **A2**
▌Alsace Lorraine

D Paris 412 – Nancy 101 – St-Dié 41 – Saverne 48 – Sélestat 59 – Strasbourg 53
E Office de tourisme, 114, Grand'Rue ☎ 03 88 47 18 51, Fax 03 88 97 09 59
◎ Vallée de la Bruche★ N et S.

aux Quelles 7,5 km au Sud-Ouest par D 1420, D 261 et rte forestière
– ⊠ 67130 La Broque

🏠   **Neuhauser** ⊗   ⇐ 🖀 🖀 🖫 ⅏ ch, ⅍ rest, 🖫 **P** _VISA_ **CO** **AE** **①**
– ☎ 03 88 97 06 81 – hotelneuhauser @ wanadoo.fr – Fax 03 88 97 14 29 – Fermé
17-30 nov. et 20 fév.-10 mars
20 ch – ♦68 € ♦♦85/132 €, ⊇ 12 € – ½ P 72/110 € – **Rest** – Menu 22/50 €
– Carte 27/56 €
♦ Le calme est garanti dans cette auberge campagnarde au cœur de la forêt proposant
chambres et chalets de style rustique, piscine intérieure et sauna. Au restaurant, bonne
cuisine régionale et eau-de-vie de la distillerie familiale en digestif !

LA SCHLUCHT (COL DE) – 88 Vosges – 314 K4 – **voir à Col de la Schlucht**

SECLIN – 59 Nord – 302 G4 – 12 089 h. – alt. 30 m – ⊠ 59113   31 **C2**
▌Nord Pas-de-Calais Picardie

D Paris 212 – Lens 26 – Lille 17 – Tournai 33 – Valenciennes 47
E Office de tourisme, 70, rue Roger Bouvry ☎ 03 20 90 12 12,
Fax 03 20 90 12 00
◎ Cour★ de l'hôpital.

XXX   **Auberge du Forgeron** avec ch   ⇄ ✆ 🖀 _VISA_ **CO** **AE**
17 r. Roger Bouvry – ☎ 03 20 90 09 52 – contact @ aubergeduforgeron.com
– Fax 03 20 32 70 87 – Fermé 26 juil.-18 août et 24-30 déc.
16 ch – ♦55/72 € ♦♦72/89 €, ⊇ 10 € – 1 suite – **Rest** – (fermé sam. midi et dim.)
Menu 38/91 € bc – Carte 55/84 € ⅍
♦ Cheminée et rôtissoire réchauffent la salle à manger-véranda de cette vieille maison en
briques. Cuisine dans l'air du temps et belle cave. Confort moderne dans les chambres.

▶ Paris 246 – Charleville-Mézières 25 – Metz 134 – Reims 101

🛈 Office de tourisme, place du Château Fort ℘ 03 24 27 73 73,
Fax 03 24 29 03 28

◉ Château fort★★.

SEDAN

Alsace-Lorraine (Pl. d')	**BZ** 2	
Armes (Pl. d')	**BY** 3	
Bayle (R. de)	**BY** 4	
Berchet (R.)	**BY** 5	
Blanpain (R.)	**BY** 6	
Capucins (Rampe)	**BY** 7	
Carnot (R.)	**BY** 8	
Crussy (Pl.)	**BY** 9	
Fleuranges (R. de)	**AY** 10	

Francs-Bourgeois (R. des)	**BY** 12	
Gambetta (R.)	**BY** 13	
Goulden (Pl.)	**BY** 14	
Halle (Pl. de la)	**BY** 15	
Horloge (R. de l')	**BY** 17	
Jardin (Bd du Gd)	**BY** 18	
Lattre-de-Tassigny (Bd Mar.-de)	**AZ** 21	
Leclerc (Av. du Mar.)	**BY** 24	
Margueritte (Av. du G.)	**ABY** 26	
Martyrs-de-la-Résistance (Av. des)	**AY** 27	

Mesnil (R. du)	**BY**	
Nassau (Pl.)	**BZ** 31	
Promenoir-des-Prêtres	**BY** 33	
Rivage (R. du)	**BY** 34	
La Rochefoucauld (R. de)	**BY** 20	
Rochette (Bd de la)	**BY** 35	
Rovigo (R.)	**BY** 36	
Strasbourg (R. de)	**BZ** 39	
Turenne (Pl.)	**BY** 41	
Vesseron-Lejay (R.)	**AY** 42	
Wuildet-Bizot (R.)	**BZ** 44	

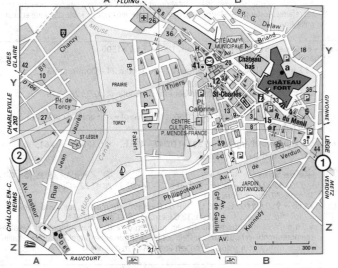

<table>
<tr><td>🏠🏠🏠</td><td>**Hôtellerie le Château Fort**</td><td>🌳 ⅙ ⤧ 🛉 🎿 **P** **VISA** **MO** **AE** ①</td></tr>
</table>

dans le château fort : accès Porte des Princes – ℘ *03 24 26 11 00 – contact @*
hotelfp-sedan.com – Fax 03 24 27 19 00   BY **a**
52 ch – ♦69/129 € ♦♦69/129 €, �"立 12 € – 1 suite – **Rest** – *(fermé dim. soir*
et lundi midi) Menu (22 €), 28/55 € – Carte 46/57 €

◆ L'hôtel occupe l'ex-magasin à poudre du château fort (15ᵉ s.). L'ensemble est contemporain et confortable, les chambres accueillantes et agrémentées de peintures à thème
médiéval. Au restaurant, sobre décor moderne et cuisine au goût du jour.

<table>
<tr><td>XXX</td><td>**Au Bon Vieux Temps**</td><td>**AK** **VISA** **MO** **AE** ①</td></tr>
</table>

3 pl. de la Halle – ℘ *03 24 29 03 70 – restaurant.au.bon.vieux.temps @ wanadoo.fr*
– Fax 03 24 29 20 27 – Fermé 25 août-1ᵉʳ sept., 26-31 déc., 16 fév.-9 mars, dim. soir,
merc. soir et lundi   BYZ **r**
Rest – Menu (19 €), 25/48 € – Carte 36/74 €
Rest *Marmiton* – *(fermé dim. et lundi) (déj. seult)* Menu 13/18 € – Carte 15/20 €
◆ Mobilier de style et jolies peintures murales – vues de Sedan et de la région – à cette table
classique confortable, proche du château. À midi, au Marmiton (au-dessus du "gastro"),
menus et carte simples, plat du jour et décor de bistrot sur le thème du vin.

à Bazeilles 3 km par ① – 1 879 h. – alt. 161 m – ⊠ 08140

âîâ **Château de Bazeilles** ⊗   🕭 🖱 ᕒ ch, 📞 🖴 **P** *VISA* **③③** **AE** **①**
– *℘ 03 24 27 09 68 – contact@chateau-bazeilles.com – Fax 03 24 27 64 20*
20 ch – ⸸74 € ⸸⸸92 €, � 9 € – ½ P 83/102 €
Rest *L'Orangerie* – *(fermé 24-30 déc., dim. soir du 15 nov. au 15 mars et sam. midi)* Menu 22 € (sem.)/50 € – Carte 34/64 €
♦ Hôtel occupant les dépendances et la conciergerie d'un château du 18ᵉ s. où se retrouvait la bourgeoisie sedanaise. Chambres spacieuses et fraîches. Repas inventif à l'Orangerie, près du feu ouvert, sous la curieuse charpente en carène renversée ou, à la belle saison, sur la terrasse tournée vers les jardins.

âîâ **Auberge du Port** ⊗   🖼 🖱 🖴 **P** *VISA* **③③** **AE** **①**
ⓢ *1 km au Sud par rte Remilly-Aillicourt – ℘ 03 24 27 13 89 – auberge-du-port@ wanadoo.fr – Fax 03 24 29 35 58 – Fermé 1ᵉʳ-25 août, 19 déc.-5 janv.*
20 ch – ⸸55 € ⸸⸸65/70 €, � 8 € – ½ P 55 € – **Rest** – *(fermé vend. sauf le soir du 1ᵉʳ avril au 30 oct., sam. midi et dim. soir)* Menu 18 € (déj. en sem.), 24/53 € ⅋
♦ Cette paisible auberge avec son jardin en bord de Meuse ravira les amateurs de vin grâce à sa cave bien achalandée (dégustatation et vente). Chambres simples, presque toutes refaites. Restaurant-véranda doté d'une terrasse verdoyante. Table classique et beaux millésimes.

SÉES – 61 Orne – 310 K3 – 4 504 h. – alt. 186 m – ⊠ 61500
▯ Normandie Cotentin   33 **C3**
▯ Paris 183 – L'Aigle 42 – Alençon 22 – Argentan 24 – Domfront 66 – Mortagne-au-Perche 33
🛈 Office de tourisme, place du Général-de-Gaulle ℘ 02 33 28 74 79, Fax 02 33 28 18 13
▣ Cathédrale Notre-Dame★ : chœur et transept★★ - Forêt d'Ecouves★★ SO : 5 km.

à Macé 5,5 km par rte d'Argentan, D 303 et D 747 – 476 h. – alt. 173 m – ⊠ 61500
▣ Château d'O★ NO : 5 km.

âîâ **Île de Sées** ⊗   🕭 🖱 ⅍ rest, 📞 🖴 **P** *VISA* **③③**
ⓢ – *℘ 02 33 27 98 65 – ile-sees@ile-sees.fr – Fax 02 33 28 41 22 – Ouvert*
⁒⌖⁒ *1ᵉʳ mars-30 nov. et fermé dim. soir*
16 ch – ⸸55 € ⸸⸸65 €, � 8 € – ½ P 60 € – **Rest** – *(fermé dim. soir, lundi midi, mardi midi et merc. midi)* Menu 18 € (sem.)/35 € – Carte 21/42 €
♦ En pleine campagne normande, cet hôtel entouré d'un parc propose d'agréables chambres (mobilier lasuré, tons pastel). Copieux petit-déjeuner buffet. Chaleureuse salle à manger rustico-bourgeoise où l'on sert une cuisine traditionnelle.

SEGONZAC – 19 Corrèze – 329 I4 – 239 h. – alt. 345 m – ⊠ 19310
▯ Périgord   24 **B3**
▯ Paris 506 – Limoges 117 – Tulle 58 – Brive-la-Gaillarde 31 – Périgueux 69

↑ **Pré Laminon** ⊗   ⫯ **P**
ⓢ – *℘ 05 55 84 17 39 – prelaminon@wanadoo.fr – Ouvert 1ᵉʳ avril-30 sept.*
3 ch � – ⸸40/50 € ⸸⸸52/60 € – **Table d'hôte** – Menu 18 € bc
♦ Ancienne grange corrézienne dans un paysage de collines. L'intérieur est aussi chaleureux qu'un chalet savoyard : cadre artisanal tout en bois, chambres douillettes. Piscine. Table d'hôte.

SÉGOS – 32 Gers – 336 A8 – rattaché à Aire-sur-l'Adour

SÉGURET – 84 Vaucluse – 332 D8 – rattaché à Vaison-la-Romaine

---

SEIGNOSSE – 40 Landes – 335 C12 – 2 427 h. – alt. 15 m – ⊠ 40510   3 **A3**
▯ Paris 747 – Biarritz 36 – Dax 32 – Mont-de-Marsan 85 – Soustons 11
🛈 Office de tourisme, avenue des Lacs ℘ 05 58 43 32 15, Fax 05 58 43 32 66
🖥 de Seignosse Avenue du Belvédère, O : 4 km par D 86, ℘ 05 58 41 68 30.

Golf Hôtel ⑤ ≤ ⌂ ⌂ ⌉ 🅽 🛗 ⅏ ch, 🏛 Ⓟ 𝕍𝕀𝕊𝔸 ⓶ 🄰🄴 ⓘ
av. du Belvédère, au golf, 4 km à l'Ouest par D 86 – ℰ 05 58 41 68 40
– Fax 05 58 41 68 41 – Fermé 15 déc.-18 fév.
45 ch – ♦74/95 € ♦♦100/142 €, ⊇ 12 € – **Rest** – *(dîner seult)* Menu 28/36 €
– Carte 31/55 €
♦ Dans la pinède, construction en bois coloré, de style Louisiane, associée à un joli parcours de golf. Immense hall sous verrière. Certaines chambres possèdent un balcon. Cuisine traditionnelle servie au restaurant le soir et, à midi, formule rapide au club-house.

Villa de l'Étang Blanc ⑤ ≤ ⌂ ⌂ ℅ ch, 📞 Ⓟ 𝕍𝕀𝕊𝔸 ⓶ 🄰🄴
2265, rte Etang Blanc, 2,5 Km au Nord par D 185 et D 432 – ℰ 05 58 72 80 15
– lavilladeetangblanc@wanadoo.fr – Fax 05 58 72 83 67 – Ouvert de mars à oct.
10 ch – ♦65/110 € ♦♦65/155 €, ⊇ 15 € – ½ P 80/125 € – **Rest** – *(ouvert du 15 mars-15 oct. et fermé mardi midi, dim. soir et lundi hors saison, le midi sauf week-ends et fériés du 1er juil. au 15 sept.)* Menu 25/45 € – Carte 34/56 €
♦ Ambiance rétro teintée d'exotisme en cette maison charmante posée dans son jardin bichonné. Chambres et junior suites soignées. Salle à manger vitrée donnant sur l'étang et belle terrasse près du canal, au bord duquel sont amarrées les barques des pêcheurs.

SEILH – 31 Haute-Garonne – 343 G2 – rattaché à Toulouse

SEILHAC – 19 Corrèze – 329 L3 – 1 635 h. – alt. 500 m – ⊠ 19700　　25 **C3**
　🅳 Paris 461 – Aubusson 97 – Brive-la-Gaillarde 33 – Limoges 73 – Tulle 15
　　– Uzerche 16
　🅸 Office de tourisme, place de l'Horloge ℰ 05 55 27 97 62

Au Relais des Monédières 🌡 ⌂ ℅ ⅏ Ⓟ ⌂ 𝕍𝕀𝕊𝔸 ⓶ 🄰🄴
1 km rte de Tulle – ℰ 05 55 27 04 74 – Fax 05 55 27 90 03 – Fermé 29 mars-5 avril, 30 juin-6 juil., 23 déc.-15 janv., vend. soir, sam. midi et dim. soir hors saison et fériés
16 ch – ♦48/51 € ♦♦48/60 €, ⊇ 7 € – ½ P 49/52 € – **Rest** – Menu 14 € *(sem.)*/34 € – Carte 20/36 €
♦ Les amateurs de pêche apprécieront cette maison familiale agrémentée d'un joli parc avec plan d'eau, face au massif des Monédières. Modestes chambres parfaitement tenues. Restaurant rustique, verdoyante terrasse sous chapiteau. Plats traditionnels et régionaux.

SEILLANS – 83 Var – 340 O4 – 2 115 h. – alt. 350 m – ⊠ 83440　　41 **C3**
　🅳 Paris 890 – Marseille 142 – Toulon 106 – Antibes 54 – Cannes 43
　🅸 Syndicat d'initiative, 1, rue du Valat ℰ 04 94 76 85 91, Fax 04 94 39 13 53

Des Deux Rocs 🏠 ℅ 📞 𝕍𝕀𝕊𝔸 ⓶ 🄰🄴
1 pl. Font d'Amont – ℰ 04 94 76 87 32 – hoteldeuxrocs@wanadoo.fr
– Fax 04 94 76 88 68 – Fermé 17-23 nov. et 4 janv.-14 fév.
14 ch – ♦65/135 € ♦♦65/135 €, ⊇ 12 € – **Rest** – *(fermé dim. soir et mardi midi sauf de juin à sept. et lundi)* Menu (30 €), 37 € – Carte 42/52 €
♦ Cette belle bastide du 18e s. située sur les hauteurs du bourg abrite une hostellerie de caractère. Jolies chambres personnalisées, garnies de meubles familiaux ou chinés. Repas servis auprès de la cheminée ou à l'ombre des platanes, sur la place du village.

Le Relais d'Oléa 🏠 ⅓ 🄰🄲 𝕍𝕀𝕊𝔸 ⓶ 🄰🄴
1 pl. Thouron – ℰ 04 94 60 18 65 – contact@lerelaisdolea.com
– Fax 04 94 60 10 92 – Fermé 8 nov.-10 déc., merc. sauf en été et mardi
Rest – Menu 28/43 € – Carte 32/46 €
♦ Sur les hauteurs du village, sympathique restaurant contemporain installé dans un relais de poste. Recettes au goût du jour à base de beaux produits. Terrasse sous les platanes.

SEILLONNAZ – 01 Ain – 328 F6 – 123 h. – alt. 530 m – ⊠ 01470　　45 **C1**
　🅳 Paris 498 – Lyon 87 – Bourg-en-Bresse 66 – Villeurbanne 75 – Chambéry 73

La Cigale d'Or 🏠 ℅ ♻ 𝕍𝕀𝕊𝔸 ⓶
au village – ℰ 04 74 36 13 61 – cigaledor@wanadoo.fr – Fax 04 74 36 15 64
– Fermé 3-9 nov., 22-28 déc., dim. soir, mardi soir et merc.
Rest – Menu 25/39 € – Carte 29/51 €
♦ Ne manquez pas cette adresse d'un village perdu : vous y dégusterez de savoureuses recettes actuelles dans une salle feutrée et voûtée (pierre). Terrasse dominant la vallée.

SÉLESTAT 👁 – 67 Bas-Rhin – 315 I7 – 17 179 h. – alt. 170 m – ⊠ 67600
📖 Alsace Lorraine   2 **C1**

▶ Paris 441 – Colmar 24 – Gérardmer 65 – St-Dié 44 – Strasbourg 55

🛈 Office de tourisme, boulevard Leclerc ☎ 03 88 58 87 20, Fax 03 88 92 88 63

👁 Vieille ville ★ : église Ste-Foy ★, église St-Georges ★, Bibliothèque humaniste ★ **M.**

🔾 Ebermunster : intérieur ★★ de l'église abbatiale ★, 9 km par ①.

Armes (Pl. d') . . . . **BY** 2	Lattre-de-Tassigny	Serruriers (R. des) . . . . **BY** 28
Babil (R. du) . . . . **BY** 4	(Pl. du Mar.de). . . . . **BY** 17	Strasbourg (Pl. Pte-de) . . . . . **BY** 30
Bibliothèque (R. de la) . . . . **BY** 5	Maire-Knol (Allée du) . . . . . **BY** 19	Tanneurs (Quai des) . . . . **BZ** 33
Charlemagne (Bd) . . . . **BY** 7	Marché-Vert (Pl. du) . . . . . . **BY** 20	Victoire (Pl. de la) . . . . **BZ** 35
Chevaliers (R. des) . . . . . . **BYZ** 9	Paix (R. de la) . . . . **AY** 22	Vieux-Marché aux Vins
Clefs (R. des) . . . . **BYZ** 10	Prés-Poincaré	(R. du) . . . . **BY** 36
Église (R. de l') . . . . **BY** 12	(R. du) . . . . **BZ**	4e-Zouaves (R. du) . . . . **BZ** 38
Gallieni (R. du Gén.) . . . . . . **AZ** 14	Sainte-Barbe (R.) . . . . **BZ** 26	17-Novembre
Hôpital (R. de l') . . . . **BZ** 15	Schweisguth (Av.) . . . . **ABY** 27	(R. du) . . . . **BZ** 39

 Hostellerie de l'Abbaye la Pommeraie   🚗 🛜 ⊞ 🅰🅲 📞
🌸   8 av. Mar. Foch – ☎ 03 88 92 07 84   🚘 **VISA** 🕤 AE ①
      – pommeraie@relaischateaux.com – Fax 03 88 92 08 71   BY **a**
      12 ch – ♥142 € ♥♥158/248 €, 🖙 16 € – 2 suites
      Rest Le Prieuré – (fermé dim. soir et lundi midi) Menu 28 € (déj. en sem.),
      51 € bc/91 € – Carte 69/108 €
      Rest S'Apfelstuebel – Menu 28 € (déj. en sem.)/51 € bc – Carte 38/56 €
      Spéc. Foie gras d'oie poêlé, chutney de coing. Saint-Pierre cuit au plat, canneloni
      de verdures. Filet de chevreuil, compotée d'oignons et chou rouge au cumin. **Vins**
      Pinot blanc, Alsace.
      ◆ Dans la vieille ville, noble demeure du 17ᵉ s., jadis dépendance de l'abbaye de Baumgar-
      ten. Chambres dotées d'un mobilier de style. Le Prieuré offre un décor élégant digne de la
      cuisine classique soignée. Plats du terroir et cadre rustique et folklorique à la winstub
      S'Apfelstuebel.

🏨 **Vaillant** 📶 AC ↩ ↪ ⅌ rest, 🍴 🖧 🚭 VISA ⓜⓒ AE
7 r. Ignace Spiess – ℰ 03 88 92 09 46 – hotel-vaillant @ wanadoo.fr
– Fax 03 88 82 95 01   AZ **e**
47 ch – †58/77 € ††68/98 €, � 9 € – ½ P 53/74 € – **Rest** – *(fermé
22 déc.-2 janv., sam. midi et dim. soir hors saison)* Menu 15 € (sem.)/29 € – Carte
29/45 €
◆ Beaucoup d'œuvres d'artistes locaux sont exposées dans cet hôtel moderne bordant un
parc fleuri. Spacieuses chambres personnalisées et refaites par étapes. Salles à manger, design ou classique, proposant plats traditionnels de brasserie et spécialités régionales.

✗ **La Vieille Tour** AC VISA ⓜⓒ
8 r. Jauge – ℰ 03 88 92 15 02 – vieille.tour @ wanadoo.fr – Fax 03 88 92 19 42
– Fermé 2 juil.-4 août, 17 fév.-3 mars et lundi   BY **s**
Rest – Menu 11,50 € (déj. en sem.), 26/55 € bc – Carte 31/46 €
◆ Jolie maison alsacienne flanquée d'une vieille tour. Salles à manger fraîchement rusti-
ques et fine cuisine du terroir (valorisant le produit) arrosée de vins à prix doux.

à Rathsamhausen 5 km à l'Est par D 21 et D 209 – ✉ 67600 Baldenheim

🏨 **Les Prés d'Ondine** ⌖ ← 🚗 🖍 ⅕ ch, ⅌ rest, 🖧 P 🚭 VISA ⓜⓒ AE
5 rte Baldenheim – ℰ 03 88 58 04 60 – message @ presdondine.com – Fax 03 88 58 04 61
12 ch – †60/132 € ††70/132 €, ⊆ 12 € – ½ P 79/110 €
Rest – table d'hôte *(fermé 1ᵉʳ-15 mars, dim. soir et merc.) (prévenir)*
Menu 22 € bc (déj. en sem.)/32 € bc
◆ On se sent comme chez soi dans cette conviviale maison forestière du début du 20ᵉ s. :
salon feutré, bibliothèque et chambres "cocooning" au mobilier chiné. Plats régionaux (au
gré du marché) et vue sur l'Ill sont les atouts principaux de l'élégante table d'hôte.

à Baldenheim 8,5 km par ①, D 21 et D 209 – 924 h. – alt. 170 m – ✉ 67600

✗✗ **Couronne** VISA ⓜⓒ
r. Sélestat – ℰ 03 88 85 32 22 – la-couronne-baldenheim @ wanadoo.fr
– Fax 03 88 85 36 27 – Fermé 29 juil.-12 août, 5-12 janv., jeudi soir, dim. soir et lundi
Rest – Menu 32/70 € – Carte 48/70 €
◆ Auberge de village qui abrite deux grandes salles soignées aux belles boiseries. Carte
classique centrée sur les spécialités locales, accompagnée d'une cave bien fournie.

Le Schnellenbuhl 8 km par ②, D 159 et D 424 – ✉ 67600 Sélestat

🏨 **Auberge de l'Illwald** 🚗 🍴 🍸 ⅕ ch, AC ch, ↩ 🍴 P VISA ⓜⓒ AE
– ℰ 03 90 56 11 40 – contact @ illwald.fr – Fax 03 88 85 39 18 – Fermé 24 déc.-10 janv.
16 ch – †70/80 € ††70/80 €, ⊆ 11 € – 5 suites – **Rest** – ℰ 03 88 85 35 40
(fermé 26 juin-10 juil., mardi et merc.) Menu 16 € (déj. en sem.), 30/36 € – Carte
26/47 €
◆ Belle bâtisse typiquement régionale bordant une route de campagne. Chambres très
confortables, personnalisées avec goût : esprit rustique chic ou contemporain épuré.
Chaleureuse winstub ornée de fresques où la cuisine proposée oscille entre modernité et
terroir.

SELLES-ST-DENIS – 41 Loir-et-Cher – 318 I7 – 1 193 h. – alt. 98 m – ✉ 41300
◪ Paris 194 – Bourges 69 – Orléans 71 – Romorantin-Lanthenay 16
– Vierzon 26   12 **C2**

✗✗✗ **L'Auberge du Cheval Blanc** avec ch 🍴 ⅕ ch, ⅌ rest,
5 pl. du Mail – ℰ 02 54 96 36 36 – auberge @ 🖧 P VISA ⓜⓒ AE
chevalblanc-sologne.com – Fax 02 54 96 13 96
– Fermé 17-27 août, 21-30 déc., 15 fév.-10 mars, mardi soir et merc.
7 ch – †57/86 € ††57/86 €, ⊆ 8 € – **Rest** – Menu 18 € (déj. en sem.), 27/56 €
– Carte 41/77 €
◆ Derrière la façade à colombages de ce relais de poste du 17ᵉ s., un cadre rustique tout
en élégance, des salons feutrés et des chambres contemporaines. Cuisine traditionnelle axée sur les légumes oubliés. L'été, on profite de la vaste cour intérieure.

SELONCOURT – 25 Doubs – 321 L2 – rattaché à Audincourt

SELONNET – 04 Alpes-de-Haute-Provence – 334 F6 – rattaché à Seyne

SEMBLANÇAY – 37 Indre-et-Loire – 317 M4 – **1 692 h.** – alt. 100 m – ✉ 37360

🗗 Paris 248 – Angers 96 – Blois 77 – Le Mans 70 – Tours 17   11 **B2**

XX   **La Mère Hamard** avec ch   😚 🐾 ⅏ **P** **VISA** **◎◎** **AE**

😊   *pl. de l'Église – ℰ 02 47 56 62 04 – reservation@lamerehamard.com*
  – Fax 02 47 56 53 61 – Fermé 5-12 janv., 15 fév.-15 mars, dim. soir, mardi midi et
🍽   *lundi*

11 ch – 🛏67 € 🛏🛏70/92 €, ☑ 12 € – ½ P 75/85 €
Rest – Menu 21 € (sem.)/55 € – Carte 50/64 € 🍷
♦ Maisons régionales séparées par la rue : d'un côté, les chambres confortables ; de l'autre, le restaurant cossu et soigné. Cuisine classique et bon choix de vins de Loire.

SEMÈNE – 43 Haute-Loire – 331 H1 – **rattaché à Aurec-sur-Loire**

SEMNOZ (MONTAGNE DU) – 74 Haute-Savoie – 328 J6 – **Voir à Montagne du Semnoz**

SEMUR-EN-AUXOIS – 21 Côte-d'Or – 320 G5 – **4 453 h.** – alt. 286 m – ✉ 21140
▌Bourgogne   8 **C2**

🗗 Paris 246 – Auxerre 87 – Avallon 42 – Beaune 78 – Dijon 82 – Montbard 20

🛈 Office de tourisme, 2, place Gaveau ℰ 03 80 97 05 96

🔟 du Pré-Lamy à Précy-sous-Thil Le Brouillard, S : 18 km par D980,
  ℰ 03 80 64 46 83.

◉ Église N.-Dame★ - Pont Joly ≤★.

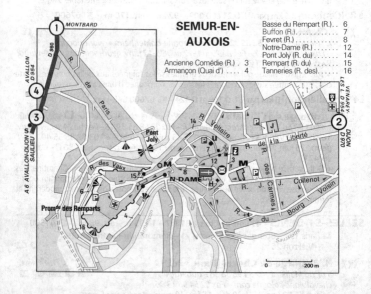

SEMUR-EN-AUXOIS

Ancienne Comédie (R.) . 3	Basse du Rempart (R.). . 6
Armançon (Quai d') 4	Buffon (R.). 7
	Fevret (R.) 8
	Notre-Dame (R.) 12
	Pont Joly (R. du) 14
	Rempart (R. du) 15
	Tanneries (R. des). 16

🞠🞠   **Hostellerie d'Aussois**   ≤ 😚 ⌇ ⅙ ⅏ ch, 🅰 rest, 🐾 ☏

😊   *rte de Saulieu – ℰ 03 80 97 28 28 – info@*   ⅏ **P** **VISA** **◎◎** **AE**
  hostellerie.fr – Fax 03 80 97 34 56   **s**

42 ch – 🛏68/80 € 🛏🛏78/90 €, ☑ 12 € – ½ P 66/71 € – **Rest** – Menu 24/46 €
– Carte 38/44 €
♦ Ensemble des années 1980 doté de chambres fonctionnelles refaites par étapes et tournées vers la capitale de l'Auxois ou la campagne. Restaurant au cadre actuel donnant sur la piscine et sa terrasse, avec les remparts de Semur à l'arrière-plan. Bonne table au goût du jour.

Les Cymaises sans rest ☜   🚗 ᴦ 📞 **P** **VISA** **MO**

7 r. Renaudot – ℰ 03 80 97 21 44 – hotel.cymaises@libertysurf.fr
– Fax 03 80 97 18 23 – Fermé 3 nov.-7 déc. et 5 fév.-3 mars   **u**
18 ch – †55 € ††65 €, � 7 €

◆ Demeure d'aspect ancien (18-19ᵉ s.) et cossu située au cœur de la cité médiévale. Calmes chambres classiquement aménagées, petit-déjeuner sous véranda, cour et jardin de repos.

au lac de Pont 3 km à l'Est par D 103ᴮ – ✉ 21140 Pont-et-Massène

Lac ☜   🚗 ᴦ ᶴ **P** **VISA** **MO** **AE** **①**

– ℰ 03 80 97 11 11 – hoteldulacdepont@wanadoo.fr – Fax 03 80 97 29 25
– Fermé 30 mars-7 avril, 30 nov.-31 déc., dim. et lundi d'oct. à juin
20 ch – †41/47 € ††49/60 €, ⊒ 8,50 € – ½ P 53/58 € – **Rest** – *(fermé dim. soir de sept. à juin, lundi sauf le soir en juil.-août et mardi midi)* Menu 16 € (sem.)/34 €

◆ Près du lac, grande bâtisse blanche entourée de verdure et abritant des chambres fonctionnelles ou plus classiques, garnies de meubles de style ou en bois peint. Salle à manger campagnarde et, l'été, jolie terrasse meublée en teck et ombragée par une treille.

SÉNART – 312 E4 – 101 39 – **voir à Paris, Environs**

SENLIS ◉ – 60 Oise – 305 G5 – 16 327 h. – alt. 76 m – ✉ 60300
▐ Île de France   36 **B3**

▶ Paris 52 – Amiens 102 – Beauvais 56 – Compiègne 33 – Meaux 40
▐ Office de tourisme, place du Parvis Notre Dame ℰ 03 44 53 06 40, Fax 03 44 53 29 80
▐ d'Apremont à Apremont CD 606, NO : 5 km par D 1330, ℰ 03 44 25 61 11 ;
▐ Dolce Chantilly à Vineuil-Saint-Firmin Route d'Apremont, par rte de Chantilly : 8 km, ℰ 03 44 58 47 74 ;
▐ Château Raray Paris Golf Club à Raray Domaine de Raray, par rte de Compiègne : 26 km, ℰ 03 44 54 70 61.
◉ Cathédrale N.-Dame★★ - Vieilles rues★ ABY - Place du Parvis★ BY - Chapelle royale St-Frambourg★ **B** - Jardin du Roy ≼★ - Musée d'Art et d'Archéologie★.
◉ Parc Astérix★★ S : 12 km par autoroute A1.

Plan page suivante

Ibis   🚗 & ch, ᶴ ᴦ 🛋 **P** **VISA** **MO** **AE** **①**

2 km par ③ sur D 1324 – ℰ 03 44 53 70 50 – Fax 03 44 53 51 93
92 ch – †55/75 € ††55/75 €, ⊒ 7,50 € – **Rest** – Menu (14 €), 17 € – Carte 24/34 €

◆ Hôtel pratique car situé juste à la sortie de l'autoroute. L'ensemble des chambres du bâtiment principal et de l'annexe ont été rénovées selon le dernier concept de la chaîne. Restaurant d'allure campagnarde (poutres apparentes, cheminée) où l'on prépare les grillades.

Le Scaramouche   🚗 **AK** **VISA** **MO** **AE** **①**

4 pl. Notre-Dame – ℰ 03 44 53 01 26 – info@le-scaramouche.fr
– Fax 03 44 53 46 14 – Fermé 11-23 août, mardi et merc.   BY **e**
Rest – Menu 29 € (sem.)/70 € – Carte 44/80 €

◆ Chaleureuse maison à la belle devanture en bois peint. Intérieur feutré agrémenté de tableaux et tapisseries ; jolie terrasse tournée vers la cathédrale Notre-Dame (12ᵉ s.).

Le Bourgeois Gentilhomme   **VISA** **MO** **AE** **①**

3 pl. de la Halle – ℰ 03 44 53 13 22 – Fax 03 44 53 15 11 – Fermé 3-25 août, sam. midi, dim. et lundi   BY **q**
Rest – Menu (25 €), 39 € – Carte 47/75 € ⅜

◆ Molière a inspiré son nom et sa décoration à ce restaurant sis dans une rue animée de la vieille ville. Salle à manger intime. Dégustations dans la cave voûtée du 12ᵉ s.

SENLIS

Le rouge est la couleur de la distinction : nos valeurs sûres !

SENNECÉ-LÈS-MÂCON – 71 Saône-et-Loire – 320 J11 – rattaché à Mâcon

SENNECEY-LE-GRAND – 71 Saône-et-Loire – 320 J10 – 2 962 h. – alt. 200 m –
⊠ 71240 Bourgogne   8 **C3**

🛆 Paris 359 – Dijon 89 – Mâcon 42 – Chalon-sur-Saône 18 – Le Creusot 53

🅸 Office de tourisme, place de l'hôtel de ville ℰ 03 85 44 82 54,
   Fax 03 85 44 86 19

✗✗ **L'Amaryllis** (Cédric Burtin)   **VISA** **MC**
🕮 78 av. du 4 Septembre – ℰ 03 85 44 86 34 – Fax 03 85 44 96 92
   – Fermé janv., dim. soir sauf juil.-août et merc.
✿ **Rest** – Menu 18 € (déj. en sem.), 27/60 € – Carte 42/53 €
   Spéc. Grenouilles en trois façons. Selle d'agneau aux olives noires et basilic.
   Soufflé chaud aux noix de pécan et son cœur au caramel liquide.
   ♦ Restaurant contemporain en face de l'hôtel-Dieu. Le chef travaille avec les producteurs
   locaux et mitonne une généreuse cuisine inventive. Son épouse veille à l'accueil en salle.

SENONCHES – 28 Eure-et-Loir – 311 C4 – **3 143 h.** – alt. 223 m – ⊠ 28250

▶ Paris 115 – Chartres 38 – Dreux 38 – Mortagne-au-Perche 42
– Nogent-le-Rotrou 34   11 **B1**

🔢 Syndicat d'initiative, 2, rue Louis Peuret ✆ 02 37 37 80 11, Fax 02 37 37 80 11

✕✕ **La Pomme de Pin** avec ch   🚗 🏠 🔲 🦺 🛏 🏖 **P** VISA ⓶

r. M. Cauty – ✆ 02 37 37 76 62 – restaurantlapommedepin @ wanadoo.fr
– Fax 02 37 37 86 61 – Fermé 26-26 oct., 2-27 janv., vend. soir d'oct. à avril, mardi
midi de juin à sept., dim. soir et lundi
10 ch – †42/48 € ††55/68 €, ⊇ 7,50 € – ½ P 60/68 € – **Rest** – Menu 24/45 €
– Carte 38/71 €
♦ Derrière la belle façade à colombages de cet ancien relais de poste, une agréable salle à
manger avec terrasse et un salon doté d'une cheminée. Petites chambres simples.

SENONES – 88 Vosges – 314 J2 – **2 906 h.** – alt. 340 m – ⊠ 88210 ▌Alsace Lorraine

▶ Paris 392 – Épinal 57 – Lunéville 50 – St-Dié 23 – Strasbourg 80   27 **C2**

🔢 Office de tourisme, 18, place Dom Calmet ✆ 03 29 57 91 03,
Fax 03 29 57 83 95

◧ Route de Senones au col du Donon★ NE : 20 km.

✕✕ **Au Bon Gîte** avec ch   **P** VISA ⓶ AE

😊   3 pl. Vaultrin – ✆ 03 29 57 92 46 – Fax 03 29 57 93 92 – Fermé 1er-20 mars,
🍽   6-29 sept., dim. soir et lundi
7 ch – †45/55 € ††45/55 €, ⊇ 7 € – ½ P 60/68 €
Rest – Menu (15 €), 20/35 € – Carte 30/46 €
♦ Pimpante maison au cœur de l'ancienne capitale de la principauté de Salm. Goûteuse
cuisine actuelle servie dans un décor chargé de photographies et de bibelots en tous
genres.

SENS ◈ – 89 Yonne – 319 C2 – **26 904 h.** – alt. 70 m – ⊠ 89100
▌Bourgogne   7 **B1**

▶ Paris 116 – Auxerre 59 – Fontainebleau 54 – Montargis 50 – Troyes 71

🔢 Office de tourisme, place Jean Jaurès ✆ 03 86 65 19 49, Fax 03 86 64 24 18

◧ du Senonais à Lixy Les Ursules, O : 22 km par D 26, ✆ 03 86 66 58 46.

◙ Cathédrale St-Étienne★ - Trésor★★ - Musée et palais synodal★ M¹.

Plan page suivante

🏨   **Paris et Poste**   🏠 📶 🕭 ch, AC rest, ⇆ 🛏 🚗 VISA ⓶ AE ⓪

97 r. de la République – ✆ 03 86 65 17 43 – hotelparisposte @ orange.fr
– Fax 03 86 64 48 45   **a**
26 ch – †75/160 € ††75/160 €, ⊇ 14 € – 4 suites – ½ P 90/180 €
Rest – (fermé vend. soir, dim. soir et lundi) Menu (25 €), 36/74 €
♦ Hostellerie de tradition à l'ambiance provinciale. Chambres de tailles diverses, les plus
spacieuses et modernes donnant sur un joli patio. Au restaurant, cuisine classique revisitée
servie dans une chaleureuse salle à manger ou dans l'agréable véranda.

✕✕✕ **La Madeleine** (Patrick Gauthier)   AC VISA ⓶ AE

😊😊 1 r. Alsace-Lorraine, (1er étage) – ✆ 03 86 65 09 31 – Fax 03 86 95 37 41
– Fermé 1er-16 juin, 9-26 août, 20 déc.-6 janv., mardi midi, dim., lundi et fériés
Rest – (nombre de couverts limité, prévenir) Menu 50 € (déj. en sem.), 60/110 €
– Carte 102/120 € ⅋   **d**
Spéc. Foie gras chaud au cassis, pomme safran. Tourteau de Roscoff, tomates
confites, cœur de fenouil et sauce corail. Quasi d'agneau du Quercy, jus au naturel
et petits légumes. **Vins** Côtes d'Auxerre, Épineuil.
♦ Restaurant cossu aux teintes pastel, apprécié des gourmets qui y dégustent une savou-
reuse cuisine dans l'air du temps. Fourneau et rayonnages d'épicerie décorent le vestibule.

✕✕ **Le Clos des Jacobins**   AC VISA ⓶ AE

49 Gde-Rue – ✆ 03 86 95 29 70 – lesjacobins @ wanadoo.fr – Fax 03 86 64 22 98
– Fermé 29 avril-6 mai, 13-27 juil., 23 déc.-6 janv., dim. soir, mardi soir et
merc.   **t**
Rest – Menu 29/52 € – Carte 37/70 €
♦ Confortable salon-bar, salle à manger feutrée aux murs ensoleillés avec chaises en cuir
noir, tables joliment dressées et cuisine au goût du jour caractérisent l'adresse.

SENS

Alsace-Lorraine (R. d') 2
Beaurepaire (R.) 3
Chambonas (Cours) 8
Cornet (Av. Lucien). 9
Cousin (Square J.) 10
Déportés-et-de-la-Résistance (R. des)
Foch (Bd Mar.) 12
Garibaldi (Bd des) 13
Gateau (R. A.) 15
Grande-R. 16
Leclerc (R. du Gén.) 19
Maupéou (Bd de) 21
Moulin (Quai J.) 23
République (Pl. de la) 27
République (R. de la) 28

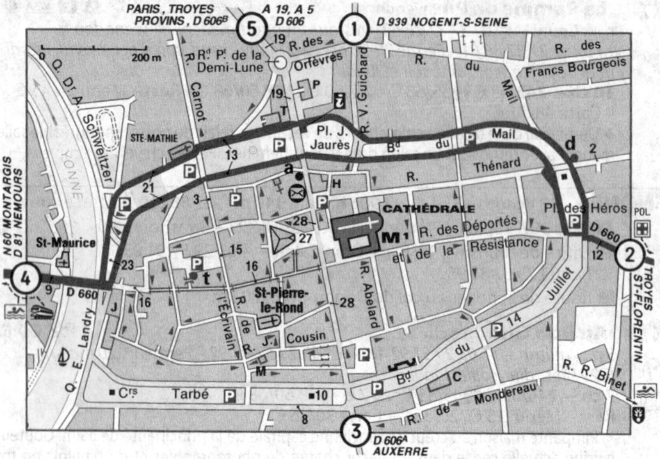

La Potinière

51 r. Cécile de Marsangy, par ④ – ✆ 03 86 65 31 08 – la.potiniere@abs.m.com – Fax 03 86 64 60 19 – Fermé 20 août-4 sept., vacances scolaires de fév., dim. soir, lundi soir et mardi

Rest – *(prévenir en saison)* Menu 29/65 € – Carte 52/74 €

◆ Ex-guinguette dont la terrasse ombragée au bord de l'Yonne est prisée des touristes fluviaux (ponton d'accostage). Salle à manger lumineuse et très tendance. Cuisine actuelle.

Au Crieur de Vin

1 r. Alsace-Lorraine – ✆ 03 86 65 92 80 – Fax 03 86 95 37 41 – Fermé 1er-16 juin, 9-25 août, 20 déc.-6 janv., mardi midi, dim., lundi et fériés **d**

Rest – Menu 25/52 € – Carte 48/79 €

◆ Plaisante atmosphère de bistrot, plats traditionnels, viandes cuites à la broche et crus choisis : "vin sur vin" pour cette sympathique adresse à ne pas crier sur les toits.

à Subligny 7 km par ④ et D 660 – 478 h. – alt. 150 m – ✉ 89100

La Haie Fleurie

30 rte de Coutenay, 2 km au Sud-Ouest – ✆ 03 86 88 84 44 – Fax 03 86 88 86 67 – Fermé 28 juil.-10 août, 29 déc.-4 janv., dim. soir, merc. soir et jeudi

Rest – Menu 27/49 € – Carte 36/58 €

◆ Auberge de campagne dans la traversée d'un hameau. Petit salon d'accueil ouvrant sur une avenante salle à manger rustico-moderne. Terrasse fleurie. Cuisine traditionnelle.

à Villeroy 7 km par ④ et D 81 – 254 h. – alt. 184 m – ✉ 89100

Relais de Villeroy avec ch

rte de Nemours – ✆ 03 86 88 81 77 – reservation@relais-de-villeroy.com – Fax 03 86 88 84 04 – Fermé 30 juin-11 juil., 20 déc.-8 janv. et dim. soir

8 ch – †50/60 € ††50/60 €, ☕ 8 €

Rest – *(fermé 15 fév.-1er mars, merc. midi, jeudi midi, lundi et mardi)* Menu 32 € (sem.)/60 € – Carte 29/68 €

Rest *Bistro Chez Clément* – ✆ *03 86 88 86 73 (fermé merc. soir, jeudi soir, vend. soirs, sam. et dim.)* Menu 18/25 €

◆ Coquette maison régionale aux petites chambres confortables. Dans la véranda, on goûte des plats ancrés dans la tradition, les yeux rivés sur l'agréable jardin fleuri. Cuisine de bistrot, cadre rustique et ambiance conviviale Chez Clément.

SEPT-SAULX – 51 Marne – 306 H8 – 510 h. – alt. 96 m – ⊠ 51400 13 **B2**

▶ Paris 167 – Châlons-en-Champagne 29 – Épernay 29 – Reims 26 – Rethel 51
– Vouziers 58

Le Cheval Blanc ⚲   🚗 ☂ ※ &. ch, ⅗ **P** 𝘝𝘐𝘚𝘈 ⓜⓞ ⒶⒺ
– 🕽 03 26 03 90 27 – cheval.blanc-sept-saulx@wanadoo.fr – Fax 03 26 03 97 09
– Fermé fév., merc. midi et mardi d'oct. à mars
21 ch – †63/73 € ††69/134 €, � 11 € – 3 suites – ½ P 93/138 €
Rest – Menu 25 € (déj. en sem.), 30/88 € bc – Carte 56/68 €
♦ Au cœur du prestigieux vignoble champenois, trois bâtiments dont un ancien relais de
poste. Les chambres s'ouvrent sur un grand jardin calme longé par une rivière. Restaurant
au cadre cossu donnant sur une courette fleurie aménagée en terrasse l'été.

SÉREILHAC – 87 Haute-Vienne – 325 D6 – 1 595 h. – alt. 322 m – ⊠ 87620 24 **B2**

▶ Paris 405 – Confolens 50 – Limoges 19 – Périgueux 77
– St-Yrieix-la-Perche 37

Le Relais des Tuileries   🚗 ⅃ ⒶⒸ ☎ **P** 𝘝𝘐𝘚𝘈 ⓜⓞ
aux Betoulles, 2 km au Nord-Est sur N 21 – 🕽 05 55 39 10 27 – contact@
relais-tuileries.fr – Fax 05 55 36 09 21 – Fermé 12-26 nov., 12 janv.-3 fév., dim. soir et
lundi sauf juil.-août
10 ch – †55/57 € ††55/62 €, ⊿ 9 € – ½ P 56/58 € – **Rest** – Menu 16/46 €
– Carte 27/48 €
♦ Dans un hameau, ancienne tuilerie flanquée de deux pavillons abritant, en rez-de-
jardin, des chambres qui ont récemment bénéficié d'une rénovation. Menus du terroir
proposés dans une salle à manger rustique agrémentée de poutres apparentes et d'une
cheminée.

SÉRIGNAN – 34 Hérault – 339 E9 – 6 134 h. – alt. 7 m – ⊠ 34410 23 **C2**

▶ Paris 770 – Montpellier 70 – Béziers 12 – Narbonne 39
🖪 Office de tourisme, place de la Libération 🕽 04 67 32 42 21,
Fax 04 67 32 37 97

L'Harmonie   ☂ ⒶⒸ 𝘝𝘐𝘚𝘈 ⓜⓞ ⒶⒺ
chemin de la Barque – 🕽 04 67 32 39 30 – lharmonie@wanadoo.fr
– Fax 04 67 32 39 30 – Fermé 14-27 avril, 27 oct.-9 nov., mardi soir de sept. à juin,
jeudi midi en juil.-août, sam. midi et merc.
Rest – Menu 22/52 € – Carte 38/70 €
♦ Restaurant voisin de la Cigalière, vaste salle de spectacle. Décor moderne rehaussé de
meubles en fer forgé, terrasse au bord de l'Orb et cuisine actuelle joliment tournée.

SÉRIGNAN-DU-COMTAT – 84 Vaucluse – 332 C8 – rattaché à Orange

SERMAIZE-DU-BAS – 71 Saône-et-Loire – 320 F11 – rattaché à Paray-le-Monial

SERMERSHEIM – 67 Bas-Rhin – 315 J6 – 829 h. – alt. 160 m – ⊠ 67230 2 **C1**

▶ Paris 506 – Lahr/Schwarzwald 41 – Obernai 21 – Sélestat 14 – Strasbourg 40

Au Relais de l'Ill sans rest   &. ☂ **P** 𝘝𝘐𝘚𝘈 ⓜⓞ
r. du Rempart – 🕽 03 88 74 31 28 – relais-de-lill@wanadoo.fr – Fax 03 88 74 17 51
– Fermé 20 déc.-10 janv.
23 ch – †50/58 € ††65/75 €, ⊿ 7 €
♦ Hôtel familial, nullement gêné par les bruits de la voie rapide située à proximité. L'accueil
y est chaleureux et les chambres spacieuses et bien tenues. Abords fleuris.

SERRE-CHEVALIER – 05 Hautes-Alpes – 334 H3 – alt. 2 483 m – Sports d'hiver : 1 200/2 800 m ⸸9 ⸸67 ⸸ – ⊠ 05330 ▯ Alpes du Sud 41 **C1**

▶ Paris 678 – Briançon 7 – Gap 95 – Grenoble 110 – Col du Lautaret 21
🖪 Office de tourisme, Chantemerle 🕽 04 92 24 98 98, Fax 04 92 24 98 84
◙ ※★★.

à Chantemerle – alt. 1 350 m – ⊠ 05330 St-Chaffrey

◙ Col de Granon ❋ ★★ N : 12 km.

🏠 **Plein Sud** ⟨ ⬚ ⬚ ⬚ ⬚ **P** 𝘝𝘐𝘚𝘈 ⬚ ⬚
– ℰ 04 92 24 17 01 – lynne@hotelpleinsud.com – Fax 04 92 24 10 21
– Fermé 16 avril-15 mai et 15 oct.-5 déc.
41 ch – ♦78/118 € ♦♦110/175 €, ⌂ 10 € – **Rest** – (dîner seult en déc. et en avril)
Menu 16 € (déj.)/35 € – Carte 30/41 €

♦ Dans cet hôtel central, optez pour les chambres côté Sud, plus grandes et dotées de
loggias avec vue sur les forêts de mélèzes. Accès Internet et belle piscine découvrable.
Cuisine traditionnelle et formules buffets au restaurant ; carte snack au pub.

🏠 **Les Marmottes** ↯ ❄ ⬚ 𝘝𝘐𝘚𝘈 ⬚
22 r. du Centre – ℰ 04 92 24 11 17 – lucas.marmottes@wanadoo.fr
– Fax 04 92 24 11 17
5 ch ⌂ – ♦57/95 € ♦♦76/127 € – ½ P 60/86 € – **Table d'hôte** – Menu 22 € bc

♦ Ancienne grange soigneusement convertie en maison d'hôte non-fumeurs où l'on enfile
ses pantoufles. Joli salon au coin du feu et chambres personnalisées tournées vers les
sommets alentours. À table, cuisine familiale bien faite (menu unique changeant chaque
jour).

à Villeneuve-la-Salle – ⊠ 05240 La Salle-les-Alpes

◙ Eglise St-Marcellin ★ de La-Salle-les-Alpes.

🏠 **Le Mont Thabor** sans rest ⬚ ⬚ ⬚ ↯ 𝘝𝘐𝘚𝘈 ⬚ ⬚ ⬚
1 bis chemin Envers – ℰ 04 92 24 74 41 – hotelmonthabor@wanadoo.fr
– Fax 04 92 24 99 50 – Ouvert 1ᵉʳ déc.-19 avril et 15 juin-31 août
27 ch – ♦85/130 € ♦♦95/175 €, ⌂ 8 € – ½ P 63/88 €

♦ On note quelques touches provençales dans le décor montagnard de cet hôtel tout neuf
réservé aux non-fumeurs. Chambres confortables et très bien équipées, sauna, jacuzzi...

🏠 **Christiania** ⬚ ⬚ ❄ rest, **P** 𝘝𝘐𝘚𝘈 ⬚
– ℰ 04 92 24 76 33 – le.christiania@wanadoo.fr – Fax 04 92 24 83 82
– Ouvert 14 juin-15 sept. et 13 déc.-13 avril
26 ch – ♦95/105 € ♦♦95/105 €, ⌂ 9 € – ½ P 76/85 € – **Rest** – (ouvert
28 juin-7 sept. et 19 déc.-5 avril) (dîner seult) Menu 23/27 € – Carte 28/38 €

♦ Accueil familial, bar-salon rustique réchauffé par une cheminée et chambres sagement
montagnardes caractérisent cet hôtel sis au bord de la Guisane. Restaurant au cadre alpin
rehaussé de vieux objets et terrasse dressée dans le jardin longé par un torrent.

au Monêtier-les-Bains – 1 009 h. – alt. 1 480 m – ⊠ 05220

🏠 **L'Auberge du Choucas** ⬚ ⬚ ⬚ ↯ ⬚ 𝘝𝘐𝘚𝘈 ⬚
17 r. de la Fruitière – ℰ 04 92 24 42 73 – auberge.du.choucas@wanadoo.fr
– Fax 04 92 24 51 60 – Fermé 14 avril-30 mai et 3 nov.-6 déc.
16 ch – ♦80/180 € ♦♦100/300 €, ⌂ 17 € – ½ P 90/240 €
Rest – (fermé 14 avril-30 mai, 13 oct.-14 déc., et le midi du lundi au jeudi
en avril, juin, sept. et oct.) Menu 29/79 € – Carte 51/70 €

♦ Coquette auberge voisine de l'église du 15ᵉ s. Les chambres et les duplex sont décorés
dans le style régional ; l'annexe abrite des studettes simples. Salle à manger voûtée,
agrémentée d'une belle collection de cuivres et cuisine au goût du jour.

🏠 **L'Alliey** ⟨ ⬚ ⬚ ⬚ ❄ rest, ⬚ 𝘝𝘐𝘚𝘈 ⬚
– ℰ 04 92 24 40 02 – hotel@alliey.com – Fax 04 92 24 40 60
– Ouvert 1ᵉʳ juil.-1ᵉʳ sept. et 15 déc.-25 avril
22 ch – ♦79/99 € ♦♦89/129 €, ⌂ 13 € – 2 suites – ½ P 82/119 € – **Rest** – (dîner
seult) Menu 32/45 €

♦ Maison de village dissimulant un hébergement de charme : l'omniprésence du bois crée
partout une ambiance chaleureuse. Douillettes chambres montagnardes et bel espace
balnéo. Salle de restaurant au fringant décor rajeuni dans la note alpine.

🍴 **Le Chazal** ⬚ ❄ 𝘝𝘐𝘚𝘈 ⬚
Les Guiberts, 2,5 km au Sud-Est par rte de Briançon – ℰ 04 92 24 45 54 – Fermé
22 juin-3 juil., 1ᵉʳ-10 oct., 23 nov.-12 déc. et lundi
Rest – (dîner seult sauf dim.) Menu 27/52 € bc – Carte 35/55 €

♦ Ex-bergerie abritant deux salles à manger voûtées au cadre campagnard. Offre au goût
du jour, personnalisée et souvent recomposée. Menu découverte avec accords mets-vins.

SERRIÈRES – 07 Ardèche – 331 K2 – 1 078 h. – alt. 140 m – ⊠ 07340
🏛 Lyon et la vallée du Rhône   43 **E2**

> 🚗 Paris 514 – Annonay 16 – Privas 91 – St-Étienne 55 – Vienne 29
>
> 🔲 Syndicat d'initiative, quai Jule Roche ✆ 04 75 34 06 01, Fax 04 75 34 06 01

XXX   **Schaeffer** avec ch   🕿 AC ch, ℀ ☏ ⚄ ☟ VISA ◍⓪ AE
D 86 – ✆ 04 75 34 00 07 – mathe@hotel-schaeffer.com – Fax 04 75 34 08 79
– Fermé 4-18 août, 24 oct.-4nov., 2-17 janv., dim. soir et lundi
15 ch – 🛏48/56 € 🛏🛏64/88 €, 🍴 8 € – **Rest** – (fermé sam. midi, dim. soir et lundi)
Menu (23 €), 35/110 € – Carte 59/88 € 🏵
♦ Restaurant cossu prolongé d'une véranda tournée sur le pont suspendu qui enjambe le
Rhône. Cuisine classique et belle carte de côtes-du-rhône. Chambres fonctionnelles.

SERRIS – 77 Seine-et-Marne – 312 F2 – voir à Paris, Environs (Marne-la-Vallée)

SERVIERS-ET-LABAUME – 30 Gard – 339 L4 – rattaché à Uzès

SERVON – 50 Manche – 303 D8 – 251 h. – alt. 25 m – ⊠ 50170   32 **A3**

> 🚗 Paris 352 – Avranches 15 – Dol-de-Bretagne 30 – St-Lô 72 – St-Malo 55

XX   **Auberge du Terroir** avec ch   🕿 🕿 ℀ ⓰ ch, ⇆ ☏ P VISA ◍⓪ ①
😊   – ✆ 02 33 60 17 92 – aubergeduterroir@wanadoo.fr – Fax 02 33 60 35 26 – Fermé
🖼   15 nov.-10 déc., vacances de fév., jeudi midi, sam. midi et merc.
6 ch – 🛏50/56 € 🛏🛏56/78 €, 🍴 10 € – ½ P 60/75 €
Rest – (prévenir) Menu 19/45 € – Carte 30/55 €
♦ Un bon repas traditionnel vous sera concocté dans cette charmante auberge villageoise
occupant l'ex-école de filles et l'ancien presbytère. Salle rafraîchie et terrasse. Coquettes
chambres en partie rénovées, pourvues de meubles de famille. Court de tennis.

SERVOZ – 74 Haute-Savoie – 328 N5 – 818 h. – alt. 816 m – ⊠ 74310
🏛 Alpes du Nord   46 **F1**

> 🚗 Paris 598 – Annecy 85 – Bonneville 43 – Chamonix-Mont-Blanc 14
>   – Megève 22
>
> 🔲 Office de tourisme, ✆ 04 50 47 21 68, Fax 04 50 47 27 06

X   **Les Gorges de la Diosaz** avec ch 🦢   ⇐ 🕿 ℀ ☏ VISA ◍⓪ ①
– ✆ 04 50 47 20 97 – infos@hoteldesgorges.com – Fax 04 50 47 21 08 – Fermé
15-30 mai et 4-30 nov.
6 ch – 🛏60/70 € 🛏🛏60/70 €, 🍴 7,50 € – **Rest** – (fermé dim. soir et lundi)
Menu (15 € bc), 24/42 € – Carte 32/46 €
♦ Chalet de village sur la route des gorges. Réception et salle à manger aux typiques boiseries montagnardes et cuisine régionale un brin actualisée. Terrasse avec vue.

SESSENHEIM – 67 Bas-Rhin – 315 L4 – 1 783 h. – alt. 120 m – ⊠ 67770
🏛 Alsace Lorraine   1 **B1**

> 🚗 Paris 497 – Haguenau 18 – Strasbourg 39 – Wissembourg 44

XX   **Au Bœuf**   🕿 P VISA ◍⓪ AE
1 r. Église – ✆ 03 88 86 97 14 – contact@auberge-au-boeuf.com
– Fax 03 88 86 04 62 – Fermé lundi et mardi
Rest – Menu 28 € (sem.)/58 € – Carte 38/60 €
♦ Des bancs d'église du 18ᵉ s. agrémentent l'une des salles de cette belle maison alsa-
cienne. Jolie terrasse, petit musée dédié à Goethe et boutique de produits du terroir.

SÈTE – 34 Hérault – 339 H8 – 39 542 h. – alt. 4 m – Casino – ⊠ 34200
🏛 Languedoc Roussillon   23 **C2**

> 🚗 Paris 787 – Béziers 48 – Lodève 63 – Montpellier 35
>
> 🔲 Office de tourisme, 60, rue Mario Roustan ✆ 04 67 74 71 71,
>   Fax 04 67 46 17 54
>
> 👁 Mont St-Clair★ : terrasse du presbytère de la chapelle N.-D. de la Salette
>   ※★★ AZ - Le Vieux Port★ - Cimetière marin★.

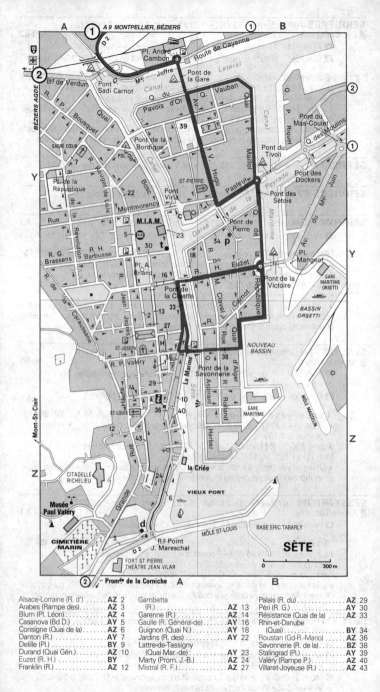

Le Grand Hôtel ⬢ AC 〰 ♨ 〰 VISA ⬤ AE ⬤

17 quai Mar. de Lattre de Tassigny
– ☎ 04 67 74 71 77 – info@legrandhotelsete.com – Fax 04 67 74 29 27
– Fermé 24 déc.-4 janv.   AY **t**
43 ch – ⸽75/135 € ⸽⸽75/135 €, � 10 € – 1 suite – ½ P 64/94 €
Rest Quai 17 – ☎ 04 67 74 71 91 (fermé 29 juin-4 août, 2-12 janv., sam. midi et
dim.) Menu (19 €), 26/45 € – Carte 30/54 €
♦ Près de la maison natale de G. Brassens, élégant hôtel (1882) bordant le canal. Chambres
raffinées, beau mobilier de style et agréable patio sous verrière. Hauts plafonds, moulures
et jolies fresques retraçant l'histoire maritime sétoise habillent la salle de restaurant.
Cuisine régionale.

Port Marine ⟨⬢ ⬢ 占 AC 〰 ♨ P 〰 VISA ⬤ AE ⬤

Môle St-Louis – ☎ 04 67 74 92 34 – contact@hotel-port-marine.com
– Fax 04 67 74 92 33   AZ **d**
46 ch – ⸽70/80 € ⸽⸽77/110 €, ⊏ 10 € – 6 suites – ½ P 69/86 €
Rest – Menu 26 € – Carte 32/48 €
♦ Architecture moderne face au môle St-Louis d'où "l'Exodus" prit la mer en 1947.
Le décor des chambres évoque sobrement l'intérieur d'une cabine de bateau. Toit-sola-
rium. Au restaurant : cuisine traditionnelle, de style brasserie à midi et de type buffet le
week-end.

Paris Méditerranée AC VISA ⬤ AE

47 r. Pierre Semard – ☎ 04 67 74 97 73 – Fermé 1er-15 juil., 1 sem. en fév., sam. midi,
dim. et lundi   BY **p**
Rest – Menu (22 €), 28 €
♦ L'original décor réalisé par la patronne s'accorde parfaitement aux recettes inventives et
gourmandes que vous dégusterez dans ce restaurant un peu "décalé", mais réellement
séduisant.

sur la Corniche 2 km au Sud du plan par D 2 – ⊠ 34200 Sète

Les Tritons sans rest 〰 ⯒ ⬢ 占 AC 〰 P VISA ⬤ AE ⬤

bd Joliot-Curie – ☎ 04 67 53 03 98 – info@hotellestritons.com
– Fax 04 67 53 38 31
55 ch – ⸽39/75 € ⸽⸽45/110 €, ⊏ 7 €
♦ Les chambres sont fonctionnelles et colorées ; climatisation et vue sur mer en façade,
fraîcheur et calme sur l'arrière. Décor marin dans le hall.

Les Terrasses du Lido avec ch 🏡 ⯒ ⬢ AC ♨ P 〰 VISA ⬤ AE ⬤

rd-pt Europe – ☎ 04 67 51 39 60 – contact@lesterrassesdulido.com
– Fax 04 67 51 28 90 – Fermé 2-12 janv.
9 ch – ⸽62/82 € ⸽⸽69/125 €, ⊏ 10 € – ½ P 70/95 € – **Rest** – (fermé dim. soir et
lundi sauf juil.-août) Menu (27 €), 32/48 €
♦ Au pied du mont St-Clair, cette villa abrite une sobre salle à manger prolongée d'une
terrasse côté piscine. Cuisine à l'accent régional. Chambres pratiques aux tons bleu et
blanc.

SÉVÉRAC-LE-CHÂTEAU – 12 Aveyron – 338 K5 – 2 458 h. – alt. 735 m – ⊠ 12150 ▌ Languedoc Roussillon   29 **D1**

🄳 Paris 605 – Espalion 46 – Florac 74 – Mende 64 – Millau 33 – Rodez 51
🄱 Office de tourisme, 5, rue des Douves ☎ 05 65 47 67 31, Fax 05 65 47 65 94

Des Causses 🏡 P VISA ⬤ ⬤

38 av. Aristide Briand – ☎ 05 65 70 23 00 – contact@hotel-causses.com
– Fax 05 65 70 23 04 – Fermé 23 sept.-20 oct., lundi sauf le soir en juil.-août et dim.
soir de sept. à juin
Rest – Menu 13,50 € (sem.)/36 € – Carte 16/45 €
♦ Copieuse cuisine du terroir dont on se repaît sous les poutres d'une salle rustique
avec cheminée ou, dès les premiers beaux jours, sous la frondaison d'un orme, côté
parking.

SÉVRIER – 74 Haute-Savoie – 328 J5 – rattaché à Annecy

SEWEN – 68 Haut-Rhin – 315 F10 – 530 h. – alt. 500 m – ⌨ 68290 — 1 **A3**

🖪 Paris 462 – Altkirch 41 – Belfort 33 – Colmar 66 – Épinal 77 – Mulhouse 39 – Thann 24

◎ Lac d'Alfeld★ O : 4 km, ▮ Alsace Lorraine

Ⅹ **Hostellerie au Relais des Lacs** avec ch 🌣 🕸 🐾 **P.**

30 Grand'rue – 𝒞 03 89 82 01 42 — 🕾 *VISA* **MO** **AE** **①**
– hostellerierelaisdeslacs@wanadoo.fr – Fax 03 89 82 09 29 – Fermé 6 janv.-6 fév.,
mardi soir et merc. hors saison
13 ch – †44 € ††46 €, ⌷ 7 € – ½ P 46/49 € – **Rest** – Menu 25/36 € – Carte
20/38 €

♦ Cette pension de famille sert une cuisine traditionnelle dans un cadre rustique soigné
(cheminée, boiseries, objets paysans). Grand parc bordant la rivière. Chambres simples.

SEYNE – 04 Alpes-de-Haute-Provence – 334 G6 – 1 440 h. – alt. 1 200 m – ⌨ 04140
▮ Alpes du Sud — 41 **C2**

🖪 Paris 719 – Barcelonnette 43 – Digne-les-Bains 43 – Gap 54 – Guillestre 71

🖪 Office de tourisme, place d'Armes 𝒞 04 92 35 11 00, Fax 04 92 35 28 84

◎ Col du Fanget ≼★ SO : 5 km.

à Selonnet 4 km au Nord-Ouest par D 900 – 404 h. – alt. 1 060 m – Sports d'hiver :
1 500/2 050 m ⚡12 ⚘ – ⌨ 04140

🏠 **Relais de la Forge** ⚘ 🕾 ⅀ *VISA* **MO** **AE** **①**

– 𝒞 04 92 35 16 98 – lerelais@orange.fr – Fax 04 92 35 07 37 – Fermé 5-13 avril,
🐾 12 nov.-16 déc., dim. soir et lundi hors vacances scolaires
14 ch – †40/52 € ††45/58 €, ⌷ 8 € – ½ P 43/52 € – **Rest** – Menu 15/30 €
– Carte 26/40 €

♦ Hôtel familial bâti à l'emplacement de l'ancienne forge du village. Chambres simples et
sobres ; celles du dernier étage profitent toutefois d'une rénovation. Salle à manger
d'inspiration rustique agrémentée d'une cheminée ; carte traditionnelle.

LA SEYNE-SUR-MER – 83 Var – 340 K7 – 60 188 h. – alt. 3 m – ⌨ 83500
▮ Côte d'Azur — 40 **B3**

🖪 Paris 830 – Aix-en-Provence 81 – La Ciotat 32 – Marseille 60 – Toulon 8

🖪 Office de tourisme, corniche Georges Pompidou 𝒞 04 98 00 25 70,
Fax 04 98 00 25 71

◎ ≼★ de la terrasse du fort Balaguier E : 3 km.

à Fabrégas 4 km au Sud par rte de St-Mandrier et rte secondaire
– ⌨ 83500 La Seyne-sur-Mer

ⅩⅩ **Chez Daniel et Julia "rest. du Rivage"** ≼ 🕾 **P.** *VISA* **MO** **AE**

– 𝒞 04 94 94 85 13 – Fax 04 94 87 25 25 – Fermé nov., dim. soir et lundi
Rest – Menu 38/90 € – Carte 50/65 €

♦ Table familiale accueillante nichée au bord d'une jolie crique. Salle rustico-provençale,
expo d'outils anciens, terrasse tournée vers le rivage et cuisine axée sur la marée.

aux Sablettes 4 km au Sud-Est – ⌨ 83500 La Seyne-sur-Mer

ⅩⅩ **La Parenthèse** 🕾 **AC** *VISA* **MO**

espl. Henry Bœuf – 𝒞 04 94 94 92 34 – fageslaffontpartners@orange.fr
– Fax 04 94 87 60 45 – Fermé 19 janv.-8 fév., dim. soir et lundi de sept. à juin et le
midi du lundi au merc. en juil.-août
Rest – Menu 32 € (sem.)/75 € – Carte 42/71 €

♦ Cuisine d'aujourd'hui servie dans un cadre moderne brun-blanc-rouge ou sur la terrasse
estivale meublée en fer forgé, cachée par des claustras en bois et abritée du soleil.

SÉZANNE – 51 Marne – 306 E10 – 5 585 h. – alt. 137 m – ⌨ 51120
▮ Champagne Ardenne — 13 **B2**

🖪 Paris 116 – Châlons-en-Champagne 59 – Meaux 78 – Melun 89 – Sens 83 – Troyes 62

🖪 Office de tourisme, place de la République 𝒞 03 26 80 51 43,
Fax 03 26 80 54 13

🏠 **De la Croix d'Or** 🍽 AK rest, 🦽 📞 🛁 **P** VISA ⓪ AE ①
53 r. Notre-Dame – ℰ 03 26 80 61 10 – contact @ hotel-lacroixdor.fr
♾ – Fax 03 26 80 65 20 – Fermé 2-15 janv., dim. soir et merc.
13 ch – †45 € ††60 €, ☑ 8 € – ½ P 45/54 € – **Rest** – Menu 15/31 € – Carte 27/45 €
♦ Maison de pays à l'atmosphère agréablement provinciale. Les chambres, d'ampleur
variée, ont bénéficié d'un rajeunissement. Plaisante salle des petits-déjeuners. Au restaurant, décor judicieusement rafraîchi et cuisine traditionnelle.

🏠 **Le Relais Champenois** 🛁 ch, AK rest, 🦽 📞 🛁 **P** VISA ⓪
157 r. Notre-Dame – ℰ 03 26 80 58 03 – relaischamp @ infonie.fr
♾ – Fax 03 26 81 35 32 – Fermé 20-27 août, 25 déc.-3 janv. et dim. soir
19 ch – †36/65 € ††46/78 €, ☑ 9,50 € – **Rest** – Menu (16 €), 21/48 € – Carte 31/47 €
♦ Façade champenoise rénovée, joliment fleurie, abritant des chambres fraîches et bien
meublées, plus calmes à l'annexe (deux sont climatisées). Salles à manger champêtres
agrémentées de boiseries et de poutres apparentes. Bon choix de menus traditionnels.

à Mondement-Montgivroux 12 km par D 951 et D 439 – 48 h. – alt. 188 m –
✉ 51120

🏠🏠 **Domaine de Montgivroux** sans rest ॐ   ⓘ ☕ 📞 🛁 **P** VISA ⓪
rte d'Epernay, – ℰ 03 26 42 06 93 – domainedemontgivroux @ wanadoo.fr
– Fax 03 26 42 06 94
20 ch – †70 € ††210 €, ☑ 15 € – 1 suite
♦ Au cœur d'un vaste domaine, cette ancienne ferme champenoise (17ᵉ s.) magnifiquement rénovée vous invite à séjourner dans des chambres spacieuses à la décoration
personnalisée.

SIERCK-LES-BAINS – 57 Moselle – 307 J2 – 1 872 h. – alt. 147 m – ✉ 57480
Ⅱ Alsace Lorraine   27 **C1**
    🔼 Paris 355 – Luxembourg 40 – Metz 46 – Thionville 17 – Trier 52
    🛈 Office de tourisme, rue du Château ℰ 03 82 83 74 14, Fax 03 82 83 22 10
    ◉ ≼★ du château fort.

à Montenach 3,5 km au Sud-Est sur D 956 – 410 h. – alt. 200 m – ✉ 57480

🍴🍴 **Auberge de la Klauss**   🌳 🍽 **P** VISA ⓪ AE
1 rte de Kirschnaumen – ℰ 03 82 83 72 38 – la-klauss @ wanadoo.fr
♾ – Fax 03 82 83 73 00 – Fermé 24 déc.-7 janv. et lundi
Rest – Menu 16/52 € – Carte 31/64 € 🈯
♦ Ferme de 1869 où palmipèdes et cochons évoluent en plein air. Côté auberge, joli cadre
rustique, produits maison (dont un délicieux foie gras) et beau livre de cave. Vente à emporter.

à Manderen 7 km à l'Est par D 654 et D 64 – 383 h. – alt. 290 m – ✉ 57480

🏠 **Relais du Château Mensberg** ॐ   🌳 🍽 🛁 ch, 🛁
15 r. du Château – ℰ 03 82 83 73 16 – aurelaismensberg **P** VISA ⓪ AE ①
♾ @ aol.com – Fax 03 82 83 23 37 – Fermé 26 déc.-25 janv., lundi midi et mardi
13 ch – †36/48 € ††45/60 €, ☑ 9,50 € – ½ P 48/55 € – **Rest** – Menu (13 €),
18/50 € – Carte 16/60 €
♦ Cette ancienne ferme montant la garde au pied du château fort de Malbrouck (15ᵉ s.) vous
héberge en toute simplicité dans ses petites chambres avant tout pratiques. Repas traditionnel dans trois salles agrestes, dont deux en mezzanine ; truites puisées au vivier.

SIERENTZ – 68 Haut-Rhin – 315 I11 – 2 442 h. – alt. 270 m – ✉ 68510   1 **A3**
    🔼 Paris 487 – Altkirch 19 – Basel 18 – Belfort 65 – Colmar 54 – Mulhouse 16
    🛈 Syndicat d'initiative, 57, rue Rogg-Haas ℰ 03 89 81 68 58, Fax 03 89 81 60 49

🍴🍴🍴 **Auberge St-Laurent** (Marco Arbeit) avec ch   🍽 AK 📞
1 r. Fontaine – ℰ 03 89 81 52 81 – marco.arbeit @ 🛁 **P** VISA ⓪ AE
❀❀ wanadoo.fr – Fax 03 89 81 67 08 – Fermé 14-22 avril, lundi et mardi
10 ch – †80 € ††100 €, ☑ 13 € – ½ P 91 €
Rest – Menu (19 € bc), 28 € (déj. en sem.)/65 € bc – Carte 61/85 € 🈯
Spéc. Foie gras de canard et confit de choucroute. Croustillant de bar à l'unilatéral,
purée de pomme de terre au caviar d'Aquitaine. Carré d'agneau simplement rôti
au four. **Vins** Riesling, Sylvaner.
♦ Le chaleureux décor mi-rustique mi-bourgeois de cet ancien relais de poste vous invite
à goûter une fine cuisine classique misant sur l'équilibre des saveurs. Plaisante terrasse.
Jolies chambres personnalisées.

SIGNY-L'ABBAYE – 08 Ardennes – 306 I4 – 1 340 h. – alt. 240 m – ⊠ 08460
Champagne Ardenne   13 **B1**

- **∆** Paris 208 – Charleville-Mézières 31 – Hirson 41 – Laon 74 – Rethel 23 – Rocroi 30 – Sedan 52
- **∄** Syndicat d'initiative, cour Rogelet ℰ 03 24 53 10 10, Fax 03 24 53 10 10

✗✗ **Auberge de l'Abbaye** avec ch   🛜 📞 🔐 🅿 VISA ⚫⚪
2 pl. A. Briand – ℰ 03 24 52 81 27 – aubergeabbaye @ wanadoo.fr
– Fax 03 24 53 71 72 – Fermé 12 janv.-8 mars
7 ch – †39/55 € ††55/58 €, � 7 € – ½ P 39/48 € – **Rest** – (fermé mardi soir et merc.) Menu 15/37 € – Carte 24/52 €

♦ Ex-relais de poste (17ᵉ s.) tenu par la même famille depuis 1803. Salles rustiques avec cheminées, choix classique connoté terroir (bœuf et mouton élevés maison) et chambres à touches agrestes.

SIGNY-LE-PETIT – 08 Ardennes – 306 H3 – 1 314 h. – alt. 238 m – ⊠ 08380
- **∆** Paris 228 – Charleville-Mézières 37 – Hirson 15 – Chimay 959   13 **B1**
- **∄** Syndicat d'initiative, place de l'Église ℰ 03 24 53 55 44, Fax 03 24 53 51 32

🏠 **Au Lion d'Or**   & ch, ⇆ 📞 🔐 🅿 VISA ⚫⚪ AE
pl. de l'Église – ℰ 03 24 53 51 76 – blandine-bertrand @ wanadoo.fr
– Fax 03 24 53 36 96 – Fermé 27 juin-10 juil., 19 déc.-11 janv. et dim.
12 ch – †64 € ††64 €, ⊇ 9 € – 2 suites – ½ P 59 € – **Rest** – (fermé dim. sauf le midi d'oct. à mars, mardi midi, merc. midi et sam. midi) (prévenir dim.) Menu 20/59 € bc

♦ Hôtel-restaurant non-fumeurs mettant à profit une maison de pays voisine d'une église fortifiée. Chambres aux décors divers ; salon réservé aux tabacomaniaques incorrigibles. "Chouette" table honorant un sympathique rapace nocturne. Carte au goût du jour.

SILLÉ-LE-GUILLAUME – 72 Sarthe – 310 I5 – 2 585 h. – alt. 161 m – ⊠ 72140
Normandie Cotentin   35 **C1**

- **∆** Paris 230 – Alençon 39 – Laval 55 – Le Mans 35 – Mayenne 40
- **∄** Office de tourisme, place de la Résistance ℰ 02 43 20 10 32, Fax 02 43 20 01 23

✗✗ **Le Bretagne** avec ch   & rest, 📞 🅿 VISA ⚫⚪
pl. Croix d'Or – ℰ 02 43 20 10 10 – hotelrestaurantlebretagne @ wanadoo.fr
– Fax 02 43 20 03 96 – Fermé 24 juil.-12 août, 23 déc.-2 janv., sam. midi d'oct.
à mars, vend. soir et dim. soir
15 ch – †44/69 € ††60/76 €, ⊇ 7,50 € – ½ P 58/68 € – **Rest** – Menu 17 € (sem.)/50 € – Carte 51/55 €

♦ Ancien relais de diligences (1850) situé à l'orée du Parc régional Normandie-Maine. Cuisine traditionnelle soignée, servie dans une salle à manger feutrée. Chambres agréables.

SILLERY – 51 Marne – 306 G7 – rattaché à Reims

SION-SUR-L'OCÉAN – 85 Vendée – 316 E7 – rattaché à St-Gilles-Croix-de-Vie

SIORAC-EN-PÉRIGORD – 24 Dordogne – 329 G7 – 893 h. – alt. 77 m –
⊠ 24170 Périgord   4 **C3**

- **∆** Paris 548 – Sarlat-la-Canéda 29 – Bergerac 45 – Brive-la-Gaillarde 73 – Périgueux 60
- **∄** Syndicat d'initiative, place de Siorac ℰ 05 53 31 63 51
- 🏁 de Lolivarie, S : 5km par D 51, ℰ 05 53 30 22 69.

🏠 **Relais du Périgord Noir**   🛏 📶 📺 🅿 & ch,
– ℰ 05 53 31 60 02 – hotel @   AC ch, ⇆ ⅍ rest, VISA ⚫⚪
relais-perigord-noir.fr – Fax 05 53 31 61 05 – Ouvert 15 avril-30 sept.
44 ch – †65/98 € ††65/98 €, ⊇ 9 € – ½ P 60/65 € – **Rest** – (dîner seult) (résidents seult) Menu 30/45 € – Carte 46/61 €

♦ Maison de 1870 totalement rénovée (bien conçue pour les handicapés). Chambres fonctionnelles. Deux ambiances dans les salons : objets préhistoriques ou billard (snooker). Pour déguster une cuisine de tradition, optez pour la salle ornée de fresques ou la véranda.

SISTERON – 04 Alpes-de-Haute-Provence – 334 D7 – 6 964 h. – alt. 490 m –
✉ 04200 ▮ Alpes du Sud

40 **B2**

> **▶** Paris 704 – Barcelonnette 100 – Digne-les-Bains 40 – Gap 52
>
> **🛈** Office de tourisme, 1, place de la République ℰ 04 92 61 12 03,
> Fax 04 92 61 19 57
>
> **◎** Vieux Sisteron★ - Site★★ - Citadelle★ : ≤★ - Cathédrale
> Notre-Dame-des-Pommiers★.

SISTERON

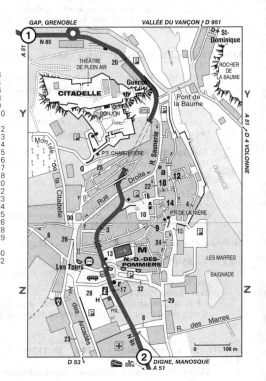

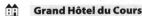

🏨 Grand Hôtel du Cours 🛏 🈂 ᇰ ch, 𝔸𝔺 rest, ⇔ 🛎
pl. de l'Église – ℰ *04 92 61 04 51* 🚗 **VISA** **MC** **AE** **①**
– hotelducours@wanadoo.fr – Fax 04 92 61 41 73 – Ouvert 1ᵉʳmars-5 nov.
45 ch – ♦60/70 € ♦♦70/88 €, ⊇ 10 € – 5 suites – ½ P 65/75 €   **Z r**
Rest *– (ouvert 1ᵉʳ mars-10 déc.)* Menu 24/29 € – Carte 30/45 €
◆ Hôtel situé dans le centre historique, à deux pas des tours d'enceinte du 14ᵉ s.
Les chambres ouvrant sur l'arrière sont plus spacieuses et plus calmes. Agréable
salle de restaurant de style provençal, lumineuse véranda et terrasse ombragée côté
place.

✗✗ Les Becs Fins 🛏 𝔸𝔺 **VISA** **MC** **AE** **①**
16 r. Saunerie – ℰ *04 92 61 12 04 – becsfins@aol.com*
– Fax 04 92 61 28 33 – Fermé 10-20 juin, 25 nov.-15 déc., dim. soir et lundi
sauf juil.-août   **Y a**
Rest – Menu (19 €), 25/57 € – Carte 31/75 €
◆ Sympathique petit restaurant du centre-ville et sa terrasse ombragée bordant une
rue piétonne. Décor actuel refait, ambiance animée et décontractée, et cuisine traditionnelle.

SISTERON

au Nord-Ouest par ① et D 4085 – ⊠ 04200 Sisteron

⌂ **Les Chênes** 🚲 🚭 ⌂ ⚓ **P** *VISA* **⓪** **AE**
300 rte de Gap, à 2 km – ℰ 04 92 61 13 67 – leschenes.hotel@wanadoo.fr
– Fax 04 92 61 16 92 – Fermé 20 déc.-31 janv., sam. sauf d'avril à sept. et dim. sauf
de juin à sept.
23 ch – ♦53/55 € ♦♦55/71 €, ⊿ 8 € – ½ P 51/59 € – **Rest** – *(fermé sam. et dim.)*
Menu (17 €), 19/34 € – Carte 29/44 €
♦ Adresse pratique pour une étape non loin de la Durance. Les chambres, petites et
fonctionnelles, sont insonorisées. Sur l'arrière, piscine et jardin planté de vieux chênes.
Recettes traditionnelles à déguster dans un cadre sobre ou sur la terrasse ombragée.

SIX-FOURS-LES-PLAGES – 83 Var – **340** K7 – **32 742 h.** – alt. 20 m – ⊠ 83140
▊ Côte d'Azur   40 **B3**

    🖸 Paris 830 – Aix-en-Provence 81 – La Ciotat 33 – Marseille 61 – Toulon 12

    🖪 Office de tourisme, promenade Charles-de-Gaulle ℰ 04 94 07 02 21,
    Fax 04 94 25 13 36

    ◉ Fort de Six-Fours ✻★ N : 2 km - Presqu'île de St-Mandrier★ : ✻★★ E : 5 km -
    ✻★★ du cimetière de St Mandrier-sur-Mer E : 4 km.

    ◙ Chapelle N.-D.-du-Mai ✻★★ S : 6 km.

⌂ **Le Clos des Pins** 🚭 🎛 ⅍ ch, 📺 🐱 📞 **P** 🚐 *VISA* **⓪** **AE**
🕾 *101 bis r. de la République – ℰ 04 94 25 43 68 – cavagnac.dominique@*
wanadoo.fr – Fax 04 94 07 63 07
25 ch – ♦54/78 € ♦♦60/91 €, ⊿ 10 € – ½ P 79/112 € – **Rest** – *(dîner seult)*
Menu 18/26 €
♦ Cet hôtel entouré de quelques pins borde une voie fréquentée, mais bénéficie d'une
bonne insonorisation. Chambres pratiques, progressivement rénovées. Jolie terrasse meublée en fer forgé et cuisine familiale au restaurant.

au Brusc 4 km au Sud – ⊠ 83140 Six-Fours-les-Plages

🍴🍴 **Le St-Pierre - Chez Marcel** 🚭 ⅍ 📺 *VISA* **⓪** **AE** **①**
    – ℰ 04 94 34 02 52 – contact@lesaintpierre.fr – Fax 04 94 34 18 01 – Fermé janv.,
dim. soir, mardi soir de sept. à juin et lundi
Rest – Menu 19/36 € – Carte 29/61 €
♦ Près du port, ancienne maison de pêcheur proposant, dans sa lumineuse salle à
manger climatisée, un choix de préparations de poissons imprégnées de saveurs régionales.

SIZUN – 29 Finistère – **308** G4 – **1 850 h.** – alt. 112 m – ⊠ 29450
▊ Bretagne   9 **B2**

    🖸 Paris 572 – Brest 37 – Châteaulin 36 – Landerneau 16 – Morlaix 36
    – Quimper 59

    🖪 Office de tourisme, 3, rue de l'Argoat ℰ 02 98 68 88 40

    ◉ Enclos paroissial★ - Bannières★ dans l'église de Locmélar N : 5 km.

⌂ **Les Voyageurs** ⅍ ✿ ch, ⚓ **P**
🕾 *2 r. Argoat – ℰ 02 98 68 80 35 – hotelvoyag@aol.com – Fax 02 98 24 11 49*
– Fermé 15 sept.-6 oct., dim. soir et sam. d'oct. à juin
22 ch – ♦51 € ♦♦51 €, ⊿ 7 € – ½ P 47 € – **Rest** – *(fermé vend. soir, dim. soir et*
sam.) Menu (11 €), 14 € (sem.), 26/35 €
♦ Hôtel familial voisin de l'enclos paroissial du village. Les chambres, simples et bien
tenues, bénéficient de plus d'ampleur dans le bâtiment principal. Menus traditionnels à
prix sages servis auprès de la cheminée, dans une salle à manger champêtre.

SOCHAUX – 25 Doubs – **321** L1 – **4 491 h.** – alt. 310 m – ⊠ 25600
▊ Franche-Comté Jura   17 **C1**

    🖸 Paris 478 – Audincourt 5 – Belfort 18 – Besançon 77 – Montbéliard 5
    – Mulhouse 56

    ◉ Musée de l'Aventure Peugeot★★ AX.

Voir plan de Montbéliard agglomération.

Arianis rest, VISA AE
11 av. Gén. Leclerc – 03 81 32 17 17 – arianis@wanadoo.fr – Fax 03 81 32 00 90 X **u**
65 ch – 70 € 75/93 €, 7 € – ½ P 60 €
Rest – *(fermé vend. soir, dim. soir et sam.)* Menu 14/42 € – Carte 34/52 €
Rest ***Brasserie de l'Arianis*** – *(fermé vend. soir, dim. soir et sam.)* Menu 13/16 € – Carte 23/37 €
◆ À côté du musée Peugeot, hôtel des années 1990 proposant de grandes chambres sobres et fonctionnelles. Petit-déjeuner sous forme de buffet. Restaurant dans les tons bleu et gris, cuisine traditionnelle. On sert une formule brasserie dans la véranda.

à Étupes **3 km par ③ et D 463 – 3 543 h. – alt. 337 m – ✉ 25460**

Au Fil des Saisons VISA AE
3 r. de la Libération – 03 81 94 17 12 – aufildessaisons@clubinternet.fr – Fax 03 81 32 36 04 – Fermé 4-24 août, 22 déc.-4 janv., sam. midi, dim. et lundi
Rest – Menu 22/29 € – Carte 31/53 €
◆ Enseigne-vérité : c'est une cuisine évoluant "au fil des saisons" et un bon choix de poissons qui composent la carte de ce restaurant familial. Salle agréablement rajeunie.

SOCOA – **64 Pyrénées-Atlantiques** – **342** B2 – **rattaché à St-Jean-de-Luz**

Une nuit douillette sans se ruiner ?
Repérez les Bibs Hôtel .

SOCX – **59 Nord** – **302** C2 – **980 h.** – **alt. 24 m** – ✉ **59380** 30 **B1**

Paris 287 – Lille 64 – Calais 52 – Dunkerque 20 – Roeselare 68

Au Steger VISA AE
27 rte de St-Omer – 03 28 68 20 49 – restaurant.steger@wanadoo.fr – Fax 03 28 68 27 83 – Fermé 1er-20 août et sam. midi
Rest – *(déj. seult sauf sam.)* Menu 12 € (déj. en sem.), 17/30 € – Carte 21/42 €
◆ L'épicerie familiale convertie en restaurant aux allures de taverne, où il fait bon s'attabler autour de plats traditionnels et de recettes flamandes de qualité.

SOISSONS – **02 Aisne** – **306** B6 – **29 453 h.** – **alt. 47 m** – ✉ **02200**
Nord Pas-de-Calais Picardie 37 **C2**

Paris 102 – Compiègne 39 – Laon 37 – Reims 59 – St-Quentin 61
Office de tourisme, 16, place Fernand Marquigny 03 23 53 17 37, Fax 03 23 59 67 72
Anc. Abbaye de St-Jean-des-Vignes★★ - Cathédrale St-Gervais-et-St-Protais★★.

Plan page suivante

L'Assiette Gourmande VISA AE
16 av. de Coucy – 03 23 93 47 78 – Fax 03 23 93 47 78 – Fermé 23-30 mars, août, sam. midi, dim. soir, soirs fériés et lundi BY **e**
Rest – Menu 15 € (déj. en sem.), 29/50 € – Carte 36/56 €
◆ Cette adresse a conquis sans mal le cœur des Soissonais grâce à son décor élégant, son ambiance feutrée et douce, et sa goûteuse cuisine de tradition revisitée.

Chez Raphaël VISA
7 r. St-Quentin – 03 23 93 51 79 – chez.raphael@wanadoo.fr – Fax 03 23 93 26 50 – Fermé 18-31 août, 1er-8 janv., 23-28 fév., sam. midi, dim. soir et lundi BY **a**
Rest – Menu 20 € (déj. en sem.), 25/42 € – Carte 37/51 €
◆ Sympathique établissement situé dans une rue commerçante. Salle à manger simple et chaleureuse, aménagée dans l'esprit bistrot, où l'on propose des petits plats du terroir.

SOISSONS

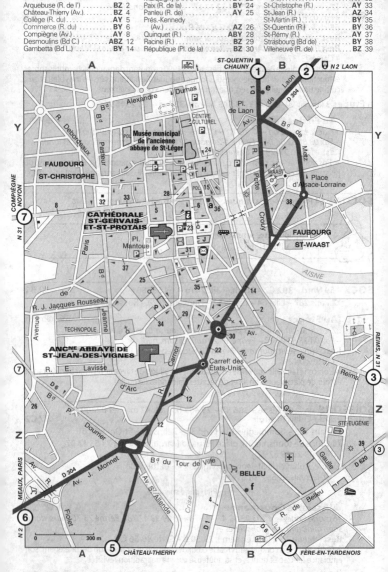

à Belleu 3 km au Sud par D 1 et D 690 – 4 031 h. – alt. 55 m – ⊠ 02200

Le Grenadin
🍴🍴 ⌂ *VISA* 🅐🅞

19 rte de Fère-en-Tardenois – 𝒞 03 23 73 20 57 – restaurantlegrenadin@free.fr
– Fax 03 23 73 11 61 – Fermé 15-31 janv., dim. soir, lundi et fériés   BZ **f**
Rest – Menu (17 €), 23/45 € – Carte 28/49 €
♦ Un angelot veille sur la façade de cette sympathique maison servant une cuisine
traditionnelle soignée. Salles champêtre et rustique ; l'été, tables dressées dans le jardin.

SOLAIZE – 69 Rhône – 327 I6 – 2 256 h. – alt. 232 m – ⊠ 69360   44 **B2**
> ▣ Paris 472 – Lyon 17 – Rive-de-Gier 25 – La Tour-du-Pin 58 – Vienne 17

🏠 **Soleil et Jardin**   🕽 🛏 ⅙ Ⓜ ⅙ ⅃ ⅔ 🅿 𝚅𝙸𝚂𝙰 ⑩ ⒶⒺ
44 r. de la République – 🕻 *04 78 02 44 90* – *soleiletjardin @ wanadoo.fr*
– *Fax 04 78 02 09 26* – *Fermé 1ᵉʳ-17 août*
22 ch – 🛏110/150 € 🛏🛏120/190 €, ⊆ 10 € – **Rest** – *(fermé sam. et dim.)*
Menu 34 € – Carte 36/53 €
♦ Sur la place centrale du village, cette maison abrite des chambres fonctionnelles aux tons
ensoleillés ; trois d'entre elles possèdent une terrasse. Gaieté et lumière dans la salle à
manger prolongée d'une terrasse fleurie ; carte traditionnelle bien composée.

SOLENZARA – 2A Corse-du-Sud – 345 F8 – **voir à Corse**

SOLESMES – 72 Sarthe – 310 H7 – **rattaché à Sablé-sur-Sarthe**

SOLIGNAC – 87 Haute-Vienne – 325 E6 – 1 367 h. – alt. 251 m –
⊠ 87110   24 **B2**
> ▣ Paris 400 – Bourganeuf 55 – Limoges 10 – Nontron 70 – Périgueux 90
> – Uzerche 52
> ❚ Office de tourisme, place Georges Dubreuil 🕻 05 55 00 42 31,
> Fax 05 55 00 56 44

🏠 **St-Éloi**   🕽 ⅚ ch, ⅙ ⅗ ch, ⅃ ⅔ 𝚅𝙸𝚂𝙰 ⑩
66 av. St-Éloi – 🕻 *05 55 00 44 52* – *lesaint.eloi @ wanadoo.fr* – *Fax 05 55 00 55 56*
– *Fermé 2-9 juin, 17-30 sept., sam. midi, dim. soir et lundi*
15 ch – 🛏55/60 € 🛏🛏60/65 €, ⊆ 10 € – ½ P 65/80 € – **Rest** – Menu 20 € (déj. en
sem.), 25/45 € – Carte 36/50 €
♦ La façade en pierre et colombages dissimule un intérieur de caractère : chambres
actuelles aux tons ensoleillés et salon design. Cuisine personnalisée servie dans une
lumineuse salle à manger, réchauffée par une cheminée. Terrasse pittoresque.

SOMMIÈRES – 30 Gard – 339 J6 – 3 677 h. – alt. 34 m – ⊠ 30250   23 **C2**
> ▣ Paris 734 – Montpellier 35 – Nîmes 29
> ❚ Office de tourisme, 5, quai Frédéric Gaussorgues 🕻 04 66 80 99 30,
> Fax 04 66 80 06 95

🏠 **Auberge du Pont Romain**   🖼 🕽 ⅃ 🛏 ⅚ rest, 🅿 𝚅𝙸𝚂𝙰 ⑩ ⒶⒺ ⑩
2 r. Emile Jamais – 🕻 *04 66 80 00 58* – *aubergedupontromain @ wanadoo.fr*
– *Fax 04 66 80 31 52* – *Fermé nov., 15 janv.-15 mars et lundi midi*
19 ch – 🛏74/110 € 🛏🛏74/110 €, ⊆ 13 € – ½ P 85/145 € – **Rest** – Menu (25 €),
35/60 € – Carte 55/65 €
♦ Cette belle et imposante demeure en pierre du Gard abritait au 19ᵉ s. une fabrique de
draps de laine. Grandes chambres rustico-bourgeoises, plus calmes côté jardin. Une
goûteuse cuisine actuelle vous attend au restaurant de style campagnard chic.

🏠 **De l'Estelou** sans rest ⌂   🖼 ⅃ ⅚ ⅔ 🅿 𝚅𝙸𝚂𝙰 ⑩ ⒶⒺ
🏦 *à 200m par rte d'Aubais* – 🕻 *04 66 77 71 08* – *hoteldelestelou @ free.fr*
– *Fax 04 66 77 08 88* – *Fermé 25 déc.-14 janv.*
24 ch – 🛏42/68 € 🛏🛏52/72 €, ⊆ 8 €
♦ Cet hôtel installé dans l'ex-gare de Sommières (1870) a du cachet : chambres actuelles de
bon goût, jolie véranda pour les petits-déjeuners et jardin-piscine au calme.

à Boisseron 3 Km au Sud par D 610 – 1 151 h. – alt. 32 m – ⊠ 34160

🍴🍴 **La Rose Blanche**   🕽 Ⓜ 𝚅𝙸𝚂𝙰 ⑩ ⒶⒺ ⑩
51 r. Maurice Chauvet – 🕻 *04 67 86 60 76* – *restoroseblanche @ yahoo.fr*
– *Fax 04 67 86 60 76* – *Fermé 12-22 oct., 5-22 janv., dim. soir d'oct. à mars, mardi
midi et lundi*
Rest – Menu (19 €), 27/55 € – Carte 51/56 €
♦ Dans l'ancienne salle de garde du château, meubles, tissus et tableaux contemporains
se marient à merveille aux voûtes et murs de pierres apparentes du 12ᵉ s. Cuisine actuelle.

SONDERNACH – 68 Haut-Rhin – 315 G9 – 614 h. – alt. 540 m – ✉ 68380

🛈 Paris 466 – Colmar 27 – Gérardmer 41 – Guebwiller 39 – Thann 42   1 **A2**

🍴 **À l'Orée du Bois** avec ch ♨   ⪕ 🏠 **P** 𝘝𝘐𝘚𝘈 ⓦ⓪

4 rte du Schnepfenried – ℰ *03 89 77 70 21 – contact @ oredubois.com*
– Fax 03 89 77 77 58 – Fermé 23-30 juin et 5 janv.-5 fév.
7 ch – †43 € ††51 €, ⊿ 4 € – ½ P 45 € – **Rest** – *(fermé merc. midi et mardi)*
Menu 14/32 € – Carte 23/40 €
♦ Chaleureuse salle à manger rustique (boiseries, poêle en faïence), carte régionale avec tartes flambées et fondues, chambres façon chalet : l'Alsace dans toute sa générosité.

SONNAC-SUR-L'HERS – 11 Aude – 344 C4 – 128 h. – alt. 362 m – ✉ 11230

🛈 Paris 784 – Montpellier 218 – Carcassonne 52 – Pamiers 41
– Castelnaudary 56   22 **A3**

⌂ **Le Trésor**   🛋 🏠 ↙ ⅋ 𝘝𝘐𝘚𝘈 ⓦ⓪

– ℰ *04 68 69 37 94 – contact @ le-tresor.com – Fax 04 68 69 37 94 – Fermé janv.*
4 ch ⊿ – †80/100 € ††80/100 € – **Table d'hôte** – Menu 25 € bc/35 € bc
♦ Un couple d'Anglais a repris, par passion, cette maison de pays face à l'église. Chambres propres, bonne literie. Petit-déjeuner en terrasse, jardin pour les repas. Cadre intimiste, accueil aux petits soins, produits du terroir et vins régionaux (menu unique).

SONNAZ – 73 Savoie – 333 I4 – **rattaché à Chambéry**

SOPHIA-ANTIPOLIS – 06 Alpes-Maritimes – 341 D6 – **rattaché à Valbonne**

SORBIERS – 42 Loire – 327 F7 – **rattaché à St-Étienne**

SORÈZE – 81 Tarn – 338 E10 – 2 164 h. – alt. 272 m – ✉ 81540
▌ Midi-Pyrénées   29 **C2**

🛈 Paris 732 – Toulouse 59 – Carcassonne 44 – Castelnaudary 26 – Castres 27
– Gaillac 64

🛈 Office de tourisme, rue Saint-Martin ℰ 05 63 74 16 28, Fax 05 63 50 86 61

🏨 **Hôtel Abbaye École Le Logis des Pères** ♨   🎐 🏠 ▮🔔 ⅙ ch, ↙

r. Lacordaire – ℰ *05 63 74 44 80 – reception @*   🔥 **P** 𝘝𝘐𝘚𝘈 ⓦ⓪ 🅐🅔 ⓪
hotelfp.soreze.com – Fax 05 63 74 44 89
52 ch – †95/150 € ††95/150 €, ⊿ 12 € – ½ P 81/108 € – **Rest** – *(fermé dim. soir)*
Menu 21/50 € – Carte 29/46 €
♦ Hôtel installé dans une aile de la célèbre abbaye-école des bénédictins (17ᵉ s.) fondée en 754 par Pépin le Bref. Sobres chambres joliment décorées et parc arboré de 6 ha. Repas traditionnels servis dans l'ancien réfectoire ou à l'ombre des platanes.

Le Pavillon des Hôtes 🏠 ♨   🔥 𝘝𝘐𝘚𝘈 ⓦ⓪ 🅐🅔 ⓪
20 ch – †55/65 € ††55/65 €, ⊿ 12 € – ½ P 61/66 €
♦ Cette annexe se trouve dans une autre partie de l'abbaye. Les chambres, simples et de bon goût, sont réparties autour d'une cour intérieure et les prix restent raisonnables.

SORGES – 24 Dordogne – 329 G4 – 1 123 h. – alt. 178 m – ✉ 24420
▌ Périgord   4 **C1**

🛈 Paris 463 – Brantôme 24 – Limoges 77 – Nontron 36 – Périgueux 20
– Thiviers 15

🛈 Syndicat d'initiative, écomusée de la Truffe ℰ 05 53 46 71 43,
Fax 05 53 46 71 43

🏨 **Auberge de la Truffe**   🛋 🏠 ⅃ 🅺 rest, ↙ ⓥ 🔥 **P** 𝘝𝘐𝘚𝘈 ⓦ⓪ 🅐🅔 ⓪

sur N21 – ℰ *05 53 05 02 05 – contact @ auberge-de-la-truffe.com – Fax 05 53 05 39 27*
19 ch – †48/55 € ††52/65 €, ⊿ 10 € – 4 suites – ½ P 58/85 €
Rest – *(fermé dim. soir et lundi midi du 12 nov. au 15 mars)* Menu (12 € bc), 18 €
(sem.), 24/100 € – Carte 28/87 €
♦ À proximité de la Maison de la Truffe, accueillante adresse villageoise disposant de chambres assez grandes et bien meublées, parfois en rez-de-jardin. Pimpante salle à manger et cuisine du terroir où "diamant noir " et foie gras tiennent le haut de l'affiche.

SOSPEL – 06 Alpes-Maritimes – 341 F4 – 2 885 h. – alt. 360 m – ⊠ 06380
Côte d'Azur

41 **D2**

▶ Paris 967 – Menton 19 – Nice 41 – Tende 38 – Ventimiglia 28

🖪 Office de tourisme, 19, avenue Jean Médecin ✆ 04 93 04 15 80,
Fax 04 93 04 19 96

◙ Vieux village★ : vieux pont★, vierge immaculée★ dans l'église St-Michel -
Fort St-Roch★ S : 1 km par la D 2204.

Des Étrangers   🛜 ☒ ⅙ 📶 ₲ ch, ↔ ℴ 🕸 _VISA_ 🐴

7 bd Verdun – ✆ 04 93 04 00 09 – sospel@sospel.net – Fax 04 93 04 12 31
– Ouvert mars- nov.
27 ch – †65/71 € ††72/90 €, ☐ 8 € – ½ P 70/89 € – **Rest** – (fermé merc. midi et
mardi) Menu 24/35 € – Carte 31/46 €

♦ Accueil sympathique dans cet hôtel géré de père en fils depuis 1883. Chambres
rafraîchies à la mode provençale (fer forgé, tons pastel, murs patinés). Jacuzzi au
sous-sol. À table, goûteuse cuisine régionale préparée avec les produits du potager et du
marché.

SOUILLAC – 46 Lot – 337 E2 – 3 671 h. – alt. 104 m – ⊠ 46200
Périgord

28 **B1**

▶ Paris 516 – Brive-la-Gaillarde 39 – Cahors 68 – Figeac 74
– Sarlat-la-Canéda 29

🖪 Office de tourisme, boulevard Louis-Jean Malvy ✆ 05 65 37 81 56,
Fax 05 65 27 11 45

🏌 Souillac Country Club à Lachapelle-AuzacN : 8 km par D 15,
✆ 05 65 27 56 00.

◙ Anc. église abbatiale : bas-relief "Isaïe"★★, revers du portail★ - Musée
national de l'Automate et de la Robotique★.

Plan page suivante

Grand Hôtel   🛜 📶 ℴ 🕸 _VISA_ 🐴 🕮 ①

1 allée Verninac – ✆ 05 65 32 78 30 – grandhotel-souillac@wanadoo.fr
– Fax 05 65 32 66 34 – Ouvert du 17 mars-8 déc.   Z **e**
30 ch – †49 € ††58 €, ☐ 7 € – ½ P 58 € – **Rest** – Menu 11,50 € (déj. en sem.),
19/28 € – Carte 24/42 €

♦ Cet édifice centenaire abrite des chambres contemporaines personnalisées. Un
agréable patio, vrai puits de lumière, éclaire la salle des petits-déjeuners. Carte traditionnelle servie dans un décor actuel. L'été : véranda (toit ouvrant) ou terrasse sous les
platanes.

Le Pavillon St-Martin sans rest   📶 ↔ ℴ **P** _VISA_ 🐴

5 pl. St-Martin – ✆ 05 65 32 63 45 – contact@hotel-saint-martin-souillac.com
– Fax 05 65 32 75 37   Z **f**
11 ch – †48/73 € ††48/73 €, ☐ 8 €

♦ Face au beffroi, une maison de caractère (16ᵉ s.) possédant des chambres personnalisées alliant éléments classiques et contemporains. Agréable salle des petits-déjeuners
voûtée.

Le Quercy sans rest   🖉 ☒ ℴ ⌂ _VISA_ 🐴 🕮 ①

1 r. Récège – ✆ 05 65 37 83 56 – reservation@le-quercy.fr – Fax 05 65 37 07 22
– Ouvert 20 mars-15 déc.   Y **d**
25 ch – †35/50 € ††55/60 €, ☐ 8 €

♦ Accueil familial dans cet hôtel confortable, à l'écart du centre. Les chambres, bien
tenues, sont pour la plupart dotées d'un balcon tourné vers la terrasse fleurie ou la
piscine.

Belle Vue sans rest   ☒ ℅ 📶 ℴ **P** _VISA_ 🐴 🕮

68 av. J. Jaurès, (à la gare) – ✆ 05 65 32 78 23 – hotelbellevue.souillac@
wanadoo.fr – Fax 05 65 37 03 89
26 ch – †40/42 € ††48/50 €, ☐ 6,50 €

♦ Grande bâtisse des années 1960 proche de la gare. Chambres simples mais
propres. Équipements sportifs côté jardin (piscine, tennis) et petite boutique de produits
régionaux.

1777

SOUILLAC

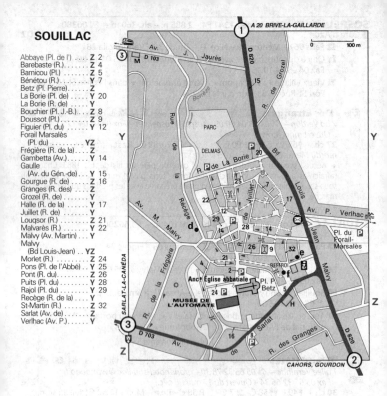

Abbaye (Pl. de l') . . . . Z 2
Barebaste (R.) . . . . Z 4
Barnicou (Pl.) . . . . Z 5
Bénétou (R.) . . . . Y 7
Betz (Pl. Pierre) . . . . . . Z
La Borie (Pl. de) . . . . . Y 20
La Borie (R. de) . . . . . Y
Bouchier (Pl. J.-B.) . . . Z 8
Doussot (Pl.) . . . . Z 9
Figuier (Pl. du) . . . . . Y 12
Forail Marsalès (Pl. du) . . . . YZ
Frégière (R. de la) . . . . Z
Gambetta (Av.) . . . . . . Y 14
Gaulle (Av. du Gén.-de) . . . Y 15
Gourgue (R. de) . . . . . Z 16
Granges (R. des) . . . . . Z
Grozel (R. de) . . . . Y
Halle (R. de la) . . . . . . Y 17
Juillet (R. de) . . . . Y
Louqsor (R.) . . . . Z 21
Malvarès (R.) . . . . Y 22
Malvy (Av. Martin) . . . Y
Malvy (Bd Louis-Jean) . . YZ
Morlet (R.) . . . . Z 24
Pons (Pl. de l'Abbé) . . Y 25
Pont (R. du) . . . . Z 26
Puits (Pl. du) . . . . Y 28
Rajol (Pl. du) . . . . Y 29
Recège (R. de la) . . . . . Y
St-Martin (R.) . . . . Z 32
Sarlat (Av. de) . . . . Z
Verlhac (Av. P.) . . . . . . Y

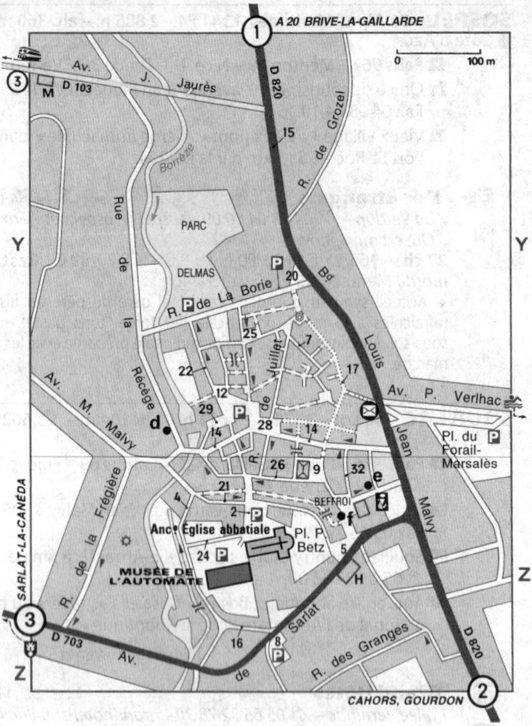

Le Redouillé

28 av. de Toulouse, par ② – ✆ 05 65 37 87 25 – leredouille.souillac@wanadoo.fr – Fermé 11-31 mars, 12 janv.-2 fév., lundi et mardi

Rest – Menu 17/45 € – Carte 36/72 €

◆ Deux salles de restaurant séparées par un salon ; l'une d'elles, très ensoleillée, affiche les couleurs de la Provence. Cuisine traditionnelle parfois revisitée. Terrasse d'été.

SOULAC-SUR-MER – 33 Gironde – 335 E1 – 2 720 h. – alt. 7 m – Casino : de la Plage – ✉ 33780 Aquitaine 3 **B1**

Paris 515 – Bordeaux 99 – Lesparre-Médoc 31 – Royan 12

Office de tourisme, 68, rue de la plage ✆ 05 56 09 86 61, Fax 05 56 73 63 76

à l'Amélie-sur-Mer 5 km au Sud-Ouest par D 101E – ✉ 33780 Soulac-sur-Mer

Des Pins

rest, ch, VISA

– ✆ 05 56 73 27 27 – info@hotel-des-pins.com – Fax 05 56 73 60 39 – Ouvert 15 mars-4 janv. et fermé sam. midi, dim. soir et lundi hors saison

31 ch – †45/90 € ††60/98 €, ☕ 9,50 € – ½ P 45/78 € – **Rest** – Menu (17 €), 20 € (déj. en sem.), 26/40 € – Carte 27/64 €

◆ À 100 m de la plage – sable fin à perte de vue – et en lisière des pins, bâtiment de la fin du 19e s. complété de deux annexes et rénové. Chambres diversement meublées. Lumineuse salle de restaurant rajeunie, où l'on savoure poissons et cuisine régionale.

SOULAINES-DHUYS – 10 Aube – 313 I3 – 267 h. – alt. 153 m – ⊠ 10200

14 **C3**

D Paris 228 – Bar-sur-Aube 18 – Chaumont 48 – Troyes 58

🏠 **La Venise Verte** 🛖 ⅏ 🗚 ⅏ 📞 **P** 🛏 **VISA** **MC** **AE**

r. Plessis – ℰ 03 25 92 76 10 – accueil @ logis-venise-verte.com
– Fax 03 25 92 73 97 – Fermé 24-30 déc.
12 ch – ♦65 € ♦♦65 €, ☲ 9 € – ½ P 68 € – **Rest** – *(fermé dim. soir du 21 sept. au 16 mars)* Menu 16 € (sem.)/59 € bc – Carte 30/50 €

♦ Au bord de la route, hôtel accueillant et bien insonorisé. Petites chambres fraîches et pratiques. Une base idéale pour visiter le village et ses maisons à pans de bois. Lumineuse salle à manger, terrasse d'été dans la cour intérieure et plats traditionnels.

LA SOURCE – 45 Loiret – 318 I5 – rattaché à Orléans

SOURDEVAL – 50 Manche – 303 G7 – 3 038 h. – alt. 217 m – ⊠ 50150

32 **B2**

D Paris 310 – Avranches 36 – Domfront 30 – Flers 31 – Mayenne 64 – St-Lô 53 – Vire 14

🛈 Office de tourisme, jardin de l'Europe ℰ 02 33 79 35 61, Fax 02 33 79 35 59

◎ Vallée de la Sée★ O, ▮ Normandie Cotentin

🏠 **Le Temps de Vivre** 🛖 🗚 **P** **VISA** **MC** **AE**

12 r. St-Martin – ℰ 02 33 59 60 41 – le-temps-de-vivre @ wanadoo.fr
– Fax 02 33 59 88 34 – Fermé 22-29 sept., 4-18 fév. dim. soir et lundi sauf août
10 ch – ♦33 € ♦♦39/48 €, ☲ 5,50 € – ½ P 36 € – **Rest** – Menu (9,50 €), 16/29 €
– Carte 15/32 €

♦ Sur la place du village, à côté du cinéma, façade en granit embellie de jardinières fleuries. Les chambres sont petites, mais récentes et bien tenues. Plaisante salle de restaurant invitant à prendre le "temps de vivre" ; cuisine simple à prix sages.

SOURZAC – 24 Dordogne – 329 D5 – rattaché à Mussidan

SOUSCEYRAC – 46 Lot – 337 I2 – 988 h. – alt. 559 m – ⊠ 46190

29 **C1**

D Paris 548 – Aurillac 47 – Cahors 96 – Figeac 41 – Mauriac 69 – St-Céré 17

🛈 Office de tourisme, place de l'Église ℰ 05 65 33 02 20, Fax 05 65 11 66 19

❀❀ **Au Déjeuner de Sousceyrac** *(Patrick Lagnès)* avec ch 🍽 **VISA** **MC** **AE** **①**

– ℰ 05 65 33 00 56 – Fax 05 65 33 04 37
– Fermé janv., dim. soir et lundi sauf de juil. à sept.
10 ch – ♦45 € ♦♦45 €, ☲ 8 € – ½ P 52 €
Rest – *(nombre de couverts limité, prévenir)* Menu 15/45 € – Carte 34/48 €
Spéc. Hamburger de foie gras aux truffes. Ris de veau, gratin de macaroni au cantal. Paris-Brest.

♦ Cuisine du terroir à l'honneur dans cette avenante maison située sur la place du village. L'accueil souriant et le plaisant cadre rustique et coloré ajoutent au charme du lieu. Chambres entièrement refaites.

SOUS-LA-TOUR – 22 Côtes-d'Armor – 309 F3 – rattaché à St-Brieuc

---

SOUSTONS – 40 Landes – 335 D12 – 5 743 h. – alt. 9 m – ⊠ 40140 ▮ Aquitaine

3 **B2**

D Paris 736 – Anglet 51 – Bayonne 47 – Bordeaux 150

🛈 Office de tourisme, grange de Labouyrie ℰ 05 58 41 52 62, Fax 05 58 41 30 63

🏠 **Domaine de Bellegarde** 🐾 ⅏ 🎾 🏊 📞 **P** **VISA** **MC**

23 av. Ch. de Gaulle, dir. N 10 – ℰ 05 58 41 24 06 – info @ qsun.co.uk
– Fax 05 58 41 24 06 – Ouvert avril-oct.
5 ch ☲ – ♦100/200 € ♦♦120/270 € – ½ P 154/176 € – **Table d'hôte** – *(prévenir)* Menu 40 € bc (déj. en sem.)/45 € bc

♦ Dressée dans un parc, belle maison mi-landaise, mi-basque abritant des chambres et suites toutes meublées dans le même style (sol en coco, lit en fer forgé...). L'une d'elles possède une terrasse, une autre un sauna privatif. Cuisine familiale au gré du marché.

LA SOUTERRAINE – 23 Creuse – 325 F3 – 5 320 h. – alt. 390 m – ⊠ 23300

🁢 Limousin Berry   24 **B1**

🗗 Paris 344 – Bellac 41 – Châteauroux 79 – Guéret 35 – Limoges 58

🛈 Office de tourisme, place de la Gare ✆ 05 55 63 10 06

◙ Église★.

à l'Est : 7 km par N 145, D 74 et rte secondaire – ⊠ 23300 La Souterraine

🏨 **Château de la Cazine** ⊗   ⩽ 🕭 🚗 🏊 🎾 🕼 🖭 🕭 ch, 🍴 rest,
☸ *Domaine de la Fôt* – ✆ *05 55 89 60 00*   🖄 🅿️ 💳 🞔 🜨
– *chateau-de-la-cazine* @ *wanadoo.fr* – *Fax 05 55 63 71 85* – *Fermé 23 déc.-13 janv.*
20 ch – ❖60/100 € ❖❖60/100 €, � 12 € – 2 suites – ½ P 63/80 €
Rest – Menu 22 € (déj. en sem.), 33/60 € – Carte 67/74 €
Spéc. Terrine de foie gras, figues pochées au porto. Médaillon de filet de bœuf du
Limousin. Moelleux au chocolat araguani.
◆ Suivez bien la signalisation pour dénicher ce charmant petit château du 19ᵉ s. et son
vaste parc, promesse d'un séjour au grand calme. Au restaurant : trois salles bourgeoises, une terrasse face à la nature et une cuisine classique revisitée d'une grande
finesse.

à St-Étienne-de-Fursac 11 km au Sud par rte de Fursac (D 1) – 816 h. – alt. 322 m – ⊠ 23290

🍴🍴 **Nougier** avec ch   🚗 🏊 🅿️ 💳 🞔 🜨
☺ *2 pl. de l'Église* – ✆ *05 55 63 60 56* – *Fax 05 55 63 65 47* – *Ouvert de mi-mars à*
fin nov. et fermé lundi sauf le soir en juil.-août, dim. soir de sept. à juin
et mardi midi
12 ch – ❖48 € ❖❖60/68 €, � 10 € – ½ P 60/67 € – **Rest** – Menu (13 €), 20/42 €
– Carte 33/47 €
◆ Cinquante ans et trois générations plus tard, la même famille reçoit les hôtes dans la belle
salle à manger campagnarde. Cuisine gourmande et soignée. Chambres rustiques, ravissant jardin-piscine.

SOUVIGNY – 03 Allier – 326 G3 – 1 952 h. – alt. 242 m – ⊠ 03210

🁢 Auvergne   5 **B1**

🗗 Paris 301 – Bourbon-l'Archambault 16 – Montluçon 70 – Moulins 13

◙ Prieuré St-Pierre★★ - Calendrier★★ dans l'église-musée St-Marc.

🍴🍴 **Auberge des Tilleuls**   🛋 💳 🞔
☺ *pl. St-Éloi* – ✆ *04 70 43 60 70* – *Fax 04 70 43 60 70* – *Fermé*
25 août-2 sept., 29 déc.-5 janv., vacances de fév., mardi soir sauf juil.-août, merc.
soir de nov. à mars, dim. soir et lundi
Rest – Menu 12 € (déj. en sem.), 19/43 € – Carte 26/48 €
◆ Cette pimpante auberge vous accueille dans deux salles champêtres soignées,
dont une agrémentée de colombages en trompe-l'oeil. Étroite terrasse ombragée à
l'arrière.

SOUVIGNY-EN-SOLOGNE – 41 Loir-et-Cher – 318 J6 – 410 h. – alt. 210 m – ⊠ 41600

                                                                                        12 **C2**

🗗 Paris 171 – Gien 43 – Lamotte-Beuvron 15 – Montargis 63 – Orléans 39

🍴🍴 **Auberge de la Grange aux Oies**   🛋 💳 🞔 ➀
2 r. du Gâtinais – ✆ *02 54 88 40 08* – *Fax 02 54 88 40 08* – *Fermé dim. soir, mardi*
soir et merc.
Rest – Menu 27 € (déj. en sem.), 40/51 € – Carte 30/49 €
◆ Agréable atmosphère campagnarde avec poutres et tomettes dans cette jolie
maison à colombages (17ᵉ et 18ᵉ s.). Plats traditionnels d'esprit solognot et gibier en
saison.

SOYAUX – 16 Charente – 324 L6 – rattaché à Angoulême

SOYONS – 07 Ardèche – 331 L4 – rattaché à St-Péray

STEENVOORDE – **59 Nord** – **302** D3 – **4 024 h.** – **alt. 50 m** – ✉ **59114** 30 **B1**

▶ Paris 259 – Calais 73 – Dunkerque 33 – Hazebrouck 12 – Lille 45 – St-Omer 28

ℹ Syndicat d'initiative, place Jean-Marie Ryckewaert ✆ 03 28 42 97 98

Auprès de mon Arbre VISA

932 rte d'Eecke – ✆ 03 28 49 79 49 – aupres.de.mon.arbre457@orange.fr – Fax 03 28 49 72 29 – Fermé le soir sauf vend. et sam.

Rest – Menu 18 € (déj. en sem.), 29/42 €

◆ Cette jolie ferme recèle une cheminée et un poêle Godin dont on ne voudra plus s'éloigner... Sauf peut-être en été, pour s'attabler dans le délicieux jardin. Cuisine authentique et soignée.

STELLA-PLAGE – **62 Pas-de-Calais** – **301** C5 – **rattaché au Touquet**

STENAY – **55 Meuse** – **307** C2 – **2 952 h.** – **alt. 182 m** – ✉ **55700** 26 **A1**

▶ Paris 251 – Carignan 20 – Charleville-Mézières 58 – Longwy 51 – Sedan 34 – Verdun 46

ℹ Office de tourisme, 5, place R. Poincaré ✆ 03 29 80 64 22, Fax 03 29 80 62 59

Du Commerce VISA

16 r. A. Briand – ✆ 03 29 80 30 62 – Fax 03 29 80 61 77 – Fermé 23 déc.-15 janv., lundi midi, vend. soir, sam. midi et dim. soir

16 ch – †55 € ††55 €, ☕ 8,50 € – ½ P 63 € – **Rest** – Menu (13 €), 19/35 € – Carte 27/47 €

◆ Proche du musée européen de la Bière, hostellerie fleurie en saison. Chambres bien équipées, parfois vivement colorées. Deux salles à manger de style rustique dont une agrémentée d'une grande cheminée. À table, plats traditionnels et recettes à la bière.

STIRING-WENDEL – **57 Moselle** – **307** M3 – **rattaché à Forbach**

Le vieux Strasbourg et la flèche de la cathédrale Notre-Dame
1782

STRASBOURG

Ⓟ **Département :** 67 Bas-Rhin
Carte Michelin LOCAL : n° 315 K5
▶ Paris 489 – Basel 141 – Karlsruhe 81
– Stuttgart 149

Population : 264 115 h   1 **B1**
Pop. agglomération : 427 245 h
Altitude : 143 m – **Code Postal :** ⊠ 67000
🔲 Alsace Lorraine

RENSEIGNEMENTS PRATIQUES

Offices de tourisme

🄸 17, place de la Cathédrale ℰ 03 88 52 28 28, Fax 03 88 52 28 29
🄸 Place de la Gare ℰ 03 88 32 51 49

Transports

🚉 Auto-train ℰ 3635 et tapez 42 (0,34 €/mn)

Aéroport

🛪 Strasbourg-International ℰ 03 88 64 67 67 **AT**

LOISIRS

Quelques golfs

🆅 de La Wantzenau à La Wantzenau C.D. 302 ℰ 03 88 96 37 73 ;
🆅 Le Kempferhof Golf Club à Plobsheim 351 rue du Moulin, S : 15 km par D 468,
ℰ 03 88 98 72 72.

◎ A VOIR

QUARTIER DE LA CATHÉDRALE

Cathédrale Notre-Dame★★★ : horloge astronomique★ ⩹★ de la flèche - Place de la cathédrale★ : maison Kammerzell★ **KZ** Musée★★ du palais Rohan★ - Musée alsacien★★ **KZ** M[1] Musée de l'Œuvre Notre-Dame★★ **KZ** M[6] - Musée historique★ **KZ** M[5]

LA PETITE FRANCE

Rue du Bains-aux-Plantes★★ **HJZ** - Ponts couverts★ **HZ** - Barrage Vauban ❋★★ **HZ** - Mausolée du maréchal de Saxe★★ dans l'église St-Thomas **JZ** - Musée d'Art moderne et contemporain★★ **HZ** M[3] - Promenade en vedette sur l'Ill

AUTOUR DES PLACES KLÉBER ET BROGLIE

Place Kléber★, la plus célèbre place de Strasbourg, bordée au Nord par l'Aubette **JY** Place Broglie : hôtel de ville★ **KY** H

L'EUROPE À STRASBOURG

Palais de l'Europe★ **FGU** - Nouveau palais des Droits de l'Hommes **GU** - Orangerie★ **FGU**

Régent Petite France ⟨⟩ 🛁 [symbols] ch, [symbols]
5 r. Moulins – ☎ 03 88 76 43 43 🚗 VISA ⓜ AE ①
– rpf@regent-hotels.com – Fax 03 88 76 43 76
60 ch – †255/380 € ††276/401 €, ⊆ 21 € – 6 suites   p. 8 JZ **f**
Rest – (fermé dim., lundi et le midi d'oct. à mai) Menu (32 €), 41/71 € bc
♦ Aménagé dans les ex-glacières des bords de l'Ill, cet hôtel contemporain offre de
beaux volumes, confortables et lumineux. Matériel high-tech, terrasse-solarium, sauna.
Carte actuelle adaptée à l'esprit tendance du restaurant, bar lounge et vue sur la rivière.

Sofitel [symbols]
pl. St-Pierre-le-Jeune – ☎ 03 88 15 49 00 – h0568@accor.com
– Fax 03 88 15 49 99
153 ch – †135/380 € ††155/400 €, ⊆ 23 € – 2 suites   p. 8 JY **s**
Rest – (fermé sam. midi, dim. et fériés) Carte 43/61 €
♦ Deux types de chambres – classiques ou design sur le thème de l'Europe politique – vous
attendent dans ce Sofitel aux équipements modernes, agrémenté d'un patio et d'un
fitness. Air du temps et touches japonisantes caractérisent la table ; service brasserie de
luxe.

Hilton [symbols] ch, [symbols]
av. Herrenschmidt – ☎ 03 88 37 10 10 – info@hilton-strasbourg.com
– Fax 03 88 36 83 27   p. 6 EU **e**
238 ch – †152/345 € ††152/345 €, ⊆ 27 € – 5 suites
Rest La Table du Chef – ☎ 03 88 37 41 42 (fermé juil.-août, sam. et dim.) (déj.
seult) Menu (29 €), 35 €
Rest Le Jardin du Tivoli – ☎ 03 88 35 72 61 – Menu 30 € – Carte 34/46 €
♦ Le building de verre et d'acier, bien entretenu, abrite des chambres spacieuses et
standardisées. Hall avec boutiques, centre multimédia et bars. Cadre british à La Table du
Chef (traditionnelle), qui devient bar à vins le soir. Buffets au Jardin du Tivoli.

Régent Contades sans rest [symbols]
8 av. de la Liberté – ☎ 03 88 15 05 05 – rc@regent-hotels.com
– Fax 03 88 15 05 15   p. 9 LY **f**
47 ch – †190/255 € ††210/480 €, ⊆ 18,50 €
♦ Hôtel particulier du 19e s. empreint de raffinement et de classicisme feutré : boiseries,
tableaux, salle des petits-déjeuners Belle Époque. Vastes chambres souvent rafraîchies.

Beaucour sans rest [symbols]
5 r. Bouchers – ☎ 03 88 76 72 00 – info@hotel-beaucour.com
– Fax 03 88 76 72 60   p. 9 KZ **k**
49 ch – †70/101 € ††124/191 €, ⊆ 12 €
♦ Deux maisons alsaciennes du 18e s. réunies autour d'un patio fleuri. Les chambres les plus
agréables disposent d'un cadre rustique régional (boiseries, poutres) douillet.

Maison Rouge sans rest [symbols]
4 r. des Francs-Bourgeois – ☎ 03 88 32 08 60 – info@maison-rouge.com
– Fax 03 88 22 43 73   p. 8 JZ **g**
140 ch – †85 € ††100/330 €, ⊆ 14 € – 2 suites
♦ Derrière sa façade de pierres rouges, cet hôtel dévoile une atmosphère élégante et cosy.
Chambres bien conçues et personnalisées, salons décorés avec soin à chaque niveau.

Monopole-Métropole sans rest [symbols]
16 r. Kuhn – ☎ 03 88 14 39 14 – info@ [symbols]
bestwestern-monopole.com – Fax 03 88 32 82 55   p. 8 HY **p**
86 ch – †75/185 € ††85/185 €
♦ Proche de la gare, hôtel partagé en deux ailes : l'une, contemporaine et agrémentée
d'œuvres d'art locales, l'autre ancienne et rustique. Pièces d'artisanat dans les salons.

Novotel Centre Halles [symbols] ch, [symbols]
4 quai Kléber – ☎ 03 88 21 50 50 – h0439@accor.com
– Fax 03 88 21 50 51   p. 8 JY **k**
96 ch – †79/197 € ††79/207 €, ⊆ 13,50 €
Rest – Menu 20/75 € bc – Carte 20/39 €
♦ Dans le centre commercial des Halles. Chambres refaites optant pour un plaisant
décor actuel et épuré. Fitness avec vue sur la cathédrale au 8e étage. Relooking du bar dans
un style moderne, tout comme le restaurant ; carte simplifiée et pratique.

BISCHHEIM

ECKBOLSHEIM

HŒNHEIM

ILLKIRCH-GRAFFENSTADEN

LINGOLSHEIM

OBERHAUSBERGEN

OSTWALD

SCHILTIGHEIM

STRASBOURG

WOLFISHEIM

STRASBOURG AGGLOMÉRATION

METZ HAGUENAU LAUTERBOURG ACHERN

ECKWERSHEIM
VENDENHEIM
LAMPERTHEIM
MUNDOLSHEIM
REICHSTETT
RAFFINERIE DE PÉTROLE
NIEDERHAUSBERGEN
SOUFFELWEYERSHEIM
HOENHEIM
MITTELHAUSBERGEN
ESPACE EUROPÉEN DE L'ENTREPRISE
BISCHHEIM
OBER-HAUSBERGEN
SCHILTIGHEIM
CRONENBOURG
PARC DES SPORTS ZENITH
KOENIGSHOFFEN
ECKBOLSHEIM
Q. L. Pasteur
ROETHIG
PLAINE DES BOUCHERS
LINGOLSHEIM
OSTWALD
ILLKIRCH
GRAFFENSTADEN
PARC D'INNOVATION
GEISPOLSHEIM GARE
FEGERSHEIM
ESCHAU
OHNHEIM

KILSTETT
LA WANTZENAU
FUCHS-AM-BUCKEL
LEUTESHEIM
AUENHEIM
LA ROBERTSAU
PALAIS DE L'EUROPE
Pont J. Millot
CATHÉDRALE
PORT AUTONOME
NEUMÜHL
Pont de l'Europe
KEHL
NEUDORF
MEINAU
AÉRODROME DU POLYGONE
JARDIN DES DEUX RIVES
SUNDHEIM
PORT AUTONOME
NEUHOP
STOCKFELD
CENTRE EUROPFRET
DEUTSCHLAND
ECKARTSWEIER
MARLEN
GÉNÉRAL MOTORS
ÎLE DU ROHRSCHOLLEN
(réserve naturelle)
GOLDSCHEUER
KITTERSBURG

MARCKOLSHEIM FREIBURG I. BR.

RHEINAU
KARLSRUHE, BASEL
A5 : FREIBURG I. BR.
OFFENBURG A 5

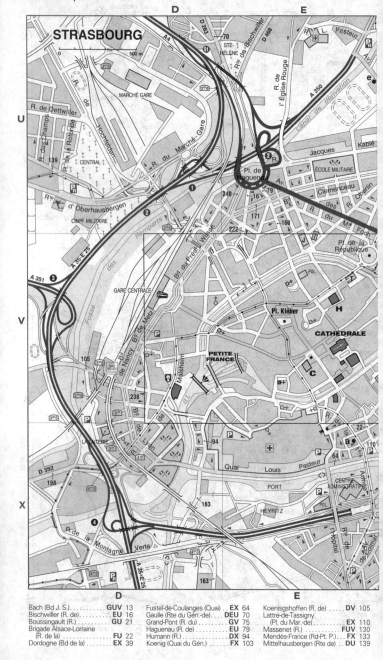

STRASBOURG

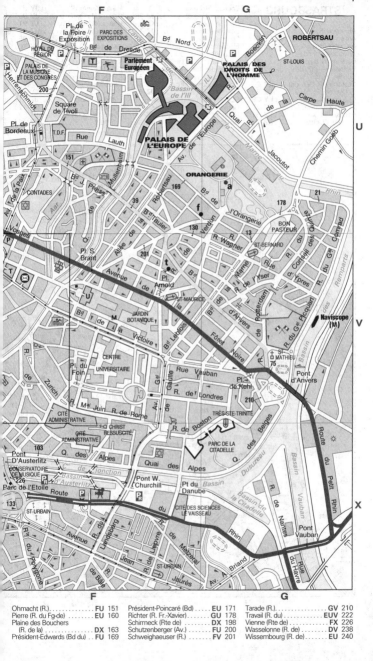

STRASBOURG

Chut - Au Bain aux Plantes 🍴 ⅄ ch, 🄰🄲 ch, ⅄ 🕻 🆅🅸🆂🅰 🆇🆂
4 r. Bain-aux-Plantes – 🕿 *03 88 32 05 06 – contact@hote-strasbourg.fr*
– Fax 03 88 32 05 50   *p. 9* KZ **u**
8 ch – ✝80/90 € ✝✝90/160 €, 🖵 8 € – 1 suite – **Rest** – *(fermé 25-31 mars,*
12-22 août, 3-20 janv.), dim. et lundi) Carte 22/45 €
♦ Matériaux et mobilier design ou chinés, décoration reposante, chambres spacieuses et ambiance zen font le charme de cet hôtel semblable à une maison d'hôtes. La cuisine, mâtinée d'épices, fuit la routine et change chaque jour. Terrasse intime dans la cour.

Diana-Dauphine sans rest 🛗 🄰🄲 🕻 🚗 🆅🅸🆂🅰 🆇🆂 🄰🄴 🄾
30 r. de la 1ère Armée – 🕿 *03 88 36 26 61 – info@hotel-diana-dauphine.com*
– Fax 03 88 35 50 07 – Fermé 22 déc.-2 janv.   *p. 6* EX **a**
45 ch – ✝90/135 € ✝✝90/135 €, 🖵 11 €
♦ Au pied du tramway menant à la vieille ville, cet hôtel totalement refait a pris un tournant radical, s'affirmant désormais contemporain et visant à un confort modernisé.

Hannong sans rest 🛗 🄰🄲 🕻 🕸 🆅🅸🆂🅰 🆇🆂 🄰🄴 🄾
15 r. du 22 Novembre – 🕿 *03 88 32 16 22 – info@hotel-hannong.com*
– Fax 03 88 22 63 87 – Fermé 1er-15 janv.   *p. 8* JY **a**
72 ch – ✝82/191 € ✝✝104/191 €, 🖵 14 €
♦ Mélange des genres (classique, cosy, moderne) dans ce bel hôtel édifié sur le site de la faïencerie Hannong (18e s.). Parquets, boiseries, sculptures, tableaux. Plaisant bar à vin.

Du Dragon sans rest 🛗 ⅄ ⅄ 🕻 🕸 🆅🅸🆂🅰 🆇🆂 🄰🄴 🄾
2 r. Écarlate – 🕿 *03 88 35 79 80 – hotel@dragon.fr – Fax 03 88 25 78 95 p. 8* JZ **d**
32 ch – ✝69/112 € ✝✝89/124 €, 🖵 12 €
♦ Demeure du 17e s. tournée sur une courette tranquille. Intérieur résolument contemporain : camaïeu de gris, meubles design, chambres au style épuré et expositions d'art.

Mercure St-Jean sans rest 🛗 🄰🄲 ⅄ 🕻 🕸 🆅🅸🆂🅰 🆇🆂 🄰🄴 🄾
3 r. Maire Kuss – 🕿 *03 88 32 80 80 – h1813@accor.com*
– Fax 03 88 23 05 39   *p. 8* HY **e**
52 ch – ✝59/125 € ✝✝79/125 €, 🖵 13 €
♦ Entre gare et quartier de la Petite France, Mercure au décor zen et relaxant. Des tons café colorent les chambres douillettes et pratiques. Patio agrémenté de minifontaines.

Gutenberg sans rest 🛗 🄰🄲 🕻 🆅🅸🆂🅰 🆇🆂 🄰🄴
31 r. des Serruriers – 🕿 *03 88 32 17 15 – info@hotel-gutenberg.com*
– Fax 03 88 75 76 67   *p. 9* KZ **m**
42 ch – ✝74/98 € ✝✝74/98 €, 🖵 9 €
♦ Bâtiment de 1745 logeant des chambres hétéroclites et plutôt spacieuses, originalement aménagées sous les combles. Salle des petits-déjeuners éclairée par une verrière.

Mercure Centre sans rest 🛗 ⅄ 🄰🄲 ⅄ 🕻 🚗 🆅🅸🆂🅰 🆇🆂 🄰🄴 🄾
25 r. Thomann – 🕿 *03 90 22 70 70 – h1106@accor.com*
– Fax 03 90 22 70 71   *p. 8* JY **q**
98 ch – ✝78/161 € ✝✝88/177 €, 🖵 13,50 €
♦ Situation centrale idéale pour cet établissement revu et corrigé avec des tons vifs et un mobilier design. La salle des petits-déjeuners (7e étage) jouit d'une vue panoramique.

Cathédrale sans rest 🛗 🄰🄲 ⅄ 🕻 🆅🅸🆂🅰 🆇🆂 🄰🄴 🄾
12-13 pl. Cathédrale – 🕿 *03 88 22 12 12 – reserv@hotel-cathedrale.fr*
– Fax 03 88 23 28 00   *p. 9* KZ **h**
47 ch – ✝75 € ✝✝150 €, 🖵 13 €
♦ Demeure séculaire juste en face de la cathédrale que l'on peut admirer de la salle des petits-déjeuners, d'une partie des confortables chambres et dans le décor même de l'hôtel.

Mercure Gare Centrale sans rest 🛗 ⅄ 🄰🄲 ⅄ 🕻 🕸 🆅🅸🆂🅰 🆇🆂 🄰🄴 🄾
14 pl. de la Gare – 🕿 *03 88 15 78 15 – h2149@accor.com*
– Fax 03 88 15 78 16   *p. 8* HY **a**
70 ch – ✝69/129 € ✝✝79/149 €, 🖵 13,50 €
♦ Devant la gare, sage façade abritant un cadre contemporain. Une verrière coiffe le hall et le salon. Chambres fonctionnelles aux teintes chaudes. Bar à vins alsacien.

Cardinal de Rohan sans rest 🛗 AC 🔌 🛁 VISA 🐵 AE ①
17 r. Maroquin – ℰ 03 88 32 85 11 – info@hotel-rohan.com
– Fax 03 88 75 65 37 *p. 9* KZ **u**
36 ch – ♦65/139 € ♦♦69/149 €, ⊇ 13 €
♦ Hôtel situé près de la cathédrale, en plein secteur piétonnier. Chambres bourgeoisement meublées (styles Louis XV, Louis XVI ou rustique). Beaux produits au petit-déjeuner.

Des Princes sans rest 🛗 VISA 🐵 AE
33 r. Geiler – ℰ 03 88 61 55 19 – hoteldesprinces@aol.com – Fax 03 88 41 10 92
– Fermé 25 juil.-22 août et 2 janv.-10 janv. *p. 7* FV **t**
43 ch – ♦105 € ♦♦118/130 €, ⊇ 12,50 €
♦ Accueillant hôtel dans un quartier résidentiel calme. Chambres au mobilier classique ; grandes salles de bains. Petit-déjeuner servi dans un décor de fresques bucoliques.

Le Kléber sans rest 🛗 🔌 🛁 VISA 🐵 AE ①
29 pl. Kléber – ℰ 03 88 32 09 53 – hotel-kleber-strasbourg@wanadoo.fr
– Fax 03 88 32 50 41 *p. 8* JY **p**
30 ch – ♦55/72 € ♦♦62/80 €, ⊇ 8 €
♦ "Meringue", "Fraise", "Cannelle", etc. : les chambres contemporaines de ce confortable hôtel se prêtent à une décoration thématique sucrée-salée, richement colorée.

Couvent du Franciscain sans rest 🛗 ⅃ AC 🔌 🛁 ⅃ P VISA 🐵 AE
18 r. du Fg de Pierre – ℰ 03 88 32 93 93 – info@hotel-franciscain.com
– Fax 03 88 75 68 46 – Fermé 24 déc.-4 janv. *p. 8* JY **e**
43 ch – ♦39/40 € ♦♦66/72 €, ⊇ 9 €
♦ Au fond d'une impasse, hôtel assurant un hébergement simple et confortable. Salon lumineux, petits-déjeuners dans un caveau aux faux-airs de winstub (fresque amusante).

Aux Trois Roses sans rest ⅃ 🛗 ⅃ 🛁 VISA 🐵 AE ①
7 r. Zürich – ℰ 03 88 36 56 95 – hotel3roses@aol.com
– Fax 03 88 35 06 14 *p. 9* LZ **y**
32 ch – ♦49/79 € ♦♦65/79 €, ⊇ 7 €
♦ Couettes moelleuses et meubles en pin équipent chaleureusement les chambres calmes de cet élégant immeuble posé au bord de l'Ill. Espace de remise en forme, sauna, jacuzzi.

Pax sans rest 🛗 ⅃ AC rest, 🔌 🛁 ⅃ VISA 🐵 AE ①
24 r. Fg National – ℰ 03 88 32 14 54 – info@paxhotel.com – Fax 03 88 32 01 16
– Fermé 2-11 janv. *p. 8* HYZ **u**
106 ch – ♦55/60 € ♦♦73 €, ⊇ 8,50 €
♦ L'hôtel longe une rue où ne circule que le tramway strasbourgeois. Chambres en partie rénovées et bien tenues. Espaces communs égayés par des objets anciens évoquant la ferme.

La Belle Strasbourgeoise sans rest ⅃ 🔌 ⅃ 🛁 VISA 🐵 AE
13 r. Gén.-Offenstein – ℰ 03 88 39 68 15 – contact@la.belle.
strasbourgeoise.fr *p. 5* BST **t**
3 ch ⊇ – ♦80 € ♦♦90 €
♦ Voici un petit nid douillet entouré d'un charmant jardin, à deux pas du centre. Chambres tout confort, chaleureuses et décorées avec goût. Copieux petit-déjeuner en terrasse.

La Villa Novarina sans rest ⅃ ⅃ ⅃ AC 🔌 🛁 P 🏡 VISA 🐵 AE
11 r. Westercamp – ℰ 03 90 41 18 28 – clauschristine@wanadoo.fr
– Fax 03 90 41 49 91 *p. 7* FGU **f**
6 ch – ♦75/150 € ♦♦95/170 €, ⊇ 15 €
♦ Près du parc de l'Orangerie, grande maison joliment aménagée dans un esprit contemporain avec meubles et tableaux de famille. Belle piscine, calme jardin et accueil attentionné.

Au Crocodile (Émile Jung) AC ⅃ VISA 🐵 AE ①
10 r. Outre – ℰ 03 88 32 13 02 – info@au-crocodile.com – Fax 03 88 75 72 01
– Fermé 15 juil.-5 août, 24 déc.-6 janv., dim. et lundi *p. 9* KY **x**
Rest – Menu 60 € (déj. en sem.), 88/130 € – Carte 75/151 € ⅃
Spéc. Sandre et laitance de carpe au mille-choux. Lièvre à la royale (saison). Meringue glacée à l'extrême aux fruits chauds, sorbet aux lychees. **Vins** Riesling, Pinot gris.
♦ De splendides boiseries, des tableaux et le fameux crocodile ramené de la campagne d'Égypte par un capitaine alsacien : le cadre est aussi raffiné que la belle cuisine classique !

XXX **Buerehiesel** (Éric Westermann) ≤ AC P VISA ◉◎ AE ①
⌘ *dans le parc de l'Orangerie* – ℰ 03 88 45 56 65 – contact@buerehiesel.fr
– *Fax 03 88 61 32 00 – Fermé 1ᵉʳ-21 août, 31 déc.-21 janv., dim. et lundi* p. 7 GU a
Rest – Menu 35 € (déj. en sem.), 65/108 € – Carte 48/84 € ஃ
Spéc. Pâté en croûte de veau et cochon au foie de canard. Brochet d'Alsace rôti,
jus de volaille à la coriandre. Brioche à la bière, caramélisée à la bière, glace à la
bière et poire rôtie.
♦ À la suite de son père Antoine, Éric Westermann signe une intéressante cuisine à prix
doux, chez lui, dans cette belle ferme à colombages, au cœur du parc de l'Orangerie.

XXX **Maison Kammerzell et Hôtel Baumann** avec ch ⯐ AC ☏
16 pl. de la Cathédrale – ℰ 03 88 32 42 14 ⋩A VISA ◉◎ AE ①
– *info@maison-kammerzell.com – Fax 03 88 23 03 92 – Fermé 3 sem.*
en fév. p. 9 KZ e
9 ch – ✝75 € ✝✝108/121 €, ⌑ 10 € – **Rest** – Menu 30/45 € – Carte 29/57 €
♦ Près de la cathédrale, maison strasbourgeoise du 16ᵉ s. dégageant une authentique
ambiance moyenâgeuse : vitraux, peintures, bois sculpté, voûtes gothiques. Chambres
sobres. Cuisine du terroir, belle carte de brasserie avec la spécialité la choucroute.

XXX **Maison des Tanneurs dite "Gerwerstub"** VISA ◉◎ AE ①
42 r. Bain aux Plantes – ℰ 03 88 32 79 70 – maison.des.tanneurs@wanadoo.fr
– *Fax 03 88 22 17 26 – Fermé 27 juil.-11 août, 29 déc.-23 janv., dim. et lundi*
Rest – Menu 25 € (déj. en sem.)/30 € (déj.) – Carte 41/62 € p. 8 JZ t
♦ Idéalement située au bord de l'Ill, cette typique maison alsacienne de la Petite France est
l'adresse incontournable pour qui veut se régaler d'une choucroute.

XX **L'Atable 77** AC VISA ◉◎ AE ①
77 Grand'Rue – ℰ 03 88 32 23 37 – latable77@free.fr – Fax 03 88 32 50 24 – Fermé
4-12 mai, 13 juil.-4 août, 11-26 janv., dim., lundi et midi férié p. 8 JZ h
Rest – Menu (24 €), 30/75 € bc
♦ Un séduisant restaurant tendance qui revendique de bout en bout sa modernité :
décor épuré égayé de tableaux, vaisselle design et appétissantes assiettes au goût du jour.
À table !

XX **La Cambuse** AC VISA ◉◎
1 r. des Dentelles – ℰ 03 88 22 10 22 – Fax 03 88 23 24 99
– *Fermé 6-21 avril, 27 juil.-18 août, 21 déc.-5 janv., dim. et lundi* p. 8 JZ a
Rest – (nombre de couverts limité, prévenir) Carte 45/53 €
♦ Petite salle intimiste – réplique d'une cabine de yacht – où l'on déguste une cui-
sine de poissons mariant saveurs françaises et asiatiques (épices, herbes, cuissons courtes).

XX **Le Violon d'Ingres** ⯐ VISA ◉◎
1 r. Chevalier Robert, à La Robertsau – ℰ 03 88 31 39 50 – Fax 03 88 31 39 50
– *Fermé 4-25 août, sam. midi, dim. soir et lundi* p. 5 CS z
Rest – Menu 30/65 € – Carte 49/61 €
♦ Vieille maison alsacienne du quartier de la Robertsau. L'élégante salle à manger et
la terrasse ombragée servent de cadre à des repas actuels axés sur les poissons.

XX **La Casserole** (Éric Girardin) VISA ◉◎ AE
⌘ *24 r. des Juifs* – ℰ 03 88 36 49 68 – Fax 03 88 24 25 12 – Fermé 21 mars-1ᵉʳavril,
3-25 août, vacances de Noël, sam. midi, dim. et lundi p. 9 KY b
Rest – (prévenir) Menu (33 €), 38/58 € ஃ
Spéc. Œuf à la coque, meurette de betterave, jeunes pousses de red chard. Carré
d'agneau rôti, endive confite, jus de viande. Mousse soufflée chaude de chocolat,
crème glacée au Grand Marnier.
♦ Le couple de sommeliers qui tient ce restaurant sélectionne judicieusement et avec
passion des vins à prix doux, qu'il marie à une carte inventive épurée. Décor design et
original.

XX **Umami** VISA ◉◎ AE
⊜ *8 r. des Dentelles* – ℰ 03 88 32 80 53 – contact@restaurant-umami.com – Fermé
1ᵉʳ-12 janv., dim. et lundi p. 8 JZ b
Rest – Menu 18 € (déj. en sem.), 50/70 € – Carte 48/54 €
♦ Talentueux, le chef signe une cuisine résolument moderne dans ce restaurant contemporain et lumineux du centre-ville, au cœur de la "Petite France". À découvrir...

XX **Serge and Co** (Serge Burckel)   AC VISA MO AE
ε3   *14 r. Pompiers ⊠ 67300 Schiltigheim – ℰ 03 88 18 96 19 – serge.burckel@*
      wanadoo.fr – Fax 03 88 83 41 99 – Fermé sam. midi, dim. soir et lundi   *p. 5* BS **g**
      Rest – Menu 28 € (déj. en sem.), 49/88 € – Carte 60/88 €
      Spéc. Thon rouge mariné. Grenouilles "clin d'œil aux escargots". "Cigare" au
      chocolat. **Vins** Muscat, Pinot gris.
      ◆ De retour au pays après un long périple asiatique et américain, Serge s'adonne à sa
      cuisine personnelle, inspirée par ses voyages, dans un lieu contemporain un brin
      exotique.

XX **La Vieille Tour**   AC VISA MO
      1 r. A. Seyboth – ℰ 03 88 32 54 30 – lercher@hotmail.fr – Fermé dim. sauf le midi
      en déc. et lundi   *p. 8* HZ **e**
      Rest – Menu 25 € (déj. en sem.)/39 €
      ◆ Couleurs du Sud, compositions florales, jambons entiers et bocaux de fruits égayent la
      pimpante petite salle à manger. Recettes du marché inscrites sur ardoise.

XX **Côté Lac**   🏠 & AC P VISA MO
      2 pl. Paris, Espace Européen de l'Entreprise ⊠ 67300 Schiltigheim –
      ℰ 03 88 83 82 81 – info@cote-lac.com – Fax 03 88 83 82 83 – Fermé
      22 déc.-2 janv., sam. midi, dim. et fériés   *p. 5* BS **t**
      Rest – Menu (20 €), 25 € (déj. en sem.), 36/53 €
      ◆ Les larges baies vitrées de cette architecture contemporaine s'ouvrent sur un petit lac.
      Original décor néo-industriel chic, terrasse au bord de l'eau et cuisine actuelle.

XX **Gavroche**   AC VISA MO AE ①
      4 r. Klein – ℰ 03 88 36 82 89 – restaurant.gavroche@free.fr
      – Fermé 5-11 mars, 30 juil.-19 août, 24 déc.-1er janv.,
      sam. et dim.   *p. 9* KZ **g**
      Rest – Menu (26 €), 35 € – Carte 43/52 €
      ◆ Agrémentée de jardinières, la façade rouge du Gavroche cache une petite salle cosy
      (banquettes en bois, tons jaune paille). Goûteuse cuisine actuelle préparée au gré du
      marché.

XX **Le Pont aux Chats**   🏠 VISA MO AE
      42 r. de la Krutenau – ℰ 03 88 24 08 77 – le-pont-aux-chats.restaurant@orange.fr
      – Fax 03 88 24 08 77 – Fermé 2 sem. en août, vacances de fév., sam. midi, mardi et
      merc.   *p. 9* ZL **t**
      Rest – Menu (19 €) – Carte 42/63 €
      ◆ Heureux mariage de colombages anciens et de mobilier contemporain, adorable
      terrasse sur cour, produits de saisons cuisinés dans l'air du temps : une séduisante petite
      adresse.

XX **Pont des Vosges**   🏠 VISA MO AE ①
      15 quai Koch – ℰ 03 88 36 47 75 – pontdesvosges@noos.fr – Fax 03 88 25 16 85
      – Fermé dim.   *p. 9* LY **h**
      Rest – Carte 32/60 €
      ◆ À l'angle d'un immeuble ancien, cette brasserie, dont la réputation n'est plus
      à faire, régale de bons plats généreux. Vieilles affiches publicitaires et miroirs en
      décor.

XX **L'Alsace à Table**   AC VISA MO AE ①
      8 r. Francs-Bourgeois – ℰ 03 88 32 50 62 – info@alsace-a-table.fr
      – Fax 03 88 22 44 11   *p. 8* JZ **z**
      Rest – Menu (22 €), 27 €
      ◆ Ode à la mer dans cette chaleureuse brasserie d'allure "bouillon" de la Belle Époque
      (fresques, boiseries, vitraux). Banc d'huîtres, vivier, découpe de poissons en salle.

XX **L'Écrin des Saveurs**   🏠 AC VISA MO
      5 r. Leitersperger ⊠ 67100 – ℰ 03 88 39 21 20
      – Fax 03 88 39 16 05 – Fermé 1er-8 mai, 21 juil.-12 août,
      22 déc.-7 janv., lundi soir, sam. midi et dim.   *p. 5* BTS **u**
      Rest – Menu 24/38 € – Carte 33 €
      ◆ Simple et sérieuse, cette table sort du lot dans le secteur du stade de La Meinau. Cuisine
      actuelle qui tranche avec le look désuet mais coquet de la salle, accueil enjoué.

X **L'Atelier du Goût** 　　　　　　　AC ⌘ ⇔ VISA ⓜⓞ
17 r. des Tonneliers – ℰ 03 88 21 01 01 – ateliergout.morabito@free.fr
– Fax 03 88 23 64 36 – Fermé vacances fév., 28 juil.-10 août, sam. sauf le soir
en déc., dim. et fériés　　　　　　　　　　　　　　　　p. 9 KZ d
Rest – Menu (21 € bc) – Carte 35/48 €
◆ Pensée comme un lieu décontracté dédié au "bien-manger", cette ex-winstub, colorée et design, propose de petites préparations à base d'excellents produits bio et de saison.

X **L'Amuse Bouche**　　　　　　　　　　　　　　⇔ VISA ⓜⓞ
3a r. Turenne – ℰ 03 88 35 72 82 – lamuse-bouche@wanadoo.fr
– Fax 03 88 36 75 30 – Fermé en mars, 18-31 août, sam. midi, lundi soir et dim.
Rest – Menu 36/50 € – Carte 34/52 €　　　　　　　p. 9 LY t
◆ Plus sobre que chic, une salle à manger tout de blanc vêtue et ornée de miroirs pour un répertoire inscrit dans l'air du temps, d'une grande fraîcheur et sans fausse note.

X **La Vignette**　　　　　　　　　　　　　� VISA ⓜⓞ AE
29 r. Mélanie, à la Robertsau – ℰ 03 88 31 38 10 – lavignetterobertsau@cegetel.net
– Fax 03 88 45 48 66 – Fermé 15-25 août, 23 déc.-3 janv., sam., dim. et fériés
Rest – Carte 31/43 €　　　　　　　　　　　　　p. 5 CS t
◆ Fourneau en faïence et vieilles photos du quartier embellissent la salle à manger de cette charmante maison aux allures de guinguette. Appétissante cuisine du marché.

X **La Table de Christophe**　　　　　　　　　　　VISA ⓜⓞ
28 r. des Juifs – ℰ 03 88 24 63 27 – Fax 03 88 24 64 37 – Fermé 28 juil.-18 août,
lundi soir et dim.　　　　　　　　　　　　　　　　p. 9 KY a
Rest – (prévenir) Menu (11,50 €) – Carte 31/36 €
◆ Petit restaurant de quartier au cadre simple et rustique propice à la convivialité. Le chef mélange les influences terroir et actuelles tout en respectant les saisons.

LES WINSTUBS : dégustation de vins et cuisine du pays,
ambiance typiquement alsacienne

X **L'Ami Schutz**　　　　　　　　　　　　　🌿 VISA ⓜⓞ AE ⓞ
1 Ponts Couverts – ℰ 03 88 32 76 98 – info@ami-schutz.com – Fax 03 88 32 38 40
– Fermé vacances de Noël　　　　　　　　　　　　p. 8 HZ r
Rest – Menu (20 € bc), 24/48 € bc – Carte 32/55 €
◆ Entre les bras de l'Ill, winstub typique à l'ambiance chaleureuse (boiseries, banquettes) ; la plus petite des deux salles offre plus de charme. Terrasse ombragée de tilleuls.

X **S'Burjerstuewel - Chez Yvonne**　　　　　　VISA ⓜⓞ AE ⓞ
10 r. Sanglier – ℰ 03 88 32 84 15 – info@chez-yvonne.net – Fax 03 88 23 00 18
– Fermé vacances de Noël　　　　　　　　　　　　p. 9 KYZ r
Rest – (prévenir) Carte 24/53 €
◆ Atmosphère chic dans cette winstub devenue une institution (photos et dédicaces de stars à l'appui). On y mange au coude à coude des plats régionaux et dans l'air du temps.

X **Le Clou**　　　　　　　　　　　　　　AC VISA ⓜⓞ AE
☺ 3 r. Chaudron – ℰ 03 88 32 11 67 – winstuble.clou@wanadoo.fr
– Fax 03 88 21 06 43 – Fermé merc. midi, dim. et fériés　　p. 9 KY n
Rest – Carte 25/53 €
◆ Proximité de la cathédrale, décor traditionnel (esprit maison de poupée à l'étage) et bonne humeur caractérisent cette authentique et fameuse winstub à la cuisine généreuse.

X **Au Bon Vivant**　　　　　　　　　　　🌿 VISA ⓜⓞ AE
7 r. Maroquin – ℰ 03 88 32 77 81 – Fax 03 88 32 95 12
– Fermé jeudi et vend. de nov. à Pâques　　　　　　　p. 9 KZ t
Rest – Menu 16/30 € – Carte 26/44 €
◆ Enseigne-vérité : on vient ici pour faire bonne chère ! Attention, le décor modernisé dénote par rapport aux autres winstubs, mais l'assiette reste traditionnelle à souhait.

X **Fink'Stuebel** avec ch　　　　　　　　⇸ 📞 VISA ⓜⓞ AE
26 r. Finkwiller – ℰ 03 88 25 07 57 – finkstuebel@orange.fr – Fax 03 88 36 48 82
– Fermé 2-7 mars, 4-26 août, dim. et lundi　　　　　　p. 8 JZ x
4 ch – †66 € ††66 €, ☲ 9 € – **Rest** – Menu (25 € bc) – Carte 29/60 €
◆ Colombages, parquet brut, bois peints, mobilier régional et nappes fleuries : cet endroit a tout de la winstub "image d'Épinal". Cuisine du terroir ; foie gras à l'honneur. Chambres d'hôte refaites récemment, bien équipées et décorées à l'alsacienne.

✗ **Au Pont du Corbeau**   AC VISA MC

21 quai St-Nicolas – 𝒞 03 88 35 60 68 – corbeau@reperes.com
– Fax 03 88 25 72 45 – Fermé 28 juil.-26 août, vacances de fév., dim. midi et sam.
sauf en déc.   p. 9 KZ **b**
Rest – Menu (11 €) – Carte 24/38 €
◆ Sur les quais de l'Ill, jouxtant le musée alsacien (art populaire), maison réputée dont le cadre s'inspire du style Renaissance régional. Spécialités du terroir.

✗ **S'Muensterstuewel**   AC VISA

8 pl. Marché aux Cochons de Lait – 𝒞 03 88 32 17 63 – munsterstuewel@
wanadoo.fr – Fax 03 88 21 96 02 – Fermé 29 avril-13 mai, 25 août-2 sept.,
27 oct.-4 nov., 1er-7 janv., sam. et dim.   p. 9 KZ **y**
Rest – Menu 30/45 € bc – Carte 35/55 €
◆ Boucherie convertie en winstub rustique, simplement décorée. Terrasse d'été au bord de la pittoresque place du Marché aux Cochons de lait. Salaisons et charcuteries maison.

Environs

à Reichstett 7 km au Nord par D 468 et D 37 ou par A 4 et D 63 – 4 882 h. – alt. 141 m –
✉ 67116

🏠 **L'Aigle d'Or** sans rest   VISA MC AE ①

(près de l'église) – 𝒞 03 88 20 07 87 – info@aigledor.com – Fax 03 88 81 83 75
– Fermé 8-24 août et 26 déc.-4 janv.   p. 5 BR **a**
17 ch – ♦59/99 € ♦♦59/99 €, ⊇ 10 €
◆ Belle façade à colombages au cœur d'un village pittoresque. Chambres sans ampleur mais pleines de charme, égayées de tons chaleureux. Coquette salle des petits-déjeuners.

à La Wantzenau 12 km au Nord-Est par D 468 – 5 462 h. – alt. 130 m – ✉ 67610

🏠 **Hôtel Au Moulin** ≫   ≼ 🚗 🕼 📎 P VISA MC AE

3 impasse du Moulin, 1,5 km au Sud par D 468 – 𝒞 03 88 59 22 22
– moulin-wantzenau@wanadoo.fr – Fax 03 88 59 22 00 – Fermé
24 déc.-5 janv.   p. 5 CR **z**
20 ch – ♦70/87 € ♦♦72/110 €, ⊇ 10 € – ½ P 73/86 €
Rest *Au Moulin* – voir ci-après
◆ Calme de la campagne, plaisant salon, ravissantes chambres harmonieuses, expositions de peintures et petits-déjeuners soignés sont les atouts de cet ancien moulin posté sur une rive de l'Ill.

✗✗✗ **Relais de la Poste** (Jérôme Daull) avec ch   🕼 🕼 AC rest, ⇄ 🕼
    P VISA MC AE ①
✿
21 r. Gén. de Gaulle – 𝒞 03 88 59 24 80
– info@relais-poste.com – Fax 03 88 59 24 89
– Fermé 21 juil.-3 août, 2-15 janv. et 16-22 fév.   p. 5 CR **a**
18 ch – ♦80/90 € ♦♦80/130 €, ⊇ 13 € – ½ P 130 €
Rest – *(fermé sam. midi, dim. soir et lundi)* Menu 42 € bc (déj. en sem.),
48/165 € bc – Carte 63/93 € ❀
Spéc. Émincé de homard au pamplemousse rose. Bar grillé aux herbes de Provence. Caille farcie, sauce morilles. **Vins** Riesling, Pinot noir.
◆ Maison alsacienne au cadre cossu : boiseries, fresques, plafonds à caissons et véranda moderne ouverte sur la verdure. Cuisine classique revisitée et belle carte des vins. Chambres peu à peu rénovées dans un style contemporain.

✗✗✗ **Zimmer**   🕼 VISA MC AE ①

23 r. Héros – 𝒞 03 88 96 62 08 – zimmer-nadeau@club-internet.fr
– Fax 03 88 96 37 40 – Fermé 4-10 août, 27 oct.-10 nov., dim. soir et
lundi sauf fériés   p. 5 CR **r**
Rest – Menu (21 €), 32 € (sem.), 36 € bc/59 € bc – Carte 50/63 €
◆ La carte, étoffée, annonce des recettes au goût du jour et personnalisées, à déguster dans trois petites salles en enfilade au décor parfaitement sobre.

✗✗ **Les Semailles**   🕼 VISA MC AE

10 r. Petit-Magmod – 𝒞 03 88 96 38 38 – info@semailles.fr – Fax 03 88 68 09 06
– Fermé 11-31 août, 15 fév.-2 mars, dim. soir, merc. et jeudi   p. 5 CR **s**
Rest – Menu (21 €), 27 € (déj. en sem.), 40/46 €
◆ Cure de jouvence pour cette maison du 19e s. (façade et intérieur). La jolie véranda et la terrasse ombragée permettent de profiter des journées ensoleillées. Menus actuels.

XX **Rest. Au Moulin** – Hôtel Au Moulin 🍴 🛱 🗚 **P** 🚾 🐠 🖭 ⓪
3 impasse du Moulin – ℰ *03 88 96 20 01* – *philippe.clauss@wanadoo.fr*
– *Fax 03 88 68 07 97* – *Fermé 8-28 juil., 26 déc.-7 janv., 16-24 fév., dim. soir et soirs
fériés* *p. 5 CR* **z**
Rest – Menu (20 €), 25 € (sem.)/60 € – Carte 38/64 €
♦ Restaurant installé dans les dépendances d'un moulin. Élégantes salles à manger
modernisées où l'on sert une cuisine actuelle axée sur le terroir avec des spécialités
régionales.

X **Le Jardin Secret** 🛱 **P** 🚾 🐠
32 r. de la Gare – ℰ *03 88 96 63 44* – *Fax 03 88 96 64 95* – *Fermé 11-25 août,
13-27 oct., le midi sauf dim., lundi et mardi* *p. 5 CR* **v**
Rest – Menu 31/33 € – Carte 34/37 €
♦ Accueillant restaurant où l'on déguste une cuisine d'aujourd'hui. Le cadre contemporain
et zen expose également des tableaux, pour le plaisir des yeux.

X **Au Pont de l'Ill** 🛱 🗚 🚾 🐠 🖭
2 r. Gén. Leclerc – ℰ *03 88 96 29 44* – *aupontdelill@wanadoo.fr*
– *Fax 03 88 96 21 18* – *Fermé 8-31 août et sam. midi* *p. 5 CR* **u**
Rest – Menu (15 €), 22/37 € – Carte 25/52 €
♦ Fruits de mer et poissons jouent les vedettes sur la carte de cette brasserie qui abrite cinq
salles aux styles différents : marin, Art nouveau, etc. Terrasse ombragée.

à Illkirch-Graffenstaden 5 km par rte de Colmar BST ou par A 35 (sortie n° 7)
– **23 815 h.** – alt. 140 m – ⊠ 67400

🏨 **D'Alsace** 🛱 📶 ✆ ⚐ **P** 🚾 🐠 🖭
🕿 *187 rte Lyon* – ℰ *03 90 40 35 00* – *contact@hotelalsace.com* – *Fax 03 90 40 35 01*
– *Fermé 31 déc.-4 janv.* *p. 5 BT* **d**
40 ch – ♦58/70 € ♦♦58/70 €, ⊆ 9 € – ½ P 46/52 € – **Rest** –
(fermé 20 déc.-4 janv., sam., dim. et fériés) Menu 11,50/25 € – Carte 21/34 €
♦ Hôtel veillant sur la place principale. Chambres fonctionnelles, fraîches et de bonne
ampleur. Celles de l'arrière sont plus calmes. Quelques fresques à thème alsacien apportent
une sympathique note de fantaisie à la salle à manger rustique. Carte traditionnelle.

XXX **À l'Agneau** 🛱 🗚 🏋 🚾 🐠 🖭
185 rte de Lyon – ℰ *03 88 66 06 58* – *guillaume.kern@neuf.fr* – *Fax 03 88 67 05 84*
– *Fermé 4 août-2 sept., 31 déc.-13 janv., dim. soir, lundi et mardi* *p. 5 BT* **a**
Rest – Menu (14 €), 33 € (sem.)/63 € bc – Carte 42/52 €
♦ Derrière la façade ornée d'une fresque, trois salles personnalisées (atmosphère contem-
poraine, traditionnelle ou baroque). Cuisine classique avec des touches créatives.

vers ④ 11 km sur D 1083 – ⊠ 67400 Illkirch-Graffenstaden

🏨 **Novotel Strasbourg-Sud** 🍴 🛱 ⊿ ⅏ ch, ⅏ ✆ ⚐
5 r. de l'Ill, Sortie 7, Z. A. de l'Ill ⊠ 67118 Geispolsheim **P** 🚾 🐠 🖭 ⓪
– ℰ *03 88 66 21 56* – *h0441@accor.com* – *Fax 03 88 67 21 63* *p. 5 BT* **u**
76 ch – ♦69/135 € ♦♦69/145 €, ⊆ 12,50 € – **Rest** – Carte 23/39 €
♦ À proximité des grandes voies d'accès, hôtel de chaîne proposant des chambres
spacieuses conformes aux nouvelles normes Novotel. Minigolf. Thématique automobile
au bar et cadre contemporain au restaurant. Petit jardin des senteurs et potager.

à Fegersheim 14 km vers ④ par A 35 (sortie n° 7), N 283 et D 1083 – 4 533 h.
– alt. 145 m – ⊠ 67640

X **Auberge du Bruchrhein** 🛱 🗚 🚾 🐠 🖭
🕿 *24 r. de Lyon* – ℰ *03 88 64 17 77* – *Fax 03 88 64 17 77* – *Fermé dim. soir, lundi soir
🐾 et jeudi soir* *p. 4 AT* **x**
Rest – Menu (12,50 €), 17 € (déj. en sem.), 23/28 € – Carte 28/43 €
♦ Cuisine sans chichi, réalisée avec de bons produits, dans une veine actuelle teintée
d'influences régionales. Cadre simple et petite terrasse où règne une ambiance conviviale.

à Lipsheim vers ④ par A 35, D 1083 et D 221 – 2 268 h. – alt. 146 m – ⊠ 67640

🏨 **Alizés** sans rest ॐ 🔲 📶 ⅏ 🌄 ⅏ ✆ ⚐ **P** 🚾 🐠 🖭 ⓪
– ℰ *03 88 59 02 00* – *hotellesalizes@wanadoo.fr* – *Fax 03 88 64 21 61* – *Fermé
23 déc.-1er janv.* *p. 4 AT* **e**
49 ch – ♦61 € ♦♦68 €, ⊆ 10 €
♦ Cette maison régionale, proposant des chambres fonctionnelles et claires, a pour principal atout son site calme et champêtre. La piscine couverte donne sur un paysage de forêt.

à Blaesheim 19 km par A 35 (sortie n° 9), D 1422 et D 84 – 1 369 h. – alt. 150 m – ✉ 67113

Au Bœuf ch, rest,
– ✆ 03 88 68 68 99 – auboeuf.resa@wanadoo.fr – Fax 03 88 68 60 07
– Fermé 23 juil.-5 août et 3-17 janv. p. 4 AT **q**
22 ch – 57 € 72 €, 11 € – 2 suites – ½ P 60 € – **Rest** – *(fermé vend. midi et sam. midi)* Menu (8,50 €), 15/27 € – Carte 20/43 €
◆ Les chambres de cette hostellerie villageoise, conçues à l'identique, ont l'avantage d'être grandes, confortables et bien tenues. Menus régionaux servis dans une salle à manger-véranda actuelle et rustique (assiettes en faïence, poêle et boiseries).

Schadt
8 pl. de l'Église – ✆ 03 88 68 86 00 – Schadt@wanadoo.fr – Fax 03 88 68 89 83
– Fermé août, dim. soir et lundi p. 4 AT **v**
Rest – Menu (12 €), 25/39 € – Carte 30/63 €
◆ Cette ancienne boulangerie abrite deux salles à manger originales : fresques, bibelots, tableaux et, à l'étage, humour coquin (curieux, tirez le rideau !). Cuisine alsacienne.

à Entzheim 12 km par A 35 (sortie n° 8), D 400 et D 392 – 1 855 h. – alt. 150 m – ✉ 67960

Père Benoît ch, rest,
34 rte de Strasbourg – ✆ 03 88 68 98 00 – hotel.perebenoit@wanadoo.fr
– Fax 03 88 68 64 56 – Fermé 28 juil.-18 août et 22 déc.-4 janv. p. 4 AT **h**
60 ch – 59 € 65 €, 8,50 €
Rest *Steinkeller* – *(fermé sam. midi, lundi midi et dim.)* Menu 19 € (déj.)/24 € – Carte 22/46 €
◆ Ferme à colombages du 18e s., délicieusement alsacienne, et sa grande cour fleurie. Cadre traditionnel et chaleureux. Belle salle rustique sous voûtes – d'où l'enseigne qui signifie caveau – et style winstub à l'étage. Carte régionale, "flammekueches" au feu de bois.

à Ostwald 7 km par rte Schirmeck D 392 et D 484 ou par A35 (sortie n° 7) et D 484 – 10 761 h. – alt. 140 m – ✉ 67540

Château de l'Île l'Ill,
4 quai Heydt – ✆ 03 88 66 85 00 – ile@grandesetapes.fr – Fax 03 88 66 85 49 p. 5 BT **r**
60 ch – 195/610 € 195/610 €, 22 € – 2 suites
Rest – Menu 50/92 € – Carte 37/60 €
Rest *Winstub* – taverne Menu 25/37 € – Carte 28/44 €
◆ Manoir du 19e s. entouré de maisons récentes à colombages dans un parc boisé de 4 ha bordant l'Ill. Chambres soignées, garnies de meubles de style. Salle à manger raffinée pour une cuisine classique ; belle terrasse longeant la rivière. L'élégante winstub ouverte sur la verdure revisite la tradition avec sophistication.

à Lingolsheim 5 km par rte de Schirmeck (D 392) – 16 860 h. – alt. 140 m – ✉ 67380

Kyriad sans rest
59 r. Mar. Foch – ✆ 03 88 76 11 00 – hotelkyriad@evc.net
– Fax 03 88 77 39 31 p. 5 BS **a**
37 ch – 55/74 € 55/81 €, 8,50 €
◆ Hôtel intégré à un ensemble résidentiel et commercial proche de l'aéroport. Chambres confortables, fonctionnelles et bien équipées. Plaisant salon-bar contemporain.

à Mittelhausbergen 5 km au Nord-Ouest par D 31 – 1 680 h. – alt. 155 m – ✉ 67206

Tilleul avec ch
5 rte de Strasbourg – ✆ 03 88 56 18 31 – info@autilleul.fr – Fax 03 88 56 07 23
– Fermé 1er-17 août, 23 fév.-7 mars, mardi soir et merc. sauf hôtel p. 5 BS **v**
12 ch – 60/65 € 65/70 €, 12 € – ½ P 72/78 €
Rest – Menu 34/39 € – Carte 40/50 €
Rest *La Stub 1888* – Menu 17 € (déj. en sem.)/23 € – Carte 23/39 €
◆ Opération séduction pour cette auberge traditionnelle de 1888 qui effectue un grand programme de rénovation dans un style contemporain. Cuisine actuelle et cadre feutré au restaurant. Atmosphère néo-rustique et plats du terroir à La Stub.

à Pfulgriesheim 10 km au Nord-Ouest par D 31 – 1 171 h. – alt. 135 m – ⊠ 67370

✗ **Bürestubel** 🛜 *VISA* **MO**
😘 8 r. Lampertheim – ℰ 03 88 20 01 92 – rest.burestubel@orange.fr
– Fax 03 88 20 48 97 – Fermé 28 juil.-13 août, 23 fév.-8 mars, mardi de fév. à oct.,
dim. de nov. à janv. et lundi *P. 4 AR* **a**
Rest – Menu 17/27 € – Carte 21/48 €
♦ Jolie ferme à colombages abritant une vaste winstub. Selon les salles, décor rustique ou
bourgeois avec plafonds polychromes. Tartes flambées et autres spécialités régionales.

à Plobsheim 17 km par A35 (sortie n° 7) N 283, N 353 et D 468 – 3 634 h. – alt. 150 m –
⊠ 67115

🏡 **Le Kempferhof** ⌘ 🆗 🛜 ৬ ⟲ ᐟᕱ **P** *VISA* **MO** **AE**
au golf – ℰ 03 88 98 72 72 – info@golf-kempferhof.com – Fax 03 88 98 74 76
– Fermé 20 déc.-28 fév.
25 ch – ♥120/150 € ♥♥150/330 €, ⊡ 18 € – 4 suites – ½ P 120/210 €
Rest (fermé dim. soir) Menu (16 €), 20 € (déj. en sem.), 38/45 € – Carte 25/47 € 🕸
♦ Cette demeure du 19ᵉ s. jouit d'un domaine boisé (85 ha) incluant un golf 18 trous.
Chambres personnalisées, décor actuel et épuré dans celles des annexes. Restaurant lumineux dressé sous une véranda, terrasse face au green. Carte internationale et beau choix de
vins.

STURZELBRONN – 57 Moselle – 307 Q4 – 189 h. – alt. 250 m –
⊠ 57230 **27 D1**

🚩 Paris 449 – Strasbourg 68 – Bitche 13 – Haguenau 39 – Wissembourg 34

✗ **Au Relais des Bois** 🚗 🛜 **P** *VISA* **MO**
13 r. Principale – ℰ 03 87 06 20 30 – denis.hoff@wanadoo.fr – Fax 03 87 06 21 22
– Fermé lundi et mardi
Rest – Menu (19 € bc), 25/27 € – Carte 25/39 €
♦ Modeste adresse familiale à débusquer au cœur d'un village du Parc naturel régional des
Vosges du Nord. Cadre rustique, cuisine aux accents du terroir, terrasse et jardin.

SUBLIGNY – 89 Yonne – 319 C2 – **rattaché à Sens**

SUCY-EN-BRIE – 94 Val-de-Marne – 312 E3 – 101 28 – **voir à Paris, Environs**

SULLY-SUR-LOIRE – 45 Loiret – 318 L5 – 5 907 h. – alt. 115 m – ⊠ 45600
▌ Châteaux de la Loire **12 C2**

🚩 Paris 149 – Bourges 84 – Gien 25 – Montargis 40 – Orléans 51 – Vierzon 84
🗿 Office de tourisme, place de Gaulle ℰ 02 38 36 23 70, Fax 02 38 36 32 21
🖼 de Sully-sur-Loire Domaine de l'Ousseau, par rte de Bourges : 4 km,
ℰ 02 38 36 52 08.
◻ Château★ : charpente★★.

Plan page ci-contre

🏨 **Hostellerie du Château** 📶 ৬ ch, 🆗 🞅 ⟲ ᐟᕱ **P** *VISA* **MO** **AE**
4 rte de Paris à St-Père-sur-Loire, 1 km par ① – ℰ 02 38 36 24 44 – resasylvie@
wanadoo.fr – Fax 02 38 36 62 40
42 ch – ♥46/68 € ♥♥46/68 €, ⊡ 9 € – ½ P 62 € – **Rest** – Menu (25 €), 28/46 €
– Carte 45/74 €
♦ Construction récente abritant des chambres fonctionnelles assez plaisantes et très bien
tenues ; la moitié a vue sur le château de Sully. Atmosphère un brin british dans la
confortable salle à manger habillée de boiseries. Table traditionnelle.

aux Bordes 6 km par ①, D 948 et D 961 – 1 445 h. – alt. 132 m – ⊠ 45460

✗ **La Bonne Étoile** 🆗 **P** *VISA* **MO** **AE**
😘 D 952 – ℰ 02 38 35 52 15 – Fax 02 38 35 52 15 – Fermé 10-23 mars,
1ᵉʳ-14 sept., dim. soir et lundi
Rest – Menu 16 € (sem.)/36 € – Carte 18/33 €
♦ Engageante petite auberge champêtre au bord d'une route passante. Un vent nouveau
(déco, chaises, mise de table) souffle en salle ces derniers temps. Mets traditionnels.

SULLY-SUR-LOIRE

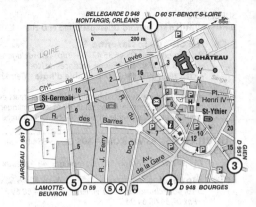

 Le rouge est la couleur de la distinction : nos valeurs sûres !

SUPERDÉVOLUY – 05 Hautes-Alpes – 334 D4 – Sports d'hiver : 1500/2500m

⛷ 1 ⛷ 28 ⛷ – ⊠ 05250 ▯ Alpes du Sud   40 **B1**

▶ Paris 654 – Gap 36 – Grenoble 92 – La Mure 52

Les Chardonnelles   ⬅ ⌂ ⴺ ⑂ ⫲ & ⌧ ⅏ 🅟 *VISA* ⓂⓄ ℡

– 𝒞 04 92 58 86 90 – info@hotel-chardonnelles.com – Fax 04 92 58 87 76
– Ouvert 13 juin-7 sept. et 22 déc.-22 avril
40 ch – ⬦60/82 € ⬦⬦80/120 €, ⌦ 9 € – ½ P 65/82 € – **Rest** – Menu 15 € (déj. en sem.), 18/25 € – Carte 27/33 €

♦ Érigé aux portes de la station, ce gros chalet est le point de départ de nombreuses randonnées. Chaleureuses chambres montagnardes, avec balcon et vue sur les sommets. Au restaurant, la cuisine alpine déploie son "écharpe" de tartiflettes, fondues et raclettes.

LE SUQUET – 06 Alpes-Maritimes – 341 E4 – alt. 400 m
– ⊠ 06450 Lantosque   41 **D2**

▶ Paris 878 – Levens 19 – Nice 46 – Puget-Théniers 48 – St-Martin-Vésubie 21

Auberge du Bon Puits   ⬚ ⌂ ⬘ 🄰🄲 ⑂ ℡ 🅟 ⌂

– 𝒞 04 93 03 17 65 – lebonpuits@wanadoo.fr – Fax 04 93 03 10 48
– Ouvert 20 avril-1er déc. et fermé mardi sauf du 10 juil.-30 août
8 ch – ⬦62/65 € ⬦⬦63/68 €, ⌦ 15 € – ½ P 65/70 € – **Rest** – Menu 25/35 €
– Carte 32/34 €

♦ La route sépare cette robuste maison d'un petit parc animalier situé en bordure de la Vésubie et doté de jeux d'enfants. Chambres insonorisées et rénovées. Poutres et cheminée monumentale en pierre décorent la salle à manger. Cuisine régionale.

SURESNES – 92 Hauts-de-Seine – 311 J2 – 101 14 – voir à Paris, Environs

---

SURGÈRES – 17 Charente-Maritime – 324 F3 – 6 051 h. – alt. 16 m – ⊠ 17700
▯ Poitou Vendée Charentes   38 **B2**

▶ Paris 442 – Niort 35 – Rochefort 27 – La Rochelle 38 – St-Jean-d'Angély 30
– Saintes 55

🅑 Office de tourisme, 5, rue Bersot 𝒞 05 46 07 20 02, Fax 05 46 07 20 30

◉ Église Notre-Dame★.

✗ Le Vieux Puits   ⌂ 🄰🄲 *VISA* ⓂⓄ

6 r. P. Bert, (proche du château) – 𝒞 05 46 07 50 83 – gireaudrestauration@
wanadoo.fr – Fermé 28 sept.-14 oct., 17-28 fév., dim. soir et jeudi
Rest – Menu 17/36 €

♦ Adresse cachée au fond d'une courette pavée (terrasse en été). Décor rustique avec cheminée dans la salle du rez-de-chaussée, plus conviviale. Cuisine attentive aux saisons.

SURGÈRES

à Puyravault 6 km au Nord-Ouest par D 115 et D 205 – ⊠ 17700

⩚ **Le Clos de la Garenne** ⌂ ⊗ ⌂ ⌖ & ch, ⇄ ⊗ ⬚ **P** *VISA* **©®**
9 r. Garenne – ℰ 05 46 35 47 71 – info@closdelagarenne.com
– Fax 05 46 35 47 91 – Fermé vacances de Noël
4 ch ⊃ – †60 € ††67/77 € – **Table d'hôte** – (fermé merc., sam. et dim.)
Menu 25 € bc

♦ Chaque pièce de cet authentique logis charentais évoque une époque différente :
chambre Belle Époque, grand salon 18ᵉ s., salle à manger 17ᵉ s... Beau parc de 4 ha (ânes,
moutons et poules). Table familiale à l'écoute du marché et des saisons.

SURVILLIERS – 95 Val-d'Oise – 305 G6 – 3 654 h. – alt. 110 m –
⊠ 95470   19 **C1**

▫ Paris 37 – Chantilly 14 – Compiègne 48 – Meaux 39 – Pontoise 45 – Senlis 14

🏨 **Novotel** ⌂ ⌂ ⌓ & ch, 🅰🅲 ⇄ ⊗ rest, ⬚ 🄰 **P** *VISA* **©®** 🄰🄴 ①
D 16, par échangeur A1 Survilliers – ℰ 01 34 68 69 80 – h0459@accor.com
– Fax 01 34 68 64 94
79 ch – †70/250 € ††70/250 €, ⊃ 14 € – **Rest** – Carte 20/40 €

♦ Cet hôtel dispose de chambres fonctionnelles et insonorisées. Pour la détente, jardin,
terrain de volley-ball, jeux d'enfants et boulodrome. Carte traditionnelle proposée
dans une salle actuelle prolongée par une véranda ou sur la terrasse d'été bordant la
piscine.

SUZE-LA-ROUSSE – Drôme – 332 C8 – 1 564 h. – alt. 92 m – ⊠ 26790
▮ Provence   44 **B3**

▫ Paris 641 – Avignon 59 – Bollène 7 – Nyons 28 – Orange 23 – Valence 85
🄱 Office de tourisme, le village ℰ 04 75 04 81 41

⩚ **Les Aiguières** ⌂ ⌓ ⊗
r. Fontaine-d'Argent – ℰ 04 75 98 40 80 – brigitte@les-aiguieres.com – Fermé
22 déc.-5 janv.
5 ch – †72 € ††82 €, ⊃ 5 € – **Table d'hôte** – Menu 25 € bc

♦ Une adresse à deux pas du château et de son université du vin. Maison du 18ᵉ s. avec
jardin, piscine, grand salon (feu de cheminée en hiver) et chambres d'esprit provençal.
Cuisine familiale ; menu dégustation "alliances de mets et vins" sur réservation.

TAILLECOURT – 25 Doubs – 321 L2 – rattaché à Audincourt

TAIN-L'HERMITAGE – 26 Drôme – 332 C3 – 5 503 h. – alt. 124 m –
⊠ 26600   43 **E2**

▫ Paris 545 – Grenoble 97 – Le Puy-en-Velay 105 – St-Étienne 76 – Valence 18
– Vienne 59
🄱 Office de tourisme, place du 8 mai 1945 ℰ 04 75 08 06 81,
Fax 04 75 08 34 59
🖾 Belvédère de Pierre-Aiguille ★ N : 4 km par D 241.

Plan page ci-contre

🏨 **Le Pavillon de l'Ermitage** ⌂ ⌓ ⬚ & ch, 🅰🅲 ⬚ 🄰
1 av. P. Durand – ℰ 04 75 08 65 00   **P** *VISA* **©®** 🄰🄴 ①
– pavillon.26@wanadoo.fr – Fax 04 75 08 66 05   C **e**
44 ch – †75/80 € ††86/91 €, ⊃ 11 € – **Rest** – (fermé 25 déc.-2 janv., sam. et dim.
de nov. à mars) Menu 23 €

♦ Grosse bâtisse abritant des chambres rénovées ; demandez-en une côté piscine, avec
loggia tournée sur le coteau de l'Hermitage et les hauteurs de Tournon. Plats traditionnels
servis en terrasse ou en salle... suivant l'humeur du temps !

🏠 **Les 2 Coteaux** sans rest 🅰🅲 ⇄ ⬚ ⌂ *VISA* **©®**
18 r. J. Péala – ℰ 04 75 08 33 01 – hotel2coteaux@wanadoo.fr
– Fax 04 75 08 44 20   B **a**
18 ch – †52 € ††57 €, ⊃ 9 €

♦ Cet hôtel familial rénové se situe au calme face à l'ancien pont enjambant le Rhône.
Chambres fraîches et lumineuses ; quelques-unes sont dotées de balcons.

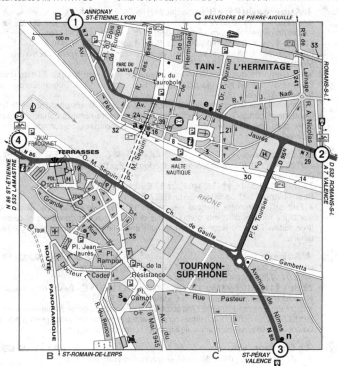

✕ **Le Quai**   ≤ 斎 VISA ⓂⓄ
17 r. J.-Péala – ℰ 04 75 07 05 90 – chabran @ michelchabran.fr
– Fax 04 75 06 55 55   B **v**
Rest – Menu 31 € – Carte 36/53 €

♦ Au pied de ce restaurant, le Rhône avec au loin la vue sur les vignes. Salle à manger modernisée dans un esprit zen (mobilier en wengé, photos anciennes) et belle terrasse.

rte de Romans 4 km par ② – ✉ 26600 Tain-l'Hermitage

🏠 **L'Abricotine**   📺 斎 ✆ rest, ✆ **P** VISA ⓂⓄ AE
rte de Romans – ℰ 04 75 07 44 60 – hotel.abricotine @ wanadoo.fr
– Fax 04 75 07 47 97 – Fermé 24 déc.-3 janv.
11 ch – ♦53/65 € ♦♦53/65 €, ☐ 7 € – ½ P 52 € – **Rest** – (dîner seult) (résidents seult) Menu (18 €), 23 € – Carte environ 27 €

♦ Les vergers de la Drôme entourent cette construction contemporaine. Chambres coquettes et personnalisées, parfois dotées d'une terrasse ou d'un balcon. Deux menus traditionnels sont proposés dans une sobre salle à manger familiale.

TALANT – 21 Côte-d'Or – **320** J5 – rattaché à Dijon

> 🖸 Paris 551 – Albertville 34 – Annecy 13 – Megève 49
>
> 🖸 Office de tourisme, rue A. Theuriet ℰ 04 50 60 70 64, Fax 04 50 60 76 59
>
> 🖸 Site★★ - Site★★ de l'Ermitage St-Germain★ E : 4 km.

L'Auberge du Père Bise (Sophie Bise) ॐ

rte du Port – ℰ 04 50 60 72 01
– reception@perebise.com – Fax 04 50 60 73 05 – Fermé 15 déc.-13 fév.
19 ch – 🛉200/400 € 🛉🛉240/400 €, ⊇ 30 € – 4 suites – ½ P 250/440 €
Rest – (fermé mardi midi et vend. midi de juin à sept., mardi et merc. d'oct. à mai)
Menu 82/175 € – Carte 104/133 €
Spéc. Gratin de queues d'écrevisses. Poularde de Bresse braisée à l'estragon.
Poitrine de pigeon rôti à la citronnelle et gingembre. **Vins** Chignin-Bergeron,
Mondeuse d'Arbin.
♦ Cette belle maison posée sur une rive du lac accueille depuis plus d'un siècle les
grands de ce monde. Salon, bar et chambres luxueusement aménagés. Cuisine classique
servie dans une élégante salle à manger ornée de peintures, ou sur une idyllique
terrasse.

Le Cottage ॐ

– ℰ 04 50 60 71 10 – cottagebise@wanadoo.fr – Fax 04 50 60 77 51 – Ouvert
28 avril-4 oct.
35 ch – 🛉130/340 € 🛉🛉130/340 €, ⊇ 17 € – 1 suite – ½ P 110/230 €
Rest – Menu (26 €), 38/60 € – Carte 49/77 €
♦ Face à l'embarcadère, maisons des années 1930 de style cottage. Lac, jardin ou
montagne sont les différents points de vue des chambres, personnalisées et calmes
(trois suites). Carte classique à découvrir dans une salle raffinée ou sur une agréable
terrasse.

L'Abbaye ॐ

chemin des Moines – ℰ 04 50 60 77 33 – abbaye@abbaye-talloires.com
– Fax 04 50 60 78 81 – Ouvert mi-fév. à mi-nov.
33 ch – 🛉140/310 € 🛉🛉140/310 €, ⊇ 20 € – ½ P 130/215 € – **Rest** – (fermé lundi
et mardi d'oct. à mai) Menu 45/75 € (dîner) – Carte 58/90 €
♦ Cette abbaye bénédictine du 17ᵉ s. accueillit en son temps Cézanne et aujourd'hui Jean
Reno. Chambres raffinées, classiques ou savoyardes, et jardin face au lac (ponton privé).
Cuisine actuelle servie dans une salle à manger bourgeoise ou en terrasse.

La Charpenterie ॐ

72 r. A. Theuriet – ℰ 04 50 60 70 47 – contact@la-charpenterie.com
– Fax 04 50 60 79 07 – Fermé 6 janv.-6 fév.
18 ch – 🛉75/110 € 🛉🛉75/110 €, ⊇ 12 € – ½ P 69/86 € – **Rest** – Menu 24/38 €
♦ Chalet récent orné de balcons ouvragés. Intérieur chaleureux et confortable où le
bois s'impose partout. Nombreuses chambres avec terrasse. Salle de restaurant
lambrissée, décorée de photos anciennes ; cuisine ancrée dans la tradition (spécialités
fromagères).

✗✗ Villa des Fleurs avec ch ॐ

rte du Port – ℰ 04 50 60 71 14 – lavilladesfleurs@wanadoo.fr – Fax 04 50 60 74 06
– Fermé 25 nov.-10 fév., dim. soir et lundi
8 ch – 🛉86 € 🛉🛉96/132 €, ⊇ 12,50 € – ½ P 98/109 € – **Rest** – Menu (20 €),
32/60 € – Carte 40/72 €
♦ Dans le bourg mais entourée de verdure, confortable villa savoyarde où l'on déguste une
cuisine régionale et surtout les poissons du lac d'Annecy. Petites chambres calmes.

à Angon 2 km au Sud par D 909a – ⊠ 74290 Veyrier-du-Lac

Les Grillons

– ℰ 04 50 60 70 31 – accueil@hotel-grillons.com – Fax 04 50 60 72 19
30 ch – 🛉55/120 € 🛉🛉60/120 €, ⊇ 11 € – ½ P 55/79 €
Rest – (ouvert 24 avril-15 oct.) Menu 25/49 € – Carte 21/53 €
♦ Établissement de style pension qui bénéficie d'une grande piscine, très agréable l'été.
Chambres bien tenues ; la plupart ont vue sur le lac. Salle à manger relookée dans un style
actuel : poutres apparentes neuves, plantes vertes, tons rouge et blanc.

TALMONT-SUR-GIRONDE – 17 Charente-Maritime – 324 E6 – 83 h. – alt. 20 m
– ⊠ 17120 ▯ Poitou Vendée Charentes   38 **B3**

> ▶ Paris 503 – Blaye 72 – La Rochelle 93 – Royan 18 – Saintes 36
> ▣ Site★ de l'église Ste-Radegonde★.

✗✗   **L'Estuaire** avec ch ॐ   ≤ Ⓚ rest, ↦ ॐ ch, ℙ, ℙ ᵥₛₐ ⓪
       au Caillaud, 1 av. Estuaire – ℰ 05 46 90 43 85 – Fax 05 46 90 43 88 – Hôtel :
       ouvert avril-sept. et fermé lundi, mardi sauf juil.-août et merc.
       7 ch – †49 € ††49 €, ⊇ 7,50 € – ½ P 50 € – **Rest** – (fermé 1er-15 oct.,
       15 janv.-15 fév., lundi soir, mardi soir sauf juil.-août et merc.) Menu 20/40 € – Carte
       22/60 €

       ♦ Belle situation face à la Gironde pour ce restaurant rustique égayé de tons pastel.
       Plats régionaux et produits de la pêche locale. Chambres calmes, spacieuses et bien
       tenues.

TAMNIÈS – 24 Dordogne – 329 H6 – 317 h. – alt. 200 m – ⊠ 24620   4 **D3**

> ▶ Paris 522 – Brive-la-Gaillarde 47 – Périgueux 60 – Sarlat-la-Canéda 14

▯▯   **Laborderie** ॐ   ≤ ⚘ ⌂ ⌇ Ⓚ rest, ↦ ℙ ᵥₛₐ ⓪
(⚘)   – ℰ 05 53 29 68 59 – hotel.laborderie@worldonline.fr – Fax 05 53 29 65 31
       – Ouvert 5 avril-2 nov.
       45 ch – †32/80 € ††36/88 €, ⊇ 8,50 € – ½ P 43/72 € – **Rest** – (fermé merc. midi
       et lundi) Menu 21/43 € – Carte 23/60 €

       ♦ Maison périgourdine, son annexe et son vaste parc tourné vers la vallée, proposant des
       chambres paisibles, rustiques ou actuelles. Cuisine régionale à l'ancienne servie dans une
       salle à manger campagnarde ou en terrasse à la belle saison.

TANCARVILLE – 76 Seine-Maritime – 304 C5 – 1 234 h. – alt. 10 m – ⊠ 76430
▯ Normandie Vallée de la Seine   33 **C2**

> ▶ Paris 175 – Caen 86 – Le Havre 32 – Pont-Audemer 24 – Rouen 64
> **Accès pont de Tancarville. Péage** en 2006 : auto 2,30, auto et caravane 2,90,
> camions et autocars 3,50 à 6,10, gratuit pour motos ℰ 02 35 39 65 60.
> ▣ ≤★ sur estuaire.

✗✗✗   **La Marine** avec ch   ≤ pont suspendu et la Seine, ⇱ ⌇ ☏
⊜   10 rte du Havre, au pied du pont (D 982) –   ⩍ ℙ ᵥₛₐ ⓪ ⒜ₑ
       ℰ 02 35 39 77 15 – hoteldelamarine2@wanadoo.fr – Fax 02 35 38 03 30 – Fermé
       20 juil.-20 août et dim. soir
       9 ch – †65/75 € ††65/85 €, ⊇ 9 € – ½ P 75/90 €
       Rest – (fermé sam. midi et lundi) Menu 27 € (sem.)/60 € – Carte 60/91 €
       Rest *Le Bistrot* – (fermé lundi, de Pâques à sept., sam. et dim.) (déj. seult)
       Menu 13/20 €

       ♦ Hôtellerie des bords de Seine officiant au pied du célèbre pont de Tancarville. Traditionnelle, la cuisine du restaurant évolue au gré des arrivages du marché et de la pêche.
       Chambres récemment rafraîchies. Bistrot au décor boisé.

LA TANIA – 73 Savoie – 333 M5 – rattaché à Courchevel

TANINGES – 74 Haute-Savoie – 328 M4 – 3 140 h. – alt. 640 m – ⊠ 74440
▯ Alpes du Nord   46 **F1**

> ▶ Paris 570 – Annecy 68 – Chamonix-Mont-Blanc 51 – Genève 42
> – Thonon-les-Bains 46
> ▯ Office de tourisme, avenue des Thézières ℰ 04 50 34 25 05,
> Fax 04 50 34 83 96

✗✗   **La Crémaillère**   ⌂ ℙ ᵥₛₐ ⓪
       au lac de Flérier, 1 km au Sud-Ouest – ℰ 04 50 34 21 98 – Fax 04 50 34 34 88
       – Fermé 23 juin-4 juil., 5 janv.-5 fév., lundi soir et merc. sauf juil.-août et dim. soir
       Rest – (nombre de couverts limité, prévenir) Menu 25/45 € – Carte 42/61 €
       ♦ Belle situation au bord d'un petit lac. Attablez-vous près des baies vitrées ou, en saison,
       sur la terrasse panoramique, pour goûter à une cuisine plutôt traditionnelle.

TANNERON – 83 Var – 340 Q4 – 1 307 h. – alt. 376 m – ✉ 83440

▌ Côte d'Azur   42 **E2**

　　🄳 Paris 903 – Cannes 20 – Draguignan 53 – Grasse 20 – Nice 49
　　　– Saint-Raphaël 37

　　🄴 Syndicat d'initiative, place de la Mairie ℰ 04 93 60 71 73

🍴🍴　**Le Champfagou** avec ch ♨　　　🚗 ☝ **P** **P** **VISA** **MC** **AE**
pl. du Village – ℰ *04 93 60 68 30 – Fax 04 93 60 70 60 – Fermé en nov., le soir
en janv. et fév., lundi en juil.-août, dim. soir, mardi soir et merc.
9 ch – ♥50 € ♥♥50 €, ☌ 8 € – ½ P 60 € – **Rest** – Menu 30/55 €
◆ Salle à manger sobrement méridionale et plaisante terrasse fleurie dans un paisible
village réputé pour ses mimosas ; cuisine provençale revisitée. Petites chambres
simples.

TANTONVILLE – 54 Meurthe-et-Moselle – 307 H8 – 600 h. – alt. 300 m –
✉ 54116   26 **B2**

　　🄳 Paris 327 – Épinal 48 – Lunéville 35 – Nancy 29 – Toul 37 – Vittel 44

🍴🍴　**La Commanderie**　　　☝ **P** **VISA** **MC**
🔗　*1 r. Pasteur* – ℰ *03 83 52 49 83 – contact@restaurant-la-commanderie.com*
　*– Fax 03 83 52 49 83 – Fermé 24 août-10 sept., 2-10 janv., mardi soir, merc. soir,
dim. soir et lundi
Rest – Menu 13,50 € (déj. en sem.), 24/45 € – Carte 26/56 €
◆ Cette maison du début du 20e s., ex-siège social des frères Tourtel, abrite un élégant
restaurant décoré dans le style provençal. Belle terrasse agrémentée d'une fontaine.

TANUS – 81 Tarn – 338 F6 – 436 h. – alt. 439 m – ✉ 81190   29 **C2**

　　🄳 Paris 668 – Albi 33 – Rodez 46 – St-Affrique 62

　　🄴 Syndicat d'initiative, Mairie ℰ 05 63 76 36 71, Fax 05 63 76 36 10

　　◉ Viaduc du Viaur★ NE : 7 km

🏠　**Des Voyageurs**　　　🚗 **AC** rest, ☏ **P** 🚗 **VISA** **MC**
🔗　*11 av. Paul Bodin* – ℰ *05 63 76 30 06 – ddelpous@wanadoo.fr*
　– Fax 05 63 76 37 94 – Fermé dim. soir et lundi sauf juil.-août
15 ch – ♥43/55 € ♥♥43/65 €, ☌ 7 € – ½ P 58 € – **Rest** – Menu 15 € (sem.)/30 €
– Carte 17/47 €
◆ Près de l'église, hôtel tout simple bordé d'un petit jardin ombragé d'un saule pleureur.
Chambres équipées d'un mobilier campagnard, plus calmes sur l'arrière. Cuisine tradition-
nelle et courte sélection de vins servis dans une confortable salle à manger.

TARARE – 69 Rhône – 327 F4 – 10 420 h. – alt. 383 m – ✉ 69170

▌ Lyon et la vallée du Rhône   44 **A1**

　　🄳 Paris 463 – Lyon 45 – Montbrison 60 – Roanne 40
　　　– Villefranche-sur-Saône 33

　　🄴 Office de tourisme, place Madeleine ℰ 04 74 63 06 65, Fax 04 74 63 52 69

🏠　**Burnichon**　　　🏡 ☂ ☏ ⚙ **P** **VISA** **MC** **AE** ①
🔗　*1,5 km à l'Est par D 307* – ℰ *04 74 63 44 01 – hotelburnichon@wanadoo.fr*
　– Fax 04 74 05 08 52 – Fermé 22-28 déc.
34 ch – ♥39/46 € ♥♥46/53 €, ☌ 9 € – ½ P 45 € – **Rest** – (fermé sam. soir et dim.)
Menu 14 € (sem.), 25/35 € – Carte 22/35 €
◆ Bâtisse hôtelière des années 1980 qui propose des chambres fonctionnelles ayant
conservé leur mobilier d'origine. À 50 m, piscine entourée de verdure. Restaurant-véranda
misant sur un buffet d'entrées et une carte traditionnelle simple. Terrasse d'été.

🍴🍴🍴　**Jean Brouilly**　　　👍 **P** **VISA** **MC** **AE**
3ter r. de Paris – ℰ *04 74 63 24 56 – contact@restaurant-brouilly.com*
– Fax 04 74 05 05 48 – Fermé 4-11 août, 12-26 janv., dim. soir et lundi
Rest – Menu 35/72 € – Carte 45/69 €
◆ Cette belle demeure au cœur d'un parc vous convie à une halte gourmande. Salle à
manger bourgeoise se mariant à une cuisine classique ; cave honorant les vins de Bourgogne.

TARASCON – 13 Bouches-du-Rhône – **340** C3 – 12 668 h. – alt. 8 m – ⊠ 13150
📗 Provence   42 **E1**

> 🔼 Paris 702 – Arles 20 – Avignon 24 – Marseille 102 – Nîmes 27
>
> 🗓 Office de tourisme, 59, rue des Halles ☏ 04 90 91 03 52, Fax 04 90 91 22 96
>
> ◎ Château du roi René★★ : ✻★★ - Église Ste-Marthe★ - Musée
>   Charles-Deméry★ (Souleïado) **M.**

🏠 **Les Échevins**   📶 & ch, 🅰 rest, ✾ rest, 🚗 *VISA* 🕧 ঊ ⓪

   26 bd Itam – ☏ 04 90 91 01 70 – contact@hotel-echevins.com
⊗ – Fax 04 90 43 50 44 – Ouvert Pâques-Toussaint
40 ch – †57 € ††63/72 €, � 10 € – ½ P 58 €
Rest Le Mistral – ☏ 04 90 91 27 62 (fermé sam. midi et merc.) Menu 16/23 €
– Carte environ 27 €

♦ Les "Tartarins" en route pour l'Afrique feront étape en cette demeure du 17ᵉ s. à
l'ambiance familiale. Bel escalier à rampe forgée et chambres modestes mais bien tenues.
Joli restaurant-véranda très coloré et cuisine traditionnelle caressée par le mistral.

au Nord-Est 3 km par D 35 et D 970 - ⊠ 13150 Tarascon

🔼 **Le Mas des Comtes de Provence** ⚘   🍷 ঊ 🅰 ✾ 📘 *VISA* 🕧

   petite rte d'Arles – ☏ 04 90 91 00 13 – valo@mas-provence.com
– Fax 04 90 91 02 85
9 ch – †140/180 € ††140/380 €, ⊠ 12,50 € – ½ P 125/155 €
Table d'hôte – Menu 20 € (déj.)/40 €

♦ Tout simplement superbe ! Ce mas du 15ᵉ s. recèle de magnifiques meubles anciens,
dignes d'un musée. Les chambres sont de vrais petits joyaux. Parc et vaste piscine à
l'avenant.

TARASCON-SUR-ARIÈGE – 09 Ariège – **343** H7 – 3 446 h. – alt. 474 m –
⊠ 09400 📗 Midi-Pyrénées   29 **C3**

> 🔼 Paris 777 – Ax-les-Thermes 27 – Foix 18 – Lavelanet 30
>
> 🗓 Office de tourisme, avenue Paul Joucla ☏ 05 61 05 94 94, Fax 05 61 05 57 79
>
> ◎ Parc pyrénéen de l'art préhistorique★★ O : 3 km - Grotte de Niaux★★
>   (dessins préhistoriques) SO : 4 km - Grotte de Lombrives★ S : 3 km par N 20.

🔼 **Domaine Fournié** ⚘   🚗 ঊ 🔲 ✾ 📘

   2,5 km au Nord-Ouest par D 618 rte du Col de Port – ☏ 05 61 05 54 52 – contact@
domaine-fournie.com – Fax 05 61 02 73 63 – Fermé 23 déc.-2 janv.
5 ch ⊠ – †45/50 € ††54/58 € – ½ P 90/95 € – **Table d'hôte** – (fermé jeudi et la
sem. sauf vacances scolaires) Menu 20 € bc

♦ Le décor des chambres de cette maison du 17ᵉ s. rend hommage au cinéma. Certaines
s'agrémentent de meubles anciens. Salle de petit-déjeuner dotée d'une cheminée.

à Rabat-les-Trois-Seigneurs 5,5 km au Nord-Ouest par D 618 et D 223 – ⊠ 09400

✗ **La Table de la Ramade**   🍽 *VISA* 🕧 ⓪

   r. des Écoles – ☏ 05 61 64 94 32 – latabledelaramade@orange.fr
⊗ – Fax 05 61 64 94 32 – Fermé lundi
Rest – Menu 17/33 € – Carte 24/52 €

♦ Ex-forge du village, tout en hauteur, coincée dans une ruelle étroite. Mignonne petite
salle rustique au 1ᵉʳ étage et terrasse sur le toit. Alléchante cuisine actuelle.

TARBES 📘 – 65 Hautes-Pyrénées – **342** M5 – 46 275 h. – **Agglo.** 109 892 h. – alt.
320 m – ⊠ 65000 📗 Midi-Pyrénées   28 **A3**

> 🔼 Paris 831 – Bordeaux 218 – Lourdes 19 – Pau 44 – Toulouse 158
>
> 🛫 de Tarbes-Lourdes-Pyrénées : ☏ 05 62 32 92 22, par ④ : 9 km.
>
> 📟 ☏ 3635 (0,34 €/mn)
>
> 🗓 Office de tourisme, 3, cours Gambetta ☏ 05 62 51 30 31, Fax 05 62 44 17 63
>
> 🏌 de Tarbes les Tumulus à Laloubère 1 rue du Bois, par rte de
>   Bagnères-de-Bigorre : 2 km, ☏ 05 62 45 14 50 ;
>
> 🏇 Hippodrome de La Loubère à Laloubère Rue de la Châtaigneraie, par rte de
>   Bagnères-de-Bigorre : 3 km, ☏ 05 62 45 07 10.

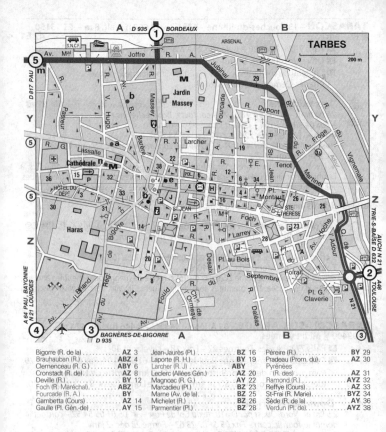

TARBES

 Le Rex Hotel 🏨 ♿ AK ⇄ ❄ 🐕 🅿 🍴 ➪ VISA MC AE ①
8 cours Gambetta – ℰ 05 62 54 44 44 – reception@lerexhotel.com
– Fax 05 62 54 45 45   AZ **b**
86 ch – †110/180 € ††110/180 €, ⊑ 15 € – ½ P 75/88 € – **Rest** – *(fermé dim.)*
Menu (16 €), 27/39 €
♦ Audacieuse architecture en verre et alu dont la façade s'anime de jeux de lumière la nuit.
Communs et chambres ultra-modernes où cohabitent des créations de Starck et Panton.
Lounge-bar et restaurant au cadre design. Cuisine tendance ; fond musical assorti.

 Foch sans rest   🏨 AK 🐕 VISA MC AE
18 pl. Verdun – ℰ 05 62 93 71 58 – hotelfoch@wanadoo.fr – Fax 05 62 93 34 59
30 ch – †52 € ††57 €, ⊑ 7,50 €   AYZ **e**
♦ Cet établissement bordant une place animée est bien insonorisé. Les chambres des deux
derniers étages, spacieuses et confortables, s'ouvrent sur d'agréables balcons.

XXX **L'Ambroisie** (Daniel Labarrère)   🎭 🍴 AK ❄ VISA MC AE ①
£3 *48 r. Abbé Torné – ℰ 05 62 93 09 34 – lambroisie@wanadoo.fr – Fax 05 62 93 09 24*
– Fermé 1ᵉʳ-11 mai, 1ᵉʳ-7 sept., 22-30 déc., 2-11 janv., dim. et lundi   AY **n**
Rest – Menu 25 € (déj. en sem.), 34/80 € – Carte 76/83 €
Spéc. Pavé de cabillaud au chorizo, Ossau Iraty et haricots tarbais. Grosse côte de
veau rôtie, petits légumes au beurre. Mi-cuit au chocolat noir. **Vins** Madiran,
Jurançon.
♦ Une "nourriture divine", à déguster dans un ancien presbytère ! La maison, qui date de
1882, abrite une belle salle à manger bourgeoise et une terrasse dressée dans un joli jardin.

✗ **Le Petit Gourmand**   🛜 🕸 VISA ◍◎ AE

☞ *62 av. B. Barère – ℰ 05 62 34 26 86 – Fax 05 62 34 26 86 – Fermé*
mi-août-début sept., 2-10 janv., sam. midi, dim. soir et lundi   AY **b**
Rest – Menu 18 € – Carte environ 29 € ₰

♦ Les petits gourmands apprécient cette salle de style brasserie ornée de vieilles affiches publicitaires, sa cuisine au goût du jour et ses vins du Languedoc-Roussillon.

✗ **Le Fil à la Patte**   AK VISA ◍◎

☞ *30 r. G. Lassalle – ℰ 05 62 93 39 23 – lefilalapatte @ cegetel.net*
– Fax 05 62 93 39 23 – Fermé 11-25 août, sam. midi, dim. et lundi   AY **a**
Rest – Menu 15 € (déj. en sem.), 20/25 € – Carte environ 28 €

♦ Cuisine du terroir et du marché à savourer dans une ambiance franchement conviviale : ce petit restaurant aux couleurs ensoleillées a déjà séduit bon nombre d'habitués.

✗ **L'Isard**   🛜 VISA ◍◎

70 av. Mar.-Joffre – ℰ 05 62 93 06 69 – Fax 05 62 93 06 69 – Fermé sam. midi, dim. soir et merc.   AY **m**
Rest – Menu 19 € (sem.)/26 € – Carte 33/42 €

♦ Un décor tout simple et une terrasse ombragée très agréable, ouverte sur un jardin-potager, font l'attrait de cette table ancrée dans la tradition et les spécialités gasconnes.

rte de Lourdes par Juillan 4 km par ④ sur D 921ᴬ – ⊠ 65290 Juillan

✗✗✗ **L'Aragon** avec ch   🛜 🕭 rest, 🕸 rest, 🛋 🖧 🅿 VISA ◍◎ AE ◍

2 ter rte de Lourdes – ℰ 05 62 32 07 07 – hotel-restaurant.laragon @ wanadoo.fr
– Fax 05 62 32 92 50 – Fermé 4-19 août, 15-29 janv. et dim. soir
12 ch – †49 € ††58 €, � 7,50 € – ½ P 53 €
Rest – *(fermé sam. midi et lundi)* Menu 35/58 € – Carte 53/69 €
Rest *Bistrot* – *(fermé sam. midi)* Menu (14,50 € bc), 19 € bc – Carte 24/46 €

♦ Recettes au goût du jour servies dans la salle à manger au cadre contemporain et soigné ou sur la terrasse ombragée. Chaque chambre propose un thème différent (rugby, golf, mer, vin, etc.). Au Bistrot : décor actuel, tables simplement dressées et plats régionaux.

rte de Pau 6 km par ⑤ – ⊠ 65420 Ibos

🏠 **La Chaumière du Bois** ॐ   🚗 🛜 🏊 🕭 ch, 🅿 VISA ◍◎ AE ◍

☞ *D 817 – ℰ 05 62 90 03 51 – hotel @ chaumieredubois.com – Fax 05 62 90 05 33*
22 ch – †58/66 € ††68/76 €, � 8 € – ½ P 66 € – **Rest** – *(fermé 27 avril-5 mai, 31 août-9 sept., 21 déc.-15 janv., dim. soir sauf du 14 juil. au 15 août et lundi)*
Menu 18/28 € – Carte 32/45 €

♦ Ambiance champêtre dans cet hébergement de type motel coiffé de toits en chaume. Les chambres, fonctionnelles, donnent sur l'agréable jardin planté de palmiers et de pins parasols. Salle à manger en rotonde sous une haute charpente et terrasse dressée à l'ombre des arbres.

TARNAC – 19 Corrèze – 329 M1 – 356 h. – alt. 700 m – ⊠ 19170
▌ Limousin Berry   25 **C2**
    ▣ Paris 434 – Aubusson 47 – Bourganeuf 44 – Limoges 68 – Tulle 62 – Ussel 45

🏠 **Des Voyageurs**   AK rest, 🕸 rest, 🛋 VISA ◍◎

☞ *– ℰ 05 55 95 53 12 – voyageurstarnac @ voila.fr – Fax 05 55 95 40 07 – Fermé*
🍴 *23-30 juin, 20 déc.-22 janv., 24 fév.-10 mars, dim. soir et lundi (sauf hôtel*
🏵 *en juil.-août)*
🍽 **15 ch** – †45 € ††48 €, ⊐ 8,50 € – ½ P 55 €
Rest – Menu 16 € (sem.)/30 € – Carte 25/39 €

♦ Au bord du plateau de Millevaches, sympathique hôtel de village hébergeant les voyageurs dans des chambres simples et fraîches. Petit-déjeuner soigné. Si le décor de la salle à manger joue la sobriété, la cuisine du terroir est quant à elle bien appétissante.

TASSIN-LA-DEMI-LUNE – 69 Rhône – 327 H5 – rattaché à Lyon

TAVEL – 30 Gard – 339 N4 – **1 529 h.** – alt. 100 m – ⊠ 30126　　　23 **D2**

　▶ Paris 673 – Avignon 15 – Alès 68 – Nîmes 41 – Orange 22

🏠　**Le Pont du Roy**　　🗗 🗗 🗴 🕅 🕅 🕉 rest, 🕻 **P** VISA ⬤⬤
3 km au Sud-Est par D 4 et D 976 – ☏ *04 66 50 22 03 – contact @ hotelpontduroy.fr*
– Fax 04 66 50 10 14 – Ouvert 1ᵉʳ mai-30 sept.
14 ch – ♦63/95 € ♦♦63/95 €, � 8 € – ½ P 67/74 € – **Rest** – *(dîner seult)*
(résidents seult) Menu 27/50 € – Carte 42/57 €
　♦ Au cœur du célèbre vignoble, ancien mas familial transformé en hôtel. Dans les chambres, tons pastel et mobilier rustique ou provençal. Joli jardin.

🏠　**Les Chambres de Vincent**　　🗗 🗗 🕊 🕉 🕻
r. Grillons – ☏ *04 66 50 94 76 – nancy @ chambres-de-vincent.com – Ouvert*
8 fév.-8 nov.
5 ch ⊇ – ♦55/60 € ♦♦65/75 € – ½ P 55 € – **Table d'hôte** – *(fermé mardi)*
Menu 20/30 €
　♦ Maison de village régionale abritant de petites chambres colorées et fonctionnelles. Essences de garrigue au jardin ; glycine et muscat ombragent la terrasse. La patronne avignonnaise prépare une bonne cuisine familiale (bouillabaisse sur commande).

🗙🗙　**Auberge de Tavel** avec ch　　🗗 🗴 🕅 rest, 🕊 🕻 **P** VISA ⬤⬤ 🕮
Voie Romaine – ☏ *04 66 50 03 41 – info @ auberge-de-tavel.com*
– Fax 04 66 50 24 44 – Fermé 15 fév.-15 mars
11 ch – ♦60/105 € ♦♦75/160 €, ⊇ 12 € – ½ P 75/131 € – **Rest** – *(fermé merc.)*
Menu (22 €), 27/72 € – Carte 39/56 €
　♦ Sous les poutres d'une plaisante salle à manger rustique ou en terrasse, vous partirez à la découverte d'une cuisine actuelle explorant avec bonheur le terroir provençal. Chambres simples au mobilier campagnard. Préférez celles sur l'arrière, plus au calme.

TAVERS – 45 Loiret – 318 G5 – **rattaché à Beaugency**

TEILHÈDE – 63 Puy-de-Dôme – 326 F7 – **374 h.** – alt. 500 m – ⊠ 63460　　5 **B2**
　▶ Paris 401 – Clermont-Ferrand 31 – Cournon-d'Auvergne 32 – Vichy 45

🏠　**Château des Raynauds** ॐ　　🗗 🕊 🕉 🕭 **P** VISA ⬤⬤
2 km à l'Ouest par D 17 – ☏ *04 73 64 30 12 – info @ chateau-raynauds.com*
– Fax 04 73 64 30 12
4 ch ⊇ – ♦63 € ♦♦81 € – **Table d'hôte** – Menu 29 € bc
　♦ À deux pas des volcans, un château du 11ᵉ-12ᵉ s. reconverti fin 16ᵉ s. en relais de chasse : escalier à vis, cheminée, mobilier ancien et chambres dotées de grands lits. La table d'hôte de style Louis XIII propose une cuisine traditionnelle.

TENCE – 43 Haute-Loire – 331 H3 – **2 890 h.** – alt. 840 m – ⊠ 43190
🖺 Lyon et la vallée du Rhône　　　　　　　　　　　　　　6 **D3**
　▶ Paris 564 – Lamastre 38 – Le Puy-en-Velay 46 – St-Étienne 52
　　– Yssingeaux 19
　🖸 Office de tourisme, place du Chatiague ☏ 04 71 59 81 99, Fax 04 71 59 83 50

🏨　**Hostellerie Placide**　　🗗 🕉 rest, **P** VISA ⬤⬤
🕮　*av. de la Gare, rte d'Annonay –* ☏ *04 71 59 82 76 – placide @ hostellerie-placide.fr*
– Fax 04 71 65 44 46 – Fermé janv. à mi-mars, lundi midi et mardi midi en juil.-août,
dim. soir, lundi et mardi de sept. à juin
12 ch – ♦72/100 € ♦♦72/100 €, ⊇ 10 € – ½ P 66/86 € – **Rest** – Menu 13 € (déj.
en sem.), 32/63 € – Carte 45/54 €
　♦ Cette demeure (1902) à façade végétale servit de relais de diligence. Chambres personnalisées et cosy : mobilier de style ou actuel, tons chauds. À table, décor bourgeois et carte au goût du jour sur base classico-traditionnelle. L'été, apéro au jardin.

🏠　**"Les Prairies"** sans rest ॐ　　🕭 🕭 🕊 **P**
1 r. du Prè-Long – ☏ *04 71 56 35 80 – thomas.bourgeois @ freesbee.fr – Ouvert*
15 avril-1ᵉʳnov.
5 ch ⊇ – ♦63 € ♦♦71 €
　♦ Ces chambres d'hôte occupent une demeure en pierre de 1850, nichée au sein d'un parc arboré. Leur décor est simple et de bon goût. L'hiver, sympathiques soirées autour de la cheminée.

TENCIN – 38 Isère – 333 I6 – 897 h. – alt. 257 m – ⊠ 38570   46 **F2**
- ◘ Paris 604 – Chambéry 38 – Grenoble 25 – Lyon 137
- 🅸 Syndicat d'initiative, route du Lac - Grangeneuve ℰ 04 76 13 00 00, Fax 04 76 45 71 92

XX **La Tour des Sens**   🚗 🏠 & ᴀᴄ 🅿 𝖵𝖨𝖲𝖠 ⓐ ᴀᴱ
La Tour, 1 km rte de Theys – ℰ 04 76 04 79 67 – contact@latourdessens.fr
*– Fax 04 76 04 79 67 – Fermé 13-21 avril, 27 juil.-20 août, 26 oct.-3 nov., 21-30 déc.,
sam. midi, lundi midi, dim. et fériés*
Rest – Menu 21 € (déj. en sem.), 34/71 € bc – Carte 40/73 €
♦ De la terrasse du restaurant, vous pourrez contempler le massif de la Chartreuse. À l'intérieur, des touches de couleurs chaudes viennent égayer le mobilier contemporain en bois sombre. Recettes inventives.

TENDE – 06 Alpes-Maritimes – 341 G3 – 1 844 h. – alt. 815 m – ⊠ 06430
▤ Côte d'Azur   41 **D2**
- ◘ Paris 888 – Cuneo 47 – Menton 56 – Nice 78 – Sospel 38
- 🅸 Office de tourisme, avenue du 16 septembre 1947 ℰ 04 93 04 73 71, Fax 04 93 04 68 77
- 🆖 de Vievola Hameau de Vievola, N : 5 km par D 6204, ℰ 04 93 04 88 91.
- 👁 Site★ - veille ville★ - Fresques★★★ de la chapelle Notre-Dame des fontaines★★ SE : 11 km.

X **L'Auberge Tendasque**   𝖵𝖨𝖲𝖠 ⓐ
65 av. 16-Septembre-1947 – ℰ 04 93 04 62 26 – Fax 04 93 04 68 34
☺☺ **Rest** – *(déj. seult)* Menu (13,50 €), 16/24 € – Carte 24/43 €
♦ Au pied du village médiéval, haute maison au toit de lauzes vous conviant à un repas régional dans un décor agreste frais. Joli plafond peint et aquarelles d'un artiste local.

à St-Dalmas-de-Tende 4 km au Sud par D 6204 – ⊠ 06430

🏠 **Le Prieuré** 🌿   🚗 🏠 & rest, 🔧 🅿 𝖵𝖨𝖲𝖠 ⓐ
r. J. Médecin – ℰ 04 93 04 75 70 – contact@leprieure.org – Fax 04 93 04 71 58
– Fermé 25 déc.-1er janv.
24 ch – †43/59 € ††49/64 €, ⊿ 10 € – ½ P 46/56 € – **Rest** – Menu (11,50 €), 19/26 € – Carte 20/52 €
♦ Le hameau est célèbre pour sa gare monumentale bâtie sur les ordres de Mussolini. Cet ancien prieuré, qui accueille un ESAT, abrite des chambres simples et rustiques. Plats traditionnels servis dans une salle voûtée ou en terrasse, sous la treille.

à la Brigue 6,5 km au Sud-Est par D 6204 et D 43 – 595 h. – alt. 810 m – ⊠ 06430
- 🅸 Office de tourisme, 26, avenue du Général de Gaulle ℰ 04 93 79 09 34
- 👁 Collégiale St-Martin★.

🏠 **Mirval** 🌿   ⇐ 🚗 🅿 𝖵𝖨𝖲𝖠 ⓐ
– ℰ 04 93 04 63 71 – lemirval@club-internet.fr – Fax 04 93 04 79 81
– *Ouvert 1er avril-2 nov.*
18 ch – †45/48 € ††52/70 €, ⊿ 8 € – ½ P 45/60 € – **Rest** – *(fermé vend. midi)*
Menu (17 €), 20 € (déj.)/24 € – Carte environ 26 €
♦ Un joli pont de pierres enjambant une rivière poissonneuse donne accès à cette accueillante auberge de montagne (19e s.). Chambres fonctionnelles nettes ; patron randonneur. Salle à manger contemporaine et véranda tournées vers les sommets ; cuisine régionale simple.

TERGNIER – 02 Aisne – 306 B5 – 15 069 h. – alt. 55 m – ⊠ 02700   37 **C2**
- ◘ Paris 136 – Compiègne 54 – Saint-Quentin 27 – Amiens 99 – Laon 29 – Soissons 37

X **La Mandoline**   𝖵𝖨𝖲𝖠 ⓐ
45 pl. Herment – ℰ 03 23 57 08 71 – Fax 03 23 57 08 71 – *Fermé dim. soir et lundi*
Rest – Menu 23/45 € – Carte 37/61 €
♦ À la belle saison, la devanture fleurie permet de repérer ce restaurant ouvert à proximité du centre-ville. Recettes traditionnelles dans l'assiette.

TERMES – 48 Lozère – 330 H6 – 202 h. – alt. 1 120 m – ⊠ 48310
22 **B1**

▶ Paris 545 – Aurillac 112 – Chaudes-Aigues 19 – Mende 56 – St-Flour 41

🏠 **Auberge du Verdy**　　　　🖨 ✤ 🅿 🛋 ⓋⓈⒶ ⓴

☎ – ℰ 04 66 31 60 97 – Ouvert 2 avril-19 déc.

🍴 **10 ch** – †38/45 € ††38/45 €, � 6 € – ½ P 38 € – **Rest** – Menu 11 € bc (sem.), 13/23 € – Carte 17/33 €

◆ Grosse maison de pays des années 1990 située au pied du village. Chambres basiques assez amples et aire de jeux pour les petits. Restaurant réchauffé en hiver par une cheminée typiquement lozérienne ; viandes grillées "à la pierrade" et spécialités régionales.

TERRASSON-LAVILLEDIEU – 24 Dordogne – 329 I5 – 6 180 h. – alt. 90 m –
⊠ 24120 ▌Périgord
4 **D1**

▶ Paris 497 – Brive-la-Gaillarde 22 – Lanouaille 44 – Périgueux 53
– Sarlat-la-Canéda 32

🖪 Office de tourisme, place du Foirail ℰ 05 53 50 86 82, Fax 05 53 50 55 61

◉ Les jardins de l'imaginaire★.

XXX **L'Imaginaire** (Éric Samson) avec ch ॐ　　🖩 🆔 ch, 🅿 ⓋⓈⒶ ⓴ 🆎

✿ pl. du Foirail, (direction église St-Sour) – ℰ 05 53 51 37 27

– limaginaire@club-internet.fr – Fax 05 53 51 60 37

– Fermé 3-11 mars, 10 nov.-4 déc., 5-16 janv., mardi midi et dim. soir de sept. à avril et lundi

7 ch – †85/115 € ††85/115 €, ⊆ 12 € – ½ P 97/129 €

Rest – Menu 27 € (déj. en sem.), 43/92 € bc

Spéc. Grillade de foie gras au caramel de fruit de la passion (printemps-été). Dos d'esturgeon laqué au vin de noix (sept. à mai). Feuille à feuille de crêpes dentelles, crémeux citron vert, quelques framboises (mai à oct.). **Vins** Côtes de Bergerac, Pécharmant.

◆ Plaisirs des yeux et du palais rivalisent dans la salle à manger voûtée, ex-hospice du 17ᵉ s. Mise en place élégante et cuisine au goût du jour soignée. Les belles chambres déclinent des tons reposants, allant de l'écru au beige, et offrent un confort moderne.

TERTENOZ – 74 Haute-Savoie – 328 K6 – rattaché à Faverges

TÉTEGHEM – 59 Nord – 302 C1 – rattaché à Dunkerque

TEYSSODE – 81 Tarn – 338 D9 – 338 h. – alt. 270 m – ⊠ 81220
29 **C2**

▶ Paris 699 – Albi 54 – Castres 27 – Toulouse 51

⌂ **Domaine d'En Naudet** sans rest ॐ　　🖨 ⛲ 🎞 ⅘ ✤

D 43 – ℰ 05 63 70 50 59 – contact@　　Ⓒ 🔊 🅿 ⓋⓈⒶ ⓴

domainenaudet.com

5 ch ⊆ – †75/86 € ††83/98 €

◆ Cette demeure de caractère perchée sur une colline domine la campagne et jouit d'une grande tranquillité. Belles chambres rustiques chic, salle de sport, joli jardin, etc. Accueil charmant.

THANN ◉ – 68 Haut-Rhin – 315 G10 – 8 033 h. – alt. 343 m – ⊠ 68800
▌Alsace Lorraine
1 **A3**

▶ Paris 464 – Belfort 42 – Colmar 44 – Épinal 87 – Guebwiller 22 – Mulhouse 21

🖪 Office de tourisme, 7, rue de la 1ère Armée ℰ 03 89 37 96 20,
Fax 03 89 37 04 58

◉ Collégiale St-Thiébaut★★ - Grand Ballon ❄★★★ N : 19 km.

🏠🏠 **Le Parc**　　　　🖨 🏡 🎞 🛴 Ⓒ 🔊 🅿 ⓋⓈⒶ ⓴

23 r. Kléber – ℰ 03 89 37 37 47 – reception@alsacehotel.com – Fax 03 89 37 56 23

21 ch – †69/190 € ††79/190 €, ⊆ 16 € – ½ P 79/140 € – **Rest** – (fermé 5-25 janv., lundi midi, mardi midi et merc. midi) Menu 25 € (déj.)/39 € – Carte 49/60 €

◆ Dans un parc arboré, cette belle maison bourgeoise du début du 20ᵉ s. a des allures de petit palais : salon noble et raffiné, chambres actuelles aux détails baroques. Piscine. Lumineuse salle à manger, paisible terrasse d'été et cuisine traditionnelle.

🏠 **Le Moschenross** 🔒 ⚅ ch, ⇆ ⚿ 🅿 VISA ⚭ AE

42 r. Gén. de Gaulle – ℰ *03 89 37 00 86 – info@le-moschenross.com*
☞ *– Fax 03 89 37 52 81*
23 ch – ♦35/48 € ♦♦40/58 €, ⊊ 7 € – ½ P 37/46 € – **Rest** – *(fermé sam. midi et dim. soir)* Menu (9 €), 11 € (déj. en sem.), 17/48 € – Carte 30/54 €
♦ Dominé par le fameux vignoble de Rangen, cet hôtel central à la pimpante façade rouge brique dispose de chambres actuelles. Les plus calmes donnent sur l'arrière. Spacieuse salle à manger, claire et agréable. Cuisine dans l'air du temps et sans prétention.

🏠 **Aux Sapins** 🔒 ⚅ ch, ⇆ ⚿ 🅿 VISA ⚭ AE

3 r. Jeanne d'Arc – ℰ *03 89 37 10 96 – aux.sapins.hotel@free.fr*
☞ *– Fax 03 89 37 23 83 – Fermé 24 déc.-4 janv.*
🏚 **17 ch –** ♦42 € ♦♦52 €, ⊊ 7 € – ½ P 48 € – **Rest** – *(fermé 3-17 août, 24 déc.-4 janv. et sam.)* Menu 17/35 € – Carte 25/36 €
♦ Quelques sapins ombragent cette bâtisse des années 1980, légèrement excentrée. Accueil soigné et chambres personnalisées aux tons pastel. Vous goûterez une cuisine traditionnelle dans un cadre contemporain ou dans un coquet bistrot façon winstub.

THANNENKIRCH – 68 Haut-Rhin – **315** H7 – **446** h. – alt. 520 m – ⊠ 68590
▌Alsace Lorraine 2 **C2**
🇩 Paris 436 – Colmar 25 – St-Dié 40 – Sélestat 17
◉ Route★ de Schaentzel (D 48¹) N : 3 km.

🏨 **Auberge La Meunière** ⌖ ≼ 🔒 𝑳𝟔 ⛭ ⚅ ch, ⇆ ⚿ 🅿 ☞ VISA ⚭

30 r. Ste Anne – ℰ *03 89 73 10 47 – info@aubergelameuniere.com*
☞ *– Fax 03 89 73 12 31 – Ouvert 11 mars-22 déc.*
25 ch – ♦58 € ♦♦60/98 €, ⊊ 8 € – ½ P 47/73 € – **Rest** – Menu (13 €), 17 € (sauf déj. dim.)/35 € – Carte 27/48 €
♦ Les styles rustique et contemporain se marient bien dans cette ravissante auberge. Les chambres, spacieuses et souvent dotées d'un balcon, offrent de belles échappées sur la campagne. Chaleureuse salle à manger, terrasse panoramique et carte saisonnière à l'accent régional.

🏨 **Touring-Hôtel** ⌖ ≼ 🚗 🛏 🖼 ⛭ ⇆ ⚑ ⚿ 🅿 VISA ⚭ AE

2 rte du Haut Koenigsbourg – ℰ *03 89 73 10 01 – touringhotel@free.fr*
– Fax 03 89 73 11 79 – Fermé 7 janv.-9 mars
45 ch – ♦49/59 € ♦♦49/129 €, ⊊ 10 € – ½ P 54/99 € – **Rest** – Menu (18 €), 25/35 € – Carte 20/47 €
♦ Grand hôtel familial blotti dans le village, au pied du massif du Taennchel. Chambres à l'alsacienne, très coquettes. Espace wellness. Buffet campagnard au petit-déjeuner. À table, on privilégie recettes et vins régionaux.

THARON-PLAGE – 44 Loire-Atlantique – **316** C5 – ⊠ 44730 34 **A2**
🇩 Paris 437 – Challans 53 – Nantes 57 – St-Nazaire 24

🍽🍽 **Le Belem** 🔒 AC 🍴 VISA ⚭ AE

56 av. Convention – ℰ *02 40 64 90 06 – loirat-thierry@wanadoo.fr*
☺ *– Fax 02 40 39 43 14 – Fermé 2 janv.-6 fév., dim. soir hors saison et lundi*
Rest – Menu (17 € bc), 23/45 € – Carte 39/45 €
♦ À deux pas de la plage, restaurant à la décoration des années 1980, égayée de plantes vertes et d'une fresque figurant le Belem. Le chef propose une bonne cuisine actuelle.

THÉDIRAC – 46 Lot – **337** D4 – **275** h. – alt. 270 m – ⊠ 46150 28 **B1**
🇩 Paris 588 – Toulouse 151 – Cahors 25 – Sarlat-la-Canéda 41 – Fumel 44

🏠 **Le Manoir de Surges** ⌖ 🚗 ⌛ 🍴 🅿

à Surges, 1,5 km au Nord – ℰ *05 65 21 22 45 – manoirdesurges@orange.fr*
– Fermé vacance de noël
3 ch ⊊ – ♦61/76 € ♦♦61/76 € – **Table d'hôte** – *(fermé juil.-août, merc. et dim.)* Menu 22 € bc/34 € bc
♦ Cette demeure ancienne (17ᵉ s.) aux allures de manoir domine la vallée. Au grand calme en pleine campagne, on profite à plein du vaste jardin. Chambres au mobilier ancien. Table d'hôte valorisant le terroir lotois (confit de canard, foie gras...).

LE THEIL – 15 Cantal – 330 C4 – **rattaché à Salers**

LE THEIL – 03 Allier – 326 F4 – 413 h. – alt. 450 m – ⊠ 03240   5 **B1**

   🖪 Paris 343 – Clermont-Ferrand 92 – Montluçon 46 – Vichy 43

🏠   **Château du Max** ॐ   ⊯ **P**
2 km au Nord-Ouest par D235 – ℰ 04 70 42 35 23 – chateaudumax@
club-internet.fr – Fax 04 70 42 34 90
4 ch ⊆ – †60 € ††70/80 € – ½ P € – **Table d'hôte** – Menu 25 € bc
◆ Château du 13ᵉ et 15ᵉ s. entouré de douves. Les chambres et les suites ont été aménagées
avec goût par la propriétaire, ancienne décoratrice de théâtre. À table, plats du terroir servis
dans un cadre médiéval de toute beauté.

THÉNAC – 17 Charente-Maritime – 329 D7 – **rattaché à Saintes**

THENAY – 36 Indre – 323 E7 – 827 h. – alt. 120 m – ⊠ 36800   11 **B3**

   🖪 Paris 299 – Châteauroux 33 – Limoges 104 – Le Blanc 30 – La Châtre 49

𝕏   **Auberge de Thenay**   ⌂ 𝒮 **VISA ⓦⓒ**
   – ℰ 02 54 47 99 00 – orain.pascal@wanadoo.fr – Fermé 1ᵉʳ-9 sept., 19-31 janv.,
🍴   dim. soir et lundi
Rest – (nombre de couverts limité, prévenir) Menu 12 € bc (déj. en sem.), 23/33 €
◆ Il règne une ambiance joviale en cette auberge-épicerie. Le menu est composé chaque
jour autour d'une viande rôtie à la broche. Beau choix de whiskies et de vins du monde.

THÉOULE-SUR-MER – 06 Alpes-Maritimes – 341 C6 – 1 296 h. – ⊠ 06590
▌Côte d'Azur   42 **E2**

   🖪 Paris 895 – Cannes 11 – Draguignan 58 – Nice 42 – St-Raphaël 30
   🛈 Office de tourisme, 1, corniche d'Or ℰ 04 93 49 28 28, Fax 04 93 49 00 04
   ◙ Massif de l'Estérel★★★.

à Miramar 5 km par D 6098 - rte de St-Raphaël – ⊠ 06590 Théoule-sur-Mer
▌Côte d'Azur

   ◙ Pointe de l'Esquilon ≤★★ NE : 1 km puis 15 mn.

🏨🏨🏨   **Miramar Beach**   ≤ mer, ⊯ 🐾 🏠 🌊 ⓦ ℔ 𝒮 🎐 ✥ ch, 🏧 ℄ 𝕤ḁ
   47 av. Miramar – ℰ 04 93 75 05 05   **P** **VISA** **ⓦⓒ** **AE** **①**
   – reservation@mbhotel.com – Fax 04 93 75 44 83
   56 ch – †140/370 € ††140/370 €, ⊆ 19 € – 1 suite – ½ P 127/242 €
   Rest L'**Étoile des Mers** – Menu 38 € (déj.), 45/90 € bc – Carte 68/87 €
   ◆ Le charme de cet établissement tient à sa superbe situation au creux d'une calanque de
   roches rouges. Chambres provençales raffinées et magnifique spa décoré à l'orientale.
   Restaurant panoramique et service en terrasse l'été.

au port de la Rague

🏨🏨   **Riviera beach hôtel** sans rest   ≤ port et mer, 🐾 🌊 🎐 🏧 𝒮 ℄
   Port de la Rague – ℰ 04 92 97 11 99   **P** **VISA** **ⓦⓒ** **AE** **①**
   – beachaffaires@orange.fr – Fax 04 92 97 12 10 – Fermé 1ᵉʳ déc.-2 janv.
   9 ch ⊆ – †128/228 € ††128/228 €
   ◆ Au port, chambres cossues à touches nautiques dont les balcons, orientés plein Sud,
   offrent une superbe vue balnéaire. Piscine et jacuzzi sur le toit, bar design, plage à deux pas.

THÉRONDELS – 12 Aveyron – 338 I1 – 478 h. – alt. 965 m – ⊠ 12600   29 **D1**

   🖪 Paris 561 – Aurillac 44 – Chaudes-Aigues 48 – Murat 43 – Rodez 88
   – St-Flour 49

🏠   **Miquel**   ⊯ 🏠 🌊 𝒮 ch, ℄ **P** **VISA** **ⓦⓒ** **AE**
   – ℰ 05 65 66 02 72 – hotel-miquel@wanadoo.fr – Fax 05 65 66 19 84 – Ouvert
🍴   16 mars-14 déc.
   20 ch – †50/60 € ††50/80 €, ⊆ 8 € – ½ P 44/52 € – **Rest** – (fermé dim. soir et
   lundi) Menu 11 € bc (sem.)/32 €
   ◆ Bâtisse du début du 20ᵉ s. tenue par la même famille depuis trois générations. Chambres
   bien rénovées donnant sur le jardin et sa piscine ou sur la place du village. Chaleureux
   restaurant complété par une terrasse sous tonnelle. Cuisine à l'accent aveyronnais.

THIAIS – 94 Val-de-Marne – **312** D3 – **101** 26 – **rattaché à Paris, Environs**

THIERS – 63 Puy-de-Dôme – **326** I7 – 13 338 h. – alt. 420 m – ✉ 63300
Auvergne 6 **C2**

Paris 388 – Clermont-Ferrand 43 – Lyon 133 – St-Étienne 108 – Vichy 36

Office de tourisme, maison du Pirou ✆ 04 73 80 65 65, Fax 04 73 80 01 32

Site★★ - Le Vieux Thiers★ : Maison du Pirou★ **N** - Terrasse du Rempart ★ -
Rocher de Borbes ★ S : 3,5 km par D 102.

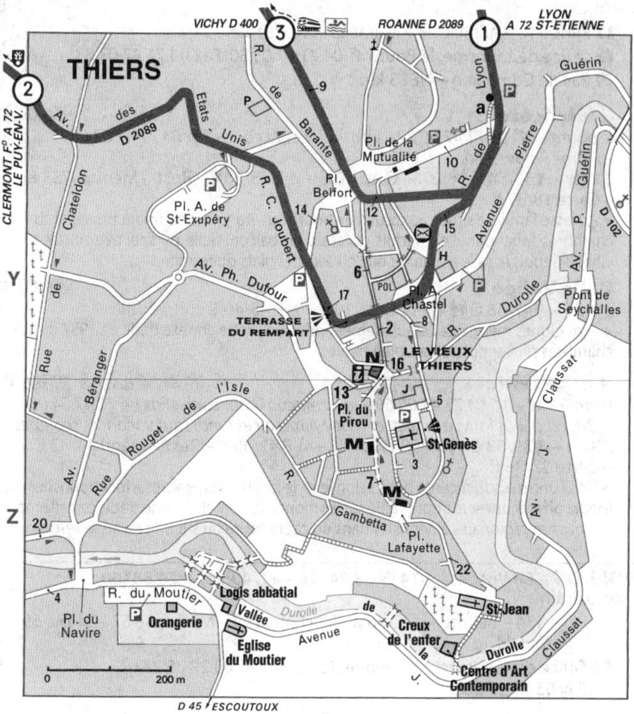

Bourg (R. du)	Y	2	Dr-Dumas (R. des)	Y	9	Mitterrand (R. F.)	Y	15
Brugière (Imp. Jean)	Z	3	Duchasseint (Pl.)	Y	10	Pirou (R. du)	Y	16
Chabot (R. M.)	Z	5	Dumas (R. Alexandre)	Y	8	Terrasse (R.)	Y	17
Clermont (R. de)	Z	4	Grammonts (R. des)	Y	12	Voltaire (Av.)	Z	20
Conchette (R.)	Y	6	Grenette (R.)	Z	13	4-Septembre (R. du)	Z	22
Coutellerie (R. de la)	Z	7	Marilhat (R. Prosper)	Y	14			

L'Aigle d'Or ch, VISA

8 r. de Lyon – ✆ 04 73 80 00 50 – aigle.dor@wanadoo.fr – Fax 04 73 80 17 00 – Fermé 18-31 mars, 25 oct.-17 nov., lundi midi et dim. Y **a**

18 ch – 45 € 57 €, 7 € – ½ P 48 € – **Rest** – Menu 12 € (déj. en sem.), 16/25 € – Carte environ 35 €

◆ Cet établissement fondé en 1836 abrite un confortable salon feutré et des chambres bien insonorisées. Cadre du 19e s. et meubles rustiques dans la salle de restaurant où l'on propose une cuisine traditionnelle.

à Pont-de-Dore 6 km par ② par D 2089 – ⊠ 63920 Peschadoires

🏠 **Eliotel**　　　　　　　　　🚗 🛋 ⇄ ☎ **P** 𝘝𝘐𝘚𝘈 ⓪

🐾 *rte de Maringues – ☎ 04 73 80 10 14 – direliotel@wanadoo.fr – Fax 04 73 80 51 02
– Fermé 4-15 août et 21 déc.-11 janv.*
12 ch – ♦52/73 € ♦♦52/73 €, ⊊ 7,50 € – ½ P 52/61 € – **Rest** – Menu 18 €
bc/51 € – Carte 31/52 €

◆ Un établissement sympathique tenu par un passionné de coutellerie thiernoise (vitrine
de présentation et site Internet). Chambres de bonne ampleur, demandez les plus récentes.
Le chef, originaire d'Armorique, mitonne recettes auvergnates et spécialités bretonnes.

THIÉZAC – 15 Cantal – 330 E4 – 614 h. – alt. 805 m – ⊠ 15800
🏴 Auvergne　　　　　　　　　　　　　　　　　　　　　5 **B3**

🄳 Paris 542 – Aurillac 26 – Murat 23 – Vic-sur-Cère 7

🄴 Office de tourisme, le Bourg ☎ 04 71 47 03 50, Fax 04 71 47 03 83

🄾 Pas de Compaing★ NE : 3 km.

🏠 **L'Elancèze**　　　　　　　　🛗 🛋 **P** 🚗 𝘝𝘐𝘚𝘈 ⓪ 𝘈𝘌

🐾 *le bourg – ☎ 04 71 47 00 22 – info@elanceze.com – Fax 04 71 47 02 08
– Fermé 2 nov.-22 déc.*
31 ch – ♦53/54 € ♦♦53/54 €, ⊊ 10 € – ½ P 48/50 € – **Rest** – Menu 17/33 €
– Carte 18/37 €

◆ Adresse familiale située au cœur d'un bourg auvergnat. Le bâtiment principal abrite des
chambres fonctionnelles, parfois dotées d'un balcon. Belle perspective sur les toits du
village depuis la salle à manger où l'on sert des plats du terroir.

Belle Vallée 🏠　　　　　　　　　　　　　　　𝘝𝘐𝘚𝘈 ⓪ 𝘈𝘌
10 ch – ♦47/48 € ♦♦47/48 €, ⊊ 10 € – ½ P 45/46 €

◆ À quelques mètres de l'établissement principal, cette annexe bâtie en 1957 dispose de
chambres plus simples, mais bien tenues.

🏠 **Le Casteltinet**　　　　　⇐ 🛋 🛗 ⌀ rest, 🛁 **P** 𝘝𝘐𝘚𝘈 ⓪

🐾 *Grand-Rue – ☎ 04 71 47 00 60 – faustmacua@aol.com – Fax 04 71 47 04 08
– Ouvert début janv. à fin oct. et fermé dim. soir et lundi sauf vacances scolaires*
23 ch – ♦39/58 € ♦♦39/58 €, ⊊ 7 € – ½ P 42/45 € – **Rest** – Menu 14/32 €
– Carte 27/36 €

◆ Voici une maison récente bâtie selon le style local : les chambres – fonctionnelles – avec
loggia offrent une vue imprenable sur les monts du Cantal. Cuisine traditionnelle mâtinée
de touches régionales à déguster dans un cadre sobre ou sur une terrasse verdoyante.

LE THILLOT – 88 Vosges – 314 I5 – 3 945 h. – alt. 495 m – ⊠ 88160
🏴 Alsace Lorraine　　　　　　　　　　　　　　　　　27 **C3**

🄳 Paris 434 – Belfort 46 – Colmar 72 – Épinal 49 – Mulhouse 57 – St-Dié 59
– Vesoul 64

🄴 Office de tourisme, 11, avenue de Verdun ☎ 03 29 25 28 61,
Fax 03 29 25 38 39

au Ménil 3,5 km au Nord-Est par D 486 – 1 117 h. – alt. 524 m – ⊠ 88160

🏠🏠 **Les Sapins**　　　　　　　🚗 🛋 ᕕ ☎ **P** 𝘝𝘐𝘚𝘈 ⓪ 𝘈𝘌

🏚 *60 Gde Rue – ☎ 03 29 25 02 46 – les.sapins@voila.fr – Fax 03 29 25 80 23 – Fermé
23 juin-6 juil., 21 nov.-17 déc., dim. soir et lundi midi*
22 ch – ♦45 € ♦♦52 €, ⊊ 9 € – ½ P 50/62 € – **Rest** – Menu 22/45 € – Carte
28/47 €

◆ L'architecture originale, l'aménagement selon les principes du feng shui, le bon accueil et
la vente de confitures artisanales font l'attrait du lieu. Chambres personnalisées. Au
restaurant qui expose aussi de l'art contemporain, on goûte une cuisine au goût du jour.

THIONVILLE ◉ – 57 Moselle – 307 I2 – 40 907 h. – Agglo. 130 480 h.
– alt. 155 m – ⊠ 57100 🏴 Alsace Lorraine　　　　　　　　26 **B1**

🄳 Paris 339 – Luxembourg 32 – Metz 30 – Nancy 84 – Trier 77 – Verdun 88

🄴 Office de tourisme, 16, rue du vieux collège ☎ 03 82 53 33 18,
Fax 03 82 53 15 55

🄾 Château de la Grange★.

THIONVILLE

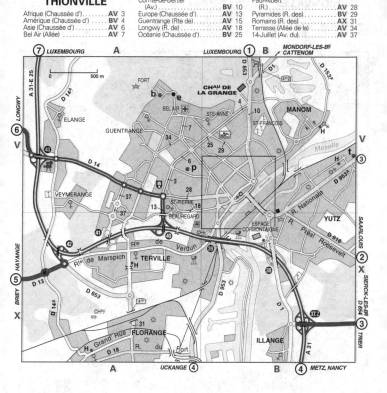

🏠 **Saint-Hubert** sans rest   📶 🗚 ⇌ ☏ 🔱 *VISA* 🆔 🆎 ①

2 r. G. Ditsch – ☎ 03 82 51 84 22 – hotel @ bestwestern-sainthubert.com
– Fax 03 82 53 99 61   DZ **s**

44 ch – ✦70/78 € ✦✦74/82 €, ⌂ 9 €

♦ Entre la mairie et l'église St-Maximin, hôtel d'aspect moderne disposant de chambres de bon confort, d'un bar feutré et d'une lumineuse salle des petits-déjeuners avec vue.

🏠 **Des Oliviers** sans rest   ⚡ ☏ *VISA* 🆔 ①

1 r. Four Banal – ☎ 03 82 53 70 27 – contact @ hoteldesoliviers.com
– Fax 03 82 53 23 34 – Fermé 25 déc.-1er janv.   DY **n**

26 ch – ✦52 € ✦✦54 €, ⌂ 7 €

♦ Maison ancienne située dans une rue piétonne du centre. Hall coloré, chambres pratiques, espace breakfast moderne et petite terrasse d'été. Équipement wi-fi.

🏠 **Du Parc** sans rest   📶 ⇌ ☏ 🔱 *VISA* 🆔 🆎

10 pl. de la République – ☎ 03 82 82 80 80 – contact @ hoteldu-parc.com
– Fax 03 82 82 71 82   CZ **a**

41 ch – ✦62/69 € ✦✦62/69 €, ⌂ 8,50 €

♦ Aux abords du centre-ville, immeuble du début du 20e s. tourné vers un petit parc public. Les chambres, fonctionnelles et toutes semblables, se distribuent sur six étages.

✕✕ **Aux Poulbots Gourmets**   🚼 *VISA* 🆔

9 pl. aux Fleurs – ☎ 03 82 88 10 91 – ardizzoia @ club-internet.fr – Fax 03 82 88 42 76
– Fermé 23 juil.-16 août, 2-20 janv., sam. midi, dim. soir, merc. soir et lundi   AV **p**

Rest – Menu 36/60 € – Carte 40/65 €

♦ Cette table de bonne réputation locale vous régale dans un cadre clair et cosy : grandes baies vitrées, lambris blanchis, chaises en Lloyd Loom et lustres modernes en inox.

THIONVILLE

Berthe-au-Grand-Pied (R.) . . **DY** 8
Ditsch (R. G.). . . . . **DZ** 12
Hoche (R. Lazare). . . . . **DY** 16
Luxembourg (R. du) . . . . **DY** 19
Marchal (Quai P.) . . . . **DY** 21
Marché (Pl. du). . . . . **DY** 22
Marie-Louise (Pl.) . . . . **CZ** 24
Paris (R. de). . . . . **DZ** 27
République (Pl.). . . . . **CZ** 30
St-Pierre (R. de). . . . . **CZ** 33

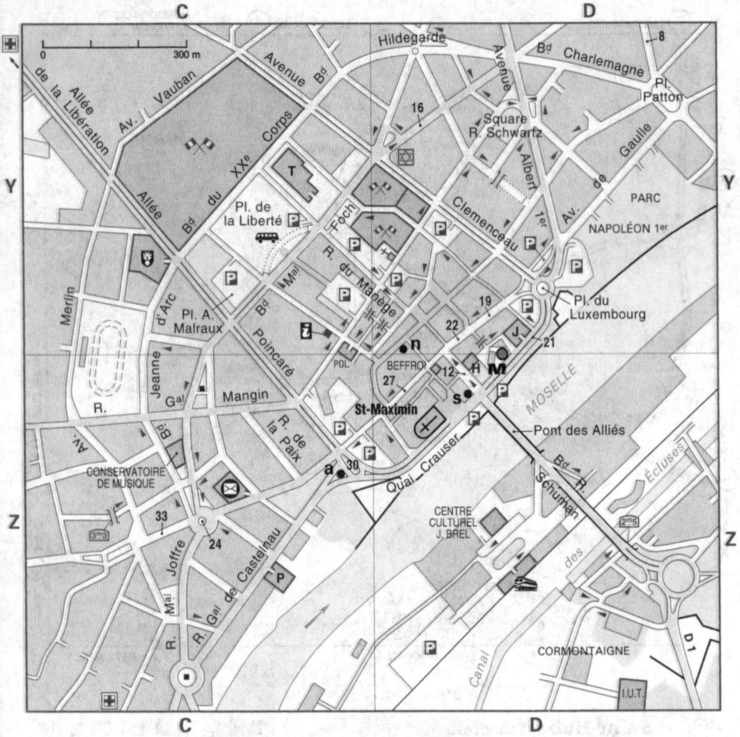

à Yutz 3 km par ③ – **14 687 h. – alt. 155 m** – ✉ **57970**

XX **Les Alérions** VISA MC AE

102 r. Nationale – ✆ 03 82 56 26 63 – Fax 03 82 56 26 65 – Fermé 14-20 avril, 18 août-2 sept., dim. soir, mardi soir et lundi BV **t**

Rest – Menu 16 € (déj. en sem.), 22/48 € – Carte 26/55 €

◆ Enseigne se référant au blason lorrain (trois petites aigles sans bec ni pattes). Cheminée, boiseries blanchies, murs rouges et sièges de style en salles. Choix traditionnel.

au Crève-Cœur – ✉ **57100 Thionville**

L'Horizon rest, P VISA MC AE

– ✆ 03 82 88 53 65 – hotel@lhorizon.fr – Fax 03 82 34 55 84 – Fermé 20 déc.-20 janv. et dim. soir de nov. à mars AV **e**

13 ch – †90/110 € ††120/160 €, ☕ 14 € – ½ P 140/170 € – **Rest** – *(fermé dim. soir de nov. à mars, lundi midi, mardi midi, vend. midi et sam. midi)* Menu 40/60 € – Carte 49/63 €

◆ Belle demeure tapissée de vigne vierge et entourée de jardins fleuris. Ambiance feutrée, chambres soignées, salons raffinés et bar panoramique. Table classique par sa cuisine et son décor. Tapisserie d'Aubusson en salle ; belle vue dominant la ville.

XX **Auberge du Crève-Cœur** P VISA MC AE

9 Le Crève-Coeur – ✆ 03 82 88 50 52 – aubergeducrevecoeur@wanadoo.fr – Fax 03 82 34 89 06 – Fermé dim. soir, lundi soir et merc. AV **b**

Rest – Menu 32/48 € – Carte 45/69 €

◆ La même famille tient cette auberge depuis 1899. Décor vigneron (tapisseries, tonneaux, pressoir géant du 18e s.), généreuse cuisine du terroir et terrasse dominant Thionville.

THIRON-GARDAIS – 28 Eure-et-Loir – 311 C6 – 1 121 h. – alt. 237 m – ⊠ 28480

11 **B1**

- ▶ Paris 148 – Chartres 48 – Lucé 46 – Orléans 95
- 🖪 Syndicat d'initiative, 11, rue du Commerce ℰ 02 37 49 49 01, Fax 02 37 49 49 07

✗ **La Forge** 🚙 🕱 *VISA* **CO**
☜ *1 r. Alfred Chasseriau –* ℰ *02 37 49 42 30 – Fermé lundi et le soir sauf vend. et sam.*
Rest – Menu 13 € bc (sem.), 31 € (week-end)/50 € (week-end)
◆ Le chef, qui est aussi artiste peintre, expose ses œuvres dans son restaurant occupant les anciennes forges d'une abbaye du 16ᵉ s. Cuisine au goût du jour et vins choisis.

THIVIERS – 24 Dordogne – 329 G3 – 3 261 h. – alt. 273 m – ⊠ 24800

▌ Périgord

4 **C1**

- ▶ Paris 449 – Brive-la-Gaillarde 81 – Limoges 62 – Périgueux 34 – St-Yrieix-la-Perche 32
- 🖪 Office de tourisme, place du Marechal Foch ℰ 05 53 55 12 50, Fax 05 53 55 12 50

🏠 **De France et de Russie** sans rest 🚙 📞 *VISA* **CO** 𝔸𝔼
51 r. Gén. Lamy – ℰ *05 53 55 17 80 – info @ thiviers-hotel.com – Fax 05 53 55 01 42*
10 ch – ♦50/60 € ♦♦60/70 €, ⊇ 7 €
◆ L'enseigne évoque la russophilie de Thiviers dont le foie gras était fort apprécié à la cour du tsar. Chambres coquettes, cadre rustique doté de mobilier anglais. Jardinet fleuri.

THIZY – 69 Rhône – 327 E3 – 2 483 h. – alt. 553 m – ⊠ 69240

44 **A1**

- ▶ Paris 414 – Lyon 65 – Montbrison 74 – Roanne 22
- 🖪 Office de tourisme, rue Eugène Dechavanne ℰ 04 74 64 35 23

🏠 **La Terrasse** ॐ ⇐ 🕱 🕸 ᘯ ch, 📞 🖁 **P** *VISA* **CO**
☜ *Le bourg Marnand, 2 km au Nord-Est par D 94 –* ℰ *04 74 64 19 22*
▨ *– francis.arnette @ wanadoo.fr – Fax 04 74 64 25 95 – Fermé vacances de la Toussaint, vacances de fév. et dim. soir sauf en été*
10 ch – ♦40 € ♦♦46 €, ⊇ 6 € – ½ P 41 € – **Rest** – *(fermé dim. soir et lundi sauf en été)* Menu 15 € (sem.)/42 € – Carte 37/63 €
◆ Ancienne usine textile convertie en hôtel. Les jolies chambres, ouvertes sur le jardin, portent le nom de plantes aromatiques et sont décorées – même parfumées – sur ce thème. Salles à manger actuelles et belle terrasse tournée vers les monts du Lyonnais.

THOIRY – 01 Ain – 328 I3 – 4 063 h. – alt. 500 m – ⊠ 01710

45 **C1**

- ▶ Paris 523 – Bellegarde-sur-Valserine 27 – Bourg-en-Bresse 99 – Gex 13

🏨 **Holiday Inn** 🕱 🕮 🕸 ᘯ 🕮 ⇄ 📞 🖁 **P** *VISA* **CO** 𝔸𝔼 ⓪
av. Mont-Blanc – ℰ *04 50 99 19 99 – hi.geneve @ wanadoo.fr – Fax 04 50 42 27 40*
95 ch – ♦80/300 € ♦♦90/320 €, ⊇ 14 € – **Rest** – *(fermé sam. midi et dim. midi)* Menu 19/29 € – Carte 29/39 €
◆ Jouxtant la frontière suisse et l'aéroport de Genève, cet hôtel (un peu daté dans son décor mais bien tenu) constitue une bonne étape pour la clientèle d'affaires internationale. Confortable salle à manger en bois clair ; formules rapides et buffets, semaines à thèmes.

✗✗✗ **Les Cépages** (Jean-Pierre Delesderrier) 🚙 🕱 *VISA* **CO**
☆ *–* ℰ *04 50 20 83 85 – Fax 04 50 41 24 58*
– Fermé en mars, en oct., dim. soir, lundi et mardi
Rest – *(prévenir)* Menu 30 € (déj. en sem.), 48/146 € bc – Carte 60/87 € 🕸
Spéc. Raviole de foie gras de canard. Nage de homard juste saisi, sauce aux arômes d'Asie. Pigeonneau de l'Ain rôti, laqué au banyuls. **Vins** Pinot gris du Bugey, Manicle.
◆ Plats classiques soignés à déguster dans une élégante salle contemporaine ou sur la terrasse, face au jardin fleuri, et à escorter d'un cru choisi sur la belle carte des vins.

THOLLON-LES-MÉMISES – 74 Haute-Savoie – 328 N2 – 593 h. – alt. 920 m – **Sports d'hiver : 1 000/2 000 m** ⚡ 1 ⚡ 18 ⚡ – ⊠ 74500 ▯ Alpes du Nord   46 **F1**

> ▯ Paris 588 – Annecy 95 – Évian-les-Bains 11 – Thonon-les-Bains 21
> ▯ Office de tourisme, station ℰ 04 50 70 90 01, Fax 04 50 70 92 80
> ◉ Pic de Mémise ⚹⭐⭐ 30 mn.

▯ **Bellevue**   ⟨ ⚏ ⛫ ▣ ▮ **P** **VISA** **◍** **AE** **①**
- ℰ 04 50 70 92 79 – hotelbellevuethollon@wanadoo.fr – Fax 04 50 70 97 63
- *Ouvert 1er mai-mi-oct. et mi-déc.-30 mars*
35 ch – ⚐46/59 € ⚐⚐52/100 €, ⊒ 8,50 € – ½ P 50/55 € – **Rest** – *(fermé jeudi hors saison)* Menu 17/31 € – Carte 27/50 €
♦ Imposant chalet situé sur les hauteurs de "balcon du Léman". Chambres fonctionnelles bien tenues ; certaines sont prévues pour les familles. Sauna et jacuzzi. La terrasse du restaurant savoyard ménage une belle vue sur le village ; cuisine traditionnelle.

THÔNES – 74 Haute-Savoie – 328 K5 – 5 212 h. – alt. 650 m – ⊠ 74230 ▯ Alpes du Nord   46 **F1**

> ▯ Paris 560 – Lyon 171 – Annecy 21 – Genève 59 – Chambéry 73
> ▯ Office de tourisme, place Avet ℰ 04 50 02 00 26, Fax 04 50 02 11 87

⌂ **Le Clos Zénon** ⟱   ⟨ ⚏ ⏚ ⅙ ⚘ ▯ **P**
rte de Bellossier – ℰ 04 50 02 10 86 – hotel@thones-chalet-hotel.com
– *Fax 04 50 02 10 86 – Ouvert 1er avril-18 déc.*
6 ch – ⚐50/55 € ⚐⚐62/82 € – ½ P 55/67 € – **Table d'hôte** – Menu 30 €
♦ Bonne adresse pour les amoureux de la nature : un chalet récent avec piscine. L'accueil sympathique, les chambres douillettes, le cadre montagnard sont les autres atouts du lieu. Repas d'inspiration savoyarde servis dans une salle chaleureuse (belle cheminée).

à La Balme-de-Thuy 2,5 km au Sud-Ouest par D 909 et rte secondaire – 360 h. – alt. 623 m – ⊠ 74230

⌂ **Le Paddock des Aravis** sans rest ⟱   ⟨ ⚏ ⚘ ℭ
Les Chenalettes, dir. Sappey – ℰ 04 50 02 98 28 – nathalie@
le-paddock-des-aravis.com – Fax 04 50 02 94 52
5 ch ⊒ – ⚐80/105 € ⚐⚐85/110 €
♦ Haut perchée et isolée, cette ferme jouit d'une belle vue sur la Tournette. Tout y est douillet et raffiné : intérieur en bois clair et tons écrus, et chambres confortables.

THONON-LES-BAINS ◈ – 74 Haute-Savoie – 328 L2 – 28 927 h. – alt. 431 m – **Stat. therm. : début avril-début déc. –** ⊠ 74200 ▯ Alpes du Nord   46 **F1**

> ▯ Paris 568 – Annecy 75 – Chamonix-Mont-Blanc 99 – Genève 34
> ▯ Office de tourisme, place du Marché ℰ 04 50 71 55 55, Fax 04 50 26 68 33
> ▣ Évian Masters Golf Club à Évian-les-Bains Rive Sud du Lac de Genève, par rte d'Évian : 8 km, ℰ 04 50 75 46 66.
> ◉ Les Belvédères sur le lac Léman⭐⭐ ABY - Voûtes⭐ de l'église St-Hippolyte - Domaine de Ripaille⭐ N : 2 km.

Plan page ci-contre

▯▯ **Arc en Ciel** sans rest   ⚏ ⏚ ⅙ ▣ ℭ ⚗ ⚑ **P** ⟲ **VISA** **◍** **AE** **①**
18 pl. Crête – ℰ 04 50 71 90 63 – info@hotel-arcenciel.com – Fax 04 50 26 27 47
– *Fermé 25 avril-6 mai et 19 déc.-6 janv.*   BZ **k**
40 ch – ⚐54/69 € ⚐⚐62/79 €, ⊒ 7,50 €
♦ Près du centre-ville, hôtel moderne doté d'un jardin avec piscine. Chambres avec balcon ou terrasse, spacieuses et bien équipées ; certaines peuvent disposer d'une cuisinette.

▯ **À l'Ombre des Marronniers**   ⚏ ℭ **P** **VISA** **◍** **AE** **①**
17 pl. Crête – ℰ 04 50 71 26 18 – info@hotel-marronniers.com – Fax 04 50 26 27 47
– *Fermé 25 avril-6 mai et 20 déc.-5 janv.*   BZ **t**
17 ch – ⚐45/54 € ⚐⚐50/62 €, ⊒ 6,50 € – ½ P 45/52 € – **Rest** – *(Fermé 25 avril-6 mai, 20 déc.-17 janv., dim. soir et lundi du 15 nov. au 21 mai)* Menu 13 € *(sem.)*/32 € – Carte 25/49 €
♦ Les chambres de cet hôtel aux allures de chalet sont quelque peu désuètes, mais fonctionnelles. Salle à manger-véranda et terrasse dressée à l'ombre des marronniers ; cuisine traditionnelle et spécialités montagnardes.

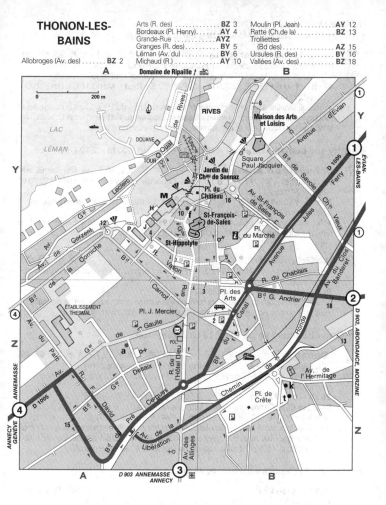

THONON-LES-BAINS

Allobroges (Av. des) ...... **BZ** 2

Arts (R. des) .... **BZ** 3
Bordeaux (Pl. Henry)...... **AY** 4
Grande-Rue .... **AYZ**
Granges (R. des) .... **BY** 5
Léman (Av. du) .... **BY** 6
Michaud (R.) .... **AY** 10

Moulin (Pl. Jean) .... **AY** 12
Ratte (Ch.de la) .... **BZ** 13
Trolliettes
 (Bd des) .... **AZ** 15
Ursules (R. des) .... **BY** 16
Vallées (Av. des) .... **BZ** 18

XXX
ξ3

Le Prieuré (Charles Plumex)   ✧ VISA ⦾ AE ①

68 Gde rue – ℰ 04 50 71 31 89 – plumex-prieuré@wanadoo.fr
– Fax 04 50 71 31 09 – Fermé 3-18 mars, 10-25 nov., dim. soir, lundi et mardi
Rest – Menu 38/80 € – Carte 69/105 €   AY **f**
Spéc. Grosses langoustines en croustillant de tartiffle. Filets de perche à la manière
des "Gens-d'en-Haut", rôtis au jus de viande. Ris de veau caramélisé, jus de veau
réduit. **Vins** Ripaille, Chignin-Bergeron.
◆ À l'entrée d'un ancien hôtel particulier, restaurant voûté, habillé de boiseries et décoré
de tableaux contemporains, proposant une cuisine inventive, généreuse et soignée.

X

Les Alpes   VISA ⦾ AE

3 bis r. des Italiens – ℰ 04 50 26 51 24 – restaurant.lesalpes@club-internet.fr
– Fax 04 50 26 51 24 – Fermé 15 juil.-13 août, dim. soir et merc.   AZ **a**
Rest – (nombre de couverts limité, prévenir) Menu (18 €), 23/55 € – Carte 41/52 €
◆ Dans une rue commerçante de la station thermale, adresse au décor sagement campa-
gnard (poutres, fer forgé, tableaux, compositions florales) servant une cuisine tradition-
nelle.

à Armoy 7 km au Sud-Est par ② et D 26 – 940 h. – alt. 620 m – ⊠ 74200

À l'Écho des Montagnes 🚗 🛋 🗐 ᗜ ch, 🅿 *VISA* 🐵 ⓪
– ℰ 04 50 73 94 55 – alechodesmontagnes @ yahoo.fr – Fax 04 50 70 54 07
– Fermé 28 sept.-3 oct., 20 déc.-8 fév., dim. soir et lundi sauf de juin à août
47 ch – †30 € ††50 €, ⊑ 7,50 € – ½ P 48/52 € – **Rest** – Menu 16 € (sem.)/38 €
– Carte 27/44 €
◆ Accueil familial dans cette imposante maison de la fin du 19ᵉ s. Chambres simples et
fonctionnelles, un peu plus grandes à l'annexe. Expo-vente d'artisanat local. Le restaurant
lambrissé est chaleureux et la cuisine régionale copieusement servie.

à Anthy-sur-Léman 6 km par ④ et D 33 – 1 767 h. – alt. 400 m – ⊠ 74200

L'Auberge d'Anthy ⊛ 🚗 🛋 🗐 ᗜ 🖥 Ꮣ Ꮭ *VISA* 🐵 AE ⓪
2 r. des Écoles – ℰ 04 50 70 35 00 – info @ auberge-anthy.com – Fax 04 50 70 40 90
– Fermé 24 mars-11 avril et 29 sept.-9 oct.
13 ch – †50/64 € ††62/75 €, ⊑ 7,50 € – **Rest** – (fermé dim. soir, mardi midi et
lundi) Menu 17 € (déj. en sem.), 30/45 € – Carte 27/48 €
◆ "Ici, on mange, on boit, et on dort" ! Telle est la devise de cette auberge de village
refusant tout superflu : petites chambres sobres, bistrot campagnard et cuisine du
terroir.

Le Galanthy Ꮥ 🛋 🅿 *VISA* 🐵
r. des Pêcheurs – ℰ 04 50 70 61 50 – restaurant.legalanthy @ neuf.fr – Fermé dim.
soir et merc.
Rest – Menu 24/50 € – Carte 36/51 €
◆ La salle au décor actuel ouvre ses baies vitrées sur une terrasse avec petite vue sur le lac,
mais sans ombre. Accueil sympathique et appétissante cuisine traditionnelle.

aux Cinq Chemins 7 km par ④ – ⊠ 74200 Margencel

Denarié 🚗 🛋 ℑ 🗐 🅰 ch, Ꮣ Ꮭ 🅿 *VISA* 🐵 AE
25 r. Séchex – ℰ 04 50 72 63 45 – francoise @ hotel-denarie.com
– Fax 04 50 72 30 69 – Fermé 9-16 juin, 8-15 sept., 22 déc.-22 janv. et dim. soir
sauf juil.-août
20 ch – †72/77 € ††72/92 €, ⊑ 9,50 € – 3 suites – ½ P 70/82 €
Rest Les Cinq Chemins – (fermé lundi sauf juil.-août et le midi sauf dim.
en juil.-août) Menu 17 € (déj. en sem.), 25/41 € – Carte 32/51 €
◆ Proche de la route mais préservé du bruit, cet hôtel distille un charme savoyard simple
et chaleureux. Chambres décorées avec goût et agréable jardin-piscine. Convivialité et
authenticité aux Cinq Chemins, autour d'une assiette à l'accent régional.

au Port-de-Séchex 7 km par ④ – ⊠ 74200

Le Clos du Lac 🛋 🅿 *VISA* 🐵
Port de Séchex – ℰ 04 50 72 48 81 – le-clos-du-lac @ wanadoo.fr
– Fax 04 50 72 48 81 – Fermé 1ᵉʳ-10 juil., 1ᵉʳ-10 oct., 5-29 janv., dim. soir et lundi
Rest – Menu (20 €), 27/58 € – Carte 44/63 €
◆ Dans cette vieille ferme restaurée, les anciennes mangeoires en pierre cohabitent
harmonieusement avec un décor et des tableaux modernes. Cuisine dans l'air du temps,
soignée.

à Bonnatrait 9 km par ④ – ⊠ 74140 Sciez

Hôtellerie Château de Coudrée ⊛ 🎛 🎣 🛋 ℑ 🍴 Ꮣ Ꮭ
– ℰ 04 50 72 62 33 – chcoudree @ coudree.com 🅿 *VISA* 🐵 AE ⓪
– Fax 04 50 72 57 28 – Fermé 28 oct.-3 déc.
19 ch – †138/346 € ††138/346 €, ⊑ 18 € – **Rest** – (fermé le midi en sem. de déc.
à avril, mardi et merc. sauf juil.-août) Menu 41 € (déj. en sem.), 60/80 € – Carte
77/89 €
◆ Ce château érigé au bord du lac est un majestueux témoin du Moyen Âge. Chambres
personnalisées et dotées de meubles anciens ; celle du donjon est particulièrement insolite. Noble salle à manger – boiseries, tapisseries, cheminée – et carte au goût
du jour.

THORÉ-LA-ROCHETTE – 41 Loir-et-Cher – 318 C5 – 883 h. – alt. 75 m –
✉ 41100   11 **B2**

> ◗ Paris 176 – Blois 42 – La Flèche 94 – Le Mans 72 – Vendôme 9

✗ **Du Pont**   🛜 **VISA** **◑◐**
15 r. du Mar. de Rochambeau – ✆ *02 54 72 80 62 – Fax 02 54 72 70 95 – Fermé*
16 août-5 sept., 19 janv.-11 fév., mardi soir et lundi
Rest – Menu 20 € (sem.)/48 € – Carte 34/51 €
♦ Vins et cuisine du terroir à déguster dans ce petit restaurant tout simple, situé à proximité
de l'arrêt du train touristique de la vallée du Loir.

THORENC – 06 Alpes-Maritimes – 341 B5 – alt. 1 250 m – ✉ 06750
Andon   41 **c2**

> ◗ Paris 832 – Castellane 35 – Draguignan 64 – Grasse 40 – Nice 58
> – Vence 41

◉ Col de Bleine ≼★★ N : 4 km, ▮ Alpes du Sud

✗ **Auberge Les Merisiers** avec ch ᔡ   🚗 🛜 **VISA** **◑◐** **AE**
24 av. Belvédère – ✆ *04 93 60 00 23 – info@aubergelesmerisiers.com*
– Fax 04 93 60 02 17 – Fermé 10 mars-4 avril, lundi soir et mardi sauf vacances
scolaires
12 ch – ♦45 € ♦♦45 €, ⊊ 10 € – ½ P 48 € – **Rest** – Menu (20 €), 25/32 € – Carte
25/40 €
♦ Pratique pour l'étape dans la montée du col de Bleine, auberge montagnarde proposant
des plats régionaux servis dans un cadre simple et rustique. Petites chambres bien
tenues.

LE THORONET – 83 Var – 340 M5 – 1 533 h. – alt. 120 m – ✉ 83340   41 **C3**

> ◗ Paris 831 – Brignoles 24 – Draguignan 21 – St-Raphaël 51 – Toulon 62
> 🄸 Office de tourisme, boulevard du 17 août 1944 ✆ 04 94 60 10 94
> ◉ Abbaye du Thoronet★★ O : 4,5 km, ▮ Côte d'Azur

🏠 **Hostellerie de l'Abbaye** ᔡ   🍽 & ch, 🅰 ch, 🅢🄰 🄿 **VISA** **◑◐** **AE**
chemin du Château – ✆ *04 94 73 88 81 – info@hotelthoronet.fr*
– Fax 04 94 73 89 24 – Fermé 15 déc.-3 fév.
23 ch – ♦56/73 € ♦♦56/73 €, ⊊ 8 € – ½ P 55/64 € – **Rest** – *(fermé dim. soir et
lundi de nov. à mars)* Menu 21 € (sem.)/39 € – Carte 33/52 €
♦ Près de la doyenne des abbayes cisterciennes de Provence, construction récente ordon-
née autour d'une piscine. Chambres pratiques. Restaurant aux couleurs ensoleillées et
terrasse couverte. Carte des vins valorisant les crus locaux.

THOUARCÉ – 49 Maine-et-Loire – 317 G5 – 1 682 h. – alt. 35 m –
✉ 49380   35 **C2**

> ◗ Paris 318 – Angers 29 – Cholet 43 – Saumur 38
> 🄸 Syndicat d'initiative, Mairie ✆ 02 41 54 14 36, Fax 02 41 54 09 11
> ◔ Château★★ de Brissac-Quincé, NE : 12 km, ▮ Châteaux de la Loire

✗✗ **Le Relais de Bonnezeaux** ≼ 🚗 🛜 🅰 ⇄ 🄿 **VISA** **◑◐** **AE** **①**
1 km rte Angers – ✆ *02 41 54 08 33 – relais.bonnezeaux@wanadoo.fr*
– Fax 02 41 54 00 63 – Fermé 26 déc.-20 janv., mardi soir, dim. soir et lundi
Rest – Menu 26 € (sem.)/56 € bc – Carte 28/47 €
♦ Sur la Route des vins, restaurant aménagé dans une ex-gare de campagne. Les
tables de la véranda profitent de la vue sur les vignes. Cuisine traditionnelle et crus
locaux.

THOUARS – 79 Deux-Sèvres – 322 E3 – 10 656 h. – alt. 102 m – ✉ 79100
▮ Poitou Vendée Charentes   38 **B1**

> ◗ Paris 336 – Angers 71 – Bressuire 31 – Châtellerault 72 – Cholet 56
> 🄸 Office de tourisme, 3 bis, boulevard Pierre Curie ✆ 05 49 66 17 65,
> Fax 05 49 67 87 58
> ◉ Façade★★ de l'église St-Médard★ - Site★ - Maisons anciennes★.

Hôtellerie St-Jean ⫹ ⌨ ⌂ 𝔸𝕂 rest, 𝐏, ⌺ 𝗩𝗜𝗦𝗔 ⬤❸ 𝔸𝔼

25 rte de Parthenay – ✆ *05 49 96 12 60 – hotellerie-st-jean@wanadoo.fr*
– Fax 05 49 96 34 02 – Fermé vacances de fév. et dim. soir
18 ch – ❶40 €, ❶❶40/45 €, ⌧ 6 € – ½ P 40/43 € – **Rest** – Menu 16 € (sem.)/46 €
– Carte 41/59 €

♦ Bâtisse des années 1970 offrant une vue sur la vieille ville. Cadre frais, tons jaune et orangé dans les chambres impeccablement tenues ; elles sont plus calmes sur l'arrière. Salle à manger à la fois simple et pimpante, où l'on sert une cuisine classique.

Du Relais sans rest 𝐏 𝗩𝗜𝗦𝗔 ⬤❸ 𝔸𝔼

3 km au Nord par rte de Saumur – ✆ *05 49 66 29 45 – Fax 05 49 66 29 33*
15 ch – ❶37 € ❶❶37 €, ⌧ 5 €

♦ Dans la zone industrielle, importante villa aux chambres accueillantes, réparties sur trois niveaux. À l'entresol, agréable véranda où l'on sert les petits-déjeuners.

THOURON – **87 Haute-Vienne** – **325** E5 – **427 h.** – alt. 374 m – ⊠ 87140   24 **B1**
🚩 Paris 380 – Bellac 23 – Guéret 79 – Limoges 28

La Pomme de Pin � ⌨ ⌂ ⅃ rest, ⅍ ch, 𝐏 𝗩𝗜𝗦𝗔 ⬤❸

étang de Tricherie, 2,5 km au Nord-Est par D 225 – ✆ *05 55 53 43 43*
– Fax 05 55 53 35 33 – Fermé 1er-30 sept., 26 janv.-12 fév., mardi midi et lundi
7 ch – ❶60 € ❶❶70 €, ⌧ 7 € – ½ P 55 € – **Rest** – Menu 19/28 € – Carte 33/53 €

♦ Chambres confortables aménagées dans un ensemble en pierre qui abrita un moulin et une filature alimentés par la petite rivière traversant le jardin boisé. Salle rustique réchauffée par une cheminée où le patron grille ses viandes limousines au feu de bois.

THURET – **63 Puy-de-Dôme** – **326** G7 – **703 h.** – alt. 330 m – ⊠ 63260   5 **B2**
🚩 Paris 379 – Clermont-Ferrand 32 – Vichy 24 – Cournon-d'Auvergne 35
– Riom 16

Château de la Canière � ⍁ ⌨ ⅃ 𝐟𝐛 ⍴ 𝔸𝕂 ⅍ ⅍ rest, ⅃ 𝔰𝔞

2 km au Nord par D 212 et D 12 – 𝐏 𝗩𝗜𝗦𝗔 ⬤❸ 𝔸𝔼 ⓞ
✆ *04 73 97 98 44 – info@caniere.com – Fax 04 73 97 98 42*
45 ch – ❶125/139 € ❶❶145/325 €, ⌧ 14,50 € – 2 suites
Rest *Lavoisier* – Menu 28/85 € – Carte 63/90 € ⅍

♦ Château du 19e s. bien réaménagé, dont la majorité des chambres affiche un décor de style Empire. Piscine, parc arboré et jardin à la française : voici un vrai havre de paix. Une cuisine inventive a rendez-vous avec la science au restaurant, dédié à Lavoisier.

THURY – **21 Côte-d'Or** – **320** H7 – **297 h.** – alt. 382 m – ⊠ 21340   8 **C2**
🚩 Paris 303 – Beaune 33 – Autun 25 – Avallon 80 – Dijon 71

Manoir Bonpassage � ⌨ ⌂ ⅃ ⅃ 𝐏 𝗩𝗜𝗦𝗔 ⬤❸

1 km au Sud par D 36 et rte secondaire – ✆ *03 80 20 26 16 – bonpassage@ wanadoo.fr – Fax 03 80 20 26 17 – Ouvert 1er avril-31 oct.*
9 ch – ❶59/80 € ❶❶59/80 €, ⌧ 8,50 € – **Rest** – *(fermé dim., mardi et jeudi) (dîner seult) (résidents seult)* Menu 23 €

♦ Ancien corps de ferme doté de chambres sobres, en partie tournées vers la campagne (une plus récente et confortable). Piscine d'été, grand calme et ambiance maison d'hôte.

THURY-HARCOURT – **14 Calvados** – **303** J6 – **1 825 h.** – alt. 45 m – ⊠ 14220
▮ Normandie Cotentin   32 **B2**
🚩 Paris 257 – Caen 28 – Condé-sur-Noireau 20 – Falaise 27 – Flers 32 – St-Lô 68
– Vire 41
🛈 Office de tourisme, 2, place Saint-Sauveur ✆ 02 31 79 70 45,
Fax 02 31 79 15 42
◉ Parc et jardins du château★ - Boucle du Hom★ NO : 3 km.

Le Relais de la Poste avec ch 🖨 🕿 P. VISA ⓜ AE

7 r. de Caen – 🕿 02 31 79 72 12 – relaisdelaposte@ohotellerie.com
– Fax 02 31 39 53 55 – Fermé mars et 20-31 déc.
10 ch – ♦64 € ♦♦64 €, ☑ 11 € – ½ P 67/105 € – Rest *– (fermé sam. midi d'oct.*
à mai et vend. sauf le midi de mai à oct.) Menu 22 € (déj. en sem.), 27/47 € – Carte
44/58 € ⨯

♦ Ancien relais de poste agrémenté d'une cour et d'un jardin fleuris dès les premiers beaux
jours. Cuisine traditionnelle, belle carte des vins et petites chambres rénovées.

TIERCÉ – 49 Maine-et-Loire – 317 G3 – 3 605 h. – alt. 30 m – ☒ 49125   35 **C2**

🚩 Paris 278 – Angers 22 – Château-Gontier 34 – La Flèche 34
🆔 Syndicat d'initiative, Mairie 🕿 02 41 31 14 41, Fax 02 41 34 14 41

La Table d'Anjou 🖨 VISA ⓜ AE

16 r. Anjou – 🕿 02 41 42 14 42 – latabledanjou@club-internet.fr
– Fax 02 41 42 64 80 – Fermé 21 juil.-13 août, 5-15 janv., mardi soir hors
saison, merc. soir, dim. soir et lundi
Rest – Menu 19 € (déj. en sem.), 25/72 € – Carte 40/79 €

♦ Au centre du village, chaleureux restaurant bénéficiant d'une salle à manger rustique et d'une petite terrasse fleurie dressée sur l'arrière. Accueil aimable ; cuisine
actuelle.

TIFFAUGES – 85 Vendée – 316 J5 – 1 328 h. – alt. 77 m – ☒ 85130

▌ Poitou Vendée Charentes   34 **B3**

🚩 Paris 374 – Angers 85 – Cholet 20 – Clisson 19 – La Roche-sur-Yon 56
– Nantes 53

Manoir de la Barbacane sans rest ⑳ 🚿 🏊 ↮ ⑲

pl. de l'Église – 🕿 02 51 65 75 59 – manoir@   🕿 🏊 VISA ⓜ AE
hotel-barbacane.com – Fax 02 51 65 71 91
16 ch – ♦62/95 € ♦♦65/105 €, ☑ 11 € – 3 suites

♦ À côté du château de Barbe-Bleue, demeure bourgeoise du 19ᵉ s. Préférez les chambres
de l'étage, plus spacieuses, ou les nouvelles, de style contemporain. Joli jardin
d'hiver.

TIGNES – 73 Savoie – 333 O5 – 2 220 h. – alt. 2 100 m – Sports d'hiver : 1 550/
3 450 m ⭢ 4 ⭣ 44 ⭡ – ☒ 73320 ▌ Alpes du Nord   45 **D2**

🚩 Paris 665 – Albertville 85 – Bourg-St-Maurice 31 – Chambéry 134
– Val-d'Isère 14
🆔 Office de tourisme, Tignes Accueil 🕿 04 79 40 04 40, Fax 04 79 40 03 15
▦ du Lac de Tignes Le Val Claret, S : 2 km, 🕿 04 79 06 37 42.
◙ Site ★★ - Barrage ★★ NE : 5 km - Panorama de la Grande Motte ★★ SO.

Les Suites du Montana ⑳ ⬱ 🖨 🖵 🏊 🛗 ᵭ ch, 🍽 rest, 🕿 🏊

Les Almes – 🕿 04 79 40 01 44 – contact@   ⬱ VISA ⓜ AE ⓞ
vmontana.com – Fax 04 79 40 04 03 – Ouvert déc.-fin avril
19 ch – ♦105/203 € ♦♦160/306 €, ☑ 12 € – 9 suites – ½ P 195/265 €
Rest – *(dîner seult)* Menu 47/59 €

♦ Un "hameau" de chalets abritant de grandes suites raffinées. De style savoyard,
autrichien ou provençal, elles sont dotées de saunas privatifs et de balcons orientés
au Sud. On tourne la broche sous vos yeux dans la rôtisserie "tout bois" ouverte sur les
pistes.

Les Campanules ⑳ ⬱ 🖨 🖵 🕉 🏊 🛗 🍽 rest, 🕿 VISA ⓜ AE

– 🕿 04 79 06 34 36 – campanules@wanadoo.fr – Fax 04 79 06 35 78
– Ouvert 8 juil.-26 août et 11 nov.-2 mai
31 ch – ♦100/190 € ♦♦120/220 €, ☑ 18 € – 16 suites – ½ P 110/165 €
Rest – Menu 27 € (déj.), 38/50 € – Carte 50/65 €

♦ Au cœur de la station, joli chalet aux chambres spacieuses et douillettes, en duplex au
dernier étage. Fitness panoramique. La fresque qui orne les murs du restaurant évoque le
vieux village, englouti après la mise en eau du barrage de Tignes en 1952.

🏨 Village Montana ⌖ ⟨⟨ 🍴 ⲟ 𝄞 & 🎿 rest, ☎ 🛁
Les Almes – ℰ *04 79 40 01 44*   🚗 **VISA** **MO** **AE** ①
– contact @ vmontana.com – Fax 04 79 40 04 03
– Ouvert fin juin- mi-sept. et début nov.-début mai
78 ch – ✦105/203 € ✦✦160/306 €, ⌕ 12 € – 4 suites – ½ P 97/170 €
Rest – Menu 25 € – Carte 23/35 €
Rest *La Chaumière –* *(ouvert début déc.-début mai)* Menu 19 € (déj.)/35 €
– Carte 19/34 €
♦ Ces splendides chalets conjuguent tradition, confort actuel et calme dans de spacieuses chambres familiales tournées vers le domaine skiable. Le décor montagnard, la terrasse panoramique et les spécialités régionales : la Chaumière met la Savoie a l'honneur !

🏨 Le Lévanna ⟨⟨ 🍴 ⲟ & 𝄞 ch, ☎ 🚗 **VISA** **MO** **AE**
– ℰ 04 79 06 32 94 – info @ levanna.com – Fax 04 79 06 33 18
– Ouvert 2 oct.-9 mai
40 ch – ✦90/153 € ✦✦160/294 €, ⌕ 18 € – ½ P 125/162 €
Rest – Menu 35/105 € – Carte 36/55 €
♦ Ce grand chalet neuf situé au cœur de la station possède des chambres agrémentées de boiseries et de balcons avec vue. Jacuzzi, sauna, hammam. Pause repas dans la salle à manger montagnarde ou sur la terrasse permettant d'observer à loisir le ballet des skieurs.

🏠 Le Refuge sans rest ⟨⟨ & ☎ **VISA** **MO** **AE** ①
– ℰ 04 79 06 36 64 – info @ hotel-refuge-tignes.com – Fax 04 79 06 33 78 – Fermé 8 mai-1er juil. et 8 sept.-18 oct.
33 ch ⌕ – ✦61/112 € ✦✦95/171 €
♦ À seulement 50 m des remontées mécaniques et face au lac, beau chalet rénové. Les balcons des chambres donnent plein Sud. Salon avec billard au dernier étage, espace forme, terrasse.

🏠 L'Arbina ⟨⟨ 🍴 ⲟ **VISA** **MO** **AE**
– ℰ 04 79 06 34 78 – hotelarbina @ aol.com – Fax 04 79 06 32 99
– Ouvert 8 juil.-4 sept. et 16 oct.-9 mai
22 ch – ✦42/57 € ✦✦72/120 €, ⌕ 12 € – ½ P 76/98 €
Rest – *(ouvert 16 nov.-9 mai)* Menu 27 € (sem.)/80 € – Carte 35/63 €
♦ Au pied des pistes, hôtel familial disposant de chambres décorées dans le style monta-gnard contemporain. Terrasses tournées vers le glacier de la Grande Motte. Au 1er étage, restaurant dans la note provençale où l'on propose une carte traditionnelle.

🏠 Gentiana ⌖ ⟨⟨ 🖵 ⲟ 𝄞 rest, ☎ **VISA** **MO** **AE**
– ℰ 04 79 06 52 46 – serge.revial @ wanadoo.fr – Fax 04 79 06 35 61
– Ouvert 1er juil.-25 août et 1er déc.-4 mai
40 ch – ✦73/93 € ✦✦112/172 €, ⌕ 16 € – ½ P 78/120 € – **Rest –** *(dîner seult)* Menu 28/45 €
♦ Cet hôtel familial a bénéficié d'une cure de jouvence. Bois et tissus choisis dans les chambres parfois dotées de balcons. Salon-bar cosy. Cuisine actuelle et plats savoyards servis dans un cadre associant lambris et tons chauds.

🏠 Le Paquis ⌖ ⟨⟨ ⲟ ☎ 🛁 **VISA** **MO**
Le Rosset – ℰ 04 79 06 37 33 – info @ hotel-lepaquis.fr – Fax 04 79 06 36 59
🚗 *– Fermé mai*
36 ch (½ P seult) – ½ P 66/110 € – **Rest –** *(ouvert oct.-avril)* Menu 14 € (déj.), 20/58 € – Carte 37/48 €
♦ Sur les hauteurs de Tignes, robuste bâtisse des années 1960 proposant des chambres fonctionnelles. Préférez les plus récentes, rénovées dans un esprit chalet. Côté restaurant, on sert une traditionnelle cuisine régionale dans un décor d'esprit montagnard.

🍴 La Ferme des 3 Capucines 🍴 **P.** **VISA** **MO**
Le Lavachet – ℰ 04 79 06 35 10 – Fax 04 79 06 35 10 – Ouvert 8 juil.-28 août et 8 déc.-5 mai
Rest – *(prévenir)* Menu 23 € (déj.)/29 € – Carte 23/36 €
♦ Dans cette chaleureuse ferme-fromagerie savoyarde, cheminée, poutres et vieux objets font bonne escorte aux goûteuses spécialités régionales préparées avec les produits maison.

au Val Claret 2 km au Sud-Ouest – alt. 2 100 m – ⊠ 73320 Tignes

   Le Ski d'Or 🐾   ⩽ 🕮 📞 🛎 **P** _VISA_ **◑◐** **AE**
– 𝒞 04 79 06 51 60 – pbg @ hotel-skidor.com – Fax 04 79 06 45 49
– Ouvert 1ᵉʳ déc.-2 mai
27 ch – 🛏117/182 € 🛏🛏180/280 €, � 20 € – ½ P 115/215 € – **Rest** – (dîner seult)
Menu 39 € – Carte 41/57 €
♦ Immeuble des années 1960 proche du funiculaire. Confortables chambres contemporaines refaites à neuf, ménageant de belles perspectives sur le domaine skiable. Recettes actuelles raffinées et plaisante salle à manger ouverte sur les cuisines.

TILQUES – 62 Pas-de-Calais – 301 G3 – **rattaché à St-Omer**

LES TINES – 74 Haute-Savoie – 328 O5 – **rattaché à Chamonix-Mont-Blanc**

TONNEINS – 47 Lot-et-Garonne – 336 D3 – 9 041 h. – alt. 26 m –
⊠ 47400   4 **C2**

🚩 Paris 683 – Agen 44 – Nérac 38 – Villeneuve-sur-Lot 37

🄸 Office de tourisme, 3, avenue Charles-de-Gaulle 𝒞 05 53 79 22 79,
    Fax 05 53 79 39 94

🄶 de Barthe à Tombebœuf Route de Villeneuve, NE : 20 km par D 120,
    𝒞 05 53 88 83 31.

   Des Fleurs sans rest   ⴄ ↳ 📞 🛎 **P** _VISA_
rte de Marmande – 𝒞 05 53 79 10 47 – hoteldesfleurs @ wanadoo.fr
– Fax 05 53 79 46 37 – Fermé 23-31 déc., 25 fév.-4 mars
26 ch – 🛏37/57 € 🛏🛏37/60 €, ⊠ 7 €
♦ Sur l'axe principal de la ville, établissement abritant des chambres assez petites mais pratiques, très colorées, bien aménagées. Celles côté rue sont isolées et climatisées.

TONNERRE – 89 Yonne – 319 G4 – 5 979 h. – alt. 156 m – ⊠ 89700
🎋 Bourgogne   7 **B1**

🚩 Paris 199 – Auxerre 38 – Châtillon-sur-Seine 49 – Montbard 45 – Troyes 60

🄸 Office de tourisme, place Marguerite de Bourgogne 𝒞 03 86 55 14 48,
    Fax 03 86 54 41 82

🄶 de Tanlay à Tanlay Parc du Château, par rte de Châtillon-s-Seine : 9 km,
    𝒞 03 86 75 72 92.

🄾 Fosse Dionne★ - Intérieur★ de l'ancien hôpital : mise au tombeau★ -
    Château de Tanlay★★ 9 km par D 944.

   L'Auberge de Bourgogne   🕅 ⴄ ch, 🅺 rest, ↳ 📞
2 km par rte de Dijon – 𝒞 03 86 54 41 41   🛎 **P** _VISA_ **◑◐** **AE**
🐾   – auberge.bourgogne @ wanadoo.fr – Fax 03 86 54 48 28 – Fermé 15 déc.-15 janv.
39 ch – 🛏54/58 € 🛏🛏58 €, ⊠ 8 € – ½ P 52 € – **Rest** – (fermé sam. midi et dim.)
Menu 17/24 € – Carte 29/34 €
♦ Bâtiment voisin des vignobles d'Épineuil. Chambres fonctionnelles et rafraîchies ; celles situées sur l'arrière offrent une jolie vue sur la campagne. Wi-fi. Cuisine régionale servie dans une lumineuse salle avec les rangées de ceps en toile de fond.

TORCY – 71 Saône-et-Loire – 320 G9 – **rattaché au Creusot**

TORNAC – 30 Gard – 339 I4 – **rattaché à Anduze**

TÔTES – 76 Seine-Maritime – 304 G3 – 1 084 h. – alt. 150 m – ⊠ 76890   33 **D1**
🚩 Paris 168 – Dieppe 34 – Fécamp 60 – Le Havre 80 – Rouen 37

🍴🍴   **Auberge du Cygne**   **P** _VISA_ **◑◐**
5 r. G. de Maupassant – 𝒞 02 35 32 92 03 – Fax 02 35 32 92 03 – Fermé dim. soir,
lundi soir et jeudi du 16 sept. au 14 fév.
Rest – Menu 28/44 € – Carte 39/60 €
♦ Ce relais de poste, fondé en 1611, abrite une très belle salle à manger typiquement campagnarde : vieilles poutres préservées, cheminée monumentale et collection de faïences.

TOUL – 54 Meurthe-et-Moselle – **307** G6 – **16 945 h.** – alt. 209 m – ✉ 54200
Alsace Lorraine 26 **B2**

Paris 291 – Bar-le-Duc 62 – Metz 75 – Nancy 23 – St-Dizier 78 – Verdun 80

Office de tourisme, parvis de la Cathédrale ✆ 03 83 64 11 69, Fax 03 83 63 24 37

Cathédrale St-Étienne★★ et cloître★ - Église St-Gengoult : cloître★★ - Façade★ de l'ancien palais épiscopal **H** - Musée municipal★ : salle des malades★ **M.**

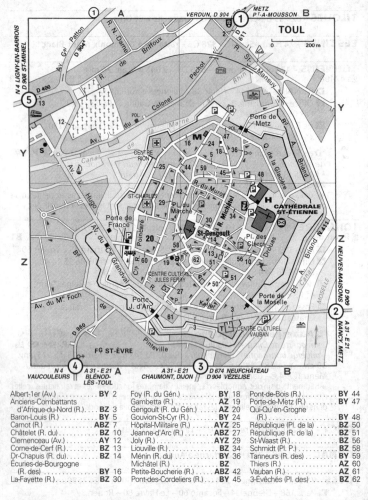

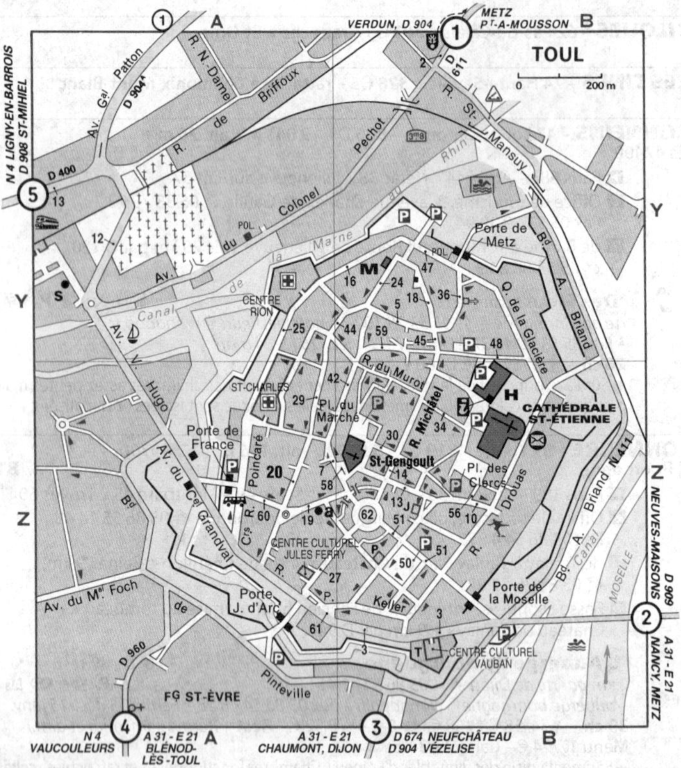
TOUL
200 m
VERDUN, D 904
METZ
PT-A-MOUSSON
N 4 LIGNY-EN-BARROIS
D 908 ST-MIHIEL
NEUVES-MAISONS
D 909
A 31 - E 21
NANCY, METZ
N 4
VAUCOULEURS
A 31 - E 21
BLÉNOD-LÈS-TOUL
A 31 - E 21
CHAUMONT, DIJON
D 674 NEUFCHÂTEAU
D 904 VÉZELISE
CATHÉDRALE
ST-ÉTIENNE
St-Gengoult
Porte de Metz
Porte de France
Porte J. d'Arc
Porte de la Moselle
CENTRE RION
ST-CHARLES
CENTRE CULTUREL JULES FERRY
CENTRE CULTUREL VAUBAN
FG ST-ÈVRE
Canal
Marne
Rhin
MOSELLE
Av. du Mal Foch
Pinteville
Keller
R. Michâtel
R. du Murot
Pl. du Marché
Pl. des Clercs
Q. de la Glacière
Bd A. Briand
R. St-Mansuy
Av. Gal Patton
R. N.-Dame
R. de Briffoux
Av. du Colonel Pechot
Av. V. Hugo
Av. du Cel Grandval
Poincaré
Drouas

Albert-1er (Av.) . . . . **BY** 2
Anciens-Combattants d'Afrique-du-Nord (R.) . . . . **BZ** 3
Baron-Louis (R.) . . . . **BY** 5
Carnot (R.) . . . . **ABZ** 7
Châtelet (R. du) . . . . **BZ** 10
Clemenceau (Av.) . . . . **AY** 12
Corne-de-Cerf (R.) . . . . **BZ** 13
Dr-Chapuis (R. du) . . . . **BZ** 14
Écuries-de-Bourgogne (R. des) . . . . **BY** 16
La-Fayette (R.) . . . . **BZ** 30
Foy (R. du Gén.) . . . . **BY** 18
Gambetta (R.) . . . . **AZ** 19
Gengoult (R. du Gén.) . . . . . **AZ** 20
Gouvion-St-Cyr (R.) . . . . **BY** 24
Hôpital-Militaire (R.) . . . . . . **AYZ** 25
Jeanne-d'Arc (R.) . . . . **ABZ** 27
Joly (R.) . . . . **AYZ** 29
Liouville (R.) . . . . **BZ** 34
Ménin (R. du) . . . . **BY** 36
Michâtel (R.) . . . . **BZ**
Petite-Boucherie (R.) . . . . . **ABZ** 42
Pont-des-Cordeliers (R.) . . . . **BY** 45
Pont-de-Bois (R.) . . . . **BY** 44
Porte-de-Metz (R.) . . . . **BY** 47
Qui-Qu'en-Grogne (R.) . . . . **BY** 48
République (Pl. de la) . . . . . **BZ** 50
République (R. de la) . . . . . . **BZ** 51
St-Waast (R.) . . . . **BZ** 56
Schmidt (Pl. P.) . . . . **BZ** 58
Tanneurs (R. des) . . . . **BY** 59
Thiers (R.) . . . . **AZ** 60
Vauban (R.) . . . . **AZ** 61
3-Évêchés (Pl. des) . . . . **BZ** 62

L'Europe sans rest VISA
373 av. V. Hugo, (près de la gare) – ✆ 03 83 43 00 10 – hoteldeleurope.toul@wanadoo.fr – Fax 03 83 63 27 67 – Fermé 10-24 août AY **s**
21 ch – 🛉47/50 € 🛉🛉47/58 €, ☕ 12 €
◆ Adresse commode pour ceux qui voyagent par le train. Le rez-de-chaussée a conservé un petit air rétro. Chambres toutes rénovées. Tenue sérieuse et accueil familial.

🏠 **La Villa Lorraine** sans rest · 4/ 📞 **P** **VISA** 🐼 ⓘ
15 r. Gambetta – ℰ *03 83 43 08 95 – hotel.villalorraine@wanadoo.fr*
– Fax 03 83 64 63 64 – Fermé vacances de la Toussaint · AZ **a**
21 ch – 🛏42 € 🛏🛏47 €, ⬜ 6,50 €
♦ Petit hôtel familial situé au cœur de la cité fortifiée. Chambres meublées dans le style rustique et bien insonorisées. Salle des petits-déjeuners agréablement aménagée.

à Lucey 5 km par ⑤ et D 908 – 579 h. – alt. 260 m – ⊠ 54200

🍴🍴 **Auberge du Pressoir** · 🚗 🍴 **P** **VISA** 🐼 **AE**
7 pl. des Pachenottes – ℰ *03 83 63 81 91 – Fax 03 83 63 81 38 – Fermé*
😊 *16 août-3 sept., 9-25 déc., 22-28 fév., dim. soir, merc. soir et lundi*
Rest – Menu 13 € (sem.)/30 €
♦ L'ancienne gare du village abrite une salle de restaurant au sobre cadre rénové. Quelques objets paysans décorent les murs. Terrasse bien ensoleillée.

TOULON Ⓟ – 83 Var – 340 K7 – 160 639 h. – **Agglo.** 519 640 h. – alt. 10 m –
⊠ **83000** Ⓘ Côte d'Azur · 41 **C3**

    🛫 Paris 835 – Aix-en-Provence 86 – Marseille 66
    ✈ de Toulon-Hyères : ℰ 0 825 01 83 87, par ① : 21 km.
    🚆 ℰ 3635 (0,34 €/mn)
    ⛴ pour la Corse : SNCM (avr.-oct.) 49 av. Infanterie de Marine ℰ 3260 dites
    "SNCM" (0,15 €/mn).
    🖸 Office de tourisme, place Raimu ℰ 04 94 18 53 00, Fax 04 94 18 53 09
    🖪 de Valgarde à La Garde Chemin de Rabasson, E : 10 km par D 29,
    ℰ 04 94 14 01 05.
    ◎ Rade★★ - Port★ - Vieille ville★ GYZ : Atlantes★ de la mairie d'honneur **F**,
    Musée de la marine★ - Porte★ de la Corderie.
    ⓖ Corniche du Mont Facon ≤★ du téléphérique - Musée-mémorial du
    Débarquement en Provence★ et ≤★★★ au Nord.

Plans pages suivantes

🏨 **Mercure** · 🍴 📶 & ch, 📺 4/ 🍴 rest, 📞 🛁 ⌂ **VISA** 🐼 **AE** ⓘ
pl. Besagne – ℰ *04 98 00 81 00 – h2095@accor.com – Fax 04 94 41 57 51* · GZ **r**
139 ch – 🛏60/127 € 🛏🛏69/136 €, ⬜ 13 €
Rest *Table de l'Amiral* – Menu (15 €), 25 € – Carte 22/29 €
♦ Voisin du palais des congrès, un Mercure aux couleurs du Sud. Chambres dotées d'un joli mobilier contemporain. Verrières et palmiers égayent la salle à manger spacieuse et aérée ; cuisine traditionnelle.

🏠 **Grand Hôtel de la Gare** sans rest · 📶 & 📺 4/ 📞 **VISA** 🐼 **AE** ⓘ
14 bd Tessé – ℰ *04 94 24 10 00 – contact@grandhotelgare.com*
– Fax 04 94 22 34 82 · FX **a**
39 ch – 🛏55 € 🛏🛏62/72 €, ⬜ 8,50 €
♦ Cure de jouvence réussie pour cet hôtel situé face à la gare : décor soigné (bois dominant) et insonorisation performante dans les chambres dotées de salles de bains modernes.

🏠 **Dauphiné** sans rest · 📶 📺 4/ 📞 **VISA** 🐼 **AE**
10 r. Berthelot – ℰ *04 94 92 20 28 – contact@grandhoteldauphine.com*
– Fax 04 94 62 16 69 · GY **s**
55 ch – 🛏49/54 € 🛏🛏60/64 €, ⬜ 8,50 €
♦ Établissement pratique pour partir à la découverte des ruelles enchevêtrées de la vieille ville. Les chambres, bien tenues, sont progressivement rénovées.

🏠 **Bonaparte** sans rest · 📞 **VISA** 🐼
16 r. Anatole-France – ℰ *04 94 93 07 51 – reservation@hotel-bonaparte.com*
– Fax 04 94 93 24 55 · FY **f**
22 ch – 🛏50/52 € 🛏🛏55/57 €, ⬜ 8 € – 3 suites
♦ Cet immeuble du centre-ville arbore un chaleureux décor provençal. Les chambres sont plus calmes et fraîches (appréciable en été) sur l'arrière. Petit-déjeuner façon table d'hôte.

XX Le Jardin du Sommelier   AC VISA ©© AE

20 allée Amiral Courbet – ℰ *04 94 62 03 27*
– scalisi@le-jardin-du-sommelier.com – Fax 04 94 09 01 49
– Fermé sam. midi et dim.   FY **r**
Rest – Menu (27 €), 34/39 €

♦ Le rouge et le gris dominent le décor de ce confortable restaurant où l'on propose une cuisine ensoleillée et des vins choisis.

X Blanc le Bistro   AC VISA ©© AE ①

290 r. Jean Jaurès – ℰ *04 94 10 20 40*
– blanc.lebistro@wanadoo.fr – Fax 04 94 10 20 39
– Fermé 25 juil.-10 août, 2-10 janv., lundi soir, sam. midi et dim.   FY **d**
Rest – Menu (18 € bc), 29/35 € – Carte 40/53 €

♦ Ce bistrot contemporain fut jadis voué à la projection de films. Pourtant pas de cinéma pour un chef qui dévoile ses atouts culinaires : produits, saveurs et générosité.

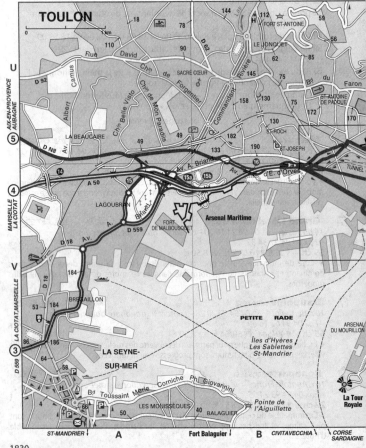

Au Sourd

10 r. Molière – ✆ 04 94 92 28 52 – Fax 04 94 91 59 92 – Fermé dim. et lundi

Rest – Menu 28 € – Carte 42/143 € GY **w**

◆ L'établissement fut créé par un artilleur de Napoléon III... revenu sourd de la guerre ! Ce restaurant de la vieille ville est apprécié pour ses spécialités de poissons.

au Mourillon – ✉ **83100 Toulon**

Tour royale ✳★.

La Corniche sans rest

17 littoral F. Mistral – ✆ 04 94 41 35 12 – info@cornichehotel.com – Fax 04 94 41 24 58 CV **a**

25 ch – 🚹95/130 € 🚹🚹105/150 €, ☕ 14 € – 4 suites

◆ Bâtiment des années 1960 dominant la baie de Toulon, à deux pas des belles plages du Mourillon. Chambres ouvertes sur la mer ou sur un jardin odorant.

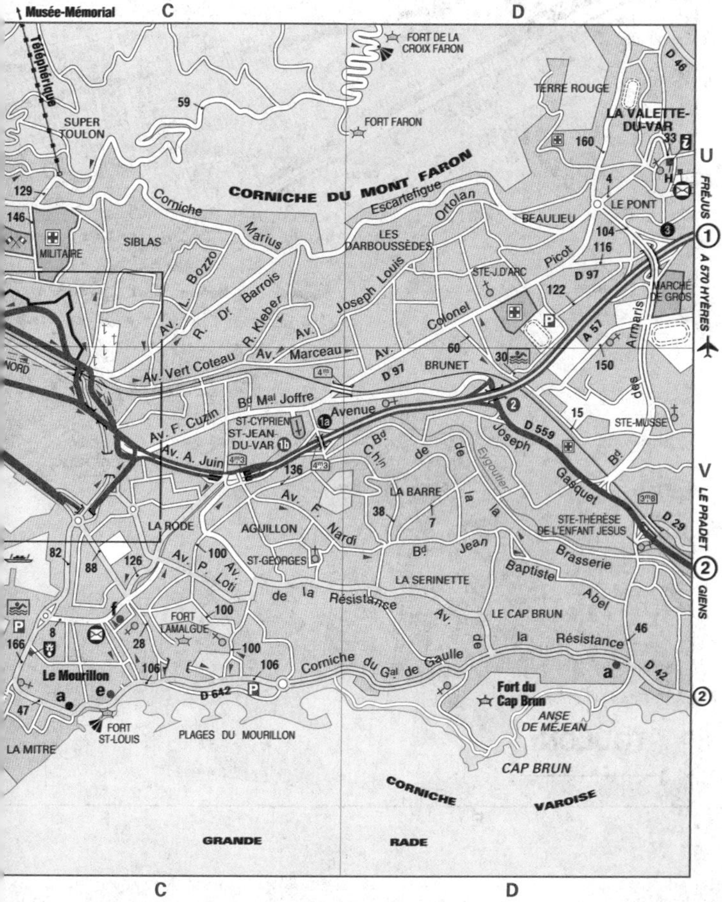

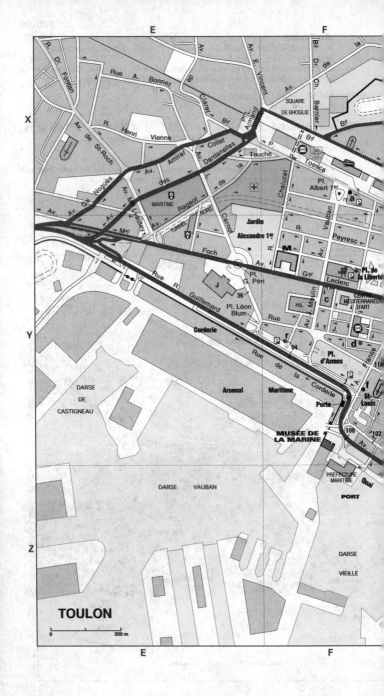

TOULON

0   200 m

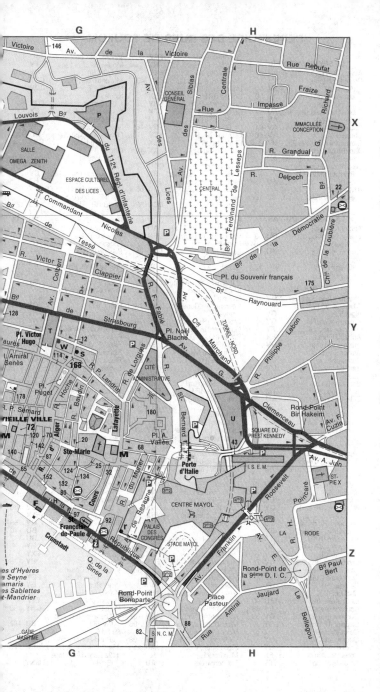

RÉPERTOIRE DES RUES DE TOULON

XX **Le Gros Ventre** 🍴 VISA ⓪ AE

279 littoral F. Mistral – ☎ *04 94 42 15 42 – Fax 04 94 31 40 32 – Fermé sam. midi, jeudi et vend.* CV **e**

Rest *– (dîner seult en juil.-août sauf mardi)* Menu 28/48 € – Carte 38/91 €

♦ Face au fort St-Louis, au rez-de-chaussée d'un immeuble moderne de la "Corniche varoise". Spécialités de poissons et de bœuf pour régaler gros et petits ventres.

au Cap Brun – ⊠ 83100 Toulon

XXX **Les Pins Penchés** ≤ Ⓚ 🍴 AC P VISA ⓪ AE ⓪

3182 av. de la Résistance – ☎ *04 94 27 98 98 – infos@ restaurant-pins-penches.com – Fax 04 94 27 98 27 – Fermé dim. soir, mardi midi et lundi* DV **a**

Rest – Menu 58/68 €

♦ Superbe situation pour cette villa du 19e s. dominant la baie. Élégantes salles à manger et terrasses avec vue sur le parc (arbres classés) et au-delà, sur la Méditerranée.

au Camp-Laurent 7,5 km par ④ autoroute A 50 sortie Ollioules – ⊠ 83500 La Seyne-sur-Mer

🏨 **Novotel** 🚗 🍴 ⽔ 🖥 ⎙ AC ↔ ℄ ṧ P VISA ⓪ AE ⓪

Z.A. Capellane – ☎ *04 94 63 09 50 – info@noveltoulon.com – Fax 04 94 63 03 76*

86 ch – †102/120 € ††117/120 €, ⊇ 12,50 € – **Rest** – Menu (24 €), 29 € bc – Carte 27/51 €

♦ Utile pour une halte dans le pays varois, ce Novotel abrite des chambres de taille correcte. Piscine et aire de jeux. Au bord de la piscine l'été, ou dans une salle à manger confortable : prestation culinaire standard, avec menus pour les juniors.

TOULON-LA-MONTAGNE – 51 Marne – **306** F9 – ⊠ 51130   13 **B2**

🚩 Paris 128 – Châlons-en-Champagne 40 – Épernay 29 – Reims 58

🏠 **Les Corettes** 🏡 🚗 P

chemin du Pâti – ☎ *03 26 59 06 92 – Fax 03 26 59 06 92 – Fermé 1er déc.-1er mars*

5 ch ⊇ – †52 € ††60 € – **Table d'hôte** – Menu 38 € bc

♦ Avenante demeure dominant le village viticole. Chambres personnalisées, salon-billard et jardin fleuri. Salle à manger rustique où l'on sert une cuisine traditionnelle escortée de belles bouteilles de la cave familiale.

La basilique Saint Sernin
1836

J.-P. Garcin/PHOTONONSTOP

TOULOUSE

P **Département :** 31 Haute-Garonne
Carte Michelin LOCAL : n° **343** G3
Paris 677 – Barcelona 320 – Bordeaux 244 – Lyon 535 – Marseille 405

Population : 390 350 h — 28 **B2**
Pop. agglomération : 761 090 h
Altitude 146 m – **Code Postal** ✉ 31000
Midi-Pyrénées

RENSEIGNEMENTS PRATIQUES

Offices de tourisme

Donjon du Capitole ✆ 05 61 11 02 22, Fax 05 61 23 74 97

Transports

Auto-train ✆ 3635 (0,34 €/mn)

Aéroport

Toulouse-Blagnac ✆ 0 825 380 000 (0,15 €/mn) **AS**

LOISIRS

Quelques golfs

- 18 de Toulouse La Ramée à Tournefeuille Ferme du Cousturier ✆ 05 61 07 09 09 ;
- 18 de Toulouse à Vieille-Toulouse S : 9 km par D 4, ✆ 05 61 73 45 48 ;
- 9 Saint-Gabriel à Montrabé Lieu dit "Castié", par rte de Lavaur : 10 km, ✆ 05 61 84 16 65 ;
- 36 Seilh Toulouse à Seilh Route de Grenade, par rte de Seilh : 12 km, ✆ 05 62 13 14 14 ;
- 9 de Borde-Haute à Drémil-Lafage Borde-Haute, par rte de Castres (N126) : 15 km, ✆ 05 62 18 84 00 ;
- 18 de Teoula à Plaisance-du-Touch 71, avenue des Landes, SO : 20 km par D 632, ✆ 05 61 91 98 80 ;
- 18 de Palmola à Buzet-sur-Tarn Route d'Albi, NE : 22 km par A 68, sortie N° 4, ✆ 05 61 84 20 50.

👁 À VOIR

TOULOUSE ET L'AÉRONAUTIQUE

Usine Clément-Ader à Colomiers dans la banlieue Ouest par ⑦

QUARTIERS DE LA BASILIQUE ST-SERNIN ET DU CAPITOLE

Basilique St-Sernin ★★★ - Musée St-Raymond ★★ - Église les Jacobins ★★ (vaisseau de l'église ★★) - Capitole ★ - Tour d'escalier ★ de l'hôtel de Bernuy **EY**

DE LA PLACE DE LA DAURADE À LA CATHÉDRALE

Hôtel d'Assézat et fondation Bemberg ★★ **EY** - Cathédrale St-Étienne ★ - Musée des Augustins ★★ (sculptures ★★★) **FY**

AUTRES CURIOSITÉS

Muséum d'histoire naturelle ★★ **FZ** - Musée Paul-Dupuy ★ **FZ** - Musée Georges-Labit ★ **DV** M²

RÉPERTOIRE DES RUES DE TOULOUSE

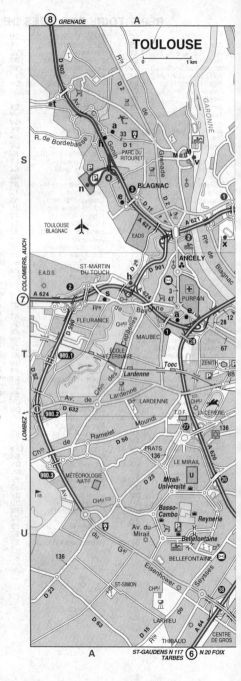

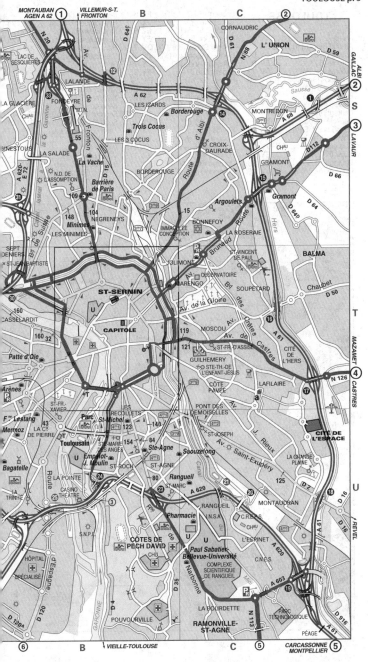

TOULOUSE

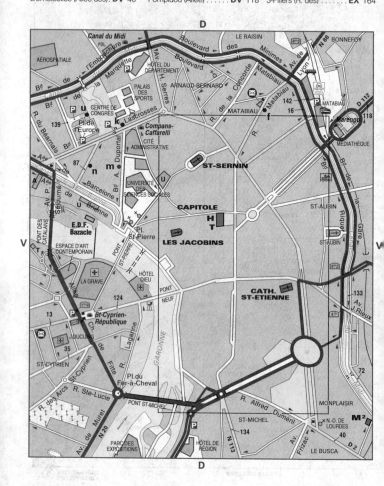

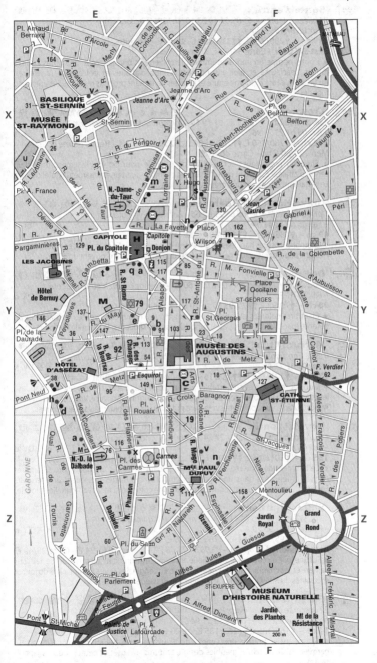

1843

Sofitel Centre ☐ 🖼 ☰ ↳ ch, 🅰 ↳ ✗ rest, ☾ 🛂 ⚏ 🆅🅸🆂🅰 🅼⊗ 🅰🅴 ⓪
84 allées J. Jaurès – ℰ 05 61 10 23 10 – h1091 @ accor.com
– Fax 05 61 10 23 20   p. 7 FX **v**
119 ch – ⯅280/320 € ⯅⯅310/350 €, ⚌ 22 € – 14 suites
Rest *SW Café* – Carte 34/59 €
♦ L'hôtel occupe un imposant immeuble en verre et briques roses. Chambres au luxe discret, spacieuses et bien insonorisées. Centre d'affaires et bel espace séminaires. Au SW Café, cadre moderne épuré et recettes panachant produits régionaux et épices du monde.

Crowne Plaza ☐ 🗚 🖼 ☰ ↳ ch, 🅰 ↳ ☾ 🛂 ⚏ 🆅🅸🆂🅰 🅼⊗ 🅰🅴 ⓪
7 pl. du Capitole – ℰ 05 61 61 19 19 – hicptoulouse @ alliance-hospitality.com
– Fax 05 61 23 79 96   p. 7 EY **t**
162 ch – ⯅280/350 € ⯅⯅280/350 €, ⚌ 23 € – 3 suites – **Rest** – *(fermé août)*
Menu 29/60 € bc – Carte 46/69 €
♦ Situation prestigieuse sur la place du Capitole pour cet établissement doté d'un centre d'affaires. Espace et confort dans les chambres ; certaines regardent l'hôtel de ville. Le restaurant donne sur un agréable patio florentin.

Grand Hôtel de l'Opéra sans rest 🖼 ↳ 🅰 ☾ 🛂 🆅🅸🆂🅰 🅼⊗ 🅰🅴 ⓪
1 pl. du Capitole – ℰ 05 61 21 82 66 – hotelopera @ guichard.fr
– Fax 05 61 23 41 04   p. 7 EY **a**
49 ch – ⯅185/484 € ⯅⯅185/484 €, ⚌ 22 €
♦ Chambres cossues habillées de boiseries et de velours, jolie salle de réception voûtée et plaisant salon-bar : le charme du passé perdure en cet ancien couvent du 17ᵉ s.

De Brienne sans rest 🖼 ↳ 🅰 ☾ 🛂 🅿 ⚏ 🆅🅸🆂🅰 🅼⊗ 🅰🅴 ⓪
20 bd du Mar. Leclerc – ℰ 05 61 23 60 60 – brienne @ hoteldebrienne.com
– Fax 05 61 23 18 94   p. 6 DV **n**
70 ch – ⯅70/93 € ⯅⯅70/93 €, ⚌ 10 € – 1 suite
♦ Chambres colorées et impeccablement tenues, nombreux espaces de travail et de détente (bar-bibliothèque, patio) : une adresse appréciée par la clientèle d'affaires.

Mercure Atria ☐ 🖼 ↳ 🅰 ↳ ☾ 🛂 ⚏ 🆅🅸🆂🅰 🅼⊗ 🅰🅴 ⓪
8 espl. Compans Caffarelli – ℰ 05 61 11 09 09 – h1585 @ accor.com
– Fax 05 61 23 14 12   p. 6 DV **k**
134 ch – ⯅121/153 € ⯅⯅131/163 €, ⚌ 14 € – 2 suites – **Rest** – Carte 16/27 €
♦ Mobilier moderne et confortable, panneaux de bois décoratifs et couleurs chaudes : les chambres bénéficient depuis peu des nouvelles normes Mercure. Vaste espace affaires. Au restaurant : vue apaisante sur le parc public ou plus trépidante... sur les cuisines.

Novotel Centre ⚘ ☐ 🏊 🖼 ↳ ch, 🅰 ↳ ☾ 🛂 ⚏ 🆅🅸🆂🅰 🅼⊗ 🅰🅴 ⓪
5 pl. A. Jourdain – ℰ 05 61 21 74 74 – h0906 @ accor.com
– Fax 05 61 22 81 22   p. 6 DV **u**
135 ch – ⯅101/165 € ⯅⯅101/165 €, ⚌ 14 € – 2 suites – **Rest** – Carte 22/40 €
♦ Ce bâtiment de style régional jouxte un jardin japonais et un grand parc. Chambres amples et rénovées dans un esprit contemporain ; certaines possèdent une terrasse. Festival de couleurs au restaurant proposant une cuisine à la fois traditionnelle et locale.

Holiday Inn Centre ☐ 🖼 ↳ ch, 🅰 ↳ ☾ 🛂 ⚏ 🆅🅸🆂🅰 🅼⊗ 🅰🅴 ⓪
13 pl. Wilson – ℰ 05 61 10 70 70 – hicapoul @ guichard.fr
– Fax 05 61 21 96 70   p. 7 FY **n**
130 ch – ⯅95/178 € ⯅⯅95/178 €, ⚌ 16 €
Rest *Brasserie le Capoul* – ℰ 05 61 21 08 27 – Menu (18 €), 24 € – Carte 28/40 €
♦ Sur une jolie place animée, hostellerie ancienne se distinguant par son superbe hall sous verrière et ses chambres dotées de salles de bains originales. Fruits de mer, plats du jour et spécialités du Sud-Ouest vous attendent à la Brasserie le Capoul.

Garonne sans rest ↳ 🅰 ☾ 🛂 🆅🅸🆂🅰 🅼⊗ 🅰🅴
22 descente de la Halle aux Poissons – ℰ 05 34 31 94 80 – contact @
hotelgaronne.com – Fax 05 34 31 94 81   p. 7 EY **d**
14 ch – ⯅165/185 € ⯅⯅165/185 €, ⚌ 20 €
♦ Bâtisse ancienne dans une venelle du Vieux Toulouse. Bel intérieur contemporain : parquet en chêne teinté, meubles design, tentures soyeuses et petites touches japonisantes.

Des Beaux Arts sans rest ⟨ 🛋 AC ℅ ℀ VISA ⓜ AE ⓞ

1 pl. du Pont-Neuf – ℰ 05 34 45 42 42 – contact @ hoteldesbeauxarts.com
– Fax 05 34 45 42 43 *p. 7* EY **v**
20 ch – †108 € ††178/230 €, ⊐ 16 €

♦ Maison du 18ᵉ s. aménagée avec goût aux chambres douillettes et raffinées. La plupart ont vue sur la Garonne et la n° 42 possède un atout supplémentaire : une miniterrasse.

Les Capitouls sans rest 🛋 & AC ℆ ℀ 🔊 VISA ⓜ AE ⓞ

29 allées J. Jaurès – ℰ 05 34 41 31 21 – reservation @ hotel-capitouls.com
– Fax 05 61 63 15 17 *p. 7* FX **g**
55 ch – †130/181 € ††130/181 €, ⊐ 13,50 € – 2 suites

♦ Au pied de la station de métro Jean-Jaurès, cet ex-hôtel particulier qui a conservé un hall de caractère (voûtes en briques roses) abrite des chambres pourvues du système wi-fi.

Mermoz sans rest ⌖ 🛋 & AC ℀ 🔊 VISA ⓜ AE ⓞ

50 r. Matabiau – ℰ 05 61 63 04 04 – reservation @ hotel-mermoz.com
– Fax 05 61 63 15 64 *p. 7* DV **f**
52 ch – †125 € ††125 €, ⊐ 12 €

♦ Le décor de l'hôtel évoque sobrement les héroïques pilotes de l'Aéropostale. Chambres aux tons acidulés. Verrière fleurie ou terrasse arborée pour les petits-déjeuners.

Mercure Wilson sans rest 🛋 & AC ℆ ℀ 🔊 VISA ⓜ AE ⓞ

7 r. Labéda – ℰ 05 34 45 40 60 – h1260 @ accor.com
– Fax 05 34 45 40 61 *p. 7* FY **m**
95 ch – †98/153 € ††108/198 €, ⊐ 14 €

♦ Derrière la façade toulousaine, chambres bien équipées et égayées de teintes ensoleillées. Aux beaux jours, petits-déjeuners servis en terrasse. Garage très pratique.

Athénée sans rest 🛋 & AC ℆ ℀ 🔊 P VISA ⓜ AE ⓞ

13 bis r. Matabiau – ℰ 05 61 63 10 63 – hotel-athenee @ wanadoo.fr
– Fax 05 61 63 87 80 *p. 7* FX **a**
35 ch – †74/137 € ††84/157 €, ⊐ 10,50 €

♦ Sobre bâtiment situé à 500 m de la basilique St-Sernin. Chambres fonctionnelles rehaussées de couleurs gaies. Pierres et briques habillent les murs du salon.

Albert 1ᵉʳ sans rest 🛋 AC ℀ 🔊 VISA ⓜ AE

8 r. Rivals – ℰ 05 61 21 17 91 – toulouse @ hotel-albert1.com
– Fax 05 61 21 09 64 *p. 7* EX **r**
47 ch – †55/98 € ††65/98 €, ⊐ 10 €

♦ Adresse très pratique pour sillonner à pied la Ville rose. Préférez les chambres joliment relookées ; celles sur l'arrière sont plus calmes.

Ours Blanc-Centre sans rest 🛋 AC ℀ VISA ⓜ AE

2 r. Porte Sardane – ℰ 05 61 21 25 97 – centre @ hotel-oursblanc.com
– Fax 05 61 23 96 27 *p. 7* FX **s**
44 ch – †75 € ††81 €, ⊐ 7 €

♦ Emplacement privilégié pour cet hôtel proche des lieux les plus en vue. Petites chambres fonctionnelles climatisées, double vitrage efficace, entretien régulier...

Castellane sans rest 🛋 & AC ℀ 🔊 P 🔊 VISA ⓜ AE ⓞ

17 r. Castellane – ℰ 05 61 62 18 82 – castellanehotel @ wanadoo.fr
– Fax 05 61 62 58 04 *p. 7* FX **f**
53 ch – †72 € ††72/94 €, ⊐ 8 €

♦ Accueil sympathique dans cet hôtel ordonné autour d'un patio. Chambres simples et rénovées, parfois dotées de terrasses ; certaines conviennent particulièrement aux familles.

XXX **Les Jardins de l'Opéra** AC ⟷ VISA ⓜ AE

1 pl. du Capitole – ℰ 05 61 23 07 76 – contact @ lesjardinsdelopera.com
– Fax 05 61 23 63 00 – Fermé 4-25 août, 1ᵉʳ-7 janv., dim. et lundi *p. 7* EY **q**
Rest – Menu (35 € bc), 42 € bc (déj.), 70/100 € – Carte environ 92 €

♦ Élégantes salles à manger coiffées d'une verrière et séparées par un bassin dédié à Neptune. Original : la carte propose des plats en trilogie (trois mets dans la même assiette).

XXX **Michel Sarran** 🎨 AK ⇄ ⇅ _VISA_ ⊚⊚ AE
ఈఈ
21 bd A. Duportal – ℰ 05 61 12 32 32 – restaurant @ michel-sarran.com
– Fax 05 61 12 32 33 – Fermé 2 août-1ᵉʳ sept., 20-28 déc., merc. midi, sam. et dim.
Rest – (prévenir) Menu 48 € bc (déj.), 98/165 € bc – Carte 88/126 €   p. 6 DV **m**
Spéc. Soupe tiède de foie gras à l'huître belon. Turbot, jus mousseux au combawa.
L'œuf et la poule au caviar d'Aquitaine.
♦ Dans cette charmante demeure du 19ᵉ s., l'ambiance familiale – un peu comme à la maison
– et le joli décor moderne épuré subliment la belle cuisine inventive préparée par le chef.

XX **En Marge** (Frank Renimel) AK _VISA_ ⊚⊚ ①
ఈ
8 r. Mage – ℰ 05 61 53 07 24 – contact @ restaurantenmarge.com
– Fermé 10 août-9 sept. et 21 déc.-6 janv.   p. 7 ZF **v**
Rest – (nombre de couverts limité, prévenir) Menu 30 € (déj.), 50 € (dîner)/75 €
Spéc. Crevettes pimentées en gaspacho. Noix de veau et pata negra. Soufflé rhum
et caramel.
♦ Nouvelle enseigne très familiale : accueil attentif, décor moderne un brin baroque
et nombre limité de couverts pour déguster de beaux menus inventifs, souvent renouvelés.

XX **Metropolitan** 🎨 & AK ⇄ P _VISA_ ⊚⊚ AE
ఈ
2 pl. Auguste-Albert – ℰ 05 61 34 63 11 – Fax 05 61 52 88 91
– Fermé 1ᵉʳ-21 août, 25-30 déc., sam. midi, dim. et lundi   p. 5 CT **a**
Rest – Menu 26 € (déj. en sem.), 39/53 € – Carte 48/72 €
Spéc. Déclinaison autour de la tomate. Filet de canette rôti. Barre fondante au
chocolat amer et praliné.
♦ Adresse moderne qui accumule les bons points : goûteuse cuisine dans le vent, salle design
(comptoir), miniterrasse intérieure avec pieds de vignes, service motivé et sympathique.

XX **Valentin** _VISA_ ⊚⊚ AE
⊜
21 r. Perchepinte – ℰ 05 61 53 11 15 – Fermé sam. midi, dim. et lundi   p. 7 ZF **n**
Rest – Menu 13,50 € (déj.), 33/54 € bc – Carte 45/61 €
♦ Derrière l'entrée vitrée en arcade se cache une table attrayante par sa cuisine inventive
(jeune chef) et son cadre élégant (mobilier de style, cave voûtée, murs de briques...).

XX **7 Place St-Sernin** 🎨 AK ⇄ _VISA_ ⊚⊚ AE
7 pl. St-Sernin – ℰ 05 62 30 05 30 – restaurant @ 7placesaintsernin.com
– Fax 05 62 30 04 06 – Fermé sam. et dim.   p. 7 EX **v**
Rest – Menu (18 € bc), 24 € bc (déj. en sem.), 34/60 € bc – Carte 48/66 €
♦ Dans les murs d'une "Toulousaine" typique, restaurant aux flamboyantes couleurs,
élégamment aménagé et égayé de toiles contemporaines. Plats au goût du jour.

XX **La Corde** AK ⇄ _VISA_ ⊚⊚ AE
4 r. Chalande – ℰ 05 61 29 09 43 – Fax 05 61 29 09 43   p. 7 EY **e**
Rest – Menu 20 € (déj. en sem.), 32/100 € – Carte 51/105 €
♦ Cette majestueuse tour du 15ᵉ s., vestige d'un hôtel particulier où logèrent des capitouls,
abrite le plus vieux restaurant de la ville rose (1881). Cuisine régionale actualisée.

XX **Brasserie Flo "Les Beaux Arts"** 🎨 AK ⇄ _VISA_ ⊚⊚ AE ①
1 quai Daurade – ℰ 05 61 21 12 12 – Fax 05 61 21 14 80   p. 7 EY **v**
Rest – Menu 30 € – Carte 28/68 €
♦ Les Toulousains apprécient l'ambiance et le décor rétro de cette brasserie des bords de
la Garonne, jadis fréquentée par Ingres, Matisse et Bourdelle. Carte très variée.

XX **Le 19** 🎨 AK ⁇ ⇄ _VISA_ ⊚⊚ AE
19 descente de la Halle aux Poissons – ℰ 05 34 31 94 84 – contact @
restaurantle19.com – Fax 05 34 31 94 85 – Fermé 1ᵉʳ-12 mai, 11-17 août,
22 déc.-6 janv., lundi midi, sam. et dim.   p. 7 EY **h**
Rest – Menu (20 € bc), 25 € bc (déj.), 40/60 € – Carte 47/70 €
♦ Chaleureuses salles à manger, dont une sous croisée d'ogives du 16ᵉ s., et cave à vins
ouverte arborent un style contemporain. Plats du terroir simples et généreux.

XX **Chez Laurent Orsi "Bouchon Lyonnais"** 🎨
13 r. de l'Industrie – ℰ 05 61 62 97 43   AK _VISA_ ⊚⊚ AE ①
– orsi.le-bouchon-lyonnais @ wanadoo.fr – Fax 05 61 63 00 71 – Fermé sam. midi et
dim. sauf fériés   p. 7 FY **f**
Rest – Menu 20 € (déj.)/33 € – Carte 33/58 €
♦ Grand bistrot où banquettes en cuir, tables serrées et miroirs recréent une attachante
ambiance d'entre-deux-guerres. Saveurs du Sud-Ouest, du Lyonnais et marée à l'honneur.

XX **Émile** 🛱 ᴀᴄ 𝚅𝙸𝚂𝙰 ⦿ ᴁ ⓪
13 pl. St-Georges – ℰ 05 61 21 05 56 – restaurant-emile@wanadoo.fr
– Fax 05 61 21 42 26 – Fermé 21 déc.-5 janv., lundi sauf le soir de mai à sept. et dim.
Rest – Menu 19 € (déj.), 35/50 € – Carte 37/60 € 🕸   p. 7 FY **r**
♦ Belle carte des vins, cuisine axée sur le terroir (spécialité de cassoulet) et le poisson : cette
adresse pourvue d'une agréable terrasse est très prisée.

XX **Brasserie de l'Opéra** ᴀᴄ ⇄ 𝚅𝙸𝚂𝙰 ⦿ ᴁ ⓪
1 pl. du Capitole – ℰ 05 61 21 37 03 – infojpgroupe@gmail.com
⊖ – Fax 05 62 27 16 49 – Fermé dim. et lundi   p. 7 EY **a**
Rest – Menu 18 € (déj.), 25/32 € – Carte 26/50 €
♦ Brasserie chic au cadre 1930 où l'on croise le "Tout Toulouse", et des stars qui signent leur
passage d'une photo. Recettes typiques du genre, influencées par les saisons.

X **L'Adresse** ᴀᴄ 𝚅𝙸𝚂𝙰 ⦿
4 r. Baronie – ℰ 05 61 22 55 48 – Fax 05 61 22 55 48 – Fermé 3-24 août, 8-16 fév.,
⊖ mardi soir, dim. et lundi   p. 7 EY **b**
Rest – Menu 18 € (déj. en sem.), 25/35 € – Carte 39/52 €
♦ Mobilier contemporain, miroirs, bibliothèque, bouteilles, ardoises de suggestions du
jour... : un décor à la mode pour cette "adresse" servant une cuisine actuelle bien mitonnée.

X **L'Empereur de Huê** ᴀᴄ 𝚅𝙸𝚂𝙰 ⦿
17 r. Couteliers – ℰ 05 61 53 55 72 – Fermé dim. et lundi   p. 7 EZ **a**
Rest – (dîner seult) (prévenir) Menu 36 € – Carte 43/51 €
♦ Si le décor de ce restaurant familial s'inscrit dans l'air du temps, la cuisine, quant à elle,
revendique son ancrage dans la tradition vietnamienne.

X **Michel, Marcel, Pierre et les Autres** ᴀᴄ 𝚅𝙸𝚂𝙰 ⦿
35 r. Rémusat – ℰ 05 61 22 47 05 – bistrot@michelmarcelpierre.com
⊖ – Fax 05 61 22 47 05 – Fermé 10-18 août, dim. et lundi   p. 7 EX **m**
Rest – Menu 16 € (déj.)/22 € (déj.) – Carte 33/39 €
♦ Convivialité garantie dans ce bistrot dont l'enseigne évoque un film de C. Sautet. Diffu-
sion de matchs de rugby, maillots de sport accrochés aux murs et recettes du marché.

X **Brasserie du Stade** ᴀᴄ 🅿 𝚅𝙸𝚂𝙰 ⦿ ᴁ ⓪
114 r. Troënes ⊠ 31200 – ℰ 05 34 42 24 20 – Fax 05 34 42 24 21 – Fermé 18 juil.
-26 août, 20 déc.-1er janv., lundi soir, mardi soir, sam. et dim.   p. 4 AS **x**
Rest – Carte 32/42 €
♦ Grande salle de restaurant située dans l'enceinte du temple du rugby toulousain. Entre
photos et trophées, on mange des petits plats soignés d'inspiration brasserie.

X **Rôtisserie des Carmes** ⇄ 𝚅𝙸𝚂𝙰 ⦿ ᴁ
38 r. Polinaires – ℰ 05 61 53 34 88 – rotisserie@wanadoo.fr
– Fermé 28 juil.-25 août, 24 déc.-2 janv., sam., dim. et fériés   p. 7 EZ **x**
Rest – Menu (17 €), 22 € (déj.), 28 € bc/32 € bc – Carte 32/71 €
♦ Voisinage du marché des Carmes oblige, la petite carte et le menu du jour évoluent selon
les arrivages. Le truculent patron officie dans une cuisine offerte à la vue de tous.

à Gratentour 15 km au Nord par D 4 et D 14 – 3 035 h. – alt. 174 m – ⊠ 31150

🏠 **Le Barry** 🍃 🚗 🛱 ⅀ & ch, 🎱 🅿 𝚅𝙸𝚂𝙰 ⦿ ᴁ
47 r. Barry – ℰ 05 61 82 22 10 – le-barry@wanadoo.fr – Fax 05 61 82 22 38
⊖ – Fermé 20 déc.-4 janv., vend., sam. et dim. sauf du 1er avril au 30 sept.
22 ch – †52 € ††64 €, � 8 € – ½ P 60 € – **Rest** – (fermé 1er-24 août, vend. soir,
sam. soir d'oct. à mars, sam. midi et dim.) Menu 14,50 € (déj. en sem.), 22/29 €
– Carte 19/41 €
♦ Le calme est au rendez-vous dans cette sympathique ferme de brique rose réaménagée
en hôtellerie simple et conviviale. Jardin, piscine et vignoble du Frontonnais à proximité.
Salle à manger accueillante et soignée ; répertoire culinaire traditionnel.

à l'Union 7 km au Nord-Est – 12 141 h. – alt. 146 m – ⊠ 31240

XX **La Bonne Auberge** 🛱 ᴀᴄ ⇄ 🅿 𝚅𝙸𝚂𝙰 ⦿ ᴁ
2 bis r. Autan-Blanc, (N 88) – ℰ 05 61 09 32 26 – bonne.auberge.la@wanadoo.fr
– Fax 05 61 09 97 53 – Fermé 10 août-1er sept., 21 déc.-5 janv., dim. et lundi
Rest – Menu 19 € (déj. en sem.), 25/46 € – Carte 36/49 €
♦ Sur la traversée du village, cette grange convertie en restaurant ne manque pas d'allure
avec son mobilier rustique, ses poutres et sa cheminée en briques. Carte dans l'air du temps.

1847

à Rouffiac-Tolosan 12 km par ② – 1 404 h. – alt. 210 m – ⊠ 31180

XXX **Ô Saveurs** (Daniel Gonzalez et David Biasibetti) 🛱 AC ⇔ VISA ⚫ AE ①
⁂ *8 pl. Ormeaux, (au village)* – 𝒞 05 34 27 10 11
– *o.saveurs@free.fr – Fax 05 62 79 33 84*
– *Fermé 27 avril-5 mai, 17 août-8 sept., sam. midi, dim. soir et lundi*
Rest – Menu 25 € (déj. en sem.), 42/85 € – Carte 73/105 € 🎄
Spéc. Fricassée de langoustines et foie frais de canard aux pleurotes et coulis de
corail. Pavé de bar poêlé, espuma de fenouil et tartare de langoustine aux agrumes
(avril à juil.). Pigeon rôti et ses cuisses braisées au vin rouge (avril à sept.). **Vins**
Fronton, Bergerac.
♦ Charmante maison et sa terrasse dressée sur la place pavée de ce pittoresque village.
Dans l'assiette, une bonne dose de tradition relevée d'un zeste de créativité... Savoureux !

XX **Le Clos du Loup** avec ch AC rest, 🕍 P VISA ⚫
N 88 – 𝒞 05 61 09 28 39 – *hotel-leclosduloup@orange.fr – Fax 05 61 35 13 97*
– *Fermé 26 déc.-2 janv. et dim. soir*
18 ch – †62 € ††62/110 €, � 8 € – ½ P 74 € – **Rest** – *(fermé août, sam. midi,
dim. soir et vend.)* Menu 22/30 € – Carte 34/50 €
♦ Surtout, pas d'affolement ! Le loup n'est plus... Tons chatoyants et poutres dans la salle
à manger gaiement rustique. Cuisine traditionnelle simple et chambres proprettes.

à Labège 6 km au Sud-Est par D 2 et D 16, direction Gare SNCF – ⊠ 31670

XXX **L'Orangerie de Labège-L'Arôme et le Grain** 🛱 ᴰ AC ❄
4 r. Isatis – 𝒞 05 62 47 54 53 ⇔ P VISA ⚫ AE
– *orangeriedelabege@wanadoo.fr – Fax 05 62 47 54 51 – Fermé 3-27 août,
21-29 déc., sam. midi, dim. et lundi*
Rest – Menu 26 € (déj. en sem.), 52/95 € – Carte 57/65 €
♦ À l'ambiance feutrée qui règne dans cette ferme du 17ᵉ s. (salons intimes, briques roses,
mobilier design) répond une cuisine actuelle sophistiquée. Joli patio-terrasse.

à Ramonville-St-Agne 6 km au Sud-Est par D 113 – 11 696 h. – alt. 162 m –
⊠ 31520

🏠 **Péniche Soléïado** 🛥 AC ↯ ❄ 📞
Pont de Mange-Pomme, près Pont-Sud, par D 113, direction Ferme de Cinquante –
𝒞 06 86 27 83 19 – *peniche.soleiado@cegetel.net – Fax 05 62 19 07 71*
5 ch ⊆ – †80 € ††80 € – **Table d'hôte** – Menu 30 € bc
♦ Cette péniche amarrée sur le canal du Midi dissimule un intérieur chaleureux : trois
chambres certes petites, mais tout à fait exquises.

à Castanet-Tolosan 8 km par ⑤ et N 113 – 10 250 h. – alt. 164 m – ⊠ 31320

X **La Table des Merville** 🛱 ❄ ⇔ VISA ⚫
☺ *3 pl. Richard* – 𝒞 05 62 71 24 25 – *contact@table-des-merville.fr*
– *Fax 05 34 66 18 56 – Fermé 13-21 avril, 27 juil.-18 août, 26 oct.-3 nov.,
21 déc.-1ᵉʳ janv., dim. et lundi*
Rest – Menu (14 €), 25/37 € – Carte 36/56 €
♦ L'appétissante cuisine de ce restaurant familial est concoctée en fonction des arrivages
du marché... et à la vue de tous. Expo-vente de tableaux modernes. Un lieu séduisant !

à Lacroix-Falgarde 13 km au Sud par D 4 – 1 485 h. – alt. 154 m – ⊠ 31120

XX **Le Bellevue** ⩽ 🛱 P VISA ⚫ AE ①
1 av. Pyrénées – 𝒞 05 61 76 94 97 – *Fax 05 62 20 96 57 – Fermé 15 oct.-16 nov.,
merc. de sept. à avril et mardi*
Rest – Menu 19 € (déj. en sem.), 27/39 € – Carte 38/58 €
♦ Ancienne guinguette entourée de verdure bordant l'Ariège. Aux beaux jours, la grande
terrasse à fleur d'eau a beaucoup de succès. Plats traditionnels et spécialités du Sud-Ouest.

à Tournefeuille 10 km à l'Ouest par D 632 AT – 22 758 h. – alt. 155 m – ⊠ 31170

XX **L'Art de Vivre** 🛱 ⇔ P VISA ⚫ AE ①
279 chemin Ramelet-Moundi – 𝒞 05 61 07 52 52 – *contact@lartdevivre.fr*
– *Fax 05 61 06 41 94 – Fermé vacances de Pâques, 10-31 août, 20-31 déc., dim. soir,
lundi soir, mardi soir et merc.*
Rest – Menu 23 € (déj. en sem.), 34/54 € – Carte 49/81 €
♦ Aux beaux jours, cette maison proche du golf s'agrandit d'une agréable terrasse que l'on
installe au milieu du jardin bordé par un ruisseau. Table traditionnelle revisitée.

à Purpan 6 km à l'Ouest par N 124 - ⊠ 31300 Toulouse

🏨🏨🏨 **Palladia** 🕮 ⏏ ⬛ 🕭 ⬛ ch, 🎟 ↯ 🕻 👫 🅟 🌀 🚫 VISA 🐮 AE ⓞ
271 av. Grande Bretagne – 🕾 05 62 12 01 20 – info@hotelpalladia.com
– *Fax 05 62 12 01 21*   p. 4   AT **e**
90 ch – †102/195 € ††102/195 €, � 18 € – 3 suites – **Rest** – *(fermé dim. et fériés)* Menu (25 € bc), 35/59 € bc – Carte 41/69 €
♦ Imposant immeuble à égale distance de l'aéroport et du centre-ville. Aménagements particulièrement soignés. Chambres progressivement rénovées, spacieuses et confortables. Salle à manger moderne et lumineuse ; terrasse d'été dressée à l'ombre des parasols.

🏨🏨🏨 **Novotel Aéroport** 🖼 🕮 ⬛ 🍴 ⬛ 🕭 ⬛ ch, 🎟 ↯ 🕻 👫
23 impasse Maubec – 🕾 05 61 15 00 00   🅟 VISA 🐮 AE ⓞ
– *h0445@accor.com* – *Fax 05 61 15 88 44*   p. 4   AT **a**
123 ch – †80/155 € ††80/155 €, ⊻ 14 € – **Rest** – Carte 18/38 €
♦ Cet hôtel de chaîne abrite des chambres bien insonorisées. Espace vert, jeux pour les enfants, wi-fi et navette gratuite pour l'aéroport. Le restaurant contemporain et l'agréable terrasse regardent la piscine ; recettes actuelles, suggestions et plats allégés.

à St-Martin-du-Touch vers ⑦ – ⊠ 31300 Toulouse

🏨 **Airport Hôtel** sans rest 🕭 ⬛ 🕻 👫 🅟 🌀 VISA 🐮 AE
176 rte de Bayonne – 🕾 05 61 49 68 78 – airporthotel@wanadoo.fr
– *Fax 05 61 49 73 66*   p. 4   AT **s**
45 ch – †68 € ††86 €, ⊻ 9 € – 3 suites
♦ Ce bâtiment des années 1980 en briques rouges constitue une étape pratique à proximité de l'aéroport. Chambres simples, mais bien protégées du bruit et assez confortables.

🍴🍴 **Le Cantou** 🖼 🕮 ⇔ 🅟 VISA 🐮 AE ⓞ
98 r. Velasquez, (D 2B) – 🕾 05 61 49 20 21 – le.cantou@wanadoo.fr
– *Fax 05 61 31 01 17* – *Fermé 9 août-1er sept., 21 déc.-4 janv., sam. et dim.* p. 4   AT **h**
Rest – Menu 30/56 € – Carte 43/57 € ఀ
♦ Cette coquette ferme entourée d'un immense jardin dresse sa terrasse autour d'un joli puits. Goûteuse cuisine actuelle et remarquable sélection de vins (1 300 références).

à Colomiers 10 km par ⑦, sortie n° 3 puis direction Cornebarrieu par D 63 – 28 538 h.
– alt. 182 m – ⊠ 31770

🍴🍴🍴 **L'Amphitryon** (Yannick Delpech) ⬉ 🕮 🎟 ⇔ 🅟 VISA 🐮 AE ⓞ
   🌟🌟   *chemin de Gramont* – 🕾 05 61 15 55 55 – contact@lamphitryon.com
– *Fax 05 61 15 42 30*
Rest – Menu 32 € (déj. en sem.), 58/105 € – Carte 87/114 € ఀ
Spéc. Sardine fraîche taillée au couteau, crème de morue et caviar de hareng. Thon rouge mariné puis juste saisi. Canette du Lauragais en croûte de poivre noir, coriandre et cumin. **Vins** Gaillac, Côtes du Frontonnais.
♦ Chaleureuse salle à manger-véranda moderne ouverte sur la campagne environnante, où l'on goûte une brillante cuisine créative, très originale, et sublimant les produits du terroir.

à Pibrac 12 km par ⑦, sortie n° 6 – 7 440 h. – alt. 157 m – ⊠ 31820

🍴 **Le Pavillon Saint Jean** 🕮 VISA 🐮 AE ⓞ
1 chemin Beauregard – 🕾 05 61 06 71 71 – pierre-jean.darroze@orange.fr
   ✆   – *Fax 05 61 86 35 63* – *Fermé 4-31 août, sam. midi, dim. soir et lundi*
Rest – Menu 18 € (déj. en sem.), 26/46 € – Carte 42/59 €
♦ En léger retrait du centre, paisible maison régionale proposant une bonne cuisine traditionnelle dans un sobre cadre contemporain ou en terrasse, lorsque le soleil le permet.

à Blagnac 7 km au Nord-Ouest – 20 586 h. – alt. 135 m – ⊠ 31700

🏨🏨🏨 **Pullman** 🕮 ⬛ 🕭 🍴 ⬛ 🎟 ↯ 🍽 ch, 🕻 👫 VISA 🐮 AE ⓞ
2 av. Didier Daurat, dir. aéroport (sortie n° 3) – 🕾 05 34 56 11 11 – h0565@
accor.com – *Fax 05 61 30 02 43*   p. 4   AS **e**
100 ch – †175/290 € ††175/290 €, ⊻ 22 €
Rest *Le Caouec* – *(fermé 2-17 août, sam., dim. et fériés)* Carte 31/63 €
♦ Un hôtel des années 1970 en pleine mutation : nouveaux espaces communs tendance et une partie des chambres relookées dans le même esprit. Navette gratuite pour l'aéroport. Petite restauration façon tapas au bar ou carte plus traditionnelle en salle.

Holiday Inn Airport 🏠 ≣ 🕼 🖢 ⌚ ch, 🔟 ↹ 🛅 📶 📶
pl. Révolution – ℰ 05 34 36 00 20 📱 **VISA** 🌐 **AE** ①
– tlsap@ichotelsgroup.com – Fax 05 34 36 00 30 *p. 4* AS **h**
149 ch – 🛏105/240 € 🛏🛏105/255 €, 🖵 21 € – **Rest** – *(fermé sam. et dim.)*
Menu 22/35 € – Carte 22/46 €

♦ Des tons à la fois apaisants et chaleureux habillent les chambres garnies d'un mobilier contemporain. Espace séminaire bien aménagé. Une navette relie l'hôtel à l'aéroport. Plaisant restaurant de type brasserie agrémenté de fresques honorant l'olivier.

XX **Le Cercle d'Oc** 🚋 🏠 🔟 ⇔ 📱 **VISA** 🌐 **AE** ①
6 pl. M. Dassault – ℰ 05 62 74 71 71 *– cercledoc@wanadoo.fr*
– Fax 05 62 74 71 72 – Fermé 3-24 août, 25 déc.-1er janv., sam. et dim. *p. 4* AS **t**
Rest – Menu 34 € bc (déj.), 43/55 €

♦ Cette jolie ferme du 18e s. est un îlot de verdure au cœur d'une zone commerciale. Élégantes salles à manger aux allures de club anglais, bar-billard et belle terrasse d'été.

XX **Le Pré Carré** 🔟 ⇔ **VISA** 🌐 **AE**
aéroport Toulouse-Blagnac, (2ème étage) – ℰ 05 61 16 70 40 *– Fax 05 61 16 70 51*
– Ouvert de sept. à avril et fermé le week-end *p. 4* AS **n**
Rest – *(déj. seult)* Menu (35 €), 42/45 €

♦ Face aux pistes, plaisant restaurant d'aérogare installé dans l'enceinte d'une brasserie. Décor design où dominent le bois et les tons rouges. Carte au goût du jour.

à Seilh 15 km par ⑧ – **2 086 h.** – alt. 133 m – ✉ 31840

Latitudes Golf de Seilh ⧼ ⧼ 🏠 🎄 🕼 🖓 📷 ≣ 🖢 ⌚ ch, 🔟 ↹ 🕿
rte Grenade – ℰ 05 62 13 14 15 🔥 📱 🛏 **VISA** 🌐 **AE** ①
 – toh@latitudeshotels.com – Fax 05 61 59 77 97
172 ch – 🛏85/140 € 🛏🛏85/140 €, 🖵 13 € – 2 suites – **Rest** – Menu (15 €), 18 €

♦ Ce vaste complexe hôtelier ouvert sur deux parcours de golf accueille de nombreux séminaires et séjours sportifs. Possibilité de location de studios et d'appartements. Restaurant décoré sur le thème de l'aéropostale ; cuisine aux accents du Sud-Ouest.

> Rouge = agréable. Repérez les symboles X et 🏠 passés en rouge.

TOUQUES – 14 Calvados – 303 M3 – rattaché à Deauville

LE TOUQUET-PARIS-PLAGE – 62 Pas-de-Calais – 301 C4 – **5 299 h.** – alt. 5 m
– Casino : du Palais BZ, les 4 Saisons AYZ – ✉ 62520
▌ Nord Pas-de-Calais Picardie **30 A2**

🖪 Paris 242 – Abbeville 58 – Arras 99 – Boulogne-sur-Mer 30 – Calais 68
🖪 Office de tourisme, place de l'Hermitage ℰ 03 21 06 72 00,
Fax 03 21 06 72 01
🖪 du Touquet Avenue du Golf, S : 2 km, ℰ 03 21 06 28 00.

Plan page ci-contre

🏠🏠 **Westminster** 🏠 🔟 ≣ 🔟 rest, ↹ 🖓 rest, 🔥 📱 📱 **VISA** 🌐 **AE** ①
😊 *av. Verger –* ℰ 03 21 05 48 48 *– reception@westminster.fr*
– Fax 03 21 05 45 45 BZ **a**
115 ch – 🛏80/270 € 🛏🛏116/300 €, 🖵 20 € – 1 suite
Rest Le Pavillon – *(fermé 2 janv.-9 avril et mardi sauf juil.-août) (dîner seult)*
Menu 55/135 € – Carte 80/120 € 🏵
Rest Les Cimaises – ℰ 03 21 06 74 95 – Menu (32 € bc), 37 € – Carte 50/76 €
Spéc. Langoustines, niçoise de légumes, glace roquette (1er juin-15 sept.). Turbot, huître et concombre en transparence. Côte de veau de lait, jambon cru en émulsion.

♦ Séduisant palace d'architecture anglo-normande (1925-1928), posté entre la mer et la pinède. Hall aux superbes ascenseurs ; chambres de style Art déco ou tout simplement rétro. Terrasse prisée en été. Cuisine classique revisitée et remarquable carte des vins au Pavillon. Buffets et plats de brasserie aux Cimaises.

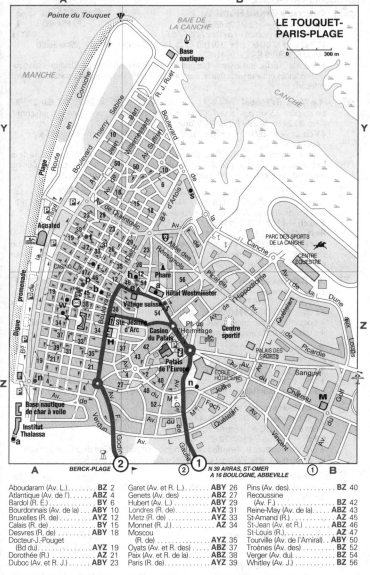

LE TOUQUET-PARIS-PLAGE

0   300 m

Holiday Inn 🕭
av. Mar. Foch – ✆ 03 21 06 85 85 – hotel@
holidayinnletouquet.com – Fax 03 21 06 85 00
86 ch – ♦125/175 € ♦♦125/175 €, ☲ 16 € – 2 suites – ½ P 101/126 €
Rest *Le Picardy* – Menu (20 €), 36 €

♦ En lisière de forêt, bâtiment récent dont les chambres, fonctionnelles, sont desservies par une galerie fleurie ; celles de la catégorie "privilège" viennent d'être rénovées. Parquet et plantes vertes apportent une petite touche d'originalité à la belle salle à manger en rotonde. Carte traditionnelle.

BZ **n**

1851

Mercure Grand Hôtel ⌂ ⌖ ⌖ ▢ ⊛ ▣ Ⓐ⒞ ⌘ rest, ⌐ ⌂
4 bd Canche – 𝒞 03 21 06 88 88 Ⓟ 𝘝𝘐𝘚𝘈 ⓪ ⒶⒺ ⓪
– H5605 @ accor.com – Fax 03 21 06 87 87 BY **s**
132 ch – ♦110/160 € ♦♦110/160 €, � 15 € – 5 suites – **Rest** – (dîner seult)
Menu (23 €), 28 € – Carte 41/67 €
♦ Face à la Canche, établissement de grand standing avec spa intégré. Chambres spacieuses ; certaines ont vue sur la rivière. Cuisine dans l'air du temps au restaurant récemment redécoré.

Le Manoir Hôtel ⌂ ⌖ ⌖ ⌤ ⌘ ⌘ ⌂ Ⓟ 𝘝𝘐𝘚𝘈 ⓪
av. du Golf, 2,5 km par ② – 𝒞 03 21 06 28 28 – manoirhotel @ opengolfclub.com
– Fax 03 21 06 28 29 – Fermé 4-28 janv.
41 ch ⊷ – ♦122/186 € ♦♦160/252 € – ½ P 112/158 € – **Rest** – Menu 35 €
– Carte 44/56 €
♦ Beau manoir du début du 20ᵉ s. entouré d'un jardin fleuri, à proximité immédiate de la forêt et du golf. Chambres douillettes. Bar de style anglais. Clientèle de golfeurs. Cuisine traditionnelle accordée au cadre classique de la plaisante salle à manger.

Novotel ⟨ ⌖ ⌖ ⌘ ▢ ⊛ ⌘ ⌂ ⌂ rest, ⌐ ⌘ rest, ⌐ ⌂
Front de Mer – 𝒞 03 21 09 85 30 – h0449-SB @ Ⓟ 𝘝𝘐𝘚𝘈 ⓪ ⒶⒺ ⓪
accor.com – Fax 03 21 09 85 40 – Fermé en janv. AZ **a**
146 ch – ♦103/172 € ♦♦103/172 €, ⊷ 15 € – 3 suites – ½ P 88/123 €
Rest – Menu (23 €), 32 € – Carte 34/48 €
♦ Ce Novotel bénéficie d'un agréable emplacement au bord de la plage et à proximité d'un centre de thalassothérapie. Menues chambres récemment rénovées. Les baies du restaurant sont tournées vers le rivage ; carte consacrée aux produits de la mer.

Le Bristol sans rest ⌘ ⌘ Ⓟ 𝘝𝘐𝘚𝘈 ⓪ ⒶⒺ ⓪
17 r. Jean Monnet – 𝒞 03 21 05 49 95 – reservations @ hotelbristol.fr
– Fax 03 21 05 90 93 AZ **x**
52 ch – ♦70/120 € ♦♦80/280 €, ⊷ 10 €
♦ Coquette villa des années 1920, entre plage et centre-ville, aux chambres fonctionnelles, refaites par étapes dans un style contemporain. Bar-salon intime, joli patio-terrasse.

Red Fox sans rest ⌘ Ⓐ⒞ ⌐ ⌂ 𝘝𝘐𝘚𝘈 ⓪ ⒶⒺ ⓪
r. de Metz – 𝒞 03 21 05 27 58 – reception @ hotelredfox.com – Fax 03 21 05 27 56
53 ch – ♦53/120 € ♦♦65/120 €, ⊷ 13 € AY **r**
♦ Dans une rue animée, chambres pratiques, de tailles variables, mansardées au dernier étage. Salon confortable et salle des petits-déjeuners à l'ambiance cosy (copieux buffet).

Windsor sans rest ⌘ ⌐ ⌘ Ⓟ 𝘝𝘐𝘚𝘈 ⓪
7 r. St-Georges – 𝒞 03 21 05 05 44 – reservations @ hotel-windsor.fr
– Fax 03 21 05 75 81 – Fermé 3-31 janv. AZ **w**
28 ch – ♦50/60 € ♦♦60/70 €, ⊷ 8 €
♦ Cet hôtel jouxtant la plage dispose de chambres de bon confort dont l'ampleur varie du simple au quadruple. Plaisant salon ; salle de petit-déjeuner au plafond de stuc peint.

La Forêt sans rest ⌘ 𝘝𝘐𝘚𝘈 ⓪ ⒶⒺ
73 r. de Moscou – 𝒞 03 21 05 09 88 – Fax 03 21 05 59 40 – Fermé 15 déc.-15 janv.
10 ch – ♦45 € ♦♦53/59 €, ⊷ 7 € AZ **b**
♦ Des chambres bien tenues, fonctionnelles et tranquilles et une sympathique salle des petits-déjeuners font le succès de cet hôtel familial idéalement situé en centre-ville.

Villa Fierval sans rest ⌐ 𝘝𝘐𝘚𝘈 ⓪ ⒶⒺ ⓪
6 av. Léon-Garet – 𝒞 06 08 33 20 07 – fierval @ wanadoo.fr – Fax 03 21 05 91 55
– Fermé 10 janv.-5 fév. BY **h**
4 ch ⊷ – ♦47/69 € ♦♦69/95 €
♦ Serge Gainsbourg séjourna dans cette maison familiale, entre autres hôtes célèbres... Élégante façade cachant un spacieux intérieur aux chambres confortables et bien équipées.

Flavio ⌘ 𝘝𝘐𝘚𝘈 ⓪ ⒶⒺ ⓪
av. Verger – 𝒞 03 21 05 10 22 – flavio @ flavio.fr – Fax 03 21 05 91 55
– Fermé 10 janv.-10 fév., dim. soir d'oct. à déc., lundi sauf juil.-août et 15-30 nov.
Rest – Menu (20 € bc), 60 € (sem.)/148 € – Carte 58/97 € BZ **r**
♦ Cette adresse soignée vous proposera à coup sûr sa pêche du jour aux produits magnifiques, par laquelle on se laisse volontiers tenter. Piano, lustres, meubles de style en décor.

XX **Le Village Suisse**   😤 🏧 𝗩𝗜𝗦𝗔 ⚫🔵

*52 av. St-Jean – ℰ 03 21 05 69 93 – contact@levillagesuisse.fr
– Fax 03 21 05 66 97 – Fermé 24 nov.-8 déc., dim. soir d'oct. à avril, mardi midi et
lundi de sept. à juin*   BZ **e**
Rest – Menu 26/80 € – Carte 44/72 €

♦ Cette villa construite en 1905 pour la fille d'un richissime Suisse abrite un plaisant restaurant et une belle terrasse aménagée sur le toit de boutiques d'antiquités.

XX **Le Paris**   😤 𝗩𝗜𝗦𝗔 ⚫🔵

😔 *88 r. de Metz – ℰ 03 21 05 79 33 – Fermé 23 juin-2 juil., 17-28 nov., dim. soir hors
saison, mardi soir et merc.*   AZ **p**
Rest – Menu 18 € (sem.)/38 € – Carte 37/50 €

♦ Situation très centrale et décor contemporain mariant avec bonheur tons rouge et chocolat pour ce restaurant où vous savourerez des recettes dans l'air du temps.

XX **Côté Sud**   😤 🏧 𝗩𝗜𝗦𝗔 ⚫🔵

*187 bd du Dr Pouget – ℰ 03 21 05 41 24 – cotesud62@orange.fr
– Fax 03 21 86 54 48 – Fermé 16-25 juin, 24 nov.-10 déc., dim. soir hors saison, lundi
midi et merc.*   AZ **n**
Rest – Menu 14 € (déj. en sem.), 19/31 € – Carte 41/53 €

♦ Cadre minimaliste, tout blanc, et soigné pour ce restaurant situé le long de la digue du Touquet, face à la mer. La cuisine, au goût du jour, fait la part belle aux poissons.

X **Ricochet**   🏧 𝗩𝗜𝗦𝗔 ⚫🔵

😔 *49 r. de Paris – ℰ 03 21 06 41 36 – contact@ricochet-letouquet.com
– Fax 03 21 06 50 90 – Fermé janv., mardi et merc.*   AY **t**
Rest – Menu 14 € (déj. en sem.)/31 € – Carte 27/44 €

♦ Adresse branchée du centre de la station : atmosphère design, jardin intérieur, service jeune et suggestions sur ardoise de mets épurés qui témoignent d'une belle diversité.

à Stella-Plage 7 km par ② – ⌧ 62780 Cucq

🖪 Office de tourisme, Place Jean Sapin ℰ 03 21 09 04 32, Fax 03 21 84 49 88

🏠 **Des Pelouses**   😤 ▨ ↔ 📞 🅿 𝗩𝗜𝗦𝗔 ⚫🔵 🏧 ⓪

*bd E. Labrasse – ℰ 03 21 94 60 86 – hotel.des.pelouses@wanadoo.fr
– Fax 03 21 94 10 11 – Fermé 20 déc.-2 fév., dim. soir et lundi d'oct. à Pâques*
27 ch – ♦49/52 € ♦♦60/70 €, ⌑ 9 € – ½ P 60/70 € – **Rest** – Carte 21/36 €

♦ Nombreuses rénovations entreprises dans cette construction cubique située à 1 800 m de la plage. Chambres nettes, plus spacieuses sur l'arrière. Les recettes régionales figurent en bonne place sur l'appétissante carte proposée dans la sobre salle à manger.

TOURCOING – 59 Nord – 302 G3 – 93 540 h. – alt. 37 m – ⌧ 59200

🗓 Nord Pas-de-Calais Picardie   31 **C2**

🇩 Paris 234 – Kortrijk 19 – Gent 61 – Lille 17 – Oostende 81 – Roubaix 5

🖪 Office de tourisme, 9, rue de Tournai ℰ 03 20 26 89 03,
Fax 03 20 24 79 80

🖾 des Flandres à Marcq-en-Baroeul 159 boulevard Clémenceau, par D 670 :
9 km, ℰ 03 20 72 20 74.

Accès et sorties : voir plan de Lille

Plan page suivante

🔡 **Altia**   ▨ 😤 ⤢ 🛁 ♿ ch, 🏧 ↔ 📞 ♨ 🅿 𝗩𝗜𝗦𝗔 ⚫🔵 🏧 ⓪

*r. Vertuquet, au Nord près échangeur de Neuville-en-Ferrain (sortie 18)
⌧ 59535 Neuville-en-Ferrain – ℰ 03 20 28 88 00 – reservation@altia-hotel.com
– Fax 03 20 28 88 10*   *plan de Lille* HR **e**
108 ch – ♦55/105 € ♦♦55/115 €, ⌑ 13 € – **Rest** – Menu 35 € bc/45 € bc – Carte
20/37 €

♦ Récemment repris, cet hôtel proche de la frontière belge (300 m) cible la clientèle d'affaires. Optez pour une chambre rénovée, plus actuelle et confortable. Cuisine traditionnelle servie dans une vaste salle à manger ouverte sur la terrasse et la piscine.

🛏 **Ibis** 🛗 📶 **P** 🅿 **VISA** **MO** **AE** **①**

r. Carnot – ℰ 03 20 24 84 58 – h0642@accor.com – Fax 03 20 26 29 58
102 ch – †69 € ††69 €, ⊇ 7,50 € – **Rest** – Menu 21/27 € – Carte 19/27 €   BZ **s**

♦ Cet immeuble jouit d'une situation centrale convenant à ceux qui souhaitent profiter de l'animation urbaine. Préférez les chambres refaites. La carte du restaurant propose des recettes traditionnelles françaises et quelques plats plus exotiques.

XX **La Baratte** 🍴 **AC** ⇔ **VISA** **MO** **AE**

😊 *395 r. Clinquet – ℰ 03 20 94 45 63 – la.baratte@wanadoo.fr – Fax 03 20 03 41 84
– Fermé 4-25 août, sam. midi, dim. soir et lundi*   *plan de Lille* HR **d**
Rest – Menu 21 € (sem.), 27/80 € bc – Carte 45/55 €

♦ Accueillante salle à manger d'esprit rustique, en partie ouverte sur le jardin, cuisine à la fois généreuse et gourmande : zéro faute pour cette ancienne boucherie familiale !

LA TOUR-D'AIGUES – 84 Vaucluse – 332 G11 – 3 860 h. – alt. 250 m – ⊠ 84240
🏛 Provence

    🚩 Paris 752 – Aix-en-Provence 29 – Apt 35 – Avignon 81 – Digne-les-Bains 92
    🏛 Office de tourisme, le Château ℰ 04 90 07 50 29, Fax 04 90 07 35 91

🏠   **Le Petit Mas de Marie**   🍴 🛋 🅿 VISA ©© AE ①
🐾   *quartier Revol, 1 km, rte de Pertuis* – ℰ 04 90 07 48 22 – *lepetitmasdemarie@*
    wanadoo.fr – *Fax 04 90 07 34 26* – *Fermé vacances de la Toussaint et de fév.*
    15 ch – †44/69 € ††50/73 €, ⊡ 10 € – ½ P 60/71 € – **Rest** – *(fermé sam. midi, dim.*
    soir et lundi d'oct. à mars) Menu 13,50 € (déj. en sem.), 25/34 € – Carte 35/53 €
    ◆ Cette accueillante maison du pays d'Aigues est entourée par un paisible jardin. Chambres provençales impeccablement tenues. Salle à manger spacieuse et claire ; terrasse ouverte sur la verdure et bercée par le chant des cigales.

✗ Auberge de la Tour   AC VISA ◐◑ AE

51 r. A. de Tres – ℰ 04 90 07 34 64 – Fax 04 90 07 34 64 – Fermé 27 oct.-4 nov.,
2-10 janv., sam. midi, dim. soir et lundi
Rest – Menu 12 € bc (déj. en sem.), 17/25 € – Carte 22/28 €
♦ À proximité de l'église du bourg, restaurant tout simple au décor rustique et à l'ambiance
décontractée, où se mitonnent des petits plats fleurant bon la Provence.

TOUR-DE-FAURE – 46 Lot – 337 G5 – rattaché à St-Cirq-Lapopie

LA TOUR-DU-PIN 👁 – 38 Isère – 333 F4 – 6 553 h. – alt. 350 m – ✉ 38110

📕 Lyon et la vallée du Rhône   45 **C2**

◘ Paris 516 – Aix-les-Bains 57 – Chambéry 51 – Grenoble 67 – Lyon 55
  – Vienne 57

🛈 Office de tourisme, rue de Châbons ℰ 04 74 97 14 87, Fax 04 74 83 34 74

▣ du Château de Faverges à Faverges-de-la-TourE : 9 km par D 1516,
  ℰ 04 74 88 89 51.

🏨 Mercure   🛋 🏡 🎘 🖼 🏋 🛁 📶 ⚙ P VISA ◐◑ ⓪

439 av. Gén. de Gaulle, face centre nautique – ℰ 04 74 83 31 31 – relais.latour @
wanadoo.fr – Fax 04 74 97 87 01
60 ch – †70 € ††84 €, ⚌ 12 € – ½ P 69 € – **Rest** – *(fermé sam. midi et dim. soir)*
Menu (15 €), 18/30 € – Carte 25/48 €
♦ Ce grand bâtiment des années 1970 domine la ville. Les chambres, actuelles et fonctionnelles, bénéficient du calme jardin et de la piscine extérieure. Fitness. Décor tendance
au restaurant (boiseries sombres, mobilier design). Carte au goût du jour.

✗ Le Bec Fin   VISA ◐◑

pl. Champs-de-Mars – ℰ 04 74 97 58 79 – Fermé 4-27 août, dim. soir et lundi
Rest – Menu 17 € (déj. en sem.), 24/43 €
♦ Ex-maison de négociant en vins tenue par un jeune couple accueillant. Généreuses
recettes régionales proposées sous forme de menus, dans deux salles aux tons vert et
jaune.

à St-Didier-de-la-Tour 3 km à l'Est par N 6 – 1 419 h. – alt. 380 m – ✉ 38110

✗✗✗ Ambroisie   ← 🏡 AC ⚘ P VISA ◐◑

au bord du lac – ℰ 04 74 97 25 53 – ambroisie2 @ wanadoo.fr – Fax 04 74 97 01 93
– Fermé merc.
Rest – Menu 16 € (déj. en sem.), 37/57 €
♦ À la campagne, pavillon bordant un lac. Salle à manger-véranda cossue et charmante
terrasse sous les platanes où l'on sert une cuisine actuelle parsemée de touches proven-
çales.

à Rochetoirin 4 km au Nord-Ouest par N 6 et D 92 – 980 h. – alt. 449 m – ✉ 38110

✗ Le Rochetoirin   ← 🏡 & P VISA ◐◑

au village – ℰ 04 74 97 60 38 – lerochetoirin @ wanadoo.fr
– Fermé 25 août-7 sept., 23 déc.-15 janv., mardi soir et merc. soir d'oct. à avril, dim.
soir et lundi
Rest – Menu 18 € (déj. en sem.), 20/42 € – Carte 26/44 €
♦ Ce restaurant a le mérite de proposer deux styles culinaires : traditionnel ou inventif
(renouvelé à chaque saison). Une petite salle conviviale, une autre plus cossue ; terrasse.

TOURNEFEUILLE – 31 Haute-Garonne – 343 G3 – rattaché à Toulouse

---

TOURNON-SUR-RHÔNE 👁 – 07 Ardèche – 332 B3 – 9 946 h. – alt. 125 m –
✉ 07300 📕 Lyon et la vallée du Rhône   43 **E2**

◘ Paris 545 – Grenoble 98 – Le Puy-en-Velay 104 – St-Étienne 77 – Valence 18
  – Vienne 60

🛈 Office de tourisme, 2, place Saint-Julien ℰ 04 75 08 10 23

◙ Terrasses ★ du château B - Route panoramique ★★★ B.

Plan : voir à Tain-l'Hermitage

Les Amandiers sans rest

13 av. de Nîmes – ℰ 04 75 07 24 10 – hotel@hotel-amandiers.com
– Fax 04 75 07 06 30 – Fermé 19 déc.-4 janv.   C n
25 ch – ♦54/59 € ♦♦59/69 €, ⊆ 8 €

◆ Pavillon moderne fréquenté par la clientèle d'affaires en semaine. Chambres refaites, climatisées, bien insonorisées et équipées de grandes salles de bains.

Azalées

6 av. Gare – ℰ 04 75 08 05 23 – contact@hotel-azalees.com – Fax 04 75 08 18 27
– Fermé 27 oct.-2 nov. et 22 déc.-4 janv.   B s
37 ch – ♦52 € ♦♦52/70 €, ⊆ 8 € – ½ P 48 € – **Rest** – (fermé dim. soir du 15 oct. au 15 mars) Menu 18/32 € – Carte 19/28 €

◆ Entre gare et centre-ville, chambres aménagées dans deux bâtiments situés de part et d'autre d'une cour ; choisir les plus récentes. Gratin de ravioles, picodon, senteurs de thym, etc. : la table affiche ouvertement son attachement au terroir. Petite terrasse.

Tournesol

44 av. Mar. Foch – ℰ 04 75 07 08 26 – contact@letournesol.net – Fermé
1er-24 août, vacances de la Toussaint, de fév., dim. soir, mardi soir et merc.   B v
Rest – Menu 17 € (sem.)/33 € – Carte 30/42 € ⅏

◆ Cuisine au goût du jour, produits frais et belle sélection de vins des côtes du Rhône rangés dans une cave vitrée, sont à l'affiche de ce restaurant au cadre actuel. Terrasse.

Le Chaudron

7 r. St-Antoine – ℰ 04 75 08 17 90 – Fax 04 75 08 06 61 – Fermé 2-24 août,
23 déc.-6 janv., mardi soir, jeudi soir et dim.   B r
Rest – Menu 26/35 € – Carte 30/52 € ⅏

◆ Boiseries foncées, banquettes en skaï vert et agréable terrasse composent le cadre de ce sympathique bistrot. Goûteuse cuisine du terroir et riche carte de côtes-du-rhône.

TOURNUS – 71 Saône-et-Loire – 320 J10 – 6 231 h. – alt. 193 m – ⊠ 71700
▌Bourgogne   8 C3

🛣 Paris 360 – Bourg-en-Bresse 70 – Chalon-sur-Saône 28 – Mâcon 37

🛈 Office de tourisme, 2, place de l'abbaye ℰ 03 85 27 00 20,
   Fax 03 85 27 00 21

◎ Abbaye★★.

Plan page suivante

Hôtel de Greuze sans rest

5 pl. Abbaye – ℰ 03 85 51 77 77 – hoteldegreuze@free.fr
– Fax 03 85 51 77 23   e
19 ch – ♦115/290 € ♦♦145/320 €, ⊆ 16 € – 2 suites

◆ Le clocher de St-Philibert domine cette belle demeure bressane rénovée. Décor raffiné dans les chambres, dont chacune adopte un style différent : Louis XVI, Directoire, Empire... Quelques-unes ont vue sur l'abbaye. Une adresse ne manquant pas de distinction.

Le Rempart

2 av. Gambetta – ℰ 03 85 51 10 56 – lerempart@wanadoo.fr
– Fax 03 85 51 77 22   x
23 ch – ♦95/145 € ♦♦115/165 €, ⊆ 16 € – 11 suites – ½ P 98/158 €
Rest – (fermé merc. et jeudi du 15 oct. au 15 avril sauf vacances scolaires)
Menu 33/77 € – Carte 59/76 €
Rest Le Bistrot – Menu 19/26 € – Carte 26/38 €

◆ Sur l'ancien rempart de Tournus, maison du 15e s. aux chambres presque toutes refaites dans un esprit contemporain (matériaux nobles, beaux équipements). Fine cuisine actuelle à déguster dans un restaurant cossu (vestiges romans). Carte du terroir au Bistrot.

La Tour du Trésorier sans rest

9 pl. Abbaye – ℰ 03 85 27 00 47 – michel.vialle@worldonline.fr
– Fax 03 85 27 00 48 – Fermé 4 janv.-8 fév.   a
5 ch ⊆ – ♦120/170 € ♦♦130/180 €

◆ Cette belle maison d'origine médiévale, flanquée d'une puissante tour, fait face à l'abbaye et jouxte le musée bourguignon. Accueil avenant, salon cossu et chambres de charme.

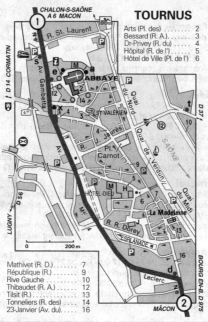

TOURNUS

CHALON-S-SAÔNE
A 6 MÂCON

Arts (Pl. des) 2
Bessard (R. A.) 3
Dr-Privey (R. du) 4
Hôpital (R. de l') 5
Hôtel de Ville (Pl. de l') . 6

Mathivet (R. D.) 7
République (R.) 9
Rive Gauche 10
Thibaudet (R. A.) 12
Tilsit (R.) 13
Tonneliers (R. des) 14
23-Janvier (Av. du) 16

MÂCON

XXX   ✿   **Rest. Greuze** (Laurent Couturier)   AK VISA ⓜⓞ AE ⓞ

1 r. A. Thibaudet – ℰ 03 85 51 13 52 – greuze@wanadoo.fr – Fax 03 85 51 75 42
– Fermé 11 nov.-11 déc.   **e**

Rest – Menu 50 € (sem.)/105 € – Carte 81/126 €
Spéc. Foie gras de canard à la croque de caramel. Langoustines en trois préparations. Collection de desserts. **Vins** Mâcon Uchizy, Rully.
♦ Dans cette vénérable maison, le chef-propriétaire revisite avec bonheur quelques grands
classiques culinaires apportant sa touche personnelle à une cuisine de tradition.

XX   ✿   **Aux Terrasses** (Jean-Michel Carrette) avec ch   🏠 AK ✆ 🅿 VISA ⓜⓞ AE

18 av. 23-Janvier – ℰ 03 85 51 01 74
– courrier@aux-terrasses.com – Fax 03 85 51 09 99
– Fermé 1ᵉʳ-12 juin, 16-27 nov., 4-26 janv., dim. soir, mardi midi et lundi   **d**
18 ch – †62/75 € ††62/75 €, ⌑ 11 € – **Rest** – Menu 26 € (déj. en sem.), 32/80 €
– Carte 44/77 €
Spéc. Minute d'escargots de Bourgogne en raviole ouverte. Sandre bardé au
jambon du Morvan (oct. à avril). Filet de bœuf charolais à la plancha, sauce
béarnaise. **Vins** Mâcon Viré-Clessé, Givry.
♦ Étape de charme : salles à manger alliant touches classiques, baroques et modernes, beau
jardin intérieur, cuisine traditionnelle complice du terroir, et chambres insonorisées.

XX   🏠 🛏 🏠   **Le Terminus** avec ch   🏠 AK 🔀 ✆ 🅿 VISA ⓜⓞ AE

21 av. Gambetta – ℰ 03 85 51 05 54 – reservation@hotel-terminus-tournus.com
– Fax 03 85 51 79 11 – Fermé merc.   **s**
13 ch – †48 € ††67 €, ⌑ 9 € – ½ P 75 €
Rest – Menu 18 € (sem.)/45 € – Carte 40/59 €
♦ Cette maison du début du 20ᵉ s. située à deux pas de la gare vous convie aux plaisirs d'une
cuisine au goût du jour dans un décor contemporain. Original menu "cent pour cent
charolais". Chambres toutes non-fumeurs.

XX   🛏   **Meulien**   🅿 VISA ⓜⓞ

1 bis av. Alpes – ℰ 03 85 51 20 86 – vmeulien@wanadoo.fr – Fax 03 85 51 20 86
– Fermé 24 nov.-7 déc., dim. soir, mardi midi et lundi   **t**
Rest – Menu 15 € (déj. en sem.), 20/54 € – Carte 30/76 €
♦ Ce restaurant de la rive gauche s'agrémente d'une décoration contemporaine aux tons
crème et chocolat. Chaleureuse atmosphère familiale et cuisine au goût du jour soignée.

au Villars 4 km au Sud par N 6 et D 210 – 235 h. – alt. 184 m – ⊠ 71700

☆ **L'Auberge des Gourmets** 🛱 **P** *VISA* **CO** **AE**
😊 *pl. de l'Église* – ℰ *03 85 32 58 80* – *laubergedesgourmets@orange.fr*
– *Fax 03 85 51 08 32* – *Fermé 4-11 juin, 29 oct.-7 nov., 24-27 déc., 5-29 janv., dim.
soir, mardi soir et merc. sauf fériés*
Rest – Menu 20 € (sem.)/46 € – Carte 35/53 €
♦ Petite auberge à façade jaune où l'on vient faire des repas traditionnels personnalisés
sous les poutres peintes d'une salle dont le bel appareil de pierres nues est égayé par des
expositions picturales temporaires. Accueil et service avenants.

à Brancion 14 km à l'Ouest par D 14 – ⊠71700 Martailly-les-Brancion

◉ Donjon du château ≤★.

🏰 **La Montagne de Brancion** ॐ ≤ monts du Mâconnais, 🛱 🛱 ⊼
au col de Brancion – ℰ *03 85 51 12 40* ⅋ rest, 📞 🔏 **P** *VISA* **CO**
– *lamontagnedebrancion@wanadoo.fr* – *Fax 03 85 51 18 64* – *Fermé 1ᵉʳ-20 déc. et
5 janv.-10 mars*
19 ch – ♥80/106 € ♥♥100/170 €, ☎ 18 € – ½ P 106/161 € – **Rest** – *(fermé
mardi midi, merc. midi et jeudi midi)* Menu 28 € (déj. en sem.), 48/78 € – Carte
46/98 €
♦ Cette charmante demeure perchée sur la colline face au vignoble offre une vue
agréable sur les monts du Mâconnais. Chambres aux couleurs gaies, calmes et très bien
tenues. Beau panorama au restaurant où l'on sert une cuisine actuelle, généreuse et
goûteuse.

TOURRETTES – 83 Var – 340 P4 – 2 180 h. – alt. 350 m – ⊠ 83440
▮ Côte d'Azur   41 **C3**
▶ Paris 884 – Castellane 56 – Draguignan 31 – Fréjus 35 – Grasse 26

🏠 **Auberge des Pins** 🛱 🛱 ⊼ ॐ ⅋ ch, 🖾 rest, ॐ rest,
Domaine Le Chevalier, 2 km au Sud sur D 19 – **P** *VISA* **CO** **AE** ①
ℰ *04 94 76 06 36* – *auberge.des.pins@wanadoo.fr* – *Fax 04 94 76 27 50*
16 ch – ♥54/120 € ♥♥54/120 €, ☎ 7 € – **Rest** – Menu 22/50 €
♦ Dans un domaine disposant de nombreux équipements de loisirs, chambres actuelles
et studios en duplex répartis dans trois pavillons. Le décor de la salle à manger rappelle en
tout point le paysage alentour. Cuisine locale et grillades au feu de bois (uniquement le
soir).

au Sud 6 km sur D 56 – ⊠ 83440 Tourrettes

🏠🏠🏠 **Four Seasons Resort Provence at Terre Blanche** ॐ 🏵 🛱
⊼ 🏵 ൠ ॐ 🖂 ⅋ rest, 🖾 ↔ ॐ rest, 📞 🔏 **P** 🚗 *VISA* **CO** **AE** ①
Domaine de Terre Blanche – ℰ *04 94 39 90 00*
– *reservations.provence@fourseasons.com* – *Fax 04 94 39 90 01* –
114 suites ☎ – ♥♥395/925 €
Rest *Faventia* – voir ci-après
Rest *Gaudina* – Menu 48 € – Carte 62/92 €
Rest *Tousco Grill* – grill *(ouvert 1ᵉʳ juin-30 sept. et fermé mardi et merc.) (déj. seult
du 1ᵉʳ au 15 juin et du 1ᵉʳ au 15 sept.)* Carte 40/53 €
♦ Magnifique complexe hôtelier sur un domaine comprenant 2 golfs 18 trous, une grande
demeure provençale et 45 villas abritant de vastes suites. Superbe spa et aire de jeux.
Saveurs du Sud au Gaudina. Au Tousco Grill, côté piscine, formule grill et buffets.

ॐॐॐॐ **Faventia** – Hôtel Four Seasons Resort Provence at Terre Blanche 🛱 ⅋
🕸 – ℰ *04 94 39 90 00* 🖾 ॐ ⇄ 🔜 **P** *VISA* **CO** **AE** ①
– *reservations.provence@fourseasons.com* – *Fax 04 94 39 90 01*
– *Fermé 2 nov.-22 déc., 4 janv.-6 avril, dim. et lundi*
Rest – *(dîner seult)* Menu 68/120 € – Carte 83/124 €
Spéc. Foie gras de canard du Gers autour de deux idées. Tronçon de turbot cuit en
cocotte aux feuilles de figuier. Barre de chocolat aux éclats de fruits croustillants,
glace pistache. **Vins** Côtes de Provence.
♦ Plaisante salle à manger contemporaine, agréable terrasse dominant la vallée et offrant
de belles échappées sur des villages perchés et cuisine méridionale au goût du jour.

TOURRETTES-SUR-LOUP – 06 Alpes-Maritimes – 341 D5 – 3 870 h.
– alt. 400 m – ⊠ 06140 ▮ Côte d'Azur   42 **E2**

> 🖬 Paris 929 – Grasse 18 – Nice 29 – Vence 6
>
> 🖬 Office de tourisme, 2, place de la Libération ℰ 04 93 24 18 93,
> Fax 04 93 59 24 40
>
> 🖸 Vieux village★ - ≼★ sur le village de la route des Quenières.

🏠🏠 **Résidence des Chevaliers** sans rest ⬩   ≼ village et côte, 🖼 🏊
rte Caire – ℰ 04 93 59 31 97   🖙 ⅏ 🕭 **P** 🖳 🕭 **VISA** 🏊
– hoteldeschevaliers06@wanadoo.fr – Fax 04 93 59 27 97 – Ouvert 1er avril-1er oct.
12 ch – ♦90 € ♦♦120/200 €, � 14 €
◆ Cette bâtisse en pierre joliment fleurie ménage une vue sur le village médiéval et sur la
côte. Chambres de style rustique. Petit-déjeuner servi sur une plaisante terrasse.

🏠 **La Demeure de Jeanne** sans rest   🖼 🏊 🖙 ⅏ 🕭 **P**
907 rte Vence – ℰ 04 93 59 37 24 – yolande6@libertysurf.fr – Fax 04 93 24 39 95
– Ouvert 15 mars-15 oct.
4 ch ⊒ – ♦100/150 € ♦♦100/150 €
◆ Villa typique vous logeant au calme dans ses chambres personnalisées. Jardin
peuplé d'oliviers, panorama azuréen, salon très cosy, petit-déjeuner au bord de la piscine
l'été.

🏠 **Histoires de Bastide** sans rest   🖼 🏊 ⅏ 🕭 **P** **VISA** 🏊
chemin du Moulin à Farine – ℰ 04 93 58 96 49 – histoiresdebastide@wanadoo.fr
– Fax 04 93 59 08 46
4 ch – ♦130/190 € ♦♦130/190 €, ⊒ 15 €
◆ Ambiance provençale raffinée dans cette bastide pétrie de charme. Ravissantes chambres nommées d'après l'œuvre de Pagnol. Terrasse, belle piscine et oliviers vénérables au
jardin.

🍴 **Les Bacchanales** (Christophe Dufau)   **AC** **VISA** 🏊
🏵 21 Grand-Rue – ℰ 04 93 24 19 19 – lesbacchanales06@orange.fr
– Fax 04 93 24 12 17 – Fermé 23-30 juin, 1er nov.-15 déc., mardi et merc.
Rest – (nombre de couverts limité, prévenir) Menu 28 € (déj.), 40/52 €
Spéc. Consommé de crabes verts, ravioles de tourteau, yaourt et fruits de la
passion. Colinot de Méditerranée vapeur, brocoletti à la poutargue et olives de
Nice. Mûres et mûres sauvages marinées à l'huile d'olive douce, mayonnaise
vanille, sorbet cacao.
◆ Petit "bistrot gourmet" proposant un menu-carte à l'ardoise, ambitieux et créatif.
Cadre rustico-contemporain rehaussé de tableaux modernes peints par des artistes de la
région.

🍴 **Médiéval**   🖳 **VISA** 🏊
6 Grand-Rue – ℰ 04 93 59 31 63 – Fermé 15 déc.-15 janv., merc. et jeudi
Rest – Menu 20/30 € – Carte 39/51 €
◆ Restaurant familial situé dans une ruelle du ravissant vieux village investi par artistes et
artisans. Longue salle rustique où l'on sert une généreuse cuisine traditionnelle.

TOURS ℙ – 37 Indre-et-Loire – 317 N4 – 132 820 h. – Agglo. 297 631 h. – alt. 60 m
– ⊠ 37000 ▮ Châteaux de la Loire   11 **B2**

> 🖬 Paris 237 – Angers 124 – Bordeaux 346 – Le Mans 84 – Orléans 117
>
> 🖬 de Tours-Val de Loire ℰ 02 47 49 37 00, NE : 7 km U.
>
> 🖬 Office de tourisme, 78-82, rue Bernard Palissy ℰ 02 47 70 37 37,
> Fax 02 47 61 14 22
>
> 🖬 de Touraine à Ballan-Miré Château de la Touche, SO : 10 km par D 751,
> ℰ 02 47 53 20 28 ;
>
> 🖬 d'Ardrée à Saint-Antoine-du-Rocher N : 12 km par D 2, ℰ 02 47 56 77 38.
>
> 🖸 Quartier de la cathédrale★★ : cathédrale St-Gatien★★, musée des
> Beaux-Arts★★ - La Psalette (cloître St-Gratien)★, Place Grégoire-de-Tours★ -
> Vieux Tours★★★ : place Plumereau★, hôtel Gouin★, rue Briçonnet★ -
> Quartier de St-Julien★ : musée du Compagnonnage★★, Jardin de
> Beaune-Semblançay★ BY **K** - Musée des Équipages militaires et du Train★
> V **M⁵** - Prieuré de St-Cosme★ O : 3 km V.

1861

De l'Univers 🛎 ⟐ ch, 🆔 ⇆ ⟍ 🕭 🚳 𝗩𝗜𝗦𝗔 ⓂⓄ 🅐🅔 Ⓞ
5 bd Heurteloup – ℰ *02 47 05 37 12 – contact@hotel-univers.fr*
– Fax 02 47 61 51 80 CZ **u**
85 ch – †198/270 € ††198/270 €, ☲ 18 € – 2 suites
Rest *La Touraine* – *(fermé le midi du 14 juil. au 24 août et dim. sauf le soir de nov.
à mars)* Menu (22 €), 28/41 € – Carte 35/59 €
♦ Fleuron de la grande galerie : les superbes fresques représentant les visiteurs célèbres de
l'hôtel depuis 1846. Esprit "petit palace", chambres cossues, luxueuses suites. Cuisine
traditionnelle servie dans une salle à manger claire et confortable ; bar feutré.

Central Hôtel sans rest 🚗 🛎 ⟐ ⇆ 🕭 🅿 🚳 𝗩𝗜𝗦𝗔 ⓂⓄ 🅐🅔 Ⓞ
21 r. Berthelot – ℰ *02 47 05 46 44 – bestwestern.centralhotel@wanadoo.fr*
– Fax 02 47 66 10 26 – Fermé 23 déc.-1ᵉʳ janv. CY **r**
37 ch – †99/120 € ††120/139 €, ☲ 13 € – 2 suites
♦ Parmi les atouts de cet hôtel "central" : garage, chambres régulièrement entretenues –
certaines donnent sur le jardin intérieur –, belles salles de bains et terrasse d'été.

Mercure Centre sans rest 🛎 ⟐ 🆔 ⇆ ℅ ⟍ 🅿 𝗩𝗜𝗦𝗔 ⓂⓄ 🅐🅔
29 r. E. Vaillant – ℰ *02 47 60 40 60 – h3475@accor.com – Fax 02 47 64 74 81*
DZ **f**
92 ch – †80/130 € ††100/150 €, ☲ 13 €
♦ À deux pas de la gare, une adresse bien pratique : chambres fonctionnelles aux teintes
douces, donnant côté rue ou voie ferrée (bonne insonorisation), petit-déjeuner complet.

Kyriad sans rest 🛎 🆔 ⇆ ⟍ 🕭 🚳 𝗩𝗜𝗦𝗔 ⓂⓄ 🅐🅔 Ⓞ
65 av. Grammont – ℰ *02 47 64 71 78 – contact@kyriadtours.com*
– Fax 02 47 05 84 62 V **s**
50 ch – †78/80 € ††88/90 €, ☲ 8,50 €
♦ Style et équipements actuels caractérisent les chambres de cet hôtel, joliment rénovées.
Salon de style (cheminée, boiseries) et salle des petits-déjeuners façon jardin d'hiver.

L'Adresse sans rest ℅ ⟍ 𝗩𝗜𝗦𝗔 ⓂⓄ 🅐🅔
12 r. de la Rôtisserie – ℰ *02 47 20 85 76 – contactladresse@aol.com*
– Fax 02 47 05 74 87 AY **u**
17 ch – †50 € ††70/90 €, ☲ 8 €
♦ Ses petites chambres douillettes, mêlant harmonieusement contemporain et ancien
(poutres), font de cette demeure du 18ᵉ s. une bien charmante "adresse" du quartier
historique.

Turone 🛎 ⟐ ch, 🆔 ⇆ ⟍ 🕭 🅿 🚳 𝗩𝗜𝗦𝗔 ⓂⓄ 🅐🅔 Ⓞ
4 pl. de la Liberté – ℰ *02 47 05 50 05 – contact@hotelturone.com*
– Fax 02 47 20 22 07 V **z**
120 ch – †92/150 € ††92/150 €, ☲ 12 € – **Rest** – Menu (15 €), 20/29 € – Carte
30/39 €
♦ Hôtel apprécié pour sa situation pratique, son grand garage et ses plaisantes chambres actuelles (dont 7 "Club", mansardées et plus soignées). Grand calme côté cour. Salle à
manger de type brasserie, carte traditionnelle.

Le Grand Hôtel sans rest 🛎 🆔 ⇆ ⟍ 🕭 𝗩𝗜𝗦𝗔 ⓂⓄ 🅐🅔 Ⓞ
9 pl. du Gén. Leclerc – ℰ *02 47 05 35 31 – contact@legrandhoteltours.com*
– Fax 02 47 64 10 77 – Fermé 18 déc.-7 janv. CZ **z**
107 ch – †72/93 € ††82/113 €, ☲ 12 €
♦ Le nouveau propriétaire a entrepris de redonner à cet hôtel son cachet d'antan, insufflé
par l'architecte français Pierre Chareau en 1927. Optez pour les chambres rénovées.

Du Manoir sans rest 🛎 ⟍ 🅿 𝗩𝗜𝗦𝗔 ⓂⓄ 🅐🅔
2 r. Traversière – ℰ *02 47 05 37 37 – manoir37@wanadoo.fr – Fax 02 47 05 16 00*
19 ch – †49/56 € ††56/62 €, ☲ 8 € CZ **a**
♦ Cette demeure du 19ᵉ s. abrite des chambres classiques (quelques meubles anciens, ciels
de lit) et bien tenues. Produits maison au petit-déjeuner, dans une jolie salle voûtée.

Mondial sans rest ⇆ ℅ 𝗩𝗜𝗦𝗔 ⓂⓄ 🅐🅔
3 pl. de la Résistance – ℰ *02 47 05 62 68 – info@hotelmondialtours.com*
– Fax 02 47 61 85 31 – Fermé 24 déc.-7 janv., 8-17 fév., vend. et sam. de nov. à janv.
21 ch – †52 € ††56 €, ☲ 8 € BY **g**
♦ Sur une place du centre-ville, un hôtel aussi appréciable pour sa situation que pour son
cadre joliment remis au goût du jour : tons gris et pastel, chambres soignées.

Du Théâtre sans rest · 🏠   *VISA* ⚫ ⓪

57 r. Scellerie – ℰ 02 47 05 31 29 – hoteldutheatre.tours @ wanadoo.fr
– Fax 02 47 61 20 78   CY **t**
14 ch – ❦50 € ❦❦56 €, ⌂ 8,50 €
♦ L'intérieur de cette maison du 15ᵉ s. a quelque chose d'assez intimiste : petites chambres chaleureuses et bien tenues (plus calmes côté cour), vieilles poutres et colombages.

Châteaux de la Loire sans rest · 🏠   *VISA* ⚫ AE ⓪

12 r. Gambetta – ℰ 02 47 05 10 05 – contact @ hoteldeschateaux.fr
– Fax 02 47 20 20 14 – Ouvert 9 mars-20 déc.   BZ **x**
30 ch – ❦45/54,50 € ❦❦45/64 €, ⌂ 7 €
♦ Pour profiter au mieux de cet hôtel dont on améliore peu à peu le confort (pose de double vitrage, rafraîchissement général), optez pour une chambre rénovée, à l'arrière.

Castel Fleuri sans rest 🕭 · ❦   🅿 *VISA* ⚫ AE

10-12 r. Groison – ℰ 02 47 54 50 99 – hotelcastelfleuri @ wanadoo.fr
– Fax 02 47 54 86 59 – Fermé 25 juil.-7 août, 28 déc.-2 janv. et dim.   U **b**
15 ch – ❦43/51 € ❦❦53/65 €, ⌂ 8 €
♦ Dans un quartier résidentiel, hôtel familial tout simple, mais calme et bien pratique : parking, petites chambres sobres – optez pour les plus récentes – et prix mesurés.

XXX **La Roche Le Roy** (Alain Couturier)   🅿 *VISA* ⚫ AE ⓪

☆ 55 rte St-Avertin – ℰ 02 47 27 22 00 – laroche.leroy @ wanadoo.fr
– Fax 02 47 28 08 39 – Fermé 1ᵉʳ-26 août, 21 fév.-9 mars, dim. et lundi   X **r**
Rest – Menu 36 € (déj. en sem.), 56/72 € – Carte 58/76 €
Spéc. Dos de sandre en croûte de pain d'épice. Matelote d'anguille "dite blanche" au vouvray. Poitrine de pigeonneau de Racan "Apicius". **Vins** Montlouis, Bourgueil.
♦ Cette charmante gentilhommière tourangelle vous invite à goûter, dans une atmosphère intime, des spécialités culinaires renouvelées au fil des saisons. Agréable terrasse.

XXX **Charles Barrier** (Hervé Lussault)   🍴 🅐 ⇔ 🅿 *VISA* ⚫ AE ⓪

☆ 101 av. Tranchée – ℰ 02 47 54 20 39 – charles_barrier @ yahoo.fr
– Fax 02 47 41 80 95 – Fermé sam. midi et dim. sauf fériés   U **e**
Rest – Menu 29 € (sem.)/89 € – Carte 69/125 €
Spéc. Grosses langoustines croustillantes au curry de madras. Suprême de géline de Touraine au gingembre rose. Pigeonneau du pays de Racan rôti, jus au foie gras. **Vins** Vouvray, Chinon.
♦ Les recettes personnalisées du jeune chef font revivre l'illustre passé gastronomique de cette belle demeure bourgeoise. Jolie véranda et paisible jardin-terrasse fleuri.

XX **La Chope**   🅐 *VISA* ⚫ AE ⓪

25 bis r. Grammont – ℰ 02 47 20 15 15 – Fax 02 47 05 70 51
– Fermé 28 juil.-11 août   CZ **f**
Rest – Menu (17 €), 19/24 € – Carte 30/49 €
♦ Brasserie chic décorée dans l'esprit Belle Époque : banquettes en velours rouge, miroirs et lampes tulipes. Large choix de poissons et fruits de mer, quelques grands bordeaux.

XX **La Deuvalière**   🅐 🕭 *VISA* ⚫

18 r. de la Monnaie – ℰ 02 47 64 01 57 – ladeuvaliere @ wanadoo.fr
– Fax 02 47 64 01 57 – Fermé sam. midi, dim. et lundi   BY **e**
Rest – Menu (13 €), 28/32 €
♦ Heureux mariage entre les vieilles pierres d'une maison tourangelle du 15ᵉ s. et le style contemporain (bois sombre, tons orange). Appétissante carte traditionnelle actualisée.

XX **L'Odéon**   🅐 ⇔ *VISA* ⚫ AE

10 pl. Gén. Leclerc – ℰ 02 47 20 12 65 – l.odeon @ orange.fr – Fax 02 47 20 47 58
– Fermé 4-17 août et dim.   CZ **r**
Rest – Menu 24/36 € – Carte 33/53 €
♦ Le même chef officie dans ce restaurant ouvert en 1893 – l'un des plus anciens de Tours – depuis plus de vingt ans. Esprit brasserie sobrement Art déco, plats traditionnels.

X **La Trattoria des Halles**   🅐 🕭 *VISA* ⚫

🕭 31 pl. G.-Pailhou – ℰ 02 47 64 26 64 – latrattoria-tours @ wanadoo.fr
– Fax 02 47 20 14 65 – Fermé août, dim. et lundi   AZ **b**
Rest – Menu 15/35 € – Carte 26/45 €
♦ Ambiance chic et décontractée dans ce bistrot contemporain situé face aux Halles. La chef, d'origine russe, prépare une appétissante cuisine aux couleurs de l'Italie.

Les Linottes Gourmandes

22 r. Georges Courteline – ✆ 02 47 38 34 82 – leslinottesgourmandes@hotmail.fr – Fermé 7-13 avril, 28 juil.-18 août, dim. et lundi AY **b**

Rest – *(nombre de couverts limité, prévenir)* Menu 18 € (déj. en sem.), 25/35 €

◆ Derrière cette vieille maison à colombages, un cadre rustique sobre mais chaleureux (poutres, cheminée) où l'on se régale d'une cuisine de bistrot aussi gourmande que soignée.

Cap Sud

88 r. Colbert – ✆ 02 47 05 24 81 – Fax 02 45 05 01 26 – Fermé 20 juil.-4 août, dim. et lundi CY **d**

Rest – Menu (19 €), 21/32 € – Carte 35/46 €

◆ L'esprit du Sud souffle sur le chaleureux décor de ce petit restaurant de quartier. Cuisine dans l'air du temps, courte carte des vins bien composée.

L'Atelier Gourmand

37 r. Étienne Marcel – ✆ 02 47 38 59 87 – mail@lateliergourmand.fr – Fax 02 47 50 14 23 – Fermé 20 déc.-15 janv., sam. midi, dim. et lundi

Rest – Menu 10 € (déj. en sem.)/20 € – Carte 28/34 € AY **z**

◆ Cette maison (15e s.) du vieux Tours héberge une charmante salle à manger rustique et joliment colorée. Plaisante terrasse dressée dans une cour intérieure.

Le Bistrot de la Tranchée

103 av. Tranchée – ✆ 02 47 41 09 08 – charles_barrier@yahoo.fr – Fax 02 47 41 80 95 – Fermé 15-31 août, dim. et lundi U **s**

Rest – Menu (9 €), 12 € (déj. en sem.), 17/25 € – Carte 26/38 €

◆ Belle façade en bois, décor simple et chaleureux, vue sur les cuisines, plats typiques du genre et ardoise du jour : ce sympathique bistrot fait souvent salle comble.

Le Rif

12 av. Maginot – ✆ 02 47 51 12 44 – Fax 02 47 51 14 50 – Fermé 21 juil.-21 août, merc. soir de sept. à juin, dim. sauf le midi en juil.-août et lundi. U **f**

Rest – Menu (26 € bc) – Carte 20/35 €

◆ Tajines et couscous tiennent la vedette sur la carte de ce restaurant marocain où l'on est reçu avec une grande gentillesse. Sobre décor égayé de bibelots et lampes-poteries.

Le Petit Patrimoine

58 r. Colbert – ✆ 02 47 66 05 81 – Fermé 15-31 juil., vacances de Noël, dim. et lundi CY **b**

Rest – Menu 16/25 € – Carte 24/34 €

◆ Intérieur rustique tout en longueur, plats du terroir comme les préparaient nos grands-mères, accueil sympathique : une adresse à inscrire au "petit patrimoine" tourangeau.

par ② 9 km

Mercure

r. Aviation, (Z.I. Milletière) ✉ 37100 Tours – ✆ 02 47 49 55 00 – h1572@accor.com – Fax 02 47 49 55 25

93 ch – 🛉90/110 € 🛉🛉110/130 €, ☕ 12 € – ½ P 92/102 € – **Rest** – Menu (18 €), 23/30 € bc – Carte 23/40 €

◆ À proximité de l'accès autoroutier, bâtiment à l'architecture moderne, fréquenté notamment par la clientèle d'affaires. Chambres sobres, spacieuses et fonctionnelles. Lumineux restaurant ouvert sur la terrasse d'été, cuisine traditionnelle et vins régionaux.

L'Arche de Meslay

14 r. Ailes ✉ 37210 Parçay-Meslay – ✆ 02 47 29 00 07 – Fax 02 47 29 04 04 – Fermé 3-25 août, dim. et lundi sauf fériés

Rest – Menu 16 € (sem.)/44 € – Carte 43/62 €

◆ Colonnade dressée au centre de la salle à manger, grands miroirs et cuisines visibles de tous caractérisent ce cadre séduisant. Menus régionaux variant selon les saisons.

à Rochecorbon 6 km par ④ – **2 982 h.** – alt. 58 m – ⊠ 37210

🛈 Office de tourisme, place du Croissant ℰ 02 47 52 80 22

🏠🏠 **Les Hautes Roches** ⟨ 🚗 🏠 ⅃ 🖭 📞 🐴 **P** **VISA** **⑩** **AE** **①**
☘️ 86 quai Loire – ℰ 02 47 52 88 88 – hautes.roches @ wanadoo.fr
– Fax 02 47 52 81 30 – Fermé 25 janv.-27 mars
15 ch – †145/280 € ††145/280 €, ⊇ 19 € – ½ P 165/220 €
Rest – (fermé dim. soir, mardi midi et lundi) Menu 54/65 € – Carte 51/78 €
Spéc. Foie gras de canard à la façon d'un nougat. Poissons au beurre blanc nantais ou béarnaise. Tarte fine aux pommes caramélisées. **Vins** Vouvray, Bourgueil.
♦ Cet insolite castel du 18ᵉ s. surplombant la Loire était autrefois un monastère. Belles chambres parfois troglodytiques. Élégante salle de restaurant et sa délicieuse terrasse panoramique tournée vers le fleuve. Recettes dans l'air du temps.

à Chambray-lès-Tours 6,5 km au Sud, par rte de Poitiers - X – **10 275 h.** – alt. 90 m – ⊠ 37170

🏠🏠 **Novotel** 🚗 🏠 ⅃ 🖭 & 🖾 ch, ↔ 📞 🐴 **P** **VISA** **⑩** **AE** **①**
Z.A.C. La Vrillonerie, (D 910) – ℰ 02 47 80 18 10 – h0453 @ accor.com
– Fax 02 47 80 18 18
127 ch – †95/115 € ††95/115 €, ⊇ 12,50 € – **Rest** – Carte 22/40 €
♦ Une vaste Z.A.C. entoure cet hôtel fonctionnel où vous choisirez de préférence l'une des chambres donnant sur le jardin, bien au calme. Service 24h/24 au Novotel Café. Restaurant actuel (cuisines à vue) ouvert sur la piscine. Carte traditionnelle bien composée.

à Joué-lès-Tours 5 km au Sud-Ouest, par rte de Chinon – **36 517 h.** – alt. 65 m – ⊠ 37300

🛈 Office de tourisme, 39, avenue de la République ℰ 02 47 80 05 97

🏠🏠 **Château de Beaulieu** ⧈ ⟨ 🐾 🏠 🖾 📞 🐴 **P** **VISA** **⑩** **AE**
67 r. Beaulieu – ℰ 02 47 53 20 26 – chateaudebeaulieu @ wanadoo.fr
– Fax 02 47 53 84 20 X **b**
19 ch – †70/120 € ††90/155 €, ⊇ 12 € – ½ P 85/120 € – **Rest** – Menu 29 € (déj. en sem.), 40/75 € – Carte 54/68 €
♦ Un parc paysagé entoure cette gentilhommière du 18ᵉ s. dont la vue s'étend jusqu'à la cité tourangelle. Mobilier de style dans des chambres spacieuses (10 dans un pavillon). Élégante salle à manger bourgeoise, cuisine classique et bon choix de vins.

🏠🏠 **Mercure** 🏠 🖭 🎥 🖭 & 🖾 ↔ 🌮 rest, 🐴 **P** **VISA** **⑩** **AE** **①**
🏵️ parc des Bretonnières – ℰ 02 47 53 16 16 – h1788 @ accor.com
– Fax 02 47 53 14 00 X **u**
75 ch – †75/115 € ††85/135 €, ⊇ 12,50 € – **Rest** – Menu 18/24 € – Carte 27/34 €
♦ Cet hôtel, intégré au centre de congrès Malraux, dispose de chambres contemporaines parfaitement insonorisées et reposantes. Espace de remise en forme complet. Salle à manger prolongée d'une terrasse côté jardin et cuisine traditionnelle à l'accent régional.

🏠🏠 **Chéops** 🖭 & ch, 🖾 rest, 📞 🐴 **P** 🚬 **VISA** **⑩** **AE** **①**
🏵️ 75 bd J. Jaurès – ℰ 02 47 67 72 72 – hotel.cheops @ wanadoo.fr
– Fax 02 47 67 85 38 X **a**
58 ch – †50/72 € ††58/72 €, ⊇ 7 € – ½ P 49/52 €
Rest – (fermé 19 déc.-1ᵉʳ janv., vend., sam. et dim. d'oct. à avril) (dîner seult)
Menu (13,50 €), 17 € – Carte 20/29 €
♦ Au centre de Joué, hôtel intégré à un ensemble résidentiel et commercial. Couleurs vives et fer forgé donnent un air provençal aux petites chambres, pour moitié climatisées. Salle à manger agréablement lumineuse et garnie d'un mobilier moderne.

à La Guignière 4 km par ⑬, rte de Langeais - ⊠37230 Fondettes

---

🏠 **Manoir** sans rest **P** 🚬 **VISA** **⑩** **①**
10 r. de Beaumanoir, D 952 – ℰ 02 47 42 04 02 – chantelard.patrick @ wanadoo.fr
– Fax 02 47 49 79 29 V **t**
16 ch – †38 € ††48 €, ⊇ 7 €
♦ Pavillon des années 1970 bénéficiant de la tranquillité d'un quartier résidentiel. Les chambres, égayées de tentures murales, offrent parfois une jolie vue sur la Loire.

TOURS
à Vallières 8 km par ⑬, rte de Langeais - ☒37230 Fondettes

Ⅹ **Auberge de Port Vallières** `AC` `VISA` `OO`

🕿 *D 952 –* 🞋 *02 47 42 24 04 – Fax 02 47 49 98 83*

⁂ *– Fermé 18 août-1ᵉʳ sept., 23 fév.-9 mars, mardi soir hors saison, dim. soir, merc. soir et lundi*

Rest – Menu 18 € (déj. en sem.), 27/45 € – Carte 42/55 €

♦ Une cuisine d'inspiration tourangelle vous attend dans cette ancienne guinguette transformée il y a bien longtemps en auberge. Objets chinés en décor. Table d'hôte à disposition.

TOURS-SUR-MARNE – 51 Marne – 306 G8 – 1 207 h. – alt. 79 m – ☒ 51150
13 **B2**

◘ Paris 156 – Châlons-en-Champagne 25 – Épernay 14 – Reims 29

ⅩⅩ **Touraine Champenoise** avec ch 🕼 🕾 `VISA` `OO` `AE`

r. Magasin – 🞋 *03 26 58 91 93 – touraine-champenoise @ wanadoo.fr – Fax 03 26 58 95 47 – Fermé 1ᵉʳ-15 janv. et jeudi*

7 ch ☲ – †68/72 € ††80/84 € – ½ P 72 € – **Rest** – Menu 30/50 € – Carte 28/46 €

♦ Au bord du canal, maison de pays tenue par la même famille depuis 1907. Cuisine du terroir servie dans une salle à manger gaiement rustique. Chambres campagnardes simples.

TOURTOUR – 83 Var – 340 M4 – 472 h. – alt. 652 m – ☒ 83690
▌ Côte d'Azur
41 **C3**

◘ Paris 827 – Aups 10 – Draguignan 17 – Salernes 11

🛈 Syndicat d'initiative, Château communal 🞋 04 94 70 59 47, Fax 04 94 70 59 47

◉ Église ❋ ★.

🏨 **La Bastide de Tourtour** ॐ ≼ massif des Maures, 🐕 🕼 🕱 Ⅹ 🕮

rte de Flayosc – ঙ ch, `AC` ch, ↮ ❄ ℄ ॐ `P` `VISA` `OO` `AE` ①

🞋 *04 98 10 54 20 – bastide @ bastidedetourtour.com – Fax 04 94 70 54 90*

25 ch – †110/140 € ††150/350 €, ☲ 23 € – **Rest** – (fermé lundi,mardi, merc., jeudi et vend. midi du 15 sept. au 22 déc. et du 3 janv. au 15 juin) Menu 30/75 € – Carte 53/81 €

♦ Bastide provençale juchée sur une colline, au milieu des chênes et des pins. Chambres personnalisées, parfois dotées d'une loggia. Belle salle à manger voûtée et idyllique terrasse ombragée. Recettes classiques.

🏨 **La Petite Auberge** ॐ ≼ massif des Maures, 🕼 🕱 Ⅹ ℄

rte de Flayosc, 1,5 km par D 77 – 🞋 *04 98 10 26 16* `P` `VISA` `OO` `AE` ①

– aubergetourtour @ orange.fr – Fax 04 98 10 26 50 – Ouvert 15 mars-15 oct.

11 ch – †55/170 € ††55/250 €, ☲ 12 € – 1 suite – ½ P 65/165 € – **Rest** – (fermé lundi) (dîner seult) Menu 30 € (sem.)/45 €

♦ Construction de type mas entourée d'une luxuriante végétation. Chambres spacieuses ; quatre d'entre elles, récentes et séduisantes, jouxtent la piscine. Élégante salle à manger bourgeoise avec cheminée en pierre et terrasse tournée vers le massif des Maures.

🏨 **Auberge St-Pierre** ॐ ≼ 🚿 🕼 🕱 🎣 Ⅹ `P` `VISA` `OO` `AE` ①

3 km à l'Est par D 51 et rte secondaire – 🞋 *04 94 50 00 50 – aubergestpierre @ wanadoo.fr – Fax 04 94 70 59 04 – Ouvert 11 avril-19 oct.*

16 ch – †80 € ††80/103 €, ☲ 12 € – ½ P 85/89 € – **Rest** – (dîner seult sauf sam., dim. et fériés) Menu 26/41 €

♦ Au sein d'un vaste domaine agricole, auberge du 16ᵉ s. aménagée près de l'ancienne bergerie. Chambres avec loggia face à la nature. Piscine et petit fitness. Salle à manger d'esprit rustique prolongée d'une belle terrasse ouvrant sur la campagne. Cuisine traditionnelle à l'accent local.

🏠 **Le Mas des Collines** ॐ ≼ massif des Maures, 🚿 🕼 🕱 ঙ ch,

chemin des collines, `AC` `P` `VISA` `OO` `AE`

2,5 km par rte de Villecroze (D 51) et rte secondaire – 🞋 *04 94 70 59 30*

– lemasdescollines @ wanadoo.fr – Fax 04 94 70 57 62 – Ouvert mi-avril début nov.

7 ch – †75/90 € ††80/90 €, ☲ 5 € – ½ P 74 € – **Rest** – (dîner seult) Menu 25/35 €

♦ Nom évocateur pour cet hôtel perdu en pleine nature. Les chambres fonctionnelles (avec balcons) et la piscine profitent pleinement du splendide panorama.

XXX **Les Chênes Verts** (Paul Bajade) avec ch ✆   🚗 🛜 📻 rest, **P** **VISA** 🅾️
🕸️   *rte de Villecroze, 2 km par D 51* – ℰ *04 94 70 55 06* – *Fax 04 94 70 59 35*
– *Fermé 1ᵉʳjuin-20 juil., mardi et merc.*
3 ch – 🛏100 € 🛏🛏110 €, � 20 €
Rest – *(nombre de couverts limité, prévenir)* Menu 53/135 € – Carte 80/174 €
Spéc. Truffes noires du pays. Écrevisses sautées aux herbes. Agneau de pays. **Vins**
Côtes de Provence.
♦ Maison provençale un peu isolée dans un joli cadre forestier. Cuisine régionale forte en
caractère (spécialités de truffes) à déguster dans deux belles salles à manger ou en terrasse.

LA TOUSSUIRE – 73 Savoie – **333** K6 – alt. 1 690 m – **Sports d'hiver : 1 800/
2 400 m** ⛷19 ⛷ – ✉ 73300 ▮ Alpes du Nord   46 **F2**
◖ Paris 651 – Albertville 78 – Chambéry 91 – St-Jean-de-Maurienne 16

🏨   **Les Soldanelles**   ← 🚗 🔲 Ⅰ⤢ 🛗 ✂ rest, 🛎 **P** **VISA** 🅾️
r. des Chasseurs Alpins – ℰ *04 79 56 75 29* – *infos @ hotelsoldanelles.com*
– *Fax 04 79 56 71 56* – *Ouvert 28 juin-31 août et 21 déc.-19 avril*
38 ch – 🛏44/64 € 🛏🛏65/120 €, ⊐ 10 € – ½ P 93/106 € – **Rest** – Menu 33/50 €
– Carte 32/56 €
♦ Sur les hauteurs de la station, hôtel familial abritant des chambres spacieuses et bien
agencées ; réserver côté Sud pour la vue et l'ensoleillement. Élégant restaurant panoramique où l'on sert une cuisine traditionnelle aux saveurs marines.

🏠   **Les Airelles**   ← 🛜 🛗 **P** **VISA** 🅾️ 🆎
– ℰ *04 79 56 75 88* – *info @ hotel-les-airelles.com* – *Fax 04 79 83 03 48*
– *Ouvert juil.-août et 15 déc.-20 avril*
31 ch – 🛏65/70 € 🛏🛏72/82 €, ⊐ 10,50 € – ½ P 76/87 € – **Rest** – Menu 20 €
(sem.)/28 € – Carte 26/31 €
♦ Les chambres fraîches et confortables font partie des nombreuses rénovations entreprises dans cette vaste construction montagnarde située au pied des remontées mécaniques. Les baies du restaurant ne vous feront rien manquer du ballet des skieurs !

TOUZAC – 46 Lot – **337** C5 – rattaché à Puy-l'Évêque

TRACY-SUR-MER – 14 Calvados – **303** I3 – rattaché à Arromanches-les-Bains

---

TRAENHEIM – 67 Bas-Rhin – **315** I5 – 556 h. – alt. 200 m – ✉ 67310   1 **A1**
◖ Paris 471 – Haguenau 54 – Molsheim 8 – Saverne 22 – Strasbourg 25

X   **Zum Loejelgucker**   🛜 **VISA** 🅾️
17 r. Principale – ℰ *03 88 50 38 19* – *loejelgucker @ traenheim.net*
🕸️   – *Fax 03 88 50 36 31* – *Fermé 30 déc.-5 janv., 23 fév.-8 mars, lundi soir et mardi*
Rest – Menu (7,50 €), 11 € (déj. en sem.), 17/44 € – Carte 24/45 €
♦ Dans un village au pied des Vosges, cette ferme alsacienne du 18ᵉ s. séduit par ses plats
régionaux et par son cadre (boiseries sombres, fresques, cour fleurie l'été).

LA TRANCHE-SUR-MER – 85 Vendée – **316** H9 – 2 510 h. – alt. 4 m – ✉ 85360
▮ Poitou Vendée Charentes   34 **B3**
◖ Paris 459 – La Rochelle 64 – La Roche-sur-Yon 40 – Les Sables-d'Olonne 39
🆔 Office de tourisme, place de la Liberté ℰ 02 51 30 33 96, Fax 02 51 27 78 71
🆗 Parc de Californie★ (parc ornithologique) E : 9 km.

🏠   **Les Dunes**   ← 🔲 Ⅰ⤢ ✂ **P** **VISA** 🅾️ ⓪
68 av. M. Samson – ℰ *02 51 30 32 27* – *info @ hotel-les-dunes.com*
🕸️   – *Fax 02 51 27 78 30* – *Ouvert 22 mars-30 sept.*
45 ch – 🛏39/56 € 🛏🛏57/104 €, ⊐ 8,50 € – ½ P 53/81 € – **Rest** – Menu (13 €),
18/33 € – Carte 20/48 €
♦ Établissement apprécié pour sa situation calme, sa tenue parfaite et sa superbe piscine
sous verrière tournée vers la mer. Certaines chambres avec balcon profitent de la vue. Au
restaurant : poissons et fruits de mer, dont les langoustes et homards du vivier.

à la Grière 2 km à l'Est par D 46 - ⊠85360 La-Tranche-sur-Mer

⌂ **Les Cols Verts** ⌖ 🗑 ♨ 🛏 📞 *VISA* **⦾** AE
48 r. de Verdun – ℰ 02 51 27 49 30 – info@hotelcolsverts.com
– Fax 02 51 30 11 42 – Ouvert 5 avril-30 sept.
32 ch – ♦49/68 € ♦♦61/94 €, ☲ 9 € – ½ P 59/79 € – **Rest** – Menu 20/38 €
– Carte 38/48 €
♦ À 150 m de la plage, hôtel des années 1970 abritant des chambres bien tenues, plus
calmes et plus petites à l'annexe sise de l'autre côté du jardin. Piscine dans un bâtiment
voisin. À table, plaisante terrasse et cuisine traditionnelle privilégiant la marée.

TRAVEXIN – 88 Vosges – 314 I5 – rattaché à Ventron

TRÈBES – 11 Aude – 344 F3 – rattaché à Carcassonne

TRÉBEURDEN – 22 Côtes-d'Armor – 309 A2 – 3 451 h. – alt. 81 m – ⊠ 22560
▌ Bretagne   9 **B1**

🄳 Paris 525 – Lannion 10 – Perros-Guirec 14 – St-Brieuc 74

🄸 Office de tourisme, place de Crec'h Héry ℰ 02 96 23 51 64,
Fax 02 96 15 44 87

🄾 Le Castel ≼★ 30 mn - Pointe de Bihit ≼★ SO : 2 km - Pleumeur-Bodou :
Radôme et musée des Télécommunications★, Planétarium du Trégor★, NE :
5,5 km.

🏨 **Manoir de Lan-Kerellec** ⟋ ≼ la côte, 🚗 ⅍ rest, 📞
– ℰ 02 96 15 00 00 – lankerellec@ **P** *VISA* **⦾** AE ⦿
♔ relaischateaux.com – Fax 02 96 23 66 88 – Ouvert début mars -15 nov.
19 ch – ♦105/180 € ♦♦155/435 €, ☲ 20 € – ½ P 155/295 €
Rest – (fermé le midi du lundi au jeudi) Menu 49/70 € – Carte 59/106 €
Spéc. Araignée de mer décortiquée, foie gras et pomme granny (mars à mi-juin).
Homard bleu au beurre salé. Bar de ligne en filet poêlé, mousseline d'artichaut.
♦ Ce noble manoir breton (19ᵉ s.) tourné vers les îles abrite des chambres personnalisées.
Charpente en "carène de bateau", maquette de vieux clipper, vue sur la Côte de Granit rose
et cuisine littorale au goût de jour : le restaurant offre un vrai concentré de Bretagne !

🏨 **Ti al Lannec** ⟋ ≼ la côte, 🎜 🗑 ⊛ 🛏 ⅍ rest, 📞 ♨ **P** *VISA* **⦾** ⦿
14 allée de Mezo Guen – ℰ 02 96 15 01 01 – resa@tiallannec.com
– Fax 02 96 23 62 14 – Ouvert de début mars à mi-nov.
32 ch – ♦88/113 € ♦♦162/255 €, ☲ 17 € – 1 suite – ½ P 140/236 €
Rest – Menu (25 €), 27 € bc (déj. en sem.), 38/78 € – Carte 60/152 €
♦ "Maison de la lande" juchée sur une colline et dotée d'un parc arboré dégringolant
jusqu'à la plage. Chambres soignées. Centre de balnéothérapie. La perspective sur la mer
vaut le coup d'œil et les produits de la pêche valent... votre bon coup de fourchette !

⌂ **Toëno** sans rest ≼ & **P** *VISA* **⦾** AE ⦿
1,5 km par rte de Trégastel – ℰ 02 96 23 68 78 – toeno@wanadoo.fr
– Fax 02 96 15 42 54 – Fermé 5 janv.-2 fév.
17 ch – ♦52/87 € ♦♦57/97 €, ☲ 9 €
♦ Construction récente dont les chambres, lumineuses et fonctionnelles, sont sobrement
décorées et équipées de balcons ou terrasses ; certaines ont vue sur la Manche.

✗ **Le Quellen** avec ch *VISA* **⦾**
18 corniche Goas Treiz – ℰ 02 96 15 43 18 – lequellen@wanadoo.fr
– Fax 02 96 23 64 43 – Fermé 26 mars-16 avril, 29 sept.-5 oct., 5-19 nov., dim. soir
hors saison, lundi et mardi
6 ch – ♦41/65 € ♦♦41/65 €, ☲ 6,50 € – ½ P 44/52 € – **Rest** – Menu 25/65 €
– Carte 33/59 €
♦ Sur la traversée de Trébeurden, restaurant servant une cuisine traditionnelle dans un
cadre néo-rustique lumineux. Collection de moulins à café en salle. Chambres fonctionnelles.

TRÉBOUL – 29 Finistère – 308 E6 – rattaché à Douarnenez

TREFFORT – 38 Isère – **333** G8 – 129 h. – alt. 618 m – ⊠ 38650   **45 C2**

▶ Paris 598 – Grenoble 36 – Monestier-de-Clermont 9 – La Mure 43

au bord du lac 3 km au Sud par D 110ᴱ – ⊠ 38650 Treffort

🏨 **Le Château d'Herbelon** ⬦   ⪕ 🛏 🖤 🕸 ch, ⅋ 🅿 𝗩𝗜𝗦𝗔 ⓪
– ℰ 04 76 34 02 03 – chateaudherbelon@wanadoo.fr – Fax 04 76 34 05 44
– Ouvert 1ᵉʳ mars-15 nov. et fermé lundi et mardi sauf juil.-août
10 ch – ♦65/95 € ♦♦65/95 €, � 9 € – ½ P 69/84 € – **Rest** – Menu 23/46 €
– Carte 27/43 €
♦ Au bord du lac de Monteynard, demeure du 17ᵉ s. à la façade recouverte de vigne vierge
et de rosiers grimpants. Chambres spacieuses. L'hiver, une imposante cheminée réchauffe
la salle à manger rustique ; aux beaux jours, on dresse des tables sur la pelouse.

TREFFORT – 01 Ain – **328** F3 – 1 910 h. – alt. 280 m – ⊠ 01370   **44 B1**

▶ Paris 436 – Bourg-en-Bresse 18 – Lons-le-Saunier 57 – Mâcon 51
– Oyonnax 42

🏠 **L'Embellie**   🕸 ⅋ rest, ⅋ 🅿 𝗩𝗜𝗦𝗔 ⓪
pl. du Champ-de-Foire – ℰ 04 74 42 35 64 – embellietreffort@aol.com
– Fax 04 74 51 25 81 – Fermé 1ᵉʳ-11 janv.
8 ch – ♦38/39 € ♦♦45/47 €, � 5 € – ½ P 48/50 € – **Rest** – (fermé dim. soir hors
saison) Menu 12 € (déj. en sem.), 19/33 €
♦ Cette jolie maison en pierre se trouve sur la place centrale du village. Accueil sympathique dans de petites chambres toutes simples, peu à peu rafraîchies. Cuisine traditionnnelle
et plats bressans servis dans un agréable décor actuel ou sur la terrasse.

TRÉGASTEL – 22 Côtes-d'Armor – **309** B2 – 2 234 h. – alt. 58 m – ⊠ 22730   **9 B1**
▌Bretagne

▶ Paris 526 – Lannion 11 – Perros-Guirec 9 – St-Brieuc 75 – Trébeurden 11
– Tréguier 26

🅸 Office de tourisme, place Sainte-Anne ℰ 02 96 15 38 38, Fax 02 96 23 85 97
▦ de Saint-Samson à Pleumeur-Bodou Avenue Jacques Ferronière, S : 3 km,
ℰ 02 96 23 87 34.
◉ Rochers★★ - Ile Renote★★ NE - Table d'Orientation ⪕★.

🏠 **Park Hotel Bellevue**   ⪕ 🛏 🕸 ⅋ ℓ ⅋ 🅿 𝗩𝗜𝗦𝗔 ⓪ ㏂ ①
20 r. Calculots – ℰ 02 96 23 88 18 – bellevue.tregastel@wanadoo.fr
– Fax 02 96 23 89 91 – Ouvert 17 mars-11 nov.
31 ch – ♦55/85 € ♦♦57/140 €, � 11 € – ½ P 107 € – **Rest** – (ouvert
1ᵉʳ mai-30 sept. et fermé le dim. en mai-juin) (dîner seult) Menu (22 €), 26/59 €
– Carte 34/113 €
♦ Hôtel rénové mettant à profit une demeure des années 1930 agrémentée d'un jardin.
Chambres à géométrie variable (vue balnéaire pour un tiers), lounge-bar et salon-billard.
Ample salle à manger moderne aux nappes colorées et sièges exotiques. Terrasse côté
mer.

🏠 **Beau Séjour**   ⪕ 🕸 ℓ 🅿 𝗩𝗜𝗦𝗔 ⓪ ㏂ ①
5 plage du Coz-Pors – ℰ 02 96 23 88 02 – daniellaveant@wanadoo.fr
– Fax 02 96 23 49 73 – Fermé 11 nov.-15 déc. et 10 janv.-10 fév.
16 ch – ♦50/77 € ♦♦60/77 €, � 10 € – **Rest** – (fermé 1ᵉʳ-25 oct., 5 nov.-30 mars et
lundi) (dîner seult) Menu 37 € – Carte 33/81 €
♦ Situation idéale près du Forum et de la plage, nombreuses chambres avec vue sur mer,
copieux buffet pour le petit-déjeuner : un "beau séjour" en perspective ! Repas au goût du
jour, avec la Côte de Granit rose pour toile de fond (peinture en trompe-l'œil).

🏠 **De la Mer et de la Plage** sans rest   ▤ 🕸 ℓ 𝗩𝗜𝗦𝗔 ⓪ ㏂
plage du Coz-Pors – ℰ 02 96 15 60 00 – hoteldelamer.tregastel@laposte.net
– Fax 02 96 15 31 11 – Ouvert 1ᵉʳ avril-15 nov.
20 ch – ♦42/95 € ♦♦42/95 €, � 8,50 €
♦ Maison d'aspect régional installée en bordure de la plage, à côté du Forum. Murs
clairs et tissus bleutés donnent le ton nautique du décor des chambres, nettes et fonctionnelles.

Auberge Vieille Église
🛖 🄿 VISA ⚫

à Trégastel-Bourg, 2,5 km au Sud (rte de Lannion) – 𝒞 *02 96 23 88 31*
– bruno.le-fessant @ wanadoo.fr – Fax 02 96 15 33 75 – Fermé mars, dim. soir,
mardi soir sauf juil.-août et lundi
Rest – Menu 16 € (sem.)/36 € – Carte 36/48 €
♦ Cette auberge bretonne très fleurie en été jouxte une jolie église en granit rose. Poutres et pierres apparentes dans l'arrière-salle, miniterrasse et ambiance provinciale.

à la plage de Landrellec 3 km au Sud par D 788 et rte secondaire - ✉22560
Pleumeur-Bodou

Le Macareux
⟨ 🛖 VISA ⚫

21 r. des Plages – 𝒞 *02 96 23 87 62 – infos @ lemacareux.com – Fax 02 96 15 94 97*
– Fermé 1ᵉʳ janv.-13 fév., dim. soir, mardi midi sauf juil.-août et lundi
Rest – Menu 24/53 € – Carte 29/80 €
♦ Cette sympathique maison bretonne tournée vers l'estran vous convie à goûter ses spécialités de homard dans un intérieur propret à touches rustiques ou sur sa terrasse d'été.

TRÉGUIER – 22 Côtes-d'Armor – 309 C2 – 2 679 h. – alt. 40 m – ✉ 22220
▌ Bretagne   9 **B1**

🖪 Paris 509 – Guingamp 28 – Lannion 19 – Paimpol 15 – St-Brieuc 61
🛈 Office de tourisme, 67, rue Ernest Renan 𝒞 02 96 92 22 33
◎ Cathédrale St-Tugdual ★★ : cloître ★.

sur le port – ✉22220 Tréguier

Aigue Marine
⟨ 🚿 🛖 ⅀ 🖪 ⬧ & ch, 🄰🄲 rest, 💈 rest, 🐾 🏊
5 r. M. Berthelot – 𝒞 *02 96 92 97 00*   🄿 🄿 VISA ⚫ AE
– aiguemarine @ aiguemarine.fr – Fax 02 96 92 44 48 – Fermé
21-25 déc., 4 janv.-24 fév. et dim. de nov. à mars
33 ch – ♦74/99 € ♦♦74/99 €, ⅀ 14 € – 15 suites – ½ P 79/91 € – **Rest** – *(fermé sam. midi, dim. soir et lundi hors saison et le midi sauf dim. de juin à sept.)*
Menu 33/51 € – Carte 48/64 €
♦ Hôtel propice à la détente, doté de chambres fonctionnelles côté port ou piscine et jardin ; certaines ont un balcon, d'autres accueillent les familles. Buffet soigné au petit-déjeuner. Table au gout du jour et au cadre actuel lumineux ; grand bouquet de fleurs en salle.

rte de Lannion 2 km au Sud-Ouest par D 786 et rte secondaire – ✉22220 Tréguier

Kastell Dinec'h ⍟
🚿 ⅀ 💈 rest, 🄿 VISA ⚫
– 𝒞 *02 96 92 49 39 – kastell @ club-internet.fr – Fax 02 96 92 34 03 – Ouvert*
25 mars-5 oct. et 26 oct.-31 déc. et fermé mardi soir et merc. hors saison
15 ch – ♦79/80 € ♦♦90/92 €, ⅀ 13,50 € – ½ P 79/109 € – **Rest** – *(dîner seult)*
(résidents seult) Menu 32/53 €
♦ Ancienne ferme fortifiée profitant du calme de la campagne, d'un jardin bichonné et de petites chambres douillettes et cosy réparties dans le corps de logis et ses dépendances. Repas traditionnel servi dans un cadre rustique réchauffé par une vieille cheminée.

TRÉGUNC – 29 Finistère – 308 H7 – 6 354 h. – alt. 45 m – ✉ 29910   9 **B2**
🖪 Paris 543 – Concarneau 7 – Pont-Aven 9 – Quimper 29 – Quimperlé 27
🛈 Office de tourisme, Kérambourg 𝒞 02 98 50 22 05, Fax 02 98 50 18 48

Auberge Les Grandes Roches ⍟
⏳ ⅀ & ch, 🚿
r. Grandes Roches,   🐾 🄿 VISA ⚫ AE
0,6 km au Nord-Est par rte secondaire – 𝒞 *02 98 97 62 97*
– hrlesgrandesroches @ club-internet.fr – Fax 02 98 50 29 19
– Fermé 22 déc.-1ᵉʳ fév.
17 ch – ♦80/130 € ♦♦80/130 €, ⅀ 12 € – 1 suite – ½ P 75/105 €
Rest – *(fermé mardi et merc.)* Menu 45 € – Carte 55/59 €
♦ Ce superbe ensemble de fermes aménagées en hôtel dans un parc où se dressent dolmen et menhir, conserve une séduisante rusticité. Chambres douillettes et de bon goût. Charmant restaurant où pierre et bois rivalisent de chaleur ; cuisine de notre temps.

TREIGNAC – 19 Corrèze – 329 L2 – alt. 500 m – ⊠ 19260   25 **C2**
> ◘ Paris 490 – Limoges 77 – Tulle 40 – Brive-la-Gaillarde 76 – Ussel 62

    Maison Grandchamp   🛋 🎷 📞
> 9 pl. des Pénitents – 𝒞 05 55 98 10 69 – teyssier.marielle@wanadoo.fr
> – Ouvert avril-déc.
> **3 ch** 😕 – †65/70 € ††75/80 € – **Table d'hôte** – Menu 20 € bc/25 € bc
> ♦ Dans cette maison familiale du 16ᵉ s., décorée de meubles anciens et des portraits des
> aïeux, profitez de chambres coquettes et fraîches. Table d'hôte dans la grande salle à
> manger ou dans le jardin quand le temps le permet.

TRÉLAZÉ – 49 Maine-et-Loire – 317 G4 – **rattaché à Angers**

TRÉLON – 59 Nord – 302 M7 – 2 828 h. – alt. 188 m – ⊠ 59132
▌Nord Pas-de-Calais Picardie   31 **D3**
> ◘ Paris 218 – Avesnes-sur-Helpe 15 – Charleroi 53 – Lille 115 – St-Quentin 68
> – Vervins 35
> 🖪 Office de tourisme, 3, rue Clavon Collignon 𝒞 03 27 57 08 18,
> Fax 03 27 57 06 80

✗   **Le Framboiser**   🛋 **P** 𝗩𝗜𝗦𝗔 ⓪ AE
🫘   rte Val Joly – 𝒞 03 27 59 73 34 – Fax 03 27 57 07 47 – Fermé 19 fév.-5 mars,
> 18 août-10 sept., dim. soir, mardi soir et lundi
> **Rest** – Menu 15 € (déj. en sem.), 26/42 € – Carte 31/54 €
> ♦ Ancien corps de ferme bordant un axe passant. Accueillante façade, salles à manger
> intimes, meublées dans le style rustique et cuisine renouvelée au fil des saisons.

    Un hôtel charmant pour un séjour très agréable ?
         Réservez dans un hôtel avec pavillon rouge : 🏠 ... 🏨🏨🏨.

TREMBLAY-EN-FRANCE – 93 Seine-Saint-Denis – 305 G7 – 101 18 – **voir à Paris, Environs**

LE TREMBLAY-SUR-MAULDRE – 78 Yvelines – 311 H3 – 813 h. – alt. 132 m
– ⊠ 78490   18 **A2**
> ◘ Paris 42 – Houdan 24 – Mantes-la-Jolie 32 – Rambouillet 18 – Versailles 24
> 🖬 du Domaine du Tremblay Place de l'Eglise, S : par D 34, 𝒞 01 34 94 25 70.

✗✗✗   **Laurent Trochain**   🛋 🎷 𝗩𝗜𝗦𝗔 ⓪
🥀   3 r. Gén. de Gaulle – 𝒞 01 34 87 80 96
> – trochain.laurent@wanadoo.fr – Fax 0134 87 91 52
> – Fermé vacances de Pâques, 15-30 août, 1ᵉʳ-15 janv., lundi et mardi
> **Rest** – Menu (35 € bc), 42 € bc (déj. en sem.)/48 € – Carte environ 48 €
> **Spéc.** L'esprit d'un lièvre à la royale (en saison). Fromages marinés dans différentes
> huiles. Déclinaison d'une salade de fruits et sorbets (été).
> ♦ Poutres et cheminée créent une ambiance chaleureuse dans cette coquette maison au
> décor mi-rustique, mi-bourgeois assez cossu. Belle cuisine au goût du jour personnalisée.

TRÉMEUR – 22 Côtes-d'Armor – 309 I4 – 627 h. – alt. 62 m – ⊠ 22250   10 **C2**
> ◘ Paris 407 – Dinan 26 – Loudéac 54 – Rennes 57 – St-Brieuc 46 – St-Malo 56

🏠   **Les Dineux**   🛋 ℥ Ⓜ rest, 📞 🕏 **P** 𝗩𝗜𝗦𝗔 ⓪ AE
🫘   voie express N 12, Z.A. Les Dineux – 𝒞 02 96 84 65 80 – les-dineux.hotel-village@
> wanadoo.fr – Fax 02 96 84 76 35 – Fermé 20 déc.-4 janv. et 7-23 fév.
> **12 ch** – †48/52 € ††53/60 €, 😕 10 € – ½ P 55/59 € – **Rest** – (fermé sam. et dim.
> sauf juil.-août) Menu 17/28 € – Carte 18/26 €
> ♦ Les chambres de cet établissement de type motel, pour la plupart en duplex, possèdent
> toutes une petite terrasse avec vue sur la campagne. Lambris, plantes vertes, baies vitrées
> et charpente participent au cachet du restaurant ; plats traditionnels.

TRÉMOLAT – 24 Dordogne – **329** F6 – 571 h. – alt. 53 m – ⊠ 24510
█ Périgord

4 **C3**

> ◘ Paris 532 – Bergerac 34 – Brive-la-Gaillarde 87 – Périgueux 46
> – Sarlat-la-Canéda 50
>
> ◙ Syndicat d'initiative, îlot Saint-Nicolas ℰ 05 53 22 89 33, Fax 05 53 22 69 20
> ◙ Belvédère de Racamadou★★ N : 2 km.

🏠🏠🏠 **Le Vieux Logis** ⌂ ≤ 🐾 🕊 🛎 🍴 🔟 ch, ℅ ⚐ **P** **P** **VISA** **🝩** **AE** **①**
🌸 – ℰ 05 53 22 80 06 – vieuxlogis @ relaischateaux.com – Fax 05 53 22 84 89
26 ch – ♦158/330 € ♦♦158/355 €, ⌂ 18 € – ½ P 159/258 €
Rest – Menu 36 € (déj. en sem.), 39/89 € – Carte 63/113 €
Spéc. Asperges blanches du pays en vinaigrette (printemps). Foie gras poêlé,
pomme berthane et artichaut. Pêches jaunes rôties entières en cocotte lutée (été).
Vins Bergerac blanc et rouge.
♦ Ancien prieuré (16ᵉ-17ᵉ s.), cette maison raconte l'histoire de famille des actuels proprié-
taires, vieille de 450 ans ! Chambres cosy, salons douillets et superbe jardin. Insolite salle à
manger aménagée dans un ancien séchoir à tabac ; terrasse. Délicieuse carte classique.

❌ **Bistrot d'en Face** 🍴 **VISA** **🝩**
🍲 – ℰ 05 53 22 80 69 – vieuxlogis @ relaischateaux.com – Fax 05 53 22 84 89
Rest – Menu 13,50 € (déj. en sem.), 23/26 € – Carte 24/36 €
ⓐ ♦ Une adresse pour se régaler dans le village où Chabrol tourna Le Boucher (1970). Vieilles
pierres, poutres et goûteuse cuisine du terroir : andouillette, confit de canard...

TRÉMONT-SUR-SAULX – 55 Meuse – **307** B6 – **rattaché à Bar-le-Duc**

TRÉPIED – 62 Pas-de-Calais – **301** C5 – **rattaché au Touquet-Paris-Plage**

LE TRÉPORT – 76 Seine-Maritime – **304** I1 – 5 900 h. – alt. 12 m – Casino –
⊠ 76470 █ Normandie Vallée de la Seine

33 **D1**

> ◘ Paris 180 – Abbeville 37 – Amiens 92 – Blangy-sur-Bresle 26 – Dieppe 30
> – Rouen 95
>
> ◙ Office de tourisme, quai Sadi Carnot ℰ 02 35 86 05 69, Fax 02 35 86 73 96
> ◙ Calvaire des Terrasses ≤★.

🏠 **Golf Hôtel** sans rest ⌂ 🌿 🏌 ✍ **P** **VISA** **🝩**
102 rte de Dieppe, (D 940) – ℰ 02 27 28 01 52 – evergreen2 @ wanadoo.fr
– Fax 02 27 28 01 51 – Fermé 21-27 déc.
10 ch – ♦42/48 € ♦♦45/75 €, ⌂ 7,50 €
♦ Une allée arborée conduit à cette demeure de style normand entourée d'un parc.
Chambres soignées, meublées dans un esprit anglais. Coquette salle rustique pour les
petits-déjeuners.

❌❌ **Le St-Louis** 🔟 **VISA** **🝩** **AE** **①**
43 quai François 1ᵉʳ – ℰ 02 35 86 20 70 – Fax 02 35 50 67 10
🍲 – Fermé 16 nov.-19 déc.
Rest – Menu 18 € (sem.)/60 € – Carte 31/56 €
♦ La grande baie vitrée donnant directement sur les quais dévoile une sympathique salle
de restaurant à l'ambiance conviviale et au cadre "brasserie". Cuisine de la mer.

TRÉVOU-TRÉGUIGNEC – 22 Côtes-d'Armor – **309** B2 – 1 144 h. – alt. 56 m –
⊠ 22660

9 **B1**

> ◘ Paris 524 – Guingamp 36 – Lannion 14 – Paimpol 27 – Perros-Guirec 11
> – St-Brieuc 72
>
> ◙ Syndicat d'initiative, 28, rue de Trestel ℰ 02 96 23 74 05, Fax 02 96 91 73 82

🏠🏠 **Kerbugalic** ⌂ ≤ Baie de Trestel, 🌿 **P** **VISA** **🝩** **AE**
1 Vieille Côte de Trestel – ℰ 02 96 23 72 15 – kerbugalic @ voila.fr
– Fax 02 96 23 74 71 – Fermé 10 janv.-15 fév.
18 ch – ♦55/90 € ♦♦55/90 €, ⌂ 10 € – **Rest** – (fermé le midi sauf vend., sam. et
dim.) Menu 25/38 € – Carte 32/56 €
♦ Face à l'estran, maison bretonne entourée d'un jardin fleuri. Les chambres de l'unité principale sont rénovées ; celles de l'annexe disposent parfois d'une terrasse-véranda privative.
Table au décor moderne coloré tournée vers les flots ; carte actuelle à dominante océane.

TRIGANCE – 83 Var – 340 N3 – 150 h. – alt. 800 m – ⊠ 83840   41 **C2**
- ◘ Paris 817 – Castellane 20 – Digne-les-Bains 74 – Draguignan 43 – Grasse 70
- ◘ Office de tourisme, RD 955 - ferme de la Sagne ✆ 04 94 85 68 40,
  Fax 04 94 85 68 40

🏚   **Château de Trigance** ≫   ≼ vallée et montagne, 🖼
accès par voie privée – ✆ 04 94 76 91 18   **P** **VISA** **MO** **AE** **①**
– *chateautrigance@wanadoo.fr* – Fax 04 94 85 68 99 – Ouvert 22 mars-31 oct.
10 ch – †115/125 € ††125/195 €, ⊇ 14,50 € – ½ P 115/140 €
Rest – Menu 28 € (déj. en sem.), 38/48 € – Carte 50/66 €
♦ Perché sur un piton rocheux, hôtel de caractère occupant les murs d'un château fort.
Chambres personnalisées, dotées de lits à baldaquin. Restaurant installé dans une
ancienne salle d'armes creusée dans la roche. Cadre médiéval, mais cuisine au goût du jour.

🏠   **Le Vieil Amandier** ≫   🖼 ⏟ & ch, **P** **VISA** **MO** **AE** **①**
Montée de St-Roch – ✆ 04 94 76 92 92 – *levieilamandier@free.fr*
– *Fax 04 94 85 68 65* – Ouvert 16 avril-2 nov.
12 ch – †45/55 € ††64/88 €, ⊇ 9 € – ½ P 67/77 € – **Rest** – (dîner seult)
(résidents seult)
♦ Au pied du village, construction récente entourée d'un jardin déjà méditerranéen.
Toutes les chambres offrent désormais des aménagements rénovés. Une belle charpente
coiffe la salle à manger ; dans l'assiette, cuisine traditionnelle aux accents du midi.

TRILBARDOU – 77 Seine-et-Marne – 312 F2 – **rattaché à Meaux**

LA TRINITÉ-SUR-MER – 56 Morbihan – 308 M9 – 1 530 h. – alt. 20 m – Casino –
⊠ 56470 ▌ Bretagne   9 **B3**
- ◘ Paris 488 – Auray 13 – Carnac 4 – Lorient 52 – Quiberon 23 – Quimperlé 66
  – Vannes 31
- ◘ Office de tourisme, 30, cours des Quais ✆ 02 97 55 72 21, Fax 02 97 55 78 07
- ◙ Pont de Kerisper ≼★.

🏚   **Le Lodge Kerisper** sans rest ≫   ⏟ & ↂ **P** **VISA** **MO**
4 r. Latz – ✆ 02 97 52 88 56 – *contact@lodgekerisper.com* – Fax 02 97 52 76 39
17 ch – †95/255 € ††95/255 €, ⊇ 18 € – 3 suites
♦ Ces deux longères du 19ᵉ s. offrent un intérieur chaleureux et épuré, associant matériaux
nobles, meubles chinés et tissus choisis. Plusieurs chambres disposent d'une terrasse.

🏚   **Petit Hôtel des Hortensias**   ≼ 🖼 & rest, ⇟ ↂ **VISA** **MO**
4 pl. de la Mairie – ✆ 02 97 30 10 30 – *leshortensias@aol.com*
– *Fax 02 97 30 14 54* – Fermé janv.
6 ch – †99/155 € ††99/155 €, ⊇ 11,50 €
Rest *L'Arrosoir* – ✆ 02 97 30 13 58 (ouvert fin-fév. à fin-nov. et fermé mardi midi,
merc. midi et lundi) Carte 30/47 €
♦ La silhouette scandinave de cette charmante villa (1880) domine le port. Intérieur
nautique chic, meubles et bibelots anciens, ambiance guesthouse... Une perle rare ! Coquet
décor de bistrot marin, belle terrasse panoramique et cuisine océane à L'Arrosoir.

✗✗✗   **L'Azimut**   🖼 **VISA** **MO** **AE**
1 r. Men-Dû – ✆ 02 97 55 71 88 – *azimut56@orange.fr* – Fax 02 97 55 80 15
– *Fermé 24 nov.-5 déc., 7-11 janv., 16-27 fév., mardi et merc. sauf juil.-août*
Rest – Menu (20 €), 25 € (déj. en sem.), 35/60 € – Carte 43/60 € 🕸
♦ Ambiance maritime tous azimuts dans la salle à manger, agréable terrasse offrant une
échappée sur le port et carte actuelle orientée poisson.

TRIZAY – 17 Charente-Maritime – 324 E4 – 1 122 h. – alt. 20 m –
⊠ 17250   38 **B2**
- ◘ Paris 475 – Rochefort 13 – La Rochelle 52 – Royan 36 – Saintes 27
- ◘ Syndicat d'initiative, 48, rue de la République ✆ 05 46 82 34 25,
  Fax 05 46 82 19 64

TRIZAY

au Lac du Bois Fleuri 2,5 km à l'Ouest par D 238, D 123 et rte secondaire – ⊠ 17250 Trizay

XXX **Les Jardins du Lac** avec ch ॐ ← ⑩ 斎 ℈ ఉ ch, ᴬᴄ rest, ⅍
– ℰ 05 46 82 03 56 – hotel@jardins-du-lac.com ℙ ᴠᴵˢᴬ ⓜⓞ ⒶⒺ ⓞ
– Fax 05 46 82 03 55 – Fermé vacances de fév., dim. soir, lundi et mardi de nov.
à mars
8 ch – ♦83/89 € ♦♦83/89 €, � 13 € – **Rest** – Menu (31 €), 35/50 € – Carte
50/73 €
◆ Dans un parc au-dessus du lac, deux pavillons récents reliés par une passerelle vitrée
enjambant un ruisseau. Restaurant et chambres (avec terrasse ou balcon) donnent sur le
plan d'eau.

LES TROIS-ÉPIS – 68 Haut-Rhin – **315** H8 – alt. **658 m** – ⊠ 68410
█ Alsace Lorraine
2 **C2**

🄳 Paris 445 – Colmar 11 – Gérardmer 51 – Munster 18 – Orbey 12
🄴 Office de tourisme, 2, Impasse Poincaré ℰ 03 89 49 80 56, Fax 03 89 49 80 68

🏠 **Villa Rosa** ← 斎 斎 ℈ ↳ ℅ rest, ℙ ᴠᴵˢᴬ ⓜⓞ
4 r. Thierry Schoeré – ℰ 03 89 49 81 19 – contact@villarosa.fr – Fax 03 89 78 90 45
– Fermé janv., fév. à mi-mars, nov. et jeudi soir
8 ch – ♦58/60 € ♦♦60/65 €, ⊷ 8 € – ½ P 60/65 € – **Rest** – table d'hôte (dîner
pour résidents seult) Menu 20/25 €
◆ Chambres coquettes portant des noms de roses ; séjours à thèmes. Ambiance guesthouse dans cette maison 1900 entourée d'un jardin fleuri. Au restaurant, Anne-Rose
concocte des plats régionaux à partir de produits bio et de son potager.

TRONÇAIS – 03 Allier – **326** D3 – rattaché à St-Bonnet-Tronçais

---

LE TRONCHET – 35 Ille-et-Vilaine – **309** K4 – **845 h.** – alt. **65 m** – ⊠ 35540
█ Bretagne
10 **D2**

🄳 Paris 391 – Saint-Malo 27 – Dinan 19 – Fougères 56 – Rennes 57
– Saint-Brieuc 82

🏨 **Golf & Country Club** ॐ ← 斎 斎 🎬 ⫟ ఉ ch, ᴬᴄ ↳ ⅍ ℙ ᴠᴵˢᴬ ⓜⓞ
⚏ – ℰ 02 99 58 98 99 – saintmalogolf@st-malo.com – Fax 02 99 58 10 39
– Fermé 20 nov.-1ᵉʳ mars
29 ch – ♦75/135 € ♦♦75/135 €, ⊷ 10 € – ½ P 75/105 € – **Rest** – Menu 17 € (déj.
en sem.), 20/30 € – Carte 23/40 €
◆ Au sein d'un golf, cet ancien prieuré du 19ᵉ s. abrite de grandes chambres dans des tons
clairs (jolis tissus), disposant d'une loggia ou d'une miniterrasse. Le restaurant donne sur
l'étang et offre une vue panoramique sur les greens. Cuisine traditionnelle.

🏠 **Le Mesnil des Bois** sans rest ॐ ⑩ ↳ ⅍ ℙ
2 km au Sud-Ouest par D9 et D3 – ℰ 02 99 58 97 12 – villette@
le-mesnil-des-bois.com – Fermé mi nov. à fin fév.
5 ch ⊷ – ♦90/120 € ♦♦90/120 €
◆ Cette belle ferme-manoir (16ᵉ s.) isolée dans la campagne, en lisière de forêt, appartenait
aux descendants du corsaire Surcouf. Jolies chambres aux meubles anciens.

TRONGET – 03 Allier – **326** F4 – **928 h.** – alt. **460 m** – ⊠ 03240
5 **B1**

🄳 Paris 317 – Bourbon-l'Archambault 24 – Montluçon 53 – Moulins 30

🏠 **Du Commerce** ఉ ch, ⅍ ⅍ ℙ 🖚 ᴠᴵˢᴬ ⓜⓞ ⓞ
⚏ 16 rte départementale 945 – ℰ 04 70 47 12 95 – Fax 04 70 47 32 53
11 ch – ♦40 € ♦♦48 €, ⊷ 7 € – ½ P 53 € – **Rest** – Menu 16 € (sem.)/36 € – Carte
30/52 €
◆ Au cœur du bourg, établissement composé de deux bâtiments. La maison mère abrite le
café-restaurant ; les chambres, fonctionnelles et bien tenues, occupent l'annexe récente.
Salle à manger de style classico-rustique et répertoire culinaire traditionnel.

TROUVILLE-SUR-MER – 14 Calvados – 303 M3 – 5 411 h. – alt. 2 m – Casino AY
– ✉ 14360 ▮ Normandie Vallée de la Seine   32 **A3**

- ▶ Paris 201 – Caen 51 – Le Havre 43 – Lisieux 30 – Pont-l'Évêque 13
- ✈ de Deauville-St-Gatien : ☎ 02 31 65 65 65, par ② : 7 km BZ.
- 🛈 Office de tourisme, 32, boulevard Fernand-Moureaux ☎ 02 31 14 60 70, Fax 02 31 14 60 71
- 🏌 de l'Amirauté à Tourgéville Route Départementale 278, par rte de Pont-L'Évêque et D 278 : 5 km, ☎ 02 31 14 42 00.
- ◎ Corniche ≼⋆.

Plan page suivante

🏠🏠🏠   **Hostellerie du Vallon** sans rest 🌿   🔲 ♨ 🕪 ↯ 🖰 🏋
12 r. Sylvestre Lasserre – ☎ 02 31 98 35 00   **P** _VISA_ **◑◎** Æ **◉**
– resahduvallon@wanadoo.fr – Fax 02 31 98 35 10   BZ **v**
62 ch – ♦105/180 € ♦♦110/180 €, � 14,50 € – 1 suite
♦ Cette hostellerie de style normand offre un joli panorama sur les hauteurs de la ville. Chambres spacieuses dotées de balcons. Plusieurs salons et une salle de billard.

🏠🏠   **Mercure**   🎇 🖰 AC ch, ↯ 🕪 🏋 _VISA_ **◑◎** Æ **◉**
pl. Foch – ☎ 02 31 87 38 38 – h1048@accor.com – Fax 02 31 87 35 41
80 ch – ♦86/153 € ♦♦86/153 €, ⊆ 13 € – **Rest** – Menu (17 €),   AY **k**
21 € (sem.)/40 € – Carte 17/30 €
♦ Les chambres sont progressivement rénovées et adoptent un style actuel sobre (tons bordeaux, mobilier et lignes épurées) ; les autres restent fonctionnelles et bien tenues. Cuisine traditionnelle et plats régionaux servis dans la cour intérieure en été.

🏠🏠   **St-James** sans rest   ⅏ 🕪 _VISA_ **◑◎**
16 r. de la Plage – ☎ 02 31 88 05 23 – Fax 02 31 87 98 45 – Fermé janv.
11 ch – ♦90/100 € ♦♦100/120 €, ⊆ 14 €   AY **e**
♦ Proche de la plage, petite adresse familiale aux chambres coquettement personnalisées. En hiver, l'atmosphère feutrée du salon invite à s'attarder au coin du feu.

🏠🏠   **Le Flaubert**   ≼ 🖰 🕪 **P** _VISA_ **◑◎** **◉**
2 r. Gustave Flaubert – ☎ 02 31 88 37 23 – hotel@flaubert.fr – Fax 02 31 88 21 56
– Ouvert de mi-fév. à mi-nov.   AY **t**
33 ch – ♦64/125 € ♦♦64/200 €, ⊆ 9 €
♦ Romantisme assuré en choisissant une chambre tournée vers la mer dans cette bâtisse des années 1930 idéalement située au pied des "planches" trouvillaises. Décor rétro.

🏠🏠   **Le Fer à Cheval** sans rest   🖰 ♿ 🕪 _VISA_ **◑◎**
11 r. V. Hugo – ☎ 02 31 98 30 20 – info@hotel-trouville.com – Fax 02 31 98 04 00
34 ch – ♦50/80 € ♦♦73/85 €, ⊆ 10 €   AY **u**
♦ Deux bâtisses mitoyennes abritant des chambres fonctionnelles et de douillettes suites familiales. Viennoiseries maison au petit-déjeuner et salon de thé l'après-midi.

🏠🏠   **Le Central**   🎇 🖰 🕪 _VISA_ **◑◎** Æ
5 et 7 r. des Bains – ☎ 02 31 88 80 84 – central-hotel@wanadoo.fr
– Fax 02 31 88 42 22   AY **n**
21 ch – ♦84/117 € ♦♦84/128 €, ⊆ 8,50 € – ½ P 69/75 €
Rest Brasserie – ☎ 02 31 88 13 68 – Menu 20/29 € – Carte 28/39 €
♦ Sur le port, hôtel hébergeant une réception au 1ᵉʳ étage et, réparties entre deux bâtiments, des chambres joliment rénovées et bien insonorisées. Brasserie très animée dont le cadre s'inspire des années 1930 et vaste terrasse chauffée en hiver.

🏠   **Les Sablettes** sans rest   ↯ ⅏ _VISA_ **◑◎**
15 r. P.-Besson – ☎ 02 31 88 10 66 – info@trouville-hotel.com – Fax 02 31 88 59 06
– Fermé janv.   AY **r**
18 ch – ♦40/45 € ♦♦52/65 €, ⊆ 6,50 €
♦ L'un des atouts de cette sympathique petite adresse est sa situation plutôt tranquille dans une rue du centre-ville. Chambres simples, propres et ravivées par des tons clairs.

✕   **La Petite Auberge**   ⅏ _VISA_ **◑◎**
7 r. Carnot – ☎ 02 31 88 11 07 – lapetiteauberge@wanadoo.fr
– Fax 02 31 88 96 39 – Fermé mardi sauf juil.-août et merc.   AY **f**
Rest – (prévenir) Menu 31/49 €
♦ Loin du flot touristique, cette auberge brandit haut les couleurs de la mer : décor refait aux tons bleus (tables en bois, assiettes aux murs), carte tradionnelle et régionale.

TROUVILLE-SUR-MER

Comment choisir entre deux adresses équivalentes ?
Dans chaque catégorie, les établissements sont classés
par ordre de préférence : nos coups de cœur d'abord.

X **Les Mouettes** 🛜 *VISA* 🆚 AE
11 r. Bains – ✆ *02 31 98 06 97 – central-hotel@wanadoo.fr* AY **d**
🍴 **Rest** – Menu 13,50/27 €
♦ Ambiance et décor de bistrot, carte typique du genre, joli plafond peint et terrasse-trottoir abritée pour cette table conviviale naguère fréquentée par Marguerite Duras.

X **Casa Cubaine** *VISA* 🆚
1 r. Paul Besson – ✆ *02 31 88 18 10 – Fermé merc.* AY **a**
🍴 **Rest** – *(dîner seult)* Menu 17/22 € – Carte 31/58 €
♦ Face au casino, bar-lounge dont la véranda colorée évoque l'ambiance des îles. La langouste est à l'honneur sur la carte franco-cubaine pleine de fraîcheur et d'originalité.

TROYES ℗ – 10 Aube – 313 E4 – 60 958 h. – Agglo. 128 945 h. – alt. 113 m –
✉ 10000 ▮ Champagne Ardenne 13 **B3**

> 🚩 Paris 170 – Dijon 185 – Nancy 186
> ✈ de Troyes-Barberey ✆ 03 25 71 79 00, NO : 5 km AV
> 🛈 Office de tourisme, 16, boulevard Carnot ✆ 03 25 82 62 70,
>   Fax 03 25 73 06 81
> 🏌 de la Forêt d'Orient à Rouilly-Sacey Route de Geraudot, par rte de Nancy :
>   11 km, ✆ 03 25 43 80 80 ;
> 🏌 de Troyes à Chaource Château de la Cordelière, par rte de Tonnerre (D 444) :
>   31 km, ✆ 03 25 40 18 76.
> ◉ Le Vieux Troyes★★ BZ : Ruelle des Chats★ - Cathédrale
>   St-Pierre-et-St-Paul★★ - Jubé★★ de l'église Ste-Madeleine★ - Basilique
>   St-Urbain★ BCY **B** - Église St-Pantaléon★ - Apothicairerie★ de l'Hôtel-Dieu
>   CY **M⁴** - Musée d'Art Moderne★★ CY **M³** - Maison de l'Outil et de la Pensée
>   ouvrière★★ dans l'hôtel de Mauroy★★ BZ **M²** - Musée historique de
>   Troyes et de Champagne★ et musée de la Bonneterie dans l'hôtel de
>   Vauluisant★ BZ **M¹** - Musée des Beaux-Arts et d'Archéologie★ dans l'abbaye
>   St-Loup.

Plans pages suivantes

🏨 **La Maison de Rhodes** ⌂ 🚗 🛜 & ch, ⇄ 📶 📅 *VISA* 🆚 AE
18 r. Linard Gonthier – ✆ *03 25 43 11 11 – message@maisonderhodes.com*
– Fax 03 25 43 10 43 CY **e**
8 ch – ♦143/198 € ♦♦143/198 €, � 17 € – 3 suites – **Rest** – *(fermé janv. et fév.)*
(dîner seult) Menu 54/62 € – Carte environ 56 €
♦ Belles demeures du 17ᵉ s. nichées dans une ruelle pavée. Poutres, pierres, torchis, tomettes, mobilier ancien et contemporain se marient avec élégance dans ce délicieux hôtel. Charmante salle à manger rustique ouverte sur le minuscule jardin ; carte traditionnelle.

🏨 **Le Champ des Oiseaux** sans rest ⌂ 🚗 & ⚘ 📶 🛏 *VISA* 🆚 AE
20 r. Linard Gonthier – ✆ *03 25 80 58 50 – message@champdesoiseaux.com*
– Fax 03 25 80 98 34 CY **e**
12 ch – ♦130 € ♦♦130 €, ⊇ 17 € – 1 suite
♦ Jolies chambres douillettes réparties dans trois vénérables maisons en encorbellement datant des 15ᵉ et 16ᵉ s. Charme, tranquillité et service attentionné.

🏨 **Mercure** sans rest 🛗 📶 & 🎦 ⇄ 📶 🛏 🚗 *VISA* 🆚 AE ⓪
11 r. Bas-Trévois – ✆ *03 25 46 28 28 – h3168@accor.com – Fax 03 25 46 28 27*
70 ch – ♦99/115 € ♦♦109/185 €, ⊇ 13 € CZ **h**
♦ La décoration des chambres, spacieuses et reposantes, et le métier à tisser du 19ᵉ s. qui trône dans le hall rappellent que cet hôtel était à l'origine une usine à bonneterie.

🏨 **Le Relais St-Jean** sans rest ⌂ 📶 & 🎦 📶 🛏 🚗 *VISA* 🆚 AE ⓪
51 r. Paillot de Montabert – ✆ *03 25 73 89 90 – infos@relais-st-jean.com*
– Fax 03 25 73 88 60 BZ **s**
25 ch – ♦90/135 € ♦♦95/140 €, ⊇ 15 €
♦ Pittoresque maison à colombages bordant une rue piétonne. Chambres contemporaines ; celles du 4ᵉ étage ont conservé leurs belles poutres. Salon-bar feutré et élégant.

TROYES

Royal Hôtel

🏨 🔊 👶 ch, 📺 🛁 📶 **VISA** 🅾🅾 🄰🄴 ①

22 bd Carnot – ℰ 03 25 73 19 99 – reservation @ royal-hotel-troyes.com
– Fax 03 25 73 47 85 – Fermé 19 déc.-12 janv.   BZ **n**

40 ch – †65/75 € ††78/90 €, ⊇ 10 € – ½ P 69/75 €
Rest – (fermé sam. midi, lundi midi et dim.) Menu 25 € (sem.)/30 € – Carte
46/64 €

◆ Cet immeuble situé sur un boulevard fréquenté héberge des chambres simples, fonctionnelles et bien tenues. Agréable salon-bar feutré et élégante salle à manger
actuelle agrémentée d'un vaisselier et d'un miroir de style Renaissance flamande.

TROYES

Ibis sans rest
🏠   📶 & 🄰🄲 ↯ 📞 ♨ 🚗 **VISA** 🌐 🄰🄴 ⓪

r. Camille Claudel – ℰ 03 25 75 99 99 – H5546@accor.com – Fax 03 25 75 90 69

77 ch – ♦59/67 € ♦♦59/67 €, ☲ 8 €
CZ **w**

♦ Récent établissement bénéficiant des dernières normes Ibis en matière de confort : chambres climatisées, salles de bains new look, plaisante salle des petits-déjeuners, etc.

La Mignardise
🍴 & ⟷ **VISA** 🌐 🄰🄴 ⓪

1 ruelle des Chats – ℰ 03 25 73 15 30 – Fax 03 25 73 15 30 – Fermé dim. soir et lundi
BZ **e**

Rest – Menu (22 €), 25/50 € – Carte 47/65 €

♦ Élégant intérieur (pierres, briques, bois et touches modernes), cuisine actuelle et service attentionné : on passe un bon moment dans cette maison à colombages du 16e s.

Valentino
🍴 **VISA** 🌐 🄰🄴

35 r. Paillot de Montabert – ℰ 03 25 73 14 14 – le.valentino@orange.fr
– Fax 03 25 41 36 75 – Fermé 17 août-2 sept., 1er-13 janv., dim. et lundi

Rest – Menu 22 € (déj. en sem.), 30/50 € – Carte 46/66 €
BZ **s**

♦ Intime salle à manger mêlant avec goût l'ancien et le contemporain (pierres, poutres, mobilier et tableaux modernes). Cour-terrasse pavée et beaux mariages des saveurs dans l'assiette.

XX **Le Bourgogne**   AC VISA ⓜⓞ

40 r. Gén. de Gaulle - ℰ *03 25 73 02 67 – Fax 03 25 71 06 40 – Fermé*
27 juil.-26 août, dim. soir, jeudi soir et lundi   BY **f**
Rest – *(nombre de couverts limité, prévenir)* Menu 33 € (sem.)/54 € – Carte
41/71 €

◆ Face aux halles, salle à manger au décor épuré réchauffée par une belle cheminée en hiver. Au menu, recettes simples et classiques, concoctées avec des produits de qualité.

X **Le Bistroquet**   ⰀⰀ ⅋ AC ⇄ VISA ⓜⓞ AE

10 r. Louis Ulbach - ℰ *03 25 73 65 65 – Fax 03 25 73 55 91 – Fermé dim. sauf le*
midi de sept. à juin   BZ **d**
Rest – Menu (20 €), 32 € – Carte 25/46 €

◆ Banquettes bordeaux, chaises bistrot et lustres rétro : un décor façon brasserie parisienne de la Belle Époque qui sied parfaitement au type de cuisine proposé ici.

X **Au Jardin Gourmand**   ⰀⰀ ⅋ VISA ⓜⓞ

31 r. Paillot de Montabert - ℰ *03 25 73 36 13 – Fax 03 25 73 36 13*
– Fermé 10-25 mars, 1ᵉʳ-1 sept., lundi midi et dim.   BZ **s**
Rest – Carte 26/59 €

◆ Sur la carte de ce restaurant du Vieux Troyes, les plats du terroir – dont la célèbre andouillette – côtoient des recettes plus créatives. Bon choix de vins au verre.

à Ste-Maure 7 km par D 78 – 1 211 h. – alt. 111 m – ✉ 10150

XXX **Auberge de Ste-Maure**   ⰀⰀ ⇄ P VISA ⓜⓞ AE

99 rte Mery - ℰ *03 25 76 90 41 – auberge.saintemaure @ wanadoo.fr*
– Fax 03 25 80 01 55 – Fermé 22 déc.-26 janv., dim. soir et lundi   AV **g**
Rest – Menu 26 € (sem.)/50 € – Carte 44/74 € ⅍

◆ Élégante salle à manger coiffée d'une belle charpente et plaisante terrasse d'été au bord du Melda. Cuisine au goût du jour accompagnée d'une séduisante carte des vins.

à Pont-Ste-Marie 3 km par D 77 – 4 936 h. – alt. 110 m – ✉ 10150

XXX **Hostellerie de Pont-Ste-Marie** (Christian Chavanon)

❀   *34 r. Pasteur, (près de l'église) -* ℰ *03 25 83 28 61*   AC ⇄ VISA ⓜⓞ AE
– chavanon3 @ wanadoo.fr – Fax 03 25 81 67 85
– Fermé 1ᵉʳ-24 août, 2-12 janv., dim. soir, mardi soir et merc.   AV **n**
Rest – Menu 43/119 € bc – Carte 58/84 €
Spéc. Homard au piment d'Espelette, croustillant à l'anis vert. Le cochon en folie.
Pain perdu aux souvenirs d'antan, aux saveurs de maintenant. **Vins** Rosé des
Riceys, Champagne.

◆ Deux maisons de village proches de la belle église du 16ᵉ s. Chaleureuse salle à manger (mélange d'ancien et de contemporain) et appétissantes recettes dans l'air du temps.

X **Bistrot DuPont**   AC VISA ⓜⓞ

☺   *5 pl. Ch. de Gaulle -* ℰ *03 25 80 90 99 – Fermé 7-13 avril, 14 juil.-3 août,*
27 déc.-3 janv., jeudi soir, dim. soir et lundi   AV **s**
Rest – *(prévenir)* Menu 19/29 € – Carte 27/56 €

◆ Tout à côté de la Seine, sympathique établissement de type bistrot proposant une cuisine copieuse et soignée. Ne ratez pas la spécialité maison : l'andouillette.

à Moussey 10 km par ④, D 671 et D 444 – 399 h. – alt. 131 m – ✉ 10800

⌂ **Domaine de la Creuse** sans rest ⅍   ⌲ ⅚ ⅋ ⌁ P

– ℰ *03 25 41 74 01 – contact @ domainedelacreuse.com – Fermé 20 déc.-5 janv.*
4 ch ⌑ – †95 € ††100/115 €

◆ Cette demeure champenoise traditionnelle (18ᵉ s.) s'articule autour d'une jolie cour centrale aménagée en jardin. Chambres de plain-pied, vastes et réellement délicieuses.

à St-André-les-Vergers 5 km – 11 125 h. – alt. 112 m – ✉ 10120

🄸 Syndicat d'initiative, 21, avenue Maréchal Leclerc ℰ 03 25 71 91 11,
Fax 03 25 49 67 71

XX **La Gentilhommière**   ⰀⰀ ⇄ P VISA ⓜⓞ

180 rte Auxerre - ℰ *03 25 49 35 64 – gentilhommiere @ wanadoo.fr*
– Fax 03 25 75 13 55 – Fermé mardi soir et merc.   AX **r**
Rest – Menu 19 € (sem.)/53 € – Carte 39/56 €

◆ Mobilier de style, tableaux anciens, toile de Jouy... : ce restaurant installé dans une villa récente est confortable et feutré. Deux terrasses d'été et cuisine au goût du jour.

à Ste-Savine 3 km – 10 125 h. – alt. 116 m – ⊠ 10300

⌂ **Chantereigne** sans rest &. 🎬 ⇆ 📞 **P** 🚗 **VISA** **MO**
128 av. Gén. Leclerc – 𝒞 03 25 74 89 35 – contact@hotel-chantereigne.com
– Fax 03 25 74 47 78 – Fermé 23 déc.-2 janv. AX **t**
30 ch – †54/65 € ††58/65 €, ⌷ 8 €
♦ Bâtiment en forme de fer à cheval abritant des chambres un peu exiguës, mais fonctionnelles et orientées vers l'arrière. Formule buffet à l'heure du petit-déjeuner.

⌂ **Motel Savinien** ⌘ ⌂ 🖥 🏋 ⌘ &. ch, ⇆ 📞 🛁 **P** **VISA** **MO**
87 r. Fontaine – 𝒞 03 25 79 24 90 – motel.savinien@orange.fr – Fax 03 25 78 04 61
AX **d**
49 ch – †48/60 € ††54/68 €, ⌷ 8 € – ½ P 50/55 € – **Rest** – *(fermé dim. soir et
lundi)* Menu (13 €), 23/31 € – Carte 24/39 €
♦ À l'écart du bruit, grande bâtisse des années 1970 bien entretenue. On améliore
régulièrement le confort des chambres, pratiques et en partie rénovées. Sauna, jacuzzi et
minifitness. Cuisine traditionnelle servie en terrasse, lorsque le temps le permet.

TRUN – 61 Orne – 310 J1 – 1 307 h. – alt. 90 m – ⊠ 61160 33 **C2**
🔼 Paris 198 – Caen 63 – Alençon 60 – Lisieux 47 – Flers 59
🚹 Syndicat d'initiative, place Charles-de-Gaulle 𝒞 02 33 36 93 55

⌂ **La Villageoise** ⌘ ⇆ 📞 🚗
*66 r. de la République – 𝒞 08 71 38 56 87 – lavillageoise@orange.fr
– Fax 02 33 39 13 07*
5 ch – †55 € ††60 €, ⌷ 12 € – **Table d'hôte** – Menu 25 € bc
♦ Cette maison abrite un beau salon ouvert sur une grande cour-jardin, autour de laquelle
sont aménagées la plupart des chambres, sobres mais remplies de bibelots. Bon
accueil. Des petits plats du terroir vous sont proposés dans un décor rustique.

TULETTE – 26 Drôme – 332 C8 – 1 714 h. – alt. 147 m – ⊠ 26790 44 **B3**
🔼 Paris 657 – Lyon 195 – Valence 95 – Avignon 56 – Montélimar 50
🚹 Syndicat d'initiative, place des Tisserands 𝒞 04 75 98 34 53,
Fax 04 75 98 36 16

⌂ **K-Za** ⌘ 🚗 🛁 🎬 ch, ⇆ 📞 **P**
rte du Moulin – 𝒞 04 75 98 34 88 – k-za@wanadoo.fr – Fax 04 7 97 49 70
5 ch ⌷ – †130 € ††130/230 € – **Table d'hôte** – Menu 30 € bc/50 € bc
♦ "Che bella casa !" La patronne de cette K-Za, Elizabeth, est italienne. Maison en galets
roulés du Rhône (17ᵉ s.) au superbe intérieur design, tout en sophistication contemporaine.
À la table d'hôte, cuisine familiale méditerranéenne de qualité et vins locaux.

TULLE **P** – 19 Corrèze – 329 L4 – 15 553 h. – alt. 210 m – ⊠ 19000
25 **C3**
📗 Limousin Berry
🔼 Paris 475 – Aurillac 83 – Brive-la-Gaillarde 27 – Clermont-Ferrand 141
🚹 Office de tourisme, 2, place Emile Zola 𝒞 05 55 26 59 61, Fax 05 55 20 72 93
👁 Maison de Loyac★ Z **B** - Clocher★ de la Cathédrale Notre-Dame.

Plan page suivante

⌂⌂ **Mercure** sans rest 📶 ⇆ 📞 🛁 **VISA** **MO** **AE** ⓪
*16 quai de la République – 𝒞 05 55 26 42 00 – h5065@accor.com
– Fax 05 55 20 31 17* Z **b**
48 ch – †64 € ††74/78 €, ⌷ 8,50 € – 1 suite
♦ En centre-ville, cet impeccable hôtel est doté d'un hall spacieux, d'un bar confortable et
de chambres chaleureuses et insonorisées, plus spacieuses côté quai de la Corrèze.

⌂ **De la Gare** **VISA** **MO** **AE**
⚓ *25 av. W. Churchill – 𝒞 05 55 20 04 04 – hotel.de.la.gare@wanadoo.fr
– Fax 05 55 20 15 87 – Fermé 20 août-3 sept. et vacances de fév.* Y **k**
11 ch – †51 € ††51 €, ⌷ 7 € – ½ P 51 € – **Rest** – *(fermé dim. soir en hiver)*
Menu 15/24 €
♦ Petit hôtel familial situé face à la gare. Chambres de bonne ampleur, fonctionnelles
et agencées autour d'un patio (celles du 1ᵉʳ étage ouvrent directement dessus). Au
restaurant, le décor est rustique, la carte simplement traditionnelle, et l'addition légère.

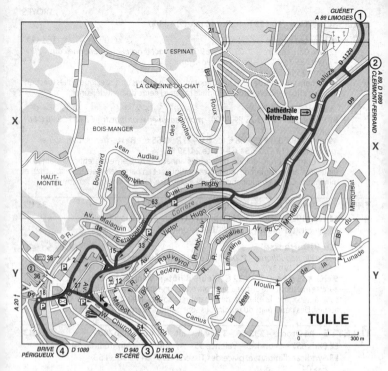

TULLE

0   300 m

GUÉRET
A 89 LIMOGES ①

② A 89, D 1089
CLERMONT-FERRAND

BRIVE
PÉRIGUEUX ④   D 1089   D 940 ③ D 1120
ST-CÉRÉ   AURILLAC

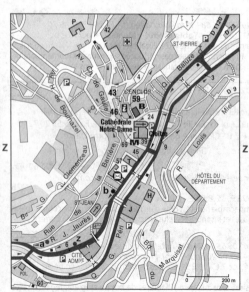

1884

✕✕✕ Le Central ⬛ ⬧ VISA ⬤

12 r. Barrière – ℰ 05 55 26 24 46 – r-poumier @ internet19.fr – Fax 05 55 26 53 16
– Fermé 28 juil.-10 août, dim. soir et sam. Z **a**
Rest – Menu 25/60 € – Carte 46/61 €

♦ Cette maison à colombages du 18ᵉ s. abrite un restaurant cosy (pierres, poutres, vaisseliers). Cuisine traditionnelle aussi soignée que l'accueil. Brasserie au rez-de-chaussée.

✕✕ La Toque Blanche ⬛ VISA ⬤ ⬛

pl. M. Brigouleix – ℰ 05 55 26 75 41 – toque.blanche @ orange.fr – Fax 05 55 20 93 95
– Fermé une sem. en juil., 15-26 fév., dim. soir et lundi Z **z**
Rest – Menu 24/29 € – Carte 45/61 €

♦ Cette toque-là vous réserve une cuisine traditionnelle à base des produits du terroir. À déguster dans la grande salle joliment rustique ou dans celle résolument contemporaine.

TUNNEL DU MONT-BLANC H.-Savoie – **74** H.-Savoie – **328** O5 – **voir à** Chamonix-Mont-Blanc

---

TUNNEL SOUS LA MANCHE voir à Calais.

LA TURBALLE – **44** Loire-Atlantique – **316** A3 – 4 042 h. – alt. 6 m – ✉ 44420
▌Bretagne **34 A2**

> ◨ Paris 457 – La Baule 13 – Guérande 7 – Nantes 84 – La Roche-Bernard 31
> – St-Nazaire 27

> ◪ Office de tourisme, place du Général-de-Gaulle ℰ 02 40 23 39 87,
> Fax 02 40 23 32 01

🏠 Les Chants d'Ailes sans rest ⟨ ↝ ⅍ ☍ P VISA ⬤

11 bd Bellanger – ℰ 02 40 23 47 28 – hotel.chantsdailes @ wanadoo.fr
– Fax 02 40 62 86 43 – Fermé 17 nov.-17 déc. et 19 janv.-6 fév.
19 ch – †38/48 € ††46/67 €, ⊿ 7 €

♦ Bordant une longue plage, chambres fonctionnelles peu à peu rénovées. Celles situées en façade bénéficient d'une vue sur l'océan. Lumineuse salle des petits-déjeuners.

🏠 Le Manoir des Quatre Saisons sans rest ⌂ ⋥ ↝ ⅍ P

744 bd de Lauvergnac – ℰ 02 40 11 76 16 – jean-philippe.meyran @ club-internet.fr
– Fax 02 40 11 76 16
5 ch ⊿ – †60/70 € ††85/89 €

♦ Vraie réussite que cette longère, fidèlement reconstituée ! Ses chambres colorées possèdent souvent un petit salon. Gargantuesque petit-déjeuner servi l'hiver devant la cheminée.

✕✕ Le Terminus ⅍ ⬛ VISA ⬤ ⬛

18 quai St-Paul – ℰ 02 40 23 30 29 – terminus44420 @ aol.com – Fermé 1 sem.
en oct., vacances de fév., dim. soir, mardi soir et merc. sauf en saison et vacances scolaires
Rest – Menu (16 €), 22/47 € – Carte 21/73 €

♦ Dans ce restaurant au nouveau décor contemporain, toutes les tables ont vue sur le port de La Turballe. Cuisine spécialisée dans les produits de la mer.

à Pen-Bron 3 km au Sud par D 92 – ✉ 44420 La Turballe

🏠 Pen Bron 🏖 ⟨ ⊘ 🛱 ⅍ ⅍ ↝ 🔧 P VISA ⬤ ⬛

– ℰ 02 28 56 77 99 – hotelpenbron @ wanadoo.fr – Fax 02 28 56 77 77
– Fermé 2 sem. en nov.
45 ch – †55/95 € ††55/95 €, ⊿ 10 € – **Rest** – *(fermé lundi et mardi en hiver)*
Menu 30 € – Carte 31/47 €

♦ Maison bretonne remarquablement située à la pointe d'une presqu'île, face au Croisic. Le "plus" : l'aménagement a été pensé pour l'accueil des personnes à mobilité réduite. Cuisine traditionnelle servie dans un agréable restaurant tourné vers les flots.

LA TURBIE – 06 Alpes-Maritimes – 341 F5 – 3 021 h. – alt. 495 m
– ⊠ 06320

42 **E2**

▶ Paris 943 – Monaco 8 – Menton 13 – Nice 16

XX ⁂ **Hostellerie Jérôme** (Bruno Cirino) avec ch ≤ 斎 ⅍ ch, ₥ ⓦ ⓐ
20 r. Comte de Cessole – ℰ 04 92 41 51 51
– hostellerie.jerome@wanadoo.fr – Fax 04 92 41 51 50
– Fermé 6 nov.-10 fév., lundi et mardi sauf le soir en juil.-août et sauf fériés
5 ch – †95/150 € ††95/150 €, ⊇ 15 €
Rest – Menu 50 € (déj. en sem.), 65/120 € – Carte 98/140 €
Spéc. Dégustation de légumes du potager. Composition de homard aux truffes,
petits pois et macaroni (printemps et hiver). Agneau de Sisteron croustillé aux
fleurs et herbes de la garrigue, petits farcis niçois. **Vins** Bellet, Côtes de Provence.
♦ Le restaurant était le réfectoire des moines cisterciens qui résidaient jadis dans cette
demeure du 13ᵉ s. Délicieuse cuisine méridionale et belles chambres personnalisées.

X ⓒ **Café de la Fontaine** 斎 ⅍ ₥ ⓦ
4 av. Gén. de Gaulle – ℰ 04 93 28 52 79 – Fax 04 92 41 51 51 – Fermé lundi de nov.
à mars
Rest – Menu 23/28 € – Carte 23/28 €
♦ Il y a toujours du monde et l'ambiance est animée dans ce vrai café de village. Il faut dire
que sa goûteuse cuisine du marché aux accents du terroir mérite ce succès !

TURCKHEIM – 68 Haut-Rhin – 315 H8 – 3 594 h. – alt. 225 m – ⊠ 68230
▮ Alsace Lorraine

2 **C2**

▶ Paris 471 – Colmar 7 – Gérardmer 47 – Munster 14 – St-Dié 51 – le Thillot 66
🄴 Office de tourisme, Corps de Garde ℰ 03 89 27 38 44, Fax 03 89 80 83 22

🏠 **Le Berceau du Vigneron** sans rest ₥ ⓦ ⓐ
10 pl. Turenne – ℰ 03 89 27 23 55 – hotel-berceau-du-vigneron@wanadoo.fr
– Fax 03 89 30 01 33 – Fermé 8-21 janv.
16 ch – †43/57 € ††43/72 €, ⊇ 9 €
♦ Maison à colombages bâtie en partie sur les remparts de la vieille ville. Chambres fraîches,
plus calmes sur l'arrière. L'été, on petit-déjeune dans la cour intérieure.

🏠 ⓒ **Les Portes de la Vallée** ⅋ 🖼 🎦 rest, ₱ ₥ ⓦ ⓐ
29 r. Romaine – ℰ 03 89 27 95 50 – mail@hotelturckheim.com
– Fax 03 89 27 40 71
14 ch – †38/57 € ††45/74 €, ⊇ 8 € – ½ P 40/63 € – **Rest** – (fermé dim.) (dîner
seult) (résidents seult) Menu 18 €
♦ Dans un quartier calme, deux bâtiments réunis par une treille. Préférez les chambres
claires de l'aile moderne. Plats alsaciens servis dans une salle d'inspiration winstub.

XX ⓒ **À l'Homme Sauvage** 斎 ⇔ ₥ ⓦ
19 Grand'Rue – ℰ 03 89 27 56 15 – homme.sauvage.sarl@wanadoo.fr
– Fax 03 89 80 82 03 – Fermé 25 oct.-8 nov., 17-27 fév., mardi soir de nov. à avril,
dim. soir et merc.
Rest – Menu (13 €), 18 € (déj. en sem.)/36 €
♦ Cette auberge accueille les amateurs de bonne chère depuis 1609. Cuisine actuelle
à déguster dans un cadre mi-rustique, mi-contemporain, ou l'été, dans la cour pavée
ombragée.

TURENNE – 19 Corrèze – 329 K5 – 742 h. – alt. 350 m – ⊠ 19500
▮ Périgord

24 **B3**

▶ Paris 496 – Brive-la-Gaillarde 15 – Cahors 91 – Figeac 76
🄴 Office de tourisme, place du Belvédère ℰ 05 55 24 08 80, Fax 05 55 24 58 24
▣ Site★ du château et ※★★ de la tour de César.
🄶 Collonges-la-Rouge : village★★ E : 10 km.

🏠 **Clos Marnis** ⅋ 🖼 ⅍ ch, ⅋
pl. de la Halle – ℰ 05 55 22 05 28 – keny.sourzat@wanadoo.fr
– Fermé 15 nov.-15 déc.
6 ch ⊇ – †57 € ††78 € – ½ P 51/61 € – **Table d'hôte** – Menu 22 € bc
♦ Belle demeure du 18ᵉ s. bâtie par la confrérie des pénitents blancs. Chambres de
caractère, mobilier d'époque ou actuel et jolie vue sur le château depuis l'agréable jardin.
Les produits régionaux ont les honneurs de la table d'hôte (uniquement sur réservation).

X **Maison des Chanoines** avec ch ⬩   🛜 AC rest, % ch, VISA ❶❸
– ℰ 05 55 85 93 43 – maisondeschanoines@wanadoo.fr – Fax 05 55 85 93 43
– Ouvert 12 avril-15 oct.
7 ch – ❶55 € ❶❶65/95 €, ⊡ 9 € – ½ P 66/80 € – **Rest** – (fermé merc. soir en juin et
le midi sauf dim. et fériés) (nombre de couverts limité, prévenir) Menu 32/40 €
♦ Charmante maison du 16ᵉ s.: porte d'entrée sculptée, escalier à vis, salle à manger voutée
(meuble d'esprit Marjorelle), chambres coquettes. Carte traditionnelle et créative.

TURQUANT – 49 Maine-et-Loire – 317 J5 – 448 h. – alt. 68 m – ⊠ 49730   35 **C2**
🄳 Paris 294 – Angers 76 – Châtellerault 68 – Chinon 21 – Saumur 10 – Tours 58

🏠 **Demeure de la Vignole** ⬩   ≼ 🖾 🛜 🖳 ↯ % 🖳 P VISA ❶❸ AE
imp. Marguerite d'Anjou – ℰ 02 41 53 67 00 – demeure@demeure-vignole.com
– Fax 02 41 53 67 09 – Ouvert 15 mars-15 nov.
8 ch – ❶80 € ❶❶89 €, ⊡ 9 € – 3 suites – ½ P 73/93 € – **Rest** – (fermé dim. soir et
lundi soir) (dîner seult) Menu 28 €
♦ Ambiance guesthouse dans cette belle demeure en tuffeau, bâtie à flanc de coteau. Chambres bien décorées dont une troglodyte (comme la piscine). Terrasse dominant le vignoble.

TUSSON – 16 Charente – 324 K4 – 317 h. – alt. 125 m – ⊠ 16140   39 **C2**
🄳 Paris 421 – Angoulême 41 – Cognac 49 – Poitiers 83
🄸 Office de tourisme, le bourg ℰ 05 45 21 26 70

XX **Le Compostelle**   🛜 VISA ❶❸
– ℰ 05 45 31 15 90 – le-compostelle@wanadoo.fr – Fax 05 45 31 15 90
⊛ – Fermé 29 sept.-13 oct., 2-26 janv., dim. soir, lundi sauf le soir en août et jeudi
Rest – Menu 14 € bc (déj. en sem.), 25/38 € – Carte 42/53 €
♦ Au cœur du village et sur l'antique route des pèlerins, un sympathique restaurant
rustique où la carte, variée, revisite avec simplicité la tradition régionale.

TY-SANQUER – 29 Finistère – 308 G6 – rattaché à Quimper

UBERACH – 67 Bas-Rhin – 315 J3 – 1 091 h. – alt. 175 m – ⊠ 67350   1 **B1**
🄳 Paris 473 – Baden-Baden 59 – Offenburg 64 – Strasbourg 38

XX **De la Forêt**   AC VISA ❶❸
94 Grande Rue – ℰ 03 88 07 73 17 – bernardohl@wanadoo.fr – Fax 03 88 72 50 33
⊛ – Fermé 28 juil.-16 août, 29 déc.-3 janv., 23 fév.-7 mars, lundi soir, mardi soir et
merc.
Rest – Menu (8,50 €), 15 € (déj. en sem.), 25/60 € bc – Carte 32/54 €
♦ Ancienne brasserie convertie en restaurant soigné. À l'image de l'ambiance chaleureuse,
la cuisine, concoctée avec les légumes du jardin, se révèle traditionnelle et sincère.

UCHAUX – 84 Vaucluse – 332 B8 – 1 465 h. – alt. 80 m – ⊠ 84100   40 **A2**
🄳 Paris 645 – Avignon 40 – Montélimar 45 – Nyons 37 – Orange 11

🏠 **Château de Massillan** ⬩   ⎔ 🛜 ⛴ & ch, AC ch, ⛵ P VISA ❶❸ AE
3 km au Nord par D 11 et rte secondaire – ℰ 04 90 40 64 51
– chateau-de-massillan@wanadoo.fr – Fax 04 90 40 63 85 – Ouvert 1ᵉʳ avril-30 oct.
13 ch – ❶150/450 € ❶❶185/450 €, ⊡ 16 € – 1 suite – ½ P 140/280 €
Rest – Menu 30 € (sem.), 48/110 € bc
♦ Beau château du 16ᵉ s. au cœur d'un magnifique parc entouré de vignes. Séduisante
décoration contemporaine associée aux pierres et poutres d'époque. Cuisine inventive
servie dans un très joli cadre : meubles design, murs blancs et lustres à pendeloques.

XX **Côté Sud**   ⎔ 🛜 VISA ❶❸
rte d'Orange – ℰ 04 90 40 66 08 – restaurantcotesud@wanadoo.fr
⊛ – Fax 04 90 40 64 77 – Fermé 27 oct.-3 nov., 22 déc.-7 janv., lundi soir et mardi
sauf juil.-août et merc.
Rest – (nombre de couverts limité, prévenir) Menu 24/47 € – Carte 41/51 €
♦ Garrigue, colline... La dénomination des menus, tout comme la cuisine, célèbrent la
Provence. Décor pimpant, dans les murs d'une charmante maison en pierre. Ravissant
jardin.

XX **Le Temps de Vivre**　　　　　　　　🍴 AK P VISA
Les Farjons – ℰ 04 90 40 66 00 – cuisine.passion904@orange.fr – Fermé
22 déc.-21 janv., jeudi midi de sept. à avril et merc.
Rest – Menu 18 € (déj. en sem.), 28/35 € – Carte 41/53 €
♦ Chant des cigales, guarrigue et vignes alentour... Une grande maison en pierre du 18ᵉ s.
à l'ambiance campagnarde, avec terrasse. Cuisine actuelle à base de beaux produits.

UGINE – 73 Savoie – 333 L3 – 6 963 h. – alt. 484 m – ⊠ 73400　　　　45 **C1**
🚘 Paris 581 – Annecy 37 – Chambéry 63 – Lyon 162
🛈 Office de tourisme, 15, place du Val d'Arly ℰ 04 79 37 56 33,
　Fax 04 79 89 01 69

XXX **La Châtelle**　　　　　　　　　　≼ 🍴 VISA ◯◯ AE
3 r. Paul Proust – ℰ 04 79 37 30 02 – lachatelle@yahoo.fr – Fax 04 79 37 30 02
– Fermé 13-27 août, 1ᵉʳ-14 janv., sam. midi, dim. soir et lundi
Rest – Menu 19 € (déj. en sem.), 24/67 € – Carte 30/61 €
♦ Salle voûtée garnie de meubles ancestraux et terrasse panoramique avec vue sur les
montagnes... Cette insolite maison forte du 13ᵉ s. mérite aussi le détour pour sa cuisine
créative pleine de saveurs.

L'UNION – 31 Haute-Garonne – 343 G3 – **rattaché à Toulouse**

UNTERMUHLTHAL – 57 Moselle – 307 Q5 – **rattaché à Baerenthal**

URÇAY – 03 Allier – 326 C3 – 298 h. – alt. 169 m – ⊠ 03360　　　　5 **B1**
🚘 Paris 297 – La Châtre 55 – Montluçon 34 – Moulins 66
　– St-Amand-Montrond 15

X **L'Étoile d'Urçay** avec ch　　　　　🚗 🍴 ☼ ch, P VISA ◯◯
42 rte Nationale – ℰ 04 70 06 92 66 – letoiledurcay@orange.fr – Fermé
24 nov.-3 déc., 16 fév.-11 mars, mardi d'oct. à juin, dim. soir et lundi
5 ch – †35 € ††35 €, ☲ 5,50 € – ½ P 41 € – **Rest** – Menu 14,50 € bc (sem.)/30 €
– Carte 41/48 €
♦ Dans la traversée du bourg, ce restaurant à l'agréable décor rustique propose une cuisine
traditionnelle. Ressource simple et conviviale à proximité de la forêt de Tronçais.

URDOS – 64 Pyrénées-Atlantiques – 342 I7 – 108 h. – alt. 780 m
– ⊠ 64490　　　　　　　　　　　　　　　　　　　3 **B3**
🚘 Paris 850 – Jaca 38 – Oloron-Ste-Marie 41 – Pau 75
◙ Col du Somport★★ SE : 14 km, ▮ Aquitaine

🏠 **Voyageurs-Somport**　　　　　　　🚗 ⅍ P VISA ◯◯
– ℰ 05 59 34 88 05 – hotel.voyageurs.urdos@wanadoo.fr – Fax 05 59 34 86 74
– Fermé 20 oct.-2 déc., dim. soir et lundi sauf vacances scolaires
28 ch – †32/35 € ††35/45 €, ☲ 5,50 € – ½ P 35/42 € – **Rest** – Menu 13/29 €
– Carte 19/38 €
♦ Ancien relais de diligences sur le chemin de St-Jacques, dans la vallée d'Aspe.
Outre un accueil chaleureux et familial, il propose des chambres rustiques, plus calmes sur
l'arrière. Salle à manger campagnarde où l'on sert une cuisine traditionnelle sans préten-
tion.

URIAGE-LES-BAINS – 38 Isère – 333 H7 – alt. 414 m – **Stat. therm. :** fin
janv.-début déc. – **Casino : Palais de la Source** – ⊠ 38410 ▮ Alpes du Nord　45 **C2**
🚘 Paris 576 – Grenoble 11 – Vizille 11
🛈 Office de tourisme, 5, avenue des Thermes ℰ 04 76 89 10 27,
　Fax 04 76 89 26 68
◙ Uriage à Vaulnaveys-le-Haut Les Alberges, au Sud, ℰ 04 76 89 03 47.
◙ Forêt de Prémol★ SE : 5 km par D 111.

Grand Hôtel ← 🏠 🔲 💶 ⓘ 🔳 🅰🅲 📞 🛗 🅿 VISA ⓜ🅾 AE ⓞ

– 𝒞 04 76 89 10 80 – grandhotel.fr @ wanadoo.fr – Fax 04 76 89 04 62
– Fermé 21 déc.-5 janv.
39 ch – 🛏100/173 € 🛏🛏125/198 €, ☕ 20 € – 3 suites
Rest *Les Terrasses* – *(fermé 18 août-1ᵉʳ sept., 21 déc.-21 janv., dim. sauf juil.-août, mardi sauf le soir de sept. à juin, vend. midi en juil.-août, merc. midi, jeudi midi et lundi)* Menu 55 € (déj. sem.), 85/145 € – Carte 115/120 € ⏦
Spéc. Truite pochée au bleu du Vercors. Foie gras "confit-poêlé". Pintade "rôtie-confite". **Vins** Roussette, Mondeuse.
◆ Naguère fréquentée par Coco Chanel ou Sacha Guitry, cette belle hostellerie Napoléon III reliée au centre thermal, abrite des chambres très élégantes et personnalisées. Restaurant raffiné ou délicieuse terrasse : deux lieux pour une cuisine bien inspirée.

Les Mésanges ⌖ ← 🚗 🏠 🔲 🍸 🅿 VISA ⓜ🅾 AE

1,5 km rte St-Martin-d'Uriage et rte de Bouloud – 𝒞 04 76 89 70 69 – prince @ hotel-les-mesanges.com – Fax 04 76 89 56 97 – Ouvert 1ᵉʳ fév.-20 oct.
33 ch – 🛏67/80 € 🛏🛏67/80 €, ☕ 9 € – **Rest** – *(fermé dim. soir, lundi et mardi)* Menu (18 €), 26/58 € – Carte 41/62 €
◆ Un lieu très tranquille sur un plateau dominant la vallée et la station. Chambres pratiques et bien tenues, dotées de terrasses ou de petits balcons. Lumineuse salle à manger, mi-provençale, mi-montagnarde ; terrasse ombragée. Plats traditionnels.

Le Manoir 🏠 ↯ 🅿 VISA ⓜ🅾

62 rte Prémol – 𝒞 04 76 89 10 88 – contact @ hotel-manoir.fr – Fax 04 76 89 20 63
– Ouvert 16 fév.-14 nov.
15 ch – 🛏35 € 🛏🛏41/63 €, ☕ 7,50 € – ½ P 40/84 € – **Rest** – *(fermé le midi en sem. sauf du 29 mars au 21 oct. et dim. soir)* Menu (14 €), 19 € (sem.)/34 € – Carte 36/51 €
◆ Une façade colorée signale aux passants cette maison 1900 postée à l'entrée de la station. Grandes chambres au 1ᵉʳ étage, plus petites et rénovées dans un esprit actuel au 2ᵉ. Agréables salles à manger, salon chaleureux et véranda ouverte sur une plaisante terrasse.

au Sud 2 km par D 524 – ✉ 38410 Uriage-les-Bains

Le Manoir des Alberges ⌖ ← 🚗 🏠 🍸 ↯ 🅿 VISA ⓜ🅾 AE

251 chemin des Alberges – 𝒞 04 76 51 92 11 – contact @ lemanoirdesalberges.com
5 ch ☕ – 🛏105 € 🛏🛏120 € – **Table d'hôte** – Menu 25 € bc
◆ Cette maison, dont le corps central date des années 1930, surplombe un golf et abrite cinq chambres de styles différents : bavarois, indien, ethnique, style Art déco... La patronne concocte une cusine inventive servie en salle ou en terrasse aux beaux jours.

URMATT – 67 Bas-Rhin – 315 H5 – 1 357 h. – alt. 240 m – ✉ 67280 1 **A2**

◫ Paris 487 – Molsheim 15 – Saverne 37 – Sélestat 49 – Strasbourg 44 – Wasselonne 23
◙ Église★ de Niederhaslach NE : 3 km, ▮ Alsace Lorraine

Clos du Hahnenberg 🍸 🅿 🍴 ㅤ ⬛ ch, 📞 🛗 🅿 VISA ⓜ🅾 AE

65 r. du G. de Gaulle – 𝒞 03 88 97 41 35 – clos.hahnenberg @ wanadoo.fr
– Fax 03 88 47 36 51 – Fermé 11-24 fév. et vend. soir
43 ch – 🛏40/65 € 🛏🛏45/65 €, ☕ 9,50 € – ½ P 45/55 €
Rest *Chez Jacques* – Menu 14 € (déj. en sem.), 20/29 € – Carte 28/46 €
◆ Sur la rue principale du village, hôtel accordant un soin particulier à ses chambres, plus spacieuses, claires et insonorisées dans la partie moderne. Chez Jacques, cadre rustique et cuisine traditionnelle étoffée de quelques spécialités alsaciennes.

La Poste 🚗 🅰🅲 rest, 🍸 ch, 🅿 VISA ⓜ🅾 AE ⓞ

– 𝒞 03 88 97 40 55 – hotelrestlaposte @ multimania.com – Fax 03 88 47 38 32
– Fermé 16-30 juil. et 24 déc.-5 janv.
14 ch – 🛏41 € 🛏🛏59 €, ☕ 7,50 € – ½ P 58 € – **Rest** – *(fermé dim. soir et lundi)* Menu (8,50 €), 18/51 € – Carte 22/49 €
◆ Ambiance familiale garantie dans cette auberge villageoise centenaire située face à la mairie. Chambres confortables et bien tenues ; certaines ont été soigneusement rénovées. Vitraux et boiseries rehaussent le décor des salles à manger. Cuisine régionale.

URRUGNE – 64 Pyrénées-Atlantiques – 342 B4 – **rattaché à St-Jean-de-Luz**

URT – 64 Pyrénées-Atlantiques – 342 E4 – 1 702 h. – alt. 41 m – ⊠ 64240   3 **B3**

🚃 Paris 757 – Bayonne 17 – Biarritz 24 – Cambo-les-Bains 28 – Pau 97
– Peyrehorade 19

🖪 Office de tourisme, Mairie 𝒞 05 59 56 20 33

XXX   **Auberge de la Galupe** (Stéphane Rouville)   Ⓐ🖸 𝗩𝗜𝗦𝗔 ⓌⒸ Ⓐ🄴
❀   *au port de l'Adour –* 𝒞 *05 59 56 21 84 – galupe@wanadoo.fr – Fax 05 59 56 28 66*
– Fermé 1ᵉʳ-13 mars, 23 juin-2 juil., 24 nov.-10 déc., 16-28 fév., merc. midi et sam.
midi sauf août, dim. soir et lundi
Rest – *(prévenir le week-end)* Menu 35 € (déj. en sem.), 70/82 € – Carte 61/92 €
Spéc. Alose de l'Adour aux pruneaux (avril à juin). Palombe en deux cuissons, rôtie
et salmis (oct. à nov.). Tarte soufflée aux pruneaux, glace au vieil armagnac. **Vins**
Irouléguy, Jurançon.
♦ Poutres, vieilles pierres au sol et mobilier récent plantent le décor de cet ancien relais de
mariniers des rives de l'Adour. Goûteux plats régionaux axés sur la pêche locale.

USCLADES-ET-RIEUTORD – 07 Ardèche – 331 G5 – 102 h. – alt. 1 270 m
– ⊠ 07510   44 **A3**

🚃 Paris 590 – Aubenas 45 – Langogne 41 – Privas 59 – Le Puy-en-Velay 51
– Thueyts 98

à Rieutord - ⊠ 07510 Usclades-et-Rieutord

X   **Ferme de la Besse**   🄿
– 𝒞 *04 75 38 80 64 – Fax 04 75 38 80 64 – Fermé 22 déc.-31 janv. et en sem. du*
15 oct. au 30 avril
Rest – *(prévenir)* Menu 27/35 €
♦ Dans les murs d'une authentique ferme du 15ᵉ s. au beau toit de lauzes. Intérieur rustique
superbement préservé, avec pierres, poutres et cheminée. Cuisine du terroir.

USSAT – 09 Ariège – 343 H8 – **rattaché à Tarascon-sur-Ariège**

USSEAU – 86 Vienne – 322 J3 – **rattaché à Châtellerault**

USSEL ◈ – 19 Corrèze – 329 O2 – 10 753 h. – alt. 631 m – ⊠ 19200
▐ Limousin Berry   25 **D2**

🚃 Paris 444 – Aurillac 99 – Clermont-Ferrand 83 – Guéret 101 – Tulle 63
🖪 Office de tourisme, place Voltaire 𝒞 05 55 72 11 50, Fax 05 55 72 54 44
🖾 de Neuvic à Neuvic Legta Henri Queuille, S : 14 km, 𝒞 05 55 95 98 89 ;
🖾 du Chammet à Peyrelevade Geneyte, NO : 42 km, 𝒞 05 55 94 77 54.

X   **Auberge de l'Empereur**   🕷 🄿 𝗩𝗜𝗦𝗔 ⓌⒸ
La Goudouneche, (parc d'activité de l'Empereur), 5 km au Sud-Ouest par D 1089
– 𝒞 *05 55 46 04 30 – xavierconcept@wanadoo.fr – Fax 05 55 72 29 05 – Fermé*
2-11 fév., dim. soir et lundi
Rest – *(prévenir)* Menu 20 € (déj. en sem.), 26/50 € – Carte 31/56 €
♦ Cette auberge, une ancienne grange (vaste hauteur sous plafond, poutres, lambris et
décor hétéroclite), bénéficie d'un site calme près de la zone industrielle. Cuisine actuelle.

USSON-EN-FOREZ – 42 Loire – 327 C7 – 1 232 h. – alt. 925 m
– ⊠ 42550   44 **A2**

🚃 Paris 472 – Issoire 86 – Montbrison 41 – Le Puy-en-Velay 52 – St-Étienne 48
🖪 Office de tourisme, place de la Vialle 𝒞 04 77 50 66 15, Fax 04 77 50 66 15

X   **Rival** avec ch   🕷 ⅍ 𝗩𝗜𝗦𝗔 ⓌⒸ Ⓐ🄴
– 𝒞 *04 77 50 63 65 – hotelrival@msn.com – Fax 04 77 50 67 62*
✇   *– Fermé 15 juin-1ᵉʳ juil., 12 nov.-1ᵉʳ déc. et lundi sauf juil.-août*
11 ch – †42 € ††42/68 €, ⊊ 6,50 € – ½ P 41 € – **Rest** – Menu 13 € (sauf
dim.)/40 € – Carte 22/40 €
♦ Simple affaire familiale proche de l'écomusée du bourg, sur le chemin de Compostelle.
Menus régionaux et salle des repas rustique. Chambres rafraîchies. Tarif spécial pèlerins.

UTELLE – 06 Alpes-Maritimes – 341 E4 – 488 h. – alt. 800 m – ⊠ 06450
▮ Côte d'Azur   41 **D2**

D Paris 883 – Levens 24 – Nice 51 – Puget-Théniers 53 – St-Martin-Vésubie 34
☉ Retable★ dans l'église St-Véran - Madone d'Utelle ✸★★★ SO : 6 km.

ⵣ   **Bellevue**   ⩽ ⌂ ⌱ **P** **VISA** **©O** **AE**
        rte de la Madone – ℰ 04 93 03 17 19 – Fax 04 93 03 19 17 – Fermé 8 janv.-8 fév. et
⌂⌂   *merc. sauf juil.-août*
        Rest – *(déj. seult)* Menu 14/30 € – Carte 18/39 €
        ◆ Maison embusquée dans un village d'altitude. Décor agreste, âtre et vue montagnarde
        en salle. Cuisine régionale où entre la récolte du potager familial. Platanes en terrasse.

UZER – 07 Ardèche – 331 H6 – 385 h. – alt. 165 m – ⊠ 07110
                                                                              44 **A3**
D Paris 663 – Lyon 196 – Privas 44 – Alès 63 – Montélimar 50

⌂   **Château d'Uzer** ⌂   ⌒ ⌂ ⌱ ↭ ⅍ **P**
        – ℰ 04 75 36 89 21 – chateau-uzer@wanadoo.fr – Fax 04 75 36 02 59 – Fermé
        20 déc.-4 fév.
        5 ch ⌸ – †90/120 € ††100/130 € – **Table d'hôte** – *(fermé merc. et dim.)*
        Menu 32 € bc
        ◆ La fibre décorative des propriétaires, leur belle hospitalité, le mélange des styles ancien
        et moderne, le jardin semi-sauvage, la piscine, le petit-déjeuner maison… Ce château
        médiéval a tout pour plaire. Plats régionaux, servis en terrasse aux beaux jours.

UZERCHE – 19 Corrèze – 329 K3 – 3 062 h. – alt. 380 m – ⊠ 19140
▮ Limousin Berry   24 **B3**

D Paris 444 – Brive-la-Gaillarde 38 – Limoges 57 – Périgueux 106 – Tulle 30
Ⓘ Office de tourisme, place de la Libération ℰ 05 55 73 15 71,
Fax 05 55 73 88 36
☉ Ste-Eulalie ⩽★ E : 1 km.

⌂   **Teyssier**   ⌂ **AC** **P** **VISA** **©O**
        r. Pont Turgot – ℰ 05 55 73 10 05 – reservation@hotel-teyssier.com
        – Fax 05 55 98 43 31 – Fermé 13 déc.-5 janv. et 21 fév.-9 mars
        14 ch – †54 € ††66 €, ⌸ 8 € – ½ P 54/60 € – **Rest** – Menu 19/40 € – Carte 31/78 €
        ◆ Près de la Vézère, cette auberge du 18ᵉ s. a subi un rajeunissement en profondeur
        (climatisation généralisée) et offre désormais des chambres tout confort. La salle à manger
        moderne et panoramique tranche avec l'ancienne, plus rustique. Cuisine épurée à l'accent
        du Sud.

⌂   **Ambroise**   ⌒ ⌂ **Ⓐ** **P** ⌔ **VISA** **©O**
        av. Ch. de Gaulle – ℰ 05 55 73 28 60 – hotelambroise@orange.fr – Fax 05 55 98 45 73
⌂⌂   *– Fermé 4 nov.-4 déc., dim. soir sauf juil.-août et lundi sauf hôtel*
        14 ch – †41 € ††44 €, ⌸ 8 € – ½ P 41 € – **Rest** – Menu 15 € (sem.)/33 € – Carte
        25/59 €
        ◆ Les chambres simples de cet hôtel familial ont l'avantage de donner sur la rivière et la
        verdure. Chaleureuse salle à manger rustique. L'été venu, la terrasse-balcon qui surplombe
        le jardin permet de profiter du soleil tout en dégustant une bonne cuisine.

à St-Ybard 6 km au Nord-Ouest par D 920 et D 54 – 593 h. – alt. 320 m – ⊠ 19140

ⵣ   **Auberge St-Roch**   ⌂ **AC** ⅍ **VISA** **©O**
        2 r. du Château – ℰ 05 55 73 09 71 – contact@auberge-saint-roch.fr
⌂⌂   *– Fax 05 55 98 41 63 – Fermé 20 juin-8 juil., 20 déc.-20 janv., le soir du 4 nov.*
⌔   *au 1ᵉʳ avril, dim. soir et lundi*
        Rest – Menu 13 € (sem.)/38 € – Carte 20/55 €
        ◆ Au centre du village, auberge campagnarde comprenant deux belles salles et un bar à
        clientèle locale. Agréable terrasse ombragée avec vue sur l'église. Recettes régionales.

UZÈS – 30 Gard – 339 L4 – 8 007 h. – alt. 138 m – ⊠ 30700 ▮ Provence   23 **D2**

D Paris 682 – Montpellier 83 – Alès 34 – Arles 52 – Avignon 38 – Nîmes 25
Ⓘ Office de tourisme, place Albert 1ᵉʳ ℰ 04 66 22 68 88, Fax 04 66 22 95 19
🖼 d'Uzès Mas de la Place, par rte d'Avignon : 5 km, ℰ 04 66 22 40 03.
☉ Ville ancienne★★ - Duché★ : ✸★★ de la Tour Bermonde - Tour Fenestrelle★★
- Place aux Herbes★ - Orgues★ de la Cathédrale St-Théodorit **V.**

UZÈS

🏠 Hostellerie Provençale   🖢 AC 🕻 VISA ⓂⒸ AE

1-3 r. Grande-Bourgade – ℰ 04 66 22 11 06 – contact @ hostellerieprovencale.com
– Fax 04 66 75 01 03   A **a**
9 ch – †75/88 € ††85/135 €, ☺ 20 € – **Rest** – (fermé 15 nov.-15 déc., lundi et
mardi) Menu 34 € – Carte environ 39 €

♦ À deux pas de la place aux Herbes, maison ancienne joliment rénovée où pierres
apparentes, tomettes et mobilier chiné créent une ambiance chaleureuse. Quelques
jacuzzis. Menu du marché servi dans une plaisante salle à manger colorée.

🏠 Mercure   🖢 🖢 🏊 ※ 🖢 & AC rest, ⇄ 🕻 ♨ P VISA ⓂⒸ AE ①

rte de Nîmes, par ② : 0,5 km – ℰ 04 66 03 32 22 – mercure.relaisuzes @ wanadoo.fr
– Fax 04 66 03 32 10
65 ch – †68/78 € ††68/78 €, ☺ 10 € – **Rest** – (dîner seult) Menu (16 €), 25 €

♦ Ambiance plus "familiale" que "chaîne" pour ce petit hôtel situé aux portes d'Uzès :
plusieurs bâtiments autour d'une piscine et d'une terrasse ombragée, chambres fraîches.
Salle à manger d'esprit provençal et tables dressées dehors à la belle saison.

🏠 Le Patio de Violette   🏊 🏊 & AC ⇄ 🕻 ♨ P VISA ⓂⒸ AE

🍽️ chemin Trinquelaïgues, (lieu dit la Perrine) – ℰ 04 66 01 09 83 – contact @
patiodeviolette.com – Fax 04 66 59 33 61
25 ch – †60/75 € ††60/75 €, ☺ 8 € – ½ P 55/63 € – **Rest** – (dîner seult) (résidents
seult) Menu 21/23 € – Carte 20/32 €

♦ Le patio moderne et son agréable terrasse constituent le cœur de cette maison récente
et contemporaine. Décoration épurée. Restaurant dans l'air du temps avec des plats
simples proposés à l'ardoise et des vins locaux.

✕✕ Le 80 Jours   🏊 ⇄ VISA ⓂⒸ

2 pl. Albert-1er – ℰ 04 66 22 09 89 – Fermé merc. sauf juil.-août et dim.   A **b**
Rest – Menu 19 € (déj. en sem.), 26/34 € – Carte 30/39 €

♦ Voûtes et vieilles pierres, décor ethnique, joli patio ombragé : il fait bon s'attabler dans
cette brasserie moderne dont l'enseigne évoque Jules Verne et les voyages du patron.

✗ **Les Trois Salons** 🛜 VISA ⦿ AE
18 r. Dr Blanchard – 🞉 04 66 22 57 34 – les3salons @ orange.fr – Fax 04 66 72 71 42
– Fermé lundi et mardi B d
Rest – Menu 22 € (déj. en sem.), 39/57 € – Carte 43/49 €
♦ Enseigne-vérité pour cette maison bâtie en 1699 près du Duché : les tables occupent trois jolis salons au décor épuré. Carte moderne mâtinée de saveurs régionales.

à Arpaillargues-et-Aureillac 4,5 km par ③ – 785 h. – alt. 107 m – ✉ 30700

🏠 **Château d'Arpaillargues** ⊛ 🍷 🛜 🎇 🛎 ⚴
r. du Château – 🞉 04 66 22 14 48 P VISA ⦿ AE ⓪
– arpaillargues @ wanadoo.fr – Fax 04 66 22 56 10 – Ouvert 2 avril-14 oct.
29 ch – ♦80/270 € ♦♦80/270 €, ⇌ 14 € – **Rest** – Carte 31/53 €
♦ Un joli château du 18e s. (où vécut la compagne de Franz Liszt) et une ancienne magnanerie abritent des chambres personnalisées avec vue sur le parc ou le village. Cuisine au goût du jour, cadre chaleureux et agréable terrasse au restaurant.

à St-Quentin-la-Poterie 5 km par ① et D 5 – 2 731 h. – alt. 113 m – ✉ 30700

🏠 **Clos de Pradines** ⊛ ⇜ 🛜 🛜 🎇 & ch, AC 🅰 🛎 ⚴ P VISA ⦿ ⓪
pl. du Pigeonnier – 🞉 04 66 20 04 89 – contact @ clos-de-pradines.com
– Fax 04 66 57 19 53 – Fermé 17-30 nov., 12 janv.-1er fév.
18 ch – ♦68/112 € ♦♦68/162 €, ⇌ 12 € – ½ P 71/93 € – **Rest** – (fermé mardi midi, merc. midi, jeudi midi, vend. midi de nov. à mars, dim. soir et lundi sauf juil.-août) Menu 29/38 € – Carte 34/44 €
♦ Sur les hauteurs du village, hôtel récent proposant de ravissantes chambres de style néo-provençal dotées de miniterrasses ou de balcons orientés plein Sud. Au restaurant, belle terrasse dominant la vallée, salle à manger actuelle et cuisine traditionnelle.

à St-Siffret 5 km par ① et D982 – 792 h. – alt. 140 m – ✉ 30700

✗ **L'Authentic** 🛜 AC 🎇 VISA ⦿
😊 *– 🞉 04 66 22 60 09 – lauthenticrestaurant @ wanadoo.fr*
– Fax 04 66 22 60 09 – Fermé 15 nov.-1er déc., 15 fév.-1er mars, lundi de déc. à mi-avril, mardi et merc.
Rest – (nombre de couverts limité, prévenir) Menu 20 € (déj. en sem.), 28/38 €
♦ Cuisine ensoleillée (menu selon le marché), vins proposés sur ardoise, le tout servi dans l'ancienne salle de classe : cette école est devenue une bien charmante auberge !

à St-Maximin 4 km par ② – 630 h. – alt. 110 m – ✉ 30700

🏠 **Château de St-Maximin** sans rest ⊛ 🎇 🝆 AC 🝆 🎇
r. du Château – 🞉 04 66 03 44 16 🛎 P VISA ⦿ AE
– chateaustmaximin @ wanadoo.fr – Fax 04 66 03 42 98 – Ouvert mars-oct.
5 ch ⇌ – ♦160/250 € ♦♦160/250 € – 1 suite
♦ Racine, jadis hôte des lieux, aurait pu écrire que vos "nuits seront plus belles que vos jours" dans cette superbe demeure de pierres blondes. Chambres personnalisées.

à Serviers et Labaume 6 km par ④ et D 981 – 355 h. – alt. 114 m – ✉ 30700

✗✗ **L'Olivier** avec ch 🛜 VISA ⦿
Le village – 🞉 04 66 22 56 01 – info @ l-olivier.fr – Fax 04 66 22 54 49
– Fermé 10-17 nov., 1er janv.-28 fév. et lundi
5 ch ⇌ – ♦70 € ♦♦70 € – **Rest** – (nombre de couverts limité, prévenir) Menu 22 € (déj.), 43/65 € – Carte 48/53 € ⅏
♦ L'ex-café du village accueille un coquet restaurant : couleurs du Sud, mobilier en fer forgé et patio fleuri. Cuisine actuelle soignée et vins locaux. Chambres neuves.

à Montaren-et-St-Médiers 6 km par ④ et D 337 – 1 328 h. – alt. 115 m – ✉ 30700

🏠 **Clos du Léthé** sans rest ⊛ 🝆 🎇 🝆 🝆 🎇 🛎 P VISA ⦿ AE
Hameau de St-Médiers – 🞉 04 66 74 58 37 – info @ closdulethe.com – Ouvert de mi-mars à mi-nov.
5 ch ⇌ – ♦170/270 € ♦♦170/270 €
♦ Intimité, confort luxueux, décor design, accueil adorable, calme, piscine à débordement, hammam, cours de cuisine... Cette belle maison en pierre (ex-prieuré) a tout pour plaire !

VAAS – 72 Sarthe – 310 K8 – 1 540 h. – alt. 41 m – ⊠ 72500
▐ Châteaux de la Loire   35 **D2**

> ◘ Paris 237 – Angers 77 – Château-du-Loir 8 – Château-la-Vallière 15 – Le Mans 42

XX **Le Vedaquais** avec ch   📷 ᕃ ch, ⇆ ❧ 🖄 **P** **VISA** **◑◉** **AE**
    pl. Liberté – 🕾 02 43 46 01 41 – levedaquais@orange.fr
😊   – Fax 02 43 46 37 60 – Fermé vacances de la Toussaint, de Noël, de fév., vend. soir, dim. soir et lundi
12 ch – †50/65 € ††50/65 €, ⊑ 8 € – ½ P 50/65 € – **Rest** – Menu 17 € (sem.)/33 € bc – Carte 36/50 €
    ♦ L'ancienne mairie-école du village abrite des chambres et un restaurant joliment décorés, un espace Internet et une boutique. Cuisine au goût du jour rehaussée d'épices.

LA VACHETTE – 05 Hautes-Alpes – 334 I3 – rattaché à Briançon

VACQUEYRAS – 84 Vaucluse – 332 C9 – 1 061 h. – alt. 117 m
– ⊠ 84190   42 **E1**

> ◘ Paris 662 – Avignon 35 – Nyons 34 – Orange 19 – Vaison-la-Romaine 18
> 🛈 Syndicat d'initiative, place de la Mairie 🕾 04 90 12 39 02, Fax 04 90 63 83 28

🏠 **Le Pradet** sans rest ⌛   ⟆ ᕃ ᕃ ❧ 🖄 **P** **VISA** **◑◉** **①**
    – 🕾 04 90 65 81 00 – hotellepradet@wanadoo.fr – Fax 04 90 65 80 27
32 ch – †52 € ††61 €, ⊑ 9 €
    ♦ À l'entrée du village, cette construction récente héberge des chambres fonctionnelles et insonorisées. Certaines possèdent une petite terrasse ou un balcon. Salle de jeux et fitness.

à Montmirail 2 km à l' Est par rte secondaire – ⊠ 84190

🏠🏠 **Montmirail** ⌛   ⟆ 📷 ⟆ ᕃ ch, **P** **VISA** **◑◉** **AE**
    – 🕾 04 90 65 84 01 – hotel-montmirail@wanadoo.fr – Fax 04 90 65 81 50
    – Ouvert 26 mars-14 oct.
39 ch – †58/69 € ††80/115 €, ⊑ 12 € – ½ P 82/100 €
Rest – (fermé jeudi midi et sam. midi) Menu (24 €), 34 € (déj. en sem.), 36/40 € – Carte 41/46 €
    ♦ Au pied des célèbres Dentelles de Montmirail, demeure de caractère (19ᵉ s.) au milieu d'un plaisant jardin arboré. Chambres bien tenues. Salle à manger rustique égayée de tissus provençaux et charmante terrasse dressée sous le feuillage de grands platanes.

VACQUIERS – 31 Haute-Garonne – 343 G2 – 1 032 h. – alt. 200 m
– ⊠ 31340   28 **B2**

> ◘ Paris 658 – Albi 71 – Castres 80 – Montauban 35 – Toulouse 31

🏠🏠 **La Villa les Pins** ⌛   ✎ 📷 🖄 **P** **VISA** **◑◉**
    2 km à l'Ouest par D 30 – 🕾 05 61 84 96 04 – Fax 05 61 84 28 54
😊   **15 ch** – †57 € ††67 €, ⊑ 9 € – ½ P 58 € – **Rest** – (fermé sam. et dim.) (dîner seult) (résidents seult) Menu 17 €
    ♦ Grande villa bénéficiant du calme d'un parc arboré. Un escalier en marbre dessert les chambres bourgeoises, aux équipements parfois désuets, mais récemment rafraîchies. Élégantes salles à manger et terrasse face au domaine ; table traditionnelle simple.

VAGNAS – 07 Ardèche – 331 I7 – 430 h. – alt. 200 m – ⊠ 07150
                                                                                44 **A3**

> ◘ Paris 678 – Alès 38 – Aubenas 37 – Mende 112 – Orange 57

🏠🏠 **La Bastide d'Iris** sans rest ⌛   ✎ ⟆ ᕃ 📷 ❧ ❧ **P** **VISA** **◑◉**
    D 579 – 🕾 04 75 38 44 77 – labastidediris@wanadoo.fr – Fax 04 75 38 61 29
    – Fermé janv.
12 ch – †68/89 € ††73/113 €, ⊑ 10 €
    ♦ Murs joliment colorés, tissus assortis, mobilier personnalisé et salles de bains gaies caractérisent les chambres de cette charmante bastide flambant neuve. Agréable jardin.

VAIGES – 53 Mayenne – 310 G6 – 1 071 h. – alt. 90 m – ⊠ 53480   35 **C1**

    ▶ Paris 255 – Château-Gontier 35 – Laval 24 – Le Mans 61 – Mayenne 32

🏨 **Commerce**   🚗 🏤 ⊋ 🗐 ⅓ ch, 🖩 rest, 🎾 📞 🔊 **P** 🛬 **VISA** 🐧 🅰🅴
– ℰ 02 43 90 50 07 – oger-samuel.hotel-du-commerce@wanadoo.fr
– Fax 02 43 90 57 40 – Fermé 24 déc.-18 janv., dim. soir et vend. soir d'oct. au 1ᵉʳ mai
32 ch – †66/90 € ††70/110 €, ⊇ 10 € – ½ P 68/90 € – **Rest** – Menu 23/50 € –
Carte 35/59 €

    ♦ Dans un village du bocage mayennais, hôtel tenu par la même famille depuis 1883 proposant des chambres correctement tenues et bien équipées. Billard, sauna. Salles à manger rustiques aux belles charpentes massives et cheminées ; véranda façon jardin d'hiver.

VAILLY-SUR-SAULDRE – 18 Cher – 323 L2 – 806 h. – alt. 205 m – ⊠ 18260
📗 Limousin Berry   12 **C2**

    ▶ Paris 182 – Aubigny-sur-Nère 17 – Bourges 55 – Cosne-sur-Loire 25 – Gien 36
    – Sancerre 23

    🅸 Office de tourisme, 5 bis, place du 8 mai 1945 ℰ 02 48 73 87 57,
    Fax 02 48 73 87 57

🍴🍴 **Le Lièvre Gourmand** (William Page)   🅰🅲 **VISA** 🐧
   14 r. Grande Rue – ℰ 02 48 73 80 23 – contact@lelievregourmand.com
❄ – Fax 02 48 73 86 13 – Fermé 31 mars-8 avril, 23 juin-1ᵉʳ juil., 1ᵉʳ-9 sept., 5-30 janv.,
   dim. soir, lundi et mardi
Rest – (nombre de couverts limité, prévenir) Menu 39/59 € ❀
Spéc. Homard en cappuccino et parmentier. Filets de grondins frits, petites rattes fumées. Chocolat blanc, confiture d'endives, biscotti. **Vins** Sancerre, Reuilly.
    ♦ Ces vieilles maisons villageoises abritent une élégante salle rustico-bourgeoise et un salon cosy. Cuisine inventive et personnalisée ; vins australiens et régionaux.

VAISON-LA-ROMAINE – 84 Vaucluse – 332 D8 – 5 904 h. – alt. 193 m
– ⊠ 84110 📗 Provence   40 **B2**

    ▶ Paris 664 – Avignon 51 – Carpentras 27 – Montélimar 64 – Pont-St-Esprit 41

    🅸 Office de tourisme, place du Chanoine-Sautel ℰ 04 90 36 02 11,
    Fax 04 90 28 76 04

    ◙ Les vestiges gallo-romains★★ : théâtre antique★, musée archéologique
    Théo-Desplans★ **M** - Haute Ville★ - cloître★ **B.**

🏨 **Hostellerie le Beffroi** ⌖   ⪕ 🚗 ⊋ ⅗ % rest, 📞 **P** **VISA** 🐧 🅰🅴 ①
   Haute Ville – ℰ 04 90 36 04 71 – lebeffroi@wanadoo.fr – Fax 04 90 36 24 78
   – Fermé 20 janv. à fin mars, et 21-26 déc.   Z **a**
22 ch – †70/90 € ††70/140 €, ⊇ 12 € – ½ P 106 € – **Rest** – (ouvert 16 mars à
fin oct. et fermé mardi et le midi en sem.) Menu 29/46 € – Carte 32/53 €
    ♦ Au pied du château et dominant la cité, deux demeures des 16ᵉ et 17ᵉ s. au cachet préservé. Chambres décorées avec goût. Beau jardin en terrasses. Tables dressées dans une salle rustique ou dans la jolie cour. Carte classique, "saladerie" et salon de thé.

🏠 **Burrhus** sans rest   🅰🅲 📞 **VISA** 🐧
   2 pl. Monfort – ℰ 04 90 36 00 11 – info@burrhus.com – Fax 04 90 36 39 05
   – Fermé 15 déc.-19 janv.   Y **n**
39 ch – †46/82 € ††46/115 €, ⊇ 8 €
    ♦ Maison aux tons ocre égayée par des expositions de tableaux et sculptures. Quatorze chambres tendance ; les autres sont contemporaines ou provençales.

🍴🍴 **Le Moulin à Huile** (Robert Bardot) avec ch   ⪕ 🏤 🅰🅲 **VISA** 🐧
   quai Mar. Foch – ℰ 04 90 36 20 67 – info@moulin-huile.com – Fax 04 90 36 20 20
❄ – Fermé dim. soir et lundi   Z **e**
3 ch – †120 € ††120/150 €, ⊇ 30 €
Rest – (prévenir) Menu (28 €), 40 € (déj. en sem.), 60/75 € – Carte 78/88 €
Spéc. Boudin de homard sur mousse de lait coco (juin à oct.). Saint-Jacques aux copeaux de truffe (janv. à mars). Millefeuille à la crème vanillée. **Vins** Châteauneuf du Pape blanc, Côtes du Luberon.
    ♦ Cet ancien moulin à huile des bords de l'Ouvèze a beaucoup de charme. Belle cuisine actuelle servie dans la véranda donnant sur la terrasse ou dans l'élégante cave voûtée. Piscine. Chambres fraîches et décorées avec soin : on s'y sent comme chez soi.

VAISON-LA-ROMAINE

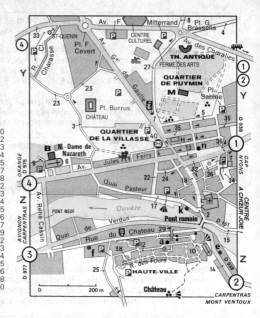

✗ Le Bistro du O

🅰🅲 ❄ 𝗩𝗜𝗦𝗔 ⓂⓈ 🅰🅴

– ℰ 04 90 41 72 90 – info@legrandpre.com – Fermé de mi-nov. à mi-déc., lundi
midi et dim.   **Z f**

Rest – *(nombre de couverts limité, prévenir)* Menu (19 €), 26/32 € bc

♦ Un cadre bistrot, élégant et épuré, qui associe voûtes, pierre, mobilier chiné et contemporain. Menu unique renouvelé chaque jour et vins à prix sages judicieusement choisis.

✗ Le Bateleur

🅰🅲 𝗩𝗜𝗦𝗔 ⓂⓈ 🅰🅴

1 pl. Théodore Aubanel – ℰ 04 90 36 28 04 – Fax 04 90 36 05 71
– Fermé 23 juin-3 juil., 24 nov.-8 déc., dim. de nov. à avril, lundi d'oct. à juin,
sam. midi de mai à oct., jeudi soir en mai-juin et oct., lundi midi et jeudi midi
de mi-juil. à fin août   **Z k**

Rest – Menu (16 €), 20 € (déj. en sem.), 28/44 € – Carte 43/54 €

♦ Ce sympathique établissement du vieux Vaison propose en toute simplicité des petits plats au goût du jour. Quelques tables offrent la vue sur l'Ouvèze.

au Crestet 5 km par ②, D 938 et D 76 – 432 h. – alt. 310 m – ⌂ 84110

🏠 Mas de Magali ⌂

≤ Mont-Ventoux, 🚗 🍴 ⛱ 🅿 𝗩𝗜𝗦𝗔 ⓂⓈ

– ℰ 04 90 36 39 91 – masmagali@wanadoo.fr – Fax 04 90 28 73 40 – Ouvert
22 mars-13 oct.

11 ch – ♦85/95 € ♦♦85/95 €, ⌷ 9 € – ½ P 71/75 € – **Rest** – *(fermé merc.) (dîner
seult)* Menu 29 €

♦ En pleine campagne, ce mas coloré se dresse autour d'une piscine et d'un jardin parfumé des fragrances du Midi. Séduisant décor provençal. Chambres avec terrasse (sauf deux).

à Entrechaux 7 km par ②, D 938 et D 54 – 869 h. – alt. 280 m – ⌂ 84340
▌Alpes du Sud

✗✗ St-Hubert

🚗 🍴 ✿ 🅿 𝗩𝗜𝗦𝗔 ⓂⓈ

⊜ – ℰ 04 90 46 00 05 – Fax 04 90 46 00 06 – Fermé 6-17 oct., 26 janv.-8 mars, mardi
et merc.

Rest – Menu 16 € (déj. en sem.), 26/50 € – Carte 28/51 €

♦ Depuis 1929, la même famille accueille le client dans deux petites salles à manger d'esprit rustique. L'été, repas sous la treille où grimpe une glycine. Gibier en saison.

à Séguret 10 km par ③, D 977 et D 88 – 892 h. – alt. 250 m – ⬜ 84110

🏠🏠 **Domaine de Cabasse** ⌘ ⬅ 🚗 🛏 ⛱ ☼ ch, **P** 𝗩𝗜𝗦𝗔 ⓂⓄ
rte Sablet – 𝒞 *04 90 46 91 12* – *info@cabasse.fr* – *Fax 04 90 46 94 01*
– *Ouvert 20 mars-16 nov.*
13 ch – †73/87 € ††101/150 €, ⊵ 12,50 € – ½ P 91/110 € – **Rest** – Menu 29 €
♦ Au pied des Dentelles de Montmirail, hôtel intégré à un domaine viticole (visite, dégustation). Les chambres, sobres et nettes, bénéficient du silence du vignoble. À midi, petite carte sans prétention ; le soir, découvrez le menu du jour. Vins de la propriété.

XXX **La Table du Comtat** avec ch ⌘ ⬅ plaine et Dentelles de Montmirail,
– 𝒞 *04 90 46 91 49* 🛏 ⛱ 🛏 rest, **P** 𝗩𝗜𝗦𝗔 ⓂⓄ ⒶⒺ ①
– *table.comtat@wanadoo.fr* – *Fax 04 90 46 94 27* – *Fermé 18 nov.-8 déc., fév., dim. soir, mardi soir et merc. sauf juil.-août*
8 ch – †80/110 € ††80/110 €, ⊵ 14 € – ½ P 95/100 € – **Rest** – Menu 20 € (déj. en sem.), 35/49 € – Carte 30/50 €
♦ Le superbe panorama sur la plaine et les Dentelles de Montmirail est l'atout majeur de cette maison en pierre située sur les hauteurs du village. Belle terrasse ombragée.

X **Le Mesclun** 🛏 ⬭ 𝗩𝗜𝗦𝗔 ⓂⓄ ⒶⒺ
r. Poternes, (accès piétonnier) – 𝒞 *04 90 46 93 43* – *mesclunseguret@aol.com* – *Fax 04 90 46 93 48* – *Fermé janv., mardi sauf juil.-août et lundi*
Rest – Menu (19 €), 25 € (déj.), 32/43 € – Carte 42/54 €
♦ Sympathique adresse nichée dans un charmant village bâti à flanc de colline. Petites salles aux tons jaunes, plaisante terrasse ombragée et cuisine personnalisée aux accents méridionaux.

à Rasteau 9 km par ④, D 975 et D 69 – 674 h. – alt. 200 m – ⬜ 84110

🄸 Syndicat d'initiative, place Laparent 𝒞 04 90 46 18 73

🏠🏠 **Bellerive** ⌘ ⬅ vignobles et Dentelles de Montmirail, 🚗 ⛱ 🛏 Ⓜ ch,
rte Violès – 𝒞 *04 90 46 10 20* – *hotel-bellerive@* **P** 𝗩𝗜𝗦𝗔 ⓂⓄ ⒶⒺ ①
wanadoo.fr – *Fax 04 90 46 14 96* – *Ouvert mi-avril à mi-oct.*
20 ch – †75/170 € ††75/170 €, ⊵ 15 € – ½ P 94/140 € – **Rest** – *(fermé lundi midi, vend. midi et mardi)* Menu 27/50 € – Carte 45/72 €
♦ Au cœur des vignes, cette grande villa vous invite à la détente autour de sa piscine. Chambres dotées d'agréables loggias ouvrant sur la vallée de l'Ouvèze. Le cru de Rasteau se déguste avec le même plaisir dans la salle à manger provençale et sur la terrasse.

à Roaix 5 km par ④ et D 975 – 587 h. – alt. 168 m – ⬜ 84110

XX **Le Grand Pré** (Raoul Reichrath) 🛏 ☼ **P** 𝗩𝗜𝗦𝗔 ⓂⓄ ⒶⒺ
❀ *rte de Vaison-la-Romaine* – 𝒞 *04 90 46 18 12* – *info@legrandpre.com*
– *Fax 04 90 46 17 84* – *Ouvert de mi-fév. à mi-nov. et fermé sam. midi et mardi*
Rest – *(prévenir)* Menu 32 € bc (déj. en sem.), 52/110 € bc – Carte 66/90 € ⅘
Spéc. Menu "figues" (sept.-oct.). Pigeonneau rôti au four, jus de café-turc. Vichyssoise de tomates, glaçon de truffe d'été (juin à août). **Vins** Côtes du Rhône, Côtes du Rhône-Villages.
♦ Cuisine gorgée de soleil et belle carte de côtes-du-rhône à découvrir dans l'élégant intérieur blanc d'une ancienne ferme. Agréable terrasse tournée sur un jardin aromatique.

VAÏSSAC – 82 Tarn-et-Garonne – 337 F7 – 599 h. – alt. 134 m – ⬜ 82800
29 **C2**

◻ Paris 620 – Albi 60 – Montauban 23 – Toulouse 76 – Villefranche-de-Rouergue 66

🏠 **Terrassier** 🛏 ⛱ ⬭ ⚒ **P** 𝗩𝗜𝗦𝗔 ⓂⓄ ⒶⒺ
❀ – 𝒞 *05 63 30 94 60* – *hotel-rest.terrassier@wanadoo.fr* – *Fax 05 63 30 87 40*
– *Fermé 19 au 25 nov., 1ᵉʳ au 15 janv., vend. soir et dim. soir*
18 ch – †45/85 € ††45/85 €, ⊵ 7 € – ½ P 45/60 € – **Rest** – Menu 12,50 € (déj. en sem.), 21/42 € – Carte 29/48 €
♦ Cette auberge familiale, pratique pour rayonner dans le Quercy et l'Albigeois, propose des chambres bien tenues. Préférez celles de l'annexe récente. Salle de restaurant lumineuse (teintes jaunes) et actuelle, pour une cuisine régionale.

LE VAL – 83 Var – 340 L5 – 3 363 h. – alt. 242 m – ⊠ 83143   41 **C3**
> ◻ Paris 818 – La Seyne-sur-Mer 63 – Marseille 70 – Toulon 55
> ◻ Office de tourisme, place de la Mairie ℰ 04 94 37 02 21, Fax 04 94 37 31 96

❤   **La Crémaillère**   ⌂ AC VISA ◑◉
*23 r. Nationale – ℰ 04 94 86 40 00 – lacremaillere83@wanadoo.fr
– Fax 04 94 86 40 00 – Fermé 24-30 nov., 22-28 fév., dim. soir de déc. à fév., merc.
sauf le soir en saison et lundi sauf le soir en juil.-août*
Rest – Menu (20 € bc), 24/32 € – Carte 26/34 €
♦ Dans le centre de ce joli village, accueillant restaurant familial où la Provence tient la
vedette, tant dans le décor que dans l'assiette. Petite terrasse.

VALADY – 12 Aveyron – 338 G4 – 1 133 h. – alt. 350 m – ⊠ 12330   29 **C1**
> ◻ Paris 625 – Decazeville 20 – Rodez 20

❤❤   **Auberge de l'Ady**   VISA ◑◉
☜   *1 av. du Pont-de-Malakoff, (près de l'église) – ℰ 05 65 72 70 24
– auberge.ady@orange.fr – Fax 05 65 72 68 15 – Fermé 2 janv.-10 fév., dim. soir,
mardi soir et lundi*
Rest – Menu 16 € (déj. en sem.), 27/64 € bc – Carte 39/65 €
♦ Sympathique auberge transformée en table contemporaine au cœur d'un petit village
rural de l'Aveyron. Le patron, de retour au pays, mitonne une cuisine au goût du jour.

LE VAL-ANDRÉ – 22 Côtes-d'Armor – 309 G3 – **voir à Pléneuf-Val-André**

VALAURIE – 26 Drôme – 332 B7 – 508 h. – alt. 162 m – ⊠ 26230   44 **B3**
> ◻ Paris 622 – Montélimar 21 – Nyons 33 – Pierrelatte 14

🏨   **Le Moulin de Valaurie** ☜   ◑ ⌂ ⌁ ❦ ⅙ ch, ⅙ 🖄 P VISA ◑◉ AE
*Le Foulon – ℰ 04 75 97 21 90 – info@lemoulindevalaurie.com
– Fax 04 75 98 63 72 – Fermé 25 oct.-11 nov., fév. et dim. d'oct. à mars*
16 ch – †110/215 € ††110/215 €, ⊡ 12 €
Rest – *(fermé dim. soir hors saison, merc. midi en juil.-août, mardi midi et lundi)*
Menu 36/42 €
♦ Un chemin entouré de vignes mène à ce moulin du 19ᵉ s. transformé en hôtel de
caractère. Grandes chambres provençales, objets et meubles chinés, beau parc et calme
absolu. Élégante salle à manger et terrasse en fer forgé ; cuisine traditionnelle et régionale.

🏨   **Domaine Les Mejeonnes** ☜   ⌂ ⌁ ⅙ ch, ⅙ 🖄 P VISA ◑◉ AE
*2 km rte de Montélimar – ℰ 04 75 98 60 60 – contact@mejeonnes.com
– Fax 04 75 98 63 44*
10 ch – †70/76 € ††70/76 €, ⊡ 8 € – ½ P 60/63 € – **Rest** – Menu (18 €), 23/28 €
– Carte 26/35 €
♦ Sur un coteau, charmante ferme en pierre bordée d'un jardin aux senteurs de lavande et
de romarin. Bel intérieur rustique. Petites chambres égayées de tissus provençaux. Au
restaurant, décor et recettes possèdent l'accent du pays. Agréable terrasse d'été.

VALBERG – 06 Alpes-Maritimes – 341 C3 – alt. 1 669 m – Sports d'hiver : 1 430/
2 100 m ⚶26 ⚷ – ⊠ 06470 Peone ▮ Alpes du Sud   41 **D2**
> ◻ Paris 803 – Barcelonnette 75 – Castellane 67 – Nice 84
>   – St-Martin-Vésubie 57
> ◻ Office de tourisme, Centre Administratif ℰ 04 93 23 24 25,
>   Fax 04 93 02 52 27
> ◻ Intérieur ★ de la chapelle N.-D.-des-Neiges.

🏨   **Le Chalet Suisse** sans rest   ⅙ ⌂ VISA ◑◉
*– ℰ 04 93 03 62 62 – info@chalet-suisse.com – Fax 04 93 03 62 64 – Ouvert de
mi-juin à sept. et de mi-déc. à mars*
23 ch – †68/85 € ††86/117 €, ⊡ 10 €
♦ Au centre de la station, joli chalet d'allure helvétique récemment refait, offrant confort
et détente avec ses chambres agréables, son sauna et son hammam.

⌂ **L'Adrech de Lagas**   ⟨ 🏠 ⛭ ⎙ 🅿 VISA ⦿ ⦿

63 av. Valberg – ℰ 04 93 02 51 64 – adrech-hotel @ wanadoo.fr
– Fax 04 93 02 52 33 – Ouvert de juin à sept. et de déc. à mars
20 ch – †60/108 € ††65/114 €, � 10 € – ½ P 67/91 € – **Rest** – Menu 19 €
(déj.)/24 € – Carte 19/40 €

♦ L'enseigne de ce chalet bien rénové, situé au pied des pistes, rappelle l'esprit catalan de son origine. Chambres colorées, avec loggias exposées au Sud et peu à peu refaites. Une cuisine traditionnelle et copieuse vous attend dans la lumineuse salle à manger.

⌂ **Blanche Neige**   ⛭ 🅿 VISA ⦿ AE

10 av. Valberg – ℰ 04 93 02 50 04 – contact @ hotelblancheneige.fr
– Fax 04 93 02 61 90 – Fermé nov., avril, lundi soir et mardi
17 ch – †79/90 € ††79/90 €, ⊊ 10 € – ½ P 130 €
Rest – (ouvert fin déc.-mi-mars, juil.-août et fermé lundi et mardi) (dîner seult)
(résidents seult)

♦ Coquet chalet tout juste rafraîchi qui évoque la maison des sept nains avec ses petites chambres douillettes, rehaussées de tissus fleuris. À l'heure des repas, on se restaure d'une cuisine régionale au coin du feu l'hiver et on profite de la terrasse l'été.

✗ **Côté Jardin**   ⛭ VISA ⦿ AE

1 pl. Cluot de la Mule – ℰ 04 93 02 64 70 – aupaysdecocagne @ hotmail.com
– Fax 04 93 02 64 70 – Fermé dim. soir et merc. d'oct. à nov. et d'avril à juin
Rest – Menu 16 € (déj.), 19/29 € – Carte 29/45 €

♦ Ce restaurant dégage une ambiance cosy et plus festive lors de ses soirées à thèmes. Au menu : table à l'accent provençal, quelques spécialités dont le foie gras maison.

VALBONNE – 06 Alpes-Maritimes – 341 D6 – 10 746 h. – alt. 250 m – ⊠ 06560
▯ Côte d'Azur   42 **E2**

> ◗ Paris 907 – Antibes 14 – Cannes 13 – Grasse 11 – Mougins 7 – Nice 32
> – Vence 21

> ▯ Office de tourisme, 1, place de l'Hôtel de Ville ℰ 04 93 12 34 50,
> Fax 04 93 12 34 57

> ▩ Victoria Golf Club Chemin du Val Martin, S : 4 km, ℰ 04 93 12 23 26 ;

> ▩ Opio Valbonne à Opio Route de Roquefort les Pins, N : 1 km,
> ℰ 04 93 12 00 08.

⌂ **La Bastide de Valbonne** sans rest   🛏 ⊿ 📶 ⇆ ⚘ ℰ

107 rte Cannes – ℰ 04 93 12 33 40   🅿 🅿 VISA ⦿ AE
– bastide-de-valbonne @ wanadoo.fr – Fax 04 93 12 33 41 – Fermé 25 oct.-10 nov.
34 ch – †95/120 € ††95/250 €, ⊊ 15 €

♦ Demeure récente à la pimpante façade jaune égayée de volets bleus. Les chambres sur l'arrière bénéficient du calme et de la vue sur la piscine. Plaisant cadre provençal.

⌂ **Les Armoiries** sans rest   ⎙ 📶 ℰ VISA ⦿ AE ⦿

pl. des Arcades – ℰ 04 93 12 90 90 – valbonne @ hotellesarmoiries.com
– Fax 04 93 12 90 91
16 ch – †94/142 € ††94/163 €, ⊊ 12 €

♦ Cette bâtisse du 17e s. dotée d'une belle décoration intérieure se trouve dans le secteur piétonnier de ce pittoresque village. Chambres personnalisées et mobilier chiné.

✗✗ **Lou Cigalon** (Alain Parodi)   📶 VISA ⦿ AE

4 bd Carnot – ℰ 04 93 12 27 07 – Fax 04 93 12 09 96 – Fermé dim. et lundi
Rest – (nombre de couverts limité, prévenir) Menu 29 € (déj. en sem.), 49/100 €
– Carte 50/92 € ℬ

Spéc. Encornets et poulpes sur une gelée de tomate, chorizo. Pigeonneau rôti aux épices. Calisson glacé, soufflé aux agrumes. **Vins** Bellet, Côtes de Provence.

♦ Discrète adresse abritant deux coquettes salles à manger avec pierres et poutres apparentes. Savoureuse cuisine du marché gorgée de soleil ; sélection de vins du Sud-Est.

✗✗ **L'Auberge Fleurie**   ⛭ 🅿 VISA ⦿ AE

1,5 km par rte de Cannes (D 3) – ℰ 04 93 12 02 80 – Fax 04 93 12 22 27
– Fermé 1er déc.-5 janv., lundi et mardi
Rest – Menu 27/33 € – Carte 38/56 €

♦ Accueillante maison entourée d'un jardin fleuri. Salle à manger d'inspiration provençale et petite terrasse où l'on sert une copieuse cuisine traditionnelle.

※ **Le Bistro de Valbonne** ☐ AC VISA ⓜ AE ⓞ
11 r. Fontaine – 𝒞 04 93 12 05 59 – lebistrotdevalbonne@cegetel.net
– Fax 04 93 12 05 59 – Fermé 24-30 nov., 5-17 janv., lundi midi, jeudi midi et
dim. hors saison et le midi en juil.-août
Rest – *(nombre de couverts limité, prévenir)* Menu (19 €), 36 € – Carte 38/54 €
♦ Miroirs, banquettes, éclairages tamisés, tableaux et photos anciennes composent le
cadre chaleureux et feutré de cette coquette salle voûtée. Généreux plats traditionnels.

au golf d'Opio-Valbonne 2 km au Nord-Est par rte de Biot (D 4 et D 204) – ☒ 06650 Opio

🏠 **Château de la Bégude** ◎ ⩽ 🐾 ☐ ⌇ ※ AC ch, Ⓒ ✦
rte de Roquefort les Pins – 𝒞 04 93 12 37 00 P VISA ⓜ AE ⓞ
– begude@opengolfclub.com – Fax 04 93 12 37 13 – Fermé 16 nov.-27 déc.
31 ch – ♦78/200 € ♦♦96/240 €, ⌲ 19 € – 4 suites – **Rest** – *(fermé le soir du*
16 nov. au 27 déc. et dim. soir du 1ᵉʳ oct. au 31 mars) Menu 38 € (déj. en sem.),
48/62 € – Carte 43/71 €
♦ Bordée d'un rideau de chênes-lièges, sur l'un des golfs les plus réputés de la région, une
charmante bastide du 16ᵉ s. et sa bergerie. Les chambres refaites sont cosy. Salle à
manger-véranda et agréable terrasse dominant le trou n° 9 du parcours.

rte d'Antibes au Sud par D 3 – ☒ 06560 Valbonne

🏠 **Castel Provence** sans rest ☐ ⌲ ※ & AC ⌇ Ⓒ P P VISA ⓜ AE ⓞ
30 chemin Pinchinade, à 2,5 km – 𝒞 04 93 12 11 92 – reservation@
hotelcastelprovence.com – Fax 04 93 12 90 01
36 ch – ♦85/130 € ♦♦98/160 €, ⌲ 15 €
♦ Cette construction récente de style régional abrite des chambres spacieuses et joliment
décorées ; certaines offrent une vue sur la piscine et le jardin.

※※ **Daniel Desavie** ☐ AC P VISA ⓜ AE ⓞ
1360 rte d'Antibes – 𝒞 04 93 12 29 68 – desavie@wanadoo.fr – Fax 04 93 12 18 85
– Fermé 30 juin-14 juil., 9-24 nov., 22 fév.-9 mars, dim. et lundi
Rest – Menu 31 € (déj. en sem.), 41/65 € – Carte 49/78 €
♦ Recettes au goût du jour valorisant les produits locaux à déguster dans une salle à
manger contemporaine ou sous les arcades d'une galerie tournée vers le jardin fleuri.

à Sophia-Antipolis 7 km au Sud-Est par D 3 et D 103 – ☒ 06560 Valbonne

🏠 **Sophia Country Club Grand Mercure** ◎ ☐ ☐ ⌲ ⌁ ※ ▯
Les Lucioles 2 - 3550 rte Dolines & AC ⌲ ※ rest, Ⓒ P P VISA ⓜ AE ⓞ
– 𝒞 04 92 96 68 78 – H1279@accor.com – Fax 04 92 96 68 96 – Fermé 23 déc.-6 janv.
155 ch – ♦155/185 € ♦♦175/280 €, ⌲ 17 €
Rest *Le Club* – 𝒞 04 92 96 68 98 – Menu (20 €), 26 € (déj.)/42 € – Carte 33/58 €
♦ Complexe hôtelier doté d'un centre sportif très complet : club de tennis, practice de golf,
fitness, piscines. Préférez les nouvelles chambres, spacieuses et soignées. Restaurant-
brasserie et terrasse tournée vers la piscine. Cuisine actuelle.

🏠 **Novotel** ◎ ☐ ⌲ ☐ ※ ▯ & AC ⌲ Ⓒ ⌁ P VISA ⓜ AE ⓞ
Les Lucioles 1, 290 r. Dostoïevski – 𝒞 04 92 38 72 38 – h0398@accor.com
– Fax 04 93 95 80 12
97 ch – ♦101/137 € ♦♦101/137 €, ⌲ 13,50 € – **Rest** – Menu 24 € – Carte
19/39 €
♦ Chambres tout confort, au calme d'un agréable jardin en plein Sophia-Antipolis. Côté
détente, piscine et tennis entourés d'arbres. Rajeunissement intégral de l'hôtel. Le restau-
rant-terrasse propose une cuisine provençale dans un cadre verdoyant et ressourçant.

🏠 **Mercure** ◎ ☐ ☐ ⌲ ▯ & AC ⌲ Ⓒ ⌁ P P VISA ⓜ AE ⓞ
Les Lucioles 2, r. A. Caquot – 𝒞 04 92 96 04 04 – h1122@accor.com
– Fax 04 92 96 05 05
104 ch – ♦115/145 € ♦♦125/150 €, ⌲ 14 € – **Rest** – Menu (23 €), 30 € – Carte
29/44 €
♦ Ensemble moderne aux couleurs provençales niché sur le plateau boisé du Sophia-
Antipolis. Toutes les chambres sont rénovées. Piscine et essences méridionales au jardin.
Côté restaurant : menu du marché à l'accent du pays et rafraîchissantes salades estivales.

Relais Omega 🛋 🏊 🛎 ⚏ 🖥 ⚡ 📞 👨 **P** ♨ **VISA** **CD** **AE** ①
Les Lucioles 1, 49 r. L. Van Beethoven – 𝒞 *04 92 96 07 07*
– reservation@hotelomega.com – Fax 04 92 38 98 08 – Fermé 17 déc.-2 janv.
60 ch – 🛉99/109 € 🛉🛉109/119 €, ⊑ 12 € – 4 suites – **Rest** – Menu 25/35 €
– Carte 30/50 €
♦ Une décoration provençale raffinée et des équipements complets (climatisation, wi-fi, salle de séminaires) vous attendent dans ce confortable hôtel entièrement refait. Au restaurant, plats traditionnels simples et tons méridionaux.

VALCABRÈRE – 31 Haute-Garonne – **343** B6 – **rattaché à St-Bertrand-de-Comminges**

VALCEBOLLÈRE – 66 Pyrénées-Orientales – **344** D8 – 49 h. – alt. 1 470 m
– ⊠ 66340   22 **A3**
  ◼ Paris 856 – Bourg-Madame 9 – Font-Romeu-Odeillo-Via 27 – Perpignan 107
    – Prades 62

Auberge Les Ecureuils 🕭   🚗 🏠 🔔 📞 🚵 **VISA** **CD** **AE** ①
– 𝒞 04 68 04 52 03 – auberge-ecureuils@wanadoo.fr – Fax 04 68 04 52 34
– Fermé 5 nov.-5 déc.
16 ch – 🛉70/98 € 🛉🛉70/98 €, ⊑ 11 € – ½ P 66/78 € – **Rest** – Menu 25/52 €
– Carte 26/48 €
♦ Ex-bergerie convertie en coquette auberge rustique. Agréables chambres personnalisées. Jardin au bord du torrent. Organisation de randonnées ; skis et raquettes à disposition. Restaurant de caractère, carte classique et plats catalans. Petite crêperie.

VAL-CLARET – 73 Savoie – **333** O5 – **rattaché à Tignes**

VALDAHON – 25 Doubs – **321** I4 – 4 027 h. – alt. 645 m – ⊠ 25800   17 **C2**
  ◼ Paris 436 – Besançon 33 – Morteau 33 – Pontarlier 32

Relais de Franche Comté   🚗 🏠 📞 🚵 **P** **VISA** **CD** **AE**
1 r. Charles Schmitt – 𝒞 *03 81 56 23 18 – relais.de.franche.comte@wanadoo.fr*
– Fax 03 81 56 44 38 – Fermé 1er-6 mai, 25-30 août, 19 déc.-11 janv., vend. soir, sam. midi sauf juil.-août, et dim. soir de sept. à juin
20 ch – 🛉43/45 € 🛉🛉52/56 €, ⊑ 7,50 € – ½ P 52/56 € – **Rest** – Menu 13,50 €
(sem.)/49 € – Carte 22/45 €
♦ En bordure de route, cet imposant hôtel a réalisé des rénovations générales. Chambres actuelles et pratiques aux tissus colorés. Restaurant lumineux, où l'on sert des menus traditionnels suivant le rythme des saisons (gibier en période de chasse).

LE VAL-D'AJOL – 88 Vosges – **314** G5 – 4 452 h. – alt. 380 m – ⊠ 88340 ▮ Alsace Lorraine   27 **C3**
  ◼ Paris 382 – Épinal 41 – Luxeuil-les-Bains 18 – Plombières-les-Bains 10
    – Remiremont 16
  ▯ Office de tourisme, 17, rue de Plombières 𝒞 03 29 30 61 55,
    Fax 03 29 30 56 78

La Résidence 🕭   🌓 🏠 🏊 🍽 ⚏ ch, 🚵 **P** **VISA** **CD** **AE** ①
5 r. des Mousses, par rte de Hamanxard – 𝒞 *03 29 30 68 52 – contact@ la-residence.com – Fax 03 29 66 53 00 – Fermé 26 nov.-26 déc.*
49 ch – 🛉46/58 € 🛉🛉65/90 €, ⊑ 10 € – ½ P 66/78 €
Rest – *(fermé dim. soir de nov. à avril sauf vacances scolaires et fériés)*
Menu (13 €), 19 € (déj. en sem.), 25/44 € – Carte 30/56 €
♦ Au cœur d'un parc arboré, La Résidence, une belle maison bourgeoise du milieu du 19e s., et ses deux annexes abritent de chaleureuses chambres un brin désuètes. Le chef vous réserve une originale carte axée terroir, tantôt traditionnelle tantôt novatrice.

VALDEBLORE (Commune de) – 06 Alpes-Maritimes – 341 E3 – 686 h. –
alt. 1 050 m – Sports d'hiver : à la Colmiane 1 400/1 800 m ⚡7 – ⊠ 06420
▮ Côte d'Azur   41 **D2**

    � Paris 841 – Cannes 89 – Nice 72 – St-Étienne-de-Tinée 46
       – St-Martin-Vésubie 11

    ▮ Syndicat d'initiative, la Roche ☏ 04 93 23 25 90

à St-Dalmas-Valdeblore - ⊠ 06420 Valdeblore

    ▣ Pic de Colmiane ✳✳✳ E 4,5 km accès par télésiège.

⌂   **Auberge des Murès** ⌖   ≼ 🚗 🏠 📞 **P** **VISA** **CO**
    rte du col St-Martin - ☏ *04 93 23 24 60 – aubergesdesmures@wanadoo.fr*
    – Fax 04 93 23 24 67 – Fermé 15 nov.-15 déc., lundi, mardi et merc. sauf vacances
    scolaires
    7 ch – †48/61 € ††48/61 €, ⊇ 8,50 € – ½ P 51/58 € – **Rest** – Menu 25 €
    ♦ Petite auberge familiale aux allures de chalet offrant une jolie vue sur la montagne depuis
    les balcons des chambres. On s'y sent un peu comme à la maison. L'hiver, salle à manger
    avec pierres et poutres apparentes ; l'été, agréable terrasse face aux sommets.

VAL-DE-MERCY – 89 Yonne – 319 E5 – rattaché à Coulanges-la-Vineuse

---

VAL-D'ESQUIÈRES – 83 Var – 340 P5 – rattaché à Ste-Maxime

VAL-D'ISÈRE – 73 Savoie – 333 O5 – 1 632 h. – alt. 1 850 m – Sports d'hiver :
1 850/2 560 m ⚹ 6 ⚡45 ⚘ – ⊠ 73150 ▮ Alpes du Nord   45 **D2**

    ▮but Paris 667 – Albertville 86 – Chambéry 135

    ▮ Office de tourisme, ☏ 04 79 06 06 60, Fax 04 79 06 04 56

    ▮ du Lac de Tignes à Tignes Le Val Claret, par rte de Bourg-St-Maurice : 14km,
      ☏ 04 79 06 37 42.

    ▣ Rocher de Bellevarde ✳✳✳ par téléphérique - Route de l'Iseran ✳✳✳.

                    Plan page ci-contre

🏯   **Les Barmes de l'Ours** ⌖   ≼ 🚗 🖥 📶 🅛 🖐 ⅙ 🄰 rest, ⅍ rest, 📞
❀   *chemin des Carats* - ☏ *04 79 41 37 00*   🚗 **VISA** **CO** **AE** **①**
    – welcome@hotel-les-barmes.com – Fax 04 79 41 37 01
    – Ouvert 6 déc.-26 avril   A **b**
    55 ch – †410/1170 € ††440/1200 €, ⊇ 30 € – 21 suites – ½ P 270/1925 €
    Rest *La Table de l'Ours* – *(ouvert 6 déc.-19 avril et fermé dim.) (dîner seult)*
    Menu 75/135 € – Carte 91/104 €
    Rest *Le Pas de l'Ours* – Menu 65 € ❀
    Spéc. Pressé d'omble chevalier ou de féra. Barbue en gros dominos colorés,
    cannelloni de chou vert au reblochon. Suprême de volaille de Bresse, jus perlé au
    safran et citron. **Vins** Mondeuse, Vin de pays d'Allobrogie.
    ♦ Ce superbe chalet est un concentré de raffinement. Quatre ambiances président au
    décor des chambres : scandinave, grand Nord, savoyard et contemporain. Salon bar, spa.
    Savoureuse cuisine actuelle à la Table de l'Ours, rôtisserie au Pas de l'Ours.

🏯   **Christiania** ⌖   ≼ 🚗 🖥 🖐 🖐 ⅙ ch, ⅍ 📞 🄰 **P** **VISA** **CO** **AE** **①**
    – ☏ 04 79 06 08 25 – welcome@hotel-christiania.com – Fax 04 79 41 11 10
    – Ouvert mi-déc. à mi-avril   A **a**
    68 ch ⊇ – †278/510 € ††292/524 € – 1 suite
    Rest – Menu 36 € (déj.), 48/60 € – Carte 55/125 €
    ♦ Splendide chalet offrant une jolie vue sur les pistes, des chambres luxueusement
    aménagées et un espace de remise en forme complet. Le restaurant est une référence au
    Val : chaudes boiseries, élégantes tentures, salon cossu et terrasse panoramique.

🏯   **Le Blizzard**   ≼ 🚗 🖄 🖐 🖐 📞 🄰 **VISA** **CO** **AE** **①**
    – ☏ 04 79 06 02 07 – information@hotelblizzard.com – Fax 04 79 06 04 94
    – Ouvert 10 déc.-4 mai   B **f**
    79 ch – †274/902 € ††274/902 €, ⊇ 15 € – ½ P 181/495 €
    Rest – *(ouvert 15 déc.-3 mai)* Menu 52 € (dîner) – Carte 53/73 €
    ♦ Charpentes, poutres, parquets, boiseries : le bois règne en maître dans cet élégant
    intérieur. Les ravissantes chambres sont parfois dotées d'une cheminée. Agréable salle
    bien abritée du "blizzard" pour l'hiver et terrasse dressée côté piscine pour l'été.

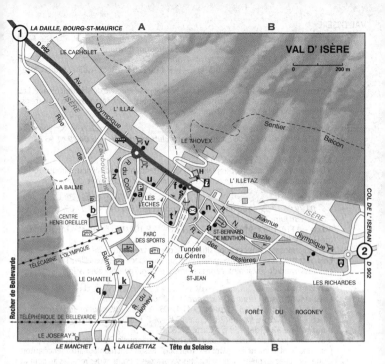

VAL D' ISÈRE

0   200 m

LA DAILLE, BOURG-ST-MAURICE

LE CACHOLET

L' ILLAZ

LE THOVEX

Sentier

Balcon

L' ILLETAZ

LA BALME

CENTRE HENRI OREILLER

PARC DES SPORTS

ST-BERNARD DE MENTHON

Avenue   Olympique

COL DE L'ISERAN

Tunnel du Centre

ST-JEAN

LES RICHARDES

LE CHANTEL

FORÊT   DU   ROGONEY

TÉLÉPHÉRIQUE DE BELLEVARDE

LE JOSERAY

LE MANCHET | A | LA LÉGETTAZ   Tête du Solaise

La Savoyarde

[Spa] [lift] [P] [VISA] [MC]

r. Noël Machet – ℰ 04 79 06 01 55
– hotel@la-savoyarde.com – Fax 04 79 41 11 29
– Ouvert 2 déc.-8 mai   A u
50 ch – ♦165/224 € ♦♦246/331 €, ⚏ 16 € – ½ P 164/294 €
Rest – Menu 36/43 € (dîner) – Carte 47/62 €

♦ Chalet aux balcons finement ouvragés au cœur de la station. Un fitness et des salons douillets vous attendent au retour de "L'Espace Killy" (300 km de pistes). Chaleureuse salle à manger habillée de bois clair sculpté ; cuisine au goût du jour.

Le Tsanteleina

[icons] [Spa] [lift] [tel] [P] [VISA] [MC] [AE]

av. Olympique – ℰ 04 79 06 12 13 – info@tsanteleina.com – Fax 04 79 41 14 16
– Ouvert 5 juil.-24 août et 6 déc.-4 mai   B s
59 ch – ♦100/275 € ♦♦100/385 €, ⚏ 15 € – 12 suites – ½ P 91/240 €
Rest – Menu (22 €), 29 € (déj.), 36/60 € – Carte 34/70 €

♦ L'enseigne évoque l'un des sommets qui dominent la station. Chambres d'ampleurs et de styles différents (sobres ou chaleureux) ; celles côté Sud sont dotées d'un balcon. Salle à manger toute blanche dont les baies vitrées s'ouvrent sur la terrasse.

Grand Paradis

[icons] rest, [tel] [P] [VISA] [MC] [AE] [DC]

– ℰ 04 79 06 11 73 – grandparadis@wanadoo.fr – Fax 04 79 41 11 13
– Ouvert début déc. à début mai   B t
40 ch (½ P seult) – ½ P 145/300 €
Rest – Menu 22 € (déj.)/56 € – Carte 40/50 € ⅋⅋

♦ "Grand paradis"... des skieurs, l'hôtel jouxte la spectaculaire Face de Bellevarde. Selon les étages, les chambres optent pour un décor autrichien ou savoyard. Accueillant restaurant ouvrant ses baies sur les champs de neige et espace brasserie au déjeuner.

Kandahar 🛗 ♿ ch, 🅿 ☕ VISA 🅜🅒

av. Olympique – ℰ 04 79 06 02 39 – hotel.kandahar@wanadoo.fr
– Fax 04 79 41 15 54 – Ouvert 1er déc.-4 mai A **v**
41 ch �〒 – ♦133/285 € ♦♦160/390 € – ½ P 115/220 € – **Rest** – *(dîner seult)* Carte 23/59 €

♦ L'enseigne évoque soit l'Orient, soit une prestigieuse épreuve de ski autrichienne. Les chambres, coquettes et chaleureuses, ont l'âme incontestablement savoyarde. L'Alsace est à l'honneur sur la carte de cette taverne "tout bois".

Les Lauzes sans rest 🛗 ♿ ⌀ 📞 VISA 🅜🅒

pl. de l'Église – ℰ 04 79 06 04 20 – lauzes@club-internet.fr – Fax 04 79 41 96 84
– Ouvert 28 nov.-4 mai B **a**
23 ch – ♦100/159 € ♦♦110/220 €, �〒 9 €

♦ Des chambres montagnardes plaisantes vous attendent près de l'église baroque ; celles du dernier étage offrent la vue sur les toits du village. Salon cosy avec cheminée.

Altitude ঙ ⩽ 🔒 ⊐ 🄵🄶 🛗 ♿ ch, ⌀ rest, 🏊 🅿 VISA 🅜🅒 🄰🄴 ①

– ℰ 04 79 06 12 55 – booking@hotelaltitude.com – Fax 04 79 41 11 09
– Ouvert 30 juin-23 août et 2 déc.-26 avril A **k**
40 ch – ♦114/195 € ♦♦148/290 €, �〒 12 € – ½ P 104/175 € – **Rest** – Menu 28 € (déj.)/32 € (dîner)

♦ Séjour reposant dans cet hôtel situé au départ des remontées mécaniques. Les chambres, avec balcon, sont rénovées petit à petit ; les plus spacieuses accueillent les familles. Le cadre savoyard du restaurant marie la pierre et le bois. Terrasse côté piscine.

La Becca ঙ 🔒 ♿ ch, 📞 VISA 🅜🅒 🄰🄴

Le Laisinant, rte de l'Iseran, 0,8 km par ② – ℰ 04 79 06 09 48
– info@labecca-val.com – Fax 04 79 41 12 03 – Ouvert juil.-août et déc. à mai
11 ch – ♦185/235 € ♦♦185/235 €, �〒 17 € – ½ P 126/186 € – **Rest** – *(ouvert déc. à mai)* Menu 32 € (déj.)/58 € – Carte 57/83 €

♦ Sympathique chalet niché au cœur d'un hameau tranquille. Fresques et meubles peints personnalisent joliment les chambres "tout bois". Restaurant montagnard agencé autour d'une cheminée en pierre ; aux spécialités savoyardes s'ajoutent des recettes au goût du jour.

Bellier ঙ 🚗 🔒 ⊐ 🅿 VISA 🅜🅒

– ℰ 04 79 06 03 77 – info@hotelbellier.com – Fax 04 79 41 14 11
– Ouvert 1er déc.-2 mai A **z**
22 ch *(½ P seult)* – ½ P 100/200 € – **Rest** – Menu 30 €

♦ Bâtisse des années 1950 proche du centre, mais au calme. Chambres progressivement rénovées (la plupart avec balcon) ; salon-cheminée, sauna. Sobre salle à manger façon pension. La terrasse, exposée plein Sud, est tournée sur le jardin.

La Galise sans rest VISA 🅜🅒

r. de la Poste – ℰ 04 79 06 05 04 – lagalise@wanadoo.fr – Fax 04 79 41 16 16
– Ouvert 15 déc.-22 avril B **n**
30 ch �〒 – ♦68/105 € ♦♦120/190 €

♦ Dans le centre animé de la station olympique, chambres bien tenues aux murs lambrissés et crépis. Espace détente avec billard, pour oublier le "planté de bâton" laborieux.

L'Avancher sans rest 📞 VISA 🅜🅒

– ℰ 04 79 06 02 00 – hotel@avancher.com – Fax 04 79 41 16 07
– Ouvert 6 déc.-1er mai B **r**
17 ch – ♦57/68 € ♦♦90/134 €, �〒 15 €

♦ Cette construction typiquement alpine vous propose un séjour un peu à l'écart de l'animation du cœur de la station dans des chambres où règne le bois.

à la Daille 2 km par ① - ⊠ 73150 Val-d'Isère

Le Samovar 📞 VISA 🅜🅒 🄰🄴 ①

– ℰ 04 79 06 13 51 – samovar@wanadoo.fr – Fax 04 79 41 11 08
– Ouvert 2 déc.-19 avril
18 ch – ♦125/195 € ♦♦135/290 €, �〒 17 € – **Rest** – Menu 14 € (sem.), 20/45 €

♦ Ce grand chalet proche du funiculaire ("Funival") montant sur le rocher de Bellevarde propose des chambres spacieuses et douillettes. Pour vous restaurer en toute simplicité, rendez-vous à la brasserie-pizzéria de l'hôtel.

VALENÇAY – 36 Indre – 323 F4 – **2 736 h.** – alt. 140 m – ⊠ 36600

▌ Châteaux de la Loire   11 **B3**

> ◘ Paris 233 – Blois 59 – Bourges 73 – Châteauroux 42 – Loches 50 – Vierzon 51
>
> 🖪 Office de tourisme, 2, avenue de la Résistance 🕿 02 54 00 04 42,
>   Fax 02 54 00 27 67
>
> ◙ Château★★★

ⒽⒽ   **Relais du Moulin**   🖩 🏠 🖥 📶 🖐 ㆔ ch, ㇍ 🕊 🕸 **P** **VISA** **◐◐** **AE**

⊜   *94 r. Nationale – 🕿 02 54 00 38 00 – valencay @ valvvf.fr – Fax 02 54 00 38 79*
   – Ouvert 6 avril-6 nov.

54 ch – ♦57/59 € ♦♦63/65 €, ☲ 7 € – ½ P 56/59 € – **Rest** – Menu 18 € (déj. en
sem.), 23/27 € – Carte 24/34 €

♦ Récent complexe hôtelier accolé à une ancienne filature datant de "l'époque Talleyrand".
Chambres fonctionnelles bien insonorisées. La salle à manger moderne et la terrasse
donnent sur un jardin bordé par le Nahon. Cuisine traditionnelle.

à Veuil 6 km au Sud par D 15 et rte secondaire – 364 h. – alt. 140 m – ⊠ 36600

ⓍⓍ   **Auberge St-Fiacre**   🏠 **VISA** **◐◐** **①**

5 r. de la Fontaine – 🕿 02 54 40 32 78 – Fax 02 54 40 35 66 – Fermé
1ᵉʳ-22 sept., janv., mardi de nov. à mars, dim. soir et lundi
Rest – Menu 21 € (sem.)/44 € – Carte 31/47 €

♦ Dans une charmante bourgade, maison du 17ᵉ s. et sa terrasse sous les marronniers
bercées par le murmure d'un ruisseau. Bel intérieur rustique et cuisine au goût du jour.

VALENCE Ⓟ – 26 Drôme – 332 C4 – **64 260 h.** – Agglo. 117 448 h. – alt. 126 m
– ⊠ 26000 ▌ Lyon et la vallée du Rhône   43 **E2**

> ◘ Paris 558 – Avignon 126 – Grenoble 96 – St-Étienne 121
>
> ⬛ de Valence-Chabeuil : 🕿 04 75 85 26 26, par ③ : 5 km AX.
>
> 🖪 Office de tourisme, 11, boulevard Bancel 🕿 08 92 70 70 99,
>   Fax 04 75 44 90 41
>
> 🖬 des Chanalets à Bourg-lès-Valence Route de Châteauneuf sur Isère, par rte
>   de Lyon : 6 km, 🕿 04 75 83 16 23 ;
>
> 🖬 New Golf du Bourget à Montmeyran, S : 17 km par D 538, 🕿 04 75 59 48 18.
>
> ◙ Maison des Têtes★ CY - Intérieur★ de la cathédrale St-Apollinaire BZ -
>   Champ de Mars ≤★ BZ - Sanguines de Hubert Robert★★ au musée des
>   Beaux-Arts BZ.
>
> ◨ Site★★★ de Crussol 5 km O.

Plans pages suivantes

ⒽⒽⒽ   **Pic** (Anne-Sophie Pic)   🖩 🏠 🖫 🖩 🖐 ch, 🖩 🕊 🕸 **P** 🍴 **VISA** **◐◐** **AE** **①**

❀❀❀   *285 av. Victor-Hugo – 🕿 04 75 44 15 32 – contact @ pic-valence.com*
   – Fax 04 75 40 96 03 – Fermé 2-26 janv.   AX **f**

12 ch – ♦200/450 € ♦♦200/450 €, ☲ 28 € – 3 suites
Rest Le 7 – voir ci-après
Rest – *(fermé dim. et lundi) (prévenir le week-end)* Menu 110 € (déj. en
sem.)/195 € – Carte 148/235 € ❦

Spéc. Soufflé au gouda millésimé V.S.O.P, cœur coulant à la truffe noire (hiver). Bar
de ligne meunière, oignons doux des Cévennes confits, coulant de caramel aux
noix de pays, vin jaune (automne). Ris de veau, pomme rôtie au sautoir, transparence et fondant de carotte à la lavande (printemps). **Vins** Saint-Péray, Hermitage.
♦ Cette belle demeure familiale au décor modernisé est une institution valentinoise.
Chambres raffinées. La chef de qui tenir : après son grand-père et son père, elle atteint à
son tour le sommet étoilé avec une cuisine délicieusement inventive. Prestigieuse carte des
vins.

ⒽⒽ   **Clos Syrah**   🖩 🏠 🖫 🖩 ch, 🖩 🕊 🕸 **P** 🍴 **VISA** **◐◐** **AE**

quartier Maninet, rte Montéléger – 🕿 04 75 55 52 52 – info @ clos-syrah.com
– Fax 04 75 42 27 37   AX **b**

36 ch – ♦60/90 € ♦♦60/90 €, ☲ 12 € – **Rest** – *(fermé 25 déc.-1ᵉʳ janv., dim.*
de sept. à mai et sam. sauf le soir de juin à août) Menu 20/28 € – Carte 27/74 €

♦ Bâtiment des années 1980 situé à proximité du centre hospitalier. Dans les chambres,
mobilier en bois clair, volets roulants électriques et terrasse ou balcon tourné vers la piscine
et le parc. Repas traditionnel servi dans une salle à manger confortable.

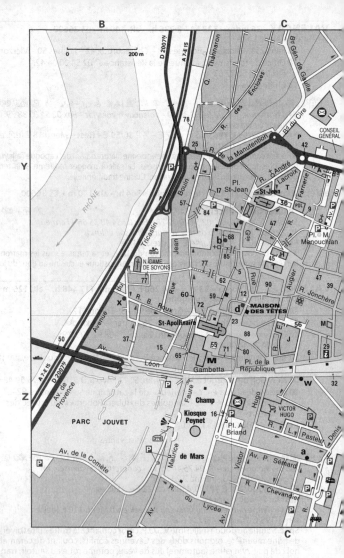

De France sans rest   🖼 🗖 📞 🛴 🚗 𝘝𝘐𝘚𝘈 ◍ 🗚 ①

16 bd du Gén. de Gaulle – ℰ 04 75 43 00 87 – info@hotel-valence.com
– Fax 04 75 55 90 51   CZ **w**
34 ch – †51/82 € ††66/82 €, � 9 €

♦ Façade ravalée, salons et chambres bien rénovés, insonorisation efficace : un hôtel rajeuni, dont l'emplacement avantagera ceux qui souhaitent découvrir la vieille ville à pied.

Atrium sans rest   🖽 🖼 ⅙ 🗖 rest, 🛴 🅿 🚗 𝘝𝘐𝘚𝘈 ◍ 🗚

20 r. J.-L. Barrault – ℰ 04 75 55 53 62 – info@atrium-hotel.fr – Fax 04 75 55 53 68
69 ch – †58 € ††66/73 €, ⊆ 7 €   DY **c**

♦ Hôtel d'aspect moderne, idéal pour les longs séjours car un coin cuisine équipe chaque chambre. Au dernier étage, duplex tournés vers le Vercors ou l'Ardèche.

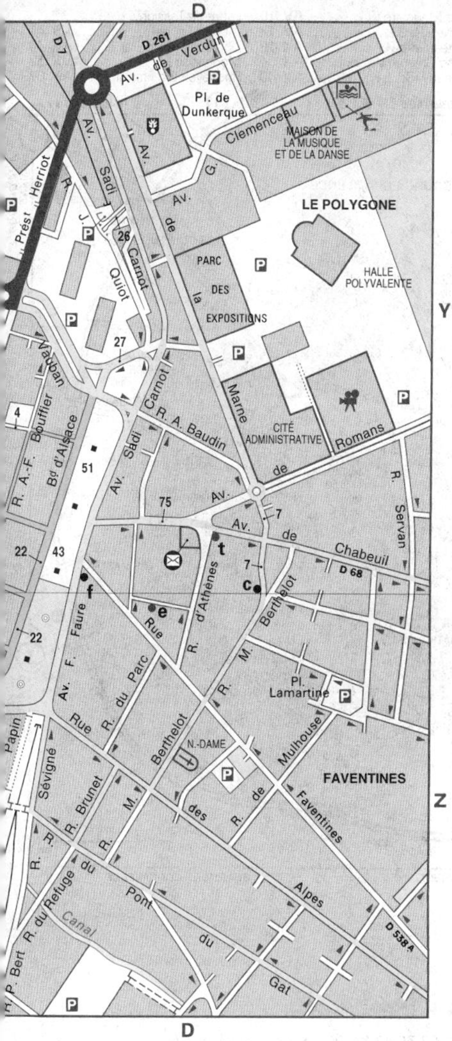

VALENCE

De l'Europe sans rest

15 av. Félix Faure – ✆ 04 75 82 62 65 – hoteleurope.valence@wanadoo.fr – Fax 04 75 82 62 66 – Fermé 20-27 déc. DY **f**

26 ch – 42/48 € 46/52 €, 6,50 €

◆ Cet hôtel situé sur une avenue animée a profité d'une cure de jouvence : chambres colorées, meubles de style préservés et doubles fenêtres assurant l'isolation phonique.

Les Négociants rest,

27 av. Pierre-Sémard – ✆ 04 75 44 01 86 – hotel.les-negociants@wanadoo.fr – Fax 04 75 44 77 57 – **37 ch** – 40/49 € 40/56 €, 6 € – ½ P 54/75 € CZ **a**

Rest – *(fermé 11-17 août, sam. et dim.)* Menu 13/19 € – Carte 25/40 €

◆ Un hôtel sympathique à deux pas de la gare, pour les adeptes de sobriété contemporaine. Chambres aux tons taupe et marron, certaines sont climatisées. Copieux petit-déjeuner. Le restaurant sert une cuisine familiale et simple dans un décor actuel.

VALENCE

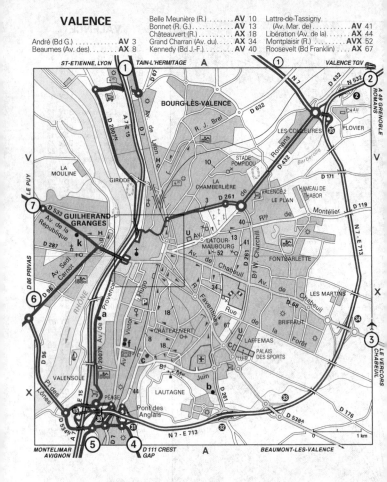

L'Épicerie

🍴🍴

🕸 VISA 💳 AE

18 pl. St-Jean, (ex Belat) – 𝒞 04 75 42 74 46 – pierre.seve@free.fr
– Fax 04 75 42 10 87 – Fermé 28 avril-15 mai, 1ᵉʳ-20 août, 21 déc.-3 janv., sam. midi, dim. et fériés　　　　　　　　　　　　　　　　　　　CY **v**

Rest – Menu (18 €), 25 € bc/64 € – Carte 37/51 € ♨

♦ Maison du 16ᵉ s. offrant le choix entre plusieurs ambiances pour passer à table : une salle rustique chaleureuse, une autre résolument design, une troisième dans le genre bistrot et une terrasse. Cuisine traditionnelle soignée ; beau choix de côtes-du-rhône.

La Ciboulette

🍴🍴

🕸 AC VISA 💳

6 r. Commerce – 𝒞 04 75 55 67 74 – lechef@laciboulette.com
– Fax 04 75 56 72 83 – Fermé 4-11 août, 25 oct.-5 nov., 16-25 janv., dim. soir, jeudi soir, lundi et le midi sauf dim.　　　　　　　　　　　　　　　　DZ **e**

Rest – *(nombre de couverts limité, prévenir)* Menu (35 €), 50/70 € ♨

♦ Cette table plaît pour la gentillesse de son accueil et le soin apporté à la réalisation des recettes, mélanges subtils de produits régionaux et de saveurs d'ailleurs.

XX **La Petite Auberge** AC VISA CO AE

1 r. Athènes – ℰ 04 75 43 20 30 – la.petite.auberge@wanadoo.fr
– Fax 04 75 42 67 79 – Fermé 23 juil.-21 août, 3-6 janv., lundi soir de juin à août,
merc. soir et dim. sauf fériés   DY **t**
Rest – Menu (18 € bc), 26/47 € – Carte 29/55 €

◆ Sobre façade dissimulant deux salles de restaurant parsemées d'élements décoratifs rustiques et bourgeois ; la plus petite accueille les repas commandés. Fonctionnement familial, ambiance conviviale et cuisine traditionnelle actualisée en douceur.

X **Le 7** – Hôtel Pic 🛱 ⅙ AC P VISA CO AE
😊 *285 av. Victor-Hugo – ℰ 04 75 44 53 86 – contact@pic-valence.com*   AX **f**
Rest – Menu 28 € – Carte 37/52 €

◆ L'autre table de la maison Pic propose une cuisine classique revisitée. Enseigne en référence aux voyageurs gastronomes de la Nationale 7 et décor contemporain aux touches baroques.

X **L'Origan** 🛱 ⅂ P VISA CO AE ①
😊 *58 av. Baumes – ℰ 04 75 41 60 39 – squashorigan@aol.com – Fax 04 75 78 30 81*
– Fermé 4-27 août, 24 déc.-2 janv., sam. et dim.   AX **c**
Rest – Menu 18/37 € – Carte 34/41 €

◆ À côté d'un club de squash, une cuisine régionale actualisée vous attend à la table de ce restaurant contemporain ou dans sa véranda bordant un ruisseau. Après l'effort...

X **Le Bistrot des Clercs** 🛱 AC ⅌ VISA CO AE
48 Grande rue – ℰ 04 75 55 55 15 – chabran@michelchabran.fr – Fax 04 75 43 64 85
– Fermé dim. soir d'oct. à mai et lundi midi de juin à sept.   CY **d**
Rest – Menu 22 € (sem.)/31 € bc – Carte 34/48 €

◆ Le bâtiment qu'occupe ce bistrot à la parisienne situé dans le quartier piétonnier, près de la "maison des têtes", reçut un jour la visite de Napoléon Bonaparte. Cuisine bistrotière copieuse et soignée, intérieur nostalgique et grande terrasse sur la place.

X **La Cachette** 🛱 VISA CO
16 r. des Cévennes – ℰ 04 75 55 24 13 – Fax 04 75 55 24 13 – Fermé 2-20 janv., dim.
et lundi   BY **x**
Rest – Menu 25 € (sem.), 60/70 € bc – Carte 55/80 €

◆ Ce restaurant de poche se cache dans une ruelle de la vieille ville. Le chef, d'origine japonaise, propose une attrayante cuisine au goût du jour dans une salle on ne peut plus sobre.

à Pont de l'Isère 9 km par ① – 2 688 h. – alt. 120 m – ⊠ 26600

XXX **Michel Chabran** avec ch 🛱 AC ⅖ P VISA CO AE ①
😊 *N 7 – ℰ 04 75 84 60 09 – chabran@michelchabran.fr – Fax 04 75 84 59 65 – Fermé*
lundi midi en juil.-août, merc. soir et dim. soir d'oct. à mars, merc. midi et jeudi midi
11 ch – ✝115/165 € ✝✝150/185 €, ⌑ 23 € – ½ P 185/290 €
Rest – Menu 42 € (déj. en sem.), 59/102 € – Carte 92/161 € ⅋

Spéc. Menu "Autour de la truffe" (nov. à mars). Ravioles de la région de Romans au rythme des saisons. Dos d'agneau de Sisteron cuit sur l'os, jus aux senteurs provençales. **Vins** Crozes-Hermitage, Hermitage.

◆ Table élégante offrant les plaisirs d'une cuisine au goût du jour et d'une belle sélection de côtes-du-rhône septentrionaux. Grand choix de menus. Maison en galets du Rhône où vous logerez dans des chambres confortables, sobrement décorées, et tournées vers le jardin ou la route.

XXX **Auberge Chalaye** 🚗 🛱 P VISA CO AE
17 r. 16-août-1944 – ℰ 04 75 84 59 40 – Fax 04 75 58 27 06 – Fermé 9-15 juin,
1er-7 sept., dim. soir, lundi, mardi et merc.
Rest – Menu 33/60 €

◆ Discrète auberge nichée derrière un rideau de verdure, au milieu d'un quartier résidentiel. Cuisine classique servie dans trois petites salles d'esprit rustique ou, dès les premiers beaux jours, sur l'agréable terrasse du jardin.

à Guilherand-Granges (07 Ardèche) – 10 707 h. – alt. 130 m – ⊠ 07500

🏠 **Alpes-Cévennes** sans rest ⇋ 🕾 VISA CO
641 av. de la République – ℰ 04 75 44 61 34 – alpescevennes@aol.com
– Fax 04 75 41 12 41   AV **k**
26 ch – ✝33/36 € ✝✝40/46 €, ⌑ 5 €

◆ Étape ardéchoise sur la rive droite du Rhône. Les chambres, spacieuses, équipées de meubles de série, sont progressivement rénovées. Insonorisation efficace. Accueil aimable.

VALENCE-SUR-BAÏSE – 32 Gers – 336 E6 – 1 151 h. – alt. 117 m – ✉ 32310

Paris 734 – Agen 50 – Auch 36 – Condom 9 28 **A2**

Syndicat d'initiative, rue Jules Ferry ✆ 05 62 28 59 19, Fax 05 62 28 97 66

Abbaye de Flaran★ NO : 2 km, **Midi-Pyrénées**

La Ferme de Flaran
ch, VISA MC AE

rte de Condom – ✆ 05 62 28 58 22 – hotel-flaran@wanadoo.fr – Fax 05 62 28 56 89 – Fermé 20 déc.-31 janv., dim. de sept. à juin et lundi d'oct. à mars

15 ch – 49/59 € 55/65 €, ☕ 8 € – ½ P 56/61 € – **Rest** – *(fermé mardi midi d'oct. à mai, dim. soir et lundi sauf du 13 juil. au 25 août)* Menu (16 €), 20/38 € – Carte 37/52 €

◆ Ancienne dépendance de l'abbaye cistercienne voisine, cette ferme gasconne conserve une agréable rusticité. Les chambres, campagnardes, sont plus tranquilles côté piscine. Authentique salle à manger agreste, jolie terrasse et cuisine soignée à l'accent du Gers.

VALENCIENNES – 59 Nord – 302 J5 – 41 278 h. – Agglo. 357 395 h. – alt. 22 m – ✉ 59300 Nord Pas-de-Calais Picardie 31 **C2**

Paris 208 – Arras 68 – Bruxelles 105 – Lille 54 – St-Quentin 80

Office de tourisme, 1, rue Askièvre ✆ 03 27 28 89 10, Fax 03 27 28 89 11

de Mormal à Preux-au-Sart Bois Saint Pierre, par rte de Maubeuge : 13 km, ✆ 03 27 63 07 00 ;

de Valenciennes à Marly Rue du Chemin Vert, E : 1 km, ✆ 03 27 46 30 10.

Musée des Beaux-Arts★ BY **M** - Bibliothèque des Jésuites★.

Plan page ci-contre

Le Grand Hôtel
VISA MC AE

8 pl. de la Gare – ✆ 03 27 46 32 01 – grandhotel.val@wanadoo.fr – Fax 03 27 29 65 57 AX **d**

86 ch – 74/82 € 83/91 €, ☕ 10 € – ½ P 102 €

Rest – Menu 30 € (sem.), 39/50 € – Carte 36/63 €

Rest *Brasserie Hans* – Menu 15 € – Carte 24/35 €

◆ La même famille cultive depuis plusieurs générations le sens de l'hospitalité dans ce bel établissement bâti au début du 20e s. Confortables chambres de style classique. Restaurant traditionnel avec rôtissoire et flambage en salle. Esprit alsacien à la Brasserie Hans.

Auberge du Bon Fermier
VISA MC AE

64 r. Famars – ✆ 03 27 46 68 25 – beinethierry@hotmail.com – Fax 03 27 33 75 01 AY **n**

16 ch – 85 € 105 €, ☕ 9,50 € – **Rest** – Menu 26/49 € – Carte 31/55 €

◆ Cet authentique relais de poste du 17e s. a préservé son cachet : vieilles pierres et briques en façade, chambres de caractère (beaux meubles chinés) et jolie cour pavée. Restaurant-rôtisserie occupant d'anciennes écuries, terrasse et gibier en saison.

Le Chat Botté sans rest
VISA MC AE

25 r. Tholozé – ✆ 03 27 14 58 59 – hotel.lechatbotte@wanadoo.fr – Fax 03 27 14 58 60 AX **p**

33 ch – 67/76 € 67/85 €, ☕ 9 €

◆ Fer forgé, bois, mobilier contemporain et couleurs gaies : décor ludique et ambiance chaleureuse dans une sympathique maison abritant des chambres paisibles et douillettes.

Baudouin sans rest
VISA MC AE

90 r. Baudouin l'Édifieur – ✆ 03 27 22 80 80 – hotel-baudouin@wanadoo.fr – Fax 03 27 22 80 81 BZ **k**

69 ch – 58 € 58 €, ☕ 8 €

◆ Des chambres pratiques et bien insonorisées vous attendent dans cet hôtel proche du stade de football de Nungesser. Les "plus" : parking fermé, garage et quelques cuisinettes.

Notre Dame sans rest
VISA MC AE

1 pl. Abbé Thellier de Poncheville – ✆ 03 27 42 30 00 – hotel.notredame@wanadoo.fr – Fax 03 27 45 12 68 – Fermé 20 déc.-4 janv. BY **s**

35 ch – 50/63 € 58/65 €, ☕ 8 €

◆ Deux bâtisses face à l'église éponyme du 15e s. Chambres bourgeoises dans la partie ancienne, fonctionnelles dans l'autre et calme assuré pour celles donnant sur le jardinet.

VALENCIENNES

1911

⌂ **Le Grand Duc** 　　　🚗 🍸 ♿ ⌖ 📞 **P** **VISA** **MO**
104 av. de Condé – ✆ *03 27 46 40 30 – contact@legrandduc.fr*
– Fax 03 27 46 40 30 – Fermé août BV **e**
5 ch – 🛏85 € 🛏🛏85 €, ⌷ 9 € – ½ P 122/133 € – **Table d'hôte** – *(fermé sam. midi et dim. soir)* Menu 28/39 €

♦ Cette demeure bourgeoise revit depuis que son propriétaire, également artiste, l'a relookée dans un style contemporain respectueux de son architecture originale. Table d'hôte (sur réservation) dans une salle tournée vers le jardin clos à l'anglaise.

XXX **Le Musigny** 　　　　　　**VISA** **MO** **AE** ①
90 av. de Liège – ✆ *03 27 41 49 30 – Fax 03 27 47 91 19 – Fermé 5-11 janv., dim. soir, lundi et soirs fériés sauf sam.* CV **v**
Rest – Menu 35/90 € bc – Carte 63/101 €

♦ La façade discrète de ce restaurant dissimule une salle à manger intime et confortable. On y sert une cuisine classique soignée faisant la part belle au poisson.

XX **L'Endroit** 　　　　　🍸 **VISA** **MO** **AE**
69 r. du Quesnoy – ✆ *03 27 42 99 23 – lionel.coint@nordnet.fr – Fax 03 27 42 99 23*
– Fermé dim. soir et lundi BY **f**
Rest – Menu 25/55 € – Carte 39/57 €

♦ Un écran TV trône dans la salle et retransmet en direct l'activité des brigades en cuisine. Élégant décor contemporain, ambiance branchée, carte réduite et suggestions du marché.

XX **Les Salons Brabant** 　　　　🍸 **VISA** **MO**
✏ *68 r. de Paris –* ✆ *03 27 26 04 03 – lessalonsbrabant@aol.com*
– Fax 03 27 26 04 03 – Fermé dim. soir et lundi AY **e**
Rest – Menu 35/48 € – Carte 31/51 €
Rest *La Véranda* – *(fermé dim. et lundi)* Menu 17 € bc/25 € – Carte 20/25 €

♦ Le mobilier moderne met superbement en valeur le décor de style Napoléon III (moulures, stucs, peintures, etc.) de cette belle salle coiffée d'une verrière. Carte traditionnelle. Cadre façon bistrot et cuisine simple assortie de suggestions du jour à la Véranda.

X **Brasserie Arthur** 　　　🍸 **AC** **VISA** **MO** ①
46 bis r. Famars – ✆ *03 27 46 14 15 – jletouze@nordnet.fr – Fax 03 27 41 62 96*
– Fermé dim. soir et lundi AY **u**
Rest – Carte 22/34 €

♦ Une brasserie "pur jus" : banquettes, hauts plafonds, verrière et cuisine ad hoc. Sur les murs, de nombreux dessins affirment la vocation artistique de "l'Athènes du Nord".

à Quiévrechain 12 km au Nord-Est par D 630 – 6 069 h. – alt. 32 m – ⌧ 59920

XX **Le Manoir de Tombelle** 　　🚗 🍸 ⌖ **P** **VISA** **MO**
135 av. J. Jaurès – ✆ *03 27 35 12 30 – Fax 03 27 26 27 61 – Fermé 1ᵉʳ-15 août,*
26 déc.-2 janv. et le soir sauf sam.
Rest – Menu (20 € bc), 25 € (déj. en sem.), 27/49 €

♦ Villa bourgeoise des années 1920 nichée dans un grand jardin avec étang. Cuisine traditionnelle servie dans de confortables salles à manger (cheminées) ou sous la tonnelle.

à Artres 11 km par ④, D 958 et D 400 – 1 071 h. – alt. 65 m – ⌧ 59269

🏨 **La Gentilhommière** ⌖ 　　🚗 ⌖ 🍸 📞 ⚷ **P** **VISA** **MO** **AE**
(face à l'église) – ✆ *03 27 28 18 80 – la.gentilhommiere@wanadoo.fr*
– Fax 03 27 28 18 81 – Fermé 4-25 août, 26-30 déc. et dim. soir
10 ch – 🛏85 € 🛏🛏85/110 €, ⌷ 13 € – ½ P 130 € – **Rest** – Menu 35/64 € – Carte 39/62 €

♦ Deux hectares de verdure entourent cette ferme du 18ᵉ s. joliment restaurée dont les chambres, spacieuses et calmes, regardent le jardin intérieur. Généreuse cuisine actuelle dans un séduisant restaurant voûté où affleurent les briques rouges.

Z. I. de Prouvy-Rouvignies 5 km par ⑤ et D 630 – ⌧ 59300 **Valenciennes**

🏨 **Novotel** 　　🚗 🍸 ⊠ ♿ ch, ⌖ ⚷ **P** **VISA** **MO** **AE** ①
– ✆ *03 27 21 12 12 – h0456@accor.com – Fax 03 27 21 06 02*
80 ch – 🛏59/129 € 🛏🛏59/129 €, ⌷ 12,50 € – **Rest** – Menu 20/45 € (week-end)
– Carte 23/37 €

♦ Le centre-ville se trouve à 15 minutes de cet hôtel bordant l'axe Paris-Bruxelles, et bénéficiant depuis peu des nouvelles normes de la chaîne (plaisant décor contemporain). Pause déjeuner ou dîner au restaurant.

à Raismes 5 km au Nord-Ouest par D 169 – 13 699 h. – alt. 23 m – ⊠ 59590

XXX **La Grignotière**　　　　　　　　🚗 🏠 **VISA** **MO** **AE**
6 r. J. Jaurès – ☎ *03 27 36 91 99 – lagrignotiere@free.fr – Fax 03 27 36 74 29
– Fermé mardi soir, merc. soir, dim. soir et lundi*
Rest – Menu (19 €), 25 € (sem.), 31 € bc/34 € – Carte 37/75 €
♦ Cet ancien relais de poste voisin de l'église abrite une salle cosy joliment décorée et une agréable terrasse-jardin. Cuisine traditionnelle non dépourvue de créativité.

VALESCURE – 83 Var – 340 P5 – **rattaché à St-Raphaël**

VALGORGE – 07 Ardèche – 331 G6 – 450 h. – alt. 560 m – ⊠ 07110
▌ Lyon et la vallée du Rhône　　　　　　　　　　　　　　44 **A3**

🄳 Paris 614 – Alès 76 – Aubenas 37 – Langogne 46 – Privas 69 – Le Puy-en-Velay 83

🏠 **Le Tanargue** ⌂　　　　　⟨ 🚗 🛏 ⅃ **P.** 🕭 **VISA** **MO** **AE**
– ☎ *04 75 88 98 98 – hoteltanargue@wanadoo.fr – Fax 04 75 88 96 09*
😊 *– Ouvert 14 mars-28 nov. et fermé dim. soir et lundi sauf du 16 mars au 29 sept.*
🍽 *et vacances de la Toussaint*
22 ch – †37/51 € ††44/58 €, ⊃ 7,50 € – ½ P 44/55 € – **Rest** – Menu (11 €), 16/32 € – Carte 31/48 €
♦ Hôtel familial situé au pied du massif du Tanargue. Les chambres cossues et scrupuleusement tenues, disposant parfois d'un balcon, ouvrent sur le parc ou la vallée. Salle à manger d'inspiration rustique agrémentée de vieux objets. Vente de produits du terroir.

VALIGNAT – 03 Allier – 326 F5 – **rattaché à Charroux**

VALLAURIS – 06 Alpes-Maritimes – 341 D6 – **rattaché à Golfe-Juan**

VALLERAUGUE – 30 Gard – 339 G4 – 1 009 h. – alt. 346 m – ⊠ 30570
▌ Languedoc Roussillon　　　　　　　　　　　　　　23 **C2**

🄳 Paris 684 – Mende 100 – Millau 75 – Nîmes 86 – Le Vigan 22
🄴 Office de tourisme, quartier des Horts ☎ 04 67 82 25 10, Fax 04 67 64 82 15

🏠 **Hostellerie Les Bruyères**　　　　　🏠 ⊃ ⅃ 🕭 **VISA** **MO**
– ☎ *04 67 82 20 06 – Fax 04 67 82 20 06 – Ouvert 1ᵉʳ mai-30 sept.*
😊 **20 ch** – †47 € ††47/60 €, ⊃ 7 € – ½ P 47/54 € – **Rest** – Menu 15/37 € – Carte 24/41 €
♦ Ancien relais de poste situé dans un pittoresque village cévenol. Un bel escalier dessert des chambres simples, très propres et dotées d'une bonne literie. La salle de restaurant champêtre est complétée par une charmante terrasse d'été surplombant la rivière.

rte du Mont-Aigoual 4 km sur D 986 – ⊠ 30570

🏠 **Auberge Cévenole** ⌂　　　　　　　　🏠 ⅋ **P.** **VISA** **MO**
La Pénarié – ☎ *04 67 82 25 17 – auberge.cevenole@wanadoo.fr*
😊 *– Fax 04 67 82 26 26 – Fermé 17 nov.-19 déc., lundi soir et mardi sauf juil.-août*
🍽 **6 ch** – †42 € ††42 €, ⊃ 7 € – ½ P 47 € – **Rest** – Menu 16/27 € – Carte 20/43 €
♦ L'Hérault musarde au pied de cette sympathique auberge de pays située sur la route du mont Aigoual. Petites chambres fraîches et garnies d'un mobilier régional. Coquette salle à manger (poutres, cheminée, objets agrestes) et terrasse qui domine la rivière.

VALLET – 44 Loire-Atlantique – 316 I5 – 6 807 h. – alt. 54 m – ⊠ 44330　　34 **B2**
🄳 Paris 375 – Ancenis 27 – Cholet 36 – Clisson 10 – Nantes 27
🄴 Syndicat d'initiative, 1, place Charles-de-Gaulle ☎ 02 40 36 35 87, Fax 02 40 36 29 13

🏠 **Château d'Yseron** sans rest ⌂　　　　🛏 ⅃ ⅋ 🕻 **P.** **VISA** **MO**
4 km au Nord-Est par D 116 – ☎ *02 51 71 70 40 – ostalbin@wanadoo.fr
– Fax 02 51 71 70 11*
4 ch ⊃ – †80/120 € ††80/120 €
♦ En plein vignoble, charmante demeure de 1830 : chambres au mobilier d'époque 18ᵉ-19ᵉ s., galerie ornée de ravissantes fresques, et dégustation du Muscadet produit au domaine.

X **Don Quichotte** avec ch   🐾 🕿 Ⓜ rest, ↔ 🕻 🅿 VISA ⓂⓄ

35 rte de Clisson – ℰ *02 40 33 99 67* – *donquichottevallet@wanadoo.fr*
– Fax 02 40 33 99 72 – Fermé 23 déc.-8 janv.
12 ch – **†**55 € **††**59 €, ⌑ 9 € – ½ P 58 € – **Rest** – *(fermé 15-28 juil., lundi midi,*
vend. soir et dim. soir) Menu (16 €), 19/29 € – Carte environ 30 €
◆ De grandes fresques parent les murs de cet ex-moulin, au cœur du vignoble. Salle à
manger-véranda ; plats traditionnels composés selon les produits du marché (de préférence bio).

VALLIÈRES – 37 Indre-et-Loire – 317 M4 – **rattaché à Tours**

VALLOIRE – 73 Savoie – 333 L7 – 1 243 h. – alt. 1 430 m – **Sports d'hiver : 1 430/**
2 600 m ⚐2 ⚐31 ⚐ – ⊠ 73450 ▮ **Alpes du Nord**   45 **D2**

🄳 Paris 664 – Albertville 91 – Briançon 52 – Chambéry 104
– Lanslebourg-Mont-Cenis 57

🄸 Office de tourisme, rue des Grandes Alpes ℰ 04 79 59 03 96, Fax 04 79 59 09 66
◎ Col du Télégraphe ⩽ ⋆ N : 5 km.

🏨 **Grand Hôtel de Valloire et du Galibier**   ⩽ 🐾 🕿 🏊 🕴 🕻 🕭
r. des Grandes Alpes – ℰ *04 79 59 00 95*   🅿 VISA ⓂⓄ 🄰🄴 ⓄⒾ
– info@grand-hotel-valloire.com – Fax 04 79 59 09 41
– Ouvert 15 juin-12 sept. et 21 déc.-11 avril
44 ch – **†**70/90 € **††**70/100 €, ⌑ 13,50 € – ½ P 72/103 €
Rest *L'Escarnavé* – Menu 22/55 € – Carte 41/66 €
◆ Face aux pistes, imposant hôtel aux chambres spacieuses et rénovées ; réservez celles
exposées Sud et Est. Belle salle à manger en rotonde agencée autour d'une cheminée en
cuivre où l'on allume le "feu de joie" (escarnavé en patois) ; cuisine classique.

🏨 **Christiania**   ⅋ rest, 🕻 VISA ⓂⓄ
r. Tigny – ℰ *04 79 59 00 57* – *info@christiania-hotel.com – Fax 04 79 59 00 06*
– Ouvert 15 juin-15 sept. et 10 déc.-20 avril
24 ch – **†**52/65 € **††**55/70 €, ⌑ 10 € – 1 suite – ½ P 57/77 € – **Rest** – Menu (16
€), 20/35 € – Carte 25/49 €
◆ Chalet fleuri situé sur l'avenue où se déroule l'insolite concours de sculptures sur neige.
Chambres bien tenues, refaites dans un esprit montagnard. Accueil familial, cadre campagnard et terrasse modernisée au restaurant. Bar apprécié des moniteurs de ski.

aux Verneys 2 km au Sud - ⊠73450 Valloire

🏠 **Relais du Galibier**   ⩽ 🐾 🕻 🅿 VISA ⓂⓄ ⓄⒾ
📶 *– ℰ 04 79 59 00 45 – info@relais-galibier.com – Fax 04 79 83 31 89*
📶 *– Ouvert 11 juin-9 sept. et 21 déc.-9 avril*
26 ch – **†**51/55 € **††**56/63 €, ⌑ 9,50 € – ½ P 56/77 € – **Rest** – Menu 17/33 €
– Carte 25/35 €
◆ Hôtel accueillant, au calme des prés l'été, à 100 m des pistes de ski l'hiver. Chambres
ouvrant parfois sur le Grand Galibier. De larges baies vitrées éclairent le restaurant où l'on
sert une cuisine généreuse mettant à l'honneur les produits régionaux.

🏠 **Le Crêt Rond**   🐾 🅿 VISA ⓂⓄ
📶 *– ℰ 04 79 59 01 64 – info.@hotel-cret-rond.com – Fax 04 79 83 33 24*
– Ouvert 15 juin-20 sept. et 20 déc.-5 avril
16 ch – **†**49 € **††**64 €, ⌑ 8 € – ½ P 52/61 € – **Rest** – Menu 14/26 € – Carte
13/32 €
◆ Établissement situé sur une route bien connue des "géants" du Tour de France, celle du
Galibier. Chambres toutes exposées côté montagne, souvent avec balcon. Salle à manger
rustique à la sympathique ambiance de pension de famille.

VALLON-PONT-D'ARC – 07 Ardèche – 331 I7 – 2 027 h. – alt. 117 m – ⊠ 07150
▮ Lyon et la vallée du Rhône   44 **A3**

🄳 Paris 658 – Alès 47 – Aubenas 32 – Avignon 81 – Carpentras 95
– Montélimar 59

🄸 Office de tourisme, 1, place de l'ancienne gare ℰ 04 75 88 04 01,
Fax 04 75 88 41 09

◎ Gorges de l'Ardèche ⋆⋆⋆ au SE - Arche ⋆⋆ de Pont d'Arc SE : 5 km.

🏠 Le Clos des Bruyères 🗗 🕾 ⊼ �& ch, 🗚 rest, ⇆

*rte des Gorges – ℰ 04 75 37 18 85 – clos.des.bruyeres@online.fr ch, 🔥 P. VISA ◎◎
– Fax 04 75 37 14 89 – Ouvert avril-fin sept.*

32 ch – ♦56/72 € ♦♦59/72 €, ☲ 8 € – ½ P 58/62 € – **Rest** – ℰ 04 75 88 14 84
(fermé merc. sauf juil.-août et le soir en sept.) Menu 22/30 € – Carte 20/35 €
♦ Hôtel récent situé à 100 m de l'Ardèche (location de canoës). Les chambres, avec balcon
ou en rez-de-jardin, sont spacieuses et simplement décorées. Au restaurant, coiffé d'une
charpente apparente, vous goûterez une cuisine traditionnelle orientée terroir.

🏠 Le Manoir du Raveyron ﹥ 🗗 🕾 ⇆ ℅ ch, VISA ◎◎ ᴁ

*r. Henri Barbusse – ℰ 04 75 88 03 59 – le.manoir.du.raveyron@wanadoo.fr
– Fax 04 75 37 11 12 – Ouvert de mi-mars au 20 oct.*

8 ch – ♦55/60 € ♦♦66/86 € – ½ P 58/63 € – **Rest** – *(dîner seult sauf jeudi et
dim.)* Menu 25/42 € – Carte 31/49 €
♦ Cette demeure du 16e s. située dans une rue calme abrite des petites chambres coquettes
et personnalisées. Agréable cour ombragée et fleurie. Plaisante salle à manger voûtée où
l'on déguste des plats au goût du jour préparés avec des produits du terroir.

VALLORCINE – 74 Haute-Savoie – 328 O4 – 390 h. – alt. 1 260 m – **Sports d'hiver :**
1 260/1 400 m ⪍2 ⪪ – ⊠ 74660 ▮ **Alpes du Nord**   **45 D1**

▶ Paris 628 – Annecy 115 – Chamonix-Mont-Blanc 19 – Thonon-les-Bains 96
🛈 Office de tourisme, Maison du Betté ℰ 04 50 54 60 71, Fax 04 50 54 61 73

🏠 L'Ermitage sans rest ﹥ ⪡ 🗗 ⇆ P. VISA ◎◎

*au Buet, 2 km au Sud-Ouest par D 1506 et rte secondaire – ℰ 04 50 54 60 09
– hotel-ermitage@wanadoo.fr – Fax 04 50 54 64 38 – Ouvert 7 fév.-4 mai,
7 juin-21 sept. et 26 déc.-4 janv.*

15 ch – ♦40/70 € ♦♦68/78 €, ☲ 11 €
♦ Atmosphère chaleureuse dans ce coquet chalet surplombant le village, à 400 m de la
gare. Chambres sobrement et diversement aménagées. Plaisant petit jardin ombragé.

VALLOUX – 89 Yonne – 319 G6 – rattaché à Avallon

VALMONT – 76 Seine-Maritime – 304 D3 – 1 010 h. – alt. 60 m – ⊠ 76540
▮ **Normandie Vallée de la Seine**   **33 C1**

▶ Paris 193 – Bolbec 22 – Dieppe 58 – Fécamp 11 – Le Havre 48 – Rouen 67
– Yvetot 28
🛈 Syndicat d'initiative, Mairie ℰ 02 35 10 08 12, Fax 02 35 10 08 12
◎ Abbaye★.

✕✕ Le Bec au Cauchois avec ch ⇆ P. VISA ◎◎

😊 *22 r. A.-Fiquet, 1,5 km à l'Ouest par rte de Fécamp – ℰ 02 35 29 77 56
– lebecaucauchois@orange.fr – Fax 02 35 29 77 52 – Fermé 3-12 mars, 7-22 oct. et
5-21 janv.*

5 ch – ♦70/75 € ♦♦70/75 €, ☲ 10 € – ½ P 70 € – **Rest** – *(fermé merc. sauf le soir
de mai à sept. et mardi)* Menu (17 €), 26/56 € – Carte 40/61 €
♦ Faites une halte gourmande dans cette auberge campagnarde. Un cadre rustique
(poutres apparentes et grande cheminée) s'allie à une cuisine actuelle de produits locaux.
Les chambres, simples et lumineuses, de plain-pied et avec balcon, donnent sur l'étang.

VALOJOULX – 24 Dordogne – 329 H5 – 236 h. – alt. 75 m – ⊠ 24290   **4 D1**

▶ Paris 523 – Bordeaux 195 – Périgueux 65 – Brive-la-Gaillarde 53
– Sarlat-la-Canéda 25

🏠 La Licorne ﹥ 🗗 🕾 ⊼ ⇆ P.

*– ℰ 05 53 50 77 77 – licornelascaux@free.fr – Fax 05 53 50 77 77 – Ouvert d'avril
à oct.*

5 ch ☲ – ♦58 € ♦♦65/85 € – **Table d'hôte** – *(fermé dim. soir)* Menu 21 €
♦ Vous rêvez d'un séjour alliant tranquillité, découverte du terroir périgourdin et convi-
vialité ? Cette charmante demeure est idéale. Chambres joliment rustiques, grand jardin.
Belle table d'hôte sous une magnifique charpente en bois.

VALRAS-PLAGE – 34 Hérault – **339** E9 – **3 625** h. – alt. 1 m – Casino – ⌷ **34350**
▮ Languedoc Roussillon
23 **C2**

🚩 Paris 767 – Agde 25 – Béziers 16 – Montpellier 76

🛈 Office de tourisme, place René Cassin ℰ 04 67 32 36 04, Fax 04 67 32 33 41

🏨 **Mira-Mar** ≤ 🕭 |♨| ఈ ch, 🄐 ch, ↳ 🕭 🅿 VISA ◍◎ 🄎
bd Front de Mer – ℰ 04 67 32 00 31 – info@hotel-miramar.org
⌫ – Fax 04 67 32 51 21 – Ouvert mars-fin oct.
27 ch – ♦56/98 € ♦♦56/98 €, ⌷ 8 € – 3 suites – ½ P 53/79 € – **Rest** – (fermé dim.
soir et merc. sauf juil.-août) Menu 15 € (sem.)/33 € – Carte 26/57 €
◆ Nul doute : la majorité des chambres de cet immeuble "mira el mar" ("regarde la mer" en
espagnol). Hébergement clair et pratique ; quatre spacieux appartements. Bar-glacier.
Salle à manger feutrée, terrasse face à la grande bleue et carte traditionnelle.

🏨 **Albizzia** sans rest 🕭 🗚 ⍻ ఈ ℓ 🅿 VISA ◍◎ 🄎 ◍
bd Chemin Creux – ℰ 04 67 37 48 48 – hotelalbizziavalras@wanadoo.fr
– Fax 04 67 37 58 10 – Fermé janv.
27 ch – ♦48/63 € ♦♦51/74 €, ⌷ 7 €
◆ À 200 m de la plage, hôtel récent à l'accueil aimable. Chambres fonctionnelles ; celles
donnant sur la piscine profitent d'une loggia. Ravissant jardinet méditerranéen.

✕✕ **Le Delphinium** 🕭 🄐 VISA ◍◎
av. Élysées, (face au casino) – ℰ 04 67 32 73 10 – ledelphinium@wanadoo.fr
– Fax 04 67 32 73 10 – Fermé vacances de la Toussaint, 16-26 fév., sam. midi, dim.
soir et lundi
Rest – Menu (19 € bc), 26/45 € – Carte 52/79 €
◆ Discrète façade voisine du casino abritant une plaisante salle à manger contemporaine
meublée en fer forgé. Terrasse d'été et cuisine au goût du jour gorgée de soleil.

✕✕ **La Méditerranée** 🕭 🄐 VISA ◍◎
32 r. Ch. Thomas – ℰ 04 67 32 38 60 – mediterranee32@wanadoo.fr
⌫ – Fax 04 67 32 30 91 – Fermé 12-30 nov., 5-23 janv., mardi sauf le soir en saison et
lundi.
Rest – Menu 16/39 € – Carte 22/63 €
◆ Petit restaurant familial, à découvrir dans une rue piétonne située tout près de l'embou-
chure de l'Orb. Cuisine traditionnelle servie dans un cadre rustique.

VALRÉAS – 84 Vaucluse – **332** C7 – **9 425** h. – alt. 250 m – ⌷ **84600**
▮ Provence
40 **A2**

🚩 Paris 639 – Avignon 67 – Crest 51 – Montélimar 38 – Nyons 14 – Orange 37

🛈 Office de tourisme, avenue Maréchal Leclerc ℰ 04 90 35 04 71,
Fax 04 90 35 03 60

✕✕ **Au Délice de Provence** ⟷ VISA ◍◎
6 La Placette, (centre ville) – ℰ 04 90 28 16 91 – Fax 04 90 37 42 49 – Fermé mardi
et merc.
Rest – Menu (15 €), 20/46 € – Carte 46/64 €
◆ Les murs sacrés d'une ancienne synagogue accueillent cette grande salle à manger
ensoleillée, divisée en deux par de belles arcades. Appétissante cuisine au goût du jour.

VALS-LES-BAINS – 07 Ardèche – **331** I6 – **3 536** h. – alt. 210 m – Stat. therm. : fin
fév.-début déc. – Casino – ⌷ **07600** ▮ Lyon et la vallée du Rhône
44 **A3**

🚩 Paris 629 – Aubenas 6 – Langogne 58 – Privas 33 – Le Puy-en-Velay 87

🛈 Office de tourisme, 116 bis, avenue Jean Jaurès ℰ 04 75 89 02 03,
Fax 04 75 89 02 04

Plan page ci-contre

🏨 **Grand Hôtel de Lyon** 🕭 🗚 |♨| 🄐 ch, ⌂ VISA ◍◎
av. P. Ribeyre – ℰ 04 75 37 43 70 – info@grandhoteldelyon.fr – Fax 04 75 37 59 11
– Ouvert 13 avril-4 oct. s
34 ch – ♦60/72 € ♦♦66/92 €, ⌷ 9 € – ½ P 55/68 € – **Rest** – Menu (15 €), 20/42 €
– Carte 26/46 €
◆ Cet hôtel très central, situé à tout juste 100 m du parc de la source intermittente, propose
des chambres rénovées, spacieuses et bien tenues. Piscine découvrable. De grandes baies
vitrées éclairent la confortable salle à manger ornée d'une fresque originale.

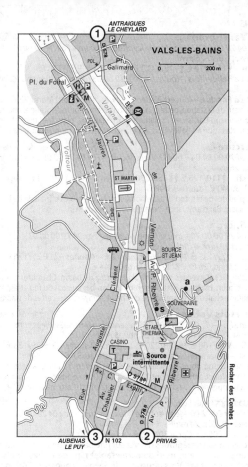

ANTRAIGUES
LE CHEYLARD

VALS-LES-BAINS

0   200 m

Pl.
Galimard

POL

Pl. du Foiral

Volane

Voltour

Jaurès

de

ST MARTIN

Vernon

Av. P. Ribeyre

SOURCE
ST JEAN

a

SOUVERAINE
S

Clément

ÉTABL.
THERMAL

CASINO
T

Source
intermittente

Auguste

Av. C.

Rue Chabalier

D 578
Explily

D 578

M

Ribeyre

Rocher des Combes

AUBENAS
LE PUY   N 102   PRIVAS

⌂   **Château Clément** ⌖   ⟨ 🏠 ⌂ ⌱ ⤢ 🛁 ⇕ 🕭 **P** *VISA* ⓜⓞ

La Châtaigneraie – ℰ *04 75 87 40 13 – contact@chateauclement.com – Fermé janv.-fév.*
5 ch ⌖ – †120/170 € ††125/220 € – **Table d'hôte** – *(fermé mardi, merc. et dim.)*
Menu 50 € bc/60 € bc   **a**

♦ Sur les hauteurs de la ville, dans un parc aux essences exotiques, cette demeure (19ᵉ s.)
vous ouvre ses salons élégants. Superbes chambres – et une suite – décorées avec goût.
Cuisine traditionnelle de produits bio et régionaux servis à la table d'hôte.

VAL-THORENS – 73 Savoie – **333** M6 – **alt. 2 300 m** – **Sports d'hiver : 2 300/**
3 200 m ⛷ 4 ⛷ 25 – ⌧ **73440 St-Martin-de-Belleville** ▮ Alpes du Nord   46 **F2**

  ▶ Paris 640 – Albertville 60 – Chambéry 109 – Moûtiers 36

  🛈 Office de tourisme, immeuble Eskival ℰ 04 79 00 08 08, Fax 04 79 00 00 04

  ◉ Cime de Caron ❄★★★ (accès par le téléphérique de Caron).

🏨   **Fitz Roy** ⌖   ⟨ 🏠 ⌧ ⓠⓟ 🛏 ⌖ ch, 🎬 rest, ⌱ 🕭 *VISA* ⓜⓞ ⒶⒺ ⓘ

– ℰ *04 79 00 04 78 – welcome@hotelfitzroy.com – Fax 04 79 00 06 11 – Ouvert 6 déc.-30 avril*
60 ch – †180/390 € ††560/680 €, ⌖ 30 € – **4 suites** – **Rest** – Menu 60/90 €
– Carte 70/142 €

♦ Chambres luxueuses (en partie rafraîchies), souvent dotées de balcons avec une vue splendide sur la montagne. Belles flambées au salon, piscine couverte et espace "forme et beauté".
Restaurant cossu et chaleureux ; déjeuner sur la terrasse panoramique (formule buffet).

🏨🏨🏨 **Le Val Thorens** ⊗ ⟨ 🛋 🏠 🛖 & ch, 🎿 *VISA* **CO** **AE** **①**
– ℰ 04 79 00 04 33 – contact@levalthorens.com – Fax 04 79 00 09 40
– Ouvert 6 déc.-26 avril
80 ch – 🛏111/210 € 🛏🛏182/412 €, ☲ 12 € – ½ P 91/170 €
Rest *Le Bellevillois* – (ouvert 7 déc.-19 avril) (dîner seult) Menu 22/45 € – Carte 42/63 €
Rest *La Fondue* – (ouvert 22 déc.-14 avril) (dîner seult) Menu 22 € – Carte 42/62 €
♦ Au cœur de la station, cette construction récente abrite de grandes chambres dotées de balcons. Piano-bar, sauna, solarium. Au restaurant, plats traditionnels et de brasserie. Cuisine classique au Bellevillois. Ambiance et recettes montagnardes à la Fondue.

🏨🏨🏨 **Mercure** ⊗ ⟨ 🛋 🏠 ↳ 🎿 rest, 🕽 🖴 *VISA* **CO** **AE** **①**
– ℰ 04 79 00 04 04 – h0457@accor.com – Fax 04 79 00 05 93 – Ouvert 2 déc.-26 avril
104 ch – 🛏110/173 € 🛏🛏160/230 €, ☲ 10 € – ½ P 128/153 € – **Rest** – Menu 23 € (déj.), 30/40 € – Carte 33/48 €
♦ Au pied des pistes, confortable hôtel dont les chambres offrent de belles échappées sur les glaciers. Bar d'ambiance, boutique d'articles de ski.

🏨🏨 **Le Sherpa** ⊗ ⟨ 🛋 🏠 ⅙ 🖴 *VISA* **CO**
– ℰ 04 79 00 00 70 – info@lesherpa.com – Fax 04 79 00 08 03
– Ouvert 29 nov.-4 mai
52 ch – 🛏77/135 € 🛏🛏135/260 €, ☲ 12 € – 4 suites – ½ P 77/175 €
Rest – Menu (20 €), 28/32 € – Carte 23/44 €
♦ Chalet récent avec les pistes de ski à portée de bâton. Chambres et duplex rénovés : lambris, murs blancs et meubles en pin. Salon-bar au coin du feu et espace Internet. Au restaurant, chaleureuse ambiance de chalet savoyard et recettes de tradition.

🏨 **Les Trois Vallées** ⊗ ⟨ ⅙ 🎿 rest, 🕽 *VISA* **CO**
Grande Rue – ℰ 04 79 00 01 86 – reservation@hotel3vallees.com
– Fax 04 79 00 04 08 – Ouvert 24 nov.-5 mai
29 ch – 🛏79/160 € 🛏🛏108/220 €, ☲ 12 € – 3 suites – ½ P 79/135 €
– **Rest** – (dîner seult) Menu 25/29 € – Carte 28/57 €
♦ Le plus grand domaine skiable des Alpes a prêté son nom à ce bâtiment moderne. Chambres fonctionnelles, dont 7 "familiales". Du salon-bar, joli coup d'œil sur les cimes. Salle à manger décorée dans un esprit montagnard. Carte traditionnelle.

🍴🍴🍴 **L'Oxalys** (Jean Sulpice) ⟨ 🛋 **P** *VISA* **CO** **AE**
🏵 – ℰ 04 79 00 12 00 – jean-sulpice@loxalys.com – Fax 04 79 00 24 10
– Ouvert 1er déc.-24 avril
Rest – 43/105 € – Carte 80/106 €
Spéc. Variation de légumes d'hiver sur fine pâte de polenta. Châtaigne de l'Ardèche en soupe, chaud-froid de parmesan et râpé de truffes. Fruits exotiques en brunoise et sorbets. **Vins** Roussette de Savoie, Mondeuse d'Arbin.
♦ Une résidence hôtelière conçue à la façon d'un hameau abrite ce restaurant. Décor contemporain réussi, superbe terrasse face au domaine skiable et belle cuisine inventive.

LE VALTIN – 88 Vosges – 314 K4 – 98 h. – alt. 751 m – ⊠ 88230   27 **D3**
  ▣ Paris 440 – Colmar 46 – Épinal 55 – Guebwiller 55 – St-Dié 27 – Col de la Schlucht 10

🍴🍴 **Auberge du Val Joli** avec ch ⊗ 🏠 🛋 & 🕽 **P** *VISA* **CO** **AE**
😊 – ℰ 03 29 60 91 37 – contact@levaljoli.com – Fax 03 29 60 81 73 – Fermé 17 nov.-12 déc., dim. soir, lundi soir, mardi midi sauf vacances scolaires et lundi midi sauf fériés
7 ch – 🛏80 € 🛏🛏85 €, ☲ 12 € – 3 suites – ½ P 73 € – **Rest** – Menu 22/70 € – Carte 42/67 €
♦ Deux salles à manger : l'une de style rustique, l'autre dotée d'une large verrière ouverte sur la terrasse, face à la nature. Cuisine du terroir actualisée. Chambres rénovées.

LA VANCELLE – 67 Bas-Rhin – 315 H7 – rattaché à Lièpvre

VANDŒUVRE-LÈS-NANCY – 54 Meurthe-et-Moselle – 307 H7 – rattaché à **Nancy**

VANNES P – 56 Morbihan – **308** O9 – **51 759 h.** – **Agglo. 118 029 h.** – **alt. 20 m** – ✉ **56000** Bretagne 9 **A3**

Paris 459 – Quimper 122 – Rennes 110 – St-Brieuc 107 – St-Nazaire 86

Office de tourisme, 1, rue Thiers ✆ 08 25 13 56 10, Fax 02 97 47 29 49

18 de Baden à Baden Kernic, par rte d'Auray et D 101 : 14 km, ✆ 02 97 57 18 96.

Vieille ville★★ AZ : Place Henri-IV★ AZ 10, Cathédrale St-Pierre★ **B**, Remparts★, Promenade de la Garenne ≤★★ - La Cohue★ (anciennes halles) - Musée archéologique★ - Aquarium océanographique et tropical★ - Golfe du Morbihan★★ en bateau.

Mercure VISA AE

Le parc du Golfe, 2 km au Sud rte de Conleau – ✆ 02 97 40 44 52 – h2182-gm@accor-hotels.com – Fax 02 97 63 03 20

89 ch – †79/142 € ††87/152 €, ☕ 13 €

Rest ***Brasserie Edgar*** – ✆ *02 97 40 68 08* – Carte 20/45 €

◆ Construction moderne en arc de cercle située près de l'Aquarium. Chambres spacieuses et insonorisées (douze nouvelles), bénéficiant d'une vue sur le golfe du Morbihan. Les baies vitrées du restaurant ouvrent sur la terrasse et sur un petit coin de verdure.

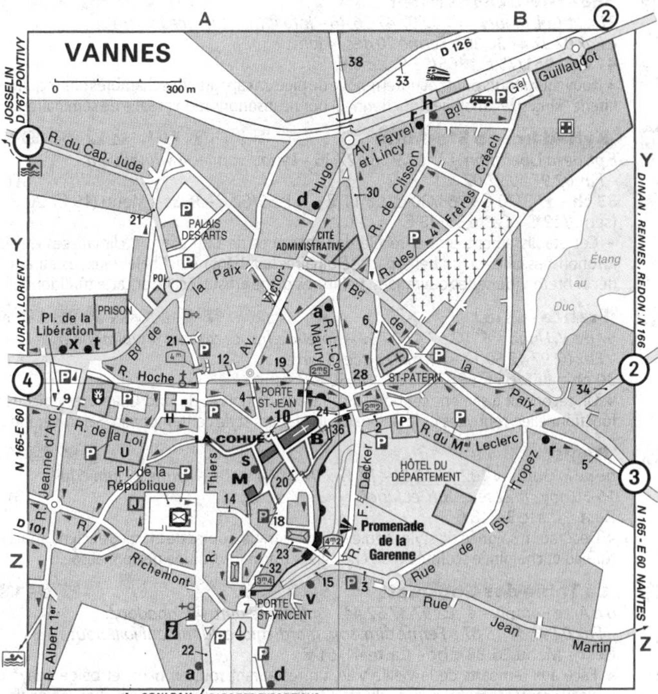

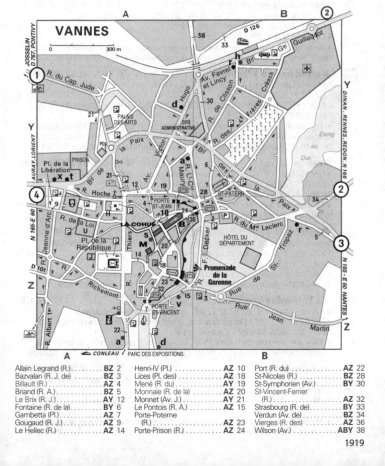

🏠 **Villa Kerasy** sans rest 🚗 ⅙ 🗚 ⅙ ⅍ 📞 **P** VISA ◐◐ AE
20 av. Favrel et Lincy – ℰ 0 297 683 683 – info @ villakerasy.com
– Fax 0 297 683 684 – Ouvert de mars à oct. BY **r**
12 ch – ♦97/160 € ♦♦125/190 €, ⊑ 13 €
♦ Chaque chambre vous transporte littéralement dans une escale de la compagnie des Indes, pour un voyage plein de charme et d'attentions. Excellent petit-déjeuner, jardin japonais.

🏠 **Best Western Vannes Centre** 🔧 ₣♨ 🕮 ⅙ 🗚 ⅙ 📞 ⅏
6 pl. de la Libération – ℰ 02 97 63 20 20 – info @ ⊠ VISA ◐◐ AE ◐
bestwestern-vannescentre.com – Fax 02 97 63 80 22 AY **t**
58 ch – ♦69/115 € ♦♦69/120 €, ⊑ 11 € – **Rest** – Menu (13,50 €) – Carte 23/34 €
♦ Hôtel récent tout proche du centre historique et des commerces. Chambres contemporaines au cadre sobre et épuré. Salle de réunion pour la clientèle d'affaires. Fitness. Cuisine traditionnelle au restaurant, dont le décor s'aligne sur celui du lieu, actuel.

🏠 **Marébaudière** sans rest 🕮 🗚 📞 ⅏ **P** VISA ◐◐ AE ◐
4 r. A. Briand – ℰ 02 97 47 34 29 – marebaudiere @ wanadoo.fr
– Fax 02 97 54 14 11 BZ **r**
41 ch – ♦67/106 € ♦♦74/106 €, ⊑ 9 €
♦ À 5 mn à pied des remparts, bâtisse régionale coiffée d'ardoises, aux chambres colorées (tons bleu, jaune et rouille), très pratiques et bien équipées. Tenue irréprochable.

🏠 **Manche-Océan** sans rest 🕮 🗚 📞 ⅏ VISA ◐◐ AE ◐
31 r. Lt-Col. Maury – ℰ 02 97 47 26 46 – info @ manche-ocean.com
– Fax 02 97 47 30 86 – Fermé 20 déc.-4 janv. AY **a**
41 ch – ♦51/75 € ♦♦65/95 €, ⊑ 8 €
♦ Nouveaux atouts pour cet hôtel rénové de pied en cap : grandes chambres bien équipées (literie "king size", mobilier fonctionnel), bonne insonorisation et salle de séminaires.

🏠 **Kyriad Image Ste-Anne** 🕮 ⅙ ch, 🕮 🗚 ⅏ **P** VISA ◐◐ AE
8 pl. de la Libération – ℰ 02 97 63 27 36 – kyriad.vannes @ wanadoo.fr
– Fax 02 97 40 97 02 AY **x**
33 ch – ♦63/70 € ♦♦63/80 €, ⊑ 11 € – ½ P 55/62 € – **Rest** – Menu (15 €), 20 € (sem.)/29 € – Carte 35/48 €
♦ Cet établissement central recèle des chambres de bon confort, climatisées et bien insonorisées, ainsi qu'un bel espace séminaires flambant neuf. Chaleureux restaurant au décor breton (boiseries ouvragées, peintures d'une artiste locale) et carte traditionnelle.

🏠 **France** sans rest 🕮 ⅙ 🗚 📞 ⅏ **P** VISA ◐◐ AE
57 av. V. Hugo – ℰ 02 97 47 27 57 – hotel-de-france-vannes @ wanadoo.fr
– Fax 02 97 42 59 17 – Fermé 21 déc.-5 janv. AY **d**
30 ch – ♦55/65 € ♦♦57/80 €, ⊑ 8,50 € – 1 suite
♦ On reconnaît aisément cet hôtel à sa façade de bois et de zinc. Chambres fraîches et fonctionnelles, rénovées il y a peu dans un plaisant style contemporain. Salon-véranda.

XX **Régis** ⅍ VISA ◐◐
pl. de la Gare – ℰ 02 97 42 61 41 – Fax 02 97 54 99 01 – Fermé 29 juin-6 juil.,
16-30 nov., 8-22 fév., dim. et lundi BY **h**
Rest – Carte 34/48 €
♦ Décoration soignée de style médiéval avec vitraux, copies de blasons anciens, murs en tuffeau et cheminée sculptée d'un chevalier en armure. Cuisine personnalisée.

XX **La Table des Gourmets** 🕮 VISA ◐◐
6 r. A. Le Pontois – ℰ 02 97 47 52 44 – guillaumelaura @ wanadoo.fr
– Fax 02 97 47 15 87 – Fermé dim. soir, mardi midi et lundi sauf juil.-août
Rest – Menu 26/88 € bc – Carte 41/61 € AZ **v**
♦ Face aux remparts de la vieille ville, un restaurant tout en blanc et beige égayé de tableaux représentant des coquelicots. Cuisine actuelle enrichie de touches régionales.

X **Roscanvec** 🕮 VISA ◐◐ AE ◐
☺ 17 r. des Halles – ℰ 02 97 47 15 96 – roscanvec @ yahoo.fr – Fax 02 97 47 86 39
– Fermé dim. et lundi AZ **s**
Rest – (nombre de couverts limité, prévenir) Menu 20 € (déj. en sem.), 27/53 €
– Carte 51/58 €
♦ Maison à colombages d'une pittoresque ruelle piétonne. Quelques tables au rez-de-chaussée offrent le coup d'œil sur la cuisine. Salle principale à l'étage. Carte inventive.

✗ **Le Carré Blanc** `VISA` `MO` `AE`

28 r. du Port – ℰ 02 97 47 48 34 – lionelcolson@.fr – Fax 02 97 47 48 34 – Fermé
1ᵉʳ janv.-8 fév., sam. midi, dim. soir et lundi AZ **a**
Rest – Menu 14,50 € (déj.)/25 €

♦ Un "Carré Blanc" carrément séduisant, dans une maison à colombages où tableaux et
meubles contemporains égayent un intérieur immaculé. Cuisine actuelle simple et bien
tournée.

✗ **La Table Alsacienne** `AC` `VISA` `MO`

23 r. Ferdinand Le Dressay – ℰ 02 97 01 34 53 – Fax 02 97 01 34 53
– Fermé 15-24 avril, août, dim. sauf le midi d'oct. à mars et lundi AZ **d**
Rest – Menu (12 €), 22 € – Carte 25/37 €

♦ Décor de winstub pour cette table située à l'étage d'une maison ancrée face au
port de plaisance. Les Bretons y savourent des spécialités alsaciennes copieusement
servies.

à St-Avé par ① et D 767, Nord : 6 km (près centre hospitalier spécialisé) – 8 303 h. – alt. 50 m – ⊠ 56890

✗✗✗ **Le Pressoir** (Bernard Rambaud) `AC` ⇔ `P` `VISA` `MO` `AE` `O`

rte de Plescop, (près de l'hôpital), à 1.5 km – ℰ 02 97 60 87 63
– le.pressoir.st-ave@wanadoo.fr – Fax 02 97 44 59 15
– Fermé 3-18 mars, 1ᵉʳ-8 juil., 1ᵉʳ-21 oct., dim. soir, lundi et mardi
Rest – Menu 35 € (déj. en sem.), 55/95 € – Carte 63/130 € ₷

Spéc. Langoustines crues à la crème acidulée au caviar d'Aquitaine. Galette de
rouget aux pommes de terre et au romarin. Queue de homard breton à peine cuite
aux épices et xérès "Amontillado". **Vins** Muscadet sur lie.

♦ Une auberge séduisante à plus d'un égard : belle carte inventive honorant l'Armor, joli
choix de vins, accueil chaleureux et nouveau décor contemporain semé de touches
florales.

à Conleau Sud-Ouest : 4,5 km - ⊠ 56000 Vannes

◉ Presqu'île de Conleau ⋆ 30 mn.

🏠 **Le Roof** ॐ ⋐ 🚗 ⬚ ⋔ ⋐ ⚄ `P` `VISA` `MO` `AE` `O`

– ℰ 02 97 63 47 47 – leroof@club-internet.fr – Fax 02 97 63 48 10
40 ch – ♦82/119 € ♦♦104/144 €, ⊇ 12,50 € – ½ P 87/107 €
Rest – Menu 28/55 € – Carte 40/80 €
Rest Café de Conleau – Menu (14,50 €) – Carte 23/40 €

♦ Le charme de cet hôtel tient à son emplacement, sur une presqu'île dominant
une anse peuplée de voiliers. Chambres fonctionnelles (certaines profitent de la vue).
Le restaurant offre un beau panorama sur le golfe du Morbihan. Esprit bistrot au Café de
Conleau.

rte d'Arradon par ④ et D 101 : 5 km – ⊠ 56610 Arradon

✗✗ **L'Arlequin** 🛜 ⋇ `P` `O`

parc d'activités de Botquelen, (3 allée D.-Papin) – ℰ 02 97 40 41 41
– arlequin.caradec@wanadoo.fr – Fax 02 97 40 52 93
– Fermé 8-16 mars, 31 août-15 sept., sam. midi, dim. soir et merc.
Rest – Menu 17 € (déj. en sem.), 22/40 € – Carte 34/50 €

♦ Belle salle en rotonde coiffée d'une charpente, vue verdoyante et recettes actuelles
alternant clins d'œil à la tradition et touches fusion : pensez à réserver !

à Arradon par ④, D 101, D 101ᴬ et D 127 : 7 km – 4 719 h. – alt. 40 m – ⊠ 56610

🚩 Syndicat d'initiative, 2, place de l'église ℰ 02 97 44 77 44
◉ ⋐⋆.

🏠 **Le Logis de Parc er Gréo** sans rest ॐ 🚗 ⛆ ⋔ ⋇
`P` `VISA` `MO` `AE`
au Gréo, 2 km à l'Ouest (dir. le Moustoir)
– ℰ 02 97 44 73 03 – contact@parcergreo.com
– Fax 02 97 44 80 48 – Ouvert 13 mars-11 nov.
14 ch – ♦75/138 € ♦♦75/138 €, ⊇ 14 € – 1 suite

♦ Maison entourée de verdure, aux intérieurs très soignés : agréable salon (maquettes de
bateaux, belles aquarelles), chambres douillettes et personnalisées. Piscine chauffée.

Les Vénètes ⌑ ≤ golfe et les îles, ⚭ VISA ⓴ AE ⓪
à la pointe, 2 km – ℰ 02 97 44 85 85 – contact@lesvenetes.com
– Fax 02 97 44 78 60 – Fermé 6-18 janv.
10 ch – †90/190 € ††90/220 €, ⌑ 10 € – ½ P 100/140 € – **Rest** – *(fermé dim.*
soir) Menu 28 € (déj. en sem.)/58 € – Carte 53/74 €
♦ "Les pieds dans l'eau" : les chambres, joliment aménagées, bénéficient d'une vue exceptionnelle sur le golfe (balcons au 1er étage). Agréable salle à manger au décor marin, superbement située au bord de la "mor bihan" (petite mer en breton).

Le Médaillon 🔒 VISA ⓴ AE
10 r. Bourguet Aubertot – ℰ 02 97 44 77 28 – Fax 02 97 44 79 08 – Fermé 22-28 déc.,
dim. soir, mardi soir et merc. sauf du 14 juil. au 31 août
Rest – Menu 15/35 € – Carte 34/51 €
♦ Aux portes du village, ancien bar converti en restaurant. Poutres et pierres apparentes agrémentent la sobre salle à manger. Terrasse d'été sous la tonnelle et jeux d'enfants.

LES VANS – 07 Ardèche – 331 G7 – 2 664 h. – alt. 170 m – ⌖ 07140
44 **A3**
▌Lyon et la vallée du Rhône
🄳 Paris 663 – Alès 44 – Aubenas 37 – Pont-St-Esprit 66 – Privas 68 – Villefort 24
🄸 Office de tourisme, place Ollier ℰ 04 75 37 24 48, Fax 04 75 37 27 46

Le Carmel ⌑ 🚗 🔒 ⌇ ⌑ ch, ⌂ P VISA ⓴ AE
montée du Carmel – ℰ 04 75 94 99 60 – contact@le-carmel.com
– Fax 04 75 94 34 29 – Ouvert 15 mars-1er nov.
26 ch – †45/55 € ††65/75 €, ⌑ 9 € – ½ P 60/75 € – **Rest** – Menu 28/42 €
– Carte 36/57 €
♦ Dominant le bourg médiéval, ex-couvent carmélite abritant des chambres rénovées : tissus provençaux, murs ocres, mobilier en fer forgé et salles de bains neuves. Joli jardin. Salle à manger aux couleurs ensoleillées et terrasse ombragée. Plats du marché.

au Sud-Est 6 km par D 901 – ⌖ 07140 Les Vans

Mas de l'Espaïre ⌑ 🚗 🔒 ⌇ ⌂ P VISA ⓴ AE
Combe de Mège – ℰ 04 75 94 95 01 – espaire@wanadoo.fr – Fax 04 75 37 21 00
– Ouvert Pâques-11 nov.
30 ch – †37/87 € ††57/87 €, ⌑ 8 € – ½ P 62/77 € – **Rest** – *(fermé dim. et lundi*
sauf de mai à sept.) (dîner seult) (résidents seult)
♦ À l'orée du bois de Païolive, ex-magnanerie bercée par le chant des cigales. Les murs des vastes chambres laissent apparaître çà et là la pierre d'origine. Lits "king size". Agréable salle de restaurant et cuisine familiale.

VANVES – 92 Hauts-de-Seine – 311 J3 – 101 25 – voir à Paris, Environs

VARADES – 44 Loire-Atlantique – 316 J3 – 3 190 h. – alt. 13 m – ⌖ 44370
34 **B2**
🄳 Paris 333 – Angers 40 – Cholet 42 – Laval 95 – Nantes 54
🄸 Syndicat d'initiative, place Jeanne d'Arc ℰ 02 40 83 41 88

La Closerie des Roses ≤ la Loire, VISA ⓴ AE ⓪
La Meilleraie, 1,5 km au Sud par rte de Cholet – ℰ 02 40 98 33 30
– Fax 02 40 09 74 23 – Fermé 6-22 oct., 12 janv.-4 fév., dim. soir, lundi soir, mardi
soir et merc.
Rest – Menu 17 € (déj. en sem.), 26/56 € – Carte 44/53 €
♦ Table ancrée depuis 1938 face à la Loire et à l'abbatiale de St Florent-le-Vieil. Le chef achète ses poissons de rivière aux pêcheurs du coin et concocte une cuisine régionale.

VARENGEVILLE-SUR-MER – 76 Seine-Maritime – 304 F2 – 1 179 h. – alt. 80 m – ⌖ 76119 ▌Normandie Vallée de la Seine
33 **D1**
🄳 Paris 199 – Dieppe 10 – Fécamp 57 – Fontaine-le-Dun 18 – Rouen 68
◉ Site★ de l'église - Parc des Moustiers★ - Colombier★ du manoir d'Ango,
S : 1 km - Ste-Marguerite : arcades★ de l'église O : 4,5 km - Phare d'Ailly
≤★ NO : 4 km.

à Vasterival 3 km au Nord-Ouest par D 75 et rte secondaire –
✉ 76119 Varengeville-sur-Mer

De la Terrasse ⌖ ≤ ⛲ ℀ ℀ rest, ✆ **P** VISA **MC** AE **①**
– ℰ 02 35 85 12 54 – francois.delafontaine @ wanadoo.fr – Fax 02 35 85 11 70
– Ouvert 16 mars-11 oct.
22 ch – ♦52/62 € ♦♦52/62 €, ⌸ 8 € – ½ P 52/58 € – **Rest** – Menu 17 € (déj. en
sem.), 22/35 € – Carte 27/38 €
♦ Au terme d'une route bordée de sapins, belle demeure (1902) entourée d'un grand
jardin ombragé. La moitié des chambres jouit de la vue sur la mer. Salon avec jeux de
société. Le nouveau décor épuré du restaurant met en valeur la belle perspective sur la
Manche.

LA VARENNE-ST-HILAIRE – 94 Val-de-Marne – **312** E3 – **101** 28 – **voir à Paris,
Environs**

VARENNES-SUR-ALLIER – 03 Allier – **326** H5 – **4 072 h. – alt. 245 m**
– ✉ 03150   6 **C1**

■ Paris 327 – Digoin 59 – Lapalisse 20 – Moulins 31 – St-Pourçain-sur-Sioule 11
– Vichy 26

? Office de tourisme, place de l'Hôtel de Ville ℰ 04 70 47 45 86,
Fax 04 70 47 45 86

à Boucé 8 km à l'Est par N 7 et D 23 – **512 h. – alt. 310 m** – ✉ 03150

Auberge de Boucé ⛲ VISA **MC** **①**
1 rte de Cindré – ℰ 04 70 43 70 59 – auberge-de-bouce @ orange.fr
– Fax 04 70 43 70 87 – Fermé mardi soir, dim. soir et lundi
Rest – Menu 14 € (sem.)/34 € – Carte 22/36 €
♦ Auberge villageoise à la chaleureuse ambiance campagnarde. Jolie terrasse et salle à
manger ensoleillée décorée de tableaux peints par le chef ; cuisine traditionnelle.

à la Ferté-Hauterive 8 km au Nord par N 7 et D 32 – **285 h. – alt. 230 m** – ✉ 03340

Demeure d'Hauterive ⌖ ℘ ℥ ⅏ **P** VISA **MC**
– ℰ 04 70 43 04 85 – j.lefebvre @ demeure-hauterive.com
– Fax 04 70 43 04 85
5 ch ⌸ – ♦65 € ♦♦80 € – **Table d'hôte** – Menu 22 € bc/30 € bc
♦ Le propriétaire de ce petit château adore peindre et chiner : grandes chambres personnalisées (tableaux et meubles de différentes époques), bibliothèque, billard, etc. Cuisine
bourgeoise au dîner.

VARENNES-SUR-USSON – 63 Puy-de-Dôme – **326** G9 – **rattaché à Issoire**

VARETZ – 19 Corrèze – **329** J4 – **rattaché à Brive-la-Gaillarde**

VARS – 05 Hautes-Alpes – **334** I5 – **637 h. – alt. 1 650 m** – ✉ 05560
▌ Alpes du Sud   41 **C1**

■ Paris 726 – Barcelonnette 41 – Briançon 46 – Digne-les-Bains 126 – Gap 71
? Office de tourisme, cours Fontanarosa ℰ 04 92 46 51 31

à Ste-Marie-de-Vars – ✉ 05560 Vars

L'Alpage ⛲ ℔ ♦ ℀ ✆ VISA **MC**
– ℰ 04 92 46 50 52 – info @ hotel-alpage.com – Fax 04 92 46 64 23 – Ouvert
15 juin-1er sept. et 15 déc.-15 avril
17 ch – ♦56/124 € ♦♦72/124 €, ⌸ 9 € – ½ P 48/87 € – **Rest** – Menu 20/29 €
– Carte 23/28 €
♦ Au centre de Vars, chalet familial agrandi d'une aile récente. Les chambres, bien tenues,
ont toutes été repensées dans le style régional. Billard et fitness. Une ancienne étable
voûtée abrite la salle de restaurant. Plats traditionnels.

⌂ **Le Vallon** ≤ 🚗 🏠 ⚘ rest, ☏ **P** **VISA** ⏺⏺
- 𝒞 04 92 46 54 72 – info@hotelvallon.com – Fax 04 92 46 61 62
- Ouvert 1ᵉʳ juil.-31 août et 19 déc.-19 avril
34 ch – ♦38/65 € ♦♦57/98 €, ☲ 7,50 € – ½ P 47/70 € – **Rest** – Menu (13,50 €),
18/21 € – Carte 18/26 €
♦ Au pied des pistes, grande bâtisse à l'ambiance et au décor montagnards. Les chambres, toutes ouvertes sur la nature, ont été rénovées. Billard et ping-pong. Salle de restaurant de type pension agrémentée de photos représentant des paysages alpins.

aux Claux – ⊠ 05560 Vars – Sports d'hiver : 1 650/2 750 m ⌁ 2 ⚡56 ⚹

⌂ **L'Écureuil** sans rest ⚘ ≤ ⇘ ☏ **P** **VISA** ⏺⏺ **AE**
- 𝒞 04 92 46 50 72 – hotel.ecureuil@wanadoo.fr – Fax 04 92 46 62 51
- Ouvert 23 juin-6 sept. et 6 déc.-24 avril
21 ch – ♦65/90 € ♦♦80/160 €, ☲ 7,50 €
♦ Chalet de style savoyard à 150 m de la télécabine. Intérieur confortable et chaleureux où le bois s'impose partout. Sympathiques chambres, la plupart avec balcon. Sauna.

⌂ **Les Escondus** 🚗 🏠 ⚘ ☏ **P** **VISA** ⏺⏺ **AE**
- 𝒞 04 92 46 67 00 – hotel.les.escondus@wanadoo.fr – Fax 04 92 46 50 47
- Ouvert 1ᵉʳ juil.-31 août et 1ᵉʳ déc.-30 avril
22 ch – ♦37/56 € ♦♦94/140 €, ☲ 8 € – ½ P 65/96 € – **Rest** – Menu 19/25 €
– Carte 23/38 €
♦ Accès facile aux pistes de ski, chambres simples et pratiques, parfois dotées de balcons, espace détente et piano-bar très animé sont les atouts de cette construction locale typique. Salle à manger lambrissée de bois blond et terrasse tournée vers la forêt.

✕ **Chez Plumot** 🏠 **VISA** ⏺⏺ **AE**
- 𝒞 04 92 46 52 12 – Ouvert juil.-août et déc.-avril
Rest – Menu 18 € (déj.)/29 € – Carte 30/60 €
♦ Restaurant familial implanté au cœur de la station. Petits plats de tradition... et du Sud-Ouest. À midi, l'hiver, carte allégée (snack, quelques spécialités maison).

VASSIVIÈRE (LAC DE) – 23 Creuse – 326 i6 – rattaché à Peyrat-le-Château (87 H.-Vienne)

VASTERIVAL – 76 Seine-Maritime – 304 F2 – rattaché à Varengeville-sur-Mer

---

VAUCHOUX – 70 Haute-Saône – 314 E7 – rattaché à Port-sur-Saône

---

VAUCHRÉTIEN – 49 Maine-et-Loire – 317 G5 – 1 509 h. – alt. 67 m – ⊠ 49320
◼ Paris 313 – Nantes 119 – Angers 22 – Cholet 66 – Saumur 45   35 **C2**
🛈 Syndicat d'initiative, Mairie 𝒞 02 41 91 24 18, Fax 02 41 91 20 06

⟰ **Le Moulin de Clabeau** sans rest ⚘ 🚗 ⇘ ⚘ **P**
5 km au Nord par D 55 puis D 123 – 𝒞 02 41 91 22 09 – moulin-clabeau@
gite-brissac.com – Fermé 24-31 août
3 ch – ♦60/65 € ♦♦60/65 €, ☲ – 1 suite
♦ Moulin (1320) des bords de l'Aubance abritant des chambres avec poutres et pierres apparentes. Confitures et gâteaux maison au petit-déjeuner. Expositions, vente de produits locaux.

VAUCRESSON – 92 Hauts-de-Seine – 311 I2 – 101 23 – voir à Paris, Environs

---

VAUDEVANT – 07 Ardèche – 331 J3 – 197 h. – alt. 600 m – ⊠ 07410   44 **B2**
◼ Paris 558 – Lyon 96 – Privas 89 – Saint-Étienne 67 – Valence 50

✕ **La Récré** 🏠 **P** **VISA** ⏺⏺
- 𝒞 04 75 06 08 99 – restaurant-la-recre@wanadoo.fr – Fax 04 75 06 08 99 – Fermé
14 déc.-20 janv., mardi sauf le midi en juil.-août, dim. soir de sept. à juin et lundi
Rest – (nombre de couverts limité, prévenir) Menu 12 € (déj. en sem.), 19/44 €
– Carte 32/42 €
♦ Ex-école villageoise devenue restaurant, ce qui explique enseigne et décor (tableau noir, photos d'écoliers, cartes murales). Cuisine actuelle soignée ; ambiance cordiale.

VAUGINES – 84 Vaucluse – 332 F11 – 466 h. – alt. 375 m – ⊠ 84160   42 **E1**
- ◘ Paris 736 – Digne-les-Bains 112 – Apt 23 – Cavaillon 36
  – Salon-de-Provence 37

⌂ **L'Hostellerie du Luberon** ⌘   ≤ 🛋 🏠 🏊 **P** 𝘝𝘐𝘚𝘈 **◯◯**
cours St-Louis – ℰ *04 90 77 27 19 – hostellerieduluberon@*
hostellerieduluberon.com – Fax 04 90 77 13 08 – Ouvert 10 mars-10 nov.
16 ch – †80/83 € ††80/99 €, � 10 € – ½ P 70 € – **Rest** – *(fermé merc. midi)*
Menu (21 €), 32/41 €
♦ Face à la plaine de la Durance, hôtel familial offrant des chambres simples et rajeunies.
La piscine est entourée d'un agréable jardin. Salle à manger pimpante et claire prolongée
d'une terrasse qui a quasiment les" pieds dans l'eau".

VAULT-DE-LUGNY – 89 Yonne – 319 G7 – rattaché à Avallon

VAUX-EN-BEAUJOLAIS – 69 Rhône – 327 G3 – 946 h. – alt. 360 m
– ⊠ 69460   43 **E1**
- ◘ Paris 443 – Lyon 49 – Villeurbanne 58 – Lyon 03 51 – Lyon 08 51

✗✗ **Auberge de Clochemerle** avec ch   🏠 �& ↳ 📞 𝘝𝘐𝘚𝘈 **◯◯**
r. Gabriel-Chevallier – ℰ *04 74 03 20 16 – contact@aubergedeclochemerle.fr*
– Fax 04 74 03 20 74 – Fermé mardi et merc. sauf juil.-août
7 ch – †60 € ††65 €, ⊠ 8 € – ½ P 95 € – **Rest** – Menu 28/65 € – Carte 52/60 €
♦ Auberge d'un village rendu célèbre par le roman "Clochemerle" de Gabriel Chevallier,
proposant une cuisine actuelle et créative. Bon choix de vins. Agréable cadre néo-rustique.
Chambres fraîches dotées de mobilier de famille.

VAUX-LE-PÉNIL – 77 Seine-et-Marne – 312 F4 – rattaché à Melun

---

VAUX-SOUS-AUBIGNY – 52 Haute-Marne – 313 L8 – 705 h. – alt. 275 m
– ⊠ 52190   14 **C3**
- ◘ Paris 304 – Dijon 44 – Gray 43 – Langres 25

✗✗ **Auberge des Trois Provinces**   🖋 ⇔ 𝘝𝘐𝘚𝘈 **◯◯**
ⓐ *r. de Verdun* – ℰ *03 25 88 31 98 – Fax 03 25 84 25 61 – Fermé 17-23 nov.,*
5-25 janv., dim. soir et lundi
Rest – *(prévenir)* Menu 19/29 € – Carte 39/51 €
♦ Fresques, poutres peintes et beau pavement composent le plaisant décor de ce restaurant familial installé dans une maison ancienne en pierre. Cuisine actuelle soignée.

🛏 **Hôtel Le Vauxois** ⌂   �& 🖋 **P** 🍽 𝘝𝘐𝘚𝘈 **◯◯**
r. de Verdun – ℰ *03 25 84 36 74 – Fax 03 25 84 25 61 – Fermé 17-23 nov.,*
5-25 janv., dim. soir et lundi
9 ch – †48 € ††55 €, ⊠ 6,50 €
♦ Les chambres, neuves, fonctionnelles et colorées, sont situées à 50 m de l'Auberge des
Trois Provinces et à deux pas de l'église. Lumineuse salle des petits-déjeuners.

VÉLIZY-VILLACOUBLAY – 78 Yvelines – 311 J3 – 101 24 – **voir à Paris,
Environs**

VELLÈCHES – 86 Vienne – 322 J3 – 371 h. – alt. 69 m – ⊠ 86230   39 **C1**
- ◘ Paris 302 – Poitiers 58 – Joué-lès-Tours 60 – Châtellerault 21
  – Chambray-lès-Tours 60

✗ **La Table des Écoliers**   🏠 AC **P** 𝘝𝘐𝘚𝘈 **◯◯**
1 bis r. de l'Étang – ℰ *05 49 93 35 51 – christelle.vaneroux@wanadoo.fr*
Rest – *(fermé mardi et merc.)* Menu 29/42 €
♦ On replonge en enfance dans une ancienne salle de classe (tables d'écoliers, porte-
manteaux...), pour une intéressante leçon gustative. Accueil sympathique et plats actuels.

VELLUIRE – 85 Vendée – 316 K9 – rattaché à Fontenay-le-Comte

VENAREY-LES-LAUMES – 21 Côte-d'Or – 320 G4 – 3 274 h. – alt. 235 m
– ⌧ 21150 ▯ Bourgogne   8 **C2**

> ▣ Paris 259 – Avallon 54 – Dijon 66 – Montbard 15 – Saulieu 42 – Semur-en-Auxois 13
> ▯ Office de tourisme, place Bingerbrück ℰ 03 80 96 89 13, Fax 03 80 96 13 22

à Alise-Ste-Reine 2 km à l'Est – 674 h. – alt. 415 m – ⌧ 21150

> ◉ Mont Auxois★ : ※★ - Château de Bussy-Rabutin★.

✗✗   **Cheval Blanc**   **P.** VISA ⓪Ⓞ
⊛   r. du Miroir – ℰ 03 80 96 01 55 – regisbolatre@free.fr – Fermé 1er-9 sept.,
       2 janv.-6 fév., dim. soir sauf juil.-août, lundi et mardi sauf fériés
       Rest – Menu 19 € (sem.)/43 € – Carte 41/49 €
       ◆ Près de la mairie, bâtisse en pierres où l'on vient faire de goûteux repas à composantes
       bourguignonnes dans une salle rustique où crépite un bon feu de bûches quand le froid sévit.

VENASQUE – 84 Vaucluse – 332 D10 – 966 h. – alt. 310 m – ⌧ 84210 ▯ Provence

> ▣ Paris 690 – Apt 32 – Avignon 33 – Carpentras 13 – Cavaillon 30 – Orange 36
> ▯ Office de tourisme, Grand 'Rue ℰ 04 90 66 11 66, Fax 04 90 66 11 66
> ◉ Baptistère★ - Gorges★ E : 5 km par D 4.   42 **E1**

🏠   **Auberge La Fontaine** ⌂   Ⓐ ch, ✆ P VISA ⓪Ⓞ AE
       – ℰ 04 90 66 02 96 – fontvenasq@aol.com – Fax 04 90 66 13 14 – Fermé janv.
       5 suites – ♥♥125 €, ⊑ 10 € – **Rest** – (fermé merc.) (dîner seult) (nombre de
       couverts limité, prévenir) Menu 20/38 €
       ◆ Face à la fontaine du bourg, maison ancienne à l'ambiance guesthouse. Les duplex,
       soigneusement aménagés, donnent sur le patio ou les toits. Restaurant garni de meubles
       et de bibelots chinés ; dîners-concerts.

🏠   **La Garrigue** ⌂   ⇗ ⌿ ⅌ ⅌ rest, ✆ P VISA ⓪Ⓞ AE
       rte de l'Appié – ℰ 04 90 66 03 40 – hotel-lagarrigue@club-internet.fr
       – Fax 04 90 66 61 43 – Ouvert 15 mars-15 oct.
       15 ch – ♥47 € ♥♥58 €, ⊑ 8 € – ½ P 54/64 € – **Rest** – (fermé sam. et dim.) (dîner
       seult) (résidents seult) Menu 20/23 €
       ◆ Aux portes d'un village haut perché, hôtel familial, entièrement rénové, aux chambres
       bien tenues ; certaines sont climatisées. Salle des petits-déjeuners de style provençal.

VENCE – 06 Alpes-Maritimes – 341 D5 – 16 982 h. – alt. 325 m – ⌧ 06140
▯ Côte d'Azur   42 **E2**

> ▣ Paris 923 – Antibes 20 – Cannes 30 – Grasse 24 – Nice 23
> ▯ Office de tourisme, 8, place du Grand Jardin ℰ 04 93 58 06 38, Fax 04 93 58 91 81
> ◉ Chapelle du Rosaire★ (chapelle Matisse) - Place du Peyra★ B **13** - Stalles★ de
>   la cathédrale B E - ≼★ de la terrasse du château N. D. des Fleurs NO : 2,5 km
>   par D 2210.
> ◉ Col de Vence ※★★ NO : 10 km par D 2 - St-Jeannet : site★, ≼★ 8 km par ③.

Plan page ci-contre

🏰🏰🏰   **Château du Domaine St-Martin** ⌂   ≼ Vence et littoral, ⚘ ☂
       2,5 km rte de Coursegoules ⌁ ⅃ₒ ※ ▥ & ch, Ⓐ ⅌ ⅌ ✆ ⅏ ⇗ VISA ⓪Ⓞ AE ⓪
       par D 2 – ℰ 04 93 58 02 02 – stmartin@relaischateaux.com – Fax 04 93 24 08 91
       – Ouvert 8 mars-14 nov.
       34 ch – ♥400/800 € ♥♥400/800 €, ⊑ 34 € – 6 suites – **Rest** – (fermé le midi du
       lundi au jeudi du 15 juin au 31 août) Menu 46 € (déj.), 75/105 € – Carte 89/161 €
       Rest L'Oliveraie – grill (ouvert 1er juin-30 sept.) (déj. seult) Carte 47/95 €
       ◆ Superbe palace provençal bâti dans un parc planté d'oliviers et offrant une vue qui
       s'étend jusqu'à la mer. Calme, luxe et charme. Carte actuelle, belle terrasse-belvédère et
       panorama azuréen au restaurant. L'été, déjeuner en plein air à L'Oliveraie.

🏠🏠🏠   **Cantemerle** ⌂   ⇗ ⇗ ⌁ ⌁ & Ⓐ ch, ✆ ⅏ P VISA ⓪Ⓞ AE
       258 chemin Cantemerle, par av. Col. Meyère B – ℰ 04 93 58 08 18 – info@
       hotelcantemerle.com – Fax 04 93 58 32 89 – Ouvert fin mars-mi-oct.
       9 ch – ♥190/210 € ♥♥190/235 €, ⊑ 15 € – 18 suites – ♥♥215/500 €
       Rest – (ouvert mai-sept. et fermé lundi) Carte 47/63 €
       ◆ Villa méridionale aménagée autour d'une piscine et d'un jardin ombragé. Intérieur soigné
       d'inspiration Art déco. Chambres élégantes et spacieuses ; duplex dotés de terrasses.
       Restaurant niché dans un écrin de verdure ; cuisine traditionnelle.

1926

Alsace Lorr. (R.)	B 3	Place Vieille (R. de la)	B 14
Évêché (R. de l')	B 5	Poilus (Av. des)	A 15
Hôtel de Ville (R.)	B 6	Portail Levis (R. du)	B 16
Leclerc (Av. Gén.)	A 9	Résistance (Av. de la)	A, B 17
Marché (R. du)	B 10	Rhin et Danube (Av.)	A 18
Meyère (Av. Col.)	B 12	St-Lambert (R.)	B 19
Peyra (Pl. du)	B 13	Tuby (Av.)	A 21

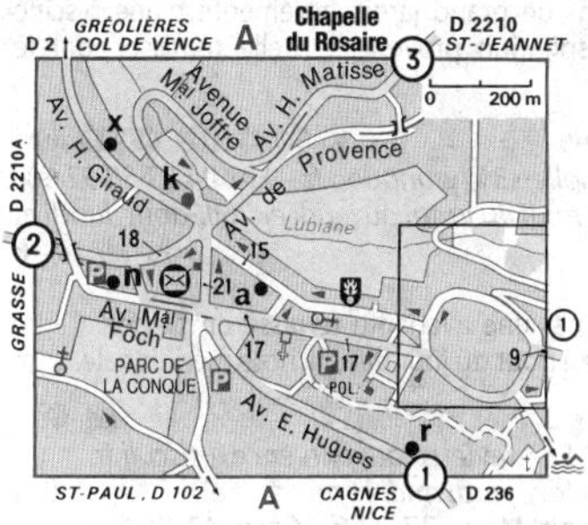

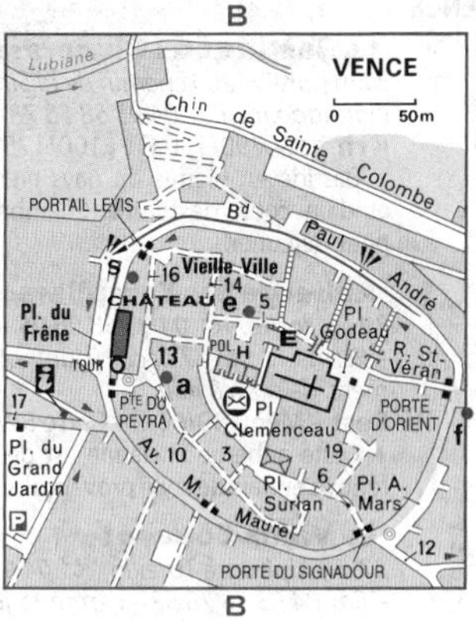

Diana sans rest
av. des Poilus – ✆ 04 93 58 28 56 – info@hotel-diana-vence.com – Fax 04 93 24 64 06 A **a**
27 ch – †100/130 € ††110/140 €, ☕ 13 €
♦ Hôtel central aux chambres fraîches et confortables, un peu plus calmes côté jardin. Belle véranda pour les petits-déjeuners. Solarium et jacuzzi sur le toit-terrasse ; fitness.

Floréal
440 av. Rhin et Danube, par ② – ✆ 04 93 58 64 40 – hotel.floreal@wanadoo.fr – Fax 04 93 58 79 69 – Fermé 1er-26 déc.
41 ch – †60/170 € ††78/190 €, ☕ 12 € – ½ P 62/98 € – **Rest** – *(fermé dim. hors saison) (dîner seult)* Menu 25/32 € – Carte 23/43 €
♦ Un jardin d'essences méditerranéennes entoure cet établissement situé aux portes de Vence. Les chambres, dotées de balcons, ont toutes profité d'une cure de jouvence. Sobre salle à manger et terrasse ouvertes sur la piscine cernée par la végétation.

Mas de Vence rest,
539 av. E. Hugues – ✆ 04 93 58 06 16 – mas@azurline.com – Fax 04 93 24 04 21
41 ch – †69/84 € ††89/104 €, ☕ 9 € – ½ P 74/84 € – **Rest** – Menu (16 € bc), 29/35 € – Carte 29/38 € A **r**
♦ Cette construction récente aux tons ocre surplombe un axe passant. Chambres bien insonorisées, à la tenue impeccable, souvent avec loggia. Hall sous verrière. Vaste salle à manger et terrasse à arcades bordant la piscine. Plats traditionnels et méditerranéens.

Miramar sans rest
167 av. Bougearel, (plateau St-Michel), par av. Col. Meyère B – ✆ 04 93 58 01 32 – contact@hotel-miramar-vence.com – Fax 04 93 58 20 22 – Fermé 17 nov.-12 déc.
18 ch – †68/88 € ††78/155 €, ☕ 12 €
♦ Jolie maison des années 1920 offrant une échappée sur baous (sommets) et vallée. Communs ornés de peintures murales, chambres coquettement personnalisées, terrasse charmante.

Villa Roseraie sans rest
128 av. Henri Giraud – ✆ 04 93 58 02 20 – accueil@villaroseraie.com – Fax 04 93 58 99 31 – Fermé 5 nov.-14 déc. et 5 janv.-15 fév. A **x**
14 ch – †85/145 € ††85/145 €, ☕ 13 €
♦ Plaisante villa 1900 paressant au milieu d'un jardin conçu comme une oasis. Chambres petites, mais décorées avec tissus Souleiado, lits ouvragés et fleurs séchées.

La Colline de Vence sans rest ≤ Baou des Blancs et Côte,
806 chemin des Salles, 1,5 km par rte de Coursegoules – ✆ 04 93 24 03 66 – contact@colline-vence.com – Fax 04 93 24 03 66 –
4 ch ☕ – †74/135 € ††74/135 €
♦ Habilement restaurées, ces anciennes dépendances d'un château abritent de jolies chambres personnalisées, tournées vers les baous et la Méditerranée. Jardin fleuri, piscine.

⌂ **La Bastide aux Oliviers** sans rest ॐ   ⎘ ⌧ ※ ⅏ ៤ ᅀ P

3 km par ② *1260 chemin de la Sine –* ℰ *04 93 24 20 33 – frenchclaude@
wanadoo.fr – Fax 04 93 58 55 78*
4 ch ⌑ – ♦90/120 € ♦♦100/175 €

◆ Bastide en pierres du pays nichée dans un grand jardin agrémenté d'une piscine
et d'un court de tennis. Chambres d'inspiration provençale. Belle terrasse pour le
petit-déjeuner.

XXX **Auberge Les Templiers**   ⌂ 🄰🄲 ※ ⇔ *VISA* 🐵 🄰🄴 ①

39 av. Joffre – ℰ *04 93 58 06 05 – lestempliers3@wanadoo.fr – Fax 04 93 58 92 68
– Fermé 17 nov.-7 déc., 19 janv.-2 fév., le midi du lundi au jeudi en juil.-août, lundi et
merc. de sept. à juin*   A **k**
Rest – Menu 39/63 € – Carte 52/70 €

◆ Cette auberge ancienne est devancée par une avenante terrasse ombragée. Cadre
rénové et frais de style provençal. Cuisine au goût du jour dans la note méridionale.

XX **Le Vieux Couvent**   *VISA* 🐵

😊   *37 av. Alphonse Toreille –* ℰ *04 93 58 78 58 – levieuxcouventvence@tiscali.fr
– Fax 04 93 58 78 58 – Fermé 15 janv.-15 fév., jeudi midi et merc.*   B **f**
Rest – *(nombre de couverts limité, prévenir)* Menu 27/37 € – Carte 42/56 €

◆ Pierres apparentes, piliers et voûtes d'ogives composent le décor de ce restaurant installé
dans la chapelle d'un séminaire daté du 17ᵉ s. Plats régionaux.

X **Auberge des Seigneurs** avec ch   ⌂ *VISA* 🐵 🄰🄴

1 r. du Dr Binet – ℰ *04 93 58 04 24 – sandrine.rodi@wanadoo.fr
– Fax 04 93 24 08 01 – Ouvert mars-oct.*   B **s**
6 ch – ♦60 € ♦♦95 €, ⌑ 9 € – ½ P 95 € – **Rest** – *(fermé de mi-déc. à fin janv., dim.
et lundi)* Menu 32/42 € – Carte 44/55 €

◆ François Iᵉʳ, Renoir, Modigliani, etc. Cette auberge historique sise dans une aile du
château de Villeneuve eut de célèbres convives. Plats provençaux, agneau à la broche.

X **L'Armoise**   ⌂ 🄰🄲 *VISA* 🐵 🄰🄴

9 pl. du Peyra – ℰ *04 93 58 19 29 – Fermé 23-30 juin, 3-20 nov., 18-25 fév., le midi
en juil.-août, dim. soir, mardi midi et lundi*   B **a**
Rest – *(nombre de couverts limité, prévenir)* Menu 36 € – Carte 40/50 €

◆ Ce restaurant où entre la marée occupe une ancienne poissonnerie et dresse sa terrasse
sur la jolie place du Peyra. Grands classiques (bouillabaisse) et recettes maison.

X **La Litote**   ⌂ *VISA* 🐵 🄰🄴

😊   *5 r. Evéché –* ℰ *04 93 24 27 82 – stephanefurlan@wanadoo.fr
– Fermé 12 nov.-16 déc., 14 janv.-5 fév., mardi d'oct. à mai, sam. midi, merc. et jeudi
de juin à sept., dim. soir et lundi*   B **e**
Rest – Menu 18 € (déj. en sem.), 28/38 € – Carte 33/39 €

◆ Petite table située sur une placette du vieux Vence (piétonnier). Accueil et service
avenants, carte actuelle à composantes provençales, terrasse avant à l'ombre d'un tilleul.

VENDÔME ⏱ – **41** Loir-et-Cher – **318** D5 – **17 707** h. – alt. 82 m – ⌧ **41100**
▌ Châteaux de la Loire   11 **B2**

🄳 Paris 169 – Blois 34 – Le Mans 78 – Orléans 91 – Tours 56

🄸 Office de tourisme, parc Ronsard ℰ 02 54 77 05 07, Fax 02 54 73 20 81

🄶 de La Bosse à Oucques La Guignardière, par rte de Beaugency : 20 km,
ℰ 02 54 23 02 60.

◎ Anc. abbaye de la Trinité★ : église abbatiale★★, musée★ BZ **M** - Château :
terrasses ≤★.

Plan page ci-contre

🄷🄷 **Le St-Georges**   ⌂ ▐ & ch, 🄰🄲 ch, ᄂ P *VISA* 🐵 🄰🄴 ①

14 r. Poterie – ℰ *02 54 67 42 10 – contact@hotel-saint-georges-vendome.com
– Fax 02 54 67 42 20*   AZ **t**
28 ch – ♦65 € ♦♦65/100 €, ⌑ 8 € – ½ P 90 € – **Rest** – *(fermé dim. soir)*
Menu (17 € bc), 27/39 € – Carte 30/42 €

◆ Cet immeuble du centre-ville, en angle de rue, cache un hôtel bien dans l'air du
temps. Chambres fonctionnelles de style actuel, certaines avec baignoire balnéo. Au
restaurant, cuisine aux saveurs des quatre continents sur fond de décor ethnique. Bar
lounge africain.

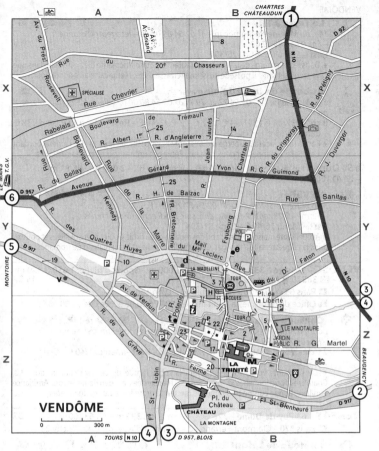

VENDÔME

0   300 m

TOURS N 10 ④ ③ D 957, BLOIS

|---|---|---|---|---|
Abbaye (R. de l') ...... **BZ** 2	États-Unis (R. des) ...... **AY** 10	Rochambeau (R. Mar.) ..... **AY** 19
Béguines (R. des) ...... **BY** 3	Gaulle (R. Gén.-de) ...... **BZ** 12	St-Bié (R.) ...... **BZ** 20
Bourbon (R. A) ...... **BZ** 5	Italie (R. d') ...... **BX** 14	St-Martin (Pl.) ...... **BZ** 22
Change (R. du) ...... **BY** 7	Poterie (R.) ...... **AZ**	Saulnerie (R.) ...... **AZ** 23
Clemenceau (Av. G.) ..... **BX** 8	République (Pl. de la) ..... **BZ** 17	Verrier (R. Cdt) ...... **AXY** 25

Mercator   & ch, 🛏 rest, 📞 🚗 🅿 *VISA* ⑩

rte de Blois, 2 km par ③ – 𝒞 02 54 89 08 08 – hotelmercator.vendome @
wanadoo.fr – Fax 02 54 89 09 17

53 ch – ♦54 € ♦♦54 €, � 7,50 € – ½ P 42 € – **Rest** – *(fermé vacances de Noël, le
midi en août, sam. et dim.)* Menu (15 €), 18 €

♦ Proche d'un rond-point mais bordé d'espaces verts, hôtel dont les petites chambres
chaleureuses affichent un style actuel. L'accueil familial est soigné. Au restaurant, cadre
contemporain épuré et recettes traditionnelles.

Le Vendôme sans rest   📶 📞 *VISA* ⑩ AE

15 fg Chartrain – 𝒞 02 54 77 02 88 – info @ hotelvendomefrance.com
– Fax 02 54 73 90 71   Y **e**

35 ch – ♦59/65 € ♦♦68/85 €, ⊃ 10 €

♦ Adresse familiale au cœur de la ville : une maison d'angle à la façade blanche abritant des
chambres sobres et pratiques. Au petit-déjeuner, buffet très complet.

1929

X **Le Terre à TR**   % VISA ⓒⓄ ⒶⒺ ⓞ

⊕ *14 r. du Mar.-de-Rochambeau – ℰ 02 54 89 09 09 – leterreatr@orange.fr*
– Fax 02 54 89 09 09   AY **v**

Rest – Menu (17 € bc), 26/30 €

♦ Dans les faubourgs de la ville, ce restaurant a pour particularité d'être installé dans une cave troglodytique. Il possède aussi une terrasse d'été. Menu-carte au goût du jour.

X **Auberge de la Madeleine** avec ch   ⌂ VISA ⓒⓄ

⊜ *6 pl. Madeleine – ℰ 02 54 77 20 79 – Fax 02 54 80 00 02 – Fermé 2-12 nov., fév. et merc.*   AY **d**

8 ch – †37/41 € ††41/44 €, � 7 € – ½ P 43/46 € – **Rest** – Menu 17 € (sem.)/38 €
– Carte 40/53 €

♦ Face à une placette, auberge régionale et sa sympathique terrasse, sur l'arrière, bordant le Loir. Salle à manger sur deux niveaux. Petites chambres sobres et néo-rustiques.

à St-Ouen 4 km au Nord-Est par D 92 et rte secondaire BX – 3 050 h. – alt. 81 m
– ⊠ 41100

XX **La Vallée**   ⌂ & ⇔ **P.** VISA ⓒⓄ ⒶⒺ

34 r. Barré-de-St-Venant – ℰ 02 54 77 29 93 – Fax 02 54 73 15 51
– Fermé 15-28 sept., 2-6 janv., dim. soir, lundi et mardi sauf fériés

Rest – Menu 26/49 € – Carte 31/39 €

♦ Accueillante maisonnette à l'abri des regards et du bruit. Couleurs ensoleillées et poutres dans la coquette salle à manger. Carte traditionnelle et beau plateau de fromages.

VENOSC – 38 Isère – 333 J8 – 941 h. – alt. 1 000 m – **Sports d'hiver : 1 650/3 420 m**
🎿 58 – ⊠ 38520 ▮ Alpes du Nord   45 **C2**

🛑 Paris 633 – Gap 105 – Grenoble 66 – Lyon 166
🚆 Office de tourisme, la Condamine ℰ 04 76 80 06 82, Fax 04 76 80 18 95

🏠 **Château de la Muzelle** ⬙   ⌂ ⌂ ↩ % rest, **P.** ⊜ VISA ⓒⓄ

Bourg d'Arud – ℰ 04 76 80 06 71 – contact@chateaudelamuzelle.com
– Fax 04 76 80 20 44 – Ouvert 1ᵉʳ juin-14 sept.

21 ch – †60 € ††60 €, ⊒ 9 € – ½ P 58/62 € – **Rest** – Menu 21/40 € – Carte 28/51 €

♦ De pimpants volets rouges égayent la sobre façade de ce petit château du 17ᵉ s. Chambres fonctionnelles et bien tenues, mansardées au deuxième étage. Ambiance familiale. Bonne cuisine traditionnelle mettant à profit les légumes du potager.

VENSAT – 63 Puy-de-Dôme – 326 G6 – 424 h. – alt. 395 m – ⊠ 63260   5 **B2**
🛑 Paris 370 – Clermont-Ferrand 40 – Cournon-d'Auvergne 42 – Vichy 26

↑ **Château de Lafont** ⬙   ⌂ 🖻 % ↩ % 🗘 **P** ⊜ VISA ⓒⓄ

2 r. de la Côte Rousse – ℰ 04 73 64 21 24 – info@chateaudelafont.com
– Fax 04 73 64 50 83

4 ch ⊒ – †40/105 € ††45/110 € – ½ P 65 € – **Table d'hôte** – Menu 25 € bc

♦ Cette propriété familiale comprend un château, une ferme en activité et un joli parc. Les chambres, confortables et tranquilles, sont logées dans des murs datant du 15ᵉ s. Petits-déjeuners et repas servis dans une salle à manger habillée de boiseries.

VENTABREN – 13 Bouches-du-Rhône – 340 G4 – 4 552 h. – alt. 210 m – ⊠ 13122
▮ Provence   40 **B3**

🛑 Paris 746 – Aix-en-Provence 14 – Marseille 33 – Salon-de-Provence 27
🚆 Syndicat d'initiative, 11, boulevard de Provence ℰ 04 42 28 76 47,
Fax 04 42 28 96 92

◎ ≼ ★ des ruines du Château.

XX **La Table de Ventabren**   ≼ ⌂ % VISA ⓒⓄ

r. F. Mistral – ℰ 04 42 28 79 33 – contact@latabledeventabren.com
– Fax 04 42 28 83 15 – Fermé 24 déc.-31 janv., merc. soir, dim. du 1ᵉʳoct. au 31 mars, dim. soir en avril et lundi

Rest – (prévenir en saison et le week-end) Menu 27 € (déj. en sem.), 39/47 €
– Carte 37/57 €

♦ Au cœur du pittoresque village perché, convivialité assurée dans les jolies salles voûtées de ce restaurant ou sur la terrasse dominant la vallée. Séduisante cuisine actuelle.

VENTRON – 88 Vosges – 314 J5 – 979 h. – alt. 630 m – Sports d'hiver : 850/1 110 m
⚡8 ⚡ – ✉ 88310   27 **C3**

> 🚗 Paris 441 – Épinal 56 – Gérardmer 25 – Mulhouse 51 – Remiremont 30
> – Thann 31

> 🎫 Office de tourisme, 4, place de la Mairie ✆ 03 29 24 07 02, Fax 03 29 24 23 16
> 🏔 Grand Ventron ❄ ★★ NE : 7 km, ▮ Alsace Lorraine.

à l'Ermitage-du-Frère-Joseph 5 km au Sud par D 43 et D 43E- ✉ 88310 Ventron
– Sports d'hiver : 850/1 110 m ⚡8 ⚡

🏨🏨🏨   **Les Buttes** ⌂   ⇐ 🖼 ▮ ❀ ch, ⚕ 🅿 ⌂ 🆅🆂🅰 🆆🆂 🅰🅴
– ✆ 03 29 24 18 09 – info@frerejo.com – Fax 03 29 24 21 96 – Fermé 11 nov.-20 déc.
26 ch – ♦99/188 €, ♦♦99/188 €, ⌚ 14 € – 1 suite – ½ P 99/169 € – **Rest** – *(fermé
le midi sauf dim. et fériés)* Menu (23 €), 31 €
♦ Décoration montagnarde chic et images d'Épinal partout, chambres douillettes (certaines avec jacuzzi), salon très cossu : un chalet-hôtel bien agréable ! Chaleureux restaurant ouvert sur les pistes et carte traditionnelle renouvelée chaque quinzaine.

à Travexin 3 km à l'Ouest – ✉ 88310 Cornimont

🏨   **Le Géhan**   🚗 🍴 📶 🅿 🆅🆂🅰 🆆🆂 🅰🅴
9 rte de Travexin – ✆ 03 29 24 10 71 – le.gehan@online.fr – Fax 03 29 24 10 70
– Fermé 28 juil.-12 août
11 ch – ♦48 €, ♦♦48 €, ⌚ 8 € – ½ P 53 € – **Rest** – *(fermé dim. soir, merc. midi et
lundi)* Menu (12 €), 27/39 € – Carte 25/41 €
♦ Des tons jaune et bleu égaient les chambres fonctionnelles et bien insonorisées de cette
maison ancienne située à un carrefour. Tenue exemplaire et accueil attentionné. Salle à
manger lumineuse et rénovée ; menus traditionnels et quelques plats régionaux.

VERBERIE – 60 Oise – 305 H5 – 3 283 h. – alt. 33 m – ✉ 60410   36 **B3**

> 🚗 Paris 70 – Beauvais 56 – Clermont 31 – Compiègne 16 – Senlis 18
> – Villers-Cotterêts 31

✂✂   **Auberge de Normandie** avec ch   🍴 🅿 🆅🆂🅰 🆆🆂 🅰🅴
26 r. Pêcherie – ✆ 03 44 40 92 33 – christiane.maletras@wanadoo.fr – Fax 03 44 40 50 62
3 ch – ♦52 €, ♦♦52 €, ⌚ 6,50 € – ½ P 55 € – **Rest** – *(fermé dim. soir)* Menu (17 €),
22/42 € – Carte environ 35 €
♦ Auberge de campagne fleurie s'ordonnant autour d'une cour. Intérieur chaleureux avec
poutres, boiseries et cheminée. Demandez une table dans la salle côté jardin.

VERDUN ⊛ – 55 Meuse – 307 D4 – 19 624 h. – alt. 198 m – ✉ 55100
▮ Alsace Lorraine   26 **A1**

> 🚗 Paris 263 – Metz 78 – Bar-le-Duc 56 – Châlons-en-Champagne 89 – Nancy 95
> 🎫 Office de tourisme, place de la Nation ✆ 03 29 86 14 18, Fax 03 29 84 22 42
> 👁 Ville Haute★ : Cathédrale Notre-Dame★, BYZ Palais épiscopal★ (Centre
> mondial de la paix) BZ - Citadelle souterraine★ : circuit★★ BZ - Les champs
> de bataille★★★ : Mémorial de Verdun, Fort et Ossuaire de Douaumont,
> Tranchée des Baïonnettes, le Mort-Homme, la Cote 304.

Plan page suivante

🏨🏨🏨   **Hostellerie du Coq Hardi**   🍴 ▮ ⚕ ch, ⚲ ⚕ 🆅🆂🅰 🆆🆂 🅰🅴
8 av. Victoire – ✆ 03 29 86 36 36 – coq.hardi@wanadoo.fr – Fax 03 29 86 09 21
33 ch – ♦74/120 €, ♦♦98/150 €, ⌚ 16 € – 2 suites – ½ P 100/130 €   CY **v**
Rest – *(fermé mi-fév. à mi-mars, dim. soir et vend.)* Menu 45/96 € – Carte 61/92 € 🍷
Rest Le Bistrot – *(fermé dim. soir et vend. d'oct. à avril)* Menu 20 € (sem.)/35 € bc
– Carte 28/53 €
♦ Maison de tradition au décor intérieur de caractère officiant depuis 1827 en bord de
Meuse. Salon-cheminée, mobilier lorrain et quelques chambres dotées de superbes lits à
baldaquin. Salle de restaurant au cachet fort ; cuisine classique et vins choisis. Repas simple
et rapide au Bistro ; terrasse d'été.

🏨   **Montaulbain** sans rest   🆅🆂🅰 🆆🆂
4 r. Vieille-Prison – ✆ 03 29 86 00 47 – Fax 03 29 84 75 70   BCY **e**
10 ch – ♦30/38 €, ♦♦35/40 €, ⌚ 5,50 €
♦ Dans une ruelle piétonne, hôtel aux menues chambres rénovées et fort bien tenues. Le
hall fait office d'espace petit-déjeuner et les caves servirent de prison municipale au 14ᵉ s.!

VERDUN

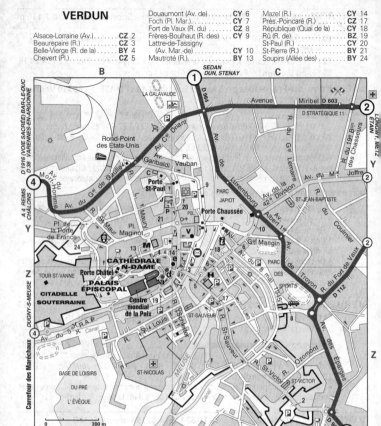

SEDAN
DUN, STENAY

A4 METZ, ST-MIHIEL
NANCY, NEUFCHÂTEAU

✗ L'Atelier
<small>VISA ●●</small>

33 r. des Gros-Degrés – ℰ 03 29 84 45 29 – atelier_d@hotmail.fr – Fermé
24 août-2 sept., dim. soir et lundi — **BZ d**

Rest – Menu (10,50 €), 13,50 € (déj. en sem.), 29/45 € – Carte 26/38 €

♦ Murs couleur brique, tables en bois ciré et chaises bistrot en fer forgé composent le décor de cet agréable restaurant. Goûteuse cuisine actuelle rythmée par les saisons.

aux Monthairons 13 km par ④ et D 34 – 388 h. – alt. 200 m – ⌧ 55320

🏠 Hostellerie du Château des Monthairons ⌂ ← ♨ ♨ ⌗

– ℰ 03 29 87 78 55 – accueil@ — 🏨 ⅙ ch, ✆ ⅍ 🅿 VISA ●● AE ①
chateaudesmonthairons.fr – Fax 03 29 87 73 49
– Fermé 1er janv.-10 fév., dim. et lundi du 15 nov. au 31 déc. et du 10 fév. au 31 mars

23 ch – ♦75/160 € ♦♦90/190 €, ⌸ 15 € – 2 suites – ½ P 120/195 €

Rest – (fermé dim. soir du 15 nov. au 31 déc. et du 10 fév. au 31 mars, lundi sauf le soir du 1er août au 15 nov. et mardi midi et fériés)
Menu 37/85 € – Carte 56/69 €

♦ La Meuse forme un joli méandre au bord du parc qui entoure ce château (19e s.). Chambres élégantes, suites et duplex récents. Hammam, sauna, jacuzzi et plage privée. Décor bourgeois ou terrasse aux abords soignés pour un repas au goût du jour.

à Charny-sur-Meuse 8 km au Nord par D 38 – 466 h. – alt. 197 m – ⊠ 55100

🛈 Syndicat d'initiative, 4, place de la Mairie 𝒞 03 29 84 33 44,
Fax 03 29 84 85 84

⌂ **Les Charmilles** sans rest   🛠 📞 🚗
12 r. de la Gare – 𝒞 03 29 86 93 49 – valerie@les-charmilles.com
– Fax 03 29 84 65 30 – Fermé janv.
3 ch ☷ – ✝45 € ✝✝55 €
◆ D'abord café puis hôtel, cette maison du début du 20ᵉ s. abrite désormais de jolies chambres où voisinent l'ancien et le moderne.

VERDUN-SUR-LE-DOUBS – 71 Saône-et-Loire – 320 K8 – 1 199 h. – alt. 180 m
– ⊠ 71350 🏛 Bourgogne   7 **B3**

▶ Paris 332 – Beaune 24 – Chalon-sur-Saône 24 – Dijon 65 – Dole 49
– Lons-le-Saunier 56

🛈 Office de tourisme, 3, place Charvot 𝒞 03 85 91 87 52

✗✗ **Hostellerie Bourguignonne** avec ch   🚗 🛖 🅰🅲 ch,
rte Ciel – 𝒞 03 85 91 51 45   🅿 𝗩𝗜𝗦𝗔 ⓜⓒ 🅰🅴 ⓞ
– hostelleriebourguignonne@hotmail.com – Fax 03 85 91 53 81
– Fermé 27 oct.-2 nov., 23 fév.-8 mars, dim. soir hors saison, mardi sauf le soir
de mai à sept. et merc. midi
9 ch – ✝90 € ✝✝90/120 €, ☷ 13 € – ½ P 85/130 € – **Rest** – Menu 22 € (déj. en sem.), 38/80 € – Carte 58/82 €
◆ Hostellerie charmante et sympathique où l'on vient faire des repas traditionnels valorisant le terroir. Spécialité de "pôchouse", superbe sélection de bourgognes, décor campagnard raffiné dans la grande salle, belle terrasse et chambres personnalisées.

VERGÈZE – 30 Gard – 339 K6 – 3 643 h. – alt. 30 m – ⊠ 30310   23 **C2**

▶ Paris 724 – Montpellier 43 – Nîmes 20

🛈 Office de tourisme, 4, rue Basse 𝒞 04 66 35 45 92, Fax 04 66 35 45 92

🏠 **La Passiflore** sans rest ⌂   🅿 𝗩𝗜𝗦𝗔 ⓜⓒ 🅰🅴
– 𝒞 04 66 35 00 00 – hotel.lapassiflore@orange.fr
– Fax 04 66 35 09 21
11 ch – ✝46/67 € ✝✝46/67 €, ☷ 7,50 €
◆ Avenante façade pour cette ancienne ferme datée du 18ᵉ s. abritant de petites chambres simples, tournées sur une jolie cour.

VERGONCEY – 50 Manche – 303 D8 – 209 h. – alt. 70 m – ⊠ 50240   32 **A3**

▶ Paris 352 – Caen 120 – Saint-Lô 86 – Saint-Malo 60 – Fougères 37

⌂ **Château de Boucéel** sans rest ⌂   🕉 ↝ 🛠 📞 𝗩𝗜𝗦𝗔 ⓜⓒ 🅰🅴
4 km à l'Est par D 108, D 40 et D 308 – 𝒞 02 33 48 34 61 – chateaudebouceel@
wanadoo.fr – Fax 02 33 48 16 26 – Fermé janv.
5 ch ☷ – ✝140/165 € ✝✝140/165 €
◆ Entouré d'un parc à l'anglaise et d'étangs, château de famille (1763) au décor bourgeois : mobilier de style, parquet à caisson, portraits d'ancêtres. Chambres personnalisées.

LA VERNARÈDE – 30 Gard – 339 J3 – 389 h. – alt. 345 m – ⊠ 30530   23 **C1**

▶ Paris 708 – Montpellier 124 – Nîmes 74 – Alès 29 – Aubenas 79

✗ **Lou Cante Perdrix** avec ch ⌂   🚗 🛖 🅰🅲 rest, 🛠 rest, 📞
Le Château – 𝒞 04 66 61 50 30   🆑 𝗩𝗜𝗦𝗔 ⓜⓒ 🅰🅴 ⓞ
😔 – lou.cante.perdrix@wanadoo.fr – Fax 04 66 61 43 21 – Fermé 2 janv.-15 fév.
12 ch – ✝52/58 € ✝✝52/70 €, ☷ 9 € – ½ P 52/55 € – **Rest** – (fermé dim. soir, lundi et mardi sauf du 16 juin au 20 sept.) Menu 18 € (déj. en sem.), 28/55 € – Carte 51/60 €
◆ Perdue au milieu des pins, cette imposante maison en pierre (1860) abrite une coquette salle à manger (cheminée, plantes, tableaux...) où l'on sert une cuisine traditionnelle.

VERNET-LES-BAINS – 66 Pyrénées-Orientales – **344** F7 – 1 440 h. – alt. 650 m
– Stat. therm. : mi mars-fin nov. – Casino – ⊠ 66820
◧ Languedoc Roussillon   22 **B3**

> ▷ Paris 904 – Mont-Louis 36 – Perpignan 57 – Prades 11
>
> ₪ Office de tourisme, 2, rue de la chapelle ℰ 04 68 05 55 35,
>   Fax 04 68 05 60 33
>
> ◉ Site★ - Abbaye Saint-Martin-du-Canigou 2,5 km S★★.

⌂ **Princess** ⌖   ⌖ ⌖ 🅰🅲 rest, 🍴 ch, ⌖ 🅿 ⌖ 𝗩𝗜𝗦𝗔 🆖
⌖ r. des Lavandières – ℰ 04 68 05 56 22 – contact@hotel-princess.fr
– Fax 04 68 05 62 45 – Ouvert 15 mars-23 nov.
40 ch – ♦45/52 € ♦♦54/94 €, ⊇ 8 € – ½ P 49/69 € – **Rest** – Menu 17/33 €
– Carte 26/39 €

◆ Au pied du vieux Vernet. Chambres en grande partie rénovées dans un style actuel ;
certaines ont un balcon tourné vers les montagnes, d'autres donnent sur les toits du village.
Vaste restaurant et terrasse où l'on sert plusieurs menus dont un "du terroir".

⌂ **Mas Fleuri** sans rest ⌖   ⌖ ⌖ 🍴 ⌖ ⌖ 🅿 𝗩𝗜𝗦𝗔 🆖 🆎 ⓪
bd Clemenceau – ℰ 04 68 05 51 94 – hotel.masfleuri@wanadoo.fr
– Fax 04 68 05 50 77 – Ouvert 15 avril-15 oct.
30 ch – ♦69/110 € ♦♦69/110 €, ⊇ 11 €

◆ Les atouts de cet hôtel des années 1970 : ses chambres rajeunies, avec balcon
et vue sur un parc, et sa grande piscine. Buffet de petit-déjeuner dans une maison
attenante.

VERNEUIL-SUR-AVRE – 27 Eure – **304** F9 – 6 619 h. – alt. 155 m – ⊠ 27130
◧ Normandie Vallée de la Seine   33 **C3**

> ▷ Paris 114 – Alençon 77 – Argentan 77 – Chartres 57 – Dreux 37
>   – Évreux 43
>
> ₪ Syndicat d'initiative, 129, place de la Madeleine ℰ 02 32 32 17 17,
>   Fax 02 32 32 17 17
>
> ◙ de Center Parcs Center Parcs, par rte de Mortagne : 9 km,
>   ℰ 02 32 60 50 02.
>
> ◉ Église de la Madeleine★ - Statues★ de l'église Notre-Dame.

VERNEUIL-SUR-AVRE

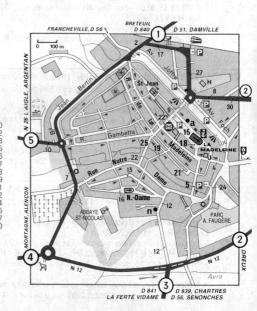

Hostellerie Le Clos ⚐ 🛜 *℔* 📶 ch, ⇆ 📞 ⚙ 🅿 VISA ⓂⓄ ⒶⒺ ①

98 r. Ferté-Vidame – ☎ 02 32 32 21 81 – leclos@relaischateaux.com
– Fax 02 32 32 21 36 – Fermé 21-28 déc. et 4 janv.-6 fév.   **n**
4 ch – †180/225 € ††180/225 €, � 21 € – 6 suites – ††225/295 € –
½ P 190/210 € – **Rest** – *(fermé mardi midi et lundi)* Menu 60/85 € – Carte 54/78 € ⅜

♦ Parquets cirés et meubles de style créent un cadre d'une grande élégance en ce castel normand bâti en briques rouges et coiffé d'ardoises. Les salles à manger possèdent le raffinement des belles demeures de famille. Charmante terrasse ; bon choix de bordeaux.

Du Saumon ⚙ VISA ⓂⓄ

89 pl. Madeleine – ☎ 02 32 32 02 36 – hotel.saumon@wanadoo.fr
– Fax 02 32 37 55 80 – Fermé 19 déc.-10 janv. et dim. soir de nov. à mars   **a**
29 ch – †48/58 € ††48/65 €, ⊡ 7,50 € – **Rest** – Menu 16/51 € – Carte 31/49 €

♦ Ex-relais de poste (18e s.) tourné sur une cour intérieure. Les chambres du bâtiment principal, plus grandes, sont garnies de meubles anciens. En tartare, fumé, mariné, poêlé, grillé... : le saumon est ici chez lui ! Salle rajeunie et terrasse-trottoir.

aux Barils 7 km par ⑤, D 926 et D 166 – 164 h. – alt. 201 m – ⊠ 27130

Auberge des Barils 🛜 VISA ⓂⓄ

2 r. Verneuil – ☎ 02 32 60 05 88 – Fax 02 32 60 05 88
– Fermé 8-14 sept., 2-16 janv., mardi de sept. à avril et merc.
Rest – Menu 19/57 € – Carte 28/59 €

♦ Cette coquette maison faisant face à l'église du village abrite deux salles à manger feutrées et une terrasse. Cuisine traditionnelle orientée vers le terroir normand.

VERNON – 27 Eure – 304 I7 – 24 056 h. – alt. 32 m – ⊠ 27200
📘 Normandie Vallée de la Seine   33 **D2**

🚩 Paris 77 – Beauvais 66 – Évreux 34 – Mantes-la-Jolie 25 – Rouen 62
🚇 Office de tourisme, 36, rue Carnot ☎ 02 32 51 39 60, Fax 02 32 51 86 55
◎ Église Notre-Dame★ – Château de Bizy★ 2 km par ③ – Giverny★ 3 km.

Plan page suivante

D'Évreux 🛜 📞 🅿 VISA ⓂⓄ ⒶⒺ

11 pl. d'Évreux – ☎ 02 32 21 16 12 – contact@hoteldevreux.fr
– Fax 02 32 21 32 73   BY **x**
12 ch – †38/61 € ††38/61 €, ⊡ 6 € – ½ P 75/82 € – **Rest** – *(fermé dim.)*
Menu 22/28 € – Carte 38/69 €

♦ Maison à colombages du 17e s., ancien hôtel particulier du comte d'Évreux et ex-relais de poste. Chambres un brin vieille France, garnies d'un mobilier rustique. Plaisante salle à manger normande avec poutres apparentes et belle cheminée.

Normandy 🛜 🛏 ❤ 📞 ⚙ 🐾 VISA ⓂⓄ ⒶⒺ

1 av. P.-Mendès-France – ☎ 02 32 51 97 97 – normandye.hotel@wanadoo.fr
– Fax 02 32 21 01 66   BY **t**
50 ch – †77 € ††77 €, ⊡ 10 € – ½ P 72 € – **Rest** – *(fermé lundi midi et dim.)*
Menu 19/25, 25/31 € – Carte 20/40 €

♦ Situé au centre-ville, cet hôtel propose des chambres rénovées garnies d'un mobilier fonctionnel. Salon et bar à l'ambiance cosy. Au restaurant, cuisine traditionnelle à déguster dans un plaisant décor de style brasserie-pub.

Les Fleurs VISA ⓂⓄ ⒶⒺ

71 r. Carnot – ☎ 02 32 51 16 80 – lesfleurs@tele2.fr – Fax 02 32 21 30 51 – Fermé
dim. soir de sept. à avril et lundi   BX **a**
Rest – *(nombre de couverts limité, prévenir)* Menu (20 € bc), 26/53 € – Carte
38/71 €

♦ Dans une ruelle du centre-ville, vénérable maison dont l'arrière-corps présente de beaux colombages. Ambiance feutrée dans l'agréable salle à manger contemporaine. Carte traditionnelle.

Le Bistro ⚙ VISA ⓂⓄ

73 r. Carnot – ☎ 02 32 21 29 19 – Fax 02 32 21 29 19 – Fermé 1er-25 août,
dim. et lundi   BX **a**
Rest – Menu 17 € bc – Carte 21/34 € ⅜

♦ Cet ancien bar a conservé son comptoir aujourd'hui réservé aux clients pressés. Décor de vieilles affiches. Plats traditionnels à découvrir sur l'ardoise du jour.

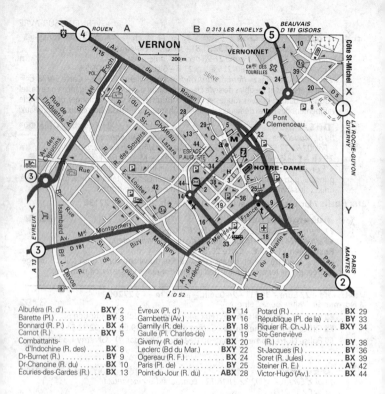

VERNON

à Douains 8 km par ③, D 181 et D 75 – 465 h. – alt. 128 m – ⊠ 27120

🏰🏰🏰 **Château de Brécourt** ⊰ ⊰ 🕐 🍴 🗑 ⚿ 🛁 rest, 🏊
– 𝒞 02 32 52 40 50 – brecourt@   P. VISA ⦿ AE ①
leshotelsparticuliers.com – Fax 02 32 52 69 65
26 ch – 🛇105/220 € 🛇🛇105/220 €, ⊑ 15 € – 4 suites – ½ P 109/166 €
Rest – Menu 32 € (déj. en sem.), 48/78 € – Carte 45/77 €
♦ En pleine campagne normande, château du 17ᵉ s. entouré de douves et d'un vaste parc.
Décor Grand Siècle avec poutres, tomettes et cheminées. Chambres personnalisées. Bar
aménagé dans l'ancienne salle des gardes et restaurant empreint d'une certaine noblesse.

VERNOUILLET – 28 Eure-et-Loir – 311 E3 – rattaché à Dreux

VERQUIÈRES – 13 Bouches-du-Rhône – 340 E2 – **rattaché à**
St-Rémy-de-Provence

VERRIÈRES – 86 Vienne – 322 J6 – 799 h. – alt. 115 m – ⊠ 86410   39 **C2**
◪ Paris 368 – Poitiers 31 – Châtellerault 68 – Buxerolles 33 – Chauvigny 26

🏠 **Les Deux Porches** sans rest   VISA ⦿ AE
pl. de la Mairie – 𝒞 05 49 42 83 85 – hddp@wanadoo.fr – Fax 05 49 42 83 79
16 ch – 🛇43 € 🛇🛇45 €, ⊑ 9 €
♦ Sa situation centrale et ses chambres fonctionnelles décorées dans un style actuel font
de cette adresse un point de chute bien pratique. Aimable accueil et petite restauration.

VERSAILLES – 78 Yvelines – 311 I3 – 101 23 – **voir à Paris, Environs**

VERT-EN-DROUAIS – 28 Eure-et-Loir – 311 D3 – **rattaché à Dreux**

VERTEUIL-SUR-CHARENTE – 16 Charente – 324 L4 – 718 h. – alt. 100 m
– ⊠ 16510 ▯ Poitou Charentes Vendée   39 **C2**

   ▣ Paris 414 – Poitiers 78 – Angoulême 42 – Soyaux 44 – Ruelle-sur-Touvre 41

⌂   **Le Couvent des Cordeliers** ॐ   ⎙ ⅋ ☏ ⊜ 𝘝𝘐𝘚𝘈 ⓜ🄾
   – ☏ 05 45 31 01 19 – barbou@lecouventdescordeliers.com – Fermé janv.
   6 ch ⊠ – ♟85 € ♟♟95 € – **Table d'hôte** – Menu 28 € bc
   ◆ Une adresse de caractère installée dans un couvent du 16ᵉ s. au passé chargé d'histoire.
   Chambres raffinées et chaleureuses. Expositions et concerts dans l'ancienne chapelle. La
   maîtresse de maison vous fait découvrir le terroir charentais à sa table d'hôte.

VERTOU – 44 Loire-Atlantique – 316 H4 – **rattaché à Nantes**

VERTUS – 51 Marne – 306 G9 – 2 513 h. – alt. 85 m – ⊠ 51130
▯ Champagne Ardenne   13 **B2**

   ▣ Paris 139 – Châlons-en-Champagne 30 – Épernay 21 – Montmirail 39
     – Reims 48

à Bergères-les-Vertus 3,5 km au Sud par D 9 – 540 h. – alt. 108 m – ⊠ 51130

🏨   **Hostellerie du Mont-Aimé**   ⎙ ▦ ₤₰ ⇆ ♨ 𝘝𝘐𝘚𝘈 ⓜ🄾 🄰🄴 ①
   4-6 r. Vertus – ☏ 03 26 52 21 31 – mont.aime@wanadoo.fr – Fax 03 26 52 21 39
   – Fermé 24 déc.-1ᵉʳ janv. et dim. soir
   46 ch – ♟65/90 € ♟♟80/130 €, �) 12 € – ½ P 90 € – **Rest** – Menu 25 €
   (sem.)/75 € – Carte 59/92 € ♨
   ◆ Près du mont Aimé, ex-café de village devenu un confortable hôtel au décor contemporain. Chambres rénovées, souvent de plain-pied avec le jardin. Au restaurant, vous
   pourrez tâter de ses plats traditionnels et "taster" sa séduisante carte des vins.

LES VERTUS – 76 Seine-Maritime – 304 G2 – **rattaché à Dieppe**

VERVINS ⬳ – 02 Aisne – 306 F3 – 2 653 h. – alt. 147 m – ⊠ 02140
▯ Nord Pas-de-Calais Picardie   37 **D2**

   ▣ Paris 187 – Charleville-Mézières 70 – Laon 36 – Reims 89 – St-Quentin 52
     – Valenciennes 76
   🄳 Office de tourisme, place de l'Hôtel de ville ☏ 03 23 98 11 98,
     Fax 03 23 98 02 47

🏠   **Tour du Roy**   ⌂ ₺ ch, 🄰🄺 ☏ 🄿 𝘝𝘐𝘚𝘈 ⓜ🄾 🄰🄴 ①
   45 r. Gén. Leclerc – ☏ 03 23 98 00 11 – latourduroy@wanadoo.fr
   – Fax 03 23 98 00 72 – Fermé 5-25 janv., mardi midi et lundi
   22 ch – ♟75 € ♟♟110 €, ⊠ 15 € – ½ P 105/175 € – **Rest** – Menu 40/70 € – Carte
   65/70 €
   ◆ Noble manoir au passé prestigieux, cantonné de trois tours dominant la ville. Les
   élégantes chambres personnalisées portent des noms évocateurs. "Divins" duplex. Anne
   de Bretagne, Henri IV, C. de Gaulle et F. Mitterrand s'attablèrent aussi dans ce restaurant.

VERZY – 51 Marne – 306 G8 – 1 058 h. – alt. 210 m – ⊠ 51380
▯ Champagne Ardenne   13 **B2**

   ▣ Paris 163 – Châlons-en-Champagne 32 – Épernay 23 – Reims 22 – Rethel 52
     – Vouziers 56
   🄳 Syndicat d'initiative, place de l'Hôtel de Ville ☏ 03 26 97 93 65,
     Fax 03 26 97 95 74
   ◉ Faux de Verzy★ S : 2 km.

⅏⅏ Au Chant des Galipes

⌂ VISA ⓜⓒ

2 r. Chanzy – ℰ 03 26 97 91 40 – chantdesgalipes @ wanadoo.fr
– Fax 03 26 97 91 44 – Fermé 17 août-3 sept., 21 déc.-21 janv., lundi soir d'oct.
à avril, dim. soir, mardi soir et merc.
Rest – Menu 19 € (déj. en sem.)/38 € – Carte 39/53 €

♦ Au cœur du bourg vigneron et non loin de la forêt de hêtres tortillards, salles à manger contemporaines, salon privé et petite cour-terrasse où l'on propose une cuisine au goût du jour.

VESCOUS – 06 Alpes-Maritimes – **341** D4 – rattaché à Gilette

---

LE VÉSINET – 78 Yvelines – **311** I2 – **101** 13 – voir à Paris, Environs

---

VESOUL ℙ – 70 Haute-Saône – **314** E7 – 17 168 h. – alt. 221 m – ⊠ 70000
▌Franche-Comté Jura   16 **B1**

🛇 Paris 360 – Belfort 68 – Besançon 47 – Épinal 91 – Langres 76 – Vittel 86
🛈 Office de tourisme, 2,rue Gevrey ℰ 03 84 97 10 85, Fax 03 84 97 10 84

⌂ Du Lion sans rest

⌁ ↤ 🕻 ℙ VISA ⓜⓒ ⒶⒺ ①

4 pl. de la République – ℰ 03 84 76 54 44 – hoteldulion @ wanadoo.fr
– Fax 03 84 75 23 31 – Fermé 3-17 août et 26 déc.-4 janv.   **a**
18 ch – †46 € ††46/52 €, ⌑ 6,50 €

♦ Chambres au sobre décor actuel près des rues commerçantes de la ville qui prêta son nom à une chanson de Jacques Brel. L'été, petits-déjeuners en terrasse.

VESOUL

Aigle-Noir (R. de l')	2	Gare (Av. de la)	13	Maginot (R. A.)	26
Alsace-Lorraine (R. d')	3	Gaulle (Bd Ch.-de)	14	Moilly (R. de)	36
Annonciades (R. des)	4	Genoux (R. Georges)	15	Morel (R. Paul)	27
Bains (R. des)	6	Gevrey (R.)	16	Moulin-des-Prés	
Banque (R. de la)	7	Girardot (R. du Cdt)	20	(Pl. du)	28
Châtelet (R. du)	8	Grandes-Faulx		République (Pl. de la)	29
Faure (R. Edgar)	10	(R. des)	22	St-Georges (R.)	30
Fleurier (R. de)	12	Grand-Puits (Pl. du)	21	Salengro (R. Roger)	31
		Ilottes (R. des)	23	Tanneurs (R. des)	32
		Kennedy (Bd)	24	Vendémiaire (R.)	33
		Leblond (R.)	25	Verlaine (R.)	35

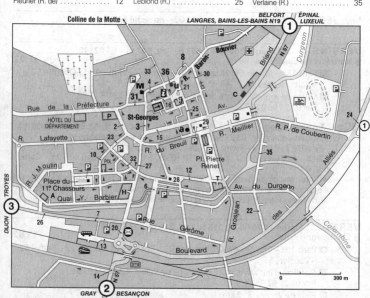

✂ **Le Caveau du Grand Puits** 🛖 *VISA* ⓂⓄ AE
ᗐ *r. Mailly – 𝒞 03 84 76 66 12 – Fax 03 84 74 76 66 12 – Fermé 5-15 mai, 11 août-4 sept.,*
23 déc.-3 janv., merc. soir, sam. midi, dim. et fériés **u**
Rest – Menu 17 € (sem.)/37 € – Carte 25/58 €
♦ Dans une ruelle de la vieille ville, cave voûtée aux murs de pierres, complétée d'une
seconde salle avec mezzanine. Courette intérieure où l'on sert les repas aux beaux jours.

à Épenoux 5 km par ①, rte de St-Loup-sur-Semouse et D10 – 479 h. alt. 240
– ⌧ 70000 Pusy-et-Épenoux

⌂ **Château d'Épenoux** 🍸 ↔ ℅ ch, **P** *VISA* ⓂⓄ
5 r. Ruffier d'Épenoux – 𝒞 03 84 75 19 60 – chateau.epenoux@orange.fr
– Fax 03 84 76 45 05
5 ch ⌑ – †85 € ††100 € – **Table d'hôte** – Menu 24 €
♦ Petit château du 18ᵉ s. à l'abri de son parc planté d'arbres centenaires. Meubles et
lustres anciens personnalisent les chambres spacieuses. Grand salon feutré. Les dîners ont
pour cadre une élégante salle à manger tout de jaune décorée. Cuisine bourgeoise.

VEUIL – 36 Indre – 323 F4 – rattaché à Valençay

VEULES-LES-ROSES – 76 Seine-Maritime – 304 E2 – 676 h. – alt. 15 m
– ⌧ 76980 ▯ Normandie Vallée de la Seine 33 **C1**
🔁 Paris 188 – Dieppe 27 – Fontaine-le-Dun 8 – Rouen 57 – St-Valery-en-Caux 8
🛈 Office de tourisme, 27, rue Victor-Hugo 𝒞 02 35 97 63 05, Fax 02 35 57 24 51

✕✕✕ **Les Galets** *VISA* ⓂⓄ
à la plage – 𝒞 02 35 97 61 33 – plaisance-les-galets@wanadoo.fr
– Fax 02 35 57 06 23 – Fermé 1ᵉʳ janv.-8 fév., mardi et merc.
Rest – Menu 36/76 € – Carte 47/69 €
♦ Bâtisse en briques proche d'une plage de galets typique de la Côte d'Albâtre. Conforta-
bles salles à manger-véranda, tables soigneusement dressées et recettes d'aujourd'hui.

LE VEURDRE – 03 Allier – 326 F2 – 578 h. – alt. 190 m – ⌧ 03320
▯ Auvergne 5 **B1**
🔁 Paris 272 – Bourges 66 – Montluçon 73 – Moulins 36 – Nevers 34
– St-Amand-Montrond 48

🏨 **Le Pont Neuf** ⬙ 🍸 🛖 ⌓ ⅃๖ ℀ ℅ ch, ↔ ℀ ⅃ᶑ **P** *VISA* ⓂⓄ AE ⓪
ᗐ *– 𝒞 04 70 66 40 12 – hotel.le.pontneuf@wanadoo.fr – Fax 04 70 66 44 15 – Fermé*
mi-nov. à mi-fév. et dim. soir du 15 oct. au 31 mars
46 ch – †45/50 € ††55/105 €, ⌑ 9 € – ½ P 52/85 € – **Rest** – Menu 18 €
(sem.)/40 € – Carte 24/57 €
♦ Hôtel traditionnel modernisé, apprécié pour ses équipements de loisirs. À l'arrière les
chambres bénéficient du silence du parc ; les plus récentes sont dans l'annexe. Restaurant
campagnard où des suggestions saisonnières étoffent carte et menus traditionnels.

VEUVES – 41 Loir-et-Cher – 318 D7 – 216 h. – alt. 62 m – ⌧ 41150 11 **A1**
🔁 Paris 205 – Bourges 135 – Orléans 84 – Poitiers 137 – Tours 38

✂ **L'Auberge de la Croix Blanche** 🎐 🛖 **P** *VISA* ⓂⓄ AE
2 av. de la Loire – 𝒞 02 54 70 23 80 – jean.claude.sichi@orange.fr
– Fax 02 54 70 21 47 – Fermé vacances de fév., merc. midi de Pâques à oct., merc.
soir de nov. à Pâques, mardi soir du 15 janv. à Pâques, lundi sauf le soir en juil.-août
et dim. soir.
Rest – Menu (16 €), 22/33 € – Carte 34/51 €
♦ Auberge familiale (1888) sur les bords de la Loire. Dans un cadre rustique (poutres,
carrelage d'origine et cheminée), on déguste une cuisine actuelle rythmée par les saisons.

VEYNES – 05 Hautes-Alpes – 334 C5 – 3 093 h. – alt. 827 m – ⌧ 05400 40 **B1**
🔁 Paris 660 – Aspres-sur-Buëch 9 – Gap 25 – Sisteron 51
🛈 Office de tourisme, avenue Commandant Dumont 𝒞 04 92 57 27 43,
Fax 04 92 58 16 18

XX **La Sérafine** 🚗 🏠 VISA 🐠 AE

Les Paroirs, 2 km à l'Est par rte Gap et D 20 – ℰ *04 92 58 06 00* – *Fax 04 92 58 09 11*
– Fermé lundi et mardi

Rest – *(nombre de couverts limité, prévenir)* Menu 25/32 € 🍷

♦ Jolie bâtisse (18ᵉ s.) où l'on reçoit les clients comme à la maison. Menus du marché et plats alsaciens à accompagner d'un vin choisi parmi plus de 200 appellations et à déguster en terrasse, à la belle saison.

VEYRIER-DU-LAC – 74 Haute-Savoie – 328 K5 – **rattaché à Annecy**

VÉZAC – 24 Dordogne – 329 I6 – **rattaché à Beynac-et-Cazenac**

VÉZAC – 15 Cantal – 330 D5 – **rattaché à Aurillac**

VÉZELAY – 89 Yonne – 319 F7 – 492 h. – alt. 285 m – **Pèlerinage (22 juillet).**
– ✉ 89450 ▌ Bourgogne   7 **B2**

🚪 Paris 221 – Auxerre 52 – Avallon 16 – Château-Chinon 58 – Clamecy 23

🛈 Office de tourisme, 12, rue Saint-Etienne ℰ 03 86 33 23 69, Fax 03 86 33 34 00

◉ Basilique Ste-Madeleine ★★★ : tympan du portail central ★★★, chapiteaux ★★★.

🏨 **Poste et Lion d'Or** 🚗 AC 📞 🅿 VISA 🐠 AE ⓪

– ℰ *03 86 33 21 23* – *lion.dor.vezelay @ wanadoo.fr* – *Fax 03 86 32 30 92*
– *Fermé janv. et fév.*

38 ch – †65/83 € ††69/104 €, � 11 € – ½ P 63/80 € – **Rest** – *(fermé lundi d' oct.
à mai, mardi de nov. à mars, mardi midi en avril-mai et oct.)* Menu 18 € (déj. en sem.), 24/37 € – Carte 33/52 €

♦ Cet ex-relais de poste cossu accueille les voyageurs depuis plus de 200 ans ! Confortables chambres de style classique ; celles ouvertes sur la campagne sont très prisées. Cuisine régionale revisitée au restaurant et vente de produits du terroir à la boutique.

🏠 **Compostelle** sans rest 🚗 📞 VISA 🐠 AE

– ℰ *03 86 33 28 63* – *le.compostelle @ wanadoo.fr* – *Fax 03 86 33 34 34* – *Fermé
1ᵉʳ-27 déc. et 3 janv.15 fév.*

18 ch – †49/61 € ††49/61 €, � 9 €

♦ Petit hôtel familial dont certaines chambres, fonctionnelles, en rez-de-jardin ou avec balcon, donnent sur la vallée. Salle des petits-déjeuners panoramique.

XX **Le St-Étienne** VISA 🐠 AE ⓪

39 r. St-Étienne – ℰ *03 86 33 27 34* – *lesaintetienne @ aol.com* – *Fax 03 86 33 34 79
– Fermé de mi-janv. à fin fév., merc. et jeudi*

Rest – Menu (18 €), 27/57 € – Carte 40/91 €

♦ Cette bâtisse du 18ᵉ s. borde la rue principale conduisant à la basilique. À l'intérieur : chaleureux décor rajeuni avec belles poutres peintes. Cuisine au goût du jour.

X **Le Bougainville** VISA 🐠

28 r. St-Etienne – ℰ *03 86 33 27 57* – *Fax 03 86 33 35 12* – *Fermé mi-nov.-mi-fév.,
mardi et merc.*

Rest – Menu 20/27 € – Carte 24/35 €

♦ Dans une maison ancienne sur la rue montant à la basilique, un restaurant familial au cachet rétro proposant une cuisine du terroir accompagnée de vins de la région.

à St-Père 3 km au Sud-Est par D 957 – 385 h. – alt. 148 m – ✉ 89450

◉ Église N.-Dame ★.

🏨 **L'Espérance** (Marc Meneau) 🦢 ≤ 🚗 🏊 AC rest, 📞 🕭 🐾 🅿 VISA 🐠

🍃🍃🍃 – ℰ *03 86 33 39 10* – *marc.meneau @ wanadoo.fr* – *Fax 03 86 33 26 15*   AE ⓪
– *Fermé 15 janv.-1ᵉʳ mars, lundi midi, merc. et mardi sauf fériés*

20 ch – †100/150 € ††250/300 €, ⊑ 30 € – 7 suites

Rest – *(prévenir)* Menu 90 € bc (déj. en sem.), 160/200 € – Carte 136/181 € 🍷

Spéc. Galets de pomme de terre, caviar, sardine, navet. Turbot cuit en pâte de sel au beurre de homard. Le dessert de Marie-Antoinette. **Vins** Bourgogne-Vézelay, Chablis.

♦ Chambres bourgeoises dans la belle maison de maître, modernes et luxueuses au Pré des Marguerites, rustiques au Moulin : un choix cornélien ! Restaurant sous verrière ouvrant sur un ravissant jardin. Table classico-créative et superbe sélection de bourgognes.

⌂ **Renommée** sans rest   🕊 ⚄ **P** 𝘝𝘐𝘚𝘈 ⓪❸
*19 et 20 rte de Vézelay – 𝒞 03 86 33 21 34 – la.renommee89@wanadoo.fr
– Fax 03 86 33 34 17 – Ouvert 1ᵉʳ mars-15 déc. et fermé dim. soir sauf
de mai à août*
18 ch – ♦34 € ♦♦49/62 €, ⊇ 7 €

♦ Au centre du village, hôtel faisant aussi bar-tabac et dépôt de presse. Demandez l'une des chambres de l'annexe située juste en face, plus récentes et assez confortables.

à Fontette 5 km à l'Est par D 957 – ✉ 89450 Vézelay – ✉ 89450

⌂⌂ **Crispol** ⌂   ≼ colline de Vézelay, 🚗 🏠 & ch, **P** ⌂ 𝘝𝘐𝘚𝘈 ⓪❸
*rte d'Avallon – 𝒞 03 86 33 26 25 – crispol@wanadoo.fr – Fax 03 86 33 33 10
– Fermé janv., fév. et lundi de nov. à avril*
12 ch – ♦74 € ♦♦74 €, ⊇ 9 € – ½ P 74 € – **Rest** – *(fermé mardi midi et lundi)*
Menu 23/54 € – Carte 32/49 €

♦ Maison en pierre à l'entrée du village, avec la colline éternelle en toile de fond. L'annexe cache de vastes chambres décorées d'œuvres de la patronne-artiste. Lumineuse salle à manger dont les baies ménagent une belle vue sur la basilique.

à Pierre-Perthuis 6 km au Sud-Est par D 957 et D 958 – 104 h. – alt. 220 m – ✉ 89450

⌂ **Les Deux Ponts**   🏠 & ch, **P** 𝘝𝘐𝘚𝘈 ⓪❸

*– 𝒞 03 86 32 31 31 – lesdeuxponts@gmail.com – Fax 03 86 32 35 80
– Ouvert mars-nov. et fermé merc. sauf de juin à sept. et mardi*
7 ch – ♦50 € ♦♦55 €, ⊇ 7 € – ½ P 57 € – **Rest** – *(nombre de couverts limité,
prévenir)* Menu 23 € – Carte 31/47 €

♦ Maison de pays avenante et fleurie au bord d'une route de campagne. Chambres simples (sans TV) dotées d'une bonne literie et de salles de bains bien équipées. Originale salle à manger dont le cadre épuré est égayé d'amusants lustres hollandais en verre.

VIA – 66 Pyrénées-Orientales – 344 D8 – **rattaché à Font-Romeu**

VIADUC DE GARABIT ★★ – 15 Cantal – 330 H5 – ✉ 15100
🇫 Auvergne   5 **B3**

    ▣ Paris 520 – Aurillac 84 – Mende 74 – Le Puy-en-Velay 90 – St-Flour 14
    ◨ Maison du paysan★ à Loubaresse S : 7 km - Belvédère de Mallet ≼★★ SO :
    13 km puis 10 mn.

⌂⌂ **Beau Site**   ≼ viaduc et lac, 🚗 🏠 ⛲ ⚄ 🅰 rest, ☏ **P** ⌂ 𝘝𝘐𝘚𝘈 ⓪❸ ⌂⌂
*N 9 – 𝒞 04 71 23 41 46 – info@beau-site-hotel.com – Fax 04 71 23 46 34
– Ouvert 3 avril-3 nov.*
17 ch – ♦34/53 € ♦♦48/63 €, ⊇ 10 € – 3 suites – ½ P 51/64 €
Rest – Menu (13,50 €), 19/40 € – Carte 26/46 €

♦ Viaduc, lac ou jardin ? Si l'on trouve ici des chambres coquettes et confortables (la plupart avec écran plasma), reste à choisir la vue ! Tennis, piscine, aire de jeux. Au restaurant, le célèbre ouvrage de Gustave Eiffel illumine les dîners.

Anglards-de-St-Flour 3 km au Nord – 283 h. – alt. 840 m – ✉ 15100

⌂ **La Méridienne**   🚗 🏠 & ↔ 🅰 **P** ⌂ 𝘝𝘐𝘚𝘈 ⓪❸
♾ *– 𝒞 04 71 23 40 53 – info@hoteldelameridienne.com – Fax 04 71 23 91 05 – Fermé
15 déc.-1ᵉʳ fév.*
16 ch – ♦41/55 € ♦♦41/55 €, ⊇ 7,50 € – ½ P 48 € – **Rest** – Menu 15/49 € – Carte
28/67 €

♦ Accueil tout en gentillesse dans cette maison récente. Chambres pratiques, sans fioritures mais très bien tenues ; choisir celles donnant sur le grand jardin (jeux pour enfants). À table, mets régionaux et, sur commande, plateaux de fruits de mer et zarzuela.

VIBRAC – 16 Charente – 324 J6 – **rattaché à Jarnac**

VIC-EN-BIGORRE – 65 Hautes-Pyrénées – 342 M4 – 4 788 h. – alt. 216 m
– ⊠ 65500
28 **A2**

▶ Paris 775 – Pau 47 – Aire sur l'Adour 53 – Auch 62 – Mirande 37 – Tarbes 19

🏠 **Le Tivoli** 🎯 🗚 rest, 🍸 🕸 *VISA* 🐼 🖭
pl. Gambetta – 𝒞 05 62 96 70 39 – hotel.tivoli@wanadoo.fr – Fax 05 62 96 29 74
24 ch – ♦43/50 € ♦♦46/52 €, ⊆ 10 € – ½ P 40/47 € – **Rest** – (fermé dim. soir et
lundi midi) Menu 12,50/36 € – Carte 19/48 €

♦ Étape pratique au pays de l'Adour, cet établissement situé sur la place principale de Vic
abrite des chambres en majorité rénovées, simples et bien tenues. Deux salles à manger, dont une véranda "façon Eiffel", et terrasse dressée dans la cour arborée. Recettes
traditionnelles.

VICHY ⬤ – 03 Allier – 326 H6 – 26 528 h. – alt. 340 m – Stat. therm. : 1er mars-fin
nov. – Casinos : Le Grand Café BZ, Élysée Palace – ⊠ 03200 ▮ Auvergne 6 **C1**

▶ Paris 353 – Clermont-Ferrand 55 – Montluçon 99 – Moulins 57 – Roanne 74

🛈 Office de tourisme, 19, rue du Parc 𝒞 04 70 98 71 94, Fax 04 70 31 06 00

▦ du Sporting Club de Vichy à Bellerive-sur-Allier Allée Georges Baugnies,
𝒞 04 70 32 39 11 ;

▦ la Forêt de Montpensier à Bellerive-sur-Allier Domaine du château de Rilhat,
par rte de Clermont-Ferrand : 8 km, 𝒞 04 70 56 58 39.

◎ Parc des Sources★ - Les Parcs d'Allier★ - Chalets★ (boulevard des États-Unis)
BYZ - Le quartier thermal★ - Grand casino-théâtre★.

Plan page ci-contre

🏨 **Sofitel Les Célestins** 🎯 🎯 🗚 🌐 🛁 🕸 🗚 ⟷ ⌀ rest, 🍸 🕸
111 bd États-Unis – 𝒞 04 70 30 82 00 – h3241@ 🚗 *VISA* 🐼 🖭 ⓪
accor.com – Fax 04 70 30 82 01 – Fermé déc. BY **e**
131 ch – ♦180/240 € ♦♦220/280 €, ⊆ 20 € – 5 suites
Rest N 3 – Menu 42/140 € – Carte 48/84 €
Rest Le Bistrot des Célestins – (fermé dim. soir sauf fériés) Menu 26 € – Carte
26/40 €

♦ Cet hôtel moderne jouxte les fameux chalets qui accueillirent Napoléon III. Chambres
actuelles, centre de remise en forme complet et piscine panoramique. Cuisine inventive, cadre contemporain et belle terrasse d'été au N 3. Plats traditionnels et grillades au
Bistrot.

🏨 **Aletti Palace Hôtel** 🛁 🕸 🗚 ⟷ 🍸 🕸 *VISA* 🐼 🖭 ⓪
3 pl. Joseph Aletti – 𝒞 04 70 30 20 20 – contact@aletti.fr
– Fax 04 70 98 13 82 BZ **u**
129 ch – ♦110/155 € ♦♦128/250 €, ⊆ 12 €
Rest La Véranda – 𝒞 04 70 30 21 21 – Menu (16 €), 21 € (sem.)/55 € – Carte
24/41 €

♦ Face au Grand Casino, élégant hôtel du début du 20e s. alliant modernité et charme
d'antan. Mobilier d'inspiration Art déco dans les chambres, peu à peu rajeunies. Fitness.
Agréable salle à manger agrandie d'une véranda ; carte traditionnelle.

🏨 **Les Nations** 🕸 🗚 rest, ⟷ 🕸 rest, 🍸 🕸 *VISA* 🐼 🖭
13 bd Russie – 𝒞 04 70 98 21 63 – contact_lesnations@lesnations.com
– Fax 04 70 98 61 13 – Ouvert 21 mars-21 oct. BZ **c**
66 ch – ♦55/73 € ♦♦62/101 €, ⊆ 11 € – ½ P 55/64 € – **Rest** – Menu 19 €
(sem.)/30 € – Carte 28/42 €

♦ Situation centrale pour ce bel immeuble 1900 à la façade finement ouvragée. Les
chambres fonctionnelles et les salles de bains profitent d'une bénéfique cure de jouvence.
Cuisine traditionnelle servie dans deux salles à manger chaleureuses au décor actuel.

🏨 **Pavillon d'Enghien** 🎯 🛁 ⟷ 🍸 🕸 *VISA* 🐼 🖭 ⓪
32 r. Callou – 𝒞 04 70 98 33 30 – hotel.pavi@wanadoo.fr – Fax 04 70 31 67 82
– Fermé 20 déc.-1er fév. BY **b**
22 ch – ♦46/78 € ♦♦46/78 €, ⊆ 8 € – ½ P 50/65 €
Rest Les Jardins d'Enghien – (fermé vend. soir d'oct. à mars, dim. soir et lundi)
Menu 19/32 €

♦ Cette sympathique adresse dispose de coquettes chambres personnalisées, diversement meublées et peu à peu refaites. Accueil aimable. Décor actuel, petite terrasse
entourée de verdure et cuisine traditionnelle au restaurant.

BELLERIVE-SUR-ALLIER

VICHY

1943

🏨 **Chambord** 　　　　🛎 🅰️🅲 rest, ⇆ 🔥 𝚅𝙸𝚂𝙰 ⓂⓄ 🅰️🅴 ⓞ
82 r. de Paris – ℰ 04 70 30 16 30 – le.chambord @ wanadoo.fr – Fax 04 70 31 54 92
– Fermé 20 déc.-30 janv. 　　　　　　　　　　　　　　　　　　　CY **k**
27 ch – ♦42/50 € ♦♦48/60 €, 🖵 12 € – ½ P 50/60 €
Rest *L'Escargot qui Tette* – *(fermé dim. soir et lundi)* Menu 23/45 € – Carte
30/55 €

♦ Depuis trois générations, la même famille vous accueille dans cet hôtel aux chambres
pratiques et bien insonorisées. Un amusant escargot qui "tette" une bouteille de vin rouge
est devenu l'emblème du restaurant, sagement contemporain.

🏠 **Arverna** sans rest 　　　　　🛎 ⇆ 🐾 🔥 𝚅𝙸𝚂𝙰 ⓂⓄ 🅰️🅴 ⓞ
12 r. Desbrest – ℰ 04 70 31 31 19 – arverna-hotel @ wanadoo.fr
– Fax 04 70 97 86 43 　　　　　　　　　　　　　　　　　　　　CY **g**
26 ch – ♦45/50 € ♦♦50/65 €, 🖵 7,50 €

♦ Un hôtel familial aux petites chambres doucement rénovées, orientées sur rue ou sur la
cour intérieure où l'on petit-déjeune en été.

🏠 **Vichy Tonic** sans rest 　　　　　🛎 🐾 🔥 𝚅𝙸𝚂𝙰 ⓂⓄ 🅰️🅴
6 av. Prés. Doumer – ℰ 04 70 31 45 00 – vichy.tonic @ wanadoo.fr
– Fax 04 70 97 67 37 　　　　　　　　　　　　　　　　　　　　CZ **h**
36 ch – ♦61 € ♦♦61 €, 🖵 8,50 €

♦ Dans le quartier commerçant de la célèbre station, hôtel proposant des chambres de
taille variable, pratiques et bien insonorisées. Formule buffet au petit-déjeuner.

🍴🍴🍴 **Jacques Decoret** 　　　　　　　🅰️🅲 𝚅𝙸𝚂𝙰 ⓂⓄ 🅰️🅴 ⓞ
❀ *7 av. Gramont, (transfert prévu au printemps 10 r. Prunelle) – ℰ 04 70 97 65 06*
– jacques.decoret @ wanadoo.fr – Fax 04 70 97 65 06
– Fermé 12 août-5 sept., 5-26 fév., mardi et merc. 　　　　　　　BZ **b**
Rest – Menu 45 € (déj. en sem.), 65/115 € – Carte 78/98 €
Spéc. Pomme de terre "institut de Beauvais" en crème, servie tiède, pour coquillages avec fondue de poireau et jet d'encre. Bar sauvage d'Erquy confit, jus d'herbes,
dattes, petits fenouils. Sablé chocolat, tube craquant garni de café, concentré de
lait glacé. **Vins** Saint-Pourçain blanc et rouge.

♦ Le chef signe ici une cuisine très personnalisée, ludique et clairement créative, servie
dans un cadre contemporain. À noter : changement d'adresse prévu courant 2008.

🍴🍴 **L'Alambic** 　　　　　　　　　　　　　　　𝚅𝙸𝚂𝙰 ⓂⓄ
☺ *8 r. N.-Larbaud – ℰ 04 70 59 12 71 – alambic.vichy @ orange.fr*
– Fax 04 70 97 98 88 – Fermé 10 août-3 sept., 8 fév.-25 mars, dim. soir,
lundi et mardi 　　　　　　　　　　　　　　　　　　　　　　CY **u**
Rest – *(nombre de couverts limité, prévenir)* Menu 26/45 €

♦ Appétissante carte actuelle, service soigné et ambiance intime vous attendent
dans cette adresse de poche, près du quartier commerçant. Sobre décor aux tons verts et
gris.

🍴🍴 **La Table d'Antoine** 　　　　　　　🍽 🅰️🅲 𝚅𝙸𝚂𝙰 ⓂⓄ
8 r. Burnol – ℰ 04 70 98 99 71 – Fax 04 70 98 99 71 – Fermé 24-29 juin, 2-7 nov.,
3-23 fév., jeudi soir de nov. à mars, dim. soir et lundi sauf fériés 　　BZ **d**
Rest – Menu 22 € (déj. en sem.), 28/59 € – Carte 44/74 €

♦ Carte dans l'air du temps à déguster dans un décor "Baltard" (verre et fonte) rajeuni avec
bonheur. Beau plateau de fromages auvergnats. Terrasse sur rue piétonne.

🍴🍴 **L'Aromate** 　　　　　　　　　　　　　　　𝚅𝙸𝚂𝙰 ⓂⓄ
9 r. Besse – ℰ 04 70 32 13 22 – Fax 04 70 32 13 22 – Fermé 20 juil.-12 août,
2-15 janv., dim. soir, mardi soir et merc. 　　　　　　　　　　　CZ **n**
Rest – *(prévenir)* Menu (15 €), 20/42 € – Carte 34/39 €

♦ Dans la rue natale d'Albert Londres, on déguste une cuisine "herbes et épices" dans une
salle à manger redécorée avec goût : tableaux, miroir, mise de table ivoire et chocolat.

🍴🍴 **L'Envolée** 　　　　　　　　　　　　　🅰️🅲 𝚅𝙸𝚂𝙰 ⓂⓄ
44 av. E. Gilbert – ℰ 04 70 32 85 15 – lenvolee @ dbmail.com – Fax 04 70 32 85 15
– Fermé 15 juil.-6 août, 18 fév.-5 mars, mardi et merc. 　　　　　CZ **b**
Rest – Menu 19 € (déj. en sem.), 25/40 € – Carte 34/45 €

♦ Dans une rue tranquille, derrière une façade vitrée, salle à manger colorée, moderne et
décorée de tableaux, où l'on sert une cuisine traditionnelle soignée.

✗ Brasserie du Casino 🛎 ⇔ VISA ©O
4 r. du Casino – ℰ 04 70 98 23 06 – bdcvichy@wanadoo.fr – Fax 04 70 98 53 17
– Fermé 20 oct.-19 nov., 22 fév. -5 mars, mardi et merc.   BZ **a**
Rest – Menu (16 €), 26 € – Carte 33/47 €
♦ L'authentique cadre 1920 de cette brasserie est agrémenté de photos d'artistes lyriques ayant fait les beaux soirs de l'opéra tout proche. Terrasse-trottoir.

✗ L'Hippocampe VISA ©O AE
3 bd de Russie – ℰ 04 70 97 68 37 – Fax 04 70 97 68 37 – Fermé 2-23 juin,
17 nov.-8 déc., mardi midi, dim. soir et lundi   BZ **z**
Rest – Menu (17 € bc), 26/55 € – Carte 29/48 €
♦ Le boulevard est jalonné de somptueuses et excentriques villas. Cadre simple et cuisines visibles depuis la salle. Les produits de la mer ont l'honneur de la carte.

à Abrest 4 km par ② – 2 428 h. – alt. 290 m – ✉ 03200

✗✗ La Colombière avec ch ≤ vallée de l'Allier, 🍽 AC rest, ↳ ✆
🏠 *136 av. de Thiers, par D 906 – ℰ 04 70 98 69 15* 🖧 P VISA ©O AE
– lacolombiere@wanadoo.fr – Fax 04 70 31 50 89 – Fermé 1ᵉʳ-15 oct., mi-janv. à
mi-fév., dim. soir et lundi
4 ch – †39/42 € ††56/65 €, � 8,50 € – ½ P 58 € – **Rest** – Menu 20 € (sem.)/46 €
– Carte 37/46 €
♦ À flanc de colline, charmante villa des années 1950, son colombier et son jardin en terrasses courant jusqu'à l'Allier. Superbe panorama sur la vallée, cuisine traditionnelle. Chambres personnalisées et parfaitement tenues ; accueil aimable.

à St-Yorre 8 km par ② – 2 840 h. – alt. 275 m – ✉ 03270

🏠 L'Auberge Bourbonnaise 🛎 ⊃ & ch, ↳ 🖧 P VISA ©O
2 av. Vichy – ℰ 04 70 59 41 79 – aubergebourbonnaise@wanadoo.fr
⊂⊃ *– Fax 04 70 59 24 94 – Fermé 1ᵉʳ fév.-17 mars, sam. midi, dim. soir et lundi*
sauf juil.-août
21 ch – †52 € ††52 €, ⊇ 9 € – ½ P 50/54 € – **Rest** – Menu (10 €), 17 €
(sem.)/45 € – Carte 25/46 €
♦ Malgré la proximité de la route, les chambres sont tranquilles car bien insonorisées. L'annexe abrite de spacieux duplex au décor frais et soigné. Salle à manger-véranda rustique et terrasse ; bon choix de menus traditionnels.

✗✗ Piquenchagne 🍽 🛎 & P VISA ©O
Les Jarraux, Sud : 2 km sur rte Thiers – ℰ 04 70 59 23 77 – Fax 04 70 59 23 77
– Fermé 23 juin-4 juil., 5-16 janv. et lundi
Rest – Menu 20/42 € – Carte 29/50 €
♦ Cette ex-ferme restaurée abrite deux salles à manger sobres et accueillantes ; terrasse dressée face au jardin à l'anglaise. Cuisine du terroir à prix sages.

VIC-LE-COMTE – 63 Puy-de-Dôme – 326 G9 – 4 404 h. – alt. 472 m – ✉ 63270
▌ Auvergne   5 **B2**
   ◘ Paris 433 – Ambert 56 – Clermont-Ferrand 23 – Issoire 16 – Thiers 40
   ▣ Ste-Chapelle★ - Château de Busséol★ N : 6,5 km.

à Longues 4 km au Nord-Ouest par D 225 - ✉ 63270 Vic-le-Comte

✗✗ Le Comté AC ⇔ P VISA ©O
186 bd. du Gén. de Gaulle – ℰ 04 73 39 90 31 – Fax 04 73 39 24 58 – Fermé
15-30 juil., merc. soir, dim. soir et lundi
Rest – Menu 20/50 € – Carte 28/49 €
♦ Une maison régionale du début du 20ᵉ s. qui voisine la Banque de France. Décor classique. Quartier oblige : on y croise les notables locaux amateurs de plats au goût du jour.

VIC-SUR-CÈRE – 15 Cantal – 330 D5 – 1 890 h. – alt. 678 m – ✉ 15800
▌ Auvergne   5 **B3**
   ◘ Paris 549 – Aurillac 19 – Murat 29
   ❶ Office de tourisme, avenue André Mercier ℰ 04 71 47 50 68,
     Fax 04 71 47 58 56

🏠 Family Hôtel ≼ 🛋 ⌧ ▨ ※ 📶 & ch, ※ rest, 🕸 P VISA 🐵 AE ⑨
🍽 av. E. Duclaux – ℘ 04 71 47 50 49 – francois.courbebaisse@wanadoo.fr
– Fax 04 71 47 51 31
55 ch – ♦44/66 € ♦♦55/76 €, ⌑ 7 € – 16 suites – ½ P 46/57 €
Rest – (fermé 15 nov.-15 déc.) Menu 15/32 € – Carte 16/27 €
♦ Idéal pour les familles, cet ensemble hôtelier propose au choix des chambres fonctionnelles ou des studios, et diverses activités : piscines, tennis, animations, excursions... Restaurant de type pension, vue panoramique sur la vallée et carte traditionnelle.

🏠 Bel Horizon ⧉ ≼ 🛋 🏠 ⌧ 📶 ↯ ╰ 🕸 P VISA 🐵
🍽 – ℘ 04 71 47 50 06 – bouyssou@wanadoo.fr – Fax 04 71 49 63 81 – Fermé nov. et
3-26 janv.
24 ch – ♦40/50 € ♦♦43/54 €, ⌑ 8 € – ½ P 48/56 € – **Rest** – Menu 18 €
(sem.)/42 € – Carte 21/52 €
♦ La perspective sur les reliefs du Carladès justifie l'enseigne de cet établissement tradi-tionnel proche de la gare. Petites chambres entièrement et bien refaites. Les larges baies de la salle à manger offrent une échappée sur les plateaux alentour.

au Col de Curebourse 6 km au Sud-Est par D 54 - ⊠15800 St-Clément – alt. 994 m – ⊠ 15800

🏠🏠 Hostellerie St-Clément ≼ montagne et vallée, 🐾 🏠 & ↯
🍽 – ℘ 04 71 47 51 71 – hostelleriesaintclement@ ※ 🕸 P VISA 🐵
wanadoo.fr – Fax 04 71 49 63 02 – Femé 13 janv.-2 fév., dim. soir et lundi
sauf juil.-août
23 ch – ♦46/55 € ♦♦46/64 €, ⌑ 8,50 € – ½ P 46/70 € – **Rest** – Menu 25/61 €
– Carte 50/71 €
♦ Longue bâtisse dominant la vallée, sise à 1 000 m d'altitude. Les chambres, presque toutes rafraîchies, donnent sur le parc. Adresse entièrement non-fumeurs. Au restaurant : vue panoramique sur plateaux et ravins du Carladès et appétissante carte traditionnelle.

VIDAUBAN – 83 Var – 340 N5 – 7 311 h. – alt. 60 m – ⊠ 83550 41 **C3**
🟦 Paris 841 – Cannes 63 – Draguignan 19 – Fréjus 29 – Toulon 61
🛈 Office de tourisme, 56, avenue du Président Wilson ℘ 04 94 73 10 28,
Fax 04 94 73 07 82

🏠 La Fontaine & AC rest, ※ ╰ P 🚗 VISA 🐵
60 rte Départementale 84, rte du Thoronet : 1,5 km – ℘ 04 94 99 91 91
– hotel.la.fontaine.vidauban@wanadoo.fr – Fax 04 94 73 16 49
13 ch – ♦59 € ♦♦59/65 €, ⌑ 8 € – ½ P 59 € – **Rest** – (dîner seult) Menu 19/26 €
– Carte 26/33 €
♦ Posté à un carrefour, hôtel récent à la façade colorée, disposant de chambres fraîches et sobres, impeccablement tenues. La salle de restaurant et la cuisine, traditionnelle, sont en parfaite harmonie dans le registre de la simplicité.

※※ La Bastide des Magnans avec ch 🏠 ※ ch, ╰ 🕸 P VISA 🐵 AE ⑨
20 av. de la Résistance, rte La Garde-Freinet – ℘ 04 94 99 43 91 – magnans83@
orange.fr – Fax 04 94 99 44 35 – Fermé 25 juin-4 juil., 24-31 déc. dim. et merc. hors
saison
5 ch – ♦75/85 € ♦♦85/95 €, ⌑ 8 € – **Rest** – (fermé dim. soir, merc. soir et lundi
hors saison) Menu (18 €), 28/72 € – Carte 61/106 €
♦ Cette ancienne magnanerie abrite deux lumineuses salles à manger redécorées dans un style campagnard chic. Cinq chambres de charme, toutes imaginées sur un thème et une ambiance différents, ont été créées récemment.

※ Concorde 🏠 VISA 🐵 AE
pl. G. Clemenceau – ℘ 04 94 73 01 19 – alainboeuf@provencariviera.com
– Fax 04 94 73 01 19 – Fermé mardi soir et merc.
Rest – Menu (19 €), 29 € (sem.)/60 € – Carte 36/70 €
♦ Sur la place centrale, ce restaurant a gagné en place avec sa terrasse couverte. Au menu, cuisine du terroir avec, en saison, des spécialités de gibier et de champignons.

VIEILLEVIE – 15 Cantal – 330 C7 – 114 h. – alt. 220 m – ⊠ 15120   5 **B3**

🗗 Paris 600 – Aurillac 45 – Entraygues-sur-Truyère 15 – Figeac 44
– Montsalvy 14 – Rodez 50

🏠 **La Terrasse**   🚗 🗇 🏊 ※ **P** **VISA** **◑③** **AE**
– 𝒸 04 71 49 94 00 – hotel-de-la-terrasse @ wanadoo.fr – Fax 04 71 49 92 23
– Ouvert 16 mars-5 nov.
26 ch – ♦49/64 € ♦♦49/64 €, � 9,50 € – ½ P 52/60 € – **Rest** – (fermé dim. soir et
lundi sauf juil.-août, et lundi midi en juil.) Menu 23 € (sem.)/42 € – Carte 32/43 €
♦ Cet hôtel géré par la même famille depuis 1870 est situé au bord du Lot. Bons équipements de loisirs, chambres d'esprit campagnard et bar à clientèle locale. Une glycine
ombrage la terrasse du restaurant, aménagée en surplomb de la piscine ; carte régionale.

VIENNE ◈ – 38 Isère – 333 C4 – 29 975 h. – alt. 160 m – ⊠ 38200
▌ Lyon et la vallée du Rhône   44 **B2**

🗗 Paris 486 – Grenoble 89 – Lyon 31 – St-Étienne 49 – Valence 73

🗓 Office de tourisme, cours Brillier 𝒸 04 74 53 80 30, Fax 04 74 53 80 31

◎ Cathédrale St-Maurice★★ - Temple d'Auguste et de Livie★★ R - Théâtre
romain★ - Église★ et cloître★ de St-André-le-Bas - Esplanade du Mont Pipet
≤★ - Anc. église St-Pierre★ - Groupe sculpté★ de l'église de Ste-Colombe
AY - Cité gallo-romaine de St-Romain-en-Gal★★ (musée★, site★).

Plans pages suivantes

🏠🏠 **La Pyramide** (Patrick Henriroux)   🚗 🗇 ▣ ⅋ ch, Ⅲ ⅍ 📞 🕍 **P**
❀❀ 14 bd F. Point, cours de Verdun, sud du plan   🖂 **VISA** **◑③** **AE** **①**
– 𝒸 04 74 53 01 96 – pyramide @ relaischateaux.com – Fax 04 74 85 69 73
– Fermé 12-20 août et 12 fév.-6 mars
21 ch – ♦195 € ♦♦255 €, ⊇ 20 € – 4 suites
Rest – (fermé mardi et merc.) Menu 58 € bc (déj. en sem.), 98/158 € –
Carte 103/172 € ♨
Spéc. Crème soufflée de crabe "dormeur" au caviar osciètre. Cul de veau de lait cuit
au sautoir, jus à l'ancienne. Piano au chocolat praliné, amandes, noisettes, sauce
café. **Vins** Condrieu, Côte-Rôtie.
♦ Belle maison régionale aux vastes chambres très élégantes (tendance provençale) et
agréable jardin. Finesse et saveurs actuelles dans les assiettes ; flacons rares dans la superbe
cave. À midi, en semaine, on s'offre le menu du marché... sans casser sa tirelire !

※※ **Le Bec Fin**   🗇 Ⅲ **VISA** **◑③**
7 pl. St-Maurice – 𝒸 04 74 85 76 72 – Fax 04 74 85 15 30 – Fermé 30 juin-8 juil.,
vacances de Noël, merc. soir, dim. soir et lundi   AY **r**
Rest – Menu 21 € (sem.)/58 € – Carte 35/64 €
♦ À l'image de son jovial patron, la cuisine mi-régionale, mi-traditionnelle de ce restaurant
ne manque pas de caractère. Décor sobre ; terrasse dressée sur la place en été.

※※ **Le Cloître**   🗇 Ⅲ ⟺ **VISA** **◑③** **AE**
2 r. Cloîtres – 𝒸 04 74 31 93 57 – cloitre @ netgdi.com
– Fax 04 74 85 03 51   BY **n**
Rest – (fermé sam. et dim.) Menu (16 €), 24/41 € – Carte 40/55 € ♨
♦ Aimable maison au pied de la cathédrale St-Maurice. Vitraux, pierres et poutres forment
le cadre de la salle à manger principale. Recettes au goût du jour et bon choix de vins.

※ **Saveurs du Marché**   Ⅲ **VISA** **◑③**
34 cours de Verdun, sud du plan – 𝒸 04 74 31 65 65 – saveurs.du.marche @
⌖ wanadoo.fr – Fax 04 74 31 65 65 – Fermé 28 juil.-25 août, 24 déc.-5 janv., sam.,
dim. et fériés
Rest – Menu 12 € (déj. en sem.), 17 € (dîner)/36 € (dîner) – Carte 33/47 € ♨
♦ Petite salle à manger colorée près de la pyramide de l'ancien cirque romain. Menu du
marché à midi ; cuisine au goût du jour plus élaborée le soir. Carte de côtes-du-rhône.

※ **L'Estancot**   **VISA** **◑③**
4 r. Table Ronde – 𝒸 04 74 85 12 09 – Fax 04 74 85 12 09 – Fermé 1er-16 sept., Noël
⌖ à mi-janv., dim., lundi et fériés   BY **e**
Rest – Menu 13 € (déj. en sem.), 19/27 € – Carte 22/39 €
♦ Sympathique adresse, genre bistrot, fréquentée par une clientèle d'habitués. Carte
traditionnelle et régionale ; spécialités de criques (galettes de pommes de terre) le soir.

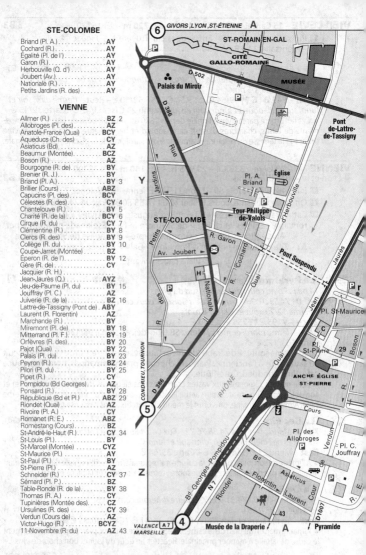

à Chasse-sur-Rhône 8 km par ① (Échangeur A7 - sortie Chasse-sur-Rhône) – 4 795 h.
– alt. 180 m – ⊠ 38670

 Mercure 📶 🏧 ⇔ 📞 ♨ 🅿 *VISA* 🅾 🅰🅴 ①
– 𝒞 04 72 49 58 68 – h0349@accor.com – Fax 04 72 49 58 88
115 ch – ♦99/149 € ♦♦109/159 €, ⴿ 14 € – **Rest** – *(fermé sam. midi, dim. midi et fériés)* Menu 21/24 € – Carte 22/34 €

♦ Grand bâtiment proche de l'autoroute. Les chambres, conçues pour être pratiques, sont décorées sur le thème du jazz, clin d'œil au célèbre festival de Vienne. Au restaurant, cadre contemporain et cuisine traditionnelle assortie de quelques "lyonnaiseries".

1948

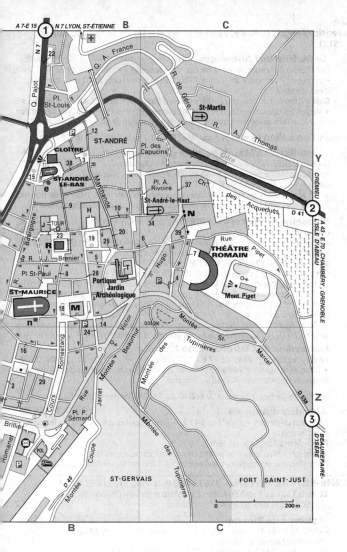

à **Estrablin** 8 km par ② et D 41 – 3 214 h. – alt. 223 m – ⊠ 38780

La Gabetière sans rest   ◁ 💧 📶 **P** *VISA* **⑳** **AE** **⑨**
sur D 502 – ℰ 04 74 58 01 31
– lagabetiere@orange.fr – Fax 04 74 58 08 98
– Fermé 24 déc.-15 janv.
12 ch – ✝50 € ✝✝70 €, ⌷ 10 €
♦ Dans un parc, charmant manoir du 16ᵉ s. joliment restauré et ses annexes.
Chambres diversement décorées (styles "bonbonnière", provençal, ancien...). Piscine et
aire de jeux.

VIENNE

à Reventin-Vaugris (village) 9 km par ④, N 7 et D 131 – 1 577 h. – alt. 230 m – ⊠ 38121

XX **La Maison de l'Aubressin** ≤ Pilat, 😊 🚗 ⇨ **P** VISA ⓪

847 chemin Aubressin, Nord : 1 km par rte secondaire – ℰ 04 74 58 83 02
– aubressin@wanadoo.fr – Fermé 7-25 avril, 15 sept.-3 oct., 22-31 déc., dim. soir,
lundi et mardi
Rest – *(nombre de couverts limité, prévenir)* Menu 48 € bc/78 € bc – Carte 27/65 €
♦ Maison tapissée de lierre, perchée sur une colline avec vue sur le Pilat. Cuisine de tradition servie au milieu de reproductions de tapisseries du musée de Cluny ou en terrasse.

à Chonas-l'Amballan 9 km au Sud par ④ et N 7 – 1 219 h. – alt. 250 m – ⊠ 38121

🏠 **Hostellerie Le Marais St-Jean** sans rest ॐ 🚗 ᕕ

chemin Marais – ℰ 04 74 58 83 28 – contact@domaine- 🛁 **P** VISA ⓪ AE
de-clairefontaine.fr – Fax 04 74 58 80 93 – Fermé 18-26 août et 20 déc.-15 janv.
10 ch – †82/90 €, ††82/90 €, ⊂⊃ 17 €
♦ Cet ancien corps de ferme restauré possède un intérieur ultra sobre et de bon ton. Terrasse orientée plein Sud (pour les petits-déjeuners en saison) et jardin aromatique.

XXX **Domaine de Clairefontaine** (Philippe Girardon) avec ch 🐾 🚗 ✗
❀ *chemin Fontanettes* ᕕ ch, 🅰 ✗ rest, **P** VISA ⓪ AE ①
– ℰ 04 74 58 81 52 – contact@domaine-de-clairefontaine.fr – Fax 04 74 58 80 93
– Fermé 18-26 août, 20 déc.-15 janv., lundi et mardi
9 ch – †45/85 € ††45/85 €, ⊂⊃ 17 € – ½ P 88/108 €
Rest – Menu 38 € bc (déj. en sem.), 65/115 € – Carte 76/111 €
Spéc. Dos de bar de ligne et langoustine royale truffée. Pigeon des terres froides de l'Isère et foie gras de canard, jus de truffe. Stradivarius au chocolat "pur caraïbes" et lait de poule aux noix torréfiées. **Vins** Saint-Joseph, Vin de pays des Collines Rhodaniennes.
♦ Cette élégante demeure nichée dans un parc de 3 ha, jadis maison de repos des évêques de Lyon, est de nos jours un rendez-vous gourmand : cuisine soignée et au goût du jour.

Les Jardins de Clairefontaine 🏠🏠 ॐ 📶 ᕕ 🅰 📞
18 ch – †125 € ††125 €, ⊂⊃ 17 € – ½ P 128 € 🛁 VISA ⓪ AE ①
♦ Tranquillité, espace et verdure : un environnement de choix pour ces chambres dotées de balcon ou de terrasse. Accueil au Domaine.

au Sud au Mas de Gerbey, 10 km par ④ et D 4 – ⊠ 38121 Chonas-l'Amballan

X **L'Atelier d'Antoine** 🚗 **P** VISA ⓪
😊 *2176 Mas de Gerbey – ℰ 04 74 56 41 21 – latelierdantoine@orange.fr – fermé mardi et merc.*
Rest – Menu 15 € (déj. en sem.), 27/35 €
♦ Dans son atelier, le chef réalise une cuisine traditionnelle revisitée et teintée d'exotisme. Décor classique ou tendance (suivi en direct des cuisines via un écran), terrasse.

VIENNE-EN-VAL – 45 Loiret – 318 J5 – 1 549 h. – alt. 112 m – ⊠ 45510
🄳 Paris 157 – La Ferté-St-Aubin 22 – Montargis 57 – Orléans 23
– Sully-sur-Loire 20 **12 C2**

XX **Auberge de Vienne** 🚗 ᕕ 🅰 ✗ VISA ⓪ AE
– ℰ 02 38 58 85 47 – Fax 02 38 58 63 29 – Fermé 1er-16 sept., 19 janv.-3 fév., dim. soir, lundi et mardi sauf fériés
Rest – Menu 22 € (déj. en sem.), 33/57 € – Carte 55/63 €
♦ Maison ancienne d'un village situé aux portes de la Sologne. Plaisante salle à manger rustique cloisonnée de colombages et agrémentée d'une cheminée. Cuisine traditionnelle.

VIENNE-LE-CHÂTEAU – 51 Marne – 306 L7 – 625 h. – alt. 129 m – ⊠ 51800
🄳 Paris 236 – Châlons-en-Champagne 52 – Saint-Memmie 50 – Verdun 49 **14 C2**

rte de Binarville 1 km au Nord par D 63 – ⊠ 51800 Vienne-le-Château

🏠 **Le Tulipier** ॐ 🐾 🚗 📺 📶 ᕕ 🅰 rest, ⇄ 📞 🛁 **P** VISA ⓪ AE
r. St-Jacques – ℰ 03 26 60 69 90 – tulipier.le@wanadoo.fr – Fax 03 26 60 69 91
38 ch – †55/71 € ††66/80 €, ⊂⊃ 8,50 € – **Rest** – Menu 22/55 € – Carte 34/49 €
♦ Les amateurs de calme et de nature apprécieront cet hôtel moderne niché dans la forêt d'Argonne. Chambres fonctionnelles, piscine couverte et salle de fitness. Plaisante salle à manger actuelle agencée autour d'une cheminée design. Cuisine au goût du jour.

▶ Paris 207 – Bourges 39 – Châteauroux 58 – Orléans 84 – Tours 120   12 **C2**

🅱 Office de tourisme, 11, rue de la Société Française ℰ 02 48 53 06 14,
Fax 02 48 53 09 30

🔳 la Picardière Chemin de la Picardière, par rte de Gien : 8 km, ℰ 02 48 75 21 43 ;

🔳 de Nançay à Nançay Domaine de Samord, NE : 18 km par D 926 et D944,
ℰ 02 48 51 86 55.

VIERZON

Baron (R. Bl.)	**A** 2	Foch (Pl. du Mar.)	**B** 7	Péri (Pl. Gabriel)	**A**
Briand (Pl. Aristide)	**B** 3	Gaucherie (R. de la)	**A** 8	Ponts (R. des)	**B**
Brunet (R. A.)	**B**	Gaulle (R. Gén.-de)	**A** 9	République (Av. de la)	**A** 16
Dr-P.-Roux (R. du)	**B** 6	Joffre (R. du Mar.)	**B** 12	Roosevelt (R. Th.)	**B** 18
		Larchevêque		Voltaire (R.)	**B** 20
		(R. M.)	**A** 13	11-Novembre-1918	
		Nation (Bd de la)	**A** 14	(R. du)	**A** 22

🏠 **Continental**   📶 🔐 **P** 🍴 **VISA** **◑**
104 bis av. Ed. Vaillant, par ① : 1,5 km – ℰ *02 48 75 35 22 – hotel.continental18 @
orange.fr – Fax 02 48 71 10 39*
37 ch – ♦45 € ♦♦57 €, ⊇ 7 € – **Rest** – *(dîner seult) (résidents seult)* Carte 20/27 €
♦ "T'as voulu voir Vierzon et on a vu Vierzon..." : une étape "obligée", rendue confortable
par cet hôtel aux chambres régulièrement rajeunies. Restauration très simple.

🏠 **Arche Hôtel**   🛰 📶 ♻ ⚡ ☎ 🔐 🍴 **VISA** **◑** **AE** **①**
13 r. du 11 Novembre 1918 – ℰ *02 48 71 93 10 – laurent.brechemier @ free.fr
– Fax 02 48 71 83 63*   **A b**
40 ch – ♦45 € ♦♦54 €, ⊇ 8 € – ½ P 49/59 € – **Rest** – snack *(fermé dim.) (dîner
seult)* Menu 20 € – Carte 20/31 €
♦ Derrière cette façade de verre moderne près des arches du vieux pont sur l'Yèvre, un
décor axé sur la culture pop américaine. Chambres fonctionnelles, bien équipées et soignées. Repas sans prétention, orientés "salades et grillades", servis dans une salle actuelle.

XXX **La Maison de Célestin** (Pascal Chaupitre) ⌂ AC ⇔ VISA ⦾ AE

☼ *20 av. P. Sémard –* ⌀ *02 48 83 01 63 – lamaisondecelestin@wanadoo.fr*
– Fax 02 48 71 63 41 – Fermé 11-31 août, 1er-15 janv., sam. midi, dim. soir et lundi
Rest – Menu (20 €), 25 € (déj. en sem.), 35/65 €   A v
Spéc. Gâteau de saumon fumé, pistou noisette-céleri, crème glacée au chavignol.
Côte de veau au poêlon, feuille de vigne farcie aux champignons des bois,
"bernache" de quincy réduite. Les petits pots de crème brûlée.
◆ Cette maison de maître du 19e s. dissimule un bel intérieur façon loft, très contemporain.
Véranda et terrasse s'ouvrent sur un jardin public. Cuisine au goût du jour maîtrisée.

rte de Tours 2,5 km par ⑤ – ⊠ 18100 Vierzon

XX **Le Champêtre** ⌂ P VISA ⦾

⊕ *89 rte de Tours –* ⌀ *02 48 75 87 18 – Fax 02 48 71 67 04 – Fermé 25 juil.-15 août,*
lundi soir, merc. soir, dim. soir et mardi
⊕ **Rest** – Menu 18 € (sem.)/39 € – Carte 27/43 €
◆ Petite maison sympathique à la salle à manger sagement champêtre. Au programme des
réjouissances : de savoureuses recettes classiques et régionales.

VIEUX-BOUCAU-LES-BAINS – 40 Landes – 335 C12 – 1 379 h. – alt. 5 m
– ⊠ 40480 ▮ Aquitaine   3 **A2**

▶ Paris 740 – Bayonne 41 – Biarritz 48 – Castets 28 – Dax 37
– Mont-de-Marsan 90

🛈 Office de tourisme, Le Mail ⌀ 05 58 48 13 47, Fax 05 58 48 15 37

🖥 de Pinsolle à Soustons Port d'Albret Sud, S : 9 km par D 4, ⌀ 05 58 48 03 92.

X **Marinero** avec ch ⌂ VISA ⦾

⊕ *15 Grande Rue –* ⌀ *05 58 48 14 15 – marinero2@wanadoo.fr – Fax 05 58 48 38 18*
– Ouvert de fin mars à fin sept.
19 ch – ♦32/43 € ♦♦35/61 €, � 7 € – **Rest** – *(fermé mardi hors saison et
lundi sauf le soir en juil.-août)* Menu 18/31 € – Carte 26/37 €
◆ Tons bleu et blanc, meubles acajou, tableaux et bibelots relatifs à l'océan donnent à
ce restaurant des allures de bistrot marin. Cuisine ibérico-landaise tournée vers la mer.

VIEUX-MOULIN – 60 Oise – 305 I4 – **rattaché à Compiègne**

VIEUX-VILLEZ – 27 Eure – 304 H6 – **rattaché à Gaillon**

LE VIGAN ⌕ – 30 Gard – 339 G5 – 4 429 h. – alt. 221 m – ⊠ 30120
▮ Languedoc Roussillon   23 **C2**

▶ Paris 707 – Alès 66 – Lodève 50 – Mende 108 – Millau 72 – Montpellier 61
– Nîmes 77

🛈 Office de tourisme, place du Marché ⌀ 04 67 81 01 72, Fax 04 67 81 86 79

◎ Musée Cévenol ★.

au Rey 5 km à l' Est par D 999 – ⊠ 30570 St-André-de-Majencoules

🏨 **Château du Rey** ⌕ ⌀ ⌂ ⌖ ⌕ P VISA ⦾ AE

– ⌀ *04 67 82 40 06 – contact@chateaudurey.fr – Fax 04 67 82 47 79 – Ouvert
d'avril à oct.*
13 ch – ♦75/98 € ♦♦75/148 €, � 8 € – ½ P 68/104 € – **Rest** – *(fermé dim. soir et
lundi)* Menu 22/43 € – Carte 28/48 €
◆ Forteresse médiévale restaurée par Viollet-le-Duc au cœur d'un parc longé par une rivière
(parcours de pêche). Chambres personnalisées, garnies de meubles anciens. Salle à manger voûtée aménagée dans l'ex-bergerie (13e s.) du château ; agréable terrasse.

à Pont d'Hérault 6 km à l' Est par D 999 – ⊠ 30570 Valleraugue

🏨 **Maurice** ⌕ ⌗ ⌂ ⌖ ⌕ AC rest, P VISA ⦾

– ⌀ *04 67 82 40 02 – hotelmaurice@aol.com – Fax 04 67 82 46 12 – Fermé janv.*
14 ch – ♦65 € ♦♦65/95 €, ⊂ 8 € – ½ P 65/85 € – **Rest** – *(dîner pour résidents
seult)* Menu 38/62 € – Carte environ 55 €
◆ Auberge traditionnelle tenue par la même famille depuis trois générations sur la jolie
route longeant l'Hérault. Chambres confortables, plus tranquilles côté rivière. Salle à
manger colorée et plaisante terrasse surplombant la piscine et la vallée.

LE VIGAN – 46 Lot – 337 E3 – rattaché à Gourdon

VIGNOUX-SUR-BARANGEON – 18 Cher – 323 J3 – 1 885 h. – alt. 157 m
✉ 18500   12 **C3**

> ☑ Paris 215 – Bourges 26 – Cosne-sur-Loire 69 – Gien 70 – Issoudun 37
> – Vierzon 9
>
> 🚉 Office de tourisme, 23, rue de la République ℰ 02 48 51 11 41,
> Fax 02 48 51 11 46

XXX   **Le Prieuré** avec ch ⌖   🚃 🛋 ⌦ ㏗ ch, ⌞ ch, **P** *VISA* ◍

> r. Jean Graczyk – ℰ 02 48 51 58 80 – prieurehotel @ wanadoo.fr
> – Fax 02 48 51 56 01 – Fermé vacances de la Toussaint et de fév., mardi et merc.
> **6 ch** – ✝57/76 € ✝✝57/76 €, ⌸ 7 € – ½ P 68/76 € – **Rest** – Menu (21 €), 28 € (déj.
> en sem.), 36/68 € – Carte 54/58 €
>
> ♦ Dans un presbytère du 19ᵉ s., restaurant au décor sagement contemporain et belle
> terrasse au bord de la piscine ; cuisine au goût du jour. Petites chambres rénovées.

VILLAGE-NEUF – 68 Haut-Rhin – 315 J11 – rattaché à St-Louis

VILLAINES-LA-JUHEL – 53 Mayenne – 310 H4 – 3 179 h. – alt. 185 m
– ✉ 53700   35 **C1**

> ☑ Paris 222 – Alençon 32 – Bagnoles-de-l'Orne 31 – Le Mans 58 – Mayenne 28
>
> 🚉 Syndicat d'initiative, boulevard du Général-de-Gaulle ℰ 02 43 03 78 88,
> Fax 02 43 03 77 92

🏠   **Oasis** sans rest   ◍ ㏗ ⌞ ⌢ **P** *VISA* ◍ ㏂ ◍

> 1 km par rte de Javron – ℰ 02 43 03 28 67 – oasis @ oasis.fr – Fax 02 43 03 35 30
> **14 ch** – ✝42 € ✝✝50/59 €, ⌸ 9 €
>
> ♦ Cette vieille ferme au cachet rustique recèle d'agréables chambres ornées de poutres et
> de murs en briquettes. Petit parc (plan d'eau, minigolf) ; restauration rapide au bar.

VILLARD-DE-LANS – 38 Isère – 333 G7 – 3 798 h. – alt. 1 040 m – Sports
d'hiver : 1 160/2 170 m ⌘ 2 ⌦ 27 ⌦ – Casino – ✉ 38250 ▮ Alpes du Nord   45 **C2**

> ☑ Paris 584 – Die 67 – Grenoble 34 – Lyon 123 – Valence 67 – Voiron 44
>
> 🚉 Office de tourisme, 101, place Mure Ravaud ℰ 08 11 46 00 15,
> Fax 04 76 95 98 39
>
> 🏌 de Corrençon-en-VercorsS : 6 km par D 215, ℰ 04 76 95 80 42.
>
> ◎ Gorges de la Bourne ★★★ – Route de Valchevrière ★ O par D 215ᶜ.

VILLARD-DE-LANS

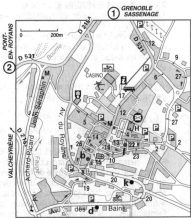

D 215 ╲ TÉLÉCABINE CÔTE 2000

🏠 Le Christiania ← 🍽 🛋 🦯 🖵 🖥 ❄ rest, 🚫 VISA 🞉 AE ⓪

av. Prof. Nobecourt – ℰ 04 76 95 12 51 – info@hotel-le-christiania.fr

☞ – Fax 04 76 95 00 75 – Ouvert 20 mai-30 sept. et 21 déc.-mi-avril **k**

23 ch – ♥67/97 € ♥♥85/188 €, ☲ 10 € – ½ P 82/120 €

Rest Le Tétras – (ouvert 21 mai-31 août et 20 déc.-31 mars) Menu 17 € (déj. en sem.), 25/50 € – Carte 38/70 €

♦ Hôtel familial dont les vastes chambres personnalisées évoquent parfois un chalet de montagne ; presque toutes possèdent un balcon et regardent les sommets. Piscine couverte. Restaurant orné de bibelots et de trophées de chasse ; cuisine à l'accent du pays.

✕ Les Trente Pas 🛋 VISA 🞉

16 r. Francs-Tireurs – ℰ 04 76 94 06 75 – Fax 04 76 95 80 69 – Fermé avril et mi nov.

☞ à mi déc., lundi et mardi sauf fériés **b**

😊 **Rest** – Menu 14,50 € (déj. en sem.), 27/49 € bc – Carte 35/41 €

♦ À quelques pas – une trentaine ? – de l'église du village, petit restaurant proposant une généreuse cuisine traditionnelle. Les œuvres d'un peintre local décorent la salle.

au Sud-Ouest par rte du col du Liorin – ✉ 38250 Villard-de-Lans

🏠 Auberge des Montauds 🌿 ← 🍽 🛋 🦯 🚷 ❄ rest, 🅿 VISA 🞉

aux Montauds : 4 km – ℰ 04 76 95 17 25 – aubergedesmontauds@wanadoo.fr

– Fax 04 76 95 17 69 – Fermé 14 avril-1er mai et 4 nov.-18 déc.

11 ch – ♥45/50 € ♥♥50/77 €, ☲ 6,50 € – ½ P 52/55 € – **Rest** – (fermé lundi et mardi sauf juil.-août) Menu 19/29 € – Carte 24/36 €

♦ Pittoresque adresse installée dans une ancienne ferme, à l'extrémité d'un hameau d'altitude. Chaleureuses petites chambres de style chalet. Plats traditionnels, spécialités du Vercors, raclettes et fondues servis devant les flambées de la salle ou en terrasse.

✕ La Ferme du Bois Barbu avec ch 🌿 ← 🛋 🚷 🦯 📞 🅿 VISA 🞉

à Bois-Barbu : 3 km – ℰ 04 76 95 13 09 – contact@fermeboisbarbu.com – Fermé 7-13 avril, 6-10 oct., 12 nov.-5 déc.

8 ch – ♥48 € ♥♥56 €, ☲ 9 € – ½ P 54 € – **Rest** – (fermé dim. soir et merc.) Menu (19 €), 23/55 €

♦ Non loin des pistes de ski de fond, agréable restaurant rustique (lambris, cheminée, etc.). Cuisine traditionnelle à l'accent du terroir. Chambres d'inspiration montagnarde.

au Balcon de Villard rte Côte 2000, 4 km au Sud-Est par D 215 et D 215⁸
– ✉ 38250 Villard-de-Lans

🏠 Les Playes 🌿 ← 🛋 🦯 📞 🅿 VISA 🞉

– ℰ 04 76 95 14 42 – contact@hotel-playes.com – Fax 04 76 95 58 38 – Ouvert 1er juin-20 sept. et 21 déc.-15 avril

23 ch – ♥50/55 € ♥♥70/82 €, ☲ 10 € – ½ P 65/74 € – **Rest** – (ouvert 15 juin-15 sept. et 21 déc.-15 avril) (dîner seult en hiver) Menu 26/35 € – Carte 35/43 €

♦ Robuste chalet aux chambres progressivement rénovées dans un esprit montagnard actualisé ; quelques balcons face au massif de la Grande Moucherolle. Restaurant et terrasse ménagent une belle vue sur les sommets ; plats régionaux en hiver, traditionnels en été.

à Corrençon-en-Vercors 6 km au Sud par D 215 – 322 h. – alt. 1 105 m – ✉ 38250

🅸 Office de tourisme, place du Village ℰ 04 76 95 81 75

🏠 du Golf 🌿 ← 🍽 🛋 🖵 🅿 VISA 🞉 AE

Les Ritons – ℰ 04 76 95 84 84 – hotel-du-golf@wanadoo.fr – Fax 04 76 95 82 85

☸ – Ouvert 2 mai-14 oct. et 16 déc.-29 mars

22 ch – ♥70/95 € ♥♥100/190 €, ☲ 12 € – 6 suites – ½ P 92/135 €

Rest – (fermé le midi sauf dim. et fériés) Menu 30/60 € – Carte 34/45 € 🏵

Spéc. Lapin de La Narce, pressé de foie gras et pommes au gamay du Diois. Pigeon en cocotte lutée en fumée de pousses de sapin. Raviole transparente de vin de Maury, mousse chocolat blanc, griottes amarena.

♦ Chambres coquettes, superbe extension "tout bois", beau bar cosy, sauna et jacuzzi flambant neufs, copieux petit-déjeuner : nouveau départ réussi pour cet hôtel familial ! Cuisine inventive soignée (produits du terroir), servie au coin du feu ou sur la jolie terrasse.

VILLARD-RECULAS – 38 Isère – 333 J7 – 57 h. – alt. 1 450 m – ⊠ 38114

✗ **Bonsoir Clara** ⩽ la Muzelle et le Taillefert, 🛜 VISA ⓂⓄ 🆎
23 rte des Alpages – ℰ 04 76 80 37 20 – il-fera-beau-demain @ wanadoo.fr
– Fax 04 76 80 37 20 – Ouvert 16 juin 30 sept. et 16 déc.-30 avril
Rest – (prévenir le week-end) Menu 30/35 € – Carte 31/53 €
♦ Pour une copieuse cuisine actuelle mariant produits du terroir et notes orientales,
rendez-vous chez Clara, la patronne de ce chalet surplombant le village. Bon choix de vins.

LE VILLARS – 71 Saône-et-Loire – 320 J10 – rattaché à Tournus

VILLARS-LES-DOMBES – 01 Ain – 328 D4 – 4 190 h. – alt. 281 m – ⊠ 01330
▌ Lyon et la vallée du Rhône   43 **E1**
▶ Paris 433 – Bourg-en-Bresse 29 – Lyon 37 – Villefranche-sur-Saône 29
🖪 Office de tourisme, 3, place de l'Hôtel de Ville ℰ 04 74 98 06 29,
Fax 04 74 98 29 13
🖬 du Clou RN 83, S : 3 km par D 1083, ℰ 04 74 98 19 65 ;
🖬 du Gouverneur à Monthieux Château du Breuil, SO : 8 km par D 904 et D 6,
ℰ 04 72 26 40 34.
◙ Parc ornithologique★★ S : 1 km.

🏠 **Ribotel** 🛜 🏐 🕭 ch, ↔ ℣ ≜ 🅿 VISA ⓂⓄ 🆎
rte de Lyon – ℰ 04 74 98 08 03 – ribotel @ wanadoo.fr – Fax 04 74 98 29 55 – Fermé
23 déc.-7 janv.
45 ch – ♦50 € ♦♦58 €, ⊒ 8,50 € – ½ P 59 €
Rest La Villardière – (fermé 23 déc.-15 janv., dim. soir et lundi) Menu 19 € (déj. en
sem.), 23/35 € – Carte 30/44 €
♦ Une bonne adresse aux portes du parc ornithologique : chambres en grande partie
rafraîchies et petit salon pour la détente (fauteuils club, écran LCD). Au restaurant La
Villardière, cuisine traditionnelle servie dans la salle à manger en rotonde.

à Bouligneux 4 km au Nord-Ouest par D 2 – 290 h. – alt. 282 m – ⊠ 01330

✗✗ **Auberge des Chasseurs** 🛜 ℀ VISA ⓂⓄ
– ℰ 04 74 98 10 02 – Fax 04 74 98 28 87 – Fermé 1er-10 sept., 20 déc.-20 janv., lundi
soir du 15 nov. au 15 mars, mardi et merc.
Rest – Menu 30 € (sem.)/65 € – Carte 44/68 €
♦ Près de l'église, cette maison accueille chaleureusement les chasseurs... et les autres.
Cuisine bressane et dombiste servie dans une salle campagnarde et, en été, au jardin.

✗ **Hostellerie des Dombes** 🛜 ⇆ 🅿
– ℰ 04 74 98 08 40 – Fax 04 74 98 16 63 – Fermé fin août, vacances de fév., merc. et
jeudi
Rest – Menu 22 € (sem.)/49 € – Carte 33/52 €
♦ Maison traditionnelle qui abrite une salle à manger d'esprit champêtre, remplie par
l'alléchant parfum d'une cuisine de terroir (grenouilles, gibier). Agréable terrasse.

✗ **Le Thou** 🗟 🛜 🕭 🔊 VISA ⓂⓄ
au village – ℰ 04 74 98 15 25 – lethou @ orange.fr – Fax 04 74 98 13 57 – Fermé
vacances de fév., dim. soir, lundi et mardi
Rest – Menu 29/56 € – Carte 32/57 €
♦ Lumineuse entrée sous verrière pour cette ex-auberge de village superbement fleurie, dont la carte célèbre les terroirs de la Bresse et de la Dombes (grenouilles en saison).

VILLARS-SOUS-DAMPJOUX – 25 Doubs – 321 K2 – 403 h. – alt. 362 m
– ⊠ 25190   17 **C2**
▶ Paris 482 – Baume-les-Dames 50 – Besançon 81 – Montbéliard 24
– Morteau 49

à Bief 3 km au Sud – 123 h. – alt. 362 m – ⊠ 25190

✗ **L'Auberge Fleurie** 🛜 🅿 VISA ⓂⓄ 🆎
– ℰ 03 81 96 53 01 – Fax 03 81 96 55 64 – Fermé 23 janv.-7 mars, lundi et mardi
⊜ **Rest** – Menu 10,50 € (déj. en sem.), 19/32 € – Carte 22/36 €
♦ Face à une chapelle et surplombant le Doubs, petite auberge de village où l'on propose
une cuisine panachant tradition et terroir dans une jolie salle à manger colorée.

VILLÉ – 67 Bas-Rhin – **315** H6 – 1 743 h. – alt. 260 m – ⊠ 67220 ▯ **Alsace Lorraine**

   ❱ Paris 445 – Lunéville 82 – St-Dié 48 – Ste-Marie-aux-Mines 27 – Sélestat 16
   – Strasbourg 56   2 **C1**

   🛈 Office de tourisme, place du Marché ℰ 03 88 57 11 69, Fax 03 88 57 24 87

La Bonne Franquette   ↳ 📞 _VISA_ **⓿**

6 pl. Marché – ℰ 03 88 57 14 25 – bonne-franquette@wanadoo.fr
– Fax 03 88 57 08 15 – Fermé 3-10 juill., 26 oct.-9 nov. et 23 fév.-10 mars
10 ch – ♦36/47 € ♦♦40/55 €, ⊊ 7 € – ½ P 43/55 € – **Rest** – _(fermé sam. midi, dim. soir et lundi)_ Menu 20/39 € – Carte 27/51 €

♦ Sur une placette du centre-ville, auberge familiale, abondamment fleurie en saison. Chambres bien tenues, meublées dans le style rustique. Accueil chaleureux. La clientèle locale apprécie le restaurant pour ses petits plats traditionnels servis "à la bonne franquette".

LA VILLE-AUX-CLERCS – 41 Loir-et-Cher – **318** D4 – 1 197 h. – alt. 143 m
– ⊠ 41160   11 **B2**

   ❱ Paris 159 – Brou 41 – Châteaudun 29 – Le Mans 74 – Orléans 73
   – Vendôme 18

   🛈 Syndicat d'initiative, Mairie ℰ 02 54 80 62 35, Fax 02 54 80 30 08

Manoir de la Forêt ⌖   ⪡ 🕭 🎋 ⅓ **P** _VISA_ **⓿** 〒 **①**

à Fort-Girard, Est : 1,5 km par rte secondaire – ℰ 02 54 80 62 83
– manoirdelaforet@wanadoo.fr – Fax 02 54 80 66 03 – Fermé 7-13 janv., dim. soir et lundi d'oct. à avril
18 ch – ♦51 € ♦♦58/80 €, ⊊ 12,50 € – ½ P 75/81 € – **Rest** – Menu (18 €), 27/51 € – Carte 48/65 €

♦ Pavillon de chasse du 19ᵉ s. isolé dans un parc. Les chambres (préférez celles du 1ᵉʳ étage, rénovées) aux meubles de style et le salon avec cheminée composent un cadre cossu. Répertoire culinaire classique à découvrir dans une salle à manger confortable et feutrée.

LA VILLE-BLANCHE – 22 Côtes-d'Armor – **309** B2 – **rattaché à Lannion**

VILLECOMTAL-SUR-ARROS – 32 Gers – **336** D9 – 743 h. – alt. 177 m – ⊠ 32730

   ❱ Paris 760 – Pau 70 – Aire-sur-l'Adour 67 – Auch 48 – Tarbes 26   28 **A2**

Rive Droite   🎋 🎐 ℁ _VISA_ **⓿**

– ℰ 05 62 64 83 08 – rive-droite2@wanadoo.fr – Fax 05 62 64 84 02 – Fermé lundi, mardi et merc. sauf du 14 juil. au 17 août
Rest – Carte environ 35 €

♦ George Sand séjourna dans cette élégante chartreuse (18ᵉ s.) située au bord de la rivière. Décor mariant avec brio l'ancien et le contemporain ; belle cuisine du terroir actualisée.

VILLECROZE – 83 Var – **340** M4 – 1 087 h. – alt. 300 m – ⊠ 83690 ▯ **Côte d'Azur**

   ❱ Paris 835 – Aups 8 – Brignoles 38 – Draguignan 21   41 **C3**

   🛈 Office de tourisme, rue Amboise Croizat ℰ 04 94 67 50 00,
   Fax 04 94 67 50 00

   ◉ Belvédère ★ : ※ ★ N : 1 km.

Le Colombier avec ch   🎋 🎐 ⅗ ch, 🄰🄲 ch, ↳ ℁ ch, **P** _VISA_ **⓿**

rte de Draguignan – ℰ 04 94 70 63 23 – hotel-restaurant@lecolombier-var.com
– Fax 04 94 70 63 23 – Fermé 20 nov.-12 déc.
6 ch – ♦65/80 € ♦♦70/80 €, ⊊ 9 € – ½ P 70/80 € – **Rest** – _(fermé dim. soir et lundi sauf fériés)_ Menu (20 €), 28/55 € – Carte 42/82 €

♦ Cette bâtisse régionale propose une appétissante carte traditionnelle servie l'hiver dans un plaisant cadre provençal, et l'été sous la véranda. Jolies chambres avec balcon.

au Sud-Est 3 km par rte de Draguignan et rte secondaire – ⊠ 83690 Salernes

Au Bien Être avec ch ⌖   🎋 🎐 🏊 🄰🄲 **P** _VISA_ **⓿** 〒

– ℰ 04 94 70 67 57 – aubienetre@libertysurf.fr – Fax 04 94 70 67 57 – Fermé 1ᵉʳ-15 nov., 10 janv.-10 fév., lundi midi, mardi midi et merc. midi
8 ch – ♦50/69 € ♦♦50/69 €, ⊊ 8 € – **Rest** – Menu (19 €), 26/68 € – Carte 36/51 €

♦ Le bien-être au cœur d'un joli parc : cadre repensé dans une dominante de rouge et de blanc, agréable terrasse ombragée donnant sur le jardin et plats orientés terroir.

VILLE-D'AVRAY – 92 Hauts-de-Seine – 311 J3 – **voir à Paris, Environs**

VILLEDIEU-LES-POÊLES – 50 Manche – 303 E6 – 4 102 h. – alt. 105 m
– ⊠ 50800 ▮ Normandie Cotentin   32 **A2**

▶ Paris 314 – Alençon 122 – Avranches 26 – Caen 82 – Flers 59 – St-Lô 35

🖪 Office de tourisme, place des Costils ☏ 02 33 61 05 69, Fax 02 33 91 71 79

◎ Fonderie de cloches★.

Le Fruitier   ▯ & ch, Ⓐ rest, ↯ ☏ ♨ ☎ **VISA** **MO** **AE**
pl. Costils – ☏ 02 33 90 51 00 – hotel @ lefruitier.com – Fax 02 33 90 51 01
48 ch – ♦48/60 € ♦♦48/89 €, ☷ 8 € – ½ P 52/66 € – **Rest** – (fermé 24 déc.-2 janv.)
Menu 14 € (sem.)/40 € – Carte 16/50 €
♦ Chambres et duplex, fonctionnels et bien tenus, vous attendent dans ce sympathique
hôtel familial proche de l'Office de tourisme. Salles de réunions. Plafond peint et fresques
à thème fruitier égaient le restaurant ; tradition et saveurs iodées dans l'assiette.

Ferme de Malte   ⇗ ⋒ ☷ **VISA** **MO**
11 r. Jules Tétrel – ☏ 02 33 91 35 91 – contact @ lafermedemalte.fr
– Fax 02 33 91 35 90 – Fermé 24 déc.-28 janv., dim. soir et lundi
Rest – Menu 24 € (déj. en sem.), 26/40 € – Carte 49/74 €
♦ Cette ancienne ferme de l'ordre de Malte abrite une chaleureuse salle à manger (pierres,
poutres, boiseries, bibelots chinés) en partie ouverte sur le jardin. Cuisine régionale.

Manoir de l'Acherie avec ch ☜   ⇗ & ch, ⅗ ♨ ℗ **VISA** **MO** **AE**
à l'Acherie, 3,5 km à l'Est par D 975 ou D 554 (autoroute A 84 sortie 38)
– ☏ 02 33 51 13 87 – manoir @ manoir-acherie.fr – Fax 02 33 51 33 69 – Fermé
17 nov.-4 déc., 9-26 fév., dim. soir du 15 sept. au 16 mars et lundi sauf du 14 juil. au
31 août
19 ch – ♦55 € ♦♦55/105 €, ☷ 9 € – ½ P 70/95 € – **Rest** – Menu (13,50 €),
17/37 € – Carte 25/51 €
♦ Au cœur du bocage normand, manoir du 17e s. et petite chapelle groupés autour d'un
jardin fleuri. Plaisant intérieur rustique, plats du terroir et grillades sur la braise.

VILLEFARGEAU – 89 Yonne – 319 E5 – **rattaché à Auxerre**

VILLEFORT – 48 Lozère – 330 L8 – 620 h. – alt. 600 m – ⊠ 48800
▮ Languedoc Roussillon   23 **C1**

▶ Paris 616 – Alès 52 – Aubenas 61 – Florac 63 – Mende 58 – Pont-St-Esprit 90

🖪 Office de tourisme, rue de l'Église ☏ 04 66 46 87 30, Fax 04 66 46 85 33

Balme   ⋒ ☎ **VISA** **MO**
pl. Portalet – ☏ 04 66 46 80 14 – hotelbalme @ free.fr – Fax 04 66 46 85 26 – Fermé
15-20 oct., 15 nov.-15 fév., dim. soir et lundi sauf juil.-août
16 ch – ♦47 € ♦♦52/54 €, ☷ 7,50 € – ½ P 58 € – **Rest** – Menu 21/36 €
♦ Au centre d'un paisible bourg comptant parmi les portes d'entrée du Parc national des
Cévennes, maison régionale ancienne aux chambres de tailles et de confort très divers.
Cuisine aux accents cévenols, assortie de créations personnelles.

VILLEFRANCHE-DE-CONFLENT – 66 Pyrénées-Orientales – 344 F7 – 225 h.
– alt. 435 m – ⊠ 66500 ▮ Languedoc Roussillon   22 **B3**

▶ Paris 898 – Mont-Louis 31 – Olette 11 – Perpignan 51 – Prades 6
– Vernet-les-Bains 6

🖪 Office de tourisme, place de l'Église ☏ 04 68 96 22 96, Fax 04 68 96 07 66

◎ Ville forte★ - Fort Liberia : ≤★★.

Auberge Saint-Paul   ⋒ **VISA** **MO** **AE**
7 pl. de l'Église – ☏ 04 68 96 30 95 – auberge-st-paul @ wanadoo.fr
– Fax 04 68 05 60 30 – Fermé 23 juin-1er juil., 24 nov.-4 déc., 5-29 janv., mardi hors
saison, dim. soir et lundi
Rest – Menu 20 € bc/110 € bc – Carte 52/73 € ꙮ
♦ Cette chapelle du 13e s. abrite un restaurant rustique soigné. Carte actuelle renouvelée
chaque saison et bon choix de vins de Bourgogne et du Roussillon. Terrasse ombragée.

- ◘ Paris 614 – Albi 68 – Cahors 61 – Montauban 80 – Rodez 60
- 🛈 Office de tourisme, promenade du Guiraudet ✆ 05 65 45 13 18, Fax 05 65 45 55 58
- ◙ La Bastide★ : place Notre-Dame★, église Notre-Dame★ - Ancienne chartreuse St-Sauveur★ par ③.

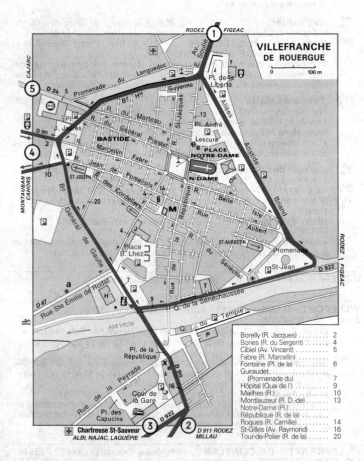

Borelly (R. Jacques)	2
Bories (R. du Sergent)	4
Cibiel (Av. Vincent)	5
Fabre (R. Marcellin)	
Fontaine (Pl. de la)	6
Guiraudet. (Promenade du)	7
Hôpital (Quai de l')	9
Mailhes (R.)	10
Montlauzeur (R. D.-de)	13
Notre-Dame (Pl.)	
République (R. de la)	
Roques (R. Camille)	14
St-Gilles (Av. Raymond)	16
Tour-de-Polier (R. de la)	20

✕✕ L'Épicurien   🏠 AC VISA ⓂⓈ

8bis av. R.-St-Gilles – ✆ 05 65 45 01 12 – Fax 05 65 45 01 12 – Fermé 30 avril-6 mai, 17 nov.-2 déc., dim. soir et mardi du 15 sept. au 15 juin et lundi   **x**
Rest – Menu 14,50 € bc (déj. en sem.), 24/40 € – Carte 29/51 €

♦ Vous apprécierez l'atmosphère chaleureuse de cette ex-droguerie, à moins que la fraîcheur du soir ne vous attire vers sa terrasse. Goûteuse cuisine axée sur le poisson et la région.

✕ L'Assiette Gourmande   🏠 AC VISA ⓂⓈ AE

pl. A. Lescure – ✆ 05 65 45 25 95 – Fermé 19 mars-3 avril, 11-18 juin, 10-17 sept., 17 déc.-4 janv., dim. sauf le midi de sept. à juin, mardi soir et merc. sauf juil.-août
Rest – Menu 15 € (sem.)/34 € – Carte 31/47 €   **e**

♦ Emplacement privilégié au cœur de la vieille ville pour cette maison du 13ᵉ s. rénovée dans un esprit mi-rustique, mi-moderne. Grillades au feu de bois et recettes régionales.

au Farrou 4 km par ① – ⊠ 12200 Villefranche-de-Rouergue

🏨 **Relais de Farrou**   🚗 🛜 🏊 ₭₆ 🍽 ₺ ch. 🔳 ↩ 🐾 🔏 🅿 🛜 𝑽𝑰𝑺𝑨 🐵
  ℰ 05 65 45 18 11 – le relais de farrou@wanadoo.fr – Fax 05 65 45 32 59 – Fermé
1ᵉʳ-11 mars, 24 oct.-6 nov., 22-29 déc. et 16-28 fév.
25 ch – ♦48/70 € ♦♦65/86 €, ⊇ 8,50 € – ½ P 59/74 € – **Rest** – (fermé sam. midi,
dim. soir et lundi hors saison) Menu 21/44 € – Carte 43/55 €
◆ De nombreux équipements (tennis, minigolf, piscine, fitness) agrémentent cet ancien
relais de poste de 1792. Chambres doucement rénovées, diverses en taille et en confort.
Restaurant rustique agrandi d'une belle véranda ; cuisine régionale sagement revisitée.

VILLEFRANCHE-DU-PÉRIGORD – 24 Dordogne – 329 H8 – 803 h. –
alt. 220 m – ⊠ 24550 ▌Périgord   4 **D2**

🔼 Paris 575 – Agen 77 – Sarlat-la-Canéda 41 – Bergerac 68 – Cahors 41
– Périgueux 87

🔋 Syndicat d'initiative, rue Notre-Dame ℰ 05 53 29 98 37, Fax 05 53 30 40 12

🏠 **Petite Auberge** ॐ   🚗 🛜 🏊 ↩ 🐾 🅿 𝑽𝑰𝑺𝑨 🐵 ⓘ
⊛ – ℰ 05 53 29 91 01 – lapetiteauberge24@orange.fr – Fax 05 53 28 88 10
– Fermé 19 nov.-3 déc., sam. midi et dim. soir d'oct. à avril
10 ch – ♦50/54 € ♦♦50/54 €, ⊇ 7 € – ½ P 72/75 € – **Rest** – Menu 12 € (déj. en
sem.)/55 € – Carte 25/49 €
◆ Dans un environnement verdoyant, maison régionale située à 500 m du village renommé
pour ses marchés aux châtaignes et aux cèpes. Chambres simples et bien tenues. Cuisine
régionale servie au choix dans une salle rustique, sous la véranda ou en terrasse.

VILLEFRANCHE-SUR-MER – 06 Alpes-Maritimes – 341 E5 – 6 833 h. –
alt. 30 m – ⊠ 06230 ▌Côte d'Azur   42 **E2**

🔼 Paris 932 – Beaulieu-sur-Mer 3 – Nice 5

🔋 Office de tourisme, jardin François Binon ℰ 04 93 01 73 68,
Fax 04 93 76 63 65

◎ Rade★★ - Vieille ville★ - Chapelle St-Pierre★ - Musée Volti★.

Accès et sorties : Voir plan de Nice

Plan page suivante

🏨 **Welcome** sans rest   ≼ port et plage, 🅿 🔳 🐾 𝑽𝑰𝑺𝑨 🐵 🅰🅴 ⓘ
3 quai Courbet – ℰ 04 93 76 27 62 – resa@welcomehotel.com
– Fax 04 93 76 27 66 – Fermé 11 nov.-21 déc.   **n**
35 ch – ♦72/96 € ♦♦96/366 €, ⊇ 13 €
◆ Jean Cocteau fréquenta ce charmant hôtel et décora la chapelle Saint-Pierre également
située sur le port. Plaisantes chambres personnalisées avec balcon et vue sur la mer.

🏨 **Flore** sans rest   ≼ 🏊 🅿 ₺ 🔳 ↩ 🐾 🔏 🅿 🛜 𝑽𝑰𝑺𝑨 🐵 🅰🅴 ⓘ
5 av. Princesse Grace de Monaco – ℰ 04 93 76 30 30 – hotel-la-flore@wanadoo.fr
– Fax 04 93 76 99 99   **e**
31 ch – ♦49/145 € ♦♦49/210 €, ⊇ 12 €
◆ Cette bâtisse domine agréablement la baie. Les chambres, coquettes et peu à peu
rafraîchies, sont souvent pourvues d'une loggia.

🏨 **Versailles**   ≼ rade, 🛜 🏊 🅿 ₺ rest, 🔳 ch, 🐾 🔏 🅿 𝑽𝑰𝑺𝑨 🐵 🅰🅴 ⓘ
7 bd Princesse Grace de Monaco – ℰ 04 93 76 52 52 – contact@
hotelversailles.com – Fax 04 93 01 97 48 – Ouvert 15 mars à mi-oct.   **k**
46 ch – ♦120/150 € ♦♦140/280 €, ⊇ 16 € – **Rest** – (fermé mardi hors saison et
lundi) Menu 38/40 €
◆ Toutes les chambres de cet établissement familial situé en surplomb de la rade jouissent
d'un panorama inoubliable ! Celles avec douche ont été rénovées. Salle à manger moderne
et vaste terrasse offrant une vue superbe ; carte régionale.

🍽🍽 **L'Oursin Bleu**   ≼ 🛜 🔳 𝑽𝑰𝑺𝑨 🐵
11 quai Courbet – ℰ 04 93 01 90 12 – oursinbleu@club-internet.fr
– Fax 04 93 01 80 45 – Fermé 10 janv.-10 fév. et mardi du 1ᵉʳ nov. au 30 mars   **b**
Rest – Carte 47/83 €
◆ Aquarium, hublots, jeux d'eau, fresques et belle terrasse installée sur les quais, face au
port : la mer célébrée dans le décor autant que dans l'assiette, fine et actuelle.

VILLEFRANCHE-
SUR-MER

Cauvin (Av. V.) 2
Corderie (Quai de la) 3
Corne d'Or (Bd de la) 5
Courbet (Quai Amiral) 6
Église (R. de l') 7
Foch (Av. du Maréchal) 8
Gallieni (Av. Général) 9
Gaulle (Av. Général-de) 10
Grande-Bretagne (Av. de) 12
Joffre (Av. Maréchal) 14
Leclerc (Av. Général) 15
Marinières (Promenade des). . . 16
May (R. de) 18
Obscure (R.) 19
Paix (Pl. de la) 20
Poilu (R. du) 22
Pollonais (Pl. A.) 24
Ponchardier (Quai Amiral) 25
Poullan (Pl. F.) 26
Sadi-Carnot (Av.) 28
Settimelli-Lazare (Bd) 30
Soleil d'Or (Av. du) 31
Verdun (Av. de) 32
Victoire (R. de la) 34
Wilson (Pl.) 35

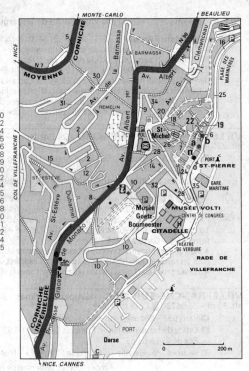

XX   **La Mère Germaine**   ⬅ 🍽 ⅙ 🅥🅘🅢🅐 🆎 🅰�🅔
9 quai Courbet – ℰ 04 93 01 71 39 – contact@meregermaine.com
– Fax 04 93 01 96 44 – Fermé 12 nov.-24 déc.   **a**
Rest – Menu 41 € – Carte 52/88 €
♦ Bel emplacement sur le port de pêche pour ce restaurant de poissons et fruits de mer.
Salles rustiques et terrasse face aux bateaux. Navette pour plaisanciers en escale.

VILLEFRANCHE-SUR-SAÔNE ⑤ – 69 Rhône – 327 H4 – 30 647 h. –
alt. 190 m – ☒ 69400 ▯ Lyon et la vallée du Rhône   43 **E1**

▯ Paris 432 – Bourg-en-Bresse 54 – Lyon 33 – Mâcon 47 – Roanne 73

🛈 Office de tourisme, 96, rue de la sous-préfecture ℰ 04 74 07 27 40,
Fax 04 74 07 27 47

🏌 du Beaujolais à Lucenay, S : 8 km par D 306 et D 30, ℰ 04 74 67 04 44.

Plan page ci-contre

🏠🏠   **La Ferme du Poulet**   🍽 📶 🗚 ch, 🕻 🛎 🅿 🅥🅘🅢🅐 🅼🅞
180 r. Mangin, (Z.I. Nord-Est) – ℰ 04 74 62 19 07
– la.ferme.du.poulet@wanadoo.fr – Fax 04 74 09 01 89 – Fermé 23 déc.-2 janv.,
dim. soir et lundi   DX **s**
10 ch – �$105 € �$�$110 €, ⊆ 14 € – **Rest** – Menu 38/62 € – Carte 42/108 €
♦ Solide ferme du 17e s. joliment rénovée, où se marient le rustique et le contemporain. Chambres spacieuses et lumineuses. Élégant restaurant coiffé d'un plafond à la
française.

VILLEFRANCHE-SUR-SAÔNE

Plaisance

🏨 AK rest, 🛎 🚗 P 🅿 VISA ⦿ AE ⓪

96 av. de la Libération – ℰ *04 74 65 33 52 – hotel.plaisance@wanadoo.fr*
– Fax 04 74 62 02 89 – Fermé 23 déc.-2 janv. AZ **n**
73 ch – †62/85 € ††95 €, ⊂ 10 € – **Rest** – *(fermé 1er-21 août, 23 déc.-6 janv., sam.
de nov. à mars et dim.) (dîner seult)* Menu (16 €), 20/25 € – Carte 25/31 €

♦ Immeuble des années 1970 situé au cœur de la capitale du Beaujolais. Les chambres, bien
aménagées, se modernisent peu à peu. Parking et garage pratiques. Salle à manger agrémentée de fresques ; cuisine traditionnelle.

Newport

🏠 AK & ch, AK ⇔ 🛎 P VISA ⦿ AE

610 av. de l'Europe, (Z.I. Nord-Est) – ℰ *04 74 68 75 59 – newport.mdb@orange.fr*
– Fax 04 74 09 08 89 – Fermé 24 déc.-4 janv. DX **v**
48 ch – †58 € ††69 €, ⊂ 7 € – ½ P 54 € – **Rest** – *(fermé sam. midi, dim. et fériés)*
Menu 15 € (sem.)/42 € – Carte 21/48 €

♦ Ce gros pavillon proche d'axes passants et jouxtant le parc des expositions, dispose d'une
insonorisation efficace. Chambres plus récentes dans l'annexe. Restaurant décoré de
vieilles plaques émaillées ; plats traditionnels, menu du terroir et vins du cru.

Le Clos de la Barre sans rest

🕭 & VISA ⦿

14 r. Barre, 2 km au Sud à Limas – ℰ *04 74 65 97 85 – ajoffard@wanadoo.fr*
– Fax 04 74 09 13 28 – Ouvert 1er mai-31 août CX **w**
6 ch ⊂ – †85 € ††85/110 €

♦ Pièces d'eau, massifs d'iris et arbres centenaires composent le décor extérieur de cette
maison de 1830. Les chambres et suites, joliment décorées, possèdent toutes un petit salon
d'été.

VILLEFRANCHE-SUR-SAÔNE

Belleville (R. de) .... **BY** 5

Carnot (Pl.) .... **BZ** 9
Faucon (R. du) .... **BY** 19
Fayettes (R. des) .... **BZ** 20
Grange-Blazet (R.) .... **BZ** 23
Marais (Pl. des) .... **BZ** 32
Nationale (R.) .... **BYZ**

République (R. de la) ...... **AZ** 41
Salengro (Bd Roger) .... **AY** 46
Savigny (R. J.-M.) .... **AZ** 47
Sous-Préfecture (Pl.) ...... **AZ** 49
Sous-Préfecture (R.) .... **AZ** 50
Stalingrad (R. de) .... **BZ** 52

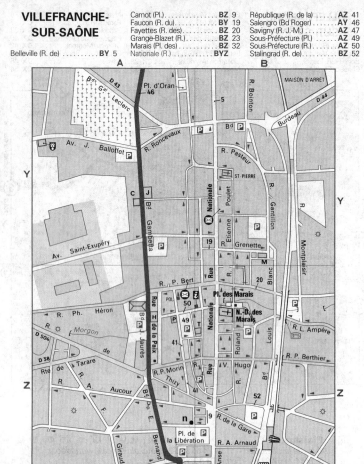

XXX **Le Faisan Doré**   🏠 🌳 **P** **VISA** **MC** **AE** **①**

pont de Beauregard, 2,5 km au Nord-Est – 𝒞 04 74 65 01 66
– auberge.lefaisandore@wanadoo.fr – Fax 04 74 09 00 81 – Fermé dim. soir, lundi
soir et mardi soir   DX **u**
Rest – Menu 29 € (sem.)/68 € – Carte 50/62 €
♦ Un piano et une vitrine à la gloire de la basse-cour personnalisent l'entrée de cette
auberge au confort bourgeois. Agréable terrasse ombragée sur les berges de la Saône.

X **Le Juliénas**   **AC** **VISA** **MC**

236 r. Anse – 𝒞 04 74 09 16 55 – thomalix@orange.fr – Fermé 2-19 août, lundi
soir, sam. midi et dim.   BZ **v**
Rest – Menu 25 € (sem.)/45 € – Carte 43/51 €
♦ Vins de pays et savoureuse cuisine aux accents du Sud sont à l'honneur dans ce petit
restaurant d'esprit bistrot aux tables simplement dressées.

à Arnas 5 km par ⑦, D 306 et D 43 – 3 106 h. – alt. 195 m – ⊠ 69400

⌂ **Château de Longsard** 🕭 🎐 ↤ ⅏ ⌕ **P** 𝘝𝘐𝘚𝘈 ⓦⓞ ⓘ
4060 rte Longsard – 𝒞 04 74 65 55 12 – longsard@gmail.com – Fax 04 74 65 03 17
– Fermé vacances de Noël
5 ch 🛏 – †100/120 € ††120/150 € – ½ P 95/110 € – **Table d'hôte** – Menu 25 €
bc/35 € bc
♦ Un magnifique jardin à la française devance ce château du 18ᵉ s., tandis qu'un majestueux
cèdre du Liban trône au centre de sa cour intérieure. Chambres et suites élégantes. La salle
à manger possède de belles boiseries. Plats traditionnels et régionaux.

VILLEMAGNE-L'ARGENTIÈRE – 34 Hérault – 339 D7 – **rattaché à Bédarieux**

VILLEMONTAIS – 42 Loire – 327 C4 – 935 h. – alt. 466 m – ⊠ 42155   44 **A1**
▪ Paris 404 – Lyon 95 – Roanne 13 – Vichy 77

⌂ **Domaine de Fontenay** sans rest ⌖   🕭 ↤ ⅏ **P** 𝘝𝘐𝘚𝘈 ⓦⓞ
– 𝒞 04 77 63 12 22 – hawkins@tele2.fr – Fax 04 77 63 15 95
4 ch 🛏 – †55 € ††65 €
♦ Au cœur des vignes, maison viticole tenue par un couple d'Anglais et chapelle abritant
un retable du 15ᵉ s. Chambres voûtées à la déco simple et cosy. Vue plongeante sur la Loire.

VILLEMOYENNE – 10 Aube – 313 F4 – 523 h. – alt. 130 m – ⊠ 10260   13 **B3**
▪ Paris 184 – Troyes 21 – Bar-sur-Aube 46 – Châtillon-sur-Seine 51

✕✕ **La Parentèle** 🕭 ⇄ 𝘝𝘐𝘚𝘈 ⓦⓞ
32 r. Marcellin Lévêque – 𝒞 03 25 43 68 68 – contact@la-parentele-caironi.com
– Fax 03 25 43 68 69 – Fermé 28 juil.-11 août, 2-9 janv., 23 fév.-9 mars, dim. soir,
jeudi soir, lundi et mardi sauf fériés
Rest – (nombre de couverts limité, prévenir) Menu (19 € bc), 29/66 € – Carte
42/63 € 🕸
♦ Salle à manger au décor contemporain récent et terrasse s'étirant sur la place du village
pour déguster une cuisine actuelle (formules repensées). Bons conseils sur les vins.

VILLEMUR-SUR-TARN – 31 Haute-Garonne – 343 H1 – 4 929 h. – alt. 108 m
– ⊠ 31340 ▌ Midi-Pyrénées   28 **B2**
▪ Paris 646 – Albi 63 – Castres 73 – Montauban 24 – Toulouse 39
🛈 Office de tourisme, 1, rue de la République 𝒞 05 34 27 97 40, Fax 05 61 35 78 34

au Sud 5 km par D 14, D 630 et rte secondaire – ⊠ 31340 Villemur-sur-Tarn

✕ **Auberge du Flambadou** avec ch 🕭 🎐 ⅃ ⅙ ch, 𝘈𝘒 ↤
ⓔ – 𝒞 05 61 09 40 72 – bienvenue@ ⌕ **P** 𝘝𝘐𝘚𝘈 ⓦⓞ 𝘈𝘌
aubergeduflambadou.com – Fax 05 61 09 29 66
9 ch – †75 € ††75 €, 🛏 9 € – ½ P 65 € – **Rest** – (fermé dim. soir et lundi)
Menu (12 € bc), 15 € bc (déj. en sem.), 22/52 € – Carte 41/67 €
♦ Mangeoire convertie en cave à vins, poissons exotiques, expo-vente de tableaux : cette
adresse, certes rustique, ne manque pas d'originalité ! Plats traditionnels simples et
sincères.

VILLENEUVE-D'ASCQ – 59 Nord – 302 G4 – **rattaché à Lille**

VILLENEUVE-DE-BERG – 07 Ardèche – 331 J6 – 2 429 h. – alt. 320 m
– ⊠ 07170 ▌ Lyon Drôme Ardèche   44 **B3**
▪ Paris 628 – Aubenas 16 – Largentière 27 – Montélimar 27 – Privas 30
– Valence 73
🛈 Syndicat d'initiative, Grande Rue 𝒞 04 75 94 89 28, Fax 04 75 94 89 28

✕✕ **La Table de Léa** 🕭 🎐 ⅙ 𝘈𝘒 **P** 𝘝𝘐𝘚𝘈 ⓦⓞ
Le Petit Tournon, 1,5 km sud-ouest par D 558 – 𝒞 04 75 94 70 36
– Fax 04 75 94 26 91 – Fermé nov., 9-15 fév., merc. et le midi du lundi au jeudi
Rest – (nombre de couverts limité, prévenir) Menu 26/50 € – Carte 42/46 €
♦ Cette ancienne grange modernisée profite d'une belle terrasse dressée sous les mar-
ronniers. Dans l'assiette, produits de saison et du terroir et recettes régionales.

VILLENEUVE-DE-MARSAN – 40 Landes – **335** J11 – **2 112 h.** – alt. 80 m
– ⊠ 40190   3 **B2**

　　🅳 Paris 701 – Auch 88 – Langon 81 – Marmande 86 – Mont-de-Marsan 17
　　　– Pau 73
　　🅸 Syndicat d'initiative, 181, Grand'Rue ℰ 05 58 45 80 90,
　　　Fax 05 58 45 88 38

🏠🏠🏠　　**Hervé Garrapit**　　　🚗 ⊼ 🅰🅲 🕉 rest, 📞 🅿 *VISA* 🆆🆂 🅰🅴 ⓪
　　　21 av. Armagnac – ℰ 05 58 45 20 08 – hotelrestauranthervegarrapit@wanadoo.fr
　　　– Fax 05 58 45 34 14
　　　8 ch – †95/216 € ††95/216 €, � 18 € – ½ P 108/168 € – **Rest** – Menu 35/85 €
　　　– Carte 61/89 €
　　　♦ Dans la famille depuis plusieurs générations, ancien relais de poste et son agréable jardin.
　　　Chambres personnalisées et très raffinées, toutes avec balcon côté cour. Belle salle à
　　　manger de style Louis XVI tournée vers une place plantée d'arbres centenaires.

VILLENEUVE-LA-GARENNE – 92 Hauts-de-Seine – **311** J2 – **101** 15 – **voir à**
Paris, Environs

VILLENEUVE-L'ARCHEVÊQUE – 89 Yonne – **319** E2 – **1 203 h.** – alt. 111 m
– ⊠ 89190 ▯ Bourgogne   7 **B1**

　　🅳 Paris 135 – Troyes 44 – Auxerre 58 – Sens 24
　　🅸 Syndicat d'initiative, 38, rue de la République ℰ 03 86 86 74 58,
　　　Fax 03 86 86 76 88

🍴🍴　　**Auberge des Vieux Moulins Banaux** avec ch ⊗　　　🌙 🈂 📞
　　　1 km au Sud sur D 84 – ℰ 03 86 86 72 55　　　　　　　🔼 🅿 🅿 *VISA* 🆆🆂
　　　– contact@bourgognehotels.fr – Fax 03 86 86 78 94 – Fermé 26 mai-1er juin,
　　　27 oct.-7 nov., 24-28 déc. et 2-24 janv.
　　　14 ch – †42/51 € ††42/51 €, � 8,50 € – ½ P 54/62 € – **Rest** – *(fermé lundi midi)*
　　　Menu 26/29 €
　　　♦ Moulin du 16e s. dans un parc traversé par la Vanne. Machinerie préservée, terrasse au
　　　bord de l'eau, poutres et pierres font le charme du restaurant. Chambres simples.

VILLENEUVE-LA-SALLE – 05 Hautes-Alpes – **334** H3 – **rattaché à**
Serre-Chevalier

VILLENEUVE-LE-COMTE – 77 Seine-et-Marne – **312** F3 – **1 683 h.** – alt. 126 m
– ⊠ 77174   19 **C2**

　　🅳 Paris 40 – Lagny-sur-Marne 13 – Meaux 19 – Melun 38

🍴🍴🍴　　**A la Bonne Marmite**　　　　　　　🈂 🅿 *VISA* 🆆🆂 🅰🅴
　　　15 r. Gén. de Gaulle – ℰ 01 60 43 00 10 – labonnemarmite@wanadoo.fr
　　　– Fax 01 60 43 11 01 – Fermé 10-28 août, 23-28 nov., 25 janv.-12 fév., dim. soir,
　　　lundi et mardi
　　　Rest – Menu 32 € (sem.)/68 € – Carte 50/72 €
　　　♦ Dans une belle maison briarde, deux salles à manger bourgeoises décorées avec soin ; la
　　　plus grande ouvre sur une terrasse ombragée d'une treille. Cuisine au goût du jour.

VILLENEUVE-LE-ROI – 94 Val-de-Marne – **312** D3 – **101** 26 – **voir à Paris,**
Environs

VILLENEUVE-LÈS-AVIGNON – 30 Gard – **339** N5 – **11 791 h.** – alt. 23 m
– ⊠ 30400 ▯ Provence   23 **D2**

　　🅳 Paris 678 – Avignon 8 – Nîmes 46 – Orange 28 – Pont-St-Esprit 42
　　🅸 Office de tourisme, 1, place Charles David ℰ 04 90 25 61 33,
　　　Fax 04 90 25 91 55
　　🖼 Fort et Abbaye St-André★ : ≤★★ AV - Tour Philippe-le-Bel ≤★★ AV -
　　　Vierge★★ au musée municipal Pierre de Luxembourg★ AV **M** - Chartreuse
　　　du Val-de-Bénédiction★ AV.

　　　　　　　　　　　Plan : voir à Avignon

Le Prieuré 🚗 🏤 ⊐ ⚒ 🛏 ᓬ 🅺 ↭ ⤙ 🅢 **P** **VISA** **⓪** **AE** **①**

7 pl. Chapître – ℰ 04 90 15 90 15 – l[eprieure@relaischateaux.com](mailto:leprieure@relaischateaux.com)
– Fax 04 90 25 45 39 – Fermé janv.　　　　　　　　　　　　　　　　AV **t**
26 ch – ♦140 € ♦♦200/320 €, ⊡ 19 € – 7 suites – **Rest** – *(fermé lundi
sauf juil.-août)* Menu 40 € bc (déj. en sem.), 72/92 € – Carte 84/90 € ⌘

♦ Cet ancien prieuré sort d'une cure de jouvence. Un lieu magique aux chambres
revues dans un esprit résolument contemporain, à découvrir dans la quiétude d'un
splendide parc. Blancheur et pureté côté restaurant pour une fine cuisine actuelle aux
accents du Sud.

La Magnaneraie ᔌ 🚗 🏤 ⊐ ᓬ 🅺 ↭ ⤙ 🅢 **P** � **VISA** **⓪** **AE**

37 r. Camp de Bataille – ℰ 04 90 25 11 11 – magnaneraie.hotel@najeti.com
– Fax 04 90 25 46 37 – Fermé 2 janv.-5 fév.　　　　　　　　　　　　AV **b**
29 ch – ♦125/245 € ♦♦125/245 €, ⊡ 20 € – 3 suites – **Rest** – *(fermé dim. soir,
merc. du 1ᵉʳ mars-30 avril et sam. midi)* Menu (26 € bc), 33/80 € – Carte 60/72 €

♦ Cette élégante demeure du 15ᵉ s. renaît avec éclat grâce à un rafraîchissement général :
chambres raffinées (styles romantique, colonial...), salon-bar cosy, jardin fleuri, etc. Restaurant rehaussé de fresques et de colonnes ; délicieuse terrasse verdoyante.

L'Atelier sans rest ↭ ⤙ � **VISA** **⓪** **AE**

5 r. Foire – ℰ 04 90 25 01 84 – hotel-latelier@libertysurf.fr – Fax 04 90 25 80 06
– Fermé 2-30 janv.　　　　　　　　　　　　　　　　　　　　　　AV **e**
23 ch – ♦56/95 € ♦♦56/102 €, ⊡ 10,50 €

♦ Une vraie maison de charme (16ᵉ s.) : bel escalier, chambres dotées de meubles anciens,
poutres apparentes, objets d'art et patio ombragé pour petit-déjeuner aux beaux jours.

La Banaste 🏤 ᔍ **VISA** **⓪**

28 r. de la République – ℰ 04 90 25 64 20 – restaurant@la-banaste.com – Fermé
jeudi sauf du 1ᵉʳ juil. au 15 août
Rest – *(dîner seult du 1er juil. au 15 août) (nombre de couverts limité, prévenir)*
Menu 28/46 € – Carte 40/63 €

♦ L'accueil est au diapason du décor dans ce restaurant : chaleureux ! On y sert une cuisine
traditionnelle. Bon à savoir, la banaste désigne en Provence un panier en osier.

aux Angles AV – 7 578 h. – alt. 66 m – ⊠ 30133

Roques sans rest ⊐ ⤙ **P** **VISA** **⓪** **AE** **①**

30 av. Verdun, par ⑤ – ℰ 04 90 25 41 02 – reservation@hotel-roques.com
– Fax 04 32 70 22 93
16 ch – ♦65/75 € ♦♦75/95 €, ⊡ 10 €

♦ Maison traditionnelle où vous profiterez de chambres en majorité rénovées, égayées
par des tissus assortis et des teintes gaies, et plus au calme sur l'arrière. Jolie piscine.

Fabrice Martin 🏤 🅺 **P** **VISA** **⓪**

22 bd Victor-Hugo – ℰ 04 90 84 09 02 – laubrice@neuf.fr – Fax 04 90 84 09 02
– Fermé 25 août-7 sept., 27 oct.-5 nov., 9-23 fév., lundi sauf juil.-août, sam. midi et
dim. soir
Rest – *(nombre de couverts limité, prévenir)* Menu (18 €), 26 € (déj. en sem.),
40/60 € – Carte 53/70 €

♦ Cadre contemporain épuré, agréable terrasse ombragée, fine cuisine dans l'air du temps
évoluant au gré du marché et des saisons : cette villa colorée s'avère fort séduisante !

VILLENEUVE-LÈS-BÉZIERS – 34 Hérault – 339 E9 – rattaché à Béziers

---

VILLENEUVE-LOUBET – 06 Alpes-Maritimes – 341 D6 – 12 935 h. – alt. 10 m
– ⊠ 06270 ▯ Côte d'Azur　　　　　　　　　　　　　　　　　　42 **E2**

▣ Paris 915 – Antibes 12 – Cannes 22 – Grasse 24 – Nice 15

▣ Office de tourisme, 16, avenue de la Mer ℰ 04 92 02 66 16,
Fax 04 92 02 66 19

▣ de Villeneuve-Loubet Route de Grasse, par D 2085 : 4 km, ℰ 04 93 22 52 25.

▣ Musée de l'Art culinaire★ AX **M²**.

Voir plan de Cagnes-sur-Mer-Villeneuve-Loubet Haut-de-Cagnes.

XX L'Auberge Fleurie 🛏 AC VISA ⓂⓄ

au village, 13 r. Mesures – 𝒞 *04 93 73 90 92*
– Fax 04 93 73 90 92 – Fermé de mi-nov. au 10 déc., jeudi sauf le soir en juil.-août
et merc. AX **u**
Rest – *(prévenir)* Menu 22 € (sem.)/69 € – Carte 36/58 €
◆ Dans le village natal du célèbre cuisinier Auguste Escoffier, sympathique auberge proposant des plats inspirés du terroir. Poutres, pierres, tableaux modernes et terrasse d'été.

à Villeneuve-Loubet-Plage – ⊠ 06270

🏨 Galoubet sans rest 🌭 🛏 ⅀ & AC ⅍ P VISA ⓂⓄ AE

174 av. Castel – 𝒞 *04 92 13 59 00 – hotel.galoubet@wanadoo.fr*
– Fax 04 92 13 59 29 AY **s**
22 ch – †59/78 € ††59/78 €, � 9 €
◆ Le son du galoubet (instrument à vent méridional) ne viendra pas troubler votre repos dans ces chambres actuelles meublées en rotin et dotées d'une terrasse ou d'une loggia.

XX Daniel 🛏 AC VISA ⓂⓄ

marina Baie des Anges – 𝒞 *04 93 73 41 66 – laurent.barrazza@orange.fr*
– Fermé mi-nov.-fin janv., mardi et merc.
Rest – Menu 35 € – Carte 39/64 €
◆ Salle de restaurant conçue dans l'esprit brasserie et terrasse fleurie face à la marina. La carte d'inspiration régionale met les poissons à l'honneur. Service prévenant.

VILLENEUVE-SUR-LOT ⬉ – 47 Lot-et-Garonne – 336 G3 – 22 782 h. – alt. 51 m – ⊠ 47300 ▯ Aquitaine 4 **C2**

▯ Paris 622 – Agen 29 – Bergerac 60 – Bordeaux 146 – Cahors 70
▯ Office de tourisme, 3, place de la Libération 𝒞 05 53 36 17 30, Fax 05 53 49 42 98
▯ de Villeneuve-sur-Lot à Castelnaud-de-Gratecambepar rte de Bergerac : 12 km, 𝒞 05 53 01 60 19.

Plan page ci-contre

🏠 La Résidence sans rest ⅏ 🐾 🕿 VISA ⓂⓄ

17 av. L. Carnot – 𝒞 *05 53 40 17 03 – contact@hotellaresidence47.com*
– Fax 05 53 01 57 34 – Fermé 27 déc.-5 janv. BZ **s**
18 ch – †29/54 € ††29/60 €, ⊔ 6,50 €
◆ Aux portes de la bastide médiévale, hôtel convivial offrant un hébergement simple. Les chambres côté cour, claires et calmes, ont l'avantage de donner sur les jardins voisins.

à Pujols 4 km au Sud-Ouest par D 118 – 3 546 h. – alt. 180 m – ⊠ 47300

▯ Office de tourisme, place Saint Nicolas 𝒞 05 53 36 78 69, Fax 05 53 36 78 70
◎ ≤★.

🏨 Des Chênes sans rest 🌭 ≤ ⅀ AC ⅏ P VISA ⓂⓄ

– 𝒞 *05 53 49 04 55 – hotel.des.chenes@wanadoo.fr – Fax 05 53 49 22 74 – Fermé 19 déc.-11 janv. et dim. de nov. à avril*
21 ch – †51/72 € ††66/87 €, ⊔ 10,50 €
◆ Face au village perché de Pujols, bâtisse inspirée de l'architecture régionale, égayée par sa piscine et sa terrasse. Chambres fraîches, bien tenues, d'une tranquillité assurée.

XXX La Toque Blanche ≤ 🛏 AC ⇄ P VISA ⓂⓄ AE Ⓞ

– 𝒞 *05 53 49 00 30 – latoque.blanche@wanadoo.fr*
– Fax 05 53 70 49 79 – Fermé 23 juin-8 juil., 17-25 nov., 19-27 janv., mardi midi, dim. soir et lundi
Rest – Menu 25 € (sem.)/85 € – Carte 61/107 €
◆ Pavillon à flanc de coteau, tourné vers le bourg. Service à midi dans une véranda-jardin d'hiver panoramique, le soir dans une élégante salle à manger. Cuisine de tradition.

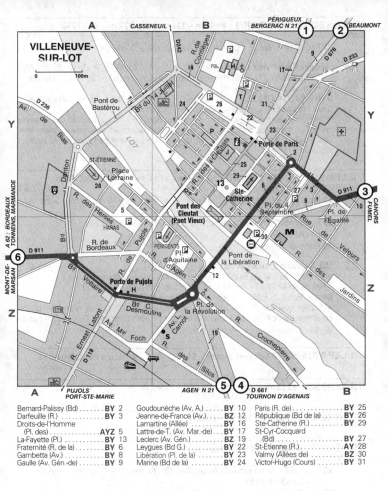

✕✕ 🍴 **Lou Calel**　　　　　　　　　　　　　　⫷ Villeneuve, 🛏 𝖵𝖨𝖲𝖠 ⓜⓒ
☺☺　*Le bourg – ℰ 05 53 70 46 14 – restaurantloucal @ orange.fr – Fax 05 53 70 46 14*
🙂　*– Fermé 28 mai-4 juin, 8-22 oct., 6-22 janv., mardi soir, jeudi midi et merc.*
　Rest – Menu 18 € bc (déj. en sem.), 22/38 € – Carte 34/60 €
　　◆ Cette auberge située dans le village vous accueille dans deux salles rustiques (dont une panoramique) ou sur sa terrasse surplombant la vallée du Lot. Goûteuse cuisine du terroir.

à St-Sylvestre-sur-Lot 8 km par ③ et D 911 – ⊠ 47140 – 2 060 h. – alt. 65 m

🏠🏠🏠　**Château Lalande** ⚜　　　　　　　⚘ 🛏 ⛴ ⅃ℰ ✕ 🏊 ⅃ & ch, ✕ rest,
　　– ℰ 05 53 36 15 15 – chateau.lalande @　　　　　　ᴴᴬ 🅿 𝖵𝖨𝖲𝖠 ⓜⓒ ᴬᴱ
　wanadoo.fr – Fax 05 53 36 15 16
　18 ch – ♦95/215 € ♦♦95/215 €, ⊇ 18 € – ½ P 131/252 €
　Rest – *(fermé 5-20 nov., 5-20 janv., merc. midi et mardi)*
　Menu 29 € (déj. en sem.), 39/74 € – Carte 50/67 €
　　◆ Au cœur d'un parc, ce château des 13ᵉ et 18ᵉ s., très bien restauré, soigne son cadre classique et ses équipements (piscines dans la cour, héliport) pour séduire ses hôtes. Salle à manger "chatelaine", véranda ou terrasse d'été pour des repas au goût du jour.

VILLENEUVE-SUR-TARN – 81 Tarn – 338 G7 – alt. 272 m – ⊠ 81250
Curvalle

29 **C2**

🔼 Paris 714 – Albi 33 – Castres 67 – Lacaune 44 – Rodez 64 – St-Affrique 50

🏠 **Hostellerie des Lauriers** 🎜 🈂 ⬛ 🍽 ch, 📞 **P** _VISA_ **M©**
⊕ – 🕿 05 63 55 84 23 – sudreetregnier@wanadoo.fr – Fax 05 63 55 94 85 – Ouvert
de mi-mars à mi-oct.
9 ch – †42/54 € ††52/62 €, � 8,50 € – ½ P 51/56 € – **Rest** – (fermé dim. soir et
lundi hors saison) (dîner seult) Menu 16 € (sem.)/32 €
♦ Maison en pierres du pays dans un parc au bord du Tarn, idéale pour des vacances
"vertes" : chambres pratiques, piscine couverte, jacuzzi et randonnées organisées.
Sobre salle à manger prolongée par une terrasse ; cuisine traditionnelle et recettes
régionales.

VILLENEUVE-SUR-YONNE – 89 Yonne – 319 C3 – 5 404 h. – alt. 74 m
– ⊠ 89500 ▊ Bourgogne

7 **B1**

🔼 Paris 132 – Auxerre 46 – Joigny 19 – Montargis 45 – Nemours 59 – Sens 14
– Troyes 77

🚹 Syndicat d'initiative, quai Roland-Bonnion 🕿 03 86 87 12 52,
Fax 03 86 87 12 01

◙ Porte de Joigny★.

✕✕ **La Lucarne aux Chouettes** ⇐ 🈂 _VISA_ **M©**
quai Bretoche – 🕿 03 86 87 18 26 – lesliecaron-auberge@wanadoo.fr
– Fax 03 86 87 22 63 – Fermé janv., lundi sauf juil.-août et dim. soir
Rest – Menu 25 € (déj. en sem.)/46 € – Carte 48/59 €
♦ Sur les quais de l'Yonne, îlot de quatre maisons du 17e s., jadis réserves à grains,
aménagées avec élégance. Superbe salle à manger sous charpente. Cuisine dans l'air du
temps.

VILLEPARISIS – 77 Seine-et-Marne – 312 E2 – 101 19 – voir à Paris, Environs

---

VILLEREST – 42 Loire – 327 D4 – rattaché à Roanne

VILLEROY – 89 Yonne – 319 C2 – rattaché à Sens

VILLERS-BOCAGE – 14 Calvados – 303 I5 – 2 904 h. – alt. 140 m – ⊠ 14310
▊ Normandie Cotentin

32 **B2**

🔼 Paris 262 – Argentan 83 – Avranches 77 – Bayeux 26 – Caen 30 – Flers 44
– St-Lô 47 – Vire 35

🚹 Syndicat d'initiative, place du Général de Gaulle 🕿 02 31 77 16 14,
Fax 02 31 77 65 46

✕✕✕ **Des Trois Rois** avec ch 🚿 🈂 **P** _VISA_ **M©** **AE** **①**
2 pl. Jeanne d'Arc – 🕿 02 31 77 00 32 – les3rois@orange.fr – Fax 02 31 77 93 25
– Fermé 5-15 janv. et dim. soir d'oct. à mai
11 ch – †60/95 € ††65/80 €, ⊊ 15 € – ½ P 85/90 € – **Rest** – (fermé dim. soir et
lundi) Menu 24 € (sem.)/70 € – Carte 44/86 €
♦ Maison familiale et son jardin-potager. Salle à manger bourgeoise, claire et confortable,
chambres en partie rénovées. La cuisine traditionnelle innove sur certains plats.

à Longvillers 4 km par D6 et rte secondaire – ⊠ 14310

⌂ **Manoir de Mathan** sans rest ⬡ 🚿 🎜 🍽 **P**
lieu dit Mathan – 🕿 02 31 77 10 37 – mathan.normandie@caramail.com – Ouvert
13 avril-11 nov.
4 ch ⊊ – †35 € ††50 €
♦ Pittoresque manoir du 15e s. flanqué d'une ferme. Un superbe escalier à vis mène aux
spacieuses chambres d'une simplicité de bon aloi (sans TV). Petit-déjeuner servi dans la
cuisine familiale.

VILLERS-COTTERÊTS – 02 Aisne – 306 A7 – 9 839 h. – alt. 126 m – ⊠ 02600

🏙 Nord Pas-de-Calais Picardie

37 **C3**

▶ Paris 81 – Compiègne 32 – Laon 61 – Meaux 41 – Senlis 41 – Soissons 23

🖪 Office de tourisme, 6, place Aristide Briand ☎ 03 23 96 55 10, Fax 03 23 96 49 13

⊙ Château de François 1er : grand escalier★.

◖ Forêt de Retz★.

🏠 **Le Régent** sans rest   📞 **P** **VISA** **◍◎** **AE**

26 r. Gén. Mangin – ☎ 03 23 96 01 46 – info@hotel-leregent.com
– Fax 03 23 96 37 57 – Fermé 25-30 déc.
30 ch – †57/67 € ††72/80 €, ⊇ 8 €

◆ Relais de poste du 18e s. bâti autour d'une cour pavée où trône un bel abreuvoir. Chambres au charme d'antan (meubles anciens) peu à peu rajeunies dans le style contemporain.

VILLERSEXEL – 70 Haute-Saône – 314 G7 – 1 444 h. – alt. 287 m – ⊠ 70110

🏙 Franche-Comté Jura

17 **C1**

▶ Paris 386 – Belfort 41 – Besançon 59 – Lure 18 – Montbéliard 34 – Vesoul 27

🖪 Office de tourisme, 33, rue des Cités ☎ 03 84 20 59 59, Fax 03 84 20 59 59

🏠 **La Terrasse**   🚗 🛋 **P** **VISA** **◍◎**

rte de Lure – ☎ 03 84 20 52 11 – laterrassevillersexel@wanadoo.fr
– Fax 03 84 20 56 90 – Fermé 20 déc.-7 janv., vend. soir et dim. soir d'oct. à mars
13 ch – †45 € ††52/54 €, ⊇ 7 € – ½ P 49 € – **Rest** – Menu (11,50 €), 15/30 €
– Carte 25/49 €

◆ Les pêcheurs apprécieront cette auberge longée par une rivière poissonneuse. Chambres rénovées, donnant parfois sur le jardin. Salle des repas néo-rustique, terrasse ombragée bordant la départementale et cuisine traditionnelle sans prétention.

🏠 **Du Commerce**   🚗 ♨ 🛋 **P** **VISA** **◍◎** **AE**

1 r. 13 septembre 1944 – ☎ 03 84 20 50 50 – commviller@aol.com
– Fax 03 84 20 59 57 – Fermé 24 déc.-8 janv. et dim. soir
24 ch – †45 € ††45 €, ⊇ 7 € – ½ P 59 € – **Rest** – Menu 23/30 € – Carte 23/51 €

◆ Ensemble de deux maisons à l'entrée du bourg. Chambres simples et soigneusement tenues. Une grande cheminée agrémente la salle à manger rustique égayée de nappes colorées. Cuisine traditionnelle, grenouilles fraîches et gibier en saison.

VILLERS-LE-LAC – 25 Doubs – 321 K4 – 4 196 h. – alt. 730 m – ⊠ 25130

🏙 Franche-Comté Jura

17 **C2**

▶ Paris 471 – Basel 116 – Besançon 68 – La Chaux-de-Fonds 18 – Morteau 7
– Pontarlier 38

🖪 Office de tourisme, rue Pierre Berçot ☎ 03 81 68 00 98, Fax 03 81 68 00 98

⊙ Saut du Doubs★★★ NE : 5 km - Lac de Chaillexon★ NE : 2 km - Musée de la montre★.

🏠 **Le France** (Hugues Droz)   🚗 🛋 🍴 **VISA** **◍◎** **AE** **①**

8 pl. Cupillard – ☎ 03 81 68 00 06 – info@hotel-restaurant-lefrance.com
– Fax 03 81 68 09 22 – Fermé 5-16 nov. et 5 janv.-5 fév.
12 ch – †55/65 € ††55/65 €, ⊇ 9 € – ½ P 55/70 €
Rest – (fermé mardi midi d'oct. à mars, dim. soir et lundi) Menu 20 € (déj.)/68 €
– Carte 38/68 € ♨

Spéc. Duo de foie gras aux morilles. Filet de charolais à la réduction de trousseau. Pyramide de chocolat guanaja, moelleux aux épices. **Vins** Côtes du Jura, Arbois.

◆ Cet établissement accueillant perpétue la tradition familiale : quatre générations s'y sont succédées depuis 1900. Chambres au décor actuel. Belle salle à manger avec boiseries et collection d'ustensiles de cuisine ; délicieux plats au goût du jour et vins d'Arbois.

VILLERS-SUR-MER – 14 Calvados – 303 L4 – 2 318 h. – alt. 10 m – Casino

🏙 Normandie Vallée de la Seine

32 **A3**

▶ Paris 208 – Caen 35 – Le Havre 52 – Deauville 8 – Lisieux 31
– Pont-l'Évêque 21

🖪 Office de tourisme, place Jean Mermoz ☎ 02 31 87 01 18, Fax 02 31 87 46 20

Domaine de Villers ॐ   ≤ 🚗 🔲 ⅚ ch, ⅚ 📞 🕍 *VISA* ◍ AE
chemin Belvédère – ℰ *02 31 81 80 80 – info @ domainedevillers.com
– Fax 02 31 81 80 70*
17 ch – †120/165 € ††120/165 €, ☞ 13 € – ½ P 97/160 € – **Rest** – *(fermé merc.
et le midi du lundi au jeudi)* Menu 32/44 € – Carte 49/60 €
♦ Un paisible parc entoure ce beau manoir normand qui domine la mer. Les chambres,
spacieuses et luxueuses, déclinent les styles contemporain, nautique, Art déco
ou Directoire. Séduisante carte au goût du jour servie au coin du feu, dans une salle
confortable.

VILLERVILLE – 14 Calvados – 303 M3 – **rattaché à Honfleur**

VILLEURBANNE – 69 Rhône – 327 I5 – **rattaché à Lyon**

VILLIÉ-MORGON – 69 Rhône – 327 H3 – 1 614 h. – **alt. 262 m** – ⌂ 69910
▌Lyon et la vallée du Rhône   43 **E1**
🄳 Paris 412 – Lyon 54 – Mâcon 23 – Villefranche-sur-Saône 22
◎ La Terrasse ※★★ près du col du Fût d'Avenas NO : 7 km
    ▌Lyon et la vallée du Rhône

Le Villon   🚗 🏫 ⅃ ℀ ⅚ ch, 🕍 P *VISA* ◍
bd du Parc – ℰ *04 74 69 16 16 – hotel_restaurant.le_villon @ libertysurf.fr
– Fax 04 74 69 16 81 – Fermé 21 déc.-19 janv., dim. soir et lundi de mi-oct. à fin avril*
45 ch – †53/59 € ††63/69 €, ☞ 8,50 € – ½ P 54 € – **Rest** – Menu 23/55 € – Carte
23/44 €
♦ Dominant le village, bâtisse dont les chambres (cinq avec terrasse), simples et pratiques,
offrent une vue étendue sur le vignoble de Morgon. Salle à manger au décor néo-rustique,
terrasse tournée vers les collines plantées de vignes et cuisine traditionnelle.

à Morgon 2 km au Sud par D 68 – ⌂ 69910

Le Morgon   🏫 *VISA* ◍ ◐
– ℰ *04 74 69 16 03 – Fax 04 74 69 16 03 – Fermé 15 déc.-1ᵉʳ fév., soirs fériés, mardi
soir de fév. à mars, dim. soir et merc.*
Rest – Menu 14 € (sem.), 19/40 € – Carte 21/40 €
♦ Sobre cadre rustique (flambées dans la cheminée en hiver), agréable terrasse, accueil
aimable et cuisine du terroir soignée : pas mal d'atouts pour cette auberge villageoise.

VILLIERS-LE-MAHIEU – 78 Yvelines – 311 G2 – 615 h. – **alt. 127 m**
– ⌂ 78770   18 **A2**
🄳 Paris 53 – Dreux 37 – Évreux 63 – Mantes-la-Jolie 18 – Rambouillet 33
– Versailles 36

Château de Villiers le Mahieu sans rest ॐ   ⅃ ℀ ⅚ ℀ 📞
– ℰ *01 34 87 44 25 – accueil @ chateauvilliers.com*   🕍 P *VISA* ◍ AE
– Fax 01 34 87 44 40 – Fermé 23 déc.-1ᵉʳ janv.
95 ch – †203 € ††203 €, ☞ 18 €
♦ Le peintre Bernard Buffet vécut dans ce château fort du 13ᵉ s. Vaste parc arboré et
chambres agréables occupant trois pavillons dont chacun entretient une ambiance différente.

VILLIERS-SOUS-GREZ – 77 Seine-et-Marne – 312 E6 – 764 h. – **alt. 86 m**
– ⌂ 77760   19 **C3**
🄳 Paris 75 – Corbeil-Essonnes 42 – Évry 43 – Savigny-sur-Orge 52

La Cerisaie sans rest ॐ   ≤ ℀ 📞
10 r. Larchant – ℰ *01 64 24 23 71 – andre.chastel @ free.fr – Fax 01 64 24 23 71*
4 ch ☞ – †65 € ††70 €
♦ Vous tomberez vite sous le charme de cette ferme du 19ᵉ s. remarquablement restaurée.
Ses chambres personnalisées portent des noms évocateurs : Photographe, Orientale,
Musicale et Voyageur. Accueil chaleureux.

VILLIERS SUR MARNE – 52 Haute-Marne – 313 K4 – ⊠ 52320   14 **C3**

▷ Paris 282 – Bar-sur-Aube 41 – Chaumont 31 – Neufchâteau 52
– Saint-Dizier 46

XX **La Source Bleue**   🖼 🛋 ♻ 𝐕𝐼𝐒𝐀 ⓜ⓪
😊   – ℰ 03 25 94 70 35 – Fax 03 25 05 02 09 – Fermé 22 déc.-21 janv., dim. soir, lundi et
mardi
⨀   **Rest** – Menu 18 € (déj. en sem.), 28/55 € – Carte 50/56 €
◆ Moulin du 18ᵉ s. entouré d'un grand parc longeant la rivière où l'on cueille le cresson.
Intérieur sobre et plaisant, terrasse les pieds dans l'eau et goûteuse cuisine actuelle.

VINAY – 51 Marne – 306 F8 – **rattaché à Épernay**

VINCELOTTES – 89 Yonne – 319 E5 – **rattaché à Auxerre**

VINCENNES – 94 Val-de-Marne – 312 D2 – 101 17 – **voir à Paris, Environs**

VINCEY – 88 Vosges – 314 F2 – **rattaché à Charmes**

VINON-SUR-VERDON – 83 Var – 340 J3 – 2 992 h. – alt. 280 m
– ⊠ 83560   40 **B2**

▷ Paris 775 – Aix-en-Provence 47 – Brignoles 52 – Digne-les-Bains 70
– Manosque 16

🛈 Syndicat d'initiative, rue Saint-André ℰ 04 92 78 84 45, Fax 04 92 78 83 74

X **Relais des Gorges** avec ch   🛋 **P** 𝐕𝐼𝐒𝐀 ⓜ⓪ 𝔸𝔼
*230 av. de la République – ℰ 04 92 78 80 24 – bertet.relais @ wanadoo.fr
– Fax 04 92 78 96 47 – Fermé 26 oct.-9 nov.,19-29 déc. et dim. soir d'oct. à mars*
9 ch – †40 € ††50 €, � 6,50 € – ½ P 48 € – **Rest** – Menu 19 € (sem.)/37 €
– Carte 41/59 €
◆ Au centre du village, cette auberge vous prépare une appétissante cuisine traditionnelle.
Étape roborative en aval des grandioses gorges du Verdon.

VIOLÈS – 84 Vaucluse – 332 C9 – 1 536 h. – alt. 94 m – ⊠ 84150   42 **E1**

▷ Paris 659 – Avignon 34 – Carpentras 21 – Nyons 33 – Orange 14
– Vaison-la-Romaine 17

🏠 **Mas de Bouvau**   🛋 ↵ ✘ ch, 🌜 **P** 𝐕𝐼𝐒𝐀 ⓜ⓪
*2 km rte Cairanne – ℰ 04 90 70 94 08 – henri.hertzog @ wanadoo.fr
– Fax 04 90 70 95 99 – Fermé 1ᵉʳ-9 juin, 18-25 oct., 20-30 déc., 2 janv.-6 fév., le midi
du 15 juin au 15 sept., le soir de nov. à fév., mardi midi, dim. soir et lundi*
6 ch – †62 € ††62/73 €, ⊻ 9 € – ½ P 65 € – **Rest** – (nombre de couverts limité,
prévenir) Menu 26/36 € – Carte 28/42 €
◆ Isolé dans les vignes, un authentique mas à l'hospitalité chaleureuse. Vous goûterez une
cuisine traditionnelle dans des salles à manger au cadre sagement provençal.

VIRE ◉ – 14 Calvados – 303 G6 – 12 815 h. – alt. 275 m – ⊠ 14500
▮ Normandie Cotentin   32 **B2**

▷ Paris 296 – Caen 64 – Flers 31 – Laval 103 – Rennes 135 – St-Lô 39

🛈 Office de tourisme, square de la Résistance ℰ 02 31 66 28 50,
Fax 02 31 66 28 55

🏌 de Vire la Dathée à Saint-Manvieu-Bocage La Basse Haie, SE : 8 km par D 150,
ℰ 02 31 67 71 01.

rte de Flers 2,5 km par D 524 – ⊠ 14500 Vire

XXX **Manoir de la Pommeraie**   🔥 🛋 **P** 𝐕𝐼𝐒𝐀 ⓜ⓪ 𝔸𝔼 ⓪
– ℰ 02 31 68 07 71 – Fax 02 31 67 54 21 – Fermé 4-20 août, dim. soir et lundi
Rest – Menu 23 € (déj. en sem.), 34/65 € – Carte 47/66 €
◆ Loin des bruits de la ville, petit manoir du 18ᵉ s. dont les deux salles à manger ouvrent sur
un agréable parc aux arbres centenaires. Répertoire classique.

VIRÉ – 71 Saône-et-Loire – 320 J11 – 954 h. – alt. 225 m – ⊠ 71260   8 **C3**
> ▣ Paris 378 – Mâcon 20 – Cluny 23 – Tournus 19

XX   **Relais de Montmartre**   AK VISA ⚫⚫
😊   *pl. A. Lagrange –* 𝒞 *03 85 33 10 72 – relais-de-montmartre@wanadoo.fr – Fax 03 85 33 98 49 – Fermé 1ᵉʳ-7 juil., 6-13 oct., 19 janv.-9 fév., sam. midi, dim. soir et lundi*
Rest – Menu 22 € (déj. en sem.), 30/68 € – Carte 40/59 € 🕸

♦ Cet ancien café d'un village du Mâconnais régale ses convives d'une cuisine traditionnelle personnalisée, dans une élégante salle à manger (drapés, lustres en verre de Murano, etc.).

VIRIVILLE – Isère – 333 E6 – 1 281 h. – alt. 380 m – ⊠ 38980   43 **E2**
> ▣ Paris 549 – Lyon 92 – Grenoble 62 – Saint-Priest 73 – Saint-Martin-d'Hères 64

🏨   **Hostellerie de Chambaran** 🌿   🚟 🎐 🍴 ✆ ✆ ⚷ P VISA ⚫⚫
185 Grande Rue Jeanne-Sappey – 𝒞 *04 74 54 02 18 – hostelleriedechambaran@wanadoo.fr – Fax 04 74 54 11 83*
19 ch – †50/70 € ††65/90 €, ⊇ 10 € – ½ P 62/75 € – **Rest** – *(fermé sam. midi, dim. soir et lundi)* Menu 23/55 € – Carte 22/46 €

♦ Au cœur d'un pittoresque village aux maisons en galets roulés, affaire familiale dont les chambres, sans fioriture mais rafraîchies, donnent sur un grand jardin-piscine. Chaleureuse salle à manger, terrasse ombragée et cuisine traditionnelle au restaurant.

VIRONVAY – 27 Eure – 304 H6 – **rattaché à Louviers**

VIRY-CHÂTILLON – 91 Essonne – 312 D3 – 101 36 – **voir à Paris, Environs**

VISCOS – 65 Hautes-Pyrénées – 342 L7 – 41 h. – alt. 800 m – ⊠ 65120   28 **A3**
> ▣ Paris 880 – Pau 75 – Tarbes 50 – Argelès-Gazost 17 – Cauterets 23 – Lourdes 30

🏠   **La Grange aux Marmottes** 🌿   ≼ montagnes, 🚟 🔆 📶 ✆
au village – 𝒞 *05 62 92 88 88 – hotel@grangeauxmarmottes.com – Fax 05 62 92 93 75 – Fermé 11 nov.-15 déc.*   ⚷ VISA ⚫⚫ AE ①
6 ch – †71/92 € ††71/92 €, ⊇ 10 € – ½ P 65/73 € – **Rest** – Menu 20/42 € – Carte 27/54 €

♦ Ceux qui recherchent le calme absolu seront séduits par cette ancienne grange en pierre située aux portes du Parc national des Pyrénées. Chambres amples et douillettes. Atmosphère campagnarde dans la salle à manger où l'on sert une cuisine honorant la région.

🏠   **Les Campanules** sans rest 🌿   🚟 🔆 VISA ⚫⚫ AE ①
– 𝒞 *05 62 92 88 88 – hotel@grangeauxmarmottes.com – Fax 05 62 92 93 75 – Fermé 11 nov.-15 déc.*
8 ch – †60/76 € ††60/76 €, ⊇ 10 €

♦ Cette ancienne bergerie, coiffée d'un beau toit d'ardoise et joliment fleurie, abrite quelques chambres sobrement décorées ; certaines bénéficient d'une vue sur les montagnes, au même titre que la piscine extérieure perchée.

VITERBE – 81 Tarn – 338 D8 – 254 h. – alt. 141 m – ⊠ 81220   29 **C2**
> ▣ Paris 693 – Albi 62 – Castelnaudary 52 – Castres 31 – Montauban 69 – Toulouse 55

XX   **Les Marronniers**   🚟 🎐 AK P VISA ⚫⚫
– 𝒞 *05 63 70 64 96 – viala.marronniers@wanadoo.fr – Fax 05 63 70 60 96 – Fermé 3-23 nov., 23-28 fév., lundi soir de nov. à mars, mardi soir et merc.*
Rest – Menu (11,50 €), 19 € (sem.)/40 € bc – Carte 27/45 €

♦ Salle contemporaine dans les tons sable et chocolat, éclairage étudié, chaises à médaillon ajouré, salon-cheminée et plaisante terrasse face au jardin. Choix traditionnel.

VITRAC – 24 Dordogne – 329 I7 – 767 h. – alt. 150 m – ⊠ 24200   4 **D3**
> ▣ Paris 541 – Brive-la-Gaillarde 64 – Cahors 54 – Périgueux 85 – Sarlat-la-Canéda 8
> 🛈 Office de tourisme, lieu-dit le bourg 𝒞 05 53 28 57 80
> 🏌 du Domaine de Rochebois à Sarlat-la-Canéda Route de Montfort, SE : 2 km, 𝒞 05 53 31 52 52.
> 🎞 Château de Montfort★ NE : 2 km - Cingle de Montfort★ NE : 3,5 km, ▮ Périgord Quercy.

Domaine de Rochebois 🏡   ≼ 🕭 🛱 ℤ 🖪 📶 ⩔ ᕑ ch, 🎬 ⩔ ☞ rest,
🏠🏠🏠   2 km à l'Est par D 703 – 𝒞 05 53 31 52 52   ᘜ 🅿 **VISA** 🐵 ᴀᴇ ➀
hotel@rochebois.com – Fax 05 53 29 36 88 – Ouvert début mai à fin oct.
40 ch – †145/350 € ††145/350 €, � 18 € – ½ P 127/264 € – **Rest**   (dîner seult)
Menu 42 €

◆ Vaste parc, golf de 9 trous, joli jardin étagé, belle piscine, décoration intérieure raffinée :
cette demeure du 19ᵉ s. est un petit paradis au cœur du Périgord Noir. Belle cuisine actuelle
servie dans la salle à manger cossue ou sur l'agréable terrasse.

Plaisance   🚗 🛱 ℤ ☞ 🖪 ᕑ ch, 🎬 ᘜ 🅿 **VISA** 🐵 ᴀᴇ
🏠   au port – 𝒞 05 53 31 39 39 – plaisance@wanadoo.fr – Fax 05 53 31 39 38 – Ouvert
🛏   2 mars-11 nov.
48 ch – †54 € ††61/100 €, ⊂ 9 € – ½ P 61/77 € – **Rest** – (fermé dim. soir et vend.
d'oct. à avril, vend. midi et sam. midi de mai à sept.) Menu 15 € (déj. en sem.),
24/45 € – Carte 31/68 €

◆ Bâtisse régionale construite en 1808 à flanc de rocher, aux chambres bien tenues. Annexe
occupant un ex-moulin. De l'autre côté de la route, jardin bordant la Dordogne. Salle à
manger classique et terrasse sous des tilleuls ; copieuse cuisine du pays.

Le Clos Roussillon sans rest   🚗 ℤ 🎬 ⩔ ↝ 🅿 **VISA** 🐵 ᴀᴇ ➀
🏠   1 km à l'Ouest par D703 et rte secondaire – 𝒞 05 53 28 13 00 – hotel@
closroussillon-perigord.com – Fax 05 53 59 40 25 – Ouvert 21 mars-3 nov.
31 ch – †50/65 € ††50/75 €, ⊂ 10 €

◆ Cet hôtel des années 1980 a été entièrement rénové. Chambres modernes et de bon
confort, parfois pourvues de balcons et de kitchenettes. Agréable et paisible parc arboré.

La Treille avec ch   🛱 ↝ **VISA** 🐵 ᴀᴇ ➀
✗✗   Le Port – 𝒞 05 53 28 33 19 – hotel@latreille-perigord.com – Fax 05 53 30 38 54
🛏   – Fermé 15 nov.-15 déc., 15 fév.-5 mars, mardi sauf le soir du 15 juin au 15 oct. et lundi
10 ch – †50/52 € ††51/85 €, ⊂ 7,50 € – ½ P 65 € – **Rest** – Menu 18 € (déj. en
sem.), 25/38 € – Carte 36/74 €

◆ Les Latreille tiennent cette maison depuis 1866. Façade tapissée de vigne vierge, salle à
manger, véranda, terrasse ombragée d'une treille et immuables recettes périgourdines.

VITRAC – 15 Cantal – 330 B6 – 277 h. – alt. 490 m – ⊠ 15220   5 **A3**
🏠   ◪ Paris 561 – Aurillac 26 – Figeac 44 – Rodez 77

Auberge de la Tomette 🏡   🚗 🛱 ℤ 🖪 ᕑ ch, ☞ rest,
🏠   – 𝒞 04 71 64 70 94 – latomette@wanadoo.fr   ᘜ 🅿 **VISA** 🐵 ᴀᴇ
– Fax 04 71 64 77 11 – Ouvert Pâques-12 nov.
16 ch – †74/91 € ††74/91 €, ⊂ 10 € – ½ P 66/78 € – **Rest** – (dîner seult)
Menu 28/69 € – Carte 37/40 €

◆ Chambres mignonnes et douillettes, toutes rajeunies, jardin soigné, piscine découvrable,
espace relaxation (sauna, hammam) : cette auberge ne manque pas d'atouts. Au restaurant,
boiseries, tomettes, vieux meubles, sièges à médaillon cannés et terrasse-pergola.

VITRÉ – 35 Ille-et-Vilaine – 309 O6 – 15 313 h. – alt. 106 m – ⊠ 35500 ▯ Bretagne
◪ Paris 310 – Châteaubriant 52 – Fougères 30 – Laval 38 – Rennes 38   10 **D2**
🖪 Office de tourisme, place Gal-de-Gaulle 𝒞 02 99 75 04 46, Fax 02 99 74 02 01
▦ des Rochers Sévigné Château des Rochers, par rte d'Argentré : 6 km,
𝒞 02 99 96 52 52.

◎ Château★★ : tour de Montalifant ≼★, tryptique★ – La Ville★ : rue
Baudrairie★★ A 5, remparts★, église Notre-Dame★ B – Tertres noirs ≼★★
par ④ – Jardin du parc★ par ③ – ≼★★ des D178 B et D857 A – Champeaux :
place★, stalles★ et vitraux★ de l'église 9 km par ④.

Plan page suivante

Ibis sans rest   🖪 ᕑ 🎬 ⩔ ↝ ᘜ 🛱 **VISA** 🐵 ᴀᴇ
🏠   1 bd Chateaubriant, par ③ – 𝒞 02 99 75 51 70 – H6233@accor.com – Fax 02 99 75 51 71
50 ch – †49/66 € ††49/66 €, ⊂ 7,50 €

◆ Ce nouvel Ibis à proximité du centre médiéval dispose de chambres au mobilier fonctionnel (minidressing). Pour plus de calme, préférez celles donnant sur le parc à l'arrière.

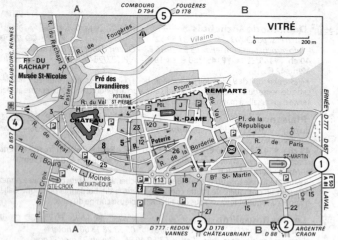

VITRÉ

XX **Le Pichet**   VISA ⓜⓒ AE

ⓔ   *17 bd Laval, par ① – ℰ 02 99 75 24 09 – restaurant @ lepichet.fr – Fermé merc.
soir, jeudi soir et dim.*
Rest – *(nombre de couverts limité, prévenir)* Menu 18 € (déj. en sem.), 26/50 €
– Carte 34/50 €
♦ Demeure d'allure régionale prolongée par un joli jardin arboré où l'on dresse la terrasse
l'été (barbecue). Lumineuse et confortable salle à manger-véranda.

XX **Le Potager**   VISA ⓜⓒ AE

ⓔ   *5 pl. Gén. Leclerc – ℰ 02 99 74 68 88 – restaurant_lepotager @ wanadoo.fr
– Fax 02 99 75 38 13 – Fermé 11-24 août, dim. soir et lundi*   B t
Rest – Menu 17 € (sem.)/32 € – Carte 27/42 €
♦ Décor frais composé d'un charmant espace bistrot et d'une salle contemporaine dans
les tons aubergine, orange et vert. Cuisine actuelle ; un petit menu différent chaque midi.

VITRY-LE-FRANÇOIS ◈ – 51 Marne – 306 J10 – 16 737 h. – alt. 105 m
– ⊠ 51300 ▌ Champagne Ardenne   13 **B2**
  ᴅ Paris 181 – Bar-le-Duc 55 – Châlons-en-Champagne 33 – Verdun 96
  ᴇ Office de tourisme, place Giraud ℰ 03 26 74 45 30, Fax 03 26 74 84 74

Plan page ci-contre

🏨 **La Poste**   🎴 📞 🅰 🅿 VISA ⓜⓒ AE ①

*pl. Royer-Collard – ℰ 03 26 74 02 65 – hoteldelaposte.vitry @ wanadoo.fr
– Fax 03 26 74 54 71 – Fermé 3-24 déc., 6 janv. et dim.*   BZ a
29 ch – ♦49/57 € ♦♦65/95 €, ⌷ 8 € – **Rest** – Menu 24/75 € – Carte 46/69 €
♦ Chambres lumineuses et pratiques, régulièrement rénovées, idéalement situées pour
entreprendre la découverte de la ville reconstruite par François 1er. Élégante salle à manger
néoclassique où l'on propose une cuisine au goût du jour.

🏠 **De la Cloche**   🎴 ₠ ch, 🄰🄲 rest, ⇆ 📞 🅰 🅿 VISA ⓜⓒ AE ①

ⓔ   *34 r. A. Briand – ℰ 03 26 74 03 84 – chef.sautetepicerie @ wanadoo.fr
– Fax 03 26 74 15 52 – Fermé 23 déc.-3 janv. et dim. soir du 1er oct. au 31 mai*
22 ch – ♦52 € ♦♦57 €, ⌷ 9 € – ½ P 62 €   AZ s
Rest *Jacques Sautet* – Menu 27/60 € – Carte 45/88 €
Rest *Vieux Briscard* – brasserie Menu (12 €), 17/25 €
♦ Hôtel du centre-ville abritant des chambres très majoritairement rafraîchies, dont deux
offrent un confort supérieur. Plaisant restaurant où l'on sert de goûteuses spécialités
maison dans un décor bourgeois. Carte et ambiance brasserie au Vieux Briscard.

VITRY-LE-FRANÇOIS

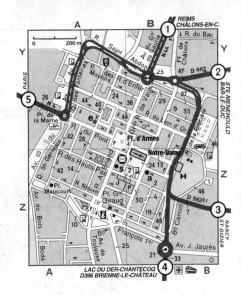

X **Gourmet des Halles** 🍴 AC VISA ⓜⓒ

♨ 11 r. Soeurs – ℰ 03 26 74 48 88 – Fax 03 26 72 54 28

– *Fermé mardi soir* AY **e**

Rest – Menu (7,50 €), 11 € (sem.)/23 € – Carte 17/39 €

♦ Halte sympathique à deux pas des halles. Une jolie fresque murale égaye l'une des trois salles. En été, vous pourrez prendre votre repas sur la terrasse-trottoir.

VITTEAUX – 21 Côte-d'Or – **320** H5 – 1 114 h. – alt. 320 m – ⊠ 21350

🔲 Bourgogne 8 **C2**

🚹 Paris 259 – Auxerre 100 – Avallon 55 – Beaune 64 – Dijon 47 – Montbard 34 – Saulieu 34

🚹 Office de tourisme, 16, rue Hubert Languet ℰ 03 80 33 90 14, Fax 03 80 33 90 14

X **Vieille Auberge** 🍴 VISA ⓜⓒ

♨ 19 r. Verdun – ℰ 03 80 49 60 88 – Fax 03 80 49 68 14

– *Fermé 16-30 juin, 7-27 oct., 6-16 janv., dim. soir, jeudi soir de nov. à mars, mardi soir, merc. soir et lundi*

Rest – Menu (10 €), 14 € (sem.)/26 € – Carte 18/36 €

♦ Un bar à l'ambiance rurale dessert les deux salles rustiques rénovées de cette auberge familiale villageoise. Petite terrasse, jardinet et boulodrome ; table traditionnelle.

VITTEL – 88 Vosges – **314** D3 – 6 117 h. – alt. 347 m – Stat. therm. : début avril-mi déc. – Casino AY – ⊠ 88800 🔲 Alsace Lorraine 26 **B3**

🚹 Paris 342 – Belfort 129 – Chaumont 84 – Épinal 43 – Langres – Nancy 85

🚹 Office de tourisme, place de la Marne ℰ 03 29 08 08 88, Fax 03 29 08 37 99

🔳 de Vittel Ermittage Hôtel Ermitage, ℰ 03 29 08 81 53 ;

🔳 du Bois de Hazeau Centre Préparation Olympique, SO : 1 km, ℰ 03 29 08 20 85.

👁 Parc★.

Plan page suivante

🏠 **Providence** sans rest 📶 ♿ 📞 **P** VISA ⓜⓒ AE

📺 125 av. Châtillon – ℰ 03 29 08 08 27 – providence.vittel @ wanadoo.fr

– *Fax 03 29 08 62 60* AY **a**

38 ch – †55/75 € ††65/85 €, ⊊ 10 €

♦ Cet établissement vittellois a fait peau neuve. Jolies petites chambres dans des tons chauds et junior suites plus spacieuses et bien équipées (grande baignoire).

VITTEL

Belgique (Av. de) . . . **AZ** 2
Bouloumié (Av. A.) . . **AY** 3
Dames (R. des) . . . . **BZ** 5
Div.-Leclerc (R.) . . . . **BZ** 7
Flers (Av. R.-de) . . . . **BZ** 8
Garnier (Av.) . . . . **BY** 9
Gaulle (Pl. Général-de) . . **BZ** 10
Gérémoy (Allée de) . **AY** 12
Jeanne-d'Arc (R.) . . . **BZ** 13
Joffre (R. Mar.) . . . . . **BZ** 15
Marne (Pl. de la) . . . **AZ** 17
Paris (R. de) . . . . **BZ** 18
St-Nicolas (R.) . . . . . **BY** 19
Sœur-Catherine (R.) . **BZ** 20
Soulier (R. M.) . . . . **BYZ** 22
Tilleuls (Av. des) . . . . **AY** 24
Verdun (R. de) . . . . . **BZ** 26

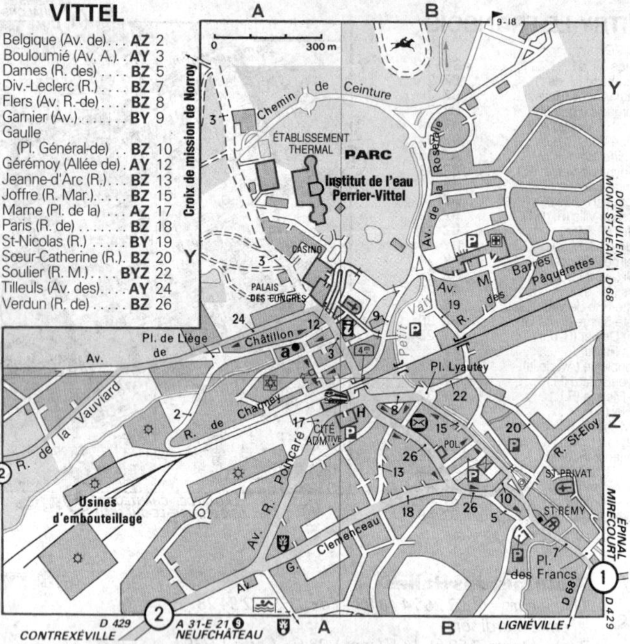

à l'Ouest 3 km par r. de la Vauviard AZ – ✉ 88800 Vittel

L'Orée du Bois

– ✆ 03 29 08 88 88 – info@loreeduboisvittel.fr
– Fax 03 29 08 01 61
39 ch – †50/86 € ††60/86 €, ☕ 9 € – ½ P 59/71 € – **Rest** – Menu 17/34 €
– Carte 27/49 €
♦ Face au golf, un établissement récent où tout est prévu pour se relaxer : balnéothérapie, massage, sauna, hammam. Chambres soignées ; testez les bio. Cuisine traditionnelle qui tend à plus de modernité tout en restant attachée au terroir. Jardin-terrasse.

VIVÈS – 66 Pyrénées-Orientales – **344** H7 – **rattaché au Boulou**

VIVIERS – 07 Ardèche – **331** K7 – **3 413 h.** – **alt. 65 m** – ✉ **07220** 44 **B3**

Paris 618 – Lyon 163 – Marseille 167 – Montpellier 158 – Valence 63
Office de tourisme, 5, place Riquet ✆ 04 75 52 77 00, Fax 04 75 52 81 63

Le Relais du Vivarais avec ch

31 rte Nationale 86 – ✆ 04 75 52 60 41 – relais.viviers@wanadoo.fr
– Fermé 1er-21 mars
5 ch – †70/72 € ††70/72 €, ☕ 9 €
Rest *(fermé 1er-21 mars, 22 déc.-3 janv. et dim. soir sauf résidents)* Menu 25/46 €
♦ Non content de vous servir une belle cuisine du terroir revisitée, ce sympathique restaurant familial vous réserve un charmant accueil. Cadre rustique et terrasse ombragée. Jolies chambres au décor sobre ; pain et confiture maison au petit-déjeuner.

VIVONNE – 86 Vienne – **322** H6 – **3 028 h.** – **alt. 103 m** – ✉ **86370**
Poitou Vendée Charentes 39 **C2**

Paris 354 – Angoulême 94 – Confolens 62 – Niort 67 – Poitiers 20
– St-Jean-d'Angély 90
Office de tourisme, pl. du Champ de Foire ✆ 05 49 43 47 88, Fax 05 49 43 34 87

🏠 **Le St-Georges** &. ch, AC rest, ☎ 🖧 *VISA* ⬤ ①
Grande Rue, (près de l'église) – 𝒞 05 49 89 01 89 – *courrier @ hotel-st-georges.com*
– Fax 05 49 89 00 22 – Fermé dim. soir du 1ᵉʳ nov. au 31 mars
32 ch 🛏46/58 € 🛏🛏52/80 €, ⌨ 7 € – 1 suite – ½ P 80/120 €
Rest – Menu 19/35 € – Carte 31/43 €
♦ Ravaillac eut à Vivonne la terrible vision qui le conduisit au régicide. Dormez tranquille dans cet hôtel disposant de chambres fonctionnelles et bien tenues. Salle à manger contemporaine (cuisine traditionnelle) et espace bistrot pour le menu du jour.

VIVY – 49 Maine-et-Loire – 317 |5 – 1 873 h. – alt. 29 m – ⌧ 49680   35 **C2**
🔲 Paris 311 – Nantes 144 – Angers 57 – Saumur 12 – La Flèche 67

🏠 **Château de Nazé** sans rest ⌂   ⌀ ⊐ ⇆ ⅍ 🅿
– 𝒞 02 41 51 80 91 – *info @ chateau-de-naze.com*
4 ch ⌨ – 🛏110 € 🛏🛏110 €
♦ En plus du château avec sa belle cour, ce domaine comprend une piscine dans un jardin clos, un verger et une prairie. Décor élégant et romantique, salle châtelaine et salons.

VOISINS-LE-BRETONNEUX – 78 Yvelines – 311 |3 – 101 22 – **voir à Paris, Environs (St-Quentin-en-Yvelines)**

VOITEUR – 39 Jura – 321 D6 – 718 h. – alt. 260 m – ⌧ 39210   16 **B3**
🔲 Paris 409 – Besançon 79 – Dole 51 – Lons-le-Saunier 12
🅸 Office de tourisme, 1 place de la Mairie 𝒞 03 84 44 62 47, Fax 03 84 44 64 86

🏠 **Château St-Martin** sans rest ⌂   ⌀ ⇆ 🅿
– 𝒞 03 84 44 91 87 – *kellerbr @ wanadoo.fr* – Fax 03 84 44 91 87
– *Fermé déc. et janv.* – **4 ch** ⌨ – 🛏90 € 🛏🛏100 €
♦ Un apéritif accueille les hôtes de ce château classé monument historique. Ses chambres, de styles différents, donnent parfois sur le parc et la chapelle du 14ᵉ s. Piano à disposition.

VOLLORE-VILLE – 63 Puy-de-Dôme – 326 |8 – 684 h. – alt. 540 m – ⌧ 63120
🔲 Paris 408 – Clermont-Ferrand 58 – Roanne 63 – Vichy 52   6 **C2**

🏠 **Château de Vollore** sans rest ⌂   ⇇ ⌀ ⊐ ⅍ ⇆ 🅿 *VISA* ⬤
– 𝒞 04 73 53 71 06 – *chateau.vollore @ wanadoo.fr* – Fax 04 73 53 72 44
5 ch ⌨ – 🛏110/160 € 🛏🛏130/230 €
♦ Château "avec vue" appartenant aux La Fayette. L'arrière-petit-fils du personnage historique avait épousé la fille des propriétaires. Chambres et suites au mobilier d'époque.

VOLNAY – 21 Côte-d'Or – 320 |7 – **rattaché à Beaune**

VONNAS – 01 Ain – 328 C3 – 2 422 h. – alt. 200 m – ⌧ 01540 ▯ Bourgogne   43 **E1**
🔲 Paris 409 – Bourg-en-Bresse 23 – Lyon 69 – Mâcon 21
– Villefranche-sur-Saône 41
🅸 Syndicat d'initiative, rue du Moulin 𝒞 04 74 50 04 47, Fax 04 74 50 09 74

🏠🏠🏠 **Georges Blanc** ⌂   ⌀ ⊐ 🌀 ⑩ ⅍ ⅍ 🐟 🈁 ☎ 🖧 ⌂ *VISA* ⬤ AE ①
❀❀❀ *pl. du Marché* – 𝒞 04 74 50 90 90 – *blanc @ relaischateaux.com*
– *Fax 04 74 50 08 80 – Fermé janv.*
35 ch – 🛏180/450 € 🛏🛏180/450 €, ⌨ 28 € – 6 suites
Rest – *(fermé merc. midi, lundi et mardi) (nombre de couverts limité, prévenir)*
Menu 120/230 € – Carte 123/185 € ⅋
Spéc. Sot-l'y-laisse et huître creuse. Duo de ris de veau, légumes du marché, jus noisette. Palet de chocolat "pur caraïbes" au vieux Maury. **Vins** Mâcon-Azé, Moulin-à-Vent.
♦ Le luxe au bord de la Veyle. Cette demeure régionale (colombages et briquettes rouges) abrite de grandes chambres cossues. La délicieuse cuisine bressane distingue cette table comme l'un des fleurons de la gastronomie française. Superbe cave.

🏠 **Résidence des Saules** sans rest ⌂   AC *VISA* ⬤ AE ①
– 𝒞 04 74 50 90 51 – *blanc @ relaischateaux.com* – Fax 04 74 50 08 80 – *Fermé janv.*
6 ch – 🛏150 € 🛏🛏150 €, ⌨ 28 € – 4 suites
♦ Cette très jolie maison fleurie de géraniums est un peu l'annexe de l'hôtel Georges Blanc situé de l'autre côté de la place. Au-dessus de la boutique, chambres confortables.

✗ L'Ancienne Auberge   🛱 VISA 🐼 AE ➀
– 𝒞 04 74 50 90 50 – auberge1900@georgesblanc.com – Fax 04 74 50 08 80
– *Fermé janv.* – **Rest** – Menu 25 € (déj. en sem.), 30/49 € – Carte 36/66 €
♦ Bistrot au décor rétro en mémoire de l'auberge – ex-fabrique de limonade – ouverte par la famille Blanc à la fin du 19ᵉ s. (photos et affiches anciennes). Cuisine régionale.

VOSNE-ROMANÉE – 21 Côte-d'Or – 320 J7 – 460 h. – alt. 242 m – ⊠ 21700
🚹 Paris 330 – Chalon-sur-Saône 49 – Dijon 21 – Dole 71   8 **D1**

🏨 Le Richebourg sans rest   🕽 ƒ💪 🗐 ⅙ 🖿 ⇜ ⅏ 🅿 🛋 VISA 🐼 AE ➀
ruelle du Pont – 𝒞 03 80 61 59 59 – hotel@lerichebourg.com – Fax 03 80 61 59 50
– *Fermé 23-27 déc.*
24 ch – †95/185 € ††95/185 €, 🖙 15 € – 2 suites
♦ Dans un minuscule village vinicole, hôtel proposant des chambres au cadre moderne équipées d'un mobilier fonctionnel et deux suites tout confort. Fitness avec sauna, hammam et jacuzzi.

VOUGEOT – 21 Côte-d'Or – 320 J6 – 187 h. – alt. 239 m – ⊠ 21640 ▯ Bourgogne
🚹 Paris 325 – Beaune 27 – Dijon 17   8 **D1**
◉ Château du Clos de Vougeot★ O.

🏠 Clos de la Vouge   🖾 🛱 ⅃ ⅙ ⇜ 🅿 VISA 🐼
1 r. Moulin – 𝒞 03 80 62 89 65 – closdelavouge@wanadoo.fr – Fax 03 80 62 83 14
– *Fermé 24 déc.-31 janv.* – **10 ch** – †50/69 € ††90/125 €, 🖙 10 €
Rest – *(fermé lundi et mardi du 1ᵉʳ nov. au 31 mars)* Menu 24/36 € – Carte 27/61 €
♦ Cette bâtisse régionale restaurée est située à proximité du célébrissime château du Clos de Vougeot. Chambres amples, confortables et insonorisées.

à Gilly-lès-Cîteaux 2 km à l'Est par D 251 – 567 h. – alt. 227 m – ⊠ 21640

🏰 Château de Gilly ॐ   🕽 🛱 ⅃ ❊ 🗐 ⅙ ch, ⇜ ⅍ 🅿 VISA 🐼 AE ➀
– 𝒞 03 80 62 89 98 – gilly@grandesetapes.fr – Fax 03 80 62 82 34
37 ch – †160/312 € ††160/312 €, 🖙 22 € – 11 suites – ½ P 80 €
Rest Clos Prieur – *(fermé le midi sauf dim.)* Menu 42/65 € – Carte 48/224 € 🐯
Rest Côté Terroirs – *(fermé le soir et dim.)* Menu 20/25 €
♦ Calme et raffinement caractérisent cet ancien palais abbatial cistercien abritant de spacieuses chambres personnalisées. Agréables jardins à la française. Le Clos Prieur occupe un superbe cellier voûté d'ogives du 14ᵉ s. Formule bistrot au Côté Terroirs.

🏨 L'Orée des Vignes sans rest ॐ   🖾 ⅙ 🖿 ⇜ VISA 🐼 AE
🍽 6 rte d'Épernay – 𝒞 03 80 62 49 77 – info@oreedesvignes.com
– Fax 03 80 62 49 76 – *Fermé 21 déc.-4 janv.*
26 ch – †64/124 € ††64/124 €, 🖙 9 €
♦ Ferme du 16ᵉ s. dont les bâtiments abritent des chambres assez vastes équipées de meubles fonctionnels, un espace petit-déjeuner et deux accueillantes salles de réunion.

à Flagey-Échezeaux 3 km au Sud-Est par D 971 et D 109 – 494 h. – alt. 227 m
– ⊠ 21640

🏨 Losset sans rest ॐ   ⅙ 🖿 🅿 VISA 🐼
10 pl. de l'Église – 𝒞 03 80 62 46 00 – hotel.losset@wanadoo.fr
– Fax 03 80 62 46 08 – **7 ch** – †85/130 € ††85/130 €, 🖙 8 €
♦ Cet hôtel récent propose de grandes chambres confortables (sous poutres), dotées de meubles de style, rustiques ou actuels, et d'un petit coin salon (cheminée).

🏠 Petit Paris sans rest ॐ   🕽 ⅙ ℀
6 r. du Petit-Paris – 𝒞 03 80 62 84 09 – petitparis.bourgogne@free.fr
– Fax 03 80 62 83 88 – **4 ch** 🖙 – †85 € ††85 €
♦ Accueil chaleureux et chambres personnalisées dans cette maison (17ᵉ s.) abritée par un parc. Profitez-en pour vous initier à la peinture (cours pour adultes et enfants).

✗✗ Simon   🖿 ℀ VISA 🐼
12 pl. de l'Église – 𝒞 03 80 62 88 10 – famille.simon7@wanadoo.fr – Fax 03 80
62 88 10 – *Fermé 1ᵉʳ-13 août, 22-26 déc., 18 fév.-15 mars, dim. soir et merc.*
Rest – Menu (20 €), 30 € bc/80 € – Carte 35/71 €
♦ Au centre d'un village viticole, restaurant au cadre campagnard et nouvelle salle à manger où l'on sert une appétissante cuisine traditionnelle.

VOUGY – 74 Haute-Savoie – 328 L4 – **rattaché à Bonneville**

VOUILLÉ – 86 Vienne – 322 G5 – 2 774 h. – alt. 118 m – ⊠ 86190   39 **C1**
- ◘ Paris 345 – Châtellerault 46 – Parthenay 34 – Poitiers 18 – Saumur 89 – Thouars 55
- ◙ Office de tourisme, 10, place de l'Eglise ℰ 05 49 51 06 69, Fax 05 49 50 87 48

✕✕ **Cheval Blanc** avec ch   🛋 🖥 �&ch, 📞 🏊 P̄ VISA ◐◐ AE
⊛ 3 r. Barre – ℰ 05 49 51 81 46 – lechevalblanc.clovis @ wanadoo.fr
– Fax 05 49 51 96 31 – Fermé vacances de fév.
14 ch – ♦49 € ♦♦49/53 €, ⊊ 6 € – ½ P 46 € – **Rest** – Menu 18/45 €
♦ Au cœur du bourg, plusieurs salles à manger contemporaines (dont une avec cheminée) donnant sur une rivière, tout comme la paisible terrasse d'été. Chambres pratiques.

Clovis 🏠   �& 📞 🏊 P̄ VISA ◐◐ AE
– Fermé vacances de fév.
30 ch – ♦49 € ♦♦49/53 €, ⊊ 6 € – ½ P 46 €
♦ À 100 m de la maison mère, construction récente aux chambres fonctionnelles bien tenues. Petits-déjeuners proposés sous forme de buffet.

VOUTENAY-SUR-CURE – 89 Yonne – 319 F6 – 189 h. – alt. 130 m – ⊠ 89270
- ◘ Paris 206 – Auxerre 37 – Avallon 15 – Vézelay 15   7 **B2**

✕✕ **Auberge Le Voutenay** avec ch   🎐 P̄ VISA ◐◐
– ℰ 03 86 33 51 92 – auberge.voutenay @ wanadoo.fr – Fax 03 86 33 51 91
– Fermé 16-24 juin, 1ᵉʳ-21 janv., dim. soir, lundi et mardi
7 ch – ♦40 € ♦♦55/65 €, ⊊ 8 € – ½ P 65 € – **Rest** – (nombre de couverts limité, prévenir) Menu 25/55 €
♦ Longeant la route, demeure du 18ᵉ s. tournée vers son agréable parc. Salle rustico-bourgeoise, coin bistrot et petite boutique de produits du terroir. Chambres rétro.

VOUVRAY – 37 Indre-et-Loire – 317 N4 – 3 046 h. – alt. 55 m – ⊠ 37210
▯ Châteaux de la Loire   11 **B2**
- ◘ Paris 240 – Amboise 18 – Blois 51 – Château-Renault 25 – Tours 10
- ◙ Office de tourisme, 12, rue Rabelais ℰ 02 47 52 68 73, Fax 02 47 52 70 88

⌂ **Domaine des Bidaudières** sans rest 🐾   🎐 ⌲ ⌶ 🖥 🄰🄲 ✿ P̄
r. Peu Morier, rte de Vernou-sur-Brenne par D 46 – ℰ 02 47 52 66 85 – contact @ bidaudieres.com – Fax 02 47 52 62 17
7 ch ⊊ – ♦95/105 € ♦♦105/160 €
♦ Toiles de Jouy et meubles chinés ornent les confortables chambres de ce beau castel du 18ᵉ s. (ex-domaine viticole), ouvertes sur un parc somptueux. Un lieu plein de charme.

✕✕ **Le Grand Vatel**   🛋 P̄ VISA ◐◐ AE
8 av. Brûlé – ℰ 02 47 52 70 32 – legrandvatel @ orange.fr – Fax 02 47 52 74 52
– Fermé 5-15 mars, 20-28 déc., dim. soir et lundi
Rest – Menu 20/72 € – Carte 47/59 € 🍷
♦ Cette maison tourangelle en pierre abrite deux salles à manger dont une décorée dans le style des années 1920. Cuisine inspirée du terroir et belle sélection de vouvrays.

VOVES – 28 Eure-et-Loir – 311 F6 – 2 928 h. – alt. 146 m – ⊠ 28150   12 **C1**
- ◘ Paris 99 – Ablis 36 – Bonneval 23 – Chartres 25 – Châteaudun 38 – Étampes 51 – Orléans 61

🏠 **Le Quai Fleuri** 🐾   🎐 🎐 🛋 📞 🏊 P̄ VISA ◐◐ AE
⊛ 15 r. Texier Gallas – ℰ 02 37 99 15 15 – quaifleuri @ wanadoo.fr
– Fax 02 37 99 11 20
21 ch – ♦58 € ♦♦64 €, ⊊ 9 € – 4 suites – ½ P 82 € – **Rest** – (fermé dim. soir)
Menu 15 € (sem.)/44 € – Carte 43/65 €
♦ Cet hôtel récent, flanqué d'un moulin reconstitué – emblème beauceron –, abrite de petites chambres personnalisées. Celles logées dans l'annexe sont plus spacieuses et de plain-pied avec le parc. Au restaurant, lumineux décor contemporain et cuisine tradition-nelle.

VRON – 80 Somme – 301 D6 – 721 h. – alt. 15 m – ⊠ 80120   36 **A1**
> 🚘 Paris 211 – Abbeville 27 – Amiens 76 – Berck-sur-Mer 17 – Calais 89 – Hesdin 24

🏨 **L'Hostellerie du Clos du Moulin** 🦢   🚘 🕿 🕭 **P** **VISA** **CO** **AE**
1 r. Maréchal Leclerc – 𝒞 03 22 23 74 75 – contact @ leclosdumoulin.fr
– Fax 03 22 23 74 76
15 ch – †95/125 € ††110/145 €, ⊇ 10 € – ½ P 80/98 € – **Rest** – Menu (30 €),
37/47 € – Carte environ 54 €
♦ Les ex-écuries de ce domaine ceint d'un joli jardin abritent des chambres personnalisées
et cosy (décor à l'ancienne, confort moderne) ; certaines disposent d'un coin salon. Les
salles à manger aménagées dans des étables du 16ᵉ s. ont beaucoup de caractère.

WAHLBACH – 68 Haut-Rhin – 315 I11 – **rattaché à Altkirch**

LA WANTZENAU – 67 Bas-Rhin – 315 K5 – **rattaché à Strasbourg**

WASSELONNE – 67 Bas-Rhin – 315 I5 – 5 542 h. – alt. 220 m – ⊠ 67310
▌Alsace Lorraine   1 **A1**
> 🚘 Paris 464 – Haguenau 42 – Molsheim 15 – Saverne 15 – Sélestat 51
> – Strasbourg 27

> 🄸 Syndicat d'initiative, 22, place du Général Leclerc 𝒞 03 88 59 12 00,
> Fax 03 88 04 23 57

✕✕ **Au Saumon** avec ch   🛋 🕭 ch, **VISA** **CO** **AE** **①**
r. Gén. de Gaulle – 𝒞 03 88 87 01 83 – weltythierry @ neuf.fr – Fax 03 88 87 46 69
– Fermé 1ᵉʳ-15 juil., dim. soir, mardi soir et merc.
5 ch – †45 € ††45 €, ⊇ 6 € – ½ P 50 € – **Rest** – Menu (9,50 €), 11,50 € (déj. en
sem.), 18/41 € – Carte 34/54 €
♦ Du neuf dans cette maison : les spacieuses chambres optent pour le contemporain et la
véranda se fait plus lumineuse. Côté cuisine, un bon classicisme bourgeois.

WATTIGNIES – 59 Nord – 302 G4 – **rattaché à Lille**

WENGELSBACH – 67 Bas-Rhin – 315 K2 – **rattaché à Niedersteinbach**

WESTHALTEN – 68 Haut-Rhin – 315 H9 – 816 h. – alt. 240 m – ⊠ 68250
▌Alsace Lorraine   1 **A3**
> 🚘 Paris 480 – Colmar 22 – Guebwiller 11 – Mulhouse 28 – Thann 27

✕✕✕ **Auberge du Cheval Blanc** (Gilbert Koehler) avec ch 🦢   🕭 🍽 🕭 ch,
🕸 20 r. Rouffach – 𝒞 03 89 47 01 16   🄰🄲 🕿 🕭🄰 **P** **VISA** **CO**
– chevalblanc.west @ wanadoo.fr – Fax 03 89 47 64 40
– Fermé 14 juin-1ᵉʳ juil., 12 janv.-5 fév., mardi midi, dim. soir et lundi
12 ch – †60/75 € ††68/85 €, ⊇ 12 € – ½ P 80/92 €
Rest – Menu 36/87 € – Carte 54/84 € 🍷
Spéc. Dégustation de nos foies gras d'oie en trois services. Noisettes de chevreuil
à l'alsacienne (saison). Canette de la Dombes rôtie aux épices tandoori (saison).
Vins Sylvaner, Riesling.
♦ Voici une élégante maison, tenue par la même famille de vignerons depuis 1785. Cuisine
à la fois classique et créative ; belle carte de vins d'Alsace dont ceux de la propriété. Les
chambres récemment refaites, sont spacieuses, confortables et modernes.

WETTOLSHEIM – 68 Haut-Rhin – 315 H8 – **rattaché à Colmar**

WEYERSHEIM – 67 Bas-Rhin – 315 K4 – 2 993 h. – alt. 140 m – ⊠ 67720   1 **B1**
> 🚘 Paris 486 – Haguenau 18 – Saverne 49 – Strasbourg 21 – Wissembourg 50

✕ **Auberge du Pont de la Zorn**   🚘 🕭 🍽 **P** **VISA** **CO**
2 r. République – 𝒞 03 88 51 36 87 – debeer.m @ wanadoo.fr – Fax 03 88 51 36 87
– Fermé 20 août-4 sept., 9-22 fév., sam. midi, merc. et jeudi
Rest – Menu (11,50 €), 16 € (sem.)/35 € – Carte 23/39 €
♦ Reproductions de dessins signés Hansi, poutres apparentes, poteries régionales : un
concentré d'Alsace ! Bucolique terrasse en bord de Zorn. Tartes flambées servies le soir.

WIERRE-EFFROY – 62 Pas-de-Calais – 301 D3 – 747 h. – alt. 28 m –
⊠ 62720   30 **A2**

> ◘ Paris 262 – Calais 29 – Abbeville 88 – Boulogne-sur-Mer 14 – Saint-Omer 47

⌂   **La Ferme du Vert** ⚶   ☐ ☆ ⅋ rest, ⚹ **P** **VISA** **CO** **AE**
     r. du Vert – ℰ 03 21 87 67 00 – ferme.du.vert@wanadoo.fr – Fax 03 21 83 22 62
⊕   – Fermé 14 déc.-20 janv. et dim. d'oct. à mars
     16 ch – ❢57/89 € ❢❢62/123 €, ⊒ 11 € – 2 suites – ½ P 65/95 € – **Rest** – *(fermé*
     sam. midi d'oct. à avril, lundi midi et dim.) Menu 28/45 € – Carte 30/50 €
     ♦ Le calme et la campagne réunis dans cette ancienne ferme du Boulonnais. Chambres de
     taille variable, décorées avec goût et simplicité. Fromage maison (dégustation et vente). À
     table, régalez-vous de petits plats traditionnels élaborés avec les produits du terroir.

WIMEREUX – 62 Pas-de-Calais – 301 C3 – 7 493 h. – alt. 7 m – ⊠ 62930
▌Nord Pas-de-Calais Picardie   30 **A2**

> ◘ Paris 269 – Arras 125 – Boulogne-sur-Mer 7 – Calais 33 – Marquise 13
> ◨ Office de tourisme, quai Alfred Giard ℰ 03 21 83 27 17, Fax 03 21 32 76 91

⌂   **Du Centre**   ☐ **AC** rest, ☏ **P** **VISA** **CO** **AE**
     78 r. Carnot – ℰ 03 21 32 41 08 – hotel.du.centre@wanadoo.fr
⬚   – Fax 03 21 33 82 48 – Fermé 21 déc.-30 janv.
     23 ch – ❢58/82 € ❢❢58/82 €, ⊒ 8,50 € – **Rest** – *(fermé lundi)* Menu (18 €),
     21/31 € – Carte 23/44 €
     ♦ Bâtisse ancienne bordant la rue principale de cette station balnéaire de la Côte d'Opale.
     Les chambres, toutes rénovées, sont parfois dotées d'une mezzanine. Le restaurant affiche
     un sympathique look bistrot ; plats traditionnels et produits de la mer.

⋇⋇⋇ **Liégeoise et Atlantic Hôtel** avec ch   ≤ la mer, ▐ ⅋ ch, ⅋ rest, ☏
     digue de mer – ℰ 03 21 32 41 01   ⚹ **P** **VISA** **CO** **AE** **①**
     – Alain.delpierre@wanadoo.fr – Fax 03 21 87 46 17
     18 ch – ❢76/90 € ❢❢90/123 €, ⊒ 10 € – **Rest** – Menu 35/61 € – Carte 59/75 €
     ♦ Bien situé sur la digue-promenade, face à la Manche. Belle salle à manger panoramique,
     joliment meublée dans le style Louis XVI. Chambres neuves, à choisir côté mer.

⋇   **Épicure** (Philippe Carrée)   **VISA** **CO**
⛊   1 r. Pompidou – ℰ 03 21 83 21 83 – Fax 03 21 33 53 20
     – Fermé 20 août-5 sept., 20 déc.-6 janv., merc. soir et dim.
     Rest – *(nombre de couverts limité, prévenir)* Menu 24/39 € *(dîner)* – Carte 38/56 €
     Spéc. Huîtres spéciales, purée de pois chiches, gelée de queue de bœuf (oct. à
     mars). Homard côtier, ravioles d'aubergine et tomate (juin à août). Pomme de ris
     de veau au four, jus au thé fumé (sept. à mai).
     ♦ En centre-ville, derrière une façade discrète, toute petite salle à manger au cadre intime
     et feutré. Attrayante cuisine au goût du jour, axée sur les produits de la mer.

WINKEL – 68 Haut-Rhin – 315 H12 – 334 h. – alt. 575 m – ⊠ 68480   1 **A3**

> ◘ Paris 466 – Altkirch 23 – Basel 35 – Belfort 50 – Montbéliard 46 – Mulhouse 42

⋇⋇ **Au Cerf** avec ch   ⚹ **VISA** **CO**
     76 r. Principale – ℰ 03 89 40 85 05 – g.koller@tiscali.fr – Fax 03 89 08 11 10
     – Fermé 22-30 sept., 2-24 fév.
     6 ch – ❢43/49 € ❢❢47/60 €, ⊒ 6,50 € – ½ P 49 € – **Rest** – *(fermé lundi et jeudi)*
     Menu (10 €), 25/50 € – Carte 25/50 €
     ♦ Accueillante auberge à la façade rouge située à deux pas de la source de l'Ill. Salles à
     manger cossues dont une aux allures de winstub. Plaisantes chambres sous les combles.

WISEMBACH – 88 Vosges – 314 K3 – 428 h. – alt. 500 m – ⊠ 88520   27 **D3**

> ◘ Paris 413 – Colmar 54 – Épinal 69 – St-Dié 16 – Ste-Marie-aux-Mines 11
> – Sélestat 34

⋇⋇ **Blanc Ru** avec ch   ☆ **P** **VISA** **CO** **①**
     19 r. du 8 mai 45 – ℰ 03 29 51 78 51 – Fax 03 29 51 70 67
     – Fermé 23 sept.-8 oct., 3 fév.-4 mars, mardi soir et lundi
     7 ch – ❢48 € ❢❢48/59 €, ⊒ 8 € – ½ P 48/58 € – **Rest** – Menu 23/42 € – Carte 33/58 €
     ♦ Installez-vous au choix dans le joli jardin d'hiver ou la grande salle rustique pour déguster
     une cuisine traditionnelle (spécialités de grenouilles). Chambres simples.

WISSEMBOURG ⟨S⟩ – 67 Bas-Rhin – 315 L2 – 8 170 h. – alt. 157 m – ⊠ 67160
▮ Alsace Lorraine   1 **B1**

🏴 Paris 512 – Haguenau 33 – Karlsruhe 42 – Sarreguemines 80 – Strasbourg 67

🛈 Office de tourisme, 9, place de la République ☏ 03 88 94 10 11,
Fax 03 88 94 18 82

◉ Vieille ville★ : église St-Pierre et St-Paul★.

◉ Village★★ d'Hunspach 11 km par ②.

🏨🏨 **Au Moulin de la Walk** ⌂   🍴 🌳 ⭘ ch, ↔ ℁ ch, 📞
🍽️ 2 r. Walk – ☏ 03 88 94 06 44 – info@   ♨ 🅿 VISA ⓜⓞ ⓘ
moulin-walk.com – Fax 03 88 54 38 03 – Fermé 9-31 janv.   A s
25 ch – †55/70 € ††55/70 €, ⌧ 8 € – ½ P 70 €
Rest – *(fermé 20 juin-4 juil., 9-31 janv., vend. midi, dim. soir et lundi)* Menu 34/44 €
– Carte 39/53 €

♦ Au bord d'une rivière, bâtiments aménagés sur les vestiges d'un moulin dont la roue
tourne encore. Décor chaleureux et épuré avec du bois brut pour rappeler le style local.
Carte classique et régionale (spécialité de foie gras), vins choisis. Jolie terrasse d'été.

🍴🍴 **Hostellerie du Cygne** avec ch   AK rest, ℁ ch, 📞 VISA ⓜⓞ AE
3 r. Sel – ☏ 03 88 94 00 16 – hostellerie-cygne@wanadoo.fr – Fax 03 88 54 38 28
– Fermé 7-20 juil., 10-23 nov., 16 fév.- 2 mars et merc.   B a
16 ch – †50/65 € ††50/75 €, ⌧ 9 € – ½ P 52/70 € – **Rest** – *(fermé jeudi midi, dim.
soir et merc.)* Menu 30/65 €

♦ Deux maisons contiguës, l'une datant de la fin du 14ᵉ s., l'autre déjà auberge en 1535. Salle
à manger agrémentée d'un beau plafond en marqueterie. Chambres rénovées.

🍴🍴 **L'Ange**   🍴 VISA ⓜⓞ AE
2 r. de la République – ☏ 03 88 94 12 11 – pierrel4@wanadoo.fr
– Fax 03 88 94 12 11 – Fermé 16-26 juin, 10-18 nov., 23 fév.-10 mars, dim. soir en
hiver, lundi et mardi   B u
Rest – Menu 29/38 € – Carte 39/48 €

♦ Agréable petite cour-terrasse pavée à l'entrée, puis deux salles à manger en enfilade,
dont une plus rustique, façon winstub-bistrot. Cuisine classique aux notes régionales.

🍴🍴 **Le Carrousel Bleu**   AK VISA ⓜⓞ
(😊) 17 r. Nationale – ☏ 03 88 54 33 10 – le.carroussel-bleu@orange.fr – Fermé
19 juil.-5 août, 26 déc.-3 janv., dim. soir, lundi et merc.   B d
Rest – Menu 22 € (déj. en sem.), 28/50 €

♦ Ce sympathique et intimiste restaurant, situé dans une maison du 18ᵉ s., propose des
recettes actuelles, originales et dépaysantes, à mille lieues de la "Petite Venise".

WISSEMBOURG

0   300 m

D 263 HAGUENAU, D 3 LAUTERBOURG

à Altenstadt 2 km par ② - ⊠ **67160**

XX   **Rôtisserie Belle Vue**   ☆ AC P VISA ⑩
1 r. Principale – 𝒞 03 88 94 02 30 – Fax 03 88 54 80 14 – Fermé 1ᵉʳ-6 mars,
4-28 août, dim. soir, lundi et mardi
Rest – Menu 25 €, 53 € – Carte 29/55 €
♦ Grande maison familiale où l'on sert une cuisine traditionnelle dans deux salles à manger bourgeoises tournées sur le joli jardin. Plats du jour servis au bar.

XONRUPT-LONGEMER – 88 Vosges – 314 J4 – **rattaché à Gérardmer**

YERRES – 91 Essonne – 312 D3 – 27 455 h. – alt. 45 m – ⊠ 91330   21 **D3**
　　　🝙 Paris 28 – Évry 20 – Boulogne-Billancourt 36 – Montreuil 29 – Argenteuil 52

🏛️🏛️🏛️ **Château du Maréchal de Saxe** ⌖   ≤ ⥂ ☆ 🗓 ♿ ch, ⅏ rest, 🛎️
av. Grange, 2 km par D 94 dir. Créteil   P VISA ⑩ AE ①
　𝒞 01 69 48 78 53 – saxe@leshotelsparticuliers.com – Fax 01 69 83 84 91
25 ch – †105 € ††250 €, ⊇ 16 € – 2 suites – ½ P 109/181 € – **Rest** – Menu 32 €
(déj. en sem.), 48/78 € – Carte 45/77 €
♦ Ce château de briques rouges fut une folie du Maréchal de Saxe. Décor cossu dans les chambres principales, actuel dans celles de l'annexe. Vaste parc. Deux salles à manger au cadre bourgeois (fresques allégoriques, vaisselle ancienne) et carte traditionnelle.

YERVILLE – 76 Seine-Maritime – 304 F4 – 2 170 h. – alt. 156 m – ⊠ 76760   33 **C1**
　　　🝙 Paris 164 – Dieppe 44 – Fécamp 48 – Le Havre 69 – Rouen 33
　　　🝙 de Yerville 367 rue des Acacias, NO : 0,5 km, 𝒞 02 32 70 15 49.

XX   **Hostellerie des Voyageurs**   🝙 ⇔ P VISA ⑩
⊜   *3 r. Jacques Ferny – 𝒞 02 35 96 82 55 – andre.jumel@hostellerie-voyageurs.com*
　 – Fax 02 35 96 16 86 – Fermé dim. soir et lundi
⊙   **Rest** – Menu 18 € (déj. en sem.), 27/48 € – Carte 51/58 €
♦ Ex-relais de poste (1875) d'aspect régional où l'on s'attable dans un cadre classico-rustique. Terrasse côté jardin utilisée pour l'apéritif et le café. Menus du marché.

YEU (ÎLE D') – 85 Vendée – 361 BC7 – **voir à Île d'Yeu**

YGRANDE – 03 Allier – 326 E3 – 753 h. – alt. 333 m – ⊠ 03160
　　　🝙 Paris 304 – Clermont-Ferrand 110 – Moulins 34 – Bourges 100 – Nevers 71

🏛️ **Château d'Ygrande** ⌖   ≤ paysage, ⥂ ☆ ⌇ ⅃ō ♨ ⇙ ⌁ 🛎️
Le Mont, 4 km à l'Est par D 192 et rte secondaire   P VISA ⑩ AE ①
– 𝒞 04 70 66 33 11 – reservation@chateauygrande.fr – Fax 04 70 66 33 63
– Fermé 1ᵉʳ janv.-28 fév., dim. et lundi d'oct. à avril
17 ch – †116/210 € ††116/210 €, ⊇ 18 € – ½ P 117/164 €
Rest – *(fermé dim. soir et lundi sauf juil.-août)* Menu 27/64 € – Carte environ 50 €
♦ Belle maison du 19ᵉ s. au charme romantique, dont le parc de 40 ha se fond dans la paisible campagne bourbonnaise. À l'intérieur, tout respire l'élégance et le bon goût. Salle à manger de style Directoire et carte actuelle utilisant les produits du potager.

YSSINGEAUX ⬤ – 43 Haute-Loire – 331 G3 – 6 492 h. – alt. 829 m – ⊠ 43200
📙 Lyon et la vallée du Rhône   6 **C3**
　　　🝙 Paris 565 – Ambert 73 – Privas 98 – Le Puy-en-Velay 27 – St-Étienne 52
　　　– Valence 93
　　　🝙 Office de tourisme, 16, place Foch 𝒞 04 71 59 10 76, Fax 04 71 56 03 12

🏠 **Le Bourbon**   AC rest, ⇙ ⌁ 🛎️ VISA ⑩ AE
5 pl. Victoire – 𝒞 04 71 59 06 54 – le.bourbon.hotel@wanadoo.fr – Fax 04 71 59 00 70
– Fermé 19 juin-2 juil., 9-22 oct., 21 déc.-23 janv., dim. soir mardi midi et lundi
11 ch – †65/75 € ††65/75 €, ⊇ 12 € – ½ P 60 € – **Rest** – Menu 21/45 €
♦ Petite auberge accueillante établie sur une place réaménagée. Chambres fonctionnelles proprettes dotées de jolies salles d'eau récentes. Restaurant au cadre coloré où l'on goûte de la cuisine régionale s'approvisionnant auprès de petits producteurs locaux.

YUTZ – 57 Moselle – 307 I2 – **rattaché à Thionville**

YVETOT – 76 Seine-Maritime – 304 E4 – 10 770 h. – alt. 147 m – ⌧ 76190
▌ Normandie Vallée de la Seine   33 **C1**

▸ Paris 171 – Dieppe 57 – Fécamp 35 – Le Havre 58 – Lisieux 85 – Rouen 36

🄸 Office de tourisme, 8, place Maréchal Joffre ✆ 02 35 95 08 40,
Fax 02 35 95 08 40

🄼 de Yerville à Yerville 367 rue des Acacias, NE: 13 km, ✆ 02 32 70 15 49.

◎ Verrières★★ de l'église St-Pierre E.

⌂ **Du Havre**   *VISA* **◎** *AE*

pl. des Belges – ✆ 02 35 95 16 77 – hotel-du-havre@tiscali.fr – Fax 02 35 95 21 18
23 ch – ♦52/66 € ♦♦54/68 €, ⌑ 9 € – ½ P 50/56 € – **Rest** – *(fermé dim. sauf fériés)* Menu (21 €), 25 € – Carte 32/41 €

♦ Face à la poste, construction d'aspect passe-partout vous logeant dans des petites chambres de mise simple mais personnalisées. Repas traditionnel dans une salle dont le décor évolue au gré des saisons et de l'actualité, notamment sportive.

Le Manoir aux Vaches ⌂   ὅ *AK* 好 ⌫ *VISA* **◎** *AE*

*2 r. Guy de Maupassant – ✆ 02 35 95 65 65 – hotel-du-havre@tiscali.fr
– Fax 02 35 95 21 18*
9 ch ⌑ – ♦86/106 € ♦♦96/136 € – ½ P 69 €

♦ Nouvel hôtel honorant la gent bovine à travers une collection de ruminants.

au Sud-Est 5 km sur D 5 – ⌧ 76190 Yvetot

❌ **Auberge du Val au Cesne** avec ch   ⌨ ⌧ **P** *VISA* **◎** *AE*

*rte Duclair – ✆ 02 35 56 63 06 – valaucesne@hotmail.com – Fax 02 35 56 92 78
– Fermé 25 août-7 sept., et 19 janv.-10 fév.*
5 ch – ♦90 € ♦♦90 €, ⌑ 9 € – ½ P 82 € – **Rest** – *(fermé lundi et mardi)*
Menu 28/60 € bc – Carte 31/60 €

♦ Ravissante ferme à colombages (17e s.) esseulée en pleine campagne. On mange dans plusieurs salles au cachet rustique : bibelots choisis, poutres et belles cheminées. Chambres affichant un petit côté "bonbonnière" ; jardin touffu agrémenté d'une terrasse d'été et d'une volière.

à Motteville 9 km à l'Est par D 929 et D 20 – 730 h. – alt. 160 m – ⌧ 76970

❌❌ **Auberge du Bois St-Jacques**   **P** *VISA* **◎** *AE*

*à la gare – ✆ 02 35 96 83 11 – bsj.nicolas@wanadoo.fr – Fax 02 35 96 23 18
– Fermé août, 23 fév.-1er mars, dim. soir, lundi soir et mardi*
Rest – Menu 20 € (sem.)/41 € – Carte environ 42 € ⅋

♦ Ex-buffet de gare offrant le choix entre deux salles : l'une rustique (poutres, cuivres), l'autre actuelle, dans les tons rouges, en forme de rotonde. Cuisine traditionnelle et belle sélection de vins, notamment au verre.

YVOIRE – 74 Haute-Savoie – 328 K2 – 639 h. – alt. 380 m – ⌧ 74140 ▌ Alpes du Nord
▸ Paris 563 – Annecy 71 – Bonneville 41 – Genève 26 – Thonon-les-Bains 16
🄸 Office de tourisme, place de la mairie ✆ 04 50 72 80 21, Fax 04 50 72 84 21
◎ Village médiéval★★ : jardin des Cinq Sens★.   46 **F1**

⌂🄷 **Les Flots Bleus**   ≼ lac, ⌧ 📱 ὅ *AK* ch, ⌫ ⌫ *VISA* **◎** *AE*

– ✆ 04 50 72 80 08 – contact@flotsbleus-yvoire.com – Fax 04 50 72 84 28 – Ouvert 1er avril-30 oct.
17 ch – ♦120/180 € ♦♦120/195 €, ⌑ 11 € – ½ P 93/130 € – **Rest** – Menu 22 € (sem.)/88 € – Carte 33/64 €

♦ Vue imparable sur le lac, terrasse ou balcon, confort moderne et équipements au top... Des chambres très agréables au beau mobilier contemporain ou montagnard. Nouvelle salle à manger moderne (on prévoit de rénover l'ancienne). Cuisine traditionnelle.

⌂🄷 **Le Pré de la Cure**   ≼ ⌨ ⌧ 📺 好 ὅ rest, ⌫ **P** ⌫ *VISA* **◎** *AE*

*pl. de la Mairie – ✆ 04 50 72 83 58 – lepredelacure@wanadoo.fr
– Fax 04 50 72 91 15 – Ouvert 1er mars-11 nov.*
25 ch – ♦72/82 € ♦♦72/96 €, ⌑ 10 € – ½ P 80/85 € – **Rest** – Menu 21 € (sem.)/47 € – Carte 35/50 €

♦ À l'entrée du pittoresque village médiéval. Les grandes chambres fonctionnelles bénéficient de la vue sur le lac ou du calme côté jardin. Accueil attentionné. Cuisine régionale, salle-véranda et terrasse face à Yvoire et au Léman.

XX **Vieille Porte** 🚗 🏠 *VISA* 🅜🅞

– ℰ 04 50 72 80 14 – info@la-vieille-porte.com – Fax 04 50 72 92 04 – Fermé
16 nov.-12 fév. et lundi sauf juil.-août
Rest – Menu 25/40 € – Carte 47/53 €

♦ Maison du 14ᵉ s. appartenant à la même famille depuis... 1587 ! Bel intérieur avec terre
cuite, poutres et pierres. Terrasse à l'ombre des remparts, face aux flots.

XX **Du Port** avec ch ≤ lac, 🏠 🖾 🅰🅲 ch, ℅ ch, ☎ *VISA* 🅜🅞 🅐🅔

r. du Port – ℰ 04 50 72 80 17 – hotelduport.yvoire@wanadoo.fr
– Fax 04 50 72 90 71 – Ouvert 1ᵉʳ mars-5 nov.
7 ch – ♦110/130 € ♦♦110/210 €, ⊊ 12 € – ½ P 150/250 € – **Rest** – *(fermé merc.
sauf de mai à sept.)* Menu 30 € (sem.)/50 € – Carte 41/65 €

♦ Terrasse au bord du lac et plaisante façade fleurie pour cette maison idéalement située
sur le port de plaisance. Spécialités de poissons. Belles chambres de style lacustre.

YVOY-LE-MARRON – 41 Loir-et-Cher – **318** I6 – 538 h. – alt. 129 m
– ✉ 41600   **12 C2**

◼ Paris 163 – Orléans 35 – Blois 45 – La Ferté-St-Aubin 13
   – Lamotte-Beuvron 15 – Romorantin-Lanthenay 34

🄸 Syndicat d'initiative, route de Chaumont ℰ 02 54 88 07 14,
   Fax 02 54 88 07 14

🏠 **Auberge du Cheval Blanc** 🏠 🅖 ch, 🅿 *VISA* 🅜🅞

1 pl. Cheval Blanc – ℰ 02 54 94 00 00 – auberge.cheval.blanc@wanadoo.fr
– Fax 02 54 94 00 01
15 ch – ♦68 € ♦♦86 €, ⊊ 10 € – ½ P 83 € – **Rest** – *(fermé mardi midi et lundi
sauf juil.-août)* Menu 20 € (sem.)/38 €

♦ Au centre du petit village, cette avenante maison solognote propose des chambres de
qualité, chaleureuses et raffinées (tons ocre, rouge et jaune). Colombages et tomettes
judicieusement préservés font le cachet de la salle à manger. Carte actuelle.

YZEURES-SUR-CREUSE – 37 Indre-et-Loire – **317** O8 – 1 476 h. – alt. 74 m
– ✉ 37290   **11 B3**

◼ Paris 318 – Châteauroux 72 – Châtellerault 28 – Poitiers 65 – Tours 85

🏠 **La Promenade** *VISA* 🅜🅞

– ℰ 02 47 91 49 00 – Fax 02 47 94 46 12 – Fermé 20 déc.-31 janv., lundi et mardi
15 ch – ♦53 € ♦♦56/61 €, ⊊ 13 € – ½ P 53 € – **Rest** – Menu 20 € (sem.)/37 €
– Carte 30/54 €

♦ Ancien relais de poste datant de 1880, au cœur de ce petit village du Sud Touraine.
Chambres au décor soigné et ambiance familiale. Poutres, pierres apparentes et imposante
cheminée participent au cachet rustique du restaurant ; cuisine traditionnelle.

ZELLENBERG – 68 Haut-Rhin – **315** H7 – rattaché à Riquewihr

---

ZIMMERSHEIM – 68 Haut-Rhin – **315** I10 – rattaché à Mulhouse

---

ZONZA – 2A Corse-du-Sud – **345** E9 – voir à Corse

ZOUFFTGEN – 57 Moselle – **307** H2 – 608 h. – alt. 250 m – ✉ 57330   **26 B1**

◼ Paris 341 – Luxembourg 20 – Metz 48 – Thionville 18

XXX **La Lorraine** (Marcel Keff) avec ch 🚗 🏠 🅰🅲 rest, ☎ 🅿 *VISA* 🅜🅞

ॐ 80 r. Principale – ℰ 03 82 83 40 46 – info@la-lorraine.fr – Fax 03 82 83 48 26
– Fermé 18 août-2 sept., 22 déc.-6 janv., lundi et mardi
3 ch – ♦120 € ♦♦150 €, ⊊ 15 €
Rest – Menu 40/70 € – Carte 72/99 € 🕸

Spéc. Fricassée d'escargots au coulis de persil. Cochon de lait rôti, tarte de pomme
de terre au lard. Œufs tièdes au chocolat noir. **Vins** Vins de Moselle.

♦ Table frontalière estimée pour sa cuisine actuelle. La cave s'expose sous vos pieds, à
travers les hublots. Serre et terrasse sur jardin agrandissent la salle, contemporaine.
Chambres amples et cossues, imitant le style lorrain. Petit-déjeuner gastronomique.

Paysage andorran
1986

PRINCIPAUTÉ d'ANDORRE

Carte Michelin LOCAL : n° **343** H9　　　**Altitude :** 2 946 m
Population : 72 320 h　　　🏔 Midi-Pyrénées

RENSEIGNEMENTS PRATIQUES

Office de tourisme

🛈 rue du Dr-Vilanova, Andorre-la-Vieille ☏ (00-376) 82 02 14, Fax (00-376) 82 58 23

La Principauté d'Andorre, d'une superficie de 464 km², est située au cœur des Pyrénées, entre la France et l'Espagne. Depuis 1993, la Principauté est un état souverain membre de l'O.N.U.

La langue officielle est le catalan mais la majorité de la population parle aussi le français et l'espagnol.

La monnaie locale est l'euro.

Pour se rendre en Andorre, les citoyens de l'Union Européenne ont besoin d'un passeport ou d'une carte d'identité en cours de validité.

Accès depuis la France : RN 22 passant par le tunnel d'Envalira.

Transports

Liaison par autocars : depuis l'aéroport de Toulouse-Blagnac par la Cie Novatel, renseignements (00-376) 803 789 et la Cie Nadal (00-376) 805 151.

Depuis les gares SNCF de l'Hospitalet et Latour-de-Carol par la Cie Hispano-Andor-ranne, renseignements (00-376) 807 000.

ANDORRA-LA-VELLA Capitale de la Principauté – 343 H9 – alt. 1 029 m   28 **B3**

▶ Paris 861 – Carcassonne 165 – Foix 102 – Perpignan 170

▣ Vallée du Valira del Nord ★ N.

Plaza   🖼 🖼 🗛 ⅍ ⅏ rest, ⅃ ⅍ 🚗 **VISA** 🟠🟠 🗚 🟠

r. Maria Pla 19 – ℰ (00-376) 87 94 44 – hotelplaza@hotels.andorra.com
– Fax (00-376) 87 94 45   C **a**

92 ch – 🛏59/269 € 🛏🛏73/336 €, � 14 € – 8 suites

Rest – Menu 19 €

♦ Deux ascenseurs panoramiques desservent les six étages de ce luxueux hôtel agencé autour d'un patio verdoyant. Superbes chambres avec vue sur les sommets andorrans.

Carlton Plaza   🖼 🖼 🕭 🗛 ⅏ rest, ⅃ ⅍ 🚗 **VISA** 🟠🟠 🗚 🟠

🕭   av. Meritxell 23-25 – ℰ (00-376) 87 29 99 – carltonplaza@hotels.andorra.com
– Fax (00-376) 87 29 98   B **m**

66 suites – 🛏🛏73/336 €, ⊑ 14 €

Rest – Menu 18 €

♦ Cet hôtel au caractère cosmopolite propose à ses clients des suites spacieuses dotées d'un salon et aménagées dans un style résolument contemporain.

Arthotel   🖼 🖼 🖼 🕭 🗛 ⅃ ⅍ 🚗 **VISA** 🟠🟠 🗚

r. Prat de la Creu 15-25 – ℰ (00-376)76 03 03 – arthotel@andorra.ad
– Fax (00-376)76 03 04   C **d**

125 ch ⊑ – 🛏100/128 € 🛏🛏133/168 €

Rest – Menu 27 €

♦ Grand bâtiment moderne inauguré en 2002. Chambres confortables, amples et parfaitement équipées ; certaines bénéficient de baignoires à remous. Jolie vue panoramique depuis la salle à manger perchée au 5e étage. Restaurant plus simple au rez-de-chaussée.

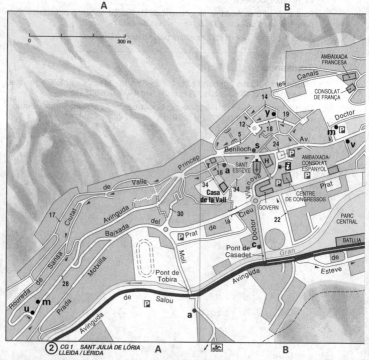

Mercure
🖼 ℒⅎ 🖻 ⅋ ⬛ ⅋ rest, 📞 🅶 🖘 𝗩𝗜𝗦𝗔 ⓂⒸ ⒶⒺ

r. de la Roda – ℰ (00-376) 87 36 02 – *mercureandorra @ riberpuig.ad*
– Fax (00-376) 87 36 52   C f
164 ch – 🛏126/177 €, 🛏🛏186/262 €, ⌷ 12 € – 9 suites
Rest – buffet Menu 30 €

♦ Parmi les trois hôtels de la chaîne, celui-ci est le plus intéressant. Vastes parties communes et nombreux loisirs (piscine couverte au 7ᵉ étage). Restauration sous forme de buffet et cafeteria de style anglais.

Cèntric H.
🖻 ⅋ ⬛ ⅋ 🅰 🖘 𝗩𝗜𝗦𝗔 ⓂⒸ ⒶⒺ

av. Meritxell 87-89 – ℰ (00-376) 87 75 00 – *husacentric @ andornet.ad*
– Fax (00-376) 87 75 01   C h
74 ch ⌷ – 🛏91/126 €, 🛏🛏132/192 € – 6 suites
Rest – Menu 22 €

♦ Une adresse moderne et bien située, en plein quartier commerçant. Chambres spacieuses, parfois avec terrasse ; confortables salles de bains dotées d'une douche indépendante. Salle à manger très lumineuse que complète une chaleureuse cafeteria.

President
🖼 🖻 ⅋ rest, 🅰 🖘 𝗩𝗜𝗦𝗔

av. Santa Coloma 44 – ℰ (00-376) 87 72 77 – *janhotels @ andornet.ad*
– Fax (00-376) 87 62 22   A m
109 ch – 🛏60/320 €, 🛏🛏80/427 €, ⌷ 7,50 € – 2 suites
Rest – Menu 19 €

♦ Ce complexe hôtelier doté de bonnes parties communes propose des chambres actuelles et confortables. Piscine couverte et solarium au 7ᵉ étage. Le restaurant, correctement aménagé, arbore un cadre au modernisme épuré.

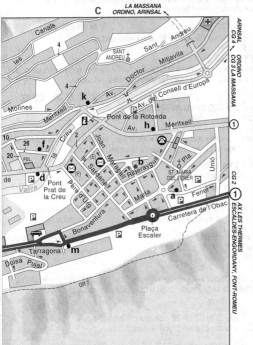

ANDORRA LA VELLA

Hesperia Andorra la Vella sans rest ⬠ ⬠ 🅰🄲 ⬠ ⬠ VISA 🆎 AE

av. Doctor Mitjavila 1 – 𝒞 (00-376) 88 08 80 – hotel @ hesperia-andorralavella.com
– Fax (00-376) 88 08 81 — C k

59 ch – †50/60 € ††65/90 €, ☲ 10 € – 1 suite

♦ Un établissement entièrement rénové. Des parties communes un peu limitées que compensent des chambres spacieuses, confortables et bien équipées.

Diplomatic ☖ (chauffée) ⬠ ⬠ 🅰🄲 ⬠ rest, 🅪 🆎 VISA 🆎

av. Tarragona 1 – 𝒞 (00-376) 80 27 80 – hoteldiplomatic @ andorra.ad
– Fax (00-376) 80 27 90 — C m

81 ch ☲ – †63/98 € ††89/139 € – 2 suites – **Rest** – Menu 18 €

♦ Cette construction cubique récente et légèrement excentrée abrite des chambres avant tout pratiques séduisant aussi bien la clientèle d'affaires que les touristes. Cuisine internationale sans prétention servie dans un cadre sagement contemporain.

Cérvol 🆎 ⬠ ⬠ 🅰🄲 rest, 🆎 VISA 🆎 ①

av. Santa Coloma 46 – 𝒞 (00-376) 80 31 11 – hc @ hotelcervol.com
– Fax (00-376) 80 31 22 — A u

99 ch ☲ – †59/112 € ††67/168 € – **Rest** – Menu 16 €

♦ Situation assez centrale pour cet hôtel aux chambres convenablement équipées ; la moitié d'entre elles possèdent une douche hydromassante. Au choix : restaurant privilégiant les formules buffets ou cafeteria ouverte sur la rue.

De l'Isard ⬠ 🅰🄲 rest, ⬠ VISA 🆎

av. Meritxell 36 – 𝒞 (00-376) 87 68 00 – direccioisard @ andorra.ad
– Fax (00-376) 87 68 01 — B v

61 ch ☲ – †59/95 € ††67/138 € – **Rest** – (fermé dim. soir et lundi au printemps) Menu 17 €

♦ Une typique façade de pays et un intérieur totalement rénové pour cet hôtel tout simple. Les chambres ne sont pas très grandes, mais bien équipées. Recettes traditionnelles servies dans une salle à manger agréablement lumineuse.

Florida sans rest 🆎 ⬠ VISA 🆎 AE ①

r. Llacuna 15 – 𝒞 (00-376) 82 01 05 – hotelflorida @ andorra.ad
– Fax (00-376) 86 19 25 — B y

48 ch ☲ – †37/63 € ††49/90 €

♦ Fonctionnement familial dans cet hôtel à la façade actuelle. Parties communes un peu réduites, chambres fonctionnelles et parquetées, petit gymnase et sauna.

XX **Borda Estevet** 🅰🄲 ⬠ P VISA 🆎 AE

rte de La Comella 2 – 𝒞 (00-376) 86 40 26 – bordaestevet @ andorra.ad
– Fax (00-376) 86 40 26 — A a

Rest – Carte 33/48 €

♦ Dans les beaux murs de pierre d'une ancienne grange, plusieurs salles à manger au décor rustique, avec mobilier andorran et cheminée. Cuisine du marché et catalane.

XX **La Borda Pairal 1630** 🅰🄲 ⬠ P VISA 🆎

r. Doctor Vilanova 7 – 𝒞 (00-376) 86 99 99 – lbp1630 @ andorra.ad
– Fax (00-376) 86 66 61 – Fermé dim. soir et lundi — B c

Rest – Carte 24/37 €

♦ Vieille ferme andorrane en pierre de pays ayant conservé son décor rustique. Bar d'accueil et restaurant avec cave à vins ouverte. Salle de banquets au premier étage.

XX **Taberna Ángel Belmonte** 🅰🄲 ⬠ VISA 🆎

r. Ciutat de Consuegra 3 – 𝒞 (00-376) 82 24 60
– Fax (00-376) 82 35 15 — C b

Rest – Carte 46/66 €

♦ Un lieu agréable que ce restaurant aux airs de taverne. Beau décor où domine le bois et mise en place impeccable. À la carte, produits du terroir, poissons et fruits de mer.

XX **Can Benet** 🅰🄲 ⬠ VISA 🆎

antic carrer Major 9 – 𝒞 (00-376) 82 89 22 – bruguis @ andorra.ad
– Fax (00-376) 82 89 22 – Fermé 15 juin-1er juil. et lundi — B a

Rest – Carte 25/34 €

♦ Petit espace doté d'un bar d'accueil au rez-de-chaussée. À l'étage, la salle principale, de style andorran avec ses murs en pierre et son plafond en bois.

ANSALONGA – voir à Ordino

ARINSAL – 343 G9 – alt. 1 145 m – Sports d'hiver : 1 550/2 560 m ✠ 3 ✠ 30

28 **B3**

🚹 Andorra la Vella 11

🏨 **Xalet Verdú** ← ⊼ 📶 ㊛ ⅋ rest, 🅿 🚗 VISA ⓶ AE
– ℰ (00-376) 73 71 40 – xaletverdu@andornet.ad – Fax (00-376) 73 71 41
– Fermé mai et nov.
52 ch � – ♦51/97 € ♦♦72/124 € – **Rest** – (dîner seult) Menu 24 €
♦ Grand bâtiment récent de conception régionale, apprécié des skieurs car non loin de
la télécabine. Nombreuses chambres avec perspective sur les sommets. Cuisine internationale et petite sélection de vins pour se requinquer entre deux descentes.

CANILLO – 343 H9 – alt. 1 531 m

29 **C3**

🚹 Andorra la Vella 12

◙ Crucifixion ★ dans l'église de Sant Joan de Caselles NE : 1 km – Sanctuaire de
Meritxell ★ SE : 3 km.

🏨 **Ski Plaza** 🔲 🖪 📶 ㊛ 🆒 rest, ⅋ rest, 🐾 🚗 VISA ⓶ AE ①
rte General – ℰ (00-376) 73 94 44 – skiplaza@hotels.andorra.com
– Fax (00-376) 73 94 45
115 ch – ♦59/269 € ♦♦73/336 €, � 14 € – **Rest** – Menu 23 €
♦ À 1 600 m d'altitude, établissement particulièrement bien équipé. Chambres
de style montagnard et de grand confort, parfois avec jacuzzi ; certaines sont réservées
aux enfants. Pour les repas, restaurant gastronomique ou brasserie incluant un espace
Internet.

🏨 **Roc del Castell** sans rest 📶 ⅋ VISA ⓶ ①
rte General – ℰ (00-376) 85 18 25 – hotelroccastell@andorra.ad
– Fax (00-376) 85 17 07
44 ch ⊆ – ♦40/71 € ♦♦51/101 €
♦ En bordure de route, belle façade en pierre abritant des chambres confortables et bien
insonorisées. Décor épuré dans le salon et la salle des petits-déjeuners.

ENCAMP – 343 H9 – alt. 1 313 m

29 **C3**

🚹 Andorra la Vella 8

🏨 **Coray** ← 🚃 📶 🆒 rest, ⅋ 🚗 VISA ⓶ ①
🥜 r. Caballers 38 – ℰ (00-376) 83 15 13 – Fax (00-376) 83 18 06
– Fermé nov.
85 ch ⊆ – ♦30/36 € ♦♦55/62 € – **Rest** – buffet Menu 10,50 €
♦ Hôtel bien situé sur les hauteurs de la localité. Parties communes actuelles et
chambres fonctionnelles donnant, pour la plupart, sur les champs environnants.
Vaste et lumineuse salle à manger où l'on propose principalement les repas sous forme de
buffet.

🏨 **Univers** 📶 ⅋ 🐾 🅿 VISA ⓶
🥜 r. René Baulard 13 – ℰ (00-376) 73 11 05 – hotelunivers@andorra.ad
– Fax (00-376) 83 19 70 – Fermé nov.
31 ch ⊆ – ♦37/40 € ♦♦62/72 € – **Rest** – Menu 13,50 €
♦ Sur les berges du Valira d'Orient, un hôtel familial sympathique abritant des chambres
actuelles et de bon confort. Dans la salle à manger correctement dressée, la carte volontairement réduite présente des recettes traditionnelles.

🍴 **El Cyrano** 🆒 ⅋ VISA ⓶
av. Caprinces Episcopal 32 – ℰ (00-376) 83 19 13 – reserves@elcyrano.com
– Fermé 1er-15 mai, 20 août-11 sept., dim. soir et mardi
Rest – Carte 56/67 €
♦ Salle de restaurant à la fois moderne, intime et personnalisée. Le chef-propriétaire, très soucieux du détail, élabore une cuisine fusion avec des produits de premier
choix.

▶ Andorra-la-Vella 2

🄸 Office de tourisme, place dels Co-Princeps ℰ (00-376) 82 09 63,
Fax (00-376) 82 66 97

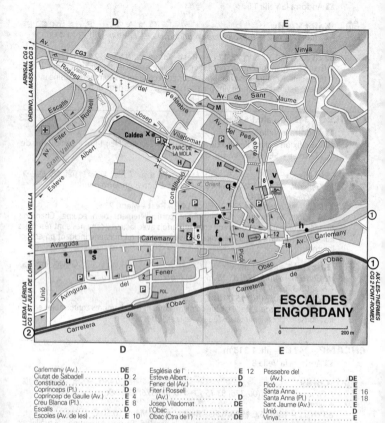

Carlemany (Av.)	**DE**	Església de l'	**E** 12	Pessebre del
Ciutat de Sabadell	**D** 2	Esteve Albert	**D**	(Av.)	**DE**
Constitució	**D**	Fener del (Av.)	**D**	Picó	**E**
Coprínceps (Pl.)	**D** 6	Fiter i Rossell		Santa Anna	**E** 16
Coprincep de Gaulle (Av.)	**E** 4	(Av.)	**D**	Santa Anna (Pl.)	**E** 18
Creu Blanca (Pl.)	**E** 8	Josep Viladomat	**DE**	Sant Jaume (Av.)	**E**
Escalls	**D**	l'Obac	**E**	Unió	**D**
Escoles (Av. de les)	**E** 10	Obac (Ctra de l')	**DE**	Vinya	**E**

Roc de Caldes 🍃   ⩽ 🖥 📶 🗚 rest, 🍽 ⚙ rest, 🕍 🅿 🕭 **VISA** 🅜🅞 🆎
rte d'Engolasters, par ① rte de l'Obac – ℰ (00-376) 87 45 55 – rocdecaldes @
andorra.ad – Fax (00-376) 86 33 25
45 ch – ♦110/240 € ♦♦110/240 €, ⊆ 16 € – **Rest** – Menu 30 €
♦ L'architecture contemporaine de ce luxueux hôtel bâti à flanc de montagne se fond dans
le paysage naturel. Les chambres, décorées avec goût, jouissent d'une superbe vue. Cadre
élégant, beau panorama et cuisine internationale au restaurant.

Roc Blanc   🔲 ⊕ 🗚 🖹 🕭 🗚 ⚙ 🕻 🕍 🕭 **VISA** 🅜🅞 🆎 ①
pl. dels Co-Princeps 5 – ℰ (00-376) 87 14 00 – hotelrocblanc @ rocblanchotels.com
– Fax (00-376) 87 14 44   D **a**
170 ch ⊆ – ♦89/219 € ♦♦135/337 € – **Rest L'Entrecôte** – Carte 25/51 €
Rest El Pí – – Carte environ 50 €
♦ En centre-ville, mais protégé du bruit, ce complexe moderne est apprécié pour ses
prestations nombreuses. Élégant décor intérieur ; chambres peu à peu rénovées. Cuisine
internationale à la brasserie l'Entrecôte. Accueillante salle rustique au restaurant El Pi.

Fènix 🔲 📶 ⛄ 🅰 🍴 📞 🏨 📶 VISA 🟠 ᴁ
av. Prat Gran 3-5 – 𝒞 (00-376) 76 07 60 – info@andorrafenixhotel.com
– Fax (00-376) 76 08 00   E **b**
120 ch ⊡ – ♦79/132 € ♦♦90/159 € – **Rest** – Menu 25 €
♦ Établissement de style moderne avec de vastes parties communes et une piscine chauffée au dernier étage. Chambres confortables avec parquet. Le restaurant, très lumineux et fonctionnel, propose un menu attrayant.

Carlemany 🟠 📶 📶 ⛄ 🅰 🍴 🏨 VISA 🟠
av. Carlemany 4 – 𝒞 (00-376) 87 00 50 – carlemany@hotelcarlemany.ad
– Fax (00-376) 87 00 90 – Fermé mai   E **h**
33 ch – ♦56/181 € ♦♦84/250 €, ⊡ 12 € – **Rest** – Menu 18 €
♦ Élégant ensemble classique doté de communs agréables et de chambres très bien équipées ; certaines sont en duplex. Centre de soins thérapeutiques à l'eau thermale. Cuisine traditionnelle équilibrée, servie dans un restaurant joliment aménagé.

Casa Canut 📶 ⛄ 🅰 🍴 📞 🏨 VISA 🟠 ᴁ
av. Carlemany 107 – 𝒞 (00-376) 73 99 00 – hotelcanut@andorra.ad
– Fax (00-376) 82 19 37   D **s**
33 ch – ♦120/250 € ♦♦120/250 €, ⊡ 15 €
Rest *Casa Canut* – voir ci-après
♦ La façade reste discrète mais sitôt franchi le seuil vous serez séduit par le raffinement de cet hôtel. Chambres très confortables, aux équipements dernier cri.

Eureka 📶 ⛄ 🅰 🍴 rest, VISA 🟠
av. Carlemany 36 – 𝒞 (00-376) 88 06 66 – hoteleureka@andorra.ad
– Fax (00-376) 86 68 00   E **f**
75 ch ⊡ – ♦42/76 € ♦♦63/121 € – **Rest** – Menu 13 €
♦ Conception résolument moderne pour ce confortable hôtel au cadre élégant et soigné situé au cœur de la station thermale. Dans la salle à manger décorée de jolies peintures sur céramique, vous dégusterez des recettes du marché.

Metropolis sans rest 📶 🅰 🍴 📞 🏨 VISA 🟠 ⓞ
av. de les Escoles 25 – 𝒞 (00-376) 80 83 63 – info@hotel-metropolis.com
– Fax (00-376) 86 37 10   E **q**
68 ch ⊡ – ♦56/132 € ♦♦70/150 € – 1 suite
♦ Cet établissement à la décoration sobre et très "classe" jouit d'une situation privilégiée à mi-chemin de Caldea et des boutiques à détaxe. Chambres fonctionnelles.

Ibis 🔲 ⛄ 🅰 🏨 🏨 VISA 🟠 ᴁ
av. Miquel Mateu 25, 1 km au Nord-Est par ① – 𝒞 (00-376) 87 23 00
– ibisandorra@riberpuig.com – Fax (00-376) 87 23 50
166 ch – ♦94/191 € ♦♦138/194 €, ⊡ 12 € – **Rest** – buffet (dîner seult) Menu 26 €
♦ Cette architecture contemporaine abrite des chambres conformes aux normes de la chaîne ; certaines, plus grandes, permettent l'accueil des familles. Piscine panoramique. Grande luminosité et jolie vue depuis le restaurant situé au 7e étage ; formules buffets.

Espel 📶 🍴 🏨 VISA 🟠
pl. Creu Blanca 1 – 𝒞 (00-376) 82 08 55 – hotelespel@andorra.ad
– Fax (00-376) 82 80 56 – Fermé 4 mai-4 juin   E **v**
85 ch ⊡ – ♦45/68 € ♦♦60/96 € – **Rest** – (menu unique) Menu 15 €
♦ L'eau thermale puisée dans les lacs souterrains d'Andorre alimente les salles de bains de cet établissement peu à peu rénové. Sympathique ambiance de quartier. Restauration simple pour échapper, le temps d'un repas, à l'effervescence de l'avenue "Carlemany".

XXX **Aquarius** (Christian Zanchetta) 🅰 🍴 VISA 🟠 ᴁ
Parc de La Mola 10, (Caldea) – 𝒞 (00-376) 80 09 80 – acuarius@caldea.ad
– Fax (00-376) 86 96 93 – Fermé 2-13 juin, 10-14 nov. et mardi   D **x**
Rest – Carte 57/76 € ᢀ
Spéc. Ravioli de cacao au foie gras, sauté de langoustines aux pistaches. Selle d'agneau des Pyrénées au sirop de sapin, gratin de mimolette vieille. Gâteau "chocoloco", granité au champagne rosé, émulsion au chocolat blanc.
♦ Dans les murs du centre aquatique thermal, très agréable restaurant panoramique au décor moderne, avec vue exceptionnelle sur les bains. Carte créative et un menu dégustation.

XXX **Casa Canut** – Hôtel Casa Canut   🔲 AC 🕏 VISA ◉◉ AE

av. Carlemany 107 – ℰ (00-376) 73 99 00 – hotelcanut @ andorra.ad
– Fax (00-376) 82 19 37   D x
Rest – Carte 55/68 €

♦ Au centre de la localité, élégant restaurant composé de plusieurs salles dont une avec vue sur la cuisine. Recettes traditionnelles, produits du marché, poissons et fruits de mer.

XXX **San Marco**   ⇐ AC 🕏 VISA ◉◉ AE

av. Carlemany 115, (5ème étage - C.C. Júlia) – ℰ (00-376) 86 09 99
– sari @ andorra.ad – Fax (00-376) 80 41 75 – Fermé dim. soir et lundi   D u
Rest – Carte environ 55 €

♦ Au cinquième étage du centre Julia, salle à manger panoramique accessible par un ascenseur-bulle. Cadre très soigné et jolie vue sur la ville et les montagnes.

LA MASSANA – 343 H9 – alt. 1 241 m   28 **B3**

🔁 Andorra la Vella 7

🔁 Office de tourisme, avenue Sant-Antoni ℰ (00-376) 82 56 93,
Fax (00-376) 82 86 93

🏠 **Rutllan**   ⇐ 🚗 ⬭ (chauffée) |✚| 🕏 🕏 rest, 🚗 VISA ◉◉ AE

av. del Ravell 3 – ℰ (00-376) 83 50 00 – info @ hotelrutllan.com
– Fax (00-376) 83 51 80
96 ch ⬭ – 🕇49/90 € 🕇🕇85/150 € – **Rest** – Menu 28 €

♦ Grande adresse familiale, de type chalet, où le bois domine. Les chambres, confortables, possèdent toutes un balcon joliment fleuri à la belle saison. Restaurant de style classique, décoré de nombreux vases en cuivre ou en céramique ; plats traditionnels.

🏠 **Abba Suite H.** ⑤ |✚| 🕏 🕏 rest, 📞 🅿 🚗 VISA ◉◉ AE

rte de Sispony, 1,7 km au Sud – ℰ (00-376) 73 73 00 – suite @ abbahoteles.com
– Fax (00-376) 73 73 01
36 suites – 🕇🕇80/172 €, ⬭ 9 € – **Rest** – Menu 20 €

♦ Bel édifice de montagne où toutes les chambres sont des suites actuelles avec salon et deux salles de bains. Le restaurant contemporain qui dégage une atmosphère apaisante sert une cuisine internationale.

XXX **El Rusc**   AC 🕏 🅿 VISA ◉◉ AE

1,5 km par rte d'Arinsal – ℰ (00-376) 83 82 00 – info @ elrusc.com
– Fax (00-376) 83 51 80 – Fermé 15 juin-15 juil., dim. soir et lundi
Rest – Carte 40/62 €

♦ Jolie maison locale abritant une belle salle à manger rustique. Plats traditionnels, spécialités basques et cave assez complète.

MERITXELL – 343 H9   28 **B3**

🔁 Andorra la Vella 10 – Canillo 4 – La Seu d'Urgell 31 – Foix 91 – Puigcerdà 50

🏠 **L'Ermita**   ₣♨ |✚| 🕏 🕏 🚗 VISA ◉◉

Meritxell – ℰ (00-376) 75 10 50 – info @ hotelermita.com – Fax (00-376) 85 25 10
– Fermé 4 juin-11 juil. et 21 oct.-27 nov.
27 ch ⬭ – 🕇33/50 € 🕇🕇55/90 € – **Rest** – Menu 13 €

♦ Un hôtel familial tout simple, situé au milieu des montagnes, près du sanctuaire de la Vierge de Meritxell. Chambres fonctionnelles, bien tenues et en partie lambrissées. À table, carte régionale très complète, décor champêtre et vue sur les sommets.

ORDINO – 343 H9 – alt. 1 304 m – Sports d'hiver : 1940/2 640 m ⚡14   28 **B3**

🔁 Andorra la Vella 9

🏠 **Coma** ⑤   ⇐ 🏨 ⬭ 🎮 |✚| AC rest, 🕏 🅿 🚗 VISA

– ℰ (00-376) 73 61 00 – hotelcoma @ hotelcoma.com – Fax (00-376) 73 61 01
48 ch ⬭ – 🕇37/95 € 🕇🕇74/130 € – **Rest** – (fermé nov.) Menu 18 €

♦ Depuis 1932, la même famille accueille le voyageur dans cet hôtel bien équipé. Mobilier design et baignoire hydromassante dans des chambres disposant souvent d'une terrasse. Le restaurant sert une goûteuse cuisine traditionnelle.

à Ansalonga

🏠 **Sant Miquel**   ⟨ 📶 ⚅ rest, **P** 🆅🆂🅰 ⯍
🍴 rte d'el Serrat, 1,8 km au Nord-Ouest - ⊠ Ordino – ℰ (00-376) 74 90 00 – hotel @
santmiquel.com – Fax (00-376) 85 05 71 – Fermé mai
20 ch ⌑ – †38/52 € ††52/72 € – **Rest** – Menu 12 €
♦ Ce petit établissement abrite des chambres actuelles, meublées en pin. Toutes possèdent un balcon avec vue sur la rivière et les pittoresques maisons villageoises. Un accueil
aimable et une saine cuisine familiale vous attendent dans une lumineuse salle à manger.

par rte de Canillo Ouest : 2,3 km

🏠 **Babot** ⚟   ⟨ vallée et montagnes, ⚒ 🏰 ⚙ 📶 ⚅ rest, **P** 🚗 🆅🆂🅰 ⯍
🍴 ⊠ Ordino – ℰ (00-376) 74 70 47 – hotelbabot @ andorra.ad
– Fax (00-376) 83 55 48 – Fermé 5 nov.-4 déc.
55 ch ⌑ – †41/83 € ††70/116 € – **Rest** – Menu 12 €
♦ Cet hôtel d'altitude, bâti à flanc de montagne et ceint d'un immense parc, jouit d'une
splendide vue sur la vallée et les sommets. Jolies chambres confortables. Restaurant dont
les grandes baies vitrées ouvrent sur un superbe panorama.

PAS-DE-LA-CASA – 343 I9 – alt. 2 085 m – Sports d'hiver : 2050/2640 m ⚡1
⚡26   29 **C3**

🅳 Andorra-la-Vella 29
◉ Site ★
Ⓖ Col d'Envalira ★★

🏠 **Reial Pireneus**   📶 ⚅ ⚙ 🚗 🆅🆂🅰 ⯍
r. de la Solana 64 – ℰ (00-376) 85 58 55 – reialpirineus @ andorra.ad
– Fax (00-376) 85 58 45 – Fermé 2-16 juin
39 ch – †51/150 € ††72/240 € – **Rest** – buffet *(ouvert en hiver) (dîner seult)*
Menu 30 €
♦ Cet immeuble, bâti à flanc de montagne, se trouve en haut du Pas de la Case et donc tout
près des champs de neige. Ses chambres affichent un décor zen. Piano-bar en saison. Le
restaurant propose des dîners sous forme de buffet uniquement l'hiver.

rte de Soldeu Sud-Est : 10 km

🏠 **Grau Roig** ⚟   ⟨ 🍴 ⛰ 🏰 📶 ⚅ ⚙ rest, ⚞ **P** 🆅🆂🅰 ⯍ 🅰🅴
Grau Roig, ⊠ Pas de la Casa – ℰ (00-376) 75 55 56 – hotelgrauroig @ andorra.ad
– Fax (00-376) 75 55 57 – Ouvert de déc. à fin avril et de mi-juin à mi-sept.
42 ch ⌑ – †100/270 € ††150/360 € – 1 suite – **Rest** – Carte environ 40 € 🕮
♦ Le cirque de Pessons sert de cadre à cette typique construction montagnarde. Chambres
coquettes et bien équipées. Très beau décor au restaurant : plafond à caissons, boiseries,
pierres, objets anciens, etc.

SANT-JULIÀ-DE-LÒRIA – 343 G10 – alt. 909 m   28 **B3**
🅳 Andorra-la-Vella 7

🏠 **Imperial** sans rest   📶 🅰🅺 **P** 🆅🆂🅰 ⯍
av. Rocafort 27 – ℰ (00-376) 84 34 78 – imperial @ andornet.ad
– Fax (00-376) 84 34 79
44 ch ⌑ – †46/74 € ††64/107 €
♦ Sur la rive gauche du Gran Valira, édifice moderne aux intérieurs très apprêtés. Chambres
accueillantes dont une avec douche hydromassante. Accueil aimable.

au Sud-Est : 7 km

🏠 **Coma Bella** ⚟   ⟨ 🍴 ⚒ 🏰 📶 ⚙ rest, 🛁 **P** 🆅🆂🅰 ⯍
forêt de La Rabassa, alt. 1 300, ⊠ Sant Julià de Lória – ℰ (00-376) 84 12 20
– comabella @ myp.ad – Fax (00-376) 84 14 60 – Fermé 6-23 avril et 3-26 nov.
30 ch ⌑ – †35/55 € ††53/92 € – **Rest** – Menu 12 €
♦ Belle situation dans la forêt de la Rabassa pour cet hôtel très reposant. Chambres
fonctionnelles et vastes parties communes. Le restaurant offre une jolie vue sur les
sommets environnants.

SANTA-COLOMA – 343 G10 – alt. 970 m 28 **B3**

▶ Andorra-la-Vella 3

X **Borda can Travi** 🛳 🗚 **P** VISA ⬤⬤ ⓪
av. Verge del Renei 9 – ℰ (00-376) 72 44 44 – bordacantravi@gruptravi.com
– Fax (00-376) 72 23 28
Rest – Carte 32/56 €

♦ Ce restaurant de montagne possède un joli jardin en façade. Salle à manger d'allure rustique avec cheminée. Cuisine au goût du jour sur des bases régionales.

SOLDEU – 343 H9 – alt. 1 826 m – Sports d'hiver : 1710/2560 m ⛷ 3
⛷21 29 **C3**

▶ Andorra la Vella 20

🏨🏨 **Sport H. Hermitage** ⩽ pistes et montagne, 🖼 ⬤ 🖙 🖹 📺 🗚 ⬥ 🎇
rte de Soldeu – ℰ (00-376) 87 06 70 🛎 🕳 🚗 VISA ⬤⬤
– hotel.hermitage@sporthotels.ad – Fax (00-376) 87 06 71
114 ch ☷ – ♥155/260 € ♥♥310/520 € – 6 suites – **Rest** – Carte 44/59 €

♦ Bel aménagement intérieur pour ce luxueux hôtel : bois omniprésent, styles zen et contemporain dans les chambres plutôt spacieuses et tournées vers les pistes. Spa très complet. Au restaurant, spécialités méditerranéennes et asiatiques.

🏨 **Xalet Montana** ⩽ 🖼 🖙 🖹 🕭 🎇 **P** VISA ⬤⬤
rte General – ℰ (00-376) 73 93 33 – hotelnaudi@andornet.ad
– Fax (00-376) 73 93 31 – Ouvert de déc. à mars
40 ch ☷ – ♥85/108 € ♥♥114/144 € – **Rest** – (*résidents seult*) Menu 20 €

♦ Hôtel à la décoration soignée où toutes les chambres profitent de la vue sur les champs de neige. Plaisant cadre nordique au salon. Agréable espace de détente.

à El Tarter Ouest : 3 km

🏨🏨 **Nordic** ⩽ 🖸 🖼 🖙 🖹 📺 rest, 🎇 🛎 🕳 **P** 🚗 VISA ⬤⬤
✉*Canillo – ℰ (00-376) 73 95 00 – hotelnordic@grupnordic.ad*
⬤⬤ *– Fax (00-376) 73 95 01 – Fermé nov.*
120 ch ☷ – ♥60/190 € ♥♥80/250 € – **Rest** – buffet (*dîner seult*) Menu 18 €

♦ Ce grand hôtel est doté d'un vaste hall agrémenté d'une collection de motos anciennes. Chambres soigneusement aménagées ; terrasses privées. Les repas, sans prétention, sont servis sous forme de buffets.

🏨 **Del Tarter** ⩽ 🖹 🎇 **P** 🚗 VISA ⬤⬤
✉ *Canillo – ℰ (00-376) 80 20 80 – heltarter@andornet.ad – Fax (00-376) 80 20 81*
⬤⬤ *– Fermé de mai à fin juin*
37 ch ☷ – ♥37/84 € ♥♥49/111 € – **Rest** – (*fermé merc.*) Menu 18 €

♦ Petit hôtel à la jolie façade en pierre. Ambiance typiquement montagnarde et bel intérieur où domine le bois. Chambres confortables. Côté table : accueil prévenant et cuisine marquée de saveurs françaises.

🏠 **Del Clos** ⩽ 🖹 🎇 🚗 VISA ⬤⬤
✉ *Canillo – ℰ (00-376) 75 35 00 – hoteldelclos@grupnordic.ad*
⬤⬤ *– Fax (00-376) 85 15 54 – Ouvert de déc. à fin avril*
54 ch ☷ – ♥58/122 € ♥♥80/250 € – **Rest** – buffet (*dîner seult*) Menu 18 €

♦ Cette belle demeure érigée face aux sommets est entourée de fermes andorranes typiques. Chambres spacieuses, meublées dans le style régional ; certaines ont un balcon. Pierres, poutres et bois sculpté donnent un petit air montagnard au restaurant.

EL TARTER – voir à Soldeu

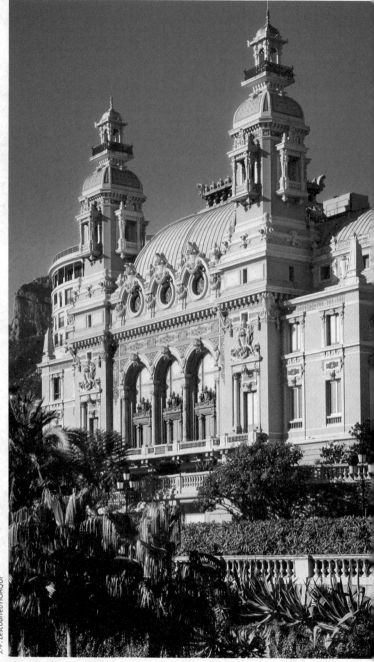

Le casino de Monte-Carlo
1998

PRINCIPAUTÉ
de MONACO

Carte Michelin LOCAL : n° **341** F5 **115** 27 28   **Altitude :** 140 m
Population : 31 800 h   ▊ Côte d'Azur

RENSEIGNEMENTS PRATIQUES

Office de tourisme

🛈 2 bd des Moulins, Monte Carlo ℰ (00-377) 92 16 61 16, Fax (00-377) 92 16 61 66

État souverain, enclavé dans le département français des Alpes-Maritimes et bordant la Méditerranée. Il s'étend sur 1,5 km² et comprend : le Rocher de Monaco (la vieille ville) et Monte-Carlo (la ville neuve) réunis par la Condamine (le port), Fontvieille à l'Ouest (l'industrie) et le Larvotto à l'Est (la plage). Depuis 1993 la Principauté est membre de l'O.N.U.

Depuis l'héliport de Monaco-Fontvieille, liaisons quotidiennes avec l'aéroport de Nice-Côte d'Azur. Renseignements : Héli Air Monaco ℰ (00-377) 92 05 00 50

LOISIRS

Golf

🏌18 Monte-Carlo, par rte d'Èze : 11 km ℰ (00-377) 93 41 09 11

Circuit automobile urbain

ℰ (00-377) 93 15 26 00, Fax (00-377) 93 25 80 08

▶ Paris 949 – Menton 11 – Nice 23 – San Remo 41 ;

🛈 Office de tourisme, 2, boulevard des Moulins, Monte Carlo
   ✆ (00-377) 92 16 61 16, Fax (00-377) 92 16 60 00

Circuit automobile urbain.

◉ Jardin exotique★★ CZ : ⩽★ - Grotte de l'Observatoire★ CZ **D** - Jardins
St-Martin★ DZ - Ensemble de primitifs niçois★★ dans la cathédrale DZ - Christ
gisant★ dans la chapelle de la Miséricorde D **B** - Place du Palais★ CZ - Palais
du Prince★ : musée napoléonien et des Archives du palais★ CZ - Musées :
océanographique★★ DZ (aquarium★★, ⩽★★ de la terrasse), d'anthropologie
préhistorique★ CZ **M³**, - Collection des voitures anciennes★ CZ **M¹**.

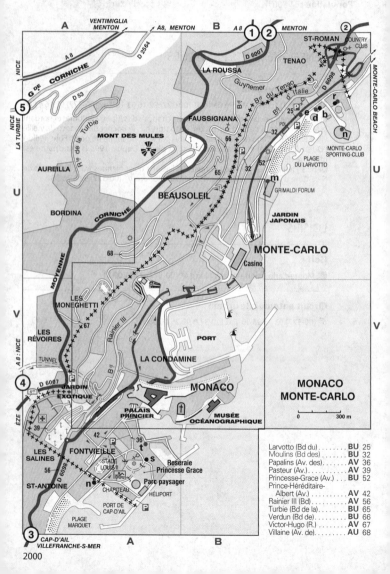

2000

XX **Castelroc** ⟨ 🆔 ⅏ 𝚅𝙸𝚂𝙰 ◐◉ 🆎 ⓪
pl. du Palais – 𝒞 (00-377) 93 30 36 68 – castelroc@libello.com
– Fax (00-377) 93 30 59 88 – Fermé 1ᵉʳ déc.-1ᵉʳ fév., dim. soir et lundi soir de mai
à sept., sam. et le soir d' oct. à avril   CZ **p**
Rest – Menu 22 € (déj.)/44 € – Carte 34/78 €
♦ Double attrait d'une lumineuse salle à manger aux murs ornés de fresques et d'une
élégante véranda d'où vous pourrez observer à loisir le Palais. Cuisine régionale.

à Fontvieille

🏨 **Columbus** ⟨ 🛋 ᶠᵇ 🎋 🆔 ⅃ ⅏ 🖥 𝚌⅏ 🆘 🚗 𝚅𝙸𝚂𝙰 ◐◉ 🆎 ⓪
23 av. Papalins – 𝒞 (00-377) 92 05 90 00 – info@columbushotels.com
– Fax (00-377) 92 05 91 67   AV **s**
170 ch – †280/480 € ††280/610 €, ⌷ 25 € – 11 suites – **Rest** – Carte 44/59 €
♦ Entre le port et la roseraie Princesse Grace, l'hôtel abrite des chambres cossues dotées
de meubles contemporains aux lignes épurées et, pour la plupart, d'un balcon. Bel
amphithéâtre. Élégant restaurant dans le style "brasserie chic", prolongé d'une agréable
terrasse.

XX **Amici Miei** ⟨ 🛋 ᶠᵇ 🆔 𝚅𝙸𝚂𝙰 ◐◉ 🆎
16 quai J.-C. Rey – 𝒞 (00-377) 92 05 92 14 – amici-miei@monte-carlo.mc
– Fax (00-377) 92 05 31 74   AV **t**
Rest – Menu 28 € – Carte 33/53 €
♦ Les amateurs de cuisine italienne trouveront leur bonheur dans ce restaurant décoré de
tableaux naïfs. En été, préférez la terrasse dominant le port de Fontvieille.

MONTE-CARLO Centre Mondain de la Principauté – MCO MCO - Monaco
– Casinos : Grand Casino DY, Monte-Carlo Sporting Club BU,
Sun Casino DX   42 **E2**

▶ Paris 947 – Menton 9 – Monaco 2 – Nice 20 – San Remo 40

👁 Terrasse★★ du Grand casino DXY - Musée de poupées et automates★ DX **M⁵**
- Jardin japonais★ U.

Plan page suivante

🏨 **Paris** ⟨ 🛋 🔲 ◉ ᶠᵇ 🎋 🆔 ⅃ ⅏ rest, 𝚌⅏ 🆘 🚗 𝚅𝙸𝚂𝙰 ◐◉ 🆎 ⓪
pl. du Casino – 𝒞 (00-377) 98 06 30 00 – hp@sbm.mc
– Fax (00-377) 98 06 59 13   DY **y**
143 ch – †410/1480 € ††410/1480 €, ⌷ 38 € – 44 suites
Rest *Le Louis XV-Alain Ducasse et Grill* – voir ci-après
Rest *Salle Empire* – 𝒞 (00-377) 98 06 89 89 (ouvert juil.-août) (dîner seult) Carte
57/188 €
Rest *Côté Jardin* – 𝒞 (00-377) 98 06 39 39 (déj. seult) Menu 50 € – Carte
70/103 €
♦ Situation idyllique, aménagements somptueux, riche passé et clients célèbres :
entrez dans la légende du plus prestigieux des palaces monégasques, inauguré en
1864. Majestueuse Salle Empire (ors, stucs et cristal). Côté Jardin, terrasse avec vue sur le
Rocher.

🏨 **Métropole** ⅃ ◉ ᶠᵇ 🎋 🔲 🆔 ⅃ ⅏ 𝚌⅏ 🆘 🚗 𝚅𝙸𝚂𝙰 ◐◉ 🆎 ⓪
4 av. Madone – 𝒞 (00-377) 93 15 15 15 – metropole@metropole.com
– Fax (00-377) 93 25 24 44   DX **z**
126 ch – †400/590 € ††650/1000 €, ⌷ 37 € – 15 suites
Rest *Joël Robuchon Monte-Carlo* – voir ci-après
♦ Luxe et raffinement à tous les étages de ce palace (1886) relooké par Jacques Garcia en
2004. Cour-jardin à l'italienne, jolie piscine, salles de réunion et magnifique spa.

🏨 **Hermitage** ⟨ 🔲 ◉ ᶠᵇ 🎋 🆔 ⅃ ⅏ rest, 𝚌⅏ 🆘 🚗 𝚅𝙸𝚂𝙰 ◐◉ 🆎 ⓪
square Beaumarchais – 𝒞 (00-377) 98 06 40 00 – hh@sbm.mc
– Fax (00-377) 98 06 59 70   DY **r**
252 ch – †370/940 € ††370/940 €, ⌷ 35 € – 28 suites
Rest *Vistamar* – voir ci-après
Rest *Limùn Bar* – 𝒞 (00-377) 98 06 48 48 – Menu (29 € bc) – Carte 34/48 €
♦ Fresques et loggias à l'italienne agrémentent la splendide façade tournée vers le port.
Coupole de fonte et de verre signée Eiffel ; chambres luxueuses. Petite restauration au
Limùn Bar qui se mue en salon de thé l'après-midi.

MONACO MONTE-CARLO

Albert-1er (Bd) ...... **CYZ**
Armes (Pl. d') .... **CZ** 2
Basse (R.) .... **CDZ** 3
Castro (R. Col.-de) ..... **CZ** 7
Comte-Félix-Gastaldi (R.) .... **DZ** 10
Crovetto-Frères (Av.) ... **CZ** 12
Gaulle (Av. du Gén.-de) **DX** 14
Grimaldi (R.) .... **CYZ**
Kennedy (Av. J.-F.) .... **DY** 23
Larvotto (Bd du) ...... **DX** 25
Leclerc (Bd du Gén.) .. **DX** 26
Libération (Pl. de la) ... **DX** 27
Madone (Av. de la) ..... **DX** 28
Major (Rampe) .... **CZ** 29
Monte-Carlo (Av. de) ... **DY** 30
Moulins (Bd des) ..... **DX** 32
Notari (R. L.) .... **CYZ** 33
Ostende (Av. d') .... **DY** 34
Palais (Pl. du) .... **CZ** 35
Papalins (Av. des) ..... **CZ** 36
Pêcheurs (Ch. des) .... **DZ** 40
Porte-Neuve (Av. de la) ..... **DZ** 41
Princesse-Antoinette (Av.) .... **CY** 46
Princesse-Caroline (R.) ...... **CZ** 48
Princesse-Charlotte (Bd) .. **DXY**
Princesse-Marie-de-Lorraine (R.) .... **DZ** 54
Prince-Héréditaire-Albert (Av.) .... **CZ** 42
Prince-Pierre (Av.) .... **CZ** 44
République (Bd de la) ...... **DX** 58
Ste-Dévote (Pl.) .... **CY** 63
Spélugues (Av. des) .... **DX** 62
Suffren-Reymond (R.) ...... **CZ** 64

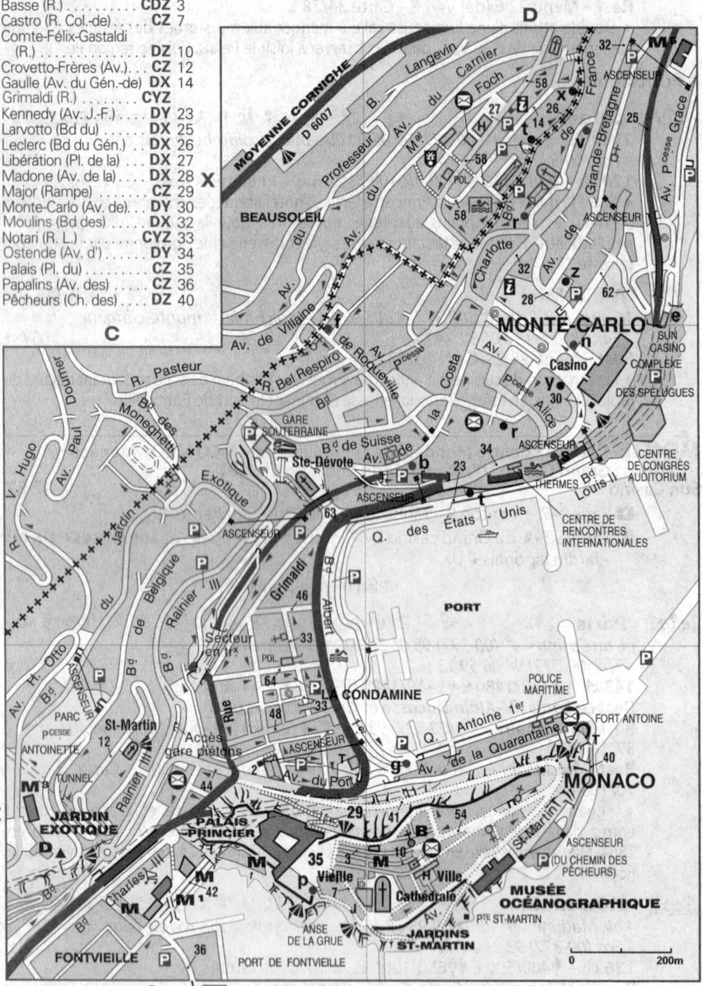

Méridien Beach Plaza

22 av. Princesse Grace, à la plage du Larvotto – ✆ *(00-377) 93 30 98 80*
– *reservations.montecarlo@lemeridien.com* – *Fax (00-377) 93 50 23 14*

403 ch – 🚹230/770 € 🚹🚹230/770 €, ☕ 31 € – 12 suites BU **b**

Rest *L'Intempo* – ✆ *(00-377) 93 15 78 88* – Menu 50/85 € – Carte 60/135 €

Rest *Bar and Lunch* – *(ouvert fin mai-fin sept.) (déj. seult)* Carte 30/77 €

◆ Hôtel contemporain en partie refait. Chambres panoramiques dans deux tours de verre côté mer, superbes suites, luxueux centre de conférences et plage privée. Recettes du bassin méditerranéen à L'Intempo (ouvert 24 h/24). Ambiance balnéaire au Bar and Lunch.

MONTE-CARLO

Monte Carlo Bay Hôtel and Resort ≤ Mer et Côte, 🏠 🏊 ⬛ 🔲
– ℰ (00-377) 98 06 02 00   🛁 📶 🔥 ↵ ℘ 🕯 🔯 🚗 VISA ⬛ AE ⓞ
– info@montecarlobay.mc – Fax (00-377) 98 06 00 03   BU r
323 ch – †315/770 €, ††315/770 €, 🔲 30 € – 10 suites – ½ P 1152/2085 €
Rest Le Blue Bay – , ℰ (00-377) 98 06 03 60 (dîner seult de mai à sept.)
Menu (28 €), 40 € bc (déj. en sem.), 75/85 € – Carte 52/127 €
Rest L'Orange Verte – ℰ (00-377) 98 06 03 63 – Carte 37/66 €
Rest Las Brisas – ℰ (00-377) 98 06 03 63 (ouvert de mai à sept.) (déj. seult)
Carte 44/185 €
♦ Ce palace monégasque s'étend sur 4 ha en bord de mer. Chambres, suites et duplex affichent un style résolument contemporain. Piscine-lagon. Cuisine riche en épices sur les tables du Blue Bay. À L'Orange Verte, tartares et carpaccios. Carte au goût du jour au Las Brisas.

Port Palace ≤ Port et Rocher, ⬛ 🛁 📶 ⅙ ch, 🔲 ↵ 🕯 🔲
7 av. J. F. Kennedy – ℰ (00-377) 97 97 90 00   🚗 VISA ⬛ AE ⓞ
– reservation@portpalace.com – Fax (00-377) 97 97 90 08   DY t
50 ch – †295/680 €, ††295/1765 €, 🔲 29 €
Rest Mandarine – (fermé dim. soir, lundi soir, mardi soir et merc. soir de nov. à janv.) Menu 35 € (déj. en sem.), 75/150 € – Carte 62/86 €
♦ Ce palace à l'architecture contemporaine, situé sur le port, abrite des chambres superbement équipées et tournées vers le Rocher. Restaurant panoramique au dernier étage. Décor moderne, carte classique et au goût du jour.

Fairmont-Monte-Carlo ≤ 🏊 🛁 📶 ⅙ ch, 🔲 ↵ ℘ rest, 🕯 🔯
12 av. Spélugues – ℰ (00-377) 93 50 65 00   🚗 VISA ⬛ AE ⓞ
– montecarlo@fairmont.com – Fax (00-377) 93 30 01 57   DX e
589 ch 🔲 – †279/1700 €, ††279/1700 € – 30 suites
Rest Pistou – (ouvert avril-sept.) Carte 44/82 €
Rest L'Argentin – (fermé le midi de nov. à mars) Menu 35 € – Carte 60/111 €
♦ Vaste complexe hôtelier bâti sur pilotis. Chambres fonctionnelles, superbe vue côté mer. Galerie marchande, centre de conférences.

Novotel 🏠 🏊 🛁 📶 🔲 ⅙ 🕯 🔯 🔲 VISA ⬛ AE ⓞ
16 bd. Princesse-Charlotte – ℰ (00-377)99 99 83 00 – h5275@accor.com
– Fax (00-377)99 99 83 10   CY j
201 ch – †99/450 €, ††99/450 €, 🔲 15 € – 17 suites
Rest Les Grandes Ondes – Menu 40 € bc/60 € – Carte environ 80 €
Rest Novotel Café – Carte environ 25 €
♦ Sur les hauteurs de la principauté, nouvel établissement d'architecture contemporaine profitant d'un cadre lumineux. Vastes chambres fonctionnelles, souvent dotées d'une loggia. Aux Grandes Ondes, restaurant clair et épuré, vous attend une cuisine provençale.

Le Louis XV-Alain Ducasse – Hôtel de Paris 🏠 🔲 ℘ 🔲
🟢🟢🟢 pl. du Casino – ℰ (00-377) 98 06 88 64   🔲 VISA ⬛ AE ⓞ
– lelouisxv@alain-ducasse.com – Fax (00-377) 98 06 59 07
– Fermé 1er-30 déc., 24 fév.-11 mars, merc. sauf le soir du 18 juin
au 20 août et mardi   DY y
Rest – Menu 130 € bc (déj. en sem.), 190/250 € 🔯
Spéc. Légumes des jardins de Provence à la truffe noire. Poissons de la pêche locale du jour. "Louis XV" au croustillant de pralin. **Vins** Bandol, Côtes de Provence.
♦ Saveurs méditerranéennes sublimées, somptueux décor classique, terrasse ouverte sur le casino et cave exceptionnelle : au Louis XV, les cinq sens sont à la fête !

Grill de l'Hôtel de Paris ≤ la Principauté, 🏠 🔲 ℘ 🔲
🟢 pl. du Casino – ℰ (00-377) 98 06 88 88   🔲 VISA ⬛ AE ⓞ
– legrill@sbm.mc – Fax (00-377) 98 06 59 03
– Fermé janv. et le midi en juil.-août   DY y
Rest – Menu 68 € bc (déj. en sem.) – Carte 75/240 €
Spéc. King crabe, condiment fenouil et citrons de Menton en marmelade. Carré d'agneau en croûte de pignons. Soufflé "Tradition". **Vins** Bellet, Vin de pays des Bouches du Rhône.
♦ Au 8e étage de l'hôtel, sur fond de grande bleue, vous serez aux premières loges pour assister au spectacle de la Principauté. Toit ouvrant sur le ciel azuréen.

XXXX **Joël Robuchon Monte-Carlo** – Hôtel Métropole   🚗 🛏 AC
🏵🏵 *4 av. Madone –* ℰ *(00-377)93 15 15 10*   📧 VISA ⓂⓄ AE ①
– restaurant@metropole.com – Fax (00-377)93 25 24 44   DX **z**
Rest – *(dîner seult du 14 juil. au 24 août)* Menu 70 € bc (déj.)/170 € (dîner)
– Carte 56/365 €

Spéc. Foie gras de canard chaud, "homos" et menthe fraîche. King crabe, tomate farcie de légumes acidulés. Saint-Pierre aux saveurs méridionales. **Vins** Côtes de Provence, Vin de pays du Var.

♦ Dans la salle à colonnades, vous pourrez admirer les cuisines où l'on élabore une belle carte inventive. En terrasse, vue sur les toits monégasques.

XXX **Vistamar** – Hôtel Hermitage   ≤ port et Principauté, 🛏 AC
🏵 *pl. Beaumarchais –* ℰ *(00-377) 98 06 98 98 – hh@*   🍴 VISA ⓂⓄ AE ①
sbm.mc – Fax (00-377) 98 06 59 70 – Fermé le midi en juil.-août
Rest – Menu 45 € bc (déj. en sem.), 72/89 € – Carte 72/124 €   DY **r**
Spéc. Soupe de poissons des pêcheurs "Rinaldi". La bouillabaisse en deux services. Loup au four sur un lit de pommes de terre, tomate et olivettes noires. **Vins** Bellet, Côtes de Provence.

♦ Vue époustouflante sur le large depuis la terrasse panoramique et la salle à manger bordée de baies vitrées ; sur la carte se côtoient plats classiques et cuisine de la mer

XXX **Bar Bœuf & Co**   ≤ 🛏 AC 🍴 P VISA ⓂⓄ AE ①
🏵 *av. Princesse Grace, (au Sporting-Monte-Carlo) –* ℰ *(00-377) 98 06 71 71*
– b.b@sbm.mc – Fax (00-377) 98 06 57 85 – Ouvert mai-sept.   BU **n**
Rest – *(dîner seult)* Carte 71/109 € 🍴
Spéc. Épais morceau de bar doré aux herbes fraîches, artichauts fondants. Filet de bœuf façon "rossini", royale champi-truffes, melba au foie gras. Turron noir aux pignons, sorbet chocolat fort. **Vins** Côtes de Provence.

♦ Décor design signé Philippe Starck, carte déclinant le bar et le bœuf et vins provenant du monde entier : le lieu, bien connu des noctambules, l'est aussi des fins gourmets.

XX **Le Saint Benoit**   ≤ le port et le Rocher, 🛏 AC VISA ⓂⓄ AE ①
10 ter av. Costa – ℰ *(00-377) 93 25 02 34 – lesaintbenoit@montecarlo.mc*
– Fax (00-377) 93 30 52 64 – Fermé 21 déc.-7 janv., dim. soir et lundi   DY **b**
Rest – Menu 28/39 € – Carte 34/100 €

♦ Trouver ce restaurant n'est pas aisé, mais la vue panoramique que l'on découvre de la terrasse récompensera votre peine. Spacieuse salle à manger moderne.

XX **Café de Paris**   🛏 AC VISA ⓂⓄ AE ①
pl. Casino – ℰ *(00-377) 98 06 76 23 – brasseriecp@sbm.mc*
– Fax (00-377) 98 06 59 30   DY **n**
Rest – Carte 40/76 €

♦ En 1897, Édouard Michelin y fit une entrée remarquée... au volant de sa voiture ! Décor d'une brasserie de la Belle Époque. Terrasse très prisée en saison.

XX **Maya Bay**   🛏 ⅙ AC VISA ⓂⓄ AE
24 av. Princesse Grace – ℰ *(00-377) 97 70 74 67 – mayabay@mayabay.mc*
– Fax (00-377) 97 77 58 10 – Fermé nov., dim. et lundi   BU **d**
Rest – Menu (20 € bc), 69 € – Carte 49/76 €

♦ Buddha veille sur le bar à l'entrée de ce restaurant japonisant : salon lounge orné de kimonos, salon cosy ouvert sur une terrasse garnie de bonsaï. Cuisine personnalisée.

XX **Zébra Square**   ≤ 🛏 AC ⅙ VISA ⓂⓄ AE ①
10 av. Princesse Grace, (Grimaldi Forum : 2e étage, par ascenseur)
– ℰ *(00-377) 99 99 25 50 – monaco@zebrasquare.com*
– Fax (00-377) 99 99 25 60   BU **m**
Rest – Carte 58/82 €

♦ Même décor design zébré, même ambiance branchée, même cuisine au goût du jour que le grand frère parisien, et un petit "plus" : la belle terrasse avec vue sur la mer.

XX **La Maison du Caviar**   🛏 VISA ⓂⓄ AE
1 av. St-Charles – ℰ *(00-377) 93 30 80 06 – lamaisonducaviar@monaco377.com*
– Fax (00-377) 93 30 23 90 – Fermé en juil., sam. midi et dim.   DX **r**
Rest – Menu 27/59 € – Carte 32/94 €

♦ Prisé des Monégasques, ce restaurant familial propose depuis 1954 une cuisine traditionnelle dans un décor mariant ferronneries, casiers à bouteilles et meubles rustiques.

XX **Chez Gianni** 🛖 AC VISA ⓪ AE ①
39 av. Princesse Grace – ℰ (00-377) 93 30 46 33 – Fax (00-377) 93 30 54 86 – Fermé
sam. midi et dim. midi BU **e**
Rest – Menu (38 €), 50/60 € – Carte 48/70 €
♦ Ce petit restaurant donne un avant-goût de l'Italie toute proche : inspiration transalpine
tant dans le décor que dans la cuisine. Ambiance conviviale en soirée.

X **Loga** 🛖 AC VISA ⓪ AE
25 bd des Moulins – ℰ (00-377) 93 30 87 72 – kettyvigon @ hotmail.com
– Fax (00-377) 93 25 06 41 – Fermé 10-26 août, le soir et dim. DX **v**
Rest – Menu 37/41 € – Carte 32/53 €
♦ Sympathique petite adresse familiale proposant une cuisine régionale et une ardoise du
jour très prisée des habitués. Décor intérieur à base de bois blond et terrasse-trottoir.

X **Polpetta** AC VISA ⓪ AE
2 r. Paradis – ℰ (00-377) 93 50 67 84 – Fax (00-377) 93 50 67 84 – Fermé 10-30 juin
et mardi CY **f**
Rest – Menu 23 € – Carte 24/48 €
♦ Trois cadres différents dans ce petit restaurant italien : la véranda côté rue ; la salle à
manger rustique ; et pour finir, un espace plus intime et cossu à l'arrière.

à Monte-Carlo-Beach (France Alpes-Mar.) 2,5 km au Nord-Est BU – ✉ 06190
Roquebrune-Cap-Martin

🏨 **Monte-Carlo Beach Hôtel** ⌘ ⌘ mer et Monaco, ⚓ 🛖 ⤢ ※ 🛎
av. Princesse Grace 🕭 ch, AC ※ rest, 📞 🔧 🅿 VISA ⓪ AE ①
– ℰ 04 93 28 66 66 – bh @ sbm.mc – Fax 04 93 78 14 18 – Ouvert 8 mars-30 sept.
44 ch – ♦265/815 € ♦♦265/815 €, ⚏ 33 € – 3 suites
Rest La Salle à Manger – ℰ 04 93 28 66 72 – Carte 51/115 €
Rest Le Deck – ℰ 04 93 28 66 42 (ouvert 19 avril-19 oct.) (déj. seult) Carte 38/96 €
Rest La Vigie – ℰ 04 93 28 66 44 (ouvert 27 juin-31 août et fermé lundi)
Menu 44 € (déj.)/59 €
Rest Le Sea Lounge – ℰ 04 93 28 66 43 (ouvert 10 mai-31 août) (dîner seult)
Carte 32/79 €
♦ Créé en 1929, cet hôtel au style de villa florentine accueillit Nijinski, Cocteau, Morand, etc.
Superbe complexe balnéaire. La Méditerranée est à l'honneur façon classique à la Salle à
Manger. Brasserie au Deck. Poissons grillés à la Vigie. Tapas au Sea Lounge.

voir aussi ressources hôtelières à **Beausoleil** *et* **Cap d'Ail**

- → *Dénicher la meilleure table ?*
- → *Trouver l'hôtel le plus proche ?*
- → *Vous repérer sur les plans et les cartes ?*
- → *Décoder les symboles utilisés dans le guide...*

Suivez les Bibs rouges !

Les conseils du **Bib Chef**
pour vous aider au restaurant.

Les « bons tuyaux » et les informations du
Bib Astuce pour vous repérer dans le guide... et sur la route.

Les conseils du **Bib Groom**
pour vous aider à l'hotel.

Localité possédant au moins

- un hôtel ou un restaurant
- ❀ une table étoilée
- 🙂 un restaurant « Bib Gourmand »
- 🍴🛏 un hôtel « Bib Hôtel »
- 🍴 un restaurant agréable
- 🏠 une maison d'hôte agréable
- 🏠 un hôtel agréable
- 🐾 un hôtel très tranquille

Place with at least

- a hotel or a restaurant
- ❀ a starred establishment
- 🙂 a restaurant « Bib Gourmand »
- 🍴🛏 a hotel « Bib Hôtel »
- 🍴 a particularly pleasant restaurant
- 🏠 a particularly pleasant guesthouse
- 🏠 a particularly pleasant hotel
- 🐾 a particularly quiet hotel

La località possiede come minimo

- un albergo o un ristorante
- ❀ una delle migliori tavole dell'anno
- 🙂 un ristorante « Bib Gourmand »
- 🍴🛏 un albergo « Bib Hotel »
- 🍴 un ristorante molto piacevole
- 🏠 un piacevole agriturismo
- 🏠 un albergo molto piacevole
- 🐾 un esercizio molto tranquillo

Ort mit mindestens

- einem Hotel oder Restaurant
- ❀ einem der besten Restaurants des Jahres
- 🙂 einem Restaurant « Bib Gourmand »
- 🍴🛏 einem Hotel « Bib Hotel »
- 🍴 einem sehr angenehmen Restaurant
- 🏠 ein angenehmes Gästehaus
- 🏠 einem sehr angenehmen Hotel
- 🐾 einem sehr ruhigen Haus

Localidad que posee com mínimo

- un hotel o un restaurante
- ❀ una de los mejores mesas del año
- 🙂 un restaurante « Bib Gourmand »
- 🍴🛏 un hotel « Bib Hotel »
- 🍴 un restaurante muy agradable
- 🏠 una casa rural agradable
- 🏠 un hotel muy agradable
- 🐾 un hotel muy tranquilo

Cartes
Cartes régionales des localités citées

Maps
Regional maps of listed towns

Carta
Carta regionale delle località citate

Regionalkarten
Regionalkarten der erwähnten Orte

Mapas
Mapas de las localidades citadas,
por regiones

La France en 46 cartes

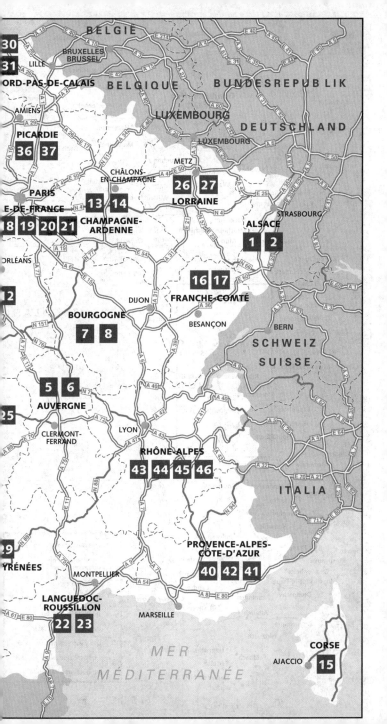

C

Natzwiller

Le Hohwald

Barr

Mittelbergheim

Andlau

Eichhoffen

Itterswiller

Sermersheim

Villé

Blienschwiller

Dambach-la-Ville

Ebersmunster

Dieffenbach-au-Val

Dieffenthal

Scherwiller

La Vancelle

Sélestat

Lièpvre

Orschwiller

St-Hippolyte

Thannenkirch

Bergheim

ILLHAEUSERN

Ribeauvillé

Zellenberg

Riquewihr

Beblenheim

Mittelwihr

Kaysersberg

Ammerschwihr

Labaroche

Katzenthal

Les Trois-Épis

Ingersheim

Turckheim

Colmar

N 415

Eguisheim

Husseren-les-Châteaux

Neuf-Brisach

C

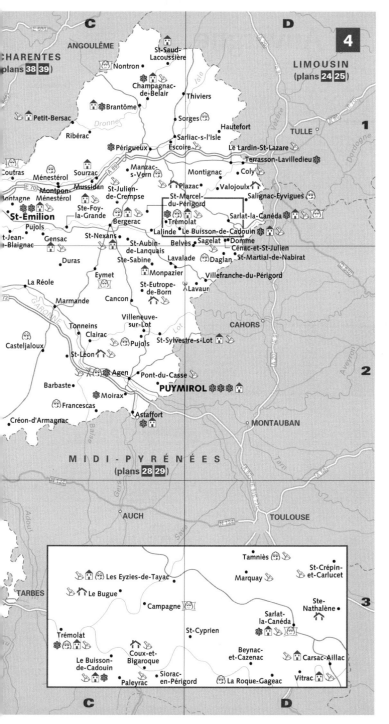

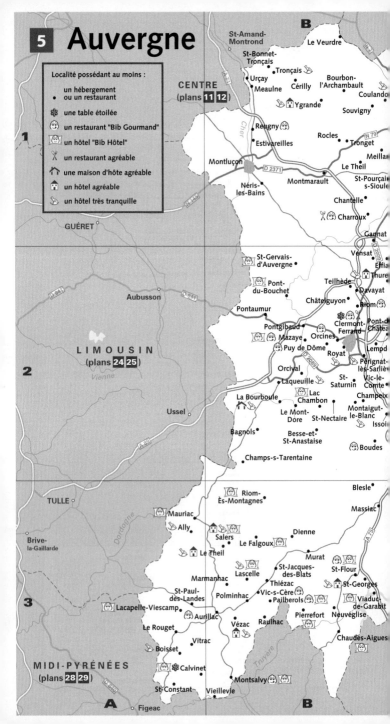

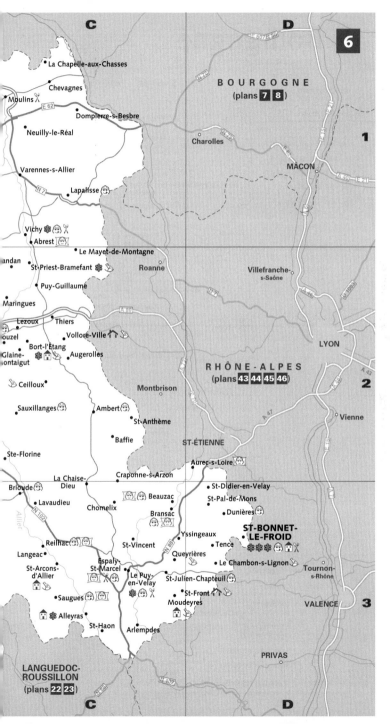

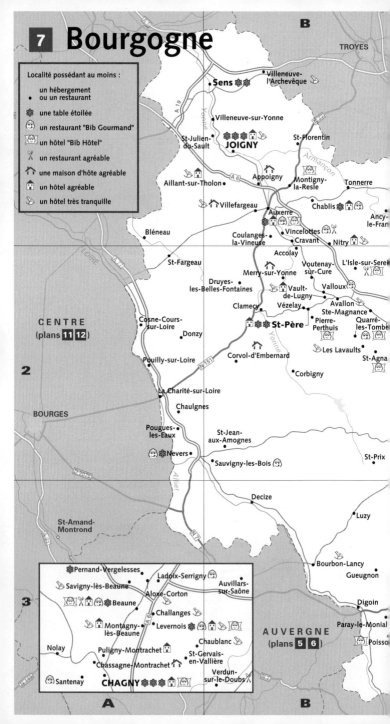

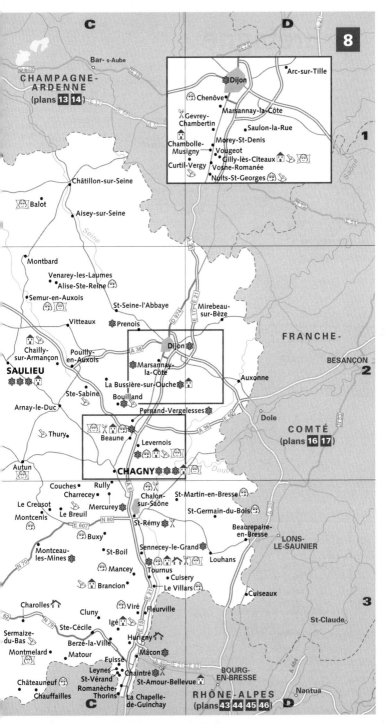

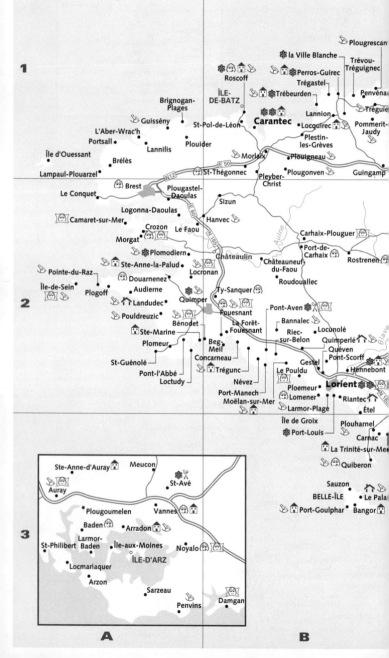

9 Bretagne

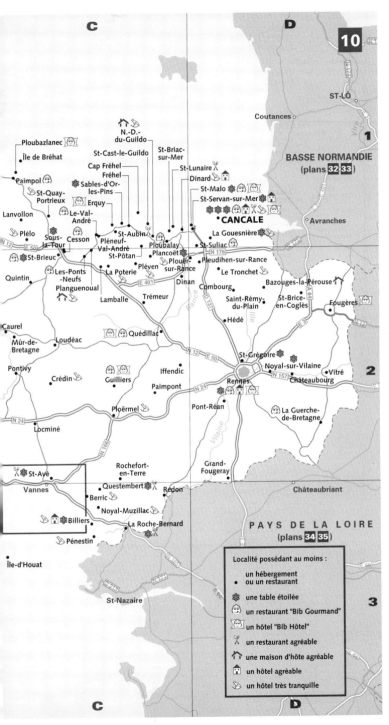

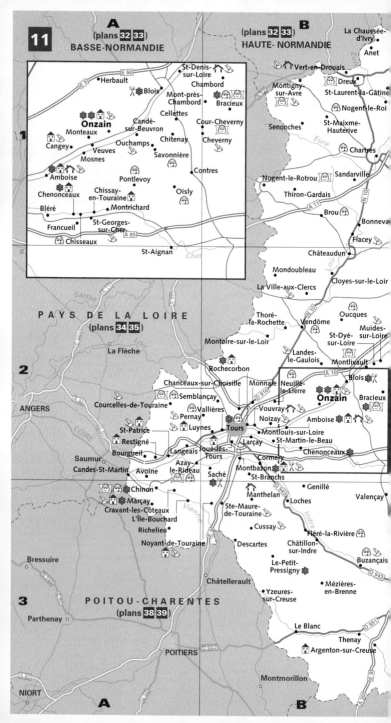

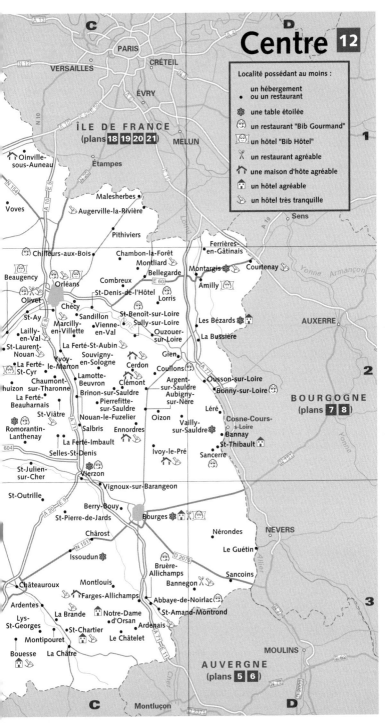

Centre 12

Localité possédant au moins :
- un hébergement
- ou un restaurant
- 🌸 une table étoilée
- 😊 un restaurant "Bib Gourmand"
- 🏨 un hôtel "Bib Hôtel"
- ✗ un restaurant agréable
- ⋔ une maison d'hôte agréable
- 🏠 un hôtel agréable
- ☙ un hôtel très tranquille

PARIS
VERSAILLES
CRÉTEIL
ÉVRY
MELUN
ÎLE DE FRANCE
(plans 18 19 20 21)
Étampes
Sens
Oinville-sous-Auneau
Voves
Maleherbes
Augerville-la-Rivière
Pithiviers
Ferrières-en-Gâtinais
Courtenay
Chilleurs-aux-Bois
Chambon-la-Forêt
Montliard
Montargis
Yonne
Armançon
Combreux
Bellegarde
Amilly
Beaugency
Orléans
St-Denis-de-l'Hôtel
Lorris
Olivet
Checy
Sandillon
St-Benoît-sur-Loire
Les Bézards
St-Ay
Marcilly-en-Villette
Vienne-en-Val
Sully-sur-Loire
La Bussière
AUXERRE
Lailly-en-Val
La Ferté-St-Aubin
Ouzouer-sur-Loire
St-Laurent-Nouan
Souvigny-en-Sologne
Gien
La Ferté-St-Cyr
Ivoy-le-Marron
Cerdon
Coullons
Ousson-sur-Loire
BOURGOGNE
(plans 7 8)
Chaumont-huizon-sur-Tharonne
Lamotte-Beuvron
Clémont
Argent-sur-Sauldre
Bonny-sur-Loire
La Ferté-Beauharnais
Brinon-sur-Sauldre
Aubigny-sur-Nère
St-Viâtre
Pierrefitte-sur-Sauldre
Oizon
Léré
Cosne-Cours-s-Loire
Romorantin-Lanthenay
Nouan-le-Fuzelier
Vailly-sur-Sauldre
Bannay
Salbris
Ennordres
St-Thibault
Yonne
La Ferté-Imbault
Sancerre
Selles-St-Denis
Ivoy-le-Pré
St-Julien-sur-Cher
Vierzon
St-Outrille
Vignoux-sur-Barangeon
Berry-Bouy
St-Pierre-de-Jards
Bourges
Nérondes
NEVERS
Chârost
Le Guétin
Issoudun
Bruère-Allichamps
Sancoins
Châteauroux
Montlouis
Bannegon
Ardentes
Farges-Allichamps
Abbaye-de-Noirlac
Lys-St-Georges
La Brande
Notre-Dame d'Orsan
St-Amand-Montrond
Montipouret
St-Chartier
Ardenais
Le Châtelet
Bouesse
La Châtre
MOULINS
AUVERGNE
(plans 5 6)
Montluçon

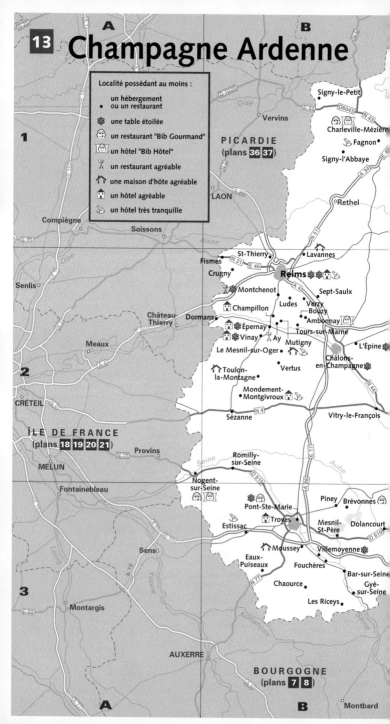

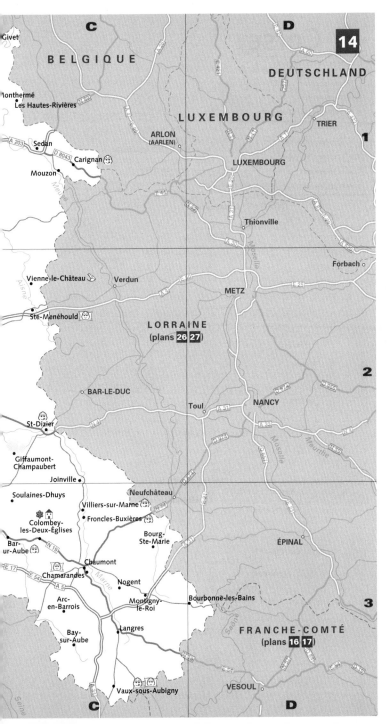

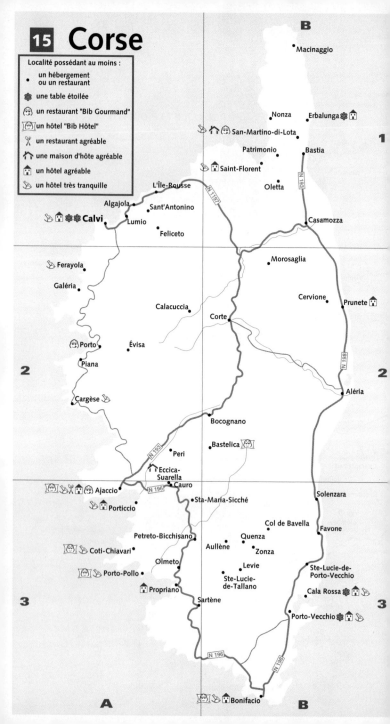

Le Guide MICHELIN
Une collection à savourer!

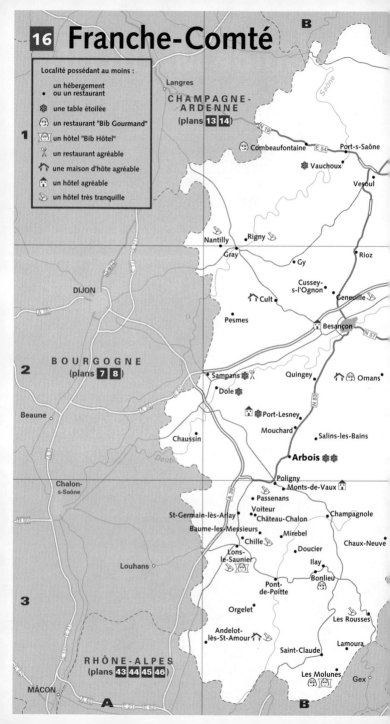

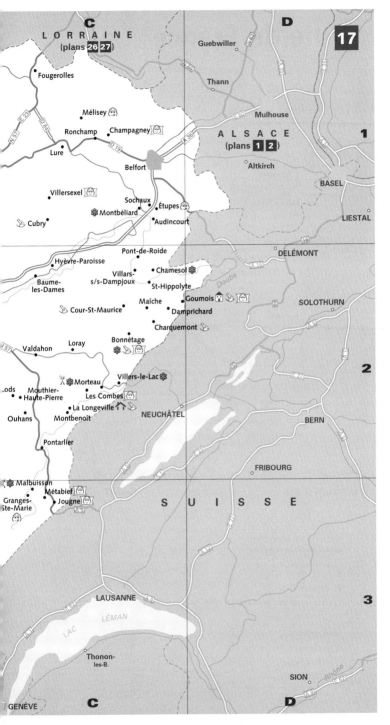

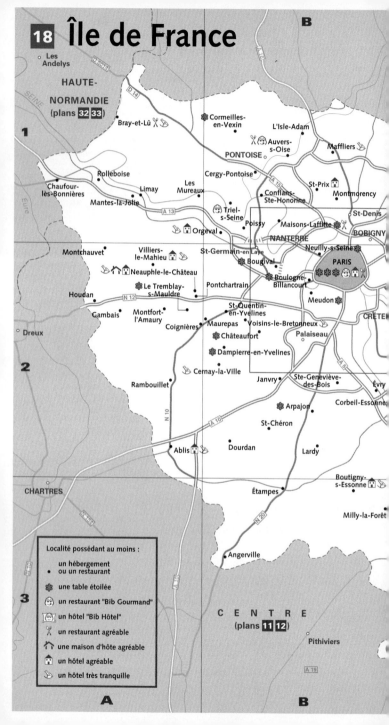

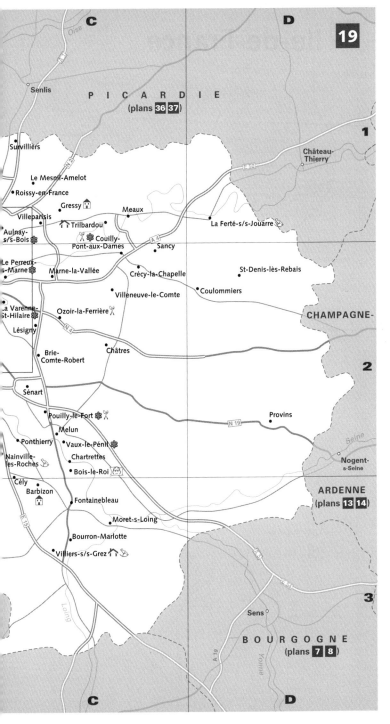

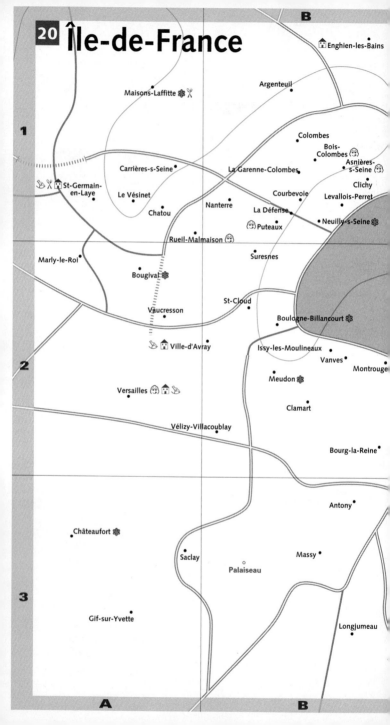

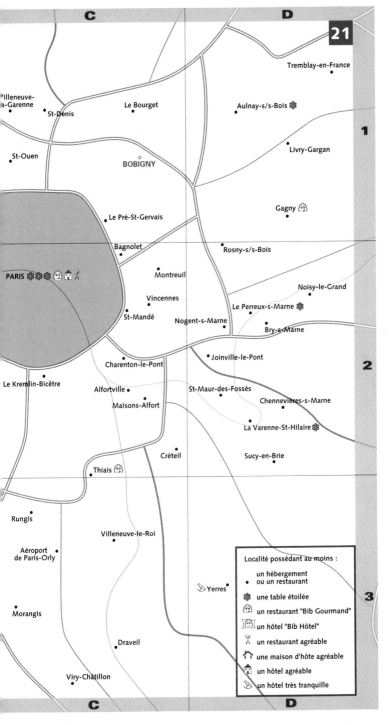

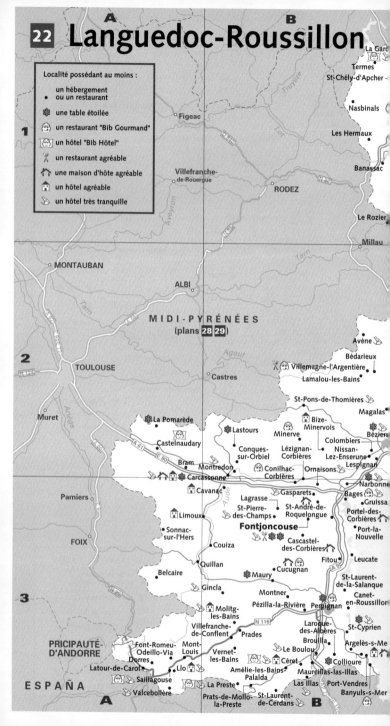

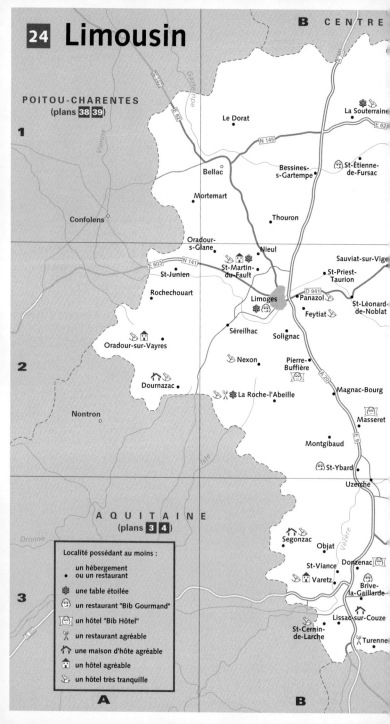

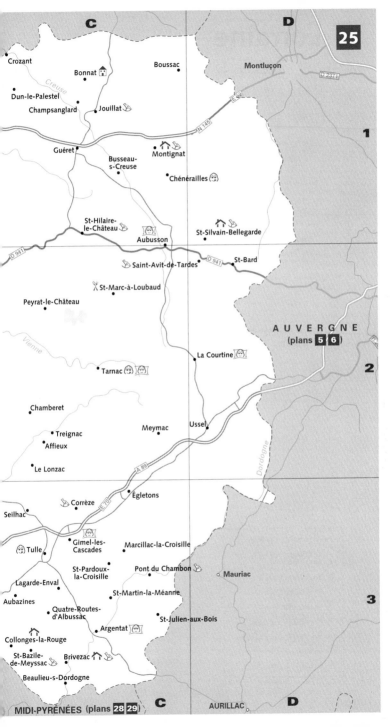

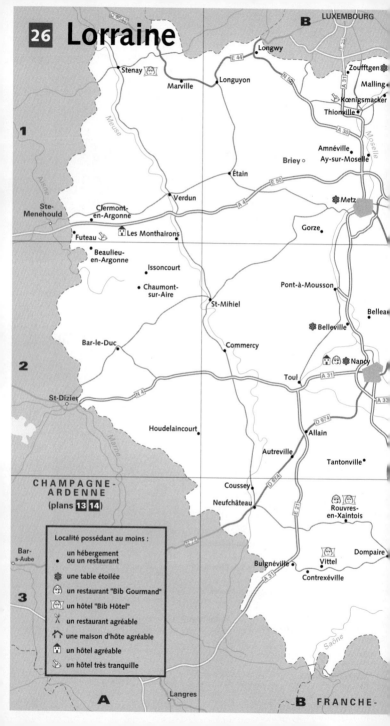

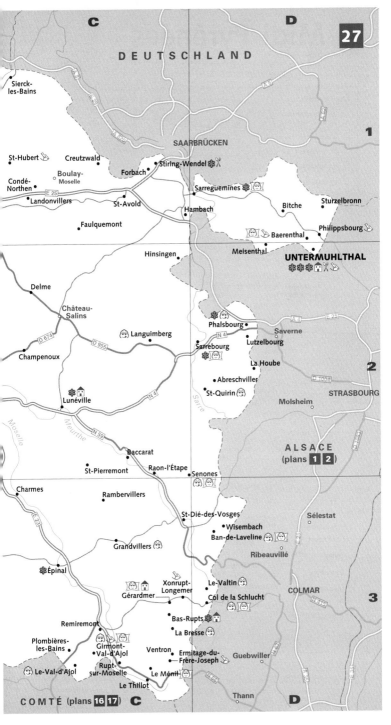

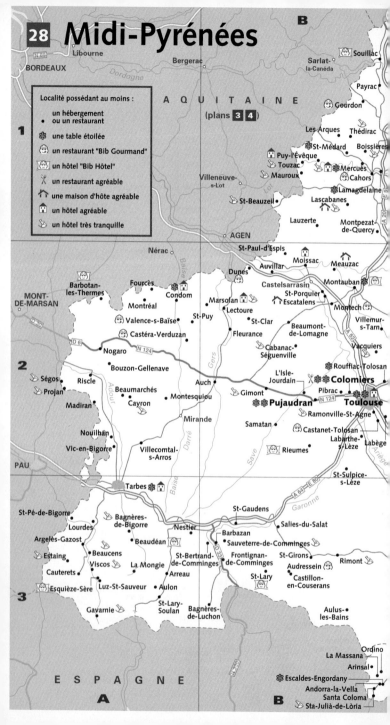

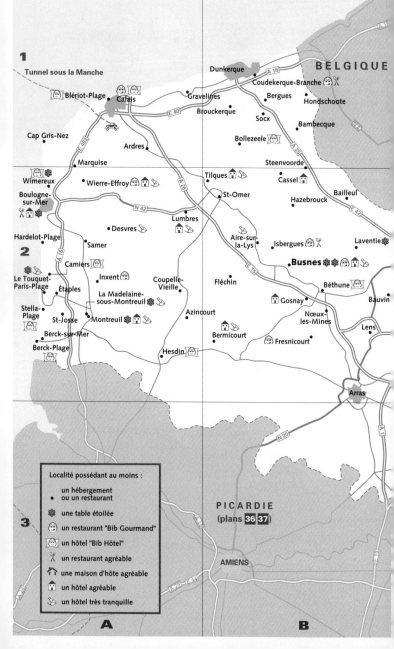

30 Nord Pas-de-Calais

1

Tunnel sous la Manche

Blériot-Plage

Calais

Dunkerque

BELGIQUE

Coudekerque-Branche

Gravelines

Bergues

Hondschoote

Brouckerque

Socx

Bambecque

Cap Gris-Nez

Bollezeele

Ardres

Steenvoorde

Marquise

Tilques

Cassel

Bailleul

Wimereux

Wierre-Effroy

St-Omer

Hazebrouck

Boulogne-sur-Mer

Lumbres

2

Hardelot-Plage

Desvres

Aire-sur-la-Lys

Isbergues

Laventie

Samer

Camiers

Busnes

Le Touquet-Paris-Plage

Inxent

Coupelle-Vieille

Fléchin

Béthune

Étaples

La Madeleine-sous-Montreuil

Bauvin

Stella-Plage

St-Josse

Montreuil

Azincourt

Gosnay

Nœux-les-Mines

Lens

Berck-sur-Mer

Bermicourt

Fresnicourt

Berck-Plage

Hesdin

Arras

3

Localité possédant au moins :

un hébergement
ou un restaurant

une table étoilée

un restaurant "Bib Gourmand"

un hôtel "Bib Hôtel"

un restaurant agréable

une maison d'hôte agréable

un hôtel agréable

un hôtel très tranquille

PICARDIE
(plans 36 37)

AMIENS

A

B

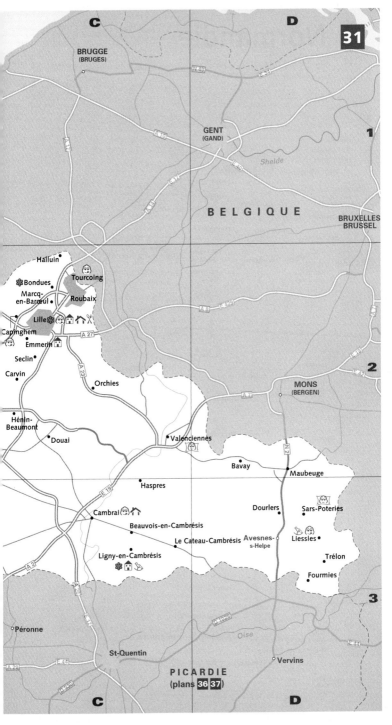

32 Normandie

MANCHE

1
Auderville
St-Germain-des-Vaux
Omonville-la-Petite
Cosqueville
Barfleur
Cherbourg-Octeville
Réville
Quettehou
St-Vaast-la-Hougue
Flamanville
Négreville
Quinéville
Bricquebec
Manvieux
Bernières-sur-Mer
Carteret
St-Pierre-du-Mont
Port-en-Bessin
Courseulles-sur-Mer
Houlgate
Cabourg
Ste-Mère-Église
Colleville-sur-Mer
Arromanches-les-Bains
St-Aubin-sur-Mer
Barneville-Carteret
Grandcamp-Maisy
Luc-sur-Mer
Isigny-sur-Mer
La Cambe
Bayeux
Crépon
Creully
Ouistreham
Douvres-la-Délivrande
Merville-Franceville-Plage
Dives-sur-Mer
Balleroy
Audrieu
Caen
Beuvron-en-Auge

2
St-Lô
Villers-Bocage
Longvillers
Bretteville-sur-Laize
Blainville-sur-Mer
Coutances
Aunay-sur-Odon
Goupillières
Thury-Harcourt
Îles Chausey
Hambye
BASSE NORMANDIE
Falaise
Granville
Villedieu-les-Poêles
Vire
Pont-d'Ouilly
Champeaux
Cuves
Sourdeval
Flers
St-Jean-le-Thomas
Avranches
St-Bômer-les-Forges
Briouze
Rânes
Le Mont-St-Michel
Pontaubault
La Ferrière-aux-Étangs
Servon
Ducey
St-Hilaire-du-Harcouët
La Ferté-Macé
Vergoncey
St-James
Juvigny-sous-Andaine
Bagnoles-de-l'Orne

BRETAGNE
(plans 9 10)

Lalacelle

3
Honfleur
Deauville
Conteville
Bourneville
Trouville-sur-Mer
St-Maclou
Mayenne
St-Gatien-des-Bois
Blonville-sur-Mer
Beuzeville
Pont-Audemer
Canapville
Villers-sur-Mer
St-Étienne-la-Thillaye
Campigny
PAYS DE LA LOIRE
(plans 34 35)
Pont-l'Évêque
Épaignes
La Haie-Tondue
Beaumont-en-Auge
Cormeilles

A   B

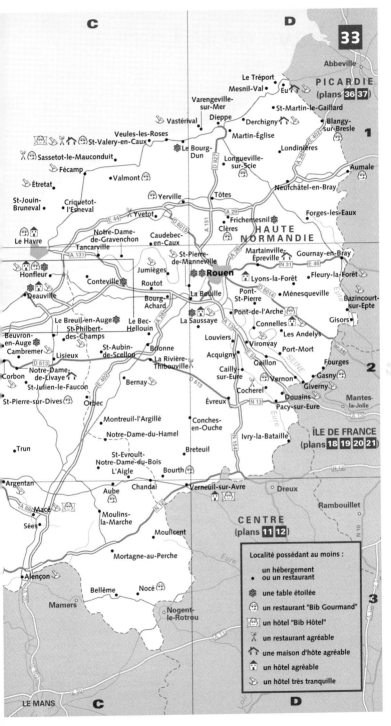

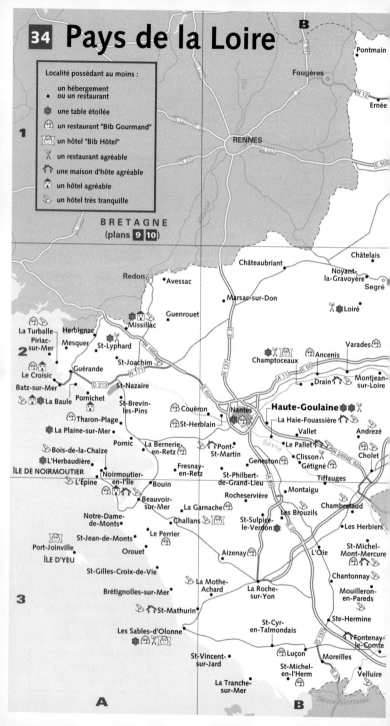

34 Pays de la Loire

Localité possédant au moins :

- un hébergement
- ou un restaurant
- ✿ une table étoilée
- 😊 un restaurant "Bib Gourmand"
- 🏨 un hôtel "Bib Hôtel"
- 🍴 un restaurant agréable
- 🏠 une maison d'hôte agréable
- 🏚 un hôtel agréable
- 🍃 un hôtel très tranquille

BRETAGNE
(plans 9 10)

Pontmain

Fougères

Ernée

RENNES

Châtelais

Châteaubriant
Noyant-la-Gravoyère
Segré

Redon
Avessac

Marsac-sur-Don

Guenrouet

🍴✿ Loiré

Missillac

La Turballe
Piriac-sur-Mer
Herbignac
Mesquer
St-Lyphard

St-Joachim

Varades

Champtoceaux
Ancenis

Guérande

St-Nazaire

Le Croisic
Batz-sur-Mer

Drain
Montjean-sur-Loire

La Baule
Pornichet

St-Brevin-les-Pins

D 213

Couëron
Nantes

Haute-Goulaine ✿✿🍴

Tharon-Plage

St-Herblain

La Haie-Fouassière

Andrezé

La Plaine-sur-Mer

Vallet

Le Pallet

Cholet

Bois-de-la-Chaize
L'Herbaudière
ÎLE DE NOIRMOUTIER

Pornic
La Bernerie-en-Retz

Pont-St-Martin

Geneston

Clisson
Gétigné

Tiffauges

L'Épine
Noirmoutier-en-l'Île

Fresnay-en-Retz

St-Philbert-de-Grand-Lieu

Montaigu

Bouin

Chambretaud

Beauvoir-sur-Mer

Rocheservière

Les Brouzils

Notre-Dame-de-Monts

La Garnache

Challans

St-Sulpice-le-Verdon

Les Herbiers

Port-Joinville
ÎLE D'YEU

St-Jean-de-Monts
Le Perrier

Aizenay

L'Oie

St-Michel-Mont-Mercure

Orouet

Chantonnay

St-Gilles-Croix-de-Vie

La Mothe-Achard

La Roche-sur-Yon

Mouilleron-en-Pareds

Brétignolles-sur-Mer

St-Mathurin

Ste-Hermine

Fontenay-le-Comte

Les Sables-d'Olonne

St-Cyr-en-Talmondais

Moreilles

Velluire

St-Vincent-sur-Jard

Luçon

St-Michel-en-l'Herm

La Tranche-sur-Mer

Sèvre Niortaise

A   B

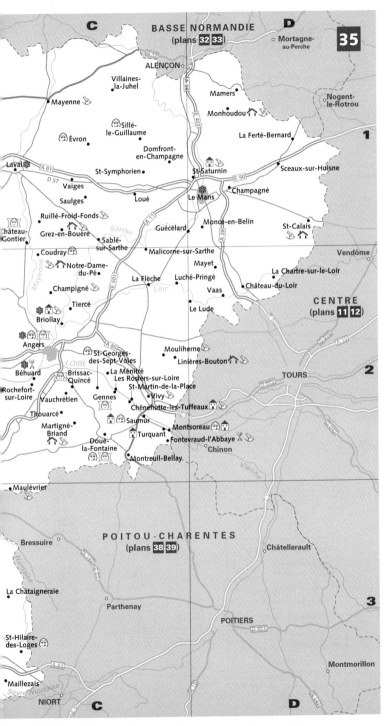

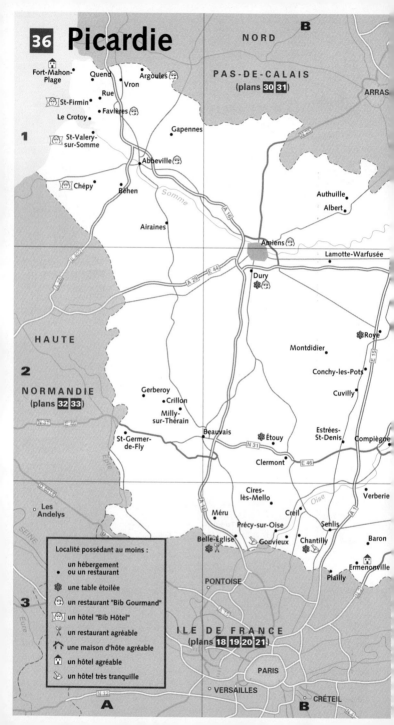

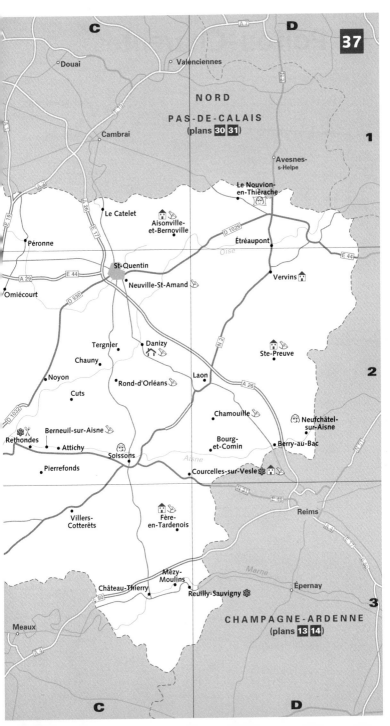

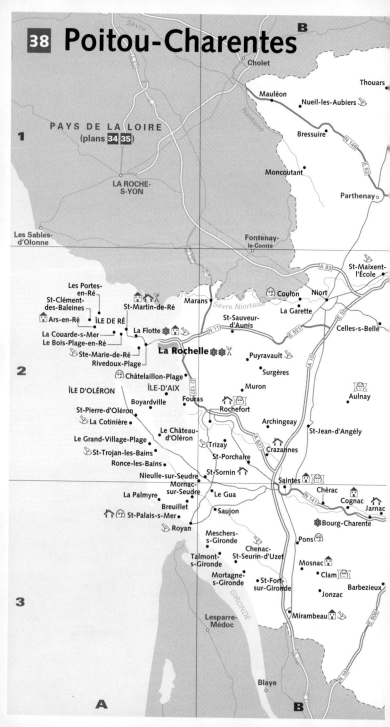

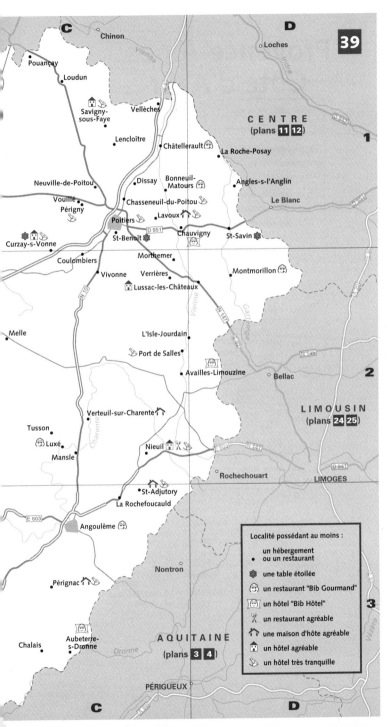

Provence Alpes Côte d'Azur

Localité possédant au moins :

- • un hébergement
  ou un restaurant
- ❀ une table étoilée
- 😊 un restaurant "Bib Gourmand"
- 🏠 un hôtel "Bib Hôtel"
- ✗ un restaurant agréable
- 🏠 une maison d'hôte agréable
- 🏠 un hôtel agréable
- 🌙 un hôtel très tranquille

GRENOBLE

RHÔNE-ALPES
(plans 43 44 45 46)

Die
St-Disdier
Chauffayer
Agnières-en-Dévoluy
Superdévoluy

Largentière

Veynes

Laragne-
Montéglin

Valréas
Roaix
Rasteau
Cairanne
Ste-Cécile-les-Vignes
Mondragon
Uchaux
Mornas
Piolenc

Nyons
Séguret
Vaison-la-Romaine
Crestet
Sablet
Malaucène
Sérignan-du-Comtat

Orpierre

Sisteron

LANGUEDOC-
ROUSSILLON
(plans 22 23)

Cruis

St-Christol
Pernes-
les-Fontaines
Gordes
Forcalquier
Dabisse
Lurs

Le Pontet
Avignon
L'Isle-sur-
la-Sorgue
Joucas
Rustrel
Manosque
La Fuste

NÎMES

Noves
Bonnieux
La Bastide-
des-Jourdans
Gréoux-
les-Bains
Vinon-
sur-Verdon

St-Rémy-de-Provence
Eygalières
Lourmarin
Cabrières-
d'Aigues
Salon-
de-Provence
La Tour-d'Aigues
Pertuis
Ginasservis

Les Baux-de-
Provence

Arles

St-Cannat
Rians

Grans
Celony
Aix-en-Provence

St-Chamas
Ventabren
Beaurecueil
St-Maximin-
la-Ste-Baume

Istres
Le Canet
Fuveau
La Bouilladisse
St-Zacharie

Le Sambuc

Fos-sur-Mer
Marignane
Bouc-Bel-Air
Plan-d'Aups
Nans-les-Pins

Stes-Maries-
de-la-Mer

Martigues
Plan-de-Cuques
Plan-de-Campagne

Sausset-les-Pins
MARSEILLE
Aubagne
Gémenos

Carry-le-Rouet
Le Beausset

Château d'If
Cassis
La Ciotat
Le Castellet
Ollioules

Les Lecques
St-Cyr-sur-Mer
La Cadière-d'Azur
Bandol
Sanary-sur-Mer
Six-Fours-les-Plages
La Seyne-sur-Mer

E

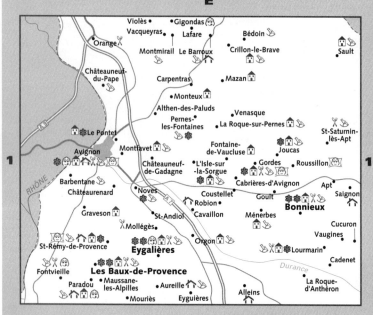

E

Rhône-Alpes

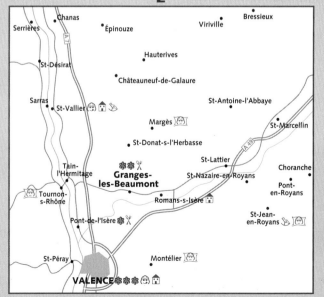

Localité possédant au moins :

- • un hébergement
  ou un restaurant
- 🏵 une table étoilée
- 😊 un restaurant "Bib Gourmand"
- 🏠 un hôtel "Bib Hôtel"
- 🍴 un restaurant agréable
- 🏠 une maison d'hôte agréable
- 🏠 un hôtel agréable
- 🐌 un hôtel très tranquille

E

Jullié • • Juliénas 🏠
Émeringes • • Chénas
🐌 🏵 Fleurie
Chiroubles •
• Villié-Morgon 😊
• Pizay 🐌
• Quincié-
en-Beaujolais • Belleville 😊
Odenas •
• Montmerle-s-Saône
Vaux-en-Beaujolais •
😊 Villefranche-
s-Saône
Pommiers •
Lachassagne • Anse • Saint-Bernard 🐌
Bagnols • Lucenay
🏵🏠🏵 Alix
Bully 😊
L'Arbresle •
🐌 St-Cyr-
au-Mont-d'Or
**Charbonnières-
les-Bains**
🍴🏠🏵 Écully
🏠

🏠 🏵 🏵 🏵 **VONNAS**
😊 Buellas
🍴 🏵 L'Abergement-
Clémenciat
• Châtillon-
s-Chalaronne 🏠
Bouligneux •
Ambérieux-
en-Dombes Villars-
les-Dombes
Ste-Euphémie Rancé •
Monthieux 🐌
St-Marcel-
en-Dombes
Mionnay 🏵🏵🍴
Les
Échets 🏠 Montluel
Rillieux-la-Pape 🏵
Jons •
**COLLONGES-
AU-MONT-D'OR** Meyzieu 🐌
🏵🏵🏵🏵
Lyon Genas •
🏵🏵🏵😊🏠🍴🏠
St-Laurent-de-Mure •

1

E

Chanas • Bressieux •
Serrières • • Épinouze Viriville •
St-Désirat •
Hauterives •
• Châteauneuf-de-Galaure
Sarras • St-Antoine-l'Abbaye •
• St-Vallier 😊 🏠 🐌
Margès 🏠 St-Marcellin •
• St-Donat-s-l'Herbasse
St-Lattier •
🏵🏵🍴 St-Nazaire-en-Royans Choranche •
**Granges-
les-Beaumont** Pont-
en-Royans •
Tain-
l'Hermitage
🏠 Tournon-
s-Rhône Romans-s-Isère 🏠
Pont-de-l'Isère 🏵🍴 St-Jean-
en-Royans 🐌🏠
St-Péray •
Montélier 🏠
VALENCE 🏵🏵🏵😊🏠

2

E

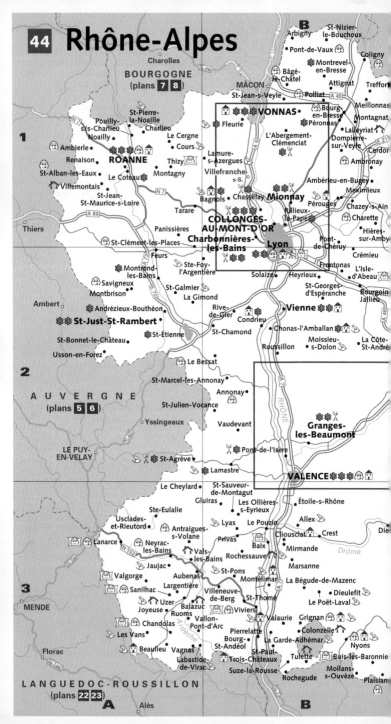

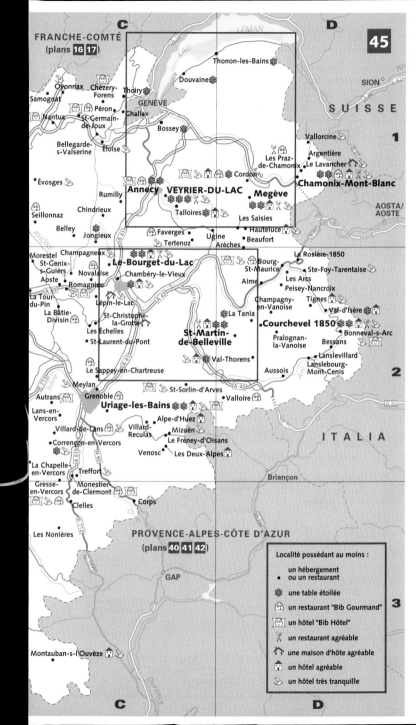

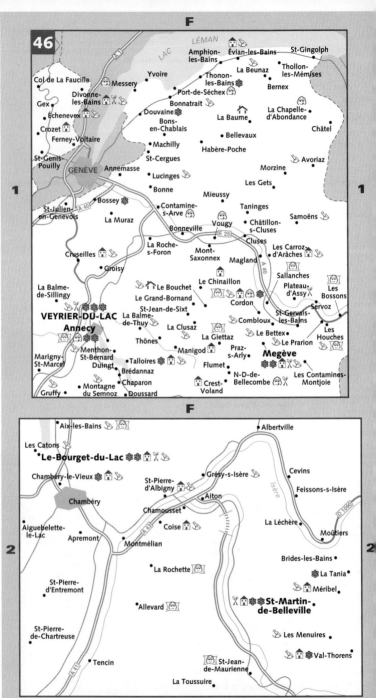

Distances entre principales villes
Distances between major towns
Distanze tra le principali città
Entfernungen zwischen den größeren Städten
Distancias entre las ciudades principales

808 km : Marseille - Strasbourg

Tableau des distances (villes en diagonale) :

Amiens, Angers, Bayonne, Besançon, Bordeaux, Brest, Caen, Calais, Cherbourg, Clermont-Ferrand, Dijon, Grenoble, Le Havre, Lille, Limoges, Lyon, Le Mans, Marseille, Metz, Montpellier, Mulhouse, Nancy, Nantes, Nice, Orléans, Paris, Perpignan, Reims, Rennes, Rouen, Saint-Étienne, Strasbourg, Toulon, Toulouse, Tours.

Manufacture française des pneumatiques Michelin
Société en commandite par actions au capital de 304 000 000 EUR
Place des Carmes-Déchaux – 63 Clermont-Ferrand (France)
R.C.S. Clermont-Fd B 855 200 507

© **Michelin, Propriétaires-Éditeurs**

Dépôt légal février 2008
Printed in France, 01-2008/06.1-1

Compogravure : MAURY, Malesherbes
Impression : BRODARD GRAPHIQUE, Coulommiers
Reliure : S.I.R.C., Marigny-le-Châtel

Parution 2008

L'équipe éditoriale a apporté le plus grand soin à la rédaction de ce guide et à sa vérification. Toutefois, les informations pratiques (formalités administratives, prix, adresses, numéros de téléphone, adresses Internet...) doivent être considérées comme des indications du fait de l'évolution constante de ces données : il n'est pas totalement exclu que certaines d'entre elles ne soient plus, à la date de parution du guide, tout à fait exactes ou exhaustives. Avant d'entamer toutes démarches (formalités administratives et douanières notamment), vous êtes invités à vous renseigner auprès des organismes officiels. Ces informations ne sauraient de ce fait engager notre responsabilité.

Distances entre principales villes
Distances between major towns
Distanze tra le principali città
Entfernungen zwischen den größeren Städten
Distancias entre las ciudades principales

Exemple : **Marseille – Strasbourg** = **808 km**

Villes (en-têtes diagonales) :

Amiens · Angers · Bayonne · Besançon · Bordeaux · Brest · Caen · Calais · Cherbourg · Clermont-Ferrand · Dijon · Grenoble · Le Havre · Lille · Limoges · Lyon · Le Mans · Marseille · Metz · Montpellier · Mulhouse · Nancy · Nantes · Nice · Orléans · Paris · Perpignan · Reims · Rennes · Rouen · Saint-Étienne · Strasbourg · Toulon · Toulouse · Tours

Tableau des distances (matrice triangulaire ; chaque ville vers les villes précédentes) :

Ville	Distances (km) vers les villes précédentes
Angers	422
Bayonne	884 563
Besançon	551 664 915
Bordeaux	704 383 191 736
Brest	629 377 830 962 633
Caen	256 255 776 648 597 376
Calais	167 512 1033 651 854 719 345
Cherbourg	379 342 880 770 683 425 126 468
Clermont-Ferrand	557 459 553 367 374 608 716 574 305
Dijon	471 568 836 673 866 550 708 574 642 573
Grenoble	710 741 824 318 690 1123 932 870 760 178 514
Le Havre	185 331 852 610 673 96 808 220 274 432 736 303
Lille	139 514 967 582 763 469 274 111 513 481 570 570 692
Limoges	526 291 407 498 228 390 522 610 573 115 566 297 541 424
Lyon	600 589 749 257 570 698 822 760 430 178 193 115 661 366 319
Le Mans	335 96 542 429 397 166 166 286 96 429 505 492 227 505 242 770
Marseille	912 919 542 297 916 1036 1044 1132 1072 462 573 219 969 899 541 315 888
Metz	360 618 1039 208 887 713 837 294 357 640 310 566 197 226 269 465 777 757
Montpellier	885 787 531 529 482 1120 1036 1134 978 275 594 228 997 754 269 303 529 171 804
Mulhouse	547 731 1039 136 889 1028 978 1085 978 385 197 283 67 156 475 144 642 234 58 702
Nancy	375 684 1066 208 887 713 550 978 505 394 317 226 161 322 269 209 676 694 234 804 178
Nantes	509 90 513 735 334 298 342 505 294 528 640 810 793 835 153 451 380 487 777 331 905 914
Nice	1067 1074 852 669 1165 1227 1289 1136 1197 574 628 197 1051 1063 765 208 1161 204 1043 342 1125 914 1207
Orléans	269 245 626 447 406 378 299 507 257 280 329 528 679 495 269 421 190 925 208 653 144 331 111 1063
Paris	135 298 751 414 571 497 444 127 357 376 329 574 908 385 476 161 784 205 342 793 380 190 385 954 135
Perpignan	983 779 497 677 447 1085 978 1207 1073 333 568 253 831 863 734 776 258 951 798 156 850 905 863 385 823 849
Reims	173 431 884 378 431 728 505 243 188 534 156 704 163 150 395 161 90 842 67 495 153 190 150 788 217 131 841
Rennes	441 134 630 723 451 188 251 500 214 606 699 754 808 841 524 687 258 1051 834 763 823 518 111 788 431 355 944 487
Rouen	125 298 820 544 500 381 127 214 188 723 333 704 90 383 699 209 574 613 233 778 653 831 385 841 217 131 841 131 463
Saint-Étienne	623 592 289 541 243 1074 962 1197 1073 329 534 156 808 863 679 67 90 233 518 156 495 406 863 150 431 547 156 471 579 556
Strasbourg	518 820 291 249 774 966 848 1073 966 534 674 699 834 884 537 610 258 939 239 866 884 537 884 569 841 471 884 233 789 884 884
Toulon	976 983 299 606 712 1350 1073 1197 1197 568 329 156 939 1033 674 97 406 239 939 150 1063 899 1069 150 841 556 156 884 1069 884 239 884
Toulouse	815 761 247 605 244 885 962 1136 1036 230 530 376 939 884 294 537 556 884 937 816 560 884 560 816 718 309 421 816 560 816 309 884 421
Tours	373 123 515 518 264 385 337 421 617 341 457 230 466 97 796 561 645 550 210 952 117 718 259 374 309 470 690 861 516

(Les valeurs du tableau de distances sont reproduites au mieux de leur lisibilité ; certaines cellules sont incertaines.)

Manufacture française des pneumatiques Michelin
Société en commandite par actions au capital de 304 000 000 EUR
Place des Carmes-Déchaux – 63 Clermont-Ferrand (France)
R.C.S. Clermont-Fd B 855 200 507

© **Michelin, Propriétaires-Éditeurs**

Dépôt légal février 2008
Printed in France, 01-2008/06.1-1

Compogravure : MAURY, Malesherbes
Impression : BRODARD GRAPHIQUE, Coulommiers
Reliure : S.I.R.C., Marigny-le-Châtel

Parution 2008

L'équipe éditoriale a apporté le plus grand soin à la rédaction de ce guide et à sa vérification. Toutefois, les informations pratiques (formalités administratives, prix, adresses, numéros de téléphone, adresses Internet...) doivent être considérées comme des indications du fait de l'évolution constante de ces données : il n'est pas totalement exclu que certaines d'entre elles ne soient plus, à la date de parution du guide, tout à fait exactes ou exhaustives. Avant d'entamer toutes démarches (formalités administratives et douanières notamment), vous êtes invités à vous renseigner auprès des organismes officiels. Ces informations ne sauraient de ce fait engager notre responsabilité.